# FRENCH-SPEAKING COUNTRIES

Créole à base lexicale française

*French-based Creole*

Créole à base lexicale française dans un pays de langue anglaise

*French-based Creole in an English-speaking country*

Abréviations des noms de pays :
*Abbreviations for country names :*

**B.H. : BOSNIE-HERZÉGOVINE** *BOSNIA-HERZEGOVINA*
**C. : CROATIE** *CROATIA*
**H. : HONGRIE** *HUNGARY*
**LI. : LIECHTENSTEIN**
**L. : LUXEMBOURG**
**MA. : MACÉDOINE** *MACEDONIA*
**SLOV. : SLOVAQUIE** *SLOVAKIA*
**S. : SLOVÉNIE** *SLOVENIA*

# LE ROBERT
# & COLLINS
## SUPER SENIOR

FRANÇAIS - ANGLAIS

*first edition / première édition 1995*
*second edition / seconde édition 2000*

HarperCollins Publishers
Westerhill Road, Bishopbriggs, Glasgow G64 2QT, Great Britain

Volume 1: ISBN 0 00 472433-X
Volume 2: ISBN 0 00 472431-3

The HarperCollins website address is: www.fireandwater.com



A catalogue record for this book is available from the British Library.

Dictionnaires Le Robert
27, rue de la Glacière - 75013 Paris
France

ISBN 2 85036 642-0
tome 1 : 285 036 643-9
tome 2 : 285 036 644-7


Photocomposition / Typesetting MCP-Jouve Orléans
Imprimé en France par Jouve / Printed in France by Jouve

# LE ROBERT & COLLINS SUPER SENIOR

GRAND DICTIONNAIRE
FRANÇAIS-ANGLAIS/ANGLAIS-FRANÇAIS

*

FRANÇAIS-ANGLAIS

DICTIONNAIRES LE ROBERT PARIS

# DEUXIÈME ÉDITION/SECOND EDITION

*Direction éditoriale/Publishing Director*
société Dictionnaires Le Robert/HarperCollins
PIERRE VARROD - LORNA SINCLAIR KNIGHT

*Responsable éditorial/Editorial Director*
MARTYN BACK - MICHELA CLARI

*Chef de projet/Project management*
DOMINIQUE LE FUR

*Rédaction/Editors*
MARTYN BACK - DOMINIQUE LE FUR
CATHERINE LOVE, SABINE CITRON, JANET GOUGH

*Secrétariat d'édition et correction/Editorial staff*
MARIANNE EBERSBERG
Françoise Maréchal, Brigitte Orcel, Chantal Rieu-Labourdette
Anne-Marie Lentaigne, Michel Heron, Nadine Noël-Lefort, Murielle Zarka-Richard

*Informatique éditoriale/Data management*
KAMAL LOUDIYI

*Cartes/Maps*
Société CART Paris

*Couverture*
CAUMON

*Conception technique*
*et maquette/Design*
GONZAGUE RAYNAUD

*TEXTE*
*établi à partir de*
*la cinquième édition du*
***ROBERT & COLLINS***
***SENIOR***

*TEXT*
*based on the*
*fifth edition of the*
***COLLINS-ROBERT***
***FRENCH DICTIONARY***

Un dictionnaire Le Robert & Collins
A Collins-Robert dictionary
*Première édition/First edition*
*par/by*
BERYL T. ATKINS
ALAIN DUVAL - ROSEMARY C. MILNE
*et/and*
PIERRE-HENRI COUSIN
HÉLÈNE M.A. LEWIS - LORNA A. SINCLAIR
RENÉE O. BIRKS - MARIE-NOËLLE LAMY

PREMIÈRE ÉDITION/FIRST EDITION

*Direction rédactionnelle/Project management*
ALAIN DUVAL - VIVIAN MARR

*Coordination rédactionnelle/Editorial coordination*
DOMINIQUE LE FUR - SABINE CITRON

*Principaux collaborateurs/Main contributors*
KATHLEEN MICHAM - DIANA FERI
KEITH FOLEY - EDWIN CARPENTER - FRANÇOISE MORCELLET

*Autres collaborateurs/Other contributors*
Janet Gough - Mark Tuddenham - Hélène Bernaert - Chantal Testa
Jean-Benoît Ormal-Grenon - Cécile Aubinière-Robb
Harry Campbell - Christèle Éon - Phyllis Gautier

*Administration, secrétariat/Editorial staff*
Gail Norfolk - Silke Zimmermann - Sylvie Fontaine

*Correction/Proofreading*
Élisabeth Huault
Patricia Abbou - Elspeth Anderson - Pierre Bancel
Isobel Gordon - Michel Heron - Anne-Marie Lentaigne
Thierry Loisel - Françoise Maréchal - Brigitte Orcel
Chantal Rieu-Labourdette

*Informatique éditoriale/Computing and keyboarding*
Kamal Loudiyi
Monique Hébrard - Catherine Valat
Chantal Combes - Sylvette Robson - Lydia Vigné

*Coordination*
Dominique Lopin

*Cartes/Maps*
société CART Paris

*Couverture*
Caumon

*Conception technique et maquette/Design*
Gonzague Raynaud

# SOMMAIRE / CONTENTS

# INTRODUCTION

This new edition of the **COLLINS-ROBERT COMPREHENSIVE FRENCH DICTIONARY** is designed to fulfil the needs of translators, teachers and advanced students by providing extensive and in-depth coverage of the English and French languages in a form that is both clear and easy to use.

With its 500,000 references and 750,000 translations, this dictionary offers a complete overview of both languages as they are spoken and written today, as well as covering a wide range of specialist fields.

The **Comprehensive French Dictionary** is a considerably augmented version of the fifth edition of the famous **Collins-Robert French Dictionary**, and reflects the many innovations that have become the hallmark of the **Collins-Robert** range.

Further use has been made, for instance, of the vast lexical databases created by Collins and Le Robert. A **400-million-word electronic corpus** made up of authentic texts taken from literature, specialist and non-specialist publications and transcriptions of radio programmes and informal conversations, provides a unique insight into how English and French are used in today's world and enables us to produce entries that faithfully illustrate actual usage.

Many long and complex entries (*avoir, faire, do, get,* etc) have been completely reorganized so that the information they contain is easier to find than ever before. Important **set phrases** and structures are given special prominence, and essential **usage notes** help the user to avoid the pitfalls of translation.

Understanding vocabulary and grammar is not enough to achieve true proficiency in a foreign language; a knowledge of cultural references is equally important. For this reason we have included **encyclopedic entries** giving vital information about institutions, traditions and culturally significant events in French- and English-speaking countries.

The **Language in Use** supplement provides an invaluable aid to self-expression in a wide variety of contexts, and is linked to the dictionary itself by a system of cross-references. It gives the user access to a wide range of idiomatic expressions linked to particular concepts (regret, apology, agreement etc), and provides model phrases that can be used in situations such as letter-writing, preparing CVs and making telephone calls.

A unique feature of this dictionary is that each of the two volumes has its own **Thesaurus**. Over 20,000 words on each side of the dictionary are cross-referred to more than 200,000 synonyms in the corresponding Thesaurus, giving access to alternative translations and nuances of meaning and register that cannot be covered exhaustively in every dictionary entry.

Another important feature of the **Comprehensive French Dictionary** is the inclusion of 24 full-colour world and European **maps**. Both atlases are shown in French and English, and illustrate and complement the geographical names listed in the dictionary.

All these features make this dictionary a powerful all-in-one tool for users who require the fullest possible coverage of the language. We are confident that it will continue to be recognized as the most reliable and up-to-date authority on modern French and English.

# INTRODUCTION

Cette seconde édition du **ROBERT & COLLINS SUPER SENIOR** s'adresse aux spécialistes de la langue, étudiants, enseignants et traducteurs et à toute personne qui désire avoir une connaissance approfondie du français, de l'anglais et de l'américain.

Avec ses **500 000 mots et expressions** et ses **750 000 traductions**, cet ouvrage offre un panorama complet de ces langues telles qu'elles sont pratiquées aujourd'hui, aussi bien dans l'usage courant que dans les domaines de spécialité.

Version considérablement enrichie de la cinquième édition du ROBERT & COLLINS SENIOR, elle en exploite plus systématiquement encore les innovations méthodologiques.

L'exploration de vastes bases de données informatisées a notamment été poursuivie et renforcée. Un **corpus** de plus **de 400 millions de mots**, formé de textes tirés de la littérature, de la presse générale et spécialisée ainsi que de retranscriptions d'émissions radiodiffusées et d'oral spontané, ont permis aux lexicographes de rendre compte d'une langue véritablement naturelle et vivante.

Certains articles particulièrement longs et complexes (*avoir, faire, do, get,* etc) ont été complètement réorganisés pour permettre à l'utilisateur de s'y repérer rapidement. Les **locutions et structures** particulièrement importantes sont mises en valeur et des remarques précieuses sont faites sur **l'usage** et les moyens d'éviter certains **pièges de traduction**.

Une maîtrise parfaite de la langue passe non seulement par la compréhension du lexique mais également par la connaissance de la culture et de la civilisation du pays. Nous présentons donc des **encadrés encyclopédiques** riches en précisions sur des institutions, des traditions et des événements culturellement ou historiquement importants dans les pays anglophones et francophones.

Une **Grammaire active** regroupe des centaines de phrases autour de notions-clés (l'expression du regret, de la volonté, etc) et de situations concrètes (écrire un CV, téléphoner, etc) et les relie aux articles bilingues, offrant ainsi à l'utilisateur une grande variété d'expressions parfaitement idiomatiques.

Le **Dictionnaire de synonymes** à la fin de chaque volume constitue un autre atout majeur du SUPER SENIOR. Plus de 20 000 mots de la partie français-anglais sont explicitement renvoyés à quelque 200 000 synonymes français, provenant du DICTIONNAIRE DES SYNONYMES LE ROBERT. Un nombre équivalent de mots de la partie anglais-français sont renvoyés aux 200 000 synonymes du THESAURUS anglais. L'utilisateur a ainsi à sa disposition un très large éventail d'équivalents qui lui permettent à la fois d'enrichir ses connaissances lexicales et de varier ses traductions.

Enfin, 24 planches de **cartes bilingues** en couleur apportent des indications toponymiques essentielles qui viennent compléter les noms propres et les notions géographiques présentes dans le texte.

Nous avons conçu cet ouvrage comme un **ensemble exhaustif et cohérent d'outils de traduction** et nous espérons que nos lecteurs, étudiants, traducteurs, enseignants et autres spécialistes de la langue y trouveront un compagnon de travail indispensable.

# USING THE DICTIONARY

## WORD ORDER

**kabbalistique** [kabalistik] adj ⇒ **cabalistique**
**caldron** [ˈkɔːldrən] n ⇒ **cauldron**

Alphabetical order is followed throughout. If two variant spellings are not alphabetically adjacent, each is treated as a separate headword; where the information is not duplicated, there is a cross-reference to the form treated in depth. For the alphabetical order of compounds in French, see COMPOUNDS.

**honor** [ˈɒnəʳ] (US) ⇒ **honour**
**honour, honor** (US) [ˈɒnəʳ] → SYN 1 n a

American variations in spelling are treated in the same fashion.

**ICAO** [ˌaɪsiːeɪˈəʊ] n (abbrev of **International Civil Aviation Organization**) OACI f
**Icarus** [ˈɪkərəs] n Icare m
**ICBM** [ˌaɪsiːbiːˈem] n (abbrev of **intercontinental ballistic missile**) ICBM m

Proper names, as well as abbreviations and acronyms, will be found in their alphabetical place in the word list.

**raie[1]** [ʀɛ] → SYN nf a (= trait) line; (Agr = sillon) furrow; (= éraflure) mark, scratch ◆ **faire une**
**raie[2]** [ʀɛ] → SYN nf (= poisson) skate, ray; (Culin) skate ◆ **raie bouclée** thornback ray ◆ **raie manta** manta ray ◆ **raie électrique** electric
**blow[1]** [bləʊ] → SYN vb : pret **blew**, ptp **blown** 1 n a **to give a blow** (through mouth) souffler ; (through nose) se moucher
**blow[2]** [bləʊ] → SYN 1 n a (lit) (= impact) coup m ; (with fist) coup m de poing ◆ **to come to blows** en venir aux mains ◆ **at one blow** du

Superior numbers are used to separate words of like spelling: **raie[1]**, **raie[2]**; **blow[1]**, **blow[2]**.

## COMPOUNDS

**body** [ˈbɒdɪ] → SYN 1 n [...]
2 COMP [...]
▷ **body search** n fouille f corporelle ◆ **to carry out a body search on sb** fouiller qn ◆ **to submit to** or **undergo a body search** se faire fouiller ▷ **body shop** n (Aut) atelier m de carrosserie ▷ **body snatcher** n (Hist) déterreur m, -euse f de cadavres ▷ **body stocking** n combinaison f de danse ▷ **body-surf** vi faire du body(-surf) ▷ **body-surfing** n (NonC) body(-surf) m ▷ **body swerve** n (Sport) écart m ▷ **body warmer** n gilet m matelassé

Entries may include sections headed COMP (compounds). In these will be found English hyphenated words, such as **body-surf** (under **body**), and **point-to-point** (under **point**), and unhyphenated combinations of two or more elements, such as **hazardous waste** (under **hazardous**), **air traffic control** (under **air**).

Each compound is preceded by a triangle, and the order is alphabetical. Parts of speech are shown, and when there is more than one, this is signalled by a lozenge.

Single words such as **blackbird** and **partygoer**, which are made up of two elements, but are not hyphenated, appear as headwords in the main alphabetical list.

English spelling is variable in this area, and there are possible alternatives: **backhander/back-hander, paintbrush/paint brush/paint-brush** etc. If the single word form is the most common, this will be treated as a headword; **paintbrush** therefore does not appear in the entry **paint**. When looking for a word of this type, users should bear in mind that it may be found either in a compound section, or as a headword.

**casque** [kask] → SYN 1 nm [...]
2 COMP ▷ **Casque bleu** blue helmet ou beret ◆ **les Casques bleus** the U.N. peacekeeping force, the blue helmets ou berets ▷ **casque de chantier** hard hat ▷ **casque colonial** pith helmet, topee ▷ **casque intégral** full-face helmet ▷ **casque à pointe** spiked helmet ▷ **casque de visualisation** helmet-mounted display

On the French side, only unhyphenated combinations, such as **gaz naturel** and **modèle déposé**, appear in compound sections. Alphabetical order is not affected by linking prepositions, thus **Casque bleu** precedes **casque à pointe**. The part of speech is given where it could be ambiguous or where there is more than one. Hyphenated words, such as **arrière-pensée** and **lave-glace**, are treated as headwords. If a word can appear both with or without a hyphen, both spellings are given.

# GUIDE D'UTILISATION

## ORDRE DES MOTS

Le principe général est l'ordre alphabétique. Les variantes orthographiques qui ne se suivent pas immédiatement dans l'ordre alphabétique figurent à leur place dans la nomenclature avec un renvoi à la forme qui est traitée. Pour l'ordre d'apparition des composés, voir ci-dessous LES COMPOSÉS.

**kabbalistique** [kabalistik] adj ⇒ **cabalistique**
**caldron** ['kɔ:ldrən] n ⇒ **cauldron**

Les variantes orthographiques américaines sont traitées de la même manière.

**honor** ['ɒnəʳ] (US) ⇒ **honour**
**honour, honor** (US) ['ɒnəʳ] → SYN 1 n a

Les noms propres, ainsi que les sigles et acronymes, figurent à leur place dans l'ordre alphabétique général.

**ICAO** [,aɪsi:eɪ'əʊ] n (abbrev of **International Civil Aviation Organization**) OACI f
**Icarus** ['ɪkərəs] n Icare m
**ICBM** [,aɪsi:bi:'em] n (abbrev of **intercontinental ballistic missile**) ICBM m

Les homographes sont suivis d'un chiffre qui permet de les distinguer.

**raie**[1] [ʀɛ] → SYN nf a (= trait) line; (Agr = sillon) furrow; (= éraflure) mark, scratch ◆ **faire une**
**raie**[2] [ʀɛ] → SYN nf (= poisson) skate, ray; (Culin) skate ◆ **raie bouclée** thornback ray ◆ **raie manta** manta ray ◆ **raie électrique** electric
**blow**[1] [bləʊ] → SYN vb : pret **blew**, ptp **blown** 1 n a **to give a blow** (through mouth) souffler; (through nose) se moucher
**blow**[2] [bləʊ] → SYN 1 n a (lit) (= impact) coup m; (with fist) coup m de poing ◆ **to come to blows** en venir aux mains ◆ **at one blow** du

## LES COMPOSÉS

Certains articles comportent une section COMP (composés). En anglais, y figurent des groupes de mots avec trait d'union tels que **body-surf** (sous **body**) et **point-to-point** (sous **point**) ainsi que des groupes de mots sans trait d'union tels que **hazardous waste** (sous **hazardous**) et **air traffic control** (sous **air**).

Chaque composé est précédé d'un triangle et donné dans l'ordre alphabétique. Les catégories grammaticales sont mentionnées et, lorsqu'il y en a plusieurs, sont séparées par un losange.

Les mots soudés tels que **blackbird** et **partygoer** apparaissent comme des entrées normales à leur place dans l'ordre alphabétique.

**body** ['bɒdɪ] → SYN 1 n [...]
2 COMP [...]
▷ **body search** n fouille f corporelle ◆ **to carry out a body search on sb** fouiller qn ◆ **to submit to** or **undergo a body search** se faire fouiller ▷ **body shop** n (Aut) atelier m de carrosserie ▷ **body snatcher** n (Hist) déterreur m, -euse f de cadavres ▷ **body stocking** n combinaison f de danse ▷ **body-surf** vi faire du body(-surf) ▷ **body-surfing** n (NonC) body(-surf) m ▷ **body swerve** n (Sport) écart m ▷ **body warmer** n gilet m matelassé

L'orthographe anglaise est assez variable dans ce domaine et il existe souvent plusieurs variantes : **backhander/back-hander, paintbrush/paint brush/paint-brush**, etc. Si la forme en un seul mot est la plus fréquente, le composé est présenté comme entrée à part entière. Ainsi **paintbrush** n'apparaît pas sous **paint**. Lors de sa recherche, l'utilisateur doit donc garder à l'esprit qu'un mot de ce type peut se trouver soit dans un groupe de composés, soit dans l'ordre alphabétique général.

En français, les composés sans trait d'union comme **gaz naturel** ou **modèle déposé** apparaissent sous le premier mot, dans la catégorie COMP. La présence de prépositions n'influe pas sur l'ordre alphabétique : ainsi, **Casque bleu** précède **casque à pointe**. Les catégories grammaticales sont indiquées lorsqu'il y a un risque d'erreur ou que le composé traité appartient à plusieurs catégories grammaticales. Les composés à trait d'union comme **arrière-pensée** ou **lave-glace** sont traités comme des entrées à part entière et donnés à leur place dans l'ordre alphabétique général. Lorsque les deux orthographes, avec et sans trait d'union, sont possibles, elles sont toutes deux signalées à l'utilisateur.

**casque** [kask] → SYN 1 nm [...]
2 COMP ▷ **Casque bleu** blue helmet ou beret ◆ **les Casques bleus** the U.N. peacekeeping force, the blue helmets ou berets ▷ **casque de chantier** hard hat ▷ **casque colonial** pith helmet, topee ▷ **casque intégral** full-face helmet ▷ **casque à pointe** spiked helmet ▷ **casque de visualisation** helmet-mounted display

## PLURALS

Irregular plural forms of English words are given in the English-French side, those of French words and compounds in the French-English side.

**cheval,** pl **-aux** [ʃ(ə)val, o] → SYN 1 nm a
**abat-son,** pl **abat-sons** [abasɔ̃] nm louvre (Brit) ou louver (US) (boards)

In French, all plurals which do not consist of *headword* + *s* are shown, eg: **cheval, -aux**.

Regular plurals are not shown in English.
1 Most English nouns take *-s* in the plural: **bed-s, site-s.**
2 Nouns that end in *-s, -x, -z, -sh* and some in *-ch* [tʃ] take *-es* in the plural: **boss-es, box-es, dish-es, patch-es.**
3 Nouns that end in *-y* not preceded by a vowel change the *-y* to *-ies* in the plural: **lady-ladies, berry-berries** (but **tray-s, key-s**).

**ail,** pl **ails** ou **aulx** [aj, o] nm garlic; → **gousse**
**aulx** [o] nmpl → **ail**
**child** [tʃaɪld] → SYN pl **children** 1 n a enfant
**children** [ˈtʃɪldrən] npl of **child** ; → **home**

Plural forms of the headword which differ substantially from the singular form are listed in their alphabetical place in the word list with a cross-reference, and repeated under the singular form.

**chic** [ʃiːk] → SYN 1 adj chic inv, élégant

French invariable plurals are marked inv on the English-French side for ease of reference.

## GENDERS

**belle** [bɛl] → SYN adj, nf → **beau**

Feminine forms in French which are separated alphabetically from the masculine form in the word list are shown as separate headwords with a cross-reference to the masculine form.

**blanchisseur** [blɑ̃ʃisœʀ] → SYN nm (lit) launderer; (fig hum) [argent sale] money launderer
**blanchisseuse** [blɑ̃ʃisøz] nf laundress
**baladeur, -euse** [baladœʀ, øz] 1 adj wandering, roving ◆ **avoir la main baladeuse** ou **les mains baladeuses** to have wandering ou groping* hands ◆ **un micro baladeur circulait dans le public** a microphone circulated round the audience
2 nm (= magnétophone) Walkman ®, personal stereo
3 **baladeuse** nf (= lampe) inspection lamp

A feminine headword requiring a different translation from its masculine form is given either a separate entry or a separate category in the case of complex entries.

In the English-French side the feminine forms of French adjectives are given only where these are not regular. The following are considered regular adjective inflections:

**-, e; -ef, -ève; -eil, -eille; -er, -ère; -et, -ette; -eur, -euse; -eux, -euse; -ien, -ienne; -ier, -ière; -if, -ive; -il, -ille; -on, -onne; -ot, -otte**

**gardener** [ˈgɑːdnəʳ] n jardinier m, -ière f

When the translation of an English noun could be either masculine or feminine, according to sex, the feminine form of the French noun translation is always given.

## PLURIEL

Les formes plurielles qui présentent des difficultés sont données dans la langue de départ.

En français, les pluriels autres que ceux qui se forment par le simple ajout du *-s* sont indiqués ; celui des composés avec trait d'union est également donné.

**cheval,** pl **-aux** [ʃ(ə)val, o] → SYN **1** nm **a**
**abat-son,** pl **abat-sons** [abasɔ̃] nm louvre (Brit) ou louver (US) (boards)

En anglais, les pluriels formés régulièrement ne sont pas donnés.
1 La plupart des noms prennent *-s* au pluriel : **bed-s, site-s.**
2 Les noms se terminant par *-s, -x, -z, -sh* et *-ch* [tʃ] prennent *-es* au pluriel : **boss-es, box-es, dish-es, patch-es.**
3 Les noms se terminant par *-y* non précédé d'une voyelle changent au pluriel le *-y* en *-ies* : **lady-ladies, berry-berries** (mais **tray-s, key-s**).

Quand le pluriel d'un mot est très différent du singulier, il figure à sa place dans la nomenclature générale avec un renvoi ; il est répété sous le singulier.

**ail,** pl **ails** ou **aulx** [aj, o] nm garlic; → **gousse**
**aulx** [o] nmpl → **ail**
**child** [tʃaɪld] → SYN pl **children** **1** n **a** enfant
**children** [ˈtʃɪldrən] npl of **child** ; → **home**

Dans la partie anglais-français, les mots français invariables au pluriel sont suivis de l'indication inv.

**chic** [ʃiːk] → SYN **1** adj chic inv, élégant

## GENRE

Les formes féminines des mots français qui ne suivent pas directement le masculin dans l'ordre alphabétique sont données à leur place normale dans la nomenclature, avec un renvoi au masculin ; elles sont répétées sous celui-ci.

**belle** [bɛl] → SYN adj, nf → **beau**

Un mot féminin exigeant une traduction différente du masculin fait l'objet soit d'un article séparé soit d'une catégorie bien individualisée dans le cas d'articles complexes.

**blanchisseur** [blɑ̃ʃisœʀ] → SYN nm (lit) launderer; (fig hum) [argent sale] money launderer
**blanchisseuse** [blɑ̃ʃisøz] nf laundress
**baladeur, -euse** [baladœʀ, øz] **1** adj wandering, roving ◆ **avoir la main baladeuse** ou **les mains baladeuses** to have wandering ou groping * hands ◆ **un micro baladeur circulait dans le public** a microphone circulated round the audience
**2** nm (= magnétophone) Walkman ®, personal stereo
**3** **baladeuse** nf (= lampe) inspection lamp

Dans la partie anglais-français, le féminin des adjectifs français se construisant régulièrement n'est pas indiqué. Sont considérées comme régulières les formes suivantes :
**-, e ; -ef, -ève ; -eil, -eille ; -er, -ère ; -et, -ette ; -eur, -euse ; -eux, -euse ; -ien, -ienne ; -ier, -ière ; -if, -ive ; -il, -ille ; -on, -onne ; -ot, -otte.**

Quand un nom anglais peut recevoir une traduction au masculin ou au féminin, selon le sexe, la forme du féminin est toujours mentionnée.

**gardener** [ˈgɑːdnəʳ] n jardinier m, -ière f

## SET PHRASES AND IDIOMS

**break** [breɪk] → SYN ... 2 vt a [...]
◆ **to break one's back** (lit) se casser la colonne vertébrale ◆ **he almost broke his back trying to lift the stone** il s'est donné un tour de reins en essayant de soulever la pierre ◆ **he's breaking his back to get the job finished in time** il s'échine à finir le travail à temps ◆ **to break the back of a task** (Brit) faire le plus dur or le plus gros d'une tâche ◆ **to break sb's heart** briser le cœur de qn ◆ **to break one's heart over sth** avoir le cœur brisé par qch ◆ **it breaks my heart to think that ...** cela me brise le cœur de penser que ... ; → **ball**[1], **barrier**, **bone**, **bread**, **code**, **ice**, **path**[1], **record**, **surface**, **wind**[1]

Set phrases and idiomatic expressions are also placed under the first element or the first word in the phrase which remains constant despite minor variations in the phrase itself.
**To break somebody's heart** and **to break the back of a task** are both included under **break. To lend somebody a hand** is however under **hand** because it is equally possible to say **to give somebody a hand.**

Where this "first element" principle has been abandoned a cross-reference alerts the user.

At **break**, cross-references to **ice, record** etc indicate that **to break the ice** and **to break a record** are treated at these entries.

**appointment** [ə'pɔɪntmənt] → SYN 1 n a (= arrangement to meet) rendez-vous m ; (= meeting) entrevue f ◆ **to make an appointment with sb** donner rendez-vous à qn, prendre rendez-vous avec qn ◆ **to make an appointment** (two people) se donner rendez-vous ◆ **to keep an appointment** aller or se rendre à un rendez-vous ◆ **I have an appointment at 10 o'clock** j'ai (un) rendez-vous à 10 heures ◆ **do you have**

**fête** [fɛt] GRAMMAIRE ACTIVE 23.2 → SYN [...]
g (LOC) **hier il était à la fête** he had a field day yesterday, it was his day yesterday ◆ **je n'étais pas à la fête** it was no picnic (for me) *, I was feeling pretty uncomfortable ◆ **il n'avait jamais été à pareille fête** he'd never had such a fine time, he was having the time of his life ◆ **être de la fête** to be one of the party ◆ **ça va être ta fête** ‡ you've got it coming to you *, you're going to get it in the neck ‡ ◆ **faire sa fête à qn** ‡ to bash sb up ‡ ◆ **faire la fête** * to live it up *, have a wild time ◆ **faire fête à qn** to give sb a warm welcome ou reception ◆ **le chien fit fête à son maître** the dog made a fuss of its master ◆ **elle se faisait une fête d'y aller/de cette rencontre** she was really looking forward to going/to this meeting ◆ **ce n'est pas tous les jours fête** it's not everyday that we have an excuse to celebrate

Certain very common French and English verbs, such as **faire** and **make**, form the basis of a very large number of phrases:

**faire honneur à, faire du ski, faire la fête** etc.
**to make sense of something, to make an appointment, to make a mistake** etc.

We have considered such verbs to have a diminished meaning and in such cases the set phrases will be found under the second element, eg: **faire la fête** under **fête, to make sense of something** under **sense.**
The following is a list of verbs which we consider to have a diminished meaning:

French: **avoir, être, faire, donner, mettre, passer, porter, prendre, remettre, reprendre, tenir, tirer**
English: **be, become, come, do, get, give, go, have, lay, make, put, set, take.**

## LES LOCUTIONS ET EXEMPLES

Les formules figées et les expressions idiomatiques figurent sous le premier terme qui reste inchangé, quelles que soient les modifications que l'on apporte à l'expression en question.
**Chercher une aiguille dans une botte** ou **meule de foin, chercher midi à quatorze heures** sont traités sous **chercher.**
Lorsque ce principe a été abandonné, un renvoi prévient l'utilisateur.

**chercher** [ʃɛʀʃe] → SYN ▸ conjug 1 ◂ **1** vt [...]
**f** (LOC) **chercher midi à quatorze heures** to complicate the issue ◆ **chercher la petite bête** to split hairs ◆ **chercher une aiguille dans une botte** ou **meule de foin** to look for a needle in a haystack ◆ **chercher des poux dans la tête de qn** * to try to make trouble for sb ◆ **chercher querelle à qn** to try to pick a quarrel with sb ◆ **cherchez la femme !** cherchez la femme!; → **crosse, fortune, histoire, noise, salut**

Un certain nombre de verbes français et anglais, tels que **faire** et **make**, servent à former un très grand nombre de locutions verbales :

**faire honneur à, faire du ski, faire la fête,** etc. ;
**to make sense of something, to make an appointment, to make a mistake,** etc.

En pareil cas l'expression figurera sous le second élément : **faire la fête** sous **fête, to make sense of something** sous **sense.**
La liste qui suit indique les verbes que nous avons considérés comme "vides" à cet égard :

en français : **avoir, être, faire, donner, mettre, passer, porter, prendre, remettre, reprendre, tenir, tirer ;**
en anglais : **be, become, come, do, get, give, go, have, lay, make, put, set, take.**

**appointment** [ə'pɔɪntmənt] → SYN **1** n **a** (= arrangement to meet) rendez-vous m ; (= meeting) entrevue f ◆ **to make an appointment with sb** donner rendez-vous à qn, prendre rendez-vous avec qn ◆ **to make an appointment** [two people] se donner rendez-vous ◆ **to keep an appointment** aller or se rendre à un rendez-vous ◆ **I have an appointment at 10 o'clock** j'ai (un) rendez-vous à 10 heures ◆ **do you have**

**fête** [fɛt] GRAMMAIRE ACTIVE 23.2 → SYN [...]
**g** (LOC) **hier il était à la fête** he had a field day yesterday, it was his day yesterday ◆ **je n'étais pas à la fête** it was no picnic (for me) *, I was feeling pretty uncomfortable ◆ **il n'avait jamais été à pareille fête** he'd never had such a fine time, he was having the time of his life ◆ **être de la fête** to be one of the party ◆ **ça va être ta fête** ⁑ you've got it coming to you *, you're going to get it in the neck ⁑ ◆ **faire sa fête à qn** ⁑ to bash sb up ⁑ ◆ **faire la fête** * to live it up *, have a wild time ◆ **faire fête à qn** to give sb a warm welcome ou reception ◆ **le chien fit fête à son maître** the dog made a fuss of its master ◆ **elle se faisait une fête d'y aller/de cette rencontre** she was really looking forward to going/to this meeting ◆ **ce n'est pas tous les jours fête** it's not everyday that we have an excuse to celebrate

## INDICATING MATERIAL

General indicating material takes the following forms:

### In parentheses ( )

**décent, e** [desɑ̃, ɑ̃t] → SYN adj (= bienséant) decent, proper; (= discret, digne) proper; (= acceptable) logement, salaire decent; prix reason-

**climber** ['klaɪməʳ] n (= person) grimpeur m, -euse f; (= mountaineer) alpiniste mf, ascensionniste mf; (fig pej: also **social climber**) arriviste mf (pej); (= plant) plante f grimpante; (also **rock-climber**) varappeur m, -euse f

1 Synonyms preceded by =.

**décaper** [dekape] → SYN ▸ conjug 1 ◂ vt (gén) to clean, cleanse; (à l'abrasif) to scour; (à l'acide) to pickle; (à la brosse) to scrub;

**employment** [ɪm'plɔɪmənt] → SYN 1 n (NonC = jobs collectively) emploi m (NonC); (= a job) emploi m, travail m; (modest) place f; (important) situation f

2 Partial definitions and other information which guide the user.

**accessible** [aksesibl] → SYN adj lieu accessible (à to), get-at-able *; personne approachable; œuvre accessible; but attainable;

**ordain** [ɔː'deɪn] → SYN vt a [God, fate] décréter (*that* que); [law] décréter (*that* que), prescrire (*that* que + subj); [judge] ordonner (*that*

3 Syntactical information to allow the non-native speaker to use the word correctly. This is given after the translation.

### In square brackets [ ]

**décroître** [dekʀwatʀ] → SYN ▸ conjug 55 ◂ vi [nombre, population, intensité, pouvoir] to decrease, diminish, decline; [eaux, fièvre] to subside, go down; [popularité] to decline, drop; [vi-

**fade** [feɪd] → SYN 1 vi a [colour] passer, perdre son éclat; [material] passer, se décolorer; [light] baisser, diminuer; [flower] se faner, se flétrir ◆ **guaranteed not to fade** (Tex) garanti bon teint ◆ **the daylight was fast**

1 Within verb entries, typical noun subjects of the headword.

**bajoues** [baʒu] nfpl [animal] cheeks, pouches; [personne] jowls, heavy cheeks

**branch** [brɑːntʃ] → SYN 1 n a [of tree, candelabra] branche f; [of river] bras m, branche f; [of mountain chain] ramification f; [of road] embranchement m; [of railway] bifurcation f,

2 Within noun entries, typical noun complements of the headword.

**défaire** [defɛʀ] → SYN ▸ conjug 60 ◂ 1 vt a [+ échafaudage] to take down, dismantle; [+ installation électrique] to dismantle; [+ sapin de Noël] to take down

b [+ couture, tricot] to undo, unpick (Brit); [+ écheveau] to undo, unravel, unwind; [+ corde, nœud, ruban] to undo, untie; [+ courroie, fermeture, robe] to undo, unfasten; [+ valise] to unpack; [+ cheveux, nattes] to undo

**impair** [ɪm'pɛəʳ] → SYN vt [+ abilities, faculties] détériorer, diminuer; [+ negotiations, relations] porter atteinte à; [+ health] abîmer, détériorer; [+ sight, hearing] abîmer, affaiblir; [+ mind, strength] diminuer

3 Typical objects of verbs preceded by +.

### Unbracketed indicating material

**élancé, e** [elɑ̃se] → SYN (ptp de **élancer**) adj clocher, colonne, taille, personne slender

**distinct** [dɪs'tɪŋkt] → SYN adj a (= definite) impression, preference, likeness, advantage, disadvantage net (before n); increase, progress sensible, net (before n); possibility réel ◆ **there was a distinct**

1 Typical noun complements of adjectives.

**joliment** [ʒɔlimɑ̃] adv a (= élégamment) décoré, habillé nicely ◆ **il l'a joliment arrangé !** (iro) he sorted him out nicely ou good and proper! *

**briskly** ['brɪsklɪ] → SYN adv move vivement; walk d'un bon pas; speak brusquement; act sans tarder ◆ **these goods are selling briskly** (Comm etc) ces articles se vendent (très) bien

2 Typical verb or adjective complements of adverbs.

## INDICATIONS D'EMPLOI

Les indications guidant le lecteur prennent les formes suivantes :

### Entre parenthèses ( )

1 Les synonymes précédés du signe =.

**décent, e** [desɑ̃, ɑ̃t] → SYN adj (= bienséant) decent, proper; (= discret, digne) proper; (= acceptable) logement, salaire decent; prix reason-

**climber** [ˈklaɪmər] n (= person) grimpeur m, -euse f ; (= mountaineer) alpiniste mf, ascensionniste mf ; (fig pej: also **social climber**) arriviste mf (pej) ; (= plant) plante f grimpante ; (also **rock-climber**) varappeur m, -euse f

2 Les définitions partielles et autres précisions susceptibles de guider l'usager.

**décaper** [dekape] → SYN ▸ conjug 1 ◂ vt (gén) to clean, cleanse; (à l'abrasif) to scour; (à l'acide) to pickle; (à la brosse) to scrub;

**employment** [ɪmˈplɔɪmənt] → SYN 1 n (NonC = jobs collectively) emploi m (NonC) ; (= a job) emploi m, travail m ; (modest) place f ; (important) situation f

3 Les indications d'ordre grammatical permettant au lecteur étranger d'utiliser le mot correctement. Elles sont données après la traduction.

**accessible** [aksesibl] → SYN adj lieu accessible (à to), get-at-able *; personne approachable; œuvre accessible; but attainable;

**ordain** [ɔːˈdeɪn] → SYN vt a [God, fate] décréter (*that* que) ; [law] décréter (*that* que), prescrire (*that* que + subj) ; [judge] ordonner (*that*

### Entre crochets [ ]

1 Les noms sujets précisant le sens d'une entrée verbe.

**décroître** [dekʀwɑtʀ] → SYN ▸ conjug 55 ◂ vi [nombre, population, intensité, pouvoir] to decrease, diminish, decline; [eaux, fièvre] to subside, go down; [popularité] to decline, drop; [vi-

**fade** [feɪd] → SYN 1 vi a [colour] passer, perdre son éclat ; [material] passer, se décolorer ; [light] baisser, diminuer ; [flower] se faner, se flétrir ◆ **guaranteed not to fade** (Tex) garanti bon teint ◆ **the daylight was fast**

2 Les noms compléments d'une entrée nom.

**bajoues** [baʒu] nfpl [animal] cheeks, pouches; [personne] jowls, heavy cheeks

**branch** [brɑːntʃ] → SYN 1 n a [of tree, candelabra] branche f ; [of river] bras m, branche f ; [of mountain chain] ramification f ; [of road] embranchement m ; [of railway] bifurcation f,

3 Les compléments d'objet d'une entrée verbe précédés du signe +.

**défaire** [defɛʀ] → SYN ▸ conjug 60 ◂ 1 vt a [+ échafaudage] to take down, dismantle; [+ installation électrique] to dismantle; [+ sapin de Noël] to take down
b [+ couture, tricot] to undo, unpick (Brit); [+ écheveau] to undo, unravel, unwind; [+ corde, nœud, ruban] to undo, untie; [+ courroie, fermeture, robe] to undo, unfasten; [+ valise] to unpack; [+ cheveux, nattes] to undo

**impair** [ɪmˈpɛər] → SYN vt [+ abilities, faculties] détériorer, diminuer ; [+ negotiations, relations] porter atteinte à ; [+ health] abîmer, détériorer ; [+ sight, hearing] abîmer, affaiblir ; [+ mind, strength] diminuer

### Sans parenthèses

1 Les noms que peut qualifier une entrée adjectif.

**élancé, e** [elɑ̃se] → SYN (ptp de **élancer**) adj clocher, colonne, taille, personne slender

**distinct** [dɪsˈtɪŋkt] → SYN adj a (= definite) impression, preference, likeness, advantage, disadvantage net (before n) ; increase, progress sensible, net (before n) ; possibility réel ◆ **there was a distinct**

2 Les verbes ou adjectifs modifiés par une entrée adverbe.

**joliment** [ʒɔlimɑ̃] adv a (= élégamment) décoré, habillé nicely ◆ **il l'a joliment arrangé !** (iro) he sorted him out nicely ou good and proper! *

**briskly** [ˈbrɪsklɪ] → SYN adv move vivement ; walk d'un bon pas ; speak brusquement ; act sans tarder ◆ **these goods are selling briskly** (Comm etc) ces articles se vendent (très) bien

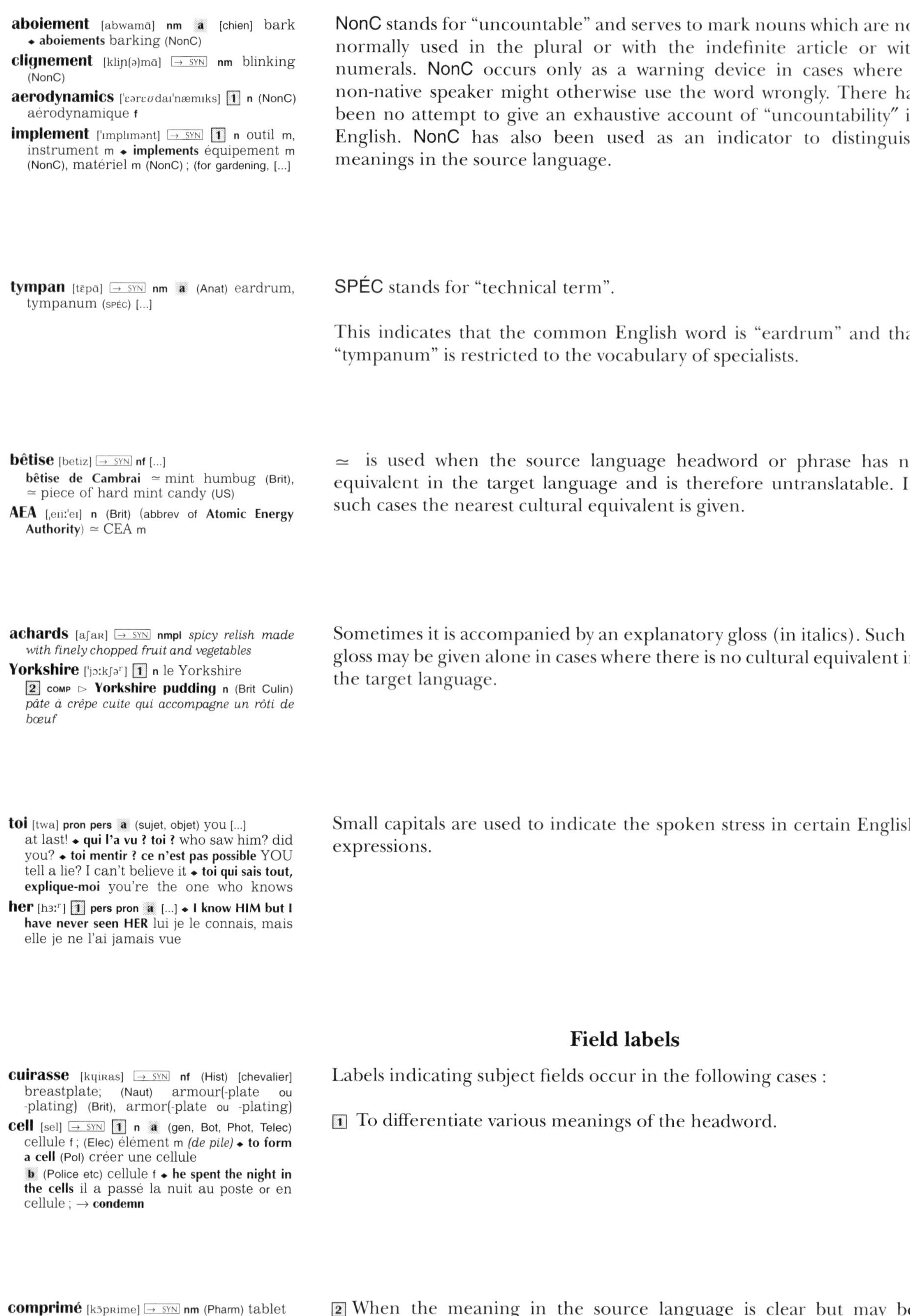

**aboiement** [abwamɑ̃] **nm** **a** [chien] bark ◆ **aboiements** barking (NonC)
**clignement** [kliɲ(ə)mɑ̃] → SYN **nm** blinking (NonC)
**aerodynamics** [ˈɛərəʊdaɪˈnæmɪks] **1** **n** (NonC) aérodynamique **f**
**implement** [ˈɪmplɪmənt] → SYN **1** **n** outil m, instrument m ◆ **implements** équipement m (NonC), matériel m (NonC) ; (for gardening, [...]

NonC stands for "uncountable" and serves to mark nouns which are not normally used in the plural or with the indefinite article or with numerals. NonC occurs only as a warning device in cases where a non-native speaker might otherwise use the word wrongly. There has been no attempt to give an exhaustive account of "uncountability" in English. NonC has also been used as an indicator to distinguish meanings in the source language.

**tympan** [tɛ̃pɑ̃] → SYN **nm** **a** (Anat) eardrum, tympanum (SPÉC) [...]

SPÉC stands for "technical term".

This indicates that the common English word is "eardrum" and that "tympanum" is restricted to the vocabulary of specialists.

**bêtise** [betiz] → SYN **nf** [...]
**bêtise de Cambrai** ≃ mint humbug (Brit), ≃ piece of hard mint candy (US)
**AEA** [ˌeɪiːˈeɪ] **n** (Brit) (abbrev of **Atomic Energy Authority**) ≃ CEA m

≃ is used when the source language headword or phrase has no equivalent in the target language and is therefore untranslatable. In such cases the nearest cultural equivalent is given.

**achards** [aʃaʀ] → SYN **nmpl** *spicy relish made with finely chopped fruit and vegetables*
**Yorkshire** [ˈjɔːkʃəʳ] **1** **n** le Yorkshire
**2** COMP ▷ **Yorkshire pudding** **n** (Brit Culin) *pâte à crêpe cuite qui accompagne un rôti de bœuf*

Sometimes it is accompanied by an explanatory gloss (in italics). Such a gloss may be given alone in cases where there is no cultural equivalent in the target language.

**toi** [twa] **pron pers** **a** (sujet, objet) you [...] at last! ◆ **qui l'a vu ? toi ?** who saw him? did you? ◆ **toi mentir ? ce n'est pas possible** YOU tell a lie? I can't believe it ◆ **toi qui sais tout, explique-moi** you're the one who knows
**her** [hɜːʳ] **1** **pers pron** **a** [...] ◆ **I know HIM but I have never seen HER** lui je le connais, mais elle je ne l'ai jamais vue

Small capitals are used to indicate the spoken stress in certain English expressions.

## Field labels

**cuirasse** [kɥiʀas] → SYN **nf** (Hist) [chevalier] breastplate; (Naut) armour(-plate ou -plating) (Brit), armor(-plate ou -plating)
**cell** [sel] → SYN **1** **n** **a** (gen, Bot, Phot, Telec) cellule f ; (Elec) élément m *(de pile)* ◆ **to form a cell** (Pol) créer une cellule
**b** (Police etc) cellule f ◆ **he spent the night in the cells** il a passé la nuit au poste or en cellule ; → **condemn**

Labels indicating subject fields occur in the following cases :

1 To differentiate various meanings of the headword.

**comprimé** [kɔ̃pʀime] → SYN **nm** (Pharm) tablet
**parabola** [pəˈræbələ] **n** parabole f (Math)

2 When the meaning in the source language is clear but may be ambiguous in the target language.

A full list of the abbreviated field labels is given on pages XXVIII and XXIX.

NonC signifie "non comptable". Il est utilisé pour indiquer qu'un nom ne s'emploie pas normalement au pluriel et ne se construit pas, en règle générale, avec l'article indéfini ou un numéral. NonC a pour but d'avertir le lecteur étranger dans les cas où celui-ci risquerait d'employer le mot de manière incorrecte ; mais notre propos n'est nullement de donner une liste exhaustive de ces mots en anglais. NonC est parfois utilisé comme indication dans la langue de départ, lorsque c'est le seul moyen de distinguer emplois "non comptables" et "comptables".

**aboiement** [abwamɑ̃] nm **a** [chien] bark ◆ **aboiements** barking (NonC)
**clignement** [kliɲ(ə)mɑ̃] → SYN nm blinking (NonC)
**aerodynamics** [ˈɛərɛʊdaɪˈnæmɪks] **1** n (NonC) aérodynamique f
**implement** [ˈɪmplɪmənt] → SYN **1** n outil m, instrument m ◆ **implements** équipement m (NonC), matériel m (NonC) ; (for gardening, [...]

SPÉC signifie "terme de spécialiste".

Dans l'exemple ci-contre le mot anglais d'usage courant est "eardrum" et "tympanum" ne se rencontre que dans le vocabulaire des spécialistes.

**tympan** [tɛ̃pɑ̃] → SYN nm **a** (Anat) eardrum, tympanum (SPÉC) [...]

≃ introduit une équivalence culturelle, lorsque ce que représente le terme de la langue de départ n'existe pas ou n'a pas d'équivalent exact dans la langue d'arrivée, et n'est donc pas à proprement parler traduisible.

**bêtise** [betiz] → SYN nf [...]
**bêtise de Cambrai** ≃ mint humbug (Brit), ≃ piece of hard mint candy (US)
**AEA** [ˌeɪiːˈeɪ] n (Brit) (abbrev of **Atomic Energy Authority**) ≃ CEA m

Une glose explicative accompagne parfois l'équivalent culturel choisi ; elle peut être donnée seule lorsqu'il n'existe pas d'équivalent culturel assez proche dans la langue d'arrivée.

**achards** [aʃaʀ] → SYN nmpl *spicy relish made with finely chopped fruit and vegetables*
**Yorkshire** [ˈjɔːkʃəʳ] **1** n le Yorkshire
**2** COMP ▷ **Yorkshire pudding** n (Brit Culin) *pâte à crêpe cuite qui accompagne un rôti de bœuf*

On a eu recours aux petites capitales pour indiquer, dans certaines expressions anglaises, l'accent d'insistance qui rend ou requiert une nuance particulière du français.

**toi** [twa] pron pers **a** (sujet, objet) you [...] at last! ◆ **qui l'a vu ? toi ?** who saw him? did you? ◆ **toi mentir ? ce n'est pas possible** YOU tell a lie? I can't believe it ◆ **toi qui sais tout, explique-moi** you're the one who knows
**her** [hɜːʳ] **1** pers pron **a** [...] ◆ **I know HIM but I have never seen HER** lui je le connais, mais elle je ne l'ai jamais vue

## Domaines

Les indications de domaine figurent dans les cas suivants :

**1** Pour indiquer les différents sens d'un mot et introduire les traductions appropriées.

**cuirasse** [kɥiʀas] → SYN nf (Hist) [chevalier] breastplate; (Naut) armour(-plate or -plating) (Brit), armor(-plate or -plating)
**cell** [sel] → SYN **1** n **a** (gen, Bot, Phot, Telec) cellule f ; (Elec) élément m *(de pile)* ◆ **to form a cell** (Pol) créer une cellule
**b** (Police etc) cellule f ◆ **he spent the night in the cells** il a passé la nuit au poste or en cellule ; → **condemn**

**2** Quand la langue de départ n'est pas ambiguë, mais que la traduction peut l'être.

**comprimé** [kɔ̃pʀime] → SYN nm (Pharm) tablet
**parabola** [pəˈræbələ] n parabole f (Math)

La liste des indications de domaine apparaissant sous forme abrégée figure pages XXVIII et XXIX.

## STYLE LABELS

A dozen or so indicators of register are used to mark non-neutral words and expressions. These indicators are given for both source and target languages and serve mainly as a warning to the reader using the foreign language. The following paragraphs explain the meaning of the most common style labels, of which a complete list is given, with explanations, on pages XXVIII and XXIX.

**agréer** [agʀee] → SYN ▸ conjug 1 ◂ (frm) 1 vt (= accepter) [+ demande, excuses] to accept;
**heretofore** [ˌhɪətʊˈfɔːʳ] adv (frm) (= up to specified point) jusque-là ; (= up to now) jusqu'ici

frm denotes formal language such as that used on official forms, in pronouncements and other formal communications.

**accro** * [akʀo] (abrév de **accroché**) 1 adj **a** (Drogue) **être accro** to have a habit (arg), be hooked * ◆ **être accro à l'héroïne** to be hooked on heroin *
**kidology** * [kɪˈdɒlədʒɪ] n (Brit) bluff m

* indicates that the expression, while not forming part of standard language, is used by all educated speakers in a relaxed situation but would not be used in a formal essay or letter, or on an occasion when the speaker wishes to impress.

**taulard, -arde** ⁑ [tolaʀ, aʀd] nm,f convict, con ⁑
**kisser** ⁑ [ˈkɪsəʳ] n gueule ⁑ f

⁑ indicates that the expression is used by some but not all educated speakers in a very relaxed situation. Such words should be handled with extreme care by non-native speakers unless they are very fluent in the language and are very sure of their company.

**baiser**[2] [beze] ▸ conjug 1 ◂ 1 vt **a** (frm) [+ main, visage, sol] to kiss
**b** (****: sexuellement) to screw ***, lay ***, fuck ***
**arse** *** [ɑːs] (esp Brit) 1 n cul *** m

*** means "Danger !" Such words are liable to offend in any situation, and therefore are to be avoided by the non-native speaker.

**indéfrisable** † [ɛ̃defʀizabl] nf perm, permanent (US)
**botheration** † * [ˌbɒðəˈreɪʃən] excl flûte ! *, la barbe ! *

† denotes old-fashioned terms which are no longer in wide current use but which the foreign user is likely to find in reading.

**gageure** [gaʒyʀ] → SYN nf [...] ( †† = pari) wager

†† denotes obsolete words which the user will normally find only in classical literature.

**ordalie** [ɔʀdali] nf (Hist) ordeal

The use of † and †† should not be confused with the label Hist. Hist does not apply to the expression itself but denotes the historical context of the object it refers to.

**ostentatoire** [ɔstɑ̃tatwaʀ] adj (littér) ostentatious
**beseech** [bɪˈsiːtʃ] → SYN pret, ptp **besought** or **beseeched** vt (liter) **a** (= ask for) [+ permission] demander instamment, solliciter ; [+ pardon] implorer

liter, littér denote an expression which belongs to literary or poetic language.
The user should not confuse these style labels with the field labels Literat, Littérat which indicate that the expression belongs to the field of literature. Similarly the user should note that the abbreviation lit indicates the literal, as opposed to the figurative fig, meaning of a word.

**camer (se)** [kame] → SYN vpr (arg Drogue) to be on drugs
**sorted** [ˈsɔːtɪd] adj **a** (= arranged) arrangé ◆ **in a few months everything should be sorted** dans quelques mois tout devrait être arrangé
**b** (Drugs sl) **are you sorted?** tu as ce qu'il te faut ?

For the purpose of this dictionary the indicators sl (slang) and arg (argot) mark specific areas of vocabulary restricted to clearly defined groups of speakers (eg schoolchildren, soldiers, etc) and for this reason a field label is added to the label sl or arg marking the departure language expression.

The labels and symbols above are used to mark either an individual word or phrase, or a whole category, or even a complete entry. Where a headword is marked with asterisks, any phrases in the entry will only have asterisks if they are of a different register from the headword.

## NIVEAUX DE LANGUE

Une quinzaine d'indications de registre accompagnent les mots et expressions qui présentent un écart par rapport à la langue courante. Ces indications sont données aussi bien dans la langue de départ que dans la langue d'arrivée et constituent avant tout un avertissement au lecteur utilisant la langue étrangère. Les paragraphes suivants précisent le sens des principaux niveaux de langue, dont la liste complète figure sous forme abrégée sur les pages XXVIII et XXIX.

frm indique le style administratif, les formules officielles, la langue soignée.

**agréer** [agʀee] → SYN ▸ conjug 1 ◂ (frm) 1 vt (= accepter) [+ demande, excuses] to accept;

**heretofore** [ˌhɪətʊˈfɔːʳ] adv (frm) (= up to specified point) jusque-là ; (= up to now) jusqu'ici

* marque la majeure partie des expressions familières et les incorrections de langage employées dans la langue de tous les jours. Ce signe conseille au lecteur d'être prudent.

**accro** * [akʀo] (abrév de **accroché**) 1 adj a (Drogue) **être accro** to have a habit (arg), be hooked * ◆ **être accro à l'héroïne** to be hooked on heroin *

**kidology** * [kɪˈdɒlədʒɪ] n (Brit) bluff m

⁑ marque les expressions très familières qui sont à employer avec la plus grande prudence par le lecteur étranger, qui devra posséder une grande maîtrise de la langue et savoir dans quel contexte elles peuvent être utilisées.

**taulard, -arde** ⁑ [tolaʀ, aʀd] nm,f convict, con ⁑

**kisser** ⁑ [ˈkɪsəʳ] n gueule ⁑ f

*** marque le petit nombre d'expressions courantes que le lecteur étranger doit pouvoir reconnaître, mais dont l'emploi risque d'être ressenti comme fortement indécent ou injurieux.

**baiser²** [beze] ▸ conjug 1 ◂ 1 vt a (frm) [+ main, visage, sol] to kiss
b (***: sexuellement) to screw ***, lay ***, fuck ***

**arse** *** [ɑːs] (esp Brit) 1 n cul *** m

† marque les termes ou expressions démodés, qui ont quitté l'usage courant mais que l'étranger peut encore rencontrer au cours de ses lectures.

**indéfrisable** † [ɛ̃defʀizabl] nf perm, permanent (US)

**botheration** † * [ˌbɒðəˈreɪʃən] excl flûte ! *, la barbe ! *

†† marque les termes ou expressions archaïques, que le lecteur ne rencontrera en principe que dans les œuvres classiques.

**gageure** [gaʒyʀ] → SYN nf [...] ( †† = pari) wager

On évitera de confondre ces signes avec l'indication Hist, qui ne marque pas le niveau de langue du mot lui-même mais souligne que l'objet désigné ne se rencontre que dans un contexte historiquement daté.

**ordalie** [ɔʀdali] nf (Hist) ordeal

littér, liter marquent les expressions de style poétique ou littéraire.
Le lecteur veillera à ne pas confondre ces indications avec lit d'une part (sens propre, emploi littéral) et Littérat, Literat de l'autre (domaine de la littérature).

**ostentatoire** [ɔstɑ̃tatwaʀ] adj (littér) ostentatious

**beseech** [bɪˈsiːtʃ] → SYN pret, ptp **besought** or **beseeched** vt (liter) a (= ask for) [+ permission] demander instamment, solliciter ; [+ pardon] implorer

Les indications arg (argot) et sl (slang) désignent les termes appartenant au vocabulaire de groupes restreints (tels que les écoliers, les militaires) et l'indication du domaine approprié leur est adjointe dans la langue de départ.

**camer (se)** [kame] → SYN vpr (arg Drogue) to be on drugs

**sorted** [ˈsɔːtɪd] adj a (= arranged) arrangé ◆ **in a few months everything should be sorted** dans quelques mois tout devrait être arrangé
b (Drugs sl) **are you sorted?** tu as ce qu'il te faut ?

Les indications de niveau de langue peuvent soit s'attacher à un mot ou à une expression isolés, soit marquer une catégorie entière ou même un article complet. Lorsqu'un mot est suivi d'astérisques, les locutions et exemples de l'article ne prendront à leur tour l'astérisque que si elles appartiennent à un niveau de langue différent.

# PUNCTUATION

**légitime** [leʒitim] → SYN 1 adj a (= légal) droits, gouvernement legitimate, lawful;
**alluring** [əˈljʊərɪŋ] adj séduisant, charmant

A comma is used to separate translations which have the same or very similar meanings.

**direct, e** [diʀɛkt] → SYN 1 adj a (= sans détour) route, personne, reproche, regard direct; question direct, straight; allusion direct, pointed
**melting** [ˈmeltɪŋ] 1 adj snow fondant ; (fig) voice, look attendri ; words attendrissant

A semi-colon separates translations which are not interchangeable. As a general rule, indicators are given to differentiate between non-interchangeable translations.

**danger** [dɑ̃ʒe] → SYN nm danger ◆ **un grave danger nous menace** we are in serious ou grave danger ◆ **courir un danger** to run a risk ◆ **en cas de danger** in case of emer-
**sailboarding** [ˈseɪl,bɔːdɪŋ] n planche f à voile ◆ **to go sailboarding** faire de la planche à voile

A black lozenge precedes every new phrase.

**ravi, e** [ʀavi] → SYN (ptp de **ravir**) adj (= enchanté) delighted ... ◆ **ravi de vous connaître** delighted ou pleased to meet you
**freshly** [ˈfreʃlɪ] adv ground, grated, dug fraîchement ◆ **freshly baked bread** du pain qui sort or frais sorti du four ◆ **freshly caught fish** du

In the translation of phrases, an alternative translation of only part of the phrase is preceded by either or or ou.

**académie** [akademi] → SYN nf [...]
b (= école) academy ◆ **académie de dessin/danse** art/dancing school, academy of art/dancing ◆ **académie de cinéma** film school
**eyetooth** [ˈaɪtuːθ] n, pl **eyeteeth** [ˈaɪtiːθ] canine f supérieure ◆ **I'd give my eyeteeth * for a car like that/to go to China** qu'est-ce que je ne donnerais pas pour avoir une voiture comme ça/pour aller en Chine

An oblique / indicates alternatives in the source language which are reflected exactly in the target language.

**abouter** [abute] → SYN ▸ conjug 1 ◂ vt to join (up) (end to end)
**bromide** [ˈbrəʊmaɪd] n a (Chem, Typ) bromure m ; (Med *) bromure m (de potassium)

Parentheses within illustrative phrases or their translations indicate that the material they contain is optional.

**esteem** [ɪsˈtiːm] → SYN 1 vt a (= think highly of) [+ person] avoir de l'estime pour, estimer ; [+ quality] apprécier ◆ **our (highly) esteemed colleague** notre (très) estimé collègue or confrère

Such parentheses may be given for phrases in both source and target language.

## PONCTUATION

Une virgule sépare les traductions considérées comme équivalentes ou pratiquement équivalentes.

**légitime** [leʒitim] → SYN 1 adj a (= légal) droits, gouvernement legitimate, lawful;
**alluring** [əˈljʊərɪŋ] adj séduisant, charmant

Un point-virgule sépare les traductions qui ne sont pas interchangeables. En règle générale, le point-virgule est accompagné d'une indication qui précise la différence de sens.

**direct, e** [diʀɛkt] → SYN 1 adj a (= sans détour) route, personne, reproche, regard direct; question direct, straight; allusion direct, pointed
**melting** [ˈmeltɪŋ] 1 adj snow fondant ; (fig) voice, look attendri ; words attendrissant

Un losange noir précède chaque exemple.

**danger** [dɑ̃ʒe] → SYN nm danger ◆ **un grave danger nous menace** we are in serious ou grave danger ◆ **courir un danger** to run a risk ◆ **en cas de danger** in case of emer-
**sailboarding** [ˈseɪl,bɔːdɪŋ] n planche f à voile ◆ **to go sailboarding** faire de la planche à voile

Les traductions offrant plusieurs variantes interchangeables à partir d'un tronc commun sont séparées par ou ou par or.

**ravi, e** [ʀavi] → SYN (ptp de ravir) adj (= enchanté) delighted ... ◆ **ravi de vous connaître** delighted ou pleased to meet you
**freshly** [ˈfreʃlɪ] adv ground, grated, dug fraîchement ◆ **freshly baked bread** du pain qui sort or frais sorti du four ◆ **freshly caught fish** du

Le trait oblique / permet de regrouper des expressions de sens différent ayant un élément en commun, lorsque cette structure est reflétée dans la langue d'arrivée.

**académie** [akademi] → SYN nf [...]
b (= école) academy ◆ **académie de dessin/danse** art/dancing school, academy of art/dancing ◆ **académie de cinéma** film school
**eyetooth** [ˈaɪtuːθ] n, pl **eyeteeth** [ˈaɪtiːθ] canine f supérieure ◆ **I'd give my eyeteeth * for a car like that/to go to China** qu'est-ce que je ne donnerais pas pour avoir une voiture comme ça/pour aller en Chine

Les parenthèses figurant à l'intérieur des expressions ou de leur traduction indiquent que les mots qu'elles contiennent sont facultatifs.

**abouter** [abute] → SYN ▸ conjug 1 ◂ vt to join (up) (end to end)
**bromide** [ˈbrəʊmaɪd] n a (Chem, Typ) bromure m ; (Med *) bromure m (de potassium)

Ces parenthèses peuvent figurer en corrélation.

**esteem** [ɪsˈtiːm] → SYN 1 vt a (= think highly of) [+ person] avoir de l'estime pour, estimer ; [+ quality] apprécier ◆ **our (highly) esteemed colleague** notre (très) estimé collègue or confrère

## CROSS-REFERENCES

**sainteté** [sɛ̃tte] → SYN nf a [personne] saintliness, godliness; [Évangile, Vierge] holiness; [lieu] holiness, sanctity; [mariage] sanctity; → **odeur**

These are used to refer the user to the headword under which a certain compound or idiom has been treated (see SET PHRASES AND IDIOMS p. XIV).

**vendredi** [vɑ̃dʀədi] nm Friday ◆ **Vendredi** (= personnage de Robinson Crusoé) Man Friday ◆ **c'était un vendredi treize** it was Friday the thirteenth; pour autres loc voir **samedi**

**Friday** ['fraɪdɪ] n vendredi m ◆ **Friday the thirteenth** vendredi treize ; → **good** ; for other phrases see **Saturday**

They are also used to draw the user's attention to the full treatment of such words as numerals, days of the week and months of the year under certain key words. The key words which have been treated in depth are: French: **six, sixième, soixante, samedi, septembre.** English: **six; sixth, sixty, Saturday, September.**

## SYNONYMS

**dictionnaire** [diksjɔnɛʀ] → SYN nm dictionary ◆ **dictionnaire analogique** thesaurus ◆ **dictionnaire de langue/de rimes** language/rhyme dictionary ◆ **dictionnaire de données** (Ordin)

**dictionary** ['dɪkʃənrɪ] → SYN 1 n dictionnaire m ◆ **to look up a word in a dictionary** chercher un mot dans un dictionnaire ◆ **it's not in the dictionary** ce n'est pas dans le dictionnaire

Words which are cross-referred to the thesaurus are followed by the indicator → SYN.
The indicator → SYN tells the user the word is treated in the thesaurus, with a full list of synonyms.

## CROSS-REFERENCES TO LANGUAGE IN USE

**refuse**[1] [rɪ'fju:z] LANGUAGE IN USE 8.3, 9.3, 12 → SYN

Words which are also covered in Language in Use are shown by a cross-reference at the top of the entry.
In this example, the user is referred to topics on **Disagreement** (chapter 12), **Intentions and Desires** (chapter 8, § 3), and **Permission** (chapter 9, § 3).

## VERBS

**baisser** [bese] → SYN ▸ conjug 1 ◂ 1 vt

**arise** [ə'raɪz] → SYN pret **arose**, ptp **arisen** [ə'rɪzn] vi a [difficulty] survenir, surgir ; [question] se

Tables of French and English verbs are included in the supplements at the end of each volume (vol. 1 for French verbs and vol. 2 for English verbs). At each verb headword in the French-English side of the dictionary, a number refers the user to these tables. The preterite and past participle of English strong verbs are given at the main verb entry.

3 **se baisser** vpr (pour ramasser) to bend down, stoop; (pour éviter) to duck ◆ **il n'y a qu'à se baisser (pour les ramasser)** (lit) they're lying thick on the ground; (fig) they're there for the taking

In the French-English part of the dictionary, verbs which are true pronominals are treated in a separate grammatical category.

**grandir** [gʀɑ̃diʀ] → SYN ▸ conjug 2 ◂ 1 vi [...]
2 vt a (= faire paraître grand) [microscope] to magnify ◆ **grandir les dangers/difficultés** to exaggerate the dangers/difficulties ◆ **ces chaussures te grandissent** those shoes make you (look) taller ◆ **il se grandit en se mettant sur la pointe des pieds** he made himself taller by standing on tiptoe

Pronominal uses which indicate a reciprocal, reflexive or passive sense are shown only if the translation requires it. In such cases they may be given within the transitive category of the verb as an illustrative phrase.

**étendu, e**[1] [etɑ̃dy] → SYN (ptp de **étendre**) adj a

**broken** ['brəʊkən] → SYN 1 vb (ptp of **break**)
2 adj a (= cracked, smashed) cup, window, branch, biscuits etc cassé ; (= uneven, rugged)

If the translation of a past participle cannot be reached directly from the verb entry or if the past participle has adjectival value then the past participle is treated as a headword.

## RENVOIS

Ils renvoient le lecteur à l'article dans lequel est traitée une certaine expression, où figure un certain composé (voir LOCUTIONS ET EXEMPLES p. XV).

**sainteté** [sɛ̃tte] → SYN nf a [personne] saintliness, godliness; [Évangile, Vierge] holiness; [lieu] holiness, sanctity; [mariage] sanctity; → **odeur**

Ils attirent également l'attention de l'usager sur certains mots-clés qui ont été traités en profondeur ; pour les numéraux, **six, sixième** et **soixante** ; pour les jours de la semaine, **samedi** ; pour les mois de l'année **septembre**. Dans la nomenclature anglaise, ce seront les mots **six, sixth, sixty, Saturday, September**.

**vendredi** [vɑ̃dʀədi] nm Friday ◆ **Vendredi** (= personnage de Robinson Crusoé) Man Friday ◆ **c'était un vendredi treize** it was Friday the thirteenth; pour autres loc voir **samedi**

**Friday** [ˈfraɪdɪ] n vendredi m ◆ **Friday the thirteenth** vendredi treize ; → **good** ; for other phrases see **Saturday**

## SYNONYMES

Les mots faisant l'objet d'un développement synonymique sont suivis de l'indication → SYN.
Cette indication invite l'usager à se reporter au dictionnaire de synonymes où il trouvera une liste d'équivalents.

**dictionnaire** [diksjɔnɛʀ] → SYN nm dictionary ◆ **dictionnaire analogique** thesaurus ◆ **dictionnaire de langue/de rimes** language/rhyme dictionary ◆ **dictionnaire de données** (Ordin)

**dictionary** [ˈdɪkʃənrɪ] → SYN 1 n dictionnaire m ◆ **to look up a word in a dictionary** chercher un mot dans un dictionnaire ◆ **it's not in the dictionary** ce n'est pas dans le dictionnaire

## RENVOIS À LA GRAMMAIRE ACTIVE

Les mots qui font l'objet d'un développement dans la Grammaire active sont accompagnés de l'indication GRAMMAIRE ACTIVE suivie d'un ou de plusieurs numéros. Ces numéros renvoient à la rubrique correspondante de la section grammaticale.
Dans l'exemple ci-contre, l'usager est renvoyé aux rubriques **la Suggestion** (chapitre 1, § 1), **Propositions** (chapitre 3), **la Permission** (chapitre 9, § 1) et **l'Obligation** (chapitre 10, § 4).

**permettre** [pɛʀmɛtʀ] GRAMMAIRE ACTIVE 1.1, 3, 9.1, 10.4 → SYN ▸ conjug 56 ◂

## VERBES

Les tables de conjugaison des verbes français et anglais sont données en annexe à la fin de chaque tome : tome 1 pour les verbes français et tome 2 pour les verbes anglais. Dans la nomenclature française, chaque verbe est suivi d'un numéro qui renvoie le lecteur à ces tables. Le prétérit et le participe passé des verbes forts anglais sont donnés après le verbe dans le corps de l'article. Une liste des principaux verbes forts figure également en annexe du tome 2.

**baisser** [bese] → SYN ▸ conjug 1 ◂ 1 vt

**arise** [əˈraɪz] → SYN pret **arose**, ptp **arisen** [əˈrɪzn] vi a [difficulty] survenir, surgir ; [question] se

Dans la partie français-anglais, les emplois véritablement pronominaux des verbes sont traités dans une catégorie à part.

3 **se baisser** vpr (pour ramasser) to bend down, stoop; (pour éviter) to duck ◆ **il n'y a qu'à se baisser (pour les ramasser)** (lit) they're lying thick on the ground; (fig) they're there for the taking

Les emplois pronominaux à valeur réciproque, réfléchie ou passive, ne figurent que lorsque la traduction l'exige. En pareil cas, ils peuvent être simplement donnés dans la catégorie appropriée du verbe transitif, à titre d'exemple.

**grandir** [gʀɑ̃diʀ] → SYN ▸ conjug 2 ◂ 1 vi [...]
2 vt a (= faire paraître grand) [microscope] to magnify ◆ **grandir les dangers/difficultés** to exaggerate the dangers/difficulties ◆ **ces chaussures te grandissent** those shoes make you (look) taller ◆ **il se grandit en se mettant sur la pointe des pieds** he made himself taller by standing on tiptoe

Si la traduction d'un participe passé ne peut se déduire directement à partir du verbe, ou si le participe a pris une valeur adjective, il est traité comme mot à part entière et figure à sa place alphabétique dans la nomenclature.

**étendu, e**[1] [etɑ̃dy] → SYN (ptp de **étendre**) adj a

**broken** [ˈbrəʊkən] → SYN 1 vb (ptp of **break**)
2 adj a (= cracked, smashed) cup, window, branch, biscuits etc cassé ; (= uneven, rugged)

## CULTURAL NOTES

Extra information on culturally significant events, institutions, traditions and customs that cannot be given in an ordinary translation or gloss is given in the form of boxed notes following the relevant entry.

**AOC** [aose] **nf** (abrév de **appellation d'origine contrôlée**) ◆ **fromage/vin AOC** AOC cheese/wine *(with a guarantee of origin)*

> **AOC**
>
> **AOC** is the highest French wine classification. It indicates that the wine meets strict requirements concerning the vineyard of origin, the type of vine grown, the method of production, and the volume of alcohol present. → VDQS

## COMPLEX ENTRIES

Entries that are very long because they cover function words (**to, do, à, faire** etc) or words that are used in a large number of set structures (**time, head, affaire, heure** etc) are given special treatment in this dictionary.

Complex entries with more than one part of speech begin with a special "menu" that shows how they are structured.

Special notes inside the entry either explain important points of grammar and usage that cannot be properly demonstrated by examples alone, or refer you to another part of the dictionary. The word *BUT* (or *MAIS*) introduces exceptions to any general point that has been made.

The beginning of each semantic category is clearly signposted with indicators in boxes, and set structures have been given special prominence to make them easy to locate.

Finally, in entries where there are long sequences of examples containing set collocates, these collocates are highlighted to make them stand out clearly.

**aller** [ale]

[→ SYN] ► conjug 9 ◄

| | |
|---|---|
| [1] VERBE INTRANSITIF | [4] VERBE PRONOMINAL |
| [2] VERBE IMPERSONNEL | [5] LOCUTIONS EXCLAMATIVES |
| [3] VERBE AUXILIAIRE | [6] NOM MASCULIN |

[1] VERBE INTRANSITIF

**a** [= se déplacer, partir] to go ◆ **où vas-tu ?** where are you going? [MAIS] ◑ **il t'attend, va!** he's waiting for you, go on!

> **aller** se traduit régulièrement par un verbe spécifique en anglais :

◆ **j'allais par les rues désertes** I walked ou wandered through the empty streets ◆ **il allait trop vite quand il a eu son accident** he was driving ou going too fast when he had his accident ◆ **en ville, on va plus vite à pied qu'en voiture** in town it is quicker to walk than to go by car ◆ **aller à Paris en voiture/en avion** to drive/fly to Paris ◆ **il y est allé à** ou **en vélo** he cycled there, he went there on his bike ◆ **j'irai à pied** I'll walk, I'll go on foot

♦ **aller et venir** (entre deux endroits) to come and go; (dans une pièce) to pace up and down ◆ **tu sais, la chance, ça va ça vient** luck comes and goes, you know, you win some, you lose some ◆ **avec lui l'argent, ça va, ça vient** when it comes to money, it's easy come, easy go with him;

♦ **aller** + préposition (= se rendre à ou vers etc ) ◆ **aller à** to go to ◆ **aller à Caen/à la campagne** to go to Caen/to the country ◆ **aller au lit/à l'église/à l'école** to go to bed/to church/to school ◆ **aller en Allemagne** to go to Germany ◆ **aller chez le boucher/chez un ami** to go to the butcher's/to a friend's (place)

## NOTES CULTURELLES

Des informations concernant des événements culturellement importants, des traditions et coutumes ou des institutions, qui ne pouvaient être données dans le corps même des articles sous forme de traductions ou de simples gloses, sont présentées dans des encadrés placés juste en-dessous de l'entrée.

**A LEVELS**

Diplôme britannique préparé en deux ans, qui sanctionne la fin des études secondaires et permet l'accès à l'enseignement supérieur. Contrairement au baccalauréat français, dont le résultat est global, les **A levels** sont obtenus séparément dans un nombre limité de matières (trois en moyenne) choisies par le candidat. Le système d'inscription dans l'enseignement supérieur étant sélectif, les élèves cherchent à obtenir les meilleurs mentions possibles afin de pouvoir choisir plus facilement leur université.

En Écosse, l'équivalent des **A levels** est le "Higher", ou "Higher Grade", qui se prépare en un an et porte sur cinq matières au maximum. → GCSE

## ARTICLES LONGS

Les articles qui sont particulièrement longs, soit parce qu'ils traitent de mots-outils (**à, faire, to, do** etc.), soit parce qu'ils couvrent beaucoup d'expressions lexicales (**affaire, heure, head, time** etc.), bénéficient d'un traitement spécifique dans notre dictionnaire.

Les articles comprenant plus d'une catégorie grammaticale s'ouvrent par un "menu" qui présente leur structure.

Des notes à l'intérieur même des articles expliquent certains points de grammaire et d'usage importants que les exemples seuls ne peuvent parfaitement illustrer. Le mot *MAIS* (ou *BUT*) attire l'attention de l'usager sur des exceptions aux règles énoncées.

Chaque catégorie sémantique est clairement signalée par un indicateur mis en relief et les structures importantes sont présentées de manière à être très facilement repérables.

Dans certaines séquences d'exemples très longues, les collocateurs les plus fréquents sont mis en valeur.

Enfin, l'usager est régulièrement renvoyé à des articles moins denses pour y trouver plus aisément certaines expressions.

**get** [get]
vb : pret, ptp **got**, ptp (US) **gotten**

1 TRANSITIVE VERB
2 INTRANSITIVE VERB
3 COMPOUNDS
4 PHRASAL VERBS

1 TRANSITIVE VERB

When **get** is part of a set combination, eg **get the sack**, **get hold of**, **get sth right**, look up the other word.

**a** = have, receive, obtain avoir

**avoir** covers a wide range of meanings, and like **get** is unspecific:

◆ **I go whenever I get the chance** j'y vais dès que j'en ai l'occasion ◆ **he's got a cut on his finger** il a une coupure au doigt ◆ **he got a fine** il a eu une amende ◆ **she gets a good salary** elle a un bon salaire ◆ **not everyone gets a pension** tout le monde n'a pas la retraite ◆ **you need to get permission from the owner** il faut avoir la permission du propriétaire ◆ **I got a lot of presents** j'ai eu beaucoup de cadeaux ◆ **he got first prize** il a eu le premier prix ◆ **you may get a surprise** tu pourrais avoir une surprise

Some **get** + noun combinations may take a more specific French verb:

◆ **we can get sixteen channels** nous pouvons recevoir seize chaînes ◆ **it was impossible to get help** il était impossible d'obtenir de l'aide ◆ **he got help from the others** il s'est fait aider par les autres ◆ **first I need to get a better idea of the situation** je dois d'abord me faire une meilleure idée de la situation ◆ **I think he got the wrong impression** je pense qu'il s'est fait des idées ◆ **they get lunch at school** ils déjeunent *or* ils mangent à l'école ◆ **he got his money by exploiting others** il s'est enrichi en exploitant les autres ◆ **if I'm not working I get no pay** si je ne travaille pas je ne suis pas payé

# ABRÉVIATIONS ET SIGNES CONVENTIONNELS
# ABBREVIATIONS AND SPECIAL SYMBOLS

## SIGNES CONVENTIONNELS / SPECIAL SYMBOLS

| | | |
|---|---|---|
| marque déposée | ® | registered trademark |
| langage familier | * | informal language |
| langage très familier | ** | very informal language |
| langage vulgaire | *** | offensive language |
| emploi vieilli | † | old-fashioned term or expression |
| emploi archaïque | †† | archaic term or expression |
| renvoi au dictionnaire des synonymes | → SYN | cross-reference to the thesaurus |
| voir entrée | → | see entry |
| voir variante | ⇒ | see alternative form |

## MARQUES DE DOMAINES / FIELD LABELS

| | | |
|---|---|---|
| administration | **Admin** | administration |
| agriculture | **Agr** | agriculture |
| anatomie | **Anat** | anatomy |
| antiquité | **Antiq** | ancient history |
| archéologie | **Archéol, Archeol** | archaeology |
| architecture | **Archit** | architecture |
| astrologie | **Astrol** | astrology |
| astronomie | **Astron** | astronomy |
| automobile | **Aut** | automobiles |
| aviation | **Aviat** | aviation |
| biologie | **Bio** | biology |
| botanique | **Bot** | botany |
| chimie | **Chim, Chem** | chemistry |
| cinéma | **Ciné, Cine** | cinema |
| commerce | **Comm** | commerce |
| informatique | **Comput** | computing |
| construction | **Constr** | building trade |
| cuisine | **Culin** | cookery |
| écologie | **Écol, Ecol** | ecology |
| économique | **Écon, Econ** | economics |
| enseignement | **Éduc, Educ** | education |
| électricité, électronique | **Élec, Elec** | electricity, electronics |
| finance | **Fin** | finance |
| football | **Ftbl** | football |
| géographie | **Géog, Geog** | geography |
| géologie | **Géol, Geol** | geology |
| géométrie | **Géom, Geom** | geometry |
| gouvernement | **Govt** | government |
| grammaire | **Gram** | grammar |
| gymnastique | **Gym** | gymnastics |
| héraldique | **Hér, Her** | heraldry |
| histoire | **Hist** | history |
| industrie | **Ind** | industry |
| droit, juridique | **Jur** | law, legal |
| linguistique | **Ling** | linguistics |
| littérature | **Littérat, Literat** | literature |
| mathématique | **Math** | mathematics |
| médecine | **Méd, Med** | medicine |
| météorologie | **Mét, Met** | meteorology |
| métallurgie | **Métal, Metal** | metallurgy |
| militaire | **Mil** | military |
| mines | **Min** | mining |
| minéralogie | **Minér, Miner** | mineralogy |
| musique | **Mus** | music |
| mythologie | **Myth** | mythology |
| nautique | **Naut** | nautical, naval |
| physique nucléaire | **Nucl Phys** | nuclear physics |
| optique | **Opt** | optics |
| informatique | **Ordin** | computing |
| ornithologie | **Orn** | ornithology |
| parlement | **Parl** | parliament |
| pharmacie | **Pharm** | pharmacy |
| philatélie | **Philat** | philately |
| philosophie | **Philos** | philosophy |
| phonétique | **Phon** | phonetics |
| photographie | **Phot** | photography |
| physique | **Phys** | physics |
| physiologie | **Physiol** | physiology |
| politique | **Pol** | politics |
| psychologie, psychiatrie | **Psych** | psychology, psychiatry |
| radio | **Rad** | radio |
| chemin de fer | **Rail** | rail(ways) |
| religion | **Rel** | religion |
| sciences | **Sci** | science |
| école | **Scol** | school |
| sculpture | **Sculp** | sculpture |
| ski | **Ski** | skiing |
| sociologie | **Sociol, Soc** | sociology |
| Bourse | **St Ex** | Stock Exchange |
| chirurgie | **Surg** | surgery |
| arpentage | **Surv** | surveying |
| technique | **Tech** | technical |
| télécommunications | **Téléc, Telec** | telecommunications |
| industrie textile | **Tex** | textiles |
| théâtre | **Théât, Theat** | theatre |
| télévision | **TV** | television |
| typographie | **Typ** | typography |
| université | **Univ** | university |
| médecine vétérinaire | **Vét, Vet** | veterinary medicine |
| zoologie | **Zool** | zoology |

## AUTRES ABRÉVIATIONS / OTHER ABBREVIATIONS

| | | |
|---|---|---|
| abréviation | **abrév, abbr** | abbreviated, abbreviation |
| adjectif | **adj** | adjective |
| adverbe | **adv** | adverb |
| approximativement | **approx** | approximately |
| argot | **arg** | slang |
| article | **art** | article |
| attribut | **attrib** | predicative |
| australien, Australie | **Austral** | Australian, Australia |
| auxiliaire | **aux** | auxiliary |
| belgicisme | **Belg** | Belgian idiom |
| britannique, Grande-Bretagne | **Brit** | British, Great Britain |
| canadien, Canada | **Can** | Canadian, Canada |
| mot composé | COMP | compound, in compounds |
| comparatif | **compar** | comparative |
| conditionnel | **cond** | conditional |
| conjonction | **conj** | conjunction |
| conjugaison | **conjug** | conjugation |
| défini | **déf, def** | definite |
| démonstratif | **dém, dem** | demonstrative |
| dialectal, régional | **dial** | dialect |
| diminutif | **dim** | diminutive |
| direct | **dir** | direct |
| écossais, Écosse | **Écos** | Scottish, Scotland |
| par exemple | **eg** | for example |
| épithète | **épith** | before noun |
| surtout | **esp** | especially |
| et cætera, et cetera | **etc** | et cetera |
| euphémisme | **euph** | euphemism |
| par exemple | **ex** | for example |
| exclamation | **excl** | exclamation |
| féminin | **f, fem** | feminine |
| au figuré | **fig** | figuratively |
| féminin pluriel | **fpl** | feminine plural |
| langue soignée | **frm** | formal language |
| futur | **fut** | future |
| en général, généralement | **gén, gen** | in general, generally |
| helvétisme | **Helv** | Swiss idiom |
| humoristique | **hum** | humorous |
| impératif | **impér, imper** | imperative |
| impersonnel | **impers** | impersonal |
| indéfini | **indéf, indef** | indefinite |
| indicatif | **indic** | indicative |
| indirect | **indir** | indirect |
| infinitif | **infin** | infinitive |
| inséparable | **insep** | inseparable |
| interrogatif | **interrog** | interrogative |
| invariable | **inv** | invariable |
| irlandais, Irlande | **Ir** | Irish, Ireland |
| ironique | **iro** | ironic |
| irrégulier | **irrég, irreg** | irregular |
| littéral, au sens propre | **lit** | literally |
| littéraire | **littér, liter** | literary |
| locution | LOC | locution |
| masculin | **m, masc** | masculine |
| masculin et féminin | **mf** | masculine and feminine |
| masculin pluriel | **mpl** | masculine plural |
| nom | **n** | noun |
| nord de l'Angleterre | **N Angl** | North of England |
| négatif | **nég, neg** | negative |
| nord de l'Angleterre | **N Engl** | North of England |
| nom féminin | **nf** | feminine noun |
| nom masculin | **nm** | masculine noun |
| nom masculin et féminin | **nmf** | masculine and feminine noun |
| nom masculin, féminin | **nm,f** | masculine, feminine noun |
| non comptable | **NonC** | uncountable |
| nom pluriel | **npl** | plural noun |
| numéral | **num** | numeral |
| néo-zélandais, Nouvelle-Zélande | **NZ** | New Zealand |
| objet | **obj** | object |
| opposé | **opp** | opposite |
| emploi réfléchi | **o.s.** | oneself |
| passif | **pass** | passive |
| péjoratif | **péj, pej** | pejorative |
| personnel | **pers** | personal |
| particule de verbe | **phr vb elem** | phrasal verb element |
| pluriel | **pl** | plural |
| possessif | **poss** | possessive |
| préfixe | **préf, pref** | prefix |
| préposition | **prép, prep** | preposition |
| prétérit | **prét, pret** | preterite |
| pronom | **pron** | pronoun |
| proverbe | **Prov** | proverb |
| participe présent | **prp** | present participle |
| participe passé | **ptp** | past participle |
| quelque chose | **qch** | something |
| quelqu'un | **qn** | somebody, someone |
| relatif | **rel** | relative |
| quelqu'un | **sb** | somebody, someone |
| écossais, Écosse | **Scot** | Scottish, Scotland |
| séparable | **sep** | separable |
| singulier | **sg** | singular |
| argot | **sl** | slang |
| terme de spécialiste | SPÉC, SPEC | specialist term |
| quelque chose | **sth** | something |
| subjonctif | **subj** | subjunctive |
| suffixe | **suf** | suffix |
| superlatif | **superl** | superlative |
| américain, États-Unis | **US** | American, United States |
| généralement | **usu** | usually |
| verbe | **vb** | verb |
| verbe intransitif | **vi** | intransitive verb |
| verbe pronominal | **vpr** | pronominal verb |
| verbe transitif | **vt** | transitive verb |
| verbe à particule inséparable | **vt fus** | phrasal verb with inseparable particle |
| verbe transitif et intransitif | **vti** | transitive and intransitive verb |
| verbe transitif indirect | **vt indir** | indirect transitive verb |

# PRONUNCIATION OF FRENCH

**Transcription**

The symbols used to record the pronunciation of French are those of the International Phonetic Association. The variety of French transcribed is that shown in *Le Nouveau Petit Robert*, i.e. standard Parisian speech. Within this variety of French, variant pronunciations are to be observed. In particular, there is a marked tendency among speakers today to make no appreciable distinction between : [a] and [ɑ], **patte** [pat] and **pâte** [pɑt] both tending towards the pronunciation [pat] ; [ɛ̃] and [œ̃], **brin** [bʀɛ̃] and **brun** [bʀœ̃] both tending towards the pronunciation [bʀɛ̃]. The distinction between these sounds is maintained in the transcription.

**Headwords**

Each headword has its pronunciation transcribed between square brackets. In the case of words having a variant pronunciation (e.g. **tandis** [tɑ̃di], [tɑ̃dis]), the one pronunciation given is that regarded by the editorial team as preferable, often on grounds of frequency.

**Morphological variations**

Morphological variations of headwords are shown phonetically where necessary, without repetition of the root (e.g. **journal, pl -aux** [ʒuʀnal, o]).

**Compound words**

Compound words derived from headwords and shown within an entry are given without phonetic transcription (e.g. **brosse** [bʀɔs], but **brosse à cheveux**). The pronunciation of compounds is usually predictable, being that of the citation form of each element, associated with the final syllable stress characteristic of the language (see following paragraph).

**Syllable stress**

In normal, unemphatic speech, the final syllable of a word, or the final syllable of a sense group, carries a moderate degree of stress. The syllable stressed is given extra prominence by greater length and intensity. The exception to this rule is a final syllable containing a mute *e*, which is never stressed. In view of this simple rule, it has not been considered necessary to indicate the position of a stressed syllable of a word by a stress mark in the phonetic transcription.

**Closing of** [ɛ]

Under the influence of stressed [y], [i], or [e] vowels, an [ɛ] in an open syllable tends towards a closer [e] sound, even in careful speech. In such cases, the change has been indicated : **aimant** [ɛmɑ̃], but **aimer** [eme] ; **bête** [bɛt], but **bêtise** [betiz].

**Mute e** [ə]

Within isolated words, a mute *e* [ə] preceded by a single pronounced consonant is regularly dropped (e.g. **follement** [fɔlmɑ̃] ; **samedi** [samdi]).

**Opening of** [e]

As the result of the dropping of an [ə] within a word, an [e] occurring in a closed syllable tends towards [ɛ], as the transcription shows (e.g. **événement** [evɛnmɑ̃] ; **élevage** [ɛlvaʒ]).

**Aspirate h**

Initial *h* in the spelling of a French word does not imply strong expulsion of breath, except in the case of certain interjections. Initial *h* is called 'aspirate' when it is incompatible with liaison (**des haricots** [de'aʀiko]) or elision (**le haricot** [lə'aʀiko]). Aspirate *h* is shown in transcriptions by an apostrophe placed at the beginning of the word (e.g. **hibou** ['ibu]).

**Consonants and assimilation**

Within a word and in normal speech, a voiceless consonant may be voiced when followed by a voiced consonant (e.g. **exemple** [ɛgzɑ̃pl]), and a voiced consonant may be devoiced when followed by a voiceless consonant (e.g. **absolument** [apsɔlymɑ̃]). When this phenomenon is regular in a word, it is shown in transcription (e.g. **abside** [apsid]). In speech, its frequency varies from speaker to speaker. Thus, while the citation form of **tasse** is [tɑs], the group **une tasse de thé** may be heard pronounced [yntɑsdəte] or [yntɑzdəte].

**Sentence stress**

Unlike the stress pattern of English associated with meaning, sentence stress in French is associated with rhythm. The stress falls on the final syllable of the sense groups of which the sentence is formed (see **Syllable stress**). In the following example : *quand il m'a vu, il a traversé la rue en courant pour me dire un mot*, composed of three sense groups, the syllables **vu**, **-rant** and **mot** carry the stress, being slightly lengthened.

**Intonation** French intonation is less mobile than English and is closely associated with sentence stress. The most marked rises and falls occur normally on the final syllable of sense groups. Thus, in the sentence given above, the syllables **vu** and **-rant** are spoken with a slight rise (indicating continuity), while the syllable **mot** is accompanied by a fall in the voice (indicating finality). In the case of a question, the final syllable will normally also be spoken with rising voice.

## PHONETIC TRANSCRIPTION OF FRENCH
## TRANSCRIPTION PHONÉTIQUE DU FRANÇAIS

### VOWELS

| | |
|---|---|
| [i] | ***i***l, v***ie***, l***y***re |
| [e] | bl***é***, jou***er*** |
| [ɛ] | l***ai***t, jou***et***, m***e***rci |
| [a] | pl***a***t, p***a***tte |
| [ɑ] | b***as***, p***â***te |
| [ɔ] | m***o***rt, d***o***nner |
| [o] | m***o***t, d***ô***me, ***eau***, g***au***che |
| [u] | gen***ou***, r***ou***e |
| [y] | r***u***e, vêt***u*** |
| [ø] | p***eu***, d***eu***x |
| [œ] | p***eu***r, m***eu***ble |
| [ə] | l***e***, pr***e***mier |
| [ɛ̃] | mat***in***, pl***ein*** |
| [ɑ̃] | s***an***s, v***en***t |
| [ɔ̃] | b***on***, ***om***bre |
| [œ̃] | l***un***di, br***un*** |

### SEMI-CONSONANTS

| | |
|---|---|
| [j] | ***y***eux, pa***ill***e, p***i***ed |
| [w] | ***ou***i, n***ou***er |
| [ɥ] | h***u***ile, l***u***i |

### CONSONANTS

| | |
|---|---|
| [p] | ***p***ère, sou***p***e |
| [t] | ***t***erre, vi***t***e |
| [k] | ***c***ou, ***qu***i, sa***c***, ***k***épi |
| [b] | ***b***on, ro***b***e |
| [d] | ***d***ans, ai***d***e |
| [g] | ***g***are, ba***gue*** |
| [f] | ***f***eu, neu***f***, ***ph***oto |
| [s] | ***s***ale, ***c***elui, ***ç***a, de***ss***ous, ta***ss***e, na***t***ion |
| [ʃ] | ***ch***at, ta***che*** |
| [v] | ***v***ous, rê***v***e |
| [z] | ***z***éro, mai***s***on, ro***s***e |
| [ʒ] | ***j***e, ***g***ilet, ***g***eôle |
| [l] | ***l***ent, so***l*** |
| [ʀ] | ***r***ue, veni***r*** |
| [m] | ***m***ain, fe***mm***e |
| [n] | ***n***ous, to***nn***e, a***n***imal |
| [ɲ] | a***gn***eau, vi***gn***e |
| [h] | ***h***op ! (exclamative) |
| ['] | ***h***aricot (no liaison) |
| [ŋ] | words borrowed from English: campi***ng*** |
| [x] | words borrowed from Spanish or Arabic: ***j***ota |

# DICTIONNAIRE FRANÇAIS-ANGLAIS

# FRENCH-ENGLISH DICTIONARY

**A¹, a¹** [a] [1] nm (= lettre) A, a ◆ **de A à Z** from A to Z ◆ **feuille A3/A4** sheet of A3/A4 paper ◆ **c'est du format A4** it's A4 (paper) ◆ **prouver** ou **démontrer qch par A + B** to prove sth conclusively
[2] COMP ▷ **a commercial** at sign

**A²** (abrév de **ampère**) amp

**A³** [a] nf (abrév de **autoroute**) ≈ M (Brit) ◆ **l'A10** the A10 motorway (Brit) ou highway (US)

**A⁴** (abrév de **apprenti conducteur**) P plate *(on car of newly qualified driver)*

**a²** (abrév de **are**) a

## à [a]
préposition

contraction **à + le = au**; **à + les = aux**

Lorsque **à** se trouve dans des locutions du type **obéir à qn, apprendre qch à qn, lent à s'habiller, l'admission au club**, reportez-vous à l'autre mot.

**a** [déplacement, direction] (= vers) to; (= dans) into ◆ **aller** ou **se rendre à Lille/au Canada/aux Açores** to go to Lille/Canada/the Azores ◆ **aller au marché/au théâtre** to go to the market/the theatre ◆ **entrez au salon** come into the lounge ◆ **au lit les enfants !** off to bed children!, time for bed children!

Notez qu'avec certains édifices l'anglais n'utilisera pas l'article si l'accent est mis sur leur fonction plutôt que sur leur localisation :

◆ **aller à l'hôpital** (gén) to go to the hospital; [malade] to go to hospital ◆ **aller à l'église** (gén) to go to the church; [pratiquant] to go to church

**b** [position, localisation] in ◆ **habiter à Paris/au Canada/à Bali** to live in Paris/in Canada/in Bali ◆ **on s'est arrêté à Toulouse** we stopped in Toulouse ◆ **je suis à la cuisine** I'm in the kitchen ◆ **il faisait chaud à l'église/au théâtre** it was hot in church/in the theatre

Lorsque **à** est suivi d'un nom de petite île ou d'île dont la traduction comprend les mots **island** ou **isle**, il se traduit le plus souvent par **on** :

◆ **vivre à Paros/l'île de Wight** to live on Paros/the Isle of Wight

Lorsque **à** est suivi du nom d'un lieu où l'on exerce une activité, il se traduit par **at** :

◆ **être à l'école/au bureau** to be at school/the office

**c** [étape de voyage, adresse] at ◆ **l'avion a atterri à Luton** the plane landed at Luton ◆ **le train ne s'est pas arrêté à Montélimar** the train didn't stop at Montélimar ◆ **j'habite au (numéro) 26 (de la rue Pasteur)** I live at number 26 (rue Pasteur) [MAIS] ◑ **habiter au 4ᵉ étage** to live on the 4th floor

**d** [suivi d'une activité] **quand elle est à son tricot/à sa peinture** * when she's doing her knitting/painting ◆ **allez Paul, à la vaisselle !** come on Paul, get cracking * with that washing-up! ◆ **le livre est à la reliure** the book is (away) being bound [MAIS] ◑ **au travail tout le monde!** come on everybody, let's get to work! ◑ **elle est au tennis** (gén) she's playing tennis; (à son cours) she's at her tennis lesson

**e** [provenance] from ◆ **je l'ai eu à la bibliothèque** I got it from the library ◆ **prendre de l'eau au puits/à la rivière** to get water from the well/the river

**f** [distance, durée] **Paris est à 400 km de Londres** Paris is 400 km from London ◆ **c'est à 3 km/5 minutes (d'ici)** it's 3 km/5 minutes away (from here) ◆ **c'est à 4 heures de route** it's a 4-hour drive

**g** [avec notion de temps] (moment précis, fête, moment de l'année) at; (époque) in ◆ **à 6 heures** at 6 (o'clock) ◆ **je vous verrai aux vacances/à Noël** I'll see you in the holidays/at Christmas ◆ **la poésie au 19ᵉ siècle** poetry in the 19th century

Lorsque **à** signifie **lors de**, l'anglais emploie souvent une proposition temporelle introduite par **when** :

◆ **je n'étais pas là à leur arrivée** I wasn't there when they arrived ◆ **à sa naissance, il ne pesait que 3 kg** he only weighed 3 kilos when he was born ◆ **vous serez payé à l'achèvement des travaux** you'll be paid when the work is finished

(dans des exclamations) ◆ **à lundi/la semaine prochaine !** see you on Monday/next week!

Avec la nuance de sens **à l'occasion de**, **à** se traduit par **at** :

◆ **on se reverra à sa réception** we'll see each other again at his party

**h** [appartenance, possession] **c'est à moi/à eux** it's mine/theirs, it belongs to me/to them ◆ **ce livre est à Luc** this book belongs to Luc ou is Luc's ◆ **à qui est ce stylo ?** whose pen is this? ◆ **c'est une amie à lui/à eux** she is a friend of his/theirs ◆ **ils n'ont pas de maison à eux** they haven't got a house of their own ◆ **la voiture à Paul** * Paul's car ◆ **on avait la plage à nous (tous seuls)** we had the beach to ourselves ◆ **à moi le Canada/Paris !** Canada/Paris here I come! ◆ **à nous la belle vie !** it's the good life for us from now on! ◆ **je suis à toi pour toujours** I'm yours forever ◆ **je suis à vous dans deux minutes** I'll be with you in a couple of minutes

**i** [responsabilité] **c'était à toi d'y aller** it was up to you to go ◆ **ce n'est pas à moi de le dire/de décider** it's not for me to say/to decide, it's not up to me to say/to decide

**j** [dans une dédicace] for, to; (dans les souhaits) to ◆ **à mon fils, pour ses 20 ans** to ou for my son, on his 20th birthday ◆ **à Julie !** (dans un toast) to Julie! ◆ **à ta nouvelle maison !** to your new house! [MAIS] ◑ **à tes 30 ans!** happy 30th birthday! ◑ **à mon épouse regrettée** in memory of my dear wife

**k** [dans un ordre de passage] **à toi !** (dans un jeu) your turn (to play)!; (aux échecs, aux dames) your move; (en lançant une balle) to you! ◆ **c'est à qui (le tour) ?** (dans un jeu) whose turn is it?; (dans une file d'attente) who's next? ◆ **à vous les studios/Paris** (TV, Rad) over to you in the studio/in Paris

**l** [suivi d'un chiffre pour rapport, évaluation] **nous y sommes allés à cinq** five of us went ◆ **ils l'ont soulevé à (eux) deux** the two of them lifted it up together ◆ **ils ont fait le travail à trois/à eux tous** they did the work between the three of them/between them ◆ **ils couchent à trois dans la même chambre** they sleep three to a room ◆ **à trois, nous irons plus vite** it'll be quicker if three of us do it ◆ **nous n'entrerons jamais à six dans sa voiture** the six of us will never get into his car ◆ **on peut rentrer à six dans la voiture** the car can hold six people ◆ **gagner (par) 2 à 1** to win (by) 2 goals to 1 ◆ **il mène (par) 3 jeux à 2** he's leading (by) 3 games to 2

**m** [= par, chaque] **faire du 90 à l'heure** to do 90 km an ou per hour ◆ **c'est à 5 € le kilo** it's €5 a kilo ◆ **être payé à la semaine/au mois** to be paid weekly/monthly, be paid by the week/the month

**n** [approximation] **il leur faut 4 à 5 heures/kilos** they need 4 to 5 hours/kilos ◆ **on a fait 8 à 9 kilomètres** we did 8 or 9 kilometres

**o** [description]

Lorsque **à** est utilisé dans une description, il est rendu soit par **with** soit par une locution adjectivale :

◆ **robe à manches** dress with sleeves ◆ **robe à manches courtes** short-sleeved dress ◆ **enfant aux yeux bleus/aux cheveux longs** blue-eyed/long-haired child, child with blue eyes/long hair ◆ **la dame au chapeau vert** the lady in ou with the green hat ◆ **l'homme à la pipe** the man smoking a pipe, the man with the pipe; (titre de tableau) Man with Pipe

**p** [= au moyen de, avec] with; (suivi du nom d'un instrument de musique) on ◆ **couper qch au couteau** to cut sth with a knife ◆ **faire la cuisine à l'huile/au beurre** to cook with oil/butter ◆ **canard aux petits pois/aux pruneaux** duck with peas/prunes ◆ **il l'a joué au piano/violon** he played it on the piano/violin [MAIS] ◑ **sardines à l'huile** sardines in oil ◑ **regarder qch à la jumelle** to look at sth through binoculars ◑ **le générateur marche au gazole** the generator runs on diesel ◑ **j'y suis allé à pied** I went on foot

**q** [= d'après, au vu de] according to, from; (avec valeur consécutive) to ◆ **à ce qu'il prétend** according to what he says ◆ **à ce que j'ai compris** from what I understood ◆ **à sa consternation** to his dismay ◆ **à ma grande surprise** to my great surprise, much to my surprise [MAIS] ◑ **à son expression, je dirais qu'il est content** judging from his expression I'd say he is pleased ◑ **c'est aux résultats qu'on le jugera** he will be judged on his results

**r** [notion d'imminence] **le temps est à la pluie/neige** it looks like rain/snow, there's rain/snow on the way

**s** **à la ...** (= à la manière de) ◆ **cuisiné à la japonaise** cooked Japanese-style ◆ **le socia-**

lisme à la française French-style socialism ◆ une histoire à la Tolstoï a story in the style of Tolstoy ou à la Tolstoy ◆ vivre à l'américaine to live like an American

t à + infinitif

à + infinitif se traduit le plus souvent par une proposition infinitive :

◆ je n'ai rien à lire/faire I have nothing to read/do ◆ j'ai quelque chose à te montrer I've got something to show you ◆ il a été le premier à le dire, mais ils sont plusieurs à le penser he was the first one to say it, but there are quite a few people who think the same MAIS ◑ ils sont deux à l'avoir fait two of them did it ◑ elle est toujours à le taquiner she keeps teasing him, she's forever teasing him

(avec idée de nécessité, de devoir) ◆ c'est à faire aujourd'hui it has to be done ou it must be done today ◆ ce sont des choses à prévoir these things have to be ou need to be thought about ◆ il est à ménager he should be ou needs to be handled carefully ◆ le poisson est à manger tout de suite the fish needs to be ou must be eaten at once ◆ tout est à refaire it's all got to be done again ◆ ces journaux sont à jeter these papers can be thrown out

Lorsque à + infinitif a une valeur temporelle ou causale, il se traduit généralement par un gérondif ou une proposition temporelle :

◆ à le voir si maigre, j'ai eu pitié when I saw how thin he was I felt sorry for him ◆ à le fréquenter, on se rend compte que ... when you've been with him for a while, you realize that ... ◆ il nous fait peur à conduire si vite he frightens us driving so fast MAIS ◑ à l'entendre/le voir, on dirait qu'il est ivre to hear him/look at him you'd think he was drunk, he sounds/looks drunk ◑ vous le buterez à le punir ainsi you'll antagonize him if you punish him like that

(valeur consécutive) ◆ c'est à vous rendre fou it's enough to drive you crazy ◆ c'est à se demander si it makes you wonder if ◆ c'est à croire qu'ils nous prennent pour des idiots you'd think that they took us for complete idiots

(indiquant la fonction) for, designed for ◆ c'est une machine à polir les pierres it's a machine (designed) for polishing stones

**Å** (abrév de angström) Å

**Aaron** [aʀɔ̃] nm Aaron

**AB** (abrév de assez bien) quite good, ≃ C+

**abaca** [abaka] → SYN nm abaca, Manilla hemp

**abacule** [abakyl] → SYN nm tessera

**abaissable** [abɛsabl] → SYN adj siège reclining (épith)

**abaissant, e** [abɛsɑ̃, ɑ̃t] → SYN adj degrading

**abaisse** [abɛs] → SYN nf rolled-out pastry ◆ faites une abaisse de 3 cm roll out the pastry to a thickness of 3 cm

**abaisse-langue** [abɛslɑ̃g] nm inv tongue depressor, spatula (Brit)

**abaissement** [abɛsmɑ̃] → SYN nm **a** (= action) [levier] (en tirant) pulling down; (en poussant) pushing down; [température, valeur, taux] lowering, bringing down ◆ l'abaissement de l'âge de la retraite/des barrières douanières lowering the retirement age/customs barriers

**b** (= fait de s'abaisser) [température, valeur, taux] fall, drop (*de* in); [terrain] downward slope ◆ l'abaissement de la moralité the decline in moral standards

**c** (= conduite obséquieuse) subservience, self-abasement; (= conduite choquante) degradation

**d** † (= humiliation) humiliation; (= déchéance) debasing; (Rel) humbling

**abaisser** [abese] → SYN ▸ conjug 1 ◂ **1** vt **a** [+ levier] (= tirer) to pull down; (= pousser) to push down; [+ store] to lower, pull down; [+ siège] to put down ◆ cette vitre s'abaisse-t-elle ? does this window go down? ◆ abaisser le drapeau (course automobile) to lower the flag

**b** [+ température, valeur, taux] to lower, reduce, bring down; [+ niveau, mur] to lower ◆ abaisser le coût de la main d'œuvre to bring down ou reduce labour costs ◆ abaisser l'âge de la retraite to bring down ou lower the retirement age

**c** (Math) [+ chiffre] to bring down, carry; [+ perpendiculaire] to drop

**d** (= rabaisser) [personne] to humiliate; [vice] to debase; (Rel) to humble ◆ abaisser la puissance des nobles to reduce the power of the nobles

**e** (Culin) [+ pâte] to roll out

**2** **s'abaisser** vpr **a** (= diminuer) [température, valeur, taux] to fall, drop, go down; [terrain] to slope down; (Théât) [rideau] to fall (*sur* on)

**b** (= s'humilier) to humble o.s. ◆ je ne m'abaisserai pas à présenter des excuses I won't stoop so low as to apologize

**abaisseur** [abɛsœʀ] adj m, nm ◆ (muscle) abaisseur depressor

**abajoue** [abaʒu] → SYN nf cheek pouch

**abalone** [abalɔn] nm abalone

**abandon** [abɑ̃dɔ̃] → SYN nm **a** (= délaissement) [personne, lieu] desertion, abandonment ◆ abandon de poste desertion of one's post ◆ abandon du domicile conjugal (Jur) desertion

**b** (= renonciation) [idée, privilège, fonction, recherches] giving up; [droit] giving up, relinquishment; [course, championnat] withdrawal (*de* from) ◆ après l'abandon de notre équipe (Sport) after our team was forced to retire ou withdraw ◆ gagner par abandon to win by default ◆ faire abandon de ses biens à qn to make over one's property to sb ◆ faire abandon de ses droits sur to relinquish ou renounce one's right(s) to ◆ abandon de soi-même self-abnegation ◆ abandon d'actif (Fin) yielding up of assets ◆ abandon de poursuites (Jur) non-suit, nolle prosequi

**c** (= manque de soin) neglected state ◆ l'(état d')abandon où se trouvait la ferme the neglected state (that) the farm was in

◆ **à l'abandon** ◆ jardin à l'abandon neglected garden, garden run wild ou in a state of neglect ◆ laisser qch à l'abandon to neglect sth

**d** (= confiance) lack of constraint ◆ parler avec abandon to talk freely ou without constraint ◆ dans ses moments d'abandon in his moments of abandon, in his more expansive moments

**e** (= nonchalance) étendu sur le sofa avec abandon sprawled out on the sofa ◆ l'abandon de son attitude/ses manières his relaxed ou easy-going attitude/manners

**f** (Ordin) abort

**abandonnataire** [abɑ̃dɔnatɛʀ] → SYN nmf abandonee

**abandonné, e** [abɑ̃dɔne] → SYN (ptp de abandonner) adj **a** attitude, position relaxed; (avec volupté) abandoned

**b** jardin neglected; route, usine disused ◆ vieille maison abandonnée deserted old house

**c** (= délaissé) conjoint abandoned ◆ enfants abandonnés à eux-mêmes children left to their own devices ◆ tout colis abandonné sera détruit any luggage left unattended will be destroyed

**abandonner** [abɑ̃dɔne] → SYN ▸ conjug 1 ◂ **1** vt **a** (= délaisser) [+ lieu] to desert, abandon; [+ personne] (gén) to leave, abandon; (intentionnellement) to desert, abandon; [+ voiture, animal] to abandon ◆ il a été abandonné à la naissance he was abandoned at birth ◆ son courage l'abandonna his courage failed ou deserted him ◆ ses forces l'abandonnèrent his strength failed him ◆ l'ennemi a abandonné ses positions the enemy abandoned their positions ◆ abandonner son poste (Mil) to desert one's post ◆ abandonner le terrain (Mil) to take flight; (fig) to give up ◆ abandonner le domicile conjugal (Jur) to desert ou abandon the family home ◆ il a été abandonné des médecins † the doctors have given up on him

**b** (= renoncer à) [+ fonction] to give up, relinquish; [+ études, projet, recherches] to give up, abandon; [+ matière scolaire] to drop, give up; [+ technique] to abandon, give up; [+ hypothèse] to abandon, drop; [+ droit, privilèges] to give up, relinquish; [+ course] to withdraw ou retire from, abandon ◆ abandonner tout espoir (de faire qch) to give up ou abandon all hope (of doing sth) ◆ le joueur a dû abandonner the player had to retire ou withdraw ◆ abandonner le pouvoir to give up power ◆ abandonner la lutte ou la partie (lit, fig) to give up the fight ou the struggle ◆ abandonner les poursuites (Jur) to drop the charges ◆ j'abandonne ! I give up!

**c** (Ordin) to abort

**d** (Bourse) le napoléon abandonne 1,5 euros à 49,2 euros napoleons lost ou shed 1.5 euros at 49.2 euros

**e** abandonner à (gén) to give ou leave to ◆ elle lui abandonna sa main she let him take her hand ◆ abandonner à qn le soin de faire qch to leave it up to sb to do sth ◆ abandonner qn à son (triste) sort to leave ou abandon (littér) sb to their fate ◆ abandonner qch au pillage/à la destruction to leave sth to be pillaged/to be destroyed ◆ le verger a été abandonné aux herbes folles the orchard has become overrun with weeds ◆ abandonnez votre corps aux délices d'un bain chaud luxuriate in a hot bath

**2** **s'abandonner** vpr **a** (= se relâcher) to let o.s. go; (= se confier) to open up ◆ elle s'abandonna dans mes bras she sank into my arms

**b** **s'abandonner à** (= se laisser aller à) [+ passion, joie, débauche] to give o.s. up to; [+ paresse, désespoir] to give way to ◆ s'abandonner à la rêverie to indulge in ou give o.s. up to daydreaming ◆ s'abandonner au bien-être to luxuriate in a sense of well-being ◆ il s'abandonna au sommeil he let himself drift off to sleep

**c** († = se donner sexuellement) to give o.s. (*à* to)

**abaque** [abak] → SYN nm (= boulier) abacus; (= graphique) graph; (Archit) abacus

**abasie** [abazi] → SYN nf abasia

**abasourdi, e** [abazuʀdi] → SYN adj stunned, dumbfounded, stupefied

**abasourdir** [abazuʀdiʀ] → SYN ▸ conjug 2 ◂ vt **a** (= étonner) to stun, dumbfound

**b** (= étourdir) [bruit] to stun, daze

**abasourdissant, e** [abazuʀdisɑ̃, ɑ̃t] adj bewildering, stupefying

**abasourdissement** [abazuʀdismɑ̃] → SYN nm bewilderment, stupefaction

**abâtardir** [abɑtaʀdiʀ] → SYN ▸ conjug 2 ◂ **1** vt [+ race, vertu] to cause to degenerate; [+ qualité] to debase

**2** **s'abâtardir** vpr [race, vertu] to degenerate; [qualité] to become debased ◆ langue abâtardie bastardized ou debased language

**abâtardissement** [abɑtaʀdismɑ̃] → SYN nm [race, vertu] degeneration; [qualité] debasement; [langue, style] bastardization, debasement

**abat-jour** [abaʒuʀ] → SYN nm inv [lampe] lampshade; (Archit) splay

**abats** [aba] → SYN nmpl [volaille] giblets; [bœuf, porc] offal

**abat-son**, pl **abat-sons** [abasɔ̃] nm louvre (Brit) ou louver (US) (boards)

**abattage** [abataʒ] → SYN nm **a** [animal] slaughter, slaughtering; [arbre] felling, cutting (down); (Min) extracting

**b** (Comm) (vente à l')abattage selling in bulk at knock-down prices

**c** avoir de l'abattage * (= entrain) to be dynamic, have plenty of go * ◆ il a de l'abattage (= force) he's a strapping fellow

**d** [prostituée] faire de l'abattage ** to get through dozens of punters * (Brit) a day (ou night), turn dozens of tricks ** (US) a day (ou night)

**abattant** [abatɑ̃] → SYN nm [table] flap, leaf; [siège de W-C] lid

**abattement** [abatmɑ̃] → SYN nm **a** (= dépression) dejection, despondency ◆ être dans un extrême abattement to be in very low spirits

**b** (= fatigue) exhaustion

**c** (Fin = rabais) reduction; (fiscal) (tax) allowance ◆ abattement forfaitaire standard deduction ou allowance ◆ abattement à la base basic allowance

**abattis** [abati] → SYN **1** nmpl [volaille] giblets; (* = bras et jambes) limbs; → numéroter

[2] nm a (Can = terrain déboisé) brushwood ◆ **faire un abattis** to clear fell (Brit) ou clear cut (US) land

b (Mil) abat(t)is

**abattoir** [abatwaʀ] → SYN nm slaughterhouse, abattoir ◆ **envoyer des hommes à l'abattoir** * to send men to the slaughter

**abattre** [abatʀ] → SYN ▸ conjug 41 ◂ [1] vt a (= faire tomber) [+ maison, mur] to pull ou knock down; [+ arbre] to cut down, fell; [+ roche, minerai] to break away, hew; [+ quilles] to knock down; [+ avion] to bring ou shoot down; (fig) [+ adversaire, rival] to bring down ◆ **le vent a abattu la cheminée** the wind blew the chimney down ◆ **la pluie abattait la poussière** the rain settled the dust

b (= tuer) [+ personne, oiseau] to shoot down; [+ fauve] to shoot, kill; [+ animal domestique] to destroy, put down; [+ animal de boucherie] to slaughter ◆ **c'est l'homme à abattre** (fig) he's the one you've (ou we've etc ) got to get rid of

c (= ébranler) [fièvre] to weaken, drain (of energy); [mauvaise nouvelle, échec] to demoralize, shatter *; [efforts] to tire out, wear out ◆ **la maladie l'a abattu** the illness left him very weak, the illness drained him of energy ◆ **être abattu par la fatigue/la chaleur** to be overcome by tiredness/the heat ◆ **se laisser abattre par des échecs** to be demoralized by failures ◆ **ne te laisse pas abattre** keep your spirits up, don't let things get you down

d (= affaiblir) [+ courage] to weaken; [+ fierté] to humble

e [+ carte] to lay down ◆ **abattre son jeu** ou **ses cartes** (lit, fig) to lay ou put one's cards on the table, show one's hand

f **abattre du travail** to get through a lot of work

[2] vi (Naut) to tack

[3] **s'abattre** vpr a (= tomber) [personne] to fall (down), collapse; [cheminée] to fall ou crash down ◆ **le mât s'est abattu** the mast came ou went crashing down

b **s'abattre sur** [pluie] to beat down on; [ennemi] to swoop down on, fall on; [oiseau de proie] to swoop down on; [moineaux] to sweep down on(to); [coups, injures] to rain on ◆ **une terrible famine s'abattit sur la région** the region was hit by a terrible famine

**abattu, e** [abaty] (ptp de **abattre**) adj (= fatigué) worn out, exhausted; (= faible) malade very weak, feeble; (= déprimé) downcast, demoralized; → **bride**

**abat-vent**, pl **abat-vent(s)** [abavɑ̃] nm [cheminée] chimney cowl; [fenêtre, ouverture] louvre (Brit) ou louver (US) (boards)

**abbatial, e**, mpl **-iaux** [abasjal, jo] [1] adj abbey (épith)

[2] **abbatiale** nf abbey-church

**abbaye** [abei] → SYN nf abbey

**abbé** [abe] → SYN nm [abbaye] abbot; (= prêtre) priest ◆ **abbé mitré** mitred abbot; → **monsieur**

**abbesse** [abɛs] → SYN nf abbess

**abbevillien, -ienne** [abviljɛ̃, jɛn] adj, nm Abbevillian

**abc** [abese] nm (= livre) ABC ou alphabet book; (= rudiments) ABC, fundamentals, rudiments ◆ **c'est l'abc du métier** it's basic to this job

**abcéder** [apsede] ▸ conjug 6 ◂ vi to abscess

**abcès** [apsɛ] → SYN nm (Méd) abscess; [gencive] gumboil, abscess ◆ **vider** ou **crever l'abcès** (dans un conflit) to clear the air ◆ **il faut crever l'abcès au sein du parti** it's time to sort out the party's problems once and for all ◆ **abcès de fixation** (fig) focal point for grievances

**Abdias** [abdjas] nm Obadiah

**abdicataire** [abdikatɛʀ] [1] adj abdicative

[2] nmf abdicator

**abdication** [abdikasjɔ̃] → SYN nf (lit, fig) abdication ◆ **l'abdication des parents devant leurs enfants** parents' abdication of authority over their children

**abdiquer** [abdike] → SYN ▸ conjug 1 ◂ [1] vi [roi] to abdicate ◆ **la justice abdique devant le terrorisme** justice gives way in the face of terrorism ◆ **dans ces conditions j'abdique** * in that case I give up

[2] vt [+ ambition, droits, valeurs, rôle, responsabilités] to give up ◆ **abdiquer la couronne** to abdicate the throne ◆ **abdiquer ses croyances/son autorité** to give up ou renounce one's beliefs/one's authority

**abdomen** [abdɔmɛn] → SYN nm abdomen

**abdominal, e**, mpl **-aux** [abdɔminal, o] → SYN [1] adj abdominal

[2] **abdominaux** nmpl abdominals, stomach muscles ◆ **faire des abdominaux** to do ou work one's abdominals

**abdos** * [abdo] nmpl (abrév de **abdominaux**) abs *

**abducteur** [abdyktœʀ] adj m, nm a (Anat) **(muscle) abducteur** abductor (muscle)

b (Tech) gas outlet (tube)

**abduction** [abdyksjɔ̃] nf (Anat) abduction

**abécédaire** [abesedɛʀ] → SYN nm alphabet primer

**abeille** [abɛj] → SYN nf bee ◆ **abeille maçonne** mason bee; → **nid, reine**

**Abel** [abɛl] nm Abel

**abélien, -ienne** [abeljɛ̃, jɛn] adj Abelian

**aber** [abɛʀ] nm (Géog) aber

**aberrance** [abeʀɑ̃s] nf aberrance, aberrancy

**aberrant, e** [abeʀɑ̃, ɑ̃t] → SYN adj a (= insensé) conduite aberrant; histoire absurd, nonsensical ◆ **il est aberrant qu'il parte** it's absurd that he should go, it makes no sense at all for him to go

b (Bio) aberrant, deviant; (Ling) irregular

**aberration** [abeʀasjɔ̃] → SYN nf (gén) (mental) aberration; (Astron, Phys) aberration ◆ **dans un moment** ou **instant d'aberration** in a moment of aberration ◆ **par quelle aberration a-t-il accepté ?** whatever possessed him to accept? ◆ **aberration chromosomique** chromosomal abnormality

**abêtir** vt, **s'abêtir** vpr [abetiʀ] → SYN ▸ conjug 2 ◂ ◆ **ça va vous abêtir** ◆ **vous allez vous abêtir** it'll addle your brain

**abêtissant, e** [abetisɑ̃, ɑ̃t] adj travail mind-numbing

**abêtissement** [abetismɑ̃] → SYN nm (= état) mindlessness ◆ **l'abêtissement des masses par la télévision** (= action) the stupefying effect of television on the masses

**abhorrer** [abɔʀe] → SYN ▸ conjug 1 ◂ vt (littér) to abhor, loathe

**Abidjan** [abidʒɑ̃] n Abidjan

**abîme** [abim] → SYN nm a (= gouffre) abyss, gulf, chasm ◆ **l'abîme qui nous sépare** (fig) the gulf ou chasm between us

b (Loc) **au bord de l'abîme** pays, banquier on the brink ou verge of ruin; personne on the brink ou verge of despair ◆ **être au fond de l'abîme** [personne] to be in the depths of despair ou at one's lowest ebb; [pays] to have reached rock-bottom ◆ **les abîmes de l'enfer/de la nuit/du temps** (littér) the depths of hell/night/time ◆ **être plongé dans un abîme de perplexité** (frm) to be utterly ou deeply perplexed ◆ **c'est un abîme de bêtise** (frm) he's abysmally ou incredibly stupid ◆ **mise en abîme** (Littérat) mise en abyme

**abîmé, e** [abime] (ptp de **abîmer**) adj (= détérioré) damaged, spoiled ◆ **il était plutôt abîmé** * **après le match** he was a bit battered and bruised after the match

**abîmer** [abime] → SYN ▸ conjug 1 ◂ [1] vt a (= endommager) to damage, spoil ◆ **la pluie a complètement abîmé mon chapeau** the rain has ruined my hat

b (* = frapper) **abîmer qn** to beat sb up ◆ **je vais t'abîmer le portrait** I'll smash your face in *

[2] **s'abîmer** vpr a [objet] to get damaged; [fruits] to go bad, spoil ◆ **s'abîmer les yeux** to ruin ou strain one's eyes, spoil one's eyesight

b (littér) [navire] to sink, founder ◆ **s'abîmer dans** [personne] [+ réflexion] to be lost ou sunk in; [+ douleur] to lose o.s. in

**ab intestat** [abɛ̃tɛstɑ] loc adj, loc adv intestate

**abiogenèse** [abjoʒənɛz] nf abiogenesis

**abiotique** [abjɔtik] adj abiotic

**abject, e** [abʒɛkt] → SYN adj despicable, contemptible, abject ◆ **être abject envers qn** to treat sb in a despicable manner, behave despicably towards sb

**abjectement** [abʒɛktəmɑ̃] adv abjectly

**abjection** [abʒɛksjɔ̃] → SYN nf abjection, abjectness

**abjuration** [abʒyʀasjɔ̃] → SYN nf abjuration, recantation (*de* of) ◆ **faire abjuration de** to abjure

**abjurer** [abʒyʀe] → SYN ▸ conjug 1 ◂ vt to abjure, recant

**Abkhazie** [abkazi] nf Abkhazia

**ablater** [ablate] ▸ conjug 1 ◂ vt to ablate

**ablatif** [ablatif] nm ablative ◆ **à l'ablatif** in the ablative ◆ **ablatif absolu** ablative absolute

**ablation** [ablasjɔ̃] → SYN nf (Méd) removal, ablation (SPÉC); (Géol) ablation

**ablégat** [ablega] nm ablegate

**ableret** [ablɔʀɛ] nm (square) fishing net

**ablette** [ablɛt] → SYN nf bleak

**ablutions** [ablysjɔ̃] nfpl (gén) ablutions ◆ **faire ses ablutions** to perform one's ablutions

**abnégation** [abnegasjɔ̃] → SYN nf (self-) abnegation, self-denial ◆ **avec abnégation** selflessly

**ABO** [abeo] adj ◆ **système ABO** ABO system

**aboiement** [abwamɑ̃] nm a [chien] bark ◆ **aboiements** barking (NonC)

b (péj) (= cri) shout, bark ◆ **aboiements** (= critiques, exhortations) rantings

**abois** [abwa] nmpl baying ◆ **aux abois** animal at bay; personne in desperate straits; (financièrement) hard-pressed

**abolir** [abɔliʀ] → SYN ▸ conjug 2 ◂ vt [+ coutume, loi] to abolish, do away with

**abolition** [abɔlisjɔ̃] → SYN nf abolition ◆ **l'abolition de l'esclavage** the Abolition of Slavery

**abolitionnisme** [abɔlisjɔnism] nm abolitionism

**abolitionniste** [abɔlisjɔnist] adj, nmf abolitionist

**abominable** [abɔminabl] → SYN adj abominable, appalling; (sens affaibli) awful, terrible ◆ **l'abominable homme des neiges** the abominable snowman

**abominablement** [abɔminabləmɑ̃] adv se conduire, s'habiller abominably ◆ **abominablement cher** terribly ou dreadfully expensive ◆ **abominablement laid** horribly ou dreadfully ugly

**abomination** [abɔminasjɔ̃] → SYN nf a (= horreur, crime) abomination

b (Loc) **avoir qn/qch en abomination** to loathe ou abominate sb/sth ◆ **c'est une abomination !** it's abominable! ou appalling! ◆ **l'abomination de la désolation** the abomination of desolation ◆ **dire des abominations** to say abominable ou appalling things

**abominer** [abɔmine] → SYN ▸ conjug 1 ◂ vt (littér = exécrer) to loathe, abominate

**abondamment** [abɔ̃damɑ̃] → SYN adv (gén) abundantly, plentifully; écrire prolifically; manger, boire copiously; pleuvoir heavily; rincer thoroughly; illustré lavishly ◆ **prouver abondamment qch** to provide ample proof ou evidence of sth ◆ **ce problème a été abondamment commenté** much has been said about this issue

**abondance** [abɔ̃dɑ̃s] → SYN nf a (= profusion) abundance ◆ **des fruits en abondance** plenty of ou an abundance of fruit, fruit in abundance ou in plenty ◆ **larmes qui coulent en abondance** tears falling in profusion ou profusely ◆ **il y a (une) abondance de** [+ nourriture, gibier] there is plenty of; [+ détails, dossiers] there are plenty of ◆ **année d'abondance** year of plenty ◆ (Prov) **abondance de biens ne nuit pas** an abundance of goods does no harm; → **corne**

b (= richesses) affluence ◆ **vivre dans l'abondance** to live in affluence ◆ **abondance d'idées** wealth of ideas

c **parler d'abondance** (= improviser) to improvise, extemporize; (= parler beaucoup) to speak at length

**abondant, e** [abɔ̃dɑ̃, ɑ̃t] → SYN adj documentation, bibliographie extensive; récolte fine (épith), abundant; réserves plentiful; végétation lush, luxuriant; chevelure thick; pluies heavy; larmes profuse, copious; (Méd) règles heavy ◆ **une abondante production littéraire** an extensive ou prolific literary output ◆ **recevoir un courrier abondant** to receive a great deal of mail ou a large quantity of mail ◆ **il y a une abondante littérature sur ce sujet** a great deal has been written on the subject ◆ **cela requiert une main-d'œuvre abondante** it requires a plentiful ou an abundant supply of labour ◆ **il me fit d'abondantes recommandations** he gave me copious advice ◆ **illustré d'abondantes photographies** illustrated with numerous photographs, lavishly illustrated with photographs ◆ **les pêches sont abondantes sur le marché** peaches are in plentiful ou generous supply ◆ **il lui faut une nourriture abondante** he must have plenty to eat ou plenty of food

**abondement** [abɔ̃dmɑ̃] → SYN nm [salaires] additional amount

**abonder** [abɔ̃de] → SYN ▸ conjug 1 ◂ vi **a** (= être nombreux) [exemples, projets, témoignages] to abound ◆ **les erreurs abondent dans ce devoir** this essay is full of ou riddled with mistakes ◆ **les légumes abondent cette année** there are plenty of vegetables this year, vegetables are plentiful ou in plentiful supply this year ◆ **les rumeurs abondent sur le sujet** there are lots of rumours flying around about this

**b abonder en** (= être plein de) to be full of, abound with ou in ◆ **les forêts abondent en gibier** the forests are teeming with ou abound with game ◆ **son œuvre abonde en images** his work is rich in ou is full of imagery ◆ **le marché abonde en nouveautés** the market is full of new products

**c** (= être d'accord) **je ne peux qu'abonder en ce sens** I fully agree ou I agree wholeheartedly (with that) ◆ **il a abondé dans notre sens** he was in complete ou full agreement with us

**abonné, e** [abɔne] GRAMMAIRE ACTIVE 27.5 (ptp de **abonner**)

**1** adj **a** (= inscrit) **être abonné à un journal** to subscribe to a paper ◆ **être abonné au téléphone** to have a phone ◆ **être abonné au gaz** to have gas, be a gas consumer ◆ **être abonné au câble** to have cable (television) ◆ **être abonné à une messagerie électronique** to have ou to be on e-mail ◆ **être abonné à Internet** to be on the Internet

**b** (* = habitué) **il y est abonné !** he makes (quite) a habit of it! ◆ **il est abonné à la première/dernière place** he always comes first/last ◆ **il semblait abonné au succès/à l'échec** he seemed to be on a winning/losing streak ◆ **nos entreprises publiques sont abonnées aux déficits** our state-owned companies have quite a talent for losing money

**2** nm,f (Presse, Téléc, TV) subscriber; [messagerie électronique, radiotéléphone] user; (Élec, Gaz) consumer; (Rail, Sport, Théât) season-ticket holder ◆ **il n'y a plus d'abonné au numéro que vous avez demandé** (Téléc) the number you have dialled has been disconnected ◆ **se mettre** ou **s'inscrire aux abonnés absents** (Téléc) to put one's phone on to the answering service ◆ **une fois encore, la commission est aux abonnés absents** (fig) once again, there is no response from the commission

**abonnement** [abɔnmɑ̃] → SYN nm (Presse) subscription; (Rail, Sport, Théât) season ticket ◆ **magazine vendu uniquement par** ou **sur abonnement** magazine available only on ou by subscription ◆ **prendre** ou **souscrire un abonnement à un journal** to subscribe to ou take out a subscription to a paper ◆ **service (des) abonnements** [journal, magazine] subscriptions sales office ◆ **spectacle hors abonnements** show not included on a season ticket ◆ **l'abonnement pour 10 séances d'UV coûte 100 €** a course of 10 sunbed sessions costs €100 ◆ **abonnement jeunes/familles** (pour club, musée) special (membership) rates for young people/families ◆ **(coût de l')abonnement** (Téléc) rental; (Gaz, Élec) standing charge ◆ **tarif abonnement** [journal, magazine] special subscription rate; → **carte**

**abonner** [abɔne] ▸ conjug 1 ◂ **1** vt ◆ **abonner qn (à qch)** (Presse) to take out a subscription (to sth) for sb; (Sport, Théât) to buy sb a season ticket (for sth)

**2 s'abonner** vpr (Presse) to subscribe, take out a subscription (*à* to); (Rail, Sport, Théât) to buy a season ticket (*à* for) ◆ **s'abonner au câble** to subscribe to cable (television) ◆ **s'abonner à Internet** to get connected to ou get onto the Internet

**abonnir** [abɔniʀ] ▸ conjug 2 ◂ **1** vt to improve

**2 s'abonnir** vpr to become better, improve o.s.

**abord** [abɔʀ] GRAMMAIRE ACTIVE 26.2, 26.5 → SYN

**1** nm **a** (= manière d'accueillir) manner ◆ **être d'un abord rude/rébarbatif** to have a rough/an off-putting manner ◆ **être d'un abord facile/difficile** to be approachable/not very approachable

**b** (= accès) access, approach ◆ **lieu d'un abord difficile** place with difficult means of access, place that is difficult to get to ◆ **lecture d'un abord difficile** reading matter which is difficult to get into ou difficult to get to grips with

**c** (LOC)

♦ **d'abord** (= en premier lieu) first; (= au commencement) at first; (= essentiellement) primarily; (introduisant une restriction) for a start, for one thing ◆ **allons d'abord chez le boucher** let's go to the butcher's first ◆ **il fut (tout) d'abord poli, puis il devint grossier** he was polite at first ou initially, and then became rude ◆ **cette ville est d'abord un centre touristique** this town is primarily ou first and foremost a tourist centre ◆ **d'abord, il n'a même pas 18 ans** for a start ou in the first place, he's not even 18

♦ **dès l'abord** from the outset, from the very beginning

♦ **au premier abord** at first sight, initially

♦ **en abord** (Naut) close to the side

**2 abords** nmpl (= environs) (gén) surroundings; [ville, village] outskirts ◆ **dans ce quartier et aux abords** in this neighbourhood and the surrounding area

♦ **aux abords de** [ville, bâtiment] in the area around ou surrounding; [âge] around, about; [date] around ◆ **aux abords de la soixantaine, il prit sa retraite** he retired when he was about sixty

**abordable** [abɔʀdabl] → SYN adj prix reasonable; marchandise, menu affordable, reasonably priced; personne approachable; lieu accessible; auteur, texte accessible ◆ **livre peu abordable** rather inaccessible book

**abordage** [abɔʀdaʒ] → SYN nm **a** (= assaut) attacking ◆ **à l'abordage !** up lads and at 'em!, away boarders! ◆ **ils sont allés à l'abordage** they boarded the ship; → **sabre**

**b** (= accident) collision

**aborder** [abɔʀde] GRAMMAIRE ACTIVE 26.2, 26.3 → SYN ▸ conjug 1 ◂

**1** vt **a** (= arriver à) [+ rivage, tournant, montée] to reach ◆ **les coureurs abordent la ligne droite** the runners are entering the home straight ◆ **il aborde la vieillesse avec inquiétude** he's worried about getting old ◆ **nous abordons une période difficile** we're about to enter a difficult phase

**b** (= approcher) [+ personne] to approach, go ou come up to ◆ **il m'a abordé avec un sourire** he came up to me ou approached me with a smile

**c** [+ sujet] to broach; [+ activité] to take up, tackle; [+ problème] to tackle ◆ **il n'a abordé le roman que vers la quarantaine** he didn't take up writing novels until he was nearly forty ◆ **j'aborde maintenant le second point** I'll now move on to the second point

**d** (Naut) (= attaquer) to board; (= heurter) to collide with

**2** vi (Naut) to land, touch ou reach land ◆ **ils ont abordé à Carnac** they landed at Carnac

**aborigène** [abɔʀiʒɛn] → SYN **1** adj (gén) aboriginal; (relatif aux peuplades australiennes) Aboriginal

**2** nmf aborigine ◆ **aborigène d'Australie** (Australian) Aborigine

**abortif, -ive** [abɔʀtif, iv] (Méd) **1** adj abortive; → **pilule**

**2** nm abortifacient (SPÉC)

**abouchement** [abuʃmɑ̃] → SYN nm (Tech) joining up end to end; (Méd) anastomosis

**aboucher** [abuʃe] → SYN ▸ conjug 1 ◂ **1** vt (Tech) to join up (end to end); (Méd) to join up, anastomose (SPÉC) ◆ **aboucher qn avec** (fig) to put sb in contact ou in touch with

**2 s'aboucher** vpr ◆ **s'aboucher avec qn** to get in touch with sb, make contact with sb

**Abou Dhabî** [abudabi] n Abu Dhabi

**abouler*** [abule] ▸ conjug 1 ◂ **1** vt (= donner) to hand over ◆ **aboule !** hand it over! *, give it here! * ◆ **aboule le fric !** come on, hand it over! *

**2 s'abouler** vpr (= venir) to come ◆ **aboule-toi !** come (over) here!

**aboulie** [abuli] → SYN nf ab(o)ulia

**aboulique** [abulik] → SYN **1** adj ab(o)ulic (SPÉC)

**2** nmf (Méd) person suffering from ab(o)ulia ◆ **son mari est un aboulique** (fig) her husband is utterly apathetic ou (totally) lacking in willpower

**Abou Simbel** [abusimbɛl] n Abu Simbel

**about** [abu] → SYN nm (Tech) butt

**aboutement** [abutmɑ̃] nm (= action) joining (end to end); (= état) join

**abouter** [abute] → SYN ▸ conjug 1 ◂ vt to join (up) (end to end)

**abouti, e** [abuti] adj projet successfully completed; œuvre accomplished

**aboutir** [abutiʀ] GRAMMAIRE ACTIVE 26.4 → SYN ▸ conjug 2 ◂ vi **a** (= réussir) [démarche] [personne] to succeed ◆ **ses efforts/tentatives n'ont pas abouti** his efforts/attempts have come to nothing ou have failed ◆ **faire aboutir des négociations/un projet** to bring negotiations/a project to a successful conclusion

**b** (= arriver à, déboucher sur) **aboutir à** ou **dans** to end (up) in ou at ◆ **la route aboutit à un cul-de-sac** the road ends in a cul-de-sac ◆ **une telle philosophie aboutit au désespoir** such a philosophy results in ou leads to despair ◆ **aboutir en prison** to end up in prison ◆ **les négociations n'ont abouti à rien** the negotiations have come to nothing, nothing has come of the negotiations ◆ **il n'aboutira jamais à rien dans la vie** he'll never get anywhere in life ◆ **en additionnant le tout, j'aboutis à 12 €** adding it all up I get €12

**aboutissants** [abutisɑ̃] nmpl → **tenant**

**aboutissement** [abutismɑ̃] → SYN nm (= résultat) [efforts, opération] outcome, result; (= succès) [plan] success

**aboyer** [abwaje] → SYN ▸ conjug 8 ◂ vi to bark; (péj = crier) to shout, yell ◆ **aboyer après** ou **contre qn** to bark ou yell at sb; → **chien**

**aboyeur** † [abwajœʀ] nm (Théât) barker †; (dans une réception) usher *(who announces guests at a reception)*

**abracadabra** [abʀakadabʀa] excl abracadabra

**abracadabrant, e** [abʀakadabʀɑ̃, ɑ̃t] → SYN adj fantastic, preposterous ◆ **histoire abracadabrante** cock-and-bull story

**Abraham** [abʀaam] nm Abraham

**abraser** [abʀaze] → SYN ▸ conjug 1 ◂ vt to abrade

**abrasif, -ive** [abʀazif, iv] adj, nm abrasive

**abrasion** [abʀazjɔ̃] → SYN nf (gén, Géog) abrasion

**abréaction** [abʀeaksjɔ̃] nf abreaction

**abrégé** [abʀeʒe] → SYN nm [livre, discours] summary, synopsis; [texte] summary, précis; (= manuel, guide) short guide ◆ **faire un abrégé de** to summarize, précis ◆ **abrégé d'histoire** concise guide to history ◆ **en abrégé** (= en miniature) in miniature; (= en bref) in brief, in a nutshell ◆ **répéter qch en abrégé** to repeat sth in a few words ◆ **mot/phrase en abrégé** word/sentence in a shortened ou an abbreviated form ◆ **voilà, en abrégé, de quoi il s'agissait** briefly ou to cut (Brit) ou make (US) a long story short, this is what it was all about

**abrègement** [abʀɛʒmɑ̃] → SYN nm [durée] cutting short, shortening; [texte] abridgement

**abréger** [abʀeʒe] → SYN ▸ conjug 3 et 6 ◂ vt [+ vie] to shorten; [+ durée, visite] to cut short, shorten; [+ conversation, vacances] to cut short; [+ texte] to shorten, abridge; [+ mot] to abbreviate, shorten ◆ **abréger les souffrances de qn** to put an end to sb's suffering ◆ **pour abréger les longues soirées d'hiver** to while away the long winter evenings, to make the long winter evenings pass more quickly ◆ **version abrégée** [livre] abridged version ◆ **forme abrégée** shortened ou abbreviated form ◆ **docteur s'abrège souvent en D** doctor is often shortened ou abbreviated to Dr ◆ **abrège !** * come ou get to the point!

**abreuver** [abʀœve] → SYN ▸ conjug 1 ◂ **1** vt **a** [+ animal] to water

**b** (= saturer) **abreuver qn de** to overwhelm ou shower sb with ◆ **abreuver qn d'injures** to heap ou shower insults on sb ◆ **le public est abreuvé de films d'horreur** (inondé) the public is swamped with horror films; (saturé) the public has had its fill of ou has had enough of horror films

**c** (= imbiber) (gén) to soak, drench (*de* with); (Tech) to prime ◆ **terre abreuvée d'eau** sodden ou waterlogged ground

**2** **s'abreuver** vpr [animal] to drink; * [personne] to quench one's thirst ◆ **s'abreuver de télévision** (péj) to be addicted to television, be a television addict

**abreuvoir** [abʀœvwaʀ] → SYN nm (= mare) watering place; (= récipient) drinking trough

**abréviatif, -ive** [abʀevjatif, iv] adj abbreviatory

**abréviation** [abʀevjasjɔ̃] → SYN nf abbreviation

**abri** [abʀi] → SYN nm **a** (= refuge, cabane) shelter ◆ **abri à vélos** bicycle shed ◆ **abri souterrain/antiatomique** (Mil) air-raid/(atomic) fallout shelter ◆ **tous aux abris !** (hum) take cover!, run for cover! ◆ **construire un abri pour sa voiture** to build a carport ◆ **température sous abri** shade temperature

**b** (= protection) refuge (*contre* from), protection (*contre* against) ◆ **abri fiscal** tax shelter

◆ **à l'abri** ◆ **être/mettre à l'abri** (des intempéries) to be/put under cover; (du vol, de la curiosité) to be/put in a safe place ◆ **se mettre à l'abri** to shelter, take cover ◆ **être à l'abri de** (= protégé de) [+ pluie, vent, soleil] to be sheltered from; [+ danger, soupçons] to be safe ou shielded from; (= protégé par) [+ mur, feuillage] to be sheltered ou shielded by ◆ **à l'abri des regards** hidden from view ◆ **personne n'est à l'abri d'une erreur** we all make mistakes ◆ **elle est à l'abri du besoin** she is free from financial worries ◆ **la solution retenue n'est pas à l'abri de la critique** the solution opted for is open to criticism ou is not above criticism ◆ **leur entreprise s'est développée à l'abri de toute concurrence** their company has grown because it has been shielded ou protected from competition ◆ **mettre qch à l'abri de** [+ intempéries] to shelter sth from; [+ regards] to hide sth from ◆ **mettre qch à l'abri d'un mur** to put sth in the shelter of a wall ◆ **conserver à l'abri de la lumière/de l'humidité** (sur étiquette) store ou keep in a dark/dry place ◆ **se mettre à l'abri de** [+ pluie, vent, soleil] to take shelter from; [+ soupçons] to place o.s. above ◆ **se mettre à l'abri du mur/du feuillage** to take cover ou shelter by the wall/under the trees; → **indiscret**

**Abribus ®** [abʀibys] → SYN nm bus shelter

**abricot** [abʀiko] **1** nm (= fruit) apricot; → **pêche¹**

**2** adj inv apricot(-coloured)

**abricoté, e** [abʀikɔte] adj gâteau apricot (épith); → **pêche¹**

**abricotier** [abʀikɔtje] nm apricot tree

**abriter** [abʀite] → SYN ▸ conjug 1 ◂ **1** vt **a** (= protéger) (de la pluie, du vent) to shelter (*de* from); (du soleil) to shelter, shade (*de* from); (de radiations) to screen (*de* from) ◆ **abritant ses yeux de sa main** shading his eyes with his hand ◆ **le côté abrité** (de la pluie) the sheltered side; (du soleil) the shady side ◆ **maison abritée** house in a sheltered spot

**b** (= héberger) [+ réfugié] to shelter, give shelter to; [+ criminel] to harbour (Brit), harbor (US) ◆ **ce bâtiment abrite 100 personnes/nos bureaux** the building accommodates 100 people/houses our offices ◆ **le musée abrite de superbes collections** the museum houses some very fine collections ◆ **la réserve abritait des espèces végétales uniques** the nature reserve provided a habitat for some unique plant species ◆ **le parti abrite différents courants** different political tendencies are represented in the party ◆ **l'écurie n'abrite plus que trois chevaux** only three horses are now kept in the stables

**2** **s'abriter** vpr to (take) shelter (*de* from), take cover (*de* from) ◆ **s'abriter derrière la tradition/un alibi** to hide behind tradition/an alibi ◆ **s'abriter derrière son chef/le règlement** to hide behind one's boss/the rules ◆ **s'abriter des regards indiscrets** to avoid prying eyes

**abrivent** [abʀivɑ̃] nm windbreak *(made from matting)*

**abrogatif, -ive** [abʀɔgatif, iv] adj rescissory, abrogative

**abrogation** [abʀɔgasjɔ̃] → SYN nf repeal, abrogation

**abrogatoire** [abʀɔgatwaʀ] adj abrogative, repealing, rescinding

**abrogeable** [abʀɔʒabl] adj repealable

**abroger** [abʀɔʒe] → SYN ▸ conjug 3 ◂ vt to repeal, abrogate

**abrupt, e** [abʀypt] → SYN **1** adj **a** (= escarpé) pente abrupt, steep; falaise sheer

**b** personne, ton abrupt, brusque; manières abrupt; jugement rash ◆ **de façon abrupte** abruptly

**2** nm steep slope

**abruptement** [abʀyptəmɑ̃] adv descendre steeply, abruptly; annoncer abruptly

**abruti, e** [abʀyti] → SYN (ptp de **abrutir**) **1** adj **a** (= hébété) stunned, dazed (*de* with) ◆ **abruti par l'alcool** befuddled ou stupefied with drink

**b** (* = bête) idiotic *, moronic *

**2** nm,f * idiot *

**abrutir** [abʀytiʀ] → SYN ▸ conjug 2 ◂ vt **a** (= fatiguer) to exhaust ◆ **la chaleur m'abrutit** the heat makes me dopey * ou knocks me out ◆ **abrutir qn de travail** to work sb silly ou stupid ◆ **ces discussions m'ont abruti** these discussions have left me quite dazed ◆ **s'abrutir à travailler** to work o.s. silly ◆ **leur professeur les abrutit de travail** their teacher drives them stupid with work ◆ **tu vas t'abrutir à force de lire** you'll overtax ou exhaust yourself reading so much

**b** (= abêtir) **abrutir qn** to deaden sb's mind ◆ **l'alcool l'avait abruti** he was stupefied with drink ◆ **s'abrutir à regarder la télévision** to become mindless through watching (too much) television

**abrutissant, e** [abʀytisɑ̃, ɑ̃t] adj travail mind-destroying ◆ **ce bruit est abrutissant** this noise drives you mad ou wears you down

**abrutissement** [abʀytismɑ̃] → SYN nm (= fatigue extrême) (mental) exhaustion; (= abêtissement) mindless state ◆ **l'abrutissement des masses par la télévision** the stupefying effect of television on the masses

**ABS** [abeɛs] nm (abrév de **Antiblockiersystem**) ABS

**abscisse** [apsis] → SYN nf abscissa ◆ **en abscisse** on the abscissa

**abscons, e** [apskɔ̃, ɔ̃s] → SYN adj abstruse, recondite

**absence** [apsɑ̃s] → SYN nf **a** (gén, Jur) [personne] absence ◆ **son absence à la réunion** his absence from the meeting ◆ **cet élève/employé accumule les absences** this pupil/employee is persistently absent; → **briller**

**b** (= manque) absence, lack ◆ **absence de goût** lack of taste ◆ **l'absence de rideaux** the fact that there are (ou were) no curtains, the absence of curtains ◆ **il constata l'absence de sa valise** he noticed that his suitcase was missing

**c** (= défaillance) **absence (de mémoire)** mental blank ◆ **il a des absences** at times his mind goes blank

**d** **en l'absence de** in the absence of ◆ **en l'absence de sa mère, c'est Anne qui fait la cuisine** Anne's doing the cooking while her mother's away ou in her mother's absence ◆ **en l'absence de preuves** in the absence of proof

**absent, e** [apsɑ̃, ɑ̃t] → SYN **1** adj **a** personne (gén) away (*de* from); (pour maladie) absent (*de* from), off * ◆ **être absent de son travail** to be absent from work, be off work * ◆ **il est absent de Paris/de son bureau en ce moment** he's out of ou away from Paris/his office at the moment ◆ **conférence internationale dont la France était absente** international conference from which France was absent

**b** sentiment lacking, absent; objet missing ◆ **discours d'où toute émotion était absente** speech in which there was no trace of emotion ◆ **il constata que sa valise était absente** he noticed that his suitcase was missing

**c** (= distrait) air vacant

**d** (Jur) missing

**2** nm,f (Scol) absentee; (littér = mort, en voyage) absent one (littér); (= disparu) missing person ◆ **le ministre/le champion a été le grand absent de la réunion** the minister/the champion was the most notable absentee at the meeting ◆ (Prov) **les absents ont toujours tort** it's always the people who aren't there that get the blame

**absentéisme** [apsɑ̃teism] nm (Agr, Écon, Ind, Scol) absenteeism; (= école buissonnière) truancy

**absentéiste** [apsɑ̃teist] nmf (Agr) absentee ◆ **c'est un absentéiste, il est du genre absentéiste** he is always ou regularly absent ◆ **propriétaire absentéiste** absentee landlord ◆ **élève absentéiste** truant

**absenter (s')** [apsɑ̃te] → SYN ▸ conjug 1 ◂ vpr (gén) to go out, leave; (Mil) to go absent ◆ **s'absenter de** [+ pièce] to go out of, leave; [+ ville] to leave ◆ **s'absenter quelques instants** to go out for a few moments ◆ **je m'étais absenté de Paris** I was away from ou out of Paris ◆ **elle s'absente souvent de son travail** she is frequently off work * ou away from work ◆ **élève qui s'absente trop souvent** pupil who is too often absent ou away (from school) ou off school

**absidal, e,** mpl **aux** [apsidal, o] adj ⇒ **absidial**

**abside** [apsid] → SYN nf apse

**absidial, e,** mpl **-iaux** [apsidjal, jo] adj apsidal

**absidiole** [apsidjɔl] nf apsidiole

**absinthe** [apsɛ̃t] → SYN nf (= liqueur) absinth(e); (= plante) wormwood, absinth(e)

**absolu, e** [apsɔly] → SYN **1** adj **a** (= total) absolute ◆ **en cas d'absolue nécessité** if absolutely necessary ◆ **être dans l'impossibilité absolue de faire qch** to find it absolutely impossible to do sth ◆ **c'est une règle absolue** it's a hard-and-fast rule, it's an unbreakable rule ◆ **j'ai la preuve absolue de sa trahison** I have absolute ou positive proof of his betrayal; → **alcool**

**b** (= entier) ton peremptory; jugement, caractère rigid, uncompromising

**c** (opposé à relatif) valeur, température absolute ◆ **considérer qch de manière absolue** to consider sth absolutely ou in absolute terms

**d** (Hist, Pol) majorité, roi, pouvoir absolute

**e** (Ling) construction absolute ◆ **verbe employé de manière absolue** verb used absolutely ou in the absolute ◆ **génitif/ablatif absolu** genitive/ablative absolute; → **superlatif**

**2** nm ◆ **l'absolu** the absolute ◆ **juger dans l'absolu** to judge out of context ou in the absolute

**absolument** [apsɔlymɑ̃] → SYN adv **a** (= entièrement) absolutely ◆ **avoir absolument tort** to be quite ou absolutely ou entirely wrong ◆ **s'opposer absolument à qch** to be entirely ou absolutely opposed to sth, be completely ou dead * against sth ◆ **absolument pas !** certainly not! ◆ **absolument rien** absolutely nothing, nothing whatever

**b** (= à tout prix) absolutely ◆ **vous devez absolument ...** you simply must ... ◆ **il veut absolument revenir** he (absolutely) insists upon returning

**c** (= oui) absolutely ◆ **vous êtes sûr ? – absolument !** are you sure? – definitely! ou absolutely!

**d** (Ling) absolutely

**absolution** [apsɔlysjɔ̃] → SYN nf **a** (Rel) absolution (*de* from) ◆ **donner l'absolution à qn** to give sb absolution

**b** (Jur) dismissal *(of case, when defendant is considered to have no case to answer)*

**absolutisme** [apsɔlytism] → SYN nm absolutism

**absolutiste** [apsɔlytist] → SYN **1** adj absolutistic

**2** nmf absolutist

**absolutoire** [apsɔlytwaʀ] → SYN adj (Rel, Jur) absolutory

**absorbable** [apsɔʀbabl] adj absorbable

**absorbance** [apsɔʀbɑ̃s] nf transmission density, absorbance

**absorbant, e** [apsɔʀbɑ̃, ɑ̃t] **1** adj matière, papier absorbent; tâche absorbing, engrossing; (Bot, Zool) fonction, racines absorptive ◆ **société absorbante** surviving company ◆ **pouvoir absorbant** absorbency

**2** nm absorbent

**absorber** [apsɔʀbe] → SYN ▸ conjug 1 ◂ 1 vt **a** (= avaler) [+ médicament] to take; [+ aliment, boisson] to swallow; [+ parti] to absorb; [+ firme] to take over, absorb
**b** (= résorber) (gén) to absorb; [+ liquide] to absorb, soak up; [+ tache] to remove, lift; [+ dette] to absorb; [+ bruit] to absorb ◆ **crème vite absorbée par la peau** cream that is absorbed rapidly by the skin ◆ **le noir absorbe la lumière** black absorbs light ◆ **cet achat a absorbé presque toutes mes économies** I used up ou spent nearly all my savings when I bought that ◆ **ces dépenses absorbent 39% du budget** this expenditure accounts for 39% of the budget
**c** (= accaparer) [+ attention, temps] to occupy, take up ◆ **mon travail m'absorbe beaucoup, je suis très absorbé par mon travail** my work takes up ou claims a lot of my time ◆ **absorbé par son travail/dans sa lecture, il ne m'entendit pas** he was engrossed in ou absorbed in his work/in his book and he didn't hear me ◆ **cette pensée absorbait mon esprit, j'avais l'esprit absorbé par cette pensée** my mind was completely taken up with this thought
2 **s'absorber** vpr ◆ **s'absorber dans une lecture/une tâche** (= se plonger) to become absorbed ou engrossed in a book/a task

**absorbeur** [apsɔʀbœʀ] → SYN nm (Tech) absorber ◆ **volant à absorbeur d'énergie** energy-absorbing steering wheel ◆ **absorbeur d'odeur(s)** air freshener ◆ **absorbeur d'humidité** dehumidifier

**absorption** [apsɔʀpsjɔ̃] → SYN nf **a** [médicament] taking; [aliment] swallowing ◆ **l'absorption d'alcool est fortement déconseillée** you are strongly advised not to drink alcohol
**b** [parti] absorption; [firme] takeover, absorption
**c** (= résorption) (gén) absorption; [tache] removal ◆ **les qualités d'absorption des bruits du matériau** the ability of this material to absorb sound ◆ **l'absorption des rayons ultraviolets par l'ozone** the absorption of ultraviolet rays by the ozone layer

**absorptivité** [apsɔʀptivite] nf (Chim, Phys) absorptivity

**absoudre** [apsudʀ] → SYN ▸ conjug 51 ◂ vt (Rel, littér) to absolve (*de* from); (Jur) to dismiss; → **absolution**

**absoute** [apsut] nf [office des morts] absolution; [jeudi saint] general absolution

**abstème** [apstɛm] → SYN 1 adj abstinent
2 nmf (= abstinent) abstainer

**abstenir (s')** [apstəniʀ] → SYN ▸ conjug 22 ◂ vpr **a** **s'abstenir de qch** to refrain ou abstain from sth ◆ **s'abstenir de faire** to refrain from doing ◆ **s'abstenir de vin** to abstain from wine ◆ **s'abstenir de boire du vin** to refrain from drinking wine ◆ **s'abstenir de tout commentaire, s'abstenir de faire des commentaires** to refrain from comment ou commenting ◆ **dans ces conditions je préfère m'abstenir** in that case I'd rather not ◆ **"agences s'abstenir"** (dans petites annonces) "no agencies"; → **doute**
**b** (Pol) to abstain (*de voter* from voting)

**abstention** [apstɑ̃sjɔ̃] → SYN nf (dans un vote) abstention; (= non-intervention) non-participation

**abstentionnisme** [apstɑ̃sjɔnism] nm abstaining, non-voting

**abstentionniste** [apstɑ̃sjɔnist] 1 adj non-voting, abstaining
2 nmf non-voter, abstainer

**abstinence** [apstinɑ̃s] → SYN nf abstinence ◆ **faire abstinence** (Rel) to refrain from eating meat

**abstinent, e** [apstinɑ̃, ɑ̃t] → SYN adj abstemious, abstinent

**abstract** [abstʀakt] → SYN nm abstract

**abstraction** [apstʀaksjɔ̃] → SYN nf (= fait d'abstraire) abstraction; (= idée abstraite) abstraction, abstract idea ◆ **faire abstraction de** to set ou leave aside, disregard ◆ **en faisant abstraction** ou **abstraction faite des difficultés** setting aside ou leaving aside ou disregarding the difficulties

**abstraire** [apstʀɛʀ] → SYN ▸ conjug 50 ◂ 1 vt (= isoler) to abstract (*de* from), isolate (*de* from); (= conceptualiser) to abstract
2 **s'abstraire** vpr to cut o.s. off (*de* from)

**abstrait, e** [apstʀɛ, ɛt] → SYN 1 adj abstract
2 nm **a** (= artiste) abstract painter ◆ **l'abstrait** (= genre) abstract art
**b** (Philos) **l'abstrait** the abstract ◆ **dans l'abstrait** in the abstract

**abstraitement** [apstʀɛtmɑ̃] adv abstractly, in the abstract

**abstrus, e** [apstʀy, yz] → SYN adj abstruse, recondite

**absurde** [apsyʀd] → SYN 1 adj (Philos) absurd; (= illogique) absurd, preposterous; (= ridicule) absurd, ridiculous, ludicrous ◆ **ne sois pas absurde !** don't be ridiculous! ou absurd!
2 nm ◆ **l'absurde** the absurd ◆ **l'absurde de la situation** the absurdity of the situation ◆ **raisonnement** ou **démonstration par l'absurde** reductio ad absurdum

**absurdement** [apsyʀdəmɑ̃] adv absurdly

**absurdité** [apsyʀdite] → SYN nf **a** (Philos) absurdity; (= illogisme) absurdity, preposterousness; (= ridicule) absurdity, ridiculousness, ludicrousness
**b** (= parole, acte) absurdity ◆ **dire une absurdité** to say something absurd ou ridiculous ◆ **dire des absurdités** to talk nonsense

**Abû Dhabî** [abudabi] n ⇒ **Abou Dhabî**

**Abuja** [abuʒa] n Abuja

**abus** [aby] → SYN 1 nm **a** (= excès) [médicaments, alcool] abuse; [force, autorité] abuse, misuse ◆ **faire abus de** [+ sa force, son pouvoir] to abuse ◆ **faire abus de cigarettes** to smoke excessively ◆ **l'abus (qu'il fait) d'aspirine** (his) excessive use ou (his) overuse of aspirin ◆ **abus de boisson** excessive drinking, drinking to excess ◆ **nous avons fait des** ou **quelques abus hier soir** we overdid it ou things ou we overindulged last night ◆ **il y a de l'abus !** * that's going a bit too far! *, that's a bit much!
**b** (= injustice) abuse, social injustice
2 COMP ▷ **abus d'autorité** abuse ou misuse of authority ▷ **abus de biens sociaux** misuse of company property ▷ **abus de confiance** (Jur) breach of trust; (= escroquerie) confidence trick ▷ **abus de droit** abuse of process, misuse of the law ▷ **abus de langage** misuse of language ▷ **abus de position dominante** abuse of a position of superiority ▷ **abus de pouvoir** abuse ou misuse of power

**abuser** [abyze] → SYN ▸ conjug 1 ◂ 1 **abuser de** vt indir **a** (= exploiter) [+ situation, crédulité] to exploit, take advantage of; [+ autorité, puissance] to abuse, misuse; [+ hospitalité, amabilité, confiance] to abuse; [+ ami] to take advantage of ◆ **abuser de sa force** to misuse one's strength ◆ **je ne veux pas abuser de votre temps** I don't want to take up ou waste your time ◆ **je ne voudrais pas abuser (de votre gentillesse)** I don't want to impose (upon your kindness) ◆ **abuser d'une femme** (gén) to abuse a woman (sexually); (euph) to take advantage of a woman ◆ **alors là, tu abuses !** now you're going too far! ou overstepping the mark! ◆ **je suis compréhensif, mais il ne faudrait pas abuser** I'm an understanding sort of person but don't try taking advantage ou don't push me too far ◆ **elle abuse de la situation** she's taking advantage *
**b** (= user avec excès) **abuser de l'alcool** to drink excessively ou to excess ◆ **abuser de ses forces** to overexert o.s., overtax one's strength ◆ **il ne faut pas abuser des médicaments/des citations** you shouldn't take too many medicines/use too many quotes ◆ **il ne faut pas abuser des bonnes choses** you can have too much of a good thing, enough is as good as a feast (Prov) ◆ **il use et (il) abuse de métaphores** he uses too many metaphors
2 vt [escroc] to deceive; [ressemblance] to mislead ◆ **se laisser abuser par de belles paroles** to be taken in ou misled by fine words
3 **s'abuser** vpr (frm) (= se tromper) to be mistaken; (= se faire des illusions) to delude o.s. ◆ **si je ne m'abuse** if I'm not mistaken

**abusif, -ive** [abyzif, iv] → SYN adj pratique improper; mère, père over-possessive; prix exorbitant, excessive; punition excessive ◆ **usage abusif de son autorité** improper use ou misuse of one's authority ◆ **usage abusif d'un mot** misuse ou improper use ou wrong use of a word ◆ **c'est peut-être abusif de dire cela** it's perhaps putting it a bit strongly to say that

**Abû Simbel** [abusimbɛl] n ⇒ **Abou Simbel**

**abusivement** [abyzivmɑ̃] → SYN adv (Ling = improprement) wrongly, improperly; (= excessivement) excessively, to excess ◆ **il s'est servi abusivement de lui** he took advantage of him

**abyme** [abim] nm ◆ **mise en abyme** (Littérat) mise en abyme

**abyssal, e,** mpl **-aux** [abisal, o] → SYN adj (Géog) abyssal; (fig) unfathomable

**abysse** [abis] → SYN nm (Géog) abyssal zone

**abyssin, e** [abisɛ̃, in] adj ⇒ **abyssinien**

**Abyssinie** [abisini] nf Abyssinia

**abyssinien, -ienne** [abisinjɛ̃, jɛn] 1 adj Abyssinian
2 **Abyssinien(ne)** nm,f Abyssinian

**AC** [ase] n (abrév de **appellation contrôlée**) appellation contrôlée *(label guaranteeing district of origin of a wine)*

**acabit** [akabi] → SYN nm (péj) ◆ **être du même acabit** to be cast in the same mould ◆ **ils sont tous du même acabit** they're all the same ou all much of a muchness ◆ **fréquenter des gens de cet acabit** to mix with people of that type ou like that

**acacia** [akasja] → SYN nm (= faux acacia) locust tree, false acacia; (= mimosacée) acacia

**académicien, -ienne** [akademisjɛ̃, jɛn] → SYN nm,f (gén) academician; [Académie française] *member of the Académie française,* Academician; (Antiq) academic

**académie** [akademi] → SYN nf **a** (= société savante) learned society; (Antiq) academy ◆ **l'Académie royale de** the Royal Academy of ◆ **l'Académie des sciences** the Academy of Science ◆ **l'Académie de médecine** the Academy of Medicine ◆ **l'Académie de chirurgie** the College of Surgeons ◆ **l'Académie (française)** the Académie française, the French Academy
**b** (= école) academy ◆ **académie de dessin/danse** art/dancing school, academy of art/dancing ◆ **académie de cinéma** film school ◆ **académie militaire** military academy ◆ **académie de billard** billiard hall *(where lessons are given)*
**c** (Scol, Univ = région) *regional education authority*
**d** (Art = nu) nude; (hum = anatomie) anatomy (hum)

> **ACADÉMIE**
>
> France is divided into areas known as **académies** for educational administration purposes. Each **académie** is administered by a government representative, the "recteur d'académie". Allocation of teaching posts is centralized in France, and newly qualified teachers often begin their careers in **académies** other than the one in which they originally lived.
>
> Another significant feature of the **académies** is that their school holidays begin on different dates, partly to avoid congestion on popular holiday routes.

> **ACADÉMIE FRANÇAISE**
>
> Founded by Cardinal Richelieu in 1634, this prestigious learned society has forty elected life members, commonly known as "les Quarante" or "les Immortels". They meet in a building on the quai Conti in Paris, and are sometimes referred to as "les hôtes du quai Conti". The building's ornate dome has given rise to the expression "être reçu sous la coupole", meaning to be admitted as a member of the "Académie". The main aim of the **Académie française** is to produce a definitive dictionary of the French language. This dictionary, which is not on sale to the general public, is often used to arbitrate on what is to be considered correct usage.

**académique** [akademik] → SYN adj (péj, littér, Art) academic; (de l'Académie française) of the Académie Française, of the French Academy; (Scol) of the regional education authority ◆ **année académique** (Belg, Can, Helv) academic year; → **inspection, palme**

**académisme** [akademism] [→ SYN] nm (péj) academicism

**Acadie** [akadi] nf (Hist) Acadia ◆ **l'Acadie** (Géog) the Maritime Provinces

> **ACADIE**
>
> This area of eastern Canada was under French rule until the early eighteenth century, when it passed into the hands of the British. Most French-speaking **Acadiens** were deported, those who went to Louisiana becoming known as "Cajuns". Many later returned to the Maritime Provinces of Canada, however, and formed a French-speaking community with a strong cultural identity that present-day **Acadiens** are eager to preserve.

**acadien, -ienne** [akadjɛ̃, jɛn] 1 adj Acadian
2 nm (Ling) Acadian
3 **Acadien(ne)** nm,f Acadian

**acajou** [akaʒu] [→ SYN] 1 nm (à bois rouge) mahogany; (= anacardier) cashew
2 adj inv mahogany (épith)

**acalèphes** [akalɛf] nmpl ◆ **les acalèphes** scyphozoans, the Scyphozoa (SPÉC)

**acalorique** [akalɔʀik] adj calorie-free

**acanthe** [akɑ̃t] nf (Bot) acanthus ◆ **(feuille d')acanthe** (Archit) acanthus

**acanthocéphales** [akɑ̃tosefal] nmpl ◆ **les acanthocéphales** acanthocephalans, the Acanthocephala (SPÉC)

**a cap(p)ella** [akapela] loc adj, loc adv a capella ◆ **chanter a cap(p)ella** to sing a capella

**Acapulco** [akapulko] n Acapulco (de Juárez)

**acariâtre** [akaʀjɑtʀ] [→ SYN] adj caractère sour, cantankerous; personne cantankerous ◆ **d'humeur acariâtre** sour-tempered

**acaricide** [akaʀisid] 1 adj acaricidal
2 nm acaricide

**acarien** [akaʀjɛ̃] nm acarid, acaridan; (dans poussière) dust mite

**acariose** [akaʀjoz] nf acariasis

**acarus** [akaʀys] nm acarus

**accablant, e** [akɑblɑ̃, ɑ̃t] [→ SYN] adj chaleur oppressive; témoignage overwhelming, damning; responsabilité overwhelming; douleur excruciating; travail exhausting

**accablement** [akɑbləmɑ̃] [→ SYN] nm (= abattement) despondency, dejection; (= oppression) exhaustion

**accabler** [akɑble] [→ SYN] ▸ conjug 1 ◂ vt **a** [chaleur, fatigue] to overwhelm, overcome; (littér) [fardeau] to weigh down ◆ **accablé de chagrin** prostrate ou overwhelmed with grief ◆ **les troupes, accablées sous le nombre** the troops, overwhelmed ou overpowered by numbers
**b** [témoignage] to condemn, damn ◆ **sa déposition m'accable** his evidence is overwhelmingly against me
**c** (= faire subir) **accabler qn d'injures** to heap abuse on sb ◆ **accabler qn de reproches/critiques** to heap reproaches/criticism on sb ◆ **il m'accabla de son mépris** he poured scorn on me ◆ **accabler qn d'impôts** to overburden sb with taxes ◆ **accabler qn de travail** to overburden sb with work, pile work on sb ◆ **accabler qn de questions** to bombard sb with questions ◆ **il nous accablait de conseils** (iro) he overwhelmed us with advice

**accalmie** [akalmi] [→ SYN] nf (gén) lull; [vent, tempête] lull (*de* in); [fièvre] respite (*dans* in), remission (*dans* of); [affaires, transactions] slack period; [combat] lull, break; [crise politique ou morale] period of calm, lull (*de* in) ◆ **profiter d'une accalmie pour sortir** to take advantage of a calm spell to go out ◆ **nous n'avons pas eu un seul moment d'accalmie pendant la journée** we didn't have a single quiet moment during the whole day ◆ **on note une nette accalmie sur le dollar** the dollar is easing off

**accaparant, e** [akapaʀɑ̃, ɑ̃t] adj métier, enfant demanding

**accaparement** [akapaʀmɑ̃] [→ SYN] nm [pouvoir, production] monopolizing; [marché] cornering, capturing

**accaparer** [akapaʀe] [→ SYN] ▸ conjug 1 ◂ vt **a** (= monopoliser) [+ production, pouvoir, conversation, attention, hôte] to monopolize; [+ marché, vente] to corner, capture ◆ **les enfants l'ont tout de suite accaparée** the children claimed all her attention straight away ◆ **ces élèves brillants qui accaparent les prix** those bright pupils who carry off all the prizes ◆ **il accapare la salle de bains pendant des heures** he hogs* the bathroom for hours
**b** (= absorber) [travail] to take up the time and energy of ◆ **il est complètement accaparé par sa profession** his job takes up all his time and energy ◆ **les enfants l'accaparent** the children take up all her time (and energy)

**accapareur, -euse** [akapaʀœʀ, øz] [→ SYN] 1 adj monopolistic
2 nm,f (péj) monopolizer, grabber*

**accastillage** [akastijaʒ] [→ SYN] nm (Naut) outfitting of the superstructures

**accastiller** [akastije] [→ SYN] ▸ conjug 1 ◂ vt (Naut) to outfit the superstructure of

**accédant, e** [aksedɑ̃, ɑ̃t] nm,f ◆ **accédant (à la propriété)** first-time property owner ou homeowner

**accéder** [aksede] GRAMMAIRE ACTIVE 12.3 [→ SYN] ▸ conjug 6 ◂ **accéder à** vt indir **a** (= atteindre) [+ lieu, sommet] to reach, get to; [+ honneur, indépendance] to attain; [+ grade] to rise to; [+ responsabilité] to accede to ◆ **accéder directement à** to have direct access to ◆ **on accède au château par le jardin** you can get to the castle through the garden, access to the castle is through the garden ◆ **accéder au trône** to accede to the throne ◆ **accéder à la propriété** to become a property owner ou homeowner, buy property for the first time
**b** (Ordin) to access
**c** (= exaucer) [+ requête, prière] to grant, accede to (frm); [+ vœux] to meet, comply with; [+ demande] to accommodate, comply with

**accelerando** [akseleʀɑ̃do] [→ SYN] adv, nm accelerando

**accélérateur, -trice** [akseleʀatœʀ, tʀis] [→ SYN] 1 adj accelerating
2 nm (Aut, Photo, Phys) accelerator ◆ **accélérateur de particules** particle accelerator ◆ **donner un coup d'accélérateur** (lit) to accelerate, step on it*; (= se dépêcher) to step on it*, get a move on* ◆ **donner un coup d'accélérateur à l'économie** to give the economy a boost ◆ **donner un coup d'accélérateur aux réformes** to speed up the reforms

**accélération** [akseleʀasjɔ̃] [→ SYN] nf (Aut, Tech) acceleration; [travail] speeding up; [pouls] quickening ◆ **l'accélération de l'histoire** the speeding-up of the historical process

**accéléré, e** [akseleʀe] [→ SYN] 1 adj accelerated ◆ **à un rythme accéléré** quickly ◆ **procédure accélérée** (Jur) expeditious procedure
2 nm (Ciné) speeded-up motion ◆ **film en accéléré** speeded-up film ◆ **faire défiler un film en accéléré** (Vidéo) to fast-forward a film

**accélérer** [akseleʀe] [→ SYN] ▸ conjug 6 ◂ 1 vt [+ rythme] to speed up, accelerate; [+ processus, travail] to speed up ◆ **accélérer le pas** to quicken one's pace ou step ◆ **il faut accélérer la baisse des taux d'intérêt** interest rates must be lowered more quickly ◆ **accélérer le mouvement** to get things moving, hurry ou speed things up; → **cours, formation, vitesse**
2 vi (Aut, fig) to accelerate, speed up ◆ **accélère !*** hurry up!, get a move on!*
3 **s'accélérer** vpr [rythme] to speed up, accelerate; [pouls] to quicken; [événements] to gather pace

**accélérographe** [akseleʀɔgʀaf] nm accelerograph

**accéléromètre** [akseleʀɔmɛtʀ] nm accelerometer

**accent** [aksɑ̃] [→ SYN] 1 nm **a** (= prononciation) accent ◆ **avoir l'accent paysan/du Midi** to have a country/southern (French) accent ◆ **parler sans accent** to speak without an accent
**b** (Orthographe) accent ◆ **e accent grave/aigu** e grave/acute ◆ **accent circonflexe** circumflex (accent) ◆ **sourcils en accent circonflexe** arched eybrows
**c** (Phon) accent, stress; (fig) stress ◆ **mettre l'accent sur** (lit) to stress, put the stress ou accent on; (fig) to stress, emphasize ◆ **l'accent est mis sur la production** (the) emphasis ou accent is (placed ou put) on production
**d** (= inflexion) tone (of voice) ◆ **accent suppliant/plaintif** beseeching/plaintive tone ◆ **accent de sincérité/de détresse** note of sincerity/of distress ◆ **récit qui a l'accent de la sincérité** story which has a ring of sincerity ◆ **avec des accents de rage** in accents of rage ◆ **les accents de cette musique** the strains of this music ◆ **les accents de l'espoir/de l'amour** the accents of hope/love ◆ **un discours aux accents nationalistes** a speech with nationalist undertones
2 COMP ▷ **accent de hauteur** pitch ▷ **accent d'intensité** tonic ou main stress ▷ **accent de mot** word stress ▷ **accent nasillard** nasal twang ▷ **accent de phrase** sentence stress ▷ **accent tonique** ⇒ **accent d'intensité** ▷ **accent traînant** drawl

**accenteur** [aksɑ̃tœʀ] [→ SYN] nm ◆ **accenteur mouchet** dunnock, hedge sparrow

**accentuation** [aksɑ̃tɥasjɔ̃] [→ SYN] nf **a** [lettre] accentuation; [syllabe] stressing, accentuation ◆ **les règles de l'accentuation** (Phon) the rules of stress ◆ **faire des fautes d'accentuation** to get the stress wrong
**b** [silhouette, contraste, inégalités] accentuation; [effort, poussée] intensification (*de* in) ◆ **une accentuation de la récession** a deepening of the recession

**accentué, e** [aksɑ̃tɥe] (ptp de **accentuer**) adj (= marqué) marked, pronounced; (= croissant) increased; lettre, caractère accented ◆ **syllabe non accentuée** unstressed ou unaccented syllable

**accentuel, -elle** [aksɑ̃tɥɛl] adj syllabe stressed, accented ◆ **système accentuel d'une langue** stress ou accentual system of a language

**accentuer** [aksɑ̃tɥe] [→ SYN] ▸ conjug 1 ◂ 1 vt **a** [+ lettre] to accent; [+ syllabe] to stress, accent
**b** [+ silhouette, contraste, inégalités] to accentuate; [+ goût] to bring out; [+ effort, poussée] to increase, intensify ◆ **les cours du pétrole ont accentué leur repli** oil prices are sinking further
2 **s'accentuer** vpr [tendance, hausse, contraste, traits] to become more marked ou pronounced ◆ **l'inflation s'accentue** inflation is becoming more pronounced ou acute ◆ **le froid s'accentue** it's becoming colder

**acceptabilité** [aksɛptabilite] nf (Ling) acceptability

**acceptable** [aksɛptabl] GRAMMAIRE ACTIVE 11.2 [→ SYN] adj **a** (= passable) résultats, travail satisfactory, fair ◆ **ce café/vin est acceptable** this coffee/wine is reasonable ou quite decent* ou quite acceptable
**b** (= recevable) condition acceptable
**c** (Ling) acceptable

**acceptant, e** [aksɛptɑ̃, ɑ̃t] 1 adj accepting
2 nm,f accepter

**acceptation** [aksɛptasjɔ̃] [→ SYN] nf (gén) acceptance ◆ **acceptation bancaire** bank acceptance ◆ **présenter une traite à l'acceptation** to present a bill for acceptance

**accepter** [aksɛpte] GRAMMAIRE ACTIVE 12.1, 19.5, 25.1, 25.5 [→ SYN] ▸ conjug 1 ◂ vt **a** (gén, Comm) to accept; [+ proposition, condition] to agree to, accept; [+ pari] to take on, accept ◆ **acceptez-vous les chèques ?** do you take cheques? ◆ **acceptez-vous Jean Leblanc pour époux ?** do you take Jean Leblanc to be your husband? ◆ **elle accepte tout de sa fille** she puts up with ou takes anything from her daughter ◆ **j'en accepte l'augure** (littér, hum) I'd like to believe it ◆ **accepter le combat ou le défi** to take up ou accept the challenge ◆ **elle a été bien acceptée dans le club** she's been well received at the club ◆ **il n'accepte pas que la vie soit une routine** he won't accept that life should be a routine ◆ **accepter la compétence des tribunaux californiens** to defer to California jurisdiction
**b** (= être d'accord) to agree (*de faire* to do) ◆ **je n'accepterai pas que tu partes** I won't let you leave ◆ **je n'accepte pas de partir** I refuse to leave, I will not leave

**accepteur** [akseptœʀ] → SYN 1 adj m ◆ **corps accepteur d'oxygène/d'hydrogène** oxygen/hydrogen acceptor ◆ **atome accepteur** acceptor (impurity)
2 nm (Comm) acceptor

**acception** [aksɛpsjɔ̃] → SYN nf (Ling) meaning, sense, acceptation ◆ **dans toute l'acception du mot** ou **terme** in every sense ou in the full meaning of the word, using the word in its fullest sense ◆ **sans acception de** without distinction of

**accès** [aksɛ] → SYN nm **a** (= possibilité d'approche) access (NonC) ◆ **une grande porte interdisait l'accès du jardin** a big gate prevented access to the garden ◆ **"accès interdit à toute personne étrangère aux travaux"** "no entry ou no admittance to unauthorized persons" ◆ **l'accès aux soins/au logement** access to health care/to housing ◆ **d'accès facile** lieu, port (easily) accessible; personne approachable; traité, manuel easily understood; style accessible ◆ **d'accès difficile** lieu hard to get to, not very accessible; personne not very approachable; traité, manuel not easily understood
**b** (= voie) **les accès de la ville** the approaches to ou means of access to the town ◆ **les accès de l'immeuble** the entrances to the building ◆ **"accès aux quais"** "to the trains"
**c** (Loc) **avoir accès à qch** to have access to sth ◆ **avoir accès auprès de qn** to have access to sb ◆ **donner accès à** [+ lieu] to give access to; (en montant) to lead up to; [+ carrière] to open the door ou way to
**d** (= crise) [colère, folie] fit; [fièvre] attack, bout; [enthousiasme] burst ◆ **accès de toux** fit ou bout of coughing ◆ **être pris d'un accès de mélancolie/de tristesse** to be overcome by melancholy/sadness ◆ **la Bourse de Paris a eu un accès de faiblesse** the Paris Bourse dipped slightly ◆ **par accès** on and off
**e** (Ordin) access ◆ **port/temps/point d'accès** access port/time/point ◆ **accès protégé** restricted access ◆ **accès aux données** access to data

**accessibilité** [aksesibilite] → SYN nf accessibility (*à* to)

**accessible** [aksesibl] → SYN adj lieu accessible (*à* to), get-at-able *; personne approachable; œuvre accessible; but attainable; (Ordin) accessible (*par* by) ◆ **parc accessible au public** gardens open to the public ◆ **elle n'est accessible qu'à ses amies** only her friends are able ou allowed to see her ◆ **ces études sont accessibles à tous** (sans distinction) the course is open to everyone; (financièrement) the course is within everyone's pocket; (intellectuellement) the course is within the reach of everyone ◆ **être accessible à la pitié** to be capable of pity

**accession** [aksesjɔ̃] → SYN nf ◆ **accession à** [+ pouvoir, fonction] accession to; [+ indépendance] attainment of; [+ rang] rise to; (frm) [+ requête, désir] granting of, compliance with ◆ **pour faciliter l'accession à la propriété** to facilitate home ownership

**accessit** [aksesit] → SYN nm (Scol) ≃ certificate of merit

**accessoire** [akseswaʀ] → SYN 1 adj idée of secondary importance; clause secondary ◆ **l'un des avantages accessoires de ce projet** one of the added ou incidental advantages of this plan ◆ **c'est d'un intérêt tout accessoire** this is only of minor ou incidental interest ◆ **frais accessoires** (gén) incidental expenses; (Fin, Comm) ancillary costs ◆ **dommages-intérêts accessoires** (Jur) incidental damages
2 nm **a** (Théât) prop; (Aut, Habillement) accessory ◆ **accessoires de toilette** toilet requisites; → **magasin**
**b** (Philos) **l'accessoire** the unessential ◆ **distinguer l'essentiel de l'accessoire** to distinguish essentials from non-essentials

**accessoirement** [akseswaʀmɑ̃] → SYN adv (= secondairement) secondarily, incidentally; (= si besoin est) if need be, if necessary

**accessoiriser** [akseswaʀize] ▸ conjug 1 ◂ vt [+ tailleur, costume] to accessorize

**accessoiriste** [akseswaʀist] 1 nm prop(s) man
2 nf prop(s) woman

**accident** [aksidɑ̃] → SYN 1 nm **a** (gén) accident; (Aut, Rail) accident, crash; (Aviat) crash ◆ **il n'y a pas eu d'accident de personnes** (Admin) there were no casualties, no one was injured ◆ **il y a eu plusieurs accidents mortels sur la route** there have been several road deaths ou several fatalities on the roads ◆ **avoir un accident** to have an accident, meet with an accident
**b** (= mésaventure) **les accidents de sa carrière** the setbacks in his career ◆ **les accidents de la vie** life's ups and downs, life's trials ◆ **les accidents qui ont entravé la réalisation du projet** the setbacks ou hitches which held up the project ◆ **c'est un simple accident, il ne l'a pas fait exprès** it was just an accident, he didn't do it on purpose
**c** (Méd) illness, trouble ◆ **elle a eu un petit accident de santé** she's had a little trouble with her health ◆ **accident cardiaque** heart attack ◆ **accident secondaire** minor complication
**d** (Philos) accident
**e** (littér) (= hasard) (pure) accident; (= fait mineur) minor event ◆ **par accident** by chance, by accident ◆ **si par accident tu ...** if by chance you ..., if you happen to ...
**f** (Mus) accidental
2 COMP ▷ **accident d'avion** air ou plane crash ▷ **accident de la circulation** road accident ▷ **accident corporel** personal accident, accident involving bodily injury ▷ **accidents domestiques** accidents in the home ▷ **accident de montagne** mountaineering ou climbing accident ▷ **accident de parcours** hiccup (fig) ▷ **accident de la route** ⇒ **accident de la circulation** ▷ **accident de terrain** accident (SPEC), undulation ◆ **les accidents de terrain** the unevenness of the ground ▷ **accident du travail** accident at work, industrial accident ▷ **accident de voiture** car accident ou crash

**accidenté, e** [aksidɑ̃te] → SYN (ptp de **accidenter**) 1 adj **a** région undulating, hilly; terrain uneven; vie, carrière chequered (Brit), checkered (US), eventful
**b** véhicule damaged; avion crippled
2 nm,f casualty, injured person ◆ **accidenté de la route** road accident victim ◆ **accidenté du travail** victim of an accident at work ou of an industrial accident

**accidentel, -elle** [aksidɑ̃tɛl] → SYN adj (= fortuit) événement accidental, fortuitous; (= par accident) mort accidental; → **signe**

**accidentellement** [aksidɑ̃tɛlmɑ̃] → SYN adv **a** (= par hasard) accidentally, by accident ou chance ◆ **il était là accidentellement** he just happened to be there
**b** mourir in an accident

**accidenter** [aksidɑ̃te] → SYN ▸ conjug 1 ◂ vt [+ personne] to injure, hurt; [+ véhicule] to damage

**accise** [aksiz] → SYN nf (Belg, Can) excise ◆ **droits d'accise** excise duties

**acclamation** [aklamasjɔ̃] → SYN nf ◆ **élire qn par acclamation** to elect sb by acclamation ◆ **acclamations** cheers, cheering ◆ **il est sorti sous les acclamations du public** he left to great cheering from the audience

**acclamer** [aklame] → SYN ▸ conjug 1 ◂ vt to cheer, acclaim ◆ **on l'acclama roi** they acclaimed him king

**acclimatable** [aklimatabl] adj acclimatizable, acclimatable (US)

**acclimatation** [aklimatasjɔ̃] → SYN nf acclimatization, acclimation (US); → **jardin**

**acclimatement** [aklimatmɑ̃] → SYN nm acclimatization, acclimation (US)

**acclimater** [aklimate] → SYN ▸ conjug 1 ◂ 1 vt (Bot, Zool) to acclimatize, acclimate (US); [+ idée, usage] to introduce
2 **s'acclimater** vpr [personne, animal, plante] to become acclimatized, adapt (o.s. ou itself) (*à* to); [usage, idée] to become established ou accepted

**accointances** [akwɛ̃tɑ̃s] nfpl (péj) contacts, links ◆ **avoir des accointances** to have contacts (*avec* with; *dans* in, among)

**accolade** [akɔlad] → SYN nf **a** (= embrassade) embrace (*on formal occasion*); (Hist = coup d'épée) accolade ◆ **donner/recevoir l'accolade** to embrace/be embraced
**b** (Typo) brace ◆ **mots (mis) en accolade** words bracketed together
**c** (Archit, Mus) accolade

**accolement** [akɔlmɑ̃] nm placing side by side; (Typo) bracketing together

**accoler** [akɔle] → SYN ▸ conjug 1 ◂ vt (gén) to place side by side; (Typo) to bracket together ◆ **accoler une chose à une autre** to place one thing beside ou next to another ◆ **il avait accolé à son nom celui de sa mère** he had joined ou added his mother's maiden name to his surname

**accommodant, e** [akɔmɔdɑ̃, ɑ̃t] → SYN adj accommodating

**accommodat** [akɔmɔda] nm ⇒ **acclimatement**

**accommodation** [akɔmɔdasjɔ̃] → SYN nf (Opt) accommodation; (= adaptation) adaptation

**accommodement** [akɔmɔdmɑ̃] → SYN nm **a** (littér = arrangement) compromise, accommodation (littér) ◆ **trouver des accommodements avec le ciel/avec sa conscience** (hum) to come to an arrangement with the powers above/with one's conscience
**b** (Culin) preparation

**accommoder** [akɔmɔde] → SYN ▸ conjug 1 ◂ 1 vt **a** (Culin) [+ plat] to prepare (*à* in, with) ◆ **accommoder les restes** to use up the left-overs
**b** (= concilier) **accommoder le travail avec le plaisir** to combine business with pleasure ◆ **accommoder ses principes aux circonstances** to adapt ou alter one's principles to suit the circumstances
**c** †† (= arranger) [+ affaire] to arrange; [+ querelle] to put right; (= réconcilier) [+ ennemis] to reconcile, bring together; (= malmener) to treat harshly ◆ **accommoder qn** (= installer confortablement) to make sb comfortable
2 vi (Opt) to focus (*sur* on)
3 **s'accommoder** vpr **a** († = s'adapter à) **s'accommoder à** to adapt to
**b** (= supporter) **s'accommoder de** [+ personne] to put up with ◆ **il lui a bien fallu s'en accommoder** he just had to put up with it ou accept it ◆ **je m'accommode de peu** I'm content ou I can make do with little ◆ **elle s'accommode de tout** she'll put up with anything ◆ **il s'accommode mal de la vérité** he's uncomfortable ou doesn't feel at home with the truth
**c** (= s'arranger avec) **s'accommoder avec** † [+ personne] to come to an agreement ou arrangement with (*sur* about) ◆ **son allure s'accommode mal avec sa vie d'ascète** his appearance is hard to reconcile with his ascetic lifestyle
**d** (Culin) **le riz peut s'accommoder de plusieurs façons** rice can be served in several ways

**accompagnateur, -trice** [akɔ̃paɲatœʀ, tʀis] → SYN nm,f (Mus) accompanist; (= guide) guide; (Scol) accompanying adult; [voyage organisé] courier

**accompagnement** [akɔ̃paɲmɑ̃] → SYN nm **a** (Mus) accompaniment ◆ **sans accompagnement** unaccompanied ◆ **musique d'accompagnement** accompanying music
**b** (Culin) accompaniment ◆ **(servi) en accompagnement de** served with
**c** (= escorte) escort; (fig) accompaniment ◆ **l'accompagnement d'un malade** giving (psychological) support to a terminally-ill patient ◆ **mesures/plan d'accompagnement** [loi, réforme] accompanying measures/programme ◆ **livret d'accompagnement** [vidéo] accompanying booklet

**accompagner** [akɔ̃paɲe] → SYN ▸ conjug 1 ◂ 1 vt **a** (= escorter) to accompany, go with, come with; [+ malade] to give (psychological) support to ◆ **accompagner un enfant à l'école** to take a child to school ◆ **accompagner qn chez lui/à la gare** to go home/to the station with sb, see sb home/to the station ◆ **il s'était fait accompagner de sa mère** he had got his mother to go with him ou to accompany him ◆ **être accompagné de** ou **par qn** to be with sb, be accompanied by sb ◆ **est-ce que vous êtes accompagné ?** is there anybody with you? ◆ **tous nos vœux vous accompagnent** all our good wishes go with you ◆ **mes pensées t'accompagnent** my thoughts are with you ◆ **accompagner qn de ses huées** to boo sb ◆ **accompagner qn du regard** to follow sb with one's eyes
**b** (= assortir) to accompany, go (together) with ◆ **il accompagna ce mot d'une mimique expressive** he gestured expressively as he said the word ◆ **une lettre accompagnait les fleurs** a letter came with the flowers ◆ **crise de nerfs accompagnée de sanglots** hysteria

accompanied by sobbing ◆ **l'agitation qui accompagna son arrivée** the stir ou fuss that accompanied his arrival

c (Mus) to accompany (*à* on)

d (Culin) **du chou accompagnait le rôti** the roast was served with cabbage ◆ **le beaujolais est ce qui accompagne le mieux cette viande** a Beaujolais goes best with this meat, Beaujolais is the best wine to serve with this meat

2 **s'accompagner** vpr a **s'accompagner de** (= s'assortir de) to be accompanied by ◆ **leurs discours doivent s'accompagner de mesures concrètes** their speeches must be backed up with concrete measures, they need to follow their speeches up with concrete measures ◆ **la guerre s'accompagne toujours de privations** war is always accompanied by hardship ◆ **le poisson s'accompagne d'un vin blanc sec** fish is served with a dry white wine

b (Mus) **s'accompagner à** to accompany o.s. on ◆ **il s'accompagna (lui-même) à la guitare** he accompanied himself on the guitar

**accompli, e** [akɔ̃pli] → SYN (ptp de **accomplir**) adj
a (= parfait, expérimenté) accomplished; (Ling) accomplished
b (= révolu) **avoir 60 ans accomplis** to be over 60, have turned 60; → **fait**[1]

**accomplir** [akɔ̃pliʀ] → SYN ▸ conjug 2 ◂ 1 vt a [+ devoir, promesse] to fulfil, carry out; [+ mauvaise action] to commit; [+ tâche, mission] to carry out, accomplish; [+ exploit] to achieve; [+ rite] to perform ◆ **accomplir des merveilles** to work wonders, perform miracles ◆ **les progrès accomplis dans ce domaine** advances (made) in this field ◆ **il a enfin pu accomplir ce qu'il avait décidé de faire** at last he managed to achieve ou accomplish what he had decided to do ◆ **la satisfaction du devoir accompli** the satisfaction of having done one's duty

b [+ apprentissage, service militaire] (= faire) to do; (= terminer) to complete

2 **s'accomplir** vpr a (= se réaliser) [souhait] to come true ◆ **la volonté de Dieu s'est accomplie** God's will was done

b (= s'épanouir) **elle s'accomplit dans son travail** she finds her work very fulfilling

**accomplissement** [akɔ̃plismɑ̃] → SYN nm a [devoir, promesse] fulfilment; [mauvaise action] committing; [tâche, mission] accomplishment; [exploit] achievement

b (= fin) [apprentissage, service militaire] completion

**accon** [akɔ̃] nm ⇒ **acon**

**acconage** [akɔnaʒ] nm ⇒ **aconage**

**accord** [akɔʀ] GRAMMAIRE ACTIVE 11.1, 11.2, 12.1, 26.6 → SYN

1 nm a (= entente) agreement; (= concorde) harmony ◆ **l'accord fut général sur ce point** there was general agreement on this point ◆ **nous avons son accord de principe** he has agreed in principle ◆ **le bon accord régna pendant 10 ans** harmony reigned for 10 years; → **commun**

b (= traité) agreement ◆ **passer un accord avec qn** to make an agreement with sb ◆ **accord à l'amiable** informal ou amicable agreement ◆ **accord de modération** restraint of trade clause ◆ **accord bilatéral** bilateral agreement ◆ **les accords d'Helsinki/de Camp David** etc the Helsinki/Camp David etc agreement ◆ **accord complémentaire** (Jur) additional agreement ◆ **accords de crédit** credit arrangements ◆ **accord salarial** wage settlement ◆ **accord de sûreté** security agreement

c (= permission) consent, agreement

d (= harmonie) [couleurs] harmony

e (Gram) [adjectif, participe] agreement; (Ling) concord ◆ **accord en genre/nombre** agreement in gender/number

f (Mus) (= notes) chord, concord; (= réglage) tuning ◆ **accord parfait** triad ◆ **accord de tierce** third ◆ **accord de quarte** fourth

g (LOC)

◆ **d'accord** ◆ **être d'accord** to agree, be in agreement ◆ **être d'accord avec qn** to agree with sb ◆ **nous sommes d'accord pour dire que ...** we agree that ... ◆ **se mettre** ou **tomber d'accord avec qn** to agree ou come to an agreement with sb ◆ **être d'accord pour faire** to agree to do ◆ **il est d'accord pour nous aider** he's willing to help us ◆ **je ne suis pas d'accord pour le laisser en liberté** I don't agree that he should be left at large ◆ **je ne suis pas d'accord avec toi** I disagree ou don't agree with you ◆ **essayer de mettre deux personnes d'accord** to try to get two people to come to ou to reach an agreement, try to get two people to see eye to eye ◆ **je les ai mis d'accord en leur donnant tort à tous les deux** I ended their disagreement by pointing out that they were both wrong ◆ **c'est d'accord, nous sommes d'accord** (we're) agreed, all right ◆ **c'est d'accord pour demain** it's agreed for tomorrow, OK for tomorrow* ◆ **d'accord !** OK!*, (all) right! ◆ **alors là, (je ne suis) pas d'accord !*** I don't agree!, no way!*

◆ **en accord avec** ◆ **en accord avec le paysage** in harmony ou in keeping with the landscape ◆ **en accord avec vos instructions** in accordance ou in line with your instructions ◆ **en accord avec le directeur** in agreement with the director

2 COMP ▷ **Accord général sur les tarifs douaniers et le commerce** General Agreement on Tariffs and Trade ▷ **Accord de libre-échange nord-américain** North American Free Trade Agreement

**accordable** [akɔʀdabl] adj (Mus) tunable; faveur which can be granted

**accordage** [akɔʀdaʒ] nm tuning

**accord-cadre**, pl **accords-cadres** [akɔʀkɑdʀ] nm outline ou framework agreement

**accordement** [akɔʀdmɑ̃] nm ⇒ **accordage**

**accordéon** [akɔʀdeɔ̃] → SYN nm accordion ◆ **accordéon à clavier** piano-accordion ◆ **en accordéon*** voiture crumpled up; pantalon, chaussette wrinkled (up) ◆ **on a eu une circulation en accordéon** the traffic was moving in fits and starts ◆ **l'entreprise a procédé à un coup d'accordéon sur son capital** the company has gone from increasing to dramatically reducing its capital

**accordéoniste** [akɔʀdeɔnist] nmf accordionist

**accorder** [akɔʀde] GRAMMAIRE ACTIVE 26.1 → SYN ▸ conjug 1 ◂

1 vt a (= donner) [+ faveur, permission] to grant; [+ allocation, pension] to give, award (*à* to) ◆ **on lui a accordé un congé exceptionnel** he's been given ou granted special leave ◆ **elle accorde à ses enfants tout ce qu'ils demandent** she lets her children have ou she gives her children anything they ask for ◆ **pouvez-vous m'accorder quelques minutes ?** can you spare me a few minutes?; → **main**

b (= admettre) **accorder à qn que ...** to admit (to sb) that ... ◆ **vous m'accorderez que j'avais raison** you'll admit ou concede I was right ◆ **je vous l'accorde, j'avais tort** I admit ou accept ou concede that I was wrong, I was wrong, I'll grant you that

c (= attribuer) **accorder de l'importance à qch** to attach importance to sth ◆ **accorder de la valeur à qch** to attach value to sth, value sth

d [+ instrument] to tune ◆ **ils devraient accorder leurs violons*** (sur un récit, un témoignage) they ought to get their story straight*

e (Gram) **(faire) accorder un verbe/un adjectif** to make a verb/an adjective agree (*avec* with)

f (= mettre en harmonie) [+ personnes] to bring together ◆ **accorder ses actions avec ses opinions** to act in accordance with one's opinions ◆ **accorder la couleur du tapis avec celle des rideaux** to match the colour of the carpet with (that of) the curtains

2 **s'accorder** vpr a (= être d'accord) to agree, be agreed; (= se mettre d'accord) to agree ◆ **ils s'accordent pour** ou **à dire que le film est mauvais** they agree that it's not a very good film ◆ **ils se sont accordés pour le faire élire** they agreed to get him elected

b (= s'entendre) [personnes] to get on together ◆ **(bien/mal) s'accorder avec qn** to get on (well/badly) with sb

c (= être en harmonie) [couleurs] to match, go together; [opinions] to agree; [sentiments, caractères] to be in harmony ◆ **s'accorder avec** [opinion] to agree with; [sentiments] to be in harmony ou in keeping with; [couleur] to match, go with ◆ **il faut que nos actions s'accordent avec nos opinions** we must act in accordance with our opinions

d (Ling) to agree (*avec* with) ◆ **s'accorder en nombre/genre** to agree in number/gender

e (= se donner) **il ne s'accorde jamais de répit** he never gives himself a rest, he never lets up* ◆ **je m'accorde 2 jours pour finir** I'm giving myself 2 days to finish

**accordeur** [akɔʀdœʀ] → SYN nm (Mus) tuner

**accordoir** [akɔʀdwaʀ] nm tuning hammer ou wrench

**accore** [akɔʀ] → SYN 1 adj sheer
2 nm ou f shore

**accorte** [akɔʀt] adj f (hum) winsome, comely

**accostage** [akɔstaʒ] → SYN nm (Naut) coming alongside; [personne] accosting

**accoster** [akɔste] → SYN ▸ conjug 1 ◂ vt a (gén, péj) [+ personne] to accost
b (Naut) [+ quai, navire] to come ou draw alongside; (emploi absolu) to berth

**accotement** [akɔtmɑ̃] → SYN nm (Aut) shoulder, verge (Brit), berm (US); (Rail) shoulder ◆ **accotement non stabilisé, accotement meuble** soft shoulder ou verge (Brit) ◆ **accotement stabilisé** hard shoulder

**accoter** [akɔte] → SYN ▸ conjug 1 ◂ 1 vt to lean, rest (*contre* against; *sur* on)
2 **s'accoter** vpr ◆ **s'accoter à** ou **contre** to lean against

**accotoir** [akɔtwaʀ] → SYN nm [bras] armrest; [tête] headrest

**accouchée** [akuʃe] nf (new) mother

**accouchement** [akuʃmɑ̃] → SYN nm (= naissance) (child)birth, delivery; (= travail) labour (Brit), labor (US) ◆ **accouchement provoqué** induced labour ◆ **accouchement à terme** delivery at full term, full-term delivery ◆ **accouchement avant terme** early delivery, delivery before full term ◆ **accouchement naturel** natural childbirth ◆ **accouchement prématuré** premature birth ◆ **accouchement sans douleur** painless childbirth ◆ **pendant l'accouchement** during the delivery

**accoucher** [akuʃe] → SYN ▸ conjug 1 ◂ 1 vt ◆ **accoucher qn** to deliver sb's baby, deliver sb

2 vi a (= être en travail) to be in labour (Brit) ou labor (US); (= donner naissance) to have a baby, give birth ◆ **où avez-vous accouché ?** where did you have your baby? ◆ **elle accouchera en octobre** her baby is due in October ◆ **accoucher avant terme** to have one's baby prematurely ou early ou before it is due ◆ **accoucher d'un garçon** to give birth to a boy, have a (baby) boy

b (hum) **accoucher de** [+ roman] to produce (*with difficulty*) ◆ **accouche !**‡ spit it out!‡, out with it!*; → **montagne**

**accoucheur, -euse** [akuʃœʀ, øz] → SYN 1 nm,f ◆ **(médecin) accoucheur** obstetrician

2 **accoucheuse** nf (= sage-femme) midwife

**accouder (s')** [akude] ▸ conjug 1 ◂ vpr to lean (on one's elbows) ◆ **s'accouder sur** ou **à** to lean (one's elbows) on, rest one's elbows on ◆ **accoudé à la fenêtre** leaning on one's elbows at the window

**accoudoir** [akudwaʀ] → SYN nm armrest

**accouple** [akupl] → SYN nf leash, couple

**accouplement** [akupləmɑ̃] → SYN nm a [roues] coupling (up); [wagons] coupling (up), hitching (up); [générateurs] connecting (up); [tuyaux] joining (up), connecting (up); [moteurs] coupling, connecting (up); (fig) [mots, images] linking

b (= copulation) mating, coupling

**accoupler** [akuple] → SYN ▸ conjug 1 ◂ 1 vt a (ensemble) [+ animaux de trait] to yoke; [+ roues] to couple (up); [+ wagons] to couple (up), hitch (up); [+ générateurs] to connect (up); [+ tuyaux] to join (up), connect (up); [+ moteurs] to couple, connect (up); [+ mots, images] to link ◆ **ils sont bizarrement accouplés*** they make a strange couple, they're an odd pair

b **accoupler une remorque/un cheval à** to hitch a trailer/horse (up) to ◆ **accoupler un moteur/un tuyau à** to connect an engine/a pipe to

c (= faire copuler) to mate (*à, avec, et* with)

2 **s'accoupler** vpr to mate, couple

**accourir** [akuʀiʀ] → SYN ▸ conjug 11 ◂ vi (lit) to rush up, run up (*à, vers* to); (fig) to hurry, hasten, rush (*à, vers* to) ◆ **à mon appel il accourut immédiatement** he came as soon as I called ◆ **ils sont accourus (pour) le féliciter** they rushed up ou hurried to congratulate him

**accoutrement** [akutʀəmɑ̃] → SYN nm (péj) getup *, rig-out * (Brit)

**accoutrer** [akutʀe] → SYN ▸ conjug 1 ◂ (péj) 1 vt (= habiller) to get up *, rig out * (Brit) (*de* in)
2 **s'accoutrer** vpr to get o.s. up *, rig o.s. out * (Brit) (*de* in) ◆ **il était bizarrement accoutré** he was wearing the strangest getup *

**accoutumance** [akutymɑ̃s] → SYN nf (= habitude) habituation (*à* to); (= besoin) addiction (*à* to)

**accoutumé, e** [akutyme] → SYN (ptp de **accoutumer**) adj usual ◆ **comme à l'accoutumée** as usual ◆ **plus/moins/mieux qu'à l'accoutumée** more/less/better than usual

**accoutumer** [akutyme] → SYN ▸ conjug 1 ◂ 1 vt ◆ **accoutumer qn à qch/à faire qch** to accustom sb ou get sb used to sth/to doing sth ◆ **on l'a accoutumé à** ou **il a été accoutumé à se lever tôt** he has been used ou accustomed to getting up early
2 **s'accoutumer** vpr ◆ **s'accoutumer à qch/à faire qch** to get used ou accustomed to sth/to doing sth ◆ **il s'est lentement accoutumé** he gradually got used ou accustomed to it

**accouvage** [akuvaʒ] nm setting and hatching

**Accra** [akʀa] n Accra

**accra** [akʀa] nm fritter (*in Creole cooking*)

**accréditation** [akʀeditasjɔ̃] nf accreditation ◆ **badge** ou **carte d'accréditation** official pass ◆ **accorder** ou **donner une accréditation à** to accredit

**accréditer** [akʀedite] → SYN ▸ conjug 1 ◂ 1 vt [+ rumeur] to substantiate, give substance to; [+ idée, thèse] to substantiate, back up; [+ personne] to accredit (*auprès de* to) ◆ **banque accréditée** accredited bank
2 **s'accréditer** vpr [rumeur] to gain ground

**accréditeur** [akʀeditœʀ] → SYN nm (Fin) guarantor, surety

**accréditif, -ive** [akʀeditif, iv] 1 adj accreditive ◆ **carte accréditive** credit card
2 nm (Fin) letter of credit; (Presse) press card

**accrescent, e** [akʀesɑ̃, ɑ̃t] adj (Bot) accrescent

**accrétion** [akʀesjɔ̃] → SYN nf (Géol) accretion ◆ **disque d'accrétion** (Astron) accretion disk

**accro** * [akʀo] (abrév de **accroché**) 1 adj a (Drogue) **être accro** to have a habit (arg), be hooked * ◆ **être accro à l'héroïne** to be hooked on heroin *
b (= fanatique) **être accro** to be hooked *
2 nmf addict ◆ **les accros du deltaplane** hang-gliding addicts

**accroc** [akʀo] → SYN nm a (= déchirure) tear ◆ **faire un accroc à** to make a tear in, tear
b [réputation] blot (*à* on); [règle] breach, infringement (*à* of) ◆ **faire un accroc à** [+ règle] to bend; [+ réputation] to tarnish
c (= anicroche) hitch, snag ◆ **sans accroc(s)** se dérouler without a hitch, smoothly ◆ **quinze ans d'une passion sans accroc(s)** fifteen years of unbroken passion

**accrochage** [akʀɔʃaʒ] → SYN nm a (Aut = collision) collision, bump *, fender-bender * (US); (Mil = combat) skirmish; (Boxe) clinch
b (= dispute) brush; (plus sérieux) clash
c [tableau] hanging; [wagons] coupling, hitching (up) (*à* to)

**accroche** [akʀɔʃ] nf (Publicité) lead-in, catcher, catch line ou phrase ◆ **accroche de une** (Presse) splash headline

**accroché, e** * [akʀɔʃe] (ptp de **accrocher**) adj a (= amoureux) **être accroché** to be hooked *
b (Drogue) **être accroché** to have a habit (arg), be hooked * ◆ **accroché à l'héroïne** hooked on heroin *

**accroche-cœur**, pl **accroche-cœurs** [akʀɔʃkœʀ] → SYN nm kiss (Brit) ou spit (US) curl

**accroche-plat**, pl **accroche-plats** [akʀɔʃpla] nm plate-hanger

**accrocher** [akʀɔʃe] → SYN ▸ conjug 1 ◂ 1 vt a (= suspendre) [+ chapeau, tableau] to hang (up) (*à* on); (= attacher) [+ wagons] to couple, hitch together ◆ **accrocher un wagon à** to hitch ou couple a carriage (up) to ◆ **accrocher un ver à l'hameçon** to fasten ou put a worm on the hook ◆ **maison accrochée à la montagne** house perched on the mountainside; → **cœur**
b (accidentellement) [+ jupe, collant] to catch (*à* on); [+ aile de voiture] to catch (*à* on), bump (*à* against); [+ voiture] to bump into; [+ piéton] to hit; [+ pile de livres, meuble] to catch (on) ◆ **rester accroché aux barbelés** to be caught on the barbed wire
c (= attirer) [+ attention, lumière] to catch ◆ **accrocher le regard** to catch the eye ◆ **la vitrine doit accrocher le client** the window display should attract customers
d (* = saisir) [+ occasion] to get; [+ personne] to get hold of; [+ mots, fragments de conversation] to catch
e (Boxe) to clinch ◆ **il s'est fait accrocher au troisième set** (Tennis) he got into difficulties in the third set
2 vi a [fermeture éclair] to stick, jam; [pourparlers] to come up against a hitch ou snag ◆ **cette traduction accroche par endroits** this translation is a bit rough in places ◆ **cette planche accroche quand on l'essuie** the cloth catches on this board when you wipe it
b (* = plaire) [disque, slogan] to catch on ◆ **ça accroche entre eux** they hit it off (together) *
c (* = s'intéresser) **elle n'accroche pas en physique** she can't get into physics * ◆ **l'art abstrait, j'ai du mal à accrocher** abstract art does nothing for me *
3 **s'accrocher** vpr a (= se cramponner) to hang on ◆ **s'accrocher à** [+ branche, pouvoir] to cling to, hang on to; [+ espoir, personne] to cling to ◆ **accroche-toi bien !** hold on tight!
b (* = être tenace) [malade] to cling on, hang on; [étudiant] to stick at it; [importun] to cling ◆ **pour enlever la tache, tiens, accroche-toi !** you'll have a hell of a job getting the stain out! *
c (= entrer en collision) [voitures] to bump into each other, clip each other; (Boxe) to go ou get into a clinch; (Mil) to skirmish
d (= se disputer) to have a brush; (plus sérieux) to have a clash (*avec* with) ◆ **ils s'accrochent tout le temps** they're always at loggerheads ou always quarrelling
e (* = en faire son deuil) **tu peux te l'accrocher** you can kiss it goodbye *, you've got a hope * (Brit) (iro)

**accrocheur, -euse** [akʀɔʃœʀ, øz] → SYN adj a concurrent tenacious; vendeur persistent, aggressive
b affiche, titre eye-catching; méthode calculated to appeal; musique, slogan catchy; prix very attractive; film which (really) pulls the crowds ou pulls them in *

**accroire** [akʀwaʀ] → SYN vt (frm ou hum) ◆ **faire** ou **laisser accroire qch à qn** to delude sb into believing sth ◆ **et tu veux me faire accroire que ...** and you expect me to believe that ... ◆ **il veut nous en faire accroire** he's trying to deceive us ou take us in ◆ **il ne s'en est pas laissé accroire** he wouldn't be taken in

**accroissement** [akʀwasmɑ̃] → SYN nm a (gén) increase (*de* in); [nombre, production] growth (*de* in), increase (*de* in) ◆ **accroissement démographique nul** zero population growth
b (Math) increment

**accroître** [akʀwatʀ] → SYN ▸ conjug 55 ◂ 1 vt [+ somme, plaisir, confusion] to increase, add to; [+ réputation] to enhance, add to; [+ gloire] to increase, heighten; [+ production] to increase (*de* by) ◆ **accroître son avance sur qn** to increase one's lead over sb
2 **s'accroître** vpr to increase, grow ◆ **sa part s'est accrue de celle de son frère** his share was increased by that of his brother

**accroupi, e** [akʀupi] (ptp de **s'accroupir**) adj squatting ou crouching (down) ◆ **en position accroupie** in a squatting ou crouching position

**accroupir (s')** [akʀupiʀ] → SYN ▸ conjug 2 ◂ vpr to squat ou crouch (down)

**accroupissement** [akʀupismɑ̃] → SYN nm squatting, crouching

**accru, e** [akʀy] → SYN (ptp de **accroître**) 1 adj attention increased, heightened; pouvoir increased ◆ **capital accru des intérêts** capital accrued by interest
2 nm (Bot) secondary root
3 **accrue** nf [terrain, forêt] accretion

**accu** * [aky] nm (Aut etc ) (abrév de **accumulateur**) battery

**accueil** [akœj] → SYN nm a (= réception) welcome, reception; [sinistrés, film, idée] reception ◆ **rien n'a été prévu pour l'accueil des touristes** no provision has been made to accommodate tourists, no tourist facilities have been provided ◆ **quel accueil a-t-on fait à ses idées ?** what sort of reception did his ideas get?, how were his ideas received? ◆ **faire bon accueil à** [+ idée, proposition] to welcome ◆ **faire bon accueil à qn** to welcome sb, make sb welcome ◆ **faire mauvais accueil à** [+ idée, suggestion] to receive badly ◆ **faire mauvais accueil à qn** to make sb feel unwelcome, give sb a bad reception ◆ **faire bon/mauvais accueil à un film** to give a film a good/bad reception ◆ **le projet a reçu** ou **trouvé un accueil favorable** the plan was favourably ou well received ◆ **d'accueil** centre, organisation reception (épith); paroles, cérémonie welcoming, of welcome ◆ **page d'accueil** (Internet) homepage; → **famille, hôtesse, pays, structure, terre**
b (= bureau) reception ◆ **adressez-vous à l'accueil** ask at reception

**accueillant, e** [akœjɑ̃, ɑ̃t] → SYN adj welcoming, friendly

**accueillir** [akœjiʀ] → SYN ▸ conjug 12 ◂ vt a (= aller chercher) to meet, collect; (= recevoir) to welcome, greet; (= donner l'hospitalité à) to welcome, take in; (= héberger) to accommodate ◆ **j'ai été l'accueillir à la gare** I went to meet ou collect him ou pick him up at the station ◆ **il m'a bien accueilli** he made me very welcome, he gave me a warm welcome ◆ **il m'a mal accueilli** he made me feel very unwelcome ◆ **il m'a accueilli sous son toit/dans sa famille** he welcomed me into his house/his family ◆ **cet hôtel peut accueillir 80 touristes** this hotel can accommodate 80 tourists ◆ **ils se sont fait accueillir par des coups de feu/des huées** they were greeted with shots/boos ou catcalls
b [+ idée, demande, film, nouvelle] to receive ◆ **être bien/mal accueilli** to be well/badly received ◆ **il accueillit ma suggestion avec un sourire** he greeted ou received my suggestion with a smile ◆ **comment les consommateurs ont-ils accueilli ce nouveau produit ?** how did consumers react ou respond to this new product?

**acculée** [akyle] → SYN nf sternway

**acculer** [akyle] → SYN ▸ conjug 1 ◂ vt ◆ **acculer qn à** [+ mur] to drive sb back against; [+ ruine, désespoir] to drive sb to the brink of; [+ choix, aveu] to force sb into ◆ **acculé à la mer** driven back to the edge of the sea ◆ **acculer qn contre** to drive sb back to ou against ◆ **acculer qn dans** [+ impasse, pièce] to corner sb in ◆ **nous sommes acculés, nous devons céder** (lit, fig) we're cornered, we must give in

**acculturation** [akyltyʀasjɔ̃] → SYN nf acculturation (frm)

**acculturer** [akyltyʀe] ▸ conjug 1 ◂ vt [+ groupe] to help adapt ou adjust to a new culture, acculturate (frm)

**accumulateur** [akymylatœʀ] → SYN nm accumulator, (storage) battery; (Ordin) accumulator ◆ **accumulateur de chaleur** storage heater

**accumulation** [akymylasjɔ̃] → SYN nf [documents, richesses, preuves, marchandises] accumulation; [irrégularités, erreurs] series ◆ **une accumulation de stocks** a build-up in stock ◆ **radiateur à accumulation (nocturne)** (Élec) (night-)storage heater

**accumuler** [akymyle] → SYN ▸ conjug 1 ◂ 1 vt [+ documents, richesses, preuves, erreurs] to accumulate, amass; [+ marchandises] to accumulate, stockpile; [+ énergie] to store ◆ **les intérêts accumulés pendant un an** the interest accrued over a year ◆ **il accumule les gaffes** he makes one blunder after another ◆ **le retard accumulé depuis un an** the delay that has built up over the past year ◆ **j'accumule les ennuis en ce moment** it's just one problem after another at the moment
2 **s'accumuler** vpr [objets, problèmes, travail] to accumulate, pile up ◆ **les dossiers s'accumulent sur mon bureau** I've got files piling up on my desk

**accusateur, -trice** [akyzatœʀ, tʀis] → SYN **1** adj doigt, regard accusing; documents, preuves accusatory, incriminating
**2** nm,f accuser ◆ **accusateur public** (Hist) public prosecutor *(during the French Revolution)*

**accusatif, -ive** [akyzatif, iv] **1** nm accusative case ◆ **à l'accusatif** in the accusative
**2** adj accusative

**accusation** [akyzasjɔ̃] → SYN nf **a** (gén) accusation; (Jur) charge, indictment ◆ **porter** ou **lancer une accusation contre** to make ou level an accusation against ◆ **il a lancé des accusations de corruption/de fraude contre eux** he accused them of bribery/of fraud, he levelled accusations of bribery/of fraud against them ◆ **mettre en accusation** † to indict ◆ **mise en accusation** † indictment ◆ **c'est une terrible accusation contre notre société** it's a terrible indictment of our society ◆ **abandonner l'accusation** (Jur) to drop the charge; → **acte, chambre, chef**
**b** (= ministère public) **l'accusation** the prosecution

**accusatoire** [akyzatwaʀ] adj (Jur) accusatory

**accusé, e** [akyze] → SYN (ptp de **accuser**) **1** adj (= marqué) marked, pronounced
**2** nm,f accused; [procès] defendant ◆ **accusé, levez-vous !** ≃ the defendant will rise; → **banc**
**3** COMP ▷ **accusé de réception** acknowledgement of receipt

**accuser** [akyze] GRAMMAIRE ACTIVE 20.2 → SYN ▸ conjug 1 ◂
**1** vt **a** [+ personne] (gén) to accuse (*de* of) ◆ **accuser de** (Jur) to accuse of, charge with, indict for ◆ **accuser qn d'ingratitude** to accuse sb of ingratitude ◆ **accuser qn d'avoir volé de l'argent** to accuse sb of stealing ou having stolen money ◆ **tout l'accuse** everything points to his guilt ou his being guilty
**b** (= rendre responsable) [+ pratique, malchance, personne] to blame (*de* for) ◆ **accusant son mari de ne pas s'être réveillé à temps** blaming her husband for not waking up in time ◆ **accusant le médecin d'incompétence pour avoir causé la mort de l'enfant** blaming the doctor's incompetence for having caused the child's death, blaming the child's death on the doctor's incompetence
**c** (= souligner) [+ effet, contraste] to emphasize, accentuate, bring out ◆ **cette robe accuse sa maigreur** this dress makes her look even thinner
**d** (= montrer) to show ◆ **la balance accusait 80 kg** the scales registered ou read 80 kg ◆ **accuser la quarantaine** to look forty ◆ **accuser le coup** (lit, fig) to stagger under the blow, show that the blow has struck home ◆ **elle accuse la fatigue de ces derniers mois** she's showing the strain of these last few months ◆ **la Bourse accuse une baisse de 3 points/un léger mieux** the stock exchange is showing a 3-point fall/a slight improvement ◆ **accuser réception de** to acknowledge receipt of
**2 s'accuser** vpr **a s'accuser de qch/d'avoir fait qch** (= se déclarer coupable) to admit to sth/to having done sth; (= se rendre responsable) to blame o.s. for sth/for having done sth ◆ **mon père, je m'accuse (d'avoir péché)** (Rel) bless me, Father, for I have sinned ◆ **en protestant, il s'accuse** by objecting, he is admitting his guilt
**b** (= s'accentuer) [tendance] to become more marked ou pronounced

**ace** [ɛs] nm (Tennis) ace ◆ **faire un ace** to serve an ace

**acellulaire** [aselylɛʀ] adj acellular

**acéphale** [asefal] adj acephalous

**acerbe** [asɛʀb] → SYN adj caustic, acid ◆ **d'une manière acerbe** caustically, acidly

**acéré, e** [aseʀe] → SYN adj griffe, pointe sharp; lame sharp, keen; raillerie, réplique scathing, biting, cutting ◆ **critique à la plume acérée** critic with a scathing pen

**acescence** [asesɑ̃s] → SYN nf acescence, acescency

**acescent, e** [asesɑ̃, ɑ̃t] → SYN adj acescent

**acétamide** [asetamid] nm acetamid(e)

**acétate** [asetat] nm acetate

**acétification** [asetifikasjɔ̃] nf acetification

**acétifier** [asetifje] ▸ conjug 7 ◂ vt to acetify

**acétimètre** [asetimɛtʀ] nm acetometer

**acétique** [asetik] adj acetic

**acétocellulose** [asetoselyloz] nf cellulose acetate

**acétomètre** [asetɔmɛtʀ] nm acetometer

**acétone** [asetɔn] nf acetone

**acétonémie** [asetɔnemi] nf acetonaemia (Brit), acetonemia (US)

**acétonémique** [asetɔnemik] adj acetonaemic (Brit), acetonemic (US)

**acétonurie** [asetɔnyʀi] nf acetonuria

**acétylcholine** [asetilkɔlin] nf acetylcholine

**acétylcoenzyme** [asetilkoɑ̃zim] nf ◆ **acétylcoenzyme A** acetyl CoA

**acétyle** [asetil] nm acetyl

**acétylène** [asetilɛn] nm acetylene; → **lampe**

**acétylénique** [asetilenik] adj acetylenic

**acétylsalicylique** [asetilsalisilik] adj ◆ **acide acétylsalicylique** acetylsalicylic acid

**achalandé, e** [aʃalɑ̃de] → SYN **bien achalandé** loc adj (= bien fourni) well-stocked; († = très fréquenté) well-patronized

**achards** [aʃaʀ] → SYN nmpl *spicy relish made with finely chopped fruit and vegetables*

**acharné, e** [aʃaʀne] → SYN (ptp de **s'acharner**) adj combat, concurrence, adversaire fierce, bitter; discussion heated; volonté dogged; campagne fierce; travail, efforts relentless, unremitting, strenuous; poursuivant, poursuite relentless; travailleur relentless, determined; défenseur, partisan staunch, fervent; joueur hardened ◆ **acharné contre** dead (set) against ◆ **acharné à faire** set ou bent ou intent on doing, determined to do ◆ **c'est l'un des plus acharnés à combattre la pauvreté** he is one of the most active campaigners in the fight against poverty ◆ **acharné à leur perte** intent on bringing about their downfall ◆ **quelques acharnés restaient encore** a dedicated few stayed on

**acharnement** [aʃaʀnəmɑ̃] → SYN nm [combattant, résistant] fierceness, fury; [poursuivant] relentlessness; [travailleur] determination, unremitting effort ◆ **son acharnement au travail** the determination with which he tackles his work ◆ **avec acharnement** poursuivre relentlessly; travailler relentlessly, furiously; combattre bitterly, fiercely; résister fiercely; défendre staunchly ◆ **se battant avec acharnement** fighting tooth and nail ◆ **cet acharnement contre les fumeurs m'agace** it gets on my nerves the way smokers are being hounded like this ◆ **acharnement thérapeutique** prolongation of life by medical means *(when a patient would otherwise die)*

**acharner (s')** [aʃaʀne] ▸ conjug 1 ◂ vpr **a** (= tourmenter) **s'acharner sur** [+ victime, proie] to go at fiercely and unrelentingly ◆ **s'acharner contre qn** [malchance] to dog sb; [adversaire] to set o.s. against sb, have got one's knife into sb ◆ **elle s'acharne après cet enfant** she's always hounding that child
**b** (= s'obstiner sur) **s'acharner sur** [+ calculs, texte] to work away furiously at ◆ **je m'acharne à le leur faire comprendre** I'm desperately trying to get them to understand it ◆ **il s'acharne inutilement** he's wasting his efforts

**achat** [aʃa] → SYN **1** nm **a** (action) purchase, purchasing, buying ◆ **faire l'achat de qch** to purchase ou buy sth ◆ **faire un achat groupé** to buy several items at once ◆ **c'est cher à l'achat mais c'est de bonne qualité** it's expensive (to buy) but it's good quality ◆ **la livre vaut 11 F à l'achat** the buying rate for sterling is 11 francs ◆ **ces titres ont fait l'objet d'achats massifs** these securities have been bought up in great numbers; → **central, offre, ordre, pouvoir** etc
**b** (= chose achetée) purchase ◆ **faire un achat** to make a purchase ◆ **il a fait un achat judicieux** he made a wise buy ou purchase ◆ **faire des achats** to shop, go shopping ◆ **il est allé faire quelques achats** he has gone out to buy a few things ou to do some shopping ◆ **faire ses achats (de Noël)** to do one's (Christmas) shopping ◆ **montre-moi tes achats** show me what you've bought ◆ **je ferai mes derniers achats à l'aéroport** I'll buy the last few things I need at the airport
**2** COMP ▷ **achat d'espace** (Publicité) space buying ▷ **achat d'impulsion** (= action) impulse buying; (= chose) impulse buy ou purchase ▷ **achat de précaution** (= action) hedge buying

**acheminement** [aʃ(ə)minmɑ̃] → SYN nm [courrier, colis] delivery (*vers* to); [troupes] transporting ◆ **acheminement de marchandises** (Comm) carriage of goods ◆ **l'acheminement des secours aux civils** getting help to civilians

**acheminer** [aʃ(ə)mine] → SYN ▸ conjug 1 ◂ **1** vt [+ courrier, colis] to forward, dispatch (*vers* to); [+ troupes] to transport (*vers* to); [+ train] to route (*sur, vers* to) ◆ **acheminer un train supplémentaire sur Dijon** to put on an extra train to Dijon ◆ **le pont aérien qui acheminera l'aide humanitaire dans la région** the airlift that will bring humanitarian aid to the region
**2 s'acheminer** vpr ◆ **s'acheminer vers** [+ endroit] to make one's way towards, head for; [+ conclusion, solution] to move towards; [+ guerre, destruction, ruine] to head for

**achetable** [aʃ(ə)tabl] adj purchasable

**acheter** [aʃ(ə)te] → SYN ▸ conjug 5 ◂ vt **a** (Comm) to buy, purchase ◆ **acheter qch à qn** (à un vendeur) to buy ou purchase sth from sb; (pour qn) to buy sth for sb, buy sb sth ◆ **acheter en grosses quantités** to buy in bulk, bulk-buy (Brit) ◆ **j'achète mon fromage au détail** I buy my cheese loose ◆ **acheter à la hausse/à la baisse** (Bourse) to buy for a rise/for a fall ◆ **ça s'achète dans les quincailleries** you can buy it ou it can be bought in hardware stores, it's on sale in hardware stores ◆ **je me suis acheté une montre** I bought myself a watch ◆ **(s')acheter une conduite** to turn over a new leaf, mend one's ways; → **comptant, crédit**
**b** (en corrompant) [+ vote, appui] to buy; [+ électeur, juge] to bribe, buy ◆ **se laisser acheter** to let o.s. be bribed ou bought ◆ **on peut acheter n'importe qui** every man has his price, everyone has their price

**acheteur, -euse** [aʃ(ə)tœʀ, øz] → SYN nm,f buyer, purchaser; (Jur) vendee; (Comm : professionnel) buyer ◆ **il est acheteur** he wants to buy it ◆ **il n'a pas encore trouvé d'acheteur pour sa voiture** he hasn't yet found anyone to buy his car ou a buyer for his car ◆ **article qui ne trouve pas d'acheteur** item which does not sell ou which finds no takers ◆ **la foule des acheteurs** the crowd of shoppers

**acheuléen, -enne** [aʃøleɛ̃, ɛn] **1** adj Acheulian, Acheulean
**2** nm ◆ **l'acheuléen** the Acheulian

**achevé, e** [aʃ(ə)ve] → SYN (ptp de **achever**) **1** adj canaille downright, out-and-out, thorough; artiste accomplished; art, grâce perfect ◆ **d'un ridicule achevé** perfectly ridiculous ◆ **tableau d'un mauvais goût achevé** picture in thoroughly bad taste
**2** nm ◆ **achevé d'imprimer** colophon

**achèvement** [aʃɛvmɑ̃] → SYN nm [travaux] completion; (littér = perfection) culmination; → **voie**

**achever** [aʃ(ə)ve] → SYN ▸ conjug 5 ◂ **1** vt **a** (= terminer) [+ discours, repas] to finish, end; [+ livre] to finish, reach the end of; (= parachever) [+ tâche, tableau] to complete, finish ◆ **achever ses jours à la campagne** to end one's days in the country ◆ **le soleil achève sa course** (littér) the sun completes its course ◆ **achever (de parler)** to finish (speaking) ◆ **il partit sans achever (sa phrase)** he left in mid sentence ou without finishing his sentence ◆ **achever de se raser/de se préparer** to finish shaving/getting ready ◆ **le pays achevait de se reconstruire** the country was just finishing rebuilding itself
**b** (= porter à son comble) **cette remarque acheva de l'exaspérer** the remark really brought his irritation to a head ◆ **cette révélation acheva de nous plonger dans la confusion** this revelation was all we needed to confuse us completely
**c** (= tuer) [+ blessé] to finish off; [+ cheval] to destroy; (= fatiguer, décourager) to finish (off); (* = vaincre) to finish off ◆ **cette mauvaise nouvelle va achever son père** this bad news will finish his father off ◆ **cette longue promenade m'a achevé !** that long walk finished me (off)!
**2 s'achever** vpr (= se terminer) to end (*par, sur* with); (littér) [jour, vie] to come to an end,

draw to a close ◆ **ainsi s'achèvent nos émissions de la journée** (TV) that brings to an end our programmes for today

**Achgabat** [aʃgabat] n Ashkhabad

**achigan** [aʃigɑ̃] → SYN nm (Can) (black) bass ◆ **achigan à grande bouche** large-mouth bass ◆ **achigan à petite bouche** small-mouth bass ◆ **achigan de roche** rock bass

**Achille** [aʃil] nm Achilles; → **talon**

**achillée** [akile] nf achillea

**acholie** [akɔli] nf acholia

**achondroplasie** [akɔ̃dʀoplazi] → SYN nf achondroplasia

**achoppement** [aʃɔpmɑ̃] → SYN nm ◆ **pierre** ou **point d'achoppement** stumbling block

**achopper** [aʃɔpe] → SYN ▸ conjug 1 ◂ vt indir ◆ **achopper sur** [+ difficulté] to come up against; (littér) [+ pierre] to stumble against ou over ◆ **les pourparlers ont achoppé** the talks came up against a stumbling block

**achromat** [akʀɔma] nm achromat, achromatic lens

**achromatique** [akʀɔmatik] adj achromatic

**achromatiser** [akʀɔmatize] ▸ conjug 1 ◂ vt to achromatize

**achromatisme** [akʀɔmatism] nm (Opt) achromatism

**achromatopsie** [akʀɔmatɔpsi] nf achromatopsy

**achromie** [akʀɔmi] → SYN nf achromia

**achylie** [aʃili] nf ◆ **achylie gastrique** achylia gastrica

**aciculaire** [asikylɛʀ] → SYN adj (Bot, Minér) acicular

**acide** [asid] → SYN 1 adj (lit, fig) acid, sharp, tart; (Chim) acid; → **pluie**
2 nm acid ◆ **acide aminé** amino-acid ◆ **acide gras saturé/insaturé** saturated/unsaturated fatty acid

**acidifiant, e** [asidifjɑ̃, jɑ̃t] 1 adj acidifying
2 nm acidifier

**acidificateur** [asidifikatœʀ] nm acidifying agent, acidifier

**acidification** [asidifikasjɔ̃] nf acidification

**acidifier** vt, **s'acidifier** vpr [asidifje] ▸ conjug 7 ◂ to acidify

**acidimètre** [asidimɛtʀ] nm acidimeter

**acidimétrie** [asidimetʀi] nf acidimetry

**acidité** [asidite] → SYN nf (lit, fig) acidity, sharpness, tartness; (Chim) acidity

**acidophile** [asidɔfil] adj acidophil(e), acidophilic

**acidose** [asidoz] nf acidosis

**acidulé, e** [asidyle] → SYN adj goût slightly acid; voix shrill; couleur acid; → **bonbon**

**aciduler** [asidyle] → SYN ▸ conjug 1 ◂ vt to acidulate

**acier** [asje] nm steel ◆ **acier inoxydable/trempé** stainless/tempered steel ◆ **acier rapide** high-speed steel ◆ **d'acier** poutre, colonne steel (épith), of steel; regard steely ◆ **muscles d'acier** muscles of steel; → **gris, moral, nerf**

**aciérer** [asjeʀe] ▸ conjug 6 ◂ vt to steel

**aciérie** [asjeʀi] nf steelworks

**aciériste** [asjeʀist] → SYN nm steelmaker

**acinésie** [asinezi] nf akinesia

**acinus** [asinys] nm acinus

**aclinique** [aklinik] adj ligne aclinic

**acmé** [akme] → SYN nf (littér = apogée) acme, summit; (Méd) crisis

**acné** [akne] → SYN nf acne ◆ **avoir de l'acné** to have acne, suffer from acne ◆ **acné juvénile** teenage acne

**acnéique** [akneik] 1 adj prone to acne (attrib)
2 nmf acne sufferer

**acolyte** [akɔlit] → SYN nm (péj = associé) confederate, associate; (Rel) acolyte, server

**acompte** [akɔ̃t] → SYN nm (= arrhes) deposit; (sur somme due) down payment; (= versement régulier) instalment; (sur salaire) advance; (à un entrepreneur) progress payment ◆ **recevoir un acompte** (sur somme due) to receive something on account, receive a down payment ◆ **verser un acompte** to make a deposit ◆ **ce week-end à la mer, c'était un petit acompte sur nos vacances** that weekend at the seaside was like a little foretaste of our holidays; → **provisionnel**

**acon** [akɔ̃] → SYN nm (Naut) lighter

**aconage** [akɔnaʒ] → SYN nm lighterage

**Aconcagua** [akɔ̃kagwa] nm Aconcagua

**aconier** [akɔnje] nm lighterman

**aconit** [akɔnit] nm aconite, aconitum

**aconitine** [akɔnitin] nf aconitine

**a contrario** [akɔ̃tʀaʀjo] adv, adj a contrario

**acoquiner (s')** [akɔkine] → SYN ▸ conjug 1 ◂ vpr (péj) to get together, team up (*avec* with)

**Açores** [asɔʀ] nfpl ◆ **les Açores** the Azores

**à-côté,** pl **à-côtés** [akote] → SYN nm [problème] side issue; [situation] side aspect; (= gain, dépense secondaire) extra ◆ **avec ce boulot, il se fait des petits à-côtés** * with this job, he makes a bit extra ou on the side *

**à-coup,** pl **à-coups** [aku] → SYN nm [moteur] cough; [machine] jolt, jerk; [économie, organisation] jolt ◆ **travailler par à-coups** to work by ou in fits and starts ◆ **avancer par à-coups** to move forward in ou by fits and starts, jerk ou jolt forward ou along ◆ **sans à-coups** smoothly ◆ **le moteur eut quelques à-coups** the engine coughed (and spluttered)

**acouphène** [akufɛn] nm tinnitus

**acousticien, -ienne** [akustisjɛ̃, jɛn] nm,f acoustician

**acoustique** [akustik] 1 adj acoustic ◆ **trait distinctif acoustique** (Phon) acoustic feature; → **cornet**
2 nf (= science) acoustics sg; (= sonorité) acoustics ◆ **il y a une mauvaise acoustique** the acoustics are bad

**acquéreur** [akeʀœʀ] → SYN nm buyer, purchaser ◆ **j'ai trouvé/je n'ai pas trouvé acquéreur pour mon appartement** I have/I haven't found a purchaser ou buyer for my apartment, I've found someone/I haven't found anyone to buy my apartment ◆ **cet objet n'a pas encore trouvé acquéreur** the object has not yet found a purchaser ou buyer ou taker ◆ **se porter acquéreur (de qch)** to announce one's intention to buy ou purchase (sth) ◆ **se rendre acquéreur de qch** to purchase ou buy sth

**acquérir** [akeʀiʀ] → SYN ▸ conjug 21 ◂ vt **a** [+ propriété, meuble] to acquire; (en achetant) to purchase, buy; (Bourse) [+ titre] to acquire, purchase, buy; [+ société] to acquire; → **bien**
**b** (= obtenir) [+ faveur, célébrité] to win, gain; [+ habileté, autorité, nationalité, habitude] to acquire; [+ importance, valeur, statut] to acquire, gain ◆ **acquérir la certitude de qch** to become certain of sth ◆ **acquérir la preuve de qch** to gain ou obtain (the) proof of sth ◆ **leur entreprise a acquis une dimension européenne** their company has acquired ou taken on a European dimension ◆ **l'expérience s'acquiert avec le temps** experience is something you acquire with time ◆ **il s'est acquis une solide réputation** he has built up a solid reputation ◆ **il s'est acquis l'estime/l'appui de ses chefs** he won ou gained his superiors' esteem/support

**acquêt** [akɛ] → SYN nm acquest; → **communauté**

**acquiescement** [akjɛsmɑ̃] → SYN nm **a** (= approbation) approval, agreement ◆ **il leva la main en signe d'acquiescement** he raised his hand in approval ou agreement
**b** (= consentement) acquiescence, assent ◆ **donner son acquiescement à qch** to give one's assent to sth

**acquiescer** [akjese] → SYN ▸ conjug 3 ◂ vi **a** (= approuver) to approve, agree ◆ **il acquiesça d'un signe de tête** he nodded in agreement, he nodded his approval
**b** (= consentir) to acquiesce, assent ◆ **acquiescer à une demande** to acquiesce to ou in a request, assent to a request

**acquis, e** [aki, iz] → SYN (ptp de **acquérir**) 1 adj
**a** fortune, qualité, droit acquired ◆ **caractères acquis** (Bio) acquired characteristics; → **vitesse**
**b** fait established, accepted ◆ **tenir qch pour acquis** (comme allant de soi) to take sth for granted; (comme décidé) to take sth as settled ou agreed ◆ **il est maintenant acquis que ...** it has now been established that ..., it is now accepted that ...
**c** **être acquis à qn** ◆ **ce droit nous est acquis** we have now established this right as ours ◆ **ses faveurs nous sont acquises** we can count on ou be sure of his favour ◆ **être acquis à un projet/qn** to be in complete support of ou completely behind a plan/sb ◆ **cette région est acquise à la gauche** this region is a left-wing stronghold ou is solidly left-wing
2 nm **a** (= avantage) asset ◆ **sa connaissance de l'anglais est un acquis précieux** his knowledge of English is a valuable asset ◆ **acquis sociaux** social benefits ◆ **acquis territoriaux** territorial aquisitions
**b** (= connaissances) **cet élève vit sur ses acquis** this pupil is content to get by on what he already knows
**c** (opposé à inné) **l'inné et l'acquis** nature and nurture
**d** († = expérience, savoir) experience ◆ **avoir de l'acquis** to have experience

**acquisition** [akizisjɔ̃] → SYN nf **a** (= action, processus) acquisition, acquiring ◆ **faire l'acquisition de qch** to acquire sth; (par achat) to purchase sth ◆ **l'acquisition du langage** language acquisition ◆ **l'acquisition de la nationalité française** the acquisition of French nationality ◆ **l'acquisition de données** (Ordin) data acquisition
**b** (= objet) acquisition; (par achat) purchase ◆ **nouvelle acquisition** [bibliothèque] accession

**acquit** [aki] → SYN nm **a** (Comm = décharge) receipt ◆ **"pour acquit"** "received"
**b** **par acquit de conscience** to set one's mind at rest, be quite sure

**acquit-à-caution,** pl **acquits-à-caution** [akitakosjɔ̃] nm bond note

**acquittement** [akitmɑ̃] → SYN nm **a** [accusé] acquittal ◆ **verdict d'acquittement** verdict of not guilty
**b** [facture] payment, settlement; [droit, impôt] payment; [dette] discharge, settlement

**acquitter** [akite] → SYN ▸ conjug 1 ◂ 1 vt **a** [+ accusé] to acquit
**b** [+ droit, impôt] to pay; [+ dette] to pay (off), settle, discharge; [+ facture] (gén) to pay, settle; (Comm) to receipt
**c** **acquitter qn de** [+ dette, obligation] to release sb from
2 **s'acquitter** vpr ◆ **s'acquitter de** [+ dette] to pay (off), settle; [+ dette morale, devoir] to discharge; [+ promesse] to fulfil, carry out; [+ obligation] to fulfil, discharge; [+ fonction, tâche] to fulfil, carry out ◆ **comment m'acquitter (envers vous) ?** how can I ever repay you? (*de* for)

**acre** [akʀ] 1 nf (Hist) ≃ acre
2 nm (Can) acre *(4,046.86 m²)*

**âcre** [ɑkʀ] → SYN adj odeur, saveur acrid, pungent; (littér) acrid

**âcreté** [ɑkʀəte] → SYN nf [odeur, saveur] acridness, acridity, pungency; (littér) acridness, acridity

**acridiens** [akʀidjɛ̃] nmpl grasshoppers

**acrimonie** [akʀimɔni] nf acrimony, acrimoniousness

**acrimonieux, -ieuse** [akʀimɔnjø, jøz] adj acrimonious

**acrobate** [akʀɔbat] → SYN nmf (lit, fig) acrobat

**acrobatie** [akʀɔbasi] → SYN nf (= tour) acrobatic feat; (= art) acrobatics sg ◆ **acrobaties aériennes** aerobatics ◆ **faire des acrobaties** to perform acrobatics ◆ **il a fallu se livrer à des acrobaties comptables/budgétaires** we had to juggle the accounts/the budget ◆ **à force d'acrobaties financières, il a sauvé son entreprise** he managed to save his company with some financial sleight of hand ou thanks to some financial gymnastics ◆ **mon emploi du temps tient de l'acrobatie** * I have to tie myself in knots * to cope with my timetable

**acrobatique** [akʀɔbatik] → SYN adj (lit, fig) acrobatic

**acrocéphale** [akʀosefal] adj acrocephalic, oxycephalic

**acrocéphalie** [akʀosefali] nf acrocephaly, oxycephaly

**acrocyanose** [akʀosjanoz] nf acrocyanosis

**acroléine** [akʀɔlein] nf acrolein

**acromégalie** [akʀomegali] nf acromegaly

**acromion** [akʀɔmjɔ̃] nm acromion

**acronyme** [akʀɔnim] [→ SYN] nm acronym

**acrophobie** [akʀɔfɔbi] [→ SYN] nf acrophobia

**Acropole** [akʀɔpɔl] nf ◆ **l'Acropole** the Acropolis

**acrosome** [akʀozom] nm acrosome

**acrostiche** [akʀɔstiʃ] [→ SYN] nm acrostic

**acrotère** [akʀɔtɛʀ] [→ SYN] nm (= socle, ensemble) acroter

**acrylique** [akʀilik] adj, nm acrylic; → **peinture**

**actant** [aktɑ̃] nm (Ling) agent

**acte** [akt] [→ SYN] [1] nm [a] (= action) action, act ◆ **acte instinctif/réflexe** instinctive/reflex action ◆ **moins de paroles, des actes** let's have less talk and more action ◆ **plusieurs actes de terrorisme ont été commis** several acts of terrorism have been committed ◆ **acte de bravoure/de lâcheté/de cruauté** act of bravery/cowardice/cruelty, brave/cowardly/cruel act ◆ **ce crime est un acte de folie/l'acte d'un fou** this crime is an act of madness/the work of a madman ◆ **passer à l'acte** (Psych) to act; (après menace) to put one's threats into action ◆ **en acte** (Philos) in actuality

[b] (Jur) [notaire] deed; [état civil] certificate ◆ **dont acte** (Jur) duly noted ou acknowledged

[c] (Théât, fig) act ◆ **pièce en un acte** one-act play ◆ **le dernier acte du conflit se joua en Orient** the final act of the struggle was played out in the East

[d] [congrès] **actes** proceedings

[e] (Loc) **demander acte que/de qch** to ask for formal acknowledgement that/of sth

◆ **prendre acte** ◆ **prendre acte de qch** to note sth ◆ **prendre acte que ...** to record formally that ... ◆ **nous prenons acte de votre promesse** we have noted ou taken note of your promise

◆ **donner acte** ◆ **donner acte que** to acknowledge formally that ◆ **donner acte de qch** to acknowledge sth formally

◆ **faire acte de** ◆ **faire acte de citoyen** to act ou behave as a citizen ◆ **faire acte d'autorité** to make a show of authority ◆ **faire acte de candidature** to apply, submit an application ◆ **faire acte de présence** to put in a token appearance ◆ **il a au moins fait acte de bonne volonté** he has at least shown ou made a gesture of goodwill ou willingness

[2] COMP ▷ **acte d'accusation** bill of indictment, charge (Brit) ▷ **acte d'amnistie** amnesty ▷ **les Actes des Apôtres** the Acts of the Apostles ▷ **acte d'association** partnership agreement ou deed, articles of partnership ▷ **acte authentique** ⇒ **acte notarié** ▷ **acte de banditisme** criminal act ▷ **acte de baptême** baptismal certificate ▷ **acte de charité** act of charity ▷ **acte de commerce** commercial act ou deed ▷ **acte constitutif** [société] charter ▷ **acte de contrition** act of contrition ▷ **acte de décès** death certificate ▷ **acte d'espérance** act of hope ▷ **acte de l'état civil** *birth, marriage or death certificate* ▷ **acte de foi** act of faith ▷ **acte gratuit** gratuitous act, acte gratuit ▷ **acte de guerre** act of war ▷ **acte judiciaire** judicial document ◆ **signifier** ou **notifier un acte judiciaire** to serve legal process (à on) ▷ **acte manqué** (Psych) subconsciously deliberate mistake ▷ **acte de mariage** marriage certificate ▷ **acte médical** medical treatment (NonC) ▷ **acte de naissance** birth certificate ▷ **acte notarié** notarial deed, deed executed by notary ▷ **acte de notoriété** affidavit ▷ **acte officiel** (Jur) instrument ▷ **acte sexuel** sex act ▷ **acte de succession** attestation of inheritance ▷ **l'Acte unique (européen)** the Single European Act ▷ **acte de vente** bill of sale; → **seing**

**actée** [akte] nf baneberry

**acter** [akte] ▸ conjug 1 ◂ vt ◆ **il a fait acter ce principe par un vote** he obtained official endorsement for the principle by putting it to a vote ◆ **ils ont fait acter son éviction des rangs du parti** they had him officially expelled from the party

**acteur** [aktœʀ] [→ SYN] nm (Théât, Ciné) actor; (fig) player ◆ **acteur de cinéma** film ou movie (US) actor ◆ **acteur de théâtre** stage ou theatre actor ◆ **tous les acteurs du film sont excellents** the entire cast in this film are ou is excellent ◆ **les principaux acteurs économiques** the key economic players ◆ **les acteurs de la politique mondiale** the actors ou players on the world political stage ◆ **les acteurs sociaux** the main organized forces in society ◆ **les trois acteurs de ce drame** (fig) the three people involved in ou the three protagonists in the tragedy; → **actrice**

**ACTH** [aseteaʃ] nf (abrév de **Adenocorticotropic Hormone**) ACTH

**actif, -ive** [aktif, iv] [→ SYN] [1] adj personne, participation active; poison, médicament active, potent; (au travail) population working; (Bourse) marché buoyant; (Phys) substance activated, active; (Élec) circuit, élément active; (Ling) active ◆ **les principes actifs du médicament** the active principles of the drug ◆ **prendre une part active à qch** to take an active part in sth ◆ **dans la vie active** in his (ou one's etc ) working life ◆ **entrer dans la vie active** to begin one's working life; → **armée²**, **charbon**, **corruption** etc

[2] nm [a] (Ling) active (voice) ◆ **à l'actif** in the active voice

[b] (Fin) assets; [succession] credits ◆ **actif circulant** current ou floating assets ◆ **actif réalisable et disponible** current assets ◆ **porter une somme à l'actif** to put a sum on the assets side ◆ **sa gentillesse est à mettre à son actif** his kindness is a point in his favour, on the credit ou plus* side there is his kindness (to consider) ◆ **il a plusieurs crimes à son actif** he has several crimes to his name ◆ **il a plusieurs records à son actif** he has several records to his credit ou name

[c] (= qui travaille) working person ◆ **les actifs** people who work, the working population

[3] **active** nf (Mil) ◆ **l'active** the regular army ◆ **officier d'active** regular officer

**actine** [aktin] nf actin

**actinide** [aktinid] nm actinide, actinon

**actinie** [aktini] [→ SYN] nf actinia

**actinite** [aktinit] [→ SYN] nf erythema solare

**actinium** [aktinjɔm] nm actinium

**actinomètre** [aktinɔmɛtʀ] nm actinometer

**actinomycète** [aktinomisɛt] nm actinomycete

**actinomycose** [aktinomikoz] nf actinomycosis

**actinote** [aktinɔt] nf actinolite

**actinothérapie** [aktinoteʀapi] nf actinotherapy

**action¹** [aksjɔ̃] [→ SYN] [1] nf [a] (= acte) action, act ◆ **action audacieuse** act of daring, bold deed ou action ◆ **faire une bonne action** to do a good deed ◆ **j'ai fait ma bonne action de la journée** I've done my good deed for the day ◆ **commettre une mauvaise action** to do something (very) wrong, behave badly ◆ **action d'éclat** dazzling ou brilliant feat ou deed ◆ **action de grâce(s)** (Rel) thanksgiving

[b] (= activité) action ◆ **passer à l'action** (gén, fig) to take action; (Mil) to go into battle ou action ◆ **le moment est venu de passer à l'action** the time has come for action ◆ **être en action** [forces] to be at work ◆ **entrer en action** [troupes, canon] to go into action; [usine] to go into operation; [mécanisme] to start ◆ **mettre en action** [+ mécanisme] to set going; [+ plan] to put into action ◆ **le dispositif de sécurité se mit en action** the security device went off ou was set off; → **champ**, **feu¹**, **homme**

[c] (= effet) [machine] action; [éléments naturels, médicament] effect ◆ **ce médicament est sans action** this medicine is ineffective ou has no effect ◆ **la pierre s'est fendue sous l'action du gel** the frost caused the stone to crack ◆ **la transformation s'opère sous l'action des bactéries** the transformation is caused by the action of bacteria

[d] (= initiative) action ◆ **engager une action commune** to take concerted action ◆ **recourir à l'action directe** to resort to ou have recourse to direct action ◆ **action revendicative** [ouvriers] industrial action (NonC); [étudiants] protest (NonC); → **journée**

[e] (= politique, mesures) policies ◆ **l'action gouvernementale** the government's policies ◆ **l'action économique et sociale** economic and social policy ◆ **l'action humanitaire** humanitarian aid ◆ **pour financer notre action en faveur des réfugiés** in order to finance our aid programme for refugees ◆ **le développement de l'action culturelle à l'étranger** the development of cultural initiatives abroad ◆ **son action à la tête du ministère a été critiquée** he was criticized for what he did as head of the ministry; → **programme**

[f] [pièce, film] (= mouvement, péripéties) action; (= intrigue) plot ◆ **action !** action! ◆ **l'action se passe en Grèce** the action takes place in Greece ◆ **film d'action** action film ◆ **roman (plein) d'action** action-packed novel

[g] (Jur) action (at law), lawsuit ◆ **action juridique/civile** legal/civil action ◆ **action en diffamation** libel action; → **intenter**

[h] (Sport) **il a été blessé au cours de cette action** he was injured during that bit of play ◆ **il y a eu deux actions dangereuses devant nos buts** there were two dangerous attacking moves right in front of our goal ◆ **il y a eu de belles actions au cours de ce match** there was some fine play during the match ◆ **revoyons l'action** let's have an action replay

[i] (Helv Comm = vente promotionnelle) special offer ◆ **robes en action** dresses on special offer

**action²** [aksjɔ̃] nf (Fin) share ◆ **actions** shares, stock(s) ◆ **action cotée** listed ou quoted share ◆ **action gratuite/ordinaire/nominative/au porteur** free/ordinary/registered/bearer share ◆ **action préférentielle** ou **à dividende prioritaire** preference share (Brit), preferred share (US) ◆ **action de chasse** hunting rights ◆ **ses actions sont en hausse/baisse** (fig) his stock is rising/falling; → **société**

**actionnaire** [aksjɔnɛʀ] [→ SYN] nmf shareholder ◆ **actionnaire principal** leading shareholder ◆ **être actionnaire majoritaire** to have a majority shareholding

**actionnarial, e** [aksjɔnaʀjal, o], mpl **actionnariaux** adj stock (épith), share (épith) ◆ **la structure actionnariale de l'entreprise** the company's share structure

**actionnariat** [aksjɔnaʀja] [→ SYN] nm (= détention d'actions) shareholding; (= personnes) shareholders ◆ **développer l'actionnariat ouvrier** to increase employee share-ownership

**actionnement** [aksjɔnmɑ̃] nm activating, activation

**actionner** [aksjɔne] [→ SYN] ▸ conjug 1 ◂ vt [a] [+ levier, manette] to operate; [+ mécanisme] to activate; [+ machine] to drive, work ◆ **moteur actionné par la vapeur** steam-powered ou -driven engine ◆ **actionner la sonnette** to ring the bell

[b] (Jur) to sue, bring an action against ◆ **actionner qn en dommages et intérêts** to sue sb for damages

**actionneur** [aksjɔnœʀ] nm (Tech) actuator

**activateur, -trice** [aktivatœʀ, tʀis] [1] adj activating (épith)

[2] nm activator ◆ **activateur de croissance** growth stimulant

**activation** [aktivasjɔ̃] [→ SYN] nf (Chim, Phys) activation; (Bio) initiation of development

**activé, e** [aktive] (ptp de **activer**) adj (Sci) activated; → **charbon**

**activement** [aktivmɑ̃] adv actively ◆ **participer activement à qch** to take an active part ou be actively involved in sth ◆ **le suspect est activement recherché par la police** a major police search for the suspect is under way

**activer** [aktive] [→ SYN] ▸ conjug 1 ◂ [1] vt [a] (= accélérer) [+ processus, travaux] to speed up; (= aviver) [+ feu] to stoke

[b] (Chim) to activate

[c] (= actionner) [+ dispositif] to set going; (Ordin) to activate

[2] vi (* = se dépêcher) to get a move on*, get moving*

[3] **s'activer** vpr (= s'affairer) to bustle about ◆ **s'activer à faire** to be busy doing ◆ **active-toi !*** get a move on!*

**activeur** [aktivœʀ] [→ SYN] nm activator

**activisme** [aktivism] nm activism

**activiste** [aktivist] [→ SYN] adj, nmf activist

**activité** [aktivite] [→ SYN] nf [a] (= fonctionnement) activity ◆ **l'activité économique** economic activity ◆ **cesser ses activités** (Comm) to cease trading ou operations ◆ **la concurrence nous**

**a forcé à cesser nos activités** our competitors have put us out of business ◆ **pratiquer une activité physique régulière** to take regular exercise, exercise regularly ◆ **elle déborde d'activité** [personne] she's incredibly active

◆ **en + activité** ◆ **être en activité** [volcan] to be active; [entreprise] to be trading, be in business; [centrale nucléaire, usine] to function, be in operation ◆ **être en pleine activité** [usine] to be operating at full strength, be in full operation; [personne] to be very busy; (hum) to be hard at it *

**b** (= occupation non rémunérée, passe-temps) activity ◆ **le club propose de multiples activités culturelles** the club provides a wide range of cultural activities

**c** (= emploi) job ◆ **activité professionnelle** occupation ◆ **avoir une activité salariée** to be in paid ou gainful (frm) employment ◆ **le passage de l'activité à la retraite** the transition from working life to retirement; (Mil) the transfer from the active to the retired list ◆ **cesser son activité** [salarié] to stop working; [médecin] to stop practising

◆ **en activité** salarié working, in active employment ◆ **le nombre des médecins en activité** the number of practising doctors

**d** (= domaine d'intervention) [entreprise] (line of) business ◆ **notre activité principale est l'informatique** our main line of business is computing ◆ **ils ont étendu leurs activités à la distribution** they have branched out into distribution

**e** (= animation) [rue, ville] bustle ◆ **les rues sont pleines d'activité** the streets are bustling with activity ou are very busy

**actrice** [aktʀis] nf (Théât, Ciné, fig) actress ◆ **actrice de cinéma** film ou movie (US) actress ◆ **actrice de théâtre** stage ou theatre actress

**actuaire** [aktɥɛʀ] nmf actuary

**actualisation** [aktɥalizasjɔ̃] [→ SYN] nf **a** (= mise à jour) [ouvrage, règlement] updating ◆ **ils réclament l'actualisation du salaire minimum** they are calling for a review of the minimum wage

**b** (Fin) [coûts] updated forecast; [somme due] discounting

**c** (Ling, Philos) actualization

**actualiser** [aktɥalize] [→ SYN] ▸ conjug 1 ◂ vt **a** (= mettre à jour) [+ ouvrage, règlement] to update, bring up to date; [+ salaires] to review

**b** (Fin) [+ coûts] to give an updated forecast of; [+ somme due] to discount ◆ **cash-flow actualisé** discounted cash flow

**c** (Ling, Philos) to actualize

**actualité** [aktɥalite] [→ SYN] nf **a** [livre, sujet] topicality ◆ **livre d'actualité** topical book

**b** (= événements) **l'actualité** current events ◆ **l'actualité sportive** the sports news

**c** (Ciné, Presse) **les actualités** the news ◆ **il est passé aux actualités** * he was on the news ◆ **actualités télévisées/régionales** television/local ou regional news

**d** (Philos) actuality

**actuariat** [aktɥaʀja] nm (= technique) actuarial methods

**actuariel, -elle** [aktɥaʀjɛl] adj actuarial ◆ **taux** ou **rendement actuariel brut** gross annual interest yield ou return

**actuel, -elle** [aktɥɛl] [→ SYN] adj **a** (= présent) present, current ◆ **à l'heure actuelle** at the present time ◆ **à l'époque actuelle** nowadays, in this day and age ◆ **le monde actuel** the world today, the present-day world ◆ **l'actuel Premier ministre** the current Prime Minister

**b** (= d'actualité) livre, problème topical

**c** (Philos, Rel) actual

**actuellement** [aktɥɛlmɑ̃] [→ SYN] adv at the moment, at present

**acuité** [akɥite] [→ SYN] nf [son] shrillness; [douleur, problème, crise] acuteness; [sens] sharpness, acuteness ◆ **acuité visuelle** visual acuity

**acuminé, e** [akymine] adj acuminate

**acuponcteur, acupuncteur** [akypɔ̃ktœʀ] nm acupuncturist

**acuponcture, acupuncture** [akypɔ̃ktyʀ] nf acupuncture

**acutangle** [akytɑ̃gl] adj acute-angled

**acyclique** [asiklik] adj (gén) non-cyclical; (Chim) acyclic

**a/d** (abrév de **à dater, à la date de**) as from

**Ada** [ada] nm Ada

**ADAC** [adak] nm (abrév de **avion à décollage et atterrissage courts**) STOL

**adage**[1] [adaʒ] [→ SYN] nm (= maxime) adage, saying

**adage**[2] [adaʒ] nm (Danse) adagio

**adagio** [ada(d)ʒjo] adv, nm adagio

**Adam** [adɑ̃] nm Adam ◆ **en costume** ou **tenue d'Adam** (hum) in one's birthday suit; → **pomme**

**adamantin, e** [adamɑ̃tɛ̃, in] [→ SYN] adj (littér) adamantine

**adaptabilité** [adaptabilite] nf adaptability

**adaptable** [adaptabl] adj adaptable

**adaptateur, -trice** [adaptatœʀ, tʀis] [1] nm,f (Ciné, Théât) adapter

[2] nm (Tech) adapter

**adaptatif, -ive** [adaptatif, iv] adj adaptive ◆ **système d'optique adaptative** adaptive optics system

**adaptation** [adaptasjɔ̃] [→ SYN] nf **a** (gén) adaptation (*à* to) ◆ **faire un effort d'adaptation** to try to adapt ◆ **capacité** ou **faculté d'adaptation** adaptability (*à* to) ◆ **il lui a fallu un certain temps d'adaptation** it took him some time to adapt (*pour* to)

**b** (Ciné, Théât) adaptation; (Mus) arrangement ◆ **adaptation cinématographique/télévisée** film ou screen/television adaptation

**adapter** [adapte] [→ SYN] ▸ conjug 1 ◂ [1] vt **a** (= appliquer) **adapter une prise/un mécanisme à** to fit a plug/a mechanism to ◆ **adapter la musique aux paroles** to fit the music to the words ◆ **le traitement semble bien adapté (à la maladie)** the treatment seems to be appropriate (to the illness) ◆ **ces mesures sont-elles bien adaptées à la situation ?** are these measures really suited to the situation?

**b** (= modifier) [+ conduite, méthode, organisation] to adapt (*à* to); [+ roman, pièce] to adapt (*pour* for)

[2] **s'adapter** vpr **a** (= s'habituer) to adapt (o.s.) (*à* to)

**b** (= s'appliquer) **s'adapter à** ou **sur qch** [objet, prise] to fit sth

**ADAV** [adav] nm (abrév de **avion à décollage et atterrissage verticaux**) VTOL

**addenda** [adɛ̃da] nm inv addenda

**addictif, -ive** [adiktif, iv] adj addictive

**addiction** [adiksjɔ̃] nf addiction (*à* to)

**Addis Abeba** [adisabeba] n Addis Ababa

**additif, -ive** [aditif, iv] [→ SYN] [1] adj (Math) additive

[2] nm (= note, clause) additional clause, rider; (= substance) additive ◆ **additif budgétaire** supplemental budget ◆ **additif alimentaire** food additive

**addition** [adisjɔ̃] [→ SYN] nf **a** (Math) (gén) addition; (= problème) addition, sum ◆ **faire une addition** to do a sum ◆ **par addition de** by adding, by the addition of

**b** (= facture) bill, check (US) ◆ **payer** ou **régler l'addition** (lit) to pay ou settle the bill; (fig) to pick up the tab ◆ **l'addition va être lourde** (fig) the cost will be high

**additionnel, -elle** [adisjɔnɛl] [→ SYN] adj additional; → **centime**

**additionner** [adisjɔne] [→ SYN] ▸ conjug 1 ◂ [1] vt (lit, fig) to add up ◆ **additionner qch à** to add sth to ◆ **additionner le vin de sucre** to add sugar to the wine, mix sugar with the wine ◆ **additionné d'alcool** (sur étiquette) with alcohol added

[2] **s'additionner** vpr to add up

**additionneur** [adisjɔnœʀ] nm (Ordin) adder

**additivé, e** [aditive] adj carburant high-octane (épith)

**adducteur** [adyktœʀ] [→ SYN] adj m, nm ◆ **(canal) adducteur** feeder (canal) ◆ **(muscle) adducteur** adductor

**adduction** [adyksjɔ̃] nf (Anat) adduction ◆ **adduction d'eau** (Tech) water conveyance ◆ **travaux d'adduction d'eau** laying on water

**Adélaïde** [adelaid] nf Adelaide

**ADEME** [adɛm] nf (abrév de **Agence de l'environnement et de la maîtrise de l'énergie**) → **agence**

**Aden** [adɛn] n Aden

**adénine** [adenin] nf adenine

**adénite** [adenite] [→ SYN] nf adenitis

**adénocarcinome** [adenokaʀsinom] nm adenocarcinoma

**adénoïde** [adenɔid] adj adenoid(al)

**adénome** [adenom] nm adenoma

**adénopathie** [adenopati] nf adenopathy

**adénosine** [adenozin] nf adenosine

**adénovirus** [adenoviʀys] nm adenovirus

**adepte** [adɛpt] [→ SYN] nmf [doctrine, mouvement] follower; [activité] enthusiast ◆ **faire des adeptes** to gain followers ◆ **les adeptes du deltaplane** hang-gliding enthusiasts

**adéquat, e** [adekwa(t), at] [→ SYN] adj (gén) appropriate, suitable, fitting; (Gram) adequate ◆ **utiliser le vocabulaire adéquat** to use the appropriate vocabulary ◆ **ces installations ne sont pas adéquates** these facilities are not suitable

**adéquation** [adekwasjɔ̃] [→ SYN] nf appropriateness; [grammaire] adequacy

**adhérence** [adeʀɑ̃s] [→ SYN] nf (gén) adhesion (*à* to); [pneus, semelles] grip (*à* on), adhesion (*à* to) ◆ **adhérence (à la route)** [voiture] roadholding

**adhérent, e** [adeʀɑ̃, ɑ̃t] [→ SYN] [1] adj pays member (épith) ◆ **les pays adhérents** the member nations ◆ **les personnes non adhérentes à l'association** non-members of the association

[2] nm,f member ◆ **carte d'adhérent** membership card

**adhérer** [adeʀe] [→ SYN] ▸ conjug 6 ◂ **adhérer à** vt indir **a** (= coller) to stick to, adhere to ◆ **adhérer à la route** [pneu] to grip the road; [voiture] to hold the road ◆ **ça adhère bien** it sticks ou adheres well, it holds the road well

**b** (= se rallier à) [+ plan, projet] to subscribe to; [+ traité] to adhere to; [+ point de vue] to support, subscribe to; [+ idéal, philosophie] to adhere to

**c** (= devenir membre de) to join; (= être membre de) to be a member of, belong to

**adhésif, -ive** [adezif, iv] [→ SYN] [1] adj adhesive, sticky ◆ **pansement adhésif** sticking plaster (Brit), Band-Aid ® (US) ◆ **papier adhésif** sticky(-backed) paper

[2] nm adhesive

**adhésion** [adezjɔ̃] [→ SYN] nf **a** (= accord) support (*à* for), adherence (*à* to) ◆ **leur adhésion au traité** their adherence to the treaty

**b** (= inscription) joining; (= fait d'être membre) membership (*à* of) ◆ **son adhésion au club** his joining the club ◆ **ils ont demandé leur adhésion à l'UE** they've applied to join the EU, they've applied for EU membership ◆ **bulletin/campagne d'adhésion** membership form/drive ◆ **il y a 3 nouvelles adhésions cette semaine** 3 new members joined this week, there have been 3 new memberships this week

**adhésivité** [adezivite] nf (Tech) adhesiveness

**ad hoc** [adɔk] adj inv **a** (= approprié) formation, méthode, solution appropriate ◆ **c'est l'homme ad hoc** he's just the man we need ◆ **j'ai trouvé le lieu ad hoc pour la réception** I've found the ideal ou the perfect place for the reception

**b** organisme, mission ad hoc ◆ **commission ad hoc** ad hoc committee

**ad hominem** [adɔminɛm] loc adj argument ad hominem

**adiabatique** [adjabatik] adj adiabatic

**adiante** [adjɑ̃t] [→ SYN] nm maidenhair (fern)

**adieu,** pl **adieux** [adjø] [→ SYN] [1] nm **a** (= salut) goodbye, farewell (littér) ◆ **dire adieu à** (lit, fig) to say goodbye to ◆ **d'adieu** repas, visite farewell (épith) ◆ **baiser d'adieu** parting ou farewell kiss ◆ **tu peux dire adieu à ta sieste !** you can forget about your nap! ◆ **tu peux dire adieu à ton argent !** you can kiss your money goodbye! * ◆ **"L'Adieu aux armes"** (Littérat) "A Farewell to Arms"

**b** (= séparation) **adieux** farewells ◆ **faire ses adieux (à qn)** to say one's farewells (to sb) ◆ **il a fait ses adieux à la scène/au journalisme** he bade farewell to the stage/to journalism

**2** excl (= au revoir) goodbye, farewell (littér); (dial = bonjour) hello, hi* ◆ **adieu la tranquillité/les vacances** goodbye to (our) peace and quiet/our holidays

**à-Dieu-va(t)** [adjøva(t)] **excl** it's all in God's hands!

**adipeux, -euse** [adipø, øz] → SYN **adj** (Anat) adipose; visage fleshy

**adipique** [adipik] **adj** ◆ **acide adipique** adipic acid

**adipocyte** [adipɔsit] **nm** adipocyte

**adipolyse** [adipɔliz] **nf** lipolysis

**adipopexie** [adipɔpɛksi] **nf** lipopexia

**adipose** [adipoz] → SYN **nf** adiposis

**adiposité** [adipozite] **nf** adiposity

**adipsie** [adipsi] **nf** adipsia

**adjacent, e** [adʒasɑ̃, ɑ̃t] → SYN **adj** adjacent, adjoining ◆ **adjacent à** adjacent to, adjoining; → **angle**

**adjectif, -ive** [adʒɛktif, iv] → SYN **1** **adj** adjectival, adjective (épith)

**2** **nm** adjective ◆ **adjectif substantivé/qualificatif** nominalized/qualifying adjective ◆ **adjectif attribut/épithète** predicative/attributive adjective ◆ **adjectif verbal** verbal adjective

**adjectival, e,** mpl **-aux** [adʒɛktival, o] **adj** adjectival ◆ **locution adjectivale** adjectival phrase

**adjectivé, e** [adʒɛktive] **adj** used as an adjective

**adjectivement** [adʒɛktivmɑ̃] **adv** adjectivally, as an adjective

**adjoindre** [adʒwɛ̃dʀ] → SYN ▸ conjug 49 ◂ **vt** **a** (= associer) **adjoindre un collaborateur à qn** to appoint sb as an assistant to sb ◆ **adjoindre qn à une équipe** to give sb a place in a team ◆ **s'adjoindre un collaborateur** to take on ou appoint an assistant

**b** (= ajouter) **adjoindre une pièce/un dispositif à qch** to attach ou affix a part/device to sth ◆ **adjoindre un chapitre à un ouvrage** to add a chapter to a book; (à la fin) to append a chapter to a book ◆ **à ces difficultés est venu s'adjoindre un nouveau problème** in addition to all these difficulties there was now a new problem

**adjoint, e** [adʒwɛ̃, wɛ̃t] → SYN (ptp de **adjoindre**) **1** **adj** assistant ◆ **commissaire/directeur adjoint** assistant commissioner/manager

**2** **nm,f** deputy, assistant ◆ **adjoint au maire** deputy mayor ◆ **adjoint d'enseignement** non-certificated teacher *(with tenure)*

**3** **nm** (Ling) adjunct

**adjonction** [adʒɔ̃ksjɔ̃] → SYN **nf** **a** (= action) [collaborateur, produit, bâtiment] addition (à to); [article, chapitre] addition; (à la fin) appending (à to); [dispositif] attaching, affixing (à to) ◆ **l'adjonction de deux secrétaires à l'équipe** the addition of two secretaries to the team, the appointment of two extra ou additional secretaries to the team ◆ **produits sans adjonction de colorant/sel** products with no added colouring/salt

**b** (= chose ajoutée) addition

**adjudant** [adʒydɑ̃] → SYN **nm** (gén) warrant officer; (Aviat US) senior master sergeant ◆ **adjudant chef** warrant officer 1st class (Brit), chief warrant officer (US)

**adjudicataire** [adʒydikatɛʀ] → SYN **nmf** (aux enchères) purchaser; (= soumissionnaire) successful bidder ◆ **qui est l'adjudicataire du contrat ?** who won ou secured the contract?

**adjudicateur, -trice** [adʒydikatœʀ, tʀis] → SYN **nm,f** [enchères] seller; [contrat] awarder

**adjudication** [adʒydikasjɔ̃] → SYN **nf** **a** (= vente aux enchères) sale by auction; (= marché administratif) invitation to tender, putting up for tender; (= contrat) contract ◆ **par (voie d')adjudication** by auction, by tender ◆ **mettre en vente par adjudication** to put up for sale by auction ◆ **offrir par adjudication** to put up for tender ◆ **adjudication forcée** compulsory sale

**b** (= attribution) [contrat] awarding (à to); [meuble, tableau] auctioning (à to)

**adjuger** [adʒyʒe] → SYN ▸ conjug 3 ◂ **1** **vt** **a** (aux enchères) to knock down, auction (à to) ◆ **une fois, deux fois, trois fois, adjugé(, vendu) !** going, going, gone! ◆ **le document a été adjugé pour 3 000 €** the document went for ou was sold for €3,000

**b** (= attribuer) [+ contrat, avantage, récompense] to award; (* = donner) [+ place, objet] to give

**2** **s'adjuger** **vpr** (= obtenir) [+ contrat, récompense] to win; (Sport) [+ place, titre] to win; (= s'approprier) to take for o.s. ◆ **il s'est adjugé la meilleure place** he has taken the best seat for himself, he has given himself the best seat ◆ **ils se sont adjugé 24% du marché** they have taken over ou cornered 24% of the market ◆ **leur parti s'est adjugé 60% des sièges** their party have won ou carried off 60% of the seats

**adjuration** [adʒyʀasjɔ̃] → SYN **nf** entreaty, plea

**adjurer** [adʒyʀe] → SYN ▸ conjug 1 ◂ **vt** ◆ **adjurer qn de faire** to implore ou beg sb to do

**adjuvant** [adʒyvɑ̃] **nm** (= médicament) adjuvant; (= additif) additive; (= stimulant) stimulant; (Ling) adjunct

**ad lib(itum)** [adlib(itɔm)] **adv** ad lib, ad libitum

**ad litem** [adlitɛm] **loc adj** ad litem

**admettre** [admɛtʀ] → SYN ▸ conjug 56 ◂ **vt** **a** (= laisser entrer) [+ visiteur, démarcheur] to admit, let in ◆ **la salle ne pouvait admettre que 50 personnes** the room could only accommodate ou seat 50 people ◆ **les chiens ne sont pas admis dans le magasin** dogs are not allowed in the shop; (sur écriteau) no dogs (allowed) ◆ **il fut admis dans une grande pièce** he was ushered ou shown ou admitted into a large room ◆ **l'air/le liquide est admis dans le cylindre** (Tech) the air/the liquid is allowed to pass into the cylinder

**b** (= recevoir) [+ hôte] to receive; [+ nouveau membre] to admit; (à l'hôpital) to admit ◆ **admettre qn à sa table** to receive sb at one's table ◆ **il a été admis chez le ministre** he was received by the minister, he was admitted to see the minister ◆ **se faire admettre dans un club** to gain admittance to ou be admitted to a club

**c** (Scol, Univ) (à un examen) to pass; (dans une classe) to admit, accept ◆ **ils ont admis 30 candidats** they passed 30 of the candidates ◆ **il a été admis au concours** he passed ou got through the exam ◆ **il a été admis dans un bon rang au concours** he came out well in ou got a good place in the exam ◆ **il a/il n'a pas été admis en classe supérieure** he will move up into ou he will be admitted to/he didn't get into ou won't be admitted to the next class ◆ **lire la liste des admis au concours** to read the list of successful candidates in the exam

**d** (= convenir de) [+ défaite, erreur] to admit, acknowledge ◆ **il n'admet jamais ses torts** he never accepts ou admits he's in the wrong ◆ **je suis prêt à admettre que vous aviez raison** I'm ready to accept ou admit ou concede that you were right ◆ **il est admis que, c'est chose admise que** it's an accepted ou acknowledged fact that, it's generally admitted that ◆ **admettons !** (pour concéder) if you say so! ◆ **admettons qu'il ne l'ait pas fait exprès** let's say he didn't do it on purpose

**e** (= accepter) [+ excuses, raisons, thèse] to accept; (Jur) [+ pourvoi] to accept

**f** (= supposer) to suppose, assume ◆ **en admettant que** supposing ou assuming that ◆ **admettons qu'elle soit venue** let's suppose ou assume that she came

**g** (= tolérer) [+ ton, attitude, indiscipline] to allow, accept ◆ **je n'admets pas qu'il se conduise ainsi** I won't allow ou permit him to behave like that, I won't stand for ou accept such behaviour (from him) ◆ **admettre qn à siéger** (Admin) to admit sb *(as a new member)* ◆ **admis à faire valoir ses droits à la retraite** (Admin) entitled to retire

**h** (= laisser place à) to admit of ◆ **ton qui n'admet pas de réplique** tone (of voice) which brooks no reply ◆ **règle qui n'admet aucune exception** rule which allows of ou admits of no exception ◆ **règle qui admet plusieurs exceptions** rule which allows for several exceptions

**administrateur, -trice** [administʀatœʀ, tʀis] → SYN **nm,f** (gén) administrator; [banque, entreprise] director; [fondation] trustee ◆ **administrateur de biens** property manager ◆ **administrateur judiciaire** receiver ◆ **administrateur civil** *high-ranking civil servant acting as aide to a minister*

**administratif, -ive** [administʀatif, iv] → SYN **adj** administrative

**administration** [administʀasjɔ̃] → SYN **nf** **a** (= gestion) [affaires, entreprise] management, running; [fondation] administration; [pays] running, government; [commune] running ◆ **je laisse l'administration de mes affaires à mon notaire** I leave my lawyer to deal with my affairs, I leave my affairs in the hands of my lawyer ◆ **administration légale** guardianship ◆ **être placé sous administration judiciaire** [société] to go into receivership ◆ **la ville a été mise sous administration de l'ONU** the town has been placed under UN administration; → **conseil**

**b** [médicament, sacrement] administering, administration

**c** (= service public) (sector of the) public services ◆ **l'Administration** ≃ the Civil Service ◆ **l'administration locale** local government ◆ **être** ou **travailler dans l'administration** to work in the public services ◆ **l'administration des Douanes** the Customs Service ◆ **l'administration des Eaux et Forêts** ≃ the Forestry Commission (Brit), ≃ the Forestry Service (US) ◆ **l'administration fiscale, l'administration des Impôts** the tax department, ≃ the Inland Revenue (Brit), ≃ the Internal Revenue (US) ◆ **l'administration centrale** (Police) police headquarters ◆ **l'administration pénitentiaire** the prison authorities

**d** (= gouvernement) administration ◆ **l'administration Carter** the Carter administration

**administrativement** [administʀativmɑ̃] **adv** administratively ◆ **interné administrativement** formally committed (to a psychiatric hospital), sectioned (Brit)

**administré, e** [administʀe] **nm,f** [maire] citizen ◆ **informer ses administrés** to notify ou inform one's town (ou city)

**administrer** [administʀe] → SYN ▸ conjug 1 ◂ **vt** **a** (= gérer) [+ affaires, entreprise] to manage, run; [+ fondation] to administer; [+ pays] to run, govern; [+ commune] to run

**b** (= dispenser) [+ justice, remède, sacrement] to administer; [+ coup, gifle] to deal, administer; (Jur) [+ preuve] to produce

**admirable** [admiʀabl] → SYN **adj** admirable, wonderful ◆ **être admirable de courage** to show admirable ou wonderful courage ◆ **portrait admirable de vérité** portrait showing a wonderful likeness

**admirablement** [admiʀabləmɑ̃] → SYN **adv** admirably, wonderfully

**admirateur, -trice** [admiʀatœʀ, tʀis] → SYN **nm,f** admirer

**admiratif, -ive** [admiʀatif, iv] → SYN **adj** admiring ◆ **d'un air admiratif** admiringly

**admiration** [admiʀasjɔ̃] → SYN **nf** admiration ◆ **faire l'admiration de qn, remplir qn d'admiration** to fill sb with admiration ◆ **tomber/être en admiration devant qch/qn** to be filled with/lost in admiration for sth/sb

**admirativement** [admiʀativmɑ̃] **adv** admiringly, in admiration

**admirer** [admiʀe] GRAMMAIRE ACTIVE 13.4 → SYN ▸ conjug 1 ◂ **vt** to admire; (iro) to marvel at

**admissibilité** [admisibilite] **nf** [postulant] eligibility (à for); (Scol, Univ) *eligibility to sit the oral part of an exam*

**admissible** [admisibl] → SYN **1** **adj** **a** procédé admissible, acceptable; excuse acceptable ◆ **ce comportement n'est pas admissible** this behaviour is quite inadmissible ou unacceptable

**b** postulant eligible (à for); (Scol, Univ) *eligible to sit the oral part of an exam*

**2** **nmf** eligible candidate

**admission** [admisjɔ̃] → SYN **nf** **a** (dans un lieu, club) admission, admittance, entry (à to) ◆ **il a appris son admission au concours** (Univ) he found out that he had passed the exam ◆ **son admission (au club) a été obtenue non sans mal** he had some difficulty in gaining admission ou entry (to the club) ◆ **faire une demande d'admission à un club** to apply to join ou make an application to join a club, apply for membership of a club ◆ **admission temporaire d'un véhicule** (Douane) temporary importation of a vehicle ◆ **le nombre**

**des admissions au concours** the number of successful candidates in the exam

**b** (Tech = introduction) intake; (Aut) induction; → **soupape**

**admittance** [admitɑ̃s] **nf** (Phys) admittance

**admonestation** [admɔnɛstasjɔ̃] → SYN **nf** (littér) admonition, admonishment

**admonester** [admɔnɛste] → SYN ▸ conjug 1 ◂ **vt** (gén, Jur) to admonish

**admonition** [admɔnisjɔ̃] → SYN **nf** (littér, Jur) admonition, admonishment

**ADN** [adeɛn] **nm** (abrév de **acide désoxyribonucléique**) DNA

**adnominal, e,** mpl **-aux** [adnɔminal, o] **adj** (Ling) adnominal

**ado** * [ado] **nmf** (abrév de **adolescent, e**) teenager, teen * (US)

**adobe** [adɔb] → SYN **nm** adobe

**adolescence** [adɔlesɑ̃s] → SYN **nf** adolescence ◆ **ses années d'adolescence** his adolescent ou teenage years

**adolescent, e** [adɔlesɑ̃, ɑ̃t] → SYN **1** **adj** (littér) adolescent (épith)

**2** **nm,f** adolescent, teenager; (Méd, Psych) adolescent

**adonide** [adɔnid] **nf** (Bot) pheasant's eye

**Adonis** [adɔnis] **nm** (Myth, fig) Adonis

**adonner (s')** [adɔne] → SYN ▸ conjug 1 ◂ **s'adonner à** **vpr** [+ art] to devote o.s. to; [+ études] to give o.s. over to, devote o.s. to; [+ sport, passe-temps] to devote o.s. to, go in for; [+ pratiques] to indulge in ◆ **il s'adonnait à la boisson/au jeu** he was a confirmed drinker/gambler ◆ **venez vous adonner aux joies du ski** come and experience the joys of skiing

**adoptable** [adɔptabl] **adj** enfant eligible for adoption; mesure that can be adopted

**adoptant, e** [adɔptɑ̃, ɑ̃t] **nm,f** person wishing to adopt

**adopter** [adɔpte] → SYN ▸ conjug 1 ◂ **vt** **a** (Jur) [+ enfant] to adopt

**b** (= accueillir, accepter) [+ personne, animal] to adopt ◆ **elle a su se faire adopter par ses nouveaux collègues** she's managed to gain acceptance with her new colleagues

**c** [+ attitude, religion, nom, mesure] to adopt; [+ cause] to take up, adopt ◆ **"l'essayer c'est l'adopter !"** "try it – you'll love it!"

**d** [+ loi] to pass; [+ motion] to pass, adopt ◆ **cette proposition a été adoptée à l'unanimité** the proposal was carried unanimously

**adoptif, -ive** [adɔptif, iv] **adj** ◆ **enfant adoptif** (gén) adoptive child; (dans une famille d'accueil) ≃ foster child ◆ **parent adoptif** (gén) adoptive parent; (= nourricier) ≃ foster parent

**adoption** [adɔpsjɔ̃] → SYN **nf** **a** [enfant] adoption ◆ **adoption plénière** adoption ◆ **adoption simple** ≃ fostering ◆ **pays d'adoption** country of adoption ◆ **un Londonien d'adoption** a Londoner by adoption

**b** [attitude, religion, nom, mesure, cause] adoption

**c** [loi] passing; [motion] passing, adoption

**adorable** [adɔʀabl] → SYN **adj** personne adorable, delightful; robe, village lovely, delightful

**adorablement** [adɔʀabləmɑ̃] **adv** delightfully, adorably

**adorateur, -trice** [adɔʀatœʀ, tʀis] → SYN **nm,f** (Rel, fig) worshipper

**adoration** [adɔʀasjɔ̃] → SYN **nf** adoration, worship ◆ **être en adoration devant** to dote on, worship, idolize

**adorer** [adɔʀe] GRAMMAIRE ACTIVE 7.2 → SYN ▸ conjug 1 ◂ **vt** [+ personne, dieu] to adore, worship; [+ chose] to adore; → **brûler**

**ados** [ado] → SYN **nm** (Agr) bank *(to protect plants)*

**adosser** [adose] → SYN ▸ conjug 1 ◂ **1** **vt** ◆ **adosser à** ou **contre qch** [+ meuble] to stand against sth; [+ échelle] to stand ou lean against sth; [+ bâtiment] to build against ou onto sth, to build against ou onto sth ◆ **adosser un crédit à une hypothèque/un contrat d'assurance-vie** to secure a loan with a mortgage/a life-insurance policy

**2** **s'adosser** **vpr** ◆ **s'adosser à** ou **contre qch** [personne] to lean back against sth; [bâtiment] to be built against ou onto sth, back onto sth ◆ **il était adossé au pilier** he was leaning back against the pillar ◆ **le village est adossé à la montagne** the village is built right up against the mountain

**adoubement** [adubmɑ̃] → SYN **nm** (Hist) dubbing

**adouber** [adube] → SYN ▸ conjug 1 ◂ **vt** (Hist) to dub; (Dames, Échecs) to adjust

**adoucir** [adusiʀ] → SYN ▸ conjug 2 ◂ **1** **vt** **a** [+ saveur, acidité] to make milder ou smoother; (avec sucre) to sweeten; [+ rudesse, voix, peau] to soften; [+ couleur, contraste] to soften, tone down; [+ caractère, personne] to mellow; [+ chagrin] to soothe, allay, ease; [+ conditions pénibles, épreuve, solitude] to ease; [+ dureté, remarque] to mitigate, soften ◆ **cette coiffure lui adoucit le visage** that hairstyle softens her features ◆ **pour adoucir ses vieux jours** to comfort him in his old age ◆ **le vent du sud a adouci la température** the south wind has made the weather milder ◆ **adoucir la condamnation de qn** to reduce sb's sentence; → **musique**

**b** (Tech) [+ eau, métal] to soften

**2** **s'adoucir** **vpr** [voix, couleur, peau] to soften; [caractère, personne] to mellow ◆ **la température s'est adoucie** the weather has got milder

**adoucissant, e** [adusisɑ̃, ɑ̃t] **1** **adj** crème, lotion for smoother skin; sirop soothing

**2** **nm** fabric softener, fabric conditioner

**adoucissement** [adusismɑ̃] → SYN **nm** **a** [saveur, acidité] (avec sucre) sweetening; [rudesse, voix, peau] softening; [couleur, contraste] softening, toning-down; [caractère, personne] mellowing; [chagrin] soothing, allaying, easing; [conditions pénibles, épreuve] easing; [dureté, remarque] softening ◆ **on espère un adoucissement de la température** we are hoping for milder weather ◆ **apporter des adoucissements aux conditions de vie des prisonniers** to make the living conditions of the prisoners easier ou less harsh

**b** (Tech) [eau, métal] softening

**adoucisseur** [adusisœʀ] → SYN **nm** ◆ **adoucisseur (d'eau)** water softener

**ad patres** * [adpatʀɛs] **adv** ◆ **expédier** ou **envoyer qn ad patres** (hum) to send sb to kingdom come *

**adragante** [adʀagɑ̃t] **adj, nf** ◆ **(gomme) adragante** tragacanth

**adrénaline** [adʀenalin] **nf** adrenalin

**adrénergique** [adʀenɛʀʒik] **adj** adrenergic

**adressage** [adʀesaʒ] **nm** [courrier] mailing; (Ordin) addressing ◆ **mode d'adressage** addressing mode

**adresse**[1] [adʀɛs] GRAMMAIRE ACTIVE 24.5 → SYN **nf** **a** (= domicile) address ◆ **partir sans laisser d'adresse** to leave without giving a forwarding address ◆ **je connais quelques bonnes adresses de restaurants** I know some good restaurants to go to ◆ **c'est une/la bonne adresse pour les chaussures** it's a good place/the place to go for shoes; → **carnet, tromper**

**b** (frm = message) address

**c** (Ordin, Ling) address ◆ **(mot) adresse** [dictionnaire] headword ◆ **adresse électronique** e-mail address

**d** **à l'adresse de** (= à l'intention de) for the benefit of

**adresse**[2] [adʀɛs] → SYN **nf** (= habileté) deftness, dexterity, skill; (= subtilité, finesse) shrewdness, skill, cleverness; (= tact) adroitness ◆ **jeu/exercice d'adresse** game/exercise of skill ◆ **il eut l'adresse de ne rien révéler** he was adroit enough ou shrewd enough not to say anything; → **tour**

**adresser** [adʀese] GRAMMAIRE ACTIVE 21.2, 21.3, 23.3 → SYN ▸ conjug 1 ◂

**1** **vt** **a** **adresser une lettre/un colis à** (= envoyer) to send a letter/parcel to; (= écrire l'adresse) to address a letter/parcel to ◆ **la lettre m'était personnellement adressée** the letter was addressed to me personally ◆ **mon médecin m'a adressé à un spécialiste** my doctor sent ou referred me to a specialist

**b** **adresser une remarque/une requête à** to address a remark/a request to ◆ **adresser une accusation/un reproche à** to level an accusation/a reproach at ou against ◆ **adresser une allusion/un coup à** to aim a remark/a blow at ◆ **adresser un compliment/ses respects à** to pay a compliment/one's respects to ◆ **adresser une prière à** to address a prayer to; (à Dieu) to offer (up) a prayer to, to offer (up) a prayer to ◆ **adresser un regard furieux à qn** to direct an angry look at sb ◆ **il m'adressa un signe de tête/un geste de la main** he nodded/waved at me ◆ **adresser un sourire à qn** to give sb a smile, smile at sb ◆ **adresser la parole à qn** to speak to ou address sb ◆ **il m'adressa une critique acerbe** he criticized me harshly ◆ **je vous adresse mes meilleurs vœux** (sur lettre) please accept my best wishes

**c** (Ordin) to address

**2** **s'adresser** **vpr** **a** (= parler à) **s'adresser à qn** [personne] to speak to sb, address sb; [remarque] to be aimed at sb ◆ **il s'adresse à un public féminin** [discours, magazine] it is intended for ou aimed at a female audience; [auteur] he writes for ou is addressing a female readership ◆ **ce livre s'adresse à notre générosité** this book appeals to our generosity ◆ **et cela s'adresse aussi à vous !** and that goes for you too!

**b** (= aller trouver) **s'adresser à** [+ personne] to go and see; (Admin) [+ personne, bureau] to apply to ◆ **adressez-vous au concierge** go and see (ou ask, tell etc ) the concierge ◆ **adressez-vous au secrétariat** enquire at the office, go and ask at the office ◆ **il vaut mieux s'adresser à Dieu qu'à ses saints** (hum) it's best to go straight to the top

**adret** [adʀɛ] → SYN **nm** (Géog) south-facing slope

**Adriatique** [adʀijatik] **adj f, nf** ◆ **(mer) Adriatique** Adriatic (Sea)

**adroit, e** [adʀwa, wat] → SYN **adj** (= habile) skilful, deft; (= subtil) clever, shrewd; (= plein de tact) adroit ◆ **adroit de ses mains** clever with one's hands ◆ **c'était très adroit de sa part** it was very clever ou shrewd of him

**adroitement** [adʀwatmɑ̃] **adv** (= habilement) skilfully, deftly; (= subtilement) cleverly, shrewdly; (= avec tact) adroitly

**ADSL** [adeɛsɛl] (abrév de **Asymmetric Digital Subscriber Line**) ADSL

**adsorbant, e** [atsɔʀbɑ̃, ɑ̃t] **adj** adsorbent

**adsorber** [atsɔʀbe] [atsɔʀbe] ▸ conjug 1 ◂ **vt** to adsorb

**adsorption** [atsɔʀpsjɔ̃] **nf** adsorption

**adulateur, -trice** [adylatœʀ, tʀis] → SYN **nm,f** (littér) (= admirateur) adulator; (= flatteur) sycophant

**adulation** [adylasjɔ̃] → SYN **nf** (littér) (= admiration) adulation; (= flatterie) sycophancy

**aduler** [adyle] → SYN ▸ conjug 1 ◂ **vt** (littér) (= admirer) to adulate; (= flatter) to flatter

**adulte** [adylt] → SYN **1** **adj** personne adult (épith); animal, plante fully-grown, mature; (= mûr) attitude, comportement adult, mature; → **âge**

**2** **nmf** adult, grown-up

**adultère** [adyltɛʀ] → SYN **1** **adj** relations, désir adulterous ◆ **femme adultère** adulteress ◆ **homme adultère** adulterer

**2** **nm** (= acte) adultery; → **constat**

**adultérin, e** [adylteʀɛ̃, in] → SYN **adj** (Jur) enfant born of adultery

**ad valorem** [advalɔʀɛm] → SYN **loc adj** ad valorem

**advection** [advɛksjɔ̃] **nf** advection

**advenir** [advəniʀ] → SYN ▸ conjug 22 ◂ **1** **vb impers** **a** (= survenir) **advenir que ...** to happen that ..., come to pass that ... (littér) ◆ **advenir à** to happen to, befall (littér) ◆ **qu'est-il advenu au prisonnier ?** what has happened to the prisoner? ◆ **il m'advient de faire** I sometimes happen to do ◆ **advienne que pourra** come what may ◆ **quoi qu'il advienne** whatever happens ou may happen

**b** (= devenir, résulter de) **advenir de** to become of ◆ **qu'est-il advenu du prisonnier/du projet ?** what has become of the prisoner/the project? ◆ **on ne sait pas ce qu'il en adviendra** nobody knows what will come of it ou how it will turn out

**2** **vi** (= arriver) to happen

**adventice** [advɑ̃tis] → SYN **adj** (Bot) self-propagating; (Philos, littér = accessoire) adventitious

**adventif, -ive** [advɑ̃tif, iv] → SYN **adj** (Bot) bourgeon, racine adventitious

**adventiste** [advɑ̃tist] **adj, nmf** Adventist

**adverbe** [advɛʀb] **nm** adverb

**adverbial, e,** mpl **-iaux** [advɛʀbjal, jo] **adj** adverbial

**adverbialement** [advɛʀbjalmɑ̃] **adv** adverbially

**adversaire** [advɛʀsɛʀ] → SYN **nmf** (gén) opponent, adversary; (Mil) adversary, enemy; [théorie, traité] opponent ◆ **il ne faut pas sous-estimer l'adversaire** (gén) you shouldn't underestimate your opponent ou your adversary; (Mil) you shouldn't underestimate the enemy

**adversatif, -ive** [advɛʀsatif, iv] **adj, nm** adversative

**adverse** [advɛʀs] → SYN **adj** partie, forces, bloc opposing ◆ **la fortune adverse** (littér) adverse fortune ◆ **la partie adverse** (Jur) the other side

**adversité** [advɛʀsite] → SYN **nf** adversity

**ad vitam æternam** * [advitametɛʀnam] → SYN **loc adv** till kingdom come

**adynamie** [adinami] → SYN **nf** adynamia

**AE** [aə] 1 **nm** (abrév de **adjoint d'enseignement**) → **adjoint**
2 **nfpl** (abrév de **affaires étrangères**) → **affaire**

**aède** [aɛd] → SYN **nm** (Greek) bard

**aedes, aédès** [aedɛs] **nm** aedes

**ægagropile** [egagʀɔpil] **nm** hairball

**AELE** [aəɛlə] **nf** (abrév de **Association européenne de libre-échange**) EFTA

**æpyornis** [epjɔʀnis] **nm** aepyornis

**aérage** [aeʀaʒ] **nm** ventilation

**aérateur** [aeʀatœʀ] → SYN **nm** ventilator

**aération** [aeʀasjɔ̃] → SYN **nf** [pièce, literie] airing; [terre, racine] aeration; (= circulation d'air) ventilation; → **conduit**

**aéré, e** [aeʀe] (ptp de **aérer**) **adj** pièce airy, well-ventilated; page well spaced out; → **centre**

**aérer** [aeʀe] → SYN ▸ conjug 6 ◂ 1 **vt** [+ pièce, literie] to air; [+ terre, racine] to aerate; (= alléger) [+ exposé, présentation] to lighten
2 **s'aérer vpr** [personne] to get some fresh air

**aéricole** [aeʀikɔl] **adj** (Bot) aerial

**aérien, -ienne** [aeʀjɛ̃, jɛn] → SYN 1 **adj** **a** (Aviat) espace, droit air (épith); navigation, photographie aerial (épith); attaque aerial (épith), air (épith) ◆ **base aérienne** air base; → **compagnie, ligne, métro**
**b** (= léger) silhouette sylphlike; démarche light; musique, poésie ethereal
**c** (Bot) racine aerial; (Téléc) circuit, câble overhead (épith); (Géog) courant, mouvement air (épith)
2 **nm** (Radio = antenne) aerial

**aérifère** [aeʀifɛʀ] **adj** (Bot) aeriferous

**aérium** [aeʀjɔm] → SYN **nm** sanatorium, sanitarium (US)

**aérobic** [aeʀɔbik] **nf** aerobics sg

**aérobie** [aeʀɔbi] **adj** aerobic

**aérobiologie** [aeʀobjɔlɔʒi] **nf** aerobiology

**aérobiose** [aeʀɔbjoz] **nf** aerobiosis

**aéro-club,** pl **aéro-clubs** [aeʀoklœb] **nm** flying club

**aérocolie** [aeʀɔkɔli] **nf** aerocolia

**aérodrome** [aeʀodʀom] → SYN **nm** airfield, aerodrome (Brit), airdrome (US)

**aérodynamique** [aeʀodinamik] 1 **adj** expérience aerodynamics (épith); ligne, véhicule streamlined, aerodynamic ◆ **soufflerie aérodynamique** wind tunnel
2 **nf** aerodynamics sg

**aérodynamisme** [aeʀodinamism] **nm** aerodynamic shape

**aérodyne** [aeʀodin] → SYN **nm** aerodyne

**aérofrein** [aeʀofʀɛ̃] **nm** air brake

**aérogare** [aeʀogaʀ] **nf** (air) terminal

**aérogastrie** [aeʀogastʀi] **nf** aerogastria

**aéroglisseur** [aeʀoglisœʀ] → SYN **nm** hovercraft

**aérogramme** [aeʀɔgʀam] **nm** airmail letter

**aérographe** [aeʀɔgʀaf] **nm** airbrush

**aérolit(h)e** [aeʀɔlit] **nm** aerolite, aerolith

**aérologie** [aeʀɔlɔʒi] **nf** aerology

**aéromobile** [aeʀɔmɔbil] → SYN **adj** airborne

**aéromodélisme** [aeʀomɔdelism] **nm** model aircraft making

**aéromoteur** [aeʀomɔtœʀ] **nm** wind turbine

**aéronaute** [aeʀonot] → SYN **nmf** aeronaut

**aéronautique** [aeʀonotik] 1 **adj** équipement, ingénieur aeronautical ◆ **construction/constructeur aéronautique** aircraft construction/constructor ◆ **l'industrie aéronautique** the aviation ou aeronautics industry ◆ **entreprise** ou **société aéronautique** aviation company, aeronautics firm
2 **nf** aeronautics sg

**aéronaval, e,** pl **aéronavals** [aeʀonaval] 1 **adj** ◆ **forces aéronavales** air and sea forces, naval aviation forces ◆ **groupe aéronaval** naval aviation unit ◆ **base aéronavale** naval airbase
2 **aéronavale nf** ◆ **l'aéronavale** ≃ the Fleet Air Arm (Brit), ≃ Naval Aviation (US)

**aéronef** [aeʀɔnɛf] → SYN **nm** (Admin) aircraft

**aéronomie** [aeʀɔnɔmi] **nf** aeronomy

**aéropathie** [aeʀɔpati] **nf** air illness

**aérophagie** [aeʀɔfaʒi] **nf** ◆ **il a** ou **fait de l'aérophagie** he suffers from abdominal wind

**aéroplane** † [aeʀɔplan] **nm** aeroplane (Brit), airplane (US)

**aéroport** [aeʀɔpɔʀ] **nm** airport

**aéroporté, e** [aeʀopɔʀte] **adj** opération, division, troupes airborne; matériel airlifted, brought ou ferried by air (attrib); missile air-launched

**aéroportuaire** [aeʀopɔʀtɥɛʀ] **adj** installations, autorités airport (épith)

**aéropostal, e,** mpl **-aux** [aeʀopɔstal, o] 1 **adj** airmail (épith)
2 **Aéropostale nf** ◆ **l'Aéropostale** (Hist) the (French) airmail service

**aérosol** [aeʀɔsɔl] **nm** aerosol ◆ **bombe aérosol** spray ou aerosol can ◆ **déodorant/peinture en aérosol** spray deodorant/paint

**aérospatial, e,** mpl **-iaux** [aeʀospasjal, jo] 1 **adj** aerospace (épith)
2 **aérospatiale nf** aerospace science

**aérostat** [aeʀɔsta] **nm** aerostat

**aérostation** [aeʀɔstasjɔ̃] **nf** aerostation

**aérostatique** [aeʀɔstatik] 1 **adj** aerostatic
2 **nf** aerostatics sg

**aérotechnique** [aeʀotɛknik] 1 **adj** aerotechnical
2 **nf** aerotechnical engineering

**aéroterrestre** [aeʀotɛʀɛstʀ] **adj** air-and-land (épith)

**aérothermique** [aeʀotɛʀmik] **adj** aerothermodynamic

**aérotrain** ® [aeʀotʀɛ̃] **nm** hovertrain

**æschne** [ɛskn] → SYN **nf** emperor dragonfly

**æthuse** [etyz] **nf** fool's-parsley

**AF** [aɛf] **nf** (abrév de **allocations familiales**) → **allocation**

**AFAT** [afat] **nf** (abrév de **auxiliaire féminin de l'armée de terre**) *member of the women's army*

**affabilité** [afabilite] → SYN **nf** affability

**affable** [afabl] → SYN **adj** affable

**affablement** [afabləmɑ̃] **adv** affably

**affabulateur, -trice** [afabylatœʀ, tʀis] **nm,f** inveterate liar, storyteller

**affabulation** [afabylasjɔ̃] → SYN **nf** **a** (= mensonges) **c'est de l'affabulation, ce sont des affabulations** it's all made up, it's pure fabrication
**b** [roman] (construction of the) plot

**affabuler** [afabyle] → SYN ▸ conjug 1 ◂ **vi** to invent ou make up stories

**affacturage** [afaktyʀaʒ] **nm** (Jur) factoring

**affactureur** [afaktyʀœʀ] **nm** (Jur) factor

**affadir** [afadiʀ] → SYN ▸ conjug 2 ◂ 1 **vt** [+ aliment] to make tasteless ou insipid; [+ couleur] to make dull; [+ style] to make dull ou uninteresting
2 **s'affadir vpr** [couleur] to become dull; [style] to become dull, pall; [aliment] to lose its flavour (Brit) ou flavor (US), become tasteless ou insipid

**affadissement** [afadismɑ̃] → SYN **nm** [aliment] loss of flavour (Brit) ou flavor (US) (*de* in, from); [saveur, style] weakening (*de* of); [couleurs, sensations] dulling (*de* of)

**affaiblir** [afebliʀ] → SYN ▸ conjug 2 ◂ 1 **vt** (gén) to weaken
2 **s'affaiblir vpr** [personne, autorité, résolution] to weaken, grow ou become weaker; [facultés] to deteriorate; [vue] to grow dim ou weaker; [son] to fade (away), grow fainter; [intérêt] to wane; [vent] to abate, die down; [monnaie] to weaken ◆ **le sens de ce mot s'est affaibli** the word has lost much of its meaning ◆ **utiliser un mot dans son sens affaibli** to use the weaker meaning of a word

**affaiblissant, e** [afeblisɑ̃, ɑ̃t] **adj** effet weakening

**affaiblissement** [afeblismɑ̃] → SYN **nm** [personne, autorité, résolution] weakening; [facultés] deterioration; [bruit] fading (away); [monnaie] weakening; [intérêt] waning ◆ **l'affaiblissement de notre pays au plan international** our country's waning influence on the international scene ◆ **on note un affaiblissement progressif des syndicats** the power of the unions is gradually weakening ◆ **l'affaiblissement des valeurs morales** the sharp decline in ou deterioration of moral values

**affaiblisseur** [afeblisœʀ] **nm** reducer

## affaire [afɛʀ]

→ SYN

1 NOM FÉMININ
2 NOM FÉMININ PLURIEL
3 COMPOSÉS

1 NOM FÉMININ

**a** [= problème, question] matter, business ◆ **j'ai une affaire urgente à régler** I've got (some) urgent business to deal with, I've got an urgent matter to settle ◆ **ce n'est pas une petite** ou **une mince affaire** it's no small matter ◆ **ce n'est pas une petite affaire de le faire obéir** getting him to obey is no easy matter ou no mean task ◆ **l'amour, c'est la grande affaire de sa vie** love is the most important thing in his life ◆ **j'en fais une affaire de principe** it's a matter of principle (for me) ◆ **c'est une affaire de goût/de mode** it's a matter of taste/fashion ◆ **le sport ne devrait pas être une affaire d'argent** sport shouldn't be about money ◆ **c'est une affaire d'hommes** it's men's business ◆ **c'est l'affaire d'un spécialiste** it's a job for a specialist ◆ **c'est mon affaire, pas la tienne** it's my business ou affair, not yours ◆ **ce n'est pas ton affaire** it's none of your business ◆ **comment je fais ? – c'est ton affaire !** what do I do? – that's YOUR problem! ◆ **j'en fais mon affaire** I'll deal with it, leave it to me ◆ **il en a fait une affaire personnelle** he took it personally ◆ **avec les ordinateurs, il est à son affaire** when it comes to computers, he knows what he's about * ou he knows his stuff * ◆ **dans les soirées, il est à son affaire** he's in his element at parties ◆ **il en a fait toute une affaire** he made a dreadful fuss about it, he made a great song and dance about it ◆ **(aller à Glasgow,) c'est toute une affaire** it's quite a business (getting to Glasgow) ◆ **c'est une autre affaire** that's quite another matter ou a different kettle of fish ◆ **c'est l'affaire de quelques minutes/quelques clous** it's a matter of a few minutes/a few nails, it'll only take a few minutes/a few nails ◆ **le temps/l'âge ne fait rien à l'affaire** time/age has got nothing to do with it ◆ **en voilà une affaire !** what a (complicated) business! ◆ **ce n'est pas une affaire !** it's no big deal!, it's nothing to get worked up about! * ◆ **quelle affaire !** what a carry-on! * ◆ **la belle affaire !** big deal!, so what? ◆ **tirer** ou **sortir qn d'affaire** to help sb out, get sb out of a tight spot * ◆ **ce médecin m'a tiré d'affaire** this doctor pulled me through ◆ **il est tiré** ou **sorti d'affaire** (après une maladie) he's pulled through; (après des ennuis) he's got over it ◆ **il est assez grand pour se tirer d'affaire tout**

**seul** he's big enough to manage on his own ou to sort it out by himself

**b** [= ce qui convient] **j'ai ton affaire** I've got (just) what you want ◆ **cet employé fera/ne fait pas l'affaire** this employee will do nicely/won't do (for the job) ◆ **ça fait mon affaire** that's (just) what I want ou need ◆ **cela fera bien l'affaire de quelqu'un** that will (certainly) come in handy ou do nicely for somebody ◆ **faire son affaire à qn** * (= le malmener) to give sb a beating *; (= le tuer) to do sb in *; → **connaître**

**c** [= ensemble de faits connus du public] affair; (= scandale) scandal; (= crise) crisis ◆ **l'affaire Dreyfus** the Dreyfus affair ◆ **l'affaire des otages** the hostage crisis ◆ **l'affaire du sang contaminé** the contaminated blood scandal ou affair ◆ **la population est révoltée par les affaires** the country is up in arms over the scandals ◆ **une grave affaire de corruption/d'espionnage** a serious corruption/spy scandal ◆ **c'est une sale affaire** it's a nasty business; → **suivre**

**d** [Jur, Police] case ◆ **l'affaire Dufeu** the Dufeu case ◆ **être sur une affaire** to be on a case ◆ **une affaire de vol** a case of theft ◆ **son affaire est claire** it's an open and shut case; → **entendu**

**e** [= transaction] deal; (= achat avantageux) bargain ◆ **une (bonne) affaire** a good deal, a (good) bargain ◆ **une mauvaise affaire** a bad deal ou bargain ◆ **faire affaire avec qn** to conclude ou clinch a deal with sb ◆ **il est sur une grosse affaire avec la Russie** he's onto a big (business) deal with Russia ◆ **l'affaire est faite !** ou **conclue !** that's the deal settled! ◆ **l'affaire est dans le sac** * it's in the bag *

**f** [= entreprise] business, concern ◆ **il a monté/il dirige une affaire d'import-export** he set up/he runs an import-export business ◆ **c'est une affaire qui marche/en or** it's a going concern/a gold mine

**g** **avoir affaire à** [+ cas, problème] to be faced with, have to deal with; [+ personne] (= s'occuper de) to be dealing with; (= être reçu ou examiné par) to be dealt with by ◆ **nous avons affaire à un dangereux criminel** we are dealing with a dangerous criminal ◆ **tu auras affaire à moi/lui** (menace) you'll be hearing from me/him

**2** **affaires** NOM FÉMININ PLURIEL

**a** [= intérêts publics et privés] affairs ◆ **les affaires culturelles/de la municipalité/publiques** cultural/municipal/public affairs ◆ **les Affaires étrangères** Foreign Affairs ◆ **Affaires extérieures** (au Canada) External Affairs (Can) ◆ **être aux affaires** (Pol) to be in office ◆ **se mêler des affaires des autres** to interfere in other people's business ◆ **occupe-toi** ou **mêle-toi de tes affaires !** mind your own business!

**b** [= activités commerciales] business sg ◆ **être dans les affaires** to be in business ◆ **parler (d')affaires** to talk ou discuss business ◆ **ils font beaucoup d'affaires ensemble** they do a lot of business together ◆ **les affaires reprennent** business is picking up ◆ **il est dur en affaires** he's a tough businessman ◆ **être en affaires avec qn** to be doing business with sb ◆ **il est venu pour affaires** he came on business ◆ **les affaires sont les affaires** business is business ◆ **d'affaire(s)** repas, voyage, relations business (épith) ◆ **les milieux d'affaires sont optimistes** the business community is optimistic; → **chiffre**

**c** [= occupations]

◆ **toutes affaires cessantes** immediately, forthwith (frm)

**d** [= objets personnels] things, belongings; (= habits) clothes, things ◆ **mes affaires de tennis** my tennis kit ou things ◆ **range tes affaires !** put your things away!

**3** COMPOSÉS

▷ **affaire de cœur** love affair ▷ **affaire d'État** (Pol) affair of state ◆ **il en a fait une affaire d'État** * he made a great song and dance about it ou a great issue of it ▷ **affaire de famille** (= entreprise) family business ou concern; (= problème) family problem ou matter ▷ **affaire d'honneur** matter ou affair of honour ▷ **affaire de mœurs** (gén) sex scandal; (Jur) sex case

**affairé, e** [afeʀe] [→ SYN] (ptp de **s'affairer**) adj busy

**affairement** [afɛʀmɑ̃] [→ SYN] nm bustling activity

**affairer (s')** [afeʀe] [→ SYN] ► conjug 1 ◄ vpr to busy o.s., bustle about ◆ **s'affairer auprès** ou **autour de qn** to fuss around sb ◆ **s'affairer à faire qch** to busy o.s. doing sth, bustle about doing sth

**affairisme** [afeʀism] [→ SYN] nm (political) racketeering

**affairiste** [afeʀist] [→ SYN] nm (péj) huckster, wheeler-dealer * ◆ **sous ce régime il n'y a pas de place pour l'affairiste** there is no place under this government for political racketeering ou for those who want to use politics to line their own pockets

**affaissement** [afɛsmɑ̃] [→ SYN] nm [route, sol] subsidence, sinking; [corps, muscles, poutre] sagging; [forces] ebbing; [volonté] weakening ◆ **affaissement de terrain** subsidence (NonC)

**affaisser** [afese] [→ SYN] ► conjug 1 ◄ **1** vt [+ route, sol] to cause to subside

**2** **s'affaisser** vpr **a** (= fléchir) [route, sol] to subside, sink; [corps, poutre] to sag; [plancher] to cave in, give way; [forces] to ebb; [volonté] to weaken ◆ **le sol était affaissé par endroits** the ground had subsided ou sunk in places

**b** (= s'écrouler) [personne] to collapse ◆ **il s'était affaissé sur le sol** he had collapsed ou crumpled in a heap on the ground ◆ **il était affaissé dans un fauteuil/sur le sol** he was slumped in an armchair/on the ground

**affaler** [afale] [→ SYN] ► conjug 1 ◄ **1** vt [+ voile] to lower, haul down

**2** **s'affaler** vpr **a** (= tomber) to collapse, fall; (= se laisser tomber) to collapse, flop, slump ◆ **affalé dans un fauteuil** slumped ou slouched in an armchair ◆ **au lieu de rester là affalé à ne rien faire, viens m'aider** don't just sit there doing nothing, come and give me a hand

**b** (Naut) **s'affaler le long d'un cordage** to slide down a rope

**affamé, e** [afame] [→ SYN] (ptp de **affamer**) adj starving, famished, ravenous ◆ **affamé de gloire** hungry ou greedy for fame; → **ventre**

**affamer** [afame] [→ SYN] ► conjug 1 ◄ vt [+ personne, ville] to starve

**affameur, -euse** [afamœʀ, øz] [→ SYN] nm,f (péj) tight-fisted employer *(who pays starvation wages)*

**affect** [afɛkt] [→ SYN] nm affect

**affectation** [afɛktasjɔ̃] [→ SYN] nf **a** [immeuble, somme] allocation, allotment (*à* to, for) ◆ **l'affectation du signe + à un nombre** the addition of the plus sign to a number, the modification of a number by the plus sign

**b** (= nomination) (à un poste) appointment; (à une région, un pays) posting ◆ **rejoindre son affectation** to take up one's appointment, to take up one's posting

**c** (= manque de naturel) affectation, affectedness ◆ **avec affectation** affectedly

**d** (= simulation) affectation, show ◆ **avec une affectation de** with an affectation ou show of

**affecté, e** [afɛkte] [→ SYN] (ptp de **affecter**) adj (= feint) affected, feigned, assumed; (= maniéré) affected

**affecter** [afɛkte] [→ SYN] ► conjug 1 ◄ vt **a** (= feindre) to affect, feign ◆ **affecter de faire qch** to pretend to do sth ◆ **affecter un grand chagrin** to affect ou feign great sorrow, put on a show of great sorrow ◆ **affecter un langage poétique** (littér) to affect ou favour a poetic style of language ◆ **il affecta de ne pas s'y intéresser** he pretended not to be interested in it

**b** (= destiner) to allocate, allot (*à* to, for) ◆ **affecter des crédits à la recherche** to earmark funds for research, allocate ou allot funds to ou for research

**c** (= nommer) (à une fonction, un bureau) to appoint; (à une région, un pays) to post (*à* to)

**d** (= émouvoir) to affect, move; (= concerner) to affect ◆ **il a été très affecté par leur mort** he was deeply affected by their deaths

**e** (Math) to modify ◆ **nombre affecté du coefficient 2/du signe plus** number modified by ou bearing the coefficient 2/a plus sign

**f** (Méd) to affect ◆ **les oreillons affectent surtout les jeunes enfants** mumps mostly affects young children

**g** (= prendre) **ce muscle affecte la forme d'un triangle** this muscle is triangle-shaped ou is in the form of a triangle

**affectif, -ive** [afɛktif, iv] [→ SYN] adj (gén) vie, terme, nuance emotional; (Psych) affective

**affection** [afɛksjɔ̃] [→ SYN] nf **a** (= tendresse) affection, fondness ◆ **avoir de l'affection pour qn** to feel affection for sb, be fond of sb ◆ **prendre qn en affection, se prendre d'affection pour qn** to become fond of ou attached to sb

**b** (Méd) ailment, affection

**c** (Psych) affection

**affectionné, e** [afɛksjɔne] [→ SYN] (ptp de **affectionner**) adj (frm) ◆ **votre fils affectionné** your loving ou devoted son ◆ **votre affectionné** yours affectionately

**affectionner** [afɛksjɔne] [→ SYN] ► conjug 1 ◄ vt [+ chose] to have a liking for, be fond of; [+ personne] to be fond of

**affectivité** [afɛktivite] [→ SYN] nf affectivity

**affectueusement** [afɛktɥøzmɑ̃] [→ SYN] adv affectionately, fondly ◆ **affectueusement vôtre** yours affectionately

**affectueux, -euse** [afɛktɥø, øz] [→ SYN] adj personne affectionate; pensée, regard affectionate, fond

**afférent, e** [afeʀɑ̃, ɑ̃t] [→ SYN] adj **a** (Admin) **afférent à** fonction pertaining to, relating to ◆ **questions afférentes** related questions ◆ **part afférente à** (Jur) portion accruing to

**b** (Méd) afferent

**affermage** [afɛʀmaʒ] nm (par le propriétaire) leasing; (par le fermier) renting ◆ **contrat d'affermage** lease

**affermer** [afɛʀme] [→ SYN] ► conjug 1 ◄ vt [propriétaire] to lease; [fermier] to rent

**affermir** [afɛʀmiʀ] [→ SYN] ► conjug 2 ◄ **1** vt [+ pouvoir, position] to consolidate, strengthen; [+ principes] to strengthen; [+ contrôle] to tighten up; [+ tendance] to reinforce; [+ autorité] to reinforce, strengthen; [+ muscles] to tone up ◆ **affermir sa prise** (Sport) to tighten one's grip ◆ **cela l'a affermi dans sa résolution** that strengthened his resolve ◆ **d'autres preuves ont affermi ma certitude** new evidence convinced me even more

**2** **s'affermir** vpr [pouvoir] to consolidate itself, be reinforced; [détermination, principe] to be strengthened; [autorité, tendance] to be reinforced; [monnaie] to strengthen; [muscles] to become firmer, firm up ◆ **la reprise économique devrait s'affermir** the economic recovery should consolidate itself

**affermissement** [afɛʀmismɑ̃] [→ SYN] nm [pouvoir, position] consolidation, strengthening; [tendance] reinforcement; [monnaie] strengthening

**affété, e** [afete] [→ SYN] adj (littér) precious, affected, mannered

**afféterie** [afetʀi] [→ SYN] nf (littér) preciosity, affectation (NonC)

**affichage** [afiʃaʒ] [→ SYN] nm **a** [affiche, résultats] putting ou sticking up, posting; (Théât) billing ◆ **l'affichage** billsticking, billposting ◆ **"affichage interdit"** "stick no bills", "post no bills" ◆ **interdit à l'affichage** magazine not for public display ◆ **campagne d'affichage** poster campaign; → **panneau, tableau**

**b** (Ordin) display ◆ **montre à affichage numérique** digital watch

**affiche** [afiʃ] [→ SYN] nf **a** (officielle) public notice; (Admin) bill; (électorale) poster ◆ **la vente a été annoncée par voie d'affiche** the sale was advertised on public noticeboards

**b** (Théât) (play)bill ◆ **mettre à l'affiche** to bill ◆ **quitter l'affiche** to come off, close ◆ **tenir longtemps l'affiche** to have a long run ◆ **ce spectacle est resté à l'affiche plus d'un an** the show ran for over a year ◆ **il y a une belle affiche pour cette pièce** this play has an excellent cast; → **tête**

**afficher** [afiʃe] [→ SYN] ► conjug 1 ◄ **1** vt **a** [+ résultats] to put ou stick up, post; (Théât) to bill; (Ordin) to display ◆ **"défense d'afficher"** "stick no bills", "post no bills" ◆ **afficher complet** to be sold out

**b** [+ émotion, mépris] to exhibit, display; [+ qualité, vice] to flaunt, parade, display ◆ **afficher ses opinions politiques** to make no secret of one's political views

**2** **s'afficher** vpr **a** (= apparaître) to be displayed ◆ **un menu s'affiche à l'écran** a menu is displayed on the screen ◆ **l'hypocrisie qui s'affiche sur tous les visages** the hypocrisy which is plain to see on everybody's face

**b** (= se montrer) to flaunt o.s. ◆ **s'afficher avec son amant** to carry on openly in public with one's lover

**affichette** [afiʃɛt] nf (officielle) small public notice; (Admin, Théât) small bill ou poster; (publicitaire, électorale) small poster

**afficheur, -euse** [afiʃœʀ, øz] → SYN **1** nm,f billsticker, billposter

**2** nm (Tech) display

**affichiste** [afiʃist] → SYN nmf poster designer ou artist

**affidavit** [afidavit] nm affidavit

**affidé, e** [afide] → SYN nm,f (péj) accomplice, henchman

**affilage** [afilaʒ] → SYN nm [couteau, outil] sharpening, whetting; [rasoir] sharpening, honing

**affilé, e**[1] [afile] → SYN (ptp de **affiler**) adj outil, couteau sharp; intelligence keen; → **langue**

**affilée**[2] [afile] → SYN **d'affilée** loc adv in a row ◆ **8 heures d'affilée** 8 hours at a stretch ou solid ◆ **boire plusieurs verres d'affilée** to drink several glasses in a row ou in succession

**affiler** [afile] → SYN ▸ conjug 1 ◂ vt [+ couteau, outil] to sharpen, whet; [+ rasoir] to sharpen, hone

**affiliation** [afiljasjɔ̃] → SYN nf affiliation

**affilié, e** [afilje] → SYN (ptp de **affilier**) nm,f affiliated member

**affilier** [afilje] → SYN ▸ conjug 7 ◂ **1** vt to affiliate (*à* to)

**2** **s'affilier** vpr to become affiliated, affiliate o.s. (ou itself) (*à* to)

**affiloir** [afilwaʀ] → SYN nm (= outil) sharpener; (= pierre) whetstone; (pour couteau) steel

**affinage** [afinaʒ] → SYN nm [métal] refining; [verre] fining; [fromage] maturing

**affine** [afin] adj (Math) affine

**affinement** [afinmɑ̃] → SYN nm [analyse] refinement, honing; [concept] refinement; [goût, manières, style] refinement

**affiner** [afine] → SYN ▸ conjug 1 ◂ **1** vt **a** [+ métal] to refine; [+ verre] to fine; [+ fromage] to complete the maturing (process) of ◆ **fromage affiné en cave** cheese matured in a cellar

**b** [+ analyse, image, style, stratégie] to hone, refine; [+ concept] to refine; [+ esprit, mœurs] to refine; [+ sens] to make keener, sharpen

**c** [+ taille, hanches] to slim (down); [+ chevilles] to make slender ◆ **ce maquillage vous affinera le visage** this make-up will make your face look thinner

**2** **s'affiner** vpr **a** [analyse, concept] to become (more) refined; [style] to become (more) refined ou polished; [odorat, goût] to become sharper ou keener

**b** [personne] to slim (down); [taille] to become slimmer; [chevilles] to become (more) slender; [visage] to get thinner; [grain de la peau] to become finer

**affinerie** [afinʀi] nf [métaux] refinery

**affineur, -euse** [afinœʀ, øz] nm,f [métal] refiner; [verre] finer

**affinité** [afinite] → SYN nf (entre personnes) affinity; (entre œuvres) similarity ◆ **avoir des affinités avec qn** to have a natural affinity with sb ◆ **"plus si affinités"** (petite annonce) "possibly more"

**affiquet** [afikɛ] → SYN nm (= bijou) trinket

**affirmatif, -ive** [afiʀmatif, iv] → SYN **1** adj réponse, proposition affirmative; personne, ton assertive, affirmative; (Ling) affirmative, positive ◆ **il a été affirmatif à ce sujet** he was quite positive on that score ou about that ◆ **affirmatif !** (Mil, hum) affirmative!; → **signe**

**2** nm (Ling) affirmative, positive ◆ **à l'affirmatif** in the affirmative, in the positive

**3** **affirmative** nf affirmative ◆ **répondre par l'affirmative** to answer yes ou in the affirmative ◆ **dans l'affirmative** in the event of the answer being yes ou of an affirmative reply (frm) ◆ **nous espérons que vous viendrez : dans l'affirmative, faites-le-nous savoir** we hope you'll come and if you can (come) please let us know

**affirmation** [afiʀmasjɔ̃] → SYN nf **a** (= allégation) assertion

**b** (Ling) assertion

**c** (= manifestation) [talent, autorité] assertion, affirmation

**affirmativement** [afiʀmativmɑ̃] adv in the affirmative, affirmatively

**affirmer** [afiʀme] GRAMMAIRE ACTIVE 26.3, 26.5 → SYN ▸ conjug 1 ◂ vt **a** (= soutenir) to maintain, assert ◆ **tu affirmes toujours tout sans savoir** you are always positive about everything without really knowing ◆ **il affirme l'avoir vu s'enfuir** he maintains ou claims that he saw him run off ◆ **il affirme que c'est de votre faute** he contends ou maintains that it is your fault ◆ **pouvez-vous l'affirmer ?** can you swear to it?, can you be positive about it? ◆ **on ne peut rien affirmer encore** we can't say anything positive ou for sure yet ◆ **c'est lui, affirma-t-elle** it's him, she said ◆ **affirmer qch sur l'honneur** to maintain ou affirm sth on one's word of honour ◆ **affirmer sur l'honneur que ...** to give one's word of honour that ...

**b** (= manifester) [+ originalité, autorité, position] to assert ◆ **talent/personnalité qui s'affirme** talent/personality which is asserting itself ◆ **il s'affirme comme l'un de nos meilleurs romanciers** he is establishing himself as one of our best novelists

**c** (= proclamer) to affirm, assert ◆ **le président a affirmé sa volonté de régler cette affaire** the president affirmed ou asserted his wish to settle the matter

**affixal, e,** mpl **-aux** [afiksal, o] adj groupe affixal

**affixe** [afiks] nm (Ling) affix

**affleurement** [aflœʀmɑ̃] → SYN nm (Géol) outcrop; (fig) emergence; (Tech) flushing

**affleurer** [aflœʀe] → SYN ▸ conjug 1 ◂ **1** vi [rocs, récifs] to show on the surface; [filon, couche] to show on the surface, outcrop (SPÉC); [sentiment, sensualité] to come ou rise to the surface ◆ **quelques récifs affleuraient (à la surface de l'eau)** a few reefs showed on the surface (of the water)

**2** vt (Tech) to make flush, flush

**afflictif, -ive** [afliktif, iv] → SYN adj (Jur) corporal

**affliction** [afliksjɔ̃] → SYN nf (littér) affliction ◆ **être dans l'affliction** to be in a state of affliction

**affligé, e** [afliʒe] → SYN (ptp de **affliger**) adj ◆ **être affligé de** maladie to be afflicted with ◆ **il était affligé d'une femme acariâtre** he was afflicted ou cursed with a cantankerous wife ◆ **les affligés** (littér) the afflicted

**affligeant, e** [afliʒɑ̃, ɑ̃t] → SYN adj distressing; (iro) pathetic

**affliger** [afliʒe] → SYN ▸ conjug 3 ◂ vt (= attrister) to distress, grieve; (littér = accabler) to smite (littér) (*de* with) ◆ **s'affliger de qch** to be distressed ou grieved about sth ◆ **la nature l'avait affligé d'un nez crochu** (hum) nature had afflicted ou cursed him with a hooked nose

**affluence** [aflyɑ̃s] → SYN nf [gens] crowds, throng (littér) ◆ **les heures d'affluence** [trains, circulation] the rush hour; [magasin] the peak shopping period, the busy period

**affluent** [aflyɑ̃] → SYN nm tributary, affluent (SPÉC)

**affluer** [aflye] → SYN ▸ conjug 1 ◂ vi [fluide, sang] to rush, flow (*à, vers* to); [foule] to flock ◆ **les dons affluaient de partout** donations came flooding in from all over ◆ **l'argent afflue dans les caisses de la banque** money is flowing ou flooding into the coffers of the bank

**afflux** [afly] → SYN nm [fluide] inrush, inflow; [argent, foule] inrush, influx, flood; (Élec) flow ◆ **afflux de capitaux** capital inflow ◆ **afflux de main-d'œuvre** labour influx

**affolant, e** [afɔlɑ̃, ɑ̃t] → SYN adj (= effrayant) frightening; (= troublant) situation, nouvelle distressing, disturbing ◆ **c'est affolant !*** it's alarming! ◆ **à une vitesse affolante** at an alarming rate

**affolé, e** [afɔle] (ptp de **affoler**) adj **a** (= effrayé) panic- ou terror-stricken ◆ **je suis affolé de voir ça*** I'm appalled ou horrified at that ◆ **air affolé** look of panic

**b** boussole wildly fluctuating

**affolement** [afɔlmɑ̃] → SYN nm **a** (= effroi) panic; (littér = trouble) turmoil ◆ **pas d'affolement !*** don't panic!

**b** [boussole] wild fluctuations

**affoler** [afɔle] → SYN ▸ conjug 1 ◂ **1** vt (= effrayer) to throw into a panic, terrify; (littér = troubler) to drive wild, throw into a turmoil

**2** **s'affoler** vpr [personne] to lose one's head; [gouvernement, Bourse] to panic, lose one's nerve ◆ **ne nous affolons pas*** let's not panic ou get in a panic*, let's keep our heads

**affouillement** [afujmɑ̃] → SYN nm undermining

**affouiller** [afuje] → SYN ▸ conjug 1 ◂ vt to undermine

**affouragement** [afuʀaʒmɑ̃] nm fodder supply

**affourager** [afuʀaʒe] → SYN ▸ conjug 3 ◂ vt to fodder

**affranchi, e** [afʀɑ̃ʃi] → SYN (ptp de **affranchir**) nm,f (= esclave) emancipated ou freed slave; (= libertin) emancipated man (ou woman)

**affranchir** [afʀɑ̃ʃiʀ] → SYN ▸ conjug 2 ◂ **1** vt **a** (avec des timbres) to put a stamp ou stamps on, stamp; (à la machine) to frank ◆ **lettre affranchie/non affranchie** stamped/unstamped letter, franked/unfranked letter ◆ **j'ai reçu une lettre insuffisamment affranchie** I received a letter with insufficient postage on it ◆ **machine à affranchir** franking machine

**b** [+ esclave] to enfranchise, emancipate; [+ peuple, pays] to free; (fig) [+ esprit, personne] to free, emancipate ◆ **affranchir qn de** [+ contrainte, influence] to free sb from

**c** (arg Crime = mettre au courant) **affranchir qn** to give sb the low-down*, put sb in the picture*

**d** (Cartes) to clear

**2** **s'affranchir** vpr ◆ **s'affranchir de** [+ domination, convenances] to free o.s. from

**affranchissement** [afʀɑ̃ʃismɑ̃] → SYN nm **a** (avec des timbres) stamping; (à la machine) franking; (= prix payé) postage

**b** [esclave] emancipation, enfranchisement, freeing; [peuple, pays] freeing; (fig) [esprit, personne] freeing, emancipation

**affres** [afʀ] → SYN nfpl (littér) ◆ **les affres de** the pangs ou the torments of ◆ **être dans les affres de la mort** to be in the throes of death

**affrètement** [afʀɛtmɑ̃] → SYN nm chartering

**affréter** [afʀete] → SYN ▸ conjug 6 ◂ vt to charter

**affréteur** [afʀetœʀ] → SYN nm (Aviat, Naut) charterer; (Aut) hirer

**affreusement** [afʀøzmɑ̃] adv souffrir, blesser horribly; difficile, vulgaire terribly ◆ **affreusement laid** hideously ugly ◆ **ce plat est affreusement mauvais** this food is terrible ou awful ◆ **on est affreusement mal assis** these seats are terribly uncomfortable ◆ **affreusement en retard** dreadfully late

**affreux, -euse** [afʀø, øz] → SYN **1** adj (= très laid) hideous, ghastly; (= effroyable, abominable) dreadful, awful, horrible ◆ **quel temps affreux !** what dreadful ou awful weather! ◆ **j'ai un mal de tête affreux** I've got a splitting ou a dreadful ou an awful headache; → **jojo**

**2** nm (arg Mil) (white) mercenary

**affriander** [afʀijɑ̃de] → SYN ▸ conjug 1 ◂ vt (littér) to attract, allure, entice

**affriolant, e** [afʀijɔlɑ̃, ɑ̃t] → SYN adj perspective, programme appealing, exciting; femme alluring; vêtement alluring

**affrioler** [afʀijɔle] → SYN ▸ conjug 1 ◂ vt to tempt

**affriquée** [afʀike] **1** adj f affricative

**2** nf affricate

**affront** [afʀɔ̃] → SYN nm (= insulte) affront ◆ **faire (un) affront à qn** to affront sb

**affrontement** [afʀɔ̃tmɑ̃] → SYN nm (Mil, Pol) confrontation

**affronter** [afʀɔ̃te] → SYN ▸ conjug 1 ◂ **1** vt [+ adversaire, danger] to confront, face ◆ **affronter la mort** to face ou brave death ◆ **affronter le mauvais temps** to brave the bad weather

2 **s'affronter** **vpr** [adversaires] to confront each other ◆ **ces deux théories s'affrontent** these two theories clash ou are in direct opposition

**affublement** [afybləmɑ̃] → SYN **nm** (péj) attire

**affubler** [afyble] → SYN ▸ conjug 1 ◂ **vt** ◆ **affubler qn de** [+ vêtement] to deck ou rig * (Brit) sb out in ◆ **affubler qn d'un sobriquet** to attach a nickname to sb ◆ **il s'affubla d'un vieux manteau** he donned an old coat ◆ **affublé d'un vieux chapeau** wearing an old hat

**affusion** [afyzjɔ̃] → SYN **nf** affusion

**affût** [afy] → SYN **nm** a **affût (de canon)** (gun) carriage

b (Chasse) hide (Brit), blind (US) ◆ **chasser à l'affût** to hunt game from a hide (Brit) ou blind (US) ◆ **être à l'affût** to be lying in wait ◆ **se mettre à l'affût** to lie in wait ◆ **être à l'affût de qch** (fig) to be on the look-out for sth

**affûtage** [afytaʒ] → SYN **nm** sharpening, grinding

**affûter** [afyte] → SYN ▸ conjug 1 ◂ **vt** [+ lame] to sharpen, grind; [+ arguments, stratégie] to hone

**affûteur** [afytœʀ] → SYN **nm** (= personne) grinder

**affûteuse** [afytøz] **nf** (= machine) grinder, sharpener

**afghan, e** [afgɑ̃, an] 1 **adj** Afghan; → **lévrier**

2 **nm** (Ling) Afghan

3 **Afghan(e)** **nm,f** Afghan

**Afghanistan** [afganistɑ̃] **nm** Afghanistan

**aficionado** [afisjɔnado] → SYN **nm** aficionado

**afin** [afɛ̃] GRAMMAIRE ACTIVE 8.2 → SYN **prép** ◆ **afin de** to, in order to, so as to ◆ **afin que nous le sachions** so that ou in order that we should know

**aflatoxine** [aflatɔksin] **nf** aflatoxin

**AFNOR** [afnɔʀ] **nf** (abrév de **Association française de normalisation**) *French Industrial Standards Authority*, ≃ BSI (Brit), ≃ ANSI (US)

**afocal, e,** mpl **-aux** [afɔkal, o] **adj** afocal

**a fortiori** [afɔʀsjɔʀi] → SYN **loc adv** all the more, a fortiori (frm)

**AFP** [aɛfpe] **nf** (abrév de **Agence France-Presse**) French Press Agency

**AFPA** [afpa] **nf** (abrév de **Association pour la formation professionnelle des adultes**) *adult professional education association*

**africain, e** [afʀikɛ̃, ɛn] 1 **adj** African

2 **Africain(e)** **nm,f** African

**africanisation** [afʀikanizasjɔ̃] **nf** Africanization

**africaniser** [afʀikanize] ▸ conjug 1 ◂ **vt** to Africanize

**africanisme** [afʀikanism] **nm** Africanism

**africaniste** [afʀikanist] **nmf** Africanist

**afrikaans** [afʀikɑ̃s] **nm, adj inv** Afrikaans

**afrikander** [afʀikɑ̃dɛʀ], **afrikaner** [afʀikanɛʀ] **adj, nmf** Afrikaner

**Afrique** [afʀik] **nf** Africa ◆ **l'Afrique australe/du Nord** Southern/North Africa ◆ **l'Afrique du Sud** South Africa ◆ **l'Afrique noire** black Africa

**afro** * [afʀo] **adj inv** Afro ◆ **coiffure afro** Afro (hairstyle ou hairdo *)

**afro-américain, e** [afʀoameʀikɛ̃, ɛn] 1 **adj** Afro-American, African-American

2 **Afro-Américain(e)** **nm,f** Afro-American, African-American

**afro-asiatique,** pl **afro-asiatiques** [afʀoazjatik] 1 **adj** Afro-Asian

2 **Afro-Asiatique** **nmf** Afro-Asian

**afro-brésilien, -ienne** [afʀobʀeziljɛ̃, jɛn] 1 **adj** Afro-Brazilian

2 **Afro-Brésilien(ne)** **nm,f** Afro-Brazilian

**AG** * [aʒe] **nf** (abrév de **assemblée générale**) (Écon) AGM; [étudiants] EGM

**agaçant, e** [agasɑ̃, ɑ̃t] → SYN **adj** irritating, aggravating, annoying

**agacement** [agasmɑ̃] → SYN **nm** irritation, annoyance

**agacer** [agase] → SYN ▸ conjug 3 ◂ **vt** a **agacer qn** (= énerver) to get on sb's nerves, irritate ou aggravate * sb; (= taquiner) to pester ou tease sb ◆ **agacer les dents de qn** to set sb's teeth on edge ◆ **agacer les nerfs de qn** to get on sb's nerves ◆ **ça m'agace !** it's getting on my nerves! ◆ **agacé par le bruit** irritated ou annoyed by the noise ◆ **agacé de l'entendre** irritated by what he said

b (littér = aguicher) to excite, lead on

**agaceries** [agasʀi] **nfpl** coquetries, provocative gestures

**agalactie** [agalakti] **nf** agalactia

**agame** [agam] → SYN **adj** agamic

**Agamemnon** [agamɛmnɔ̃] **nm** Agamemnon

**agami** [agami] → SYN **nm** (Zool) trumpeter

**agamie** [agami] → SYN **nf** agamogenesis

**agammaglobulinémie** [agamaglɔbylinemi] **nf** agammaglobulinaemia (Brit), agammaglobulinemia (US)

**agapes** [agap] **nfpl** (hum) banquet, feast

**agar-agar,** pl **agars-agars** [agaʀagaʀ] **nm** agar(-agar)

**agaric** [agaʀik] → SYN **nm** agaric

**agaricacées** [agaʀikase] **nfpl** ◆ **les agaricacées** agarics, the Agaricaceae (SPÉC)

**agate** [agat] → SYN **nf** agate

**agatisé, e** [agatize] → SYN **adj** agate (épith)

**agave** [agav] **nm** agave

**AGE** [aʒeə] **nf** (abrév de **assemblée générale extraordinaire**) EGM

**âge** [ɑʒ] → SYN 1 **nm** a (gén) age ◆ **quel âge avez-vous ?** how old are you?, what age are you? ◆ **à l'âge de 8 ans** at the age of 8 ◆ **j'ai votre âge** I'm your age, I'm the same age as you ◆ **ils sont du même âge** they're the same age ◆ **il est d'un âge canonique** (hum) he's a venerable age ◆ **elle est d'un âge avancé** she's getting on in years, she's quite elderly ◆ **d'âge moyen, entre deux âges** middle-aged ◆ **il ne paraît** ou **fait pas son âge** he doesn't look his age ◆ **elle porte bien son âge** she looks good for her age ◆ **il fait plus vieux que son âge** he looks older than he is ◆ **sans âge, qui n'a pas d'âge** ageless ◆ **on a l'âge de ses artères** you're as old as you feel ◆ **il a vieilli avant l'âge** he's got ou he's old before his time ◆ **il a pris de l'âge** he's aged ◆ **amusez-vous, c'est de votre âge** enjoy yourself, you should (do) at your age ◆ **à son âge** at his age ◆ **j'ai passé l'âge de le faire** I'm too old for that ◆ **avec l'âge il se calmera** he'll settle down as he gets older ◆ **des gens de tout âge** people of all ages ◆ **être en âge de se marier** to be of marriageable age, be old enough to get married ◆ **porto de 15 ans d'âge** 15-year-old port ◆ **le premier âge** the first three months; → **bas¹**, **moyen**, **quatrième**, **troisième**

b (= ère) age ◆ **l'âge de (la) pierre/du bronze/du fer** the Stone/Bronze/Iron Age ◆ **ça existait déjà à l'âge des cavernes !** (hum) that dates back to the Stone Age!

2 COMP ▷ **l'âge adulte** (gén) adulthood; (pour un homme) manhood; (pour une femme) womanhood ◆ **à l'âge adulte** in adulthood ▷ **l'âge bête: c'est l'âge bête** it's an awkward ou difficult age ▷ **l'âge critique** the change of life ▷ **l'âge d'homme** manhood ▷ **l'âge ingrat** ⇒ **l'âge bête** ▷ **l'âge légal** the legal age ◆ **avoir l'âge légal** to be legally old enough ▷ **âge mental** mental age ▷ **l'âge mûr** maturity ▷ **l'âge d'or** the golden age ▷ **l'âge de la pierre polie** the neolithic age ▷ **l'âge de la pierre taillée** the palaeolithic age ▷ **l'âge de raison** the age of reason ▷ **l'âge de la retraite** retiring age ▷ **l'âge tendre** the tender years ▷ **l'âge viril** ⇒ **l'âge d'homme**

**âgé, e** [ɑʒe] → SYN **adj** ◆ **être âgé** to be old, be elderly ◆ **être âgé de 9 ans** to be 9 years old, be 9 years of age ◆ **enfant âgé de 4 ans** 4-year-old child ◆ **dame âgée** elderly lady ◆ **les personnes âgées** the elderly

**agence** [aʒɑ̃s] → SYN 1 **nf** (= succursale) branch (office); (= bureaux) offices; (= organisme) agency, bureau, office

2 COMP ▷ **agence commerciale** sales office ou agency ▷ **Agence pour l'énergie nucléaire** Atomic Energy Authority ▷ **Agence de l'environnement et de la maîtrise de l'énergie** *French energy conservation agency*, ≃ Energy Efficiency Office (Brit) ▷ **agence immobilière** estate agency (Brit), estate agent's (office) (Brit), real estate agency (US) ▷ **agence d'intérim** temping agency ▷ **Agence internationale de l'énergie atomique** International Atomic Energy Agency ▷ **agence matrimoniale** marriage bureau ▷ **Agence nationale pour l'emploi** *French national employment office*, ≃ job centre (Brit) ▷ **agence de placement** employment agency ou bureau ▷ **agence de presse** news ou press agency, news service (US) ▷ **agence de publicité** advertising ou publicity agency ▷ **agence de renseignements** information bureau ou office ▷ **Agence spatiale européenne** European Space Agency ▷ **agence de tourisme** tourist agency ▷ **agence de voyages** travel agency

**agencé, e** [aʒɑ̃se] (ptp de **agencer**) **adj** ◆ **bien agencé** (gén) well-organized; phrase well-constructed; local (en meubles) well-equipped; (en espace) well-arranged, well laid-out ◆ **mal agencé** local (en meubles) poorly-equipped; (en espace) badly laid-out

**agencement** [aʒɑ̃smɑ̃] → SYN **nm** [éléments] organization; [phrase, roman] construction; [couleurs] harmonization; [local] (= disposition) arrangement, layout; (= équipement) equipment ◆ **agencements modernes** modern fittings ou equipment

**agencer** [aʒɑ̃se] → SYN ▸ conjug 3 ◂ **vt** [+ éléments] to put together, organize, order; [+ couleurs] to harmonize; [+ phrase, roman] to put together, construct; [+ local] (= disposer) to lay out, arrange; (= équiper) to equip

**agencier** [aʒɑ̃sje] → SYN **nm** press-agency journalist

**agenda** [aʒɛ̃da] → SYN **nm** a (= carnet) diary (Brit), datebook (US), calendar (US) ◆ **agenda de bureau** desk diary (Brit) ou calendar (US) ◆ **agenda électronique** electronic organizer ou diary (Brit)

b (= activités) schedule ◆ **agenda très chargé** very busy schedule

**agénésie** [aʒenezi] → SYN **nf** (Phys) agenesis

**agenouillement** [aʒ(ə)nujmɑ̃] → SYN **nm** (littér) kneeling

**agenouiller (s')** [aʒ(ə)nuje] → SYN ▸ conjug 1 ◂ **vpr** to kneel (down) ◆ **être agenouillé** to be kneeling ◆ **s'agenouiller devant l'autorité** to bow before authority

**agenouilloir** [aʒ(ə)nujwaʀ] → SYN **nm** (= escabeau) hassock, kneeling stool; (= planche) kneeling plank

**agent** [aʒɑ̃] → SYN 1 **nm** a (Police) **agent (de police)** policeman, (police) constable (Brit) ◆ **agent de la circulation** ≃ policeman on traffic duty, ≃ traffic policeman ◆ **pardon monsieur l'agent** excuse me, officer ou constable (Brit) ◆ **elle est agent (de police)** she's a policewoman

b (Comm, Pol = représentant) agent; (Admin) officer, official ◆ **arrêter un agent ennemi** to arrest an enemy agent ◆ **agent exclusif** sole agent ◆ **agent en franchise** franchised dealer

c (Chim, Gram, Sci) agent ◆ **agent de sapidité** (flavour) enhancer; → **complément**

2 COMP ▷ **agent d'accueil** greeter ▷ **agent administratif** administrative officer ▷ **agent d'ambiance** *person whose job it is to liaise informally with customers, passengers etc* ▷ **agent artistique** (artistic) agent ▷ **agent d'assurances** insurance agent ▷ **agent de change** † stockbroker ▷ **agent commercial** (sales) representative ▷ **agent comptable** accountant ▷ **agent consulaire** consular official ou officer ▷ **agent double** double agent ▷ **agent électoral** campaign organizer ou aide ▷ **agent d'entretien** cleaning operative, maintenance person ▷ **agent de l'État** public sector employee ▷ **agent du fisc** tax official ou officer ▷ **agent de la force publique** member of the police force ▷ **agent du gouvernement** government official ▷ **agent immobilier** estate agent (Brit), real estate agent (US) ▷ **agent de liaison** (Mil) liaison officer ▷ **agent littéraire** literary agent ▷ **agent de maîtrise** supervisor ▷ **agent maritime** shipping agent ▷ **agent de médiation** ⇒ **agent d'ambiance** ▷ **agent provocateur** agent provocateur ▷ **agent public** ⇒ **agent de l'État** ▷ **agent de publicité** advertising agent ▷ **agent de renseignements** intelli-

gence agent ▷ **agent secret** secret agent ▷ **agent de surface** ⇒ **agent d'entretien** ▷ **agent technique** technician ▷ **agent de transmission** (Mil) despatch rider, messenger ▷ **agent voyer** ≈ borough surveyor

**agentif** [aʒɑ̃tif] nm (Ling) agentive

**ageratum** [aʒeʀatɔm] nm ageratum

**Agétac** [aʒetak] nm (abrév de **Accord général sur les tarifs douaniers et le commerce**) GATT

**aggiornamento** [a(d)ʒjɔʀnamɛnto] → SYN nm (Rel) aggiornamento; (fig) [stratégie, politique] adjustment, change

**agglo** * [aglo] nm abrév de **aggloméré**

**agglomérat** [aglɔmeʀa] → SYN nm (Géol) agglomerate; [personnes] mixture; [objets] cluster

**agglomération** [aglɔmeʀasjɔ̃] → SYN nf **a** (= ville) (Admin) town; (Aut) built-up area ◆ **l'agglomération parisienne** Paris and its suburbs, the urban area of Paris
**b** [nations, idées] conglomeration; [matériaux] conglomeration, agglomeration

**aggloméré, e** [aglɔmeʀe] → SYN nm (= bois) chipboard, Masonite ® (US); (= pierre) conglomerate; (= charbon) briquette

**agglomérer** [aglɔmeʀe] → SYN ▸ conjug 6 ◂ **1** vt (= amonceler) to pile up; [+ bois, pierre] to compress
**2** **s'agglomérer** vpr (Tech) to agglomerate; (= s'amonceler) to pile up; (= se rassembler) to conglomerate, gather ◆ **population agglomérée** (Admin) dense population

**agglutinant, e** [aglytinɑ̃, ɑ̃t] **1** adj (gén) agglutinating; (Ling) agglutinative
**2** nm agglutinant

**agglutination** [aglytinasjɔ̃] → SYN nf (Bio, Ling) agglutination

**agglutiner** [aglytine] ▸ conjug 1 ◂ vt to stick together; (Bio) to agglutinate ◆ **les passants s'agglutinaient devant la vitrine** passers-by gathered in front of the window

**agglutinine** [aglytinin] nf agglutinin

**agglutinogène** [aglytinɔʒɛn] nm agglutinogen

**aggravant, e** [agʀavɑ̃, ɑ̃t] → SYN adj facteur aggravating; → **circonstance**

**aggravation** [agʀavasjɔ̃] → SYN nf [mal, situation] worsening, aggravation; [impôt, chômage] increase

**aggraver** [agʀave] → SYN ▸ conjug 1 ◂ **1** vt (= faire empirer) to make worse, aggravate, worsen; (= renforcer) to increase ◆ **tu aggraves ton cas** you're making things worse for yourself ◆ **il a aggravé la marque** ou **le score à la 35ème minute** he increased their lead in the 35th minute
**2** **s'aggraver** vpr (= empirer) to get worse, worsen; (= se renforcer) to increase ◆ **le chômage s'est fortement aggravé** unemployment has increased sharply, there has been a sharp increase in unemployment

**agha** [aga] nm ag(h)a

**agile** [aʒil] → SYN adj agile, nimble ◆ **agile de ses mains** nimble with one's fingers ◆ **d'un geste agile** with an agile ou a nimble ou quick gesture ◆ **agile comme un singe** as nimble as a goat

**agilement** [aʒilmɑ̃] adv nimbly, agilely

**agilité** [aʒilite] → SYN nf agility, nimbleness

**agio** [aʒjo] → SYN nm **a** (= différence de cours) Exchange premium
**b** (= frais) **agios** (bank) charges

**agiotage** [aʒjɔtaʒ] → SYN nm speculation

**agioter** [aʒjɔte] → SYN ▸ conjug 1 ◂ vi to speculate

**agioteur, -euse** [aʒjɔtœʀ, øz] → SYN nm,f speculator

**agir** [aʒiʀ] GRAMMAIRE ACTIVE 26.2 → SYN ▸ conjug 2 ◂
**1** vi **a** (gén) to act; (= se comporter) to behave, act ◆ **il faut agir tout de suite** we must act ou do something at once, we must take action at once ◆ **il a agi de son plein gré/en toute liberté** he acted quite willingly/freely ◆ **il agit comme un enfant** he acts ou behaves like a child ◆ **il a bien/mal agi envers sa mère** he behaved well/badly towards his mother ◆ **il a sagement agi** he did the right thing, he acted wisely ◆ **le syndicat a décidé d'agir** the union has decided to take action ou to act ◆ **agir en ami** to behave ou act like a friend ◆ **agir au nom de qn** to act on behalf of sb; → **façon, manière**
**b** (= exercer une influence) **agir sur qch** to act on sth ◆ **agir sur qn** to bring pressure to bear on sb ◆ **agir sur le marché** (Bourse) to influence the market ◆ **agir auprès de qn** to use one's influence with sb
**c** (Loc) **faire agir la loi** to put ou set the law in motion ◆ **il a fait agir son syndicat/ses amis** he got his union/friends to act ou take action ◆ **je ne sais pas ce qui le fait agir ainsi** I don't know what prompts him to ou makes him act like that
**d** (= opérer) [médicament] to act, work; [influence] to have an effect (*sur* on) ◆ **le remède agit lentement** the medicine is slow to take effect, the medicine acts ou works slowly ◆ **laisser agir la nature** to let nature take its course ◆ **la lumière agit sur les plantes** light acts on ou has an effect on plants
**2** **s'agir** vb impers **a** **il s'agit de ...** (= il est question de) it is a matter ou question of ... ◆ **dans ce film il s'agit de 3 bandits** this film is about 3 gangsters ◆ **décide-toi, il s'agit de ton avenir** make up your mind, it's your future that's at stake ◆ **les livres dont il s'agit** the books in question ◆ **quand il s'agit de manger, il est toujours là** when it comes to food, he's never far away ◆ **quand il s'agit de travailler, il n'est jamais là** when there's any work to be done, he's never there ou around ◆ **on a trouvé des colonnes : il s'agirait/il s'agit d'un temple grec** some columns have been found: it would appear to be/it is a Greek temple ◆ **de quoi s'agit-il ?** what is it?, what's it (all) about? ◆ **voilà ce dont il s'agit** that's what it's (all) about ◆ **il ne s'agit pas d'argent** it's not a question of money ◆ **il ne s'agit pas de ça !** that's not it! ou the point! ◆ **il s'agit bien de ça !** (iro) that's hardly the problem! ◆ **il s'agissait bien de son frère** it was (about) his brother after all
**b** (= il est nécessaire de faire) **il s'agit de faire vite** we must act quickly, the thing (to do) is to act quickly ◆ **il s'agit pour lui de réussir** what he has to do is succeed ◆ **maintenant, il ne s'agit pas de plaisanter** this is no time for jokes ◆ **avec ça, il ne s'agit pas de plaisanter** that's no joking matter ◆ **maintenant il s'agit de garder notre avance** now it's a matter ou question of maintaining our lead, now what we have to do ou must do is maintain our lead ◆ **il s'agit** ou **s'agirait de s'entendre : tu viens ou tu ne viens pas ?** let's get one thing clear ou straight — are you coming or aren't you? ◆ **il s'agit de savoir ce qu'il va faire** it's a question of knowing what he's going to do, what we have to establish is what he's going to do
**c** (Loc) **s'agissant de qn/qch** as regards sb/sth ◆ **s'agissant de sommes aussi importantes, il faut être prudent** when such large amounts are involved, one must be careful

**AGIRC** [aʒiʀk] nf (abrév de **Association générale des institutions de retraite des cadres**) *confederation of executive pension funds*

**âgisme** [aʒism] nm ageism

**agissant, e** [aʒisɑ̃, ɑ̃t] → SYN adj (= actif) active; (= efficace) efficacious, effective ◆ **minorité agissante** active ou influential minority

**agissements** [aʒismɑ̃] → SYN nmpl (péj) schemes, intrigues ◆ **surveiller les agissements de qn** to keep an eye on what sb is up to *

**agitateur, -trice** [aʒitatœʀ, tʀis] → SYN **1** nm,f (Pol) agitator
**2** nm (Chim) stirring rod

**agitation** [aʒitasjɔ̃] → SYN nf **a** [personne] (ayant la bougeotte) restlessness, fidgetiness; (affairé) bustle; (troublé) agitation
**b** [mer] roughness, choppiness; [air] turbulence; [lieu, rue] hustle and bustle
**c** (Pol) unrest, agitation

**agitato** [aʒitato] adv agitato

**agité, e** [aʒite] → SYN (ptp de **agiter**) **1** adj **a** personne (= ayant la bougeotte) restless, fidgety; (= affairé) bustling (épith); (= troublé) agitated
**b** mer rough, choppy; (Naut) moderate; vie hectic; époque troubled; nuit restless ◆ **mer peu agitée** slight sea ou swell ◆ **avoir le sommeil agité** to toss about in one's sleep
**2** nm,f (Psych) manic person ◆ **c'est un agité** he's manic

**agiter** [aʒite] → SYN ▸ conjug 1 ◂ **1** vt **a** (= secouer) [+ bras, mouchoir] to wave; [+ ailes] to flap, flutter; [+ queue] to wag; [+ bouteille, liquide] to shake; [+ menace] to brandish ◆ **agiter avant l'emploi** shake (well) before use ◆ **agiter l'air de ses bras** to wave one's arms about ◆ **le vent agite doucement les branches** the wind stirs ou sways the branches (gently) ◆ **le vent agite violemment les branches** the wind shakes the branches ◆ **les feuilles, agitées par le vent** the leaves, fluttering in the wind ◆ **bateau agité par les vagues** boat tossed about or rocked by the waves ◆ **agiter le spectre** ou **l'épouvantail de qch** to raise the spectre of sth
**b** (= inquiéter) to trouble, perturb, agitate
**c** (= débattre) [+ question, problème] to discuss, debate
**2** **s'agiter** vpr **a** [employé, serveur] to bustle about; [malade] to move about ou toss restlessly; [enfant, élève] to fidget; [foule, mer] to stir ◆ **s'agiter dans son sommeil** to toss and turn in one's sleep ◆ **les pensées qui s'agitent dans ma tête** the thoughts dancing about in my head ◆ **le peuple s'agite** the masses are getting restless ◆ **s'agiter sur sa chaise** to wriggle about on one's chair
**b** (* = se dépêcher) to get a move on *

**agit-prop** [aʒitpʀɔp] nf inv agitprop

**agnathe** [agnat] **1** adj agnathous
**2** nmpl ◆ **les agnathes** agnathans, the Agnatha (SPÉC)

**agneau**, pl **agneaux** [aɲo] → SYN nm lamb; (= fourrure) lambskin ◆ **son mari est un véritable agneau** her husband is as meek as a lamb ◆ **mes agneaux** (iro) my dears (iro) ◆ **l'Agneau de Dieu** the Lamb of God ◆ **Agneau pascal** Paschal Lamb ◆ **l'agneau sans tache** (Rel) the lamb without stain ◆ **l'agneau du sacrifice** the sacrificial lamb; → **doux, innocent**

**agnelage** [aɲ(ə)laʒ] → SYN nm (= mise bas) lambing; (= époque) lambing season

**agneler** [aɲ(ə)le] ▸ conjug 5 ◂ vi to lamb

**agnelet** [aɲ(ə)lɛ] nm small lamb, lambkin †

**agnelin** [aɲ(ə)lɛ̃] nm lambskin

**agneline** [aɲ(ə)lin] → SYN nf lamb's wool

**agnelle** [aɲɛl] nf (female) lamb

**agnosie** [agnozi] nf agnosia

**agnosticisme** [agnɔstisism] → SYN nm agnosticism

**agnostique** [agnɔstik] → SYN adj, nmf agnostic

**agnus-castus** [aɲyskastys] nm chaste tree

**agnus dei** [aɲysdei, agnysdei] → SYN nm inv Agnus Dei

**agonie** [agɔni] → SYN nf (Méd) death pangs ◆ **entrer en agonie** to begin to suffer the agony ou pangs of death, begin one's mortal agony (frm) ◆ **être à l'agonie** to be at death's door, be dying ◆ **longue agonie** slow death ◆ **son agonie fut longue** he died a slow death ◆ **l'agonie d'un régime** the death throes of a régime

**agonir** [agɔniʀ] → SYN ▸ conjug 2 ◂ vt to revile ◆ **agonir qn d'injures** to hurl insults ou abuse at sb, heap insults ou abuse on sb

**agonisant, e** [agɔnizɑ̃, ɑ̃t] → SYN adj (littér ou fig) dying ◆ **la prière des agonisants** prayers for the dying, last rites

**agoniser** [agɔnize] → SYN ▸ conjug 1 ◂ vi to be dying ◆ **un blessé agonisait dans un fossé** a wounded man lay dying in a ditch

**agoniste** [agɔnist] → SYN adj ◆ **muscle agoniste** agonist

**agora** [agɔʀa] → SYN nf (Antiq) agora; (= espace piétonnier) concourse

**agoraphobe** [agɔʀafɔb] adj, nmf agoraphobic

**agoraphobie** [agɔʀafɔbi] → SYN nf agoraphobia

**agouti** [aguti] nm (Zool) agouti

**agrafage** [agʀafaʒ] nm [vêtement] hooking (up), fastening (up); [papiers] stapling; (Méd) putting in of clips

**agrafe** [agʀaf] → SYN nf [vêtement] hook (and eye) fastener; [papiers] staple; (Méd) clip

**agrafer** [agʀafe] → SYN ▸ conjug 1 ◂ vt **a** [+ vêtement] to hook (up), fasten (up); [+ papiers] to staple
**b** (* = arrêter) to bust *, nab *

**agrafeuse** [agʀaføz] nf stapler

**agraire** [agʀɛʀ] → SYN adj politique, loi agrarian; mesure, surface land (épith); → **réforme**

**agrammatical, e,** mpl **-aux** [agʀamatikal, o] adj agrammatical

**agrammatisme** [agʀamatism] nm agrammatism

**agrandir** [agʀɑ̃diʀ] → SYN ▸ conjug 2 ◂ **1** vt **a** (= rendre plus grand) [+ passage] to widen; [+ trou] to make bigger, enlarge; [+ usine, domaine] to enlarge, extend; [+ écart] to increase; [+ photographie] to enlarge, blow up *; (à la loupe) to magnify; (en photocopiant) to enlarge ◆ **ce miroir agrandit la pièce** this mirror makes the room look bigger ou larger ◆ **(faire) agrandir sa maison** to extend one's house
**b** (= développer) to extend, expand ◆ **pour agrandir le cercle de ses activités** to widen ou extend ou expand the scope of one's activities
**c** (= ennoblir) [+ âme] to uplift, elevate, ennoble
**2 s'agrandir** vpr [ville, famille] to grow, expand; [écart] to widen, grow, get bigger; [passage] to get wider; [trou] to get bigger ◆ **il nous a fallu nous agrandir** we had to expand, we had to find a bigger place ◆ **ses yeux s'agrandirent sous le coup de la surprise** his eyes widened ou grew wide with surprise

**agrandissement** [agʀɑ̃dismɑ̃] → SYN nm [local] extension; [puissance, ville] expansion; (Photo) (= action) enlargement; (= photo) enlargement, blow-up *

**agrandisseur** [agʀɑ̃disœʀ] nm enlarger

**agranulocytose** [agʀanylositoz] nf agranulocytosis

**agraphie** [agʀafi] nf agraphia

**agrarien, -ienne** [agʀaʀjɛ̃, jɛn] → SYN adj, nm (Hist, Pol) agrarian

**agréable** [agʀeabl] → SYN adj pleasant, agreeable ◆ **agréable à voir** nice to see ◆ **agréable à l'œil** pleasing to the eye ◆ **agréable à vivre** personne easy ou pleasant to live with; lieu pleasant to live in ◆ **il est toujours agréable de ...** it is always pleasant ou nice ou agreeable to ... ◆ **ce que j'ai à dire n'est pas agréable** what I have to say isn't (very) pleasant ◆ **si ça peut lui être agréable** if that will please him ◆ **il me serait agréable de ...** it would be a pleasure for me to ..., I should be pleased to ... ◆ **être agréable de sa personne** † to be pleasant-looking ou personable ◆ **l'agréable de la chose** the pleasant ou nice thing about it; → **joindre**

**agréablement** [agʀeabləmɑ̃] adv pleasantly, agreeably ◆ **nous avons agréablement passé la soirée** we spent a pleasant ou a nice evening, we spent the evening pleasantly ◆ **agréablement surpris** pleasantly surprised

**agréé, e** [agʀee] → SYN (ptp de **agréer**) **1** adj bureau, infirmière, nourrice registered ◆ **fournisseur agréé** authorized ou registered dealer; → **comptable**
**2** nm († : Jur) counsel, attorney (US) *(appearing for parties before a commercial court)*

**agréer** [agʀee] → SYN ▸ conjug 1 ◂ (frm) **1** vt (= accepter) [+ demande, excuses] to accept; [+ fournisseur, matériel] to approve ◆ **veuillez agréer, Monsieur** ou **je vous prie d'agréer, Monsieur, l'expression de mes sentiments distingués** ou **les meilleurs** ou **l'assurance de ma considération distinguée** (formule épistolaire) yours sincerely, sincerely yours (US); (plus impersonnel) yours faithfully
**2 agréer à** vt indir [+ personne] to please, suit ◆ **si cela vous agrée** if it suits ou pleases you, if you are agreeable

**agrég** * [agʀɛg] nf abrév de **agrégation**

**agrégat** [agʀega] → SYN nm (Constr, Écon, Géol) aggregate; (péj) [idées] mishmash

**agrégatif, -ive** [agʀegatif, iv] nm,f *candidate for the agrégation*

**agrégation** [agʀegasjɔ̃] → SYN nf **a** (Univ) *high-level competitive examination for recruiting teachers in France*
**b** [particules] aggregation

> **AGRÉGATION**
>
> The **agrégation** or "agrég", as it is known informally, is the highest qualification available for teachers at secondary level. Many university lecturers are also "agrégés". Candidates take a series of written papers in which they are expected to demonstrate in-depth knowledge of a single chosen field (mathematics, philosophy, English, etc). The candidates who obtain the best results in the written papers then go on to take the oral examination. → CAPES

**agrégé, e** [agʀeʒe] (ptp de **agréger**) nm,f *qualified teacher (holder of the agrégation)*; → **professeur**

**agréger** [agʀeʒe] → SYN ▸ conjug 3 et 6 ◂ vt [+ particules] to aggregate ◆ **agréger qn à un groupe** to incorporate sb into a group ◆ **s'agréger à un groupe** to incorporate o.s. into a group

**agrément** [agʀemɑ̃] → SYN nm **a** (littér = charme) [personne, conversation] charm; [visage] attractiveness, charm; [lieu, climat] pleasantness, agreeableness, amenity (littér) ◆ **sa compagnie est pleine d'agrément** he is very pleasant company ◆ **ville/maison sans agrément** unattractive town/house, town/house with no agreeable ou attractive features ◆ **les agréments de la vie** the pleasures of life, the pleasant things in life ◆ **faire un voyage d'agrément** to go on ou make a pleasure trip; → **art, jardin, plante**[1]
**b** (frm = consentement) consent, approval; (Jur) assent ◆ **donner son agrément à qch** to give one's consent ou assent to sth
**c** (Mus) **(note d')agrément** grace note

**agrémenter** [agʀemɑ̃te] → SYN ▸ conjug 1 ◂ vt ◆ **agrémenter qch de** (= décorer) to embellish ou adorn sth with; (= relever) to accompany sth with ◆ **agrémenté de broderies** trimmed ou embellished with embroidery ◆ **conférence agrémentée de projections** lecture accompanied by slides ◆ **agrémenter un récit d'anecdotes** to pepper ou enliven a story with anecdotes ◆ **dispute agrémentée de coups** (iro) argument enlivened with blows

**agrès** [agʀɛ] → SYN nmpl (Aviat, Naut) tackle; (Sport) apparatus sg ◆ **exercices aux agrès** exercises on the apparatus, apparatus work

**agresser** [agʀese] → SYN ▸ conjug 1 ◂ vt to attack ◆ **il s'est senti agressé** (physiquement) he felt they (ou you etc ) were being aggressive towards him; (psychologiquement) he felt they (ou you etc ) were hostile towards him ◆ **il l'a agressée verbalement et physiquement** he subjected her to verbal and physical abuse ◆ **agressé par la vie moderne** feeling the strains ou stresses of modern life

**agresseur** [agʀesœʀ] → SYN nm attacker, assailant, aggressor ◆ **(pays) agresseur** aggressor

**agressif, -ive** [agʀesif, iv] → SYN adj (gén) aggressive (*envers* towards, with) ◆ **d'un ton agressif** aggressively ◆ **campagne publicitaire agressive** aggressive advertising campaign

**agression** [agʀesjɔ̃] → SYN nf (contre une personne) attack; (contre un pays) aggression; (dans la rue) mugging; (Psych) aggression ◆ **agression nocturne** attack ou assault at night ◆ **être victime d'une agression** to be mugged ◆ **les agressions de la vie moderne** the stresses ou strains of modern living ou life

**agressivement** [agʀesivmɑ̃] adv aggressively

**agressivité** [agʀesivite] → SYN nf aggression, aggressiveness

**agreste** [agʀɛst] → SYN adj (littér) rustic

**agricole** [agʀikɔl] → SYN adj accord, machine, ressources, enseignement agricultural; produits, travaux farm (épith), agricultural; population farming (épith), agricultural ◆ **syndicat agricole** farmers' union ◆ **lycée agricole** ≃ secondary school (Brit) ou high school (US) which trains farmers ◆ **le monde agricole** the agricultural ou farming world; → **comice, exploitation**

**agriculteur, -trice** [agʀikyltœʀ, tʀis] → SYN nm,f farmer

**agriculture** [agʀikyltyʀ] → SYN nf agriculture, farming

**agrion** [agʀijɔ̃] → SYN nm agrion, demoiselle

**agripaume** [agʀipom] nf motherwort

**agrippement** [agʀipmɑ̃] → SYN nm (Physiol) graspingreflex

**agripper** [agʀipe] → SYN ▸ conjug 1 ◂ **1** vt (= se retenir à) to grab ou clutch (hold of), grasp; (= arracher) to snatch, grab
**2 s'agripper** vpr ◆ **s'agripper à qch** to cling on to sth, clutch ou grip sth ◆ **ne t'agrippe pas à moi** don't cling on to ou hang on to me

**agroalimentaire** [agʀoalimɑ̃tɛʀ] **1** adj industrie food-processing ◆ **produits agroalimentaires** processed foodstuffs
**2** nm ◆ **l'agroalimentaire** the food-processing industry

**agrobiologie** [agʀobjɔlɔʒi] nf agrobiology

**agrochimie** [agʀoʃimi] nf agrochemistry

**agrochimique** [agʀoʃimik] adj agrochemical

**agro-industrie,** pl **agro-industries** [agʀoɛ̃dystʀi] nf agribusiness

**agro-industriel, -elle** [agʀoɛ̃dystʀijɛl] adj agro-industrial

**agrologie** [agʀɔlɔʒi] nf agrology

**agronome** [agʀɔnɔm] nmf agronomist ◆ **ingénieur agronome** agricultural engineer

**agronomie** [agʀɔnɔmi] nf agronomy, agronomics sg

**agronomique** [agʀɔnɔmik] adj agronomic(al)

**agropastoral, e,** mpl **-aux** [agʀopastɔʀal, o] adj agricultural

**agrostis** [agʀɔstis] nf bent (grass)

**agrotis** [agʀɔtis] nm agrotis

**agrume** [agʀym] → SYN nm citrus fruit

**agrumiculture** [agʀymikyltyʀ] nf citrus growing

**aguerrir** [ageʀiʀ] → SYN ▸ conjug 2 ◂ vt to harden ◆ **aguerrir qn contre qch** to harden sb to ou against sth, inure sb to sth ◆ **des troupes aguerries** (au combat) seasoned troops; (à l'effort) trained troops ◆ **s'aguerrir** to become hardened ◆ **s'aguerrir contre** to become hardened to ou against, inure o.s. to

**aguets** [agɛ] → SYN **aux aguets** loc adv on the look-out, on the watch

**aguichant, e** [agiʃɑ̃, ɑ̃t] → SYN adj enticing, tantalizing

**aguiche** [agiʃ] nf teaser

**aguicher** [agiʃe] → SYN ▸ conjug 1 ◂ vt to entice, lead on, tantalize

**aguicheur, -euse** [agiʃœʀ, øz] → SYN **1** adj enticing, tantalizing
**2** nm (= enjôleur) seducer
**3 aguicheuse** nf (= allumeuse) teaser, vamp

**ah** [ɑ] **1** excl **a** (réponse, réaction exclamative) ah!, oh!, ooh! ◆ **ah ?, ah bon ?, ah oui ?** (question) really?, is that so? ◆ **ah bon** (résignation) oh ou ah well ◆ **ah oui** (insistance) oh yes, yes indeed ◆ **ah non** (insistance) oh no, certainly ou definitely not ◆ **ah bien (ça) alors !** (surprise) well, well!, just fancy! (Brit); (indignation) well really! ◆ **ah bien oui** well of course
**b** (intensif) ah!, oh! ◆ **ah ! j'allais oublier** oh! ou ah! I nearly forgot ◆ **ah, ah ! je t'y prends** aha! ou oho! I've caught you at it ◆ **ah, qu'il est lent !** oh, he's so slow!
**2** nm ◆ **pousser un ah de soulagement** to sigh with relief, give a sigh of relief ◆ **des ahs d'allégresse** oohs and ahs of joy

**ahan** †† [aɑ̃] nm ◆ **à grand ahan** with much striving

**ahaner** [aane] → SYN ▸ conjug 1 ◂ vi ( †† ou littér) (= peiner) to labour (Brit), labor (US), make great efforts; (= respirer) to breathe heavily ◆ **ahanant sous le fardeau** labouring under the burden

**ahuri, e** [ayʀi] → SYN (ptp de **ahurir**) **1** adj (= stupéfait) stunned, flabbergasted; (= hébété, stupide) stupefied ◆ **avoir l'air ahuri** to look stunned ou stupefied ◆ **ne prends pas cet air ahuri** don't look so flabbergasted
**2** nm,f (péj) blockhead *, nitwit *

**ahurir** [ayʀiʀ] → SYN ▸ conjug 2 ◂ vt to dumbfound, astound, stun

**ahurissant, e** [ayʀisɑ̃, ɑ̃t] → SYN adj stupefying, astounding; (sens affaibli) staggering

**ahurissement** [ayʀismɑ̃] → SYN nm stupefaction

**aï** [ai] nm (Zool) ai

**aiche** [ɛʃ] → SYN nf ⇒ **èche**

**aide¹** [ɛd] → SYN 1 nf a (= assistance) help, assistance ◆ **apporter son aide à qn** to help ou assist sb ◆ **son aide nous a été précieuse** he was a great help to us, his help was invaluable to us ◆ **appeler/crier à l'aide** to call/shout for help ◆ **appeler qn à son aide** to call to sb for help ◆ **venir en aide à qn** to help sb, come to sb's assistance ou aid ◆ **à l'aide !** help! ◆ **sans l'aide de personne** without any help (from anyone), completely unassisted ou unaided

b **à l'aide de** with the help ou aid of ◆ **ouvrir qch à l'aide d'un couteau** to open sth with a knife

c (en équipement, en argent etc ) aid ◆ **l'aide humanitaire/alimentaire** humanitarian/food aid ou relief ◆ **aide de l'État** government ou state aid

d (Équitation) **aides** aids

e (Ordin) help ◆ **aide en ligne (contextuelle)** (context-sensitive) on-line help

2 COMP ▷ **aide au développement** development aid ▷ **aide à l'embauche** employment incentive ▷ **aide judiciaire** legal aid ▷ **aide médicale (gratuite)** (free) medical aid ▷ **aide personnalisée au logement** ≈ housing benefit (Brit) ou subsidy (US) ▷ **aide au retour** repatriation grant *(for immigrants returning to their country of origin)* ▷ **aide sociale** social security (Brit), welfare (US)

**aide²** [ɛd] 1 nmf (= personne) assistant ◆ **aide-chimiste/-chirurgien** assistant chemist/ surgeon ◆ **aide-maçon** builder's mate (Brit) ou labourer

2 COMP ▷ **aide de camp** aide-de-camp ▷ **aide de cuisine** kitchen hand ▷ **aide électricien** electrician's mate (Brit) ou helper (US) ▷ **aide familiale** (= personne) mother's help (Brit) ou helper (US), home help ▷ **aide jardinier** gardener's helper ou mate (Brit), under-gardener (Brit) ▷ **aide de laboratoire** laboratory assistant ▷ **aide maternelle** ⇒ **aide familiale**

**aide-comptable,** pl **aides-comptables** [ɛdkɔ̃tabl] nmf accountant's assistant

**aide-mémoire** [ɛdmemwaʀ] → SYN nm inv (gén) aide-mémoire; (Scol) crib

**aide-ménagère,** pl **aides-ménagères** [ɛdmenaʒɛʀ] nf home help (Brit), home helper (US)

**aider** [ede] → SYN ▸ conjug 1 ◂ 1 vt to help ◆ **aider qn (à faire qch)** to help sb (to do sth) ◆ **aider qn à monter/à descendre/à traverser** to help sb up/down/across ou over ◆ **il l'a aidé à sortir de la voiture** he helped him out of the car ◆ **il m'a aidé de ses conseils** he gave me some helpful advice ◆ **aider qn financièrement** to help sb (out) ou assist sb financially, give sb financial help ◆ **il m'aide beaucoup** he helps me a lot, he's a great help to me ◆ **je me suis fait aider par** ou **de mon frère** I got my brother to help ou assist me ou to give me a hand ◆ **elle ne se déplace qu'aidée de sa canne** she can only get about with (the aid ou help of) her walking stick ◆ **il n'est pas aidé !** * (hum) nature hasn't been kind to him! ◆ **on n'est pas aidé avec un chef comme lui !** having him for a boss doesn't exactly make things easy!

2 vi to help ◆ **elle est venue pour aider** she came to help (out) ou to give ou lend a hand ◆ **aider à la cuisine** to help (out) in ou give a hand in the kitchen ◆ **le débat aiderait à la compréhension du problème** discussion would contribute towards an understanding of the problem, discussion would help us to understand the problem ◆ **ça aide à passer le temps** it helps (to) pass the time ◆ **l'alcool aidant, il se mit à parler** helped on by the alcohol ou with the help of alcohol, he began to speak; → **dieu**

3 **s'aider** vpr a **s'aider de** to use, make use of ◆ **atteindre le placard en s'aidant d'un escabeau** to reach the cupboard by using a stool ou with the aid of a stool ◆ **en s'aidant de ses bras** using his arms to help him

b (Loc) **entre voisins il faut s'aider** neighbours should help each other (out) ◆ (Prov) **aide-toi, le ciel t'aidera** God helps those who help themselves (Prov)

**aide-soignant, e,** mpl **aides-soignants** [ɛdswanjɑ̃, ɑ̃t] nm,f nursing auxiliary (Brit), nurse's aide (US)

**aïe** [aj] excl (douleur) ouch!, ow! ◆ **aïe aïe aïe !, ça se présente mal** dear oh dear, things don't look too good!

**AIEA** [aiəa] nf (abrév de **Agence internationale de l'énergie atomique**) IAEA

**aïeul** [ajœl] → SYN nm (littér) grandfather ◆ **les aïeuls** the grandparents

**aïeule** [ajœl] nf (littér) grandmother

**aïeux** [ajø] nmpl (littér) forefathers, forebears, ancestors ◆ **mes aïeux !** (*, † ou hum) my godfathers! * †, by jingo! * †

**aigle** [ɛgl] → SYN 1 nm (= oiseau, lutrin) eagle ◆ **il a un regard d'aigle** he has eyes like a hawk, he's eagle-eyed ◆ **ce n'est pas un aigle** * he's no genius

2 COMP ▷ **aigle d'Amérique** American eagle ▷ **aigle chauve** bald eagle ▷ **aigle de mer** (= oiseau) sea eagle; (= poisson) eagle ray ▷ **aigle royal** golden eagle

3 nf (= oiseau, insigne) eagle

**aiglefin** [ɛgləfɛ̃] nm haddock

**aiglon, -onne** [ɛglɔ̃, ɔn] nm,f eaglet ◆ **l'Aiglon** (Hist) Napoleon II

**aigre** [ɛgʀ] → SYN adj a fruit sour, sharp; vin vinegary, sour; goût, odeur, lait sour ◆ **tourner à l'aigre** (fig) to turn sour; → **crème**

b son, voix sharp, shrill

c froid bitter; vent keen, cutting (épith)

d propos, critique cutting (épith), harsh

**aigre-doux, aigre-douce,** mpl **aigres-doux,** fpl **aigres-douces** [ɛgʀədu, dus] adj sauce sweet and sour; fruit bitter-sweet; propos bitter-sweet

**aigrefin** [ɛgʀəfɛ̃] → SYN nm swindler, crook

**aigrelet, -ette** [ɛgʀəlɛ, ɛt] → SYN adj petit-lait, pomme sourish; vin vinegarish; voix, son shrill

**aigrement** [ɛgʀəmɑ̃] → SYN adv répondre, dire sourly

**aigrette** [ɛgʀɛt] → SYN nf (= plume) feather; (= oiseau) egret; (= bijou) aigret(te); (Bot) pappus

**aigreur** [ɛgʀœʀ] → SYN 1 nf a (= acidité) [petit-lait] sourness; [vin] sourness, acidity; [pomme] sourness, sharpness

b (= acrimonie) sharpness, harshness

2 **aigreurs** nfpl ◆ **avoir des aigreurs (d'estomac)** to have heartburn

**aigri, e** [egʀi] → SYN (ptp de **aigrir**) adj embittered, bitter

**aigrir** [egʀiʀ] → SYN ▸ conjug 2 ◂ 1 vt [+ personne] to embitter; [+ caractère] to sour

2 **s'aigrir** vpr [aliment] to turn sour; [caractère] to sour ◆ **il s'est aigri** he has become embittered

**aigu, -uë** [egy] → SYN 1 adj a son, voix high-pitched, shrill; note high-pitched, high

b crise, problème acute; douleur acute, sharp; intelligence keen, acute

c (= pointu) sharp, pointed; → **accent, angle**

2 nm (Mus) (sur bouton de réglage) treble ◆ **les aigus** the high notes ◆ **passer du grave à l'aigu** to go from low to high pitch

**aigue-marine,** pl **aigues-marines** [ɛgmaʀin] nf aquamarine

**aiguière** [ɛgjɛʀ] → SYN nf ewer

**aiguillage** [egɥijaʒ] → SYN nm (Rail) (= action) shunting (Brit), switching (US); (= instrument) points (Brit), switch (US) ◆ **le déraillement est dû à une erreur d'aiguillage** the derailment was due to faulty shunting (Brit) ou switching (US) ◆ **il y a eu une erreur d'aiguillage** (fig) (gén) it (ou he etc ) was sent to the wrong place; (orientation scolaire) he was (ou they were etc ) pointed ou steered in the wrong direction; → **cabine, poste**

**aiguillat** [egɥija] nm spiny dogfish

**aiguille** [egɥij] → SYN 1 nf a (Bot, Couture, Méd) needle ◆ **aiguille à coudre/à tricoter/à repriser** sewing/knitting/darning needle ◆ **aiguille hypodermique** hypodermic needle ◆ **travail à l'aiguille** needlework; → **chercher, fil, tirer**

b [compteur, boussole, gramophone] needle; [horloge] hand; [balance] pointer, needle; [cadran solaire] pointer, index; [clocher] spire; (Rail) point (Brit), switch (US); (Géog) (= pointe) needle; (= cime) peak ◆ **en forme d'aiguille** needle-shaped ◆ **la petite/grande aiguille** [horloge] the hour/minute hand, the little/big hand

2 COMP ▷ **aiguille de glace** icicle ▷ **aiguille de pin** pine needle

**aiguillée** [egɥije] nf length of thread *(for use with needle at any one time)*

**aiguiller** [egɥije] → SYN ▸ conjug 1 ◂ vt a (= orienter) to direct ◆ **aiguiller un enfant vers le technique** to direct ou orientate ou steer a child towards technical studies ◆ **on l'a mal aiguillé** (Scol) he was steered in the wrong direction ◆ **aiguiller la conversation sur un autre sujet** to steer the conversation onto another subject ◆ **aiguiller la police sur une mauvaise piste** to put the police onto the wrong track

b (Rail) to shunt (Brit), switch (US)

**aiguilleté, e** [egɥij(ə)te] (ptp de **aiguilleter**) adj tufted

**aiguilleter** [egɥij(ə)te] ▸ conjug 4 ◂ vt (Tex) to tuft

**aiguillette** [egɥijɛt] → SYN nf [pourpoint] aglet; (Culin, Mil) aiguillette

**aiguilleur** [egɥijœʀ] nm (Rail) pointsman (Brit), switchman (US) ◆ **aiguilleur du ciel** (Aviat) air-traffic controller

**aiguillon** [egɥijɔ̃] → SYN nm [insecte] sting; [bouvier] goad; (Bot) thorn; (fig) spur, stimulus

**aiguillonner** [egɥijɔne] → SYN ▸ conjug 1 ◂ vt [+ bœuf] to goad; (fig) to spur ou goad on

**aiguisage** [egizaʒ] → SYN nm [couteau, outil] sharpening

**aiguiser** [egize] → SYN ▸ conjug 1 ◂ vt a [+ couteau, outil] to sharpen

b [+ appétit] to whet, stimulate; [+ sens] to excite, stimulate; [+ esprit] to sharpen; [+ style] to polish

**aiguiseur, -euse** [egizœʀ, øz] → SYN nm,f sharpener, grinder

**aiguisoir** [egizwaʀ] → SYN nm sharpener, sharpening tool

**aïkido** [aikido] → SYN nm aikido

**ail,** pl **ails** ou **aulx** [aj, o] nm garlic; → **gousse, saucisson, tête**

**ailante** [ɛlɑ̃t] → SYN nm tree of heaven, ailanthus (SPÉC)

**aile** [ɛl] → SYN 1 nf a [oiseau, château] wing; [moulin] sail; [hélice, ventilateur] blade, vane; [nez] wing; [voiture] wing (Brit), fender (US); [pont] abutment

b (Sport) wing ◆ **il joue à l'aile gauche** he plays left wing

c (Mil, Pol) wing ◆ **l'aile dure du parti** the hardline wing of the party, the hardliners in the party ◆ **aile marchante** (Mil) wheeling flank

d (Loc) **l'oiseau disparut d'un coup d'aile** the bird disappeared with a flap of its wings ◆ **d'un coup d'aile nous avons gagné Orly** we reached Orly in no time (at all) ◆ **avoir des ailes** (fig) to have wings ◆ **il s'est senti pousser des ailes** he felt as if he'd grown wings ◆ **l'espoir lui donnait des ailes** hope lent ou gave him wings ◆ **prendre sous son aile (protectrice)** to take under one's wing ◆ **sous l'aile maternelle** under one's mother's ou the maternal wing ◆ **avoir un coup dans l'aile** * (= être ivre) to have had one too many *; (= être en mauvaise posture) to be in a very bad way *; → **peur, plomb, tire-d'aile(s)** etc

2 COMP ▷ **aile de corbeau** (= couleur) inky black, jet-black ▷ **aile delta** (Aviat) delta wing; (= deltaplane) hang-glider ◆ **faire de l'aile delta** to go hang-gliding ▷ **aile libre** (= sport) hang-gliding; (= appareil) hang-glider

**ailé, e** [ele] → SYN adj (lit, littér) winged

**aileron** [ɛlʀɔ̃] → SYN nm [poisson] fin; [oiseau] pinion; [avion] aileron; (Aut : de stabilisation) aerofoil; (Archit) console

**ailette** [ɛlɛt] nf [missile, radiateur] fin; [turbine, ventilateur] blade ◆ **ailette de refroidissement** (Aut) cooling fan

**ailier** [elje] nm (gén) winger; (Rugby) flanker, wing-forward

**aillade** [ajad] nf (= sauce) garlic dressing ou sauce; (= croûton) garlic crouton

**ailler** [aje] ▸ conjug 1 ◂ vt to flavour with garlic

**ailleurs** [ajœʀ] GRAMMAIRE ACTIVE 26.5 → SYN adv (= autre part) somewhere else, elsewhere • **nulle part ailleurs** nowhere else • **partout ailleurs** everywhere else • **il est ailleurs, il a l'esprit ailleurs** his thoughts are ou his mind is elsewhere, he's miles away • **ils viennent d'ailleurs** they come from somewhere else • **nous sommes passés (par) ailleurs** we went another way • **je l'ai su par ailleurs** I heard of it from another source

◆ **d'ailleurs** (= en plus) besides, moreover • **d'ailleurs il faut avouer que ...** anyway ou besides we have to admit that ... • **ce vin, d'ailleurs très bon, n'est pas ...** this wine, which I may add is very good ou which is very good by the way, is not ... • **lui non plus d'ailleurs** neither does (ou is, has etc ) he, for that matter

◆ **par ailleurs** (= autrement) otherwise, in other respects; (= en outre) moreover, furthermore

**ailloli** [ajɔli] nm aioli, garlic mayonnaise

**aimable** [ɛmabl] → SYN adj **a** (= gentil) parole kind, nice; personne kind, nice, amiable (frm) • **c'est un homme aimable** he's a (very) nice man • **tu es bien aimable de m'avoir attendu** it was very nice ou kind of you to wait for me • **c'est très aimable à vous ou de votre part** it's most kind of you • **soyez assez aimable pour ...** (frm) would you be so kind ou good as to ... • **aimable comme une porte de prison** like a bear with a sore head

**b** († = agréable) endroit, moment pleasant

**c** (†† = digne d'amour) lovable, amiable †

**aimablement** [ɛmabləmɑ̃] adv agir kindly, nicely; répondre, recevoir amiably, nicely; refuser politely • **il m'a offert aimablement à boire** he kindly offered me a drink

**aimant¹** [ɛmɑ̃] → SYN nm magnet • **aimant (naturel)** magnetite (NonC), lodestone

**aimant², e** [ɛmɑ̃, ɑt] → SYN adj loving, affectionate

**aimantation** [ɛmɑ̃tasjɔ̃] → SYN nf magnetization

**aimanté, e** [ɛmɑ̃te] (ptp de **aimanter**) adj aiguille, champ magnetic

**aimanter** [ɛmɑ̃te] ▸ conjug 1 ◂ vt to magnetize

**aimer** [eme] GRAMMAIRE ACTIVE 1.1, 7, 8.4, 8.5, 12.2 → SYN ▸ conjug 1 ◂

**1** vt **a** (d'amour) to love; (d'amitié, attachement, goût) to like, be fond of • **aimer beaucoup** [+ personne] to like very much ou a lot, be very fond of; [+ animaux, choses] to like very much ou a lot, be very fond of, love • **aimer bien** to like, be fond of • **il l'aime d'amour** he really loves her • **il l'aime à la folie** he adores her, he's crazy about her* • **j'aime une bonne tasse de café après déjeuner** I like ou enjoy ou love a nice cup of coffee after lunch • **les hortensias aiment l'ombre** hydrangeas like shade • **tous ces trucs-là, tu aimes, toi ?*** do you go in for all that kind of stuff?* • **un enfant mal aimé** a child who doesn't get enough love • **il est mal aimé du public** the public don't like him • **je n'aime pas beaucoup cet acteur** I don't care for ou I don't like that actor very much, I'm not very keen on (Brit) that actor • **elle n'aime pas le tennis** she doesn't like tennis ou care for tennis, she's not keen on (Brit) tennis • **les enfants aiment qu'on s'occupe d'eux** children like ou love attention • **elle n'aime pas qu'il sorte le soir** she doesn't like him going out ou him to go out at night • **aimer faire, aimer à faire** (littér) to like doing ou to do • **j'aime à penser** ou **à croire que ...** (frm ou hum) I like to think that ... • **qui m'aime me suive !** (hum) anyone who wants to come with me is welcome! • (Prov) **qui m'aime aime mon chien** love me love my dog • (Prov) **qui aime bien châtie bien** spare the rod and spoil the child (Prov)

**b** (avec assez, autant, mieux) **j'aime autant vous dire que je n'irai pas !** I may as well tell you that I won't go! • **il aime** ou **aimerait autant ne pas sortir aujourd'hui** he'd just as soon not go out today, he'd be just as happy not going out today • **j'aimerais autant que ce soit elle qui m'écrive** I'd rather it was she who wrote to me • **j'aime autant qu'elle ne soit pas venue** I'm just as happy ou it's (probably) just as well she didn't come • **j'aime autant ça !*** (ton menaçant) I'm pleased to hear it!, that sounds more like it!*; (soulagement) what a relief! • **on lui apporte des fleurs, elle aimerait mieux des livres** they bring her flowers but she'd rather ou sooner have ou she'd prefer books • **il aurait mieux aimé se reposer que d'aller au cinéma** he'd rather have rested ou he'd have preferred to rest than go to the cinema • **j'aime mieux te dire qu'il va m'entendre !*** I'm going to give him a piece of my mind, I can tell you! • **elle aime assez** ou **bien bavarder avec les voisins** she quite ou rather likes chatting with the neighbours

**c** (au conditionnel = vouloir) **aimeriez-vous une tasse de thé ?** would you like a cup of tea?, would you care for a cup of tea? • **elle aimerait bien aller se promener** she'd like to go for a walk • **j'aimerais vraiment venir** I'd really like to come, I'd love to come • **je n'aimerais pas être dehors par ce temps** I wouldn't want ou like to be out in this (sort of) weather • **j'aimerais assez/je n'aimerais pas ce genre de manteau** I'd rather ou quite like/wouldn't like a coat like that

**2** **s'aimer** vpr **a** (= s'apprécier) **ils s'aiment** they're in love, they love each other • **aimez-vous les uns les autres** love one another • **ces deux-là ne s'aiment guère** there's no love lost between those two • **elle a réussi à se faire aimer par lui** she managed to win his love ou heart • **essayer de se faire aimer de qn** to try to win sb's affection • **je ne m'aime pas avec ce chapeau** I don't like myself in this hat

**b** (= faire l'amour) to make love

**aine** [ɛn] → SYN nf (Anat) groin

**aîné, e** [ene] → SYN **1** adj (= plus âgé) elder, older; (= le plus âgé) eldest, oldest

**2** nm **a** [famille] **l'aîné (des garçons)** the eldest boy • **mon (frère) aîné** (plus âgé) my older ou elder brother; (le plus âgé) my oldest ou eldest brother • **mon aîné** my oldest ou eldest boy ou son

**b** (relation d'âge) **il est mon aîné** he's older than me • **il est mon aîné de 2 ans** he's 2 years older than me, he's 2 years my senior • **respectez vos aînés** (littér) respect your elders

**3** **aînée** nf **a** [famille] **l'aînée (des filles)** the oldest ou eldest girl ou daughter • **ma sœur aînée, mon aînée** (plus âgée) my older ou elder sister; (la plus âgée) my oldest ou eldest sister

**b** (relation d'âge) **elle est mon aînée** she's older than me • **elle est mon aînée de 2 ans** she's 2 years older than me, she's 2 years my senior

**aînesse** [ɛnɛs] → SYN nf → **droit³**

**ainsi** [ɛ̃si] GRAMMAIRE ACTIVE 26.5 → SYN adv **a** (= de cette façon) in this way ou manner • **je préfère agir ainsi** I prefer to do it this way • **il faut procéder ainsi** you have to proceed as follows ou thus ou in this manner, this is how to proceed • **c'est ainsi que ça s'est passé** that's the way ou how it happened • **pourquoi me traites-tu ainsi ?** why do you treat me like this? ou in this way? • **ainsi finit son grand amour** thus ended his great love • **il n'en est pas ainsi pour tout le monde** it's not so ou the case for everyone • **s'il en est ainsi** ou **puisque c'est ainsi, je m'en vais** if ou since that's the way it is, I'm leaving, if ou since that's how it is, I'm leaving • **s'il en était ainsi** if this were the case • **il en sera ainsi et pas autrement** that's the way it's going to be and that's that • **ainsi va le monde** that's the way of the world

**b** (littér = en conséquence) thus; (= donc) so • **ils ont perdu le procès, ainsi ils sont ruinés** they lost the case and so they are ruined • **ainsi tu vas partir !** so, you're going to leave!

**c** (littér = de même) so, in the same way • **comme le berger mène ses moutons, ainsi le pasteur guide ses ouailles** as the shepherd leads his sheep, so the minister guides his flock

**d** (Loc)

◆ **ainsi que** (just) as • **ainsi qu'il vous plaira** (littér) (just) as it pleases you • **ainsi que nous avons dit hier** just as we said yesterday • **la jalousie, ainsi qu'un poison subtil, s'insinuait en lui** like a subtle poison, jealousy was slowly taking hold of him • **sa beauté ainsi que sa candeur me frappèrent** I was struck by her beauty as well as her innocence

◆ **pour ainsi dire** so to speak, as it were • **ils sont pour ainsi dire ruinés** they are ruined, so to speak ou as it were, you might say they are ruined

◆ **ainsi soit-il** (gén) so be it; (Rel) amen

◆ **et ainsi de suite** and so on (and so forth)

**aïoli** [ajɔli] nm ⇒ **ailloli**

**air¹** [ɛʀ] → SYN **1** nm **a** (= gaz) air; (= brise) (light) breeze; (= courant d'air) draught (Brit), draft (US) • **l'air de la campagne/de la mer** the country/sea air • **l'air de la ville ne lui convient pas** town air ou the air of the town doesn't suit him • **on manque d'air ici** there's no air in here, it's stuffy in here • **donnez-nous un peu d'air** give us some (fresh) air • **sortir à l'air libre** to go out into the open air • **mettre la literie à l'air** to put the bedclothes (out) to air ou out for an airing, air the bedclothes • **se promener les fesses à l'air** to walk around bare-bottomed • **sortir prendre l'air** to go out for some ou a breath of (fresh) air • **il y a des airs** (Naut) there's a wind (up) • **il y a un peu d'air aujourd'hui** there's a light ou slight breeze today • **on sent de l'air qui vient de la porte** you can feel a draught (Brit) ou draft (US) from the door; → **bol, chambre, courant** etc

**b** **plein air** open air • **les enfants ont plein air le mercredi** (Scol) the children have games ou sport on Wednesdays

◆ **en plein air** piscine outdoor (épith), open-air (épith); spectacle, cirque open-air (épith); jouer outdoors; s'asseoir outdoors, (out) in the open (air)

◆ **de plein air** activité, jeux outdoor (épith)

**c** (= espace) air • **s'élever dans l'air** ou **dans les airs** to rise (up) into the skies ou the air • **transports par air** air transport, transport by air • **l'avion a pris l'air** the plane has taken off • **de l'air** hôtesse, ministère air (épith)

◆ **en l'air** • **regarder en l'air** to look up • **avoir le nez en l'air** to gaze vacantly into space • **jeter qch en l'air** to throw sth (up) into the air

**d** (= atmosphère, ambiance) atmosphere • **il est allé prendre l'air du bureau** he has gone to see how things look ou what things look like at the office • **tout le monde se dispute, l'air de la maison est irrespirable** everyone's quarrelling and the atmosphere in the house is unbearable • **il a besoin de l'air de la ville** he needs the atmosphere of the town

**e** (Loc) **ces idées étaient dans l'air à cette époque** those ideas were in the air at that time • **il y a de la bagarre/de l'orage dans l'air** there's a fight/storm brewing • **la grippe est dans l'air** there's a lot of flu about • **vivre** ou **se nourrir de l'air du temps** to live on air ou on nothing at all • **c'est dans l'air du temps** it's part of the current climate

◆ **en l'air** paroles, promesses idle, empty; dire rashly • **ce ne sont encore que des projets en l'air** the plans are still very much (up) in the air • **tout était en l'air dans la pièce** (désordre) the room was in a total mess • **flanquer*** ou **ficher*** ou **foutre‡ tout en l'air** (= jeter) to chuck* ou sling* (Brit) it all away ou out; (= abandonner) to chuck it all in‡ ou up‡ (Brit) • **ce contretemps a fichu en l'air mon week-end*** this hitch has completely messed up my weekend* • **en courant, il a flanqué le vase en l'air*** he knocked the vase over as he ran past • **se ficher*** ou **se foutre‡ en l'air** (accidentellement) to smash o.s. up*; (= se suicider) to do o.s. in; → **parler**

**2** COMP ▷ **air comprimé** compressed air ▷ **air conditionné** (système) air conditioning; (atmosphère) conditioned air • **le bureau a l'air conditionné** the office has air conditioning ou is air-conditioned ▷ **air liquide** liquid air

**air²** [ɛʀ] → SYN nm **a** (= apparence, manière) air • **d'un air décidé** in a resolute manner • **sous son air calme c'est un homme énergique** beneath his calm appearance he is a forceful man • **un garçon à l'air éveillé** a lively-looking boy • **ils ont un air de famille** there's a family likeness between them • **ça lui donne l'air d'un clochard** it makes him look like a tramp • **avoir grand air** to look very impressive; → **faux²**

**b** (= expression) look, air • **d'un air perplexe** with a look ou an air of perplexity, with a perplexed air ou look • **je lui trouve un drôle d'air** I think he looks funny ou very odd • **prendre un air éploré** to put on ou adopt a tearful expression • **elle a pris son petit air futé pour me dire** she told me in her sly little way, she put on that sly look she has ou of hers to tell me ◆ **prendre un air entendu** to put on a knowing air ◆ **prendre un air pincé** to put on a prim expression

**c** (LOC) **elle a l'air d'une enfant** she looks like a child ◆ **ça m'a l'air d'un mensonge** it looks to me ou sounds to me like a lie ◆ **ça m'a l'air d'être assez facile** it strikes me as being fairly easy, it looks fairly easy to me ◆ **elle a l'air intelligent(e)** she looks ou seems intelligent ◆ **il a l'air stupide – il en a l'air et la chanson** * he looks idiotic – he doesn't just look it either! * ◆ **il a eu l'air de ne pas comprendre** he looked as if ou as though he didn't understand, he didn't seem to understand; (faire semblant) he pretended not to understand ◆ **elle n'avait pas l'air de vouloir travailler** she didn't look as if ou as though she wanted to work ◆ **il est très ambitieux sans en avoir l'air** he might not look it but he's very ambitious, he's very ambitious although he might not ou doesn't really look it ◆ **ça (m')a tout l'air d'être une fausse alerte** it looks (to me) as if it's a false alarm ◆ **il a l'air de vouloir neiger** it looks like snow ◆ **de quoi j'ai l'air maintenant ! *, j'ai l'air fin maintenant !** * I look like a real idiot ou a right fool now * ◆ **il n'a l'air de rien, mais il sait ce qu'il fait** you wouldn't think it to look at him but he knows what he's doing ◆ **cette plante n'a l'air de rien, pourtant elle donne de très jolies fleurs** this plant doesn't look much but it has very pretty flowers ◆ **sans avoir l'air de rien, filons discrètement** let's just behave naturally and slip away unnoticed ◆ **ça m'a tout de même coûté 750 €, l'air de rien** even so, it still cost me €750 ◆ **avec un air de ne pas y toucher, sans avoir l'air d'y toucher** looking as if butter wouldn't melt in his (ou her) mouth ◆ **il a dit ça avec son air de ne pas y toucher** he said it with the most innocent expression on his face

**air³** [ɛʀ] → SYN nm [opéra] aria; (= mélodie) tune, air ◆ **l'air d'une chanson** the tune of a song ◆ **air d'opéra** operatic aria ◆ **air de danse** dance tune ◆ **air connu** (lit, fig) familiar tune ◆ **chanter des slogans sur l'air des lampions** to chant slogans

**airain** [ɛʀɛ̃] → SYN nm (littér) bronze

**air-air** [ɛʀɛʀ] adj inv (Mil) air-to-air

**airbag ®** [ɛʀbag] nm (Aut) air bag

**Airbus ®** [ɛʀbys] → SYN nm Airbus ®

**aire** [ɛʀ] → SYN nf (= zone) area, zone; (Math) area; [aigle] eyrie ◆ **aire d'atterrissage** landing strip; (pour hélicoptère) landing pad ◆ **aire de battage** (Agr) threshing floor ◆ **aires continentales** (Géol) continental shields ◆ **aire d'embarquement** boarding area ◆ **aire de jeux** (adventure) playground ◆ **aire de lancement** launching site ◆ **aire linguistique** linguistic region ◆ **aire de repos** (sur autoroute) rest area *(on motorway etc.)* ◆ **aire de service** service station, motorway services (Brit), service plaza (US) ◆ **aire de stationnement** (Aut) parking area; (Aviat) apron ◆ **aire de vent** (Naut) rhumb ◆ **suivant l'aire de vent** following the rhumb-line route, taking a rhumb-line course

**airedale** [ɛʀdɛl] → SYN nm Airedale (terrier)

**airelle** [ɛʀɛl] → SYN nf (= myrtille) blueberry, bilberry, whortleberry ◆ **airelle des marais** cranberry

**airer** [eʀe] → SYN ▸ conjug 1 ◂ vi [oiseau de proie] to nest

**air-sol** [ɛʀsɔl] adj inv (Mil) air-to-ground

**air-terre** [ɛʀtɛʀ] adj inv (Mil) air-to-ground

**aisance** [ɛzɑ̃s] → SYN nf **a** (= facilité) ease ◆ **s'exprimer avec une rare** ou **parfaite aisance** to express o.s. with great ease ◆ **il patinait avec une rare** ou **parfaite aisance** he skated with the greatest of ease ou with great ease ◆ **il y a beaucoup d'aisance dans son style** he has an easy ou a flowing style ou a very fluent style

**b** (= richesse) affluence ◆ **vivre dans l'aisance** to be comfortably off ou well-off, live comfortably

**c** (Couture) **redonner de l'aisance sous les bras** to give more freedom of movement under the arms; → **pli**

**d** → **cabinet, fosse, lieu¹**

**aise** [ɛz] → SYN 1 nf **a** (littér) joy, pleasure, satisfaction ◆ **j'ai tant d'aise à vous voir** I'm so pleased to see you ◆ **sourire d'aise** to smile with pleasure ◆ **tous ces compliments la comblaient d'aise** she was overjoyed at all these compliments

**b à l'aise, à son/votre** etc **aise** ◆ **être à l'aise** ou **à son aise** (dans une situation) to be ou feel at ease; (dans un vêtement, fauteuil) to be ou feel comfortable; (= être riche) to be comfortably off ou comfortable ◆ **être mal à l'aise, être mal à son aise** (dans une situation) to be ou feel ill at ease; (dans un vêtement, fauteuil) to be ou feel uncomfortable ◆ **mettez-vous à l'aise** ou **à votre aise** make yourself comfortable, make yourself at home ◆ **leur hôtesse les mit tout de suite à l'aise** their hostess immediately put them at (their) ease ou made them feel immediately at home ◆ **faire qch à l'aise** * to do sth easily ◆ **tu comptes faire ça en deux heures ? – à l'aise !** do you think you can do that in 2 hours? – easily! ou no problem! * ◆ **en prendre à son aise avec qch** to make free with sth, do exactly as one likes with sth ◆ **vous en prenez à votre aise !** you're taking things nice and easy! ◆ **tu en parles à ton aise !** it's easy (enough) ou it's all right for you to talk! ◆ **à votre aise !** please yourself!, just as you like! ◆ **on tient à quatre à l'aise dans cette voiture** this car holds four (quite) comfortably, four can get in this car (quite) comfortably

2 **aises** nfpl ◆ **aimer ses aises** to like ou be fond of one's (creature) comforts ◆ **tu prends tes aises !** (iro) make yourself at home, why don't you! (iro)

3 adj (littér) ◆ **bien aise** delighted, most pleased (*de* to) ◆ **j'ai terminé – j'en suis fort aise** I've finished – I'm so glad ou I am most pleased

**aisé, e** [eze] → SYN adj **a** (= facile) easy (*à faire* to do)

**b** (= dégagé) démarche easy, graceful; style flowing, fluent

**c** (= riche) well-to-do, comfortably off (attrib), well-off

**aisément** [ezemɑ̃] → SYN adv (= sans peine) easily; (= sans réserves) readily; (= dans la richesse) comfortably

**aisselle** [ɛsɛl] → SYN nf (Anat) armpit, axilla (SPÉC); (Bot) axil

**AIT** [aite] nf (abrév de **Association internationale du tourisme**) → **association**

**Aix-la-Chapelle** [ɛkslaʃapɛl] n Aachen

**Ajax** [aʒaks] nm Ajax

**ajointer** [aʒwɛ̃te] → SYN ▸ conjug 1 ◂ vt to adjoin, join up

**ajonc** [aʒɔ̃] → SYN nm gorse bush ◆ **des ajoncs** gorse (NonC), furze (NonC)

**ajour** [aʒuʀ] → SYN nm (gén pl) [broderie, sculpture] openwork (NonC)

**ajouré, e** [aʒuʀe] → SYN (ptp de **ajourer**) adj mouchoir openwork (épith), hemstitched; bijou, sculpture which has an openwork design

**ajourer** [aʒuʀe] ▸ conjug 1 ◂ vt [+ sculpture] to ornament with openwork; [+ mouchoir] to hemstitch

**ajournement** [aʒuʀnəmɑ̃] → SYN nm [assemblée] adjournment; [réunion, élection, décision, rendez-vous] postponement; [candidat] referral; [conscrit] deferment

**ajourner** [aʒuʀne] → SYN ▸ conjug 1 ◂ vt [+ assemblée] to adjourn; [+ réunion, élection, décision, rendez-vous] to postpone, put off; [+ candidat] to refer; [+ conscrit] to defer ◆ **réunion ajournée d'une semaine/au lundi suivant** meeting adjourned ou delayed for a week/until the following Monday

**ajout** [aʒu] → SYN nm [texte] addition

**ajouter** [aʒute] GRAMMAIRE ACTIVE 26.5 → SYN ▸ conjug 1 ◂

1 vt **a** (= mettre, faire ou dire en plus) to add ◆ **ajoute un peu de sel** put a bit more salt in, add a bit of salt ◆ **je dois ajouter que ...** I should add that ... ◆ **sans ajouter un mot** without (saying ou adding) another word ◆ **ajoutez à cela qu'il pleuvait** on top of that ou in addition to that ou what's more, it was raining ◆ **ajoutez à cela sa maladresse naturelle** add to that his natural clumsiness

**b ajouter foi aux dires de qn** to lend ou give credence to sb's statements, believe sb's statements

2 **ajouter à** vt indir (littér) to add to, increase ◆ **ton arrivée ajoute à mon bonheur** I am even happier now you are here, your arrival adds to my happiness

3 **s'ajouter** vpr ◆ **s'ajouter à** to add to ◆ **ces malheurs venant s'ajouter à leur pauvreté** these misfortunes adding further to their poverty ◆ **ceci, venant s'ajouter à ses difficultés** this coming on top of ou to add further to his difficulties ◆ **à ces dépenses viennent s'ajouter les impôts** on top of ou in addition to these expenses there are taxes

**ajustage** [aʒystaʒ] → SYN nm (Tech) fitting

**ajusté, e** [aʒyste] (ptp de **ajuster**) adj vêtement tailored ◆ **robe étroitement ajustée** tight-fitting dress

**ajustement** [aʒystəmɑ̃] → SYN nm [statistique, prix] adjustment; (Tech) fit ◆ **ajustement monétaire** currency adjustment ou realignment ◆ **le projet est finalisé, à quelques ajustements près** the project is completed, give or take a few finishing touches

**ajuster** [aʒyste] → SYN ▸ conjug 1 ◂ 1 vt **a** (= régler) [+ ceinture, prix, politique] to adjust; [+ vêtement] to alter ◆ **il leur est difficile d'ajuster leurs vues** it's difficult for them to reconcile their views

**b** (= adapter) [+ tuyau] to fit (*à* into) ◆ **ajuster l'offre à la demande** to adjust ou adapt supply to demand, match supply to ou and demand

**c** (= viser) **ajuster qn** to aim at sb, take aim at sb ◆ **ajuster son tir** ou **son coup** to adjust one's aim; → **tir**

**d** † [+ coiffure] to tidy, arrange; [+ tenue] to arrange; [+ cravate] to straighten

2 **s'ajuster** vpr **a** (Tech) to fit (together)

**b** († = se rhabiller) to adjust ou tidy one's dress †

**ajusteur** [aʒystœʀ] nm metal worker

**ajut** [aʒyt] nm ◆ **nœud d'ajut** carrick bend

**ajutage** [aʒytaʒ] → SYN nm [tuyau] nozzle

**akène** [akɛn] → SYN nm achene, akene

**akinésie** [akinezi] nf akinesia

**akkadien, -ienne** [akadjɛ̃, jɛn] adj, nm Akkadian, Accadian

**Alabama** [alabama] nm Alabama

**alabandite** [alabɑ̃dit] nf alabandite

**alabastrite** [alabastʀit] nf alabastrites sg

**alacrité** [alakʀite] → SYN nf (littér) alacrity

**Aladin** [aladɛ̃] nm Aladdin

**alaire** [alɛʀ] adj membrane, plumes alar; (Aviat) charge, surface wing *(épith)*

**alaise** [alɛz] nf undersheet, drawsheet

**alambic** [alɑ̃bik] → SYN nm (Chim) still

**alambiqué, e** [alɑ̃bike] → SYN adj (péj) style, discours convoluted, involved; personne, esprit over-subtle

**alangui, e** [alɑ̃gi] → SYN (ptp de **alanguir**) adj attitude, geste languid; rythme, style languid, lifeless

**alanguir** [alɑ̃giʀ] → SYN ▸ conjug 2 ◂ 1 vt **a** [fièvre] to make feeble ou languid, enfeeble; [chaleur] to make listless ou languid; [plaisirs, vie paresseuse] to make indolent ou languid ◆ **être tout alangui par la chaleur** to feel listless ou languid with the heat

**b** [+ récit] to make nerveless ou lifeless

2 **s'alanguir** vpr to grow languid ou weak, languish

**alanguissement** [alɑ̃gismɑ̃] → SYN nm languidness, languor

**alanine** [alanin] nf alanine

**alarmant, e** [alaʀmɑ̃, ɑ̃t] → SYN adj alarming

**alarme** [alaʀm] → SYN nf **a** (= signal de danger) alarm ◆ **donner** ou **sonner l'alarme** to give ou sound ou raise the alarm, give the alert ◆ **(système d')alarme** alarm system; → **pistolet, signal, sirène, sonnette**

**b** (= inquiétude) alarm ◆ **jeter l'alarme** to cause alarm ◆ **à la première alarme** at the first sign of danger

**alarmer** [alaʀme] → SYN ▸ conjug 1 ◂ 1 vt to alarm

2 **s'alarmer** vpr to become alarmed (*de, pour* about, at) ◆ **il n'a aucune raison de s'alarmer** he has ou there is no cause for alarm

**alarmisme** [alaʀmism] nm alarmism

**alarmiste** [alaʀmist] → SYN adj, nmf alarmist

**Alaska** [alaska] nm Alaska ◆ **la route de l'Alaska** the Alaska Highway ◆ **la chaîne de l'Alaska** the Alaska Range

**alastrim** [alastʀim] nm alastrim

**alaterne** [alatɛʀn] nm alaternus

**albacore** [albakɔʀ] nm (Zool) albacore

**albanais, e** [albanɛ, ɛz] 1 adj Albanian
2 nm (Ling) Albanian
3 **Albanais(e)** nm,f Albanian

**Albanie** [albani] nf Albania

**albâtre** [albɑtʀ] → SYN nm alabaster ◆ **d'albâtre, en albâtre** alabaster (épith)

**albatros** [albatʀos] → SYN nm (= oiseau) albatross; (Golf) albatross (Brit), double eagle (US)

**albédo** [albedo] nm albedo

**Alberta** [albɛʀta] nf Alberta

**albigeois, e** [albiʒwa, waz] → SYN 1 adj a (Géog) of ou from Albi
b (Hist) Albigensian
2 **Albigeois(e)** nm,f inhabitant ou native of Albi
3 nmpl (Hist) ◆ **les Albigeois** the Albigenses, the Albigensians; → **croisade**

**albinisme** [albinism] nm albinism

**albinos** [albinos] nmf, adj inv albino

**Albion** [albjɔ̃] nf ◆ **(la perfide) Albion** (perfidious) Albion

**albite** [albit] nf albite

**albuginé, e** [albyʒine] 1 adj albugineous
2 **albuginée** nf albuginean coat

**albugo** [albygo] nm [cornée] albugo

**album** [albɔm] → SYN nm a (= livre) album ◆ **album (de) photos/de timbres** photo/stamp album ◆ **album à colorier** ou **de coloriages** colouring (Brit) ou coloring (US) book ◆ **album de presse** scrapbook ◆ **album de bandes dessinées** cartoon book
b (= disque) album ◆ **album de 2 CD** double CD

**albumen** [albymɛn] nm albumen

**albumine** [albymin] nf albumin

**albumineux, -euse** [albyminø, øz] adj albuminous

**albuminurie** [albyminyʀi] nf albuminuria

**albuminurique** [albyminyʀik] adj albuminuric

**albumose** [albymoz] nf proteose, albumose (US)

**alcade** [alkad] nm alcalde

**alcaïque** [alkaik] adj Alcaic ◆ **vers alcaïques** Alcaics

**alcalescence** [alkalesɑ̃s] nf alkalescence, alkalescency

**alcalescent, e** [alkalesɑ̃, ɑ̃t] adj alkalescent

**alcali** [alkali] → SYN nm alkali ◆ **alcali volatil** ammonia

**alcalimètre** [alkalimɛtʀ] nm alkalimeter

**alcalimétrie** [alkalimetʀi] nf alkalimetry

**alcalin, e** [alkalɛ̃, in] → SYN adj alkaline

**alcaliniser** [alkalinize] ▸ conjug 1 ◂ vt to alkalize

**alcalinité** [alkalinite] nf alkalinity

**alcalinoterreux, -euse** [alkalinoteʀø, øz] adj ◆ **métaux alcalinoterreux** alkaline earth metals ou elements

**alcaloïde** [alkalɔid] nm alkaloid

**alcalose** [alkaloz] nf alkalosis

**alcane** [alkan] nm alkane

**alcarazas** [alkaʀazas] → SYN nm alcarraza

**alcène** [alsɛn] nm alkene

**Alceste** [alsɛst] nm Alcestis

**alchémille** [alkemij] nf lady's mantle

**alchimie** [alʃimi] → SYN nf (lit, fig) alchemy

**alchimique** [alʃimik] adj alchemical, of alchemy

**alchimiste** [alʃimist] → SYN nmf alchemist

**alcool** [alkɔl] → SYN nm a (Chim) alcohol ◆ **alcool absolu éthylique** pure ethyl alcohol ◆ **alcool à brûler** methylated spirit(s), meths (Brit) ◆ **alcool camphré** camphorated alcohol ◆ **alcool rectifié** rectified spirit ◆ **alcool à 90°** surgical spirit ◆ **lampe à alcool** spirit lamp
b (= boisson) alcohol (NonC) ◆ **l'alcool au volant** drinking and driving, drink-driving (Brit), drunk-driving (US) ◆ **boire de l'alcool** (gén) to drink alcohol; (eau-de-vie) to drink spirits (Brit) ou (hard) liquor (US) ◆ **il ne tient pas l'alcool** he can't take his drink ◆ **il ne prend jamais d'alcool** he never drinks ou touches alcohol ◆ **le cognac est un alcool** cognac is a brandy ou spirit (Brit) ◆ **vous prendrez bien un petit alcool** you won't say no to a little brandy ◆ **alcool de prune/poire** plum/pear brandy ◆ **alcool de menthe** medicinal mint spirit ◆ **alcool blanc** colourless spirit ◆ **alcool brun** *generic term for cognac, brandy, whisky etc.* ◆ **alcool de grain** grain alcohol ◆ **bière/boisson sans alcool** non-alcoholic ou alcohol-free beer/drink

**alcoolat** [alkɔla] nm alcoholate

**alcoolature** [alkɔlatyʀ] nf alcoholature

**alcoolé** [alkɔle] nm tincture

**alcoolémie** [alkɔlemi] nf ◆ **taux d'alcoolémie** alcohol level (in the blood)

**alcoolier** [alkɔlje] nm distiller

**alcoolique** [alkɔlik] → SYN adj, nmf alcoholic ◆ **les Alcooliques anonymes** Alcoholics Anonymous

**alcoolisation** [alkɔlizasjɔ̃] nf alcoholization

**alcooliser** [alkɔlize] → SYN ▸ conjug 1 ◂ vt to alcoholize ◆ **boissons alcoolisées/non alcoolisées** alcoholic/soft drinks ◆ **très peu alcoolisé** very low in alcohol ◆ **déodorant alcoolisé** alcohol-based deodorant

**alcoolisme** [alkɔlism] → SYN nm alcoholism ◆ **alcoolisme aigu/chronique/mondain** acute/chronic/social alcoholism

**alcoolo** * [alkɔlo] 1 adj alcoholic
2 nmf alcoholic, lush *

**alcoolo-dépendant** [alkɔlodepɑ̃dɑ̃, ɑ̃t], mpl **alcoolo-dépendants** adj alcohol-dependent

**alcoologie** [alkɔlɔʒi] nf *part of medical science which studies alcoholism*

**alcoologue** [alkɔlɔg] nmf ◆ **médecin alcoologue** *doctor specializing in the treatment of alcoholism*

**alcoomètre** [alkɔmɛtʀ] nm alcoholometer

**alcoométrie** [alkɔmetʀi] nf alcoholometry

**alcootest ®** [alkɔtɛst] nm (= objet) Breathalyser ® (Brit), Breathalyzer ® (US); (= épreuve) breath-test ◆ **faire subir un alcootest à qn** to give sb a breath test, breath-test sb, breathalyse (Brit) ou breathalyze (US) sb

**alcôve** [alkov] → SYN nf alcove, recess *(in a bedroom)* ◆ **d'alcôve** (fig) bedroom (épith), intimate; → **secret**

**alcoyle** [alkɔil] nm alkyl

**alcyne** [alsin] nm alkyne

**alcyon** [alsjɔ̃] → SYN nm (Myth) Halcyon

**alcyonaires** [alsjɔnɛʀ] nmpl ◆ **les alcyonaires** alcyonarians, the Alcyonaria (SPÉC)

**al dente** [aldɛnte] loc adv, loc adj al dente

**aldin, e** [aldɛ̃, in] adj Aldine

**aldol** [aldɔl] nm aldol

**aldose** [aldoz] nm aldose

**aldostérone** [aldosteʀɔn] nf aldosterone

**ALE** [aɛlə] nf (abrév de **Association de libre-échange**) FTA

**aléa** [alea] → SYN nm unknown quantity ◆ **en comptant avec tous les aléas** taking all the unknown factors into account ◆ **les aléas de l'existence** the vagaries of life ◆ **les aléas de l'examen** the uncertainties of the exam ◆ **après bien des aléas** after many ups and downs ◆ **ce sont les aléas du show-business** these things happen in show business

**aléatoire** [aleatwaʀ] → SYN adj a (= risqué) gains, succès uncertain; marché chancy, risky, uncertain
b (Math) grandeur random; (Ordin) nombre, accès random; (Mus) aleatoric, aleatory; → **contrat**

**aléatoirement** [aleatwaʀmɑ̃] adv randomly

**alémanique** [alemanik] adj, nm (Ling) Alemannic; → **suisse**

**ALENA, Alena** [alena] nm (abrév de **Accord de libre-échange nord-américain**) NAFTA

**alène, alêne** [alɛn] → SYN nf awl

**alentour** [alɑ̃tuʀ] → SYN adv around ◆ **tout alentour** ou **à l'entour** †† all around ◆ **alentour de qch** around sth ◆ **les villages d'alentour** the neighbouring ou surrounding villages

**alentours** [alɑ̃tuʀ] nmpl a (= environs) [ville] surroundings, neighbourhood (Brit), neighborhood (US) ◆ **les alentours sont très pittoresques** the surroundings ou environs are very picturesque ◆ **dans les alentours** in the vicinity ou neighbourhood ◆ **aux alentours de Dijon** in the Dijon area ◆ **il gagne aux alentours de 1 500 €** he earns (something) in the region of €1,500, he earns around ou about €1,500 ◆ **aux alentours de 8 heures** some time around 8 (o'clock), round about 8 (o'clock) (Brit)
b (Art) [tapisserie] border

**aléoute** [aleut] 1 adj Aleutian
2 nm,f ◆ **Aléoute** Aleut

**aléoutien, -ienne** [aleusjɛ̃, jɛn] adj Aleutian ◆ **les (îles) aléoutiennes** the Aleutian Islands, the Aleutians

**Aléoutiennes** [aleusjɛn] adj fpl, nfpl ◆ **les (îles) Aléoutiennes** the Aleutian Islands, the Aleutians

**Alep** [alɛp] n Aleppo

**aleph** [alɛf] nm (Ling) aleph; (Math) transfinite number

**alérion** [aleʀjɔ̃] nm alerion

**alerte** [alɛʀt] → SYN 1 adj personne, geste agile, nimble; esprit alert, agile, nimble; vieillard spry, agile; style brisk, lively
2 nf a (= signal de danger, durée du danger) alert, alarm ◆ **donner l'alerte** to give the alert ou alarm ◆ **donner l'alerte à qn** to alert sb ◆ **alerte aérienne** air raid warning ◆ **alerte à la bombe** bomb scare ◆ **alerte à la pollution** pollution alert ◆ **en cas d'alerte** if there is an alert ◆ **système d'alerte** alarm system ◆ **les nuits d'alerte** nights on alert; → **cote, état, faux**
b (= avertissement) warning sign; (= inquiétude) alarm ◆ **à la première alerte** at the first warning sign ◆ **l'alerte a été chaude** ou **vive** there was intense ou considerable alarm ◆ **alerte cardiaque** heart flutter
3 excl watch out!

**alerter** [alɛʀte] → SYN ▸ conjug 1 ◂ vt (= donner l'alarme à) to alert; (= informer) to inform, notify; (= prévenir) to warn ◆ **alerter l'opinion publique** to alert public opinion ◆ **les pouvoirs publics ont été alertés** the authorities have been informed ou notified, it has been brought to the attention of the authorities

**alésage** [alezaʒ] → SYN nm (= action) reaming; (= diamètre) bore

**alèse** [alɛz] nf ⇒ **alaise**

**aléser** [aleze] → SYN ▸ conjug 6 ◂ vt to ream

**aléseuse** [alezøz] → SYN nf reamer

**Alésia** [alezja] n Alesia

**aléthique** [aletik] adj alethic

**aleurode** [aløʀɔd] nm whitefly

**aleurone** [aløʀɔn] nf aleuron(e)

**alevin** [alvɛ̃] → SYN nm alevin, young fish *(bred artificially)*

**alevinage** [alvinaʒ] → SYN nm (= action) stocking with alevins ou young fish; (= pisciculture) fish farming

**aleviner** [alvine] ▸ conjug 1 ◂ 1 vt (= empoissonner) to stock with alevins ou young fish
2 vi (= pondre) to spawn

**alevinier** [alvinje] → SYN nm **alevinière** [alvinjɛʀ] nf (alevin) fishery

**Alexandre** [alɛksɑ̃dʀ] nm Alexander ◆ **Alexandre le Grand** Alexander the Great

**Alexandrie** [alɛksɑ̃dʀi] n Alexandria

**alexandrin, e** [alɛksɑ̃dʀɛ̃, in] → SYN 1 adj art, poésie (Hist) Alexandrian; prosodie alexandrine
2 nm alexandrine

**alexie** [alɛksi] nf word-blindness, alexia (SPÉC)

**alezan, e** [alzɑ̃, an] adj, nm,f (= cheval) chestnut ◆ **alezan clair** sorrel

**alfa** [alfa] → SYN nm (= herbe) Esparto (grass); (= papier) Esparto paper

**algarade** [algaʀad] → SYN nf (littér) (= gronderie) angry outburst; (= dispute) quarrel

**algazelle** [algazɛl] → SYN nf algazel

**algèbre** [alʒɛbʀ] nf (Math) algebra ◆ **par l'algèbre** algebraically ◆ **c'est de l'algèbre pour moi*** it's (all) Greek to me*

**algébrique** [alʒebʀik] adj algebraic

**algébriquement** [alʒebʀikmɑ̃] adv algebraically

**algébriste** [alʒebʀist] nmf algebraist

**Alger** [alʒe] n Algiers

**Algérie** [alʒeʀi] nf Algeria

**algérien, -ienne** [alʒeʀjɛ̃, jɛn] → SYN 1 adj Algerian
2 **Algérien(ne)** nm,f Algerian

**algérois, e** [alʒeʀwa, waz] 1 adj of ou from Algiers
2 **Algérois(e)** nm,f inhabitant ou native of Algiers
3 nm (= région) ◆ **l'Algérois** the Algiers region

**algidité** [alʒidite] nf algidity

**algie** [alʒi] → SYN nf algia

**algine** [alʒin] nf algin

**algique** [alʒik] adj algetic, algesic

**ALGOL** [algɔl] nm ALGOL

**Algol** [algɔl] n (Astron) Algol

**algologie** [algɔlɔʒi] nf algology

**algonkin, e, algonquin, e** [algɔ̃kɛ̃, in] 1 adj Algonqui(a)n
2 nm (Ling) Algonqui(a)n
3 **Algonkin(e)** nm,f Algonqui(a)n

**algorithme** [algɔʀitm] → SYN nm algorithm

**algorithmique** [algɔʀitmik] 1 adj algorithmic
2 nf study of algorithms

**algothérapie** [algoteʀapi] nf algotherapy, seaweed baths

**algue** [alg] → SYN nf (de mer) seaweed (NonC); (d'eau douce) alga ◆ **algues** (de mer) seaweed; (d'eau douce) algae ◆ **algues séchées** (Culin) dried seaweed ◆ **algues brunes/vertes/marines** brown/green/marine algae ◆ **bain d'algues** seaweed bath

**Alhambra** [alɑ̃bʀa] nm ◆ **l'Alhambra** the Alhambra

**alias** [aljas] → SYN 1 adv alias, also known as, a.k.a.
2 nm (Ordin) alias

**Ali Baba** [alibaba] nm Ali Baba ◆ **"Ali Baba et les quarante voleurs"** "Ali Baba and the Forty Thieves"; → **caverne**

**alibi** [alibi] → SYN nm alibi

**Alice** [alis] nf Alice ◆ **"Alice au pays des merveilles"** "Alice in Wonderland"

**alidade** [alidad] → SYN nf alidad(e)

**aliénabilité** [aljenabilite] nf alienability

**aliénable** [aljenabl] → SYN adj alienable

**aliénant, e** [aljenɑ̃, ɑ̃t] adj alienating

**aliénataire** [aljenatɛʀ] → SYN nmf alienee

**aliénateur, -trice** [aljenatœʀ, tʀis] → SYN nm,f (Jur) alienator

**aliénation** [aljenasjɔ̃] → SYN nf (gén) alienation ◆ **aliénation (mentale)** (Méd) (mental) derangement, insanity

**aliéné, e** [aljene] → SYN (ptp de **aliéner**) nm,f insane person, lunatic (péj); → **asile**

**aliéner** [aljene] → SYN ▸ conjug 6 ◂ vt **a** (Jur = céder) to alienate; [+ droits] to give up ◆ **aliéner un bien** (Jur) to dispose of property ◆ **aliéner sa liberté entre les mains de qn** to relinquish one's freedom to sb ◆ **un traité qui aliène leur liberté** a treaty which alienates their freedom
**b** (= rendre hostile) [+ partisans, opinion publique] to alienate (*à qn* from sb) ◆ **s'aliéner ses partisans/l'opinion publique** to alienate one's supporters/public opinion ◆ **s'aliéner un ami** to alienate ou estrange a friend ◆ **s'aliéner l'affection de qn** to alienate sb's affections, estrange sb
**c** (Philos, Sociol) **aliéner qn** to alienate sb

**aliéniste** † [aljenist] nmf psychiatrist

**Aliénor** [aljenɔʀ] nf Eleanor ◆ **Aliénor d'Aquitaine** Eleanor of Aquitaine

**alignement** [aliɲ(ə)mɑ̃] → SYN nm **a** (= action) aligning, lining up, bringing into alignment; (= rangée) alignment, line ◆ **les alignements de Carnac** the Carnac menhirs ou alignments (SPÉC)
**b** (Mil) **être à l'alignement** to be in line ◆ **se mettre à l'alignement** to fall into line, line up ◆ **sortir de l'alignement** to step out of line (lit) ◆ **à droite/gauche, alignement !** right/left, dress!
**c** [rue] building line ◆ **maison frappée d'alignement** house affected by a road widening scheme
**d** (Pol, Fin) alignment ◆ **alignement monétaire** monetary alignment ou adjustment

**aligner** [aliɲe] → SYN ▸ conjug 1 ◂ 1 vt **a** [+ objets] to align, line up, bring into alignment (*sur* with); [+ chiffres] to string together, string up a line of; [+ arguments] to reel off; (Mil) to form into lines, draw up in lines ◆ **il alignait des allumettes sur la table** he was lining up ou making lines of matches on the table ◆ **il n'arrivait pas à aligner deux mots de suite** he couldn't string a sentence ou two words together ◆ **les enfants étaient alignés le long de la route** the children were lined up along the roadside ◆ **pour acheter cette voiture, il va falloir les aligner*** (= payer) that car will set you back a bit*
**b** [+ rue] to modify the (statutory) building line of
**c** (Fin, Pol) to bring into alignment (*sur* with) ◆ **aligner sa conduite sur** to bring one's behaviour into line with, modify one's behaviour to conform with
**d** (* = punir) **aligner qn** to do sb* ◆ **il s'est fait aligner** he got done* ◆ **il a aligné son adversaire en trois sets** (Tennis) he smashed* his opponent in three sets
2 **s'aligner** vpr [soldats] to fall into line, line up ◆ **s'aligner sur** [+ politique] to conform to the line of; [+ pays, parti] to align o.s. with ◆ **tu peux toujours t'aligner !*** just try and match that!, beat that!*

**aligoté** [aligɔte] adj m, nm aligoté

**aliment** [alimɑ̃] → SYN nm **a** (= nourriture) food ◆ **bien mâcher les aliments** to chew one's food well ◆ **le pain est un aliment** bread is (a) food ou a type of food ◆ **comment conserver vos aliments** how to keep food fresh ◆ **aliment riche/complet/liquide** rich/whole/liquid food ◆ **aliments pour chiens/chats** dog/cat food ◆ **aliments pour bétail** cattle feed
**b** (Jur) **aliments** maintenance

**alimentaire** [alimɑ̃tɛʀ] → SYN adj **a** aide, hygiène food (épith); besoins dietary (épith); habitudes eating (épith), dietary (épith) ◆ **notre comportement alimentaire** our eating patterns
**b** (péj) activité done to earn a living ou some cash ◆ **c'est de la littérature/peinture alimentaire** these kinds of books/paintings are just potboilers ◆ **pour lui ce n'est qu'un travail alimentaire** to him it's just a job that pays the rent

**alimentation** [alimɑ̃tasjɔ̃] → SYN nf **a** (= action) [personne, chaudière] feeding; [moteur, circuit] supplying, feeding ◆ **l'alimentation en eau des grandes villes** supplying water to ou the supply of water to large towns ◆ **d'alimentation** pompe, ligne feed (épith); → **tuyau**
**b** (= régime) diet ◆ **alimentation de base** staple diet ◆ **alimentation équilibrée/mal équilibrée** balanced/unbalanced diet ◆ **alimentation lactée** milky food(s), milk diet ◆ **bon** ou **ticket d'alimentation** food voucher
**c** (Comm) food trade ◆ **il travaille dans l'alimentation** he works in the food industry ◆ **magasin d'alimentation** food shop, grocery store (US) ◆ **rayon alimentation** food ou grocery section

**alimenter** [alimɑ̃te] → SYN ▸ conjug 1 ◂ 1 vt **a** [+ personne, animal] to feed
**b** [+ chaudière] to feed; [+ moteur, circuit] to supply, feed; [+ caisse, compte bancaire, fonds] to put money into; [+ marché] to supply (*en* with) ◆ **le tuyau alimente le moteur en essence** the pipe supplies the engine with petrol (Brit) ou gasoline (US) ou feeds ou supplies petrol (Brit) ou gasoline (US) to the engine ◆ **alimenter une ville en gaz/électricité** to supply a town with gas/electricity
**c** [+ conversation] [personne] to keep going, sustain; [+ curiosité] to feed; [+ inflation, polémique, rumeurs, soupçons] to fuel ◆ **cela a alimenté la conversation** it gave us (ou them etc) something to talk about ◆ **ces faits vont alimenter notre réflexion** these facts will provide food for thought
2 **s'alimenter** vpr [personne] to eat ◆ **s'alimenter seul** to feed o.s. ◆ **le malade recommence à s'alimenter** the patient is starting to eat again ou to take food again

**alinéa** [alinea] → SYN nm (= passage) paragraph; (= ligne) indented line *(at the beginning of a paragraph)* ◆ **nouvel alinéa** new line

**aliphatique** [alifatik] adj aliphatic

**alise** [aliz] nf sorb (apple)

**alisier** [alizje] → SYN nm sorb, service tree

**alisma** [alisma] nm water plantain

**alitement** [alitmɑ̃] nm confinement to (one's) bed

**aliter** [alite] → SYN ▸ conjug 1 ◂ 1 vt to confine to (one's) bed ◆ **rester alité** to remain confined to (one's) bed, remain bedridden ◆ **infirme alité** bedridden invalid
2 **s'aliter** vpr to take to one's bed

**alizé** [alize] → SYN adj m, nm ◆ **(vent) alizé** trade wind

**alkékenge** [alkekɑ̃ʒ] nm Chinese lantern, winter ou ground cherry

**Allah** [ala] nm Allah

**allaitante** [alɛtɑ̃t] adj f ◆ **femme allaitante** nursing mother ◆ **vache allaitante** brood cow

**allaitement** [alɛtmɑ̃] → SYN nm [bébé] feeding; [animal] suckling ◆ **allaitement maternel** breast-feeding ◆ **allaitement mixte** mixed feeding ◆ **allaitement au biberon** bottle-feeding ◆ **pendant l'allaitement** while breast-feeding

**allaiter** [alete] → SYN ▸ conjug 1 ◂ vt [femme] to (breast-)feed; [animal] to suckle ◆ **allaiter au biberon** to bottle-feed ◆ **elle allaite encore** she's still breast-feeding (the baby)

**allant, e** [alɑ̃, ɑ̃t] → SYN 1 adj (littér = alerte) personne sprightly, active; musique lively
2 nm (= dynamisme) drive, energy ◆ **avoir de l'allant** to have plenty of drive ou energy ◆ **avec allant** energetically

**allantoïde** [alɑ̃tɔid] nf allantoid, allantois

**alléchant, e** [aleʃɑ̃, ɑ̃t] → SYN adj odeur mouth-watering, tempting; proposition enticing, tempting, alluring; prix attractive

**allécher** [aleʃe] → SYN ▸ conjug 6 ◂ vt [odeur] to make one's mouth water, tempt; [proposition] to entice, tempt, lure ◆ **alléché par l'odeur** tempted by the smell ◆ **alléché par des promesses fallacieuses** lured by false promises

**allée** [ale] → SYN nf **a** [forêt] lane, path; [ville] avenue; [jardin] path; [parc] path, walk; (plus large) avenue; (menant à une maison) drive, driveway; [cinéma, autobus] aisle ◆ **allée cavalière** bridle path ◆ **les allées du pouvoir** the corridors of power
**b** **allées et venues** comings and goings ◆ **que signifient ces allées et venues dans le couloir ?** why all this to-ing and fro-ing in the corridor? ◆ **ceci l'oblige à de constantes allées et venues (entre Paris et la province)** this means he has to keep shuttling back and forth (between Paris and the provinces) ◆ **j'ai perdu mon temps en allées et venues** I've wasted my time going back and forth ou to-ing and fro-ing ◆ **le malade l'obligeait à de constantes allées et venues** the patient kept him constantly on the run ou running about (for him)

**allégation** [a(l)legasjɔ̃] → SYN nf (= affirmation) allegation; (= citation) citation

**allégé, e** [aleʒe] (ptp de **alléger**) adj low-fat ◆ **(produits) allégés** low-fat products

**allège** [alɛʒ] → SYN nf (Naut) lighter; (Constr) basement *(of a window)*

**allégeance** [aleʒɑ̃s] → SYN nf allegiance ◆ **faire allégeance à qn** to swear allegiance to sb

**allégement, allègement** [alɛʒmɑ̃] → SYN nm
**a** [fardeau, véhicule] lightening
**b** [personnel] reduction (*de* in)

**c** [coûts, impôts, charges sociales] reduction (*de* in) ◆ **allégement fiscal** tax relief ◆ **allègement de la dette** debt relief ◆ **notre objectif demeure l'allégement de nos dettes** our aim remains to reduce our debts

**d** [contrôles] easing; [formalités] simplification

**e** [douleur] alleviation

**alléger** [aleʒe] → SYN ▸ conjug 6 et 3 ◂ vt **a** (en poids) [+ fardeau] to lighten; [+ véhicule] to make lighter; [+ skis] to unweight ◆ **alléger qn de son portefeuille** * (hum) to relieve sb of their wallet

**b** (en nombre) [+ personnel] to streamline, reduce ◆ **alléger les effectifs** (Scol) to reduce numbers in the classroom ◆ **pour alléger notre dispositif militaire** to reduce our military presence

**c** (Fin) [+ coûts, impôts, charges sociales, dette] to reduce

**d** (= simplifier) [+ contrôles] to ease; [+ formalités] to simplify ◆ **alléger les programmes scolaires** to cut the number of subjects on the school syllabus

**e** (= rendre moins pénible) [+ douleur] to alleviate, relieve, soothe; [+ conditions de détention] to ease

**allégorie** [a(l)legɔʀi] → SYN nf allegory

**allégorique** [a(l)legɔʀik] → SYN adj allegorical

**allégoriquement** [a(l)legɔʀikmɑ̃] adv allegorically

**allègre** [a(l)lɛgʀ] → SYN adj personne, humeur gay, cheerful, light-hearted; démarche lively, jaunty; musique lively, merry ◆ **il descendait la rue d'un pas allègre** he was walking gaily *ou* cheerfully down the street

**allégrement, allègrement** [a(l)lɛgʀəmɑ̃] adv **a** (= gaiement) gaily, cheerfully

**b** (hum) **le coût de l'opération dépasse allégrement les 50 millions** the cost of the operation is well over 50 million ◆ **le virus voyage allégrement d'un ordinateur à l'autre** the virus merrily travels from one computer to another

**allégresse** [a(l)legʀɛs] → SYN nf elation ◆ **ce fut l'allégresse générale** there was general rejoicing *ou* jubilation

**allegretto** [a(l)legʀeto] → SYN adv, nm allegretto

**allegro** [a(l)legʀo] adv, nm allegro

**alléguer** [a(l)lege] → SYN ▸ conjug 6 ◂ vt **a** [+ fait] to put forward (as proof *ou* as an excuse *ou* as a pretext); [+ excuse, prétexte, raison, preuve] to put forward ◆ **il allégua comme prétexte que ...** he put forward as a pretext that ... ◆ **ils refusèrent de m'écouter, alléguant (comme raison) que ...** they refused to listen to me, arguing that ... *ou* alleging that ...

**b** (littér = citer) to cite, quote

**allèle** [alɛl] nm allele

**alléluia** [a(l)leluja] nm, excl (Rel) alleluia, hallelujah

**Allemagne** [almaɲ] nf Germany ◆ **l'Allemagne fédérale** the Federal German Republic ◆ **Allemagne de l'Ouest/de l'Est** West/East Germany; → **république**

**allemand, e** [almɑ̃, ɑd] → SYN **1** adj German; → **république**

**2** nm (Ling) German; → **bas, haut**

**3** **Allemand(e)** nm,f German

**4** **allemande** nf (Mus) allemande

**allène** [alɛn] nm allylene, propine

## aller [ale]

→ SYN ▸ conjug 9 ◂

| | |
|---|---|
| 1 VERBE INTRANSITIF | 4 VERBE PRONOMINAL |
| 2 VERBE IMPERSONNEL | 5 LOCUTIONS EXCLAMATIVES |
| 3 VERBE AUXILIAIRE | 6 NOM MASCULIN |

**1** VERBE INTRANSITIF

**a** = se déplacer, partir to go ◆ **où vas-tu ?** where are you going? MAIS ◑ **il t'attend, va!** he's waiting for you, go on!

> **aller** se traduit régulièrement par un verbe spécifique en anglais :

◆ **j'allais par les rues désertes** I walked *ou* wandered through the empty streets ◆ **il allait trop vite quand il a eu son accident** he was driving *ou* going too fast when he had his accident ◆ **en ville, on va plus vite à pied qu'en voiture** in town it is quicker to walk than to go by car ◆ **aller à Paris en voiture/en avion** to drive/fly to Paris ◆ **il y est allé à** *ou* **en vélo** he cycled there, he went there on his bike ◆ **j'irai à pied** I'll walk, I'll go on foot

◆ **aller et venir** (entre deux endroits) to come and go; (dans une pièce) to pace up and down ◆ **tu sais, la chance, ça va ça vient** luck comes and goes, you know, you win some, you lose some ◆ **avec lui l'argent, ça va, ça vient** when it comes to money, it's easy come, easy go with him;

◆ **aller** + préposition (= se rendre à *ou* vers etc) ◆ **aller à** to go to ◆ **aller à Caen/à la campagne** to go to Caen/to the country ◆ **aller au lit/à l'église/à l'école** to go to bed/to church/to school ◆ **aller en Allemagne** to go to Germany ◆ **aller chez le boucher/chez un ami** to go to the butcher's/to a friend's (place) ◆ **je vais sur** *ou* **vers Lille** (en direction de) I'm going towards Lille; (but du voyage) I'm heading for Lille MAIS ◑ **aller aux renseignements/aux nouvelles** to go and inquire/and find out the news

> Notez l'utilisation du perfect et du pluperfect **have/had been**; **have/had gone** implique que le sujet n'est pas encore revenu :

◆ **je ne suis jamais allé à New York/en Corse** I've never been to New York/Corsica ◆ **étiez-vous déjà allés en Sicile ?** had you been to Sicily before? ◆ **il n'est pas là ? – non il est allé voir sa mère/au tennis** he's not there? – no, he's gone to see his mother/to play tennis

**b** euph (aux toilettes) to go to the toilet ◆ **tu es allé ce matin ?** have you been (to the toilet) this morning? ◆ **ça fait aller** * it makes you go *

**c** dans le temps, une évolution **on va à la catastrophe/la ruine** we're heading for disaster/ruin ◆ **aller sur ses 30 ans** to be getting on for (Brit) *ou* going on (US) 30 ◆ **on va vers une guerre civile** we're heading for civil war ◆ **où allons-nous ?** what are things coming to? ◆ **j'irai (jusqu')à la Commission européenne s'il le faut** I'll take it to the European Commission if necessary

**d** = mener, s'étendre to go (*à* to) ◆ **cette route doit aller quelque part** this road must go somewhere ◆ **ses champs vont jusqu'à la forêt** his fields go *ou* stretch as far as the forest

**e** = durer **l'abonnement va jusqu'en juin** the subscription lasts *ou* runs till June ◆ **le contrat allait jusqu'en mai** the contract ran until May ◆ **la période qui va du 22 mai au 15 juillet** from 22nd May to 15th July

**f** = se porter **comment allez-vous ?** how are you? ◆ **comment va ton frère ? – il va bien/mal** (physiquement) how's your brother? – he's fine/he's not very well; (moralement) how's your brother? – he's fine/not too happy ◆ **cela fait des années qu'il va mal** he hasn't been well for years ◆ **(comment) ça va ? – ça va** how's things? * *ou* how are you doing? – fine *ou* not so bad * ◆ **ça va mieux maintenant** I'm feeling better now ◆ **ça va ? – faudra bien que ça aille** * how's things * *ou* how are you doing? – fine *ou* not so bad ◆ **ça va ? – on fait aller** * you all right? * – so-so * ◆ **non mais ça va pas (la tête) !** * you're crazy! *, you must be crazy! * ◆ **non mais ça va, te gêne pas !** * don't mind me!

**g** = se passer, fonctionner **(comment) ça va au bureau ? – ça va** how's it going at the office? – fine *ou* not so bad * ◆ **ça va comme ça ? – faudra bien que ça aille** * is it all right like that? – it'll have to be * ◆ **comment vont les affaires ? – elles vont bien/mal** how's business? – fine/not too good ◆ **ça va mal en Asie/à la maison** things aren't going too well *ou* things aren't looking so good in Asia/at home ◆ **ça va mal aller si tu continues** there's going to be trouble if you carry on like that ◆ **notre économie va mieux** the economy is doing better *ou* is looking up ◆ **ça va mieux pour lui maintenant** things are going better for him now ◆ **ça ne va pas mieux ! il veut une voiture pour son anniversaire !** whatever next! he wants a car for his birthday! ◆ **ça ne va pas sans difficulté** it's no easy job ◆ **ça va tout seul** (= c'est facile) it's a cinch *, it's a doddle * (Brit) ◆ **ça ne va pas tout seul** it's not exactly easy

◆ **plus ça va** ◆ **plus ça va, plus l'inquiétude grandit** people are getting more and more worried ◆ **plus ça va, plus je me dis que j'ai eu tort** the more I think about it, the more I realize how wrong I was ◆ **plus ça va, plus nous produisons des déchets** we just keep producing more and more waste ◆ **plus ça va, moins ça va** things are going from bad to worse

**h** = convenir **aller (bien) avec** to go (well) with ◆ **aller bien ensemble** [couleurs, styles] to go well together ◆ **ils vont bien ensemble** [personnes] they make a nice couple ◆ **ce tableau va bien/mal sur ce mur** the picture looks right/doesn't look right on that wall ◆ **ici, cette couleur n'ira pas** that colour just won't work *ou* go here ◆ **la clé ne va pas dans la serrure** the key won't go in *ou* doesn't fit the lock ◆ **les ciseaux ne vont pas pour couper du carton** scissors won't do *ou* are no good for cutting cardboard ◆ **votre plan ne va pas** your plan won't work

◆ **aller à qn** (forme, mesure) to fit sb; (style, genre) to suit sb ◆ **cette robe te va très bien** (couleur, style) that dress really suits you; (taille) that dress fits you perfectly ◆ **vos projets me vont parfaitement** your plans suit me fine ◆ **rendez-vous demain 4 heures ? – ça me va** * tomorrow at 4? – OK, fine * ◆ **ce climat ne leur va pas** the climate here doesn't suit them *ou* agree with them ◆ **ça lui va mal** *ou* **bien** (hum) **de critiquer les autres** he's got a nerve * criticizing other people, he's a fine one * to criticize

**i** **aller à** (= être attribué à) [prix, récompense, part d'héritage] to go to ◆ **la maison ira à la cadette** the house will go to the youngest daughter ◆ **l'argent ira à la restauration du clocher** (= servir à) the money will go towards restoring the bell tower ◆ **où sont allés les 300 € ?** (= qu'a-t-on acheté avec) what did the €300 go on?; (où l'argent est-il passé) where did that €300 go?

**j** **aller en** + participe présent

> Lorsque **aller** sert à exprimer la progression, il est souvent rendu par un comparatif :

◆ **aller en empirant** to get worse and worse ◆ **le bruit va croissant** the noise is getting louder and louder ◆ **notre rythme de travail ira en s'accélérant** we'll have to work more and more quickly MAIS ◑ **aller en augmentant** to keep increasing

◆ **y aller** ◆ **on y va ?** (avant un départ) shall we go?; (avant d'agir) shall we start? ◆ **allons-y (Alonzo *) !** let's go! ◆ **allez-y, c'est votre tour** go on, it's your turn ◆ **allez-y, vous ne risquez rien** go ahead *ou* go on, you've nothing to lose ◆ **comme vous y allez !, vous y allez un peu fort !** that's going a bit far! ◆ **non mais vas-y, insulte-moi !** * go on, insult me, why don't you! ◆ **vas-y doucement** *ou* **mollo** ** gently does it ◆ **27 divisé par 7, il y va 3 (et il reste 6)** (Math) 27 divided by 7 goes 3 (remainder 6)

◆ **y aller de** (= contribuer) ◆ **chacun y est allé de son commentaire** everyone had their say, everyone put in their two cents * (US) ◆ **il y est allé de sa petite chanson** * he gave us a little song ◆ **il y est allé de sa petite larme** * he had a little cry

**2** VERBE IMPERSONNEL

◆ **il y va/allait de** (= ce qui est/était en jeu) ◆ **il y va de votre vie/de votre santé** your life/your health is at stake *ou* depends on it ◆ **il y allait de notre honneur !** our honour was at stake!

◆ **il en va de** (= c'est la même chose pour) ◆ **il en va de même pour tous les autres** the same applies to *ou* goes for all the others ◆ **il en va de l'édition comme des autres secteurs** it's the same in publishing as in other sectors, the same goes for publishing as for other sectors

◆ **ça y va/y allait** * (valeur intensive) ◆ **ça y va le whisky chez eux !** they certainly get through a lot of whisky! ◆ **ça y va les billets de 500 F avec lui !** he certainly gets through those 500 franc notes! ◆ **ça y allait les insultes !** you should have heard the abuse!

3 VERBE AUXILIAIRE

♦ **aller** + infinitif

> Notez l'utilisation de **and** et de **to** entre les deux verbes en anglais ; **to** exprime généralement une idée d'intention alors que **and** met l'accent sur l'accomplissement de l'action :

◆ **il est allé se renseigner** (gén) he went to get some information; (a obtenu les informations) he went and got some information ◆ **aller voir qn à l'hôpital** to go and visit sb in hospital ◆ **va te laver les mains** go and wash your hands

> Lorsque **aller** exprime le futur immédiat, il est parfois traduit par le futur simple ; la forme **be going to** s'utilise plutôt lorsque le locuteur met quelqu'un en garde ou exprime une intention :

◆ **tu vas être en retard** you're going to be late, you'll be late ◆ **il va descendre dans une minute** he'll be (coming) down in a minute ◆ **ça va prendre un quart d'heure** that'll take ou it's going to take a quarter of an hour ◆ **je vais lui dire** I'm going to tell him ◆ **je vais le faire tout de suite** I'll do it right away ◆ **ils allaient commencer** they were going to start, they were about to start MAIS ◑ **je vais te dire une chose** let me tell you something (valeur intensive) ◆ **ne va pas te faire du souci inutilement** don't go and get ou don't go getting all worried for no reason ◆ **allez donc voir si c'est vrai !** who knows if it's true! ◆ **n'allez pas vous imaginer que ...** don't you go imagining that ... ◆ **pourvu qu'il n'aille pas penser que ...** as long as he doesn't get the idea that ... ◆ **va** ou **allez savoir** * ! who knows? ◆ **va lui expliquer ça, toi !** you try explaining that to him! ◆ **va me dire pourquoi j'ai fait ça/il s'est mis en colère ?** I have no idea why I did that/why he got angry

4 **s'en aller** VERBE PRONOMINAL

**a** = partir to go (away); (= déménager) to move, leave ◆ **bon, je m'en vais** right, I'm off ou I'm going ◆ **elle s'en va en vacances demain** she goes ou is going away on holiday tomorrow ◆ **ils s'en vont à Paris** they are going ou off to Paris ◆ **il s'en est allé** ou **s'est en allé** * **sans rien dire** he went away ou off ou he left without saying anything ◆ **va-t'en !, allez-vous-en !** go away! ◆ **va-t-en de là !** get out of here! ◆ **ils s'en vont du quartier** they are leaving the area, they are moving away from the area

> Notez que lorsque **aller** est suivi d'un adverbe de manière, l'anglais utilise généralement un verbe spécifique ; reportez-vous à l'adverbe :

◆ **s'en aller subrepticement** to steal ou sneak away ◆ **elle s'est en allée sur la pointe des pieds** she tiptoed away

**b** euph = mourir to go ◆ **il s'en va** he's going ou fading ◆ **quand je m'en irai** when I'm gone MAIS ◑ **il s'en est allé paisiblement** he passed away peacefully

**c** = quitter un emploi to leave; (= prendre sa retraite) to retire, leave

**d** = disparaître [tache] (gén) to come off; (sur tissu) to come out; [temps, années] to pass, go by ◆ **ça s'en ira au lavage** [boue] it'll wash off, it'll come off in the wash; [tache] it'll wash out ◆ **tout son argent s'en va en CDs** all his money goes on CDs, he spends all his money on CDs

**e** valeur intensive **je m'en vais leur montrer de quoi je suis capable** I'll show them what I'm made of! ◆ **va-t'en voir si c'est vrai !** * who knows if it's true!

5 LOCUTIONS EXCLAMATIVES

♦ **allons!, allez!, va!** (pour stimuler) ◆ **allons !, allez !** go on!, come on! ◆ **allez (la) France !** (Sport) come on France! ◆ **allez, allez** ou **allons, allons, circulez** come on now, move along ◆ **allons, cesse de m'ennuyer !** (impatience) will you just stop bothering me!; (pour encourager, réconforter) ◆ **allons, allons, il ne faut pas pleurer** come on now ou come, come, you mustn't cry ◆ **tu t'en remettras, va** don't worry, you'll get over it ◆ **ce n'est pas grave, allez !** come on, it's not so bad ou serious! ◆ **allez, au revoir !** 'bye then! *

♦ **allons bon!** ◆ **allons bon ! qu'est-ce qui t'est encore arrivé ?** (agacement) NOW what's happened? ◆ **il est tombé – allons bon !** (ennui) he's fallen over – oh dear! ◆ **allons bon, j'ai oublié mon sac !** oh dear, I've left my bag behind!

♦ **allons donc!** (incrédulité) come on!, come off it! * ◆ **notre planète est menacée – allons donc !** the planet is in danger – oh come on! ◆ **lui paresseux ? allons donc ! c'est lui qui fait tout** lazy, him? you've got to be kidding *, he's the one who does all the work ◆ **lui m'aider ? allons donc !** help me, him? that'll be the day! *

♦ **va donc!** * ◆ **va donc, eh crétin !** (insulte) you stupid idiot! *

♦ **ça va!** * (= assez) that's enough!; (= d'accord) OK, OK * ◆ **tes remarques désobligeantes, ça va comme ça !** I've had just about enough of your nasty comments! ◆ **alors, tu viens ? – ça va(, ça va) j'arrive !** are you coming then? – OK, OK, I'm coming! ◆ **ça fait dix fois que je te le dis – ça va, je vais le faire !** I've told you ten times – look, I'll do it, OK?

♦ **va pour ...** * ◆ **va pour une nouvelle voiture !** all right we'll GET a new car! ◆ **va pour 5 € !** (dans un marchandage) OK, €5 then! ◆ **j'aimerais aller à Tokyo – alors va pour Tokyo !** I'd like to go to Tokyo – Tokyo it is then!

6 NOM MASCULIN

**a** = trajet outward journey ◆ **l'aller s'est bien passé** the (outward) journey ou the journey there went off well ◆ **j'irai vous voir à l'aller** I'll come and see you on the way there ◆ **je ne fais que l'aller et retour** ou **l'aller-retour** I'm just going there and back ◆ **j'ai fait plusieurs allers et retours entre chez moi et la pharmacie** I made several trips to the chemist's ◆ **le dossier a fait plusieurs allers et retours entre nos services** the file has been shuttled between departments; → **match**

**b** = billet single (ticket) (Brit), one-way ticket (US) ◆ **trois allers (simples) pour Tours** three singles (Brit) ou one-way tickets (US) to Tours

♦ **aller-retour, aller et retour** return (ticket) (Brit), round-trip ticket (US) ◆ **l'aller-retour Paris-New York coûte 500 €** Paris-New York is €500 return (Brit) ou round-trip (US) ◆ **donner un aller-retour à qn** * (= le gifler) to give sb a box round the ears

**allergène** [alɛʀʒɛn] 1 adj allergenic
2 nm allergen

**allergénique** [alɛʀʒenik] adj allergenic

**allergie** [alɛʀʒi] → SYN nf allergy ◆ **faire une allergie** (lit, fig) to be allergic (*à* to) ◆ **allergie respiratoire/cutanée** respiratory/skin allergy

**allergique** [alɛʀʒik] → SYN adj (lit, fig) allergic (*à* to)

**allergisant, e** [alɛʀʒizɑ̃, ɑ̃t] 1 adj substance allergenic
2 nm allergen

**allergologie** [alɛʀgɔlɔʒi] nf study of allergies

**allergologiste** [alɛʀgɔlɔʒist], **allergologue** [alɛʀgɔlɔg] nmf allergist

**alliacé, e** [aljase] adj alliaceous

**alliage** [aljaʒ] → SYN nm alloy ◆ **roues en alliage léger** alloy wheels ◆ **un alliage disparate de doctrines** (péj) a hotchpotch of doctrines

**alliance** [aljɑ̃s] → SYN 1 nf **a** (Pol) alliance; (= entente) union; (Bible) covenant ◆ **faire** ou **conclure une alliance avec un pays** to enter into an alliance with a country ◆ **faire alliance avec qn** to ally oneself with sb; → **saint, triple**

**b** (frm = mariage) union, marriage ◆ **neveu/oncle par alliance** nephew/uncle by marriage ◆ **entrer par alliance dans une famille** to marry into a family, become united by marriage with a family

**c** (= bague) (wedding) ring

**d** (= mélange) combination ◆ **l'alliance de la musique et de la poésie** the union of music and poetry

2 COMP ▷ **alliance de mots** (Littérat) bold juxtaposition (of words), oxymoron

**allié, e** [alje] → SYN (ptp de **allier**) 1 adj pays, forces allied ◆ **famille alliée** family ou relations by marriage

2 nm,f (= pays) ally; (= ami, soutien) ally; (= parent) relative by marriage ◆ **les Alliés** (Pol) the Allies

**allier** [alje] → SYN ▸ conjug 7 ◂ 1 vt [+ efforts] to combine, unite; [+ couleurs] to match; (Pol) to ally; (Tech) to alloy ◆ **elle allie l'élégance à la simplicité** she combines elegance with simplicity ◆ **ils sont alliés à une puissante famille** they are related by marriage to a powerful family

2 **s'allier** vpr [efforts] to combine, unite; [couleurs] to match; [familles] to become united by marriage, become allied (*à* to, with); (Pol) to become allies ou allied; (Tech) to alloy ◆ **la France s'allia à l'Angleterre** France became allied to ou with England ou allied itself to ou with England

**alligator** [aligatɔʀ] → SYN nm alligator

**allitération** [a(l)liteʀasjɔ̃] → SYN nf alliteration

**allô** [alo] excl (Téléc) hello!, hullo! (Brit)

**allocataire** [alɔkatɛʀ] → SYN nmf recipient

**allocation** [alɔkasjɔ̃] → SYN 1 nf **a** [argent] allocation; [indemnité] granting; (Fin) [actions] allotment; [temps] allotment, allocation

**b** (= somme) allowance ◆ **toucher les allocations** * to draw ou get family allowance

2 COMP ▷ **allocation (de) chômage** unemployment benefit (NonC) (Brit), unemployment insurance (NonC) (US) ▷ **allocations familiales** (= argent) *state allowance paid to families with dependent children*, ≃ family allowance (Brit), ≃ child benefit (Brit), ≃ welfare (US); (= bureau) ≃ family allowance department (Brit), ≃ child benefit office (Brit), ≃ welfare center (US) ▷ **allocation (de) logement** rent allowance ou subsidy ▷ **allocation de maternité** maternity allowance ou benefit ▷ **allocation parentale (d'éducation)** *allowance paid to a parent who has stopped work to bring up a young child* ▷ **allocation de parent isolé** *allowance for one-parent families* ▷ **allocation de rentrée scolaire** *allowance for children going back to school*

**allochtone** [alɔktɔn] → SYN adj allochthonous

**allocs** * [alɔk] nfpl (abrév de **allocations familiales**) → **allocation**

**allocutaire** [a(l)lɔkytɛʀ] nmf addressee

**allocution** [a(l)lɔkysjɔ̃] → SYN nf (short) speech ◆ **allocution télévisée** (short) televised speech

**allogamie** [alɔgami] nf allogamy

**allogène** [alɔʒɛn] → SYN adj population non-native; (fig) éléments foreign

**allogreffe** [alɔgʀɛf] nf allograft

**allonge** [alɔ̃ʒ] → SYN nf (Tech) extension; [table] leaf; [boucherie] hook; (Boxe) reach ◆ **avoir une bonne allonge** to have a long reach

**allongé, e** [alɔ̃ʒe] → SYN (ptp de **allonger**) adj **a** (= étendu) **être allongé** to be stretched out, be lying (*sur* on) ◆ **rester allongé** to stay lying down ◆ **allongé sur le dos** lying on one's back, supine (frm)

**b** (= long) long; (= étiré) elongated; (= oblong) oblong ◆ **faire une mine allongée** to pull ou make a long face

**allongement** [alɔ̃ʒmɑ̃] → SYN nm **a** (Métal) elongation; (Ling) lengthening; (Aviat) aspect ratio

**b** [distance, vêtement] lengthening; [route, voie ferrée] lengthening, extension

**c** [durée] extension ◆ **avec l'allongement des jours** with the days getting ou growing longer ◆ **contribuer à l'allongement de la durée de vie** ou **de l'espérance de vie** to contribute to greater ou higher ou increased life expectancy ◆ **pour éviter l'allongement des listes d'attente** to prevent waiting lists (from) getting any longer

**allonger** [alɔ̃ʒe] → SYN ▸ conjug 3 ◂ 1 vt **a** (= rendre plus long) [+ vêtement] to lengthen, make longer (*de* by); (en défaisant l'ourlet) to let down; [+ délai, durée] to extend ◆ **allonger le pas** to quicken one's pace ◆ **cette coiffure lui allonge le visage** that hair style makes her face look longer

**b** (= étendre) [+ bras, jambe] to stretch (out); [+ malade] to lay ou stretch out ◆ **allonger le cou (pour apercevoir qch)** to crane ou stretch one's neck (to see sth) ◆ **la jambe allongée sur une chaise** with one leg up on ou stretched out on a chair

**c** ‡ [+ somme] to fork out *; [+ coup] to deal, land * ◆ **allonger qn** to knock sb flat ◆ **il va falloir les allonger** we'll (ou you'll etc) have to cough up *

**d** [+ sauce] to thin (down) ◆ **allonger la sauce** * (fig) to spin it out

[2] vi [jours] to get ou grow longer, lengthen

[3] **s'allonger** vpr **a** (= devenir ou paraître plus long) [ombres, jours] to get ou grow longer, lengthen; [enfant] to grow taller; [discours, visite] to drag on; [durée] to get longer; [file, liste d'attente] to get longer, grow ◆ **son visage s'allongea à ces mots** at these words he pulled ou made a long face ou his face fell ◆ **la route s'allongeait devant eux** the road stretched away before them

**b** (= s'étendre) to lie down, stretch (o.s.) out; (pour dormir) to lie down ◆ **s'allonger dans l'herbe** to lie down ou stretch (o.s.) out on the grass

**allopathe** [alɔpat] [1] adj allopathic

[2] nmf allopath, allopathist

**allopathie** [alɔpati] nf allopathy

**allopathique** [alɔpatik] adj allopathic

**allophone** [alɔfɔn] → SYN nm allophone

**allostérie** [alɔsteʀi] nf allosteric function

**allostérique** [alɔsteʀik] adj allosteric

**allotissement** [alɔtismɑ̃] → SYN nm (Jur) allotment, apportionment

**allotropie** [alɔtʀɔpi] nf allotropy

**allotropique** [alɔtʀɔpik] adj allotropic

**allouer** [alwe] → SYN ▸ conjug 1 ◂ vt [+ argent] to allocate; [+ indemnité] to grant; (Fin) [+ actions] to allot; [+ temps] to allot, allow, allocate ◆ **pendant le temps alloué** during the allotted time, during the time allowed ou allocated

**allumage** [alymaʒ] → SYN nm **a** (= action) [feu] lighting, kindling; [poêle] lighting; [électricité] putting ou switching ou turning on; [gaz] lighting, putting ou turning on

**b** (Aut) ignition ◆ **avance à l'allumage** ignition ou spark advance ◆ **régler l'allumage** to adjust the timing; → **auto-allumage**

**allumé, e** ‡ [alyme] → SYN adj (= fou) crazy *, nuts *; (= ivre) smashed ‡, pissed ‡ (Brit), trashed ‡ (US)

**allume-cigare**, pl **allume-cigares** [alymsigaʀ] nm cigar lighter

**allume-feu**, pl **allume-feu(x)** [alymfø] nm firelighter

**allume-gaz** [alymgɑz] nm inv gas lighter *(for cooker)*

**allumer** [alyme] → SYN ▸ conjug 1 ◂ [1] vt **a** [+ feu] to light, kindle; [+ bougie, poêle] to light; [+ cigare, pipe] to light (up); [+ incendie] to start, light ◆ **il alluma sa cigarette à celle de son voisin** he lit (up) his cigarette from his neighbour's, he got a light from his neighbour's cigarette ◆ **le feu était allumé** the fire was lit, the fire was going ◆ **laisse le poêle allumé** leave the stove on ou lit

**b** [+ électricité, lampe, radio] to put ou switch ou turn on; [+ gaz] to light, put ou turn on ◆ **laisse la lumière allumée** leave the light on ◆ **allume dans la cuisine** put ou switch ou turn the light(s) on in the kitchen ◆ **le bouton n'allume pas, ça n'allume pas** the light doesn't come on ou work ◆ **où est-ce qu'on allume ?** where is the switch?

**c** (= éclairer) **allumer une pièce** to put ou switch ou turn the light(s) on in a room ◆ **sa fenêtre était allumée** there was a light (on) at his window ◆ **laisse le salon allumé** leave the light(s) on in the sitting-room, leave the sitting-room light(s) on

**d** [+ colère, envie, haine] to arouse, stir up, kindle; [+ amour] to kindle

**e** (* = aguicher) to turn on, tease

**f** (‡ = tuer) to burn ‡

[2] **s'allumer** vpr [incendie] to blaze, flare up; [lumière] to come ou go on; [radiateur] to switch (itself) on; [sentiment] to be aroused ◆ **ça s'allume comment ?** how do you switch it on? ◆ **le désir s'alluma dans ses yeux** his eyes lit up with desire ◆ **ses yeux s'allumèrent** his eyes lit up ◆ **ce bois s'allume bien** this wood is easy to light ou burns easily ◆ **sa fenêtre s'alluma** a light came ou went on at his window

**allumette** [alymɛt] → SYN nf **a** (pour allumer) match; (= morceau de bois) match(stick) ◆ **allumette de sûreté** ou **suédoise** safety match ◆ **allumette tison** fuse ◆ **il a les jambes comme des allumettes** he's got legs like matchsticks

**b** (Culin) flaky pastry finger ◆ **allumette au fromage** cheese straw (Brit) ou stick (US); → **pomme**

**allumettier, -ière** [alym(ə)tje, jɛʀ] nm,f (= fabricant) match manufacturer

**allumeur** [alymœʀ] nm (Aut) distributor; (Tech) igniter ◆ **allumeur de réverbères** (Hist) lamplighter

**allumeuse** [alymøz] → SYN nf (péj) teaser, tease, vamp

**allure** [alyʀ] → SYN nf **a** (= vitesse) [véhicule] speed; [piéton] pace ◆ **rouler** ou **aller à vive** ou **grande/faible** ou **petite allure** to drive ou go at high ou great/low ou slow speed ◆ **à toute allure** rouler at top ou full speed, at full tilt; réciter, dîner as fast as one can ◆ **à cette allure, nous n'aurons jamais fini à temps** at this rate we'll never be finished in time

**b** (= démarche) walk, gait (littér); (= prestance) bearing; (= attitude) air, look; (* = aspect) [objet, individu] look, appearance ◆ **avoir de l'allure, ne pas manquer d'allure** to have style, have a certain elegance ◆ **avoir fière** ou **grande** ou **belle/piètre allure** to cut a fine/a shabby figure ◆ **avoir une drôle d'allure/bonne allure** to look odd ou funny/fine ◆ **d'allure sportive** sporty-looking ◆ **d'allure louche/bizarre** fishy-/odd-looking ◆ **les choses prennent une drôle d'allure** things are taking a funny ou an odd turn ◆ **la ville prend des allures de fête foraine** the town is beginning to look like ou resemble a funfair

**c** (= comportement) **allures** ways ◆ **choquer par sa liberté d'allures** to shock people with ou by one's free ou unconventional behaviour ◆ **il a des allures de voyou** he behaves ou carries on * like a hooligan

**d** (Équitation) gait; (Naut) trim

**alluré, e** [alyʀe] → SYN adj stylish

**allusif, -ive** [a(l)lyzif, iv] → SYN adj allusive

**allusion** [a(l)lyzjɔ̃] → SYN nf (= référence) allusion (*à* to); (avec sous-entendu) hint (*à* at) ◆ **allusion malveillante** innuendo ◆ **faire allusion à** to allude ou refer to, hint at, make allusions to ◆ **par allusion** allusively

**alluvial, e**, mpl **-iaux** [a(l)lyvjal, jo] → SYN adj alluvial

**alluvionnaire** [a(l)lyvjɔnɛʀ] adj alluvial

**alluvionnement** [a(l)lyvjɔnmɑ̃] nm alluviation

**alluvionner** [a(l)lyvjɔne] → SYN ▸ conjug 1 ◂ vi to deposit alluvium

**alluvions** [a(l)lyvjɔ̃] nfpl alluvial deposits, alluvium sg

**allyle** [alil] nm allyl

**allylique** [alilik] adj ◆ **alcool allylique** allyl alcohol

**almanach** [almana] → SYN nm almanac

**almandin** [almɑ̃dɛ̃] nm, **almandine** [almɑ̃din] nf almandine

**Almaty** [almati] n Almaty

**almée** [alme] → SYN nf Egyptian dancing girl, almah

**almicantarat** [almikɑ̃taʀa] nm almacantar

**aloès** [alɔɛs] → SYN nm aloe

**alogique** [alɔʒik] adj alogical

**aloi** [alwa] → SYN nm ◆ **de bon aloi** plaisanterie, gaieté honest, respectable; individu worthy, of sterling ou genuine worth; produit good quality ◆ **de mauvais aloi** plaisanterie, gaieté unsavoury, unwholesome; individu dubious; produit of doubtful quality

**alopécie** [alɔpesi] → SYN nf alopecia

**alors** [alɔʀ] → SYN adv **a** (= à cette époque) then, in those days, at that time ◆ **il était alors étudiant** he was a student then ou at that time ou in those days ◆ **les femmes d'alors portaient la crinoline** the women in ou of those days ou at ou of that time wore crinolines ◆ **le ministre d'alors M. Dupont** the then minister Mr Dupont, the minister at that time, Mr Dupont; → **jusque**

**b** (= en conséquence) then, in that case, so ◆ **vous ne voulez pas de mon aide ? alors je vous laisse** you don't want my help? I'll leave you to it then ◆ **il ne connaissait pas l'affaire, alors on l'a mis au courant** he wasn't familiar with the matter so they put him in the picture ◆ **alors qu'est-ce qu'on va faire ?** what are we going to do then?, so what are we going to do?

**c** **alors** + **que** (simultanéité) while, when; (opposition) whereas ◆ **alors même que** (= même si) even if, even though; (= au moment où) while, just when ◆ **on a sonné alors que j'étais dans mon bain** the bell rang while ou when I was in the bath ◆ **elle est sortie alors que le médecin le lui avait interdit** she went out although ou even though the doctor had told her not to ◆ **il est parti travailler à Paris alors que son frère est resté au village** he went to work in Paris whereas ou while his brother stayed behind in the village ◆ **alors même qu'il me supplierait** even if he begged me, even if ou though he were to beg me

**d** * **alors tu viens (oui ou non) ?** well (then), are you coming (or not)?, are you coming then (or not)? ◆ **alors ça, ça m'étonne** now that really does surprise me ◆ **alors là je ne peux pas vous répondre** well that I really can't tell you ◆ **alors là je vous arrête** well I must stop you there ◆ **et (puis) alors ?** and then what (happened)? ◆ **il pleut – et alors ?** it's raining – so (what)? ◆ **alors alors !, alors quoi !** come on!; → **non**

**alose** [aloz] → SYN nf shad

**alouate** [alwat] → SYN nm howler (monkey)

**alouette** [alwɛt] → SYN nf lark ◆ **alouette (des champs)** skylark ◆ **attendre que les alouettes vous tombent toutes rôties dans la bouche** to wait for things to fall into one's lap; → **miroir**

**alourdir** [aluʀdiʀ] → SYN ▸ conjug 2 ◂ [1] vt **a** [+ véhicule] to weigh ou load down, make heavy; [+ phrase] to make heavy ou cumbersome; [+ démarche, traits] to make heavy; [+ esprit] to dull; [+ atmosphère, climat] to make more tense ◆ **il avait la tête alourdie par le sommeil** his head was heavy with sleep ◆ **vêtements alourdis par la pluie** heavy, rain-soaked clothes ◆ **les odeurs d'essence alourdissaient l'air** petrol fumes hung heavy on the air, the air was heavy with petrol fumes

**b** (= augmenter) [+ dette, facture, comptes] to increase

[2] **s'alourdir** vpr [personne, paupières] to become ou grow heavy ◆ **sa taille/elle s'est alourdie** her waist/she has thickened out ◆ **le bilan s'est encore alourdi** the death toll has risen again

**alourdissement** [aluʀdismɑ̃] → SYN nm **a** [véhicule, objet] increased weight, heaviness; [phrase, style, pas] heaviness; [esprit] dullness, dulling; [taille] thickening ◆ **pour éviter l'alourdissement de la procédure** to prevent the procedure from becoming more lengthy and cumbersome

**b** [dette, facture] increase (*de* in)

**aloyau** [alwajo] nm sirloin

**alpaga** [alpaga] nm (Tex, Zool) alpaca

**alpage** [alpaʒ] → SYN nm (= pré) high mountain pasture; (= époque) *season spent by sheep etc in mountain pasture*

**alpaguer** ‡ [alpage] ▸ conjug 1 ◂ vt (gén) to collar *; (Police) to collar *, nab * (Brit) ◆ **se faire alpaguer** to get collared *

**alpe** [alp] [1] nf (= pré) alpine pasture

[2] **Alpes** nfpl ◆ **les Alpes** the Alps

**alpestre** [alpɛstʀ] → SYN adj alpine

**alpha** [alfa] nm alpha ◆ **l'alpha et l'oméga** (Rel, fig) the alpha and omega ◆ **particule alpha** (Phys) alpha particle

**alphabet** [alfabɛ] → SYN nm (= système) alphabet; (= livre) alphabet ou ABC book ◆ **alphabet morse** Morse code

**alphabétique** [alfabetik] adj alphabetical ◆ **par ordre alphabétique** in alphabetical order

**alphabétiquement** [alfabetikmɑ̃] adv alphabetically

**alphabétisation** [alfabetizasjɔ̃] → SYN nf elimination of illiteracy (*de* in) ◆ **l'alphabétisation**

**d'une population** teaching a population to read and write ◆ **campagne d'alphabétisation** literacy campaign ◆ **taux d'alphabétisation** literacy rate

**alphabétisé, e** [alfabetize] (ptp de **alphabétiser**) adj literate ◆ **population faiblement alphabétisée** population with a low level of literacy

**alphabétiser** [alfabetize] → SYN ▸ conjug 1 ◂ vt [+ pays] to eliminate illiteracy in; [+ population] to teach how to read and write

**alphabétisme** [alfabetism] nm alphabetism

**alphanumérique** [alfanymeʀik] adj alphanumeric

**alphapage ®** [alfapaʒ] nm radiopager *(which displays messages)* ◆ **envoyer qch par alphapage** to send sth via a radiopager

**alpin, e** [alpɛ̃, in] → SYN adj alpine; → **chasseur, ski**

**alpinisme** [alpinism] → SYN nm mountaineering, mountain climbing

**alpiniste** [alpinist] → SYN nmf mountaineer, climber

**alpiste** [alpist] nm alpist (grass) ◆ **alpiste des Canaries** canary grass

**alquifoux** [alkifu] nm alquifou

**alsacien, -ienne** [alzasjɛ̃, jɛn] 1 adj Alsatian
2 nm (Ling) Alsatian
3 **Alsacien(ne)** nm,f Alsatian

**Altaïr** [altaiʀ] nf Altair

**altérabilité** [alteʀabilite] → SYN nf alterability

**altérable** [alteʀabl] → SYN adj alterable ◆ **altérable à l'air** liable to oxidization

**altéragène** [alteʀaʒɛn] adj alterant

**altération** [alteʀasjɔ̃] → SYN nf a (= falsification) [fait, texte, vérité] distortion, falsification; [monnaie] falsification; [vin, aliment, qualité] adulteration
b (= détérioration) [vin, aliment, qualité, matière] deterioration ◆ **l'altération de sa santé** the change for the worse in ou the deterioration of ou in his health ◆ **l'altération de son visage/de sa voix** his distorted features/broken voice ◆ **l'altération de leurs relations** the deterioration of their relationship
c (= modification) change, modification
d (Mus) accidental; (Géol) weathering

**altercation** [altɛʀkasjɔ̃] → SYN nf altercation

**alter ego** [alteʀego] → SYN nm inv alter ego ◆ **il est mon alter ego** he is my alter ego

**altérer** [alteʀe] → SYN ▸ conjug 6 ◂ 1 vt a (= assoiffer) to make thirsty ◆ **altéré d'honneurs** (littér) thirsty ou thirsting for honours ◆ **fauve altéré de sang** wild animal thirsting for blood ◆ **il était altéré** his throat was parched
b (= falsifier) [+ texte, faits, vérité] to distort, falsify; [+ monnaie] to falsify; (Comm) [+ vin, aliments, qualité] to adulterate
c (= abîmer) [+ vin, aliments, qualité] to spoil; [+ matière] to alter, debase; [+ sentiments] to alter, spoil; [+ couleur] to alter; [+ visage, voix] to distort; [+ santé, relations] to impair, affect ◆ **d'une voix altérée** in a broken voice ◆ **la chaleur a altéré la viande** the heat made the meat go bad ou go off (Brit)
d (= modifier) to alter, change, modify ◆ **ceci n'a pas altéré mon amour pour elle** this has not altered my love for her
2 **s'altérer** vpr [vin] to become spoiled; [viande] to go bad, go off (Brit), spoil (US); [matière, couleur] to undergo a change; [visage] to change, become distorted; [sentiments] to alter, be spoilt; [relations] to deteriorate ◆ **sa santé s'altère de plus en plus** his health is deteriorating further ou is getting progressively worse ◆ **sa voix s'altéra sous le coup de la douleur** grief made his voice break, grief distorted his voice

**altérité** [alteʀite] → SYN nf otherness

**alternance** [altɛʀnɑ̃s] → SYN nf alternation; (Pol) changeover of political power between parties
◆ **en alternance** ◆ **faire qch en alternance** (= se relayer) to take it in turns to do sth ◆ **les deux pièces sont jouées en alternance** the two plays are performed alternately ◆ **cette émission reprendra en alternance avec d'autres programmes** this broadcast will alternate with other programmes; → **formation**

**alternant, e** [altɛʀnɑ̃, ɑ̃t] → SYN adj alternating

**alternateur** [altɛʀnatœʀ] → SYN nm alternator

**alternatif, -ive**[1] [altɛʀnatif, iv] → SYN adj (= périodique) alternate; (Philos) alternative; (Élec) alternating; médecine alternative

**alternative**[2] [altɛʀnativ] → SYN nf (= dilemme) alternative; (* = possibilité) alternative, option; (Philos) alternative ◆ **être dans une alternative** to have to choose between two alternatives

**alternativement** [altɛʀnativmɑ̃] → SYN adv alternately, in turn

**alterne** [altɛʀn] → SYN adj (Bot, Math) alternate

**alterné, e** [altɛʀne] (ptp de **alterner**) adj rimes alternate; (Math) série alternating ◆ **circulation alternée** (pour travaux) contraflow (system); (pour pollution) *selective ban on vehicle use (based on registration numbers) during periods of heavy pollution* ◆ **la prise alternée de deux médicaments** taking two medicines in alternation; → **stationnement**

**alterner** [altɛʀne] → SYN ▸ conjug 1 ◂ 1 vt [+ choses] to alternate; [+ cultures] to rotate, alternate
2 vi to alternate (*avec* with) ◆ **ils alternèrent à la présidence** they took (it in) turns to be chairman

**altesse** [altɛs] → SYN nf (= prince) prince; (= princesse) princess ◆ **votre Altesse** (= titre) your Highness ◆ **Son Altesse sérénissime/royale** His ou Her Serene/Royal Highness

**althæa** [altea] → SYN nm althaea (Brit), althea (US)

**altier, -ière** [altje, jɛʀ] → SYN adj caractère haughty ◆ **cimes altières** (littér) lofty peaks (littér)

**altimètre** [altimɛtʀ] nm altimeter

**altimétrie** [altimetʀi] nf altimetry

**altimétrique** [altimetʀik] adj carte, données altimetric

**altiport** [altipɔʀ] → SYN nm altiport (SPÉC), mountain airfield

**altise** [altiz] nf turnip flea

**altiste** [altist] → SYN nmf viola player, violist

**altitude** [altityd] → SYN nf a (par rapport à la mer) altitude, height above sea level; (par rapport au sol) height ◆ **altitudes** (fig) heights ◆ **être à 500 mètres d'altitude** to be at a height ou an altitude of 500 metres, be 500 metres above sea level ◆ **en altitude** at high altitude, high up ◆ **les régions de basse altitude** low-lying areas
b (Aviat) **perdre de l'altitude** to lose altitude ou height ◆ **prendre de l'altitude** to gain altitude ◆ **voler à basse/haute altitude** to fly at low/high altitude

**alto** [alto] → SYN 1 nm (= instrument) viola
2 nf contralto
3 adj ◆ **saxo(phone)/flûte alto** alto sax(ophone)/flute

**altocumulus** [altokymylys] nm altocumulus

**altostratus** [altostʀatys] nm altostratus

**altruisme** [altʀɥism] → SYN nm altruism

**altruiste** [altʀɥist] → SYN 1 adj altruistic
2 nmf altruist

**altuglas ®** [altyglas] nm *thick form of Perspex ®*

**alu** * [aly] nm abrév de **aluminium**

**alucite** [alysit] → SYN nf many-plumed moth

**aluminate** [alyminat] nm aluminate

**alumine** [alymin] nf alumina

**aluminer** [alymine] ▸ conjug 1 ◂ vt to cover with aluminium (Brit) ou aluminum (US)

**alumineux, -euse** [alyminø, øz] adj aluminiferous

**aluminium** [alyminjɔm] nm aluminium (Brit), aluminum (US)

**aluminothermie** [alyminotɛʀmi] nf aluminothermy, thermite process

**alun** [alœ̃] nm alum

**aluner** [alyne] ▸ conjug 1 ◂ vt to alun

**alunir** [alyniʀ] → SYN ▸ conjug 2 ◂ vi to land on the moon

**alunissage** [alynisaʒ] → SYN nm (moon) landing

**alunite** [alynit] nf alunite

**alvéolaire** [alveɔlɛʀ] adj alveolar

**alvéole** [alveɔl] → SYN nf ou m [ruche] alveolus, cell; (Géol) cavity ◆ **alvéole dentaire** tooth socket, alveolus (SPÉC) ◆ **alvéoles dentaires** alveolar ridge, teeth ridge, alveoli (SPÉC) ◆ **alvéole pulmonaire** air cell, alveolus (SPÉC)

**alvéolé, e** [alveɔle] adj honeycombed, alveolate (SPÉC)

**alvéolite** [alveɔlit] nf alveolitis

**alysse** [alis] nf alyssum

**alyte** [alit] → SYN nm midwife toad, Alytes (SPÉC)

**Alzheimer** [alzajmœʀ] nm ◆ **maladie d'Alzheimer** Alzheimer's disease ◆ **il a un Alzheimer** * he has got Alzheimer's (disease)

**AM** [aɛm] (abrév de **assurance maladie**) → **assurance**

**amabilité** [amabilite] → SYN nf kindness ◆ **ayez l'amabilité de** (would you) be so kind ou good as to ◆ **plein d'amabilité envers moi** extremely kind to me ◆ **faire des amabilités à qn** to show politeness ou courtesy to sb

**amadou** [amadu] nm touchwood, tinder

**amadouer** [amadwe] → SYN ▸ conjug 1 ◂ vt (= enjôler) to coax, cajole; (= adoucir) to mollify, soothe ◆ **amadouer qn pour qu'il fasse qch** to wheedle ou cajole sb into doing sth

**amaigrir** [amegʀiʀ] → SYN ▸ conjug 2 ◂ 1 vt a (= rendre plus maigre) to make thin ou thinner ◆ **joues amaigries par l'âge** cheeks wasted with age ◆ **je l'ai trouvé très amaigri** I found him much thinner, I thought he looked much thinner ◆ **10 années de prison l'ont beaucoup amaigri** 10 years in prison have left him very much thinner
b (Tech) to thin down, reduce
2 **s'amaigrir** vpr to get ou become thin ou thinner

**amaigrissant, e** [amegʀisɑ̃, ɑ̃t] adj produit, régime slimming (Brit), reducing (US)

**amaigrissement** [amegʀismɑ̃] → SYN nm a (pathologique) [corps] loss of weight; [visage, membres] thinness
b (volontaire) slimming ◆ **un amaigrissement de 3 kg** a loss (in weight) of 3 kg; → **cure**[1]

**amalgamation** [amalgamasjɔ̃] nf (Métal) amalgamation

**amalgame** [amalgam] → SYN nm (péj = mélange) (strange) mixture ou blend; (Métal, Dentisterie) amalgam ◆ **un amalgame d'idées** a hotchpotch of ideas ◆ **faire l'amalgame entre deux idées** to confuse two ideas ◆ **il ne faut pas faire l'amalgame entre parti de droite et parti fasciste** you shouldn't lump the right-wing and fascist parties together

**amalgamer** [amalgame] → SYN ▸ conjug 1 ◂ 1 vt (Métal) to amalgamate; (= mélanger) to combine (*à, avec* with); (= confondre) [+ idées, réalités] to confuse
2 **s'amalgamer** vpr (Métal) to be amalgamated; (= s'unir) to combine

**amandaie** [amɑ̃dɛ] nf almond-tree plantation

**amande** [amɑ̃d] nf a (= fruit) almond ◆ **amandes amères/douces** bitter/sweet almonds ◆ **amandes pilées** ground almonds ◆ **en amande** almond-shaped, almond (épith); → **pâte**
b (= noyau) kernel
c (= mollusque) queen scallop

**amandier** [amɑ̃dje] nm almond (tree)

**amandine** [amɑ̃din] → SYN nf (= gâteau) almond tart

**amanite** [amanit] → SYN nf Amanita ◆ **amanite phalloïde** death cap ◆ **amanite tue-mouches** fly agaric

**amant** [amɑ̃] → SYN nm lover ◆ **amant de passage** casual lover ◆ **les deux amants** the two lovers ◆ **prendre un amant** to take a lover

**amante** †† [amɑ̃t] nf (= fiancée) betrothed †, mistress †

**amarante** [amaʀɑ̃t] → SYN 1 nf amaranth
2 adj inv amaranthine

**amareyeur, -euse** [amaʀɛjœʀ, øz] nm,f oyster worker

**amaril, e** [amaʀil] adj yellow-fever (épith)

**amariner** [amaʀine] ▸ conjug 1 ◂ vt a [+ navire ennemi] to take over and man

**b** [+ matelot] to accustom to life at sea ◆ **elle n'est pas** ou **ne s'est pas encore amarinée** she hasn't got used to being at sea yet, she hasn't found her sea legs yet

**amarrage** [amaʀaʒ] nm (Naut) mooring ◆ **être à l'amarrage** to be moored

**amarre** [amaʀ] → SYN nf (Naut = cordage) rope ou line ou cable (for mooring) ◆ **les amarres** the moorings; → **larguer, rompre**

**amarrer** [amaʀe] → SYN ▸ conjug 1 ◂ vt [+ navire] to moor, make fast; [+ cordage] to make fast, belay; (hum) [+ paquet, valise] to tie down ◆ **la navette s'est amarrée à la station orbitale** the shuttle has docked with the space station

**amaryllis** [amaʀilis] → SYN nf amaryllis

**amas** [ama] → SYN nm **a** (lit = tas) heap, pile, mass; [souvenirs, idées] mass ◆ **tout un amas de qch** a whole heap ou pile of sth

**b** (Astron) star cluster

**c** (Min) mass

**amasser** [amase] → SYN ▸ conjug 1 ◂ **1** vt **a** (= amonceler) [+ choses] to pile ou store up, amass, accumulate; [+ fortune] to amass, accumulate ◆ **il ne pense qu'à amasser (de l'argent)** all he thinks of is amassing ou accumulating wealth

**b** (= rassembler) [+ preuves, données] to amass, gather (together); → **pierre**

**2 s'amasser** vpr [choses, preuves] to pile up, accumulate; [foule] to gather, mass ◆ **les preuves s'amassent contre lui** the evidence is building up ou piling up against him

**amateur** [amatœʀ] → SYN nm **a** (= non-professionnel) amateur ◆ **équipe amateur** amateur team ◆ **talent d'amateur** amateur talent ◆ **peintre/musicien/photographe amateur** amateur painter/musician/photographer ◆ **faire de la peinture en amateur** to do a bit of painting (as a hobby)

**b** (= connaisseur) **amateur de** lover of ◆ **amateur d'art/de musique** art/music lover ◆ **être amateur de films/de concerts** to be an avid ou a keen (Brit) film-/concert-goer, be keen on (Brit) films/concerts ◆ **elle est très amateur de framboises** she is very fond of ou she loves raspberries ◆ **le jazz, je ne suis pas amateur** I'm not really a jazz fan, I'm not all that keen on jazz (Brit)

**c** * (= acheteur) taker; (= volontaire) volunteer ◆ **il reste des carottes, il y a des amateurs ?** ou **avis aux amateurs !** there are some carrots left, are there any takers?; → **trouver**

**d** (péj) dilettante, mere amateur ◆ **travail d'amateur** amateurish work ◆ **faire qch en amateur** to do sth amateurishly

**amateurisme** [amatœʀism] → SYN nm (Sport) amateurism; (péj) amateurism, amateurishness ◆ **c'est de l'amateurisme !** it's so amateurish!

**amatir** [amatiʀ] → SYN ▸ conjug 2 ◂ vt to mat(t)

**amaurose** [amoʀoz] → SYN nf amaurosis

**amazone** [amazon] → SYN nf **a** (= écuyère) horsewoman ◆ **tenue d'amazone** woman's riding habit ◆ **monter en amazone** to ride sidesaddle

**b** (= jupe) long riding skirt

**c** ( * = prostituée) prostitute *(who picks up her clients in a car)*

**d** **Amazone** (Géog, Myth) Amazon

**Amazonie** [amazɔni] nf Amazonia

**amazonien, -ienne** [amazɔnjɛ̃, jɛn] adj Amazonian

**ambages** [ɑ̃baʒ] → SYN **sans ambages** loc adv without beating about the bush, in plain language

**ambassade** [ɑ̃basad] → SYN nf **a** (= institution, bâtiment) embassy; (= charge) ambassadorship, embassy; (= personnel) embassy staff pl ou officials, embassy ◆ **l'ambassade de France** the French Embassy

**b** (= mission) mission ◆ **être envoyé en ambassade auprès de qn** to be sent on a mission to sb

**ambassadeur** [ɑ̃basadœʀ] → SYN nm (Pol, fig) ambassador ◆ **ambassadeur extraordinaire** ambassador extraordinary (*auprès de* to) ◆ **l'ambassadeur de la pensée française** the representative ou ambassador of French thought

**ambassadrice** [ɑ̃basadʀis] nf (= diplomate) ambassador, ambassadress (*auprès de* to); (= épouse) ambassador's wife, ambassadress; (fig) representative, ambassador, ambassadress

**ambiance** [ɑ̃bjɑ̃s] → SYN nf (= atmosphère) atmosphere; (= environnement) surroundings; [famille, équipe] atmosphere ◆ **l'ambiance de la salle** the atmosphere in the house, the mood of the audience ◆ **il vit dans une ambiance calme** he lives in calm ou peaceful surroundings ◆ **il y a de l'ambiance !** * there's a great atmosphere here! * ◆ **il va y avoir de l'ambiance quand tu vas lui dire ça !** * things are going to get ugly * when you tell him that! ◆ **mettre de l'ambiance** to liven things up * ◆ **mettre qn dans l'ambiance** to put sb in the mood ◆ **l'ambiance est à la fête** there's a party atmosphere; → **éclairage, musique**

**ambiant, e** [ɑ̃bjɑ̃, jɑ̃t] → SYN adj air surrounding, ambient; température ambient; idéologie, scepticisme prevailing, pervading

**ambidextre** [ɑ̃bidɛkstʀ] adj ambidextrous

**ambigu, -uë** [ɑ̃bigy] → SYN adj ambiguous

**ambiguïté** [ɑ̃bigɥite] → SYN nf **a** (caractère) ambiguousness, ambiguity ◆ **une réponse sans ambiguïté** an unequivocal ou unambiguous reply ◆ **parler/répondre sans ambiguïté** to speak/reply unambiguously ou without ambiguity

**b** (Ling) ambiguity

**c** (terme) ambiguity

**ambiophonie** [ɑ̃bjofɔni] nf ambiophony

**ambisexué, e** [ɑ̃bisɛksɥe] adj ambisexual, ambosexual

**ambitieusement** [ɑ̃bisjøzmɑ̃] adv ambitiously

**ambitieux, -ieuse** [ɑ̃bisjø, jøz] → SYN **1** adj ambitious ◆ **ambitieux de plaire** (littér) anxious to please, desirous to please (littér)

**2** nm,f ambitious person

**ambition** [ɑ̃bisjɔ̃] GRAMMAIRE ACTIVE 8.2, 8.4 → SYN nf ambition ◆ **il met toute son ambition à faire** his only ou sole ambition is to do ◆ **elle a l'ambition de réussir** her ambition is to succeed ◆ **il a de grandes ambitions** he has great ou big ambitions

**ambitionner** [ɑ̃bisjɔne] → SYN ▸ conjug 1 ◂ vt to seek ou strive after ◆ **il ambitionne d'escalader l'Everest** it's his ambition to ou his ambition is to climb Everest

**ambitus** [ɑ̃bitys] → SYN nm (Mus) range

**ambivalence** [ɑ̃bivalɑ̃s] → SYN nf ambivalence

**ambivalent, e** [ɑ̃bivalɑ̃, ɑ̃t] → SYN adj ambivalent

**amble** [ɑ̃bl] → SYN nm [cheval] amble ◆ **aller l'amble** to amble

**ambler** [ɑ̃ble] ▸ conjug 1 ◂ vi [cheval] to amble

**amblyope** [ɑ̃blijɔp] **1** adj ◆ **il est amblyope** he has a lazy eye, he is amblyopic (SPÉC)

**2** nmf person with a lazy eye ou amblyopia (SPÉC)

**amblyopie** [ɑ̃blijɔpi] nf lazy eye, amblyopia (SPÉC)

**amblyoscope** [ɑ̃blijɔskɔp] nm amblyoscope

**amblystome** [ɑ̃blistom] → SYN nm mole salamander

**ambre** [ɑ̃bʀ] → SYN nm ◆ **ambre (jaune)** amber ◆ **ambre gris** ambergris ◆ **couleur d'ambre** amber(-coloured)

**ambré, e** [ɑ̃bʀe] → SYN adj couleur amber; parfum amber-based

**ambroisie** [ɑ̃bʀwazi] nf (Myth) ambrosia; (Bot) ambrosia, ragweed ◆ **c'est de l'ambroisie !** (fig) this is food fit for the gods!

**ambrosiaque** [ɑ̃bʀozjak] adj ambrosial

**ambulacre** [ɑ̃bylakʀ] nm ambulacrum

**ambulance** [ɑ̃bylɑ̃s] → SYN nf ambulance ◆ **on ne tire pas sur une ambulance** (fig) you don't kick somebody when they're down

**ambulancier, -ière** [ɑ̃bylɑ̃sje, jɛʀ] → SYN nm,f (= conducteur) ambulance driver; (= infirmier) ambulance man (ou woman)

**ambulant, e** [ɑ̃bylɑ̃, ɑ̃t] → SYN adj comédien, musicien itinerant, strolling; cirque, théâtre travelling ◆ **c'est un squelette/dictionnaire ambulant** * he's a walking skeleton/dictionary; → **marchand, vendeur** etc

**ambulatoire** [ɑ̃bylatwaʀ] → SYN adj (Méd) outpatient (épith), ambulatory ◆ **médecine ambulatoire** outpatient care ◆ **chirurgie ambulatoire** outpatient surgery

**AME** [aɛmə] nm (abrév de **accord monétaire européen**) EMA

**âme** [ɑm] → SYN nf **a** (gén, Philos, Rel) soul ◆ **(que) Dieu ait son âme** (may) God rest his soul ◆ **sur mon âme** †† upon my soul †; → **recommander, rendre**

**b** (= centre de qualités intellectuelles et morales) heart, soul, mind ◆ **avoir** ou **être une âme généreuse** to have great generosity of spirit ◆ **avoir** ou **être une âme basse** ou **vile** to have an evil heart ou mind, be evil-hearted ou evil-minded ◆ **avoir** ou **être une âme sensible** to be a sensitive soul, be very sensitive ◆ **ce film n'est pas pour les âmes sensibles** (frm) this film is not for the squeamish ou the faint-hearted ◆ **grandeur** ou **noblesse d'âme** high- ou noble-mindedness ◆ **en mon âme et conscience** in all conscience ou honesty ◆ **de toute mon âme** (littér) with all my soul ◆ **il y a mis toute son âme** he put his heart and soul into it

**c** (= centre psychique et émotif) soul ◆ **faire qch avec âme** to do sth with feeling ◆ **ému jusqu'au fond de l'âme** profoundly moved ◆ **c'est un corps sans âme** he has no soul ◆ **il est musicien dans l'âme** he's a musician through and through ◆ **il a la technique mais son jeu est sans âme** his technique is good but he plays without feeling ou his playing is soulless

**d** (= personne) soul ◆ **un village de 600 âmes** (frm) a village of 600 souls ◆ **on ne voyait âme qui vive** you couldn't see a (living) soul, there wasn't a (living) soul to be seen ◆ **bonne âme** * kind soul ◆ **est-ce qu'il n'y aura pas une bonne âme pour m'aider ?** won't some kind soul give me a hand? ◆ **il y a toujours de bonnes âmes pour critiquer** (iro) there's always some kind soul ready to criticize (iro) ◆ **âme charitable** (péj) well-meaning soul (iro) ◆ **il est là/il erre comme une âme en peine** he looks like/he is wandering about like a lost soul ◆ **être l'âme damnée de qn** to be sb's henchman ou tool ◆ **il a trouvé l'âme sœur** he has found a soul mate

**e** (= principe qui anime) soul, spirit ◆ **l'âme d'un peuple** the soul ou spirit of a nation ◆ **l'âme d'un complot** the moving spirit in a plot ◆ **être l'âme d'un parti** to be the soul ou leading light of a party ◆ **elle a une âme de sœur de charité** she is the very soul ou spirit of charity ◆ **elle a une âme de chef** she has the soul of a leader

**f** (Tech) [canon] bore; [aimant] core; [violon] soundpost; → **charge, état, fendre** etc

**amélanchier** [amelɑ̃ʃje] nm shadberry, serviceberry, Juneberry

**améliorable** [ameljɔʀabl] → SYN adj improvable

**amélioration** [ameljɔʀasjɔ̃] → SYN nf **a** (= fait de s'améliorer) improvement ◆ **l'amélioration de son état de santé** the improvement in his health, the change for the better in his health ◆ **on assiste à une amélioration des conditions de travail** working conditions are improving ◆ **une amélioration de la conjoncture** an economic upturn, an improvement in the state of the economy

**b** (= travaux) improvement ◆ **faire des améliorations dans, apporter des améliorations à** to make ou carry out improvements in ou to

**améliorer** [ameljɔʀe] → SYN ▸ conjug 1 ◂ **1** vt to improve ◆ **améliorer sa situation** to improve one's situation ◆ **pour améliorer l'ordinaire** (argent) to top up one's basic income; (repas) to make things a bit more interesting

**2 s'améliorer** vpr to improve ◆ **tu ne t'améliores pas avec l'âge !** you're not getting any better with age!, you don't improve with age, do you?

**amen** [amɛn] → SYN nm inv (Rel) amen ◆ **dire amen à qch/à tout** to say amen to sth/everything, agree religiously to sth/everything

**aménageable** [amenaʒabl] adj horaire flexible; grenier suitable for conversion (*en* into)

**aménagement** [amenaʒmɑ̃] → SYN nm **a** (= agencement) [local] fitting-out; [parc] laying-out ◆ **l'aménagement d'une chambre en bureau** converting a bedroom into an office ◆ **l'aménagement du territoire** national and regional development, ≃ town and country planning (Brit) ◆ **aménagement régional/**

**urbain** regional/urban development ◆ **plan d'aménagement** development plan

**b** (= équipements) **aménagements** facilities ◆ **les nouveaux aménagements de l'hôpital** the new hospital facilities

**c** (= ajustement) adjustment ◆ **aménagement du temps de travail** (réforme) reform of working hours; (gestion) flexible time management ◆ **demander des aménagements financiers/d'horaire** to request certain financial adjustments/adjustments to one's timetable ◆ **aménagement de peine** (Jur) reduced sentencing

**d** (= création) [route] making, building; [gradins, placard] putting in

**aménager** [amenaʒe] → SYN ▸ conjug 3 ◂ vt **a** (= équiper) [+ local] to fit out; [+ parc] to lay out; [+ territoire] to develop; [+ horaire] (gén) to plan, work out; (= modifier) to adjust ◆ **horaire aménagé** (travail) flexible working hours; (Scol) flexible timetable ◆ **aménager une chambre en bureau** to convert a bedroom into a study ◆ **s'aménager des plages de repos** to take a rest from time to time

**b** (= créer) [+ route] to make, build; [+ gradins, placard] to put in ◆ **aménager un bureau dans une chambre** to fix up a study in a bedroom

**aménageur, -euse** [amenaʒœʀ, øz] → SYN nm,f *specialist in national and regional development,* ≃ town and country planner (Brit), ≃ city planner (US)

**aménagiste** [amenaʒist] nmf forester

**amendable** [amɑ̃dabl] → SYN adj (Pol) amendable; (Agr) which can be enriched

**amende** [amɑ̃d] → SYN nf fine ◆ **mettre à l'amende** to penalize ◆ **il a eu 100 € d'amende** he got a €100 fine, he was fined €100 ◆ **"défense d'entrer sous peine d'amende"** "trespassers will be prosecuted ou fined" ◆ **faire amende honorable** to make amends

**amendement** [amɑ̃dmɑ̃] → SYN nm (Pol) amendment; (Agr) (= opération) enrichment; (= substance) enriching agent

**amender** [amɑ̃de] → SYN ▸ conjug 1 ◂ **1** vt (Pol) to amend; (Agr) to enrich; [+ conduite] to improve, amend

**2** **s'amender** vpr to mend one's ways

**amène** [amɛn] → SYN adj (littér = aimable) propos, visage affable; personne, caractère amiable, affable ◆ **des propos peu amènes** unkind words

**amener** [am(ə)ne] → SYN ▸ conjug 5 ◂ **1** vt **a** (= faire venir) [+ personne, objet] to bring (along); (= acheminer) [+ cargaison] to bring, convey ◆ **on nous amène les enfants tous les matins** they bring the children to us every morning, the children are brought to us every morning ◆ **amène-la à la maison** bring her round (Brit) ou around (US) (to the house), bring her home ◆ **le sable est amené à Paris par péniche** sand is brought ou conveyed to Paris by barge ◆ **qu'est-ce qui vous amène ici ?** what brings you here? ◆ **vous nous avez amené le beau temps !** you've brought the nice weather with you!; → **mandat**

**b** (= provoquer) to bring about, cause ◆ **amener la disette** to bring about ou cause a shortage ◆ **amener le typhus** to cause typhus

**c** (= inciter) **amener qn à faire qch** [circonstances] to induce ou lead ou bring sb to do sth; [personne] to bring sb round to doing sth, get sb to do sth; (par un discours persuasif) to talk sb into doing sth ◆ **la crise pourrait amener le gouvernement à agir** the crisis might induce ou lead the government to take action ◆ **elle a été finalement amenée à renoncer à son voyage** she was finally induced ou driven to give up her trip ◆ **je suis amené à croire que ...** I am led to believe ou think that ... ◆ **c'est ce qui m'a amené à cette conclusion** that is what led ou brought me to that conclusion

**d** (= diriger) to bring ◆ **amener qn à ses propres idées/à une autre opinion** to bring sb round (Brit) ou around (US) to one's own ideas/to another way of thinking ◆ **amener la conversation sur un sujet** to bring the conversation round (Brit) ou around (US) to a subject, lead the conversation on to a subject ◆ **système amené à un haut degré de complexité** system brought to a high degree of complexity

**e** [+ transition, conclusion, dénouement] to present, introduce ◆ **exemple bien amené** well-introduced example

**f** (Pêche) [+ poisson] to draw in; (Naut) [+ voile, pavillon] to strike ◆ **amener les couleurs** (Mil) to strike colours

**g** (Dés) [+ paire, brelan] to throw

**2** **s'amener** * vpr (= venir) to come along ◆ **amène-toi ici !** get over here! * ◆ **tu t'amènes ?** are you going to get a move on? *, come on! * ◆ **il s'est amené avec toute sa bande** he came along ou turned up ou showed up * with the whole gang

**aménité** [amenite] → SYN nf (= amabilité) [propos] affability; [personne, caractère] amiability, affability ◆ **sans aménité** unkindly ◆ **se dire des aménités** (iro) to exchange uncomplimentary remarks

**Aménophis** [amenɔfis] nm Amenophis

**aménorrhée** [amenɔʀe] → SYN nf amenorrhoea

**amentifère** [amɑ̃tifɛʀ] adj amentiferous

**amenuisement** [amənɥizmɑ̃] → SYN nm [valeur, avance, espoir] dwindling; [chances] lessening; [ressources] diminishing, dwindling

**amenuiser** [amənɥize] → SYN ▸ conjug 1 ◂ **1** **s'amenuiser** vpr [valeur, avance, espoir] to dwindle; [chances] to grow slimmer, lessen; [risque] to diminish, become less (and less) likely; [différences] to diminish, become less important ou evident; [provisions, ressources] to run low, diminish, dwindle; [temps] to run out

**2** vt [+ objet] to thin down; (fig) to reduce

**amer**[1] [amɛʀ] nm (Naut) seamark

**amer**[2], **-ère** [amɛʀ] → SYN adj (lit, fig) bitter ◆ **amer comme chicotin** * as bitter as anything ◆ **avoir la bouche amère** to have a bitter taste in one's mouth

**amérasien, -ienne** [ameʀazjɛ̃, jɛn] **1** adj Amerasian

**2** **Amérasien(ne)** nm,f Amerasian

**amèrement** [amɛʀmɑ̃] → SYN adv bitterly

**américain, e** [ameʀikɛ̃, ɛn] → SYN **1** adj American; → **œil**

**2** nm (Ling) American (English)

**3** **Américain(e)** nm,f American

**4** **américaine** nf (automobile) American car ◆ **à l'américaine** (gén) in the American style; (Culin) à l'Américaine ◆ **course à l'américaine** (bicycle) relay race

**américanisation** [ameʀikanizasjɔ̃] nf americanization

**américaniser** [ameʀikanize] ▸ conjug 1 ◂ **1** vt to americanize

**2** **s'américaniser** vpr to become americanized

**américanisme** [ameʀikanism] nm americanism

**américaniste** [ameʀikanist] nmf Americanist, American specialist

**américium** [ameʀisjɔm] nm americium

**amérindien, -ienne** [ameʀɛ̃djɛ̃, jɛn] **1** adj Amerindian, American Indian

**2** **Amérindien(ne)** nm,f Amerindian, American Indian

**Amérique** [ameʀik] nf America ◆ **Amérique centrale/latine/du Nord/du Sud** Central/Latin/North/South America

**Amerloque** * [amɛʀlɔk] nmf, **Amerlo(t)** [amɛʀlo] nm Yankee *, Yank *

**amerrir** [ameʀiʀ] ▸ conjug 2 ◂ vi (Aviat) to land (on the sea), make a sea-landing; (Espace) to splash down

**amerrissage** [ameʀisaʒ] nm (Aviat) (sea) landing; (Espace) splashdown

**amertume** [amɛʀtym] → SYN nf (lit, fig) bitterness ◆ **plein d'amertume** full of bitterness, very bitter

**améthyste** [ametist] nf, adj inv amethyst

**amétrope** [ametʀɔp] adj ametropic

**amétropie** [ametʀɔpi] nf ametropia

**ameublement** [amœbləmɑ̃] → SYN nm (= meubles) furniture; (action) furnishing ◆ **articles d'ameublement** furnishings ◆ **commerce d'ameublement** furniture trade

**ameublir** [amœbliʀ] → SYN ▸ conjug 2 ◂ vt (Agr) to loosen, break down

**ameuter** [amøte] → SYN ▸ conjug 1 ◂ **1** vt **a** (= attrouper) [+ curieux, passants] to draw a crowd of; [+ voisins] to bring out; (= soulever) [+ foule] to rouse, stir up, incite (*contre* against) ◆ **ses cris ameutèrent les passants** his shouts drew a crowd of passers-by ◆ **elle a ameuté l'opinion internationale contre les pollueurs** she mobilized international opinion against the polluters ◆ **tais-toi, tu vas ameuter toute la rue !** * be quiet, you'll have the whole street out! ◆ **tu n'as pas besoin d'ameuter tout le quartier !** * you don't have to tell the whole neighbourhood!, you don't have to shout it from the rooftops!

**b** [+ chiens] to form into a pack

**2** **s'ameuter** vpr (= s'attrouper) [passants] to gather, mass together; [voisins] to come out; (= se soulever) to band together, gather into a mob ◆ **des passants s'ameutèrent** an angry crowd gathered

**amharique** [amaʀik] nm Amharic

**ami, e** [ami] → SYN **1** nm,f **a** (= personne proche) friend ◆ **un vieil ami de la famille** ou **de la maison** an old friend of the family, an old family friend ◆ **ami d'enfance** childhood friend ◆ **ami intime** (very) close ou intimate friend, bosom friend ◆ **il m'a présenté son amie** he introduced his girlfriend to me ◆ **elle est sortie avec ses amies** she's out with her (girl)friends ◆ **c'était signé "un ami qui vous veut du bien"** it was signed "a well-wisher ou a friend" ◆ **se faire un ami de qn** to make ou become friends with sb ◆ **faire ami-ami avec qn** * to be buddy-buddy with sb * ◆ **nous sommes entre amis** (deux personnes) we're friends; (plus de deux) we're all friends ◆ **je vous dis ça en ami** I'm telling you this as a friend ◆ **nous sommes des amis de vingt ans** we've been friends for twenty years ◆ **amis des bêtes/de la nature** animal/nature lovers ◆ **société** ou **club des amis de Balzac** Balzac club ou society ◆ **un célibataire/professeur de mes amis** a bachelor/teacher friend of mine ◆ **être sans amis** to be friendless, have no friends ◆ **parents et amis** friends and relations ou relatives ◆ **ami des arts** patron of the arts ◆ **le meilleur ami de l'homme** man's best friend ◆ **nos amis à quatre pattes** our four-legged friends

**b** (euph = amant) boyfriend; (= maîtresse) girlfriend ◆ **l'amie de l'assassin** the murderer's lady-friend; → **bon**[1], **petit**

**c** (interpellation) **mes chers amis** gentlemen; (auditoire mixte) ladies and gentlemen ◆ **mon cher ami** my dear fellow ou chap (Brit) ◆ **ça, mon (petit) ami** now look here ◆ **ben mon ami !** * **si j'avais su** gosh! * ou blimey! * (Brit) ou crikey! * (Brit) if I had known that ◆ **oui mon ami !** (entre époux) yes my dear!

**2** adj visage, pays friendly; regard kindly, friendly ◆ **tendre à qn une main amie** to lend ou give sb a friendly ou helping hand ◆ **être très ami avec qn** to be very friendly ou great friends ou very good friends with sb ◆ **nous sommes très amis** we're very close ou good friends ◆ **être ami de l'ordre** to be a lover of order

**amiable** [amjabl] → SYN adj (Jur) amicable ◆ **amiable compositeur** conciliator ◆ **à l'amiable** divorce, solution amicable ◆ **vente à l'amiable** private sale, sale by private agreement ◆ **partage à l'amiable** private ou amicable partition ◆ **accord** ou **règlement à l'amiable** amicable agreement, out-of-court settlement ◆ **régler une affaire à l'amiable** to settle a difference out of court

**amiante** [amjɑ̃t] nm asbestos ◆ **plaque/fil d'amiante** asbestos sheet ou plate/thread

**amiante-ciment**, pl **amiantes-ciments** [amjɑ̃tsimɑ̃] nm asbestos cement

**amibe** [amib] → SYN nf amoeba

**amibiase** [amibjɑz] nf amoebiasis

**amibien, -ienne** [amibjɛ̃, jɛn] **1** adj maladie amoebic

**2** **amibiens** nmpl Amoebae

**amical, e**, mpl **-aux** [amikal, o] → SYN **1** adj personne, relations friendly ◆ **match amical, rencontre amicale** friendly (match) ◆ **peu amical** unfriendly

**2** **amicale** nf association, club (*of people having the same interest*) ◆ **amicale des anciens élèves** old boys' association (Brit), alumni association (US)

**amicalement** [amikalmɑ̃] → SYN adv in a friendly way ◆ **il m'a salué amicalement** he gave me a friendly wave ◆ **(bien) amicalement** (formule épistolaire) kind regards, best wishes, yours (ever)

**amict** [ami] nm amice

**amide** [amid] nm amide

**amidon** [amidɔ̃] → SYN nm starch

**amidonner** [amidɔne] → SYN ▸ conjug 1 ◂ vt to starch

**amidopyrine** [amidopiʀin] nf amidopyrine

**amincir** [amɛ̃siʀ] → SYN ▸ conjug 2 ◂ 1 vt to thin (down) ◆ **cette robe l'amincit** this dress makes her look slim(mer) ou thin(ner) ◆ **visage aminci par la tension** face drawn with tension ou hollow with anxiety

2 **s'amincir** vpr [couche de glace, épaisseur de tissu] to get thinner

**amincissant, e** [amɛ̃sisɑ̃, ɑ̃t] adj crème, régime slimming (Brit), reducing (US)

**amincissement** [amɛ̃sismɑ̃] → SYN nm thinning (down) ◆ **l'amincissement de la couche de glace a causé l'accident** the ice had got thinner and that was what caused the accident

**amine** [amin] nf amine

**aminé, e** [amine] adj → **acide**

**a minima** [aminima] loc adj ◆ **appel a minima** (Jur) *appeal by the prosecution for heavier sentence*

**aminoplaste** [aminoplast] nm amino plastic ou resin

**amiral, e,** mpl **-aux** [amiʀal, o] 1 adj ◆ **vaisseau** ou **bateau amiral** flagship

2 nm admiral

3 **amirale** nf admiral's wife

**amirauté** [amiʀote] nf (gén) admiralty; (= fonction) admiralty, admiralship

**amitié** [amitje] GRAMMAIRE ACTIVE 21.2 → SYN nf a (= sentiment) friendship ◆ **prendre qn en amitié, se prendre d'amitié pour qn** to befriend sb ◆ **se lier d'amitié avec qn** to make friends with sb ◆ **nouer une amitié avec qn** (littér) to strike up a friendship with sb ◆ **avoir de l'amitié pour qn** to be fond of sb, have a liking for sb ◆ **faites-moi l'amitié de venir** do me the kindness ou favour of coming ◆ **l'amitié franco-britannique** Anglo-French ou Franco-British friendship ◆ **amitié particulière** (euph) homosexual relationship

b (formule épistolaire) **amitiés** all the very best, very best wishes ou regards ◆ **amitiés, Paul** kind regards, Paul, yours, Paul ◆ **elle vous fait** ou **transmet toutes ses amitiés** she sends her best wishes ou regards

c († = civilités) **faire mille amitiés à qn** to give sb a warm and friendly welcome

**amitose** [amitoz] nf amitosis

**Amman** [aman] n Amman

**ammonal** [amɔnal] nm ammonal

**ammoniac, -aque** [amɔnjak] → SYN 1 adj ammoniac ◆ **sel ammoniac** sal ammoniac

2 nm (= gaz) ammonia

3 **ammoniaque** nf ammonia (water)

**ammoniacal, e,** mpl **-aux** [amɔnjakal, o] adj ammoniacal

**ammoniaqué, e** [amɔnjake] adj ammoniated

**ammonite** [amɔnit] nf (Zool) ammonite

**ammonium** [amɔnjɔm] nm ammonium

**ammophile** [amɔfil] adj ammophilous

**amnésie** [amnezi] → SYN nf amnesia ◆ **amnésie collective** collective amnesia

**amnésique** [amnezik] 1 adj amnesic

2 nmf amnesiac, amnesic

**amniocentèse** [amnjosɛ̃tɛz] nf amniocentesis

**amnios** [amnjos] nm amnion

**amnioscopie** [amnjɔskɔpi] nf fetoscopy

**amniotique** [amnjɔtik] adj amniotic ◆ **cavité/liquide amniotique** amniotic cavity/liquid

**amnistiable** [amnistjabl] → SYN adj who may be amnestied

**amnistiant, e** [amnistjɑ̃, jɑ̃t] adj ◆ **grâce amnistiante** amnisty

**amnistie** [amnisti] → SYN nf amnesty ◆ **loi d'amnistie** law of amnesty ◆ **bénéficier d'une amnistie générale/partielle/totale** to be granted a general/partial/complete amnesty

> **AMNISTIE**
>
> The word **amnistie** has a particular meaning at the time of presidential elections in France, as it refers to the traditional waiving of penalties for minor offences (especially parking fines) by the new president as a gesture of goodwill when he comes to power. The tradition is now institutionalized, and in practice Parliament votes on which offences the **amnistie** should cover. The "amnistie présidentielle" is becoming increasingly controversial, and some people feel that it should be abandoned altogether.

**amnistié, e** [amnistje] (ptp de **amnistier**) 1 adj personne, fait amnestied

2 nm,f amnestied prisoner

**amnistier** [amnistje] → SYN ▸ conjug 7 ◂ vt [+ personne] to grant an amnesty to, amnesty; [+ délit] to grant an amnesty for

**amocher*** [amɔʃe] ▸ conjug 1 ◂ vt [+ objet, personne] to mess up*, make a mess of*; [+ véhicule] to bash up* ◆ **tu l'as drôlement amoché** you've made a terrible mess of him*, you've messed him up something terrible* ◆ **se faire amocher dans un accident/une bagarre** to get messed up* in an accident/a fight ◆ **elle/la voiture était drôlement amochée** she/the car was a terrible mess* ◆ **il s'est drôlement amoché en tombant** he gave himself a terrible bash (Brit) ou he smashed himself up pretty well* (US) when he fell

**amodier** [amɔdje] ▸ conjug 7 ◂ vt [+ terre] to lease

**amoindrir** [amwɛ̃dʀiʀ] → SYN ▸ conjug 2 ◂ 1 vt [+ autorité] to lessen, weaken, diminish; [+ forces] to weaken; [+ fortune, quantité] to diminish, reduce; [+ personne] (physiquement) to make weaker, weaken; (moralement, mentalement) to diminish ◆ **amoindrir qn (aux yeux des autres)** to diminish ou belittle sb (in the eyes of others)

2 **s'amoindrir** vpr [autorité, facultés] to grow weaker, weaken, diminish; [forces] to weaken, grow weaker; [quantité, fortune] to diminish

**amoindrissement** [amwɛ̃dʀismɑ̃] → SYN nm [autorité] lessening, weakening; [forces] weakening; [fortune, quantité] reduction; [personne] (physique) weakening; (moral, mental) diminishing

**amok** [amɔk] → SYN nm amok, amuck

**amollir** [amɔliʀ] → SYN ▸ conjug 2 ◂ 1 vt [+ chose] to soften, make soft; [+ personne] (moralement) to soften; (physiquement) to weaken, make weak; [+ volonté, forces, résolution] to weaken ◆ **cette chaleur vous amollit** this heat makes you feel (quite) limp ou weak

2 **s'amollir** vpr [chose] to go soft; [courage, énergie] to weaken; [jambes] to go weak; [personne] (= perdre courage) to grow soft, weaken; (= s'attendrir) to soften, relent

**amollissant, e** [amɔlisɑ̃, ɑ̃t] adj climat, plaisirs enervating

**amollissement** [amɔlismɑ̃] → SYN nm [chose] softening; [personne] (moral) softening; (physique) weakening; [volonté, forces, résolution] weakening ◆ **l'amollissement général est dû à ...** the general weakening of purpose is due to ...

**amonceler** [amɔ̃s(ə)le] → SYN ▸ conjug 4 ◂ 1 vt [+ choses] to pile ou heap up; [+ richesses] to amass, accumulate; [+ documents, preuves] to pile up, accumulate, amass

2 **s'amonceler** vpr [choses] to pile ou heap up; [courrier, demandes] to pile up, accumulate; [nuages] to bank up; [neige] to drift into banks; [difficultés] to pile up ◆ **les preuves s'amoncellent contre lui** the evidence is building up ou piling up against him

**amoncellement** [amɔ̃sɛlmɑ̃] → SYN nm a (= tas) [objets] pile, heap, mass; [problèmes] series ◆ **amoncellement de nuages** cloudbank

b (= accumulation) **devant l'amoncellement des demandes** faced with a growing number of requests ◆ **amoncellement de preuves** accumulation of evidence

**Amon-Rê** [amɔ̃ʀɛ] nm Amen-Ra

**amont** [amɔ̃] → SYN 1 adj inv ski, skieur uphill (épith)

2 nm [cours d'eau] upstream water; [pente] uphill slope ◆ **les rapides/l'écluse d'amont** the upstream rapids/lock ◆ **l'amont était coupé de rapides** the river upstream was a succession of rapids

◆ **en amont** (rivière) upstream, upriver; (pente) uphill; (dans l'industrie pétrolière) upstream ◆ **les contrôles en amont** the checks carried out beforehand ◆ **en amont de** [+ rivière] upstream ou upriver from; [+ pente] uphill from, above; (fig) before ◆ **en amont de cette opération** prior to this operation ◆ **intervenir en amont d'une tâche** to intervene before a task is carried out

**amoral, e,** mpl **-aux** [amɔʀal, o] → SYN adj amoral

**amoralisme** [amɔʀalism] → SYN nm amorality

**amoralité** [amɔʀalite] → SYN nf amorality

**amorçage** [amɔʀsaʒ] nm a (= action) [hameçon, ligne] baiting; [emplacement] ground baiting

b [dynamo] energizing; [siphon, obus, pompe] priming

c (= dispositif) priming cap, primer

**amorce** [amɔʀs] → SYN nf a (Pêche) [hameçon] bait; [emplacement] ground bait

b (= explosif) [cartouche] cap, primer, priming; [obus] percussion cap; [mine] priming; [pistolet d'enfant] cap

c (= début) [route] initial section; [trou] start; [pellicule, film] trailer; [conversations, négociations] starting up, beginning; [idée, projet] beginning, germ ◆ **l'amorce d'une réforme/d'un changement** the beginnings of a reform/change

d (Ordin) **(programme) amorce** bootstrap

**amorcer** [amɔʀse] → SYN ▸ conjug 3 ◂ vt a [+ hameçon, ligne] to bait ◆ **il amorce au ver de vase** [+ ligne] he baits his line with worms; [+ emplacement] he uses worms as ground bait

b [+ dynamo] to energize; [+ siphon, obus, pompe] to prime

c [+ route, tunnel] to start ou begin building, make a start on; [+ travaux] to begin, make a start on; [+ trou] to begin ou start to bore ◆ **la construction est amorcée depuis deux mois** work has been in progress ou been under way for two months

d [+ réformes, évolution] to initiate, begin; [+ virage] to begin ◆ **il amorça un geste pour prendre la tasse** he made as if to take the cup ◆ **amorcer la rentrée dans l'atmosphère** [fusée] to initiate re-entry into the earth's atmosphere ◆ **une descente s'amorce après le virage** after the bend the road starts to go down

e (Pol = entamer) [+ dialogue] to start (up); [+ négociations] to start, begin ◆ **une détente est amorcée** ou **s'amorce** there are signs of (the beginnings of) a détente

**amoroso** [amɔʀozo] → SYN adv amoroso

**amorphe** [amɔʀf] → SYN adj a (= apathique) personne passive, lifeless, spiritless; esprit, caractère, attitude passive; marché dull

b (Minér) amorphous

**amorti, e** [amɔʀti] → SYN (ptp de **amortir**) 1 nm (Tennis) drop shot ◆ **faire un amorti** (Ftbl) to trap the ball ◆ **faire un amorti de la poitrine** to chest the ball down

2 **amortie** nf (Tennis) drop shot

**amortir** [amɔʀtiʀ] → SYN ▸ conjug 2 ◂ vt a (= diminuer) [+ choc] to absorb, cushion; [+ coup, chute] to cushion, soften; [+ bruit] to deaden, muffle; [+ passions, douleur] to deaden, dull

b (Fin) [+ dette] to pay off, amortize (SPÉC); [+ titre] to redeem; [+ matériel] to write off the cost of, depreciate (SPÉC) ◆ **il utilise beaucoup sa voiture pour l'amortir** (gén) he uses his car a lot to make it pay ou to recoup the cost to himself ◆ **maintenant, notre équipement est amorti** we have now written off the (capital) cost of the equipment

c (Archit) to put an amortizement ou amortization on

**amortissable** [amɔʀtisabl] adj (Fin) redeemable

**amortissement** [amɔʀtismɑ̃] → SYN nm a (Fin) [dette] paying off; [titre] redemption; (= provision comptable) reserve ou provision for depreciation ◆ **l'amortissement de ce matériel se fait en trois ans** it takes three years to recoup ou to write off the cost of this equipment ◆ **amortissements admis par le fisc** capital allowances

**b** (= diminution) [choc] absorption

**c** (Archit) amortizement, amortization

**amortisseur** [amɔʀtisœʀ] **nm** shock absorber

**Amou Daria** [amudaʀja] **nm** Amu Darya

**amour** [amuʀ] → SYN **1** **nm** **a** (= sentiment) love ◆ **parler d'amour** to speak of love ◆ **se nourrir** ou **vivre d'amour et d'eau fraîche** * to live on love alone ◆ **j'ai rencontré le grand amour** I have met the love of my life ◆ **vivre un grand amour** to be passionately ou deeply in love ◆ **entre eux, ce n'est pas le grand amour** there's no love lost between them ◆ **amour platonique** platonic love ◆ **lettre/mariage/roman d'amour** love letter/match/story ◆ **fou d'amour** madly ou wildly in love ◆ **amour fou** wild love ou passion, mad love ◆ **ce n'est plus de l'amour, c'est de la rage** * it's not love, it's raving madness! *; → **filer, saison**

**b** (= acte) love-making (NonC) ◆ **pendant l'amour, elle murmurait des mots tendres** while they were making love ou during their love-making, she murmured tender words ◆ **l'amour libre** free love ◆ **l'amour physique** physical love ◆ **faire l'amour** to make love (*avec* to, with)

**c** (= personne) love; (= aventure) love affair ◆ **premier amour** (= personne) first love; (= aventure) first love (affair) ◆ **ses amours de jeunesse** (= aventures) the love affairs ou loves of his youth; (= personnes) the loves ou lovers of his youth ◆ **c'est un amour de jeunesse** she's one of his old loves ou flames * ◆ **des amours de rencontre** casual love affairs ◆ **à tes amours !** * (hum) (quand on trinque) here's to you!; (quand on éternue) bless you! ◆ **comment vont tes amours ?** * (hum) how's your love life? *

**d** (= terme d'affection) **mon amour** my love, my sweet ◆ **cet enfant est un amour** that child's a real darling ◆ **passe-moi l'eau, tu seras un amour** be a darling ou dear and pass me the water, pass me the water, there's a darling ou a dear (Brit) ◆ **un amour de bébé/de petite robe** a lovely ou sweet little baby/dress

**e** (Art) cupid ◆ **(le dieu) Amour** (Myth) Eros, Cupid

**f** (Bot) **amour en cage** Chinese lantern, winter ou ground cherry

**g** (Loc) **pour l'amour de Dieu** for God's sake, for the love of God ◆ **pour l'amour de votre mère** for your mother's sake ◆ **faire qch pour l'amour de l'art** * to do sth for the love of it ◆ **avoir l'amour du travail bien fait** to love to see a job well done ◆ **faire qch avec amour** to do sth with loving care

**2** **amours** **nfpl** (littér) (= personnes) loves; (= aventures) love affairs; → **ancillaire**

**amouracher (s')** [amuʀaʃe] → SYN ▸ conjug 1 ◂ **vpr** (péj) **s'amouracher de** to become infatuated with

**amourette** [amuʀɛt] → SYN **nf** (= relation) passing fancy, passing love affair

**amourettes** [amuʀɛt] → SYN **nfpl** (Culin) marrow *(served as trimming)*

**amoureusement** [amuʀøzmɑ̃] **adv** lovingly, amorously

**amoureux, -euse** [amuʀø, øz] → SYN **1** **adj** **a** (= épris) personne in love (*de* with) ◆ **tomber amoureux** to fall in love (*de* with) ◆ **être amoureux de la musique/la nature** to be a music-/nature-lover, be passionately fond of music/nature ◆ **il est amoureux de sa voiture** (hum) he's in love with his car (hum)

**b** (= d'amour) aventures love (épith), amorous ◆ **déboires amoureux** disappointments in love ◆ **vie amoureuse** love life

**c** (= ardent) tempérament, personne amorous; regard (= tendre) loving; (= voluptueux) amorous

**2** **nm,f** (gén) lover; († = soupirant) love, sweetheart ◆ **un amoureux de la nature** a nature-lover, a lover of nature ◆ **amoureux transi** bashful lover ◆ **partir en vacances en amoureux** to go off on a romantic holiday

**amour-propre**, pl **amours-propres** [amuʀpʀɔpʀ] → SYN **nm** self-esteem, pride

**amovibilité** [amɔvibilite] → SYN **nf** (Jur) removability

**amovible** [amɔvibl] → SYN **adj** doublure, housse, panneau removable, detachable; (Jur) removable

**ampélologie** [ɑ̃pelɔlɔʒi] **nf** study of the vine

**ampélopsis** [ɑ̃pelɔpsis] **nm** ampelopsis

**ampérage** [ɑ̃peʀaʒ] **nm** amperage

**ampère** [ɑ̃pɛʀ] **nm** ampere, amp

**ampère-heure**, pl **ampères-heures** [ɑ̃pɛʀœʀ] **nm** ampere-hour

**ampèremètre** [ɑ̃pɛʀmɛtʀ] **nm** ammeter

**amphétamine** [ɑ̃fetamin] **nf** amphetamine ◆ **être sous amphétamines** to be on amphetamines

**amphi** * [ɑ̃fi] **nm** abrév de **amphithéâtre**

**amphiarthrose** [ɑ̃fiaʀtʀoz] **nf** amphiarthrosis

**amphibie** [ɑ̃fibi] → SYN **1** **adj** amphibious, amphibian

**2** **nm** amphibian

**amphibiens** [ɑ̃fibjɛ̃] **nmpl** amphibia, amphibians

**amphibole**[1] [ɑ̃fibɔl] **adj** (Méd) amphibolic

**amphibole**[2] [ɑ̃fibɔl] **nf** (Minér) amphibole

**amphibologie** [ɑ̃fibɔlɔʒi] → SYN **nf** amphibol(og)y

**amphigouri** [ɑ̃figuʀi] → SYN **nm** amphigory

**amphigourique** [ɑ̃figuʀik] → SYN **adj** amphigoric

**amphimixie** [ɑ̃fimiksi] **nf** amphimixis

**amphineures** [ɑ̃finœʀ] **nmpl** ◆ **les amphineures** amphineurans, the Amphineura (SPÉC)

**amphioxus** [ɑ̃fjɔksys] **nm** amphioxus, lancelet

**amphisbène** [ɑ̃fisbɛn] → SYN **nm** amphisbaena

**amphithéâtre** [ɑ̃fiteɑtʀ] → SYN **nm** (Archit) amphitheatre (Brit), amphitheater (US); (Univ) lecture hall ou theatre (Brit) ou theater (US); (Théât) (upper) gallery ◆ **amphithéâtre morainique** (Géol) morainic cirque ou amphitheatre

**amphitryon** [ɑ̃fitʀijɔ̃] → SYN **nm** (hum ou littér = hôte) host

**ampholyte** [ɑ̃fɔlit] **nm** ampholyte

**amphore** [ɑ̃fɔʀ] → SYN **nf** amphora

**amphotère** [ɑ̃fɔtɛʀ] **adj** amphoteric, amphiprotic

**ample** [ɑ̃pl] → SYN **adj** manteau roomy; jupe, manche full; geste wide, sweeping; voix sonorous; style rich, grand; projet vast; vues, sujet wide-ranging, extensive ◆ **faire ample(s) provision(s) de qch** to get in an ample ou a plentiful supply of sth ◆ **donner ample matériel à discussion** to give plenty to discuss ◆ **pour plus ample informé je tenais à vous dire ...** for your further information I should tell you ... ◆ **veuillez m'envoyer de plus amples renseignements sur ...** please send me further details of ... ou further information about ...; → **jusque**

**amplectif, -ive** [ɑ̃plɛktif, iv] **adj** (Bot) amplexicaul

**amplement** [ɑ̃pləmɑ̃] → SYN **adv** expliquer, mériter fully, amply ◆ **gagner amplement sa vie** to earn a very good living ◆ **ça suffit amplement, c'est amplement suffisant** that's more than enough, that's ample ◆ **les récents événements ont amplement démontré que ...** recent events have been ample proof that ... ◆ **son attitude justifie amplement ma décision** his attitude is ample justification for my decision, his attitude fully ou amply justifies my decision

**ampleur** [ɑ̃plœʀ] → SYN **nf** **a** [vêtement] fullness; [voix] sonorousness; [geste] liberalness; [style, récit] opulence ◆ **donner de l'ampleur à une robe** to give fullness to a dress

**b** (= importance) [crise, problème, dégâts] scale, extent; [déficit] size, extent; [sujet, projet] scope; [vues] range ◆ **vu l'ampleur des dégâts ...** in view of the extent ou the scale of the damage ... ◆ **l'ampleur des moyens mis en œuvre** the sheer size ou the massive scale of the measures implemented ◆ **sans grande ampleur** of limited scope, small-scale (épith) ◆ **de grande/faible ampleur** large-/small-scale (épith) ◆ **des inondations d'une ampleur sans précédent** flooding on an unprecedented scale ◆ **ces manifestations prennent de l'ampleur** the demonstrations are increasing in scale

**ampli** * [ɑ̃pli] **nm** (abrév de **amplificateur**) amp * ◆ **ampli-tuner** tuner amplifier

**ampliatif, -ive** [ɑ̃plijatif, iv] → SYN **adj** ◆ **acte ampliatif** certified copy

**ampliation** [ɑ̃plijasjɔ̃] → SYN **nf** (= duplicata) certified copy; (= développement) amplification ◆ **ampliation des offres de preuves** amplification of previous evidence

**amplificateur** [ɑ̃plifikatœʀ] → SYN **nm** (Phys, Radio) amplifier; (Photo) enlarger *(permitting only fixed enlarging)*

**amplification** [ɑ̃plifikasjɔ̃] → SYN **nf** **a** (= développement) [tendance, mouvement, échanges, coopération] development; (= augmentation) increase ◆ **une amplification de l'agitation sociale** an increase in social unrest

**b** (= exagération) [incident] exaggeration

**c** (Photo) enlarging; (Opt) magnifying

**amplifier** [ɑ̃plifje] → SYN ▸ conjug 7 ◂ **1** **vt** **a** [+ tendance] to accentuate; [+ mouvement, échanges, coopération] to cause to develop

**b** (= exagérer) [+ incident] to magnify, exaggerate

**c** (Tech) [+ son, courant] to amplify; [+ image] (Photo) to enlarge; (Opt) to magnify

**2** **s'amplifier** **vpr** (= se développer) [mouvement, tendance, échange, pensée] to develop; (= s'aggraver) to get worse ◆ **les affrontements s'amplifient** the clashes are getting worse

**amplitude** [ɑ̃plityd] → SYN **nf** **a** (Astron, Phys) amplitude

**b** [températures] range

**c** (= importance) **l'amplitude de la catastrophe** the magnitude of the catastrophe

**ampoule** [ɑ̃pul] → SYN **nf** **a** (Élec) bulb ◆ **ampoule à vis/à baïonnette** screw-fitting/bayonet bulb

**b** (Pharm) phial, vial; (pour seringue) ampoule, ampule ◆ **ampoule autocassable** phial *(with a snap-off top)*

**c** (Méd : à la main, au pied) blister, ampulla (SPÉC) ◆ **ampoule rectale** (Anat) rectal ampulla

**ampoulé, e** [ɑ̃pule] → SYN **adj** style turgid, pompous, bombastic

**amputation** [ɑ̃pytasjɔ̃] → SYN **nf** [membre] amputation; [texte, roman, fortune] drastic cut ou reduction (*de* in); [budget] drastic cutback ou reduction (*de* in)

**amputé, e** [ɑ̃pyte] → SYN (ptp de **amputer**) **1** **adj** membre amputated; personne who has had a limb amputated

**2** **nm,f** amputee ◆ **c'est un amputé** he has lost an arm (ou a leg), he has had an arm (ou a leg) off * (Brit) ◆ **c'est un amputé des deux jambes** he's lost both his legs

**amputer** [ɑ̃pyte] → SYN ▸ conjug 1 ◂ **vt** **a** [+ membre] to amputate ◆ **il a été amputé** he had an amputation ◆ **il a été amputé d'une jambe** he had his leg amputated

**b** [+ texte, fortune] to cut ou reduce drastically; [+ budget] to cut back ou reduce drastically (*de* by) ◆ **amputer un pays d'une partie de son territoire** to sever a country of a part of its territory

**Amsterdam** [amstɛʀdam] **n** Amsterdam

**amuïr (s')** [amɥiʀ] ▸ conjug 2 ◂ **vpr** (Phon) to become mute, be dropped *(in pronunciation)*

**amuïssement** [amɥismɑ̃] **nm** (Phon) *dropping of a phoneme in pronunciation*

**amulette** [amylɛt] → SYN **nf** amulet

**amure** [amyʀ] → SYN **nf** (Naut) tack ◆ **aller bâbord/tribord amures** to go on the port/starboard tack

**amurer** [amyʀe] → SYN ▸ conjug 1 ◂ **vt** [+ voile] to haul aboard the tack of, tack

**amusant, e** [amyzɑ̃, ɑ̃t] → SYN **adj** (= distrayant) jeu amusing, entertaining; (= drôle) film, remarque, convive amusing, funny ◆ **c'est (très) amusant** [jeu] it's (great) fun ◆ **c'était amusant à voir** it was amusing ou funny to see ◆ **l'amusant de l'histoire c'est que ...** the funny ou amusing thing about it all is that ...

**amuse-bouche**, pl **amuse-bouche(s)** [amyzbuʃ] **nm** appetizer, snack

**amuse-gueule**, pl **amuse-gueule(s)** [amyzgœl] → SYN **nm** appetizer, snack

**amusement** [amyzmɑ̃] → SYN **nm** **a** (= divertissement) amusement (NonC) ◆ **pour l'amusement des enfants** for the children's amusement ou entertainment, to amuse ou entertain the children

**b** (= jeu) game; (= activité) diversion, pastime

**c** (= hilarité) amusement (NonC)

**amuser** [amyze] [→ SYN] ▸ conjug 1 ◂ [1] vt **a** (= divertir) to amuse, entertain; (involontairement) to amuse

**b** (= faire rire) [histoire drôle] to amuse ◆ **ces remarques ne m'amusent pas du tout** I don't find those remarks in the least bit funny ou amusing, I'm not in the least amused by such remarks ◆ **tu m'amuses avec tes grandes théories** you make me laugh with your great theories ◆ **faire le pitre pour amuser la galerie** to clown around and play to the crowd, clown around to amuse the crowd

**c** (= plaire) **ça ne m'amuse pas de devoir aller leur rendre visite** I don't enjoy having to go and visit them ◆ **si vous croyez que ces réunions m'amusent** if you think I enjoy these meetings

**d** (= détourner l'attention de) [+ ennemi, caissier] to distract (the attention of), divert the attention of ◆ **pendant que tu l'amuses, je prends l'argent** while you keep him busy ou distract his attention, I'll take the money

**e** (= tromper) to delude, beguile

[2] **s'amuser** vpr **a** (= jouer) [enfants] to play ◆ **s'amuser avec** [+ jouet, personne, chien] to play with; [+ stylo, ficelle] to play ou fiddle with ◆ **s'amuser à un jeu** to play a game ◆ **ils se sont amusés tout l'après-midi à faire des châteaux de sable** they had fun ou they played all afternoon building sandcastles ◆ **ils se sont amusés à arroser les passants** they were messing around* spraying passers-by with water ◆ **pour s'amuser ils allumèrent un grand feu de joie** they lit a big bonfire for fun ou a lark* ◆ **ne t'amuse pas à recommencer, sinon !** don't you do ou start that again, or else!

**b** (= se divertir) to have fun ou a good time, enjoy o.s.; (= rire) to have a good laugh ◆ **s'amuser à faire qch** to have fun doing sth, enjoy o.s. doing sth ◆ **nous nous sommes bien amusés** we had great fun ou a great time* ◆ **qu'est-ce qu'on s'amuse !** this is great fun! ◆ **j'aime autant te dire qu'on ne s'est pas amusés** it wasn't much fun, I can tell you ◆ **on ne va pas s'amuser à cette réunion** we're not going to have much fun ou enjoy it much at this meeting ◆ **on ne faisait rien de mal, c'était juste pour s'amuser** we weren't doing any harm, it was just for fun ou for a laugh

**c** (= batifoler) to mess about* ou around* ◆ **on n'a pas le temps de s'amuser** there's no time to mess around*

**d** (littér = se jouer de) **s'amuser de qn** to make a fool of sb

**amusette** [amyzɛt] [→ SYN] nf diversion ◆ **elle n'a été pour lui qu'une amusette** she was mere sport to him, she was just a passing fancy for him ◆ **au lieu de perdre ton temps à des amusettes tu ferais mieux de travailler** instead of frittering your time away on idle pleasures you should do some work

**amuseur, -euse** [amyzœʀ, øz] [→ SYN] nm,f entertainer ◆ **ce n'est qu'un amuseur** (péj) he's just a clown

**amusie** [amyzi] [→ SYN] nf amusia

**amygdale** [amidal] nf tonsil ◆ **se faire opérer des amygdales** to have one's tonsils removed ou out

**amygdalectomie** [amidalɛktɔmi] nf tonsillectomy

**amygdaline** [amidalin] nf amygdalin

**amygdalite** [amidalit] nf tonsillitis

**amylacé, e** [amilase] adj starchy

**amylase** [amilɑz] nf amylase

**amyle** [amil] nm amyl ◆ **nitrite d'amyle** amyl nitrite

**amylène** [amilɛn] nm pentene, amylene

**amylique** [amilik] adj ◆ **alcool amylique** amyl alcohol

**amyotrophie** [amjɔtʀɔfi] nf amyotrophy

**AN** [aɛn] nf (abrév de **Assemblée nationale**) → **assemblée**

**an** [ɑ̃] [→ SYN] nm **a** (= durée) year ◆ **après 5 ans de prison** after 5 years in prison ◆ **dans 3 ans** in 3 years, in 3 years' time (Brit) ◆ **une amitié de 20 ans** a friendship of 20 years' standing

**b** (= âge) year ◆ **un enfant de six ans** a six-year-old child, a six-year-old ◆ **porto de 10 ans d'âge** 10-year-old port ◆ **il a 22 ans** he's 22 (years old) ◆ **il n'a pas encore 10 ans** he's not yet 10

**c** (= point dans le temps) year ◆ **4 fois par an** 4 times a year ◆ **il reçoit tant par an** he gets so much a year ou per annum ◆ **le jour** ou **le premier de l'an, le nouvel an** New Year's Day ◆ **bon an mal an** taking one year with another, on average ◆ **en l'an 300 de Rome** in the Roman year 300 ◆ **en l'an 300 de notre ère/avant Jésus-Christ** in (the year) 300 AD/BC ◆ **en l'an de grâce ...** (frm ou hum) in the year of grace ... ◆ **l'an II de la république** (Hist) the second year of the French Republic ◆ **je m'en moque** ou **je m'en soucie comme de l'an quarante** I couldn't care less (about it), I don't give a damn* (about it)

**d** (littér) **les ans l'ont courbé** he is bent with age ◆ **l'outrage des ans** the ravages of time ◆ **courbé sous le poids des ans** bent under the weight of years ou age

**ana,** pl **ana(s)** [ana] nm ana

**anabaptisme** [anabatism] nm anabaptism

**anabaptiste** [anabatist] [→ SYN] adj, nmf anabaptist

**anabiose** [anabjoz] [→ SYN] nf (Bot) anabiosis

**anabolisant, e** [anabɔlizɑ̃, ɑ̃t] [1] adj anabolic

[2] nm anabolic steroid

**anabolisme** [anabɔlism] [→ SYN] nm anabolism

**anabolite** [anabɔlit] nm anabolite

**anacarde** [anakaʀd] [→ SYN] nm cashew (nut)

**anacardier** [anakaʀdje] nm cashew (tree)

**anachorète** [anakɔʀɛt] [→ SYN] nm anchorite

**anachronique** [anakʀɔnik] [→ SYN] adj anachronistic, anachronous

**anachronisme** [anakʀɔnism] [→ SYN] nm anachronism

**anaclitique** [anaklitik] adj ◆ **dépression anaclitique** anaclitic depression

**anacoluthe** [anakɔlyt] nf anacoluthon

**anaconda** [anakɔ̃da] [→ SYN] nm anaconda

**Anacréon** [anakʀeɔ̃] nm Anacreon

**anacréontique** [anakʀeɔ̃tik] [→ SYN] adj anacreontic

**anacrouse** [anakʀuz] nf (Mus, Poésie) anacrusis

**anadrome** [anadʀom] adj anadromous

**anaérobie** [anaeʀɔbi] adj anaerobic

**anaérobiose** [anaeʀɔbjoz] nf anaerobiosis

**anaglyphe** [anaglif] nm anaglyph

**anaglyptique** [anagliptik] adj anaglyptic(al)

**anagogie** [anagɔʒi] [→ SYN] nf (= interprétation) anagoge, anagogy

**anagogique** [anagɔʒik] [→ SYN] adj anagogic(al)

**anagrammatique** [anagʀamatik] adj anagrammatical

**anagramme** [anagʀam] nf anagram

**anal, e,** mpl **-aux** [anal, o] adj anal

**analeptique** [analɛptik] [→ SYN] adj analeptic

**analgésie** [analʒezi] [→ SYN] nf analgesia

**analgésique** [analʒezik] [→ SYN] adj, nm analgesic

**analité** [analite] nf anality

**anallergique** [analɛʀʒik] adj hypoallergenic

**analogie** [analɔʒi] [→ SYN] nf analogy ◆ **par analogie avec** by analogy with

**analogique** [analɔʒik] [→ SYN] adj analogical

**analogiquement** [analɔʒikmɑ̃] adv analogically

**analogue** [analɔg] [→ SYN] [1] adj analogous, similar (à to)

[2] nm analogue

**analphabète** [analfabɛt] [→ SYN] adj, nmf illiterate

**analphabétisme** [analfabetism] [→ SYN] nm illiteracy

**analysable** [analizabl] adj analysable, analyzable (US)

**analysant, e** [analizɑ̃, ɑ̃t] nm,f analysand

**analyse** [analiz] [→ SYN] [1] nf **a** (= examen) analysis ◆ **faire l'analyse de** to analyze ◆ **ça ne résiste pas à l'analyse** it doesn't stand up to analysis ◆ **avoir l'esprit d'analyse** to have an analytic(al) mind ◆ **en dernière analyse** in the final ou last analysis

**b** (Méd) test ◆ **analyse de sang/d'urine** blood/urine test ◆ **(se) faire faire des analyses** to have some tests (done); → **laboratoire**

**c** (Psych) analysis, psychoanalysis ◆ **il est en analyse, il fait une analyse** he's undergoing ou having analysis

**d** (Math) (= discipline) calculus; (= exercice) analysis

[2] COMP ▷ **analyse combinatoire** combinatorial analysis ▷ **analyse en constituants immédiats** constituent analysis ▷ **analyse factorielle** factor ou factorial analysis ▷ **analyse financière** financial analysis ▷ **analyse fonctionnelle** functional job analysis ▷ **analyse grammaticale** parsing ◆ **faire l'analyse grammaticale de** to parse ▷ **analyse logique** sentence analysis (Brit), diagramming (US) ▷ **analyse de marché** market analysis ou survey ▷ **analyse sectorielle** cross-section analysis ▷ **analyse spectrale** spectrum analysis ▷ **analyse de système** systems analysis ▷ **analyse transactionnelle** transactional analysis ▷ **analyse du travail** job analysis

**analysé, e** [analize] nm,f (Psych) *person who has undergone analysis*

**analyser** [analize] [→ SYN] ▸ conjug 1 ◂ vt (gén) to analyze; (Psych) to (psycho)analyze; (Méd) [+ sang, urine] to test; (analyse grammaticale) to parse

**analyseur** [analizœʀ] nm (Phys) analyser ◆ **analyseur syntaxique** (Ordin) parser

**analyste** [analist] nmf (gén, Math) analyst; (= psychanalyste) analyst, psychoanalyst ◆ **analyste-programmeur** programme analyst ◆ **analyste financier/de marché** financial/market analyst ◆ **analyste de systèmes** systems analyst

**analytique** [analitik] [1] adj analytic(al)

[2] nf analytics sg

**analytiquement** [analitikmɑ̃] adv analytically

**anamnèse** [anamnɛz] [→ SYN] nf anamnesis

**anamnestique** [anamnɛstik] adj anamnestic

**anamorphose** [anamɔʀfoz] [→ SYN] nf anamorphosis

**ananas** [anana(s)] nm (= fruit, plante) pineapple

**anapeste** [anapɛst] [→ SYN] nm anapaest

**anaphase** [anafɑz] nf anaphase

**anaphore** [anafɔʀ] [→ SYN] nf anaphora

**anaphorique** [anafɔʀik] adj anaphoric

**anaphrodisiaque** [anafʀodizjak] adj, nm anaphrodisiac

**anaphrodisie** [anafʀodizi] [→ SYN] nf anaphrodisia

**anaphylactique** [anafilaktik] adj anaphylactic ◆ **choc anaphylactique** anaphylactic shock

**anaphylaxie** [anafilaksi] [→ SYN] nf anaphylaxis

**anaplastie** [anaplasti] [→ SYN] nf anaplasty

**anar** * [anaʀ] nmf abrév de **anarchiste**

**anarchie** [anaʀʃi] [→ SYN] nf (Pol, fig) anarchy

**anarchique** [anaʀʃik] [→ SYN] adj anarchic(al) ◆ **de façon** ou **manière anarchique** anarchically

**anarchiquement** [anaʀʃikmɑ̃] adv anarchically

**anarchisant, e** [anaʀʃizɑ̃, ɑ̃t] adj anarchistic

**anarchisme** [anaʀʃism] nm anarchism

**anarchiste** [anaʀʃist] [→ SYN] [1] adj anarchistic

[2] nmf anarchist

**anarchosyndicalisme** [anaʀkosɛ̃dikalism] nm anarcho-syndicalism

**anarchosyndicaliste** [anaʀkosɛ̃dikalist] nmf anarcho-syndicalist

**anarthrie** [anaʀtʀi] nf anarthria

**anasarque** [anazaʀk] nf anasarca

**anastatique** [anastatik] adj anastatic

**anastigmat** [anastigma(t)] adj m, nm ◆ **(objectif) anastigmat** anastigmat, anastigmatic lens

**anastigmatique** [anastigmatik] **adj** anastigmatic

**anastomose** [anastɔmoz] **nf** (Anat, Bot) anastomosis

**anastrophe** [anastʀɔf] **nf** anastrophe

**anathématiser** [anatematize] → SYN ▸ conjug 1 ◂ **vt** (lit, fig) to anathematize

**anathème** [anatɛm] → SYN **nm** (= excommunication, excommunié) anathema ◆ **prononcer un anathème contre qn, frapper qn d'anathème** (Rel) to excommunicate sb, anathematize sb ◆ **jeter l'anathème sur** (fig) to curse, anathematize (frm)

**anathémiser** [anatemize] ▸ conjug 1 ◂ **vt** to anathematize

**anatife** [anatif] → SYN **nm** barnacle

**Anatolie** [anatɔli] **nf** Anatolia

**anatomie** [anatɔmi] → SYN **nf** **a** (= science) anatomy
**b** (= corps) anatomy ◆ **dans ce film, elle montre beaucoup de son anatomie** (hum) she shows a lot of bare flesh in this film
**c** († † = dissection) (Méd) anatomy; (fig) analysis ◆ **faire l'anatomie de** (fig) to dissect (fig), analyse ◆ **pièce d'anatomie** anatomical subject

**anatomique** [anatɔmik] **adj** (gén) anatomic(al); fauteuil, oreiller contour (épith); → **cire, planche**

**anatomiquement** [anatɔmikmɑ̃] **adv** anatomically

**anatomiste** [anatɔmist] **nmf** anatomist

**anatomopathologie** [anatɔmopatɔlɔʒi] **nf** anatomopathology

**anavenin** [anavənɛ̃] → SYN **nm** antivenin, antivenene

**ANC** [aɛnse] **nm** (abrév de **African National Congress**) ANC

**ancestral, e,** mpl **-aux** [ɑ̃sɛstʀal, o] → SYN **adj** ancestral

**ancêtre** [ɑ̃sɛtʀ] → SYN **nmf** **a** (= aïeul) ancestor; (* = vieillard) old man (ou woman) ◆ **nos ancêtres les Gaulois** our ancestors ou forefathers the Gauls
**b** (= précurseur) [personne, objet] ancestor, forerunner, precursor ◆ **c'est l'ancêtre de la littérature moderne** he's the father of modern literature

**anche** [ɑ̃ʃ] → SYN **nf** (Mus) reed

**anchoïade** [ɑ̃ʃɔjad] → SYN **nf** anchovy sauce

**anchois** [ɑ̃ʃwa] → SYN **nm** anchovy

**ancien, -ienne** [ɑ̃sjɛ̃, jɛn] → SYN **1** **adj** **a** (= vieux) (gén) old; coutume, château, loi ancient; objet d'art antique ◆ **dans l'ancien temps** in the olden days, in times gone by ◆ **il est plus ancien que moi dans la maison** he has been with ou in the firm longer than me ◆ **une ancienne amitié** an old ou long-standing friendship ◆ **anciens francs** old francs ◆ **cela lui a coûté 10 millions anciens** it cost him 10 million old francs; → **testament**
**b** (avant nom = précédent) former ◆ **son ancienne femme** his ex-wife, his former ou previous wife ◆ **c'est mon ancien quartier/ancienne école** it's my old neighbourhood/school, that's where I used to live/go to school
**c** (= antique) langue, civilisation, histoire ancient ◆ **dans les temps anciens** in ancient times ◆ **la Grèce/l'Égypte ancienne** ancient Greece/Egypt
**2** **nm** (= mobilier ancien) ◆ **l'ancien** antiques
**3** **nm,f** **a** (= personne âgée) elder, old man (ou woman) ◆ **et le respect pour les anciens ?** (hum) have some respect for your elders! ◆ **les anciens du village** the village elders
**b** (= personne expérimentée) senior ou experienced person; (Mil) old soldier ◆ **c'est un ancien dans la maison** he has been with ou in the firm a long time
**c** (Hist) **les anciens** the Ancients ◆ **les anciens et les modernes** (Littérat) the Ancients and the Moderns
**d** (Scol) **ancien (élève)** former pupil, old boy (Brit), alumnus (US) ◆ **ancienne (élève)** former pupil, old girl (Brit), alumna (US)
**4** **à l'ancienne** loc adj, loc adv meuble old-style, traditional (-style); confiture made in the traditional way ◆ **faire qch à l'ancienne** to do sth in the traditional way ◆ **cuisiner à l'ancienne** to use traditional cooking methods
**5** COMP ▷ **ancien combattant** war veteran, ex-serviceman ▷ **l'Ancien Régime** the Ancien Régime

**anciennement** [ɑ̃sjɛnmɑ̃] → SYN **adv** (= autrefois) formerly

**ancienneté** [ɑ̃sjɛnte] → SYN **nf** **a** (= durée de service) length of service; (= privilèges obtenus) seniority ◆ **il a 10 ans d'ancienneté dans la maison** he has been with ou in the firm (for) 10 years ◆ **à l'ancienneté** by seniority
**b** [maison] age; [objet d'art] age, antiquity; [amitié, relation] length ◆ **compte tenu de l'ancienneté de cette pratique/loi** considering how long this practice/law has been in existence

**ancillaire** [ɑ̃silɛʀ] **adj** ◆ **devoirs ancillaires** duties as a servant ◆ **relations/amours ancillaires** (hum) relations/amorous adventures with the servants

**ancolie** [ɑ̃kɔli] → SYN **nf** columbine

**ancrage** [ɑ̃kʀaʒ] → SYN **nm** **a** (Naut) anchorage
**b** (= attache) [poteau, câble] anchoring; [mur] cramping
**c** (= incrustation) **l'ancrage de nos valeurs dans la culture** the way our values are rooted in culture ◆ **le vote confirme l'ancrage à gauche de la région** the polls confirm that the region is a left-wing stronghold ◆ **pour faciliter l'ancrage d'entreprises dans la région** to help companies gain a foothold in the region ◆ **point d'ancrage** (Aut) anchorage point; (fig) [politique] foundation stone ◆ **la monnaie d'ancrage du SME** the anchor currency of the EMS

**ancre** [ɑ̃kʀ] **nf** **a** (Naut) **ancre (de marine)** anchor ◆ **ancre de miséricorde** ou **de salut** sheet anchor ◆ **être à l'ancre** to be ou lie ou ride at anchor ◆ **jeter l'ancre** to cast ou drop anchor; → **lever**
**b** (Constr) cramp(-iron), anchor; (Horlogerie) anchor escapement, recoil escapement

**ancrer** [ɑ̃kʀe] → SYN ▸ conjug 1 ◂ **1** **vt** **a** (Naut) to anchor
**b** (Tech) [+ poteau, câble] to anchor; [+ mur] to cramp
**c** (= incruster) **ancrer qch dans la tête de qn** to fix sth firmly in sb's mind ◆ **il a cette idée ancrée dans la tête** he's got this idea firmly fixed in his mind ◆ **la région reste profondément ancrée à gauche** (Pol) the region is still firmly left-wing ou remains a left-wing stronghold
**2** **s'ancrer** **vpr** **a** (Naut) to anchor, cast ou drop anchor
**b** (= s'incruster) **quand une idée s'ancre dans l'esprit des gens** when an idea takes root ou becomes fixed in people's minds ◆ **il s'est ancré dans la tête que ...** he got it into ou fixed in his head that ... ◆ **le groupe cherche à s'ancrer économiquement dans la région** the group is trying to gain an economic foothold in the region

**andain** [ɑ̃dɛ̃] → SYN **nm** swath

**andalou, -ouse** [ɑ̃dalu, uz] **1** **adj** Andalusian
**2** **Andalou(se)** **nm,f** Andalusian

**Andalousie** [ɑ̃daluzi] **nf** Andalusia, Andalucia

**andante** [ɑ̃dɑ̃t] → SYN **adv, nm** andante

**Andes** [ɑ̃d] **nfpl** ◆ **les Andes** the Andes

**andésite** [ɑ̃dezit] **nf** andesite

**andin, e** [ɑ̃dɛ̃, in] **1** **adj** Andean
**2** **Andin(e)** **nm,f** Andean

**andorran, e** [ɑ̃dɔʀɑ̃, an] **1** **adj** Andorran
**2** **Andorran(e)** **nm,f** Andorran

**Andorre** [ɑ̃dɔʀ] **nf** Andorra ◆ **Andorre-la-Vieille** Andorra la Vella

**andouille** [ɑ̃duj] → SYN **nf** **a** (Culin) andouille, *sausage made of chitterlings, eaten cold*
**b** (‡ = imbécile) dummy *, twit * (Brit), prat ‡ (Brit) ◆ **faire l'andouille** to act the fool ◆ **espèce d'andouille !, triple andouille !** you dummy! *, you (stupid) prat! ‡ (Brit)

**andouiller** [ɑ̃duje] → SYN **nm** tine, (branch of) antler

**andouillette** [ɑ̃dujɛt] **nf** andouillette, *small sausage made of chitterlings, eaten hot*

**andrène** [ɑ̃dʀɛn] **nm** mining bee

**androcée** [ɑ̃dʀɔse] **nm** androecium

**androcéphale** [ɑ̃dʀosefal] **adj** with a human head

**androgène** [ɑ̃dʀɔʒɛn] **1** **adj** hormone androgen; effet androgenic
**2** **nm** androgen

**androgenèse** [ɑ̃dʀoʒənɛz] **nf** androgenesis

**androgyne** [ɑ̃dʀɔʒin] → SYN **1** **adj** androgynous
**2** **nm** androgyne

**androgynie** [ɑ̃dʀɔʒini] **nf** androgyny

**androïde** [ɑ̃dʀɔid] **nm** android

**andrologie** [ɑ̃dʀɔlɔʒi] **nf** andrology

**andrologue** [ɑ̃dʀɔlɔg] **nmf** andrologist

**Andromaque** [ɑ̃dʀɔmak] **nf** Andromache

**Andromède** [ɑ̃dʀɔmɛd] **nf** Andromeda

**andropause** [ɑ̃dʀopoz] **nf** male menopause

**androstérone** [ɑ̃dʀosteʀɔn] **nf** androsterone

**âne** [ɑn] → SYN **nm** **a** (Zool) donkey, ass ◆ **être comme l'âne de Buridan** to be unable to decide between two alternatives ◆ **il y a plus d'un âne (à la foire) qui s'appelle Martin** (hum) a lot of people are called that, that's a very common name; → **dos**
**b** (* = personne) ass *, fool ◆ **faire l'âne pour avoir du son** to act ou play dumb to find out what one wants to know ◆ **âne bâté** † stupid ass *; → **bonnet, pont**

> **ÂNE DE BURIDAN**
>
> The origin of this expression is a philosophical text, supposedly written by Buridan in the 14th century, about an ass that starves to death because he cannot choose between two identical heaps of oats. The term has come to refer to any person who finds it impossible to make up their mind.

**anéantir** [aneɑ̃tiʀ] → SYN ▸ conjug 2 ◂ **1** **vt** **a** (= détruire) [+ ville, armée, peuple] to annihilate, wipe out; [+ efforts] to wreck, ruin, destroy; [+ espoirs] to dash, ruin, destroy; [+ sentiment] to destroy
**b** (= déprimer, gén pass) [chaleur] to overwhelm, overcome; [fatigue] to exhaust, wear out; [chagrin] to crush ◆ **la nouvelle l'a anéanti** the news completely broke him
**2** **s'anéantir** **vpr** [espoir] to be dashed

**anéantissement** [aneɑ̃tismɑ̃] → SYN **nm** **a** (= destruction) [ville, armée, peuple] annihilation, wiping out; [efforts, sentiment] destruction ◆ **c'est l'anéantissement de tous mes espoirs** that's the end of ou that has dashed all my hopes ◆ **ce régime vise à l'anéantissement de l'individu** this régime aims at the complete suppression ou annihilation of the individual
**b** (= fatigue) exhaustion; (= abattement) dejection

**anecdote** [anɛkdɔt] → SYN **nf** (gén) anecdote ◆ **l'anecdote** (= détails) trivial detail ou details ◆ **pour l'anecdote** as a matter of interest ◆ **cet historien ne s'élève pas au-dessus de l'anecdote** (péj) this historian doesn't rise above the anecdotal

**anecdotique** [anɛkdɔtik] → SYN **adj** histoire, description anecdotal; (péj) peinture exclusively concerned with detail (attrib) ◆ **le caractère anecdotique de cet incident** (péj) the trivial nature of the incident ◆ **ce sujet n'a qu'un intérêt anecdotique** this subject is only of passing interest

**anéchoïque** [anekɔik] **adj** anechoic

**anémiant, e** [anemjɑ̃, ɑ̃t] → SYN **adj** (Méd) causing anaemia (Brit) ou anemia (US); (fig) debilitating

**anémie** [anemi] → SYN **nf** (Méd) anaemia (Brit), anemia (US); (fig) [économie] weakness ◆ **anémie pernicieuse** pernicious anaemia ◆ **anémie falciforme** sickle cell anaemia

**anémié, e** [anemje] → SYN (ptp de **anémier**) **adj** (Méd) anaemic (Brit), anemic (US); (fig) weakened, enfeebled

**anémier** [anemje] → SYN ▸ conjug 7 ◂ **1** **vt** (Méd) to make anaemic (Brit) ou anemic (US); (fig) to weaken

2 **s'anémier** vpr (Méd) to become anaemic (Brit) ou anemic (US)

**anémique** [anemik] → SYN adj (Méd, fig) anaemic (Brit), anemic (US)

**anémographe** [anemɔgʀaf] nm anemograph

**anémomètre** [anemɔmɛtʀ] → SYN nm (pour un fluide) anemometer; (pour le vent) anemometer, wind gauge

**anémone** [anemɔn] → SYN nf anemone ◆ **anémone sylvie** wood anemone ◆ **anémone de mer** sea anemone

**anémophile** [anemɔfil] adj anemophilous

**anencéphale** [anɑ̃sefal] adj anencephalic

**anencéphalie** [anɑ̃sefali] nf anencephaly

**ânerie** [ɑnʀi] → SYN nf a (caractère) stupidity ◆ **il est d'une ânerie !** he's a real ass! *
b (= parole) stupid ou idiotic remark; (action) stupid mistake, blunder ◆ **arrête de dire des âneries !** stop talking nonsense! ou rubbish (Brit)! ◆ **faire une ânerie** to make a blunder, do something silly

**anéroïde** [aneʀɔid] adj → **baromètre**

**ânesse** [ɑnɛs] → SYN nf she-ass, jenny

**anesthésiant, e** [anɛstezjɑ̃, ɑ̃t] → SYN adj, nm anaesthetic (Brit), anesthetic (US) ◆ **anesthésiant local** local anaesthetic

**anesthésie** [anɛstezi] → SYN nf (= état d'insensibilité, technique) anaesthesia (Brit), anesthesia (US); (= opération) anaesthetic (Brit), anesthetic (US) ◆ **sous anesthésie** under anaesthetic ou anaesthesia ◆ **anesthésie générale/locale** general/local anaesthetic ◆ **je vais vous faire une anesthésie** I'm going to give you an anaesthetic

**anesthésier** [anɛstezje] → SYN ▸ conjug 7 ◂ vt (Méd) [+ organe] to anaesthetize (Brit), anesthetize (US); [+ personne] to give an anaesthetic (Brit) ou anesthetic (US) to, anaesthetize (Brit), anesthetize (US); (fig) to deaden, benumb, anaesthetize (Brit), anesthetize (US) ◆ **j'étais comme anesthésié** (fig) I felt completely numb

**anesthésiologie** [anɛstezjɔlɔʒi] nf anaesthetics (Brit) sg, anesthesiology (US)

**anesthésique** [anɛstezik] → SYN 1 adj substance anaesthetic (Brit), anesthetic (US)
2 nm anaesthetic (Brit), anesthetic (US)

**anesthésiste** [anɛstezist] nmf anaesthetist (Brit), anesthesiologist (US)

**aneth** [anɛt] → SYN nm dill

**anévrisme** [anevʀism] nm aneurism; → **rupture**

**anfractuosité** [ɑ̃fʀaktɥozite] → SYN nf [falaise, mur, sol] crevice

**angarie** [ɑ̃gaʀi] → SYN nf angary

**ange** [ɑ̃ʒ] → SYN 1 nm a (Rel) angel ◆ **bon/mauvais ange** good/bad angel ◆ **être le bon ange de qn** to be sb's good ou guardian angel ◆ **être le mauvais ange de qn** to be an evil influence on sb
b (= personne) angel ◆ **oui mon ange** yes, darling ◆ **va me chercher mes lunettes tu seras un ange** be an angel ou a darling and get me my glasses ◆ **il est sage comme un ange** he's an absolute angel, he's as good as gold ◆ **il est beau comme un ange** he's absolutely gorgeous ◆ **avoir une patience d'ange** to have the patience of a saint ◆ **c'est un ange de douceur/de bonté** he's sweetness/kindness itself
c (Zool) angel fish
d (LOC) **un ange passa** there was an awkward pause ou silence ◆ **être aux anges** to be in seventh heaven; → **discuter**
2 COMP ▷ **ange déchu** (Rel) fallen angel ▷ **l'ange exterminateur** (Rel) the exterminating angel ▷ **ange gardien** (Rel, fig) guardian angel; (= garde du corps) bodyguard; → **cheveu, faiseur**

**angéiologie** [ɑ̃ʒejɔlɔʒi] nf angiology

**angéite** [ɑ̃ʒeit] → SYN nf angeitis, angiitis

**angélique**[1] [ɑ̃ʒelik] → SYN adj (Rel, fig) angelic(al)

**angélique**[2] [ɑ̃ʒelik] → SYN nf (Bot, Culin) angelica

**angéliquement** [ɑ̃ʒelikmɑ̃] adv angelically, like an angel

**angélisme** [ɑ̃ʒelism] → SYN nm (Rel) angelism ◆ **l'angélisme du gouvernement** the government's naïve optimism

**angelot** [ɑ̃ʒ(ə)lo] nm (Art) cherub

**angélus** [ɑ̃ʒelys] nm angelus

**angiectasie** [ɑ̃ʒjɛktazi] nf angiectasis

**angine** [ɑ̃ʒin] → SYN nf (= amygdalite) tonsillitis; (= pharyngite) pharyngitis ◆ **avoir une angine** to have a sore throat ◆ **angine de poitrine** angina (pectoris) ◆ **angine couenneuse, angine diphtérique** diphtheria

**angineux, -euse** [ɑ̃ʒinø, øz] adj anginal

**angiocardiographie** [ɑ̃ʒjokaʀdjɔgʀafi] nf angiocardiography

**angiographie** [ɑ̃ʒjɔgʀafi] nf angiography

**angiologie** [ɑ̃ʒjɔlɔʒi] nf angiology

**angiome** [ɑ̃ʒjom] → SYN nm angioma

**angioneurotique** [ɑ̃ʒjonøʀɔtik] adj angioneurotic

**angioplastie** [ɑ̃ʒjoplasti] nf angioplasty

**angiosperme** [ɑ̃ʒjospɛʀm] 1 adj angiospermous
2 **les angiospermes** nfpl angiosperms, the Angiospermae (SPÉC)

**angiotensine** [ɑ̃ʒjotɑ̃sin] nf angiotensin

**anglais, e** [ɑ̃glɛ, ɛz] → SYN 1 adj English; → **assiette, broderie, crème** etc
2 nm a **Anglais** Englishman ◆ **les Anglais** (en général) English people, the English; (abusivement = Britanniques) British people, the British; (= hommes) Englishmen ◆ **les Anglais ont débarqué** * (euph) I've got the curse *, I've got my period
b (Ling) English ◆ **anglais canadien/britannique/américain** Canadian/British/American English ◆ **parler anglais** to speak English
3 **anglaise** nf a **Anglaise** Englishwoman
b (Coiffure) **anglaises** ringlets
c (Écriture) ≃ modern English handwriting
4 **à l'anglaise** loc adj, loc adv légumes boiled; parc, jardin landscaped ◆ **cuit à l'anglaise** boiled; → **filer**

**angle** [ɑ̃gl] GRAMMAIRE ACTIVE 26.3 → SYN
1 nm a [meuble, rue] corner ◆ **à l'angle de ces deux rues** at ou on the corner of these two streets ◆ **le magasin qui fait l'angle** the shop on the corner ◆ **la maison est en angle** the house stands directly ou is right on the corner ◆ **meuble d'angle** corner unit
b (Math) angle ◆ **angle saillant/rentrant** salient/re-entrant angle ◆ **angle aigu/obtus** acute/obtuse angle ◆ **angles alternes externes/internes** exterior/interior alternate angles
c (= aspect) angle, point of view ◆ **vu sous cet angle** seen from ou looked at from that angle ou point of view
d [caractère, personne] rough edge; → **arrondir**
2 COMP ▷ **angles adjacents** adjacent angles ▷ **angle de braquage** lock ▷ **angle de chasse** (Aut) castor angle ▷ **angle de couverture** (Photo) lens field ▷ **angle dièdre** dihedral angle ▷ **angle droit** right angle ◆ **faire un angle droit** to be at right angles (*avec* to) ▷ **angle facial** facial angle ▷ **angle d'incidence** angle of incidence ▷ **angle d'inclinaison** angle of inclination ▷ **angle inscrit (à un cercle)** inscribed angle (of a circle) ▷ **angle de marche** ⇒ **angle de route** ▷ **angle mort** dead angle, blind spot ▷ **angle optique** optic angle ▷ **angle de réfraction** angle of refraction ▷ **angle de route** (Mil) bearing, direction of march ▷ **angle de tir** firing angle ▷ **angle visuel** visual angle

**Angleterre** [ɑ̃glətɛʀ] nf England; (abusivement = Grande Bretagne) (Great) Britain

**anglican, e** [ɑ̃glikɑ̃, an] → SYN adj, nm,f Anglican

**anglicanisme** [ɑ̃glikanism] nm Anglicanism

**angliche** * [ɑ̃gliʃ] (hum ou péj) 1 adj English, British
2 **Angliche** nmf Brit *, Britisher * ◆ **les Angliches** the Brits *

**angliciser** [ɑ̃glisize] ▸ conjug 1 ◂ 1 vt to anglicize
2 **s'angliciser** vpr to become anglicized

**anglicisme** [ɑ̃glisism] nm anglicism

**angliciste** [ɑ̃glisist] nmf (= étudiant) student of English (*language and civilization*); (= spécialiste) anglicist, English specialist

**anglo-** [ɑ̃glɔ] préf (dans les mots composés à trait d'union, le préfixe reste invariable) anglo- ◆ **anglo-irlandais** Anglo-Irish

**anglo-américain,** pl **anglo-américains** [ɑ̃gloameʀikɛ̃] 1 adj Anglo-American
2 nm (Ling) American English
3 **Anglo-Américain(e)** nm,f Anglo-American

**anglo-arabe,** pl **anglo-arabes** [ɑ̃gloaʀab] adj, nm (= cheval) Anglo-Arab

**anglo-canadien, -ienne,** mpl **anglo-canadiens** [ɑ̃glokanadjɛ̃, jɛn] 1 adj Anglo-Canadian
2 nm (Ling) Canadian English
3 **Anglo-Canadien(ne)** nm,f English Canadian

**anglomane** [ɑ̃glɔman] nmf anglomaniac

**anglomanie** [ɑ̃glɔmani] → SYN nf anglomania

**anglo-normand, e,** mpl **anglo-normands** [ɑ̃glonɔʀmɑ̃, ɑ̃d] 1 adj Anglo-Norman; → **île**
2 nm a (Ling) Anglo-Norman, Norman French
b (= cheval) Anglo-Norman (horse)

**anglophile** [ɑ̃glɔfil] adj, nmf anglophile

**anglophilie** [ɑ̃glɔfili] nf anglophilia

**anglophobe** [ɑ̃glɔfɔb] 1 adj anglophobic
2 nmf anglophobe

**anglophobie** [ɑ̃glɔfɔbi] nf anglophobia

**anglophone** [ɑ̃glɔfɔn] 1 adj personne English-speaking, Anglophone; littérature English-language (épith), in English (attrib)
2 nmf English speaker, Anglophone

**anglo-saxon, -onne,** mpl **anglo-saxons** [ɑ̃glosaksɔ̃, ɔn] 1 adj Anglo-Saxon ◆ **les pays anglo-saxons** Anglo-Saxon countries
2 nm (Ling) Anglo-Saxon
3 **Anglo-Saxon(ne)** nm,f Anglo-Saxon

**angoissant, e** [ɑ̃gwasɑ̃, ɑ̃t] → SYN adj situation, silence harrowing, agonizing ◆ **nous avons vécu des jours angoissants** we went through ou suffered days of anguish ou agony

**angoisse** [ɑ̃gwas] → SYN nf a (NonC) (gén, Psych) anguish, distress ◆ **crises d'angoisse** anxiety attacks ◆ **l'angoisse métaphysique** (Philos) angst ◆ **une étrange angoisse le saisit** a strange feeling of anguish gripped him ◆ **l'angoisse de la mort** the anguish of death ◆ **il vivait dans l'angoisse** he lived in anguish ◆ **il vivait dans l'angoisse d'un accident** he lived in dread of ou he dreaded an accident ◆ **vivre des jours d'angoisse** to go through ou suffer days of anguish ou agony ◆ **c'est l'angoisse** * it's nerve-racking ◆ **quelle angoisse, ces factures à payer !** * these bills are a terrible worry!
b (= peur) dread (NonC), fear ◆ **avoir des angoisses** (= sensation d'étouffement) to feel one is suffocating

**angoissé, e** [ɑ̃gwase] → SYN (ptp de **angoisser**)
1 adj geste, visage, voix anguished; question, silence agonized; personne anxious, distressed ◆ **être angoissé** (= inquiet) to be distressed ou in anguish; (= oppressé) to feel suffocated
2 nm,f anxious person

**angoisser** [ɑ̃gwase] → SYN ▸ conjug 1 ◂ 1 vt (= inquiéter) to distress, cause anguish to; (= oppresser) to choke
2 vi ( * = être angoissé) to be worried sick *

**Angola** [ɑ̃gɔla] nm Angola

**angolais, e** [ɑ̃gɔlɛ, ɛz] 1 adj Angolan
2 **Angolais(e)** nm,f Angolan

**angor** [ɑ̃gɔʀ] → SYN nm angina ◆ **crise d'angor** attack of angina

**angora** [ɑ̃gɔʀa] → SYN adj, nm angora

**angoumoisin, e** [ɑ̃gumwazɛ̃, zin] 1 adj of ou from Angoulême
2 **Angoumoisin(e)** nm,f native ou inhabitant of Angoulême

**angstrœm, angström** [aŋstʀœm] nm angstrom (unit)

**anguiforme** [ɑ̃gifɔʀm] → SYN adj anguine

**Anguilla** [ɑ̃gija] n Anguilla

**anguille** [ɑ̃gij] → SYN nf (Culin, Zool) eel ◆ **anguille de mer** conger eel ◆ **il m'a filé entre les doigts comme une anguille** he slipped right through my fingers, he wriggled out of my clutches ◆ **il y a anguille sous roche** there's something in the wind

**anguillère** [ɑ̃gijɛʀ] nf (= vivier) eel-bed; (= pêcherie) eelery

**anguilliforme** [ɑ̃gijifɔʀm] adj anguilliform

**anguillule** [ɑ̃gijyl] nf eelworm

**angulaire** [ɑ̃gylɛʀ] adj angular; → **pierre**

**anguleux, -euse** [ɑ̃gylø, øz] → SYN adj menton, visage angular; coude bony

**angustura** [ɑ̃gystyʀa] nf angustura, angostura

**anharmonique** [anaʀmɔnik] adj anharmonic

**anhélation** [anelasjɔ̃] → SYN nf shortness of breath

**anhéler** [anele] ▸ conjug 6 ◂ vi to gasp

**anhidrose** [anidʀoz] nf an(h)idrosis

**anhydre** [anidʀ] adj anhydrous

**anhydride** [anidʀid] nm anhydride

**anhydrite** [anidʀit] nf anhydrite

**anhydrobiose** [anidʀobjoz] nf cryptobiosis

**anicroche** * [anikʀɔʃ] nf hitch, snag ◆ **sans anicroches** se passer smoothly, without a hitch

**ânier, -ière** [ɑnje, jɛʀ] nm,f donkey-driver

**anilide** [anilid] nm anilide

**aniline** [anilin] nf aniline

**animadversion** [animadvɛʀsjɔ̃] → SYN nf animadversion

**animal, e,** mpl **-aux** [animal, o] → SYN **1** adj **a** espèce, règne, graisse, vie animal (épith) ◆ **protéine (d'origine) animale** animal protein

**b** force, réaction animal (épith); sensualité raw, animal (épith); → **esprit**

**2** nm **a** (Zool) animal ◆ **animal familier** ou **de compagnie** pet ◆ **animal de laboratoire** laboratory animal ◆ **animaux de boucherie** animals for slaughter

**b** ( * ou péj) (= personne brutale) animal; (= personne stupide) silly devil * ◆ **où est parti cet animal ?** where did that devil * go?

**animalcule** [animalkyl] nm animalcule

**animalerie** [animalʀi] → SYN nf [laboratoire] animal house; (= magasin) pet shop

**animalier, -ière** [animalje, jɛʀ] → SYN **1** adj peintre, sculpteur animal (épith), wildlife (épith); film, photographie wildlife (épith) ◆ **cinéaste animalier** maker of wildlife films; → **parc**

**2** nm **a** (Art) painter (ou sculptor) of animals, animal painter (ou sculptor)

**b** [laboratoire] animal keeper

**animalité** [animalite] → SYN nf animality

**animateur, -trice** [animatœʀ, tʀis] → SYN nm,f **a** (= personne dynamique) **c'est un animateur né** he's a born organizer ◆ **l'animateur de cette entreprise** the driving force behind ou the prime mover in this undertaking ◆ **ce poste requiert des qualités d'animateur d'équipe** this post requires leadership qualities

**b** (= professionnel) [spectacle, émission de jeux] host, compere (Brit), emcee (US); [émission culturelle] presenter; [music-hall] compere (Brit), emcee (US); [discothèque] disc jockey, DJ; [club] leader, sponsor (US); [camp de vacances] activity leader, camp counselor (US) ◆ **animateur (de) radio** radio presenter

**c** (Ciné = technicien) animator

**animation** [animasjɔ̃] → SYN nf **a** (= vie) [quartier, regard, personne] life, liveliness; [discussion] animation, liveliness; (= affairement) [rue, quartier, bureau] (hustle and) bustle ◆ **son arrivée provoqua une grande animation** his arrival caused a great deal of excitement ou a great commotion ◆ **parler avec animation** to talk animatedly ◆ **mettre de l'animation** to liven things up ◆ **mettre de l'animation dans une soirée** to liven up a party

**b** (= activités) activities ◆ **chargé de l'animation culturelle/sportive** in charge of cultural/sports activities; → **centre**

**c** [équipe, groupe de travail] leading ◆ **les cadres ont un rôle d'animation** a manager's role is to lead

**d** (Ciné) animation ◆ **comme on le voit sur l'animation satellite** (Mét) as we can see from the satellite picture; → **cinéma, film**

**animé, e** [anime] → SYN (ptp de **animer**) adj **a** rue, quartier (= affairé) busy; (= plein de vie) lively; regard, visage lively; discussion animated, lively, spirited; (Comm) enchères, marché brisk

**b** (Ling, Philos) animate

**animer** [anime] → SYN ▸ conjug 1 ◂ **1** vt **a** (= mener) [+ spectacle, émission de jeux] to host, compere (Brit), emcee (US); [+ émission culturelle] to present; [+ discussion] to lead; [+ réunion] to run, lead

**b** (= dynamiser, motiver) [+ parti] to be the driving force in; [+ équipe] to lead

**c** (= donner de la vie à) [+ ville, soirée, conversation] to liven up; [+ visage] to animate, light up; [+ peinture, statue] to bring to life; (Philos) [+ nature, matière] to animate ◆ **l'enthousiasme qui animait son regard** the enthusiasm which shone in his eyes ◆ **les meilleurs joueurs seront présents, ce qui va animer le tournoi** the top players will be there, which will make for an exciting tournament

**d** (= stimuler) [haine, désir] to drive (on); [foi] to sustain; [espoir] to nourish, sustain ◆ **animé par** ou **de** [+ volonté] driven (on) by; [+ désir] prompted by ◆ **animé des meilleures intentions** motivated by the best intentions ◆ **animer le marché** (Bourse) to stimulate the market ◆ **le patriotisme qui animait les soldats** the sense of patriotism that spurred the soldiers on

**e** (surtout au passif = mouvoir) to drive ◆ **l'objet est animé d'un mouvement de rotation/de translation** the object rotates/is translated ◆ **le balancier était animé d'un mouvement régulier** the pendulum was moving in a steady rhythm ou swinging steadily

**2** **s'animer** vpr [personne, rue] to come to life, liven up; [statue] to come to life; [conversation] to become animated, liven up; [foule, objet inanimé] to come to life; [match] to liven up; [yeux, traits] to light up ◆ **les machines semblaient s'animer d'une vie propre** the machines seemed to have a life of their own

**animisme** [animism] → SYN nm animism

**animiste** [animist] **1** adj théorie animist(ic); société, population animist

**2** nmf animist

**animosité** [animozite] → SYN nf (= hostilité) animosity (*contre* towards, against)

**anion** [anjɔ̃] nm anion

**anis** [ani(s)] → SYN nm (= plante) anise; (Culin) aniseed; (= bonbon) aniseed ball ◆ **anis étoilé** star anise ◆ **à l'anis** aniseed (épith)

**aniser** [anize] ▸ conjug 1 ◂ vt to flavour with aniseed ◆ **goût anisé** taste of aniseed

**anisette** [anizɛt] nf anisette

**anisotrope** [anizɔtʀɔp] adj anisotropic

**anisotropie** [anizɔtʀɔpi] nf anisotropy

**Ankara** [ɑ̃kaʀa] n Ankara

**ankylose** [ɑ̃kiloz] → SYN nf ankylosis

**ankyloser** [ɑ̃kiloze] → SYN ▸ conjug 1 ◂ **1** vt to stiffen, ankylose (SPÉC) ◆ **être tout ankylosé** to be stiff all over ◆ **mon bras ankylosé** my stiff arm ◆ **cette routine qui nous ankylose** this mind-numbing routine

**2** **s'ankyloser** vpr [membre] to stiffen up, ankylose (SPÉC); [institution] to be stagnating; [esprit] to become stultified ou dulled

**ankylostome** [ɑ̃kilostom] nm hookworm

**ankylostomiase** [ɑ̃kilɔstɔmjɑz] nf ancylostomiasis, ankylostomiasis, hookworm disease

**annales** [anal] → SYN nfpl annals ◆ **ça restera dans les annales** * that'll go down in history (hum) ◆ **un cas unique dans les annales du crime** a case that is unique in the history of crime

**annaliste** [analist] → SYN nmf annalist

**annamite** † [anamit] **1** adj Annamese, Annamite

**2** **Annamite** nmf Annamese, Annamite

**Annapurna** [anapuʀna] nm (Géog) Annapurna

**Anne** [an] nf Ann, Anne ◆ **Anne d'Autriche** Anne of Austria ◆ **Anne Boleyn** Anne Boleyn ◆ **Anne de Bretagne** Anne of Brittany

**anneau,** pl **anneaux** [ano] → SYN **1** nm **a** (= cercle, bague) ring; (= partie d'une bague) hoop; (= boucle d'oreille) hoop (earring); [chaîne] link; [préservatif] rim ◆ **anneau de rideau** curtain ring

**b** (Algèbre) ring; (Géom) ring, annulus

**c** [colonne] annulet; [champignon] annulus; [ver] segment, metamere (SPÉC); [serpent] coil

**d** (Sport) **les anneaux** the rings ◆ **exercices aux anneaux** ring exercises

**2** COMP ▷ **anneaux colorés** (Opt) Newton's rings ▷ **anneau de croissance** [arbre] annual ou growth ring ▷ **anneau épiscopal** bishop's ring ▷ **anneau nuptial** wedding ring ▷ **anneau oculaire** (Opt) eye ring ▷ **anneaux olympiques** Olympic rings ▷ **anneaux de Saturne** Saturn's rings ▷ **anneau sphérique** (Géom) (spherical) annulus ou ring ▷ **anneau de vitesse** (Sport) race track

**année** [ane] GRAMMAIRE ACTIVE 23.2 → SYN

**1** nf **a** (= durée) year ◆ **il y a bien des années qu'il est parti** he's been gone for many years, it's many years since he left ◆ **la récolte d'une année** a ou one year's harvest ◆ **tout au long de l'année** the whole year (round), throughout the year ◆ **payé à l'année** paid annually ◆ **en année pleine** (Fin) in a full year ◆ **les bénéfices en année pleine** the full-year profits ◆ **année de base** (Fin) base year

**b** (= âge, Scol, Univ) year ◆ **il est dans sa vingtième année** he is in his twentieth year ◆ **l'année universitaire** the academic year ◆ **de première/deuxième année** (Scol, Univ) first-/second-year (épith)

**c** (= point dans le temps) year ◆ **les années de guerre** the war years ◆ **année de naissance** year of birth ◆ **les années 60** the sixties, the 60s ◆ **en l'année 700 de notre ère/avant Jésus-Christ** (littér) in (the year) 700 A.D./B.C.; → **bon[1], souhaiter**

**2** COMP ▷ **année bissextile** leap year ▷ **année budgétaire** financial year ▷ **année calendaire, année civile** calendar year ▷ **année de référence** (Fin, Jur) base year ◆ **l'année de référence 1984** (Stat) the 1984 benchmark ▷ **les années folles** the Roaring Twenties ▷ **année sainte** Holy Year

**année-lumière,** pl **années-lumière** [anelymjɛʀ] nf light year ◆ **à des années-lumière de** (lit, fig) light years away from ◆ **c'est à des années-lumière de mes préoccupations** it's the last thing on my mind ◆ **ma sœur et moi sommes à des années-lumière** there's a world of difference between my sister and me

**annelé, e** [an(ə)le] adj ringed; (Bot, Zool) annulate; (Archit) annulated

**annélides** [anelid] nmpl ◆ **les annélides** annelids, the Annelida (SPÉC)

**annexe** [anɛks] GRAMMAIRE ACTIVE 26.2 → SYN

**1** adj **a** (= secondaire) activités, produits, services ancillary; tâches subsidiary; considérations secondary; budget, revenu supplementary ◆ **avantages annexes** fringe benefits ◆ **frais annexes** incidental expenses ◆ **effets annexes** side effects ◆ **il fait des travaux annexes** (pour compléter son salaire) he does other jobs on the side

**b** (= attaché) document annexed, appended ◆ **les bâtiments annexes** the annexes

**2** nf **a** [document] (= pièces complémentaires) appendix; (= pièces additives) annex(e); [contrat] (gén) rider; (= liste) schedule (*de, à* to) ◆ **en annexe** in the appendix

**b** (Constr) annex(e)

**c** (= embarcation) tender, dinghy

**annexer** [anɛkse] → SYN ▸ conjug 1 ◂ **1** vt [+ territoire] to annex; [+ document] to append, annex (*à* to)

**2** **s'annexer** * vpr (= s'attribuer) [+ bureau, personne] to commandeer (hum)

**annexion** [anɛksjɔ̃] → SYN nf (Pol) annexation

**annexionnisme** [anɛksjɔnism] nm annexationism

**annexionniste** [anɛksjɔnist] adj, nmf annexationist

**Annibal** [anibal] nm Hannibal

**annihilation** [aniilasjɔ̃] → SYN nf **a** [efforts, espoirs, résistance] destruction; [peuple] annihilation

**b** (Phys) annihilation

**annihiler** [aniile] → SYN ▸ conjug 1 ◂ vt [+ efforts] to wreck, ruin, destroy; [+ espoirs] to dash, destroy, wreck; [+ résistance] to wipe out, destroy, annihilate; [+ personne, esprit] to crush; [+ peuple] to annihilate, wipe out

**anniversaire** [anivɛʀsɛʀ] GRAMMAIRE ACTIVE 23.3 → SYN

1 adj date anniversary (épith) ◆ **la date** ou **le jour anniversaire de la victoire** the anniversary of the victory

2 nm [naissance] birthday; [événement, mariage, mort] anniversary ◆ **bon** ou **joyeux anniversaire !** happy birthday! ◆ **c'est l'anniversaire de leur mariage** it's their wedding anniversary ◆ **cadeau/carte d'anniversaire** birthday present/card

**annonce** [anɔ̃s] GRAMMAIRE ACTIVE 19.1 → SYN nf **a** [accord, décision, résultat] announcement ◆ **l'annonce officielle des fiançailles** the official announcement of the engagement ◆ **faire une annonce** to make an announcement ◆ **à l'annonce de cet événement** when the event was announced ◆ **il cherche l'effet d'annonce** he wants to make an impact ◆ **"annonce personnelle"** "personal message" ◆ **annonce judiciaire** ou **légale** legal notice

**b** (Cartes) declaration; (Bridge) (gén) bid; (finale) declaration

**c** (= publicité) (newspaper) advertisement; (pour emploi) job advertisement ◆ **petites annonces, annonces classées** classified advertisements ou ads*, classifieds, small ads* (Brit) ◆ **mettre** ou **passer une annonce (dans un journal)** to put ou place an advertisement in a paper ◆ **journal d'annonces** free sheet ◆ **page des petites annonces** (dans un journal) classifieds page, small-ads page (Brit)

**annoncer** [anɔ̃se] GRAMMAIRE ACTIVE 24.1 → SYN ▸ conjug 3 ◂

1 vt **a** (= informer de) [+ fait, décision, nouvelle] to announce (à to) ◆ **annoncer à qn que ...** to tell sb that ..., announce to sb that ... ◆ **on m'a annoncé par lettre que ...** I was informed ou advised by letter that ... ◆ **je lui ai annoncé la nouvelle** (gén) I told her the news, I announced the news to her; (mauvaise nouvelle) I broke the news to her ◆ **on annonce l'ouverture d'un nouveau magasin** they're advertising the opening of a new shop ◆ **on annonce la sortie prochaine de ce film** the forthcoming release of this film has been announced ◆ **les journaux ont annoncé leur mariage** their marriage has been announced in the papers ◆ **on annonce un grave incendie** a serious fire is reported to have broken out

**b** (= prédire) [+ pluie, détérioration] to forecast ◆ **on annonce un ralentissement économique dans les mois à venir** a slowdown in the economy is forecast ou predicted for the coming months ◆ **la défaite annoncée du parti** the predicted defeat of the party

**c** (= signaler) [présage] to foreshadow, foretell; [signe avant-coureur] to herald; [sonnerie, pas] to announce, herald ◆ **les nuages qui annoncent une tempête** clouds that herald a storm ◆ **ça n'annonce rien de bon** it bodes ill ◆ **ce radoucissement annonce la pluie/le printemps** this warmer weather is a sign that rain/spring is on the way ◆ **la cloche qui annonce la fin des cours** the bell announcing ou signalling the end of classes

**d** (= introduire) [+ personne] to announce ◆ **il entra sans se faire annoncer** he went in without being announced ou without announcing himself ◆ **qui dois-je annoncer ?** what name shall I say?, whom shall I announce?

**e** (Cartes) to declare; (Bridge) (gén) to bid; (= demander un contrat) to declare ◆ **annoncer la couleur** (lit) to declare trumps; (fig) to lay one's cards on the table

2 **s'annoncer** vpr **a** (= se présenter) **comment est-ce que ça s'annonce ?** [situation] how is it shaping up? ou looking? ◆ **le temps s'annonce orageux** the weather looks stormy ◆ **l'année s'annonce excellente** it promises to be an excellent year ◆ **ça s'annonce bien** that looks promising ◆ **le projet s'annonce bien/mal** the project has got off to a good/bad start

**b** (= arriver) [événement, crise] to approach ◆ **la révolution qui s'annonçait** the signs of the coming revolution ◆ **l'hiver s'annonçait** winter was on the way

**c** [personne] (= donner son nom) to announce o.s. ◆ **annoncez-vous au concierge en arrivant** make yourself known ou say who you are to the concierge when you arrive ◆ **il s'annonçait toujours en frappant 3 fois** he always announced himself by knocking 3 times ◆ **tu viens ici quand tu veux, tu n'as pas besoin de t'annoncer** you can come here whenever you like, you don't have to let me know in advance

**annonceur, -euse** [anɔ̃sœʀ, øz] → SYN 1 nm,f (Radio, TV) announcer

2 nm (= publicité) advertiser

**annonciateur, -trice** [anɔ̃sjatœʀ, tʀis] → SYN

1 adj ◆ **signe annonciateur** [maladie, crise] warning sign; [catastrophe] portent; [amélioration, reprise économique] indication, sign ◆ **annonciateur de** [+ événement favorable] heralding; [+ événement défavorable] heralding, forewarning ◆ **vent annonciateur de pluie** wind that heralds rain

2 nm,f herald, harbinger (littér)

**Annonciation** [anɔ̃sjasjɔ̃] nf ◆ **l'Annonciation** (= événement) the Annunciation; (= fête) Annunciation Day, Lady Day

**annoncier, -ière** [anɔ̃sje, jɛʀ] → SYN nm,f classified ads editor

**annotateur, -trice** [anɔtatœʀ, tʀis] → SYN nm,f annotator

**annotation** [anɔtasjɔ̃] → SYN nf annotation

**annoter** [anɔte] → SYN ▸ conjug 1 ◂ vt to annotate

**annuaire** [anɥɛʀ] GRAMMAIRE ACTIVE 27.1 → SYN nm [organisme] yearbook, annual; [téléphone] (telephone) directory, phone book ◆ **annuaire électronique** electronic directory ◆ **je ne suis pas dans l'annuaire** I'm ex-directory, I'm not in the phone book

**annualisation** [anɥalizasjɔ̃] nf [comptes] annualization ◆ **l'annualisation du temps de travail** the calculation of working hours on a yearly basis

**annualiser** [anɥalize] ▸ conjug 1 ◂ vt (gén) to make annual; [+ comptes] to annualize ◆ **taux annualisé** annualized rate ◆ **travail à temps partiel annualisé** *part-time work where the hours worked are calculated on a yearly basis*

**annualité** [anɥalite] nf (gén) yearly recurrence ◆ **l'annualité du budget/de l'impôt** yearly budgeting/taxation

**annuel, -elle** [anɥɛl] adj annual, yearly; → **plante**[1]

**annuellement** [anɥɛlmɑ̃] adv annually, once a year, yearly

**annuité** [anɥite] → SYN nf (gén) annual instalment (Brit) ou installment (US), annual payment; [dette] annual repayment ◆ **avoir toutes ses annuités** [pension] to have (made) all one's years' contributions

**annulable** [anylabl] → SYN adj annullable, liable to annulment (attrib)

**annulaire** [anylɛʀ] 1 adj annular, ring-shaped

2 nm ring finger, third finger

**annulation** [anylasjɔ̃] → SYN nf [contrat] invalidation, nullification; [jugement, décision] quashing; [engagement, réservation, commande] cancellation; [élection, acte, examen] nullification; [mariage] annulment ◆ **ils demandent l'annulation de leur dette** they are asking for their debt to be cancelled

**annuler** [anyle] GRAMMAIRE ACTIVE 20.4, 21.3 → SYN ▸ conjug 1 ◂

1 vt [+ contrat] to invalidate, void, nullify; [+ jugement, décision] to quash; [+ engagement] to cancel, call off; [+ élection, acte, examen] to nullify, declare void; [+ mariage] to annul; [+ réservation] to cancel; [+ commande] to cancel, withdraw; [+ dette] to cancel ◆ **le fax annule les distances** fax machines make distance irrelevant

2 **s'annuler** vpr [poussées, efforts] to cancel each other out

**anoblir** [anɔbliʀ] → SYN ▸ conjug 2 ◂ vt to ennoble, confer a title of nobility on

**anoblissement** [anɔblismɑ̃] → SYN nm ennoblement

**anode** [anɔd] nf anode

**anodin, e** [anɔdɛ̃, in] → SYN adj personne insignificant; détail trivial, trifling, insignificant; propos, remarque innocuous, harmless ◆ **ce n'est pas un acte anodin** it's not a trivial matter ◆ **dire qch de façon anodine** to say sth blandly ◆ **s'il a dit cela, ce n'est pas anodin** if he said that, he meant something by it

**anodique** [anɔdik] adj anodic

**anodiser** [anɔdize] → SYN ▸ conjug 1 ◂ vt to anodize

**anodonte** [anɔdɔ̃t] → SYN 1 adj edentulous, edentulate

2 nm anodon

**anomal, e,** mpl **-aux** [anɔmal, o] → SYN adj (Gram) anomalous

**anomalie** [anɔmali] → SYN nf (gén, Astron, Gram) anomaly; (Bio) abnormality; (Tech) (technical) fault ◆ **anomalie chromosomique/génétique** chromosomal/genetic abnormality ou defect

**anomie** [anɔmi] → SYN nf anomie

**ânon** [ɑnɔ̃] nm (= petit de l'âne) ass's foal; (= petit âne) little ass ou donkey

**anone** [anɔn] nf annona

**ânonnement** [ɑnɔnmɑ̃] → SYN nm (inexpressif) drone; (hésitant) faltering ou mumbling (speech)

**ânonner** [ɑnɔne] → SYN ▸ conjug 1 ◂ vti (de manière inexpressive) to drone on; (en hésitant) to mumble away ◆ **ânonner sa leçon** to mumble one's way through one's lesson

**anonymat** [anɔnima] → SYN nm anonymity ◆ **sous (le) couvert de l'anonymat, sous couvert d'anonymat** anonymously ◆ **garder** ou **conserver l'anonymat** to remain anonymous, preserve one's anonymity ◆ **dans un total anonymat** in total anonymity ◆ **respecter l'anonymat de qn** to respect sb's desire for anonymity ou desire to remain anonymous

**anonyme** [anɔnim] → SYN adj (= sans nom) auteur, interlocuteur, appel, lettre anonymous; main, voix unknown; (= impersonnel) décor, meubles impersonal; → **alcoolique, société**

**anonymement** [anɔnimmɑ̃] adv anonymously

**anophèle** [anɔfɛl] nm anopheles

**anorak** [anɔʀak] → SYN nm anorak

**anordir** [anɔʀdiʀ] → SYN ▸ conjug 2 ◂ vi to veer to the north

**anorexie** [anɔʀɛksi] → SYN nf anorexia ◆ **anorexie mentale** anorexia nervosa

**anorexigène** [anɔʀɛksiʒɛn] 1 adj substance, effet appetite-suppressing ◆ **médicament anorexigène** appetite suppressant (drug)

2 nm appetite suppressant

**anorexique** [anɔʀɛksik] adj, nmf anorexic

**anormal, e,** mpl **-aux** [anɔʀmal, o] → SYN 1 adj **a** (Sci, Méd) abnormal; (= insolite) situation unusual; comportement abnormal, unusual ◆ **si vous voyez quelque chose d'anormal, signalez-le** if you notice anything unusual ou irregular, report it

**b** (= injuste) unfair ◆ **il est anormal que ...** it isn't right ou it's unfair that ...

2 nm,f (Méd) abnormal person

**anormalement** [anɔʀmalmɑ̃] → SYN adv se développer abnormally; se conduire, agir unusually, abnormally; chaud, grand unusually, abnormally

**anormalité** [anɔʀmalite] → SYN nf abnormality

**anosmie** [anɔsmi] nf anosmia

**anovulation** [anɔvylasjɔ̃] → SYN nf anovulation

**anovulatoire** [anɔvylatwaʀ] adj anovular, anovulatory

**anoxémie** [anɔksemi] nf anoxaemia (Brit), anoxemia (US)

**anoxie** [anɔksi] nf anoxia

**anoxique** [anɔksik] adj anoxic

**ANPE** [aɛnpe] nf (abrév de **Agence nationale pour l'emploi**) → **agence**

**anse** [ɑ̃s] → SYN nf [panier, tasse] handle; (Géog) cove; (Anat) loop, flexura (SPÉC) ◆ **anse (de panier)** (Archit) basket-handle arch ◆ **faire danser** ou **valser l'anse du panier** (hum) to make a bit out of the shopping money*

**ansé, e** [ɑ̃se] adj croix ansate

**antagonique** [ɑ̃tagɔnik] adj antagonistic

**antagonisme** [ɑ̃tagɔnism] → SYN nm antagonism

**antagoniste** [ɑ̃tagɔnist] → SYN 1 adj forces, propositions antagonistic; (Anat) muscles antagonist
2 nmf antagonist

**antalgique** [ɑ̃talʒik] → SYN adj, nm analgesic

**antan** [ɑ̃tɑ̃] → SYN nm (littér) ◆ **d'antan** of yesteryear, of long ago ◆ **ma jeunesse d'antan** my long-lost youth ◆ **ma force d'antan** my strength of former days ◆ **mes plaisirs d'antan** my erstwhile pleasures

**Antananarivo** [ɑ̃tananaʀivo] n Antananarivo

**Antarctide** [ɑ̃taʀktid] nf ◆ **l'Antarctide** Antarctica

**antarctique** [ɑ̃taʀktik] → SYN 1 adj région Antarctic ◆ **l'océan Antarctique** the Antarctic Ocean
2 **Antarctique** nm ◆ **l'Antarctique** (= océan) the Antarctic; (= continent) Antarctica

**Antarès** [ɑ̃taʀɛs] nf Antares

**ante** [ɑ̃t] → SYN nf (Archit) anta

**antécédence** [ɑ̃tesedɑ̃s] → SYN nf antecedence

**antécédent, e** [ɑ̃tesedɑ̃, ɑ̃t] → SYN 1 nm a (Gram, Math, Philos) antecedent
b (Méd : surtout pl) medical ou case history ◆ **elle a des antécédents d'hypertension artérielle** she has a past ou previous history of high blood pressure ◆ **avez-vous des antécédents familiaux de maladies cardiaques ?** is there any history of heart disease in your family?
2 **antécédents** nmpl [personne] past ou previous history; [affaire] past ou previous history, antecedents ◆ **avoir de bons/mauvais antécédents** to have a good/bad previous history ◆ **antécédents judiciaires** criminal record ◆ **ses antécédents politiques** his political background

**antéchrist** [ɑ̃tekʀist] nm Antichrist

**antécime** [ɑ̃tesim] → SYN nf [montagne] fore-summit, subsidiary summit

**antédiluvien, -ienne** [ɑ̃tedilyvjɛ̃, jɛn] → SYN adj (lit, fig) antediluvian

**antéfixe** [ɑ̃tefiks] → SYN nf antefix

**anténatal, e,** mpl **s** [ɑ̃tenatal] adj (Méd) diagnostic, examen, dépistage antenatal (épith), prenatal (épith)

**antenne** [ɑ̃tɛn] → SYN nf a (Zool) antenna, feeler ◆ **avoir des antennes** (fig) to have a sixth sense ◆ **avoir des antennes dans un ministère** (fig) to have contacts in a ministry
b (= dispositif) (Radio) aerial, antenna; (TV) aerial; [radar] antenna ◆ **antenne parabolique** ou **satellite** satellite dish, dish aerial, dish antenna (US)
c (Radio, TV) **je donne l'antenne à Paris** (we'll go) over to Paris now ◆ **garder/quitter l'antenne** to stay on/go off the air ◆ **nous devons bientôt rendre l'antenne** we have to go back to the studio soon ◆ **je rends l'antenne au studio** and now back to the studio ◆ **temps d'antenne** airtime ◆ **vous avez droit à 2 heures d'antenne** you are entitled to 2 hours' broadcasting time ou airtime ou to 2 hours on the air ◆ **leur parti est interdit d'antenne** their party is banned from radio and television, there is a broadcasting ban on their party ◆ **hors antenne, le ministre a déclaré que ...** off the air, the minister declared that ... ◆ **être à l'antenne** to be on the air ◆ **passer à l'antenne** to go ou be on the air ◆ **sur notre antenne** on our station ◆ **le concert sera diffusé sur l'antenne de France-Musique** the concert will be broadcast on France-Musique
d (Naut = vergue) lateen yard
e (= succursale) branch; (Mil = poste avancé) outpost ◆ **antenne médicale** medical unit

**antenniste** [ɑ̃tenist] nmf aerial ou antenna technician

**antépénultième** [ɑ̃tepenyltjɛm] 1 adj antepenultimate
2 nf antepenultimate syllable, antepenult

**antéposer** [ɑ̃tepoze] → SYN ▸ conjug 1 ◂ vt to place ou put in front of the word ◆ **sujet antéposé** subject placed ou put in front of the verb

**antéposition** [ɑ̃tepozisjɔ̃] nf (Ling) anteposition

**antérieur, e** [ɑ̃teʀjœʀ] → SYN adj a (dans le temps) époque, situation previous, earlier ◆ **c'est antérieur à la guerre** it was prior to the war ◆ **cette décision était antérieure à son départ** that decision was taken prior to his departure ◆ **dans une vie antérieure** in a former life
b (dans l'espace) partie front (épith) ◆ **membre antérieur** forelimb ◆ **patte antérieure** [cheval, vache] forefoot; [chien, chat] forepaw
c (Ling) voyelle front (épith); → **futur, passé**

**antérieurement** [ɑ̃teʀjœʀmɑ̃] → SYN adv earlier ◆ **antérieurement à** prior ou previous to

**antériorité** [ɑ̃teʀjɔʀite] → SYN nf [événement, phénomène] precedence; (Gram) anteriority

**antérograde** [ɑ̃teʀɔgʀad] adj ◆ **amnésie antérograde** anterograde amnesia

**antéversion** [ɑ̃tevɛʀsjɔ̃] nf anteversion

**anthère** [ɑ̃tɛʀ] nf anther

**anthéridie** [ɑ̃teʀidi] nf antheridium

**anthérozoïde** [ɑ̃teʀɔzɔid] nm antherozoid

**anthèse** [ɑ̃tɛz] → SYN nf anthesis

**anthologie** [ɑ̃tɔlɔʒi] → SYN nf anthology; → **morceau**

**anthonome** [ɑ̃tɔnɔm] nm apple blossom weevil

**anthozoaires** [ɑ̃tozɔɛʀ] nmpl ◆ **les anthozoaires** the Anthozoa

**anthracène** [ɑ̃tʀasɛn] nm anthracene

**anthracite** [ɑ̃tʀasit] 1 nm anthracite
2 adj inv dark grey (Brit) ou gray (US), charcoal grey (Brit) ou gray (US)

**anthracnose** [ɑ̃tʀaknoz] → SYN nf anthracnose

**anthracose** [ɑ̃tʀakoz] → SYN nf coal miner's lung, anthracosis (SPÉC)

**anthraquinone** [ɑ̃tʀakinɔn] nf anthraquinone

**anthrax** [ɑ̃tʀaks] → SYN nm (= tumeur) carbuncle

**anthrène** [ɑ̃tʀɛn] nm varied carpet beetle

**anthropique** [ɑ̃tʀɔpik] adj anthropic

**anthropocentrique** [ɑ̃tʀɔposɑ̃tʀik] adj anthropocentric

**anthropocentrisme** [ɑ̃tʀɔposɑ̃tʀism] → SYN nm anthropocentrism

**anthropogenèse** [ɑ̃tʀɔpɔʒənɛz] nf anthropogenesis

**anthropogénie** [ɑ̃tʀɔpɔʒeni] nf anthropogeny

**anthropoïde** [ɑ̃tʀɔpɔid] → SYN 1 adj anthropoid
2 nm anthropoid (ape)

**anthropologie** [ɑ̃tʀɔpɔlɔʒi] → SYN nf anthropology

**anthropologique** [ɑ̃tʀɔpɔlɔʒik] adj anthropological

**anthropologiste** [ɑ̃tʀɔpɔlɔʒist], **anthropologue** [ɑ̃tʀɔpɔlɔg] nmf anthropologist

**anthropométrie** [ɑ̃tʀɔpɔmetʀi] nf anthropometry

**anthropométrique** [ɑ̃tʀɔpɔmetʀik] → SYN adj anthropometric(al) ◆ **fiche anthropométrique** mugshot

**anthropomorphe** [ɑ̃tʀɔpɔmɔʀf] → SYN adj anthropomorphous

**anthropomorphique** [ɑ̃tʀɔpɔmɔʀfik] adj anthropomorphic

**anthropomorphisme** [ɑ̃tʀɔpɔmɔʀfism] nm anthropomorphism

**anthropomorphiste** [ɑ̃tʀɔpɔmɔʀfist] 1 adj anthropomorphist, anthropomorphic
2 nmf anthropomorphist

**anthroponymie** [ɑ̃tʀɔpɔnimi] nf (Ling) anthroponomy

**anthropophage** [ɑ̃tʀɔpɔfaʒ] → SYN 1 adj cannibalistic, cannibal (épith), anthropophagous (SPÉC)
2 nmf cannibal, anthropophagite (SPÉC)

**anthropophagie** [ɑ̃tʀɔpɔfaʒi] nf cannibalism, anthropophagy (SPÉC)

**anthropopithèque** [ɑ̃tʀɔpɔpitɛk] nm anthropopithecus

**anthume** [ɑ̃tym] adj œuvre published during the author's lifetime

**anthyllis** [ɑ̃tilis] nf kidney vetch, ladies' fingers

**anti** [ɑ̃ti] 1 préf ◆ **anti(-)** (dans les composés à traits d'union, le préfixe reste invariable) anti- ◆ **anti-impérialisme** anti-imperialism ◆ **l'anti-art/-théâtre** anti-art/-theatre ◆ **flash anti-yeux rouges** flash with red-eye reduction feature ◆ **loi anticasseur(s)** *law against looting*
2 nm (hum) ◆ **le parti des antis** those who are anti ou against, the anti crowd *

**anti-acnéique** [ɑ̃tiakneik] adj traitement, préparation anti-acne (épith)

**antiacridien, -ienne** [ɑ̃tiakʀidjɛ̃, jɛn] adj locust control (épith) ◆ **la lutte antiacridienne** the fight to control locusts

**antiadhésif, -ive** [ɑ̃tiadezif, iv] adj poêle, revêtement non-stick (épith)

**antiaérien, -ienne** [ɑ̃tiaeʀjɛ̃, jɛn] adj batterie, canon, missile anti-aircraft; abri air-raid (épith)

**anti-âge** [ɑ̃tiɑʒ] adj inv anti-ageing

**antialcoolique** [ɑ̃tialkɔlik] adj ◆ **campagne antialcoolique** campaign against alcohol ◆ **ligue antialcoolique** temperance league

**antiallergique** [ɑ̃tialɛʀʒik] 1 adj anti-allergic
2 nm anti-allergic drug

**antiamaril, e** [ɑ̃tiamaʀil] adj ◆ **vaccination antiamarile** yellow fever vaccination

**antiaméricanisme** [ɑ̃tiameʀikanism] nm anti-Americanism

**antiatomique** [ɑ̃tiatɔmik] adj anti-radiation ◆ **abri antiatomique** fallout shelter

**anti-aveuglant, e** [ɑ̃tiavœglɑ̃, ɑ̃t] adj (Aut) anti-dazzle

**anti-avortement** [ɑ̃tiavɔʀtəmɑ̃] adj inv anti-abortion, pro-life

**antibalistique** [ɑ̃tibalistik] adj missile antiballistic

**antibiogramme** [ɑ̃tibjɔgʀam] nm antibiogram

**antibiothérapie** [ɑ̃tibjoteʀapi] nf antibiotic therapy

**antibiotique** [ɑ̃tibjɔtik] adj, nm antibiotic ◆ **être/mettre sous antibiotiques** to be/put on antibiotics

**antiblocage** [ɑ̃tiblɔkaʒ] adj inv ◆ **système antiblocage des roues** antilock braking system, ABS

**antibois** [ɑ̃tibwa] → SYN nm chair-rail

**antibourgeois, e** [ɑ̃tibuʀʒwa, waz] adj anti-bourgeois

**antibrouillage** [ɑ̃tibʀujaʒ] nm (= dispositif) anti-jamming device

**antibrouillard** [ɑ̃tibʀujaʀ] adj, nm (Aut) ◆ **(phare) antibrouillard** fog lamp (Brit), fog light (US)

**antibruit** [ɑ̃tibʀɥi] adj inv ◆ **mur antibruit** (= qui empêche le bruit) soundproof wall; (= qui diminue le bruit) noise-reducing wall ◆ **campagne antibruit** campaign against noise pollution

**antibuée** [ɑ̃tibɥe] adj inv ◆ **dispositif antibuée** demister ◆ **bombe/liquide antibuée** anti-mist spray/liquid

**anticalcaire** [ɑ̃tikalkɛʀ] 1 adj ◆ **poudre anticalcaire** water softener
2 nm water softener

**anticancéreux, -euse** [ɑ̃tikɑ̃seʀø, øz] adj cancer (épith) ◆ **centre anticancéreux** (= laboratoire) cancer research centre; (= hôpital) cancer hospital ◆ **médicament anticancéreux** anti-cancer drug

**anticathode** [ɑ̃tikatɔd] nf anticathode

**anticellulite** [ɑ̃tiselylit] adj inv anti-cellulite (épith)

**anticerne** [ɑ̃tisɛʀn] nm concealer *(to cover shadows under the eyes)*

**antichambre** [ɑ̃tiʃɑ̃bʀ] → SYN nf antechamber, anteroom ◆ **faire antichambre** † to wait humbly ou patiently (for an audience with sb)

**antichar** [ɑ̃tiʃaʀ] adj anti-tank

**antichoc** [ɑ̃tiʃɔk] adj montre shockproof

**antichrèse** [ɑ̃tikʀɛz] → SYN nf living pledge *(of real estate)*

**antichute** [ɑ̃tiʃyt] adj inv ◆ **lotion antichute** hair restorer

**anticipation** [ɑ̃tisipasjɔ̃] → SYN nf a (gén, Sport, Fin) anticipation ◆ **par anticipation** rembourser in advance ◆ **paiement par anticipation** payment in advance ou anticipation, advance payment ◆ **était-ce une réponse par anticipation ?** was he anticipating the question by giving that reply?

**b** (Écon) **anticipations** expectations ◆ **anticipations inflationnistes** inflationary expectations

**c** (futuriste) **littérature d'anticipation** science fiction ◆ **roman/film d'anticipation** science-fiction ou futuristic novel/film

**d** (Ordin) look-ahead

**e** (Mus) anticipation

**anticipé, e** [ɑ̃tisipe] → SYN (ptp de **anticiper**) adj élections, retour early (épith) ◆ **remboursement anticipé** repayment before due date ◆ **élections anticipées** early elections ◆ **retraite anticipée** early retirement ◆ **avec mes remerciements anticipés** thanking you in advance ou in anticipation

**anticiper** [ɑ̃tisipe] → SYN ▸ conjug 1 ◂ **1** vi (= prévoir, calculer) to anticipate; (en imaginant) to look ou think ahead, anticipate what will happen; (en racontant) to jump ahead ◆ **n'anticipons pas !** let's not look ou think too far ahead, let's not anticipate ◆ **mais j'anticipe !** but I'm getting ahead of myself!

**2 anticiper sur** vt indir [+ récit, rapport] to anticipate ◆ **anticiper sur l'avenir** to anticipate the future ◆ **sans vouloir anticiper sur ce que je dirai tout à l'heure** without wishing to go into what I shall say later ◆ **il anticipe bien (sur les balles)** (Sport) he's got good anticipation

**3** vt (Comm) [+ paiement] to pay before due, anticipate; (Sport) to anticipate; [+ avenir, événement, reprise économique] to anticipate

**anticlérical, e,** mpl **-aux** [ɑ̃tiklerikal, o] **1** adj anticlerical

**2** nm,f anticleric(al)

**anticléricalisme** [ɑ̃tiklerikalism] nm anticlericalism

**anticlinal, e,** mpl **-aux** [ɑ̃tiklinal, o] adj, nm anticlinal

**anticoagulant, e** [ɑ̃tikɔagylɑ̃, ɑ̃t] adj, nm anticoagulant

**anticodon** [ɑ̃tikɔdɔ̃] nm anticodon

**anticolonialisme** [ɑ̃tikɔlɔnjalism] nm anticolonialism

**anticolonialiste** [ɑ̃tikɔlɔnjalist] adj, nmf anticolonialist

**anticommunisme** [ɑ̃tikɔmynism] nm anticommunism

**anticommuniste** [ɑ̃tikɔmynist] adj, nmf anticommunist

**anticonceptionnel, -elle** [ɑ̃tikɔ̃sɛpsjɔnɛl] → SYN adj contraceptive ◆ **moyens anticonceptionnels** contraceptive methods, methods of birth control

**anticonformisme** [ɑ̃tikɔ̃fɔrmism] nm nonconformism

**anticonformiste** [ɑ̃tikɔ̃fɔrmist] adj, nmf nonconformist

**anticonjoncturel, -elle** [ɑ̃tikɔ̃ʒɔ̃ktyrɛl] adj mesures counter-cyclical

**anticonstitutionnel, -elle** [ɑ̃tikɔ̃stitysjɔnɛl] → SYN adj unconstitutional

**anticonstitutionnellement** [ɑ̃tikɔ̃stitysjɔnɛlmɑ̃] adv unconstitutionally

**anticorps** [ɑ̃tikɔr] nm antibody

**anticorrosion** [ɑ̃tikɔrozjɔ̃] adj inv anticorrosive

**anti-crevaison** [ɑ̃tikrəvɛzɔ̃] adj inv ◆ **bombe anti-crevaison** (instant) puncture sealant

**anticyclone** [ɑ̃tisiklon] nm anticyclone

**anticyclonique** [ɑ̃tisiklonik] adj anticyclonic

**antidate** [ɑ̃tidat] nf antedate

**antidater** [ɑ̃tidate] ▸ conjug 1 ◂ vt to backdate, predate, antedate

**antidéflagrant, e** [ɑ̃tideflagrɑ̃, ɑ̃t] adj explosion-proof

**antidéflagration** [ɑ̃tideflagrasjɔ̃] adj inv ◆ **porte antidéflagration** blast-proof door

**antidémarrage** [ɑ̃tidemaraʒ] adj inv (Aut) ◆ **dispositif antidémarrage** (engine) immobiliser

**antidémocratique** [ɑ̃tidemɔkratik] adj (= opposé à la démocratie) antidemocratic; (= peu démocratique) undemocratic

**antidépresseur** [ɑ̃tidepresœr] adj m, nm antidepressant

**antidérapant, e** [ɑ̃tiderapɑ̃, ɑ̃t] adj (Aut) non-skid; (Ski) non-slip

**antidétonant, e** [ɑ̃tidetɔnɑ̃, ɑ̃t] adj, nm antiknock

**antidiphtérique** [ɑ̃tidifterik] adj sérum diphtheria (épith)

**antidiurétique** [ɑ̃tidjyretik] adj, nm antidiuretic

**antidopage** [ɑ̃tidɔpaʒ] adj loi, contrôle doping (épith), anti-doping (épith) ◆ **subir un contrôle antidopage** to be dope-tested

**antidote** [ɑ̃tidɔt] → SYN nm (lit, fig) antidote (*contre, de* for, against)

**antidouleur** [ɑ̃tidulœr] **1** adj inv médicament, traitement painkilling (épith) ◆ **centre antidouleur** pain control unit

**2** nm painkiller

**antidrogue** [ɑ̃tidrɔg] adj inv lutte against drug abuse; campagne anti-drug(s) ◆ **brigade antidrogue** drug squad

**antidumping** [ɑ̃tidœmpiŋ] adj inv antidumping

**antiéconomique** [ɑ̃tiekɔnɔmik] adj uneconomical

**antieffraction** [ɑ̃tiefraksjɔ̃] adj vitres burglarproof

**antiémétique** [ɑ̃tiemetik] adj, nm antiemetic

**anti-émeute(s)** [ɑ̃tiemøt] adj police, brigade, unité riot (épith)

**antienne** [ɑ̃tjɛn] → SYN nf (Rel) antiphony; (fig littér) chant, refrain

**antienzyme** [ɑ̃tiɑ̃zim] nm ou f anti-enzyme

**antiépileptique** [ɑ̃tiepilɛptik] **1** adj antiepileptic

**2** nm antiepileptic drug

**antiesclavagisme** [ɑ̃tiɛsklavaʒism] nm opposition to slavery; (Hist US) abolitionism

**antiesclavagiste** [ɑ̃tiɛsklavaʒist] **1** adj antislavery, opposed to slavery (attrib); (Hist US) abolitionist

**2** nmf opponent of slavery; (Hist US) abolitionist

**anti-européen, -enne** [ɑ̃tiørɔpeɛ̃, ɛn] **1** adj anti-European

**2** nm,f anti-European ◆ **les anti-européens du parti** the anti-European wing of the party

**antifading** [ɑ̃tifadiŋ] nm automatic gain control

**antifasciste** [ɑ̃tifaʃist] adj, nmf antifascist

**anti-fatigue** [ɑ̃tifatig] adj, nm ◆ **(produit) anti-fatigue** anti-fatigue product

**antiféministe** [ɑ̃tifeminist] → SYN adj, nmf antifeminist

**antifongique** [ɑ̃tifɔ̃ʒik] adj, nm antifungal

**antifriction** [ɑ̃tifriksjɔ̃] adj inv, nm ◆ **(métal) antifriction** antifriction ou white metal

**anti-g** [ɑ̃tiʒe] adj inv ◆ **combinaison anti-g** G-suit

**antigang** [ɑ̃tigɑ̃g] adj inv, nm ◆ **la brigade antigang** ◆ **l'antigang** the (police) commando squad

**antigel** [ɑ̃tiʒɛl] adj inv, nm antifreeze

**antigène** [ɑ̃tiʒɛn] nm antigen

**antigivrant, e** [ɑ̃tiʒivrɑ̃, ɑ̃t] **1** adj anti-icing (épith)

**2** nm anti-icer

**antiglisse** [ɑ̃tiglis] adj inv nonslip

**Antigone** [ɑ̃tigɔn] nf Antigone

**antigouvernemental, e,** mpl **-aux** [ɑ̃tiguvɛrnəmɑ̃tal, o] adj antigovernment(al)

**antigravitation** [ɑ̃tigravitasjɔ̃] nf antigravity

**antigravitationnel, -elle** [ɑ̃tigravitasjɔnɛl] adj antigravity (épith)

**antigrève** [ɑ̃tigrɛv] adj inv mesures anti-strike

**antigrippe** [ɑ̃tigrip] adj inv ◆ **vaccin antigrippe** flu vaccine

**Antigua-et-Barbuda** [ɑ̃tigwaebarbyda] npl Antigua and Barbuda

**antiguais, e** [ɑ̃tigwɛ, ɛz] **1** adj Antiguan

**2** **Antiguais(e)** nm,f Antiguan

**antihalo** [ɑ̃tialo] adj inv anti-halo

**antihausse** [ɑ̃tios] adj inv mesures aimed at curbing price rises, anti-inflation (épith)

**antihéros** [ɑ̃tiero] nm anti-hero

**antihistaminique** [ɑ̃tiistaminik] adj, nm antihistamine

**antihygiénique** [ɑ̃tiiʒjenik] adj unhygienic

**anti-inflammatoire** [ɑ̃tiɛ̃flamatwar] adj, nm anti-inflammatory

**anti-inflationniste** [ɑ̃tiɛ̃flasjɔnist] adj mesure anti-inflationary, counter-inflationary

**anti-IVG** [ɑ̃tiiveʒe] adj inv commando, mouvement pro-life

**antijeu** [ɑ̃tiʒø] nm ◆ **faire de l'antijeu** to be unsporting ou unsportsmanlike

**antillais, e** [ɑ̃tijɛ, ɛz] → SYN **1** adj West Indian

**2** **Antillais(e)** nm,f West Indian

**Antilles** [ɑ̃tij] nfpl ◆ **les Antilles** the West Indies ◆ **les Grandes/Petites Antilles** the Greater/Lesser Antilles ◆ **les Antilles françaises** the French West Indies ◆ **la mer des Antilles** the Caribbean Sea

**antilogie** [ɑ̃tilɔʒi] nf antilogy

**antilope** [ɑ̃tilɔp] → SYN nf antelope

**antimatière** [ɑ̃timatjɛr] nf antimatter

**antimilitarisme** [ɑ̃timilitarism] nm antimilitarism

**antimilitariste** [ɑ̃timilitarist] adj, nmf antimilitarist

**antimissile** [ɑ̃timisil] adj antimissile

**antimite** [ɑ̃timit] **1** adj (anti-)moth (épith)

**2** nm mothproofing agent, moth repellent; (= boules de naphtaline) mothballs

**antimitotique** [ɑ̃timitɔtik] adj, nm antimitotic

**antimoine** [ɑ̃timwan] nm antimony

**antimonarchique** [ɑ̃timɔnarʃik] adj antimonarchist, antimonarchic(al)

**antimonarchiste** [ɑ̃timɔnarʃist] nmf antimonarchist

**antimoniate** [ɑ̃timɔnjat] nm antimoniate

**antimoniure** [ɑ̃timɔnjyr] nm antimonide

**antimycosique** [ɑ̃timikozik] adj, nm antimycotic

**antinataliste** [ɑ̃tinatalist] adj ◆ **mesures antinatalistes** birth-rate reduction measures

**antinational, e,** mpl **-aux** [ɑ̃tinasjɔnal, o] adj antinational

**antinazi, e** [ɑ̃tinazi] adj, nm,f anti-Nazi

**antineutrino** [ɑ̃tinøtrino] nm antineutrino

**antineutron** [ɑ̃tinøtrɔ̃] nm antineutron

**antinévralgique** [ɑ̃tinevralʒik] adj, nm antineuralgic

**antinomie** [ɑ̃tinɔmi] → SYN nf antinomy

**antinomique** [ɑ̃tinɔmik] adj antinomic(al)

**antinucléaire** [ɑ̃tinykleɛr] adj antinuclear ◆ **les (militants) antinucléaires** anti-nuclear campaigners, the anti-nuclear lobby

**Antioche** [ɑ̃tjɔʃ] n Antioch

**Antiope** [ɑ̃tjɔp] nf (abrév de **acquisition numérique et télévisualisation d'images organisées en pages d'écriture**) ≃ Videotex ®, ≃ Teletext ® (Brit), ≃ Ceefax ® (Brit)

**antioxydant, e** [ɑ̃tiɔksidɑ̃, ɑ̃t] adj, nm antioxidant

**antipaludéen, -enne** [ɑ̃tipalydeɛ̃, ɛn] **1** adj anti-malarial

**2** nm anti-malarial drug

**antipaludique** [ɑ̃tipalydik] **1** adj vaccin anti-malarial ◆ **la lutte antipaludique** the fight against malaria

**2** nm anti-malarial drug

**antipape** [ɑ̃tipap] nm antipope

**antiparallèle** [ɑ̃tiparalɛl] adj antiparallel

**antiparasite** [ɑ̃tiparazit] adj anti-interference (épith) ◆ **dispositif antiparasite** suppressor

**antiparasiter** [ɑ̃tiparazite] ▸ conjug 1 ◂ vt to fit a suppressor to

**antiparlementaire** [ɑ̃tiparləmɑ̃tɛr] adj antiparliamentary

**antiparlementarisme** [ɑ̃tiparləmɑ̃tarism] nm antiparliamentarianism

**antiparticule** [ɑ̃tipaʀtikyl] nf (Phys) antiparticle ◆ **filtre antiparticules** (Tech) dust filter

**antipasti** [ɑ̃tipasti] nmpl (Culin) antipasti

**antipathie** [ɑ̃tipati] → SYN nf antipathy ◆ **l'antipathie entre ces deux communautés** the hostility ou antipathy between the two communities ◆ **avoir de l'antipathie pour qn** to dislike sb

**antipathique** [ɑ̃tipatik] → SYN adj personne disagreeable, unpleasant; endroit unpleasant ◆ **il m'est antipathique** I don't like him, I find him most disagreeable

**antipatriotique** [ɑ̃tipatʀijɔtik] adj antipatriotic; (= peu patriote) unpatriotic

**antipatriotisme** [ɑ̃tipatʀijɔtism] nm antipatriotism

**antipelliculaire** [ɑ̃tipelikylɛʀ] adj antidandruff (épith)

**antipéristaltique** [ɑ̃tipeʀistaltik] adj antiperistaltic

**antipersonnel** [ɑ̃tipɛʀsɔnɛl] adj inv antipersonnel

**antiphonaire** [ɑ̃tifɔnɛʀ] nm antiphonary

**antiphrase** [ɑ̃tifʀɑz] → SYN nf antiphrasis ◆ **par antiphrase** ironically

**antipode** [ɑ̃tipɔd] → SYN nm (Géog) ◆ **les antipodes** the antipodes ◆ **être aux antipodes** to be on the other side of the world ◆ **votre théorie est aux antipodes de la mienne** our theories are poles apart, your theory and mine are at opposite extremes

**antipodisme** [ɑ̃tipɔdism] nm juggling with the feet

**antipoétique** [ɑ̃tipɔetik] adj unpoetic

**antipoison** [ɑ̃tipwazɔ̃] adj inv ◆ **centre antipoison** treatment centre for poisoning cases

**antipoliomyélitique** [ɑ̃tipɔljɔmjelitik] adj ◆ **vaccin antipoliomyélitique** polio vaccine

**antipollution** [ɑ̃tipɔlysjɔ̃] adj inv antipollution (épith)

**antiprotéase** [ɑ̃tipʀɔteɑz] adj, nf (Méd) ◆ **(molécule) antiprotéase** protease inhibitor

**antiprotectionniste** [ɑ̃tipʀɔtɛksjɔnist] 1 adj free-trade (épith)
2 nmf free trader

**antiproton** [ɑ̃tipʀɔtɔ̃] nm antiproton

**antiprurigineux, -euse** [ɑ̃tipʀyʀiʒinø, øz] adj, nm antipruritic

**antipsychiatre** [ɑ̃tipsikjatʀ] nmf *psychiatrist practising antipsychiatry*

**antipsychiatrie** [ɑ̃tipsikjatʀi] nf antipsychiatry

**antipsychotique** [ɑ̃tipsikɔtik] 1 adj antipsychotic
2 nm antipsychotic drug

**antiputride** [ɑ̃tipytʀid] adj antiputrid

**antipyrétique** [ɑ̃tipiʀetik] adj antipyretic

**antipyrine** [ɑ̃tipiʀin] nf antipyrine

**antiquaille** [ɑ̃tikaj] nf (péj) piece of old junk

**antiquaire** [ɑ̃tikɛʀ] nmf antique dealer

**antique** [ɑ̃tik] → SYN 1 adj a (= de l'Antiquité) vase, objet antique, ancient; style ancient ◆ **objets d'art antiques** antiquities
b (littér = très ancien) coutume, objet ancient; (péj) véhicule, chapeau antiquated, ancient
2 nm ◆ **l'antique** (de l'Antiquité) classical art ou style

**antiquité** [ɑ̃tikite] → SYN nf a (= période) **l'Antiquité** antiquity ◆ **l'Antiquité grecque/romaine** Greek/Roman antiquity ◆ **dès la plus haute Antiquité** since earliest antiquity, from very ancient times
b (= ancienneté) antiquity, (great) age ◆ **de toute antiquité** from the beginning of time, from time immemorial
c (= objet de l'Antiquité) piece of classical art; (= objet ancien) antique ◆ **antiquités** (= œuvres de l'Antiquité) antiquities; (= meubles anciens) antiques ◆ **marchand/magasin d'antiquités** antique dealer/shop

**antirabique** [ɑ̃tiʀabik] adj ◆ **vaccin antirabique** rabies vaccine

**antirachitique** [ɑ̃tiʀaʃitik] adj antirachitic

**antiracisme** [ɑ̃tiʀasism] nm antiracism

**antiraciste** [ɑ̃tiʀasist] adj, nmf antiracist, antiracialist (Brit)

**antiradar** [ɑ̃tiʀadaʀ] 1 adj missile anti-radar (épith)
2 nm anti-radar missile

**antiradiation** [ɑ̃tiʀadjasjɔ̃] adj dispositif radiation-protection (épith)

**anti-rationnel, -elle** [ɑ̃tiʀasjɔnɛl] adj counterrational

**antireflet** [ɑ̃tiʀəflɛ] adj inv surface nonreflecting; (Photo) bloomed

**antireligieux, -ieuse** [ɑ̃tiʀ(ə)liʒjø, jøz] → SYN adj antireligious

**antirépublicain, e** [ɑ̃tiʀepyblikɛ̃, ɛn] adj antirepublican

**antirétroviral, e,** mpl **-aux** [ɑ̃tiʀetʀoviʀal, o] 1 adj antiretroviral
2 nm antiretroviral drug

**antirévolutionnaire** [ɑ̃tiʀevɔlysjɔnɛʀ] adj antirevolutionary

**antirides** [ɑ̃tiʀid] adj anti-wrinkle (épith)

**antiripage** [ɑ̃tiʀipaʒ] nm antiskating

**antiroman** [ɑ̃tiʀɔmɑ̃] nm ◆ **l'antiroman** the anti-novel, the anti-roman

**antirouille** [ɑ̃tiʀuj] 1 adj inv anti-rust (épith)
2 nm inv rust inhibitor, anti-rust (paint ou primer)

**antiroulis** [ɑ̃tiʀuli] adj anti-roll (épith)

**antisatellite** [ɑ̃tisatelit] adj antisatellite

**antiscientifique** [ɑ̃tisjɑ̃tifik] adj antiscientific

**antiscorbutique** [ɑ̃tiskɔʀbytik] adj antiscorbutic

**antisèche** [ɑ̃tisɛʃ] nf (arg Scol) crib, cheat sheet * (US)

**antiségrégationniste** [ɑ̃tisegʀegasjɔnist] adj antisegregationist

**antisémite** [ɑ̃tisemit] 1 adj anti-Semitic
2 nmf anti-Semite

**antisémitisme** [ɑ̃tisemitism] nm anti-Semitism

**antisepsie** [ɑ̃tisɛpsi] → SYN nf antisepsis

**antiseptique** [ɑ̃tisɛptik] → SYN adj, nm antiseptic

**antisérum** [ɑ̃tiseʀɔm] nm antiserum

**antisida** [ɑ̃tisida] adj inv campagne, vaccin against AIDS, AIDS (épith); traitement for AIDS, AIDS (épith)

**antisismique** [ɑ̃tisismik] adj earthquake-proof (épith)

**antiskating** [ɑ̃tiskɛtiŋ] nm antiskating

**antisocial, e,** mpl **-iaux** [ɑ̃tisɔsjal, jo] adj (Pol) antisocial

**anti-sous-marin, e** [ɑ̃tisumaʀɛ̃, in] adj antisubmarine

**antispasmodique** [ɑ̃tispasmɔdik] → SYN adj, nm antispasmodic

**antisportif, -ive** [ɑ̃tispɔʀtif, iv] adj (opposé au sport) anti-sport; (peu élégant) unsporting, unsportsmanlike

**antistatique** [ɑ̃tistatik] adj, nm antistatic

**antistrophe** [ɑ̃tistʀɔf] nf antistrophe

**antisubversif, -ive** [ɑ̃tisybvɛʀsif, iv] adj counter-subversive

**antisudoral, e,** mpl **-aux** [ɑ̃tisydɔʀal, o] adj, nm antisudoral, antisudoritic, anhidrotic

**antisymétrique** [ɑ̃tisimetʀik] adj antisymmetric

**antitabac** [ɑ̃titaba] adj inv ◆ **campagne antitabac** anti-smoking campaign ◆ **loi antitabac** *law prohibiting smoking in public places*

**antitache(s)** [ɑ̃titaʃ] adj traitement stain-repellent

**antiterroriste** [ɑ̃titeʀɔʀist] adj antiterrorist

**antitétanique** [ɑ̃titetanik] adj sérum (anti-)tetanus (épith)

**antithèse** [ɑ̃titɛz] → SYN nf (gén) antithesis ◆ **c'est l'antithèse de** (fig) (= le contraire) it is the opposite of

**antithétique** [ɑ̃titetik] adj antithetic(al)

**antithyroïdien, -ienne** [ɑ̃titiʀɔidjɛ̃, jɛn] 1 adj antithyroid
2 nm antithyroid drug

**antitout** * [ɑ̃titu] 1 adj inv personne systematically opposed to everything
2 nmf inv person who is systematically opposed to everything

**antitoxine** [ɑ̃titɔksin] nf antitoxin

**antitoxique** [ɑ̃titɔksik] adj antitoxic

**antitrust** [ɑ̃titʀœst] adj inv loi, mesures antimonopoly (Brit), anti-trust (US)

**antitrypsine** [ɑ̃titʀipsin] nf antitrypsin

**antituberculeux, -euse** [ɑ̃titybɛʀkylø, øz] adj sérum tuberculosis (épith)

**antitumoral, e,** pl **-aux** [ɑ̃titymɔʀal, o] adj (Méd) substance, action anti-tumour (épith) (Brit), anti-tumor (épith) (US)

**antitussif** [ɑ̃titysif] 1 adj comprimé cough (épith), antitussive (SPÉC)
2 nm cough mixture, antitussive (SPÉC)

**antivariolique** [ɑ̃tivaʀjɔlik] adj ◆ **vaccin antivariolique** smallpox vaccine

**antivénéneux, -euse** [ɑ̃tivenenø, øz] adj antidotal

**antivenimeux, -euse** [ɑ̃tivənimø, øz] adj ◆ **sérum antivenimeux, substance antivenimeuse** antivenin, antivenene

**antiviral, e,** mpl **-aux** [ɑ̃tiviʀal, o] adj, nm antiviral

**antivirus** [ɑ̃tiviʀys] nm (Méd) antiviral drug; (Ordin) antivirus

**antivol** [ɑ̃tivɔl] nm, adj inv ◆ **(dispositif) antivol** anti-theft device; [cycle] lock; (sur volant de voiture) (steering) lock ◆ **mettre un antivol sur son vélo** to put a lock on ou to lock one's bike

**antonomase** [ɑ̃tɔnɔmɑz] nf antonomasia

**antonyme** [ɑ̃tɔnim] → SYN nm antonym

**antonymie** [ɑ̃tɔnimi] nf antonymy

**antre** [ɑ̃tʀ] → SYN nm (littér = caverne) cave; [animal] den, lair; (fig) den; (Anat) antrum

**Anubis** [anybis] nm Anubis

**anurie** [anyʀi] nf anuria

**anus** [anys] nm anus ◆ **anus artificiel** colostomy

**Anvers** [ɑ̃vɛʀ] n Antwerp

**anxiété** [ɑ̃ksjete] → SYN nf (= inquiétude, Méd) anxiety ◆ **avec anxiété** anxiously ◆ **être dans l'anxiété** to be very anxious ou worried

**anxieusement** [ɑ̃ksjøzmɑ̃] adv anxiously

**anxieux, -ieuse** [ɑ̃ksjø, jøz] → SYN 1 adj personne, regard anxious, worried; attente anxious ◆ **crises anxieuses** (Méd) anxiety attacks ◆ **anxieux de** anxious to
2 nm,f worrier

**anxiogène** [ɑ̃ksjɔʒɛn] adj situation, effet stressful, anxiety-provoking (SPÉC)

**anxiolytique** [ɑ̃ksjɔlitik] 1 adj tranquillizing
2 nm tranquillizer

**AOC** [aose] nf (abrév de **appellation d'origine contrôlée**) ◆ **fromage/vin AOC** AOC cheese/wine *(with a guarantee of origin)*

> **AOC**
>
> **AOC** is the highest French wine classification. It indicates that the wine meets strict requirements concerning the vineyard of origin, the type of vine grown, the method of production, and the volume of alcohol present. → VDQS

**aoriste** [aɔʀist] nm aorist

**aorte** [aɔʀt] nf aorta

**aortique** [aɔʀtik] adj aortic

**aortite** [aɔʀtit] nf aortitis

**août** [u(t)] nm August; pour loc voir **septembre** et **quinze**

**aoûtat** [auta] → SYN nm harvest tick ou mite (Brit), chigger (US)

**aoûtien, -ienne** * [ausjɛ̃, jɛn] nm,f August holiday-maker (Brit) ou vacationer (US)

**AP** [ape] nf (abrév de **Assistance publique**) → **assistance**

**ap.** (abrév de **après**) after ◆ **en 300 ap. J.-C.** in 300 AD

**apache** [apaʃ] → SYN 1 adj a (= indien) Apache
b († = canaille) **il a une allure apache** he has a tough ou vicious look (about him)
2 **Apache** nmf Apache ◆ **les Apaches** the Apaches
3 nm († = voyou) ruffian, tough

**apaisant, e** [apɛzɑ̃, ɑ̃t] → SYN adj a (= qui soulage) musique, silence, crème soothing
b (= pacificateur) discours conciliatory

**apaisement** [apɛzmɑ̃] → SYN nm a [passion, désir, soif, faim] appeasement ◆ **après l'apaisement de la tempête** once the storm had died down
b (= soulagement) relief; (= assurance) reassurance ◆ **cela lui procura un certain apaisement** this brought him some relief ◆ **donner des apaisements à qn** to reassure sb
c (Pol) appeasement ◆ **une politique d'apaisement** a policy of appeasement

**apaiser** [apeze] → SYN ▸ conjug 1 ◂ 1 vt a [+ personne, foule] to calm (down), pacify, placate; [+ animal] to calm down
b [+ faim] to appease; [+ soif] to slake, appease; [+ conscience] to salve, soothe; [+ scrupules] to allay; [+ douleur] to soothe ◆ **pour apaiser les esprits** to calm people down
2 **s'apaiser** vpr a [personne, malade, animal] to calm ou quieten down
b [vacarme, excitation, tempête] to die down, subside; [vagues, douleur] to die down; [passion, désir] to cool; [soif, faim] to be assuaged ou appeased; [scrupules] to be allayed ◆ **sa colère s'est un peu apaisée** he's calmed down a bit

**apanage** [apanaʒ] → SYN nm (= privilège) privilege ◆ **être l'apanage de qn/qch** to be the privilege ou prerogative of sb/sth ◆ **avoir l'apanage de qch** to have the sole ou exclusive right to sth, possess sth exclusively ◆ **il croit avoir l'apanage du bon sens** he thinks he's the only one with any common sense

**aparté** [apaʀte] → SYN nm (= entretien) private conversation *(in a group)*; (Théât, gén = remarque) aside ◆ **en aparté** in an aside

**apartheid** [apaʀtɛd] → SYN nm apartheid ◆ **politique d'apartheid** apartheid policy

**apathie** [apati] → SYN nf apathy

**apathique** [apatik] → SYN adj apathetic

**apathiquement** [apatikmɑ̃] adv apathetically

**apatite** [apatit] nf apatite

**apatride** [apatʀid] → SYN 1 adj stateless
2 nmf stateless person

**apax** [apaks] nm ⇒ **hapax**

**APE** [apeə] nf (abrév de **Assemblée parlementaire européenne**) EP

**APEC** [apɛk] nf (abrév de **Association pour l'emploi des cadres**) executive employment agency

**Apennin(s)** [apenɛ̃] nm(pl) ◆ **l'Apennin** ◆ **les Apennins** the Apennines

**aperception** [apɛʀsɛpsjɔ̃] → SYN nf apperception

**apercevoir** [apɛʀsəvwaʀ] → SYN ▸ conjug 28 ◂ 1 vt a (= voir) to see; (brièvement) to catch sight of, catch a glimpse of; (= remarquer) to notice ◆ **on apercevait au loin un clocher** a church tower could be seen in the distance
b (= se rendre compte de) [+ danger, contradictions] to see, perceive; [+ difficultés] to see, foresee ◆ **si on fait cela, j'aperçois des problèmes** if we do that, I (can) see problems ahead ou I (can) foresee problems
2 **s'apercevoir** vpr [personnes] to see ou notice each other ◆ **elle s'aperçut dans le miroir** she caught a glimpse ou caught sight of herself in the mirror ◆ **s'apercevoir de** [+ erreur, omission] to notice; [+ présence, méfiance] to notice, become aware of; [+ dessein, manège] to notice, see through, become aware of ◆ **s'apercevoir que ...** to notice ou realize that ... ◆ **sans s'en apercevoir** without realizing, inadvertently ◆ **ça s'aperçoit à peine** it's hardly noticeable, you can hardly see it

**aperçu** [apɛʀsy] → SYN nm a (= idée générale) general survey ◆ **aperçu sommaire** brief survey ◆ **cela vous donnera un bon aperçu de ce que vous allez visiter** that will give you a good idea ou a general idea of what you are about to visit
b (= point de vue personnel) insight (*sur* into)
c (Ordin) **aperçu avant impression** print preview

**apériodique** [apeʀjɔdik] adj aperiodic

**apériteur, -trice** [apeʀitœʀ, tʀis] → SYN 1 adj ◆ **société apéritrice** leading office
2 nm,f leading insurer ou office; (Assurance maritime) leading underwriter

**apéritif, -ive** [apeʀitif, iv] → SYN 1 adj (littér) boisson that stimulates the appetite ◆ **ils firent une promenade apéritive** they went for a walk to get up an appetite
2 nm aperitif, drink *(taken before lunch or dinner)* ◆ **prendre l'apéritif** to have an aperitif ◆ **venez prendre l'apéritif** come for drinks ◆ **ils sont arrivés à l'apéritif** they came when we were having drinks

**apéro** * [apeʀo] nm abrév de **apéritif**

**aperture** [apɛʀtyʀ] → SYN nf (Ling) aperture

**apesanteur** [apəzɑ̃tœʀ] nf weightlessness ◆ **être en (état d') apesanteur** to be weightless

**apétale** [apetal] adj apetalous

**à-peu-près** [apøpʀɛ] → SYN nm inv vague approximation ◆ **il est resté dans l'à-peu-près** he was very vague; → **près**

**apeuré, e** [apœʀe] → SYN adj frightened, scared

**apex** [apɛks] → SYN nm (Astron, Bot, Sci) apex; (Ling) [langue] apex, tip; (= accent latin) macron

**aphasie** [afazi] nf aphasia

**aphasique** [afazik] adj, nmf aphasic

**aphélie** [afeli] → SYN nm aphelion

**aphérèse** [afeʀɛz] → SYN nf aphaeresis

**aphidés** [afide] mpl ◆ **les aphidés** plant lice, aphids

**aphone** [afɔn] adj voiceless, aphonic (SPÉC) ◆ **je suis presque aphone d'avoir trop crié** I've nearly lost my voice ou I'm hoarse from shouting so much

**aphonie** [afɔni] nf aphonia

**aphorisme** [afɔʀism] → SYN nm aphorism

**aphrodisiaque** [afʀɔdizjak] → SYN adj, nm aphrodisiac

**Aphrodite** [afʀɔdit] nf Aphrodite

**aphte** [aft] → SYN nm ulcer, aphtha (SPÉC) ◆ **aphte buccal** mouth ulcer

**aphteux, -euse** [aftø, øz] adj aphthous; → **fièvre**

**aphylle** [afil] adj aphyllous

**API** [apei] nm (abrév de **alphabet de l'Association phonétique internationale**) IPA

**api** [api] → **pomme**

**Apia** [apja] n Apia

**à-pic** [apik] → SYN nm cliff

**apical, e,** mpl **-aux** [apikal, o] 1 adj apical ◆ **r apical** trilled r
2 **apicale** nf apical consonant

**apico-alvéolaire** [apikoalveɔlɛʀ] adj, nf apico-alveolar

**apico-dental, e,** mpl **-aux** [apikodɑ̃tal, o] 1 adj apico-dental
2 **apico-dentale** nf apico-dental

**apicole** [apikɔl] adj beekeeping (épith), apiarian (SPÉC), apicultural (SPÉC)

**apiculteur, -trice** [apikyltœʀ, tʀis] → SYN nm,f beekeeper, apiarist (SPÉC), apiculturist (SPÉC)

**apiculture** [apikyltyʀ] nf beekeeping, apiculture (SPÉC)

**apiol** [apjɔl] nm apiol

**apiquer** [apike] ▸ conjug 1 ◂ vt (Naut) to peak

**Apis** [apis] nm Apis

**apitoiement** [apitwamɑ̃] → SYN nm (= pitié) pity, compassion

**apitoyer** [apitwaje] → SYN ▸ conjug 8 ◂ 1 vt to move to pity ◆ **apitoyer qn sur le sort de qn** to make sb feel sorry for sb ◆ **regard/sourire apitoyé** pitying look/smile
2 **s'apitoyer** vpr ◆ **s'apitoyer sur qn** ou **le sort de qn** to feel pity for sb, feel sorry for sb ◆ **s'apitoyer sur son propre sort** to feel sorry for o.s.

**ap. J.-C.** (abrév de **après Jésus-Christ**) AD

**APL** [apeɛl] nf (abrév de **aide personnalisée au logement**) → **aide**

**aplanétique** [aplanetik] adj aplanatic

**aplanir** [aplaniʀ] → SYN ▸ conjug 2 ◂ 1 vt [+ terrain, surface] to level; [+ difficultés] to smooth away ou out, iron out; [+ obstacles] to smooth away
2 **s'aplanir** vpr [terrain] to become level ◆ **les difficultés se sont aplanies** the difficulties smoothed themselves out

**aplanissement** [aplanismɑ̃] → SYN nm [terrain] levelling; [difficultés] smoothing away, ironing out; [obstacles] smoothing away

**aplasie** [aplazi] nf aplasia

**aplasique** [aplazik] adj aplastic

**aplat** [apla] nm (= teinte) flat tint; (= surface) flat, solid (plate)

**aplati, e** [aplati] → SYN (ptp de **aplatir**) adj forme, objet, nez flat ◆ **c'est aplati sur le dessus/à son extrémité** it's flat on top/at one end

**aplatir** [aplatiʀ] → SYN ▸ conjug 2 ◂ 1 vt [+ objet] to flatten; [+ couture] to press flat; [+ cheveux] to smooth down, flatten; [+ pli] to smooth (out); [+ surface] to flatten (out) ◆ **aplatir qch à coups de marteau** to hammer sth flat ◆ **aplatir qn** ‡ to flatten sb * ◆ **aplatir (le ballon** ou **un essai)** (Rugby) to score a try, touch down
2 **s'aplatir** vpr a [personne] **s'aplatir contre un mur** to flatten o.s. against a wall ◆ **s'aplatir par terre** (= s'étendre) to lie flat on the ground; ( * = tomber) to fall flat on one's face ◆ **s'aplatir devant qn** (= s'humilier) to crawl to sb, grovel before sb
b [choses] (= devenir plus plat) to become flatter; (= être écrasé) to be flattened ou squashed ◆ **s'aplatir contre** * (= s'écraser) to smash against

**aplatissement** [aplatismɑ̃] → SYN nm (gén) flattening; (fig = humiliation) grovelling ◆ **l'aplatissement de la terre aux pôles** the flattening-out ou -off of the earth at the poles

**aplatisseur** [aplatisœʀ] nm grain crusher

**aplomb** [aplɔ̃] → SYN nm a (= assurance) composure, (self-)assurance; (péj = insolence) nerve *, cheek * (Brit) ◆ **garder son aplomb** to keep one's composure, remain composed ◆ **perdre son aplomb** to lose one's composure, get flustered ◆ **tu ne manques pas d'aplomb !** you've got a nerve * ou a cheek * (Brit)!
b (= équilibre) balance, equilibrium; (= verticalité) perpendicularity ◆ **perdre l'aplomb** ou **son aplomb** [personne] to lose one's balance ◆ **à l'aplomb du mur** at the base of the wall
◆ **d'aplomb** corps steady, balanced; bâtiment, mur plumb ◆ **se tenir d'aplomb (sur ses jambes)** to be steady on one's feet ◆ **être d'aplomb** [objet] to be balanced ou level; [mur] to be plumb ◆ **ne pas être d'aplomb** [mur] to be out of ou off plumb ◆ **mettre** ou **poser qch d'aplomb** to straighten sth (up) ◆ **le vase n'est pas (posé) d'aplomb** the vase isn't level ◆ **tu n'as pas l'air d'aplomb** * you look under the weather, you look off-colour * (Brit) ◆ **remettre d'aplomb** [+ bateau] to right; [+ entreprise] to put back on its feet ◆ **ça va te remettre d'aplomb** * that'll put you right ou on your feet again ◆ **se remettre d'aplomb** (après une maladie) to pick up, get back on one's feet again ◆ **le soleil tombait d'aplomb** the sun was beating down
c (Équitation) **aplombs** stand

**apnée** [apne] nf apnoea (Brit), apnea (US) ◆ **être en apnée** to be holding one's breath ◆ **plonger en apnée** to dive without any breathing apparatus

**apnéiste** [apneist] nmf *diver who dives without breathing apparatus*

**apoastre** [apoastʀ] → SYN nm apastron

**apocalypse** [apɔkalips] nf (Rel) apocalypse ◆ **l'Apocalypse** (= livre) (the Book of) Revelation, the Apocalypse ◆ **atmosphère d'apocalypse** doom-laden ou end-of-the-world atmosphere ◆ **paysage/vision d'apocalypse** apocalyptic landscape/vision

**apocalyptique** [apɔkaliptik] → SYN adj (Rel) apocalyptic; (fig) paysage, vision apocalyptic

**apocope** [apɔkɔp] → SYN nf apocope

**apocopé, e** [apɔkɔpe] adj apocopate(d)

**apocryphe** [apɔkʀif] → SYN 1 adj apocryphal, of doubtful authenticity; (Rel) Apocryphal
2 nm apocryphal book ◆ **les apocryphes** the Apocrypha

**apode** [apɔd] 1 adj apodal, apodous
2 nm apodal ou apodous amphibian ◆ **les apodes** apodal ou apodous amphibians, the Apoda (SPÉC)

**apodictique** [apɔdiktik] → SYN adj apodictic

**apoenzyme** [apoɑ̃zim] nm ou f apoenzyme

**apogamie** [apɔgami] nf apogamy

**apogée** [apɔʒe] → SYN nm (Astron) apogee; [carrière] peak, height; [art, mouvement] peak, zenith ◆ **être à son apogée** [carrière] to peak, reach its peak ou height; [art, mouvement] to reach its peak ◆ **artiste à son apogée** artist at his (ou her) peak ◆ **à l'apogée de sa gloire/carrière** at the height of his (ou her) fame/career

**apolitique** [apɔlitik] → SYN adj (= indifférent) apolitical, unpolitical; (= indépendant) non-political

**apolitisme** [apɔlitism] → SYN nm (= indifférence) apolitical ou unpolitical attitude; (= indépendance) non-political stand; [organisme] non-political character

**apollon** [apɔlɔ̃] nm a (Myth) **Apollon** Apollo
b (= homme) Apollo, Greek god
c (= papillon) apollo

**apologétique** [apɔlɔʒetik] → SYN 1 adj (Philos, Rel) apologetic
2 nf apologetics sg

**apologie** [apɔlɔʒi] → SYN nf a (= défense) apology, apologia ◆ **faire l'apologie de** (gén) to try and justify; (Jur) to vindicate
b (= éloge) praise ◆ **faire l'apologie de** to praise, speak (very) highly of

**apologiste** [apɔlɔʒist] nmf apologist

**apologue** [apɔlɔg] → SYN nm apologue

**apomorphine** [apomɔʀfin] nf apomorphine

**aponévrose** [aponevʀoz] nf aponeurosis

**aponévrotique** [aponevʀɔtik] adj aponeurotic

**apophonie** [apɔfɔni] nf ablaut, gradation

**apophtegme** [apɔftɛgm] → SYN nm apo(ph)thegm

**apophysaire** [apɔfizɛʀ] adj apophysial

**apophyse** [apɔfiz] → SYN nf apophysis

**Apopis** [apɔpis] nm Apophis

**apoplectique** [apɔplɛktik] adj apoplectic

**apoplexie** [apɔplɛksi] → SYN nf apoplexy ◆ **attaque d'apoplexie** stroke, apoplectic fit

**apoprotéine** [apopʀɔtein] nf apoprotein

**apoptose** [apɔptoz] nf apoptosis

**aporétique** [apɔʀetik] → SYN adj aporetic

**aporie** [apɔʀi] → SYN nf aporia

**aposiopèse** [apozjɔpɛz] nf aposiopesis

**apostasie** [apɔstazi] → SYN nf apostasy

**apostasier** [apɔstazje] → SYN ▸ conjug 7 ◂ vi to apostatize, renounce the faith

**apostat, e** [apɔsta, at] → SYN adj, nm,f apostate, renegade

**a posteriori** [apɔsteʀjɔʀi] → SYN loc adv, loc adj (Philos) a posteriori; (gén) after the event ◆ **il est facile, a posteriori, de dire que ...** it is easy enough, after the event ou with hindsight, to say that ...

**apostille** [apɔstij] → SYN nf apostil

**apostiller** [apɔstije] → SYN ▸ conjug 1 ◂ vt to add an apostil to

**apostolat** [apɔstɔla] → SYN nm (Bible) apostolate, discipleship; (= prosélytisme) proselytism, preaching, evangelism ◆ **ce métier est un apostolat** (fig) this job requires total devotion ou has to be a vocation

**apostolique** [apɔstɔlik] adj apostolic; → **nonce**

**apostrophe[1]** [apɔstʀɔf] → SYN nf (Rhétorique) apostrophe; (= interpellation) rude remark *(shouted at sb)* ◆ **mot mis en apostrophe** word used in apostrophe ◆ **lancer des apostrophes à qn** to shout rude remarks at sb

**apostrophe[2]** [apɔstʀɔf] nf (Gram) apostrophe

**apostropher** [apɔstʀɔfe] → SYN ▸ conjug 1 ◂ 1 vt (= interpeller) to shout at, address sharply
2 **s'apostropher** vpr to shout at each other ◆ **les deux automobilistes s'apostrophèrent violemment** the two motorists hurled abuse at each other

**apothécie** [apɔtesi] nf apothecium

**apothème** [apɔtɛm] nm apothem

**apothéose** [apɔteoz] → SYN nf a (= consécration) apotheosis ◆ **cette nomination est pour lui une apothéose** this appointment is a supreme honour for him ◆ **les tragédies de Racine sont l'apothéose de l'art classique** Racine's tragedies are the apotheosis ou pinnacle of classical art ◆ **ça a été l'apothéose !** (iro) that was the last straw!
b (gén, Théât = bouquet) grand finale ◆ **finir dans une apothéose** to end in a blaze of glory
c (Antiq = déification) apotheosis

**apothicaire** †† [apɔtikɛʀ] nm apothecary † ◆ **des comptes d'apothicaire** complicated calculations

**apôtre** [apotʀ] → SYN nm (Rel) apostle; (= porte-parole) advocate, apostle ◆ **faire le bon apôtre** to play the saint, have a holier-than-thou attitude ◆ **se faire l'apôtre de** to make o.s. the advocate ou apostle of

**Appalaches** [apalaʃ] nmpl ◆ **les (monts) Appalaches** the Appalachian Mountains, the Appalachians

**appalachien, -ienne** [apalaʃjɛ̃, jɛn] adj Appalachian

**apparaître** [apaʀɛtʀ] → SYN ▸ conjug 57 ◂ 1 vi a (= se montrer) [jour, personne, fantôme] to appear (à to); [difficulté, vérité] to appear, come to light; [signes, obstacles] to appear; [fièvre, boutons] to break out ◆ **la vérité lui apparut soudain** the truth suddenly dawned on him ◆ **la silhouette qui apparaît/les problèmes qui apparaissent à l'horizon** the figure/the problems looming on the horizon
b (= sembler) to seem, appear (à to) ◆ **ces remarques m'apparaissent fort judicieuses** these comments seem ou sound very wise to me ◆ **je dois t'apparaître comme un monstre** I must seem like a monster to you
2 vb impers ◆ **il apparaît que ...** it appears ou turns out that ...

**apparat** [apaʀa] → SYN nm a (= pompe) pomp ◆ **d'apparat** dîner, habit, discours ceremonial ◆ **en grand apparat** (pompe) with great pomp and ceremony; (habits) in full regalia ◆ **sans apparat** réception unpretentious
b (Littérat) **apparat critique** critical apparatus, apparatus criticus

**apparatchik** [apaʀatʃik] nm apparatchik

**appareil** [apaʀɛj] GRAMMAIRE ACTIVE 27.2, 27.3, 27.4 → SYN
1 nm a (= machine, instrument) (gén) piece of apparatus, device; (électrique, ménager) appliance; (Radio, TV = poste) set; (Photo) camera
b (= téléphone) (tele)phone ◆ **qui est à l'appareil ?** who's speaking? ◆ **Paul à l'appareil** Paul speaking
c (Aviat) (aero)plane (Brit), (air)plane (US), aircraft inv, craft inv (US)
d (Méd) appliance; (pour fracture) splint; (auditif) hearing aid; (de contention dentaire) brace; ( * = dentier) dentures, plate
e (Anat) apparatus, system ◆ **appareil digestif/respiratoire/urogénital** digestive/respiratory/urogenital apparatus ou system ◆ **appareil phonatoire** vocal apparatus ou organs
f (= structures) apparatus, machinery ◆ **l'appareil policier/du parti** the police/the party apparatus ou machinery ◆ **l'appareil législatif** ou **des lois** the legal apparatus ou machinery ◆ **l'appareil industriel/militaire/productif** the industrial/military/production apparatus
g (littér) (= dehors fastueux) air of pomp; (= cérémonie fastueuse) ceremony ◆ **l'appareil magnifique de la royauté** the opulent trappings of royalty; → **simple**
h (Archit = agencement) bond
i (Gym) **appareils** apparatus sg ◆ **exercices aux appareils** exercises on the apparatus, apparatus work
j (Culin = préparation) mixture
2 COMP ▷ **appareil critique** (Littérat) critical apparatus, apparatus criticus ▷ **appareil électroménager** household ou domestic appliance ▷ **appareil de levage** lifting appliance, hoist ▷ **appareil de mesure** measuring device ▷ **appareil orthopédique** orthopaedic (Brit) ou orthopedic (US) appliance ▷ **appareil photo, appareil photographique** camera ▷ **appareil à sous** † (= distributeur) vending machine; (= jeu) slot machine, fruit machine (Brit)

**appareillable** [apaʀɛjabl] adj handicapé who can wear a prosthesis

**appareillage** [apaʀɛjaʒ] → SYN nm a (Naut) (= départ) casting off, getting under way; (= manœuvres) preparations for casting off ou getting under way
b (= équipement) equipment ◆ **appareillage électrique** electrical equipment
c [handicapé] fitting with a prosthesis; [sourd] fitting with a hearing aid
d (Archit) (= agencement) bonding; (= taille) dressing

**appareiller** [apaʀeje] → SYN ▸ conjug 1 ◂ 1 vi (Naut) to cast off, get under way
2 vt a (Naut) [+ navire] to rig, fit out
b (Archit) (= agencer) to bond; (= tailler) to dress
c [+ handicapé] to fit with a prosthesis ou an artificial limb (ou hand ou arm etc); [+ sourd] to fit with a hearing aid
d (= coupler) to pair; (= assortir) to match up; (= accoupler) to mate (*avec* with)

**apparemment** [apaʀamɑ̃] → SYN adv (= de toute évidence) apparently; (= en surface) seemingly ◆ **théories apparemment contradictoires** seemingly contradictory theories ◆ **remarques apparemment insignifiantes** seemingly trivial remarks ◆ **il va mieux ? – apparemment** is he any better? – apparently

**apparence** [apaʀɑ̃s] → SYN nf a (= aspect) [maison, personne] appearance, aspect ◆ **apparence physique** physical appearance ◆ **bâtiment de belle apparence** fine-looking building ◆ **il a une apparence négligée** he looks shabby ◆ **homme d'apparence** ou **à l'apparence sévère** severe-looking man ◆ **quelques fermes d'apparence prospère** some farms that appeared prosperous, some prosperous-looking farms
b (= déguisement) appearance ◆ **sous cette apparence souriante** beneath that smiling exterior ◆ **sous l'apparence de la générosité** under the guise of generosity ◆ **ce n'est qu'une (fausse) apparence** it's a mere façade
c **les apparences** appearances ◆ **les apparences sont contre lui** appearances are against him ◆ **il ne faut pas se fier aux apparences** don't be taken in ou fooled ou deceived by appearances, you shouldn't go by appearances ◆ **tu te fies trop aux apparences** you rely too much on appearances ◆ **sauver les apparences** to keep up appearances ◆ **comme ça, les apparences sont sauves** that way, nobody loses face
d (= semblant, vestige) semblance ◆ **une apparence de liberté** a semblance of freedom
e (Philos) appearance
f (LOC) **malgré l'apparence** ou **les apparences** in spite of appearances ◆ **contre toute apparence** against all expectations ◆ **selon toute apparence, il s'agit d'un suicide** it would appear ou seem that it was suicide, there is every indication that it was suicide
◆ **en apparence** ◆ **en apparence, leurs critiques semblent justifiées** on the face of it, their criticism seems justified ◆ **une remarque en apparence pertinente** an apparently ou a seemingly relevant remark ◆ **les gens sont rassurés, au moins en apparence** people are reassured, at least they seem to be ou at least on the face of it ◆ **ce problème n'est facile qu'en apparence** this problem only appears to be easy ◆ **ce n'est qu'en apparence qu'il est heureux** it's only on the surface ou outwardly that he's happy

**apparent, e** [apaʀɑ̃, ɑ̃t] → SYN adj a (= visible) appréhension, gêne obvious, noticeable; ruse obvious ◆ **de façon apparente** visibly, conspicuously ◆ **sans raison/cause apparente** without apparent ou obvious reason/cause ◆ **plafond avec poutres apparentes** ceiling with exposed beams ◆ **coutures apparentes** topstitched seams
b (= superficiel) solidité, causes apparent (épith) ◆ **ces contradictions ne sont qu'apparentes** these are only outward ou surface discrepancies

**c** (= trompeur) bonhomie, naïveté seeming, apparent ◆ **sous son apparente gentillesse** beneath his kind-hearted façade

**apparenté, e** [apaʀɑ̃te] (ptp de **apparenter**) adj (= de la même famille) related; (= semblable) similar (*à* to) ◆ **apparenté (au parti) socialiste** (Pol) in alliance with the Socialists ◆ **les libéraux et apparentés** the Liberals and their electoral allies

**apparentement** [apaʀɑ̃tmɑ̃] → SYN nm (Pol) grouping of electoral lists *(in proportional representation system)*

**apparenter (s')** [apaʀɑ̃te] ▸ conjug 1 ◂ vpr **s'apparenter à** (Pol) to ally o.s. with *(in elections)*; (par mariage) to marry into; (= ressembler à) to be similar to, have certain similarities to

**appariement** [apaʀimɑ̃] → SYN nm (littér) (= assortiment) matching; (= assemblage) pairing; (= accouplement) mating

**apparier** [apaʀje] → SYN ▸ conjug 7 ◂ vt (littér) (= assortir) to match; (= coupler) to pair; (= accoupler) to mate

**appariteur** [apaʀitœʀ] → SYN nm (Univ) ≃ porter (Brit), ≃ campus policeman (US) ◆ **appariteur musclé** (hum) strong-arm attendant *(hired at times of student unrest)*

**apparition** [apaʀisjɔ̃] → SYN nf **a** (= manifestation) [étoile, symptôme, signe] appearance; [personne] appearance, arrival; [boutons, fièvre] outbreak ◆ **faire son apparition** [personne] to make one's appearance, appear; [symptômes] to appear; [fièvre] to break out ◆ **il n'a fait qu'une (courte ou brève) apparition** (à une réunion) he only put in ou made a brief appearance; (dans un film) he only made a brief appearance, he made a cameo appearance; (au générique) ◆ **par ordre d'apparition à l'écran** in order of appearance

**b** (= vision) apparition; (= fantôme) apparition, spectre (Brit), specter (US) ◆ **avoir des apparitions** to see ou have visions

**apparoir** [apaʀwaʀ] vb impers (frm ou hum) ◆ **il appert (de ces résultats) que ...** it appears (from these results) that ...

**appart** * [apaʀt] nm (abrév de **appartement**) flat (Brit), apartment (US), place *

**appartement** [apaʀtəmɑ̃] → SYN nm **a** [maison, immeuble] flat (Brit), apartment (surtout US); [hôtel] suite ◆ **vivre dans un** ou **en appartement** to live in a flat (Brit) ou apartment (surtout US); → **chien, plante**

**b** **appartements** [château] apartments ◆ **elle s'est retirée dans ses appartements** [reine] she retired to her apartments; (hum) she retired to her room ou chamber

**c** ( * : Can = pièce) room

**appartenance** [apaʀtənɑ̃s] → SYN nf (à une race, une famille, un ensemble) membership (*à* of); (à un parti) adherence (*à* to), membership (*à* of) ◆ **leur sentiment d'appartenance à cette nation** their sense of belonging to the nation

**appartenir** [apaʀtəniʀ] → SYN ▸ conjug 22 ◂ **1** **appartenir à** vt indir **a** (= être la possession de) to belong to ◆ **ceci m'appartient** this is mine, this belongs to me ◆ **la maison m'appartient en propre** I'm the sole owner of the house ◆ **pour des raisons qui m'appartiennent** for reasons of my own ou which concern me (alone) ◆ **le choix ne m'appartient pas** it isn't for me to choose ◆ **un médecin ne s'appartient pas** a doctor's time ou life is not his own

**b** (= faire partie de) [+ famille, race, parti] to belong to, be a member of

**2** vb impers ◆ **il appartient/n'appartient pas au comité de décider si ...** it is for ou up to/not for ou not up to the committee to decide if ..., it is/is not the committee's responsibility to decide if ...

**appas** [apɑ] → SYN nmpl (littér) charms

**appassionato** [apasjɔnato] → SYN adv, adj appassionato

**appât** [apɑ] → SYN nm (Pêche) bait; (fig) lure, bait ◆ **mettre un appât à l'hameçon** to bait one's hook ◆ **l'appât du gain/d'une récompense** the lure of gain/a reward; → **mordre**

**appâter** [apɑte] → SYN ▸ conjug 1 ◂ vt [+ poissons, gibier, personne] to lure, entice; [+ piège, hameçon] to bait

**appauvrir** [apovʀiʀ] → SYN ▸ conjug 2 ◂ **1** vt [+ personne, sol, langue] to impoverish; [+ sang] to make thin, weaken

**2** **s'appauvrir** vpr [personne, sol, pays] to grow poorer, become (more) impoverished; [langue] to become impoverished; [sang] to become thin ou weak; [race] to degenerate

**appauvrissement** [apovʀismɑ̃] → SYN nm [personne, sol, langue, pays] impoverishment; [sang] thinning; [race] degeneration ◆ **l'appauvrissement de la couche d'ozone** the depletion of the ozone layer ◆ **l'appauvrissement culturel et intellectuel** cultural and intellectual decline

**appeau**, pl **appeaux** [apo] → SYN nm (= instrument) bird call; (= oiseau, fig) decoy ◆ **servir d'appeau à qn** to act as a decoy for sb

**appel** [apɛl] → SYN **1** nm **a** (= cri) call ◆ **accourir à l'appel de qn** to come running in answer to sb's call ◆ **appel à l'aide** ou **au secours** call for help ◆ **elle a entendu des appels** ou **des cris d'appel** she heard someone calling out, she heard cries ◆ **à son appel, elle se retourna** she turned round when he called ◆ **l'Appel du 18 juin** (Hist) *General de Gaulle's radio appeal to the French people to resist the Nazi occupation*

**b** (= sollicitation) call ◆ **dernier appel pour le vol AF 850** (dans aéroport) last call for flight AF 850 ◆ **appel à l'insurrection/aux armes/aux urnes** call to insurrection/to arms/to vote ◆ **lancer un appel au calme** to appeal ou call for calm, issue an appeal for calm ◆ **à l'appel des syndicats ...** in response to the call of the trade unions ... ◆ **manifestation à l'appel d'une organisation** demonstration called by an organization ◆ **il me fit un appel du regard** he gave me a meaningful glance ◆ **c'était un appel du pied** it was an indirect ou a veiled appeal ◆ **il a fait un appel du pied au chef de l'autre parti** he made covert advances to the leader of the other party ◆ **faire un appel de phares** to flash one's headlights ou one's high beams (US) ◆ **offre/prix d'appel** introductory offer/price ◆ **article** ou **produit d'appel** loss leader

**c** **faire appel à** (= invoquer) to appeal to; (= avoir recours à) to call on, resort to; (fig = nécessiter) to require ◆ **faire appel au bon sens/à la générosité de qn** to appeal to sb's common sense/generosity ◆ **faire appel à ses souvenirs** to call up one's memories ◆ **il a dû faire appel à tout son courage** he had to summon up ou muster all his courage ◆ **faire appel à l'armée** to call out the army ◆ **on a dû faire appel aux pompiers** they had to call the firemen ◆ **ils ont fait appel au président pour que ...** they appealed to ou called on the president to ... ◆ **ce problème fait appel à des connaissances qu'il n'a pas** this problem calls for ou requires knowledge he hasn't got

**d** (= voix) call ◆ **l'appel du devoir/de la religion** the call of duty/of religion ◆ **l'appel de la raison/de sa conscience** the voice of reason/of one's conscience ◆ **l'appel du large** the call of the sea

**e** (= vérification de présence) (Scol) register, registration; (Mil) roll call ◆ **faire l'appel** (Scol) to call the register (Brit), take attendance (US); (Mil) to call the roll ◆ **faire l'appel nominal des candidats** to call out the candidates' names ◆ **absent/présent à l'appel** (Scol) absent/present (for the register ou at registration); (Mil) absent/present at roll call ◆ **manquer à l'appel** [élève, militaire] to be absent at roll call; [chose, personne] to be missing ◆ **l'appel des causes** (Jur) the reading of the roll of cases *(to be heard)*; → **cahier, manquer, numéro**

**f** (Jur = recours) appeal (*contre* against, from) ◆ **faire appel d'un jugement** to appeal against a judgment ◆ **faire appel** to appeal, lodge an appeal ◆ **juger en appel/sans appel** to judge on appeal/without appeal ◆ **sans appel** (fig) décision final; décider irrevocably; → **cour**

**g** (Mil = mobilisation) call-up ◆ **appel de la classe 1995** 1995 call-up, call-up of the class of 1995; → **devancer**

**h** (Téléc) **appel (téléphonique)** (telephone ou phone) call ◆ **un poste avec signal d'appel** a phone with call waiting function; → **numéro**

**i** (Cartes) signal (*à* for) ◆ **faire un appel à pique** to signal for a spade

**j** (Athlétisme = élan) take-off ◆ **pied d'appel** take-off foot

**k** (Ordin) call

**2** COMP ▷ **appel d'air** in-draught (Brit), in-draft (US), intake of air ◆ **ça fait appel d'air** there's a draught (Brit) ou draft (US) ▷ **appel en couverture** (Bourse) request for cover ▷ **appel de fonds** call for capital ◆ **faire un appel de fonds** to call up capital ▷ **appel à maxima** *appeal by prosecution against the harshness of a sentence* ▷ **appel à minima** *appeal by prosecution against the leniency of a sentence* ▷ **appel de note** (Typo) footnote reference, reference mark ▷ **appel d'offres** (Comm) invitation to tender ou bid (US) ▷ **appel au peuple** appeal ou call to the people ▷ **appel à témoins** call for witnesses

**appelant, e** [ap(ə)lɑ̃, ɑ̃t] → SYN (Jur) **1** adj ◆ **partie appelante** appellant

**2** nm,f appellant

**appelé** [ap(ə)le] → SYN nm (Mil) conscript, draftee (US), selectee (US) ◆ **il y a beaucoup d'appelés et peu d'élus** (Rel, fig) many are called but few are chosen

**appeler** [ap(ə)le] GRAMMAIRE ACTIVE 27 → SYN ▸ conjug 4 ◂

**1** vt **a** (= interpeller) [+ personne, chien] to call ◆ **appeler le nom de qn** to call out sb's name ◆ **appeler qn à l'aide** ou **au secours** to call to sb for help ◆ **appeler qn (d'un geste) de la main** to beckon (to) sb

**b** (Téléc) [+ personne] phone (up), call (up), to ring (up) (Brit); [+ numéro] to dial, call, phone

**c** (= faire venir) (gén) to call, summon; [+ médecin, taxi, police] to call, send for; [+ pompiers] to call out; [+ ascenseur] to call ◆ **appeler les fidèles à la prière** to summon ou call the faithful to prayer ◆ **appeler une classe (sous les drapeaux)** (Mil) to call up a class (of recruits) ◆ **Dieu/la République vous appelle** (frm ou hum) God/the Republic is calling you ◆ **le devoir m'appelle** (hum) duty calls ◆ **le patron l'a fait appeler** the boss sent for him ◆ **il a été appelé auprès de sa mère malade** he was called ou summoned to his sick mother's side ◆ **appeler la colère du ciel sur qn** to call down the wrath of heaven upon sb ◆ **j'appelle la bénédiction de Dieu sur vous** may God bless you

**d** (Jur) **appeler une cause** to call (out) a case ◆ **en attendant que notre cause soit appelée** waiting for our case to come up ou be called ◆ **appeler qn en justice** ou **à comparaître** to summon sb before the court

**e** (= nommer) to call ◆ **appeler qn par son prénom** to call ou address sb by their first name ◆ **appeler qn Monsieur/Madame** to call sb Sir/Madam ◆ **appeler les choses par leur nom** to call things by their rightful name ◆ **appeler un chat un chat** to call a spade a spade ◆ **voilà ce que j'appelle écrire !** now that's what I call writing! ◆ **il va se faire appeler Arthur !** * he's going to get a dressing down * ou a rollicking * (Brit)

**f** (= désigner) **appeler qn à** [+ poste] to appoint ou assign sb to ◆ **être appelé à de hautes/nouvelles fonctions** to be assigned important/new duties ◆ **sa nouvelle fonction l'appelle à jouer un rôle important** his new duties will require him to play an important role ◆ **être appelé à un brillant avenir** to be destined for a brilliant future ◆ **la méthode est appelée à se généraliser** the method looks likely ou set to become widely used

**g** (= réclamer) [situation, conduite] to call for, demand ◆ **j'appelle votre attention sur ce problème** I call your attention to this problem ◆ **ses affaires l'appellent à Lyon** he has to go to Lyons on business ◆ **appeler qch de ses vœux** to wish for sth

**h** (= entraîner) **une lâcheté en appelle une autre** one act of cowardice leads to ou begets (frm) another ◆ **ceci appelle une réflexion** ou **une remarque** this calls for comment

**i** (Cartes) [+ carte] to call for

**j** (Ordin) [+ fichier] to call (up)

**2** vi **a** (= crier) **appeler à l'aide** ou **au secours** to call for help ◆ **elle appelait, personne ne venait** she called (out) but nobody came

**b** **en appeler à** to appeal to ◆ **en appeler de** to appeal against ◆ **j'en appelle à votre bon sens** I appeal to your common sense

**3** **s'appeler** vpr **a** (= être nommé) to be called ◆ **il s'appelle Paul** his name is Paul, he's called Paul ◆ **comment s'appelle cet oiseau ?** what's the name of this bird?, what's this bird called? ◆ **comment ça s'appelle en français ?** what's that (called) in French?, what do you call that in French? ◆ **voilà ce qui s'appelle une gaffe/être à l'heure !** now that's what's called a blunder/being on time! ◆ **je te prête ce livre, mais il s'appelle Reviens !** * I'll lend you this book but I want it back!

**b** [personnes] to call to each other ◆ **on s'appelle ce soir (au téléphone)** you ring me or I'll ring you this evening ◆ **nous nous appelons par nos prénoms** we're on first-name terms, we call each other by our first names

**appellatif** [apelatif] adj m, nm (Ling) ◆ **(nom) appellatif** appellative

**appellation** [apelasjɔ̃] → SYN nf designation, appellation; (littér = mot) term, name ◆ **appellation d'origine** label of origin ◆ **appellation (d'origine) contrôlée** appellation (d'origine) contrôlée, *label guaranteeing the origin of wine and cheese* ◆ **vin d'appellation** appellation contrôlée wine, wine carrying a guarantee of origin

**appendice** [apɛ̃dis] → SYN nm [livre] appendix; (Anat) (gén) appendage, appendix ◆ **l'appendice** [intestin] the appendix ◆ **appendice nasal** (hum) proboscis (hum)

**appendicectomie** [apɛ̃disɛktɔmi] nf appendectomy

**appendicite** [apɛ̃disit] nf appendicitis ◆ **faire de l'appendicite chronique** to have a grumbling appendix ◆ **avoir une crise d'appendicite** to have appendicitis ◆ **se faire opérer de l'appendicite** to have one's appendix removed

**appendiculaire** [apɛ̃dikylɛʀ] **1** adj appendicular

**2 appendiculaires** nmpl ◆ **les appendiculaires** appendicularians, the Appendicularia (SPÉC)

**appentis** [apɑ̃ti] → SYN nm (= bâtiment) lean-to; (= auvent) penthouse (roof), sloping roof

**appert** [apɛʀ] → **apparoir**

**appertisé, e** [apɛʀtize] adj denrée sterilized (in a hermetic container)

**appertiser** [apɛʀtize] → SYN ▸ conjug 1 ◂ vt to sterilize *(in a hermetic container)*

**appesantir** [apəzɑ̃tiʀ] → SYN ▸ conjug 2 ◂ **1** vt [+ tête, paupières] to weigh down; [+ objet] to make heavier; [+ gestes, pas] to slow (down); [+ esprit] to dull ◆ **appesantir son bras** ou **autorité sur** (littér) to strengthen one's authority over

**2 s'appesantir** vpr [tête] to grow heavier; [gestes, pas] to become slower; [esprit] to grow duller; [autorité] to grow stronger ◆ **s'appesantir sur un sujet/des détails** to dwell at length on a subject/on details ◆ **inutile de s'appesantir** no need to dwell on that

**appesantissement** [apəzɑ̃tismɑ̃] → SYN nm [démarche] heaviness; [esprit] dullness; [autorité] strengthening

**appétence** [apetɑ̃s] → SYN nf appetence ◆ **avoir de l'appétence pour** to have a partiality for, be partial to

**appétissant, e** [apetisɑ̃, ɑ̃t] → SYN adj nourriture appetizing, mouth-watering; personne delectable ◆ **peu appétissant** unappetizing

**appétit** [apeti] nm **a** (pour la nourriture) appetite ◆ **avoir de l'appétit, avoir bon appétit, avoir un solide appétit** to have a good ou hearty appetite ◆ **bon appétit !** (hôte) bon appétit!; (serveur) enjoy your meal!, enjoy! (US) ◆ **perdre l'appétit** to lose one's appetite ◆ **il n'a pas d'appétit** he's got no appetite ◆ **ouvrir l'appétit de qn, donner de l'appétit à qn, mettre qn en appétit** to give sb an appetite ◆ **ce premier essai m'a mis en appétit** (fig) this first attempt has given me a taste for it ou has whetted my appetite ◆ **avoir un appétit d'oiseau/d'ogre** to eat like a bird/horse ◆ **manger avec appétit** ou **de bon appétit** to eat heartily ou with appetite ◆ **manger sans appétit** to eat without appetite ◆ **l'appétit vient en mangeant** (lit) appetite comes with eating; (fig) you get a taste for it

**b** (= désir) appetite (*de* for) ◆ **appétit sexuel** sexual appetite

**applaudimètre** [aplodimɛtʀ] nm applause meter, clapometer * (Brit) ◆ **elle a gagné à l'applaudimètre** she got the loudest ou warmest applause

**applaudir** [aplodiʀ] → SYN ▸ conjug 2 ◂ **1** vt to applaud, clap; (= approuver) to applaud, commend ◆ **applaudissons notre sympathique gagnant** let's give the winner a big hand

**2** vi to applaud, clap ◆ **applaudir à tout rompre** to bring the house down

**3 applaudir à** vt indir (littér = approuver) [+ initiative] to applaud, commend ◆ **applaudir des deux mains à qch** to approve heartily of sth, commend sth warmly

**4 s'applaudir** vpr ◆ **je m'applaudis de n'y être pas allé !** (= se réjouir) I'm congratulating myself ou patting myself on the back for not having gone!

**applaudissement** [aplodismɑ̃] → SYN nm **a** (= acclamations) **applaudissements** applause (NonC), clapping (NonC) ◆ **des applaudissements nourris éclatèrent** loud applause ou clapping broke out ◆ **sortir sous les applaudissements** to go off to great applause ◆ **un tonnerre d'applaudissements** thunderous applause

**b** (littér = approbation) approbation, commendation (*à* of)

**applicabilité** [aplikabilite] nf applicability

**applicable** [aplikabl] → SYN adj applicable ◆ **être applicable à** [loi] to apply to, be applicable to ◆ **ce règlement est difficilement applicable** this rule is difficult to apply

**applicateur** [aplikatœʀ] **1** adj m applicator (épith)

**2** nm (= dispositif) applicator

**applicatif, -ive** [aplikatif, iv] adj ◆ **logiciel applicatif** application

**application** [aplikasjɔ̃] → SYN nf **a** (= pose) [enduit, peinture, pommade] application ◆ **renouveler l'application tous les jours** apply every day

**b** (= mise en pratique) (gén) application; [peine] enforcement; [règlement, décision] implementation; [loi] enforcement, application; [remède] administration; [recette] use ◆ **mettre en application** [+ décision] to put into practice, implement; [+ loi] to enforce, apply; [+ théorie] to put into practice, apply ◆ **mise en application** [décision] implementation; [loi] enforcement, application; [théorie] application ◆ **mesures prises en application de la loi** measures taken to enforce ou apply the law ◆ **entrer en application** to come into force ◆ **champ d'application** area of application

**c applications** [théorie, méthode] applications ◆ **les applications de cette théorie** the (possible) applications of the theory

**d** (= attention) application ◆ **application à qch** application to sth ◆ **travailler avec application** to work diligently, apply o.s. ◆ **son application à faire qch** the zeal with which he does sth

**e** (Couture) appliqué (work) ◆ **application de dentelles** appliqué lace ◆ **application de velours** velvet appliqué

**f** (Math) mapping

**g** (Ordin) application (program)

**applique** [aplik] → SYN nf (= lampe) wall light ou lamp; (Couture) appliqué

**appliqué, e** [aplike] → SYN (ptp de **appliquer**) adj **a** personne industrious, assiduous; écriture careful ◆ **bien appliqué** baiser firm; coup well-aimed

**b** linguistique, mathématiques applied

**appliquer** [aplike] → SYN ▸ conjug 1 ◂ **1** vt **a** (= poser) [+ peinture, revêtement, cataplasme] to apply (*sur* to) ◆ **appliquer une échelle sur** ou **contre un mur** to put ou lean a ladder against a wall ◆ **appliquer son oreille sur** ou **à une porte** to put one's ear to a door

**b** (= mettre en pratique) (gén) to apply; [+ peine] to enforce; [+ règlement, décision] to implement, put into practice; [+ loi] to enforce, apply; [+ remède] to administer; [+ recette] to use ◆ **appliquer un traitement à une maladie** to apply a treatment to an illness

**c** (= consacrer) **appliquer son esprit à l'étude** to apply one's mind to study ◆ **appliquer tous ses soins à faire qch** to put all one's efforts into doing sth

**d** (= donner) [+ gifle, châtiment] to give; [+ qualificatif] to use ◆ **appliquer un baiser/sobriquet à qn** to give sb a kiss/nickname ◆ **je lui ai appliqué ma main sur la figure** I struck ou slapped him across the face, I struck ou slapped his face

**2 s'appliquer** vpr **a** (= coïncider) **s'appliquer sur** to fit over ◆ **le calque s'applique exactement sur son modèle** the tracing fits exactly over its model

**b** (= correspondre) **s'appliquer à** to apply to ◆ **cette remarque ne s'applique pas à vous** this remark doesn't apply to you

**c** (= s'acharner) **s'appliquer à faire qch** to make every effort to do sth ◆ **s'appliquer à l'étude de** to apply o.s. to the study of ◆ **élève qui s'applique** pupil who applies himself

**appog(g)iature** [apɔ(d)ʒjatyʀ] nf appoggiatura

**appoint** [apwɛ̃] → SYN nm **a** (= monnaie) **l'appoint** the right ou exact money ou change ◆ **faire l'appoint** to give the right ou exact money ou change ◆ **"prière de faire l'appoint"** (sur pancarte) "exact change only please"

**b** (= complément) (extra) contribution, (extra) help ◆ **salaire d'appoint** secondary ou extra income ◆ **travail d'appoint** second job ◆ **radiateur d'appoint** back-up ou extra heater

**appointements** [apwɛ̃tmɑ̃] → SYN nmpl salary

**appointer** [apwɛ̃te] → SYN ▸ conjug 1 ◂ vt to pay a salary to ◆ **être appointé à l'année/au mois** to be paid yearly/monthly

**Appomattox** [apomatɔks] n Appomattox

**appontage** [apɔ̃taʒ] nm landing *(on an aircraft carrier)*

**appontement** [apɔ̃tmɑ̃] → SYN nm landing stage, wharf

**apponter** [apɔ̃te] ▸ conjug 1 ◂ vi to land *(on an aircraft carrier)*

**apponteur** [apɔ̃tœʀ] nm officer in charge of landing

**apport** [apɔʀ] → SYN nm **a** (= approvisionnement) [capitaux] contribution, supply; [chaleur, air frais, eau potable] supply ◆ **l'apport de devises par le tourisme** the currency that tourism brings in ◆ **leur apport financier** their financial contribution ◆ **apport personnel** (Fin) personal capital contribution, ≃ deposit *(when buying a house)* ◆ **l'apport d'alluvions d'une rivière** the alluvia brought ou carried down by a river ◆ **l'apport de** ou **en vitamines d'un aliment** the vitamins provided by ou the vitamin content of a food ◆ **apport calorique** [aliment] calorie content ◆ **l'apport calorique quotidien** the daily calorie intake

**b** (= contribution) contribution ◆ **l'apport de notre civilisation à l'humanité** our civilization's contribution to humanity

**c** (Jur) **apports** property ◆ **apports en communauté** *goods contributed by man and wife to the joint estate* ◆ **apports en société** (Fin) capital invested

**apporter** [apɔʀte] → SYN ▸ conjug 1 ◂ vt **a** [+ objet] to bring ◆ **apporte-le-moi** bring it to me ◆ **apporte-le-lui** take it to him ◆ **apporte-le en montant** bring it up with you ◆ **apporte-le en venant** bring it with you (when you come), bring it along ◆ **qui a apporté toute cette boue ?** who brought in all this mud? ◆ **le vent d'ouest nous apporte toutes les fumées d'usine** the west wind blows ou carries all the factory fumes our way ◆ **vent qui apporte la pluie** wind that brings rain

**b** [+ satisfaction, repos, soulagement] to bring, give; [+ ennuis, argent, nouvelles] to bring; [+ preuve, solution] to supply, provide ◆ **apporter sa contribution à qch** to make one's contribution to sth ◆ **apporter des modifications à qch** [ingénieur] to make ou introduce changes in sth; [progrès] to bring about changes in sth ◆ **apporter du soin à qch/à faire qch** to exercise care in sth/in doing sth ◆ **apporter de l'attention à qch/à faire qch** to bring one's attention to bear on sth/on doing sth ◆ **elle y a apporté toute son énergie** she put all her energy into it ◆ **son livre n'apporte rien de nouveau** his book contributes ou says nothing new ◆ **leur enseignement m'a beaucoup apporté** I got a lot out of their teaching ◆ **s'apporter beaucoup** (couple) to get a lot out of being together

**apporteur** [apɔʀtœʀ] nm (Jur) contributor

**apposer** [apoze] → SYN ▸ conjug 1 ◂ vt (frm) [+ sceau, timbre, plaque] to affix; [+ signature] to append (frm); (Jur) [+ clause] to insert ◆ **apposer les scellés** (Jur) to affix the seals *(to prevent unlawful entry)* ◆ **apposer une mention sur un produit** to display consumer information on a product

**apposition** [apozisjɔ̃] nf **a** (Gram) apposition ◆ **en apposition** in apposition
**b** [sceau, timbre, plaque, scellés] affixing; [signature] appending (frm); (Jur) [clause] insertion

**appréciable** [apʀesjabl] → SYN adj **a** (= évaluable) appreciable, noticeable
**b** (= assez important) appreciable ◆ **un nombre appréciable de gens** a good many ou a good few people, an appreciable number of people
**c** (= agréable) qualité, situation nice, pleasant ◆ **c'est appréciable de pouvoir se lever tard** it's nice to be able to get up late

**appréciateur, -trice** [apʀesjatœʀ, tʀis] → SYN nm,f judge, appreciator

**appréciatif, -ive** [apʀesjatif, iv] → SYN adj (= estimatif) appraising, evaluative; (= admiratif) appreciative; → **état**

**appréciation** [apʀesjasjɔ̃] → SYN nf **a** (= évaluation) [distance, importance] estimation, assessment; (= expertise) [objet] valuation ◆ **appréciation des risques** (Assurances) estimation of risks, risk assessment
**b** (= jugement) **soumettre qch à l'appréciation de qn** to ask for sb's assessment of sth ◆ **je laisse cela à votre appréciation** I leave you to judge for yourself ◆ **commettre une erreur d'appréciation** to be mistaken in one's assessment ◆ **les appréciations du professeur sur un élève** the teacher's assessment of a pupil ◆ **"appréciation du professeur"** (sur livret) "teacher's comments ou remarks"
**c** (= augmentation) [monnaie] appreciation

**apprécier** [apʀesje] GRAMMAIRE ACTIVE 7.2, 7.3
→ SYN ▸ conjug 7 ◂
**1** vt **a** (= évaluer) [+ distance, importance] to estimate, assess; (= expertiser) [+ objet] to value, assess the value of
**b** (= discerner) [+ nuance] to perceive, appreciate
**c** (= aimer) [+ qualité, repas] to appreciate ◆ **apprécier qn** (= le trouver sympathique) to like sb; (= l'estimer) to appreciate sb ◆ **un mets très apprécié** a much appreciated dish, a highly-rated dish ◆ **son discours n'a pas été apprécié par la droite** his speech was not appreciated by the right wing ◆ **je n'apprécie guère votre attitude** I don't like your attitude ◆ **il n'a pas apprécié !** he didn't appreciate that!, he didn't much care for that!
**2** **s'apprécier** vpr **a** (= s'estimer) to like each other ◆ **ils s'apprécient beaucoup** they really like each other
**b** (Fin) to rise, appreciate ◆ **le franc s'est nettement apprécié par rapport au mark** the franc has risen ou appreciated sharply against the mark

**appréhender** [apʀeɑ̃de] → SYN ▸ conjug 1 ◂ vt **a** (= arrêter) to apprehend
**b** (= redouter) to dread ◆ **appréhender (de faire) qch** to dread (doing) sth ◆ **appréhender que ...** to fear that ...
**c** (= comprendre) [+ situation] to apprehend, grasp

**appréhensif, -ive** [apʀeɑ̃sif, iv] → SYN adj apprehensive, fearful (*de* of)

**appréhension** [apʀeɑ̃sjɔ̃] → SYN nf **a** (= crainte) apprehension, anxiety ◆ **envisager qch avec appréhension** to be apprehensive ou anxious about sth, dread sth ◆ **avoir de l'appréhension** to be apprehensive ◆ **son appréhension de l'examen/de l'avenir** his apprehension about the exam/the future
**b** (= compréhension) [situation, réalité] apprehension

**apprenant, e** [apʀənɑ̃, ɑ̃t] nm,f learner

**apprendre** [apʀɑ̃dʀ] → SYN ▸ conjug 58 ◂ vt **a** [+ leçon, métier] to learn ◆ **apprendre que/à lire/à nager** to learn that/(how) to read/(how) to swim ◆ **apprendre à se servir de qch** to learn (how) to use sth ◆ **apprendre à connaître qn** to get to know sb ◆ **il apprend vite** he's a quick learner, he learns quickly ◆ **l'espagnol s'apprend vite ou facilement** Spanish is easy to learn; → **cœur**
**b** [+ nouvelle] to hear, learn; [+ événement, fait] to hear of, learn of; [+ secret] to be told (*de qn* by sb) ◆ **j'ai appris hier que ...** I heard ou learnt ou it came to my knowledge (frm) yesterday that ... ◆ **j'ai appris son arrivée par des amis/par la radio** I heard of ou learnt of his arrival through friends/on the radio ◆ **apprenez que je ne me laisserai pas faire !** be warned that ou let me make it quite clear that I won't be trifled with!
**c** (= annoncer) **apprendre qch à qn** to tell sb (of) sth ◆ **il m'a appris la nouvelle** he told me the news ◆ **il m'apprend à l'instant sa démission/qu'il va partir** he has just told me of his resignation/that he's going to leave ◆ **vous ne m'apprenez rien !** you haven't told me anything new! ou anything I don't know already!, that's no news to me!
**d** (= enseigner) **apprendre qch à qn** to teach sb sth, teach sth to sb ◆ **apprendre à qn à faire** to teach sb (how) to do ◆ **il a appris à son chien à obéir/qu'il doit obéir** he taught his dog to obey/that he must obey ◆ **je vais lui apprendre à vivre** I'll teach him a thing or two, I'll straighten ou sort (Brit) him out ◆ **ça lui apprendra (à vivre) !** that'll teach him (a lesson)! ◆ **on n'apprend pas à un vieux singe à faire des grimaces** don't teach your grandmother to suck eggs

**apprenti, e** [apʀɑ̃ti] → SYN nm,f [métier] apprentice; (= débutant) novice, beginner ◆ **apprenti conducteur** learner driver (Brit), student driver (US) ◆ **apprenti mécanicien** apprentice ou trainee mechanic, mechanic's apprentice ◆ **apprenti philosophe** (péj) novice philosopher ◆ **apprenti sorcier** sorcerer's apprentice ◆ **jouer à l'apprenti sorcier** ou **aux apprentis sorciers** to play God

**apprentissage** [apʀɑ̃tisaʒ] → SYN nm (= formation) apprenticeship ◆ **l'apprentissage de l'anglais/ de la lecture/de l'amour** learning English/(how) to read/about love ◆ **l'apprentissage de la patience** learning to be patient, learning patience ◆ **mettre qn en apprentissage** to apprentice sb (*chez* to) ◆ **être en apprentissage** to be apprenticed ou an apprentice (*chez* to) ◆ **faire son apprentissage** to serve one's apprenticeship, do one's training (*chez* with) ◆ **faire son apprentissage de mécanicien** to serve one's apprenticeship as a mechanic ◆ **école** ou **centre d'apprentissage** training school ◆ **faire l'apprentissage de** [+ douleur, vie active] to have one's first experience of, be initiated into ◆ **le pays fait le difficile apprentissage de la démocratie** the country is taking its first difficult steps in democracy; → **contrat, taxe**

**apprêt** [apʀɛ] → SYN nm **a** (= opération) [cuir, tissu] dressing; [papier] finishing; (Peinture) sizing, priming
**b** (= substance) [cuir, tissu] dressing; (= peinture) size, primer ◆ **couche d'apprêt** coat of primer
**c** (= affectation) **sans apprêt** unaffected ◆ **elle est d'une beauté sans apprêt** she has a kind of natural beauty

**apprêtage** [apʀɛtaʒ] nm [cuir, tissu] dressing; [papier] finishing; [peinture] sizing, priming

**apprêté, e** [apʀete] → SYN (ptp de **apprêter**) adj (= affecté) manière, style affected

**apprêter** [apʀete] → SYN ▸ conjug 1 ◂ **1** vt **a** [+ nourriture] to prepare, get ready ◆ **apprêter un enfant/une mariée** (= habiller) to get a child/bride ready, dress a child/bride
**b** (Tech) [+ peau, papier, tissu] to dress, finish; (Peinture) to size, prime
**2** **s'apprêter** vpr **a** **s'apprêter à qch/à faire qch** (= se préparer) to get ready for sth/to do sth, prepare (o.s.) for sth/to do sth ◆ **nous nous apprêtions à partir** we were getting ready ou preparing to leave ◆ **je m'apprêtais à le dire** I was just about to say so
**b** (= faire sa toilette) to dress o.s., prepare o.s.

**apprêteur, -euse** [apʀɛtœʀ, øz] nm,f [peau, tissu, papier] dresser, finisher; [peinture] sizer, primer

**apprivoisable** [apʀivwazabl] adj tameable ◆ **difficilement apprivoisable** difficult to tame

**apprivoisé, e** [apʀivwaze] → SYN (ptp de **apprivoiser**) adj tame, tamed

**apprivoisement** [apʀivwazmɑ̃] → SYN nm (= action) taming; (= état) tameness

**apprivoiser** [apʀivwaze] → SYN ▸ conjug 1 ◂ **1** vt [+ animal, personne difficile] to tame; [+ personne timide] to bring out of his (ou her) shell ◆ **je commence tout juste à apprivoiser l'ordinateur** I'm just beginning to get to grips with the computer
**2** **s'apprivoiser** vpr [animal] to become tame; [personne difficile] to become easier to get on with; [personne timide] to come out of one's shell

**approbateur, -trice** [apʀɔbatœʀ, tʀis] → SYN **1** adj approving ◆ **signe de tête approbateur** nod of approval, approving nod
**2** nm,f (littér) approver

**approbatif, -ive** [apʀɔbatif, iv] adj ⇒ **approbateur, -trice**

**approbation** [apʀɔbasjɔ̃] GRAMMAIRE ACTIVE 13.2 → SYN nf (= jugement favorable) approval, approbation; (= acceptation) approval ◆ **donner son approbation à un projet** to give one's approval to a project ◆ **ce livre a rencontré l'approbation du grand public** this book has been well received by the public ◆ **conduite/travail digne d'approbation** commendable behaviour/work ◆ **approbation des comptes** (Fin) approval of the accounts

**approchable** [apʀɔʃabl] → SYN adj chose accessible; personne approachable ◆ **le ministre est difficilement approchable** the minister is rather inaccessible ou is not very accessible

**approchant, e** [apʀɔʃɑ̃, ɑ̃t] → SYN adj style, genre similar (*de* to); résultat close (*de* to) ◆ **quelque chose d'approchant** something like that, something similar ◆ **rien d'approchant** nothing like that

**approche** [apʀɔʃ] → SYN nf **a** (= arrivée) [personne, véhicule, événement] approach ◆ **à mon approche il sourit** he smiled as I drew near ou approached ◆ **à l'approche de l'hiver** at the approach of winter, as winter drew near ou approached ◆ **"(train) à l'approche"** (dans une gare) "train now approaching" ◆ **s'enfuir à l'approche du danger** to flee at the first sign of danger ◆ **à l'approche** ou **aux approches de la cinquantaine, il ...** as he neared ou approached fifty, he ..., as fifty drew nearer, he ...; → **lunette, travail**
**b** (= abord) **être d'approche difficile/aisée** [personne] to be unapproachable/approachable, be difficult/easy to approach; [lieu] to be inaccessible/(easily) accessible, be difficult/easy of access; [musique, auteur] to be difficult/easy to understand ◆ **manœuvres** ou **travaux d'approche** (Mil) approaches, saps; (fig) manoeuvres, manoeuvrings ◆ **nous sommes en approche finale** (Aviat) we are on our final approach ◆ **coup d'approche** (Golf) approach shot
**c** (= parages) **les approches de la ville** the area (immediately) surrounding the town ◆ **les approches du port/de l'île sont dangereuses** the waters around the port/island are dangerous ◆ **aux approches de la ville elle pensa ...** as she neared ou approached the town she thought ...
**d** (= façon d'envisager) approach ◆ **l'approche de ce problème** the approach to this problem ◆ **ce n'est qu'une approche sommaire de la question** this is only a brief introduction to ou a cursory glance at the question
**e** (Typo) (= espace) spacing; (= faute) spacing error; (= signe) close-up mark

**approché, e** [apʀɔʃe] (ptp de **approcher**) adj résultat, idée approximate

**approcher** [apʀɔʃe] → SYN ▸ conjug 1 ◂ **1** vt **a** [+ objet] to put near, move near ◆ **approcher une table d'une fenêtre** to move a table near to a window ◆ **approche ta chaise** draw ou bring up your chair, bring your chair nearer ou closer ◆ **il approcha les deux chaises l'une de l'autre** he moved the two chairs closer together ◆ **il approcha le verre de ses lèvres** he lifted ou raised the glass to his lips ◆ **elle approcha son visage du sien** she moved her face near to his
**b** [+ personne] (= aller) to go near, approach; (= venir) to come near, approach ◆ **ne l'approchez pas !** don't go near him!, keep away from him!
**c** (= côtoyer) be in contact with; (= entrer en contact avec) to approach
**2** vi [date, saison] to approach, draw near; [personne, orage] to approach, come nearer; [nuit, jour] to approach, draw on ◆ **le jour approche où ...** the day is near when ...

♦ **approchez, approchez !** come closer! ♦ **approche que je t'examine** come here and let me look at you

3 **approcher de** vt indir [+ lieu] to approach, get closer to ♦ **nous approchons du but** we're getting there ♦ **approcher de la perfection** [appareil] to come close to perfection; [personne] to near perfection ♦ **il approche de la cinquantaine** he's getting on for (Brit) ou going on (US) ou approaching fifty ♦ **devoir qui approche de la moyenne** exercise that is just below average ♦ **l'aiguille du compteur approchait du 80** the needle on the speedometer was approaching ou nearing 80

4 **s'approcher** vpr (= venir) to come near, approach; (= aller) to go near, approach ♦ **il s'est approché pour me parler** he came up to speak to me ♦ **l'enfant s'approcha de moi** the child came up to me ♦ **ne t'approche pas de moi** don't come near me ♦ **s'approcher du micro** (venir) to come up to the mike; (se rapprocher) to get closer ou nearer to the mike ♦ **approche-toi !** come here! ♦ **approchez-vous du feu** go and sit (ou stand) near the fire ♦ **s'approcher de la réalité** to come near to reality

**approfondi, e** [apʀɔfɔ̃di] (ptp de **approfondir**) adj connaissances, étude thorough, detailed; débat in-depth

**approfondir** [apʀɔfɔ̃diʀ] → SYN ▸ conjug 2 ◂ vt a [+ canal, puits] to deepen, make deeper
b [+ question, étude] to go (deeper) into; [+ connaissances] to deepen, increase ♦ **il vaut mieux ne pas approfondir le sujet** it's better not to go into the matter too closely ♦ **sans approfondir** superficially

**approfondissement** [apʀɔfɔ̃dismɑ̃] → SYN nm [canal, puits] deepening (NonC); [connaissances] deepening (NonC), increasing (NonC) ♦ **l'approfondissement de cette étude serait souhaitable** it would be a good idea to take this study further

**appropriation** [apʀɔpʀijasjɔ̃] → SYN nf a (Jur) appropriation
b (= adaptation) suitability, appropriateness (à to)

**approprié, e** [apʀɔpʀije] → SYN (ptp de **approprier**) adj réponse, méthode, remède appropriate, suitable; place proper, right, appropriate ♦ **il faut des remèdes appropriés au mal** we need remedies that are suited ou appropriate to the evil ♦ **fournir une réponse appropriée à une question** to provide an apt ou a suitable ou an appropriate reply to a question

**approprier** [apʀɔpʀije] → SYN ▸ conjug 7 ◂ 1 vt (= adapter) to suit, fit, adapt (à to) ♦ **approprier son style à l'auditoire** to suit one's style to one's audience, adapt one's style to (suit) one's audience
2 **s'approprier** vpr a (= s'adjuger) [+ bien] to appropriate; [+ pouvoir, droit, propriété, découverte] to take over, appropriate
b (= s'adapter à) **s'approprier à** to be appropriate to, fit, suit

**approuver** [apʀuve] GRAMMAIRE ACTIVE 11.1, 11.2, 13.3, 13.4 → SYN ▸ conjug 1 ◂ vt a (= être d'accord avec) [+ attitude] to approve of ♦ **il a démissionné et je l'approuve** he resigned, and I agree with him ou approve (of his doing so) ♦ **on a besoin de se sentir approuvé** one needs to feel the approval of others ♦ **je n'approuve pas qu'il parte maintenant** I don't approve of his leaving now
b (= avaliser) [+ comptes, médicament, procès-verbal, nomination] to approve; [+ projet de loi] to approve, pass; [+ contrat] to ratify; → **lu**

**approvisionnement** [apʀɔvizjɔnmɑ̃] → SYN nm (= action) supplying (en, de of) ♦ **approvisionnements** (= réserves) supplies, provisions, stock ♦ **l'approvisionnement en légumes de la ville** supplying the town with vegetables, (the) supplying (of) vegetables to the town ♦ **il avait tout un approvisionnement de cigarettes** he was well stocked with cigarettes, he had a large stock of cigarettes ♦ **approvisionnements sauvages** (Écon) panic buying

**approvisionner** [apʀɔvizjɔne] → SYN ▸ conjug 1 ◂
1 vt [+ magasin, commerçant] to supply (en, de with); [+ compte bancaire] to pay ou put money into; [+ fusil] to load ♦ **ils sont bien approvisionnés en fruits** they are well supplied ou stocked with fruit
2 **s'approvisionner** vpr to stock up (en with), lay in supplies (en of) ♦ **s'approvisionner en bois** to stock up with wood, get supplies of wood ♦ **je m'approvisionne au supermarché** I shop at the supermarket

**approvisionneur, -euse** [apʀɔvizjɔnœʀ, øz] → SYN nm,f supplier

**approximatif, -ive** [apʀɔksimatif, iv] → SYN adj calcul, évaluation, traduction rough; nombre, prix approximate; termes vague ♦ **parler un français approximatif** to speak broken French

**approximation** [apʀɔksimasjɔ̃] → SYN nf (gén) approximation, (rough) estimate; (Math) approximation ♦ **par approximations successives** by trial and error

**approximativement** [apʀɔksimativmɑ̃] → SYN adv calculer, évaluer roughly; compter approximately

**appt** (abrév de **appartement**) apt

**appui** [apɥi] → SYN 1 nm a (lit, fig) support; (Alpinisme) press hold ♦ **prendre appui sur** [personne] to lean on; (du pied) to stand on; [objet] to rest on ♦ **son pied trouva un appui** he found a foothold ♦ **avoir besoin d'appui** to need (some) support ♦ **trouver un appui chez qn** to receive support from sb ♦ **j'ai cherché un appui auprès de lui** I turned to him for support ♦ **avoir l'appui de qn** to have sb's support ou backing ♦ **il a des appuis au ministère** he has connections in the ministry
♦ **à l'appui** in support of this, to back this up ♦ **avec preuves à l'appui** with evidence to prove it ♦ **il m'a expliqué comment faire avec démonstration à l'appui** he told me how to do it and backed this up with a demonstration ♦ **à l'appui de son témoignage** in support of his evidence, to back up his evidence; → **barre, point**[1]
b (Mus) [voix] placing ♦ **consonne d'appui** (Poésie) supporting consonant ♦ **voyelle d'appui** support vowel
2 COMP ▷ **appui aérien** air support ▷ **appui de fenêtre** window ledge ▷ **appui financier** financial support ou backing ▷ **appui logistique** logistic backup ou support ▷ **appui tactique** tactical support

**appuie-bras** [apɥibʀɑ] nm inv armrest

**appuie-main,** pl **appuie-main(s)** [apɥimɛ̃] nm maulstick

**appuie-tête,** pl **appuie-tête(s)** [apɥitɛt] nm [voiture, fauteuil de dentiste] headrest, head restraint; [fauteuil] antimacassar

**appuyé, e** [apɥije] (ptp de **appuyer**) adj (= insistant) regard fixed, intent; geste emphatic; (= excessif) politesse overdone ♦ **il a rendu un hommage appuyé à son collègue** he paid a glowing tribute to his colleague

**appuyer** [apɥije] GRAMMAIRE ACTIVE 26.2, 26.6 → SYN ▸ conjug 8 ◂
1 vt a (= poser) [+ objet, coudes, front] to lean (contre against; sur on) ♦ **appuyer une échelle contre un mur** to lean ou rest ou stand a ladder against a wall, prop a ladder up against a wall ♦ **appuyer sa main sur l'épaule de qn** to rest one's hand on sb's shoulder
b (= presser) to press ♦ **il dut appuyer son genou sur la valise pour la fermer** he had to press ou push the suitcase down with his knee to close it ♦ **appuie ton doigt sur le pansement** put ou press your finger on the dressing
c (= étayer) **appuyer un mur par qch** to support ou prop up a wall with sth
d (= soutenir) [+ personne, candidature, politique] to support, back (up) ♦ **il a appuyé sa thèse de documents convaincants** he backed up ou supported his thesis with convincing documents ♦ **appuyer la demande de qn** to support sb's request
e (Mil) [+ attaque] to back up ♦ **l'offensive sera appuyée par l'aviation** the offensive will be backed up from the air ou given air support
2 vi a (= presser sur) **appuyer sur** [+ bouton] to press, push; [+ frein] to apply, put one's foot on; [+ pédales] to press down on; [+ levier] to press (down); [+ gâchette] to press, pull, squeeze ♦ **appuyer sur le champignon** * (Aut) to step on the gas *, put one's foot down (Brit)
b (= reposer sur) **appuyer sur** to rest on ♦ **la voûte appuie sur des colonnes** the vault rests on columns ou is supported by columns
c (= insister sur) **appuyer sur** [+ mot, argument, syllabe] to stress, emphasize; (Mus) [+ note] to accentuate, accent ♦ **n'appuyez pas trop** don't press the point ♦ **appuyer sur la chanterelle** to harp on
d (= se diriger) **appuyer sur la droite** ou **à droite** to bear (to the) right
3 **s'appuyer** vpr a (= s'accoter) **s'appuyer sur/contre** to lean on/against ♦ **appuie-toi à mon bras** lean on my arm
b (fig = compter) **s'appuyer sur** [+ personne, autorité] to lean on ♦ **s'appuyer sur un parti** (Pol) to rely on the support of a party ♦ **s'appuyer sur l'amitié de qn** to rely ou depend on sb's friendship ♦ **s'appuyer sur des découvertes récentes pour démontrer ...** to use recent discoveries to demonstrate ... ♦ **sur quoi vous appuyez-vous pour avancer cela ?** what evidence do you have to support what you're saying?
c (* = subir) [+ importun, discours ennuyeux] to put up with *; [+ corvée] to take on ♦ **qui va s'appuyer le ménage ?** who'll get landed * with the housework? ♦ **chaque fois c'est nous qui nous appuyons toutes les corvées** it's always us who get stuck * ou landed * with all the chores ♦ **il s'est appuyé le voyage de nuit** he ended up having to travel at night

**apragmatisme** [apʀagmatism] → SYN nm apragmatism

**apraxie** [apʀaksi] nf apraxia

**âpre** [ɑpʀ] → SYN adj a goût, vin pungent, acrid; hiver, vent, temps bitter, harsh; son, voix, ton harsh
b vie harsh; combat, discussion bitter; détermination, résolution grim; concurrence, critique fierce ♦ **après d'âpres marchandages** after some intense haggling
c **âpre au gain** grasping, greedy

**âprement** [ɑpʀəmɑ̃] → SYN adv lutter bitterly, grimly; critiquer fiercely

## après [apʀɛ]

GRAMMAIRE ACTIVE 6.2 → SYN

1 PRÉPOSITION
2 ADVERBE

1 PRÉPOSITION

a temps after ♦ **il est entré après elle** he came in after her ♦ **venez après 8 heures** come after 8 ♦ **après beaucoup d'hésitations il a accepté** after much hesitation he accepted ♦ **après tout ce que j'ai fait pour lui** after everything I've done for him ♦ **tu l'injuries, et après ça tu t'étonnes qu'il se vexe** you insult him and then you're surprised that he takes offence ♦ **jour après jour** day after day, day in day out ♦ **page après page** page after page, page upon page;
♦ **après** + infinitif ♦ **après avoir lu ta lettre, je ...** after I read ou after reading ou having read your letter, I ... ♦ **elle s'est décidée après avoir longtemps hésité** she made up her mind after much hesitation ♦ **après être rentré chez lui, il ...** after he got home, he ... ♦ **après manger** when you've (ou I've etc ) eaten ♦ **ce sont des propos d'après boire** it's the drink talking
♦ **après coup** after the event, afterwards, later ♦ **il n'a compris/réagi qu'après coup** he didn't understand/react until afterwards;
♦ **après que** + indicatif after ♦ **après que je l'ai quittée** after I left her ♦ **venez me voir après que vous lui aurez parlé** come and see me after ou when you've spoken to him
♦ **après quoi** ♦ **elle l'a grondé, après quoi il a été sage** she told him off and after that he behaved himself
♦ **et (puis) après?** (pour savoir la suite) and then what?; (pour marquer l'indifférence) so what? *, what of it?

b ordre d'importance, hiérarchie **sa famille passe après ses malades** his family comes after ou second to his patients ♦ **après le capitaine vient le lieutenant** after captain comes lieutenant ♦ **après vous, je vous en prie** after you
♦ **après tout** after all ♦ **après tout, ce n'est qu'un enfant** after all he is only a child ♦ **et pourquoi pas, après tout ?** after all, why not?

c espace (= plus loin que) after, past; (= derrière) behind, after ♦ **après le pont, la route rétrécit** the road narrows after the bridge ◆ **sa maison est (juste) après la mairie** his house is (just) past ou after ou beyond the town hall ◆ **j'étais après elle dans la queue** I was behind ou after her in the queue ◆ **le chien court après sa balle** the dog's running after his ball ◆ **elle traîne toujours après elle 2 petits chiens** she's always got 2 little dogs in tow

**d** [en s'accrochant] **grimper après un poteau** to climb (up) a pole ◆ **sa jupe s'accrochait après les ronces** her skirt kept catching on the brambles

**e** [*: agressivité] at ◆ **le chien aboyait après eux** the dog was barking at them ◆ **il est furieux après eux** he's mad* at them ◆ **après qui en a-t-il ?** who has he got it in for?* ◆ **elle est toujours après lui** (surveillance) she's always breathing down his neck*; (harcèlement) she's always (going) on at him* (Brit) ou nagging (at) him, she keeps on at him all the time*

**f d'après**

(= en suivant un modèle, un auteur etc) ◆ **portrait peint d'après nature** portrait painted from life ◆ **dessin d'après Ingres** drawing after Ingres, drawing in the style ou manner of Ingres ◆ **scénario d'après un roman de Balzac** screenplay adapted from a novel by Balzac

(= selon) ◆ **d'après lui/elle** according to him/her, in his/her opinion ◆ **d'après moi** in my opinion ◆ **(à en juger) d'après son regard/ce qu'il a dit** from the look he gave/what he said ◆ **ne jugez pas d'après les apparences** don't go ou judge by appearances ◆ **ne jugez pas d'après ce qu'il dit** don't go by what he says ◆ **d'après la météo/les sondages** according to the weather forecast/the polls ◆ **d'après ma montre** by my watch

[2] ADVERBE

**a** [dans le temps] (= ensuite) afterwards, next; (= plus tard) later ◆ **venez me voir après** come and see me afterwards ◆ **aussitôt après** immediately ou straight after(wards) ◆ **longtemps après** long ou a long time after(wards) ◆ **qu'allons-nous faire après ?** what are we going to do next? ou afterwards? ◆ **après, c'est ton tour** it's your turn next ◆ **deux jours/semaines après** two days/weeks later ◆ **les réformes, ce sera pour après** reforms will come later ◆ **après tu iras dire que ...** next you'll be saying that ... ◆ **il est resté deux jours, et après il est parti** he stayed two days and afterwards ou and then he left

**b** [dans l'espace] **tu vois la poste ? sa maison est juste après** do you see the post office? his house is just a bit further on ◆ **ce crochet là-bas, ton manteau est pendu après** your coat's (hanging) on that peg over there

**c** [dans un ordre] **qu'est-ce qui vient après ?** what comes next?, what's to follow? ◆ **il pense surtout à ses malades, sa famille passe après** he thinks of his patients first, his family comes second ◆ **après, nous avons des articles moins chers** otherwise we have cheaper things

**d d'après** (= suivant) ◆ **la semaine/le mois d'après** (dans le temps) the following ou next week/month, the week/month after ◆ **le train d'après est plus rapide** the next train is faster ◆ **tu vois le cinéma ? c'est la rue d'après** (dans l'espace) do you see the cinema? it's the next street along (from there)

**après-demain** [apʀɛd(ə)mɛ̃] adv the day after tomorrow

**après-dîner** †, pl **après-dîners** [apʀɛdine] [→ SYN] nm evening ◆ **conversations d'après-dîner** after-dinner conversations

**après-guerre**, pl **après-guerres** [apʀɛgɛʀ] nm post-war years ◆ **d'après-guerre** post-war (épith)

**après-midi** [apʀɛmidi] [→ SYN] nm ou f inv afternoon ◆ **dans l'après-midi** in the afternoon

**après-rasage**, pl **après-rasages** [apʀɛʀɑzaʒ] [1] adj inv lotion, mousse aftershave (épith) [2] nm aftershave

**après-shampo(o)ing**, pl **après-shampo(o)ings** [apʀɛʃɑ̃pwɛ̃] nm (hair) conditioner

**après-ski**, pl **après-ski(s)** [apʀɛski] nm **a** (= chaussure) snow boot **b** (= loisirs) **l'après-ski** après-ski ◆ **tenue d'après-ski** après-ski outfit

**après-soleil** [apʀɛsɔlɛj] [1] adj inv after-sun (épith) [2] nm inv after-sun cream (ou lotion)

**après-vente** [apʀɛvɑ̃t] adj inv ◆ **(service) après-vente** after-sales service

**âpreté** [ɑpʀəte] [→ SYN] nf **a** [goût, vin] pungency; [hiver, vent, temps] bitterness, harshness; [son, voix, ton] harshness **b** [vie] harshness; [discussion] bitterness; [détermination, résolution] grimness; [concurrence, critique] fierceness

**a priori** [apʀijɔʀi] [→ SYN] [1] loc adv (Philos) a priori; (gén) intéressant, surprenant at first sight ◆ **refuser qch a priori** to refuse sth out of hand ◆ **a priori, la date ne devrait pas changer** in principle, the date shouldn't change ◆ **tu es libre samedi ? – a priori oui** are you free on Saturday? – I should be [2] loc adj (Philos) a priori [3] nm inv (Philos) apriorism; (gén) prejudice ◆ **avoir des a priori** to be biased ou prejudiced (*envers* towards; *contre* against) ◆ **j'ai abordé le problème sans a priori** I approached the problem with an open mind

**apriorisme** [apʀijɔʀism] [→ SYN] nm apriorism

**aprioriste** [apʀijɔʀist] [1] adj aprioristic, apriorist (épith) [2] nmf a priori reasoner, apriorist

**à-propos** [apʀɔpo] [→ SYN] nm (= présence d'esprit) presence of mind; [remarque, acte] aptness ◆ **avec beaucoup d'à-propos le gouvernement a annoncé ...** with consummate timing the government has announced ... ◆ **répondre avec à-propos** to make an apt ou a suitable reply ◆ **avoir beaucoup d'à-propos** (dans ses réponses) to have the knack of saying the right thing; (dans ses actes) to have the knack of doing the right thing ◆ **son manque d'à-propos lui nuit** his inability to say ou do the right thing does him a lot of harm ◆ **avoir l'esprit d'à-propos** to be quick off the mark

**apside** [apsid] [→ SYN] nf apsis, apse ◆ **ligne des apsides** line of apsides

**apte** [apt] [→ SYN] adj **a** **apte à qch** capable of sth ◆ **apte à faire** capable of doing, able to do ◆ **apte à exercer une profession** (intellectuellement) (suitably) qualified for a job; (physiquement) capable of doing a job ◆ **je ne suis pas apte à juger** I'm not able ou not in a position to judge ◆ **apte (au service)** (Mil) fit for service **b** (Jur) **apte à** fit to ou for

**aptère** [aptɛʀ] [→ SYN] adj (Bot, Zool) apterous; (Art) temple apteral ◆ **la Victoire aptère** the apteral Victory

**aptéryx** [apteʀiks] [→ SYN] nm (= oiseau) kiwi

**aptitude** [aptityd] [→ SYN] nf **a** (= faculté) aptitude, ability; (= don) gift, talent ◆ **test d'aptitude** aptitude test ◆ **son aptitude à étudier** ou **à** ou **pour l'étude** his aptitude for study ou studying, his ability to study ◆ **avoir de grandes aptitudes** to be very gifted ou talented **b** (Jur) fitness (*à* to)

**apurement** [apyʀmɑ̃] [→ SYN] nm [comptes] auditing; [dette] discharging, wiping off

**apurer** [apyʀe] [→ SYN] ▸ conjug 1 ◂ vt [+ comptes] to audit; [+ dette] to discharge, wipe off

**apyre** [apiʀ] [→ SYN] adj apyrous

**apyrétique** [apiʀetik] adj apyretic

**apyrexie** [apiʀɛksi] nf apyrexia

**aquacole** [akwakɔl] adj ◆ **élevage aquacole** (= activité) aquiculture, aquaculture, fish farming; (= entreprise) fish farm

**aquaculteur, -trice** [akwakyltœʀ, tʀis] nm,f (gén) aquiculturalist; [poissons] fish farmer

**aquaculture** [akwakyltyʀ] nf (gén) aquiculture, aquaculture; [poissons] fish farming

**aquafortiste** [akwafɔʀtist] [→ SYN] nmf aquafortist

**aquagym** [akwaʒim] nf aqua-aerobics sg

**aquamanile** [akwamanil] [→ SYN] nm basin and ewer

**aquanaute** [akwanot] [→ SYN] nmf aquanaut

**aquaplanage** [akwaplanaʒ] nm aquaplaning

**aquaplane** [akwaplan] nm aquaplane

**aquaplaning** [akwaplaniŋ] [→ SYN] nm ⇒ **aquaplanage**

**aquarelle** [akwaʀɛl] [→ SYN] nf (= technique) watercolours (Brit), watercolors (US); (= tableau) watercolour (Brit), watercolor (US) ◆ **faire de l'aquarelle** to paint in watercolours

**aquarellé, e** [akwaʀele] adj dessin done in watercolour(s) (Brit) ou watercolor(s) (US)

**aquarelliste** [akwaʀelist] [→ SYN] nmf watercolourist (Brit), watercolorist (US)

**aquariophile** [akwaʀjɔfil] nmf tropical fish enthusiast, aquarist

**aquariophilie** [akwaʀjɔfili] nf keeping tropical fish

**aquarium** [akwaʀjɔm] nm aquarium, fish tank ◆ **aquarium d'eau de mer** marine aquarium

**aquatinte** [akwatɛ̃t] [→ SYN] nf aquatint

**aquatintiste** [akwatɛ̃tist] [→ SYN] nmf aquatinter

**aquatique** [akwatik] [→ SYN] adj plante aquatic, water (épith) ◆ **animal aquatique** aquatic animal ◆ **oiseau aquatique** aquatic bird, water-bird ◆ **parc aquatique** aqua park ◆ **paysage aquatique** (sous l'eau) underwater landscape; (marécageux) watery landscape

**aquavit** [akwavit] [→ SYN] nm aquavit

**aqueduc** [ak(ə)dyk] [→ SYN] nm (Tech, Anat) aqueduct

**aqueux, -euse** [akø, øz] [→ SYN] adj aqueous; → **humeur**

**à quia** [akɥija] loc adv (littér) ◆ **mettre qn à quia** to nonplus sb ◆ **être à quia** to be at a loss for a reply

**aquicole** [akɥikɔl] adj ⇒ **aquacole**

**aquiculteur, -trice** [akɥikyltœʀ, tʀis] nm,f ⇒ **aquaculteur, -trice**

**aquifère** [akɥifɛʀ] [1] adj ◆ **nappe aquifère** aquifer, water-bearing layer ou stratum [2] nm aquifer

**aquilin, e** [akilɛ̃, in] [→ SYN] adj aquiline

**aquilon** [akilɔ̃] [→ SYN] nm (littér) north wind

**aquitanien** [akitanjɛ̃] nm ◆ **l'aquitanien** the Aquitainian

**aquosité** [akozite] nf aqueous state

**A.R.** **a** (abrév de **Altesse royale**) → **altesse** **b** (abrév de **aller (et) retour**) → **aller**

**ara** [aʀa] nm macaw

**arabe** [aʀab] [→ SYN] [1] adj désert Arabian; nation, peuple Arab; art, langue, littérature Arabic, Arab ◆ **(cheval) arabe** Arab (horse); → **république, téléphone** [2] nm (Ling) Arabic ◆ **l'arabe littéral** written Arabic [3] **Arabe** nm Arab ◆ **un jeune Arabe** an Arab boy [4] **Arabe** nf Arab woman (ou girl)

**arabesque** [aʀabɛsk] [→ SYN] nf arabesque ◆ **arabesque de style** stylistic ornament, ornament of style

**arabica** [aʀabika] nm arabica

**Arabie** [aʀabi] nf Arabia ◆ **Arabie Saoudite** Saudi Arabia ◆ **le désert d'Arabie** the Arabian desert

**arabique** [aʀabik] adj Arabian; → **gomme**

**arabisant, e** [aʀabizɑ̃, ɑ̃t] nm,f Arabist, Arabic scholar

**arabisation** [aʀabizasjɔ̃] nf arabization

**arabiser** [aʀabize] ▸ conjug 1 ◂ vt to arabize

**arabisme** [aʀabism] nm Arabism

**arabité** [aʀabite] nf Arabian identity

**arable** [aʀabl] [→ SYN] adj arable

**arabo-islamique**, pl **arabo-islamiques** [aʀaboislamik] adj Arab-Islamic

**arabologue** [aʀabɔlɔg] nmf *specialist in Arab studies*

**arabophone** [aʀabɔfɔn] [1] adj Arabic-speaking (épith) [2] nmf Arabic speaker

**arachide** [aʀaʃid] nf (= plante) groundnut (plant); (= graine) peanut, groundnut, monkey nut (Brit)

**arachnéen, -enne** [aʀakneɛ̃, ɛn] [→ SYN] adj (littér = léger) gossamer (épith), of gossamer; (Zool) arachnidan

**arachnide** [aʀaknid] nm arachnid ◆ **les arachnides** the Arachnida (SPÉC)

**arachnides** [aʀaknid] nmpl ◆ **les arachnides** arachnids, the Arachnida (SPÉC)

**arachnoïde** [aʀaknɔid] nf arachnoid (membrane)

**arachnoïdien, -ienne** [aʀaknɔidjɛ̃, jɛn] adj arachnoid

**arack** [aʀak] → SYN nm arrack

**aragonite** [aʀagɔnit] nf aragonite

**araignée** [aʀeɲe] → SYN nf **a** (= animal) spider ◆ **araignée d'eau** water strider ou skater, pond-skater ◆ **araignée de mer** spider crab ◆ **il a une araignée au plafond** * he's got a screw loose *, he's got bats in the belfry * (Brit) ◆ (Prov) **araignée du matin, chagrin, araignée du soir, espoir** seeing a spider in the morning brings bad luck, seeing a spider in the evening brings good luck; → **toile**
**b** (= crochet) grapnel
**c** (Boucherie) *cut of beef used to make steaks*
**d** (Pêche) square net

**araire** [aʀɛʀ] → SYN nm swing plough (Brit) ou plow (US)

**arak** [aʀak] nm ⇒ **arack**

**araméen, -enne** [aʀameɛ̃, ɛn] **1** adj Aram(a)ean, Aramaic
**2** nm (Ling) Aramaic, Aram(a)ean
**3** **Araméen(ne)** nm,f Aram(a)ean

**Ararat** [aʀaʀa(t)] n ◆ **le mont Ararat** Mount Ararat

**arasement** [aʀɑzmɑ̃] nm **a** (= mise à niveau) [mur] levelling; [bois] (en rabotant) planing(-down); (en sciant) sawing
**b** (Géol) [relief] erosion

**araser** [aʀɑze] → SYN ▸ conjug 1 ◂ vt **a** (= mettre de niveau) to level; (en rabotant) to plane (down); (en sciant) to saw; (= diminuer) to reduce
**b** (Géol) [+ relief] to erode

**aratoire** [aʀatwaʀ] adj ploughing (Brit), plowing (US) ◆ **travaux aratoires** ploughing ◆ **instrument aratoire** ploughing implement

**araucaria** [aʀokaʀja] nm monkey puzzle (tree), araucaria

**arbalète** [aʀbalɛt] nf crossbow

**arbalétrier** [aʀbaletʀije] nm **a** (= personne) crossbowman
**b** (= poutre) rafter

**arbalétrière** [aʀbaletʀijɛʀ] nf loophole

**arbitrage** [aʀbitʀaʒ] → SYN nm **a** (Comm, Pol = action) arbitration; (Bourse) arbitrage; (= sentence) arbitrament ◆ **arbitrage obligatoire** compulsory arbitration ◆ **recourir à l'arbitrage** to go to arbitration
**b** (Boxe, Ftbl, Rugby) refereeing; (Cricket, Hockey, Tennis) umpiring ◆ **erreur d'arbitrage** refereeing ou referee's error, umpiring ou umpire's error

**arbitragiste** [aʀbitʀaʒist] nmf (Bourse) arbitrager, arbitrageur

**arbitraire** [aʀbitʀɛʀ] → SYN **1** adj (= despotique, contingent) arbitrary
**2** nm ◆ **le règne de l'arbitraire** the reign of the arbitrary ◆ **l'arbitraire du signe linguistique/d'une décision** the arbitrary nature ou the arbitrariness of the linguistic sign/of a decision

**arbitrairement** [aʀbitʀɛʀmɑ̃] adv arbitrarily

**arbitral, e,** mpl **-aux** [aʀbitʀal, o] adj **a** (Jur) arbitral
**b** (Boxe, Ftbl, Rugby) referee's (épith); (Cricket, Hockey, Tennis) umpire's (épith) ◆ **décision arbitrale** referee's ou umpire's decision ou ruling

**arbitre** [aʀbitʀ] → SYN nm **a** (Boxe, Ftbl, Rugby) referee, ref *; (Cricket, Hockey, Tennis) umpire ◆ **faire l'arbitre** to (be the) referee ou umpire ◆ **arbitre de chaise** (Tennis) umpire; → **libre**
**b** (= conciliateur) arbiter; (Jur) arbitrator ◆ **servir d'arbitre dans un conflit social** to act as an arbiter ou arbitrate in an industrial dispute ◆ **arbitre du bon goût** (fig) arbiter of (good) taste

**arbitrer** [aʀbitʀe] → SYN ▸ conjug 1 ◂ vt **a** [+ conflit] to arbitrate; [+ personnes] to arbitrate between; (Fin) to carry out an arbitrage operation on
**b** (Boxe, Ftbl, Rugby) to referee, ref *; (Cricket, Hockey, Tennis) to umpire

**arboré, e** [aʀbɔʀe] adj région wooded; jardin planted with trees

**arborer** [aʀbɔʀe] → SYN ▸ conjug 1 ◂ vt [+ vêtement] to sport; [+ sourire] to wear; [+ air] to display; [+ décoration] to sport, display; [+ drapeau] to bear, display ◆ **le journal arbore un gros titre** the paper is carrying a big headline ◆ **arborer l'étendard de la révolte** to bear the standard of revolt

**arborescence** [aʀbɔʀesɑ̃s] nf (Agr) arborescence; (Ling, Math) tree (diagram); (Ordin) tree (structure)

**arborescent, e** [aʀbɔʀesɑ̃, ɑ̃t] adj plante arborescent ◆ **fougère arborescente** tree fern ◆ **réseau arborescent** tree network ◆ **menu arborescent** (Ordin) menu tree, tree-structured menu

**arboretum** [aʀbɔʀetɔm] nm arboretum

**arboricole** [aʀbɔʀikɔl] adj technique arboricultural; animal arboreal

**arboriculteur, -trice** [aʀbɔʀikyltœʀ, tʀis] → SYN nm,f tree grower, arboriculturist (SPÉC)

**arboriculture** [aʀbɔʀikyltyʀ] nf tree cultivation, arboriculture (SPÉC)

**arborisation** [aʀbɔʀizasjɔ̃] nf arborization

**arborisé, e** [aʀbɔʀize] adj arborized

**arbouse** [aʀbuz] nf arbutus berry

**arbousier** [aʀbuzje] nm arbutus, strawberry tree

**arbovirose** [aʀboviʀoz] nf arbovirosis

**arbovirus** [aʀboviʀys] nm arbovirus

**arbre** [aʀbʀ] → SYN **1** nm **a** (Bot, Ling) tree ◆ **arbre fruitier/d'agrément** ou **d'ornement** fruit/ornamental tree ◆ **faire l'arbre fourchu/droit** to do a handstand (with one's legs apart/together) ◆ **les arbres vous cachent la forêt** (fig) you can't see the wood (Brit) ou forest (US) for the trees ◆ **c'est abattre** ou **couper l'arbre pour avoir le fruit** that's sacrificing long-term gains for short-term profits ◆ **faire grimper** ou **faire monter qn à l'arbre** * to have sb on *, pull sb's leg * ◆ (Prov) **entre l'arbre et l'écorce il ne faut pas mettre le doigt** do not meddle in other people's affairs
**b** (Tech) shaft
**2** COMP ▷ **arbre à cames** camshaft ◆ **avec arbre à cames en tête** with overhead camshaft ▷ **arbre d'entraînement** drive shaft ▷ **arbre généalogique** family tree ◆ **faire son arbre généalogique** to draw up one's family tree ▷ **arbre d'hélice** propeller shaft ▷ **arbre de Judée** Judas tree ▷ **arbre de mai** May tree ▷ **arbre-manivelle** nm, pl **arbres-manivelles** crankshaft ▷ **arbre moteur** driving shaft ▷ **arbre de Noël** (= sapin) Christmas tree; (= fête d'entreprise) Christmas party ▷ **arbre à pain** breadfruit tree ▷ **arbre de transmission** propeller shaft ▷ **arbre de vie** (Anat) arbor vitae, tree of life; (Bible) tree of life

**arbrisseau,** pl **arbrisseaux** [aʀbʀiso] nm shrub

**arbuste** [aʀbyst] → SYN nm small shrub, bush

**arbustif, -ive** [aʀbystif, iv] adj végétation shrubby ◆ **culture arbustive** cultivation of shrubs ou bushes

**ARC** [aʀk] nm (abrév de **AIDS-related complex**) ARC

**arc** [aʀk] → SYN **1** nm (= arme) bow; (Géom) arc; (Anat, Archit) arch ◆ **l'arc de ses sourcils** the arch ou curve of her eyebrows ◆ **la côte formait un arc** the coastline formed an arc; → **corde, lampe, soudure, tir**
**2** COMP ▷ **arc brisé** Gothic arch ▷ **arc de cercle** (Géom) arc of a circle ◆ **ça forme un arc de cercle** (gén) it forms an arc ◆ **en arc de cercle** in an arc ▷ **arc électrique** electric arc ▷ **arc outrepassé** Moorish arch ▷ **arc en plein cintre** Roman arch ▷ **arc réflexe** reflex arc ▷ **arc de triomphe** triumphal arch ◆ **l'Arc de Triomphe** the Arc de Triomphe ▷ **arc voltaïque** ⇒ **arc électrique**

**arcade** [aʀkad] → SYN nf (Archit) arch, archway ◆ **arcades** arcade, arches ◆ **les arcades d'un cloître/d'un pont** the arches ou arcade of a cloister/of a bridge ◆ **se promener sous les arcades** to walk through the arcade ou underneath the arches ◆ **arcade dentaire** dental arch ◆ **arcade sourcilière** (gén) arch of the eyebrows ◆ **il a été touché à l'arcade sourcilière** (Boxe) he got a cut above the eye; → **jeu**

**Arcadie** [aʀkadi] nf Arcadia

**arcane** [aʀkan] → SYN nm **a** (fig : gén pl = mystère) mystery
**b** (Alchimie) arcanum

**arcanson** [aʀkɑ̃sɔ̃] → SYN nm rosin, colophony

**arcature** [aʀkatyʀ] nf arcature

**arc-boutant,** pl **arcs-boutants** [aʀkbutɑ̃] → SYN nm flying buttress

**arc-bouter** [aʀkbute] → SYN ▸ conjug 1 ◂ **1** vt (Archit) to buttress
**2** **s'arc-bouter** vpr to lean, press (*à, contre* (up) against; *sur* on) ◆ **arc-bouté contre le mur, il essayait de pousser la table** pressing (up) ou bracing himself against the wall, he tried to push the table

**arceau,** pl **arceaux** [aʀso] → SYN nm (Archit) arch; (Croquet) hoop; (Méd) cradle ◆ **arceau (de sécurité)** (Aut) roll bar

**arc-en-ciel,** pl **arcs-en-ciel** [aʀkɑ̃sjɛl] → SYN nm rainbow

**archaïque** [aʀkaik] → SYN adj archaic

**archaïsant, e** [aʀkaizɑ̃, ɑ̃t] **1** adj archaistic
**2** nm,f archaist

**archaïsme** [aʀkaism] nm archaism

**archange** [aʀkɑ̃ʒ] → SYN nm archangel ◆ **l'archange (Saint) Michel/Gabriel** the Archangel Michael/Gabriel

**arche** [aʀʃ] → SYN nf **a** (Archit) arch
**b** (Rel) ark ◆ **l'arche de Noé** Noah's Ark ◆ **l'arche d'alliance** the Ark of the Covenant

**archéen, -enne** [aʀkeɛ̃, ɛn] **1** adj Archaean (Brit), Archean (US)
**2** nm ◆ **l'archéen** the Archaean era

**archéologie** [aʀkeɔlɔʒi] nf archaeology (Brit), archeology (US)

**archéologique** [aʀkeɔlɔʒik] adj archaeological (Brit), archeological (US)

**archéologue** [aʀkeɔlɔg] nmf archaeologist (Brit), archeologist (US)

**archéoptéryx** [aʀkeɔpteʀiks] nm archaeopteryx

**archéozoïque** [aʀkeɔzɔik] adj Archaeozoic (Brit), Archeozoic (US)

**archer** [aʀʃe] → SYN nm archer, bowman

**archère** [aʀʃɛʀ] → SYN nf [muraille] loophole

**archerie** [aʀʃəʀi] → SYN nf archery

**archet** [aʀʃɛ] nm (Mus, gén) bow ◆ **donner des coups d'archet** to bow ◆ **coup d'archet** bow-stroke

**archétypal, e,** mpl **-aux** [aʀketipal, o] adj archetypal

**archétype** [aʀketip] → SYN **1** nm (gén) archetype; (Bio) prototype
**2** adj (gén) archetypal; (Bio) prototypal, prototypic

**archétypique** [aʀketipik] adj archetypical

**archevêché** [aʀʃəveʃe] nm (= territoire) archdiocese, archbishopric; (= charge) archbishopric; (= palais) archbishop's palace

**archevêque** [aʀʃəvɛk] nm archbishop

**archi...** [aʀʃi] préf **a** ( * = extrêmement) tremendously, enormously ◆ **archibondé, archicomble, archiplein** chock-a-block *, jam-packed ◆ **archiconnu** extremely ou very well-known ◆ **archidifficile** tremendously difficult ◆ **archimillionnaire** millionaire several times over
**b** (dans un titre) arch...; → **archidiacre, archiduc** etc

**archicube** [aʀʃikyb] → SYN nm (arg Scol) *former student of the École normale supérieure*

**archidiaconat** [aʀʃidjakɔna] nm (= dignité) archdeaconry

**archidiaconé** [aʀʃidjakɔne] nm (= territoire) archdeaconry

**archidiacre** [aʀʃidjakʀ] nm archdeacon

**archidiocésain, e** [aʀʃidjɔsezɛ̃, ɛn] adj archidiaconal

**archidiocèse** [aʀʃidjɔsɛz] nm archdiocese

**archiduc** [aʀʃidyk] nm archduke

**archiduchesse** [aʀʃidyʃɛs] **nf** archduchess

**archiépiscopal, e,** mpl **-aux** [aʀʃiepiskɔpal, o] **adj** archiepiscopal

**archiépiscopat** [aʀʃiepiskɔpa] **nm** archbishopric *(office)*, archiepiscopate

**archière** [aʀʃjɛʀ] **nf** ⇒ **archère**

**archimandrite** [aʀʃimɑ̃dʀit] **nm** archimandrite

**Archimède** [aʀʃimɛd] **nm** Archimedes; → **vis**

**archimédien, -ienne** [aʀʃimedjɛ̃, jɛn] **adj** Archimedean

**archipel** [aʀʃipɛl] **nm** archipelago ◆ **l'archipel malais** the Malay Archipelago ◆ **l'archipel des Kouriles** the Kuril Islands

**archiphonème** [aʀʃifɔnɛm] **nm** archiphoneme

**archiprêtre** [aʀʃipʀɛtʀ] **nm** archpriest

**architecte** [aʀʃitɛkt] → SYN **nmf** (lit, fig) architect ◆ **architecte d'intérieur** interior designer ◆ **architecte naval** naval architect ◆ **architecte de réseaux** (Ordin) network architect

**architectonie** [aʀʃitɛktɔni] **nf** architectonics sg

**architectonique** [aʀʃitɛktɔnik] 1 **adj** architectonic
2 **nf** architectonics sg

**architectural, e,** mpl **-aux** [aʀʃitɛktyʀal, o] → SYN **adj** architectural

**architecturalement** [aʀʃitɛktyʀalmɑ̃] **adv** architecturally

**architecture** [aʀʃitɛktyʀ] → SYN **nf** (lit, Ordin) architecture; (fig) structure ◆ **architecture civile/militaire/religieuse** civil/military/religious architecture ◆ **merveille d'architecture** marvellous piece of architecture

**architecturé, e** [aʀʃitɛktyʀe] ▸ conjug 1 ◂ **adj** ◆ **bien architecturé** œuvre musicale, roman well-structured ◆ **des phrases savamment architecturées** carefully crafted sentences

**architecturer** [aʀʃitɛktyʀe] → SYN ▸ conjug 1 ◂ **vt** to structure ◆ **roman bien architecturé** well-structured novel

**architrave** [aʀʃitʀav] → SYN **nf** architrave

**archivage** [aʀʃivaʒ] → SYN **nm** (gén) filing; (Ordin) filing, archival storage ◆ **archivage électronique** electronic filing ou storage

**archiver** [aʀʃive] → SYN ▸ conjug 1 ◂ **vt** to archive, file

**archives** [aʀʃiv] → SYN **nfpl** archives, records ◆ **les Archives nationales** the National Archives, ≃ the Public Records Office (Brit) ◆ **ça restera dans les archives !** * that will go down in history! ◆ **je vais chercher dans mes archives** I'll look through my files ou records

**archiviste** [aʀʃivist] **nmf** archivist

**archiviste-paléographe,** pl **archivistes-paléographes** [aʀʃivistpaleɔgʀaf] **nmf** archivist *(who has graduated from the École des Chartes)*

**archivolte** [aʀʃivɔlt] **nf** archivolt

**arçon** [aʀsɔ̃] → SYN **nm** (Équitation) tree; → **cheval, pistolet, vider**

**arc-rampant,** pl **arcs-rampants** [aʀkʀɑ̃pɑ̃] **nm** rampant arch

**arctique** [aʀktik] → SYN 1 **adj** région Arctic ◆ **l'océan (glacial) Arctique** the Arctic ocean
2 **Arctique nm** ◆ **l'Arctique** the Arctic

**ardemment** [aʀdamɑ̃] → SYN **adv** ardently, fervently

**Ardenne** [aʀdɛn] **nf** (= région de France, Belgique et Luxembourg) ◆ **l'Ardenne** the Ardennes

**Ardennes** [aʀdɛn] **nfpl** (= département français) ◆ **les Ardennes** the Ardennes ◆ **la bataille des Ardennes** the Battle of the Bulge

**ardent, e** [aʀdɑ̃, ɑ̃t] → SYN **adj** **a** (= brûlant) (gén) burning; tison glowing; feu blazing; yeux fiery (*de* with); couleur flaming, fiery; chaleur, soleil scorching, blazing; fièvre, soif raging; → **buisson, chapelle, charbon**
**b** (= vif) foi burning, fervent, passionate; colère burning, raging; passion, désir burning, ardent; piété, haine, prière fervent, ardent; lutte ardent, passionate; discours impassioned, inflamed
**c** (= bouillant) amant ardent, hot-blooded; jeunesse, caractère fiery, passionate; joueur keen; partisan ardent, keen; cheval mettlesome, fiery ◆ **être ardent au travail/au combat** to be a zealous worker/an ardent fighter

**ardeur** [aʀdœʀ] → SYN **nf** (gén) ardour (Brit), ardor (US); [partisan, joueur] zeal; [caractère] fieriness; [foi, prière] fervour (Brit), fervor (US) ◆ **les ardeurs de l'amour** (littér) the ardour of love ◆ **modérez vos ardeurs !** (littér ou hum) control yourself! ◆ **défendre une cause avec ardeur** to defend a cause ardently ou fervently ◆ **son ardeur au travail** ou **à travailler** his zeal ou enthusiasm for work ◆ **l'ardeur du soleil** the heat of the sun ◆ **les ardeurs de l'été** (littér) the heat of summer

**ardillon** [aʀdijɔ̃] → SYN **nm** [boucle] tongue

**ardoise** [aʀdwaz] 1 **nf** (= matière) slate; (* = dette) unpaid bill ◆ **toit d'ardoises** slate roof ◆ **couvrir un toit d'ardoise(s)** to slate a roof ◆ **avoir une ardoise de 50 € chez l'épicier** (fig) to owe €50 at the grocer's
2 **adj inv** (couleur) slate-grey (Brit) ou -gray (US)

**ardoisé, e** [aʀdwaze] **adj** slate-grey (Brit) ou -gray (US)

**ardoisier, -ière** [aʀdwazje, jɛʀ] 1 **adj** gisement slaty; industrie slate (épith)
2 **nm** (= ouvrier) slate-quarry worker; (= propriétaire) slate-quarry owner
3 **ardoisière nf** slate quarry

**ardu, e** [aʀdy] → SYN **adj** travail arduous, laborious; problème difficult; pente steep

**are** [aʀ] **nm** are, one hundred square metres

**arec** [aʀɛk] **nm** areca

**aréflexie** [aʀeflɛksi] **nf** areflexia

**areligieux, -ieuse** [aʀ(ə)liʒjø, jøz] **adj** areligious

**aréna** [aʀena] **nf** (Can Sport) arena, (skating) rink

**arénacé, e** [aʀenase] **adj** arenaceous

**arène** [aʀɛn] → SYN **nf** **a** (= piste) arena ◆ **l'arène politique** the political arena ◆ **descendre dans l'arène** (fig) to enter the arena
**b** **arènes** (Archit) amphitheatre (Brit), amphitheater (US); [courses de taureaux] bullring ◆ **les arènes de Nîmes** the amphitheatre of Nîmes
**c** (Géol) sand, arenite (SPÉC) ◆ **arène granitique** (Géol) granitic sand

**arénicole** [aʀenikɔl] → SYN **nf** sandworm

**aréolaire** [aʀeɔlɛʀ] → SYN **adj** (Anat) areolar; (Géol) érosion areal

**aréole** [aʀeɔl] → SYN **nf** areola

**aréomètre** [aʀeɔmɛtʀ] → SYN **nm** hydrometer

**aréométrie** [aʀeɔmetʀi] **nf** hydrometry

**aréopage** [aʀeɔpaʒ] → SYN **nm** (fig, hum) learned assembly ◆ **l'Aréopage** (Antiq) the Areopagus

**aréostyle** [aʀeɔstil] → SYN **nm** (Antiq) araeostyle

**aréquier** [aʀekje] **nm** areca

**arête** [aʀɛt] → SYN **nf** **a** (Zool) (fish)bone ◆ **arête centrale** backbone, spine ◆ **c'est plein d'arêtes** it's full of bones, it's very bony ◆ **enlever les arêtes d'un poisson** to bone a fish ◆ **sans arêtes** boneless
**b** (= bord) [cube, pierre, ski] edge; [toit] ridge; [voûte] groin; [montagne] ridge, crest; [nez] bridge
**c** (Bot) [seigle, orge] beard ◆ **arêtes** beard

**arêtier** [aʀetje] **nm** hip-rafter

**arêtière** [aʀɛtjɛʀ] → SYN **nf** hip-tile

**areu** [aʀø] **excl** (langage de bébé) ◆ **areu areu** goo-goo ◆ **faire areu areu** to gurgle

**argent** [aʀʒɑ̃] → SYN 1 **nm** **a** (= métal) silver ◆ **en argent, d'argent** silver; → **noce, parole**
**b** (= couleur) silver ◆ **cheveux/reflets (d') argent** silvery hair/glints
**c** (Fin) money (NonC) ◆ **il a de l'argent** he's got money, he's well off ◆ **il l'a fait pour (de) l'argent** he did it for money ◆ **il se fait un argent fou** * he makes pots * ou loads * of money ◆ **c'est un homme/une femme d'argent** he/she loves money ◆ **politique de l'argent cher** tight ou dear (Brit) money policy; → **couleur, manger, puissance**
**d** (LOC) **l'argent de la drogue** drug(s) money ◆ **j'en ai/j'en veux pour mon argent** I've got/I want (to get) my money's worth ◆ **on en a pour son argent** it's good value (for money), it's worth every penny ◆ **on n'en a jamais que pour son argent** you get what you pay for ◆ **faire argent de tout** to turn everything into cash, make money out of anything ◆ **jeter l'argent par les fenêtres** to throw money away ou down the drain ◆ **avoir de l'argent plein les poches** * to have plenty of money, be rolling in money * ◆ (Prov) **l'argent n'a pas d'odeur** money has no smell ◆ (Prov) **l'argent ne fait pas le bonheur** money can't buy happiness ◆ (Prov) **l'argent va à l'argent** money attracts money ◆ (Prov) **point ou pas d'argent, point ou pas de Suisse** nothing for nothing
**e** (Hér) argent
2 COMP ▷ **argent comptant:** **payer argent comptant** to pay cash ◆ **prendre qch/les paroles de qn pour argent comptant** to take sth/what sb says at (its) face value ▷ **argent liquide** ready money, (ready) cash ▷ **argent noir** ou **sale** dirty money ▷ **argent de poche** pocket money ◆ **ils lui donnent 15 € par semaine d'argent de poche** they give him €15 a week pocket money

**argentan** [aʀʒɑ̃tɑ̃] **nm** argentan

**argenté, e** [aʀʒɑ̃te] (ptp de **argenter**) **adj** couleur, cheveux silver, silvery ◆ **en métal argenté** couverts silver-plated ◆ **je ne suis pas très argenté en ce moment** * I'm pretty broke at the moment *, I'm not too well-off just now; → **renard**

**argenter** [aʀʒɑ̃te] ▸ conjug 1 ◂ **vt** [+ miroir] to silver; [+ couverts] to silver(-plate); (fig littér) to give a silvery sheen to, silver (littér)

**argenterie** [aʀʒɑ̃tʀi] → SYN **nf** silver, silverware; (de métal argenté) silver plate ◆ **faire l'argenterie** to polish ou clean the silver

**argenteur** [aʀʒɑ̃tœʀ] **nm** silverer

**argentier** [aʀʒɑ̃tje] → SYN **nm** **a** (Hist) Superintendent of Finance ◆ **le grand argentier** (hum) the Minister of Finance
**b** (= meuble) silver cabinet

**argentifère** [aʀʒɑ̃tifɛʀ] **adj** silver-bearing, argentiferous (SPÉC)

**argentin**[1]**, e** [aʀʒɑ̃tɛ̃, in] → SYN **adj** son, voix silvery

**argentin**[2]**, e** [aʀʒɑ̃tɛ̃, in] 1 **adj** Argentinian (Brit), Argentinean (US), Argentine (épith)
2 **Argentin(e) nm,f** Argentinian (Brit), Argentinean (US), Argentine

**Argentine** [aʀʒɑ̃tin] **nf** ◆ **l'Argentine** Argentina, the Argentine

**argentique** [aʀʒɑ̃tik] **adj** argentic

**argentite** [aʀʒɑ̃tit] **nf** argentite

**argenton** [aʀʒɑ̃tɔ̃] **nm** ⇒ **argentan**

**argenture** [aʀʒɑ̃tyʀ] **nf** [miroir] silvering; [couverts] silver-plating, silvering

**argile** [aʀʒil] → SYN **nf** clay ◆ **argile à silex** clay-with-flints; → **colosse**

**argileux, -euse** [aʀʒilø, øz] → SYN **adj** clayey

**arginine** [aʀʒinin] **nf** arginine

**argon** [aʀgɔ̃] **nm** argon

**argonaute** [aʀgonot] → SYN **nm** (Myth) Argonaut; (Zool) argonaut, paper nautilus

**Argos** [aʀgɔs] **n** Argos

**argot** [aʀgo] → SYN **nm** slang ◆ **argot de métier** trade slang ◆ **parler argot** to use slang ◆ **mot d'argot** slang word

**argotique** [aʀgɔtik] **adj** (= de l'argot) slang; (= très familier) slangy

**argotisme** [aʀgɔtism] **nm** slang term

**argotiste** [aʀgɔtist] **nmf** *linguist specializing in slang*

**argousier** [aʀguzje] **nm** sea buckthorn

**argousin** †† [aʀguzɛ̃] **nm** (péj ou hum) rozzer † (péj), bluebottle † (péj)

**arguer** [aʀgɥe] → SYN ▸ conjug 1 ◂ (littér) 1 **vt** **a** (= déduire) to deduce ◆ **il ne peut rien arguer de ces faits** he can draw no conclusion from these facts
**b** (= prétexter) **arguer que ...** to put forward the reason that ... ◆ **il argua qu'il n'avait rien entendu** he protested that he had heard nothing

2 **arguer de** vt indir ◆ **il refusa, arguant de leur manque de ressources** he refused, putting forward their lack of resources as an excuse ou as a reason

**argument** [aʀgymɑ̃] GRAMMAIRE ACTIVE 26.2, 26.3 → SYN nm (gén) argument ◆ **tirer argument de qch** to use sth as an argument ou excuse ◆ **argument frappant** strong ou convincing argument; (hum = coup) blow ◆ **argument massue** sledgehammer argument ◆ **argument publicitaire** advertising claim ◆ **argument de vente** selling proposition ou point

**argumentaire** [aʀgymɑ̃tɛʀ] nm (gén) argument; (Comm) sales leaflet ou blurb

**argumentation** [aʀgymɑ̃tasjɔ̃] nf argumentation

**argumenter** [aʀgymɑ̃te] → SYN ▸ conjug 1 ◂ vi to argue (*sur* about) ◆ **argumenter de qch** to use sth as an argument ◆ **discours bien argumenté** well-argued speech

**argus** [aʀgys] → SYN nm **a** **l'argus (de l'automobile)** *guide to secondhand car prices,* ≃ Glass's directory (Brit), ≃ the Blue Book (US) ◆ **argus de la photo** *guide to secondhand photographic equipment prices;* → **coter**

**b** (= oiseau) argus pheasant

**argutie** [aʀgysi] → SYN nf (littér : gén péj) quibble ◆ **arguties** pettifoggery, quibbles, quibbling

**argyrisme** [aʀʒiʀism] nm argyrism

**argyronète** [aʀʒiʀɔnɛt] → SYN nf water spider

**argyrose** [aʀʒiʀoz] nf (Métal) argyrose

**aria** [aʀja] → SYN nf (Mus) aria

**Ariane** [aʀjan] nf Ariadne; → **fil**

**arianisme** [aʀjanism] → SYN nm Arianism

**aride** [aʀid] → SYN adj (= sec) vent, climat dry; (= stérile) sol arid; sujet, matière dry ◆ **tâche aride** thankless task ◆ **cœur aride** heart of stone

**aridité** [aʀidite] → SYN nf (= sécheresse) [vent, climat] dryness; (= stérilité) [sol] aridity; [sujet, matière] dryness; [tâche] thanklessness ◆ **l'aridité de son cœur** his stony-heartedness

**arien, -ienne** [aʀjɛ̃, jɛn] → SYN adj, nm,f Arian

**ariette** [aʀjɛt] → SYN nf arietta, ariette

**arioso** [aʀjozo] → SYN nm arioso

**Arioste** [aʀjɔst] nm ◆ **l'Arioste** Ariosto

**aristo** * [aʀisto] nmf (péj) (abrév de **aristocrate**) aristocrat, nob ‡ † (Brit), toff * † (Brit)

**aristocrate** [aʀistɔkʀat] → SYN nmf aristocrat

**aristocratie** [aʀistɔkʀasi] → SYN nf aristocracy

**aristocratique** [aʀistɔkʀatik] → SYN adj aristocratic

**aristocratiquement** [aʀistɔkʀatikmɑ̃] adv aristocratically

**aristoloche** [aʀistɔlɔʃ] → SYN nf birthwort

**Aristophane** [aʀistɔfan] nm Aristophanes

**Aristote** [aʀistɔt] nm Aristotle

**aristotélicien, -ienne** [aʀistɔtelisjɛ̃, jɛn] adj, nm,f Aristotelian

**aristotélisme** [aʀistɔtelism] nm Aristotelianism

**arithméticien, -ienne** [aʀitmetisjɛ̃, jɛn] → SYN nm,f arithmetician

**arithmétique** [aʀitmetik] → SYN 1 nf (= science) arithmetic; (= livre) arithmetic book

2 adj arithmetical

**arithmétiquement** [aʀitmetikmɑ̃] adv arithmetically

**arithmomètre** [aʀitmɔmɛtʀ] nm arithmometer

**Arizona** [aʀizɔna] nm ◆ **l'Arizona** Arizona

**Arkansas** [aʀkɑ̃sas] nm ◆ **l'Arkansas** Arkansas

**arlequin** [aʀləkɛ̃] → SYN nm (Théât) Harlequin ◆ **bas (d')arlequin** harlequin stockings; → **habit**

**arlequinade** [aʀləkinad] → SYN nf (fig) buffoonery; (Théât) harlequinade

**arlésien, -ienne** [aʀlezjɛ̃, jɛn] 1 adj of ou from Arles

2 **Arlésien(ne)** nm,f inhabitant ou native of Arles

3 **arlésienne** nf ◆ **jouer l'arlésienne** ou **les arlésiennes** [personne] to keep well out of sight, never show up ◆ **le dialogue, cette arlésienne de la vie politique** dialogue, that elusive phenomenon in politics

> **L'ARLÉSIENNE**
>
> The origin of the expression "jouer l'arlésienne" is Georges Bizet's opera of the same name, adapted from a book by Alphonse Daudet, in which the main character never actually appears. It has come to refer to any person or thing which, although much talked about, never materializes.

**armada** [aʀmada] → SYN nf (péj) ◆ **une armada de** [personnes] a whole army ou mob of; [voitures] a fleet of ◆ **l'Invincible Armada** the Spanish Armada

**armagnac** [aʀmaɲak] → SYN nm armagnac

**armateur** [aʀmatœʀ] → SYN nm (= propriétaire) shipowner; (= exploitant) ship's manager ◆ **armateur-affréteur** owner-charterer

**armature** [aʀmatyʀ] → SYN nf **a** (gén = carcasse) [tente, montage, parapluie] frame; (Constr) framework, armature (SPÉC); (fig = infrastructure) framework ◆ **armature de corset** corset bones ou stays ◆ **soutien-gorge à/sans armature** underwired/unwired bra

**b** (Mus) key signature

**c** (Phys) [condensateur] electrode; [aimant] armature

**arme** [aʀm] → SYN 1 nf **a** (= instrument) (gén) weapon; (= fusil, revolver) gun ◆ **armes** weapons, arms ◆ **fabrique d'armes** arms factory ◆ **l'arme du crime** the murder weapon ◆ **soldats en armes** (avec des armes) armed soldiers; (prêts à se battre) soldiers under arms ◆ **un peuple en armes** a nation in arms ◆ **ils sont entrés en armes dans la ville** they came into the town under arms ◆ **des policiers sans arme(s)** unarmed police; → **bretelle, maniement, port²**

**b** (= élément d'une armée) arm ◆ **les trois armes** the three services ou arms ◆ **l'arme de l'infanterie** the infantry ◆ **dans quelle arme sert-il ?** which service is he in?, which branch (of the army) does he serve in?

**c** (Mil) **la carrière** ou **le métier des armes** soldiering ◆ **le succès de nos armes** (littér) the success of our armies ◆ **aux armes !** to arms! ◆ **compagnon** ou **frère d'armes** comrade-in-arms ◆ **appeler un régiment sous les armes** to call up a regiment; → **homme, place, prise**

**d** (= moyen d'action) weapon ◆ **arme à double tranchant** double-edged weapon ou sword ◆ **il est sans arme** he's defenceless (Brit) ou defenseless (US) (*contre* against) ◆ **donner** ou **fournir des armes à qn** to give sb weapons (*contre* against) ◆ **tu leur donnes des armes contre toi-même** you're giving them a stick to beat you with

**e** (Escrime) **les armes** fencing ◆ **faire des armes** to fence; → **maître, passe¹, salle**

**f** (Hér) **armes** arms, coat of arms ◆ **aux armes de** bearing the arms of; → **héraut**

**g** (LOC) **porter les armes** to be a soldier ◆ **prendre les armes** (= se soulever) to rise up in arms; (pour défendre son pays) to take up arms ◆ **avoir l'arme au bras** to have one's weapon in (one's) hand ◆ **arme à la bretelle !** ≃ slope arms! ◆ **arme sur l'épaule !** shoulder arms! ◆ **arme au pied !** attention! *(with rifle on ground)* ◆ **rester** ou **demeurer l'arme au pied** (fig) to hold fire ◆ **portez arme !** shoulder arms! ◆ **présentez arme !** present arms! ◆ **reposez arme !** order arms! ◆ **déposer** ou **mettre bas les armes** to lay down (one's) arms ◆ **rendre les armes** to lay down one's arms, surrender ◆ **faire ses premières armes** to start out, begin one's career (*dans* in) ◆ **il a fait ses (premières) armes en Afrique** he started his military career in Africa, he first saw service in Africa ◆ **partir avec armes et bagages** to pack up and go ◆ **passer l'arme à gauche** ‡ to kick the bucket ‡ ◆ **à armes égales** on equal terms ◆ **passer qn par les armes** to shoot sb by firing squad ◆ **prendre le pouvoir/régler un différend par les armes** to take power/settle a dispute by force ◆ **mourir les armes à la main** to die fighting ◆ **ils ont défendu la ville les armes à la main** they took up arms to defend the town; → **appel, fait¹, gens¹, pris, suspension**

2 COMP ▷ **l'arme absolue** the ultimate weapon ▷ **arme d'assaut** assault weapon ▷ **arme atomique** atomic weapon ▷ **arme biologique** biological weapon ▷ **arme blanche** knife ◆ **se battre à l'arme blanche** to fight with knives ▷ **arme de chasse** hunting weapon ▷ **arme chimique** chemical weapon ▷ **arme de destruction massive** weapon of mass destruction ▷ **arme d'épaule** rifle ▷ **arme à feu** firearm ▷ **arme de guerre** weapon of war ▷ **arme de jet** projectile ▷ **arme légère** light weapon ▷ **arme lourde** heavy weapon ▷ **arme nucléaire** nuclear weapon ◆ **avoir l'arme nucléaire** to have nuclear weapons ▷ **arme de poing** handgun ▷ **arme de service** [policier] service revolver ou gun

**armé, e¹** [aʀme] → SYN (ptp de **armer**) 1 adj personne, forces, conflit armed ◆ **armé jusqu'aux dents** ou **de pied en cap** armed to the teeth ◆ **attention, il est armé !** careful, he's armed! ◆ **armé de** armed with ◆ **être bien armé pour passer un examen** to be well-equipped to take an examination ◆ **bien armé contre le froid** well-equipped against the cold ◆ **canne armée d'un bout ferré** stick fitted with a steel tip, stick tipped with steel; → **béton, ciment, force, vol**

2 nm (= position) cock

**armée²** [aʀme] → SYN 1 nf **a** (Mil) army ◆ **armée de mercenaires** mercenary army ◆ **l'armée d'occupation/de libération** the occupying/liberating army ou forces ◆ **la Grande Armée** (Hist) the Grande Armée, *army of Napoleon* ◆ **être à l'armée** to be doing one's military service ◆ **être dans l'armée** to be in the army

**b** (péj) army ◆ **une armée de domestiques/rats** an army of servants/rats ◆ **regardez-moi cette armée d'incapables !** just look at this hopeless bunch * ou crew *; → **corps, zone**

2 COMP ▷ **armée active** regular army ▷ **l'armée de l'air** the Air Force ▷ **armée de conscription** conscript army ▷ **armée de métier** professional army ▷ **l'armée des Ombres** (Hist) *the French Resistance* ▷ **armée permanente** standing army ▷ **armée régulière** regular army ▷ **l'Armée républicaine irlandaise** the Irish Republican Army ▷ **armée de réserve** reserve ▷ **l'Armée rouge** the Red Army ▷ **l'Armée du Salut** the Salvation Army ▷ **l'armée de terre** the Army

**armement** [aʀməmɑ̃] → SYN nm **a** (= action) [pays, armée] armament; [personne] arming; [fusil] cocking; [appareil-photo] winding-on

**b** (= armes) [soldat] arms, weapons; [pays, troupe, avion] arms, armament(s) ◆ **usine d'armement** arms factory ◆ **la limitation des armements** arms limitation ◆ **les dépenses d'armements de la France** France's expenditure on arms ou weapons; → **course**

**c** (Naut = équipement) fitting-out, equipping

**Arménie** [aʀmeni] nf Armenia; → **papier**

**arménien, -ienne** [aʀmenjɛ̃, jɛn] 1 adj Armenian

2 nm (Ling) Armenian

3 **Arménien(ne)** nm,f Armenian

**armer** [aʀme] → SYN ▸ conjug 1 ◂ 1 vt **a** (lit) to arm (*de* with) (*contre* against) ◆ **armer qn contre les difficultés de la vie** to equip sb to deal with life's difficulties, arm sb against life's difficulties

**b** (Hist) **armer qn chevalier** to dub sb knight

**c** [+ navire] to fit out, equip

**d** [+ fusil] to cock; [+ appareil-photo] to wind on

**e** (= renforcer) [+ béton, poutre] to reinforce (*de* with) ◆ **armer un bâton d'une pointe d'acier** to fit a stick with a steel tip, fit a steel tip on(to) a stick

2 **s'armer** vpr (= s'équiper) to arm o.s. (*de* with; *contre* against) ◆ **s'armer de courage** to summon up one's courage, steel o.s. ◆ **il faut s'armer de patience** you have to be patient

**armilles** [aʀmij] → SYN nfpl annulets

**armistice** [aʀmistis] → SYN nm armistice ◆ **l'Armistice** (= fête) Armistice Day

**armoire** [aʀmwaʀ] → SYN 1 nf (gén) (tall) cupboard, closet (US); (= penderie) wardrobe

2 COMP ▷ **armoire frigorifique** cold room ou store ▷ **armoire à glace** (lit) wardrobe with a mirror; *, (fig = costaud) great hulk-

ing brute* ▷ **armoire à linge** linen cupboard (Brit) ou closet (US) ▷ **armoire normande** large wardrobe ▷ **armoire à pharmacie** medicine chest ou cabinet ▷ **armoire de toilette** bathroom cabinet (with a mirror)

**armoiries** [aʀmwaʀi] → SYN **nfpl** coat of arms, armorial bearings

**armoise** [aʀmwaz] → SYN **nf** artemisia

**armorial, e,** mpl **-iaux** [aʀmɔʀjal, jo] → SYN **adj, nm** armorial

**armoricain, e** [aʀmɔʀikɛ̃, ɛn] **adj** Armorican; → **homard**

**armorier** [aʀmɔʀje] → SYN ▸ conjug 7 ◂ **vt** to emblazon

**Armorique** [aʀmɔʀik] **nf** ◆ **l'Armorique** Armorica

**armure** [aʀmyʀ] → SYN **nf** **a** (Mil) armour (NonC) (Brit), armor (NonC) (US) ◆ **une armure** a suit of armour ◆ **chevalier en armure** knight in armour
**b** (Tex) weave
**c** [câble] (metal) sheath
**d** (Mus) key signature
**e** (Phys) armature

**armurerie** [aʀmyʀʀi] **nf** (= fabrique) arms factory; (= magasin) [armes à feu] gunsmith's; [armes blanches] armourer's (Brit), armorer's (US); (= profession) arms manufacture

**armurier** [aʀmyʀje] **nm** (= fabricant, marchand) [armes à feu] gunsmith; [armes blanches] armourer (Brit), armorer (US); (Mil) armourer (Brit), armorer (US)

**ARN** [aɛʀɛn] **nm** (abrév de **acide ribonucléique**) RNA ◆ **ARN messager/de transfert** messenger/transfer RNA

**arnaque*** [aʀnak] **nf** con (trick)* ◆ **il a monté plusieurs arnaques immobilières** he organized several property frauds ◆ **ce régime amaigrissant, c'est une belle arnaque** this diet is a real con* ◆ **c'est (de) l'arnaque** (= c'est trop cher) it's a rip-off*, it's daylight robbery

**arnaquer*** [aʀnake] ▸ conjug 1 ◂ **vt** **a** (= escroquer) to swindle, do* (Brit), diddle* (Brit) ◆ **je me suis fait arnaquer de 30 €** I was cheated ou done* (Brit) ou diddled* (Brit) out of €30
**b** (= arrêter) to nab* ◆ **se faire arnaquer** to get nabbed*

**arnaqueur, -euse*** [aʀnakœʀ, øz] → SYN **nm,f** swindler, cheat, con artist*

**arnica** [aʀnika] → SYN **nf** arnica

**arobase** [aʀobaz] **nf** at sign

**aromate** [aʀɔmat] → SYN **nm** (= herbe) herb; (= épice) spice ◆ **aromates** seasoning (NonC) ◆ **ajoutez quelques aromates** add (some) seasoning ou a few herbs (ou spices)

**aromathérapie** [aʀɔmateʀapi] → SYN **nf** aromatherapy

**aromatique** [aʀɔmatik] → SYN **adj** (gén, Chim) aromatic

**aromatisant** [aʀɔmatizɑ̃] **nm** flavouring (agent)

**aromatisation** [aʀɔmatizasjɔ̃] **nf** (Chim, Pharm) aromatization

**aromatiser** [aʀɔmatize] → SYN ▸ conjug 1 ◂ **vt** to flavour (Brit), flavor (US) ◆ **aromatisé à la vanille** vanilla-flavoured

**arôme, arome** [aʀom] → SYN **nm** [plat] aroma; [café, vin] aroma, fragrance; [fleur] fragrance; (= goût) flavour (Brit), flavor (US); (ajouté à un aliment) flavouring (Brit), flavoring (US) ◆ **crème arôme chocolat** chocolate-flavoured cream dessert

**aronde** †† [aʀɔ̃d] **nf** swallow; → **queue**

**arpège** [aʀpɛʒ] **nm** arpeggio ◆ **faire des arpèges** to play arpeggios

**arpéger** [aʀpeʒe] ▸ conjug 6 et 3 ◂ **vt** [+ passage] to play in arpeggios; [+ accord] to play as an arpeggio, spread

**arpent** [aʀpɑ̃] **nm** (Hist) arpent *(about an acre)* ◆ **il a quelques arpents de terre** (fig) he's got a few acres

**arpentage** [aʀpɑ̃taʒ] → SYN **nm** (= technique) (land) surveying; (= mesure) measuring, surveying

**arpenter** [aʀpɑ̃te] → SYN ▸ conjug 1 ◂ **vt** [+ pièce, couloir] to pace (up and down); (Tech) [+ terrain] to measure, survey

**arpenteur** [aʀpɑ̃tœʀ] → SYN **nm** (land) surveyor; → **chaîne**

**arpenteuse** [aʀpɑ̃tøz] → SYN **nf** measuring worm, looper, inchworm

**arpète***, **arpette*** [aʀpɛt] **nmf** apprentice

**arpion*** [aʀpjɔ̃] **nm** hoof*, foot

**arqué, e** [aʀke] → SYN (ptp de **arquer**) **adj** objet, sourcils arched, curved ◆ **avoir le dos arqué** to be hunchbacked ◆ **le dos arqué sous l'effort** his back bowed under the strain ◆ **il a les jambes arquées** he's bandy-legged ou bow-legged ◆ **nez arqué** hooknose, hooked nose

**arquebuse** [aʀkəbyz] → SYN **nf** (h)arquebus

**arquebusier** [aʀkəbyzje] **nm** (= soldat) (h)arquebusier

**arquer** [aʀke] → SYN ▸ conjug 1 ◂ **1** **vt** [+ objet, tige] to curve; [+ dos] to arch
**2** **vi** [objet] to bend, curve; [poutre] to sag ◆ **il ne peut plus arquer*** he can't walk any more
**3** **s'arquer vpr** to curve

**arrachage** [aʀaʃaʒ] → SYN **nm** [légume] lifting; [plante, arbre] uprooting; [dent] extracting, pulling (US); [sac] snatching ◆ **l'arrachage des mauvaises herbes** weeding

**arraché** [aʀaʃe] **nm** (Sport) snatch ◆ **il soulève 130 kg à l'arraché** he can do a snatch using 130 kg ◆ **obtenir la victoire à l'arraché** to snatch victory ◆ **ils ont eu le contrat à l'arraché** they just managed to snatch the contract

**arrache-clou,** pl **arrache-clous** [aʀaʃklu] **nm** nail wrench

**arrachement** [aʀaʃmɑ̃] **nm** **a** (= chagrin) wrench ◆ **ce fut un véritable arrachement pour elle de partir** it was a real wrench for her to leave
**b** (= déchirement) tearing

**arrache-pied** [aʀaʃpje] → SYN **d'arrache-pied loc adv** relentlessly

**arracher** [aʀaʃe] → SYN ▸ conjug 1 ◂ **1** **vt** **a** (= déraciner) [+ légume] to lift; [+ souche, plante] to pull up, uproot; [+ mauvaises herbes] to pull up; [+ cheveux] to tear ou pull out; [+ dent] to take out, extract, pull (US); [+ poil, clou] to pull out ◆ **j'ai passé la matinée à arracher des mauvaises herbes** I've been weeding all morning ◆ **je vais me faire arracher une dent** I'm going to have a tooth out ou extracted ou pulled (US)
**b** (= enlever) [+ chemise, membre] to tear off; [+ affiche] to tear down; [+ feuille, page] to tear out (*de* of) ◆ **je vais lui arracher les yeux** I'll scratch his eyes out ◆ **cette séparation lui a arraché le cœur** he was heartbroken by this separation ◆ **ce spectacle lui arracha le cœur** the sight of it broke his heart, it was a heartrending sight for him ◆ **ça arrache (la gorge)*** [plat] it'll blow your head off*; [boisson] it's really rough!
**c** (= prendre) **arracher à qn** [+ portefeuille, arme] to snatch ou grab from sb; [+ argent] to get out of sb ◆ **arracher des larmes/un cri à qn** to make sb cry/cry out ◆ **ils ont arraché la victoire à la dernière minute** they snatched victory at the last minute ◆ **il lui arracha son sac à main** he snatched ou grabbed her handbag from her ◆ **je lui ai arraché cette promesse/ces aveux/la vérité** I dragged this promise/this confession/the truth out of him
**d** (= soustraire) **arracher qn à** [+ famille, pays] to tear ou drag sb away from; [+ passion, vice, soucis] to rescue sb from; [+ sommeil, rêve] to drag ou snatch sb out of ou from; [+ sort, mort] to snatch sb from; [+ habitudes, méditation] to force sb out of ◆ **arracher qn des mains d'un ennemi** to snatch sb from the hands of an enemy ◆ **la mort nous l'a arraché** death has snatched ou torn him from us ◆ **il m'a arraché du lit à 6 heures** he got ou dragged me out of bed at 6 o'clock
**2** **s'arracher vpr** **a** (= se déchirer) **tu t'es arraché les vêtements sur le grillage** you've torn your clothes on the fence ◆ **s'arracher les cheveux** (lit) to tear ou pull out one's hair; (fig) to tear one's hair out ◆ **s'arracher les yeux** (fig) to scratch each other's eyes out
**b** **s'arracher qn/qch** to fight over sb/sth ◆ **on s'arrache leur dernier CD** everybody is desperate to get hold of their latest CD ◆ **les cinéastes se l'arrachent** film directors are falling over themselves ou are fighting to get him to act in their films
**c** **s'arracher de** ou **à** [+ pays, famille] to tear o.s. away from; [+ habitude, méditation, passion] to force o.s. out of; [+ lit] to drag o.s. from, force o.s. out of ◆ **on s'arrache ?*** let's split!*

**arracheur** [aʀaʃœʀ] **nm** → **mentir**

**arracheuse** [aʀaʃøz] **nf** (Agr) lifter, grubber

**arrachis** [aʀaʃi] → SYN **nm** (= action) uprooting; (= plant) uprooted plant

**arraisonnement** [aʀɛzɔnmɑ̃] → SYN **nm** (Naut) inspection

**arraisonner** [aʀɛzɔne] → SYN ▸ conjug 1 ◂ **vt** (Naut) to inspect

**arrangeable** [aʀɑ̃ʒabl] → SYN **adj** arrangeable ◆ **la rencontre est facilement arrangeable** the meeting can easily be arranged ou fixed (up)

**arrangeant, e** [aʀɑ̃ʒɑ̃, ɑ̃t] → SYN **adj** accommodating, obliging

**arrangement** [aʀɑ̃ʒmɑ̃] → SYN **nm** **a** (= action) [fleurs, coiffure, voyage] arranging
**b** (= agencement) [mobilier, maison] layout, arrangement; [fiches] order, arrangement; [mots] order ◆ **l'arrangement de sa coiffure** the way her hair is done ou arranged ◆ **l'arrangement de sa toilette** the way she is dressed
**c** (= accord) agreement, settlement, arrangement ◆ **arriver** ou **parvenir à un arrangement** to come to an agreement ou a settlement ou an arrangement ◆ **sauf arrangement contraire** unless other arrangements are made ◆ **arrangement de famille** (Jur) family settlement *(in financial matters)*
**d** (Mus) arrangement ◆ **arrangement pour guitare** arrangement for guitar
**e** (Math) arrangement
**f** (= préparatifs) **arrangements** arrangements

**arranger** [aʀɑ̃ʒe] → SYN ▸ conjug 3 ◂ **1** **vt** **a** (= disposer) (gén) to arrange; [+ coiffure] to tidy up ◆ **arranger sa cravate/sa jupe** to straighten (up) one's tie/skirt, set one's tie/skirt straight
**b** (= organiser) [+ voyage, réunion] to arrange, organize; [+ rencontre, entrevue] to arrange, fix (up) ◆ **arranger sa vie/ses affaires** to organize one's life/one's affairs ◆ **il a tout arrangé pour ce soir** he has seen to ou he has arranged everything for tonight ◆ **ce combat de catch était arrangé à l'avance** this wrestling match was fixed (in advance) ou was a put-up job*
**c** (= régler) [+ différend] to settle ◆ **il a essayé d'arranger les choses** ou **l'affaire** ou **le coup*** he tried to sort ou straighten the matter out ◆ **tout est arrangé** everything is settled ou sorted out ◆ **et ce qui n'arrange rien, il est en retard !** and he's late, which doesn't help matters! ◆ **ce contretemps n'arrange pas nos affaires** this setback doesn't help matters
**d** (= contenter) to suit, be convenient for ◆ **ça ne m'arrange pas tellement** it doesn't really suit me ◆ **cela m'arrange bien** that suits me nicely ou fine ◆ **à 6 heures si ça vous arrange** at 6 o'clock if that suits you ou if that's convenient (for you) ◆ **tu le crois parce que ça t'arrange** you believe him because it suits you (to do so)
**e** (= réparer) [+ voiture, montre] to fix, put right; [+ robe] (= recoudre) to fix, mend; (= modifier) to alter ◆ **il faudrait arranger votre texte, il est confus** you'd better sort out your text, it looks awfully confused
**f** (* = malmener) to work over*, sort out* (Brit) ◆ **il s'est drôlement fait arranger** he got a real working over*, they really sorted him out* (Brit) ◆ **te voilà bien arrangé !** what a state ou mess you've got yourself in!* ◆ **il s'est fait arranger le portrait** he got his face bashed in* ou smashed in*
**g** (Littérat, Mus) to arrange
**2** **s'arranger vpr** **a** (= se mettre d'accord) to come to an agreement ou a settlement ou an arrangement ◆ **arrangez-vous avec le patron** you'll have to sort it out with the boss ◆ **s'arranger à l'amiable** to come to a friendly ou an amicable agreement
**b** (= s'améliorer) [querelle] to be settled; [situation] to work out, sort itself out (Brit); [santé] to get better ◆ **le temps n'a pas l'air de s'arranger** it doesn't look as though the weather is improving ou getting any better ◆ **tout va s'arranger** everything will work out (all right) ou sort itself out (Brit) ◆ **les**

**choses s'arrangèrent d'elles-mêmes** things worked ou sorted (Brit) themselves out ◆ **ça ne s'arrange pas***, **il est plus têtu que jamais** he's not getting any better, he's more stubborn than ever ◆ **il ne fait rien pour s'arranger** he doesn't do himself any favours ◆ **alors, ça s'arrange entre eux ?** are things getting (any) better between them?

**c** (= se débrouiller) to manage ◆ **arrangez-vous comme vous voudrez mais je les veux demain** I don't mind how you do it but I want them for tomorrow ◆ **tu t'arranges toujours pour avoir des taches !** you always manage to dirty your clothes! ◆ **il va s'arranger pour finir le travail avant demain** he'll see to it that ou he'll make sure (that) he finishes the job before tomorrow ◆ **il s'est arrangé pour avoir des places gratuites** he has managed to get some free seats ◆ **arrangez-vous pour venir me chercher à la gare** arrange it so that you can come and meet me at the station ◆ **c'est ton problème, arrange-toi !** it's your problem, you deal with it!

**d** **s'arranger de** to make do with, put up with ◆ **il s'est arrangé du fauteuil pour dormir** he made do with the armchair to sleep in ◆ **il faudra bien s'en arranger** we'll just have to put up with it

**e** (= se classer) to be arranged ◆ **ses arguments s'arrangent logiquement** his arguments are logically arranged

**f** (= se rajuster) to tidy o.s. up ◆ **elle s'arrange les cheveux** she's fixing her hair

**g** (* = se faire mal) **tu t'es bien arrangé !** you've got yourself in a fine state!, you do look a mess! *

**arrangeur, -euse** [aʀɑ̃ʒœʀ, øz] → SYN nm,f (Mus) arranger

**arrérages** [aʀeʀaʒ] → SYN nmpl arrears

**arrestation** [aʀɛstasjɔ̃] → SYN 1 nf arrest ◆ **procéder à l'arrestation de qn** to arrest sb ◆ **être/mettre en état d'arrestation** to be/place ou put under arrest ◆ **se mettre en état d'arrestation** to give o.s. up to the police ◆ **ils ont procédé à une douzaine d'arrestations** they made a dozen arrests

2 COMP ▷ **arrestation préventive** ≃ arrest ▷ **arrestation provisoire** taking into preventive custody

**arrêt** [aʀɛ] → SYN 1 nm **a** [machine, véhicule] stopping; [développement, croissance] stopping, checking, arrest; [hémorragie] stopping, arrest ◆ **attendez l'arrêt complet (du train/de l'avion)** wait until the train/aircraft has come to a complete stop ou standstill ◆ **cinq minutes d'arrêt** [trajet] a 5-minute stop; [cours] a 5-minute break ◆ **"arrêts fréquents"** (sur véhicule) "frequent stops" ◆ **véhicule à l'arrêt** stationary vehicle ◆ **être à l'arrêt** [véhicule, conducteur] to be stationary ◆ **faire un arrêt** [train] to stop, make a stop; [gardien de but] to make a save ◆ **le train fit un arrêt brusque** the train came to a sudden stop ou standstill ◆ **nous avons fait plusieurs arrêts** we made several stops ou halts ◆ **marquer un arrêt avant de continuer à parler** to pause ou make a pause before speaking again ◆ **arrêt buffet*** snack break, pit stop* (US) ◆ **arrêt pipi*** loo stop* (Brit), bathroom break (US) ◆ **donner un coup d'arrêt à** to check, put a brake on

**b** (= lieu) stop ◆ **arrêt d'autobus** bus stop ◆ **arrêt fixe/facultatif** compulsory/request stop

**c** (Mil) **arrêts** arrest ◆ **arrêts simples/de rigueur** open/close arrest ◆ **arrêts de forteresse** confinement *(in military prison)* ◆ **mettre qn aux arrêts** to put sb under arrest; → **maison, mandat**

**d** (Jur = décision) judgment, decision, ruling ◆ **faire arrêt sur les appointements de qn** to issue a writ of attachment *(on debtor's salary)* ◆ **les arrêts du destin** (littér) the decrees of destiny (littér)

**e** (Couture) **faire un arrêt** to fasten off the thread; → **point**[2]

**f** (Tech) [machine] stop mechanism; [serrure] ward; [fusil] safety catch ◆ **appuyez sur l'arrêt** press the stop button ◆ **arrêt sur image** (Audiov = dispositif) freeze frame ◆ **faire un arrêt sur image** to freeze on a frame

**g** (Ski) stop; (Boxe) stoppage ◆ **il a perdu/gagné par arrêt de l'arbitre** he won/lost on a stoppage

**h** (Chasse) **rester** ou **tomber en arrêt** (lit) to point; (fig) to stop short ◆ **être en arrêt** (lit) to be pointing *(devant* at); (fig) to stand transfixed *(devant* before) → **chien**

2 **sans arrêt** loc adv (= sans interruption) travailler, pleuvoir without stopping, non-stop; (= très fréquemment) se produire, se détraquer continually, constantly ◆ **ce train est sans arrêt jusqu'à Lyon** this train is non-stop to Lyon

3 COMP ▷ **arrêt du cœur** cardiac arrest, heart failure ▷ **l'arrêt des hostilités** the cessation of hostilities ▷ **arrêt de jeu** (Sport) stoppage ◆ **jouer les arrêts de jeu** to play injury time ▷ **arrêt (de) maladie** sick leave ◆ **être en arrêt (de) maladie** to be on sick leave ◆ **se mettre en arrêt (de) maladie** to go sick ▷ **arrêt de mort** death warrant ◆ **il avait signé son arrêt de mort** (fig) he had signed his own death warrant ▷ **arrêt de travail** (= grève) stoppage (of work); (= congé de maladie) sick leave; (= certificat) doctor's ou medical certificate ▷ **arrêt de volée** (Rugby) ◆ **faire un arrêt de volée** to make a mark

**arrêté, e** [aʀete] → SYN (ptp de **arrêter**) 1 adj décision, volonté firm, immutable; idée, opinion fixed, firm ◆ **c'est une chose arrêtée** the matter ou it is settled

2 nm (= décision administrative) order, decree (frm) ◆ **arrêté ministériel** departmental ou ministerial order ◆ **arrêté municipal** ≃ by(e)-law ◆ **arrêté préfectoral** order of the prefect ◆ **arrêté de compte** (fermeture) settlement of account; (relevé) statement of account *(to date)*

**arrêter** [aʀete] → SYN ▸ conjug 1 ◂ 1 vt **a** (= immobiliser) [+ personne, machine, montre] to stop; [+ cheval] to stop, pull up; [+ moteur] to switch off, stop ◆ **arrêtez-moi près de la poste** drop me off by the post office ◆ **il m'a arrêté dans le couloir pour me parler** he stopped me in the corridor to speak to me ◆ **ici, je vous arrête !** (dans la conversation) I must stop ou interrupt you there!

**b** (= entraver) [+ développement, croissance] to stop, check, arrest; [+ foule, ennemi] to stop, halt; [+ hémorragie] to stop, arrest ◆ **le trafic ferroviaire est arrêté à cause de la grève** trains have been brought to a standstill ou a halt because of the strike ◆ **rien n'arrête la marche de l'histoire** nothing can stop ou check ou halt the march of history ◆ **on n'arrête pas le progrès !** (hum) the wonders of modern science! (hum) ◆ **nous avons été arrêtés par un embouteillage** we were held up ou stopped by a traffic jam ◆ **seul le prix l'arrête** it's only the price that stops him ◆ **rien ne l'arrête** there's nothing to stop him ◆ **arrête les frais !*** drop it!* ◆ **bon, on arrête les frais*** OK, let's stop this before it gets any worse

**c** (= abandonner) [+ études, compétition, sport] to give up; [+ représentations] to cancel ◆ **arrêter la fabrication d'un produit** to discontinue (the manufacture of) a product ◆ **on a dû arrêter les travaux à cause de la neige** we had to stop work ou call a halt to the work because of the snow

**d** (= faire prisonnier) to arrest ◆ **il s'est fait arrêter hier** he got himself arrested yesterday ◆ **je vous arrête !** you're under arrest!

**e** (Fin) [+ compte] (= fermer) to settle; (= relever) to make up ◆ **les comptes sont arrêtés chaque fin de mois** statements (of account) are made up at the end of every month

**f** (Couture) [+ point] to fasten off

**g** (= fixer) [+ jour, lieu] to appoint, decide on; [+ plan] to decide on; [+ derniers détails] to finalize ◆ **arrêter son attention/ses regards sur** to fix one's attention/gaze on ◆ **arrêter un marché** to make a deal ◆ **il a arrêté son choix** he's made his choice ◆ **ma décision est arrêtée** my mind is made up ◆ **arrêter que ...** (Admin) to rule that ...

**h** (Méd) **arrêter qn** to give sb sick leave ◆ **elle est arrêtée depuis 3 semaines** she's been on sick leave for 3 weeks

2 vi to stop ◆ **arrêter de fumer** to give up ou stop ou quit* smoking ◆ **il n'arrête pas** he just never stops, he's always on the go ◆ **il n'arrête pas de critiquer tout le monde** he never stops criticizing people, he's always criticizing people ◆ **arrête de parler !** stop talking! ◆ **arrête !** stop it!, stop that! ◆ **ça n'arrête pas !*** it never stops!

3 **s'arrêter** vpr **a** (= s'immobiliser) [personne, machine, montre] to stop; [train, voiture] (gén) to stop; (en se garant) to pull up ◆ **nous nous sommes arrêtés sur le bas-côté** we pulled up ou stopped by the roadside ◆ **s'arrêter court** ou **net** [personne] to stop dead ou short; [cheval] to pull up; [bruit] to stop suddenly ◆ **le train ne s'arrête pas à toutes les gares** the train doesn't stop ou call at every station ◆ **nous nous sommes arrêtés 10 jours à Lyon** we stayed ou stopped* 10 days in Lyons

**b** (= s'interrompre) to stop, break off ◆ **la route s'arrête ici** the road ends ou stops here ◆ **s'arrêter pour se reposer/pour manger** to break off ou stop for a rest/to eat ◆ **arrête-toi un peu, tu vas t'épuiser** stop for a while ou take a break or you'll wear yourself out ◆ **les ouvriers se sont arrêtés à 17 heures** (grève) the workmen stopped work ou downed tools (Brit) at 5 o'clock; (heure de fermeture) the workmen finished (work) ou stopped work at 5 o'clock ◆ **sans s'arrêter** without stopping, without a break ◆ **ce serait dommage de s'arrêter en si bon chemin** it would be a shame to stop ou give up while things are going so well

**c** (= cesser) [développement, croissance] to stop, come to a halt, come to a standstill; [hémorragie] to stop ◆ **le travail s'est arrêté dans l'usine en grève** work has stopped in the striking factory, the striking factory is at a standstill ◆ **s'arrêter de manger/marcher** to stop eating/walking ◆ **s'arrêter de fumer/boire** to give up ou stop ou quit* smoking/drinking ◆ **l'affaire ne s'arrêtera pas là !** you (ou they etc ) haven't heard the last of this!

**d** **s'arrêter sur** [choix, regard] to fall on ◆ **il ne faut pas s'arrêter aux apparences** you should always look beyond appearances ◆ **s'arrêter à des détails** to waste time worrying about details ◆ **s'arrêter à un projet** to settle on ou fix on a plan ◆ **arrêtons-nous un instant sur ce tableau** let us turn our attention to this picture for a moment

**arrêtoir** [aʀɛtwaʀ] → SYN nm (Tech) stop

**arrhes** [aʀ] → SYN nfpl deposit ◆ **verser des arrhes** to pay ou leave a deposit

**arriération** [aʀjeʀasjɔ̃] → SYN nf **a** (Psych) retardation ◆ **arriération affective** emotional retardation

**b** **arriération économique** [pays] economic backwardness ◆ **certains villages sont en voie d'arriération** some villages are slipping into economic decline

**arriéré, e** [aʀjeʀe] → SYN 1 adj **a** (Comm) paiement overdue, in arrears (attrib); dette outstanding

**b** (Psych) enfant, personne backward, retarded; (Scol) educationally subnormal; région, pays backward, behind the times (attrib); croyances, méthodes, personne out-of-date, behind the times (attrib)

2 nm (= choses à faire, travail) backlog; (= paiement) arrears ◆ **il voulait régler l'arriéré de sa dette** he wanted to settle the arrears on his debt

**arrière** [aʀjɛʀ] → SYN 1 nm **a** [voiture] back; [bateau] stern; [train] rear ◆ **à l'arrière** (Naut) aft, at the stern ◆ **à l'arrière de** (Naut) at the stern of, abaft ◆ **se balancer d'avant en arrière** to rock backwards and forwards ◆ **avec le moteur à l'arrière** with the engine at the back, with a rear-mounted engine ◆ **l'arrière (du pays)** (en temps de guerre) the home front, the civilian zone ◆ **l'arrière tient bon** morale on the home front ou behind the lines is high

**b** (Sport = joueur) (gén) fullback; (Volley) backline player ◆ **arrière gauche/droit** (Ftbl) left/right back; (Basket) left/right guard ◆ **arrière central** (Ftbl) centre back ◆ **arrière volant** sweeper

**c** (Mil) **les arrières** the rear ◆ **attaquer les arrières de l'ennemi** to attack the enemy in the rear ◆ **assurer** ou **protéger ses arrières** (lit) to protect the rear; (fig) to leave o.s. a way out

**d** **en arrière** (= derrière) behind; (= vers l'arrière) backwards ◆ **être/rester en arrière** to be/lag ou drop behind ◆ **regarder en arrière** (lit) to look back ou behind; (fig) to look back ◆ **faire un pas en arrière** to step back(wards), take a step back ◆ **aller/marcher en arrière** to go/walk backwards ◆ **se pencher en arrière** to lean back(wards) ◆ **en arrière toute !** (Naut) full astern! ◆ **100 ans en arrière**

100 years ago ou back ◆ **il faut remonter loin en arrière pour trouver une telle sécheresse** we have to go a long way back (in time) to find a similar drought ◆ **revenir en arrière** [marcheur] to go back, retrace one's steps; [orateur] to go back over what has been said; [civilisation] to regress; (avec magnétophone) to rewind; (dans ses pensées) to look back ◆ **renverser la tête en arrière** to tilt one's head back(wards) ◆ **le chapeau en arrière** his hat tilted back(wards) ◆ **être peigné ou avoir les cheveux en arrière** to have ou wear one's hair brushed ou combed back(wards)

◆ **en arrière de** behind ◆ **rester ou se tenir en arrière de qch** to stay behind sth ◆ **il est très en arrière des autres élèves** he's a long way behind the other pupils

[2] adj inv ◆ **roue/feu arrière** rear wheel/light ◆ **siège arrière** [voiture] back seat; [moto] pillion; → **machine, marche¹, vent**

[3] excl ◆ **en arrière ! vous gênez** stand ou get back! you're in the way ◆ **arrière, misérable !** † behind me, wretch! †

**arrière-ban**, pl **arrière-bans** [aʀjɛʀbɑ̃] nm → **ban**

**arrière-bouche**, pl **arrière-bouches** [aʀjɛʀbuʃ] nf back of the mouth

**arrière-boutique**, pl **arrière-boutiques** [aʀjɛʀbutik] nf back shop

**arrière-chœur**, pl **arrière-chœurs** [aʀjɛʀkœʀ] nm retrochoir

**arrière-cour**, pl **arrière-cours** [aʀjɛʀkuʀ] nf backyard

**arrière-cuisine**, pl **arrière-cuisines** [aʀjɛʀkɥizin] nf scullery

**arrière-fond**, pl **arrière-fonds** [aʀjɛʀfɔ̃] nm **a** [tableau, scène] background ◆ **en arrière-fond** in the background

**b** (littér) **dans l'arrière-fond obscur de son âme** in the dark recesses of his soul

**arrière-garde**, pl **arrière-gardes** [aʀjɛʀgaʀd] [→ SYN] nf rearguard ◆ **livrer un combat ou une bataille d'arrière-garde** (lit, fig) to fight a rearguard action ou battle

**arrière-gorge**, pl **arrière-gorges** [aʀjɛʀgɔʀʒ] nf back of the throat

**arrière-goût**, pl **arrière-goûts** [aʀjɛʀgu] [→ SYN] nm (lit, fig) aftertaste ◆ **ses propos ont un arrière-goût de racisme** his comments smack of racism

**arrière-grand-mère**, pl **arrière-grands-mères** [aʀjɛʀgʀɑ̃mɛʀ] nf great-grandmother

**arrière-grand-oncle**, pl **arrière-grands-oncles** [aʀjɛʀgʀɑ̃tɔ̃kl] nm great-great-uncle

**arrière-grand-père**, pl **arrière-grands-pères** [aʀjɛʀgʀɑ̃pɛʀ] nm great-grandfather

**arrière-grands-parents** [aʀjɛʀgʀɑ̃paʀɑ̃] nmpl great-grandparents

**arrière-grand-tante**, pl **arrière-grands-tantes** [aʀjɛʀgʀɑ̃tɑ̃t] nf great-great-aunt

**arrière-main**, pl **arrière-mains** [aʀjɛʀmɛ̃] nf hindquarters

**arrière-neveu**, pl **arrière-neveux** [aʀjɛʀnəvø] nm grandnephew, great-nephew

**arrière-nièce**, pl **arrière-nièces** [aʀjɛʀnjɛs] nf grandniece, great-niece

**arrière-pays** [aʀjɛʀpei] nm inv hinterland ◆ **dans l'arrière-pays niçois** in the countryside just inland from Nice

**arrière-pensée**, pl **arrière-pensées** [aʀjɛʀpɑ̃se] [→ SYN] nf (= motif inavoué) ulterior motive; (= réserves, doute) reservation ◆ **je l'ai dit/fait sans arrière-pensée** I had no ulterior motive when I said/did it ◆ **cette mesure n'est pas dénuée d'arrière-pensées politiques** there's a political agenda behind this measure

**arrière-petit-cousin**, pl **arrière-petits-cousins** [aʀjɛʀpətikuzɛ̃] nm cousin three times removed

**arrière-petite-cousine**, pl **arrière-petites-cousines** [aʀjɛʀpətitkuzin] nf cousin three times removed

**arrière-petite-fille**, pl **arrière-petites-filles** [aʀjɛʀpətitfij] nf great-granddaughter

**arrière-petite-nièce**, pl **arrière-petites-nièces** [aʀjɛʀpətitnjɛs] nf great-grandniece, great-great-niece

**arrière-petit-fils**, pl **arrière-petits-fils** [aʀjɛʀpətifis] nm great-grandson

**arrière-petit-neveu**, pl **arrière-petits-neveux** [aʀjɛʀpətin(ə)vø] nm great-grandnephew, great-great-nephew

**arrière-petits-enfants** [aʀjɛʀpətizɑ̃fɑ̃] nmpl great-grandchildren

**arrière-plan**, pl **arrière-plans** [aʀjɛʀplɑ̃] [→ SYN] nm background ◆ **à l'arrière-plan** in the background ◆ **ces préoccupations ont été reléguées à l'arrière-plan** these concerns were put on the back burner ou relegated to the background

**arrière-port**, pl **arrière-ports** [aʀjɛʀpɔʀ] nm inner harbour

**arriérer** [aʀjeʀe] [→ SYN] ▸ conjug 6 ◂ (Fin) [1] vt [+ paiement] to defer

[2] **s'arriérer** vpr to fall into arrears, fall behind with one's ou the payments

**arrière-saison**, pl **arrière-saisons** [aʀjɛʀsɛzɔ̃] [→ SYN] nf end of autumn, late autumn, late fall (US) ◆ **un soleil d'arrière-saison** late-autumn ou late-fall (US) sunshine

**arrière-salle**, pl **arrière-salles** [aʀjɛʀsal] nf back room; [café, restaurant] inner room

**arrière-train**, pl **arrière-trains** [aʀjɛʀtʀɛ̃] [→ SYN] nm [animal] hindquarters; (hum) [personne] behind *, hindquarters

**arrimage** [aʀimaʒ] [→ SYN] nm (Naut) stowage, stowing

**arrimer** [aʀime] [→ SYN] ▸ conjug 1 ◂ vt (Naut) [+ cargaison] to stow; (gén) [+ colis] to lash down, secure

**arrimeur** [aʀimœʀ] nm stevedore

**arriser** [aʀize] [→ SYN] ▸ conjug 1 ◂ vt [+ voile] to reef

**arrivage** [aʀivaʒ] [→ SYN] nm [marchandises] consignment, delivery, load; (fig hum) [touristes] fresh load (hum) ou influx

**arrivant, e** [aʀivɑ̃, ɑ̃t] nm,f newcomer ◆ **nouvel arrivant** newcomer, new arrival ◆ **combien d'arrivants y avait-il hier ?** how many new arrivals were there yesterday?, how many newcomers ou people arrived yesterday? ◆ **les premiers arrivants de la saison** the first arrivals of the season

**arrivée** [aʀive] nf **a** [personne, train, courrier] arrival; [printemps, neige, hirondelles] arrival, coming; [course, coureur] finish ◆ **l'arrivée de ce produit sur le marché** the appearance of this product on the market ◆ **c'est l'arrivée des abricots sur les marchés** apricots are beginning to arrive in ou are coming into the shops ◆ **j'attends l'arrivée du courrier** I'm waiting for the post ou mail to come ou arrive ◆ **"arrivées"** (dans une gare, un aéroport) "arrivals" ◆ **contactez-nous à votre arrivée à l'aéroport** contact us (up)on your arrival at the airport ◆ **à son arrivée chez lui** when he arrived ou got (ou arrives ou gets) home, on arriving home, on his arrival home ◆ **à l'arrivée** [course] at the finish; (* = au bout du compte) at the end of the day ◆ **j'irai l'attendre à l'arrivée (du train)** I'll go and get him at the station, I'll go and meet him off the train (Brit) ◆ **à leur arrivée au pouvoir** when they came (ou come) to power; → **gare¹, juge, ligne¹**

**b** (Tech) **arrivée d'air/d'eau/de gaz** (= robinet) air/water/gas inlet; (= processus) inflow of air/water/gas

**arriver** [aʀive] [→ SYN] ▸ conjug 1 ◂ [1] vi **a** (au terme d'un voyage) [train, personne] to arrive ◆ **arriver à** [+ ville] to arrive at, get to, reach ◆ **arriver de** [+ ville, pays] to arrive from ◆ **arriver en France** to arrive in ou reach France ◆ **arriver chez des amis** to arrive at friends' ◆ **arriver chez soi** to arrive ou get home ◆ **nous sommes arrivés** we've arrived, we're there ◆ **le train doit arriver à 6 heures** the train is due (to arrive) ou scheduled to arrive ou is due in at 6 o'clock ◆ **il est arrivé par le train/en voiture** he arrived by train/by car ou in a car ◆ **réveille-toi, on arrive !** wake up, we're almost there! ◆ **cette lettre m'est arrivée hier** this letter reached me yesterday ◆ **arriver le premier** (à une course) to come in first; (à une soirée, une réception) to be the first to arrive, arrive first ◆ **les premiers arrivés** the first to arrive, the first arrivals; → **destination, mars, port**

**b** (= approcher) [saison, nuit, personne, véhicule] to come ◆ **arriver à grands pas/en courant** to stride up/run up ◆ **j'arrive !** (I'm) coming!, just coming! ◆ **le train arrive en gare** the train is pulling ou coming into the station ◆ **la voici qui arrive** here she comes (now) ◆ **allez, arrive *, je suis pressé !** hurry up ou come on, I'm in a hurry! ◆ **ton tour arrivera bientôt** it'll soon be your turn ◆ **on va commencer à manger, ça va peut-être faire arriver ton père** we'll start eating, perhaps that will make your father come ◆ **pour faire arriver l'eau jusqu'à la maison ...** to lay the water on for (Brit) ou to bring the water (up) to the house ... ◆ **l'air/l'eau arrive par ce trou** the air/water comes in through this hole ◆ **pour qu'arrive plus vite le moment où il la reverrait** to bring the moment closer when he would see her again; → **chien**

**c** (= atteindre) **arriver à** [+ niveau, lieu] to reach, get to, arrive at; [+ personne, âge] to reach, get to; [+ poste, rang] to attain, reach; [+ résultat, but, conclusion] to reach, arrive at ◆ **la nouvelle est arrivée jusqu'à nous** the news has reached us ou got to us ◆ **le bruit arrivait jusqu'à nous** the noise reached us ◆ **je n'ai pas pu arriver jusqu'au chef** I wasn't able to get as far as the boss ◆ **comment arrive-t-on chez eux ?** how do you get to their house? ◆ **le lierre arrive jusqu'au 1er étage** the ivy goes up to ou goes up as far as the 1st floor ◆ **l'eau lui arrivait (jusqu')aux genoux** the water came up to his knees, he was knee-deep in water ◆ **et le problème des salaires ? – j'y arrive** and what about the wages problem? – I'm just coming to that ◆ **il ne t'arrive pas à la cheville** (fig) he can't hold a candle to you, he's not a patch on you (Brit) ◆ **arriver au pouvoir** to come to power

**d** (= réussir) **arriver à** (+ infinitif) to manage to do sth, succeed in doing sth ◆ **pour arriver à lui faire comprendre qu'il a tort** to get him to understand he's wrong ◆ **il n'arrive pas à le comprendre** he just doesn't understand it ◆ **je n'arrive pas à comprendre son attitude** I just don't ou can't understand ou I fail to understand his attitude ◆ **je n'arrive pas à faire ce devoir** I can't do this exercise ◆ **tu y arrives ?** how are you getting on? ◆ **je n'y arrive pas** I can't do ou manage it ◆ **arriver à ses fins** to get one's way, achieve one's ends ◆ **il n'arrivera jamais à rien** he'll never get anywhere, he'll never achieve anything ◆ **on n'arrivera jamais à rien avec lui** we'll never get anywhere with him

**e** (= atteindre une réussite sociale) to succeed (in life), get on (in life) ◆ **il veut arriver** he wants to get on ou succeed (in life) ◆ **il se croit arrivé** he thinks he's made it * ou he's arrived

**f** (= se produire) to happen ◆ **c'est arrivé hier** it happened ou occurred yesterday ◆ **ce genre d'accident n'arrive qu'à lui !** that sort of accident only (ever) happens to him! ◆ **ce sont des choses qui arrivent** these things (will) happen ◆ **cela peut arriver à n'importe qui** it could ou can happen to anyone ◆ **tu n'oublies jamais ? – ça m'arrive** don't you ever forget? – yes, sometimes ◆ **cela ne m'arrivera plus !** I won't let it happen again! ◆ **tu ne sais pas ce qui m'arrive !** you'll never guess what happened (to me)! ◆ **il croit que c'est arrivé *** he thinks he's made it * ◆ **ça devait lui arriver** he had it coming to him * ◆ **tu vas nous faire arriver des ennuis *** you'll get us into trouble

**g** **en arriver à** (= finir par) to come to ◆ **on n'en est pas encore arrivé là !** (résultat négatif) we've not come to ou reached that (stage) yet!; (résultat positif) we've not got that far yet! ◆ **on en arrive à se demander si ...** it makes you wonder whether ... ◆ **il faudra bien en arriver là !** it'll have to come to that (eventually) ◆ **c'est triste d'en arriver là** it's sad to be reduced to that

[2] vb impers **a** (= survenir) **il est arrivé un télégramme** a telegram has come ou arrived ◆ **il est arrivé un accident** there's been an accident ◆ **il lui est arrivé un accident** he's had an accident, he has met with an accident ◆ **il (lui) est arrivé un malheur** something dreadful has happened (to him) ◆ **il lui arrivera des ennuis** he'll get (himself) into trouble ◆ **il m'arrive toujours des aventures incroyables** incredible things are always

happening to me ◆ **quoi qu'il arrive** whatever happens ◆ **comme il arrive souvent** as often happens, as is often the case

b **il arrive** etc **que** ou **de** ◆ **il m'arrive d'oublier** ◆ **il arrive que j'oublie** I sometimes forget ◆ **il peut arriver qu'elle se trompe, il peut lui arriver de se tromper** she does occasionally make a mistake, it occasionally happens that she makes a mistake ◆ **il peut arriver qu'elle se trompe mais ce n'est pas une raison pour la critiquer** she may make mistakes but that's no reason to criticize her ◆ **il pourrait arriver qu'ils soient sortis** it could be that they've gone out, they might have gone out ◆ **s'il lui arrive** ou **arrivait de faire une erreur, prévenez-moi** if he should happen ou if he happens to make a mistake, let me know ◆ **il m'est arrivé plusieurs fois de le voir/faire** I have seen him/done it several times ◆ **il ne lui arrive pas souvent de mentir** it isn't often that he lies, he doesn't often lie

**arrivisme** [aʀivism] → SYN nm (péj) (ruthless) ambition, pushiness; (social) social climbing

**arriviste** [aʀivist] → SYN nmf (péj) go-getter*, careerist; (social) social climber

**arrobase** [aʀɔbaz] nf, **arrobas** [aʀɔbas] nm (en informatique) at sign

**arroche** [aʀɔʃ] → SYN nf orache, orach (US)

**arrogance** [aʀɔgɑ̃s] → SYN nf arrogance

**arrogant, e** [aʀɔgɑ̃, ɑ̃t] → SYN adj arrogant

**arroger (s')** [aʀɔʒe] → SYN ▸ conjug 3 ◂ vpr [+ pouvoirs, privilèges] to assume (without right); [+ titre] to claim (falsely), claim (without right), assume ◆ **s'arroger le droit de ...** to assume the right to ..., take it upon o.s. to ...

**arrondi, e** [aʀɔ̃di] → SYN (ptp de **arrondir**) 1 adj objet, forme, relief round, rounded; visage round; voyelle rounded

2 nm (gén = contour) roundness; (Aviat) flare-out, flared landing; (Couture) hemline *(of skirt)*

**arrondir** [aʀɔ̃diʀ] → SYN ▸ conjug 2 ◂ 1 vt a [+ objet, contour] to round, make round; [+ rebord, angle] to round off; [+ phrases] to polish, round out; [+ gestes] to make smoother; [+ caractère] to make more agreeable, smooth the rough edges off; [+ voyelle] to round, make rounded; [+ jupe] to level; [+ visage, taille, ventre] to fill out, round out ◆ **arrondir les angles** (fig) to smooth things over

b (= accroître) [+ fortune] to swell; [+ domaine] to increase, enlarge ◆ **arrondir ses fins de mois** to supplement one's income

c (= simplifier) [+ somme, nombre] to round off ◆ **arrondir au franc inférieur/supérieur** to round down/up to the nearest franc

2 **s'arrondir** vpr [relief] to become round(ed); [taille, joues, ventre, personne] to fill out; [fortune] to swell

**arrondissement** [aʀɔ̃dismɑ̃] → SYN nm a (Admin) district

b [voyelle] rounding; [fortune] swelling; [taille, ventre] rounding, filling out

> **ARRONDISSEMENT**
>
> The French metropolitan and overseas "départements" are divided into over 300 smaller administrative areas known as **arrondissements**, which in turn are divided into "cantons" and "communes". There are usually three or four **arrondissements** in a "département". The main town in an **arrondissement** (the "chef-lieu d'arrondissement") is the home of the "sous-préfecture". The "sous-préfet d'arrondissement" reports to the "préfet" and deals with local administration, development and public order.
>
> Marseilles, Lyons and Paris are divided into city districts known as **arrondissements**, each with its own local council (the "conseil d'arrondissement") and mayor. The number of the **arrondissement** appears in addresses at the end of the post code. → COMMUNE; CONSEIL; DÉPARTEMENT

**arrosage** [aʀozaʒ] → SYN nm [pelouse] watering; [voie publique] spraying ◆ **cette plante nécessite des arrosages fréquents** this plant needs frequent watering; → **lance, tuyau**

**arroser** [aʀoze] → SYN ▸ conjug 1 ◂ vt a [personne] [+ plante, terre] (gén) to water; (avec un tuyau) to water, hose; (légèrement) to sprinkle; [+ champ] to spray; [+ rôti] to baste ◆ **arroser qch d'essence** to pour petrol (Brit) ou gasoline (US) over sth ◆ **arrosez d'huile d'olive** (Culin) drizzle with olive oil

b [pluie] [+ terre] to water; [+ personne] (légèrement) to make wet; (fortement) to drench, soak ◆ **c'est la ville la plus arrosée de France** it is the wettest city ou the city with the highest rainfall in France ◆ **se faire arroser*** to get drenched ou soaked

c (Géog) [fleuve] to water

d (Mil) (avec fusil, balles) to spray (*de* with); (avec canon) to bombard (*de* with)

e * [+ événement, succès] to drink to; [+ repas] to wash down (with wine)*; [+ café] to lace (with a spirit) ◆ **après un repas bien arrosé** after a meal washed down with plenty of wine, after a pretty boozy* meal ◆ **... le tout arrosé de champagne** ... all washed down with champagne ◆ **tu as gagné, ça s'arrose !** you've won – that calls for a drink! ou we must drink to that!

f (TV, Radio) [+ territoire] to cover

g (* = soudoyer) [+ personne] to grease ou oil the palm of

h (littér) [sang] to soak ◆ **arroser une photographie de ses larmes** to let one's tears fall upon a photograph ◆ **terre arrosée de sang** blood-soaked earth

**arroseur** [aʀozœʀ] nm a [jardin] waterer; [rue] water cartman ◆ **c'est l'arroseur arrosé** it's a case of the biter (being) bit

b (= tourniquet) sprinkler

**arroseuse** [aʀozøz] nf [rue] water cart

**arrosoir** [aʀozwaʀ] → SYN nm watering can

**arroyo** [aʀɔjo] → SYN nm arroyo

**arrt** abrév de **arrondissement**

**arsenal, pl -aux** [aʀsənal, o] → SYN nm (Mil) arsenal; [mesures, lois] arsenal; (* = attirail) gear* (NonC), paraphernalia (NonC) ◆ **l'arsenal du pêcheur/du photographe** the fisherman's/photographer's gear ou paraphernalia ◆ **tout un arsenal de vieux outils** a huge collection ou assortment of old tools ◆ **arsenal (de la marine** ou **maritime)** (Naut) naval dockyard

**arsenic** [aʀsənik] → SYN nm arsenic ◆ **empoisonnement à l'arsenic** arsenic poisoning

**arsenical, e,** mpl **-aux** [aʀsənikal, o] adj substance arsenical

**arsénieux** [aʀsenjø] adj m arsenic (épith) ◆ **oxyde** ou **anhydride arsénieux** arsenic trioxide, arsenic

**arsénique** [aʀsenik] adj ◆ **acide arsénique** arsenic acid

**arsénite** [aʀsenit] nm arsenite

**arséniure** [aʀsenjyʀ] nm arsenide

**arsine** [aʀsin] nf arsine

**arsouille** † [aʀsuj] nm ou f (= voyou) ruffian ◆ **il a un air arsouille** (= voyou) he looks like a ruffian; (= malin) he looks crafty

**art** [aʀ] → SYN 1 nm a (= esthétique) art ◆ **l'art espagnol/populaire** Spanish/popular art ◆ **l'art pour l'art** art for art's sake ◆ **livre/critique d'art** art book/critic ◆ **c'est du grand art !** (activité) it's poetry in motion!; (travail excellent) it's an excellent piece of work!; (iro : tableau exécrable) call that art?! ◆ **le septième art** cinema ◆ **le huitième art** television ◆ **le neuvième art** comic strips, strip cartoons (Brit), comics (US); → **amateur**

b (= technique) art ◆ **art culinaire/militaire/oratoire** the art of cooking/of warfare/of public speaking ◆ **l'art de la conversation** the art of conversation ◆ **il est passé maître dans l'art de** he's a past master in the art of ◆ **un homme/les gens de l'art** a man/the people in the profession ◆ **demandons à un homme de l'art !** let's ask a professional!; → **règle**

c (= adresse) [artisan] skill, artistry; [poète] skill, art, artistry ◆ **faire qch avec un art consommé** to do sth with consummate skill ◆ **c'est tout un art** it's quite an art ◆ **il a l'art et la manière** he's got the know-how ou he knows what he's doing and he does it in style

d **l'art de faire qch** the art of doing sth, a talent ou flair for doing sth, the knack of doing sth* ◆ **il a l'art de me mettre en colère** he has a talent ou a knack* for making me angry ◆ **ce style a l'art de me plaire** this style appeals to me ◆ **ça a l'art de m'endormir** (hum) it sends me to sleep every time ◆ **réapprendre l'art de marcher** to re-learn the art of walking

2 COMP ▷ **arts d'agrément** accomplishments ▷ **arts appliqués** ⇒ **arts décoratifs** ▷ **art déco** art deco ▷ **arts décoratifs** decorative arts ▷ **l'art dramatique** dramatic art, drama ▷ **les arts du feu** ceramics sg ▷ **arts graphiques** graphic arts ▷ **les arts libéraux** the liberal arts ▷ **arts martiaux** martial arts ▷ **arts ménagers** (= technique) home economics, homecraft (NonC), domestic science ◆ **les Arts ménagers** (salon) ≃ the Ideal Home Exhibition ▷ **les Arts et Métiers** *higher education institute for industrial art and design* ▷ **l'art nègre** African art ▷ **art nouveau** Art Nouveau ▷ **les arts plastiques** the visual arts, the fine arts ▷ **art poétique** (= technique) poetic art; (= doctrine) ars poetica, poetics sg ▷ **les arts de la rue** street performance ▷ **les arts de la scène** ou **du spectacle** the performing arts ▷ **les arts de la table** the art of entertaining *(preparing and presenting food)* ▷ **art de vivre** way of life

**Arte** [aʀte] n (TV) *Franco-German cultural television channel*

**artefact** [aʀtefakt] → SYN nm artefact

**artel** [aʀtɛl] nm artel

**Artémis** [aʀtemis] nf Artemis

**artère** [aʀtɛʀ] → SYN nf (Anat) artery ◆ **(grande) artère** (Aut) (en ville) main road, thoroughfare; (entre villes) main (trunk) road

**artériectomie** [aʀteʀjɛktɔmi] nf arteriectomy

**artériel, -ielle** [aʀteʀjɛl] adj (Anat) arterial; → **tension**

**artériographie** [aʀteʀjɔgʀafi] nf arteriography

**artériole** [aʀteʀjɔl] nf arteriole

**artérioscléreux, -euse** [aʀteʀjoskleʀø, øz] adj arteriosclerotic

**artériosclérose** [aʀteʀjoskleʀoz] nf arteriosclerosis

**artériotomie** [aʀteʀjɔtɔmi] nf arteriotomy

**artérite** [aʀteʀit] nf arteritis

**artéritique** [aʀteʀitik] adj, nmf arthritic

**artésien, -ienne** [aʀtezjɛ̃, jɛn] adj Artois (épith), of ou from Artois; → **puits**

**arthralgie** [aʀtʀalʒi] nf arthralgia

**arthrite** [aʀtʀit] nf arthritis ◆ **avoir de l'arthrite** to have arthritis

**arthritique** [aʀtʀitik] adj, nmf arthritic

**arthritisme** [aʀtʀitism] nm arthritism

**arthrographie** [aʀtʀɔgʀafi] nf arthrography

**arthropathie** [aʀtʀɔpati] nf arthropathy

**arthropode** [aʀtʀɔpɔd] nm arthropod

**arthrose** [aʀtʀoz] nf (degenerative) osteoarthritis

**arthrosique** [aʀtʀɔzik] 1 adj osteoarthritic

2 nmf osteoarthritis sufferer

**Arthur** [aʀtyʀ] nm Arthur ◆ **le roi Arthur** King Arthur; → **appeler**

**arthurien, -ienne** [aʀtyʀjɛ̃, jɛn] adj cycle, mythe Arthurian

**artichaut** [aʀtiʃo] nm artichoke; → **cœur, fond**

**artichautière** [aʀtiʃotjɛʀ] nf artichoke field

**article** [aʀtikl] → SYN 1 nm a (Comm) item, article ◆ **baisse sur tous nos articles** all (our) stock ou all items reduced, reduction on all items ◆ **article d'importation** imported product ◆ **nous ne faisons plus cet article** we don't stock that item ou product any more ◆ **faire l'article** (pour vendre qch) to give the sales pitch; (fig) to sing sth's ou sb's praises

b (Presse) [journal] article; [dictionnaire] entry

c (= chapitre) point; [loi, traité] article ◆ **les 2 derniers articles de cette lettre** the last 2 points in this letter ◆ **sur cet article** on this point ◆ **sur l'article de** in the matter of, in matters of

**d** (Gram) article ◆ **article contracté/défini/élidé/indéfini/partitif** contracted/definite/elided/indefinite/partitive article

**e** (Ordin) record, item

**f** **à l'article de la mort** at death's door, at the point of death

[2] COMP ▷ **articles de bureau** office accessories ▷ **articles de consommation courante** convenience goods ▷ **article de foi** (lit, fig) article of faith ▷ **article de fond** (Presse) feature article ▷ **articles de luxe** luxury goods ▷ **articles de mode** fashion accessories ▷ **articles de Paris** † fancy goods ▷ **articles de sport** (vêtements) sportswear; (objets) sports equipment ▷ **articles de toilette** toiletries, toilet requisites ou articles ▷ **articles de voyage** travel goods ou requisites

**articulaire** [aʀtikylɛʀ] adj articular; → **rhumatisme**

**articulation** [aʀtikylasjɔ̃] → SYN nf **a** (Anat) joint; (Tech) articulation ◆ **articulations des doigts** knuckles, finger joints ◆ **articulation du genou/de la hanche/de l'épaule** knee/hip/shoulder joint ◆ **articulation en selle** saddle joint

**b** [discours, raisonnement] linking sentence ◆ **la bonne articulation des parties de son discours** the sound structuring of his speech

**c** (Ling) articulation ◆ **point d'articulation** point of articulation

**d** (Jur) enumeration, setting forth

**articulatoire** [aʀtikylatwaʀ] adj articulatory

**articulé, e** [aʀtikyle] (ptp de **articuler**) [1] adj langage articulate; membre jointed, articulated; objet jointed; poupée with movable joints (épith), poseable ◆ **autobus articulé** articulated bus

[2] nm ◆ **articulé dentaire** bite

**articuler** [aʀtikyle] → SYN ▸ conjug 1 ◂ vt **a** [+ mot] (= prononcer clairement) to articulate, pronounce clearly; (= dire) to pronounce, utter ◆ **il articule bien/mal ses phrases** he articulates ou speaks/doesn't articulate ou speak clearly ◆ **il articule mal** he doesn't articulate (his words) ou speak clearly ◆ **articule !** speak clearly!

**b** (= joindre) [+ mécanismes, os] to articulate, joint; [+ idées] to link (up ou together) ◆ **élément/os qui s'articule sur un autre** element/bone that is articulated with ou is jointed to another ◆ **articuler un discours sur deux thèmes principaux** to structure a speech around ou on two main themes ◆ **toute sa défense s'articule autour de cet élément** his entire defence hinges ou turns on this factor ◆ **les parties de son discours s'articulent bien** the different sections of his speech are well linked ou hang together well ◆ **une grande salle autour de laquelle s'articulent une multitude de locaux** a large room surrounded by a multitude of offices

**c** (Jur) [+ faits, griefs] to enumerate, set out

**artifice** [aʀtifis] → SYN nm (clever ou ingenious) device, trick; (péj) trick ◆ **artifice de calcul** (clever) trick of arithmetic ◆ **artifice comptable** accounting device ◆ **artifice de style** stylistic device ◆ **user d'artifices pour paraître belle** to resort to tricks ou artifice to make oneself look beautiful ◆ **l'artifice est une nécessité de l'art** art cannot exist without (some) artifice ◆ **sans artifice(s)** présentation simple; s'exprimer straightforwardly, unpretentiously; → **feu**[1]

**artificiel, -ielle** [aʀtifisjɛl] → SYN adj **a** (= fabriqué) artificial; fibre man-made; colorant artificial, synthetic; dent false; île artificial, man-made; → **insémination, intelligence** etc

**b** (péj) raisonnement, style artificial, contrived; vie, besoins artificial; gaieté forced, artificial

**artificiellement** [aʀtifisjɛlmɑ̃] → SYN adv artificially ◆ **fabriqué artificiellement** man-made, synthetically made

**artificier** [aʀtifisje] nm (= fabricant) firework(s) manufacturer ou maker; (= pyrotechnicien) pyrotechnician; (pour désamorçage) bomb disposal expert

**artificieux, -ieuse** [aʀtifisjø, jøz] → SYN adj (littér) guileful, deceitful

**artillerie** [aʀtijʀi] nf artillery, ordnance ◆ **artillerie de campagne** field artillery ◆ **artillerie de marine** naval guns ◆ **grosse artillerie, artillerie lourde** (lit, fig) heavy artillery ◆ **pièce d'artillerie** piece of artillery, gun ◆ **tir d'artillerie** artillery fire

**artilleur** [aʀtijœʀ] → SYN nm artilleryman, gunner

**artimon** [aʀtimɔ̃] nm (= voile) mizzen; (= mât) mizzen(mast); → **mât**

**artiodactyles** [aʀtjɔdaktil] nmpl ◆ **les artiodactyles** the artiodactyls, the Artiodactyla (SPÉC)

**artisan** [aʀtizɑ̃] → SYN nm **a** (= patron) (self-employed) craftsman, artisan ◆ **les petits artisans** small craftsmen ou artisans ◆ **il a été artisan avant de travailler pour moi** he ran his own business ou he was self-employed before coming to work for me ◆ **artisan boulanger** baker ◆ **artisan boucher** (sur vitrine) ≃ quality butcher

**b** (= auteur, cause) [accord, politique, victoire] architect ◆ **artisan de la paix** peacemaker ◆ **il est l'artisan de sa propre ruine** he has brought about ou he is the author of his own ruin

**artisanal, e,** mpl **-aux** [aʀtizanal, o] → SYN adj production (= limitée) small-scale (épith), on a small scale (attrib); (= traditionnelle) traditional ◆ **entreprise artisanale** small company ◆ **foire artisanale** arts and crafts fair, craft fair ◆ **pêche artisanale** local ou small-scale fishing ◆ **la production artisanale de ce médicament** the production of this medicine on a small scale ◆ **il exerce une activité artisanale** he's a self-employed craftsman ◆ **la fabrication se fait de manière très artisanale** (traditionnellement) the style of production is very traditional; (à petite échelle) the style of production is very much that of a cottage industry ◆ **bombe de fabrication artisanale** home-made bomb ◆ **produits artisanaux** crafts, handicrafts

**artisanalement** [aʀtizanalmɑ̃] adv ◆ **fabriqué artisanalement** pain, fromage made using traditional methods; objet hand-crafted

**artisanat** [aʀtizana] → SYN nm (= métier) craft industry ◆ **l'artisanat local** (= industrie) local crafts ou handicrafts ◆ **l'artisanat d'art** arts and crafts

**artiste** [aʀtist] → SYN [1] nmf **a** (gén) artist; (= interprète) performer; [music-hall, cirque] artiste, entertainer ◆ **artiste dramatique/de cinéma** stage/film actor ou actress ◆ **artiste invité** guest artist ◆ **artiste peintre** artist, painter; → **entrée, travail**

**b** (péj = bohème) bohemian

[2] adj personne, style artistic ◆ **il est du genre artiste** (péj) he's the artistic ou bohemian type

**artiste-interprète,** pl **artistes-interprètes** [aʀtistɛ̃tɛʀpʀɛt] nmf [musique] composer and performer; [chanson, pièce] writer and performer

**artistement** [aʀtistəmɑ̃] adv artistically

**artistique** [aʀtistik] → SYN adj artistic

**artistiquement** [aʀtistikmɑ̃] adv artistically

**artocarpe** [aʀtɔkaʀp] nm breadfruit

**ARTT** [aɛʀtete] nm (abrév de **accord sur la réduction du temps de travail**) agreement on the reduction of working hours

**arum** [aʀɔm] → SYN nm arum lily

**aruspice** [aʀyspis] → SYN nm (Antiq) haruspex

**aryen, -yenne** [aʀjɛ̃, jɛn] [1] adj Aryan

[2] **Aryen(ne)** nm,f Aryan

**aryle** [aʀil] nm aryl

**aryténoïde** [aʀitenɔid] adj, nm (Anat) arytenoid(al)

**arythmie** [aʀitmi] nf arrhythmia

**arythmique** [aʀitmik] adj arrhythmic(al)

**AS** [aɛs] [1] nfpl (abrév de **assurances sociales**) → **assurance**

[2] nf (abrév de **association sportive**) → **association**

**as** [ɑs] → SYN nm **a** (= carte, dé) ace ◆ **l'as** (Hippisme, au loto) number one

**b** (* = champion) ace * ◆ **un as de la route/du ciel** a crack driver/pilot ◆ **l'as de l'école** the school's star pupil

**c** (Tennis) ace ◆ **réussir** ou **servir un as** to serve an ace

**d** (Loc) **être ficelé** ou **fagoté comme l'as de pique** * to be dressed any old how * ◆ **être (plein) aux as** ✲ to be loaded *, be rolling in it * ◆ **les apéritifs sont passés à l'as** * (au restaurant) we got away without paying for the drinks, we got the drinks for free * ◆ **mes vacances sont passées à l'as** * my holidays went by the board (Brit), my vacation went down the drain (US) ◆ **il n'y avait pas assez de place, mon texte est passé à l'as** there wasn't enough room so my article was ditched *

**ASA** [aza] nm inv (abrév de **American Standards Association**) (Photo) ASA

**asbeste** [asbɛst] nm asbestos

**asbestose** [asbɛstoz] nf asbestosis

**ascaride** [askaʀid] → SYN nm ascarid

**ascaridiase** [askaʀidjɑz], **ascaridiose** [askaʀidjoz] nf ascariasis

**ascaris** [askaʀis] nm ⇒ **ascaride**

**ascendance** [asɑ̃dɑ̃s] → SYN nf **a** (généalogique) ancestry ◆ **son ascendance paternelle** his paternal ancestry ◆ **être d'ascendance bourgeoise** to be of middle-class descent

**b** (Astron) rising, ascent ◆ **ascendance thermique** (Mét) thermal

**ascendant, e** [asɑ̃dɑ̃, ɑ̃t] → SYN [1] adj astre rising, ascending; mouvement, direction upward; courant rising; progression ascending; trait rising; (Généalogie) ligne ancestral ◆ **mouvement ascendant du piston** upstroke of the piston

[2] nm **a** (= influence) (powerful) influence, ascendancy (*sur* over) ◆ **subir l'ascendant de qn** to be under sb's influence

**b** (Admin) **ascendants** ascendants

**c** (Astron) rising star; (Astrol) ascendant

**ascenseur** [asɑ̃sœʀ] → SYN nm lift (Brit), elevator (US); (Ordin) scroll bar ◆ **l'ascenseur social** the social ladder; → **renvoyer**

**ascension** [asɑ̃sjɔ̃] → SYN nf **a** [ballon] ascent, rising; [fusée] ascent; [homme politique] rise; (sociale) rise ◆ **l'Ascension** (Rel) the Ascension; (= jour férié) Ascension (Day) ◆ **l'île de l'Ascension** Ascension Island ◆ **ascension droite** (Astron) right ascension ◆ **ascension professionnelle** professional advancement

**b** [montagne] ascent ◆ **faire l'ascension d'une montagne** to climb a mountain, make the ascent of a mountain ◆ **la première ascension de l'Everest** the first ascent of Everest ◆ **c'est une ascension difficile** it's a difficult climb ◆ **faire des ascensions** to go (mountain) climbing

**ascensionnel, -elle** [asɑ̃sjɔnɛl] → SYN adj mouvement upward; force upward, elevatory ◆ **vitesse ascensionnelle** climbing speed; → **parachute**

**ascensionniste** [asɑ̃sjɔnist] → SYN nmf ascensionist

**ascensoriste** [asɑ̃sɔʀist] nm lift (Brit) ou elevator (US) manufacturer

**ascèse** [asɛz] → SYN nf asceticism

**ascète** [asɛt] → SYN nmf ascetic

**ascétique** [asetik] → SYN adj ascetic

**ascétisme** [asetism] → SYN nm asceticism

**ASCII** [aski] nm (abrév de **American Standard Code for Information Interchange**) ASCII ◆ **code ASCII** ASCII code

**ascite** [asit] → SYN nf ascites

**ascitique** [asitik] [1] adj ascitic

[2] nmf ascites sufferer

**asclépiade**[1] [asklepjad] → SYN nf (Bot) asclepias, milkweed

**asclépiade**[2] [asklepjad] → SYN nm (Poésie) Asclepiad

**ascomycètes** [askɔmisɛt] nmpl ◆ **les ascomycètes** ascomycetes

**ascorbique** [askɔʀbik] adj acide ascorbic

**asdic** [asdik] → SYN nm asdic

**ASE** [aɛsə] nf (abrév de **Agence spatiale européenne**) ESA

**asémantique** [asemɑ̃tik] adj asemantic

**asepsie** [asɛpsi] → SYN nf asepsis

**aseptique** [asɛptik] → SYN adj aseptic

**aseptisation** [aseptizasjɔ̃] → SYN nf [pièce] fumigation; [pansement, ustensile] sterilization; [plaie] disinfection

**aseptisé, e** [asɛptize] (ptp de **aseptiser**) adj (Méd) sterilized; univers, images sanitized; document, discours impersonal; relation entre personnes sterile; film, roman anodyne, bland

**aseptiser** [asɛptize] → SYN ▸ conjug 1 ◂ vt [+ pièce] to fumigate; [+ pansement, ustensile] to sterilize; [+ plaie] to disinfect

**asexualité** [asɛksɥalite] nf asexuality

**asexué, e** [asɛksɥe] adj (Bio) asexual; personne sexless, asexual

**asexuel, -elle** [asɛksɥɛl] adj asexual

**ashkénaze** [aʃkenɑz] → SYN adj, nmf Ashkenazi

**ashram** [aʃʀam] → SYN nm ashram

**asialie** [asjali] nf asialia

**asiate** *[azjat] nmf (injurieux) Asian

**asiatique** [azjatik] → SYN 1 adj Asian ◆ **la grippe asiatique** Asian flu ◆ **le Sud-Est asiatique** South-East Asia ◆ **la communauté asiatique de Paris** the far eastern community in Paris

2 **Asiatique** nmf Asian

**Asie** [azi] nf Asia ◆ **Asie Mineure** Asia Minor ◆ **Asie centrale** Central Asia ◆ **Asie du Sud-Est** Southeast Asia

**asilaire** [azilɛʀ] adj (de maison de retraite) old people's home (épith), retirement home (épith); (Psych) asylum (épith)

**asile** [azil] nm a (= institution) **asile (de vieillards)** † old people's home, retirement home ◆ **asile psychiatrique** mental home ◆ **asile (d'aliénés)** † (lunatic) asylum † ◆ **asile de nuit** night shelter, hostel

b (= refuge) refuge; (dans une église) sanctuary ◆ **demander asile à qn** to ask sb for refuge ◆ **demander l'asile politique** to seek political asylum ◆ **il a trouvé asile chez un ami** he found refuge at the home of a friend ◆ **droit d'asile** (Rel) right of sanctuary; (politique) right of asylum ◆ **sans asile** homeless

**Asmara** [asmaʀa] n Asmara

**asociabilité** [asɔsjabilite] → SYN nf [personne] asocial behaviour

**asocial, e,** mpl **-iaux** [asɔsjal, jo] → SYN 1 adj comportement antisocial

2 nm,f social misfit, socially maladjusted person

**asparagine** [aspaʀaʒin] nf asparagine

**asparagus** [aspaʀagys] nm (= plante d'ornement) asparagus fern

**aspartam(e)** [aspaʀtam] nm aspartame

**aspartique** [aspaʀtik] adj ◆ **acide aspartique** aspartic acid

**aspect** [aspɛ] GRAMMAIRE ACTIVE 26.1, 26.2 → SYN nm

a (= allure) [personne, objet, paysage] appearance, look ◆ **homme d'aspect sinistre** sinister-looking man, man of sinister appearance ◆ **l'intérieur de cette grotte a l'aspect d'une église** the inside of the cave resembles ou looks like a church ◆ **les nuages prenaient l'aspect de montagnes** the clouds took on the appearance of mountains ◆ **ce château a un aspect mystérieux** the castle has an air of mystery (about it)

b (= angle) [question] aspect, side ◆ **vu sous cet aspect** seen from that angle ◆ **j'ai examiné le problème sous tous ses aspects** I considered all aspects ou sides of the problem

c (Astrol, Ling) aspect

d (littér = vue) sight ◆ **à l'aspect de** at the sight of

**asperge** [aspɛʀʒ] → SYN nf a (Bot) asparagus; → **pointe**

b (*+ personne) **(grande) asperge** beanpole *, string bean * (US)

**asperger** [aspɛʀʒe] → SYN ▸ conjug 3 ◂ vt [+ surface] to spray; (légèrement) to sprinkle; (Rel) to sprinkle; [+ personne] to splash (*de* with) ◆ **s'asperger le visage** to splash one's face with water ◆ **le bus nous a aspergés au passage** * the bus splashed us ou sprayed water over us as it went past ◆ **se faire asperger** * (par une voiture) to get splashed; (par un arroseur) to get wet

**aspergès** [aspɛʀʒɛs] nm (= goupillon) aspersorium, aspergill(um); (= moment) Asperges

**aspergille** [aspɛʀʒil] → SYN nf aspergillus

**aspergillose** [aspɛʀʒiloz] nf aspergillosis

**aspérité** [aspeʀite] → SYN nf a (= partie saillante) bump ◆ **les aspérités de la table** the bumps on the table, the rough patches on the surface of the table ◆ **sans aspérités** chemin, surface smooth

b (littér) [caractère, remarques, voix] harshness ◆ **sans aspérités** caractère mild; remarques uncontroversial; voix smooth ◆ **gommer les aspérités de qch** to smooth the rough edges off sth

**asperme** [aspɛʀm] adj seedless

**aspermie** [aspɛʀmi] nf aspermia

**aspersion** [aspɛʀsjɔ̃] nf spraying, sprinkling; (Rel) sprinkling of holy water, aspersion

**aspersoir** [aspɛʀswaʀ] → SYN nm (= goupillon) aspersorium, aspergill(um); [arrosoir] rose

**asphaltage** [asfaltaʒ] nm (= action) asphalting; (= revêtement) asphalt surface

**asphalte** [asfalt] → SYN nm asphalt

**asphalter** [asfalte] → SYN ▸ conjug 1 ◂ vt to asphalt

**asphérique** [asfeʀik] adj (Photo) lentille aspherical

**asphodèle** [asfɔdɛl] nm asphodel

**asphyxiant, e** [asfiksjɑ̃, jɑ̃t] adj fumée suffocating, asphyxiating; atmosphère stifling, suffocating; → **gaz**

**asphyxie** [asfiksi] → SYN nf (gén) suffocation, asphyxiation; (Méd) asphyxia; [plante] asphyxiation; (fig) [personne] suffocation; [industrie] stifling

**asphyxier** [asfiksje] → SYN ▸ conjug 7 ◂ 1 vt (lit) to suffocate, asphyxiate; (fig) [+ industrie, esprit] to stifle ◆ **mourir asphyxié** to die of suffocation ou asphyxiation

2 **s'asphyxier** vpr (accident) to suffocate, asphyxiate, be asphyxiated; (suicide) to suffocate o.s.; (fig) to suffocate ◆ **il s'est asphyxié au gaz** he gassed himself

**aspi** * [aspi] nm (Mil) officer cadet; (Naut) midshipman, middie * (US)

**aspic** [aspik] → SYN nm (Zool) asp; (Bot) aspic ◆ **aspic de volaille/de foie gras** (Culin) chicken/foie gras in aspic

**aspidistra** [aspidistʀa] nm aspidistra

**aspirant, e** [aspiʀɑ̃, ɑ̃t] → SYN 1 adj suction (épith), vacuum (épith); → **pompe**[1]

2 nm,f (= candidat) candidate (*à* for)

3 nm (Mil) officer cadet; (Naut) midshipman, middie * (US)

**aspirateur, -trice** [aspiʀatœʀ, tʀis] 1 adj aspiratory

2 nm (domestique) vacuum (cleaner), Hoover ® (Brit); (Constr, Méd) aspirator ◆ **passer les tapis à l'aspirateur** to vacuum ou hoover the carpets, run the vacuum cleaner ou Hoover over the carpets ◆ **passer l'aspirateur** to vacuum, hoover ◆ **passer** ou **donner un coup d'aspirateur dans la voiture** to give the car a quick going-over with the vacuum cleaner ou Hoover ◆ **aspirateur(-)balai** upright vacuum cleaner ou Hoover ® ◆ **aspirateur(-)bidon** (vertical) cylinder vacuum cleaner ou Hoover ® ◆ **aspirateur(-)traîneau** (horizontal) cylinder vacuum cleaner ou Hoover ®

**aspirateur-balai,** pl **aspirateurs-balais** [aspiʀatœʀbalɛ] nm upright vacuum cleaner, upright Hoover ® (Brit)

**aspirateur-traîneau,** pl **aspirateurs-traîneaux** [aspiʀatœʀtʀɛno] nm cylinder vacuum cleaner, cylinder Hoover ® (Brit)

**aspiration** [aspiʀasjɔ̃] → SYN nf a (en inspirant) inhaling (NonC), inhalation, breathing in (NonC); (Ling) aspiration ◆ **de longues aspirations** long deep breaths

b [liquide] (avec une paille) sucking (up); (gén, Tech : avec une pompe) sucking up, drawing up, suction; (= technique d'avortement) vacuum extraction

c (= ambition) aspiration (*vers, à* for, after); (= souhait) desire, longing (*vers, à* for)

**aspiré, e** [aspiʀe] (ptp de **aspirer**) 1 adj (Ling) aspirated ◆ **h aspiré** aspirate h

2 **aspirée** nf aspirate

**aspirer** [aspiʀe] → SYN ▸ conjug 1 ◂ 1 vt a [+ air, odeur] to inhale, breathe in; [+ liquide] (avec une paille) to suck (up); (Tech : avec une pompe) to suck ou draw up ◆ **aspirer et refouler** to pump in and out

b (Ling) to aspirate

2 **aspirer à** vt indir [+ honneur, titre] to aspire to; [+ genre de vie, tranquillité] to desire, long for ◆ **aspirant à quitter cette vie surexcitée** longing to leave this hectic life ◆ **aspirer à la main de qn** † to be sb's suitor †, aspire to sb's hand †

**aspirine** [aspiʀin] nf aspirin ◆ **(comprimé** ou **cachet d')aspirine** aspirin ◆ **prenez 2 aspirines** take 2 aspirins; → **blanc**

**aspiro-batteur,** pl **aspiro-batteurs** [aspiʀobatœʀ] nm vacuum cleaner, Hoover ® (Brit) *(which beats as it sweeps)*

**assa-fœtida** [asafetida] nf asaf(o)etida

**assagir** [asaʒiʀ] → SYN ▸ conjug 2 ◂ 1 vt a (= calmer) [+ personne] to quieten (Brit) ou quiet (US) down, settle down; [+ passion] to subdue, temper, quieten (Brit), quiet (US) ◆ **elle n'arrivait pas à assagir ses cheveux rebelles** she couldn't do anything with her hair

b (littér = rendre plus sage) to make wiser

2 **s'assagir** vpr [personne] to quieten (Brit) ou quiet (US) down, settle down; [style, passions] to become subdued

**assagissement** [asaʒismɑ̃] → SYN nm [personne] quietening (Brit) ou quieting (US) down, settling down; [passions] subduing

**assai** [asaj] adv assai

**assaillant, e** [asajɑ̃, ɑ̃t] → SYN nm,f assailant, attacker

**assaillir** [asajiʀ] → SYN ▸ conjug 13 ◂ vt (lit) to assail, attack; (fig) to assail (*de* with) ◆ **assailli de questions** assailed ou bombarded with questions

**assainir** [asеniʀ] → SYN ▸ conjug 2 ◂ vt [+ quartier, logement] to clean up, improve the living conditions in; [+ marécage] to drain; [+ air, eau] to purify, decontaminate; [+ finances, marché] to stabilize; [+ monnaie] to rehabilitate, re-establish ◆ **la situation s'est assainie** the situation has become healthier ◆ **assainir l'atmosphère** (fig) to clear the air

**assainissement** [asenismɑ̃] → SYN nm [quartier, logement] cleaning up; [marécage] draining; [air, eau] purification, decontamination; [finances, marché] stabilization ◆ **assainissement monétaire** rehabilitation ou re-establishment of a currency ◆ **assainissement budgétaire** stabilization of the budget ◆ **des travaux d'assainissement** drainage work

**assaisonnement** [asɛzɔnmɑ̃] → SYN nm (= méthode) [salade] dressing, seasoning; [plat] seasoning; (= ingrédient) seasoning

**assaisonner** [asɛzɔne] → SYN ▸ conjug 1 ◂ vt a (Culin) (avec sel, poivre, épices) to season (*de, avec* with), add seasoning to; (avec huile, citron) to dress (*de, avec* with); (fig) [+ discours] to spice (up) ◆ **j'ai trop assaisonné la salade** I've put too much dressing on the salad

b * † [+ personne] (verbalement) to tell off *; (financièrement) to clobber *, sting *

**assassin, e** [asasɛ̃, in] → SYN 1 adj œillade provocative ◆ **lancer un regard assassin à qn** to look daggers at sb ◆ **une (petite) phrase assassine** a jibe

2 nm (gén) murderer; (Pol) assassin ◆ **l'assassin court toujours** the killer ou murderer is still at large ◆ **à l'assassin !** murder!

**assassinat** [asasina] → SYN nm murder; (Pol) assassination

**assassiner** [asasine] → SYN ▸ conjug 1 ◂ vt to murder; (Pol) to assassinate ◆ **mes créanciers m'assassinent !** * my creditors are bleeding me white! *

**assaut** [aso] → SYN nm (Mil) assault, attack (*de* on); (Boxe, Escrime) bout; (Alpinisme) assault; (fig) [temps] onslaught ◆ **donner l'assaut à, monter à l'assaut de** to storm, attack, launch an attack on ◆ **ils donnent l'assaut** they're attacking ◆ **à l'assaut !** charge! ◆ **résister aux assauts de l'ennemi** to resist the enemy's attacks ou onslaughts ◆ **partir à l'assaut de** (lit) to attack ◆ **de petites firmes qui sont parties à l'assaut d'un marché international** (fig) small firms who have set out to take the international market by storm ou to capture the international market ◆ **prendre d'assaut** (lit) to take by storm, assault ◆ **prendre une place d'assaut** (fig) to grab a seat ◆ **les librairies étaient prises d'assaut** people flocked to the bookshops ◆ **ils**

**faisaient assaut de politesse** they were falling over each other to be polite; → **char**

**asseau** [aso] → SYN nm hammer-axe

**assèchement** [asɛʃmɑ̃] → SYN nm **a** (Tech) [terrain] draining; [réservoir] draining, emptying
**b** (= processus naturel) [terrain] drying (out); [réservoir] drying (up)
**c** (Fin) [marché, crédits] drying up

**assécher** [aseʃe] → SYN ▸ conjug 6 ◂ **1** vt **a** [+ terrain] (Tech) to drain; [vent, évaporation] to dry (out); [+ réservoir] (Tech) to drain, empty; [vent, évaporation] to dry (up)
**b** (Fin) [+ marché, crédits] to dry up
**2** **s'assécher** vpr [cours d'eau, réservoir] to dry up

**ASSEDIC** [asedik] nfpl (abrév de **Association pour l'emploi dans l'industrie et le commerce**) *organization managing unemployment insurance payments*

**assemblage** [asɑ̃blaʒ] → SYN nm **a** (= action) [éléments, parties] assembling, putting together; (Menuiserie) assembling, jointing; [meuble, maquette, machine] assembling, assembly; (Ordin) assembly; (Typo) [feuilles] gathering; (Couture) [pièces] sewing together; [robe, pull-over] sewing together ou up, making up ◆ **assemblage de pièces par soudure/collage** soldering/glueing together of parts
**b** (Menuiserie = jointure) joint ◆ **assemblage à vis/par rivets/à onglet** screwed/rivet(ed)/mitre joint
**c** (= structure) **une charpente est un assemblage de poutres** the framework of a roof is an assembly of beams ◆ **toit fait d'assemblages métalliques** roof made of metal structures
**d** (= réunion) [couleurs, choses, personnes] collection
**e** (Art = tableau) assemblage

**assemblé** [asɑ̃ble] nm (Danse) assemblé

**assemblée** [asɑ̃ble] → SYN nf (gén = réunion, foule) gathering; (= réunion convoquée) meeting; (Pol) assembly ◆ **l'assemblée des fidèles** (Rel) the congregation ◆ **assemblée mensuelle/extraordinaire/plénière** monthly/extraordinary/plenary meeting ◆ **assemblée générale** (Écon) annual general meeting (Brit), general meeting (US); [étudiants] (extraordinary) general meeting ◆ **assemblée générale extraordinaire** extraordinary general meeting ◆ **réunis en assemblée** gathered ou assembled for a meeting ◆ **à la grande joie de l'assemblée** to the great joy of the assembled company ou of those present ◆ **l'Assemblée (nationale)** the French National Assembly ◆ **l'Assemblée parlementaire européenne** the European Parliament ◆ **assemblée délibérante** (Pol) deliberating assembly

> **ASSEMBLÉE NATIONALE**
>
> The term **Assemblée nationale** has been used to refer to the lower house of the French parliament since 1946, though the old term "la Chambre des députés" is sometimes still used. Its members are elected in the "élections législatives" for a five-year term. It has similar legislative powers to the House of Commons in Britain and the House of Representatives in the United States. Sittings of the **Assemblée nationale** are public, and take place in a semicircular amphitheatre ("l'Hémicycle") in the Palais Bourbon.
> → DÉPUTÉ; ÉLECTIONS

**assembler** [asɑ̃ble] → SYN ▸ conjug 1 ◂ **1** vt **a** (= réunir) [+ données, matériaux] to gather (together), collect (together); (Pol) [+ comité] to convene, assemble; † [+ personnes] to assemble, gather (together); (Typo) [+ feuilles] to gather ◆ **assembler les pieds** (Danse) to take up third position
**b** (= joindre) [+ idées, meuble, machine, puzzle] to assemble, put together; [+ pull, robe] to sew together ou up, make up; (Menuiserie) to assemble, joint; [+ couleurs, sons] to put together ◆ **assembler par soudure/collage** to solder/glue together
**2** **s'assembler** vpr [foule] to gather, collect; [participants, conseil, groupe] to assemble, gather; (fig) [nuages] to gather; → **ressembler**

**assembleur, -euse** [asɑ̃blœʀ, øz] **1** nm,f (= ouvrier) (gén) assembler, fitter; (Typo) gatherer
**2** nm (Ordin) assembler
**3** **assembleuse** nf (Typo = machine) gathering machine

**assener, asséner** [asene] → SYN ▸ conjug 5 ◂ vt [+ coup] to strike; [+ argument] to thrust forward; [+ propagande] to deal out; [+ réplique] to thrust ou fling back ◆ **assener un coup à qn** to deal sb a blow

**assentiment** [asɑ̃timɑ̃] GRAMMAIRE ACTIVE 11.3 → SYN nm (= consentement) assent, consent; (= approbation) approval ◆ **sans mon assentiment** without my consent ◆ **donner son assentiment à** to give one's assent ou consent to

**asseoir** [aswaʀ] → SYN ▸ conjug 26 ◂ **1** vt **a** **asseoir qn** (personne debout) to sit sb down; (personne couchée) to sit sb up ◆ **asseoir qn sur une chaise/dans un fauteuil** to sit ou seat sb on a chair/in an armchair ◆ **asseoir un enfant sur ses genoux** to sit a child on one's knee ◆ **asseoir un prince sur le trône** (fig) to put ou set a prince on the throne
**b** **faire asseoir qn** to ask sb to sit down ◆ **faire asseoir ses invités** to ask one's guests to sit down ou to take a seat ◆ **je leur ai parlé après les avoir fait asseoir** I talked to them after asking them to sit down ◆ **fais-la asseoir, elle est fatiguée** get her to sit down, she's tired
**c** (frm = affermir) [+ réputation] to establish, assure; [+ autorité, théorie] to establish ◆ **asseoir une maison sur du granit** to build a house on granite ◆ **asseoir les fondations sur** to lay ou build the foundations on ◆ **asseoir sa réputation sur qch** to build one's reputation on sth ◆ **asseoir une théorie sur des faits** to base a theory on facts ◆ **asseoir son jugement sur des témoignages dignes de foi** to base one's judgment on reliable evidence
**d** (* = stupéfier) to stagger, stun ◆ **son inconscience m'assoit** his foolishness staggers me, I'm stunned by his foolishness ◆ **j'en suis ou reste assis de voir que ...** I'm staggered ou stunned ou flabbergasted* to see that ...
**e** (Fin) **asseoir un impôt** to base a tax, fix a tax (*sur* on)
**2** **s'asseoir** vpr [personne debout] to sit (o.s.) down; [personne couchée] to sit up ◆ **asseyez-vous donc** do sit down, do have ou take a seat ◆ **asseyez-vous par terre** sit (down) on the floor ◆ **il n'y a rien pour s'asseoir** there's nothing to sit on ◆ **le règlement, je m'assieds dessus !*** you know what you can do with the rules! ‡ ◆ **s'asseoir à califourchon (sur qch)** to sit (down) astride (sth) ◆ **s'asseoir en tailleur** to sit (down) cross-legged

**assermenté, e** [asɛʀmɑ̃te] adj témoin, expert on oath (attrib)

**assertif, -ive** [asɛʀtif, iv] → SYN adj phrase declarative

**assertion** [asɛʀsjɔ̃] → SYN nf assertion

**asservi, e** [asɛʀvi] (ptp de **asservir**) adj peuple enslaved; presse subservient ◆ **moteur asservi** servomotor

**asservir** [asɛʀviʀ] → SYN ▸ conjug 2 ◂ vt (= assujettir) [+ personne] to enslave; [+ pays] to reduce to slavery, subjugate; (littér = maîtriser) [+ passions, nature] to overcome, master ◆ **être asservi** (Tech) to have servo-control ◆ **être asservi à** to be a slave to

**asservissant, e** [asɛʀvisɑ̃, ɑ̃t] → SYN adj règles oppressive ◆ **avoir un travail asservissant** to have a very demanding job

**asservissement** [asɛʀvismɑ̃] → SYN nm (= action) enslavement; (lit, fig = état) slavery, subservience (*à* to); (Élec) servo-control (NonC) (*à* by)

**asservisseur** [asɛʀvisœʀ] → SYN nm servo-control mechanism

**assesseur** [asesœʀ] → SYN nm assessor

**assez** [ase] GRAMMAIRE ACTIVE 14 → SYN adv **a** (= suffisamment) (avec vb) enough; (devant adj, adv) enough, sufficiently ◆ **bien assez** quite enough, plenty ◆ **tu as (bien) assez mangé** you've had ou eaten (quite) enough, you've had (quite) enough to eat ◆ **c'est bien assez grand** it's quite big enough ◆ **plus qu'assez** more than enough ◆ **je n'ai pas assez travaillé** I haven't done enough work, I haven't worked enough ◆ **il ne vérifie pas assez souvent** he doesn't check often enough ◆ **tu travailles depuis assez longtemps** you've been working (for) long enough ◆ **ça a assez duré !** this has gone on long enough! ◆ **combien voulez-vous ? est-ce que 10 € c'est assez ? – c'est bien assez** how much do you want? is €10 enough? ou will €10 do? – that will be plenty ou ample ou that will be quite enough ◆ **il a juste assez** he has just enough; → **peu**
◆ **assez de** (quantité, nombre) enough ◆ **avez-vous acheté assez de pain/d'oranges ?** have you bought enough ou sufficient bread/enough oranges? ◆ **il n'y a pas assez de viande** there's not enough meat ◆ **ils sont assez de deux pour ce travail** the two of them are enough ou will do* for this job ◆ **j'en ai assez de 3** 3 will be enough for me ou will do (for) me* ◆ **n'apportez pas de verres, il y en a assez** don't bring any glasses, there are enough ou we have enough
◆ **assez + pour** enough ◆ **as-tu trouvé une boîte assez grande pour tout mettre ?** have you found a big enough box ou a box big enough to put it all in? ◆ **le village est assez près pour qu'elle puisse y aller à pied** the village is near enough for her to walk there ◆ **je n'ai pas assez d'argent pour m'offrir cette voiture** I can't afford (to buy myself) this car, I haven't got enough money to buy myself this car ◆ **il est assez idiot pour refuser !** he's stupid enough to refuse! ◆ **il n'est pas assez sot pour le croire** he's not so stupid as to believe it
**b** (intensif) rather, quite, fairly, pretty* ◆ **la situation est assez inquiétante** the situation is rather ou somewhat ou pretty* worrying ◆ **ce serait assez agréable d'avoir un jour de congé** it would be rather ou quite nice to have a day off ◆ **il était assez tard quand ils sont partis** it was quite ou fairly ou pretty* late when they left ◆ **j'ai oublié son adresse, est-ce assez bête !** how stupid (of me), I've forgotten his address! ◆ **je l'ai assez vu !** I've seen (more than) enough of him! ◆ **elle était déjà assez malade il y a 2 ans** she was already quite ill 2 years ago ◆ **je suis assez de ton avis** I'm inclined to agree with you
**c** (Loc) **en voilà assez !, c'est assez !, c'en est assez !** I've had enough!, enough is enough! ◆ **assez !** that will do!, that's (quite) enough! ◆ **assez parlé ou de discours, des actes !** that's enough talk, let's have some action!
◆ **en avoir assez** ◆ **j'en ai assez!** I'm fed up!* ◆ **j'en ai (plus qu')assez de toi et de tes jérémiades*** I've had (more than) enough of ou I'm (absolutely) sick (and tired)* of you and your moaning

**assibilation** [asibilasjɔ̃] nf assibilation

**assidu, e** [asidy] → SYN adj **a** (= régulier) présence, client, lecteur regular ◆ **élève/employé assidu** pupil/employee with a good attendance record
**b** (= appliqué) soins, effort constant, unremitting; travail diligent; relations sustained; personne diligent, assiduous
**c** (= empressé) personne attentive (*auprès de* to) ◆ **faire une cour assidue à qn** to be assiduous in one's attentions to sb, woo sb assiduously

**assiduité** [asidɥite] → SYN nf (= ponctualité) regularity; (= empressement) attentiveness, assiduity (*à* to) ◆ **son assiduité aux cours** his regular attendance at classes ◆ **fréquenter un bistrot avec assiduité** to be a regular at a bar ◆ **poursuivre une femme de ses assiduités** (frm ou hum) to woo a woman assiduously

**assidûment** [asidymɑ̃] → SYN adv fréquenter faithfully, assiduously; travailler, s'entraîner assiduously

**assiégé, e** [asjeʒe] (ptp de **assiéger**) **1** adj garnison, ville besieged, under siege (attrib)
**2** nm,f ◆ **les assiégés** the besieged

**assiégeant, e** [asjeʒɑ̃, ɑ̃t] → SYN **1** nm,f besieger
**2** adj ◆ **les troupes assiégeantes** the besieging troops

**assiéger** [asjeʒe] → SYN ▸ conjug 3 et 6 ◂ vt (Mil) [+ ville] to besiege, lay siege to; [+ armée] to besiege; (fig) (= entourer) [+ guichet, porte, personne] to mob, besiege; (= harceler) to beset ◆ **assiégé par l'eau/les flammes** hemmed in by water/flames ◆ **à Noël les magasins étaient assiégés** the shops were taken by storm ou mobbed at Christmas ◆ **ces pensées/**

**tentations qui m'assiègent** these thoughts/ temptations that beset ou assail me

**assiette** [asjɛt] → SYN 1 nf a (= vaisselle) plate; (= contenu) plate(ful)

b (= équilibre) [cavalier] seat; [navire] trim; [colonne] seating ◆ **perdre son assiette** (Équitation) to lose one's seat, be unseated ◆ **avoir une bonne assiette** (Équitation) to have a good seat, sit one's horse well ◆ **il n'est pas dans son assiette aujourd'hui** * he's not feeling (quite) himself today, he's (feeling) a bit off-colour (Brit) today

c [hypothèque] *property or estate on which a mortgage is secured* ◆ **assiette fiscale** ou **de l'impôt/de la TVA** tax/VAT base ◆ **l'assiette des cotisations sociales** *the basis on which social security contributions are assessed*

2 COMP ▷ **assiette anglaise** ou **de charcuterie** assorted cold meats ▷ **assiette composée** mixed salad *(of cold meats and vegetables)* ▷ **assiette creuse** soup dish ou plate ▷ **assiette à dessert** dessert plate ▷ **assiette nordique** ou **scandinave** plate of assorted smoked fish ▷ **assiette à pain** side plate ▷ **assiette plate** (dinner) plate ▷ **assiette à potage** ou **à soupe** ⇒ **assiette creuse** ▷ **assiette scandinave** ⇒ **assiette nordique** ▷ **assiette à soupe** ⇒ **assiette creuse**

**assiettée** [asjete] → SYN nf (gén) plate(ful); [soupe] plate(ful), dish

**assignable** [asiɲabl] adj (= attribuable) cause, origine ascribable, attributable (*à* to)

**assignat** [asiɲa] → SYN nm (Hist) *banknote used during the French Revolution*

**assignation** [asiɲasjɔ̃] → SYN nf (Jur) [parts] assignation, allocation ◆ **assignation (en justice)** writ ◆ **assignation (à comparaître)** [prévenu] summons; [témoin] subpoena ◆ **assignation à résidence** house arrest

**assigner** [asiɲe] → SYN ▸ conjug 1 ◂ vt a (= attribuer) [+ part, place, rôle] to assign, allocate, allot; [+ valeur, importance] to attach, ascribe; [+ cause, origine] to ascribe, attribute (*à* to)

b (= affecter) [+ somme, crédit] to allot, allocate (*à* to), earmark (*à* for)

c (= fixer) [+ limite, terme] to set, fix (*à* to) ◆ **assigner un objectif à qn** to set sb a goal

d (Jur) **assigner (à comparaître)** [+ prévenu] to summons; [+ témoin] to subpoena, summons ◆ **assigner qn (en justice)** to issue a writ against sb, serve a writ on sb, serve sb with a writ ◆ **assigner qn à résidence** to put sb under house arrest

**assimilable** [asimilabl] → SYN adj a connaissances which can be assimilated ou absorbed; nourriture assimilable; immigrant who can be assimilated

b **assimilable à** (= comparable à) comparable to

**assimilation** [asimilasjɔ̃] → SYN nf a [aliments, immigrants, connaissances] assimilation ◆ **assimilation chlorophyllienne** photosynthesis ◆ **assimilation culturelle** cultural assimilation

b (= comparaison) **l'assimilation de ce bandit à un héros/à Napoléon est un scandale** it's a scandal making this criminal out to be a hero/to liken ou compare this criminal to Napoleon ◆ **l'assimilation des techniciens aux ingénieurs** the classification of technicians as engineers, the inclusion of technicians in the same category as engineers

**assimilé, e** [asimile] → SYN (ptp de **assimiler**) 1 adj (= similaire) comparable, similar ◆ **ce procédé et les méthodes assimilées** this process and other comparable ou similar methods ◆ **farines et produits assimilés** flour and related products

2 nm (Mil) *non-combatant ranking with the combatants* ◆ **les cadres et assimilés** management and employees of similar status ◆ **les fonctionnaires et assimilés** civil servants and those in a similar category

**assimiler** [asimile] → SYN ▸ conjug 1 ◂ 1 vt a [+ connaissances] to assimilate, take in; [+ aliments, immigrants] to assimilate ◆ **un élève qui assimile bien** a pupil who assimilates things easily ou takes things in easily ◆ **ses idées sont du Nietzsche mal assimilé** his ideas are just a few ill-digested notions (taken) from Nietzsche

b **assimiler qn/qch à** (= comparer à) to liken ou compare sb/sth to; (= classer comme) to put sb/sth into the same category as ◆ **ils demandent à être assimilés à des fonctionnaires** they are asking to be put in the same category as civil servants

2 **s'assimiler** vpr a [aliments, immigrants] to assimilate, be assimilated; [connaissances] to be assimilated

b **s'assimiler à** (= se comparer à) [personne] to liken o.s. ou compare o.s. to ◆ **cet acte s'assimile à un règlement de compte(s)** this act can be seen ou considered as a settling of (old) scores

**assis, e**[1] [asi, iz] (ptp de **asseoir**) adj a personne sitting (down), seated ◆ **position** ou **station assise** sitting position ◆ **la position** ou **station assise lui est douloureuse** he finds it painful to sit ◆ **demeurer** ou **rester assis** to remain seated ◆ **assis !** (à un chien) sit!; (à une personne) sit down!; **être assis** to be sitting (down) ou seated ◆ **reste assis !** (= ne bouge pas) sit still!; (= ne te lève pas) don't get up! ◆ **nous sommes restés assis pendant des heures** we sat ou remained seated for hours ◆ **nous étions très bien/mal assis** (sur des chaises) we had very comfortable/uncomfortable seats; (par terre) we were very comfortably/ uncomfortably seated ◆ **assis en tailleur** sitting cross-legged ◆ **assis à califourchon sur** sitting astride, straddling → **magistrature, place, position;** voir aussi **asseoir**

b (= assuré) fortune secure; personne stable; autorité (well-)established ◆ **maintenant que son fils a une situation bien assise** now that his son is well-established

**Assise** [asiz] n Assisi ◆ **Saint François d'Assise** Saint Francis of Assisi

**assise**[2] [asiz] → SYN nf (Constr) course; (Bio, Géol) stratum; [raisonnement] basis, foundation ◆ **leur assise politique** their political base

**assises** [asiz] → SYN nfpl (Jur) assizes; [association, parti politique] conference ◆ **assises nationales** national conference ◆ **tenir ses assises** to hold its conference ◆ **procès d'assises** trial; → **cour**

**assistanat** [asistana] nm a (Scol) assistantship

b (Sociol) (= soutien) (state) support; (péj) mollycoddling (péj), nannying (péj) (Brit); (= aide financière) (state) aid; (péj) handouts (péj), charity (péj)

**assistance** [asistɑ̃s] → SYN 1 nf a (= assemblée) [conférence] audience; [débat] audience, house; [meeting] house; [cérémonie] gathering, audience; [messe] congregation

b (= aide) assistance ◆ **donner/prêter assistance à qn** to give/lend sb assistance ◆ **assistance aux anciens détenus** prisoner aftercare

c (= présence) attendance (*à* at)

2 COMP ▷ **assistance éducative** educational support *(for children with special needs)* ▷ **assistance judiciaire** legal aid ▷ **assistance médicale (gratuite)** (free) medical care ▷ **Assistance publique: les services de l'Assistance publique** ≃ the health and social security services ◆ **être à l'Assistance publique** to be in (state ou public) care ◆ **enfant de l'Assistance (publique)** child in care (Brit) ou in state custody (US) ◆ **les hôpitaux de l'Assistance publique** state- ou publicly-owned hospitals ▷ **assistance respiratoire** artificial respiration ▷ **assistance sociale** (= aide) social aid; (= métier) social work ▷ **assistance technique** technical aid

**assistant, e** [asistɑ̃, ɑ̃t] → SYN 1 nm,f a (gén, Scol) assistant; (Univ) ≃ assistant lecturer (Brit), ≃ teaching assistant (US) ◆ **assistante de direction** management secretary ◆ **assistant (de langue)** language assistant ◆ **assistante maternelle** child minder (Brit), child caregiver (US) ◆ **assistante sociale** (gén) social worker; (Scol) school counsellor, school social worker ◆ **le directeur et son assistante** the manager and his personal assistant ou his PA; → **maître**

b [assemblée] **les assistants** those present

2 nm (= ordinateur) assistant

**assisté, e** [asiste] (ptp de **assister**) 1 adj a (Jur, Méd, Sociol) supported by ou cared for by the state; (financièrement) receiving (state) aid ◆ **enfant assisté** child in care (Brit) ou state custody (US)

b (Tech) freins servo-assisted ◆ **assisté par ordinateur** computer-aided, computer-assisted; → **direction, procréation, publication, traduction**

2 nm,f ◆ **les assistés** (recevant une aide financière) people receiving (state) aid; (péj) people receiving handouts (péj), welfare scroungers (péj) ◆ **il a une mentalité d'assisté** he can't do anything for himself

**assister** [asiste] → SYN ▸ conjug 1 ◂ 1 **assister à** vt indir (= être présent à) [+ cérémonie, conférence, messe] to be (present) at, attend; [+ match, spectacle] to be at; [+ dispute] to witness ◆ **il a assisté à l'accouchement de sa femme** he was there when his wife gave birth, he was at the birth of his child ◆ **vous pourrez assister en direct à cet événement** (TV) you'll be able to see the event live (on television) ◆ **on assiste à une montée du chômage** unemployment is on the rise ou on the increase, we are witnessing a rise ou an increase in unemployment ◆ **nous assistons actuellement en Europe à des changements fondamentaux** there are fundamental changes taking place in Europe, Europe is witnessing fundamental changes ◆ **depuis le début de l'année, on assiste à une reprise de l'économie** the economy has picked up since the beginning of the year, there has been an upturn in the economy since the beginning of the year ◆ **il a assisté à l'effondrement de son parti** he saw the collapse of his party

2 vt (= aider) to assist; (financièrement) to give aid to ◆ **assister qn dans ses derniers moments** (frm) to succour (frm) ou comfort sb in their last hour ◆ **assister les pauvres** † to minister to the poor (frm)

**associatif, -ive** [asɔsjatif, iv] adj a (Sociol) réseau of associations ◆ **le mouvement associatif** associations ◆ **des représentants du milieu associatif** representatives of associations ◆ **la vie associative** community life ◆ **il a de nombreuses activités associatives** he's involved in several associations

b (Math) associative

**association** [asɔsjasjɔ̃] → SYN nf a (gén = société) association, society; (Comm, Écon) partnership ◆ **association de malfaiteurs** (Jur) criminal conspiracy ◆ **association de consommateurs** consumer association ◆ **association sportive** sports association ◆ **association loi (de) 1901** (non-profit-making) association ◆ **Association internationale du tourisme** International Tourism Association ◆ **Association européenne de libre-échange** European Free Trade Association

b [idées, images] association; [couleurs, intérêts] combination

c (= participation) association, partnership ◆ **l'association de ces deux écrivains a été fructueuse** the two writers have had a very fruitful partnership ◆ **son association à nos travaux dépendra de ...** whether or not he joins us in our work will depend on ... ◆ **travailler en association** to work in partnership (*avec* with)

**associationnisme** [asɔsjasjɔnism] nm (Philos) associationism

**associationniste** [asɔsjasjɔnist] adj, nmf associationist

**associativité** [asɔsjativite] nf (Math) associativity

**associé, e** [asɔsje] → SYN (ptp de **associer**) 1 adj (Univ) assistant, professeur visiting ◆ **membre associé** associate member

2 nm,f (gén) associate; (Comm, Fin) partner, associate ◆ **associé principal** senior partner

**associer** [asɔsje] → SYN ▸ conjug 7 ◂ 1 vt a **associer qn à** (= faire participer à) [+ profits] to give sb a share of; [+ affaire] to make sb a partner in ◆ **associer qn à son triomphe** to let sb share in one's triumph

b **associer qch à** (= rendre solidaire de) to associate ou link sth with; (= allier à) to combine sth with ◆ **il associe la paresse à la malhonnêteté** he combines laziness with dishonesty

c (= grouper) [+ idées, images, mots] to associate; [+ couleurs, intérêts] to combine (*à* with)

2 **s'associer** vpr a (= s'unir) [firmes] to join together, form an association; [personnes] (gén) to join forces, join together; (Comm) to form a partnership ◆ **s'associer à** ou **avec** [firme] to join with, form an association with; [personne] (gén) to join (forces) with; (Comm) to go into partnership with; [bandits] to fall in with ◆ **on va lui faire un cadeau, tu t'associes à nous ?** we're going to get him a present, do you want to come in with us?

**b** (= participer à) **s'associer à** [+ projet] to join in; [+ douleur] to share in ◆ **je m'associe aux compliments que l'on vous fait** I would like to join with those who have complimented you

**c** (= s'allier) [couleurs, qualités] to be combined (*à* with) ◆ **ces couleurs s'associent à merveille** these colours go together beautifully

**d** (= s'adjoindre) **s'associer qn** to take sb on as a partner

**assoiffé, e** [aswafe] adj (lit) thirsty ◆ **assoiffé de** (fig) thirsting for ou after (littér) ◆ **monstre assoiffé de sang** (littér ou hum) bloodthirsty monster

**assoiffer** [aswafe] → SYN ▸ conjug 1 ◂ vt [temps, course] to make thirsty

**assolement** [asɔlmɑ̃] → SYN nm (systematic) rotation (of crops)

**assoler** [asɔle] → SYN ▸ conjug 1 ◂ vt [+ champ] to rotate crops on

**assombri, e** [asɔ̃bʀi] (ptp de **assombrir**) adj ciel dark, sombre (Brit), somber (US); visage, regard gloomy, sombre (Brit), somber (US)

**assombrir** [asɔ̃bʀiʀ] → SYN ▸ conjug 2 ◂ 1 vt **a** (= obscurcir) (gén) to darken; [+ pièce] to make dark ou gloomy; [+ couleur] to make dark ou sombre (Brit) ou somber (US)

**b** (= attrister) [+ personne] to fill with gloom; [+ assistance] to cast a gloom over; [+ visage, avenir, voyage] to cast a shadow over

2 **s'assombrir** vpr **a** [ciel, pièce] to darken, grow dark; [couleur] to grow sombre (Brit) ou somber (US), darken

**b** [personne, caractère] to become gloomy ou morose; [visage, regard] to cloud over ◆ **la situation politique s'est assombrie** the political situation has become gloomier

**assombrissement** [asɔ̃bʀismɑ̃] nm [ciel, pièce] darkening ◆ **l'assombrissement des perspectives économiques** the increasingly gloomy economic prospects

**assommant, e*** [asɔmɑ̃, ɑ̃t] → SYN adj (= ennuyeux) deadly* boring ou dull ◆ **il est assommant** he's a deadly* bore, he's deadly* dull ou boring

**assommer** [asɔme] → SYN ▸ conjug 1 ◂ vt (lit) (= tuer) to batter to death; (= étourdir) [+ animal] to knock out, stun; [+ personne] to knock out, knock senseless; (fig : moralement) to crush; (* fig = ennuyer) to bore stiff*, bore to tears* ou to death* ◆ **être assommé par le bruit/la chaleur** to be overwhelmed by the noise/overcome by the heat ◆ **si je lui mets la main dessus je l'assomme*** if I can lay my hands on him I'll beat his brains out‡

**assommoir** †† [asɔmwaʀ] nm (= massue) club; (= café) café, grogshop † (Brit) ◆ **c'est le coup d'assommoir !** (prix) it's extortionate!

**Assomption** [asɔ̃psjɔ̃] nf (Rel) ◆ **(la fête de) l'Assomption** (the feast of) the Assumption; (= jour férié) Assumption Day

**assonance** [asɔnɑ̃s] → SYN nf assonance

**assonant, e** [asɔnɑ̃, ɑ̃t] adj assonant, assonantal

**assorti, e** [asɔʀti] (ptp de **assortir**) adj **a** (= en harmonie) **des époux bien/mal assortis** a well/badly-matched ou -suited couple, a good/bad match ◆ **être assorti à** [+ couleur] to match ◆ **chemise avec cravate assortie** shirt with matching tie

**b** bonbons assorted ◆ **"hors-d'œuvre/fromages assortis"** "assortment of hors d'œuvres/cheeses" ◆ **magasin bien/mal assorti** (= achalandé) well/poorly-stocked shop

**c être assorti de** [+ conditions, conseils] to be accompanied with

**assortiment** [asɔʀtimɑ̃] → SYN nm **a** (= gamme) [bonbons, fromages, fruits, hors-d'œuvre] assortment; [livres] collection; [vaisselle] set ◆ **je vous fais un assortiment ?** shall I give you an assortment? ◆ **il y avait tout un assortiment d'outils** there was a whole set ou collection of tools

**b** (= harmonie) [couleurs, formes] arrangement, ensemble

**c** (Comm = lot, stock) stock, selection

**assortir** [asɔʀtiʀ] → SYN ▸ conjug 2 ◂ 1 vt **a** (= accorder) [+ couleurs, motifs] to match (*à* to; *avec* with) ◆ **elle assortit la couleur de son écharpe à celle de ses yeux** she chose the colour of her scarf to match her eyes ◆ **elle avait su assortir ses invités** she had mixed ou matched her guests cleverly

**b** (= accompagner de) **assortir qch de** [+ conseils, commentaires] to accompany sth with

**c** (Comm = approvisionner) [+ commerçant] to supply; [+ magasin] to stock (*de* with)

2 **s'assortir** vpr **a** [couleurs, motifs] to match, go (well) together; [caractères] to go together, be well matched ◆ **le papier s'assortit aux rideaux** the wallpaper matches ou goes (well) with the curtains

**b** (= s'accompagner de) **ce livre s'assortit de notes** this book has accompanying notes ou has notes with it

**assoupi, e** [asupi] (ptp de **assoupir**) adj personne dozing; sens, intérêt, douleur dulled; haine lulled

**assoupir** [asupiʀ] → SYN ▸ conjug 2 ◂ 1 vt [+ personne] to make drowsy; [+ sens, intérêt, douleur] to dull; [+ passion] to lull

2 **s'assoupir** vpr [personne] to doze off; [intérêt] to be dulled

**assoupissement** [asupismɑ̃] → SYN nm **a** (= sommeil) doze; (= somnolence) drowsiness

**b** (= action) [sens] numbing; [facultés, intérêt] dulling; [douleur] deadening

**assouplir** [asupliʀ] → SYN ▸ conjug 2 ◂ 1 vt [+ cuir] to soften, make supple; [+ membres, corps] to make supple; [+ règlements, mesures] to relax; [+ principes] to make more flexible, relax ◆ **assouplir le caractère de qn** to make sb more manageable ◆ **assouplir les horaires** to produce a more flexible timetable

2 **s'assouplir** vpr [cuir] to soften, become supple; [membres, corps] to become supple; [règlements, mesures] to relax; [principes] to become more flexible, relax ◆ **il faut que je m'assouplisse** I must loosen up ◆ **son caractère s'est assoupli** he has become more manageable

**assouplissant, e** [asuplisɑ̃, ɑ̃t] 1 adj produit, formule softening

2 nm ◆ **assouplissant (textile)** (fabric) softener

**assouplissement** [asuplismɑ̃] → SYN nm [cuir] softening; [membres, corps] suppling up; [règlements, mesures, principes] relaxing ◆ **faire des exercices d'assouplissement** to limber up, do (some) limbering up exercises ◆ **mesures d'assouplissement du crédit** (Écon) easing of credit restrictions ◆ **mesures d'assouplissement des formalités administratives** measures to relax administrative regulations ◆ **l'assouplissement de la politique monétaire** the relaxing of monetary policy

**assouplisseur** [asuplisœʀ] nm (fabric) softener

**assourdir** [asuʀdiʀ] → SYN ▸ conjug 2 ◂ 1 vt **a** (= rendre sourd) [+ personne] to deafen

**b** (= amortir) [+ bruit] to deaden, muffle

2 **s'assourdir** vpr (Ling) to become voiceless, become unvoiced

**assourdissant, e** [asuʀdisɑ̃, ɑ̃t] → SYN adj deafening

**assourdissement** [asuʀdismɑ̃] nm **a** [personne] (= état) (temporary) deafness; (= action) deafening

**b** [bruit] deadening, muffling

**c** (Ling) devoicing

**assouvir** [asuviʀ] → SYN ▸ conjug 2 ◂ vt [+ faim] to satisfy, assuage (frm); [+ passion] to assuage (frm)

**assouvissement** [asuvismɑ̃] → SYN nm [faim] satisfaction, satisfying; [passion] assuaging (frm)

**ASSU** [asy] nf (abrév de **Association du sport scolaire et universitaire**) *university and school sports association*

**assuétude** [asɥetyd] → SYN nf (Méd) addiction

**assujetti, e** [asyʒeti] → SYN (ptp de **assujettir**) adj peuple subject, subjugated ◆ **assujetti à** norme, loi subject to; taxe liable ou subject to ◆ **les personnes assujetties à l'impôt** (Admin) persons liable to ou for tax

**assujettir** [asyʒetiʀ] → SYN ▸ conjug 2 ◂ 1 vt (= contraindre) [+ peuple] to subjugate, bring into subjection; (= fixer) [+ planches, tableau] to secure, make fast ◆ **assujettir qn à une règle** to subject sb to a rule

2 **s'assujettir** vpr (à une règle) to submit (*à* to)

**assujettissant, e** [asyʒetisɑ̃, ɑ̃t] adj travail demanding, exacting

**assujettissement** [asyʒetismɑ̃] → SYN nm (= contrainte) constraint; (= dépendance) subjection ◆ **assujettissement à l'impôt** tax liability

**assumer** [asyme] → SYN ▸ conjug 1 ◂ 1 vt **a** (= prendre) (gén) to assume; [+ responsabilité, tâche, rôle] to take on, assume; [+ commandement] to take over; [+ poste] to take up ◆ **assumer la responsabilité de faire qch** to take it upon oneself to do sth ◆ **assumer les frais de qch** to meet the cost ou expense of sth

**b** (= remplir) [+ poste] to hold; [+ rôle] to fulfil ◆ **après avoir assumé ce poste pendant 2 ans** having held the post for 2 years

**c** (= accepter) [+ conséquence, situation, douleur] to accept ◆ **tu as voulu te marier, alors assume !** you wanted to get married, so you'll just have to take ou accept the consequences!

2 **s'assumer** vpr to come to terms with o.s.

**assurable** [asyʀabl] adj insurable

**assurage** [asyʀaʒ] → SYN nm (Alpinisme) belay

**assurance** [asyʀɑ̃s] → SYN 1 nf **a** (= confiance en soi) self-confidence, (self-)assurance ◆ **avoir de l'assurance** to be self-confident ou (self-)assured ◆ **prendre de l'assurance** to gain (self-)confidence ou (self-)assurance ◆ **parler avec assurance** to speak confidently ou with assurance ou with confidence

**b** (= garantie) assurance, undertaking (Brit) ◆ **donner à qn l'assurance formelle que ...** to give sb a formal assurance ou undertaking that ... ◆ **il veut avoir l'assurance que tout se passera bien** he wants to be sure that everything goes well ◆ **veuillez agréer l'assurance de ma considération distinguée** ou **de mes sentiments dévoués** (formule épistolaire) yours faithfully ou sincerely, sincerely yours (US)

**c** (= contrat) insurance (policy) ◆ **contrat d'assurance** insurance policy ◆ **compagnie** ou **société/groupe d'assurances** insurance company/group ◆ **produits d'assurance** insurance products ◆ **contracter** ou **prendre une assurance contre qch** to take out insurance ou an insurance policy against sth ◆ **il est dans les assurances** he's in insurance, he's in the insurance business; → **police²**, **prime¹**

**d** (Alpinisme) belay

2 COMP ▷ **assurance automobile** car ou motor (Brit) ou automobile (US) insurance ▷ **assurance bagages** luggage insurance ▷ **assurance chômage** unemployment insurance ◆ **le régime d'assurance chômage** the state unemployment insurance scheme ◆ **caisse d'assurance chômage** (= fonds) unemployment insurance fund; (= bureau) unemployment insurance office ▷ **assurance décès** whole-life insurance ▷ **assurance incendie** fire insurance ▷ **assurance invalidité-vieillesse** disablement insurance ▷ **assurance maladie** health insurance ◆ **régime d'assurance maladie** health insurance scheme ▷ **assurance maritime** marine insurance ▷ **assurance multirisques** comprehensive insurance ▷ **assurance personnelle** personal insurance ▷ **assurance responsabilité-civile** ⇒ **assurance au tiers** ▷ **assurances sociales** ≈ social security, ≈ welfare (US) ◆ **il est (inscrit) aux assurances sociales** he's on the state health scheme (Brit) ou plan (US), he pays National Insurance (Brit) ▷ **assurance au tiers** third-party insurance ▷ **assurance tous risques** (Aut) comprehensive insurance ▷ **assurance vie** life assurance ou insurance (Brit) ◆ **contrat d'assurance vie** life assurance ou insurance (Brit) policy ▷ **assurance vieillesse** pension scheme ◆ **le régime d'assurance vieillesse** the state pension scheme ◆ **caisse d'assurance vieillesse** (fonds) retirement fund; (bureau) pensions office ▷ **assurance contre le vol** insurance against theft ▷ **assurance voyage** travel insurance

**assurance-crédit**, pl **assurances-crédits** [asyʀɑ̃skʀedi] nf credit insurance

**assuré, e** [asyʀe] → SYN (ptp de **assurer**) 1 adj **a** réussite, échec certain, sure; situation, fortune assured ◆ **son avenir est assuré maintenant** his future is certain ou assured now ◆ **entreprise assurée du succès** undertaking which is sure ou assured of success b air, démarche assured, (self-)confident; voix assured, steady; main, pas steady ◆ **mal assuré** voix, pas uncertain, unsteady, shaky ◆ **il est mal assuré sur ses jambes** he's unsteady on his legs

c (LOC) **tenir pour assuré que ...** to be confident that ..., take it as certain that ... ◆ **tenez pour assuré que ...** rest assured that ... ◆ **il se dit assuré de cela** he says he is confident of that

2 nm,f (Assurances) (assurance-vie) assured ou insured person; (autres assurances) insured person, policyholder ◆ **l'assuré** the assured, the policyholder ◆ **assuré social** *person paying social security contributions*

**assurément** [asyʀemɑ̃] → SYN adv (frm) most certainly, assuredly ◆ **assurément, ceci présente des difficultés** this does indeed present difficulties ◆ **(oui) assurément** yes indeed, (yes) most certainly ◆ **assurément il viendra** he will most certainly come

**assurer** [asyʀe] GRAMMAIRE ACTIVE 15.1 → SYN ▸ conjug 1 ◂

1 vt a (= certifier) **assurer à qn que ...** to assure sb that ... ◆ **assurer que ...** to affirm ou contend ou assert that ... ◆ **cela vaut la peine, je vous assure** it's worth it, I assure you ◆ **je t'assure !** (ton exaspéré) really!

b (= confirmer) **assurer qn de** [+ amitié, bonne foi] to assure sb of ◆ **sa participation nous est assurée** we have been assured of his participation ou that he'll take part

c (par contrat) to insure (*contre* against) ◆ **assurer qn sur la vie** to give sb (a) life assurance ou insurance (Brit), assure sb's life ◆ **faire assurer qch** to insure sth, have ou get sth insured ◆ **être assuré** to be insured

d (= exécuter, fournir) [+ fonctionnement, permanence] to maintain; [+ travaux] to carry out, undertake; [+ surveillance] to ensure, provide, maintain; [+ service] to operate, provide; [+ financement] to provide ◆ **assurer la surveillance des locaux** to guard the premises ◆ **l'avion qui assure la liaison entre Genève et Aberdeen** the plane that operates between Geneva and Aberdeen ◆ **l'armée a dû assurer le ravitaillement des sinistrés** the army had to provide supplies for the victims ◆ **assurer sa propre défense** (Jur) to conduct one's own defence ◆ **assurer la direction d'un service** to head up a department, be in charge of a department ◆ **assurer le remplacement de pièces défectueuses** to replace faulty parts ◆ **assurer le suivi d'une commande** to follow up an order

e (= garantir) [+ bonheur, protection, stabilité] to ensure; [+ succès, paix] to ensure, secure; [+ avenir, fortune] to secure; [+ revenu] to provide ◆ **assurer à ses enfants la meilleure éducation possible** to provide one's children with the best possible education ◆ **cela devrait leur assurer une vie aisée** that should ensure that they lead a comfortable life ◆ **ce but leur a assuré la victoire** this goal ensured their victory ◆ **assurer ses arrières** to ensure ou make sure one has something to fall back on ◆ **cela m'assure un toit pour quelques jours** that means I'll have somewhere to stay for a few days

f (= affermir) [+ pas, prise, échelle] to steady; (= fixer) [+ échelle, volet] to secure; (Alpinisme) to belay ◆ **il assura ses lunettes sur son nez** he fixed his glasses firmly on his nose

g (= protéger) [+ frontières] to protect (*contre* against)

2 vi (* = être à la hauteur) to be very good ◆ **ne pas assurer** to be useless * ou no good * ◆ **je n'assure pas du tout en allemand** I'm absolutely useless * ou no good at German

3 **s'assurer** vpr a (= vérifier) **s'assurer que/de qch** to make sure that/of sth, ascertain that/sth ◆ **assure-toi qu'on n'a rien volé** make sure ou check that nothing has been stolen ◆ **assure-toi si les volets sont fermés** make sure the shutters are closed ◆ **je vais m'en assurer** I'll make sure, I'll check

b (= contracter une assurance) to insure o.s. (*contre* against) ◆ **s'assurer contre** (= se prémunir) [+ attaque, éventualité] to insure (o.s.) against ◆ **s'assurer sur la vie** to insure one's life, take out (a) life assurance ou insurance (Brit)

c (= se procurer) [+ aide, victoire] to secure, ensure ◆ **il s'est assuré un revenu** he made sure of an income for himself, he ensured ou secured himself an income ◆ **s'assurer l'accès de** to secure access to ◆ **s'assurer le contrôle de** [+ banque, ville] to take control of

d (= s'affermir) to steady o.s. (*sur* on); (Alpinisme) to belay o.s. ◆ **s'assurer sur sa selle** to steady o.s. in one's saddle

e (frm = arrêter) **s'assurer de la personne de qn** to apprehend sb

**assureur** [asyʀœʀ] → SYN nm (= agent) insurance agent; (= société) insurance company; (Jur = partie) insurers; [entreprise] underwriters ◆ **assureur-conseil** insurance consultant ◆ **assureur-vie** life insurer

**Assyrie** [asiʀi] nf Assyria

**assyrien, -ienne** [asiʀjɛ̃, jɛn] 1 adj Assyrian 2 **Assyrien(ne)** nm,f Assyrian

**assyriologie** [asiʀjɔlɔʒi] nf Assyriology

**assyriologue** [asiʀjɔlɔg] nmf Assyriologist

**astate** [astat] nm astatine

**astatique** [astatik] adj (Phys) astatic

**aster** [astɛʀ] → SYN nm aster

**astéréognosie** [asteʀeognozi] nf astereognosis

**astérie** [asteʀi] → SYN nf starfish

**astérisque** [asteʀisk] nm asterisk ◆ **marqué d'un astérisque** asterisked

**astéroïde** [asteʀɔid] → SYN nm asteroid

**asthénie** [asteni] → SYN nf asthenia

**asthénique** [astenik] → SYN adj, nmf asthenic

**asthénosphère** [astenɔsfɛʀ] nf asthenosphere

**asthmatique** [asmatik] → SYN adj, nmf asthmatic

**asthme** [asm] → SYN nm asthma

**asti** [asti] nm Asti spumante

**asticot** [astiko] → SYN nm (gén) maggot; (pour la pêche) maggot, gentle

**asticoter** * [astikɔte] ▸ conjug 1 ◂ vt to needle, get at * (Brit) ◆ **cesse donc d'asticoter ta sœur !** stop needling ou getting at * (Brit) ou plaguing (Brit) your sister!

**astigmate** [astigmat] 1 adj astigmatic 2 nmf astigmat(ic)

**astigmatisme** [astigmatism] nm astigmatism

**astiquer** [astike] → SYN ▸ conjug 1 ◂ vt [+ arme, meuble, parquet] to polish; [+ bottes, métal] to polish, shine

**astragale** [astʀagal] → SYN nm (Anat) talus, astragalus; (Bot) astragalus; (Archit) astragal

**astrakan** [astʀakɑ̃] → SYN nm astrakhan

**astral, e,** mpl **-aux** [astʀal, o] → SYN adj astral

**astre** [astʀ] → SYN nm star ◆ **l'astre du jour/de la nuit** (littér) the day/night star (littér)

**astreignant, e** [astʀɛɲɑ̃, ɑ̃t] → SYN adj travail exacting, demanding

**astreindre** [astʀɛ̃dʀ] → SYN ▸ conjug 49 ◂ 1 vt ◆ **astreindre qn à faire** to compel ou oblige ou force sb to do ◆ **astreindre qn à un travail pénible/une discipline sévère** to force a trying task/a strict code of discipline (up)on sb

2 **s'astreindre** vpr ◆ **s'astreindre à faire** to force ou compel o.s. to do ◆ **elle s'astreignait à un régime sévère** she forced herself to keep to a strict diet ◆ **astreignez-vous à une vérification rigoureuse** make yourself carry out a thorough check

**astreinte** [astʀɛ̃t] → SYN nf (= obligation) constraint, obligation; (Jur) penalty *(imposed on daily basis for non-completion of contract)* ◆ **être d'astreinte** [médecin, technicien] to be on call

**astringence** [astʀɛ̃ʒɑ̃s] nf astringency

**astringent, e** [astʀɛ̃ʒɑ̃, ɑ̃t] → SYN adj, nm astringent

**astrolabe** [astʀɔlab] nm astrolabe

**astrologie** [astʀɔlɔʒi] → SYN nf astrology

**astrologique** [astʀɔlɔʒik] adj astrological

**astrologue** [astʀɔlɔg] → SYN nmf astrologer

**astronaute** [astʀonot] → SYN nmf astronaut

**astronautique** [astʀonotik] nf astronautics sg

**astronef** † [astʀɔnɛf] nm spaceship, spacecraft

**astronome** [astʀɔnɔm] nmf astronomer

**astronomie** [astʀɔnɔmi] → SYN nf astronomy

**astronomique** [astʀɔnɔmik] → SYN adj (lit, fig) astronomical, astronomic

**astronomiquement** [astʀɔnɔmikmɑ̃] adv astronomically

**astrophotographie** [astʀofɔtɔgʀafi] nf astrophotography

**astrophysicien, -ienne** [astʀofizisjɛ̃, jɛn] nm,f astrophysicist

**astrophysique** [astʀofizik] 1 adj astrophysical 2 nf astrophysics sg

**astuce** [astys] → SYN nf a (= caractère) shrewdness, astuteness ◆ **il a beaucoup d'astuce** he is very shrewd ou astute

b (= truc) (clever) way, trick ◆ **l'astuce c'est d'utiliser de l'eau au lieu de pétrole** the trick ou the clever bit (Brit) here is to use water instead of oil ◆ **les astuces du métier** the tricks of the trade ◆ **c'est ça l'astuce !** that's the trick! ou the clever bit! (Brit)

c * (= jeu de mots) pun; (= plaisanterie) wisecrack * ◆ **faire des astuces** to make wisecracks * ◆ **astuce vaseuse** lousy * pun

**astucieusement** [astysjøzmɑ̃] adv shrewdly, cleverly, astutely

**astucieux, -ieuse** [astysjø, jøz] → SYN adj personne, réponse, raisonnement shrewd, astute; visage shrewd; moyen, solution shrewd, clever

**Asturies** [astyʀi] nfpl ◆ **les Asturies** the Asturias

**Asuncion** [asunsjɔn] n Asuncion

**Asunción** [asunsjɔn] n Asunción

**asymbolie** [asɛ̃bɔli] nf asymbolia

**asymétrie** [asimetʀi] → SYN nf asymmetry

**asymétrique** [asimetʀik] → SYN adj asymmetric(al)

**asymptomatique** [asɛ̃ptɔmatik] adj infection, personne asymptomatic ◆ **porteur asymptomatique** asymptomatic carrier

**asymptote** [asɛ̃ptɔt] 1 adj asymptotic 2 nf asymptote

**asymptotique** [asɛ̃ptɔtik] adj asymptotic

**asynchrone** [asɛ̃kʀon] adj asynchronous

**asyndète** [asɛ̃dɛt] → SYN nf asyndeton

**asynergie** [asinɛʀʒi] nf asynergia, asynergy

**asyntaxique** [asɛ̃taksik] adj asyntactic(al)

**Atalante** [atalɑ̃t] nf Atalanta

**ataraxie** [ataʀaksi] → SYN nf ataraxia, ataraxy

**ataraxique** [ataʀaksik] adj ataractic, ataraxic

**atavique** [atavik] adj atavistic

**atavisme** [atavism] → SYN nm atavism ◆ **c'est de l'atavisme !** it's heredity coming out!

**ataxie** [ataksi] nf ataxia

**ataxique** [ataksik] 1 adj ataxic 2 nmf ataxia sufferer

**atchoum** [atʃum] excl atishoo

**atèle** [atɛl] → SYN nm spider monkey

**atelier** [atəlje] → SYN nm a (= local) [artisan] workshop; [artiste] studio; [couturières] workroom; [haute couture] atelier ◆ **atelier de fabrication** workshop

b (= groupe) (Art) studio; (Scol) work-group; (dans un colloque) discussion group, workshop ◆ **les enfants travaillent en ateliers** (Scol) the children work in small groups ◆ **atelier de production** (TV) production unit

c (Ind) [usine] shop, workshop ◆ **atelier protégé** sheltered workshop

d [franc-maçonnerie] lodge; → **chef**[1]

**atellanes** [atelan] nfpl atellans

**atemporel, -elle** [atɑ̃pɔʀɛl] adj vérité timeless

**atermoiement** [atɛʀmwamɑ̃] → SYN nm prevarication, procrastination (NonC)

**atermoyer** [atɛʀmwaje] → SYN ▸ conjug 8 ◂ vi (= tergiverser) to procrastinate, temporize

**athanor** [atanɔʀ] → SYN nm athanor

**athée** [ate] → SYN 1 adj atheistic 2 nmf atheist

**athéisme** [ateism] → SYN nm atheism

**athématique** [atematik] adj (Ling) athematic

**Athéna** [atena] nf Athena, (Pallas) Athene

**athénée** [atene] → SYN nm (Belg = lycée) ≃ secondary school, ≃ high school (US)

**Athènes** [atɛn] n Athens

**athénien, -ienne** [atenjɛ̃, jɛn] 1 adj Athenian
2 **Athénien(ne)** nm,f Athenian ◆ **c'est là que les Athéniens s'atteignirent** (hum) that's when all hell broke loose *

**athermane** [atɛʀman] adj athermanous

**athermique** [atɛʀmik] adj athermic

**athérome** [ateʀom] nm atheroma

**athérosclérose** [ateʀoskleʀoz] nf atherosclerosis

**athétose** [atetoz] nf athetosis

**athlète** [atlɛt] → SYN nmf athlete ◆ **corps d'athlète** athletic body ◆ **regarde l'athlète !, quel athlète !** (hum) just look at muscleman! (hum)

**athlétique** [atletik] → SYN adj athletic

**athlétisme** [atletism] → SYN nm athletics (Brit) (NonC), track and field events (US) ◆ **athlétisme sur piste** track athletics

**athrepsie** [atʀɛpsi] nf athrepsia

**athymie** [atimi] nf athymia, athymism

**atlante** [atlɑ̃t] → SYN nm atlas

**Atlantide** [atlɑ̃tid] nf ◆ **l'Atlantide** Atlantis

**atlantique** [atlɑ̃tik] 1 adj Atlantic ◆ **les Provinces atlantiques** (Can) the Atlantic Provinces
2 **Atlantique** nm ◆ **l'Atlantique** the Atlantic (Ocean)

**atlantisme** [atlɑ̃tism] nm Atlanticism

**atlantiste** [atlɑ̃tist] 1 adj politique Atlanticist, which promotes the Atlantic Alliance
2 nmf Atlanticist

**atlas** [atlɑs] nm **a** (= livre, Anat) atlas
**b** **Atlas** (Myth) Atlas ◆ **l'Atlas** (Géog) the Atlas Mountains

**atmosphère** [atmɔsfɛʀ] → SYN nf **a** (Géog) atmosphere ◆ **haute/basse atmosphère** upper/lower atmosphere ◆ **essai nucléaire en atmosphère** nuclear test in the atmosphere
**b** (= environnement) atmosphere ◆ **j'ai besoin de changer d'atmosphère** I need a change of air ou scenery ◆ **en atmosphère normale/contrôlée/stérile** in a normal/controlled/sterile atmosphere ou environment
**c** (= ambiance) atmosphere ◆ **atmosphère de fête** festive atmosphere
**d** († : Phys = unité de pression) atmosphere

**atmosphérique** [atmɔsfeʀik] adj atmospheric; → **courant, perturbation**

**atoca** [atɔka] → SYN nm (Can = fruit) cranberry

**atoll** [atɔl] nm atoll

**atome** [atom] → SYN nm atom ◆ **atome-gramme** gram atom ◆ **il n'a pas un atome de bon sens** he hasn't a grain ou an ounce of common sense ◆ **avoir des atomes crochus avec qn** to have a lot in common with sb, hit it off with sb *

**atomicité** [atɔmisite] nf (Chim) atomicity

**atomique** [atɔmik] adj (Chim, Phys) atomic; (Mil, Pol) atomic, nuclear; → **bombe**

**atomisation** [atɔmizasjɔ̃] → SYN nf atomization

**atomisé, e** [atɔmize] (ptp de **atomiser**) 1 adj savoir, marché fragmented; mouvement politique fragmented, splintered ◆ **parti politique atomisé** atomized ou fragmented political party
2 nm,f victim of an atomic bomb explosion ◆ **les atomisés d'Hiroshima** the victims of the Hiroshima atom bomb

**atomiser** [atɔmize] → SYN ▸ conjug 1 ◂ vt (Phys) to atomize; (Mil) to destroy with atomic ou nuclear weapons; [+ marché] to fragment; [+ société] to atomize, fragment; [+ parti] to break up

**atomiseur** [atɔmizœʀ] → SYN nm (gén) spray; [parfum] atomizer

**atomisme** [atɔmism] nm atomism

**atomiste** [atɔmist] adj, nmf ◆ **(savant) atomiste** atomic scientist

**atomistique** [atɔmistik] adj, nf ◆ **(théorie) atomistique** atomic theory

**atonal, e,** mpl **atonals** [atɔnal] adj atonal

**atonalité** [atɔnalite] nf atonality

**atone** [atɔn] → SYN adj **a** (= sans vitalité) être lifeless; (= sans expression) regard expressionless; (Méd) atonic
**b** (Ling) unstressed, unaccented, atonic

**atonie** [atɔni] → SYN nf (Ling, Méd) atony; (= manque de vitalité) lifelessness

**atonique** [atɔnik] adj (Méd) atonic

**atours** [atuʀ] nmpl († ou hum) attire, finery ◆ **dans ses plus beaux atours** in her loveliest attire † (hum), in all her finery (hum)

**atout** [atu] → SYN nm **a** (Cartes) trump ◆ **jouer atout** to play a trump; (en commençant) to lead (with) a trump ◆ **on jouait atout cœur** hearts were trumps ◆ **atout maître** master trump ◆ **roi/reine d'atout** king/queen of trumps ◆ **3 sans atout** 3 no trumps
**b** (= avantage) asset; (= carte maîtresse) trump card ◆ **l'avoir dans l'équipe est un atout** he's an asset to our team ◆ **avoir tous les atouts (dans son jeu)** to hold all the cards ou aces ◆ **avoir plus d'un atout dans sa manche** to have more than one ace up one's sleeve

**atoxique** [atɔksik] adj non-poisonous

**ATP** [atepe] nf (abrév de **Association des tennismen professionnels**) ATP

**atrabilaire** [atʀabilɛʀ] → SYN adj (†† ou hum) bilious, atrabilious (frm)

**âtre** [ɑtʀ] → SYN nm hearth

**Atrée** [atʀe] nm Atreus

**Atrides** [atʀid] nmpl ◆ **les Atrides** the Atridae

**atrium** [atʀijɔm] → SYN nm (Archit, Anat) atrium

**atroce** [atʀɔs] → SYN adj **a** crime atrocious, heinous; douleur excruciating; spectacle atrocious, horrifying; mort, sort, vengeance dreadful, terrible
**b** goût, odeur, temps atrocious, foul; livre, acteur atrocious, dreadful; laideur, bêtise dreadful

**atrocement** [atʀɔsmɑ̃] adv **a** souffrir atrociously, horribly; défigurer horribly ◆ **il s'est vengé atrocement** he wreaked a terrible ou dreadful revenge ◆ **elle avait atrocement peur** she was terror-stricken
**b** laid atrociously, dreadfully; bête dreadfully; mauvais, ennuyeux excruciatingly, dreadfully ◆ **loucher atrocement** to have a dreadful squint

**atrocité** [atʀɔsite] → SYN nf **a** (= qualité) [crime, action] atrocity, atrociousness; [spectacle] ghastliness
**b** (= acte) atrocity, outrage ◆ **dire des atrocités sur qn** to say wicked ou atrocious things about sb ◆ **cette nouvelle tour est une atrocité** that new tower is an atrocity ou a real eyesore

**atrophie** [atʀɔfi] → SYN nf (Méd) atrophy; (fig) degeneration, atrophy

**atrophié, e** [atʀɔfje] (ptp de **atrophier**) adj (lit, fig) atrophied

**atrophier** [atʀɔfje] → SYN ▸ conjug 7 ◂ 1 vt (Méd) to atrophy; (fig) to atrophy, cause the degeneration of
2 **s'atrophier** vpr [membres, muscle] to waste away, atrophy; (fig) to atrophy, degenerate

**atropine** [atʀɔpin] nf atropine, atropin

**attabler (s')** [atable] ▸ conjug 1 ◂ vpr (pour manger) to sit down at (the) table ◆ **s'attabler autour d'une bonne bouteille** to sit (down) at the table for a drink ◆ **s'attabler à la terrasse d'un café** to sit at a table outside a café ◆ **il vint s'attabler avec eux** he came to sit at their table ◆ **les clients attablés** the seated customers

**attachant, e** [ataʃɑ̃, ɑ̃t] → SYN adj film, roman captivating; enfant endearing

**attache** [ataʃ] → SYN nf **a** (en ficelle) (piece of) string; (en métal) clip, fastener; (= courroie) strap
**b** (Anat) **attaches** [épaules] shoulder joints; [bassin] hip joints; (= poignets et chevilles) wrists and ankles
**c** (fig) (= lien) tie ◆ **attaches** (= famille) ties, connections ◆ **avoir des attaches dans une région** to have family ties ou connections in a region
**d** (Bot) tendril
**e** (LOC) **être à l'attache** [animal] to be tied up; [bateau] to be moored ◆ **point d'attache** [bateau] mooring (post); (fig) base; → **port¹**

**attaché, e** [ataʃe] → SYN (ptp de **attacher**) 1 adj **a** **attaché à** [+ personne, animal, lieu, idée] attached to; [+ habitude] tied to ◆ **attaché à la vie** attached to life ◆ **pays très attaché à son indépendance** country that sets great store by its independence
**b** **attaché à** (= affecté à) ◆ **être attaché au service de qn** to be in sb's personal service ◆ **les avantages attachés à ce poste** the benefits attached to ou that go with the position ◆ **son nom restera attaché à cette découverte** his name will always be linked ou connected with this discovery
2 nm,f attaché ◆ **attaché d'ambassade/de presse/militaire** embassy/press/military attaché ◆ **attaché d'administration** administrative assistant ◆ **attaché commercial/culturel** commercial/cultural attaché ◆ **attaché de clientèle** (Banque) account manager

**attaché-case,** pl **attachés-cases** [ataʃekɛz] nm attaché case

**attachement** [ataʃmɑ̃] → SYN nm **a** (à une personne, à un animal) affection (*à* for), attachment (*à* to); (à un lieu, à une idée, à la vie) attachment (*à* to); (à une politique, à une cause) commitment (*à* to) ◆ **vouer un attachement viscéral à** to be strongly ou deeply attached to ◆ **leur attachement à lutter contre le chômage** their commitment to fighting unemployment
**b** (Constr) daily statement *(of work done and expenses incurred)*

**attacher** [ataʃe] → SYN ▸ conjug 1 ◂ 1 vt **a** [+ animal, plante, paquet] to tie up; [+ prisonnier] to tie up, bind; (avec une chaîne) to chain up; [+ volets] to fasten, secure; (plusieurs choses ensemble) to tie together, bind together ◆ **attacher une étiquette à une valise** to tie a label on(to) a case ◆ **il attacha sa victime sur une chaise** he tied his victim to a chair ◆ **attacher les mains d'un prisonnier** to tie a prisoner's hands together, bind a prisoner's hands (together) ◆ **la ficelle qui attachait le paquet** the string that was tied round the parcel ◆ **est-ce bien attaché ?** is it well ou securely tied (up)? ◆ **il ne les attache pas avec des saucisses** * he's a bit tight-fisted
**b** [+ ceinture] to do up, fasten; [+ robe] (à boutons) to do up, button up, fasten; (à fermeture éclair) to do up, zip up; [+ lacets, chaussures] to do up, tie up; [+ fermeture, bouton] to do up ◆ **veuillez attacher votre ceinture** (Aviat) (please) fasten your seatbelts ◆ **attachez vos ceintures !** * (hum) hold on to your hats! *
**c** [+ papiers] (= épingler) to pin together, attach; (= agrafer) to staple together, attach ◆ **attacher à** (= épingler) to pin to; (= agrafer) to staple onto
**d** (fig = lier à) **il a attaché son nom à cette découverte** he has linked ou put his name to this discovery ◆ **des souvenirs l'attachent à ce village** (qu'il a quitté) he still feels attached to the village because of his memories; (qu'il habite) his memories keep him here in this village ◆ **il a su s'attacher ses étudiants** he has won the loyalty of his students ◆ **plus rien ne l'attachait à la vie** nothing held her to life any more
**e** (= attribuer) to attach ◆ **attacher de la valeur ou du prix à qch** to attach great value to sth, set great store by sth
**f** (frm = adjoindre) **attacher des gardes à qn** to give sb a personal guard ◆ **attacher qn à son service** to engage sb, take sb into one's service
**g** (= fixer) **attacher son regard ou ses yeux sur** to fix one's eyes upon
2 vi (Culin) to stick ◆ **le riz a attaché** the rice has stuck ◆ **poêle qui n'attache pas** non-stick frying pan
3 **s'attacher** vpr **a** (gén) to do up, fasten (up) (*avec, par* with); [robe] (à boutons) to button up, do up; (à fermeture éclair) to zip up, do up; [fermeture, bouton] to do up ◆ **ça s'attache derrière** it does up at the back, it fastens (up) at the back ◆ **s'attacher à** [+ corde] to attach o.s. to; [+ siège] to fasten o.s. to
**b** (= se prendre d'affection pour) **s'attacher à** to become attached to ◆ **cet enfant s'attache vite** this child soon becomes attached to people
**c** (= accompagner) **s'attacher aux pas de qn** to follow sb closely, dog sb's footsteps ◆ **les souvenirs qui s'attachent à cette maison** the

memories attached to ou associated with that house

**d** (= prendre à cœur) **s'attacher à faire qch** to endeavour (Brit) (frm) ou endeavor (US) (frm) ou attempt to do sth

**attagène** [ataʒɛn] nm fur beetle

**attaquable** [atakabl] → SYN adj (Mil) open to attack; testament contestable

**attaquant, e** [atakɑ̃, ɑ̃t] → SYN nm,f (Mil, Sport) attacker; (Fin) raider ◆ **l'avantage est à l'attaquant** the advantage is on the attacking side

**attaque** [atak] → SYN **1** nf **a** (Mil, Police) attack (*contre* on) ◆ **lancer** ou **mener une attaque contre** to launch ou make an attack on ◆ **aller** ou **monter à l'attaque** to go into the attack ◆ **à l'attaque !** attack! ◆ **passer à l'attaque** to move into the attack ◆ **attaque d'artillerie/nucléaire** artillery/nuclear attack ◆ **attaque à la bombe** bomb attack, bombing

**b** (= agression) [banque, train] raid; [personne] attack (*de* on)

**c** (Sport) attack; [coureur] spurt; (Alpinisme) start; (Escrime) attack ◆ **il a lancé une attaque à 15 km de l'arrivée** he put on a spurt 15 km from the finishing line ◆ **jeu/coup d'attaque** attacking game/shot ◆ **repartir à l'attaque** to go back on the attack

**d** (= critique) attack (*contre* on) ◆ **ce n'était pas une attaque personnelle** it wasn't a personal attack, it was nothing personal ◆ **elle a été l'objet de violentes attaques dans la presse** she came in for severe criticism from the press ◆ **une attaque en règle** a virulent attack

**e** (Méd) attack (*de* of) ◆ **avoir une attaque** (cardiaque) to have a heart attack; (hémorragie cérébrale) to have a stroke; (d'épilepsie) to have a seizure ou fit

**f** (Mus) attack

**g** (Cartes) lead

**h** **d'attaque** * (= en forme) on ou in (top) form ◆ **il n'est pas d'attaque ce matin** he's not on form this morning ◆ **se sentir** ou **être assez d'attaque pour faire** to feel up to doing

**2** COMP ▷ **attaque aérienne** air raid ou attack ▷ **attaque d'apoplexie** apoplectic attack ou fit ▷ **attaque cardiaque** heart attack ▷ **attaque à main armée** hold-up, armed robbery ◆ **commettre une attaque à main armée contre une banque** to hold up a bank ▷ **attaque de nerfs** † fit of hysteria

**attaquer** [atake] → SYN ▸ conjug 1 ◂ **1** vt **a** (= assaillir) [+ pays] to attack, launch an attack (up)on; [+ personne] to attack, assault, set upon ◆ **l'armée prussienne attaqua** the Prussian army attacked ou went into the attack ◆ **attaquer de front/par derrière** to attack from the front/from behind ou from the rear ◆ **attaquer (qn) par surprise** to make a surprise attack (on sb) ◆ **allez, Rex attaque !** (à un chien) kill, Rex, kill! ◆ **on a été attaqués par les moustiques** we were attacked by mosquitoes

**b** (= critiquer) [+ abus, réputation, personne] to attack

**c** (= endommager) [rouille, infection] to attack; [+ humidité] to damage ◆ **la pollution attaque notre environnement** pollution is having a damaging effect on ou is damaging our environment ◆ **l'acide attaque le fer** acid attacks ou eats into iron

**d** (= aborder) [+ difficulté, obstacle] to tackle; [+ chapitre] to make a start on; [+ discours] to launch into; [+ travail] to set about, get down to; (Alpinisme) to start ◆ **il attaqua les hors-d'œuvre** * he got going on * ou tucked into * (Brit) the hors d'œuvres

**e** (Mus) [+ morceau] to strike up, launch into; [+ note] to attack

**f** (Jur) [+ jugement, testament] to contest; [+ mesure] to challenge ◆ **attaquer qn en justice** to take sb to court, sue sb

**g** (Cartes) **attaquer trèfle/de la reine** to lead a club/the queen

**2** vi **a** (Sport) to attack; [coureur] to put on a spurt

**3** **s'attaquer** vpr ◆ **s'attaquer à** [+ personne, abus, mal] to attack; [+ problème] to tackle, attack, take on ◆ **s'attaquer à plus fort que soi** to take on more than one's match

**attardé, e** [ataʀde] **1** adj **a** † enfant retarded

**b** (= en retard) promeneur late, belated (littér)

**c** (= démodé) personne, goût old-fashioned, behind the times (attrib)

**2** nm,f **a** **attardé (mental)** † (mentally) retarded child

**b** (Sport) **les attardés** the stragglers

**attarder** [ataʀde] → SYN ▸ conjug 1 ◂ **1** vt to make late

**2** **s'attarder** vpr **a** (= se mettre en retard) to linger (behind) ◆ **s'attarder chez des amis** to stay on at friends' ◆ **s'attarder à boire** to linger over drinks ou a drink ◆ **il s'est attardé au bureau pour finir un rapport** he's stayed late ou on at the office to finish a report ◆ **s'attarder au café** to linger at a café ◆ **s'attarder pour cueillir des fleurs** to stay behind to pick flowers ◆ **elle s'est attardée en route** she dawdled ou lingered ou tarried (littér) on the way ◆ **ne nous attardons pas ici** let's not stay any longer

**b** (fig) **s'attarder sur une description** to linger over a description ◆ **s'attarder à des détails** to dwell on details

**atteindre** [atɛ̃dʀ] → SYN ▸ conjug 49 ◂ **1** vt **a** (= parvenir à) [+ lieu, limite] to reach; [+ objet haut placé] to reach, get at; [+ objectif] to reach, arrive at, attain; [+ prix, valeur] to reach ◆ **atteindre son but** [personne] to reach one's goal, achieve one's aim; [mesure] to be effective, fulfil its purpose; [missile] to hit its target, reach its objective ◆ **il n'atteint pas mon épaule** he doesn't come up to ou reach my shoulder ◆ **la Seine a atteint la cote d'alerte** the Seine has risen to ou reached danger level ◆ **il a atteint (l'âge de) 90 ans** he's reached his 90th birthday ◆ **cette tour atteint 30 mètres** the tower is 30 metres high ◆ **les peupliers peuvent atteindre une très grande hauteur** poplars can grow to ou reach a very great height ◆ **la corruption y atteint des proportions incroyables** corruption there has reached incredible proportions; → **bave**

**b** (= contacter) [+ personne] to get in touch with, contact, reach

**c** (= toucher) [pierre, balle, tireur] to hit (*à* in); [événement, maladie, reproches] to affect ◆ **il a atteint la cible** he hit the target ◆ **il a eu l'œil atteint par un éclat d'obus** he was hit in the eye by a bit of shrapnel ◆ **la maladie a atteint ses facultés mentales** the illness has affected ou impaired his mental faculties ◆ **les reproches ne l'atteignent pas** criticism doesn't affect him, he is unaffected by criticism ◆ **le malheur qui vient de l'atteindre** the misfortune which has just struck him ◆ **il a été atteint dans son amour-propre** his pride has been hurt ou wounded

**2** **atteindre à** vt indir (littér = parvenir à) [+ but] to reach, achieve ◆ **atteindre à la perfection** to attain (to) ou achieve perfection

**atteint, e**[1] [atɛ̃, ɛ̃t] adj **a** (= malade) **être atteint de** [+ maladie] to be suffering from ◆ **il a été atteint de surdité** he became ou went deaf ◆ **le poumon est gravement/légèrement atteint** the lung is badly/slightly affected ◆ **il est gravement/légèrement atteint** he is seriously/only slightly ill ◆ **les malades les plus atteints** the worst cases, the worst affected

**b** ( * = fou) touched *, cracked *

**c** (Admin) **être atteint par la limite d'âge** to have to retire *(because one has reached the official retirement age)*

**atteinte**[2] [atɛ̃t] → SYN nf **a** (= préjudice) attack (*à* on) ◆ **atteinte à l'ordre public** breach of the peace ◆ **atteinte à la sûreté de l'État** offence against national security ◆ **atteinte à la vie privée** invasion of privacy ◆ **porter atteinte à** to strike a blow at, undermine ◆ **porter atteinte à la réputation de qn/d'une entreprise** to damage sb's/a company's reputation

◆ **hors d'atteinte** (lit) out of reach; (fig) beyond reach ◆ **hors d'atteinte de** [+ projectile] out of range ou reach of

**b** (Méd = crise) attack (*de* of) ◆ **les premières atteintes du mal** the first effects of the illness

**attelage** [at(ə)laʒ] → SYN nm **a** [cheval] harnessing, hitching up; [bœuf] yoking, hitching up; [charrette, remorque] hitching up; (Rail) [wagons] coupling

**b** (= harnachement, chaînes) [chevaux] harness; [bœuf] yoke; [remorque] coupling, attachment; (Rail) coupling

**c** (= équipage) [chevaux] team; [bœufs] team; [deux bœufs] yoke

**atteler** [at(ə)le] → SYN ▸ conjug 4 ◂ **1** vt [+ cheval] to harness, hitch up; [+ bœuf] to yoke, hitch up; [+ charrette, remorque] to hitch up; (Rail) [+ wagons] (à un convoi) to couple on; (l'un à l'autre) to couple ◆ **le cocher était en train d'atteler** the coachman was getting the horses harnessed ◆ **atteler qn à un travail** (fig) to put sb on a job ◆ **il est attelé à ce travail depuis ce matin** he has been working away at this job since this morning

**2** **s'atteler** vpr ◆ **s'atteler à** [+ travail, tâche, problème] to get down to

**attelle** [atɛl] → SYN nf [cheval] hame; (Méd) splint

**attenant, e** [at(ə)nɑ̃, ɑ̃t] → SYN adj (= contigu) adjoining ◆ **jardin attenant à la maison** garden adjoining the house ◆ **la maison attenante à la mienne** (ou **la sienne** etc ) the house next door

**attendre** [atɑ̃dʀ] → SYN ▸ conjug 41 ◂ **1** vt **a** [personne] [+ personne, événement] to wait for, await (littér) ◆ **maintenant, nous attendons qu'il vienne/de savoir** we are now waiting for him to come/waiting to find out ◆ **attendez qu'il vienne/de savoir pour partir** wait until he comes/you know before you leave, wait for him to come/wait and find out before you leave ◆ **attends la fin du film** wait until the film is over ou until the end of the film ◆ **aller attendre un train/qn au train** to (go and) meet a train/sb off the train ◆ **il est venu m'attendre à la gare** he came to meet me ou he met me at the station ◆ **j'attends le** ou **mon train** I'm waiting for the ou my train ◆ **attendre le moment favorable** to bide one's time, wait for the right moment ◆ **j'attends le week-end avec impatience** I'm looking forward to the weekend, I can't wait for the weekend ◆ **attendre qn comme le Messie** to wait eagerly for sb ◆ **nous n'attendons plus que lui pour commencer** we're just waiting for him to arrive, then we can start ◆ **qu'est-ce qu'on attend pour partir ?** what are we waiting for? let's go! ◆ **il faut attendre un autre jour/moment pour lui parler** we'll have to wait till another day/time to speak to him ◆ **on ne t'attendait plus** we had given up on you ◆ **êtes-vous attendu ?** are you expected?, is anyone expecting you? ◆ **il attend son heure** he's biding his time ◆ **je n'attends qu'une chose, c'est qu'elle s'en aille** I (just) can't wait for her to go ◆ **il n'attendait que ça !, c'est tout ce qu'il attendait !** that's just what he was waiting for! ◆ **l'argent qu'il me doit, je l'attends toujours** he still hasn't given me the money he owes me, I'm still waiting for the money he owes me

◆ **en attendant** (= pendant ce temps) meanwhile, in the meantime; (= en dépit de cela) all the same, be that as it may ◆ **en attendant, j'ai le temps de finir mon travail** meanwhile ou in the meantime I've time to finish my work ◆ **en attendant l'heure de partir, il jouait aux cartes** he played cards until it was time to go ou while he was waiting to go ◆ **on ne peut rien faire en attendant de recevoir sa lettre** we can't do anything until we get his letter ◆ **en attendant qu'il revienne, je vais vite faire une course** while I'm waiting for him to come back I'm going to pop down * to the shop ◆ **en attendant, c'est moi qui fais tout !** all the same, it's me that does everything!, → **dégel**

**b** [voiture] to be waiting for; [maison] to be ready for; [mauvaise surprise] to be in store for, await, wait for; [gloire] to be in store for, await ◆ **il ne sait pas encore le sort qui l'attend !** he doesn't know yet what's in store for him! ou awaiting him! ◆ **je sais ce qui m'attend si je lui dis ça !** I know what'll happen to me if I tell him that! ◆ **une brillante carrière l'attend** he has a brilliant career in store (for him) ou ahead of him ◆ **le dîner vous attend** dinner's ready (when you are)

**c** (sans complément d'objet) [personne, chose] to wait; [chose] (= se conserver) to keep ◆ **j'ai attendu 2 heures** I waited (for) 2 hours ◆ **j'ai failli attendre !** (iro) you took your time! ◆ **attendez un instant** wait a moment, hang on a minute * ◆ **attends, je vais t'expliquer** wait, let me explain ◆ **attendez voir** * let me ou let's see ou think * ◆ **attendez un peu** let's see, wait a second; (menace) just (you) wait! ◆ **vous attendez ou vous voulez rappeler plus tard ?** (Téléc) will you hold on or do you want to call back later? ◆ **tu peux toujours**

**attendre !, tu peux attendre longtemps !** (iro) you'll be lucky!, you've got a hope! (Brit), you haven't a prayer! (US) ◆ **le train n'attendra pas** the train won't wait ◆ **ce travail attendra/peut attendre** this work will wait/can wait ◆ **ces fruits ne peuvent pas attendre (demain)** this fruit won't keep (until tomorrow) ◆ **un soufflé n'attend pas** a soufflé has to be eaten straight away ◆ **sans (plus) attendre** (= immédiatement) straight away ◆ **faites-le sans attendre** do it straight away ou without delay ◆ **il faut agir sans plus attendre** we must act without further delay ou straight away

**d** **faire attendre** ◆ **faire attendre qn** to keep sb waiting ◆ **se faire attendre** to keep people waiting, be a long time coming ◆ **le conférencier se fait attendre** the speaker is late ◆ **il aime se faire attendre** he likes to keep you ou people waiting ◆ **excusez-moi de m'être fait attendre** sorry to have kept you (waiting) ◆ **la paix se fait attendre** peace is a long time coming ◆ **leur riposte ne se fit pas attendre** they didn't take long to retaliate

**e** (= escompter, prévoir) [+ personne, chose] to expect ◆ **attendre qch de qn/qch** to expect sth from sb/sth ◆ **il n'attendait pas un tel accueil** he wasn't expecting such a welcome ◆ **on attendait beaucoup de ces pourparlers** they had great hopes ou they expected great things of the talks ◆ **elle est arrivée alors qu'on ne l'attendait plus** she came when she was no longer expected ou when they'd given up on her ◆ **j'attendais mieux de cet élève** I expected better of this pupil, I expected this pupil to do better ◆ **je n'en attendais pas moins de vous** I expected no ou nothing less of you

**f** **attendre un enfant** ou **un bébé** ◆ **attendre famille** (Belg) to be expecting a baby, be expecting ◆ **ils attendent la naissance pour le 10 mai** the baby is due on 10th May

**2** **attendre après** * vt indir [+ chose] to be in a hurry for, be anxious for; [+ personne] to be waiting for ◆ **l'argent que je t'ai prêté, je n'attends pas après** I'm not desperate for the money I lent you ◆ **je n'attends pas après lui/son aide !** I can get along without him/his help!

**3** **s'attendre** vpr **a** [personnes] to wait for each other

**b** **s'attendre à qch** (= escompter, prévoir) to expect sth (*de, de la part de* from) ◆ **il ne s'attendait pas à gagner** he wasn't expecting to win ◆ **est-ce que tu t'attends vraiment à ce qu'il écrive ?** do you really expect him to write? ◆ **on ne s'attendait pas à ça de sa part** we didn't expect that of him ◆ **avec lui on peut s'attendre à tout** you never know what to expect with him ◆ **tu t'attendais à quoi ?** what did you expect? ◆ **Lionel ! si je m'attendais (à te voir ici) !** * Lionel, fancy meeting you here! ◆ **elle s'y attendait** she expected as much ◆ **il fallait** ou **on pouvait s'y attendre** it was to be expected ◆ **comme il fallait s'y attendre ...** as one would expect ..., predictably enough ...

**attendri, e** [atɑ̃dʀi] (ptp de **attendrir**) adj air, regard melting (épith), tender

**attendrir** [atɑ̃dʀiʀ] → SYN ▸ conjug 2 ◂ **1** vt [+ viande] to tenderize; (fig) [+ personne] to move (to pity); [+ cœur] to soften, melt ◆ **il se laissa attendrir par ses prières** her pleadings made him relent ou yield

**2** **s'attendrir** vpr to be moved ou touched (*sur* by) ◆ **s'attendrir sur (le sort de) qn** to feel (sorry ou pity ou sympathy) for sb ◆ **s'attendrir sur soi-même** to feel sorry for o.s.

**attendrissant, e** [atɑ̃dʀisɑ̃, ɑ̃t] → SYN adj moving, touching

**attendrissement** [atɑ̃dʀismɑ̃] → SYN nm (tendre) emotion, tender feelings; (apitoyé) pity ◆ **ce fut l'attendrissement général** everybody got emotional ◆ **pas d'attendrissement !** let's not be emotional!

**attendrisseur** [atɑ̃dʀisœʀ] nm (Boucherie) tenderizer ◆ **viande passée à l'attendrisseur** tenderized meat

**attendu, e** [atɑ̃dy] → SYN (ptp de **attendre**) **1** adj personne, événement, jour long-awaited; (= prévu) expected ◆ **être très attendu** to be eagerly expected

**2** prép (= étant donné) given, considering ◆ **attendu que** seeing that, since, given ou considering that; (Jur) whereas

**3** nmpl (Jur) ◆ **attendus du jugement** grounds for the decision

**attentat** [atɑ̃ta] → SYN nm (gén : contre une personne) murder attempt; (Pol) assassination attempt; (contre un bâtiment) attack (*contre* on) ◆ **attentat à la bombe** bomb attack, (terrorist) bombing ◆ **attentat à la voiture piégée** car-bombing ◆ **attentat suicide** suicide bombing ◆ **un attentat a été perpétré contre M. Dupont** an attempt has been made on the life of Mr Dupont, there has been an assassination attempt on Mr Dupont ◆ **attentat aux droits/à la liberté** violation of rights/of liberty ◆ **attentat contre la sûreté de l'État** conspiracy against the security of the state ◆ **attentat aux mœurs** offence against public decency ◆ **attentat à la pudeur** indecent assault

**attentatoire** [atɑ̃tatwaʀ] → SYN adj prejudicial (*à* to), detrimental (*à* to)

**attente** [atɑ̃t] → SYN nf **a** (= expectative) wait, waiting (NonC) ◆ **cette attente fut très pénible** the wait was unbearable ◆ **l'attente est ce qu'il y a de plus pénible** it's the waiting which is hardest to bear ◆ **l'attente se prolongeait** the wait was growing longer and longer ◆ **délai** ou **temps d'attente** waiting time ◆ **il y a 10 minutes d'attente** there's a 10-minute wait ◆ **position d'attente** wait-and-see attitude ◆ **solution d'attente** temporary solution

◆ **en attente** ◆ **demande en attente** request pending ◆ **le projet est en attente** the project is on hold ◆ **laisser un dossier en attente** to leave a file pending ◆ **mettre qn en attente** (Téléc) to put sb on hold ◆ **pour écouter les messages en attente, appuyez ...** (sur répondeur) to listen to messages, press ...

◆ **en attente de** ◆ **malade en attente de greffe** patient waiting for a transplant ◆ **détenu en attente de jugement** prisoner awaiting trial

◆ **dans l'attente de** ◆ **vivre dans l'attente d'une nouvelle** to spend one's time waiting for (a piece of) news ◆ **dans l'attente de vos nouvelles** looking forward to hearing from you

**b** (= espoir) expectation ◆ **répondre à l'attente** ou **aux attentes de qn** to come ou live up to sb's expectations ◆ **contre toute attente** contrary to (all) expectation(s)

**attenter** [atɑ̃te] → SYN ▸ conjug 1 ◂ vt **a** **attenter à la vie de qn** to make an attempt on sb's life ◆ **attenter à ses jours** to attempt suicide ◆ **attenter à la sûreté de l'État** to conspire against the security of the state

**b** (= violer) **attenter à** [+ liberté, droits] to violate

**attentif, -ive** [atɑ̃tif, iv] → SYN adj **a** (= vigilant) personne, air attentive ◆ **regarder qn d'un œil attentif** to look at sb attentively ◆ **écouter d'une oreille attentive** to listen attentively ◆ **être attentif à tout ce qui se passe** to pay attention to everything that's going on ◆ **sois donc attentif !** pay attention!

**b** (= scrupuleux) examen careful, close, searching; travail careful; soin scrupulous ◆ **attentif à son travail** careful ou painstaking in one's work ◆ **attentif à ses devoirs** heedful ou mindful of one's duties ◆ **attentif à ne blesser personne** careful not to hurt anyone

**c** (= prévenant) soins thoughtful; prévenance watchful ◆ **attentif à plaire** anxious to please ◆ **attentif à ce que tout se passe bien** keeping a close watch to see that all goes well

**attention** [atɑ̃sjɔ̃] GRAMMAIRE ACTIVE 2.2, 2.3, 26.6 → SYN nf **a** (= concentration) attention; (= soin) care ◆ **avec attention** écouter carefully, attentively; examiner carefully, closely ◆ **attirer/détourner l'attention de qn** to attract/divert ou distract sb's attention ◆ **fixer son attention sur** to focus one's attention on ◆ **faire un effort d'attention** to make an effort to concentrate ◆ **demander un effort d'attention** to require careful attention ◆ **je demande toute votre attention** can I have your full attention? ◆ **ce cas/projet mérite toute notre attention** this case/project deserves our undivided attention ◆ **"à l'attention de M. Dupont"** "for the attention of Mr Dupont" ◆ **votre candidature a retenu notre attention** we considered your application carefully; → **signaler**

**b** (Loc) **attention ! tu vas tomber** watch out! ou mind (out)! (Brit) ou careful! you're going to fall! ◆ **"attention chien méchant"** "beware of the dog" ◆ **"attention travaux"** "caution, work in progress" ◆ **"attention à la marche"** "be careful of the step", "mind the step" (Brit) ◆ **attention ! je n'ai pas dit cela** careful! I didn't say that ◆ **attention au départ !** the train is now leaving! ◆ **"attention, peinture fraîche"** "(caution) wet paint" ◆ **"attention, fragile"** (sur colis) "fragile, handle with care" ◆ **attention les yeux !** * watch out! *

◆ **faire attention** (= prendre garde) to be careful, take care ◆ **faire bien** ou **très attention** to pay careful attention ◆ **(fais) attention à ta ligne** you'd better watch your waistline ◆ **fais attention à ne pas trop manger** mind ou be careful you don't eat too much ◆ **fais attention (à ce) que la porte soit fermée** make sure ou mind the door's shut ◆ **fais bien attention à toi** (= prends soin de toi) take good care of yourself; (= sois vigilant) be careful

◆ **faire** ou **prêter attention à** (= remarquer) to pay attention ou heed to ◆ **as-tu fait attention à ce qu'il a dit ?** did you pay attention to ou listen carefully to what he said? ◆ **il n'a même pas fait attention à moi/à ce changement** he didn't (even) take any notice of me/the change ◆ **tu vas faire attention quand il entrera et tu verras** look carefully ou have a good look when he comes in and you'll see what I mean ◆ **ne faites pas attention à lui** pay no attention to him, take no notice of him, never mind him

**c** (= prévenance) attention, thoughtfulness (NonC) ◆ **être plein d'attentions pour qn** to be very attentive towards sb ◆ **ses attentions me touchaient** I was touched by his attentions ou thoughtfulness ◆ **quelle charmante attention !** how very thoughtful!, what a lovely thought!

**attentionné, e** [atɑ̃sjɔne] → SYN adj (= prévenant) thoughtful, considerate (*pour, auprès de* towards)

**attentisme** [atɑ̃tism] → SYN nm wait-and-see policy, waiting-game

**attentiste** [atɑ̃tist] → SYN **1** nmf partisan of a wait-and-see policy

**2** adj politique wait-and-see (épith)

**attentivement** [atɑ̃tivmɑ̃] → SYN adv lire, écouter attentively, carefully; examiner carefully, closely

**atténuantes** [atenɥɑ̃t] adj fpl → **circonstance**

**atténuateur** [atenɥatœʀ] nm attenuator

**atténuation** [atenɥasjɔ̃] → SYN nf **a** (= fait d'atténuer) [douleur] alleviation, easing; faute mitigation; [responsabilité] lightening; [coup, effet] softening; (Jur) [punition, peine] mitigation ◆ **atténuation d'un virus** (Méd) attenuation of a virus ◆ **cette crème permet l'atténuation des rides** this cream smooths out wrinkles

**b** (= fait de s'atténuer) [douleur] dying down, easing; [sensation, bruit] dying down; [violence, crise] subsiding, abatement; [couleur] softening

**c** (= adoucissement) [lumière] subduing, dimming; [couleur, son] softening, toning down

**atténuer** [atenɥe] → SYN ▸ conjug 1 ◂ **1** vt **a** [+ douleur] to alleviate, ease; [+ rancœur] to mollify, appease; [+ propos, reproches] to tone down; [+ rides] to smooth out

**b** [+ faute] to mitigate; [+ responsabilité] to lighten; [+ punition] to mitigate; [+ coup, effets] to soften; [+ faits] to water down; (Fin) [+ pertes] to cushion; [+ risques] to limit

**c** [+ lumière] to subdue, dim; [+ couleur, son] to soften, tone down

**2** **s'atténuer** vpr **a** [douleur] to ease, die down; [sensation] to die down; [violence, crise] to subside, abate

**b** [bruit] to die down; [couleur] to soften ◆ **leurs cris s'atténuèrent** their cries grew quieter ou died down

**atterrant, e** [ateʀɑ̃, ɑ̃t] → SYN adj appalling

**atterrer** [ateʀe] → SYN ▸ conjug 1 ◂ vt to dismay, appal (Brit), appall (US) ◆ **il était atterré par cette nouvelle** he was aghast ou shattered (Brit) at the news ◆ **sa bêtise m'atterre** his stupidity appals me, I am appalled by ou aghast at his stupidity ◆ **air atterré** look of utter dismay

**atterrir** [ateʀiʀ] ▸ conjug 2 ◂ vi (Aviat) to land, touch down; (Naut) to land ◆ **atterrir sur le ventre** [personne] to land flat on one's face; [avion] to make a belly landing ◆ **atterrir en prison/dans un village perdu** * to land up * (Brit) ou land * (US) in prison/in a village in the middle of nowhere ◆ **le travail a finalement atterri sur mon bureau** * the work finally landed on my desk ◆ **atterris !** * come back down to earth!

**atterrissage** [ateʀisaʒ] nm (Aviat, Naut) landing ◆ **à l'atterrissage** at the moment of landing, at touchdown ◆ **atterrissage en catastrophe/sur le ventre/sans visibilité** crash/belly/blind landing ◆ **atterrissage forcé** emergency ou forced landing ◆ **atterrissage en douceur** (Aviat, Écon) soft landing; → **piste, terrain, train**

**attestation** [atɛstasjɔ̃] → SYN nf **a** [fait] attestation

**b** (= document) certificate; [diplôme] certificate of accreditation ou of attestation ◆ **attestation médicale** doctor's certificate ◆ **attestation sur l'honneur** affidavit ◆ **attestation de nationalité française/domiciliation** proof of French citizenship/residence ◆ **attestation de conformité** safety certificate

**attester** [atɛste] → SYN ▸ conjug 1 ◂ vt **a** (= certifier) [+ fait] to testify to, vouch for ◆ **attester que ...** to testify that ..., vouch for the fact that ..., attest that ...; [témoin] to testify that ... ◆ **ce fait est attesté par tous les témoins** this fact is borne out ou is attested by all the witnesses ◆ **comme en attestent les procès-verbaux** as the statements attest ◆ **attester (de) l'innocence de qn** to prove sb's innocence ◆ **certains documents attestent de l'ancienneté de ce vase** certain documents prove that this vase is an antique

**b** (= démontrer) [chose, preuve] to attest to, testify to ◆ **comme en attestent les sondages** as the polls show ◆ **cette attitude atteste son intelligence** ou **atteste qu'il est intelligent** this attitude testifies to his intelligence ◆ **les fissures attestent de la violence de cette collision** the cracks attest to the force of the collision ◆ **forme attestée** (Ling) attested form ◆ **mot non attesté dans** ou **par les dictionnaires** word not attested by dictionaries

**c** (littér = prendre à témoin) **j'atteste les dieux que ...** I call the gods to witness that ...

**atticisme** [atisism] → SYN nm Atticism

**attiédir** † [atjediʀ] → SYN ▸ conjug 2 ◂ **1** vt (littér) [+ eau] to make lukewarm; [+ climat] to make more temperate, temper; [+ désir, ardeur] to temper, cool

**2** **s'attiédir** vpr [eau] (plus chaud) to get warmer; (plus frais) to get cooler; [climat] to become more temperate; (littér) [désir, ardeur] to cool down, wane

**attifer** * [atife] ▸ conjug 1 ◂ **1** vt (= habiller) to get up * (*de* in) ◆ **regardez comme elle est attifée !** look at her get-up! * ◆ **attifée d'une robe à volants** dolled up * in a flounced dress

**2** **s'attifer** vpr to get o.s. up * (*de* in)

**attiger** ⁑ [atiʒe] ▸ conjug 3 ◂ vi to go a bit far *, overstep the mark

**Attila** [atila] nm Attila

**attique¹** [atik] **1** adj (Antiq) Attic ◆ **finesse/sel attique** Attic wit/salt

**2** **Attique** nf ◆ **l'Attique** Attica

**attique²** [atik] → SYN nm (Constr) attic (storey (Brit) ou story (US))

**attirail** * [atiʀaj] nm gear *, paraphernalia ◆ **attirail de pêche** fishing tackle ◆ **attirail de bricoleur/cambrioleur** handyman's/burglar's tools ou tool kit

**attirance** [atiʀɑ̃s] → SYN nf attraction (*pour, envers* for) ◆ **éprouver de l'attirance pour qch/qn** to be ou feel drawn towards sth/sb, be attracted to sth/sb ◆ **l'attirance du vide** the lure of the abyss

**attirant, e** [atiʀɑ̃, ɑ̃t] → SYN adj attractive, appealing ◆ **femme très attirante** alluring ou very attractive woman

**attirer** [atiʀe] GRAMMAIRE ACTIVE 26.6 → SYN ▸ conjug 1 ◂ vt **a** (gén, Phys) to attract; (en appâtant) to lure, entice ◆ **il m'attira dans un coin** he drew me into a corner ◆ **attirer qn dans un piège/par des promesses** to lure ou entice sb into a trap/with promises ◆ **ce spectacle va attirer la foule** this show will really draw ou attract the crowds ou will be a real crowd-puller ◆ **attirer l'attention de qn sur qch** to draw sb's attention to sth ◆ **il essaya d'attirer son attention** he tried to attract ou catch his attention

**b** (= plaire à) [pays, projet] to appeal to; [personne] to attract, appeal to ◆ **être attiré par une doctrine/qn** to be attracted ou drawn to a doctrine/sb ◆ **affiche/robe qui attire les regards** eye-catching poster/dress ◆ **il est très attiré par elle** he finds her very attractive, he's very drawn to her

**c** (= causer) [+ ennuis] to cause, bring ◆ **tu vas t'attirer des ennuis** you're going to cause trouble for yourself ou bring trouble upon yourself ◆ **ses discours lui ont attiré des sympathies** his speeches won ou gained ou earned him sympathy ◆ **s'attirer des critiques/la colère de qn** to incur criticism/sb's anger, bring criticism on/sb's anger down on o.s. ◆ **s'attirer des ennemis** to make enemies for o.s. ◆ **je me suis attiré sa gratitude** I won ou earned his gratitude

**attisement** [atizmɑ̃] → SYN nm [feu] poking (up), stirring up; [désir, querelle] stirring up

**attiser** [atize] → SYN ▸ conjug 1 ◂ vt [+ feu] (avec tisonnier) to poke (up), stir up; (en éventant) to fan; [+ curiosité, haine] to stir, arouse; [+ convoitise] to arouse; [+ désir] to stir, kindle; [+ querelle] to stir up ◆ **j'ai soufflé pour attiser la flamme** I blew on the fire to make it burn

**attitré, e** [atitʀe] → SYN adj (= habituel) marchand, place regular, usual; (= agréé) marchand accredited, appointed, registered; journaliste accredited ◆ **fournisseur attitré d'un chef d'État** purveyors by appointment to a head of state

**attitude** [atityd] GRAMMAIRE ACTIVE 6.1 → SYN nf (= maintien) bearing; (= comportement) attitude; (= point de vue) standpoint, attitude; (= affectation) façade ◆ **prendre des attitudes gracieuses** to adopt graceful poses ◆ **avoir une attitude décidée** to have a determined air ◆ **prendre une attitude ferme** to adopt a firm standpoint ou attitude ◆ **le socialisme chez lui n'est qu'une attitude** his socialism is only a façade

**attouchement** [atuʃmɑ̃] → SYN nm touch, touching (NonC); (Méd) palpation ◆ **se livrer à des attouchements sur qn** (gén) to fondle ou stroke sb; (Jur) to interfere with sb

**attracteur** [atʀaktœʀ] nm (Sci) attractor

**attractif, -ive** [atʀaktif, iv] → SYN adj (Phys) phénomène attractive; (= attrayant) offre, prix, taux attractive

**attraction** [atʀaksjɔ̃] → SYN nf **a** (gén = attirance, Ling, Phys) attraction ◆ **attraction universelle** gravitation ◆ **attraction moléculaire** molecular attraction

**b** (= centre d'intérêt) attraction; (= partie d'un spectacle) attraction; (= numéro d'un artiste) number ◆ **l'attraction vedette** the star attraction ◆ **quand passent les attractions ?** (boîte de nuit) when is the cabaret ou floorshow on? ◆ **ils ont renouvelé leurs attractions** (cirque) they have changed their programme (of attractions ou entertainments), they have taken on some new acts; → **parc**

**attractivité** [atʀaktivite] nf [région] attractiveness, appeal; [programme, émission] appeal

**attrait** [atʀɛ] → SYN nm **a** (= séduction) [paysage, doctrine, plaisirs] appeal, attraction; [danger, aventure] appeal ◆ **ses romans ont pour moi beaucoup d'attrait** I find his novels very appealing, his novels appeal to me very much ◆ **éprouver un attrait** ou **de l'attrait pour qch** to be attracted to sth, find sth attractive ou appealing

**b** (= charmes) **attraits** attractions

**attrapade** * [atʀapad] nf row *, telling off *

**attrape** [atʀap] → SYN nf (= farce) trick; → **farce¹**

**attrape-couillon** ⁑, pl **attrape-couillons** [atʀapkujɔ̃] nm con *, con game *

**attrape-gogo** ⁑ [atʀapgogo], pl **attrape-gogos** nm ⇒ **attrape-couillon**

**attrape-mouche,** pl **attrape-mouches** [atʀapmuʃ] nm (= plante, piège) flytrap; (= oiseau) flycatcher; (= papier collant) flypaper

**attrape-nigaud** *, pl **attrape-nigauds** [atʀapnigo] nm con *, con game *

**attraper** [atʀape] → SYN ▸ conjug 1 ◂ **1** vt **a** [+ ballon] to catch; [+ journal, crayon] to pick up

**b** * [+ train] to catch, get, hop * (US); [+ contravention, gifle] to get

**c** [+ personne, voleur, animal] to catch ◆ **toi, si je t'attrape !** if I catch you! ◆ **que je t'y attrape !** * don't let me catch you doing that!, if I catch you doing that!

**d** [+ maladie] to catch, get ◆ **tu vas attraper froid** ou **du mal** you'll catch cold ◆ **j'ai attrapé un rhume/son rhume** I've caught a cold/a cold from him ou his cold ◆ **j'ai attrapé mal à la gorge** I've got a sore throat ◆ **tu vas attraper la mort** you'll catch your death (of cold) ◆ **il a attrapé un coup de soleil** he got sunburnt ◆ **la grippe s'attrape facilement** flu is very catching

**e** (= intercepter) [+ mots] to pick up

**f** (= acquérir) [+ style, accent] to pick up ◆ **il faut attraper le coup** ou **le tour de main** you have to get ou learn the knack

**g** (* = gronder) to tell off * ◆ **se faire attraper (par qn)** to be told off (by sb) *, get a telling off (from sb) * ◆ **mes parents vont m'attraper** I'm really going to get it ⁑ from my parents, my parents are going to give me a real telling off * ◆ **ils se sont attrapés pendant une heure** they went at each other for a whole hour *

**h** (= tromper) to take in ◆ **se laisser attraper** to be had * ou taken in ◆ **tu as été bien attrapé** (trompé) you were had all right *; (surpris) you were caught out there all right

**attrape-touristes** [atʀapturist] nm inv tourist trap

**attrape-tout** [atʀaptu] adj inv parti politique catch-all (épith)

**attrayant, e** [atʀɛjɑ̃, ɑ̃t] → SYN adj spectacle, taux attractive; idée appealing, attractive; projet appealing ◆ **c'est une lecture attrayante** it makes ou it's pleasant reading ◆ **peu attrayant** travail unappealing; paysage unattractive; proposition unattractive, unappealing

**attribuable** [atʀibɥabl] → SYN adj attributable (*à* to)

**attribuer** [atʀibɥe] GRAMMAIRE ACTIVE 17.2 → SYN ▸ conjug 1 ◂ vt **a** (= allouer) [+ prix] to award; [+ avantages, privilèges] to grant, accord; [+ place, rôle] to allocate, assign; [+ biens, part] to allocate (*à* to) ◆ **le numéro que vous avez demandé n'est plus attribué** (Téléc) the number you have dialled is no longer available ◆ **s'attribuer le meilleur rôle/la meilleure part** to give o.s. the best role/the biggest share, claim the best role/the biggest share for o.s.

**b** (= imputer) [+ faute] to attribute, impute; [+ pensée, intention] to attribute, ascribe (*à* to) ◆ **à quoi attribuez-vous cet échec/accident ?** what do you put this failure/accident down to?, what do you attribute ou ascribe this failure/accident to?

**c** (= accorder) [+ invention, mérite] to attribute (*à* to) ◆ **on lui attribue l'invention de l'imprimerie** the invention of printing has been attributed to him, he has been credited with the invention of printing ◆ **la critique n'attribue que peu d'intérêt à son livre** the critics find little of interest in his book ou consider his book of little interest ◆ **attribuer de l'importance à qch** to attach importance to sth ◆ **s'attribuer tout le mérite** to claim all the merit for o.s.

**attribut** [atʀiby] → SYN nm (= caractéristique, symbole) attribute; (Gram) complement ◆ **adjectif attribut** predicative adjective ◆ **nom attribut** noun complement

**attributaire** [atʀibytɛʀ] → SYN nmf [prestations] beneficiary; [actions] allotee; [prix] prizewinner

**attributif, -ive** [atʀibytif, iv] adj **a** (Jur) **acte attributif** act of assignment

**b** (Ling) **fonction attributive** complement function ◆ **syntagme attributif** complement ◆ **verbe attributif** link verb, copula

**attribution** [atʀibysjɔ̃] → SYN nf **a** [prix] awarding; [avantages] granting; [place, rôle, part] allocation; [œuvre, invention] attribution

**b** (= prérogatives, pouvoirs) **attributions** remit, attributions ◆ **cela n'entre pas dans mes attributions** that's not part of my remit

**attristant, e** [atʀistɑ̃, ɑ̃t] → SYN adj nouvelle, spectacle saddening

**attrister** [atʀiste] → SYN ▸ conjug 1 ◂ **1** vt to sadden ◆ **cette nouvelle nous a profondément attristés** we were greatly saddened by ou grieved at the news

**2** **s'attrister** vpr to be saddened (*de* by), become sad (*de qch* at sth; *de voir que* at seeing that)

**attrition** [atʀisjɔ̃] → SYN nf (Rel) attrition

**attroupement** [atʀupmɑ̃] → SYN nm [foule] gathering; (= groupe) crowd, mob (péj)

**attrouper (s')** [atʀupe] ▸ conjug 1 ◂ vpr to gather (together), flock together, form a crowd

**atypique** [atipik] adj atypical

**au** [o] → à

**aubade** [obad] → SYN nf dawn serenade ◆ **donner une aubade à qn** to serenade sb at dawn

**aubaine** [obɛn] → SYN nf godsend; (financière) windfall ◆ **profiter de l'aubaine** to make the most of one's good fortune ou of the opportunity ◆ **quelle (bonne) aubaine !** what a godsend! ou stroke of luck!

**aube[1]** [ob] → SYN nf a (= lever du jour) dawn, daybreak, first light ◆ **à l'aube** at dawn ou daybreak ou first light ◆ **avant l'aube** before dawn ou daybreak
b (= début) dawn, beginning ◆ **à l'aube de** at the dawn of

**aube[2]** [ob] nf (Rel) alb

**aube[3]** [ob] → SYN nf (Tech) [bateau] paddle, blade; [moulin] vane; [ventilateur] blade, vane ◆ **roue à aubes** paddle wheel

**aubépine** [obepin] → SYN nf hawthorn ◆ **fleurs d'aubépine** may (blossom), hawthorn blossom

**aubère** [obɛʀ] → SYN adj red roan ◆ **cheval aubère** red roan (horse)

**auberge** [obɛʀʒ] → SYN nf inn ◆ **il prend la maison pour une auberge !** * he treats this place like a hotel! ◆ **auberge de (la) jeunesse** youth hostel ◆ **c'est l'auberge espagnole** (repas) everyone's bringing some food along, it's potluck (US); (situation chaotique) it's a madhouse *; → **sortir**

**aubergine** [obɛʀʒin] → SYN [1] nf a (= légume) aubergine (Brit), eggplant (US) ◆ **caviar d'aubergine** ≈ aubergine (Brit) ou eggplant (US) dip
b († * = contractuelle) traffic warden (Brit), meter maid * (US)
[2] adj inv aubergine(-coloured)

**aubergiste** [obɛʀʒist] → SYN nmf [hôtel] hotel-keeper; [auberge] innkeeper, landlord ◆ **père** ou **mère aubergiste** [auberge de jeunesse] (youth-hostel) warden

**aubette** [obɛt] → SYN nf (Belg) bus shelter

**aubier** [obje] → SYN nm sapwood

**aubin** [obɛ̃] → SYN nm aubin

**auburn** [obœʀn] adj inv auburn

**aucuba** [okyba] nm aucuba

**aucun, e** [okœ̃, yn] → SYN [1] adj a (négatif) no, not any ◆ **aucun historien n'en a parlé** no historian spoke of it ◆ **il n'a aucune preuve** he has no proof, he doesn't have any proof ◆ **sans faire aucun bruit** without making a noise ou any noise ◆ **ils ne prennent aucun soin de leurs vêtements** they don't take care of their clothes (at all) ◆ **ils n'ont eu aucun mal à trouver le chemin** they had no trouble finding the way, they found the way without any trouble
b (interrogatif, positif) any ◆ **il lit plus qu'aucun autre enfant** he reads more than any other child ◆ **croyez-vous qu'aucun auditeur aurait osé le contredire ?** do you think that any listener would have dared to contradict him?
[2] pron a (négatif) none ◆ **il n'aime aucun de ces films** he doesn't like any of these films ◆ **aucun de ses enfants ne lui ressemble** none of his children are like him ◆ **je ne pense pas qu'aucun d'entre nous puisse y aller** I don't think any of us can go ◆ **combien de réponses avez-vous eues ? – aucune** how many answers did you get? – not one ou none
b (interrogatif, positif) any, any one ◆ **il aime ses chiens plus qu'aucun de ses enfants** he is fonder of his dogs than of any (one) of his children ◆ **pensez-vous qu'aucun ait compris ?** do you think anyone ou anybody understood?
c (littér) **d'aucuns** some ◆ **d'aucuns aiment raconter que ...** there are some who like to say that ...

**aucunement** [okynmɑ̃] → SYN adv in no way, not in the least, not in the slightest ◆ **il n'est aucunement à blâmer** he's not in the least to blame, he's in no way ou not in any way to blame ◆ **accepterez-vous ? – aucunement** are you going to accept? – certainly not

**audace** [odas] → SYN nf a (= témérité) daring, boldness, audacity; (Art : = originalité) daring; (= effronterie) audacity, effrontery ◆ **avoir l'audace de** to have the audacity to, dare to
b (= geste osé) daring gesture; (= innovation) daring idea ou touch ◆ **elle lui en voulait de ses audaces** she held his boldness ou his bold behaviour against him ◆ **une audace de génie** a daring touch of genius ◆ **audaces de style** daring innovations of style ◆ **les audaces de la mode** the daring inventions ou creations of high fashion

**audacieusement** [odasjøzmɑ̃] adv boldly ◆ **robe audacieusement décolletée** daringly low-cut dress

**audacieux, -ieuse** [odasjø, jøz] → SYN adj soldat, action, architecture daring, bold; artiste, projet daring ◆ **un geste audacieux** a bold gesture ◆ **les plus audacieux** the boldest among them; → **fortune**

**au-delà** [od(ə)la] [1] loc adv → **delà**
[2] nm ◆ **l'au-delà** the beyond

**au-dessous, au-dessus** → **dessous, dessus**

**au-devant** [od(ə)vɑ̃] [1] **au-devant de** loc prép ahead of ◆ **aller au-devant de qn** to go and meet sb ◆ **aller au-devant des désirs de qn** to anticipate sb's wishes
[2] loc adv ahead

**audibilité** [odibilite] nf audibility

**audible** [odibl] → SYN adj audible

**audience** [odjɑ̃s] → SYN nf a (frm = entretien) interview, audience ◆ **donner audience à qn** to grant sb an audience
b (Jur = séance) hearing ◆ **l'audience reprendra à 14 heures** the court will reconvene at 2 o'clock
c (= attention) interest ◆ **ce projet eut beaucoup d'audience** the project aroused much interest ◆ **cet écrivain a trouvé audience auprès des étudiants** this author has had a favourable reception from students ou is popular with students ◆ **ce parti bénéficie de la plus large audience** this party has the largest following
d (= spectateurs, auditeurs) audience ◆ **faire de l'audience** (Radio, TV) to attract a large audience ◆ **gagner des points d'audience** to go up in the ratings ◆ **taux d'audience** (TV) viewing figures; (Radio) listening figures ◆ **part d'audience** audience share ◆ **9,4 points d'audience** 9.4 points in the ratings, 9.4 rating points (US) ◆ **cette série a battu tous les records d'audience** the series has broken all viewing ou listening records ◆ **heure de grande audience** (TV) peak viewing time; (Radio) peak listening time

**audimat ®** [odimat] nm inv (= appareil) audience research device; (= taux d'écoute) ratings ◆ **avoir un bon audimat, faire de l'audimat** to have good ratings

**audimètre** [odimɛtʀ] nm audience research device

**audimétrie** [odimetʀi] nf audience monitoring

**audio** [odjo] adj inv fréquence, matériel, cassette audio

**audioconférence** [odjokɔ̃feʀɑ̃s] nf audioconference

**audio-électronique,** pl **audio-électroniques** [odjoelɛktʀɔnik] adj audiotronic

**audiofréquence** [odjofʀekɑ̃s] nf audio frequency

**audiogramme** [odjogʀam] nm audiogram

**audioguide** [odjogid] nm tape guide

**audiologie** [odjɔlɔʒi] nf audiology

**audiomètre** [odjomɛtʀ] nm audiometer

**audiométrie** [odjometʀi] nf audiometry

**audionumérique** [odjonymeʀik] adj digital

**audio-oral, e,** mpl **audio-oraux** [odjooʀal, o] adj exercices, méthode audio (épith)

**audiophone** [odjofɔn] nm hearing aid

**audioprothésiste** [odjopʀɔtezist] nmf hearing aid specialist

**audiotexte** [odjotɛkst] nm audiotext

**audiotypie** [odjotipi] nf audiotyping

**audiotypiste** [odjotipist] nmf audiotypist

**audiovisuel, -elle** [odjovizɥɛl] [1] adj audiovisual
[2] nm ◆ **l'audiovisuel** (= équipement) audiovisual aids; (= méthodes) audiovisual techniques ou methods; (= radio et télévision) radio and television

**audit** [odit] → SYN nm a (= contrôle) audit ◆ **faire l'audit de** to audit
b (= personne) auditor

**auditer** [odite] ▸ conjug 1 ◂ vt to audit

**auditeur, -trice** [oditœʀ, tʀis] → SYN nm,f (gén, Radio) listener; (Ling) hearer; (Fin) auditor ◆ **le conférencier avait charmé ses auditeurs** the lecturer had captivated his audience ◆ **auditeur libre** (Univ) *person who registers to sit in on lectures* auditor (US) ◆ **auditeur à la Cour des comptes** junior official *(at the Cour des Comptes)*

**auditif, -ive** [oditif, iv] adj auditory ◆ **troubles auditifs** hearing problems ou difficulties ◆ **aide** ou **prothèse auditive** hearing aid

**audition** [odisjɔ̃] → SYN nf a (Mus, Théât) (= essai) audition; (= récital) recital; (= concert d'élèves) concert (*de* by) ◆ **passer une audition** to audition, have an audition
b (Jur) hearing ◆ **après une heure d'audition par le juge** after a one-hour hearing before the judge ◆ **procéder à l'audition d'un témoin** to hear a witness
c (= écoute) listening (*de* to) ◆ **salle conçue pour l'audition de la musique** room designed for listening to music
d (= ouïe) hearing

**auditionner** [odisjɔne] → SYN ▸ conjug 1 ◂ [1] vt to audition, give an audition to
[2] vi to be auditioned, audition

**auditoire** [oditwaʀ] → SYN [1] nm audience
[2] adj (Ling) auditory

**auditorium** [oditɔʀjɔm] → SYN nm auditorium

**auge** [oʒ] → SYN nf (Agr, Constr) trough ◆ **vallée en auge, auge glaciaire** (Géog) U-shaped valley, trough ◆ **passe ton auge !** * (hum) give us your plate! *

**Augias** [oʒjas] nm Augeas; → **écurie**

**augment** [ɔgmɑ̃] nm augment

**augmentatif, -ive** [ɔgmɑ̃tatif, iv] adj (Gram) augmentative

**augmentation** [ɔgmɑ̃tasjɔ̃] → SYN nf (= accroissement) (gén) increase; [prix, population, production] increase, rise (*de* in) ◆ **augmentation de capital** increase in capital ◆ **augmentation de salaire** pay rise (Brit), (pay) raise (US) ◆ **réclamer une augmentation (de salaire)** (collectivement) to make a wage claim; (individuellement) to put in for a pay rise (Brit) ou raise (US) ◆ **l'augmentation des salaires par la direction** the management's raising of salaries ◆ **l'augmentation des prix par les commerçants** the raising ou putting up of prices by shopkeepers

**augmenter** [ɔgmɑ̃te] → SYN ▸ conjug 1 ◂ [1] vt a [+ salaire, prix, impôts] to increase, raise, put up; [+ nombre] to increase, raise, augment; [+ production, quantité, dose] to increase, step up, raise; [+ durée] to increase; [+ difficulté, inquiétude] to add to, increase; [+ intérêt] to heighten ◆ **augmenter les prix de 10 %** to increase ou raise ou put up prices by 10% ◆ **il augmente ses revenus en faisant des heures supplémentaires** he augments ou supplements his income by working overtime ◆ **sa collection s'est augmentée d'un nouveau tableau** he has extended ou enlarged his collection with a new painting, he has added a new painting to his collection ◆ **augmenter (de 5 mailles)** (Tricot) to increase (5 stitches) ◆ **tierce augmentée** (Mus) augmented third ◆ **ceci ne fit qu'augmenter sa colère** this only added to his anger; → **édition**
b **augmenter qn (de 75 €)** to increase sb's salary (by €75), give sb a (€75) rise (Brit) ou raise (US) ◆ **il n'a pas été augmenté depuis 2 ans** he has not had ou has not been given a rise (Brit) ou raise (US) ou a salary increase for 2 years
[2] vi (= grandir) [salaire, prix, impôts] to increase, rise, go up; [marchandises] to go up; [poids, quantité] to increase; [population, production] to grow, increase, rise; [douleur] to grow ou get worse, increase; [difficulté, inquié-

tude] to grow, increase ◆ **augmenter de poids/volume** to increase in weight/volume; → **vie**

**augure** [ogyʀ] → SYN nm a (= devin) (Hist) augur; (hum) soothsayer, oracle ◆ **consulter les augures** to consult the oracle
b (= présage) omen; (Hist) augury ◆ **être de bon augure** to be of good omen, augur well ◆ **résultat de bon augure** promising ou encouraging result ◆ **être de mauvais augure** to be ominous ou of ill omen, augur ill ◆ **cela me paraît de bon/mauvais augure** that's a good/bad sign, that augurs well/badly ou ill; → **accepter, oiseau**

**augurer** [ogyʀe] → SYN ▸ conjug 1 ◂ vt ◆ **que faut-il augurer de son silence ?** what must we gather ou understand from his silence? ◆ **je n'augure rien de bon de cela** I don't foresee ou see any good coming from ou out of it ◆ **cela augure bien/mal de la suite** that augurs well/ill (for what is to follow)

**Auguste** [ogyst] nm Augustus ◆ **le siècle d'Auguste** (Antiq) the Augustan age

**auguste** [ogyst] → SYN 1 adj personnage, assemblée august; geste noble, majestic
2 nm ◆ **l'auguste** ≈ Coco the clown

**augustin, e** [ogystɛ̃, in] → SYN nm,f (Rel) Augustinian

**augustinien, -ienne** [ogystinjɛ̃, jɛn] → SYN adj Augustinian

**aujourd'hui** [oʒuʀdɥi] → SYN adv a (= ce jour-ci) today ◆ **aujourd'hui en huit** a week from today, a week today (Brit), today week (Brit) ◆ **il y a aujourd'hui 10 jours que ...** it's 10 days ago today that ... ◆ **c'est tout pour aujourd'hui** that's all ou that's it for today ◆ **à dater** ou **à partir d'aujourd'hui** (as) from today, from today onwards ◆ **je le ferai dès aujourd'hui** I'll do it this very day ◆ **alors cette bière, c'est pour aujourd'hui ou pour demain ?** (hum) any chance of getting that beer sometime today? ◆ **ça ne date pas d'aujourd'hui** [objet] it's not exactly new; [situation, attitude] it's nothing new; → **jour**
b (= de nos jours) today, nowadays, these days ◆ **les jeunes d'aujourd'hui** young people nowadays, (the) young people of today

**aula** [ola] → SYN nf (Helv) (= amphithéâtre) lecture hall; (= salle) (large) room

**aulnaie** [o(l)nɛ] nf alder grove

**aulne** [o(l)n] → SYN nm alder

**aulof(f)ée** [olɔfe] nf luffing

**aulx** [o] nmpl → **ail**

**aumône** [omon] → SYN nf (= don) charity (NonC), alms; (= action de donner) almsgiving ◆ **vivre d'aumône(s)** to live on charity ◆ **demander l'aumône** (lit) to ask ou beg for charity ou alms; (fig) to beg (for money etc ) ◆ **faire l'aumône** to give alms (*à* to) ◆ **dix euros ! c'est une aumône** ten euros, that's a beggarly sum! ◆ **je ne vous demande pas l'aumône** I'm not asking for charity ◆ **faire** ou **accorder l'aumône d'un sourire à qn** to favour sb with a smile

**aumônerie** [omonʀi] nf chaplaincy

**aumônier** [omonje] → SYN nm chaplain

**aumônière** [omonjɛʀ] → SYN nf (Hist, Rel) purse

**aune**[1] [on] nm ⇒ **aulne**

**aune**[2] [on] nf ≈ ell ◆ **il fit un nez long d'une aune, son visage s'allongea d'une aune** he pulled a long face ou a face as long as a fiddle (Brit)

**auparavant** [opaʀavɑ̃] → SYN adv (= d'abord) before(hand), first; (= avant) before(hand), previously

**auprès** [opʀɛ] → SYN 1 adv (littér) nearby
2 **auprès de** loc prép a (= à côté de) next to, close to, by; (= au chevet de, aux côtés de) with ◆ **rester auprès d'un malade** to stay with an invalid ◆ **s'asseoir auprès de la fenêtre/de qn** to sit down by ou close to the window/by ou next to ou close to sb
b (= comparé à) compared with, in comparison with, next to ◆ **notre revenu est élevé auprès du leur** our income is high compared with ou in comparison with our next to theirs
c (= s'adressant à) **faire une demande auprès des autorités** to apply to the authorities, lodge a request with the authorities ◆ **faire une démarche auprès du ministre** to approach the minister, apply to the minister ◆ **ambassadeur auprès du Vatican** ambassador to the Vatican
d (= dans l'opinion de) in the opinion of ◆ **il passe pour un incompétent auprès de ses collègues** his colleagues regard him as incompetent, he is incompetent in the opinion of his colleagues

**auquel** [okɛl] → **lequel**

**aura** [ɔʀa] → SYN nf aura

**auréole** [ɔʀeɔl] → SYN nf a (Art, Astron) halo, aureole ◆ **auréole de cheveux blonds** halo of blond hair ◆ **entouré de l'auréole du succès** flushed with success ◆ **paré de l'auréole du martyre** wearing a martyr's crown ou the crown of martyrdom ◆ **parer qn d'une auréole** to glorify sb
b (= tache) ring

**auréoler** [ɔʀeɔle] → SYN ▸ conjug 1 ◂ 1 vt (gén ptp) (= glorifier) to glorify; (Art) to encircle with a halo ◆ **tête auréolée de cheveux blancs** head with a halo of white hair ◆ **auréolé de gloire** wreathed in ou crowned with glory ◆ **être auréolé de prestige** to have an aura of prestige
2 **s'auréoler** vpr ◆ **s'auréoler de** to take on an aura of

**auréomycine** [ɔʀeomisin] nf aureomycin (Brit), Aureomycin ® (US)

**auriculaire** [ɔʀikylɛʀ] 1 nm little finger
2 adj auricular; → **témoin**

**auricule** [ɔʀikyl] → SYN nf auricle

**auriculothérapie** [ɔʀikyloteʀapi] nf aural acupuncture

**aurifère** [ɔʀifɛʀ] adj gold-bearing

**aurification** [ɔʀifikasjɔ̃] nf [dent] filling with gold

**aurifier** [ɔʀifje] ▸ conjug 7 ◂ vt [+ dent] to fill with gold

**aurige** [ɔʀiʒ] → SYN nm charioteer ◆ **l'Aurige de Delphes** (Art) the Charioteer of Delphi

**aurignacien, -ienne** [ɔʀiɲasjɛ̃, jɛn] 1 adj Aurignacian
2 nm ◆ **l'aurignacien** the Aurignacian period

**Aurigny** [ɔʀiɲi] nf Alderney

**aurique**[1] [ɔʀik] adj (Naut) ◆ **voile aurique** fore-and-aft sail

**aurique**[2] [ɔʀik] adj (Chim) auric

**aurochs** [ɔʀɔk] nm aurochs

**auroral, e,** mpl **-aux** [ɔʀɔʀal, o] adj auroral

**aurore** [ɔʀɔʀ] → SYN nf a (= lever du jour) dawn, daybreak, first light ◆ **à l'aurore** at dawn ou first light ou daybreak ◆ **avant l'aurore** before dawn ou daybreak ◆ **se lever/partir aux aurores** to get up/leave at the crack of dawn ◆ **aurore australe** aurora australis ◆ **aurore boréale** northern lights, aurora borealis ◆ **aurore polaire** polar lights
b (littér = début) dawn, beginning ◆ **à l'aurore de** at the dawn of

**auscultation** [ɔskyltasjɔ̃] → SYN nf auscultation

**ausculter** [ɔskylte] → SYN ▸ conjug 1 ◂ vt to sound (the chest of), auscultate (SPÉC)

**auspices** [ɔspis] nmpl a (Antiq) auspices
b **sous de bons/mauvais auspices** under favourable/unfavourable auspices ◆ **sous les auspices de qn** under the patronage ou auspices of sb ◆ **la réunion a commencé sous les meilleurs auspices** the meeting got off to a most auspicious start

**aussi** [osi] GRAMMAIRE ACTIVE 5.3, 26.5 → SYN
1 adv a (= également) too, also ◆ **je suis fatigué et eux aussi** I'm tired and so are they ou and they are too ◆ **il travaille bien et moi aussi** he works well and so do I ◆ **il parle aussi l'anglais** he also speaks English, he speaks English as well ou too ◆ **lui aussi parle l'anglais** he speaks English too ou as well, he too speaks English ◆ **il parle l'italien et aussi l'anglais** he speaks Italian and English too ou as well, he speaks Italian and also English ◆ **il a la grippe – lui aussi ?** he's got the flu – him too?* ou him as well? ◆ **c'est aussi mon avis** I think so too ou as well, that's my view too ou as well ◆ **faites bon voyage – vous aussi** have a good journey – you too ou (the) same to you ◆ **il ne suffit pas d'être doué, il faut aussi travailler** it's not enough to be talented, you also have to work ◆ **toi aussi, tu as peur ?** so you are afraid too? ou as well?
b (comparaison)
◆ **aussi ... que** as tall etc as ◆ **il est aussi bête que méchant** ou **qu'il est méchant** he's as stupid as he is ill-natured ◆ **viens aussi souvent que tu voudras** come as often as you like ◆ **s'il pleut aussi peu que l'an dernier** if it rains as little as last year ◆ **il devint aussi riche qu'il l'avait rêvé** he became as rich as he had dreamt he would ◆ **pas aussi riche qu'on le dit** not as rich as he is said to be ◆ **la piqûre m'a fait tout aussi mal que la blessure** the injection hurt me just as much as the injury (did) ◆ **aussi vite que possible** as quickly as possible ◆ **d'aussi loin qu'il nous vit il cria** far away though he was he shouted as soon as he saw us
c (= si, tellement) so ◆ **je ne te savais pas aussi bête** I didn't think you were so ou that* stupid ◆ **comment peut-on laisser passer une aussi bonne occasion ?** how can one let slip such a good opportunity? ou so good an opportunity? ◆ **je ne savais pas que cela se faisait aussi facilement (que ça)** I didn't know that could be done as easily (as that) ou so easily ou that easily* ◆ **aussi léger qu'il fût** light though he was ◆ **aussi idiot que ça puisse paraître** silly though ou as it may seem
d (= tout autant) **aussi bien** just as well, just as easily ◆ **tu peux aussi bien dire non** you can just as easily ou well say no ◆ **puisqu'aussi bien tout est fini** (littér) since everything is finished ◆ **ça peut aussi bien représenter une montagne qu'un animal** it could just as well ou easily represent a mountain as an animal ◆ **aussi sec*** straight away, there and then
2 conj (= en conséquence) therefore, consequently ◆ **je suis faible, aussi ai-je besoin d'aide** I'm weak, therefore ou consequently I need help ◆ **tu n'as pas compris, aussi c'est ta faute : tu n'écoutais pas** you haven't understood, well, it's your own fault – you weren't listening

**aussitôt** [osito] → SYN adv straight away, immediately ◆ **aussitôt arrivé/descendu il s'attabla** as soon as he arrived/came down he sat down at table ◆ **aussitôt le train arrêté, elle descendit** as soon as ou immediately (Brit) the train stopped she got out ◆ **aussitôt dit, aussitôt fait** no sooner said than done ◆ **aussitôt après son retour** straight ou directly ou immediately after his return ◆ **il est parti aussitôt après** he left straight ou directly ou immediately after ◆ **aussitôt que** as soon as ◆ **aussitôt que je le vis** as soon as ou the moment I saw him

**austénite** [ɔstenit] nf austenite

**austère** [ɔstɛʀ] → SYN adj personne, vie, style, monument austere; livre, lecture dry ◆ **coupe austère d'un manteau** severe cut of a coat

**austérité** [ɔsteʀite] → SYN nf [personne, vie, style, monument] austerity; [livre, lecture] dryness ◆ **austérités** (Rel) austerities ◆ **mesures/politique d'austérité** (Pol) austerity measures/policy

**austral, e,** mpl **australs** [ɔstʀal] → SYN adj southern, austral (SPÉC) ◆ **pôle austral** South Pole; → **aurore**

**Australasie** [ɔstʀalazi] nf Australasia ◆ **d'Australasie** produit, habitant Australasian

**Australie** [ɔstʀali] nf ◆ **l'Australie** (the Commonwealth of) Australia ◆ **Australie-Méridionale/-Occidentale** South/Western Australia

**australien, -ienne** [ɔstʀaljɛ̃, jɛn] → SYN 1 adj Australian
2 **Australien(ne)** nm,f Australian

**australopithèque** [ɔstʀalɔpitɛk] nm Australopithecus

**autan** [otɑ̃] → SYN nm ◆ **(vent d')autan** *(strong and hot) southerly wind*

**autant** [otɑ̃] → SYN adv a (quantité) **j'en voudrais encore autant** I'd like as much again ◆ **ils sont autant à plaindre l'un que l'autre** you have to feel just as sorry for both of them
◆ **autant de** (quantité) as much (*que* as); (nombre) as many (*que* as) ◆ **il y a (tout) autant de place ici (que là-bas)** there's (just) as much room here (as over there) ◆ **il n'y a pas autant de neige que l'année dernière** there

isn't as much ou there's not so much snow as last year ◆ **nous avons autant de voitures qu'eux** we have as many cars as they have ◆ **il nous prêtera autant de livres qu'il pourra** he'll lend us as many books as he can ◆ **ils ont autant de mérite l'un que l'autre** they have equal merit ◆ **ils ont autant de talent l'un que l'autre** they are both equally talented ◆ **tous ces enfants sont autant de petits menteurs** all these children are so many little liars ◆ **toutes ces photos sont autant de preuves** these photos all constitute proof

◆ **comme autant de** (= pareils à) ◆ **les gens tout en bas, comme autant de fourmis** the people far below, like so many ants

◆ **autant que** ◆ **tous autant que vous êtes** every single one of you, the whole lot of you (Brit) ◆ **nous sommes autant qu'eux** we are as many as they are ou as them, there are as many of us as of them

**b** (intensité) as much (*que* as) ◆ **il travaille toujours autant** he works as hard as ever, he's still working as hard ◆ **pourquoi travaille-t-il autant ?** why does he work so much? ou so hard? ◆ **rien ne lui plaît autant que de regarder les autres travailler** there is nothing he likes so much as ou likes better than watching others work ◆ **intelligent, il l'est autant que vous** he's just as intelligent as you are ◆ **il peut crier autant qu'il veut** he can scream as much as he likes ◆ **cet avertissement vaut pour vous autant que pour lui** this warning applies to you as much as to him ◆ **courageux autant que compétent** courageous as well as competent, as courageous as he is competent ◆ **autant prévenir la police** it would be as well to tell the police; → **aimer**

**c** (= tellement) (quantité) so much, such; (nombre) so many, such a lot of ◆ **elle ne pensait pas qu'il aurait autant de succès/qu'il mangerait autant** she never thought that he would have so much ou such success ou be so successful/that he would eat so much ou such a lot ◆ **vous invitez toujours autant de gens ?** do you always invite so many people? ou such a lot of people? ◆ **j'ai rarement vu autant de monde** I've seldom seen such a crowd ou so many people

**d** (Loc) **autant dire qu'il ne sait rien/qu'il est fou** you ou one might as well say that he doesn't know anything/that he's mad ◆ **autant pour moi !** my mistake! ◆ **il ne le fera qu'autant qu'il saura que vous êtes d'accord** he'll only do it in so far as he knows you agree ◆ (Prov) **autant d'hommes, autant d'avis** every man to his own opinion ◆ **"Autant en emporte le vent"** (Littérat) "Gone with the Wind"

◆ **autant ... autant** ◆ **autant il est généreux, autant elle est avare** he is as generous as she is miserly ◆ **autant il aime les chiens, autant il déteste les chats** he likes dogs as much as he hates cats

◆ **autant que possible** as much ou as far as possible ◆ **il voudrait, autant que possible, éviter les grandes routes** he would like to avoid the major roads as much ou as far as possible

◆ **c'est autant de** ◆ **c'est autant de gagné** ou **de pris** that's something at least ◆ **c'est autant de fait** that's that done at least

◆ **pour autant** for all that ◆ **vous l'avez aidé mais il ne vous remerciera pas pour autant** you helped him but you won't get any thanks from him for all that ◆ **il a gagné, cela ne signifie pas pour autant qu'il est le meilleur** he won, but that doesn't mean that he's the best

◆ **(pour) autant que** ◆ (pour) **autant que je** (ou **qu'il** etc ) **sache** as far as I know (ou he etc knows), to the best of my (ou his etc ) knowledge

◆ **d'autant** ◆ **ce sera augmenté d'autant** it will be increased accordingly ou in proportion

◆ **d'autant ... que** ◆ **d'autant (plus) que** all the more so since ou because ou as ◆ **c'est d'autant plus dangereux qu'il n'y a pas de parapet** it's all the more dangerous since ou because there is no parapet ◆ **écrivez-lui, d'autant (plus) que je ne suis pas sûr qu'il vienne demain** you'd better write to him especially as ou since I'm not sure if he's coming tomorrow ◆ **d'autant plus !** all the more reason! ◆ **cela se gardera d'autant mieux (que ...)** it will keep even better ou all the better (since ...) ◆ **nous le voyons d'autant moins qu'il habite très loin maintenant** we see him even less now ou we see even less of him now that he lives a long way away

◆ **en ... autant** (= la même chose) the same ◆ **je ne peux pas en dire autant** I can't say the same (for myself) ◆ **je peux en faire autant** I can do as much ou the same

**autarcie** [otaʀsi] → SYN nf autarchy, autarky

**autarcique** [otaʀsik] adj autarchic, autarkic

**autel** [otɛl] → SYN nm **a** (Rel) altar ◆ **autel portatif** portable altar ◆ **conduire qn à l'autel** (= l'épouser) to lead sb to the altar ◆ **conduire** ou **mener sa fille à l'autel** to take one's daughter down the aisle; → **trône**
**b** (littér) altar ◆ **dresser un autel** ou **des autels à qn** to worship sb, put sb on a pedestal ◆ **sacrifier qch sur l'autel de** to sacrifice sth on the altar of

**auteur** [otœʀ] → SYN nm **a** [texte, roman] author, writer; [opéra] composer; [procédé] originator, author; [crime, coup d'état] perpetrator ◆ **l'auteur de l'invention** the inventor ◆ **il en est l'auteur** (invention) he invented it; (texte) he wrote it, he's the author ◆ **l'auteur de ce canular** the hoaxer ◆ **l'auteur de l'accident** the person who caused the accident ◆ **l'auteur de ce tableau** the painter, the artist who painted the picture ◆ **qui est l'auteur de cette affiche ?** who designed this poster? ◆ **"auteur inconnu"** (dans un musée) "anonymous", "artist unknown" ◆ **il fut l'auteur de sa propre ruine** he was the author of his own ruin ◆ **Prévert est l'auteur des paroles, Kosma de la musique** Prévert wrote the words ou lyrics and Kosma composed the music ◆ **l'auteur de mes jours** († ou hum) my noble progenitor († ou hum) ◆ **auteur-compositeur(-interprète)** singer-songwriter ◆ **film/cinéma d'auteur** arthouse film ou movie (US) /films ou movies (US); → **droit**[3]
**b** (= écrivain) author ◆ **lire tout un auteur** to read all of an author's works ◆ **c'est un auteur connu** (femme) she is a well-known author ou authoress; → **femme**

**authenticité** [otɑ̃tisite] → SYN nf [œuvre d'art, récit, document, signature] authenticity

**authentification** [otɑ̃tifikasjɔ̃] nf authentication

**authentifier** [otɑ̃tifje] → SYN ▸ conjug 7 ◂ vt to authenticate

**authentique** [otɑ̃tik] → SYN adj œuvre d'art, récit authentic, genuine; signature, document authentic; sentiment genuine ◆ **c'est vrai ? – authentique !** really? – really! ◆ **un authentique Van Gogh** a genuine Van Gogh; → **acte**

**authentiquement** [otɑ̃tikmɑ̃] adv genuinely, authentically; rapporter faithfully

**autisme** [otism] nm autism

**autiste** [otist] adj, nmf autistic

**autistique** [otistik] adj autistic

**auto** [oto] **1** nf (= voiture) car, automobile (US) ◆ **autos tamponneuses** bumper cars, dodgems (Brit); → **salon, train**
**2** adj inv ◆ **assurance auto** car ou motor (Brit) ou automobile (US) insurance ◆ **frais auto** running costs *(of a car)*

**auto...** [oto] préf self- ◆ auto(-)adhésif self-adhesive ◆ **auto(-)discipline** self-discipline

**autoaccusation** [otoakyzasjɔ̃] nf self-accusation

**autoallumage** [otoalymaʒ] nm pre-ignition

**autoamorçage** [otoamɔʀsaʒ] nm automatic priming

**autoberge** [otobɛʀʒ] → SYN nm riverside ou embankment expressway

**autobiographie** [otobjɔgʀafi] → SYN nf autobiography

**autobiographique** [otobjɔgʀafik] adj autobiographic(al)

**autobronzant, e** [otobʀɔ̃zɑ̃, ɑ̃t] **1** adj self-tanning (épith), instant tanning (épith)
**2** **autobronzant** nm self-tanning cream

**autobus** [ɔtɔbys] → SYN nm bus ◆ **autobus à impériale** (Hist) double decker (bus) ◆ **autobus scolaire** (Can) school bus

**autocar** [ɔtɔkaʀ] nm coach (Brit), bus (US); (de campagne) country bus

**autocaravane** [otokaʀavan] nf motor caravan (Brit), motorhome (US), camper (US)

**autocariste** [otokaʀist] nm coach ou bus operator

**autocassable** [otokɑsabl] adj ampoule with a snap-off top

**autocastration** [otokastʀasjɔ̃] nf self-castration

**autocélébration** [otoselebʀasjɔ̃] nf (péj) self-congratulation ◆ **l'heure est à l'autocélébration chez les élus** the newly-elected representatives are in a self-congratulatory mood ou are busy patting themselves on the back

**autocensure** [otosɑ̃syʀ] nf self-censorship

**autocensurer (s')** [otosɑ̃syʀe] ▸ conjug 1 ◂ vpr to practise self-censorship, censor o.s.

**autocéphale** [otosefal] adj (Rel) autocephalous

**autochenille** [otoʃ(ə)nij] nf half-track

**autochrome** [otokʀom] **1** adj film, plaque autochrome
**2** nf (= plaque) autochrome *(early colour photograph)*

**autochtone** [ɔtɔktɔn] → SYN **1** adj native, autochthonous (SPÉC); (Géol) autochthonous
**2** nmf native, autochthon (SPÉC)

**autoclave** [otoklav] → SYN adj, nm ◆ (Méd, Tech) **(appareil** ou **marmite) autoclave** autoclave

**autocollant, e** [otokɔlɑ̃, ɑ̃t] → SYN **1** adj étiquette self-adhesive, self-sticking; papier self-adhesive; enveloppe self-seal, self-adhesive
**2** nm sticker

**autoconsommation** [otokɔ̃sɔmasjɔ̃] → SYN nf ◆ **économie d'autoconsommation** subsistence economy

**autocopiant, e** [otokɔpjɑ̃, ɑ̃t] adj papier self-copy

**autocopie** [otokɔpi] nf (= procédé) use of self-copy paper; (= épreuve) copy *(from self-copy paper)*

**autocorrection** [otokɔʀɛksjɔ̃] nf autocorrection

**autocrate** [otokʀat] → SYN nm autocrat

**autocratie** [otokʀasi] → SYN nf autocracy

**autocratique** [otokʀatik] → SYN adj autocratic

**autocratiquement** [otokʀatikmɑ̃] adv autocratically

**autocritique** [otokʀitik] → SYN nf self-criticism ◆ **faire son autocritique** to criticize o.s.

**autocuiseur** [otokɥizœʀ] → SYN nm pressure cooker

**autodafé** [otodafe] nm auto-da-fé

**autodéclaré, e** [otodeklaʀe] adj self-declared

**autodéfense** [otodefɑ̃s] nf self-defence ◆ **groupe d'autodéfense** vigilante group ou committee

**autodénigrement** [otodenigʀəmɑ̃] nm self-denigration

**autodérision** [otodeʀizjɔ̃] nf self-mockery, self-derision ◆ **pratiquer l'autodérision** to mock o.s.

**autodésigner (s')** [otodeziɲe] ▸ conjug 1 ◂ vpr to designate o.s.

**autodestructeur, -trice** [otodɛstʀyktœʀ, tʀis] adj self-destructive

**autodestruction** [otodɛstʀyksjɔ̃] → SYN nf self-destruction

**autodétermination** [otodetɛʀminasjɔ̃] nf self-determination

**autodétruire (s')** [otodetʀɥiʀ] ▸ conjug 38 ◂ vpr [bande] to self-destruct; [entreprise, pays, civilisation] to destroy itself; [personne] to destroy o.s.

**autodictée** [otodikte] nf dictation (written from memory)

**autodidacte** [otodidakt] **1** adj self-taught
**2** nmf self-taught person, autodidact (frm)

**autodirecteur, -trice** [otodiʀɛktœʀ, tʀis] adj self-guiding

**autodissolution** [otodisɔlysjɔ̃] nf [assemblée, association, parti] self-dissolution

**autodissoudre (s')** [otodisudʀ] ▸ conjug 51 ◂ vpr [assemblée, parti] to dissolve itself

**autodrome** [otodʀom] → SYN nm motor-racing track, autodrome

**auto-école,** pl **auto-écoles** [otoekɔl] **nf** driving school ◆ **moniteur d'auto-école** driving instructor

**autoérotique** [otoeʀɔtik] **adj** auto-erotic

**autoérotisme** [otoeʀɔtism] **nm** auto-eroticism, auto-erotism

**autoévaluation** [otoevalɥasjɔ̃] **nf** self-assessment

**autoévaluer (s')** [otoevalɥe] ▸ conjug 1 ◂ **vpr** to assess oneself

**autoexcitateur, -trice** [otoɛksitatœʀ, tʀis] **adj** self-excited

**autofécondation** [otofekɔ̃dasjɔ̃] **nf** self-fertilization

**autofinancement** [otofinɑ̃smɑ̃] **nm** self-financing

**autofinancer (s')** [otofinɑ̃se] ▸ conjug 1 ◂ **vpr** [entreprise] to be ou become self-financing ◆ **programme de recherches autofinancé** self-supporting ou self-financed research programme

**autoflagellation** [otoflaʒelasjɔ̃] **nf** self-flagellation

**autofocus** [otofɔkys] **adj, nm** autofocus

**autoformation** [otofɔʀmasjɔ̃] **nf** self-training

**autogame** [otogam] **adj** autogamous, autogamic

**autogamie** [otogami] **nf** autogamy

**autogène** [otoʒɛn] **adj** → **soudure**

**autogérer (s')** [otoʒeʀe] ▸ conjug 1 ◂ **vpr** to be self-managing ◆ **organisme autogéré** self-managed ou -run body

**autogestion** [otoʒɛstjɔ̃] → SYN **nf** (gén) self-management; (avec les ouvriers) joint worker-management control

**autogestionnaire** [otoʒɛstjɔnɛʀ] **adj** self-managing (épith)

**autogire** [otoʒiʀ] → SYN **nm** autogiro, autogyro

**autographe** [ɔtɔgʀaf] **adj, nm** autograph

**autographie** [ɔtɔgʀafi; otogʀafi] **nf** autography

**autographier** [ɔtɔgʀafje; otogʀafje] ▸ conjug 7 ◂ **vt** to reproduce by autography

**autographique** [otogʀafik] **adj** autographic(al)

**autogreffe** [otogʀɛf] **nf** autograft

**autoguidage** [otogidaʒ] **nm** self-steering, self-guiding ◆ **système d'autoguidage** (Mil) homing system

**autoguidé, e** [otogide] **adj** self-guided

**auto-immune** [otoi(m)myn] **adj f** autoimmune

**auto-immunisation** [otoimynizasjɔ̃] **nf** autoimmunization

**auto-induction** [otoɛ̃dyksjɔ̃] **nf** (Phys) self-induction

**auto-infection** [otoɛ̃fɛksjɔ̃] **nf** autoinfection

**auto-intoxication** [otoɛ̃tɔksikasjɔ̃] **nf** auto-intoxication

**autolimitation** [otolimitasjɔ̃] **nf** [importations] voluntary restraint ◆ **accords d'autolimitation** voluntary restraint agreements

**autolubrifiant, e** [otolybʀifjɑ̃, jɑ̃t] **adj** self-lubricating

**autolyse** [otoliz] **nf** autolysis

**automate** [ɔtɔmat] → SYN **nm** **a** (= robot, personne) automaton ◆ **marcher comme un automate** to walk like a robot

**b** [tickets de transport] (automatic) ticket machine

**automaticien, -ienne** [ɔtɔmatisjɛ̃, jɛn] **nm,f** automation specialist

**automaticité** [ɔtɔmatisite] **nf** automaticity

**automation** [ɔtɔmasjɔ̃] → SYN **nf** automation

**automatique** [ɔtɔmatik] GRAMMAIRE ACTIVE 27.3 → SYN

**1** **adj** automatic; → **distributeur**

**2** **nm** (Téléc) ≃ subscriber trunk dialling (Brit), ≃ STD (Brit), ≃ direct distance dialing (US); (= revolver) automatic

**automatiquement** [ɔtɔmatikmɑ̃] → SYN **adv** automatically

**automatisation** [ɔtɔmatizasjɔ̃] **nf** automation

**automatiser** [ɔtɔmatize] → SYN ▸ conjug 1 ◂ **vt** to automate

**automatisme** [ɔtɔmatism] → SYN **nm** automatism; [machine] automatic functioning, automatism ◆ **s'entraîner pour acquérir des automatismes** to practice in order to develop automatic reflexes

**automédication** [otomedikasjɔ̃] **nf** self-medication ◆ **faire de l'automédication** to medicate o.s.

**automédon** [ɔtɔmedɔ̃] → SYN **nm** († ou hum) coachman

**automitrailleuse** [otomitʀajøz] **nf** armoured (Brit) ou armored (US) car

**automnal, e,** mpl **-aux** [ɔtɔnal, o] **adj** autumnal

**automne** [ɔtɔn] → SYN **nm** autumn, fall (US) ◆ **en automne** in (the) autumn, in the fall ◆ **il est à l'automne de ses jours** (fig) he's in the autumn ou fall (US) of his life

**automobile** [ɔtɔmɔbil] → SYN **1** **adj** véhicule self-propelled, motor (épith), automotive; course, sport motor (épith); assurance, industrie motor (épith), car (épith), automobile (épith) (US); → **canot**

**2** **nf** (= voiture) motor car (Brit), automobile (US) ◆ **l'automobile** (= industrie) the car ou motor ou automobile (US) industry; (Sport, = conduite) driving, motoring (Brit) ◆ **termes d'automobile** motoring terms ◆ **être passionné d'automobile** to be a car fanatic ◆ **aimer les courses d'automobiles** to like motor (Brit) ou car (US) racing

**automobilisme** [ɔtɔmɔbilism] **nm** driving, motoring (Brit)

**automobiliste** [ɔtɔmɔbilist] **nmf** driver, motorist (Brit)

**automorphisme** [otomɔʀfism] **nm** automorphism

**automoteur, -trice** [otomɔtœʀ, tʀis] **1** **adj** self-propelled, motorized, motor (épith), automotive

**2** **automotrice** **nf** electric railcar

**automutilation** [otomytilasjɔ̃] **nf** self-mutilation

**automutiler (s')** [otomytile] ▸ conjug 1 ◂ **vpr** [personne, animal] to mutilate o.s.

**autoneige** [otonɛʒ] **nf** (Can) snowmobile (US, Can), snowcat

**autonettoyant, e** [otonetwajɑ̃, ɑ̃t] **adj** self-cleaning (épith)

**autonome** [ɔtɔnɔm] → SYN **adj** **a** territoire autonomous, self-governing ◆ **groupuscule autonome** group of political extremists; → **port**

**b** personne self-sufficient; (Philos) volonté autonomous; (Ordin) off-line; → **scaphandre**

**autonomie** [ɔtɔnɔmi] → SYN **nf** **a** (Admin, Fin, Philos, Pol) autonomy ◆ **certains Corses/Bretons veulent l'autonomie** some Corsicans/Bretons want home rule ou autonomy ou self-government

**b** (Aut, Aviat) range ◆ **cette voiture a une autonomie de 100 kilomètres** the car has a range of 100 kilometres ◆ **ce baladeur a une autonomie de 3 heures** this personal stereo has a 3-hour charge

**autonomiste** [ɔtɔnɔmist] → SYN **adj, nmf** (Pol) separatist

**autonyme** [otonim] **adj** autonymous

**autoparodie** [otopaʀɔdi] **nf** self-parody

**autoplastie** [otoplasti] **nf** autoplasty

**autopompe** [otopɔ̃p] **nf** fire-engine

**autopont** [otopɔ̃] **nm** flyover (Brit), overpass (US)

**autoportant, e** [otopɔʀtɑ̃, ɑ̃t], **autoporteur -euse** [otopɔʀtœʀ, øz] **adj** self-supporting

**autoportrait** [otopɔʀtʀɛ] **nm** self-portrait

**autoprescription** [otopʀɛskʀipsjɔ̃] **nf** [médicaments] self-prescribing

**autoproclamé, e** [otopʀɔklame] (ptp de **s'autoproclamer**) **adj** (péj) self-proclaimed

**autoproclamer (s')** [otopʀɔklame] ▸ conjug 1 ◂ **vpr** (péj) [personne] to proclaim o.s. ◆ **il s'est autoproclamé expert** he has set himself up as an expert, he has proclaimed himself (to be) an expert

**autopropulsé, e** [otopʀɔpylse] **adj** self-propelled

**autopropulsion** [otopʀɔpylsjɔ̃] **nf** self-propulsion

**autopsie** [ɔtɔpsi] → SYN **nf** autopsy, post-mortem (examination); (fig) post-mortem ◆ **faire** ou **pratiquer une autopsie** to carry out an autopsy ou a post-mortem (examination) (*sur* on)

**autopsier** [ɔtɔpsje] ▸ conjug 7 ◂ **vt** [+ corps] to carry out an autopsy ou a post-mortem (examination) on

**autopunitif, -ive** [otopynitif, iv] **adj** self-punishing

**autopunition** [otopynisjɔ̃] **nf** self-punishment

**autoradio** [otoʀadjo] **nm** car radio

**autoradiographie** [otoʀadjɔgʀafi] **nf** autoradiograph

**autorail** [otoʀaj] → SYN **nm** railcar

**autoréglage** [otoʀeglaʒ] **nm** [mécanisme] automatic regulation ou adjustment; [moteur] automatic tuning; [allumage, thermostat] automatic setting ou adjustment

**autorégulateur, -trice** [otoʀegylatœʀ, tʀis] **adj** self-regulating

**autorégulation** [otoʀegylasjɔ̃] **nf** self-regulation

**autoreverse** [otoʀəvɛʀs; otoʀivœʀs] **adj inv** auto reverse

**autorisation** [ɔtɔʀizasjɔ̃] → SYN **nf** (= permission) permission, authorization (Admin) (*de qch* for sth; *de faire* to do); (= permis) permit ◆ **nous avions l'autorisation du professeur** we had the teacher's permission ◆ **avoir l'autorisation de faire qch** to have permission ou be allowed to do sth; (Admin) to be authorized to do sth ◆ **le projet doit recevoir l'autorisation du comité** the project must be authorized ou passed by the committee ◆ **autorisation d'absence** leave of absence ◆ **autorisation d'accès** (Ordin) access permission ◆ **autorisation de crédit** credit line, line of credit ◆ **autorisation de mise sur le marché** *permit to market a product* ◆ **autorisation de vol** flight clearance ◆ **autorisation parentale** parental consent

**autorisé, e** [ɔtɔʀize] → SYN (ptp de **autoriser**) **adj** agent, version authorized; opinion authoritative ◆ **dans les milieux autorisés** in official circles ◆ **nous apprenons de source autorisée que ...** we have learnt from official sources that ...

**autoriser** [ɔtɔʀize] GRAMMAIRE ACTIVE 9.2 → SYN ▸ conjug 1 ◂

**1** **vt** **a** **autoriser qn à faire** (= donner la permission de) to give ou grant sb permission to do, authorize sb to do (Admin); (= habiliter à) [personne, décret] to give sb authority to do, authorize sb to do ◆ **il nous a autorisés à sortir** he has given ou granted us permission to go out, we have his permission to go out ◆ **sa faute ne t'autorise pas à le condamner** the fact that he made a mistake doesn't give you the right to pass judgment on him ◆ **tout nous autorise à croire que ...** everything leads us to believe that ... ◆ **se croire autorisé à dire que ...** to feel one is entitled ou think one has the right to say that ...

**b** (= permettre) [personne] [+ manifestation, sortie] to authorize, give permission for; [+ projet] to pass, authorize ◆ **le sel ne m'est pas autorisé** I'm not allowed to eat salt ◆ **"stationnement autorisé sauf le mardi"** "car parking every day except Tuesdays"

**c** (= rendre possible) [chose] to admit of, allow (of) ◆ **l'imprécision de cette loi autorise les abus** the imprecisions in this law admit of ou allow (of) abuses ◆ **expression autorisée par l'usage** expression sanctioned ou made acceptable by use

**d** (littér = justifier) to justify

**2** **s'autoriser** **vpr** **a** (= invoquer) **s'autoriser de qch pour faire** to use sth as an excuse to do ◆ **je m'autorise de notre amitié pour ...** in view of our friendship I permit myself to ...

**b** (= se permettre) **on s'autorise à penser que ...** one is justified in thinking that ... ◆ **s'autoriser un cigare de temps en temps** to allow o.s. a cigar from time to time

**autoritaire** [ɔtɔʀitɛʀ] → SYN **adj, nmf** authoritarian

**autoritairement** [ɔtɔʀitɛʀmɑ̃] **adv** in an authoritarian way

**autoritarisme** [ɔtɔʀitaʀism] → SYN **nm** authoritarianism

**autorité** [ɔtɔʀite] → SYN **nf** **a** (= pouvoir) authority (*sur* over) ◆ **l'autorité que lui confère son expérience/âge** the authority conferred upon him by experience/age ◆ **avoir de l'autorité sur qn** to have authority over sb ◆ **être sous l'autorité de qn** to be under sb's authority ◆ **avoir autorité pour faire** to have authority to do ◆ **air d'autorité** authoritative air, air of authority ◆ **il n'a aucune autorité sur ses élèves** he has no control over his pupils

**b** (= expert, ouvrage) authority ◆ **l'une des grandes autorités en la matière** one of the great authorities on the subject

**c** (Admin) **l'autorité, les autorités** the authorities ◆ **l'autorité militaire/législative** the military/legislative authorities ◆ **les autorités civiles et religieuses/locales** the civil and religious/local authorities ◆ **agent** ou **représentant de l'autorité** representative of authority ◆ **adressez-vous à l'autorité** ou **aux autorités compétente(s)** apply to the proper authorities ◆ **l'Autorité palestinienne** the Palestinian Authority

**d** (Jur) **l'autorité de la loi** the authority ou power of the law ◆ **l'autorité de la chose jugée** res judicata ◆ **être déchu de l'autorité parentale** to lose one's parental rights ◆ **vendu par autorité de justice** sold by order of the court

**e** (LOC) **d'autorité** (= de façon impérative) on one's own authority; (= sans réflexion) out of hand, straight off, unhesitatingly ◆ **de sa propre autorité** on one's own authority ◆ **faire autorité** [livre, expert] to be accepted as an authority, be authoritative

**autoroute** [otoʀut] → SYN **nf** motorway (Brit), highway (US), freeway (US) ◆ **autoroute de dégagement** *toll-free stretch of motorway leading out of a big city* ◆ **autoroute urbaine** urban ou inner-city motorway (Brit), throughway (US), expressway (US) ◆ **autoroute à péage** toll motorway (Brit), turnpike (US) ◆ **l'autoroute du soleil** *the A6 motorway to the south of France* ◆ **autoroutes électroniques/de l'information** electronic/information highways

**autoroutier, -ière** [otoʀutje, jɛʀ] **adj** motorway (épith) (Brit), freeway (épith) (US), highway (épith) (US)

**autosatisfaction** [otosatisfaksjɔ̃] **nf** self-satisfaction

**autosome** [otozom] **nm** autosome

**auto-stop** [otostɔp] **nm** hitch-hiking, hitching* ◆ **pour rentrer, il a fait de l'auto-stop** (long voyage) he hitched* ou hitch-hiked home; (courte distance) he thumbed ou hitched* a lift home ◆ **il a fait le tour du monde en auto-stop** he hitch-hiked around the world, he hitched* his way round the world ◆ **j'ai pris quelqu'un en auto-stop** I picked up a ou gave a lift to a hitch-hiker ou hitcher* ◆ **il nous a pris en auto-stop** he picked us up, he gave us a lift

**auto-stoppeur, -euse,** mpl **auto-stoppeurs** [otostɔpœʀ, øz] **nm,f** hitch-hiker, hitcher* ◆ **prendre un auto-stoppeur** to pick up a hitch-hiker ou hitcher*

**autostrade** † [otostʀad] **nf** motorway (Brit), freeway (US), highway (US)

**autosubsistance** [otosybzistɑ̃s] **nf** self-sufficiency ◆ **agriculture d'autosubsistance** subsistence farming

**autosuffisance** [otosyfizɑ̃s] → SYN **nf** self-sufficiency

**autosuffisant, e** [otosyfizɑ̃, ɑ̃t] **adj** self-sufficient

**autosuggestion** [otosygʒɛstjɔ̃] **nf** autosuggestion

**autotomie** [ototɔmi] → SYN **nf** autotomy

**autotracté, e** [ototʀakte] **adj** self-propelled

**autotransfusion** [ototʀɑ̃sfyzjɔ̃] **nf** autologous transfusion

**autotrophe** [ototʀɔf] **adj** autotrophic

**autour**[1] [otuʀ] → SYN **adv** around ◆ **tout autour** all around ◆ **maison avec un jardin autour** house surrounded by a garden, house with a garden around ou round (Brit) it

◆ **autour de** (lieu) around, round (Brit); (temps, somme) about, around, round about (Brit) ◆ **il regarda autour de lui** he looked around (him) ou about (him) ◆ **discussion autour d'un projet** discussion on ou about a project ◆ **autour d'un bon café** over a nice cup of coffee; → **tourner**

**autour**[2] [otuʀ] → SYN **nm** (Orn) goshawk

**autovaccin** [otovaksɛ̃] **nm** autogenous vaccine, autovaccine

**autre** [otʀ] GRAMMAIRE ACTIVE 26.5 → SYN

**1** **adj indéf** **a** (= différent) other, different ◆ **je préfère l'autre robe/les autres chaussures** I prefer the other dress/the other shoes ◆ **revenez une autre fois/un autre jour** come back another ou some other time/another ou some other day ◆ **il n'y a pas d'autre moyen d'entrer** there's no other way ou there isn't any other way of getting in ◆ **c'est une autre question/un autre problème** that's another ou a different question/problem ◆ **la réalité est tout autre** the reality is quite ou altogether different ◆ **je fais ça d'une autre façon** I do it a different way ou another way ou differently ◆ **ils ont un (tout) autre mode de vie/point de vue** they have a (completely) different way of life/point of view ◆ **vous ne le reconnaîtrez pas, c'est un (tout) autre homme** you won't know him, he's completely different ou he's a changed man ◆ **après ce bain je me sens un autre homme** I feel (like) a new man after that swim ◆ **en d'autres lieux** elsewhere ◆ (Prov) **autres temps autres mœurs** customs change with the times, autres temps autres mœurs; → **côté, part**

◆ **autre chose** ◆ **c'est (tout) autre chose** that's a different ou another matter (altogether) ◆ **parlons d'autre chose** let's talk about something else ou different ◆ **c'est ça et pas autre chose** it's that or nothing ◆ **ce n'est pas autre chose que de la jalousie** that's just jealousy, that's nothing but jealousy ◆ **ah autre chose ! j'ai oublié de vous dire que ...** oh, one more thing! I forgot to tell you that ... ◆ **une chose est de rédiger un rapport, autre chose est d'écrire un livre** it's one thing to draw up a report, but quite another thing ou but another thing altogether to write a book ◆ **c'est quand même autre chose !** (admiratif) it's really something else!, it's in a different league! ◆ **voilà autre chose !** * (incident) that's all I (ou we) need!; (impertinence) what a nerve*! ou cheek!, the cheek of it!

**b** (= supplémentaire) other ◆ **elle a 2 autres enfants** she has 2 other ou 2 more children ◆ **donnez-moi un autre livre/une autre tasse de thé** give me another book/cup of tea ◆ **donne-lui une autre chance** give him another ou one more chance ◆ **il y a beaucoup d'autres solutions** there are many other ou many more solutions ◆ **bien** ou **beaucoup d'autres choses encore** many ou plenty more besides ◆ **c'est un autre Versailles** it's another Versailles ◆ **c'est un autre moi-même** he's my alter ego ◆ **des couteaux, des verres et autres objets indispensables** knives, glasses and other necessary items ◆ **il m'a dit ça sans autre précision** he didn't go into any more detail than that ◆ **autre chose, Madame ?** anything else, madam?

**c** (de deux : marque une opposition) other ◆ **de l'autre côté de la rue** on the other ou opposite side of the street ◆ **dans l'autre sens** in the other ou opposite direction ◆ **mets ton autre manteau** put your other coat on ◆ **ses premiers films étaient d'une autre qualité** his first films were of an altogether different quality ou in a different league; → **monde**

**d** (dans le temps) **l'autre jour, l'autre fois** the other day ◆ **l'autre lundi** * (= lundi dernier) last Monday; (dans un passé récent) one Monday recently ◆ **l'autre semaine** the other week ◆ **tu me le diras une autre fois** tell me another time

**e** (avec pron pers) **faut pas nous raconter des histoires, à nous autres !** * there's no point telling fibs to US! ◆ **nous autres, on est prudents** * WE are ou WE'RE cautious ◆ **taisez-vous, vous autres** * be quiet, you people ou the rest of you ou you lot* (Brit) ◆ **et vous autres qu'en pensez-vous ?** what do you people ou you lot* (Brit) think? ◆ **nous autres Français, nous aimons la bonne cuisine** we French like good food

**2** **pron indéf** **a** (= qui est différent) another (one) ◆ **il en aime une autre** he's in love with another woman, he loves another ◆ **d'autres** others ◆ **aucun autre, nul autre, personne d'autre** no one else, nobody else ◆ **les deux autres** the other two, the two others ◆ **prendre qn pour un autre/une chose pour une autre** to take ou mistake sb for sb else/sth for sth else ◆ **envoyez-moi bien ce livre, je n'en veux pas d'autre** make sure you send me that book, I don't want any other ◆ **un autre que moi/lui aurait refusé** anyone else (but me/him) would have refused ◆ **elle n'est pas plus bête qu'une autre** she's no more stupid than anyone else ◆ **X, Y, Z, et autres** X, Y, Z and others ou etc ◆ **il en a vu d'autres !** he's seen worse! ◆ **il n'en fait jamais d'autres !** that's just typical of him!, that's just what he always does! ◆ **et l'autre (là)** *, **il vient avec nous ?** what about him, is he coming with us? ◆ **et l'autre qui n'arrête pas de klaxonner !** * and then there's that idiot who keeps blowing his horn! ◆ **vous en êtes un autre !** † * you're a fool! ◆ **à d'autres !** * (that's) a likely story!, go tell it to the marines! *; → **entre, rien**

**b** (= qui vient en plus) **donnez m'en un autre** give me another (one) ou one more ◆ **qui/quoi d'autre ?** who/what else? ◆ **quelqu'un/quelque chose d'autre** somebody ou someone/something else ◆ **rien/personne d'autre** nothing/nobody ou no one else ◆ **deux enfants, c'est assez, je n'en veux pas d'autre/d'autres** two children are enough, I don't want another (one)/any more

**c** (marque une opposition) **l'autre** the other (one) ◆ **les autres** (= choses) the others, the other ones; (= personnes) the others ◆ **les autres ne veulent pas venir** the others don't want to come ◆ **il se moque de l'opinion des autres** he doesn't care what other people think ◆ **avec toi, c'est toujours les autres qui ont tort** you always think that other people are in the wrong ou that it's the other person who's in the wrong; → **côté, ni**

**d** (dans le temps) **d'une minute/semaine à l'autre** (= bientôt) any minute/week (now) ◆ **d'un instant à l'autre** (= n'importe quand) any time; (= soudain) from one moment to the next; (= bientôt) very soon

**3** **nm** (Philos) ◆ **l'autre** the other

**autrefois** [otʀəfwa] → SYN **adv** in the past, once, formerly ◆ **d'autrefois** of the past, of old, past (épith) ◆ **autrefois ils s'éclairaient à la bougie** in the past ou in bygone days they used candles for lighting ◆ **autrefois je préférais le vin** (in the past) I used to prefer wine

**autrement** [otʀəmɑ̃] → SYN **adv** **a** (= différemment) differently ◆ **il faut s'y prendre (tout) autrement** we'll have to go about it in (quite) another way ou (quite) differently ◆ **avec ce climat il ne peut en être autrement** with the climate the way it is, it can't be any other way ou how else could it be! ◆ **cela ne peut s'être passé autrement** it can't have happened any other way ◆ **agir autrement que d'habitude** to act differently from usual ◆ **comment aller à Londres autrement que par le train ?** how can we get to London other than by train? ◆ **autrement appelé** otherwise known as ◆ **tu pourrais me parler autrement !** don't you talk to me like that!

**b** (avec **faire**) **il n'y a pas moyen de faire autrement, on ne peut pas faire autrement** it's impossible to do otherwise ou to do anything else ◆ **il n'a pas pu faire autrement que de me voir** he couldn't help seeing me ou help but see me

**c** (= sinon) otherwise; (idée de menace) otherwise, or else ◆ **travaille bien, autrement tu auras de mes nouvelles !** work hard, otherwise ou or else you'll be hearing a few things from me!

**d** (* = à part cela) otherwise, apart ou aside from that ◆ **la viande était bonne, autrement le repas était quelconque** the meat was good but apart from that ou but otherwise the meal was pretty nondescript

**e** (* comparatif) far (more) ◆ **il est autrement intelligent** he is far more intelligent, he is more intelligent by far ◆ **c'est autrement meilleur** it's far better, it's better by far (*que* than)

**f** **pas autrement** (* = pas spécialement) not particularly ou especially ◆ **cela ne m'a pas autrement surpris** that didn't particularly surprise me

**g** **autrement dit** (= en d'autres mots) in other words

**Autriche** [otʀiʃ] **nf** Austria

**autrichien, -ienne** [otʀiʃjɛ̃, jɛn] **1** adj Austrian

**2** **Autrichien(ne)** nm,f Austrian

**autruche** [otʀyʃ] → SYN nf ostrich ◆ **faire l'autruche** (fig) to bury one's head in the sand; → **estomac, politique**

**autrui** [otʀɥi] → SYN pron (littér) others ◆ **respecter le bien d'autrui** to respect other people's property ou the property of others ◆ **ne fais pas à autrui ce que tu ne voudrais pas qu'on te fît** do unto others as you would have them do unto you, do as you would be done by

**autunite** [otynit] nf autunite

**auvent** [ovɑ̃] → SYN nm [maison] canopy; [tente] awning, canopy

**auvergnat, e** [ovɛʀɲa, at] → SYN **1** adj of ou from (the) Auvergne

**2** nm (Ling) Auvergne dialect

**3** **Auvergnat(e)** nm,f inhabitant ou native of (the) Auvergne

**aux** [o] → **à**

**auxiliaire** [ɔksiljɛʀ] → SYN **1** adj (Ling, Mil, gén) auxiliary (épith); cause, raison secondary, subsidiary ◆ **bureau auxiliaire** sub-office ◆ **mémoire auxiliaire** (Ordin) additional ou extra memory ◆ **programme auxiliaire** (Ordin) auxiliary routine; → **maître**

**2** nmf (= assistant) assistant, helper ◆ **auxiliaire de justice** representative of the law ◆ **auxiliaire médical** medical auxiliary

**3** nm (Gram, Mil) auxiliary

**auxiliairement** [ɔksiljɛʀmɑ̃] adv (Ling) as an auxiliary; (fig = secondairement) secondarily, less importantly

**auxiliariat** [ɔksiljaʀja] nm (Scol) ◆ **pendant mon auxiliariat** during my time as a supply (Brit) ou substitute (US) teacher

**auxine** [ɔksin] nf auxin

**auxquels, auxquelles** → **lequel**

**AV** [ave] (abrév de **avis de virement**) → **avis**

**av.**[1] abrév de **avenue**

**av.**[2] (abrév de **avant**) before ◆ **en 300 av. J.-C.** in 300 BC

**avachi, e** [avaʃi] → SYN (ptp de **avachir**) adj **a** cuir, feutre limp; chaussure, vêtement misshapen, out of shape ◆ **pantalon avachi** baggy trousers

**b** personne (= fatigué) drained; (péj = indolent) sloppy ◆ **avachi sur son bureau** slumped over his desk ◆ **avachi sur la plage** lounging ou stretched out lazily on the beach

**avachir** [avaʃiʀ] → SYN ▸ conjug 2 ◂ **1** vt **a** [+ cuir, feutre] to make limp; [+ chaussure, vêtement] to make shapeless, put out of shape

**b** [+ personne] (physiquement) to drain; (péj : moralement) to make sloppy

**2** **s'avachir** vpr **a** [cuir] to become limp; [vêtement] to go out of shape, become shapeless

**b** [personne] (physiquement) to become flabby; (péj : moralement) to become sloppy

**avachissement** [avaʃismɑ̃] → SYN nm **a** [vêtement, cuir] loss of shape

**b** [personne] (physique) flabbiness; (péj : moral) sloppiness

**aval**[1] [aval] nm [cours d'eau] downstream water; [pente] downhill slope ◆ **l'aval était coupé de rapides** the river downstream was a succession of rapids ◆ **les rapides/l'écluse d'aval** the downstream rapids/lock ◆ **skieur/ski aval** downhill skier/ski

◆ **en aval** (cours d'eau) downstream, downriver; (pente) downhill; (dans une hiérarchie) lower down ◆ **les opérations en aval** operations further down the line

◆ **en aval de** [+ cours d'eau] downstream ou down-river from; [+ pente] downhill from ◆ **les opérations en aval de la production** the operations coming after ou following production

**aval**[2], pl **avals** [aval] → SYN nm (= soutien) backing, support; (Comm, Jur) guarantee (*de* for) ◆ **donner son aval à qn** to give sb one's support, back sb ◆ **donner son aval à une traite** to guarantee ou endorse a draft

**avalanche** [avalɑ̃ʃ] → SYN nf (Géog) avalanche; [coups] hail, shower; [compliments] flood, torrent; [réclamations, prospectus] avalanche ◆ **avalanche poudreuse/de fond** dry/wet avalanche ◆ **cône d'avalanche** avalanche cone; → **couloir**

**avalancheux, -euse** [avalɑ̃ʃø, øz] adj zone, pente avalanche-prone

**avalant, e** [avalɑ̃, ɑ̃t] adj bateau going downstream

**avaler** [avale] → SYN ▸ conjug 1 ◂ vt **a** [+ nourriture] to swallow (down); [+ boisson] to swallow (down), drink (down); [+ roman] to devour; (Alpinisme) [+ corde] to take in ◆ **avaler la fumée** [fumeur] to inhale (the smoke) ◆ **avaler qch d'un trait** ou **d'un seul coup** to swallow sth in one gulp, down sth in one* ◆ **avaler son café à petites gorgées** to sip one's coffee ◆ **avaler sa salive** to swallow ◆ **j'ai eu du mal à avaler ma salive** (fig) I gulped ◆ **il a avalé de travers** it went down the wrong way ◆ **il n'a rien avalé depuis 2 jours** he hasn't eaten a thing ou had a thing to eat for 2 days ◆ **la machine a avalé ma carte de crédit** the machine ate ou swallowed my credit card

**b** (* = accepter) [+ mensonge, histoire] to swallow; [+ affront] to swallow, take; [+ mauvaise nouvelle] to accept ◆ **on lui ferait avaler n'importe quoi** he would swallow anything ◆ **il a eu du mal à avaler la pilule** (fig) it was a hard ou bitter pill for him to swallow ◆ **c'est dur** ou **difficile à avaler** it's hard ou difficult to swallow ◆ **avaler des couleuvres** (affront) to swallow an affront; (mensonge) to swallow a lie, be taken in ◆ **avaler ses mots** to mumble ◆ **avaler les kilomètres** to eat up the miles ◆ **avaler l'obstacle** [cheval] to take the jump in its stride

**c** (Loc) **on dirait qu'il a avalé son parapluie** ou **sa canne** he's so (stiff and) starchy ◆ **avaler son bulletin de naissance** (hum) to kick the bucket*, snuff it‡ ◆ **j'avalerais la mer et les poissons !** I could drink gallons (and gallons)! ◆ **il veut tout avaler** [ambitieux] he thinks he can take anything on

**avaleur, -euse** [avalœʀ, øz] → SYN nm,f ◆ **avaleur de sabres** sword swallower

**avaliser** [avalize] → SYN ▸ conjug 1 ◂ vt [+ plan, entreprise] to back, support; (Comm, Jur) to endorse, guarantee

**avaliseur, -euse** [avalizœʀ, øz] → SYN nm,f [plan, entreprise] backer, supporter; (Comm, Jur) endorser, guarantor

**à-valoir** [avalwaʀ] → SYN nm inv advance (*sur* on) ◆ **j'ai un à-valoir de 90 F dans ce grand magasin** I've 90 francs' credit at this store

**avance** [avɑ̃s] → SYN nf **a** (= marche, progression) advance ◆ **accélérer/ralentir son avance** to speed up/slow down one's advance

**b** (sur un concurrent) lead ◆ **avoir/prendre de l'avance sur qn** to have/take the lead over sb ◆ **10 minutes/3 kilomètres d'avance** a 10-minute/3-kilometre lead ◆ **avoir une longueur d'avance** to be a length ahead ◆ **il a un an d'avance** (Scol) he's a year ahead ◆ **leur avance dans le domaine scientifique** their lead in the field of science ◆ **perdre son avance** to lose one's ou the lead ◆ **cet élève est tombé malade et a perdu son avance** this pupil fell ill and lost the lead he had (on the rest of the class) ◆ **je t'accompagnerai – la belle avance !** (iro) I'll go with you – that'll really help! (iro)

**c** (sur un horaire) **avoir/prendre de l'avance** to be/get ahead of schedule; (dans son travail) to be/get ahead in ou with one's work ◆ **le train a dix minutes d'avance** the train is 10 minutes early ◆ **le train a pris de l'avance/dix minutes d'avance** the train has got ahead/has got 10 minutes ahead of schedule ◆ **arriver avec cinq minutes d'avance** [train] to arrive 5 minutes early ou 5 minutes ahead of time; [personne] to arrive 5 minutes early ◆ **avec cinq minutes d'avance sur les autres** 5 minutes earlier than the others ◆ **le train a perdu son avance** the train has lost the time it had gained ◆ **ma montre a dix minutes d'avance** my watch is 10 minutes fast ◆ **ma montre prend de l'avance/beaucoup d'avance** my watch is gaining ou gains/gains a lot ◆ **avance à l'allumage** (Aut) ignition advance

**d** (Comm, Fin = acompte) advance ◆ **avance de fonds** advance ◆ **faire une avance de 15 € à qn** to advance sb €15, make sb an advance of €15 ◆ **avance (sur salaire)** advance (on one's salary) ◆ **avance sur marché/sur recettes** advance on contract/against takings

**e** **avances** (= ouvertures) overtures; (galantes) advances ◆ **faire des avances à qn** to make overtures ou advances to sb

**f** (Loc)

◆ **en avance** (sur l'heure fixée) early; (sur l'horaire) ahead of schedule ◆ **être en avance sur qn** to be ahead of sb ◆ **être en avance d'une heure** (sur l'heure fixée) to be an hour early; (sur l'horaire) to be an hour ahead of schedule ◆ **dépêche-toi, tu n'es pas en avance !** hurry up, you haven't got much time! ou you're running out of time! ◆ **tous ces problèmes ne m'ont pas mis en avance** all these problems haven't helped ◆ **les crocus sont en avance cette année** the crocuses are early this year ◆ **leur fils est très en avance dans ses études/sur les autres enfants** their son is well ahead in his studies/ahead of the other children ◆ **il est en avance pour son âge** he's advanced for his age, he's ahead of his age group ◆ **leur pays est en avance dans le domaine scientifique** their country leads ou is ahead in the field of science ◆ **il était très en avance sur son temps** ou **son époque** he was well ahead of ou in advance of his time ◆ **nous sommes en avance sur le programme** we're ahead of schedule

◆ **à l'avance, d'avance, par avance** in advance ◆ **réserver une place un mois à l'avance** to book a seat one month ahead ou in advance ◆ **prévenir qn deux heures à l'avance** to give sb 2 hours' notice, notify ou warn sb 2 hours beforehand ou in advance ◆ **payable à l'avance** ou **d'avance** payable in advance ◆ **en vous remerciant à l'avance** ou **d'avance** thanking you in advance ou in anticipation ◆ **merci d'avance** thanks (in advance) ◆ **d'avance je peux vous dire que ...** I can tell you in advance ou right now that ... ◆ **d'avance il pouvait deviner** already ou even then he could guess ◆ **je m'en réjouis d'avance** I'm already looking forward to it ◆ **ça a été arrangé d'avance** it was prearranged, it was arranged beforehand ou in advance

**avancé, e**[1] [avɑ̃se] → SYN (ptp de **avancer**) adj **a** élève, civilisation, technique advanced ◆ **la saison/journée était avancée** it was late in the season/day ◆ **la nuit était avancée** it was well into the night ◆ **il est très avancé dans son travail** he's well ahead with his work ◆ **il est rentré à une heure avancée de la nuit** he got home late at night ◆ **elle a travaillé jusqu'à une heure avancée de la nuit** she worked late into the night ◆ **son roman est déjà assez avancé** he's already quite a long way on ou quite far ahead with his novel ◆ **je suis peu/très avancé dans mon roman** I haven't got very far into/I'm well into my novel ◆ **les pays les moins avancés** the least developed countries ◆ **cet enfant n'est vraiment pas avancé pour son âge** this child is not at all advanced for his age ◆ **être d'un âge avancé** to be getting on ou be advanced in years ◆ **dans un état avancé de ...** in an advanced state of ... ◆ **sa maladie est à un stade très avancé** his illness is at a very advanced stage ◆ **après toutes ses démarches, il n'en est pas plus avancé** after all the steps he has taken, he's no further on than he was before ◆ **nous voilà bien avancés !*** (iro) a long way that's got us! (iro), a (fat) lot of good that's done us!* (iro)

**b** (= d'avant-garde) opinion, idée progressive, advanced

**c** (= qui se gâte) fruit, fromage overripe ◆ **ce poisson est avancé** this fish is bad ou is going off (Brit)

**d** (Mil) poste advanced

**e** (Sport) match early

**avancée**[2] [avɑ̃se] → SYN nf **a** (= progrès) advance

**b** (= surplomb) overhang

**avancement** [avɑ̃smɑ̃] → SYN nm **a** (= promotion) promotion ◆ **avoir** ou **prendre de l'avancement** to be promoted, get promotion ◆ **avancement à l'ancienneté** promotion according to length of service ◆ **possibilités d'avancement** prospects ou chances of promotion

**b** (= progrès) [travaux] progress; [sciences, techniques] advancement

**c** (= mouvement) forward movement

**d** (Jur) **avancement d'hoirie** advancement

**avancer** [avɑ̃se] → SYN ▸ conjug 3 ◂ 1 vt a [+ objet] to move ou bring forward; [+ tête] to move forward; [+ main] to hold out, put out (*vers* to); [+ pion] to move forward ◆ **avancer le cou** to crane one's neck ◆ **avancer un siège à qn** to draw up ou bring forward a seat for sb ◆ **le blessé avança les lèvres pour boire** the injured man put his lips forward to drink ◆ **la voiture de Madame est avancée** († ou hum) your carriage awaits, Madam † (hum) ◆ **avancer (les aiguilles d') une pendule** to put (the hands of) a clock forward ou on (Brit)

b [+ opinion, hypothèse] to put forward, advance ◆ **ce qu'il avance paraît vraisemblable** what he is putting forward ou suggesting seems quite plausible

c [+ date, départ] to bring forward ◆ **il a dû avancer son retour** he had to bring forward the date of his return

d (= faire progresser) [+ travail] to speed up ◆ **est-ce que cela vous avancera si je vous aide ?** will it speed things up (for you) ou will you get on more quickly if I lend you a hand? ◆ **ça n'avance pas nos affaires** that doesn't improve matters for us ◆ **cela t'avancera à quoi de courir ?** what good will it do you to run? ◆ **cela ne t'avancera à rien de crier** * shouting won't get you anywhere, you won't get anywhere by shouting

e [+ argent] to advance; (= prêter) to lend

2 vi a (= progresser) to advance, move forward; [bateau] to make headway ◆ **l'armée avance sur Paris** the army is advancing on Paris ◆ **il avança d'un pas** he took ou moved a step forward ◆ **il avança d'un mètre** he moved one metre forward, he came one metre nearer ◆ **mais avance donc !** move on ou forward ou up, will you! ◆ **il essayait de faire avancer son âne** he tried to get his donkey to move (on) ou to make his donkey move (on) ◆ **ça n'avançait pas sur la route** the traffic was almost at a standstill ou was crawling along

b (fig) to make progress ◆ **la nuit avance** night is wearing on ◆ **faire avancer** [+ travail] to speed up; [+ élève] to bring on, help to make progress; [+ science, recherche] to further ◆ **avancer vite/lentement dans son travail** to make good/slow progress in one's work ◆ **avancer péniblement dans son travail** to plod on slowly with ou make halting progress in one's work ◆ **avancer en âge** to be getting on (in years) ◆ **avancer en grade** to be promoted, get promotion ◆ **et les travaux, ça avance ?** * how's the work coming on? * ◆ **son livre n'avance guère** he's not making much headway ou progress with his book ◆ **tout cela n'avance à rien** that doesn't get us any further ou anywhere ◆ **je travaille mais il me semble que je n'avance pas** I'm working but I don't seem to be getting anywhere

c [montre, horloge] to gain ◆ **avancer de dix minutes par jour** to gain 10 minutes a day ◆ **ma montre avance, j'avance** my watch is fast ◆ **ma montre avance** ou **j'avance de dix minutes** my watch is ou I'm 10 minutes fast

d [cap, promontoire] to project, jut out (*dans* into); [lèvre, menton] to protrude ◆ **un balcon qui avance (de 3 mètres) sur la rue** a balcony that juts out ou projects (3 metres) over the street

3 **s'avancer** vpr a (= aller en avant) to move forward; (= progresser) to advance ◆ **il s'avança vers nous** he came towards us ◆ **la procession s'avançait lentement** the procession advanced slowly ou moved slowly forward ◆ **il s'est avancé dans son travail** he made some progress with his work ◆ **je profite de cette heure libre pour m'avancer** I'm making the most of this free hour to get ahead with my work

b (= s'engager) to commit o.s., stick one's neck out * ◆ **je ne peux pas m'avancer sans connaître la question** I don't know enough about it to venture ou hazard an opinion, I can't commit myself without knowing more about it ◆ **je ne crois pas trop m'avancer en disant que ...** I don't think I'm going too far if I say that ...

**avanie** [avani] → SYN nf snub ◆ **subir une avanie** to be snubbed ◆ **faire** ou **infliger des avanies à qn** to snub sb

**avant** [avɑ̃]

GRAMMAIRE ACTIVE 26.1 → SYN

1 PRÉPOSITION
2 ADVERBE
3 NOM MASCULIN
4 ADJECTIF INVARIABLE

1 PRÉPOSITION

a dans le temps before ◆ **il est parti avant nous/la fin** he left before us/the end ◆ **avant son accident il était très gai** he was very cheerful before his accident ◆ **peu avant mon mariage** shortly ou a short time before I got married ◆ **il n'est pas arrivé avant 9 heures** he didn't arrive until 9

◆ **avant de** + infinitif before ◆ **à prendre avant (de) manger** to be taken before food ou meals ◆ **dînez donc avant de partir** do have a meal before you go ◆ **consultez-moi avant de prendre une décision** consult me before making your decision ou before you decide

◆ **avant que** + subjonctif before ◆ **je veux lire sa lettre avant qu'elle (ne) l'envoie** I want to read her letter before she sends it (off) ◆ **n'envoyez pas cette lettre avant que je (ne) l'aie lue** don't send this letter before ou until I have read it

b précédant une durée for ◆ **il n'arrivera pas avant une demi-heure** he won't be here for another half hour yet ou for half an hour yet ◆ **ça ne pourra pas débuter avant plusieurs jours** it can't start for another few days (yet) ou for a few days yet ◆ **avant peu** shortly ◆ **on ne le reverra pas avant longtemps** we won't see him again for a while ou for some time

c = au plus tard by ◆ **il me le faut avant demain** I must have it by tomorrow

d = en moins de within ◆ **ça doit être terminé avant une semaine/un mois** it has to be finished within a week/a month

e dans l'espace before ◆ **sa maison est (juste) avant la poste** his house is just before the post office ◆ **j'étais avant lui dans la queue** I was in front of him ou before him in the queue (Brit) ou in the line (US) ◆ **on s'est arrêté juste avant Paris** we stopped just outside ou before Paris ◆ **la poste est juste avant d'arriver à la gare** the post office is just before you come to the station

f indiquant une priorité before; (dans une liste, un classement) ahead of ◆ **il met sa santé avant sa carrière** he puts his health before ou above his career, he values his health above his career ◆ **le capitaine est avant le lieutenant** captain comes before ou is above lieutenant ◆ **en classe, elle est avant sa sœur** she is ahead of her sister at school

◆ **avant tout, avant toute chose** (= ce qui est le plus important) above all; (= tout d'abord, en premier) first and foremost ◆ **avant tout, il faut éviter la guerre** above all (things) war must be avoided ◆ **il faut avant tout vérifier l'état du toit** first and foremost we must see what state the roof is in

2 ADVERBE

a = auparavant before, beforehand, first ◆ **venez me parler avant** come and talk to me first ou beforehand ◆ **le voyage sera long, mangez avant** it's going to be a long journey so have something to eat beforehand ou before you go ou first

◆ **d'avant** (= précédent) before, previous ◆ **la semaine/le mois d'avant** the week/the month before, the previous week/month ◆ **les gens d'avant étaient plus aimables** the previous people were nicer, the people who were there before were nicer ◆ **le train d'avant était plein** the earlier ou previous train was full

b = autrefois (suivi de l'imparfait) **avant, je mangeais plus de viande** I used to eat more meat ◆ **avant, je n'aimais pas la physique** I didn't use ou used to like physics, I never used to like physics ◆ **avant, c'était très beau ici** it used to be very beautiful here

c précédé d'une durée before(hand), previously, earlier ◆ **quelques semaines/mois avant** a few ou some weeks/months before(hand) ou previously ou earlier ◆ **bien** ou **longtemps avant** long before (that) ◆ **peu (de temps) avant** not long before (that), shortly before that ou beforehand

d dans l'espace before ◆ **tu vois la boulangerie ? le fleuriste est juste avant** you see the baker's? the florist's is just this side of it ◆ **n'avancez pas plus avant, c'est dangereux** don't go any further (forward), it's dangerous ◆ **il s'était engagé trop avant dans le bois** he had gone too far ou too deep into the wood

◆ **en avant** [+ mouvement] forward; [+ position] in front, ahead (*de* of) ◆ **en avant, marche !** forward march! ◆ **en avant toute !** (Naut) full steam ahead! ◆ **la voiture fit un bond en avant** the car lurched forward ◆ **être en avant** (d'un groupe de personnes) to be (out) in front ◆ **marcher en avant de la procession** to walk in front of the procession ◆ **les enfants sont partis en avant** the children have gone on ahead ◆ **partez en avant, on vous rejoindra** you go on (ahead), we'll catch up with you ◆ **regarder en avant** (fig) to look ahead (fig) ◆ **mettre qch en avant** to put sth forward, advance sth ◆ **mettre qn en avant** (pour se couvrir) to use sb as a front, hide behind sb; (pour aider qn) to push sb forward ou to the front ◆ **il aime se mettre en avant** he likes to push himself forward, he likes to be in the forefront

e progression **ils sont assez avant dans leurs recherches** they have come a long way in their research ◆ **n'hésitez pas à aller plus avant** don't hesitate to go further ou on ◆ **il s'est engagé trop avant** he has got ou become too involved, he has committed himself too deeply ◆ **fort avant dans la nuit** far ou well into the night

3 NOM MASCULIN

a = partie antérieure [avion, voiture, train] front; [navire] bow(s)

◆ **à l'avant** ◆ **voyager à l'avant du train** to travel in the front of the train ◆ **dans cette voiture on est mieux à l'avant** it's more comfortable in the front of this car

◆ **aller de l'avant** to forge ahead

b Sport = joueur (gén) forward; (Volley) front-line player ◆ **la ligne des avants** the forward line

c Mil **l'avant** the front

4 ADJECTIF INVARIABLE

= antérieur roue, siège front ◆ **la partie avant** the front part; → **traction**

**avantage** [avɑ̃taʒ] GRAMMAIRE ACTIVE 1.1, 26.4 → SYN nm a (= intérêt) advantage ◆ **cette solution a l'avantage de ne léser personne** this solution has the advantage of not hurting anyone ◆ **tirer avantage de la situation, tourner une situation à son avantage** to take advantage of the situation, turn the situation to one's advantage

◆ **avoir avantage à** + infinitif ◆ **il a avantage à y aller** it will be to his advantage to go, it will be worth his while to go ◆ **j'ai avantage à acheter en gros** it's worth my while to ou it's worth it for me to buy in bulk ◆ **tu aurais avantage à te tenir tranquille** * you'd do better to keep quiet, you'd do well to keep quiet ◆ **il aurait grand avantage à** it would be very much to his advantage to, he would be well advised to

b (= supériorité) advantage ◆ **avoir un avantage sur qn** to have an advantage over sb ◆ **j'ai sur vous l'avantage de l'expérience** I have the advantage of experience over you ◆ **ils ont l'avantage du nombre** they have the advantage of numbers (*sur* over)

c (Fin = gain) benefit ◆ **avantages accessoires** additional benefits ◆ **avantages en nature** fringe benefits, benefits in kind ◆ **avantage pécuniaire** financial benefit ◆ **avantages sociaux** welfare benefits ◆ **avantage fiscal** tax break

d (Mil, Sport, fig) advantage; (Tennis) advantage, vantage (Brit) ◆ **avoir l'avantage** to have the advantage (*sur* over), have the upper hand, be one up * (*sur* on) ◆ **avantage service/dehors** (Tennis) advantage in/out, van(tage) in/out (Brit), ad in/out * (US)

**e** (frm = plaisir) pleasure ◆ **j'ai (l'honneur et) l'avantage de vous présenter M. Leblanc** it is my (honour and) privilege to introduce Mr Leblanc ◆ **que me vaut l'avantage de votre visite ?** to what do I owe the pleasure ou honour of your visit? (frm)

**f** **à son/ton** etc **avantage** ◆ **être à son avantage** (sur une photo) to look one's best; (dans une conversation) to be at one's best ◆ **elle est à son avantage avec cette coiffure** that hair style really flatters her ◆ **il s'est montré à son avantage** he was seen in a favourable light ou to advantage ◆ **c'est (tout) à ton avantage** it's (entirely) to your advantage ◆ **changer à son avantage** to change for the better

**avantager** [avɑ̃taʒe] [→ SYN] ▸ conjug 3 ◂ **vt** **a** (= donner un avantage à) to favour (Brit), favor (US), give an advantage to ◆ **elle a été avantagée par la nature** she's blessed with natural beauty ◆ **il a été avantagé par rapport à ses frères** he has been given an advantage over his brothers ◆ **être avantagé dès le départ** (dans la vie) to have a head start (*par rapport à* on)

**b** (= mettre en valeur) to flatter ◆ **ce chapeau l'avantage** that hat's very flattering on her, she looks good in that hat

**avantageusement** [avɑ̃taʒøzmɑ̃] [→ SYN] **adv** vendre at a good price; décrire favourably (Brit), favorably (US), flatteringly ◆ **la situation se présente avantageusement** the situation looks favourable

**avantageux, -euse** [avɑ̃taʒø, øz] [→ SYN] **adj** **a** (= profitable) affaire worthwhile, profitable; prix attractive ◆ **ce serait plus avantageux de ...** it would be more profitable ou worthwhile to ... ◆ **en grands paquets, c'est plus avantageux** large packets are better value ou more economical

**b** (= présomptueux) air, personne conceited ◆ **il a une idée assez avantageuse de lui-même** he has a very high opinion of himself, he thinks a lot of himself

**c** (= flatteur) portrait, chapeau flattering ◆ **prendre des poses avantageuses** to show o.s. off to one's best advantage

**avant-bras** [avɑ̃bʀa] **nm inv** forearm

**avant-centre,** pl **avants-centres** [avɑ̃sɑ̃tʀ] **nm** centre-forward (Brit), center-forward (US) ◆ **il est** ou **joue avant-centre** he plays centre-forward

**avant-coureur,** pl **avant-coureurs** [avɑ̃kuʀœʀ] [→ SYN] **adj m** precursory, premonitory ◆ **signe avant-coureur** forerunner, harbinger (littér)

**avant-dernier, -ière,** mpl **avant-derniers** [avɑ̃dɛʀnje, jɛʀ] [→ SYN] **adj, nm,f** next to last, last but one (Brit) sg seulement, penultimate

**avant-garde,** pl **avant-gardes** [avɑ̃gaʀd] [→ SYN] **nf** (Mil) vanguard; (Art, Pol) avant-garde ◆ **art/poésie/idées d'avant-garde** avant-garde art/poetry/ideas ◆ **être à l'avant-garde de** to be in the vanguard of

**avant-gardisme** [avɑ̃gaʀdism] [→ SYN] **nm** avant-gardism

**avant-gardiste,** pl **avant-gardistes** [avɑ̃gaʀdist] [→ SYN] **adj, nmf** avant-gardist

**avant-goût,** pl **avant-goûts** [avɑ̃gu] [→ SYN] **nm** foretaste

**avant-guerre,** pl **avant-guerres** [avɑ̃gɛʀ] **1** **nm** ou **f** pre-war years ◆ **d'avant-guerre** pre-war (épith)

**2** **adv** before the war

**avant-hier** [avɑ̃tjɛʀ] **adv** the day before yesterday

**avant-main,** pl **avant-mains** [avɑ̃mɛ̃] **nf** forequarters

**avant-midi** * [avɑ̃midi] **nm** ou **nf inv** (Belg, Can) morning

**avant-mont,** pl **avant-monts** [avɑ̃mɔ̃] **nm** foothills

**avant-port,** pl **avant-ports** [avɑ̃pɔʀ] **nm** outer harbour

**avant-poste,** pl **avant-postes** [avɑ̃pɔst] **nm** outpost ◆ **aux avant-postes du combat pour la liberté** in the vanguard of the struggle for freedom ◆ **aux avant-postes des technologies nouvelles** on the cutting edge of new technology

**avant-première,** pl **avant-premières** [avɑ̃pʀəmjɛʀ] [→ SYN] **nf** preview ◆ **j'ai vu le film en avant-première** I saw a preview of the film ◆ **ce film sera projeté en avant-première au Rex** the film will be previewing at the Rex

**avant-projet,** pl **avant-projets** [avɑ̃pʀɔʒɛ] [→ SYN] **nm** pilot study

**avant-propos** [avɑ̃pʀɔpo] [→ SYN] **nm inv** foreword

**avant-scène,** pl **avant-scènes** [avɑ̃sɛn] [→ SYN] **nf** (Théât) (= partie de la scène) apron, proscenium; (= loge) box (*at the front of the house*)

**avant-soirée** [avɑ̃swaʀe], pl **avant-soirées** **nf** ◆ **l'avant-soirée** the early evening

**avant-toit,** pl **avant-toits** [avɑ̃twa] [→ SYN] **nm** eaves

**avant-train,** pl **avant-trains** [avɑ̃tʀɛ̃] **nm** [animal] foreparts, forequarters; [véhicule] front axle assembly ou unit

**avant-veille,** pl **avant-veilles** [avɑ̃vɛj] **nf** ◆ **l'avant-veille** two days before ou previously ◆ **c'était l'avant-veille de Noël** it was the day before Christmas Eve ou two days before Christmas

**avare** [avaʀ] [→ SYN] **1** **adj** **a** personne miserly ◆ **avare de paroles/compliments** sparing of ou with words/compliments ◆ **elle n'est pas avare de discours/de promesses** she's full of talk/promises ◆ **il n'est pas avare de confidences** he's quite happy to confide in people

**b** (littér = peu abondant) terre meagre (Brit), meager (US); lumière dim, weak

**2** **nmf** miser

**avarice** [avaʀis] [→ SYN] **nf** miserliness

**avaricieux, -ieuse** [avaʀisjø, jøz] (littér) **1** **adj** miserly, niggardly, stingy

**2** **nm** miser, niggard, skinflint

**avarie** [avaʀi] [→ SYN] **nf** [navire, véhicule] damage (NonC); (Tech) [cargaison, chargement] damage (NonC) (in transit), average (SPÉC)

**avarié, e** [avaʀje] (ptp de **avarier**) **adj** aliment rotting; navire damaged ◆ **cette viande est avariée** this meat has gone bad ou off (Brit)

**avarier** [avaʀje] [→ SYN] ▸ conjug 7 ◂ **1** **vt** to spoil, damage

**2** **s'avarier** **vpr** [fruits, viande] to go bad, rot

**avatar** [avataʀ] [→ SYN] **nm** (Rel) avatar; (fig) metamorphosis ◆ **avatars** * (= péripéties) misadventures

**à vau-l'eau** [avolo] **adv** → **vau-l'eau**

**Ave** [ave] **nm inv** ◆ **Ave (Maria)** Hail Mary, Ave Maria

**avec** [avɛk] [→ SYN] **1** **prép** **a** (accompagnement, accord) with ◆ **elle est sortie avec les enfants** she's gone out with the children ◆ **son mariage avec Marc a duré 8 ans** her marriage to Marc lasted (for) 8 years ◆ **ils ont les syndicats avec eux** they've got the unions on their side ou behind them ◆ **je pense avec cet auteur que ...** I agree with this writer that ... ◆ **elle est avec Robert** (= elle le fréquente) she's going out with Robert; (= ils vivent ensemble) she's living with Robert ◆ **séparer/distinguer qch d'avec qch d'autre** to separate/distinguish sth from sth else ◆ **divorcer d'avec qn** to divorce sb ◆ **se séparer d'avec qn** to leave sb, part from sb ◆ **elle s'est séparée d'avec X** she has separated from X

**b** (comportement = envers) to, towards, with ◆ **comment se comportent-ils avec vous ?** how do they behave towards ou with you? ◆ **il est très doux/gentil avec moi** he's very gentle with/kind to me

**c** (moyen, manière) with; (ingrédient) with, from, out of ◆ **vous prenez votre thé avec du lait ?** do you have ou take your tea with milk?, do you have ou take milk in your tea? ◆ **boire avec une paille** to drink through a straw ◆ **maison avec jardin** house with a garden ◆ **faire qch avec (grande) facilité** to do sth with (great) ease ou (very) easily ◆ **parler avec colère/bonté/lenteur** to speak angrily ou with anger/kindly/slowly ◆ **chambre avec salle de bain** room with a bathroom ou its own bathroom ◆ **couteau avec (un) manche en bois** knife with a wooden handle, wooden-handled knife ◆ **gâteau fait avec du beurre** cake made with butter ◆ **ragoût fait avec des restes** stew made out of ou from (the) left-overs ◆ **c'est fait (entièrement) avec du plomb** it's made (entirely) of lead ◆ **voyageant avec un passeport qui ...** travelling on a passport which ...

**d** (cause, simultanéité, contraste) with ◆ **on oublie tout avec le temps** one forgets everything in time ou in the course of time ou with (the passing of) time ◆ **avec les élections, on ne parle plus que politique** with the elections (on) no one talks anything but politics ◆ **avec l'inflation et le prix de l'essence, les voitures se vendent mal** what with inflation and the price of petrol, cars aren't selling very well ◆ **il est difficile de marcher avec ce vent** it's difficult to walk in ou with this wind ◆ **avec un peu de travail, il aurait gagné le prix** with a little work ou if (only) he had done a little work he would have won the prize ◆ **avec toute ma bonne volonté, je ne suis pas parvenu à l'aider** with the best will in the world ou for all my goodwill I couldn't help him ◆ **se lever avec le jour** to get up ou rise with the sun ou dawn, get up at daybreak ◆ **ils sont partis avec la pluie** they left in the rain

**e** (opposition) with ◆ **rivaliser/combattre avec qn** to vie/fight with sb ◆ **elle s'est fâchée avec tous leurs amis** she has fallen out with all their friends

**f** **avec cela, avec ça** * ◆ **et avec ça, madame ?** (dans un magasin) anything else? ◆ **il conduit mal et avec ça il conduit trop vite** he drives badly and what's more ou on top of that he drives too fast ◆ **avec cela que tu ne le savais pas !** what do you mean you didn't know!, as if you didn't know! ◆ **et avec ça qu'il est complaisant !** (iro) and it's not as if he were helpful either!, and he's not exactly ou even helpful either! ◆ **avec tout ça j'ai oublié le pain** in the midst of all this I forgot about the bread

**2** **adv** * ◆ **tiens mes gants, je ne peux pas conduire avec** hold my gloves, I can't drive with them on ◆ **rends-moi mon stylo, tu allais partir avec !** give me back my pen, you were going to walk off with it! ◆ **(il) faudra bien faire avec** he (ou we etc ) will have to make do

**aveline** [av(ə)lin] [→ SYN] **nf** (= noix) filbert

**avelinier** [av(ə)linje] [→ SYN] **nm** (= arbre) filbert

**aven** [avɛn] [→ SYN] **nm** sinkhole, pothole, swallow hole (Brit)

**avenant, e** [av(ə)nɑ̃, ɑ̃t] [→ SYN] **1** **adj** personne, sourire pleasant, welcoming; manières pleasant, pleasing; maison attractive

**2** **nm** **a** [police d'assurance] endorsement; [contrat] amendment (*à* to) ◆ **faire un avenant à** [+ police d'assurance] to endorse; [+ contrat] to amend

**b** **à l'avenant** in keeping (*de* with) ◆ **la maison était luxueuse, et le mobilier était à l'avenant** the house was luxurious, and the furniture was equally so ou was in keeping with it ◆ **la table coûtait 1 000 €, et tout était à l'avenant** the table cost €1,000 and everything else was just as expensive

**avènement** [avɛnmɑ̃] [→ SYN] **nm** [roi] accession (*à* to); [régime, politique, idée] advent; [Messie] Advent, Coming

**avenir**[1] [av(ə)niʀ] [→ SYN] **nm** **a** (= futur) future; (= postérité) future generations ◆ **avoir des projets d'avenir** to have plans for the future, have future plans ◆ **dans un proche avenir** in the near future ◆ **elle m'a prédit mon avenir** she told my fortune ◆ **l'avenir le dira** only time will tell ◆ (Prov) **l'avenir appartient à ceux qui se lèvent tôt** the early bird catches the worm (Prov)

**b** (= bien-être) future (well-being) ◆ **assurer l'avenir de ses enfants** to secure one's children's future

**c** (= carrière) future, prospects ◆ **il a de l'avenir** he has a good future ou good prospects ◆ **artiste/entreprise pleine d'avenir** up-and-coming artist/company ◆ **son avenir est derrière lui** his future is behind him, he's got no future ◆ **métier d'avenir** job with a future ou with prospects ◆ **il n'y a aucun avenir dans ce métier** there's no future ou there are no prospects in this job, this is a dead-end job ◆ **projet sans avenir** project without prospects of success ou without a future

**d** **à l'avenir** (= dorénavant) from now on, in future

**avenir**[2] [av(ə)niʀ] **nm** (Jur) writ of summons (*from one counsel to another*)

**Avent** [avɑ̃] **nm** ◆ **l'Avent** Advent

**aventure** [avɑ̃tyʀ] → SYN **nf** **a** (= péripétie, incident) adventure; (= entreprise) venture; (= liaison amoureuse) affair ◆ **fâcheuse aventure** unfortunate experience ◆ **aventure effrayante** terrifying experience ◆ **film/roman d'aventures** adventure film/story ◆ **aventure amoureuse** ou **sentimentale** love affair ◆ **avoir une aventure (galante) avec qn** to have an affair with sb
**b** **l'aventure** adventure ◆ **esprit d'aventure** spirit of adventure ◆ **sortir la nuit dans ce quartier, c'est l'aventure !** going out at night in this area is a risky business! ◆ **j'ai du travail pour 6 mois, après c'est l'aventure** I've got work for 6 months, but after that, who knows?
**c** **dire la bonne aventure** to tell fortunes ◆ **dire la bonne aventure à qn** to tell sb's fortune; → **diseur**
**d** (Loc) **marcher à l'aventure** to walk aimlessly ◆ **si, d'aventure** ou **par aventure** (littér) if by any chance

**aventuré, e** [avɑ̃tyʀe] (ptp de **aventurer**) **adj** entreprise risky, chancy; hypothèse risky, venturesome

**aventurer** [avɑ̃tyʀe] → SYN ▸ conjug 1 ◂ [1] **vt** [+ somme, réputation, vie] to risk, put at stake, chance; [+ remarque, opinion] to venture
[2] **s'aventurer vpr** to venture (*dans* into; *sur* onto) ◆ **s'aventurer à faire qch** to venture to do sth ◆ **s'aventurer sur un terrain glissant** (fig) to tread on dangerous ground, skate on thin ice

**aventureux, -euse** [avɑ̃tyʀø, øz] → SYN **adj** personne, esprit adventurous, enterprising, venturesome; imagination bold; projet, entreprise risky, rash, chancy; vie adventurous

**aventurier** [avɑ̃tyʀje] → SYN **nm** adventurer

**aventurière** [avɑ̃tyʀjɛʀ] **nf** adventuress

**aventurine** [avɑ̃tyʀin] **nf** aventurin(e)

**aventurisme** [avɑ̃tyʀism] **nm** (Pol) adventurism

**aventuriste** [avɑ̃tyʀist] **adj** (Pol) adventurist

**avenu, e[1]** [av(ə)ny] **adj** → **nul**

**avenue[2]** [av(ə)ny] → SYN **nf** [ville] (= boulevard) avenue; [parc] (= allée) drive, avenue ◆ **les avenues du pouvoir** (littér) the roads to power

**avéré, e** [aveʀe] → SYN (ptp de **s'avérer**) **adj** fait established, known; terroriste, criminel known ◆ **il est avéré que ...** it is a known ou recognized fact that ...

**avérer (s')** [aveʀe] ▸ conjug 6 ◂ **vpr** ◆ **il s'avère que ...** it turns out that ... ◆ **ce remède s'avéra inefficace** this remedy proved (to be) ou turned out to be ineffective ◆ **il s'est avéré un employé consciencieux** he proved (to be) ou turned out to be a conscientious employee

**avers** [avɛʀ] → SYN **nm** obverse *(of coin, medal)*

**averse** [avɛʀs] → SYN **nf** (= pluie) shower (of rain); [insultes, pierres] shower ◆ **forte averse** heavy shower, downpour ◆ **averse orageuse** thundery shower ◆ **être pris par** ou **recevoir une averse** to be caught in a shower ◆ **il n'est pas né** ou **tombé de la dernière averse** * (fig) he wasn't born yesterday

**aversion** [avɛʀsjɔ̃] GRAMMAIRE ACTIVE 7.3 → SYN **nf** aversion (*pour* to), loathing (*pour* for) ◆ **avoir en aversion, avoir de l'aversion pour** to have an aversion to, to loathe ◆ **prendre en aversion** to take a (strong) dislike to

**averti, e** [avɛʀti] → SYN (ptp de **avertir**) **adj** public informed; connaisseur, expert well-informed ◆ **c'est un film réservé à des spectateurs avertis** this film is only suitable for an informed audience ◆ **averti de** [+ problèmes etc ] aware of ◆ **être très averti des travaux cinématographiques contemporains** to be very well up on ou well informed about the contemporary film scene; → **homme**

**avertir** [avɛʀtiʀ] → SYN ▸ conjug 2 ◂ **vt** (= prévenir) to tell, inform (*de qch* of sth); (= mettre en garde) to warn (*de qch* of sth) ◆ **avertissez-le de ne pas recommencer** tell ou warn him not to do it again ◆ **tenez-vous pour averti** be warned, don't say you haven't been warned ◆ **avertissez-moi dès que possible** let me know as soon as possible

**avertissement** [avɛʀtismɑ̃] → SYN **nm** (= avis) warning (*à* to); (= présage) warning, warning sign; (= réprimande) (Sport) caution; (Scol) warning ◆ **recevoir un avertissement** to receive a warning ◆ **les syndicats ont adressé un sévère avertissement au gouvernement** the unions have issued a stern warning to the government ◆ **avertissement (au lecteur)** (= préface) foreword ◆ **avertissement sans frais** (Jur) notice of assessment; (fig) clear warning (*à* to)

**avertisseur, -euse** [avɛʀtisœʀ, øz] → SYN [1] **adj** warning
[2] **nm** (Aut) horn, hooter (Brit) ◆ **avertisseur (d'incendie)** (fire) alarm

**aveu**, pl **aveux** [avø] → SYN **nm** **a** [crime] confession; [amour] confession, avowal (littér); [fait, faiblesse] admission ◆ **c'est l'aveu d'un échec de la part du gouvernement** it's an admission of defeat on the part of the government ◆ **un aveu d'impuissance** an admission of helplessness ou powerlessness ◆ **faire l'aveu d'un crime** to confess to a crime ◆ **faire des aveux complets** to make a full confession ◆ **passer aux aveux** to make a confession ◆ **revenir sur ses aveux** to retract one's confession ◆ **je dois vous faire un aveu, je ne les aime pas non plus** I have a confession to make, I don't like them either
**b** (frm : selon) **de l'aveu de qn** according to sb ◆ **de l'aveu même du témoin** on the witness's own testimony
**c** (frm) **sans aveu** homme, politicien disreputable
**d** (littér = assentiment) consent ◆ **sans l'aveu de qn** without sb's authorization ou consent

**aveuglant, e** [avœglɑ̃, ɑ̃t] → SYN **adj** lumière blinding, dazzling; vérité glaring (épith)

**aveugle** [avœgl] → SYN [1] **adj** personne blind; passion, dévouement, obéissance blind; attentat, violence indiscriminate, random; terrorisme indiscriminate; fenêtre, façade, mur, couloir blind ◆ **point aveugle** (Anat) blind spot ◆ **devenir aveugle** to go blind ◆ **aveugle d'un œil** blind in one eye ◆ **je ne suis pas aveugle !** I'm not blind! ◆ **son amour le rend aveugle** he's blinded by love ◆ **l'amour est aveugle** love is blind ◆ **avoir une confiance aveugle en qn** to trust sb blindly, have blind faith in sb ◆ **être aveugle aux défauts de qn** to be blind to sb's faults ◆ **l'instrument aveugle du destin** the blind ou unwitting instrument of fate; → **naissance**
[2] **nm** blind man ◆ **les aveugles** the blind ◆ **faire qch en aveugle** to do sth blindly ◆ **c'est un aveugle-né** he was born blind, he has been blind from birth; → **double, royaume**
[3] **nf** blind woman

**aveuglement** [avœgləmɑ̃] → SYN **nm** (littér = égarement) blindness

**aveuglément** [avœglemɑ̃] → SYN **adv** blindly

**aveugler** [avœgle] → SYN ▸ conjug 1 ◂ [1] **vt** **a** (lit, fig) (= rendre aveugle) to blind; (= éblouir) to dazzle, blind
**b** [+ fenêtre] to block ou brick up; [+ voie d'eau] to stop up
[2] **s'aveugler vpr** ◆ **s'aveugler sur qn/qch** to be blind to ou shut one's eyes to sb's defects/sth

**aveuglette** [avœglɛt] → SYN **à l'aveuglette loc adv** ◆ **avancer à l'aveuglette** to grope (one's way) along, feel one's way along ◆ **descendre à l'aveuglette** to grope one's way down ◆ **prendre des décisions à l'aveuglette** to take decisions in the dark ou blindly

**aveulir** [avøliʀ] → SYN ▸ conjug 2 ◂ (littér) [1] **vt** to enfeeble, enervate
[2] **s'aveulir vpr** to weaken

**aveulissement** [avølismɑ̃] → SYN **nm** (littér) enfeeblement, enervation

**aviaire** [avjɛʀ] **adj** avian

**aviateur** [avjatœʀ] → SYN **nm** airman, aviator

**aviation** [avjasjɔ̃] → SYN [1] **nf** **a** (Mil) (= corps d'armée) air force; (= avions) aircraft, air force
**b** **l'aviation** (= sport, métier de pilote) flying; (= secteur commercial) aviation; (= moyen de transport) air travel ◆ **coupe/meeting d'aviation** flying cup/meeting ◆ **usine d'aviation** aircraft factory ◆ **compagnie d'aviation** airline company; → **champ[1], terrain**
[2] COMP ▷ **aviation de chasse** fighter force ▷ **aviation navale** fleet air arm (Brit), naval air force (US)

**aviatrice** [avjatʀis] **nf** airwoman, aviator, aviatrix

**avicole** [avikɔl] **adj** poultry (épith) ◆ **établissement avicole** poultry farm

**aviculteur, -trice** [avikyltœʀ, tʀis] → SYN **nm,f** poultry farmer

**aviculture** [avikyltyʀ] **nf** poultry farming

**avide** [avid] → SYN **adj** (= cupide) personne greedy, grasping; regard, yeux greedy; (= passionné) lecteur avid ◆ **avide de** plaisir, sensation eager ou avid for; [+ argent, nourriture] greedy for; [+ pouvoir, honneurs, succès, connaissances] hungry for ◆ **avide de faire qch** eager to do sth ◆ **avide de sang** ou **de carnage** bloodthirsty

**avidement** [avidmɑ̃] **adv** écouter eagerly; lire avidly; regarder intently, eagerly; compter, manger greedily

**avidité** [avidite] → SYN **nf** (= passion) eagerness; (= cupidité, voracité) greed ◆ **lire avec avidité** to read avidly ◆ **manger avec avidité** to eat greedily

**avifaune** [avifon] **nf** avifauna

> **AVIGNON**
>
> Created by the actor-director Jean Vilar in 1947, the **Festival d'Avignon** is one of the most important events in the French cultural calendar. The town is taken over by theatregoers in late July and early August, and many of its historic buildings are transformed into performance spaces. The most prestigious shows of the festival take place in the courtyard of the "Palais des Papes", the old Papal palace in the town centre.
>
> Note that when translating the phrase "in Avignon" the preposition "en" can be used instead of the usual "à", especially in formal speech or writing (for example, "ce spectacle a été créé en Avignon").

**avilir** [aviliʀ] → SYN ▸ conjug 2 ◂ [1] **vt** [+ personne] to degrade, debase, demean; [+ monnaie] to debase; [+ marchandise] to cause to depreciate
[2] **s'avilir vpr** [personne] to degrade o.s., debase o.s., demean o.s.; [monnaie, marchandise] to depreciate

**avilissant, e** [avilisɑ̃, ɑ̃t] → SYN **adj** spectacle degrading, shameful, shaming (épith); conduite, situation, travail degrading, demeaning

**avilissement** [avilismɑ̃] → SYN **nm** [personne] degradation, debasement; [monnaie] debasement; [marchandise] depreciation

**aviné, e** [avine] → SYN **adj** (littér) personne inebriated, intoxicated; voix drunken ◆ **il a l'haleine avinée** his breath smells of alcohol

**avion** [avjɔ̃] → SYN [1] **nm** (= appareil) plane, aircraft pl inv, aeroplane (Brit), airplane (US) ◆ **l'avion** (Sport) flying ◆ **défense/batterie contre avions** anti-aircraft defence/battery ◆ **ils sont venus en avion** they came by air ou by plane, they flew (here) ◆ **par avion** (sur lettre) by air(mail)
[2] COMP ▷ **avion de bombardement** bomber ▷ **avion de chasse** fighter (plane), interceptor ▷ **avion commercial** commercial aircraft ▷ **avion à décollage et atterrissage courts** short takeoff and landing aircraft, STOL aircraft ▷ **avion à décollage et atterrissage verticaux** vertical takeoff and landing aircraft, VTOL aircraft ▷ **avion furtif** stealth bomber ou plane ▷ **avion de ligne** airliner ▷ **avion en papier** paper aeroplane ▷ **avion postal** mail plane ▷ **avion à réaction** jet (plane) ▷ **avion de reconnaissance** reconnaissance aircraft ou plane ▷ **avion renifleur** sniffer plane ▷ **avion sanitaire** air ambulance ▷ **avion spatial** space plane ▷ **avion de tourisme** private aircraft ou plane ▷ **avion de transport** transport aircraft

**avion-cargo**, pl **avions-cargos** [avjɔ̃kaʀgo] **nm** (air) freighter, cargo aircraft

**avion-cible**, pl **avions-cibles** [avjɔ̃sibl] **nm** target aircraft

**avion-citerne**, pl **avions-citernes** [avjɔ̃sitɛʀn] **nm** air tanker

**avion-école**, pl **avions-écoles** [avjɔ̃ekɔl] **nm** training plane

**avionique** [avjɔnik] **nf** avionics sg

**avionnerie** [avjɔnʀi] **nf** aeroplane (Brit) ou airplane (US) factory

**avionneur** [avjɔnœʀ] nm aircraft manufacturer

**avion-radar,** pl **avions-radars** [avjɔ̃ʀadaʀ] nm radar plane

**avion-suicide,** pl **avions-suicide** [avjɔ̃sɥisid] nm suicide plane

**avion-taxi,** pl **avions-taxis** [avjɔ̃taksi] nm taxiplane

**aviron** [aviʀɔ̃] [→ SYN] nm **a** (= rame) oar; (= sport) rowing ◆ **faire de l'aviron** to row
**b** (Can) paddle

**avironner** [aviʀɔne] ▸ conjug 1 ◂ vt (Can) to paddle

**avis** [avi] GRAMMAIRE ACTIVE 1.1, 2.1, 2.2, 6.1, 6.2, 11.1, 13.1, 26.5 [→ SYN]
[1] nm **a** (= opinion) opinion ◆ **donner son avis** to give one's opinion ou views (*sur* on, about) ◆ **les avis sont partagés** opinion is divided ◆ **être du même avis que qn, être de l'avis de qn** to be of the same opinion as sb, share sb's view ◆ **on ne te demande pas ton avis !** who asked you? ◆ **je ne suis pas de votre avis** I don't agree (with you) ◆ **à mon avis c'est ...** in my opinion ou to my mind it is ... ◆ **si tu veux mon avis, il est ...** if you ask me ou if you want my opinion, he's ... ◆ **c'est bien mon avis** I quite agree ◆ **à mon humble avis** (iro) in my humble opinion ◆ **de l'avis de tous, il ne sera pas élu** the unanimous view ou the general opinion is that he won't be elected; → **changer, deux**
**b** (= conseil) advice (NonC) ◆ **un avis amical** a friendly piece of advice, a piece of friendly advice, some friendly advice ◆ **suivre l'avis** ou **les avis de qn** to take ou follow sb's advice ◆ **sur l'avis de qn** on sb's advice
**c** (= notification) notice; (Fin) advice ◆ **lettre d'avis** letter of advice ◆ **avis de crédit/de débit** credit/debit advice ◆ **avis d'appel d'offres** invitation to tender ou to bid ◆ **jusqu'à nouvel avis** until further notice ◆ **sauf avis contraire** unless otherwise informed, unless one hears to the contrary; (sur étiquette) unless otherwise indicated ◆ **avis de coup de vent** (Naut) gale warning ◆ **avis de tempête** storm warning ◆ **avis aux amateurs !** * any takers? * ◆ **donner avis de/que ...** † to give notice of/that ...; → **préalable**
**d** (Admin = recommandation) opinion ◆ **les membres ont émis un avis** the members put forward an opinion ◆ **on a pris l'avis du conseil** they took the opinion of the council ◆ **avis favorable/défavorable** (Admin) accepted/rejected ◆ **la commission a émis un avis favorable** the commission gave its approval
**e** (Loc) **il était d'avis de partir** ou **qu'on parte immédiatement** he thought ou he was of the opinion that we should leave at once ◆ **m'est avis que ...** († ou hum) methinks († ou hum) ...
[2] COMP ▷ **avis de décès** death notice ▷ **avis d'expédition** (Comm) advice of dispatch ▷ **avis d'imposition** tax notice ▷ **avis au lecteur** foreword ▷ **avis de mise en recouvrement** (Fin) notice of assessment ▷ **avis de mobilisation** mobilization notice ▷ **avis au public** public notice; (= en-tête) notice to the public ▷ **avis de réception** acknowledgement of receipt ▷ **avis de recherche** (= affiche) [criminel] wanted poster; [disparu] missing person poster ◆ **lancer un avis de recherche** (pour criminel) to issue a description of a wanted person; (pour disparu) to issue a description of a missing person ▷ **avis de virement** advice of bank transfer

**avisé, e** [avize] [→ SYN] (ptp de **aviser**) adj sensible, wise ◆ **être bien/mal avisé de faire** to be well-/ill-advised to do

**aviser** [avize] [→ SYN] ▸ conjug 1 ◂ [1] vt **a** (frm = avertir) to advise, inform (*de* of), notify (*de* of, about) ◆ **il ne m'en a pas avisé** he didn't notify me of ou about it
**b** (littér = apercevoir) to catch sight of, notice
[2] vi ◆ **cela fait, nous aviserons** once that's done, we'll see where we stand ◆ **sur place, nous aviserons** we'll see once we're there ◆ **aviser à qch** to see to sth
[3] **s'aviser** vpr **a** (= remarquer) **s'aviser de qch** to realize ou become aware of sth suddenly ◆ **il s'avisa que ...** he suddenly realized that ...
**b** (= s'aventurer à) **s'aviser de faire qch** to dare (to) do sth, take it into one's head to do sth ◆ **et ne t'avise pas d'aller lui dire** and don't you dare go and tell him

**aviso** [avizo] [→ SYN] nm advice-boat

**avitailler** [avitaje] [→ SYN] ▸ conjug 1 ◂ vt to (re)fuel

**avitailleur** [avitajœʀ] nm [avion] bowser, fuelling vehicle

**avitaminose** [avitaminoz] [→ SYN] nf vitamin deficiency, avitaminosis (SPÉC)

**avivement** [avivmɑ̃] nm freshening

**aviver** [avive] [→ SYN] ▸ conjug 1 ◂ [1] vt **a** [+ douleur physique, appétit] to sharpen; [+ regrets, chagrin] to deepen; [+ intérêt, désir] to kindle, arouse; [+ colère] to stir up; [+ souvenirs] to stir up, revive; [+ querelle] to stir up, add fuel to; [+ passion] to arouse, excite, stir up; [+ regard] to brighten; [+ couleur] brighten (up); [+ feu] to revive, stir up ◆ **l'air frais leur avait avivé le teint** the fresh air had given them some colour ou had put some colour into their cheeks
**b** (Méd) [+ plaie] to open up; (Tech) [+ bronze] to burnish; [+ poutre] to square off
[2] **s'aviver** vpr [douleur] to sharpen; [regrets] to deepen; [regard] to brighten

**av. J.-C.** (abrév de **avant Jésus-Christ**) BC

**avocaillon** [avɔkajɔ̃] nm (péj) pettifogger, small-town lawyer

**avocasserie** [avɔkasʀi] [→ SYN] nf (péj) pettifoggery, chicanery

**avocassier, -ière** [avɔkasje, jɛʀ] adj (péj) pettifogging

**avocat[1], e** [avɔka, at] [→ SYN] [1] nm,f **a** (Jur) lawyer, attorney(-at-law) (US), advocate (Écos); (d'assises) ≃ barrister (Brit) ◆ **consulter son avocat** to consult one's lawyer ◆ **l'accusé et son avocat** the accused and his counsel
**b** (fig = défenseur) advocate, champion ◆ **se faire l'avocat d'une cause** to advocate ou champion ou plead a cause ◆ **fais-toi mon avocat auprès de lui** plead with him on my behalf
[2] COMP ▷ **avocat d'affaires** business lawyer ▷ **avocat de la défense** counsel for the defence ou defendant, defending counsel (Brit), defense counsel (US) ▷ **l'avocat du diable** (Rel, fig) the devil's advocate ◆ **se faire l'avocat du diable** (fig) to be ou play devil's advocate ▷ **avocat d'entreprise** company ou corporate lawyer ▷ **avocat général** counsel for the prosecution, prosecuting attorney (US), assistant procurator fiscal (Écos) ▷ **l'avocat de la partie civile** the counsel for the plaintiff ▷ **avocat plaidant** court lawyer (Brit), trial lawyer (US) ▷ **avocat sans cause** briefless barrister (Brit) ou attorney (US)

**avocat[2]** [avɔka] nm (= fruit) avocado (pear)

**avocatier** [avɔkatje] nm avocado (tree), avocado pear tree

**avocette** [avɔsɛt] [→ SYN] nf avocet

**avoine** [avwan] [→ SYN] nf oats; → **farine, flocon, fou**

## avoir [avwaʀ]

[→ SYN] ▸ conjug 34 ◂

[1] VERBE TRANSITIF
[2] VERBE AUXILIAIRE
[3] VERBE IMPERSONNEL
[4] NOM MASCULIN
[5] NOM MASCULIN PLURIEL

Lorsque **avoir** fait partie d'une expression figée comme **avoir raison**, **avoir peur**, **avoir faim**, reportez-vous au nom.

[1] VERBE TRANSITIF

**a** [possession]

> Lorsque **avoir** signifie **posséder**, **disposer de**, il se traduit généralement par **have** ou plus familièrement par **have got**, mais uniquement au présent ; cette dernière forme est moins courante en anglais américain :

◆ **j'ai la réponse/trois frères** I have ou I've got the answer/three brothers ◆ **il n'a pas d'argent** he has ou he's got no money, he hasn't got any money, he doesn't have any money ◆ **il n'avait pas d'argent** he had no money ou didn't have any money ◆ **on ne peut pas tout avoir** you can't have everything ◆ **as-tu son adresse ?** have you got his address?, do you have his address?

**b** [localisation]

> Lorsque **avoir** est utilisé pour localiser un bâtiment, un objet etc, il peut se traduire par **have (got)** mais l'anglais préférera souvent une tournure avec **be** :

◆ **vous avez la gare tout près** the station is nearby ◆ **vous avez un parc au bout de la rue** you've got ou there's a park down the road ◆ **vous tournez à droite et vous aurez la poste juste en face de vous** you turn right and you'll see the post office just opposite ou and the post office is just opposite ◆ **tu as les verres sur la dernière étagère** the glasses are on the top shelf, you'll find the glasses on the top shelf

**c**

> La tournure familière dans laquelle **avoir** est suivi d'un adjectif possessif en corrélation avec un participe passé ou une relative n'est pas traduite ou est rendue par **have** et un possessif :

◆ **j'ai eu mon appareil photo volé** I had my camera stolen ◆ **ils ont leur fille qui part au Québec** they've got their daughter going to Quebec ◆ **j'ai mes rhumatismes qui me font souffrir** my rheumatism's playing me up *

**d** [= obtenir] [+ produit, renseignement, train] to get ◆ **nous avons très bien la BBC** we (can) get the BBC very clearly ◆ **pouvez-vous nous avoir ce livre ?** can you get this book for us?, can you get us this book? ◆ **essayez de m'avoir Paris (au téléphone)** could you put me through to Paris ou get me Paris? ◆ **je n'ai pas pu avoir Luc (au téléphone)** I couldn't get through to Luc, I didn't manage to get Luc on the phone ◆ **je n'arrive pas à avoir Paris** I can't get through to Paris

**e** [= porter] [+ vêtements] to wear, have on ◆ **il avait un pantalon beige** he was wearing beige trousers ◆ **qu'est-ce qu'il avait sur lui ?** what was he wearing?, what did he have on? ◆ **elle a toujours des gants/un foulard** she always wears gloves/a scarf [MAIS] ◑ **la femme qui a le chapeau/le corsage bleu** the woman with ou in the blue hat/blouse

**f** [caractérisation]

> Lorsque **avoir** introduit une caractéristique physique ou morale, il est rendu soit par **have** soit par **be** + adjectif :

◆ **il a les yeux bleus** he has (got) blue eyes ◆ **son regard a quelque chose de méchant, il a quelque chose de méchant dans le regard** he's got a nasty look in his eye ◆ **il a du courage/de l'ambition/du toupet** he has (got) courage/ambition/cheek, he is courageous/ambitious/cheeky [MAIS] ◑ **il avait les mains qui tremblaient** his hands were shaking

**g** [avec forme, dimension] to be ◆ **avoir 3 mètres de haut/4 mètres de long** to be 3 metres high/4 metres long ◆ **cette chaise a une jolie ligne** this chair is a nice shape ◆ **je veux une chaise qui ait cette forme** I want a chair (that's) this shape [MAIS] ◑ **je voudrais un pull qui ait cette couleur** I'd like a jumper (in) this colour

**h** [avec un âge] to be ◆ **il a dix ans** he is ten (years old) ◆ **j'ai l'impression d'avoir 20 ans** I feel as if I were 20 ◆ **il a dans les cinquante ans** he's about ou around 50 ◆ **il a dans les ou environ 45 ans** he's in his mid-forties ◆ **elle a entre 50 et 60 ans** she's between 50 and 60, she's in her fifties [MAIS] ◑ **elle venait d'avoir 38 ans** she had just turned 38

> Lorsque l'on a une proposition relative, l'anglais peut employer une tournure adjectivale :

◆ **les étudiants qui ont 18 ans** 18-year-old students, students who are 18 (years old) ◆ **des enfants qui ont entre 10 et 15 ans** children (who are) between 10 and 15, 10-to-15 year olds ◆ **des bâtiments qui ont plus de 250 ans** buildings (that are) more than 250 years old

**i** [= souffrir de] [+ rhume, maladie] to have ◆ **il a la rougeole** he's got measles ◆ **il a eu la rougeole à 10 ans** he had measles when he was 10 [MAIS] ◑ **il ne veut pas dire ce qu'il a** he won't say what's wrong (with him)

**j** [= éprouver] **avoir le sentiment/l'impression que** to have the feeling/the impression that

◆ **qu'est-ce que tu as ?** what's the matter (with you)?, what's wrong (with you)? ◆ **il a sûrement quelque chose** I'm sure there's something the matter with him ou something wrong with him ◆ **qu'est-ce que tu as ? – j'ai que je suis exténué** what's the matter? – I'll tell you what the matter is, I'm worn out ◆ **il a qu'il est jaloux** he's jealous, that's what's wrong ou the matter with him ◆ **qu'est-ce qu'il a à pleurer ?** what's he crying for?

**k** [= faire]

Lorsque **avoir** signifie **exprimer** ou **faire**, il se traduit généralement par un verbe spécifique en anglais ; cherchez sous le substantif :

◆ **il eut un geste d'énervement** he made an irritated gesture ◆ **elle eut un sourire malin** she gave a knowing smile, she smiled knowingly ◆ **il eut une grimace de douleur** he winced ◆ **elle a eu un regard haineux** she gave us a spiteful look ◆ **ils ont eu des remarques malheureuses** they made ou passed (Brit) some unfortunate remarks

**l** [= recevoir] **avoir des amis à dîner** to have friends to dinner ◆ **j'ai eu mon frère à déjeuner** I had my brother round for lunch ◆ **il aime avoir des amis** he likes to have friends over ou round (Brit), he likes to entertain friends

**m** [suivi d'une activité] to have ◆ **ils ont des soirées deux ou trois fois par semaine** they have parties two or three times a week ◆ **je n'ai rien ce soir** I've nothing on this evening, I'm not doing anything this evening ◆ **j'ai français à 10 heures** (Scol) I've got French at 10

**n** [= toucher, attraper, vaincre] to get ◆ **je l'ai eu !** (cible) got it! ◆ **ils ont fini par avoir le coupable** they got the culprit in the end ◆ **dans la fusillade, ils ont eu le chef de la bande** in the shoot-out they got the gang leader ◆ **on les aura !** we'll have ou get them! * ◆ **je t'aurai !** I'll get you! * ◆ **elle m'a eu au sentiment** she took advantage of my better nature

**o** [* = duper] (escroc) to have *, take in *, con *; (plaisantin) to take in * ◆ **ils m'ont eu, j'ai été eu** * I've been had * ◆ **je t'ai bien eu !** got you there! * ◆ **se faire avoir** (par escroc) to be had *, be taken in *; (par un plaisantin) to be taken in * ◆ **je me suis fait avoir de 5 €** I was conned out of €5 * ◆ **il s'est laissé avoir** he let himself be taken in *

**p** **en avoir** * (= être courageux) to have guts * ou balls **

**q** **avoir à** + infinitif (= devoir) ◆ **j'ai à travailler** I've got some work to do ◆ **il a un bouton à recoudre** he's got a button that needs sewing on

♦ **n'avoir qu'à** ◆ **tu n'as qu'à me téléphoner demain** just give me a ring tomorrow ◆ **tu n'as qu'à appuyer sur le bouton, et ça se met en marche** (you) just press the knob, and it starts working ◆ **c'est simple, vous n'avez qu'à lui écrire** it's simple, all you have to do is write to him ◆ **tu n'avais qu'à ne pas y aller** you shouldn't have gone (in the first place) ◆ **s'il n'est pas content, il n'a qu'à partir** if he doesn't like it, he can always leave

[2] VERBE AUXILIAIRE

En tant qu'auxiliaire, **avoir** se traduit par **have** sauf dans certains emplois du passé qui sont rendus par des prétérits :

◆ **j'ai déjà couru 10 km** I've already run 10 km ◆ **il a été renvoyé deux fois** he has been dismissed twice ◆ **quand il eut** ou **a eu parlé** when he had spoken ◆ **il n'est pas bien, il a dû trop manger** he is not well, he must have eaten too much ◆ **nous aurons terminé demain** we'll have finished tomorrow ◆ **si je l'avais vu** if I had seen him ◆ **j'étais pressé, j'ai couru** I was in a hurry so I ran ◆ **il a fini hier** he finished yesterday

[3] VERBE IMPERSONNEL

**a** [réalité, existence] **il y a** (suivi d'un nom singulier) there is; (suivi d'un nom pluriel) there are ◆ **il y a un chien à la porte** there's a dog at the door ◆ **il n'y avait que moi** there was only me, I was the only one ◆ **il y a eu trois blessés** three people were injured, there were three injured ◆ **il y a voiture et voiture !** there are cars and cars!

♦ **il y en a, y en a** * (avec antécédent au singulier) there is some; (avec antécédent au pluriel) there are some ◆ **j'achète du pain ? – non, il y en a (encore)** shall I buy some bread? – no, there's some left ◆ **quand y en a pour deux, y en a pour trois** * (nourriture) there's plenty for everyone; (place) there's plenty of room for everyone ◆ **il y en a pour dire** ou **qui disent ...** there are some ou those who say ..., some say ... ◆ **quand il n'y en a plus, il y en a encore !** * there's plenty more where that came from! * [MAIS] ◑ **il y en a qui feraient mieux de se taire!** some people would do better to keep quiet! ◑ **il y en a, je vous jure!** * some people, honestly! *, really, some people! *

♦ **il n'y en a que pour** ◆ **il n'y en a que pour mon petit frère, à la maison** my little brother gets all the attention at home ◆ **il n'y en a eu que pour lui pendant l'émission** the whole programme revolved around him

♦ **qu'y a-t-il?, qu'est-ce qu'il y a?** (= que se passe-t-il) what is it?, what's the matter?, what's up? *; (= qu'est-ce qui ne va pas) what's wrong?, what's the matter?, what's up? *

♦ **il y a que** * ◆ **il y a que nous sommes mécontents !** we're annoyed, that's what! *

♦ **il n'y a (pas) que** ◆ **il n'y a pas que toi** you're not the only one! ◆ **il n'y a que lui pour faire cela !** only HE would do that!, trust him to do that! ◆ **il n'y a pas que nous à le dire** we're not the only ones who say ou to say that

♦ **(il n')y a pas** * ◆ **il n'y a pas, (il) faut que je parte** it's no good, I've got to go ◆ **y a pas, il faut qu'il désobéisse** he just won't do as he's told ◆ **il n'y a pas à dire, il est très intelligent** there's no denying he's very intelligent;

♦ **il n'y a qu'à** + infinitif, **y a qu'à** + infinitif * ◆ **il n'y a qu'à les laisser partir** just let them go ◆ **il n'y a qu'à protester** we'll just have to protest, why don't we protest ◆ **y a qu'à lui dire** * why don't we just tell him ◆ **y avait qu'à le prendre, alors !** * why didn't you take it then!

**b** [= il se passe] **il y a eu des émeutes dans la capitale** there have been riots in the capital ◆ **il y a eu un accident/une inondation** there has been an accident/flooding ◆ **qu'est-ce qu'il y a eu ?** what's happened? ◆ **il y a eu quelque chose de grave** something serious has happened

♦ **il y avait une fois ...** once upon a time, there was ...

**c** [avec une durée]

Dans le cas d'une action non révolue, **for** s'emploie avec le present perfect lorsque le verbe français est au présent, et avec le pluperfect lorsque le verbe français est à l'imparfait :

◆ **il y a 10 ans que je le connais** I've known him (for) 10 years ◆ **il y avait longtemps qu'elle désirait ce livre** she had wanted ou been wanting this book for a long time

Dans le cas d'une action révolue, on emploie **ago** et le prétérit :

◆ **il y a 10 ans, nous étions à Paris** 10 years ago we were in Paris ◆ **il est né il y a tout juste un an** he was born just one year ago ◆ **il y a 10 jours/10 minutes que nous sommes rentrés, nous sommes rentrés il y a 10 jours/10 minutes** we got back 10 days/10 minutes ago, we have been back 10 days/10 minutes ◆ **il n'y a pas un quart d'heure qu'il est parti** he left not a quarter of an hour ago [MAIS] ◑ **il y aura 10 ans demain que je ne l'ai vu** it will be 10 years tomorrow since I last saw him

**d** [suivi d'une distance] **il y a 10 km d'ici à Paris** it is 10 km from here to Paris ◆ **combien y a-t-il d'ici à Lille ?** how far is it from here to Lille?

[4] NOM MASCULIN

**a** [= bien] assets ◆ **il a investi tout son avoir dans l'entreprise** he invested all his assets in the firm ◆ **son avoir était bien peu de chose** what he had wasn't much

**b** [Comm] (= actif) credit (side); (= billet de crédit) credit note ◆ **avoir fiscal** (Fin) tax credit ◆ **vous pouvez me faire un avoir ?** can you give me a credit note?

[5] **avoirs** NOM MASCULIN PLURIEL

holdings, assets ◆ **avoirs à l'étranger** foreign assets ou holdings ◆ **avoirs en caisse** ou **en numéraire** cash holdings ◆ **avoirs financiers** financial resources

**avoirdupoids** [avwaʀdypwa] nm avoirdupois

**avoisinant, e** [avwazinɑ̃, ɑ̃t] [→ SYN] adj région, pays neighbouring (Brit), neighboring (US); rue, ferme nearby, neighbouring (Brit), neighboring (US) ◆ **dans les rues avoisinantes** in the nearby streets, in the streets close by ou nearby

**avoisiner** [avwazine] [→ SYN] ▸ conjug 1 ◂ vt [+ lieu] (= être proche de) to be near ou close to; (= être contigu à) to border on; [prix, température, taux] to be close to ◆ **son indifférence avoisine le mépris** (fig) his indifference borders ou verges on contempt

**avortement** [avɔʀtəmɑ̃] [→ SYN] nm (Méd) abortion ◆ **avortement de** (fig) failure of ◆ **campagne contre l'avortement** anti-abortion campaign ◆ **avortement thérapeutique** termination (of pregnancy) *(for medical reasons)*

**avorter** [avɔʀte] [→ SYN] ▸ conjug 1 ◂ [1] vi **a** (Méd) to have an abortion, abort ◆ **faire avorter qn** [personne] to give sb an abortion, abort sb; [remède] to make sb abort ◆ **se faire avorter** to have an abortion

**b** (fig) to fail, come to nothing ◆ **faire avorter un projet** to frustrate ou wreck a plan ◆ **projet avorté** abortive plan

[2] vt (Méd) to abort, perform an abortion on

**avorteur, -euse** [avɔʀtœʀ, øz] nm,f abortionist

**avorton** [avɔʀtɔ̃] [→ SYN] nm (péj = personne) little runt (péj); (= arbre, plante) puny ou stunted specimen; (= animal) puny specimen

**avouable** [avwabl] [→ SYN] adj blameless ◆ **procédés peu avouables** fairly disreputable methods, methods which don't bear mentioning

**avoué, e** [avwe] [→ SYN] (ptp de **avouer**) [1] adj ennemi, revenu, but avowed

[2] nm ≃ solicitor (Brit), ≃ attorney-at-law (US)

**avouer** [avwe] [→ SYN] ▸ conjug 1 ◂ [1] vt [+ amour] to confess, avow (littér); [+ crime] to confess (to), own up to; [+ fait] to acknowledge, admit; [+ faiblesse, vice] to admit to, confess to ◆ **avouer avoir menti** to admit ou confess that one has lied, admit ou own up to lying ◆ **avouer que ...** to admit ou confess that ... ◆ **elle est douée, je l'avoue** she is gifted, I (must) admit; → **faute**

[2] vi **a** (= se confesser) [coupable] to confess, own up

**b** (= admettre) to admit, confess ◆ **tu avoueras, c'est un peu fort !** you must admit ou confess, it is a bit much!

[3] **s'avouer** vpr ◆ **s'avouer coupable** to admit ou confess one's guilt ◆ **s'avouer vaincu** to admit ou acknowledge defeat ◆ **s'avouer déçu** to admit to being disappointed

**avril** [avʀil] nm April ◆ (Prov) **en avril ne te découvre pas d'un fil** ne'er cast a clout till May is out (Prov); → **poisson, premier** ; pour autres loc voir **septembre**

**avulsion** [avylsjɔ̃] [→ SYN] nf (Méd) avulsion

**avunculaire** [avɔ̃kylɛʀ] adj avuncular

**AWACS** [awaks] nm (abrév de **Airborne Warning And Control System**) AWACS ◆ **(avion) AWACS** AWACS (plane) ◆ **avion-radar AWACS** AWACS early-warning (radar) plane

**axe** [aks] [→ SYN] nm **a** (Tech) axle; (Anat, Astron, Bot, Math) axis

**b** (= route) trunk road (Brit), main highway (US) ◆ **les grands axes (routiers)** the main roads, the major trunk roads (Brit), the main highways (US) ◆ **les vols réguliers sur l'axe Paris-Marseille** the regular flights on the Paris-Marseilles route ◆ **axe rouge** (à Paris) no stopping zone, clearway (Brit)

**c** (fig) [débat, théorie, politique] main line

**d** (Hist, Pol) **l'Axe** the Axis ◆ **l'axe Paris-Bonn dans la construction européenne** the Paris-Bonn axis in the construction of Europe

**e** **dans l'axe** (= dans le prolongement) ◆ **cette rue est dans l'axe de l'église** this street is directly in line with the church ◆ **mets-toi bien dans l'axe (de la cible)** line up on the target, get directly in line with the target

**axel** [aksɛl] nm axel

**axénique** [aksenik] adj axenic

**axer** [akse] → SYN ▸ conjug 1 ◂ vt ◆ **axer qch sur/autour de** to centre (Brit) ou center (US) sth on/around ◆ **il est très axé sur la politique** he's very interested in politics ◆ **leur rapport est axé sur l'environnement** their report focuses on the environment

**axial, e,** mpl **-iaux** [aksjal, jo] adj axial ◆ **éclairage axial** central overhead lighting

**axile** [aksil] adj axial; (Bot) axile

**axillaire** [aksilɛʀ] adj axillary

**axiologie** [aksjɔlɔʒi] nf axiology

**axiologique** [aksjɔlɔʒik] adj axiological

**axiomatique** [aksjɔmatik] → SYN 1 adj axiomatic

2 nf axiomatics sg

**axiomatiser** [aksjɔmatize] ▸ conjug 1 ◂ vt to axiomatize

**axiome** [aksjom] → SYN nm axiom

**axis** [aksis] → SYN nm axis (vertebra)

**axisymétrique** [aksisimetʀik] adj axisymmetric(al)

**axolotl** [aksɔlɔtl] nm axolotl

**axone** [akson] nm axon(e)

**axonométrie** [aksɔnɔmetʀi] nf axonometric projection

**axonométrique** [aksɔnɔmetʀil] adj axonometric

**ayant cause,** pl **ayants cause** [ɛjɑ̃koz] → SYN nm (Jur) legal successor, successor in title ◆ **les ayants cause du défunt** the beneficiaries of the deceased

**ayant droit,** pl **ayants droit** [ɛjɑ̃dʀwa] nm a (Jur) ⇒ **ayant cause**

b [prestation, pension] eligible party ◆ **ayant droit à** party entitled to ou eligible for

**ayatollah** [ajatɔla] nm ayatollah ◆ **les ayatollahs de la morale** (fig) moral zealots

**aye-aye** [ajaj] nm (Zool) aye-aye

**azalée** [azale] nf azalea

**azéotrope** [azeɔtʀɔp] adj azeotropic

**Azerbaïdjan** [azɛʀbaidʒɑ̃] nm Azerbaijan

**azerbaïdjanais, e** [azɛʀbaidʒanɛ, ɛz] 1 adj Azerbaijani

2 nm (Ling) Azerbaijani

3 **Azerbaïdjanais(e)** nm,f Azerbaijani

**azéri, e** [azeʀi] 1 adj Azeri, Azerbaijani

2 nm (Ling) Azerbaijani

3 **Azéri(e)** nm,f Azeri, Azerbaijani

**azerole** [azʀɔl] nf azerole

**azerolier** [azʀɔlje] nm Neopolitan medlar

**AZERTY** [azɛʀti] adj inv ◆ **clavier AZERTY** AZERTY keyboard

**azimut** [azimyt] → SYN nm a (Astron) azimuth

b (* = dans toutes les directions) **tous azimuts** everywhere, all over the place; offensive, campagne all-out (épith); négociation wide-ranging (épith); réformes wholesale ◆ **la banque a connu une expansion tous azimuts** the bank has undergone a dramatic expansion ◆ **il attaque tous azimuts** he lashes out in all directions ◆ **elle téléphonait tous azimuts** she phoned around everywhere ◆ **chercher qn dans tous les azimuts** to look everywhere ou all over the place for sb, search high and low for sb

**azimutal, e,** mpl **-aux** [azimytal, o] adj azimuthal

**azimuté, e** * [azimyte] adj crazy *, nuts *, mad

**Azincourt** [azɛ̃kuʀ] n Agincourt

**azoïque**[1] [azɔik] adj (Géol) azoic

**azoïque**[2] [azɔik] adj (Chim) azo

**azoospermie** [azoospɛʀmi] → SYN nf azoospermia

**azote** [azɔt] nm nitrogen

**azoté, e** [azɔte] adj substance, base nitrogenous; → **engrais**

**azotémie** [azɔtemi] nf azotaemia (Brit), azotemia (US)

**azotémique** [azɔtemik] adj azotaemic (Brit), azotemic (US)

**azothydrique** [azɔtidʀik] adj ◆ **acide azothydrique** hydrazoic acid

**AZT** [azɛdte] nm (abrév de **azidothymidine**) AZT

**aztèque** [astɛk] 1 adj Aztec

2 **Aztèque** nmf Aztec

**azur** [azyʀ] → SYN nm (littér) (= couleur) azure, sky blue; (= ciel) skies, sky; (Hér) azure; → **côte**

**azuré, e** [azyʀe] → SYN (ptp de **azurer**) adj azure

**azuréen, -enne** [azyʀeɛ̃, ɛn] adj a (= de la côte d'Azur) of the French Riviera

b (littér) yeux, bleu, ciel azure

**azurer** [azyʀe] ▸ conjug 1 ◂ vt [+ linge] to blue; (littér) to azure, tinge with blue

**azyme** [azim] 1 adj unleavened; → **pain**

2 nm unleavened bread ◆ **fête des Azymes** Passover

# B

**B, b**[1] [be] **nm** (= lettre) B, b

**b**[2] (abrév de **bien**) (Scol) g, good

**B. A.** [bea] **nf** (abrév de **bonne action**) good deed ◆ **faire sa B. A. (quotidienne)** to do one's good deed for the day

**Baal** [bɑl] **n** Baal

**B.A.-BA** [beaba] **nm sg** ◆ **le B.A.-BA** the ABC (*de* of) ◆ **il n'en est qu'au B.A.-BA** he's just starting off, he's just a beginner

**baba**[1] * [baba] → SYN **nm** (Culin) baba ◆ **baba au rhum** rum baba

**baba**[2] [baba] → SYN **1** **nm** ◆ **il l'a eu dans le baba** ‡ it was one in the eye for him *

**2** **adj** ◆ **j'en suis resté baba** * I was flabbergasted ou dumbfounded, I was gobsmacked * (Brit)

**baba**[3] * [baba], **baba cool** *, pl **babas cool** [babakul] **nmf** ≃ hippy

**Babel** [babɛl] **n** Babel; → **tour**[1]

**babélisme** [babelism] **nm** babelism

**babeurre** [babœʀ] **nm** buttermilk

**babil** [babil] → SYN **nm** (littér) [bébé] babble; [enfant] prattle; [adulte] chatter; [oiseau] twittering; [ruisseau] babbling

**babillage** [babijaʒ] **nm** [enfant] prattle; [adulte] chatter

**babillard, e** [babijaʀ, aʀd] → SYN **1** **adj** (littér) adulte chattering; bébé babbling; oiseau twittering; ruisseau babbling, chattering

**2** **nm,f** (personne) chatterbox

**3** **nm** (Can) notice ou bulletin board ◆ **babillard électronique** electronic bulletin board

**4** **babillarde** * **nf** (= lettre) letter, note

**babiller** [babije] → SYN ▸ **conjug 1** ◂ **vi** [personne] to chatter; [bébé] to babble; [enfant] to prattle; [oiseau] to twitter; [ruisseau] to babble, chatter

**babines** [babin] → SYN **nfpl** [animal] chops; * [personne] chops *, lips; → **lécher**

**babiole** [babjɔl] → SYN **nf** (= bibelot) trinket, knick-knack; (= vétille) trifle, triviality ◆ **offrir une babiole** (= cadeau) to give a small token ou a little something

**babiroussa** [babiʀusa] → SYN **nm** babirusa

**bâbord** [bɑbɔʀ] → SYN **nm** port (side) ◆ **par** ou **à bâbord** on the port side, to port ◆ **par bâbord arrière** aft on the port side

**babouche** [babuʃ] → SYN **nf** babouche, Turkish ou oriental slipper

**babouin** [babwɛ̃] → SYN **nm** baboon

**baboune** * [babun] **nf** (Can) lip ◆ **faire la baboune** (de déception, de dédain) to pout; (de dégoût) to grimace ◆ **elle m'a fait la baboune toute la journée** she was sulky ou huffy * with me all day

**baby** [babi] **1** **adj inv** ◆ **taille baby** baby size

**2** **nm** (= whisky) shot of scotch

**baby-blues** [babibluz] **nm inv** baby blues *, postnatal depression ◆ **avoir le baby-blues** to have the baby blues *, be suffering from postnatal depression

**baby-boom**, pl **baby-booms** [babibum] **nm** baby boom ◆ **les enfants du baby-boom** the baby-boomers

**baby-foot**, pl **baby-foots** [babifut] **nm inv** (= jeu) table football; (= appareil) football table

**Babylone** [babilɔn] **n** Babylon

**babylonien, -ienne** [babilɔnjɛ̃, jɛn] **1** **adj** Babylonian

**2** **Babylonien(ne)** **nm,f** Babylonian

**baby-sitter**, pl **baby-sitters** [babisitœʀ] **nmf** baby-sitter

**baby-sitting**, pl **baby-sittings** [babisitiŋ] **nm** baby-sitting ◆ **faire du baby-sitting** to baby-sit, do baby-sitting

**bac**[1] [bak] → SYN **nm** **a** (= bateau) (gén) ferry, ferryboat; (pour voitures) car-ferry ◆ **bac aérien** air ferry

**b** (= récipient) tub; (Ind) tank, vat; (Peinture, Photo) tray; [évier] sink; [courrier, imprimante] tray ◆ **bac à douche** shower tray ◆ **bac (à fleurs)** planter, tub ◆ **bac à glace** ice-tray ◆ **bac à laver** washtub, (deep) sink ◆ **bac à légumes** vegetable compartment ou tray ◆ **bac à réserve d'eau** self-watering planter ◆ **bac à sable** sandpit ◆ **évier (à) deux bacs** double sink unit ◆ **glace vendue en bacs de deux litres** ice-cream sold in two-litre tubs

**bac**[2] * [bak] → SYN **nm** (abrév de **baccalauréat**) **a** (en France) **formation bac + 3** ≃ 3 years' higher education ; pour autres loc voir **baccalauréat**

**b** (au Canada = licence) ≃ BA

**baccalauréat** [bakalɔʀea] → SYN **nm** **a** (en France) baccalauréat, school leaving certificate, ≃ A-levels (Brit), ≃ high school diploma (US)

**b** (au Canada = licence) ≃ BA **baccalauréat en droit** law degree, LLB (Brit)

> **BACCALAURÉAT**
>
> The "bac", as it is popularly known, is the school leaving examination all French schoolchildren take in their final year at the "lycée". Before beginning their **baccalauréat** studies, pupils choose a specialization known as a "série", represented by an initial letter: a "bac" with a scientific bias is known as a "bac S" (for "scientifique") while an arts-oriented "bac" is referred to as a "bac L" (for "littéraire"), for example. When the word "bac" is followed by a plus sign and a number, this refers to the number of years of formal study completed since obtaining the baccalauréat qualification: "bac" + 3 refers to the "licence" or equivalent, "bac" + 4 to the "maîtrise", etc. These abbreviations are often used in job advertisements to indicate the level of qualification required.

**baccara** [bakaʀa] → SYN **nm** (Casino) baccara(t)

**baccarat** [bakaʀa] → SYN **nm** ◆ **(cristal de) baccarat** Baccarat crystal

**bacchanale** [bakanal] → SYN **nf** **a** (= danse) bacchanalian ou drunken dance; († = orgie) orgy, drunken revel

**b** (Antiq) **bacchanales** Bacchanalia

**bacchante** [bakɑ̃t] → SYN **1** **nf** (Antiq) bacchante

**2** **bacchantes** * **nfpl** moustache, whiskers (hum)

**Bacchus** [bakys] **nm** Bacchus

**baccifère** [baksifɛʀ] **adj** bacciferous

**bacciforme** [baksifɔʀm] **adj** bacciform

**Bach** [bak] **nm** Bach

**bâchage** [bɑʃaʒ] **nm** covering

**bâche** [bɑʃ] → SYN **nf** **a** (= toile) canvas cover ou sheet; [camion] tarpaulin, tarp (US); [piscine] (plastic ou canvas) cover ◆ **bâche goudronnée** tarpaulin, tarp (US)

**b** (Tech) (= réservoir) tank, cistern; (= carter) housing; (= serre) forcing frame

**bachelier, -ière** [baʃəlje, jɛʀ] **nm,f** *person who has passed the baccalauréat*

**bâcher** [bɑʃe] → SYN ▸ **conjug 1** ◂ **vt** to cover with a canvas sheet, put a canvas sheet over ◆ **camion bâché** covered truck ou lorry (Brit)

**bachi-bouzouk**, pl **bachi-bouzouks** [baʃibuzuk] **nm** bashibazouk

**bachique** [baʃik] **adj** (Antiq, fig) Bacchic ◆ **fêtes bachiques** bacchanalian revels ◆ **chanson bachique** drinking song

**bachot**[1] † * [baʃo] → SYN **nm** ⇒ **baccalauréat** → **boîte**

**bachot**[2] [baʃo] → SYN **nm** (small) boat, skiff

**bachotage** [baʃɔtaʒ] **nm** (Scol) cramming, swotting (Brit) ◆ **faire du bachotage** to cram ou swot (Brit) (for an exam)

**bachoter** [baʃɔte] ▸ **conjug 1** ◂ **vi** (Scol) to cram ou swot (Brit) (for an exam)

**bacillaire** [basilɛʀ] → SYN **adj** maladie bacillary; malade tubercular

**bacille** [basil] → SYN **nm** (gén) germ, bacillus (SPÉC) ◆ **le bacille virgule** the comma bacillus ◆ **le bacille de Koch/de Hansen** Koch's/Hansen('s) bacillus

**bacilliforme** [basilifɔʀm] **adj** bacilliform

**bacillose** [basiloz] **nf** (gén) bacillus infection; (= tuberculose) tuberculosis

**bacillurie** [basilyʀi] **nf** bacilluria

**backgammon** [bakgamɔn] **nm** backgammon

**bâclage** [bɑklaʒ] → SYN **nm** botching

**bâcle** [bɑkl] → SYN **nf** [porte, fenêtre] bar

**bâcler** [bɑkle] → SYN ▸ **conjug 1** ◂ **vt** [+ travail, devoir] to botch (up); [+ cérémonie] to skip through, hurry over ◆ **bâcler sa toilette** to have a quick wash ◆ **la fin du film est bâclée** the ending of the film is a bit of a mess ◆ **c'est du travail bâclé** it's slapdash work

**bacon** [bekɔn] [→ SYN] nm (= lard) bacon; (= jambon fumé) smoked loin of pork ◆ **œufs au bacon** bacon and eggs

**bactéricide** [bakteʀisid] 1 adj bactericidal
2 nm bactericide

**bactérie** [bakteʀi] [→ SYN] nf bacterium ◆ **bactéries** bacteria ◆ **on a découvert une nouvelle bactérie** a new strain of bacteria ou a new bacterium has been discovered

**bactérien, -ienne** [bakteʀjɛ̃, jɛn] [→ SYN] adj contamination, pollution bacterial

**bactériologie** [bakteʀjɔlɔʒi] [→ SYN] nf bacteriology

**bactériologique** [bakteʀjɔlɔʒik] adj arme, examen bacteriological

**bactériologiste** [bakteʀjɔlɔʒist] nmf bacteriologist

**bactériophage** [bakteʀjɔfaʒ] nm bacteriophage

**bactériostatique** [bakteʀjostatik] adj bacteriostatic

**badaboum** * [badabum] excl crash, bang, wallop! ◆ **et badaboum ! voilà bébé par terre** whoops! baby falls down!

**badaud, e** [bado, od] [→ SYN] 1 nm,f (qui regarde) curious ou gaping (péj) onlooker; (qui se promène) stroller
2 adj ◆ **les Parisiens sont très badauds** Parisians love to stop and stare ou are full of idle curiosity

**badauder** † [badode] ▸ conjug 1 ◂ vi (= se promener) to stroll (*dans* about); (= regarder) to gawk, gawp

**badauderie** † [badodʀi] [→ SYN] nf (idle) curiosity

**baderne** [badɛʀn] [→ SYN] nf (péj) ◆ **(vieille) baderne** old fogey *

**badge** [badʒ] [→ SYN] nm (gén) badge, button (US); (d'identité) name badge ou tag; (pour visiteur) visitor's badge, (visitor's) pass; (= carte électronique) swipe card

**badgé, e** [badʒe] adj personne wearing a badge

**badiane** [badjan] [→ SYN] nf star anis, badian

**badigeon** [badiʒɔ̃] [→ SYN] nm [mur intérieur] distemper; [mur extérieur] (lait de chaux) whitewash; (coloré) coloured distemper, colourwash (Brit) ◆ **un coup de badigeon** a coat of distemper ou whitewash

**badigeonnage** [badiʒɔnaʒ] [→ SYN] nm a [mur intérieur] distempering; [mur extérieur] (au lait de chaux) whitewashing; (coloré) colourwashing
b [plaie] painting

**badigeonner** [badiʒɔne] [→ SYN] ▸ conjug 1 ◂ vt a [+ mur intérieur] to distemper; [+ mur extérieur] to whitewash; (en couleur) to colourwash (Brit)
b (= barbouiller) [+ visage, surface] to smear, daub, cover (*de* with) ◆ **se badigeonner de crème** to smear o.s. with cream
c [+ plaie] to paint (*à*, *avec* with) ◆ **se badigeonner la gorge** to paint one's throat (*à* with) ◆ **badigeonner une plaie de qch** to swab a wound with sth
d (Culin) to brush (*de* with)

**badigoinces** ⁑ [badigwɛ̃s] nfpl lips ◆ **se lécher les badigoinces** to lick one's lips ou chops *

**badin**[1], **e**[1] † [badɛ̃, in] [→ SYN] adj personne jocular; humeur light-hearted, playful; propos bantering, playful ◆ **sur un** ou **d'un ton badin** playfully, in a bantering ou jesting tone

**badin**[2] [badɛ̃] nm (Aviat) airspeed indicator

**badinage** [badinaʒ] [→ SYN] nm (= propos légers) banter (NonC) ◆ **sur un ton de badinage** in a bantering ou jesting tone, playfully

**badine**[2] [badin] [→ SYN] nf switch, rod

**badiner** [badine] [→ SYN] ▸ conjug 1 ◂ vi a († = plaisanter) to (exchange) banter, jest † ◆ **pour badiner** for a jest †, in jest
b (en négation) **c'est quelqu'un qui ne badine pas** he doesn't stand for any nonsense ◆ **il ne badine pas sur la discipline** he's a stickler for discipline, he has strict ideas about discipline ◆ **il ne faut pas badiner avec ce genre de maladie** this sort of illness is not to be treated lightly ◆ **et je ne badine pas !** and I'm not joking!

**badinerie** † [badinʀi] nf jest †

**badminton** [badmintɔn] nm badminton

**bâdrant, e** * [bɑdʀɑ̃, ɑ̃t] adj (Can) bothersome ◆ **t'es vraiment bâdrant avec tes questions** you're being a real nuisance ou a real pain in the neck * with your questions

**bâdrer** * [bɑdʀe] ▸ conjug 1 ◂ vt (Can) to bother ◆ **tu commences à me bâdrer avec tes questions** you're beginning to get on my nerves with your questions

**BAFA** [bafa] nm (abrév de **brevet d'aptitude à la fonction d'animateur**) → **brevet**

**baffe** * [baf] nf slap, clout * (Brit) ◆ **donner une paire de baffes à qn** to slap sb across the face ◆ **recevoir une baffe** to get slapped, get a clip on ou round the ear * (Brit)

**Baffin** [bafin] nm ◆ **mer** ou **baie de Baffin** Baffin Bay ◆ **terre de Baffin** Baffin Island

**baffle** [bafl] [→ SYN] nm (= panneau) baffle (board ou plate); (= enceinte) speaker

**bafouer** [bafwe] [→ SYN] ▸ conjug 1 ◂ vt [+ autorité] to flout, scorn; [+ droit, valeurs] to scorn, scoff at ◆ **mari bafoué** † cuckold †

**bafouillage** [bafujaʒ] [→ SYN] nm (= bredouillage) spluttering, stammering; (= propos incohérents) gibberish (NonC), babble (NonC)

**bafouille** * [bafuj] nf (= lettre) letter, note

**bafouiller** [bafuje] [→ SYN] ▸ conjug 1 ◂ 1 vi (= bredouiller) to splutter, stammer; (= divaguer) to talk gibberish, babble
2 vt to splutter (out), stammer (out) ◆ **qu'est-ce qu'il bafouille ?** what's he babbling ou jabbering on about? *

**bafouilleur, -euse** [bafujœʀ, øz] [→ SYN] nm,f splutterer, stammerer

**bâfrer** ⁑ [bɑfʀe] ▸ conjug 1 ◂ 1 vi to guzzle *, stuff one's face *
2 vt to guzzle (down) *, gobble (down), wolf (down) *

**bâfreur, -euse** ⁑ [bɑfʀœʀ, øz] [→ SYN] nm,f guzzler *, greedy guts * (Brit)

**bagage** [bagaʒ] [→ SYN] nm a (= valises) **bagages** luggage (NonC), baggage (NonC) ◆ **faire/défaire ses bagages** to pack/unpack (one's luggage ou bags), do one's packing/unpacking ◆ **envoyer qch en bagages accompagnés** to send sth as registered luggage ◆ **"(livraison des) bagages"** (dans un aéroport) "baggage claim ou reclaim" (Brit)
b (= valise) bag, piece of luggage; (Mil) kit ◆ **bagage à main** piece of hand luggage, carry-on bag ◆ **il avait pour tout bagage une serviette** his only luggage was a briefcase
c (= connaissances) stock of knowledge; (= diplômes) qualifications ◆ **son bagage intellectuel/littéraire** his stock ou store of general/literary knowledge ◆ **ce métier exige un bon bagage technique** you need a good technical background for this profession

**bagagerie** [bagagʀi] nf luggage shop

**bagagiste** [bagaʒist] [→ SYN] nm (= manutentionnaire) baggage ou luggage handler; (= porteur) porter

**bagarre** * [bagaʀ] [→ SYN] nf a **la bagarre** fighting ◆ **il cherche/veut la bagarre** he's looking for/wants a fight ◆ **il va y avoir de la bagarre pour la première place** there's going to be a tough fight for first place ◆ **dès qu'ils sont ensemble, c'est la bagarre** as soon as they're together, they're at each other's throats
b (= rixe) fight, scuffle, (entre ivrognes) brawl; (fig : entre deux orateurs) set-to, barney * (Brit) ◆ **bagarre générale** free-for-all ◆ **de violentes bagarres ont éclaté** violent scuffles broke out

**bagarrer** * [bagaʀe] ▸ conjug 1 ◂ 1 vi (en paroles) to argue, wrangle; (physiquement) to fight ◆ **ça bagarrait dur à l'Assemblée** things got very rowdy ou heated in Parliament
2 **se bagarrer** vpr (= se battre) to fight, scuffle, scrap *; (= se disputer) to have a set-to ◆ **on s'est bagarré dur dans les rues** there was violent fighting in the streets

**bagarreur, -euse** * [bagaʀœʀ, øz] [→ SYN] 1 adj caractère aggressive, fighting (épith) ◆ **il est bagarreur** (= batailleur) he's always getting into fights; (= ambitieux) he's a fighter
2 nm,f (= ambitieux) fighter; (Sport) battler

**bagasse** [bagas] [→ SYN] nf bagasse

**bagatelle** [bagatɛl] [→ SYN] nf a (= objet) small thing, trinket; († = bibelot) knick-knack, trinket
b (= somme) trifling ou paltry sum, trifle ◆ **ça m'a coûté la bagatelle de 500 €** (iro) it cost me the trifling sum of €500 (iro) ou a mere €500 (iro)
c (= vétille) trifle ◆ **perdre son temps à des bagatelles** to fritter away one's time, waste time on trifles
d († ou hum) **être porté sur la bagatelle** [homme] to be a bit of a philanderer, be fond of the women; [femme] to be fond of the men
e **bagatelles !** † fiddlesticks! †

**Bagdad** [bagdad] n Baghdad

**bagnard** [baɲaʀ] [→ SYN] nm convict ◆ **une vie de bagnard** (fig) a slave's existence

**bagne** [baɲ] [→ SYN] nm (Hist) (= prison) penal colony; (= peine) penal servitude, hard labour ◆ **être condamné au bagne** to be sentenced to hard labour ◆ **quel bagne !** *, **c'est le bagne !** * (fig) it's sheer slavery!

**bagnole** * [baɲɔl] nf car ◆ **vieille bagnole** jalopy *, old banger * (Brit) ◆ **il aime faire de la bagnole** he likes driving ◆ **ça, c'est de la bagnole !** now that's what I call a car!

**bagou(t)** * [bagu] nm volubility, glibness (péj) ◆ **avoir du bagou(t)** to have the gift of the gab, have a glib tongue (péj) ◆ **quel bagout il a !** he'd talk the hind leg(s) off a donkey! *

**bagouse** ⁑ [baguz] nf (= bijou) ring

**baguage** [bagaʒ] nm [oiseau, arbre] ringing

**bague** [bag] [→ SYN] nf a (= bijou) ring; [cigare] band; [oiseau] ring; [boîte de bière] ring-pull, pull-tab ◆ **bague de fiançailles** engagement ring ◆ **il a la bague au doigt** (hum) he's married ou hitched * (hum)
b (Tech) collar ◆ **bague allonge** extension tube ◆ **bague d'assemblage** bushing ◆ **bague intermédiaire/de réglage** (Photo) adapter/setting ring ◆ **bague de serrage** jubilee clip

**bagué, e** [bage] (ptp de **baguer**) adj oiseau ringed, banded (US); main, doigt beringed; homard with its pincers tied together ◆ **cigare bagué (d'or)** cigar with a (gold) band

**baguenaude** * [bagnod] nf ◆ **être en baguenaude** to be gallivanting about

**baguenauder** vi, **se baguenauder** * vpr [bagnode] ▸ conjug 1 ◂ (= faire un tour) to go for a stroll; (= traîner) to trail around, mooch about * (Brit)

**baguenaudier** [bagnodje] nm bladder senna

**baguer** [bage] [→ SYN] ▸ conjug 1 ◂ vt a [+ oiseau, arbre] to ring; (Tech) to collar
b (Couture) to baste, tack

**baguette** [bagɛt] [→ SYN] 1 nf a (= bâton) stick, switch ◆ **baguettes** (pour manger) chopsticks ◆ **baguette de chef d'orchestre** (conductor's) baton ◆ **sous la baguette de Luc Petit** under the baton of Luc Petit, conducted by Luc Petit, with Luc Petit conducting ◆ **mener** ou **faire marcher qn à la baguette** to rule sb with a rod of iron ou an iron hand
b (= pain) baguette, French stick
c (Constr) beading, strip of wood; (= cache-fils) (plastic ou wood) casing
d (= motif sur chaussette, bas) clock
2 COMP ▷ **baguette de coudrier** hazel stick ou switch ▷ **baguette de fée** magic wand ▷ **baguette de fusil** ramrod ▷ **baguette magique** magic wand ◆ **résoudre qch d'un coup de baguette magique** to solve sth by waving a magic wand ▷ **baguette de protection latérale** (Aut) side trim ▷ **baguette de sourcier** divining rod ▷ **baguette de tambour** (lit) drumstick ◆ **cheveux raides comme des baguettes de tambour** dead straight ou really straight hair ▷ **baguette viennoise** stick of Vienna bread

**baguier** [bagje] [→ SYN] nm ring box

**bah** [ba] excl (indifférence) pooh!; (doute) well!, really!

**Bahamas** [baamas] nfpl ◆ **les (îles) Bahamas** the Bahamas

**bahamien, -ienne** [baamjɛ̃, ɛn] 1 adj Bahamian
2 **Bahamien(ne)** nm,f Bahamian

**Bahreïn** [baʀɛn] nm Bahrain ◆ **à Bahreïn** in Bahrain

**bahreïni, e** [baʀɛ(j)ni] 1 adj Bahraini, Bahreini
2 **Bahreïni(e)** nm,f Bahraini, Bahreini

**bahut** [bay] → SYN nm **a** (= coffre) chest; (= buffet) sideboard
**b** (arg Scol) school
**c** * (= camion) lorry (Brit), truck (surtout US); (= voiture) car; (= taxi) cab

**bai, e**[1] [bɛ] → SYN adj cheval bay

**baie**[2] [bɛ] → SYN nf **a** (Géog) bay ◆ **la baie d'Hudson** Hudson Bay ◆ **la baie de Somme** the Baie de Somme ◆ **la baie des Anges** the Baie des Anges *(in Nice)* ◆ **la Grande Baie australienne** the Great Australian Bight ◆ **la baie James** James Bay ◆ **la baie des Cochons** the Bay of Pigs
**b** (Archit) opening ◆ **baie vitrée** (= fenêtre) (gén) plate glass window; (panoramique) picture window

**baie**[3] [bɛ] → SYN nf (Bot) berry ◆ **baies rouges** (Culin) red berries ◆ **baies roses** pink peppercorns

**baignade** [bɛɲad] → SYN nf (= action) swimming; (= lieu) swimming place ◆ **"baignade interdite"** "no swimming", "swimming prohibited" ◆ **c'est l'heure de la baignade** it's time for a swim

**baigner** [beɲe] → SYN ▸ conjug 1 ◂ **1** vt **a** [+ bébé, chien] to bath (Brit), bathe (US); [+ pieds, visage, yeux] to bathe ◆ **visage baigné de larmes/sueur** face bathed in tears/sweat
**b** [mer, rivière] to wash, bathe; [lumière] to bathe ◆ **baigné de soleil** bathed in sunlight
**2** vi **a** (= tremper dans l'eau) [linge] to soak, lie soaking (*dans* in); (= tremper dans l'alcool) [fruits] to steep, soak (*dans* in) ◆ **la viande baignait dans la graisse** the meat was swimming in grease ◆ **la victime baignait dans son sang** the victim was lying in a pool of blood ◆ **la ville baigne dans la brume** the town is shrouded ou wrapped in mist ◆ **tout baigne (dans l'huile)** * everything's hunky-dory *, everything's looking great * ◆ **ça baigne !** * great! *, couldn't be better! *
**b** (fig) **il baigne dans la joie** his joy knows no bounds, he is bursting with joy ◆ **baigner dans le mystère** [affaire] to be shrouded ou wrapped in mystery; [personne] to be completely mystified ou baffled ◆ **baigner dans la culture** to be immersed in culture ou surrounded by culture
**3 se baigner** vpr (dans la mer, une piscine) to go swimming, have a swim; (dans une baignoire) to have a bath ◆ **se baigner le visage** to bathe one's face

**baigneur, -euse** [bɛɲœʀ, øz] → SYN **1** nm,f swimmer, bather (Brit)
**2** nm (= jouet) baby doll

**baignoire** [bɛɲwaʀ] → SYN nf **a** [salle de bains] bath(tub), tub (US) ◆ **baignoire sabot** ≃ hipbath ◆ **baignoire à remous** whirlpool ou spa bath ◆ **faire subir à qn le supplice de la baignoire** to torture sb by ducking
**b** (Théât) ground floor box, baignoire
**c** [sous-marin] conning tower

**Baïkal** [bajkal] nm ◆ **le (lac) Baïkal** Lake Baikal

**bail,** pl **baux** [baj, bo] → SYN **1** nm lease ◆ **prendre à bail** to lease, take out a lease on ◆ **donner à bail** to lease (out) ◆ **faire/passer un bail** to draw up/enter into a lease ◆ **ça fait un bail que je ne l'ai pas vu !** * it's ages since I (last) saw him!, I haven't seen him for ages!
**2** COMP ▷ **bail commercial** commercial lease ▷ **bail à ferme** farming lease ▷ **bail à loyer** (house-)letting lease (Brit), rental lease (US)

**baille** [baj] → SYN nf **a** (Naut = baquet) (wooden) bucket
**b** ( * = eau) **la baille** (gén) the water; (= mer) the drink * ◆ **tomber à la baille** to fall into the water ou the drink * ◆ **à la baille !** (= tous dans l'eau !) everybody in!

**bâillement** [bɑjmɑ̃] → SYN nm **a** [personne] yawn
**b** [col] gaping ou loose fit

**bailler** [baje] → SYN ▸ conjug 1 ◂ vt (†† ou hum) to give ◆ **vous me la baillez belle !** ou **bonne !** that's a tall tale!

**bâiller** [bɑje] → SYN ▸ conjug 1 ◂ vi **a** [personne] to yawn ◆ **bâiller de sommeil** ou **de fatigue/d'ennui** to yawn with tiredness/with ou from boredom ◆ **bâiller à s'en décrocher la mâchoire** ou **comme une carpe** to yawn one's head off
**b** (= être trop large) [col] to gape; [chaussure] to be too loose
**c** (= être entrouvert) [couture, boutonnage] to gape; [porte] to be ajar ou half-open; (= être décousu) [chaussure] to be split open, gape

**bailleur, bailleresse** [bajœʀ, bajʀɛs] → SYN nm,f [local] lessor ◆ **bailleur de fonds** backer, sponsor ◆ **bailleur de licence** licensor, licenser

**bailli** [baji] → SYN nm bailiff

**bailliage** [bajaʒ] nm bailiwick

**bâillon** [bɑjɔ̃] → SYN nm (lit, fig) gag ◆ **mettre un bâillon à qn** to gag sb

**bâillonner** [bɑjɔne] → SYN ▸ conjug 1 ◂ vt [+ personne] to gag; [+ presse, opposition, opinion] to gag, muzzle

**bain** [bɛ̃] → SYN **1** nm **a** (dans une baignoire) bath; (dans une piscine, la mer) swim ◆ **bain d'algues/de boue** seaweed/mud bath ◆ **bain de sang** blood bath ◆ **ce séjour à la campagne fut pour elle un bain de fraîcheur** ou **de jouvence** that stay in the country put new life into her ou revitalized her ◆ **prendre un bain** (dans une baignoire) to have a bath; (dans la mer, une piscine) to have a swim, take a dip
**b** (= liquide) bath(water); (Chim, Photo) bath ◆ **bain (de teinture)** dye bath ◆ **bain de fixateur/de révélateur** (Photo) fixing/developing bath
**c** (= récipient, baignoire) bath(tub), tub (US); [teinturier] vat
**d** (= piscine) **petit/grand bain** shallow/deep end ◆ **bains** (= lieu) baths
**e** ( * : LOC) **nous sommes tous dans le même bain** we're all in the same boat ◆ **tu seras vite dans le bain** you'll soon pick it up ou get the hang of it * ou find your feet (Brit) ◆ **mettre qn dans le bain** (= informer) to put sb in the picture; (= compromettre) to incriminate sb, implicate sb ◆ **en avouant, il nous a tous mis dans le bain** by owning up, he's involved us all (in it) ou mixed us all up in it ◆ **se (re)mettre dans le bain** to get (back) into the swing of things
**2** COMP ▷ **bain de bouche** (= liquide) mouthwash, oral rinse ◆ **faire des bains de bouche** to use a mouthwash ou an oral rinse ▷ **bain de foule** walkabout ◆ **prendre un bain de foule** to mingle with the crowd, go on a walkabout ▷ **bain linguistique** ou **de langue: il n'y a rien de tel que le bain linguistique** ou **de langue pour apprendre l'anglais** there's nothing like total immersion as a way of learning English ▷ **bains de mer** sea bathing (Brit) ou swimming ▷ **bain moussant** bubble ou foam bath ▷ **bain d'œil** ou **oculaire** (= soin) eye bath; (= liquide) eyewash ▷ **bain de pieds** foot-bath ▷ **bains publics** (public) baths ▷ **bain à remous** whirlpool ou spa bath ▷ **bains romains** Roman baths ▷ **bain de siège** sitz bath ◆ **prendre un bain de siège** to have a sitz bath ▷ **bain de soleil** (= corsage) sun top, halter ◆ **robe bain de soleil** sun dress ◆ **prendre un bain de soleil** to sunbathe ◆ **les bains de soleil lui sont déconseillés** he has been advised against sunbathing ▷ **bain turc** Turkish bath ▷ **bain de vapeur** steam bath

**bain-marie,** pl **bains-marie** [bɛ̃maʀi] nm (hot water in) double boiler, bain-marie ◆ **faire chauffer au bain-marie** [+ sauce] to heat in a bain-marie ou a double boiler; [+ boîte de conserve] to immerse in boiling water

**bains-douches** [bɛ̃duʃ] nmpl ◆ **bains-douches municipaux** public baths (with showers)

**baïonnette** [bajɔnɛt] → SYN nf (Élec, Mil) bayonet ◆ **charger baïonnette au canon** to charge with fixed bayonets; → **ampoule, douille**

**baisable** ** [bɛzabl] adj fuckable ** ◆ **elle est tout à fait baisable** I'd like to give her one ‡

**baise** ** [bɛz] nf screwing ** ◆ **il ne pense qu'à la baise** all he ever thinks about is sex ◆ **une bonne baise** a good screw ** ou fuck **

**baise-en-ville** * [bɛzɑ̃vil] nm inv overnight bag

**baisemain** [bɛzmɛ̃] nm ◆ **il lui fit le baisemain** he kissed her hand ◆ **le baisemain ne se pratique plus** it is no longer the custom to kiss a woman's hand

**baisement** [bɛzmɑ̃] nm kissing ◆ **baisement de main** kissing of hands

**baiser**[1] [beze] → SYN **1** nm kiss ◆ **gros baiser** (great) big kiss, smacking kiss * ◆ **un baiser rapide (sur la joue)** a quick peck (on the cheek) ◆ **baiser d'adieu** parting kiss ◆ **bons baisers** (en fin de lettre) (with) love, much love ◆ **baiser de paix** kiss of peace ◆ **baiser de Judas** (Bible) kiss of Judas; (= trahison) Judas kiss ◆ **donner** ou **faire/envoyer un baiser à qn** to give/blow a kiss to sb

**baiser**[2] [beze] ▸ conjug 1 ◂ **1** vt **a** (frm) [+ main, visage, sol] to kiss
**b** ( **: sexuellement) to screw **, lay **, fuck ** ◆ **c'est une mal(-)baisée** (péj) she could do with a good lay **
**c** ( ‡ = tromper, vaincre) to have *, screw ** ◆ **il a été baisé, il s'est fait baiser** he was really had *, he really got screwed **
**d** ( ‡ = comprendre) **ses histoires, on y baise rien** you can't understand a fucking ** ou bloody ‡ (Brit) thing of what he says
**2** vi ( **: sexuellement) to screw **, fuck ** ◆ **il/elle baise bien** he's/she's a good fuck ** ou lay **

**baiseur, -euse** ** [bɛzœʀ, øz] → SYN nm,f ◆ **c'est un sacré baiseur** (actif) he's always at it ‡; (doué) he's a really good screw **, he's really good in bed

**baisodrome** ‡ [bɛzodʀom] nm love shack * (US)

**baisse** [bɛs] → SYN nf [température, prix, niveau, pouvoir d'achat] fall, drop (*de* in); [baromètre, pression] fall; (Bourse) fall; [popularité] decline, drop (*de* in) ◆ **baisse de l'activité économique** downturn ou downswing in the economy ◆ **"baisse sur les légumes"** (par surproduction) "vegetables down in price"; (en réclame) "special offer on vegetables" ◆ **sans baisse de salaire** without salary cuts, without lowering salaries ◆ **être à la baisse** (Bourse) to be falling ◆ **jouer à la baisse** (Bourse) to play for a fall, go a bear ◆ **réviser** ou **revoir les chiffres à la baisse** to revise figures downwards ◆ **être en baisse** [prix, chômage, actions] to be going down, be dropping; [niveau] to be dropping; [demande] to be slackening; [natalité] to be falling; [popularité] to be declining ou on the wane ◆ **les affaires sont en baisse** there's a slump in business, business is on a downturn ◆ **son moral est en baisse** his morale is getting lower and lower ◆ **la production est en baisse de 8% par rapport à l'année dernière** production is 8% down on last year

**baisser** [bese] → SYN ▸ conjug 1 ◂ **1** vt **a** [+ objet] to lower; [+ store] to lower, pull down; [+ vitre] to lower, let down; (à la manivelle) to wind down; [+ col] to turn down; (Théât) [+ rideau] to lower, ring down ◆ **baisse la branche pour que je puisse l'attraper** pull the branch down so (that) I can reach it ◆ **baisser pavillon** (Naut) to lower ou strike the flag; (fig) to show the white flag, give in ◆ **une fois le rideau baissé** (Théât) once the curtain was down
**b** [+ main, bras] to lower ◆ **baisser la tête** to lower ou bend one's head; (de chagrin, honte) to hang ou bow one's head; [plantes] to wilt, droop ◆ **baisse la tête, il y a une poutre** watch ou mind your head, there's a beam in the way ◆ **baisser les yeux** to look down, lower one's eyes ◆ **elle entra, les yeux baissés** she came in with downcast eyes ◆ **faire baisser les yeux à qn** to outstare sb, stare sb out ou out of countenance (frm) ◆ **baisser le nez** * (de honte) to hang one's head ◆ **baisser le nez dans son livre** * to bury one's nose in one's book ◆ **baisser le nez dans son assiette** * to bend over one's plate ◆ **baisser les bras** (fig) to give up, throw in the towel * ou sponge *
**c** [+ chauffage, éclairage, radio, son] to turn down; [+ voix] to lower ◆ **baisser le feu** (Culin) turn down ou lower the heat; → **ton²**
**d** [+ prix] to lower, bring down, reduce ◆ **faire baisser la tension/le chômage** to reduce tension/unemployment
**e** [+ mur] to lower
**2** vi **a** [température, prix] to fall, drop, go down; [baromètre] to fall; [pression] (Bourse) to drop, fall; [marée] to go out, ebb; [eaux] to subside, go down; [réserves, provisions] to run ou get low; [popularité] to decline; [soleil] to go down, sink; → **estime**
**b** [vue, mémoire, forces, santé] to fail, dwindle; [talent] to decline, wane ◆ **le jour baisse** the light is failing ou dwindling ◆ **il a beaucoup baissé ces derniers temps** he has really gone downhill recently
**3 se baisser** vpr (pour ramasser) to bend down, stoop; (pour éviter) to duck ◆ **il n'y a**

**qu'à se baisser (pour les ramasser)** (lit) they're lying thick on the ground; (fig) they're there for the taking

**baissier, -ière** [besje, jɛʀ] (Bourse) 1 adj marché, tendance bear (épith), bearish (épith)
2 nm bear

**bajoues** [baʒu] nfpl [animal] cheeks, pouches; [personne] jowls, heavy cheeks

**bakchich** [bakʃiʃ] → SYN nm baksheesh

**bakélite ®** [bakelit] nf Bakelite ®

**baklava** [baklava] nm baklava, baclava

**bakongo** [bakɔ̃go] 1 adj Bakongo
2 **Bakongo** nmf Bakongo ◆ **les Bakongos** the Bakongo (people)

**Bakou** [baku] n Baku

**BAL** [bal] (abrév de **boîte aux lettres**) nf mailbox

**bal,** pl **bals** [bal] → SYN 1 nm (= réunion) dance; (habillé) ball; (= lieu) dance hall ◆ **aller au bal** to go dancing ◆ **ouvrir le bal** (lit) to lead ou open the dancing; (fig) to make the first move ◆ **mener** ou **conduire le bal** (fig) to call the tune ou the shots*, say what goes* ◆ **"Le Bal des vampires"** (Ciné) "The Fearless Vampire Killers"
2 COMP ▷ **bal champêtre** open-air dance ▷ **bal costumé** fancy dress ball (Brit), costume ball (US) ▷ **bal des débutantes** ou **des débs*** coming-out ball ▷ **bal masqué** masked ball ▷ **bal musette** popular dance *(to the accordion)* ▷ **bal populaire** ou **public** ≈ local dance ou hop* † ▷ **bal du 14 juillet** Bastille Day dance *(free and open to all)* → LE QUATORZE JUILLET

**balade*** [balad] nf (à pied) walk, stroll; (en voiture) drive, run, ride; (à vélo) ride, run; (en bateau) ride, trip ◆ **être en balade** to be out for a walk (ou a drive etc) ◆ **faire une balade, aller en balade** to go for a walk (ou a drive etc) ◆ **j'ai fait une balade à ski** I went skiing ou for a ski

**balader*** [balade] ▸ conjug 1 ◂ 1 vt a (= traîner) [+ chose] to trail around, carry about; [+ personne] to trail around
b (= promener) [+ personne] to take for a walk; [+ animal] to walk, take for a walk; (en voiture) to take for a drive ou a ride
c (= malmener) **elle s'est fait balader pendant le premier set** (Tennis) her opponent had her running all over the place in the first set ◆ **ils nous ont baladés pendant la première mi-temps** (Rugby, Ftbl) they walked all over us* in the first half
2 **se balader** vpr a (à pied) to go for a walk ou a stroll; (en voiture) to go for a drive ou ride ou run; (à vélo) to go for a ride ou run; (en bateau) to go for a ride; (= traîner) to traipse round ◆ **pendant qu'ils se baladaient** while they were out for a walk (ou drive etc) ◆ **aller se balader en Afrique** to go touring round Africa ◆ **la lettre s'est baladée de bureau en bureau** the letter was sent ou shuttled around from one office to another
b (= être en désordre) **des câbles se baladent partout** there are cables trailing all over the place ◆ **mes cassettes se sont baladées dans la valise** my tapes got knocked around my suitcase
c (* = être très à l'aise) **il s'est baladé en chimie** he sailed through his chemistry exam, his chemistry exam was a piece of cake* for him

**baladeur, -euse** [baladœʀ, øz] 1 adj wandering, roving ◆ **avoir la main baladeuse** ou **les mains baladeuses** to have wandering ou groping* hands ◆ **un micro baladeur circulait dans le public** a microphone circulated round the audience
2 nm (= magnétophone) Walkman ®, personal stereo
3 **baladeuse** nf (= lampe) inspection lamp

**baladin** † [baladɛ̃] nm wandering entertainer ou actor, strolling player †

**balafon** [balafɔ̃] → SYN nm balafon, African xylophone

**balafre** [balafʀ] → SYN nf (= blessure au visage) gash; (intentionnelle) slash; (= cicatrice) scar

**balafrer** [balafʀe] → SYN ▸ conjug 1 ◂ vt a (= blesser au visage) to gash; (intentionnellement) to slash, scar ◆ **il s'est balafré** he gashed his face ◆ **une cicatrice lui balafrait la joue** he had a scar running down his cheek
b (= enlaidir) [+ ville, paysage] to scar; [+ vitrine, bâtiment] to deface ◆ **de grandes lézardes balafrent les édifices** the buildings are scarred ou disfigured by huge cracks

**balai** [balɛ] → SYN 1 nm a (gén) broom, brush; [bruyère, genêt] broom; (Élec) brush; [essuie-glace] blade ◆ **passer le balai** to sweep the floor, give the floor a sweep ◆ **donner un coup de balai** (lit) to give the floor a (quick) sweep, sweep the floor; (fig) to make a clean sweep ◆ **il y a eu un coup de balai dans la société** they've made a clean sweep in the company, there have been across-the-board redundancies in the company ◆ **du balai*** beat it!*, clear off!*
b (⁑ = an) **il a 80 balais** he's 80 (years old)
c (Mus) (wire) brush
2 COMP ▷ **balai de crin** horsehair brush ▷ **balai éponge** squeezy (Brit) ou sponge (US) mop ▷ **balai mécanique** carpet sweeper

**balai-brosse,** pl **balais-brosses** [balɛbʀɔs] nm (long-handled) scrubbing brush

**balaise** ⁑ [balɛz] adj ⇒ **balèze**

**balalaïka** [balalaika] → SYN nf balalaika

**balance¹** [balɑ̃s] → SYN 1 nf a (gén) scales; (à deux plateaux) pair of scales; (à bascule) weighing machine; (pour salle de bains) (bathroom) scales; (pour cuisine) (kitchen) scales; (Chim, Phys) balance ◆ **monter sur la balance** to get on the scales
b (Loc) **tenir la balance égale entre deux rivaux** to hold the scales even between two rivals ◆ **être en balance** [proposition, sort] to hang in the balance; [candidat] to be under consideration ◆ **mettre dans la** ou **en balance le pour et le contre** to weigh up the pros and cons ◆ **mettre tout son poids dans la balance** to use one's power to tip the scales ◆ **si on met dans la balance son ancienneté** if you take his seniority into account
c (Écon, Élec, Pol) balance ◆ **balance de l'actif et du passif** balance of assets and liabilities
d (Astron) **la Balance** Libra, the Balance ◆ **être (de la) Balance** to be (a) Libra ou a Libran
e (Pêche) drop-net
2 COMP ▷ **balance automatique** electronic scales ▷ **balance commerciale** ou **du commerce** balance of trade ▷ **balance des comptes** balance of payments ▷ **balance électronique** electronic scales ▷ **balance des forces** balance of power ▷ **balance de ménage** kitchen scales ▷ **balance des paiements** ⇒ **balance des comptes** ▷ **balance des pouvoirs** balance of power ▷ **balance de précision** precision balance ▷ **balance (de) Roberval** (Roberval's) balance ▷ **balance romaine** steelyard

**balance²** [balɑ̃s] → SYN nf (arg Crime) stool pigeon*, grass⁑ (Brit), fink⁑ (US)

**balancé, e** [balɑ̃se] → SYN (ptp de **balancer**) adj ◆ **phrase bien/harmonieusement balancée** well-turned/nicely balanced phrase ◆ **elle est bien balancée*** she's well put together*, she's got a good chassis* (US)

**balancelle** [balɑ̃sɛl] → SYN nf couch hammock (Brit), glider (US)

**balancement** [balɑ̃smɑ̃] → SYN nm a (= mouvement) [corps] sway(ing); [bras] swing(ing); [bateau] rocking, motion; [hanches, branches] swaying
b (Littérat, Mus) balance

**balancer** [balɑ̃se] → SYN ▸ conjug 3 ◂ 1 vt a [+ chose, bras, jambe] to swing; [+ bateau, bébé] to rock; (sur une balançoire) to swing, push ◆ **veux-tu que je te balance ?** do you want me to push you? ou give you a push? ◆ **le vent balançait les branches** the wind rocked the branches ou set the branches swaying
b (* = lancer) to fling, chuck* ◆ **balance-moi mon crayon** throw ou chuck* me over my pencil (Brit), toss me my pencil ◆ **balancer qch à la tête de qn** to fling ou chuck* sth at sb's head
c (* = dire) [+ méchanceté, insanités] to hurl ◆ **il m'a balancé ça en pleine figure** he just came out with it* straight to my face ◆ **qu'est-ce qu'il leur a balancé !** he really let them have it!*
d (* = se débarrasser de) [+ vieux meubles] to chuck out* ou away*, toss out ◆ **balance ça à la poubelle** chuck it* in the bin (Brit) ou the trash (US) ◆ **j'ai envie de tout balancer** (travail) I feel like throwing ou chucking* it all in ◆ **balancer qn** (= renvoyer) to give sb the boot⁑ ou the push⁑ (Brit), chuck sb out* ◆ **il s'est fait balancer de son club** he got kicked out* ou chucked out* of his club
e (= équilibrer) [+ compte, phrases, paquets] to balance ◆ **balancer le pour et le contre** † to weigh (up) the pros and cons ◆ **tout bien balancé** (frm) all things considered
f (arg Crime = dénoncer) to finger⁑, grass on⁑
2 vi a († = hésiter) to waver, hesitate, dither ◆ **entre les deux mon cœur balance** (hum) I'm torn between the two
b (= osciller) [objet] to swing
c (* = être rythmé) **ça balance !** it's rocking! ou swinging!
3 **se balancer** vpr a (= osciller) [bras, jambes] to swing; [bateau] to rock; [branches] to sway; [personne] (sur une balançoire) to swing, have a swing; (sur une bascule) to seesaw, play on a seesaw ◆ **se balancer sur ses jambes** to sway about, sway from side to side ◆ **ne te balance pas sur ta chaise !** don't tip back on your chair! ◆ **se balancer sur ses ancres** to ride at anchor
b (* = se jeter) to throw o.s. ◆ **il s'est balancé du 10ᵉ étage** he threw himself from the 10th floor
c **s'en balancer*** (= s'en ficher) ◆ **je m'en balance** I don't give a damn* ou darn* (US) (about it), I couldn't care less (about it)

**balancier** [balɑ̃sje] → SYN nm [pendule] pendulum; [montre] balance wheel; [équilibriste] (balancing) pole; [bateau] outrigger

**balancine** [balɑ̃sin] → SYN nf (Naut) lift

**balançoire** [balɑ̃swaʀ] → SYN nf (suspendue) swing; (sur pivot) seesaw, teeter-totter (US) ◆ **faire de la balançoire** to have a go on a (ou the) swing

**balane** [balan] nf acorn barnacle ou shell

**balanite** [balanit] → SYN nf balanitis

**balata** [balata] nf balata

**balayage** [balɛjaʒ] → SYN nm (= nettoyage) sweeping; (Élec, Radio) scanning; [essuie-glace] wipe; [cheveux] highlighting ◆ **se faire faire un balayage** to have highlights (put in one's hair), have one's hair highlighted

**balayer** [baleje] → SYN ▸ conjug 8 ◂ vt a (= ramasser) [+ poussière, feuilles mortes] to sweep up, brush up
b (= nettoyer) [+ pièce] to sweep (out); [+ trottoir] to sweep; [+ pare-brise] to wipe ◆ **le vent balayait la plaine** the wind swept across ou scoured the plain ◆ **ils feraient mieux de balayer devant leur porte** (fig) they should clean up their own back yard
c (= chasser) [+ feuilles mortes] to sweep away; [+ soucis, obstacles] to brush aside, sweep away; [+ objections] to brush aside ◆ **l'armée balayait tout sur son passage** the army swept aside all that lay in its path ◆ **le gouvernement a été balayé** the government was swept out of office
d (= parcourir) [phares] to sweep (across); [vague, regard] to sweep over; (Élec, Radio) [radar] to scan; [tir] to sweep (across)

**balayette** [balɛjɛt] → SYN nf small (hand)brush

**balayeur, -euse** [balɛjœʀ, øz] → SYN 1 nm,f roadsweeper (Brit), streetsweeper (US)
2 **balayeuse** nf (= machine) roadsweeping (Brit) ou streetsweeping (US) machine, roadsweeper (Brit), streetsweeper (US)

**balayures** [balejyʀ] nfpl sweepings

**balbutiant, e** [balbysjɑ̃, ɑ̃t] adj voix stammering; discours hesitant; science in its infancy (attrib) ◆ **une démocratie balbutiante** a fledgling democracy

**balbutiement** [balbysimɑ̃] → SYN nm (= paroles confuses) stammering, mumbling; [bébé] babbling ◆ **les premiers balbutiements de l'enfant** the child's first faltering attempts at speech ◆ **balbutiements** (= débuts) beginnings ◆ **cette science en est à ses premiers balbutiements** this science is still in its infancy

**balbutier** [balbysje] → SYN ▸ conjug 7 ◂ 1 vi [bègue, personne ivre] to stammer; [bébé] to babble
2 vt to stammer (out), falter out

**balbuzard** [balbyzaʀ] → SYN nm ◆ **balbuzard (pêcheur)** osprey

**balcon** [balkɔ̃] → SYN nm (Constr) balcony ◆ **(premier) balcon** (Théât) dress ou lower circle, mezzanine (US) ◆ **deuxième balcon** upper circle, balcony (Brit) ◆ **loge/fauteuil de balcon** box/seat in the dress circle; → **monde**

**balconnet** [balkɔnɛ] → SYN nm ◆ **(soutien-gorge à) balconnet** half-cup bra

**baldaquin** [baldakɛ̃] → SYN nm (= dais) baldaquin, canopy; [lit] tester, canopy; → **lit**

**bale** [bal] nf ⇒ **balle²**

**Bâle** [bɑl] n Basle, Basel

**Baléares** [baleaʀ] nfpl ◆ **les (îles) Baléares** the Balearic Islands, the Balearics ◆ **en vacances aux Baléares** ≈ on holiday in Majorca (ou Minorca ou Ibiza)

**baleine** [balɛn] → SYN nf **a** (= animal) whale ◆ **baleine blanche/bleue/franche** white/blue/right whale ◆ **baleine à bosse** humpback whale ◆ **rire** ou **se marrer comme une baleine** * to laugh like a drain *
**b** (= fanon) (piece of) whalebone, baleen ◆ **soutien-gorge à/sans baleines** underwired/unwired bra ◆ **baleine de corset** (corset-)stay ◆ **baleine de parapluie** umbrella rib

**baleiné, e** [balene] adj col stiffened; corset boned; soutien-gorge (gén) boned; (sous les bonnets) underwired

**baleineau**, pl **baleineaux** [balɛno] nm whale calf

**baleinier, -ière** [balenje, jɛʀ] → SYN 1 adj whaling
2 nm (= pêcheur, bateau) whaler
3 **baleinière** nf whaler, whale ou whaling boat

**baleinoptère** [balɛnɔptɛʀ] nm rorqual, finback

**balèze** ‡ [balɛz] 1 adj (= musclé) brawny, strapping (épith); (= excellent) terrific *, great * (*en* at)
2 nmf strapping fellow (ou woman etc)

**Bali** [bali] n Bali

**balinais, e** [balinɛ, ɛz] 1 adj Balinese
2 **Balinais(e)** nm,f Balinese

**balisage** [balizaʒ] → SYN nm **a** (= balises) (Naut) beacons, buoys; (Aviat) beacons, runway lights; (Aut) (road) signs; (Ski) markers
**b** (= pose de balises) (Naut) marking with buoys; [chemin de randonnée, piste de ski] marking out
**c** (Ordin) [texte] tagging, marking up

**balise¹** [baliz] → SYN nf **a** (Naut) beacon, (marker) buoy; (Aviat) beacon, runway light; (Aut) (road) marker; (Ski) marker ◆ **balise radio** radio beacon ◆ **balise de détresse** distress beacon
**b** (Ordin) tag

**balise²** [baliz] nf (= fruit) canna fruit

**baliser** [balize] → SYN ▸ conjug 1 ◂ 1 vt **a** (Naut) to mark out with beacons ou buoys; (Aviat) to mark out with beacons ou lights; [+ sentier, piste de ski] to mark out ◆ **sentier balisé** waymarked footpath
**b** (fig) **baliser son avenir** to map out one's future ◆ **baliser le terrain** to prepare the ground ◆ **baliser le chemin** to pave the way ◆ **nos chercheurs avancent sur un terrain déjà bien balisé** our researchers are exploring well-charted territory ◆ **un marché bien balisé** (Écon) a well-defined market
**c** (Ordin) [+ texte] to tag, mark up
2 vi (‡ = avoir peur) to have the jitters * ◆ **il balise pour son examen** he's freaking out ‡ ou he's really worked up about his exam

**baliseur** [balizœʀ] nm (= personne) ≈ (Trinity House) buoy-keeper; (= bateau) ≈ Trinity House boat

**balisier** [balizje] → SYN nm canna

**baliste** [balist] → SYN 1 nm (Zool) triggerfish
2 nf (Antiq) ballista

**balistique** [balistik] → SYN 1 adj ballistic ◆ **expertise balistique** ballistic test
2 nf ballistics sg

**baliveau**, pl **baliveaux** [balivo] → SYN nm (= arbre) sapling; (Constr) scaffold(ing) pole

**baliverne** [balivɛʀn] → SYN nf (= propos) fatuous remark ◆ **dire des balivernes** to talk nonsense ou twaddle ◆ **s'amuser à des balivernes** to fool around ◆ **baliverne(s) !** † balderdash! †, fiddlesticks! †

**balkanique** [balkanik] adj Balkan ◆ **les États balkaniques** the Balkan States

**balkanisation** [balkanizasjɔ̃] → SYN nf (Pol) Balkanization; (fig) balkanization

**balkaniser** [balkanize] ▸ conjug 1 ◂ vt (Pol) to Balkanize; (fig) to balkanize

**Balkans** [balkɑ̃] nmpl ◆ **les Balkans** the Balkans

**ballade** [balad] → SYN nf (= poème court, Mus) ballade; (= poème long) ballad ◆ **"La Ballade du vieux marin"** (Littérat) "The Rime of the Ancient Mariner"

**ballant, e** [balɑ̃, ɑ̃t] → SYN 1 adj ◆ **les bras ballants** with arms dangling, with swinging arms ◆ **ne reste pas là, les bras ballants** * don't just stand there looking helpless ◆ **les jambes ballantes** with legs dangling
2 nm (= mou) [câble] slack, play; [chargement] sway, roll ◆ **avoir du ballant** [câble] to be slack; [chargement] to be slack ou loose ◆ **donner du ballant à une corde** to give some slack ou play to a rope

**ballast** [balast] → SYN nm (Rail) ballast, roadbed (US); (Naut) ballast tank

**ballaster** [balaste] ▸ conjug 1 ◂ vt to ballast

**balle¹** [bal] → SYN nf **a** (= projectile) bullet ◆ **balle dum-dum/explosive/traçante** dum-dum/explosive/tracer bullet ◆ **balle en caoutchouc/de plastique** rubber/plastic bullet ◆ **balle à blanc** blank ◆ **balle perdue** stray bullet ◆ **tirer à balles réelles** to fire live bullets ◆ **finir avec douze balles dans la peau** * to end up in front of a firing squad ◆ **prendre une balle dans la peau** * to get shot ou plugged ‡ ◆ **tué par balles** shot dead
**b** (Sport) ball ◆ **balle de ping-pong/de golf** table tennis/golf ball ◆ **jouer à la balle** to play (with a) ball ◆ **à toi la balle !** catch! ◆ **la balle est dans leur camp** (fig) the ball is in their court; → **saisir**
**c** (Sport = coup) shot, ball ◆ **c'est une belle balle** that's a nice ball ou a good shot ◆ **faire des** ou **quelques balles** (Tennis, Ping-Pong) to knock the ball around a bit, have a knock-up (Brit) ◆ **balle de jeu/match/set** (Tennis) game/match/set point ◆ **balle de service** service ball ◆ **deuxième balle** second serve ou service ◆ **c'est une balle de 3 jeux à 2** it's game point at 2 games all
**d** (* = franc) franc

**balle²** [bal] → SYN nf (Agr, Bot) husk, chaff

**balle³** [bal] nf [coton, laine] bale

**balle⁴** * [bal] → SYN nf chubby face ◆ **il a une bonne balle** he's got a jolly face

**baller** [bale] → SYN ▸ conjug 1 ◂ vi [bras, jambes] to dangle, hang loosely; [tête] to hang; [chargement] to be slack ou loose

**ballerine** [bal(ə)ʀin] → SYN nf (= danseuse) ballerina, ballet dancer; (= chaussure) ballet shoe

**ballet** [balɛ] → SYN nm **a** (= spectacle) ballet; (= musique) ballet music ◆ **les Ballets russes** (= compagnie) the Russian Ballet ◆ **ballet aquatique** water ballet ◆ **ballets roses/bleus** (fig) *sexual orgies organized by paedophiles and involving young girls/boys*
**b** **ballet diplomatique** flurry of diplomatic activity

**ballet(t)omane** [balɛtɔman] nmf balletomane

**ballon¹** [balɔ̃] → SYN 1 nm **a** (gén) ball ◆ **ballon de football** football (Brit), soccer ball (US) ◆ **ballon de rugby** rugby ball ◆ **ballon de basket** basketball ◆ **ballon de volley** volleyball ◆ **jouer au ballon** to play (with a) ball ◆ **le ballon rond** (= football) soccer ◆ **le ballon ovale** (= rugby) rugby, rugger * (Brit)
**b** (= jouet) **ballon (en** ou **de baudruche)** balloon
**c** (Aviat) balloon ◆ **monter en ballon** to go up in a balloon ◆ **voyager en ballon** to travel by balloon
**d** (= verre) (à vin) round wineglass; (à cognac) balloon ou brandy glass ◆ **un ballon de rouge** * a glass of red wine
**e** (* = Alcootest) **souffler dans le ballon** to take a breath test ou Breathalyzer test ® ◆ **soufflez dans le ballon, s'il vous plaît** blow in(to) the bag, please
**f** (Chim) balloon
**g** **avoir le ballon** ‡ (= être enceinte) to have a bun in the oven *, be up the spout * (Brit)
2 COMP ▷ **ballon de barrage** barrage balloon ▷ **ballon captif** captive balloon ▷ **ballon dirigeable** airship ▷ **ballon d'eau chaude** hot-water tank ▷ **ballon d'essai** (Mét) pilot balloon; (= test) experiment *(to test reaction)*, trial balloon (US) ◆ **lancer un ballon d'essai** (fig) to put out feelers, fly a kite (Brit), send out a trial balloon (US) ▷ **ballon d'oxygène** (lit) oxygen bottle; (fig) lifesaver ◆ **cet argent a apporté un ballon d'oxygène à l'entreprise** the money has given the company a much-needed shot in the arm

**ballon²** [balɔ̃] nm (Géog) *rounded mountain in the Vosges*

**ballonné, e** [balɔne] (ptp de **ballonner**) adj ventre bloated, distended ◆ **je suis** ou **je me sens ballonné, j'ai le ventre ballonné** I feel bloated

**ballonnements** [balɔnmɑ̃] nmpl feeling of distension, flatulence; (Vét) bloat

**ballonner** [balɔne] → SYN ▸ conjug 1 ◂ vt [+ ventre] to distend; [+ personne] to blow out; (Vét) [+ animal] to cause bloat in

**ballonnet** [balɔnɛ] nm (gén, Aviat, Mét) (small) balloon; (Chir) balloon

**ballon-panier** [balɔ̃panje] nm inv (Can) basketball

**ballon-sonde**, pl **ballons-sondes** [balɔ̃sɔ̃d] nm meteorological ou weather ou pilot balloon

**ballon-volant** [balɔ̃volɑ̃] nm inv (Can) volleyball

**ballot** [balo] → SYN 1 nm **a** (= paquet) bundle, package
**b** (* = nigaud) nitwit *, dumdum *
2 adj silly ◆ **tu es/c'est ballot de l'avoir oublié** you're/it's a bit silly ou daft (Brit) to have forgotten it

**ballote** [balɔt] → SYN nf black horehound

**ballotin** [balɔtɛ̃] nm ◆ **ballotin de chocolats** (small punnet-shaped) box of chocolates

**ballottage** [balɔtaʒ] nm (Pol) ◆ **il y a ballottage** there will have to be a second ballot, people will have to vote again ◆ **M. Dupont est en ballottage** Mr Dupont has to stand again at (Brit) ou run again on (US) the second ballot ◆ **être en ballottage favorable** to stand a very good chance of winning at the second ballot

**ballottement** [balɔtmɑ̃] → SYN nm [objet] banging about, rolling around; [tête, membres] lolling; [train] jolting; [poitrine] bouncing; [bateau] tossing, bobbing; [personne] shaking

**ballotter** [balɔte] → SYN ▸ conjug 1 ◂ 1 vi [objet] to roll around, bang about; [tête, membres] to loll; [poitrine] to bounce; [bateau] to toss, bob about; [train] to jolt along
2 vt (gén pass) **a** (= secouer) [+ personne] to shake about, jolt; [+ bateau] to toss (about) ◆ **on est ballotté dans ce train** you get shaken about ou thrown about in this train
**b** (= tirailler) **ballotté par des choix difficiles** torn between difficult choices
**c** (= déplacer sans ménagement) to shunt (around) ◆ **cet enfant a été ballotté entre plusieurs écoles** this child has been shifted around ou shunted around from school to school

**ballottine** [balɔtin] → SYN nf ≈ meat loaf *(made with poultry)*

**ball-trap**, pl **ball-traps** [baltʀap] nm (= lieu) shooting ground; (= sport) clay-pigeon shooting, trap-shooting; (avec 2 cibles) skeet-shooting; (= machine) trap

**baluchon** [balyʃɔ̃] → SYN nm † bundle (of clothes), belongings ◆ **faire son baluchon** * to pack up one's bags

**balnéaire** [balneɛʀ] → SYN adj swimming, bathing (Brit); → **station**

**balnéothérapie** [balneoteʀapi] → SYN nf balneotherapy

**balourd, e** [baluʀ, uʀd] → SYN 1 adj (= maladroit) clumsy, oafish
2 nm,f (= lourdaud) dolt, oaf
3 nm (Tech) unbalance

**balourdise** [baluʀdiz] → SYN nf **a** (= maladresse) clumsiness, oafishness; (= manque de finesse) oafishness, doltishness
**b** (= gaffe) blunder, boob * (Brit)

**balsa** [balza] nm balsa (wood)

**balsamier** [balzamje] nm balsam tree

**balsamine** [balzamin] → SYN nf balsam

**balsamique** [balzamik] adj balsamic

**balte** [balt] adj pays, peuple Baltic ◆ **les pays baltes** the Baltic States

**Balthazar** [baltazaʀ] n Belshazzar

**balthazar** [baltazaʀ] → SYN nm **a** († = banquet) feast, banquet
**b** (= bouteille) balthazar

**baltique** [baltik] **1** adj mer, région Baltic
**2** **Baltique** nf ◆ **la Baltique** the Baltic (Sea)

**baluchon** [balyʃɔ̃] nm ⇒ **balluchon**

**balustrade** [balystʀad] → SYN nf (Archit) balustrade; (= garde-fou) railing, handrail

**balustre** [balystʀ] → SYN nm **a** (Archit) baluster; [siège] spoke
**b** **(compas à) balustre** bow(-spring) compass

**balzacien, -ienne** [balzasjɛ̃, jɛn] adj (= qui appartient à Balzac) of Balzac; (= qui rappelle Balzac) typical of Balzac

**balzan, e** [balzɑ̃, an] → SYN **1** adj cheval with white stockings
**2** **balzane** nf (= tache) white stocking

**Bamako** [bamako] n Bamako

**bambara** [bɑ̃baʀa] **1** adj Bambara
**2** nm (Ling) Bambara
**3** **Bambara** nmf Bambara ◆ **les Bambaras** the Bambara (people)

**bambin** [bɑ̃bɛ̃] → SYN nm small child, little kid *

**bambochard, e** † * [bɑ̃bɔʃaʀ, aʀd] adj, nm,f ⇒ **bambocheur, -euse**

**bambocher** † * [bɑ̃bɔʃe] ▸ conjug 1 ◂ vi (= faire la noce) to live it up *, have a wild time

**bambocheur, -euse** † * [bɑ̃bɔʃœʀ, øz] → SYN
**1** adj tempérament revelling
**2** nm,f (= noceur) reveller

**bambou** [bɑ̃bu] → SYN nm (= plante) bamboo; (= canne) bamboo (walking) stick ◆ **attraper un coup de bambou** † to get a touch of sunstroke * ◆ **avoir le coup de bambou** * (= être fatigué) to be bushed * ou shattered * (Brit) ◆ **dans ce restaurant, c'est le coup de bambou** * (= prix exorbitant) they really fleece * you in that restaurant; → **pousse**

**bamboula** * [bɑ̃bula] nf ◆ **faire la bamboula** to live it up *, have a wild time

**bambouseraie** [bɑ̃buzʀɛ] nf bamboo plantation

**ban** [bɑ̃] → SYN nm **a** [mariage] **bans** banns
**b** [applaudissements] round of applause; [tambour] drum roll; [clairon] bugle call, fanfare ◆ **faire un ban** to applaud ou cheer ◆ **un ban pour Marc Durand !** (applaudissements) (let's have) a big hand for * ou a round of applause for Marc Durand!; (acclamations) ≃ three cheers for Marc Durand!
**c** (Hist) proclamation
**d** (Loc) **être/mettre au ban de l'Empire** (Hist) to be banished/banish from the Empire ◆ **être/mettre au ban de la société** to be outlawed/outlaw from society ◆ **le ban et l'arrière-ban** (Hist) the barons and vassals ◆ **le ban et l'arrière-ban de sa famille/de ses amis** all of ou every last one of his relatives/his friends

**banal[1], e[1]**, mpl **banals** [banal] → SYN adj **a** (= sans originalité) roman, conversation, idée banal, trite; vie humdrum, banal; personne run-of-the-mill, ordinary ◆ **un personnage peu banal** an unusual character ◆ **ça, ce n'est pas banal !** that's rather out of the ordinary! ◆ **haïr le banal** to hate what is banal ou what is trite
**b** (= courant) nom commonplace; incident everyday (épith), commonplace ◆ **il n'y a rien là que de très banal** there is nothing at all unusual ou out of the ordinary about that ◆ **une grippe banale** a common-or-garden case of flu ◆ **quoi de plus banal qu'un mariage ?** what could be more mundane ou ordinary than a wedding?
**c** (Ordin) general-purpose ◆ **mémoire banale** general-purpose storage

**banal[2], e[2]**, mpl **-aux** [banal, o] → SYN adj (Hist) ◆ **four/moulin banal** communal ou village oven/mill

**banalement** [banalmɑ̃] → SYN adv commencer, arriver in the most ordinary way

**banalisation** [banalizasjɔ̃] → SYN nf **a** **la banalisation de la violence** the way in which violence has become a feature of everyday life ◆ **la banalisation des greffes** the fact that organ transplants are now quite commonplace ou widely practised
**b** [campus] opening to the police

**banaliser** [banalize] → SYN ▸ conjug 1 ◂ **1** vt **a** [+ pratique] (= rendre courant) to make commonplace; (= minimiser) to trivialize ◆ **ce qui banalise la vie quotidienne** what makes life humdrum ou robs life of its excitement ◆ **banaliser la violence** to make violence seem ordinary ou part of everyday life
**b** [+ campus] to open to the police ◆ **voiture banalisée** (Police) unmarked police car
**c** (Rail) [+ locomotive] to man with several crews; [+ voie] to make two-way
**2** **se banaliser** vpr [pratiques] to become commonplace; [violence] to become part of everyday life

**banalité** [banalite] → SYN nf **a** (= caractère) [roman, conversation, idée] banality, triteness; [vie] banality; [personne] ordinariness; [incident] triviality ◆ **d'une banalité affligeante** appallingly trite
**b** (= propos) truism, platitude, trite remark ◆ **on a échangé des banalités** we made small talk, we talked about this and that

**banane** [banan] → SYN nf **a** (= fruit) banana ◆ **banane plantain** plantain
**b** (Aut) overrider
**c** (Coiffure) quiff (Brit), pompadour (US); → **chignon**
**d** (arg Mil) medal, decoration, gong * (Brit)
**e** (arg Aviat) twin-rotor helicopter, chopper *
**f** (= sac) hip bag, waist-bag (Brit), bumbag * (Brit), fanny pack * (US)
**g** (Élec) **(fiche-)banane** banana plug
**h** (* = idiot) **banane !** you silly twit! *, you dork! * (US)

**bananeraie** [bananʀɛ] nf banana plantation

**bananier, -ière** [bananje, jɛʀ] **1** adj banana (épith)
**2** nm (= arbre) banana tree; (= bateau) banana boat

**banc** [bɑ̃] → SYN **1** nm **a** (= siège) seat, bench ◆ **banc public** park bench ◆ **banc (d'école)** (school) bench ◆ **nous nous sommes connus sur les bancs de l'école** we've known each other since we were at school together ◆ **les bancs de l'opposition** (Pol) the opposition benches
**b** (Géol) (= couche) layer, bed; [coraux] reef ◆ **banc de vase** mudbank ◆ **banc de brouillard** (gén) fog patch; (en mer) fog bank ◆ **banc de brume** bank of mist ◆ **banc de glace** ice floe ◆ **les bancs de Terre-Neuve** the Grand Banks of Newfoundland
**c** [poissons] school, shoal (Brit) (*de* of)
**d** (Tech = établi) (work) bench
**2** COMP ▷ **banc des accusés** dock, bar ◆ **être au banc des accusés** to be in the dock ▷ **banc des avocats** bar ▷ **banc d'église** pew ▷ **banc d'essai** (Tech) test bed; (fig) testing ground, test bed ◆ **mettre qch au banc d'essai** to test sth out ▷ **banc d'huîtres** (= huîtrière) oyster bed; (de restaurant) oyster display ▷ **banc des ministres** ≃ government front bench ▷ **banc de musculation** weight ou exercise bench ▷ **banc de nage** thwart ▷ **banc de neige** (Can) snowdrift, snowbank ▷ **banc de sable** sandbank, sandbar ▷ **banc des témoins** (Jur) witness box (Brit), witness stand (US) ▷ **banc de touche** (substitutes') bench

**bancable** [bɑ̃kabl] adj bankable

**bancaire** [bɑ̃kɛʀ] adj système banking ◆ **chèque bancaire** (bank) cheque (Brit) ou check (US)

**bancal, e**, mpl **bancals** [bɑ̃kal] → SYN adj **a** personne (= boiteux) lame; (= aux jambes arquées) bandy-legged
**b** table, chaise wobbly, rickety
**c** idée, raisonnement shaky, unsound

**bancarisation** [bɑ̃kaʀizasjɔ̃] nf extension of banking services

**bancarisé, e** [bɑ̃kaʀize] adj (Fin) population, pays with banking facilities ◆ **pays peu/fortement bancarisé** country with few/extensive banking facilities

**bancassurance** [bɑ̃kasyʀɑ̃s] nf banking and insurance

**banco** [bɑ̃ko] nm (Jeux) banco ◆ **faire banco** to go banco ◆ **banco !** * (fig) you're on! *

**bancoulier** [bɑ̃kulje] nm candlenut

**banc-titre**, pl **bancs-titres** [bɑ̃titʀ] nm (Audiov) caption stand

**bandage** [bɑ̃daʒ] → SYN nm **a** (= objet) [blessé] bandage; [roue] (en métal) band, hoop; (en caoutchouc) tyre (Brit), tire (US) ◆ **bandage herniaire** surgical appliance, truss
**b** (= action) [blessé] bandaging; [ressort] stretching; [arc] bending

**bandana** [bɑ̃dana] nm banda(n)na

**bandant, e** ⁑ [bɑ̃dɑ̃, ɑ̃t] adj film, livre sexy * ◆ **elle est vachement bandante** she's a real turn-on ⁑ ◆ **ce n'est pas très bandant** it's not exactly thrilling

**bande[1]** [bɑ̃d] → SYN **1** nf **a** (= ruban) (en tissu, métal) band, strip; (en papier) strip; (de sable) strip, tongue; (Ciné) film; [magnétophone] tape; (Presse) wrapper; (Méd) bandage ◆ **bande (de mitrailleuse)** (ammunition) belt ◆ **bande de terre** strip ou tongue of land ◆ **la bande de Gaza** the Gaza strip
**b** (= dessin, motif) stripe; [chaussée] line; [assiette] band; (Hér) bend
**c** (Billard) cushion ◆ **jouer la bande** to play (the ball) off the cushion ◆ **faire/obtenir qch par la bande** to do/get sth by devious means ou in a roundabout way ◆ **apprendre qch par la bande** to hear of sth indirectly ou through the grapevine *
**d** (Naut) list ◆ **donner de la bande** to list
**e** (Élec, Phys, Radio) band ◆ **bande (de fréquence)** waveband, frequency band ◆ **sur la bande AM/FM** on AM/FM
**2** COMP ▷ **bande d'absorption** (Phys) absorption band ▷ **bande amorce** [pellicule, cassette] leader ▷ **bande d'arrêt d'urgence** hard shoulder, berm (US) ▷ **bande chromosomique** chromosome band ▷ **bande dessinée** comic strip, strip cartoon (Brit); (= livre) comic book ▷ **bande d'émission** emission band ▷ **bande d'essai** (Photo) test strip ▷ **bande étalon** (Photo) reference strip, test gauge ▷ **bande gaufrée** (Photo) apron ▷ **bande magnétique** magnetic tape ▷ **bande de manœuvre** (Ordin) scratch tape ▷ **bande molletière** puttee ▷ **bande originale** (original) soundtrack ▷ **bande passante** pass band ▷ **bande perforée** punched ou perforated paper tape ▷ **bande protectrice** (Photo) duplex paper ▷ **bande de roulement** [pneu] tread ▷ **bandes rugueuses** rumble strips ▷ **bande sonore** (Ciné) soundtrack; (Aut) rumble strip ▷ **bande Velpeau** ® crêpe bandage (Brit), Ace ® bandage (US) ▷ **bande vidéo** videotape

> **BANDE DESSINÉE**
>
> The **bande dessinée** or **BD** enjoys a huge following in France and Belgium amongst adults as well as children. The strip cartoon is accorded both literary and artistic status, and is known as "le neuvième art". An international strip cartoon festival takes place in the French town of Angoulême at the end of January each year.

**bande[2]** [bɑ̃d] → SYN nf **a** (= groupe) band, group ◆ **une bande d'amis** a group of friends ◆ **ils sont partis en bande** they set off in a group, they all went off together
**b** (= gang) [pirates] band; [voleurs] gang, band ◆ **bande armée** armed gang ou band ◆ **il ne fait pas partie de leur bande** he's not in their

crowd ou gang ◆ **la bande des Quatre** (Pol) the Gang of Four ◆ **faire bande à part** to go off on one's own

**c** (*: péj) **bande de** bunch of *, pack of * ◆ **bande d'imbéciles !** pack of idiots! *, bunch of fools! * ◆ **c'est une bande de paresseux** they're a lazy bunch * ou crowd * ou lot (Brit)

**d** [oiseaux] flock; [loups, chiens] pack; [lions, singes] troop

**bandé, e** [bɑ̃de] adj (Hér) bendy ◆ **bandé d'or** bendy with gold

**bande-annonce,** pl **bandes-annonces** [bɑ̃danɔ̃s] nf (Ciné) trailer

**bandeau,** pl **bandeaux** [bɑ̃do] → SYN nm **a** (= ruban) headband, bandeau; (= pansement) head bandage; (pour les yeux) blindfold ◆ **mettre un bandeau à qn** to blindfold sb ◆ **avoir un bandeau sur l'œil** to wear an eye patch ◆ **avoir un bandeau sur les yeux** (fig) to be blind

**b** (Coiffure) **porter les cheveux en bandeaux** to wear one's hair parted down the middle and looped back at the sides

**c** (Archit) string course

**d** [livre] publicity strip

**bandelette** [bɑ̃dlɛt] nf strip of cloth, (narrow) bandage; [momie] wrapping, bandage

**bander** [bɑ̃de] → SYN ▸ conjug 1 ◂ **1** vt **a** (= entourer) [+ genou, plaie] to bandage ◆ **bander les yeux à qn** to blindfold sb ◆ **les yeux bandés** blindfold(ed)

**b** (= tendre) [+ corde] to strain, tauten; [+ arc] to bend; [+ ressort] to stretch, tauten; [+ muscles] to tense

**2** vi ** to have a hard-on **

**banderille** [bɑ̃dʀij] nf banderilla

**banderillero** [bɑ̃deʀijeʀo] nm banderillero

**banderole** [bɑ̃dʀɔl] → SYN nf (= drapeau) banderole ◆ **banderole publicitaire** advertising streamer

**bande-son,** pl **bandes-son** [bɑ̃dsɔ̃] nf (Ciné) soundtrack

**bandit** [bɑ̃di] → SYN nm (= brigand) bandit; (= voleur) thief; (= assassin) murderer; (= escroc) crook, shark *; (* = enfant) rascal ◆ **bandit armé** gunman, armed gangster ◆ **bandit de grand chemin** highwayman ◆ **bandit manchot** † one-armed bandit

**banditisme** [bɑ̃ditism] → SYN nm crime (NonC) ◆ **le grand banditisme** organized crime ◆ **500 € pour cette réparation, c'est du banditisme !** €500 for this repair job — it's daylight robbery!

**bandonéon** [bɑ̃dɔneɔ̃] nm bandoneon

**bandoulière** [bɑ̃duljɛʀ] → SYN nf (gén) shoulder strap; (Mil) bandoleer, bandolier ◆ **en bandoulière** slung across the shoulder

**bang** [bɑ̃g] **1** nm inv [avion supersonique] supersonic bang, sonic boom

**2** excl bang!, crash!

**Bangkok** [bɑ̃ŋkɔk] n Bangkok

**bangladais, e** [bɑ̃gladɛ, ɛz] **1** adj Bangladeshi

**2** **Bangladais(e)** nm,f Bangladeshi

**Bangladesh** [bɑ̃gladɛʃ] nm Bangladesh

**Bangui** [bɑ̃gi] n Bangui

**banian** [banjɑ̃] adj banyan, banian ◆ **figuier banian** banyan tree

**banjo** [bɑ̃(d)ʒo] nm banjo

**Banjul** [bɑ̃ʒul] n Banjul

**banlieue** [bɑ̃ljø] → SYN nf suburbs, outskirts ◆ **proche/moyenne/grande banlieue** inner ou near/intermediate/outer suburbs ◆ **Paris et sa banlieue** Greater Paris ◆ **la grande banlieue de Paris** the outer suburbs of Paris, the commuter belt of Paris ◆ **la banlieue rouge** the Communist-controlled suburbs of Paris ◆ **une banlieue ouvrière** a working-class suburb ◆ **habiter en banlieue** to live in the suburbs ◆ **de banlieue** maison, ligne de chemin de fer suburban (épith); train commuter (épith)

> **BANLIEUE**
>
> The connotations of suburbia in France are quite different from those that prevail in many English-speaking countries. For historical, economic and social reasons, many suburbs of large French towns have become severely depressed in recent years; the word **banlieue** thus tends to conjure up images of violence and urban decay, and has similar connotations to the English term "inner city". Young people in many such suburbs have developed a strong cultural identity that includes rap music and "verlan". → VERLAN

**banlieusard, e** [bɑ̃ljøzaʀ, aʀd] nm,f (suburban) commuter, suburbanite (hum)

**banne** [ban] → SYN nf **a** (= toile) canopy

**b** (= panier) wicker basket

**banneton** [bantɔ̃] → SYN nm [pain] breadbasket

**bannette** [banɛt] nf **a** (Naut = couchette) bunk

**b** (= corbeille) small wicker basket

**banni, e** [bani] → SYN (ptp de **bannir**) nm,f exile

**bannière** [banjɛʀ] → SYN nf **a** (= drapeau) banner ◆ **la bannière étoilée** the Star-Spangled Banner ◆ **se battre** ou **se ranger sous la bannière de qn** to fight on sb's side ou under sb's banner

**b** (* = pan de chemise) **se promener en bannière** to be walking round with one's shirt-tail hanging out

**bannir** [baniʀ] → SYN ▸ conjug 2 ◂ vt [+ citoyen] to banish; [+ pensée] to banish, dismiss; [+ mot, sujet, aliment] to banish, exclude (*de* from); [+ usage] to prohibit, put a ban on

**bannissement** [banismɑ̃] → SYN nm banishment

**banquable** [bɑ̃kabl] adj bankable

**banque** [bɑ̃k] → SYN **1** nf **a** (= établissement) bank ◆ **il a 3 millions en** ou **à la banque** he's got 3 million in the bank ◆ **mettre des chèques en banque** to bank cheques ◆ **la grande banque appuie sa candidature** the big banks are backing his candidature ◆ **la Banque de France/d'Angleterre** the Bank of France/of England

**b** (= activité, métier) **la banque** banking

**c** (Jeux) bank ◆ **tenir la banque** to be (the) banker

**d** (Méd) **banque des yeux/du sang/du sperme/d'organes** eye/blood/sperm/organ bank

**2** COMP ▷ **banque d'affaires** merchant bank ▷ **banque alimentaire** food bank ▷ **banque(-)assurance** banking and insurance ▷ **banque centrale** central bank ▷ **Banque centrale européenne** European Central Bank ▷ **banque de dépôt** deposit bank ▷ **banque directe** (= activité) direct banking ▷ **banque de données** data bank ▷ **banque d'émission** bank of issue ▷ **banque d'escompte** discount bank ▷ **Banque européenne d'investissement** European Investment Bank ▷ **Banque européenne pour la reconstruction et le développement** European Bank for Reconstruction and Development ▷ **banque d'images** picture library ▷ **Banque internationale pour la reconstruction et le développement** International Bank for Reconstruction and Development ▷ **Banque mondiale** World Bank ▷ **Banque des règlements internationaux** Bank for International Settlements

**banquer** * [bɑ̃ke] ▸ conjug 1 ◂ vi to cough up *, stump up * (Brit)

**banqueroute** [bɑ̃kʀut] → SYN nf (Fin) (fraudulent) bankruptcy; (Pol) bankruptcy; (littér) failure ◆ **faire banqueroute** to go bankrupt

**banqueroutier, -ière** [bɑ̃kʀutje, jɛʀ] → SYN nm,f (fraudulent) bankrupt

**banquet** [bɑ̃kɛ] → SYN nm dinner; (d'apparat) banquet ◆ **"Le Banquet"** (Littérat) "Symposium"

**banqueter** [bɑ̃k(ə)te] → SYN ▸ conjug 4 ◂ vi (lit) to banquet; (= festoyer) to feast

**banqueteur, -euse** [bɑ̃k(ə)tœʀ, øz] → SYN nm,f banqueter, feaster

**banquette** [bɑ̃kɛt] → SYN nf **a** [train] seat; [voiture] (bench) seat; [restaurant] (wall) seat; [piano] (duet) stool ◆ **jouer devant les banquettes** (Théât) to play to an empty house ◆ **faire banquette** (dans un bal) to be a wallflower

**b** (Archit) window seat

**c** (Mil) **banquette de tir** banquette, fire-step

**d** (= talus) berm(e); (= chemin) path

**banquier** [bɑ̃kje] → SYN nm (Fin, Jeux) banker

**banquise** [bɑ̃kiz] → SYN nf ice field; (flottante) ice floe

**banquiste** [bɑ̃kist] → SYN nm barker

**bantou, e** [bɑ̃tu] **1** adj Bantu

**2** nm (Ling) Bantu

**3** **Bantou(e)** nm,f Bantu

**bantoustan** [bɑ̃tustɑ̃] nm Bantustan

**banyuls** [banjuls] [banjyls] nm Banyuls *(sweet fortified wine drunk as an apéritif)*

**banzaï** * [bɑ̃(d)zaj] excl bingo!

**baobab** [baɔbab] → SYN nm baobab

**baoulé, e** [baule] **1** adj Baoule

**2** **Baoulé(e)** nm,f Baoule ◆ **les Baoulés** the Baoule people

**baptême** [batɛm] → SYN **1** nm **a** (= sacrement) baptism; (= cérémonie) christening, baptism ◆ **donner le baptême à** to baptize, christen ◆ **recevoir le baptême** to be baptized ou christened

**b** [cloche] blessing, dedication; [navire] naming, christening

**2** COMP ▷ **baptême de l'air** first flight ▷ **baptême du feu** baptism of fire ▷ **baptême de la ligne** (Naut) (first) crossing of the line ▷ **baptême du sang** (littér) baptism of blood

**baptiser** [batize] → SYN ▸ conjug 1 ◂ vt **a** (Rel) to baptize, christen ◆ **faire baptiser un enfant** to have a child baptized ou christened

**b** [+ cloche] to bless, dedicate; [+ navire] to name, christen

**c** (= appeler) to call, christen, name ◆ **on le baptisa Paul** he was christened Paul ◆ **on baptisa la rue du nom du maire** the street was named after the mayor

**d** (= surnommer) to christen, dub ◆ **la pièce qu'il baptisait pompeusement salon** (hum) the room which he pompously dubbed the drawing room

**e** * [+ vin, lait] to water down

**baptismal, e,** mpl **-aux** [batismal, o] adj baptismal

**baptisme** [batism] nm baptism

**baptistaire** [batistɛʀ] adj, nm ◆ **(extrait) baptistaire** certificate of baptism

**baptiste** [batist] → SYN adj, nmf Baptist

**baptistère** [batistɛʀ] nm baptistry

**baquet** [bakɛ] → SYN nm tub; → **siège**[1]

**bar**[1] [baʀ] → SYN nm (= établissement, comptoir) bar ◆ **bar américain** cocktail bar ◆ **bar à vin(s)/à huîtres** wine/oyster bar ◆ **bar à bière(s)** *bar specializing in a wide variety of beers*

**bar**[2] [baʀ] → SYN nm (= poisson) bass

**bar**[3] [baʀ] nm (Phys) bar

**Barabbas** [baʀabas] nm Barabbas

**barachois** [baʀaʃwa] nm (Can) lagoon

**baragouin** * [baʀagwɛ̃] nm gibberish, double Dutch

**baragouinage** * [baʀagwinaʒ] nm (= façon de parler) gibbering; (= propos) gibberish, double Dutch

**baragouiner** * [baʀagwine] ▸ conjug 1 ◂ **1** vi to gibber, talk gibberish ou double Dutch

**2** vt [+ langue] to speak badly; [+ discours, paroles] to jabber out, gabble ◆ **il baragouine un peu l'espagnol** he can speak a bit of Spanish ◆ **qu'est-ce qu'il baragouine ?** (péj) what's he jabbering on about? *

**baragouineur, -euse** * [baʀagwinœʀ, øz] → SYN nm,f jabberer

**baraka** ** [baʀaka] nf luck ◆ **avoir la baraka** to be lucky

**baraque** [baʀak] → SYN nf **a** (= cabane) shed, hut; (= boutique) stand, stall ◆ **baraque foraine** fairground stall

**b** * (= maison) place *, shack *; (= appartement) place *; (péj = entreprise) dump *, hole * ◆ **une belle baraque** a smart place * ◆ **quand**

**je suis rentré à la baraque** when I got back to my place * ◆ **quelle (sale) baraque !** what a lousy dump! ⁑, what a hole! *; → **casser**

**c** (⁑ = homme) burly ou beefy * guy

**baraqué, e** * [baʀake] → SYN adj hefty, well-built

**baraquement** [baʀakmɑ̃] → SYN nm ◆ **baraquement(s)** group of huts; (Mil) camp

**baraterie** [baʀatʀi] → SYN nf barratry, barretry

**baratin** * [baʀatɛ̃] nm (= boniment) sweet talk *, smooth talk *; (= verbiage) chatter, hot air ⁑; (Comm) patter *, sales talk, sales pitch ◆ **assez de baratin !** cut the cackle! * ou the chat! * (Brit) ◆ **faire son** ou **du baratin à qn** (gén) to sweet-talk sb *, chat sb up * (Brit), feed sb some lines * (US) ◆ **faire son** ou **le baratin à un client** (Comm) to give a customer the sales talk ou pitch * ou patter * ◆ **avoir du baratin** to have all the patter *, be a smooth talker

**baratiner** * [baʀatine] ▸ conjug 1 ◂ **1** vt ◆ **baratiner qn** (= amadouer) to sweet-talk sb *, chat sb up * (Brit); (= draguer) to chat sb up * (Brit), feed sb some lines * (US) ◆ **baratiner le client** to give a customer the sales talk ou pitch * ou patter *

**2** vi (= bavarder) to chatter, natter * (Brit)

**baratineur, -euse** * [baʀatinœʀ, øz] → SYN **1** nm,f (= beau parleur, menteur) smooth talker; (= bavard) gasbag *, windbag *

**2** nm (= dragueur) smooth talker

**barattage** [baʀataʒ] nm churning

**baratte** [baʀat] nf [beurre] churn

**baratter** [baʀate] ▸ conjug 1 ◂ vt to churn

**barbacane** [baʀbakan] → SYN nf (= bastion) barbican; (= meurtrière) loophole; (= drain) weeper

**Barbade** [baʀbad] nf ◆ **la Barbade** Barbados

**barbadien, -ienne** [baʀbadjɛ̃, ɛn] **1** adj Barbadian

**2** **Barbadien(ne)** nm,f Barbadian

**barbant, e** * [baʀbɑ̃, ɑ̃t] → SYN adj boring, deadly dull ◆ **qu'il est/que c'est barbant !** what a bore he/it is!

**barbaque** ⁑ [baʀbak] nf (péj) meat

**barbare** [baʀbaʀ] → SYN **1** adj invasion, peuple barbarian, barbaric; (péj) mœurs, musique, crime barbaric, barbarous

**2** nm (Hist, fig) barbarian

**barbarement** [baʀbaʀmɑ̃] adv barbarously, barbarically

**barbaresque** [baʀbaʀɛsk] adj (Hist = d'Afrique du Nord) Barbary Coast (épith) ◆ **les États barbaresques** the Barbary Coast

**Barbarie** [baʀbaʀi] nf (Hist) ◆ **la Barbarie** the Barbary Coast

**barbarie** [baʀbaʀi] → SYN nf (= manque de civilisation) barbarism; (= cruauté) barbarity, barbarousness

**barbarisme** [baʀbaʀism] → SYN nm (Gram) barbarism

**barbe[1]** [baʀb] → SYN **1** nf **a** [personne] beard ◆ **une barbe de 3 mois** 3 months' (growth of) beard ◆ **il a une barbe de 3 jours** he's got 3 days' stubble on his chin ◆ **sans barbe** adulte clean-shaven, beardless; adolescent (= imberbe) beardless ◆ **il a de la barbe (au menton)** (adulte) he needs a shave; (adolescent) he already has a few hairs on his chin ◆ **avoir une barbe, porter la** ou **une barbe** to have a beard ◆ **faire la barbe à qn** to trim sb's beard ◆ **il n'a pas encore de barbe au menton et il croit tout savoir** (hum) he's still in short pants ou he's still wet behind the ears * and he thinks he knows it all

**b** [chèvre, singe, oiseau] beard

**c** [plume] barb; [poisson] barbel; [orge] beard (NonC) ◆ **barbes** whiskers

**d** (= aspérités) **barbes** [papier] ragged edge; [métal] jagged edge

**e** (Loc) **à la barbe de qn** under sb's nose ◆ **dérober qch à la barbe de qn** to take * sth from under sb's nose ◆ **vieille barbe** * old stick-in-the-mud *, old fogey * ◆ **marmonner dans sa barbe** to mumble ou mutter into one's beard ◆ **rire dans sa barbe** to laugh up one's sleeve ◆ **la barbe !** * damn (it)! ⁑, blast! * (Brit) ◆ **il faut que j'y retourne, quelle barbe !** * I've got to go back – what a drag! * ◆ **oh toi, la barbe !** * oh shut up, you! *

**2** COMP ▷ **barbe de capucin** wild chicory ▷ **barbe à papa** candy-floss (Brit), cotton candy (US)

**barbe[2]** [baʀb] nm (Zool) ◆ **(cheval) barbe** barb

**barbeau,** pl **barbeaux** [baʀbo] → SYN nm (Zool) barbel; (Bot) cornflower; (⁑ = souteneur) pimp, ponce

**Barbe-Bleue** [baʀbəblø] nm Bluebeard ◆ **"Le Château de Barbe-Bleue"** (Mus) "Bluebeard's Castle"

**barbecue** [baʀbəkju] → SYN nm (= repas, cuisine) barbecue; (= matériel) barbecue set ◆ **faire un barbecue** to have a barbecue ◆ **faire cuire qch au barbecue** to barbecue sth

**barbelé, e** [baʀbəle] → SYN adj, nm ◆ **(fil de fer) barbelé** barbed wire (NonC) ◆ **les barbelés** the barbed wire fence ou fencing ◆ **s'égratigner après les barbelés** to get scratched on the barbed wire ◆ **derrière les barbelés** (fig) prisonnier in a prison camp

**barbelure** [baʀbəlyʀ] nf barb

**barber** * [baʀbe] ▸ conjug 1 ◂ **1** vt to bore stiff *, bore to tears *

**2** **se barber** vpr to be bored stiff *, be bored to tears * (*à faire* doing)

**Barberousse** [baʀbəʀus] nm Barbarossa

**barbet[1]** [baʀbɛ] nm ◆ **(rouget) barbet** red mullet, goatfish (US)

**barbet[2]** [baʀbɛ] nm ◆ **(chien) barbet** water spaniel

**barbiche** [baʀbiʃ] nf goatee (beard)

**barbichette** * [baʀbiʃɛt] nf (small) goatee (beard)

**barbichu, e** [baʀbiʃy] **1** adj personne with a goatee (beard)

**2** nm man with a goatee (beard)

**barbier** [baʀbje] → SYN nm †† barber; (Can) (men's) hairdresser ◆ **"Le Barbier de Séville"** (Mus) "The Barber of Seville"

**barbillon** [baʀbijɔ̃] nm **a** [plume, hameçon] barb; [poisson] barbel ◆ **barbillons** [bœuf, cheval] barbs

**b** (Zool = petit barbeau) (small) barbel

**barbital,** pl **barbitals** [baʀbital] nm barbitone, barbital (US)

**barbiturique** [baʀbityʀik] → SYN **1** adj barbituric

**2** nm barbiturate

**barbiturisme** [baʀbityʀism] nm barbiturate addiction ou dependence

**barbon** [baʀbɔ̃] → SYN nm († † ou péj) ◆ **(vieux) barbon** greybeard, old fogey *

**barbotage** [baʀbɔtaʒ] nm **a** (* = vol) filching *, pinching * (Brit)

**b** (dans l'eau) paddling; (en éclaboussant) splashing about; [canard] dabbling

**c** (dans la boue) paddling ou squelching (Brit) around

**d** [gaz] bubbling

**barbote** [baʀbɔt] → SYN nf (de rivière) loach; (de mer) rockling

**barboter** [baʀbɔte] → SYN ▸ conjug 1 ◂ **1** vt (* = voler) to pinch * (Brit), whip * (*à* from, off) ◆ **elle lui a barboté son briquet** she's filched * his lighter

**2** vi **a** (dans l'eau) to paddle; (en éclaboussant) to splash about; [canard] to dabble; (dans la boue) to paddle ou squelch (Brit) around

**b** [gaz] to bubble

**barboteur, -euse[1]** [baʀbɔtœʀ, øz] → SYN **1** adj ◆ **il est (du genre) barboteur** * ◆ **c'est un barboteur** he's a bit light-fingered (Brit) ou sticky-fingered (US)

**2** nm (Chim) bubble chamber

**barboteuse[2]** [baʀbɔtøz] nf (= vêtement) rompers

**barbotin** [baʀbɔtɛ̃] → SYN nm (Naut) sprocket (wheel); (Tech) chain wheel

**barbotine** [baʀbɔtin] → SYN nf (pour céramique) barbotine, slip; (Constr) grout

**barbouillage** [baʀbujaʒ] → SYN nm **a** (= peinture) daub; (= écriture) scribble, scrawl ◆ **feuille couverte de barbouillages** sheet of paper covered with scrawls ou scribblings

**b** (= action de peindre) daubing; (= action d'écrire) scribbling, scrawling

**barbouille** * [baʀbuj] nf (péj) painting ◆ **il fait de la barbouille** (hum) he does a bit of painting

**barbouiller** [baʀbuje] → SYN ▸ conjug 1 ◂ **1** vt **a** (= couvrir, salir) to smear, daub (*de* with), cover (*de* with, in) ◆ **il a le visage tout barbouillé de chocolat** he's got chocolate (smeared) all over his face, he's got his face all covered in chocolate

**b** (péj = peindre) [+ mur] to daub ou slap paint on ◆ **il barbouille (des toiles) de temps en temps** he does a bit of painting from time to time

**c** (péj = écrire, dessiner) to scribble (*sur* on) ◆ **barbouiller une feuille de dessins** to scribble ou scrawl drawings on a piece of paper ◆ **barbouiller du papier** to cover a piece of paper with scrawls, scrawl all over a piece of paper ◆ **barbouiller un slogan sur un mur** to daub a slogan on a wall

**d** * **barbouiller l'estomac** to upset the stomach ◆ **être barbouillé, avoir l'estomac barbouillé** to feel queasy ou sick

**2** **se barbouiller** vpr ◆ **se barbouiller de qch** to smear o.s. with sth ◆ **il s'est barbouillé de confiture** he's smeared jam all over his face

**barbouilleur, -euse** [baʀbujœʀ, øz] → SYN nm,f (péj) (= artiste) dauber; (= peintre en bâtiment) bad ou slapdash painter ◆ **barbouilleur de papier** hack (writer)

**barbouillis** [baʀbuji] nm (= écriture) scribble, scrawl; (= peinture) daub

**barbouze** * [baʀbuz] nf ou nm **a** (= barbe) beard

**b** (= policier) secret (government) police agent; (= garde du corps) bodyguard

**barbu, e** [baʀby] → SYN **1** adj personne bearded; (Bio) barbate

**2** nm bearded man, man with a beard; (hum ou péj = islamiste) Islamic fundamentalist

**3** **barbue** nf (Zool) brill

**barbule** [baʀbyl] nf barbule

**barcarolle** [baʀkaʀɔl] nf barcarolle

**barcasse** [baʀkas] nf boat

**Barcelone** [baʀsəlɔn] n Barcelona

**bard** [baʀ] → SYN nm handbarrow

**barda** * [baʀda] nm gear *; (Mil) kit ◆ **il a tout un barda dans la voiture** he's got a whole load * of stuff in the car

**bardage** [baʀdaʒ] → SYN nm (Constr) weatherboarding, cladding (Brit), siding (US)

**bardane** [baʀdan] nf burdock

**barde[1]** [baʀd] → SYN nm (= poète) bard

**barde[2]** [baʀd] → SYN nf (Culin, Mil) bard

**bardeau[1],** pl **bardeaux** [baʀdo] nm [toit] shingle

**bardeau[2],** pl **bardeaux** [baʀdo] nm ⇒ **bardot**

**barder** [baʀde] → SYN ▸ conjug 1 ◂ **1** vt **a** (Culin) to bard

**b** (Mil) [+ cheval] to bard ◆ **bardé de fer** cheval barded; soldat armour-clad; porte with iron bars ◆ **poitrine bardée de décorations** chest bedecked with medals ◆ **bardé de diplômes** with a whole string ou array of qualifications

**c** (fig) **être bardé** to be immune (*contre* to)

**2** vb impers * ◆ **ça va barder** things are going to get hot, all hell is going to break loose ◆ **ça a bardé !** (dans une réunion) the sparks really flew!; (dans les rues) things got pretty hot!

**bardis** [baʀdi] nm (Naut) shifting boards

**bardot** [baʀdo] nm hinny

**barème** [baʀɛm] → SYN nm (= table de référence) table, list; (= tarif) (Comm) scale of charges, price list; (Rail) fare schedule ◆ **barème de l'impôt** tax scale ◆ **barème de correction** (Scol) marking (Brit) ou grading (US) scheme ◆ **hors barème** off the (salary) scale (attrib)

**baresthésie** [baʀɛstezi] nf baresthesia

**barge[1]** [baʀʒ] → SYN nf (= bateau) barge; (= meule) (rectangular) haystack

**barge[2]** ⁑ [baʀʒ] → SYN adj ⇒ **barjo(t)**

**barge[3]** [baʀʒ] → SYN nf (= oiseau) godwit ◆ **barge rousse** bar-tailed godwit ◆ **barge à queue noire** black-tailed godwit

**barguigner** [baʀgiɲe] → SYN ▸ conjug 1 ◂ vi (littér ou hum) ◆ **sans barguigner** without shilly-shallying

**baril** [baʀi(l)] → SYN nm [pétrole] barrel; [vin] barrel, cask; [poudre] keg, cask; [harengs] barrel; [lessive] drum

**barillet** [baʀijɛ] nm **a** (Tech) [serrure, revolver] cylinder; [pendule] barrel ◆ **serrure à barillet** cylinder ou Yale ® lock
**b** (= petit baril) small barrel ou cask

**bariolage** [baʀjɔlaʒ] → SYN nm (= résultat) riot ou medley of colours; (= action) daubing

**bariolé, e** [baʀjɔle] → SYN (ptp de **barioler**) adj vêtement many-coloured, rainbow-coloured, gaudy (péj); groupe colourfully dressed, gaily coloured

**barioler** [baʀjɔle] → SYN ▸ conjug 1 ◂ vt to splash ou daub bright colours on, streak with bright colours

**barjo(t)** * [baʀʒo] adj nuts *, crazy *, barmy * (Brit) ◆ **bande de barjots !** bunch of nutcases *!

**barlotière** [baʀlɔtjɛʀ] nf saddle-bar

**barmaid** [baʀmɛd] nf barmaid

**barman** [baʀman] → SYN, pl **barmans** ou **barmen** [baʀmɛn] nm barman, bartender (surtout US), barperson

**bar-mitsva, Bar-Mitzva** [baʀmitsva] nf inv Bar Mitzvah

**barn** [baʀn] nm (Phys) barn

**barnabite** [baʀnabit] nm Barnabite

**barnache** [baʀnaʃ], **barnacle** [baʀnakl] nf ⇒ **bernache**

**barographe** [baʀɔgʀaf] → SYN nm barograph

**baromètre** [baʀɔmɛtʀ] nm (lit, fig) barometer ◆ **le baromètre baisse** the glass ou barometer is falling ◆ **le baromètre est au beau fixe/à la pluie** the barometer is set (at) fair/is pointing to rain ◆ **le baromètre est au beau (fixe)** (fig) things are looking good * ◆ **baromètre enregistreur/anéroïde** recording/aneroid barometer

**barométrique** [baʀɔmetʀik] adj barometric(al)

**baron¹** [baʀɔ̃] → SYN nm **a** (= titre) baron; → **Monsieur**
**b** (fig = magnat) baron, lord ◆ **les barons de la presse** the press barons ou lords

**baron²** [baʀɔ̃] nm ◆ **baron d'agneau** baron of lamb

**baronnage** [baʀɔnaʒ] nm (= titre) barony; (= corps des barons) baronage

**baronne** [baʀɔn] nf baroness

**baronnet** [baʀɔnɛ] nm baronet

**baronnie** [baʀɔni] nf barony

**baroque** [baʀɔk] → SYN 1 adj idée weird, strange, wild; (Archit, Art, Mus) baroque ◆ **perle baroque** baroque pearl
2 nm baroque

**baroquisme** [baʀɔkism] nm baroque character

**baroscope** [baʀɔskɔp] nm baroscope

**barotraumatisme** [baʀotʀomatism] nm barotrauma

**baroud** [baʀud] → SYN nm (arg Mil) fighting ◆ **baroud d'honneur** last-ditch struggle, gallant last stand

**baroudeur, -euse** [baʀudœʀ, øz] → SYN nm,f (Mil) firebrand, fighter ◆ **c'est un baroudeur** he knocks about * ou travels around a lot

**barouf** * [baʀuf(lə)] nm (= vacarme) row *, din *, racket * ◆ **faire du barouf** to create a racket *, make a row *; (= protester) to kick up a fuss * ou stink *

**barque** [baʀk] → SYN nf small boat, small craft ◆ **barque à moteur** (small) motorboat ◆ **barque de pêche** small fishing boat ◆ **il mène bien sa barque** he's doing alright for himself, he manages his affairs very well ◆ **charger la barque** (= exagérer) to overdo it

**barquette** [baʀkɛt] nf **a** (= tarte) pastry boat, small tart
**b** (= récipient) container; (pour fruits) punnet, carton

**barracuda** [baʀakyda] → SYN nm barracuda

**barrage** [baʀaʒ] → SYN nm **a** [rivière, lac] dam, barrage; (à fleur d'eau) weir ◆ **barrage de retenue** flood barrier ◆ **barrage flottant** floating boom ou barrier
**b** (= barrière) barrier; (d'artillerie, de questions) barrage ◆ **barrage de police** (gén) (police) roadblock; (= cordon d'agents) police cordon; (= chevaux de frise) (police) barricade ◆ **établir un barrage (routier)** [manifestants] to set up a roadblock ◆ **faire barrage à** to hinder, stand in the way of ◆ **il y a eu un barrage de la direction** the management has put up a barrier ◆ **match de barrage** (Sport) relegation match
**c** (Cartes) pre-emptive bid, pre-empt

**barre** [baʀ] → SYN 1 nf **a** (gén = tige, morceau) bar; (de fer) rod, bar; (de bois) piece, rod; (d'or) bar ◆ **barre (transversale)** (Ftbl, Rugby) crossbar ◆ **barres de fixation** ou **de toit** (sur une voiture) roof bars ◆ **barre de savon** † cake ou bar of soap ◆ **c'est le coup de barre dans ce restaurant** * you pay through the nose * in that restaurant ◆ **j'ai un coup de barre** * (fatigue) I feel drained ou shattered *
**b** (Danse) barre ◆ **exercices à la barre** exercises at the barre, barre exercises
**c** (Naut) helm; [petit bateau] tiller ◆ **être à la** ou **tenir la barre** (lit, fig) to be at the helm ◆ **prendre la barre** (lit, fig) to take the helm ◆ **redresser la barre** (lit) to right the helm; (fig) to get things back on an even keel
**d** (Jur) **barre du tribunal** bar ◆ **barre (des témoins)** witness box (Brit), witness stand (US) ◆ **être appelé à la barre** to be called as a witness ◆ **comparaître à la barre** to appear as a witness
**e** (Géog) (= houle) (gén) race; (à l'estuaire) bore; (= banc de sable) (sand) bar; (= crête de montagne) ridge
**f** (= trait) line, dash, stroke; (du t, f) stroke ◆ **faire des barres** to draw lines (on a page) ◆ **mets une barre à ton t** cross your t ◆ **barre de fraction/d'addition** (Math) fraction/addition line ◆ **barre oblique** (Typo) slash, oblique (stroke), solidus (SPÉC)
**g** (= niveau) mark ◆ **franchir la barre des 10%** to pass the 10% mark ◆ **placer la barre à 10** (Scol) to set the pass mark ou the passing grade (US) at 10 ◆ **mettre** ou **placer la barre plus haut** to raise the stakes ◆ **vous placez la barre trop haut** you set your standards too high
**h** **barres** (†= jeu) ≈ prisoners' base ◆ **avoir barre(s) sur qn** (frm) (avantage) to have an advantage over sb; (pouvoir) to have power over ou a hold on sb
**i** [cheval] bar
**j** (= douleur) pain ◆ **j'ai une barre sur la poitrine** my chest feels tight
**k** (Hér) bar
2 COMP ▷ **barre d'accouplement** tie-rod ▷ **barre antiroulis** anti-roll bar ▷ **barre d'appui** (window) rail ▷ **barres asymétriques** asymmetric bars ▷ **barre de céréales** muesli (Brit) ou granola (US) bar ▷ **barre chocolatée** chocolate bar, bar of chocolate, candy bar (US) ▷ **barre à disques** (Sport) barbell ▷ **barre d'espacement** space bar ▷ **barre fixe** horizontal ou chinning bar ▷ **barre de mesure** (Mus) bar line ▷ **barre à mine** crowbar ▷ **barre omnibus** (Élec) busbar ▷ **barre d'outils** (Ordin) tool bar ▷ **barres parallèles** parallel bars ▷ **barre de remorquage** (Aut) tow bar ▷ **barre de reprise** (Mus) repeat mark(s) ou sign ▷ **barre de torsion** torsion bar

**barré, e** [baʀe] (ptp de **barrer**) 1 adj **a** (Hér) écu barré
**b** dent impacted
**c** (* = engagé, parti) **il/c'est mal barré** he's/it's off to a bad start ◆ **il est mal barré pour avoir son examen** his chances of passing the exam are pretty slim ◆ **on est bien barré avec un chef comme lui !** (iro) we won't get very far with a boss like him!
2 nm (Mus) barré

**barreau**, pl **barreaux** [baʀo] → SYN nm **a** [échelle] rung; [cage, fenêtre] bar ◆ **être derrière les barreaux** [prisonnier] to be behind bars ◆ **barreau de chaise** (lit) (chair) rung ou crossbar; (* = cigare) fat cigar
**b** (Jur) bar ◆ **entrer** ou **être admis** ou **reçu au barreau** to be called to the bar

**barrement** [baʀmɑ̃] nm [chèque] crossing

**barrer** [baʀe] → SYN ▸ conjug 1 ◂ 1 vt **a** (= obstruer) [+ porte] to bar; [+ fenêtre] to bar up; [+ chemin, route] (par accident) to block; (pour travaux, par la police) to close (off), seal ou shut off; (par barricades) to barricade ◆ **barrer le passage** ou **la route à qn** (lit) to stand in sb's way, block ou bar sb's way; (fig) to stand in sb's way ◆ **il est barré par son supérieur** his boss is standing in his way ◆ **des rochers nous barraient la route** rocks blocked ou barred our way ◆ **"rue barrée"** "road closed"
**b** (= rayer) [+ mot, phrase] to cross out, score out; [+ surface, feuille] to cross; [+ chèque] to cross ◆ **chèque barré** crossed cheque (Brit), check for deposit only (US) ◆ **chèque non barré** open ou uncrossed cheque (Brit) ◆ **barre ton t** cross your t ◆ **les rides qui barraient son front** the wrinkles which lined his forehead
**c** (Naut) to steer ◆ **quatre/deux barré** (Sport) coxed four/pair
2 vi (Naut) to steer, take the helm
3 **se barrer** * vpr [personne] to clear off *; [fixations] to come out ◆ **barre-toi !** clear off! *, beat it! *, scram! * ◆ **le tuyau se barre** the pipe is falling off ◆ **il s'est barré de chez lui** he walked out on his family *

**barrette** [baʀɛt] → SYN nf **a** (pour cheveux) (hair) slide (Brit), barrette (US); (= bijou) brooch; (= médaille) bar
**b** (Ordin) **barrette (de mémoire)** memory module
**c** (arg Drogue) **barrette (de cannabis)** (one gram) bar of cannabis
**d** (Rel) biretta ◆ **recevoir la barrette** to receive the red hat

**barreur, -euse** [baʀœʀ, øz] → SYN nm,f (gén) (homme) helmsman; (femme) helmswoman; (Aviron) cox(swain) ◆ **quatre avec/sans barreur** coxed/coxless four

**barricade** [baʀikad] → SYN nf barricade; → **côté**

**barricader** [baʀikade] → SYN ▸ conjug 1 ◂ 1 vt [+ porte, fenêtre, rue] to barricade
2 **se barricader** vpr ◆ **se barricader dans/derrière** to barricade o.s. in/behind ◆ **se barricader chez soi** to lock ou shut o.s. in

**barrière** [baʀjɛʀ] → SYN 1 nf (= clôture) fence; (= porte) gate; (lit, fig = obstacle) barrier; (Hist = octroi) tollgate ◆ **dresser une barrière** to put up a barrier (*entre* between) ◆ **franchir la barrière de la langue** to break through the language barrier
2 COMP ▷ **barrière de corail** coral reef ◆ **la Grande Barrière (de corail)** the Great Barrier Reef ▷ **barrière de dégel** *roadsign warning of dangerous road conditions during a thaw* ▷ **barrière douanière** trade ou tariff barrier ▷ **barrière naturelle** natural barrier ▷ **barrière (de passage à niveau)** level (Brit) ou grade (US) crossing gate ▷ **barrière de sécurité** (dans les rues) crowd barrier; (pour un bébé) safety gate

**barrique** [baʀik] → SYN nf barrel, cask; → **plein**

**barrir** [baʀiʀ] → SYN ▸ conjug 2 ◂ vi [éléphant] to trumpet

**barrissement** [baʀismɑ̃] → SYN nm trumpeting

**barrot** [baʀo] → SYN nm (Naut) deckbeam

**bartavelle** [baʀtavɛl] → SYN nf rock partridge

**barycentre** [baʀisɑ̃tʀ] → SYN nm barycentre (Brit), barycenter (US)

**baryon** [baʀjɔ̃] nm baryon

**barysphère** [baʀisfɛʀ] nf barysphere

**baryte** [baʀit] nf baryta

**baryton** [baʀitɔ̃] adj, nm baritone ◆ **baryton-basse** base-baritone

**baryum** [baʀjɔm] nm barium

**bas¹, basse¹** [bɑ, bɑs]
→ SYN

1 ADJECTIF
2 ADVERBE
3 NOM MASCULIN
4 COMPOSÉS

1 ADJECTIF

**a** = de faible hauteur siège, porte, colline, nuages low; ciel low, overcast; maison low-roofed; terrain low(-lying) ◆ **le soleil est bas sur l'hori-**

zon the sun is low on the horizon ◆ **les basses branches** ou **les branches basses d'un arbre** the lower ou bottom branches of a tree ◆ **les branches de cet arbre sont basses** the branches of this tree hang low ◆ **il a le front bas** he has a low brow ou forehead ◆ **bas sur pattes** animal short-legged; * personne short-legged, stumpy-legged; * meuble with short legs; → **main, oreille, plafond, profil, table** etc

**b** [= peu élevé] prix, chiffre, température, niveau, rendement low; (Élec) fréquence low ◆ **les bas salaires** low salaries ◆ **la Seine est très basse en ce moment** the Seine is very low at the moment ◆ **c'est (la) marée basse, c'est la basse mer** the tide is low ou out, it's low tide ◆ **à marée basse** at low tide ou water ◆ **un enfant en bas âge** a young ou small child

**c** [= peu audible] son low; → **messe, voix**

**d** [= grave] note low; voix deep, low

**e** [= humble] naissance low, lowly ◆ **personnes de basse condition** people from humble backgrounds ◆ **basses besognes** menial tasks; (péj) dirty work ◆ **les bas quartiers de la ville** the seedy ou poor parts of the town ◆ **les bas morceaux** (Boucherie) the cheap cuts

**f** [= mesquin] jalousie, vengeance base, petty; action base, mean ◆ **c'était bas de sa part** it was a mean ou despicable thing for him to do ◆ **c'est encore un exemple de basses manœuvres politiciennes** this is yet another example of base political manoeuvring ◆ **elle n'a pas agi pour de basses raisons (commerciales)** she didn't act out of base (commercial) motives; → **coup**

**g** [Ling] **le bas latin** low Latin ◆ **le bas allemand** Low German, plattdeutsch (SPÉC)

**h** [Géog] **la Basse Seine** the Lower Seine ◆ **le Bas Languedoc** Lower Languedoc ◆ **les Bas Bretons** the inhabitants of Lower Brittany ◆ **le bas-Rhin** the lower Rhine ◆ **le Bas Canada** (Hist Can) Lower Canada

2 ADVERBE

**a** [dans l'espace] voler, viser low ◆ **mets tes livres/le tableau plus bas** put your books/the picture lower down ◆ **ma maison est plus bas dans la rue** my house is further down the street ◆ **comme l'auteur le dit plus bas** as the author says further on ◆ **voir plus bas** see below ◆ **mettre** ou **traiter qn plus bas que terre** to treat sb like dirt

**b** [dans une hiérarchie] **il est assez bas dans la hiérarchie** he's quite low down in the hierarchy ◆ **être au plus bas** [prix] to be at their lowest, have reached rock bottom; [cote de popularité, inflation] to be at its lowest ◆ **le dollar n'a jamais été aussi bas** the dollar has reached a new ou an all-time low

**c** [= mal en point, en mauvaise posture] **le malade est bien bas** the patient is very low ◆ **être au plus bas** [personne] to be very low, be at a very low ebb; [secteur économique] to be at a very low ebb ◆ **la Bourse est au plus bas depuis 1988** the stock exchange is at its lowest since 1988 ◆ **son image est au plus bas dans l'opinion** his public image is at an all-time low

**d** [= doucement] parler softly, in a low voice ◆ **dire qch/parler tout bas** to say sth/speak in a whisper ou in a very low voice ◆ **mets la télé tout bas** put the TV on very low ◆ **mettez la radio/le chauffage plus bas** turn the radio/heating down

**e** [Mus = dans les graves] chanter low

**f** [locutions figées]

◆ **à bas** ◆ **à bas le fascisme/les tyrans !** down with fascism/tyrants!;

◆ **bas les** + nom ◆ **bas les masques !** drop the pretence! ◆ **bas les pattes !** (à un chien) down!; (* : à une personne) (keep your) hands off! *, (keep your) paws off! *

◆ **mettre bas** (Vét) to give birth, drop (SPÉC) ◆ **mettre bas les armes** (Mil) to lay down one's arms; (fig) to throw in the sponge ◆ **mettre bas les masques** to stop pretending, drop one's mask ◆ **mise bas** (Vét) birth, dropping

3 NOM MASCULIN

[page, escalier, colline] foot, bottom; [visage] lower part; [mur] foot; [jupe, pantalon] bottom ◆ **le bas du ventre** the lower abdomen ◆ **une maison du bas de la rue Blanche** a house at the bottom (end) of rue Blanche ◆ **il a une malformation du bas de la colonne vertébrale** he has a malformation of the lower spine ◆ **faire les bas d'un pantalon** to hem a pair of trousers

◆ **au bas, dans le bas** at the bottom ◆ **la colonne est évasée dans le bas** the pillar widens out at the bottom

◆ **au bas de, dans le bas de** [page, escalier, colline, côte] at the bottom ou foot of; [armoire, immeuble, écran] at the bottom of; [vêtement] (gén) at the bottom of; (tout autour) round the bottom of ◆ **au bas de l'échelle sociale** at the bottom of the social ladder ◆ **dans le bas du corps** in the lower part of the body ◆ **j'ai mal au** ou **dans le bas du dos** my lower back is aching, I've got a pain in my lower back ◆ **dans le bas de la ville** at the lower end of the town ◆ **l'équipe se retrouve au** ou **dans le bas du classement** the team is at the bottom of the league

◆ **de bas en haut** s'ouvrir from the bottom up(wards); compter, lire from the bottom up ◆ **il la contempla de bas en haut** he looked her up and down

◆ **d'en bas** ◆ **les dents/la mâchoire d'en bas** the lower teeth/jaw ◆ **les chambres d'en bas** the downstairs rooms ◆ **le supermarché d'en bas vend du pain** the supermarket below sells bread ◆ **ceux d'en bas** (= voisins) the people (who live) below; (= personnes humbles) the lower orders ◆ **le bruit vient d'en bas** the noise is coming from downstairs ou from down below ◆ **vu d'en bas, cela ressemble à ...** seen from below, it looks like ...

◆ **du bas** dents, mâchoire lower ◆ **l'étagère/le tiroir du bas** the bottom shelf/drawer ◆ **les appartements du bas** the downstairs flats (Brit) ou apartments (US), the flats (Brit) ou apartments (US) downstairs ou down below

◆ **en bas** (dans une maison) downstairs ◆ **il habite en bas** he lives downstairs ou down below ◆ **les voleurs sont passés par en bas** the thieves got in downstairs ◆ **je ne peux pas rester la tête en bas trop longtemps** I can't stay upside down for too long ◆ **il se tenait à la branche, la tête en bas** he was hanging upside down from the branch ◆ **le tableau est posé la tête en bas** * the picture is upside down

◆ **en bas de** (dans l'espace) ◆ **en bas de la côte/de l'escalier** at the bottom ou foot of the hill/of the stairs ◆ **il m'attend en bas de l'immeuble** he's waiting for me outside the building ◆ **signez en bas de cette page** sign at the bottom of this page ◆ **ils sont en bas du classement** they're at the bottom of the league ◆ **en bas de 100 dollars** (Can) under 100 dollars

4 COMPOSÉS

▷ **bas de casse** (Typo) nm lower case

**bas²** [bɑ] → SYN nm stocking; (de footballeur) sock; (de bandit masqué) stocking mask ◆ **bas de contention** ou **à varices** * support stockings ou hose ◆ **bas fins** sheer stockings ◆ **bas (de) nylon** nylon stockings, nylons ◆ **bas sans couture** seamless stockings ◆ **bas résille** fishnet stockings ◆ **bas de soie** silk stockings ◆ **bas de laine** (lit) woollen stockings; (fig) savings, nest egg (fig)

**basal, e,** mpl **-aux** [bɑzal, o] adj basal

**basalte** [bazalt] nm basalt

**basaltique** [bazaltik] adj basalt(ic)

**basane** [bazan] → SYN nf (= peau) basan, bazan; [pantalon de cavalier] leather padding

**basané, e** [bazane] → SYN 1 adj teint, visage [vacancier] (sun-)tanned, sunburnt (Brit); [marin] tanned, weather-beaten; (= foncé) swarthy ◆ **individu au teint basané** dark-skinned individual

2 nm,f (injurieux) ≃ darky (injurieux)

**bas-bleu,** pl **bas-bleus** [bablø] nm (péj) bluestocking

**bas-côté,** pl **bas-côtés** [bakote] → SYN nm **a** [route] verge, shoulder (US)

**b** [église] (side) aisle

**c** (Can = appentis) lean-to (shed), penthouse

**basculant, e** [baskylɑ̃, ɑ̃t] adj siège tip-up (épith); → **benne**

**bascule** [baskyl] → SYN nf **a** (= balance) [marchandises] weighing machine ◆ **bascule (automatique)** [personne] scales

**b** (= balançoire) seesaw, teeter-totter (US) ◆ **cheval/fauteuil à bascule** rocking horse/chair ◆ **mouvement de bascule** (lit) rocking motion; (fig) turnaround ◆ **le mouvement de bascule de l'électorat** the swing in the mood of the electorate ◆ **pratiquer une politique de bascule** to run with the hare and hunt with the hounds

**c** (= mécanisme) bascule ◆ **bascule (bistable)** (Ordin) flip-flop ◆ **interrupteur à bascule** (Élec) toggle switch

**d** (Lutte) lift-over

**basculer** [baskyle] → SYN ▸ conjug 1 ◂ 1 vi **a** [personne] to topple ou fall over, overbalance; [objet] to fall ou tip over; [benne, planche, wagon] to tip up; [tas] to topple (over) ◆ **il bascula dans le vide** he toppled over the edge

**b** (= changer) [match, débat] to take a sudden turn ◆ **ma vie a basculé** my life was turned upside down ◆ **basculer dans l'opposition** (Pol) to swing ou go over to the opposition ◆ **basculer dans le chaos** to be plunged into chaos

**c** (Ordin) to toggle; (Élec) to switch (*sur* to)

2 vt **a** (plus gén) **faire basculer** [+ benne] to tip up; [+ contenu] to tip out; [+ personne] to knock off balance, topple over

**b** [+ appel téléphonique] to divert (to another telephone)

**basculeur** [baskylœʀ] nm **a** (Élec) rocker switch

**b** [benne] tipper

**base** [bɑz] → SYN 1 nf **a** [bâtiment, colonne, triangle] base; [montagne] base, foot; [gâteau, maquillage] base; (Anat, Chim, Math, Ordin) base; (Ling : = racine) root ◆ **calculer en base 2/10** to calculate in base 2/10 ◆ **base (de vernis à ongles)** (nail varnish) base coat

**b** (= lieu, Mil) base ◆ **base navale/aérienne** naval/air base ◆ **rentrer à sa** ou **la base** to return to base

**c** (Pol) **la base** the rank and file, the grass roots ◆ **militant de base** grassroots activist

**d** (= fondement) basis ◆ **bases** basis sg, foundations ◆ **bases d'un traité/d'un accord** basis of a treaty/of an agreement ◆ **raisonnement fondé sur des bases solides** solidly-based argument ◆ **il a des bases solides en anglais** he has a good grounding in English ou a sound basic knowledge of English ◆ **jeter/saper les bases de ...** to lay/undermine the foundations of ...

**e** (LOC)

◆ **à base de** ◆ **produit à base de soude** soda-based product ◆ **cocktail à base de gin** gin-based cocktail

◆ **à la base** (= fondamentalement) basically, fundamentally ◆ **être à la base de** to be at the root of

◆ **de base** (gén) basic; employé low-ranking; vocabulaire basic, core ◆ **les métiers de base d'une entreprise** a company's core activities ◆ **forme de base** base form

◆ **sur la base de** ◆ **sur la base de ces renseignements** on the basis of this information ◆ **ces départs s'effectuent sur la base du volontariat** the redundancies will take place on a voluntary basis

2 COMP ▷ **base de départ** (fig) starting point (fig) ▷ **base de données** database ▷ **base d'imposition** taxable amount ▷ **base de lancement** launching site ▷ **base de loisirs** sports and recreation park ▷ **base d'opérations** base of operations, operations base ▷ **base de ravitaillement** supply base ▷ **base de temps** (Ordin) clock

**base(-)ball,** pl **base(-)balls** [bɛzbol] nm baseball

**baselle** [bazɛl] nf Malabar nightshade, basella

**Bas-Empire** [bazɑ̃piʀ] nm ◆ **le Bas-Empire** the late Roman Empire

**baser** [bɑze] → SYN ▸ conjug 1 ◂ 1 vt [+ théorie] to base (*sur* on) ◆ **être basé à** (gén, Mil) to be based at ou in ◆ **économie basée sur le pétrole** oil-based economy

2 **se baser** vpr ◆ **se baser sur** to base one's judgement on ◆ **sur quoi vous basez-vous ?** what is the basis of your argument?

**bas-fond**, pl **bas-fonds** [bɑfɔ̃] → SYN nm **a** (Naut) (= haut-fond) shallow, shoal; (= dépression) depression
**b** (péj) **les bas-fonds de la société** the lowest depths ou the dregs of society ◆ **les bas-fonds de la ville** the seediest ou slummiest parts of the town

**BASIC** [bazik] nm BASIC

**basicité** [bɑzisite] nf basicity

**baside** [bɑzid] nf basidium

**basidiomycètes** [bɑzidjɔmisɛt] nmpl ◆ **les basidiomycètes** basidiomycetes

**basilaire** [bɑzilɛʀ] adj basilar

**basilic** [bazilik] → SYN nm (Bot) basil; (Zool) basilisk

**basilical, e**, mpl **-aux** [bazilikal, o] adj basilic(an)

**basilique**[1] [bazilik] → SYN nf (Rel) basilica

**basilique**[2] [bazilik] adj ◆ **veine basilique** basilic vein

**basique** [bɑzik] [1] adj (gén, Chim) basic
[2] nm (= vêtement) basic item

**bas-jointé, e** [bɑʒwɛ̃te] → SYN adj having low pasterns

**basket** [baskɛt] nm basketball ◆ **baskets** (gén) sneakers, trainers (Brit), ≃ tennis shoes (US); (pour joueur) basketball boots (Brit), high-tops (US) ◆ **être à l'aise dans ses baskets** * to be at ease with o.s.; → **lâcher**

**basket-ball**, pl **basket-balls** [baskɛtbol] → SYN nm basketball

**basketteur, -euse** [basketœʀ, øz] nm,f basketball player

**bas-mât**, pl **bas-mâts** [bɑmɑ] nm lower mast

**basmati** [basmati] adj ◆ **riz basmati** basmati rice

**basophile** [bɑzɔfil] adj (Bio) basophil(e), basophilic

**basquaise** [baskɛz] [1] adj f (Culin) ◆ **poulet basquaise** basquaise chicken
[2] **Basquaise** nf Basque (woman)

**basque**[1] [bask] [1] adj Basque ◆ **le Pays basque** the Basque Country
[2] nm (Ling) Basque
[3] **Basque** nmf Basque

**basque**[2] [bask] → SYN nf [habit] skirt(s); [robe] basque; → **pendu**

**bas-relief**, pl **bas-reliefs** [bɑʀəljɛf] → SYN nm bas relief, low relief ◆ **en bas-relief** bas-relief (épith), low-relief (épith), in bas ou low relief

**basse**[2] [bɑs] nf **a** (= chanteur) bass; (= voix) bass (voice); (= contrebasse) (double) bass; (= guitare) bass ◆ **flûte/trombone basse** bass flute/trombone ◆ **basse de viole** bass viol, viola da gamba; → **doucement**
**b** (= partie) **basse chiffrée** figured bass ◆ **basse continue** (basso) continuo, thorough bass ◆ **basse contrainte** ou **obstinée** ground bass

**basse**[3] [bɑs] nf (Géog) sunken reef

**basse-cour**, pl **basses-cours** [bɑskuʀ] → SYN nf (= lieu) farmyard; (= animaux) farmyard animals ◆ **c'est une vraie basse-cour ce bureau !** (péj) this office is like a henhouse!

**basse-fosse**, pl **basses-fosses** [bɑsfos] → SYN nf (littér) dungeon

**bassement** [bɑsmɑ̃] → SYN adv basely, meanly, despicably

**bassesse** [bɑsɛs] → SYN nf **a** (= servilité) servility; (= mesquinerie) meanness, baseness, lowness
**b** (= acte servile) servile act; (= acte mesquin) low ou mean ou base ou despicable act ◆ **il ferait des bassesses pour avoir de l'avancement** he'd stoop to anything to get promoted

**basset** [bɑsɛ] → SYN nm (Zool) basset (hound)

**basse-taille**, pl **basses-tailles** [bɑstɑj] → SYN nf (Mus) bass baritone

**bassin** [basɛ̃] → SYN nm **a** (= pièce d'eau) ornamental lake; (plus petit) pond; [piscine] pool; [fontaine] basin ◆ **petit/grand bassin** [piscine] small/main pool ◆ **bassin de décantation** settling basin ou tank
**b** (= cuvette) bowl; (Méd) bedpan
**c** (Géog, Géol) basin ◆ **bassin houiller/minier** coal/mineral field ou basin ◆ **bassin hydrographique** catchment basin ou area ◆ **le Bassin parisien** the Paris Basin ◆ **bassin de retenue (d'un barrage)** (dam) reservoir ◆ **bassin industriel/sidérurgique** industrial/steel-producing area
**d** (Écon) area ◆ **bassin d'emploi(s)** labour market area
**e** (Anat) pelvis
**f** (Naut) dock ◆ **bassin de radoub/de marée** dry ou graving/tidal dock

**bassine** [basin] → SYN nf **a** (= cuvette) bowl, basin ◆ **bassine à confiture** preserving pan
**b** (= contenu) bowl(ful)

**bassiner** [basine] → SYN ▸ conjug 1 ◂ vt **a** [+ plaie] to bathe; (Agr) to sprinkle ou spray (water on)
**b** [+ lit] to warm (with a warming pan)
**c** (* = ennuyer) to bore ◆ **elle nous bassine** she's a pain in the neck *

**bassinet** [basinɛ] nm (Anat) renal pelvis; → **cracher**

**bassinoire** [basinwaʀ] → SYN nf (Hist) warming pan

**bassiste** [bɑsist] nmf (= contrebassiste) double bass player; (= guitariste) bass guitarist

**basson** [bɑsɔ̃] → SYN nm (= instrument) bassoon; (= musicien) bassoonist

**bassoniste** [bɑsɔnist] nmf bassoonist

**basta** * [basta] excl that's enough!

**bastaque** [bastak] nf backstay

**baste** †† [bast] excl (= indifférence) never mind!, who cares?; (= dédain) pooh!

**bastide** [bastid] → SYN nf **a** (= maison) (country) house *(in Provence)*
**b** (Hist = village) walled town *(in S.W. France)*

**bastille** [bastij] → SYN nf fortress, castle ◆ **la Bastille** (Hist) the Bastille

**bastillé, e** [bastije] adj embattled

**bastingage** [bastɛ̃gaʒ] → SYN nm (Naut) (ship's) rail; (Hist) bulwark

**bastion** [bastjɔ̃] → SYN nm (= fortification) bastion; (fig) bastion, stronghold

**baston** ⁑ [bastɔ̃] nm ou f fight, punch-up * (Brit) ◆ **il va y avoir du baston** things are going to get nasty

**bastonnade** [bastɔnad] nf drubbing, beating

**bastonner (se)** ⁑ [bastɔne] ▸ conjug 1 ◂ vpr to fight

**bastos** [bastos] → SYN nf (arg Crime = balle) slug *

**bastringue** * [bastʀɛ̃g] nm **a** (= objets) junk *, clobber ⁑ (Brit) ◆ **et tout le bastringue** the whole caboodle * (Brit) ou kit and caboodle * (US)
**b** (= bruit) racket *, din *
**c** (= bal) (local) dance hall; (= orchestre) band

**Basutoland** [basytɔlɑ̃d] nm Basutoland

**bas-ventre**, pl **bas-ventres** [bɑvɑ̃tʀ] → SYN nm (= région génitale) groin (area); (= abdomen) lower abdomen ◆ **il a reçu un coup de genou dans le bas-ventre** he was kneed in the groin

**BAT** [beate] nm (abrév de **bon à tirer**) → **bon 1**

**bat.** abrév de **bâtiment**

**bât** [bɑ] → SYN nm [âne, mule] packsaddle ◆ **c'est là où le bât blesse** (fig) there's the rub

**bataclan** * [bataklɑ̃] nm junk *, clobber ⁑ (Brit) ◆ **et tout le bataclan** the whole caboodle * (Brit) ou kit and caboodle * (US)

**bataille** [batɑj] → SYN [1] nf **a** (Mil) battle; (= rixe) fight; (= querelle) fight, struggle; (= controverse) fight, dispute ◆ **bataille de rue** street fight ou battle ◆ **bataille juridique** legal battle ◆ **la vie est une dure bataille** life is a hard fight ou struggle; ◆ **il arrive toujours après la bataille** (fig) he always turns up when it's too late
**b** (Cartes) beggar-my-neighbour
**c** (LOC) **en bataille** (Mil, Naut) in battle order ou formation ◆ **il a les cheveux en bataille** his hair's a mess ◆ **le chapeau en bataille** with his hat on askew ◆ **être garé en bataille** to be parked at an angle (to the kerb)
[2] COMP ▷ **bataille aérienne** air battle ▷ **bataille aéronavale** sea and air battle ▷ **bataille de boules de neige** snowball fight ▷ **bataille électorale** electoral battle ▷ **bataille navale** (Mil) naval battle; (= jeu) battleships ◆ **faire une bataille navale** to play battleships ▷ **bataille rangée** pitched battle ▷ **bataille terrestre** land battle

**batailler** [batɑje] → SYN ▸ conjug 1 ◂ vi (= lutter) to fight, battle ◆ **batailler ferme** to fight hard

**batailleur, -euse** [batajœʀ, øz] → SYN [1] adj pugnacious, aggressive ◆ **il est batailleur** he loves a fight
[2] nm,f (= arriviste) fighter

**bataillon** [batajɔ̃] → SYN nm (Mil) battalion; (fig) crowd, herd

**bâtard, e** [bɑtaʀ, aʀd] → SYN [1] adj enfant † illegitimate, bastard † (péj, épith); œuvre, solution hybrid (épith) ◆ **chien bâtard** mongrel
[2] nm,f (péj) (= personne) illegitimate child, bastard † (péj); (= chien) mongrel
[3] nm (Boulangerie) (short) loaf of bread
[4] **bâtarde** nf ◆ **(écriture) bâtarde** slanting round-hand

**batardeau**, pl **batardeaux** [bataʀdo] → SYN nm cofferdam

**bâtardise** [bɑtaʀdiz] nf bastardy † (péj), illegitimacy

**batave** [batav] [1] adj (Hist) Batavian; (hum) Dutch ◆ **la République batave** the Batavian Republic
[2] **Batave** nmf (Hist) Batavian; (hum) Dutch person

**Bataves** [batav] nmpl Batavians

**batavia** [batavja] nf Webb lettuce

**batayole** [batajɔl] nf stanchion

**bateau**, pl **bateaux** [bato] → SYN [1] nm **a** (gén) boat; (grand) ship ◆ **bateau à moteur/à rames/à voiles** motor/rowing/sailing boat ◆ **prendre le bateau** (= embarquer) to embark, take the boat (à at); (= voyager) to go by boat, sail ◆ **faire du bateau** (à voiles) to go sailing; (à rames, à moteur) to go boating ◆ **mener qn en bateau** (fig) to take sb for a ride *, lead sb up the garden path *
**b** [trottoir] dip *(in front of a driveway entrance)* ◆ **il s'est garé devant le bateau** he parked in front of the driveway entrance
**c** (Couture) **encolure** ou **décolleté bateau** boat neck
**d** (* = mystification) hoax, joke ◆ **monter un bateau (à qn)** to play a practical joke (on sb)
[2] adj inv (* = banal) hackneyed ◆ **c'est (un sujet** ou **thème) bateau** it's the same old theme * ou the favourite topic (that crops up every time)
[3] COMP ▷ **bateau amiral** flagship ▷ **bateau de commerce** merchant ship ou vessel ▷ **bateau de guerre** warship, battleship ▷ **bateau de pêche** fishing boat ▷ **bateau de plaisance** yacht ▷ **bateau pneumatique** inflatable boat ▷ **bateau de sauvetage** lifeboat ▷ **bateau à vapeur** steamer, steamship

**bateau-citerne**, pl **bateaux-citernes** [batositɛʀn] nm tanker

**bateau-école**, pl **bateaux-écoles** [batoekɔl] nm training ship

**bateau-feu**, pl **bateaux-feux** [batofø] nm lightship

**bateau-lavoir**, pl **bateaux-lavoirs** [batolavwaʀ] nm wash-shed (on river) ◆ **capitaine** ou **amiral de bateau-lavoir** (péj ou hum) fresh-water sailor

**bateau-mouche**, pl **bateaux-mouches** [batomuʃ] nm river boat *(for sightseeing, especially in Paris)*

**bateau-phare**, pl **bateaux-phares** [batofaʀ] nm lightship

**bateau-pilote**, pl **bateaux-pilotes** [batopilɔt] nm pilot boat

**bateau-pompe**, pl **bateaux-pompes** [batopɔ̃p] nm fireboat

**batée** [bate] → SYN nf buddle

**batelage** [batlaʒ] nm lighterage

**bateleur, -euse** [batlœʀ, øz] → SYN nm,f † tumbler; (péj) buffoon

**batelier** [batəlje] → SYN nm (gén) boatman, waterman; [bac] ferryman

**batelière** [batəljɛʀ] nf (gén) boatwoman; [bac] ferrywoman

**batellerie** [batɛlʀi] → SYN nf **a** (= transport) inland water transport ou navigation, canal transport

**b** (= bateaux) river and canal craft

**bâter** [bɑte] → SYN ▸ conjug 1 ◂ vt to put a packsaddle on; → **âne**

**bat-flanc** [baflɑ̃] → SYN nm inv [lit] boards

**bath** † * [bat] adj inv personne, chose super *, great *, smashing * (surtout Brit)

**bathyal, e,** mpl **bathyaux** [batjal, jo] adj bathyal

**bathymètre** [batimɛtʀ] nm bathometer, bathymeter

**bathymétrie** [batimetʀi] nf bathometry, bathymetry

**bathymétrique** [batimetʀik] adj bathymetric

**bathyscaphe** [batiskaf] nm bathyscaphe

**bathysphère** [batisfɛʀ] nf bathysphere

**bâti, e** [bɑti] → SYN (ptp de **bâtir**) **1** adj **a** **être bien/mal bâti** [personne] to be well-built/of clumsy build; [dissertation] to be well/badly constructed

**b** **terrain bâti/non bâti** developed/ undeveloped site

**2** nm **a** (Couture) tacking (NonC) ◆ **point de bâti** tacking stitch

**b** (Constr) [porte] frame; [machine] stand, support, frame

**batifolage** [batifɔlaʒ] → SYN nm **a** (= folâtrerie) frolicking ou larking (Brit) about

**b** (= flirt) dallying, flirting

**c** (= perte de temps) messing ou larking (Brit) about

**batifoler** * [batifɔle] → SYN ▸ conjug 1 ◂ vi **a** (= folâtrer) to frolic ou lark (Brit) about

**b** (= flirter) to dally, flirt (*avec* with)

**c** (péj = perdre son temps) to mess ou lark (Brit) about

**batik** [batik] nm batik

**bâtiment** [bɑtimɑ̃] → SYN nm **a** (= édifice) building ◆ **bâtiments d'habitation** living quarters ◆ **bâtiments d'exploitation** farm buildings ou sheds

**b** (= industrie) **le bâtiment** the building industry ou trade ◆ **être dans le bâtiment** to be in the building trade, be a builder

**c** (Naut) ship, vessel ◆ **bâtiment de guerre** warship ◆ **bâtiment de haute mer** sea-ship

**bâtir** [bɑtiʀ] → SYN ▸ conjug 2 ◂ vt **a** (Constr) to build ◆ **(se) faire bâtir une maison** to have a house built ◆ **se bâtir une maison** to build o.s. a house ◆ **la maison s'est bâtie en 3 jours** the house was built ou put up in 3 days ◆ **bâtir sur le roc/sable** (lit, fig) to build on rock/sand ◆ **terrain/pierre à bâtir** building land/stone

**b** [+ hypothèse] to build (up); [+ phrase] to construct, build; [+ fortune] to amass, build up; [+ réputation] to build (up), make (*sur* on); [+ plan] to draw up

**c** (Couture) to tack, baste ◆ **fil/coton à bâtir** tacking ou basting thread/cotton

**bâtisse** [bɑtis] → SYN nf **a** (= maison) building; (péj) great pile ou edifice

**b** (Tech) masonry

**bâtisseur, -euse** [bɑtisœʀ, øz] → SYN nm,f builder ◆ **bâtisseur d'empire** empire builder

**batiste** [batist] → SYN nf batiste, cambric, lawn

**bâton** [bɑtɔ̃] → SYN **1** nm **a** (= morceau de bois) stick; (= canne) stick, staff (littér); (Rel = insigne) staff; (= trique) club, cudgel; (à deux mains) staff; [agent de police] baton

**b** [craie, encens, réglisse] stick ◆ **bâton de rouge (à lèvres)** lipstick

**c** (= trait) vertical line ou stroke ◆ **faire des bâtons** (Scol) to draw vertical lines *(when learning to write)* ◆ **caractères bâton(s)** (Typo) sans-serif characters

**d** ( * = million de centimes) ten thousand francs

**e** (Loc) **il m'a mis des bâtons dans les roues** he put a spoke in my wheel, he put a spanner (Brit) ou wrench (US) in the works (for me) ◆ **parler à bâtons rompus** to talk about this and that ◆ **conversation à bâtons rompus** desultory conversation ◆ **il est mon bâton de vieillesse** (hum) he is the prop ou staff of my old age (hum)

**2** COMP ▷ **bâton de berger** shepherd's crook ▷ **bâton blanc** † [agent de police] policeman's baton ▷ **bâton de chaise** chair rung ▷ **bâton de maréchal** (lit) marshal's baton ◆ **ce poste, c'est son bâton de maréchal** (fig) that's the highest post he'll ever hold ▷ **bâton de pèlerin** (Rel) pilgrim's staff ◆ **prendre son bâton de pèlerin** to set out on a mission ▷ **bâton de ski** ski stick ou pole

**bâtonnat** [bɑtɔna] nm presidency of the Bar

**bâtonner** †† [bɑtɔne] ▸ conjug 1 ◂ vt to beat with a stick, cudgel

**bâtonnet** [bɑtɔnɛ] → SYN nm short stick ou rod; (Anat) rod; (pour nettoyer les oreilles) cotton bud ◆ **bâtonnet glacé** ice pop ◆ **bâtonnets de poisson pané** fish fingers (Brit), fish sticks (US)

**bâtonnier, -ière** [bɑtɔnje, jɛʀ] nm,f ≃ president of the Bar

**batoude** [batud] → SYN nf (long) trampoline

**batracien** [batʀasjɛ̃] → SYN nm batrachian

**battage** [bataʒ] → SYN nm **a** [tapis, or] beating; [céréales] threshing

**b** ( * = publicité) hype * ◆ **battage médiatique** media hype ◆ **faire du battage autour de qch/qn** to give sth/sb a plug *, hype sth/ sb *

**battant, e** [batɑ̃, ɑ̃t] → SYN **1** adj → **battre, pluie, tambour**

**2** nm **a** [cloche] clapper, tongue; [volet] shutter, flap ◆ **battant (de porte)** (left-hand ou right-hand) door *(of a double door)* ◆ **battant (de fenêtre)** (left-hand ou right-hand) window ◆ **porte à double battant** ou **à deux battants** double door(s)

**3** nm,f (= personne) fighter (fig), go-getter *

**batte** [bat] → SYN nf (à beurre) dasher; [blanchisseuse] washboard; (Sport) bat

**battée** [bate] nf (Constr) rabbet

**battellement** [batɛlmɑ̃] nm eaves boards

**battement** [batmɑ̃] → SYN nm **a** (= claquement) [porte, volet] banging (NonC); [pluie] beating (NonC), (pitter-)patter (NonC); [tambour] beating (NonC), rattle (NonC); [voile, toile] flapping (NonC)

**b** (= mouvement) [ailes] flapping (NonC), flutter (NonC), beating (NonC); [cils] fluttering (NonC); [rames] plash (NonC), splash (NonC) ◆ **battement de paupières** blinking (NonC) ◆ **battements de jambes** leg movements

**c** (Méd) [cœur] beat, beating (NonC); [pouls] beat, throbbing (NonC), beating (NonC); (irrégulier) fluttering (NonC); [tempes] throbbing (NonC) ◆ **avoir/donner des battements de cœur** to get ou have/give palpitations

**d** (= intervalle) interval ◆ **deux minutes de battement** (= pause) a two-minute break; (= attente) two minutes' wait; (= temps libre) two minutes to spare ◆ **j'ai une heure de battement de 10 à 11** I'm free for an hour ou I've got an hour to spare between 10 and 11

**e** (Radio) beat; (Phon) flap

**batterie** [batʀi] → SYN nf **a** (Mil) battery ◆ **batterie de missiles/antichars/côtière** missile/ anti-tank/ coastal battery ◆ **mettre des canons en batterie** to unlimber guns ◆ **les journalistes attendaient, caméras en batterie** the journalists were waiting with their cameras at the ready ◆ **changer/dresser ses batteries** (fig) to change/lay ou make one's plans ◆ **dévoiler ses batteries** (fig) to unmask one's guns

**b** (Mus = percussion) percussion (instruments); (Jazz = instruments) drum kit ◆ **Luc Cohen à la batterie** Luc Cohen on drums ou percussion

**c** (Aut, Élec) battery; → **recharger**

**d** (= groupe) [tests, radars, mesures] battery ◆ **batterie de projecteurs** bank of spotlights

**e** **batterie de cuisine** (Culin) pots and pans, kitchen utensils; ( * = décorations) gongs *, ironmongery *

**f** (Agr) battery ◆ **élevage en batterie** battery farming ou rearing ◆ **poulets de batterie** battery chickens

**g** (Danse) batterie

**batteur** [batœʀ] → SYN nm **a** (Culin) whisk, beater

**b** (Mus) drummer, percussionist

**c** (= métier) (Agr) thresher; (Métal) beater; (Cricket) batsman; (Base-ball) batter

**batteuse** [batøz] → SYN nf **a** (Agr) threshing machine

**b** (Métal) beater

**battitures** [batityʀ] → SYN nfpl [métal] scales

**battle-dress** [batœldʀɛs] → SYN nm inv battle-dress

**battoir** [batwaʀ] → SYN nm **a** [laveuse] beetle, battledore; (à tapis) (carpet) beater

**b** (= grandes mains) **battoirs** * (great) mitts * ou paws *

**battre** [batʀ] → SYN ▸ conjug 41 ◂ **1** vt **a** [+ personne] to beat, strike, hit ◆ **elle ne bat jamais ses enfants** she never hits ou smacks her children ◆ **battre qn comme plâtre** * to beat the living daylights out of sb *, thrash ou beat sb soundly ◆ **battre qn à mort** to batter ou beat sb to death ◆ **regard de chien battu** hangdog ou cowering look ◆ **femmes battues** battered women

**b** (= vaincre) [+ adversaire, équipe] to beat, defeat ◆ **se faire battre** to be beaten ou defeated ◆ **il ne se tient pas pour battu** he doesn't consider himself beaten ou defeated ◆ **battre qn (par) 6 à 3** (Sport) to beat sb 6-3 ◆ **battre qn à plate(s) couture(s)** to thrash sb, beat sb hands down; → **record**

**c** (= frapper) [+ tapis, linge, fer, or] to beat; [+ blé] to thresh ◆ (Prov) **battre le fer pendant qu'il est chaud** to strike while the iron is hot (Prov) ◆ **il battit l'air/l'eau des bras** his arms thrashed the air/water ◆ **battre le fer à froid** to cold hammer iron ◆ **son manteau lui bat les talons** his coat is flapping round his ankles ◆ **battre le briquet** † to strike a light

**d** (= agiter) [+ beurre] to churn; [+ blanc d'œuf] to beat (up), whip, whisk; [+ crème] to whip; [+ cartes] to shuffle; → **neige**

**e** (= parcourir) [+ région] to scour, comb ◆ **battre le pays** to scour the countryside ◆ **battre les buissons** (Chasse) to beat the bushes (for game) ◆ **hors des sentiers battus** off the beaten track ◆ **battre la campagne** (fig) to let one's mind wander ◆ **battre le pavé** to wander aimlessly about ou around

**f** (= heurter) [pluie] to beat ou lash against; [mer] to beat ou dash against; (Mil) [+ positions, ennemis] to batter ◆ **littoral battu par les tempêtes** storm-lashed coast

**g** (Mus) **battre la mesure** to beat time ◆ **battre le tambour** (lit) to beat the drum; (fig) to shout from the rooftops ◆ **battre le rappel** to call to arms ◆ **battre le rappel de ses souvenirs** to summon up one's old memories ◆ **battre le rappel de ses amis** to rally one's friends ◆ **battre la retraite** to sound the retreat

**h** (Loc) **battre la breloque** † [appareil] to be erratic ◆ **son cœur bat la breloque** his heart is none too good, he has a bad ou dicky * (Brit) heart ◆ **son cœur battait la chamade** his heart was pounding ou beating wildly ◆ **battre en brèche une théorie** to demolish a theory ◆ **battre froid à qn** to cold-shoulder sb, give sb the cold shoulder ◆ **battre son plein** [saison touristique] to be at its height; [fête] to be going full swing ◆ **battre la semelle** to stamp one's feet (to keep warm) ◆ **battre pavillon britannique** to fly the British flag, sail under the British flag ◆ **battre monnaie** to strike ou mint coins ◆ **battre sa coulpe** to beat one's breast (fig) ◆ **j'en ai rien à battre** * I don't care a fig * ou a damn *

**2** vi [cœur, pouls] to beat; [montre, métronome] to tick; [pluie] to beat, lash (*contre* against); [porte, volets] to bang, rattle; [voile, drapeau] to flap; [tambour] to beat ◆ **son cœur bat pour lui,** (hum) he's her heart-throb ◆ **son cœur battait d'émotion** his heart was beating wildly ou pounding with emotion ◆ **le cœur battant** with beating ou pounding heart; → **retraite**

**3** **battre de** vt indir ◆ **battre des mains** to clap one's hands; (fig) to dance for joy, exult ◆ **battre du tambour** to beat the drum ◆ **l'oiseau bat des ailes** the bird is beating ou flapping its wings ◆ **battre de l'aile** (fig) to be in a bad way

**4** **se battre** vpr **a** (dans une guerre, un combat) to fight (*avec* with) (*contre* against); (= se disputer) to fall out; (fig) to fight, battle, struggle (*contre* against) ◆ **se battre comme des chiffonniers** to fight like cat and dog ◆ **se battre au couteau/à la baïonnette** to fight with knives/bayonets ◆ **nos troupes se sont bien battues** our troops fought well ou put up a good fight ◆ **se battre en duel** to fight a duel ◆ **se battre contre des moulins à vent** to tilt at windmills ◆ **il faut se battre pour arriver à obtenir quelque chose** you have to fight to get what you want ◆ **se battre avec un problème** to struggle ou battle with a problem

**b** (fig) **se battre les flancs** to rack one's brains ◆ **je m'en bats l'œil**‡ I don't care a fig * ou a damn‡

**battu, e**[1] [baty] (ptp de **battre**) adj → **battre, jeté, œil, pas**[1], **terre**

**battue**[2] [baty] → SYN nf (Chasse) battue, beat; (pour retrouver qn) search

**batture** [batyʀ] → SYN nf (Can) sand bar, strand

**bau,** pl **baux** [bo] → SYN nm (Naut) beam

**baud** [bo] nm (Ordin) baud

**baudelairien, -ienne** [bodlɛʀjɛ̃, jɛn] adj of Baudelaire, Baudelairean

**baudet** [bodɛ] → SYN nm **a** (Zool) donkey, ass

**b** (Menuiserie) trestle, sawhorse

**baudrier** [bodʀije] → SYN nm [épée] baldric; [drapeau] shoulder-belt; (Alpinisme) harness; (pour matériel) gear sling; → **Orion**

**baudroie** [bodʀwa] → SYN nf angler (fish)

**baudruche** [bodʀyʃ] → SYN nf (= caoutchouc) rubber; (péj) (= personne) wimp *, spineless character; (= théorie) empty theory, humbug * ◆ **ça s'est dégonflé comme une baudruche** it came to nothing ou vanished into thin air; → **ballon**[1]

**bauge** [boʒ] → SYN nf [sanglier, porc] wallow

**bauhinie** [boini] nf bauhinia

**baume** [bom] → SYN nm (lit) balm, balsam; (fig) balm ◆ **baume après-rasage/pour les lèvres** aftershave/lip balm ◆ **ça lui a mis du baume au cœur** (consolé) it was a great comfort to him; (rassuré) it heartened him

**Baumé** [bome] n → **degré**

**baumier** [bomje] nm balsam tree

**baux** [bo] (pl de **bail, bau**)

**bauxite** [boksit] nf bauxite

**bavard, e** [bavaʀ, aʀd] → SYN **1** adj personne talkative; discours, récit long-winded, wordy ◆ **il est bavard comme une pie** he's a real chatterbox

**2** nm,f chatterbox, prattler; (péj) gossip, blabbermouth *

**bavardage** [bavaʀdaʒ] → SYN nm (= papotage) chatting, talking; (= jacasserie) chattering, prattling; (= commérage) gossiping ◆ **j'entendais leur(s) bavardage(s)** I could hear them talking ou chattering

**bavarder** [bavaʀde] → SYN ▸ conjug 1 ◂ vi **a** (= papoter) to chat, talk; (= jacasser) to chatter, prattle; (= commérer) to gossip ◆ **arrêtez de bavarder !** stop that chattering!

**b** (= divulguer un secret) to blab *, give the game away, talk

**bavarois, e** [bavaʀwa, waz] **1** adj Bavarian

**2** nm,f **a** (= personne) **Bavarois(e)** Bavarian

**b** (Culin) bavarois ◆ **bavarois(e) aux fraises** strawberry bavarois

**bavasser** * [bavase] ▸ conjug 1 ◂ vi (= bavarder) to blather (on) *, natter * (Brit)

**bave** [bav] → SYN nf [personne] dribble; [animal] slaver, slobber; [chien enragé] foam, froth; [escargot] slime; [crapaud] spittle; (fig) venom, malicious words ◆ (Prov) **la bave du crapaud n'atteint pas la blanche colombe !** sticks and stones might break my bones but names will never hurt me (Prov)

**baver** [bave] → SYN ▸ conjug 1 ◂ **1** vi **a** [personne] to dribble; (beaucoup) to slobber, drool; [animal] to slaver, slobber; [chien enragé] to foam ou froth at the mouth; [stylo] to leak; [pinceau] to drip; [liquide] to run

**b** (* : LOC) **en baver d'admiration** to gasp in admiration ◆ **en baver d'envie** to be green with envy ◆ **en baver** (= souffrir) to have a rough ou hard time of it * ◆ **il m'en a fait baver** he really gave me a rough ou hard time * ◆ **elle n'a pas fini d'en baver avec son fils** she hasn't seen the last of her troubles with her son yet

**c** (littér) **baver sur la réputation de qn** to besmear ou besmirch sb's reputation

**2** vt ◆ **il en a bavé des ronds de chapeau**‡ his eyes nearly popped out of his head *

**bavette** [bavɛt] nf **a** [tablier, enfant] bib; (Aut = garde-boue) mudguard, mud flap

**b** (= viande) undercut; → **tailler**

**baveux, -euse** [bavø, øz] → SYN adj bouche dribbling, slobbery; enfant dribbling ◆ **omelette baveuse** runny omelette ◆ **lettre baveuse** (Typo) blurred ou smeared letter

**Bavière** [bavjɛʀ] nf Bavaria

**bavoir** [bavwaʀ] → SYN nm bib

**bavolet** [bavɔlɛ] → SYN nm [manteau] (gun) flap

**bavure** [bavyʀ] → SYN nf (= tache) smudge, smear; (Tech) burr; (= erreur) blunder ◆ **bavure policière** police blunder ◆ **sans bavure(s)** travail flawless, faultless

**bayadère** [bajadɛʀ] → SYN **1** nf bayadère

**2** adj tissu colourfully striped

**bayer** [baje] → SYN ▸ conjug 1 ◂ vi ◆ **bayer aux corneilles** to stand gaping, stand and gape

**bayou** [baju] → SYN nm bayou

**bay-window,** pl **bay-windows** [bɛwindo] nf bay window

**bazar** [bazaʀ] → SYN nm **a** (= magasin) general store; (oriental) bazaar

**b** (* = effets personnels) junk * (NonC), gear‡ (NonC), things *

**c** (* = désordre) clutter, jumble, shambles (NonC) ◆ **quel bazar !** what a shambles! * ◆ **il a mis le bazar dans mes photos** he jumbled all my photos up ◆ **et tout le bazar** and all the rest, and what have you *, the whole caboodle *, the whole kit and caboodle * (US)

**bazarder** * [bazaʀde] ▸ conjug 1 ◂ vt (= jeter) to get rid of, chuck out *, ditch *; (= vendre) to get rid of, sell off, flog‡ (Brit)

**bazooka** [bazuka] nm bazooka

**BCBG** [besebeʒe] adj (abrév de **bon chic bon genre**) → **bon**

> **BCBG**
>
> The adjective "bon chic bon genre" or **BCBG** refers to a particular stereotype of the French upper middle class. To be **BCBG** is to be quite well-off (though not necessarily wealthy), to be conservative in both outlook and dress, and to attach importance to social standing and outward signs of respectability.

**BCE** [beseə] nf (abrév de **Banque centrale européenne**) ECB

**BCG** [beseʒe] nm (abrév de **bacille Bilié Calmette et Guérin**) BCG

**BD** [bede] nf **a** (abrév de **bande dessinée**) **la BD** comic strips, strip cartoons (Brit), comics (US) ◆ **une BD** (dans un journal) a comic strip, a strip cartoon (Brit); (= livre) a comic book ◆ **auteur de BD** comic strip writer, strip cartoonist (Brit) ◆ **l'histoire romaine en BD** a comic-strip book of Roman history

**b** (abrév de **base de données**) DB

**bd** (abrév de **boulevard**)

**bê** [bɛ] excl baa!

**beagle** [bigl] → SYN nm beagle

**béance** [beɑ̃s] → SYN nf **a** (littér) [blessure, bouche] gaping openness

**b** (Méd) [bouche] open bite ◆ **béance du col** ou **cervico-isthmique** incompetence of the cervix

**béant, e** [beɑ̃, ɑ̃t] → SYN adj blessure gaping, open; bouche gaping, wide open; yeux wide open; gouffre gaping, yawning

**béarnais, e** [beaʀnɛ, ɛz] **1** adj personne from the Béarn ◆ **(sauce) béarnaise** Béarnaise sauce

**2** **Béarnais(e)** nm,f inhabitant ou native of the Béarn

**béat, e** [bea, at] → SYN adj **a** (hum) (= heureux) personne blissfully happy; (= content de soi) smug

**b** (= niais) sourire, air beatific, blissful ◆ **optimisme béat** blind optimism ◆ **admiration béate** blind ou dumb admiration ◆ **être béat d'admiration** to be struck dumb with admiration ◆ **regarder qn d'un air béat** to look at sb in open-eyed wonder

**béatement** [beatmɑ̃] adv sourire beatifically ◆ **il contemplait béatement son assiette** he was looking at his plate with an expression of blissful contentment ◆ **on s'endormit béatement jusqu'à l'heure du dîner** we slept blissfully until dinner time

**béatification** [beatifikasjɔ̃] → SYN nf beatification

**béatifier** [beatifje] → SYN ▸ conjug 7 ◂ vt to beatify

**béatifique** [beatifik] adj beatific

**béatitude** [beatityd] → SYN nf (Rel) beatitude; (= bonheur) bliss ◆ **les Béatitudes** the Beatitudes

**beatnik** [bitnik] → SYN nmf beatnik ◆ **la génération beatnik** the beat generation

**Béatrice** [beatʀis] nf Beatrice

## beau, belle [bo, bɛl]

→ SYN

**1** ADJECTIF
**2** NOM MASCULIN
**3** NOM FÉMININ

Devant nom masculin commençant par voyelle ou **h** muet = **bel**; masculin pluriel = **beaux**.

**1** ADJECTIF

**a** = qui plaît au regard, à l'oreille objet, paysage, jambes beautiful, lovely; femme beautiful, good-looking; homme handsome, good-looking ◆ **il m'a fait un très beau cadeau** he gave me a really nice ou a lovely present ◆ **il a une belle tête** he's got a nice face ◆ **les beaux quartiers** the smart ou posh * districts ◆ **le beau Serge était là** (hum) the gorgeous Serge was there ◆ **il est beau comme le jour** ou **comme un dieu** he's like a Greek god ◆ **tu es beau comme un camion tout neuf !** * (hum) don't you look smart! ◆ **il est beau garçon** he's good-looking ◆ **se faire beau** to get dressed up ou spruced up ◆ **se faire belle** (= s'habiller, se maquiller) to do o.s. up ◆ **avec lui, c'est sois belle et tais-toi** he expects you to just sit there and look pretty ◆ **porter beau** (littér) to look dapper ◆ **mettre ses beaux habits** to put on one's best clothes

**b** = qui plaît à l'esprit, digne d'admiration discours, match fine; film, poème, roman beautiful, fine; nom beautiful ◆ **il a fait du beau travail** he did a really good job ◆ **il y a quelques beaux moments dans cette pièce** there are some fine moments in the play ◆ **elle a fait une belle carrière** she had a successful career ◆ **c'est une belle mort** it's a good way to go ◆ **une belle âme** a fine ou noble nature ◆ **un beau geste** a noble act, a fine gesture ◆ **ce n'est pas beau de mentir** it isn't nice to tell lies ◆ **il ferait beau voir que ...** it would be a fine thing if ... ◆ **il ferait beau voir qu'il mente !** he'd better not be lying!; → **joueur** etc

**c** = agréable voyage lovely; journée beautiful, fine ◆ **par une belle soirée d'été** on a beautiful ou fine summer's evening ◆ **il fait beau** the weather's fine ou nice ◆ **il fait très beau** the weather's beautiful ◆ **la mer était belle** (sans vagues) the sea was calm ◆ **c'est le bel âge** those are the best years of your life ◆ **c'est le plus beau jour de ma vie !** this is the best day of my life! ◆ **c'est trop beau pour être vrai** it's too good to be true ◆ **ce serait trop beau !** that would be too much to hope for!; → **jeu, rôle** etc

**d** intensif revenu, profit handsome; résultat, occasion excellent, fine; brûlure, peur nasty ◆ **ça fait une belle somme !** that's a tidy * sum (of money)! ◆ **il en reste un beau morceau** there's still a good bit (of it) left ◆ **le film a remporté un beau succès** the film was a big ou great success ◆ **ça a fait un beau scandale** it caused quite a scandal, it caused a big scandal ◆ **95 ans, c'est un bel âge** 95 is a good age ou a fine old age ◆ **il est arrivé un beau matin/jour** he turned up one fine morning/day ◆ **il a attrapé une belle bronchite** he's got a nasty attack ou a bad bout of bronchitis ◆ **c'est un beau menteur** he's a terrible ou the most awful liar ◆ **c'est un beau salaud**‡ he's a real bastard *‡ e [locutions figées]

♦ **avoir beau** + infinitif ♦ **on a beau faire/dire, ils n'apprennent rien** whatever you do/say ou no matter what you do/say, they don't learn anything ♦ **on a beau protester, personne n'écoute** however much ou no matter how much you protest, no one listens ♦ **il a eu beau essayer, il ...** however much ou whatever he tried, he ..., try as he might, he ... ♦ **on a beau dire, il n'est pas bête** say what you like, he is not stupid;

♦ **l'avoir belle de** + infinitif * ♦ **il l'avait belle de s'échapper/de lui dire ce qu'il pensait** it would have been easy for him to escape/to say what he thought

♦ **bel et bien** well and truly ♦ **il s'est bel et bien trompé** he got it well and truly wrong ♦ **cet homme a bel et bien existé** the man really did exist ♦ **il est bel et bien mort** he's well and truly dead, he's dead all right * ♦ **ils sont bel et bien entrés par la fenêtre** they got in through the window, there's no doubt about that, they got in through the window all right *

♦ **de plus belle** even more ♦ **crier de plus belle** to shout even louder ♦ **rire de plus belle** to laugh even louder ou harder ♦ **reprendre de plus belle** [combat, polémique, violence] to start up again with renewed vigour ♦ **continuer de plus belle** [discrimination, répression] to be worse than ever

♦ **tout beau(, tout beau)!** † steady on!, easy does it!

2 NOM MASCULIN

a [esthétiquement] **le beau** the beautiful ♦ **le culte du beau** the cult of beauty ♦ **elle n'aime que le beau** she only likes what is beautiful ♦ **elle n'achète que du beau** she only buys the best quality

b [LOC] **c'est du beau !** (iro) lovely! (iro); (reproche) that was a fine thing to do! (iro); (consternation) this is a fine business! ou a fine mess! ♦ **être au beau** [temps] to be fine, be set fair ♦ **être au beau (fixe)** [baromètre] to be set fair; [relations] to be as good as ever ♦ **nos rapports ne sont pas au beau fixe** things are a bit strained between us ♦ **son moral n'est pas au beau fixe** he's in low spirits ♦ **la situation n'est pas au beau fixe** things aren't looking too good ♦ **faire le beau** [chien] to sit up and beg; (péj) [personne] to curry favour (*devant* with) ♦ **le plus beau de l'histoire, c'est que ...** the best part is that ...

3 **belle** NOM FÉMININ

a [= femme] beautiful woman ♦ **sa belle** (= compagne) his lady friend ♦ **ma belle !** * sweetie! *, sweetheart! ♦ **"la Belle au bois dormant"** (Littérat) "Sleeping Beauty" ♦ **"la Belle et la Bête"** (Littérat) "Beauty and the Beast"

b [Jeux, Sport] decider, deciding match ♦ **on fait la belle ?** shall we play a decider?

c [*: iro = action, parole] **en faire de belles** to get up to mischief ♦ **il en a fait de belles quand il était jeune** he was a bit wild when he was young ♦ **en apprendre/dire de belles sur qn** to hear/say things about sb (euph) ♦ **j'en ai entendu de belles sur son compte** I've heard some stories about him

d [prisonnier] **se faire la belle** * to break out of jail, go over the wall *

**beaucoup** [boku] [→ SYN] adv a (modifiant verbe) a lot, (very) much, a great deal ♦ **il mange beaucoup** he eats a lot ♦ **elle lit beaucoup** she reads a great deal ou a lot ♦ **elle ne lit pas beaucoup** she doesn't read much ou a great deal ou a lot ♦ **la pièce ne m'a pas beaucoup plu** I didn't like the play very much ♦ **il s'intéresse beaucoup à la peinture** he's very interested in painting, he takes a lot ou a great deal of interest in painting ♦ **il y a beaucoup à faire/voir** there's a lot to do/see ♦ **il a beaucoup voyagé/lu** he has travelled/read a lot ou extensively ou a great deal

b (modifiant adv) much, far, a good deal, a lot ♦ **beaucoup plus rapide** much ou a good deal ou a lot quicker ♦ **elle travaille beaucoup trop** she works far too much ♦ **elle travaille beaucoup trop lentement** she works much ou far too slowly ♦ **se sentir beaucoup mieux** to feel much ou miles * better ♦ **beaucoup plus d'eau** much ou a lot ou far more water ♦ **beaucoup moins de gens** many ou a lot ou far fewer people ♦ **il est susceptible, il l'est même beaucoup** he's touchy, in fact he's very touchy indeed

c (employé seul = personnes) many ♦ **ils sont beaucoup à croire que ..., beaucoup croient que ...** many ou a lot of people think that ... ♦ **beaucoup d'entre eux** a lot ou many of them

d **beaucoup de** (quantité) a great deal of, a lot of, much; (nombre) many, a lot of, a good many ♦ **beaucoup de monde** a lot of people, a great ou good many people ♦ **avec beaucoup de soin/plaisir** with great care/pleasure ♦ **il ne reste pas beaucoup de pain** there isn't a lot of ou isn't (very) much bread left ♦ **j'ai beaucoup (de choses) à faire** I have a lot (of things) to do ♦ **pour ce qui est de l'argent/du lait, il en reste beaucoup/il n'en reste pas beaucoup** as for money/milk, there is a lot left/there isn't a lot ou much left ♦ **vous attendiez des touristes, y en a-t-il eu beaucoup ? – oui (il y en a eu) beaucoup** you were expecting tourists and were there many ou a lot (of them)? – yes there were (a good many ou a lot of them) ♦ **j'en connais beaucoup qui pensent que ...** I know a great many (people) ou a lot of people who think that ... ♦ **il a beaucoup d'influence** he has a great deal ou a lot of influence, he is very influential ♦ **il a eu beaucoup de chance** he's been very lucky

e **de beaucoup** by far, by a long way ♦ **elle est de beaucoup la meilleure élève** she's by far ou she's far and away the best pupil, she's the best pupil by far ♦ **il l'a battu de beaucoup** he beat him by miles * ou by a long way ♦ **il est de beaucoup ton aîné** he's very much ou a great deal older than you ♦ **il est de beaucoup supérieur** he is greatly ou far superior ♦ **il préférerait de beaucoup s'en aller** he'd much rather leave ♦ **il s'en faut de beaucoup qu'il soit au niveau** he is far from being up to standard, he's nowhere near up to standard

f (LOC) **c'est déjà beaucoup de l'avoir fait** ou **qu'il l'ait fait** it was quite something ou quite an achievement to have done it at all ♦ **à beaucoup près** far from it ♦ **c'est beaucoup dire** that's an exaggeration ou an overstatement, that's saying a lot ♦ **être pour beaucoup dans une décision/une nomination** to be largely responsible for a decision/an appointment, have a big hand in making a decision/an appointment ♦ **il y est pour beaucoup** he's largely responsible for it, he had a lot to do with it

**beauf** * [bof] 1 adj goûts, tenue tacky *

2 nm a (= beau-frère) brother-in-law

b (péj) *narrow-minded Frenchman with conservative attitudes and tastes*

> **BEAUF**
>
> The word **beauf** is an abbreviation of "beau-frère" (brother-in-law). It is a pejorative and humorous term used to refer to stereotypical ordinary Frenchmen who are perceived as being somewhat vulgar, narrow-minded and chauvinistic.

**beauferie** * [bofRi] nf tackiness *

**beau-fils**, pl **beaux-fils** [bofis] [→ SYN] nm (= gendre) son-in-law; (d'un remariage) stepson

**beaufort** [bofɔR] nm a (= fromage) *type of gruyère cheese*

b **Beaufort** → **échelle**

**beau-frère**, pl **beaux-frères** [bofRɛR] nm brother-in-law

**beaujolais** [boʒɔlɛ] nm a (= région) **le Beaujolais** the Beaujolais region

b (= vin) beaujolais, Beaujolais ♦ **le beaujolais nouveau** (the) beaujolais ou Beaujolais nouveau, (the) new beaujolais ou Beaujolais

**beau-papa** *, pl **beaux-papas** [bopapa] nm father-in-law, dad-in-law * (Brit)

**beau-père**, pl **beaux-pères** [bopɛR] [→ SYN] nm (= père dua conjoint) father-in-law; (= nouveau mari de la mère) stepfather

**beaupré** [bopRe] nm bowsprit

**beauté** [bote] [→ SYN] nf a (gén) beauty; [femme] beauty, loveliness; [homme] handsomeness ♦ **de toute beauté** very beautiful, magnificent ♦ **c'est ça la beauté de la chose** that's the beauty of it ♦ **se (re)faire une beauté** to powder one's nose, do one's face * ♦ **vous êtes en beauté ce soir** you look radiant this evening ♦ **finir** ou **terminer qch en beauté** to complete sth brilliantly, finish sth with a flourish ♦ **finir en beauté** to end with a flourish, finish brilliantly ♦ **faire qch pour la beauté du geste** to do sth for the sake of it ♦ **la beauté du diable** youthful beauty ou bloom; → **concours, produit, reine, soin**

b (= belle femme) beauty

c **beautés** beauties ♦ **les beautés de Rome** the beauties of Rome

**beaux** [bo] adj mpl → **beau**

**beaux-arts** [bozaR] [→ SYN] nmpl ♦ **les beaux-arts** fine arts; (= école) (à Paris) the École des Beaux-Arts *(the French national college of art and architecture)*; (en province) the college of art

**beaux-enfants** [bozɑ̃fɑ̃] nmpl stepchildren

**beaux-parents** [boparɑ̃] nmpl [homme] wife's parents, in-laws *; [femme] husband's parents, in-laws *

**bébé** [bebe] [→ SYN] nm (= enfant, animal) baby; (= poupée) dolly * ♦ **avoir** ou **faire un bébé** to have a baby ♦ **faire le bébé** to behave ou act like a baby ♦ **il est resté très bébé** he's stayed very babyish ♦ **bébé éléphant/girafe** baby elephant/giraffe ♦ **bébé-bulle** bubble baby *(baby who has to live in a sterile environment because of an immune deficiency)* ♦ **elle attend un bébé** she's expecting a baby ♦ **jeter le bébé avec l'eau du bain** to throw out the baby with the bathwater ♦ **on lui a repassé** ou **refilé le bébé** * he was left holding the baby ♦ **bébé-éprouvette** test-tube baby ♦ **bébé-nageur** *baby that swims underwater*

**bebelle** [bəbɛl], **bébelle** [bebɛl] nf (Can = bibelot) knick-knack ♦ **range tes bébelles** tidy away your things

**bébête** * [bebɛt] 1 adj silly

2 nf bug ♦ **une petite bébête** a creepy crawly *, a bug

**be-bop**, pl **be-bops** [bibɔp] nm (be)bop

**bec** [bɛk] [→ SYN] 1 nm a (Orn) beak, bill ♦ **oiseau qui se fait le bec** bird that sharpens its beak (*contre* on) ♦ **(nez en) bec d'aigle** aquiline ou hook nose ♦ **coup de bec** (lit) peck; (fig) dig, cutting remark

b (= pointe) [plume] nib; [carafe, casserole] lip; [théière] spout; [flûte, trompette] mouthpiece; (Géog) bill, headland; (sur vêtement) pucker ♦ **ça fait un bec dans le dos** it puckers in the back

c (* = bouche) mouth ♦ **ouvre ton bec !** open your mouth!, mouth open! * ♦ **ferme ton bec !** just shut up! * ♦ **il n'a pas ouvert le bec** he never opened his mouth, he didn't say a word ♦ **la pipe au bec** with his pipe stuck * in his mouth ♦ **clore** ou **clouer le bec à qn** to reduce sb to silence, shut sb up *; → **prise**[2]

d (LOC) **tomber sur un bec** * (obstacle temporaire) to hit a snag; (impasse) to be stymied *; (échec) to come unstuck * ♦ **être** ou **rester le bec dans l'eau** * to be left in the lurch, be left high and dry ♦ **défendre qch bec et ongles** to fight tooth and nail for sth

e (* : Can, Belg, Helv = baiser) kiss, peck

2 COMP ▷ **bec Auer** Welsbach burner ▷ **bec Bunsen** Bunsen burner ▷ **bec fin** * gourmet ▷ **bec de gaz** lamppost, gaslamp ▷ **bec verseur** pourer

**bécane** * [bekan] nf (= vélo) bike *; (= machine) machine

**bécarre** [bekaR] nm (Mus) natural ♦ **sol bécarre** G natural

**bécasse** [bekas] [→ SYN] nf (Zool) woodcock; (* = sotte) (silly) goose *

**bécasseau**, pl **bécasseaux** [bekaso] nm sandpiper; (= petit de la bécasse) young woodcock

**bécassine** [bekasin] nf (Zool) snipe; (* = sotte) (silly) goose *

**bec-croisé**, pl **becs-croisés** [bɛkkRwaze] nm crossbill

**bec-de-cane**, pl **becs-de-cane** [bɛkdəkan] nm (= poignée) doorhandle; (= serrure) catch

**bec-de-corbeau,** pl **becs-de-corbeau** [bɛkdəkɔʀbo] nm (= pince coupante) wire cutters

**bec-de-lièvre,** pl **becs-de-lièvre** [bɛkdəljɛvʀ] nm harelip

**bec-de-perroquet,** pl **becs-de-perroquet** [bɛkdəpeʀɔkɛ] nm (Méd) osteophyte

**bêchage** [bɛʃaʒ] → SYN nm digging, turning over

**béchamel** [beʃamɛl] nf ◆ (sauce) **béchamel** béchamel (sauce), white sauce

**bêche** [bɛʃ] → SYN nf spade

**bêcher** [beʃe] → SYN ▸ conjug 1 ◂ 1 vt (Agr) to dig, turn over
2 vi (* = crâner) to be stuck-up ou toffee-nosed * (Brit)

**bêcheur, -euse** * [bɛʃœʀ, øz] → SYN 1 adj stuck-up *, toffee-nosed * (Brit)
2 nm,f stuck-up * ou toffee-nosed * (Brit) person

**bécot** * [beko] nm kiss, peck ◆ **gros bécot** smacker *

**bécoter** * [bekɔte] ▸ conjug 1 ◂ 1 vt to kiss
2 **se bécoter** * vpr to smooch

**becquée** [beke] → SYN nf beakful ◆ **donner la becquée à** to feed

**becquerel** [bɛkʀɛl] nm becquerel

**becquet** [bekɛ] → SYN nm a (Internet) bookmark
b (= adhésif) (removable) self-stick note, Post-it (note) ®
c (Aut) **becquet (arrière)** spoiler
d (Alpinisme) (rocky) spike

**becquetance** ⁑ [bɛktɑ̃s] nf grub ⁑, chow ⁑ (US)

**becqueter** [bɛkte] → SYN ▸ conjug 4 ◂ vt (Orn) to peck (at); (⁑ = manger) to eat ◆ **qu'y a-t-il à becqueter ce soir ?** what's for dinner tonight?

**bectance** ⁑ [bɛktɑ̃s] nf ⇒ **becquetance**

**becter** ⁑ [bɛkte] ▸ conjug 4 ◂ vt ⇒ **becqueter**

**bedaine** * [bədɛn] nf paunch, potbelly ⁑

**bédé** * [bede] nf ⇒ **BD a**

**bedeau,** pl **bedeaux** [bədo] → SYN nm verger, beadle †

**bédéphile** [bedefil] nmf comic strip ou strip cartoon fan *

**bedon** * [bədɔ̃] nm paunch, potbelly ⁑

**bedonnant, e** * [bədɔnɑ̃, ɑ̃t] → SYN adj potbellied ⁑, paunchy, portly

**bedonner** * [bədɔne] ▸ conjug 1 ◂ vi to get a paunch, get potbellied ⁑

**bédouin, -ouine** [bedwɛ̃, win] 1 adj Bedouin
2 **Bédouin(e)** nm,f Bedouin

**BEE** [beøø] nm (abrév de **Bureau européen de l'environnement**) → **bureau**

**bée** [be] adj f ◆ **être** ou **rester bouche bée** (lit) to stand open-mouthed ou gaping (*de* with); (d'admiration) to be lost in wonder; (de surprise) to be flabbergasted (*devant* at) ◆ **il en est resté bouche bée** his jaw dropped, he was flabbergasted *

**béer** [bee] → SYN ▸ conjug 1 ◂ vi (littér) a [ouverture, bouche] to be (wide) open
b [personne] **béer d'admiration/d'étonnement** to gape ou stand gaping in admiration/amazement

**beffroi** [befʀwa] → SYN nm belfry

**bégaiement** [begɛmɑ̃] → SYN nm (lit) stammering, stuttering ◆ **bégaiements** (fig = débuts) faltering ou hesitant beginnings

**bégayant, e** [begɛjɑ̃, ɑ̃t] adj stammering, stuttering

**bégayement** [begɛmɑ̃] nm ⇒ **bégaiement**

**bégayer** [begeje] → SYN ▸ conjug 8 ◂ 1 vi to stammer, stutter, have a stammer
2 vt to stammer (out), falter (out)

**bégonia** [begɔnja] nm begonia

**bègue** [bɛg] → SYN 1 nmf stammerer, stutterer
2 adj ◆ **être bègue** to stammer, have a stammer

**bégueule** [begœl] → SYN 1 nf prude
2 adj prudish

**bégueulerie** † [begœlʀi] → SYN nf prudishness, prudery

**béguin** [begɛ̃] → SYN nm a (* toquade) **avoir le béguin pour qn** to have a crush on sb *, be sweet on sb * ◆ **elle a eu le béguin pour cette petite ferme** she took quite a fancy to that little farmhouse
b (= bonnet) bonnet

**béguinage** [beginaʒ] → SYN nm (Rel) Beguine convent

**béguine** [begin] → SYN nf (Rel) Beguine

**bégum** [begɔm] nf begum

**behaviorisme** [bievjɔʀism] → SYN nm behaviourism

**behavioriste** [bievjɔʀist] adj, nmf behaviourist

**Behring** [beʀiŋ] n ⇒ **Béring**

**BEI** [beəi] nf (abrév de **Banque européenne d'investissement**) EIB

**beige** [bɛʒ] → SYN adj, nm beige

**beigeasse** [bɛʒas], **beigeâtre** [bɛʒɑtʀ] adj (péj) dirty beige (péj), oatmeal (épith)

**beigne**[1] ⁑ [bɛɲ] → SYN nf slap, clout * (Brit) ◆ **donner une beigne à qn** to slap sb, clout sb * (Brit), give sb a clout * (Brit)

**beigne**[2] [bɛɲ] → SYN nm (Can) doughnut

**beignet** [bɛɲɛ] → SYN nm [fruits, légumes] fritter; (= pâte frite) doughnut ◆ **beignet aux pommes** apple doughnut ou fritter

**Beijing** [beidʒiŋ] n Beijing

**béké** [beke] nmf (terme des Antilles françaises) white Creole *(in the French West Indies)*

**bel**[1] [bɛl] adj → **beau**

**bel**[2] [bɛl] nm (Phys) bel

**Bélarus** [belaʀys] n ◆ **la (république de) Bélarus** (the Republic of) Belarus

**bel cantiste** [bɛlkɑ̃tist] nmf bel canto singer

**bêlement** [bɛlmɑ̃] → SYN nm (Zool, fig) bleat(ing)

**bélemnite** [belɛmnit] nf belemnite

**bêler** [bele] → SYN ▸ conjug 1 ◂ vi (Zool, fig) to bleat

**belette** [bəlɛt] nf weasel

**belge** [bɛlʒ] → SYN 1 adj Belgian ◆ **histoires belges** *jokes told against Belgians by the French*
2 **Belge** nmf Belgian

**belgicisme** [bɛlʒisism] nm Belgian-French word (ou phrase)

**Belgique** [bɛlʒik] nf Belgium

**Belgrade** [bɛlgʀad] n Belgrade

**bélier** [belje] → SYN nm (Zool) ram; (Tech) ram, pile driver; (Mil) (battering) ram ◆ **coup de bélier** waterhammer ◆ **bélier hydraulique** hydraulic ram; (Astron) ◆ **le Bélier** Aries, the Ram ◆ **être (du) Bélier** to be (an) Aries ou an Arian; → **voiture**

**bélître** †† [belitʀ] nm rascal, knave †

**Belize** [beliz] nm Belize

**belizien, -ienne** [belizjɛ̃, jɛn] 1 adj Belizean
2 **Belizien(ne)** nm,f Belizean

**belladone** [beladɔn] nf (Bot) deadly nightshade, belladonna; (Méd) belladonna

**bellâtre** [bɛlɑtʀ] → SYN nm buck, swell *

**belle** [bɛl] → SYN adj, nf → **beau**

**belle-dame,** pl **belles-dames** [bɛldam] → SYN nf (Bot) deadly nightshade; (Zool) painted lady

**belle-de-jour,** pl **belles-de-jour** [bɛldəʒuʀ] → SYN nf a (Bot) convolvulus, morning glory
b (euph = prostituée) prostitute, lady of the night (euph)

**belle-de-nuit,** pl **belles-de-nuit** [bɛldənɥi] → SYN nf a (Bot) marvel of Peru
b (euph = prostituée) prostitute, lady of the night (euph)

**belle-doche** ⁑, pl **belles-doches** [bɛldɔʃ] nf (péj) mother-in-law

**belle-famille,** pl **belles-familles** [bɛlfamij] nf [homme] wife's family, in-laws *; [femme] husband's family, in-laws *

**belle-fille,** pl **belles-filles** [bɛlfij] → SYN nf (= bru) daughter-in-law; (d'un remariage) stepdaughter

**belle-maman** *, pl **belles-mamans** [bɛlmamɑ̃] nf mother-in-law, mum-in-law * (Brit)

**bellement** [bɛlmɑ̃] adv (= bel et bien) well and truly; († = avec art) nicely, gently

**belle-mère,** pl **belles-mères** [bɛlmɛʀ] → SYN nf (= mère du conjoint) mother-in-law; (= nouvelle épouse du père) stepmother

**belles-lettres** [bɛllɛtʀ] nfpl ◆ **les belles-lettres** great literature, belles-lettres

**belle-sœur,** pl **belles-sœurs** [bɛlsœʀ] nf sister-in-law

**bellicisme** [belisism] → SYN nm bellicosity, warmongering

**belliciste** [belisist] → SYN 1 adj warmongering, bellicose
2 nmf warmonger

**belligérance** [beliʒeʀɑ̃s] → SYN nf belligerence, belligerency

**belligérant, e** [beliʒeʀɑ̃, ɑ̃t] → SYN adj, nm,f belligerent

**belliqueux, -euse** [belikø, øz] → SYN adj humeur, personne quarrelsome, aggressive; politique, peuple warlike, bellicose, hawkish ◆ **multiplier les déclarations belliqueuses** to do a lot of sabre-rattling

**bellot, -otte** † * [bɛlo, ɔt] adj enfant pretty, bonny (Brit)

**Belmopan** [bɛlmɔpan] n Belmopan

**belon** [bəlɔ̃] → SYN nf ou m Belon oyster

**belote** [bəlɔt] nf (= jeu) belote; (= partie) game of belote

**bélouga, béluga** [beluga] → SYN nm beluga

**belvédère** [bɛlvedɛʀ] → SYN nm (= terrasse) panoramic viewpoint, belvedere; (= édifice) belvedere

**bémol** [bemɔl] nm (Mus) flat ◆ **en si bémol** in B flat ◆ **mettre un bémol** * (fig) to tone it ou things down a bit *

**bémoliser** [bemɔlize] → SYN ▸ conjug 1 ◂ vt (Mus) [+ note] to add a flat to; (fig) [+ déclaration] to tone down a bit *

**ben** * [bɛ̃] adv well, er * ◆ **ben oui/non** well, yes/no ◆ **ben quoi ?** so (what)? ◆ **eh ben** well, er *

**bénard** ⁑ [benaʀ] nm trousers, pants (US)

**bénédicité** [benedisite] nm grace, blessing ◆ **dire le bénédicité** to say grace ou the blessing

**bénédictin, e** [benediktɛ̃, in] → SYN adj, nm,f Benedictine; → **travail**[1]

**bénédiction** [benediksjɔ̃] → SYN nf a (Rel = consécration) benediction, blessing; [église] consecration; [drapeau, bateau] blessing ◆ **donner la bénédiction à** to bless ◆ **bénédiction nuptiale** marriage ceremony; (partie de la cérémonie) marriage blessing
b (= assentiment, faveur) blessing ◆ **donner sa bénédiction à** to give one's blessing to
c (* = aubaine) **bénédiction (du ciel)** blessing, godsend

**bénef** * [benɛf] nm (abrév de **bénéfice**) profit

**bénéfice** [benefis] → SYN 1 nm a (Comm) profit ◆ **réaliser de gros bénéfices** to make a big profit ou big profits ◆ **bénéfices commerciaux/non-commerciaux** trading/non-trading profits ◆ **faire du bénéfice** to make ou turn a profit ◆ **prise de bénéfice(s)** (Fin) profit-taking
b (= avantage) advantage, benefit ◆ **c'est tout bénéfice** it's to your (ou our etc) advantage ◆ **il a obtenu un divorce à son bénéfice** (Jur) he obtained a divorce in his favour ◆ **il perd tout le bénéfice de sa bonne conduite** he loses all the benefits he has gained from his good behaviour ◆ **concert donné au bénéfice des aveugles** concert given to raise funds for ou in aid of the blind ◆ **conclure une affaire à son bénéfice** to complete a deal to one's advantage ◆ **pourquoi nier, quel bénéfice peux-tu en tirer ?** what's the point of (your) denying it?, what good is there in (your) denying it? ◆ **le bénéfice du doute** the benefit of the doubt ◆ **au bénéfice de l'âge** (Jur) by virtue of age
c (Rel) benefice, living
2 COMP ▷ **bénéfice d'exploitation** operating profit ▷ **bénéfice d'inventaire: sous bénéfice d'inventaire** (Fin) without liability to debts beyond assets descended ◆ **je n'ac-**

**cepte leur théorie que sous bénéfice d'inventaire** it's only with certain reservations that I accept their theory ▷ **bénéfice net par action** (Fin) price earning ratio ▷ **bénéfices non distribués** (Fin) (accumulated) retained earnings

**bénéficiaire** [benefisjɛʀ] → SYN 1 adj opération profit-making, profitable ◆ **solde bénéficiaire** credit balance; → **marge**
2 nmf (gén) beneficiary; [testament] beneficiary; [chèque] payee ◆ **être le bénéficiaire de qch** to benefit by sth

**bénéficier** [benefisje] → SYN ▸ conjug 7 ◂ vt indir
a **bénéficier de** (= jouir de) [+ avantage] to have, enjoy; (= obtenir) [+ remise] to get, have; (= tirer profit de) [+ situation, mesure] to benefit by ou from, gain by ◆ **bénéficier d'un préjugé favorable** to be favourably considered ◆ **bénéficier d'un non-lieu** to be (unconditionally) discharged ◆ **bénéficier de circonstances atténuantes** to be granted mitigating circumstances ◆ **faire bénéficier qn de certains avantages** to enable sb to enjoy certain advantages ◆ **faire bénéficier qn d'une remise** to give ou allow sb a discount
b **bénéficier à** (= profiter à) to benefit ◆ **ces mesures doivent bénéficier aux plus démunis** these measures should benefit the poorest elements of society

**bénéfique** [benefik] → SYN adj effet, aspect beneficial ◆ **l'influence bénéfique de Vénus** (Astrol) the benign ou favourable influence of Venus

**Benelux** [benelyks] nm ◆ **le Bénélux** Benelux, the Benelux countries

**benêt** [bɔnɛ] → SYN 1 nm simpleton ◆ **grand benêt** big ninny*, stupid lump* ◆ **faire le benêt** to act stupid ou daft* (Brit)
2 adj m simple(-minded), silly

**bénévolat** [benevɔla] → SYN nm voluntary help

**bénévole** [benevɔl] → SYN 1 adj aide voluntary; travail voluntary, unpaid ◆ **à titre bénévole** on a voluntary basis
2 nmf volunteer, voluntary helper ou worker

**bénévolement** [benevɔlmɑ̃] → SYN adv travailler voluntarily, for nothing

**Bengale** [bɛ̃gal] nm Bengal; → **feu**[1]

**bengali** [bɛ̃gali] → SYN 1 adj Bengali, Bengalese
2 nm (Ling) Bengali; (= oiseau) waxbill
3 **Bengali** nmf Bengali, Bengalese

**bénigne** [beniɲ] adj f → **bénin**

**bénignité** [beniɲite] → SYN nf [maladie] mildness; (littér) [personne] benignancy, kindness

**Bénin** [benɛ̃] nm Benin ◆ **République populaire du Bénin** People's Republic of Benin

**bénin, -igne** [benɛ̃, iɲ] → SYN adj a accident slight, minor; punition mild; maladie, remède mild, harmless; tumeur benign
b (littér) humeur, critique benign, kindly

**béninois, e** [beninwa,waz] 1 adj Beninese
2 **Béninois(e)** nm,f Beninese

**béni-oui-oui** * [beniwiwi] nm inv (péj) yes man* (péj)

**bénir** [beniʀ] → SYN ▸ conjug 2 ◂ vt a (Rel) [+ fidèle, objet] to bless; [+ mariage] to bless, solemnize; → **dieu**
b (= remercier) to be eternally grateful to, thank God for ◆ **soyez béni !** bless you! ◆ **ah, toi, je te bénis !** (iro) oh curse you! ou damn you!* ◆ **bénir le ciel de qch** to thank God for sth ◆ **béni soit le jour où ...** thank God for the day (when) ... ◆ **je bénis cette coïncidence** (I) thank God for this coincidence

**bénit, e** [beni, it] → SYN adj pain, cierge consecrated; eau holy

**bénitier** [benitje] nm (Rel) stoup, font; → **diable, grenouille**

**benjamin, e** [bɛ̃ʒamɛ̃, in] → SYN nm,f [famille] youngest child; (Sport) ≃ junior *(12-13 years old)*

**benji** [bɛnʒi] nm bungee jumping

**benjoin** [bɛ̃ʒwɛ̃] nm benzoin

**benne** [bɛn] → SYN nf a (Min) skip (Brit), truck, tub
b [camion] (basculante) tipper; (amovible) skip; [grue] scoop, bucket; [téléphérique] (cable-)car ◆ **benne à ordures** dustcart (Brit), garbage truck (US) ◆ **camion à benne basculante** dump truck, tipper lorry (Brit)

**benoît, e** [bənwa, wat] → SYN adj (littér) bland, ingratiating

**benoîte** [bənwat] nf (herbe) bennet, wood avens

**benoîtement** [bənwatmɑ̃] → SYN adv (littér) blandly, ingratiatingly

**benthique** [bɛ̃tik] adj benthic, benthal

**benthos** [bɛ̃tos] nm benthos

**bentonite** [bɛ̃tɔnit] → SYN nf bentonite

**benzédrine** ® [bɛ̃zedʀin] nf Benzedrine ®

**benzène** [bɛ̃zɛn] → SYN nm benzene

**benzénique** [bɛ̃zenik] adj benzene (épith)

**benzine** [bɛ̃zin] → SYN nf benzine

**benzoate** [bɛ̃zɔat] nm benzoate

**benzodiazépine** [bɛ̃zodjazepin] nf benzodiazepine

**benzoïque** [bɛ̃zɔik] adj ◆ **acide benzoïque** benzoic acid

**benzol** [bɛ̃zɔl] nm benzol

**benzolisme** [bɛ̃zɔlism] nm benzol intoxication

**Béotie** [beɔsi] nf Boeotia

**béotien, -ienne** [beɔsjɛ̃, jɛn] → SYN 1 adj Boeotian
2 nm,f (péj) philistine
3 **Béotien(ne)** nm,f Boeotian

**BEP** [beøpe] nm (abrév de **brevet d'études professionnelles**) → **brevet**

**BEPC** [beəpese] nm (abrév de **brevet d'études du premier cycle**) → **brevet**

**béquée** [beke] nf ⇒ **becquée**

**béquet** [bekɛ] nm ⇒ **becquet**

**béqueter** [bekte] vt ⇒ **becqueter**

**béquillard, e** [bekijaʀ, aʀd] adj walking on crutches

**béquille** [bekij] → SYN nf a [infirme] (fig) crutch ◆ **marcher avec des béquilles** to walk ou be on crutches
b [motocyclette, mitrailleuse] stand; (Aviat) tail skid; (Naut) shore, prop ◆ **mettre une béquille sous qch** to prop ou shore sth up
c [serrure] handle

**béquiller** [bekije] ▸ conjug 1 ◂ 1 vt (Naut) to shore up
2 vi * to walk with ou on crutches

**ber** [bɛʀ] → SYN nm (Can = berceau) cradle

**berbère** [bɛʀbɛʀ] → SYN 1 adj Berber
2 nm (Ling) Berber
3 **Berbère** nmf Berber

**bercail** [bɛʀkaj] → SYN nm (Rel, fig) fold ◆ **rentrer au bercail** (hum) to return to the fold

**berçante** * [bɛʀsɑ̃t] nf (Can) ◆ **(chaise) berçante** rocking chair

**berce**[1] [bɛʀs] nf (Bot) hogweed

**berce**[2] [bɛʀs] nf (Belg = berceau) cradle, crib

**berceau**, pl **berceaux** [bɛʀso] → SYN nm a (= lit) cradle, crib; (= lieu d'origine) birthplace; [civilisation] cradle ◆ **dès le berceau** from birth, from the cradle ◆ **il les prend au berceau !** * he snatches them straight from the cradle!, he's a baby ou cradle snatcher!
b (Archit) barrel vault; (= charmille) bower, arbour; (Naut) cradle; → **voûte**

**bercelonnette** [bɛʀsəlɔnɛt] nf rocking cradle, cradle on rockers

**bercement** [bɛʀsəmɑ̃] → SYN nm rocking (movement)

**bercer** [bɛʀse] → SYN ▸ conjug 3 ◂ 1 vt a [+ bébé] to rock; (dans ses bras) to rock, cradle; [+ navire] to rock ◆ **les chansons qui ont bercé notre enfance** the songs that we grew up with ◆ **je me suis laissé bercer par sa voix** his voice lulled me ◆ **il a été bercé trop près du mur** * (hum) he's a bit soft in the head*
b (= apaiser) [+ douleur] to lull, soothe
c (= tromper) **bercer de** to delude with
2 **se bercer** vpr ◆ **se bercer de** to delude o.s. with ◆ **se bercer d'illusions** to harbour illusions, delude o.s.

**berceur, -euse** [bɛʀsœʀ, øz] → SYN 1 adj rythme lulling, soothing
2 **berceuse** nf a (= chanson) lullaby, cradlesong; (Mus) berceuse
b (= fauteuil) rocking chair

**BERD** [bɛʀd] nf (abrév de **Banque européenne pour la reconstruction et le développement**) EBRD

**béret** [beʀɛ] → SYN nm beret ◆ **béret basque** Basque beret ◆ **les bérets bleus/verts** (Mil) the Blue/Green Berets

**Bérézina** [beʀezina] nf (Géog) ◆ **la Bérézina** the Berezina river ◆ **c'est la Bérézina !** (fig) it's a complete disaster!

**bergamasque** [bɛʀgamask] → SYN nf bergamask

**bergamote** [bɛʀgamɔt] → SYN nf bergamot orange

**bergamotier** [bɛʀgamɔtje] nm bergamot

**berge** [bɛʀʒ] → SYN nf a [rivière] bank ◆ **route ou voie sur berge** riverside ou embankment expressway
b (* = année) **il a 50 berges** he's 50 (years old)

**berger** [bɛʀʒe] → SYN nm (lit, Rel) shepherd ◆ **(chien de) berger** sheepdog ◆ **berger allemand** German shepherd, alsatian (Brit) ◆ **berger des Pyrénées** Pyrenean mountain dog ◆ **"Les Bergers d'Arcadie"** (Art) "The Arcadian Shepherds"; → **étoile, réponse**

**bergère** [bɛʀʒɛʀ] → SYN nf a (= personne) shepherdess
b (= fauteuil) wing chair

**bergerie** [bɛʀʒəʀi] → SYN nf a (= abri) sheepfold; → **loup**
b (Littérat = pièce, poème) pastoral
c (Comm = comptoir) counter

**bergeronnette** [bɛʀʒəʀɔnɛt] → SYN nf wagtail ◆ **bergeronnette flavéole/des ruisseaux** yellow/grey wagtail

**béribéri** [beʀibeʀi] → SYN nm beriberi

**Béring** [beʀiŋ] n ◆ **le détroit de Béring** the Bering Strait ◆ **mer de Béring** Bering Sea

**berk** * [bɛʀk] excl yuk!*

**berkélium** [bɛʀkeljɔm] nm berkelium

**berlander** * [bɛʀlɑ̃de] ▸ conjug 1 ◂ vi (Can) to prevaricate, equivocate

**Berlin** [bɛʀlɛ̃] n Berlin ◆ **Berlin-Est/-Ouest** (Hist) East/West Berlin

**berline** [bɛʀlin] → SYN nf a (Aut) saloon (car) (Brit), sedan (US); (†† : à chevaux) berlin
b (Min) truck

**berlingot** [bɛʀlɛ̃go] → SYN nm a (= bonbon) ≃ boiled sweet (Brit), ≃ piece of hard candy (US)
b (= emballage) (pyramid-shaped) carton; (pour shampooing) sachet

**berlinois, e** [bɛʀlinwa, waz] 1 adj of ou from Berlin
2 **Berlinois(e)** nm,f Berliner

**berlot** [bɛʀlo] nm (Can) sleigh

**berlue** [bɛʀly] → SYN nf ◆ **j'ai la berlue** I must be seeing things

**berme** [bɛʀm] → SYN nf [canal] path; [fossé] verge

**bermuda** [bɛʀmyda] nm bermuda shorts, bermudas

**Bermudes** [bɛʀmyd] nfpl Bermuda; → **triangle**

**bermudien, -ienne** [bɛʀmydjɛ̃, jɛn] 1 adj Bermudan, Bermudian
2 **Bermudien(ne)** nm,f Bermudan, Bermudian

**bernache** [bɛʀnaʃ] → SYN nf (= crustacé) barnacle ◆ **bernache (nonnette)** (= oie) barnacle goose ◆ **bernache cravant** brent goose

**bernacle** [bɛʀnakl] nf barnacle goose

**bernardin, e** [bɛʀnaʀdɛ̃, in] → SYN nm,f Bernardine, Cistercian

**bernard-l'(h)ermite** [bɛʀnaʀlɛʀmit] → SYN nm inv hermit crab

**Berne** [bɛʀn] n Bern

**berne** [bɛʀn] → SYN nf ◆ **en berne** ≃ at half-mast ◆ **mettre en berne** ≃ to half-mast ◆ **avoir le moral en berne** to feel dispirited

**berner** [bɛʀne] → SYN ▸ conjug 1 ◂ vt (= tromper) to fool, hoax; (Hist) [+ personne] to toss in a blanket ◆ **il s'est laissé berner par leurs promesses** he was taken in by their promises

**bernicle** [bɛʀnikl] nf ⇒ **bernique¹**

**Bernin** [bɛʀnɛ̃] nm ◆ **le Bernin** Bernini

**bernique¹** [bɛʀnik] nf (Zool) limpet

**bernique²** * [bɛʀnik] → SYN excl (= rien à faire) nothing doing! *, not a chance! ou hope!

**bersaglier** [bɛʀsaglije, bɛʀsaljɛʀ] → SYN nm bersagliere

**bertillonnage** [bɛʀtijɔnaʒ] nm Bertillon system

**béryl** [beʀil] nm beryl

**béryllium** [beʀiljɔm] nm beryllium

**berzingue** ‡ [bɛʀzɛ̃g] → SYN adv ◆ **à tout(e) berzingue** flat out *

**besace** [bəzas] → SYN nf beggar's bag ou pouch

**besant** [bəzɑ̃] → SYN nm bez(z)ant, byzant

**bésef** ‡ [bezɛf] adv ◆ **il n'y en a pas bésef** (quantité) there's not much (of it) ou a lot (of it); (nombre) there aren't many (of them) ou a lot (of them)

**besicles** [bezikl] → SYN nfpl (Hist) spectacles; (hum) glasses, specs *

**bésigue** [bezig] → SYN nm bezique

**besogne** [bəzɔɲ] → SYN nf (= travail) work (NonC), job ◆ **se mettre à la besogne** to set to work ◆ **c'est de la belle besogne** (lit) this is nice work; (iro) this is a nice mess ◆ **une sale besogne** a nasty job ◆ **les basses besognes** the dirty work ◆ **ce serait aller vite en besogne (que de croire que ...)** it would be jumping the gun ou it would be a bit premature (to think that ...)

**besogner** [bəzɔɲe] → SYN ▸ conjug 1 ◂ vi to toil (away), drudge

**besogneux, -euse** [bəzɔɲø, øz] → SYN adj († = miséreux) needy, poor; (= travailleur) industrious, hard-working

**besoin** [bəzwɛ̃] → SYN nm **a** (= exigence) need (*de* for) ◆ **besoins (d'argent)** financial needs ◆ **besoins essentiels** basic needs ◆ **nos besoins en énergie** our energy needs ou requirements ◆ **subvenir** ou **pourvoir aux besoins de qn** to provide for sb's needs ◆ **éprouver le besoin de faire qch** to feel the need to do sth ◆ **mentir est devenu un besoin chez lui** lying has become compulsive ou a need with him

**b** (= pauvreté) **le besoin** need, want ◆ **être dans le besoin** to be in need ou want ◆ **cela les met à l'abri du besoin** that will keep the wolf from their door ◆ **une famille dans le besoin** a needy family ◆ **pour ceux qui sont dans le besoin** for the needy, for those in straitened circumstances ◆ **c'est dans le besoin qu'on reconnaît ses vrais amis** in times of trouble you find out who your true friends are, a friend in need is a friend indeed (Prov)

**c** (euph) **besoins naturels** nature's needs ◆ **faire ses besoins** [personne] to relieve o.s. (Brit); [animal domestique] to do its business ◆ **satisfaire un besoin pressant** to answer an urgent call of nature

**d** (LOC) **si le besoin s'en fait sentir, en cas de besoin** if the need arises, in case of necessity ◆ **pour les besoins de la cause** for the purpose in hand ◆ **pas besoin de dire qu'il ne m'a pas cru** it goes without saying ou needless to say he didn't believe me

◆ **avoir besoin** ◆ **avoir besoin de qn** to need sb ◆ **avoir besoin de qch** to need sth, be in need of sth, want sth ◆ **avoir besoin de faire qch** to need to do sth ◆ **il n'a pas besoin de venir** he doesn't need ou have to come, there's no need for him to come ◆ **il a besoin que vous l'aidiez** he needs your help ou you to help him ◆ **je n'ai pas besoin de vous rappeler que ...** there's no need (for me) to remind you that ... ◆ **ce tapis a besoin d'être nettoyé** this carpet needs ou wants (Brit) cleaning ◆ **il a grand besoin d'aide** he needs help badly, he's badly in need of help ◆ **il avait bien besoin de ça !** (iro) that's just what he needed! (iro) ◆ **est-ce que tu avais besoin d'y aller ?** * did you really have to go?, what did you want to go for anyway! *

◆ **au besoin** if necessary, if need(s) be

◆ **si besoin est, s'il en est besoin** if need(s) be, if necessary ◆ **il n'est pas besoin de mentionner que ...** there is no need to mention that ...

**Bessarabie** [besaʀabi] nf Bessarabia

**bessemer** [bɛsmɛʀ] nm Bessemer converter

**bestiaire** [bɛstjɛʀ] → SYN nm **a** (= livre) bestiary **b** (= gladiateur) gladiator

**bestial, e,** mpl **-iaux** [bɛstjal, jo] → SYN adj meurtre, violence brutal; personne, plaisir bestial ◆ **sa force bestiale** his brute strength

**bestialement** [bɛstjalmɑ̃] adv bestially, brutishly

**bestialité** [bɛstjalite] → SYN nf (= sauvagerie) bestiality, brutishness; (= perversion) bestiality

**bestiaux** [bɛstjo] → SYN nmpl (gén) livestock; (= bovins) cattle ◆ **ils ont été parqués comme des bestiaux dans des camps** they were herded ou corralled into camps

**bestiole** [bɛstjɔl] → SYN nf (gén) creature; (= insecte) insect, bug *; (rampant) creepy crawly *

**best of** * [bɛstɔf] nm inv ◆ **un best of des Beatles** a compilation of the greatest hits of the Beatles ◆ **un best of de leurs émissions** a selection of highlights of their programmes

**best-seller,** pl **best-sellers** [bɛstsɛlœʀ] → SYN nm best seller

**bêta¹, -asse** * [bɛta, ɑs] → SYN 1 adj silly, stupid

2 nm,f goose *, silly billy * ◆ **gros bêta !** big ninny! *, silly goose! *

**bêta²** [bɛta] nm (Ling, Phys, Méd) beta

**bêtabloquant** [bɛtablɔkɑ̃] nm beta-blocker

**bêtacarotène** [bɛtakaʀɔtɛn] nm betacarotene

**bétail** [betaj] → SYN nm (gén) livestock; (= bovins, fig) cattle ◆ **gros bétail** cattle ◆ **petit bétail** small livestock ◆ **le bétail humain qu'on entasse dans les camps** the people who are crammed like cattle into the camps

**bétaillère** [betajɛʀ] → SYN nf livestock truck

**bêta-test,** pl **bêta-tests** [bɛtatɛst] nm (Ordin) beta-test

**bêtathérapie** [bɛtateʀapi] nf betatherapy

**bêtatron** [bɛtatʀɔ̃] nm betatron

**bêta-version,** pl **bêta-versions** [bɛtavɛʀsjɔ̃] nm (Ordin) beta version

**bête** [bɛt] → SYN 1 nf **a** (= animal) animal; (= insecte) insect, creature ◆ **bête (sauvage)** (wild) beast ◆ **nos amies les bêtes** our four-legged friends ◆ **aller soigner les bêtes** to go and see to the animals ◆ **gladiateur livré aux bêtes** gladiator flung to the beasts ◆ **pauvre petite bête** poor little thing * ou creature ◆ **ce chien est une belle bête** this dog is a fine animal ou beast ◆ **c'est une belle bête !** * (hum = homme) what a hunk! * ◆ **tu as une petite bête sur ta manche** there's an insect ou a creepy crawly * on your sleeve ◆ **ces sales bêtes ont mangé mes carottes** those wretched creatures have been eating my carrots

**b** (= personne) (bestial) beast; († : stupide) fool ◆ **c'est une méchante bête** he is a wicked creature ◆ **quelle sale bête !** (enfant) what a wretched pest!; (adulte) what a horrible creature!, what a beast! ◆ **faire la bête** to act stupid ou daft *, play the fool ◆ **c'est une brave** ou **une bonne bête !** (hum) he is a good-natured sort ou soul ◆ **grande** ou **grosse bête !** * (terme d'affection) you big silly! * ◆ **en maths, c'est la bête !** * (admiratif) he's a wizard ou he's an ace * at maths! ◆ **"La Bête humaine"** (Littérat) "The Beast in Man"

**c** ( * : LOC) **travailler comme une bête** to work like a dog ◆ **malade comme une bête** sick as a dog ◆ **on s'est éclatés comme des bêtes** we had a whale of a time *

2 adj **a** (= stupide) personne, idée, sourire stupid, silly, foolish, idiotic ◆ **ce qu'il peut être bête !** what a fool he is! ◆ **il est plus bête que méchant** he may be stupid but he's not malicious, he's stupid rather than really nasty ◆ **il est loin d'être bête, il a oublié d'être bête** he's far from ou anything but stupid, he's no fool ◆ **et moi, bête et discipliné, j'ai obéi** and I did exactly what I was told, without asking myself any questions ◆ **être bête comme ses pieds** * ou **à manger du foin** * to be too stupid for words, be as thick as a brick * ◆ **lui, pas si bête, est parti à temps** knowing better ou being no fool, he left in time ◆ **ce film est bête à pleurer** this film is too stupid for words ◆ **c'est bête, on n'a pas ce qu'il faut pour faire des crêpes** it's a shame ou it's too bad we haven't got what we need for making pancakes ◆ **que je suis bête !** how silly ou stupid of me!, what a fool I am! ◆ **ce n'est pas bête** that's not a bad idea

**b** ( * = très simple) **c'est tout bête** it's quite ou dead * simple ◆ **bête comme chou** simplicity itself, as easy as pie * ou as winking *

3 COMP ▷ **bête à bon dieu** ladybird, ladybug (US) ▷ **bête à concours** swot * (Brit), grind * (US) ▷ **bête à cornes** horned animal; (hum) snail ▷ **bête de course** * (= voiture) racing car ▷ **bête curieuse** (iro) queer ou strange animal ◆ **ils nous ont regardés comme des bêtes curieuses** they looked at us as if we had just landed from Mars ou as if we had two heads ▷ **bête fauve** big cat; (fig) wild animal ou beast ▷ **bête féroce** wild animal ou beast ▷ **bête noire: c'est ma bête noire** (chose) that's my pet hate ou my bête noire ou my pet peeve * (US); (personne) I just can't stand him ▷ **bête de race** pedigree animal ▷ **bête sauvage** ⇒ **bête féroce** ▷ **bête de scène** great performer ▷ **bête de sexe** ‡ sex machine ‡ ▷ **bête de somme** beast of burden ▷ **bête de trait** draught animal

**bétel** [betɛl] nm betel

**Bételgeuse** [betɛlʒøz] nf Betelgeuse

**bêtement** [bɛtmɑ̃] → SYN adv stupidly, foolishly, idiotically ◆ **tout bêtement** quite simply

**Bethléem** [bɛtleɛm] n Bethlehem

**Bethsabée** [bɛtsabe] nf Bathsheba

**bêtifiant, e** [betifjɑ̃, jɑ̃t] adj livre, film, ton inane, asinine

**bêtifier** [betifje] → SYN ▸ conjug 7 ◂ vi to prattle stupidly, talk twaddle ◆ **en parlant aux enfants, elle bêtifie toujours** she always tends to talk down to children

**bêtise** [betiz] → SYN nf **a** (NonC = stupidité) stupidity, foolishness, folly ◆ **être d'une bêtise crasse** to be incredibly stupid ◆ **j'ai eu la bêtise d'accepter** I was foolish enough to accept ◆ **c'était de la bêtise d'accepter** it was folly to accept

**b** (= action stupide) silly ou stupid thing; (= erreur) blunder ◆ **ne dis pas de bêtises** don't talk nonsense ou rubbish (Brit) ◆ **ne faites pas de bêtises, les enfants** don't get into ou up to mischief, children ◆ **faire une bêtise** (= action stupide, tentative de suicide) to do something stupid ou silly; (= erreur) to make a blunder, boob *

**c** (= bagatelle) trifle, triviality ◆ **dépenser son argent en bêtises** to spend ou squander one's money on rubbish (Brit) ou garbage ◆ **ils se disputent sans arrêt pour des bêtises** they're forever arguing over trifles

**d** (= bonbon) **bêtise de Cambrai** ≃ mint humbug (Brit), ≃ piece of hard mint candy (US)

**e** (Can) **bêtises** * insults, rude remarks

**bêtisier** [betizje] → SYN nm (= livre) collection of howlers; (Radio, TV) collection of out-takes

**bétoine** [betwan] nf betony

**béton** [betɔ̃] → SYN nm concrete ◆ **béton armé** reinforced concrete ◆ **béton cellulaire** air-entrained concrete ◆ **en béton** (lit) concrete (épith) ◆ **(en) béton** * alibi, argument, contrat cast-iron; garantie, certitude cast-iron, iron-clad; organisation ultra-efficient ◆ **un dossier en béton** (en justice) a watertight case ◆ **faire** ou **jouer le béton** (Ftbl) to play defensively ◆ **laisse béton !** * forget it! *

**bétonnage** [betɔnaʒ] nm **a** (Constr) concreting ◆ **pour éviter le bétonnage du littoral** to prevent the coast from becoming a sprawl of concrete

**b** (Ftbl) defensive play

**bétonner** [betɔne] → SYN ▸ conjug 1 ◂ 1 vt **a** (Constr) to concrete ◆ **surface bétonnée** concrete surface ◆ **ils bétonnent nos côtes** (péj) our coastline is becoming very built-up ou is being turned into a concrete jungle

2 vi (Ftbl) to play defensively

**bétonneur** [betɔnœʀ] nm (péj) (building) developer

**bétonneuse** [betɔnøz], **bétonnière** [betɔnjɛʀ] nf cement mixer

**bette** [bɛt] → SYN nf ◆ **bettes** (Swiss) chard ◆ **une bette** a piece of chard

**betterave** [bɛtʀav] nf ◆ **betterave fourragère** mangel-wurzel, beet ◆ **betterave (rouge)** beetroot (Brit), beet (US) ◆ **betterave sucrière** sugar beet

**betteravier, -ière** [bɛtʀavje, jɛʀ] 1 adj culture, exploitation (sugar) beet (épith)
2 nm beet grower

**bétyle** [betil] nm baetyl

**beuglant** * [bøglɑ̃] nm honky-tonk *

**beuglante** ‡ [bøglɑ̃t] nf (= cri) yell, holler *; (= chanson) song ◆ **pousser une beuglante** to yell, give a yell ou holler *

**beuglement** [bøgləmɑ̃] → SYN nm a [vache] lowing (NonC), mooing (NonC); [taureau] bellowing (NonC)
b [personne] bawling (NonC), bellowing (NonC), hollering * (NonC) ◆ **pousser des beuglements** to bawl, bellow
c [radio, télévision] blaring (NonC)

**beugler** [bøgle] → SYN ▸ conjug 1 ◂ 1 vi a [vache] to low, moo; [taureau] to bellow
b * [personne] to bawl, bellow, holler *
c [radio, TV] to blare ◆ **faire beugler sa télé** to have one's TV on (at) full blast *
2 vt (péj) [+ chanson] to bellow out, belt out *

**beur** [bœʀ] → SYN 1 nmf *second-generation North African living in France*
2 adj culture, musique *of second-generation North Africans living in France*

> **BEUR**
>
> **Beur** is the term used to refer to a person born in France of North African immigrant parents. It is not a racist term and is often used by the media, anti-racist groups and second-generation North Africans themselves. The word itself originally came from the "verlan" rendering of the word "arabe". → VERLAN

**beurette** [bœʀɛt] nf *young second-generation North African woman*

**beurk** * [bœʀk] excl ⇒ **berk**

**beurre** [bœʀ] → SYN 1 nm a (laitier) butter ◆ **beurre salé/demi-sel** salted/slightly salted butter ◆ **beurre doux** unsalted butter ◆ **au beurre** plat (cooked) in butter; pâtisserie made with butter ◆ **faire la cuisine au beurre** to cook with butter ◆ **beurre fondu** melted butter; → **inventer, motte, œil**
b (Culin) paste ◆ **beurre d'anchois/d'écrevisses** anchovy/shrimp paste ◆ **beurre de cacao/de cacahuètes** (= substance végétale) cocoa/peanut butter
c (Loc) **le couteau entre dans cette viande comme dans du beurre** this meat is like butter to cut ◆ **c'est entré comme dans du beurre** it went like a (hot) knife through butter ◆ **cette viande, c'est du beurre !** this is very tender meat ◆ **ça va mettre du beurre dans les épinards** that'll be some handy extra money for you (ou him etc), that'll help you (ou him etc) make ends meet ◆ **faire son beurre (sur le dos de qn)** to make a packet * ou a pile * (off sb) ◆ **il n'y en a pas plus que de beurre en broche** there is (ou are) none at all ◆ **on ne peut pas avoir le beurre et l'argent du beurre** you can't have your cake and eat it; → **compter**
2 COMP ▷ **beurre d'escargot** ⇒ **beurre persillé** ▷ **beurre laitier** dairy butter ▷ **beurre noir** (Culin) brown (butter) sauce ▷ **beurre persillé** garlic and parsley butter

**beurré, e** [bœʀe] (ptp de **beurrer**) 1 adj (‡ = ivre) plastered ‡
2 nm butter-pear, beurré
3 **beurrée** † nf (Can) slice of bread and peanut butter

**beurre-frais** [bœʀfʀɛ] adj inv (= couleur) buttercup yellow

**beurrer** [bœʀe] → SYN ▸ conjug 1 ◂ 1 vt to butter ◆ **tartine beurrée** slice of bread and butter
2 **se beurrer** ‡ vpr to get plastered ‡

**beurrerie** [bœʀʀi] nf (fabrique) butter factory; (industrie) butter industry

**beurrier, -ière** [bœʀje, jɛʀ] → SYN 1 adj industrie, production butter (épith) ◆ **région beurrière** butter-producing region
2 nm butter dish

**beuverie** [bøvʀi] → SYN nf drinking bout ou session, binge *

**bévatron** [bevatʀɔ̃] nm bevatron

**bévue** [bevy] → SYN nf blunder ◆ **commettre une bévue** to make a blunder

**bey** [bɛ] → SYN nm bey

**Beyrouth** [beʀut] n Beirut

**bézef** ‡ [bezɛf] adv ⇒ **bésef**

**bézoard** [bezɔaʀ] → SYN nm bezoar

**Bhoutan, Bhutân** [butɑ̃] nm Bhutan

**bhoutanais, e** [butanɛ, ɛz] 1 adj Bhutanese
2 **Bhoutanais(e)** nm,f Bhutanese

**bi**[1] * [bi] adj, nmf (abrév de **bisexuel, -elle**) bi *

**bi**[2] * [bi] nm (Can = baiser) kiss ◆ **fais-moi un bi** kiss me, give me a kiss

**bi...** [bi] préf bi... ◆ **bidimensionnel** two-dimensional

**biacide** [biasid] adj, nm diacid

**Biafra** [bjafʀa] nm Biafra

**biafrais, e** [bjafʀɛ, ɛz] 1 adj Biafran
2 **Biafrais(e)** nm,f Biafran

**biais, e** [bjɛ, jɛz] → SYN 1 adj arc skew
2 nm a (= moyen) way, means; (= détour, artifice) expedient, dodge * ◆ **chercher un biais pour obtenir qch** to find some means of getting sth ou some expedient for getting sth ◆ **il a trouvé le** ou **un biais (pour se faire exempter)** he found a dodge * ou he managed to find a way (to get himself exempted) ◆ **par quel biais a-t-il réussi à s'introduire dans le pays ?** by what roundabout means did he manage to get into the country?
◆ **par le biais de** (= par l'intermédiaire de) through; (= au moyen de) by means of ◆ **réserver par le biais d'une agence** to book through an agency ◆ **communiquer par le biais du fax** to communicate by ou via fax
b (= aspect) angle, way ◆ **c'est par ce biais qu'il faut aborder le problème** the problem should be approached from this angle ou in this way
c (Tex) (= sens) bias; (= bande) bias binding ◆ **coupé** ou **taillé dans le biais** cut on the bias ou the cross ◆ **jupe en biais** skirt cut on the bias
d (= ligne oblique) slant
◆ **en biais, de biais** poser slantwise, at an angle; aborder un sujet indirectly, in a roundabout way ◆ **une allée traverse le jardin en biais** a path cuts diagonally across the garden ◆ **regarder qn de biais** to give sb a sidelong glance
e (Sociol) bias

**biaisé, e** [bjeze] (ptp de **biaiser**) adj a (Stat) échantillon, données biased; (= faussé) vision distorted ◆ **une perception biaisée de la réalité** a distorted ou skewed view of reality ◆ **depuis cet incident, les relations entre les deux pays sont un peu biaisées** since this incident the two countries have had a somewhat skewed relationship ◆ **leurs questions sont toujours biaisées** their questions always have a certain slant to them
b (= avec un parti pris) reportage, conclusion, raisonnement, analyse biased ◆ **la composition du jury était biaisée** the jury was made up of an unrepresentative sample of people

**biaiser** [bjeze] → SYN ▸ conjug 1 ◂ 1 vi a (= louvoyer) to sidestep the issue, prevaricate
b (= obliquer) to change direction
2 vt (Stat) [+ résultat] to bias

**biathlon** [biatlɔ̃] → SYN nm biathlon

**biaural, e,** mpl **-aux** [bjɔʀal, o] adj binaural

**biauriculaire** [biɔʀikylɛʀ] adj binaural

**biaxe** [biaks] adj biaxial

**bi-bande** [bibɑ̃d] adj téléphone mobile dual band

**bibelot** [biblo] → SYN nm (sans valeur) trinket, knick-knack; (de valeur) bibelot, curio

**bibendum** [bibɛ̃dɔm] nm ◆ **c'est un vrai bibendum** he's really podgy *, he's a real butterball * (US)

**biberon** [bibʀɔ̃] → SYN nm feeding bottle, baby's bottle ◆ **élevé au biberon** bottle-fed ◆ **l'heure du biberon** (baby's) feeding time ◆ **élever** ou **nourrir au biberon** to bottle-feed ◆ **il est à 6 biberons (par jour)** he's on 6 feeds (a day)

**biberonner** ‡ [bibʀɔne] ▸ conjug 1 ◂ vi to tipple *, booze *

**bibi**[1] * [bibi] → SYN nm woman's hat

**bibi**[2] ‡ [bibi] → SYN pron me, yours truly (hum)

**bibine** * [bibin] nf (weak) beer, dishwater (hum) ◆ **une infâme bibine** a foul ou loathsome brew

**bibi(t)te** [bibit] nf (Can) insect, bug *

**bible** [bibl] → SYN nf (= livre, fig) bible ◆ **la Bible** the Bible

**bibli** * [bibli] nf abrév de **bibliothèque**

**bibliobus** [biblijɔbys] nm mobile library, bookmobile (US)

**bibliographe** [biblijɔgʀaf] nmf bibliographer

**bibliographie** [biblijɔgʀafi] → SYN nf bibliography

**bibliographique** [biblijɔgʀafik] adj bibliographic(al)

**bibliomane** [biblijɔman] nmf booklover

**bibliomanie** [biblijɔmani] nf bibliomania

**bibliophile** [biblijɔfil] → SYN nmf bibliophile (frm), booklover

**bibliophilie** [biblijɔfili] → SYN nf bibliophilism (frm), love of books

**bibliothécaire** [biblijɔtekɛʀ] → SYN nmf librarian

**bibliothéconomie** [biblijɔtekɔnɔmi] nf library science

**bibliothèque** [biblijɔtɛk] → SYN nf (= édifice, pièce) library; (= meuble) bookcase; (= collection) library, collection (of books) ◆ **bibliothèque de gare** station bookstall (Brit) ou newsstand (US) ◆ **bibliothèque municipale/universitaire** public/university library ◆ **bibliothèque de prêt** lending library

> **BIBLIOTHÈQUE NATIONALE**
>
> The "BN", as it is popularly known, was founded in 1537 by Francis I. Situated in the rue de Richelieu in Paris, it is a copyright deposit library holding important historic collections of printed and manuscript material.. The building has become too small to house the collections adequately, and most of its material is being transferred to a vast new library complex in the south-east of the city.

**biblique** [biblik] → SYN adj biblical

**bibliquement** [biblikmɑ̃] adv biblically ◆ **connaître bibliquement qn** (hum ou frm) to know sb in the biblical sense (hum), have carnal knowledge of sb (frm)

**bic ®** [bik] → SYN nm ◆ **(pointe) bic** ≃ Biro ®, ≃ ball-point pen, Bic ® (pen) (US)

**bicaméral, e,** mpl **-aux** [bikameʀal, o] adj bicameral, two-chamber (épith)

**bicaméralisme** [bikameʀalism], **bicamérisme** [bikameʀism] nm bicameral ou two-chamber system

**bicarbonate** [bikaʀbɔnat] nm bicarbonate ◆ **bicarbonate de soude** bicarbonate of soda, sodium bicarbonate, baking soda

**bicarbonaté, e** [bikaʀbɔnate] adj bicarbonate (épith)

**bicarburation** [bikaʀbyʀasjɔ̃] nf ◆ **voiture fonctionnant en bicarburation** dual-fuel car

**bicarré, e** [bikaʀe] adj (Math) biquadratic

**bicentenaire** [bisɑ̃t(ə)nɛʀ] nm bicentenary, bicentennial

**bicéphale** [bisefal] adj two-headed, bicephalous (SPÉC)

**biceps** [bisɛps] → SYN nm biceps ◆ **avoir des** ou **du biceps** * to have a strong ou good pair of arms

**biche** [biʃ] → SYN nf hind, doe ◆ **un regard** ou **des yeux de biche** doe-like eyes ◆ **ma biche** (terme d'affection) darling, pet *

**bicher** * [biʃe] ▸ conjug 1 ◂ vi a [personne] to be pleased with o.s.

**b** (= aller) **ça biche ?** how's things?*, things O.K. with you?*

**bichette** [biʃɛt] → SYN nf (terme d'affection) ◆ **(ma) bichette** darling, pet*

**Bichkek** [biʃkɛk] n Pishpek

**bichlamar** [biʃlamaʀ] nm Beach- ou Biche-la-Marr

**bichlorure** [biklɔʀyʀ] nm bichloride

**bichon, -onne** [biʃɔ̃, ɔn] → SYN nm,f (= chien) bichon frise ◆ **mon bichon*** pet*, love*

**bichonner** [biʃɔne] ▸ conjug 1 ◂ **1** vt [+ personne] to pamper, cosset ◆ **il bichonne sa moto/la pelouse** he lavishes care on his motorbike/the lawn

**2** **se bichonner** vpr to dress up, spruce o.s. up ◆ **elle est en train de se bichonner dans sa chambre** (péj) she's getting dolled up* in her room

**bichromate** [bikʀɔmat] nm bichromate

**bichromie** [bikʀɔmi] nf two-colour process

**bicipital, e,** mpl **-aux** [bisipital, o] adj biceps (épith)

**biclou*** [biklu] nm (= bicyclette) bike

**bicolore** [bikɔlɔʀ] → SYN adj bicolour(ed) (Brit), bicolor(ed) (US), two-colour(ed) (Brit), two-color(ed) (US), two-tone; (Cartes) two-suited

**biconcave** [bikɔ̃kav] adj biconcave

**biconvexe** [bikɔ̃vɛks] adj biconvex

**bicoque** [bikɔk] → SYN nf (péj) dump* ◆ **ils ont une petite bicoque au bord de la mer*** (hum) they've got a little place by the sea

**bicorne** [bikɔʀn] → SYN **1** nm cocked hat

**2** adj two-horned

**bicot**** [biko] nm (injurieux) (North African) Arab

**bicross** [bikʀɔs] nm (= vélo) ≃ mountain bike; (= sport) ≃ mountain biking

**biculturalisme** [bikyltyʀalism] m biculturalism

**biculturel, -elle** [bikyltyʀɛl] adj bicultural

**bicuspide** [bikyspid] adj bicuspid(ate)

**bicycle** [bisikl] nm (Hist, à grande et petite roues) penny farthing (bicycle) (Brit), ordinary (US); (Can) bicycle

**bicyclette** [bisiklɛt] → SYN nf **a** (= véhicule) bicycle, bike* ◆ **aller à la ville à** ou **en bicyclette** to go to town by bicycle, cycle to town ◆ **faire de la bicyclette** to go cycling, cycle ◆ **sais-tu faire de la bicyclette ?** can you cycle?, can you ride a bike?*

**b** (Sport) cycling

**bidasse*** [bidas] nm (= conscrit) soldier, squaddy (arg Mil) (Brit)

**bide** [bid] → SYN nm **a** (* = ventre) belly* ◆ **avoir du bide** to have a potbelly

**b** (* = échec) (gén) flop*, fiasco ◆ **il a essayé de la draguer, mais ça a été le bide** he tried to pick her up but failed miserably ◆ **être** ou **faire un bide** (Théât, Ciné) to be a flop* ou a washout ou a bomb* (US)

**bidet** [bidɛ] → SYN nm **a** (= cuvette) bidet

**b** (= cheval) (old) nag

**bidimensionnel, -elle** [bidimɑ̃sjɔnɛl] adj two-dimensional

**bidirectionnel, -elle** [bidiʀɛksjɔnɛl] adj bidirectional

**bidoche*** [bidɔʃ] nf meat

**bidon** [bidɔ̃] → SYN **1** nm **a** (gén) can, tin; (à huile, à essence) can; (à peinture) tin; [cycliste, soldat] water bottle, flask ◆ **bidon à lait** milk-churn ◆ **huile en bidon** oil in a can

**b** (* = ventre) belly*

**c** (* = bluff) **c'est du bidon** that's a load of hot air ou bull* ou codswallop* (Brit) ◆ **ce n'est pas du bidon** I'm (ou he's etc) not kidding!*

**2** adj inv (* = simulé) attentat, attaque mock (épith); déclaration, prétexte phoney*, phony* (US); élection rigged; maladie, émotion sham (épith) ◆ **société bidon** ghost company ◆ **il est bidon** he's phoney* ou phony* (US)

**bidonnage*** [bidɔnaʒ] nm [reportage, CV] faking ◆ **cette interview, c'était du bidonnage** that interview was faked ou was a put-up* job

**bidonnant, e*** [bidɔnɑ̃, ɑt] → SYN adj hilarious ◆ **c'était bidonnant** it was a scream*, it was side-splittingly funny*

**bidonner** [bidɔne] ▸ conjug 1 ◂ **1** **se bidonner*** vpr to split one's sides (laughing)*, be doubled up (with laughter), crease up*

**2** vt (* = truquer) [+ reportage, CV] to fake

**bidonville** [bidɔ̃vil] → SYN nm shanty town

**bidouillage*** [bidujaʒ] nm ◆ **c'est du bidouillage** it's just been cobbled together

**bidouiller*** [biduje] ▸ conjug 1 ◂ vt **a** (gén = réparer) to (have a) tinker with; (Ordin) [+ programme] to hack up ◆ **j'ai réussi à le bidouiller** I've managed to fix it for the time being

**b** (péj = truquer) [+ compteur] to fiddle with, fix; [+ élection] to rig

**bidouilleur, -euse*** [bidujœʀ, øz] nm,f ◆ **c'est un bidouilleur** (habile) he's quite good with his hands; (péj) he's a bit of a botcher*

**bidous*** [bidu] nmpl (Can) money, dough*

**bidule*** [bidyl] nm (= machin) contraption, thingumajig*, thingummy* (Brit), whatsit* (Brit); (= personne) what's-his-name* (ou what's-her-name*), whatsit* (Brit) ◆ **eh bidule !** hey (you) what's-your-name!*

**bief** [bjɛf] → SYN nm **a** [canal] reach

**b** [moulin] **bief d'amont** headrace ◆ **bief d'aval** tail race ou water

**bielle** [bjɛl] → SYN nf [locomotive] connecting rod; [voiture] track rod

**biellette** [bjelɛt] nf (Aut) stub axle

**biélorusse** [bjelɔʀys] **1** adj Byelorussian

**2** **Biélorusse** nmf Byelorussian

**Biélorussie** [bjelɔʀysi] nf Byelorussia

## bien [bjɛ̃]

→ SYN

**1** ADVERBE
**2** ADJECTIF INVARIABLE
**3** NOM MASCULIN
**4** COMPOSÉS

**1** ADVERBE

**a** = de façon satisfaisante jouer, dormir, travailler well; conseiller, choisir well, wisely; fonctionner properly, well ◆ **aller** ou **se porter bien, être bien portant** to be well, be in good health ◆ **comment vas-tu ? – bien/très bien merci** how are you? — fine/very well, thanks ◆ **nous avons bien travaillé aujourd'hui** we've done some good work today ◆ **il a bien réussi** he's done well (for himself) ◆ **cette porte ne ferme pas bien** this door doesn't shut properly ◆ **la télé ne marche pas bien** the TV isn't working properly ou right ◆ **il s'habille bien** he dresses well ou smartly ◆ **il parle bien l'anglais** he speaks good English, he speaks English well ◆ **elle est bien coiffée aujourd'hui** her hair looks nice today ◆ **on est bien nourri dans cet hôtel** the food's good in that hotel ◆ **il a bien pris ce que je lui ai dit** he took what I said in good part ou quite well ◆ **il s'y est bien pris (pour le faire)** he went about it the right way ◆ **si je me rappelle bien** if I remember right(ly) ou correctly ◆ **ni bien ni mal** so-so* ◆ **il n'écrit ni bien ni mal** (auteur) he's so-so as an author

**b** = selon les convenances, la morale, la raison se conduire, agir well, decently ◆ **il pensait bien faire** he thought he was doing the right thing ◆ **vous avez bien fait** you did the right thing, you did right ◆ **il a bien fait de partir** he was quite right ou he did right to go ◆ **faire bien les choses** to do things properly ou in style ◆ **vous faites bien de me le dire !** you did well to tell me!, it's a good thing you've told me! ◆ **vous feriez bien de partir tôt** you'd do well ou you'd be well advised to leave early ◆ **ça commence à bien faire* !** this has gone on quite long enough!, this is getting beyond a joke! ◆ **bien lui en a pris** it was just as well he did it

**c** = sans difficulté supporter well; se rappeler well, clearly ◆ **on comprend très bien pourquoi** you can certainly understand ou see why ◆ **il peut très bien le faire** he's perfectly capable of doing it

**d** exprimant le degré (= très) very, really; (= beaucoup) very much, thoroughly; (= trop) rather ◆ **bien mieux** much better ◆ **bien souvent** quite often ◆ **nous sommes bien contents de vous voir** we're very ou awfully glad to see you ◆ **bien plus heureux/cher** far ou much happier/more expensive ◆ **c'est un bien beau pays** it's a really ou truly beautiful country ◆ **nous avons bien ri** we had a good laugh ◆ **les enfants se sont bien amusés** the children thoroughly enjoyed themselves ou had great fun ◆ **vos œufs sont bien frais ?** are your eggs really fresh? ◆ **question bien délicate** highly sensitive question ◆ **bien trop bête** far too stupid ◆ **elle est bien jeune (pour se marier)** she is very ou rather young (to be getting married) ◆ **c'est bien moderne pour mes goûts** it's rather too modern for my taste ◆ **il me paraît bien sûr de lui** he seems to be rather ou pretty* sure of himself to me

**e** = effectivement indeed, definitely; (interrog = réellement) really ◆ **nous savons bien où il se cache** we know perfectly well ou quite well where he's hiding ◆ **j'avais bien dit que je ne viendrais pas** I (certainly) did say that I wouldn't come ◆ **je trouve bien que c'est un peu cher mais tant pis** I do think it's rather expensive ou I agree it's rather expensive but never mind ◆ **c'est bien une erreur** it's definitely ou certainly a mistake ◆ **était-ce bien une erreur ?** was it really ou in fact a mistake? ◆ **c'est bien à ton frère que je pensais** it was indeed your brother I was thinking of ◆ **ce n'est pas lui mais bien son frère qui est docteur** it's his brother not him who is a doctor ◆ **dis-lui bien que ...** be sure to ou and tell him that ..., make sure you tell him that ... ◆ **je vous avais bien averti** I gave you ample warning, I did warn you ◆ **c'est bien mon manteau ?** that is my coat, isn't it?

**f** dans une exclamative **il s'agit bien de ça !** (= vraiment, justement) as if that's the point! ◆ **voilà bien les femmes !** that's women for you! ◆ **c'est bien ça, on t'invite et tu te décommandes !** that's you all over ou that's just like you! — we invite you over and then you say you can't come!

**g** avec valeur intensive **ferme bien la porte** shut the door properly, make sure you shut the door ◆ **tourne bien ton volant à droite** turn your wheel hard to the right ◆ **écoute-moi bien** listen to me carefully ◆ **regardez bien ce qu'il va faire** watch what he does carefully ◆ **mets-toi bien en face** stand right ou straight opposite ◆ **percez un trou bien au milieu** drill a hole right in the centre ◆ **tiens-toi bien droit** stand quite straight ◆ **il est mort et bien mort** he's dead and gone ◆ **c'est bien compris ?** is that quite clear ou understood? ◆ **c'est bien promis ?** is that a firm promise? ◆ **il arrivera bien à se débrouiller** he'll manage to cope all right ◆ **j'espère bien !** I should hope so (too)! ◆ **où peut-il bien être ?** where on earth can he be? ◆ **bien à vous** (dans une lettre) yours

**h** = malgré tout **il fallait bien que ça se fasse** it just had to be done ◆ **il faut bien le supporter** you've just got to put up with it ◆ **il pourrait bien venir nous voir de temps en temps !** he could at least come and see us now and then!

**i** = volontiers (précédé d'un verbe au conditionnel) **je mangerais bien un morceau** I could do with a bite to eat, I wouldn't mind something to eat ◆ **je l'aiderais bien, mais ...** I wish I could help him, but ... ◆ **j'irais bien mais ...** I'd love to go but ... ◆ **je voudrais bien t'y voir !** I'd like ou love to see you try!, I'd sure like* (US) to see you try! ◆ **je te verrais bien en jaune** I think you'd look good in yellow

**j** = au moins at least ◆ **il y a bien 3 jours que je ne l'ai vu** I haven't seen him for at least 3 days ◆ **cela vaut bien ce prix là** it's worth at least that

**k** locutions figées

◆ **bien du, de la** a great deal of ◆ **elle a eu bien du mal** ou **de la peine à le trouver** she had a good ou great deal of difficulty in ou no end of trouble* in finding it ◆ **ça fait bien du monde** that's an awful lot of people ◆ **ils ont eu bien de la chance** they were really very lucky

◆ **bien des** a good many ◆ **je connais bien des gens qui auraient protesté** I know a good many ou quite a few people who would have protested

◆ **bien que** although, though ◆ **bien que je ne puisse pas venir** although ou though I can't come

♦ **bien sûr** of course ♦ **bien sûr qu'il viendra !** of course he'll come!

♦ **pour bien faire** ♦ **pour bien faire il faudrait partir maintenant** the best thing would be to leave now ♦ **pour bien faire, il aurait fallu terminer hier** it would have been better if we had finished yesterday

[2] ADJECTIF INVARIABLE

a [= satisfaisant] film, tableau, livre good ♦ **elle est très bien comme secrétaire** she's a very good ou competent secretary ♦ **donnez-lui quelque chose de bien** give him something really good ♦ **ce serait bien s'il venait** it would be good if he were to come

♦ **bien!** (approbation) good!, fine!; (pour changer de sujet) O.K.!, all right! ♦ **bien ! bien !, c'est bien !** (exaspération) all right! all right!, O.K.! O.K.!

b [Scol, sur copie] good ♦ **assez bien** quite good ♦ **très bien** very good

c [= en bonne forme] well, in good form ou health ♦ **je ne suis pas bien** I don't feel very well ♦ **tu n'es pas bien ?** are you feeling OK? ♦ **il n'était pas très bien ce matin** he was out of sorts ou off colour* (Brit) this morning ♦ **t'es pas bien, non ?** * are you crazy?

d [= beau] personne good-looking, nice-looking; chose nice ♦ **elle était très bien quand elle était jeune** she was very attractive ou good-looking when she was young ♦ **il est bien de sa personne** he's a good-looking man ou a fine figure of a man ♦ **ils ont une maison tout ce qu'il y a de bien** * they've got a really lovely ou nice house ♦ **ce bouquet fait bien sur la cheminée** those flowers look nice on the mantelpiece

e [= à l'aise] **il est bien partout** he is ou feels at home anywhere ♦ **on est bien à l'ombre** it's pleasant ou nice in the shade ♦ **on est bien ici** it's nice here, we like it here ♦ **je suis bien dans ce fauteuil** I'm very comfortable in this chair ♦ **elle se trouve bien dans son nouveau poste** she's very happy in her new job ♦ **laisse-le, il est bien où il est !** leave him alone – he's quite all right where he is ou he's fine where he is ♦ **vous voilà bien !** (iro) now you've done it!, you're in a fine mess now!

f [= acceptable] (socialement) nice; (moralement) right ♦ **c'est pas bien de dire ça** it's not nice to say that ♦ **ce n'est pas bien de faire ça** it's not nice ou right to do that ♦ **c'est bien ce qu'il a fait là** it was very good ou decent ou nice of him to do that ♦ **c'est bien à vous de les aider** it's good ou nice of you to help them ♦ **c'est un type bien** * he's a nice guy* ou bloke* (Brit) ♦ **c'est une femme bien** she's a very nice woman ♦ **des gens bien** very nice ou decent people

g [= en bons termes] **être bien avec qn** to be on good terms ou get on well with sb ♦ **ils sont bien ensemble** they're on the best of terms ♦ **se mettre bien avec qn** to get on the good ou right side of sb, get into sb's good books*

[3] NOM MASCULIN

a [NonC = ce qui est avantageux, agréable] good ♦ **le bien public** the public good ♦ **c'est pour ton bien !** it's for your own good! ♦ **pour le (plus grand) bien de l'humanité** for the (greater) good of humanity ♦ **grand bien vous fasse !** (iro) much good may it do you!, you're welcome to it! ♦ **être du dernier bien avec qn** (littér) to be on the closest possible terms ou on intimate terms with sb

♦ **faire du bien** ♦ **faire du bien à qn/qch** to do sb/sth good ♦ **ça ne va pas faire de bien à sa réputation** that's not going to do his reputation any good ♦ **ses paroles m'ont fait du bien** what he said did me good ♦ **ça fait du bien de se confier** it's good to talk ♦ **je me suis cogné la tête, ça ne fait pas de ou du bien !** I bumped my head and it really hurt ou it didn't half* (Brit) hurt ♦ **ça fait du bien par où ça passe** * ! that hits the spot!

♦ **dire du bien de** ♦ **dire du bien de qn** to speak well of sb ♦ **on a dit le plus grand bien de ce livre/de cet acteur** this book/this actor has been highly praised, people have spoken very highly ou favourably of this book/this actor ♦ **on dit beaucoup de bien de ce restaurant** this restaurant has got a very good name, people speak very highly of this restaurant

♦ **vouloir du bien à** ♦ **vouloir du bien à qn** to wish sb well ♦ **un ami qui vous veut du bien** (iro) a well-wisher (iro)

♦ **en bien** ♦ **je trouve qu'il a changé en bien** I find he has changed for the better ou he has improved ♦ **parler en bien de qn** to speak favourably ou well of sb

b [= avantage] **finalement cet échec temporaire a été un bien** in the end this setback was a good thing ♦ **son départ a été un bien pour l'entreprise** it was a good thing for the firm that he left

c [= ce qui a une valeur morale] **le bien** good ♦ **savoir discerner le bien du mal** to be able to tell good from evil ou right from wrong ♦ **faire le bien** to do good ♦ **rendre le bien pour le mal** to return good for evil

d [= possession] possession, property (NonC); (= argent) fortune; (= terre) estate ♦ **biens** goods ♦ **cet ordinateur est son bien le plus cher** this computer is his most treasured possession ♦ **la tranquillité est le seul bien qu'il désire** peace of mind is all he asks for ♦ **il considère tout comme son bien** he regards everything as being his property ou his own ♦ **il a dépensé tout son bien** he has gone through his entire fortune ♦ **avoir du bien (au soleil)** to have property ♦ **laisser tous ses biens à qn** to leave all one's (worldly) goods ou possessions to sb ♦ **il est très attaché aux biens de ce monde** he lays great store by worldly goods ou possessions ♦ (Prov) **bien mal acquis ne profite jamais** ill-gotten gains seldom prosper (Prov) ill gotten ill spent

[4] COMPOSÉS

▷ **biens de consommation** consumer goods ▷ **biens durables** consumer durables ▷ **biens d'équipement** capital equipment ou goods; (Ind) plant ▷ **biens d'équipement ménager** household goods ▷ **bien de famille** family estate ▷ **biens fonciers** real estate, property (Brit), landed property ▷ **biens immédiatement disponibles** off-the-shelf goods ▷ **biens immeubles, biens immobiliers** ⇒ **biens fonciers** ▷ **biens indirects** capital goods ▷ **biens intermédiaires** (Admin) intermediate goods ▷ **bien marchand** commodity ▷ **biens meubles, biens mobiliers** personal property ou estate, movables ▷ **biens privés** private property ▷ **biens publics** public property ▷ **biens successoraux** hereditaments ▷ **biens en viager** life estate

**bien-aimé, e,** mpl **bien-aimés** [bjɛ̃neme] [→ SYN] adj, nm,f beloved

**bien-dire** [bjɛ̃diʀ] [→ SYN] nm inv eloquence

**bien-être** [bjɛ̃nɛtʀ] [→ SYN] nm inv (physique, psychologique) well-being; (matériel) comfort, material well-being

**bienfaisance** [bjɛ̃fəzɑ̃s] [→ SYN] nf charity ♦ **association ou œuvre de bienfaisance** charitable organization, charity ♦ **l'argent sera donné à des œuvres de bienfaisance** the money will be given to charity

**bienfaisant, e** [bjɛ̃fəzɑ̃, ɑ̃t] [→ SYN] adj **a** effets salutary, beneficial; pluie life-giving ♦ **eaux aux vertus bienfaisantes** health-giving waters ♦ **l'influence bienfaisante de Vénus** (Astrol) the favourable ou benign influence of Venus
**b** † personne beneficent (frm), kindly

**bienfait** [bjɛ̃fɛ] [→ SYN] nm (= faveur) kindness, kind deed; (surtout pl = avantage) benefit ♦ **c'est un bienfait du ciel !** it's a godsend! ou a blessing! ♦ (Prov) **un bienfait n'est jamais perdu** a good turn ou deed never goes amiss ♦ **les bienfaits du progrès** the benefits of progress ♦ **les bienfaits d'un traitement** the beneficial effects of a course of treatment ♦ **il commence à ressentir les bienfaits de son séjour à la campagne** he is beginning to feel the benefit of his stay in the country

**bienfaiteur** [bjɛ̃fɛtœʀ] [→ SYN] nm benefactor

**bienfaitrice** [bjɛ̃fɛtʀis] nf benefactress

**bien-fondé,** pl **bien-fondés** [bjɛ̃fɔ̃de] [→ SYN] nm [opinion, assertion] validity; (Jur) [plainte] cogency

**bien-fonds,** pl **biens-fonds** [bjɛ̃fɔ̃] [→ SYN] nm real estate, landed property

**bienheureux, -euse** [bjɛ̃nœʀø, øz] [→ SYN] adj
**a** (Rel) blessed, blest (littér) ♦ **les bienheureux** the blessed, the blest
**b** (littér) happy ♦ **bienheureux ceux qui ...** lucky are those who ...

**biennal, e,** mpl **-aux** [bjenal, o] [→ SYN] [1] adj biennial
[2] **biennale** nf biennial event

**bien-pensant, e,** mpl **bien-pensants** [bjɛ̃pɑ̃sɑ̃, ɑ̃t] [→ SYN] [1] adj (Rel) God-fearing; (péj = conformiste) right-thinking
[2] nm,f ♦ **les bien-pensants** (Rel) God-fearing people; (péj = conformistes) right-thinking people

**bienséance** [bjɛ̃seɑ̃s] [→ SYN] nf propriety, decorum ♦ **les bienséances** the proprieties

**bienséant, e** [bjɛ̃seɑ̃, ɑ̃t] [→ SYN] adj action, conduite proper, seemly, becoming ♦ **il n'est pas bienséant de bâiller** it is unbecoming ou unseemly to yawn

**bientôt** [bjɛ̃to] [→ SYN] adv soon ♦ **à bientôt !** see you soon!, bye for now! * ♦ **c'est bientôt dit** it's easier said than done, it's easy to say ♦ **on est bientôt arrivé** we'll soon be there, we'll be there shortly ♦ **on ne pourra bientôt plus circuler dans Paris** before long it will be impossible to drive in Paris ♦ **c'est pour bientôt ?** is it due soon?, any chance of its being ready soon?; (naissance) is the baby expected ou due soon? ♦ **il est bientôt minuit** it's nearly midnight ♦ **il aura bientôt 30 ans** he'll soon be 30 ♦ **il eut bientôt fait de finir son travail** † he finished his work in no time, he lost no time in finishing his work

**bienveillance** [bjɛ̃vɛjɑ̃s] [→ SYN] nf benevolence, kindness (*envers* to) ♦ **avec bienveillance** dire, regarder benevolently, kindly; parler kindly ♦ **examiner un cas avec bienveillance** to give favourable consideration to a case ♦ **je sollicite de votre haute bienveillance ...** (Admin) I beg (leave) to request ...

**bienveillant, e** [bjɛ̃vɛjɑ̃, ɑ̃t] [→ SYN] adj benevolent, kindly

**bienvenu, e** [bjɛ̃v(ə)ny] [→ SYN] [1] adj ♦ **remarque bienvenue** apposite ou well-chosen remark
[2] nm,f ♦ **vous êtes le bienvenu, soyez le bienvenu** you're very welcome, pleased to see you* ♦ **une tasse de café serait la bienvenue** a cup of coffee would be (most) welcome
[3] **bienvenue** nf welcome ♦ **souhaiter la bienvenue à qn** to welcome sb ♦ **bienvenue à vous !** welcome (to you)!, you are most welcome! ♦ **allocution de bienvenue** welcoming speech ♦ **bienvenue à Paris/en Italie !** welcome to Paris/to Italy! ♦ **bienvenue parmi nous !** welcome (to the department ou company ou neighbourhood etc)! ♦ **bienvenue !** (Can = je vous en prie) you're welcome!

**bière**[1] [bjɛʀ] [→ SYN] nf beer ♦ **garçon, deux bières !** waiter, two beers! ♦ **bière blanche** *type of Belgian beer brewed from wheat* ♦ **bière blonde** ≃ lager, ≃ light ale (Brit), ≃ light beer (US) ♦ **bière brune** ≃ brown ale, ≃ dark beer (US); → **petit, pression**

**bière**[2] [bjɛʀ] [→ SYN] nf coffin, casket (US) ♦ **mettre qn en bière** to put ou place sb in their coffin ♦ **la mise en bière a eu lieu ce matin** the body was placed in the coffin this morning

**biergol** [biɛʀgɔl] nm ⇒ **diergol**

**biface** [bifas] nm (Archéol) flint, biface

**biffage** [bifaʒ] [→ SYN] nm crossing out

**biffe** [bif] [→ SYN] nf (arg Mil) ♦ **la biffe** the infantry

**biffer** [bife] [→ SYN] ► conjug 1 ◄ vt to cross out, strike out ♦ **biffer à l'encre/au crayon** to ink/pencil out

**biffeton** ‡ [biftɔ̃] nm (bank)note, bill (US)

**biffin** [bifɛ̃] [→ SYN] nm (arg Mil) foot soldier, infantryman; († ‡ = chiffonnier) rag-and-bone man

**biffure** [bifyʀ] [→ SYN] nf crossing out

**bifide** [bifid] adj bifid

**bifidus** [bifidys] nm bifidus ♦ **yaourt au bifidus** yogurt containing bifidus, bio yogurt

**bifilaire** [bifilɛʀ] adj bifilar

**bifocal, e,** mpl **-aux** [bifɔkal, o] adj bifocal ♦ **lunettes bifocales** bifocals

**bifteck** [biftɛk] [→ SYN] nm steak ♦ **bifteck de cheval** horsemeat steak ♦ **deux biftecks** two steaks, two pieces of steak; → **défendre, gagner, haché**

**bifurcation** [bifyʀkasjɔ̃] → SYN nf [route] fork, junction; (Rail) fork; [artère, tige] branching; (fig = changement) change

**bifurquer** [bifyʀke] ▸ conjug 1 ◂ vi **a** [route, voie ferrée] to fork, branch off
**b** [véhicule] to turn off (*vers, sur* for, towards); (fig) [personne] to branch off (*vers* into) ◆ **bifurquer sur la droite** to turn ou bear right

**bigame** [bigam] 1 adj bigamous
2 nmf bigamist

**bigamie** [bigami] nf bigamy

**bigarade** [bigaʀad] → SYN nf Seville ou bitter orange

**bigaradier** [bigaʀadje] nm Seville ou bitter orange tree

**bigarré, e** [bigaʀe] → SYN (ptp de **bigarrer**) adj **a** (= bariolé) vêtement many-coloured, rainbow-coloured; groupe colourfully dressed, gaily coloured
**b** (fig) foule motley (épith); société, peuple heterogeneous, mixed

**bigarreau**, pl **bigarreaux** [bigaʀo] → SYN nm bigarreau, bigaroon (cherry) ◆ **yaourt aux bigarreaux** cherry yogurt

**bigarrer** [bigaʀe] ▸ conjug 1 ◂ vt to colour in many hues

**bigarrure** [bigaʀyʀ] → SYN nf coloured pattern ◆ **la bigarrure** ou **les bigarrures d'un tissu** the medley of colours in a piece of cloth, the gaily-coloured pattern of a piece of cloth

**Big Bang, big(-)bang** [bigbɑ̃g] nm inv (Astron) big bang; (fig = réorganisation) shake-up

**bigle** † [bigl] adj → **bigleux, -euse b**

**bigler** †* [bigle] ▸ conjug 1 ◂ 1 vt [+ personne] to look at
2 vi (= loucher) to squint, have a squint ◆ **arrête de bigler sur** ou **dans mon jeu** stop peeping at my cards*, take your beady eyes off my cards*

**bigleux, -euse*** [biglø, øz] → SYN adj **a** (= myope) short-sighted ◆ **quel bigleux tu fais !** you need glasses!
**b** (= qui louche) squint(-eyed), cross-eyed

**bignonia** [biɲɔnja] nm, **bignone** [biɲɔn] nf bignonia

**bigophone*** [bigɔfɔn] nm phone, blower* (Brit), horn* (US) ◆ **passer un coup de bigophone à qn** to get on the blower* (Brit) ou horn* (US) to sb, give sb a buzz* ou ring

**bigophoner*** [bigɔfɔne] ▸ conjug 1 ◂ vi to be on the blower* (Brit) ou horn* (US) ◆ **bigophoner à qn** to give sb a buzz* ou a ring

**bigorneau**, pl **bigorneaux** [bigɔʀno] → SYN nm winkle

**bigorner** †* [bigɔʀne] ▸ conjug 1 ◂ 1 vt [+ voiture] to smash up
2 **se bigorner** vpr (= se battre) to come to blows, scrap* (*avec* with)

**bigot, e** [bigo, ɔt] → SYN (péj) 1 adj sanctimonious, holier-than-thou
2 nm,f sanctimonious ou holier-than-thou person

**bigoterie** [bigɔtʀi] → SYN nf (péj) sanctimoniousness

**bigouden, -ène** [bigudɛ̃, ɛn] 1 adj of ou from the Pont-l'Abbé region *(in Brittany)*
2 **Bigouden (-ène)** nm,f native ou inhabitant of the Pont-l'Abbé region
3 **bigoudène** nf (= coiffe) *woman's headdress worn in the Pont-l'Abbé region*

**bigoudi** [bigudi] nm (hair-)curler, roller ◆ **elle était en bigoudis** her hair was in curlers ou rollers

**bigre*** [bigʀ] excl (hum) gosh!*, holy smoke!*

**bigrement*** [bigʀəmɑ̃] → SYN adv bon, chaud, cher darned*, jolly* (Brit); changer, ressembler a heck of a lot* ◆ **on a bigrement bien mangé** we had a jolly good meal* (Brit), we had one dandy meal* (US)

**bigue** [big] → SYN nf heavy-load derrick

**biguine** [bigin] → SYN nf beguine

**Bihar** [biaʀ] nm ◆ **le Bihar** Bihar

**bihebdomadaire** [biɛbdɔmadɛʀ] adj twice-weekly

**bihoreau** [biɔʀo] → SYN nm night heron

**bijectif, -ive** [biʒɛktif, iv] adj bijective

**bijection** [biʒɛksjɔ̃] nf bijection

**bijou**, pl **bijoux** [biʒu] → SYN nm jewel; (= chef-d'œuvre) gem ◆ **les bijoux d'une femme** a woman's jewels ou jewellery ◆ **un bijou de précision** a marvel of precision ◆ **bijoux (de) fantaisie** costume jewellery ◆ **mon bijou** (terme d'affection) my love, pet ◆ **bijoux de famille** (lit) family jewels; ✱: (hum) wedding tackle✱ (Brit), family jewels✱ (US)

**bijouterie** [biʒutʀi] → SYN nf (= boutique) jeweller's (shop); (= commerce) jewellery business ou trade; (= art) jewellery-making; (= bijoux) jewellery

**bijoutier, -ière** [biʒutje, jɛʀ] → SYN nm,f jeweller

**bikini ®** [bikini] → SYN nm bikini

**bilabial, e**, mpl **-iaux** [bilabjal, jo] 1 adj bilabial
2 **bilabiale** nf bilabial

**bilabié, e** [bilabje] adj bilabiate

**bilame** [bilam] nm (Phys) bimetallic strip

**bilan** [bilɑ̃] → SYN nm **a** (Fin) balance sheet, statement of accounts ◆ **dresser** ou **établir son bilan** to draw up the balance sheet ◆ **bilan de liquidation** statement of affairs *(in a bankruptcy petition)*
**b** (= évaluation) appraisal, assessment; (= résultats) results; (= conséquences) consequences ◆ **le bilan du gouvernement** the government's track record ◆ **quel a été le bilan de ces négociations ?** what was the upshot ou the end result of the negotiations? ◆ **faire le bilan d'une situation** to take stock of ou assess a situation ◆ **quand on arrive à 50 ans on fait le bilan** when you reach 50 you take stock (of your life)
**c** [catastrophe] (= nombre de morts) (death) toll ◆ **d'après un premier bilan** ou **un bilan provisoire** according to the first reports coming in ◆ **"émeute dans la capitale, bilan : 3 morts"** "riots in the capital: 3 dead" ◆ **bilan provisoire : 300 blessés** so far, 300 people are known to have been injured
**d** (Méd) **bilan de santé** (medical) checkup ◆ **se faire faire un bilan de santé** to go for ou have a checkup ◆ **faire le bilan de santé de l'économie** to assess the current state of the economy

**bilatéral, e**, mpl **-aux** [bilateʀal, o] → SYN adj bilateral ◆ **stationnement bilatéral** parking on both sides (of the road)

**bilatéralement** [bilateʀalmɑ̃] adv bilaterally

**Bilbao** [bilbao] n Bilbao

**bilboquet** [bilbɔkɛ] nm ≃ cup-and-ball game

**bile** [bil] → SYN nf (Anat, fig = amertume) bile ◆ **se faire de la bile*** (**pour**) to get worried (about), worry o.s. sick (about)*; → **échauffer**

**biler (se)*** [bile] → SYN ▸ conjug 1 ◂ vpr (gén nég) to worry o.s. sick* (*pour* about) ◆ **ne vous bilez pas !** don't get all worked up!* ou het up!*, don't get yourself all worried! ◆ **il ne se bile pas** he's not one to worry, he doesn't let things bother him

**bileux, -euse*** [bilø, øz] → SYN adj easily upset ou worried ◆ **il n'est pas bileux !, ce n'est pas un bileux !** he's not one to worry, he doesn't let things bother him ◆ **quel bileux tu fais !** what a fretter* ou worrier you are!

**bilharzie** [bilaʀzi] nf bilharzia, schistosome

**bilharziose** [bilaʀzjoz] nf bilharziasis, schistosomasis

**biliaire** [biljɛʀ] adj biliary; → **calcul, vésicule**

**bilieux, -euse** [biljø, øz] adj teint bilious, yellowish; personne, tempérament irritable, testy

**bilingue** [bilɛ̃g] → SYN adj bilingual

**bilinguisme** [bilɛ̃gɥism] → SYN nm bilingualism

**bilirubine** [biliʀybin] nf bilirubin

**biliverdine** [biliveʀdin] nf biliverdin

**billard** [bijaʀ] → SYN 1 nm **a** (= jeu) billiards sg; (= table) billiard table; (= salle) billiard room ◆ **faire un billard** ou **une partie de billard** to play (a game of) billiards
**b** (*: LOC) **passer sur le billard** to go under the surgeon's knife, have an operation ◆ **c'est du billard** it's quite ou dead easy*, it's a piece of cake* ou a cinch ◆ **cette route est un vrai billard** this road is incredibly smooth ou as smooth as a billiard table
2 COMP ▷ **billard américain** pool ▷ **billard électrique** pinball machine ▷ **billard français** French billiards ▷ **billard japonais** (= partie) (game of) pinball; (= table) pinball machine ▷ **billard russe** bar billiards

**bille** [bij] → SYN nf **a** (= boule) [enfant] marble; [billard] (billiard) ball ◆ **jouer aux billes** to play marbles, have a game of marbles ◆ **déodorant à bille** roll-on deodorant ◆ **il a attaqué** ou **foncé bille en tête*** (fig) he didn't beat about the bush* ◆ **reprendre** ou **récupérer** ou **retirer ses billes** (fig) to pull out ◆ **il a su placer ses billes*** (fig) he made all the right moves ◆ **toucher sa bille au tennis/en histoire*** to know a thing or two about tennis/history; → **roulement, stylo**
**b** **bille de bois** billet, block of wood
**c** (* = visage) mug✱, face ◆ **il a fait une drôle de bille !** you should have seen his face! ◆ **bille de clown** funny face ◆ **il a une bonne bille** he's got a jolly face
**d** (* = yeux) **billes** round eyes

**billet** [bijɛ] → SYN 1 nm **a** (= ticket) ticket ◆ **billet de quai/train/loterie** platform/train/lottery ticket ◆ **billet collectif** group ticket; → **aller**
**b** (= argent) note, bill (US) ◆ **billet de 20 €** €20 note ◆ **ça coûte 500 billets*** it costs 5,000 francs; → **faux²**
**c** (littér ou † = lettre) note, short letter ◆ **billet d'humeur** (Presse) column
**d** (LOC) **je te fiche** ou **flanque mon billet qu'il ne viendra pas !*** I bet my bottom dollar* ou I bet you anything he won't come!
2 COMP ▷ **billet de banque** banknote ▷ **billet de commerce** promissory note, bill of exchange ▷ **billet doux** billet doux (hum), love letter ▷ **billet de faveur** complimentary ticket ▷ **billet de logement** (Mil) billet ▷ **billet à ordre** promissory note, bill of exchange ▷ **billet de parterre** †* ◆ **prendre** ou **ramasser un billet de parterre** to fall flat on one's face, come a cropper* (Brit) ▷ **billet au porteur** bearer order ▷ **billet de retard** (Scol) late slip, tardy slip (US); (Admin) *note from public transport authorities attesting late running of train etc.* ▷ **billet de trésorerie** commercial paper ▷ **le billet vert** (Écon) the dollar

**billeté, e** [bij(ə)te] adj (Hér) billeté

**billette** [bijɛt] → SYN nf (Archit, Hér, lingot) billet

**billetterie** [bijɛtʀi] nf [argent] cash dispenser, cash point, ATM, automatic teller machine; [tickets] (automatic) ticket machine

**billettiste** [bijetist] nmf (Presse) columnist; [agence] ticket agent

**billevesées** [bijvəze] → SYN nfpl (littér = sornettes) nonsense (NonC)

**billion** [biljɔ̃] → SYN nm million million, trillion (surtout US)

**billot** [bijo] → SYN nm [boucher, bourreau, cordonnier] block; (Can) log (of wood) ◆ **j'en mettrais ma tête sur le billot** (fig) I'd stake my life on it

**bilobé, e** [bilɔbe] adj bilobate, bilobed

**bimane** [biman] adj bimanous

**bimbeloterie** [bɛ̃blɔtʀi] → SYN nf (= objets) knick-knacks, fancy goods (Brit); (= commerce) knick-knack ou fancy goods (Brit) business

**bimensuel, -elle** [bimɑ̃sɥɛl] 1 adj twice monthly, bimonthly, fortnightly (Brit), semimonthly (US)
2 nm (= revue) fortnightly review (Brit), semimonthly (US)

**bimensuellement** [bimɑ̃sɥɛlmɑ̃] adv twice a month, fortnightly (Brit), semimonthly (US)

**bimestre** [bimɛstʀ] nm bimestrial period

**bimestriel, -elle** [bimɛstʀijɛl] adj bimonthly

**bimétallique** [bimetalik] adj bimetallic

**bimétallisme** [bimetalism] nm bimetallism

**bimétalliste** [bimetalist] 1 adj bimetallic, bimetallistic
2 nmf bimetallist

**bimillénaire** [bimi(l)lenɛʀ] adj, nm bimillenary

**bimoteur** [bimɔtœʀ] → SYN 1 adj twin-engined
2 nm twin-engined plane

**binage** [binaʒ] [→ SYN] **nm** hoeing, harrowing

**binaire** [binɛʀ] [→ SYN] [1] **adj** binary
[2] **nm** (Ordin) binary code ◆ **codé en binaire** binary coded

**binational, e,** mpl **-aux** [binasjɔnal, o] [1] **adj** personne having dual nationality
[2] **nm,f** person with dual nationality

**binaural, e,** mpl **-aux** [binɔʀal, o] **adj** ⇒ **biaural**

**biner** [bine] [→ SYN] ▸ conjug 1 ◂ **vt** to hoe, harrow

**binette** [binɛt] [→ SYN] **nf** **a** (Agr) hoe
**b** (* = visage) face, mug ⁑

**bineuse** [binøz] **nf** harrow

**bing** [biŋ] **excl** smack!, thwack!

**bingo** [biŋgo] [→ SYN] **nm** (Can) (= jeu) ≃ bingo *(using letters as well as numbers)*; (= partie) ≃ game of bingo ◆ **bingo !** bingo!

**biniou** [binju] [→ SYN] **nm** (Mus) (Breton) bagpipes ◆ **donner un coup de biniou à qn** * (= téléphone) to give sb a buzz * ou a ring

**binoclard, e** * [binɔklaʀ, aʀd] [→ SYN] **adj, nm,f** ◆ **il est** ou **c'est un binoclard** he wears specs *, he's a four-eyes *

**binocle** [binɔkl] [→ SYN] **nm** pince-nez

**binoculaire** [binɔkylɛʀ] **adj** binocular

**binôme** [binom] [1] **nm** (Math, Bio) binomial; (= deux personnes) two-person team ◆ **travailler en binôme** to work in pairs
[2] **nmf** (= personne) partner ◆ **mon binôme** my partner

**binomial, e,** mpl **-iaux** [binɔmjal, jo] **adj** binomial

**bin's** *, **binz** * [bins] **nm** (= désordre) shambles * *(NonC)* ◆ **quel bin's dans ta chambre !** your room is a shambles! ◆ **c'est tout un bin's pour aller chez lui** (= ennui) what a palaver ou hassle to go to his house!

**bio** * [bjo] [1] **nf** **a** (abrév de **biographie**) bio *
**b** (abrév de **biologie**)
[2] **adj** (abrév de **biologique**) agriculture, engrais, nourriture organic ◆ **produits bio(s)** (= aliments) organic food; (= non-polluants) eco-friendly products

**biobibliographie** [bjobiblijɔgʀafi] **nf** biobibliography

**biocarburant** [bjokaʀbyʀɑ̃] **nm** biofuel

**biocatalyseur** [bjokatalizœʀ] **nm** biocatalyst

**biocénose** [bjosenoz] **nf** bioc(o)enosis

**biochimie** [bjoʃimi] **nf** biochemistry

**biochimique** [bjoʃimik] **adj** biochemical

**biochimiste** [bjoʃimist] **nmf** biochemist

**biocide** [bjɔsid] **nm** biocide

**bioclimatique** [bjoklimatik] **adj** bioclimatic

**bioclimatologie** [bjoklimatɔlɔʒi] **nf** bioclimatology

**biodégradabilité** [bjodegʀadabilite] **nf** biodegradability

**biodégradable** [bjodegʀadabl] [→ SYN] **adj** biodegradable

**biodégradation** [bjodegʀadasjɔ̃] **nf** biodegradation

**biodiversité** [bjodivɛʀsite] **nf** biodiversity

**bioénergétique** [bjoenɛʀʒetik] [1] **adj** bioenergetic
[2] **nf** bioenergetics sg

**bioénergie** [bjoenɛʀʒi] **nf** bioenergy

**bioéthique** [bjoetik] **nf** bioethics sg

**biogène** [bjɔʒɛn] **adj** biogenic

**biogenèse** [bjoʒənɛz] **nf** biogenesis

**biogéographie** [bjoʒeɔgʀafi] **nf** biogeography

**biographe** [bjɔgʀaf] **nmf** biographer

**biographie** [bjɔgʀafi] [→ SYN] **nf** biography ◆ **biographie romancée** biographical novel

**biographique** [bjɔgʀafik] **adj** biographical

**bio-industrie,** pl **bio-industries** [bjoɛ̃dystʀi] **nf** bioindustry

**biologie** [bjɔlɔʒi] [→ SYN] **nf** biology ◆ **biologie animale/végétale** animal/plant biology ◆ **biologie cellulaire/médicale/moléculaire** cellular/medical/molecular biology

**biologique** [bjɔlɔʒik] [→ SYN] **adj** (gén) biological; produits, aliments natural, organic; parent biological ◆ **agriculture biologique** organic farming

**biologiquement** [bjɔlɔʒikmɑ̃] **adv** biologically ◆ **produit biologiquement cultivé** organically grown product

**biologiste** [bjɔlɔʒist] **nmf** biologist

**bioluminescence** [bjolyminesɑ̃s] **nf** bioluminescence

**bioluminescent, e** [bjolyminesɑ̃, ɑ̃t] **adj** bioluminescent

**biomagnétisme** [bjomaɲetism] **nm** biomagnetism

**biomasse** [bjomas] **nf** biomass

**biomatériau,** pl **biomatériaux** [bjomateʀjo] **nm** biomaterial

**biomathématiques** [bjɔmatematik] **nfpl** biomathematics sg

**biomécanique** [bjomekanik] **nf** biomechanics sg

**biomédical, e,** mpl **-aux** [bjomedikal, o] **adj** biomedical

**biométrie** [bjɔmetʀi] **nf** biometry, biometrics sg

**bionique** [bjɔnik] [→ SYN] [1] **nf** bionics sg
[2] **adj** bionic

**biophysicien, -ienne** [bjofizisjɛ̃, jɛn] **nm,f** biophysicist

**biophysique** [bjofizik] **nf** biophysics sg

**biopsie** [bjɔpsi] **nf** biopsy

**biorythme** [bjoʀitm] **nm** biorhythm

**biosphère** [bjɔsfɛʀ] **nf** biosphere

**biosynthèse** [bjosɛ̃tɛz] **nf** biosynthesis

**biote** [bjɔt] **nm** biota

**biotechnique** [bjotɛknik], **biotechnologie** [bjotɛknɔlɔʒi] **nf** biotechnology

**biotechnologique** [bjotɛknɔlɔʒik] **adj** biotechnological

**biothérapie** [bjoteʀapi] **nf** biotherapy

**biotine** [bjɔtin] **nf** biotin

**biotique** [bjɔtik] **adj** biotic

**biotite** [bjɔtit] **nf** biotite

**biotope** [bjɔtɔp] **nm** biotope

**biotype** [bjɔtip] **nm** biotype

**biotypologie** [bjotipɔlɔʒi] **nf** biotypology

**bioxyde** [bijɔksid] **nm** dioxide

**bip** [bip] GRAMMAIRE ACTIVE 27.3 **nm** **a** (= son) (court) b(l)eep; (continu) b(l)eeping ◆ **faire bip** to b(l)eep ◆ **parlez après le bip sonore** speak after the tone ou beep
**b** (= appareil) bleep(er), beeper

**bipale** [bipal] **adj** twin-bladed

**biparti, e** [bipaʀti], **bipartite** [bipaʀtit] **adj** (Bot) bipartite; (Pol) two-party, bipartite, bipartisan

**bipartisme** [bipaʀtism] **nm** (Pol) bipartisanship

**bipartition** [bipaʀtisjɔ̃] **nf** bipartition

**bipasse** [bipas] **nm** ⇒ **by-pass**

**bip-bip,** pl **bips-bips** [bipbip] **nm** ⇒ **bip b**

**bipède** [bipɛd] **adj, nm** biped

**bipenne** [bipɛn] [→ SYN] **nf** double-edged axe

**bipenné, e** [bipene] **adj** bipinnate

**biper**[1] [bipe] ▸ conjug 1 ◂ **vt** to page

**biper**[2] [bipœʀ] **nm** (Téléc) beeper, bleeper

**biphasé, e** [bifɑze] **adj** diphase, two-phase

**bipied** [bipje] **nm** bipod

**biplace** [biplas] **adj, nm** two-seater

**biplan** [biplɑ̃] [1] **adj** ◆ **avion biplan** biplane
[2] **nm** biplane

**bipolaire** [bipɔlɛʀ] **adj** bipolar

**bipolarisation** [bipɔlaʀizasjɔ̃] **nf** (Pol) polarization (*entre* of, between) ◆ **la bipolarisation Est-Ouest de l'Europe** the way Europe is polarized between East and West

**bipolarité** [bipɔlaʀite] **nf** bipolarity

**biquadratique** [bikwadʀatik] **adj** biquadratic

**bique** [bik] [→ SYN] **nf** nanny-goat ◆ **vieille bique** * (péj) old hag, old bag * ◆ **grande bique** * beanpole

**biquet, -ette** [bikɛ, ɛt] [→ SYN] **nm,f** (Zool) kid ◆ **mon biquet** (terme d'affection) love

**biquotidien, -ienne** [bikɔtidjɛ̃, jɛn] **adj** twice-daily

**birapport** [biʀapɔʀ] **nm** anharmonic ratio

**birbe** [biʀb] [→ SYN] **nm** (péj) ◆ **vieux birbe** old fuddy-duddy ⁑, old fogey *

**BIRD** [biʀd] **nf** (abrév de **Banque internationale pour la reconstruction et le développement**) IBRD

**biréacteur** [biʀeaktœʀ] [→ SYN] **nm** twin-engined jet

**biréfringence** [biʀefʀɛ̃ʒɑ̃s] **nf** birefringence

**biréfringent, e** [biʀefʀɛ̃ʒɑ̃, ɑ̃t] **adj** birefringent

**birème** [biʀɛm] [→ SYN] **nf** (Antiq) bireme

**birman, e** [biʀmɑ̃, an] [1] **adj** Burmese
[2] **nm** (Ling) Burmese
[3] **Birman(e)** **nm,f** Burmese

**Birmanie** [biʀmani] **nf** Burma

**biroute** [biʀut] **nf** **a** (⁑ = pénis) dick *⁑, cock *⁑, prick *⁑
**b** (arg Mil = manche à air) wind sock

**bis**[1] [bis] [→ SYN] [1] **adv** (Mus : sur partition) repeat, twice ◆ **bis !** (Théât) encore! ◆ **12 bis** (numéro) 12a ◆ **bis repetita** it's the same story (all over) again; → **itinéraire**
[2] **nm** (Théât) encore

**bis**[2], **e**[1] [bi, biz] [→ SYN] **adj** greyish-brown, brownish-grey; → **pain**

**bisaïeul** [bizajœl] [→ SYN] **nm** great-grandfather

**bisaïeule** [bizajœl] **nf** great-grandmother

**bisannuel, -elle** [bizanɥɛl] **adj** biennial

**bisbille** * [bizbij] **nf** squabble, tiff ◆ **être en bisbille avec qn** to be at loggerheads with sb

**bisbrouille** [bizbʀuj] **nf** (Belg = fâcherie) tiff ◆ **ils sont en bisbrouille** they've had a tiff ou falling-out

**biscornu, e** [biskɔʀny] [→ SYN] **adj** forme irregular, crooked; maison crooked, oddly shaped; idée, esprit quirky, peculiar; raisonnement tortuous, quirky ◆ **un chapeau biscornu** a shapeless hat

**biscoteaux** * [biskɔto] **nmpl** biceps ◆ **avoir des biscoteaux** to have a good pair of biceps

**biscotte** [biskɔt] **nf** rusk (Brit), melba toast (US)

**biscotterie** [biskɔtʀi] **nf** (entreprise) rusk (Brit) ou melba toast (US) factory

**biscuit** [biskɥi] [→ SYN] [1] **nm** **a** (Culin) (= pâte) sponge cake; (= gâteau sec) biscuit (Brit), cookie (US) ◆ **biscuit salé** cracker, cheese biscuit (Brit) ◆ **ne t'embarque pas** ou **ne pars pas sans biscuits** (fig) mind you're fully prepared
**b** (= céramique) biscuit, bisque
[2] COMP ▷ **biscuit (à) apéritif** cracker, cocktail snack ▷ **biscuit pour chien** dog biscuit ▷ **biscuit à la cuiller** sponge finger (Brit), lady finger (US) ▷ **biscuit de Savoie** sponge cake

**biscuiter** [biskɥite] ▸ conjug 1 ◂ **vt** to make into biscuit ou bisque

**biscuiterie** [biskɥitʀi] **nf** (= usine) biscuit (Brit) ou cookie (US) factory; (= commerce) biscuit (Brit) ou cookie (US) trade

**bise**[2] [biz] [→ SYN] **nf** (= vent) North wind

**bise**[3] [biz] [→ SYN] **nf** (= baiser) kiss ◆ **faire une** ou **la bise à qn** to kiss sb, give sb a kiss ◆ **faire une grosse bise à qn** to give sb a big kiss ◆ **il lui a fait une petite bise** he gave her a quick peck * ou kiss ◆ **grosses bises** (sur lettre) lots of love (*de* from), much love (*de* from)

**biseau,** pl **biseaux** [bizo] [→ SYN] **nm** **a** (= bord) (gén) bevel, bevelled edge; (à 45°) chamfer, chamfered edge ◆ **en biseau** (gén) bevelled, with a bevelled edge; (à 45°) chamfered, with a chamfered edge ◆ **tailler en biseau** (gén) to bevel; (à 45°) to chamfer
**b** (= outil) bevel

**biseautage** [bizotaʒ] **nm** (gén) bevelling; (à 45°) chamfering

**biseauter** [bizote] ▸ conjug 1 ◂ **vt** (Tech) (gén) to bevel; (à 45 degrés) to chamfer; [+ cartes] to mark

**biser** [bize] [→ SYN] ▸ conjug 1 ◂ **vt** (= embrasser) to kiss, give a kiss to

**biset** [bizɛ] → SYN nm rock dove, feral pigeon

**bisexualité** [bisɛksɥalite] nf bisexuality, bisexualism

**bisexué, e** [bisɛksɥe] → SYN adj bisexual

**bisexuel, -elle** [bisɛksɥɛl] 1 adj bisexual
2 nm,f bisexual

**Bismarck** [bismaʀk] n Bismarck

**bismuth** [bismyt] nm bismuth

**bison** [bizɔ̃] → SYN nm (d'Amérique) (American) bison, buffalo (US); (d'Europe) European bison, wisent ◆ **Bison futé** *traffic monitoring service that informs drivers about congestion on French roads and suggests alternative routes*

**bisou** * [bizu] nm kiss ◆ **faire un bisou à qn** to give sb a kiss ◆ **faire un petit bisou à qn** to give sb a peck * ou kiss ◆ **gros bisous** (sur lettre) lots of love (*de* from)

**bisque** [bisk] → SYN nf (Culin) bisk, bisque ◆ **bisque de homard** lobster soup, bisque of lobster

**bisquer** * [biske] → SYN ▸ conjug 1 ◂ vi to be riled * ou nettled ◆ **faire bisquer qn** to rile * ou nettle sb

**Bissau** [bisao] n Bissau

**bissecteur, -trice** [bisɛktœʀ, tʀis] 1 adj bisecting
2 **bissectrice** nf bisector, bisecting line

**bissection** [bisɛksjɔ̃] nf bissection

**bisser** [bise] → SYN ▸ conjug 1 ◂ vt (= faire rejouer) [+ acteur, chanson] to encore; (= rejouer) [+ morceau] to play again, sing again

**bissextile** [bisɛkstil] adj f → **année**

**bissexué, e** [bisɛksɥe] adj ⇒ **bisexué, e**

**bissexuel, -elle** [bisɛksɥɛl] adj, nm,f ⇒ **bisexuel, -elle**

**bistable** [bistabl] adj (Élec) bistable

**bistorte** [bistɔʀt] nf bistort, snakeroot

**bistouille** * [bistuj] nf rotgut *

**bistouri** [bistuʀi] → SYN nm bistoury (SPÉC), surgical knife ◆ **enlever qch au bistouri** to remove sth surgically ◆ **donner un coup de bistouri** (fig) to take drastic action ou measures

**bistre** [bistʀ] → SYN 1 adj couleur blackish-brown, bistre; objet bistre-coloured, blackish-brown; peau, teint swarthy
2 nm bistre

**bistré, e** [bistʀe] (ptp de **bistrer**) adj teint tanned, swarthy

**bistrer** [bistʀe] ▸ conjug 1 ◂ vt [+ objet] to colour with bistre; [+ peau] to tan

**bistro(t)** [bistʀo] nm a (* = café) ≃ pub, ≃ bar (US), ≃ café ◆ **faire les bistros** to go on a bar-crawl
b († = cafetier) ≃ café owner

**bistrotier, -ière** [bistʀɔtje, jɛʀ] nm,f ≃ publican (Brit), ≃ bar manager (US)

**bisulfate** [bisylfat] nm bisulphate

**BIT** [beite] nm (abrév de **Bureau international du travail**) ILO

**bit** [bit] nm (Ordin) bit

**bite** ** [bit] nf ⇒ **bitte b**

**biter, bitter** ** [bite] ▸ conjug 1 ◂ vt ◆ **j'y bitte rien** I can't understand a fucking thing **

**bithérapie** [biteʀapi] nf double therapy

**bitoniau** * [bitɔnjo] nm whatsit *

**bitos** * [bitos] nm hat, headgear * (NonC)

**bitte** [bit] nf a [navire] bitt ◆ **bitte (d'amarrage)** [quai] mooring post, bollard
b (** = pénis) prick **, cock **, dick **

**bitter**[1] [bitɛʀ] nm (boisson) bitters

**bitter**[2] ** [bite] ▸ conjug 1 ◂ vt ◆ **j'y bitte rien** I can't understand a fucking thing **

**bitture** * [bityʀ] nf ⇒ **biture**

**bitumage** [bitymaʒ] → SYN nm asphalting

**bitume** [bitym] → SYN nm (Chim, Min) bitumen; (= revêtement) asphalt, Tarmac ®, blacktop (US); (fig = route) road ◆ **arpenter le bitume** to walk the streets

**bitumé, e** [bityme] (ptp de **bitumer**) adj route asphalted, asphalt (épith), tarmac (épith); carton bitumized

**bitum(in)er** [bitym(in)e] ▸ conjug 1 ◂ vt [+ route] to asphalt, tarmac

**bitum(in)eux, -euse** [bitym(in)ø, øz] adj bituminous

**biture** * [bityʀ] nf ◆ **prendre une biture** to get drunk ou plastered * ◆ **il tient une de ces bitures** he's plastered *, he's blind drunk *

**biturer (se)** * [bityʀe] ▸ conjug 1 ◂ vpr to get drunk ou plastered *

**biunivoque** [biynivɔk] adj (fig) one-to-one; (Math) → **correspondance**

**bivalence** [bivalɑ̃s] nf (Sci) bivalency

**bivalent, e** [bivalɑ̃, ɑ̃t] adj (Chim) bivalent; professeur teaching two subjects

**bivalve** [bivalv] adj, nm bivalve

**biveau** [bivo] → SYN nm [maçon] bevel square

**bivitellin, e** [bivitelɛ̃, in] adj ◆ **jumeaux bivitellins** fraternal ou dizygotic (SPÉC) twins

**bivouac** [bivwak] → SYN nm bivouac, bivvy *

**bivouaquer** [bivwake] → SYN ▸ conjug 1 ◂ vi to bivouac

**bizarre** [bizaʀ] → SYN 1 adj personne, conduite strange, odd, peculiar; idée, raisonnement, temps odd, strange, funny *; vêtement strange ou funny(-looking) ◆ **tiens, c'est bizarre** that's odd ou funny *
2 nm ◆ **le bizarre** the bizarre ◆ **le bizarre dans tout cela ...** what's strange ou peculiar about all that ...

**bizarrement** [bizaʀmɑ̃] adv strangely, oddly

**bizarrerie** [bizaʀʀi] → SYN nf [personne] odd ou strange ou peculiar ways; [idée] strangeness, oddness; [situation, humeur] strange ou odd nature ◆ **bizarreries** [langue, règlement] peculiarities, oddities, quirks ◆ **ce sont les bizarreries du système** these are the quirks ou the vagaries of the system

**bizarroïde** * [bizaʀɔid] adj weird

**bizness** * [biznɛs] nm ⇒ **business**

**bizut** [bizy] → SYN nm (arg Scol) freshman, first-year student, fresher (Brit)

**bizutage** [bizytaʒ] → SYN nm (arg Scol) ragging (Brit), hazing (US) *(of new student etc)*

> **BIZUTAGE**
>
> New arrivals at certain "grandes écoles" and other educational institutions are called "bizuts" or "bizuths", and when they arrive at school in September, they are often subjected to an initiation ceremony known as **bizutage**. This usually involves being subjected to light-hearted ordeals by one's new classmates, but can sometimes degenerate into humiliating and cruel pranks. For this reason, the tradition has become more controversial in recent years, and many schools have outlawed it.

**bizuter** [bizyte] → SYN ▸ conjug 1 ◂ vt (arg Scol) to rag (Brit), haze (US) *(new student etc)*

**bizuth** [bizy] nm ⇒ **bizut**

**BK** [beka] nm (abrév de **bacille de Koch**) Koch's bacillus

**blabla(bla)** * [blabla(bla)] nm twaddle *, claptrap * ◆ **il y a beaucoup de blabla dans sa dissertation** there's a lot of waffle * (Brit) in his paper

**blablater** * [blablate] ▸ conjug 1 ◂ vi to blabber on *, waffle on * (Brit)

**black** * [blak] 1 adj personne, culture, musique black
2 nmf black person ◆ **les blacks** black people, blacks
3 nm ◆ **travailler** ou **bosser au black** * to work on the side; (deuxième emploi) to moonlight; [clandestin] to work illegally

**black-bass** [blakbas] → SYN nm inv black bass

**blackboulage** [blakbulaʒ] → SYN nm blackballing

**blackbouler** [blakbule] → SYN ▸ conjug 1 ◂ vt (à une élection) to blackball; (* : à un examen) to fail

**black-jack,** pl **black-jacks** [blak(d)ʒak] nm blackjack

**black-out** [blakaut] → SYN nm (Élec, Mil, fig) blackout ◆ **faire le black-out sur qch** (fig) to impose a (news) blackout on sth

**black-rot,** pl **black-rots** [blakʀɔt] nm black rot

**blafard, e** [blafaʀ, aʀd] → SYN adj teint pale, pallid, wan; couleur, lumière, soleil pale ◆ **l'aube blafarde** the pale light of dawn

**blaff** [blaf] nm (Culin) blaff

**blague** [blag] → SYN nf a (* = histoire, plaisanterie) joke; (= farce) practical joke, trick ◆ **faire une blague à qn** to play a trick ou a joke on sb ◆ **sans blague ?** really?, you're kidding! * ◆ **sans blague, blague à part** seriously, joking apart, kidding aside * (US) ◆ **non mais sans blague, tu me prends pour qui ?** no really ou come on, what do you take me for? ◆ **il prend tout à la blague** he can never take anything seriously ◆ **ne me raconte pas de blagues !** you're having (Brit) ou putting (US) me on! *, pull the other one! * (Brit) ◆ **c'est de la blague tout ça !** it's all talk, it's all bull *
b (* = erreur) silly thing, blunder, stupid mistake ◆ **faire une blague** to make a blunder ou a stupid mistake ◆ **faire des blagues** to do silly ou stupid things ◆ **attention, pas de blagues !** be careful!, no messing about! *
c **blague (à tabac)** (tobacco) pouch

**blaguer** * [blage] ▸ conjug 1 ◂ 1 vi to be joking ou kidding * (*sur* about) ◆ **j'ai dit cela pour blaguer** I said it for a joke ou lark * (Brit) ◆ **on ne blague pas avec ça** you shouldn't joke about that, that's not something to joke about
2 vt to tease, make fun of, kid *, take the mickey out of * (Brit)

**blagueur, -euse** [blagœʀ, øz] → SYN 1 adj sourire, air ironical, teasing; ton, manière jokey * ◆ **il est (très) blagueur** he's (really) good fun
2 nm,f (gén) joker; (= farceur) practical joker

**blair** * [blɛʀ] nm nose, beak *, hooter * (Brit)

**blaireau,** pl **blaireaux** [blɛʀo] → SYN nm a (Zool) badger
b (pour barbe) shaving brush
c (* : péj) nerd * (péj)

**blairer** * [bleʀe] ▸ conjug 1 ◂ vt ◆ **je ne peux pas le blairer** I can't stand ou bear him

**blâmable** [blɑmabl] → SYN adj blameful

**blâme** [blɑm] → SYN nm a (= désapprobation) blame; (= réprimande) reprimand, rebuke ◆ **encourir le blâme de qn** [personne, action] to incur sb's condemnation ou censure ◆ **rejeter le blâme sur qn** to blame sb, put the blame on sb
b (Admin, Sport = punition) reprimand ◆ **donner un blâme à qn** to reprimand sb ◆ **recevoir un blâme** to be reprimanded, incur a reprimand

**blâmer** [blɑme] → SYN ▸ conjug 1 ◂ vt (= désavouer) to blame; (= réprimander) to reprimand, rebuke ◆ **je ne te blâme pas de** ou **pour l'avoir fait** I don't blame you for having done it

**blanc, blanche** [blɑ̃, blɑ̃ʃ] → SYN 1 adj a (= sans couleur) white; (= pâle) white, pale ◆ **blanc de colère/de peur** white with anger/fear ◆ **blanc comme neige** (as) white as snow, snow-white ◆ **blanc comme un cachet d'aspirine** white as a sheet ◆ **il devint blanc comme un linge** he went ou turned as white as a sheet; → **arme, bois, bonnet**
b page, bulletin de vote blank; papier non quadrillé unlined, plain ◆ **il a rendu copie blanche** ou **sa feuille blanche** (Scol) he handed in a blank paper ◆ **prenez une feuille blanche** take a clean ou blank piece of paper ◆ **voter blanc** to return a blank vote; → **carte, examen**
c (= innocent) pure, innocent ◆ **blanc comme neige** ou **comme la blanche hermine** as pure as the driven snow
d domination, justice, pouvoir white ◆ **la race blanche** the white ou Caucasian race ◆ **de race blanche** white, Caucasian ◆ **l'Afrique blanche** white Africa
e (Sci) bruit white
f (Fin) **ça a été une opération blanche** we (ou they etc) broke even, we (ou they etc) didn't lose or gain by it ◆ **cette privatisation sera une opération blanche pour l'État** the government will neither gain nor lose from this privatization
g (Tennis) **jeu blanc** love game

2 nm a (= couleur) white ◆ **peindre qch en blanc** to paint sth white ◆ **le blanc de sa robe tranchait sur sa peau brune** her white dress ou the white of her dress contrasted sharply with her dark skin; → **but**

b (= linge) **laver séparément le blanc et la couleur** to wash whites and coloureds separately ◆ **vente de blanc** white sale, sale of household linen ◆ **magasin de blanc** linen shop ◆ **la quinzaine du blanc** (annual) sale of household linen, (annual) white sale

c (Cosmétique) white (face-)powder

d (= espace non écrit) blank, space; [bande magnétique] blank; [domino] blank ◆ **il y a eu un blanc (dans la conversation)** there was a break ou a lull in the conversation; (dû à la gêne) there was an embarrassed silence ◆ **laisser un blanc** to leave a blank ou space ◆ **il faut laisser le nom en blanc** the name must be left blank ou must not be filled in; → **chèque, signer**

e (= vin) white wine

f (Culin) **blanc (d'œuf)** (egg) white ◆ **blanc (de poulet)** white (meat), breast of chicken ◆ **elle n'aime pas le blanc** she doesn't like the white (meat) ou the breast

g **le blanc (de l'œil)** the white (of the eye); → **regarder, rougir**

h (= personne) **un Blanc** a White, a white man ◆ **les Blancs** (Ethnol) white people

i **à blanc** charger with blanks ◆ **tirer à blanc** to fire blanks ◆ **balle à blanc** blank ◆ **cartouche à blanc** blank (cartridge); → **chauffer, saigner**

3 **blanche** nf a (= femme) **une Blanche** a white woman

b (Mus) minim (Brit), half-note (US)

c (Billard) white (ball)

d (arg Drogue) horse (arg), smack (arg)

4 COMP ▷ **blanc de baleine** spermaceti ▷ **blanc de blanc(s)** blanc de blanc(s) ▷ **blanc cassé** off-white ▷ **blanc de céruse** white lead ▷ **blanc de chaux** whitewash ▷ **blanc d'Espagne** whiting, whitening ▷ **blanc de zinc** zinc oxide

**blanc-bec**, pl **blancs-becs** [blɑ̃bɛk] → SYN nm greenhorn *, tenderfoot *

**blanc-bleu** ⁑ [blɑ̃blø] adj inv ◆ **il n'est pas blanc-bleu dans cette affaire** he's not entirely blameless ou innocent in this affair

**blanc-cassis**, pl **blancs-cassis** [blɑ̃kasis] nm kir *(apéritif made with white wine and blackcurrant liqueur)*

**blanchaille** [blɑ̃ʃaj] → SYN nf whitebait

**blanchâtre** [blɑ̃ʃɑtʀ] → SYN adj whitish, off-white

**blanche** [blɑ̃ʃ] adj, nf → **blanc**

**Blanche-Neige** [blɑ̃ʃnɛʒ] nf Snow White ◆ **"Blanche-Neige et les Sept Nains"** (Littérat) "Snow White and the Seven Dwarfs"

**blancheur** [blɑ̃ʃœʀ] → SYN nf whiteness

**blanchiment** [blɑ̃ʃimɑ̃] → SYN nm (= décoloration) bleaching; (= badigeonnage) whitewashing; [argent] laundering

**blanchir** [blɑ̃ʃiʀ] → SYN ▸ conjug 2 ◂ 1 vt a (gén) to whiten, lighten; [+ mur] to whitewash; [+ cheveux] to turn grey ou white; [+ toile] to bleach ◆ **le soleil blanchit l'horizon** the sun is lighting up the horizon ◆ **la neige blanchit les collines** the snow is turning the hills white ◆ **blanchir à la chaux** to whitewash

b (= nettoyer) [+ linge], (fig) [+ argent] to launder ◆ **il est logé, nourri et blanchi** he gets bed and board and his laundry is done for him

c (= disculper) [+ personne] to exonerate, absolve, clear; [+ réputation] to clear ◆ **il en est sorti blanchi** he cleared his name

d (Culin, Agr) **(faire) blanchir** to blanch

e (Typo) [+ page] to white out, blank

2 vi [personne, cheveux] to turn ou go grey ou white; [couleur, horizon] to become lighter ◆ **son teint a blanchi** he is looking ou has got paler, he has lost colour ◆ **blanchir de peur** to blanch ou blench ou go white with fear ◆ **blanchi sous le harnais** ou **harnois** (littér) worn down by hard work

3 **se blanchir** vpr to exonerate o.s. (*de* from), clear one's name

**blanchissage** [blɑ̃ʃisaʒ] nm [linge] laundering; [sucre] refining ◆ **donner du linge au blanchissage** to send linen to the laundry ◆ **note de blanchissage** laundry bill

**blanchissant, e** [blɑ̃ʃisɑ̃, ɑ̃t] adj agent, produit whitening

**blanchissement** [blɑ̃ʃismɑ̃] nm whitening ◆ **ce shampooing retarde le blanchissement des cheveux** this shampoo stops your hair (from) going grey ou white

**blanchisserie** [blɑ̃ʃisʀi] → SYN nf laundry

**blanchisseur** [blɑ̃ʃisœʀ] → SYN nm (lit) launderer; (fig hum) [argent sale] money launderer

**blanchisseuse** [blɑ̃ʃisøz] nf laundress

**blanc-manger**, pl **blancs-mangers** [blɑ̃mɑ̃ʒe] → SYN nm (Culin) blancmange

**blanc-seing**, pl **blancs-seings** [blɑ̃sɛ̃] → SYN nm (lit) signature to a blank document ◆ **donner un blanc-seing à qn** (fig) to give sb a blank cheque

**blanquette** [blɑ̃kɛt] → SYN nf a (Culin) **blanquette de veau/d'agneau** blanquette of veal/of lamb, veal/lamb in white sauce

b (= vin) sparkling white wine

**blaps** [blaps] nm churchyard beetle

**blase** ⁑ [blɑz] nm ⇒ **blaze**

**blasé, e** [blɑze] → SYN (ptp de **blaser**) 1 adj blasé

2 nm,f blasé individual ◆ **faire le blasé** to affect indifference

**blaser** [blɑze] → SYN ▸ conjug 1 ◂ 1 vt to make blasé ou indifferent ◆ **être blasé de** to be bored with ou tired of

2 **se blaser** vpr to become bored (*de* with), become tired (*de* of), become blasé (*de* about)

**blason** [blɑzɔ̃] → SYN nm a (= armoiries) coat of arms, blazon; → **redorer**

b (= science) heraldry

c (Littérat = poème) blazon

**blasonner** [blɑzɔne] → SYN ▸ conjug 1 ◂ vt (= orner d'armoiries) to blazon, emblazon

**blasphémateur, -trice** [blasfematœʀ, tʀis] → SYN 1 adj personne blaspheming, blasphemous

2 nm,f blasphemer

**blasphématoire** [blasfematwaʀ] → SYN adj parole blasphemous

**blasphème** [blasfɛm] → SYN nm blasphemy

**blasphémer** [blasfeme] → SYN ▸ conjug 6 ◂ vti to blaspheme

**blastoderme** [blastɔdɛʀm] nm blastoderm

**blastogenèse** [blastoʒənɛz] nf (Bio) blastogenesis

**blastomère** [blastɔmɛʀ] nm blastomere

**blastomycose** [blastomikoz] nf blastomycosis

**blastopore** [blastɔpɔʀ] nm blastopore

**blastula** [blastyla] nf blastula, blastosphere

**blatérer** [blateʀe] → SYN ▸ conjug 6 ◂ vi [chameau] to bray

**blatte** [blat] → SYN nf cockroach

**blaze** ⁑ [blɑz] nm (= nez) beak ⁑, hooter ⁑ (Brit); (= nom) name

**blazer** [blazɛʀ] → SYN nm blazer

**blé** [ble] → SYN nm a (= céréale) wheat, corn (Brit) ◆ **le blé en herbe** (Agr) wheat on the blade ◆ **blé dur** hard wheat, durum wheat ◆ **blé noir** buckwheat ◆ **blé d'Inde** * (Can) maize, (Indian) corn (US, Can) ◆ **les blés** the corn (Brit), the wheat; → **blond, fauché**

b (⁑ = argent) dough ⁑, lolly ⁑ (Brit)

**bled** [blɛd] → SYN nm a * village; (péj) hole *, godforsaken place * ◆ **c'est un bled perdu** ou **paumé** it's a godforsaken place * ou hole * (in the middle of nowhere)

b (en Afrique du Nord) **le bled** the interior (of North Africa) ◆ **habiter dans le bled** * (fig) to live in the middle of nowhere ou at the back of beyond

**blédard** [bledaʀ] nm (Hist) *soldier who served in the interior of North Africa*

**blème** ⁑ [blɛm] nm (= problème) problem ◆ **y'a un blème** there's a problem

**blême** [blɛm] → SYN adj teint pallid, deathly pale; lumière pale, wan ◆ **blême de rage/de colère** livid ou white with rage/anger

**blêmir** [blemiʀ] → SYN ▸ conjug 2 ◂ vi [personne] to turn ou go pale, pale; [lumière] to grow pale ◆ **blêmir de colère** to go livid ou white with anger

**blêmissement** [blemismɑ̃] → SYN nm [teint, lumière] paling

**blende** [blɛ̃d] nf blende

**blennie** [bleni] → SYN nf (Zool) blenny

**blennorragie** [blenɔʀaʒi] → SYN nf gonorrhoea

**blennorragique** [blenɔʀaʒik] adj gonorrhoeal (Brit), gonorrheal (US), gonorrhoeic (Brit), gonorrheic (US)

**blennorrhée** [blenɔʀe] nf blennorrhoea (Brit), blennorrhea (US)

**blépharite** [blefaʀit] → SYN nf blepharitis

**blèsement** [blɛzmɑ̃] → SYN nm lisping

**bléser** [bleze] → SYN ▸ conjug 6 ◂ vi to lisp

**blésité** [blezite] nf lisp

**blessant, e** [blesɑ̃, ɑ̃t] → SYN adj (= offensant) cutting, biting, hurtful

**blessé, e** [blese] → SYN (ptp de **blesser**) 1 adj (= meurtri) hurt, injured; (dans une agression) wounded; (= offensé) hurt, upset ◆ **être blessé à la tête/au bras** to have a head/an arm injury ou wound ◆ **il était blessé dans son amour-propre** his pride was hurt

2 nm wounded ou injured man, casualty; (Mil) wounded soldier, casualty ◆ **les blessés** (dans un accident) the injured; (Mil) the wounded ◆ **l'accident a fait 10 blessés** 10 people were injured ou hurt in the accident ◆ **grand blessé** seriously injured person

3 **blessée** nf wounded ou injured woman, casualty

4 COMP ▷ **blessé grave** seriously ou severely injured ou wounded person ▷ **blessé de guerre** person who was wounded in the war ◆ **les blessés de guerre** the war wounded ▷ **blessé léger** slightly injured person ◆ **l'attentat a fait 30 blessés légers** 30 people were slightly injured ou suffered minor ou slight injuries in the bomb attack ▷ **blessés de la route** road casualties, people ou persons injured in road accidents

**blesser** [blese] → SYN ▸ conjug 1 ◂ 1 vt a (= meurtrir, dans un accident) to hurt, injure; (Mil, dans une agression) to wound; [ceinture, chaussure] to hurt ◆ **il a été blessé d'un coup de couteau** he received a knife wound, he was stabbed (with a knife) ◆ **être blessé dans un accident de voiture** to be injured in a car accident ◆ **ses chaussures lui blessent le talon** his shoes are making his heels sore; → **bât**

b (= agresser) **sons qui blessent l'oreille** sounds which offend the ear ou grate on the ear ◆ **couleurs qui blessent la vue** colours which offend ou shock the eye

c (= offenser) to hurt (the feelings of), upset, wound ◆ **blesser qn au vif** to cut sb to the quick ◆ **il s'est senti blessé dans son orgueil** ou **son amour-propre** his pride was hurt ◆ **des paroles qui blessent** cutting words, wounding ou cutting remarks

d (littér = porter préjudice à) [+ règles, convenances] to offend against; [+ intérêts] to go against, harm ◆ **cela blesse son sens de la justice** that offends his sense of justice

2 **se blesser** vpr a (= se faire mal) to hurt o.s. ◆ **il s'est blessé en tombant** he fell and injured himself ◆ **il s'est blessé (à) la jambe** he injured ou hurt his leg

b (= se vexer) to take offence ◆ **il se blesse pour un rien** he's easily hurt ou offended, he's quick to take offence

**blessure** [blesyʀ] → SYN nf (accidentelle) injury; (intentionnelle, morale) wound ◆ **quelle blessure d'amour-propre pour lui !** what a blow to his pride ou self-esteem!; → **coup**

**blet, blette**[1] [blɛ, blɛt] → SYN adj fruit overripe

**blette**[2] [blɛt] nf ⇒ **bette**

**blettir** [bletiʀ] → SYN ▸ conjug 2 ◂ vi to become overripe

**blettissement** [bletismɑ̃] → SYN nm overripeness

**bleu, e** [blø] → SYN 1 adj a couleur blue ◆ **bleu de froid** blue with cold ◆ **être bleu de colère** to be livid ou purple with rage ◆ **il avait le menton bleu** he had a five-o'clock shadow; → **enfant, fleur, maladie, peur**

**b** (= meurtri) bruised ◆ **avoir les jambes toutes bleues** (= marbré) to have mottled legs *(due to bad circulation)*

**c** steak very rare, underdone

[2] nm **a** (= couleur) blue ◆ **regarde le bleu de ce ciel** look how blue the sky is ◆ **le bleu des mers du Sud** the blue of the South Seas ◆ **le grand bleu** the blue depths of the sea ◆ **il n'y a vu que du bleu*** (fig) he didn't notice a thing, he didn't catch on*

**b** (= marque sur la peau) bruise ◆ **être couvert de bleus** to be covered in bruises, be black and blue* ◆ **se faire un bleu au genou/bras** to bruise one's knee/arm ◆ **avoir des bleus à l'âme** to be emotionally bruised

**c** (= vêtement) **bleu(s) (de travail)** overalls ◆ **bleu (de chauffe)** overalls, boiler suit (Brit)

**d** (arg Mil = recrue) rookie (arg), new ou raw recruit; (gén = débutant) beginner, greenhorn* ◆ **tu me prends pour un bleu ?** do you take me for a novice?

**e** (= fromage) blue(-veined) cheese

**f** (Culin) **truite au bleu** trout au bleu

**g** **bleu (de lessive)** (dolly) blue ◆ **passer le linge au bleu** to blue the laundry

**h** (Can) **les Bleus** the Conservatives

**i** (Sport) **les Bleus** the French team

[3] COMP ▷ **bleu acier** steel blue ▷ **bleu ardoise** slaty ou slate blue ▷ **bleu canard** peacock blue ▷ **bleu ciel** sky blue ▷ **bleu de cobalt** cobalt blue ▷ **bleu glacier** ice blue ▷ **bleu horizon** sky blue ▷ **bleu indigo** indigo blue ▷ **bleu lavande** lavender blue ▷ **bleu marine** navy blue ▷ **bleu de méthylène** (Méd) methylene blue ▷ **bleu noir** blue-black ▷ **bleu nuit** midnight blue ▷ **bleu outremer** ultramarine ▷ **bleu pervenche** periwinkle blue ▷ **bleu pétrole** petrol blue ▷ **bleu de Prusse** Prussian blue ▷ **bleu roi** royal blue ▷ **bleu turquoise** turquoise blue ▷ **bleu vert** blue-green

**bleuâtre** [bløɑtʀ] adj bluish

**bleuet** [bløɛ] → SYN nm cornflower; (Can) blueberry

**bleuetière** [bløetjɛʀ], **bleuetterie** [bløɛtʀi] nf (Can) blueberry grove

**bleuir** [bløiʀ] ▸ conjug 2 ◂ vti to turn blue

**bleuissement** [bløismɑ̃] nm turning blue

**bleusaille** [bløzɑj] → SYN nf (arg Mil = recrue) rookie (arg), new ou raw recruit ◆ **la bleusaille** (collectivement) the rookies (arg)

**bleuté, e** [bløte] adj reflet bluish; verre blue-tinted

**blindage** [blɛ̃daʒ] → SYN nm **a** (= action) [porte] reinforcing; (Mil) fitting of armour plating; (Élec) screening; (Constr) timbering, shoring up

**b** (= résultat) [porte] reinforcement; (Mil) armour plating; (Élec) screening; (Constr) shoring up, timbering

**blinde** [blɛ̃d] → SYN **à tout(e) blinde*** loc adv rouler flat out*; partir like a shot* ◆ **il est arrivé à toute blinde** (en voiture) he drove up at top ou breakneck speed; (à pied) he arrived like a shot*

**blindé, e** [blɛ̃de] → SYN (ptp de **blinder**) [1] adj **a** (Mil) division armoured; engin, train armoured, armour-plated; abri bombproof; porte reinforced

**b** (* = endurci) immune, hardened (*contre* to) ◆ **il a essayé de me faire peur mais je suis blindé** he tried to frighten me but I'm immune to his threats

**c** (‡ = ivre) plastered‡, sloshed‡

[2] nm (Mil) tank ◆ **blindé léger de campagne** combat car ◆ **blindé de transport de troupes** armoured personnel carrier ◆ **les blindés** the armour

**blinder** [blɛ̃de] → SYN ▸ conjug 1 ◂ [1] vt **a** [+ porte] to reinforce

**b** (Mil) to armour, put armour plating on

**c** (Élec) to screen

**d** (Constr) to shore up, timber

**e** (* = endurcir) to harden, make immune (*contre* to)

**f** (‡ = soûler) **blinder qn** to get sb plastered* ou sloshed*

[2] **se blinder** vpr **a** (* = s'endurcir) to harden o.s., become immune (*contre* to)

**b** (‡ = se soûler) to get plastered* ou sloshed*

**blinis** [blinis] → SYN nm blini ◆ **des blinis** blinis

**blister** [blistɛʀ] nm blister pack ◆ **mettre sous blister** to blisterpack

**blizzard** [blizaʀ] → SYN nm blizzard

**bloc** [blɔk] → SYN [1] nm **a** [pierre, marbre, bois] block ◆ **fait d'un seul bloc** made in one piece ◆ **ça forme un seul bloc** it forms a single block ◆ **ça s'est détaché d'un seul bloc** it came off all in one piece ◆ **bloc erratique** (Géol) erratic block

**b** (Papeterie) pad ◆ **bloc de bureau** office notepad, desk pad ◆ **bloc de papier à lettres** writing pad

**c** (= système d'éléments) unit; (Ordin) block ◆ **ces éléments forment (un) bloc** these elements make up a unit ◆ **bloc de mémoire** (Ordin) storage ou memory block

**d** (= groupe, union) group; (Pol) bloc ◆ **bloc économique/monétaire/régional** economic/monetary/regional bloc ◆ **le bloc communiste/capitaliste** (Pol) the communist/capitalist bloc ◆ **pays divisé en deux blocs adverses** (Pol) country split into two opposing blocks ou factions

**e** (Bourse) [actions] block ◆ **achat/vente en bloc** block purchase/sale; → aussi **1h**

**f** (Méd) **bloc (opératoire)** (operating) theatre suite ◆ **il est au bloc** he's in (the) theatre, he's in the operating room (US)

**g** (‡ = prison) **mettre qn au bloc** to clap sb in clink‡ ou in the nick‡ (Brit) ◆ **j'ai eu 10 jours de bloc** I got 10 days in clink‡ ou in the nick‡ (Brit)

**h** (Loc) **se retourner tout d'un bloc** to swivel round

◆ **faire bloc** to join forces, unite (*avec* with; *contre* against)

◆ **à bloc** ◆ **serrer** ou **visser qch à bloc** to screw sth up as tight as possible ou as far as it will go ◆ **fermer un robinet à bloc** to turn a tap right off ou off hard

◆ **en bloc** acheter, vendre as a whole; refuser, nier out of hand, outright ◆ **ils ont condamné en bloc l'attitude des USA** they were united ou unanimous in their condemnation of the US attitude

[2] COMP ▷ **bloc à appartements** (Can) block of flats (Brit), apartment building ou house (US) ▷ **bloc de culasse** breech-block ▷ **bloc de départ** (Sport) starting-block ▷ **bloc optique** (Aut) headlamp assembly ▷ **bloc sonore** (Ciné) sound unit

**blocage** [blɔkaʒ] → SYN nm **a** [prix, salaires] freeze, freezing; [compte bancaire] freezing

**b** (Constr) rubble

**c** (Psych) block ◆ **avoir** ou **faire un blocage** to have a mental block

**d** [frein, roues] locking; [écrou] overtightening ◆ **blocage de mémoire** (Ordin) memory block

**blocaille** [blɔkaj] nf (Constr) rubble

**bloc-cuisine**, pl **blocs-cuisines** [blɔkkɥizin] nm compact kitchen unit *(incorporating a sink, fridge and hob)*

**bloc-cylindres**, pl **blocs-cylindres** [blɔksilɛ̃dʀ] nm (Aut) cylinder block

**bloc-diagramme**, pl **blocs-diagrammes** [blɔkdjagʀam] nm (Géog) block diagram

**bloc-évier**, pl **blocs-éviers** [blɔkevje] nm sink unit

**blockhaus** [blɔkos] → SYN nm (Mil) blockhouse, pillbox

**bloc-moteur**, pl **blocs-moteurs** [blɔkmɔtœʀ] nm (Aut) engine block

**bloc-notes**, pl **blocs-notes** [blɔknɔt] → SYN nm (= cahier) desk pad, scratch pad; (avec pince) clipboard; (Ordin) notepad

**bloc-système**, pl **blocs-systèmes** [blɔksistɛm] nm (Rail) block system

**blocus** [blɔkys] → SYN nm blockade ◆ **le blocus continental** (Hist) the Continental System ◆ **blocus économique** economic blockade ◆ **lever/forcer le blocus** to raise/run the blockade ◆ **faire le blocus de** to blockade

**blond, blonde[1]** [blɔ̃, blɔ̃d] → SYN [1] adj cheveux fair, blond(e); personne fair, fair-haired, blond(e); blé, sable golden ◆ **blond cendré** ash-blond ◆ **blond roux** sandy, light auburn ◆ **blond vénitien** strawberry blonde, titian (littér) ◆ **tabac blond** mild ou light ou Virginia tobacco ◆ **bière blonde** ≃ lager ◆ **il est blond comme les blés** his hair is golden blond(e), he has golden blond(e) hair

[2] nm (= couleur) blond, light gold; (= homme) fair-haired man

[3] **blonde** nf **a** (= femme) blonde; (*: Can = compagne) girlfriend, sweetheart ◆ **blonde incendiaire** blonde bombshell (hum) ◆ **blonde oxygénée/platinée** ou **platine** peroxide/platinum blonde ◆ **une vraie blonde** a natural blonde ◆ **c'est une fausse blonde** she's not a real blonde, she's a peroxide blonde ou a bottle blonde* (péj)

**b** (= bière) ≃ lager, ≃ light ale (Brit)

**c** (= cigarette) Virginia cigarette

**blondasse** [blɔ̃das] adj (péj) dull blond(e)

**blonde[2]** [blɔ̃d] → SYN nf (= dentelle) blonde lace

**blondeur** [blɔ̃dœʀ] nf (littér) [cheveux] fairness; [blés] gold

**blondin[1]** [blɔ̃dɛ̃] → SYN nm fair-haired child ou young man; (†† = élégant) dandy

**blondin[2]** [blɔ̃dɛ̃] nm (Tech) cableway

**blondine** [blɔ̃din] nf fair-haired child ou young girl

**blondinet** [blɔ̃dinɛ] nm fair-haired boy

**blondinette** [blɔ̃dinɛt] nf fair-haired girl

**blondir** [blɔ̃diʀ] ▸ conjug 2 ◂ [1] vi [cheveux] to go fairer; (littér) [blés] to turn golden; [oignons] to become transparent ◆ **faire blondir des oignons** to fry onions lightly (until they are transparent)

[2] vt [+ cheveux, poils] to bleach

**bloom** [blum] nm (Métal) bloom

**bloomer** [blumœʀ] nm (= culotte) bloomers

**bloquer** [blɔke] → SYN ▸ conjug 1 ◂ [1] vt **a** (= immobiliser accidentellement) [+ freins, machine, porte] to jam; [+ écrou] to overtighten; [+ roue] to lock ◆ **le mécanisme est bloqué** the mechanism is jammed ou stuck ◆ **être bloqué par les glaces** to be stuck in the ice, be icebound ◆ **être bloqué par un accident/la foule** to be held up by an accident/the crowd ◆ **je suis bloqué chez moi** I'm stuck at home ◆ **je suis bloqué** (physiquement) I can't move, I'm stuck ◆ **j'ai les reins bloqués** my back has seized up

**b** (= immobiliser volontairement) [+ objet en mouvement] to stop; [+ roue] (avec une cale) to put a block under; (avec une pierre) to wedge; [+ écrou] to tighten; [+ porte] (avec une cale) to wedge ◆ **j'ai bloqué la porte avec une chaise** (ouverte) I propped the door open with a chair; (fermée) I propped a chair against the door to keep it shut ◆ **bloquer qn contre un mur** to pin sb against a wall ◆ **bloque la roue pendant que je la regonfle** hold the wheel still while I pump it up

**c** (= obstruer) to block (up); (Mil) to blockade ◆ **route bloquée par la glace/la neige** icebound/snowbound road ◆ **un camion bloque la route** a truck is blocking the road, the road is blocked by a truck ◆ **des travaux bloquent la route** there are road works in ou blocking the way ◆ **les enfants bloquent le passage** the children are standing in ou blocking the way, the children are stopping me (ou us etc) getting past ◆ **des manifestants bloquent la circulation** demonstrators are holding up the traffic

**d** [+ processus] to bring to a standstill ◆ **les négociations sont bloquées** the talks are deadlocked ou are at a standstill ◆ **la situation est complètement bloquée** the situation is at a complete standstill ◆ **ça bloque au niveau de la direction** management are holding things up

**e** (= grouper) to lump together, put ou group together ◆ **les cours sont bloqués sur six semaines** (Scol) the classes are spread over six weeks

**f** (Sport) [+ ballon] to block; (Billard) [+ bille] to jam, wedge

**g** [+ marchandises] to stop, hold up; [+ crédit, salaires] to freeze; [+ compte en banque] to freeze

**h** (psychologiquement) **ça me bloque d'être devant un auditoire** I freeze (up) if I have to speak in public ◆ **quand on le critique, ça le bloque** whenever people criticize him he tenses up ou gets all tensed up ◆ **il est bloqué** (dans sa réflexion) he has a mental block (about things)

**i** (* = réserver) [+ jour] to reserve, put aside
**j** (*: Belg) [+ examen] to cram for, swot for * (Brit)
**2** **se bloquer** vpr [porte] to jam, get stuck, stick; [machine] to jam; [roue] to lock; [frein] to jam, lock on; [clé] to get stuck; [genou] to lock; (Psych) to have a mental block ◆ **devant un auditoire, il se bloque** in front of an audience he just freezes (up)

**bloqueur** * [blɔkœʀ] nm (Belg) swot * (Brit)

**blottir (se)** [blɔtiʀ] → SYN ▸ conjug 2 ◂ vpr to curl up, huddle up ◆ **se blottir contre qn** to snuggle up to sb ◆ **se blottir dans les bras de qn** to snuggle up in sb's arms ◆ **blottis les uns contre les autres** curled up ou huddled up (close) against one another ◆ **blotti parmi les arbres** nestling ou huddling among the trees

**blousant, e** [bluzɑ̃, ɑ̃t] → SYN adj robe, chemisier loose-fitting *(and gathered at the waist)*

**blouse** [bluz] → SYN nf (= tablier) overall; (= chemisier) blouse, smock; [médecin] (white) coat; [paysan] smock; (Billard) pocket ◆ **les blouses blanches** (= médecins) hospital doctors

**blouser**[1] [bluze] → SYN ▸ conjug 1 ◂ vi [robe, chemisier] to be loose-fitting *(and gathered at the waist)*

**blouser**[2] ⁑ [bluze] → SYN ▸ conjug 1 ◂ **1** vt to con ⁑, trick, pull a fast one on ⁑ ◆ **se faire blouser** to be had * ou conned ⁑
**2** **se blouser** † vpr (= se tromper) to make a mistake ou a blunder

**blouser**[3] [bluze] vt (Billard) to pot, pocket

**blouson** [bluzɔ̃] → SYN nm blouson (jacket) ◆ **blouson de cuir** leather jacket ◆ **blouson d'aviateur** flying jacket ◆ **blouson noir** † ≃ hell's angel, ≃ teddy-boy (Brit)

**blue-jean,** pl **blue-jeans** [bludʒin] → SYN nm (pair of) jeans

**blues** [bluz] nm inv **a** (= chanson) blues song ◆ **aimer le blues** to like the blues ◆ **écouter du blues** to listen to the blues ou to blues music
**b** (* = mélancolie) **le blues** the blues * ◆ **avoir le blues, avoir un coup de blues** to have the blues *, feel blue *

**bluette** † [blyɛt] nf **a** (= étincelle) spark, sparkle
**b** (= livre) witty little piece (of writing); (= film) sentimental film

**bluff** * [blœf] nm bluff ◆ **c'est du bluff** ou **un coup de bluff !** he's (ou they're etc ) just bluffing ou just trying it on! ⁑ (Brit)

**bluffer** * [blœfe] ▸ conjug 1 ◂ **1** vi to bluff, try it on ⁑ (Brit); (Cartes) to bluff
**2** vt **a** (= tromper) to fool, put on ⁑, have on (Brit); (Cartes) to bluff
**b** (= impressionner) to impress ◆ **j'ai été bluffé** I was really impressed ◆ **elle m'a totalement bluffé** she really took my breath away, she really bowled me over

**bluffeur, -euse** * [blœfœʀ, øz] → SYN nm,f bluffer

**blush** [blœʃ] nm blusher

**blutage** [blytaʒ] nm [farine] bo(u)lting

**bluter** [blyte] → SYN ▸ conjug 1 ◂ vt [+ farine] to bo(u)lt

**blutoir** [blytwaʀ] → SYN nm bo(u)lter

**BN** [beɛn] nf (abrév de **Bibliothèque nationale**) → **bibliothèque**

**BO** [beo] nf (abrév de **bande originale**) → **bande**[1]

**boa** [bɔa] → SYN nm (Habillement, Zool) boa ◆ **boa constricteur** boa constrictor

**Boadicée** [bɔadise] nf Boadicea

**boat people** [botpipœl] nmpl boat people

**bob**[1] [bɔb] nm (Sport) bob(sleigh)

**bob**[2] [bɔb] nm (= chapeau) cotton sunhat

**bobard** * [bɔbaʀ] nm (= mensonge) lie, fib *; (= histoire) tall story, yarn

**bobèche** [bɔbɛʃ] → SYN nf candle-ring

**bobet, -ette** [bɔbɛ, ɛt] adj (Helv = sot) stupid, foolish

**bobeur** [bɔbœʀ] nm bobsleigh racer

**bobinage** [bɔbinaʒ] nm (gén = action) winding; (Élec) coil(s)

**bobine** [bɔbin] → SYN nf **a** [fil] reel, bobbin; [métier à tisser] bobbin, spool; [machine à écrire, à coudre] spool; (Photo) spool, reel; (Élec) coil ◆ **bobine d'induction** induction coil ◆ **bobine (d'allumage)** coil ◆ **bobine de pellicule** roll of film
**b** (* = visage) face, mug ⁑ ◆ **il a fait une drôle de bobine !** what a face he made! ◆ **tu en fais une drôle de bobine !** you look a bit put out! *

**bobineau** [bɔbino] nm ⇒ **bobinot**

**bobiner** [bɔbine] → SYN ▸ conjug 1 ◂ vt to wind

**bobinette** †† [bɔbinɛt] nf (wooden) latch

**bobineur, -euse** [bɔbinœʀ, øz] **1** nm,f (= personne) winder
**2** nm (= appareil) coiler
**3** **bobineuse** nf winding machine

**bobinoir** [bɔbinwaʀ] nm winding machine

**bobinot** [bɔbino] nm (Tex) reel, bobbin

**bobo** [bobo] nm (langage enfantin) (= plaie) sore; (= coupure) cut ◆ **avoir bobo** to be hurt, have a pain ◆ **avoir bobo à la gorge** to have a sore throat ◆ **ça (te) fait bobo ?** does it hurt?, is it sore? ◆ **il n'y a pas eu de bobo** there was no harm done

**bobonne** † * [bɔbɔn] nf ◆ **(sa) bobonne** his old woman ⁑, his missus * (Brit), his old lady ⁑ (US) ◆ **oui bobonne** (hum) yes love * ou dearie *

**bobsleigh** [bɔbslɛg] nm bobsleigh

**bobtail** [bɔbtɛl] nm bobtail(ed) sheepdog, bobtail

**bocage** [bɔkaʒ] → SYN nm **a** (Géog) bocage *(farmland criss-crossed by hedges and trees)*
**b** (littér = bois) grove, copse

**bocager, -ère** [bɔkaʒe, ɛʀ] → SYN adj (littér = boisé) wooded ◆ **paysage bocager** (Géog) bocage landscape

**bocal,** pl **-aux** [bɔkal, o] → SYN nm jar ◆ **bocal à poissons rouges** goldfish bowl ◆ **mettre en bocaux** [+ fruits, légumes] to preserve, bottle

**bocard** [bɔkaʀ] → SYN nm stamp, ore-crusher

**Boccace** [bɔkas] nm Boccaccio

**boche** ⁑ * [bɔʃ] (péj) **1** adj Boche
**2** **Boche** nm Jerry, Kraut ⁑

**Bochimans** [bɔʃiman] nmpl Bushmen

**bock** [bɔk] → SYN nm (= verre) beer glass; (= bière) glass of beer

**bodhisattva** [bɔdisatva] nm Bodhisattva

**body** [bɔdi] nm (gén) body(suit); (Sport) leotard

**bodybuilding** [bɔdibildiŋ] nm body building

**Boers** [buʀ] nmpl ◆ **les Boers** the Boers ◆ **la guerre des Boers** the Boer war

**boëtte** [bwɛt] nf (Pêche) bait

**bœuf,** pl **bœufs** [bœf, bø] → SYN **1** nm **a** (= bête) ox; (de boucherie) bullock, steer (US); (= viande) beef ◆ **bœufs de boucherie** beef cattle ◆ **bœuf mode** stewed beef with carrots ◆ **bœuf en daube** bœuf en daube, beef stew ◆ **il a un bœuf sur la langue** he has been paid to keep his mouth shut * ◆ **on n'est pas des bœufs !** * we're not galley slaves! *; → **charrue, fort, qui**
**b** (arg Mus) jam session ◆ **faire un bœuf** to jam
**2** adj inv ◆ **effet/succès bœuf** * tremendous * ou fantastic * effect/success

**bof** [bɔf] excl ◆ **il est beau ! – bof** he's good-looking! – do you really think so? ou d'you reckon? * ◆ **qu'en penses-tu ? – bof** what do you think of it? – not a lot ◆ **ça t'a plu ? – bof** did you like it? – not really ◆ **bof, si tu y tiens vraiment** oh, alright, if you really want to ◆ **la bof génération, la génération bof** the couldn't-care-less generation

**bogee, bogey** [bɔgi] nm (Golf) bogy, bogey, bogie

**boghead** [bɔgɛd] nm boghead coal, turbanite

**boghei** [bɔgɛ] → SYN nm (English) buggy

**bogie** [bɔʒi], **boggie** [bɔgi] nm (Rail) bogie, bogy

**bogomile** [bɔgɔmil] adj, nm Bogomil

**Bogota** [bɔgɔta] n Bogota

**bogue**[1] [bɔg] → SYN nf (Bot) husk

**bogue**[2] [bɔg] nm (Ordin) bug ◆ **le bogue de l'an 2000** the millennium bug

**bogué, e** [bɔge] adj (Ordin) bug-ridden

**boguet** [bɔgɛ] nm **a** (*: Helv = cyclomoteur) moped
**b** ⇒ **boghei**

**Bohême** [bɔɛm] nf Bohemia

**bohème** [bɔɛm] → SYN **1** adj bohemian
**2** nmf bohemian ◆ **mener une vie de bohème** to lead a bohemian life
**3** nf (= milieu) ◆ **la bohème** Bohemia
**4** nm (= verre) Bohemian glass ◆ **un vase en bohème** a Bohemian glass vase

**bohémien, -ienne** [bɔemjɛ̃, jɛn] → SYN **1** adj Bohemian
**2** nm (Ling) Bohemian
**3** nm,f (= gitan) gipsy ◆ **Bohémien(ne)** (= de Bohême) Bohemian

**boire** [bwaʀ] → SYN ▸ conjug 53 ◂ **1** vt **a** (= ingurgiter) to drink ◆ **offrir/donner à boire à qn** to get sb/give sb something to drink ou a drink ◆ **boire à la santé/au succès de qn** to drink sb's health/to sb's success ◆ **on a bu une bouteille à nous deux** we drank a (whole) bottle between the two of us ◆ **boire jusqu'à plus soif** to drink one's fill, drink until one's thirst is quenched ◆ **il boit l'argent du ménage** he drinks away the housekeeping money, he spends all the housekeeping money on drink ◆ **boire une** ou **la tasse** * (fig) (en nageant) to swallow ou get a mouthful of water ◆ **ce vin se boit bien** ou **se laisse boire** this wine goes down nicely *, this wine is very drinkable ◆ **donner à boire à un enfant** to give a child something to drink ◆ **faire boire un malade** to help a sick person to drink ◆ **faire boire un cheval** to water a horse; → **coup, verre**
**b** (gén emploi absolu = boire trop) to drink ◆ **il s'est mis à boire** he has taken to drink, he has started drinking ◆ **il a bu, c'est évident** he has obviously been drinking ◆ **boire comme un trou** * ou **comme une éponge** * to drink like a fish ◆ **il boit sec** he's a heavy drinker
**c** (= absorber) to soak up, absorb ◆ **ce papier boit l'encre** the ink soaks into this paper ◆ **ce buvard boit bien l'encre** this blotter soaks up the ink well ◆ **la plante a déjà tout bu** the plant has already soaked up all the water ◆ **cette plante boit beaucoup** * this is a very thirsty plant *
**d** (Loc) **boire les paroles de qn** to drink in sb's words, lap up what sb says * ◆ **boire le calice jusqu'à la lie** to drain one's cup to the (last) dregs ou last drop ◆ **il y a à boire et à manger là-dedans** (dans une boisson) there are bits floating about in it; (fig) (= qualités et défauts) it's got its good points and its bad; (= vérités et mensonges) you have to pick and choose what to believe ◆ (Prov) **qui a bu boira** a leopard never changes its spots (Prov), once a thief always a thief (Prov); → **lait**
**2** nm ◆ **le boire et le manger** food and drink ◆ **il en perd le boire et le manger** (fig) he's losing sleep over it (ou her etc ), he can't eat or sleep because of it (ou her etc )

**bois** [bwɑ] → SYN **1** nm **a** (= forêt, matériau) wood ◆ **c'est en bois** it's made of wood ◆ **chaise de** ou **en bois** wooden chair ◆ **ramasser du petit bois** to collect sticks ou kindling ◆ **son visage était de bois** (fig) his face was impassive, he was poker-faced ◆ **je ne suis pas de bois** (fig) I'm only human, I'm only flesh and blood; → **chèque**
**b** (= objet en bois) (gravure) woodcut; (manche) shaft, handle
**c** (Zool) antler
**d** (Mus) woodwind instrument ◆ **les bois** the woodwind (instruments ou section)
**e** (Golf) wood
**f** (Loc) **sortir du bois** (= déclarer ses intentions) to make one's intentions clear ◆ **on n'est pas sorti du bois** (= tiré d'affaire) we're not out of the woods yet ◆ **faire un bois** (Tennis) to hit the ball off the wood ◆ **je ne suis pas du bois dont on fait les flûtes** † I'm not going to let myself be pushed around, I'm not just anyone's fool ◆ **touchons du bois !** * touch wood! * (Brit), knock on wood! * (US) ◆ **il va voir de quel bois je me chauffe !** I'll show him (what I'm made of)!, just let me get my hands on him! ◆ **il fait feu** ou **flèche de tout bois** he'll use any means available to him
**2** COMP ▹ **bois blanc** deal ◆ **table en bois blanc** deal table ▹ **bois à brûler** firewood ▹ **bois de charpente** timber, lumber (US)

▷ **bois de chauffage** ou **de chauffe** firewood ▷ **bois de construction** timber, lumber (US) ▷ **bois debout** (Can) standing timber ▷ **bois d'ébène** (Hist péj = esclaves) black gold ▷ **bois exotique** tropical hardwood ▷ **les bois de justice** the guillotine ▷ **bois de lit** bedstead ▷ **bois de menuiserie** timber, lumber (US) ▷ **bois mort** deadwood ▷ **bois d'œuvre** timber, lumber (US) ▷ **bois rond** (Can) unhewn timber ▷ **bois de rose** rosewood ▷ **bois tropical** ⇒ **bois exotique** ▷ **bois vert** green wood; (Menuiserie) unseasoned ou green timber

**boisage** [bwazaʒ] → SYN nm (= action) timbering; (= matière) timber work

**bois-brûlé, e** †, mpl **bois-brûlés** [bwabʀyle] nm,f (Can) half-breed Indian, bois-brûlé (Can)

**boisé, e** [bwaze] (ptp de **boiser**) adj région, parc wooded; vin woody, boisé ◆ **région très/peu boisée** densely ou thickly/sparsely wooded area

**boisement** [bwazmɑ̃] → SYN nm afforestation

**boiser** [bwaze] → SYN ▸ conjug 1 ◂ vt [+ région] to afforest, plant with trees; [+ galerie] to timber

**boiserie** [bwazʀi] → SYN nf ◆ **boiserie(s)** panelling, wainscot(t)ing, wood trim (US)

**boiseur** [bwazœʀ] nm timber worker

**boisseau**, pl **boisseaux** [bwaso] nm **a** (†† = mesure) ≃ bushel; (Can) bushel *(36,36 litres)* ◆ **c'est un vrai boisseau de puces !** * he's a menace! * ou a pest! * ◆ **garder** ou **mettre sous le boisseau** [+ projet] to keep secret; [+ problème embarrassant] to brush ou sweep under the carpet

**b** (= tuyau) flue

**boisson** [bwasɔ̃] → SYN nf drink; * : (Can) hard liquor, spirits ◆ **ils apportent la boisson** they're bringing the drinks ◆ **être pris de boisson** (littér) to be drunk, be under the influence (hum) ◆ **il est porté sur la boisson** he likes his drink, he's a bit of a boozer * ◆ **boisson alcoolisée** alcoholic drink ou beverage (frm) ◆ **boisson non alcoolisée** soft drink ◆ **boisson fraîche/chaude** cold/hot drink

**boîte** [bwat] → SYN [1] nf **a** (= récipient) (en carton, bois) box; (en métal) box, tin; [conserves] tin (Brit), can ◆ **mettre des haricots en boîte** to can beans ◆ **des tomates en boîte** tinned (Brit) ou canned (US) tomatoes ◆ **il a mangé toute la boîte de caramels** he ate the whole box of toffees ◆ **mettre qn en boîte** * (fig) to pull sb's leg *, take the mickey out of sb ⁑ (Brit) ◆ **la mise en boîte** * **du gouvernement par les journaux satiriques** the ridiculing of the government by the satirical press ◆ **il ne supporte pas la mise en boîte** * he can't stand having his leg pulled, he can't stand being made a joke of ◆ **c'est dans la boîte** * (Ciné) it's in the can *

**b** (* = cabaret) nightclub ◆ **aller** ou **sortir en boîte** to go (out) to a nightclub, go (night-)clubbing *

**c** * (= lieu de travail, firme) company; (= école) school ◆ **quelle (sale) boîte !** what a dump! ⁑, what a crummy hole! ⁑ ◆ **je veux changer de boîte** (= entreprise) I want to work for another company; (= école) I want to change schools ◆ **j'en ai marre de cette boîte !** I'm fed up with this place! ◆ **il s'est fait renvoyer de la boîte** (= entreprise) he got fired *; (= école) he got thrown out ou expelled ◆ **elle travaille pour une boîte de pub** * she works for an advertising company

[2] COMP ▷ **boîte d'allumettes** box of matches ▷ **boîte à archives** box file ▷ **boîte à bachot** (péj) crammer('s), cramming school ▷ **boîte à bijoux** jewellery (Brit) ou jewelry (US) box ▷ **boîte de camembert** camembert box ◆ **ferme ta boîte à camembert !** * shut up! *, shut your face ⁑ ▷ **boîte de conserve** tin (Brit) ou can (US) of food ▷ **boîte de couleurs** box of paints, paintbox ▷ **boîte à couture** ⇒ **boîte à ouvrage** ▷ **boîte crânienne** (Anat) cranium, brainpan * ▷ **boîte d'essieu** axle box ▷ **boîte expressive** (Orgue) swell (box) ▷ **boîte à gants** (Aut) glove compartment ▷ **boîte à idées** suggestion box ▷ **boîte à images** télévision ▷ **boîte à** ou **aux lettres** (publique) post box, mailbox (US); (privée) letterbox (Brit), mailbox (US) ◆ **mettre une lettre à la boîte (aux lettres)** to post (Brit) ou mail a letter ◆ **je leur sers de boîte à lettres** I'm their go-between ▷ **boîte à lettres électronique** electronic mailbox ▷ **boîte à malice** bag of tricks ▷ **boîte à musique** musical box ▷ **boîte noire** (Aviat) black box ▷ **boîte de nuit** nightclub ◆ **faire les boîtes de nuit** to go (night)clubbing * ▷ **boîte à ordures** dustbin (Brit), garbage ou trash can (US) ▷ **boîte à outils** (Tech) toolbox; (Ordin) toolkit ▷ **boîte à ouvrage** sewing box, workbox ▷ **boîte de Pandore** Pandora's box ▷ **boîte de Pétri** Petri dish ▷ **boîte postale 150** P.O. Box 150 ▷ **boîte à rythmes** beatbox ▷ **boîte à thé** tea caddy ▷ **boîte de vitesses** gearbox ▷ **boîte vocale** (Téléc) voice mail (NonC)

**boitement** [bwatmɑ̃] → SYN nm limping

**boiter** [bwate] → SYN ▸ conjug 1 ◂ vi [personne] to limp, walk with a limp; [meuble] to wobble; [raisonnement] to be unsound ou shaky ◆ **boiter bas** to limp badly ◆ **boiter de la jambe gauche** to limp with one's left leg

**boiterie** [bwatʀi] nf limping

**boiteux, -euse** [bwatø, øz] → SYN [1] adj personne lame, who limps (attrib); meuble wobbly, rickety; paix, projet, compromis shaky; union ill-assorted; raisonnement unsound, shaky; explication lame, weak; vers lame; phrase (incorrecte) grammatically wrong; (mal équilibrée) cumbersome, clumsy ◆ **c'était un mariage boiteux** it was a shaky marriage

[2] nm,f lame person, gimp ⁑

**boîtier** [bwatje] → SYN nm (gén) case; (pour appareil photo) body ◆ **boîtier de différentiel** (Aut) differential housing ◆ **boîtier électrique** electric torch (Brit), flashlight (US) ◆ **boîtier de montre** watchcase

**boitillant, e** [bwatijɑ̃, ɑ̃t] → SYN adj démarche, personne hobbling

**boitillement** [bwatijmɑ̃] nm slight limp

**boitiller** [bwatije] ▸ conjug 1 ◂ vi to limp slightly, have a slight limp

**boiton** [bwatɔ̃] nm (Helv = porcherie) pigsty, pigpen (US)

**boit-sans-soif** * [bwasɑ̃swaf] nmf inv drunkard, lush *, piss artist ⁑ (Brit)

**bol** [bɔl] → SYN nm **a** (= récipient) bowl; (= contenu) bowl, bowlful ◆ **prendre un (bon) bol d'air** (fig) to get a breath of fresh air ◆ **cheveux coupés au bol** pudding-basin haircut (Brit), bowl cut (US)

**b** (Pharm) bolus ◆ **bol alimentaire** bolus

**c** (⁑ : LOC) **avoir du bol** to be lucky ou jammy ⁑ (Brit) ◆ **ne pas avoir de bol** to be unlucky ◆ **pas de bol !** hard ou bad luck! ◆ **pas de bol, il est déjà parti** no luck, he's already left

**d** (* : Can) ⇒ **bolle**

**bolchevik, bolchevique** [bɔlʃəvik] adj, nmf Bolshevik, Bolshevist

**bolchevisme** [bɔlʃəvism] → SYN nm Bolchevism

**bolcheviste** [bɔlʃəvist] adj, nmf ⇒ **bolchevik**

**boldo** [bɔldo] nm boldo tree

**bolduc** [bɔldyk] → SYN nm curling ribbon, gift-wrap ribbon, bolduc (SPÉC)

**bolée** [bɔle] → SYN nf bowl(ful)

**boléro** [bɔleʀo] → SYN nm (Habillement, Mus) bolero

**bolet** [bɔlɛ] → SYN nm boletus

**bolide** [bɔlid] → SYN nm (Astron) meteor, bolide (SPÉC); (= voiture) (high-powered) racing car ◆ **comme un bolide** arriver, passer at top speed ◆ **il fonce comme un bolide, c'est un vrai bolide** he really whizzes along

**bolier** [bɔlje] → SYN nm (Pêche) trawl

**Bolivar** [bɔlivaʀ] nm Bolivar

**boliviano** [bɔlivjano] nm boliviano

**Bolivie** [bɔlivi] nf Bolivia

**bolivien, -ienne** [bɔlivjɛ̃, jɛn] [1] adj Bolivian

[2] **Bolivien(ne)** nm,f Bolivian

**bollard** [bɔlaʀ] → SYN nm (Naut) bollard

**bolle** * [bɔl] nf (Can) head, bonce * (Brit) ◆ **j'ai mal à la bolle** I've got a headache

**bolognais, e** [bɔlɔɲɛ, ɛz] [1] adj Bolognese; (Culin) bolognese

[2] **Bolognais(e)** nm,f Bolognese

**bolomètre** [bɔlɔmɛtʀ] nm bolometer

**bombage** [bɔ̃baʒ] nm [slogan etc] spray-painting

**bombance** † * [bɔ̃bɑ̃s] nf feast, beanfeast * (Brit) ◆ **faire bombance** to revel, have a beanfeast * (Brit)

**bombarde** [bɔ̃baʀd] → SYN nf (Mil, Mus) bombard

**bombardement** [bɔ̃baʀdəmɑ̃] → SYN nm **a** (= pilonnage) bombardment; (avec bombes) bombing; (avec obus) shelling ◆ **bombardement aérien** air raid, aerial bombing (NonC)

**b** (avec des cailloux, des tomates) pelting

**c** (Phys) bombardment ◆ **bombardement atomique** atomic bombardment

**bombarder** [bɔ̃baʀde] → SYN ▸ conjug 1 ◂ vt **a** (Mil) to bombard; (avec bombes) to bomb; (avec obus) to shell

**b** **bombarder de** [+ cailloux, tomates] to pelt with; [+ questions, critiques, appels] to bombard with

**c** (Phys) to bombard

**d** (* = catapulter) **on l'a bombardé directeur** he was thrust into ou pitchforked into the position of manager

**bombardier** [bɔ̃baʀdje] → SYN nm (= avion) bomber; (= aviateur) bombardier ◆ **bombardier d'eau** fire-fighting aircraft, tanker plane (US)

**bombardon** [bɔ̃baʀdɔ̃] → SYN nm bombardon

**Bombay** [bɔ̃bɛ] n Bombay

**bombe** [bɔ̃b] → SYN [1] nf **a** (Mil, Ordin) bomb ◆ **attentat à la bombe** bombing, bomb attack ◆ **comme une bombe** (fig) unexpectedly, out of the blue ◆ **la nouvelle a éclaté comme une bombe** ou **a fait l'effet d'une bombe** the news came as a bombshell ou was a bolt from the blue

**b** (= atomiseur) spray ◆ **en bombe** (gén) in an aerosol (attrib) ◆ **peinture/chantilly en bombe** aerosol paint/cream ◆ **déodorant/insecticide en bombe** deodorant/insect spray

**c** (Équitation) riding cap ou hat

**d** (LOC) **faire la bombe** * to have a wild time

[2] COMP ▷ **bombe aérosol** aerosol can ou spray ▷ **bombe anti-crevaison** instant puncture sealant ▷ **bombe antigel** (Aut) de-icing spray ▷ **bombe atomique** atom(ic) bomb ◆ **la bombe atomique** the Bomb ▷ **bombe à billes** ⇒ **bombe à fragmentation** ▷ **bombe au cobalt** (Méd) cobalt therapy unit, telecobalt machine ▷ **bombe déodorante** deodorant spray ▷ **bombe à eau** water bomb ▷ **bombe à fragmentation** cluster bomb ▷ **bombe glacée** (Culin) bombe glacée, ice-cream pudding (Brit) ▷ **bombe H** H-bomb ▷ **bombe à hydrogène** hydrogen bomb ▷ **bombe incendiaire** incendiary ou fire bomb ▷ **bombe insecticide** insect spray, fly spray ▷ **bombe lacrymogène** teargas grenade ▷ **bombe de laque** hair spray ▷ **bombe logique** (Ordin) logic bomb ▷ **bombe au napalm** napalm bomb ▷ **bombe à neutrons** neutron bomb ▷ **bombe de peinture** paint spray, can of aerosol paint ▷ **bombe à retardement** time bomb ▷ **bombe sexuelle** * sex bomb * ▷ **bombe volcanique** (Géol) volcanic bomb

**bombé, e** [bɔ̃be] → SYN (ptp de **bomber**) adj forme rounded, convex; cuiller rounded; poitrine thrown out; front domed; mur bulging; dos humped, hunched; route cambered ◆ **verre bombé** balloon-shaped glass

**bombement** [bɔ̃bmɑ̃] → SYN nm [forme] convexity; [route] camber; [front] bulge

**bomber[1]** [bɔ̃be] → SYN ▸ conjug 1 ◂ [1] vt **a** **bomber le torse** ou **la poitrine** (lit) to stick out ou throw out one's chest; (fig) to puff out one's chest, swagger about

**b** (Peinture) to spray(-paint)

[2] vi **a** [route] to camber; [mur] to bulge; (Menuiserie) to warp

**b** (* = rouler vite) to belt along *

**bomber[2]** [bɔ̃bœʀ] nm (= blouson) bomber jacket

**bombeur, -euse** [bɔ̃bœʀ, øz] nm,f tagger

**bombonne** [bɔ̃bɔn] nf ⇒ **bonbonne**

**bombyx** [bɔ̃biks] → SYN nm bombyx

**bôme** [bom] nf (Naut) boom

**bômé, e** [bome] adj (Naut) boomed

## **bon¹, bonne¹** [bɔ̃, bɔn]

GRAMMAIRE ACTIVE 23.2 → SYN

1 ADJECTIF
2 ADVERBE
3 EXCLAMATION
4 NOM MASCULIN
5 NOM FÉMININ
6 COMPOSÉS

### 1 ADJECTIF

**a** = de qualité (gén) good; fauteuil, lit good, comfortable ◆ **il a de bonnes jambes** he has a good ou strong pair of legs ◆ **une bonne paire de chaussures** a good (strong) pair of shoes ◆ **il a fait du bon travail** he's done a good job ◆ **marchandises/outils de bonne qualité** good quality goods/tools

**b** = adéquat, compétent, sûr docteur, élève, employé good; instrument, système, remède good, reliable; conseil good, sound; excuse, raison good, valid; placement, monnaie, entreprise sound ◆ **être bon en anglais** to be good at English ◆ **pour le bon fonctionnement du moteur** for the motor to work efficiently ou properly ◆ **tout lui est bon pour me discréditer** he'll stop at nothing to discredit me ◆ **bon pour le service** (Mil) fit for service

**c** = agréable odeur, vacances, repas good, pleasant, nice; surprise pleasant, nice ◆ **un bon petit vin** a nice (little) wine ◆ **un bon vin** a good wine ◆ **une bonne tasse de thé** a nice (hot) cup of tea ◆ **un bon bain chaud** a nice hot bath ◆ **elle aime les bonnes choses** she likes good food and drink ◆ **nous avons passé une bonne soirée** we had a pleasant ou nice evening ◆ **c'était vraiment bon** (à manger, à boire) it was ou tasted really good ou nice ◆ **l'eau est bonne** (à la mer, à la piscine) the water's warm ou nice ◆ **elle est bien bonne celle-là !** (iro) that's a good one!

**d** = moralement ou socialement irréprochable lectures, fréquentations, pensées, famille good ◆ **les bonnes gens** good ou honest people ◆ **il est bon père et bon fils** he's a good father and a good son ◆ **d'un bon milieu social** from a good social background

**e** = charitable personne good, kind(-hearted); action good, kind; parole kind, comforting ◆ **une bonne dame m'a fait entrer** some good woman let me in ◆ **être bon pour les animaux** to be kind to animals ◆ **vous êtes bien** ou **trop bon** you are really too kind, it's really too kind ou good of you ◆ **il est bon comme du bon pain** he has a heart of gold ◆ **elle est bonne fille** she's a nice ou good-hearted girl, she's a good sort * ◆ **vous êtes bon vous (avec vos idées impossibles) !** * (iro) you're a great help (with your wild ideas)! ◆ **vas-y demain – tu es bon toi ! * je n'ai pas que ça à faire !** (iro) go tomorrow – you've got a nerve! * I've got things to do!

**f** = valable, utilisable billet, passeport, timbre valid ◆ **médicament/yaourt bon jusqu'au 5 mai** medicine/yoghurt to be consumed ou used before 5th May ◆ **est-ce que la soupe va être encore bonne avec cette chaleur ?** will the soup have kept ou will the soup still be all right in this heat? ◆ **ce joint de caoutchouc n'est plus bon** this rubber washer is no longer any good ◆ **est-ce que ce pneu/ce vernis est encore bon ?** is this tyre/varnish still fit to be used? ou still usable? ◆ **la balle est/n'est pas bonne** (Tennis) the ball was in/was out

**g** = favorable opinion, rapport good, favourable; (Scol) bulletin, note good ◆ **le diagnostic du médecin n'est pas très bon** the doctor's diagnosis isn't very good

**h** = recommandé alimentation good ◆ **ce n'est pas un bon champignon** it's not an edible mushroom ◆ **cette eau est-elle bonne (à boire) ?** is this water fit ou all right to drink?, is this water drinkable? ◆ **est-ce bien bon de fumer tant ?** is it a good thing ou is it wise to smoke so much? ◆ **ce serait une bonne chose s'il restait là-bas** it would be a good thing if he stayed there ◆ **il serait bon que vous les préveniez** it would be a good idea ou thing to let them know ◆ **il est bon de louer tôt** it's as well ou it's advisable to book early ◆ **croire** ou **juger** ou **trouver bon de faire qch** to think ou see fit to do sth ◆ **il semblerait bon de ...** it would seem sensible ou a good idea to ... ◆ **trouvez-vous bon qu'il y aille ?** do you think it's a good thing for him to go? ◆ **quand/comme vous le jugerez bon** when/as you see fit ◆ **quand/comme bon vous semble** when/as you think best ◆ **allez-y si bon vous semble** go ahead if you think it best ◆ **bon pour la santé/pour le mal de tête** good for your health/for headaches ◆ **c'est bon pour ce que tu as !** it'll do you good! ◆ **la baisse des taux, c'est bon pour l'économie** the reduction in interest rates is good for the economy ◆ **la télévision, c'est bon pour ceux qui n'ont rien à faire** television is all right ou fine for people who have nothing to do ◆ **cette solution, c'est bon pour toi, mais pas pour moi** that solution's OK for you but not for me

**i** * = attrapé, condamné **je suis bon !** I've had it! * ◆ **le voilà bon pour une contravention** he's in for a fine now * ◆ **le voilà bon pour recommencer** now he'll have to start all over again

**j** sur imprimé **bon pour pouvoir** procuration given by ◆ **bon pour un lot de 6 bouteilles** (Comm : sur coupon) this voucher ou coupon may be exchanged for a pack of 6 bottles ◆ **bon pour une réduction de 2 €** €2 off next purchase

**k** = utile

◆ **bon à** ◆ **c'est bon à savoir** that's useful to know, that's worth knowing ◆ **c'est toujours bon à prendre** there's no reason to turn it down, it's better than nothing ◆ **tout n'est pas bon à dire** some things are better left unsaid ◆ **puis-je vous être bon à quelque chose ?** can I be of any use ou help to you?, can I do anything for you? ◆ **ce drap est (tout juste) bon à faire des torchons** this sheet is (just) about good enough for ou is only fit for dusters (Brit) ou dustcloths (US) ◆ **c'est (tout juste) bon à nous créer des ennuis** it will only create problems for us, all it will do is create problems for us ◆ **c'est bon à jeter** it's fit for the dustbin, it might as well be thrown out

**l** = correct solution, méthode, réponse, calcul right, correct ◆ **au bon moment** at the right ou proper time ◆ **sur le bon côté de la route** on the right ou proper side of the road ◆ **le bon côté du couteau** the cutting ou sharp edge of the knife ◆ **le bon usage** correct usage (of language) ◆ **je suis bon là ?** * (en positionnant qch) is this O.K.?, how's that? ◆ (Prov) **les bons comptes font les bons amis** bad debts make bad friends

**m** intensif de quantité good ◆ **un bon kilomètre** a good kilometre ◆ **une bonne livre/semaine/heure** a good pound/week/hour ◆ **il a reçu une bonne fessée** he got a good spanking ◆ **la voiture en a pris un bon coup** * the car got pretty smashed up * ◆ **ça fait un bon bout de chemin !** that's quite a distance ou a good way! ◆ **il est tombé une bonne averse/couche de neige** there has been a heavy shower/fall of snow ◆ **après un bon moment** after quite some time ou a good while ◆ **laissez une bonne marge** leave a good ou wide margin ◆ **il faudrait une bonne gelée pour tuer la vermine** what's needed is a hard frost to kill off the vermin ◆ **ça aurait besoin d'une bonne couche de peinture/d'un bon coup de balai** it needs ou would need a good coat of paint/a good sweep-out ◆ **ça fait un bon poids à traîner !** that's quite a ou some load to drag round! ◆ **une bonne moitié** at least half

**n** en apostrophe **mon bon monsieur** my good man ◆ **ma bonne dame** my good woman ◆ **mon bon ami** my dear ou good friend

**o** dans des souhaits **bonne (et heureuse) année !** happy New Year! ◆ **bonne chance !** good luck!, all the best! ◆ **bon courage !** good luck! ◆ **bon dimanche !** have a nice Sunday! ◆ **bonne fin de semaine !** enjoy the rest of the week!, have a good weekend! ◆ **bon match !** (à un spectateur) enjoy the game!; (à un joueur) have a good game! ◆ **bonne promenade !** have a nice walk! ◆ **bonne rentrée !** (Scol) I hope the new term starts well! ◆ **bon retour !** safe journey back!, safe return! ◆ **bonne route !** safe journey! ◆ **bonne santé !** (I) hope you keep well! ◆ **bonnes vacances !** have a good holiday! (Brit) ou vacation! (US) ◆ **bon voyage !** safe journey!, have a good journey! ◆ **au revoir et bonne continuation** goodbye and I hope all goes well (for you) ou and all the best!; → **anniversaire, appétit, souhaiter** etc

**p** = amical ambiance good, pleasant, nice; regard, sourire warm, pleasant ◆ **relations de bon voisinage** good neighbourly relations ◆ **un bon (gros) rire** a hearty ou cheery laugh ◆ **c'est un bon camarade** he's a good friend

### 2 ADVERBE

◆ **faire bon** ◆ **il fait bon ici** it's nice ou pleasant here ◆ **il fait bon au soleil** it's nice and warm in the sun ◆ **il fait bon vivre à la campagne** it's a nice life in the country ◆ **une ville où il fait bon vivre** a town that's really nice to live in ◆ **il ne ferait pas bon le contredire** we (ou you etc ) would be ill-advised to contradict him

◆ **pour de bon** (= définitivement) for good; (= vraiment) really ◆ **si tu continues, je vais me fâcher pour de bon** if you keep that up, I'm really going to get angry

### 3 EXCLAMATION

= d'accord all right!, OK! *; (énervement) (all) right!, OK! * ◆ **bon ! ça suffit maintenant !** (all) right! ou OK! that's enough! ◆ **bon ! bon !** all right! all right! ◆ **bon ! je le ferai moi-même** (all) right then I'll do it myself

### 4 NOM MASCULIN

**a** = personne good ou upright person ◆ **les bons et les méchants** good people and bad people; (dans un western) the goodies and the baddies (Brit), the good guys and the bad guys

**b** = morceau, partie **mange le bon et laisse le mauvais** eat the good part and leave the bad part ◆ **avoir du bon** [solution, principe] to have its advantages ou its good points ◆ **il y a du bon dans ce qu'il dit** there is some merit ou there are some good points in what he says ◆ **il y a du bon et du mauvais** it has its good and its bad points ◆ **il y a du bon et du moins bon** parts of it are good and parts of it are not so good, some bits are better than others

### 5 bonne NOM FÉMININ

**a** = histoire **en voilà une bonne !** that's a good one! ◆ **tu en as de bonnes, toi !** * (iro) you're kidding! ✱, you must be joking! *

**b** **avoir qn à la bonne** * to like sb, be in * ou in solid * (US) with sb ◆ **il m'a à la bonne** I'm in his good books *

### 6 COMPOSÉS

▷ **bonne amie** († ou hum) girlfriend, sweetheart ▷ **bon chic bon genre** personne chic but conservative, Sloaney * (Brit), preppy * (US); bar, soirée chic but conservative, Sloaney * (Brit) ◆ **le style bon chic bon genre des villes bourgeoises** the conservative chic of middle-class towns ▷ **bon enfant loc adj** personne, sourire good-natured; atmosphère friendly ▷ **bonne femme** (péj = femme) woman ◆ **sa bonne femme** (péj = épouse) his old woman ✱, his missus * ◆ **pauvre petite bonne femme** (= enfant) poor little thing ▷ **une bonne pâte** an easy-going fellow, a good sort ▷ **bon à rien, bonne à rien adj** ◆ **cet enfant n'est bon à rien** this child is no good ou use at anything ◆ **cet appareil n'est bon à rien** this instrument is useless ou isn't much good ou use for anything **nm,f** good-for-nothing, ne'er-do-well ▷ **bon Samaritain** (Bible, fig) good Samaritan ▷ **bonne sœur** * nun ▷ **bon teint adj** couleur fast; (fig) syndicaliste staunch, dyed-in-the-wool ▷ **bon à tirer adj** passed for press **nm** final corrected proof ◆ **donner le bon à tirer** to pass for press ▷ **bon vivant nm** bon viveur ou vivant ◆ **c'est un bon vivant** he's a bon viveur ou vivant, he likes the good things in life

**bon²** [bɔ̃] → SYN **1** **nm** (= formulaire) slip, form; (= coupon d'échange) coupon, voucher; (Fin = titre) bond
**2** **COMP** ▷ **bon de caisse** cash voucher ▷ **bon de commande** order form ▷ **bon d'épargne** savings certificate ▷ **bon d'essence** petrol (Brit) ou gas (US) coupon ▷ **bon de garantie** guarantee (slip) ▷ **bon de livraison** delivery slip ▷ **bon de réduction** reduction coupon ou voucher ▷ **bon du Trésor** (Government) Treasury bill ▷ **bon à vue** demand note

**Bonaparte** [bɔnapaʀt] **nm** Bonaparte

**bonapartisme** [bɔnapaʀtism] nm Bonapartism

**bonapartiste** [bɔnapaʀtist] adj, nmf Bonapartist

**bonard, e** [bɔnaʀ, aʀd] adj ◆ **c'est bonard** (= facile) it's no sweat *; (= bien) it's great *

**bonasse** [bɔnas] → SYN adj (gén) easy-going; (péj) meek ◆ **accepter qch d'un air bonasse** (gén) to accept sth good-naturedly; (péj) to accept sth meekly

**bonbec** * [bɔ̃bɛk] nm (= bonbon) sweetie * (Brit), candy (US)

**bonbon** [bɔ̃bɔ̃] → SYN [1] nm sweet (Brit), sweetie * (Brit), piece of candy (US) ◆ **j'en ai ras le bonbon** * I'm fed up to the back teeth *; → **casser**

[2] COMP ▷ **bonbon acidulé** acid drop ▷ **bonbon anglais** fruit drop ▷ **bonbon au chocolat** chocolate ▷ **bonbon fourré** sweet (Brit) ou piece of candy (US) with soft centre ▷ **bonbon à la menthe** mint, humbug (Brit) ▷ **bonbon au miel** honey drop

**bonbonne** [bɔ̃bɔn] → SYN nf (recouverte d'osier) demijohn; (à usage industriel) carboy

**bonbonnière** [bɔ̃bɔnjɛʀ] → SYN nf (= boîte) sweet (Brit) ou candy (US) box, bonbonnière; (fig = appartement) bijou flat (Brit), exquisite apartment (US), bijou residence (hum)

**bond** [bɔ̃] → SYN nm **a** [personne, animal] (gén) leap, bound, jump; (de la position accroupie) spring; [balle] bounce ◆ **faire des bonds** (= sauter) to leap ou spring up ou into the air; (= gambader) to leap ou jump about ◆ **faire un bond d'indignation** to leap ou jump up indignantly ◆ **faire un bond de surprise** to start with surprise ◆ **franchir qch d'un bond** to clear sth with one jump ou bound ◆ **se lever d'un bond** to leap ou jump ou spring up ◆ **d'un bond il fut près d'elle** in a single leap ou bound he was at her side ◆ **il ne fit qu'un bond jusqu'à l'hôpital** he rushed ou dashed off to the hospital ◆ **j'ai pris ou saisi l'occasion au bond** I jumped at ou I seized the opportunity ◆ **saisir une remarque au bond** to pounce ou jump on a remark; → **saisir, faux**[2]

**b** (= progression) **les prix ont fait un bond** prices have shot up ou soared ◆ **la science a fait un grand bond en avant** science has taken a great leap forward ◆ **l'économie nationale a fait un bond (en avant)** the country's economy has leapt forward ou taken a leap forward ◆ **progresser par bonds** to progress by leaps and bounds; (Mil) to advance by successive dashes

**bonde** [bɔ̃d] → SYN nf **a** (= bouchon) [tonneau] bung, stopper; [évier, baignoire] plug; [étang] sluice gate

**b** (= trou) [tonneau] bunghole; [évier, baignoire] plughole

**bondé, e** [bɔ̃de] → SYN adj packed, jam-packed *

**bondelle** [bɔ̃dɛl] nf whitefish

**bondérisation** [bɔ̃deʀizasjɔ̃] → SYN nf bonderization

**bondérisé, e** [bɔ̃deʀize] adj bonderized

**bondieusard, e** * [bɔ̃djøzaʀ, aʀd] → SYN (péj) [1] adj sanctimonious, churchy *

[2] nm,f sanctimonious ou churchy * person, Holy Joe * (péj) (Brit)

**bondieuserie** [bɔ̃djøzʀi] → SYN nf (péj) (= piété) religiosity, devoutness; (= bibelot) religious trinket ou bric-à-brac (NonC)

**bondir** [bɔ̃diʀ] → SYN ▸ conjug 2 ◂ vi **a** (= sauter) [homme, animal] to jump ou leap ou spring up; [balle] to bounce (up) ◆ **bondir de joie** to jump ou leap for joy ◆ **bondir de colère** to fume with anger ◆ **il bondit d'indignation** he leapt up indignantly ◆ **cela me fait bondir** * (fig) it makes my blood boil *, it makes me hopping mad * (Brit)

**b** (= gambader) to jump ou leap about

**c** (= sursauter) to start ◆ **bondir de surprise/de frayeur** to start with surprise/fright

**d** (= se précipiter) **bondir vers** ou **jusqu'à** to dash ou rush to ◆ **bondir sur sa proie** to pounce on one's prey

**e** (= augmenter) [valeur boursière, prix] to shoot up

**bondissement** [bɔ̃dismɑ̃] → SYN nm [animal] leaping (NonC)

**bondon** [bɔ̃dɔ̃] → SYN nm bung

**bondrée** [bɔ̃dʀe] → SYN nf honey buzzard

**bongo** [bɔ̃go] nm (Mus) bongo (drum)

**bonheur** [bɔnœʀ] GRAMMAIRE ACTIVE 23.3 → SYN

[1] nm **a** (= félicité) happiness; (= joie) joy ◆ **trouver le bonheur** to find true happiness ◆ **le bonheur de vivre/d'aimer** the joy of living/of loving ◆ **avoir le bonheur de voir son enfant réussir** to have the joy of seeing one's child succeed ◆ **faire le bonheur de qn** to make sb happy, bring happiness to sb ◆ **si ce ruban peut faire ton bonheur, prends-le** if this ribbon is what you're looking for ou can be any use to you, take it ◆ **alors, tu as trouvé ton bonheur ?** so, did you find what you wanted ou what you were looking for? ◆ **des vacances ! quel bonheur !** holidays! what bliss! ou what a delight! ◆ **quel bonheur de vous revoir !** what a pleasure it is to see you again!

**b** (= chance) (good) luck, good fortune ◆ **il ne connaît pas son bonheur !** he doesn't know ou realize (just) how lucky he is!, he doesn't know ou realize his luck! * ◆ **avoir le bonheur de faire** to be lucky enough ou have the good fortune to do ◆ **il eut le rare bonheur de gagner 3 fois** he had the unusual good fortune of winning ou to win 3 times ◆ **porter bonheur à qn** to bring sb luck ◆ **ça porte bonheur de ...** it's lucky to ...

◆ **par bonheur** fortunately, luckily ◆ **par un bonheur inespéré** by an unhoped-for stroke of luck ou good fortune

**c** (Loc) **avec bonheur** (littér) felicitously ◆ **mêler avec bonheur le tragique et le comique** to blend the tragic and the comic skilfully ◆ (Prov) **le bonheur des uns fait le malheur des autres** one man's meat is another man's poison (Prov)

◆ **au petit bonheur (la chance)** * répondre off the top of one's head *; faire haphazardly, any old how * ◆ **il n'y a pas de véritable sélection, c'est au petit bonheur la chance** there's no real selection (process), it's just pot luck ou the luck of the draw

**bonheur-du-jour**, pl **bonheurs-du-jour** [bɔnœʀdyʒuʀ] → SYN nm escritoire, writing desk

**bonhomie** [bɔnɔmi] → SYN nf affability, bonhomie

**bonhomme** [bɔnɔm] → SYN [1] nm, pl **bonshommes** **a** * (= homme) guy *, chap * (Brit), fellow *, bloke * (Brit); (= mari) old man * ◆ **dessiner des bonshommes** to draw little men ◆ **un petit bonhomme de 4 ans** a little chap * ou lad * ou fellow * of 4 ◆ **dis-moi, mon bonhomme** tell me, sonny * ou little fellow * ◆ **c'était un grand bonhomme** he was a great man * ◆ **aller** ou **suivre son petit bonhomme de chemin** to carry on ou go on in one's own sweet way

**b** (* : Can = père) old man *, father

[2] adj, pl **bonhommes** air, regard good-natured

[3] COMP ▷ **bonhomme de neige** snowman ▷ **bonhomme de pain d'épice** gingerbread man

**boni** † [bɔni] nm (= bénéfice) profit ◆ **100 F de boni** a 100-franc profit

**boniche** * [bɔniʃ] → SYN nf (péj) maid, skivvy * (Brit) ◆ **je ne suis pas ta boniche** I'm not your skivvy (Brit) ou slave ◆ **faire la boniche pour qn** to be sb's slave, to skivvy for sb * (Brit)

**bonification**[1] [bɔnifikasjɔ̃] → SYN nf **a** (= amélioration) [terre, vins] improvement

**b** (Sport) (= points) bonus (points); (= avantage) advantage, start

**bonification**[2] [bɔnifikasjɔ̃] → SYN nf (Fin = remise) discount, rebate ◆ **bonifications d'intérêt** interest rate subsidies, preferential interest rates

**bonifier**[1] vt, **se bonifier** vpr [bɔnifje] → SYN ▸ conjug 7 ◂ to improve

**bonifier**[2] [bɔnifje] → SYN ▸ conjug 7 ◂ vt (Fin) to give as a bonus ◆ **prêt** ou **crédit (à taux) bonifié** government subsidized ou low-interest loan

**boniment** [bɔnimɑ̃] → SYN nm (= baratin) sales talk (NonC), patter * (NonC); (* = mensonge) tall story, humbug (NonC) ◆ **faire le** ou **du boniment à qn** to give sb the sales talk ou patter * ◆ **faire du boniment à une femme** to try and pick up a woman *, chat a woman up * (Brit) ◆ **raconter des boniments** * to spin yarns ou tall stories

**bonimenter** [bɔnimɑ̃te] → SYN ▸ conjug 1 ◂ vi to give the sales talk ou patter *

**bonimenteur, -euse** [bɔnimɑ̃tœʀ, øz] → SYN nm,f smooth talker; [foire] barker

**bonite** [bɔnit] → SYN nf bonito

**bonjour** [bɔ̃ʒuʀ] GRAMMAIRE ACTIVE 21.2 → SYN nm **a** (gén) hello; (matin) (good) morning; (après-midi) (good) afternoon; (Can = au revoir) good day (frm), good morning, good afternoon ◆ **bonjour chez vous !** hello to everybody at home! ◆ **avec lui, c'est bonjour bonsoir** I only ever say hello to him ◆ **donnez-lui le bonjour de ma part** give him my regards, remember me to him ◆ **dire bonjour à qn** to say hello to sb ◆ **est-ce que je peux passer te dire un petit bonjour ?** can I drop in (to say hello)?

**b** (* : Loc) **le bus aux heures de pointe, bonjour (les dégâts) !** * taking the bus in the rush hour is absolute hell! * ◆ **tu aurais vu sa moto après l'accident ! bonjour (les dégâts) !** * you should've seen his bike after the accident! what a mess! ◆ **si son père l'apprend, bonjour (les dégâts) !** if his father finds out about it, sparks will fly ou all hell will be let loose! * ◆ **si tu l'invites, bonjour l'ambiance !** if you invite him, it'll ruin the atmosphere! ◆ **pour l'ouvrir, bonjour !** there's no way to get it open

**Bonn** [bɔn] n Bonn

**bonnard, e** * [bɔnaʀ, aʀd] adj ⇒ **bonard, e**

**bonne**[2] [bɔn] → SYN nf maid, domestic ◆ **bonne d'enfants** nanny, child's nurse (US) ◆ **bonne à tout faire** maid of all work, skivvy (Brit); (hum) general dogsbody ou factotum ◆ **je ne suis pas ta bonne** I'm not your skivvy ou slave; → **bon**[1]

**bonne-maman**, pl **bonnes-mamans** [bɔnmamɑ̃] → SYN nf granny *, grandma

**bonnement** [bɔnmɑ̃] → SYN **tout bonnement** loc adv just, (quite) simply ◆ **dire tout bonnement que ...** to say quite simply that ...

**bonnet** [bɔnɛ] → SYN [1] nm **a** (= coiffure) bonnet, hat; [bébé] bonnet

**b** [soutien-gorge] cup

**c** (Zool) reticulum

**d** (Loc) **prendre qch sous son bonnet** to make sth one's concern ou responsibility, take it upon o.s. to do sth ◆ **c'est bonnet blanc et blanc bonnet** it amounts to the same thing ◆ **jeter son bonnet par-dessus les moulins** to kick over the traces, have one's fling; → **gros, tête**

[2] COMP ▷ **bonnet d'âne** dunce's cap ▷ **bonnet de bain** bathing cap ▷ **bonnet de nuit** (Habillement) nightcap; (* : fig) wet blanket *, killjoy, spoilsport ▷ **bonnet phrygien** Phrygian cap ▷ **bonnet à poils** bearskin ▷ **bonnet de police** forage cap, garrison ou overseas cap (US); → MARIANNE

**bonneteau** [bɔnto] → SYN nm three card trick ou monte (US)

**bonneterie** [bɔnɛtʀi] → SYN nf (= objets) hosiery; (= magasin) hosier's shop, hosiery; (= commerce) hosiery trade

**bonnetier, -ière** [bɔntje, jɛʀ] nm,f hosier

**bonnette** [bɔnɛt] → SYN nf (Photo) supplementary lens; (Naut) studding sail, stuns'l; (Mil) [fortification] bonnet

**bonniche** [bɔniʃ] nf ⇒ **boniche**

**bonobo** [bonobo] nm bonobo

**bon-papa**, pl **bons-papas** [bɔ̃papa] → SYN nm grandad *, grandpa

**bonsaï** [bɔ̃(d)zaj] nm bonsai

**bonsoir** [bɔ̃swaʀ] → SYN nm **a** (en arrivant) hello, good evening; (en partant) good evening, good night; (en se couchant) good night ◆ **souhaiter le bonsoir à qn** to say good night to sb, wish sb goodnight

**b** (* : Loc = rien à faire) **bonsoir !** nothing doing! *, not a chance! *, not on your life! * ◆ **pour s'en débarrasser bonsoir !** it's going to be sheer ou absolute hell * getting rid of it

**bonté** [bɔ̃te] → SYN nf **a** (= caractère) kindness, goodness ◆ **ayez la bonté de faire** would you be so kind ou good as to do? ◆ **faire qch par pure bonté d'âme** to do sth out of the goodness of one's heart ◆ **avec bonté** kindly ◆ **bonté divine !** ou **du ciel !** good heavens! *

**b** (= acte) (act of) kindness ◆ **merci de toutes vos bontés** thank you for all your kindness ou for all the kindness you've shown me ◆ **avoir des bontés pour qn** to be very kind to sb

**bonus** [bɔnys] → SYN nm (Assurances) no-claims bonus

**bonze** [bɔ̃z] → SYN nm (Rel) bonze; (* = personnage important) bigwig* ◆ **vieux bonze**‡ old fossil‡

**bonzerie** [bɔ̃zʀi] → SYN nf Buddhist monastery

**bonzesse** [bɔ̃zɛs] nf bonze

**boogie-woogie,** pl **boogie-woogies** [bugiwugi] → SYN nm boogie-woogie

**book** [buk] nm ⇒ **press-book**

**bookmaker** [bukmɛkœʀ] nm bookmaker

**booléen, -enne** [buleɛ̃, ɛn] adj (Math, Ordin) boolean

**boom** [bum] → SYN nm (= expansion) boom ◆ **être en plein boom** [secteur] to be booming; (* = en plein travail) to be really busy

**boomerang** [bumʀɑ̃g] nm (lit, fig) boomerang ◆ **faire boomerang, avoir un effet boomerang** (fig) to backfire

**booster**[1] [bustœʀ] → SYN nm [fusée] booster, launching vehicle; [autoradio] booster

**booster**[2] [buste] ▸ conjug 1 ◂ vt [+ économie, ventes] to boost; [+ moteur] to soup up*

**boots** [buts] → SYN nmpl boots

**boqueteau,** pl **boqueteaux** [bɔkto] → SYN nm copse

**bora** [bɔʀa] → SYN nf bora

**borasse** [bɔʀas] nm borassus, palmyra

**borate** [bɔʀat] nm borate

**borax** [bɔʀaks] nm borax

**borazon** [bɔʀazɔ̃] nm borazon

**borborygme** [bɔʀbɔʀigm] → SYN nm rumble, rumbling noise (in one's stomach), borborygmus (SPÉC)

**bord** [bɔʀ] → SYN nm **a** [route] side, edge; [rivière] side, bank; [lac] edge, side, shore; [cratère] edge, rim, lip; [forêt, table] edge; [précipice] edge, brink; [verre, tasse] brim, rim; [assiette] edge, rim; [plaie] edge ◆ **le bord des paupières** the rim of the eye ◆ **le bord de la mer** the seashore ◆ **bord du trottoir** edge of the pavement, kerb (Brit), curb (US) ◆ **une maison au bord du lac** a house by the lake ou at the lakeside, a lakeside house ◆ **se promener au bord de la rivière** to go for a walk along the riverside ou the river bank ou by the river ◆ **passer ses vacances au bord de la mer** to spend one's holidays at the seaside ou by the sea, go to the seaside for one's holidays ◆ **pique-niquer au bord ou sur le bord de la route** to (have a) picnic at ou by the roadside ◆ **laisser ou abandonner qn sur le bord de la route** (fig) to leave sb by the wayside ◆ **au bord de l'eau** at the water's edge ◆ **se promener au bord de l'eau** to go for a walk by the lake (ou river ou sea) ◆ **en été les bords du lac sont envahis de touristes** in summer the shores of the lake are overrun by tourists ◆ **il a regagné le bord à la nage** (dans la mer) he swam ashore ou to the shore; (dans une rivière) he swam to the bank ◆ **verre rempli jusqu'au bord ou à ras bord** glass full ou filled to the brim

**b** [vêtement, mouchoir] edge, border; [chapeau] brim ◆ **chapeau à large(s) bord(s)** wide- ou broad-brimmed hat ◆ **le bord ourlé d'un mouchoir** the rolled hem of a handkerchief ◆ **bord à bord** coudre, coller edge to edge ◆ **veste bord à bord** edge-to-edge jacket

**c** (Naut) side ◆ **les hommes du bord** the crew ◆ **jeter par-dessus bord** (Naut) to throw overboard ◆ **à bord** (Aviat, Naut) on board, aboard ◆ **monter à bord** to go on board ou aboard ◆ **prendre qn à son bord** to take sb aboard ou on board ◆ **monter à bord d'un navire** to board a ship, go on board ou aboard ship ◆ **la marchandise a été expédiée à bord du SS Wallisdown** the goods were shipped on SS Wallisdown ◆ **M. Morand, à bord d'une voiture bleue** Mr Morand, driving ou in a blue car ◆ **journal ou livre de bord** log(book), ship's log

**d** (Naut = bordée) tack ◆ **tirer des bords** to tack, make tacks ◆ **tirer un bord** to tack, make a tack

**e** (*: Can) side ◆ **de mon bord** on my side ◆ **prendre le bord** to make off

**f** (LOC) **être au bord de la ruine/du désespoir** to be on the verge ou brink of ruin/despair ◆ **au bord de la tombe** on the brink of death ◆ **au bord des larmes** on the verge of tears ◆ **nous sommes du même bord** we are on the same side, we are of the same opinion; (socialement) we are all of a kind ◆ **à pleins bords** abundantly, freely ◆ **il est un peu fantaisiste/sadique sur les bords** * he's a bit of an eccentric/a sadist

**bordage** [bɔʀdaʒ] → SYN **1** nm (Couture) edging, trimming

**2** **bordages** nmpl **a** (Naut) (en bois) planks, planking; (en fer) plates, plating

**b** (Can) inshore ice

**bordé** [bɔʀde] → SYN nm **a** (Couture) braid, trimming

**b** (Naut) (en bois) planking; (en fer) plating

**Bordeaux** [bɔʀdo] n (ville) Bordeaux

**bordeaux** [bɔʀdo] **1** nm (= vin) Bordeaux (wine) ◆ **bordeaux rouge** red Bordeaux, claret (Brit)

**2** adj inv maroon, burgundy

**bordée** [bɔʀde] → SYN nf **a** (= salve) broadside ◆ **bordée d'injures** (fig) torrent ou volley of abuse

**b** (Naut = quart) watch

**c** (= parcours) tack ◆ **tirer des bordées** to tack, make tacks ◆ **tirer une bordée** (fig) to go on a spree* ou binge*

**d** (*: Can) **une bordée de neige** a heavy snowfall

**bordel**‡ [bɔʀdɛl] nm (= hôtel) brothel, whorehouse*; (= chaos) mess, shambles sg ◆ **quel bordel !** what a bloody** (Brit) ou goddamned‡ (US) shambles! ◆ **si tout le monde a accès aux dossiers, ça va être le bordel** if everyone has access to the files it'll be bloody** (Brit) ou goddamned‡ (US) chaos ◆ **mettre ou foutre‡ le bordel** to create havoc, cause bloody** (Brit) ou goddamned‡ (US) chaos ◆ **mettre ou foutre‡ le bordel dans qch** to screw‡ ou bugger** (Brit) sth up ◆ **bordel !** hell!*, bloody hell!‡ (Brit), shit!** ◆ **arrête de gueuler, bordel (de merde) !** stop shouting for Christ's sake!** ou for fuck's sake!** ◆ **... et tout le bordel** ... and God knows what else*

**bordelais, e** [bɔʀdəlɛ, ɛz] **1** adj of ou from Bordeaux, Bordeaux (épith)

**2** **Bordelais(e)** nm,f inhabitant ou native of Bordeaux

**3** nm (= région) ◆ **le Bordelais** the Bordeaux region

**4** **bordelaise** nf (Culin) ◆ **entrecôte (à la) bordelaise** Bordelaise entrecôte steak

**bordélique**‡ [bɔʀdelik] adj chaotic, shambolic* (Brit)

**border** [bɔʀde] → SYN ▸ conjug 1 ◂ vt **a** (Couture) (= entourer) to edge, trim (*de* with); (= ourler) to hem, put a hem on

**b** (= longer) [arbres, immeubles, maisons] to line; [sentier] to run alongside ◆ **allée bordée de fleurs** path edged ou bordered with flowers ◆ **rue bordée de maisons** road lined with houses ◆ **rue bordée d'arbres** tree-lined road

**c** [+ personne, couverture] to tuck in ◆ **border un lit** to tuck the blankets in

**d** (Naut) (en bois) to plank; (en fer) to plate

**e** (Naut) [+ voile] to haul on, pull on; [+ avirons] to ship

**bordereau,** pl **bordereaux** [bɔʀdəʀo] → SYN **1** nm (= formulaire) note, slip; (= relevé) statement, summary; (= facture) invoice

**2** COMP ▷ **bordereau d'achat** purchase note ▷ **bordereau d'envoi** dispatch note ▷ **bordereau de livraison** delivery slip ou note ▷ **bordereau de versement** pay(ing)-in slip

**bordier, -ière** [bɔʀdje, jɛʀ] → SYN **1** adj mer epicontinental; bateau lopsided

**2** nm (Helv = riverain) resident

**bordigue** [bɔʀdig] → SYN nf (Pêche) crawl

**bordure** [bɔʀdyʀ] → SYN nf (= bord) edge; (= cadre) surround, frame; [gazon, fleurs] border; [arbres] line; (Couture) border, edging, edge; [voile] foot ◆ **bordure de trottoir** kerb (Brit), curb (US), kerbstones (Brit), curbstones (US) ◆ **en bordure de** (= le long de) running along, alongside, along the edge of; (= à côté de) next to, by; (= près de) near (to) ◆ **en bordure de route** maison, champ by the roadside (attrib); restaurant, arbre roadside (épith) ◆ **pavier à bordure noire** black-edged paper, paper with a black edge

**bore** [bɔʀ] nm boron

**boréal, e,** mpl **-aux** [bɔʀeal, o] → SYN adj boreal; → **aurore**

**Borée** [bɔʀe] nm Boreas

**borgne** [bɔʀɲ] → SYN adj **a** personne one-eyed, blind in one eye ◆ **fenêtre borgne** obstructed window ◆ **trou borgne** recessed hole

**b** (fig = louche) hôtel, rue shady

**borique** [bɔʀik] adj boric

**boriqué, e** [bɔʀike] adj containing boric acid

**Boris** [bɔʀis] nm Boris ◆ **"Boris Godounov"** (Littérat) "Boris Godunov"

**bornage** [bɔʀnaʒ] → SYN nm [terrain] boundary marking, demarcation

**borne** [bɔʀn] → SYN nf **a** (kilométrique) kilometre-marker, ≃ milestone; [terrain] boundary stone ou marker; (autour d'un monument) bollard (Brit), post ◆ **borne d'incendie** fire hydrant ◆ **ne reste pas là planté comme une borne !*** don't just stand there like a statue!

**b** (fig) **bornes** limit(s), bounds ◆ **il n'y a pas de bornes à la bêtise humaine** human folly knows no bounds ◆ **franchir ou dépasser les bornes** to go too far ◆ **sans bornes** limitless, unlimited, boundless ◆ **il lui vouait une admiration sans borne(s)** his admiration for her knew no bounds ◆ **mettre des bornes à** to limit

**c** (* = kilomètre) kilometre

**d** (Élec) terminal

**e** (Téléc) **borne téléphonique ou d'appel** (pour taxi) taxi rank (Brit) ou stand (US) telephone; (pour secours) emergency telephone ◆ **borne de paiement** pay point

**f** (Ordin) **borne interactive/Minitel** interactive/Minitel terminal

**g** (Math) bound ◆ **borne inférieure/supérieure** lower/upper bound

**borné, e** [bɔʀne] → SYN (ptp de **borner**) adj **a** personne narrow-minded, short-sighted; esprit, vie narrow; intelligence limited

**b** (Math) bounded

**borne-fontaine,** pl **bornes-fontaines** [bɔʀn(ə)fɔ̃tɛn] nf **a** [eau potable] public drinking fountain

**b** (Can = bouche d'incendie) fire hydrant

**Bornéo** [bɔʀneo] n Borneo

**borner** [bɔʀne] → SYN ▸ conjug 1 ◂ **1** vt **a** [+ ambitions, besoins, enquête] to limit, restrict (*à faire* to doing; *à qch* to sth)

**b** [+ terrain] to mark out ou off, mark the boundary of ◆ **arbres qui bornent un champ** trees which border a field ◆ **immeubles qui bornent la vue** buildings which limit ou restrict one's view

**2** **se borner** vpr (= se contenter de) ◆ **se borner à faire** to content o.s. with doing, be content to do ◆ **se borner à qch** to content o.s. with sth ◆ **se borner à faire/à qch** (= se limiter à) [personne] to restrict ou confine o.s. to doing/to sth; [visite, exposé] to be limited ou restricted to doing/to sth ◆ **je me borne à vous faire remarquer que ...** I would just ou merely like to point out to you that ... ◆ **il s'est borné à resserrer les vis** he just ou merely tightened up the screws

**bort** [bɔʀ] → SYN nm bort(z), boart

**bort(s)ch** [bɔʀtʃ] nm bors(c)h

**bosco** [bɔsko] nm (Naut) quartermaster

**boskoop** [bɔskɔp] nf Boskoop apple

**bosniaque** [bɔsnjak] **1** adj Bosnian

**2** **Bosniaque** nmf Bosnian

**Bosnie** [bɔsni] nf Bosnia

**Bosnie-Herzégovine** [bɔsniɛʀzegɔvin] nf Bosnia-Herzegovina

**bosnien, -ienne** [bɔsnjɛ̃, jɛn] adj, nm,f ⇒ **bosniaque**

**boson** [bozɔ̃] nm boson

**Bosphore** [bɔsfɔʀ] nm ◆ **le Bosphore** the Bosphorus ◆ **le détroit du Bosphore** the Bosphorus Strait(s)

**bosquet** [bɔskɛ] → SYN nm copse, grove

**bossage** [bɔsaʒ] → SYN nm (Archit) boss ◆ **bossages** bosses, bossage

**bossa-nova,** pl **bossas-novas** [bɔsanɔva] → SYN nf bossa nova

**bosse** [bɔs] → SYN nf **a** [chameau, bossu] hump; (en se cognant) bump, lump; (= éminence) bump; (Ski) mogul, bump ◆ **se faire une bosse au front** to get a bump on one's forehead ◆ **route pleine de bosses** (very) bumpy road ◆ **ski sur bosses** mogul skiing; → **rouler**

**b** (Naut) **bosse d'amarrage** pointer

**c** (* : LOC) **avoir la bosse des maths** to have a good head for maths, be good at maths ◆ **avoir la bosse du commerce** to be a born businessman (ou businesswoman)

**bosselage** [bɔslaʒ] nm embossment

**bosseler** [bɔsle] → SYN ▸ conjug 4 ◂ vt (= déformer) to dent; (= marteler) to emboss ◆ **tout bosselé** battered, badly dented; [+ front] bruised, covered in bumps (attrib); [+ sol] bumpy

**bossellement** [bɔsɛlmɑ̃] nm embossing

**bosselure** [bɔslyʀ] → SYN nf (= défaut) dent; (= relief) embossment

**bosser[1]** * [bɔse] → SYN ▸ conjug 1 ◂ **1** vi (= travailler) to work (*dans* in); (= travailler dur) (intellectuellement) to work hard, slog away * (Brit); (physiquement) to slave away, work one's guts out ⁑

**2** vt [+ examen] to slog away for * (Brit), swot for (Brit) ◆ **bosser son anglais** to slog away at ou swot for * one's English

**bosser[2]** [bɔse] ▸ conjug 1 ◂ vt (Naut) to attach with painters

**bossette** [bɔsɛt] nf [mors, œillère] boss

**bosseur, -euse** * [bɔsœʀ, øz] → SYN **1** adj hard-working

**2** nm,f slogger * (Brit), hard worker

**bossoir** [bɔswaʀ] nm [bateau] davit; [ancre] cathead

**bossu, e** [bɔsy] → SYN **1** adj personne hunchbacked ◆ **dos bossu** hunch(ed) back ◆ **redresse-toi, tu es tout bossu** sit up, you're getting round-shouldered

**2** nm,f hunchback; → **rire**

**bossuer** [bɔsɥe] ▸ conjug 1 ◂ vt ⇒ **bosseler**

**boston** [bɔstɔ̃] nm (= danse, jeu) boston

**bostryche** [bɔstʀiʃ] nm elm bark beetle

**bot, bote** [bo, bɔt] → SYN adj ◆ **main bote** club-hand ◆ **pied bot** club-foot

**botanique** [bɔtanik] → SYN **1** adj botanical

**2** nf botany

**botaniste** [bɔtanist] → SYN nmf botanist

**bothriocéphale** [bɔtʀijosefal] nm bothriocephalus

**Botnie** [bɔtni] nf ◆ **le golfe de Botnie** the Gulf of Bothnia

**botrytis** [bɔtʀitis] nm (Agr) botrytis

**Botswana** [bɔtswana] nm Botswana

**botswanais, e** [bɔtswanɛ, ɛz] **1** adj of ou from Botswana

**2** **Botswanais(e)** nm,f inhabitant ou native of Botswana

**botte[1]** [bɔt] → SYN nf (high) boot ◆ **botte de caoutchouc** wellington (boot) (Brit), gumboot (Brit), rubber boot (US) ◆ **botte de cheval** ou **de cavalier** riding boot ◆ **botte d'égoutier** wader ◆ **les bottes de sept lieues** the seven-league boots ◆ **la botte (de l'Italie)** the boot (of Italy) ◆ **être à la botte de qn** to be under sb's heel ou thumb, be sb's puppet ◆ **avoir qn à sa botte** to have sb under one's heel ou thumb ◆ **cirer** ou **lécher les bottes de qn** * to lick sb's boots ◆ **être sous la botte de l'ennemi** to be under the enemy's heel

**botte[2]** [bɔt] → SYN nf [fleurs, légumes] bunch; [foin] (en gerbe) bundle, sheaf; (au carré) bale

**botte[3]** [bɔt] → SYN nf (Escrime) thrust ◆ **porter une botte à** (lit) to make a thrust at; (fig) to hit out at ◆ **botte secrète** (fig) secret weapon

**botteler** [bɔtle] → SYN ▸ conjug 4 ◂ vt [+ paille] (en gerbe) to bundle, truss (Brit); (au carré) to bale; [+ fleurs, légumes] to bunch

**botteleur, -euse** [bɔtlœʀ, øz] nm,f bundler, baler, trusser (Brit)

**botter** [bɔte] → SYN ▸ conjug 1 ◂ **1** vt **a** (= mettre des bottes à) to put boots on; (= vendre des bottes à) to sell boots to ◆ **se botter** to put one's boots on ◆ **botté de cuir** with leather boots on, wearing leather boots

**b** **botter les fesses** ou **le derrière de qn** ⁑ to kick ou boot ⁑ sb in the behind *, give sb a kick up the backside ⁑ ou in the pants ⁑

**c** ( * = plaire) **ça me botte** ⁑ I fancy * (Brit) ou like ou dig ⁑ that ◆ **ce film m'a botté** I really liked that film

**d** (Ftbl) to kick

**2** vi (Ftbl) to kick the ball; (Ski) to ball up ◆ **botter en touche** (lit, fig) to kick the ball into touch

**botteur** [bɔtœʀ] nm (Rugby) kicker

**bottier** [bɔtje] → SYN nm [bottes] bootmaker; [chaussures] shoemaker

**bottillon** [bɔtijɔ̃] nm ankle boot; [bébé] bootee

**bottin ®** [bɔtɛ̃] nm telephone directory, phonebook ◆ **Bottin mondain** ≈ Who's Who

**bottine** [bɔtin] → SYN nf (ankle) boot ◆ **bottine à boutons** button-boot

**botulique** [bɔtylik] adj ◆ **bacille botulique** botulinus

**botulisme** [bɔtylism] → SYN nm botulism

**boubou** [bubu] nm boubou, bubu

**boubouler** [bubule] → SYN ▸ conjug 1 ◂ vi to hoot

**bouc** [buk] nm (Zool) (billy) goat; (= barbe) goatee (beard) ◆ **sentir** ou **puer le bouc** ⁑ to stink *, pong ⁑ (Brit) ◆ **bouc émissaire** (fig) scapegoat, fall guy

**boucan** * [bukɑ̃] nm din *, racket * ◆ **faire du boucan** (= bruit) to kick up * a din * ou a racket *; (= protestation) to kick up * a fuss

**boucane** ⁑ [bukan] nf (Can) smoke

**boucaner** [bukane] → SYN ▸ conjug 1 ◂ vt [+ viande] to smoke, cure; [+ peau] to tan

**boucanier** [bukanje] → SYN nm (= pirate) buccaneer

**bouchage** [buʃaʒ] → SYN nm **a** [bouteille] corking

**b** [trou, fente] filling up ou in; [fuite] plugging, stopping

**c** [fenêtre, porte] blocking (up)

**d** [lavabo] blocking (up), choking up

**boucharde** [buʃaʀd] → SYN nf (= marteau) bush-hammer

**bouche** [buʃ] → SYN **1** nf **a** (Anat) mouth; [volcan, fleuve, four] mouth; [canon] muzzle ◆ **embrasser à pleine bouche** to kiss full on the lips ou mouth ◆ **parler la bouche pleine** to talk with one's mouth full ◆ **avoir la bouche amère** to have a bitter taste in one's mouth ◆ **j'ai la bouche sèche** my mouth feels ou is dry ◆ **j'ai la bouche pâteuse** my tongue feels thick ou coated ◆ **il a 5 bouches à nourrir** he has 5 mouths to feed ◆ **les bouches inutiles** (dans une population) the non-active ou unproductive population ◆ **provisions de bouche** provisions ◆ **dépenses de bouche** food bills ◆ **vin court/long en bouche** wine with no finish/a long ou lingering finish; → **garder**

**b** (= organe de la communication) mouth ◆ **fermer la bouche à qn** to shut sb up ◆ **garder la bouche close** to keep one's mouth shut ◆ **il n'a pas ouvert la bouche de la soirée** he didn't open his mouth ou he didn't say a word all evening ◆ **dans sa bouche, ce mot surprend** when he says ou uses it, that word sounds odd ◆ **il a toujours l'injure à la bouche** he's always ready with an insult ◆ **il n'a que ce mot-là à la bouche** that's all he ever talks about ◆ **de bouche à oreille** by word of mouth, confidentially ◆ **bouche cousue !** * don't breathe a word!, mum's the word! * ◆ **son nom est dans toutes les bouches** his name is a household word ou is on everyone's lips ◆ **aller** ou **passer de bouche en bouche** to be rumoured about ◆ **il en a plein la bouche** he can talk of nothing else ◆ **nos sentiments s'expriment par sa bouche** our feelings are expressed through his words

**c** (LOC) **s'embrasser à bouche que veux-tu** to kiss eagerly ◆ **faire la fine** ou **petite bouche** to turn one's nose up ◆ **avoir la bouche en cœur** to simper ◆ **et pour la bonne bouche, le dernier roman de Legrand** and last but by no means least, Legrand's latest novel ◆ **nous avons gardé** ou **réservé pour la bonne bouche un enregistrement inédit de Bechet** we have saved the best till last ou and last but not least – a previously unreleased Bechet recording; → **bée**

**2** COMP ▷ **bouche d'aération** air vent ou inlet ▷ **bouche de chaleur** hot-air vent ou inlet ▷ **bouche d'égout** manhole ▷ **bouche à feu** (Hist) piece (of ordnance), gun ▷ **bouche d'incendie** fire hydrant ▷ **bouche de métro** metro entrance

**bouché, e[1]** [buʃe] → SYN (ptp de **boucher[1]**) adj **a** temps, ciel cloudy, overcast

**b** (= obstrué) passage blocked ◆ **j'ai les oreilles bouchées** my ears are blocked (up) ◆ **j'ai le nez bouché** my nose is blocked (up) ou stuffed up

**c** ( * = stupide) personne stupid, thick ⁑ ◆ **bouché à l'émeri** dead from the neck up *, as thick as a brick ⁑ (Brit)

**d** (= sans avenir) **le secteur de la publicité est bouché** there are absolutely no openings in the advertising industry ◆ **il n'a devant lui qu'un horizon bouché** his prospects don't look very bright

**bouche-à-bouche** [buʃabuʃ] nm inv kiss of life (Brit), mouth-to-mouth resuscitation (Brit) ou respiration (US) ◆ **faire du bouche-à-bouche à qn** to give sb the kiss of life, give sb mouth-to-mouth resuscitation (Brit) ou respiration (US)

**bouchée[2]** [buʃe] → SYN nf **a** (= quantité) mouthful ◆ **pour une bouchée de pain** for a song, for next to nothing ◆ **mettre les bouchées doubles** to put on a spurt, work twice as hard ◆ **ne faire qu'une bouchée d'un plat** to gobble up ou polish off a dish in next to no time ◆ **ne faire qu'une bouchée d'un adversaire** to make short work of an opponent

**b** (Culin) **bouchée (au chocolat)** chocolate ◆ **bouchée à la reine** *vol-au-vent filled with chopped sweetbreads in a rich sauce*

**boucher[1]** [buʃe] → SYN ▸ conjug 1 ◂ **1** vt **a** (= fermer) [+ bouteille] to cork, put the ou a cork in

**b** (= colmater) [+ trou, fente] to fill up ou in; [+ fuite] to plug, stop ◆ **ça** (ou **elle** etc ) **lui en a bouché un coin** * he was staggered * ou flabbergasted * ou gobsmacked ⁑ (Brit)

**c** (= condamner) [+ fenêtre, porte] to block (up)

**d** (= engorger) [+ lavabo] to block (up), choke (up) ◆ **sécrétions qui bouchent les pores** secretions which block up ou clog up the pores ◆ **j'ai les oreilles bouchées** my ears are blocked (up) ◆ **j'ai le nez bouché** my nose is blocked (up) ou stuffed up ou bunged up * ◆ **boucher le passage** to be ou stand in the way ◆ **boucher le passage à qn** to be ou stand in sb's way, block sb's way ◆ **boucher la vue** to block the view ◆ **on l'a employé pour boucher les trous** we used him as a stopgap

**2** **se boucher** vpr [évier] to get blocked ou choked ou clogged up; [temps] to get cloudy, become overcast ◆ **se boucher le nez** to hold one's nose ◆ **se boucher les oreilles** to put one's fingers in one's ears ou one's hands over one's ears; (= refuser d'entendre) to turn a deaf ear ◆ **se boucher les yeux** to put one's hands over one's eyes, hide one's eyes; (= refuser de voir) to turn a blind eye

**boucher[2]** [buʃe] → SYN nm (lit, fig) butcher

**bouchère** [buʃɛʀ] nf (woman) butcher; (= épouse) butcher's wife

**boucherie** [buʃʀi] → SYN nf (= magasin) butcher's (shop); (= métier) butchery (trade); (fig) slaughter ◆ **animaux de boucherie** animals for slaughter ◆ **boucherie chevaline** ou **hippophagique** horse(meat) butcher's ◆ **boucherie charcuterie** butcher's (shop) with delicatessen

**bouche-trou,** pl **bouche-trous** [buʃtʀu] → SYN nm (= personne) fill-in, stopgap, stand-in; (= chose) stopgap, pinch-hitter * (NonC)

**bouchon** [buʃɔ̃] → SYN nm **a** (en liège) cork; (en verre) stopper; (en plastique) stopper, top; (en chiffon, papier) plug, bung (Brit); [bidon, réservoir] cap; [tube] top; [évier] plug ◆ **bouchon d'objectif** (Photo) lens cap ◆ **bouchon antivol** locking petrol (Brit) ou gas (US) cap ◆ **bouchon de vidange** drain plug ◆ **vin qui sent le bouchon** corked ou corky wine ◆ **bouchon de cérumen** earwax ou cerumen plug; → **pousser**

**b** (Pêche) float

**c** (pour un cheval) **bouchon (de paille)** wisp

**d** (Aut = embouteillage) holdup, traffic jam ◆ **un bouchon de 12 km** a 12-km tailback

**bouchonnage** [buʃɔnaʒ] → SYN nm [cheval] rubbing-down, wisping-down (Brit)

**bouchonné, e** [buʃɔne] adj vin corked, corky

**bouchonner** [buʃɔne] → SYN ▸ conjug 1 ◂ 1 vt [+ cheval] to rub down, wisp down (Brit)
2 vi (Aut) ◆ **ça bouchonne en ville** there's heavy congestion in town

**bouchonnier** [buʃɔnje] nm (= fabricant) cork maker; (= vendeur) cork seller

**bouchot** [buʃo] → SYN nm mussel bed

**bouclage** [buklaʒ] → SYN nm (* = mise sous clés) locking up ou away, imprisonment; (= encerclement) surrounding, sealing off; (Presse) [journal] closing, putting to bed

**boucle** [bukl] → SYN 1 nf [ceinture, soulier] buckle; [cheveux] curl; [ruban, voie ferrée, rivière] loop; (Sport) lap; (Aviat) loop; (Ordin) loop ◆ **fais une boucle à ton j** put a loop on your j ◆ **fais une boucle à ton lacet** tie your shoelace in a bow ◆ **"Boucles d'or et les Trois Ours"** (Littérat) "Goldilocks and the Three Bears"
◆ **en boucle** continuously
2 COMP ▷ **boucle d'oreille** earring ◆ **boucle d'oreille à vis** (ou **à crochets**) pierced earring, earring for pierced ear ◆ **boucle d'oreille à clip** ou **à pince** clip-on (earring)

**bouclé, e** [bukle] (ptp de **boucler**) adj cheveux, fourrure curly; personne curly-haired ◆ **il avait la tête bouclée** his hair was curly ou all curls

**boucler** [bukle] → SYN ▸ conjug 1 ◂ 1 vt a (= fermer) [+ ceinture] to buckle, fasten (up); * [+ porte] to lock ◆ **boucler sa valise** (lit) to fasten one's suitcase; (fig) to pack one's bags ◆ **tu vas la boucler !** ⁑ will you shut your trap! ⁑, will you belt up! ⁑ (Brit)
b (= terminer) [+ affaire] to finish off, settle; [+ circuit] to complete, go round; [+ budget] to balance; [+ article] to finish ◆ **il faut boucler** (Presse) we've got to put the paper to bed ◆ **le dossier est bouclé** (Jur) all the background work on the case has been completed ◆ **arriver à boucler ses fins de mois** to manage to stay in the black ou to make ends meet at the end of the month ◆ **boucler la boucle** (Aviat) to loop the loop ◆ **on est revenu par l'Espagne pour boucler la boucle** we came back through Spain to make (it) a round trip ◆ **la boucle est bouclée** we've (ou they've) come full circle ◆ **dans le cycle de production la boucle est bouclée** the cycle of production is now completed
c (* = enfermer) to lock up, put under lock and key ◆ **ils ont bouclé le coupable** they've locked up the criminal ou put the criminal under lock and key ◆ **être bouclé chez soi** to be cooped up ou stuck * at home
d (Mil, Police = encercler) to seal off, cordon off
2 vi a [cheveux] to curl, be curly ◆ **elle commence à boucler** her hair is getting curly
b (Ordin) to get stuck in a loop

**bouclette** [buklɛt] nf small curl

**bouclier** [buklije] → SYN nm (Mil, fig) shield; (Police) riot shield ◆ **faire un bouclier de son corps à qn** to shield sb with one's body ◆ **bouclier thermique** (Espace) heat shield ◆ **bouclier atomique** ou **nucléaire** nuclear defences ◆ **bouclier humain** human shield

**Bouddha** [buda] nm Buddha ◆ **bouddha** (= statuette) Buddha

**bouddhique** [budik] adj Buddhist

**bouddhisme** [budism] nm Buddhism ◆ **bouddhisme zen** zen Buddhism

**bouddhiste** [budist] adj, nmf Buddhist ◆ **bouddhiste zen** zen Buddhist

**bouder** [bude] → SYN ▸ conjug 1 ◂ 1 vi to sulk
2 vt [+ personne] to refuse to talk to ou have anything to do with; [+ produit] to be reluctant to buy; [+ conférence, exposition] to stay away from ◆ **bouder la nourriture** to have no appetite ◆ **bouder son plaisir** to deny o.s. a good thing ◆ **ils ont boudé mon gâteau** they hardly touched my cake ◆ **le public a boudé sa pièce** hardly anybody went to see his play ◆ **les électeurs ont boudé les urnes** many voters stayed away from the polls ◆ **cet événement a été boudé par les médias** the event received hardly any media coverage ◆ **le soleil va bouder le nord du pays** the north of the country won't see much of the sun ◆ **ils se boudent** they're not on speaking terms, they're not speaking

**bouderie** [budʀi] → SYN nf (= état) sulkiness (NonC); (= action) sulk

**boudeur, -euse** [budœʀ, øz] → SYN 1 adj sulky, sullen
2 **boudeuse** nf (= siège) dos-à-dos

**boudin** [budɛ̃] → SYN nm a (Culin) **boudin (noir)** ≃ black pudding (Brit), ≃ blood sausage (US) ◆ **boudin blanc** ≃ white pudding (Brit) ou sausage (US) ◆ **boudin antillais** *small, spicy black pudding* ◆ **faire du boudin** * (= bouder) to sulk; → **eau**
b (gonflable) ring, tube
c (* = doigt) podgy ou fat finger
d (* = fille) fat lump (of a girl) ⁑ (péj), fatty ⁑ (péj)

**boudiné, e** [budine] → SYN (ptp de **boudiner**) adj a doigt podgy
b (= serré) **boudiné dans** squeezed into, bursting out of ◆ **boudiné dans un corset** strapped into ou bulging out of a tight-fitting corset ◆ **je me sens boudinée dans cette robe** I feel like I can't breathe in this dress

**boudiner** [budine] ▸ conjug 1 ◂ vt a (Tex) to rove; [+ fil métallique] to coil
b (* = serrer) **sa robe la boudine** her dress is much too tight for her

**boudineuse** [budinøz] nf (Tech) rover

**boudoir** [budwaʀ] → SYN nm (= salon) boudoir; (= biscuit) sponge (Brit) ou lady (US) finger

**boue** [bu] → SYN nf (gén) mud; [mer, canal] sludge; (= dépôt) sediment ◆ **boues thermales** heated mud ◆ **boues d'épuration** sewage sludge (NonC), silt ◆ **boues activées** (Méd) activated sludge (NonC) ◆ **traîner qn dans la boue** (fig) to drag sb's name through the mud ◆ **couvrir qn de boue** (fig) to throw ou sling mud at sb

**bouée** [bwe] → SYN nf (de signalisation) buoy; (d'enfant) rubber ring ◆ **bouée de corps-mort** mooring buoy ◆ **bouée de sauvetage** (lit) lifebelt; (fig) lifeline ◆ **bouée sonore** radio buoy

**boueux, -euse** [bwø, øz] → SYN 1 adj muddy; (Typo) blurred, smudged
2 nm (* = éboueur) dustman (Brit), bin man * (Brit), garbage man (US)

**bouffant, e** [bufɑ̃, ɑ̃t] → SYN 1 adj manche puff(ed) (épith), full; cheveux bouffant; pantalon baggy
2 nm [jupe, manche] fullness; [cheveux] fullness, volume; [pantalon] bagginess

**bouffarde** * [bufaʀd] nf pipe

**bouffe¹** [buf] → SYN adj → **opéra**

**bouffe²** ⁑ [buf] → SYN nf food, grub ⁑, nosh ⁑ (Brit) ◆ **il ne pense qu'à la bouffe** he only ever thinks of his stomach, all he ever thinks about is food ◆ **faire la bouffe** to do the cooking, get the grub ready ⁑ ◆ **ils font de la bonne bouffe dans ce resto** they do good food in that restaurant ◆ **on se téléphone et on se fait une bouffe** I'll give you a ring and we'll meet up for a bite * (to eat)

**bouffée** [bufe] → SYN nf [parfum] whiff; [pipe, cigarette] puff, draw, drag *; [colère] outburst; [orgueil] fit ◆ **bouffée d'air** ou **de vent** puff ou breath ou gust of wind ◆ **une bouffée d'air pur** (lit, fig) a breath of fresh air ◆ **bouffée de chaleur** (Méd) hot flush (Brit) ou flash (US); (gén) gust ou blast of hot air ◆ **bouffée délirante** (Psych) delirious episode ◆ **par bouffées** in gusts; → **oxygène**

**bouffer¹** [bufe] → SYN ▸ conjug 1 ◂ vi [cheveux] to be full, have volume ◆ **faire bouffer une jupe/une manche** to make a skirt fuller/a sleeve puff out ◆ **faire bouffer ses cheveux** to add volume ou fullness to one's hair

**bouffer²** ⁑ [bufe] → SYN ▸ conjug 1 ◂ vt a (gén) to eat; (= engloutir) to gobble up *, wolf down ◆ **cette voiture bouffe de l'essence** this car really drinks petrol (Brit) ou guzzles gas (US) ◆ **se bouffer le nez** (constamment) to be always at each other's throat(s); (ponctuellement) to have a go at one another *, scratch each other's eyes out * ◆ **bouffer du curé** to be violently anticlerical ◆ **je l'aurais bouffé !** I could have murdered him! ◆ **j'ai cru qu'elle allait le bouffer** I thought she was going to eat him alive ◆ **on s'est fait bouffer** ⁑ (= vaincre) we got a real hammering *
b (emploi absolu) to eat ◆ **on bouffe mal ici** the food ou grub * (Brit) here isn't up to much ◆ **on a bien bouffé ici** the food was great * here
c (* = accaparer) **il ne faut pas se laisser bouffer par ses enfants/son travail** you shouldn't let your children/work eat up ou take up all your time (and energy) ◆ **ça me bouffe tout mon temps** it eats up ou takes up all my time

**bouffetance** ⁑ [buftɑ̃s] nf ⇒ **bouffe²**

**bouffeur, -euse** ⁑ [bufœʀ, øz] → SYN nm,f (greedy) pig *, greedy guts * (Brit)

**bouffi, e** [bufi] → SYN (ptp de **bouffir**) adj visage puffed up, bloated; yeux swollen, puffy; (fig) swollen, puffed up (*de* with) ◆ **(hareng) bouffi** bloater ◆ **tu l'as dit bouffi !** * (hum) you said it!

**bouffir** [bufiʀ] → SYN ▸ conjug 2 ◂ 1 vt to puff up
2 vi to become bloated, puff up

**bouffissure** [bufisyʀ] → SYN nf puffiness (NonC), bloatedness (NonC), puffy swelling

**bouffon, -onne** [bufɔ̃, ɔn] → SYN 1 adj farcical, comical
2 nm (= pitre) buffoon, clown; (Hist) jester; (* = imbécile) idiot ◆ **le bouffon du roi** the court jester

**bouffonnerie** [bufɔnʀi] → SYN nf a [personne] clownishness; [situation] drollery
b **bouffonneries** (= comportement) antics, buffoonery; (= paroles) jesting ◆ **faire des bouffonneries** to clown around, play the fool

**bougainvillée** [bugɛ̃vile] nf, **bougainvillier** [bugɛ̃vilje] nm bougainvillea

**bouge** [buʒ] → SYN nm (= taudis) hovel, dump *; (= bar louche) low dive *

**bougé** [buʒe] nm (Photo) (dû au photographe) camera shake; (dû au sujet) blur

**bougeoir** [buʒwaʀ] → SYN nm (bas) candleholder; (haut) candlestick

**bougeotte** * [buʒɔt] nf ◆ **avoir la bougeotte** (= voyager) to be always on the move; (= remuer) to fidget, have the fidgets *, have ants in one's pants ⁑

**bouger** [buʒe] → SYN ▸ conjug 3 ◂ 1 vi a (= remuer) to move; (= se révolter) to be restless ◆ **ne bouge pas** keep still, don't move ou budge ◆ **il n'a pas bougé (de chez lui)** he stayed in ou at home ◆ **la terre a bougé** (tremblement de terre) the ground shook ◆ **un métier où l'on bouge** an active job, a job where you are always on the move ◆ **quand la police l'a arrêté, personne n'a bougé** (fig) when the police arrested him no-one lifted a finger (to help)
b (= changer) to change ◆ **les prix n'ont pas bougé** prices have stayed put * ou the same ◆ **ça ne bouge pas beaucoup dans ce service** nothing much ever changes in this department ◆ **ce tissu ne bouge pas** (gén) this material wears ou will wear well; (en dimensions) this material neither shrinks nor goes out of shape ◆ **les couleurs ne bougeront pas** the colours won't fade ◆ **ses idées n'ont pas bougé** his ideas haven't altered, he hasn't changed his ideas
c (* = être actif) [personne] to get out and about ◆ **secteur qui bouge** fast-moving sector ◆ **c'est une ville qui bouge** it's a very lively town, there's a lot happening in this town
2 vt * [+ objet] to move, shift * ◆ **il n'a pas bougé le petit doigt** he didn't lift a finger (to help)
3 **se bouger** * vpr to move ◆ **bouge-toi de là !** shift over! ⁑, shift out of the way! ⁑, scoot over! * (US) ◆ **je m'ennuie – alors bouge-toi un peu !** I'm bored — then get up off your backside * ! (Brit) ou butt ⁑ ! (US) ◆ **si tu veux le contrat, il faut que tu te bouges** if you want the contract, you'd better get moving ou get a move on * ◆ **elle ne s'est pas beaucoup bougée pour m'aider** she didn't go out of her way to help me

**bougie** [buʒi] → SYN nf a (= chandelle) candle; (Aut) spark(ing) plug, plug ◆ **ampoule de 40 bougies** † 40 candle-power bulb
b († * = visage) face, dial ⁑ ◆ **faire une drôle de bougie** to make ou pull (Brit) a face

**bougna(t)** † * [buɲa] nm (= charbonnier) coalman; (= marchand de charbon) coal merchant *(who also runs a small café)*

**bougnoul(e)** ** [buɲul] nmf (injurieux) (= Noir) nigger ** (injurieux); (= Arabe) Arab

**bougon, -onne** [bugɔ̃, ɔn] [→ SYN] 1 adj grumpy, grouchy *
2 nm,f grumbler, grouch *

**bougonnement** [bugɔnmɑ̃] [→ SYN] nm grumbling, grouching *

**bougonner** [bugɔne] [→ SYN] ▸ conjug 1 ◂ vi to grouch * (to o.s.), grumble

**bougre** * [bugʀ] 1 nm (= type) guy *, fellow *, chap * (Brit); (= enfant) (little) rascal ◆ **bon bougre** good sort * ou chap * ◆ **pauvre bougre** poor devil * ou blighter * ◆ **ce bougre d'homme** that confounded man ◆ **bougre d'idiot ! ou d'animal !** stupid ou confounded idiot! *, silly blighter! * (Brit) ◆ **ce n'est pas un mauvais bougre** he's not a bad guy * ◆ **il le savait, le bougre !** the so-and-so knew it!
2 excl good Lord! *, strewth! * (Brit), I'll be darned! * (US)

**bougrement** * [bugʀəmɑ̃] adv (hum) damn *, damned **

**bougresse** ** [bugʀɛs] nf woman; (péj) hussy, bitch **

**bouiboui** *, **boui-boui** *, pl **bouis-bouis** [bwibwi] nm (gén) unpretentious (little) restaurant; (péj) greasy spoon *

**bouif** † * [bwif] nm cobbler

**bouillabaisse** [bujabɛs] [→ SYN] nf bouillabaisse, fish soup

**bouillant, e** [bujɑ̃, ɑ̃t] [→ SYN] adj (= brûlant) boisson boiling (hot), scalding; (= qui bout) eau, huile boiling; tempérament fiery; personne (= emporté) fiery-natured, hotheaded; (= fiévreux) boiling (hot) * ◆ **bouillant de colère** seething ou boiling with anger

**bouillasse** * [bujas] nf (= gadoue) muck

**bouille** * [buj] nf (= visage) face, mug ** (péj) ◆ **avoir une bonne bouille** to have a cheerful friendly face

**bouilleur** [bujœʀ] [→ SYN] nm (= distillateur) distiller ◆ **bouilleur de cru** home distiller ◆ **bouilleur de cru clandestin** moonshiner

**bouilli, e**[1] [buji] [→ SYN] (ptp de **bouillir**) 1 adj boiled
2 nm boiled meat ◆ **bouilli de bœuf** *beef stew*

**bouillie**[2] [buji] [→ SYN] nf [bébé] baby's cereal; [vieillard] gruel, porridge ◆ **réduire en bouillie** [+ légumes, fruits] to reduce to a pulp; [+ adversaire] to beat to a pulp ◆ **bouillie bordelaise** Bordeaux mixture ◆ **c'est de la bouillie pour les chats** (fig) it's gibberish * ◆ **il a été réduit en bouillie** adversaire he was beaten to a pulp ◆ **sa voiture a été réduite en bouillie** his car was smashed to pieces

**bouillir** [bujiʀ] [→ SYN] ▸ conjug 15 ◂ 1 vi a (lit) to boil, be boiling ◆ **commencer à bouillir** to reach boiling point, be nearly boiling ◆ **l'eau bout** the water is boiling ◆ **l'eau ne bout plus** the water has stopped boiling, the water has gone ou is off the boil (Brit) ◆ **faire bouillir de l'eau** to boil water, bring water to the boil ◆ **faire bouillir du linge/des poireaux** to boil clothes/leeks ◆ **faire bouillir un biberon** to sterilize a (baby's) bottle by boiling ◆ **bouillir à gros bouillons** to boil fast ◆ **avoir de quoi faire bouillir la marmite** (fig) to have enough to keep the pot boiling ◆ **c'est elle qui fait bouillir la marmite** she's the breadwinner, she's the one who brings home the bacon
b (fig) to boil ◆ **à voir ça, je bous !** seeing that makes my blood boil! ◆ **faire bouillir qn** to make sb's blood boil ◆ **bouillir d'impatience** to seethe with impatience ◆ **bouillir de rage/de haine** to seethe ou boil with anger/hatred
2 vt [+ eau, linge] to boil

**bouilloire** [bujwaʀ] [→ SYN] nf kettle ◆ **bouilloire électrique** (gén) electric kettle; (haute) jug kettle

**bouillon** [bujɔ̃] [→ SYN] 1 nm a (= soupe) stock, bouillon ◆ **bouillon de légumes/poulet** vegetable/chicken stock ◆ **prendre ou boire un bouillon** * (en nageant) to swallow ou get a mouthful; (Fin) to take a tumble *, come a cropper * (Brit)
b (= bouillonnement) bubble (in boiling liquid) ◆ **au premier bouillon** as soon as it starts to boil ◆ **couler à gros bouillons** to gush out, come gushing out
c (arg Presse) **bouillons** unsold copies
d (Couture) puff ◆ **rideau à bouillons** Austrian blind
2 COMP ▷ **bouillon cube** stock ou bouillon cube ▷ **bouillon de culture** culture fluid ▷ **bouillon gras** meat stock ▷ **bouillon maigre** clear stock ▷ **bouillon d'onze heures** * poisoned drink, lethal potion

**bouillon-blanc**, pl **bouillons-blancs** [bujɔ̃blɑ̃] nm mullein

**bouillonnant, e** [bujɔnɑ̃, ɑ̃t] [→ SYN] adj liquide chaud bubbling; torrent foaming, frothing ◆ **bain bouillonnant** whirlpool bath

**bouillonné** [bujɔne] nm (Couture) ruffle

**bouillonnement** [bujɔnmɑ̃] [→ SYN] nm [liquide chaud] bubbling; [torrent] foaming, frothing ◆ **bouillonnement d'idées** ferment of ideas

**bouillonner** [bujɔne] [→ SYN] ▸ conjug 1 ◂ vi [liquide chaud] to bubble; [torrent] to foam, froth; [idées] to bubble up ◆ **bouillonner de colère** to seethe ou boil with anger ◆ **il bouillonne d'idées** his mind is teeming with ideas, he's bubbling with ideas

**bouillotte** [bujɔt] [→ SYN] nf hot-water bottle

**bouillotter** [bujɔte] [→ SYN] ▸ conjug 1 ◂ vi to boil gently, simmer

**boulaie** [bulɛ] nf birch grove

**boulange** * [bulɑ̃ʒ] nf bakery trade ◆ **être dans la boulange** to be a baker (by trade)

**boulanger**[1] [bulɑ̃ʒe] [→ SYN] nm baker

**boulanger**[2] [bulɑ̃ʒe] ▸ conjug 3 ◂ vt [+ pain] to make, bake

**boulangère** [bulɑ̃ʒɛʀ] nf (woman) baker; (= épouse) baker's wife; → **pomme**

**boulangerie** [bulɑ̃ʒʀi] nf (= magasin) baker's (shop), bakery; (= commerce) bakery trade ◆ **boulangerie-pâtisserie** bread and pastry shop

**boulangisme** [bulɑ̃ʒism] nm *right-wing movement led by General Boulanger, who staged an abortive coup d'État in 1889*

**boulangiste** [bulɑ̃ʒist] adj, nmf Boulangist; → **boulangisme**

**boule** [bul] [→ SYN] 1 nf a (Billard, Croquet) ball; (Boules) bowl; (Géol) tor ◆ **jouer aux boules** to play bowls ◆ **jouer à la boule** (Casino) to play (at) boule ◆ **roulé en boule** animal curled up in a ball; paquet rolled up in a ball ◆ **petite boule de poil** (= animal) little ball of fluff ◆ **être en boule** * (fig) to be in a temper, be hopping mad * (Brit) ◆ **se mettre en boule** [hérisson] to roll up into a ball; * [personne] to fly off the handle * ◆ **ça me met en boule** * it drives me mad ou really gets my goat *
b (* = grosseur) lump ◆ **avoir une boule dans la gorge** (fig) to have a lump in one's throat ◆ **j'ai les boules** ** (= anxieux) I've got butterflies * (in my stomach); (= furieux) I'm really ou hopping mad * (Brit) ◆ **ça fout les boules** ** (= ça angoisse) it's really scary *, it gives you the creeps *; (= ça énerve) it's damn annoying **
c (* = tête) head, nut * ◆ **perdre la boule** to go bonkers ** ou nuts *, go off one's rocker ** ◆ **coup de boule** ** headbutt ◆ **avoir la boule à zéro** to have a shaven head

> **BOULES**
>
> This popular French game takes several forms, including "pétanque", which originated in the South of France, and "boule lyonnaise" from Lyons. The idea of the game is to throw steel balls towards a small wooden ball called the "cochonnet", if necessary knocking one's opponent's **boules** out of the way in the process. The winner is the player who finishes closest to the "cochonnet".

2 COMP ▷ **boule de billard** billiard ball ◆ **avoir une boule de billard** (fig) to be as bald as a coot * ou an egg * ▷ **boule de commande** (Ordin) trackball ▷ **boule de cristal** crystal ball ◆ **je ne lis pas dans les boules de cristal !** (fig) I haven't got a crystal ball!, I'm not a clairvoyant! ▷ **boule de feu** fireball ▷ **boule de gomme** (Pharm) throat pastille; (= bonbon) fruit pastille ou gum, gumdrop ▷ **boules de gui** mistletoe berries ▷ **boule de loto** lotto ou lottery ball ◆ **yeux en boules de loto** big round eyes ▷ **boule de neige** snowball ◆ **faire boule de neige** (fig) to snowball ▷ **boule de pain** round loaf ▷ **boule puante** stink bomb ▷ **boule Quiès ®** (wax) earplug, (wax) ear stopper

**bouleau**, pl **bouleaux** [bulo] [→ SYN] nm (silver) birch

**boule-de-neige**, pl **boules-de-neige** [buldənɛʒ] [→ SYN] nf (= fleur) guelder-rose; (= arbre) snowball tree

**bouledogue** [buldɔg] [→ SYN] nm bulldog

**bouler** [bule] [→ SYN] ▸ conjug 1 ◂ vi to roll along ◆ **elle a boulé dans l'escalier** she fell head over heels down the stairs ◆ **envoyer bouler qn** * to send sb packing *

**boulet** [bulɛ] [→ SYN] nm a [forçat] ball and chain ◆ **boulet (de canon)** cannonball ◆ **traîner un boulet** (fig) to have a millstone around ou round (Brit) one's neck ◆ **c'est un (véritable) boulet pour ses parents** he's a millstone around ou round (Brit) his parents' neck ◆ **arriver comme un boulet de canon** to come bursting in ou crashing in ◆ **tirer à boulets rouges sur qn** to lay into sb tooth and nail
b [charbon] (coal) nut
c [animal] fetlock

**boulette** [bulɛt] [→ SYN] nf a [papier] pellet; (Culin) meat croquette, meatball ◆ **boulette empoisonnée** lump of poisoned meat
b (* = bévue) blunder, bloomer * ◆ **faire une boulette** to make a blunder ou bloomer *, drop a brick * ou clanger * (Brit)

**boulevard** [bulvaʀ] [→ SYN] nm boulevard ◆ **les boulevards extérieurs** the outer boulevards of Paris ◆ **les grands boulevards** the grand boulevards ◆ **pièce ou comédie de boulevard** light comedy; → **périphérique, théâtre**

**boulevardier, -ière** [bulvaʀdje, jɛʀ] [→ SYN] 1 adj ◆ **le comique boulevardier** light comedy *(typical of the théâtre de Boulevard)*
2 nm,f *writer of light comedy for the theatre*

**bouleversant, e** [bulvɛʀsɑ̃, ɑ̃t] adj very moving

**bouleversement** [bulvɛʀsəmɑ̃] [→ SYN] nm [habitudes, vie politique] disruption ◆ **le bouleversement de son visage** the utter distress on his face, his distraught face ◆ **ce fut un vrai bouleversement** it was a real upheaval

**bouleverser** [bulvɛʀse] [→ SYN] ▸ conjug 1 ◂ vt a (= émouvoir) to move deeply; (= causer un choc à) to shatter ◆ **bouleversé par l'angoisse/la peur** distraught with anxiety/fear ◆ **la nouvelle les a bouleversés** they were deeply distressed ou upset by the news, they were shattered by the news
b (= modifier) [+ plan, habitude] to disrupt, change completely ou drastically
c (= déranger) to turn upside down

**boulgour** [bulguʀ] nm (Culin) bulg(h)ur (wheat)

**boulier** [bulje] [→ SYN] nm (= abaque) abacus; (Billard) scoring board

**boulimie** [bulimi] [→ SYN] nf bulimia, binge-eating syndrome (US) ◆ **il fait de la boulimie** * he's a compulsive eater ◆ **être saisi d'une boulimie de lecture/de cinéma** to be seized by a compulsive desire to read/to go the cinema

**boulimique** [bulimik] [→ SYN] 1 adj bulimic
2 nmf bulimiac, compulsive eater

**boulin** [bulɛ̃] [→ SYN] nm [pigeonnier] pigeonhole; (Tech) putlog ou putlock hole

**bouline** [bulin] [→ SYN] nf bowline

**boulingrin** [bulɛ̃gʀɛ̃] [→ SYN] nm lawn

**boulisme** [bulism] nm (pratique) bowl playing

**bouliste** [bulist] nmf bowls player

**Boulle** [bul] nm inv ◆ **style/commode Boulle** boul(l)e ou buhl style/chest of drawers

**boulocher** [bulɔʃe] ▸ conjug 1 ◂ vi [pull, tissu] to pill

**boulodrome** [bulodʀom] nm bowling pitch

**bouloir** [bulwaʀ] [→ SYN] nm [mortier] larry

**boulomane** [bulɔman] nmf bowls enthusiast

**boulon** [bulɔ̃] [→ SYN] nm bolt; (avec son écrou) nut and bolt ◆ **(res)serrer les boulons** (fig) to tighten a few screws

**boulonnage** [bulɔnaʒ] nm (= assemblage) bolting (on); (= serrage) bolting (down)

**boulonnais, e** [bulɔnɛ, ɛz] 1 adj of ou from Boulogne

2 **Boulonnais(e)** nm,f inhabitant ou native of Boulogne

3 nm (= cheval) *type of draught horse bred in the Boulogne region*

**boulonner** [bulɔne] → SYN ▸ conjug 1 ◂ 1 vt (= serrer) to bolt (down); (= assembler) to bolt (on)

2 vi * to work ◆ **boulonner (dur)** to slog * ou slave * away

**boulonnerie** [bulɔnʀi] nf (usine) nuts and bolts factory; (produits) nuts and bolts

**boulot¹, -otte** [bulo, ɔt] → SYN adj (= trapu) plump, tubby *

**boulot²** * [bulo] → SYN nm a (= travail) work (NonC) ◆ **on a du boulot** (gén) we've got work to do; (= tâche difficile) we've got our work cut out for us ◆ **j'ai un boulot fou en ce moment** I'm up to my eyes in work ou I'm snowed under with work at the moment * ◆ **ce n'est pas du boulot !** that's not work!, (do you) call that work! ◆ **elle a 4 enfants à élever, quel boulot !** she has 4 children to bring up, that's quite a job! ou that's a lot of work! ◆ **il est boulot boulot** with him it's just work, work, work * ◆ **faire le boulot** to do the work ◆ **ça/elle a fait du bon boulot** it's/she's done a good job ◆ **se mettre au boulot** to get down ou knuckle * down to work ◆ **allez, au boulot !** let's get cracking! *, let's get this show on the road! * ◆ **allez, faut retourner au boulot !** come on, back to the grind! * ◆ **je suis au boulot depuis 7 h du matin** I've been at work since 7 o'clock this morning ◆ **il a repeint la cuisine, t'aurais vu le boulot !** he repainted the kitchen and it was an absolute disaster!; → **métro, sale**

b (= emploi) job, work (NonC) ◆ **il a trouvé du boulot** ou **un boulot** he's found work ou a job ◆ **petit boulot** casual job ◆ **j'ai fait des petits boulots** I did odd jobs ou casual work ◆ **être sans boulot** to be out of work ou unemployed ◆ **gardien de musée, c'est le bon boulot** a job as a museum attendant is a cushy number *

c (= lieu de travail) work (NonC), place of work ◆ **aller au boulot** to go to work ◆ **je sors du boulot à 18 h** I finish work ou I knock off * (work) at 6 o'clock

**boulotter** * [bulɔte] ▸ conjug 1 ◂ 1 vi to eat ◆ **on a bien boulotté** we had a good meal ◆ **qu'est-ce qu'elle boulotte !** you should see what she can put away!

2 vt to eat, gobble up

**boum** [bum] → SYN 1 excl (chute) bang!, wallop!; (explosion) boom!, bang! ◆ **faire boum** (langage enfantin) to go bang * ◆ **boum par terre !** whoops a daisy!

2 nm (= explosion) bang ◆ **on entendit un grand boum** there was an enormous bang; (Loc) ◆ **être en plein boum** ⁑ to be in full swing, be going full blast *

3 nf ( * = fête) party

**boumer** ⁑ [bume] ▸ conjug 1 ◂ vi ◆ **ça boume** everything's going fine ou dandy * (US) ◆ **ça boume ?** how's things? * ou tricks? *

**boumerang** [bumʀɑ̃g] nm ⇒ **boomerang**

**bounioul** [bunjul] nm ⇒ **bougnoul(e)**

**bouquet¹** [bukɛ] → SYN nm a [fleurs] bunch (of flowers); (soigneusement composé, grand) bouquet; (petit) posy; ( * : Can = plante d'ornement) (house) plant ◆ **bouquet d'arbres** clump of trees ◆ **faire un bouquet** to make up a bouquet ◆ **le bouquet de la mariée** the bride's bouquet ◆ **bouquet de persil/thym** bunch of parsley/thyme ◆ **bouquet garni** (Culin) bouquet garni *(bunch of mixed herbs)*

b [feu d'artifice] finishing ou crowning piece *(in a firework display)* ◆ **c'est le bouquet !** * (fig) that takes the cake! * ou the biscuit! * (Brit)

c [vin] bouquet, nose ◆ **vin qui a du bouquet** wine which has a good bouquet ou nose

d (Jur) [viager] initial payment

e (TV) multichannel package

**bouquet²** [bukɛ] nm (= crevette) prawn

**bouqueté, e** [buk(ə)te] adj vin which has a good bouquet ou nose

**bouquetière** [buk(ə)tjɛʀ] nf flower seller, flower girl

**bouquetin** [buk(ə)tɛ̃] nm ibex

**bouquin** * [bukɛ̃] nm book

**bouquiner** * [bukine] ▸ conjug 1 ◂ vti to read ◆ **il passe son temps à bouquiner** he always has his nose in a book

**bouquiniste** [bukinist] → SYN nmf secondhand bookseller *(esp along the Seine in Paris)*

**bourbe** [buʀb] nf mire, mud

**bourbeux, -euse** [buʀbø, øz] → SYN adj miry, muddy

**bourbier** [buʀbje] → SYN nm (quag)mire; (fig) (= situation) mess; (= entreprise) unsavoury ou nasty business, quagmire

**bourbillon** [buʀbijɔ̃] → SYN nm (Méd) core

**bourbon** [buʀbɔ̃] nm (= whisky) bourbon

**bourbonien, -ienne** [buʀbɔnjɛ̃, jɛn] → SYN adj Bourbon (épith) ◆ **nez bourbonien** long aquiline nose

**bourdaine** [buʀdɛn] nf alder buckthorn

**bourde** * [buʀd] nf (= gaffe) blunder, boob *; (= faute) slip, mistake ◆ **faire une bourde** (= gaffe) to boob * (Brit), blunder, drop a clanger * (Brit); (= faute) to make a (silly) mistake, goof up * (US)

**bourdon¹** [buʀdɔ̃] → SYN nm a (Zool) bumblebee ◆ **avoir le bourdon** * to have the blues *; → **faux²**

b (Mus) (= cloche) great bell; [cornemuse] bourdon, drone; [orgue] bourdon; → **faux²**

**bourdon²** [buʀdɔ̃] nm (Typo) omission, out

**bourdon³** [buʀdɔ̃] → SYN nm (= bâton) pilgrim's staff

**bourdonnant, e** [buʀdɔnɑ̃, ɑ̃t] → SYN adj insecte buzzing, humming, droning; ville buzzing with activity ◆ **il avait la tête bourdonnante** ou **les oreilles bourdonnantes** his ears were buzzing ou ringing

**bourdonnement** [buʀdɔnmɑ̃] → SYN nm [insecte] buzz(ing) (NonC); [abeille] buzz(ing) (NonC), drone (NonC); [voix] buzz (NonC), hum (NonC); [moteur] hum(ming) (NonC), drone (NonC); [avion] drone (NonC) ◆ **j'ai un bourdonnement dans les oreilles** ou **des bourdonnements d'oreilles** my ears are buzzing ou ringing

**bourdonner** [buʀdɔne] → SYN ▸ conjug 1 ◂ vi [insecte] to buzz; [abeille] to buzz, drone; [moteur] to hum, drone ◆ **ça bourdonne dans mes oreilles** my ears are buzzing ou ringing

**bourg** [buʀ] → SYN nm (gén) market town; (petit) village ◆ **au bourg, dans le bourg** in town, in the village

**bourgade** [buʀgad] → SYN nf village, (small) town

**bourge** * [buʀʒ] adj, nmf (abrév de **bourgeois**) (péj) bourgeois (péj)

**bourgeois, e** [buʀʒwa, waz] → SYN 1 adj a (Sociol) middle-class

b (gén péj = conventionnel) culture, préjugé, goûts bourgeois, middle-class ◆ **avoir l'esprit bourgeois** to have a conventional outlook ◆ **mener une petite vie bourgeoise** to lead a comfortable middle-class existence

c (= cossu) quartier middle-class; appartement plush

2 nm,f a (Sociol) bourgeois, middle-class person ◆ **grand bourgeois** upper middle-class person ◆ **les bourgeois** (péj) the wealthy (classes); → **épater**

b (Hist) (= citoyen) burgher; (= riche roturier) bourgeois ◆ **"Les Bourgeois de Calais"** (Art) "The Burghers of Calais" ◆ **"Le Bourgeois gentilhomme"** (Littérat) "Le Bourgeois Gentilhomme", "The Prodigious Snob"

3 nm (Can) head of household, master

4 **bourgeoise** * nf ◆ **la** ou **ma bourgeoise** (hum) (= épouse) the wife *, the missus *

**bourgeoisement** [buʀʒwazmɑ̃] adv penser, réagir conventionally; vivre comfortably

**bourgeoisie** [buʀʒwazi] → SYN nf a (Sociol) middle class(es), bourgeoisie ◆ **petite/moyenne bourgeoisie** lower middle/middle class ◆ **grande bourgeoisie** upper middle class

b (Hist = citoyenneté) bourgeoisie, burgesses

**bourgeon** [buʀʒɔ̃] → SYN nm (Bot) bud; († = bouton) pimple, spot (Brit) ◆ **bourgeon gustatif** (Anat) taste bud

**bourgeonnement** [buʀʒɔnmɑ̃] → SYN nm (Bot) budding; (Méd) granulation (SPÉC)

**bourgeonner** [buʀʒɔne] → SYN ▸ conjug 1 ◂ vi (Bot) to (come into) bud; (Méd) [plaie] to granulate (SPÉC) ◆ **son visage bourgeonne** (fig) he's getting pimples ou spots (Brit)

**bourgmestre** [buʀgmɛstʀ] → SYN nm burgomaster

**bourgogne** [buʀgɔɲ] 1 nm (= vin) burgundy

2 **Bourgogne** nf (= région) ◆ **la Bourgogne** Burgundy

**bourguignon, -onne** [buʀgiɲɔ̃, ɔn] 1 adj Burgundian ◆ **un (bœuf) bourguignon** (Culin) bœuf bourguignon, beef stewed in red wine

2 **Bourguignon(ne)** nm,f Burgundian

**bourlinguer** [buʀlɛ̃ge] → SYN ▸ conjug 1 ◂ vi a (= naviguer) to sail; ( * = voyager) to travel around a lot *, knock about a lot * ◆ **il a bourlingué dans tout l'hémisphère sud** he has travelled all over the southern hemisphere

b (Naut = avancer péniblement) to labour

**bourlingueur, -euse** * [buʀlɛ̃gœʀ, øz] nm,f ◆ **c'est un bourlingueur** he knocks about a lot *, he travels around a lot *

**bourrache** [buʀaʃ] → SYN nf borage

**bourrade** [buʀad] → SYN nf (du poing) thump; (du coude) dig, prod

**bourrage** [buʀaʒ] → SYN nm [coussin] stuffing; [poêle, pipe] filling; [fusil] wadding; [imprimante, photocopieur] paper jam ◆ **il y a un bourrage (de papier)** the paper has got stuck ou jammed in the machine ◆ **bourrage de crâne** * (= propagande) brainwashing; (= récits exagérés) eyewash *, hot air *; (Scol) cramming

**bourrasque** [buʀask] → SYN nf gust of wind, squall ◆ **bourrasque de neige** flurry of snow ◆ **le vent souffle en bourrasques** the wind is blowing in gusts

**bourrasser** * [buʀase] ▸ conjug 1 ◂ vt (Can) to browbeat, bully

**bourratif, -ive** [buʀatif, iv] → SYN adj (gén) filling; (péj) stodgy

**bourre¹** [buʀ] → SYN nf a [coussin] stuffing; (en poils) hair; (en laine, coton) wadding, flock; [bourgeon] down; [fusil] wad

b (Loc) **se tirer la bourre** ⁑ to jostle for first place ◆ **de première bourre** * great *, brilliant * (Brit)

◆ **à la bourre** ⁑ (= en retard) late; (= pressé) pushed for time * ◆ **être à la bourre dans son travail** ⁑ to be behind with one's work

**bourre²** † ⁑ [buʀ] → SYN nm (= policier) cop * ◆ **les bourres** the fuzz ⁑, the cops *

**bourré, e¹** [buʀe] → SYN (ptp de **bourrer**) adj a (= plein à craquer) salle, compartiment packed, jam-packed *, crammed (*de* with); sac crammed, stuffed (*de* with) ◆ **portefeuille bourré de billets** wallet stuffed with notes ◆ **devoir bourré de fautes** exercise riddled with mistakes ◆ **il est bourré de tics** he's always twitching ◆ **il est bourré de complexes** he's got loads of hang-ups *, he's really hung-up * ◆ **il est/le film est bourré d'idées** he's/the film is bursting with ideas ◆ **c'est bourré de vitamines** it's packed with vitamins

b ( ⁑ = ivre) sloshed ⁑, plastered ⁑

**bourreau**, pl **bourreaux** [buʀo] → SYN 1 nm a (= tortionnaire) torturer

b (Hist) [guillotine] executioner, headsman; [pendaison] executioner, hangman

2 COMP ▷ **bourreau des cœurs** ladykiller ▷ **bourreau d'enfants** child-batterer, baby-batterer ▷ **bourreau de travail** glutton for work *, workaholic *

**bourrée²** [buʀe] → SYN nf (Mus) bourrée

**bourrelé, e** [buʀ(ə)le] adj (littér) ◆ **bourrelé de remords** stricken with ou racked by remorse ◆ **bourrelé de soupçons** racked by suspicion

**bourrèlement** [buʀɛlmɑ̃] → SYN nm (littér) torment

**bourrelet** [buʀlɛ] → SYN nm a (gén) roll; [porte, fenêtre] draught excluder (Brit), weather strip (US)

b **bourrelet (de chair)** fold ou roll of flesh ◆ **bourrelet (de graisse)** (gén) roll of fat; (à la taille) spare tyre *

**bourrelier** [buʀəlje] → SYN nm saddler

**bourrellerie** [buʀɛlʀi] → SYN nf saddlery

**bourrer** [buʀe] → SYN ▸ conjug 1 ◂ 1 vt a (= remplir) [+ coussin] to stuff; [+ pipe, poêle] to fill;

[+ valise] to stuff ou cram full ◆ **bourrer une dissertation de citations** to cram an essay with quotations ◆ **bourrer un sac de papiers** to stuff ou cram papers into a bag ◆ **bourrer les urnes** (Pol) to rig the ballot

**b** **bourrer qn de nourriture** to stuff sb with food ◆ **ne te bourre pas de gâteaux** don't stuff* yourself ou fill yourself up* with cakes ◆ **les frites, ça bourre !** chips really fill you up!

**c** (Loc) **bourrer le crâne à qn** * (= endoctriner) to stuff* sb's head full of ideas, brainwash sb; (= en faire accroire) to feed sb a lot of eyewash *; (Scol) to cram sb ◆ **bourrer qn de coups** to beat sb up ◆ **se faire bourrer la gueule** ** to get one's head bashed in* ◆ **se bourrer la gueule** ** (= se battre) to beat one another up*; (= se soûler) to get sloshed* ou plastered* ou pissed ** (Brit)

**2** vi **a** (* = se dépêcher) (en voiture, en moto) to go flat out*, tear along*, belt along*; (au travail) to go ou work flat out*

**b** [papier] to jam

**bourrette** [buʀɛt] nf waste silk

**bourriche** [buʀiʃ] → SYN nf [huîtres] hamper, basket; (Pêche) keep-net

**bourrichon** * [buʀiʃɔ̃] nm ◆ **se monter le bourrichon** to get a notion in one's head ◆ **monter le bourrichon à qn** to put ideas into sb's head (*contre* against)

**bourricot** [buʀiko] → SYN nm (small) donkey

**bourrin** * [buʀɛ̃] nm horse, nag *

**bourrique** [buʀik] → SYN nf **a** (Zool) (= âne) donkey, ass; (= ânesse) she-ass

**b** * (= imbécile) ass, blockhead *; (= têtu) pig-headed * person ◆ **faire tourner qn en bourrique** to drive sb to distraction ou up the wall *; → **soûl, têtu**

**bourriquet** [buʀikɛ] nm ⇒ **bourricot**

**bourru, e** [buʀy] → SYN adj personne, air surly; voix gruff; vin unfermented; lait straight from the cow

**bourrure** [buʀyʀ] nf (Can) stuffing *(in saddle etc)*

**bourse** [buʀs] → SYN **1** nf **a** (= porte-monnaie) purse ◆ **la bourse ou la vie !** your money or your life!, stand and deliver! ◆ **sans bourse délier** without spending a penny ◆ **avoir la bourse dégarnie** to be hard-up* ◆ **avoir la bourse bien garnie** (ponctuellement) to be flush*; (en permanence) to have well-lined pockets, have a well-lined purse ◆ **ils font bourse commune** they share expenses ◆ **il nous a ouvert sa bourse** he lent us some money ◆ **c'est trop cher pour ma bourse** I can't afford it, it's more than I can afford; → **cordon, portée**[2]

**b** (= marché boursier) **la Bourse** the Stock Exchange ◆ **la Bourse de Paris** the Bourse, the Paris Stock Exchange ◆ **la Bourse de Londres/de New York** the London/New York Stock Exchange ◆ **la Bourse monte/descend** the market is going up/down ◆ **valoir tant en Bourse** to be worth so much on the Stock Exchange ou Market ◆ **jouer à la Bourse** to speculate ou gamble on the Stock Exchange ou Market; → **coter**

**c** [objets d'occasion] sale ◆ **bourse aux livres** second-hand book sale

**d** **bourse (d'études)** (Scol) school maintenance allowance (NonC); (Univ) grant; (obtenue par concours) scholarship, bursary

**e** (Anat) **bourse séreuse** bursa ◆ **bourses** scrotum

**2** COMP ▷ **Bourse du** ou **de commerce** produce exchange, commodity market ▷ **Bourse de l'emploi** ≃ job centre ▷ **Bourse des marchandises** ⇒ **Bourse du commerce** ▷ **Bourse du travail** *trades union centre*, ≃ trades council (Brit) ▷ **Bourse des valeurs** Stock Market, Stock ou Securities Exchange

**bourse-à-pasteur,** pl **bourses-à-pasteur** [buʀsapastœʀ] nf shepherd's-purse

**boursicotage** [buʀsikɔtaʒ] → SYN nm dabbling on the stock exchange

**boursicoter** [buʀsikɔte] → SYN ▸ conjug 1 ◂ vi to dabble on the stock exchange

**boursicoteur, -euse** [buʀsikɔtœʀ, øz] → SYN , **boursicotier -ière** [buʀsikɔtje, jɛʀ] nm,f small-time speculator, small investor

**boursier, -ière** [buʀsje, jɛʀ] **1** adj **a** (Scol, Univ) **étudiant boursier** grant holder; (par concours) scholarship holder

**b** (Bourse) stock-market (épith), stock-exchange (épith) ◆ **marché boursier** stock market ◆ **indice boursier** stock market index ◆ **valeurs boursières** stocks and shares

**2** nm,f **a** (= étudiant) grant holder; (par concours) scholarship holder

**b** (= agent de change) stockbroker; (= opérateur) stock exchange operator

**boursouflage** [buʀsuflaʒ] nm [visage] swelling, puffing-up; [style] turgidity

**boursouflé, e** [buʀsufle] → SYN (ptp de **boursoufler**) adj visage puffy, swollen, bloated; main swollen; surface peinte blistered; (fig) style, discours bombastic, turgid

**boursouflement** [buʀsufləmɑ̃] nm ⇒ **boursouflage**

**boursoufler** [buʀsufle] → SYN ▸ conjug 1 ◂ **1** vt to puff up, bloat

**2** **se boursoufler** vpr [peinture] to blister; [visage, main] to swell (up)

**boursouflure** [buʀsuflyʀ] → SYN nf [visage] puffiness; [style] turgidity, pomposity; (= cloque) blister; (= enflure) swelling

**bouscaud, e** [busko, od] adj (Can) thickset

**bouscueil** [buskœj] → SYN nm (Can) break-up of ice (in rivers and lakes)

**bousculade** [buskylad] → SYN nf (= remous) hustle, jostle, crush; (= hâte) rush, scramble ◆ **dans la bousculade** in the rush ou crush ◆ **pas de bousculade !** don't push! ◆ **ça a été la bousculade ce week-end** it was a real rush ou scramble this weekend

**bousculer** [buskyle] → SYN ▸ conjug 1 ◂ **1** vt **a** [+ personne] (= pousser) to jostle, shove; (= heurter) to bump into ou against, knock into ou against; (= presser) to rush, hurry (up); (Mil) to drive from the field ◆ **je n'aime pas qu'on me bouscule** (fig) I don't like to be pressured ou rushed ◆ **être (très) bousculé** (fig) to be rushed off one's feet

**b** [+ objet] (= heurter) to knock ou bump into; (= faire tomber) to knock over; (= déranger) to knock about

**c** [+ idées] to shake up, liven up; [+ traditions] to shake up; [+ habitudes] to upset; [+ emploi du temps, calendrier] to upset, disrupt

**2** **se bousculer** vpr (= se heurter) to jostle each other; (* = se dépêcher) to get a move on* ◆ **les souvenirs/idées se bousculaient dans sa tête** his head was buzzing with memories/ideas ◆ **on se bouscule pour aller voir ce film** there's a mad rush on* to see the film ◆ **ça se bouscule au portillon** * (= bégayer) he can't get his words out fast enough ◆ **les gens ne se bousculent pas (au portillon)** * (= s'enthousiasmer) people aren't exactly queuing up* (Brit) ou lining up (US)

**bouse** [buz] → SYN nf (cow ou cattle) dung (NonC), cow pat

**bouseux** * [buzø] nm (péj) bumpkin, yokel

**bousier** [buzje] nm dung-beetle

**bousillage**[1] * [buzijaʒ] → SYN nm **a** [travail] botching, bungling

**b** [appareil, moteur] wrecking, busting up*; [voiture, avion] smashing up*

**bousillage**[2] [buzijaʒ] → SYN nm (Constr) cob

**bousiller** * [buzije] ▸ conjug 1 ◂ vt **a** (= bâcler) [+ travail] to botch, bungle, louse up*

**b** (= détériorer) [+ appareil, moteur] to bust up*, wreck; [+ voiture, avion] to smash up*, total* (US) ◆ **ça a bousillé sa vie/carrière** it wrecked his life/career ◆ **se bousiller la santé** to ruin one's health ◆ **on est en train de bousiller les forêts** we're decimating the forests

**c** (= tuer) [+ personne] to bump off*, do in* ◆ **se faire bousiller** to get done in* ou bumped off*

**bousilleur, -euse** * [buzijœʀ, øz] → SYN nm,f bungler, botcher

**boussole** [busɔl] → SYN nf compass ◆ **perdre la boussole** * (fig) to go off one's head, lose one's marbles *

**boustifaille** * [bustifɑj] nf grub*, nosh* (Brit)

**boustrophédon** [bustʀɔfedɔ̃] nm boustrephedon writing

## bout [bu]

→ SYN

**1** NOM MASCULIN
**2** COMPOSÉS

**1** NOM MASCULIN

**a** = extrémité, fin [ficelle, planche, rue, table] end; [nez, langue, oreille] tip; [canne] end, tip ◆ **bout du doigt** fingertip ◆ **bout du sein** nipple ◆ **à bout rond/carré** round-/square-ended ◆ **cigarette à bout de liège** cork-tipped cigarette ◆ **à l'autre bout du couloir** at the other ou far end of the corridor ◆ **commençons par un bout et nous verrons** let's get started ou make a start and then we'll see ◆ **cette vieille voiture s'en va par tous les bouts** * this old car is falling apart ◆ **on ne sait pas par quel bout le prendre** you just don't know how to tackle ou handle him ◆ **prendre qch par le bon bout** to approach ou handle sth the right way ◆ **tenir le bon bout** * (fig) (= être sur la bonne voie) to be on the right track; (= avoir fait le plus gros du travail) to be getting near the end of one's work, be past the worst (hum) ◆ **on n'en voit pas le bout** there doesn't seem to be any end to it; → **monde, nez, tunnel**

**b** = morceau [ficelle, pain, papier] piece, bit ◆ **un bout de terrain** a patch ou plot of land ◆ **un bout de pelouse/de ciel bleu** a patch of lawn/of blue sky ◆ **un petit bout d'homme** * a (mere) scrap of a man ◆ **un petit bout de femme** a slip of a woman ◆ **un (petit) bout de chou** * ou **de zan** * a little kid* ou nipper* (Brit) ◆ **bonjour, bout de chou** hello, poppet* (Brit) ou my little love ◆ **on a fait un bout de chemin ensemble** (lit) we walked part of the way together; (fig) (en couple) we were together for a while; (au travail) we worked together for a while ◆ **jusqu'à Paris, cela fait un (bon) bout de chemin** ou **un bout** * it's some distance ou quite a long way to Paris ◆ **il m'a fait un bout de conduite** he went part of the way with me ◆ **il est resté un bon bout de temps** he stayed a while ou quite some time ◆ **avoir un bout de rôle dans une pièce** to have a small ou bit part ou walk-on part in a play ◆ **mettre les bouts** * to hop it* (Brit), skedaddle*, scarper* (Brit); → **connaître**

**c** Naut = cordage [but] (length of) rope

**d** expressions figées

◆ **à bout** ◆ **être à bout** (= fatigué) to be exhausted, be all in*; (= en colère) to have had enough, be at the end of one's patience ◆ **ma patience est à bout** I'm at the end of my patience ◆ **pousser qn à bout** to push sb to the limit (of his patience)

◆ **à bout de** ◆ **à bout de bras** tenir, porter (lit) at arm's length ◆ **nous avons porté le club à bout de bras pendant 2 ans** (fig) we struggled to keep the club going for 2 years ◆ **être à bout d'arguments** to have run out of arguments ◆ **être à bout de force(s)** to have no strength left ◆ **à bout de forces, il s'écroula** worn out ou exhausted, he collapsed ◆ **être à bout de nerfs** to be at the end of one's tether, be just about at breaking point ◆ **à bout de souffle** (lit) breathless, out of breath (attrib); (fig) machine, gouvernement on its last legs* ◆ **le moteur est à bout de souffle** the engine is about to give up the ghost ◆ **venir à bout de** [+ travail] to get through, get to the end of; [+ adversaire] to get the better of, overcome; [+ repas, gâteau] to get through ◆ **je n'en viendrai jamais à bout** I'll never manage it, I'll never get through it; → **course**

◆ **à bout portant, à bout touchant** † tirer, tuer point-blank, at point-blank range

◆ **à tout bout de champ** all the time ◆ **il m'interrompait à tout bout de champ** he interrupted me at every opportunity, he kept on interrupting me ◆ **elle se regarde dans la glace à tout bout de champ** she's forever looking at herself in the mirror

◆ **au bout de**

(dans l'espace) ◆ **au bout de la rue** at the end of the street ◆ **au bout du jardin** at the bottom ou end of the garden ◆ **la poste est tout au bout du village** the post office is at the far end of the village

(dans le temps) after ◆ **au bout d'un mois** after a month, a month later ◆ **au bout d'un**

**moment** after a while ◆ **il est parti au bout de trois minutes** he left after three minutes

**e** fig **au bout du compte** in the last analysis, all things considered ◆ **il n'est pas au bout de ses peines** he's not out of the wood (Brit) ou woods (US) yet, his troubles still aren't over ◆ **être au bout du rouleau** * (= n'avoir plus rien à dire) to have run out of ideas; (= être sans ressources) to be running short (of money); (= être épuisé) to be exhausted; (= être près de la mort) to have come to the end of the road

◆ **bout à bout** end to end ◆ **mettre des planches/tuyaux bout à bout** to lay planks/pipes end to end ◆ **il a reconstitué l'histoire en mettant bout à bout tous les indices** he reconstructed what had happened by piecing all the clues ou evidence together

◆ **de bout en bout** ◆ **lire un livre de bout en bout** to read a book from cover to cover ou right through ou from start to finish ◆ **parcourir une rue de bout en bout** to go from one end of a street to the other

◆ **du bout de** ◆ **manger du bout des dents** to pick ou nibble at one's food ◆ **du bout des doigts** effleurer, pianoter with one's fingertips ◆ **le public a applaudi du bout des doigts** (fig) the audience clapped half-heartedly ◆ **du bout des lèvres** accepter, approuver reluctantly, half-heartedly ◆ **il écarta les feuilles mortes du bout du pied** he pushed aside the dead leaves with his toe

◆ **d'un bout à l'autre** from one end to the other ◆ **il a traversé le pays/continent d'un bout à l'autre** he travelled the length and breadth of the country/continent ◆ **je l'ai lu d'un bout à l'autre sans m'arrêter** I read it right through ou from cover to cover without stopping ◆ **ce film est passionnant d'un bout à l'autre** the film is compelling from start to finish ou right through ◆ **d'un bout à l'autre de la ville** from one end of the town to the other ◆ **d'un bout à l'autre de ses œuvres** throughout ou all through his works ◆ **d'un bout de l'année à l'autre** all year round ◆ **d'un bout à l'autre du voyage** from the beginning of the journey to the end, throughout ou right through the journey

◆ **en bout de** at the end ou bottom of ◆ **assis en bout de table** sitting at the end ou bottom ou foot of the table; → **chaîne, course**

◆ **jusqu'au bout** ◆ **nous sommes restés jusqu'au bout** we stayed right to the end ◆ **ce travail lui déplaît mais il ira jusqu'au bout** he doesn't like this job but he'll see it through ◆ **ils ont combattu jusqu'au bout** they fought to the bitter end ◆ **rebelle jusqu'au bout** rebellious to the end ou the last

◆ **jusqu'au bout de** ◆ **il faut aller jusqu'au bout de ce qu'on entreprend** if you take something on you must see it through (to the end) ◆ **aller jusqu'au bout de ses idées** to follow (one's ideas) through ◆ **il est aristocrate/russe jusqu'au bout des ongles** (fig) he's an aristocrat/he's Russian through and through ◆ **elle est professionnelle jusqu'au bout des ongles** she's a professional to her fingertips

◆ **sur le bout de** ◆ **j'ai son nom sur le bout de la langue** his name is on the tip of my tongue ◆ **il sait sa leçon sur le bout du doigt** ou **des doigts** he knows his lesson backwards ou off pat * (Brit) ◆ **elle connaît la question sur le bout des doigts** she knows the subject inside out

2 COMPOSÉS

▷ **bout de l'an** (Rel) memorial service *(held on the first anniversary of a person's death)* ▷ **bout d'essai** (Ciné) screen test, test film ◆ **tourner un bout d'essai** to do a screen test ▷ **bout filtre** filter tip ◆ **cigarettes (à) bout filtre** filter tip cigarettes, tipped cigarettes

**boutade** [butad] [→ SYN] nf **a** (= trait d'esprit) witticism, sally (littér); (= plaisanterie) joke ◆ **il a répondu par une boutade** he made a witty reply ◆ **il s'en est sorti par une boutade** he joked his way out of it ◆ **elle l'a dit par boutade** she said it in jest ◆ **ce n'est pas une boutade** it's not a joke, I'm not joking

**b** († = caprice) whim ◆ **par boutade** as the whim takes him (ou her etc), by fits and starts

**bout-dehors,** pl **bouts-dehors** [budəɔʀ] nm (Naut) boom

**boute-en-train** [butɑ̃tʀɛ̃] [→ SYN] nm inv live wire * ◆ **c'était le boute-en-train de la soirée** he was the life and soul of the party ◆ **on ne peut pas dire que c'est un boute-en-train** he's not exactly the life and soul of the party

**boutefeu** [butfø] [→ SYN] nm (Hist) linstock; († = personne) firebrand

**bouteille** [butɛj] [→ SYN] nf **a** (= récipient) bottle; (= contenu) bottle(ful) ◆ **boire à la bouteille** to drink (straight) from the bottle ◆ **bouteille d'air comprimé/de butane/de gaz** cylinder of compressed air/of butane gas/of gas ◆ **bouteille de Leyde** Leyden jar ◆ **bouteille d'un litre/de 2 litres** litre/2-litre bottle ◆ **bouteille de vin** (= récipient) wine bottle; (= contenu) bottle of wine ◆ **bière en bouteille** bottled beer ◆ **mettre du vin en bouteilles** to bottle wine ◆ **mise en bouteille** bottling ◆ **vin qui a 10 ans de bouteille** wine that has been in (the) bottle for 10 years ◆ **boire une (bonne) bouteille** to drink ou have a bottle of (good) wine ◆ **aimer la bouteille** (hum) to be fond of the bottle, like one's tipple *

**b** (Loc) **prendre de la bouteille** * to be getting on in years, be getting long in the tooth * (hum) ◆ **il a de la bouteille** * (dans son métier) he's been around a long time ◆ **c'est la bouteille à l'encre** the whole business is about as clear as mud, you can't make head nor tail of it ◆ **jeter une bouteille à la mer** (lit) to throw a bottle (with a message) in the sea; (fig) to send out an SOS

**bouteiller** [buteje] [→ SYN] nm (Hist = échanson) (King's) cupbearer

**bouter** [bute] [→ SYN] ▸ conjug 1 ◂ vt (littér ou †) to drive, push (*hors de* out of)

**bouteur** [butœʀ] [→ SYN] nm bulldozer ◆ **bouteur biais** angledozer

**boutique** [butik] [→ SYN] nf **a** (= magasin) shop, store (surtout US); [grand couturier] boutique ◆ **boutique en plein vent** open-air stall ◆ **robe/tailleur boutique** designer dress/suit; → **fermer, parler**

**b** (* = lieu de travail) place *, hole * ◆ **quelle sale boutique !** what a crummy * place!, what a dump! *

**boutiquier, -ière** [butikje, jɛʀ] [→ SYN] nm,f shopkeeper (Brit), storekeeper (US)

**boutisse** [butis] [→ SYN] nf (Constr) header

**boutoir** [butwaʀ] [→ SYN] nm [sanglier] snout ◆ **coup de boutoir** (Mil, Sport, gén) thrust; [vent, vagues] battering (NonC)

**bouton** [butɔ̃] [→ SYN] 1 nm **a** (Couture) button

**b** (= mécanisme) (Élec) switch; [porte, radio] knob; [sonnette] (push-)button

**c** (Bot) bud ◆ **en bouton** in bud ◆ **bouton de rose** rosebud

**d** (Méd) pimple, spot (Brit), zit * (surtout US) ◆ **bouton d'acné** pimple, spot (Brit) *(caused by acne)* ◆ **avoir des boutons** to have pimples ou spots (Brit), have a pimply face; (fig) ◆ **ça me donne des boutons** * it makes my skin crawl

2 COMP ▷ **bouton de chemise** shirt button ▷ **bouton de col** collar stud ▷ **bouton de culotte** trouser ou pant (US) button ▷ **bouton de fièvre** cold sore, fever blister ou sore ▷ **bouton de guêtre** gaiter button ◆ **il ne manque pas un bouton de guêtre** (fig) everything is in apple-pie order ▷ **bouton de manchette** cufflink

**bouton-d'argent,** pl **boutons-d'argent** [butɔ̃daʀʒɑ̃] [→ SYN] nm (= matricaire) mayweed; (= renoncule) yarrow

**bouton-d'or,** pl **boutons-d'or** [butɔ̃dɔʀ] [→ SYN] nm (= fleur) buttercup; (= couleur) buttercup yellow

**boutonnage** [butɔnaʒ] nm buttoning(-up) ◆ **avec boutonnage à droite/à gauche** right/left buttoning (épith), which buttons on the right/left ◆ **manteau à double boutonnage** double-buttoning coat

**boutonner** [butɔne] [→ SYN] ▸ conjug 1 ◂ 1 vt **a** [+ vêtement] to button ou fasten (up)

**b** (Escrime) to button

2 **se boutonner** vpr [vêtement] to button (up); [personne] to button (up) one's coat (ou trousers etc)

**boutonneux, -euse** [butɔnø, øz] [→ SYN] adj pimply, spotty (Brit)

**boutonnier, -ière** [butɔnje, jɛʀ] nm,f button maker

**boutonnière** [butɔnjɛʀ] [→ SYN] nf (Couture) buttonhole; (= bouquet) buttonhole (Brit), boutonniere (US) ◆ **avoir une fleur à la boutonnière** to wear a flower in one's buttonhole, wear a buttonhole (Brit) ou boutonniere (US) ◆ **porter une décoration à la boutonnière** to wear a decoration on one's lapel ◆ **faire une boutonnière (à qn)** (Chir) to make a small incision (in sb's abdomen)

**bouton-poussoir,** pl **boutons-poussoirs** [butɔ̃puswaʀ] nm push button

**bouton-pression,** pl **boutons-pression** [butɔ̃pʀesjɔ̃] nm snap fastener, press stud (Brit)

**boutre** [butʀ] [→ SYN] nm dhow

**bout-rimé,** pl **bouts-rimés** [buʀime] nm (Littérat) (= poème) poem in set rhymes ◆ **bouts-rimés** (= fins de vers) rhyme endings, bouts rimés

**bouturage** [butyʀaʒ] nm taking (of) cuttings, propagation (by cuttings)

**bouture** [butyʀ] [→ SYN] nf cutting ◆ **faire des boutures** to take cuttings

**bouturer** [butyʀe] [→ SYN] ▸ conjug 1 ◂ 1 vt to take a cutting from, propagate (by cuttings)

2 vi to put out suckers

**bouverie** [buvʀi] [→ SYN] nf byre (Brit), cowshed

**bouvet** [buvɛ] [→ SYN] nm (Menuiserie) rabbet plane

**bouveteuse** [buv(ə)tøz] nf grooving tool

**bouvier** [buvje] [→ SYN] nm (= personne) herdsman, cattleman, herder (US); (= chien) sheep dog

**bouvière** [buvjɛʀ] [→ SYN] nf bitterling

**bouvillon** [buvijɔ̃] [→ SYN] nm bullock, steer (US)

**bouvreuil** [buvʀœj] [→ SYN] nm bullfinch

**bouzouki** [buzuki] nm bouzouki

**bovarysme** [bɔvaʀism] [→ SYN] nm bovarism, bovarysm

**bovidé** [bɔvide] 1 adj m bovid

2 nm bovid ◆ **bovidés** bovids, bovidae (SPÉC)

**bovin, e** [bɔvɛ̃, in] [→ SYN] 1 adj (lit, fig) bovine ◆ **viande bovine** beef

2 nm bovine ◆ **bovins** cattle, Bovini (SPÉC)

**bowling** [buliŋ] nm (= jeu) (tenpin) bowling; (= salle) bowling alley

**bow-window,** pl **bow-windows** [bowindo] [→ SYN] nm bow window

**box** [bɔks] [→ SYN] nm [hôpital, dortoir] cubicle; [écurie] loose box; [porcherie] stall, pen; (= garage) lock-up (garage) ◆ **box des accusés** (Jur) dock ◆ **dans le box des accusés** (lit, fig) in the dock

**box(-calf)** [bɔks(kalf)] nm box calf ◆ **sac en box(-calf)** calfskin bag

**boxe** [bɔks] [→ SYN] nf boxing ◆ **match de boxe** boxing match ◆ **boxe anglaise** boxing ◆ **boxe américaine** full contact ◆ **boxe française** ≈ kick boxing ◆ **boxe thaï** Thai boxing ◆ **faire de la boxe** to box

**boxer**[1] [bɔkse] [→ SYN] ▸ conjug 1 ◂ 1 vi to box, be a boxer ◆ **boxer contre** to box against, fight

2 vt (Sport) to box against, fight; (* = frapper) to thump *, punch

**boxer**[2] [bɔksɛʀ] [→ SYN] nm boxer (dog)

**boxer**[3] [bɔksœʀ] nm abrév de **boxer-short**

**boxer-short,** pl **boxer-shorts** [bɔksœʀʃɔʀt] nm boxer shorts, boxers

**boxeur** [bɔksœʀ] [→ SYN] nm boxer

**box-office,** pl **box-offices** [bɔksɔfis] nm box office ◆ **film en tête du box-office** box-office success ou hit

**boxon** ‡ [bɔksɔ̃] nm **a** (= maison close) brothel, whorehouse * †

**b** (= désordre) **c'est le boxon !** it's a shambles!

**boy** [bɔj] [→ SYN] nm (= serviteur) (native) servant boy, (house)boy; (Music-hall) ≈ male dancer

**boyard** [bɔjaʀ] [→ SYN] nm (Hist) boyar(d)

**boyau,** pl **boyaux** [bwajo] [→ SYN] nm **a** (= intestins) **boyaux** [animal] guts, entrails; * [personne] insides *, guts * ◆ **elle a le boyau de la rigolade** * she's always giggling * ◆ **il a**

toujours un boyau de vide * he's always hungry; → tripe

b (= corde) boyau (de chat) (cat)gut

c (= passage) (narrow) passageway; (= tuyau) narrow pipe; (Mil) communication trench, sap; (Min) (narrow) gallery

d [bicyclette] (racing) tyre, tubeless tyre

e (pour saucisse) casing

**boyauter (se)** * [bwajote] → SYN ▸ conjug 1 ◂ vpr to laugh one's head off, split one's sides *

**boycott** [bɔjkɔt] → SYN , **boycottage** [bɔjkɔtaʒ] nm boycotting (NonC), boycott

**boycotter** [bɔjkɔte] → SYN ▸ conjug 1 ◂ vt to boycott

**boys band** [bɔjsbɑ̃d] nf boy band

**boy-scout** †, pl **boy(s)-scouts** [bɔjskut] → SYN nm (boy) scout ◆ **avoir une mentalité de boy-scout** * to have a (rather) naïve ou ingenuous outlook

**BP** [bepe] (abrév de **boîte postale**) P.O. Box

**BPF** (abrév de **bon pour francs**) *amount payable on a cheque*

**brabançon, -onne** [bʀabɑ̃sɔ̃, ɔn] 1 adj of ou from Brabant

2 **Brabançon(ne)** nm,f inhabitant ou native of Brabant

3 nm ◆ **(cheval) brabançon** *type of draught horse bred in the Brabant region*

4 **Brabançonne** nf ◆ **la Brabançonne** the Belgian national anthem

**brabant** [bʀabɑ̃] → SYN nm a (Agr) **double brabant** swivel plough (Brit) ou plow (US)

b (Géog) **le Brabant** Brabant

**bracelet** [bʀaslɛ] → SYN 1 nm a [poignet] bracelet; [bras] bangle; [cheville] ankle bracelet, bangle; [montre] strap, bracelet; [nouveau-né] identity bracelet, name tag

b (= élastique) rubber band

c (arg Police) **bracelets** (= menottes) handcuffs ◆ **on lui a passé les bracelets** they handcuffed him

2 COMP ▷ **bracelet de force** (leather) wristband

**bracelet-montre**, pl **bracelets-montres** [bʀaslɛmɔ̃tʀ] nm wristwatch

**brachial, e**, mpl **-iaux** [bʀakjal, jo] adj brachial

**brachiation** [bʀakjasjɔ̃] nf brachiation

**brachiopode** [bʀakjɔpɔd] nm brachiopod

**brachycéphale** [bʀakisefal] 1 adj brachycephalic

2 nmf brachycephalic person

**brachycéphalie** [bʀakisefali] nf brachycephaly

**brachydactyle** [bʀakidaktil] adj brachydactylic, brachydactylous

**brachyoure** [bʀakjuʀ] nm brachyuran

**braconnage** [bʀakɔnaʒ] → SYN nm poaching

**braconner** [bʀakɔne] → SYN ▸ conjug 1 ◂ vi to poach

**braconnier, -ière** [bʀakɔnje, jɛʀ] → SYN nm,f poacher

**bractéal, e**, mpl **-aux** [bʀakteal, o] adj bracteal

**bractée** [bʀakte] nf bract

**bradage** [bʀadaʒ] nm selling off

**bradel** [bʀadɛl] loc adj ◆ **reliure à la bradel** Bradel binding

**brader** [bʀade] → SYN ▸ conjug 1 ◂ vt (= vendre à prix réduit) to sell cut-price (Brit) ou cut-rate (US); (= vendre en solde) to have a clearance sale of; (lit, fig = se débarrasser de) to sell off ◆ **à ce prix-là, c'est bradé** at that price, it's a giveaway

**braderie** [bʀadʀi] → SYN nf (= magasin) discount centre; (= marché) market *(held once or twice a year, where goods are sold at reduced prices)* ◆ **la grande braderie des entreprises publiques** (péj) the massive ou wholesale sell-off of state-owned companies

**bradeur, -euse** [bʀadœʀ, øz] nm,f discounter

**bradycardie** [bʀadikaʀdi] nf abnormally low rate of heartbeat, bradycardia (SPÉC)

**bradykinine** [bʀadikinin] nf bradykinin

**bradype** [bʀadip] → SYN nm three-toed sloth

**braguette** [bʀagɛt] → SYN nf [pantalon] fly, flies; (Hist) codpiece

**Brahma** [bʀama] nm Brahma

**brahmane** [bʀaman] → SYN nm Brahmin, Brahman

**brahmanique** [bʀamanik] adj Brahminical

**brahmanisme** [bʀamanism] → SYN nm Brahminism, Brahmanism

**Brahmapoutre** [bʀamaputʀ], **Brahmaputra** [bʀamaputʀa] nm Brahmaputra

**brahmine** [bʀamin] nf Brahmani, Brahmanee

**brai** [bʀɛ] → SYN nm pitch, tar

**braies** [bʀɛ] nfpl (Hist) breeches *(worn by Gauls)*

**braillard, e** * [bʀajaʀ, aʀd] → SYN 1 adj a (= criard) bawling (épith), yelling (épith) ◆ **des haut-parleurs braillards** blaring loudspeakers ◆ **des mouettes braillardes** screeching gulls

b (= pleurard) enfant bawling (épith), howling (épith), squalling (épith)

2 nm,f bawler

**braille** [bʀaj] nm Braille

**braillement** * [bʀajmɑ̃] → SYN nm a (= cris) bawling (NonC), yelling (NonC)

b (= pleurs) bawling (NonC), howling (NonC), squalling (NonC) ◆ **les braillements de l'enfant** the bawling of the child

**brailler** * [bʀaje] → SYN ▸ conjug 1 ◂ 1 vi (= crier) to bawl, yell; (= pleurer) to bawl, howl ◆ **il faisait brailler sa radio** his radio was blaring, he had his radio blaring ou on full blast

2 vt [+ chanson, slogan] to bawl out

**brailleur, -euse** [bʀajœʀ, øz] adj, nm,f ⇒ **braillard**

**braiment** [bʀɛmɑ̃] → SYN nm bray(ing)

**brain-trust**, pl **brain-trusts** [bʀɛntʀœst] → SYN nm brain trust, brains trust

**braire** [bʀɛʀ] → SYN ▸ conjug 50 ◂ vi (lit, fig) to bray ◆ **faire braire qn** ⁑ to get on sb's nerves ou wick ⁑ (Brit)

**braise** [bʀɛz] → SYN nf a [feu] **la braise, les braises** the (glowing) embers; (= charbon de bois) live charcoal ◆ **être sur la braise** (fig) to be on tenterhooks ◆ **yeux de braise** fiery eyes, eyes like coals

b (⁑ = argent) cash *, dough ⁑, bread ⁑

**braiser** [bʀeze] ▸ conjug 1 ◂ vt to braise ◆ **bœuf/chou braisé** braised beef/cabbage

**braisière** [bʀezjɛʀ] → SYN nf (= daubière) braising pan

**bramement** [bʀammɑ̃] → SYN nm a [cerf] bell, troat

b (= hurlement) wailing

**bramer** [bʀame] → SYN ▸ conjug 1 ◂ vi a [cerf] to bell, troat

b * (= brailler) to bawl; (= se lamenter) to wail

**bran** [bʀɑ̃] → SYN nm bran ◆ **bran de scie** sawdust

**brancard** [bʀɑ̃kaʀ] → SYN nm a (= bras) [charrette] shaft; [civière] shaft, pole; → **ruer**

b (= civière) stretcher

**brancarder** [bʀɑ̃kaʀde] ▸ conjug 1 ◂ vt [+ personne] to carry on a stretcher

**brancardier, -ière** [bʀɑ̃kaʀdje, jɛʀ] → SYN nm,f stretcher-bearer

**branchage** [bʀɑ̃ʃaʒ] → SYN nm branches, boughs ◆ **branchages** fallen ou lopped-off branches, lops

**branche** [bʀɑ̃ʃ] → SYN nf a (Bot) branch, bough ◆ **branche mère** main branch ◆ **sauter de branche en branche** to leap from branch to branch ◆ **céleri en branches** (sticks of) celery ◆ **n'essaie pas de te raccrocher** ou **de te rattraper aux branches** * (fig) don't try to make up for what you've said; → **vieux**

b (= ramification) [nerfs, veines] branch, ramification; [rivière, canalisation, bois de cerf] branch; [lunettes] side-piece; [compas] leg; [ciseaux] blade; [fer à cheval] half; [famille] branch ◆ **la branche aînée** the elder ou eldest branch of the family ◆ **la branche maternelle** the maternal branch of the family, the mother's side of the family ◆ **avoir de la branche** † * to be of good stock

c (= secteur) branch ◆ **les branches de la science moderne** the different branches of modern science ◆ **notre fils s'orientera vers une branche technique** our son will specialize in technical subjects ◆ **la branche politique/militaire de cette organisation** the political/military wing ou arm of the organization

**branché, e** * [bʀɑ̃ʃe] (ptp de **brancher**) adj a (= dans le vent) personne, café trendy, hip * ◆ **en langage branché** in trendy slang

b (= enthousiasmé) **elle est très branchée jazz/informatique** she's really into jazz/computers ◆ **il est branché sur Anne** he's really keen on Anne

**branchement** [bʀɑ̃ʃmɑ̃] → SYN nm a (= fils connectés) connection ◆ **vérifiez les branchements** check the connections

b (= action) [appareil à gaz, tuyau] connecting (up); [eau, gaz, électricité, réseau] linking up

c (Rail) branch line

d (Ordin) branch

**brancher** [bʀɑ̃ʃe] → SYN ▸ conjug 1 ◂ 1 vt a [+ appareil électrique] (à une prise) to plug in ◆ **brancher qch sur qch** to plug sth into sth, connect sth up with sth

b [+ appareil à gaz, tuyau, eau, gaz, électricité] to connect (up) ◆ **être branché sur un réseau** to be linked ou connected to a network

c (= allumer) [+ télévision] to turn on

d (* = mettre en relation) **brancher qn avec qn** to put sb in contact with sb

e (= orienter) **brancher qn sur un sujet** to start sb off on a subject ◆ **quand on l'a branché** ou **quand il est branché là-dessus il est intarissable** when he's launched on that ou when somebody gets him started on that he can go on forever

f (* = intéresser) **ce qui me branche** what grabs me * ou gives me a buzz * ◆ **ça ne me branche pas** [idée] it doesn't grab me *; [musique, activité] it doesn't do anything for me ◆ **ça te brancherait d'aller au ciné ?** (do you) fancy going to see a film? * ◆ **il ne me branche pas trop son frère** I'm not too gone * on ou too keen on his brother

2 **se brancher** vpr a (= se connecter) **où est-ce que ça se branche ?** where does that plug in? ◆ **où est-ce que je peux me brancher ?** where can I plug it in? ◆ **se brancher sur un réseau/Internet** to get onto ou connect to a network/the Internet

b (* = entrer en relation) **se brancher avec qn** to get in contact with sb

**branchette** [bʀɑ̃ʃɛt] nf small branch, twig

**branchial, e**, mpl **-iaux** [bʀɑ̃ʃjal, jo] adj branchial

**branchies** [bʀɑ̃ʃi] → SYN nfpl (Zool) gills, branchiae (SPÉC)

**branchiopode** [bʀɑ̃ʃjɔpɔd] nm branchiopod

**branchu, e** [bʀɑ̃ʃy] adj branchy

**brandade** [bʀɑ̃dad] nf ◆ **brandade (de morue)** brandade *(dish made with cod)*

**brande** [bʀɑ̃d] → SYN nf (= lande) heath(land); (= plantes) heath, heather, brush

**brandebourg** [bʀɑ̃dbuʀ] → SYN 1 nm (Habillement) frog ◆ **à brandebourg(s)** frogged

2 **Brandebourg** n Brandenburg ◆ **la porte de Brandebourg** the Brandenburg Gate

**brandebourgeois, e** [bʀɑ̃dbuʀʒwa, waz] 1 adj Brandenburg (épith) ◆ **"les concertos brandebourgeois"** (Mus) "the Brandenburg Concertos"

2 **Brandebourgeois(e)** nm,f inhabitant ou native of Brandenburg

**brandir** [bʀɑ̃diʀ] → SYN ▸ conjug 2 ◂ vt [+ arme] to brandish; [+ document] to brandish, flourish

**brandon** [bʀɑ̃dɔ̃] → SYN nm firebrand (lit) ◆ **brandon de discorde** bone of contention

**brandy** [bʀɑ̃di] → SYN nm brandy

**branlant, e** [bʀɑ̃lɑ̃, ɑ̃t] → SYN adj dent loose; mur shaky; escalier, meuble rickety, shaky; pas unsteady, tottering, shaky; (fig) régime tottering, shaky; raison shaky

**branle** [bʀɑ̃l] → SYN nm [cloche] swing ◆ **mettre en branle** [+ cloche] to swing, set swinging; (fig) [+ forces] to set in motion, set off ◆ **donner le branle à** to set in motion, set rolling ◆ **se mettre en branle** to get going ou moving

**branle-bas** [bʀɑ̃lbɑ] → SYN nm inv bustle, commotion ◆ **dans le branle-bas du départ** in the confusion ou bustle of departure ◆ **être en branle-bas** to be in a state of commotion ◆ **mettre qch en branle-bas** to turn sth upside down, cause commotion in sth ◆ **branle-bas de combat** (Naut) (= manœuvre) preparations for action; (= ordre) "action stations!" ◆ **sonner le branle-bas de combat** to sound action stations ◆ **mettre en branle-bas de combat** to clear the decks (for action) ◆ **ça a été le branle-bas de combat** (fig) it was action stations

**branlée** [bʀɑ̃le] nf **a** (‡ = coups) hammering* ◆ **recevoir une branlée** to get hammered*, get a hammering*

**b** (** = masturbation) [homme] hand job‡, wank** (Brit)

**branlement** [bʀɑ̃lmɑ̃] [→ SYN] nm [tête] wagging, shaking

**branler** [bʀɑ̃le] [→ SYN] ▸ conjug 1 ◂ [1] vt **a** **branler la tête** ou (hum) **du chef** to shake ou wag one's head

**b** (** = faire) **qu'est-ce qu'ils branlent ?** what the hell are they up to?‡ ◆ **il n'en branle pas une** he does fuck all** ou bugger all** (Brit) ◆ **j'en ai rien à branler** I don't give a fuck**

[2] vi [échafaudage] to be shaky ou unsteady; [meuble] to be shaky ou rickety; [dent] to be loose ◆ **ça branle dans le manche** things are a bit shaky

[3] **se branler**** vpr [homme] to jerk off**, have a wank** (Brit); [femme] to masturbate ◆ **je m'en branle** (fig) I don't give a (flying) fuck**

**branlette**** [bʀɑ̃lɛt] nf ◆ **la branlette** wanking** (Brit), jerking off** ◆ **se faire une branlette**** to (have a) wank** (Brit), jerk (o.s.) off**

**branleur, -euse**‡ [bʀɑ̃lœʀ, øz] nm,f (= paresseux) lazy swine ou bugger** (Brit)

**branleux, -euse**‡ [bʀɑ̃lø, øz] adj (Can) shilly-shallying*

**branque*** [bʀɑ̃k], **branquignol*** [bʀɑ̃kiɲɔl]

[1] adj crazy*, barmy* (Brit)

[2] nm crackpot*, nutter‡ (Brit)

**brante** [bʀɑ̃t] nf (Helv = vendangeoir) grape-picker's basket

**braquage** [bʀakaʒ] nm (Aut) (steering) lock; (arg Crime) stickup (arg); → **angle, rayon**

**braque** [bʀak] [→ SYN] [1] adj* crazy*, barmy* (Brit)

[2] nm (Zool) pointer

**braquemart** [bʀakmaʀ] nm **a** (Hist = épée) brackmard ††, (double-bladed) sword

**b** (** = pénis) dick**, cock**

**braquer** [bʀake] [→ SYN] ▸ conjug 1 ◂ [1] vt **a** (= diriger) **braquer une arme sur** to point ou aim a weapon at ◆ **braquer un télescope/un projecteur sur** to train a telescope/a spotlight on ◆ **braquer son regard/attention sur** to turn one's gaze/attention towards, fix one's gaze/attention on ◆ **tous les regards étaient braqués sur eux** all eyes were upon them ◆ **les (feux des) projecteurs sont braqués sur la famille royale** the royal family are in the spotlight

**b** (Aut) [+ roue] to swing

**c** ‡ (= attaquer) [+ banque, personne] to hold up; (= menacer) [+ personne] to pull one's gun on, to hold up

**d** **braquer qn** (= buter) to put sb's back up*, make sb dig in his heels ◆ **braquer qn contre qch** to turn sb against sth ◆ **il est braqué** he won't budge, he's dug his heels in

[2] vi (Aut) to turn the (steering) wheel ◆ **braquer bien/mal** [voiture] to have a good/bad lock ◆ **braquer à fond** to put on the full lock ◆ **braquez vers la gauche/la droite** turn hard left/right, left hand/right hand hard down (Brit)

[3] **se braquer** vpr to dig one's heels in ◆ **se braquer contre qch** to set one's face against sth

**braquet** [bʀakɛ] [→ SYN] nm [bicyclette] gear ratio ◆ **changer de braquet** (lit) to change gear; (fig) to get into gear ◆ **mettre le petit braquet** to change into lower gear ◆ **mettre le grand braquet** (lit) to change into higher gear; (fig) to get a move-on*, shift into high gear* (US)

**braqueur**‡ [bʀakœʀ] nm (= gangster) hold-up man*

**bras** [bʀɑ] [→ SYN] [1] nm **a** (Anat) arm ◆ **une serviette sous le bras** with a briefcase under one's arm ◆ **un panier au bras** with a basket on one's arm ◆ **donner le bras à qn** to give sb one's arm ◆ **prendre le bras de qn** to take sb's arm ◆ **être au bras de qn** to be on sb's arm ◆ **se donner le bras** to link arms ◆ **bras dessus, bras dessous** arm in arm ◆ **on a dû transporter tout cela à bras** we had to carry all that ◆ **les bras en croix** with one's arms spread ◆ **les bras croisés** (lit) with one's arms folded ◆ **rester les bras croisés** (fig) to sit idly by ◆ **tendre** ou **allonger le bras vers qch** to reach out for sth, stretch out one's hand ou arm for sth ◆ **tomber dans les bras de qn** to fall into sb's arms ◆ **il est mort dans mes bras** he died in my arms ◆ **(viens) dans mes bras mon fils !** come and let me kiss ou hug you, my son!; → **arme, force, plein** etc

**b** (= travailleur) hand, worker ◆ **manquer de bras** to be short-handed, be short of manpower ou labour

**c** (= pouvoir) **le bras de la justice** the arm of the law ◆ **le bras séculier** (Rel) the secular arm ◆ **le bras armé du parti** the military wing ou arm of the party

**d** [manivelle, outil, pompe] handle; [fauteuil] arm(rest); [grue] jib; [sémaphore, ancre, électrophone, moulin, essuie-glace] arm; [croix] limb; [aviron, brancard] shaft; (Naut) [vergue] brace

**e** [fleuve] branch

**f** [cheval] shoulder; [mollusque] tentacle

**g** (Ordin) **bras d'accès** ou **de lecture-écriture** access ou positioning arm

**h** (LOC) **en bras de chemise** in (one's) shirt sleeves ◆ **saisir qn à bras-le-corps** to seize sb round the waist, seize sb bodily ◆ **avoir le bras long** (fig) to have a long arm ◆ **à bras ouverts, les bras ouverts** with open arms (lit, fig) ◆ **les bras tendus** with outstretched arms ◆ **tomber sur qn à bras raccourcis*** to set (up)on sb, pitch into sb* ◆ **lever les bras au ciel** to throw up one's arms ◆ **les bras m'en tombent** I'm flabbergasted* ou stunned ◆ **avoir** ou **se retrouver avec qch/qn sur les bras*** to have sth/sb on one's hands, be stuck* ou landed* with sth/sb ◆ **il a une nombreuse famille sur les bras*** he's got a large family to look after ◆ **avoir une sale histoire sur les bras*** to have a nasty business on one's hands ◆ **partir avec qch sous le bras** to make off with sth ◆ **(être) dans les bras de Morphée** (hum) (to be) in the arms of Morpheus ◆ **faire un bras d'honneur à qn** ≃ to put two fingers up at sb*, ≃ give sb the V-sign (Brit) ou the finger** (US); → **bout, couper, gros** etc

[2] COMP ▷ **bras cassé** (= personne) no-hoper* ▷ **bras droit** (fig) right-hand man ▷ **bras de fer** (Sport) Indian wrestling (NonC), arm-wrestling (NonC) ◆ **faire une partie de bras de fer avec qn** to arm-wrestle with sb ◆ **la partie de bras de fer entre patronat et syndicats** (fig) the trial of strength between the bosses and the unions ▷ **bras de levier** lever arm ◆ **faire bras de levier** to act as a lever ▷ **bras de mer** arm ou stretch of the sea, sound ▷ **bras mort** (gén) backwater; (= lac) oxbow lake, cutoff

**brasage** [bʀɑzaʒ] [→ SYN] nm brazing

**braser** [bʀɑze] [→ SYN] ▸ conjug 1 ◂ vt to braze

**braserade** [bʀazeʀad] nf portable barbecue

**brasero** [bʀɑzeʀo] [→ SYN] nm brazier

**brasier** [bʀɑzje] [→ SYN] nm (= incendie) (blazing) inferno, furnace; (fig = foyer de guerre) inferno ◆ **son cœur/esprit était un brasier** his heart/mind was on fire ou ablaze

**Brasilia** [bʀazilja] n Brasilia

**brasiller** [bʀɑzije] [→ SYN] ▸ conjug 1 ◂ vi [mer] to glimmer; [bougie] to glow red

**brasque** [bʀask] nf brasque

**brassage** [bʀasaʒ] [→ SYN] nm **a** [bière] brewing

**b** (= mélange) mixing ◆ **brassage des peuples** intermixing of ethnic groups ◆ **brassage des gaz** (Aut) mixing

**c** (Naut) bracing

**brassard** [bʀasaʀ] [→ SYN] nm armband ◆ **brassard de deuil** black armband ◆ **brassard de capitaine** (Sport) captain's armband

**brasse** [bʀas] [→ SYN] nf **a** (= sport) breast-stroke; (= mouvement) stroke ◆ **brasse coulée** breast-stroke ◆ **brasse papillon** butterfly (-stroke) ◆ **nager la brasse** to swim breast-stroke ◆ **faire quelques brasses** to do a few strokes

**b** († † = mesure) ≃ 6 feet; (Naut) fathom

**brassée** [bʀase] [→ SYN] nf armful; (‡: Can) [machine à laver] load ◆ **par brassées** in armfuls

**brasser** [bʀase] [→ SYN] ▸ conjug 1 ◂ vt **a** (= remuer) to stir (up); (= mélanger) to mix; [+ pâte] to knead; [+ salade] to toss; [+ cartes] to shuffle; [+ argent] to handle a lot of ◆ **brasser des affaires** to be in big business ◆ **brasser du vent** (fig) to blow hot air*

**b** [+ bière] to brew

**c** (Naut) to brace

**brasserie** [bʀasʀi] [→ SYN] nf **a** (= café) ≃ pub, ≃ bar (US), ≃ brasserie

**b** (= fabrique de bière) brewery; (= industrie) brewing industry

**brasseur, -euse** [bʀasœʀ, øz] nm,f **a** [bière] brewer

**b** (Comm) **brasseur d'affaires** big businessman

**c** (Sport) breast-stroke swimmer

**brassière** [bʀasjɛʀ] [→ SYN] nf **a** [bébé] (baby's) vest (Brit) ou undershirt (US) ◆ **brassière (de sauvetage)** life jacket

**b** (= soutien-gorge) cropped bra; (Can) bra

**brassin** [bʀasɛ̃] [→ SYN] nm (= cuve) mash tub

**brasure** [bʀɑzyʀ] [→ SYN] nf (= procédé) brazing; (= résultat) brazed joint, braze; (= métal) brazing metal

**Bratislava** [bʀatislava] n Bratislava

**bravache** [bʀavaʃ] [→ SYN] [1] nm braggart, blusterer ◆ **faire le bravache** to swagger about

[2] adj swaggering, blustering

**bravade** [bʀavad] [→ SYN] nf act of bravado ◆ **par bravade** out of bravado

**brave** [bʀav] [→ SYN] [1] adj **a** (= courageux) personne, action brave, courageous, gallant (littér) ◆ **faire le brave** to act brave, put on a bold front

**b** (avant n) (= bon) good, nice, fine; (= honnête) decent, honest ◆ **c'est une brave fille** she's a nice girl ◆ **c'est un brave garçon** he's a good ou nice fellow ou lad (Brit) ◆ **ce sont de braves gens** they're good ou decent people ou souls ◆ **il est bien brave** he's not a bad chap* (Brit) ou guy* (US), he's a nice enough fellow ◆ **mon brave (homme)** my good man ou fellow ◆ **ma brave dame** my good woman

[2] nm (gén) brave man; (= Indien) brave ◆ **brave entre les braves** † bravest of the brave †

**bravement** [bʀavmɑ̃] adv (= courageusement) bravely, courageously, gallantly (littér); (= résolument) boldly

**braver** [bʀave] [→ SYN] ▸ conjug 1 ◂ vt (= défier) [+ personne] to stand up to; [+ autorité, tabou] to defy; [+ règle] to defy; [+ danger, mort] to brave ◆ **braver l'opinion** to fly in the face of (public) opinion ◆ **braver les océans** to brave the seas

**bravissimo** [bʀavisimo] excl bravissimo

**bravo** [bʀavo] GRAMMAIRE ACTIVE 13.1, 23.6 [→ SYN]

[1] excl (= félicitations) well done!, bravo!; (= approbation) hear! hear!; (iro) well done!

[2] nm cheer ◆ **un grand bravo pour … !** a big cheer for …!, let's hear it for …!

**bravoure** [bʀavuʀ] [→ SYN] nf bravery, braveness, gallantry (littér); → **morceau**

**Brazzaville** [bʀazavil] n Brazzaville

**break** [bʀɛk] [→ SYN] nm **a** (Aut) estate (car) (Brit), station wagon (US)

**b** (= pause) break ◆ **(se) faire un break** to take a break

**c** (Boxe, Tennis) break ◆ **balle de break** break point ◆ **faire le break** to break

**break dance** [bʀɛkdɑ̃s] nf break dancing

**brebis** [bʀəbi] [→ SYN] nf (Zool) ewe ◆ **les brebis** (Rel) the flock ◆ **brebis égarée** stray ou lost sheep ◆ **brebis galeuse** black sheep ◆ (Prov) **à brebis tondue Dieu mesure le vent** the Lord tempers the wind to the shorn lamb (Prov)

**brèche**[1] [bʀɛʃ] [→ SYN] nf [mur] breach, opening, gap; (Mil) breach; [lame] notch, nick ◆ **faire** ou **ouvrir une brèche dans le front ennemi** (Mil) to make a breach in ou to breach the enemy line ◆ **s'engouffrer dans la brèche** (fig) to leap ou step into the breach ◆ **faire une brèche à sa fortune** to make a hole in one's fortune ◆ **il est toujours sur la brèche** (fig) he's always beavering away*; → **battre**

**brèche²** [bʀɛʃ] → SYN nf (Géol) breccia

**bréchet** [bʀeʃɛ] → SYN nm wishbone

**brechtien, -ienne** [bʀɛʃtjɛ̃, jɛn] adj Brechtian

**bredouillage** [bʀədujaʒ] → SYN nm mumbling

**bredouillant, e** [bʀədujɑ̃, ɑ̃t] adj stammering, mumbling

**bredouille** [bʀəduj] → SYN adj (gén) empty-handed ◆ **rentrer bredouille** (Chasse, Pêche) to go ou come home empty-handed ou with an empty bag

**bredouillement** [bʀədujmɑ̃] nm ⇒ **bredouillage**

**bredouiller** [bʀəduje] → SYN ▸ conjug 1 ◂ 1 vi (= bégayer) to stammer; (= marmonner) to mumble

2 vt (= bégayer) to stammer (out); (= marmonner) to mumble

**bref, brève** [bʀɛf, ɛv] GRAMMAIRE ACTIVE 26.4 → SYN

1 adj rencontre, discours, lettre brief, short; voyelle, syllabe short ◆ **d'un ton bref** sharply, curtly ◆ **soyez bref et précis** be brief and to the point ◆ **à bref délai** shortly

2 adv ◆ **(enfin) bref** (= pour résumer) to make ou cut (Brit) a long story short, in short, in brief; (= passons) let's not waste any more time; (= donc) anyway ◆ **en bref** in short, in brief

3 nm (Rel) (papal) brief

4 **brève** nf (= syllabe) short syllable; (= voyelle) short vowel; (Journalisme) news sg in brief ◆ **brèves de comptoir** bar-room philosophising (NonC)

**brelan** [bʀəlɑ̃] → SYN nm (Cartes) three of a kind ◆ **brelan d'as** three aces

**brêler** [bʀele] → SYN ▸ conjug 1 ◂ vt to lash, bind

**breloque** [bʀəlɔk] → SYN nf (bracelet) charm; → **battre**

**Brême** [bʀɛm] n Bremen

**brème** [bʀɛm] nf a (Zool) bream

b (arg Cartes) card

**brésil** [bʀezil] nm a (= bois) brazil (wood)

b **Brésil** Brazil

**brésilien, -ienne** [bʀeziljɛ̃, jɛn] 1 adj Brazilian

2 nm (Ling) Brazilian Portuguese

3 **Brésilien(ne)** nm,f Brazilian

**Bretagne** [bʀətaɲ] nf Brittany

**bretèche** [bʀətɛʃ] → SYN nf gatehouse, bartizan

**bretelle** [bʀətɛl] → SYN nf a [sac] (shoulder) strap; [lingerie] strap; [fusil] sling ◆ **bretelles** [pantalon] braces (Brit), suspenders (US) ◆ **robe à bretelles** strappy dress ◆ **porter l'arme ou le fusil à la bretelle** to carry one's weapon slung over one's shoulder; → **remonter**

b (Rail) crossover; (Aut) slip road (Brit), entrance (ou exit) ramp, on (ou off) ramp (US) ◆ **bretelle de raccordement** access road ◆ **bretelle de contournement** bypass

**breton, -onne** [bʀətɔ̃, ɔn] 1 adj Breton

2 nm (Ling) Breton

3 **Breton(ne)** nm,f Breton

**bretonnant, e** [bʀətɔnɑ̃, ɑ̃t] adj (Ling) Breton-speaking; (attaché aux traditions) preserving Breton culture

**bretteler** [bʀɛtle] → SYN ▸ conjug 4 ◂, **bretter** [bʀete] ▸ conjug 1 ◂ vt (Tech) to tooth

**bretteur** [bʀɛtœʀ] → SYN nm †† swashbuckler; (= duelliste) duellist

**bretzel** [bʀɛtzɛl] → SYN nm pretzel

**breuvage** [bʀœvaʒ] → SYN nm drink, beverage; (magique) potion

**brève** [bʀɛv] adj, nf → **bref**

**brevet** [bʀəvɛ] → SYN 1 nm a (= diplôme) diploma, certificate; (Hist = note royale) royal warrant; (Scol) *exam taken at the age of 16,* ≈ GCSE (Brit) ◆ **avoir son brevet** (Scol) ≈ to have (passed) one's GCSEs (Brit)

b (Naut) certificate, ticket ◆ **brevet de capitaine** master's certificate ou ticket ◆ **brevet de commandant** (Mil) major's brevet

c (Jur) **brevet (d'invention)** letters patent, patent ◆ **brevet en cours d'homologation** patent pending

d (fig = garantie) guarantee ◆ **donner à qn un brevet d'honnêteté** to testify to ou guarantee sb's honesty ◆ **on peut lui décerner un brevet de persévérance** he deserves a medal for perseverance

2 COMP ▷ **brevet d'apprentissage** ≈ certificate of apprenticeship ▷ **brevet d'aptitude à la fonction d'animateur** *certificate for activity leaders in a holiday camp* ▷ **brevet des collèges, brevet d'études du premier cycle** † *exam taken at the age of 16,* ≈ GCSE (Brit) ▷ **brevet d'études professionnelles** *technical school certificate* ▷ **brevet de pilote** pilot's licence ▷ **brevet de secourisme** first aid certificate ▷ **brevet de technicien** *vocational training certificate taken at age 16* ▷ **brevet de technicien supérieur** *vocational training certificate taken after the age of 18*

**brevetable** [bʀəv(ə)tabl] adj patentable

**breveté, e** [bʀəv(ə)te] → SYN (ptp de **breveter**) 1 adj a invention patented ◆ **breveté sans garantie du gouvernement** patented *(without official government approval)*

b (= diplômé) technicien qualified, certificated; (Mil) officier commissioned

2 nm,f (Admin, Jur) patentee

**breveter** [bʀəv(ə)te] → SYN ▸ conjug 4 ◂ vt [+ invention] to patent ◆ **faire breveter qch** to take out a patent for sth

**bréviaire** [bʀevjɛʀ] → SYN nm (Rel) breviary; (fig) bible

**bréviligne** [bʀeviliɲ] → SYN adj squat

**brévité** [bʀevite] nf (Phon) shortness

**BRI** [beɛʀi] nf (abrév de **Banque des règlements internationaux**) BIS

**briard, e** [bʀijaʀ, aʀd] → SYN 1 adj of ou from Brie

2 **Briard(e)** nm,f inhabitant ou native of Brie

3 nm (= chien) Briard (sheepdog)

**bribe** [bʀib] → SYN nf (= fragment) bit, scrap ◆ **bribes de conversation** snatches of conversation ◆ **bribes de nourriture** scraps of food ◆ **les bribes de sa fortune** the remnants of his fortune ◆ **par bribes** in snatches, piecemeal

**bric-à-brac** [bʀikabʀak] → SYN nm inv a (= objets) bric-a-brac, odds and ends; (fig) bric-a-brac, trimmings

b (= magasin) junk shop

**bric et de broc (de)** [bʀikedbʀɔk] loc adv (= de manière disparate) any old way*, any old how* ◆ **meublé de bric et de broc** furnished with bits and pieces ou with odds and ends

**brick** [bʀik] → SYN nm a (Naut) brig

b (Culin) ≈ fritter *(with a filling)* **brick à l'œuf/au thon** egg/tuna fritter

**bricolage** [bʀikɔlaʒ] → SYN nm a (= passe-temps) do-it-yourself, D.I.Y.* (Brit); (= travaux) odd jobs ◆ **j'ai du bricolage à faire** I've got a few (odd) jobs to do ◆ **rayon bricolage** do-it-yourself department

b (= réparation) makeshift repair ou job ◆ **c'est du bricolage !** (péj) it's a rush job!*

**bricole** [bʀikɔl] → SYN nf a * (= babiole) trifle; (= cadeau) something small, token; (= menu travail) easy job, small matter ◆ **il ne reste que des bricoles** there are only a few bits and pieces ou a few odds and ends left ◆ **il ne me reste que quelques bricoles à faire** I only have a few odd things left to do ◆ **ça coûte 10 € et des bricoles** it costs €10 or so ◆ **il va lui arriver des bricoles*** he's going to run into trouble

b [cheval] breast harness

c (Can) **bricoles*** (= bretelles) braces (Brit), suspenders (US)

**bricoler** [bʀikɔle] → SYN ▸ conjug 1 ◂ 1 vi (menus travaux) to do odd jobs, potter about (Brit), putter around (US); (réparations) to do odd repairs, do odd jobs; (passe-temps) to tinker about ou around ◆ **elle aime bricoler** she likes D.I.Y. ◆ **j'aime bien bricoler dans la maison** I like doing odd jobs around the house

2 vt (= réparer) to fix (up), mend; (= mal réparer) to tinker ou mess (about) with; (= fabriquer) to cobble up ou together, knock up* (Brit)

**bricoleur** [bʀikɔlœʀ] → SYN nm handyman, do-it-yourselfer*, D.I.Y. man* (Brit) ◆ **il est bricoleur** he's good with his hands, he's very handy* ◆ **je ne suis pas très bricoleur** I'm not much of a handyman

**bricoleuse** [bʀikɔløz] nf handywoman, do-it-yourselfer*, D.I.Y. woman* (Brit)

**bride** [bʀid] → SYN nf a (Équitation) bridle ◆ **tenir un cheval en bride** to curb a horse ◆ **tenir ses passions/une personne en bride** to keep one's passions/a person in check, keep a tight rein on one's passions/a person ◆ **jeter ou laisser ou mettre la bride sur le cou ou col à un cheval** to give a horse the reins, give a horse his head ◆ **laisser la bride sur le cou à qn** to give ou leave sb a free hand ◆ **les jeunes ont maintenant la bride sur le cou** young people can just do as they like nowadays ◆ **tu lui laisses trop la bride sur le cou** you don't keep a tight enough rein on him ◆ **tenir la bride haute à un cheval** to rein in a horse ◆ **tenir la bride haute à qn** (fig) to keep a tight rein on sb ◆ **aller à bride abattue ou à toute bride** to ride flat out*, ride hell for leather* ◆ **tourner bride** (lit) to turn back; (fig) to do an about-turn; → **lâcher**

b [bonnet] string; [chaussure] strap; (en cuir) strap

c (Couture) [boutonnière] bar; [bouton] loop; [dentelle] bride

d (Tech) [bielle] strap; [tuyau] flange

e (Méd) adhesion

**bridé, e** [bʀide] (ptp de **brider**) adj ◆ **avoir les yeux bridés** to have slanting ou slit eyes

**brider** [bʀide] → SYN ▸ conjug 1 ◂ vt a [+ cheval] to bridle; [+ moteur] to restrain; [+ impulsion] to curb, restrain; croissance, consommation, investissement, liberté to curb; [+ création, imagination] to curb, keep in check; [+ personne] to keep in check ◆ **brider sa colère** to restrain one's anger ◆ **logiciel bridé** restricted-access software, crippleware* ◆ **il est bridé dans son costume, son costume le bride** his suit is too tight for him

b (Culin) to truss

c [+ boutonnière] to bind; [+ tuyau] to clamp, flange; (Naut) to lash together

**bridge¹** [bʀidʒ] → SYN nm (Cartes) bridge ◆ **bridge contrat** contract bridge ◆ **bridge aux enchères** auction bridge ◆ **faire un bridge** to play ou have a game of bridge

**bridge²** [bʀidʒ] → SYN nm (= prothèse) bridge

**bridger** [bʀidʒe] ▸ conjug 3 ◂ vi to play bridge

**bridgeur, -euse** [bʀidʒœʀ, øz] nm,f bridge player

**bridon** [bʀidɔ̃] → SYN nm snaffle

**brie** [bʀi] → SYN nm Brie (cheese)

**briefer** [bʀife] ▸ conjug 1 ◂ vt to brief

**briefing** [bʀifiŋ] → SYN nm briefing ◆ **faire un briefing à l'intention de l'équipe de vente** to brief the sales force

**brièvement** [bʀijɛvmɑ̃] → SYN adv briefly, concisely

**brièveté** [bʀijɛvte] → SYN nf brevity, briefness

**brigade** [bʀigad] → SYN 1 nf (Mil) brigade; (Police) squad; (gén = équipe) gang, team

2 COMP ▷ **brigade anti-émeute** riot police (NonC) ou squad ▷ **brigade antigang** anti-terrorist squad ▷ **brigade canine** dog-handling unit *(in the police)* ▷ **brigade criminelle** Crime ou Murder Squad ▷ **brigade financière** Fraud Squad ▷ **brigade de gendarmerie** (corps) gendarmerie squad; (bâtiment) gendarmerie ▷ **Brigades internationales** International Brigades ▷ **brigade des mineurs** juvenile liaison police, juvenile bureau ▷ **brigade des mœurs, brigade mondaine** † Vice Squad ▷ **brigade de recherche dans l'intérêt des familles** ≈ missing persons bureau ▷ **brigade de répression et d'intervention** ⇒ **brigade antigang** ▷ **les Brigades rouges** the Red Brigades ▷ **brigade de sapeurs-pompiers** fire brigade ▷ **brigade des stupéfiants ou des stups*** drug(s) squad ▷ **brigade volante** flying squad

**brigadier** [bʀigadje] → SYN nm (Police) ≈ sergeant; (Mil) [artillerie] bombardier; [blindés, cavalerie, train] corporal ◆ **brigadier-chef** ≈ lance sergeant

**brigand** [bʀigɑ̃] → SYN nm († = bandit) brigand, bandit; (péj = filou) twister (Brit), sharpie* (US), crook; (hum = enfant) rascal, imp

**brigandage** [bʀigɑ̃daʒ] → SYN nm (armed) robbery, banditry †, brigandage ◆ **commettre**

**des actes de brigandage** to engage in robbery with violence ♦ **c'est du brigandage !** (fig) it's daylight robbery!

**brigantin** [bʀigɑ̃tɛ̃] → SYN nm (Naut) brig

**brigantine** [bʀigɑ̃tin] → SYN nf (Naut) spanker

**brigue** [bʀig] → SYN nf (littér) intrigue ♦ **obtenir qch par brigue** to get sth by intrigue

**briguer** [bʀige] → SYN ▸ conjug 1 ◂ vt [+ poste] to covet, aspire to, bid for; [+ honneur, faveur] to aspire after, crave; [+ amitié] to court, solicit; [+ suffrages] to solicit, canvass (for) ♦ **il brigue la succession du président** he has his eye on the presidency ♦ **il brigue un second mandat de président** he is seeking a second term of office as president

**brillamment** [bʀijamɑ̃] adv brilliantly ♦ **réussir brillamment un examen** to pass an exam with flying colours ♦ **il a brillamment remporté les élections** he won the election hands down

**brillance** [bʀijɑ̃s] → SYN nf (Astron) brilliance; (= éclat) sheen; [cheveux] sheen, lustre; [peau] shininess; [tissu] sheen

**brillant, e** [bʀijɑ̃, ɑ̃t] → SYN 1 adj a (= luisant) shiny; (= étincelant) sparkling, bright; chaussures well-polished, shiny; cheveux glossy; couleur bright, brilliant ♦ **elle avait les yeux brillants de fièvre/d'impatience** her eyes were bright with fever/impatience ♦ **il avait les yeux brillants de convoitise/colère** his eyes glittered with envy/anger; → **peinture, sou**

b (= remarquable) brilliant, outstanding; situation excellent; carrière brilliant; succès brilliant, dazzling, outstanding; avenir brilliant, bright; conversation brilliant, sparkling ♦ **avoir une intelligence brillante** to be outstandingly intelligent, be brilliant ♦ **c'est un brillant orateur** he is a brilliant speaker ♦ **elle a été brillante à l'examen** she did brilliantly in her exam ♦ **sa santé n'est pas brillante** his health isn't too good ♦ **ce n'est pas brillant** [travail] it's not too good, it's not up to much (Brit); [situation] it's far from satisfactory

2 nm a (= éclat) (étincelant) sparkle, brightness; (luisant) shine; [cheveux] glossiness; [couleur] brightness, brilliance; [étoffe] sheen; (par usure) shine ♦ **le brillant de son esprit/style** the brilliance of his mind/style ♦ **donner du brillant à un cuir** to polish up a piece of leather

b (= diamant) brilliant ♦ **taillé/monté en brillant** cut/mounted as a brilliant

c (= cosmétique) **brillant à lèvres** lip gloss

**brillanter** [bʀijɑ̃te] ▸ conjug 1 ◂ vt a [+ diamant] to cut into a brilliant

b [+ métal] to brighten

**brillantine** [bʀijɑ̃tin] nf brilliantine

**brillantiner** [bʀijɑ̃tine] → SYN ▸ conjug 1 ◂ vt [+ cheveux] to slick (with brilliantine)

**briller** [bʀije] → SYN ▸ conjug 1 ◂ vi a (gén) [lumière, soleil] to shine; [diamant, eau] to sparkle, glitter; [étoile] to twinkle, shine (brightly); [métal] to glint, shine; [feu, braises] to glow (brightly); [flammes] to blaze; [éclair] to flash; [chaussures] to shine; [surface polie, humide] to shine, glisten ♦ **frotte fort, il faut que ça brille** rub hard, it's got to have a good shine on it ♦ **faire briller les meubles/l'argenterie** to polish the furniture/the silver ♦ **faire briller ses chaussures** to shine ou polish one's shoes ♦ **tout brille dans sa salle de bains** everything is spick and span in his bathroom ♦ **faire briller les avantages de qch à qn** to paint a glowing picture of sth to sb; → **tout**

b [yeux] to shine, sparkle; [nez, peau] to be shiny; [larmes] to glisten ♦ **ses yeux brillaient de joie** his eyes sparkled with joy ♦ **ses yeux brillaient de convoitise** his eyes glinted greedily

c [personne] to shine, stand out ♦ **briller en société** to be a success in society ♦ **briller à un examen** to do brilliantly in an exam, come through an exam with flying colours ♦ **briller par son talent/éloquence** to be outstandingly talented/eloquent ♦ **il ne brille pas par le courage/la modestie** courage/modesty is not his strong point ou his forte ♦ **briller par son absence** to be conspicuous by one's absence ♦ **le désir de briller** the longing to stand out (from the crowd), the desire to be the centre of attention

**brimade** [bʀimad] → SYN nf (= vexation) vexation; (Mil, Scol : d'initiation) ragging (NonC) (Brit), hazing (NonC) (US) ♦ **faire subir des brimades à qn** to harry sb, harass sb; (Mil, Scol) to rag sb (Brit), haze sb (US)

**brimbalement*** [bʀɛ̃balmɑ̃] nm ⇒ **bringuebalement**

**brimbaler*** [bʀɛ̃bale] ▸ conjug 1 ◂ vi, vt ⇒ **bringuebaler**

**brimborion** [bʀɛ̃bɔʀjɔ̃] → SYN nm (= colifichet) bauble, trinket

**brimer** [bʀime] → SYN ▸ conjug 1 ◂ vt (= soumettre à des vexations) to aggravate, bully; (Mil, Scol) [+ nouveaux] to rag (Brit), haze (US) ♦ **il se sent brimé** he feels he's being got at* (Brit) ou gotten at* (US), he feels he's being done down* (Brit) ♦ **je suis brimé*** I'm being got* (Brit) ou gotten at* (US), I'm being done down* (Brit)

**brin** [bʀɛ̃] → SYN nm a [blé, herbe] blade; [bruyère, mimosa, muguet] sprig; [osier] twig; [paille] wisp ♦ **un beau brin de fille** (fig) a fine-looking girl

b [chanvre, lin] yarn, fibre; [corde, fil, laine] strand

♦ **un brin** ♦ **un brin plus grand/haut*** a bit ou a little ou a fraction ou a shade bigger/higher ♦ **je suis un brin embêté*** I'm a trifle ou a shade worried ♦ **s'amuser un brin*** to have a bit of fun ♦ **un brin de** a touch ou grain ou bit of ♦ **il n'a pas un brin de bon sens** he hasn't got an ounce ou a grain of common sense ♦ **avec un brin de nostalgie** with a touch ou hint of nostalgia ♦ **il y a en lui un brin de folie/méchanceté** there's a touch of madness/malice in him ♦ **faire un brin de causette*** to have a bit of a chat*, have a little chat ♦ **faire un brin de cour à une femme** to flirt a little with a woman ♦ **faire un brin de toilette** to have a quick wash ♦ **il n'y a pas un brin de vent** there isn't a breath of wind

c (Radio) [antenne] wire

**brindezingue** ⁑ [bʀɛ̃dzɛ̃g] adj nutty*, crazy*

**brindille** [bʀɛ̃dij] → SYN nf twig

**bringue[1]*** [bʀɛ̃g] → SYN nf ♦ **grande bringue** beanpole*

**bringue[2]*** [bʀɛ̃g] → SYN nf ♦ **faire la bringue** to have a wild time ♦ **bringue à tout casser** rave-up* (Brit), hot party (US)

**bringuebalement*** [bʀɛ̃g(ə)balmɑ̃], **brinquebalement*** [bʀɛ̃kbalmɑ̃] nm (= mouvement) shaking (about); (= bruit) rattle

**bringuebaler*** [bʀɛ̃g(ə)bale], **brinquebaler*** [bʀɛ̃kbale] ▸ conjug 1 ◂ 1 vi [tête] to shake about, joggle; [voiture] to shake ou jolt about, joggle; (avec bruit) to rattle ♦ **une vieille auto toute bringuebalante** a ramshackle ou broken-down old car ♦ **il y a quelque chose qui bringuebale dans ce paquet** something is rattling in this packet

2 vt to cart (about)

**brio** [bʀijo] → SYN nm (= virtuosité) brilliance; (Mus) brio ♦ **avec brio** (Mus) with ou con brio; (réussir un examen) with flying colours ♦ **faire qch avec brio** to do sth brilliantly, carry sth off with great panache

**brioche** [bʀijɔʃ] → SYN nf brioche ♦ **jambon en brioche** *ham in a pastry case* ♦ **prendre de la brioche*** (fig) to develop a paunch, get a bit of a tummy*

**brioché, e** [bʀijɔʃe] adj (baked) like a brioche; → **pain**

**brique** [bʀik] → SYN 1 nf a (Constr) brick; [savon] bar, cake; [tourbe] block, slab; [lait] carton ♦ **mur de ou en brique(s)** brick wall ♦ **brique pleine/creuse** solid/hollow brick ♦ **bouffer des briques** ⁑ to have nothing to eat

b (* = dix mille francs) **une brique** ten thousand francs

c (Naut) **brique à pont** holystone

2 adj inv brick red

**briquer** [bʀike] → SYN ▸ conjug 1 ◂ vt* to polish up; (Naut) to holystone, scrub down

**briquet[1]** [bʀikɛ] → SYN nm (cigarette) lighter ♦ **briquet-tempête** windproof lighter; → **battre**

**briquet[2]** [bʀikɛ] → SYN nm (Zool) beagle

**briquetage** [bʀik(ə)taʒ] nm (= mur) brickwork; (= enduit) imitation brickwork

**briqueter** [bʀik(ə)te] ▸ conjug 4 ◂ vt a (= bâtir) to brick, build with bricks

b (= peindre) to face with imitation brickwork

**briqueterie** [bʀik(ə)tʀi] nf brickyard, brickfield

**briqueteur** [bʀik(ə)tœʀ] nm bricklayer

**briquetier** [bʀik(ə)tje] nm (= ouvrier) brickyard worker, brickmaker; (= entrepreneur) brick merchant

**briquette** [bʀikɛt] nf briquette ♦ **c'est de la briquette*** it's not up to much (Brit)

**bris** [bʀi] → SYN nm breaking ♦ **bris de clôture** (Jur) trespass, breaking-in ♦ **bris de glaces** (Aut) broken windows ♦ **bris de scellés** (Jur) breaking of seals

**brisant, e** [bʀizɑ̃, ɑ̃t] 1 adj high-explosive (épith) ♦ **obus brisant** high-explosive shell

2 nm a (= vague) breaker

b (= écueil) shoal, reef

c (= brise-lames) groyne, breakwater

**briscard** [bʀiskaʀ] → SYN nm (Hist Mil) veteran, old soldier ♦ **c'est un vieux briscard* de la politique** he's a veteran of ou an old hand in politics

**brise** [bʀiz] → SYN nf breeze ♦ **brise de mer/terre** sea/land breeze

**brisé, e** [bʀize] (ptp de **briser**) adj ♦ **brisé (de fatigue)** worn out, exhausted ♦ **brisé (de chagrin)** overcome by sorrow, broken-hearted; → **arc, ligne[1], pâte**

**brise-bise** [bʀizbiz] → SYN nm inv half-curtain

**brisées** [bʀize] → SYN nfpl ♦ **marcher sur les brisées de qn** to poach ou intrude on sb's preserve ou territory ♦ **suivre les brisées de qn** to follow in sb's footsteps

**brise-fer** [bʀizfɛʀ] → SYN nmf inv ♦ **cet enfant est un vrai brise-fer !** that child is a real little vandal!

**brise-glace**, pl **brise-glaces** [bʀizglas] nm (= navire) icebreaker; [pont] icebreaker, ice apron

**brise-jet**, pl **brise-jets** [bʀizʒɛ] nm tap swirl (Brit), anti-splash faucet nozzle (US)

**brise-lame(s)**, pl **brise-lames** [bʀizlam] nm breakwater, mole

**brise-motte(s)**, pl **brise-mottes** [bʀizmɔt] nm harrow

**briser** [bʀize] → SYN ▸ conjug 1 ◂ 1 vt a (= casser) [+ objet] to break, smash; [+ mottes de terre] to break up; [+ chaîne, fers] to break ♦ **briser qch en mille morceaux** to smash sth to smithereens, break sth into little pieces ou bits, shatter sth (into little pieces) ♦ **briser la glace** (lit, fig) to break the ice

b (= saper, détruire) [+ carrière, vie] to ruin, wreck; [+ personne] (= épuiser) to tire out, exhaust; (= abattre la volonté de) to break, crush; [+ espérance] to smash, shatter, crush; [+ cœur, courage] to break; [+ traité, accord] to break; [+ amitié] to break up, bring to an end ♦ **briser l'élan de qn** to kill sb's enthusiasm ♦ **d'une voix brisée par l'émotion** in a voice choked with emotion ♦ **ces épreuves l'ont brisé** these trials and tribulations have left him a broken man ♦ **il en a eu le cœur brisé** it broke his heart, he was heartbroken about it ♦ **chagrin qui brise le cœur** heartbreaking grief ou sorrow ♦ **tu me les brises !** ⁑ you're really pissing me off ⁑, you're really getting on my tits! ⁑ (Brit)

c (= avoir raison de) [+ volonté] to break, crush; [+ rebelle] to crush, subdue; [+ opposition, résistance] to crush, break down; [+ grève] to break (up); [+ révolte] to crush, quell ♦ **il était décidé à briser les menées de ces conspirateurs** he was determined to put a stop to ou to put paid to (Brit) the schemings of these conspirators

d (= mettre fin à) [+ silence, rythme] to break; (frm) [+ entretien] to break off

2 vi (littér) a (= rompre) **briser avec qn** to break with sb ♦ **brisons là !** † enough said!

b (= déferler) [vagues] to break

3 **se briser** vpr a [vitre, verre] to break, shatter, smash; [bâton, canne] to break, snap

b [vagues] to break (*contre* against)

c [résistance] to break down, snap; [assaut] to break up (*sur* on; *contre* against); [espoir] to be dashed ♦ **nos efforts se sont brisés sur cette difficulté** our efforts were frustrated ou thwarted by this difficulty

**d** [cœur] to break, be broken; [voix] to falter, break

**brise-soleil** [bʀizsɔlɛj] → SYN nm inv (slatted) canopy ou awning

**brise-tout** [bʀiztu] → SYN nmf inv (= maladroit) butterfingers * ◆ **cet enfant est un vrai brise-tout !** that child is a real little vandal!

**briseur, -euse** [bʀizœʀ, øz] → SYN nm,f breaker, wrecker ◆ **briseur de grève** strike-breaker

**brise-vent,** pl **brise-vent(s)** [bʀizvɑ̃] → SYN nm windbreak

**brisis** [bʀizi] → SYN nm (Archit) lower slope

**brisquard** [bʀiskaʀ] nm ⇒ **briscard**

**bristol** [bʀistɔl] nm (= papier) Bristol board; (= carte de visite) visiting card

**brisure** [bʀizyʀ] → SYN nf (= cassure) break, crack; [charnière] joint, break; (Hér) mark of cadency, brisure ◆ **brisures de riz** (Culin) *rice which has not been sorted and is of inconsistent quality*

**britannique** [bʀitanik] → SYN **1** adj British

**2** **Britannique** nmf British person, Britisher (US), Briton ◆ **c'est un Britannique** he's British ou a Britisher (US) ◆ **les Britanniques** the British

**brittonique** [bʀitɔnik] adj, nm Brythonic, Brittonic

**brize** [bʀiz] → SYN nf quaking grass

**broc** [bʀo] → SYN nm pitcher, ewer

**brocante** [bʀɔkɑ̃t] → SYN nf (= commerce) secondhand trade, secondhand market; (= objets) secondhand goods ◆ **il est dans la brocante** he deals in secondhand goods ◆ **acheter qch à la brocante** to buy sth at the flea market

**brocanter** [bʀɔkɑ̃te] → SYN ▸ conjug 1 ◂ vi to deal in secondhand goods

**brocanteur, -euse** [bʀɔkɑ̃tœʀ, øz] → SYN nm,f secondhand goods dealer

**brocard**[1] [bʀɔkaʀ] → SYN nm (Zool) brocket

**brocard**[2] [bʀɔkaʀ] → SYN nm (littér ou † = moquerie) gibe, taunt

**brocarder** [bʀɔkaʀde] → SYN ▸ conjug 1 ◂ vt (littér ou †) to gibe at, taunt

**brocart** [bʀɔkaʀ] → SYN nm brocade

**brocatelle** [bʀɔkatɛl] → SYN nf brocatelle, brocatel (US)

**brochage** [bʀɔʃaʒ] → SYN nm **a** (Imprim) binding *(with paper)*

**b** (Tex) brocading

**c** (Tech) broaching

**broche** [bʀɔʃ] → SYN nf **a** (= bijou) brooch

**b** (Culin) spit; (Tex) spindle; (Tech) drift, pin, broach; (Élec) pin; (Méd) pin ◆ **broche (à glace)** (Alpinisme) ice piton ◆ **faire cuire à la broche** (Culin) to spit-roast ◆ **poulet/agneau à la broche** spit-roasted chicken/lamb

**broché, e** [bʀɔʃe] (ptp de **brocher**) **1** nm (Tex) (= procédé) brocading; (= tissu) brocade

**2** adj ◆ **livre broché** paperback ◆ **édition brochée** paperback edition, book with paperback cover

**brocher** [bʀɔʃe] → SYN ▸ conjug 1 ◂ vt **a** (Imprim) to bind *(with paper)*, put a paperback cover on

**b** (Tex) to brocade ◆ **tissu broché d'or** gold brocade

**c** (Tech) to broach

**brochet** [bʀɔʃɛ] → SYN nm (Zool) pike

**brochette** [bʀɔʃɛt] nf (Culin) (= ustensile) skewer; (= plat) kebab, brochette ◆ **rognons en brochette** kidney kebab ◆ **brochette de décorations** row of medals ◆ **brochette de personnalités/de criminels** bunch of VIPs/criminals

**brocheur, -euse** [bʀɔʃœʀ, øz] **1** nm,f (= personne) (Imprim) book binder; (Tex) brocade weaver

**2** nm (Tex = machine) brocade loom

**3** **brocheuse** nf (Imprim = machine) binder, binding machine

**brochure** [bʀɔʃyʀ] → SYN nf **a** (= magazine) brochure, booklet, pamphlet ◆ **brochure touristique** tourist brochure

**b** [livre] (paper) binding

**c** (Tex) brocaded pattern ou figures

**brocoli** [bʀɔkɔli] nm broccoli

**brodequin** [bʀɔd(ə)kɛ̃] → SYN nm (laced) boot; (Hist Théât) buskin, sock ◆ **les brodequins** (Hist = supplice) the boot

**broder** [bʀɔde] → SYN ▸ conjug 1 ◂ **1** vt [+ tissu] to embroider (*de* with); [+ récit] to embroider

**2** vi (= exagérer) to embroider, embellish; (= trop développer) to elaborate ◆ **broder sur un sujet** to elaborate on a subject

**broderie** [bʀɔdʀi] → SYN nf (= art) embroidery; (= objet) piece of embroidery, embroidery (NonC); (= industrie) embroidery trade ◆ **faire de la broderie** to embroider, do embroidery ◆ **broderie anglaise** broderie anglaise

**brodeur** [bʀɔdœʀ] nm embroiderer

**brodeuse** [bʀɔdøz] nf (= ouvrière) embroideress; (= machine) embroidery machine

**broiement** [bʀwamɑ̃] nm ⇒ **broyage**

**bromate** [bʀɔmat] nm bromate

**brome** [bʀom] nm (Chim) bromine

**bromhydrique** [bʀɔmidʀik] adj ◆ **acide bromhydrique** hydrobromic acid

**bromique** [bʀɔmik] adj bromic

**bromisme** [bʀɔmism] nm bromism

**bromure** [bʀɔmyʀ] nm **a** (Chim) bromide ◆ **bromure d'argent/de potassium** silver/potassium bromide

**b** (= papier) bromide paper; (= épreuve) bromide (proof)

**bronca** [bʀɔ̃ka] nf (dans une arène) cheering; (= huées de mécontentement) booing

**bronche** [bʀɔ̃ʃ] → SYN nf bronchus (SPÉC) ◆ **les bronches** the bronchial tubes ◆ **il est faible des bronches** he has a weak chest

**bronchectasie** [bʀɔ̃ʃɛktazi] nf bronchiectasis

**broncher** [bʀɔ̃ʃe] → SYN ▸ conjug 1 ◂ vi [cheval] to stumble ◆ **personne n'osait broncher** * no one dared move a muscle ou say a word ◆ **le premier qui bronche ... !** * the first person to budge ...! * ou make a move ...! ◆ **sans broncher** (= sans peur) without turning a hair, without flinching; ( * = sans protester) uncomplainingly, meekly; (= sans se tromper) faultlessly, without faltering

**bronchiole** [bʀɔ̃ʃjɔl] nf (Anat) bronchiole

**bronchique** [bʀɔ̃ʃik] adj bronchial

**bronchite** [bʀɔ̃ʃit] → SYN nf bronchitis (NonC) ◆ **avoir une bonne bronchite** to have (got) a bad bout ou attack of bronchitis

**bronchiteux, -euse** [bʀɔ̃ʃitø, øz] **1** adj personne suffering from bronchitis, bronchitic (SPÉC)

**2** nm,f person suffering from bronchitis, bronchitic (SPÉC)

**bronchitique** [bʀɔ̃ʃitik] adj bronchitic (SPÉC) ◆ **il est bronchitique** he suffers from bronchitis

**bronchodilatateur** [bʀɔ̃kodilatatœʀ] nm bronchodilator

**bronchopneumonie,** pl **bronchopneumonies** [bʀɔ̃kopnømɔni] nf bronchopneumonia (NonC)

**bronchorrhée** [bʀɔ̃kɔʀe] nf bronchorrhoea (Brit), bronchorrhea (US)

**bronchoscope** [bʀɔ̃kɔskɔp] nm bronchoscope

**bronchoscopie** [bʀɔ̃kɔskɔpi] nf bronchoscopy

**brontosaure** [bʀɔ̃tozɔʀ] nm brontosaurus

**bronzage** [bʀɔ̃zaʒ] nm **a** [peau] (sun) tan ◆ **bronzage intégral** allover tan ◆ **séance de bronzage artificiel** tanning session

**b** [métal] bronzing

**bronzant, e** [bʀɔ̃zɑ̃, ɑ̃t] adj lait, lotion tanning (épith), suntan (épith)

**bronze** [bʀɔ̃z] → SYN nm (= métal, objet) bronze

**bronzé, e** [bʀɔ̃ze] → SYN (ptp de **bronzer**) adj (sun)tanned, sunburnt (Brit)

**bronzer** [bʀɔ̃ze] → SYN ▸ conjug 1 ◂ **1** vt [+ peau] to tan; [+ métal] to bronze

**2** vi [peau, personne] to get a tan ◆ **les gens qui (se) bronzent** ou **se font bronzer sur la plage** people who sunbathe on the beach ◆ **je bronze vite** I tan easily

**bronzette** * [bʀɔ̃zɛt] nf ◆ **faire de la bronzette** to do a bit of sunbathing

**bronzeur** [bʀɔ̃zœʀ] nm (= fondeur) bronze-smelter; (= fabricant) bronze-smith

**broquette** [bʀɔkɛt] → SYN nf (= clou) tack

**brossage** [bʀɔsaʒ] → SYN nm brushing

**brosse** [bʀɔs] → SYN **1** nf **a** (= ustensile) brush; [peintre] (paint)brush ◆ **donne un coup de brosse à ta veste** give your jacket a brush ◆ **passer le tapis à la brosse** to give the carpet a brush, brush the carpet ◆ **passer le carrelage à la brosse** to give the (stone) floor a scrub ◆ **passer la brosse à reluire à qn** to suck up to sb * ◆ **il sait manier la brosse à reluire** he really knows how to suck up to people * ou butter people up

**b** (Coiffure) crew cut ◆ **avoir les cheveux en brosse** to have a crew cut

**c** (Can) **prendre une brosse** ⁑ to get drunk ou smashed ⁑

**2** COMP ▷ **brosse à chaussures** shoebrush ▷ **brosse à cheveux** hairbrush ▷ **brosse en chiendent** scrubbing brush ▷ **brosse à dents** toothbrush ▷ **brosse à habits** clothesbrush ▷ **brosse métallique** wire brush ▷ **brosse à ongles** nailbrush

**brosser** [bʀɔse] → SYN ▸ conjug 1 ◂ **1** vt **a** (= nettoyer) to brush; [+ cheval] to brush down; [+ plancher, carrelage] to scrub ◆ **viens ici que je te brosse** come here and let me give you a brush ◆ **brosser des miettes sur une table** to brush crumbs off a table

**b** (Art, fig = peindre) to paint ◆ **brosser un vaste tableau de la situation** to paint a broad picture of the situation

**c** (Sport) [+ balle] to put spin on

**d** ( * : Belg) [+ cours] to skip

**2** **se brosser** vpr **a** (= frotter) to brush one's clothes, give one's clothes a brush ◆ **se brosser les dents** to brush ou clean one's teeth ◆ **se brosser les cheveux** to brush one's hair

**b** ( ⁑ : LOC) **se brosser le ventre** to go without food ◆ **tu peux (toujours) te brosser !** you'll have to do without!, nothing doing! ⁑, you can whistle for it! ⁑

**brosserie** [bʀɔsʀi] nf (= usine) brush factory; (= commerce) brush trade

**brossier, -ière** [bʀɔsje, jɛʀ] nm,f (= ouvrier) brush maker; (= commerçant) brush dealer

**brou** [bʀu] → SYN nm (= écorce) husk, shuck (US) ◆ **brou de noix** (Menuiserie) walnut stain; (= liqueur) walnut liqueur

**broue** ⁑ [bʀu] nf (Can) [bière] froth; [mer] foam

**brouet** [bʀuɛ] → SYN nm ( †† = potage) gruel; (péj ou hum) brew

**brouette** [bʀuɛt] → SYN nf wheelbarrow

**brouettée** [bʀuete] → SYN nf (wheel)barrowful

**brouetter** [bʀuete] → SYN ▸ conjug 1 ◂ vt to (carry in a) wheelbarrow

**brouhaha** [bʀuaa] → SYN nm (= tintamarre) hubbub

**brouillage** [bʀujaʒ] → SYN nm (Radio) (intentionnel) jamming; (accidentel) interference; (TV) scrambling; [points de repère] blurring ◆ **brouillage des pistes** confusion

**brouillamini** * [bʀujamini] nm muddle, jumble

**brouillard** [bʀujaʀ] → SYN nm **a** (dense) fog; (léger) mist; (mêlé de fumée) smog ◆ **brouillard de chaleur** heat haze ◆ **brouillard givrant** freezing fog ◆ **brouillard à couper au couteau** thick ou dense fog, peasouper * ◆ **il fait** ou **il y a du brouillard** it's foggy ◆ **être dans le brouillard** (fig) to be in the dark; → **foncer**[1]

**b** (Comm) daybook

**brouillasser** [bʀujase] → SYN ▸ conjug 1 ◂ vi to drizzle

**brouille** [bʀuj] → SYN nf disagreement, breach, quarrel ◆ **brouille légère** tiff ◆ **être en brouille avec qn** to have fallen out with sb, be on bad terms with sb

**brouillé, e** [bʀuje] → SYN (ptp de **brouiller**) adj **a** (= fâché) **être brouillé avec qn** to have fallen out with sb, be on bad terms with sb ◆ **être brouillé avec les dates/l'orthographe** * to be hopeless ou useless * at dates/spelling

**b** **avoir le teint brouillé** to have a muddy complexion; → **œuf**

**brouiller** [bʀuje] → SYN ▸ conjug 1 ◂ **1** vt **a** (= troubler) [+ contour, vue, yeux] to blur; [+ papiers, idées] to mix up, muddle up; [+ combinaison de coffre] to scramble; [+ message] (lit) to scramble; (fig) to confuse; [+ frontières, repères] to blur ◆ **la buée brouille les verres de mes lunettes** my glasses are misting up ◆ **la pluie a brouillé l'adresse** the rain has smudged ou blurred the address ◆ **brouiller les pistes** ou **cartes** to confuse ou cloud the issue ◆ **cette déclaration a brouillé l'image du président** the statement has tarnished the president's image

**b** (= fâcher) to set at odds, put on bad terms ◆ **cet incident l'a brouillé avec sa famille** the incident set him at odds with ou put him on bad terms with his family ◆ **elle m'a brouillé avec l'informatique** she really put me off computers

**c** (Radio) [+ émission] (volontairement) to jam; (par accident) to cause interference to; (TV) to scramble

[2] **se brouiller** vpr **a** (= se troubler) [vue] to become blurred; [souvenirs, idées] to get mixed up ou muddled up, become confused ◆ **tout se brouilla dans sa tête** everything became confused ou muddled in his mind

**b** (= se fâcher) **se brouiller avec qn** to fall out ou quarrel with sb ◆ **depuis qu'ils se sont brouillés** since they fell out (with each other)

**c** (Mét) [ciel] to cloud over ◆ **le temps se brouille** it's going ou turning cloudy, the weather is breaking

**brouillerie** [bʀujʀi] nf ⇒ **brouille**

**brouilleur** [bʀujœʀ] nm jammer

**brouillon, -onne** [bʀujɔ̃, ɔn] → SYN [1] adj (= qui manque de soin) untidy; (= qui manque d'organisation) unmethodical, unsystematic, muddle-headed ◆ **élève brouillon** careless pupil ◆ **avoir l'esprit brouillon** to be muddle-headed

[2] nm,f (= personne) muddler, muddlehead

[3] nm [lettre, devoir] rough copy; (= ébauche) (rough) draft; [calculs, notes] rough work ◆ **(papier) brouillon** rough paper ◆ **prendre qch au brouillon** to make a rough copy of sth; → **cahier**

**broum** [bʀum] excl brum

**broussaille** [bʀusɑj] → SYN nf ◆ **broussailles** undergrowth, brushwood, scrub ◆ **avoir les cheveux en broussaille** to have tousled hair ◆ **sourcils en broussaille** bushy eyebrows

**broussailleux, -euse** [bʀusɑjø, øz] → SYN adj terrain, sous-bois bushy, scrubby; ronces brambly; jardin overgrown; sourcils, barbe bushy; cheveux bushy, tousled

**broussard** * [bʀusaʀ] nm bushman

**brousse** [bʀus] → SYN nf ◆ **la brousse** the bush ◆ **c'est en pleine brousse** * (fig) it's at the back of beyond *, it's in the middle of nowhere

**broutage** [bʀutaʒ] nm ⇒ **broutement**

**broutard** [bʀutaʀ] → SYN nm grass-fed calf

**broutement** [bʀutmɑ̃] nm **a** [mouton] grazing; [lapin] nibbling; [vache, cerf] browsing

**b** [rabot] chattering

**brouter** [bʀute] → SYN ▸ conjug 1 ◂ [1] vt **a** [+ herbe] to graze on, browse on

**b** ** [+ sexe féminin] to go down on ** ◆ **il nous les broute !** he's a fucking pain in the neck! **

[2] vi **a** [mouton, vache, cerf] to graze, browse

**b** (Tech) [rabot] to chatter

**c** [freins] to grab; [embrayage, voiture] to judder

**broutille** [bʀutij] → SYN nf (= bagatelle) trifle ◆ **c'est de la broutille** * (de mauvaise qualité) it's just junk, it's cheap rubbish (Brit); (sans importance) it's not worth mentioning, it's nothing of any consequence ◆ **perdre son temps à des broutilles** to lose one's time over trifles ou trivial matters

**brownie** [bʀɔni] nm (Culin) brownie

**brownien, -ienne** [bʀonjɛ̃, jɛn] adj mouvement, particules Brownian ◆ **agité de mouvements browniens** (fig) rushing about in all directions

**broyage** [bʀwajaʒ] → SYN nm **a** [pierre, sucre, os] grinding, crushing; [poivre, blé, couleurs] grinding

**b** [chanvre, lin] braking

**broyer** [bʀwaje] → SYN ▸ conjug 8 ◂ vt **a** (= concasser) [+ pierre, sucre, os] to grind (to a powder), crush; [+ poivre, blé, couleurs] to grind

**b** (= mastiquer) [+ aliments] to grind, break up ◆ **broyer du noir** to mope, brood ◆ **dès qu'elle est seule, elle broie du noir** as soon as she's on her own, she starts brooding ◆ **nos industriels broient du noir** our industrialists are despondent

**c** [+ chanvre, lin] to brake; [+ doigt, main] to crush ◆ **il a été broyé par une machine** he was crushed to death in a machine

**broyeur, -euse** [bʀwajœʀ, øz] → SYN [1] adj crushing, grinding

[2] nm (= ouvrier) grinder, crusher; (= machine) grinder, crusher; [chanvre, lin] brake ◆ **broyeur (de cailloux)** pebble grinder

**brrr** [bʀʀ] excl brr!

**bru** [bʀy] → SYN nf daughter-in-law

**bruant** [bʀyɑ̃] → SYN nm bunting *(bird)* ◆ **bruant jaune** yellowhammer ◆ **bruant des roseaux** reed bunting

**brucella** [bʀysela] nf Brucella

**brucelles** [bʀysɛl] → SYN nfpl tweezers

**brucellose** [bʀyseloz] nf brucellosis

**brucine** [bʀysin] nf brucine

**brugnon** [bʀyɲɔ̃] → SYN nm nectarine

**brugnonier** [bʀyɲɔnje] nm nectarine tree

**bruine** [bʀɥin] → SYN nf (fine) drizzle, Scotch mist

**bruiner** [bʀɥine] → SYN ▸ conjug 1 ◂ vi to drizzle

**bruineux, -euse** [bʀɥinø, øz] → SYN adj drizzly

**bruire** [bʀɥiʀ] → SYN ▸ conjug 2 ◂ vi [feuilles, tissu, vent] to rustle; [ruisseau] to murmur; [insecte] to buzz, hum ◆ **le marché financier s'est mis à bruire des rumeurs les plus bizarres** the money market has started buzzing with the strangest rumours

**bruissement** [bʀɥismɑ̃] → SYN nm [feuilles, tissu, vent] rustle, rustling; [ruisseau] murmur; [insecte] buzz(ing), humming

**bruit** [bʀɥi] → SYN nm **a** (gén) sound, noise; (désagréable) noise ◆ **j'ai entendu un bruit** I heard a noise ◆ **un bruit de vaisselle** the clatter of dishes ◆ **un bruit** ou **des bruits de moteur/voix** the sound of an engine/of voices ◆ **un bruit** ou **des bruits de marteau** (the sound of) hammering ◆ **un bruit de verre brisé** the tinkle ou sound of broken glass ◆ **un bruit de pas** (the sound of) footsteps ◆ **le bruit d'un plongeon** a splash ◆ **le bruit de la pluie contre les vitres** the sound ou patter of the rain against the windows ◆ **le bruit des radios** the noise ou blare of radios ◆ **les bruits de la rue** street noises ◆ **bruit de fond** background noise ◆ **le bruit familier des camions** the familiar rumble of the lorries ◆ **bruit sourd** thud ◆ **bruit strident** screech, shriek ◆ **on n'entend aucun bruit d'ici** you can't hear a sound from here ◆ **passer dans un bruit de tonnerre** to thunder past ◆ **"Le Bruit et la Fureur"** (Littérat) "The Sound and the Fury"

**b** (opposé à silence) **le bruit** noise ◆ **j'ai entendu du bruit** I heard a noise ◆ **il y a trop de bruit** there's too much noise, it's too noisy ◆ **je ne peux pas travailler dans le bruit** I can't work in a noisy environment ◆ **le bruit est insupportable ici** the noise is unbearable here ◆ **sans bruit** noiselessly, without a sound, silently ◆ **faire du bruit** [objet, machine] to make a ou some noise ◆ **les enfants font du bruit, c'est normal** it's natural for children to be noisy ◆ **arrêtez de faire du bruit** stop being so noisy ◆ **cette machine fait un bruit infernal** this machine makes a dreadful noise ou racket *

**c** (= perturbation) **beaucoup de bruit pour rien** much ado about nothing, a lot of fuss about nothing ◆ **faire grand bruit** [affaire, déclaration, film, nouvelle] to cause quite a stir ◆ **faire grand bruit** ou **beaucoup de bruit autour de qch** to make a great fuss ou to-do about sth ◆ **cette nouvelle a été annoncée à grand bruit** the news was announced amid much publicity ou fanfare ◆ **il fait plus de bruit que de mal** his bark is worse than his bite

**d** (= nouvelle) rumour ◆ **le bruit de son départ** ... the rumour of his departure ... ◆ **le bruit court qu'il doit partir** there's a rumour going about that he is to leave ◆ **c'est un bruit qui court** it's a rumour that's going around ◆ **se faire l'écho d'un bruit** to repeat a rumour ◆ **répandre de faux bruits (sur)** to spread false rumours ou tales (about) ◆ **les bruits de couloir à l'Assemblée nationale** parliamentary rumours ◆ **bruits de guerre** rumours of war ◆ **bruit de bottes** sabre-rattling ◆ **il n'est bruit** †† **dans la ville que de son arrivée** his arrival is the talk of the town, his arrival has set the town agog

**e** (Téléc) noise ◆ **bruit de souffle** (Méd) murmur ◆ **bruit de galop** (Méd) galop rhythm

**bruitage** [bʀɥitaʒ] → SYN nm sound effects

**bruiter** [bʀɥite] → SYN ▸ conjug 1 ◂ vt to add the sound effects to

**bruiteur, -euse** [bʀɥitœʀ, øz] nm,f sound-effects engineer

**brûlage** [bʀylaʒ] → SYN nm [cheveux] singeing; [café] roasting; [herbes] burning ◆ **faire un brûlage à qn** to singe sb's hair

**brûlant, e** [bʀylɑ̃, ɑ̃t] → SYN adj **a** (= chaud) objet burning (hot), red-hot; plat piping hot; liquide boiling (hot), scalding; soleil scorching, blazing; air burning ◆ **il a le front brûlant (de fièvre)** his forehead is burning (with fever)

**b** (= passionné) regard, pages fiery, impassioned

**c** (= controversé) sujet highly topical ◆ **être sur un terrain brûlant** to touch on a hotly debated issue ◆ **c'est d'une actualité brûlante** it's the burning question ou issue of the hour

**brûlé, e** [bʀyle] (ptp de **brûler**) [1] adj ◆ **il est brûlé** * (gén) he's had * ou blown * it; [espion] his cover is blown *; → **crème, terre, tête**

[2] nm,f (= personne) burnt person ◆ **grand brûlé** victim of third-degree burns, badly burnt person

[3] nm ◆ **ça sent le brûlé** (lit) there's a smell of burning; (fig) there's trouble brewing ◆ **cela a un goût de brûlé** it tastes burnt ou has a burnt taste

**brûle-gueule,** pl **brûle-gueules** [bʀylgœl] → SYN nm short (clay) pipe

**brûle-parfum,** pl **brûle-parfums** [bʀylpaʀfœ̃] → SYN nm perfume burner

**brûle-pourpoint** [bʀylpuʀpwɛ̃] → SYN **à brûle-pourpoint** loc adv **a** (= brusquement) point-blank

**b** ( †† = à bout portant) at point-blank range

**brûler** [bʀyle] → SYN ▸ conjug 1 ◂ [1] vt **a** (= détruire) [+ objet, ordures, corps] to burn; [+ maison, village] to burn down ◆ **être brûlé vif** (accident) to be burnt alive ou burnt to death; (supplice) to be burnt at the stake ◆ **il a brûlé ses dernières cartouches** (fig) he's shot his bolt ◆ **brûler ses vaisseaux** (fig) to burn one's bridges ou one's boats (Brit) ◆ **brûler le pavé** † to ride ou run hell for leather * ◆ **brûler les planches** (Théât) to give a spirited performance ◆ **brûler ce que l'on a adoré** to burn one's old idols

**b** (= endommager) [flamme] to burn; [eau bouillante] to scald; [fer à repasser] to singe, scorch; [soleil] [+ herbe] to scorch; [+ peau] to burn; [gel] [+ bourgeon] to nip, damage; [acide] [+ peau] to burn, sear; [+ métal] to burn, attack, corrode ◆ **il a la peau brûlée par le soleil** his skin is sunburnt ◆ **le soleil nous brûle** the sun is scorching ou burning

**c** (= traiter) [+ café] to roast; [+ pointes de cheveux] to singe; (Méd) to cauterize

**d** (= consommer) [+ électricité, charbon] to burn, use; [+ cierge, encens, calories] to burn ◆ **ils ont brûlé tout leur bois** they've burnt up ou used up all their wood ◆ **brûler la chandelle par les deux bouts** to burn the candle at both ends ◆ **j'irai brûler un cierge pour toi** (hum) I'll go and light a candle for you, I'll cross my fingers for you

**e** (= ignorer) **brûler un stop** (Aut) to ignore a stop sign ◆ **brûler un feu rouge** to go through a red light, run a red light (US) ◆ **brûler un signal/une station** (Rail) to go through ou past a signal/a station (without stopping) ◆ **brûler une étape** to cut out a stop ◆ **brûler les étapes** (fig) (= réussir rapidement) to shoot ahead; (= trop se précipiter) to cut corners, take short cuts ◆ **brûler la politesse à qn** to leave sb abruptly (without saying goodbye)

**f** (= donner une sensation de brûlure) to burn ◆ **le radiateur me brûlait le dos** the radiator was burning ou scorching my back ◆ **j'ai les yeux qui me brûlent, les yeux me brûlent** my eyes are smarting ou stinging ◆ **j'ai la figure qui (me) brûle** my face is burning ◆ **la gorge lui brûle** he's got a burning sensation in his throat ◆ **l'argent lui brûle les doigts** money burns a hole in his pocket ◆ **cette question me brûlait les lèvres** I was dying to ask that question

[2] vi a [charbon, feu] to burn; [maison, forêt] to be on fire; (Culin) to burn ◆ **ce bois brûle très vite** this wood burns (up) very quickly ◆ **j'ai laissé brûler le rôti** I burnt the roast ◆ **on a laissé brûler l'électricité** ou **l'électricité a brûlé toute la journée** the lights have been left on ou have been burning away all day; → **torchon**

b (= être très chaud) to be burning (hot) ou scalding ◆ **son front brûle de fièvre** his forehead is burning ◆ **ne touche pas, ça brûle** don't touch that, you'll burn yourself ou you'll get burnt ◆ **tu brûles !** (jeu, devinette) you're getting hot!

c (fig) **brûler de faire qch** to be burning ou be dying to do sth ◆ **brûler d'impatience** to seethe with impatience ◆ **brûler (d'amour) pour qn** († ou hum) to be infatuated ou madly in love with sb ◆ **brûler d'envie** ou **du désir de faire qch** to be dying ou longing to do sth

[3] **se brûler** vpr a (gén) to burn o.s.; (= s'ébouillanter) to scald o.s. ◆ **je me suis brûlé la langue** I burnt my tongue ◆ **se brûler les doigts** (lit) to burn one's fingers; (fig) to get one's fingers burnt ◆ **le papillon s'est brûlé les ailes à la flamme** the moth burnt ou singed its wings in the flame ◆ **se brûler la cervelle** to blow one's brains out

b (* : Can) to exhaust o.s., wear o.s. out

**brûlerie** [bʀylʀi] → SYN nf [café] (= usine) coffee-roasting plant; (= magasin) coffee-roasting shop; [alcool] (brandy) distillery

**brûleur** [bʀylœʀ] → SYN nm (= dispositif) burner

**brûlis** [bʀyli] → SYN nm (= technique) slash-and-burn technique; (= terrain) field *(where vegetation has been slashed and burnt)* ◆ **culture sur brûlis** slash-and-burn agriculture ou farming

**brûloir** [bʀylwaʀ] → SYN nm (= machine) coffee roaster

**brûlot** [bʀylo] → SYN nm a (Hist Naut) fire ship; (= personne) firebrand ◆ **lancer un brûlot contre** (fig) to launch a scathing ou blistering attack on

b (Can) midge, gnat

**brûlure** [bʀylyʀ] → SYN nf (= lésion) burn; (= sensation) burning sensation ◆ **brûlure (d'eau bouillante)** scald ◆ **brûlure de cigarette** cigarette burn ◆ **brûlure du premier degré** first-degree burn ◆ **brûlures d'estomac** heartburn (NonC)

**brumaire** [bʀymɛʀ] nm Brumaire *(second month of French Republican calendar)*

**brume** [bʀym] → SYN nf (= brouillard) (léger) mist; (de chaleur) haze; (dense) fog; (Naut) fog ◆ **être dans les brumes du sommeil/de l'alcool** to be half asleep/in a drunken stupor; → **banc, corne**

**brumeux, -euse** [bʀymø, øz] → SYN adj a temps misty, foggy; ciel hazy

b poésie, philosophie, raisonnement obscure, hazy; idée, souvenir vague, hazy

**brumisateur ®** [bʀymizatœʀ] nm spray, atomiser

**brun, brune** [bʀœ̃, bʀyn] → SYN [1] adj yeux, couleur brown; cheveux brown, dark; peau dusky, swarthy, dark; (= bronzé) tanned, brown; tabac dark; bière brown ◆ **il est brun** (cheveux) he's dark-haired; (bronzé) he's tanned ◆ **il est brun (de peau)** he's dark-skinned ◆ **brun roux** (dark) auburn

[2] nm (= couleur) brown; (= homme) dark-haired man

[3] **brune** nf a (= bière) brown ale, stout

b (= cigarette) *cigarette made of dark tobacco*

c (= femme) brunette

d (littér) **à la brune** at twilight, at dusk

**brunante** [bʀynɑ̃t] nf (Can) ◆ **à la brunante** at twilight, at dusk

**brunâtre** [bʀynɑtʀ] adj brownish

**brunch** [bʀœ(t)ʃ] nm brunch

**Brunéi** [bʀynei] nm Brunei

**brunéien, -ienne** [bʀyneјɛ̃, jɛn] [1] adj of ou from Brunei

[2] **Brunéien(ne)** nm,f inhabitant ou native of Brunei

**brunette** [bʀynɛt] nf brunette

**bruni** [bʀyni] nm [métal] burnished ou polished part

**brunir** [bʀyniʀ] ► conjug 2 ◄ [1] vi [personne, peau] to get a tan, get sunburnt (Brit); [cheveux] to go darker; [caramel] to brown

[2] vt a [+ peau] to tan; [+ cheveux] to darken

b [+ métal] to burnish, polish

**brunissage** [bʀynisaʒ] nm (Tech) burnishing; (Culin) browning

**brunissement** [bʀynismɑ̃] nm [peau] tanning

**brunisseur, -euse** [bʀynisœʀ, øz] [1] adj plat browning

[2] nm,f (Tech) burnisher

**brunissoir** [bʀyniswaʀ] nm burnisher

**brunissure** [bʀynisyʀ] nf [métal] burnish; (Agr) potato rot; [vigne] brown rust

**brunoise** [bʀynwaz] nf (Culin) diced vegetable ◆ **fine brunoise de carottes** finely diced carrots ◆ **taillez la courgette en brunoise** dice the courgette

**brushing** [bʀœʃiŋ] → SYN nm blow-dry ◆ **faire un brushing à qn** to blow-dry sb's hair

**brusque** [bʀysk] → SYN adj a (= rude, sec) personne, manières brusque, abrupt, blunt; geste brusque, abrupt, rough; ton curt, abrupt, blunt ◆ **être brusque avec qn** to be curt ou abrupt with sb

b (= soudain) départ, changement abrupt, sudden; virage sharp; envie sudden ◆ **la brusque aggravation de la crise économique** the sudden worsening of the economic crisis

**brusquement** [bʀyskəmɑ̃] → SYN adv a (= sèchement) brusquely, abruptly, bluntly

b (= subitement) suddenly

**brusquer** [bʀyske] → SYN ► conjug 1 ◄ vt a (= précipiter) to rush, hasten ◆ **attaque brusquée** surprise attack ◆ **il ne faut rien brusquer** we mustn't rush things

b [+ personne] to rush, chivvy *

**brusquerie** [bʀyskəʀi] → SYN nf brusqueness, abruptness

**brut, e**[1] [bʀyt] → SYN [1] adj a diamant uncut, rough; pétrole crude; minerai crude, raw; sucre unrefined; soie, métal raw; toile unbleached; laine untreated; idée crude, raw; art primitive; donnée raw ◆ **les faits bruts** the hard facts ◆ **à l'état brut** diamant in the rough; matière untreated, unprocessed ◆ **informations à l'état brut** raw data ◆ **brut de béton** ou **de décoffrage** pilier, mur raw concrete; (fig) rough and ready ◆ **brut de fonderie** pièce unpolished; (fig) rough and ready ◆ **force brute** brute force ou physical violence

b champagne brut, dry; cidre dry

c (Comm, Fin) bénéfice, poids, salaire gross ◆ **il touche 5 000 € bruts par mois** he earns €5,000 gross per month, he grosses €5,000 per month ◆ **ils ont fait un bénéfice brut de 5 millions** they made a gross profit of ou they grossed 5 million ◆ **ça fait 100 €/100 kg brut, ça fait brut 100 €/100 kg** that makes €100/100 kg gross; → **marge, produit, résultat**

[2] nm a (= pétrole) crude (oil) ◆ **brut lourd/léger** heavy/light crude

b (= champagne) brut ou dry champagne; (= cidre) dry cider

c (= salaire) gross salary

**brutal, e,** mpl **-aux** [bʀytal, o] → SYN adj a (= violent) personne, caractère rough, brutal, violent; instinct savage; jeu rough ◆ **être brutal avec qn** to be rough with sb ◆ **force brutale** brute force

b (= abrupt, cru) langage, franchise blunt; vérité plain, unvarnished; réalité stark ◆ **il a été très brutal dans sa réponse** he gave a very blunt answer

c (= soudain) mort, changement sudden; choc, coup brutal

**brutalement** [bʀytalmɑ̃] adv a (= violemment) pousser, saisir, attaquer brutally

b (= sèchement) dire, répondre, déclarer bluntly

c (= subitement) chuter, mourir, changer suddenly

**brutaliser** [bʀytalize] → SYN ► conjug 1 ◄ vt [+ personne] (gén) to ill-treat; (physiquement) to knock about *, manhandle; [+ enfant] (à l'école) to bully; [+ machine] to treat roughly ◆ **femme brutalisée par son mari** battered wife

**brutalité** [bʀytalite] → SYN nf a (= violence) roughness; (plus cruelle) brutality; (Sport) rough play (NonC) ◆ **avec brutalité** brutally ◆ **il l'a dit fermement mais sans brutalité** he was firm about it without being brutal

b (= acte) brutality ◆ **brutalités policières** police brutality

c (= soudaineté) suddenness, abruptness

**brute**[2] [bʀyt] → SYN nf (= homme brutal) brute, animal; (= homme grossier) boor, lout; (littér = animal) brute, beast ◆ **taper sur qch comme une brute** * to bash * away at sth (savagely) ◆ **frapper qn comme une brute** to hit out at sb brutishly ◆ **travailler comme une brute** * to work like a dog ◆ **brute épaisse** * brutish lout ◆ **c'est une sale brute !** * he's a real brute! * ◆ **tu es une grosse brute !** * you're a big bully!

**Brutus** [bʀytys] nm Brutus

**Bruxelles** [bʀysɛl] n Brussels; → **chou**[1]

**bruxellois, e** [bʀyksɛlwa, waz] [1] adj of ou from Brussels

[2] **Bruxellois(e)** nm,f inhabitant ou native of Brussels

**bruyamment** [bʀɥijamɑ̃] → SYN adv rire, parler noisily, loudly; protester loudly

**bruyant, e** [bʀɥijɑ̃, ɑ̃t] → SYN adj personne, réunion noisy, boisterous; rue noisy; rire loud; succès resounding (épith) ◆ **ils ont accueilli la nouvelle avec une joie bruyante** they greeted the news with whoops * ou with loud cries of joy

**bruyère** [bʀyjɛʀ] → SYN nf (= plante) heather; (= terrain) heath(land) ◆ **pipe en (racine de) bruyère** briar pipe; → **coq**[1], **terre**

**bryone** [bʀijɔn] nf bryony, briony

**bryophytes** [bʀijɔfit] nfpl bryophytes

**bryozoaire** [bʀijɔzɔɛʀ] nm bryozoan, sea mat

**BT** [bete] nm (abrév de **brevet de technicien**) → **brevet**

**BTP** [betepe] nmpl (abrév de **bâtiments et travaux publics**) *public buildings and works sector*

**BTS** [beteɛs] nm (abrév de **brevet de technicien supérieur**) → **brevet**

**BU** [bey] nf (abrév de **bibliothèque universitaire**) → **bibliothèque**

**bu, e** [by] (ptp de **boire**)

**buanderette** [bɥɑ̃dʀɛt] nf (Can) launderette (Brit), Laundromat ® (US)

**buanderie** [bɥɑ̃dʀi] → SYN nf wash house, laundry; (Can = blanchisserie) laundry

**buandier, -ière** [bɥɑ̃dje, jɛʀ] → SYN nm,f (Can) launderer

**Buba** * [buba] nf (abrév de **Bundesbank**) ◆ **la Buba** the Bundesbank

**bubale** [bybal] → SYN nm bubal

**bubon** [bybɔ̃] → SYN nm bubo

**bubonique** [bybɔnik] adj bubonic; → **peste**

**Bucarest** [bykaʀɛst] n Bucharest

**buccal, e,** mpl **-aux** [bykal, o] adj oral; → **cavité, voie**

**buccin** [byksɛ̃] → SYN nm whelk

**buccinateur** [byksinatœʀ] adj ◆ **muscle buccinateur** buccinator

**buccodentaire** [bykodɑ̃tɛʀ] adj hygiène oral

**bûche** [byʃ] → SYN nf a [bois] log ◆ **bûche de Noël** (Culin) Yule log ◆ **bûche glacée** ice-cream Yule log

b (* = lourdaud) blockhead *, clot * (Brit), clod * (US), lump * ◆ **rester (là) comme une bûche** to sit there like a (great) lump *

c (* = chute) fall, spill ◆ **ramasser une bûche** to come a cropper * (Brit), take a (headlong) spill (US)

**bûcher**[1] [byʃe] → SYN nm a (= remise) woodshed

b (funéraire) (funeral) pyre; (= supplice) stake ◆ **être condamné au bûcher** to be condemned to (be burnt at) the stake

**bûcher**[2] * [byʃe] → SYN ► conjug 1 ◄ [1] vt [étudiant] to bone up on *, swot up * (Brit)

[2] vi to swot * (Brit), grind away *

**bûcher**[3] [byʃe] ► conjug 1 ◄ (Can) [1] vt [+ arbres] to fell, cut down, chop down

[2] vi to fell trees

**bûcheron, -onne** [byʃʀɔ̃, ɔn] nm,f woodcutter, lumberjack

**bûchette** [byʃɛt] nf (dry) twig, stick (of wood); (pour compter) rod, stick

**bûcheur, -euse** * [byʃœʀ, øz] → SYN 1 adj hard-working
2 nm,f slogger *, swot * (Brit), grind * (US)

**bucolique** [bykɔlik] → SYN 1 adj bucolic, pastoral
2 nf bucolic, pastoral (poem) ◆ **"Les Bucoliques"** (Littérat) "Bucolica"

**bucrane** [bykʀan] → SYN nm bucrane, bucranium

**Budapest** [bydapɛst] n Budapest

**buddleia** [bydleja] nm buddleia, butterfly bush

**budget** [bydʒɛ] → SYN nm budget ◆ **budget annexe** supplementary budget ◆ **budget conjoncturel** cyclical budget ◆ **budget d'exploitation** working ou operating ou trading budget ◆ **budget de fonctionnement** operating budget ◆ **budget d'investissement** capital budget ◆ **budget prévisionnel** provisional budget ◆ **budget publicitaire** [annonceur] advertising budget; [agence de publicité] advertising account ◆ **budget social** welfare budget ◆ **le client au budget modeste** the customer on a tight budget ou with a low income ◆ **vacances pour petits budgets** ou **budgets modestes** low-cost ou -budget holidays ◆ **film à gros budget** big-budget film; → **boucler**

**budgétaire** [bydʒetɛʀ] adj dépenses, crise, politique budget (épith); déficit budgetary ◆ **débat budgétaire** budget debate, debate on the budget

**budgéter** [bydʒete] ▸ conjug 1 ◂ vt ⇒ **budgétiser**

**budgétisation** [bydʒetizasjɔ̃] nf inclusion in the budget

**budgétiser** [bydʒetize] ▸ conjug 1 ◂ vt to include in the budget, budget for

**budgétivore** [bydʒetivɔʀ] → SYN adj high-spending (épith)

**buée** [bɥe] → SYN nf [haleine] condensation, steam; [eau chaude] steam; (sur vitre) mist, steam, condensation; (sur miroir) mist ◆ **couvert de buée** misted up, steamed up ◆ **faire de la buée** to make steam

**Buenos Aires** [bwenozɛʀ] n Buenos Aires

**buffet** [byfɛ] → SYN nm **a** (= meuble) sideboard ◆ **buffet de cuisine** kitchen dresser (Brit), kitchen cabinet (US); → **danser**
**b** [réception] (= table) buffet; (= repas) buffet (meal) ◆ **buffet campagnard** ≃ cold table ◆ **buffet froid** cold buffet ◆ **buffet (de gare)** station buffet, refreshment room ou bar ◆ **buffet roulant** refreshment trolley (Brit) ou cart (US)
**c** (* = ventre) stomach, belly * ◆ **il n'a rien dans le buffet** (à jeun) he hasn't had anything to eat; (peureux) he has no guts *
**d** **buffet (d'orgue)** (organ) case

**buffle** [byfl] → SYN nm buffalo

**bug** [bœg] nm (Ordin) bug ◆ **le bug de l'an 2000** the millennium bug

**buggy** [bygi] nm (Aut) buggy

**bugle**[1] [bygl] → SYN nm (Mus) bugle

**bugle**[2] [bygl] nf (Bot) bugle

**bugne** [byɲ] nf (Culin) *piece of fried batter coated with sugar, a Lyon speciality*

**bugrane** [bygʀan] → SYN nf restharrow

**bugué, e** [bœge] adj (Ordin) bug-ridden

**building** [bildiŋ] nm tower block

**buire** [bɥiʀ] → SYN nf ewer

**buis** [bɥi] → SYN nm (= arbre) box(wood) (NonC), box tree; (= bois) box(wood)

**buisson** [bɥisɔ̃] → SYN nm (Bot) bush ◆ **buisson de langoustines** (Culin) buisson of langoustines ◆ **buisson ardent** (Bible) burning bush

**buissonnant, e** [bɥisɔnɑ̃, ɑ̃t] adj plante bush-like; favoris bushy, luxuriant

**buissonneux, -euse** [bɥisɔnø, øz] → SYN adj terrain bushy, full of bushes; végétation scrubby

**buissonnière** [bɥisɔnjɛʀ] adj f → **école**

**Bujumbura** [buʒumbuʀa] n Bujumbura

**bulbe**[1] [bylb] → SYN nm (Bot) bulb, corm; (Archit) onion-shaped dome ◆ **bulbe pileux** (Anat) hair bulb ◆ **bulbe rachidien** medulla (oblongata)

**bulbe**[2] [bylb] nm (Naut) bulb, bulbous bow

**bulbeux, -euse** [bylbø, øz] → SYN adj (Bot) bulbous; forme bulbous, onion-shaped

**bulbille** [bylbij] nf bulbil, bulbel

**bulgare** [bylgaʀ] 1 adj Bulgarian
2 nm (Ling) Bulgarian
3 **Bulgare** nmf Bulgarian, Bulgar

**Bulgarie** [bylgaʀi] nf Bulgaria

**bulgomme** ® [bylgɔm] nm [table] pad

**bullaire** [bylɛʀ] → SYN nm bullary

**bulldog** [buldɔg] nm ⇒ **bouledogue**

**bulldozer** [buldozɛʀ] → SYN nm bulldozer ◆ **c'est un vrai bulldozer** (fig) he steamrollers (his way) through everything

**bulle**[1] [byl] → SYN nf **a** [air, boisson, savon, verre] bubble; (sur la peau) blister, bulla (SPÉC) ◆ **faire des bulles** [liquide] to bubble; [personne] to blow bubbles ◆ **bulle d'air** air bubble; (Tech) airlock; → **coincer, chambre, chier**
**b** (= enceinte stérile) bubble
**c** (= espace protégé) cocoon ◆ **la bulle familiale** the family cocoon ◆ **bulle financière/spéculative** (Écon) financial/speculative bubble
**d** [bande dessinée] balloon
**e** [emballage] **film à bulles, emballage-bulle** bubble-wrap ◆ **enveloppe à bulles** padded envelope
**f** (Rel) bull
**g** (arg Scol = zéro) nought, zero

**bulle**[2] [byl] nm ◆ **(papier) bulle** Manilla paper

**bullé, e** [byle] adj bubble (épith) ◆ **verre bullé** bubble glass

**buller** * [byle] ▸ conjug 1 ◂ vi (= paresser) to laze around

**bulletin** [byltɛ̃] → SYN 1 nm **a** (= reportage, communiqué) bulletin, report; (= magazine) bulletin; (= formulaire) form; (= certificat) certificate; (= billet) ticket; (Scol) report
**b** (Pol) ballot paper ◆ **voter à bulletin secret** to vote by secret ballot
2 COMP ▷ **bulletin de bagage** luggage ticket, baggage check (surtout US) ▷ **bulletin blanc** (Pol) blank vote ▷ **bulletin de commande** order form ▷ **bulletin de consigne** left-luggage (Brit) ou checkroom (US) ticket ▷ **bulletin des cours** (Bourse) official list, stock-exchange list ▷ **bulletin d'information** news bulletin ▷ **bulletin météorologique** weather forecast ou report ▷ **bulletin de naissance** birth certificate ▷ **bulletin de notes** ⇒ **bulletin scolaire** ▷ **bulletin nul** (Pol) spoiled ou spoilt (Brit) ballot paper ▷ **bulletin de paie** ⇒ **bulletin de salaire** ▷ **bulletin de participation** (dans un concours) entry form ▷ **bulletin de salaire** pay-slip, wage slip, salary advice (Brit) ▷ **bulletin de santé** medical bulletin ▷ **bulletin scolaire** school report (Brit), report (card) (US) ▷ **bulletin trimestriel** end-of-term report ▷ **bulletin de vote** (Pol) ballot paper

**bulletin-réponse**, pl **bulletins-réponses** [byltɛ̃ʀepɔ̃s] nm (dans un concours) entry form, reply slip

**bulleur** *, **-euse** [bylœʀ, øz] nm,f lazybones

**bulleux, -euse** [bylø, øz] adj blistered, bullate

**bull-terrier**, pl **bull-terriers** [bultɛʀje] → SYN nm bull terrier

**bulot** [bylo] nm whelk

**buna** ® [byna] nm Buna ®

**bungalow** [bœ̃galo] → SYN nm (en Inde) bungalow; [motel] chalet

**bunker**[1] [bœnkœʀ] nm (Golf) bunker, sand trap (US)

**bunker**[2] [bunkœʀ, bunkɛʀ] → SYN nm bunker

**Bunsen** [bœnsɛn] n → **bec**

**bupreste** [bypʀɛst] nm buprestid

**buraliste** [byʀalist] → SYN nmf [bureau de tabac] tobacconist (Brit), tobacco dealer (US), smoke shop (US) *(selling stamps and newspapers)*; [poste] clerk

**bure** [byʀ] → SYN nf (= étoffe) frieze, homespun; (= vêtement) [moine] frock, cowl ◆ **porter la bure** to be a monk

**bureau**, pl **bureaux** [byʀo] → SYN 1 nm **a** (= meuble) desk
**b** (= cabinet de travail) study
**c** (= lieu de travail, pièce, édifice) office ◆ **le bureau du directeur** the manager's office ◆ **pendant les heures de bureau** during office hours ◆ **nos bureaux seront fermés** our premises ou the office will be closed ◆ **il travaille dans les bureaux** * he has a desk ou an office job ◆ **le bureau des pleurs est fermé** (hum) moaning (about it) will get you nowhere ◆ **emploi de bureau** desk ou office job ◆ **équipement/mobilier de bureau** office equipment/furniture; → **chef**[1], **deuxième**
**d** (= section) department; (Mil) branch, department
**e** (= comité) committee; (exécutif) board ◆ **aller à une réunion du bureau** to go to a committee meeting ◆ **élire le bureau** [syndicats] to elect the officers (of the committee)
2 COMP ▷ **bureau d'accueil** reception ▷ **bureau d'aide sociale** welfare office ▷ **bureau de bienfaisance** welfare office ▷ **bureau de change** bureau de change (Brit), foreign exchange office (US) ▷ **bureau des contributions** tax office ▷ **bureau à cylindre** roll-top desk ▷ **bureau de douane** customs house ▷ **bureau d'études** [entreprise] research department; (= cabinet) research consultancy ▷ **Bureau européen de l'environnement** European Environment Office ▷ **bureau exécutif** executive committee ▷ **Bureau international du travail** International Labour Office ▷ **bureau de location** booking ou box office ▷ **bureau ministre** pedestal desk ▷ **bureau des objets trouvés** lost and found (office), lost property office (Brit) ▷ **bureau de placement** employment agency ▷ **bureau politique** [parti] party executives; [parti communiste] politburo ▷ **bureau de poste** post office ▷ **bureau de renseignements** information service ▷ **bureau de tabac** tobacconist's (shop) (Brit), tobacco ou smoke shop (US) *(selling stamps and newspapers)* ▷ **bureau de tri** sorting office ▷ **Bureau de vérification de la publicité** *independent body which regulates the advertising industry*, ≃ Advertising Standards Authority (Brit) ▷ **bureau de vote** polling station

**bureaucrate** [byʀokʀat] → SYN nmf bureaucrat

**bureaucratie** [byʀokʀasi] → SYN nf (péj, gén) bureaucracy; (= employés) officials, officialdom (NonC) ◆ **toute cette bureaucratie m'agace** all this red tape gets on my nerves

**bureaucratique** [byʀokʀatik] adj bureaucratic

**bureaucratisation** [byʀokʀatizasjɔ̃] nf bureaucratization

**bureaucratiser** [byʀokʀatize] ▸ conjug 1 ◂ vt to bureaucratize

**bureautique** [byʀotik] → SYN nf office automation ◆ **application bureautique** office automation application

**burelé, e** [byʀle] adj (Hér) barruly, barrulé

**burèle** [byʀɛl] nf ⇒ **burelle**

**burelle** [byʀɛl] nf (Hér) barrulet

**burette** [byʀɛt] → SYN nf **a** (Chim) burette; (Culin, Rel) cruet; [mécanicien] oilcan
**b** (** = testicules) **burettes** balls **

**burgau** [byʀgo] nm burgau

**burgrave** [byʀgʀav] → SYN nm (Hist) burgrave

**burin** [byʀɛ̃] → SYN nm (Art) (= outil) burin, graver; (= gravure) engraving, print; (Tech) (cold) chisel

**buriné, e** [byʀine] (ptp de **buriner**) adj visage (deeply) lined, craggy

**buriner** [byʀine] → SYN ▸ conjug 1 ◂ vt (Art) to engrave; (Tech) to chisel, chip

**burineur** [byʀinœʀ] nm chiseller, chipper

**Burkina(-Faso)** [byʀkina(faso)] nm Burkina-Faso

**burkinabé** [byʀkinabe] 1 adj of ou from Burkina-Faso
2 **Burkinabé** nmf inhabitant ou native of Burkina-Faso

**burlat** [byʀla] nf *type of cherry*

**burlesque** [byʀlɛsk] → SYN adj (Théât) burlesque; (= comique) comical, funny; (= ridicule) ludicrous, ridiculous ◆ **le burlesque** the burlesque

**burnes** ** [byʀn] nfpl (= testicules) balls ** ◆ **tu me casses les burnes !** you're getting on my wick! * (Brit), you're really pissing me off! **

**burnous** [byʀnu(s)] → SYN nm [Arabe] burnous(e); [bébé] baby's cape; → **suer**

**bursite** [byʀsit] nf bursitis

**burundais, e** [buʀundɛ, ɛz] 1 adj Burundian
2 **Burundais(e)** nm,f Burundian

**Burundi** [buʀundi] nm Burundi

**bus** [bys] → SYN nm (Aut, Ordin) bus

**busard** [byzaʀ] nm (Orn) harrier ◆ **busard Saint-Martin** hen harrier

**buse**[1] [byz] → SYN nf (Orn) buzzard; (* = imbécile) dolt *

**buse**[2] [byz] → SYN nf (= tuyau) (gén) pipe; (Tech) duct ◆ **buse d'aération** ventilation duct ◆ **buse de carburateur** carburettor choke tube ◆ **buse de haut fourneau** blast nozzle ◆ **buse d'injection** injector (nozzle)

**bush** [buʃ] nm (Géog) bush

**business** * [biznɛs] nm a (= affaires) business ◆ **qu'est-ce que c'est que ce business ?** what's all this mess about? *
b (= truc, machin) thingumajig *, thingummy * (Brit)

**busqué, e** [byske] → SYN adj ◆ **avoir le nez busqué** to have a hooked ou a hook nose

**busserole** [bysʀɔl] nf bearberry

**buste** [byst] → SYN nm (= torse) chest; (= seins) bust; (= sculpture) bust ◆ **photographier qn en buste** to take a head-and-shoulder photograph of sb

**bustier** [bystje] → SYN nm (= sous-vêtement) longline (strapless) bra; (= corsage) off-the-shoulder top; → **robe**

**but** [by(t)] GRAMMAIRE ACTIVE 8.2 → SYN nm a (= objectif) aim, goal, objective ◆ **il n'a aucun but dans la vie** he has no aim in life ◆ **il a pour but** ou **il s'est donné pour but de faire** his aim is to do, he is aiming to do ◆ **aller droit au but** to come ou go straight to the point ◆ **nous touchons au but** the end ou our goal is in sight ◆ **être encore loin du but** to have a long way to go ◆ **prenons comme but (de promenade) le château** let's go ou walk as far as the castle ◆ **leur but de promenade favori** their favourite walk ◆ **aller** ou **errer sans but** to wander aimlessly about ou around ◆ **à but lucratif** profit-making, profit-seeking ◆ **à but non lucratif, sans but lucratif** non-profit-making (Brit), non-profit (US), not-for-profit (US)
b (= intention) aim, purpose, object; (= raison) reason; (Gram) purpose ◆ **dans le but de faire** with the intention ou aim of doing, in order to do ◆ **je lui écris dans le but de ...** my aim in writing to him is to ... ◆ **je fais ceci dans le seul but de ...** my sole aim in doing this is to ... ◆ **c'est dans ce but que nous partons** it's with this aim in view that we're leaving ◆ **faire qch dans un but déterminé** to do sth for a definite reason ou aim, do sth with one aim ou object in view ◆ **c'était le but de l'opération** ou **de la manœuvre** that was the object ou point of the operation ◆ **qui va à l'encontre du but recherché** self-defeating ◆ **complément de but** (Gram) purpose clause
c (Sport, Ftbl etc ) goal; (Tir) target, mark; (Pétanque = cochonnet) jack ◆ **gagner/perdre (par) 3 buts à 2** to win/lose by 3 goals to 2 ◆ **marquer** ou **rentrer * un but** to score a goal
d **de but en blanc** suddenly, point-blank, just like that * ◆ **il me demanda de but en blanc si ...** he asked me point-blank ou straight out if ...

**butadiène** [bytadjɛn] nm butadiene

**butane** [bytan] nm ◆ **(gaz) butane** (Camping, Ind) butane; (à usage domestique) calor gas ®

**butanier** [bytanje] nm butane tanker

**buté, e**[1] [byte] → SYN (ptp de **buter**) adj personne, air stubborn, obstinate, mulish

**butée**[2] [byte] → SYN nf a (Archit) abutment
b (Tech) stop; [piscine] end wall; (Ski) toe-piece

**buter** [byte] → SYN ▸ conjug 1 ◂ 1 vi a (= achopper) to stumble, trip ◆ **buter contre qch** (= trébucher) to stumble over sth, catch one's foot on sth; (= cogner) to bump ou bang into ou against sth; (= s'appuyer) to be supported by sth, rest against sth ◆ **buter contre une difficulté** to come up against a difficulty, hit a snag * ◆ **nous butons sur ce problème depuis le début** this problem has been a stumbling block right from the start ◆ **buter sur un mot** to stumble over ou trip over a word
b (Ftbl) to score a goal
2 vt a [+ personne] to antagonize ◆ **cela l'a buté** it made him dig his heels in
b (= renforcer) [+ mur, colonne] to prop up
c (** = tuer) to bump off **, do in **
3 **se buter** vpr a (= s'entêter) to dig one's heels in, get obstinate ou mulish
b (= se heurter) **se buter à une personne** to bump into a person ◆ **se buter à une difficulté** to come up against a difficulty, hit a snag *

**buteur** [bytœʀ] nm (Ftbl) striker

**butin** [bytɛ̃] → SYN nm [armée] spoils, booty, plunder; [voleur] loot; (fig) booty ◆ **butin de guerre** spoils of war

**butiner** [bytine] → SYN ▸ conjug 1 ◂ 1 vi [abeilles] to gather pollen (and nectar)
2 vt [abeilles] [+ fleurs] to gather pollen (and nectar) from; [+ nectar, pollen] to gather; (fig) to gather, glean, pick up

**butineur, -euse** [bytinœʀ, øz] 1 adj pollen-gathering (épith)
2 **butineuse** nf pollen-gathering bee

**butoir** [bytwaʀ] → SYN nm (Rail) buffer; (Tech) stop ◆ **butoir de porte** doorstop, door stopper; → **date**

**butome** [bytɔm] → SYN nm flowering rush

**butor** [bytɔʀ] → SYN nm a (* : péj = malotru) boor
b (Orn) bittern

**buttage** [bytaʒ] nm earthing-up

**butte** [byt] → SYN nf a (= tertre) mound, hillock ◆ **butte de tir** butt ◆ **butte-témoin** outlier
b **être en butte à** [+ difficultés] to be exposed to

**butter** [byte] → SYN ▸ conjug 1 ◂ vt a (Agr) [+ plante] to earth up; [+ terre] to ridge
b (** = tuer) to bump off **, do in **

**butteur** [bytœʀ] nm ridging hoe

**buttoir** [bytwaʀ] → SYN nm ridging plough

**butyle** [bytil] nm butyl

**butylique** [bytilik] adj butyl (épith)

**butyreux, -euse** [bytiʀø, øz] → SYN adj butyraceous

**butyrine** [bytiʀin] nf butyrin

**butyrique** [bytiʀik] adj butyric

**buvable** [byvabl] → SYN adj drinkable, fit to drink ◆ **ampoule buvable** phial to be taken orally ◆ **c'est buvable !** * it's not too bad! ◆ **ce type n'est pas buvable** * the guy's unbearable ou insufferable

**buvard** [byvaʀ] → SYN nm (= papier) blotting paper (NonC); (= sous-main) blotter

**buvette** [byvɛt] → SYN nf a (= café) refreshment room; (en plein air) refreshment stall
b [ville d'eaux] pump room

**buveur, -euse** [byvœʀ, øz] → SYN nm,f a (= ivrogne) drinker
b (= consommateur) drinker; [café] customer ◆ **buveur de bière** beer drinker ◆ **c'est une grande buveuse de café** she drinks a lot of coffee

**BVP** [bevepe] nm (abrév de **Bureau de vérification de la publicité**) ≃ ASA (Brit)

**Byblos** [biblos] n Byblos

**by-pass** [bajpas] → SYN nm (Élec, Tech) by-pass; (Méd) by-pass operation

**byssinose** [bisinoz] nf byssinosis

**byssus** [bisys] → SYN nm byssus

**byte** [bajt] → SYN nm byte

**Byzance** [bizɑ̃s] n Byzantium ◆ **c'est Byzance !** * (fig) what luxury!

**byzantin, e** [bizɑ̃tɛ̃, in] → SYN adj (Hist) Byzantine; (péj) débat protracted and trivial ◆ **des querelles byzantines** protracted wrangling

**byzantinisme** [bizɑ̃tinism] → SYN nm logic-chopping, (love of) hair-splitting

**byzantiniste** [bizɑ̃tinist], **byzantinologue** [bizɑ̃tinɔlɔg] nmf Byzantinist, specialist in Byzantine art

**BZD** [bezɛdde] nf abrév de **benzodiazépine**

**BZH** (abrév de **Breizh**) Brittany

# C

**C**[1], **c**[1] [se] nm (= lettre) C, c ◆ **(langage) C** (Ordin) C (language) ◆ **c cédille** c cedilla

**C**[2] (abrév de **Celsius, centigrade**) C

**c**[2] abrév de **centime**

**c'**, **ç'** [s] abrév de **ce**[2]

**CA** [sea] nm **a** (abrév de **chiffre d'affaires**) → **chiffre**

**b** (abrév de **conseil d'administration**) → **conseil**

**ça**[1] [sa] pron dém **a** (gén) that, it; (*: pour désigner) (près) this; (plus loin) that ◆ **je veux ça, non pas ça, ça là-bas** I want that one, not this one, that one over there ◆ **qu'est-ce que ça veut dire ?** what does that ou it ou this mean? ◆ **ça m'agace de l'entendre se plaindre** it gets on my nerves hearing him complain ◆ **faire des études, ça ne le tentait guère** studying didn't really appeal to him

**b** (péj : désignant qn) he, she, they ◆ **et ça va à l'église !** and to think he (ou she etc ) goes to church!

**c** (insistance) **il ne veut pas venir – pourquoi ça ?** he won't come — why not? ou why's that? ou why won't he? ◆ **j'ai vu Pierre Borel – qui ça ?/quand ça ?/où ça ?** I saw Pierre Borel — who?/when was that?/where was that?

**d** (LOC) **tu crois ça !** that's what YOU think! ◆ **ça ne fait rien** it doesn't matter ◆ **on dit ça !** that's what they (ou you etc ) say! ◆ **voyez-vous ça !** how do you like that!, did you ever hear of such a thing! ◆ **(ah) ça non !** most certainly not! ◆ **(ah) ça oui !** absolutely!, (yes) definitely! ◆ **c'est ça, continue !** (iro) that's right, just you carry on! * (iro) ◆ **ça par exemple !** (indignation) well!, well really!; (surprise) well I never! ◆ **ça alors !** (my) goodness! * ◆ **me faire ça à moi !** fancy doing that to me (of all people)! ◆ **on dirait un Picasso/du champagne – il y a de ça** * it looks like a Picasso/tastes like champagne — yes, (I suppose) it does a bit ◆ **tu pars à cause du salaire ? – il y a de ça** * are you leaving because of the salary? — it is partly that ◆ **j'ai 5 jours de congé, c'est déjà** ou **toujours ça (de pris)** I've got 5 days off, that's something at least; → **faire, pas**[2]

**ça**[2] [sa] nm (Psych = inconscient) id

**çà** [sa] adv **a** **çà et là** here and there

**b** (†† = ici) hither † (aussi hum)

**cabale** [kabal] → SYN nf **a** (= complot) cabal, conspiracy ◆ **monter une cabale contre qn** to mount a conspiracy against sb

**b** (Hist) cab(b)ala, kab(b)ala

**cabaliste** [kabalist] → SYN nmf cab(b)alist

**cabalistique** [kabalistik] → SYN adj (= mystérieux) signe cabalistic, arcane; (Hist) cabalistic

**caban** [kabɑ̃] → SYN nm (= veste longue) car coat, three-quarter (length) coat; [marin] reefer ou pea jacket

**cabane** [kaban] → SYN **1** nf **a** (en bois) hut, cabin; (en terre) hut; (pour rangements, animaux) shed

**b** (*: péj = bicoque) shack ◆ **qui commande dans cette cabane ?** (= domicile) who's the boss in this damn place?

**c** (* = prison) **en cabane** in (the) clink ‡, in the nick ‡ (Brit) ◆ **3 ans de cabane** 3 years in (the) clink ‡ ou in the nick ‡ (Brit) ou inside ‡

**2** COMP ▷ **cabane à lapins** (lit) rabbit hutch; (fig) rabbit hutch, box ▷ **cabane à outils** toolshed ▷ **cabane de rondins** log cabin ▷ **cabane à sucre** * (Can) sap house (Can)

**cabanon** [kabanɔ̃] → SYN nm **a** (en Provence = maisonnette) [campagne] (country) cottage; [littoral] cabin, chalet

**b** (= remise) shed, hut

**c** (= cellule) [aliénés] padded cell

**cabaret** [kabaʀɛ] → SYN nm (= boîte de nuit) night club, cabaret; († = café) tavern, inn; → **danseur**

**cabaretier, -ière** † [kabaʀ(ə)tje, jɛʀ] → SYN nm,f innkeeper

**cabas** [kabɑ] → SYN nm (= sac) shopping bag

**cabestan** [kabɛstɑ̃] → SYN nm capstan; → **virer**

**cabiai** [kabjɛ] nm capybara

**cabillaud** [kabijo] nm (fresh) cod pl inv

**cabillot** [kabijo] nm (Naut) toggle

**cabine** [kabin] GRAMMAIRE ACTIVE 27.2 → SYN

**1** nf [navire, véhicule spatial] cabin; [avion] cockpit; [train, grue] cab; [piscine] cubicle; [laboratoire de langues] booth; (Can) motel room, cabin (US, Can) ◆ **entraînement en cabines** (Scol) language lab training ou practice

**2** COMP ▷ **cabine d'aiguillage** signal box ▷ **cabine (d'ascenseur)** lift (cage) (Brit), (elevator) car (US) ▷ **cabine de bain** (gén) beach ou bathing hut; (sur roulettes) bathing machine ▷ **cabine de douche** shower cubicle ou stall (US) ▷ **cabine d'essayage** fitting room ▷ **cabine de pilotage** (gén) cockpit; (dans avion de ligne) flight deck ▷ **cabine de plage** beach ou bathing hut ▷ **cabine de projection** projection room ▷ **cabine spatiale** cabin *(of a spaceship)* ▷ **cabine de téléphérique** cablecar ▷ **cabine téléphonique** telephone booth ou kiosk, pay-phone, call ou (tele)phone box (Brit)

**cabinet** [kabinɛ] → SYN **1** nm **a** (= local professionnel) [dentiste] surgery (Brit), office (US); [médecin] consulting-room, surgery (Brit), office (US); [notaire, huissier] office; [avocat, juge] chambers; [agent immobilier] agency

**b** (= clientèle) [avocat, médecin] practice

**c** (Pol) (= gouvernement) cabinet; (= collaborateurs) staff ◆ **le cabinet du ministre** the minister's (personal ou private) staff; → **chef**[1]

**d** [exposition] exhibition room

**e** (= meuble) cabinet

**f** † (= bureau) study; (= réduit) closet †

**2** **cabinets** nmpl (= toilettes) toilet, lavatory, loo * (Brit), bathroom (US) ◆ **aller aux cabinets** to go to the toilet (Brit) ou the bathroom (US) ◆ **il est aux cabinets** he's in the toilet ou loo * (Brit) ou bathroom (US) ◆ **cabinets extérieurs** outdoor lavatory, outhouse (US)

**3** COMP ▷ **cabinet d'affaires** business consultancy ▷ **cabinet d'aisances** † water closet †, lavatory ▷ **cabinet d'architectes** firm of architects ▷ **cabinet d'assurances** insurance firm ou agency ▷ **cabinet d'avocats** law firm ▷ **cabinet-conseil, cabinet de consultants** consulting firm ▷ **cabinet de consultation** consulting-room, surgery (Brit), doctor's office (US) ▷ **cabinet dentaire** dental surgery (Brit), dentist's office (US) ▷ **cabinet d'études** consultancy ▷ **cabinet d'experts comptables** ou **d'expertise comptable** chartered accountant's (Brit), certified public accountant's (US) ▷ **cabinet juridique** law consultancy ▷ **cabinet de lecture** † reading room ▷ **cabinet médical** (sur une plaque) medical practice, surgery (Brit); (= bureau) surgery (Brit), doctor's office (US) ▷ **cabinet particulier** private dining room ▷ **cabinet de recrutement** recruitment agency ou consultancy ▷ **cabinet de toilette** bathroom ▷ **cabinet de travail** study

**câblage** [kɑblaʒ] nm **a** [dépêche, message] cabling

**b** (Tech) [torons] twisting together

**c** (Élec = fils) wiring

**d** (TV) [quartier, rue] cabling

**câble** [kɑbl] → SYN **1** nm **a** (= filin) cable ◆ **câble métallique** wire cable

**b** (TV) cable ◆ **la télévision par câble, le câble** cable (television), cablevision ◆ **transmettre par câble** to broadcast on cable, cablecast (US)

**c** († = dépêche) cable

**2** COMP ▷ **câble d'accélérateur** accelerator cable ▷ **câble d'amarrage** mooring line ▷ **câble coaxial** coaxial cable ▷ **câble de démarreur** ou **de démarrage** (Aut) jump lead (Brit), jumper cable (US) ▷ **câble électrique** (electric) cable ▷ **câble de frein** brake cable ▷ **câble de halage** towrope, towline ▷ **câble hertzien** radio link *(by hertzian waves)* ▷ **câble de remorquage** ⇒ **câble de halage** ▷ **câble de transmission** transmission cable

**câblé, e** [kɑble] (ptp de **câbler**) adj **a** (TV) chaîne, réseau cable (épith) ◆ **la ville est câblée** the town has cable television

**b** (Ordin) wired

**c** (* = à la mode) personne trendy *, hip * ◆ **il est câblé informatique/jazz** he's really into computers/jazz

**câbler** [kɑble] → SYN ▸ conjug 1 ◂ vt **a** [+ dépêche, message] to cable

**b** (Tech) [+ torons] to twist together (into a cable)

**c** (TV) [+ quartier, rue] to install cable television in, cable

**câblerie** [kɑbləʀi] nf cable-manufacturing plant

**câblier** [kɑblije] nm (= navire) cable ship

**câblo-distributeur,** pl **câblo-distributeurs** [kɑblodistʀibytœʀ] nm cable company

**câblo-distribution,** pl **câblo-distributions** [kablodistʀibysjɔ̃] nf cable television, cablevision

**câblo-opérateur,** pl **câblo-opérateurs** [kɑbloɔpeʀatœʀ] nm cable (television) operator

**cabochard, e** * [kabɔʃaʀ, aʀd] → SYN adj (= têtu) pigheaded *, mulish ◆ **c'est un cabochard** he's pigheaded *

**caboche** [kabɔʃ] → SYN nf **a** ( * = tête) noddle *, head ◆ **mets-toi ça dans la caboche** get that into your head ou noddle * ou thick skull * ◆ **quand il a quelque chose dans la caboche** when he's got something into his head
**b** (= clou) hobnail

**cabochon** [kabɔʃɔ̃] nm (= bouchon) stopper; (= brillant) cabochon; (= clou) stud

**cabosse** [kabɔs] nf (Bot) cocoa pod

**cabossé, e** [kabɔse] (ptp de **cabosser**) adj chapeau, instrument, voiture battered ◆ **une casserole toute cabossée** a battered ou badly dented saucepan

**cabosser** [kabɔse] → SYN ▸ conjug 1 ◂ vt (= bosseler) to dent

**cabot** * [kabo] → SYN **1** nm **a** (péj = chien) dog, mutt *
**b** (arg Mil = caporal) ≃ corporal, ≃ corp (arg) (Brit)
**2** adj, nm ⇒ **cabotin**

**cabotage** [kabɔtaʒ] → SYN nm (Naut) coastal navigation ◆ **petit/grand cabotage** inshore/seagoing navigation

**caboter** [kabɔte] ▸ conjug 1 ◂ vi (Naut) to coast, ply (along the coast) ◆ **caboter le long des côtes d'Afrique** to ply along the African coast

**caboteur** [kabɔtœʀ] → SYN nm (= bateau) tramp, coaster

**cabotin, e** [kabɔtɛ̃, in] → SYN (péj) **1** adj theatrical ◆ **il est très cabotin** he likes to show off ou hold the centre of the stage
**2** nm,f (gén) show-off; (= acteur) ham (actor) *

**cabotinage** [kabɔtinaʒ] → SYN nm [personne, enfant] showing off; [acteur] ham * ou third-rate acting

**cabotiner** [kabɔtine] ▸ conjug 1 ◂ vi [acteur] to ham it up *

**caboulot** † * [kabulo] → SYN nm (= bistro) sleazy * ou seedy * dive * (péj) ou pub

**cabrer** [kɑbʀe] → SYN ▸ conjug 1 ◂ **1** vt [+ cheval] to rear (up); [+ avion] to nose up ◆ **faire cabrer son cheval** to make one's horse rear (up) ◆ **cabrer qn** to put sb's back up ◆ **cabrer qn contre qn** to turn ou set sb against sb
**2** **se cabrer** vpr [cheval] to rear (up); [avion] to nose up; [personne, orgueil] to revolt, rebel ◆ **se cabrer contre qn** to turn ou rebel against sb ◆ **se cabrer devant** to jib at

**cabri** [kabʀi] → SYN nm (Zool) kid

**cabriole** [kabʀijɔl] → SYN nf (= bond) [enfant, chevreau] caper; (= culbute) [clown, gymnaste] somersault; (Danse) cabriole; (Équitation) capriole, spring ◆ **les cabrioles de certains politiciens** (péj) the antics of some politicians ◆ **faire des cabrioles** [chevreau, enfant] to caper ou cavort (about); [cheval] to cavort

**cabrioler** [kabʀijɔle] → SYN ▸ conjug 1 ◂ vi (= gambader) to caper ou cavort (about)

**cabriolet** [kabʀijɔlɛ] → SYN nm (Hist) cabriolet; (= voiture décapotable) convertible

**cabus** [kaby] nm → **chou¹**

**CAC** [kak] nf (abrév de **compagnie des agents de change**) *institute of stockbrokers* ◆ **l'indice CAC 40** the CAC(-40) index

**caca** [kaka] nm **a** (langage enfantin) poo * (langage enfantin) (Brit), poop * (US) ◆ **faire caca** to do a big job * (langage enfantin) ou a poo * (langage enfantin) (Brit) ou a number two * (langage enfantin) ◆ **il a marché dans du caca de chien** he stepped in some dog dirt ◆ **son travail, c'est (du) caca** his work is absolute garbage ◆ **on est dans le caca** we're in a (bit of a) mess * ◆ **c'est caca boudin** it's yucky * ou yukky * ◆ **faire un caca nerveux** ⁑ to go up the wall *
**b** (= couleur) **caca d'oie** greenish-yellow

**cacah(o)uète, cacahouette** [kakawɛt] nf (gén) peanut; (Agr) groundnut; → **beurre, pesant**

**cacao** [kakao] nm (= poudre) cocoa (powder); (= boisson) cocoa; (Bot) cocoa bean

**cacaoté, e** [kakaɔte] adj farine cocoa- ou chocolate-flavoured

**cacaotier** [kakaɔtje], **cacaoyer** [kakaɔje] nm cacao (tree)

**cacaotière** [kakaɔtjɛʀ] nf cacao plantation

**cacaoyer** [kakaɔje] nm ⇒ **cacaotier**

**cacaoyère** [kakaɔjɛʀ] nf ⇒ **cacaotière**

**cacarder** [kakaʀde] ▸ conjug 1 ◂ vi [oie] to gaggle, honk

**cacatoès** [kakatɔɛs] nm cockatoo

**cacatois** [kakatwa] nm (= voile) royal ◆ **mât de cacatois** royal mast ◆ **grand/petit cacatois** main/fore royal

**cachalot** [kaʃalo] → SYN nm sperm whale

**cache¹** [kaʃ] → SYN nm (Ciné, Photo) mask; (gén) card *(for covering one eye, masking out a section of text)*; (Ordin) cache

**cache²** [kaʃ] → SYN nf (= cachette) hiding place; (pour butin) cache ◆ **cache d'armes** arms cache

**caché, e** [kaʃe] → SYN (ptp de **cacher**) adj trésor, charmes, vertus hidden; asile secluded, hidden; sentiments inner(most), secret; sens hidden, secret ◆ **je n'ai rien de caché pour eux** I have no secrets from them ◆ **vie cachée** (secrète) secret ou hidden life; (retirée) secluded life

**cache-cache** [kaʃkaʃ] → SYN nm inv (lit, fig) hide-and-seek ◆ **jouer à cache-cache, faire une partie de cache-cache** to play hide-and-seek (*avec* with)

**cache-cœur,** pl **cache-cœurs** [kaʃkœʀ] nm crossover top (ou sweater etc )

**cache-col,** pl **cache-col(s)** [kaʃkɔl] nm scarf, muffler

**cachectique** [kaʃɛktik] adj cachectic

**cache-flamme,** pl **cache-flamme(s)** [kaʃflam] nm flash eliminator ou suppressor

**Cachemire** [kaʃmiʀ] nm Kashmir

**cachemire** [kaʃmiʀ] nm (= laine) cashmere ◆ **motif** ou **impression** ou **dessin cachemire** paisley pattern ◆ **écharpe en cachemire** cashmere scarf ◆ **écharpe (à motif) cachemire** paisley(-pattern) scarf

**cachemirien, -ienne** [kaʃmiʀjɛ̃, ɛn] **1** adj Kashmiri
**2** **Cachemirien(ne)** nm,f Kashmiri

**cache-misère** * [kaʃmizɛʀ] nm inv (= vêtement) *wrap or coat worn to hide old or dirty clothes* ◆ **le rideau servait de cache-misère** the curtain was there to hide unsightly things

**cache-nez** [kaʃne] nm inv scarf, muffler

**cache-plaque,** pl **cache-plaque(s)** [kaʃplak] nm hob cover

**cache-pot,** pl **cache-pot(s)** [kaʃpo] nm flowerpot holder

**cache-prise,** pl **cache-prise(s)** [kaʃpʀiz] nm socket cover

**cacher** [kaʃe] → SYN ▸ conjug 1 ◂ **1** vt **a** (= dissimuler volontairement) [+ objet] to hide, conceal; [+ malfaiteur] to hide ◆ **le chien est allé cacher son os** the dog's gone to bury its bone ◆ **cacher ses cartes** ou **son jeu** (lit) to keep one's cards ou hand up; (fig) to keep ou play one's cards close to one's chest
**b** (= masquer) [+ accident de terrain, trait de caractère] to hide, conceal ◆ **les arbres nous cachent le fleuve** we can't see the river because of the trees ◆ **tu me caches la lumière** you're in my light ◆ **son silence cache quelque chose** he's hiding something by not saying anything ◆ **qu'est-ce que ça cache ?** I wonder what's going on? ◆ **les mauvaises herbes cachent les fleurs** you can't see the flowers for the weeds; → **arbre**
**c** (= garder secret) [+ fait, sentiment] to hide, conceal (*à qn* from sb) ◆ **cacher son âge** to keep one's age a secret ◆ **on ne peut plus lui cacher la nouvelle** you can't keep ou hide the news from him (ou her) any longer ◆ **pour ne rien vous cacher** to be perfectly honest (with you) ◆ **il ne m'a pas caché qu'il désire partir** he's been quite open with me about wanting to leave ◆ **il n'a pas caché que cela lui déplaisait** he made no secret of the fact that he didn't like it
**2** **se cacher** vpr **a** (= se dissimuler) [personne, soleil] to hide ◆ **va te cacher !** get out of my sight!, be gone! † (aussi hum) ◆ **se cacher de qn** to hide from sb ◆ **il se cache pour fumer** he goes and hides to (have a) smoke ◆ **il se cache d'elle pour boire** he drinks behind her back ◆ **je ne m'en cache pas** I'm quite open about it, I make no secret of it, I don't hide ou conceal it
**b** (= être caché) [personne] to be hiding; [malfaiteur, évadé] to be in hiding; [chose] to be hidden ◆ **il se cache de peur d'être puni** he's keeping out of sight ou he's hiding in case he gets punished
**c** (= être masqué) [accident de terrain, trait de caractère] to be concealed ◆ **la maison se cache derrière le rideau d'arbres** the house is concealed ou hidden behind the line of trees
**d** **faire qch sans se cacher** ou **s'en cacher** to do sth openly, do sth without hiding ou concealing the fact ◆ **il l'a fait sans se cacher de nous** he did it without hiding ou concealing it from us

**cache-radiateur,** pl **cache-radiateur(s)** [kaʃʀadjatœʀ] nm radiator cover

**cachère** [kaʃɛʀ] adj inv ⇒ **kascher**

**cache-sexe,** pl **cache-sexe(s)** [kaʃsɛks] → SYN nm G-string

**cache-sommier,** pl **cache-sommiers** [kaʃsɔmje] nm valance

**cachet** [kaʃɛ] → SYN nm **a** (= comprimé) tablet ◆ **un cachet d'aspirine** an aspirin (tablet); → **blanc**
**b** (= timbre) stamp; (= sceau) seal ◆ **cachet (de la poste)** postmark ◆ **sa lettre porte le cachet de Paris** his letter is postmarked Paris ou has a Paris postmark ◆ **à envoyer le 15 septembre au plus tard, le cachet de la poste faisant foi** to be postmarked 15th September at the latest ◆ **le cachet de l'originalité/du génie** the stamp of originality/genius; → **lettre**
**c** (= style, caractère) style, character ◆ **cette petite église avait du cachet** there was something very characterful about that little church, that little church had (great) character ◆ **c'est le toit qui donne son cachet à** ou **fait le cachet de la maison** it's the roof that gives character to the house
**d** (= rétribution) fee; → **courir**

**cachetage** [kaʃtaʒ] nm sealing

**cache-tampon** [kaʃtɑ̃pɔ̃] → SYN nm inv hunt the thimble

**cacheter** [kaʃte] → SYN ▸ conjug 4 ◂ vt to seal ◆ **envoyer qch sous pli cacheté** to send sth in a sealed envelope ◆ **vin cacheté** wine in a sealed bottle; → **cire**

**cachette** [kaʃɛt] → SYN nf (gén) hiding-place; [fugitif] hideout
◆ **en cachette** agir, fumer on the sly, secretly; économiser, voir qn secretly ◆ **il boit en cachette** he's a secret drinker, he drinks secretly ◆ **en cachette de qn** (action répréhensible) behind sb's back; (action non répréhensible) unknown to sb

**cachexie** † [kaʃɛksi] → SYN nf cachexia, cachexy

**cachot** [kaʃo] → SYN nm (= cellule) dungeon; (= punition) solitary confinement

**cachotterie** [kaʃɔtʀi] → SYN nf (= secret) mystery ◆ **c'est une nouvelle cachotterie de sa part** it's another of his (little) mysteries ◆ **faire des cachotteries** to be secretive, act secretively ◆ **faire des cachotteries à qn** to keep secrets ou things from sb

**cachottier, -ière** [kaʃɔtje, jɛʀ] → SYN adj secretive ◆ **cet enfant est (un) cachottier** he's a secretive child

**cachou** [kaʃu] nm (= bonbon) cachou

**caciférol** [kalsifeʀɔl] nm calciferol

**cacique** [kasik] nm (= Indien) cacique ◆ **les caciques du parti** the party bosses ◆ **c'était le cacique** (arg Scol) he came first, he got first place

**cacochyme** [kakɔʃim] → SYN adj († ou hum) ◆ **vieillard cacochyme** doddery old man

**cacodyle** [kakɔdil] nm cacodyl

**cacographie** [kakɔgʀafi] nf cacography

**cacophonie** [kakɔfɔni] → SYN nf cacophony ◆ **quelle cacophonie !** (péj) what a racket! *

**cacophonique** [kakɔfɔnik] adj cacophonous

**cactée** [kakte], **cactacée** [kaktase] nf cactus ◆ **les cactées** ou **cactacées** cacti, Cactaceae (SPÉC)

**cactus** [kaktys] nm inv cactus

**c.-à-d.** (abrév de **c'est-à-dire**) i.e.

**cadastral, e,** mpl **-aux** [kadastʀal, o] adj cadastral ◆ **plan cadastral** cadastral map

**cadastre** [kadastʀ] nm (= registre) cadastre (Brit), cadaster (US); (= service) cadastral survey

**cadastrer** [kadastʀe] ▸ conjug 1 ◂ vt to survey and register *(in the cadastre)*

**cadavéreux, -euse** [kadaveʀø, øz] adj teint deathly pale; pâleur deathly ◆ **les blessés au teint cadavéreux** the deathly-looking ou deathly pale injured

**cadavérique** [kadaveʀik] → SYN adj teint deathly pale; pâleur deathly; visage cadaverous; → **rigidité**

**cadavre** [kadavʀ] → SYN nm **a** (humain) body, corpse; (animal) carcass, body ◆ **cadavre ambulant** walking ou living corpse ◆ **il y a un cadavre entre eux** they've got someone's blood on their hands ◆ **il y a un cadavre dans le placard** there's a skeleton in the cupboard (Brit) ou closet (US)

**b** ( * = bouteille vide, de vin etc ) empty (bottle), dead soldier *, dead man * (Brit)

**caddie** [kadi] nm **a** (Golf) caddie ◆ **être le caddie de qn** to caddie for sb, be sb's caddie

**b** ® (= chariot) (supermarket ou shopping) trolley (Brit), caddy (US), (grocery) cart (US)

**cade** [kad] nm (Bot) cade ◆ **huile de cade** oil of cade

**cadeau,** pl **cadeaux** [kado] → SYN nm **a** (= présent) present, gift (*de qn* from sb) ◆ **faire un cadeau à qn** to give sb a present ou gift ◆ **cadeau de mariage/de Noël** wedding/Christmas present ◆ **cadeau publicitaire** free gift, freebie *, giveaway * (US)

**b** (Loc) **faire cadeau de qch à qn** (offrir) to make sb a present of sth, give sb sth as a present; (laisser) to let sb keep sth, give sb sth ◆ **il a décidé d'en faire cadeau (à quelqu'un)** he decided to give it away (to somebody) ◆ **je vous fais cadeau des détails** I'll spare you the details ◆ **ils ne font pas de cadeaux** [examinateurs, police] they don't let you off lightly ◆ **ils ne nous ont pas fait de cadeau** [équipe adverse] they really gave us a run for our money ◆ **garde la monnaie, je t'en fais cadeau** you can keep the change ◆ **en cadeau** offrir, recevoir as a present ◆ **les petits cadeaux entretiennent l'amitié** there's nothing like a little present between friends ◆ **c'était un cadeau empoisonné** it was more of a curse than a blessing, it was a poisoned chalice ◆ **c'est pas un cadeau !** * it's (ou he's etc ) a real pain! *

**cadenas** [kadna] → SYN nm padlock ◆ **fermer au cadenas** to padlock

**cadenasser** [kadnase] → SYN ▸ conjug 1 ◂ **1** vt to padlock

**2 se cadenasser** vpr to lock o.s. in

**cadence** [kadɑ̃s] → SYN nf **a** (= rythme) [vers, chant, danse] rhythm ◆ **marquer la cadence** to beat out the rhythm

**b** (= vitesse, taux) rate, pace ◆ **cadence de tir/de production** rate of fire/of production ◆ **à la cadence de 10 par jour** at the rate of 10 a day ◆ **à une bonne cadence** at a good pace ou rate ◆ **ils nous font travailler à une cadence infernale** we have to work at a furious pace ◆ **forcer la cadence** to force the pace

**c** (Mus) [succession d'accords] cadence; [concerto] cadenza

◆ **en cadence** (= régulièrement) rhythmically; (= ensemble, en mesure) in time

**cadencé, e** [kadɑ̃se] (ptp de **cadencer**) adj **a** (= rythmé) rhythmic(al); → **pas**[1]

**b** (Ordin) **processeur cadencé à 130 MHz** processor that runs at 130 MHz, 130 MHz processor

**cadencer** [kadɑ̃se] → SYN ▸ conjug 3 ◂ vt [+ débit, phrases, allure, marche] to put rhythm into, give rhythm to

**cadet, -ette** [kadɛ, ɛt] → SYN **1** adj (de deux) younger; (de plusieurs) youngest

**2** nm **a** [famille] **le cadet** the youngest child ou boy ou one ◆ **le cadet des garçons** the youngest boy ou son ◆ **mon (frère) cadet** my younger brother ◆ **le cadet de mes frères** my youngest brother ◆ **le père avait un faible pour son cadet** the father had a soft spot for his youngest boy

**b** (relation d'âge) **il est mon cadet** he's younger than me ◆ **il est mon cadet de 2 ans** he's 2 years younger than me, he's 2 years my junior ◆ **c'est le cadet de mes soucis** that's the least of my worries

**c** (Tennis, Ping-Pong, Ftbl etc ) *15-17 year-old player*; (Athlétisme) *15-17 year-old athlete*; (Hist) cadet *(gentleman who entered the army to acquire military skill and eventually a commission)*

**3 cadette** nf **a** [famille] **la cadette** the youngest child ou girl ou one ◆ **la cadette des filles** the youngest girl ou daughter ◆ **ma (sœur) cadette** my younger sister

**b** (relation d'âge) **elle est ma cadette** she's younger than me

**c** (Tennis, Ping-Pong, Ftbl etc ) *15-17 year-old player*; (Athlétisme) *15-17 year-old athlete*

**cadmie** [kadmi] nf (Métal) tutty

**cadmium** [kadmjɔm] nm cadmium ◆ **jaune de cadmium** cadmium yellow

**cador** * [kadɔʀ] nm (= chien) dog, mutt *, pooch * (US); (péj = personne importante) heavyweight * ◆ **c'est pas un cador** (péj) he's no bright spark *

**cadrage** [kadʀaʒ] nm **a** (Photo, Ciné) (= action) framing; (= résultat) composition

**b** [budget, projet] guidelines ◆ **lettre de cadrage (budgétaire) du Premier ministre** budget guidelines *(sent by the Prime Minister to ministers and the managers of state-controlled companies)*

**cadran** [kadʀɑ̃] → SYN **1** nm [téléphone, boussole, compteur] dial; [montre, horloge] dial, face; [baromètre] face; → **tour**[2]

**2** COMP ▷ **cadran solaire** sundial

**cadrat** [kadʀa] nm (Typo) quad

**cadratin** [kadʀatɛ̃] nm (Typo) em quad

**cadre** [kadʀ] → SYN nm **a** [tableau, porte, bicyclette] frame ◆ **il roulait à bicyclette avec son copain sur le cadre** he was riding his bicycle with his friend on the crossbar

**b** (= tableau) picture

**c** (= caisse) **cadre (d'emballage** ou **de déménagement)** crate, packing case ◆ **cadre-conteneur** container

**d** (sur formulaire) space, box ◆ **ne rien écrire dans ce cadre** do not write in this space, leave this space blank

**e** (= décor) setting; (= entourage) surroundings ◆ **vivre dans un cadre luxueux/austère** to live in luxurious/austere surroundings ◆ **maison située dans un cadre de verdure** house in a leafy setting ◆ **quel cadre magnifique !** what a magnificent setting! ◆ **cadre de vie** (living) environment

**f** (= limites) scope ◆ **rester/être dans le cadre de** to remain/be ou fall within the scope of ◆ **cette décision sort du cadre de notre accord** this decision is outside ou beyond the scope of our agreement ◆ **il est sorti du cadre de ses fonctions** he went beyond the scope of ou overstepped the limits of his responsibilities ◆ **respecter le cadre de la légalité** to remain within (the bounds of) the law ◆ **sortir du cadre étroit de la vie quotidienne** to get out of the straitjacket ou the narrow confines of everyday life

**g** (= contexte) context, framework ◆ **dans le cadre de** [réformes, recherches, festival] within the context ou framework of

**h** (= structure) structure, framework ◆ **le cadre juridique/institutionnel** the legal/institutional framework; → **loi-cadre**

**i** (= chef, responsable) executive, manager; (Mil) officer ◆ **les cadres** management, the managerial staff ◆ **elle est passée cadre** she has been upgraded to a managerial position ou to the rank of manager, she's been made an executive ◆ **cadre subalterne** junior executive ou manager ◆ **cadre supérieur** ou **de direction** senior executive ou manager ◆ **cadre moyen** middle executive ou manager ◆ **les cadres moyens** middle management, middle-grade managers (US) ◆ **jeune cadre dynamique** (hum) upwardly mobile young executive

**j** (Admin = liste du personnel) **entrer dans/figurer sur les cadres (d'une compagnie)** to be (placed) on/be on the books (of a company) ◆ **être rayé des cadres** (= licencié) to be dismissed; (= libéré) to be discharged ◆ **hors cadre** detached, seconded (Brit)

**k** [radio] frame antenna

**l** (Photo) **cadre de développement** processing rack ◆ **viseur à cadre lumineux** collimator viewfinder

**cadrer** [kadʀe] → SYN ▸ conjug 1 ◂ **1** vi (= coïncider) to tally (*avec* with), conform (*avec* to, with)

**2** vt **a** (Photo) to centre (Brit), center (US) ◆ **cadrer un plan** to frame a shot

**b** (= définir) [+ projet] to define the parameters of

**c** (Ftbl) [+ tir] to line up

**cadreur** [kadʀœʀ] nm (Ciné) cameraman

**caduc, caduque** [kadyk] → SYN adj **a** (Bot) **à feuilles caduques** deciduous

**b** (Jur) (= nul) null and void; (= périmé) lapsed ◆ **devenir caduc** [legs] to become null and void; [loi] to lapse ◆ **rendre caduc** to render null and void, invalidate

**c** (= périmé) théorie outmoded, obsolete

**d** (Ling) **e caduc** mute e

**caducée** [kadyse] nm caduceus

**caducifolié, e** [kadysifɔlje] adj (Bot) deciduous

**cæcum** [sekɔm] nm caecum

**cæsium** [sezjɔm] nm caesium

**CAF**[1] [kaf] (abrév de **coût, assurance, fret**) CIF

**CAF**[2] [kaf] nf (abrév de **caisse d'allocations familiales**) → **caisse**

**cafard**[1] [kafaʀ] → SYN nm **a** (= insecte) cockroach

**b** ( * = mélancolie) **un coup de cafard** a fit of depression ou of the blues * ◆ **avoir le cafard** to be feeling down * ou low *, be down in the dumps * ◆ **ça lui donne le cafard** it depresses him, it gets him down *

**cafard**[2]**, e** [kafaʀ, aʀd] → SYN nm,f (péj) **a** ( * = rapporteur) sneak, telltale, tattletale (US)

**b** († = hypocrite) hypocrite

**cafardage** * [kafaʀdaʒ] nm (= rapportage) sneaking, taletelling, tattling (US)

**cafarder** * [kafaʀde] ▸ conjug 1 ◂ **1** vt (= dénoncer) to tell tales on, sneak on * (Brit), tattle on (US)

**2** vi **a** (= rapporter) to tell tales, sneak * (Brit), tattle (US)

**b** (= être déprimé) to be feeling down * ou low *, be down in the dumps *

**cafardeur, -euse**[1] [kafaʀdœʀ, øz] nm,f (péj) sneak, telltale, tattletale (US)

**cafardeux, -euse**[2] [kafaʀdø, øz] → SYN adj **a** (= déprimé) personne feeling down ou low * (attrib), down in the dumps * (attrib); tempérament gloomy, melancholy

**b** (= déprimant) depressing

**caf'conc'** * [kafkɔ̃s] nm abrév de **café-concert**

**café** [kafe] → SYN **1** nm **a** (= plante, boisson, produit) coffee; → **cuiller, service**

**b** (= moment du repas) coffee ◆ **au café, on parlait politique** we talked politics over coffee ◆ **il est arrivé au café** he came in when we were having coffee

**c** (= lieu) café, ≃ pub ◆ **le café du coin** the local café, ≃ the local * (Brit) ◆ **ce ne sont que des propos de café du Commerce** (gén) it's just barroom philosophizing; (politique) it's just barroom politics

**2** COMP ▷ **café complet** ≃ continental breakfast ▷ **café crème** *coffee with hot, frothy milk* ▷ **café décaféiné** decaffeinated coffee ▷ **café express** espresso coffee ▷ **café filtre** filter(ed) coffee ▷ **café en grains** coffee beans ▷ **café instantané** instant coffee ▷ **café au lait** coffee with milk, white coffee (Brit) ◆ **robe café au lait** coffee-coloured dress ▷ **café liégeois** coffee ice cream *(with whipped cream)* ▷ **café lyophilisé** (freeze-dried) instant coffee

▷ **café noir** ou **nature** black coffee ▷ **café en poudre** instant coffee ▷ **café soluble** instant coffee

**café-bar,** pl **cafés-bars** [kafebaʀ] nm café bar

**café-concert,** pl **cafés-concerts** [kafekɔ̃sɛʀ] nm *café where singers entertain customers*

**caféier** [kafeje] nm coffee tree

**caféière** [kafejɛʀ] nf coffee plantation

**caféine** [kafein] nf caffeine

**caféisme** [kafeism] nm caffeine addiction

**café-restaurant,** pl **cafés-restaurants** [kafeʀɛstɔʀɑ̃] nm café restaurant

**cafet'** *, **cafét'** * [kafɛt] nf abrév de **cafétéria**

**café-tabac,** pl **cafés-tabacs** [kafetaba] nm café *(where cigarettes may be purchased)*

**cafetan** [kaftɑ̃] nm caftan

**cafeter** * [kafte] vti ⇒ **cafter**

**cafétéria** [kafeteʀja] nf cafeteria

**cafeteur, -euse** * [kaftœʀ, øz] nm,f ⇒ **cafteur, -euse**

**café-théâtre,** pl **cafés-théâtres** [kafeteatʀ] nm (= genre) *light entertainment performed in small theatres;* (= endroit) small theatre (Brit) ou theater (US) ◆ **il a fait trois ans de café-théâtre** ≈ he did three years as a stand-up comedian

**cafetier, -ière** [kaftje, jɛʀ] [→ SYN] [1] nm,f café-owner

[2] **cafetière** nf **a** (= pot) coffeepot; (= machine) coffee-maker ◆ **cafetière électrique** electric coffee-maker ◆ **cafetière à l'italienne** espresso maker ◆ **cafetière à piston** cafetiere ◆ **cafetière à pression** percolator

**b** (* = tête) head, nut *, noodle *

**cafouillage** * [kafujaʒ] nm muddle, shambles sg

**cafouiller** * [kafuje] ▸ conjug 1 ◂ vi [organisation, administration] to be in a shambles ou mess; [discussion] to turn into a shambles, fall apart; [candidat] to flounder, get into a muddle; [moteur, appareil] to work in fits and starts; [télévision] to be on the blink * ◆ **dans cette affaire le gouvernement cafouille** the government's in a real shambles over this business ◆ **en seconde mi-temps, leur équipe a cafouillé** their team fell apart in the second half

**cafouilleur, -euse** * [kafujœʀ, øz], **cafouilleux, -euse** * [kafujø, øz] [1] adj organisation, discussion chaotic, shambolic * (Brit) ◆ **il est cafouilleur** he always gets (things) into a muddle

[2] nm,f muddler, bungler

**cafouillis** [kafuji] nm ⇒ **cafouillage**

**caftan** [kaftɑ̃] nm ⇒ **cafetan**

**cafter** * [kafte] ▸ conjug 1 ◂ [1] vt (= dénoncer) to tell tales on, sneak on * (Brit), tattle on (US)

[2] vi to tell tales, sneak * (Brit), tattle (US)

**cafteur, -euse** * [kaftœʀ, øz] nm,f sneak, telltale, tattletale (US)

**CAG** [kag] nm (abrév de **contrôle automatique de gain**) AGC

**cage** [kaʒ] [→ SYN] [1] nf **a** [animaux] cage ◆ **mettre en cage** (lit) to put in a cage; (fig) [+ voleur] to lock up ◆ **dans ce bureau, je me sens comme un animal en cage** I feel cooped up in this office

**b** [roulement à billes, pendule] casing; [maison] shell

**c** (* : Sport = but) goal

[2] COMP ▷ **cage d'ascenseur** lift (Brit) ou elevator (US) shaft ▷ **cage d'escalier** (stair)well ▷ **cage d'extraction** (Min) cage ▷ **cage de Faraday** Faraday cage ▷ **cage à lapins** (lit) (rabbit) hutch; (fig) rabbit hutch, box ▷ **cage à oiseaux** birdcage ▷ **cage à poules** (lit) hen-coop; (pour enfants) jungle-gym, climbing frame; (péj = immeuble) rabbit hutch, box ▷ **cage thoracique** ribcage

**cageot** [kaʒo] [→ SYN] nm **a** [légumes, fruits] crate

**b** (* = femme laide) dog *

**cagette** [kaʒɛt] nf [légumes, fruits] crate

**cagibi** [kaʒibi] nm (= débarras) boxroom (Brit), storage room (US), glory hole * (Brit); (= remise) shed

**cagna** [kaɲa] [→ SYN] nm (arg Mil = abri) dugout

**cagnard** * [kaɲaʀ] nm ◆ **sous le cagnard** in the blazing sun ◆ **quel cagnard !** what a scorcher! *

**cagne** [kaɲ] nf → **khâgne**

**cagneux**[1], **-euse** [kaɲø, øz] [→ SYN] adj cheval, personne knock-kneed; jambes crooked ◆ **genoux cagneux** knock knees

**cagneux**[2], **-euse** [kaɲø, øz] nm,f → **khâgneux, -euse**

**cagnotte** [kaɲɔt] [→ SYN] nf (= caisse commune) kitty; [jeu] pool, kitty; (* = économies) nest egg

**cagole** * [kagɔl] nf (dial, péj) *pejorative term for a vulgar woman in the south of France*

**cagot, e** [kago, ɔt] [→ SYN] († † ou péj) [1] adj allure, air sanctimonious

[2] nm,f sanctimonious hypocrite

**cagoule** [kagul] [→ SYN] nf [moine] cowl; [pénitent] hood, cowl; [bandit] hood, mask; (= passe-montagne) balaclava

**cagoulé, e** [kagule] adj bandit hooded, masked, wearing a balaclava

**cahier** [kaje] [→ SYN] [1] nm **a** (Scol) notebook, exercise book

**b** (= revue) journal; (= partie détachable) pull-out supplement

**c** (Typo) signature, gathering

[2] COMP ▷ **cahier d'appel** (Scol) register (Brit), attendance sheet (US) ▷ **cahier de brouillon** roughbook (Brit), notebook (for rough drafts) (US) ▷ **cahier des charges** [production] specifications, requirements (US); [contrat] terms of reference, terms and conditions; [entreprise] mission statement ▷ **cahier de cours** notebook, exercise book ▷ **cahier de devoirs** homework book ▷ **cahier de doléances** (Hist) register of grievances ▷ **cahier d'exercices** exercise book ▷ **cahier à spirale** spiral notebook ▷ **cahier de textes** homework notebook ou diary ▷ **cahier de travaux pratiques** lab book

**cahin-caha** * [kaɛ̃kaa] adv ◆ **aller cahin-caha** [troupe, marcheur] to hobble along; [affaires] to struggle along ◆ **la vie continue cahin-caha** life trundles on ◆ **alors ça va ? – cahin-caha** (santé) how are you? – (I'm) so-so

**cahors** [kaɔʀ] nm (= vin) cahors *(red wine made in the south west of France)*

**cahot** [kao] [→ SYN] nm (= secousse) jolt, bump ◆ **cahots** (fig) ups and downs

**cahotant, e** [kaɔtɑ̃, ɑ̃t] [→ SYN] adj route bumpy, rough; véhicule jolting

**cahotement** [kaɔtmɑ̃] nm bumping, jolting

**cahoter** [kaɔte] [→ SYN] ▸ conjug 1 ◂ [1] vt [+ véhicule] to jolt; [+ voyageurs] to jolt ou bump about; [vicissitudes] to buffet about ◆ **une famille cahotée par la guerre** a family buffeted ou tossed about by the war

[2] vi [véhicule] to trundle along ◆ **le petit train cahotait le long du canal** the little train trundled along by the canal

**cahoteux, -euse** [kaɔtø, øz] [→ SYN] adj route bumpy, rough

**cahute** [kayt] [→ SYN] nf (= cabane) shack, hut; (péj) shack

**caïd** [kaid] [→ SYN] nm **a** * (= meneur) [pègre] boss, big chief *; [classe, bureau] big shot *; (= as, crack) ace * ◆ **le caïd de l'équipe** the star of the team, the team's top man ◆ **en mécanique, c'est un caïd** he's an ace * at mechanics ◆ **jouer les caïds** ou **au caïd** to swagger about

**b** (en Afrique du Nord = fonctionnaire) kaid

**caïeu,** pl **caïeux** [kajø] [→ SYN] nm [tulipe] offset bulbil; [ail] offset clove

**caillasse** [kajas] [→ SYN] nf loose stones ◆ **pente couverte de caillasse** scree-covered slope, slope covered with loose stones ◆ **ce n'est que de la caillasse** (péj) it's just like gravel, it's just loose stones

**caille** [kaj] [→ SYN] nf (= oiseau) quail ◆ **chaud comme une caille** warm as toast ◆ **rond comme une caille** plump as a partridge ◆ **oui ma caille** * (affectueusement) yes poppet * (Brit) ou honey * (US)

**caillé** [kaje] [→ SYN] nm curds

**caillebotis** [kajbɔti] [→ SYN] nm (= treillis) grating; (= plancher) duckboards

**caillebotte** [kajbɔt] [→ SYN] nf (= lait caillé) curds

**caille-lait** [kajlɛ] nm inv (Bot) bedstraw

**caillement** [kajmɑ̃] [→ SYN] nm [lait] curdling; [sang] coagulating, clotting

**cailler** [kaje] ▸ conjug 1 ◂ [1] vi **a** [lait] to curdle ◆ **faire cailler du lait** to curdle milk

**b** (* = avoir froid) to be freezing ◆ **ça caille dehors** it's freezing outside, it's brass monkey weather * ◆ **ça caille ici !** it's freezing in here!

[2] **se cailler** vpr **a** [lait] to curdle; [sang] to coagulate, clot; → **lait**

**b** (* = avoir froid) to be freezing ◆ **on se (les) caille !, on se caille les miches** ou **les meules** it's freezing cold!, it's bloody freezing! ** (Brit)

**caillette** [kajɛt] nf (Zool) rennet stomach, abomasum (SPÉC)

**caillot** [kajo] [→ SYN] nm (blood) clot

**caillou,** pl **cailloux** [kaju] [→ SYN] nm **a** (gén) stone; (= petit galet) pebble; (= grosse pierre) boulder; (* = diamant) stone ◆ **des tas de cailloux d'empierrement** heaps of road metal ◆ **c'est du caillou** (= mauvaise terre) it's nothing but stones ◆ **il a un caillou à la place du cœur** he has a heart of stone

**b** (= îlot) rock ◆ **le Caillou** * New Caledonia

**c** (arg Drogue) rock

**d** (* = tête) head, nut * ◆ **il n'a pas un poil** ou **cheveu sur le caillou** * he's as bald as a coot ou an egg

**cailloutage** [kajutaʒ] [→ SYN] nm (= action) metalling; (= cailloux) (road) metal, ballast

**caillouter** [kajute] [→ SYN] ▸ conjug 1 ◂ vt (= empierrer) to metal

**caillouteux, -euse** [kajutø, øz] [→ SYN] adj route, terrain stony; plage pebbly, shingly

**cailloutis** [kajuti] [→ SYN] nm (gén) gravel; [route] (road) metal, ballast

**caïman** [kaimɑ̃] [→ SYN] nm cayman, caiman

**Caïmans** [kaimɑ̃] nfpl ◆ **les (îles) Caïmans** the Cayman Islands

**Caïn** [kaɛ̃] nm Cain

**Caire** [kɛʀ] nm ◆ **Le Caire** Cairo

**cairn** [kɛʀn] nm **a** (Alpinisme) cairn

**b** (= chien) cairn (terrier)

**caisse** [kɛs] [→ SYN] [1] nf **a** (pour emballage) box; [fruits, légumes] crate; [bouteilles] case; [plantes] tub; (= litière de chat) litter tray ◆ **mettre des arbres en caisse** to plant trees in tubs

**b** (Tech = boîte, carcasse) [horloge] casing; [orgue] case; [véhicule] bodywork; [tambour] cylinder

**c** (Fin) (= tiroir) till; (= machine) cash register, till; (portable) cashbox ◆ **petite caisse** (= somme d'argent) petty cash, float * (US) ◆ **avoir de l'argent en caisse** to have ready cash ◆ **ils n'ont plus un sou en caisse** they haven't got a penny ou a cent (US) left in the bank ◆ **faire la caisse** to count up the money in the till, do the till ◆ **être à la caisse** (temporairement) to be at ou on the cashdesk; (= être caissier) to be the cashier ◆ **tenir la caisse** to be the cashier; (hum) to hold the purse strings ◆ **les caisses de l'État** the state coffers ◆ **se servir** ou **piquer** * **dans la caisse** to have one's fingers ou hand in the till ◆ **partir avec la caisse** to make off with the contents of the till ou the takings; → **bon**[2], **livre**[1]

**d** (= guichet) [boutique] cashdesk; [banque] cashier's desk; [supermarché] check-out ◆ **passer à la caisse** (lit) to go to the cashdesk ou cashier; (= être payé) to collect one's money; (= être licencié) to get paid off ◆ **on l'a prié de passer à la caisse** he was asked to collect his last wages and go

**e** (= établissement, bureau) office; (= organisme) fund ◆ **caisse d'entraide** mutual aid fund

**f** (Mus = tambour) drum; → **gros**

**g** (* = poitrine) chest ◆ **il s'en va** ou **part de la caisse** his lungs are giving out

**h** (* = voiture) motor * (Brit), auto * (US) ◆ **vieille caisse** old heap *, old banger * (Brit), jalopy (US)

[2] COMP ▷ **caisse d'allocations familiales** family allowance office (Brit), ≈ welfare center (US) ▷ **caisse claire** (Mus) side ou snare drum ▷ **caisse comptable** ⇒ **caisse enregistreuse** ▷ **caisse des dépôts et consignations** deposit and consignment office ▷ **caisse à eau** (Naut, Rail) water tank ▷ **caisse d'emballage** packing case ▷ **caisse enregistreuse** cash register

▷ **caisse d'épargne** savings bank ▷ **Caisse nationale d'assurance maladie** *national state health insurance office* ▷ **caisse noire** secret funds ▷ **caisse à outils** toolbox ▷ **caisse de prévoyance** contingency ou reserve fund ▷ **caisse primaire d'assurance maladie** *state health insurance office,* ≃ Department of Health office (Brit), ≃ Medicaid office (US) ▷ **caisse de résonance** resonance chamber ▷ **caisse de retraite** superannuation ou pension fund ▷ **caisse à savon** (lit) soapbox; (péj = meuble) old box ▷ **caisse de secours** relief ou emergency fund ▷ **caisse de sécurité sociale** *Social Security office* ▷ **caisse de solidarité** (Scol) school fund ▷ **caisse du tympan** middle ear, tympanic cavity (SPÉC)

**caisserie** [kɛsʀi] nf box (ou crate) factory

**caissette** [kɛsɛt] nf (small) box

**caissier, -ière** [kesje, jɛʀ] [→ SYN] nm,f [banque] cashier; [magasin] cashier, assistant at the cashdesk; [supermarché] check-out assistant (Brit) ou clerk (US), checker (US); [cinéma] cashier, box-office assistant

**caisson** [kɛsɔ̃] nm **a** (= caisse) box, case; [bouteilles] crate; (= coffrage) casing; (Mil = chariot) caisson

**b** (Tech : immergé) caisson ◆ **caisson hyperbare** hyperbaric chamber ◆ **le mal** ou **la maladie des caissons** caisson disease, decompression sickness, the bends *

**c** [plafond] caisson, coffer; → **plafond, sauter**

**cajeput** [kaʒpyt] nm (Bot) cajuput, cajeput

**cajoler** [kaʒɔle] [→ SYN] ▸ conjug 1 ◂ vt (= câliner) cuddle, make a fuss of; († = amadouer) to wheedle, coax, cajole ◆ **cajoler qn pour qu'il donne qch** ou **pour obtenir qch** to try to wheedle sth out of sb

**cajolerie** [kaʒɔlʀi] [→ SYN] nf **a** (= caresses) **cajoleries** cuddling ◆ **faire des cajoleries à qn** to make a fuss of sb, give sb a cuddle

**b** († = flatterie) flattery, cajoling (NonC), cajolery ◆ **arracher une promesse à qn à force de cajoleries** to coax ou cajole a promise out of sb

**cajoleur, -euse** [kaʒɔlœʀ, øz] [→ SYN] **1** adj (= câlin) mère loving, affectionate; (= flatteur) voix, personne wheedling, coaxing

**2** nm,f (= flatteur) wheedler, coaxer

**cajou** [kaʒu] nm ◆ **(noix de) cajou** cashew nut

**cajun** [kaʒœ̃] **1** adj inv Cajun

**2** nm (Ling) Cajun

**3** **Cajun** nmf Cajun

**cake** [kɛk] nm fruit cake

**cal** [kal] [→ SYN] nm (Bot, Méd) callus

**cal.** (abrév de **calorie**) cal

**calabrais, e** [kalabʀɛ, ɛz] **1** adj Calabrian

**2** **Calabrais(e)** nm,f Calabrian

**Calabre** [kalabʀ] nf Calabria

**caladium** [kaladjɔm] nm caladium

**calage** [kalaʒ] nm **a** (avec une cale, un coin) [meuble, fenêtre, porte] wedging; [roue] chocking, wedging; (avec une vis, une goupille) [poulie] keying; [cheville, objet pivotant] wedging, locking

**b** [moteur] stalling ◆ **après deux calages successifs** having stalled twice

**calaison** [kalɛzɔ̃] [→ SYN] nf (Naut) draught

**calamar** [kalamaʀ] nm ⇒ **calmar**

**calambac** [kalɑ̃bak], **calambour** [kalɑ̃buʀ] nm agalloch, eaglewood

**calamine** [kalamin] nf **a** (Minér) calamine

**b** (Aut = résidu) carbon deposits

**calaminer (se)** [kalamine] ▸ conjug 1 ◂ vpr [cylindre etc ] to be caked with soot, coke up (Brit), get coked up (Brit)

**calamistré, e** [kalamistʀe] adj cheveux waved and brilliantined

**calamite** [kalamit] nf (= fossile) calamite

**calamité** [kalamite] [→ SYN] nf (= malheur) calamity; (*: hum) disaster ◆ **ce type est une calamité** * that guy is a (walking) disaster *

**calamiteux, -euse** [kalamitø, øz] [→ SYN] adj calamitous

**calancher** ⁑ [kalɑ̃ʃe] ▸ conjug 1 ◂ vi to croak ⁑, kick the bucket ⁑, snuff it ⁑ (Brit)

**calandre**[1] [kalɑ̃dʀ] nf [automobile] radiator grill; (= machine) calender

**calandre**[2] [kalɑ̃dʀ] nf (= alouette) calandra lark; (= charançon) weevil

**calandrer** [kalɑ̃dʀe] ▸ conjug 1 ◂ vt to calender

**calanque** [kalɑ̃k] [→ SYN] nf (= crique) rocky inlet *(in the Mediterranean)*

**calao** [kalao] nm hornbill

**calcaire** [kalkɛʀ] **1** adj **a** (= qui contient de la chaux) sol, terrain chalky, calcareous (SPÉC); eau hard

**b** (Géol) roche, plateau, relief limestone (épith)

**c** (Méd) dégénérescence calcareous; (Chim) sels calcium (épith)

**2** nm (Géol) limestone; [bouilloire] fur (Brit), sediment (US) ◆ **faire un coup de calcaire** ⁑ (déprimé) to have a touch of the blues *; (en colère) to fly off the handle

**calcanéum** [kalkaneɔm] nm calcaneum

**calcédoine** [kalsedwan] nf chalcedony

**calcémie** [kalsemi] nf plasma calcium level

**calcéolaire** [kalseɔlɛʀ] nf calceolaria

**calcicole** [kalsikɔl] adj calcicolous

**calcif** ⁑ [kalsif] nm ⇒ **calecif**

**calcification** [kalsifikasjɔ̃] nf (Méd) calcification

**calcifié, e** [kalsifje] (ptp de **calcifier**) adj calcified

**calcifier** vi, **se calcifier** vpr [kalsifje] ▸ conjug 7 ◂ to calcify

**calcifuge** [kalsifyʒ] adj calcifugal, calcifugous

**calcin** [kalsɛ̃] nm [verre] cullet

**calcination** [kalsinasjɔ̃] nf calcination

**calciné, e** [kalsine] (ptp de **calciner**) adj débris, os charred, burned to ashes (attrib); rôti charred, burned to a cinder (attrib)

**calciner** [kalsine] [→ SYN] ▸ conjug 1 ◂ **1** vt (Tech = brûler) [+ pierre, bois, métal] to calcine (SPÉC); [+ rôti] to burn to a cinder ◆ **la plaine calcinée par le soleil** (littér) the sun-scorched ou sun-baked plain

**2** **se calciner** vpr [rôti] to burn to a cinder; [débris] to burn to ashes

**calcique** [kalsik] adj calcic ◆ **déficit calcique** calcium deficiency

**calcite** [kalsit] nf calcite

**calcitonine** [kalsitɔnin] nf (thyro)calcitonin

**calcium** [kalsjɔm] nm calcium

**calciurie** [kalsjyʀi] nf calcium level in the urine

**calcul** [kalkyl] [→ SYN] **1** nm **a** (= opération) calculation; (= exercice scolaire) sum ◆ **calcul des retraites** (Admin) pension calculation ◆ **calcul de l'impôt (sur le revenu)** tax assessment ◆ **se tromper dans ses calculs, faire une erreur de calcul** to miscalculate, make a miscalculation, make a mistake in one's calculations ◆ **si on fait le calcul** when you add it all up; → **règle**

**b** (= discipline) **le calcul** arithmetic ◆ **fort en calcul** good at arithmetic ◆ **le calcul différentiel/intégral/des prédicats** differential/integral/predicate calculus

**c** (= estimation) **calculs** reckoning(s), calculations ◆ **d'après mes calculs** by my reckoning, according to my calculations

**d** (= plan) calculation (NonC); (= arrière-pensée) ulterior motive ◆ **calculs intéressés** self-interested motives ◆ **par calcul** with an ulterior motive, out of (calculated) self-interest ◆ **faire un bon calcul** to calculate correctly ou right ◆ **faire un mauvais calcul** to miscalculate, make a miscalculation

**e** (Méd) stone, calculus (SPÉC)

**2** COMP ▷ **calcul algébrique** calculus ▷ **calcul biliaire** gallstone ▷ **calcul mental** (= discipline) mental arithmetic; (= opération) mental calculation ▷ **calcul des probabilités** probability theory ◆ **un simple calcul des probabilités vous indiquera que ...** calculating the probability will show you that ... ▷ **calcul rénal** kidney stone, renal calculus (SPÉC)

**calculabilité** [kalkylabilite] nf calculability

**calculable** [kalkylabl] [→ SYN] adj calculable, which can be calculated ou worked out

**calculateur, -trice** [kalkylatœʀ, tʀis] [→ SYN] **1** adj (= intéressé) calculating

**2** nm (= machine) computer ◆ **calculateur numérique/analogique** digital/analog computer

**3** **calculatrice** nf (= machine) calculator ◆ **calculatrice de poche** pocket ou hand-held calculator

**4** nm,f (= personne) calculator

**calculer** [kalkyle] [→ SYN] ▸ conjug 1 ◂ **1** vt **a** [+ prix, quantité, surface] to work out, calculate ◆ **il calcule vite** he calculates quickly, he's quick at figures ou at calculating ◆ **il calcula mentalement la distance** he worked out ou calculated the distance in his head; → **machine, règle**

**b** (= évaluer) [+ chances, conséquences] to calculate, work out, weigh up ◆ **calculer son élan** (Sport) to judge one's run-up ◆ **calculer que ...** to work out ou calculate that ... ◆ **tout bien calculé** everything ou all things considered; → **risque**

**c** (= préméditer) [+ geste, effets] to plan, calculate; [+ plan, action] to plan ◆ **elle calcule continuellement** she's always calculating ◆ **calculer son coup** to plan one's move (carefully) ◆ **ils avaient calculé leur coup** they had it all figured out * ◆ **avec une gentillesse calculée** with calculated kindness

**2** vi (= économiser) to budget carefully, count the pennies ◆ **ces gens qui calculent** (péj) people who are always counting their pennies ou who work out every penny

**calculette** [kalkylɛt] nf pocket ou hand-held calculator

**Calcutta** [kalkyta] n Calcutta

**calde(i)ra** [kaldeʀa] nf caldera

**caldoche** [kaldɔʃ] **1** adj white New Caledonian (épith)

**2** **Caldoche** nmf white New Caledonian

**cale**[1] [kal] [→ SYN] nf **a** (= soute) hold; → **fond**

**b** (= chantier, plan incliné) slipway ◆ **cale de chargement** slipway ◆ **cale sèche** ou **de radoub** dry ou graving dock

**cale**[2] [kal] [→ SYN] nf (= coin) [meuble, caisse] wedge; (Golf) wedge; [roue] chock, wedge ◆ **mettre une voiture sur cales** to put a car on blocks

**calé, e** * [kale] [→ SYN] (ptp de **caler**) adj **a** (= savant) personne bright ◆ **être calé en chimie** to be a wizard * at chemistry ◆ **c'est drôlement calé ce qu'il a fait** what he did was terribly clever

**b** (= ardu) problème tough

**calebasse** [kalbɑs] nf (= récipient) calabash, gourde

**calebassier** [kalbɑsje] nm calabash tree

**calèche** [kalɛʃ] nf barouche

**calecif** ⁑ [kalsif] nm pants (Brit), shorts (US)

**caleçon** [kalsɔ̃] [→ SYN] nm **a** [homme] boxer shorts, shorts (US) ◆ **3 caleçons** 3 pairs of boxer shorts ou shorts (US) ◆ **caleçon de bain** swimming ou bathing trunks ◆ **caleçon(s) long(s)** long johns *

**b** [femme] leggings

**Calédonie** [kaledɔni] nf Caledonia

**calédonien, -ienne** [kaledɔnjɛ̃, jɛn] **1** adj Caledonian

**2** **Calédonien(ne)** nm,f Caledonian

**calembour** [kalɑ̃buʀ] [→ SYN] nm pun, play on words (NonC)

**calembredaine** [kalɑ̃bʀədɛn] [→ SYN] nf (= plaisanterie) silly joke ◆ **calembredaines** (= balivernes) balderdash (NonC), nonsense (NonC)

**calendaire** [kalɑ̃dɛʀ] adj calendar (épith)

**calendes** [kalɑ̃d] nfpl (Antiq) calends; → **renvoyer**

**calendos** ⁑ [kalɑ̃dos] nm Camembert (cheese)

**calendrier** [kalɑ̃dʀije] [→ SYN] nm (= jours et mois) calendar; (= programme) schedule ◆ **calendrier d'amortissement** repayment schedule ◆ **calendrier à effeuiller/perpétuel** tear-off/everlasting calendar ◆ **le calendrier républicain** the French Revolutionary Calendar ◆ **calendrier des examens** exam timetable ◆ **calendrier des rencontres** (Ftbl) fixture(s) timetable ou list ◆ **calendrier de travail** work schedule ou programme ◆ **calendrier scolaire** school schedule

**cale-pied** [kalpje] nm inv [vélo] toe clip

**calepin** [kalpɛ̃] [→ SYN] nm notebook

**caler** [kale] → SYN ▸ conjug 1 ◂ 1 vt a (avec une cale, un coin) [+ meuble] to put a wedge under, wedge; [+ fenêtre, porte] (pour la maintenir ouverte) to wedge open; (pour la maintenir fermée) to wedge shut; [+ roue] to chock, wedge

b (avec une vis, une goupille) [+ poulie] to key; [+ cheville, objet pivotant] to wedge, lock

c (avec des coussins etc ) [+ malade] to prop up ◆ **caler sa tête sur l'oreiller** to prop ou rest one's head on the pillow ◆ **des coussins lui calaient la tête, il avait la tête (bien) calée par des coussins** his head was propped up on ou supported by cushions

d (= appuyer) [+ pile de livres, de linge] to prop up ◆ **caler qch dans un coin/contre qch** to prop sth up in a corner/against sth

e [+ moteur, véhicule] to stall

f (Naut) [+ mât] to house

g ( * = bourrer) **ça cale (l'estomac)** it fills you up ◆ **non merci, je suis calé** no thanks, I'm full up * ou I've eaten more than my fill

2 vi a [véhicule, moteur, conducteur] to stall

b * (= être bloqué) to be stuck; (= abandonner) to give up ◆ **caler sur un exercice difficile** to be stuck on a difficult exercise ◆ **il a calé avant le dessert** he gave up before the dessert ◆ **il a calé sur le dessert** he couldn't finish his dessert

c (Naut) **caler trop** to have too great a draught ◆ **caler 8 mètres** to draw 8 metres of water

3 **se caler** vpr ◆ **se caler dans un fauteuil** to plant o.s. firmly ou settle o.s. comfortably in an armchair ◆ **se caler les joues** * to stuff o.s., have a good feed * (Brit)

**caleter** * vi, **se caleter** vpr [kalte] ▸ conjug 1 ◂ ⇒ **calter**

**calfatage** [kalfataʒ] nm (Naut) ca(u)lking

**calfater** [kalfate] → SYN ▸ conjug 1 ◂ vt (Naut) to ca(u)lk

**calfeutrage** [kalføtʀaʒ], **calfeutrement** [kalføtʀəmɑ̃] nm [pièce, porte] draughtproofing (Brit), draftproofing (US); [fissure] filling, stopping up

**calfeutrer** [kalføtʀe] → SYN ▸ conjug 1 ◂ 1 vt [+ pièce, porte] to (make) draughtproof (Brit) ou draftproof (US); [+ fissure] to fill, stop up ◆ **calfeutré** pièce, porte draughtproof (Brit) (épith), draftproof (US) (épith) ◆ **calfeutrer une fenêtre avec un bourrelet** to put (a) weatherstrip round a window

2 **se calfeutrer** vpr (= s'enfermer) to shut o.s. up ou away; (pour être au chaud) to get cosy

**calibrage** [kalibʀaʒ] nm [œufs, fruits, charbon] grading; [conduit, cylindre, fusil] calibration; [pièce travaillée] gauging; (Imprim) [texte] cast-off

**calibre** [kalibʀ] → SYN nm a (= diamètre) [fusil, canon] calibre (Brit), caliber (US), bore; [tuyau] bore, diameter; [obus, balle] calibre (Brit), caliber (US); [cylindre, instrument de musique] bore; [câble] diameter; [œufs, fruits] grade; [boule] size ◆ **de gros calibre** pistolet large-bore (épith); obus large-calibre (épith) ◆ **pistolet de calibre 7,35** 7.35 mm (calibre) pistol

b (arg Crime = pistolet) rod (arg), gat (arg)

c (= instrument) (pour mesurer) gauge; (pour reproduire) template

d (= envergure) calibre (Brit), caliber (US) ◆ **son frère est d'un autre calibre** his brother is of another calibre altogether ◆ **c'est rare un égoïsme de ce calibre** you don't often see selfishness on such a scale

**calibrer** [kalibʀe] → SYN ▸ conjug 1 ◂ vt a (= mesurer) [+ œufs, fruits, charbon] to grade; [+ conduit, cylindre, fusil] to calibrate; (Imprim) texte to cast off

b (= finir) [+ pièce travaillée] to gauge

**calice** [kalis] → SYN nm (Rel) chalice; (Bot, Physiol) calyx; → **boire**

**caliche** [kaliʃ] nm caliche

**calicot** [kaliko] → SYN nm (= tissu) calico; (= banderole) banner

**calicule** [kalikyl] nm calycle, epicalyx (SPÉC)

**califat** [kalifa] nm caliphate

**calife** [kalif] nm caliph ◆ **il veut être calife à la place du calife** he likes to play God

**Californie** [kalifɔʀni] nf California

**californien, -ienne** [kalifɔʀnjɛ̃, jɛn] 1 adj Californian

2 **Californien(ne)** nm,f Californian

**californium** [kalifɔʀnjɔm] nm californium

**califourchon** [kalifuʀʃɔ̃] → SYN **à califourchon** loc adv astride ◆ **s'asseoir à califourchon sur qch** to straddle sth, sit astride sth ◆ **être à califourchon sur qch** to be astride sth ◆ **monter à califourchon** (Équitation) to ride astride

**Caligula** [kaligyla] nm Caligula

**câlin, e** [kɑlɛ̃, in] → SYN 1 adj (= qui aime les caresses) enfant, chat cuddly, cuddlesome; (= qui câline) mère, ton, regard tender, loving

2 nm cuddle ◆ **faire un (petit) câlin** ou **des câlins à qn** to make a fuss of sb, give sb a cuddle

**câliner** [kɑline] → SYN ▸ conjug 1 ◂ vt to cuddle, make a fuss of

**câlinerie** [kɑlinʀi] → SYN nf (= tendresse) tenderness ◆ **câlineries** (= caresses) caresses ◆ **faire des câlineries à qn** to cuddle sb, make a fuss of sb

**caliorne** [kaljɔʀn] nf (Naut) (big) tackle

**calisson** [kalisɔ̃] nm calisson *(lozenge-shaped sweet made of ground almonds)*

**calleux, -euse** [kalø, øz] → SYN adj peau horny, callous ◆ **corps calleux** (Anat) corpus callosum

**calligramme** [kaligʀam] nm (= poème) calligramme

**calligraphe** [ka(l)ligʀaf] nmf calligrapher, calligraphist

**calligraphie** [ka(l)ligʀafi] → SYN nf (= technique) calligraphy, art of handwriting ◆ **c'est de la calligraphie** it's lovely handwriting, the handwriting is beautiful

**calligraphier** [ka(l)ligʀafje] ▸ conjug 7 ◂ vt [+ titre, phrase] to write artistically, calligraph (SPÉC)

**calligraphique** [ka(l)ligʀafik] adj calligraphic

**callipyge** [ka(l)lipiʒ] adj (hum) callipygian, big-bottomed ◆ **la Vénus callipyge** Callipygian Venus

**callosité** [kalozite] → SYN nf callosity

**calmant, e** [kalmɑ̃, ɑ̃t] → SYN 1 adj a (Pharm) (= tranquillisant) tranquillizing (épith); (contre la douleur) painkilling (épith)

b (= apaisant) paroles soothing

2 nm (= tranquillisant) tranquillizer, sedative; (= antidouleur) painkiller

**calmar** [kalmaʀ] → SYN nm squid

**calme** [kalm] → SYN 1 adj (gén) quiet, calm; (= paisible) peaceful; (Naut) mer calm; nuit, air still; chambre quiet; (Fin) marché, affaires quiet ◆ **malgré leurs provocations il restait très calme** he remained quite calm ou cool ou unruffled in spite of their taunts ◆ **le malade a eu une nuit calme** the patient has had a quiet ou peaceful night

2 nm a (= sang-froid) coolness, composure ◆ **garder son calme** to keep cool ou calm, keep one's composure ou one's cool * ◆ **perdre son calme** to lose one's composure ou one's cool * ◆ **avec un calme incroyable** with incredible composure ◆ **recouvrant son calme** recovering ou regaining his composure

b (= tranquillité) (gén) peace (and quiet), calm; [nuit] stillness; [endroit] peacefulness ◆ **il me faut du calme pour travailler** I need peace and quiet to work ◆ **du calme !** (= restez tranquille) keep quiet!; (= pas de panique) keep calm! ou cool! ◆ **le malade doit rester au calme** the patient needs quiet ◆ **ramener le calme** (= arranger les choses) to calm things down; (= rétablir l'ordre) to restore calm ◆ **le calme avant la tempête** the calm ou lull before the storm

c **(zones des) calmes équatoriaux** (Naut) doldrums (lit) ◆ **calme plat** dead ou flat calm ◆ **c'est le calme plat dans les affaires** business is dead quiet ou practically at a standstill ◆ **depuis que je lui ai envoyé cette lettre c'est le calme plat** I haven't heard a thing since I sent him that letter

**calmement** [kalməmɑ̃] adv agir calmly ◆ **la journée s'est passée calmement** the day passed quietly

**calmer** [kalme] → SYN ▸ conjug 1 ◂ 1 vt a (= apaiser) [+ personne] to calm (down), pacify; [+ querelle, discussion] to quieten down (Brit), quiet down (US); [+ révolte] to subdue; (littér) [+ tempête, flots] to calm ◆ **calmer les esprits** to calm people down, pacify people ◆ **attends un peu, je vais te calmer !** * just you wait, I'll (soon) quieten (Brit) ou quiet (US) you down! ◆ **calmer le jeu** (lit, fig) to calm things down

b (= réduire) [+ douleur, inquiétude] to soothe, ease; [+ nerfs, agitation, crainte, colère] to calm, soothe; [+ fièvre] to bring down; [+ impatience] to curb; [+ faim] to appease; [+ soif] to quench; [+ ardeur] to cool, subdue

2 **se calmer** vpr a [personne] (= s'apaiser) to calm down, cool down; (= faire moins de bruit) to quieten down (Brit), quiet down (US); (= se tranquilliser) to calm down; [discussion, querelle] to quieten down (Brit), quiet down (US); [tempête] die down; [mer] to become calm ◆ **on se calme !** * (= taisez-vous) be quiet! ; (= pas de panique) calm down!

b (= diminuer) [douleur] to ease, subside; [faim, soif, inquiétude] to ease; [crainte, impatience, fièvre] to subside; [colère, ardeur] to cool, subside

**calmir** [kalmiʀ] ▸ conjug 2 ◂ vi [mer] to calm down; [vent] to die down

**calmoduline** [kalmɔdylin] nf calmodulin

**calomel** [kalɔmɛl] nm calomel

**calomniateur, -trice** [kalɔmnjatœʀ, tʀis] → SYN 1 adj (= diffamateur) slanderous; (par écrit) libellous

2 nm,f (= diffamateur) slanderer; (par écrit) libeller

**calomnie** [kalɔmni] → SYN nf slander (NonC), calumny; (écrite) libel; (sens affaibli) maligning (NonC) ◆ **cette calomnie l'avait profondément blessé** he'd been deeply hurt by this slander ou calumny ◆ **écrire des calomnies** to write libellous things ◆ **dire une calomnie/des calomnies** to say something slanderous/slanderous things

**calomnier** [kalɔmnje] → SYN ▸ conjug 7 ◂ vt (= diffamer) to slander; (par écrit) to libel; (sens affaibli = vilipender) to malign

**calomnieusement** [kalɔmnjøzmɑ̃] adv slanderously; (par écrit) libellously

**calomnieux, -ieuse** [kalɔmnjø, jøz] → SYN adj propos slanderous; (par écrit) libellous ◆ **dénonciation calomnieuse** (Jur) false accusation

**caloporteur** [kalopɔʀtœʀ] adj, nm ⇒ **caloriporteur**

**calorie** [kalɔʀi] nf calorie ◆ **aliment riche/pauvre en calories** food with a high/low calorie content, high-/low-calorie food ◆ **menu basses calories** low-calorie meal ◆ **ça donne des calories** * it warms you up ◆ **tu aurais besoin de calories !** * you need building up!

**calorifère** [kalɔʀifɛʀ] 1 adj heat-giving

2 nm † stove

**calorification** [kalɔʀifikasjɔ̃] nf calorification

**calorifique** [kalɔʀifik] adj calorific

**calorifuge** [kalɔʀifyʒ] 1 adj (heat-)insulating, heat-retaining

2 nm insulating material

**calorifugeage** [kalɔʀifyʒaʒ] nm lagging, insulation

**calorifuger** [kalɔʀifyʒe] ▸ conjug 3 ◂ vt to lag, insulate (against loss of heat)

**calorimètre** [kalɔʀimɛtʀ] nm calorimeter

**calorimétrie** [kalɔʀimetʀi] nf calorimetry

**calorimétrique** [kalɔʀimetʀik] adj calorimetric(al)

**caloriporteur** [kalɔʀipɔʀtœʀ] adj, nm ◆ **(fluide) caloriporteur** coolant

**calorique** [kalɔʀik] adj (diététique) calorie (épith); (chaleur) calorific ◆ **ration calorique** calorie requirements ◆ **valeur calorique** calorific value

**calot** [kalo] → SYN nm a (Mil = coiffure) forage cap, overseas cap (US)

b (= bille) (large) marble, alley

**calotin, e** [kalɔtɛ̃, in] → SYN (péj) 1 adj sanctimonious, churchy *

2 nm,f sanctimonious churchgoer, Holy Joe *

**calotte** [kalɔt] → SYN 1 nf a (= bonnet) skullcap

b (péj) **la calotte** (= le clergé) the priests, the cloth; (= le parti dévot) the church party

c (= partie supérieure) [chapeau] crown; [voûte] calotte

**d** ( * = gifle) slap ◆ **il m'a donné une calotte** he gave me a slap in the face
**2** COMP ▷ **la calotte des cieux** the dome ou vault of heaven ▷ **calotte crânienne** top of the skull ▷ **calotte glaciaire** icecap ▷ **calotte sphérique** segment of a sphere

**calotter** * [kalɔte] ▸ conjug 1 ◂ vt (= gifler) to slap

**caloyer, -ère** [kalɔje, ɛʀ] nm,f caloyer

**calquage** [kalkaʒ] → SYN nm tracing

**calque** [kalk] → SYN nm **a** (= dessin) tracing ◆ **prendre un calque d'un plan** to trace a plan
**b** (= papier transparent) tracing paper
**c** (= reproduction) [œuvre d'art] exact copy; [événement] carbon copy; [personne] spitting image
**d** (Ling) calque, loan translation

**calquer** [kalke] → SYN ▸ conjug 1 ◂ vt (= copier) [+ plan, dessin] to trace; (fig) to copy exactly ◆ **calqué de l'anglais** (Ling) translated literally from English ◆ **calquer son comportement sur celui de son voisin** to model one's behaviour on that of one's neighbour, copy one's neighbour's behaviour exactly

**calter** ⁑ vi, **se calter** ⁑ vpr [kalte] ▸ conjug 1 ◂ (= décamper) to make o.s. scarce *, scarper * (Brit), buzz off * (Brit)

**calumet** [kalymɛ] → SYN nm peace pipe ◆ **fumer le calumet de la paix** (lit) to smoke the pipe of peace; (fig) to bury the hatchet

**calva** * [kalva] nm abrév de **calvados**

**calvados** [kalvados] nm **a** (= eau-de-vie) calvados
**b** (= département) ◆ **le Calvados** Calvados

**calvaire** [kalvɛʀ] → SYN nm **a** (= croix) (au bord de la route) roadside cross ou crucifix, calvary; (= peinture) Calvary, road ou way to the Cross
**b** (= épreuve) suffering, martyrdom ◆ **le calvaire du Christ** Christ's martyrdom ou suffering on the cross ◆ **sa vie fut un long calvaire** his life was one long martyrdom ou agony ou tale of suffering ◆ **un enfant comme ça, c'est un calvaire pour la mère** a child like that must be a real burden to his mother
**c** (Rel) **Le Calvaire** Calvary

**Calvin** [kalvɛ̃] nm Calvin

**calvinisme** [kalvinism] nm Calvinism

**calviniste** [kalvinist] → SYN **1** adj Calvinist, Calvinistic
**2** nmf Calvinist

**calvitie** [kalvisi] → SYN nf baldness (NonC) ◆ **calvitie précoce** premature baldness (NonC)

**calypso** [kalipso] nm calypso

**camaïeu** [kamajø] → SYN nm (= peinture) monochrome ◆ **en camaïeu** paysage, motif monochrome (épith) ◆ **en camaïeu bleu** in blue monochrome ◆ **un camaïeu de roses** various shades of pink

**camail** [kamaj] nm (Rel) cappa magna

**camarade** [kamaʀad] → SYN **1** nmf friend ◆ **le camarade Durand** (Pol) comrade Durand ◆ **elle voyait en lui un bon camarade** she saw him as a good friend
**2** COMP ▷ **camarade d'atelier** workmate (Brit), shop buddy * (US) ▷ **camarade de chambre** roommate ▷ **camarade de classe** classmate ▷ **camarade d'étude** fellow student ▷ **camarade de jeu** playmate ▷ **camarade de promotion** fellow student *(from a grande école)* ▷ **camarade de régiment** friend from one's army days

**camaraderie** [kamaʀadʀi] → SYN nf (entre deux personnes) good companionship, good fellowship; (dans un groupe) camaraderie

**camard, e** [kamaʀ, aʀd] → SYN **1** adj nez pug (épith); personne pug-nosed
**2** **Camarde** nf (littér) ◆ **la Camarde** the (Grim) Reaper

**camarguais, e** [kamaʀgɛ, ɛz] **1** adj of ou from the Camargue ◆ **(bottes) camarguaises** suede cowboy boots
**2** **Camarguais(e)** nm,f inhabitant ou native of the Camargue

**Camargue** [kamaʀg] nf ◆ **la Camargue** the Camargue

**cambiste** [kɑ̃bist] nm foreign exchange broker ou dealer; [devises des touristes] moneychanger

**cambium** [kɑ̃bjɔm] nm cambium

**Cambodge** [kɑ̃bɔdʒ] nm Cambodia

**cambodgien, -ienne** [kɑ̃bɔdʒjɛ̃, jɛn] **1** adj Cambodian
**2** **Cambodgien(ne)** nm,f Cambodian

**cambouis** [kɑ̃bwi] nm dirty oil ou grease

**cambré, e** [kɑ̃bʀe] (ptp de **cambrer**) adj ◆ **être cambré** ◆ **avoir les reins cambrés** to have an arched back ◆ **avoir le pied très cambré** to have very high insteps ou arches

**cambrer** [kɑ̃bʀe] → SYN ▸ conjug 1 ◂ **1** vt **a** [+ pied] to arch ◆ **cambrer la taille** ou **le dos** ou **les reins** to throw back one's shoulders, arch one's back
**b** (Tech) [+ pièce de bois] to bend; [+ métal] to curve; [+ tige, semelle] to arch
**2** **se cambrer** vpr (= se redresser) to throw back one's shoulders, arch one's back

**cambrien, -ienne** [kɑ̃bʀijɛ̃, ijɛn] adj, nm Cambrian

**cambriolage** [kɑ̃bʀijɔlaʒ] → SYN nm (= activité, méthode) burglary, housebreaking, breaking and entering (Jur); (= coup) break-in, burglary

**cambrioler** [kɑ̃bʀijɔle] → SYN ▸ conjug 1 ◂ vt to break into, burgle, burglarize (US)

**cambrioleur, -euse** [kɑ̃bʀijɔlœʀ, øz] → SYN nm,f burglar, housebreaker

**cambrousse** * [kɑ̃bʀus] nf (= campagne) country ◆ **en pleine cambrousse** out in the sticks *, in the back of beyond ◆ **frais arrivé de sa cambrousse** (péj) fresh from the backwoods ou the sticks *

**cambrure** [kɑ̃bʀyʀ] → SYN nf **a** (= courbe, forme) [poutre, taille, reins] curve; [semelle, pied] arch; [route] camber ◆ **sa cambrure de militaire** his military bearing
**b** (= partie) **cambrure du pied** instep ◆ **cambrure des reins** small ou hollow of the back ◆ **pieds qui ont une forte cambrure** feet with high insteps ◆ **reins qui ont une forte cambrure** back which is very arched

**cambuse** [kɑ̃byz] → SYN nf **a** * (= pièce) pad *; (= maison) shack *, place; (= taudis) hovel
**b** (Naut) storeroom

**cambusier** [kɑ̃byzje] → SYN nm storekeeper

**came**[1] [kam] nf (Tech) cam; → **arbre**

**came**[2] [kam] → SYN nf (arg Drogue) (gén) dope *; (= héroïne) junk *; (= cocaïne) snow *; ( ⁑ = marchandise) stuff *; (péj = pacotille) junk *, trash *

**camé, e**[1] * [kame] (ptp de **se camer**) **1** adj high *, spaced out * ◆ **complètement camé** completely spaced out *, high as a kite *
**2** nm,f druggy *; (à l'héroïne) junkie *

**camée**[2] [kame] nm cameo

**caméléon** [kameleɔ̃] → SYN nm (Zool) chameleon; (fig) chameleon; (péj) turncoat

**camélia** [kamelja] nm camellia

**camélidé** [kamelide] nm member of the camel family ◆ **les camélidés** members of the camel family, the Camelidae (SPÉC)

**cameline** [kam(ə)lin], **caméline** [kamelin] nf cameline, gold-of-pleasure

**camelle** [kamɛl] nf [marais salant] salt pile

**camelot** [kamlo] → SYN nm street pedlar ou vendor ◆ **les Camelots du roi** (Hist) *militant royalist group in 1930s*

**camelote** * [kamlɔt] nf **a** (= pacotille) **c'est de la camelote** it's junk * ou rubbish * (Brit) ou schlock ⁑ (US)
**b** (= marchandise) stuff * ◆ **il vend de la belle camelote** he sells nice stuff *

**camembert** [kamɑ̃bɛʀ] → SYN nm (= fromage) Camembert (cheese); ( * = graphique) pie chart

**camer (se)** [kame] → SYN vpr (arg Drogue) to be on drugs

**caméra** [kameʀa] nf (Ciné, TV) camera; [amateur] cine-camera, movie camera (US) ◆ **caméra sonore** sound camera ◆ **caméra vidéo** video camera, camcorder ◆ **devant les caméras de (la) télévision** in front of the television cameras, on TV ◆ **être derrière la caméra** [réalisateur] to be behind the camera ◆ **la caméra invisible** ou **cachée** (= émission) candid camera

**cameraman** [kameʀaman] → SYN, pl **cameramen** [kameʀamɛn] nm cameraman

**caméриste** [kameʀist] → SYN nf (= femme de chambre) chambermaid; (Hist) lady-in-waiting

**camerlingue** [kamɛʀlɛ̃g] → SYN nm camerlengo, camerlingo

**Cameroun** [kamʀun] nm Cameroon; (Hist) Cameroons ◆ **République unie du Cameroun** United Republic of Cameroon

**camerounais, e** [kamʀunɛ, ɛz] **1** adj Cameroonian
**2** **Camerounais(e)** nm,f Cameroonian

**caméscope** [kameskɔp] nm camcorder, video camera

**camion** [kamjɔ̃] → SYN **1** nm **a** (= poids lourd) lorry (Brit), truck (surtout US); (dont l'arrière fait corps avec la cabine) van (Brit), truck (surtout US)
**b** (= chariot) wag(g)on, dray
**c** [peintre] (= seau) (paint-)pail
**2** COMP ▷ **camion (à) benne** tipper (truck) ▷ **camion de déménagement** removal (Brit) ou moving (US) van ▷ **camion militaire** army lorry (Brit) ou truck ▷ **camion (à) remorque** lorry (Brit) ou truck (US) with a trailer, tractor-trailer (US) ▷ **camion (à) semi-remorque** articulated lorry (Brit), trailer truck (US)

**camion-citerne,** pl **camions-citernes** [kamjɔ̃sitɛʀn] nm tanker (lorry) (Brit), tank truck (US)

**camion-grue,** pl **camions-grues** [kamjɔ̃gʀy] nm crane-truck

**camionnage** [kamjɔnaʒ] nm haulage (Brit), trucking (US)

**camionnette** [kamjɔnɛt] nf (small) van; (ouverte) pick-up (truck) ◆ **camionnette de livraison** delivery van

**camionneur** [kamjɔnœʀ] → SYN nm (= chauffeur) lorry (Brit) ou truck (US) driver, trucker (US); (= entrepreneur) haulage contractor (Brit), road haulier (Brit), trucking contractor (US) ◆ **pull (à) col camionneur** sweater with a zip-up collar

**camisard** [kamizaʀ] nm Camisard *(French Protestant insurgent after the revocation of the Edict of Nantes)*

**camisole** [kamizɔl] → SYN **1** nf †† (= blouse) camisole †; (= chemise de nuit) nightshirt
**2** COMP ▷ **camisole chimique** suppressants ▷ **camisole de force** straitjacket

**camomille** [kamɔmij] nf (Bot) camomile; (= tisane) camomile tea

**Camorra** [kamɔʀa] nf ◆ **la Camorra** the Camorra

**camouflage** [kamuflaʒ] → SYN nm **a** (Mil) (= action) camouflaging; (= résultat) camouflage
**b** [argent] concealing, hiding; [erreur] camouflaging, covering-up ◆ **le camouflage d'un crime en accident** disguising a crime as an accident

**camoufler** [kamufle] → SYN ▸ conjug 1 ◂ **1** vt (Mil) to camouflage; (= cacher) [+ argent] to conceal, hide; [+ erreur, embarras] to conceal, cover up; (= déguiser) [+ défaite, intentions] to disguise ◆ **camoufler un crime en accident** to disguise a crime as an accident, make a crime look like an accident
**2** **se camoufler** vpr to camouflage o.s.

**camouflet** [kamuflɛ] → SYN nm (littér) snub ◆ **infliger un camouflet à qn** to snub sb ◆ **essuyer un camouflet** to be snubbed

**camp** [kɑ̃] → SYN **1** nm **a** (Alpinisme, Mil, Sport = emplacement) camp ◆ **camp de prisonniers/de réfugiés** prison/refugee camp ◆ **rentrer au camp** to come ou go back to camp ◆ **le Camp du drap d'or** the Field of the Cloth of Gold; → **aide, feu**[1]
**b** (= séjour) **faire un camp d'une semaine** to go camping for a week, go for a week's camping holiday (Brit) ou vacation (US) ◆ **le camp vous fait découvrir beaucoup de choses** you discover lots of things when you go camping

c (= parti, faction) (Jeux, Sport) side; (Pol) camp ◆ **changer de camp** [joueur] to change sides; [soldat] to go over to the other side ◆ **à cette nouvelle la consternation/l'espoir changea de camp** on hearing this, it was the other side which began to feel dismay/hopeful ◆ **dans le camp opposé/victorieux** in the opposite/winning camp ◆ **passer dans le camp adverse** to go over to the opposite ou enemy camp; → **balle**[1]

2 COMP ▷ **camp de base** base camp ▷ **camp de camping** campsite, camping site ▷ **camp de concentration** concentration camp ▷ **camp d'entraînement** training camp ▷ **camp d'extermination** extermination camp ▷ **camp fortifié** fortified camp ▷ **camp de la mort** death camp ▷ **camp de nudistes** nudist camp ▷ **camp retranché** ⇒ **camp fortifié** ▷ **camp de toile** campsite, camping site ▷ **camp de travail** labour (Brit) ou labor (US) camp ▷ **camp de vacances** ≈ children's holiday camp (Brit), ≈ summer camp (US) ▷ **camp volant** camping tour ou trip; (Mil) temporary camp ◆ **vivre ou être en camp volant** † to live out of a suitcase

**campagnard, e** [kɑ̃paɲaʀ, aʀd] → SYN 1 adj vie, manières country (épith); (péj) rustic; → **gentilhomme**

2 nm countryman, country fellow; (péj) rustic (péj), hick (péj) ◆ **campagnards** countryfolk, country people; (péj) rustics (péj)

3 **campagnarde** nf countrywoman

**campagne** [kɑ̃paɲ] → SYN nf a (= habitat) country; (= paysage) countryside; (Agr = champs ouverts) open country ◆ **la ville et la campagne** town and country ◆ **la campagne anglaise** the English countryside ◆ **dans la campagne environnante** in the surrounding countryside ◆ **en pleine campagne** right in the middle of the country(side) ◆ **à la campagne** in the country ◆ **auberge/chemin de campagne** country inn/lane ◆ **les travaux de la campagne** farm ou agricultural work; → **battre, maison** etc

b (Mil) campaign ◆ **faire campagne** to fight (a campaign) ◆ **les troupes en campagne** the troops on campaign ou in the field ◆ **entrer en campagne** to embark on a campaign ◆ **la campagne d'Italie/de Russie** the Italian/Russian campaign ◆ **artillerie/canon de campagne** field artillery/gun

c (Pol, Presse) campaign (*pour* for; *contre* against) ◆ **campagne électorale** election campaign ◆ **campagne d'affichage** poster campaign ◆ **campagne de propagande** propaganda campaign ◆ **campagne publicitaire** ou **de publicité** advertising ou publicity campaign ◆ **campagne de vaccination** vaccination programme ◆ **campagne de vente** sales campaign ou drive ◆ **campagne de fouilles** series of excavations ◆ **faire campagne pour un candidat** to campaign ou canvass for ou on behalf of a candidate ◆ **partir en campagne** to launch a campaign (*contre* against) ◆ **mener une campagne pour/contre** to campaign for/against, lead a campaign for/against ◆ **tout le monde se mit en campagne pour lui trouver une maison** everybody set to work ou got busy to find him a house

d (= récolte) harvest ◆ **campagne sucrière** sugar cane (ou sugar beet) harvest ◆ **campagne de pêche** fishing season

**campagnol** [kɑ̃paɲɔl] nm vole

**campanaire** [kɑ̃panɛʀ] adj ◆ **l'art campanaire** campanology ◆ **inscription campanaire** inscription on a bell

**Campanie** [kɑ̃pani] n Campagna (di Roma)

**campanile** [kɑ̃panil] → SYN nm [église] campanile; (= clocheton) bell-tower

**campanule** [kɑ̃panyl] nf bellflower, campanula

**campêche** [kɑ̃pɛʃ] nm campeachy ou campeche tree

**campement** [kɑ̃pmɑ̃] → SYN nm (= camp) camp, encampment ◆ **matériel de campement** camping equipment ◆ **chercher un campement pour la nuit** to look for somewhere to set up camp ou for a camping place for the night ◆ **établir son campement sur les bords d'un fleuve** to set up (one's) camp on the bank of a river ◆ **campement de nomades/d'Indiens** camp ou encampment of nomads/of Indians ◆ **revenir à son campement** (Mil) to return to camp

**camper** [kɑ̃pe] → SYN ▸ conjug 1 ◂ 1 vi to camp ◆ **on campait à l'hôtel/dans le salon** (hum) we were camping out at ou in a hotel/in the lounge; → **position**

2 vt a [+ troupes] to camp out ◆ **campés pour 2 semaines près du village** camped (out) for 2 weeks by the village

b (= esquisser) [+ caractère, personnage] to portray; [+ récit] to construct; [+ portrait] to fashion, shape ◆ **personnage bien campé** vividly sketched ou portrayed character

c (= poser) **camper sa casquette sur l'oreille** to pull ou clap one's cap on firmly over one ear ◆ **se camper des lunettes sur le nez** to plant * a pair of glasses on one's nose

3 **se camper** vpr ◆ **se camper devant qn** to plant o.s. in front of sb * ◆ **se camper sur ses jambes** to stand firm

**campeur, -euse** [kɑ̃pœʀ, øz] nm,f camper

**camphre** [kɑ̃fʀ] nm camphor

**camphré, e** [kɑ̃fʀe] adj camphorated; → **alcool**

**camphrier** [kɑ̃fʀije] nm camphor tree

**camping** [kɑ̃piŋ] nm a (= activité) **le camping** camping ◆ **faire du camping** to go camping; → **sauvage**

b (= lieu) campsite, camping site

**camping-car**, pl **camping-cars** [kɑ̃piŋkaʀ] nm camper, Dormobile ® (Brit), motorhome (US), RV (US)

**camping-gaz ®** [kɑ̃piŋgɑz] nm inv camp(ing) stove

**campo(s)** † * [kɑ̃po] nm ◆ **demain on a campos** tomorrow is a day off, we've got tomorrow off ou free ◆ **on a eu** ou **on nous a donné campos à 4 heures** we were free ou told to go at 4 o'clock

**campus** [kɑ̃pys] → SYN nm campus

**camus, e** [kamy, yz] → SYN adj nez pug (épith); personne pug-nosed

**Canaan** [kanaɑ̃] nm Canaan

**Canada** [kanada] nm Canada

**canada** [kanada] nf *apple of the pippin variety*

**Canadair ®** [kanadɛʀ] nm fire-fighting aircraft, tanker plane (US)

**canadianisme** [kanadjanism] nm Canadianism

**canadien, -ienne** [kanadjɛ̃, jɛn] 1 adj Canadian

2 **Canadien(ne)** nm,f Canadian ◆ **Canadien(ne) français(e)** French Canadian

3 **canadienne** nf (= veste) fur-lined jacket; (= canoë) (Canadian) canoe; (= tente) (ridge) tent

**canaille** [kanɑj] → SYN 1 adj manières cheap, coarse ◆ **sous ses airs canailles, il est sérieux** he might look a bit rough and ready, but he is reliable

2 nf (péj) (= salaud) bastard *⁑; (= escroc) crook, shyster (US), chiseler (US); (hum = enfant) rascal, rogue, (little) devil ◆ **la canaille** (péj = populace) the rabble (péj), the riffraff (péj)

**canaillerie** [kanɑjʀi] → SYN nf a [allure, ton] vulgarity, coarseness

b (= malhonnêteté) [procédés, personne] crookedness

c (= action malhonnête) dirty ou low trick

**canal**, pl **-aux** [kanal, o] → SYN 1 nm a (artificiel) canal; (= détroit) channel; (= tuyau, fossé) conduit, duct; (Anat) canal, duct; (TV, Ordin) channel ◆ **le canal de Panama/Suez** the Panama/Suez Canal ◆ **le canal de Mozambique** the Mozambique Channel ◆ **canal lacrymal** tear ou lacrimal (SPÉC) duct ◆ **Canal Plus, Canal +** *French pay TV channel*

b (= intermédiaire) **par le canal d'un collègue** through ou via a colleague ◆ **par le canal de la presse** through the medium of the press ◆ **par un canal amical** (littér) through a friend

2 COMP ▷ **canal d'amenée** feeder canal ▷ **canal biliaire** biliary canal, bile duct ▷ **canal déférent** vas deferens ▷ **canal de dérivation** diversion canal ▷ **canal de distribution** distribution channel ▷ **canal de fuite** tail-race ▷ **canal d'irrigation** irrigation canal ▷ **canal maritime** ship canal ▷ **canal médullaire** medullary cavity ou canal ▷ **canal de navigation** ship canal

**canalisation** [kanalizasjɔ̃] → SYN nf a (= tuyau) (main) pipe ◆ **canalisations** (= réseau) pipes, piping, pipework; (Élec) cables

b (= aménagement) [cours d'eau] canalization

c [demandes, foule] channelling, funnelling

**canaliser** [kanalize] → SYN ▸ conjug 1 ◂ vt a [+ foule, demandes, énergie] to channel, funnel

b [+ fleuve] to canalize; [+ région] to provide with a network of canals

**cananéen, -enne** [kananeɛ̃, ɛn] 1 adj Canaanite

2 nm (Ling) Canaanite

3 **Cananéen(ne)** nm,f Canaanite

**canapé** [kanape] → SYN nm a (= meuble) sofa, settee, couch ◆ **canapé transformable** ou **convertible** sofa bed, bed settee (Brit)

b (Culin) open sandwich; (pour apéritif) canapé ◆ **crevettes sur canapé** shrimp canapé, canapé of shrimps

**canaque** [kanak] 1 adj Kanak

2 **Canaque** nmf Kanak

**canard** [kanaʀ] → SYN 1 nm a (= oiseau, Culin) duck; (mâle) drake; → **froid, mare, vilain**

b * (= journal) rag *; (= fausse nouvelle) false report, rumour, canard (frm)

c (Mus = couac) false note ◆ **faire un canard** to hit a false note

d (terme d'affection) **mon (petit) canard** pet, poppet * (Brit)

e ( * = sucre) *sugar lump dipped in brandy or coffee*

2 COMP ▷ **canard de Barbarie** Muscovy ou musk duck ▷ **canard boiteux** * lame duck ▷ **canard laqué** Peking duck ▷ **canard mandarin** mandarin duck ▷ **canard à l'orange** duck in orange sauce ▷ **canard sauvage** wild duck ▷ **canard siffleur** wigeon ▷ **canard souchet** shoveler

**canardeau**, pl **canardeaux** [kanaʀdo] nm duckling

**canarder** * [kanaʀde] ▸ conjug 1 ◂ 1 vt (au fusil) to snipe at, take potshots at; (avec pierres) to pelt (*avec* with) ◆ **ça canardait de tous les côtés** there were bullets flying all over the place

2 vi (Mus) to hit a false note

**canardière** [kanaʀdjɛʀ] nf (= mare) duckpond; (= fusil) punt gun

**canari** [kanaʀi] nm, adj inv canary ◆ **(jaune) canari** canary yellow

**Canaries** [kanaʀi] nfpl ◆ **les (îles) Canaries** the Canary Islands, the Canaries

**canasson** [kanasɔ̃] → SYN nm (péj = cheval) nag (péj)

**canasta** [kanasta] nf canasta

**Canberra** [kɑ̃beʀa] n Canberra

**cancan** [kɑ̃kɑ̃] → SYN nm a (= racontar) piece of gossip ◆ **cancans** gossip, tittle-tattle ◆ **faire courir des cancans (sur qn)** to spread gossip ou stories (about sb), tittle-tattle (about sb)

b (= danse) cancan

**cancaner** [kɑ̃kane] → SYN ▸ conjug 1 ◂ vi a (= bavarder) to gossip; (= médire) to spread scandal ou gossip, tittle-tattle

b [canard] to quack

**cancanier, -ière** [kɑ̃kanje, jɛʀ] → SYN 1 adj gossipy, scandalmongering (épith), tittle-tattling (épith)

2 nm,f gossip, scandalmonger, tittle-tattle

**cancer** [kɑ̃sɛʀ] → SYN nm a (Méd, fig) cancer ◆ **avoir un cancer du sein/du poumon** to have breast/lung cancer, have cancer of the breast/lung ◆ **cancer du sang** leukaemia (Brit), leukemia (US) ◆ **cancer généralisé** systemic cancer

b (Astron) **le Cancer** Cancer ◆ **il est (du signe) du Cancer** he's (a) Cancer; → **tropique**

**cancéreux, -euse** [kɑ̃seʀø, øz] 1 adj tumeur cancerous; personne with cancer

2 nm,f person with cancer; (à l'hôpital) cancer patient

**cancériforme** [kɑ̃seʀifɔʀm] adj cancer-like

**cancérigène** [kɑ̃seʀiʒɛn] adj carcinogenic, cancer-producing

**cancérisation** [kɑ̃seʀizasjɔ̃] nf ◆ **on peut craindre la cancérisation de l'organe** there is a risk of the organ becoming cancerous

**cancériser (se)** [kɑ̃seʀize] ▸ conjug 1 ◂ vpr to become cancerous ◆ **cellules cancérisées** cancerous cells

**cancérogène** [kɑ̃seʀɔʒɛn] adj ⇒ **cancérigène**

**cancérogenèse** [kɑ̃seʀɔʒənɛz] nf carcinogenesis

**cancérologie** [kɑ̃seʀɔlɔʒi] nf (= recherche) cancer research; (= traitement) cancer treatment ◆ **il est hospitalisé en cancérologie** he's in the (ou a) cancer ward

**cancérologique** [kɑ̃seʀɔlɔʒik] adj médecine, recherche cancer (épith)

**cancérologue** [kɑ̃seʀɔlɔg] nmf cancer specialist

**cancérophobie** [kɑ̃seʀɔfɔbi] nf cancerophobia

**canche** [kɑ̃ʃ] nf hair grass

**cancre** [kɑ̃kʀ] [→ SYN] nm (péj = élève) dunce

**cancrelat** [kɑ̃kʀəla] nm cockroach

**candela** [kɑ̃dela] nf candela, (standard) candle

**candélabre** [kɑ̃delɑbʀ] [→ SYN] nm (= chandelier) candelabra, candelabrum

**candeur** [kɑ̃dœʀ] [→ SYN] nf ingenuousness, naïvety

**candi** [kɑ̃di] adj m → **sucre**

**candida** [kɑ̃dida] nm inv candida (albicans)

**candidat, e** [kɑ̃dida, at] [→ SYN] nm,f (à un concours, une élection) candidate (*à* at); (à un poste) applicant, candidate (*à* for) ◆ **candidat sortant** present ou outgoing incumbent ◆ **les candidats à l'examen** the examination candidates, the examinees ◆ **les candidats à l'embauche** job applicants ◆ **être candidat à la députation** to run ou stand (Brit) for the post of deputy ◆ **se porter candidat à un poste** to apply for a job, put o.s. forward for a job ◆ **être candidat à la présidence** (Pol) to run ou stand (Brit) for president, run for the presidency ◆ **les candidats à la retraite/au suicide** candidates for retirement/for suicide ◆ **je ne suis pas candidat** (fig) I'm not interested

**candidature** [kɑ̃didatyʀ] GRAMMAIRE ACTIVE 19.1 nf (Pol) candidacy, candidature; (à un poste) application (*à* for) ◆ **candidature officielle** (à un poste) formal application; (Pol) official candidacy ou candidature ◆ **candidature spontanée** (à un poste) (action) unsolicited application; (lettre) unsolicited letter of application ◆ **poser sa candidature à un poste** to apply for a job, submit one's application for a job ◆ **poser sa candidature à une élection** to stand in an election (Brit), put o.s. forward as a candidate in an election, run for election (US)

**candide** [kɑ̃did] [→ SYN] adj ingenuous, naïve

**candidement** [kɑ̃didmɑ̃] adv ingenuously, naïvely

**candidose** [kɑ̃didoz] nf thrush, candidiasis (SPÉC)

**candir** [kɑ̃diʀ] ▸ conjug 2 ◂ vti ◆ **(faire) candir** to candy

**candomblé** [kɑ̃dɔ̃bl] nm candomblé

**cane** [kan] [→ SYN] nf (female) duck

**canebière** [kanbjɛʀ] nf hemp field

**caner**⁑ [kane] ▸ conjug 1 ◂ vi (= mourir) to kick the bucket⁑, snuff it⁑; (= flancher) to chicken out*, funk it⁑ (Brit), wimp out* (US) (*devant* in the face of)

**caneton** [kantɔ̃] [→ SYN] nm duckling

**canette**[1] [kanɛt] [→ SYN] nf (= animal) duckling

**canette**[2] [kanɛt] [→ SYN] nf [machine à coudre] spool ◆ **canette (de bière)** (= bouteille) small bottle of beer; (= boîte) can of beer

**canevas** [kanvɑ] [→ SYN] nm **a** [livre, discours] framework, basic structure

**b** (Couture) (= toile) canvas; (= ouvrage) tapestry (work)

**c** (Cartographie) network

**cange** [kɑ̃ʒ] nf cangia

**cangue** [kɑ̃g] nf cang(ue)

**caniche** [kaniʃ] nm poodle ◆ **caniche nain** toy poodle

**caniculaire** [kanikylɛʀ] adj chaleur, jour scorching ◆ **une journée caniculaire** a scorcher*, a scorching (hot) day

**canicule** [kanikyl] [→ SYN] nf (= forte chaleur) scorching heat; (= vague de chaleur) heatwave ◆ **la canicule** (spécialement juillet-août) the midsummer heat, the dog days ◆ **aujourd'hui c'est la canicule** it's a scorcher today*

**canidé** [kanide] nm canine ◆ **les canidés** canines, the dog family, the Canidae (SPÉC)

**canidés** [kanide] nmpl ◆ **les canidés** canines, canids, the Canidae (SPÉC)

**canif** [kanif] [→ SYN] nm penknife, pocket knife ◆ **donner un coup de canif dans le contrat (de mariage)** * to have a bit on the side*

**canin, e** [kanɛ̃, in] **1** adj espèce canine; exposition dog (épith)

**2** **canine** nf (= dent) canine (tooth); (supérieure) eyetooth; [chien, vampire] fang

**caninette** [kaninɛt] nf pooper-scooper motor bike* *(motor bike used to clean streets of dog mess)*

**canisses** [kanis] nfpl (type of) wattle fence

**canitie** [kanisi] nf ◆ **il a eu une canitie précoce** his hair turned white ou grey at an early age

**caniveau**, pl **caniveaux** [kanivo] [→ SYN] nm gutter *(in roadway etc.)*

**canna** [kana] nm (= fleur) canna

**cannabique** [kanabik] adj cannabic

**cannabis** [kanabis] nm cannabis

**cannabisme** [kanabism] nm cannabis addiction

**cannage** [kanaʒ] nm (= partie cannée) canework; (= opération) caning

**cannaie** [kanɛ] nf [cannes à sucre] sugar cane plantation; [roseaux] reed plantation

**canne** [kan] [→ SYN] **1** nf **a** (= bâton) (walking) stick, cane; [souffleur de verre] blowpipe

**b** (* = jambe) leg ◆ **il ne tient pas sur ses cannes** he's not very steady on his pins⁑ ◆ **il a des cannes de serin*** he has spindly little legs; → **sucre**

**2** COMP ▷ **canne anglaise** crutch ▷ **canne blanche** [aveugle] white stick ▷ **canne à pêche** fishing rod ▷ **canne à sucre** sugar cane

**canné, e** [kane] (ptp de **canner**) adj siège cane (épith)

**canneberge** [kanbɛʀʒ] nf cranberry

**cannebière** [kan(ə)bjɛʀ] nf hemp field

**canne-épée**, pl **cannes-épées** [kanepe] nf swordstick

**cannelé, e** [kanle] [→ SYN] (ptp de **canneler**) adj colonne fluted

**canneler** [kanle] ▸ conjug 4 ◂ vt to flute

**cannelier** [kanəlje] nm cinnamon tree

**cannelle** [kanɛl] [→ SYN] nf (Culin) cinnamon; (= robinet) tap, spigot

**cannelure** [kan(ə)lyʀ] [→ SYN] nf [meuble, colonne] flute; [plante] striation ◆ **cannelures** [colonne] fluting; [neige] corrugation ◆ **cannelures glaciaires** striae, striations

**canner** [kane] [→ SYN] ▸ conjug 1 ◂ vt [+ chaise] to cane

**canne-siège**, pl **cannes-sièges** [kansjɛʒ] nf shooting stick

**cannetille** [kan(ə)tij] nf purl

**cannette** [kanɛt] nf ⇒ **canette**[2]

**canneur, -euse** [kanœʀ, øz] nm,f cane worker, caner

**cannibale** [kanibal] [→ SYN] **1** adj tribu, animal cannibal (épith), cannibalistic

**2** nmf cannibal

**cannibalisation** [kanibalizasjɔ̃] nf [machine] cannibalization ◆ **pour éviter la cannibalisation de leurs produits** (Comm) to prevent their products losing their market share ou the cannibalization (US) of their products

**cannibaliser** [kanibalize] [→ SYN] ▸ conjug 1 ◂ vt [+ machine] to cannibalize; (Comm) [+ produit] to eat into the market share of, cannibalize (US) ◆ **ce produit a été cannibalisé par ...** this product has lost (some of its) market share to ...

**cannibalisme** [kanibalism] nm cannibalism

**cannier, -ière** [kanje, jɛʀ] nm,f cane worker, caner

**cannisses** [kanis] nfpl ⇒ **canisses**

**canoë** [kanɔe] [→ SYN] nm (= bateau) canoe; (= sport) canoeing

**canoéisme** [kanɔeism] nm canoeing

**canoéiste** [kanɔeist] nmf canoeist

**canoë-kayak** [kanɔekajak] nm inv ◆ **faire du canoë-kayak** to go canoeing ◆ **descendre une rivière en canoë-kayak** to go down a river in a canoe, canoe down a river

**canon**[1] [kanɔ̃] [→ SYN] **1** nm **a** (= arme) gun, cannon; (Hist) cannon ◆ **canon de 75/125** 75/125-mm gun ◆ **coup de canon** (moderne) artillery shot; (Hist) cannon shot ◆ **des coups de canon** (moderne) artillery fire; (Hist) cannon fire ◆ **service canon*** (Tennis) cannonball (serve) ◆ **tir canon*** (Ftbl) bullet-like shot; → **chair**

**b** (= tube) [revolver] barrel ◆ **fusil à canon scié** sawn-off (Brit) ou sawed-off (US) shotgun ◆ **à deux canons** double-barrelled; → **baïonnette**

**c** (Tech) [clé, seringue] barrel; [arrosoir] spout

**d** (Vét) [bœuf, cheval] cannonbone

**e** (Hist Habillement) canion

**f** (* = verre) glass (of wine)

**2** COMP ▷ **canon antiaérien** anti-aircraft ou A.A. gun ▷ **canon antichar** anti-tank gun ▷ **canon antigrêle** anti-hail gun ▷ **canon à eau** water cannon ▷ **canon à électrons** electron gun ▷ **canon lisse** smooth ou unrifled bore ▷ **canon de marine** naval gun ▷ **canon à neige** snow cannon ▷ **canon à particules** particle beam weapon ▷ **canon rayé** rifled bore

**canon**[2] [kanɔ̃] [→ SYN] nm **a** (= modèle) model, perfect example ◆ **canons** (= normes) canons ◆ **les canons de la beauté** the canons of beauty ◆ **elle/il est canon***, **c'est un canon*** ou **une fille/un mec canon*** she/he's gorgeous, she's/he's a bit of alright⁑ (Brit)

**b** (Rel) canon; → **droit**[3]

**canon**[3] [kanɔ̃] nm (Mus) canon ◆ **canon à 2 voix** canon for 2 voices ◆ **chanter en canon** to sing in a round ou in canon

**cañon** [kaɲɔn] [→ SYN] nm canyon, cañon

**canonial, e**, mpl **-iaux** [kanɔnjal, jo] adj canonic(al)

**canonicat** [kanɔnika] nm canonicate, canonry

**canonique** [kanɔnik] [→ SYN] adj canonical ◆ **forme canonique** (Ling) base form; → **âge**

**canonisation** [kanɔnizasjɔ̃] [→ SYN] nf canonization

**canoniser** [kanɔnize] [→ SYN] ▸ conjug 1 ◂ vt to canonize

**canonnade** [kanɔnad] nf cannonade ◆ **le bruit d'une canonnade** the noise of a cannonade ou of (heavy) gunfire

**canonner** [kanɔne] [→ SYN] ▸ conjug 1 ◂ vt to bombard, shell

**canonnier** [kanɔnje] nm gunner

**canonnière** [kanɔnjɛʀ] nf gunboat

**canope** [kanɔp] nm ◆ **(vase) canope** Canopic jar (ou urn ou vase)

**canopée** [kanɔpe] nf (forest) canopy

**canot** [kano] [→ SYN] nm (= barque) (small ou open) boat, dinghy; (Can) Canadian canoe ◆ **canot automobile** motorboat ◆ **canot pneumatique** rubber ou inflatable dinghy ◆ **canot de sauvetage** lifeboat

**canotage** [kanɔtaʒ] nm boating, rowing, canoeing (Can) ◆ **faire du canotage** to go boating ou rowing; (Can) to go canoeing

**canoter** [kanɔte] ▸ conjug 1 ◂ vi to go boating ou rowing; (Can) to go canoeing

**canoteur, -euse** [kanɔtœʀ, øz] nm,f rower

**canotier** [kanɔtje] nm (= personne, chapeau) boater

**Canson ®** [kɑ̃sɔ̃] nm ◆ **papier Canson** drawing paper

**cantabile** [kɑ̃tabile] nm, adv cantabile

**cantal** [kɑ̃tal] nm **a** (= fromage) Cantal (cheese)

**b** (= région) **le Cantal** the Cantal

**cantaloup** [kɑ̃talu] nm cantaloup(e), muskmelon

**cantate** [kɑ̃tat] [→ SYN] nf cantata

**cantatrice** [kɑ̃tatʀis] → SYN nf [opéra] (opera) singer, prima donna; [chants classiques] (professional) singer

**canter** [kɑ̃tɛʀ] nm canter

**cantharide** [kɑ̃taʀid] nf **a** (Zool) cantharid

**b** (= poudre) cantharis, cantharides, Spanish fly

**cantilène** [kɑ̃tilɛn] nf song, cantilena

**cantilever** [kɑ̃tiləvɛʀ] → SYN adj inv, nm cantilever

**cantine** [kɑ̃tin] → SYN nf **a** (= réfectoire) [entreprise] canteen; [école] cafeteria, dining hall (Brit), lunch room (US) ◆ **manger à la cantine** (gén) to eat in the canteen; (Scol) to have school meals ◆ **ticket de cantine** meal voucher ou ticket

**b** (= malle) tin trunk

**cantinière** [kɑ̃tinjɛʀ] → SYN nf (Hist Mil) canteen woman

**cantique** [kɑ̃tik] → SYN nm (= chant) hymn; (Bible) canticle ◆ **le Cantique des cantiques** the Song of Songs, the Song of Solomon

**canton** [kɑ̃tɔ̃] → SYN nm **a** (Pol) (en France) canton, ≈ district; (en Suisse) canton

**b** (= section) [voie ferrée, route] section

**c** († = région) district; (Can) township

> **CANTON**
>
> The **cantons** are electoral areas into which France's "arrondissements" are divided for administration purposes. Each **canton** usually includes several "communes", and corresponds to the constituency of a "conseiller général" who is elected in the "élections cantonales". The main town in the **canton** has a "gendarmerie", a local tax office and sometimes a "tribunal d'instance".
>
> Of the self-governing **cantons** that make up the Swiss Confederation, six are French-speaking: Jura, Vaud, Neuchâtel, Genève, Valais (also German-speaking) and Fribourg (also German-speaking). → ARRONDISSEMENT; COMMUNE; ÉLECTIONS

**cantonade** [kɑ̃tɔnad] **à la cantonade** loc adv ◆ **parler à la cantonade** (gén) to speak to the company at large; (Théât) to speak (in an aside) to the audience ◆ **c'est à qui ? dit-elle à la cantonade** whose is this? she asked the assembled company

**cantonais, e** [kɑ̃tɔnɛ, ɛz] **1** adj Cantonese

**2** nm (Ling) Cantonese

**3** **Cantonais(e)** nm,f Cantonese

**cantonal, e,** mpl **-aux** [kɑ̃tɔnal, o] adj (en France) cantonal, ≈ district (épith); (en Suisse) cantonal ◆ **sur le plan cantonal** (en France) at (the) local level; (en Suisse) at the level of the cantons ◆ **les (élections) cantonales** cantonal elections → ÉLECTIONS

**cantonnement** [kɑ̃tɔnmɑ̃] → SYN nm **a** (Mil) (= action) stationing; (chez l'habitant) billeting, quartering; (= lieu) quarters, billet; (= camp) camp ◆ **établir un cantonnement** to set up (a) camp ◆ **troupes en cantonnement** billeted troops ◆ **prendre ses cantonnements** to take up one's quarters

**b** (Rail) block system

**c** (Admin) [forêt] range

**cantonner** [kɑ̃tɔne] → SYN ▸ conjug 1 ◂ **1** vt **a** (Mil) (= établir) to station; (chez l'habitant) to quarter, billet (*chez, dans* on)

**b** (= reléguer) to confine ◆ **cantonner qn dans un travail** to confine sb to a job ◆ **cantonner qn à** ou **dans un rôle** to limit ou restrict sb to a role

**2** vi (Mil) to be stationed (*à, dans* at); (chez l'habitant) to be quartered ou billetted

**3** **se cantonner** vpr ◆ **se cantonner à** ou **dans** to confine o.s. to

**cantonnier** [kɑ̃tɔnje] → SYN nm (= ouvrier) roadmender, roadman

**cantonnière** [kɑ̃tɔnjɛʀ] → SYN nf (= tenture) pelmet

**cantor** [kɑ̃tɔʀ] nm cantor

**canular** [kanylaʀ] → SYN nm hoax ◆ **monter un canular** to think up ou plan a hoax ◆ **faire un canular à qn** to hoax sb, play a hoax on sb

**canule** [kanyl] → SYN nf cannula

**canuler*** [kanyle] ▸ conjug 1 ◂ vt (= ennuyer) to bore; (= agacer) to pester

**Canut** [kanyt] nm Canute, Knut

**canut, -use** [kany, yz] nm,f silk worker *(in Lyons)*

**canyon** [kanjɔ̃, kanjɔn] nm canyon, cañon ◆ **le Grand Canyon** the Grand Canyon

**canyoning** [kanjɔniŋ] nm (Sport) canyoning ◆ **faire du canyoning** to go canyoning

**CAO** [seao] nf (abrév de **conception assistée par ordinateur**) CAD

**caoua*** [kawa] nm ⇒ **kawa**

**caouane** [kawan] nf loggerhead (turtle)

**caoutchouc** [kautʃu] nm **a** (= matière) rubber ◆ **en caoutchouc** rubber (épith) ◆ **caoutchouc mousse ®** foam ou sponge rubber ◆ **balle en caoutchouc mousse** rubber ou sponge ball ◆ **caoutchouc synthétique** synthetic rubber; → **botte¹**

**b** (= élastique) rubber ou elastic band

**c** † (= imperméable) waterproof ◆ **caoutchoucs** (= chaussures) overshoes, galoshes

**d** (= plante verte) rubber plant

**caoutchouter** [kautʃute] ▸ conjug 1 ◂ vt to rubberize, coat with rubber

**caoutchouteux, -euse** [kautʃutø, øz] adj rubbery

**CAP** [seape] nm (abrév de **certificat d'aptitude professionnelle**) vocational training certificate, ≈ City and Guilds examination (Brit) ◆ **il a un CAP de menuisier/soudeur** he's a qualified joiner/welder, ≈ he's got a City and Guilds in joinery/welding (Brit)

**cap¹** [kap] → SYN nm **a** (Géog) cape; (= promontoire) point, headland ◆ **le cap Canaveral** Cape Canaveral ◆ **le cap Horn** Cape Horn ◆ **le cap de Bonne Espérance** the Cape of Good Hope ◆ **passer** ou **doubler un cap** (Naut) to round a cape ◆ **il a passé le cap** [malade] he's over the worst, he's turned the corner ◆ **il a passé le cap de l'examen** he's got over the hurdle of the exam ◆ **dépasser** ou **franchir** ou **passer le cap des 40 ans** to turn 40 ◆ **dépasser** ou **franchir le cap des 50 millions** to pass the 50-million mark

**b** (= direction) course ◆ **changer de cap** (lit, fig) to change course ◆ **mettre le cap au vent** to head into the wind ◆ **mettre le cap au large** to stand out to sea ◆ **mettre le cap sur** to head for ◆ **cap magnétique** magnetic course ou heading; → **pied**

**c** (= ville) **Le Cap** Cape Town ◆ **la province du Cap** the Cape Province

**cap²*** [kap] adj (abrév de **capable**) ◆ **t'es pas cap de le faire !** (langage enfantin) you couldn't do it if you tried!

**capable** [kapabl] GRAMMAIRE ACTIVE 15.4, 16.4 → SYN adj **a** (= compétent) able, capable

**b** (= apte à) **capable de faire** capable of doing ◆ **te sens-tu capable de tout manger ?** do you feel you can eat it all?, do you feel up to eating it all? ◆ **tu n'en es pas capable** you're not up to it, you're not capable ◆ **viens te battre si tu en es capable** come and fight if you've got it in you ou if you dare ◆ **cette conférence est capable d'intéresser beaucoup de gens** this lecture is likely to interest a lot of people

**c** (= qui fait preuve de) **capable de** [+ dévouement, courage, incartade] capable of ◆ **il est capable du pire comme du meilleur** he's capable of (doing) the worst as well as the best ◆ **il est capable de tout** he'll stop at nothing, he's capable of anything

**d** * **il est capable de l'avoir perdu/de réussir** he's quite likely to have lost it/to succeed, he's quite capable of having lost it/of succeeding ◆ **il est bien capable d'en réchapper** he may well get over it

**e** (Jur) competent

**capacitaire** [kapasitɛʀ] nmf *holder of basic qualifications in law,* ≈ lawyer

**capacitance** [kapasitɑ̃s] nf (Élec) capacitance

**capacité** [kapasite] → SYN **1** nf **a** (= contenance, potentiel) capacity; [accumulateur] capacitance, capacity ◆ **la capacité d'accueil d'une ville** the total amount of tourist accommodation in a town ◆ **de grande capacité** avion, stade with a large seating capacity ◆ **capacité de mémoire/de stockage** (Ordin) memory/disk capacity

**b** (= aptitude) ability (*à* to) ◆ **capacités intellectuelles** intellectual abilities ou capacities ◆ **capacités physiques** physical abilities ◆ **en dehors de mes capacités** beyond my capabilities ou capacities ◆ **sa capacité d'analyse/d'analyser les faits** his capacity for analysis/for analysing facts ◆ **il a une grande capacité d'adaptation** he's very adaptable

**c** (Jur) capacity ◆ **avoir capacité pour qch** to be (legally) entitled to sth

**2** COMP ▷ **capacité civile** civil capacity ▷ **capacité contributive** ability to pay tax ▷ **capacité en droit** *basic legal qualification* ▷ **capacité électrostatique** capacitance ▷ **capacité légale** legal capacity ▷ **capacité thoracique** (Méd) vital capacity

**caparaçon** [kapaʀasɔ̃] → SYN nm (Hist) caparison

**caparaçonner** [kapaʀasɔne] ▸ conjug 1 ◂ vt (Hist) [+ cheval] to caparison ◆ **caparaçonné de cuir** (hum) all clad in leather

**cape** [kap] → SYN nf (Habillement) (courte) cape; (longue) cloak ◆ **roman** (ou **film**) **de cape et d'épée** swashbuckler; → **rire**

**capelan** [kaplɑ̃] → SYN nm cap(e)lin

**capeler** [kaple] → SYN ▸ conjug 4 ◂ vt [+ cordage] to reeve

**capeline** [kaplin] nf wide-brimmed hat

**CAPES** [kapɛs] nm (abrév de **certificat d'aptitude au professorat de l'enseignement secondaire**) → **certificat**

> **CAPES**
>
> The **CAPES** is a competitive examination for the recruitment of French secondary school teachers. It is taken after the "licence". Successful candidates become fully-qualified teachers ("professeurs certifiés"). → AGRÉGATION; CONCOURS

**capésien, -ienne*** [kapesjɛ̃, jɛn] nm,f holder of the CAPES, ≈ qualified graduate teacher

**CAPET** [kapɛt] nm (abrév de **certificat d'aptitude au professorat de l'enseignement technique**) → **certificat**

**Capet** [kape] n ◆ **Hugues Capet** Hugh ou Hugues Capet

**capétien, -ienne** [kapesjɛ̃, jɛn] **1** adj Capetian

**2** **Capétien(ne)** nm,f Capetian

**capharnaüm*** [kafaʀnaɔm] **1** nm (= bric-à-brac, désordre) shambles* ◆ **quel capharnaüm !** what a shambles!*

**2** **Capharnaüm** n Capernaum

**cap-hornier,** pl **cap-horniers** [kapɔʀnje] nm Cape Horner

**capillaire** [kapilɛʀ] **1** adj (Anat, Bot, Phys) capillary; soins, lotion hair (épith); → **vaisseau**

**2** nm (Anat) capillary; (Bot = fougère) maidenhair fern

**capillarité** [kapilaʀite] nf capillarity ◆ **par capillarité** by capillary action

**capilliculteur, -trice** [kapilikyltœʀ, tʀis] nm,f specialist in hair care

**capilliculture** [kapilikyltyʀ] nf hair care

**capilotade** [kapilɔtad] → SYN **en capilotade** loc adj fruits, nez in a pulp; objet cassable in smithereens ◆ **j'ai les reins en capilotade** my back's killing me*

**capitaine** [kapitɛn] → SYN **1** nm **a** (armée de terre) captain; (armée de l'air) flight lieutenant (Brit), captain (US); [grand bateau] captain, master; [bateau de pêche] captain, skipper; (Sport) captain, skipper*; (littér = chef militaire) (military) leader; → **instructeur**

**b** (Zool) threadfin

**2** COMP ▷ **capitaine de corvette** lieutenant commander ▷ **capitaine de frégate** commander ▷ **capitaine de gendarmerie** captain of the gendarmerie ▷ **capitaine d'industrie** captain of industry ▷ **capitaine au long cours** master mariner ▷ **capitaine de la marine marchande** captain in the merchant navy (Brit) ou in the marine (US) ▷ **capitaine des pompiers** fire chief, firemaster (Brit), fire marshal (US) ▷ **capitaine de port** harbour (Brit) ou harbor (US) master ▷ **capitaine de vaisseau** captain

**capitainerie** [kapitɛnʀi] nf harbour (Brit) ou harbor (US) master's office

**capital, e,** mpl **-aux** [kapital, o] → SYN 1 adj a (= principal) erreur, question major (épith); rôle cardinal, major (épith) ◆ **d'une importance capitale** of major ou capital importance ◆ **c'est l'œuvre capitale de Gide** it is Gide's major work ◆ **son erreur capitale** his major ou chief mistake; → **péché, sept**

b (= essentiel) essential ◆ **il est capital d'y aller** ou **que nous y allions** it is of the utmost importance ou it is absolutely essential that we go

c (Jur) capital; → **peine**

2 nm a (Fin = avoirs) capital ◆ **50 millions de francs de capital** a 50-million-franc capital, a capital of 50 million francs ◆ **au capital de** with a capital of; → **augmentation**

b (= placements) **capitaux** money, capital ◆ **la circulation/fuite des capitaux** the circulation/flight of capital

c (= possédants) **le capital** capital ◆ **le capital et le travail** capital and labour ◆ **le grand capital** big investors

d (= fonds, richesse) stock, fund ◆ **le capital de connaissances acquis à l'école** the stock ou fund of knowledge acquired at school ◆ **la connaissance d'une langue constitue un capital appréciable** knowing a language is a significant ou major asset ◆ **le capital artistique de la région** the artistic wealth ou resources of the region ◆ **accroître son capital(-)santé** to build up one's health ◆ **elle a su se bâtir un capital(-)confiance** she managed to gain ou win everybody's trust

3 **capitale** nf a (Typo) **(lettre) capitale** capital (letter) ◆ **en grandes/petites capitales** in large/small capitals ◆ **en capitales d'imprimerie** in block letters ou block capitals

b (= métropole) capital (city) ◆ **le dimanche, les Parisiens quittent la capitale** on Sundays Parisians leave the capital ◆ **capitale régionale** regional capital ◆ **la capitale du vin** the wine capital ◆ **la capitale des Gaules** (= Lyon) Lyons

4 COMP ▷ **capital circulant** working capital, circulating capital ▷ **capital constant** constant capital ▷ **capital décès** death benefit ▷ **capital d'exploitation** working capital ▷ **capitaux fébriles** hot money ▷ **capital fixe** fixed (capital) assets ▷ **capitaux flottants** floating capital ou assets ▷ **capital initial** ou **de lancement** seed ou start-up money ▷ **capitaux propres** equity capital ▷ **capital social** authorized capital, share capital ▷ **capitaux spéculatifs** ⇒ **capitaux fébriles** ▷ **capital variable** variable capital

**capitalisable** [kapitalizabl] adj capitalizable

**capitalisation** [kapitalizasjɔ̃] nf capitalization ◆ **capitalisation boursière** market capitalization ou valuation

**capitaliser** [kapitalize] ▸ conjug 1 ◂ 1 vt a (= amasser) [+ somme] to amass; [+ expériences, connaissances] to build up, accumulate ◆ **l'intérêt capitalisé pendant un an** interest accrued ou accumulated in a year

b (Fin = ajouter au capital) [+ intérêts] to capitalize

c (= calculer le capital de) [+ rente] to capitalize

2 vi a (= amasser de l'argent) to save, put money by

b **capitaliser sur** [+ événement, situation] to capitalize on

**capitalisme** [kapitalism] → SYN nm capitalism

**capitaliste** [kapitalist] → SYN adj, nmf capitalist

**capitalistique** [kapitalistik] adj capital (épith) ◆ **intensité capitalistique** capital intensity ◆ **industrie capitalistique** capital-intensive industry

**capital-risque** [kapitalʀisk] nm venture capital

**capital-risqueur** [kapitalʀiskœʀ] nm venture capitalist

**capitanat** [kapitana] nm captaincy, captainship

**capitation** [kapitasjɔ̃] nf (Hist) poll tax, capitation

**capité, e** [kapite] adj (Bot) capitate

**capiteux, -euse** [kapitø, øz] → SYN adj vin, parfum heady; femme, beauté intoxicating, alluring

**Capitole** [kapitɔl] nm ◆ **le Capitole** the Capitol

**capitolin, e** [kapitɔlɛ̃, in] adj Capitoline ◆ **le (mont) Capitolin** the Capitoline (Hill)

**capiton** [kapitɔ̃] nm (= bourre) padding; [cellulite] node of fat (SPÉC) ◆ **les capitons** orange-peel skin

**capitonnage** [kapitɔnaʒ] nm padding

**capitonner** [kapitɔne] → SYN ▸ conjug 1 ◂ vt [+ siège, porte] to pad (de with) ◆ **capitonné de** (fig) lined with ◆ **nid capitonné de plumes** nest lined with feathers

**capitulaire** [kapitylɛʀ] adj (Rel) capitular ◆ **salle capitulaire** chapter house

**capitulard, e** [kapitylaʀ, aʀd] → SYN adj, nm,f defeatist

**capitulation** [kapitylasjɔ̃] → SYN nf (Mil, fig) capitulation, surrender; (= traité) capitulation (treaty) ◆ **capitulation sans conditions** unconditional surrender

**capitule** [kapityl] nm capitulum

**capituler** [kapityle] → SYN ▸ conjug 1 ◂ vi (Mil = se rendre) to capitulate, surrender; (fig = céder) to surrender, give in, capitulate

**capo** [kapo] nm Kapo, capo

**capon, -onne** †† [kapɔ̃, ɔn] → SYN 1 adj cowardly

2 nm,f coward

**caporal,** pl **-aux** [kapɔʀal, o] → SYN nm a (Mil) lance corporal (Brit), private first class (US) ◆ **caporal d'ordinaire** mess corporal ◆ **caporal-chef** corporal

b (= tabac) caporal

**caporalisme** [kapɔʀalism] → SYN nm [personne, régime] petty officiousness

**capot** [kapo] → SYN 1 nm a [véhicule, moteur] bonnet (Brit), hood (US)

b (Naut) (= bâche de protection) cover; (= trou d'homme) companion hatch

2 adj inv (Cartes) ◆ **être capot** to have lost all the tricks ◆ **il nous a mis capot** he took all the tricks

**capotage** [kapɔtaʒ] nm [véhicule] overturning; [projet] failure; [négociations] breakdown

**capote** [kapɔt] → SYN nf a [voiture] top, hood (Brit)

b (gén Mil = manteau) greatcoat

c **capote (anglaise)** ‡ French letter *, rubber ‡, safe ‡ (US)

d († = chapeau) bonnet

**capoter** [kapɔte] → SYN ▸ conjug 1 ◂ vi [véhicule] to overturn; [négociations] to founder ◆ **faire capoter** [+ véhicule] to overturn; [+ négociations, projet] to ruin, scupper * (Brit), put paid to (Brit)

**cappa** [kapa] nf cope

**cappuccino** [kaputʃino] nm cappuccino

**câpre** [kɑpʀ] → SYN nf (Culin) caper

**Capri** [kapʀi] nf Capri

**capriccio** [kapʀitʃo, kapʀisjo] nm (Mus) capriccio, caprice

**caprice** [kapʀis] → SYN nm a (= lubie) whim, caprice; (= toquade amoureuse) (passing) fancy ◆ **agir par caprice** to act out of capriciousness ◆ **ne lui cède pas, c'est seulement un caprice** don't give in to him, it's only a whim ◆ **faire un caprice** to throw a tantrum ◆ **cet enfant fait des caprices** the child's being awkward ou temperamental ◆ **cet arbre est un vrai caprice de la nature** that tree is a real freak of nature ◆ **une récolte exceptionnelle due à quelque caprice de la nature** an exceptional crop due to some quirk ou trick of nature

b (= variations) **caprices** [nuages, vent, marché] vagaries, caprices ◆ **les caprices de la mode** the vagaries ou whims of fashion ◆ **les caprices du sort** ou **du hasard** the quirks of fate

c (Mus) capriccio, caprice

**capricieusement** [kapʀisjøzmɑ̃] adv capriciously, whimsically

**capricieux, -ieuse** [kapʀisjø, jøz] → SYN adj a (= fantasque) (gén) capricious, whimsical; appareil temperamental; (littér) brise capricious; chemin winding

b (= coléreux) wayward ◆ **cet enfant est (un) capricieux** the child's awkward ou temperamental, the child throws tantrums

**capricorne** [kapʀikɔʀn] nm a (Astron) **le Capricorne** Capricorn ◆ **il est (du signe) du Capricorne** he's (a) Capricorn; → **tropique**

b (Zool) capricorn beetle

**câprier** [kɑpʀije] nm caper bush ou shrub

**caprin, e** [kapʀɛ̃, in] 1 adj (Zool) espèce goat (épith), caprine (SPÉC)

2 nm member of the goat family ◆ **les caprins** members of the goat family, the Caprinae (SPÉC)

**capriné** [kapʀine] nm ⇒ **caprin**

**caprique** [kapʀik] adj ◆ **acide caprique** capric acid

**caproïque** [kapʀɔik] adj ◆ **acide caproïque** caproic acid

**caprylique** [kapʀilik] adj ◆ **acide caprylique** caprylic acid

**capselle** [kapsɛl] → SYN nf (Bot) shepherd's purse

**capside** [kapsid] nf capsid

**capsulage** [kapsylaʒ] nm [bouteille de vin] capsuling; [bouteille de bière, d'eau] capping

**capsulaire** [kapsylɛʀ] adj (Bot, Anat) capsulate(d)

**capsule** [kapsyl] → SYN nf a (Anat, Bot, Pharm) capsule

b [bouteille] cap; (couvrant le goulot) capsule

c [arme à feu] (percussion) cap, primer; [pistolet d'enfant] cap; → **pistolet**

d **capsule spatiale** space capsule

**capsuler** [kapsyle] → SYN ▸ conjug 1 ◂ vt [+ bouteille de bière, eau] to put a cap on; [+ bouteille de vin] to put a capsule on

**capsuleuse** [kapsyløz] nf bottle-capping machine

**captage** [kaptaʒ] nm [cours d'eau] harnessing; [message, émission] picking up

**captateur, -trice** [kaptatœʀ, tʀis] nm,f (Jur) ◆ **captateur d'héritage** ou **de succession** legacy hunter

**captation** [kaptasjɔ̃] → SYN nf a [marché, pouvoir] capturing; [clientèle] poaching ◆ **captation d'héritage** (Jur) captation (SPÉC) ou improper solicitation of a legacy

b [cours d'eau, source] harnessing; (Bio) [substance] uptake

**capter** [kapte] → SYN ▸ conjug 1 ◂ vt a [+ énergie, cours d'eau] to harness; [+ courant] to tap; [+ lumière] to catch; [+ atmosphère] to capture

b [+ suffrages, attention] to win, capture; [+ confiance, bienveillance] to win, gain ◆ **cette entreprise a capté 12 % du marché** this firm has captured 12% of the market

c (Téléc) [+ message, émission, chaîne] to pick up

d (* = comprendre) to understand, get *

**capteur** [kaptœʀ] nm sensor ◆ **capteur solaire** solar panel

**captieux, -ieuse** [kapsjø, jøz] → SYN adj specious

**captif, -ive** [kaptif, iv] → SYN 1 adj personne, marché, clientèle captive; nappe d'eau confined; → **ballon**[1]

2 nm,f captive, prisoner

**captivant, e** [kaptivɑ̃, ɑ̃t] → SYN adj film, lecture gripping, enthralling; personne fascinating, captivating

**captiver** [kaptive] → SYN ▸ conjug 1 ◂ vt [+ personne] to fascinate, enthrall, captivate; [+ attention, esprit] to captivate

**captivité** [kaptivite] → SYN nf captivity ◆ **en captivité** in captivity ◆ **pendant sa captivité** while he was in captivity

**capture** [kaptyʀ] → SYN nf a (= action) [malfaiteur, animal] catching, capture; [objet] catching; [navire] capture

b (= animal, objet) catch; (= personne) captured person

c (Phys, Géog) capture ◆ **capture électronique** electron capture

**capturer** [kaptyʀe] → SYN ▸ conjug 1 ◂ vt [+ malfaiteur, animal] to catch, capture; [+ objet] to catch; [+ navire] to capture

**capuce** [kapys] nm capuche, capouch

**capuche** [kapyʃ] nf hood

**capuchette** [kapyʃɛt] nf rainhood

**capuchon** [kapyʃɔ̃] → SYN nm **a** (Couture) hood; (Rel) cowl; (= pèlerine) hooded raincoat
**b** [stylo] top, cap
**c** [cheminée] cowl

**capucin** [kapysɛ̃] → SYN nm (Rel) Capuchin; (Zool) capuchin; → **barbe**[1]

**capucine** [kapysin] nf (Bot) nasturtium; (Rel) Capuchin nun

**cap(-)verdien, -ienne** [kapvɛʀdjɛ̃, jɛn] **1** adj Cape Verdean
**2** **Cap(-)verdien(ne)** nm,f Cape Verdean

**Cap-Vert** [kapvɛʀ] nm ◆ **le Cap-Vert** Cape Verde ◆ **les îles du Cap-Vert** the Cape Verde Islands

**caque** [kak] → SYN nf herring barrel ◆ (Prov) **la caque sent toujours le hareng** what's bred in the bone will (come) out in the flesh (Prov)

**caquelon** [kaklɔ̃] nm *earthenware or cast-iron fondue dish*

**caquet** * [kakɛ] → SYN nm [personne] gossip, prattle, blether * (Brit); [poule] cackle, cackling ◆ **rabattre** ou **rabaisser le caquet de** ou **à qn** * to bring ou pull sb down a peg or two

**caquetage** [kaktaʒ], **caquètement** [kakɛtmɑ̃] nm [poule] cackle, cackling; [personne] prattle, prattling

**caqueter** [kakte] → SYN ▸ conjug 4 ◂ vi [personne] to prattle; [poule] to cackle

**car**[1] [kaʀ] → SYN nm coach (Brit), bus (US) ◆ **car de police** police van ◆ **car (de ramassage) scolaire** school bus

**car**[2] [kaʀ] → SYN conj because, for

**carabe** [kaʀab] nm carabid

**carabin** [kaʀabɛ̃] → SYN nm (arg Méd) medical student

**carabine** [kaʀabin] → SYN nf rifle, gun, carbine (SPÉC); [stand de tir] rifle ◆ **carabine à air comprimé** air rifle ou gun

**carabiné, e** * [kaʀabine] → SYN adj fièvre, vent, orage raging, violent; cocktail, facture, punition stiff; amende heavy, stiff; rhume stinking *, shocking; migraine splitting, blinding ◆ **mal de dents carabiné** raging toothache

**carabinier** [kaʀabinje] nm (en Espagne) carabinero, customs officer; (en Italie) carabiniere, police officer; (Hist Mil) carabineer ◆ **les carabiniers siciliens** the Sicilian carabinieri

**carabosse** [kaʀabɔs] nf → **fée**

**caracal** [kaʀakal] nm caracal, desert lynx

**Caracas** [kaʀakas] n Caracas

**caraco** [kaʀako] nm († = chemisier) (woman's) loose blouse; (= sous-vêtement) camisole

**caracoler** [kaʀakɔle] ▸ conjug 1 ◂ vi [cheval] (= évoluer) to prance; (= gambader) to gambol ou caper about; (Dressage) to caracole ◆ **caracoler sur un cheval** to ride proud ◆ **caracoler en tête** [concurrent] to be well ahead of the others ◆ **il caracole en tête des sondages** he's riding high in the polls

**caractère** [kaʀaktɛʀ] → SYN nm **a** (= tempérament) character, nature ◆ **être d'un** ou **avoir un caractère ouvert** to have an outgoing nature ◆ **être d'un** ou **avoir un caractère fermé** to be withdrawn ◆ **être d'un** ou **avoir un caractère froid/passionné** to be a cold/passionate person ◆ **avoir bon/mauvais caractère** to be good-/bad-tempered, be good-/ill-natured ◆ **il est très jeune de caractère** [adolescent] he's very immature; [adulte] he has a very youthful outlook ◆ **son caractère a changé** his character has changed, he has changed ◆ **les chats ont un caractère sournois** cats have a sly nature ◆ **il a** ou **c'est un heureux caractère** he has a happy nature ◆ **ce n'est pas dans son caractère de faire, il n'a pas un caractère à faire** it is not in his nature to do ◆ **le caractère méditerranéen/latin** the Mediterranean/Latin character ◆ **il a un sale caractère** *, **il a un caractère de cochon** * he's a difficult ou an awkward so-and-so * ◆ **il a un caractère en or** he's very good-natured, he has a delightful nature
**b** (= nature, aspect) nature ◆ **sa présence confère à la réception un caractère officiel** his being here gives an official character ou flavour to the reception ◆ **la situation n'a aucun caractère de gravité** the situation shows no sign ou evidence of being serious ◆ **mission à caractère humanitaire** humanitarian mission, mission of a humanitarian nature
**c** (= fermeté) character ◆ **il a du caractère** he has ou he's got character ◆ **il n'a pas de caractère** he's got no backbone, he's spineless ◆ **style sans caractère** characterless style
**d** (= cachet, individualité) character ◆ **la maison/cette vieille rue a du caractère** the house/this old street has got character
**e** (littér = personne) character ◆ **ces caractères ne sont pas faciles à vivre** these characters ou people are not easy to live with; → **comique**
**f** (= caractéristique) characteristic ◆ **caractère héréditaire/acquis** hereditary/acquired characteristic
**g** (Écriture, Typo) character ◆ **caractère gras/maigre** heavy-/light-faced letter ◆ **caractères gras** (Typo) bold type (NonC) ◆ **en gros/petits caractères** in large/small characters ◆ **en caractères d'imprimerie** in block capitals ◆ **les caractères de ce livre** the print in this book
**h** (Ordin) character ◆ **caractère de commande** control character ◆ **caractère générique** ou **de remplacement** wildcard

**caractériel, -elle** [kaʀakteʀjɛl] → SYN **1** adj **a** personne (Psych) emotionally disturbed, maladjusted ◆ **il est un peu caractériel** (= lunatique) he's got personality problems
**b** **traits caractériels** traits of character ◆ **troubles caractériels** emotional disturbance ou problems
**2** nm,f (= adulte) emotionally disturbed person; (= enfant) problem ou maladjusted child

**caractérisation** [kaʀakteʀizasjɔ̃] nf characterization

**caractérisé, e** [kaʀakteʀize] (ptp de **caractériser**) adj erreur blatant ◆ **une rubéole caractérisée** a clear ou straightforward case of German measles ◆ **c'est de l'insubordination caractérisée** it's sheer ou downright insubordination

**caractériser** [kaʀakteʀize] → SYN ▸ conjug 1 ◂ vt to characterize ◆ **avec l'enthousiasme qui le caractérise** with his characteristic enthusiasm ◆ **ça se caractérise par** it is characterized ou distinguished by ◆ **ce qui caractérise ce paysage** the main ou characteristic features of this landscape

**caractéristique** [kaʀakteʀistik] GRAMMAIRE ACTIVE 26.1, 26.6 → SYN
**1** adj characteristic (*de* of)
**2** nf characteristic, (typical) feature ◆ **caractéristiques signalétiques** (Admin) particulars, personal details ◆ **caractéristiques techniques** design features

**caractérologie** [kaʀakteʀɔlɔʒi] nf characterology

**caractérologique** [kaʀakteʀɔlɔʒik] adj characterological

**carafe** [kaʀaf] nf **a** (= récipient) decanter; [eau, vin ordinaire] carafe ◆ **une demi-carafe de vin** half a carafe of wine ◆ **tomber en carafe** * to break down ◆ **rester en carafe** * to be left stranded, be left high and dry ◆ **laisser qn en carafe** * to leave sb high and dry
**b** ( * = tête) head, nut *

**carafon** [kaʀafɔ̃] nm **a** (= récipient) small decanter; [eau, vin ordinaire] small carafe
**b** ( * = tête) head, nut *

**caraïbe** [kaʀaib] **1** adj Caribbean ◆ **les îles Caraïbes** the Caribbean islands ◆ **les Indiens caraïbes** the Carib Indians
**2** **Caraïbe** nmf (= personne) Carib
**3** **Caraïbe(s)** nf(pl) ◆ **la Caraïbe, les Caraïbes** the Caribbean (islands) ◆ **la mer des Caraïbes** the Caribbean (Sea)

**carambolage** [kaʀɑ̃bɔlaʒ] → SYN nm [autos] multiple crash, pile-up; (Billard) cannon (Brit), carom (US)

**carambole** [kaʀɑ̃bɔl] nf **a** (Billard) red (ball)
**b** (= fruit) star fruit, carambola

**caramboler** [kaʀɑ̃bɔle] → SYN ▸ conjug 1 ◂ **1** vt to collide with, run into ◆ **5 voitures se sont carambolées** there was a 5-car pile-up, 5 cars ran into each other ou collided
**2** vi (Billard) to cannon (Brit), get ou make a cannon (Brit) ou carom (US)

**carambouillage** [kaʀɑ̃bujaʒ] nm, **carambouille** [kaʀɑ̃buj] nf (Jur) reselling of unlawfully owned goods

**caramel** [kaʀamɛl] **1** nm (= sucre fondu) caramel; (= bonbon) (mou) caramel, fudge, chewy toffee; (dur) toffee
**2** adj inv caramel(-coloured)

**caramélisation** [kaʀamelizasjɔ̃] nf caramelization

**caramélisé, e** [kaʀamelize] (ptp de **caraméliser**) adj aliment (= enrobé de caramel) coated with caramel, caramel-coated; moule, plat caramel-lined; (= très cuit, au goût de caramel) caramelized

**caraméliser** [kaʀamelize] ▸ conjug 1 ◂ **1** vt [+ sucre] to caramelize; [+ moule, pâtisserie] to coat with caramel; [+ boisson, aliment] to flavour (Brit) ou flavor (US) with caramel
**2** vi **se caraméliser** vpr [sucre] to caramelize

**carapace** [kaʀapas] → SYN nf [crabe, tortue] shell, carapace ◆ **carapace de boue** crust of mud ◆ **sommet recouvert d'une carapace de glace** summit encased in a sheath of ice ◆ **il est difficile de percer sa carapace d'égoïsme** it's difficult to penetrate the armour of his egoism ou his thickskinned selfcentredness

**carapater (se)** * [kaʀapate] ▸ conjug 1 ◂ vpr to skedaddle *, run off, hop it * (Brit)

**carat** [kaʀa] nm (Bijouterie) carat ◆ **de l'or 18 carats, du 18 carats** 18-carat gold ◆ **il faut partir à midi, dernier carat** * we have to leave by midday ou noon at the latest

**Caravage** [kaʀavaʒ] nm ◆ **le Caravage** Caravaggio

**caravane** [kaʀavan] → SYN nf (= convoi) caravan; (= véhicule) caravan, trailer (US) ◆ **une caravane de voitures** a procession ou stream of cars ◆ **une caravane de touristes** a stream of tourists ◆ **la caravane du Tour de France** the whole retinue of the Tour de France ◆ **la caravane publicitaire** the publicity caravan; → **chien**

**caravanier, -ière** [kaʀavanje, jɛʀ] **1** adj itinéraire, chemin caravan (épith) ◆ **tourisme caravanier** caravanning (Brit), RV ou camper vacationing (US)
**2** nm **a** (= conducteur de caravane) caravaneer
**b** (= vacancier) caravanner (Brit), person vacationing in an RV ou a camper (US)

**caravaning** [kaʀavaniŋ] → SYN nm ◆ **faire du caravaning** to go caravanning (Brit), go on vacation in an RV ou a camper (US) ◆ **camp de caravaning** caravan site, trailer camp (US) ou court (US) ou park (US)

**caravansérail** [kaʀavɑ̃seʀaj] → SYN nm (lit, fig) caravanserai

**caravelle** [kaʀavɛl] nf (Hist Naut) caravel

**carbamate** [kaʀbamat] nm carbamate

**carbochimie** [kaʀboʃimi] nf organic chemistry

**carboglace ®** [kaʀboglas] nf carbon dioxide snow

**carbohémoglobine** [kaʀboemɔglɔbin] nf carbohaemoglobin (Brit), carbohemoglobin (US)

**carbonade** [kaʀbɔnad] → SYN nf (= viande) chargrilled meat ◆ **carbonade flamande** beef stew

**carbonado** [kaʀbɔnado] nm (= diamant) carbonado, black diamond

**carbonatation** [kaʀbɔnatasjɔ̃] nf carbonation

**carbonate** [kaʀbɔnat] nm carbonate ◆ **carbonate de soude** sodium carbonate, washing soda

**carbonater** [kaʀbɔnate] ▸ conjug 1 ◂ vt to carbonate

**carbone** [kaʀbɔn] nm (= matière, feuille) carbon ◆ **le carbone 14** carbon-14 ◆ **(papier) carbone** carbon (paper); → **datation**

**carboné, e** [kaʀbɔne] adj carbonaceous

**carbonifère** [kaʀbɔnifɛʀ] **1** adj (Minér) carboniferous; (Géol) Carboniferous
**2** nm Carboniferous

**carbonique** [kaʀbɔnik] adj carbonic; → **gaz**, **neige** etc

**carbonisation** [kaʀbɔnizasjɔ̃] nf carbonization

**carbonisé, e** [kaʀbɔnize] (ptp de **carboniser**) adj **a** arbre, restes charred ◆ **il est mort carbonisé** he was burned to death
**b** (* = exténué) shattered *

**carboniser** [kaʀbɔnize] → SYN ▸ conjug 1 ◂ vt [+ bois, substance] to carbonize; [+ forêt, maison] to burn to the ground, reduce to ashes; [+ rôti] to burn to a cinder

**carbonnade** [kaʀbɔnad] nf ⇒ **carbonade**

**carbonyle** [kaʀbɔnil] nm carbonyl

**Carborundum ®** [kaʀbɔʀɔ̃dɔm] nm Carborundum ®

**carboxylase** [kaʀbɔksilɑz] nf carboxylase

**carboxyle** [kaʀbɔksil] nm carboxyl group ou radical

**carburant** [kaʀbyʀɑ̃] → SYN **1** adj m ◆ **mélange carburant** mixture of petrol (Brit) ou gasoline (US) and air *(in internal combustion engine)*
**2** nm fuel ◆ **les carburants** fuel oils

**carburateur** [kaʀbyʀatœʀ] nm carburettor (Brit), carburetor (US)

**carburation** [kaʀbyʀasjɔ̃] nf [essence] carburation; [fer] carburization

**carbure** [kaʀbyʀ] nm carbide; → **lampe**

**carburé, e** [kaʀbyʀe] (ptp de **carburer**) adj air, mélange carburetted; métal carburized

**carburéacteur** [kaʀbyʀeaktœʀ] nm jet ou aviation fuel

**carburer** [kaʀbyʀe] ▸ conjug 1 ◂ **1** vi **a** [moteur] **ça carbure bien/mal** it is well/badly tuned
**b** ⁑ **il carbure au vin rouge** [personne] he drinks red wine as if it was water ◆ **elle carbure aux amphétamines/au café** she lives on amphetamines/on coffee ◆ **ça carbure sec ici !** (boisson) they're really knocking it back in here!; (travail) they're working flat out! *
**2** vt [+ air] to carburet; [+ métal] to carburize

**carburol** [kaʀbyʀɔl] nm gasohol

**carcajou** [kaʀkaʒu] nm wolverine

**carcan** [kaʀkɑ̃] → SYN nm (Hist) iron collar; (= contrainte) yoke, shackles ◆ **ce col est un vrai carcan** this collar is like a vice ◆ **le carcan de la tradition** the straitjacket of tradition, the fetters of tradition

**carcasse** [kaʀkas] → SYN nf **a** [animal] carcass; [maison] shell ◆ **je vais réchauffer ma carcasse au soleil** * I'm going to toast myself in the sun * ◆ **j'ai du mal à traîner ma vieille carcasse** * I'm finding it difficult to drag my old bones around * ◆ **des carcasses de voitures calcinées** burnt-out cars
**b** (= armature) [abat-jour] frame; [bateau] skeleton; [immeuble] shell, skeleton ◆ **pneu à carcasse radiale/diagonale** radial/cross-ply tyre

**carcéral, e,** mpl **-aux** [kaʀseʀal, o] adj prison (épith) ◆ **régime carcéral** prison regime ◆ **l'univers carcéral** prison life

**carcinogène** [kaʀsinɔʒɛn] adj carcinogenic

**carcinogenèse** [kaʀsinoʒənɛz] nf carcinogenesis

**carcinologie** [kaʀsinɔlɔʒi] nf (Méd) carcinology

**carcinomateux, -euse** [kaʀsinomatø, øz] adj carcinomatous

**carcinome** [kaʀsinom] nm carcinoma

**cardage** [kaʀdaʒ] nm carding

**cardamine** [kaʀdamin] nf cuckooflower, lady's-smock

**cardamome** [kaʀdamɔm] nf cardamom

**cardan** [kaʀdɑ̃] nm universal joint; → **joint**

**carde** [kaʀd] → SYN nf (Tex) card

**carder** [kaʀde] → SYN ▸ conjug 1 ◂ vt to card ◆ **laine cardée** carded wool

**cardère** [kaʀdɛʀ] nf (Bot) teasel

**cardeur, -euse** [kaʀdœʀ, øz] **1** nm,f carder
**2** **cardeuse** nf (= machine) carding machine, carder

**cardia** [kaʀdja] nm (Anat) cardia

**cardial, e,** mpl **-iaux** [kaʀdjal, jo] adj (du cardia) cardiac

**cardialgie** [kaʀdjalʒi] nf cardialgia

**cardiaque** [kaʀdjak] **1** adj (Anat) cardiac, heart (épith) ◆ **malade cardiaque** heart case ou patient ◆ **être cardiaque** to suffer from ou have a heart condition ◆ **chirurgie cardiaque** heart surgery; → **crise**
**2** nmf heart case ou patient

**cardiatomie** [kaʀdjatɔmi] nf incision of the cardia

**Cardiff** [kaʀdif] n Cardiff

**cardigan** [kaʀdigɑ̃] nm cardigan

**cardinal, e,** mpl **-aux** [kaʀdinal, o] → SYN **1** adj nombre cardinal; (littér = capital) cardinal; → **point¹**
**2** nm **a** (Rel) cardinal ◆ **cardinal-archevêque** Cardinal Archbishop
**b** (= nombre) cardinal number
**c** (Orn) cardinal (bird)

**cardinalat** [kaʀdinala] nm cardinalate, cardinalship

**cardinalice** [kaʀdinalis] adj of a cardinal ◆ **conférer à qn la dignité cardinalice** to make sb a cardinal, raise sb to the purple; → **pourpre**

**cardiogramme** [kaʀdjɔgʀam] nm cardiogram

**cardiographe** [kaʀdjɔgʀaf] nm cardiograph

**cardiographie** [kaʀdjɔgʀafi] nf cardiography

**cardiologie** [kaʀdjɔlɔʒi] nf cardiology

**cardiologique** [kaʀdjɔlɔʒik] adj cardiological

**cardiologue** [kaʀdjɔlɔg] nmf cardiologist, heart specialist

**cardiopathie** [kaʀdjɔpati] nf cardiopathy

**cardio-pulmonaire,** pl **cardio-pulmonaires** [kaʀdjopylmɔnɛʀ] adj cardiopulmonary

**cardiotomie** [kaʀdjɔtɔmi] nf incision of the heart

**cardiotonique** [kaʀdjotɔnik] nm heart tonic

**cardiovasculaire** [kaʀdjovaskylɛʀ] adj cardiovascular

**cardite** [kaʀdit] nf carditis

**cardon** [kaʀdɔ̃] → SYN nm cardoon

**carême** [kaʀɛm] → SYN nm (= jeûne) fast ◆ **le Carême** (Rel = période) Lent ◆ **sermon de carême** Lent sermon ◆ **faire carême** to observe ou keep Lent, fast during Lent ◆ **rompre le carême** to break the Lent fast ◆ **le carême qu'il s'est imposé** the fast he has undertaken ◆ **face** ou **figure** ou **mine de carême** * long face (fig)

**carême-prenant** ††, pl **carêmes-prenants** [kaʀɛmpʀənɑ̃] nm (= période) Shrovetide ††; (= personne) Shrovetide reveller ††

**carénage** [kaʀenaʒ] nm **a** (Naut) (= action) careening; (= lieu) careenage
**b** [véhicule] (= action) streamlining; (= partie) fairing

**carence** [kaʀɑ̃s] → SYN nf **a** (Méd) deficiency ◆ **carence alimentaire** nutritional deficiency ◆ **carence vitaminique** ou **en vitamines** vitamin deficiency ◆ **maladie de** ou **par carence** deficiency disease
**b** (= manque) shortage ◆ **une grave carence en personnel qualifié** a serious shortage of qualified staff ◆ **carence affective** emotional deprivation
**c** (= incompétence) [gouvernement] shortcomings, incompetence; [parents] inadequacy
**d** (= défauts) **les carences de** [+ système, organisation] the inadequacies ou shortcomings of
**e** (Jur) insolvency

**carencé, e** [kaʀɑ̃se] adj personne nutritionally deficient, suffering from nutritional deficiency; régime deficient (*en* in) ◆ **régime carencé en fer** diet deficient in iron, iron-deficient diet ◆ **gravement carencé en vitamine F** seriously deficient in vitamin F

**carène** [kaʀɛn] nf **a** (Naut) (lower part of the) hull ◆ **mettre en carène** to careen
**b** (Bot) carina, keel

**caréner** [kaʀene] ▸ conjug 6 ◂ vt **a** (Naut) to careen
**b** (Tech) [+ véhicule] to streamline

**carentiel, -ielle** [kaʀɑ̃sjɛl] adj deficiency (épith), deficiency-related (épith)

**caressant, e** [kaʀesɑ̃, ɑ̃t] → SYN adj enfant, animal affectionate; regard, voix caressing, tender; brise caressing

**caresse** [kaʀɛs] → SYN nf **a** (= câlinerie) caress; (à un animal) stroke ◆ **faire des caresses à** [+ personne] to caress; [+ animal] to stroke, pet ◆ **la caresse de la brise/des vagues** (littér) the caress of the breeze/of the waves
**b** († † = flatterie) cajolery (NonC), flattery (NonC) ◆ **endormir la méfiance de qn par des caresses** to use cajolery to allay ou quieten sb's suspicions

**caresser** [kaʀese] → SYN ▸ conjug 1 ◂ vt **a** [+ personne] to caress; [+ animal] to stroke, pet; [+ objet] to stroke ◆ **il lui caressait les jambes/les seins** he was stroking ou caressing her legs/caressing ou fondling her breasts ◆ **il caressait les touches du piano** he stroked ou caressed the keys of the piano ◆ **caresser qn du regard** to gaze fondly ou lovingly at sb ◆ **caresser qn dans le sens du poil** to stay on the right side of sb ◆ **il vaut mieux le caresser dans le sens du poil** you'd better not rub him up the wrong way ◆ **je vais lui caresser les côtes** * ou **l'échine** * (hum) I'm going to give him such a hiding
**b** [+ espoir] to entertain, toy with ◆ **caresser le projet de faire qch** to toy with the idea of doing sth
**c** († † = flatter) to flatter, fawn on

**caret** [kaʀɛ] nm (Zool) hawksbill (turtle), hawkbill; (Tex) rope yarn

**carex** [kaʀɛks] nm (Bot) sedge

**car-ferry,** pl **car-ferrys** ou **car-ferries** [kaʀfeʀi] → SYN nm (car) ferry

**cargaison** [kaʀgɛzɔ̃] → SYN nf **a** (Aviat, Naut) cargo, freight ◆ **une cargaison de bananes** a cargo of bananas
**b** * load, stock ◆ **des cargaisons de** [+ lettres, demandes] heaps ou piles of ◆ **des cargaisons de touristes** busloads (ou shiploads ou planeloads) of tourists

**cargo** [kaʀgo] → SYN nm cargo boat, freighter ◆ **cargo mixte** cargo and passenger vessel

**cargue** [kaʀg] nf (Naut) brail

**carguer** [kaʀge] → SYN ▸ conjug 1 ◂ vt [+ voiles] to brail, furl

**cari** [kaʀi] nm ⇒ **curry**

**cariacou** [kaʀjaku] nm Virginia deer, white-tailed deer

**cariant, e** [kaʀjɑ̃, ɑ̃t] adj causing caries

**cariatide** [kaʀjatid] nf caryatid

**caribou** [kaʀibu] nm caribou

**caricatural, e,** mpl **-aux** [kaʀikatyʀal, o] → SYN adj (= ridicule) aspect, traits ridiculous, grotesque; (= exagéré) description, interprétation caricatured

**caricature** [kaʀikatyʀ] → SYN nf **a** (= dessin, description) caricature; (politique) (satirical) cartoon ◆ **faire la caricature de** to make a caricature of, caricature ◆ **une caricature de procès** a mere mockery of a trial ◆ **une caricature de la vérité** a caricature ou gross distortion of the truth ◆ **c'est une caricature de l'Anglais en vacances** he is a caricature of the Englishman on holiday
**b** ( * = personne laide) fright *

**caricaturer** [kaʀikatyʀe] → SYN ▸ conjug 1 ◂ vt to caricature

**caricaturiste** [kaʀikatyʀist] nmf caricaturist; (à intention politique) (satirical) cartoonist

**carie** [kaʀi] → SYN nf **a** (Méd) [dents, os] caries (NonC) ◆ **la carie dentaire** tooth decay, (dental) caries ◆ **j'ai une carie** I need a filling, I've got a cavity
**b** (Bot) [arbre] blight; [blé] smut, bunt

**carié, e** [kaʀje] (ptp de **carier**) adj dent decayed, bad

**carier** [kaʀje] → SYN ▸ conjug 7 ◂ **1** vt to decay, cause to decay ◆ **dent cariée** bad ou decayed tooth
**2** **se carier** vpr to decay

**carillon** [kaʀijɔ̃] → SYN nm **a** [église] (= cloches) (peal ou set of) bells; (= air) chimes ◆ **on entendait le carillon de St Pierre/des carillons joyeux** we could hear the chimes of St Pierre/hear joyful chimes
**b** [horloge] (= système de sonnerie) chime; (= air) chimes ◆ **une horloge à carillon, un carillon** a chiming clock
**c** [sonnette d'entrée] (door) chime

**carillonner** [kaʀijɔne] → SYN ▸ conjug 1 ◂ **1** vi **a** [cloches] to ring, chime; (à toute volée) to peal out

**b** (à la porte) to ring very loudly ◆ **ça ne sert à rien de carillonner, il n'y a personne** it's no use ringing away on the doorbell like that – there's no one in

**2** vt [+ fête] to announce with a peal of bells; [+ heure] to chime, ring; (fig) [+ nouvelle] to broadcast

**carillonneur** [kaʀijɔnœʀ] → SYN nm bell ringer

**carinates** [kaʀinat] nmpl ◆ **les carinates** carinate birds

**carioca** [kaʀjɔka] **1** adj of ou from Rio de Janeiro

**2** nmf ◆ **Carioca** Carioca(n)

**cariogène** [kaʀjɔʒɛn] adj causing caries

**cariste** [kaʀist] → SYN nm fork-lift truck operator

**caritatif, -ive** [kaʀitatif, iv] adj charitable ◆ **association** ou **organisation caritative** charity, charitable organization

**carlin** [kaʀlɛ̃] → SYN nm pug(dog)

**carline** [kaʀlin] → SYN nf carline (thistle)

**carlingue** [kaʀlɛ̃g] → SYN nf (Aviat) cabin; (Naut) keelson

**carliste** [kaʀlist] adj, nmf Carlist

**carmagnole** [kaʀmaɲɔl] → SYN nf (= chanson, danse) carmagnole; (Hist = veste) short jacket *(worn during the French revolution)*

**carme** [kaʀm] → SYN nm Carmelite, White Friar

**carmel** [kaʀmɛl] nm (= monastère) [carmes] Carmelite monastery; [carmélites] Carmelite convent ◆ **le Carmel** (= ordre) the Carmelite order

**carmélite** [kaʀmelit] → SYN nf Carmelite nun

**carmin** [kaʀmɛ̃] → SYN **1** nm (= colorant) cochineal; (= couleur) carmine, crimson

**2** adj inv carmine, crimson

**carminatif, -ive** [kaʀminatif, iv] adj carminative

**carminé, e** [kaʀmine] adj carmine, crimson

**carnage** [kaʀnaʒ] → SYN nm (lit, fig) carnage, slaughter ◆ **quel carnage !** what a massacre! ◆ **faire un carnage** (lit) to cause absolute carnage ◆ **je vais faire un carnage !** (fig) I'm going to murder someone!

**carnassier, -ière** [kaʀnasje, jɛʀ] → SYN **1** adj animal carnivorous, flesh-eating; dent carnassial

**2** nm carnivore ◆ **carnassiers** carnivores, Carnivora (SPÉC)

**3 carnassière** nf (= dent) carnassial; (= gibecière) gamebag

**carnation** [kaʀnasjɔ̃] → SYN nf (= teint) complexion; (Peinture) flesh tint

**carnaval, pl carnavals** [kaʀnaval] → SYN nm (= fête) carnival; (= période) carnival (time) ◆ **(Sa Majesté) Carnaval** (= mannequin) King Carnival ◆ **de carnaval** tenue, ambiance carnival (épith) ◆ **"Le Carnaval des animaux"** (Mus) "The Carnival of Animals"

**carnavalesque** [kaʀnavalɛsk] adj (= grotesque) carnivalesque

**carne** * [kaʀn] → SYN nf (péj = viande) tough ou leathery meat; († = cheval) nag *, hack ◆ **quelle carne !** (homme) what a swine! ** ou bastard! **; (femme) what a bitch! **

**carné, e** [kaʀne] → SYN adj **a** alimentation meat (épith)

**b** (littér) fleur, ton flesh-coloured

**carneau, pl carneaux** [kaʀno] → SYN nm (Tech) flue

**carnet** [kaʀnɛ] → SYN **1** nm (= calepin) notebook; (= liasse) book

**2** COMP ▷ **carnet d'adresses** address book ◆ **avoir un carnet d'adresses bien rempli** to have a lot of (good) contacts ▷ **carnet de bal** dance card ▷ **carnet de billets** book of tickets ▷ **carnet de bord** (Naut, Aviat) log(book) ▷ **carnet de chèques** chequebook (Brit), checkbook (US) ▷ **carnet de commandes** order book ◆ **nos carnets de commandes sont pleins** we have a full order book ▷ **carnet à croquis** ou **dessins** sketchbook ▷ **carnet de maternité** *medical record of pregnancy* ▷ **carnet mondain** (Presse) society column ▷ **carnet de notes** (= calepin) notebook; (Scol) report card, school report (Brit) ◆ **avoir un bon carnet (de notes)** to have a good report ▷ **carnet rose** (Presse) births column ▷ **carnet de route** travel diary ▷ **carnet de santé** health record ▷ **carnet à souches** counterfoil book ▷ **carnet de timbres** book of stamps ▷ **carnet de vol** (Aviat) log(book)

**carnier** [kaʀnje] → SYN nm gamebag

**carnification** [kaʀnifikasjɔ̃] nf carnification

**carnivore** [kaʀnivɔʀ] → SYN **1** adj animal carnivorous, flesh-eating; insecte, plante carnivorous ◆ **il est très carnivore** (hum) [personne] he's a big meat-eater, he loves his meat

**2** nm carnivore ◆ **carnivores** carnivores, Carnivora (SPÉC)

**Caroline** [kaʀɔlin] nf ◆ **Caroline du Nord** North Carolina ◆ **Caroline du Sud** South Carolina

**carolingien, -ienne** [kaʀɔlɛ̃ʒjɛ̃, jɛn] **1** adj Carolingian

**2 Carolingien(ne)** nm,f Carolingian

**caroncule** [kaʀɔ̃kyl] nf (Zool) caruncle, wattle

**carotène** [kaʀɔtɛn] nm carotene, carotin

**carotide** [kaʀɔtid] adj, nf carotid

**carotidien, -ienne** [kaʀɔtidjɛ̃, jɛn] adj carotid

**carottage** [kaʀɔtaʒ] → SYN nm **a** (* = vol) swiping **, pinching *

**b** (Tech) core boring

**carotte** [kaʀɔt] → SYN **1** nf **a** (Bot, Culin) carrot ◆ **les carottes sont cuites !** * they've (ou we've etc) had it! *, it's all up * (Brit) ou over!; → **poil**

**b** (* = promesse) carrot ◆ **manier la carotte et le bâton** to use the carrot and stick approach

**c** (Tech) core

**d** [tabac] plug; (= enseigne) tobacconist's (Brit) ou tobacco shop (US) sign

**2** adj inv cheveux red, carroty *; couleur carroty ◆ **objet (couleur) carotte** carrot-coloured object ◆ **rouge carotte** carrot red

**carotter** [kaʀɔte] → SYN ▸ conjug 1 ◂ **1** vt **a** (* = voler) to swipe **, pinch * ◆ **carotter qch à qn** to pinch * ou nick ** sth from sb ◆ **il m'a carotté (de) 5 €, je me suis fait carotter (de) 5 €** he did * ou diddled * me out of €5

**b** (Tech) to bore

**2** vi ◆ **il essaie toujours de carotter** he's always trying to fiddle a bit for himself ◆ **elle carotte sur l'argent des commissions** she fiddles the housekeeping money

**carotteur, -euse** * [kaʀɔtœʀ, øz] → SYN, **carottier, -ière** * [kaʀɔtje, jɛʀ] nm,f diddler *

**caroube** [kaʀub] nf (= fruit) carob

**caroubier** [kaʀubje] nm carob (tree)

**carpaccio** [kaʀpatʃ(j)o] nm carpaccio

**Carpates** [kaʀpat] nfpl ◆ **les Carpates** the Carpathians

**carpe¹** [kaʀp] nf (Zool) carp; → **muet, saut**

**carpe²** [kaʀp] nm (Anat) carpus

**carpeau, pl carpeaux** [kaʀpo] nm young carp

**carpelle** [kaʀpɛl] nf carpel

**carpette** [kaʀpɛt] → SYN nf (= tapis) rug; (péj = personne servile) fawning ou servile person, doormat (fig) ◆ **s'aplatir comme une carpette devant qn** to fawn on sb

**carpettier** [kaʀpetje] nm carpet weaver

**carpiculteur, -trice** [kaʀpikyltœʀ, tʀis] nm,f carp breeder

**carpiculture** [kaʀpikyltyʀ] nf carp breeding

**carpien, -ienne** [kaʀpjɛ̃, jɛn] adj carpal

**carpillon** [kaʀpijɔ̃] nm young carp

**carpocapse** [kaʀpokaps] nm ou f codlin(g) moth

**carquois** [kaʀkwa] nm quiver

**carrare** [kaʀaʀ] nm (= marbre) Carrara (marble)

**carre** [kaʀ] → SYN nf [ski] edge ◆ **prendre des carres** to dig in the edges of one's skis

**Carré** [kaʀe] n (Vét) ◆ **maladie de Carré** canine distemper

**carré, e** [kaʀe] → SYN **1** adj **a** table, jardin, menton square ◆ **aux épaules carrées** square-shouldered; → **partie²**

**b** (Math) square ◆ **mètre/kilomètre carré** square metre/kilometre ◆ **il n'y avait pas un centimètre carré de place** there wasn't an inch of room, there wasn't (enough) room to swing a cat (Brit); → **racine**

**c** (= franc) personne forthright, straightforward; réponse straight, straightforward ◆ **être carré en affaires** to be aboveboard ou straightforward in one's (business) dealings

**2** nm **a** (gén) square; (= foulard) scarf ◆ **découper qch en petits carrés** to cut sth up into little squares ◆ **carré de soie** silk scarf ◆ **carré de terre** patch ou plot (of land) ◆ **un carré de choux/de salades** a cabbage/lettuce patch ◆ **avoir les cheveux coupés au carré, avoir une coupe au carré** to wear ou have one's hair in a bob ◆ **carré blanc** † (TV) *sign indicating that a film is unsuitable for children or sensitive viewers* ◆ **carré de service** (Tennis) service court

**b** (Mil = disposition) square; → **former**

**c** (Naut = mess, salon) wardroom ◆ **le carré des officiers** the (officers') wardroom

**d** (Math) square ◆ **le carré de 4** 4 squared, the square of 4 ◆ **3 au carré** 3 squared ◆ **élever** ou **mettre** ou **porter un nombre au carré** to square a number

**e** (Cartes) **un carré d'as** four aces

**f** (Culin) **carré de l'Est** *soft, mild, fermented cheese* ◆ **carré d'agneau** (Boucherie) loin of lamb

**g** (= groupe) **le dernier carré** the last handful

**h** (arg Scol) *student repeating the preparation for the grandes écoles*

**3 carrée** nf **a** (** = chambre) bedroom

**b** (Hist Mus) breve

**carreau, pl carreaux** [kaʀo] → SYN nm **a** (par terre) (floor) tile; (au mur) (wall) tile ◆ **carreau de plâtre** plaster block

**b** (= carrelage, sol) tiled floor ◆ **le carreau des Halles** the market at les Halles

**c** (= vitre) (window) pane ◆ **carreaux** * (= lunettes) glasses, specs * ◆ **faire les carreaux** to clean the windows ◆ **remplacer un carreau** to replace a pane ◆ **regarder au carreau** to look out of the window ◆ **des vandales ont cassé les carreaux** vandals have smashed the windows

**d** (sur un tissu) check; (sur du papier) square ◆ **à carreaux** papier squared; mouchoir check (épith), checked ◆ **veste à grands/petits carreaux** jacket with a large/small check ◆ **laisser 3 carreaux de marge** (Scol) leave 3 squares margin, leave a margin of 3 squares ◆ **mettre un plan au carreau** (Tech) to square a plan

**e** (Cartes) diamond ◆ **jouer carreau** to play diamonds ◆ **le dix de carreau** the ten of diamonds

**f** (Pétanque) **faire un carreau** *to hit the bowl nearest the jack and stay on its spot*

**g** [mine] bank

**h** (Hist = flèche) bolt

**i** (* : LOC) **laisser qn sur le carreau** (bagarre) to lay ou knock sb out * ◆ **il est resté sur le carreau** (bagarre) he was laid ou knocked out *; (examen) he didn't make the grade; (chômage) he's out of a job ◆ **se tenir à carreau** to keep one's nose clean *, watch one's step

**carré-éponge, pl carrés-éponges** [kaʀeepɔ̃ʒ] nm face cloth, (face) flannel (Brit), washcloth (US)

**carrefour** [kaʀfuʀ] → SYN nm **a** [routes] crossroads sg ◆ **le carrefour de l'Europe/de la drogue** the crossroads of Europe/of drug trafficking ◆ **une science au carrefour de plusieurs disciplines** a science at the junction ou meeting point of several different disciplines ◆ **se trouver à un carrefour (de sa vie/carrière)** to be at a crossroads (in one's life/career)

**b** (= rencontre, forum) forum, symposium ◆ **carrefour des métiers** careers convention ◆ **carrefour d'idées** (fig) forum for ideas

**carrelage** [kaʀlaʒ] → SYN nm (= action) tiling; (= carreaux) tiles, tiling (NonC) ◆ **poser un carrelage** to lay a tiled floor ◆ **laver le carrelage** to wash the floor

**carreler** [kaʀle] → SYN ▸ conjug 4 ◂ vt [+ mur, sol] to tile; [+ papier] to draw squares on

**carrelet** [kaʀlɛ] → SYN nm **a** (= poisson) plaice

**b** (= filet) *square fishing net*

c (Tech) [bourrelier] half-moon needle; [dessinateur] square ruler

**carreleur, -euse** [kaʀlœʀ, øz] nm,f tiler

**carrément** [kaʀemɑ̃] → SYN adv a (= franchement) bluntly, straight out ◆ **je lui ai dit carrément ce que je pensais** I told him straight out what I thought
b (= sans hésiter) straight ◆ **il a carrément écrit au proviseur** he wrote straight to the headmaster ◆ **vas-y carrément** go right ahead ◆ **j'ai pris carrément à travers champs** I struck straight across the fields
c (intensif) **il est carrément timbré** * he's definitely cracked * ◆ **cela nous fait gagner carrément 10 km/2 heures** it saves us 10 whole km ou a full 10 km/a whole 2 hours ou 2 full hours

**carrer** [kaʀe] → SYN ▸ conjug 1 ◂ 1 vt (Math, Tech) to square
2 **se carrer** vpr ◆ **se carrer dans un fauteuil** to settle (o.s.) comfortably ou ensconce o.s. in an armchair ◆ **bien carré dans son fauteuil** comfortably settled ou ensconced in his armchair

**carrier** [kaʀje] → SYN nm (= ouvrier) quarryman, quarrier; (= propriétaire) quarry owner ◆ **maître carrier** quarry master

**carrière**[1] [kaʀjɛʀ] → SYN nf [sable] (sand)pit; [roches etc ] quarry

**carrière**[2] [kaʀjɛʀ] → SYN nf a (= profession) career ◆ **en début/fin de carrière** at the beginning/end of one's career ◆ **la carrière** (Pol) the diplomatic service ◆ **embrasser la carrière des armes** † to embark on a career of arms † ◆ **faire carrière dans l'enseignement** to make one's career in teaching ◆ **il est entré dans l'industrie et y a fait (rapidement) carrière** he went into industry and (quickly) made a career for himself ◆ **officier/militaire de carrière** career officer/soldier
b (littér = cours) course ◆ **le jour achève sa carrière** the day is drawing to a close ou has run its course ◆ **donner (libre) carrière à** to give free rein to

**carriérisme** [kaʀjeʀism] nm (péj) careerism

**carriériste** [kaʀjeʀist] nmf (péj) careerist

**carriole** [kaʀjɔl] → SYN nf a (= charrette) cart
b (Can) sleigh, ca(r)riole (US, Can), carryall (US, Can)

**carrossable** [kaʀɔsabl] → SYN adj route etc suitable for (motor) vehicles

**carrossage** [kaʀɔsaʒ] nm (= action) fitting a body to; (= angle) camber

**carrosse** [kaʀɔs] → SYN nm (horse-drawn) coach ◆ **carrosse d'apparat** state coach; → **cinquième, rouler**

**carrosser** [kaʀɔse] ▸ conjug 1 ◂ vt (Aut) (= mettre une carrosserie à) to fit a body to; (= dessiner la carrosserie de) to design a body for ou the body of ◆ **voiture bien carrossée** car with a well-designed body ◆ **elle est bien carrossée** ‡ [personne] she's got curves in all the right places

**carrosserie** [kaʀɔsʀi] → SYN nf (Aut) (= coque) body(work), coachwork; (= métier) coachbuilding (Brit), car-body making (US) ◆ **atelier de carrosserie** body shop

**carrossier** [kaʀɔsje] → SYN nm (= constructeur) coachbuilder (Brit), car-body maker (US); (= dessinateur) car designer ◆ **ma voiture est chez le carrossier** my car is in the body shop

**carrousel** [kaʀuzɛl] → SYN nm a (Équitation) carousel; (fig = succession rapide) merry-go-round ◆ **le carrousel des voitures officielles** the to-ing and fro-ing of official cars ◆ **un carrousel d'avions dans le ciel** planes weaving patterns ou circling in the sky
b [diapositives] Carousel ®
c (Belg = manège) merry-go-round, roundabout (Brit), carousel (US)

**carroyer** [kaʀwaje] ▸ conjug 13 ◂ vt [+ plan, carte] to square (off)

**carrure** [kaʀyʀ] → SYN nf a (= largeur d'épaules) [personne] build; [vêtement] breadth across the shoulders ◆ **manteau un peu trop étroit de carrure** coat which is a little tight across the shoulders ◆ **une carrure d'athlète** an athlete's build ◆ **homme de belle/forte carrure** well-built/burly man
b [mâchoire] squareness; [bâtiment] square shape

c (= envergure) calibre (Brit), caliber (US), stature

**carry** [kaʀi] nm ⇒ **curry**

**cartable** [kaʀtabl] → SYN nm (à poignée) (school) bag; (à bretelles) satchel

**carte** [kaʀt] → SYN 1 nf a (gén) card ◆ **carte (postale)** (post)card ◆ **carte de visite** (lit) visiting card, calling card (US); (fig = expérience) CV ◆ **ce poste au Japon, c'est une très bonne carte de visite** having worked in Japan looks good on a CV ◆ **carte de visite professionnelle** business card
b (Jeux) **carte (à jouer)** (playing) card ◆ **battre** ou **brasser** ou **mêler les cartes** to shuffle the cards ◆ **donner les cartes** to deal (the cards) ◆ **faire** ou **tirer les cartes à qn** to read sb's cards ◆ **avoir toutes les cartes en main** (lit) to have all the cards; (fig) to hold all the cards ◆ **jouer la carte du charme** to turn on the charm ◆ **jouer la carte de l'Europe** to turn towards Europe ◆ **jouer la carte de la privatisation/la transparence** to opt for privatisation/openness ◆ **pendant sa campagne il a joué la carte nationaliste** he played the nationalist card during his campaign ◆ **carte maîtresse** (lit) master (card); (fig) trump card ◆ **carte forcée** (lit) forced card ◆ **c'est la carte forcée !** (fig) we have no choice!, it's Hobson's choice! ◆ **jouer cartes sur table** (lit, fig) to put ou lay one's cards on the table; → **brouiller, château**
c (Géog) map; (Astron, Mét, Naut) chart ◆ **carte du relief/géologique** relief/geological map ◆ **carte routière** roadmap ◆ **carte du ciel** sky chart ◆ **carte de la lune** chart ou map of the moon ◆ **carte météorologique** ou **du temps** weather chart; → **rayer**
d (au restaurant) menu ◆ **on prend le menu ou la carte ?** shall we have the set menu or shall we eat à la carte? ◆ **une très bonne/très petite carte** a very good/very small menu ou choice of dishes
e (Fin) credit card ◆ **payer par carte** to pay by credit card
f (Ordin) board
g (Loc)
◆ **à la carte** repas à la carte; retraite, plan d'investissement, voyage tailor-made ◆ **manger à la carte** to eat à la carte ◆ **programme à la carte** (Scol) free-choice curriculum, curriculum allowing pupils a choice of subjects ◆ **télévision à la carte** pay-per-view television ou TV ◆ **avoir un horaire à la carte** to have flexible working hours ◆ **faire du tourisme à la carte** to go on a tailor-made ou an à la carte holiday
◆ **en carte** ◆ **fille** ou **femme** ou **prostituée en carte** registered prostitute
2 COMP ▷ **carte d'abonnement** (train) season ticket, pass; (Théât) season ticket ▷ **carte d'alimentation** ⇒ **carte de rationnement** ▷ **carte d'anniversaire** birthday card ▷ **carte d'assuré social** ≃ National Insurance card (Brit), ≃ social security card (US) ▷ **carte bancaire** banker's card ▷ **carte blanche: avoir carte blanche** to have carte blanche ou a free hand ◆ **donner carte blanche à qn** to give sb carte blanche ou a free hand ▷ **Carte Bleue** ® debit card ▷ **carte de chemin de fer** railway (Brit) ou train (US) season ticket ▷ **carte de correspondance** (plain) postcard ▷ **carte de crédit** credit card ▷ **carte d'électeur** voting card, voter registration card (US) ▷ **carte d'état-major** Ordnance Survey map (Brit), Geological Survey map (US) ▷ **carte d'étudiant** student card ▷ **carte d'extension de mémoire** memory expansion board ▷ **carte de famille nombreuse** *card issued to members of large families, allowing reduced fares etc.* ▷ **carte de fidélité** (regular customer's) discount card ▷ **carte graphique** graphics board ▷ **carte grise** ≃ (car) registration book (Brit) ou papers (US), ≃ logbook (Brit) ▷ **carte d'identité** identity ou I.D. card ▷ **carte d'identité scolaire** pupil's identity card, student I.D. (card) ▷ **carte d'interface** interface board ▷ **carte d'invalidité** disability card ▷ **carte d'invitation** invitation card ▷ **carte jeune** young persons' discount card ▷ **carte journalière** (Ski) day-pass, day-ticket ▷ **carte de lecteur** library card, reader's ticket (Brit), library ticket (Brit) ▷ **carte magnétique** magnetic (strip) card ◆ **cabine téléphonique à carte (magnétique)** cardphone ▷ **carte mécanographique** ⇒ **carte perforée** ▷ **carte à mémoire** smart card, intelligent card; (pour téléphone) phone card ▷ **carte mère** motherboard ▷ **carte de Noël** Christmas card ▷ **carte orange** monthly (ou weekly ou yearly) season ticket *(for all types of transport in Paris)* ▷ **carte de paiement** credit card ▷ **carte perforée** punch card ▷ **carte de presse** press card ▷ **carte privative** charge ou store card ▷ **carte à puce** smart card, intelligent card ▷ **carte de rationnement** ration card ▷ **carte de résident** residence permit ▷ **carte scolaire** list of schools *(showing forecasts for regional requirements)* ▷ **carte de Sécurité sociale** ⇒ **carte d'assuré social** ▷ **carte de séjour** residence permit ▷ **carte son** sound card ▷ **carte syndicale** union card ▷ **carte téléphonique** ou **de téléphone** phonecard ▷ **carte de travail** work permit ▷ **carte vermeil** ≃ senior citizen's rail pass ▷ **carte verte** (Aut) green card (Brit), certificate of insurance (US) ▷ **carte des vins** wine list ▷ **carte de vœux** greetings card (Brit), greeting card (US)

> **CARTES**
>
> French people over the age of eighteen are normally required to carry a "carte d'identité" that provides proof of identity in France and can also be used instead of a passport for travel to some countries. They also have a "carte d'électeur" (voting card) and a "carte d'assuré social" bearing their social security number. Foreign nationals residing in France for more than three months must have a "carte de séjour", which is issued by their local "préfecture", and a "carte de travail" if they are employed. All car owners must have a "carte grise", which provides proof of ownership and must be shown along with one's driving licence if one is stopped by the police.

**cartel** [kaʀtɛl] → SYN nm a (Pol) cartel, coalition; (Écon) cartel, combine ◆ **cartel de la drogue** drug cartel
b (= pendule) wall clock
c (Hist = défi) cartel

**carte-lettre**, pl **cartes-lettres** [kaʀtəlɛtʀ] nf letter-card

**cartellisation** [kaʀtelizasjɔ̃] nf (Écon) formation of combines

**carter** [kaʀtɛʀ] nm [bicyclette] chain guard; (Aut) [huile] sump, oilpan (US); [boîte de vitesses] (gearbox) casing; [différentiel] cage; [moteur] crankcase

**carte-réponse**, pl **cartes-réponses** [kaʀt(ə)ʀepɔ̃s] nf (gén) reply card; [concours] entry form

**carterie** [kaʀt(ə)ʀi] nf postcard shop

**cartésianisme** [kaʀtezjanism] nm Cartesianism

**cartésien, -ienne** [kaʀtezjɛ̃, jɛn] → SYN adj, nm,f Cartesian

**Carthage** [kaʀtɑʒ] n Carthage

**carthaginois, e** [kaʀtaʒinwa, waz] 1 adj Carthaginian
2 **Carthaginois(e)** nm,f Carthaginian

**cartilage** [kaʀtilaʒ] nm (Anat) cartilage; [viande] gristle

**cartilagineux, -euse** [kaʀtilaʒinø, øz] adj (Anat) cartilaginous; viande gristly

**cartogramme** [kaʀtɔgʀam] nm cartogram

**cartographe** [kaʀtɔgʀaf] nmf cartographer

**cartographie** [kaʀtɔgʀafi] nf cartography, map-making ◆ **cartographie génique** ou **génétique** gene ou genetic mapping

**cartographier** [kaʀtɔgʀafje] ▸ conjug 1 ◂ vt [+ pays, planète] to map, draw a map of; [+ génome humain] to map

**cartographique** [kaʀtɔgʀafik] adj cartographic(al)

**cartomancie** [kaʀtɔmɑ̃si] → SYN nf fortune-telling *(with cards)*, cartomancy

**cartomancien, -ienne** [kaʀtɔmɑ̃sjɛ̃, jɛn] → SYN nm,f fortune-teller *(who uses cards)*

**carton** [kaʀtɔ̃] → SYN 1 nm a (= matière) cardboard ◆ **écrit/collé sur un carton** written/pasted on (a piece of) cardboard ◆ **masque de** ou **en carton** cardboard mask

b (= boîte) (cardboard) box, carton (US); (= contenu) boxful; († = cartable) (school)bag; (à bretelles) satchel ◆ **carton de lait** (boîte) carton of milk; (plusieurs boîtes) pack of milk ◆ **carton-repas** pre-packaged meal ◆ **c'est quelque part dans mes cartons** (fig) it's somewhere in my files ◆ **le projet a dormi** ou **est resté dans les cartons plusieurs années** the project was shelved ou mothballed for several years

c (= cible) target ◆ **faire un carton** (à la fête) to have a go on the rifle range;( * : sur l'ennemi) to take a potshot * (*sur* at) ◆ **faire un bon carton** to get a good score ◆ **j'ai fait un carton en anglais** * I did really well in English, I got really good grades in English (US) ◆ **elle fait un carton au hit-parade** * she's riding high ou she's a huge success in the charts ◆ **carton plein pour** * (fig) ... full marks for ... (Brit), A+ for ... (US) ◆ **prendre un carton** * (= subir une défaite) to get a real hammering *

d (Peinture) sketch; (Géog) inset map; [tapisserie, mosaïque] cartoon

e (= carte) card ◆ **carton d'invitation** invitation card; → **taper**

f ( * = accident) smash-up *

2 COMP ▷ **carton à chapeau** hatbox ▷ **carton à chaussures** shoebox ▷ **carton à dessin** portfolio ▷ **carton gris** newsboard ▷ **carton jaune** (Ftbl) yellow card ◆ **il a reçu un carton jaune** he got a yellow card, he was booked ▷ **carton ondulé** corrugated cardboard ▷ **carton pâte** pasteboard ◆ **de carton pâte** décor (fig) personnages cardboard (épith) ▷ **carton rouge** (Ftbl) red card ◆ **il a reçu un carton rouge** he got the red card, he was sent off

**cartonnage** [kaʀtɔnaʒ] nm a (= industrie) cardboard industry

b (= emballage) cardboard (packing)

c (Reliure) (= action) boarding ◆ **cartonnage pleine toile** (= couverture) cloth binding ◆ **cartonnage souple** limp binding

**cartonner** [kaʀtɔne] ▸ conjug 1 ◂ 1 vt a (= relier) to bind in boards ◆ **livre cartonné** hardback (book)

b ( * = heurter) to smash into *

2 vi * a (= réussir) to do brilliantly * (*en* in)

b (en voiture) to have a smash(-up) * ◆ **ça cartonne souvent à ce carrefour** there are quite a few crashes at this crossroads

**cartonnerie** [kaʀtɔnʀi] nf (= industrie) cardboard industry; (= usine) cardboard factory

**cartonneux, -euse** [kaʀtɔnø, øz] adj cardboard-like (épith); viande leathery

**cartonnier, -ière** [kaʀtɔnje, jɛʀ] 1 nm,f (= artiste) tapestry ou mosaic designer

2 nm (= meuble) filing cabinet

**cartophile** [kaʀtofil] nmf postcard collector

**cartophilie** [kaʀtofili] nf postcard collecting

**cartothèque** [kaʀtɔtɛk] nf (= collection) map collection; (= salle) map room

**cartouche**[1] [kaʀtuʃ] → SYN nf (gén, Mil, Ordin) cartridge; [cigarettes] carton; → **brûler**

**cartouche**[2] [kaʀtuʃ] → SYN nm (Archéol, Archit) cartouche

**cartoucherie** [kaʀtuʃʀi] nf (= fabrique) cartridge factory; (= dépôt) cartridge depot

**cartouchière** [kaʀtuʃjɛʀ] → SYN nf (= ceinture) cartridge belt; (= sac) cartridge pouch

**cartulaire** [kaʀtylɛʀ] → SYN nm c(h)artulary

**carvi** [kaʀvi] nm (Bot) caraway

**caryatide** [kaʀjatid] nf ⇒ **cariatide**

**caryocinèse** [kaʀjosinɛz] nf karyokinesis

**caryophyllé, e** [kaʀjofile] 1 adj caryophyllaceous

2 nfpl ◆ **les caryophyllées** caryophyllaceous plants, the Caryophyllaceae (SPÉC)

**caryopse** [kaʀjɔps] nm (Bot) caryopsis

**caryotype** [kaʀjotip] nm karyotype

**cas** [kɑ] GRAMMAIRE ACTIVE 26.5 → SYN

1 nm a (= situation) case; (= événement) occurrence ◆ **cas tragique/spécial** tragic/special case ◆ **cas urgent** urgent case, emergency ◆ **comme c'est son cas** as is the case with him ◆ **un cas très rare** a very rare occurrence ◆ **exposez-lui votre cas** state your case; (à un médecin) describe your symptoms ◆ **il s'est mis dans un mauvais cas** he's got himself into a tricky situation ou position ◆ **dans le premier cas** in the first case ou instance

b (Jur) case ◆ **cas d'homicide/de divorce** murder/divorce case ◆ **l'adultère est un cas de divorce** adultery is grounds for divorce ◆ **soumettre un cas au juge** to submit a case to the judge ◆ **c'est un cas pendable** (hum) he deserves to be shot (hum)

c (Méd, Sociol) case ◆ **il y a plusieurs cas de choléra dans le pays** there are several cases of cholera in the country ◆ **cas social** person with social problems, social misfit ◆ **c'est vraiment un cas !** (fig) he's (ou she's) a real case! *

d (Ling) case

e (LOC) **dans le cas présent** in this particular case ◆ **mettre qn dans le cas d'avoir à faire qch** to put sb in the situation ou position of having to do sth ◆ **il accepte ou il refuse selon les cas** he accepts or refuses according to the circumstances ◆ **faire (grand) cas de/peu de cas de** to attach great/little importance to, set great/little store by ◆ **il ne fait jamais aucun cas de nos observations** he never pays any attention to ou takes any notice of our comments ◆ **c'est le cas ou jamais** it's now or never ◆ **c'est le cas ou jamais de réclamer** if ever there was a case for complaint this is it ◆ **c'est (bien) le cas de le dire !** you said it!

◆ **au cas par cas** individually

◆ **au cas** ou **dans le cas** ou **pour le cas où** ◆ **au cas** ou **dans le cas** ou **pour le cas où il pleuvrait** in case it rains, in case it should rain ◆ **je prends un parapluie au cas où** * ou **en cas** * I'm taking an umbrella (just) in case

◆ **dans ce cas, en ce cas** in that case ◆ **dans** ou **en ce cas téléphonez-nous** in that case give us a ring

◆ **le cas échéant** if the need arises, if need be

◆ **en cas de** ◆ **en cas d'absence** in case of ou in the event of absence ◆ **en cas d'urgence** in an emergency

◆ **en aucun cas** ◆ **en aucun cas vous ne devez vous arrêter** on no account ou under no circumstances are you to stop

◆ **en tout cas, en** ou **dans tous les cas** anyway, in any case, at any rate

2 COMP ▷ **cas de conscience** moral dilemma ◆ **il a un cas de conscience** he's in a moral dilemma ▷ **cas d'école** textbook case, classic example ▷ **cas d'espèce** individual case ▷ **cas de figure** scenario ◆ **dans ce cas de figure** in this case ▷ **cas de force majeure** case of absolute necessity ▷ **cas de légitime défense** case of legitimate self-defence ◆ **c'était un cas de légitime défense** he acted in self-defence ▷ **cas limite** borderline case

**Casablanca** [kazablɑ̃ka] n Casablanca

**casanier, -ière** [kazanje, jɛʀ] → SYN 1 adj personne, habitudes, vie stay-at-home * (épith)

2 nm,f stay-at-home, homebody (US)

**casaque** [kazak] → SYN nf [jockey] blouse; † [femme] overblouse; (Hist) [mousquetaire] tabard ◆ **tourner casaque** (= fuir) to turn tail, flee; (= camp) to change sides; (= changer d'opinion) to do a U-turn

**casbah** [kazba] nf (en Afrique) kasbah; ( ⁑ = maison) house, place * ◆ **rentrer à la casbah** to go home

**cascade** [kaskad] → SYN nf a [eau] waterfall, cascade (littér); [mots, chiffres] stream; [événements] spate; [réformes, révélations] series; [erreurs] string, series; [rires] peal ◆ **des démissions en cascade** a spate of resignations

b (= acrobatie) stunt ◆ **dans ce film, c'est lui qui fait les cascades** he does the stunts in this film

**cascader** [kaskade] → SYN ▸ conjug 1 ◂ vi (littér) to cascade

**cascadeur** [kaskadœʀ] → SYN nm [film] stuntman; [cirque] acrobat

**cascadeuse** [kaskadøz] → SYN nf [film] stuntwoman; [cirque] acrobat

**cascara** [kaskaʀa] nf cascara (buckthorn), bearwood

**cascatelle** [kaskatɛl] nf (littér) small waterfall

**cascher** [kaʃɛʀ] adj inv ⇒ **casher**

**case** [kɑz] → SYN nf a (sur papier) square, space; (sur formulaire) box; [échiquier] square ◆ **la case départ** (Jeux) the start ◆ **nous voilà revenus à la case départ, retour à la case départ** (fig) (we're) back to square one

b [pupitre] compartment, shelf; [courrier] pigeonhole (Brit), mail box (US); [boîte, tiroir] compartment ◆ **case postale** post-office box ◆ **case de réception** (Ordin) card stacker ◆ **il a une case vide** * ou **en moins** *, **il lui manque une case** * he has a screw loose *

c (= hutte) hut ◆ **"la Case de l'oncle Tom"** (Littérat) "Uncle Tom's Cabin"

**caséation** [kazeasjɔ̃] nf caseation

**caséeux, -euse** [kazeø, øz] adj caseous

**caséification** [kazeifikasjɔ̃] nf caseation

**caséine** [kazein] nf casein

**casemate** [kazmat] → SYN nf blockhouse, pillbox

**caser** * [kɑze] ▸ conjug 1 ◂ 1 vt a (= placer) [+ objets] to shove *, stuff; (= loger) [+ amis] to put up

b (= marier) [+ fille] to find a husband for; (= pourvoir d'une situation) to find a job for ◆ **ses enfants sont casés maintenant** (emploi) his children have got jobs now ou are fixed up now; (mariage) his children are (married and) off his hands now

2 **se caser** vpr (= vivre ensemble) to settle down; (= trouver un emploi) to find a (steady) job; (= se loger) to find a place to live ◆ **il va avoir du mal à se caser** (célibataire) he's going to have a job finding someone to settle down with

**caserne** [kazɛʀn] → SYN nf (Mil, fig) barracks ◆ **caserne de pompiers** fire station, fire ou station house (US) ◆ **cet immeuble est une vraie caserne** this building looks like a barracks

**casernement** [kazɛʀnəmɑ̃] nm (Mil) (= action) quartering in barracks; (= bâtiments) barrack buildings

**caserner** [kazɛʀne] ▸ conjug 1 ◂ vt (Mil) to barrack, quarter in barracks

**cash** * [kaʃ] 1 adv (= comptant) ◆ **payer cash** to pay cash down ◆ **il m'a donné 5 000 € cash** he gave me €5,000 cash down ou on the nail * (Brit) ou on the barrel * (US)

2 nm cash (NonC)

**casher** [kaʃɛʀ] adj inv kosher

**cash-flow**, pl **cash-flows** [kaʃflo] nm cash flow

**cashmere** [kaʃmiʀ] nm ⇒ **cachemire**

**casier** [kɑzje] → SYN 1 nm a (= compartiment) compartment; (= tiroir) drawer; (fermant à clé) locker; [courrier] pigeonhole (Brit), mail box (US) ◆ **casier de consigne automatique** luggage locker

b (= meuble) set of compartments ou pigeonholes (Brit) ou (mail)boxes (US); (à tiroirs) filing cabinet

c (Pêche) (lobster etc ) pot ◆ **poser des casiers** to put out lobster pots

2 COMP ▷ **casier à bouteilles** bottle rack ▷ **casier fiscal** tax record ▷ **casier à homards** lobster pot ▷ **casier judiciaire** police ou criminal record ◆ **avoir un casier judiciaire vierge/chargé** to have a clean (police) record/a long record

**casino** [kazino] nm casino

**casoar** [kazɔaʀ] nm (= oiseau) cassowary; (= plumet) plume

**Caspienne** [kaspjɛn] nf ◆ **la (mer) Caspienne** the Caspian Sea

**casque** [kask] → SYN 1 nm a [soldat, alpiniste] helmet; [motocycliste] crash helmet; [ouvrier] hard hat ◆ **"le port du casque est obligatoire"** "this is a hard hat area", "hard hats must be worn at all times" ◆ **j'ai le casque depuis ce matin** * I've had a headache ou a bit of a head * (Brit) since this morning

b (pour sécher les cheveux) (hair-)drier

c (à écouteurs) (gén) headphones, headset, earphones; [hi-fi] headphones

d (Zool) casque

e (Bot) helmet, galea

2 COMP ▷ **Casque bleu** blue helmet ou beret ◆ **les Casques bleus** the U.N. peacekeeping force, the blue helmets ou berets ▷ **casque**

**de chantier** hard hat ▷ **casque colonial** pith helmet, topee ▷ **casque intégral** full-face helmet ▷ **casque à pointe** spiked helmet ▷ **casque de visualisation** helmet-mounted display

**casqué, e** [kaske] adj motocycliste, soldat wearing a helmet, helmeted

**casquer*** [kaske] ▸ conjug 1 ◂ vti (= payer) to cough up*, fork out*

**casquette** [kaskɛt] → SYN nf cap ◆ **casquette d'officier** officer's (peaked) cap ◆ **avoir plusieurs casquettes/une double casquette** (fig) to wear several hats/two hats ◆ **il en a sous la casquette*** he's really brainy*

**cassable** [kɑsabl] adj breakable

**Cassandre** [kasɑ̃dʀ] nf (Myth) Cassandra ◆ **les Cassandre de l'écologie** the ecological prophets of doom ◆ **jouer les Cassandre** to spread doom and gloom

**cassant, e** [kɑsɑ̃, ɑ̃t] → SYN adj **a** glace, substance brittle; métal short; bois easily broken ou snapped

**b** ton curt, abrupt, brusque; attitude, manières brusque, abrupt

**c** (* = difficile) **ce n'est pas cassant** it's not exactly back-breaking ou tiring work

**cassate** [kasat] nf cassata

**cassation**[1] [kasasjɔ̃] → SYN nf **a** (Jur) cassation; → **cour, pourvoir**

**b** (Mil) reduction to the ranks

**cassation**[2] [kasasjɔ̃] → SYN nf (Mus) cassation

**cassave** [kasav] nf cassava pancake

**casse** [kɑs] → SYN 1 nf **a** (= action) breaking, breakage; (= objets cassés) damage, breakages ◆ **il y a eu beaucoup de casse pendant le déménagement** a lot of things were broken ou there were a lot of breakages during the move ◆ **payer la casse** to pay for the damage ou breakages ◆ **il va y avoir de la casse*** (fig) there's going to be (some) rough stuff* ◆ **pas de casse !** (lit) don't break anything!; (*: fig) no rough stuff!*

**b** (* = endroit) scrap yard ◆ **mettre à la casse** to scrap ◆ **vendre à la casse** to sell for scrap ◆ **bon pour la casse** fit for scrap, ready for the scrap heap ◆ **envoyer une voiture à la casse** to send a car to the breakers

**c** (Typo) case ◆ **bas de casse** (= caractère) lower-case letter

**d** (Bot) cassia

2 nm (arg Crime = cambriolage) break-in ◆ **faire un casse dans une bijouterie** to break into a jeweller's shop, do a break-in at a jeweller's shop

**cassé, e** [kɑse] → SYN (ptp de **casser**) adj **a** voix broken, cracked; vieillard bent; → **blanc, col**

**b** (* = éreinté) done in*, (dead-)beat*, knackered‡ (Brit)

**casseau** [kaso] nm (Typo) (= casse) sort case; (= signe) dingbat

**casse-cou*** [kɑsku] → SYN 1 adj inv personne reckless; opération, entreprise risky, dangerous

2 nmf inv (= personne) daredevil, reckless person; (en affaires) reckless person ◆ **crier casse-cou à qn** to warn sb

**casse-couilles**** [kɑskuj] 1 adj inv ◆ **t'es casse-couilles avec tes questions !** you're being a real pain in the arse** (Brit) ou ass** (US) with all your questions!

2 nmf inv pain in the arse** (Brit) ou ass** (US) ou butt‡ (US)

**casse-croûte** [kɑskʀut] → SYN nm inv (= repas) snack, lunch (US); (= sandwich) sandwich; (Can = restaurant) snack bar ◆ **manger/emporter un petit casse-croûte** to have/take along a bite to eat* ou a snack

**casse-cul**** [kɑsky] adj inv damn ou bloody (Brit) annoying‡ ◆ **il est casse-cul** he's a pain in the arse** (Brit) ou ass** (US) ou butt‡ (US)

**casse-dalle**‡, pl **casse-dalle(s)** [kɑsdal] nm (= repas) snack, lunch (US); (= sandwich) sandwich

**casse-graine*** [kɑsgʀɛn] nm inv (= repas) snack, lunch (US)

**casse-gueule**‡ [kɑsgœl] 1 adj inv sentier dangerous, treacherous; opération, entreprise risky, dangerous

2 nm inv (= opération, entreprise) risky ou dangerous business; (= endroit) dangerous ou nasty spot

**casse-noisette(s)**, pl **casse-noisettes** [kɑsnwazɛt] nm (pair of) nutcrackers (Brit), nutcracker (US) ◆ **"Casse-Noisette"** (Mus) "The Nutcracker"

**casse-noix** [kɑsnwɑ] nm inv ⇒ **casse-noisette(s)**

**casse-pattes*** [kɑspat] nm inv **a** (= escalier, côte) **c'est un vrai casse-pattes** it's a real slog*

**b** († * = alcool) rotgut*

**casse-pieds*** [kɑspje] 1 adj inv ◆ **ce qu'elle est casse-pieds !** (= importune) she's a pain in the neck!*; (= ennuyeuse) what a bore ou drag* she is! ◆ **corriger des copies, c'est casse-pieds** it's a real drag* having to correct exam papers

2 nmf inv (= importun) nuisance, pain in the neck*; (= personne ennuyeuse) bore

**casse-pierre(s)**, pl **casse-pierres** [kɑspjɛʀ] nm **a** (Tech) stone crusher

**b** (Bot) pellitory

**casse-pipe*** [kɑspip] nm inv ◆ **aller au casse-pipe** (= aller à la guerre) to go to the front; (= se faire tuer) to go to be slaughtered ◆ **vouloir faire de la morale en politique, c'est aller au casse-pipe** if you try to preach morality in politics you're courting disaster

## casser [kɑse]

▸ conjug 1 ◂ → SYN

1 VERBE TRANSITIF
2 VERBE INTRANSITIF
3 VERBE PRONOMINAL

### 1 VERBE TRANSITIF

**a** = briser [+ objet] to break; [+ noix] to crack; [+ latte, branche] to snap, break ◆ **casser une dent/un bras à qn** to break sb's tooth/arm ◆ **casser qch en deux/en morceaux** to break sth in two/into pieces ◆ **casser un morceau de chocolat** to break off ou snap off a piece of chocolate ◆ **casser un carreau** (volontairement) to smash a pane; (accidentellement) to break a pane ◆ **il s'est mis à tout casser autour de lui** he started smashing ou breaking everything in sight ◆ **je casse tout ou beaucoup en ce moment** I break everything I touch at the moment ◆ (Prov) **qui casse les verres les paye** you pay for your mistakes

**b** = endommager [+ appareil] to break, bust*; [+ volonté, moral] to break; [+ vin] to spoil the flavour of ◆ **cette maladie lui a cassé la voix** this illness has ruined his voice ◆ **je veux casser l'image qu'on a de moi** I want to change the image people have of me

**c** = interrompre [+ rythme, grève] to break ◆ **si l'on s'arrête, ça va casser notre moyenne horaire** if we stop, we're going to fall behind on our hourly average

**d** = dégrader [+ militaire] to reduce to the ranks; [+ fonctionnaire] to demote ◆ **casser qn** (= nuire à) to cause sb's downfall ◆ **ça m'a cassé*** (= ça m'a démoralisé) I was gutted*

**e** ‡ = molester **casser du facho/flic** to go fascist-/cop-bashing‡

**f** Admin, Jur = annuler [+ jugement] to quash; [+ arrêt] to nullify, annul ◆ **faire casser un jugement pour vice de forme** to have a sentence quashed on a technicality

**g** Comm **casser les prix** to slash prices ◆ **casser le marché** to destroy the market

**h** LOC **casser du bois** (Aviat) to smash up one's plane ◆ **casser la baraque*** (fig) (= avoir du succès) to bring the house down ◆ **casser la baraque à qn*** (= tout gâcher) to mess ou foul* everything up (for sb) ◆ **casser la croûte*** ou **la graine*** to have a bite to eat* ou something to eat ◆ **casser la figure*** ou **la gueule‡ à qn** to smash sb's face in‡, knock sb's block off‡ ◆ **casser le morceau‡** (= avouer) to spill the beans, come clean; (= trahir) to give the game away*, blow the gaff* (Brit) ◆ **casser les pieds à qn*** (= fatiguer) to bore sb stiff; (= irriter) to get on sb's nerves ◆ **il nous casse les pieds !** ‡ he's a pain (in the neck)!* ◆ **tu me casses les bonbons !** ‡ you're a pain in the neck!*, you're getting on my nerves ou wick (Brit)!* ◆ **casser sa pipe*** to kick the bucket‡, snuff it* (Brit) ◆ **ça/il ne casse pas des briques*, ça/il ne casse rien*, ça/il ne casse pas trois pattes à un canard*** it's/he's nothing to write home about* ◆ **casser du sucre sur le dos de qn** to gossip ou talk about sb behind his back ◆ **il nous casse la tête** ou **les oreilles avec sa trompette*** he makes a terrible racket with that trumpet of his ◆ **il nous casse la tête avec ses histoires*** he bores us stiff with his stories

◆ **à tout casser*** (= extraordinaire) film, repas stupendous, fantastic; succès runaway (épith) ◆ **tu en auras pour 20 € à tout casser** (= tout au plus) that'll cost you €20 at the outside ou at the most

### 2 VERBE INTRANSITIF

**a** = se briser [objet] to break; [baguette, corde, plaque] to break, snap ◆ **ça casse facilement** it breaks easily ◆ **ça casse comme du verre** it's very brittle ◆ **le pantalon doit casser sur la chaussure** the trouser (leg) should rest on the shoe

**b** * = endommager sa voiture, son bateau [personne] (Aut) to break down ◆ **dans le Paris-Dakar, il a cassé au kilomètre 152** he broke down at kilometre 152 in the Paris-Dakar race ◆ **elle a cassé juste avant l'arrivée** (Naut = démâter) her mast broke just before the end of the race

**c** = rompre [couple] to break ou split up ◆ **il était avec une actrice, mais il a cassé** he was going out with an actress but he broke up with her

### 3 se casser VERBE PRONOMINAL

**a** = se briser [objet] to break ◆ **la tasse s'est cassée en tombant** the cup broke when it fell ◆ **l'anse s'est cassée** the handle came off ou broke (off) ◆ **se casser net** to break ou snap clean off; (en deux morceaux) to snap in two

**b** = endommager une partie de son corps **se casser la jambe/une jambe/une dent** [personne] to break one's leg/a leg/a tooth ◆ **tu vas te casser le cou !** you'll break your neck! ◆ **se casser la figure*** ou **la gueule‡** (= tomber) to fall flat on one's face, come a cropper* (Brit); (d'une certaine hauteur) to crash down; (= faire faillite) to go bankrupt, come a cropper* (Brit) ◆ **se casser la figure contre qch** to crash into sth ◆ **se casser le nez** (fig) (= trouver porte close) to find no one in; (= échouer) to fail, come a cropper* (Brit) ◆ **se casser les dents** (fig) to fall flat on one's face, come a cropper* (Brit)

**c** * = se fatiguer **il ne s'est rien cassé** ou **il ne s'est pas cassé pour écrire cet article** he didn't strain himself writing this article ◆ **il ne s'est pas cassé la tête*** ou **la nénette‡** ou **le tronc‡** ou **le cul**** (fig) he didn't exactly put himself out! ou overexert himself! ou bust a gut‡ ◆ **cela fait deux jours que je me casse la tête sur ce problème** (fig) I've been racking my brains over this problem for two days

**d** ‡ = partir to split* ◆ **casse-toi !** get lost!‡

**casserole** [kasʀɔl] → SYN nf **a** (= ustensile) saucepan; (= contenu) saucepan(ful) ◆ **du veau à la** ou **en casserole** braised veal ◆ **passer à la casserole‡** (sexuellement) to get screwed** ou laid**; (= être tué) to be bumped off‡

**b** (péj) **c'est une vraie casserole*** (piano) it's a tinny piano; (voiture) it's a tinny car ◆ **chanter comme une casserole*** to be a lousy singer* ◆ **faire un bruit de casserole** to clank

**c** (* = scandale) scandal ◆ **traîner une casserole** ou **des casseroles** to be haunted by a scandal

**d** (arg Ciné) projector

**casse-tête**, pl **casse-tête(s)** [kɑstɛt] → SYN nm (Hist = massue) club ◆ **casse-tête (chinois)** (= problème difficile) headache (fig); (= jeu) puzzle, brain-teaser

**cassette** [kasɛt] → SYN nf **a** [magnétophone, magnétoscope, ordinateur] cassette ◆ **cassette vidéo** video (cassette) ◆ **cassette audio** audio cassette; → **magnétophone**

**b** (= coffret) casket; (= trésor) [roi] privy purse ◆ **il a pris l'argent sur sa cassette personnelle** (hum) he paid out of his own pocket

**cassettothèque** [kasɛtɔtɛk] **nf** cassette library

**casseur** [kɑsœʀ] → SYN **nm** **a** (= ferrailleur) scrap dealer ou merchant (Brit)
**b** (= manifestant) rioter, rioting demonstrator
**c** (‡ = cambrioleur) burglar
**d** (* = bravache) tough guy* ◆ **jouer les casseurs*** to play tough*
**e** **casseur de pierres** stone breaker

**cassier** [kɑsje] → SYN **nm** cassia

**Cassiopée** [kasjɔpe] **nf** Cassiopeia

**cassis** [kasis] → SYN **nm** **a** (= fruit) blackcurrant; (= arbuste) blackcurrant bush; (= liqueur) blackcurrant liqueur, cassis
**b** (‡ = tête) head, nut*, block*
**c** [route] bump, ridge

**cassitérite** [kasiteʀit] **nf** cassiterite

**cassolette** [kasɔlɛt] → SYN **nf** (= ustensile) *earthenware dish*; (= mets) cassolette

**casson** [kɑsɔ̃] → SYN **nm** [sucre] (rough) lump

**cassonade** [kasɔnad] **nf** brown sugar

**cassoulet** [kasulɛ] **nm** cassoulet *(meat and bean casserole, a specialty of SW France)*

**cassure** [kɑsyʀ] → SYN **nf** **a** (lit, fig) break; [col] fold ◆ **à la cassure du pantalon** where the trousers rest on the shoe
**b** (Géol) (gén) break; (= fissure) crack; (= faille) fault

**castagne‡** [kastaɲ] **nf** **a** (= action) fighting ◆ **il aime la castagne** he loves a good fight ou punch-up* (Brit)
**b** (= rixe) fight, punch-up* (Brit)

**castagner (se)‡** [kastaɲe] ▸ conjug 1 ◂ **vpr** to fight, have a punch-up* (Brit)

**castagnettes** [kastaɲɛt] **nfpl** castanets ◆ **il avait les dents/les genoux qui jouaient des castagnettes*** he could feel his teeth chattering/his knees knocking

**caste** [kast] → SYN **nf** (lit, péj) caste; → **esprit**

**castel** [kastɛl] → SYN **nm** mansion, small castle

**castillan, e** [kastijɑ̃, an] **1** **adj** Castilian
**2** **nm** (Ling) Castilian
**3** **Castillan(e)** **nm,f** Castilian

**Castille** [kastij] **nf** Castile

**Castor** [kastɔʀ] **nm** Castor

**castor** [kastɔʀ] → SYN **nm** (= animal, fourrure) beaver

**castorette** [kastɔʀɛt] **nf** fake beaver (fur ou skin)

**castoréum** [kastɔʀeɔm] **nm** castor

**castrat** [kastʀa] → SYN **nm** (= chanteur) castrato

**castrateur, -trice** [kastʀatœʀ, tʀis] **adj** (Psych) castrating

**castration** [kastʀasjɔ̃] → SYN **nf** [homme, animal mâle] castration; [animal femelle] spaying; [cheval] gelding ◆ **complexe de castration** castration complex

**castrer** [kastʀe] → SYN ▸ conjug 1 ◂ **vt** (gén) [+ homme, animal mâle] to castrate; [+ animal femelle] to spay; [+ cheval] to geld

**castrisme** [kastʀism] **nm** Castroism

**castriste** [kastʀist] **1** **adj** Castro (épith), Castroist
**2** **nmf** supporter ou follower of Castro

**casuarina** [kazɥaʀina] **nm** casuarina

**casuel, -elle** [kazɥɛl] → SYN **1** **adj** **a** (Ling) **désinences casuelles** case endings ◆ **système casuel** case system
**b** (littér) fortuitous
**2** **nm** († = gain variable) commission money; [curé] casual offerings

**casuiste** [kazɥist] → SYN **nm** (Rel, péj) casuist

**casuistique** [kazɥistik] → SYN **nf** (Rel, péj) casuistry

**casus belli** [kazysbɛlli] **nm inv** casus belli

**catabolique** [katabɔlik] **adj** catabolic, katabolic

**catabolisme** [katabɔlism] **nm** catabolism, katabolism

**catabolite** [katabɔlit] **nm** catabolite

**catachrèse** [katakʀɛz] **nf** catachresis

**cataclysme** [kataklism] → SYN **nm** cataclysm

**cataclysmique** [kataklismik] **adj** cataclysmic, cataclysmal

**catacombes** [katakɔ̃b] **nfpl** catacombs

**catadioptre** [katadjɔptʀ] → SYN **nm** (sur voiture) reflector; (sur chaussée) cat's eye, Catseye ® (Brit)

**catadioptrique** [katadjɔptʀik] **adj** catadioptric

**catafalque** [katafalk] → SYN **nm** catafalque

**cataire** [katɛʀ] **nf** catnip, catmint

**catalan, e** [katalɑ̃, an] **1** **adj** Catalan, Catalonian
**2** **nm** (Ling) Catalan
**3** **Catalan(e)** **nm,f** Catalan

**catalectique** [katalɛktik] **adj** catalectic

**catalepsie** [katalɛpsi] → SYN **nf** catalepsy ◆ **tomber en catalepsie** to have a cataleptic fit

**cataleptique** [katalɛptik] **adj, nmf** cataleptic

**catalogage** [katalɔgaʒ] **nm** [articles, objets] cataloguing, cataloging (US); [personne] categorizing, labelling, pigeonholing (péj)

**Catalogne** [katalɔɲ] **nf** Catalonia

**catalogne** [katalɔɲ] **nf** (Can) *cloth made from woven strips of fabric*

**catalogue** [katalɔg] → SYN **nm** (gén) catalogue, catalog (US); (Ordin) directory ◆ **prix catalogue** list price ◆ **faire le catalogue de** to catalogue, catalog (US) ◆ **acheter qch sur catalogue** to buy sth from a catalogue

**cataloguer** [katalɔge] → SYN ▸ conjug 1 ◂ **vt** to catalogue, catalog (US), pigeonhole;* [+ personne] to categorize, label (*comme* as)

**catalpa** [katalpa] **nm** catalpa

**catalyse** [kataliz] **nf** catalysis

**catalyser** [katalize] ▸ conjug 1 ◂ **vt** (Chim, fig) to catalyse

**catalyseur** [katalizœʀ] **nm** (Chim, fig) catalyst

**catalytique** [katalitik] **adj** catalytic; → **pot**

**catamaran** [katamaʀɑ̃] **nm** (= voilier) catamaran; [hydravion] floats

**cataphote ®** [katafɔt] **nm** ⇒ **catadioptre**

**cataplasme** [kataplasm] → SYN **nm** (Méd) poultice, cataplasm ◆ **cataplasme sinapisé** mustard poultice ou plaster ◆ **c'est un véritable cataplasme sur l'estomac** it lies like a lead weight on the stomach

**cataplexie** [katаplɛksi] **nf** (Méd) cataplexy; (Psych) catatonia

**catapultage** [katapyltaʒ] **nm** (lit, fig) catapulting; (Aviat) catapult launch

**catapulte** [katapylt] → SYN **nf** (Aviat, Hist) catapult

**catapulter** [katapylte] → SYN ▸ conjug 1 ◂ **vt** (lit) to catapult ◆ **il a été catapulté à ce poste** he was pitchforked ou catapulted into this job

**cataracte** [kataʀakt] → SYN **nf** **a** (= chute d'eau) cataract ◆ **des cataractes de pluie** torrents of rain
**b** (Méd) cataract ◆ **il a été opéré de la cataracte** he's had a cataract operation, he's been operated on for (a) cataract

**catarhiniens** [kataʀinjɛ̃] **nmpl** ◆ **les catarhiniens** catarrhines

**catarrhal, e,** mpl **-aux** [kataʀal, o] **adj** catarrhal

**catarrhe** [kataʀ] → SYN **nm** catarrh

**catarrheux, -euse** [kataʀø, øz] **adj** voix catarrhal, thick ◆ **vieillard catarrheux** wheezing old man

**catastase** [katastaz] **nf** (Phon) on-glide

**catastrophe** [katastʀɔf] → SYN **nf** disaster, catastrophe ◆ **catastrophe écologique** ecological disaster ◆ **catastrophe aérienne** air crash ou disaster ◆ **catastrophe naturelle** (gén) natural disaster; (Assurances) act of God ◆ **théorie des catastrophes** (Phys) catastrophe theory ◆ **catastrophe ! le prof est arrivé !*** panic stations! the teacher's here! ◆ **catastrophe ! je l'ai perdu !** Hell's bells!* I've lost it! ◆ **atterrir en catastrophe** to make a forced ou an emergency landing ◆ **partir en catastrophe** to leave in a terrible ou mad rush ◆ **c'est la catastrophe cette voiture/ces chaussures !*** this car is/these shoes are a disaster! ◆ **film catastrophe** disaster movie ou film ◆ **scénario catastrophe** (fig) nightmare scenario

**catastrophé, e*** [katastʀɔfe] **adj** personne, air stunned ◆ **être catastrophé** to be stunned

**catastropher*** [katastʀɔfe] ▸ conjug 1 ◂ **vt** to shatter*, stun

**catastrophique** [katastʀɔfik] **adj** disastrous, catastrophic

**catastrophisme** [katastʀɔfism] **nm** **a** (Géol) catastrophism
**b** (= pessimisme) gloom-mongering ◆ **faire du catastrophisme** to spread doom and gloom

**catastrophiste** [katastʀɔfist] **1** **adj** vision gloomy, (utterly) pessimistic
**2** **nmf** **a** (Géol) catastrophist
**b** (= pessimiste) gloom-monger, (utter) pessimist

**catatonie** [katatɔni] **nf** catatonia

**catatonique** [katatɔnik] **adj** catatonic

**catch** [katʃ] → SYN **nm** (all-in) wrestling ◆ **il fait du catch** he's a wrestler

**catcher** [katʃe] ▸ conjug 1 ◂ **vi** to wrestle

**catcheur, -euse** [katʃœʀ, øz] **nm,f** wrestler

**catéchèse** [kateʃɛz] **nf** catechetics sg, catechesis

**catéchisation** [kateʃizasjɔ̃] **nf** catechization

**catéchiser** [kateʃize] → SYN ▸ conjug 1 ◂ **vt** (Rel) to catechize; (= endoctriner) to indoctrinate, catechize; (= sermonner) to lecture

**catéchisme** [kateʃism] → SYN **nm** (= enseignement, livre, fig) catechism ◆ **aller au catéchisme** to go to catechism (class), ≈ go to Sunday school, ≈ go to CCD* (US)

**catéchiste** [kateʃist] **nmf** catechist; → **dame**

**catéchistique** [kateʃistik] **adj** catechistic(al)

**catéchuménat** [katekymena] **nm** catechumenate

**catéchumène** [katekymɛn] **nmf** (Rel) catechumen; (fig) novice

**catégorie** [kategɔʀi] → SYN **nf** (gén, Philos) category; (Boxe, Hôtellerie) class; (Admin) [personnel] grade ◆ **morceaux de première/deuxième catégorie** (Boucherie) prime/second cuts ◆ **hors catégorie** exceptional, outstanding ◆ **ranger par catégorie** to categorize ◆ **il est de la catégorie de ceux qui ...** he comes in ou he belongs to the category of those who ... ◆ **catégorie socioprofessionnelle** socio-professional group

**catégoriel, -elle** [kategɔʀjɛl] **adj** **a** (Pol, Syndicats) **revendications catégorielles** sectional claims
**b** (Gram) **indice catégoriel** category index

**catégorique** [kategɔʀik] → SYN **adj** **a** ton, personne categorical, adamant; démenti, refus flat (épith), categorical ◆ **ne sois pas si catégorique !** don't make such categorical statements! ◆ **il nous a opposé un refus ou un non catégorique** he refused our request point-blank ou categorically
**b** (Philos) categorical

**catégoriquement** [kategɔʀikmɑ̃] **adv** refuser point-blank, categorically; rejeter, condamner, démentir, nier categorically

**catégorisation** [kategɔʀizasjɔ̃] **nf** categorization

**catégoriser** [kategɔʀize] ▸ conjug 1 ◂ **vt** to categorize

**caténaire** [katenɛʀ] **adj, nf** (Rail) catenary

**caténane** [katenan] **nf** catenane

**catergol** [katɛʀgɔl] **nm** catergol

**catgut** [katgyt] **nm** (Méd) catgut

**cathare** [kataʀ] → SYN **adj, nm,f** Cathar

**catharisme** [kataʀism] **nm** Catharism

**catharsis** [kataʀsis] → SYN **nf** (Littérat, Psych) catharsis

**cathartique** [kataʀtik] **adj** cathartic

**Cathay** [katɛ] **nm** Cathay

**cathédrale** [katedʀal] → SYN **nf** cathedral; → **verre**

**cathèdre** [katɛdʀ] **nf** cathedra

**Catherine** [katʀin] **nf** Catherine, Katherine ◆ **Catherine la Grande** Catherine the Great; → **coiffer**

**catherinette** [katʀinɛt] **nf** *girl of 25 still unmarried by the Feast of St Catherine*

> **CATHERINETTE**
>
> The tradition of the **catherinettes** has its origins in the dressmaking trade, where seamstresses still not married on their twenty-fifth birthday would go to a ball called "le bal des catherinettes" on Saint Catherine's Day (25th November) wearing a hat they made specially for the occasion. To wear such a hat was known as "coiffer sainte Catherine", and the expression, though a little old-fashioned, survives as a way of referring to a 25-year-old-woman who is still single.

**cathéter** [katetɛʀ] **nm** catheter

**cathétérisme** [kateteʀism] **nm** catheterization

**cathétomètre** [katetɔmɛtʀ] **nm** cathetometre

**catho** * [kato] **adj, nmf** abrév de **catholique**

**cathode** [katɔd] **nf** cathode

**cathodique** [katɔdik] **adj** (Phys) cathodic; → **écran, rayon, tube**

**catholicisme** [katɔlisism] → SYN **nm** (Roman) Catholicism

**catholicité** [katɔlisite] → SYN **nf** **a** (= fidèles) **la catholicité** the (Roman) Catholic Church
**b** (= orthodoxie) catholicity

**catholique** [katɔlik] → SYN **1 adj** **a** (Rel) foi, dogme (Roman) Catholic
**b** * **pas (très) catholique** a bit fishy*, not very kosher* (US)
**2 nmf** (Roman) Catholic

**cati** [kati] **nm** [tissu] gloss

**Catilina** [katilina] **nm** Catiline

**catimini** [katimini] → SYN **en catimini loc adv** on the sly ou quiet ◆ **sortir en catimini** to steal ou sneak out ◆ **il me l'a dit en catimini** he whispered it in my ear

**catin** † [katɛ̃] **nf** (= prostituée) trollop †, harlot †

**cation** [katjɔ̃] **nm** cation

**catir** [katiʀ] ▸ conjug 2 ◂ **vt** [+ tissu] to gloss

**catogan** [katɔgɑ̃] **nm** bow *(tying hair on the neck)*

**Caton** [katɔ̃] **nm** Cato

**catoptrique** [katɔptʀik] **1 adj** catoptric
**2 nf** catoptrics sg

**cattleya** [katlɛja] **nm** cattleya

**Catulle** [katyl] **nm** Catullus

**Caucase** [kɔkɑz] **nm** ◆ **le Caucase** the Caucasus

**caucasien, -ienne** [kɔkɑzjɛ̃, jɛn] **1 adj** Caucasian
**2 Caucasien(ne) nm,f** Caucasian

**cauchemar** [koʃmaʀ] → SYN **nm** nightmare ◆ **faire des cauchemars** to have nightmares ◆ **c'est mon cauchemar** it's a nightmare ◆ **vision de cauchemar** nightmarish sight ◆ **ça tourne au cauchemar** it's turning into a nightmare

**cauchemarder** [koʃmaʀde] ▸ conjug 1 ◂ **vi** to have nightmares ◆ **faire cauchemarder qn** to give sb nightmares

**cauchemardesque** [koʃmaʀdɛsk] → SYN **adj** nightmarish

**caudal, e,** mpl **-aux** [kodal, o] **adj** caudal

**caudillo** [kaodijo] **nm** caudillo ◆ **ses manières de caudillo** (péj) his dictatorial style

**caulescent, e** [kolesɑ̃, ɑ̃t] **adj** (Bot) caulescent

**cauri** [kɔʀi] **nm** cowrie ou cowry (shell)

**causal, e,** mpl **-aux** [kozal, o] **adj** causal ◆ **proposition causale** reason clause

**causalgie** [kozalʒi] **nf** causalgia

**causalisme** [kozalism] **nm** theory of causality

**causalité** [kozalite] **nf** causality

**causant, e** * [kozɑ̃, ɑ̃t] → SYN **adj** talkative, chatty ◆ **il n'est pas très causant** he doesn't say very much, he's not very forthcoming ou talkative

**causatif, -ive** [kozatif, iv] **adj** (Gram) conjonction causal; construction, verbe causative

**cause** [koz] → SYN **nf** **a** (= motif, raison) cause ◆ **quelle est la cause de l'accident ?** what caused the accident?, what was the cause of the accident? ◆ **on ne connaît pas la cause de son absence** the reason for ou the cause of his absence is not known ◆ **être (la) cause de qch** to be the cause of sth ◆ **la chaleur en est la cause** it is caused by the heat ◆ **la cause en demeure inconnue** the cause remains unknown, the reason for it remains unknown ◆ **les causes qui l'ont poussé à agir** the reasons that caused him to act ◆ (Prov) **à petite cause grands effets** great oaks from little acorns grow (Prov); → **relation**
**b** (Jur) lawsuit, case; (à plaider) brief ◆ **cause civile** civil action ◆ **cause criminelle** criminal proceedings ◆ **la cause est entendue** (lit) both sides have put their case; (fig) there's no doubt about it ◆ **cause célèbre** cause célèbre, famous trial ou case ◆ **plaider sa cause** to plead one's case ◆ **avocat sans cause(s)** briefless barrister; → **ayant cause, connaissance**
**c** (= ensemble d'intérêts) cause ◆ **grande/noble cause** great/noble cause ◆ **pour la bonne cause** for a good cause ◆ **il ment, mais c'est pour la bonne cause** he's lying but it's for a good reason ◆ **cause perdue** lost cause ◆ **faire cause commune avec qn** to make common cause with sb, side ou take sides with sb; → **fait¹**
**d** (Philos) cause ◆ **cause première/seconde/finale** primary/secondary/final cause
**e** (Loc) **mettre qn hors de cause** to clear ou exonerate sb ◆ **fermé pour cause d'inventaire/de maladie** closed for stocktaking (Brit) ou inventory (US)/on account of illness ◆ **et pour cause !** and for (a very) good reason! ◆ **non sans cause !** not without (good) cause ou reason!
◆ **à cause de** (= en raison de) because of, owing to; (= par égard pour) because of, for the sake of ◆ **à cause de cet incident technique** because of ou owing to this technical failure ◆ **à cause de son âge** on account of ou because of his age ◆ **il est venu à cause de vous** he came for your sake ou because of you ◆ **ce n'est pas à cause de lui que j'y suis arrivé !** (iro) it's no thanks to him I managed to do it!
◆ **en cause** ◆ **être en cause** [personne] to be involved ou concerned; [intérêts] to be at stake, be involved ◆ **son honnêteté n'est pas en cause** there is no question about his honesty, his honesty is not in question ◆ **mettre en cause** [+ innocence, nécessité, capacité] to (call into) question; [+ personne] to implicate ◆ **mise en cause** [personne] implication ◆ **remettre en cause** [+ principe, tradition] to question, challenge ◆ **sa démission remet tout en cause** his resignation means we're back to square one ◆ **remise en cause** calling into question

**causer¹** [koze] → SYN ▸ conjug 1 ◂ **vt** (= provoquer) to cause; (= entraîner) to bring about ◆ **causer des ennuis à qn** to get sb into trouble, bring sb trouble ◆ **causer de la peine à qn** to hurt sb ◆ **l'explosion a causé la mort de dix personnes** ten people died in the explosion ◆ **cette erreur a causé sa perte** this mistake brought about his downfall

**causer²** [koze] → SYN ▸ conjug 1 ◂ **1 vi** **a** (= s'entretenir) to chat, talk; (* = discourir) to speak, talk ◆ **causer de qch** to talk about sth; (propos futiles) to chat about sth ◆ **on n'a même pas compris de quoi ça causait** * we didn't even understand what it was all about ◆ **causer à qn** * to talk ou speak to sb ◆ **assez causé !** that's enough talk! ◆ **cause toujours, tu m'intéresses !** (iro) oh, come off it! * ◆ **il a causé dans le poste** * (hum) he was on the radio
**b** (= jaser) to talk, gossip (*sur qn* about sb) ◆ **on cause dans le village/le bureau** people are talking in the village/the office
**c** (* = avouer) to talk ◆ **pour le faire causer** to loosen his tongue, to make him talk
**2 vt** to talk ◆ **causer politique/travail** to talk politics/shop ◆ **elles causaient chiffons** they were talking ou chatting about clothes

**causerie** [kozʀi] → SYN **nf** (= discours) talk; (= conversation) chat

**causette** [kozɛt] **nf** chat, natter * (Brit) ◆ **faire la causette, faire un brin de causette** to have a chat ou natter * (Brit) (*avec* with)

**causeur, -euse** [kozœʀ, øz] → SYN **1 adj** talkative, chatty
**2 nm,f** talker, conversationalist
**3 causeuse nf** (= siège) causeuse, love seat

**causse** [kos] **nm** causse *(limestone plateau (in south-central France))*

**causticité** [kostisite] → SYN **nf** (lit, fig) causticity

**caustique¹** [kostik] → SYN **1 adj** (lit, fig) caustic ◆ **surface caustique** caustic (surface)
**2 nm** (Chim) caustic

**caustique²** [kostik] **nf** (Opt) caustic

**cautèle** [kotɛl] → SYN **nf** (littér) cunning, guile

**cauteleux, -euse** [kotlø, øz] → SYN **adj** (littér) cunning

**cautère** [kɔtɛʀ] → SYN **nm** cautery ◆ **c'est un cautère sur une jambe de bois** it's of absolutely no use, it won't do any good at all

**cautérisation** [kɔteʀizasjɔ̃] → SYN **nf** cauterization

**cautériser** [kɔteʀize] → SYN ▸ conjug 1 ◂ **vt** to cauterize

**caution** [kosjɔ̃] → SYN **nf** **a** (= somme d'argent) (Fin) guarantee, security; (Jur) bail (bond); (pour appartement, véhicule loué) deposit ◆ **caution bancaire** bank guarantee ◆ **caution de soumission** bid bond ◆ **caution solidaire** joint and several guarantee ◆ **il vous faut une caution parentale** your parents have to stand guarantor ou surety for you ◆ **verser une caution de 200 €** to put ou lay down a security ou a guarantee of €200 ◆ **libérer sous caution** to release ou free on bail ◆ **libération** ou **mise en liberté sous caution** release on bail ◆ **payer la caution de qn** to bail sb out, stand (Brit) ou go (US) bail for sb, put up bail for sb (US)
**b** (= appui) backing, support ◆ **apporter** ou **donner sa caution à qn/qch** to lend one's support to sb/sth
**c** (= personne) guarantor ◆ **se porter caution pour qn, servir de caution à qn** to stand surety ou security (Brit) for sb; → **sujet**

**cautionnement** [kosjɔnmɑ̃] **nm** (= somme) guarantee, security; (= contrat) security ou surety bond; (= soutien) support, backing ◆ **cautionnement électoral** deposit *(required of candidates in an election)*

**cautionner** [kosjɔne] → SYN ▸ conjug 1 ◂ **vt** **a** (= répondre de) (moralement) to answer for, guarantee; (financièrement) to guarantee, stand surety ou guarantor for
**b** (= soutenir) [+ politique, gouvernement] to support, give one's support ou backing to

**cavaillon** [kavajɔ̃] **nm** cavaillon melon

**cavalcade** [kavalkad] → SYN **nf** **a** (= course tumultueuse) stampede; (* = troupe désordonnée) stampede, stream
**b** [cavaliers] cavalcade
**c** (= défilé, procession) cavalcade, procession

**cavalcader** [kavalkade] → SYN ▸ conjug 1 ◂ **vi** (= courir) to stream, swarm, stampede; († = chevaucher) to cavalcade, ride in a cavalcade

**cavale** [kaval] → SYN **nf** **a** (littér = jument) mare
**b** (arg Prison) **être en cavale** (= évasion) to be on the run ◆ **après une cavale de trois jours** after having been on the run for three days

**cavaler** [kavale] ▸ conjug 1 ◂ **1 vi** **a** * (= courir) to run; (= se hâter) to be on the go * ◆ **j'ai dû cavaler dans tout New York pour le trouver** I had to rush all around New York to find it
**b** (‡ = draguer) [homme] to chase anything in a skirt *; [femme] to chase anything in trousers * ◆ **cavaler après qn** to run ou chase after sb
**2 vt** (‡ = énerver) to piss off *‡, tee off * (US) ◆ **il commence à nous cavaler** we're beginning to get pissed off *‡ ou cheesed off * (Brit) with him
**3 se cavaler** * **vpr** (= se sauver) [personne] to clear off *, leg it *, skedaddle *; [animal] to run off

**cavalerie** [kavalʀi] → SYN **nf** (Mil) cavalry; [cirque] horses ◆ **cavalerie légère** (Mil) light cavalry ou horse ◆ **grosse cavalerie, cavalerie lourde** (Mil) heavy ou armoured cavalry ◆ **c'est de la grosse cavalerie** (hum) it's rather heavyhanded; (nourriture) it's really stodgy

**cavaleur** ‡ [kavalœʀ] **nm** wolf, womanizer ◆ **il est cavaleur** he chases anything in a skirt *

**cavaleuse** ‡ [kavaløz] **nf** hot piece ‡ ◆ **elle est cavaleuse** she chases anything in trousers *

**cavalier, -ière** [kavalje, jɛʀ] → SYN **1 adj** **a** (= impertinent) attitude, parole cavalier, offhand, casual ◆ **c'est un peu cavalier de sa part (de faire cela)** it's a bit cavalier of him (to do that)

**b** **allée** ou **piste cavalière** bridle path

**2** nm,f **a** (Équitation) rider ◆ **les (quatre) cavaliers de l'Apocalypse** the (Four) Horsemen of the Apocalypse ◆ **faire cavalier seul** to go it alone

**b** [danseur] partner ◆ **changez de cavalier !** change partners!

**3** nm **a** (Mil) trooper, cavalryman ◆ **une troupe de 20 cavaliers** a troop of 20 horses

**b** (Échecs) knight

**c** (= accompagnateur) escort

**d** (= clou) staple; [balance] rider; [dossier] tab; (Ordin) [carte-mère] jumper

**e** (Hist Brit) cavalier

**f** († † = gentilhomme) gentleman

**cavalièrement** [kavaljɛʀmɑ̃] adv casually, in a cavalier fashion, off-handedly

**cavatine** [kavatin] → SYN nf cavatina

**cave¹** [kav] → SYN nf **a** (= pièce) cellar; (voûtée) vault; (= cabaret) cellar nightclub ◆ **chercher** ou **fouiller de la cave au grenier** to search the house from top to bottom

**b** (Œnol) cellar ◆ **avoir une bonne cave** to have ou keep a fine cellar ◆ **cave à vin** (= armoire) *refrigerated wine cabinet*

**c** (= coffret à liqueurs) liqueur cabinet; (= coffret à cigares) cigar box

**d** (Can) [maison] basement

**cave²** [kav] → SYN adj (= creux) yeux, joues hollow, sunken; → **veine**

**cave³** ✻ [kav] → SYN nm **a** (arg Crime) straight (arg) *someone who does not belong to the underworld*

**b** (= imbécile) sucker ✻ ◆ **il est cave** he's a sucker ✻

**cave⁴** [kav] → SYN nf (Poker) bet

**caveau**, pl **caveaux** [kavo] → SYN nm **a** (= cave) (small) cellar

**b** (= sépulture) vault, tomb ◆ **caveau de famille** family vault

**c** (= cabaret) cellar club

**caver** [kave] → SYN ▸ conjug 1 ◂ vt,vi (Poker) to bet

**caverne** [kavɛʀn] → SYN nf **a** (= grotte) cave, cavern ◆ **c'est la caverne d'Ali Baba !** it's an Aladdin's cave!; → **homme**

**b** (Anat) cavity

**caverneux, -euse** [kavɛʀnø, øz] → SYN adj **a** voix hollow, cavernous

**b** (Anat, Méd) respiration cavernous; poumon with cavitations, with a cavernous lesion; → **corps**

**c** (littér) montagne, tronc cavernous

**cavernicole** [kavɛʀnikɔl] adj (Zool) cave-dwelling (épith)

**cavet** [kavɛ] nm (Archit) cavetto

**caviar** [kavjaʀ] → SYN nm **a** (Culin) caviar(e) ◆ **caviar rouge** salmon roe ◆ **caviar d'aubergines** aubergine (Brit) ou eggplant (US) dip *aubergine with fromage frais and olive oil* ◆ **la gauche caviar** champagne socialists

**b** (Presse) **passer au caviar** to blue-pencil, censor

**caviarder** [kavjaʀde] → SYN ▸ conjug 1 ◂ vt (Presse) to blue-pencil, censor

**cavicorne** [kavikɔʀn] adj (Zool) cavicorn

**caviste** [kavist] → SYN nm cellarman

**cavitation** [kavitasjɔ̃] nf (Phys) cavitation

**cavité** [kavite] → SYN nf cavity ◆ **cavité articulaire** socket *(of bone)* ◆ **cavité pulpaire** (tooth) pulp cavity ◆ **cavité buccale** oral cavity

**Cayenne** [kajɛn] n Cayenne; → **poivre**

**cayeu**, pl **cayeux** [kajø] nm ⇒ **caïeu**

**CB** (abrév de **Cartes Bancaires**) → **carte**

**C.B.** [sibi] nf (abrév de **Citizens' Band**) ◆ **la C.B.** CB radio

**C.C.** [sese] nm **a** (abrév de **compte courant**) C/A

**b** (abrév de **corps consulaire**) → **corps**

**CCI** [sesei] nf (abrév de **Chambre de commerce et d'industrie**) → **chambre**

**CCP** [sesepe] nm **a** (abrév de **centre de chèques postaux**) → **centre**

**b** (abrév de **compte chèque postal**) → **compte**

**CD¹** [sede] nm (abrév de **compact disc**) CD ◆ **CD audio/vidéo** audio/video CD

**CD²** [sede] (abrév de **corps diplomatique**) CD

**CDD** [sedede] nm (abrév de **contrat à durée déterminée**) → **contrat**

**CDDP** [sededepe] nm (abrév de **centre départemental de documentation pédagogique**) → **centre**

**CDI¹** [sedei] nm **a** (abrév de **centre de documentation et d'information**) → **centre**

**b** (abrév de **centre des impôts**) → **centre**

**c** (abrév de **contrat à durée indéterminée**) → **contrat**

**CD-I, CDI²** [sedei] nm (abrév de **compact disc interactif**) CDI ◆ **film sur CD-I** CDI film

**CD-ROM** [sedeʀɔm] nm inv (abrév de **compact disc read only memory**) CD-ROM

**CD-RW** [sedeɛʀ] nm (abrév de **compact disc rewritable**) CD-RW

**CDS** [sedeɛs] nm (abrév de **Centre des démocrates sociaux**) *French political party*

**CDV** [sedeve] nm (abrév de **compact disc video**) CDV

**CD-vidéo** [sedevideo] nm inv (abrév de **compact disc video**) CD-video

**CE** [seə] **1** nm **a** (abrév de **comité d'entreprise**) → **comité**

**b** (abrév de **Conseil de l'Europe**) → **conseil**

**c** (abrév de **cours élémentaire**) → **cours**

**2** nf (abrév de **Communauté européenne**) EC

## ce¹ [sə]

adjectif démonstratif

Devant voyelle ou **h** muet au masculin = **cet**, féminin = **cette**, pluriel = **ces**.

**a** Lorsque **ce** est employé pour désigner quelqu'un ou quelque chose qui est proche, on le traduit par **this** ; lorsqu'il désigne quelqu'un ou quelque chose qui est éloigné, on le traduit généralement par **that** ; **ces** se traduit respectivement par **these** et **those** :

◆ **ce chapeau** (tout proche, que je pourrais toucher) this hat; (plus loin ou ailleurs) that hat ◆ **si seulement ce mal de tête s'en allait** if only this headache would go away ◆ **que faisais-tu avec ce type ?** ✻ what were you doing with that guy? ✻ ◆ **que fais-tu avec ce vélo dans ta chambre ?** what are you doing with that bike in your room? ◆ **je ne monterai jamais dans cette voiture !** I'm never getting into that car!

**b** Lorsque **ce** se réfère à quelqu'un ou quelque chose dont le locuteur vient de parler ou qu'il a présent à l'esprit, on le traduit souvent par **this** ; si **ce** se réfère à quelqu'un ou quelque chose mentionné par un autre locuteur, on le traduit plutôt par **that** ; **ces** se traduit respectivement par **these** et **those** :

◆ **j'aime beaucoup ce concerto** (dont je viens de parler) I'm very fond of this concerto; (dont tu viens de parler) I'm very fond of that concerto ◆ **ces questions ne m'intéressent pas** (celles que je viens de mentionner) these questions are of no interest to me

Notez que là où le français pourrait employer l'article défini à la place de **ce**, l'anglais l'utilise régulièrement comme substitut de **this** ou **that** :

◆ **ce petit idiot a perdu son ticket** the ou that little twerp ✻ has gone and lost his ticket ◆ **il a quitté cette entreprise en 1983** he left the company in 1983 ◆ **je leur ai dit qu'il fallait le vendre mais cette idée ne leur a pas plu** I told them they should sell it but they didn't like the ou that idea

Notez l'emploi de **that** ou d'un possessif lorsqu'il y a reprise par un pronom :

◆ **alors, cet examen, il l'a eu ?** ✻ so, did he pass that ou his exam? ◆ **alors, cette bière, elle arrive ?** ✻ where's that ou my beer got to? ✻ ◆ **et ce rhume/cette jambe, comment ça va ?** ✻ how's that ou your cold/leg?; → **ci**, **là**

**c** Lorsque **ce** est employé pour un événement ou un moment dans le présent ou dans un avenir proche, on le traduit par **this** ; lorsqu'il désigne un événement ou un moment passé ou dans un avenir éloigné, on le traduit généralement par **that** ; **ces** se traduit respectivement par **these** et **those** :

◆ **on a bien travaillé ce matin** we've worked well this morning ◆ **venez cet après-midi** come this afternoon ◆ **le 8 de ce mois(-ci)** the 8th of this month ◆ **le 8 de ce mois(-là)** the 8th of that month ◆ **il m'a semblé fatigué ces derniers jours** he's been looking tired these past few days ◆ **ces années furent les plus heureuses de ma vie** those ou these were the happiest years of my life MAIS ◑ **cette nuit** (qui vient) tonight; (passée) last night

**d** Lorsque **ce** a une valeur intensive, il peut se traduire par un adjectif :

◆ **comment peut-il raconter ces mensonges !** how can he tell such lies! ◆ **cette générosité me semble suspecte** (all) this generosity strikes me as suspicious ◆ **aurait-il vraiment ce courage ?** would he really have that much courage? ◆ **cette idée !** what an idea!, the idea! MAIS ◑ **ah, cette Maud!** that Maud! ◑ **ce Paul Durat est un drôle de personnage!** that Paul Durat is quite a character!

**e** formules de politesse, aussi hum **si ces dames veulent bien me suivre** if you ladies will be so kind as to follow me ◆ **ces messieurs sont en réunion** the gentlemen are in a meeting

**f** avec **qui, que** ◆ **cette amie chez qui elle habite est docteur** the friend she lives with is a doctor ◆ **elle n'est pas de ces femmes qui ...** she's not one of those ou these women who ... ◆ **il a cette manie qu'ont les enseignants de ...** he has this ou that habit teachers have of ...

## ce² [sə]

pronom démonstratif

Devant **en** et les formes du verbe **être** commençant par une voyelle = **c'**; devant **a** = **ç'**.

Pour les locutions figées telles que **c'est, ce sont, c'est lui qui, c'est que** etc, reportez-vous à **être**.

**a** **ce** + pronom relatif

◆ **ce que/qui** what; (reprenant une proposition) which ◆ **ce qui est important c'est ...** what really matters is ... ◆ **elle fait ce qu'on lui dit** she does what she is told ou as she is told ◆ **il ne sait pas ce que sont devenus ses amis** he doesn't know what has become of his friends ◆ **ce qui est dommage, c'est que nous n'ayons pas de jardin** we haven't got a garden, which is a pity ◆ **il faut être diplômé, ce qu'il n'est pas** you have to have qualifications, which he hasn't ◆ **ce à quoi il pense** what he's thinking about ◆ **il a été reçu à son examen, ce à quoi il s'attendait fort peu** he passed his exam, which he wasn't really expecting

Notez la place de la préposition en anglais :

◆ **voilà exactement ce dont j'ai peur** that's just what I'm afraid of ◆ **c'est ce pour quoi ils luttent** that's what they're fighting for ◆ **ce sur quoi il comptait, c'était ...** what he was counting on was ... MAIS ◑ **ce qu'entendant/que voyant, je ...** on hearing/seeing which (frm) I ...

Notez que **all** n'est jamais suivi de **what** et que **that** peut être omis :

◆ **tout ce que je sais** all (that) I know ◆ **voilà tout ce que j'ai pu savoir** that's all I managed to find out

**b** préposition + **ce que** + indicatif ◆ **à ce qu'on dit/que j'ai appris** from what they say/what I've heard ◆ **il est resté insensible à ce que je lui ai dit** he remained unmoved by what I said ◆ **je ne crois pas à ce qu'il raconte** I don't believe what he says;

◆ préposition + **ce que** + subjonctif ◆ **on ne s'attendait pas à ce qu'il parle** ou **parlât** (frm) they were not expecting him ou he was not expected to speak ◆ **il se plaint de ce qu'on ne l'ait pas prévenu** he is complaining that no one warned him ◆ **déçue de ce qu'il ait oublié** disappointed that he had forgotten

c **ce que** (valeur intensive) ◆ **ce que ce train est lent !** this train is so slow! ◆ **ce que les gens sont bêtes !** people are so stupid!, how stupid people are! ◆ **ce qu'on peut s'amuser !** isn't this fun! ◆ **ce qu'il parle bien !** he's a wonderful speaker!, isn't he a wonderful speaker! ◆ **ce qu'elle joue bien !** doesn't she play well!, what a good player she is! ◆ **ce que c'est que le destin !** that's fate for you! ◆ **ce qu'il m'agace !** he's so annoying! ◆ **ce qu'il ne faut pas entendre tout de même !** the things you hear sometimes!, the things people say! ◆ **ce qu'il ne faut pas faire pour la satisfaire !** the things you have to do to keep her happy!

◆ **ce disant** so saying, saying this

◆ **ce faisant** in so doing, in doing so ◆ **il a démissionné et, ce faisant, il a pris un gros risque** he resigned, and by ou in doing so, he took a big risk

◆ **et ce** (frm) ◆ **j'y suis arrivé, et ce grâce à toi** I managed it, and it was all thanks to you ◆ **elle a tout jeté, et ce sans me le dire** she threw everything away without asking me ◆ **il a refusé, et ce malgré notre insistance** he refused despite our urging

◆ **pour ce faire** to do this, to this end ◆ **il veut développer son entreprise, et pour ce faire il doit emprunter** he wants to develop his company, and to do this ou to this end he will have to borrow money ◆ **on utilise pour ce faire une pince minuscule** to do this you use a tiny pair of pliers

**CEA** [seəa] 1 nm (abrév de **compte d'épargne en actions**) → **compte**

2 nf (abrév de **Commissariat à l'énergie atomique**) ≃ AEA (Brit), ≃ AEC (US)

**céans** †† [seɑ̃] adv here, in this house; → **maître**

**cébiste** [sebist] nmf CB user, CBer (US)

**CECA** [seka] nf (abrév de **Communauté européenne du charbon et de l'acier**) ECSC

**ceci** [səsi] pron dém this ◆ **ce cas a ceci de surprenant que ...** this case is surprising in that ..., the surprising thing about this case is that ... ◆ **à ceci près que ...** except that ..., with the ou this exception that ... ◆ **ceci compense cela** one thing makes up for another

**cécité** [sesite] → SYN nf blindness ◆ **cécité des neiges** snow-blindness ◆ **cécité verbale** word blindness ◆ **être frappé de cécité** to be struck blind, go blind

**cédant, e** [sedɑ̃, ɑ̃t] (Jur) 1 adj assigning

2 nm,f assignor

**céder** [sede] → SYN ▸ conjug 6 ◂ 1 vt a (= donner) [+ part, place, tour] to give up ◆ **céder qch à qn** to let sb have sth, give sth up to sb ◆ **je m'en vais, je vous cède ma place** ou **je cède la place** I'm going so you can have my place ou I'll let you have my place ◆ **céder le pouvoir à qn** to hand over ou yield power to sb ◆ **et maintenant je cède l'antenne à notre correspondant à Paris** and now (I'll hand you) over to our Paris correspondent ◆ **céder ses biens** (Jur) to make over ou transfer one's property; → **parole**

b (= vendre) [+ commerce] to sell, dispose of ◆ **céder qch à qn** to let sb have sth, sell sth to sb ◆ **le fermier m'a cédé un litre de lait** the farmer let me have a litre of milk ◆ **céder à bail** to lease ◆ **"bail à céder"** "lease for sale" ◆ **"cède maison avec jardin"** (petite annonce) "house with garden for sale" ◆ **il a bien voulu céder un bout de terrain** he agreed to part with a plot of land

c (Loc) **céder le pas à qn** to give way to sb ◆ **son courage ne le cède en rien à son intelligence** he's as brave as he is intelligent ◆ **il ne le cède à personne en égoïsme** he's as selfish as they come ◆ **il ne lui cède en rien** he is every bit his equal; → **terrain**

2 vi a (= capituler) to give in ◆ **céder par faiblesse/lassitude** to give in out of weakness/tiredness ◆ **aucun ne veut céder** no one wants to give in ou give way ◆ **sa mère lui cède en tout** his mother always gives in to him

b **céder à** (= succomber à) [+ force, tentation] to give way to, yield to; (= consentir) [+ caprice, prière] to give in to ◆ **céder à qn** (à ses raisons, ses avances) to give in ou yield to sb ◆ **il cède facilement à la colère** he loses his temper easily

c (= se rompre) [digue, chaise, branche] to give way; (= fléchir) [+ fièvre, colère] to subside ◆ **la glace a cédé sous le poids** the ice gave (way) under the weight

**cédétiste** [sedetist] 1 adj CFDT (épith)

2 nmf member of the CFDT

**Cedex** [sedɛks] nm (abrév de **courrier d'entreprise à distribution exceptionnelle**) express postal service *(for bulk users)*

**cédille** [sedij] nf cedilla

**cédraie** [sedʀɛ] nf cedar forest

**cédrat** [sedʀa] nm (= fruit) citron; (= arbre) citron (tree)

**cédratier** [sedʀatje] nm citron (tree)

**cèdre** [sɛdʀ] nm (= arbre) cedar (tree); (Can = thuya) cedar, arbor vitae; (= bois) cedar (wood)

**cédrière** [sedʀijɛʀ] nf (Can) cedar grove

**CEE** [seəə] nf (abrév de **Communauté économique européenne**) EEC

**CEEA** [seəəa] nf (abrév de **Communauté européenne de l'énergie atomique**) EAEC

**CEGEP, Cegep** [seʒɛp] nm (abrév de **Collège d'enseignement général et professionnel**) (Can) → **collège**

**cégépien, -ienne** [seʒepjɛ̃, jɛn] nm,f (Can) ≃ student at a sixth-form (Brit) ou junior college (US)

**cégétiste** [seʒetist] 1 adj CGT (épith)

2 nmf member of the CGT

**CEI** [seəi] nf (abrév de **Communauté des États indépendants**) CIS

**ceindre** [sɛ̃dʀ] → SYN ▸ conjug 52 ◂ vt (littér) a (= entourer) **ceindre sa tête d'un bandeau** to put a band round one's head ◆ **la tête ceinte d'un diadème** wearing a diadem ◆ **ceindre une ville de murailles** to encircle a town with walls ◆ **se ceindre les reins** (Bible) to gird one's loins

b (= mettre) [+ armure, insigne d'autorité] to don, put on ◆ **ceindre son épée** to buckle ou gird on one's sword ◆ **ceindre l'écharpe municipale** ≃ to put on ou don the mayoral chain ◆ **ceindre la couronne** to assume the crown

**ceinture** [sɛ̃tyʀ] → SYN 1 nf a [manteau, pantalon] belt; [pyjama, robe de chambre] cord; (= écharpe) sash; (= gaine) girdle ◆ **se serrer la ceinture*** to tighten one's belt (fig) ◆ **elle a tout, et nous, ceinture !*** she's got everything and we've got zilch‡! ou sweet FA‡! (Brit) ou nix‡! (US) ◆ **faire ceinture*** to have to go without ◆ **personne ne lui arrive à la ceinture** no one can hold a candle to him*, no one can touch him*

b (Couture = taille) [pantalon, jupe] waistband

c (Aut, Aviat) seat belt ◆ **attacher** ou **mettre sa ceinture** (Aut) to put on one's seat belt; (Aviat) to fasten one's seat belt

d (Anat) waist ◆ **nu jusqu'à la ceinture** stripped to the waist ◆ **l'eau lui arrivait (jusqu')à la ceinture** the water came up to his waist, he was waist-deep in ou up to his waist in water

e (Arts martiaux = niveau) belt ◆ **(prise de) ceinture** waistlock ◆ **ceinture noire/blanche** black/white belt ◆ **elle est ceinture bleue** she's a blue belt ◆ **coup au-dessous de la ceinture** (lit, fig) blow below the belt

f [fortifications, murailles] ring; [arbres, montagnes] belt

g (= métro, bus) circle line ◆ **petite/grande ceinture** inner/outer circle

2 COMP ▷ **ceinture de chasteté** chastity belt ▷ **ceinture de flanelle** flannel binder ▷ **ceinture fléchée** (Can) arrow sash ▷ **ceinture de grossesse** maternity girdle ou support ▷ **ceinture herniaire** truss ▷ **ceinture médicale** ⇒ **ceinture orthopédique** ▷ **ceinture de natation** swimmer's float belt ▷ **ceinture orthopédique** surgical corset ▷ **ceinture pelvienne** pelvic girdle ▷ **ceinture rouge** *working-class suburbs around Paris which have traditionally voted Communist* ▷ **ceinture de sauvetage** lifebelt (Brit), life preserver (US) ▷ **ceinture scapulaire** pectoral girdle ▷ **ceinture de sécurité** seat belt ◆ **ceinture de sécurité à enrouleur** inertia reel seat ou safety belt ▷ **ceinture verte** green belt

**ceinturer** [sɛ̃tyʀe] → SYN ▸ conjug 1 ◂ vt [+ personne] (gén) to grasp ou seize round the waist; (Sport) to tackle (round the waist); [+ ville] to surround, encircle

**ceinturon** [sɛ̃tyʀɔ̃] → SYN nm (gén) (wide) belt; [uniforme] belt

**CEL** [seəɛl] nm (abrév de **compte d'épargne logement**) → **compte**

**cela** [s(ə)la] pron dém a (gén, en opposition à ceci) that ◆ **qu'est-ce que cela veut dire ?** what does that ou this mean? ◆ **on ne s'attendait pas à cela** that was (quite) unexpected, we weren't expecting that ◆ **cela n'est pas très facile** that's not very easy ◆ **cela m'agace de l'entendre se plaindre** it annoys me to hear him complain ◆ **cela vaut la peine qu'il essaie** it's worth his trying ◆ **cela me donne du souci** it gives me a lot of worry ◆ **faire des études, cela ne le tentait guère** studying did not really appeal to him

b (forme d'insistance) **il ne veut pas venir – pourquoi cela ?** he won't come – why not? ou why won't he? ◆ **comment cela ?** what do you mean? ◆ **j'ai vu Marie – qui cela ?/quand cela ?/où cela ?** I've seen Marie – who (do you mean)?/when was that?/where was that?

c (dans le temps) **il y a deux jours de cela, il y a de cela deux jours** two days ago ◆ **cela fait dix jours/longtemps qu'il est parti** it is ten days/a long time since he left, he has been gone ten days/a long time, he left ten days/a long time ago

d (Loc) **voyez-vous cela !** did you ever hear of such a thing! ◆ **cela ne fait rien** it ou that doesn't matter ◆ **et en dehors de** ou **à part cela ?** apart from that? ◆ **à cela près que ...** except that ..., with the exception that ... ◆ **avec eux, il y a cela de bien qu'ils ...** there's one thing to their credit and that's that they ..., I'll say this for them, they ...

**céladon** [seladɔ̃] → SYN nm, adj inv ◆ **(vert) céladon** celadon

**Célèbes** [selɛb] nfpl Celebes, Sulawesi

**célébrant** [selebʀɑ̃] (Rel) 1 adj m officiating

2 nm celebrant

**célébration** [selebʀasjɔ̃] → SYN nf celebration

**célèbre** [selɛbʀ] → SYN adj famous (*pour, par* for) ◆ **cette ville est célèbre pour son festival** this town is famous for its festival ◆ **cet escroc, tristement célèbre par ses vols** this crook, notorious for his robberies ou whose robberies have won him notoriety ◆ **se rendre célèbre par** to achieve celebrity for ou on account of

**célébrer** [selebʀe] GRAMMAIRE ACTIVE 24.3 → SYN ▸ conjug 6 ◂ vt a [+ anniversaire, fête] to celebrate; [+ cérémonie] to hold; [+ mariage] to celebrate, solemnize ◆ **célébrer la messe** to celebrate mass

b (= glorifier) [+ exploit] to celebrate, extol ◆ **célébrer les louanges de qn** to sing sb's praises

**célébrité** [selebʀite] → SYN nf (= renommée) fame, celebrity; (= personne) celebrity ◆ **parvenir à la célébrité** to rise to fame

**celer** [səle] → SYN ▸ conjug 5 ◂ vt († ou littér) to conceal (*à qn* from sb)

**céleri** [sɛlʀi] → SYN nm ◆ **céleri (en branches)** celery ◆ **céleri(-rave)** celeriac ◆ **céleri rémoulade** celeriac in remoulade (dressing); → **pied**

**célérité** [seleʀite] → SYN nf promptness, speed, swiftness ◆ **avec célérité** promptly, swiftly

**célesta** [selɛsta] nm celeste, celesta

**céleste** [selɛst] → SYN adj a (= du ciel, divin) celestial, heavenly ◆ **colère/puissance céleste** celestial anger/power, anger/power of heaven ◆ **le Céleste Empire** the Celestial Empire

b (fig = merveilleux) heavenly

**célibat** [seliba] → SYN nm [homme] single life, bachelorhood; [femme] single life; (par abstinence) (period of) celibacy; [prêtre] celibacy ◆ **vivre dans le célibat** [prêtre] to be celibate

**célibataire** [selibatɛʀ] → SYN 1 adj (gén) single, unmarried; prêtre celibate; (Admin) single ◆ **mère célibataire** unmarried or single mother ◆ **père célibataire** single father

2 nm (= homme) single man, bachelor; (Admin) single man ◆ **la vie de célibataire** the life of a single man, the bachelor's life, (the) single life ◆ **club pour célibataires** singles club

3 nf (= femme) single woman, unmarried woman; (Admin) single woman ◆ **la vie de célibataire** (the) single life, the life of a single woman

**célioscopie** [seljɔskɔpi] nf ⇒ **cœlioscopie**

**cella** [sela] nf (Archit) cella

**celle** [sɛl] pron dém → **celui**

**cellier** [selje] → SYN nm storeroom *(for wine and food)*

**cellophane ®** [selɔfan] nf Cellophane ® ◆ **sous cellophane** aliment Cellophane-wrapped, wrapped in Cellophane

**cellulaire** [selylɛʀ] adj a (Bio) cellular ◆ **béton cellulaire** (Tech) air-entrained concrete; → **téléphone**

b (= pénitentiaire) **régime cellulaire** confinement ◆ **voiture** or **fourgon cellulaire** prison van

**cellular** [selylaʀ] nm cellular fabric

**cellulase** [selylaz] nf cellulase

**cellule** [selyl] → SYN nf (Bio, Bot, Jur, Mil, Photo, Pol) cell; (Constr = module) unit; [avion] airframe ◆ **6 jours de cellule** (Mil) 6 days in the cells ◆ **cellule familiale** family unit ◆ **cellule de réflexion** think tank ◆ **réunir une cellule de crise** to convene an emergency committee ◆ **cellule photo-électrique** electric eye, photoelectric cell ◆ **cellule photovoltaïque** photovoltaic cell ◆ **cellule de lecture** cartridge

**cellulite** [selylit] nf (= graisse) cellulite; (= inflammation) cellulitis ◆ **avoir de la cellulite** to have cellulite

**celluloïd** [selylɔid] nm celluloid

**cellulose** [selyloz] → SYN nf cellulose ◆ **cellulose végétale** dietary fibre

**cellulosique** [selylozik] adj cellulose (épith)

**Celsius** [sɛlsjys] n ◆ **degré Celsius** degree Celsius

**celte** [sɛlt] → SYN 1 adj Celtic

2 **Celte** nmf Celt

**celtique** [sɛltik] → SYN adj, nm Celtic

**celtitude** [sɛltityd] nf Celtic identity

**celui** [səlɥi], **celle** [sɛl], mpl **ceux** [sø], fpl **celles** [sɛl] pron dém a (fonction démonstrative) **celui-ci, celle-ci** this one ◆ **ceux-ci, celles-ci** these (ones) ◆ **celui-là, celle-là** that one ◆ **ceux-là, celles-là** those (ones) ◆ **vous avez le choix, celle-ci est plus élégante, mais celle-là est plus confortable** you can choose, this one's more elegant, but that one's more comfortable ◆ **une autre citation, plus littéraire celle-là** another quotation, this time a more literary one or this one more literary

b (référence à un antécédent) **j'ai rendu visite à mon frère et à mon oncle, celui-ci était malade** I visited my brother and my uncle and the latter was ill ◆ **elle écrivit à son frère : celui-ci ne répondit pas** she wrote to her brother, who did not answer or but he did not answer ◆ **ceux-là, ils auront de mes nouvelles !** as for them or that lot* (Brit), I'll give them a piece of my mind ◆ **il a vraiment de la chance, celui-là !** that guy* certainly has a lot of luck! ◆ **elle est forte** or **bien bonne, celle-là !** that's a bit much! or steep!* or stiff!*

c **celui de** ◆ **je n'aime pas cette pièce, celle de Labiche est meilleure** I don't like this play, Labiche's is better ◆ **il n'a qu'un désir, celui de devenir ministre** he only wants one thing – (that's) to become a minister ◆ **s'il cherche un local, celui d'en-dessous est libre** if he's looking for a place, the one below is free

◆ **celui des** ◆ **c'est celui des 3 frères que je connais le mieux** of the 3 brothers he's the one I know (the) best, he's the one I know (the) best of the 3 brothers

◆ **celui/ceux** etc **qui** ◆ **ses romans sont ceux qui se vendent le mieux** his novels are the ones or those that sell best ◆ **il a fait celui qui ne voyait pas** he acted as if he didn't see ◆ **pour ceux d'entre vous qui ...** for those of or among you who ...

◆ **celui/ceux** etc **que** ◆ **c'est celle que l'on accuse** she is the one who is being accused ◆ **donnez-lui le ballon jaune, c'est celui qu'il préfère** give him the yellow ball – it's or that's the one he likes best ◆ **ce livre est pour celui d'entre vous que la peinture intéresse** this book is for whichever one of you is interested in painting

◆ **celui/ceux** etc **dont** ◆ **celui dont je t'ai parlé** the one I told you about

d (* : avec adj, participe) **cette marque est celle recommandée par les fabricants de machines à laver** this brand is the one recommended by washing machine manufacturers, this is the brand recommended by washing machine manufacturers ◆ **celui proche de la fontaine** the one near the fountain ◆ **tous ceux ayant le même âge** all those of the same age

**cément** [semɑ̃] nm (Métal) cement; [dents] cementum, cement

**cémentation** [semɑ̃tasjɔ̃] nf cementation

**cémenter** [semɑ̃te] ▸ conjug 1 ◂ vt [+ métal] to cement

**cénacle** [senakl] → SYN nm (frm = cercle) (literary) coterie or set; (Rel) cenacle ◆ **pénétrer dans le cénacle des décideurs** to penetrate the inner sanctums of the decision-makers

**cendre** [sɑ̃dʀ] → SYN nf a (= substance) ash, ashes ◆ **cendre(s)** [charbon] ash, ashes, cinders ◆ **cendre de bois** wood ash ◆ **cendres volcaniques** volcanic ash ◆ **des cendres** or **de la cendre (de cigarette)** (cigarette) ash ◆ **réduire en cendres** to reduce to ashes ◆ **cuire qch sous la cendre** to cook sth in (the) embers ◆ **couleur de cendre** ashen, ash-coloured ◆ **goût de cendre** (littér) bitter taste; → **couver**

b [mort] **cendres** ashes ◆ **le jour** or **le mercredi des Cendres, les Cendres** Ash Wednesday; → **renaître**

**cendré, e** [sɑ̃dʀe] 1 adj (= couleur) ashen ◆ **gris/blond cendré** ash grey/blond ◆ **chèvre cendré** *goat's cheese coated in wood ash*

2 **cendrée** nf (Sport = piste) cinder track ◆ **de la cendrée** (Chasse) dust shot

**cendrer** [sɑ̃dʀe] ▸ conjug 1 ◂ vt (= couvrir de cendres) to cover with ashes; (= couvrir de cendrée) to cover with cinders; (= rendre grisâtre) to make ashen

**cendreux, -euse** [sɑ̃dʀø, øz] adj terrain, substance ashy; couleur ash (épith), ashy; teint ashen

**cendrier** [sɑ̃dʀije] nm [fumeur] ashtray; [poêle] ash pan ◆ **cendrier de foyer** [locomotive] ash box

**Cendrillon** [sɑ̃dʀijɔ̃] nf Cinderella ◆ **la cendrillon de la compétition** the Cinderella of the competition

**cène** [sɛn] → SYN nf a (Peinture, Bible) **la Cène** the Last Supper

b (= communion protestante) (Holy) Communion, Lord's Supper, Lord's Table

**cenelle** [sənɛl] nf haw

**cenellier** [sənelje] nm hawthorn, may (tree)

**cénesthésie** [senɛstezi] nf coen(a)esthesia

**cénesthésique** [senɛstezik] adj cenesthesic, cenesthetic

**cénobite** [senɔbit] → SYN nm cenobite

**cénotaphe** [senɔtaf] → SYN nm cenotaph

**cénozoïque** [senɔzɔik] 1 adj Cenozoic

2 nm ◆ **le cénozoïque** the Cenozoic

**cens** [sɑ̃s] → SYN nm (Hist) a (= quotité imposable) taxable quota or rating *(as an electoral qualification)*

b (= redevance féodale) rent *(paid by tenant of a piece of land to feudal superior)*

c (= recensement) census ◆ **cens électoral** ≃ poll tax

**censé, e** [sɑ̃se] GRAMMAIRE ACTIVE 10.2, 10.4 → SYN adj ◆ **être censé faire qch** to be supposed to do sth ◆ **je suis censé travailler** I'm supposed to be or I should be working ◆ **nul n'est censé ignorer la loi** ignorance of the law is no excuse

**censément** [sɑ̃semɑ̃] adv (= en principe) supposedly; (= pratiquement) virtually; (= pour ainsi dire) to all intents and purposes

**censeur** [sɑ̃sœʀ] → SYN nm a (Ciné, Presse) censor

b (fig = critique) critic

c († : Scol) ≃ deputy or assistant head (Brit), ≃ assistant or vice-principal (US)

d (Hist) censor

**censitaire** [sɑ̃sitɛʀ] (Hist) 1 adj ◆ **suffrage** or **système censitaire** voting system based on the poll tax

2 nm ◆ **(électeur) censitaire** eligible voter *(through payment of the poll tax)*

**censorial, e,** mpl **-iaux** [sɑ̃sɔʀjal, jo] adj censorial

**censurable** [sɑ̃syʀabl] adj censurable

**censure** [sɑ̃syʀ] → SYN nf a (Ciné, Presse) (= examen) censorship; (= censeurs) (board of) censors; (Psych) censor

b († = critique) censure; (Jur, Pol = réprimande) censure ◆ **les censures de l'Église** the censure of the Church; → **motion**

**censurer** [sɑ̃syʀe] → SYN ▸ conjug 1 ◂ vt a [+ spectacle, journal] to censor; [+ souvenirs] to censor; [+ sentiments] to suppress

b (Jur, Pol, Rel = critiquer) to censure

**cent**[1] [sɑ̃] 1 adj a (cardinal : gén) a hundred; (100 exactement) one hundred, a hundred ◆ (multiplié par un nombre) **quatre cents** four hundred ◆ **quatre cent un/treize** four hundred and one/thirteen ◆ **cent/deux cents chaises** a hundred/two hundred chairs ◆ **courir un cent mètres** to run a one-hundred-metre race or sprint or dash (US) ◆ **piquer un cent mètres** * (pour rattraper qn) to sprint; (pour s'enfuir) to leg it *

b (ordinal) **en l'an treize cent** (inv) in the year thirteen hundred

c (beaucoup de) **il a eu cent occasions de le faire** he has had hundreds of opportunities to do it ◆ **je te l'ai dit cent fois** I've told you a hundred times, if I've told you once I've told you a hundred times ◆ **il a cent fois raison** he's absolutely right ◆ **cent fois mieux/pire** a hundred times better/worse ◆ **je préférerais cent fois faire votre travail** I'd far rather do your job, I'd rather do your job any day * ◆ **c'est cent fois trop grand** it's far too big; → **mot**

d (LOC) **il est aux cent coups** he's frantic, he doesn't know which way to turn ◆ **faire les cent pas** to pace up and down ◆ **(course de) quatre cents mètres haies** (Sport) 400 metres hurdles ◆ **tu ne vas pas attendre cent sept ans** * you can't wait for ever ◆ **la guerre de Cent Ans** (Hist) the Hundred Years' War ◆ **les Cent-Jours** (Hist) the Hundred Days ◆ **s'ennuyer** or **s'emmerder** ✱ **à cent sous (de) l'heure** * to be bored to tears*, be bored out of one's mind * ◆ **il vit à cent à l'heure** * he leads a very hectic life; → **donner, quatre**

2 nm a (= nombre) a hundred ◆ **il y a cent contre un à parier que ...** it's a hundred to one that ...; → **gagner**

◆ **pour cent** per cent ◆ **argent placé à cinq pour cent** money invested at five per cent ◆ **je suis cent pour cent sûr** (fig) I'm a hundred per cent certain ◆ **j'en suis à quatre-vingt-dix pour cent sûr** I'm ninety per cent certain of it

b (Comm) **un cent** a or one hundred ◆ **un cent de billes/d'œufs** a or one hundred marbles/eggs ◆ **c'est 2 € le cent** they're €2 a hundred; pour autres loc voir **six**

**cent**[2] [sɛnt, (Can) sɛn] nm (aux USA, au Canada = monnaie) cent; (= partie de l'euro) cent

**centaine** [sɑ̃tɛn] nf a (= environ cent) **une centaine de** about a hundred, a hundred or so ◆ **la centaine de spectateurs qui ...** the hundred or so spectators who ... ◆ **plusieurs centaines (de)** several hundred ◆ **des centaines de personnes** hundreds of people ◆ **ils vinrent par centaines** they came in their hundreds

b (= cent unités) hundred ◆ **10 € la centaine** €10 a hundred ◆ **atteindre la centaine** [collection] to reach the (one) hundred mark ◆ **la colonne des centaines** (Math) the hundreds column

**Centaure** [sɑ̃tɔʀ] nf (Astron) Centaurus

**centaure** [sɑ̃tɔʀ] nm (Myth) centaur

**centaurée** [sɑ̃tɔʀe] → SYN nf centaury

**centenaire** [sɑ̃t(ə)nɛʀ] → SYN **1** adj hundred-year-old (épith) ◆ **cet arbre est centenaire** this tree is a hundred years old, this is a hundred-year-old tree ◆ **cette maison est plusieurs fois centenaire** this house is several hundred years old
**2** nmf (= personne) centenarian
**3** nm (= anniversaire) centenary

**centenier** [sɑ̃tənje] nm (Hist) centurion

**centésimal, e**, mpl **-aux** [sɑ̃tezimal, o] adj centesimal

**centiare** [sɑ̃tjaʀ] nm centiare

**centième** [sɑ̃tjɛm] **1** adj, nmf hundredth ◆ **je n'ai pas retenu le centième de ce qu'il a dit** I can hardly remember a single word of what he said; pour autres loc voir **sixième**
**2** nf (Théât) hundredth performance

**centigrade** [sɑ̃tigʀad] adj centigrade

**centigramme** [sɑ̃tigʀam] nm centigramme (Brit), centigram (US)

**centile** [sɑ̃til] nm (per)centile

**centilitre** [sɑ̃tilitʀ] nm centilitre (Brit), centiliter (US)

**centime** [sɑ̃tim] nm centime ◆ **je n'ai pas un centime** (fig) I haven't got a penny ou a cent (US) ◆ **centime additionnel** ≃ additional tax

**centimètre** [sɑ̃timɛtʀ] nm (= mesure) centimetre (Brit), centimeter (US); (= ruban) tape measure, measuring tape

**centon** [sɑ̃tɔ̃] → SYN nm cento

**centrafricain, e** [sɑ̃tʀafʀikɛ̃, ɛn] **1** adj of ou from the Central African Republic ◆ **la République centrafricaine** the Central African Republic
**2** **Centrafricain(e)** nm,f Central African

**centrage** [sɑ̃tʀaʒ] nm centring (Brit), centering (US)

**central, e**, mpl **-aux** [sɑ̃tʀal, o] **1** adj **a** (= du centre) quartier central; partie, point central, centre (Brit) (épith), center (US) (épith) ◆ **mon bureau occupe une position très centrale** my office is very central ◆ **Amérique/Asie centrale** Central America/Asia; → **chauffage, unité**
**b** (= le plus important) problème, idée central; bureau central, head (épith), main (épith)
**c** (Jur) pouvoir, administration central
**d** voyelle centre (épith) (Brit), center (épith) (US)
**2** nm **a** (Téléc) **central (téléphonique)** (telephone) exchange
**b** (Tennis = court) centre (Brit) ou center (US) court
**3** **centrale** nf **a** (Phys, Élec) **centrale électrique** power station ou plant (US) ◆ **centrale thermique au charbon/au fioul** coal-fired/oil-fired power station ou plant (US) ◆ **centrale nucléaire** nuclear power station ou plant (US)
**b** (= groupement) **centrale syndicale** ou **ouvrière** group of affiliated trade unions
**c** (Comm) **centrale d'achat(s)** central buying office
**d** (= prison) prison, ≃ county jail (US), ≃ (state) penitentiary (US)
**e** **Centrale** (Univ) → **école**

**centralien, -ienne** [sɑ̃tʀaljɛ̃, jɛn] nm,f student (ou former student) of the École centrale

**centralisateur, -trice** [sɑ̃tʀalizatœʀ, tʀis] adj centralizing (épith)

**centralisation** [sɑ̃tʀalizasjɔ̃] → SYN nf centralization

**centraliser** [sɑ̃tʀalize] → SYN ▸ conjug 1 ◂ vt to centralize ◆ **économie centralisée** centralized economy

**centralisme** [sɑ̃tʀalism] nm centralism

**centraliste** [sɑ̃tʀalist] **1** adj centralist(ic)
**2** nmf centralist

**centre** [sɑ̃tʀ] → SYN **1** nm **a** (gén) centre (Brit), center (US) ◆ **le centre (de la France)** central France ◆ **il habite en plein centre (de la ville)** he lives right in the centre (of town) ◆ **il se croit le centre du monde** he thinks the universe ou the world revolves around him ◆ **au centre du débat** at the centre of the debate ◆ **mot centre** key word ◆ **idée centre** central idea
**b** (= lieu d'activités, bâtiment, services) centre (Brit), center (US) ◆ **les grands centres urbains/industriels/universitaires** the great urban/industrial/academic centres
**c** (Pol) centre (Brit), center (US) ◆ **centre gauche/droit** centre left/right ◆ **député du centre** deputy of the centre
**d** (Ftbl = joueur) centre (Brit), center (US); (= passe) centre (Brit) ou center (US) pass
**2** COMP ▷ **centre d'accueil** reception centre ▷ **centre aéré** (school's) outdoor centre ▷ **centre d'animation** youth centre ▷ **centre anti-douleur** pain clinic ▷ **centre d'appels** call centre ▷ **centre d'attraction** centre of attraction ▷ **centre de chèques postaux** *postal banking organization*, ≃ National Girobank (Brit) ▷ **centre commercial** shopping centre ou arcade, shopping mall (US) ▷ **centre de contrôle** (Espace) mission control ▷ **centre culturel** arts centre ▷ **centre départemental de documentation pédagogique** *local teachers' resource centre* ▷ **centre de dépression** (Mét) depression, low pressure area ▷ **centre de détention préventive** remand centre ou prison ▷ **centre de documentation** resource centre, reference library ▷ **centre de documentation et d'information** school library ▷ **centre d'éducation surveillée** reformatory, reform school ▷ **centre d'études** research centre ▷ **centre de formation professionnelle** professional training centre ▷ **centre de gravité** (Phys) centre of gravity ▷ **centre de haute pression** (Mét) high pressure area ▷ **centre d'hébergement** reception centre ▷ **centre hospitalier** hospital ▷ **centre hospitalier régional** regional hospital ▷ **centre hospitalier spécialisé** psychiatric hospital ▷ **centre hospitalier universitaire** teaching ou university hospital ▷ **centre des impôts** tax collection office (Brit), Internal Revenue Service office (US) ▷ **centre d'influence** centre of influence ▷ **centre d'information et de documentation de la jeunesse** careers advisory centre ▷ **centre d'information et d'orientation** careers advisory centre ▷ **centre d'intérêt** centre of interest ▷ **centre de loisirs** leisure centre ▷ **centre médical** medical ou health centre ▷ **Centre national de cinématographie** *French national film institute*, ≃ British Film Institute (Brit), ≃ Academy of Motion Picture Arts and Sciences (US) ▷ **Centre national de documentation pédagogique** *national teachers' resource centre* ▷ **Centre national d'enseignement à distance** *national centre for distance learning*, ≃ Open University (Brit) ▷ **Centre national de la recherche scientifique** ≃ Science and Engineering Research Council (Brit), ≃ National Science Foundation (US) ▷ **centres nerveux** (Physiol, fig) nerve centres ▷ **Centre régional de documentation pédagogique** *regional teachers' resource centre* ▷ **Centre régional des œuvres universitaires et scolaires** students' welfare office ▷ **centre de rétention (administrative)** detention centre *(for illegal immigrants)* ▷ **centre de tri** (Poste) sorting office ▷ **centres vitaux** (Physiol) vital organs, vitals; [entreprise] vital organs; → **serveur**

**centré, e** [sɑ̃tʀe] (ptp de **centrer**) adj ◆ **centré sur** débat, texte, politique centered on, focused on ◆ **le reportage est trop centré sur la politique** the report focuses ou concentrates too much on politics

**centrer** [sɑ̃tʀe] → SYN ▸ conjug 1 ◂ vt **a** (gén, Sport, Tech) to centre (Brit), center (US) ◆ **le sujet est mal/bien centré** the subject is off-centre (Brit) ou off-center (US)/right in the centre (Brit) ou center (US) ◆ **il n'a pas pu centrer** (Sport) he was unable to centre the ball
**b** (= orienter) **centrer une pièce/une discussion sur** to focus a play/a discussion (up)on

**centreur** [sɑ̃tʀœʀ] nm centring apparatus

**centre-ville**, pl **centres-villes** [sɑ̃tʀəvil] nm town ou city centre (Brit) ou center (US), downtown (US) ◆ **au** ou **en centre-ville** in the town ou city centre, downtown (US)

**centrifugation** [sɑ̃tʀifygasjɔ̃] nf centrifugation

**centrifuge** [sɑ̃tʀifyʒ] adj centrifugal

**centrifuger** [sɑ̃tʀifyʒe] ▸ conjug 3 ◂ vt to centrifuge

**centrifugeur** [sɑ̃tʀifyʒœʀ] nm, **centrifugeuse** [sɑ̃tʀifyʒøz] nf (Tech) centrifuge; (Culin) juice extractor

**centriole** [sɑ̃tʀijɔl] nm centriole

**centripète** [sɑ̃tʀipɛt] adj centripetal

**centrisme** [sɑ̃tʀism] nm (Pol) centrism, centrist policies

**centriste** [sɑ̃tʀist] adj, nmf centrist

**centromère** [sɑ̃tʀɔmɛʀ] nm centromere

**centrosome** [sɑ̃tʀozom] nm centrosome

**centrosphère** [sɑ̃tʀɔsfɛʀ] nf centrosphere

**centuple** [sɑ̃typl] **1** adj a hundred times as large (*de* as) ◆ **mille est un nombre centuple de dix** a thousand is a hundred times ten
**2** nm ◆ **le centuple de 10** a hundred times 10 ◆ **au centuple** a hundredfold ◆ **on lui a donné le centuple de ce qu'il mérite** he was given a hundred times more than he deserves

**centupler** [sɑ̃typle] → SYN ▸ conjug 1 ◂ vti to increase a hundred times ou a hundredfold ◆ **centupler un nombre** to multiply a number by a hundred

**centurie** [sɑ̃tyʀi] → SYN nf (Hist Mil) century

**centurion** [sɑ̃tyʀjɔ̃] → SYN nm centurion

**cénure** [senyʀ] → SYN nm coenurus

**CEP** [seəpe] nm (abrév de **certificat d'études primaires**) → **certificat**

**cep** [sɛp] → SYN nm **a** **cep (de vigne)** (vine) stock
**b** [charrue] stock

**cépage** [sepaʒ] → SYN nm (type of) vine

**cèpe** [sɛp] → SYN nm (Culin) cep; (Bot) (edible) boletus

**cependant** [s(ə)pɑ̃dɑ̃] GRAMMAIRE ACTIVE 26.3 → SYN conj **a** (= pourtant) nevertheless, however, yet ◆ **ce travail est dangereux, nous allons cependant essayer de le faire** it's a dangerous job — we shall try to do it nevertheless ou but we'll try to do it all the same ◆ **c'est incroyable et cependant c'est vrai** it's incredible and yet it's true
**b** (littér) (= pendant ce temps) meanwhile, in the meantime ◆ **cependant que** (= tandis que) while

**céphalée** [sefale] nf cephalalgia (SPÉC), headache

**céphalique** [sefalik] → SYN adj cephalic

**céphalocordés** [sefalokɔʀde] nmpl ◆ **les céphalocordés** cephalochordates

**céphalopode** [sefalɔpɔd] → SYN nm cephalopod ◆ **céphalopodes** cephalopods, Cephalopoda (SPÉC)

**céphalo-rachidien, -ienne** [sefaloʀaʃidjɛ̃, jɛn] adj cephalo-rachidian (SPÉC), cerebrospinal

**céphalosporine** [sefalospɔʀin] nf cephalosporin

**céphalothorax** [sefalotɔʀaks] nm cephalothorax

**céphéide** [sefeid] → SYN nf (Astron) Cepheid variable

**cérambyx** [seʀɑ̃biks] → SYN nm longhorned beetle, longicorn beetle, cerambyx cerda (SPÉC)

**cérame** [seʀam] → SYN **1** adj ◆ **grès cérame** glazed stoneware
**2** nm (= vase) Grecian urn

**céramide** [seʀamid] nm (Cosmétique) ceramide

**céramique** [seʀamik] → SYN **1** adj ceramic
**2** nf (= matière, objet) ceramic ◆ **la céramique** (= art) ceramics, pottery ◆ **vase en céramique** ceramic ou pottery vase ◆ **céramique dentaire** dental ceramics

**céramiste** [seʀamist] nmf ceramist

**céraste** [seʀast] → SYN nm cerastes

**cérat** [seʀa] → SYN nm cerate

**cerbère** [sɛʀbɛʀ] → SYN nm **a** (péj) fierce doorkeeper ou doorman; (hum = concierge) janitor
**b** **Cerbère** (Myth) Cerberus

**cercaire** [sɛʀkɛʀ] → SYN nf cercaria(n)

**cerceau**, pl **cerceaux** [sɛʀso] → SYN nm [enfant, tonneau, crinoline] hoop; [capote, tonnelle] half-hoop ◆ **jouer au cerceau** to play with a hoop, bowl a hoop ◆ **avoir les jambes en cerceau** to be bandy-legged ou bow-legged, have bandy ou bow legs

**cerclage** [sɛʀklaʒ] nm (= action) hooping ◆ **cerclage du col de l'utérus** cervical cerclage

**cercle** [sɛʀkl] → SYN **1** nm **a** (= forme, figure) circle, ring; (Géog, Géom) circle ◆ **l'avion décrivait des cercles** the plane was circling (overhead) ◆ **itinéraire décrivant un cercle** circular route ◆ **entourer d'un cercle le chiffre correct** to circle ou ring ou put a circle ou a ring round the correct number ◆ **faire cercle (autour de qn/qch)** to gather round (sb/sth) in a circle ou ring, form a circle ou ring (round sb/sth) ◆ **cercles imprimés sur la table par les (fonds de) verres** rings left on the table by the glasses ◆ **un cercle de badauds/de chaises** a circle ou ring of onlookers/chairs; → **arc, quadrature**

**b** (= étendue) [activités] scope, circle, range ◆ **étendre le cercle de ses relations/de ses amis** to widen the circle of one's acquaintances/one's circle of friends

**c** (= groupe) circle ◆ **le cercle de famille** the family circle ◆ **un cercle d'amis** a circle of friends ◆ **cercle de qualité** quality circle

**d** (= club) society, club ◆ **cercle littéraire** literary circle ou society ◆ **aller dîner au cercle** to go and dine at the club

**e** (= cerceau) hoop, band ◆ **cercle de tonneau** barrel hoop ou band ◆ **cercle de roue** tyre (Brit) ou tire (US) *(made of metal)*

**f** (= instrument) protractor

**2** COMP ▷ **cercle horaire** horary circle ▷ **cercle polaire** polar circle ◆ **cercle polaire arctique** Arctic Circle ◆ **cercle polaire antarctique** Antarctic Circle ▷ **cercle vertueux** virtuous circle ▷ **cercle vicieux** vicious circle

**cercler** [sɛʀkle] → SYN ▸ conjug 1 ◂ vt (gén) to ring; [+ tonneau] to hoop; [+ roue] to tyre (Brit), tire (US) (*de* with) ◆ **lunettes cerclées d'écaille** horn-rimmed spectacles

**cercueil** [sɛʀkœj] → SYN nm coffin, casket (US)

**céréale** [seʀeal] → SYN nf (Bot) cereal ◆ **céréales** (pour petit-déjeuner) (breakfast) cereal

**céréaliculture** [seʀealikyltyʀ] → SYN nf cereal growing

**céréalier, -ière** [seʀealje, jɛʀ] → SYN **1** adj cereal (épith)

**2** nm (= producteur) cereal grower ◆ **(navire) céréalier** grain carrier ou ship

**cérébelleux, -euse** [seʀebelø, øz] adj cerebellar

**cérébral, e,** mpl **-aux** [seʀebʀal, o] → SYN adj (Méd) hémisphère, lobe cerebral; (= intellectuel) travail mental ◆ **c'est un cérébral** he's quite cerebral

**cérébro-spinal, e,** mpl **-aux** [seʀebʀospinal, o] adj cerebrospinal

**cérémonial,** pl **cérémonials** [seʀemɔnjal] → SYN nm ceremonial

**cérémonie** [seʀemɔni] → SYN nf ceremony ◆ **sans cérémonie** manger informally; proposer without ceremony, unceremoniously; réception informal ◆ **avec cérémonie** ceremoniously ◆ **faire des cérémonies** to stand on ceremony ◆ **ne fais pas tant de cérémonies** there's no need to stand on ceremony ◆ **tenue** ou **habit de cérémonie** formal dress (NonC), ceremonial dress (NonC) ◆ **tenue de cérémonie** (Mil) dress uniform; → **maître**

**cérémoniel, -ielle** [seʀemɔnjɛl] adj ceremonial

**cérémonieusement** [seʀemɔnjøzmɑ̃] adv ceremoniously, formally

**cérémonieux, -ieuse** [seʀemɔnjø, jøz] → SYN adj ton, accueil ceremonious, formal; personne formal ◆ **il est très cérémonieux** he has a very formal manner

**cerf** [sɛʀ] → SYN nm stag, hart (littér)

**cerfeuil** [sɛʀfœj] nm chervil

**cerf-volant,** pl **cerfs-volants** [sɛʀvɔlɑ̃] nm **a** (= jouet) kite ◆ **jouer au cerf-volant** to fly a kite

**b** (Zool) stag beetle

**cerisaie** [s(ə)ʀizɛ] nf cherry orchard

**cerise** [s(ə)ʀiz] → SYN **1** nf cherry ◆ **la cerise sur le gâteau** (fig) the icing on the cake

**2** adj inv cherry(-red), cerise; → **rouge**

**cerisier** [s(ə)ʀizje] → SYN nm (= arbre) cherry (tree); (= bois) cherry (wood)

**cérite** [seʀit] nf (Minér) cerite

**cérithe** [seʀit] nm (Zool) cerite

**cérium** [seʀjɔm] nm cerium

**CERN** [sɛʀn] nm (abrév de **Conseil européen pour la recherche nucléaire**) CERN

**cerne** [sɛʀn] → SYN nm [yeux, lune] ring; (= tache) ring, mark; [arbre] annual ring ◆ **les cernes de** ou **sous ses yeux** the (dark) rings ou shadows under his eyes

**cerné, e** [sɛʀne] → SYN adj ◆ **avoir les yeux cernés** to have (dark) rings ou shadows under one's eyes ◆ **ses yeux cernés trahissaient sa fatigue** the (dark) rings ou shadows under his eyes showed how tired he was

**cerneau,** pl **cerneaux** [sɛʀno] nm unripe walnut ◆ **cerneaux (de noix)** (Culin) shelled walnuts

**cerner** [sɛʀne] → SYN ▸ conjug 1 ◂ vt **a** (= entourer) to encircle, surround; (Peinture) [+ visage, silhouette] to outline (*de* with, in) ◆ **ils étaient cernés de toute(s) part(s)** they were surrounded on all sides, they were completely surrounded

**b** (= comprendre) [+ problème] to delimit, define, zero in on; [+ personne] to work out, figure out

**c** [+ noix] to shell *(while unripe)*; [+ arbre] to ring

**certain, e** [sɛʀtɛ̃, ɛn] GRAMMAIRE ACTIVE 15.1, 16.1, 26.6 → SYN

**1** adj **a** (après nom = incontestable) fait, succès, événement certain; indice sure; preuve positive, sure; cause undoubted, sure ◆ **c'est la raison certaine de son départ** it's undoubtedly the reason he's going ◆ **ils vont à une mort certaine** they're heading for certain death ◆ **il a fait des progrès certains** he has made definite progress ◆ **la victoire est certaine** victory is assured ou certain ◆ **c'est une chose certaine** it's absolutely certain ◆ **c'est certain** there's no doubt about it ◆ **c'est un crétin ! – c'est certain !** he's a moron!* – that's for sure!* ◆ **il est maintenant certain qu'elle ne reviendra plus** it's now (quite) certain that she won't come back, she's sure ou certain not to come back now ◆ **je le tiens pour certain !** I'm certain ou sure of it!, I know it for a fact! ◆ **il est certain que ce film ne convient guère à des enfants** this film is definitely unsuitable for children

**b** (= convaincu, sûr) personne sure, certain, convinced ◆ **es-tu certain de rentrer ce soir ?** are you sure ou certain you'll be back this evening? ou of being back this evening? ◆ **il est certain de leur honnêteté** he's convinced of their honesty, he's certain ou sure they are honest ◆ **on n'est jamais certain du lendemain** you can never be sure what tomorrow will bring ◆ **elle est certaine qu'ils viendront** she's sure ou certain ou convinced they'll come; → **sûr**

**c** (Comm = déterminé) date, prix definite

**2** adj indéf (avant nom) **a** (= plus ou moins défini) **un certain** a certain, some ◆ **elle a un certain charme** there's something quite attractive about her, she has a certain charm ◆ **dans une certaine mesure** to a certain extent, to some extent ◆ **il y a un certain village où** there is a certain ou some village where ◆ **dans un certain sens, je le comprends** in a way ou in a certain sense I can see his point ◆ **jusqu'à un certain point** up to a (certain) point ◆ **il a manifesté un certain intérêt** he showed a certain (amount of) ou some interest ◆ **un certain nombre d'éléments font penser que ...** a (certain) number of things lead one to think that ...

**b** (parfois péj = personne) **un certain** a (certain) ◆ **un certain M. Leblanc vous a demandé** a Mr Leblanc asked for you ◆ **un certain ministre disait même que ...** a certain minister even said that ...

**c** (intensif) some ◆ **c'est à une certaine distance d'ici** it's quite a ou some distance from here ◆ **cela demande une certaine patience/un certain courage** it takes a fair amount of patience/some ou a fair amount of courage ◆ **au bout d'un certain temps** after a while ou some time ◆ **il a un certain âge** he's getting on (in years) ◆ **une personne d'un certain âge** an elderly person ◆ **il est d'un âge certain** (hum) he's past his prime

**d** (pl = quelques) **certains** some, certain ◆ **dans certains cas** in some ou certain cases ◆ **certaines personnes ne l'aiment pas** some people don't like him ◆ **certaines fois, à certains moments** at (certain) times ◆ **sans certaines notions de base** without some ou certain (of the) basic notions

**3** **certains** pron indéf pl (= personnes) some (people); (= choses) some ◆ **dans certains de ces cas** in certain ou some of these cases ◆ **parmi ses récits certains sont amusants** some of his stories are amusing ◆ **pour certains** for some (people) ◆ **certains disent que ...** some (people) say that ... ◆ **certains d'entre vous** some of you ◆ **il y en a certains qui ...** there are some (people) ou there are those who ...

**4** nm (Fin) fixed ou direct rate of exchange

**certainement** [sɛʀtɛnmɑ̃] → SYN adv (= très probablement) most probably, most likely; (= sans conteste) certainly; (= bien sûr) certainly, of course ◆ **il va certainement venir ce soir** he'll most probably ou most likely come tonight ◆ **il est certainement le plus intelligent** he's certainly ou without doubt the most intelligent ◆ **il y a certainement un moyen de s'en tirer** there must be some way out ◆ **puis-je emprunter votre stylo ? – certainement** can I borrow your pen? – certainly ou of course

**certes** [sɛʀt] → SYN adv **a** (de concession) (= sans doute) certainly, admittedly; (= bien sûr) of course, certainly ◆ **il est certes le plus fort, mais ...** he is admittedly ou certainly the strongest, but ... ◆ **certes je n'irai pas jusqu'à le renvoyer mais ...** of course I wouldn't ou I certainly wouldn't go as far as dismissing him but ...

**b** (d'affirmation) indeed, most certainly ◆ **l'avez-vous apprécié ? – certes** did you like it? – I did indeed ou I most certainly did

**certif*** [sɛʀtif] nm (abrév de **certificat d'études (primaires)**) → **certificat**

**certificat** [sɛʀtifika] → SYN **1** nm (= attestation) certificate, attestation; (= diplôme) certificate, diploma; (= recommandation) [domestique] testimonial; (fig) guarantee

**2** COMP ▷ **certificat d'aptitude professionnelle** vocational training certificate, ≃ City and Guilds examination (Brit) ▷ **certificat d'aptitude au professorat de l'enseignement du second degré** *secondary school teacher's diploma* ▷ **certificat d'aptitude au professorat de l'enseignement technique** *technical teaching diploma* ▷ **certificat de bonne vie et mœurs** character reference ▷ **certificat de concubinage** *document certifying that an unmarried couple are living together as husband and wife* ▷ **certificat de décès** death certificate ▷ **certificat de dépôt** (Fin) certificate of deposit ▷ **certificat d'études primaires** *certificate formerly obtained by pupils at the end of primary school* ▷ **certificat d'hébergement** proof of residence *(required by foreign nationals who apply to come and live in France)* ▷ **certificat d'investissement** non-voting preference share (Brit) ou preferred share (US) ▷ **certificat de licence** † (Univ) *part of first degree* ▷ **certificat de mariage** marriage certificate ▷ **certificat médical** medical ou doctor's certificate ▷ **certificat de navigabilité** (Naut) certificate of seaworthiness; (Aviat) certificate of airworthiness ▷ **certificat d'origine** (Comm) certificate of origin ▷ **certificat prénuptial** prenuptial medical certificate ▷ **certificat de résidence** (Admin) certificate of residence ou domicile ▷ **certificat de scolarité** attestation of attendance at school ou university ▷ **certificat de travail** attestation of employment

**certificateur** [sɛʀtifikatœʀ] **1** adj personne who acts as a guarantor ou as surety ◆ **organisme certificateur** certification body

**2** nm (Jur) guarantor, certifier ◆ **certificateur de caution** countersurety, countersecurity

**certification** [sɛʀtifikasjɔ̃] → SYN nf **a** (Jur = assurance) attestation, witnessing ◆ **certification de signature** attestation of signature

**b** [entreprise, produit] certification ◆ **certification ISO 9000** ISO 9000 certification

**certifié, e** [sɛʀtifje] (ptp de **certifier**) nm,f (qualified) secondary school (Brit) ou high-school (US) teacher *holder of the CAPES*

**certifier** [sɛʀtifje] → SYN ▸ conjug 7 ◂ vt **a** (= assurer) **certifier qch à qn** to assure sb of sth, guarantee sb sth ou sth to sb ◆ **je te certifie qu'ils vont avoir affaire à moi !** I can assure you ou I'm telling you* they'll have me to reckon with!
**b** (Jur = authentifier) [+ document] to certify, guarantee; [+ signature] to attest, witness; [+ caution] to counter-secure ◆ **copie certifiée conforme à l'original** certified copy of the original

**certitude** [sɛʀtityd] GRAMMAIRE ACTIVE 15.1 → SYN nf certainty ◆ **c'est une certitude absolue** it's absolutely certain ou an absolute certainty ◆ **avoir la certitude de qch/de faire** to be certain ou (quite) sure ou confident of sth/of doing ◆ **j'ai la certitude d'être le plus fort** I am certain of being ou that I am the strongest

**céruléen, -enne** [seʀyleɛ̃, ɛn] adj (littér) cerulean

**cérumen** [seʀymɛn] nm (ear) wax, cerumen (SPÉC)

**cérumineux, -euse** [seʀyminø, øz] adj ceruminous

**céruse** [seʀyz] nf ceruse; → **blanc**

**cérusé, e** [seʀyze] adj bois, meuble white-leaded

**Cervantes** [sɛʀvɑ̃tɛs] nm Cervantes

**cerveau**, pl **cerveaux** [sɛʀvo] → SYN **1** nm **a** (Anat) brain; (fig = intelligence) brain(s), mind ◆ **le cerveau humain** the human brain ◆ **avoir le cerveau dérangé** ou (hum) **fêlé** to be deranged ou (a bit) touched* ou cracked* ◆ **fais travailler ton cerveau** use your brain; → **rhume, transport**
**b** (= personne intelligente) brain, mind ◆ **c'est un grand cerveau** he has a great brain ou mind ◆ **la fuite** ou **l'exode des cerveaux** the brain drain
**c** (= organisateur) brains ◆ **c'était le cerveau de l'affaire** he was the brains behind the job, he masterminded the job ◆ **le cerveau de la bande** the brains of the gang
**2** COMP ▷ **cerveau antérieur** forebrain ▷ **cerveau électronique** electronic brain ▷ **cerveau moyen** midbrain ▷ **cerveau postérieur** hindbrain

**cervelas** [sɛʀvəla] nm saveloy

**cervelet** [sɛʀvəlɛ] nm cerebellum

**cervelle** [sɛʀvɛl] → SYN nf (Anat) brain; (Culin) brains ◆ **cervelle d'agneau** (Culin) lamb's brains ◆ **cervelle de canut** (Culin) *fromage blanc with chopped chives (Lyons speciality)* ◆ **se brûler** ou **se faire sauter la cervelle** to blow one's brains out ◆ **quand il a quelque chose dans la cervelle** when he gets something into his head ◆ **sans cervelle** brainless ◆ **il n'a rien dans la cervelle*** he's completely brainless, he's as thick as two short planks* (Brit) ◆ **avoir une cervelle d'oiseau** ou **de moineau** to be feather-brained ou bird-brained ◆ **toutes ces cervelles folles** all these scatterbrains; → **creuser, trotter**

**cervical, e**, mpl **-aux** [sɛʀvikal, o] adj cervical

**cervicalgie** [sɛʀvikalʒi] nf neck pain

**cervidé** [sɛʀvide] → SYN nm cervid (SPÉC) ◆ **cervidés** Cervidae (SPÉC)

**Cervin** [sɛʀvɛ̃] nm ◆ **le Cervin** the Matterhorn

**cervoise** [sɛʀvwaz] nf barley beer

**CES** [seəɛs] nm **a** (abrév de **collège d'enseignement secondaire**) → **collège**
**b** (abrév de **contrat emploi-solidarité**) → **contrat**

**ces** [se] pron dém → **ce**

**César** [sezaʀ] nm **a** (Hist) Caesar ◆ (Prov) **il faut rendre à César ce qui appartient à César** render unto Caesar the things which are Caesar's (Prov)
**b** (Ciné) *French film award,* ≈ Oscar, ≈ BAFTA award (Brit)

**Césarée** [sezaʀe] nf Caesarea

**césarien, -ienne** [sezaʀjɛ̃, jɛn] **1** adj (Hist) Caesarean
**2** **césarienne** nf (Méd) Caesarean (section) ◆ **elle a eu** ou **on lui a fait une césarienne** she had a Caesarean (birth ou delivery)

**césarisé, e** [sezaʀize] adj **a** (Ciné) comédien who has won a César; film that has won a César
**b** **les femmes césarisées** women who have had Caesareans ou Caesarean births ou deliveries

**césariser** [sezaʀize] ▸ conjug 1 ◂ vt (Méd) to perform a Caesarean (section) on

**césium** [sezjɔm] nm ⇒ **cæsium**

**cespiteux, -euse** [sɛspitø, øz] adj caespitose (Brit), cespitose (US)

**cessant, e** [sesɑ̃, ɑ̃t] adj → **affaire**

**cessation** [sesasjɔ̃] → SYN nf (frm) [activité, pourparlers] cessation; [hostilités] cessation, suspension; [paiements] suspension ◆ **être en cessation des paiements** to be insolvent, be unable to meet one's financial obligations

**cesse** [sɛs] → SYN nf **a** **sans cesse** (= tout le temps) continually, constantly, incessantly; (= sans interruption) continuously, incessantly ◆ **elle est sans cesse après lui** she's continually ou constantly nagging (at) him, she's forever nagging (at) him ◆ **la pluie tombe sans cesse depuis hier** it has been raining continuously ou non-stop since yesterday
**b** (frm) **il n'a de cesse que ...** he will not rest until ... ◆ **il n'a eu de cesse qu'elle ne lui cède** he gave her no peace ou rest until she gave in to him

**cesser** [sese] → SYN ▸ conjug 1 ◂ **1** vt **a** [+ bavardage, bruit, activité] to stop; [+ relations] to (bring to an) end, break off ◆ **nous avons cessé la fabrication de cet article** we have stopped making this item, this line has been discontinued ◆ **cesser ses fonctions** to leave office ◆ **cesser ses paiements** to stop ou discontinue payment ◆ **cesser le combat** to stop ou cease fighting ◆ **cesser le travail** to stop work ou working
**b** **cesser de faire qch** to stop doing sth ◆ **il a cessé de fumer** he's given up ou stopped ou quit* smoking ◆ **il a cessé de venir il y a un an** he stopped coming a year ago ◆ **il n'a pas cessé de pleuvoir de toute la journée** it hasn't stopped raining all day, the rain hasn't let up all day ◆ **la compagnie a cessé d'exister en 1943** the company ceased to exist ou ceased trading in 1943 ◆ **quand cesseras-tu** ou **tu vas bientôt cesser de faire le clown ?** when are you going to stop ou quit* ou leave off* acting the fool? ◆ **son effet n'a pas cessé de se faire sentir** its effects are still being felt
**c** (frm : répétition fastidieuse) **ne cesser de** ◆ **il ne cesse de m'importuner** he's constantly ou forever bothering me ◆ **il ne cesse de dire que ...** he's constantly ou continually saying that ...
**2** vi **a** [bavardage, bruit, activités, combat] to stop, cease; [relations, fonctions] to come to an end; [douleur] to stop; [fièvre] to pass, die down ◆ **le vent a cessé** the wind has stopped (blowing) ◆ **tout travail a cessé** all work has stopped ou come to a halt ou a standstill
**b** **faire cesser** [+ bruit] to put a stop to, stop; [+ scandale] to put an end ou a stop to ◆ **pour faire cesser les poursuites** (Jur) in order to have the proceedings dropped

**cessez-le-feu** [sesel(ə)fø] nm inv ceasefire

**cessibilité** [sesibilite] nf transferability

**cessible** [sesibl] → SYN adj (Jur) transferable, assignable

**cession** [sesjɔ̃] → SYN nf [bail, biens, droit] transfer ◆ **faire cession de** to transfer, assign ◆ **cession-bail** lease-back

**cessionnaire** [sesjɔnɛʀ] → SYN nmf [bien, droit] transferee, assignee

**c'est-à-dire** [sɛtadiʀ] → SYN conj **a** (= à savoir) that is (to say), i.e ◆ **un lexicographe, c'est-à-dire quelqu'un qui fait un dictionnaire** a lexicographer, that is (to say), someone who compiles a dictionary
**b** **c'est-à-dire que** (= en conséquence) ◆ **l'usine a fermé, c'est-à-dire que son frère est maintenant en chômage** the factory has shut down, which means that his brother is unemployed now ◆ **viendras-tu dimanche ? – c'est-à-dire que j'ai du travail** (manière d'excuse) will you come on Sunday? – well actually ou well the thing is I've got some work to do ◆ **je suis fatigué – c'est-à-dire que tu as trop bu hier** (rectification) I'm tired – you mean ou what you mean is you had too much to drink yesterday

**cestodes** [sɛstɔd] nmpl ◆ **les cestodes** cestodes, the Cestoda (SPÉC)

**césure** [sezyʀ] → SYN nf caesura

**CET** [seəte] nm (abrév de **collège d'enseignement technique**) → **collège**

**cet** [sɛt] adj dém → **ce**

**cétacé** [setase] → SYN nm cetacean

**cétane** [setan] nm cetane

**cétérac(h)** [seteʀak] nm ceterach

**cétoine** [setwan] nf rose chafer ou beetle

**cétone** [setɔn] nf ketone

**cétonémie** [setɔnemi] nf ketonaemia (Brit), ketonemia (US)

**cétonique** [setɔnik] adj ketonic

**cétonurie** [setɔnyʀi] nf presence of ketone bodies in the urine, ketonuria (SPÉC)

**ceux** [sø] pron dém → **celui**

**Ceylan** [selɑ̃] nm Ceylon

**cf** [seɛf] (abrév de **confer**) cf

**CFA** [seɛfa] (abrév de **Communauté financière africaine**) → **franc²**

**CFAO** [seɛfao] nf (abrév de **conception et fabrication assistées par ordinateur**) CADCAM

**CFC** [seɛfse] nmpl (abrév de **chlorofluorocarbures**) CFCs

**CFDT** [seɛfdete] nf (abrév de **Confédération française démocratique du travail**) *French trade union*

**CFP** [seɛfpe] nm (abrév de **centre de formation professionnelle**) → **centre**

**CFTC** [seɛftese] nf (abrév de **Confédération française des travailleurs chrétiens**) *French trade union*

**cg** (abrév de **centigramme**) cg

**CGC** [seʒese] nf (abrév de **Confédération générale des cadres**) *French management union*

**CGT** [seʒete] nf (abrév de **Confédération générale du travail**) *French trade union*

**ch** (abrév de **cheval-vapeur**) HP, h.p.

**chablis** [ʃabli] nm **a** (= vin) Chablis *(dry white Burgundy wine)*
**b** (= bois) windfall

**chabot** [ʃabo] nm bullhead

**chacal**, pl **chacals** [ʃakal] nm (Zool) jackal; (péj) vulture

**cha-cha(-cha)** [tʃatʃa(tʃa)] nm inv cha-cha(-cha)

**chacun, e** [ʃakœ̃, yn] pron indéf **a** (d'un ensemble bien défini) each (one) ◆ **chacun d'entre eux** each (one) of them, every one of them ◆ **chacun des deux** each ou both of them, each of the two ◆ **ils me donnèrent chacun 2 €/leur chapeau** they each (of them) gave me €2/their hat, each (one) of them gave me €2/their hat ◆ **il leur donna (à) chacun 5 €, il leur donna 5 € (à) chacun** he gave them €5 each, he gave them each €5, he gave each (one) of them €5 ◆ **il remit les livres chacun à sa** ou **leur place** he put each of the books back in its place ◆ **nous sommes entrés chacun à notre tour** we each went in in turn
**b** (d'un ensemble indéfini) everyone, everybody ◆ **comme chacun le sait** as everyone ou everybody knows ◆ **chacun son tour !** wait your turn!, everyone's got to have a turn! ◆ **chacun son goût** ou **ses goûts** each to his own ◆ **chacun ses idées** everyone has a right to their (own) opinion, each to his own ◆ **chacun pour soi (et Dieu pour tous !)** every man for himself (and God for us all!) ◆ **chacun voit midi à sa porte** people always act in their own interests ◆ (Prov) **(à) chacun son métier(, les vaches seront bien gardées)** each man to his own trade; → **tout**

**chafouin, e** [ʃafwɛ̃, in] → SYN adj visage, mine sly

**chagrin[1], e** [ʃagʀɛ̃, in] → SYN **1** adj (littér) (= triste) air, humeur, personne despondent, woeful, dejected; (= bougon) personne ill-humoured (Brit) ou -humored (US), morose ◆ **les esprits chagrins disent que ...** disgruntled people say that ...
**2** nm **a** (= affliction) grief, sorrow ◆ **alors, on a un gros chagrin !** (à un enfant) well, we do look sorry for ourselves! ou unhappy! ◆ **avoir un chagrin d'amour** to have an unhappy love affair, be disappointed in love ◆ **plonger qn dans un profond chagrin** to plunge sb deep in grief ◆ **faire du chagrin à**

qn to cause sb grief ou distress ou sorrow, grieve ou distress sb ◆ **avoir du chagrin** to be grieved ou distressed; → **noyer²**

**b** († † = mélancolie) ill-humour (Brit) ou -humor (US)

**chagrin²** [ʃagʀɛ̃] nm (= cuir) shagreen; → **peau**

**chagrinant, e** [ʃagʀinɑ̃, ɑ̃t] adj distressing

**chagriner¹** [ʃagʀine] → SYN ▸ conjug 1 ◂ vt (= désoler) to grieve, distress, upset; (= tracasser) to worry, bother

**chagriner²** [ʃagʀine] → SYN ▸ conjug 1 ◂ vt [+ peau] to grain

**chah** [ʃa] nm ⇒ **shah**

**chahut** [ʃay] → SYN nm (= tapage) uproar ◆ **faire du chahut** to make ou create an uproar

**chahuter** [ʃayte] → SYN ▸ conjug 1 ◂ **1** vi (Scol) (= faire du bruit) to make ou create an uproar; (= faire les fous) to mess around, lark around * (*avec* with)

**2** vt **a** [+ professeur] to play up, rag, bait; † [+ fille] to tease; [+ ministre] to heckle ◆ **un professeur chahuté** a teacher who can't control his pupils ◆ **il se fait chahuter par ses élèves** his pupils create mayhem in his class

**b** (* = cahoter) [+ objet] to knock about

**c** (Bourse) [+ valeur, monnaie] to put under pressure

**chahuteur, -euse** [ʃaytœʀ, øz] → SYN **1** adj rowdy, unruly

**2** nm,f rowdy

**chai** [ʃɛ] → SYN nm wine and spirit store-(house)

**chaînage** [ʃɛnaʒ] nm **a** (Ordin) chaining

**b** (Constr) clamp ◆ **poutre de chaînage** (wall) tie

**chaîne** [ʃɛn] → SYN **1** nf **a** (de métal, ornementale) chain ◆ **chaîne de bicyclette/de montre** bicycle/watch chain ◆ **attacher un chien à une chaîne** to chain up a dog, put a dog on a chain ◆ **chaînes** (Aut) (snow) chains

**b** (= esclavage) **chaînes** chains, bonds, fetters, shackles ◆ **briser ses chaînes** to cast off one's chains ou bonds ou shackles

**c** (= suite) (gén, Anat, Chim, Méd) chain; [montagnes] chain, range ◆ **la chaîne des Alpes** the Alpine range ◆ **faire la chaîne, former une chaîne (humaine)** to form a (human) chain ◆ **en chaîne** catastrophes, faillites a series of; → **réaction**

**d** (Ind) **chaîne (de fabrication)** production line ◆ **produire qch à la chaîne** to mass-produce sth, make sth on an assembly line ou a production line ◆ **travailler à la chaîne** to work on an assembly line ou a production line ◆ **il produit des romans à la chaîne** he churns out one novel after another ◆ **en bout de chaîne** (fig) at the end of the chain; → **travail¹**

**e** (TV) channel ◆ **chaîne culturelle/musicale** cultural/music channel ◆ **sur la première/deuxième chaîne** on the first/second channel

**f** (Radio) music system ◆ **chaîne hi-fi/stéréo** hi-fi/stereo system ◆ **chaîne compacte** mini-system, music centre (Brit)

**g** (Comm) [journaux] string; [magasins] chain, string

**h** (Tex) warp

**i** (= lettre) chain letter

**2** COMP ▷ **chaîne alimentaire** food chain ▷ **chaîne d'arpenteur** (surveyor's) chain, chain measure ▷ **chaîne câblée** cable channel ▷ **chaîne de caractères** (Ordin) character string ▷ **chaîne du froid** cold chain ◆ **respecter la chaîne du froid** to make sure the recommended low temperature is maintained ▷ **chaîne de montage** assembly line ▷ **la chaîne parlée** (Ling) connected speech ▷ **chaîne payante** ou **à péage** (TV) pay TV channel ▷ **chaîne privée** (TV) private channel ▷ **chaîne publique** (TV) publicly-owned channel, public service channel (US) ▷ **chaîne sans fin** endless chain ▷ **chaîne de solidarité** support network ▷ **chaîne de sûreté** (gén) safety chain; [porte] door ou safety chain

**chaîner** [ʃene] → SYN ▸ conjug 1 ◂ vt (Ordin) to chain; (Constr) to clamp

**chaînette** [ʃɛnɛt] nf (small) chain ◆ **courbe** ou **arc en chaînette** (Math) catenary curve; → **point²**

**chaînon** [ʃɛnɔ̃] → SYN nm (lit, fig) [chaîne] link; [filet] loop; (Géog) secondary range (of mountains) ◆ **le chaînon manquant** the missing link ◆ **chaînon de données** (Ordin) data link

**chaintre** [ʃɛ̃tʀ] nf ou m (Agr) headland

**chair** [ʃɛʀ] → SYN **1** nf **a** [homme, animal, fruit] flesh ◆ **entrer dans les chairs** to penetrate the flesh ◆ **en chair et en os** in the flesh, as large as life (hum) ◆ **ce n'est qu'un être de chair et de sang** he's only flesh and blood, he's only human ◆ **être ni chair ni poisson** (indécis) to be indecisive; (indéfinissable) to be neither fish nor fowl ◆ **l'ogre aime la chair fraîche** the ogre likes a diet of warm young flesh ◆ **il aime la chair fraîche** (hum: des jeunes femmes) he likes firm young flesh ou bodies ◆ **avoir/donner la chair de poule** (froid) to have/give goosepimples ou gooseflesh ◆ **ça vous donne** ou **on en a la chair de poule** (chose effrayante) it makes your flesh creep, it gives you gooseflesh ◆ **chair à canon** cannon fodder ◆ **chair (à saucisse)** sausage meat ◆ **je vais en faire de la chair à pâté** ou **à saucisse** * I'm going to make mincemeat of him ◆ **bien en chair** well-padded (hum), plump

**b** (littér, Rel : opposé à l'esprit) flesh ◆ **souffrir dans/mortifier sa chair** to suffer in/mortify the flesh ◆ **fils/parents selon la chair** natural son/parents ◆ **sa propre chair, la chair de sa chair** his own flesh and blood ◆ **la chair est faible** the flesh is weak; → **péché**

**c** (Peinture) **chairs** flesh tones ou tints

**2** adj inv ◆ **(couleur) chair** flesh-coloured (Brit) ou -colored (US)

**chaire** [ʃɛʀ] → SYN nf **a** (= estrade) [prédicateur] pulpit; [professeur] rostrum ◆ **monter en chaire** to go up into ou ascend the pulpit

**b** (= poste) (Scol) post; (Univ) chair ◆ **créer une chaire de français** to create a chair of French

**c la chaire pontificale** the papal throne

**chaise** [ʃɛz] → SYN **1** nf chair ◆ **faire la chaise** (pour porter un blessé) to link arms to make a seat ou chair ◆ **être assis** ou **avoir le cul** * **entre deux chaises** to be caught between two stools, be on the horns of a dilemma; → **politique**

**2** COMP ▷ **chaise de bébé** highchair ▷ **chaise berçante** ou **berceuse** (Can) rocking chair ▷ **chaise de cuisine** kitchen chair ▷ **chaise électrique** electric chair ▷ **chaise haute** highchair ▷ **chaise de jardin** garden chair ▷ **chaise longue** (= siège pliant) deckchair; (= canapé) chaise longue ◆ **faire de la chaise longue** to lie back ou relax in a deckchair; (= se reposer) to put one's feet up ▷ **chaises musicales** (= jeu, fig) musical chairs ▷ **chaise percée** commode ▷ **chaise (à porteurs)** sedan(-chair) ▷ **chaise de poste** poste chaise ▷ **chaise roulante** wheelchair, bathchair † (Brit)

**chaisier, -ière** [ʃezje, jɛʀ] nm,f **a** (= loueur) chair attendant

**b** (= fabricant) chair maker

**chaland¹** [ʃalɑ̃] → SYN nm (Naut) barge

**chaland², e** † [ʃalɑ̃, ɑd] → SYN nm,f (= client) customer

**chalandage** [ʃalɑ̃daʒ] nm shopping

**chalandise** [ʃalɑ̃diz] nf ◆ **zone de chalandise** customer catchment area

**chalaze** [ʃalɑz, kalɑz] nf chalaza

**chalazion** [ʃalɑzjɔ̃] nm (Méd) sty(e), chalazion (SPÉC)

**chalcographie** [kalkɔgʀafi] nf (= gravure) chalcography; (= salle) chalcography room

**chalcolithique** [kalkɔlitik] adj chalcolithic

**chalcopyrite** [kalkɔpiʀit] nf chalcopyrite, copper pyrites

**chalcosine** [kalkɔzin] nf chalcocite

**Chaldée** [kalde] nf Chaldea

**chaldéen, -enne** [kaldeɛ̃, ɛn] **1** adj Chaldean, Chaldee

**2** nm (Ling) Chaldean

**3 Chaldéen(ne)** nm,f Chaldean, Chaldee

**châle** [ʃɑl] → SYN nm shawl; → **col**

**chalet** [ʃalɛ] → SYN nm chalet; (Can) summer cottage ◆ **chalet de nécessité** † † public convenience

**chaleur** [ʃalœʀ] → SYN nf **a** (gén, Phys) heat; (modérée, agréable) warmth ◆ **quelle chaleur !** it's hot!, it's boiling! * ◆ **il fait une chaleur accablante** the heat's oppressive, it's oppressively hot ◆ **il faisait une chaleur lourde** the air was sultry, it was very close ◆ **les grandes chaleurs (de l'été)** the hot (summer) days ou weather ◆ **"craint la chaleur"** (sur étiquette) "keep in a cool place" ◆ **four à chaleur tournante** convection oven ◆ **chaleur massique** ou **spécifique/latente** specific/latent heat ◆ **chaleur animale** body heat

**b** [discussion, passion] heat; [accueil, voix, couleur] warmth; [convictions] fervour (Brit), fervor (US) ◆ **manquer de chaleur humaine** to lack the human touch ◆ **chercher un peu de chaleur humaine** to look for a bit of company ◆ **prêcher avec chaleur** to preach with fire ou fervour ◆ **défendre une cause/un ami avec chaleur** to put up a passionate defence of a cause/a friend

**c** (Zool) **la période des chaleurs** the heat ◆ **en chaleur** on (Brit) ou in (US) heat

**d** († = malaise) flush ◆ **éprouver des chaleurs** to have hot flushes (Brit) ou flashes (US); → **bouffée**

**chaleureusement** [ʃalœʀøzmɑ̃] adv warmly

**chaleureux, -euse** [ʃalœʀø, øz] → SYN adj accueil, applaudissements, remerciements warm; félicitations hearty, warm ◆ **il parla de lui en termes chaleureux** he spoke of him most warmly

**châlit** [ʃɑli] nm bedstead

**challenge** [ʃalɑ̃ʒ] → SYN nm (= épreuve) contest, tournament (*in which a trophy is at stake*); (= trophée) trophy; (= gageure, défi) challenge

**challenger** [ʃalɑ̃ʒɛʀ], **challengeur** [ʃalɑ̃ʒœʀ] nm challenger

**chaloir** [ʃalwaʀ] vi → **chaut**

**chaloupe** [ʃalup] → SYN nf launch; (* : Can) rowing boat (Brit), rowboat (US, Can) ◆ **chaloupe de sauvetage** lifeboat

**chaloupé, e** [ʃalupe] adj danse swaying; démarche rolling

**chalumeau**, pl **chalumeaux** [ʃalymo] → SYN nm **a** (Tech) blowtorch, blowlamp (Brit) ◆ **chalumeau oxyacétylénique** oxyacetylene torch ◆ **ils ont découpé le coffre-fort au chalumeau** they used a blowtorch to cut through the safe

**b** (Mus) pipe

**c** († = paille) (drinking) straw

**d** (Can) spout (*fixed on the sugar maple tree for collecting maple sap*)

**chalut** [ʃaly] nm trawl (net) ◆ **pêcher au chalut** to trawl

**chalutage** [ʃalytaʒ] nm trawling

**chalutier** [ʃalytje] → SYN nm (= bateau) trawler; (= pêcheur) trawlerman

**chamade** [ʃamad] nf → **battre**

**chamaille** [ʃamɑj] nf squabble, (petty) quarrel

**chamailler (se)** [ʃamɑje] → SYN ▸ conjug 1 ◂ vpr to squabble, bicker

**chamaillerie** [ʃamɑjʀi] → SYN nf squabble, (petty) quarrel ◆ **chamailleries** squabbling (NonC), bickering (NonC)

**chamailleur, -euse** [ʃamɑjœʀ, øz] → SYN **1** adj quarrelsome

**2** nm,f quarrelsome person

**chaman** [ʃaman] nm shaman

**chamanisme** [ʃamanism] nm shamanism

**chamarré, e** [ʃamaʀe] → SYN (ptp de **chamarrer**) adj étoffe, rideaux richly coloured (Brit) ou colored (US) ou brocaded ◆ **chamarré d'or/de pourpre** bedecked with gold/purple

**chamarrer** [ʃamaʀe] → SYN ▸ conjug 1 ◂ vt (littér = orner) to bedeck, adorn

**chamarrure** [ʃamaʀyʀ] nf (gén pl) [étoffe] vivid ou loud (péj) combination of colours; [habit, uniforme] rich trimming

**chambard** * [ʃɑ̃baʀ] nm (= vacarme) racket *, rumpus *, row * (Brit); (= protestation) rumpus *, row * (Brit); (= bagarre) scuffle, brawl; (= désordre) shambles sg, mess; (= bouleversement) upheaval ◆ **faire du chambard** (= protester) to kick up a rumpus * ou a row * (Brit) ◆ **ça va faire du chambard !** it's bound to cause a rumpus * ou row! * (Brit)

**chambardement** * [ʃɑ̃baʀdəmɑ̃] nm (= bouleversement) upheaval; (= nettoyage) clear-out

**chambarder** * [ʃɑ̃baʀde] ▸ conjug 1 ◂ vt (= bouleverser) [+ objets, pièce] to turn upside down; [+ projets, habitudes] to turn upside down, upset; (= se débarrasser de) to chuck out *, throw out, get rid of

**chambellan** [ʃɑ̃belɑ̃] → SYN nm chamberlain

**chamboulement** * [ʃɑ̃bulmɑ̃] nm (= désordre) chaos, confusion; (= bouleversement) upheaval

**chambouler** * [ʃɑ̃bule] ▸ conjug 1 ◂ vt (= bouleverser) [+ objets, pièce] to turn upside down ◆ **cela a chamboulé nos projets** that messed up * our plans ou threw our plans right out * ◆ **il a tout chamboulé dans la maison** he has turned the (whole) house upside down

**chamboule-tout** [ʃɑ̃bultu] nm inv (= jeu) *fairground game in which balls are thrown to knock down a pyramid of tins,* ≈ coconut shy (Brit)

**chambranle** [ʃɑ̃bʀɑ̃l] nm [porte] (door) frame, casing; [fenêtre] (window) frame, casing; [cheminée] mantelpiece ◆ **il s'appuya au chambranle** he leant against the doorpost

**chambray** [ʃɑ̃bʀɛ] nm (Tex) chambray

**chambre** [ʃɑ̃bʀ] → SYN 1 nf a (pour dormir) bedroom; (†† = pièce) chamber †, room ◆ **chambre à un lit/à deux lits** single-/twin-bedded room ◆ **chambre double** ou **pour deux personnes** double room ◆ **chambre individuelle** single room ◆ **chambre seule** (Méd) private room ◆ **va dans ta chambre !** go to your (bed)room! ◆ **faire chambre à part** to sleep apart ou in separate rooms; → **femme, robe, valet**

b (Pol) House, Chamber ◆ **à la Chambre** in the House ◆ **système à deux chambres** two-house ou -chamber system ◆ **Chambre haute/basse** Upper/Lower House ou Chamber ◆ **ce n'est plus qu'une simple chambre d'enregistrement** it simply rubber-stamps the government's decisions

c (Jur = section judiciaire) division; (Admin = assemblée, groupement) chamber

d (Tech) [fusil, mine, canon] chamber

e **en chambre** ◆ **travailler en chambre** to work at home, do outwork ◆ **couturière en chambre** dressmaker working at home ◆ **stratège/alpiniste en chambre** (péj) armchair strategist/mountaineer; → **musique, orchestre**

2 COMP ▷ **chambre d'accusation** court of criminal appeal ▷ **chambre à air** (inner) tube ◆ **sans chambre à air** tubeless ▷ **chambre d'amis** spare ou guest room ▷ **chambre de bonne** (lit) maid's room; (sous les toits) garret ▷ **chambre à bulles** bubble chamber ▷ **chambre des cartes** (Naut) chart-house ▷ **chambre claire** (Opt) camera lucida ▷ **chambre de combustion** combustion chamber ▷ **chambre de commerce (et d'industrie)** Chamber of Commerce (and Industry) ▷ **la Chambre des communes** the House of Commons ▷ **chambre de compensation** clearing house ▷ **chambre correctionnelle** ≈ magistrates' ou district court ▷ **chambre à coucher** (= pièce) bedroom; (= mobilier) bedroom furniture ▷ **chambre criminelle** court of criminal appeal *(in the Cour de Cassation)* ▷ **la Chambre des députés** the Chamber of Deputies ▷ **chambre d'enfant** child's (bed)room, nursery ▷ **chambre d'étudiant** student room ▷ **chambre d'explosion** ⇒ **chambre de combustion** ▷ **chambre forte** strongroom ▷ **chambre frigorifique, chambre froide** cold room ▷ **chambre à gaz** gas chamber ▷ **chambre d'hôpital** hospital room ▷ **chambre d'hôte** ≈ bed and breakfast ▷ **chambre d'hôtel** hotel room ▷ **la Chambre des lords** the House of Lords ▷ **chambre des machines** engine room ▷ **chambre des métiers** guild chamber, chamber of trade ▷ **chambre meublée** furnished room, bed-sitter (Brit) ▷ **chambre noire** (Photo) darkroom ▷ **les chambres de l'œil** the aqueous chambers of the eye ▷ **la Chambre des représentants** the House of Representatives ▷ **chambre des requêtes** (preliminary) civil appeal court ▷ **chambre sourde** anechoic chamber ▷ **chambre de sûreté** [prison] lockup ▷ **chambre syndicale** employers' federation

**chambrée** [ʃɑ̃bʀe] → SYN nf (= pièce, occupants) room; [soldats] barrack-room ◆ **camarades** ou **compagnons de chambrée** army buddies *(quartered in the same barrack room)*

**chambrer** [ʃɑ̃bʀe] → SYN ▸ conjug 1 ◂ vt a [+ vin] to bring to room temperature, chambré; [+ personne] (= prendre à l'écart) to corner, collar *; (= tenir enfermé) to keep in, confine, keep cloistered ◆ **les organisateurs ont chambré l'invité d'honneur** the organisers kept the V.I.P. guest out of circulation ou to themselves

b (* = taquiner) to tease ◆ **tu me chambres ?** (canular) are you having me on? *, are you pulling my leg? *

**chambrette** [ʃɑ̃bʀɛt] nf small bedroom

**chambrière** [ʃɑ̃bʀijɛʀ] → SYN nf (= béquille de charrette) cart-prop; († = servante) chambermaid

**chambriste** [ʃɑ̃bʀist] nmf chamber-music player

**chameau**, pl **chameaux** [ʃamo] → SYN nm a (Zool) camel; → **poil**

b (* : péj) (= enfant) little beast *; (= femme) cow *; (= homme) swine * ◆ **elle devient chameau avec l'âge** the older she gets the nastier she is ◆ **quel vieux chameau !** (= femme) old bag! *; (= homme) nasty old man!

**chamelier** [ʃaməlje] nm camel driver

**chamelle** [ʃamɛl] nf female camel

**chamelon** [ʃam(ə)lɔ̃] nm young camel

**chamérops** [kameʀɔps] nm palmetto

**chamito-sémitique**, pl **chamito-sémitiques** [kamitosemitik] 1 adj Afro-Asiatic, Semito-Hamitic

2 nm (Ling) Afro-Asiatic ou Semito-Hamitic languages

**chamois** [ʃamwa] → SYN 1 nm (Zool) chamois; (Ski) skiing badge *(marking degree of proficiency)*; → **peau**

2 adj inv fawn, buff(-coloured (Brit) ou -colored (US))

**chamoiser** [ʃamwaze] ▸ conjug 1 ◂ vt to chamois

**chamoiserie** [ʃamwazʀi] nf (= industrie) chamois-leather industry

**chamoisine** [ʃamwazin] nf shammy leather

**champ**[1] [ʃɑ̃] → SYN 1 nm a (Agr) field ◆ **champ de blé** wheatfield, field of corn (Brit) ou wheat ◆ **champ d'avoine/de trèfle** field of oats/clover ◆ **travailler aux champs** to work in the fields ◆ **on s'est retrouvé en plein(s) champ(s)** we found ourselves in the middle of ou surrounded by fields

b (= campagne) **champs** country(side) ◆ **la vie aux champs** life in the country, country life ◆ **fleurs des champs** wild flowers; → **clé, travers**[2]

c (fig = domaine) field, area ◆ **élargir le champ de ses recherches/de ses investigations** to broaden the scope of one's research/one's investigations

d (Élec, Ling, Ordin, Phys) field

e (Ciné, Photo) **dans le champ** in (the) shot ou the picture ◆ **être dans le champ** to be in shot ◆ **sortir du champ** to go out of shot ◆ **pas assez de champ** not enough depth of focus ◆ **hors champ** off-camera (attrib); → **profondeur**

f (Hér) [écu, médaille] field

g (LOC) **avoir du champ** to have elbowroom ou room to move ◆ **laisser du champ à qn** to leave sb room to manoeuvre ◆ **laisser le champ libre à qn** to leave sb a clear field ◆ **vous avez le champ libre** you're free to do as you please ◆ **prendre du champ** (lit) to step back, draw back; (fig) to stand back ◆ **sonner aux champs** (Mil) to sound the general salute

2 COMP ▷ **champ d'action** ou **d'activité** sphere of activity ▷ **champ d'aviation** airfield ▷ **champ de bataille** battlefield ▷ **champ clos** combat area ◆ **en champ clos** (fig) behind closed doors ▷ **champ de courses** racecourse ▷ **champ électrique** electric field ▷ **les Champs Élysées** (Myth) the Elysian Fields; (à Paris) the Champs Élysées ▷ **champ de foire** fairground ▷ **champ d'honneur** field of honour ◆ **mourir** ou **tomber au champ d'honneur** to be killed in action ▷ **champ magnétique** magnetic field ▷ **champ de manœuvre** parade ground ▷ **champ de Mars** ≈ military esplanade ▷ **champ de mines** minefield ▷ **champ de neige** snowfield ▷ **champ opératoire** operative field ▷ **champ optique** optical field ▷ **champ ouvert** (Agr) open field ▷ **champ sémantique** semantic field ▷ **champ de tir** (= terrain) rifle ou shooting range, practice ground; (= angle de vue) field of fire ▷ **champ visuel** ou **de vision** field of vision ou view, visual field

**champ**[2] * [ʃɑ̃p] nm (abrév de **champagne**) bubbly *, champers * (Brit)

**champagne** [ʃɑ̃paɲ] 1 adj inv champagne

2 nm champagne ◆ **elle a réussi ses examens, champagne !** she passed her exams, let's get out the champagne to celebrate! ◆ **champagne rosé** pink champagne

3 **Champagne** nf ◆ **la Champagne** Champagne, the Champagne region; → **fine**[2]

**champagnisation** [ʃɑ̃paɲizasjɔ̃] nf champagnization

**champagniser** [ʃɑ̃paɲize] ▸ conjug 1 ◂ vt to champagnize

**champenois, e** [ʃɑ̃pənwa, waz] 1 adj of ou from Champagne ◆ **vin méthode champenoise** champagne-type ou sparkling wine

2 **Champenois(e)** nm,f inhabitant ou native of Champagne

**champêtre** [ʃɑ̃pɛtʀ] → SYN adj (gén) rural; vie country (épith), rural; odeur, route country (épith); bal, fête village (épith) ◆ **fleurs champêtres** wild flowers ◆ **dans un décor champêtre** in a rural ou pastoral setting; → **garde**[2]

**champignon** [ʃɑ̃piɲɔ̃] → SYN nm a (gén) mushroom; (terme générique) fungus; (vénéneux) toadstool, poisonous mushroom ou fungus; (Méd) fungus ◆ **aller aux champignons** to go mushroom-picking, go collecting mushrooms ◆ **champignon comestible** (edible) mushroom, edible fungus ◆ **certains champignons sont comestibles** some fungi are edible ◆ **champignon de Paris** ou **de couche** cultivated mushroom ◆ **champignon hallucinogène** hallucinogenic mushroom, magic mushroom * ◆ **ces nouvelles industries ont proliféré comme des champignons** these new industries have sprung up ou sprouted like mushrooms ou have mushroomed; → **pousser, ville**

b (Phys Nucl) **champignon (atomique)** mushroom cloud

c (* : Aut) accelerator; → **appuyer**

**champignonnière** [ʃɑ̃piɲɔnjɛʀ] nf mushroom bed

**champignonniste** [ʃɑ̃piɲɔnist] nmf mushroom grower

**champion, -ionne** [ʃɑ̃pjɔ̃, jɔn] → SYN 1 adj * A1, first-rate ◆ **c'est champion !** that's great! * ou first-rate!

2 nm,f (Sport, = défenseur) champion ◆ **champion du monde de boxe** world boxing champion ◆ **se faire le champion d'une cause** to champion a cause ◆ **c'est le champion de la gaffe** (hum) there's no one to beat him for tactlessness

**championnat** [ʃɑ̃pjɔna] → SYN nm championship ◆ **championnat du monde/d'Europe** world/European championship

**champlever** [ʃɑ̃l(ə)ve] ▸ conjug 5 ◂ vt to chase, chamfer ◆ **émaux champlevés** champlevé (enamels)

**chamsin** [xamsin] nm ⇒ **khamsin**

**chançard, e** * [ʃɑ̃saʀ, aʀd] 1 adj lucky

2 nm,f lucky devil *, lucky dog *

**chance** [ʃɑ̃s] GRAMMAIRE ACTIVE 15.2, 15.3, 16.3, 23.5
→ SYN nf a (= bonne fortune) (good) luck ◆ **avec un peu de chance** with a bit of luck ◆ **quelle chance !** what a bit ou stroke of (good) luck!, how lucky! ◆ **c'est une chance que ...** it's lucky ou fortunate that ..., it's a bit of ou a stroke of luck that ... ◆ **coup de chance** stroke of luck ◆ **il était là, une chance !** ou **un coup de chance !** he was there, luckily ◆ **jour de chance !** lucky day! ◆ **ce n'est pas mon jour de chance !** it's not my day! ◆ **la chance a voulu qu'il y eût un médecin** by a stroke of luck ou luckily there was a doctor ◆ **par chance** luckily, fortunately ◆ **pas de chance !** hard ou bad ou tough * luck!, hard lines! * (Brit) ◆ **c'est bien ma chance** (iro) (that's) just my luck! ◆ **tu as de la chance d'y aller** you're lucky ou fortunate to be going ◆ **il a la chance d'y aller** he's lucky ou fortunate enough to be going, he has the good luck ou good fortune to be going

**b** (= hasard, fortune) luck, chance ◆ **courir** ou **tenter sa chance** to try one's luck ◆ **la chance a tourné** his (ou her etc ) luck has changed ◆ **la chance lui sourit** fortune smiles on him ◆ **mettre toutes les chances de son côté** to take no chances ◆ **sa mauvaise chance le poursuit** he is dogged by bad luck ou ill-luck; → **bon**[1]

**c** (= possibilité de succès) chance ◆ **donner sa chance** ou **ses chances à qn** to give sb his chance ◆ **quelles sont ses chances (de réussir** ou **de succès) ?** what are his chances ou what chance has he got (of success ou of succeeding)? ◆ **il/son tir n'a laissé aucune chance au gardien de but** he/his shot didn't give the goalkeeper a chance ◆ **les chances d'un accord ...** the chances of a settlement ...

♦ **avoir** + **chance(s)** ◆ **elle a ses** ou **des chances (de gagner)** she stands a good chance (of winning) ◆ **il n'a aucune chance** he hasn't got ou doesn't stand a (dog's) chance ◆ **elle a une chance sur deux de s'en sortir** she's got a fifty-fifty chance of pulling through ◆ **ils ont des chances égales** they have equal chances ou an equal chance ◆ **il y a peu de chances (pour) qu'il la voie** there's little chance (that) he'll see her, there's little chance of his seeing her, the chances of his seeing her are slim ◆ **il y a toutes les chances que ...** there's every chance that ..., the chances ou odds are that ... ◆ **il y a de grandes** ou **fortes chances pour qu'il vienne** there's a strong ou good chance he'll come, he's very likely to come ◆ **il y a des chances** * it's very likely, I wouldn't be surprised ◆ **il y a une chance sur cent (pour) que ...** there's one chance in a hundred ou a one-in-a-hundred chance that ...

**chancelant, e** [ʃɑ̃s(ə)lɑ̃, ɑ̃t] → SYN adj démarche unsteady, faltering, tottering; objet wobbly, unsteady; mémoire failing, shaky; santé frail (épith), failing; conviction, courage, résolution wavering, faltering, shaky; autorité faltering, flagging; régime tottering

**chanceler** [ʃɑ̃s(ə)le] → SYN ▸ conjug 4 ◂ vi [personne] to totter, stagger; [ivrogne] to reel; [objet] to wobble, totter; [autorité] to falter, flag; [régime] to totter; [conviction, résolution, courage] to waver, falter; [mémoire] to fail ◆ **sa santé chancelle** he's in failing health, his health is failing ◆ **il s'avança en chancelant** he tottered ou staggered ou reeled forward ◆ **une société qui chancelle sur ses bases** a society which is tottering upon its foundations

**chancelier** [ʃɑ̃səlje] → SYN nm (en Allemagne, Autriche) chancellor; [ambassade] secretary; (Hist) chancellor ◆ **le chancelier de l'Échiquier** the Chancellor of the Exchequer ◆ **grand chancelier de la Légion d'honneur** *high-ranking officer in the French Legion of Honour*; → **recteur**

**chancelière** [ʃɑ̃səljɛʀ] nf footwarmer

**chancellerie** [ʃɑ̃sɛlʀi] → SYN nf [ambassade, consulat] chancellery, chancery; (Hist) chancellery

**chanceux, -euse** [ʃɑ̃sø, øz] → SYN adj lucky, fortunate; († † = hasardeux) hazardous

**chancre** [ʃɑ̃kʀ] → SYN nm (Bot, Méd, fig) canker ◆ **chancre syphilitique** chancre ◆ **chancre mou** chancroid, soft chancre ◆ **manger** ou **bouffer comme un chancre** ⁑ to make a pig of oneself *, pig out *, pig oneself * (Brit)

**chancrelle** [ʃɑ̃kʀɛl] nf chancroid

**chandail** [ʃɑ̃daj] → SYN nm (thick) sweater, (thick) jumper (Brit)

**Chandeleur** [ʃɑ̃dlœʀ] nf ◆ **la Chandeleur** Candlemas

**chandelier** [ʃɑ̃dəlje] → SYN nm (à une branche) candlestick, candleholder; (à plusieurs branches) candelabra

**chandelle** [ʃɑ̃dɛl] → SYN nf **a** (= bougie) (tallow) candle ◆ **un dîner aux chandelles** a dinner by candlelight, a candlelit dinner ◆ **chandelle romaine** roman candle

**b** (Aviat) chandelle; (Rugby) up-and-under; (Tennis) lob; (Gym) shoulder stand; (⁑ : = morve) trickle of snot ⁑

**c** (LOC) **tenir la chandelle** (hum) to play gooseberry (Brit), be a third wheel (US) ◆ **je ne tenais pas la chandelle !** I wasn't there at the time! ◆ **monter en chandelle** (Aviat) to climb vertically ◆ **lancer en chandelle** (Golf) to loft ◆ **voir trente-six chandelles** to see stars; → **brûler, économie, jeu**

**chanfrein** [ʃɑ̃fʀɛ̃] nm **a** (Tech) bevelled edge; (à 45 degrés) chamfer

**b** [cheval] nose

**chanfreiner** [ʃɑ̃fʀene] ▸ conjug 1 ◂ vt to bevel; (à 45 °C) to chamfer

**change** [ʃɑ̃ʒ] → SYN nm **a** (Fin) [devises] exchange ◆ **faire le change** (Banque) to exchange money ◆ **opération de change** (foreign) exchange transaction; → **agent, bureau** etc

**b** (Fin = taux d'échange) exchange rate ◆ **le change est avantageux** the exchange rate is favourable ◆ **la cote des changes** the (list of) exchange rates ◆ **au cours actuel du change** at the current rate of exchange

**c** (Can = petite monnaie) change

**d** **change (complet)** (disposable) nappy (Brit) ou diaper (US)

**e** (LOC) **gagner/perdre au change** (Fin) to gain/lose money on the exchange; (fig) to gain/lose on the exchange ou deal ◆ **donner le change** to allay suspicion ◆ **donner le change à qn** to put sb off the scent ou off the track

**changeable** [ʃɑ̃ʒabl] adj (= transformable) changeable, alterable

**changeant, e** [ʃɑ̃ʒɑ̃, ɑ̃t] → SYN adj personne, fortune, humeur changeable, fickle, changing (épith); couleur, paysage changing (épith); temps changeable, unsettled ◆ **son humeur est changeante** he's a man of many moods ou of uneven temper

**changement** [ʃɑ̃ʒmɑ̃] → SYN nm **a** (= remplacement) changing ◆ **le changement de la roue nous a coûté 20 €** the wheel change cost us €20 ◆ **le changement de la roue nous a pris une heure** it took us an hour to change the wheel

**b** (= fait de se transformer) change (*de* in) ◆ **le changement soudain de la température/de la direction du vent** the sudden change in temperature/wind direction

**c** (= transformation) change, alteration ◆ **il n'aime pas le(s) changement(s)** he doesn't like change(s) ◆ **elle a trouvé de grands changements dans le village** she found the village greatly changed ou altered ◆ **il y a eu du changement** (situation) things have changed ◆ **il y a eu du changement dans cette pièce** there have been a few changes (made) in this room ◆ **la situation reste sans changement** there has been no change in the situation, the situation remains unchanged ou unaltered ◆ **changement en bien** ou **en mieux** change for the better

**d** **changement de** change of ◆ **changement d'adresse/d'air/de ministère** change of address/air/government ◆ **changement de programme** [projet] change of plan ou in the plan(s); [spectacle] change of programme ou in the programme ◆ **changement de direction** (sens) change of course ou direction; (dirigeants) change of management; (sur un écriteau) under new management ◆ **il y a eu un changement de propriétaire** it has changed hands, it has come under new ownership ◆ **changement de ton** (Mus) change of key ◆ **changement de décor** (paysage) change of scenery; (Théât) scene-change ◆ **changement à vue** (Théât) transformation (scene)

**e** (Admin = mutation) transfer ◆ **demander son changement** to apply for a transfer

**f** (Aut) **changement de vitesse** (= dispositif) gears, gear change (Brit), gear stick ou lever (Brit); (= action) change of gears, gear change (Brit), gearshift (US); [bicyclette] gear(s)

**g** (Transport) change ◆ **il y a deux changements pour aller de Paris à Lamballe** you have to change twice ou make two changes to get from Paris to Lamballe

**changer** [ʃɑ̃ʒe] → SYN ▸ conjug 3 ◂ **1** vt **a** (= modifier) [+ projets, personne] to change ◆ **on ne le changera pas** nothing will change him ou make him change, you'll never change him ◆ (Prov) **on ne change pas une équipe qui gagne** you don't change a winning team ◆ **ce chapeau la change** that hat makes her look different ◆ **ça change tout !** that makes all the difference!, that changes everything! ◆ **une promenade lui changera les idées** a walk will take his mind off things ◆ **il n'a pas changé une virgule au rapport** he hasn't changed ou altered a single comma in the report ◆ **il ne veut rien changer à ses habitudes** he doesn't want to change ou alter his habits in any way ◆ **je ne vois pas ce que ça change** I don't see what difference that makes ◆ **ça ne change rien (à l'affaire)** it doesn't make the slightest difference, it doesn't alter things one bit ◆ **ça ne change rien au fait que ...** it doesn't change ou alter the fact that ... ◆ **vous n'y changerez rien !** there's nothing you can do (about it)!

**b** (= remplacer, échanger) to change; (Théât) [+ décor] to change, shift; (Fin) [+ argent, billet] to change; (Can) [+ chèque] to cash ◆ **changer 100 F contre des livres** to change 100 francs into pounds, exchange 100 francs for pounds ◆ **changer les draps/une ampoule** to change the sheets/a bulb ◆ **il a changé sa voiture** he changed his car ◆ **ce manteau était trop petit, j'ai dû le changer** that coat was too small – I had to change ou exchange it ◆ **je changerais bien ma place pour la sienne** I'd like to change ou swap * places with him ◆ **il a changé sa montre contre celle de son ami** he exchanged his watch for his friend's, he changed ou swapped * watches with his friend

**c** (= déplacer) **changer qn de poste** to move sb to a different job ◆ **changer qn/qch de place** to move sb/sth (to a different place), shift sb/sth ◆ **ils ont changé tous les meubles de place** they've changed ou moved all the furniture around; → **fusil**

**d** (= transformer) **changer qch/qn en** to change ou turn sth/sb into ◆ **la citrouille fut changée en carrosse** the pumpkin was changed ou turned into a carriage

**e** (= mettre d'autres vêtements à) **changer un enfant/malade** to change a child/patient ◆ **changer un bébé** to change a baby's nappy (Brit) ou diaper (US)

**f** (= procurer un changement à) **des voisins silencieux, ça nous change** it makes a change for us to have quiet neighbours, having quiet neighbours makes a change for us ◆ **ça m'a changé agréablement de ne plus entendre de bruit** it was a pleasant ou nice change for me not to hear any noise ◆ **ils vont en Italie, ça les changera de l'Angleterre !** they're going to Italy – it will be ou make a change for them after England!

**2** **changer de** vt indir **a** (= remplacer) to change; (= modifier) to change, alter ◆ **changer d'adresse/de nom/de voiture** to change one's address/name/car ◆ **changer de domicile** to move (house) ◆ **changer d'appartement** to move (into a new flat (Brit) ou apartment (surtout US)) ◆ **changer de vêtements** to change (one's clothes) ◆ **elle a changé de coiffure** she's changed her hairstyle, she's got a new hairstyle ◆ **changer de sexe** to have a sex change ◆ **changer de peau** (Zool) to shed its skin; [personne] to become a different person ◆ **changer d'avis** ou **d'idée/de ton** to change one's mind/tune ◆ **il change d'avis comme de chemise** * he's always changing his mind ◆ **elle a changé de couleur quand elle m'a vu** (= elle a blêmi) she went pale ou she blanched when she saw me; (= elle a rougi) she coloured visibly when she saw me ◆ **la rivière a changé de cours** the river has altered ou shifted its course ◆ **elle a changé de visage** her face has changed ou altered; (d'émotion) her expression changed ou altered ◆ **change de disque !** ⁑ put another record on! ⁑, don't keep (harping) on ou don't go on about it! *

**b** (= passer dans une autre situation) **to change de train/compartiment/pays** to change trains/compartments/countries ◆ **changer de vitesse** (Aut) to change gear ◆ **changeons de crémerie** ⁑ ou **d'auberge** ⁑ let's take our business ou custom (Brit) elsewhere ◆ **pour mieux voir, change de place** move to another seat if you want a better view ◆ **changer de position** to alter ou shift ou change one's position ◆ **j'ai besoin de changer d'air** I need a change of air ◆ **pour changer d'air** for a change of air, to get a change of air ◆ **changer de côté** (gén) to go over ou across to the other side, change sides; (dans la rue) to cross over (to the other side) ◆ **changer de propriétaire** ou **de mains** to change hands ◆ **changeons de sujet** let's change the subject ◆ **il a changé de chemin pour m'éviter** he went a different way to avoid me; → **camp, cap**

**c** (= échanger) to exchange, change, swap* (*avec qn* with sb) ◆ **changer de place avec qn** to change ou exchange ou swap* places with sb ◆ **j'aime bien ton sac, tu changes avec moi ?*** I like your bag – will you swap* (with me)? ou will you exchange ou do a swap* (with me)?

[3] vi **a** (= se transformer) to change, alter ◆ **changer en bien** ou **en mieux/en mal** ou **en pire** to change for the better/the worse ◆ **il n'a pas du tout changé** he hasn't changed ou altered at all ou a bit ◆ **il a changé du tout au tout** he's transformed ◆ **les temps ont bien changé !** ou **sont bien changés !** (how) times have changed! ◆ **le vent a changé** the wind has changed (direction)

**b** (Transport) to change ◆ **j'ai dû changer à Rome** I had to change at Rome

**c** (LOC) **pour changer !** (iro) that makes a change! ◆ **et pour (pas*) changer, c'est nous qui faisons le travail** and as per usual* ou and just for a change (iro) we'll be doing the work

**d** (= procurer un changement) **ça change des films à l'eau de rose** it makes a change from sentimental films

[4] **se changer** vpr **a** (= mettre d'autres vêtements) to change (one's clothes) ◆ **va te changer avant de sortir** go and change (your clothes) before you go out

**b** (= se transformer) **se changer en** to change ou turn into

**changeur, -euse** [ʃɑ̃ʒœʀ, øz] [1] nm,f (= personne) moneychanger

[2] nm (= machine) ◆ **changeur (de disques)** record changer ◆ **changeur de monnaie** change machine

**chanoine** [ʃanwan] [→ SYN] nm (Rel) canon *(person)*; → **gras**

**chanoinesse** [ʃanwanɛs] nf (Rel) canoness

**chanson** [ʃɑ̃sɔ̃] [→ SYN] [1] nf song ◆ **chanson d'amour/à boire/de marche/populaire** love/drinking/marching/popular song ◆ **chanson enfantine/d'étudiant** children's/student song ◆ **c'est toujours la même chanson** (fig) it's always the same old story ◆ **l'air ne fait pas la chanson** do not judge by appearances, appearances are deceptive ◆ **chansons que tout cela !** †† fiddle-de-dee! †, poppycock! † ◆ **ça, c'est une autre chanson** that's quite a different matter ou quite another story; → **connaître**

[2] COMP ▷ **chanson folklorique** folksong ▷ **chanson de geste** chanson de geste ▷ **chanson de marins** (sea) shanty ▷ **chanson de Noël** (Christmas) carol ▷ **"la Chanson de Roland"** (Littérat) "the Chanson de Roland", "the Song of Roland" ▷ **chanson de toile** chanson de toile, weaving song

> **CHANSON FRANÇAISE**
>
> The term **la chanson française** refers to a very diverse popular musical genre. Traditional French "chansons" gained international renown in the forties thanks to stars like Edith Piaf and Charles Trenet, and in the fifties and sixties thanks to Yves Montand, Charles Aznavour and Juliette Gréco. **La chanson française** has always been characterized by the quality of its lyrics, exemplified by the work of singer-poets like Jacques Brel, Georges Brassens, Léo Ferré and Barbara.

**chansonnette** [ʃɑ̃sɔnɛt] nf ditty, light-hearted song

**chansonnier** [ʃɑ̃sɔnje] [→ SYN] nm (= artiste) chansonnier, cabaret singer *(specializing in political satire)*; (= livre) song-book

**chant[1]** [ʃɑ̃] [→ SYN] nm **a** (= sons) [personne] singing; [oiseau] singing, warbling; (= mélodie habituelle) song; [insecte] chirp(ing); [coq] crow(ing); [mer, vent, instrument] sound, song (littér) ◆ **entendre des chants mélodieux** to hear melodious singing ◆ **au chant du coq** at cockcrow ◆ **le chant du cygne d'un artiste** an artist's swan song ◆ **écouter le chant des sirènes** to let o.s. be led astray

**b** (= chanson) song ◆ **chant patriotique/populaire** patriotic/popular song ◆ **chant de Noël** (Christmas) carol ◆ **chant religieux** ou **sacré** ou **d'Église** hymn ◆ **chant de guerre** battle song

**c** (= action de chanter, art) singing ◆ **nous allons continuer par le chant d'un cantique** we shall continue by singing a hymn ◆ **cours/professeur de chant** singing lessons/teacher ◆ **apprendre le chant** to learn to sing ◆ **j'aime le chant choral** I like choral ou choir singing ◆ **chant grégorien** Gregorian chant ◆ **chant à une/à plusieurs voix** song for one voice/several voices

**d** (= mélodie) melody

**e** (Poésie) (= genre) ode; (= division) canto ◆ **chant funèbre** funeral lament ◆ **chant nuptial** nuptial song ou poem ◆ **épopée en douze chants** epic in twelve cantos ◆ **le chant désespéré de ce poète** (fig) the despairing song of this poet

**chant[2]** [ʃɑ̃] nm (= côté) edge ◆ **de** ou **sur chant** on edge, edgewise

**chantage** [ʃɑ̃taʒ] [→ SYN] nm blackmail ◆ **se livrer à un** ou **exercer un chantage sur qn** to blackmail sb ◆ **faire du chantage** to use blackmail ◆ **chantage affectif** emotional blackmail ◆ **il (nous) a fait le chantage au suicide** he threatened suicide to blackmail us, he blackmailed us with suicide ou by threatening suicide

**chantant, e** [ʃɑ̃tɑ̃, ɑ̃t] adj **a** (= mélodieux) accent, voix singsong, lilting

**b** (= qui se chante aisément) air tuneful, catchy

**chantefable** [ʃɑ̃t(ə)fɑbl] nf chantefable

**chantepleure** [ʃɑ̃t(ə)plœʀ] [→ SYN] nf [tonneau] tap; [mur] weeper

**chanter** [ʃɑ̃te] [→ SYN] ▸ conjug 1 ◂ [1] vt **a** [+ chanson, opéra, messe] to sing ◆ **l'oiseau chante ses trilles** the bird sings ou warbles its song ◆ **chante-nous quelque chose !** sing us a song!, sing something for us!

**b** (= célébrer) to sing of, sing ◆ **chanter les exploits de qn** to sing (of) sb's exploits ◆ **chanter l'amour** to sing of love ◆ **chanter les louanges de qn** to sing sb's praises; → **victoire**

**c** (* = raconter) **qu'est-ce qu'il nous chante là ?** what's this he's telling us?, what's he (going) on about now?* ◆ **j'ai eu beau le chanter sur tous les tons** no matter how many times I've said it

[2] vi **a** [personne] to sing; (*: de douleur) to howl; [oiseau] to sing, warble; [coq] to crow; [poule] to cackle; [insecte] to chirp; [ruisseau] to babble; [bouilloire] to sing; [eau qui bout] to hiss, sing ◆ **chanter juste/faux** to sing in tune/out of tune ou flat ◆ **chanter pour endormir un enfant** to sing a child to sleep ◆ **chantez donc plus fort !** sing up! (Brit) ou out! (US) ◆ **c'est comme si on chantait*** it's like talking to a brick wall, it's a waste of breath ◆ **il chante en parlant** he's got a lilting ou singsong voice ◆ **"Chantons sous la pluie"** (Mus) "Singing in the Rain"

**b** (par chantage) **faire chanter qn** to blackmail sb

**c** (* = plaire) **vas-y si le programme te chante** (you) go if the programme appeals to you ou if you fancy (Brit) the programme ◆ **cela ne me chante guère de sortir ce soir** I don't really feel like ou fancy (Brit) going out tonight ◆ **il vient quand** ou **si** ou **comme ça lui chante** he comes when ou if ou as the fancy takes him

**chanterelle** [ʃɑ̃tʀɛl] [→ SYN] nf **a** (Bot) chanterelle

**b** (Mus) E-string; → **appuyer**

**c** (= oiseau) decoy (bird)

**chanteur, -euse** [ʃɑ̃tœʀ, øz] [→ SYN] nm,f singer ◆ **chanteur de charme** crooner ◆ **chanteur de(s) rues** street singer, busker (Brit); → **maître, oiseau**

**chantier** [ʃɑ̃tje] [→ SYN] [1] nm **a** (Constr) building site; [plombier, peintre] job; (Can) [bûcherons] lumber camp (US, Can), shanty (Can) ◆ **le matin il est au chantier** he's on (the) site in the mornings ◆ **j'ai laissé mes pinceaux sur le chantier** I left my brushes at the job ◆ **"chantier interdit au public"** "no entry ou admittance (to the public)" ◆ **"fin de chantier"** (sur une route) "road clear", "end of roadworks"

**b** (= entrepôt) depot, yard

**c** (* = désordre) shambles* ◆ **quel chantier dans ta chambre !** what a shambles* ou mess in your room!

**d en** ou **sur le chantier** ◆ **mettre en chantier** ou **sur le chantier** [+ projet] to get started ou going ◆ **il a deux livres en chantier** ou **sur le chantier** he has two books on the go, he's working on two books ◆ **à la maison nous sommes en chantier depuis deux mois** we've had work ou alterations going on in the house for two months now

[2] COMP ▷ **chantier de construction** building site ▷ **chantier de démolition** demolition site ▷ **chantier d'exploitation** (Min) opencast working ▷ **chantier d'exploitation forestière** tree-felling ou lumber (US, Can) site ▷ **chantier naval** shipyard ▷ **chantier de réarmement** refit yard

**chantilly** [ʃɑ̃tiji] nf ◆ **(crème) chantilly** ≃ whipped cream

**chantonnement** [ʃɑ̃tɔnmɑ̃] nm (soft) singing, humming, crooning

**chantonner** [ʃɑ̃tɔne] [→ SYN] ▸ conjug 1 ◂ [1] vi [personne] to sing to oneself; [eau qui bout] to hiss, sing ◆ **chantonner pour endormir un bébé** to sing a baby to sleep

[2] vt to sing, hum ◆ **chantonner une berceuse à un bébé** to sing a lullaby to a baby

**chantoung** [ʃɑ̃tuŋ] nm Shantung (silk)

**chantourner** [ʃɑ̃tuʀne] ▸ conjug 1 ◂ vt to jig-saw; → **scie**

**chantre** [ʃɑ̃tʀ] [→ SYN] nm (Rel) cantor; (fig littér) (= poète) bard, minstrel; (= laudateur) exalter, eulogist ◆ **premier chantre** (Rel) precentor ◆ **le grand chantre de** (fig) the high priest of

**chanvre** [ʃɑ̃vʀ] nm hemp ◆ **de chanvre** hemp (épith), hempen (épith) ◆ **chanvre du Bengale** jute ◆ **chanvre indien** Indian hemp ◆ **chanvre de Manille** Manila hemp, abaca; → **cravate**

**chanvrier, -ière** [ʃɑ̃vʀije, ijɛʀ] [1] adj hemp (épith)

[2] nm,f (= cultivateur) hemp grower; (= ouvrier) hemp dresser

**chaos** [kao] [→ SYN] nm (lit, fig) chaos ◆ **dans le chaos** in (a state of) chaos

**chaotique** [kaɔtik] [→ SYN] adj chaotic

**chap.** (abrév de **chapitre**) chap

**chapardage*** [ʃapaʀdaʒ] nm petty theft, pilfering (NonC)

**chaparder*** [ʃapaʀde] ▸ conjug 1 ◂ vti to pinch, pilfer (*à* from)

**chapardeur, -euse*** [ʃapaʀdœʀ, øz] [1] adj light-fingered

[2] nm,f pilferer, petty thief

**chape** [ʃap] [→ SYN] nf **a** (Rel) cope

**b** (Tech) [pneu] tread; [bielle] strap; [poulie] shell; [voûte] coating; (sur béton) screed ◆ **chape de béton** (concrete) screed

**c** (Hér) chape

**chapeau, pl chapeaux** [ʃapo] [→ SYN] [1] nm **a** (= coiffure) hat ◆ **saluer qn chapeau bas** (lit) to doff one's hat to sb; (fig) to take one's hat off to sb ◆ **saluer qn d'un coup de chapeau** to raise one's hat to sb ◆ **ça mérite un coup de chapeau** it's quite an achievement ◆ **coup de chapeau à Paul pour sa nouvelle chanson** hats off to Paul for his new song ◆ **tirer son chapeau à qn*** to take one's hat off to sb ◆ **il a réussi ? eh bien chapeau !*** he managed it? hats off to him! ou well, you've got to hand it to him! ◆ **chapeau, mon vieux !*** well done ou jolly good (Brit), old man!* ◆ **il a dû manger son chapeau en public** he had to eat his words in public; → **porter, travailler**

**b** (Tech) [palier] cap ◆ **chapeau de roue** (Aut) hub cap ◆ **démarrer sur les chapeaux de roues*** [véhicule, personne] to shoot off at top speed, take off like a shot; [affaire, soirée] to get off to a good start ◆ **prendre un virage sur les chapeaux de roues** to screech round a corner

**c** (Presse) [article] introductory paragraph

**d** (Bot) [champignon] cap; (Culin) [vol-au-vent] lid, top

[2] COMP ▷ **chapeau de brousse** safari hat ▷ **chapeau chinois** (Mus) crescent, jingling Johnny; (Zool) limpet ▷ **chapeau cloche** cloche hat ▷ **chapeau de gendarme** (en papier) (folded) paper hat ▷ **chapeau haut-de-forme** top hat ▷ **chapeau melon** bowler (hat) (Brit), derby (US) ▷ **chapeau mou** trilby (hat) (Brit), fedora (US) ▷ **chapeau de paille** straw hat ▷ **chapeau de plage** ou **de soleil** sun hat ▷ **chapeau tyrolien** Tyrolean hat

**chapeauté, e** [ʃapote] (ptp de **chapeauter**) adj with a hat on, wearing a hat

**chapeauter** [ʃapote] ▸ conjug 1 ◂ vt (= superviser) to head (up), oversee

**chapelain** [ʃaplɛ̃] → SYN nm chaplain

**chapelet** [ʃaplɛ] → SYN nm **a** (= objet) rosary, beads; (= prières) rosary ◆ **réciter** ou **dire son chapelet** to say the rosary, tell ou say one's beads † ◆ **le chapelet a lieu à cinq heures** the rosary is at five o'clock ◆ **dévider** ou **défiler son chapelet** * (fig) to recite one's grievances

**b** (= succession) **chapelet de** [oignons, injures, îles] string of ◆ **chapelet de bombes** stick of bombs ◆ **chapelet hydraulique** bucket drain

**chapelier, -ière** [ʃapəlje, jɛʀ] **1** adj hat (épith)

**2** nm,f hatter

**chapelle** [ʃapɛl] → SYN nf **a** (Rel = lieu) chapel; (Mus) (= chœur) chapel ◆ **chapelle absidiale/latérale** absidial/side chapel ◆ **chapelle de la Sainte Vierge** Lady Chapel ◆ **chapelle ardente** (dans une église) chapel of rest ◆ **l'école a été transformé en chapelle ardente** the school was turned into a temporary morgue; → **maître**

**b** (= coterie) coterie, clique

**chapellenie** [ʃapɛlni] nf chaplaincy, chaplainship

**chapellerie** [ʃapɛlʀi] nf (= magasin) hat shop, hatter('s); (= commerce) hat trade, hat industry

**chapelure** [ʃaplyʀ] → SYN nf (dried) breadcrumbs

**chaperon** [ʃapʀɔ̃] → SYN nm **a** (= personne) chaperon

**b** (Constr) [mur] coping

**c** († = capuchon) hood; → **petit 5**

**chaperonner** [ʃapʀɔne] → SYN ▸ conjug 1 ◂ vt **a** [+ personne] to chaperon

**b** (Constr) [+ mur] to cope

**chapiteau,** pl **chapiteaux** [ʃapito] → SYN nm **a** [colonne] capital; [niche] canopy

**b** [cirque] big top, marquee ◆ **sous le chapiteau** under the big top ◆ **sous le plus grand chapiteau du monde** in the biggest circus in the world

**c** [alambic] head

**chapitre** [ʃapitʀ] → SYN nm **a** [livre, traité] chapter; [budget, statuts] section, item ◆ **inscrire un nouveau chapitre au budget** to make out a new budget head ◆ **un nouveau chapitre de sa vie** (fig) a new chapter of ou in his life

**b** (fig = sujet) subject, matter ◆ **il est imbattable sur ce chapitre** he's unbeatable on that subject ou score ◆ **il est très strict sur le chapitre de la discipline** he's very strict in matters of discipline ou about discipline ◆ **au chapitre des faits divers** under the heading of news in brief

**c** (Rel = assemblée) chapter; → **salle, voix**

**chapitrer** [ʃapitʀe] → SYN ▸ conjug 1 ◂ vt **a** (= réprimander) to admonish, reprimand; (= faire la morale à) to lecture (*sur* on, about) ◆ **dûment chapitré par sa mère** duly coached by his mother

**b** [+ texte] to divide into chapters; [+ budget] to divide into headings, itemize

**chapka** [ʃapka] nf Russian fur hat

**chapon** [ʃapɔ̃] nm capon

**chaptalisation** [ʃaptalizasjɔ̃] → SYN nf [vin] chaptalization

**chaptaliser** [ʃaptalize] → SYN ▸ conjug 1 ◂ vt [+ vin] to chaptalize

**chaque** [ʃak] → SYN adj **a** (ensemble défini) each, every ◆ **chaque élève (de la classe)** each ou every pupil (in the class) ◆ **ils coûtent 2 € chaque** * they're €2 each ou apiece

**b** (ensemble indéfini) every ◆ **chaque homme naît libre** every man is born free ◆ **il m'interrompt à chaque instant** he interrupts me every other second, he keeps interrupting me ◆ **chaque 10 minutes, il éternuait** * he sneezed every 10 minutes ◆ **chaque chose à sa place/en son temps** everything in its place/in its own time; → **à**

**char¹** [ʃaʀ] → SYN **1** nm **a** (Mil) tank ◆ **régiment de chars** tank regiment

**b** [carnaval] (carnival) float ◆ **le défilé des chars fleuris** the procession of flower-decked floats

**c** († = charrette) wagon, cart

**d** (* : Can) car, automobile (US)

**e** (Antiq) chariot ◆ **le char de l'Aurore** (littér) the chariot of the dawn ◆ **le char de l'État** the ship of state

**f** (LOC) **arrête ton char**‡ (raconter des histoires) shut up! *, belt up!‡ (Brit); (se vanter) stop showing off!

**2** COMP ▷ **char d'assaut** tank ▷ **char à banc** *horse-drawn wagon with seats* ▷ **char à bœufs** oxcart ▷ **char de combat** ⇒ **char d'assaut** ▷ **char funèbre** hearse ▷ **char à voile** sand yacht, land yacht ◆ **faire du char à voile** to go sand-yachting *ou* land-yachting

**char²**‡ [ʃaʀ] nm (= bluff) ◆ **c'est du char tout ça !** he's (ou they're etc ) just bluffing, he's (ou they're etc ) just trying it on * (Brit) ◆ **sans char !** no kidding! *

**charabia** * [ʃaʀabja] nm gibberish, gobbledygook *

**charade** [ʃaʀad] → SYN nf (parlée) riddle, word puzzle; (mimée) charade

**charançon** [ʃaʀɑ̃sɔ̃] nm weevil

**charançonné, e** [ʃaʀɑ̃sɔne] adj weevilly, weevilled

**charbon** [ʃaʀbɔ̃] → SYN **1** nm **a** (= combustible) coal (NonC); (= escarbille) speck of coal dust, piece of grit ◆ **être sur des charbons ardents** to be like a cat on hot bricks ou on a hot tin roof (US) ◆ **aller au charbon** * (travail) to go to work; (tâche ingrate, risquée) to stick one's neck out ◆ **il faut aller au charbon** (se démener) we've got to get out there and do what's got to be done

**b** (= maladie) [blé] smut, black rust; [bête, homme] anthrax

**c** (Art) (= instrument) piece of charcoal; (= dessin) charcoal drawing

**d** (Pharm) charcoal ◆ **pastilles au charbon** charcoal tablets

**e** (Élec) [arc électrique] carbon

**2** COMP ▷ **charbon actif** ou **activé** active ou activated carbon ▷ **charbon animal** animal black ▷ **charbon de bois** charcoal ◆ **cuit au charbon de bois** char-grilled, charcoal-grilled, barbecued ▷ **charbon de terre** †† coal

**charbonnage** [ʃaʀbɔnaʒ] nm (gén pl = houillère) colliery, coalmine ◆ **les Charbonnages (de France)** the French Coal Board

**charbonner** [ʃaʀbɔne] → SYN ▸ conjug 1 ◂ **1** vt [+ inscription] to scrawl in charcoal ◆ **charbonner un mur de dessins** to scrawl (charcoal) drawings on a wall ◆ **avoir les yeux charbonnés** to have eyes heavily rimmed with eyeliner ◆ **se charbonner le visage** to blacken ou black one's face

**2** vi [lampe, poêle, rôti] to char, go black; (Naut) to take on coal

**charbonneux, -euse** [ʃaʀbɔnø, øz] adj **a** appa-rence, texture coal-like; (littér = noirci, souillé) sooty

**b** (Méd) **tumeur charbonneuse** anthracoid ou anthrasic tumour ◆ **mouche charbonneuse** anthrax-carrying fly

**charbonnier, -ière** [ʃaʀbɔnje, jɛʀ] → SYN **1** adj coal (épith) ◆ **navire charbonnier** collier, coaler; → **mésange**

**2** nm (= personne) coalman; ( †† = fabriquant de charbon de bois) charcoal burner ◆ (Prov) **charbonnier est maître dans sa maison** ou **chez soi** a man is master in his own home, an Englishman's home is his castle (Brit), a man's home is his castle (US); → **foi**

**3** **charbonnière** nf (= four) charcoal kiln ou oven

**charcutage** [ʃaʀkytaʒ] nm (péj) ◆ **charcutage électoral** gerrymandering

**charcuter** * [ʃaʀkyte] ▸ conjug 1 ◂ **1** vt [+ personne] (dans une rixe) to hack about *; (= opérer) to butcher *; [+ rôti, volaille] to mangle, hack to bits; [+ texte] to hack ◆ **il va se faire charcuter** he's going to go under the (surgeon's) knife

**2** **se charcuter** vpr to cut o.s. to ribbons ◆ **ils se sont charcutés** (bagarre) they cut each other to ribbons, they hacked each other to bits

**charcuterie** [ʃaʀkytʀi] → SYN nf (= magasin) pork butcher's shop and delicatessen; (= produits) cooked pork meats; (= commerce) pork meat trade; (de traiteur) delicatessen trade

> **CHARCUTERIE**
>
> This is a generic term referring to a wide variety of products made with pork, such as pâté, "rillettes", ham and sausages. The terms **charcuterie** or "boucherie-charcuterie" also refer to the shop where these products are sold. The "charcutier-traiteur" sells ready-prepared dishes to take away as well as **charcuterie**.

**charcutier, -ière** [ʃaʀkytje, jɛʀ] → SYN nm,f pork butcher; (= traiteur) delicatessen dealer; ( * : péj = chirurgien) butcher * (fig)

**chardon** [ʃaʀdɔ̃] → SYN nm (Bot) thistle ◆ **chardons** [grille, mur] spikes

**chardonnay** [ʃaʀdɔnɛ] nm (= vin) Chardonnay

**chardonneret** [ʃaʀdɔnʀɛ] nm goldfinch

**charentais, e** [ʃaʀɑ̃tɛ, ɛz] **1** adj of ou from Charente

**2** **Charentais(e)** nm,f inhabitant ou native of Charente

**3** **charentaise** nf carpet slipper

**charge** [ʃaʀʒ] → SYN **1** nf **a** (= fardeau lit) load, burden; (fig) burden; [véhicule] load; [navire] freight, cargo; (Archit = poussée) load ◆ **charge maximale** [camion] maximum load ◆ **fléchir** ou **plier sous la charge** to bend under the load ou burden ◆ **charge de travail** workload ◆ **c'est une grosse charge de travail** it's an awful lot of work ◆ **l'éducation des enfants est une lourde charge pour eux** educating the children is a heavy burden for them ◆ **leur mère infirme est une charge pour eux** their invalid mother is a burden to ou on them

**b** (= rôle, fonction) responsibility; (Admin) office; (Jur) practice ◆ **charge publique/élective** public/elective office ◆ **avoir une charge d'avocat** to have a lawyer's practice ◆ **les hautes charges qu'il occupe** the high office that he holds ◆ **les devoirs de la charge** the duties of (the) office ◆ **on lui a confié la charge de (faire) l'enquête** he was given the responsibility of (carrying out) the inquiry ◆ **il a la charge de faire, il a pour charge de faire** the onus is upon him to do, he is responsible for doing; → **femme**

**c** (envers qn) **avoir la charge de qn** to be responsible for sb, have charge of sb ◆ **les enfants dont j'ai la charge** the children (who are) in my care ◆ **avoir charge d'âmes** [prêtre] to be responsible for people's spiritual welfare, have the cure of souls; [personne] to be responsible for people's welfare

**d** (= obligations financières) **charges** [commerçant] expenses, costs, outgoings; [locataire] maintenance ou service charges ◆ **charges familiales** family expenses ou outgoings ◆ **la charge fiscale** the tax burden ◆ **charges fiscales** taxes, taxation ◆ **dans ce commerce, nous avons de lourdes charges** we have heavy expenses ou costs ou our overheads are high in this trade ◆ **les charges de l'État** government expenditure; → **cahier**

**e** (Jur) charge ◆ **les charges qui pèsent contre lui** the charges against him; → **témoin**

**f** (Mil = attaque) charge ◆ **charge irrégulière** (Sport) illegal tackle; → **pas¹, revenir, sonner**

**g** (Tech) [fusil] (= action) loading, charging; (= explosifs) charge; (Élec) (= action) charging; (= quantité) charge ◆ **charge électrique** electric charge

**h** (= caricature) caricature; → **portrait**

**i** (Naut = chargement) loading

**j** (LOC)

◆ **à + charge** ◆ **il a sa mère à (sa) charge** he has a dependent mother, he has his mother to support ◆ **enfants à charge** dependent children ◆ **personnes à charge** dependents ◆ **à charge pour lui de payer** on condition that he meets the costs ◆ **être à la charge de qn** [frais, réparations] to be chargeable to sb, be payable by sb; [personne] to be dependent upon sb, be a charge on sb, be supported by sb ◆ **les frais sont à la charge de l'entreprise** the costs will be borne by the firm, the firm will pay the expenses ◆ **j'accepte ton aide à charge de revanche** I'll let you help me but on condition that you let me return the favour sometime

♦ **en charge** ◆ **conducteur en charge** (Élec) live conductor ◆ **mettre une batterie en charge** to charge a battery, put a battery on charge (Brit) ◆ **la batterie est en charge** the battery is being charged ou is on charge (Brit) ◆ **prendre en charge** [+ frais, remboursement] to take care of; [+ passager] to take on ◆ **prendre un enfant en charge** (gén) to take charge of a child; [Assistance publique] to take a child into care (Brit), take a child into court custody (US) ◆ **l'adolescent doit se prendre en charge** the adolescent must take responsibility for himself ◆ **prise en charge** (par un taxi) (= action) picking up; (= prix) minimum (standard) fare; (par la Sécurité sociale) *undertaking to reimburse medical expenses* ◆ **être en charge de** (= responsable) to deal with, be in charge of, handle

2 COMP ▷ **charge affective** (Psych) emotive power ▷ **charge creuse** (Mil) hollow-charge ▷ **charge émotionnelle** ⇒ **charge affective** ▷ **charges de famille** dependents ▷ **charges locatives** maintenance ou service charges ▷ **charges patronales** employers' contributions ▷ **charges sociales** social security contributions ▷ **charge utile** live load ▷ **charge à vide** weight (when) empty, empty weight

**chargé, e** [ʃaʀʒe] → SYN (ptp de **charger**) 1 adj

a (lit) personne, véhicule loaded, laden (*de* with) ◆ **table chargée de mets appétissants** table laden ou loaded with mouth-watering dishes ◆ **chargé comme un mulet*** ou **un baudet*** ou **une mule** loaded ou laden (down) like a mule

b (= responsable de) **être chargé de** [+ travail, enfants] to be in charge of

c (= rempli de) **chargé d'honneurs** laden with honours ◆ **chargé d'ans** ou **d'années** (littér) weighed down by (the) years ◆ **c'est un lieu chargé d'histoire** the place is steeped in history ◆ **mot chargé de sens** word full of ou pregnant with meaning ◆ **regard chargé de menaces** menacing ou baleful look ◆ **nuage chargé de neige** snow-laden cloud, cloud laden ou heavy with snow ◆ **air chargé de parfums** air heavy with scent ou fragrance (littér)

d (= occupé) emploi du temps full, heavy ◆ **notre programme est très chargé** we have a very busy schedule ou a very full programme

e (fig = lourd) conscience troubled; ciel overcast, heavy; style overelaborate, intricate ◆ **c'est un homme qui a un passé chargé** he is a man with a past; → **hérédité**

f (Méd) estomac overloaded; langue coated, furred ◆ **il a l'haleine chargée** his breath smells

g (Tech) arme, appareil loaded

h ⁑ (= ivre) plastered⁑ (attrib), sloshed⁑ (attrib); (= drogué) stoned⁑ (attrib), spaced (out)⁑ (attrib)

2 COMP ▷ **chargé d'affaires** nm chargé d'affaires ▷ **chargé de cours** nm junior lecturer ou fellow ▷ **chargé de famille: être chargé de famille** to have family responsibilities ▷ **chargé de mission** (gén) project leader; (Pol) (official) representative ▷ **chargé de recherches** researcher

**chargement** [ʃaʀʒəmɑ̃] → SYN nm a (= action) [camion, bagages] loading

b (= marchandises) load; [navire] freight, cargo ◆ **le chargement a basculé** the load toppled over

c (Comm) (= remise) registering; (= paquet) registered parcel

d [arme, caméra, logiciel] loading; [chaudière] stoking

**charger** [ʃaʀʒe] → SYN ▸ conjug 3 ◂ 1 vt a [+ animal, personne, véhicule, étagère] to load ◆ **charger qn de paquets** to load sb up ou weigh sb down with parcels ◆ **je vais charger la voiture** I'll go and load the car (up) ◆ **on a trop chargé cette voiture** this car has been overloaded ◆ **charger le peuple d'impôts** to burden the people with ou weigh the people down with taxes ◆ **charger sa mémoire (de faits)/un texte de citations** to overload one's memory (with facts)/a text with quotations ◆ **plat qui charge l'estomac** dish that lies heavy on the stomach

b (= placer, prendre) [+ objet, bagages] to load (*dans* into) ◆ **il a chargé le sac/le cageot sur son épaule** he loaded the sack/the crate onto his shoulder, he heaved the sack over/the crate onto his shoulder ◆ **charger un client** [taxi] to pick up a passenger ou a fare

c [+ fusil, caméra, logiciel] to load; [+ batterie] to charge; [+ chaudière] to stoke, fire; (Couture) [+ bobine, canette] to load ou fill with thread

d (= donner une responsabilité) **charger qn de qch** to put sb in charge of sth ◆ **charger qn de faire qch** to give sb the responsibility ou job of doing sth, ask sb to do sth ◆ **être chargé de faire qch** to be put in charge of doing sth, be made responsible for doing sth ◆ **il m'a chargé d'un petit travail** he gave me a little job to do ◆ **on l'a chargé d'une mission importante** he was given an important job to do ◆ **on l'a chargé de la surveillance des enfants** ou **de surveiller les enfants** he was put in charge of the children, he was given the job of looking after the children ◆ **il m'a chargé de mettre une lettre à la poste** he asked me to post a letter ◆ **on m'a chargé d'appliquer le règlement** I've been instructed to apply the rule ◆ **il m'a chargé de m'occuper de la correspondance** he gave me the responsibility ou job of seeing to the correspondence ◆ **il m'a chargé de ses amitiés pour vous** ou **de vous transmettre ses amitiés** he asked me to give you his regards

e (= accuser) [+ personne] to bring all possible evidence against ◆ **charger qn de** [+ crime] to charge sb with

f (= attaquer) (Mil) to charge (at); (Sport) to charge, tackle ◆ **chargez !** charge! ◆ **il a chargé dans le tas*** he charged into them

g (= caricaturer) [+ portrait] to make a caricature of; [+ description] to overdo, exaggerate; (Théât) [+ rôle] to overact, ham it up* ◆ **il a tendance à charger** he has a tendency to overdo it ou to exaggerate

2 **se charger** vpr a **se charger de** [+ tâche] to see to, take care ou charge of, take on; [+ enfant, prisonnier] to see to, attend to, take care of; (iro) [+ ennemi] to see to, attend to ◆ **se charger de faire qch** to undertake to do sth, take it upon o.s. to do sth ◆ **il s'est chargé des enfants** he is seeing to ou taking care ou charge of the children ◆ **d'accord je m'en charge** O.K., I'll see to it ou I'll take care of it ◆ **je me charge de le faire venir** I'll make sure ou I'll see to it that he comes, I'll make it my business to see that he comes

b ⁑ (= se soûler) to get plastered⁑; (= se droguer) to get stoned⁑

**chargeur** [ʃaʀʒœʀ] → SYN nm a (= personne) (gén, Mil) loader; (Naut) (= négociant) shipper; (= affréteur) charterer

b (= dispositif) [arme à feu] magazine, cartridge clip; (Photo) cartridge ◆ **il vida son chargeur sur les gendarmes** he emptied his gun ou magazine into the police officers ◆ **chargeur de batterie** (battery) charger

**chargeuse** [ʃaʀʒøz] nf (Tech) loader

**Chari** [ʃaʀi] nm Shari, Chari

**charia** [ʃaʀja] nf sharia, sheria

**chariot** [ʃaʀjo] → SYN nm (= charrette) wagon, waggon (Brit); (plus petit) truck, cart; (= table, panier à roulettes) trolley (Brit), cart (US); (= appareil de manutention) truck, float (Brit); [machine à écrire, machine-outil] carriage; [hôpital] trolley ◆ **chariot (à bagages)** (baggage ou luggage) trolley (Brit) ou cart (US) ◆ **chariot (de caméra)** (Ciné) dolly ◆ **chariot élévateur (à fourche)** fork-lift truck ◆ **le Petit/Grand Chariot** (Astron) the Little/Great Bear

**charismatique** [kaʀismatik] adj charismatic

**charisme** [kaʀism] → SYN nm charisma

**charitable** [ʃaʀitabl] → SYN adj a (= qui fait preuve de charité) charitable (*envers* towards) ◆ **organisation charitable** charitable organization, charity

b (= gentil) kind (*envers* to, towards) ◆ **ce n'est pas très charitable de votre part** that's rather uncharitable ou unkind of you ◆ **merci de tes conseils charitables** (iro) thanks for your kind advice (iro); → **âme**

**charitablement** [ʃaʀitabləmɑ̃] → SYN adv (= avec charité) charitably; (= gentiment) kindly ◆ **je vous avertis charitablement que la prochaine fois ...** (iro) let me give you a friendly warning that next time ...

**charité** [ʃaʀite] → SYN nf a (= bonté, amour) charity; (= gentillesse) kindness; (Rel) charity, love ◆ **il a eu la charité de faire** he was kind enough to do ◆ **faites-moi la charité de ..., ayez la charité de ...** be so kind as to ... ◆ **ce serait une charité à lui faire que de ...** it would be doing him a kindness ou a good turn to ...; → **dame, sœur**

b (= aumône) charity ◆ **demander la charité** (lit) to ask ou beg for charity; (fig) to come begging ◆ **faire la charité** to give to charity ◆ **faire la charité à** [+ mendiants] to give (something) to ◆ **je ne veux pas qu'on me fasse la charité** I don't want charity ◆ **la charité, ma bonne dame !** could you spare me some change? ◆ **vivre de la charité publique** to live on (public) charity ◆ **vivre des charités de ses voisins** to live on the charity of one's neighbours ◆ (Prov) **charité bien ordonnée commence par soi-même** charity begins at home (Prov) ◆ **fête de charité** charity fête; → **vente**

**charivari** [ʃaʀivaʀi] → SYN nm hullabaloo

**charlatan** [ʃaʀlatɑ̃] → SYN nm (péj) (= médecin) quack, charlatan; (= pharmacien, vendeur) crook, mountebank (littér); (= plombier, maçon) cowboy*; (= politicien) charlatan, phoney*

**charlatanerie** [ʃaʀlatanʀi] nf ⇒ **charlatanisme**

**charlatanesque** [ʃaʀlatanɛsk] adj (de guérisseur) remède, méthodes quack (épith); (de démagogue, d'escroc) méthodes phoney*, bogus

**charlatanisme** [ʃaʀlatanism] nm [guérisseur] quackery, charlatanism; [politicien] charlatanism, trickery

**Charlemagne** [ʃaʀləmaɲ] nm Charlemagne

**Charles** [ʃaʀl] nm Charles ◆ **Charles le Téméraire** Charles the Bold ◆ **Charles Quint** Charles the Fifth (of Spain) ◆ **Charles Martel** Charles Martel

**charleston** [ʃaʀlɛstɔn] nm (= danse) charleston

**charlot** [ʃaʀlo] nm a (Ciné) **Charlot** (= personnage) Charlie Chaplin; (= film) Charlie Chaplin film

b (péj) (= peu sérieux) phoney*; (= paresseux) shirker, skiver*

**charlotte** [ʃaʀlɔt] nf (= gâteau) charlotte; (= coiffure) mobcap

**charmant, e** [ʃaʀmɑ̃, ɑ̃t] → SYN adj a (= aimable) hôte, jeune fille, employé charming; enfant sweet, delightful; sourire, manières charming, engaging ◆ **il s'est montré charmant** he was charming ◆ **c'est un collaborateur charmant** he is a charming ou delightful man to work with; → **prince**

b (= agréable) séjour, soirée delightful, lovely ◆ **eh bien c'est charmant !** (iro) charming! (iro) ◆ **charmante soirée !** (iro) great evening! (iro)

c (= ravissant) robe, village, jeune fille, sourire lovely, charming

**charme[1]** [ʃaʀm] nm (Bot) hornbeam

**charme[2]** [ʃaʀm] → SYN 1 nm a (= attrait) [personne, musique, paysage] charm ◆ **elle a beaucoup de charme** she has great charm ◆ **ça lui donne un certain charme** that gives him a certain charm ou appeal ◆ **cette vieille maison a son charme** this old house has its charm ◆ **c'est ce qui en fait (tout) le charme** that's where its attraction lies, that's what is so delightful about it ◆ **ça ne manque pas de charme** it's not without (a certain) charm ◆ **ça a peut-être du charme pour vous, mais ...** it may appeal to you but ... ◆ **je suis assez peu sensible aux charmes d'une promenade sous la pluie** (hum) a walk in the rain holds few attractions for me ◆ **hôtel de charme** *attractive privately-run hotel* ◆ **opération** ou **offensive de charme** charm offensive ◆ **magazine de charme** (euph) girlie magazine* ◆ **émission/photos de charme** soft porn programme/photographs

b (= envoûtement) spell ◆ **subir** ou **être sous le charme de qn** to be under sb's spell ◆ **exercer un charme sur qn** to have sb under one's spell ◆ **il est tombé sous son charme** he has fallen under her spell ◆ **tenir qn sous le charme (de)** to captivate sb (with), hold sb spellbound (with) ◆ **le charme est rompu** the spell is broken; → **chanteur**

**c** (Loc) **faire du charme** to turn ou switch on the charm ◆ **faire du charme à qn** to try to charm sb, use one's charm on sb ◆ **aller** ou **se porter comme un charme** to be ou feel as fit as a fiddle

[2] **charmes** nmpl (hum = attraits d'une femme) charms (hum) ◆ **il doit avoir des charmes cachés** he must have hidden talents; → **commerce**

**charmé, e** [ʃaʀme] → SYN (ptp de **charmer**) adj ◆ **être charmé de faire qch** to be delighted to do sth

**charmer** [ʃaʀme] → SYN ▸ conjug 1 ◂ vt [+ public] to charm, enchant; [+ serpents] to charm; (†, littér) [+ peine, douleur] to charm away ◆ **elle a des manières qui charment** she has charming ou delightful ways ◆ **spectacle qui charme l'oreille et le regard** performance that charms ou enchants both the ear and the eye

**charmeur, -euse** [ʃaʀmœʀ, øz] → SYN [1] adj sourire, manières winning, engaging

[2] nm,f (= séducteur) charmer ◆ **charmeur de serpent** snake charmer

**charmille** [ʃaʀmij] → SYN nf arbour (Brit), arbor (US); (= allée d'arbres) tree-covered walk

**charnel, -elle** [ʃaʀnɛl] → SYN adj (frm) passions, instincts carnal; désirs carnal, fleshly ◆ **l'acte charnel, l'union charnelle** the carnal act (frm) ◆ **enveloppe charnelle** mortal coil ◆ **liens charnels** blood ties

**charnellement** [ʃaʀnɛlmɑ̃] adv (frm, littér) convoiter sexually ◆ **connaître charnellement** to have carnal knowledge of (littér) ◆ **pécher charnellement** to commit the sin of the flesh (littér)

**charnier** [ʃaʀnje] → SYN nm [victimes] mass grave; († † = ossuaire) charnel house

**charnière** [ʃaʀnjɛʀ] → SYN nf **a** [porte, fenêtre, coquille] hinge; [timbre de collection] (stamp) hinge; → **nom**

**b** (= transition) turning point ◆ **époque/rôle charnière** pivotal period/role ◆ **moment charnière** turning point (*de* in) ◆ **parti charnière** party that occupies the middle ground ◆ **roman charnière** novel marking a turning point ou a transition ◆ **à la charnière de deux époques** at the cusp of two eras ◆ **la ville est située à la charnière de l'Occident et l'Orient** it's a city where East meets West

**c** (Mil) pivot

**charnu, e** [ʃaʀny] → SYN adj lèvres fleshy, thick; fruit, bras plump, fleshy ◆ **les parties charnues du corps** the fleshy parts of the body ◆ **sur la partie charnue de son individu** (hum) on the fleshy part of his person (hum)

**charognard** [ʃaʀɔɲaʀ] nm (lit) carrion eater; (fig) vulture

**charogne** [ʃaʀɔɲ] → SYN nf (= cadavre) carrion (NonC), decaying carcass; (* = salaud) (femme) bitch **; (homme) bastard **; sod ** (Brit)

**charolais, e** [ʃaʀɔlɛ, ɛz] [1] adj of ou from Charolais

[2] **Charolais** nm (= région) ◆ **le Charolais** Charolais

[3] nm,f (= bétail) Charolais

**charpentage** [ʃaʀpɑ̃taʒ] nm carpentry

**charpente** [ʃaʀpɑ̃t] → SYN nf **a** [bâtiment] frame(work), skeleton; [toit] (roof) structure ◆ **charpente en bois/métallique** timber/steel frame(work); → **bois**

**b** [feuille] skeleton; [roman] structure, framework ◆ **le squelette est la charpente du corps** the skeleton is the framework of the body

**c** (= carrure) build, frame ◆ **quelle solide charpente !** he's well-built ! ◆ **charpente fragile/épaisse** fragile/stocky build

**charpenté, e** [ʃaʀpɑ̃te] → SYN adj ◆ **bien/solidement charpenté** personne well/solidly built; texte well/solidly structured ou constructed

**charpenterie** [ʃaʀpɑ̃tʀi] nf (= technique) carpentry

**charpentier** [ʃaʀpɑ̃tje] → SYN nm (Constr) carpenter ◆ **charpentier de marine** shipwright

**charpie** [ʃaʀpi] → SYN nf **a** (Hist = pansement) shredded linen *(used to dress wounds)*

**b** (Loc) **c'est de la charpie** [viande] it's been cooked to shreds; [vêtements] they're (all) in shreds ou ribbons, they're falling to pieces ◆ **mettre** ou **réduire en charpie** [+ papier, vêtements] (= déchirer) to tear to shreds; [+ viande] (= hacher menu) to mince ◆ **je vais le mettre en charpie !** I'll tear him to shreds!, I'll make mincemeat of him! ◆ **il s'est fait mettre en charpie par le train** he was mangled by the train

**charre** * [ʃaʀ] nm ⇒ **char²**

**charretée** [ʃaʀte] nf (lit) cartload (*de* of) ◆ **une charretée de** *, **des charretées de** * (= grande quantité de) loads * ou stacks * of

**charretier, -ière** [ʃaʀtje, jɛʀ] → SYN nm,f carter ◆ **de charretier** (péj) langage, manières coarse; → **chemin, jurer**

**charrette** [ʃaʀɛt] → SYN nf **a** (lit) cart ◆ **charrette à bras** handcart, barrow ◆ **charrette anglaise** dogcart ◆ **charrette des condamnés** tumbril ◆ **"La Charrette de foin"** (Art) "The Haywain" ◆ **il a fait partie de la dernière charrette** (= licenciements) he went in the last round of redundancies (Brit) ou lay-offs

**b** (= travail urgent) urgent job ou piece of work ◆ **faire une charrette** * to work flat out * ◆ **être (en pleine) charrette** * to be working against the clock

**charriage** [ʃaʀjaʒ] nm **a** (= transport) carriage, cartage

**b** (Géol = déplacement) overthrusting; → **nappe**

**charrier** [ʃaʀje] → SYN ▸ conjug 7 ◂ [1] vt **a** (= transporter) (avec brouette) to cart (along), trundle along, wheel (along); (sur le dos) to hump (Brit) ou lug along, heave (along), cart (along); [camion] to carry, cart ◆ **on a passé des heures à charrier du charbon** we spent hours heaving ou carting coal

**b** (= entraîner) [fleuve] to carry (along), wash along, sweep (along); [coulée, avalanche] to carry (along), sweep (along) ◆ **le ciel** ou **le vent charriait de lourds nuages** (littér) the wind sent heavy clouds scudding across the sky ◆ **l'idéologie qu'il charrie** (péj) the ideology he propounds ◆ **les obscénités charriées par ses romans** the obscenities with which his novels are littered

**c** **charrier qn** * (= taquiner) to tease sb, take the mickey out of sb * (Brit); (= raconter des histoires à qn) to kid sb *, have sb on * (Brit), put sb on * (US)

[2] vi * (= abuser) to go too far, overstep the mark; (= plaisanter) to be kidding *, be joking * ◆ **tu charries, elle n'est pas si vieille !** come on * ou come off it * (Brit) – she's not that old! ◆ **faut pas** ou **faudrait pas charrier !** that's a bit much! ou rich! * (Brit)

**charrieur, -euse** * [ʃaʀjœʀ, øz] nm,f ◆ **c'est un charrieur** (= il abuse) he's always going too far ou overstepping the mark; (= il plaisante) he's always having (Brit) ou putting (US) people on * ◆ **il est un peu charrieur** he's a bit of a joker *

**charroi** †† [ʃaʀwa] nm (= transport) cartage

**charron** [ʃaʀɔ̃] nm cartwright, wheelwright

**charroyer** [ʃaʀwaje] → SYN ▸ conjug 8 ◂ vt (littér) (par charrette) to cart; (laborieusement) to cart (along), heave (along)

**charrue** [ʃaʀy] → SYN nf plough (Brit), plow (US) ◆ **mettre la charrue devant** ou **avant les bœufs** (fig) to put the cart before the horse

**charte** [ʃaʀt] → SYN nf (Hist, Pol = convention) charter; (Hist = titre, contrat) title, deed ◆ **accorder une charte à** to grant a charter to, charter ◆ **la Charte des Nations Unies** the United Nations Charter ◆ **l'École (nationale) des chartes, les Chartes** the École des Chartes *(French national school of archival studies and palaeography)*

**charter** [ʃaʀtɛʀ] → SYN [1] nm (= vol) charter flight; (= avion) charter(ed) plane

[2] adj inv vol, billet, prix charter (épith) ◆ **avion charter** charter(ed) plane

**chartériser** [ʃaʀteʀize] ▸ conjug 1 ◂ vt to charter

**chartisme** [ʃaʀtism] nm (Pol Brit) Chartism

**chartiste** [ʃaʀtist] [1] adj (Pol Brit) Chartist

[2] nmf (= élève) student of the École des Chartes; (Pol Brit) Chartist; (= analyste) chartist

**chartreuse** [ʃaʀtʀøz] → SYN nf (= liqueur) chartreuse; (= couvent) Charterhouse, Carthusian monastery; (= religieuse) Carthusian nun ◆ **"La Chartreuse de Parme"** (Littérat) "The Charterhouse of Parma"

**chartreux** [ʃaʀtʀø] nm (= religieux) Carthusian monk; (= chat) Chartreux

**chartrier** [ʃaʀtʀije] nm (= recueil, salle) c(h)artulary

**Charybde** [kaʀibd] nm Charybdis ◆ **tomber de Charybde en Scylla** to jump out of the frying pan into the fire

**chas** [ʃɑ] → SYN nm eye *(of needle)*

**chasse¹** [ʃas] → SYN [1] nf **a** (gén) hunting; (au fusil) shooting, hunting ◆ **aller à la chasse** (gén) to go hunting; (avec fusil) to go shooting ou hunting ◆ **aller à la chasse aux papillons** to go catching butterflies ◆ **chasse au faisan** pheasant shooting ◆ **chasse au lapin** rabbit shooting, rabbiting ◆ **chasse au renard/au chamois/au gros gibier** fox/chamois/big game hunting ◆ **air/habits de chasse** hunting tune/clothes; → **chien, cor¹, fusil** etc

**b** (= période) (gén) hunting season; (au fusil) hunting season, shooting season ◆ **la chasse est ouverte/fermée** it's the open/close season (Brit), it's open/closed season (US)

**c** (= gibier) game ◆ **manger/partager la chasse** to eat/share the game ◆ **faire (une) bonne chasse** to get a good bag ◆ **bonne chasse !** (lit) have a good day's shooting!; (fig) happy hunting!

**d** (= domaine) shoot, hunting ground ◆ **louer une chasse** to rent a shoot, rent land to shoot ou hunt on ◆ **une chasse giboyeuse** a well-stocked shoot

**e** (= chasseurs) **la chasse** the hunt

**f** (Aviat) **la chasse** the fighters; → **avion, pilote**

**g** (= poursuite) chase ◆ **une chasse effrénée dans les rues** a frantic chase through the streets

**h** (Loc) **faire la chasse à** [+ souris, moustiques] to hunt down, chase; [+ abus, erreurs] to hunt down, track down ◆ **faire la chasse aux appartements/occasions** to go flat- (Brit) ou apartment- (US)/bargain-hunting ◆ **faire la chasse au mari** to be searching ou looking for a husband, be in search of a husband ◆ **prendre en chasse, donner la chasse à** [+ fuyard, voiture] to give chase to, chase after; [+ avion, navire, ennemi] to give chase to ◆ **se mettre en chasse pour trouver qch** to go hunting for sth ◆ **être en chasse** [chienne] to be on (Brit) ou in (US, Ir) heat; [chien] to be on the trail ◆ (Prov) **qui va à la chasse perd sa place** he who leaves his place loses it

[2] comp ▷ **chasse à l'affût** hunting (from a hide (Brit) ou blind (US)) ▷ **chasse au chevreuil** deer hunting, deer-stalking ▷ **chasse à courre** (= sport) hunting with hounds; (= partie de chasse) hunt ▷ **chasse au furet** ferreting ▷ **chasse gardée** (lit) private hunting (ground), private shoot; (fig) exclusive preserve ou domain ◆ **elle est mignonne – attention, c'est chasse gardée !** she's cute – hands off! she's already spoken for ou taken * ◆ **"chasse gardée"** (panneau) "private, poachers will be prosecuted" ▷ **chasse à l'homme** manhunt ▷ **chasse aux sorcières** witch hunt ◆ **faire la chasse aux sorcières** to conduct a witch hunt ▷ **chasse sous-marine** harpooning, harpoon fishing ▷ **chasse de têtes** headhunting ▷ **chasse au trésor** treasure hunt

**chasse²** [ʃas] nf **a** **chasse (d'eau** ou **des cabinets)** (toilet) flush ◆ **actionner** ou **tirer la chasse** to flush the toilet; (avec chaîne) to pull the chain

**b** (Typo) body (width), set (width)

**chassé** [ʃase] nm (= danse) chassé

**châsse** [ʃɑs] → SYN nf (= reliquaire) reliquary, shrine; * (= œil) eye, peeper *; (= monture) [bague, bijou] setting; [lancette] handle

**chasse-clou**, pl **chasse-clous** [ʃasklu] nm nail punch

**chassé-croisé**, pl **chassés-croisés** [ʃasekʀwaze] nm **a** (Danse) chassé-croisé, set to partners

**b** (fig) **avec tous ces chassés-croisés nous ne nous sommes pas vus depuis six mois** with all these to-ings and fro-ings we haven't seen each other for six months ◆ **une période de chassés-croisés sur les routes** a period of heavy two-way traffic ◆ **les ferries vont et viennent en un chassé-croisé régulier** the ferries ply to and fro continuously

**chasselas** [ʃasla] nm chasselas grape

**chasse-mouche,** pl **chasse-mouches** [ʃasmuʃ] nm flyswatter, fly whisk (Brit)

**chasse-neige,** pl **chasse-neige(s)** [ʃasnɛʒ] nm (= instrument) snowplough (Brit), snowplow (US); (= position du skieur) snowplough (Brit), snowplow (US), wedge ◆ **chasse-neige à soufflerie** snow-blower ◆ **descendre une pente en chasse-neige** to snowplough (Brit) ou snowplow (US) down a slope

**chasse-pierres** [ʃaspjɛʀ] nm inv cowcatcher

**chassepot** [ʃaspo] nm (Hist) chassepot (rifle)

**chasser** [ʃase] [→ SYN] ▸ conjug 1 ◂ **1** vt **a** (gén) to hunt; (au fusil) to shoot, hunt ◆ **chasser à l'affût/au filet** to hunt from a hide (Brit) ou blind (US)/with a net ◆ **chasser le faisan/le cerf** to go pheasant-shooting/deer hunting ◆ **il chasse le lion en Afrique** he is shooting lions ou lion-shooting in Africa ◆ **il chasse de race** (= il est dans la lignée) it runs in the family, he is carrying on the family tradition; → **chien**

**b** (= faire partir) [+ importun, animal, ennemi] to drive ou chase out ou away; [+ domestique, fils indigne] to turn out; [+ immigrant] to drive out, expel; [+ touristes, clients] to drive away, chase away ◆ **chassant de la main les insectes** brushing away ou driving off (the) insects with his hand ◆ **il a chassé les gamins du jardin** he chased ou drove the kids out of the garden ◆ **mon père m'a chassé de la maison** my father has turned ou thrown me out of the house ◆ **le brouillard nous a chassés de la plage** we were driven off the beach by the fog ◆ **ces touristes, ils vont finir par nous chasser de chez nous** these tourists will end up driving us away from our own homes ◆ **il a été chassé de son pays par le nazisme** he was forced to flee his country because of the Nazis, Nazism drove him from his country ◆ (Prov) **chassez le naturel, il revient au galop** what's bred in the bone comes out in the flesh (Prov); → **faim**

**c** (= dissiper) [+ odeur] to dispel, drive away; [+ idée] to dismiss, chase away; [+ souci, doute] to dispel, drive away, chase away; [+ brouillard] to dispel ◆ **essayant de chasser ces images obsédantes** trying to chase away ou dismiss these haunting images ◆ **il faut chasser cette idée de ta tête** you must get that idea out of your head ou dismiss that idea from your mind

**d** (= pousser) [+ troupeau, nuages, pluie] to drive; (Tech) [+ clou] to drive in

**e** (= éjecter) [+ douille, eau d'un tuyau] to drive out; → **clou**

**2** vi **a** (= aller à la chasse) (gén) to go hunting; (au fusil) to go shooting ou hunting ◆ **chasser sur les terres de qn** (fig) to poach on sb's territory

**b** (= déraper) [véhicule, roues] to skid; [ancre] to drag ◆ **chasser sur ses ancres** to drag its anchors

**chasseresse** [ʃasʀɛs] nf (littér) huntress (littér); → **Diane**

**chasseur** [ʃasœʀ] [→ SYN] **1** nm **a** (gén) hunter; (à courre) hunter, huntsman ◆ **chasseur-cueilleur** (Anthropologie) hunter-gatherer ◆ **chasseur de baleines** whaler ◆ **chasseur de phoques** sealer ◆ **chasseur de papillons** butterfly catcher ◆ **c'est un très bon chasseur** (gén) he's a very good hunter; (au fusil) he's an excellent shot ◆ **c'est un grand chasseur de renards** he's a great one for foxhunting, he's a great foxhunter

**b** (Mil) (= soldat) chasseur; (= avion) fighter ◆ **le 3e chasseur** (= régiment) the 3rd (regiment of) chasseurs

**c** (= garçon d'hôtel) page (boy), messenger (boy), bellboy (US)

**d** (Culin) **poulet/lapin chasseur** chicken/rabbit chasseur *(chicken/rabbit cooked with mushrooms and white wine)*

**2** COMP ▷ **chasseur alpin** mountain infantryman ◆ **les chasseurs alpins** the mountain infantry, the alpine chasseurs ▷ **chasseur d'autographes** autograph hunter ▷ **chasseur à cheval** (Hist Mil) cavalryman ◆ **les chasseurs à cheval** the cavalry ▷ **chasseur d'images** roving amateur photographer ▷ **chasseur de mines** minesweeper ▷ **chasseur à pied** (Hist Mil) infantryman ◆ **les chasseurs à pied** the infantry ▷ **chasseur de primes** bounty hunter ▷ **chasseur à réaction** jet fighter ▷ **chasseur de sous-marins** submarine chaser ▷ **chasseur de têtes** (lit, fig) headhunter

**chasseur-bombardier,** pl **chasseurs-bombardiers** [ʃasœʀbɔ̃baʀdje] nm (Aviat Mil) fighter-bomber

**chasseuse** [ʃasøz] nf huntswoman, hunter, huntress (littér)

**chassie** [ʃasi] [→ SYN] nf [yeux] sticky matter *(in eye)*, sleep *

**chassieux, -ieuse** [ʃasjø, jøz] adj yeux sticky, gummy; personne, animal gummy- ou sticky-eyed ◆ **avoir les yeux chassieux** to have sleep * in one's eyes

**châssis** [ʃɑsi] [→ SYN] nm **a** [véhicule] chassis; [machine] sub- ou under-frame

**b** (= encadrement) [fenêtre] frame; [toile, tableau] stretcher; (Typo) chase; (Photo) (printing) frame ◆ **châssis mobile/dormant** opening/fixed frame

**c** (‡ = corps féminin) body, figure, chassis ‡ (US) ◆ **elle a un beau châssis !** she's got a hell of a figure! ‡

**d** (Agr) cold frame

**chaste** [ʃast] [→ SYN] adj chaste; (hum) oreilles delicate ◆ **de chastes jeunes filles** chaste young girls ◆ **mener une vie chaste** to lead a celibate life, live the life of a nun (ou a monk)

**chastement** [ʃastəmɑ̃] adv chastely

**chasteté** [ʃastəte] [→ SYN] nf chastity; → **ceinture**

**chasuble** [ʃazybl] [→ SYN] nf chasuble; → **robe**

**chat** [ʃa] [→ SYN] **1** nm **a** (= animal) (gén) cat; (mâle) tomcat ◆ **chat persan/siamois** Persian/Siamese cat ◆ **petit chat** kitten ◆ **mon petit chat** (terme d'affection) (à un enfant) pet *, poppet * (Brit); (à une femme) sweetie * ◆ **"Le Chat Botté"** (Littérat) "Puss in Boots"

**b** (= jeu) tag, tig (Brit) ◆ **jouer à chat** to play tag ou tig (Brit), have a game of tag ou tig (Brit) ◆ **(c'est toi le) chat !** you're it!

**c** (Loc) **il n'y avait pas un chat dehors** there wasn't a soul outside ◆ **avoir un chat dans la gorge** to have a frog in one's throat ◆ **il a acheté cette voiture chat en poche** he bought a pig in a poke when he got that car, he hardly even looked at the car before buying it ◆ **jouer au chat et à la souris** to play cat and mouse ◆ **j'ai d'autres chats à fouetter** I've other fish to fry ◆ **il n'y a pas de quoi fouetter un chat** it's nothing to make a fuss about ◆ (Prov) **chat échaudé craint l'eau froide** once bitten, twice shy (Prov) ◆ (Prov) **quand le chat n'est pas là les souris dansent** when the cat's away the mice will play (Prov) ◆ (Prov) **à bon chat bon rat** tit for tat; → **appeler, chien** etc

**2** COMP ▷ **chat de gouttière** ordinary cat, alley cat ▷ **chat à neuf queues** cat-o'-nine-tails ▷ **chat perché** (= jeu) off-ground tag ou tig (Brit) ▷ **chat sauvage** wildcat

**châtaigne** [ʃatɛɲ] [→ SYN] nf **a** (= fruit) (sweet) chestnut ◆ **châtaigne d'eau** water chestnut

**b** (‡ = coup de poing) punch, clout * (Brit) ◆ **flanquer une châtaigne à qn** to punch ou clout * (Brit) sb, give sb a clout * (Brit)

**c** ( * = décharge électrique) (electric) shock

**châtaigner** ‡ [ʃateɲe] ▸ conjug 1 ◂ vt to bash around *, clout *, biff *

**châtaigneraie** [ʃatɛɲʀɛ] nf chestnut grove

**châtaignier** [ʃateɲe] nm (= arbre) (sweet) chestnut tree; (= bois) chestnut

**châtain** [ʃatɛ̃] **1** nm chestnut brown

**2** adj m cheveux chestnut (brown); personne brown-haired ◆ **elle est châtain clair/roux** she has light brown hair/auburn hair

**chataire** [ʃatɛʀ] nf catnip, catmint

**château,** pl **châteaux** [ʃɑto] [→ SYN] **1** nm **a** (= forteresse) castle; (= résidence royale) palace, castle; (= gentilhommière) mansion, stately home; (en France) château; (= vignoble) château ◆ **les châteaux de la Loire** the châteaux of the Loire ◆ **le château de Versailles** the Palace of Versailles ◆ **bâtir** ou **faire des châteaux en Espagne** (fig) to build castles in the air ou in Spain ◆ **il est un peu château branlant** he's not very steady on his legs, he's a bit wobbly on his pins * (Brit); → **vie**

**b** ( * : Culin) chateaubriand

**2** COMP ▷ **château d'arrière** (Naut) aftercastle ▷ **château d'avant** (Naut) forecastle, fo'c'sle ▷ **château de cartes** (Cartes, fig) house of cards ▷ **château d'eau** water tower ▷ **château fort** stronghold, fortified castle ▷ **château de sable** sand castle

**chateaubriand, châteaubriant** [ʃatobʀijɑ̃] nm (Culin) chateaubriand, chateaubriant

**Château-la-Pompe** [ʃatolapɔ̃p] nm inv (hum) Adam's ale (hum)

**châtelain** [ʃɑt(ə)lɛ̃] nm **a** (Hist = seigneur) (feudal) lord ◆ **le châtelain** the lord of the manor

**b** (= propriétaire) (d'ancienne date) squire; (nouveau riche) owner of a manor

**châtelaine** [ʃɑt(ə)lɛn] nf **a** (= propriétaire) owner of a manor

**b** (= épouse) lady (of the manor), chatelaine

**c** (= ceinture) chatelaine, châtelaine

**chat-huant,** pl **chats-huants** [ʃayɑ̃] [→ SYN] nm screech owl, barn owl

**châtié, e** [ʃɑtje] [→ SYN] (ptp de **châtier**) adj style polished, refined; langage refined

**châtier** [ʃɑtje] [→ SYN] ▸ conjug 7 ◂ vt **a** (littér = punir) [+ coupable] to chastise (littér), castigate (littér), punish; [+ faute] to punish; (Rel) [+ corps] to chasten, mortify ◆ **châtier l'insolence de qn** to chastise ou punish sb for his insolence; → **qui**

**b** (= soigner) [+ style] to polish, refine; [+ langage] to refine

**chatière** [ʃatjɛʀ] nf (= porte) cat-flap; (= trou d'aération) (air-)vent, ventilation hole; (= piège) cat-trap

**châtiment** [ʃɑtimɑ̃] [→ SYN] nm (littér) chastisement (littér), castigation (littér), punishment ◆ **châtiment corporel** corporal punishment

**chatoiement** [ʃatwamɑ̃] [→ SYN] nm [vitraux] glistening; [reflet, étoffe] shimmer(ing); [bijoux, plumage] glistening, shimmer(ing); [couleurs, style] sparkle

**chaton¹** [ʃatɔ̃] nm **a** (Zool) kitten

**b** (Bot) catkin ◆ **chatons de poussière** balls of fluff

**chaton²** [ʃatɔ̃] nm (= monture) bezel, setting; (= pierre) stone

**chatouille** * [ʃatuj] nf tickle ◆ **faire des chatouilles à qn** to tickle sb ◆ **craindre les chatouilles** ou **la chatouille** to be ticklish

**chatouillement** [ʃatujmɑ̃] [→ SYN] nm (gén) tickling (NonC); (dans le nez, la gorge) tickle ◆ **des chatouillements la faisaient se trémousser** a tickling sensation made her fidget

**chatouiller** [ʃatuje] [→ SYN] ▸ conjug 1 ◂ vt **a** (lit) to tickle ◆ **arrête, ça chatouille !** don't, that tickles! ou you're tickling!

**b** [+ amour-propre, curiosité] to tickle, titillate; [+ palais, odorat] to titillate

**c** († ou hum) **chatouiller les côtes à qn** to tan sb's hide

**chatouilleux, -euse** [ʃatujø, øz] [→ SYN] adj **a** (lit) ticklish

**b** (= susceptible) personne, caractère touchy, (over)sensitive ◆ **être chatouilleux sur l'honneur/l'étiquette** to be touchy ou sensitive on points of honour/etiquette

**chatouillis** * [ʃatuji] nm light ou gentle tickling ◆ **faire des chatouillis à qn** to tickle sb lightly ou gently

**chatoyant, e** [ʃatwajɑ̃, ɑ̃t] [→ SYN] adj vitraux glistening; reflet, étoffe shimmering; bijoux, plumage glistening, shimmering; couleurs, style sparkling ◆ **l'éclat chatoyant des pierreries** the way the gems sparkle in the light

**chatoyer** [ʃatwaje] [→ SYN] ▸ conjug 8 ◂ vi [vitraux] to glisten; [reflet, étoffe] to shimmer; [bijoux, plumage] to glisten, shimmer; [couleurs, style] to sparkle

**châtré** ‡ [ʃɑtʀe] nm (lit, fig) eunuch ◆ **voix de châtré** squeaky little voice

**châtrer** [ʃɑtʀe] [→ SYN] ▸ conjug 1 ◂ vt [+ taureau, cheval] to castrate, geld; [+ chat] to neuter, castrate, fix (US); [+ homme] to castrate, emasculate; (littér) [+ texte] to mutilate, bowdlerize

**chatte** [ʃat] nf (Zool) (female) cat; (**‡ = vagin) pussy **‡ ◆ **elle est très chatte** she's very kittenish ◆ **ma (petite) chatte** (terme d'affection) (my) pet *, sweetie(-pie) * ◆ **"La Chatte sur un toit brûlant"** (Littérat) "Cat on a Hot Tin Roof"

**chattemite** [ʃatmit] → SYN nf ◆ **faire la chattemite** to be a bit of a coaxer

**chatterie** [ʃatʀi] → SYN 1 nf (= friandise) titbit, dainty morsel ◆ **aimer les chatteries** to love a little delicacy ou a dainty morsel
2 **chatteries** nfpl † (= caresses) playful attentions ou caresses; (= minauderies) kittenish ways ◆ **faire des chatteries à qn** to make a fuss of sb

**chatterton** [ʃatɛʀtɔn] nm (adhesive) insulating tape

**chat-tigre,** pl **chats-tigres** [ʃatigʀ] nm tiger cat

**chaud, chaude** [ʃo, ʃod] → SYN 1 adj a température warm; (très chaud) hot ◆ **les climats chauds** warm climates; (très chaud) hot climates ◆ **l'eau du lac n'est pas assez chaude pour se baigner** the lake isn't warm enough for bathing ◆ **bois ton thé pendant qu'il est chaud** drink your tea while it's hot ◆ **repas chaud** hot meal ◆ **tous les plats étaient servis très chauds** all the dishes were served up piping hot ◆ **cela sort tout chaud du four** it's (piping) hot from the oven ◆ **il a des nouvelles toutes chaudes** he's got some news hot from the press ou some hot news ◆ **sa place est encore chaude et il y en a déjà qui se pressent pour le remplacer** (fig) he's only just left and some people can't wait to step into his shoes; → **battre, main** etc
b couverture, vêtement warm
c (= vif, passionné) félicitations warm, hearty; (littér) amitié warm; partisan keen, ardent; admirateur warm, ardent; recommandation wholehearted, enthusiastic; discussion heated ◆ **la bataille a été chaude** it was a fierce battle, the battle was fast and furious ◆ **être chaud (pour faire/pour qch)** * to be enthusiastic (about doing/about sth), be keen (on doing/on sth) (Brit) ◆ **il n'est pas très chaud pour conduire de nuit** * he doesn't much like driving at night, he is not very ou too keen (Brit) on driving at night
d (= difficile) **les endroits chauds de la ville** the city's trouble spots ◆ **les points chauds du globe** the world's hot spots ou flashpoints ◆ **la rentrée sera chaude** there's going to be a lot of social unrest in the autumn ◆ **l'alerte a été chaude** it was a near ou close thing
e voix, couleur warm
f (* = sensuel) personne, tempérament hot, randy ‡ (Brit) ◆ **quartier chaud** red-light district ◆ **c'est un chaud lapin!** he's a bit of a lad! *
g (Phys Nucl) produits, zone hot
2 nm (= chaleur) ◆ **le chaud** (the) heat ◆ **elle souffre autant du chaud que du froid** she suffers as much from the heat as from the cold
◆ **au chaud** ◆ **restez donc au chaud** stay in the warm ◆ **garder** ou **tenir qch au chaud** to keep sth warm ou hot ◆ **garder un enfant enrhumé au chaud** to keep a child with a cold (indoors) in the warmth
◆ **à chaud** (Tech) travailler under heat ◆ **reportage à chaud** on-the-spot report ◆ **il a été opéré à chaud** he had an emergency operation; → **souder**
3 adv ◆ **avoir chaud** to be warm, feel warm; (très chaud) to be hot, feel hot ◆ **avez-vous assez chaud ?** are you warm enough? ◆ **on a trop chaud ici** it's too hot in here ◆ **j'ai eu chaud !** * (= de la chance) I had a lucky ou narrow escape, it was a close shave ◆ **il fait chaud** it's hot ou warm ◆ **il fera chaud le jour où il voudra bien travailler** * that'll be the day when he decides to work ◆ **ça ne me fait ni chaud ni froid** I couldn't care less, it makes no difference to me ◆ **ça fait chaud au cœur** it's heart-warming ◆ **manger chaud** to have a hot meal, eat something hot ◆ **boire chaud** to have ou take hot drinks ◆ **il a fallu tellement attendre qu'on n'a pas pu manger chaud** we had to wait so long the food had gone cold ◆ **"servir chaud"** "serve hot" ◆ **chaud devant !** mind your back (ou backs)! ◆ **une robe qui tient chaud** a warm dress ◆ **tenir trop chaud à qn** to make sb too hot ◆ **ça m'a donné chaud** [course] it made me really hot; → **souffler**
4 **chaude** nf († = flambée) blaze
5 COMP ▷ **chaud et froid** (Méd) chill ▷ **chaud lapin** * horny ou randy (Brit) devil ‡

**chaudement** [ʃodmɑ̃] adv s'habiller warmly; féliciter, recommander warmly, heartily; argumenter heatedly, hotly ◆ **chaudement disputé** hotly disputed ◆ **comment ça va ? – chaudement !** (hum) how are you? – (I'm) hot!

**chaude-pisse** ‡, pl **chaudes-pisses** [ʃodpis] nf clap *‡

**chaud-froid,** pl **chauds-froids** [ʃofʀwa] nm (Culin) chaudfroid

**chaudière** [ʃodjɛʀ] nf [locomotive, chauffage central] boiler ◆ **chaudière à gaz** gas-fired boiler

**chaudron** [ʃodʀɔ̃] → SYN nm cauldron

**chaudronnerie** [ʃodʀɔnʀi] → SYN nf a (= métier) boilermaking, boilerwork; (= industrie) boilermaking industry
b (= boutique) coppersmith's workshop; (= usine) boilerworks
c (= produits) **grosse chaudronnerie** industrial boilers ◆ **petite chaudronnerie** pots and pans

**chaudronnier, -ière** [ʃodʀɔnje, jɛʀ] nm,f (= artisan) coppersmith; (= ouvrier) boilermaker

**chauffage** [ʃofaʒ] → SYN nm (= action) heating; (= appareils) heating (system) ◆ **il y a le chauffage ?** is there any heating?, is it heated? ◆ **avoir un bon chauffage** to have a good heating system ◆ **chauffage au charbon/au gaz/à l'électricité** solid fuel/gas/electric heating ◆ **chauffage central** central heating ◆ **chauffage par le sol** underfloor heating ◆ **chauffage urbain** urban ou district heating system ◆ **mets le chauffage** (maison) put the heating on; (voiture) put the heater on; → **bois**

**chauffagiste** [ʃofaʒist] nm heating engineer ou specialist

**chauffant, e** [ʃofɑ̃, ɑ̃t] adj surface, élément heating (épith); → **couverture, plaque**

**chauffard** * [ʃofaʀ] nm (péj) reckless driver; (qui s'enfuit) hit-and-run driver ◆ **(espèce de) chauffard !** roadhog! * ◆ **c'est un vrai chauffard** he's a real menace ou maniac on the roads ◆ **tué par un chauffard** killed by a reckless driver ◆ **on n'a pas retrouvé le chauffard responsable de l'accident** the driver responsible for the accident has not yet been found

**chauffe** [ʃof] nf (= lieu) fire-chamber; (= processus) stoking ◆ **surface de chauffe** heating-surface, fire surface ◆ **chambre de chauffe** (Naut) stokehold ◆ **tour de chauffe** [voiture de course] warm-up lap; [candidat, sportif] practice run; → **bleu**

**chauffe-assiette(s),** pl **chauffe-assiettes** [ʃofasjɛt] nm plate-warmer

**chauffe-bain,** pl **chauffe-bains** [ʃofbɛ̃] nm water-heater

**chauffe-biberon,** pl **chauffe-biberons** [ʃofbibʀɔ̃] nm bottle-warmer

**chauffe-eau** [ʃofo] nm inv (gén) water-heater; (électrique) immersion heater

**chauffe-pieds** [ʃofpje] nm inv foot-warmer

**chauffe-plat,** pl **chauffe-plats** [ʃofpla] nm dish-warmer, chafing dish

**chauffer** [ʃofe] → SYN ▸ conjug 1 ◂ 1 vt a (faire) **chauffer** [+ soupe] to warm up, heat up; [+ assiette] to warm; [+ eau du bain] to heat (up); [+ eau du thé] to boil, heat up ◆ **chauffer qch au four** to heat sth up in the oven, put sth in the oven to heat up ◆ **mets l'eau à chauffer** (gén) put the water on; (dans une bouilloire) put the water on to boil, put the kettle on ◆ **faites chauffer la colle !** (hum : quand on casse qch) get the glue out! ◆ **je vais te chauffer les oreilles !** I'll box your ears!, you'll get a clip round the ear! * (Brit)
b [+ appartement] to heat ◆ **on va chauffer un peu la pièce** we'll heat (up) the room a bit
c [soleil] to warm, make warm; [soleil brûlant] to heat, make hot
d (Tech) [+ métal, verre, liquide] to heat; [+ chaudière, locomotive] to stoke (up), fire ◆ **chauffer qch à blanc** (lit, fig) to make sth white-hot ◆ **chauffer qn à blanc** to galvanize sb into action ◆ **le public était chauffé à blanc** excitement in the audience had reached fever pitch
e (* – préparer) [+ candidat] to cram, [+ commando] to train up; [+ salle, public] to warm up
f [+ muscle] to warm up
g († * = voler) to pinch *, swipe *
2 vi a (= être sur le feu) [aliment, eau du bain] to be heating up, be warming up; [assiette] to be warming (up); [eau du thé] to be heating up
b (= devenir chaud) [moteur, télévision] to warm up; [four] to heat up; [chaudière, locomotive] to get up steam
c (= devenir trop chaud) [freins, appareil, moteur] to overheat
d (= donner de la chaleur) **le soleil chauffe** the sun's really hot ◆ **le poêle chauffe bien** the stove gives out a lot of heat ◆ **ils chauffent au charbon** they use coal for heating, their house is heated by coal ◆ **le mazout chauffe bien** oil gives out a lot of heat
e (* : LOC) **ça chauffe** (il y a de la bagarre) things are getting heated; (il y a de l'ambiance) things are livening up ◆ **ça va chauffer !** sparks will fly! ◆ **le but/l'essai chauffe** there must be a goal/try now!, they're on the brink of a goal/try! ◆ **tu chauffes !** (cache-tampon) you're getting warm(er)!
3 **se chauffer** vpr a (près du feu) to warm o.s.; (* : en faisant des exercices) to warm up ◆ **se chauffer au soleil** to warm o.s. in the sun
b (= avoir comme chauffage) **se chauffer au bois/charbon** to burn wood/coal, use wood/coal for heating ◆ **se chauffer à l'électricité** to have electric heating, use electricity for heating; → **bois**

**chaufferette** [ʃofʀɛt] → SYN nf (= chauffe-pieds) foot-warmer; (= réchaud) plate warmer

**chaufferie** [ʃofʀi] nf [maison, usine] boiler room; [navire] stokehold

**chauffeur** [ʃofœʀ] → SYN 1 nm a (= conducteur) (gén) driver; (privé) chauffeur ◆ **chauffeur d'autobus** bus driver ◆ **voiture avec/sans chauffeur** chauffeur-driven/self-drive car
b [chaudière] fireman, stoker
2 COMP ▷ **chauffeur de camion** lorry (Brit) ou truck (US) driver ▷ **chauffeur du dimanche** (hum) Sunday driver ▷ **chauffeur de maître** chauffeur ▷ **chauffeur de taxi** taxi driver, cab driver

**chauffeuse** [ʃoføz] nf low armless chair, unit chair

**chaulage** [ʃolaʒ] nm [sol, arbre, raisins] liming; [mur] whitewashing

**chauler** [ʃole] ▸ conjug 1 ◂ vt [+ sol, arbre, raisins] to lime; [+ mur] to whitewash

**chaume** [ʃom] → SYN nm a (= reste des tiges) stubble ◆ **les chaumes** (littér = champs) the stubble fields
b (= toiture) thatch ◆ **couvrir de chaume** to thatch; → **toit**

**chaumer** [ʃome] → SYN ▸ conjug 1 ◂ 1 vt to clear stubble from
2 vi to clear the stubble

**chaumière** [ʃomjɛʀ] → SYN nf (littér ou hum) (little) cottage; (à toit de chaume) thatched cottage ◆ **on en parlera encore longtemps dans les chaumières** people will talk about it for a long time to come ◆ **ça fait pleurer dans les chaumières** [feuilleton, film] it's a real tear-jerker * ◆ **il ne rêve que d'une chaumière et d'un cœur** he only dreams of the simple life

**chaumine** [ʃomin] nf (littér ou †) small (thatched) cottage

**chaussant, e** [ʃosɑ̃, ɑ̃t] adj (= confortable) well-fitting, snug-fitting ◆ **articles chaussants** footwear (NonC) ◆ **ces souliers sont très chaussants** these shoes are a very good fit ou fit very well

**chausse** [ʃos] → SYN 1 nf (Tech) linen funnel
2 **chausses** nfpl (Hist) hose

**chaussée** [ʃose] → SYN nf a (= route, rue) road, roadway ◆ **traverser la chaussée** to cross the road ◆ **ne reste pas sur la chaussée** don't stay in ou on the road ou on the roadway ◆ **l'entretien de la chaussée** road maintenance ◆ **chaussée pavée** (= rue) cobbled street; (= route) cobbled ou flagged road ◆ **chaussée bombée** cambered road ◆ **"chaussée glissante"** "slippery road" ◆ **"chaussée déformée"** "uneven road surface"; → **pont**
b (= chemin surélevé) causeway; (= digue) embankment ◆ **la chaussée des Géants** the Giants' Causeway

**chausse-pied,** pl **chausse-pieds** [ʃospje] nm shoehorn

**chausser** [ʃose] → SYN ▸ conjug 1 ◂ 1 vt a (= mettre des chaussures à) [+ personne] to put shoes on; (= acheter des chaussures à) to buy shoes for ◆ **chausse les enfants pour sortir** put the children's shoes on ou help the children on with their shoes and we'll go out ◆ **chaussé de bottes/sandales** wearing boots/sandals, with boots/sandals on; → **cordonnier**

b (= mettre) [+ chaussures, lunettes, skis] to put on ◆ **chausser les étriers** (Équitation) to put one's feet into the stirrups

c (= fournir en chaussures) **ce marchand nous chausse depuis 10 ans** this shoemaker has been supplying us with shoes for 10 years

d (= convenir à) to fit ◆ **ces chaussures vous chaussent bien** those shoes fit you well ou are a good fit

e (Agr) [+ arbre] to earth up

f (Aut) [+ voiture] to fit tyres (Brit) ou tires (US) on ◆ **voiture bien chaussée** car with good tyres (Brit) ou tires (US)

2 vi ◆ **chausser du 40** to take size 40 in shoes, take a (size) 40 shoe ◆ **ces chaussures chaussent grand** ou **large** these shoes are wide-fitting ◆ **chaussures qui chaussent bien le pied** well-fitting shoes

3 **se chausser** vpr (= mettre ses chaussures) to put one's shoes on ◆ **se (faire) chausser chez ...** (= acheter des chaussures) to buy ou get one's shoes at ... ◆ **se (faire) chausser sur mesure** to have one's shoes made to measure

**chausse-trap(p)e,** pl **chausse-trap(p)es** [ʃostʀap] nf (lit, fig) trap ◆ **tomber dans/éviter une chausse-trappe** to fall into/avoid a trap

**chaussette** [ʃosɛt] nf sock ◆ **j'étais en chaussettes** I was in my socks ◆ **chaussettes russes** foot-bindings ◆ **chaussettes tombantes** slouch socks ◆ **elle m'a laissé tomber comme une vieille chaussette** * she ditched * ou jilted me

**chausseur** [ʃosœʀ] → SYN nm (= fabricant) shoemaker; (= fournisseur) footwear specialist

**chausson** [ʃosɔ̃] → SYN nm a (= pantoufle) slipper; [bébé] bootee; [danseur] ballet shoe ou pump ◆ **chausson à pointe** blocked shoe ◆ **chaussons d'escalade** climbing shoes; → **point²**

b (Culin) turnover ◆ **chausson aux pommes** apple turnover

**chaussure** [ʃosyʀ] → SYN 1 nf a (= soulier) shoe ◆ **la chaussure est une partie importante de l'habillement** footwear is ou shoes are an important part of one's dress ◆ **rayon chaussures** shoe ou footwear department ◆ **trouver chaussure à son pied** to find a suitable match

b **la chaussure** (= industrie) the shoe industry; (= commerce) the shoe trade ou business

2 COMP ▷ **chaussures basses** flat shoes ▷ **chaussures cloutées** ou **à clous** hobnailed boots ▷ **chaussures montantes** ankle boots ▷ **chaussures de ski** ski boots ▷ **chaussures de sport** sports shoes ▷ **chaussures à talon haut** high-heeled shoes, (high) heels * ▷ **chaussures de ville** smart shoes

**chaut** [ʃo] → SYN vi († † ou hum) ◆ **peu me chaut** it matters little to me, it is of no import ou matter to me

**chauve** [ʃov] → SYN adj personne bald(-headed); crâne bald; (littér) colline, sommet bare ◆ **chauve comme un œuf** * ou **une bille** * ou **mon genou** * as bald as a coot

**chauve-souris,** pl **chauves-souris** [ʃovsuʀi] → SYN nf (Zool) bat

**chauvin, e** [ʃovɛ̃, in] → SYN 1 adj (= nationaliste) chauvinistic; (en temps de guerre) jingoistic; (en sport, dans ses goûts) biased, prejudiced

2 nm,f (= nationaliste) chauvinist; (en temps de guerre) jingoist

**chauvinisme** [ʃovinism] → SYN nm (= nationalisme) chauvinism; (en temps de guerre) jingoism; (en sport, dans ses goûts) bias, prejudice

**chaux** [ʃo] → SYN nf lime ◆ **chaux éteinte** slaked lime ◆ **chaux vive** quicklime ◆ **blanchi** ou **passé à la chaux** whitewashed ◆ **bâti à chaux et à sable** (littér) maison as solid as a rock; personne as strong as an ox

**chavirage** [ʃaviʀaʒ] nm [bateau] capsizing, keeling over, overturning

**chavirement** [ʃaviʀmɑ̃] nm upheaval (*de* in)

**chavirer** [ʃaviʀe] → SYN ▸ conjug 1 ◂ 1 vi a [bateau] to capsize, keel over, overturn; [gouvernement] to founder ◆ **faire chavirer un bateau** to keel a boat over, capsize ou overturn a boat

b [pile d'objets] to keel over; [charrette] to overturn, tip over; [yeux] to roll; [paysage, chambre] to reel, spin; [esprit] to reel ◆ **mon cœur a chaviré** (de dégoût) my stomach heaved; (d'émotion) my heart leapt

2 vt a (= renverser) [+ bateau] [vagues] to capsize, overturn; (en cale sèche) to keel over; [+ meubles] to overturn

b (= bouleverser) **j'en étais tout chaviré** * (ému) I was quite overcome; (affligé) I was quite shaken ◆ **musique qui chavire l'âme** music that tugs at the heartstrings

**chébec** [ʃebɛk] nm xebec, zebec(k)

**chéchia** [ʃeʃja] nf tarboosh, fez

**check-list,** pl **check-lists** [(t)ʃɛklist] → SYN nf check list

**check-point,** pl **check-points** [(t)ʃɛkpɔjnt] nm checkpoint

**check-up** [(t)ʃɛkœp] → SYN nm inv check-up

**cheddite** [ʃedit] nf cheddite

**chef¹** [ʃɛf] → SYN 1 nmf a (= patron, dirigeant) head, boss *; [tribu] chief(tain), headman ◆ **chef indien** Indian chief ◆ **il a l'estime de ses chefs** he is highly thought of by his superiors ou bosses ◆ **la chef** * the boss * ◆ **grand chef** * big chief ou boss * ◆ **faire le** ou **jouer au petit chef** (péj) to throw one's weight around

b [expédition, révolte, syndicat] leader ◆ **chef spirituel** spiritual leader ◆ **avoir une âme** ou **un tempérament de chef** to be a born leader

c (* = champion) **tu es un chef** you're the greatest *, you're the tops * ◆ **elle se débrouille comme un chef** she is doing a first-class job

d (Mil) **oui, chef !** (au sergent) yes, Sarge!

e (Culin) chef ◆ **spécialité du chef** chef's speciality ◆ **pâté du chef** chef's special pâté ◆ **chef de cuisine** head chef ◆ **grand chef** master chef

f (Hér) chief

g **en chef** ◆ **commandant en chef** commander-in-chief ◆ **général en chef** general-in-chief ◆ **ingénieur en chef** chief engineer ◆ **le général commandait en chef les troupes alliées** the general was the commander-in-chief of the allied troops

2 adj inv ◆ **gardien/médecin chef** chief warden/consultant

3 COMP ▷ **chef d'antenne** branch manager ▷ **chef d'atelier** (shop) foreman ▷ **chef de bande** gang leader ▷ **chef de bataillon** major (in the infantry) ▷ **chef de bureau** head clerk ▷ **chef de cabinet** principal private secretary (*de* to) ▷ **chef de chantier** (works (Brit) ou site) foreman ▷ **chef des chœurs** choirmaster ▷ **chef de classe** ≃ class monitor ou prefect (Brit) ou president (US) ▷ **chef de clinique** ≃ senior registrar ▷ **chef comptable** chief accountant ▷ **chef de dépôt** shed ou yard master ▷ **chef d'école** (Art, Littérat) leader of a school ▷ **chef d'entreprise** company director ▷ **chef d'équipe** foreman ▷ **chef d'escadron** major (in the cavalry) ▷ **chef d'État** head of state ◆ **le chef de l'État** the Head of State ▷ **chef d'état-major** chief of staff ◆ **chefs d'état-major** Joint Chiefs of Staff ▷ **chef de famille** head of the family ou household; (Admin) householder ▷ **chef de file** (gén, Art) leader; (Pol) party leader; (Naut) leading ship; (Banque) lead bank ▷ **chef de gare** station master ▷ **chef de gouvernement** head of government ▷ **chef mécanicien** chief mechanic; (Rail) head driver (Brit), chief engineer (US) ▷ **chef de musique** bandmaster ▷ **chef de nage** stroke (oar) ▷ **chef d'orchestre** (gén) conductor, director (US); (jazz etc ) (band) leader ▷ **chef de patrouille** patrol leader ▷ **chef de pièce** (Mil) captain of a gun ▷ **chef de produit** product manager, brand manager ▷ **chef de projet** project manager ▷ **chef de rayon** department(al) supervisor, departmental manager ▷ **chef scout** scout leader ▷ **chef de service** section ou departmental head; (Méd) ≃ consultant ▷ **chef de train** guard (Brit), conductor (US)

**chef²** [ʃɛf] nm a († † ou hum = tête) head

b (Jur) **chef d'accusation** (= charge) charge, count (of indictment)

c (LOC) **posséder qch de son chef** (Jur) to own sth in one's own right ◆ **de son propre chef** (frm) on his own initiative, off his own bat ◆ **au premier chef** (littér) greatly, exceedingly ◆ **cela m'intéresse au premier chef** it's of the greatest ou utmost interest to me ◆ **de ce chef** (littér) accordingly, hence

**chef-d'œuvre,** pl **chefs-d'œuvre** [ʃɛdœvʀ] nm masterpiece, chef-d'œuvre ◆ **c'est un chef-d'œuvre d'hypocrisie/d'ironie** (fig) it is the ultimate hypocrisy/irony

**chefferie** [ʃɛfʀi] nm (Anthropologie) chieftainship; (Méd) consultancy

**chef-lieu,** pl **chefs-lieux** [ʃɛfljø] nm ≃ county town

**cheftaine** [ʃɛftɛn] nf [louveteaux] cubmistress (Brit), den mother (US); [jeunes éclaireuses] Brown Owl (Brit), troop leader (US); [éclaireuses] (guide) captain, guider

**cheik** [ʃɛk] → SYN nm sheik

**chéiroptères** [keiʀɔptɛʀ] nmpl ◆ **les chéiroptères** chiropters, the Chiroptera (SPÉC)

**chélate** [kelat] nm chelate

**chélateur** [kelatœʀ] adj m, nm chelating ◆ **(agent) chélateur** chelating agent

**chelem** [ʃlɛm] nm (Cartes) slam ◆ **petit/grand chelem** small/grand slam ◆ **faire le grand chelem** (Sport) to do the grand slam

**chélicère** [kelisɛʀ] nf chelicera

**chélidoine** [kelidwan] → SYN nf greater celandine, swallowwort

**chéloïde** [kelɔid] nf keloid, cheloid

**chéloniens** [kelɔnjɛ̃] nmpl ◆ **les chéloniens** chelonians

**chemin** [ʃ(ə)mɛ̃] → SYN 1 nm a (gén) path; (= route) lane; (= piste) track; → **croisée²**, **voleur**

b (= parcours, trajet, direction) way (*de, pour* to) ◆ **demander/trouver le** ou **son chemin** to ask/find the ou one's way ◆ **montrer le chemin à qn** to show sb the way ◆ **il y a bien une heure de chemin** it takes a good hour to get there ◆ **quel chemin a-t-elle pris ?** which way did she go? ◆ **de bon matin, ils prirent le chemin de la côte** they set out ou off for the coast early in the morning ◆ **le chemin le plus court entre deux points** the shortest distance between two points ◆ **ils ont fait tout le chemin à pied/en bicyclette** they walked/cycled all the way ou the whole way ◆ **on a fait du chemin depuis une heure** we've come quite a way in an hour ◆ **se mettre en chemin** to set out ou off ◆ **poursuivre son chemin** to carry on ou continue on one's way ◆ **passez votre chemin** (littér) go your way (littér), be on your way ◆ **chemin faisant, en chemin** on the way ◆ **pour venir, nous avons pris le chemin des écoliers** we came the long way round ◆ **aller son chemin** (fig) to go one's own sweet way ◆ **être toujours sur les chemins** to be always on the road ◆ (Prov) **tous les chemins mènent à Rome** all roads lead to Rome (Prov); → **rebrousser**

c (fig) path, way, road ◆ **le chemin de l'honneur/de la gloire** the path ou way of honour/to glory ◆ **le chemin de la ruine** the road to ruin ◆ **nos chemins se sont croisés** our paths crossed; → **droit²**

d (LOC) **il a encore du chemin à faire** he's still got a long way to go ◆ **faire son chemin dans la vie** to make one's way in life ◆ **il a fait du chemin !** (arriviste, jeune cadre) he has come up in the world; (savant, chercheur) he has come a long way ◆ **cette idée a fait son chemin** this idea has gained ground ◆ **faire la moitié du chemin** to meet sb half-way ◆ **se mettre dans** ou **sur le chemin de qn** to stand ou get in sb's way, stand in sb's path ◆ **il est toujours sur mon chemin** he turns up wherever I go; (comme obstacle) he always stands in my way ◆ **montrer le chemin** to lead the way ◆ **l'aîné est un délinquant et le cadet suit le même chemin** the eldest child is a delinquent and his younger brother is going the same way ◆ **être sur le bon chemin** to be on the right track ◆ **ne t'arrête pas en si bon chemin !** don't stop now when you're doing so well ou after such a good start

♦ **trouver des difficultés sur son chemin** to meet with difficulties ♦ **cela n'en prend pas le chemin** it doesn't look very likely ♦ **est-ce qu'il va réussir ? – il n'en prend pas le chemin** will he succeed? – not if he goes about it like that ♦ **le chemin de Damas** (Rel) the road to Damascus ♦ **trouver son chemin de Damas** to see the light

2 COMP ▷ **chemin d'accès** (Ordin) access path ▷ **chemin charretier** cart track ▷ **chemin creux** sunken lane ▷ **chemin critique** (Ordin) critical path ▷ **le chemin de croix (du Christ)** the Way of the Cross; (dans une église) the Stations of the Cross ▷ **chemin de fer** railway (Brit), railroad (US); (= moyen de transport) rail ♦ **par chemin de fer** by rail ♦ **employé des chemins de fer** railway (Brit) ou railroad (US) worker ▷ **chemin de halage** towpath ▷ **chemin optique** optical path ▷ **chemin de ronde** parapet ou rampart walk ▷ **chemin de table** table runner ▷ **chemin de terre** dirt track ▷ **chemin de traverse** path across ou through the fields ▷ **chemin vicinal** country road ou lane, minor road

**chemineau**, pl **chemineaux** [ʃ(ə)mino] → SYN nm (littér ou †† = vagabond) vagabond

**cheminée** [ʃ(ə)mine] → SYN 1 nf a (extérieure) [maison, usine] chimney (stack); [paquebot, locomotive] funnel, smokestack

b (intérieure) fireplace; (= foyer) fireplace, hearth; (= encadrement) mantelpiece, chimney piece ♦ **un feu crépitait dans la cheminée** a fire was crackling in the hearth ou fireplace ou grate; → **feu[1]**

c [volcan] vent; (Alpinisme) chimney; [lampe] chimney

2 COMP ▷ **cheminée d'aération** ventilation shaft ▷ **cheminée des fées** earth pillar ▷ **cheminée prussienne** (closed) stove ▷ **cheminée d'usine** factory chimney

**cheminement** [ʃ(ə)minmɑ̃] → SYN nm (= progression) [caravane, marcheurs] progress, advance; [troupes] advance (under cover); [sentier, itinéraire, eau] course, way; [idées, pensée] development, progression ♦ **il est difficile de suivre son cheminement intellectuel** it is difficult to follow his reasoning ou line of thought

**cheminer** [ʃ(ə)mine] → SYN ▸ conjug 1 ◂ vi (littér) a (= marcher) to walk (along); (Mil = avancer à couvert) to advance (under cover) ♦ **cheminer péniblement** to trudge (wearily) along ♦ **après avoir longtemps cheminé** having plodded along for ages ♦ **nous cheminions vers la ville** we wended (littér) ou made our way towards the town

b [sentier] to make its way (*dans* along); [eau] to make its way, follow its course (*dans* along); [idées] to follow their course ♦ **l'idée cheminait lentement dans sa tête** the idea was slowly taking root in his mind, he was slowly coming round to the idea ♦ **sa pensée cheminait de façon tortueuse** his thoughts followed a tortuous course ♦ **les eaux de la Durance cheminent entre des falaises** the waters of the Durance flow between cliffs ou make their way between cliffs

**cheminot** [ʃ(ə)mino] → SYN nm railwayman (Brit), railroad man (US)

**chemisage** [ʃ(ə)mizaʒ] nm (intérieur) lining; (extérieur) jacketing

**chemise** [ʃ(ə)miz] → SYN 1 nf a (Habillement) [homme] shirt; †† [femme] chemise †, shift †; [bébé] vest (Brit), undershirt (US) ♦ **chemise de soirée/de sport** dress/sports shirt ♦ **être en manches** ou **bras de chemise** to be in one's shirt sleeves ♦ **col/manchette de chemise** shirt collar/cuff ♦ **je m'en moque comme de ma première chemise** * I couldn't care less *, I don't care a hoot * ou two hoots *

b (= dossier) folder; (Tech) (= revêtement intérieur) lining; (= revêtement extérieur) jacket ♦ **chemise de cylindre** (Aut) cylinder liner

2 COMP ▷ **chemise (américaine)** (woman's) vest (Brit) ou undershirt (US) ▷ **chemises brunes** (Hist) Brown Shirts ▷ **chemise d'homme** man's shirt ▷ **chemise de maçonnerie** facing ▷ **chemises noires** (Hist) Blackshirts ▷ **chemise de nuit** [femme] nightdress, nightie *; [homme] nightshirt ▷ **chemises rouges** (Hist) Redshirts

**chemiser** [ʃ(ə)mize] → SYN ▸ conjug 1 ◂ vt [+ intérieur] to line; [+ extérieur] to jacket

**chemiserie** [ʃ(ə)mizʀi] nf (= magasin) (men's) shirt shop; (= rayon) shirt department; (= commerce) shirt(-making) trade ou business

**chemisette** [ʃ(ə)mizɛt] → SYN nf [homme] short-sleeved shirt; [femme] short-sleeved blouse

**chemisier, -ière** [ʃ(ə)mizje, jɛʀ] → SYN 1 nm,f (= marchand) (gentlemen's) shirtmaker; (= fabricant) shirtmaker

2 nm (= vêtement) blouse; → **col, robe**

**chémorécepteur** [ʃemoʀesɛptœʀ] nm ⇒ **chimiorécepteur**

**chênaie** [ʃɛnɛ] → SYN nf oak grove

**chenal**, pl **-aux** [ʃənal, o] → SYN 1 nm (= canal) channel, fairway; (= rigole) channel; [moulin] millrace; [forge, usine] flume

2 COMP ▷ **chenal de coulée** (Ind) gate, runner ▷ **chenal pro-glaciaire** glaciated valley

**chenapan** [ʃ(ə)napɑ̃] → SYN nm (hum = garnement) scallywag (hum), rascal (hum); (péj = vaurien) scoundrel, rogue

**chêne** [ʃɛn] → SYN 1 nm (= arbre) oak (tree); (= bois) oak

2 COMP ▷ **chêne pubescent** pubescent oak ▷ **chêne rouvre** ou **sessile** durmast ou sessile oaktree ▷ **chêne vert** holm oak, ilex

**chéneau**, pl **chéneaux** [ʃeno] → SYN nm [toit] gutter

**chêne-liège**, pl **chênes-lièges** [ʃɛnljɛʒ] nm cork oak

**chenet** [ʃ(ə)nɛ] → SYN nm firedog, andiron

**chènevière** [ʃɛnvjɛʀ] nf hemp field

**chènevis** [ʃɛnvi] nm hempseed

**chenil** [ʃ(ə)nil] nm kennels (Brit), kennel (US) ♦ **mettre son chien dans un chenil** to put one's dog in kennels

**chenille** [ʃ(ə)nij] → SYN 1 nf a (Aut, Zool) caterpillar ♦ **véhicule à chenilles** tracked vehicle

b (Tex) chenille

c (= danse) conga

2 COMP ▷ **chenille du mûrier** silkworm ▷ **chenille processionnaire** processionary caterpillar

**chenillé, e** [ʃ(ə)nije] adj véhicule with caterpillar tracks, tracked

**chenillette** [ʃ(ə)nijɛt] nf (= véhicule) tracked vehicle

**chénopode** [kenɔpɔd] nm (Bot) goosefoot

**chenu, e** [ʃəny] adj (littér) vieillard, tête hoary; arbre leafless with age

**Chéops** [keɔps] nm Cheops

**Chephren** [kefʀɛn] nm Khafre, Chephren

**cheptel** [ʃɛptɛl] → SYN 1 nm (= bétail) livestock; (Jur) livestock *(leased)* ♦ **cheptel ovin d'une région** sheep population of an area

2 COMP ▷ **cheptel mort** farm implements ▷ **cheptel vif** livestock

**chèque** [ʃɛk] 1 nm a (Banque) cheque (Brit), check (US) ♦ **faire/toucher un chèque** to write ou make out/cash a cheque ♦ **chèque de 20 €** cheque for €20; → **barrer**

b (= bon) voucher ♦ **chèque-déjeuner ®** ou **-repas** ou **-restaurant ®** luncheon voucher (Brit), meal ticket (US) ♦ **chèque-cadeau** gift token ♦ **chèque-essence** petrol (Brit) ou gasoline (US) coupon ou voucher

2 COMP ▷ **chèque bancaire** cheque ▷ **chèque de banque** banker's ou cashier's cheque ▷ **chèque en blanc** (lit, fig) blank cheque ▷ **chèque en bois** * dud cheque * (Brit), rubber cheque * ▷ **chèque certifié** certified cheque ▷ **chèque de dépannage** loose cheque *(supplied by bank when customer does not have his own chequebook)* ▷ **chèque emploi service** *automatic welfare deduction system for pay cheques for domestic help* ▷ **chèque à ordre** cheque to order, order cheque ▷ **chèque au porteur** bearer cheque ▷ **chèque postal** *cheque drawn on a post office account* ♦ **les chèques postaux** (= service) the banking departments of the post office ▷ **chèque sans provision** bad cheque ▷ **chèque de voyage** traveller's cheque

**chéquier** [ʃekje] nm chequebook (Brit), checkbook (US)

**cher, chère[1]** [ʃɛʀ] → SYN 1 adj a (gén après nom = aimé) personne, souvenir, vœu dear (*à* to) ♦ **ceux qui** ou **les êtres qui nous sont chers** our nearest and dearest, our loved ones ♦ **des souvenirs chers** fond memories ♦ **des souvenirs chers à mon cœur** memories dear to my heart ♦ **c'est mon vœu le plus cher** it's my fondest ou dearest wish ♦ **mon désir le plus cher** ou **mon plus cher désir est de ...** my greatest ou most cherished desire is to ... ♦ **l'honneur est le bien le plus cher** honour is one's most precious possession, one's honour is to be treasured above all else ♦ **selon une formule chère au président** as a favourite saying of the president goes, to quote a favourite expression of the president

b (avant nom) dear ♦ **(mes) chers auditeurs** dear listeners ♦ **mes bien chers frères** (Rel) my dear(est) brethren ♦ **Monsieur et cher collègue** dear colleague ♦ **ce cher (vieux) Louis !** * dear old Louis! * ♦ **le cher homme n'y entendait pas malice** (hum) the dear man didn't mean any harm by it ♦ **il était content de retrouver ses chers livres** he was glad to be back with his beloved books ♦ **elle a retrouvé ses chères habitudes** she slipped back into the old habits she holds so dear ♦ **chers tous** (sur lettre) dear all

c (après nom = coûteux) expensive, dear (Brit) ♦ **un petit restaurant pas cher** an inexpensive ou a reasonably priced little restaurant ♦ **c'est vraiment pas cher !** it's really cheap! ♦ **la vie est chère à Paris** the cost of living is high in Paris, Paris is an expensive place to live ♦ **c'est moins cher qu'en face** it's cheaper than ou less expensive than in the shop opposite ♦ **cet épicier est trop cher** this grocer is too expensive ou too dear (Brit) ou charges too much ♦ **c'est trop cher pour ce que c'est** it's overpriced; → **vie**

2 nm,f (frm ou hum) ♦ **mon cher, ma chère** my dear ♦ **oui, très cher** yes, dearest ♦ **son cher et tendre** her other ou better half (hum)

3 adv valoir, coûter, payer a lot (of money), a great deal (of money) ♦ **article qui vaut** ou **coûte cher** expensive item, item that costs a lot ou a great deal ♦ **as-tu payé cher ton costume ?** did you pay much ou a lot for your suit?, was your suit (very) expensive? ♦ **il se fait payer cher, il prend cher** he charges a lot, he's expensive ♦ **il vend cher** his prices are high, he charges high prices ♦ **ça s'est vendu cher** it went for ou fetched a high price ou a lot (of money) ♦ **je ne l'ai pas acheté cher, je l'ai eu pour pas cher** * I didn't pay much for it, I got it cheap * ♦ **je donnerais cher pour savoir ce qu'il fait** * I'd give anything to know what he's doing ♦ **je ne donne pas cher de sa vie/de sa réussite** I wouldn't like to bet on his chances of survival/succeeding, I wouldn't rate his chances of survival/succeeding very highly ♦ **il ne vaut pas cher** he's a good-for-nothing ♦ **tu ne vaux pas plus cher que lui** you're no better than he is ou than him, you're just as bad as he is ♦ **son imprudence lui a coûté cher** his rashness cost him dear (Brit) ou a great deal (US) ♦ **il a payé cher son imprudence** he paid dearly ou heavily for his rashness

**chercher** [ʃɛʀʃe] → SYN ▸ conjug 1 ◂ 1 vt a (= essayer de trouver) [+ personne, chose égarée, emploi] to look for, search for, try to find; [+ solution, moyen] to look for, seek, try to find; [+ ombre, lumière, tranquillité] to seek; [+ citation, heure de train] to look up; [+ nom, terme] to try to remember; [+ raison, excuse] to cast about for, try to find, look for ♦ **chercher un mot dans un dictionnaire** to look up a word in a dictionary ♦ **chercher qn du regard** ou **des yeux** to look ou glance around for sb ♦ **chercher qch à tâtons** to grope ou fumble for sth ♦ **attends, je cherche** wait a minute, I'm trying to think ♦ **il n'a pas bien cherché** he didn't look very hard ♦ **chercher partout qch/qn** to search ou hunt everywhere for sth/sb ♦ **chercher sa voie** to look for ou seek a path in life ♦ **il cherchait ses mots** he was struggling to find the right words ♦ **cherche ! cherche !** (à un chien) fetch! ♦ **ce n'est pas la peine de chercher bien loin, c'est lui qui l'a fait** you don't have to look too far, he's the one who did it

b (= viser à) [+ gloire, succès] to seek (after); (= rechercher) [+ alliance, faveur] to seek ♦ **il ne cherche que son intérêt** he's only out for himself c (= provoquer) [+ danger, mort] to court ◆ **chercher la difficulté** to look for difficulties ◆ **chercher la bagarre** to be looking ou spoiling for a fight ◆ **tu l'auras cherché !** you've been asking for it! ◆ **il l'a bien cherché** he asked for it, he had it coming to him ◆ **si on me cherche, on me trouve** * if anyone asks for it they'll get it * ◆ **tu me cherches ?** * are you looking for trouble? ◆ **chercher le contact avec l'ennemi** to try to engage the enemy in combat

d (= prendre, acheter) **aller chercher qch/qn** to go for sth/sb, go and get ou fetch (Brit) sth/sb ◆ **il est venu chercher Paul** he called ou came for Paul, he came to get ou to fetch (Brit) Paul ◆ **il est allé me chercher de la monnaie** he's gone to get me some change ◆ **va me chercher mon sac** go and get ou fetch (Brit) my bag ◆ **qu'est-ce que tu vas chercher ? je n'ai rien dit !** what do you mean? I didn't say a thing! ◆ **où est-ce qu'il va chercher toutes ces idées idiotes !** where does he get all those stupid ideas from! ◆ **monter/descendre chercher qch** to go up/down for sth ou to get sth ◆ **aller chercher qch dans un tiroir** to go and get sth out of a drawer ◆ **il est allé/venu le chercher à la gare** he went/came to meet ou collect him at the station ◆ **aller chercher les enfants à l'école** to go to get ou collect ou fetch (Brit) the children from school ◆ **envoyer chercher le médecin** to send for the doctor ◆ **envoyer qn chercher le médecin** to send sb to get the doctor ◆ **ça va chercher dans les 50 €** it'll come to around €50 ◆ **ça va chercher dans les 5 ans de prison** it will mean something like 5 years in prison ◆ **ça peut aller chercher loin** (amende) it could mean a heavy fine

e **chercher à faire** to try to do, attempt to do ◆ **chercher à comprendre** to try to understand ◆ **faut pas chercher à comprendre** * don't even try and understand ◆ **chercher à faire plaisir à qn** to try ou endeavour to please sb ◆ **chercher à obtenir qch** to try to get ou obtain sth ◆ **chercher à savoir qch** to try ou attempt to find out sth

f (LOC) **chercher midi à quatorze heures** to complicate the issue ◆ **chercher la petite bête** to split hairs ◆ **chercher une aiguille dans une botte** ou **meule de foin** to look for a needle in a haystack ◆ **chercher des poux dans la tête de qn** * to try to make trouble for sb ◆ **chercher querelle à qn** to try to pick a quarrel with sb ◆ **cherchez la femme !** cherchez la femme!; → **crosse, fortune, histoire, noise, salut**

2 **se chercher** vpr (= chercher sa voie) to search for an identity ◆ **il se cherche encore** he hasn't found himself yet

**chercheur, -euse** [ʃɛʀʃœʀ, øz] → SYN 1 adj esprit inquiring; → **tête**

2 nm [télescope] finder; [détecteur à galène] cat's whisker ◆ **chercheur de fuites** gas-leak detector

3 nm,f (= scientifique) researcher, research worker ◆ **chercheur de** (gén) seeker of ◆ **chercheur d'aventure(s)** adventure seeker, seeker after adventure ◆ **chercheur d'or** gold digger ◆ **chercheur de trésors** treasure hunter

**chère**[2] [ʃɛʀ] → SYN nf († † ou hum) food, fare, cheer † ◆ **faire bonne chère** to eat well, have a good meal ◆ **aimer la bonne chère** to love one's food

**chèrement** [ʃɛʀmɑ̃] → SYN adv a (= durement) dearly ◆ **chèrement acquis** ou **payé** avantage, victoire dearly bought ou won ◆ **vendre** ou **faire payer chèrement sa vie** to sell one's life dearly

b (= avec affection) aimer dearly

c († = au prix fort) vendre at a high price, dearly †

**chergui** [ʃɛʀgi] nm ≃ sirocco *(in Morocco)*

**chéri, e** [ʃeʀi] → SYN (ptp de **chérir**) 1 adj (= bien-aimé) beloved, darling, dear(est) ◆ **quand il a revu son fils chéri** when he saw his beloved son again ◆ **c'est l'enfant chéri du parti** he's the darling of the party ◆ **maman chérie** mother dear, mother darling ◆ **"à notre père chéri"** (sur tombe) "to our dearly beloved father"

2 nm,f a (terme d'affection) darling ◆ **mon chéri** (my) darling ◆ **bonjour mes chéris** (hum) hullo darlings (hum)

b (péj = préféré) **c'est le chéri à sa maman** * he's mummy's (Brit) ou mommy's (US) little darling ou blue-eyed boy ◆ **c'est la chérie de ses parents** she's the apple of her parents' eye, her parents dote on her

**chérif** [ʃeʀif] nm sherif

**chérir** [ʃeʀiʀ] → SYN ▸ conjug 2 ◂ vt (littér) [+ personne] to cherish, love dearly; [+ liberté, idée] to cherish, hold dear; [+ souvenir] to cherish, treasure

**Cherokee** [ʃeʀoki] nmf Cherokee

**chérot** * [ʃeʀo] adj m (= coûteux) pricey * (Brit), expensive

**cherry** [ʃeʀi], **cherry brandy** [ʃeʀibʀɑ̃di] nm cherry brandy

**cherté** [ʃɛʀte] → SYN nf [article] high price, dearness (Brit); [époque, région] high prices (*de* in) ◆ **la cherté de la vie** the high cost of living, the cost of things *

**chérubin** [ʃeʀybɛ̃] → SYN nm (lit, fig) cherub ◆ **chérubins** (Art) cherubs; (Rel) cherubim

**chétif, -ive** [ʃetif, iv] → SYN adj a (= malingre) personne puny, sickly; plante scrawny, stunted ◆ **enfant à l'aspect chétif** weedy-looking ou puny-looking child

b (= minable) récolte meagre (Brit), meager (US), poor; existence meagre (Brit), meager (US), mean; repas skimpy, scanty; raisonnement paltry, feeble

**chétivement** [ʃetivmɑ̃] adv pousser punily

**chétivité** [ʃetivite] nf [personne] sickliness, puniness; [plante] puniness, stuntedness

**chevaine** [ʃ(ə)vɛn] nm ⇒ **chevesne**

**cheval, pl -aux** [ʃ(ə)val, o] → SYN 1 nm a (= animal) horse; (= viande) horsemeat ◆ **carrosse à deux/à six chevaux** coach and pair/and six ◆ **faire du cheval** to go horse-riding ◆ **tu sais faire du cheval ?** can you ride (a horse)? ◆ **c'est un grand cheval, cette fille** (péj) she's a strapping lass ◆ **au travail, c'est un vrai cheval** he works like a Trojan ◆ **ce n'est pas le mauvais cheval** he's not a bad sort ou soul ◆ **tu as mangé** ou **bouffé** ‡ **du cheval !** you're full of beans! * ◆ **c'est changer un cheval borgne pour un aveugle** it's jumping out of the frying pan into the fire ◆ **ça ne se trouve pas sous le pas** ou **le sabot d'un cheval** it doesn't grow on trees ◆ **on ne change pas de cheval au milieu du gué** you don't change horses in midstream; → **miser, monter**[1]**, petit**

b (Aut) horsepower (NonC) ◆ **elle fait combien de chevaux ?** how many cc's is it?, what horsepower is it? ◆ **c'est une 6 chevaux** it's a 6 horsepower car

c (arg Drogue) horse, (big) H

d (LOC) **monter sur ses grands chevaux** to get on one's high horse ◆ **de cheval** * remède drastic; fièvre raging

◆ **à cheval** on horseback ◆ **se tenir bien à cheval** to have a good seat, sit well on horseback

◆ **à cheval sur** ◆ **être à cheval sur une chaise** to be (sitting) astride a chair, be straddling a chair ◆ **village à cheval sur deux départements** village straddling two departments ◆ **à cheval sur deux mois** overlapping two (different) months, running from one month into the next ◆ **être à cheval sur deux cultures** [ville, pays] to be at the crossroads of two cultures; [personne] to have roots in two cultures; [œuvre] to be rooted in ou to span two cultures ◆ **être (très) à cheval sur le règlement/les principes** to be a (real) stickler for the rules/for principles

2 COMP ▷ **cheval d'arçons** pommel horse ▷ **cheval d'attelage** plough (Brit) ou plow (US) horse ▷ **cheval à bascule** rocking horse ▷ **cheval de bataille** (Mil) battle horse, charger ◆ **il a ressorti son cheval de bataille** (fig) he's back on his hobby-horse ou his favourite theme again ◆ **l'opposition en a fait son cheval de bataille** the opposition have made it their key issue ou main concern ▷ **cheval de bois** wooden horse ◆ **monter** ou **aller sur les chevaux de bois** to go on the merry-go-round ou roundabout (Brit); († ou hum) ◆ **manger avec les chevaux de bois** to miss a meal, go dinnerless ▷ **cheval de chasse** hunter ▷ **cheval de cirque** circus horse ▷ **cheval de course** racehorse ▷ **cheval de fiacre** carriage horse ▷ **cheval fiscal** horsepower *(for tax purposes)* ▷ **chevaux de frise** chevaux-de-frise ▷ **cheval de labour** carthorse, plough (Brit) ou plow (US) horse ▷ **cheval de manège** school horse ▷ **cheval marin** ou **de mer** sea horse ▷ **cheval de poste** ou **de relais** post horse ▷ **(vieux) cheval de retour** recidivist, old lag * (Brit) ▷ **cheval de saut** vaulting horse ▷ **cheval de selle** saddle horse ▷ **cheval de trait** draught horse (Brit), draft horse (US) ▷ **le cheval de Troie** (lit, fig) the Trojan horse, the Wooden Horse of Troy

**chevalement** [ʃ(ə)valmɑ̃] nm [mur] shoring; [galerie] (pit)head frame

**chevaler** [ʃ(ə)vale] → SYN ▸ conjug 1 ◂ vt [+ mur] to shore up

**chevaleresque** [ʃ(ə)valʀɛsk] → SYN adj caractère, conduite chivalrous, gentlemanly ◆ **règles chevaleresques** rules of chivalry ◆ **l'honneur chevaleresque** the honour of a knight, knightly honour

**chevalerie** [ʃ(ə)valʀi] → SYN nf (Hist = institution) chivalry; (= dignité, chevaliers) knighthood; → **roman**[1]

**chevalet** [ʃ(ə)valɛ] → SYN nm a [peintre] easel; (Menuiserie) trestle, sawhorse (Brit), sawbuck (US); [violon] bridge; (à feuilles mobiles) flip chart

b (Hist) **le chevalet** (= torture) the rack

**chevalier** [ʃ(ə)valje] → SYN 1 nm a (Hist) knight ◆ **faire qn chevalier** to knight sb, dub sb knight ◆ **"je te fais chevalier"** "I dub you knight"

b (= membre) [ordre français] chevalier; [ordre britannique] knight ◆ **chevalier de la Légion d'honneur** Knight of the Legion of Honour

c (= oiseau) sandpiper

2 COMP ▷ **chevalier aboyeur** (Orn) greenshank ▷ **chevalier blanc** (Fin) white knight ▷ **chevalier errant** knight-errant ▷ **chevalier gambette** (Orn) redshank ▷ **chevalier gris** (Fin) grey knight ▷ **chevalier d'industrie** crook, swindler ▷ **chevalier noir** (Fin) black knight ▷ **chevalier servant** (attentive) escort ▷ **chevalier de la Table ronde** Knight of the Round Table ▷ **chevaliers teutoniques** Teutonic Knights ▷ **le chevalier à la Triste Figure** the Knight of the Sorrowful Countenance

**chevalière** [ʃ(ə)valjɛʀ] → SYN nf signet ring

**chevalin, e** [ʃ(ə)valɛ̃, in] adj race of horses, equine; visage, œil horsy; → **boucherie**

**cheval-vapeur, pl chevaux-vapeur** [ʃ(ə)valvapœʀ] nm horsepower

**chevauchée** [ʃ(ə)voʃe] → SYN nf (= course) ride; (= cavaliers, cavalcade) cavalcade ◆ **"La Chevauchée fantastique"** (Ciné) "Stagecoach"

**chevauchement** [ʃ(ə)voʃmɑ̃] nm (gén) overlapping; (Géol) thrust fault

**chevaucher** [ʃ(ə)voʃe] → SYN ▸ conjug 1 ◂ 1 vt a [+ cheval, âne] to be astride; [+ chaise] to sit astride, straddle ◆ **de grosses lunettes lui chevauchaient le nez** a large pair of glasses sat on his nose ◆ **le pont chevauche l'abîme** the bridge spans the abyss

b [+ tuiles] to overlap, lap over

2 **se chevaucher** vpr [dents, tuiles, lettres] to overlap (each other); (Géol) [couches] to overthrust, override

3 vi a († ou littér = aller à cheval) to ride (on horseback)

b ⇒ **se chevaucher**

**chevau-léger, pl chevau-légers** [ʃ(ə)volеʒe] nm (Hist = soldat) member of the Household Cavalry ◆ **chevau-légers** (= troupe) Household Cavalry

**chevêche** [ʃ(ə)vɛʃ] → SYN nf little owl

**chevelu, e** [ʃəv(ə)ly] → SYN adj personne (gén) with a good crop of ou a long mane of hair; (péj) long-haired; tête hairy; épi tufted; racine bearded; → **cuir**

**chevelure** [ʃəv(ə)lyʀ] → SYN nf a (= cheveux) hair (NonC) ◆ **une chevelure malade/terne** unhealthy/dull hair ◆ **elle avait une chevelure abondante/une flamboyante chevelure rousse** she had thick hair ou a thick head of hair/a shock of flaming red hair ◆ **sa chevelure était magnifique** her hair was magnificent

b [comète] tail

**chevesne** [ʃ(ə)vɛn] → SYN nm chub

**chevet** [ʃ(ə)vɛ] → SYN nm **a** [de lit] bedhead ◆ **au chevet de qn** at sb's bedside; → **lampe, livre**[1], **table**

**b** (Archit) [église] chevet

**cheveu,** pl **cheveux** [ʃ(ə)vø] → SYN **1** nm **a** (gén pl) hair ◆ **cheveux** (= chevelure) hair (NonC) ◆ **il a le cheveu rare** (collectif) he's balding, his hair is thinning ◆ **une femme aux cheveux blonds/frisés** a fair-haired/curly-haired woman, a woman with fair/curly hair ◆ **avoir les cheveux en désordre** ou **en bataille** ou **hirsutes** to have untidy ou dishevelled hair ◆ **(les) cheveux au vent** hair streaming in the wind ◆ **elle s'est trouvé 2 cheveux blancs** she has found 2 white hairs ◆ **en cheveux** † hatless, bareheaded ◆ **il n'a pas un cheveu sur la tête** ou **le caillou** * he hasn't a (single) hair on his head; → **coupe**[2], **brosse, épingle, filet**

**b** (LOC) **leur survie n'a tenu qu'à un cheveu, il s'en est fallu d'un cheveu qu'ils ne se tuent** they escaped death by a whisker ◆ **son accord n'a tenu qu'à un cheveu** it was touch and go whether he would agree ◆ **il s'en faut d'un cheveu qu'il ne change d'avis** it's touch and go whether he'll change his mind ◆ **si vous osez toucher à un cheveu de cet enfant** if you dare touch ou if you so much as touch a hair of this child's head ◆ **avoir mal aux cheveux** * to have a hangover ◆ **avoir un cheveu (sur la langue)** * to have a lisp ◆ **se faire des cheveux (blancs)** * to worry o.s. sick * ◆ **arriver comme un cheveu sur la soupe** * [personne] to turn up at the most awkward moment; [remarque] to be completely irrelevant ◆ **tiré par les cheveux** histoire far-fetched ◆ **il y a un cheveu** * there's a hitch * ou snag * ◆ **il va y trouver un cheveu** * he's not going to like it one bit ◆ **se prendre aux cheveux** to come to blows; → **arracher, couper**

**2** COMP ▷ **cheveux d'ange** (= vermicelle) angel hair pasta; (= décoration) Christmas floss ▷ **cheveux de Vénus** maidenhair (fern)

**chevillard** [ʃ(ə)vijaʀ] → SYN nm wholesale butcher

**cheville** [ʃ(ə)vij] → SYN nf **a** (Anat) ankle ◆ **l'eau lui venait** ou **arrivait à la cheville** ou **aux chevilles** he was ankle-deep in water, the water came up to his ankles ◆ **aucun ne lui arrive à la cheville** (fig) he's head and shoulders above the others, there's no one to touch him ◆ **avoir les chevilles qui enflent** * (péj) to be full of oneself, have a swollen ou swelled head * (US) ◆ **t'as pas les chevilles qui enflent ?** * (péj) you're very full of yourself, aren't you? ◆ **ça va les chevilles ?** * (péj) bighead! *

**b** (= fiche) (pour joindre) dowel, peg, pin; (pour vis) plug; (Mus) [instrument à cordes] peg; (Boucherie = crochet) hook ◆ **vendre de la viande à la cheville** to sell meat wholesale ◆ **cheville ouvrière** (Aut) kingpin; (fig) kingpin, mainspring

**c** (Littérat) [poème] cheville; (péj = remplissage) padding (NonC)

**d** (LOC) **être en cheville avec qn pour faire qch** to be in cahoots * with sb to do sth, collude with sb in doing sth

**cheviller** [ʃ(ə)vije] → SYN ▸ conjug 1 ◂ vt (Menuiserie) to peg ◆ **avoir l'âme chevillée au corps** to have nine lives ◆ **avoir l'espoir chevillé au cœur** ou **au corps** to refuse to give up hope, have a never-say-die attitude ◆ **avoir la méchanceté chevillée au corps** to be nasty through and through, be downright nasty ou malicious

**cheviotte** [ʃəvjɔt] nf Cheviot wool

**chèvre** [ʃɛvʀ] → SYN **1** nf **a** (Zool) (gén) goat; (femelle) nanny-goat ◆ **devenir chèvre** * to go crazy ◆ **je deviens chèvre moi avec tous ces formulaires/enfants !** * all these forms/these children are driving me up the wall! * ◆ **rendre** ou **faire devenir qn chèvre** * to drive sb up the wall *; → **fromage**

**b** (Tech) (= treuil) hoist, gin; (= chevalet) sawhorse, sawbuck (US), trestle

**2** nm (= fromage) goat('s) cheese, goat's-milk cheese

**chevreau,** pl **chevreaux** [ʃəvʀo] nm (= animal, peau) kid ◆ **bondir comme un chevreau** to gambol like a lamb

**chèvrefeuille** [ʃɛvʀəfœj] nm honeysuckle

**chevrette** [ʃəvʀɛt] nf **a** (= jeune chèvre) kid, young she-goat

**b** (= chevreuil femelle) roe, doe; (= fourrure) goatskin

**c** (= trépied) (metal) tripod

**chevreuil** [ʃəvʀœj] → SYN nm (Zool) roe deer; (= mâle) roebuck; (Can = cerf de Virginie) deer; (Culin) venison

**chevrier** [ʃəvʀije] nm (= berger) goatherd; (= haricot) (type of) kidney bean

**chevrière** [ʃəvʀijɛʀ] nf goatherd

**chevron** [ʃəvʀɔ̃] → SYN nm (= poutre) rafter; (= galon) stripe, chevron; (= motif) chevron, V(-shape) ◆ **chevrons** (petits) herringbone (pattern); (grands) chevron pattern ◆ **à chevrons** (petits) herringbone; (grands) chevron-patterned

**chevronné, e** [ʃəvʀɔne] → SYN adj alpiniste experienced, seasoned; soldat seasoned; conducteur experienced ◆ **un parlementaire chevronné** a seasoned parliamentarian

**chevrotant, e** [ʃəvʀɔtɑ̃, ɑ̃t] adj voix quavering, shaking; vieillard with a quavering voice

**chevrotement** [ʃəvʀɔtmɑ̃] nm [voix] quavering, shaking; [vieillard] quavering (voice)

**chevroter** [ʃəvʀɔte] → SYN ▸ conjug 1 ◂ vi [personne] to quaver; [voix] to quaver, shake

**chevrotine** [ʃəvʀɔtin] nf buckshot (NonC)

**chewing-gum,** pl **chewing-gums** [ʃwiŋgɔm] nm chewing gum (NonC) ◆ **un chewing-gum** a piece of chewing-gum

**Cheyenne** [ʃejɛn] nmf Cheyenne ◆ **les Cheyennes** the Cheyenne

**chez** [ʃe] prép **a** (à la maison) **chez soi** at home ◆ **être/rester chez soi** to be/stay at home, be/stay in ◆ **est-ce qu'elle sera chez elle aujourd'hui ?** will she be at home ou in today? ◆ **venez chez moi** come to my place ◆ **nous rentrons chez nous** we are going home ◆ **j'ai des nouvelles de chez moi** I have news from home ◆ **faites comme chez vous** make yourself at home ◆ **on n'est plus chez soi avec tous ces touristes !** it doesn't feel like home any more with all these tourists around! ◆ **nous l'avons trouvée chez elle** we found her at home

**b** **chez qn** (maison) at sb's house ou place; (appartement) at sb's place ou flat (Brit) ou apartment (US); (famille) in sb's family ou home ◆ **chez moi nous sommes 6** there are 6 of us in my ou our family ◆ **près de/devant/de chez qn** near/in front of/from sb's place ou house ◆ **de/près de chez nous** from/near (our) home ou our place ou our house ◆ **chez Robert/le voisin** at Robert's (house)/the neighbour's (house) ◆ **chez moi/son frère, c'est tout petit** my/his brother's place is tiny ◆ **je vais chez lui/Robert** I'm going to his place/to Robert's (place) ◆ **il séjourne chez moi** he is staying at my place ou with me ◆ **la personne chez qui je suis allé** the person to whose house I went ◆ **passons par chez eux/mon frère** let's drop in on them/my brother, let's drop by their place/my brother's place ◆ **chez M. Lebrun** (sur une adresse) c/o Mr Lebrun ◆ **chez Rosalie** (enseigne de café) Rosalie's, chez Rosalie ◆ **chez nous** (pays) in our country, at home, back home *; (région) at home, back home *; (maison) in our house, at home ◆ **chez nous au Canada/en Bretagne** (là-bas) back (home) in Canada/Brittany; (ici) here in Canada/Brittany ◆ **c'est une coutume/paysanne (bien) de chez nous** it/she is one of our typical local customs/country girls ◆ **chez eux/vous, il n'y a pas de parlement** in their/your country there's no parliament ◆ **il a été élevé chez les Jésuites** he was brought up in a Jesuit school ou by the Jesuits

**c** (avec nom de métier) **chez l'épicier/le coiffeur** at the grocer's/the hairdresser's ◆ **je vais chez le boucher** I'm going to the butcher's ◆ **il va chez le dentiste/le médecin** he's going to the dentist('s)/the doctor('s)

**d** (avec groupe humain ou animal) among ◆ **chez les Français/les Romains** among the French/the Romans ◆ **chez les fourmis/le singe** in ants/monkeys ◆ **on trouve cet instinct chez les animaux** you find this instinct in animals ◆ **chez les politiciens** among politicians ◆ **chez les hommes/les femmes** (Sport) in the men's/women's

**e** (avec personne, œuvre) **chez Balzac/Picasso on trouve de tout** in Balzac/Picasso you find a bit of everything ◆ **c'est rare chez un enfant de cet âge** it's rare in a child of that age ◆ **chez lui, c'est une habitude** it's a habit with him ◆ **chez lui c'est le foie qui ne va pas** it's his liver that gives him trouble

**chez-soi** [ʃeswa] nm inv home (of one's own) ◆ **avoir un chez-soi** to have a home of one's own ou a home to call one's own

**chiadé, e** ⁑ [ʃjade] (ptp de **chiader**) adj (= difficile) problème tough *, stiff *; (= approfondi) exposé thorough; (= perfectionné) appareil clever, nifty *

**chiader** ⁑ [ʃjade] ▸ conjug 1 ◂ **1** vt [+ leçon] to swot up * (Brit), cram; [+ examen] to cram for *, swot for * (Brit); [+ exposé] to work on, swot up * for (Brit) ◆ **il a chiadé sa lettre** he worked on his letter till it was perfect

**2** vi (= travailler) to swot * (Brit), slog away * (Brit), grind away (US)

**chialer** * [ʃjale] ▸ conjug 1 ◂ vi (= pleurer) to blubber *

**chialeur, -euse** * [ʃjalœʀ, øz] nm,f crybaby *

**chiant, chiante** ⁑ [ʃjɑ̃, ʃjɑ̃t] adj personne, problème damn ⁑ ou bloody ⁑ (Brit) annoying ◆ **ce roman est chiant** this novel's damn ⁑ ou bloody ⁑ (Brit) boring ◆ **c'est chiant** it's a damn ⁑ ou bloody ⁑ (Brit) nuisance, it's damn ⁑ ou bloody ⁑ (Brit) annoying ◆ **chiant comme la pluie** ou **un lundi** as boring as hell ⁑ ◆ **tu es chiant avec tes questions !** you're a pain in the arse *⁎ (Brit) ou ass *⁎ (US) with all your questions!

**chianti** [kjɑ̃ti] nm chianti

**chiard** ⁑ [ʃjaʀ] nm brat

**chiasma** [kjasma] nm (Anat) chiasm(a)

**chiasme** [kjasm] nm (Littérat) chiasmus

**chiasse** [ʃjas] → SYN **1** nf ⁑ **a** (= colique) **avoir/attraper la chiasse** (lit) to have/get the runs * ou the trots *; (peur) to have/get the willies *, be/get scared witless ou shitless *⁎ ◆ **ça lui donne la chiasse** (lit) it gives him the runs *; (peur) it scares him witless ou shitless *⁎

**b** (= poisse) **c'est la chiasse, quelle chiasse** what a damn ⁑ ou bloody ⁑ (Brit) pain

**2** COMP ▷ **chiasse de mouche** fly speck

**chiatique** ⁑ [ʃjatik] adj personne, problème damn ⁑ ou bloody ⁑ (Brit) annoying

**chic** [ʃik] → SYN **1** nm **a** (= élégance) [toilette, chapeau] stylishness; [personne] style ◆ **avoir du chic** [toilette, chapeau] to have style, be stylish; [personne] to have (great) style ◆ **être habillé avec chic** to be stylishly dressed; → **bon**[1]

**b** (LOC) **avoir le chic pour faire qch** to have the knack of doing sth ◆ **de chic** peindre, dessiner without a model, from memory ◆ **traduire/écrire qch de chic** to translate/write sth off the cuff

**2** adj inv **a** (= élégant) chapeau, toilette, personne stylish, smart

**b** (= de la bonne société) dîner smart, posh * ◆ **deux messieurs chic** two smart(-looking) gentlemen ◆ **les gens chic** the smart set, posh * people

**c** ( * = gentil, généreux) decent *, nice ◆ **c'est une chic fille** she's a nice girl ◆ **c'est un chic type** he's a decent sort ou a nice guy * ou a nice bloke * (Brit) ◆ **elle a été très chic avec moi** she's been very nice ou decent to me ◆ **c'est très chic de sa part** that's very decent ou nice of him

**3** excl ◆ **chic (alors) !** * great! *

**chicane** [ʃikan] → SYN nf **a** (= zigzag) [barrage routier] ins and outs, twists and turns; [circuit automobile] chicane; [gymkhana] in and out, zigzag ◆ **des camions stationnés en chicane gênaient la circulation** lorries parked at intervals on both sides of the street held up the traffic

**b** († : Jur) (= objection) quibble; (= querelle) squabble, petty quarrel ◆ **aimer la chicane, avoir l'esprit de chicane** (disputes) to enjoy picking quarrels with people, enjoy bickering; (procès) to enjoy bickering over points of procedure ◆ **chercher chicane à qn, faire des chicanes à qn** to pick petty quarrels with sb ◆ **gens de chicane** pettifoggers

**chicaner** [ʃikane] → SYN ▸ conjug 1 ◂ **1** vt **a** († ou littér) **chicaner qch à qn** (= mesurer) to quibble with sb about ou over sth ◆ **nul ne lui chicane son courage** (= contester) no one disputes his courage ou calls his courage into question

**b** († ou littér = chercher querelle à) **chicaner qn (sur** ou **au sujet de qch)** to quibble ou squabble with sb (over sth) ◆ **ils se chicanent continuellement** they're constantly bickering

**2** vi **a** (= ergoter) **chicaner sur** to quibble about

**b** († : Jur) to pettifog †

**chicanerie** † [ʃikanʀi] nf (= disputes) wrangling, petty quarrelling (NonC); (= tendance à ergoter) (constant) quibbling ◆ **toutes ces chicaneries** all this quibbling

**chicaneur, -euse** [ʃikanœʀ, øz] → SYN **1** adj argumentative, pettifogging

**2** nm,f quibbler

**chicanier, -ière** [ʃikanje, jɛʀ] **1** adj quibbling

**2** nm,f quibbler

**chicano** [ʃikano] **1** adj Chicano (souvent injurieux)

**2 Chicano** nmf Chicano (souvent injurieux)

**chiche**[1] [ʃiʃ] adj → **pois**

**chiche**[2] [ʃiʃ] → SYN adj **a** (= mesquin) personne niggardly, mean; rétribution niggardly, paltry, mean; repas scanty, meagre (Brit), meager (US) ◆ **comme cadeau, c'est un peu chiche** it's a rather mean ou paltry gift ◆ **être chiche de paroles/compliments** to be sparing with one's words/compliments

**b** (* = capable) **être chiche de faire qch** to be able to do sth ou capable of doing sth ◆ **tu n'es pas chiche (de le faire)** you couldn't (do that) ◆ **chiche que je le fais !** I bet you I do it!, (I) bet you I will! ◆ **chiche ? – chiche !** are you on?* ou are you game?* – you're on!*

**chiche-kebab,** pl **chiche(s)-kebab(s)** [ʃiʃkebab] nm shish kebab

**chichement** [ʃiʃmɑ̃] adv récompenser, nourrir meanly, meagrely (Brit), meagerly (US); vivre, se nourrir (= pauvrement) poorly; (= mesquinement) meanly

**chichi** * [ʃiʃi] nm **a** **chichi(s)** (= embarras) fuss (NonC), carry-on * (NonC); (= manières) fuss (NonC) ◆ **faire des chichis** ou **du chichi** (embarras) to fuss, make a fuss; (manières) to make a fuss ◆ **ce sont des gens à chichi(s)** they're the sort of people who make a fuss ◆ **on vous invite sans chichi(s)** we're inviting you informally ◆ **ce sera sans chichi** it'll be quite informal

**b** (= beignet) ≃ doughnut

**chichiteux, -euse** * [ʃiʃitø, øz] adj (péj) (= faiseur d'embarras) troublesome; (= maniéré) fussy

**chicon** [ʃikɔ̃] → SYN nm (= romaine) cos (lettuce) (Brit), romaine (US); (Belg = endive) chicory (NonC) (Brit), endive (US)

**chicorée** [ʃikɔʀe] → SYN nf (= salade) endive (Brit), chicory (US); (à café) chicory ◆ **chicorée frisée** curly endive (Brit), escarole (US)

**chicos** * [ʃikos] adj personne stylish, smart; quartier, restaurant posh * ◆ **c'est chicos chez toi !** your place is very plush! *

**chicot** [ʃiko] → SYN nm [dent, arbre] stump

**chicotin** [ʃikɔtɛ̃] nm → **amer**[2]

**chié, e**[1] ‡ [ʃje] adj **a** (= bien) damn‡ ou bloody‡ (Brit) good ◆ **elle est chiée, sa moto** his motorbike's something else! * ou wicked! ‡

**b** (= difficile) tough *, stiff * ◆ **il est chié, ce problème** it's a hell of a problem ‡

**c** (= qui exagère) **t'es (pas) chié d'arriver toujours en retard !** it's a bit much you always turning up late! ◆ **avoir menti comme ça, c'est chié** what a nerve * to have lied like that

**chiée**[2] ** [ʃje] nf ◆ **une chiée de** ◆ **des chiées de** a hell of a lot of ‡

**chien** [ʃjɛ̃] → SYN **1** nm **a** (= animal) dog ◆ **petit chien** (jeune) puppy, pup; (de petite taille) small dog ◆ **le chien est le meilleur ami de l'homme** a man's best friend is his dog ◆ **"(attention) chien méchant"** "beware of the dog" ◆ **faire le chien fou** to fool about ◆ **"Le Chien des Baskerville"** (Littérat) "The Hound of the Baskervilles"

**b** [fusil] hammer, cock

**c** (injure) **quel chien !** (you) swine! *

**d** (* = frange) **chiens** fringe (Brit), bangs (US)

**e** (Naut) **coup de chien** squall

**f** (Loc) **coiffée à la chien** wearing a fringe (Brit), wearing bangs (US) ◆ **oh le beau chien-chien !** nice doggy!, good doggy! ◆ **c'est le chien-chien à sa mémère !** (péj) who's mummy's (Brit) ou mommy's (US) little boy then! ◆ **en chien de fusil** curled up ◆ **quel chien de temps !** ou **temps de chien !** what filthy ou foul weather! ◆ **c'est une vie de chien !** * it's a dog's life! ◆ **ce métier de chien** this rotten job * ◆ **comme un chien** mourir, traiter like a dog ◆ **elle a du chien** * she has a certain something *, she's very attractive ◆ **c'est pas fait pour les chiens !** * it's there to be used ◆ **être** ou **vivre** ou **s'entendre comme chien et chat** to fight like cat and dog, always be at one another's throats ◆ **ils se sont regardés en chiens de faïence** they just stood ou sat glaring at each other ◆ **arriver comme un chien dans un jeu de quilles** to turn up when least needed ou wanted ◆ **recevoir qn comme un chien dans un jeu de quilles** to give sb a cold reception ◆ **faire les** ou **tenir la rubrique des chiens écrasés** * to write nothing but fillers ◆ **je ne suis pas ton chien !** I'm not your slave ou servant! ◆ **je lui garde** ou **réserve un chien de ma chienne** * I'll get even with him * ◆ **entre chien et loup** at dusk ◆ (Prov) **un chien regarde bien un évêque** a cat may look at a king (Prov) ◆ (Prov) **les chiens aboient, la caravane passe** let the world say what it will ◆ (Prov) **bon chien chasse de race** like father like son (Prov)

**2** adj inv **a** (= avare) mean, stingy *

**b** (= méchant) rotten * ◆ **elle n'a pas été chien avec toi** she was quite decent to you

**3** COMP ▷ **chien d'appartement** house dog ▷ **chien d'arrêt** pointer ▷ **chien d'attaque** attack dog ▷ **chien d'avalanche** mountain rescue dog ▷ **chien d'aveugle** guide dog ▷ **chien de berger** sheepdog ▷ **chien de chasse** gun dog ▷ **chien couchant** setter ◆ **faire le chien couchant** to kowtow, toady (*auprès de* to) ▷ **chien courant** hound ▷ **chien de garde** guard dog, watchdog ▷ **chien de manchon** lapdog ▷ **chien de mer** dogfish ▷ **chien de meute** hound ▷ **chien policier** police dog, tracker dog ▷ **chien des Pyrénées** Pyrenean mountain dog, Great Pyrenees (US) ▷ **chien de race** pedigree dog ▷ **chien de salon** ⇒ **chien de manchon** ▷ **chien savant** (lit) performing dog; (fig) know-all ▷ **chien de traîneau** husky

**chien-assis,** pl **chiens-assis** [ʃjɛ̃asi] nm ≃ dormer window (Brit), ≃ dormer (US)

**chiendent** [ʃjɛ̃dɑ̃] nm **a** (Bot) couch grass, quitch (grass); → **brosse**

**b** **le chiendent** † * (= l'ennui) the trouble ou rub

**chien-guide,** pl **chiens-guides** [ʃjɛ̃gid] nm guide dog

**chienlit** [ʃjɑ̃li] nf **a** (= pagaille) **c'est la chienlit** it's havoc ou chaos

**b** († = mascarade) fancy-dress (Brit) ou costume (US) parade

**chien-loup,** pl **chiens-loups** [ʃjɛ̃lu] nm wolfhound

**chienne** [ʃjɛn] nf bitch ◆ **chienne !** (= injure) (you) bitch! ** ◆ **quelle chienne de vie !** * it's a dog's life!

**chier** ** [ʃje] ▸ conjug 7 ◂ vi **a** (= déféquer) to shit **, crap ** ◆ **chier un coup** to have a crap ** ou shit **

**b** (Loc) **faire chier qn** [personne] (= ennuyer) to bore the pants off sb ‡; (= tracasser, harceler) to bug sb ‡, piss sb off **, get up sb's nose ‡ (Brit) ◆ **ça me fait chier** it pisses me off **, it's a pain in the arse ** (Brit) ou ass ** (US) ◆ **envoyer chier qn** to tell sb to piss off ** ou bugger off ** (Brit) ◆ **je me suis fait chier pendant trois heures à réparer la voiture** I sweated my guts out ‡ for three hours repairing the car ◆ **qu'est-ce qu'on se fait chier à ses conférences !** what a fucking ** ou bloody ‡ (Brit) bore his lectures are! ◆ **ça va chier (des bulles) !** there'll be one hell of a row! ‡ ◆ **y a pas à chier, c'est lui le meilleur** say what you damn ou bloody (Brit) well like ‡, he's the best ◆ **il faut quand même pas chier dans la colle !** you've got a fucking nerve! ** ◆ **(nul) à chier** (= mauvais) film, livre, service crappy **, crap ** (attrib); personne, appareil fucking ** ou bloody ‡ (Brit) useless; (= laid) fucking ** ou bloody ‡ (Brit) hideous ◆ **il a chié dans son froc** ** he crapped himself **

**chierie** ** [ʃiʀi] nf (real) pain in the butt ‡ ou arse ** (Brit) ou ass ** (US)

**chiffe** [ʃif] nf **a** (sans volonté) spineless individual, drip * ◆ **je suis comme une chiffe (molle)** (fatigué) I feel like a wet rag; → **mou**[1]

**b** (= chiffon) rag

**chiffon** [ʃifɔ̃] → SYN **1** nm **a** (usagé) (piece of) rag; (pour essuyer) duster (Brit), dust cloth (US) ◆ **donner un coup de chiffon à qch, passer un coup de chiffon sur qch** to give sth a wipe ou go over sth with a cloth ◆ **vieux chiffons** old rags ◆ **votre devoir est un vrai chiffon** your homework is extremely messy ou a dreadful mess ◆ **mettre ses vêtements en chiffon** to throw down one's clothes in a crumpled heap ◆ **parler chiffons** * to talk about clothes ◆ **agiter le chiffon** ou **un chiffon rouge** (fig) to wave the ou a red rag

**b** (Papeterie) **le chiffon** rag ◆ **fait avec du chiffon** made from rags; → **papier**

**2** COMP ▷ **chiffon à chaussures** shoe cloth ou rag ▷ **chiffon à meubles** ⇒ **chiffon à poussière** ▷ **chiffon de papier: écrire qch sur un chiffon de papier** to write sth (down) on a (crumpled) scrap of paper ◆ **ce traité n'est qu'un chiffon de papier** this treaty isn't worth the paper it's written on ou is just a useless scrap of paper ▷ **chiffon à poussière** duster (Brit), dust cloth (US)

**chiffonnade** [ʃifɔnad] nf chiffonnade

**chiffonnage** [ʃifɔnaʒ] nm [papier] crumpling; [habits] creasing, rumpling

**chiffonné, e** [ʃifɔne] (ptp de **chiffonner**) adj **a** (= fatigué) visage worn-looking

**b** (= sympathique) **un petit nez chiffonné** a pert little nose ◆ **un joli minois chiffonné** a funny little face

**chiffonner** [ʃifɔne] → SYN ▸ conjug 1 ◂ vt **a** (lit) [+ papier] to crumple; [+ habits] to crease, rumple, crumple; [+ étoffe] to crease, crumple ◆ **ce tissu se chiffonne facilement** this material creases ou crumples easily ou is easily creased

**b** (* = contrarier) **ça me chiffonne** it bothers ou worries me ◆ **qu'est-ce qui te chiffonne ?** what's bothering ou worrying you?

**chiffonnier** [ʃifɔnje] → SYN nm **a** (= personne) ragman, rag-and-bone man (Brit) ◆ **se battre** ou **se disputer comme des chiffonniers** to fight like cat and dog ◆ **c'est une bataille de chiffonniers** it's no holds barred → EMMAÜS

**b** (= meuble) chiffon(n)ier

**chiffrable** [ʃifʀabl] adj ◆ **ce n'est pas chiffrable** it's impossible to put a figure on it

**chiffrage** [ʃifʀaʒ] nm **a** [message] (en)coding, ciphering; (Ordin) [données, télégramme] ciphering

**b** [dépenses, dommages] assessing

**c** [pages] numbering

**d** [effets personnels, linge] marking (with one's ou sb's initials)

**e** (Mus) [accord] figuring

**chiffre** [ʃifʀ] → SYN nm **a** (= caractère) figure, numeral, digit (Math); (= nombre) number ◆ **donne-moi un chiffre entre 1 et 8** give me a number between 1 and 8 ◆ **chiffre arabe/romain** Arab/Roman numeral ◆ **nombre** ou **numéro de 7 chiffres** 7-figure ou 7-digit number ◆ **inflation à deux/trois chiffres** double-/triple-digit inflation, two-/three-figure inflation ◆ **écrire un nombre en chiffres** to write out a number in figures ◆ **science des chiffres** science of numbers ◆ **aligner des chiffres** to draw up columns of figures

**b** (= résultat) figure; (= montant) total ◆ **15 blessés, c'est le chiffre provisoire** there's a total of 15 wounded so far, at the last count there were 15 wounded ◆ **je n'ai pas les chiffres en tête** I can't recall the figures ◆ **ça atteint des chiffres astronomiques** it reaches an astronomical figure ou sum ◆ **selon les chiffres officiels** according to official figures ◆ **les chiffres du chômage** the unemployment ou jobless figures, the number of unemployed ◆ **en chiffres ronds** in round figures

**c** (Comm) **chiffre (d'affaires)** turnover ◆ **il fait un chiffre (d'affaires) de 3 millions** he has a turnover of 3 million francs ◆ **chiffre net/brut** net/gross figure ou turnover

◆ **faire du chiffre** * to have a big turnover ◆ **chiffres de vente** sales figures ◆ **ils ont doublé leurs chiffres de vente** they have doubled their sales; → **impôt**

**d** (= code) [message] code, cipher; [coffre-fort] combination ◆ **écrire une lettre en chiffres** to write a letter in code ou cipher ◆ **on a trouvé leur chiffre** their code has been broken ◆ **le (service du) chiffre** the cipher office

**e** (= initiales) (set of) initials, monogram ◆ **mouchoir brodé à son chiffre** handkerchief embroidered with one's initials ou monogram

**f** (Mus = indice) figure

**chiffré, e** [ʃifʀe] (ptp de **chiffrer**) adj **a** (= évalué) analyse, argument backed up by figures ◆ **données chiffrées** detailed facts and figures ◆ **le rapport fixe des objectifs chiffrés** the report sets out targets in precise figures ◆ **aucune précision chiffrée n'a été donnée** no figures were given ◆ **faire une proposition chiffrée** to propose a figure

**b** (= codé) **langage chiffré** code (language), cipher ◆ **message chiffré** coded message, message in code ou cipher

**c** (Mus) **basse chiffrée** thorough ou figured bass

**chiffrement** [ʃifʀəmɑ̃] nm [texte] (en)coding, ciphering

**chiffrer** [ʃifʀe] → SYN ▸ conjug 1 ◂ **1** vt **a** (= coder) [+ message] to (en)code, cipher; (Ordin) [+ données, télégramme] to encode; → **message**

**b** (= évaluer) [+ dépenses, dommages] to put a figure to, assess

**c** (= numéroter) [+ pages] to number

**d** (= marquer) [+ effets personnels, linge] to mark (with one's ou sb's initials)

**e** (Mus) [+ accord] to figure

**2** vi **se chiffrer** vpr ◆ **(se) chiffrer à** to add up to, amount to, come to ◆ **ça (se) chiffre à combien ?** what ou how much does that add up to? ou amount to? ou come to? ◆ **ça (se) chiffre par millions** it adds up to ou amounts to ou comes to millions ◆ **ça commence à chiffrer !** it's starting to mount up! ◆ **ça finit par chiffrer** * it all adds up

**chiffreur, -euse** [ʃifʀœʀ, øz] nm,f coder

**chignole** [ʃiɲɔl] → SYN nf (= outil) (à main) (hand) drill; (électrique) (electric) drill; (* = voiture) jalopy * (hum)

**chignon** [ʃiɲɔ̃] → SYN nm bun, chignon ◆ **chignon banane** French pleat ◆ **se faire un chignon, relever ses cheveux en chignon** to put one's hair into a bun; → **crêper**

**chihuahua** [ʃiwawa] nm chihuahua

**chiisme** [ʃiism] nm Shiism

**chiite** [ʃiit] adj, nmf Shiite

**Chili** [ʃili] nm Chile

**chilien, -ienne** [ʃiljɛ̃, jɛn] **1** adj Chilean

**2** **Chilien(ne)** nm,f Chilean

**chimère** [ʃimɛʀ] → SYN nf **a** (= illusion) (wild) dream, pipe dream, chim(a)era (frm) ◆ **le bonheur est une chimère** happiness is just a dream ou an illusion ◆ **c'est une chimère que de croire ...** it's an illusion to think that ... ◆ **tes grands projets, chimères (que tout cela) !** your grand plans are nothing but pipe dreams ou (idle) fancies ◆ **un monde peuplé de vagues chimères** a world filled with vague imaginings ◆ **poursuivre** ou **caresser des chimères** to chase rainbows

**b** (Myth) **la Chimère** chim(a)era, Chim(a)era

**c** (Bio) chim(a)era

**d** (= poisson) chimaera

**chimérique** [ʃimeʀik] → SYN adj **a** (= utopique) esprit, projet, idée fanciful; rêve wild (épith), idle (épith) ◆ **c'est un esprit chimérique** he's a real dreamer

**b** (= imaginaire) personnage imaginary, chimerical

**chimie** [ʃimi] nf chemistry ◆ **chimie organique/minérale** organic/inorganic chemistry ◆ **cours/expérience de chimie** chemistry class/experiment ◆ **la merveilleuse chimie de l'amour** love's marvellous chemistry

**chimioluminescence** [ʃimjolyminesɑ̃s] nf chemoluminescence

**chimiorécepteur** [ʃimjoʀesɛptœʀ] nm chemo(re)ceptor

**chimiosynthèse** [ʃimjosɛ̃tɛz] nf chemosynthesis

**chimiotactisme** [ʃimjotaktism] nm chemotaxis

**chimiothérapie** [ʃimjoteʀapi] nf chemotherapy

**chimiothérapique** [ʃimjoteʀapik] adj chemotherapeutic

**chimique** [ʃimik] adj chemical; → **produit**

**chimiquement** [ʃimikmɑ̃] adv chemically

**chimisme** [ʃimism] nm chemical action

**chimiste** [ʃimist] nmf chemist *(scientist)*; → **ingénieur**

**chimpanzé** [ʃɛ̃pɑ̃ze] nm chimpanzee, chimp *

**chinchilla** [ʃɛ̃ʃila] nm (= animal, fourrure) chinchilla

**Chine** [ʃin] nf China ◆ **Chine populaire/nationaliste** Communist ou Red/nationalist China ◆ **la République populaire de Chine** the Chinese People's Republic, the People's Republic of China; → **crêpe[2]**, **encre**

**chine[1]** [ʃin] nm **a** (= papier) rice paper

**b** (= vase) china vase; (= porcelaine) china

**chine[2]** * [ʃin] → SYN nf **a** (= brocante) **faire de la chine** to hunt (around) for antiques

**b** (= porte à porte) **vente à la chine** door-to-door selling

**chiné, e** [ʃine] → SYN (ptp de **chiner**) adj (Tex) mottled, chiné (SPÉC)

**chiner** [ʃine] → SYN ▸ conjug 1 ◂ **1** vt **a** (Tex) [+ étoffe] to dye the warp of

**b** (* = taquiner) to kid, have on * (Brit), rag * ◆ **tu ne vois pas qu'il te chine** don't you see he's kidding you ou having you on * (Brit) ◆ **je n'aime pas qu'on me chine** I don't like being ragged *

**2** vi * to hunt (around) for antiques

**Chinetoque** ** [ʃintɔk] nmf (injurieux = Chinois) Chink ** (injurieux)

**chineur, -euse** * [ʃinœʀ, øz] nm,f (= brocanteur) antique dealer; (= amateur) antique-hunter

**chinois, e** [ʃinwa, waz] → SYN **1** adj **a** (de Chine) Chinese; → **ombre[1]**

**b** (péj = pointilleux) personne pernickety, fussy; règlement hair-splitting

**2** nm **a** (Ling) Chinese ◆ **c'est du chinois** * (péj) it's all Greek to me *, it's double Dutch * (Brit)

**b** **Chinois** Chinese, Chinese man ◆ **les Chinois** the Chinese

**c** (* : péj = maniaque) hair-splitter

**d** (Culin = passoire) (small conical) strainer

**3** **Chinoise** nf Chinese, Chinese woman

**chinoiser** [ʃinwaze] ▸ conjug 1 ◂ vi to split hairs ◆ **chinoiser sur** to quibble over

**chinoiserie** [ʃinwazʀi] → SYN nf **a** (= subtilité excessive) hair-splitting (NonC)

**b** (= complications) **chinoiseries** unnecessary complications ou fuss ◆ **les chinoiseries de l'administration** red tape ◆ **tout ça, ce sont des chinoiseries** all this is unnecessarily complicated

**c** (Art) (= décoration) chinoiserie; (= objet) Chinese ornament, Chinese curio

**chintz** [ʃints] nm (Tex) chintz

**chiot** [ʃjo] → SYN nm pup(py)

**chiotte** [ʃjɔt] nf ou m **a** (** = W.-C.) **chiottes** bog ** (Brit), can ** (US), john ** (US) ◆ **aux chiottes l'arbitre !** what a shitty referee! ** ◆ **quelle chiotte !, c'est la chiotte !** what a pain in the arse ** (Brit) ou ass ** (US) ◆ **quel temps de chiotte !** what shitty weather! ** ◆ **c'est de la musique de chiotte** it's crap(py) music ** ◆ **avoir un goût de chiotte** [personne] to have crap taste **; → **corvée**

**b** (** = voiture) jalopy * (hum)

**chiper** * [ʃipe] ▸ conjug 1 ◂ vt (= voler) [+ portefeuille, idée] to pinch *, filch *; [+ rhume] to catch

**chipeur, -euse** * [ʃipœʀ, øz] **1** adj gamin thieving

**2** nm,f thief

**chipie** * [ʃipi] nf vixen (péj) ◆ **petite chipie !** you little devil! *

**chipolata** [ʃipɔlata] nf chipolata

**chipotage** * [ʃipɔtaʒ] nm (= marchandage, ergotage) quibbling; (pour manger) picking ou nibbling (at one's food)

**chipoter** * [ʃipɔte] ▸ conjug 1 ◂ **1** vi (= manger) to be a fussy eater; (= ergoter) to quibble (*sur* about, over); (= marchander) to quibble (*sur* over) ◆ **chipoter sur la nourriture** to nibble ou pick at one's food ◆ **tu chipotes là !** now you're quibbling! ◆ **vous n'allez pas chipoter pour 2 F !** you're not going to quibble about 2 francs!

**2** **se chipoter** vpr to squabble (*sur* over)

**chipoteur, -euse** * [ʃipɔtœʀ, øz] **1** adj (= marchandeur) haggling; (= ergoteur) quibbling; (en mangeant) fussy

**2** nm,f (= marchandeur) haggler; (= ergoteur) quibbler; (en mangeant) fussy eater

**chips** [ʃips] nfpl ◆ **(pommes) chips** (potato) crisps (Brit) ou chips (US)

**chique** [ʃik] nf (= tabac) quid, chew; (* = enflure) (facial) swelling, lump (on the cheek); (= puce) chigoe, chigger; → **couper**

**chiqué** * [ʃike] nm **a** (= bluff) pretence (NonC), bluffing (NonC) ◆ **il a fait ça au chiqué** he bluffed it out ◆ **il prétend que cela le laisse froid mais c'est du chiqué** he claims it leaves him cold but it's all put on *

**b** (factice) sham (NonC) ◆ **ces combats de catch c'est du chiqué** these wrestling matches are all sham ou all put on * ou are faked ◆ **combat sans chiqué** fight that's for real * ◆ **chiqué !, remboursez !** what a sham!, give us our money back!

**c** (= manières) **faire du chiqué** to put on airs (and graces)

**chiquement** * [ʃikmɑ̃] adv s'habiller smartly, stylishly; traiter, accueillir kindly, decently

**chiquenaude** [ʃiknod] → SYN nf (= pichenette) flick, flip ◆ **il l'enleva d'une chiquenaude** he flicked ou flipped it off ◆ **une chiquenaude suffirait à renverser le gouvernement** it wouldn't take much to overturn the government

**chiquer** [ʃike] ▸ conjug 1 ◂ **1** vt [+ tabac] to chew; → **tabac**

**2** vi to chew tobacco

**chiqueur, -euse** [ʃikœʀ, øz] nm,f tobacco-chewer

**chirographaire** [kiʀɔgʀafɛʀ] adj unsecured

**chirographie** [kiʀɔgʀafi] nf ⇒ **chiromancie**

**chiromancie** [kiʀɔmɑ̃si] nf palmistry, chiromancy (SPÉC)

**chiromancien, -ienne** [kiʀɔmɑ̃sjɛ̃, jɛn] → SYN nm,f palmist, chiromancer (SPÉC)

**chiropracteur** [kiʀɔpʀaktœʀ] nm chiropractor

**chiropracticien, -ienne** [kiʀɔpʀaktisjɛ̃, jɛn] nm,f chiropractor

**chiropractie** [kiʀɔpʀakti], **chiropraxie** [kiʀɔpʀaksi] nf chiropractic

**chiroptères** [kiʀɔptɛʀ] nmpl ◆ **les chiroptères** chiropters, the Chiroptera (SPÉC)

**chirurgical, e,** mpl **-aux** [ʃiʀyʀʒikal, o] adj (lit, fig) surgical ◆ **acte chirurgical** surgical procedure ◆ **frappe chirurgicale** (Mil) surgical strike

**chirurgie** [ʃiʀyʀʒi] nf surgery *(science)* ◆ **chirurgie esthétique/dentaire/réparatrice** cosmetic/dental/reconstructive surgery

**chirurgien, -ienne** [ʃiʀyʀʒjɛ̃, jɛn] → SYN nm,f surgeon ◆ **chirurgien-dentiste** dental surgeon ◆ **chirurgien-major** (Mil) army surgeon

**chisel** [ʃizɛl] nm (Agr) chisel

**Chisinau** [ʃizino] n Kishinev, Chisinau

**chistera** [(t)ʃisteʀa] nf ou m wicker basket *(in game of pelota)*

**chitine** [kitin] nf chitin

**chiton** [kitɔ̃] nm (= tunique) chiton; (Zool) chiton, coat-of-mail shell

**chiure** [ʃjyʀ] → SYN nf ◆ **chiure de mouche** fly speck

**chlamydia,** pl **chlamydiae** [klamidja] nf chlamydia

**chlâsse** ** [ʃlas] adj → **schlass**

**chleuh** ** [ʃlø] (injurieux) **1** adj Kraut ** (injurieux)

**2** **Chleuh** nmf Kraut ** (injurieux)

**chlinguer** [ʃlɛ̃ge] vi ⇒ **schlinguer**

**chloasma** [klɔasma] nm chloasma

**chloral** [klɔʀal] nm chloral ◆ **chloral hydraté, hydrate de chloral** chloral (hydrate)

**chlorate** [klɔʀat] nm chlorate

**chlore** [klɔʀ] nm chlorine

**chloré, e** [klɔʀe] (ptp de **chlorer**) adj chlorinated

**chlorelle** [klɔʀɛl] nf chlorella

**chlorer** [klɔʀe] ▸ conjug 1 ◂ vt to chlorinate

**chloreux** [klɔʀø] adj m ◆ **acide chloreux** chlorous acid

**chlorhydrate** [klɔʀidʀat] nm hydrochloride

**chlorhydrique** [klɔʀidʀik] adj hydrochloric

**chlorique** [klɔʀik] adj chloric

**chlorite** [klɔʀit] nm chlorite

**chlorofluorocarbone** [klɔʀoflyɔʀokaʀbɔn] nm chlorofluorocarbon

**chlorofluorocarbure** [klɔʀoflyɔʀokaʀbyʀ] nm chlorofluorocarbon

**chloroforme** [klɔʀɔfɔʀm] nm chloroform

**chloroformer** [klɔʀɔfɔʀme] ▸ conjug 1 ◂ vt to chloroform

**chlorométrie** [klɔʀɔmetʀi] nf chlorometry

**chlorophylle** [klɔʀɔfil] nf chlorophyll

**chlorophyllien, -ienne** [klɔʀɔfiljɛ̃, jɛn] adj chlorophyllous

**chloropicrine** [klɔʀopikʀin] nf chloropicrin

**chloroplaste** [klɔʀɔplast] nm chloroplast

**chloroquine** [klɔʀɔkin] nf chloroquine

**chlorose** [klɔʀoz] nf (Méd) chlorosis, greensickness (NonC); (Bot) chlorosis

**chlorotique** [klɔʀɔtik] adj chlorotic

**chlorpromazine** [klɔʀpʀɔmazin] nf chlorpromazine

**chlorure** [klɔʀyʀ] nm chloride ◆ **chlorure de sodium** sodium chloride ◆ **chlorure de chaux** chloride of lime

**chlorurer** [klɔʀyʀe] ▸ conjug 1 ◂ vt ⇒ **chlorer**

**chnoque** * [ʃnɔk] nm (péj) ◆ **quel vieux chnoque !** what an old fart!⁑ ◆ **eh ! du chnoque !** hey! you!

**chnouf** † [ʃnuf] nf (arg Drogue) dope *

**choc** [ʃɔk] → SYN 1 nm a (= heurt) [objets] impact, shock; [vagues] crash ◆ **le choc de billes d'acier qui se heurtent** the impact of steel balls as they collide ◆ **cela se brise au moindre choc** it breaks at the slightest bump ou knock ◆ **"résiste au(x) choc(s)"** "shock-resistant" ◆ **la résistance au choc d'un matériau** a material's resistance to shock ◆ **la carrosserie se déforma sous le choc** the coachwork twisted with ou under the impact ◆ **la corde se rompit sous le choc** the sudden wrench made the rope snap ou snapped the rope

b (= collision) [véhicules] crash, smash; [personnes] blow; (plus léger) bump ◆ **le choc entre les véhicules fut très violent** the vehicles crashed together with tremendous force ◆ **choc meurtrier** fatal crash ou smash ◆ **il tituba sous le choc** the blow ou bump threw him off balance

c (= bruit) (violent) crash, smash; (sourd) thud, thump; (métallique) clang, clash; (cristallin) clink, chink; [gouttes, grêlons] drumming (NonC) ◆ **le choc sourd des obus** the thud of shellfire

d (= affrontement) [troupes, émeutiers] clash; [intérêts, cultures, passions] clash, collision ◆ **il y a eu un choc sanglant entre la police et les émeutiers** there has been a violent clash between police and rioters ◆ **la petite armée ne put résister au choc** the little army could not stand up to the onslaught

e (= émotion) shock ◆ **le choc est rude** it comes as ou it's quite a shock ◆ **il ne s'est pas remis du choc** he hasn't got over ou recovered from the shock ◆ **ça m'a fait un drôle de choc de le voir dans cet état** it gave me a nasty shock ou quite a turn * to see him in that state ◆ **il est encore sous le choc** (à l'annonce d'une nouvelle) he's still in a state of shock; (après un accident) he's still in shock ◆ **tenir le choc** * [personne] to cope; [machine] to hold out ◆ **après la mort de sa femme il n'a pas tenu le choc** he couldn't cope after his wife's death ◆ **encaisser le choc** * to cope; → **état**

◆ **de choc** troupe, unité shock; traitement, thérapeutique, tactique shock; évêque, patron high-powered

2 adj inv (= à sensation) ◆ **argument/discours/formule(-)choc** shock argument/speech/formula ◆ **film/photo(-)choc** shock film/photo ◆ **mesures(-)choc** shock measures ◆ **"notre prix-choc : 15 €"** "our special price: €15"

3 COMP ▷ **choc anesthésique** shock due to anaesthetics ▷ **choc culturel** culture shock ▷ **choc électrique** electric shock ▷ **choc nerveux** (nervous) shock ▷ **choc opératoire** post-operative shock ▷ **choc pétrolier** (Écon) oil crisis ▷ **choc psychologique** psychological shock ▷ **choc en retour** (Élec) return shock; (fig) backlash ▷ **choc septique** toxic shock ◆ **faire un choc septique** to suffer from toxic shock ▷ **choc thermique** thermal shock

**chochotte** * [ʃɔʃɔt] 1 nf (= femme chichiteuse) fusspot * (Brit), fussbudget (US); (= homme : mauviette) sissy *; (= homme efféminé) namby-pamby * ◆ **arrête de faire la** ou **ta chochotte !** stop making such a fuss (about nothing)! *

2 adj inv ◆ **elle est très chochotte** she fusses too much ◆ **il est très chochotte** (mauviette) he's a real sissy *; (efféminé) he's a real namby-pamby *

**chocolat** [ʃɔkɔla] → SYN 1 nm a (= substance, boisson, bonbon) chocolate ◆ **mousse/crème au chocolat** chocolate mousse/cream ◆ **chocolat au lait/aux noisettes** milk/hazelnut chocolate; → **barre, plaque**

b (= couleur) chocolate (brown)

c **être chocolat** † * to be thwarted ou foiled

2 adj inv chocolate(-brown)

3 COMP ▷ **chocolat amer** bitter chocolate; (poudre) cocoa powder ▷ **chocolat blanc** white chocolate ▷ **chocolat chaud** hot chocolate ▷ **chocolat à croquer** plain dark chocolate ▷ **chocolat à cuire** cooking chocolate ▷ **chocolat fondant** fondant chocolate ▷ **chocolat liégeois** chocolate sundae ▷ **chocolat de ménage** ⇒ **chocolat à cuire** ▷ **chocolat noir** dark chocolate ▷ **chocolat à pâtisser** ⇒ **chocolat à cuire** ▷ **chocolat en poudre** drinking chocolate

**chocolaté, e** [ʃɔkɔlate] adj (= additionné de chocolat) chocolate-flavoured (Brit) ou -flavored (US), chocolate (épith); (= au goût de chocolat) chocolate-flavoured (Brit) ou -flavored (US), chocolat(e)y *

**chocolaterie** [ʃɔkɔlatʀi] nf (= fabrique) chocolate factory; (= magasin) chocolate shop

**chocolatier, -ière** [ʃɔkɔlatje, jɛʀ] 1 adj chocolate (épith)

2 nm,f (= fabricant) chocolate maker; (= commerçant) chocolate seller

**chocottes** ⁑ [ʃɔkɔt] nfpl ◆ **avoir les chocottes** to have the jitters * ou the heebie-jeebies * ◆ **ça m'a filé les chocottes** it gave me the jitters * ou the heebie-jeebies *

**chœur** [kœʀ] → SYN nm a (= chanteurs : gén, Rel) choir; [opéra, oratorio] chorus

b (Théât = récitants) chorus

c (fig) **un chœur de récriminations** (= concert) a chorus of recriminations ◆ **le chœur des mécontents** (= groupe) the band of malcontents

d (Archit) choir, chancel; → **enfant**

e (Mus) (= composition) chorus; (= hymne) chorale; (Théât = texte) chorus ◆ **chœur à 4 parties** (opéra) 4-part chorus; (Rel) 4-part chorale

◆ **en chœur** (Mus) in chorus; (fig = ensemble) chanter in chorus; répondre, crier in chorus ou unison ◆ **on s'ennuyait en chœur** (hum) we were all getting bored (together) ◆ **tous en chœur !** all together now!

**choir** [ʃwaʀ] → SYN vi (littér ou † ou hum) to fall ◆ **faire choir** to cause to fall ◆ **laisser choir qch** to drop sth ◆ **laisser choir ses amis** (fig) to let one's friends down ◆ **se laisser choir dans un fauteuil** to drop into an armchair

**choisi, e** [ʃwazi] → SYN (ptp de **choisir**) adj a (= sélectionné) morceaux, passages selected

b (= raffiné) langage, termes carefully chosen; clientèle, société select

**choisir** [ʃwaziʀ] → SYN ▸ conjug 2 ◂ vt a (gén) to choose (*entre* between) ◆ **des deux solutions, j'ai choisi la première** I chose ou picked the first of the two solutions, I opted ou plumped * (Brit) for the first of the two solutions ◆ **choisissez une carte/un chiffre** pick a card/a number ◆ **il faut savoir choisir ses amis** you must know how to pick ou choose your friends ◆ **dans les soldes, il faut savoir choisir** in the sales, you've got to know what to choose ou how to be selective ◆ **se choisir un mari** to choose a husband ◆ **on l'a choisi parmi des douzaines de candidats** he was picked (out) ou selected ou chosen from among dozens of applicants ◆ **tu as (bien) choisi ton moment !** (iro) you really choose your moments, don't you? ◆ **tu as mal choisi ton moment si tu veux une augmentation !** you picked the wrong time to ask for a rise

b **choisir de faire qch** to choose to do sth ◆ **à toi de choisir si et quand tu veux partir** it's up to you to choose if and when you want to leave

**choix** [ʃwa] GRAMMAIRE ACTIVE 10.1 → SYN

1 nm a (= décision) choice ◆ **je n'avais pas le choix** ou **d'autre choix** I had no choice, I had no other option ◆ **de ton choix** of your (own) choosing ◆ **le choix d'un cadeau est souvent difficile** choosing a gift is often difficult, it's often difficult to choose a gift ◆ **avoir le choix** to have a ou the choice ◆ **faire son choix** to take ou make one's choice, take one's pick ◆ **mon choix est fait** I've made my choice ◆ **c'est un choix à faire** it's a choice you have (ou he has etc ) to make ◆ **faire un choix de société** to choose the kind of society one wants to live in ◆ **choix de vie** life choice ◆ **faire choix de qch** (frm) to select sth ◆ **laisser le choix à qn** to leave sb (free) to choose (*de faire* to do) ◆ **donner le choix à qn** to give sb the choice (*de faire* of doing) ◆ **arrêter** ou **fixer** ou **porter son choix sur qch** to fix one's choice on sth, settle on sth; → **embarras**

b (= variété) choice, selection, variety ◆ **ce magasin offre un grand choix** this shop has a wide ou large selection (of goods) ◆ **il y a du choix** there is a choice ◆ **il n'y a pas beaucoup de choix** there isn't a great deal of ou much choice, there isn't a great selection (to choose from)

c (= échantillonnage) **choix de** selection of ◆ **il avait apporté un choix de livres** he had brought a selection of books

d (Loc)

◆ **de + choix** ◆ **de choix** (= de qualité) choice (épith) ◆ **cible de choix** prime target ◆ **morceau de choix** (viande) prime cut ◆ **c'est un morceau de choix** [prestation, poème] it's first-rate ◆ **de premier choix** fruits class ou grade one; agneau, bœuf prime (épith) ◆ **il n'achète que du premier choix** he only buys top-quality products ◆ **de second choix** (gén) low-quality, low-grade; fruits, viande class ou grade two (Brit), market grade (US) ◆ **articles de second choix** seconds

◆ **au choix** ◆ **vous pouvez prendre, au choix, fruits ou fromages** you have a choice between ou of fruit or cheese ◆ **"dessert au choix"** "choice of desserts" ◆ **avancement au choix** (Admin) promotion on merit ou by selection ◆ **au choix du client** as the customer chooses, according to (the customer's) preference

**choke** * [(t)ʃɔk] nm (Helv Aut) choke

**cholagogue** [kɔlagɔg] 1 adj cholagogic

2 nm cholagogue

**cholécystectomie** [kɔlesistɛktɔmi] nf cholecystectomy

**cholécystite** [kɔlesistit] nf cholecystitis

**cholédoque** [kɔledɔk] adj m (Anat) ◆ **canal cholédoque** common bile duct

**choléra** [kɔleʀa] → SYN nm cholera

**cholériforme** [kɔleʀifɔʀm] adj choleriform

**cholérine** [kɔleʀin] nf cholerine

**cholérique** [kɔleʀik] 1 adj (gén) choleroid; patient cholera (épith)

2 nmf cholera patient ou case

**cholestérol** [kɔlɛsteʀɔl] nm cholesterol

**cholestérolémie** [kɔlɛsteʀɔlemi] nf cholestorolaemia (Brit), cholestorolemia (US)

**choliambe** [kɔljɑ̃b] nm choliamb

**choline** [kɔlin] nf choline

**cholinestérase** [kɔlinɛsteʀɑz] nf cholinesterase

**cholique** [kɔlik] adj cholic ◆ **acide cholique** cholic acid

**cholurie** [kɔlyʀi] nf choluria

**chômage** [ʃomaʒ] [→ SYN] [1] nm unemployment ◆ **le chômage des cadres** executive unemployment, unemployment among executives ◆ **le chômage des jeunes** youth unemployment ◆ **le taux de chômage** the unemployment ou jobless rate ◆ **chômage saisonnier/chronique** seasonal/chronic unemployment ◆ **être au chômage** to be unemployed ou out of work ◆ **s'inscrire au chômage** to apply for unemployment benefit (Brit) ou welfare (US), sign on the dole * (Brit) ◆ **mettre qn au chômage** to lay sb off, make sb redundant (Brit) ◆ **beaucoup ont été mis au chômage** there have been many layoffs ou redundancies (Brit) ◆ **toucher le chômage** * to get unemployment benefit (Brit), be on the dole * (Brit), be on welfare (US); → **allocation, indemnité**

[2] COMP ▷ **chômage frictionnel** frictional unemployment ▷ **chômage de longue durée** long-term unemployment ▷ **chômage partiel** short-time working ▷ **chômage structurel** structural unemployment ▷ **chômage technique: mettre en chômage technique** to lay off *(temporarily)* ◆ **le nombre de travailleurs en chômage technique** the number of workers laid off, the number of layoffs

**chômé, e** [ʃome] [→ SYN] (ptp de **chômer**) adj ◆ **jour chômé** (férié) public holiday, ≃ bank holiday (Brit); (pour chômage technique) shutdown day; (de grève) strike day ◆ **fête chômée** public holiday, ≃ bank holiday (Brit)

**chômedu** ‡ [ʃomdy] nm (= inactivité) unemployment; (= indemnités) dole * (Brit), unemployment (US) ◆ **être au chômedu** to be on the dole * (Brit) ou on unemployment (US)

**chômer** [ʃome] [→ SYN] ▸ conjug 1 ◂ [1] vi **a** (fig = être inactif) [capital, équipements] to be unemployed, be idle, lie idle; [esprit, imagination] to be idle, be inactive ◆ **on n'a pas chômé** we didn't just sit around doing nothing

**b** (= être sans travail) [travailleur] to be unemployed, be out of work ou out of a job; [usine] to be ou stand idle, be at a standstill; [industrie] to be at a standstill

**c** († † = être en congé) to be on holiday (Brit) ou vacation (US)

[2] vt † † [+ jour férié] to keep

**chômeur, -euse** [ʃomœʀ, øz] [→ SYN] nm,f (gén) unemployed person ou worker; (mis au chômage) redundant worker (Brit), laid-off worker (US) ◆ **les chômeurs (de longue durée)** the (long-term) unemployed ◆ **le nombre des chômeurs** the number of unemployed ou of people out of work ◆ **3 millions de chômeurs** 3 million unemployed ou people out of work

**chondroblaste** [kɔ̃dʀoblast] nm chondral cell

**chope** [ʃɔp] nf (= récipient) tankard, mug; (= contenu) pint

**choper** [ʃɔpe] ▸ conjug 1 ◂ vt **a** (* = voler) to pinch *, nick * (Brit)

**b** (* = attraper) [+ balle, personne, maladie] to catch ◆ **se faire choper par la police** to get nabbed * by the police

**c** (Tennis) to chop ◆ **balle chopée** chop

**chopine** [ʃɔpin] nf (* = bouteille) bottle (of wine); († † = mesure) half-litre (Brit) ou -liter (US), ≃ pint; (Can = 0,568 l) pint ◆ **on a été boire une chopine** * we went for a drink

**chopper** [(t)ʃɔpœʀ] nm (= moto) chopper

**choquant, e** [ʃɔkɑ̃, ɑ̃t] [→ SYN] adj (= qui heurte le goût) shocking, appalling; (= injuste) outrageous, scandalous; (= indécent) shocking, offensive

**choquer** [ʃɔke] [→ SYN] ▸ conjug 1 ◂ [1] vt **a** (= scandaliser) to shock; (plus fort) to appal; (= blesser) to offend, shock ◆ **ça m'a choqué de le voir dans cet état** I was shocked ou appalled to see him in that state ◆ **ce roman risque de choquer** some people may find this novel offensive ou shocking ◆ **j'ai été vraiment choqué par son indifférence** I was really shocked ou appalled by his indifference ◆ **ne vous choquez pas de ma question** don't be shocked at ou by my question ◆ **il a été très choqué de ne pas être invité** he was most offended at not being invited ◆ **cette scène m'a beaucoup choqué** I was deeply shocked by that scene

**b** (= aller à l'encontre de) [+ délicatesse, pudeur, goût] to offend (against); [+ raison] to offend against, go against; [+ vue] to offend; [+ oreilles] [son, musique] to jar on, offend; [propos] to shock, offend ◆ **cette question a choqué sa susceptibilité** the question offended his sensibilities

**c** (= commotionner) [chute] to shake (up); [accident] to shake (up), shock; [deuil, maladie] to shake ◆ **être choqué** (Méd) to be in shock ◆ **il sortit du véhicule, durement choqué** he climbed out of the vehicle badly shaken ou shocked ◆ **la mort de sa mère l'a beaucoup choqué** the death of his mother has shaken him badly

**d** (= heurter) (gén) to knock (against); [+ verres] to clink ◆ **choquant son verre contre le mien** clinking his glass against mine

**e** (Naut) [+ cordage, écoute] to slacken

[2] **se choquer** vpr (= s'offusquer) to be shocked ◆ **il se choque facilement** he's easily shocked

**choral, e**, mpl **chorals** [kɔʀal] [→ SYN] [1] adj choral

[2] nm choral(e)

[3] **chorale** nf choral society, choir

**chorée** [kɔʀe] nf (Méd) ◆ **chorée (de Huntington)** Huntington's chorea

**chorégraphe** [kɔʀegʀaf] nmf choreographer

**chorégraphie** [kɔʀegʀafi] [→ SYN] nf choreography

**chorégraphier** [kɔʀegʀafje] ▸ conjug 7 ◂ vt (lit, fig) to choreograph

**chorégraphique** [kɔʀegʀafik] adj choreographic

**choréique** [kɔʀeik] adj choreal, choreic

**choreute** [kɔʀøt] [→ SYN] nm chorist

**chorion** [kɔʀjɔ̃] nm (Bio) chorion

**choriste** [kɔʀist] nmf [église] choir member, chorister; [opéra, théâtre antique] member of the chorus ◆ **les choristes** the choir, the chorus

**chorizo** [ʃɔʀizo] nm chorizo

**choroïde** [kɔʀɔid] adj, nf choroid

**choroïdien, -ienne** [kɔʀɔidjɛ̃, jɛn] adj chor(i)oid

**chorus** [kɔʀys] [→ SYN] nm ◆ **faire chorus** to chorus ou voice one's agreement ou approval ◆ **faire chorus avec qn** to voice one's agreement with sb ◆ **ils ont fait chorus avec lui pour condamner ces mesures** they joined with him in voicing their condemnation of the measures

**chose** [ʃoz] [→ SYN] [1] nf **a** (= truc) thing ◆ **je viens de penser à une chose** I've just thought of something ◆ **il a un tas de choses à faire à Paris** he has a lot of things ou lots to do in Paris ◆ **il n'y a pas une seule chose de vraie là-dedans** there isn't a (single) word of truth in it ◆ **critiquer est une chose, faire le travail en est une autre** criticizing is one thing, doing the work is another ◆ **ce n'est pas chose facile** ou **aisée de ...** it's not an easy thing to ... ◆ **chose étrange** ou **curieuse, il a accepté** strangely ou curiously enough, he accepted, the strange ou curious thing is (that) he accepted ◆ **c'est une chose admise que ...** it's an accepted fact that ...

**b** (= événements, activités) **les choses** things ◆ **les choses se sont passées ainsi** it (all) happened like this ◆ **les choses vont mal** things are going badly ◆ **dans l'état actuel des choses, au point où en sont les choses** as things ou matters stand (at present), the way things are at the moment ◆ **ce sont des choses qui arrivent** it's just one of those things, these things happen ◆ **regarder les choses en face** to face up to things ◆ **prendre les choses à cœur** to take things to heart ◆ **mettons les choses au point** let's get things clear ou straight ◆ **en mettant les choses au mieux/au pire** at best/worst ◆ **parler de chose(s) et d'autre(s)** to talk about this and that ◆ **elle a fait de grandes choses** she has done great things; → **force, ordre**[1]

**c** (= ce dont il s'agit) **la chose est d'importance** it's no trivial matter, it's a matter of some importance ◆ **la chose dont j'ai peur, c'est que ...** what ou the thing I'm afraid of is that ... ◆ **il va vous expliquer la chose** he'll tell you all about it ou what it's all about ◆ **la chose en question** the matter in hand ◆ **la chose dont je parle** the thing I'm talking about ◆ **il a très bien pris la chose** he took it all very well ◆ **c'est la chose à ne pas faire** that's the one thing ou the very thing not to do

**d** (= réalités matérielles) **les choses** things ◆ **les choses de ce monde** the things of this world ◆ **quand ils reçoivent, ils font bien les choses** when they have guests they really do things properly ◆ **elle ne fait pas les choses à demi** ou **à moitié** she doesn't do things by halves

**e** (= mot) thing ◆ **j'ai plusieurs choses à vous dire** I've got several things to tell you ◆ **vous lui direz bien des choses de ma part** give him my regards

**f** (= objet) thing ◆ **ils vendent de jolies choses** they sell some nice things

**g** (= personne, animal) thing ◆ **pauvre chose !** poor thing! ◆ **c'est une petite chose si fragile encore** he (ou she) is still such a delicate little thing ◆ **être la chose de qn** to be sb's plaything

**h** **la chose jugée** (Jur) the res judicata, the final decision ◆ **la chose publique** (Pol) the state ou nation ◆ **la chose imprimée** († ou hum) the printed word

**i** (LOC) **c'est chose faite** it's done ◆ **voilà une bonne chose de faite** that's one thing out of the way ◆ **c'est bien peu de chose** it's nothing really ◆ **(très) peu de chose** nothing much, very little ◆ **avant toute chose** above all (else) ◆ **toutes choses égales** all (other) things being equal, all things considered ◆ **de deux choses l'une : soit ..., soit ...** there are two possibilities: either ..., or ... ◆ (Prov) **chose promise, chose due** promises are made to be kept; → **porté**

[2] nm * **a** (= truc, machin) thing, thingumajig * ◆ **qu'est-ce que c'est que ce chose ?** what's this thing here?, what's this thingumajig? *

**b** (= personne) what's-his-name *, thingumajig * ◆ **j'ai vu le petit chose** I saw young what's-his-name * ◆ **Monsieur Chose** Mr what's-his-name * ◆ **eh ! Chose** hey, you!

[3] adj inv * ◆ **être/se sentir tout chose** (bizarre) to be/feel not quite oneself, feel a bit peculiar; (malade) to be/feel out of sorts ou under the weather ◆ **ça l'a rendu tout chose d'apprendre cette nouvelle** it made him go all funny when he heard the news

**chosifier** [ʃozifje] [→ SYN] ▸ conjug 7 ◂ vt to reify

**chou**[1], pl **choux** [ʃu] [1] nm **a** (Bot) cabbage

**b** (= ruban) rosette

**c** (= gâteau) choux bun; → **pâte**

**d** (‡ = tête) **il n'a rien dans le chou** he's got nothing up top * ◆ **elle en a dans le chou** she's really brainy *

**e** (* LOC) **être dans les choux** [projet] to be up the spout * (Brit), be a write-off; (Sport) to be right out of the running; [candidat] to have had it ◆ **faire chou blanc** to draw a blank ◆ **le gouvernement va faire ses choux gras de la situation** the government will cash in on ou capitalize on the situation ◆ **ils vont faire leurs choux gras de ces vieux vêtements** they'll be only too glad to make use of these old clothes; → **bout**

[2] COMP ▷ **chou de Bruxelles** Brussels sprout ▷ **chou cabus** white cabbage ▷ **chou chou** chayote ▷ **chou à la crème** cream-puff ▷ **chou frisé** kale ▷ **chou palmiste** cabbage tree ▷ **chou rouge** red cabbage

**chou**[2], **-te** *, mpl **choux** [ʃu, ʃut, ʃu] [1] nm,f (= amour) darling ◆ **c'est un chou** he's a darling ou a dear ◆ **oui ma choute** yes, darling ou honey (US) ou poppet * (Brit)

[2] adj inv (= ravissant) delightful, cute * (surtout US) ◆ **ce qu'elle est chou** ou **c'est d'un chou, cette robe !** what a lovely ou cute * little dress! ◆ **ce qu'elle est chou dans ce manteau !** doesn't she look just adorable in that coat?

**chouan** [ʃwɑ̃] nm *18th century French counter-revolutionary in the Vendée*

**Chouannerie** [ʃwan(ə)ʀi] nf *18th century French counter-revolutionary movement in the Vendée*

**choucas** [ʃuka] nm jackdaw

**chouchou, -te** [ʃuʃu, ut] → SYN 1 nm,f ( * = favori) pet, darling, blue-eyed boy (ou girl) ◆ **le chouchou du prof** the teacher's pet
2 nm (= élastique) scrunchy

**chouchoutage** * [ʃuʃutaʒ] nm (= favoritisme) pampering

**chouchouter** * [ʃuʃute] ▸ conjug 1 ◂ vt to pamper, coddle

**choucroute** [ʃukʀut] nf a (Culin) sauerkraut ◆ **choucroute garnie** *sauerkraut with meat* ◆ **quel est le rapport avec la choucroute ?** * what's that got to do with anything? *
b ( * = coiffure) beehive (hairstyle)

**chouette**[1] * [ʃwɛt] → SYN 1 adj a (= beau) objet, personne great *
b (= gentil) nice; (= sympathique) great * ◆ **sois chouette, prête-moi 25 €** be a dear ou an angel * and lend me €25
2 excl ◆ **chouette (alors) !** great! *

**chouette**[2] [ʃwɛt] → SYN nf (Zool) owl ◆ **chouette chevêche** little owl ◆ **chouette effraie** barn owl, screech owl ◆ **chouette hulotte** tawny owl ◆ **quelle vieille chouette !** (péj) silly old bag! ⁑

**chou-fleur**, pl **choux-fleurs** [ʃuflœʀ] nm cauliflower ◆ **oreilles en chou-fleur** cauliflower ears ◆ **nez en chou-fleur** swollen nose

**chouïa** * [ʃuja] nm [sucre, bonne volonté, impatience, place] smidgin ◆ **c'est pas chouïa** that's not much ◆ **un chouïa trop grand/petit** (just) a shade too big/small ◆ **il manque un chouïa pour que tu puisses te garer** there's not quite enough room for you to park

**chouiner** * [ʃwine] ▸ conjug 1 ◂ vi (= pleurer) to whine

**chouleur** [ʃulœʀ] nm power shovel

**chou-navet**, pl **choux-navets** [ʃunavɛ] nm swede (Brit), rutabaga (US)

**choupette** [ʃupɛt] nf [cheveux] top-knot

**chouquette** [ʃukɛt] nf *ball of choux pastry sprinkled with sugar*

**chou-rave**, pl **choux-raves** [ʃuʀav] nm kohlrabi

**chouraver** ⁑ [ʃuʀave] ▸ conjug 1 ◂ vt ⇒ **chourer**

**choure** ⁑ [ʃuʀ] nf (= vol) theft

**chourer** ⁑ [ʃuʀe] ▸ conjug 1 ◂ vt to pinch *, swipe ⁑, nick ⁑ (Brit)

**chow-chow**, pl **chows-chows** [ʃoʃo] nm chow *(dog)*

**choyer** [ʃwaje] ▸ conjug 8 ◂ vt (frm = dorloter) to cherish; (avec excès) to pamper; [+ idée] to cherish

**CHR** [seaʃɛʀ] nm (abrév de **centre hospitalier régional**) → **centre**

**chrême** [kʀɛm] → SYN nm chrism, holy oil

**chrestomathie** [kʀɛstɔmati] → SYN nf chrestomathy

**chrétien, -ienne** [kʀetjɛ̃, jɛn] → SYN adj, nm,f Christian

**chrétien-démocrate, chrétienne-démocrate**, mpl **chrétiens-démocrates** [kʀetjɛ̃demɔkʀat, kʀetjɛndemɔkʀat] adj, nm,f Christian Democrat

**chrétiennement** [kʀetjɛnmɑ̃] adv agir in a Christian way; mourir as a Christian ◆ **être enseveli chrétiennement** to have a Christian burial

**chrétienté** [kʀetjɛ̃te] nf Christendom

**chrisme** [kʀism] nm (Rel) chi-rho, chrismon

**christ** [kʀist] nm a **le Christ** Christ
b (Art) crucifix, Christ *(on the cross)* ◆ **peindre un christ** to paint a figure of Christ

**christiania** [kʀistjanja] nm (Ski) (parallel) christie, christiania

**christianisation** [kʀistjanizasjɔ̃] nf conversion to Christianity

**christianiser** [kʀistjanize] ▸ conjug 1 ◂ vt to convert to Christianity

**christianisme** [kʀistjanism] nm Christianity

**christique** [kʀistik] adj Christlike ◆ **la parole christique** the words of Christ

**Christmas** [kʀistmas] n ◆ **île Christmas** Christmas Island

**Christologie** [kʀistɔlɔʒi] nf Christology

**chromage** [kʀomaʒ] nm chromium-plating

**chromate** [kʀɔmat] nm chromate

**chromatide** [kʀɔmatid] nf chromatid

**chromatine** [kʀɔmatin] nf chromatin

**chromatique** [kʀɔmatik] adj a (Mus, Peinture, Opt) chromatic
b (Bio) chromosomal

**chromatisme** [kʀɔmatism] nm (Mus) chromaticism; (Opt) (= aberration) chromatum, chromatic aberration; (= coloration) colourings (Brit), colorings (US)

**chromatogramme** [kʀɔmatɔgʀam] nm chromatogram

**chromatographie** [kʀɔmatɔgʀafi] nf chromatography

**chromatopsie** [kʀɔmatɔpsi] nf (Physiol) colour vision; (Méd) chromatopsy

**chrome** [kʀom] nm (Chim) chromium ◆ **jaune/vert de chrome** (Peinture) chrome yellow/green ◆ **faire les chromes** * (Aut) to polish the chrome

**chromé, e** [kʀome] (ptp de **chromer**) adj métal, objet chrome (épith), chromium-plated

**chromer** [kʀome] ▸ conjug 1 ◂ vt to chromium-plate

**chrominance** [kʀɔminɑ̃s] nf (TV) chrominance

**chromique** [kʀɔmik] adj chromic

**chromiste** [kʀɔmist] nmf colourist

**chromite** [kʀɔmit] nf chromite

**chromo** [kʀomo] nm chromo

**chromogène** [kʀomoʒɛn] adj chromogenic

**chromolithographie** [kʀomolitɔgʀafi] nf (= procédé) chromolithography; (= image) chromolithograph

**chromoprotéine** [kʀomopʀɔtein] nf chromoprotein

**chromosome** [kʀomozom] nm chromosome ◆ **chromosome X/Y** X/Y chromosome

**chromosomique** [kʀomozomik] adj anomalie chromosomal; analyse chromosome (épith), chromosomal

**chromosphère** [kʀomosfɛʀ] nf chromosphere

**chronaxie** [kʀɔnaksi] nf chronaxy, chronaxie

**chronicité** [kʀɔnisite] nf chronicity

**chronique** [kʀɔnik] → SYN 1 adj chronic
2 nf (Littérat) chronicle; (Presse) column, page ◆ **chronique financière** financial column ou page ou news ◆ **chronique locale** local news and gossip ◆ **le livre des Chroniques** (Bible) the Book of Chronicles; → **défrayer**

**chroniquement** [kʀɔnikmɑ̃] adv chronically

**chroniqueur, -euse** [kʀɔnikœʀ, øz] → SYN nm,f (Littérat) chronicler; (Presse, gén) columnist ◆ **chroniqueur parlementaire/sportif** parliamentary/sports editor

**chrono** * [kʀono] nm (abrév de **chronomètre**) stopwatch ◆ **faire du 80 (km/h) chrono** ou **au chrono** (Aut) to be timed ou clocked at 80 ◆ **faire un bon chrono** (temps chronométré) to do a good time

**chronobiologie** [kʀonobjɔlɔʒi] nf chronobiology

**chronographe** [kʀonɔgʀaf] nm chronograph

**chronologie** [kʀonɔlɔʒi] → SYN nf chronology

**chronologique** [kʀonɔlɔʒik] adj chronological

**chronologiquement** [kʀonɔlɔʒikmɑ̃] adv chronologically

**chronométrage** [kʀonɔmetʀaʒ] nm (Sport) timing

**chronomètre** [kʀonɔmɛtʀ] nm (= montre de précision) chronometer; (Sport) stopwatch ◆ **chronomètre de marine** marine ou box chronometer

**chronométrer** [kʀonɔmetʀe] ▸ conjug 6 ◂ vt to time

**chronométreur, -euse** [kʀonɔmetʀœʀ, øz] nm,f (Sport) timekeeper

**chronométrie** [kʀonɔmetʀi] nf (= science) chronometry; (= fabrication) chronometer manufacturing

**chronométrique** [kʀonɔmetʀik] adj chronometric

**chronophotographie** [kʀonofɔtɔgʀafi] nf time-lapse photography

**chrysalide** [kʀizalid] nf chrysalis ◆ **sortir de sa chrysalide** (fig) to blossom, come out of one's shell

**chrysanthème** [kʀizɑ̃tɛm] nm chrysanthemum

**chryséléphantin, e** [kʀizelefɑ̃tɛ̃, in] adj chryselephantine

**chrysobéryl** [kʀizobeʀil] nm chrysoberyl

**chrysocale** [kʀizɔkal] nm pinchbeck

**chrysolithe** [kʀizɔlit] nf chrysolite, olivine

**chrysomèle** [kʀizɔmɛl] nf leaf beetle

**chrysope** [kʀizɔp] nf green lacewing

**chrysoprase** [kʀizɔpʀɑz] nf chrysoprase

**CHS** [seaʃɛs] nm (abrév de **centre hospitalier spécialisé**) → **centre**

**chtarbé, e** ⁑ [ʃtaʀbe] adj crazy

**chtimi, ch'timi** * [ʃtimi] 1 adj of ou from northern France
2 nm (Ling) *dialect spoken in northern France*
3 nmf native ou inhabitant of northern France

**chtonien, -ienne** [ktɔnjɛ̃, jɛn] adj chtonian, chthonic

**chtouille** ⁑ [ʃtuj] nf (= blennorragie) clap ⁑; (= syphilis) pox *

**CHU** [seaʃy] nm (abrév de **centre hospitalier universitaire**) → **centre**

**chu** [ʃy] (ptp de **choir**)

**chuchotement** [ʃyʃɔtmɑ̃] → SYN nm [personne, vent, feuilles] whisper, whispering (NonC); [ruisseau] murmur

**chuchoter** [ʃyʃɔte] → SYN ▸ conjug 1 ◂ vti [personne, vent, feuilles] to whisper; [ruisseau] to murmur ◆ **chuchoter qch à l'oreille de qn** to whisper sth in sb's ear

**chuchoterie** [ʃyʃɔtʀi] → SYN nf whisper ◆ **chuchoteries** whisperings

**chuchoteur, -euse** [ʃyʃɔtœʀ, øz] 1 adj whispering
2 nm,f whisperer

**chuchotis** [ʃyʃɔti] nm ⇒ **chuchotement**

**chuintant, e** [ʃɥɛ̃tɑ̃, ɑ̃t] adj, nf (Ling) ◆ **(consonne) chuintante** palato-alveolar fricative, hushing sound

**chuintement** [ʃɥɛ̃tmɑ̃] nm (Ling) pronunciation of s sound as sh; (= bruit) soft ou gentle hiss

**chuinter** [ʃɥɛ̃te] → SYN ▸ conjug 1 ◂ vi a (Ling) to pronounce s as sh
b [chouette] to hoot, screech
c (= siffler) to hiss softly ou gently

**chut** [ʃyt] → SYN excl sh!, shush!

**chute** [ʃyt] → SYN nf a [pierre] fall; (Théât) [rideau] fall ◆ **faire une chute** [personne] to (have a) fall; [chose] to fall ◆ **faire une chute de 3 mètres/mortelle** to fall 3 metres/to one's death ◆ **faire une chute de cheval/de vélo** to fall off ou come off a horse/bicycle ◆ **faire une mauvaise chute** to have a bad fall ◆ **loi de la chute des corps** law of gravity ◆ **chute libre** (en parachutisme) free fall ◆ **être en chute libre** [économie, ventes] to plummet, take a nose dive ◆ **"attention, chute de pierres"** "danger, falling rocks"; → **point**[1]
b [cheveux] loss; [feuilles] fall(ing) ◆ **lotion contre la chute des cheveux** hair restorer
c (= ruine) [empire] fall, collapse; [commerce] collapse; [roi, ministère] (down)fall; (Mil) [ville] fall; [monnaie, cours] fall, drop (*de* in); [pièce, auteur] failure ◆ **la chute** (Rel) the Fall ◆ **il a entraîné le régime dans sa chute** he dragged the régime down with him (in his fall) ◆ **plus dure sera la chute** the harder they fall ◆ **"La Chute de la Maison Usher"** (Littérat) "The Fall of the House of Usher"
d (Géog) fall ◆ **chute d'eau** waterfall ◆ **les chutes du Niagara/Zambèze** the Niagara/Victoria Falls ◆ **barrage de basse/moyenne/haute chute** dam with a low/medium/high head ◆ **de fortes chutes de pluie/neige** heavy falls of rain/snow, heavy rainfall/snowfalls
e (= baisse) [température, pression] drop, fall (*de* in) → **tension**
f (= déchet) [papier, tissu] offcut, scrap; [bois] offcut

**g** (= fin) [toit] pitch, slope; [vers] cadence; [histoire drôle] punch line ◆ **la chute des reins** the small of the back ◆ **chute du jour** nightfall

**h** (Cartes) **faire 3 (plis) de chute** to be 3 (tricks) down

**chuter** [ʃyte] → SYN ▸ conjug 1 ◂ vi **a** (= tomber) [personne] to fall, fall flat on one's face, come a cropper* (Brit); [prix, bourse] to fall, drop ◆ **faire chuter qn** (lit, fig) to bring sb down

**b** (= échouer) to fail, come a cropper* (Brit) ◆ **chuter de deux (levées)** (Cartes) to go down two

**chva** [ʃva] nm schwa

**chyle** [ʃil] nm (Physiol) chyle

**chylifère** [ʃilifɛʀ] 1 adj chyliferous

2 nm chyliferous vessel

**chyme** [ʃim] nm (Physiol) chyme

**Chypre** [ʃipʀ] n Cyprus ◆ **à Chypre** in Cyprus

**chypriote** [ʃipʀiɔt] 1 adj Cypriot

2 **Chypriote** nmf Cypriot

**ci** [si] adv **a** (dans l'espace) **celui-ci, celle-ci** this one ◆ **ceux-ci** these (ones) ◆ **ce livre-ci** this book ◆ **cette table-ci** this table ◆ **cet enfant-ci** this child ◆ **ces livres-/tables-ci** these books/tables

**b** (dans le temps) **à cette heure-ci** (= à une heure déterminée) at this time; (= à une heure indue) at this hour of the day, at this time of night; (= à l'heure actuelle) by now, at this moment ◆ **ces jours-ci** (avenir) in the next few days; (passé) these past few days, in the last few days; (présent) these days ◆ **ce dimanche-ci/cet après-midi-ci je ne suis pas libre** I'm not free this Sunday/this afternoon ◆ **non, je pars cette nuit-ci** no, I'm leaving tonight

**c** **de ci de là** here and there; → **comme, par-ci par-là**

**CIA** [seia] nf (abrév de **Central Intelligence Agency**) CIA

**ci-après** [siapʀɛ] adv (gén) below; (Jur) hereinafter

**cibiche*** [sibiʃ] nf (= cigarette) ciggy*, fag* (Brit)

**cibiste** [sibist] nmf CB user, CBer (US)

**ciblage** [siblaʒ] nm (Comm) targeting ◆ **ciblage des prix** target pricing

**cible** [sibl] → SYN nf (Mil, Écon) target ◆ **cible mouvante** moving target ◆ **être la cible de, servir de cible à** (lit, fig) to be a target for, be the target of ◆ **prendre qch pour cible** (lit, fig) to take sth as one's target; → **langue**

**cibler** [sible] ▸ conjug 1 ◂ vt [+ catégorie d'acheteurs] to target ◆ **produit mal ciblé** product not targeted at the right market ◆ **campagne électorale bien ciblée** well-targeted election campaign

**ciboire** [sibwaʀ] nm (Rel) ciborium *(vessel)*

**ciboule** [sibul] → SYN nf (Bot) (larger) chive; (Culin) chives

**ciboulette** [sibulɛt] nf (Bot) (smaller) chive; (Culin) chives

**ciboulot*** [sibulo] nm (= tête) head, nut*; (= cerveau) brain ◆ **il s'est mis dans le ciboulot de ...** he got it into his head ou nut* to ... ◆ **il n'a rien dans le ciboulot** he's got nothing up top*

**cicatrice** [sikatʀis] → SYN nf (lit, fig) scar

**cicatriciel, -ielle** [sikatʀisjɛl] adj cicatricial (SPÉC), scar (épith); → **tissu**

**cicatricule** [sikatʀikyl] nf (Bio) cicatricle

**cicatrisant, e** [sikatʀizɑ̃, ɑ̃t] 1 adj healing

2 nm healing substance

**cicatrisation** [sikatʀizasjɔ̃] → SYN nf [égratignure] healing; [plaie profonde] closing up, healing

**cicatriser** [sikatʀize] → SYN ▸ conjug 1 ◂ 1 vt (lit, fig) to heal (over) ◆ **sa jambe est cicatrisée** his leg has healed

2 vi [plaie] to heal (up), form a scar, cicatrize (SPÉC); [personne] to heal (up) ◆ **je cicatrise mal** I don't heal very easily

3 **se cicatriser** vpr to heal (up), form a scar, cicatrize (SPÉC)

**cicéro** [siseʀo] nm (Typo) cicero

**Cicéron** [siseʀɔ̃] nm Cicero

**cicérone** [siseʀɔn] → SYN nm (hum) guide, cicerone ◆ **faire le cicérone** to act as a guide ou cicerone

**ciclosporine** [siklospɔʀin] nf cyclosporin-A

**ci-contre** [sikɔ̃tʀ] adv opposite

**CICR** [seiseɛʀ] nm (abrév de **Comité international de la Croix-Rouge**) → **comité**

**ci-dessous** [sidəsu] adv below

**ci-dessus** [sidəsy] adv above

**ci-devant** [sidəvɑ̃] → SYN 1 adv (†† ou hum) formerly ◆ **mes ci-devant collègues** my erstwhile ou former colleagues

2 nmf (Hist) ci-devant *(aristocrat who lost his title in the French Revolution)*

**CIDEX** [sidɛks] nm (abrév de **courrier individuel à distribution exceptionnelle**) *special post office sorting service for individual clients*

**CIDJ** [seideʒi] nm (abrév de **centre d'information et de documentation de la jeunesse**) → **centre**

**cidre** [sidʀ] nm cider ◆ **cidre bouché** *fine bottled cider* ◆ **cidre doux** sweet cider

**cidrerie** [sidʀəʀi] nf (= industrie) cider-making; (= usine) cider factory

**Cie** (abrév de **compagnie**) Co

**ciel** [sjɛl] → SYN 1 nm **a** pl littér **cieux** (= espace) sky, heavens (littér) ◆ **les bras tendus vers le ciel** with his arms stretched out heavenwards ou skywards ◆ **les yeux tournés vers le ciel** eyes turned heavenwards ou skywards, gazing heavenwards ou skywards ◆ **haut dans le ciel** ou **dans les cieux** (littér) high (up) in the sky, high in the heavens ◆ **suspendu entre ciel et terre** personne, objet suspended in mid-air; village suspended between sky and earth ◆ **tomber du ciel** (fig) to be a godsend, be heaven-sent ◆ **le ciel s'éclaircit** (fig) things are looking up ◆ **sous un ciel plus clément, sous des cieux plus cléments** (littér : climat) beneath more clement skies ou a more clement sky; (hum : endroit moins dangereux) in healthier climes ◆ **sous d'autres cieux** in other climes ◆ **sous le ciel de Paris/de Provence** beneath the Parisian/Provençal sky ◆ **le ciel ne va pas te tomber sur la tête !** the sky isn't going to fall (in)!, it's not the end of the world!

♦ **à ciel ouvert** égout open; piscine open-air; mine opencast (Brit), open cut (US)

**b** pl **ciels** (Peinture = paysage) sky ◆ **les ciels de Grèce** the skies of Greece ◆ **les ciels de Turner** Turner's skies

**c** pl **cieux** (Rel) heaven ◆ **il est au ciel** he is in heaven ◆ **le royaume des cieux** the kingdom of heaven ◆ **notre Père qui es aux cieux** our Father who ou which art in heaven

**d** (= providence) heaven ◆ **le ciel a écouté leurs prières** heaven heard their prayers ◆ **(juste) ciel !** good heavens! ◆ **le ciel m'est témoin que ...** heaven knows that ... ◆ **le ciel soit loué !** thank heavens! ◆ **c'est le ciel qui vous envoie !** you're heaven-sent!

2 COMP ▷ **ciel de carrière** quarry ceiling ▷ **ciel de lit** canopy, tester

**cierge** [sjɛʀʒ] → SYN nm (Rel) candle; (Bot) cereus; → **brûler**

**cieux** [sjø] (nmpl de **ciel**)

**CIF** [seiɛf] (abrév de **cost, insurance, freight**) CIF

**cigale** [sigal] nf cicada

**cigare** [sigaʀ] → SYN nm (lit) cigar; (* = tête) head, nut* ◆ **cigare (des mers)*** (= bateau) powerboat

**cigarette** [sigaʀɛt] → SYN nf **a** (à fumer) cigarette ◆ **cigarette (à) bout filtre** filter tip, (filter-)tipped cigarette ◆ **la cigarette du condamné** the condemned man's last smoke ou cigarette ◆ **cigarette russe** (= biscuit) *rolled sweet biscuit often served with ice cream*

**b** (* = bateau) Cigarette ®, cigarette boat

**cigarettier** [sigaʀetje] nm cigarette manufacturer ou maker

**cigarière** [sigaʀjɛʀ] nf cigar-maker

**cigarillo** [sigaʀijo] nm cigarillo

**ci-gît** [siʒi] adv here lies

**cigogne** [sigɔɲ] nf (Orn) stork; (Tech) crank brace

**cigogneau,** pl **cigogneaux** [sigɔɲo] nm young stork

**ciguë** [sigy] → SYN nf (Bot, = poison) hemlock ◆ **grande ciguë** giant hemlock

**ci-inclus, e** [siɛ̃kly, yz] 1 adj enclosed ◆ **l'enveloppe ci-incluse** the enclosed envelope

2 adv enclosed ◆ **ci-inclus une enveloppe** envelope enclosed

**ci-joint, e,** mpl **ci-joints** [siʒwɛ̃, ɛ̃t] GRAMMAIRE ACTIVE 19.3, 20.1 → SYN

1 adj enclosed ◆ **les papiers ci-joints** the enclosed papers

2 adv enclosed ◆ **vous trouverez ci-joint ...** you will find enclosed ..., please find enclosed ...

**cil** [sil] nm (Anat) eyelash ◆ **cils vibratiles** (Bio) cilia

**ciliaire** [siljɛʀ] adj (Anat) ciliary

**cilice** [silis] → SYN nm hair shirt

**cilié, e** [silje] 1 adj ciliate(d)

2 **les ciliés** nmpl ciliates, the Ciliata (SPÉC)

**cillement** [sijmɑ̃] nm blinking

**ciller** [sije] → SYN ▸ conjug 1 ◂ vi ◆ **ciller (des yeux)** to blink (one's eyes) ◆ **il n'a pas cillé** (fig) he didn't bat an eyelid

**cimaise** [simɛz] nf (Peinture) picture rail, picture moulding (Brit) ou molding (US); (Archit) cyma; → **honneur**

**cime** [sim] → SYN nf [montagne] summit; (= pic) peak; [arbre] top; (fig) [gloire] peak, height

**ciment** [simɑ̃] → SYN nm cement ◆ **ciment armé** reinforced concrete ◆ **ciment prompt** ou **(à prise) rapide** quick-setting cement ◆ **ciment colle** glue cement

**cimentation** [simɑ̃tasjɔ̃] nf cementing

**cimenter** [simɑ̃te] → SYN ▸ conjug 1 ◂ vt **a** (Constr) [+ sol] to cement, cover with concrete; [+ bassin] to cement, line with cement; [+ piton, anneau, pierres] to cement

**b** (fig) [+ amitié, accord, paix] to cement ◆ **l'amour qui cimente leur union** the love which binds them together

**cimenterie** [simɑ̃tʀi] nf cement works

**cimentier, -ière** [simɑ̃tje, jɛʀ] 1 adj cement (épith)

2 nm cement manufacturer

**cimeterre** [simtɛʀ] → SYN nm scimitar

**cimetière** [simtjɛʀ] → SYN nm [ville] cemetery; [église] graveyard, churchyard ◆ **cimetière des chiens** pet cemetery ◆ **cimetière de voitures** scrapyard ◆ **cimetière des éléphants** elephant's graveyard ◆ **aller au cimetière** to visit the cemetery

**cimier** [simje] nm [casque] crest; [arbre de Noël] *decorative bauble for the top of the Christmas tree*

**cinabre** [sinabʀ] nm cinnabar

**cinchonine** [sɛ̃kɔnin] nf cinchonine

**ciné** [sine] nm* (abrév de **cinéma**) (= art, procédé) cinema; (= salle) cinema, movie theater (US) ◆ **aller au ciné** to go to the cinema ou the movies (US)

**cinéaste** [sineast] → SYN nmf (gén) film-maker, moviemaker (US); (= réalisateur connu) (film) director

**ciné-club,** pl **ciné-clubs** [sineklœb] nm film society ou club

**cinéma** [sinema] → SYN 1 nm **a** (= procédé, art, industrie) cinema; (= salle) cinema, movie theater (US) ◆ **roman adapté pour le cinéma** novel adapted for the cinema ou the screen ◆ **faire du cinéma** to be a film ou movie (US) actor (ou actress) ◆ **de cinéma** technicien, studio film (épith); projecteur, écran cinema (épith) ◆ **acteur/vedette de cinéma** film ou movie (US) actor/star ◆ **être dans le cinéma** to be in the film ou movie (US) business ou in films ou movies (US) ◆ **le cinéma français/italien** French/Italian cinema ◆ **le cinéma de Carné** Carné films ◆ **aller au cinéma** to go to the cinema ou movies (US) ◆ **elle se fait du cinéma*** she's deluding herself

**b** (* = simagrées) **c'est du cinéma** it's all put on*, it's all an act ◆ **arrête ton cinéma !** give it a rest! ◆ **faire tout un cinéma** to put on a great act*

**c** (* = complication) fuss ◆ **c'est toujours le même cinéma** it's always the same old to-do* ou business ◆ **tu ne vas pas nous faire ton cinéma !** you're not going to make a fuss ou a great scene ou a song and dance* about it!

**2** COMP ▷ **cinéma d'animation** (= technique) animation; (= films) animated films ▷ **cinéma d'art et d'essai** avant-garde ou experimental films ou cinema; (= salle) art house ▷ **cinéma muet** silent films ou movies (US) ▷ **cinéma parlant** talking films ou pictures, talkies * ▷ **cinéma permanent** continuous performance ▷ **cinéma de plein air** open-air cinema ▷ **cinéma à salles multiples** multiplex cinema

**Cinémascope ®** [sinemaskɔp] nm Cinemascope ®

**cinémathèque** [sinematɛk] nf film archive ou library; (= salle) film theatre (Brit), movie theater (US)

**cinématique** [sinematik] nf kinematics sg

**cinématographe** [sinematɔgʀaf] nm cinematograph

**cinématographie** [sinematɔgʀafi] nf film-making, movie-making (US), cinematography

**cinématographier** [sinematɔgʀafje] → SYN ▸ conjug 7 ◂ vt to film

**cinématographique** [sinematɔgʀafik] adj film (épith), cinema (épith)

**cinéma-vérité** [sinemaveʀite] nm inv cinéma-vérité, ciné vérité

**ciné-parc, cinéparc,** pl **ciné(-)parcs** [sine paʀk] nm (Can) drive-in (cinema)

**cinéphile** [sinefil] **1** adj public cinema-going (épith)

**2** nmf film ou cinema enthusiast, film buff *, movie buff * (US)

**cinéraire** [sineʀɛʀ] **1** adj vase cinerary

**2** nf (Bot) cineraria

**Cinérama ®** [sineʀama] nm Cinerama ®

**cinérite** [sineʀit] nf tuff deposit

**ciné-roman,** pl **ciné-romans** [sineʀɔmɑ̃] nm film story

**cinéthéodolite** [sineteɔdɔlit] nm kinetheodolite

**cinétique** [sinetik] **1** adj kinetic

**2** nf kinetics sg

**cing(h)alais, e** [sɛ̃galɛ, ɛz] **1** adj Sin(g)halese

**2** nm (Ling) Sin(g)halese

**3** **Cing(h)alais(e)** nm,f Sin(g)halese

**cinglant, e** [sɛ̃glɑ̃, ɑ̃t] → SYN adj vent biting, bitter; pluie lashing, driving; propos, ironie biting, scathing, cutting

**cinglé, e** * [sɛ̃gle] → SYN (ptp de **cingler**) **1** adj screwy *, cracked *

**2** nm,f crackpot *, nut *

**cingler** [sɛ̃gle] → SYN ▸ conjug 1 ◂ **1** vt [personne] to lash; [vent, pluie, branche] to sting, whip (against); [pluie] to lash (against); (fig) to lash, sting ◆ **il cingla l'air de son fouet** he lashed the air with his whip

**2** vi (Naut) ◆ **cingler vers** to make for

**cinnamome** [sinamɔm] nm cinnamon

**cinoche** * [sinɔʃ] nm (= salle) cinema, movie theater (US) ◆ **aller au cinoche** to go to the cinema ou movies (US)

**cinoque** ⁑ [sinɔk] adj ⇒ **sinoque**

**cinq** [sɛ̃k] adj inv, nm inv five ◆ **dire les cinq lettres** ou **le mot de cinq lettres** to use a rude word ou a four-letter word ◆ **je lui ai dit les cinq lettres** I told him where to go * ◆ **en cinq sec** * in a flash, before you could say Jack Robinson * ◆ **cinq à sept** (= rendez-vous) afternoon tryst; pour autres loc voir **six** → **recevoir**

**cinq-dix-quinze** † ⁑ [sɛ̃diskɛ̃z] nm (Can) cheap store, dime store (US, Can), five-and-ten (US, Can)

**cinquantaine** [sɛ̃kɑ̃tɛn] nf (= âge, nombre) about fifty

**cinquante** [sɛ̃kɑ̃t] adj inv, nm inv fifty; pour loc voir **six**

**cinquantenaire** [sɛ̃kɑ̃tnɛʀ] **1** adj arbre, objet fifty-year-old (épith) ◆ **il est cinquantenaire** it (ou he) is fifty years old

**2** nm (= anniversaire) fiftieth anniversary, golden jubilee

**cinquantième** [sɛ̃kɑ̃tjɛm] adj, nmf fiftieth; pour loc voir **sixième**

**cinquantièmement** [sɛ̃kɑ̃tjɛmmɑ̃] adv in the fiftieth place

**cinquième** [sɛ̃kjɛm] **1** adj fifth ◆ **la cinquième semaine (de congés payés)** the fifth week of paid holiday (Brit) ou vacation (US) ◆ **je suis la cinquième roue du carrosse** * I feel like a spare part * (Brit), I feel like a fifth wheel (US) ◆ **cinquième colonne** fifth column; pour autres loc voir **sixième**

**2** nmf fifth

**3** nf **a** (Scol) ≈ second form ou year (Brit), ≈ seventh grade (US)

**b** (Aut) fifth gear

**c** (TV) **la Cinquième** *French cultural TV channel broadcasting in the afternoon*

**cinquièmement** [sɛ̃kjɛmmɑ̃] adv in the fifth place

**cintrage** [sɛ̃tʀaʒ] nm [tôle, bois] bending

**cintre** [sɛ̃tʀ] → SYN nm **a** (Archit) arch; → **voûte**

**b** (= porte-manteau) coathanger

**c** (Théât) **les cintres** the flies

**cintré, e** [sɛ̃tʀe] (ptp de **cintrer**) adj porte, fenêtre arched; galerie vaulted, arched; veste fitted; (⁑ = fou) nuts *, crackers * ◆ **chemise cintrée** close-fitting ou slim-fitting shirt

**cintrer** [sɛ̃tʀe] → SYN ▸ conjug 1 ◂ vt (Archit) [+ porte] to arch, make into an arch; [+ galerie] to vault, give a vaulted ou arched roof to; (Tech) to bend, curve; (Habillement) to take in at the waist

**CIO** [seio] nm **a** (abrév de **centre d'information et d'orientation**) → **centre**

**b** (abrév de **Comité international olympique**) IOC

**cipolin** [sipɔlɛ̃] nm cipolin

**cippe** [sip] nm (small) stele, cippus

**cirage** [siʀaʒ] nm **a** (= produit) (shoe) polish

**b** (= action) [chaussures] polishing; [parquets] polishing, waxing

**c** **être dans le cirage** * (après anesthésie) to be a bit groggy * ou whoozy *; (= être mal réveillé) to be a bit whoozy *; (arg Aviat) to be flying blind ◆ **quand il est sorti du cirage** * when he came to ou round; → **noir**

**circa** [siʀka] adv circa

**circadien, -ienne** [siʀkadjɛ̃, jɛn] adj circadian

**circaète** [siʀkaɛt] nm short-toed eagle

**circoncire** [siʀkɔ̃siʀ] ▸ conjug 37 ◂ vt to circumcize

**circoncis** [siʀkɔ̃si] (ptp de **circoncire**) adj circumcized

**circoncision** [siʀkɔ̃sizjɔ̃] nf circumcision

**circonférence** [siʀkɔ̃feʀɑ̃s] → SYN nf circumference

**circonflexe** [siʀkɔ̃flɛks] → SYN adj ◆ **accent circonflexe** circumflex

**circonlocution** [siʀkɔ̃lɔkysjɔ̃] → SYN nf circumlocution ◆ **employer des circonlocutions pour annoncer qch** to announce sth in a roundabout way

**circonscription** [siʀkɔ̃skʀipsjɔ̃] → SYN nf (Admin, Mil) district, area ◆ **circonscription (électorale)** [député] constituency (Brit), district (US)

**circonscrire** [siʀkɔ̃skʀiʀ] → SYN ▸ conjug 39 ◂ vt [+ feu, épidémie] to contain, confine; [+ territoire] to mark out; [+ sujet] to define, delimit ◆ **circonscrire un cercle/carré à** to draw a circle/square round ◆ **le débat s'est circonscrit à** ou **autour de cette seule question** the debate limited ou restricted itself to ou was centred round ou around that one question ◆ **les recherches sont circonscrites au village** the search is being limited ou confined to the village

**circonspect, e** [siʀkɔ̃spɛ(kt), ɛkt] → SYN adj personne circumspect, cautious; silence, remarque prudent, cautious

**circonspection** [siʀkɔ̃spɛksjɔ̃] → SYN nf caution, circumspection

**circonstance** [siʀkɔ̃stɑ̃s] → SYN nf **a** (= occasion) occasion ◆ **en la circonstance** in this case, on this occasion ◆ **en pareille circonstance** in such a case, in such circumstances ◆ **il a profité de la circonstance pour me rencontrer** he took advantage of the occasion to meet me; → **concours**

**b** (= situation) **circonstances** circumstances ◆ **circonstances économiques** economic circumstances ◆ **être à la hauteur des circonstances** to be equal to the occasion ◆ **en raison des circonstances, étant donné les circonstances** in view of ou given the circumstances ◆ **dans ces circonstances** under ou in these circumstances ◆ **dans les circonstances présentes** ou **actuelles** in the present circumstances

**c** [crime, accident] circumstance ◆ **circonstances atténuantes** (Jur) mitigating ou extenuating circumstances ◆ **circonstance aggravante** (Jur) aggravating circumstance, aggravation ◆ **il y a une circonstance troublante** there's one disturbing circumstance ou point ◆ **dans des circonstances encore mal définies** in circumstances which are still unclear

**d** **de circonstance** parole, mine, conseil appropriate, apt; œuvre, poésie occasional (épith); habit appropriate, suitable

**circonstancié, e** [siʀkɔ̃stɑ̃sje] → SYN adj rapport detailed

**circonstanciel, -ielle** [siʀkɔ̃stɑ̃sjɛl] adj (Gram) adverbial ◆ **complément circonstanciel de lieu/temps** adverbial phrase of place/time

**circonvenir** [siʀkɔ̃v(ə)niʀ] → SYN ▸ conjug 22 ◂ vt (frm) [+ personne] to circumvent (frm), get round

**circonvoisin, e** [siʀkɔ̃vwazɛ̃, in] adj (littér) surrounding, neighbouring (Brit), neighboring (US)

**circonvolution** [siʀkɔ̃vɔlysjɔ̃] → SYN nf (Anat) convolution; [rivière, itinéraire] twist ◆ **décrire des circonvolutions** [rivière, route] to twist and turn ◆ **circonvolution cérébrale** cerebral convolution

**circuit** [siʀkɥi] → SYN **1** nm **a** (= itinéraire touristique) tour, (round) trip ◆ **circuit d'autocar** bus trip, coach (Brit) tour ou trip ◆ **il y a un très joli circuit (à faire) à travers bois** there's a very nice trip (you can do) through the woods ◆ **faire le circuit (touristique) des volcans d'Auvergne** to tour ou go on a tour of the volcanoes in Auvergne

**b** (= parcours compliqué) roundabout ou circuitous route ◆ **il faut emprunter un circuit assez compliqué pour y arriver** you have to take a rather circuitous ou roundabout route to get there ◆ **j'ai dû refaire tout le circuit en sens inverse** I had to go right back round the way I'd come ou make the whole journey back the way I'd come

**c** (Sport) circuit ◆ **circuit automobile** (motor) racing circuit ◆ **course sur circuit** circuit racing ◆ **circuit féminin** (Tennis) women's circuit ◆ **sur le circuit international** on the international circuit

**d** (Élec) circuit ◆ **couper/rétablir le circuit** to break/restore the circuit ◆ **mettre qch en circuit** to connect sth up ◆ **mettre hors circuit** [+ appareil] to disconnect; [+ personne] to push aside ◆ **tous les circuits ont grillé** (machine) all the fuses have blown, there's been a burnout

**e** (Écon) circulation

**f** (= enceinte) [ville] circumference

**g** (Ciné) circuit

**h** (LOC) **être dans le circuit** to be around ◆ **est-ce qu'il est toujours dans le circuit ?** is he still around? ◆ **se remettre dans le circuit** to get back into circulation ◆ **mettre qch dans le circuit** to put sth into circulation, feed sth into the system

**2** COMP ▷ **circuit de distribution** (Comm) distribution network ou channels ▷ **circuit électrique** (Élec) electric(al) circuit; [jouet] (electric) track ▷ **circuit fermé** (Élec, fig) closed circuit ◆ **vivre en circuit fermé** to live in a closed world ◆ **ces publications circulent en circuit fermé** this literature has a limited ou restricted circulation ▷ **circuit hydraulique** (Aut) hydraulic circuit ▷ **circuit imprimé** printed circuit ▷ **circuit intégré** integrated circuit ▷ **circuit de refroidissement** cooling system

**circulaire** [siʀkylɛʀ] → SYN adj, nf (gén) circular ◆ **circulaire d'application** *decree specifying how a law should be enforced*

**circulairement** [siʀkylɛʀmɑ̃] adv in a circle

**circulant, e** [siʀkylɑ̃, ɑ̃t] adj **a** (Fin) circulating ◆ **actif circulant** current assets ◆ **capitaux circulants** circulating capital

**b** (Bio) molécule circulating in the bloodstream ◆ **sang circulant** circulating blood

**circularité** [siʀkylaʀite] nf circularity

**circulation** [siʀkylasjɔ̃] → SYN nf [air, sang, argent] circulation; [marchandises] movement; [nouvelle] spread; [trains] running; (Aut) traffic ◆ **la circulation (du sang)** the circulation ◆ **avoir une bonne/mauvaise circulation** (Méd) to have good/bad circulation ◆ **la libre circulation des travailleurs** the free movement of labour ◆ **pour rendre la circulation plus fluide** (Aut) to improve traffic flow ◆ **route à grande circulation** major road, main highway (US) ◆ **mettre en circulation** [+ argent] to put into circulation; [+ livre, produit, voiture] to put on the market, bring out; [+ fausse nouvelle] to circulate, spread (about) ◆ **mise en circulation** [argent] circulation; [livre, produit, voiture] marketing ◆ **retirer de la circulation** [+ argent] to take out of ou withdraw from circulation; [+ médicament, produit, livre] to take off the market, withdraw; (euph) [+ personne] to get rid of ◆ **circulation aérienne** air traffic ◆ **circulation générale** (Anat) systemic circulation ◆ **circulation monétaire** money ou currency circulation ◆ **"circulation interdite"** (Aut) "no vehicular traffic" ◆ **disparaître de la circulation** (fig) to drop out of sight, disappear from the scene; → **accident, agent**

**circulatoire** [siʀkylatwaʀ] **adj** circulation (épith), circulatory ◆ **troubles circulatoires** circulatory disorders

**circuler** [siʀkyle] → SYN ▸ conjug 1 ◂ **vi** **a** [sang, air, marchandise, argent] to circulate; [rumeur] to circulate, go around ou about ◆ **l'information circule mal entre les services** communication between departments is poor ◆ **il circule bien des bruits à son propos** there's a lot of gossip going around about him, there's a lot being said about him ◆ **faire circuler** [+ air, sang, argent, document] to circulate; [+ marchandises] to put into circulation; [+ bruits] to spread

**b** [voiture] to go, move; [train] to go, run; [passant] to walk; [foule] to move (along); [plat, bonbons, lettre] to be passed ou handed round ◆ **un bus sur trois circule** one bus in three is running ◆ **circuler à droite/à gauche** to drive on the right/on the left ◆ **circulez !** move along! ◆ **faire circuler** [+ voitures, piétons] to move on; [+ plat, pétition] to hand ou pass round

**circumduction** [siʀkɔmdyksjɔ̃] **nf** circumduction

**circumnavigation** [siʀkɔmnavigasjɔ̃] **nf** circumnavigation

**circumpolaire** [siʀkɔmpɔlɛʀ] **adj** circumpolar

**cire** [siʀ] → SYN **1** **nf** **a** (gén) wax; (pour meubles, parquets) polish; (Méd) [oreille] (ear) wax ◆ **cire d'abeille** beeswax ◆ **cire à cacheter/à épiler** sealing/depilatory wax ◆ **cire liquide** liquid wax ◆ **s'épiler les jambes à la cire** to wax one's legs ◆ **personnage en cire** waxwork dummy; → **musée**

**b** (Zool) cirrus

**2** COMP ▷ **cire anatomique** wax anatomical model ▷ **cire perdue** cire perdue, lost wax

**ciré** [siʀe] → SYN **nm** (Habillement) oilskin

**cirer** [siʀe] → SYN ▸ conjug 1 ◂ **vt** to polish ◆ **j'en ai rien à cirer** ** I don't give a damn ** ◆ **cirer les bottes** ou **pompes de qn** * to lick sb's boots *, suck up to sb **; → **toile**

**cireur, -euse** [siʀœʀ, øz] **1** **nm,f** (= personne) [chaussures] shoe-shiner, bootblack †; [plancher] (floor) polisher ◆ **cireur de bottes** ou **pompes** * bootlicker *

**2** **cireuse** **nf** (= appareil) floor polisher

**cireux, -euse** [siʀø, øz] **adj** matière waxy; teint waxen

**cirier, -ière** [siʀje, jɛʀ] → SYN **1** **nm,f** (= artisan) wax worker; (= commerçant) candle seller

**2** **nm** (Bot) wax tree

**3** **cirière** **nf** ◆ **(abeille) cirière** wax bee

**ciron** [siʀɔ̃] → SYN **nm** (littér, Zool) mite

**cirque** [siʀk] → SYN **nm** **a** (= chapiteau) big top; (= spectacle) circus

**b** (Antiq = arène) circus, amphitheatre (Brit), amphitheater (US); → **jeu**

**c** (Géog) cirque

**d** (* = embarras) **quel cirque pour garer sa voiture ici !** it's such a performance * ou to-do * finding a place to park around here! ◆ **quel cirque il a fait quand il a appris la nouvelle !** what a scene he made when he heard the news! ◆ **arrête ton cirque !** give it a rest! *

**e** (* = désordre) chaos ◆ **c'est le cirque ici aujourd'hui** it's absolute chaos here today, the place is a real circus today (US)

**cirrhose** [siʀoz] **nf** cirrhosis ◆ **cirrhose du foie** cirrhosis of the liver

**cirrocumulus** [siʀokymylys] **nm** cirrocumulus

**cirrostratus** [siʀostʀatys] **nm** cirrostratus

**cirrus** [siʀys] **nm** cirrus

**cisaille(s)** [sizɑj] **nf(pl)** [pour métal] shears; [pour fil métallique] wire cutters; [jardinier] (garden-ing) shears

**cisaillement** [sizɑjmɑ̃] **nm** **a** [métal] cutting; [branches] clipping, pruning

**b** [rivet, boulon] shearing off

**cisailler** [sizɑje] → SYN ▸ conjug 1 ◂ **1** **vt** **a** (= couper) [+ métal] to cut; [+ branches] to clip, prune; (fig) [+ carrière] to cripple

**b** (= user) [+ rivet, boulon] to shear off

**c** (* = tailler maladroitement) [+ tissu, planche, cheveux] to hack at

**2** **se cisailler** **vpr** (= se couper) to cut o.s.

**cisalpin, e** [sizalpɛ̃, in] **adj** cisalpine

**ciseau,** pl **ciseaux** [sizo] → SYN **nm** **a** **(paire de) ciseaux** (pour tissu, papier) (pair of) scissors; (pour métal, laine) shears; (pour fil métallique) wire cutters ◆ **ciseaux de brodeuse** embroidery scissors ◆ **ciseaux de couturière** dressmaking shears ou scissors ◆ **ciseaux à ongles** nail scissors ◆ **en un coup de ciseaux** with a snip of the scissors ◆ **donner des coups de ciseaux dans un texte** * to make cuts in a text

**b** (Sculp, Tech) chisel ◆ **ciseau à froid** cold chisel

**c** (Sport = prise) scissors (hold ou grip) ◆ **montée en ciseaux** (Ski) herringbone climb ◆ **ciseau de jambes** (Catch) leg scissors ◆ **faire des ciseaux** to do scissor kicks; → **sauter**

**ciselage** [siz(ə)laʒ] **nm** chiselling

**ciseler** [siz(ə)le] → SYN ▸ conjug 5 ◂ **vt** [+ pierre] to chisel, carve; [+ métal] to chase, chisel; [+ persil] to chop finely; [+ style] to polish ◆ **les traits finement ciselés de son visage** his finely chiselled features

**ciselet** [siz(ə)lɛ] **nm** (small) graver

**ciseleur, -euse** [siz(ə)lœʀ, øz] **nm, f** [bois, marbre] carver; (en orfèvrerie) engraver

**ciselure** [siz(ə)lyʀ] **nf** **a** [bois, marbre] carving, chiselling; [orfèvrerie] engraving, chasing

**b** (= dessin) [bois] carving; [orfèvrerie] engraved ou chased pattern ou design, engraving

**Cisjordanie** [sisʒɔʀdani] **nf** ◆ **la Cisjordanie** the West Bank

**ciste**[1] [sist] **nm** (Bot) cyst, rockrose

**ciste**[2] [sist] **nf** (Antiq) cist; (= coffre) cist, kist

**cistercien, -ienne** [sistɛʀsjɛ̃, jɛn] **adj, nm,f** Cistercian

**cis-trans** [sistʀɑ̃s] **adj** (Bio) ◆ **test cis-trans** cis-trans test

**cistre** [sistʀ] **nm** (Mus) cittern, cither(n)

**cistron** [sistʀɔ̃] **nm** cistron

**cistude** [sistyd] **nf** ◆ **cistude d'Europe** European pond turtle

**citadelle** [sitadɛl] → SYN **nf** (lit, fig) citadel

**citadin, e** [sitadɛ̃, in] → SYN **1** **adj** (gén) town (épith), urban; [grande ville] city (épith), urban

**2** **nm,f** city dweller, urbanite (US)

**citateur, -trice** [sitatœʀ, tʀis] **nm,f** citer

**citation** [sitasjɔ̃] → SYN **nf** **a** [auteur] quotation ◆ **"fin de citation"** "unquote", "end of quotation"

**b** (Jur) summons ◆ **citation à comparaître** (à accusé) summons to appear; (à témoin) subpoena

**c** (= mention) citation ◆ **citation à l'ordre du jour** ou **de l'armée** (Mil) mention in dispatches

**cité** [site] → SYN **1** **nf** (littér, Antiq, = grande ville) city; (= petite ville) town; (= immeubles) (housing) estate (Brit), project (US) ◆ **le problème des cités** the problem of social unrest in deprived estates (Brit) ou projects (US) ◆ **cité parlementaire** (à Québec) Parliament buildings ◆ **la cité des Papes** Avignon ◆ **la Cité du Vatican** Vatican City ◆ **la cité des Doges** Venice; → **droit**[3]

**2** COMP ▷ **cité ouvrière** ≃ (workers') housing estate (Brit) ou development (US) ▷ **cité de transit** ≃ halfway house ou hostel, ≃ (temporary) hostel for homeless families ▷ **cité universitaire** (student) hall(s) of residence

**cité-dortoir,** pl **cités-dortoirs** [sitedɔʀtwaʀ] **nf** dormitory (Brit) ou bedroom (US) town

**cité-jardin,** pl **cités-jardins** [siteʒaʀdɛ̃] **nf** garden city

**citer** [site] → SYN ▸ conjug 1 ◂ **vt** **a** (= rapporter) [+ texte, exemples, faits] to quote, cite ◆ **il n'a pas pu citer 3 pièces de Sartre** he couldn't name 3 plays by Sartre

**b** **citer (en exemple)** [+ personne] to hold up as an example (*pour* for) ◆ **citer un soldat (à l'ordre du jour** ou **de l'armée)** to mention a soldier in dispatches

**c** (Jur) **citer (à comparaître)** [+ accusé] to summon to appear; [+ témoin] to subpoena

**citerne** [sitɛʀn] → SYN **nf** tank; (à eau) water tank

**cithare** [sitaʀ] **nf** zither; (Antiq) cithara

**cithariste** [sitaʀist] **nmf** zitherist; (Antiq) cithara player

**citoyen, -yenne** [sitwajɛ̃, jɛn] → SYN **1** **adj** (= faisant preuve de civisme) entreprise, personne socially aware ◆ **une nation citoyenne** a nation where the notion of citizenship is central

**2** **nm,f** citizen ◆ **citoyen/citoyenne d'honneur d'une ville** freeman/freewoman of a town ◆ **citoyen du monde** citizen of the world

**3** **nm** (* = type) guy *, bloke * (Brit) ◆ **drôle de citoyen** oddbod *, oddball * (US)

**citoyenneté** [sitwajɛnte] **nf** citizenship

**citrate** [sitʀat] **nm** citrate

**citrin, e** [sitʀɛ̃, in] **1** **adj** citrine-coloured

**2** **citrine** **nf** (= pierre) citrine

**citrique** [sitʀik] **adj** citric

**citron** [sitʀɔ̃] → SYN **1** **nm** (= fruit) lemon; (** = tête) head, nut * ◆ **un** ou **du citron pressé** a (fresh) lemon juice ◆ **citron vert** lime; → **thé**

**2** **adj inv** lemon(-coloured (Brit) ou -colored (US)) ◆ **jaune citron** lemon-yellow

**citronnade** [sitʀɔnad] **nf** lemon squash (Brit), still lemonade (Brit), lemonade (US)

**citronné, e** [sitʀɔne] **adj** goût, odeur lemony; gâteau lemon(-flavoured (Brit) ou -flavored (US)); liquide with lemon juice added, lemon-flavoured (Brit) ou -flavored (US); eau de toilette lemon-scented

**citronnelle** [sitʀɔnɛl] **nf** (= graminée) lemon grass; (= mélisse) lemon balm; (= verveine) lemon verbena; (= huile) citronella (oil); (= liqueur) lemon liqueur

**citronnier** [sitʀɔnje] **nm** lemon tree

**citrouille** [sitʀuj] → SYN **nf** pumpkin ◆ **j'ai la tête comme une citrouille** * I feel like my head's going to explode

**citrus** [sitʀys] **nm** citrus

**cive** [siv] **nf** (Bot) chive; (Culin) chives

**civet** [sivɛ] **nm** stew ◆ **lièvre en civet, civet de lièvre** ≃ jugged hare

**civette**[1] [sivɛt] → SYN **nf** (Zool) civet (cat); (= parfum) civet

**civette**[2] [sivɛt] → SYN **nf** (Bot) chive; (Culin) chives

**civière** [sivjɛʀ] → SYN **nf** stretcher

**civil, e** [sivil] → SYN **1** **adj** **a** (= entre citoyens) guerre, mariage civil ◆ **personne de la société civile** (Pol) lay person; → **code, partie**[2]

**b** (= non militaire) civilian

**c** (littér = poli) civil, courteous

**2** **nm** **a** (= non militaire) civilian ◆ **se mettre en civil** [soldat] to dress in civilian clothes, wear civvies *; [policier] to dress in plain clothes ◆ **policier en civil** plain-clothes policeman, policeman in plain clothes ◆ **soldat en civil** soldier in civvies * ou in mufti ou in civilian clothes ◆ **dans le civil** in civilian life, in civvy street * (Brit)

**b** (Jur) **poursuivre qn au civil** to take civil action against sb, sue sb in the (civil) courts

**civilement** [sivilmɑ̃] **adv** **a** (Jur) **poursuivre qn civilement** to take civil action against sb, sue sb in the (civil) courts ◆ **être civilement responsable** to be legally responsible ◆ **se marier civilement** to have a civil wedding,

≈ get married in a registry office (Brit), ≈ be married by a judge (US)

b (littér = poliment) civilly

**civilisable** [sivilizabl] adj civilizable

**civilisateur, -trice** [sivilizatœʀ, tʀis] 1 adj civilizing

2 nm,f civilizer

**civilisation** [sivilizasjɔ̃] → SYN nf civilization

**civilisé, e** [sivilize] → SYN (ptp de **civiliser**) adj civilized

**civiliser** [sivilize] → SYN ▸ conjug 1 ◂ 1 vt to civilize

2 **se civiliser** vpr [peuple] to become civilized; * [personne] to become more civilized

**civiliste** [sivilist] nmf specialist in civil law

**civilité** [sivilite] → SYN nf (= politesse) civility ◆ **civilités** (frm = compliments) civilities ◆ **faire** ou **présenter ses civilités à** to pay one's compliments to

**civique** [sivik] adj civic ◆ **avoir le sens civique** to be public-spirited; → **éducation, instruction**

**civisme** [sivism] → SYN nm public-spiritedness ◆ **cours de civisme** civics sg

**cl** (abrév de **centilitre**) cl

**clabaudage** [klabodaʒ] nm (littér) [personne] moaning, whingeing; [chien] yapping

**clabauder** [klabode] → SYN ▸ conjug 1 ◂ vi (littér) [personne] to moan, whinge (*contre* about); [chien] to yap ◆ **clabauder contre qn** to make denigrating remarks about sb

**clabauderie** [klabodʀi] nf (littér) ⇒ **clabaudage**

**clabaudeur, -euse** [klabodœʀ, øz] (littér) 1 adj (= médisant) gossiping; (= aboyant) yapping

2 nm,f (= cancanier) gossip

**clac** [klak] excl [porte] slam!; [élastique, stylo] snap!; [fouet] crack!

**clade** [klad] nm (Bio) clade

**cladisme** [kladism] nm cladism

**cladistique** [kladistik] 1 adj cladistic

2 nf cladistics sg

**cladogramme** [kladɔgʀam] nm cladogram

**clafoutis** [klafuti] nm clafoutis *(type of tart made of fruit and batter)*

**claie** [klɛ] → SYN nf [fruit, fromage] rack; (= crible) riddle; (= clôture) hurdle

**clair, e**[1] [klɛʀ] GRAMMAIRE ACTIVE 15.1, 26.6 → SYN

1 adj a (= lumineux) pièce bright, light; ciel clear; couleur, flamme bright ◆ **par temps clair** on a clear day, in clear weather

b (= pâle) teint, couleur light; tissu, robe light-coloured (Brit) ou -colored (US) ◆ **bleu/vert clair** light blue/green

c (= limpide) eau, son, conscience, voyelle clear ◆ **d'une voix claire** in a clear voice

d (= peu consistant) sauce, soupe thin; tissu thin; blés sparse

e (= sans ambiguïté) exposé, pensée, position clear ◆ **cette affaire n'est pas claire** there's something slightly suspicious about all this ◆ **avoir un esprit clair** to be a clear thinker ◆ **je serai clair avec vous** I'll be frank with you ◆ **c'est clair et net** it's perfectly clear ◆ **son message était clair et net** his message was loud and clear ◆ **je ne ferai jamais ça, c'est clair et net !** I'll never do that, there's no question ou no two ways * about it!

f (= évident) clear, obvious, plain ◆ **il est clair qu'il se trompe** it is clear ou obvious that he's mistaken ◆ **son affaire est claire, il est coupable** it's quite clear ou obvious that he's guilty ◆ **c'est clair comme le jour** ou **comme de l'eau de roche** it's as clear as daylight, it's crystal-clear ◆ **il passe le plus clair de son temps à rêver** he spends most of his time daydreaming ◆ **le plus clair de son argent** the better part of his money

2 adv ◆ **il fait clair** it's light ◆ **il ne fait guère clair dans cette pièce** it's not very light in this room ◆ **il fait aussi clair** ou **on voit aussi clair qu'en plein jour** it's as bright as daylight ◆ **voir clair** (lit) to see well ◆ **voir clair dans un problème/une situation** to have a clear understanding of a problem/a situation, grasp a problem/situation clearly ◆ **maintenant j'y vois plus clair** now I've got a better idea ◆ **je vois clair dans son jeu** I can see what his game is, I know exactly what he's up to * ◆ **parlons clair** let's be frank

◆ **au clair** ◆ **tirer qch au clair** to clear sth up, clarify sth ◆ **il faut tirer cette affaire au clair** we must get to the bottom of this business, we must sort this business out ◆ **être au clair sur qch** to be clear about ou on sth ◆ **mettre ses idées au clair** to organize one's thoughts ◆ **mettre les choses au clair** to make things clear ◆ **mettre les choses au clair avec qn** to get things straight with sb

◆ **en clair** (= c'est-à-dire) to put it plainly; (= non codé) message in clear; émission unscrambled

3 nm a **clairs** († = partie usée) worn parts, thin patches

b **clairs** (Art) light (NonC), light areas ◆ **les clairs et les ombres** the light and shade

4 COMP ▷ **clair de lune** moonlight ◆ **au clair de lune** in the moonlight ◆ **promenade au clair de lune** stroll in the moonlight ▷ **clair de terre** earthshine, earthlight

**clairance** [klɛʀɑ̃s] nf (Aviat, Méd) clearance

**claire**[2] [klɛʀ] → SYN nf (= parc) oyster bed ◆ **(huître de) claire** fattened oyster; → **fine**[2]

**clairement** [klɛʀmɑ̃] adv clearly

**clairet, -ette** [klɛʀɛ, ɛt] 1 adj soupe thin; voix high-pitched ◆ **(vin) clairet** light red wine

2 **clairette** nf light sparkling wine

**claire-voie,** pl **claires-voies** [klɛʀvwa] nf (= clôture) openwork fence; [église] clerestory ◆ **à claire-voie** openwork (épith)

**clairière** [klɛʀjɛʀ] → SYN nf clearing, glade

**clair-obscur,** pl **clairs-obscurs** [klɛʀɔpskyʀ] nm (Art) chiaroscuro; (gén) twilight

**clairon** [klɛʀɔ̃] → SYN nm (= instrument) bugle; (= joueur) bugler; [orgue] clarion (stop)

**claironnant, e** [klɛʀɔnɑ̃, ɑ̃t] adj voix strident, resonant

**claironner** [klɛʀɔne] → SYN ▸ conjug 1 ◂ 1 vt [+ succès, nouvelle] to trumpet, shout from the rooftops

2 vi (= parler fort) to speak at the top of one's voice

**clairsemé, e** [klɛʀsəme] → SYN adj arbres, maisons, applaudissements, auditoire scattered; blés, gazon, cheveux thin, sparse; population sparse, scattered

**clairvoyance** [klɛʀvwajɑ̃s] → SYN nf [personne] clear-sightedness, perceptiveness; [esprit] perceptiveness

**clairvoyant, e** [klɛʀvwajɑ̃, ɑ̃t] → SYN 1 adj a (= perspicace) personne clear-sighted, perceptive; œil, esprit perceptive

b († = doué de vision) sighted

2 nm,f († : doué de vision) sighted person; (= médium) clairvoyant

**clam** [klam] nm (Zool) clam

**clamecer**‡ [klamse] ▸ conjug 3 ◂ vi (= mourir) to kick the bucket ‡, snuff it ‡ (Brit)

**clamer** [klame] → SYN ▸ conjug 1 ◂ vt to shout out, proclaim ◆ **clamer son innocence/son indignation** to proclaim one's innocence/one's indignation

**clameur** [klamœʀ] → SYN nf clamour ◆ **les clameurs de la foule** the clamour of the crowd ◆ **les clameurs des mécontents** (fig) the protests of the discontented

**clamp** [klɑ̃p] → SYN nm (= pince) clamp

**clamper** [klɑ̃pe] ▸ conjug 1 ◂ vt to clamp

**clampin**‡ [klɑ̃pɛ̃] nm person ◆ **il y avait trois clampins à la soirée** there was hardly anybody at the party

**clamser**‡ [klamse] ▸ conjug 1 ◂ vi ⇒ **clamecer**

**clan** [klɑ̃] → SYN nm (lit, fig) clan ◆ **esprit de clan** clannishness

**clandé** [klɑ̃de] nm (arg Crime) (= maison close) brothel, knocking-shop ‡ (Brit); (= maison de jeu) gambling joint

**clandestin, e** [klɑ̃dɛstɛ̃, in] → SYN 1 adj réunion secret, clandestine; revue, organisation, imprimerie underground (épith); mouvement underground (épith), clandestine; commerce clandestine, illicit; travailleur, travail, immigration, avortement illegal

2 nm (= ouvrier) illegal worker ◆ **(passager) clandestin** stowaway

**clandestinement** [klɑ̃dɛstinmɑ̃] adv (= secrètement) secretly; (= illégalement) illegally ◆ **faire entrer qn clandestinement dans un pays** to smuggle sb into a country

**clandestinité** [klɑ̃dɛstinite] nf a [activité] secret nature ◆ **dans la clandestinité** (= en secret) travailler in secret, clandestinely; (= en se cachant) vivre underground ◆ **entrer dans la clandestinité** to go underground ◆ **le journal interdit a continué de paraître dans la clandestinité** the banned newspaper went on being published underground ou clandestinely

b (Hist) **la clandestinité** (= la Résistance) the Resistance

**clanique** [klanik] adj rivalité, société clan (épith) ◆ **guerre clanique** clan warfare

**clap** [klap] nm (Ciné) clapperboard

**clapet** [klapɛ] → SYN nm a (Tech) valve; (Élec) rectifier ◆ **clapet d'admission/d'échappement** (Aut) induction/exhaust valve

b (‡ = bouche) **ferme ton clapet** hold your tongue *, shut up * ◆ **quel clapet !** what a chatterbox! *

**clapier** [klapje] nm a (= cabane à lapins) hutch; (péj = logement surpeuplé) dump ‡, hole *

b (= éboulis) scree

**clapman** [klapman] nm clapper boy

**clapotement** [klapɔtmɑ̃] nm lap(ping) (NonC)

**clapoter** [klapɔte] ▸ conjug 1 ◂ vi [eau] to lap

**clapotis** [klapɔti] nm lap(ping) (NonC)

**clappement** [klapmɑ̃] nm click(ing) (NonC)

**clapper** [klape] ▸ conjug 1 ◂ vi ◆ **clapper de la langue** to click one's tongue

**claquage** [klakaʒ] nm (= action) pulling ou straining (of a muscle); (= blessure) pulled ou strained muscle ◆ **se faire un claquage** to pull ou strain a muscle

**claquant, e** * [klakɑ̃, ɑ̃t] adj (= fatigant) killing *, exhausting

**claque**[1] [klak] → SYN nf a (= gifle) slap ◆ **donner** ou **flanquer** * ou **filer** * **une claque à qn** to slap sb, give sb a slap ou clout * (Brit) ◆ **il a pris une claque aux dernières élections** * (= humiliation) the last election was a slap in the face for him ◆ **elle a pris une claque quand son mari est parti** * (= choc) it was a real blow to her when her husband left ◆ **mes économies ont pris une claque pendant les vacances** the holidays made a hole in my savings; → **tête**

b (Loc) **il en a sa claque** * (excédé) he's fed up to the back teeth * (Brit) ou to the teeth * (US); (épuisé) he's dead beat * ou all in *

c (Théât) claque ◆ **faire la claque** to cheer

d (Can = protection) galosh, overshoe

**claque**[2] [klak] adj, nm ◆ **(chapeau) claque** opera hat

**claque**[3] ‡ [klak] → SYN nm brothel, whorehouse † *, knocking-shop ‡ (Brit)

**claqué, e** * [klake] (ptp de **claquer**) adj (= fatigué) all in *, dead beat *, knackered * (Brit)

**claquement** [klakmɑ̃] → SYN nm a (= bruit répété) [porte] banging (NonC), slamming (NonC); [fouet] cracking (NonC); [langue] clicking (NonC); [doigts] snap(ping) (NonC); [talons] click(ing) (NonC); [dents] chattering (NonC); [drapeau] flapping (NonC)

b (= bruit isolé) [porte] bang, slam; [fouet] crack; [langue] click ◆ **la corde cassa avec un claquement sec** the rope broke with a sharp snap

**claquemurer** [klakmyʀe] → SYN ▸ conjug 1 ◂ 1 vt to coop up ◆ **il reste claquemuré dans son bureau toute la journée** he stays cooped up ou shut up ou shut away in his office all day

2 **se claquemurer** vpr to shut o.s. away ou up

**claquer** [klake] → SYN ▸ conjug 1 ◂ 1 vi a [porte, volet] to bang; [drapeau] to flap; [fouet] to crack; [coup de feu] to ring out ◆ **faire claquer** [+ porte] to bang, slam; [+ fouet] to crack

b (= produire un bruit) **claquer des doigts, faire claquer ses doigts** to click ou snap one's fingers ◆ **claquer des talons** (Mil) to click one's heels ◆ **claquer du bec** ‡ (fig) to be famished * ◆ **il claquait des dents** his teeth were chattering ◆ **faire claquer sa langue** to click one's tongue

c (= casser) [ficelle] to snap

d * [télévision, moteur, lampe] to conk out ‡, pack in *; (‡ = mourir) to kick the bucket ‡, snuff it ‡ (Brit) ◆ **il a claqué d'une crise cardiaque** a heart attack finished him off ◆ **claquer dans les mains** ou **les doigts de qn** [malade] to die on sb; [entreprise] to go bust on sb * ◆ **le sèche-cheveux m'a claqué entre les mains** ou **les doigts** the hair-drier packed in on me * ou died on me *

2 vt a (= gifler) [+ enfant] to slap

b (= refermer avec bruit) [+ livre] to snap shut ◆ **claquer la porte** (lit) to slam the door; (fig) to storm out ◆ **il a claqué la porte du gouvernement** he left the government in high dudgeon ◆ **il m'a claqué la porte au nez** (lit) he slammed the door in my face; (fig) he refused to listen to me

c (* = fatiguer) [travail] to exhaust, tire out ◆ **le voyage m'a claqué** I felt dead tired * ou knackered ‡ (Brit) after the journey ◆ **claquer son cheval** to wear out ou exhaust one's horse ◆ **ne travaille pas tant, tu vas te claquer** don't work so hard or you'll knock ou wear yourself out

d (* = casser) [+ élastique, fermeture éclair] to bust *

e (‡ = dépenser) [+ argent] to blow * ◆ **j'ai beaucoup claqué à Noël** I blew * a lot of cash at Christmas

3 **se claquer** vpr (Sport) ◆ **se claquer un muscle** to pull ou strain a muscle

**claquette** [klakɛt] nf a (Danse) **claquettes** tap-dancing ◆ **faire des claquettes** to tap-dance; → **danseur**

b (= claquoir) clapper; (Ciné) clapperboard

c (= tong) flip-flop, thong (US)

**claquoir** [klakwaʀ] nm clapper

**clarification** [klaʀifikasjɔ̃] nf (lit, fig) clarification

**clarifier** [klaʀifje] → SYN ▸ conjug 7 ◂ 1 vt (lit, fig) to clarify

2 **se clarifier** vpr [situation] to become clearer, be clarified

**clarine** [klaʀin] nf cowbell

**clarinette** [klaʀinɛt] nf clarinet

**clarinettiste** [klaʀinetist] nmf clarinettist

**clarisse** [klaʀis] nf (Poor) Clare

**clarté** [klaʀte] → SYN nf a (= lumière) light ◆ **la clarté de la lune** the light of the moon, the moonlight ◆ **à la clarté de la lampe** in the lamplight, in ou by the light of the lamp

b (= luminosité) [flamme, pièce, jour, ciel] brightness; [eau, son, verre] clearness; [teint] (= pureté) clearness; (= pâleur) lightness

c (fig = netteté) [explication, pensée, attitude, conférencier] clarity ◆ **clarté d'esprit** clear thinking ◆ **pour plus de clarté** to be perfectly ou absolutely clear

d (fig = précisions) **avoir des clartés sur une question** to have some (further ou bright) ideas on a subject ◆ **cela projette quelques clartés sur la question** this throws some light on the subject

**clash** [klaʃ] nm clash

**classable** [klasabl] adj document, plante classifiable ◆ **elle est difficilement classable** it's hard to know how to categorize her

**classe** [klas] → SYN 1 nf a (= catégorie sociale) class ◆ **classes creuses** (Démographie) *age groups depleted by war deaths or low natality* ◆ **les classes moyennes** the middle classes ◆ **les basses/hautes classes (sociales)** the lower/upper (social) classes ◆ **la classe laborieuse** ou **ouvrière** the working class ◆ **la classe politique** the political community ◆ **selon sa classe sociale** according to one's social status ou social class ◆ **société sans classe** classless society

b (gén, Sci = espèce) class; (Admin = rang) grade ◆ **toutes les classes d'utilisateurs** every category of user ◆ **il est vraiment à mettre dans une classe à part** he's really in a class of his own ou a class apart ◆ **hôtel de première classe** first-class hotel ◆ **classe grammaticale** ou **de mots** grammatical category, part of speech ◆ **classe d'âge** age group ◆ **établissement de classe** high-class establishment ◆ **de classe internationale** world-class ◆ **hors classe** exceptional

c (Aviat, Rail) class ◆ **compartiment/billet de 1ère/2ème classe** 1st/2nd class compartment/ticket ◆ **voyager en 1ère classe** to travel 1st class ◆ **classe affaires/club/touriste** (Aviat) business/club/economy class

d (gén, Sport = valeur) class ◆ **liqueur/artiste de grande classe** liqueur/artist of great distinction ◆ **de classe internationale** of international class ◆ **elle a de la classe** she's got class ◆ **ils n'ont pas la même classe** they're not in the same class ◆ **robe qui a de la classe** stylish ou chic dress ◆ **ils sont descendus au Ritz – la classe quoi !** * they stayed at the Ritz — classy, eh? *

e (Scol) (= ensemble d'élèves) class, form (Brit), grade (US); (= année d'études secondaires) year ◆ **les grandes/petites classes** the senior/junior classes ◆ **il est en classe de 6ème** ≃ he is in the 1st year (Brit) ou 5th grade (US) ◆ **monter de classe** to go up a class ◆ **il est (le) premier/(le) dernier de la classe** he is top/bottom of the class ◆ **classe enfantine** playschool ◆ **partir en classe verte** ou **de nature** ≃ to go to the country with the school ◆ **partir en classe de neige/de mer** ≃ to go skiing/to the seaside with the school; → **préparatoire, redoubler**

f (Scol) (= cours) class ◆ **la classe** (= l'école) school ◆ **la classe d'histoire/de français** the history/French class ◆ **classe de solfège/de danse** musical theory/dancing lesson ◆ **aller en classe** to go to school ◆ **pendant/après la classe** ou **les heures de classe** during/after school ou school hours ◆ **la classe se termine** ou **les élèves sortent de classe à 16 heures** school finishes ou classes finish at 4 o'clock ◆ **il est en classe** (en cours) [professeur] he is in class, he is teaching; [élève] he is in class; (à l'école) [élève] he is at school ◆ **c'est M. Renan qui leur fait la classe** (habituellement) Mr Renan is their (primary school) teacher, Mr Renan takes them at (primary) school; (en remplacement) Mr Renan is their replacement (primary school) teacher

g (Scol = salle) classroom; (d'une classe particulière) form room (Brit), homeroom (US) ◆ **il est turbulent en classe** he's disruptive in class ou in the classroom ◆ **les élèves viennent d'entrer en classe** the pupils have just gone into class

h (Mil = rang) **militaire** ou **soldat de 1ère classe** (armée de terre) ≃ private (Brit), ≃ private first class (US); (armée de l'air) ≃ leading aircraftman (Brit), ≃ airman first class (US) ◆ **militaire** ou **soldat de 2ème classe** (terre) private (soldier); (air) aircraftman (Brit), airman basic (US) ◆ **la classe de 1997** (= contingent) the class of '97 ◆ **ils sont de la même classe** they were called up at the same time ◆ **faire ses classes** (lit) to do one's recruit training; (fig) to learn the ropes *, serve one's apprenticeship (fig)

2 adj inv * personne, vêtements, voiture classy * ◆ **ça fait classe** it adds a touch of class *

**classé, e** [klase] adj bâtiment, monument listed (Brit), with a preservation order on it; vins classified ◆ **joueur classé** (Tennis) ≃ ranked player; (Bridge) graded ou master player

**classement** [klasmɑ̃] → SYN nm a (= rangement) [papiers, documents] filing; [livres] classification; [fruits] grading ◆ **classement alphabétique** alphabetical classification ◆ **j'ai fait du classement toute la journée** I've spent all day filing ◆ **j'ai fait un peu de classement dans mes factures** I've put my bills into some kind of order

b (= classification) [fonctionnaire, élève] grading; [joueur] grading, ranking; [hôtel] grading, classification

c (= rang) [élève] place (Brit) ou rank (US) (in class), position in class; [coureur] placing ◆ **avoir un bon/mauvais classement** [élève] to get a high/low place in class (Brit), be ranked high/low in class (US); [coureur] to be well/poorly placed ◆ **le classement des coureurs à l'arrivée** the placing of the runners at the finishing line

d (= liste) [élèves] class list (in order of merit); [coureurs] finishing list; [équipes] league table ◆ **je vais vous lire le classement** I'm going to read you your (final) placings (Brit) (in class) ou rankings (US) ◆ **classement général** (Cyclisme) overall placings (Brit) ou rankings (US) ◆ **premier au classement général/au classement de l'étape** first overall/for the stage

e (= clôture) [affaire, dossier] closing

**classer** [klase] → SYN ▸ conjug 1 ◂ 1 vt a (= ranger) [+ papiers] to file; [+ livres] to classify; [+ documents] to file, classify ◆ **classer des livres par sujet** to classify books by ou according to subject (matter) ◆ **classer des factures par année/client** to file invoices according to the year/the customer's name

b (Sci = classifier) [+ animaux, plantes] to classify

c (= hiérarchiser) [+ employé, élève, joueur, copie] to grade; [+ hôtel] to grade, classify ◆ **classer un édifice monument historique** to list a building (Brit), put a building on the historical register (US) ◆ **Jean Suchet, que l'on classe parmi les meilleurs violonistes** Jean Suchet, who ranks ou is rated among the top violinists

d (= clore) [+ affaire, dossier] to close ◆ **c'est une affaire classée maintenant** the matter is closed now

e (péj = cataloguer) [+ personne] to categorize ◆ **celui-là, je l'ai classé dès que je l'ai vu** I sized him up * as soon as I saw him

2 **se classer** vpr ◆ **se classer premier/parmi les premiers** to come (Brit) ou come in (US) first/among the first ◆ **ce livre se classe au nombre des grands chefs-d'œuvre littéraires** this book ranks among the great works of literature

**classeur** [klasœʀ] nm (= meuble) filing cabinet; (= dossier) (loose-leaf) file; (à tirette) binder ◆ **classeur à anneaux** ring binder ◆ **classeur à rideau** roll-top cabinet

**classicisme** [klasisism] nm (Art) classicism; (= conformisme) conventionality

**classieux, -ieuse** * [klasjø, jøz] adj classy *

**classificateur, -trice** [klasifikatœʀ, tʀis] 1 adj procédé, méthode classifying; (= méthodique) esprit methodical, orderly ◆ **obsession classificatrice** mania for categorizing ou classifying things

2 nm,f classifier

**classification** [klasifikasjɔ̃] → SYN nf classification

**classificatoire** [klasifikatwaʀ] adj classificatory

**classifier** [klasifje] → SYN ▸ conjug 7 ◂ vt to classify

**classique** [klasik] → SYN 1 adj a (Art) auteur, genre, musique classical; (Ling) langue classical

b (= sobre) coupe, vêtement, décoration classic, classical

c (= habituel) argument, réponse, méthode, maladie classic, standard; conséquence usual; symptôme classic, usual; produit ordinary, regular (US) ◆ **c'est classique !** it's classic! ◆ **c'est le coup classique !** * it's the usual story ◆ **c'est la question/la plaisanterie classique** it's the classic question/joke ◆ **le cambriolage s'est déroulé suivant le plan classique** the burglary followed the standard ou recognized pattern ◆ **grâce à une opération maintenant classique** thanks to an operation which is now quite usual ou standard

d (Scol = littéraire) **faire des études classiques** to study classics, do classical studies ◆ **il est en section classique** he's in the classics stream (Brit), he's in the classic program (US); → **lettre**

2 nm a (= auteur) (Antiq) classical author; (classicisme français) classic, classicist ◆ **(auteur) classique** (= grand écrivain) classic (author)

b (= ouvrage) classic ◆ **un classique du cinéma** a cinema classic, a classic film ◆ **c'est un classique du genre** it's a classic of its kind ◆ **je connais mes classiques !** * (hum) I know my classics!

c (= genre) **le classique** (= musique) classical music; (= style) the classic ou classical style

3 nf (Sport) classic; (Cyclisme) one-day road race

**classiquement** [klasikmɑ̃] adv classically

**claudication** [klodikasjɔ̃] nf (littér) limp

**claudiquer** [klodike] ▸ conjug 1 ◂ vi (littér) to limp

**clause** [kloz] → SYN nf (Gram, Jur) clause ◆ **clause de conscience** conscience clause ◆ **clause dérogatoire** ou **échappatoire** escape clause ◆ **clause de la nation la plus favorisée** most-favoured-nation trading status ◆ **clause pénale** penalty clause ◆ **clause de style** standard ou set clause ◆ **clause résolutoire** resolutive clause; → **sauvegarde**

**claustral, e,** mpl **-aux** [klostʀal, o] → SYN adj monastic, cloistral, claustral

**claustration** [klostʀasjɔ̃] → SYN **nf** confinement

**claustrer** [klostʀe] → SYN ▸ conjug 1 ◂ **1** **vt** (= enfermer) to confine
**2** **se claustrer vpr** to shut o.s. up ou away ◆ **se claustrer dans** (fig) to wrap ou enclose o.s. in

**claustrophobe** [klostʀɔfɔb] **adj, nmf** claustrophobic

**claustrophobie** [klostʀɔfɔbi] **nf** claustrophobia

**clausule** [klozyl] → SYN **nf** clausula

**claveau,** pl **claveaux** [klavo] **nm** (Archit) voussoir

**clavecin** [klav(ə)sɛ̃] → SYN **nm** harpsichord ◆ **"Le Clavecin bien tempéré"** (Mus) "The Well-tempered Klavier"

**claveciniste** [klav(ə)sinist] **nmf** harpsichordist

**clavelée** [klav(ə)le] **nf** sheep pox

**clavette** [klavɛt] **nf** (Tech) [boulon] key, cotter pin

**clavicorde** [klavikɔʀd] **nm** clavichord

**claviculaire** [klavikylɛʀ] **adj** clavicular, claviculate

**clavicule** [klavikyl] **nf** collarbone, clavicle (SPÉC)

**clavier** [klavje] **nm** (lit) keyboard; (fig = registre) range ◆ **à un/deux clavier(s)** orgue, clavecin single-/double-manual (épith) ◆ **clavier AZERTY/QWERTY** AZERTY/QWERTY keyboard

**claviste** [klavist] **nmf** keyboard operator, keyboarder

**clayère** [klɛjɛʀ] **nf** oyster bed ou bank ou park

**clayette** [klɛjɛt] **nf** (= étagère) wicker ou wire rack; (= cageot à fruits) tray; [réfrigérateur] shelf

**clayon** [klɛjɔ̃] **nm** (= étagère) rack; (= plateau) tray

**clé** [kle] **1** **nf** **a** [serrure, pendule, boîte de conserve] key; [poêle] damper ◆ **la clé de la porte d'entrée** the (front) door key ◆ **la clé est sur la porte** the key is in the door ◆ **Avignon, clé de la Provence** Avignon, the gateway to Provence ◆ **les clés du Paradis** the keys to the Kingdom ◆ **les clés de saint Pierre** St Peter's keys; → **fermer, tour**[2]
**b** (Tech) spanner (Brit), wrench (surtout US) ◆ **un jeu de clés** a set of spanners ou wrenches
**c** (Mus) [guitare, violon] peg; [clarinette] key; [gamme] clef; [accordeur] key ◆ **clé de fa/de sol/d'ut** bass ou F/treble ou G/alto ou C clef ◆ **il y a trois dièses à la clé** the key signature has 3 sharps ◆ **avec une altération à la clé** with a change in the key signature
**d** [mystère, réussite, code, rêve] key (*de* to) ◆ **la préface nous fournit quelques clés** the preface offers a few clues
**e** (Lutte) lock ◆ **il lui a fait une clé au bras** he got him in an armlock
**f** (LOC) **mettre sous clé** to put under lock and key ◆ **mettre la clé sous la porte** ou **le paillasson** (= faire faillite) to shut up shop; (= s'enfuir) to clear out, do a bunk ‡ (Brit) ◆ **prendre la clé des champs** to run away ou off
◆ **à clés** ◆ **personnage à clés** real-life character disguised under a fictitious name ◆ **roman à clés** roman à clef *(novel in which actual persons appear as fictitious characters)*
◆ **à la clé** ◆ **il y a une récompense à la clé** there's a reward at the end of it all ou at the end of the day ◆ **je vais les mettre en retenue, avec un devoir à la clé** I'll keep them behind and give them an exercise into the bargain
◆ **clé(s) en main** ◆ **acheter un appartement clés en main** to buy an apartment ready for immediate occupation ou with immediate entry ◆ **prix clés en main** voiture price on the road, on-the-road price (Brit), sticker price (US); appartement price with immediate entry ou possession ou occupation ◆ **solution/usine clés en main** turnkey solution/factory
**2** **adj inv** industrie, mot, position, rôle key (épith)
**3** COMP ▷ **clé Allen** Allen wrench ou key (Brit) ▷ **clé anglaise** ⇒ **clé à molette** ▷ **clé à bougie** spark plug swivel; (Lutte) ▷ **clé de bras** hammerlock ▷ **clé de contact** ignition key ▷ **clé à crémaillère** monkey wrench, shifting spanner ou wrench ▷ **clé crocodile** alligator spanner ou wrench ▷ **clé en croix** wheel brace ▷ **clé dynamométrique** torque wrench ▷ **clé à ergot** spanner wrench ▷ **clé à fourche** ⇒ **clé plate** ▷ **clé mixte** combination spanner ou wrench ▷ **clé à molette** monkey wrench, adjustable spanner ou wrench ▷ **clé à pipe** box ou socket spanner, socket wrench ▷ **clé plate** open-end spanner ou wrench ▷ **clé polygonale** ring spanner ou wrench ▷ **clé RIB** personal code *(that appears on official slip giving bank account details)* ▷ **clé en tube** hex key (wrench) ▷ **clé universelle** adjustable spanner ou wrench ▷ **clé de voûte** (Archit, fig) keystone

**clean** * [klin] **adj inv** **a** homme wholesome-looking, clean-cut; femme wholesome-looking; vêtements smart; décor stark
**b** (arg Drogue) clean

**clearing** [kliʀiŋ] **nm** (Comm, Fin) clearing ◆ **accord de clearing** clearing agreement ◆ **clearing des changes** foreign currency clearing

**clébard** * [klebaʀ], **clebs** * [klɛps] **nm** (péj = chien) dog, hound (hum), mutt *

**clef** [kle] → SYN **nf** ⇒ **clé**

**clématite** [klematit] **nf** clematis

**clémence** [klemɑ̃s] → SYN **nf** (= douceur) [temps] mildness, clemency (frm); (= indulgence) [juge] clemency, leniency

**clément, e** [klemɑ̃, ɑ̃t] → SYN **adj** (= doux) temps mild, clement (frm); (= indulgent) personne lenient ◆ **se montrer clément** to show clemency (*envers* towards) → **ciel**

**clémentine** [klemɑ̃tin] **nf** clementine

**clémentinier** [klemɑ̃tinje] **nm** clementine tree

**clenche** [klɑ̃ʃ] **nf** latch

**Cléopâtre** [kleɔpɑtʀ] **nf** Cleopatra

**cleptomane** [klɛptɔman] **nmf** ⇒ **kleptomane**

**cleptomanie** [klɛptɔmani] **nf** ⇒ **kleptomanie**

**clerc** [klɛʀ] → SYN **nm** **a** [notaire] clerk; → **pas**[1]
**b** (Rel) cleric
**c** († † = lettré) (learned) scholar ◆ **être (grand) clerc en la matière** to be an expert on the subject ◆ **on n'a pas besoin d'être grand clerc pour deviner ce qui s'est passé !** you don't need to be a genius to guess what happened!

**clergé** [klɛʀʒe] → SYN **nm** clergy ◆ **le bas/haut clergé** the lower/higher clergy

**clérical, e,** mpl **-aux** [kleʀikal, o] **1** **adj** (Rel) clerical
**2** **nm,f** clerical, supporter of the clergy

**cléricalisme** [kleʀikalism] **nm** clericalism

**clic** [klik] **nm** **a** (= bruit Ordin) click ◆ **le menu s'ouvre d'un clic de souris** the menu opens with a mouse click
**b** (TV) **clics** sparkles, sparklies *

**clic-clac** [klikklak] **1** **excl** [appareil-photo] click!; [pas] clickety-clack!; [sabots] clip(pety)-clop!
**2** **nm inv** **a** (= bruit) [sabots] clip(pety)-clop; [talons] click
**b** **(canapé** ou **convertible) clic-clac** sofa bed *(with reclining back)*

**clichage** [kliʃaʒ] **nm** stereotype, stereotypy

**cliché** [kliʃe] → SYN **nm** (= lieu commun) cliché; (Photo) negative; (Typo) plate

**clicher** [kliʃe] ▸ conjug 1 ◂ **vt** to stereotype

**clicheur, -euse** [kliʃœʀ, øz] **nm,f** stereotyper, stereotypist

**client, cliente** [klijɑ̃, klijɑ̃t] → SYN **nm,f** **a** [magasin, restaurant] customer; [coiffeur] client, customer; [avocat] client; [hôtel] guest, patron; [médecin] patient; [taxi] fare ◆ **être client d'un magasin** to patronize a shop, be a regular customer at a shop ◆ **le boucher me sert bien parce que je suis (une) cliente** the butcher gives me good service because I'm a regular customer (of his) ou because I'm one of his regulars ◆ **le client est roi** the customer is always right ◆ **la France est un gros client de l'Allemagne** (Écon) France is a large trading customer of Germany ◆ **je ne suis pas client** * (fig) it's not my thing * ou my cup of tea *
**b** ( * : péj = individu) guy *, bloke * (Brit) ◆ **c'est un drôle de client** he's an odd customer ou bloke * (Brit) ◆ **pour le titre de champion du monde, Suard est un client sérieux** Suard is a hot contender for ou is making a strong bid for the world championship
**c** (Ordin) client
**d** (Antiq = protégé) client

**clientèle** [klijɑ̃tɛl] **nf** **a** (= ensemble des clients) [restaurant, hôtel, coiffeur] clientele; [magasin] customers, clientele; [avocat, médecin] practice; [taxi] fares; [parti politique] supporters ◆ **le boucher a une nombreuse clientèle** the butcher has many customers ◆ **le candidat a conservé sa clientèle électorale au deuxième tour** the candidate held on to his voters in the second round
**b** (= fait d'être client) custom, business ◆ **accorder sa clientèle à qn** to give sb one's custom ou business, patronize sb ◆ **retirer sa clientèle à qn** to withdraw one's custom from sb, take one's business away from sb
**c** (Antiq = protégés) clients

**clientélisme** [klijɑ̃telism] **nm** (péj) vote-catching, clientelism ◆ **c'est du clientélisme** it's just a vote-catching gimmick

**clientéliste** [klijɑ̃telist] **adj** système, tradition based on patronage, clientelist ◆ **il y a un risque de pressions clientélistes** there is a danger of pressure being exerted by influential voters

**clignement** [kliɲ(ə)mɑ̃] → SYN **nm** blinking (NonC) ◆ **cela l'obligeait à des clignements d'yeux continuels** it made him blink continually ◆ **un clignement d'œil** a wink

**cligner** [kliɲe] → SYN ▸ conjug 1 ◂ **vt, vt indir** ◆ **cligner les** ou **des yeux** (clignoter) to blink; (fermer à moitié) to screw up one's eyes ◆ **cligner de l'œil** to wink (*en direction de* at)

**clignotant, e** [kliɲɔtɑ̃, ɑ̃t] → SYN **1** **adj** lumière (= vacillant) flickering; (= intermittent, pour signal) flashing, winking
**2** **nm** (Aut) indicator; (fig = indice de danger) warning light (fig) ◆ **mettre son clignotant** (Aut) to indicate (Brit), put one's turn signal on (US) ◆ **tous les clignotants sont allumés** (fig) all the warning signs ou danger signals are flashing

**clignotement** [kliɲɔtmɑ̃] **nm** [yeux] blinking; [étoile, guirlande] twinkling; [phares] flashing; [lumière] (vacillante) flickering; (vue de loin) twinkling; (= signal) flashing ◆ **les clignotements de la lampe** the flickering of the lamplight

**clignoter** [kliɲɔte] ▸ conjug 1 ◂ **vi** [yeux] to blink; [étoile, guirlande] to twinkle; [phares] to flash; [lumière] (= vaciller) to flicker; (vue de loin) to twinkle; (= signal) to flash, wink ◆ **clignoter des yeux** to blink

**clim** * [klim] **nf** abrév de **climatisation**

**climat** [klima] → SYN **nm** (lit, fig) climate; (littér = contrée) clime (littér) ◆ **dans** ou **sous nos climats** in our climate ◆ **climat économique/politique** economic/political climate ◆ **le climat social est très mauvais en ce moment** the public mood is very bad at the moment ◆ **pour améliorer le climat social dans cette profession/cette usine** to improve relations between management and workers in this profession/this factory

**climatère** [klimatɛʀ] → SYN **nm** (Physiol) climacteric

**climatique** [klimatik] **adj** climatic; → **station**

**climatisation** [klimatizasjɔ̃] **nf** air conditioning

**climatiser** [klimatize] ▸ conjug 1 ◂ **vt** [+ pièce, atmosphère] to air-condition; (Tech) [+ appareil] to adapt for use in severe conditions ◆ **bureau climatisé** air-conditioned office

**climatiseur** [klimatizœʀ] **nm** air conditioner

**climatologie** [klimatɔlɔʒi] **nf** climatology

**climatologique** [klimatɔlɔʒik] **adj** climatological

**climatologiste** [klimatɔlɔʒist], **climatologue** [klimatɔlɔg] **nmf** climatologist

**climax** [klimaks] **nm** (Écol) climax

**clin** [klɛ̃] → SYN **nm** ◆ **clin d'œil** (pl **clins d'œil** ou **d'yeux**) (lit) wink; (fig : dans un roman, un film) allusion, veiled reference ◆ **c'est un clin d'œil aux Marx Brothers** (fig) it's a nod in the direction of the Marx Brothers ◆ **c'est un clin d'œil au lecteur** it is a veiled message to the reader ◆ **faire un clin d'œil** (lit) to wink (*à* at); (fig) to make a veiled reference (*à* to) ◆ **en un clin d'œil** in a flash, in the twinkling of an eye

**clinfoc** [klɛ̃fɔk] **nm** flying jib

**clinicat** [klinika] **nm** ≃ registrarship

**clinicien, -ienne** [klinisjɛ̃, jɛn] → SYN nm,f clinician

**clinique** [klinik] → SYN 1 adj clinical; → **mort**[1]
2 nf a (= établissement) nursing home, private hospital, private clinic; (= section d'hôpital) clinic ◆ **clinique d'accouchement** maternity hospital, maternity home (Brit); → **chef**[1]
b (= enseignement) clinic

**cliniquement** [klinikmɑ̃] adv clinically

**clinomètre** [klinɔmɛtʀ] nm clinometer

**clinquant, e** [klɛ̃kɑ̃, ɑ̃t] → SYN 1 adj bijoux, décor, langage flashy
2 nm (= lamelles brillantes) tinsel; (= faux bijoux) tawdry jewellery (Brit) ou jewelery (US); [opéra, style] flashiness

**Clio** [klijo] nf (muse) Clio

**clip** [klip] → SYN nm a (= broche) brooch
b (= boucle d'oreille) clip-on
c **clip (vidéo)** (pop) video, (music) video clip; (promotionnel) (promo) video
d (Chir) clamp

**clipper** [klipœʀ] nm (Naut) clipper

**cliquable** [klikabl] adj clickable

**clique** [klik] → SYN nf a (péj = bande) clique, set
b (Mil = orchestre) drum and bugle band
c **prendre ses cliques et ses claques (et s'en aller)** * to pack up and go, pack one's bags and leave

**cliquer** [klike] ▸ conjug 1 ◂ vi (Ordin) to click (*sur* on)

**cliquet** [klikɛ] nm pawl

**cliquètement** [klikɛtmɑ̃] nm ⇒ **cliquetis**

**cliqueter** [klik(ə)te] ▸ conjug 4 ◂ vi [monnaie] to jingle, clink, chink; [clés] to rattle; [vaisselle] to clatter; [verres] to clink, chink; [chaînes] to clank; [ferraille] to jangle; [mécanisme] to go clickety-clack; [armes] to clash; [moteur] to pink, knock ◆ **j'entends quelque chose qui cliquette** I can hear something clinking

**cliquetis** [klik(ə)ti] → SYN, **cliquettement** [klikɛtmɑ̃] nm [clés] jingle (NonC), clink (NonC), jingling (NonC); [vaisselle] clatter (NonC); [verres] clink (NonC), clinking (NonC); [chaînes] clank (NonC), clanking (NonC); [ferraille] jangle (NonC), jangling (NonC); [mécanisme] clickety-clack (NonC); [armes] clash (NonC); [moteur] pinking ou knocking sound, pinking (NonC); [machine à écrire] rattle (NonC), clicking (NonC) ◆ **on entendait un cliquetis** ou **des cliquetis de vaisselle** we could hear the clatter of dishes ◆ **des cliquetis se firent entendre** clinking noises could be heard

**clisse** [klis] nf a [fromage] wicker tray
b [bouteille] wicker covering

**clisser** [klise] ▸ conjug 1 ◂ vt [+ bouteille] to cover with wicker(work)

**clitocybe** [klitosib] nm agaric

**clitoridectomie** [klitɔʀidɛktɔmi] nf clitoridectomy

**clitoridien, -ienne** [klitɔʀidjɛ̃, jɛn] adj clitoral

**clitoris** [klitɔʀis] nm clitoris

**clivage** [klivaʒ] → SYN nm a (Géol = fissure) cleavage
b (Minér) (= action) cleaving; (= résultat) cleavage
c [groupes] split, division; [idées] distinction, split (*de* in)

**cliver** vt, **se cliver** vpr [klive] → SYN ▸ conjug 1 ◂ (Minér) to cleave

**cloaque** [klɔak] → SYN nm (Zool) cloaca; (= lieu de corruption) cesspool, cesspit; (= endroit sale) pigsty, dump*, tip* (Brit)

**clochard, e** [klɔʃaʀ, aʀd] → SYN nm,f down-and-out, tramp, bum* (US)

**clochardisation** [klɔʃaʀdizasjɔ̃] → SYN nf ◆ **les hommes sont plus touchés par la clochardisation que les femmes** men are more liable than women to become down-and-outs ou to end up living on the streets ◆ **marginaux en voie de clochardisation** drop-outs on the road to vagrancy

**clochardiser** [klɔʃaʀdize] ▸ conjug 1 ◂ 1 vt [+ personne] to turn into a down-and-out ou a tramp ou a bum* (US) ◆ **les toxicomanes clochardisés** down-and-out drug addicts
2 **se clochardiser** vpr [personne] to become a down-and-out ou a tramp ou a bum* (US) ◆ **la ville se clochardise** there are more and more down-and-outs ou tramps ou bums* (US) in the town

**cloche** [klɔʃ] → SYN 1 nf a [église] bell ◆ **en forme de cloche** bell-shaped ◆ **courbe en cloche** bell curve ◆ **il a été élevé sous cloche** he had a very sheltered upbringing, he was wrapped in cotton wool as a child (Brit) ◆ **il ne faut pas mettre nos entreprises sous cloche** we shouldn't cosset our companies; → **son**[2]
b (= couvercle) [plat] lid; [plantes, légumes] cloche
c * (= imbécile) idiot, clot* (Brit); (= clochard) down-and-out, tramp, bum* (US) ◆ **la cloche** (= les clochards) down-and-outs, tramps, bums* (US); (= style de vie) the life of a tramp
d (Chim) bell jar
2 adj a (= évasé) jupe bell-shaped; → **chapeau**
b (* = idiot) idiotic, silly ◆ **qu'il est cloche ce type !** what an idiot ou a clot!* (Brit)
3 COMP ▷ **cloche à fromage** cheese cover ▷ **cloche à plongeur** ou **de plongée** diving bell

**Clochemerle** [klɔʃmɛʀl] nm (hum) ◆ **c'est un peu Clochemerle ici** there's a touch of parish-pump politics about this place, a lot of petty small-town squabbling goes on here

> **CLOCHEMERLE**
>
> This term is an allusion to the title of a humorous novel, written in 1934 by Gabriel Chevallier, describing the pandemonium that erupts in a French village community following the decision to erect a public urinal next to the local church.

**cloche-pied (à)** [klɔʃpje] loc adv hopping ◆ **arriver à cloche-pied** to come hopping in, hop in ◆ **il est parti (en sautant) à cloche-pied** he hopped away ou off

**clocher**[1] [klɔʃe] → SYN nm a (Archit) (en pointe) steeple; (carré) church tower
b (fig = village) village ◆ **revoir son clocher** to see one's home town again ◆ **de clocher** mentalité parochial, small-town (épith); querelles local, parochial; → **esprit**

**clocher*** [2] [klɔʃe] → SYN ▸ conjug 1 ◂ vi (= être défectueux) [raisonnement] to be cockeyed* ◆ **qu'est-ce qui cloche ?** what's up (with you)?* ◆ **pourvu que rien ne cloche** provided nothing goes wrong ou there are no hitches ◆ **il y a quelque chose qui cloche (dans ce qu'il dit)** there's something which doesn't quite fit ou something not quite right (in what he says) ◆ **il y a quelque chose qui cloche dans le moteur** there's something wrong ou there's something up* with the engine

**clocheton** [klɔʃtɔ̃] nm (Archit) pinnacle

**clochette** [klɔʃɛt] → SYN nf (small) bell; (= partie de fleur) bell ◆ **clochettes** (= campanules) bellflowers ◆ **clochettes bleues** (= jacinthes des bois) bluebells

**clodo** * [klodo] nm tramp, bum* (US)

**cloison** [klwazɔ̃] → SYN nf a (Constr) partition (wall)
b (Anat, Bot) septum, partition ◆ **cloison nasale** nasal septum
c (Naut) bulkhead ◆ **cloison étanche** watertight compartment
d (fig) barrier ◆ **les cloisons entre les différentes classes sociales** the barriers between the different social classes

**cloisonné, e** [klwazɔne] (ptp de **cloisonner**) 1 adj ◆ **être cloisonné** [sciences, services administratifs] to be isolated ou cut off from one another ◆ **nous vivons dans un monde cloisonné** we live in a compartmentalized world
2 nm (Art) cloisonné

**cloisonnement** [klwazɔnmɑ̃] nm [société, système] compartmentalization ◆ **le cloisonnement des services** the fact that the departments work in isolation (from one another) ◆ **à cause du cloisonnement culturel et social** because of cultural and social barriers

**cloisonner** [klwazɔne] → SYN ▸ conjug 1 ◂ vt [+ pièce] to divide up, partition off; [+ tiroir] to divide up; [+ société] to divide, compartmentalize; [+ secteurs] to isolate

**cloisonnisme** [klwazɔnism] nm (Art) synthetism

**cloître** [klwatʀ] → SYN nm cloister

**cloîtrer** [klwatʀe] → SYN ▸ conjug 1 ◂ 1 vt (= enfermer) to shut away (*dans* in); (Rel) to cloister ◆ **cloîtrer une jeune fille** (lit) to put a girl in a convent; (fig) to keep a girl shut away (from the rest of society) ◆ **religieuse cloîtrée** nun belonging to an enclosed order
2 **se cloîtrer** vpr (= s'enfermer) to shut o.s. up ou away, cloister o.s. (*dans* in); (Rel) to enter a convent ou monastery ◆ **il est resté cloîtré dans sa chambre pendant 2 jours** he stayed shut up ou away in his room for 2 days ◆ **ils vivent cloîtrés chez eux sans jamais voir personne** they cut themselves off from the world ou they lead cloistered lives and never see anyone

**clonage** [klɔnaʒ] nm (lit, fig) cloning

**clone** [klon] nm (lit, fig) clone

**cloner** [klone] ▸ conjug 1 ◂ vt (lit, fig) to clone

**cloneur** [klonœʀ] nm cloner

**clonique** [klɔnik] adj clonic

**clonus** [klɔnys] nm clonus

**clope** * [klɔp] 1 nf (= cigarette) cig*, smoke*, fag* (Brit)
2 nm (= mégot) butt, dog end*

**cloper** * [klɔpe] ▸ conjug 1 ◂ vi to smoke ◆ **il était en train de cloper** he was having a smoke, he was smoking

**clopin-clopant** [klɔpɛ̃klɔpɑ̃] adv a (= en boitillant) **marcher clopin-clopant** to hobble ou limp along ◆ **il vint vers nous clopin-clopant** he hobbled towards us ◆ **sortir/entrer clopin-clopant** to hobble out/in
b (fig) **les affaires allaient clopin-clopant** business was struggling along ou was just ticking over ◆ **comment ça va ? – clopin-clopant** how are things? – so-so*

**clopiner** [klɔpine] → SYN ▸ conjug 1 ◂ vi (= boitiller) to hobble ou limp along ◆ **clopiner vers** to hobble ou limp towards

**clopinettes** * [klɔpinɛt] nfpl ◆ **travailler pour/gagner des clopinettes** to work for/earn peanuts*

**cloporte** [klɔpɔʀt] nm (Zool) woodlouse; (péj) creep*

**cloque** [klɔk] → SYN nf [peau, peinture] blister; (Bot) leaf curl ou blister ◆ **être en cloque** ‡ to be pregnant, be in the club ‡ (Brit) ◆ **il l'a mise en cloque** ‡ he knocked her up ‡, he put her in the club ‡ (Brit)

**cloqué, e** [klɔke] (ptp de **cloquer**) 1 adj feuilles, peinture blistered ◆ **étoffe cloquée** seersucker (NonC)
2 nm (Tex) seersucker

**cloquer** [klɔke] → SYN ▸ conjug 1 ◂ vi [peau, peinture] to blister

**clore** [klɔʀ] GRAMMAIRE ACTIVE 26.4 → SYN ▸ conjug 45 ◂ vt a (= clôturer) [+ liste, débat] to close; [+ livre, discours, spectacle] to end, conclude; (Fin) [+ compte] to close ◆ **la séance est close** the meeting is closed ou finished ◆ **l'incident est clos** the matter is closed ◆ **les inscriptions sont closes depuis hier** yesterday was the closing date for registration ◆ **une description clôt le chapitre** the chapter closes ou ends ou concludes with a description ◆ **le débat s'est clos sur cette remarque** the discussion ended ou closed with that remark
b († ou littér = conclure) [+ accord, marché] to conclude
c (littér = entourer) [+ terrain, ville] to enclose (*de* with)
d (littér = fermer) [+ porte, volets] to close, shut; [+ lettre] to seal; [+ chemin, passage] to close off, seal off; → **bec**

**clos, close** [klo, kloz] → SYN (ptp de **clore**) 1 adj système, ensemble closed; espace enclosed ◆ **les yeux clos** ou **les paupières closes, il ...** with his eyes closed ou shut, he ...; → **huis, maison**
2 nm (= pré) (enclosed) field; (= vignoble) vineyard ◆ **un clos de pommiers** an apple orchard

**closeau**, pl **closeaux** [klozo] nm, **closerie** [klozʀi] nf small (enclosed) field

**clostridies** [klɔstʀidi] nfpl ◆ **les clostridies** the Clostridia (SPÉC)

**clôture** [klotyʀ] → SYN nf **a** (= enceinte) (en planches) fence, paling; (en fil de fer) (wire) fence; (d'arbustes) hedge; (en ciment) wall ◆ **mur/grille de clôture** outer ou surrounding wall/railings; → **bris**
**b** (= fermeture) [débat, liste, compte] closing, closure; [bureaux, magasins] closing; [inscriptions] closing date (*de* for) ◆ **clôture annuelle** (Ciné, Théât) annual closure ◆ **il faut y aller avant la clôture** (du festival) we must go before it ends ou is over; (d'une pièce) we must go before it closes ou ends; (du magasin) we must go before it closes ou shuts ◆ **séance/date de clôture** closing session/date ◆ **cours de clôture** (Bourse) closing price ◆ **combien valait le dollar en clôture ?** what did the dollar close at? ◆ **débat de clôture** adjournment debate

**clôturer** [klotyʀe] → SYN ▸ conjug 1 ◂ **1** vt **a** [+ jardin, champ] to enclose, fence
**b** [+ débats, liste, compte] to close; [+ inscriptions] to close (the list of)
**2** vi (Bourse) to close ◆ **la séance a clôturé en baisse** prices were down at the close (of dealing), prices closed down ◆ **le dollar a clôturé à 6 F** the dollar closed at 6 francs

**clou** [klu] → SYN **1** nm **a** (gén) nail; (décoratif) stud ◆ **fixe-le avec un clou** nail it up (ou down ou on) ◆ **pendre son chapeau à un clou** to hang one's hat on a nail
**b** [chaussée] stud ◆ **traverser dans les clous, prendre les clous (pour traverser)** to cross at the pedestrian ou zebra (Brit) crossing, cross at the crosswalk (US)
**c** (Méd) boil
**d** (= attraction principale) [spectacle] star attraction ou turn ◆ **le clou de la soirée** the highlight ou the star turn of the evening
**e** (* = mont-de-piété) **mettre sa montre au clou** to pawn one's watch, put one's watch in hock *
**f** (* = instrument) ancient machine ou implement ◆ **(vieux) clou** (= voiture) old jalopy * ou banger * (Brit); (= vélo) rickety old bike, old boneshaker * (Brit)
**g** (LOC) **des clous !** ⁑ no way! *, nothing doing! * ◆ **il lui a tout expliqué mais des clous !** * he explained everything to him but he was just wasting his breath! ◆ **je l'ai fait pour des clous** * I did it all for nothing, I was just wasting my time ◆ **j'y suis allé pour des clous** * it was a wild-goose chase ◆ (Prov) **un clou chasse l'autre** one man goes and another steps in ou another takes his place; → **valoir**
**2** COMP ▷ **clou à béton** masonry nail ▷ **clou de girofle** (Culin) clove ▷ **clou de tapissier** (upholstery) tack ▷ **clou à tête homme** veneer pin ▷ **clou à tête plate** flat-headed nail ▷ **clou sans tête** brad

**clouer** [klue] → SYN ▸ conjug 1 ◂ vt **a** [+ planches, couvercle, caisse] to nail down; [+ tapis] to tack ou nail down; [+ tapisserie] to nail up ◆ **il l'a cloué au sol d'un coup d'épée** he pinned him to the ground with a thrust of his sword
**b** (= immobiliser) [+ ennemi] to pin down ◆ **ça l'a cloué sur place** [étonnement, peur] it left him rooted to the spot ◆ **clouer qn au lit** to keep sb stuck in bed * ou confined to bed ◆ **clouer au sol** [+ personne] to pin down (to the ground); [+ avion] to ground ◆ **clouer une pièce** (Échecs) to pin a piece ◆ **être** ou **rester cloué de stupeur** to be glued ou rooted to the spot with amazement; → **bec**

**clouté, e** [klute] (ptp de **clouter**) adj ceinture, porte studded; chaussures hobnailed; → **passage**

**clouter** [klute] ▸ conjug 1 ◂ vt [+ ceinture, porte] to stud; [+ souliers] to put hobnails on

**clouterie** [klutʀi] nf nail factory

**cloutier, -ière** [klutje, jɛʀ] nm,f (= fabricant) nail (ou stud) maker; (= commerçant) nail (ou stud) seller

**Clovis** [klɔvis] nm Clovis

**clovisse** [klɔvis] nf clam

**clown** [klun] → SYN nm clown ◆ **faire le clown** to clown (about), play the fool ◆ **c'est un vrai clown** he's a real comic ◆ **clown blanc** whiteface clown

**clownerie** [klunʀi] nf clowning (NonC), silly trick ◆ **faire des clowneries** to clown (about), play the fool ◆ **arrête tes clowneries** stop your (silly) antics

**clownesque** [klunɛsk] adj comportement clownish; situation farcical

**cloyère** [klwajɛʀ] nf hamper, basket

**club** [klœb] → SYN **1** nm **a** (= association) club ◆ **le club des pays riches** the club of rich nations ◆ **bienvenue au club !** (hum) welcome to the club!
**b** (= crosse de golf) club
**2** adj ◆ **sandwich club** ham salad sandwich ≃ club sandwich ◆ **cravate club** (diagonally) striped tie; → **fauteuil**
**3** COMP ▷ **club de gymnastique** gym ▷ **club d'investissement** investment club ▷ **club de jazz** jazz club ▷ **club privé** exclusive night club ▷ **club de rencontre(s)** singles club ▷ **club sportif** sports club ▷ **club du troisième âge** club for retired people, Darby and Joan club (Brit) ▷ **club de vacances** holiday (Brit) ou vacation (US) village

**clubiste** [klybist] nmf [association] club member

**clupéiformes** [klypeifɔʀm] nmpl ◆ **les clupéiformes** clupeoids, the Clupeoidea (SPÉC)

**cluse** [klyz] → SYN nf (Géog) transverse valley (in the Jura), cluse (SPÉC)

**cluster** [klœstœʀ] → SYN nm cluster ◆ **cluster d'un A.D.N.** DNA cluster

**clystère** [klistɛʀ] nm (Hist Méd) clyster

**Clytemnestre** [klitɛmnɛstʀ] nf Clytemnestra

**CM** [seɛm] nm (abrév de **cours moyen**) → **cours**

**cm** (abrév de **centimètre**) cm ◆ **$cm^2$** $cm^2$, sq. cm ◆ **$cm^3$** $cm^3$, cu. cm

**CMU** nf (abrév de **couverture maladie universelle**) *free health care for people on low incomes*

**CNAM** [knam] **1** nm (abrév de **Conservatoire national des arts et métiers**) → **conservatoire**
**2** nf (abrév de **Caisse nationale d'assurance maladie**) → **caisse**

**CNC** [seɛnse] nm **a** (abrév de **Centre national de cinématographie**) ≃ BFI (Brit), ≃ Academy of the Movie Picture (US)
**b** (abrév de **Comité national de la consommation**) ≃ National Consumer Council (Brit), ≃ CA (Brit), ≃ CPSC (US)

**CNDP** [seɛndepe] nm (abrév de **Centre national de documentation pédagogique**) → **centre**

**CNE** [seɛnə] nf (abrév de **Caisse nationale d'épargne**) → **caisse**

**CNED** [knɛd] nm (abrév de **Centre national d'enseignement à distance**) → **centre**

**cnidaires** [knidɛʀ] nmpl ◆ **les cnidaires** cnidarians

**CNIL** [knil] nf (abrév de **Commission nationale de l'informatique et des libertés**) → **commission**

**CNIT** [knit] nm (abrév de **Centre national des industries et des techniques**) *exhibition centre in Paris*

**Cnossos** [knɔsɔs] n Knossos, Cnossos

**CNPF** [seɛnpeɛf] nm (abrév de **Conseil national du patronat français**) *national council of French employers*, ≃ CBI (Brit)

**CNRS** [seɛnɛʀɛs] nm (abrév de **Centre national de la recherche scientifique**) ≃ SERC (Brit), ≃ NSF (US)

**coaccusé, e** [koakyze] → SYN nm,f codefendant, co-accused

**coacervat** [koasɛʀva] nm coacervate

**coacquéreur** [koakeʀœʀ] nm joint purchaser

**coadaptateur, -trice** [koadaptatœʀ, tʀis] nm,f coadapter, coadaptor

**coadaptation** [koadaptasjɔ̃] nf coadaptation

**coadjuteur** [koadʒytœʀ] → SYN nm coadjutor

**coadjutrice** [koadʒytʀis] nf coadjutress

**coadministrateur, -trice** [koadministʀatœʀ, tʀis] nm,f (Comm) co-director; (Jur) co-trustee

**coagulant, e** [kɔagylɑ̃, ɑ̃t] **1** adj coagulative
**2** nm coagulant

**coagulateur, -trice** [kɔagylatœʀ, tʀis] adj coagulative

**coagulation** [kɔagylasjɔ̃] nf coagulation

**coaguler** vti, **se coaguler** vpr [kɔagyle] → SYN ▸ conjug 1 ◂ [sang] to coagulate (SPÉC), clot, congeal; [lait] to curdle

**coagulum** [kɔagylɔm] nm coagulum

**coalescence** [kɔalesɑ̃s] nf coalescence

**coalescent, e** [kɔalesɑ̃, ɑ̃t] adj coalescent

**coalisé, e** [kɔalize] (ptp de **coaliser**) **1** adj (= allié) pays allied; (= conjoint) efforts united
**2** nmpl ◆ **les coalisés** the members of the coalition

**coaliser** [kɔalize] → SYN ▸ conjug 1 ◂ **1** vt to unite (in a coalition)
**2** **se coaliser** vpr (= se liguer) (gén) to unite; [pays] to form a coalition ◆ **deux des commerçants se sont coalisés contre un troisième** two of the shopkeepers joined forces ou united against a third

**coalition** [kɔalisjɔ̃] → SYN nf coalition ◆ **ministère de coalition** coalition government

**coaltar** [koltaʀ] → SYN nm (lit) coal tar ◆ **être dans le coaltar** ⁑ (après anesthésie) to be a bit groggy * ou whoozy *; (= être mal réveillé) to be a bit whoozy *, be half-asleep

**coaptation** [koaptasjɔ̃] nf (Chirurgie) coaptation

**coarctation** [koaʀktasjɔ̃] nf coarctation

**coassement** [kɔasmɑ̃] nm croaking (NonC)

**coasser** [kɔase] → SYN ▸ conjug 1 ◂ vi to croak

**coassocié, e** [koasɔsje] nm,f copartner

**coassurance** [koasyʀɑ̃s] nf mutual assurance

**coati** [kɔati] nm coati

**coauteur** [kootœʀ] nm **a** (Littérat) co-author, joint author
**b** (Jur) accomplice

**coaxial, e**, mpl **-aux** [koaksjal, jo] adj coaxial

**COB** [kɔb] nf (abrév de **Commission des opérations de Bourse**) *French stock exchange regulatory body*, ≃ SIB (Brit), ≃ SEC (US)

**cob** [kɔb] nm (= cheval) cob

**cobalt** [kɔbalt] nm cobalt; → **bombe**

**cobaltine** [kɔbaltin], **cobaltite** [kɔbaltit] nf cobaltine, cobaltite

**cobaye** [kɔbaj] → SYN nm (lit, fig) guinea-pig ◆ **servir de cobaye à** to act as ou be used as a guinea-pig for

**cobelligérant, e** [kobeliʒeʀɑ̃, ɑ̃t] **1** adj cobelligerent
**2** nmpl ◆ **les cobelligérants** the cobelligerent nations

**Cobol** [kɔbɔl] nm (Ordin) COBOL

**cobra** [kɔbʀa] nm cobra

**coca** [kɔka] **1** nm (abrév de **Coca-Cola**) ® Coke ® ◆ **un whisky coca** a whisky and Coke ®
**2** nf (= substance) coca extract
**3** nm ou f (= plante) coca

**cocagne** [kɔkaɲ] → SYN nf → **mât, pays**[1]

**cocaïne** [kɔkain] nf cocaine

**cocaïnisation** [kɔkainizasjɔ̃] nf cocainization

**cocaïnomane** [kɔkainɔman] nmf cocaine addict

**cocaïnomanie** [kɔkainɔmani] nf cocaine addiction, cocainism

**cocard** * [kɔkaʀ] nm black eye, shiner *

**cocarde** [kɔkaʀd] → SYN nf (en tissu) rosette; (Hist : sur la coiffure) cockade; [avion] roundel ◆ **cocarde (tricolore)** (sur voiture officielle) ≃ official sticker

**cocardier, -ière** [kɔkaʀdje, jɛʀ] → SYN **1** adj jingoistic, chauvinistic
**2** nm,f jingoist, chauvinist

**cocasse** [kɔkas] → SYN adj comical, funny

**cocasserie** [kɔkasʀi] nf comicalness, funniness ◆ **c'était d'une cocasserie !** it was so funny! ou comical!

**coccidie** [kɔksidi] nf coccid

**coccinelle** [kɔksinɛl] nf (= insecte) ladybird, ladybug (US); ( * = voiture) beetle (Brit), bug (US)

**coccus** [kɔkys] nm coccus

**coccygien, -ienne** [kɔksiʒjɛ̃, jɛn] adj coccygeal

**coccyx** [kɔksis] nm coccyx

**coche** [kɔʃ] → SYN nm (= diligence) (stage)coach ◆ **coche d'eau** (Hist) horse-drawn barge

◆ **louper** ou **manquer** ou **rater le coche** (fig) to miss the boat * ou one's chance; → **mouche**

**cochenille** [kɔʃnij] nf (gén) mealybug; (pour teinture) cochineal insect

**cocher**[1] [kɔʃe] → SYN ▸ conjug 1 ◂ vt (au crayon) to check off, tick (off) (Brit); (d'une entaille) to notch

**cocher**[2] [kɔʃe] → SYN nm (gén) coachman, coach driver; [fiacre] cabman, cabby *

**côcher** [koʃe] ▸ conjug 1 ◂ vt (Zool) to tread

**cochère** [kɔʃɛʀ] adj f → **porte**

**Cochinchine** [kɔʃɛ̃ʃin] nf Cochin China

**cochléaire** [kɔkleɛʀ] adj (Anat) cochlear

**cochlée** [kɔkle] nf cochlea

**cochon, -onne** [kɔʃɔ̃, ɔn] → SYN 1 adj a (** = obscène) chanson, histoire dirty, smutty; personne dirty-minded

b (* = sale) **il est cochon** (sur lui) he's filthy; (dans son travail) he's a messy worker ◆ **c'est pas cochon !** it's not at all bad!

2 nm a (= animal) pig, hog (US); (* = viande) pork (NonC) ◆ **cochon d'Inde** guinea-pig ◆ **cochon de lait** (gén) piglet; (Culin) suck(l)ing-pig

b (**: péj = personne) (sale, vicieux) dirty pig **; (= goujat) swine ** ◆ **manger/écrire comme un cochon** to be a messy eater/writer ◆ **vieux cochon** dirty old man ◆ **petit cochon !** you messy thing! ◆ **ce cochon de voisin** that swine ** of a neighbour ◆ **eh bien, mon cochon !** (terme amical) you old devil! *

c (LOC) **quel temps de cochon !** what lousy ou filthy weather! * ◆ **(et) cochon qui s'en dédit** * (hum) let's shake (hands) on it, cross my heart (and hope to die) * ◆ **un cochon n'y retrouverait pas ses petits** it's like a pigsty in there, it's a real mess in there ◆ **si les petits cochons ne te mangent pas** (hum) if the bogeyman doesn't get you ◆ **elle ira loin si les petits cochons ne la mangent pas avant** (hum) she'll go far if nothing gets in her way ◆ **tout homme a dans son cœur un cochon qui sommeille** there's a bit of the animal in every man; → **confiture, copain**

3 **cochonne** nf (= personne) (sale) dirty pig **; (vicieuse) dirty cow **

**cochoncetés** * [kɔʃɔ̃ste] nfpl (= obscénités) filth (NonC), smut (NonC); (= plaisanteries) smutty ou dirty jokes ◆ **faire des cochoncetés** (saletés) to make a mess ◆ **arrête de dire des cochoncetés** stop talking dirty *

**cochonnaille** * [kɔʃɔnaj] nf (= charcuterie) pork products ◆ **assiette de cochonnaille** selection of cold pork ou ham

**cochonner** * [kɔʃɔne] ▸ conjug 1 ◂ vt (= mal faire) [+ travail] to botch (up), bungle; (= salir) [+ vêtements] to mess up *, make filthy

**cochonnerie** * [kɔʃɔnʀi] nf (= nourriture) disgusting ou foul food, pigswill * (NonC); (= marchandise) rubbish (NonC), trash (NonC); (= plaisanterie) smutty ou dirty joke; (= tour) dirty ou low trick; (= saleté) filth (NonC) ◆ **manger des cochonneries** to eat junk food ◆ **faire une cochonnerie à qn** to play a dirty trick on sb ◆ **le chien a fait des cochonneries dans la cuisine** the dog has made a mess in the kitchen ◆ **ne regarde pas ces cochonneries !** don't look at that filth!

**cochonnet** [kɔʃɔnɛ] → SYN nm (Zool) piglet; (Boules) jack

**cocker** [kɔkɛʀ] nm cocker spaniel ◆ **son regard** ou **ses yeux de cocker** his doleful eyes

**cockpit** [kɔkpit] → SYN nm cockpit

**cocktail** [kɔktɛl] nm (= réunion) cocktail party; (= boisson) cocktail; (fig) mixture, potpourri ◆ **cocktail de fruits/crevettes** fruit/prawn cocktail ◆ **cocktail Molotov** Molotov cocktail, petrol bomb ◆ **cocktail explosif** (fig) explosive cocktail ou mixture

**coco**[1] [koko] nm a (langage enfantin) (= œuf) egg

b (terme d'affection) pet, darling, poppet * (Brit) ◆ **oui, mon coco** yes, darling

c (**: péj = type) guy *, bloke * (Brit) ◆ **un drôle de coco** an odd guy * ou bloke * (Brit), an oddball * ou oddbod * (Brit) ◆ **toi mon coco, tu vas voir !** you've got it coming to you, buster ou mate! *

d (*: péj = communiste) commie *

e (= réglisse) liquorice powder; (= boisson) liquorice water

f († = noix) coconut ◆ **beurre de coco** coconut butter ◆ **tapis en (fibre de) coco** coconut ou coir mat ou matting (NonC); → **lait, noix**

g (= haricot) *small white haricot bean*

**coco**[2] † [koko] nf (arg Drogue = cocaïne) coke *, snow (arg)

**cocon** [kɔkɔ̃] nm (lit, fig) cocoon ◆ **sortir du cocon familial** to leave the nest

**cocontractant, e** [kokɔ̃tʀaktɑ̃, ɑ̃t] nm,f contracting partner

**cocooning** [kɔkuniŋ] nm staying at home, cocooning (US) ◆ **j'ai envie d'une petite soirée cocooning** I feel like spending a nice cosy evening at home

**cocorico** [kɔkɔʀiko] 1 nm [coq] cock-a-doodle-do; (fig) cheer of victory ◆ **pousser un cocorico, faire cocorico** [coq] to crow; (fig) to crow (over one's victory) ◆ **ils ont fait cocorico un peu trop tôt** their victory celebrations were premature, they started celebrating a bit too soon

2 excl [coq] cock-a-doodle-do! ◆ **cocorico ! on a gagné !** hooray! we won!

**cocoter** ** [kɔkɔte] ▸ conjug 4 ◂ vi (= sentir mauvais) to stink, pong * (Brit)

**cocoteraie** [kɔkɔtʀɛ] nf (naturelle) coconut grove; (cultivée) coconut plantation

**cocotier** [kɔkɔtje] nm coconut palm ou tree; → **secouer**

**cocotte** [kɔkɔt] → SYN 1 nf a (langage enfantin = poule) hen, cluck-cluck (langage enfantin)

b (*: péj = femme) tart ** ◆ **ça sent** ou **pue la cocotte** it smells like a perfume factory

c (à un cheval) **allez cocotte !, hue cocotte !** gee up!

d (*: terme d'affection) **(ma) cocotte** pet, sweetie *

e (= marmite) casserole ◆ **faire un poulet à la** ou **en cocotte** to casserole a chicken ◆ **poulet/veau (à la) cocotte** chicken/veal casserole

2 COMP ▷ **Cocotte Minute** ® pressure cooker ▷ **cocotte en papier** paper hen

**cocotter** * [kɔkɔte] ▸ conjug 4 ◂ vi ⇒ **cocoter**

**cocu, e** * [kɔky] → SYN 1 adj deceived, cuckolded † ◆ **elle l'a fait cocu** she was unfaithful to him, she cuckolded him †

2 nm deceived husband, cuckold †; → **veine**

3 **cocue** nf deceived wife

**cocufier** * [kɔkyfje] ▸ conjug 7 ◂ vt to be unfaithful to, cuckold †

**cocyclique** [kosiklik] adj concyclic

**coda** [kɔda] nf (Mus) coda

**codage** [kɔdaʒ] nm coding, encoding

**code** [kɔd] → SYN 1 nm a (Jur) code ◆ **le code civil** the civil code, ≃ common law ◆ **code pénal** penal code ◆ **le code maritime/de commerce** maritime/commercial law ◆ **code de la nationalité** nationality law ◆ **code du travail** labour regulations ou laws ◆ **code de la route** highway code ◆ **il a eu le code, mais pas la conduite** (Aut) he passed on the highway code but not on the driving

b (= règles) code ◆ **code de la politesse/de l'honneur** code of politeness/honour ◆ **code de bonne conduite** code of good practice

c (= écriture, message) (gén, Sci) code ◆ **code secret** secret code ◆ **écrire qch en code** to write sth in code

d (Aut) **phares code, codes** dipped (head) lights (Brit), low beams (US) ◆ **mettre ses codes** ou **ses phares en code(s), se mettre en code(s)** to dip one's (head)lights (Brit), put on the low beams (US) ◆ **rouler en code(s)** to drive with dipped (head)lights (Brit) ou on low beams (US)

2 COMP ▷ **code d'accès** (à un immeuble) entry code; (à une base de données) access code ▷ **code ASCII** ASCII code ▷ **code à barres** bar code ▷ **code confidentiel** PIN number ▷ **code génétique** genetic code ▷ **code personnel** ⇒ **code confidentiel** ▷ **code postal** postcode (Brit), zip code (US)

**codé, e** [kɔde] (ptp de **coder**) adj (Ordin) message coded; (TV) émission scrambled, coded ◆ **le langage codé de certains milieux** (fig) the secret language used by certain social groups ◆ **c'est une société très codée** it's a society where everything is very coded ◆ **je n'aime pas les tailleurs, c'est trop codé** I don't like wearing suits, they're too bound up with a certain image

**code-barre(s)**, pl **codes-barres** [kɔdbaʀ] nm bar code

**codébiteur, -trice** [kodebitœʀ, tʀis] nm,f joint debtor

**codécision** [kodesizjɔ̃] nf joint decision

**codéine** [kɔdein] nf codeine

**codemandeur, -eresse** [kod(ə)mɑ̃dœʀ, dʀɛs] nm,f joint plaintiff

**CODER** [seodeəɛʀ] nf (abrév de **Commission de développement économique régional**) → **commission**

**coder** [kɔde] → SYN ▸ conjug 1 ◂ vt to code

**codétenteur, -trice** [kodetɑ̃tœʀ, tʀis] nm,f (Jur, Sport) joint holder

**codétenu, e** [kodet(ə)ny] nm,f prisoner, inmate ◆ **avec ses codétenus** with his fellow prisoners ou inmates

**codeur** [kɔdœʀ] nm encoder

**CODEVI** [kodevi] nm (abrév de **compte pour le développement industriel**) → **compte**

**codex** [kɔdɛks] nm (officially approved) pharmacopoeia

**codicillaire** [kɔdisilɛʀ] → SYN adj (Jur) codicillary

**codicille** [kɔdisil] → SYN nm (Jur) codicil

**codification** [kɔdifikasjɔ̃] nf codification

**codifier** [kɔdifje] → SYN ▸ conjug 7 ◂ vt (Jur, = systématiser) to codify

**codirecteur, -trice** [kodiʀɛktœʀ, tʀis] nm,f co-director, joint manager (ou manageress)

**codirection** [kodiʀɛksjɔ̃] nf [entreprise] joint management

**codominance** [kodɔminɑ̃s] nf codominance

**codon** [kɔdɔ̃] nm codon

**cœcal, e,** mpl **-aux** [sekal, o] adj caecal (Brit), cecal (US)

**coéditer** [koedite] ▸ conjug 1 ◂ vt to co-publish

**coéditeur, -trice** [koeditœʀ, tʀis] nm,f co-publisher

**coédition** [koedisjɔ̃] nf co-edition

**coefficient** [kɔefisjɑ̃] → SYN 1 nm (Math, Phys) coefficient ◆ **cette matière est affectée d'un coefficient trois** (Scol) marks (Brit) ou grades (US) in this subject are weighted by a factor of three

2 COMP ▷ **coefficient de dilatation** coefficient of expansion ▷ **coefficient d'élasticité** modulus of elasticity ▷ **coefficient d'erreur** margin of error ▷ **coefficient de marée** tidal range ▷ **coefficient d'occupation des sols** planning density ▷ **coefficient de pénétration dans l'air** drag coefficient ou factor ▷ **coefficient de sécurité** safety margin

**cœlacanthe** [selakɑ̃t] nm coelacanth

**cœlentérés** [selɑ̃teʀe] nmpl ◆ **les cœlentérés** coelenterates, the Coelenterata (SPÉC)

**cœlialgie** [seljalʒi] nf coeliac disease

**cœliaque** [seljak] adj coeliac (Brit), celiac (US)

**cœlioscopie** [seljɔskɔpi] nf laparoscopy

**cœlostat** [selɔsta] nm coelostat

**cœnesthésie** [senɛstezi] nf ⇒ **cénesthésie**

**coentreprise** [koɑ̃tʀəpʀiz] nf (Écon) joint venture

**cœnure** [senyʀ] nm coenurus

**coenzyme** [koɑ̃zim] nm coenzyme

**coépouse** [koepuz] nf co-wife

**coéquipier, -ière** [koekipje, jɛʀ] → SYN nm,f team mate

**coercibilité** [kɔɛʀsibilite] nf coercibility

**coercible** [kɔɛʀsibl] adj coercible

**coercitif, -ive** [kɔɛʀsitif, iv] adj coercive

**coercition** [kɔɛʀsisjɔ̃] → SYN nf coercion

**cœur** [kœʀ] → SYN

1 NOM MASCULIN
2 COMPOSÉS

1 NOM MASCULIN

**a** Anat (= organe) heart; (= poitrine) heart, breast ◆ **avoir le cœur malade** to have a weak heart ou a heart condition ◆ **heureusement que j'ai le cœur solide** (lit ou hum) it's a good thing I haven't got a weak heart ◆ **serrer qn contre** ou **sur son cœur** to hold ou press sb to one's heart ou breast ◆ **cœur de bœuf/de poulet** (Boucherie) beef/chicken heart ◆ **opération à cœur ouvert** open-heart surgery ◆ **on l'a opéré à cœur ouvert** he had open-heart surgery; → **battement, greffe**[1]

**b** = estomac **il faut avoir le cœur bien accroché pour être ambulancier** you need a strong stomach to be an ambulance man ◆ **j'avais le cœur au bord des** ou **sur les lèvres** I thought I was going to be sick (any minute); → **mal, soulever**

**c** = siège de l'amour heart ◆ **donner son cœur à qn** to lose one's heart to sb, give sb one's heart ◆ **je ne le porte pas dans mon cœur** I am not exactly ou overly fond of him ◆ **mon cœur** (forme d'adresse) sweetheart ◆ **c'est un homme selon mon cœur** he's a man after my own heart ◆ **c'est un film/un paysage selon mon cœur** it's the kind of film/landscape I love ◆ **avoir un** ou **le cœur sensible** to be sensitive ou tender-hearted

◆ **coup de cœur** ◆ **avoir un coup de cœur pour qch** to fall in love with sth ◆ **nos coups de cœur parmi les livres du mois** our favourites among this month's new books

**d** = bonté, générosité **avoir bon cœur** to be kind-hearted ou good-hearted, have one's heart in the right place ◆ **à votre bon cœur (m'sieurs-dames) !** thank you kindly! ◆ **homme/femme de cœur** kind-hearted ou good-hearted man/woman ◆ **avoir le cœur sur la main** to be open-handed ◆ **manquer de cœur** to be unfeeling ou heartless ◆ **il a ou c'est un cœur d'or** he has a heart of gold ◆ **elle a un cœur gros comme ça** * she's really big-hearted ◆ **héros au grand cœur** big-hearted hero ◆ **il a un cœur de pierre, il a une pierre** ou **un caillou à la place du cœur** he has a heart of stone ◆ **c'est un homme sans cœur, il n'a pas de cœur** he's really heartless

**e** = humeur **avoir le cœur à faire qch** to feel like doing sth ◆ **je n'ai pas le cœur à rire/à sortir** I don't feel like laughing/going out, I'm not in the mood for laughing/going out ◆ **il n'a plus le cœur à rien** his heart isn't in anything any more ◆ **si le cœur vous en dit** if you feel like it, if you're in the mood ◆ **avoir le cœur joyeux** ou **gai** to feel happy ◆ **d'un cœur léger** light-heartedly ◆ **il est parti le cœur léger** he left in a light-hearted mood ◆ **il avait le cœur lourd** his heart was heavy, he was heavy-hearted ◆ **il est parti le cœur lourd** he left with a heavy heart ◆ **avoir le cœur gros** ou **serré** to have a heavy heart ◆ **mon cœur se serre à cette pensée** my heart sinks at the thought

◆ **de bon cœur** manger, rire heartily; faire, accepter willingly, readily

**f** = âme, pensées intimes **c'est un cœur pur** he is a candid soul ◆ **ouvrir son cœur à qn** to open one's heart to sb ◆ **ça vient du cœur !** it comes ou is straight from the heart! ◆ **des paroles venues du cœur** words from the heart, heartfelt words ◆ **je veux en avoir le cœur net** I want to be clear in my own mind (about it) ◆ **ce geste/ce discours lui est allé (droit) au cœur** he was (deeply) moved ou (very) touched by this gesture/these words, this gesture/these words went straight to his heart; → **cri**

◆ **à cœur** ◆ **avoir à cœur de faire qch** to be very keen to do sth ◆ **prendre les choses à cœur** to take things to heart ◆ **ce voyage me tient à cœur** I've set my heart on this trip ◆ **cette cause me tient à cœur** this cause is close to my heart ◆ **c'est un sujet qui me tient vraiment à cœur** it's an issue I feel very strongly about

◆ **à cœur ouvert** ◆ **il m'a parlé à cœur ouvert** he opened his heart to me ◆ **nous avons eu une conversation à cœur ouvert** we had a heart-to-heart (talk)

◆ **avoir qch sur le cœur** ◆ **ce qu'il m'a dit, je l'ai sur le cœur** ou **ça m'est resté sur le cœur** what he said to me still rankles with me, I still feel sore about what he said to me ◆ **je vais lui dire ce que j'ai sur le cœur** (gén) I'm going to tell him what's on my mind; (ce que je pense de lui) I'm going to give him a piece of my mind

◆ **cœur à cœur** ◆ **on s'est parlé cœur à cœur** we had a heart-to-heart (talk)

◆ **de tout (son) cœur** remercier, souhaiter with all one's heart, from the bottom of one's heart ◆ **être de tout cœur avec qn dans la joie/une épreuve** to share (in) sb's happiness/sorrow ◆ **je suis de tout cœur avec vous** my thoughts are with you

**g** = courage, ardeur heart, courage ◆ **comment peut-on avoir le cœur de refuser ?** how can one have ou find the heart to refuse? ◆ **le cœur lui manqua (pour ...)** his courage failed him (when it came to ...) ◆ **mettre tout son cœur dans qch/à faire qch** to put all one's heart into sth/into doing sth ◆ **avoir du cœur au ventre** * to have guts * ◆ **donner du cœur au ventre à qn** * to buck sb up * ◆ **avoir du cœur à l' ouvrage** to put one's heart into one's work ◆ **il travaille mais le cœur n'y est pas** he does the work but his heart isn't in it ◆ **redonner du cœur à qn** to give sb new heart

◆ **à cœur joie** ◆ **s'en donner à cœur joie** (= s'amuser) to have a tremendous time, have a whale of a time *; (= critiquer) to have a field day, go to town ◆ **les pillards s'en sont donné à cœur joie** the looters really went to town

**h** = partie centrale [chou] heart; [arbre, poutre] heart, core; [fruit, pile atomique] core; [problème, ville] heart ◆ **cœur de rumsteck/de filet** (Boucherie) prime cut of rump steak/of fillet

◆ **à cœur** ◆ **fromage fait à cœur** fully ripe cheese ◆ **viande cuite à cœur** medium-cooked meat ◆ **viande tendre à cœur** very tender meat

◆ **au cœur de** [région, ville, forêt] in the heart of ◆ **au cœur de l'été** at the height of summer ◆ **au cœur de l'hiver** in the depths ou heart of winter ◆ **ce problème est au cœur du débat** this problem is a central issue

**i** = objet heart ◆ **en (forme de) cœur** heart-shaped ◆ **volets percés de cœurs** shutters with heart-shaped holes; → **bouche**

**j** Cartes heart ◆ **roi/as de cœur** king/ace of hearts ◆ **avez-vous du cœur ?** have you got any hearts?; → **atout**

**k** **par cœur** réciter, apprendre by heart ◆ **connaître par cœur** [+ poème, formule] to know (off) by heart; [+ endroit] to know like the back of one's hand ◆ **il connaît Racine par cœur** he knows (the works of) Racine inside out ◆ **je te connais par cœur** I know you inside out, I know you like the back of my hand ◆ **tes arguments, je les connais par cœur !** I've heard all your arguments before!, I know your arguments by heart! ◆ **savoir par cœur** [+ leçon] to know (off) by heart

2 COMPOSÉS

▷ **cœur d'artichaut** (lit) artichoke heart ◆ **c'est** ou **il a un cœur d'artichaut** (fig) he falls in love with every girl he meets ▷ **cœur de céleri** celery heart ▷ **cœur de palmier** heart of palm

**cœur-de-pigeon,** pl **cœurs-de-pigeon** [kœʀdəpiʒɔ̃] nm *variety of red cherry*

**coexistence** [kɔɛgzistɑ̃s] → SYN nf coexistence ◆ **coexistence pacifique** peaceful coexistence

**coexister** [kɔɛgziste] → SYN ▸ conjug 1 ◂ vi to coexist

**coextensif, -ive** [kɔɛkstɑ̃sif, iv] adj coextensive

**cofacteur** [kofaktœʀ] nm (Math) cofactor, signed minor; (Chim) cofactor

**coffrage** [kɔfʀaʒ] nm (pour protéger, cacher) boxing (NonC); [galerie, tranchée] (= dispositif, action) coffering (NonC); [béton] (= dispositif) form, formwork (NonC), shuttering (NonC); (= action) framing

**coffre** [kɔfʀ] → SYN 1 nm **a** (= meuble) chest ◆ **coffre à linge/à outils** linen/tool chest

**b** (Aut) boot (Brit), trunk (US) ◆ **coffre avant/arrière** front/rear boot (Brit) ou trunk (US)

**c** (= coffrage) (gén) case; [piano] case; [radio] cabinet

**d** [banque, hôtel] safe; (= compartiment) safe- ou safety-deposit box; (Hist, fig = cassette) coffer ◆ **les coffres de l'État** the coffers of the state ◆ **la salle des coffres** (Banque) the strongroom, the (bank) vault

**e** (* = poitrine) **le coffre** the chest ◆ **il a du coffre** he's got a lot of blow * ou puff * (Brit)

2 COMP ▷ **coffre à jouets** toybox ▷ **coffre de nuit** night safe ▷ **coffre de voyage** † trunk

**coffre-fort,** pl **coffres-forts** [kɔfʀəfɔʀ] nm safe

**coffrer** [kɔfʀe] → SYN ▸ conjug 1 ◂ vt **a** (* = emprisonner) to throw ou put inside * ◆ **se faire coffrer** to get put inside *

**b** (Tech) [+ béton] to place a frame ou form for; [+ tranchée, galerie] to coffer

**coffret** [kɔfʀɛ] → SYN nm (gén) casket; [disques, livres] (= contenant) box; (= contenu) boxed set ◆ **coffret à bijoux** jewel box, jewellery case ◆ **coffret-cadeau** presentation box

**cofinancement** [kofinɑ̃smɑ̃] nm co-financing

**cofinancer** [kofinɑ̃se] ▸ conjug 3 ◂ vt to finance jointly, co-finance

**cofondateur, -trice** [kɔfɔ̃datœʀ, tʀis] nm,f co-founder

**cogérant** [koʒeʀɑ̃] nm joint manager

**cogérante** [koʒeʀɑ̃t] nf joint manageress

**cogérer** [koʒeʀe] ▸ conjug 6 ◂ vt to manage jointly

**cogestion** [koʒɛstjɔ̃] nf co-management, joint management

**cogitation** [kɔʒitasjɔ̃] nf (hum) cogitation

**cogiter** [kɔʒite] → SYN ▸ conjug 1 ◂ 1 vi (hum = réfléchir) to cogitate

2 vt ◆ **qu'est-ce qu'il cogite ?** what's he thinking up?

**cogito** [koʒito] nm (Philos) cogito ◆ **le cogito cartésien** Descartes's cogito

**cognac** [kɔɲak] 1 nm cognac, (French) brandy

2 adj inv brandy-coloured (Brit) ou -colored (US)

**cognassier** [kɔɲasje] nm quince (tree), japonica

**cognat** [kɔgna] → SYN nm (Jur) cognate

**cognation** [kɔgnasjɔ̃] nf cognation

**cogne** †* [kɔɲ] nm (= policier) cop * ◆ **les cognes** the cops *, the fuzz *

**cognée** [kɔɲe] → SYN nf felling axe ou ax (US); → **manche**

**cognement** [kɔɲmɑ̃] nm (= bruit, action) banging; (Aut) knocking

**cogner** [kɔɲe] → SYN ▸ conjug 1 ◂ 1 vt **a** (= heurter) to knock ◆ **fais attention à ne pas cogner les verres** mind you don't knock the glasses against anything ◆ **quelqu'un m'a cogné en passant** somebody knocked (into) me as they went by

**b** (* = battre) to beat up

2 vi **a** [personne] **cogner sur** [+ clou, piquet] to hammer on; [+ mur] to bang ou knock on; (fort) to hammer on ◆ **cogner du poing sur la table** to bang ou thump one's fist on the table ◆ **cogner à la porte/au plafond** to knock at the door/on the ceiling; (fort) to bang ou rap at the door/on the ceiling

**b** [volet, battant, branche] to bang; [grêle] to hammer, pound (*contre* against) ◆ **cogner contre** [projectile] to hit, strike ◆ **un caillou est venu cogner contre le pare-brise** a stone hit the windscreen ◆ **il y a un volet qui cogne (contre le mur)** there's a shutter banging (against the wall) ◆ **le moteur cogne** the engine's knocking

**c** * [boxeur, bagarreur] to hit out ◆ **ça va cogner à la manif** * there's going to be some rough stuff at the demo * ◆ **ce boxeur-là, il cogne dur** that boxer's a hard hitter, that boxer packs a mean punch * ◆ **cogner sur qn** to lay into sb *

**d** * [soleil] to beat down ◆ **ça cogne !** * it's scorching! *

**b** (* = sentir mauvais) to stink to high heaven *, pong * (Brit)

**3** **se cogner** vpr **a** **se cogner contre un mur** to bump into a wall ◆ **se cogner la tête/le genou contre un poteau** to bang one's head/knee on a post ◆ **c'est à se cogner la tête contre les murs** (fig) it's like banging your head against a brick wall

**b** **se cogner (dessus)** * (= se battre) to lay into each other *

**cogneur** * [kɔɲœʀ] nm (= bagarreur, boxeur) bruiser *

**cogniticien, -ienne** [kɔgnitisjɛ̃, jɛn] nm,f cognitive scientist

**cognitif, -ive** [kɔgnitif, iv] adj cognitive

**cognition** [kɔgnisjɔ̃] → SYN nf cognition

**cognitiviste** [kɔgnitivist] nmf cognitive scientist

**cohabitant, e** [koabitɑ̃, ɑ̃t] **1** adj ◆ **couple cohabitant** couple who are living together, cohabiting couple

**2** nm,f cohabitee; (euph = concubin) live-in lover

**cohabitation** [koabitasjɔ̃] → SYN nf [couple] living together, cohabitation; [plusieurs personnes] living under the same roof; (Pol) cohabitation ◆ **la cohabitation avec mon mari était devenue impossible** it had become impossible for me and my husband to carry on living together ou living under the same roof

> **COHABITATION**
>
> The situation which occurs when, as a result of a presidential or general election, the French people find themselves with a president who represents one political party and a government which represents another. A recent example of **cohabitation** is the combination of a Socialist Prime Minister, Lionel Jospin, with a Gaullist President, Jacques Chirac.

**cohabiter** [koabite] → SYN ▸ conjug 1 ◂ vi [couple] to live together, cohabit; [plusieurs personnes] to live under the same roof; (Pol) to cohabit ◆ **ils cohabitent avec leurs parents** they live with their parents

**cohérence** [koeʀɑ̃s] → SYN nf **a** (= logique) [arguments, politique] coherence; [conduite] consistency ◆ **le manque de cohérence de sa politique** the incoherence of his policy ◆ **la cohérence d'ensemble du projet** the overall coherence of the project

**b** (= homogénéité) [groupe] cohesion ◆ **pour améliorer la cohérence de cette gamme** to make the range more comprehensive ◆ **la cohérence de l'équipe laisse à désirer** the team is not as well-knit as it could be

**c** (Phys) coherence

**cohérent, e** [koeʀɑ̃, ɑ̃t] → SYN adj **a** (= logique) arguments coherent; politique coherent; conduite consistent ◆ **sois cohérent (avec toi-même)** be true to yourself

**b** (= homogène) équipe well-knit; groupe cohesive; gamme de produits comprehensive, complete

**c** (Phys) coherent

**cohéritier** [koeʀitje] nm joint heir, coheir

**cohéritière** [koeʀitjɛʀ] nf joint heiress, coheiress

**cohésif, -ive** [kɔezif, iv] adj cohesive

**cohésion** [kɔezjɔ̃] nf cohesion

**cohorte** [kɔɔʀt] → SYN nf (= groupe) troop; (Hist Mil) cohort

**cohue** [kɔy] → SYN nf (= foule) crowd; (= bousculade) crush ◆ **c'était la cohue à l'entrée du cinéma** there was such a crush at the entrance to the cinema

**coi, coite** [kwa, kwat] → SYN adj ◆ **se tenir coi** ◆ **rester coi** to remain silent ◆ **en rester coi** to be rendered speechless

**coiffage** [kwafaʒ] nm hairdressing ◆ **produit de coiffage** hairstyling product

**coiffant, e** [kwafɑ̃, ɑ̃t] adj → **gel, mousse[1]**

**coiffe** [kwaf] → SYN nf **a** [costume régional, religieuse] headdress

**b** [chapeau] lining; (Tech) [fusée] cap; (Anat) [nouveau-né] caul

**coiffé, e** [kwafe] (ptp de **coiffer**) adj **a** (= peigné) **est-ce que tu es coiffé ?** have you done your hair? ◆ **comment était-elle coiffée ?** what was her hair like?, how did she have her hair? ◆ **il est toujours bien/mal coiffé** his hair always looks nice/a mess ◆ **être coiffé en brosse** to have a crew-cut ◆ **être coiffé en chien fou** to have dishevelled hair ◆ **il était coiffé en arrière** he had his hair brushed ou combed back; → **naître**

**b** (= couvert) **être coiffé d'un béret** to be wearing a beret ◆ **le clown entra coiffé d'une casserole** the clown came in with a saucepan on his head

**coiffer** [kwafe] → SYN ▸ conjug 1 ◂ **1** vt **a** (= peigner) **coiffer qn** to do sb's hair ◆ **il coiffe bien** he's a good hairdresser ◆ **cheveux difficiles à coiffer** unmanageable hair ◆ **(aller) se faire coiffer** to (go and) have one's hair done

**b** (= couvrir la tête de) **coiffer (la tête d')un bébé d'un bonnet** to put a bonnet on a baby's head ◆ **ce chapeau la coiffe bien** that hat suits her ou looks good on her ◆ **le béret qui la coiffait** the beret she had on ou was wearing

**c** (= mettre) [+ chapeau] to put on ◆ **coiffer la mitre/la tiare** to be mitred/made Pope ◆ **coiffer la couronne** to be crowned (king ou queen) ◆ **elle allait bientôt coiffer sainte Catherine** she would soon be 25 and still unmarried → CATHERINETTE

**d** (= surmonter) **des nuages coiffaient le sommet** clouds covered the summit, the summit was topped with clouds ◆ **pic coiffé de neige** snow-capped peak

**e** (= diriger) [+ services] to head up, have overall responsibility for

**f** (* = dépasser) **coiffer qn à l'arrivée** ou **au poteau** to nose sb out *, pip sb at the post * (Brit) ◆ **se faire coiffer** to be nosed out *, be pipped at the post * (Brit)

**2** **se coiffer** vpr **a** (= se peigner) to do one's hair ◆ **elle se coiffe toujours mal** she never manages to do anything nice with her hair ◆ **tu t'es coiffé avec un râteau** ou **un clou** (hum) you look like you've been dragged through a hedge backwards ◆ **tu t'es coiffé avec un pétard** your hair's all sticking up

**b** (= mettre comme coiffure) **se coiffer d'une casquette** to put on a cap ◆ **d'habitude, elle se coiffe d'un chapeau de paille** she usually wears a straw hat

**c** (= acheter ses chapeaux) **se coiffer chez Legrand** to buy one's hats from Legrand

**coiffeur** [kwafœʀ] → SYN nm [dames] hairdresser; [hommes] hairdresser, barber ◆ **les grands coiffeurs parisiens** top Paris hairstylists

**coiffeuse** [kwaføz] nf (= personne) hairdresser; (= meuble) dressing table

**coiffure** [kwafyʀ] → SYN nf (= façon d'être peigné) hairstyle, hairdo *; (= chapeau) hat, headgear * (NonC) ◆ **la coiffure** (métier) hairdressing; → **salon**

**coin** [kwɛ̃] → SYN nm **a** (= angle) [objet, chambre] corner ◆ **armoire/place de coin** corner cupboard/seat ◆ **va au coin !** (Scol) go and stand in the corner! ◆ **envoyer** ou **mettre un enfant au coin** (Scol) to send a child to stand in the corner, put a child in the corner ◆ **coin(-)fenêtre/(-)couloir** (Rail) window/aisle seat, seat by the window/on the aisle

**b** [rue] corner ◆ **le boucher du coin** the butcher's on the corner ◆ **la blanchisserie fait le coin** the laundry is right on the corner ◆ **à tous les coins de rue** on every street corner

**c** [yeux, bouche] corner ◆ **sourire en coin** half smile ◆ **regard en coin** sidelong glance ◆ **regarder/surveiller qn du coin de l'œil** to look at/watch sb out of the corner of one's eye

**d** (= espace restreint) [village, maison] part ◆ **un coin de terre/ciel bleu** a patch of land/blue sky ◆ **un coin de plage** a spot on the beach ◆ **le coin du bricoleur** (dans un magasin) the DIY department (Brit), the home improvement department (US); (dans un journal) DIY tips (Brit), home improvement tips (US) ◆ **coin-bureau/-repas** work/dining area ◆ **rester dans son coin** to keep to oneself ◆ **laisser qn dans son coin** to leave sb alone ◆ **dans un coin de ma mémoire** in the recesses of my mind ou memory ◆ **dans quel coin l'as-tu mis ?** where did you put it? ◆ **je l'ai mis dans un coin** I put it somewhere ◆ **j'ai cherché dans tous les coins (et recoins)** I looked in every nook and cranny; → **petit**

**e** (= région) area ◆ **dans quel coin habitez-vous ?** whereabouts do you live? ◆ **les gens du coin** the local people, the locals ◆ **vous êtes du coin ?** do you live locally? ou around here? ou in the area? ◆ **je ne suis pas du coin** I'm not from around here, I'm a stranger here ◆ **le supermarché du coin** the local supermarket ◆ **un coin perdu** ou **paumé** * a place miles from anywhere ◆ **un coin de Paris/de la France que je connais bien** an area of Paris/of France that I know well ◆ **on a trouvé un petit coin pas cher/tranquille pour le week-end** we found somewhere nice and cheap/nice and quiet for the weekend, we found a nice inexpensive/quiet little spot for the weekend ◆ **de tous les coins du monde** from every corner of the world ◆ **de tous les coins du pays** from all over the country

**f** (= objet triangulaire) [reliure, cartable, sous-main] corner (piece); (pour coincer, écarter) wedge; (pour graver) die; (= poinçon) hallmark ◆ **coin (de serrage)** (Typo) quoin ◆ **être frappé** ou **marqué au coin du bon sens** to bear the stamp of commonsense

**g** (LOC) **je n'aimerais pas le rencontrer au coin d'un bois** I wouldn't like to meet him on a dark night ◆ **au coin du feu** by the fireside ◆ **causerie/rêverie au coin du feu** fireside chat/daydream; → **boucher[1], quatre**

**coinçage** [kwɛ̃saʒ] nm wedging

**coincé, e** * [kwɛ̃se] adj (= complexé) personne hung up *, uptight * ◆ **il est très coincé** he has a lot of hang-ups *, he's very uptight *

**coincement** [kwɛ̃smɑ̃] nm jamming (NonC)

**coincer** [kwɛ̃se] → SYN ▸ conjug 3 ◂ **1** vt **a** (= bloquer) (intentionnellement) to wedge; (accidentellement) [+ tiroir, fermeture éclair] to jam ◆ **le tiroir est coincé** the drawer is stuck ou jammed ◆ **le vélo était coincé sous le camion** the bike was wedged under the lorry ◆ **il se trouva coincé contre un mur par la foule** he was pinned against a wall by the crowd ◆ **il m'a coincé entre deux portes pour me dire ...** he cornered me to tell me ... ◆ **nous étions coincés dans le couloir/dans l'ascenseur** we were stuck ou jammed in the corridor/in the lift ◆ **je suis coincé à la maison/au bureau** (fig) I'm stuck at home/at the office ◆ **ils ont coincé l'armoire en voulant la faire passer par la porte** they got the wardrobe jammed ou stuck trying to get it through the door

**b** (* : fig = attraper) [+ voleur] to nab *; [+ faussaire, fraudeur] to catch up with ◆ **je me suis fait coincer** ou **ils m'ont coincé sur cette question** they got me on ou caught me out on that question, I was caught out on that question ◆ **coincé entre son désir et la peur** caught between his desire and fear ◆ **nous sommes coincés, nous ne pouvons rien faire** we're stuck ou cornered ou in a corner and can't do anything ◆ **coincer la bulle** * to bum around *

**2** vi [porte] to stick ◆ **ça coince au niveau de la direction** * (fig) there are problems at management level

**3** **se coincer** vpr [fermeture, tiroir] to jam, stick, get jammed ou stuck ◆ **se coincer le doigt dans une porte** to catch one's finger in a door ◆ **se coincer un nerf** * to trap ou pinch a nerve ◆ **se coincer une vertèbre** * to trap a nerve in one's spine

**coinceur** [kwɛ̃sœʀ] nm (Alpinisme) nut

**coïncidence** [kɔɛ̃sidɑ̃s] → SYN nf (gén, Géom) coincidence

**coïncident, e** [kɔɛ̃sidɑ̃, ɑ̃t] adj surfaces, faits coincident

**coïncider** [kɔɛ̃side] → SYN ▸ conjug 1 ◂ vi [surfaces, opinions, dates] to coincide (*avec* with); [témoignages] to tally ◆ **nous sommes arrivés à faire coïncider nos dates de vacances** we've managed to get the dates of our holidays to coincide

**coin-coin** [kwɛ̃kwɛ̃] nm inv [canard] quack ◆ **coin-coin !** quack! quack!

**coïnculpé, e** [koɛ̃kylpe] nm,f co-defendant, co-accused

**coing** [kwɛ̃] nm quince

**coït** [kɔit] → SYN nm coitus, coition ◆ **coït interrompu** coitus interruptus

**coite** [kwat] adj f → **coi**

**coke**[1] [kɔk] → SYN nm (= combustible) coke

**coke**[2] [kok] nf (arg Drogue = cocaïne) coke *

**cokéfaction** [kɔkefaksjɔ̃] nf coking

**cokéfier** [kɔkefje] ▸ conjug 7 ◂ vt to coke

**cokerie** [kɔkʀi] nf cokeworks, coking works

**col** [kɔl] → SYN **1** nm **a** [chemise, manteau] collar ◆ **ça bâille du col** it gapes at the neck ◆ **pull à col rond** round-neck pullover; → **faux**[2]

**b** (Géog) pass ◆ **le col du Simplon** the Simplon pass

**c** (= partie étroite) [carafe, vase] neck ◆ **col du fémur/de la vessie** neck of the thighbone/of the bladder ◆ **elle s'est cassé le col du fémur** she has broken her hip ◆ **col de l'utérus** neck of the womb, cervix

**d** († ou littér = cou) neck ◆ **un homme au col de taureau** a man with a bull neck, a bull-necked man

**2** COMP ▷ **col blanc** (= personne) white-collar worker ▷ **col bleu** (= ouvrier) blue-collar worker; (= marin) bluejacket ▷ **col cassé** wing collar ▷ **col châle** shawl collar ▷ **col cheminée** high round neck, turtleneck (Brit) ▷ **col chemisier** shirt collar ▷ **col Claudine** Peter Pan collar ▷ **col dur** stiff collar ▷ **col Mao** Mao collar ▷ **col marin** sailor's collar ▷ **col mou** soft collar ▷ **col officier** mandarin collar ▷ **col polo** polo shirt collar ▷ **col ras du cou** round neck, turtleneck (Brit) ▷ **col roulé** roll neck (Brit), polo neck (Brit), turtleneck (US) ▷ **col (en) V** V-neck

**cola** [kɔla] nm (= arbre) cola ou kola (tree) ◆ **(noix de) cola** cola ou kola nut

**colatier** [kɔlatje] nm cola ou kola (tree)

**colature** [kɔlatyʀ] nf colature

**colback** ⁑ [kɔlbak] nm ◆ **attraper** ou **prendre qn par le colback** to grab sb by the collar

**colbertisme** [kɔlbɛʀtism] nm *economic policy based on a high degree of state control (an allusion to Colbert, chief minister under Louis XIV)*

**colbertiste** [kɔlbɛʀtist] adj pays, modèle with a policy of strong state intervention in the economy

**colchicine** [kɔlʃisin] nf colchicine

**colchique** [kɔlʃik] nm autumn crocus, meadow saffron, colchicum (SPÉC)

**colcotar** [kɔlkɔtaʀ] nm colcothar, crocus

**col-de-cygne,** pl **cols-de-cygne** [kɔldəsiɲ] nm [plomberie, mobilier] swan neck

**colégataire** [kolegatɛʀ] nmf joint legatee

**coléoptère** [kɔleɔptɛʀ] nm beetle, coleopterous insect (SPÉC) ◆ **coléoptères** Coleoptera (SPÉC)

**colère** [kɔlɛʀ] → SYN **1** nf **a** (= irritation) anger ◆ **la colère est mauvaise conseillère** anger is a bad counsellor ◆ **être/se mettre en colère** to be/get angry ou cross ◆ **mettre qn en colère** to make sb angry ou cross ◆ **passer sa colère sur qn** to work off ou take out one's anger on sb ◆ **en colère contre moi-même** angry ou cross with myself, mad at myself * ◆ **dit-il avec colère** he said angrily

**b** (= accès d'irritation) (fit of) rage ◆ **il fait des colères terribles** he has terrible fits of anger ou rage ◆ **il est entré dans une colère noire** he flew into a terrible rage ◆ **faire** ou **piquer une colère** to throw a tantrum

**c** (littér) wrath ◆ **la colère divine** divine wrath ◆ **la colère des flots/du vent** the rage ou wrath of the sea/of the wind

**2** adj inv † (= coléreux) irascible; (= en colère) irate

**coléreux, -euse** [kɔleʀø, øz], **colérique** [kɔleʀik] adj caractère quick-tempered, irascible; enfant quick-tempered, easily angered; vieillard irascible

**colibacille** [kɔlibasil] nm colon bacillus

**colibacillose** [kɔlibasiloz] nf colibacillosis

**colibri** [kɔlibʀi] nm hummingbird

**colifichet** [kɔlifiʃɛ] → SYN nm (= bijou) trinket, bauble; (= babiole) knickknack

**coliforme** [kɔlifɔʀm] adj coliform

**colimaçon** [kɔlimasɔ̃] → SYN nm † snail; → **escalier**

**colin**[1] [kɔlɛ̃] → SYN nm (= merlu) hake; (= lieu noir) coalfish, coley, saithe

**colin**[2] [kɔlɛ̃] nm (= oiseau) bobwhite

**colineau,** pl **colineaux** [kɔlino] nm ⇒ **colinot**

**colin-maillard,** pl **colin-maillards** [kɔlɛ̃majaʀ] nm blind man's buff

**colinot** [kɔlino] nm (= merlu) small hake; (= lieu noir) small coalfish

**colin-tampon** *, pl **colin-tampons** [kɔlɛ̃tɑ̃pɔ̃] nm ◆ **il s'en soucie** ou **s'en moque comme de colin-tampon** he doesn't give ou care a fig * about it

**colique** [kɔlik] → SYN **1** nf **a** (= diarrhée) diarrhoea ◆ **avoir la colique** (lit) to have diarrhoea; (fig = avoir peur) to be scared stiff *

**b** (gén pl = douleur) stomach pain, colic pain, colic (NonC) ◆ **être pris de violentes coliques** to have violent stomach pains ◆ **colique hépatique/néphrétique** biliary/renal colic ◆ **quelle colique !** ⁑ (personne) what a pain in the neck! *; (chose) what a drag! *

**2** adj (Anat) colonic

**colis** [kɔli] → SYN nm parcel ◆ **envoyer/recevoir un colis postal** to send/receive a parcel through the post ou mail ◆ **par colis postal** by parcel post

**Colisée** [kɔlize] nm ◆ **le Colisée** the Coliseum ou Colosseum

**colistier, -ière** [kolistje, jɛʀ] nm,f (Pol) fellow candidate

**colite** [kɔlit] nf colitis

**collabo** * [kɔ(l)labo] nmf (abrév de **collaborateur, -trice**) (péj : Hist Pol) collaborator, collaborationist

**collaborateur, -trice** [kɔ(l)labɔʀatœʀ, tʀis] → SYN nm,f [collègue] colleague; [journal] contributor; [livre] collaborator; (Hist Pol) [ennemi] collaborator, collaborationist

**collaboration** [kɔ(l)labɔʀasjɔ̃] → SYN nf (Pol, à un travail, un livre) collaboration (*à* on); (à un journal) contribution (*à* to) ◆ **la collaboration** (Hist) the Collaboration ◆ **s'assurer la collaboration de qn** to enlist the services of sb ◆ **en collaboration (étroite) avec** in (close) collaboration with

**collaborationniste** [kɔ(l)labɔʀasjɔnist] **1** adj groupe, journal, politique collaborationist (épith)

**2** nmf collaborator, collaborationist, quisling

**collaborer** [kɔ(l)labɔʀe] → SYN ▸ conjug 1 ◂ vi **a** **collaborer avec qn** to collaborate ou work with sb ◆ **collaborer à** [+ travail, livre] to collaborate on; [+ journal] to contribute to

**b** (Pol) to collaborate

**collage** [kɔlaʒ] nm **a** (à la colle forte) sticking, gluing; (à la colle blanche) pasting; [étiquettes] sticking ◆ **collage de papiers peints** paperhanging ◆ **collage d'affiches** billposting

**b** (Art) collage

**c** (= apprêt) [vin] fining; [papier] sizing

**d** († : péj = concubinage) affair ◆ **c'est un collage** they're living together

**collagène** [kɔlaʒɛn] nm collagen

**collant, e** [kɔlɑ̃, ɑ̃t] → SYN **1** adj (= ajusté) vêtement skintight, tight-fitting, clinging; (= poisseux) sticky ◆ **être collant** * [importun] to cling, stick like a leech; → **papier**

**2** nm **a** (= maillot) [femme] body stocking; [danseur, acrobate] leotard

**b** (= bas) (gén) tights (Brit), pantyhose (US); [danseuse] tights

**3** **collante** nf (arg Scol) (= convocation) notification; (= feuille de résultats) results slip

**collapsus** [kɔlapsys] nm [malade, organe] collapse

**collatéral, e,** mpl **-aux** [kɔ(l)lateʀal, o] → SYN adj parent, artère collateral ◆ **(nef) collatérale** (side) aisle ◆ **les collatéraux** (= parents) collaterals; (Archit) (side) aisles

**collation** [kɔlasjɔ̃] → SYN nf **a** (= repas) light meal; (= en-cas) snack

**b** (= comparaison) [manuscrit] collation; (= vérification) [liste] checking; (Typo) collation

**c** (frm) [titre, grade] conferment

**collationnement** [kɔlasjɔnmɑ̃] nm (= comparaison) [manuscrits] collation; (= vérification) [liste] checking; (Typo) collation

**collationner** [kɔlasjɔne] → SYN ▸ conjug 1 ◂ vt (= comparer) [+ manuscrits] to collate (*avec* with); (= vérifier) [+ liste] to check; (Typo) to collate

**colle** [kɔl] → SYN nf **a** (gén) glue; [papiers peints] wallpaper paste; (= apprêt) size ◆ **colle (blanche** ou **d'écolier** ou **de pâte)** paste ◆ **colle (forte)** (strong) glue, adhesive ◆ **colle à bois** wood glue ◆ **colle de poisson** fish glue ◆ **ce riz, c'est de la vraie colle (de pâte)** (fig) this rice is like paste ou is a gluey ou sticky mass; → **chauffer, pot**

**b** ( * = question) teaser, poser * (Brit) ◆ **poser une colle à qn** to set sb a poser * ◆ **là, vous me posez une colle** you've stumped me there *

**c** (arg Scol) (= examen blanc) mock oral exam; (= retenue) detention ◆ **mettre une colle à qn** to give sb a detention ◆ **j'ai eu trois heures de colle** I got a three-hour detention, I was kept back for three hours

**d** **vivre** ou **être à la colle** ⁑ to live together, be shacked up together ⁑

**collecte** [kɔlɛkt] → SYN nf **a** (= quête) [vêtements, verre, sang] collection; [informations, données] collection, gathering ◆ **collecte de fonds** fund-raising event

**b** (Rel = prière) collect

**collecter** [kɔlɛkte] → SYN ▸ conjug 1 ◂ vt (gén) to collect; [+ informations, données] to collect, gather

**collecteur, -trice** [kɔlɛktœʀ, tʀis] → SYN **1** adj canal collecting ◆ **égout collecteur** main sewer ◆ **organisme collecteur** collection agency

**2** nm,f (= personne) collector ◆ **collecteur d'impôts** tax collector ◆ **collecteur de fonds** fund-raiser

**3** nm (Aut) manifold; (Élec) commutator ◆ **collecteur d'ondes** (Radio) aerial ◆ **collecteur d'égouts, (grand) collecteur** main sewer

**collectif, -ive** [kɔlɛktif, iv] → SYN **1** adj travail, responsabilité, punition collective; sport team (épith); billet, réservation group (épith); hystérie, licenciements mass (épith); installations public; (Ling) terme, sens collective ◆ **faire une démarche collective auprès de qn** to approach sb collectively ou as a group ◆ **immeuble collectif** (large) block (of flats) (Brit), apartment building (US); → **convention, ferme**[2]

**2** nm (= mot) collective noun; (= groupe de travail) collective ◆ **collectif budgétaire** minibudget

**collection** [kɔlɛksjɔ̃] → SYN nf **a** [timbres, papillons] collection; (Comm) [échantillons] line; (hum = groupe) collection ◆ **objet/timbre de collection** collector's item/stamp ◆ **faire (la) collection de** to collect ◆ **voiture de collection** classic car; (de l'entre-deux-guerres) vintage car

**b** (Mode) collection

**c** (Édition = série) series, collection ◆ **notre collection "jeunes auteurs"** our "young authors" series ou collection ◆ **il a toute la collection des œuvres de Larbaud** he's got the complete collection ou set of Larbaud's works

**d** (Méd) **collection de pus** gathering of pus

**collectionner** [kɔlɛksjɔne] → SYN ▸ conjug 1 ◂ vt (gén, hum) to collect

**collectionneur, -euse** [kɔlɛksjɔnœʀ, øz] → SYN nm,f collector

**collectionnite** [kɔlɛksjɔnit] nf collecting mania, collectionitis

**collectivement** [kɔlɛktivmɑ̃] adv (gén) collectively; démissionner, protester in a body, collectively

**collectivisation** [kɔlɛktivizasjɔ̃] → SYN nf collectivization

**collectiviser** [kɔlɛktivize] → SYN ▸ conjug 1 ◂ vt to collectivize

**collectivisme** [kɔlɛktivism] → SYN nm collectivism ◆ **collectivisme d'État** state collectivism

**collectiviste** [kɔlɛktivist] adj, nmf collectivist

**collectivité** [kɔlɛktivite] → SYN nf **a** (= groupement) group ◆ **la collectivité** (= le public) the community ◆ **la collectivité nationale** the nation (as a community) ◆ **la collectivité des citoyens** the citizens as a whole ou a body ◆ **les collectivités locales/publiques** the local/

public authorities ◆ **collectivités professionnelles** professional bodies ou organizations

**b** (= vie en communauté) **la collectivité** community life ou living ◆ **vivre en collectivité** to live in a community

**c** (= possession commune) collective ownership

**collège** [kɔlɛʒ] → SYN nm **a** (= école) school; (privé) private school ◆ **collège (d'enseignement secondaire)** secondary school (Brit), junior high school (US) ◆ **collège (d'enseignement) technique** technical school ◆ **le Collège de France** *prestigious state-run institution of higher education which does not grant diplomas* ◆ **Collège d'enseignement général et professionnel** (Can) general and vocational college (Can), ≃ sixth-form college (Brit), ≃ junior college (US)

**b** (Pol, Rel = assemblée) college ◆ **collège électoral** electoral college; → **sacré**[1]

**COLLÈGE**

The term **collège** refers to the type of state secondary school French children attend between the ages of 11 and 15 (ie after "école primaire" and before "lycée"). **Collège** covers the school years referred to as "sixième", "cinquième", "quatrième" and "troisième". At the end of "troisième", pupils take the examination known as the "brevet des collèges". → LYCÉE

**COLLÈGE DE FRANCE**

The **Collège de France** in Paris is an unusual higher education establishment in that it neither organizes examinations nor confers diplomas. Professors at this prestigious place of learning are appointed by the French President and give lectures that are open to all. **Collège de France** professors in recent times have included such major intellectual figures as Roland Barthes, Michel Foucault and Claude Lévi-Strauss.

**collégial, e,** mpl **-iaux** [kɔleʒjal, jo] **1** adj (Rel) collegiate; (Pol) collegial, collegiate ◆ **décision collégiale** group ou collective decision

**2** **collégiale** nf collegiate church

**collégialement** [kɔleʒjalmɑ̃] adv collectively

**collégialité** [kɔleʒjalite] → SYN nf (Pol) collegial administration; (Rel) collegiality

**collégien** [kɔleʒjɛ̃] → SYN nm schoolboy ◆ **c'est un collégien** (= novice) he's an innocent, he's a bit green

**collégienne** [kɔleʒjɛn] nf schoolgirl

**collègue** [kɔ(l)lɛg] → SYN nmf colleague ◆ **un collègue de travail/bureau** a colleague from work/the office; → **Monsieur**

**collenchyme** [kɔlɑ̃ʃim] nm collenchyma

**coller** [kɔle] → SYN ▸ conjug 1 ◂ **1** vt **a** (à la colle forte) to stick, glue; (à la colle blanche) to paste; [+ étiquette, timbre] to stick; [+ affiche] to stick (up) (*à, sur* on); [+ enveloppe] to stick down; [+ papier peint] to hang; [+ film] to splice; (Ordin) [+ texte, image] to paste ◆ **coller deux morceaux (ensemble)** to stick ou glue ou paste two pieces together ◆ **coller qch à** ou **sur qch** to stick sth on(to) sth ◆ **les cheveux collés de sang** his hair stuck together ou matted with blood ◆ **les yeux encore collés de sommeil** his eyes still half-shut with sleep

**b** (= appliquer) **coller son oreille à la porte/son nez contre la vitre** to press one's ear to ou against the door/one's nose against the window ◆ **il colla l'armoire contre le mur** he stood the wardrobe right against the wall ◆ **il se colla contre le mur pour les laisser passer** he pressed himself against the wall to let them pass ◆ **ils l'ont collé au mur** (Mil) they stuck him up against the wall

**c** ( * = mettre) to stick, shove * ◆ **colle tes valises dans un coin** stick ou shove * ou dump * your bags in a corner ◆ **il en colle des pages** he writes reams * ◆ **dans ses devoirs il colle n'importe quoi** he puts ou sticks ou shoves * any old thing (down) in his homework ◆ **il se colla devant moi** he plonked * ou planted himself in front of me ◆ **ils se collent devant la télé dès qu'ils rentrent** they plonk themselves * in front of the TV as soon as they come in ◆ **se coller un chapeau sur la tête** to stick ou shove a hat on one's head * ◆ **ils l'ont collé ministre** they've gone and made him a minister *; → **poing**

**d** ( * = donner) to give ◆ **il m'a collé une contravention/une punition/une gifle** he gave me a fine/a punishment/a slap ◆ **on m'a collé une fausse pièce** I've been palmed off with a false coin ◆ **on lui a collé trois ans de prison** they've stuck him in prison ou sent him down * for three years, they've given him three years ◆ **on lui a collé la responsabilité/la belle-mère** he's got (himself) stuck * ou lumbered * (Brit) with the responsibility/his mother-in-law

**e** (arg Scol) (= consigner) to put in detention, keep back; (= recaler) to fail, flunk * (US) ◆ **se faire coller** (en retenue) to be put in detention; (à l'examen) to be failed, be flunked * (US)

**f** ( * = embarrasser par une question) to catch out

**g** ( * = suivre) [+ personne] to cling to ◆ **la voiture qui nous suit nous colle de trop près** the car behind is sitting right on our tail * ◆ **il m'a collé (après) toute la journée** he clung to me all day

**h** (= apprêter) [+ vin] to fine; [+ papier] to size

**2** vi **a** (= être poisseux) to be sticky; (= adhérer) to stick (*à* to)

**b** (fig) **coller à** to cling to ◆ **coller au peloton** to stick close to the pack ◆ **robe qui colle au corps** tight-fitting ou clinging dress ◆ **ils nous collent au derrière** * they're right on our tail * ◆ **voiture qui colle à la route** car that grips the road ◆ **un rôle qui lui colle à la peau** a part tailor-made for him, a part which fits him like a glove ◆ **depuis, cette réputation lui colle à la peau** he's been stuck with this reputation ever since ◆ **coller au sujet** to stick to the subject ◆ **ce roman colle à la réalité** this novel is very faithful to reality ◆ **mot qui colle à une idée** word which fits an idea closely

**c** ( * = bien marcher) **ça colle ?** OK? * ◆ **ça ne colle pas entre eux** they aren't hitting it off * ou getting on (Brit) ou getting along (together) ◆ **il y a quelque chose qui ne colle pas** there's something wrong ou not right here ◆ **ça ne colle pas, je ne suis pas libre** that's no good ou that won't do, I'm not free ◆ **son histoire ne colle pas** his story doesn't hold together ou doesn't gibe (US)

**d** (jeux d'enfants) **c'est à toi de coller** it's your turn to be it, you're it now

**3** **se coller** vpr **a** ( * = subir) [+ tâche, personne] to be ou get stuck * ou landed with * ou lumbered with * (Brit) ◆ **il va falloir se coller la belle-mère pendant trois jours !** we'll have to put up with my mother-in-law for three days!

**b** **se coller à (faire) qch** * (= se mettre à) to get stuck into (doing) sth *, get down to (doing) sth, set about (doing) sth

**c** (= s'accrocher à) **se coller à qn** [danseur] to press o.s. against sb, cling to sb; [importun] to stick to sb like glue ou like a leech ◆ **elle dansait collée à** ou **contre lui** she was dancing tightly pressed against him ou clinging tightly to him ◆ **ces deux-là sont toujours collés ensemble** * those two ou that pair always go around together ou are never apart

**d** **se coller ensemble** † * (= vivre ensemble) to live together, shack up together *

**collerette** [kɔlʀɛt] nf (= col) collaret; (Hist = fraise) ruff; [champignon] ring, annulus; [tuyau] flange

**collet** [kɔlɛ] → SYN nm (= piège) snare, noose; (= petite cape) short cape; [dent] neck; (Boucherie, Bot) neck; (Tech) collar, flange ◆ **prendre** ou **saisir qn au collet** to seize sb by the collar ◆ **mettre la main au collet de qn** to get hold of sb, collar sb * ◆ **elle est très collet monté** she's very strait-laced ou stuffy

**colleter** [kɔlte] → SYN ▸ conjug 4 ◂ **1** vt [+ adversaire] to seize by the collar ◆ **il s'est fait colleter par la police** * he was collared * by the police

**2** **se colleter** * vpr (= se battre) to have a tussle, tussle ◆ **se colleter avec** to wrestle ou grapple ou tussle with ◆ **je me suis colleté tout le travail** I had to do all the work

**colleteur** [kɔltœʀ] nm snarer

**colleur, -euse** [kɔlœʀ, øz] **1** nm,f **a** **colleur d'affiches** billsticker, billposter

**b** (arg Scol) *mock oral examiner*

**2** **colleuse** nf (Ciné) splicer; (Photo) mounting press

**colley** [kɔlɛ] → SYN nm collie

**collier** [kɔlje] → SYN nm **a** [femme] necklace; [chevalier, maire] chain; [chien, cheval, chat] (= courroie, pelage) collar; (Boucherie) neck ◆ **collier de perles** pearl necklace ◆ **collier de fleurs** garland ◆ **collier de chien** ou **ras du cou** (= bijou) choker ◆ **collier antipuces** flea collar ◆ **reprendre le collier** * to get back into harness ◆ **donner un coup de collier** to put one's back into it *; → **franc**[1] ◆ **le supplice du collier** necklace killing

**b** (= barbe) **collier (de barbe)** beard *(along the line of the jaw)*

**c** (Tech) **collier de serrage** clamp collar

**colliger** [kɔliʒe] → SYN ▸ conjug 3 ◂ vt (littér) [+ textes] to collect, compile; [+ observations] to colligate

**collimateur** [kɔlimatœʀ] nm (= lunette) collimator ◆ **avoir qn/qch dans son** ou **le collimateur** (lit) to have sb/sth in one's sights; (fig) to have one's eye on sb/sth

**collimation** [kɔlimasjɔ̃] nf collimation

**colline** [kɔlin] → SYN nf hill

**collision** [kɔlizjɔ̃] → SYN nf [véhicules, bateaux] collision; (Phys, Géog) collision; (fig) [intérêts, manifestants] clash ◆ **entrer en collision** to collide (*avec* with) ◆ **collision en chaîne** (Aut) pile-up

**collisionneur** [kɔlizjɔnœʀ] nm collider

**collocation** [kɔlɔkasjɔ̃] nf (Jur) *classification of creditors in order of priority;* (Ling) collocation

**collodion** [kɔlɔdjɔ̃] nm collodion

**colloïdal, e,** mpl **-aux** [kɔlɔidal, o] adj colloidal ◆ **solution colloïdale** colloidal solution ou suspension

**colloïde** [kɔlɔid] nm colloid

**colloque** [kɔ(l)lɔk] → SYN nm colloquium, symposium; (hum) confab *

**colloquer** [kɔ(l)lɔke] ▸ conjug 1 ◂ **1** vt (Jur) to classify

**2** vi * to participate in a conference

**collusion** [kɔlyzjɔ̃] → SYN nf (= complicité) collusion (*avec* with; *entre* between)

**collusoire** [kɔlyzwaʀ] adj (Jur) collusive

**collutoire** [kɔlytwaʀ] nm oral medication (NonC); (en bombe) throat spray

**collyre** [kɔliʀ] nm eye lotion, collyrium (SPÉC)

**colmatage** [kɔlmataʒ] nm **a** [fuite] sealing(-off), plugging; [fissure, trou] filling-in, plugging, closing; [déficit] making good

**b** (Agr) [terrain] warping

**colmater** [kɔlmate] → SYN ▸ conjug 1 ◂ vt **a** [+ fuite] to seal (off), plug; [+ fissure, trou] to fill in, plug; [+ déficit] to make good, make up ◆ **la fissure s'est colmatée toute seule** the crack has filled itself in ou sealed itself ◆ **colmater une brèche** (Mil) to seal ou close a gap

**b** (Agr) [+ terrain] to warp

**colo** * [kɔlɔ] nf (abrév de **colonie de vacances**) → **colonie**

**colocase** [kɔlɔkɑz] nf (Bot) taro, elephant's-ear

**colocataire** [kɔlɔkatɛʀ] nmf [immeuble] fellow tenant, co-tenant (Admin); [appartement] flatmate (Brit), roommate (US); [maison] housemate

**colocation** [kɔlɔkasjɔ̃] nf cotenancy ◆ **ils sont en colocation** they're cotenants

**colog** [kɔlɔg] nm (abrév de **cologarithme**) colog

**cologarithme** [kɔlɔgaʀitm] nm cologarithm

**Cologne** [kɔlɔɲ] n Cologne; → **eau**

**Colomb** [kɔlɔ̃] nm ◆ **Christophe Colomb** Christopher Columbus

**colombage** [kɔlɔ̃baʒ] nm half-timbering ◆ **maison à colombage(s)** half-timbered house

**colombe** [kɔlɔ̃b] → SYN nf (Orn, fig Pol) dove

**Colombie** [kɔlɔ̃bi] nf Colombia ◆ **Colombie britannique** British Columbia

**colombien, -ienne** [kɔlɔ̃bjɛ̃, jɛn] **1** adj Colombian

**2** **Colombien(ne)** nm,f Colombian

**colombier** [kɔlɔ̃bje] → SYN nm dovecote

**colombin**[1] [kɔlɔ̃bɛ̃] → SYN nm ◆ **(pigeon) colombin** stockdove

**colombin**[2] [kɔlɔ̃bɛ̃] → SYN nm [argile] *clay coil*; (*= étron) turd *

**Colombine** [kɔlɔ̃bin] nf (Théât) Columbine

**Colombo** [kolɔ̃bo] n Colombo

**colombophile** [kɔlɔ̃bɔfil] 1 adj ◆ **société colombophile** pigeon-fanciers' club
2 nmf pigeon fancier

**colombophilie** [kɔlɔ̃bɔfili] nf pigeon fancying

**colon** [kɔlɔ̃] → SYN nm a (= pionnier) settler, colonist
b (en vacances) child *(at a children's holiday camp)*
c (arg Mil) colonel ◆ **eh bien, mon colon !** * heck! *, blimey! * (Brit)

**côlon** [kolɔ̃] nm (Anat) colon

**colonel** [kɔlɔnɛl] nm [armée de terre] colonel; [armée de l'air] group captain (Brit), colonel (US)

**colonelle** [kɔlɔnɛl] nf a (= officier) [armée de terre] colonel; [armée de l'air] group captain (Brit), colonel (US)
b († = épouse) [armée de terre] colonel's wife; [armée de l'air] group captain's wife (Brit), colonel's wife (US)

**colonial, e,** mpl **-iaux** [kɔlɔnjal, jo] 1 adj colonial; → **casque**
2 nm (= soldat) soldier of the colonial troops; (= habitant) colonial
3 **coloniale** nf ◆ **la coloniale** the (French) Colonial Army

**colonialisme** [kɔlɔnjalism] → SYN nm colonialism ◆ **colonialisme culturel** cultural imperialism

**colonialiste** [kɔlɔnjalist] adj, nmf colonialist

**colonie** [kɔlɔni] → SYN nf (Bio, Pol, Zool) colony; (= communauté ethnique) community ◆ **vivre aux colonies** to live in the colonies ◆ **colonie de vacances** ≃ (children's) holiday camp (Brit), ≃ summer camp (US) ◆ **colonie pénitentiaire** penal settlement ou colony

> **COLONIE DE VACANCES**
>
> The **colonie de vacances** or "colo" is an important part of life for many French children. **Colonies de vacances** are residential centres in the countryside, in the mountains or at the seaside where children, supervised by trained "moniteurs" and "monitrices", can participate in a range of open-air activities. The **colonie de vacances** helps break up the two-month summer holiday for parents and children alike.

**colonisateur, -trice** [kɔlɔnizatœʀ, tʀis] 1 adj colonizing (épith)
2 nm,f colonizer

**colonisation** [kɔlɔnizasjɔ̃] → SYN nf colonization

**colonisé, e** [kɔlɔnize] (ptp de **coloniser**) 1 adj colonized
2 nmpl ◆ **les colonisés** colonized peoples, those who have been subjected to colonialization

**coloniser** [kɔlɔnize] → SYN ▸ conjug 1 ◂ vt to colonize

**colonnade** [kɔlɔnad] nf colonnade

**colonne** [kɔlɔn] → SYN 1 nf (gén) column; (Archit) column, pillar ◆ **en colonne par deux** enfants in twos, in a crocodile * (Brit); soldats in twos ◆ **mettez-vous en colonne par quatre** line up four abreast ◆ **titre sur cinq colonnes à la une** (Presse) headline splashed across the front page ◆ **colonne des unités/dizaines** [nombre] unit/tens column; → **cinquième, titre, titrer**
2 COMP ▷ **colonne d'air** airstream ▷ **colonne barométrique** barometric column ▷ **colonne blindée** armoured column ▷ **colonne de direction** (Aut) steering column ▷ **les Colonnes d'Hercule** the Pillars of Hercules ▷ **colonne montante** rising main ▷ **colonne Morris** (pillar-shaped) billboard ▷ **colonne sèche** dry riser ▷ **colonne de secours** rescue party ▷ **colonne vertébrale** spine, spinal ou vertebral column (SPÉC)

**colonnette** [kɔlɔnɛt] nf small column

**colopathie** [kolopati] nf colitis, colonitis

**colophane** [kɔlɔfan] → SYN nf rosin

**coloquinte** [kɔlɔkɛ̃t] nf (Bot) colocynth (SPÉC), bitter apple; († * = tête) head, nut *, bonce * (Brit)

**Colorado** [kɔlɔʀadɔ] nm Colorado

**colorant, e** [kɔlɔʀɑ̃, ɑ̃t] 1 adj colouring (Brit) ou coloring (US); → **shampooing**
2 nm (gén) colouring (Brit) ou coloring (US) agent, colorant; (pour textiles) dye ◆ **"sans colorants artificiels"** (sur étiquette) "(contains) no artificial colouring" ◆ **colorants vitaux** vital stains

**coloration** [kɔlɔʀasjɔ̃] → SYN nf a (= teinture) [substance] colouring (Brit), coloring (US); [tissu] dyeing; [bois] staining ◆ **coloration naturelle** ou **artificielle** natural ou artificial colouring
b (pour les cheveux) colour (Brit), color (US) ◆ **se faire faire une coloration** to have one's hair coloured (Brit) ou colored (US)
c (= couleur, nuance) shade, colour(ing) (Brit), color(ing) (US); [peau] colouring (Brit), coloring (US); (fig) [voix, ton] coloration; (fig) [discours] complexion ◆ **coloration politique** [journal, mouvement] political complexion ◆ **à** ou **de coloration socialiste** of ou with a socialist bent

**colorature** [kɔlɔʀatyʀ] nf coloratura

**coloré, e** [kɔlɔʀe] → SYN (ptp de **colorer**) adj teint florid, ruddy; objet coloured (Brit), colored (US); foule colourful (Brit), colorful (US); style, récit vivid, colourful (Brit), colorful (US)

**colorectal, e,** mpl **-aux** [koloʀɛktal, o] adj colorectal

**colorer** [kɔlɔʀe] → SYN ▸ conjug 1 ◂ 1 vt a (= teindre) [+ substance] to colour (Brit), color (US); [+ tissu] to dye; [+ bois] to stain ◆ **colorer qch en bleu** to colour (ou dye ou stain) sth blue ◆ **le soleil colore les cimes neigeuses** (littér) the sun tinges the snowy peaks with colour ◆ **faire colorer la viande dans le beurre** (Culin) brown the meat in butter
b (littér = enjoliver) [+ récit, sentiments] to colour (Brit), color (US) (*de* with)
2 **se colorer** vpr a (= prendre de la couleur) [fruit] to turn red (ou yellow ou orange etc ), colour (Brit), color (US) ◆ **le ciel se colore de rose** the sky takes on a rosy tinge ou hue ◆ **son teint se colora** her face became flushed, her colour rose
b (= être empreint de) **se colorer de** to be coloured (Brit) ou colored (US) ou tinged with

**coloriage** [kɔlɔʀjaʒ] nm (= action) colouring (NonC) (Brit), coloring (NonC) (US); (= dessin) coloured (Brit) ou colored (US) drawing

**colorier** [kɔlɔʀje] → SYN ▸ conjug 7 ◂ vt [+ carte, dessin] to colour (Brit) ou color (US) (in) ◆ **images à colorier** pictures to colour (in)

**colorimètre** [kɔlɔʀimɛtʀ] nm colorimeter, tintometer

**colorimétrie** [kɔlɔʀimetʀi] nf colorimetry

**colorimétrique** [kɔlɔʀimetʀik] adj colorimetric

**coloris** [kɔlɔʀi] → SYN nm (gén) colour (Brit), color (US), shade; [visage, peau] colouring (Brit), coloring (US) ◆ **carte de coloris** (Comm) shade card

**colorisation** [kɔlɔʀizasjɔ̃] nf colourization (Brit), colorization (US)

**coloriser** [kɔlɔʀize] ▸ conjug 1 ◂ vt to colourize (Brit), colorize (US)

**coloriste** [kɔlɔʀist] 1 nmf (= peintre) colourist (Brit), colorist (US); (= enlumineur) colourer (Brit), colorer (US)
2 nf (= coiffeuse) hairdresser *(specializing in tinting and rinsing)*

**coloscope** [kɔlɔskɔp] nm colonoscope

**coloscopie** [kɔlɔskɔpi] nf colonoscopy

**colossal, e,** mpl **-aux** [kɔlɔsal, o] → SYN adj colossal, huge

**colossalement** [kɔlɔsalmɑ̃] adv colossally, hugely

**colosse** [kɔlɔs] → SYN nm (= personne) giant (fig); (= institution, État) colossus, giant ◆ **le colosse de Rhodes** the Colossus of Rhodes ◆ **colosse aux pieds d'argile** idol with feet of clay

**colostrum** [kɔlɔstʀɔm] nm colostrum

**colportage** [kɔlpɔʀtaʒ] nm [marchandises, ragots] hawking, peddling; → **littérature**

**colporter** [kɔlpɔʀte] → SYN ▸ conjug 1 ◂ vt [+ marchandises, ragots] to hawk, peddle

**colporteur, -euse** [kɔlpɔʀtœʀ, øz] nm,f (= vendeur) hawker, pedlar ◆ **colporteur de rumeurs** ou **ragots** * gossipmonger

**colposcope** [kɔlpɔskɔp] nm colposcope

**colposcopie** [kɔlposkɔpi] nf colposcopy

**colt** ® [kɔlt] nm (= revolver) gun, Colt ®

**coltiner** [kɔltine] → SYN ▸ conjug 1 ◂ 1 vt [+ fardeau] to carry, lug * ou hump * (Brit) around
2 **se coltiner** * vpr [+ colis] to lug * ou hump * (Brit) around, carry; * [+ travail, personne] to be ou get stuck * ou landed * ou lumbered * (Brit) with ◆ **il va falloir se coltiner ta sœur** we'll have to put up with your sister

**columbarium** [kɔlɔ̃baʀjɔm] nm (= cimetière) columbarium

**columelle** [kɔlymɛl] nf (Zool) columella

**colvert** [kɔlvɛʀ] nm mallard

**colza** [kɔlza] nm rape, colza

**colzatier** [kɔlzatje] nm rape ou colza farmer

**coma** [kɔma] → SYN nm coma ◆ **être/tomber dans le coma** to be in/go into a coma ◆ **dans un coma dépassé** brain-dead ◆ **coma diabétique** diabetic coma

**comateux, -euse** [kɔmatø, øz] 1 adj comatose ◆ **état comateux** state of coma, comatose state
2 nm,f patient in a coma, comatose patient

**combat** [kɔ̃ba] → SYN 1 nm a (Mil) battle, fight ◆ **le combat, les combats** the fighting (NonC) ◆ **combat aérien** air battle, dogfight ◆ **combat naval** naval action ◆ **ils s'entraînent au combat aérien/naval** they're training in aerial/naval combat ◆ **combat d'arrière-garde** (lit, fig) rearguard action ◆ **de combat** avion combat (épith); troupes combat (épith), fighting; zone combat (épith), battle (épith) ◆ **aller au combat** to go into battle, enter the fray (littér) ◆ **mort au combat** killed in action ◆ **les combats continuent** the fighting goes on ◆ **le combat cessa faute de combattants** the fight stopped for lack of fighters ◆ **mettre hors de combat** [+ soldat] to put out of action; [+ adversaire politique] to put out of the running; (Sport) to put out of the fight ou contest; → **branle-bas, char, sport**
b (fig) fight (*contre* against; *pour* for) ◆ **des combats continuels entre parents et enfants** endless fighting between parents and children ◆ **le combat contre la vie chère** the fight against the high cost of living ◆ **la vie est un combat de tous les jours** life is a daily struggle ◆ **"étudiants, professeurs : même combat !"** "students and teachers fighting together", "students and teachers united" ◆ **quel combat pour le faire manger !** it's such a struggle getting him to eat! ◆ **discours de combat** fighting speech
c (Sport) match, fight ◆ **combat de boxe/de catch** boxing/wrestling match
2 COMP ▷ **combat de coqs** cockfight ◆ **les combats de coqs ont été interdits** cockfighting has been banned ▷ **combat de gladiateurs** gladiatorial combat ou contest ▷ **combat rapproché** close combat ▷ **combat de rues** street fighting (NonC), street battle ▷ **combat singulier** single combat

**combatif, -ive** [kɔ̃batif, iv] → SYN adj troupes ready to fight; personne with a fighting spirit; esprit, humeur fighting (épith)

**combativité** [kɔ̃bativite] → SYN nf [troupe] readiness to fight; [personne] fighting spirit

**combattant, e** [kɔ̃batɑ̃, ɑ̃t] → SYN 1 adj troupe fighting (épith), combatant (épith)
2 nm,f [guerre] combatant; [bagarre] brawler; → **ancien**
3 nm (= oiseau) (mâle) ruff; (femelle) reeve; (= poisson) fighting fish

**combattre** [kɔ̃batʀ] → SYN ▸ conjug 41 ◂ 1 vt [+ incendie, adversaire] to fight; [+ théorie, politique, inflation, vice] to combat, fight (against);

[+ maladie] [malade] to fight against; [médecin] to fight, combat
2 vi to fight (*contre* against; *pour* for)

**combe** [kɔ̃b] → SYN nf (Géog) coomb, comb(e)

**combien** [kɔ̃bjɛ̃] 1 adv a **combien de** (quantité) how much; (nombre) how many ◆ **combien de lait/de bouteilles veux-tu ?** how much milk/how many bottles do you want? ◆ **combien y en a-t-il en moins ?** (quantité) how much less is there (of it)?; (nombre) how many fewer are there (of them)? ◆ **tu en as pour combien de temps ?** how long will you be? ◆ **depuis combien de temps travaillez-vous ici ?** how long have you been working here? ◆ **combien de fois ?** (nombre) how many times?; (fréquence) how often?
b **combien (d'entre eux)** how many (of them) ◆ **combien n'ouvrent jamais un livre !** just think of how many people there are who never open a book! ◆ **combien sont-ils ?** how many (of them) are there?, how many are they?
c (frm = à quel point) **si tu savais combien/combien plus je travaille maintenant !** if you only knew how much/how much more I work now! ◆ **tu vois combien il est paresseux** you can see how lazy he is ◆ **c'est étonnant de voir combien il a changé** it's surprising to see how changed he is ou how (much) he has changed ◆ **combien vous avez raison !** how right you are!
d (= tellement) **combien peu de gens/d'argent** how few people/little money ◆ **combien plus/moins de gens** how many more/fewer people ◆ **combien plus d'argent** how much more money ◆ **c'est plus long à faire mais combien meilleur !** it takes longer to do but it's so much better! ◆ **il est bête, ô combien !** († ou hum) he is stupid, (oh) so stupid! ◆ **combien d'ennui je vous cause** what a lot of trouble I'm causing you
e (= avec mesure) **combien est-ce ?, combien ça coûte ?, ça fait combien ?** * how much is it? ◆ **combien pèse ce colis ?** how much does this parcel weigh?, how heavy is this parcel? ◆ **combien mesure-t-il ?** (personne) how tall is he?; (colis) how big is it?; (en longueur) how long is it?, what length is it? ◆ **vous le voulez en combien de large ?** what width do you want (it)? ◆ **ça va augmenter de combien ?** how much more will it go up? ou be? ◆ **ça va faire une différence de combien ?** what will the difference be? ◆ **combien y a-t-il d'ici à la ville ?** how far is it from here to the town? ◆ **ça fait combien de haut ?** how high is it?, what height is it? ◆ **il a fait combien aux essais ?** (Sport) what was his time in the trials?
2 nm * ◆ **le combien êtes-vous ?** (rang) where did you come?, where were you placed? ◆ **le combien sommes-nous ?** (date) what's the date?, what date is it? ◆ **il y en a tous les combien ?** (fréquence) [trains, bus] how often do they run?

**combientième** * [kɔ̃bjɛ̃tjɛm] 1 adj ◆ **Lincoln était le combientième président ?** * what number president was Lincoln? ◆ **c'est la combientième fois que ça arrive !** how many times has that happened now!
2 nmf a (= rang) **il est le combientième ?** where did he come?, where was he placed? ◆ **ce coureur est arrivé le combientième ?** where did this runner come (in)?
b (= énumération) **encore un attentat, c'est le combientième ?** another attack, how many does that make ou is that? ◆ **donne-moi le troisième – le combientième ?** give me the third one – which one did you say?

**combinaison** [kɔ̃binɛzɔ̃] → SYN nf a (= action) combining; [éléments, sons, chiffres] combination ◆ **combinaison (ministérielle)** government ◆ **combinaison (chimique)** (entre plusieurs corps) combination; (= corps composé) compound
b [coffre-fort, loto] combination
c (= vêtement) [femme] slip; [aviateur] flying suit; [mécanicien] boiler suit (Brit), (one-piece) overalls (US); (Ski) ski-suit ◆ **combinaison de plongée (sous-marine)** (underwater) diving suit ◆ **combinaison spatiale** space suit
d (= astuce) device, trick; (= manigance) scheme ◆ **des combinaisons louches** shady schemes ou scheming (NonC)

**combinaison-short**, pl **combinaisons-shorts** [kɔ̃binɛzɔ̃ʃɔʀt] nf culotte suit

**combinard, e** * [kɔ̃binaʀ, aʀd] → SYN adj, nm,f ◆ **il est combinard, c'est un combinard** (péj) (astuces) he knows all the tricks; (manigances) he's a schemer

**combinat** [kɔ̃bina] nm (industrial) complex

**combinateur** [kɔ̃binatœʀ] nm control switch

**combinatoire** [kɔ̃binatwaʀ] 1 adj (Ling) combinative; (Math) combinatorial, combinatory
2 nf (= analyse) combinatorial analysis, combinatorics sg

**combine** * [kɔ̃bin] nf (= astuce) trick (*pour faire* to do) ◆ **la combine** (péj = manigance) scheming ◆ **il est dans la combine** he knows (all) about it, he's in on it * ◆ **entrer dans la combine** to play the game ◆ **ça sent la combine** I smell a rat, it sounds a bit fishy * ◆ **toutes leurs combines** all their little schemes

**combiné** [kɔ̃bine] nm (Chim) compound; [téléphone] receiver, handset ◆ **combiné (gaine-soutien-gorge)** corselette ◆ **combiné (batteur-mixeur)** mixer and liquidizer ou blender ◆ **combiné (avion-hélicoptère)** convertible helicopter, convertiplane ◆ **combiné alpin/nordique** (Ski) alpine/nordic combination ◆ **il est 3ème au combiné** (Ski) he's 3rd overall

**combiner** [kɔ̃bine] → SYN ▸ conjug 1 ◂ 1 vt a (= grouper) [+ éléments, sons, chiffres] to combine (*à, avec* with) ◆ **opération combinée** joint ou combined operation ◆ **l'oxygène et l'hydrogène combinés** oxygen and hydrogen combined ◆ **l'inquiétude et la fatigue combinées** a combination of anxiety and tiredness
b (= élaborer) [+ affaire, mauvais coup, plan] to devise, work out, think up; [+ horaire, emploi du temps] to devise, plan ◆ **bien combiné** well devised
2 **se combiner** vpr [éléments] to combine (*avec* with)

**comblanchien** [kɔ̃blɑ̃ʃjɛ̃] nm limestone (*used for paving and construction*)

**comble** [kɔ̃bl] → SYN 1 adj pièce, autobus packed (full), jam-packed *; → **mesure, salle**
2 nm a (= degré extrême) height ◆ **c'est le comble du ridicule !** that's the height of absurdity! ◆ **au comble de la joie** overjoyed ◆ **au comble du désespoir** in the depths of despair ◆ **être (porté) à son comble** [joie, colère] to be at its peak ou height ◆ **ceci mit le comble à sa fureur** this brought his anger to its climax ou a peak
b (LOC) **c'est le comble !, c'est un comble !** that's the last straw!, that takes the biscuit! * (Brit) ou cake! * (US) ◆ **le comble, c'est qu'il est parti sans payer** and to cap it all * he left without paying ◆ **pour comble (de malheur) il ...** to cap ou crown (Brit) it all he ...
c (= charpente) roof trussing (SPÉC), roof timbers ◆ **les combles** the attic, the loft ◆ **loger (dans une chambre) sous les combles** to live in a garret ou an attic ◆ **faux comble, comble perdu** inconvertible (part of the) attic; → **fond**

**combler** [kɔ̃ble] → SYN ▸ conjug 1 ◂ vt a (= boucher) [+ trou, fente] to fill in ◆ **ça comblera un trou dans nos finances** that'll fill a gap in our finances
b (= résorber) [+ déficit] to make good, make up; [+ lacune, vide] to fill ◆ **combler son retard** to make up lost time
c (= satisfaire) [+ désir, espoir] to fulfil; [+ besoin] to fulfil, fill; [+ personne] to gratify ◆ **parents comblés par la naissance d'un enfant** parents overjoyed at the birth of a child ◆ **c'est une femme comblée** she has all that she could wish for
d (= couvrir) **combler qn de** [+ cadeaux, honneurs] to shower sb with ◆ **il mourut comblé d'honneurs** he died laden with honours ◆ **vous me comblez d'aise** ou **de joie** you fill me with joy ◆ **vraiment, vous nous comblez !** really, you're too good to us!

**combo** [kɔ̃bo] nm (Mus) combo

**comburant, e** [kɔ̃byʀɑ̃, ɑ̃t] 1 adj combustive
2 nm oxidizer, oxidant

**combustibilité** [kɔ̃bystibilite] nf combustibility

**combustible** [kɔ̃bystibl] → SYN 1 adj combustible
2 nm fuel ◆ **les combustibles** fuels, kinds of fuel ◆ **combustible fossile/irradié/nucléaire** fossil/spent/nuclear fuel ◆ **combustible organique** biofuel, organic fuel

**combustion** [kɔ̃bystjɔ̃] → SYN nf combustion ◆ **poêle à combustion lente** slow-burning stove

**come-back** [kɔmbak] nm inv comeback ◆ **faire son come-back** to make a comeback

**COMECON** [kɔmekɔn] nm (abrév de **Council for Mutual Economic Assistance**) COMECON

**comédie** [kɔmedi] → SYN 1 nf a (Théât) comedy ◆ **comédie de mœurs/d'intrigue** comedy of manners/of intrigue ◆ **comédie de caractères** character comedy ◆ **comédie de situation** situation comedy ◆ **comédie dramatique** (Théât, Ciné) drama ◆ **de comédie** personnage, situation (Théât) comedy (épith); (fig) comical ◆ **"La Comédie humaine"** (Littérat) "The Human Comedy"
b (fig = simulation) playacting ◆ **c'est de la comédie** it's all an act, it's all a sham ◆ **jouer la comédie** to put on an act, put it on *
c (* = caprice, histoires) palaver, fuss ◆ **faire la comédie** to make a fuss ou a scene ◆ **allons, pas de comédie** come on, no nonsense ou fuss ◆ **c'est toujours la même comédie** it's always the same palaver
2 COMP ▷ **comédie de boulevard** light comedy ▷ **comédie musicale** musical

**Comédie-Française** [kɔmedifʀɑ̃sɛz] nf ◆ **la Comédie-Française** the Comédie-Française (*the French National Theatre*)

> **COMÉDIE-FRANÇAISE**
>
> This historic theatre company, also known as "le Théâtre-Français" or just "le Français", is particularly famous for its association with Molière. It was founded in 1680. It has a mainly classical repertoire, though contemporary plays are also staged. Members of the company belong to a traditional hierarchy of "sociétaires" and "pensionnaires". The theatre itself, known as "la salle Richelieu", is part of the "Palais-Royal".

**comédien, -ienne** [kɔmedjɛ̃, jɛn] → SYN 1 nm,f a (= hypocrite) sham ◆ **quel comédien tu fais !** you're always putting it on! *
b (= pitre) show-off
2 nm actor; (= comique) comedy actor, comedian
3 **comédienne** nf (= actrice) actress; (= comique) comedy actress, comedienne

**comédogène** [kɔmedɔʒɛn] adj comedogenic

**comédon** [kɔmedɔ̃] nm blackhead, comedo (SPÉC)

**comestibilité** [kɔmɛstibilite] nf edibility, edibleness

**comestible** [kɔmɛstibl] → SYN 1 adj edible
2 **comestibles** nmpl (fine) foods, delicatessen ◆ **magasin de comestibles** ≈ delicatessen

**cométaire** [kɔmetɛʀ] adj cometary, cometic

**comète** [kɔmɛt] nf (Astron) comet; → **plan**[1]

**cométique** [kɔmetik] nm (Can) Eskimo sled, komatik (US, Can)

**comice** [kɔmis] → SYN 1 nm ◆ **comice(s) agricole(s)** † agricultural show ou meeting
2 nf Comice pear

**comique** [kɔmik] → SYN 1 adj (Théât) acteur, film, genre comic; (fig) incident, personnage comical
2 nm a [tenue, aspect physique] comic look ou appearance ◆ **le comique de la situation** the funny side of the situation ◆ **d'un comique irrésistible** hilariously ou irresistibly funny ◆ **le comique de la chose, c'est que ...** the funny ou amusing thing about it is that ...
b (Littérat) **le comique** comedy ◆ **comique de caractère/de situation** character/situation comedy ◆ **comique de répétition** comedy of repetition ◆ **le comique de boulevard** light comedy ◆ **comique troupier** coarse comedy ◆ **avoir le sens du comique** to have a sense of the comic
3 nm,f (= artiste) comic; (= dramaturge) comedy writer

**comiquement** [kɔmikmɑ̃] adv comically

**comité** [kɔmite] [→ SYN] [1] nm (gén) committee; (permanent, élu) board, committee ◆ **comité consultatif/exécutif/restreint** advisory/ executive/select committee ◆ **comité de défense/soutien** protection/support committee ◆ **se réunir en petit comité** (gén) to meet in a select group; (petite réception) to have a small get-together

[2] COMP ▷ **comité central** central committee ▷ **comité directeur** ou **de direction** management committee ▷ **Comité économique et social** *French regional commission on economic and social affairs* ▷ **comité d'entreprise** workers' ou works council ▷ **comité des fêtes** ≃ recreation committee ▷ **comité de gestion** board of management ▷ **Comité international de la Croix-Rouge** International Committee of the Red Cross ▷ **Comité international olympique** International Olympic Committee ▷ **comité de lecture** reading panel ou committee ▷ **comité de liaison** liaison committee ▷ **comité monétaire (européen)** (European) monetary committee ▷ **Comité national de la consommation** ≃ National Consumer Council (Brit), ≃ Consumers' Association (Brit), ≃ Consumer Product Safety Council (US) ▷ **Comité national d'éthique** *national research ethics committee in France* ▷ **comité de pilotage** steering committee

> **COMITÉ D'ENTREPRISE**
>
> All French companies with more than fifty employees must have a **comité d'entreprise**, whose members are elected by the staff and whose budget is a mandatory percentage of the wage bill. The "CE" liaises with management on issues relating to staff welfare, salaries etc, and participates in discussions concerning the general running of the company. In practice, its main function is to arrange company-subsidized benefits for the staff such as canteen lunches, cutprice cinema tickets, holidays and even Christmas presents for employees' children.

**comma** [kɔ(m)ma] [→ SYN] nm (Mus) comma

**commandant** [kɔmɑ̃dɑ̃] [→ SYN] [1] nm [armée de terre] major; [armée de l'air] squadron leader (Brit), major (US); (Aviat, Naut) captain; (gén : dans toute fonction de commandement) commander, commandant ◆ **"oui mon commandant"** "yes Sir"

[2] COMP ▷ **commandant de bord** (Aviat) captain ▷ **commandant en chef** commander-in-chief ▷ **commandant en second** second in command

**commandante** [kɔmɑ̃dɑ̃t] nf major's (ou captain's etc ) wife

**commande** [kɔmɑ̃d] GRAMMAIRE ACTIVE 20.2, 20.3, 20.4 [→ SYN] nf **a** (Comm) order ◆ **passer (une) commande** to put in ou place an order (*de* for) ◆ **prendre la commande** to take the order ◆ **on vous livrera vos commandes jeudi** your order will be delivered to you on Thursday ◆ **payable à la commande** cash with order ◆ **cet article est en commande** the item is on order ◆ **fait sur commande** made to order ◆ **agir sur commande** to act on orders ◆ **je ne peux pas jouer ce rôle/ m'amuser sur commande** I can't act the role/enjoy myself to order ◆ **carnet/bulletin de commandes** order book/form ◆ **les commandes publiques** state ou government orders

**b** (Littérat, Art) commission ◆ **passer une commande à qn** to commission sb ◆ **travailler sur commande** to work to commission ◆ **ouvrage écrit/composé sur commande** commissioned work/composition ◆ **film de commande** commissioned film

**c** (Aviat, Tech) (= action) control (NonC), controlling (NonC) ◆ **les commandes** (= dispositif) the controls ◆ **les organes** ou **leviers de commande, les commandes** the controls ◆ **commande à distance** remote control ◆ **commande numérique** numerical ou digital control ◆ **à commande vocale** voice-activated ◆ **à commande par effleurement** touch-controlled ◆ **câble de commande** control cable ◆ **véhicule à double commande** dual control vehicle, vehicle with dual controls ◆ **se mettre aux commandes, prendre les commandes** (lit) to take control, take (over) the controls; (fig) to take control ◆ **passer les commandes à qn** (lit, fig) to hand over control ou the controls to sb ◆ **être aux commandes, tenir les commandes** (lit) to be in control, be at the controls; (fig) to be in control; → **poste, tableau**

**d** (LOC) **de commande** sourire forced, affected; optimisme fake; livre, film, tableau commissioned

**commandement** [kɔmɑ̃dmɑ̃] [→ SYN] nm **a** (= direction) [armée, navire] command ◆ **avoir/ prendre le commandement de** to be in ou have/take command of ◆ **sur un ton de commandement** in a commanding tone ◆ **avoir l'habitude du commandement** to be used to being in command; → **poste**[2]

**b** (= état-major) command ◆ **le commandement a décidé que ...** it has been decided at higher command that ...; → **haut**

**c** (Rel) commandment

**d** (= ordre) command ◆ **à mon commandement, marche !** (Mil) on my command, march! ◆ **avoir commandement de faire qch** † to have orders to do sth

**e** (Jur) **commandement d'huissier** court order to pay

**commander** [kɔmɑ̃de] GRAMMAIRE ACTIVE 20.2 [→ SYN] ▸ conjug 1 ◂

[1] vt **a** (= ordonner) [+ obéissance, attaque] to order, command ◆ **commander à qn de faire qch** to order ou command sb to do sth ◆ **il me commanda le silence** he ordered ou commanded me to keep quiet ◆ **sans vous commander, pourriez-vous taper cette lettre ?** if it's no trouble, could you type this letter? ◆ **l'amitié ne se commande pas** you can't make friends to order ◆ **l'amour ne se commande pas** you don't choose who you love ◆ **je ne peux pas le sentir, ça ne se commande pas** I can't stand him — you can't help these things

**b** (= imposer) [+ respect, admiration] to command

**c** (= requérir) [événements, circonstances] to demand ◆ **la prudence commande que ...** prudence demands that ...

**d** (Comm) [+ marchandise, repas] to order; (Art) [+ œuvre] to commission ◆ **avez-vous déjà commandé ?** (au café) have you ordered?, has somebody taken your order? ◆ **qu'as-tu commandé pour Noël ?** what have you asked for for Christmas? ◆ **nous avons commandé le soleil** (hum) we've ordered some sunshine (hum)

**e** (= diriger) [+ armée, navire, expédition, attaque] to command; (emploi absolu) to be in command, be in charge ◆ **commander le feu** to give the order to shoot ou to (open) fire ◆ **c'est lui qui commande ici** he's in charge here ◆ **je n'aime pas qu'on me commande** I don't like to be ordered about ou to be given orders ◆ **à la maison, c'est elle qui commande** she's the boss at home, she's the one who gives the orders at home

**f** (= contrôler) to control ◆ **ce bouton commande la sirène** this switch controls the siren ◆ **forteresse qui commande l'entrée du détroit** fortress which commands the entrance to the straits

[2] **commander à** vt indir [+ passions, instincts] to have command ou control over ◆ **il ne commande plus à sa jambe gauche** he no longer has any control over his left leg ◆ **il ne sait pas se commander** he can't control himself

[3] **se commander** vpr (= communiquer) [pièces] to connect, lead into one another

**commanderie** [kɔmɑ̃dʀi] nf (Hist) (= bénéfice) commandership; (= maison) commander's residence

**commandeur** [kɔmɑ̃dœʀ] nm commander *(of an Order)* ◆ **la statue du commandeur** (Littérat) the statue of the Commendatore

**commanditaire** [kɔmɑ̃ditɛʀ] [→ SYN] nm (Comm) limited ou sleeping (Brit) ou silent (US) partner; [exposition] sponsor ◆ **les commanditaires d'un meurtre** the people behind a murder

**commandite** [kɔmɑ̃dit] nf (Comm = fonds) share *(of limited partner)* ◆ **(société en) commandite** limited partnership

**commandité, e** [kɔmɑ̃dite] nm,f active ou acting ou ordinary partner

**commanditer** [kɔmɑ̃dite] [→ SYN] ▸ conjug 1 ◂ vt (Comm = financer) to finance; [+ exposition] to sponsor; [+ crime] to be behind

**commando** [kɔmɑ̃do] [→ SYN] nm commando (group) ◆ **les membres du commando** the commando members, the commandos

## comme [kɔm]

[→ SYN] GRAMMAIRE ACTIVE 17.1

[1] CONJONCTION
[2] LOCUTION ADVERBIALE
[3] ADVERBE

[1] CONJONCTION

**a** [temps] as ◆ **elle entra (juste) comme le rideau se levait** she came in (just) as the curtain was rising

**b** [cause] as, since ◆ **comme il pleuvait, j'ai pris la voiture** as ou since it was raining I took the car ◆ **comme il est lâche, il n'a pas osé parler** being a coward ou coward that he is, he didn't dare speak out

◆ **comme quoi**

(= disant que) to the effect that ◆ **j'ai reçu une lettre comme quoi j'étais licencié** I got a letter to the effect that ou telling me I was fired

(= d'où il s'ensuit que) which goes to show that ◆ **comme quoi tout le monde peut se tromper** which (just) goes to show that anybody can make a mistake ◆ **comme quoi !** it just goes to show!

**c** [comparaison] as, like (*devant n et pron*); (avec idée de manière) as, the way * ◆ **elle a soigné son chien comme elle aurait soigné un enfant** she nursed her dog as she would have done a child ◆ **il pense comme nous** he thinks as we do ou like us ◆ **c'est un homme comme lui qu'il nous faut** we need a man like him ou such as him ◆ **un homme comme lui, on n'en fait plus** they don't make men like that any more ◆ **ce pantalon est pratique pour le travail comme pour les loisirs** these trousers are practical for work as well as leisure ◆ **il s'ennuie en ville comme à la campagne** he gets bored both in town and in the country, he gets bored in town as he does in the country ◆ **il écrit comme il parle** he writes as ou the way he speaks ◆ **c'est une excuse comme une autre** it's as good an excuse as any ◆ **c'est un client comme un autre** he's just another customer ◆ **c'est une façon comme une autre de résoudre les problèmes** that's one way of solving problems ◆ **il voudrait une moto comme celle de son frère/la mienne** he would like a motorbike like his brother's/mine ◆ **il voudrait une moto, comme son frère** he would like a motorbike (just) like his brother ◆ **le héros du film n'agit pas comme dans la pièce** the hero in the film does not act as he does ou the way he does in the play ◆ **si, comme nous le pensons, il a oublié** if he has forgotten, as we think he has ◆ **faites comme vous voulez** do as you like ◆ **choisissez comme pour vous** choose as you would for yourself, choose as if it were for yourself ◆ **comme pour faire** as if to do ◆ **il fit un geste comme pour la frapper** he made as if to hit her ou he was going to hit her ◆ **il y a comme un problème** there's a bit of a problem; → **dire, hasard, juste, plaire, tout** etc

◆ **comme ça, comme cela**

(= ainsi) like that ◆ **il est comme ça, tu ne le changeras pas** that's the way he is, you won't change him ◆ **vous aimeriez une robe comme ça ?** would you like a dress like that? ◆ **des choses comme ça** things like that, that sort of thing ◆ **il a pêché un saumon comme ça !** he caught a salmon (that was) this big!

(* : admiratif) great! *, fantastic! *, terrific! * ◆ **on a vu un film comme ça !** we saw a great * ou fantastic * ou terrific * film!

[2] LOCUTION ADVERBIALE

**a** [intensif] **alors, comme ça, vous nous quittez ?** (intensif) so you're leaving us just like that? ◆ **le docteur m'a dit comme ça *, prenez des calmants** the doctor just told me to take some tranquillizers

**b** [= de cette manière] **je l'ai enfermé, comme ça il ne peut pas nous suivre** I locked him in —

that way he can't follow us ◆ **c'est comme ça et pas autrement** ou **un point c'est tout** that's just the way it is, that's all there is to it ◆ **c'est comme ça que je m'y prendrais** that's how I'd do it ◆ **puisque** ou **si c'est comme ça, je m'en vais !** if that's how ou the way it is, I'm leaving!

♦ **comme ci comme ça** so-so*, fair to middling ◆ **comment ça va ? – comme ci comme ça** how are you? – so-so* ou fair to middling

♦ **comme il faut** († ou hum = convenablement) properly ◆ **mange/tiens-toi comme il faut** eat/sit up properly ◆ (= convenable) **une dame très comme il faut** a fine upstanding woman

♦ **comme les autres**
◆ **c'est un jour/métier comme les autres** it's just like any other day/job ◆ **il n'est pas comme les autres** he's not like everybody else, he's different ◆ **un roman/une grève pas comme les autres** a different kind of novel/strike
◆ **faire comme les autres** to do as everybody else does ou like everybody else

♦ **comme si** as if, as though ◆ **il se conduit comme si de rien n'était** he behaves as if ou as though nothing had happened ◆ **comme si nous ne savions pas !** as if we didn't know! ◆ **ce n'est pas comme si on ne l'avait pas prévenu !** it's not as if ou as though he hadn't been warned! ◆ **tu n'es pas gai mais tu peux faire comme si*** you're not happy but you can pretend (to be);

♦ adjectif + **comme tout** ◆ **elle est gentille comme tout** she's so nice, she's as nice as can be ◆ **c'est facile comme tout** it's as easy as can be ◆ **c'était amusant comme tout** it was so ou terribly funny ◆ **il est menteur comme tout** he's such a liar, he's a terrible ou dreadful liar

♦ **comme tout le monde** like everybody else ◆ **il a applaudi pour faire comme tout le monde** he clapped to be like everybody else ◆ **je veux vivre comme tout le monde** I want to lead a normal life

**c** [= en tant que] as ◆ **nous l'avons eu comme président** we had him as (our) president ◆ **comme étudiant, il est assez médiocre** as a student, he is rather poor

**d** [= tel que] like, such as ◆ **les fleurs comme la rose et l'iris sont fragiles** flowers such as ou like roses and irises are fragile ◆ **bête comme il est ...** stupid as he is ... ◆ **elle n'a jamais vu de maison comme la nôtre** she's never seen a house like ours ou such as ours

**e** **comme** + adjectif ou participe présent as though, as if ◆ **il était comme fasciné par ces oiseaux** it was as though ou as if he were fascinated by these birds, he was as though ou as if fascinated by these birds ◆ **il était comme fou** he was behaving like a madman ◆ **il était comme perdu dans cette foule** it was as though ou as if he were lost in this crowd ◆ **comme se parlant à lui-même** as if ou as though talking to himself

**3** ADVERBE

how ◆ **comme ces enfants sont bruyants !** how noisy those children are!, those children are so noisy! ◆ **comme il fait beau !** what a lovely day (it is)!, what lovely weather! ◆ **tu sais comme elle est** you know what she's like ou how she is ◆ **écoute comme elle chante bien** listen (to) how beautifully she sings ◆ **comme vous y allez, vous !*** (now) hold on a minute!*, don't get carried away!; → **voir**

**commémoraison** [kɔmemɔʀɛzɔ̃] **nf** (Rel) commemoration

**commémoratif, -ive** [kɔmemɔʀatif, iv] **adj** cérémonie, plaque commemorative (épith), memorial (épith); service memorial (épith) ◆ **monument commémoratif** memorial

**commémoration** [kɔmemɔʀasjɔ̃] → SYN **nf** commemoration ◆ **en commémoration de** in commemoration of

**commémorer** [kɔmemɔʀe] → SYN ▸ conjug 1 ◂ **vt** to commemorate

**commençant, e** [kɔmɑ̃sɑ̃, ɑ̃t] **1** **adj** beginning (épith)

**2** **nm,f** (= débutant) beginner ◆ **grand commençant** absolute beginner

**commencement** [kɔmɑ̃smɑ̃] → SYN **nm** **a** (= début) beginning, commencement (frm); (= départ) start ◆ **il y a eu un commencement d'incendie** a small fire broke out ◆ **commencement d'exécution** (Jur) *initial steps in the commission of a crime* ◆ **commencement de preuve** (Jur) prima facie evidence ◆ **au/dès le commencement** in/from the beginning, at/from the outset ou start ◆ **du commencement à la fin** from beginning to end, from start to finish ◆ **c'est le commencement de la fin** it's the beginning of the end ◆ **il y a un commencement à tout** you've (always) got to start somewhere

**b** **commencements** [science, métier] (= premiers temps) beginnings; (= rudiments) basic knowledge ◆ **les commencements ont été durs** the beginning was hard

**commencer** [kɔmɑ̃se] → SYN ▸ conjug 3 ◂ **1** **vt** **a** (= entreprendre) [+ travail, opération, repas] to begin, start, commence (frm) ◆ **ils ont commencé les travaux de l'autoroute** they've started ou begun work on the motorway ◆ **j'ai commencé un nouveau chapitre** I've started ou begun (on) a new chapter ◆ **je vais commencer le judo/le violon** I'm going to take up judo/the violin ◆ **quelle façon de commencer l'année !** what a way to begin ou start the (new) year!

**b** (= entamer) [+ bouteille, produit] to open

**c** [chose] to begin ◆ **mot/phrase qui commence un chapitre** word/sentence which begins a chapter, opening word/sentence of a chapter ◆ **une heure de méditation commence la journée** the day begins ou starts with an hour of meditation

**2** **vi** **a** (= débuter) to begin, start, commence (frm) ◆ **le concert va commencer** the concert is about to begin ou start ou commence (frm) ◆ **tu ne vas pas commencer !*, ne commence pas !*** don't start!* ◆ **ça commence bien !** (lit ou iro) that's a good start!, we're off to a good start! ◆ **ça commence mal !** that's a bad start!, that's not a very good start! ◆ **pour commencer** (lit) to begin ou start with; (fig) to begin ou start with, for a start ◆ **elle commence demain chez Legrand** she starts (work) tomorrow at Legrand's ◆ **c'est lui qui a commencé !** he started it! ◆ **leurs jupes commencent à 15 €** they've got skirts from €15 upwards

**b** **commencer à** (ou **de**) **faire** to begin ou start to do, begin ou start doing ◆ **il commençait à neiger** it was beginning ou starting to snow ◆ **il commençait à s'inquiéter/à s'impatienter** he was getting ou beginning to get nervous/impatient ◆ **je commence à en avoir assez*** I've had just about enough (of it) ◆ **ça commence à bien faire*** it's getting a bit much*

**c** **commencer par qch/par faire qch** to start ou begin with sth/by doing sth ◆ **par quoi voulez-vous commencer ?** what would you like to begin ou start with? ◆ **commençons par le commencement** let's begin at the beginning ◆ **commence par faire tes devoirs, on verra après** do your homework for a start, and then we'll see ◆ **ils m'ont tous déçu, à commencer par Jean** they all let me down, especially Jean ◆ **il faut apporter du changement, à commencer par trouver de nouveaux locaux** we have to make some changes, and the first thing to do is to find new premises

**commende** [kɔmɑ̃d] → SYN **nf** (Rel) commendam

**commensal, e,** mpl **-aux** [kɔmɑ̃sal, o] → SYN **nm,f** (littér = personne) companion at table, table companion; (Bio) commensal

**commensalisme** [kɔmɑ̃salism] **nm** (Bio) commensalism

**commensurable** [kɔmɑ̃syʀabl] → SYN **adj** commensurable

**comment** [kɔmɑ̃] → SYN **1** **adv** **a** (= de quelle façon) how ◆ **comment a-t-il fait ?** how did he do it?, how did he manage that? ◆ **je ne sais pas comment il a fait cela** I don't know how he did it ◆ **comment s'appelle-t-il ?** what's his name?, what's he called? ◆ **comment appelles-tu cela ?** what do you call that? ◆ **comment allez-vous ?** ou **vas-tu ?** how are you? ◆ **comment est-il, ce type ?*** what sort of guy* is he?, what's he like? ◆ **comment va-t-il ?** how is he? ◆ **comment faire ?** how shall we do it? ou go about it? ◆ **comment se fait-il que ... ?** how is it that ...?, how come ...?* ◆ **comment se peut-il que ... ?** how can it be that ...?

**b** (excl) **comment ?** (I beg your) pardon?, pardon me? (US), sorry?, what?* ◆ **comment cela ?** what do you mean? ◆ **comment, il est mort ?** what? he's dead? ◆ **tu as assez mangé ? – et comment !** have you had enough to eat? – I (most) certainly have! ou I should say so! ou and how!* ◆ **avez-vous bien travaillé ? – et comment !** did you work well? – I should say so! ou not half!* (Brit) ou and how!* ◆ **comment donc !** by all means!, of course! ◆ **Dieu sait comment !** goodness* ou God* knows how!

**2** **nm** ◆ **le comment** the how ◆ **les comment(s)** the hows; → **pourquoi**

**commentaire** [kɔmɑ̃tɛʀ] → SYN **nm** **a** (= remarque) comment ◆ **faire des commentaires sur qch** to comment on ou about sth ◆ **quels ont été ses commentaires sur ce qui s'est passé ?** what did he say about what happened? ◆ **commentaires de presse** press comments ◆ **je vous dispense de vos commentaires** I can do without your comments ou remarks, I don't want (to hear) any comments ou remarks from you ◆ **tu feras comme je te l'ordonne, et pas de commentaires !** you will do as I say and no arguments! ◆ **son attitude se passe de commentaires** his attitude speaks for itself ◆ **vous avez entendu ce qu'il a dit ! – sans commentaire !** did you hear him! – no comment! ◆ **sa conduite donne lieu à bien des commentaires !** his behaviour has really set people talking!

**b** (= exposé) commentary (*de* on); (Radio, TV) commentary; ◆ **"Les Commentaires"** (Littérat) "Commentaries" ◆ **un bref commentaire de la séance** some brief comments on the meeting

**c** (Littérat = explication) commentary ◆ **faire le commentaire d'un texte** to do ou give a commentary on a text ◆ **édition avec commentaire(s)** annotated edition

**d** (Ordin, Ling) comment

**commentateur, -trice** [kɔmɑ̃tatœʀ, tʀis] → SYN **nm,f** (gén, Radio, TV) commentator

**commenter** [kɔmɑ̃te] → SYN ▸ conjug 1 ◂ **vt** [+ poème] to comment (on); [+ conduite] to make comments on, comment on; [+ événement, actualité] to comment on; (Radio, TV) [+ match] to commentate on; [+ cérémonie officielle] to provide the commentary for ◆ **le match sera commenté par André Leduc** the commentary on the match will be given by André Leduc, André Leduc will be commentating on the match

**commérage** [kɔmeʀaʒ] → SYN **nm** piece of gossip ◆ **commérages** gossip (NonC), gossiping (NonC)

**commerçant, e** [kɔmɛʀsɑ̃, ɑ̃t] → SYN **1** **adj** **a** nation trading (épith), commercial; quartier shopping (épith); ville, activité commercial ◆ **rue très commerçante** busy shopping street, street with many shops

**b** (= habile) procédé commercially shrewd ◆ **il est très commerçant** he's got good business sense ◆ **ce n'est pas très commerçant** it's not a very good way to do business

**2** **nm** shopkeeper, tradesman, merchant (US), storekeeper (US) ◆ **commerçant en gros** wholesale dealer ◆ **les commerçants du quartier** (the) local tradesmen ou shopkeepers ou merchants

**3** **commerçante** **nf** shopkeeper, storekeeper (US)

**commerce** [kɔmɛʀs] → SYN **nm** **a** **le commerce** (= activité) trade, commerce; (= affaires) business, trade ◆ **le commerce n'y est pas encore très développé** commerce ou trade isn't very highly developed there yet ◆ **depuis quelques mois le commerce ne marche pas très bien** business ou trade has been bad for a few months ◆ **opération/maison/traité de commerce** commercial operation/firm/treaty ◆ **commerce en** ou **de gros/détail** wholesale/retail trade ◆ **commerce extérieur/international** foreign/international trade ou commerce ◆ **commerce électronique** E-commerce ◆ **commerce intégré** corporate chain, combined trade ◆ **faire du commerce (avec)** to trade (with) ◆ **être dans le commerce** to be in trade ◆ **faire commerce de** † to trade in ◆ **faire commerce de ses charmes/son nom** to trade on one's charms/name; → **effet**

**b** (= circuit commercial) **dans le commerce** objet in the shops ou stores (US) ◆ **hors commerce** for restricted sale only (attrib) ◆ **exemplaires hors commerce** privately printed copies

**c** (= commerçants) **le commerce** shopkeepers, merchants (US) ◆ **le petit commerce** small shopkeepers ou traders ◆ **le grand commerce** large ou big retailers ◆ **le monde du commerce** the commercial world, trading ou commercial circles

**d** (= boutique) business ◆ **tenir** ou **avoir un commerce d'épicerie** to have a grocery business ◆ **un gros/petit commerce** a big/small business; → **proximité**

**e** († ou littér) (= fréquentation) (social) intercourse; (= compagnie) company; (= rapport) dealings ◆ **être d'un commerce agréable** to be pleasant company ◆ **avoir commerce avec qn** to have dealings with sb

**commercer** [kɔmɛʀse] GRAMMAIRE ACTIVE 26.1, 26.2 → SYN ▸ conjug 3 ◂ vi to trade (*avec* with)

**commercial, e,** mpl **-iaux** [kɔmɛʀsjal, jo] 1 adj (gén) commercial; activité, société, port commercial, trading (épith); déficit, stratégie, guerre trade (épith) ◆ **accord commercial** trade ou trading agreement ◆ **service commercial** [entreprise] sales department ◆ **chaîne de télévision commerciale** commercial television channel ◆ **anglais commercial** business English ◆ **sourire commercial** (péj) phoney professional smile

2 nm marketing man ◆ **l'un de nos commerciaux** one of our marketing people

3 **commerciale** nf (= véhicule) estate car (Brit), station wagon (US)

**commercialement** [kɔmɛʀsjalmɑ̃] adv commercially

**commercialisable** [kɔmɛʀsjalizabl] adj marketable, tradable

**commercialisation** [kɔmɛʀsjalizasjɔ̃] nf marketing

**commercialiser** [kɔmɛʀsjalize] ▸ conjug 1 ◂ vt to market

**commère** [kɔmɛʀ] → SYN nf (péj = bavarde) gossip

**commérer** † [kɔmeʀe] ▸ conjug 6 ◂ vi to gossip

**commettant** [kɔmetɑ̃] → SYN nm (Jur, Fin) principal

**commettre** [kɔmɛtʀ] → SYN ▸ conjug 56 ◂ 1 vt **a** (= perpétrer) [+ crime, injustice] to commit; [+ erreur] to make ◆ **il a commis 2 ou 3 romans** (hum) he's responsible for 2 or 3 novels (hum); → **faute**

**b** (littér = confier) **commettre qch à qn** to commit sth to sb, entrust sth to sb

**c** (frm = nommer) [+ arbitre] to appoint, nominate ◆ **commettre qn à une charge** to appoint ou nominate sb to an office ◆ **avocat commis d'office** lawyer ou barrister (Brit) appointed by the court

2 **se commettre** vpr (péj, frm) to endanger one's reputation, lower o.s. ◆ **se commettre avec des gens peu recommandables** to associate with rather undesirable people

**comminatoire** [kɔminatwaʀ] → SYN adj ton, lettre threatening; (Jur) *appointing a penalty for non-compliance*

**comminutif, -ive** [kɔminytif, iv] adj fracture comminuted

**commis** [kɔmi] → SYN nm (= vendeur) (shop ou store (US)) assistant; (= employé de bureau) office clerk ◆ **commis aux écritures** bookkeeper ◆ **commis-greffier** assistant to the clerk of the court ◆ **commis de cuisine/de salle** apprentice chef/waiter ◆ **commis aux vivres** (Naut) ship's steward ◆ **commis voyageur** commercial traveller, travelling salesman ◆ **un grand commis (de l'État)** a top-ranking ou senior civil servant

**commisération** [kɔmizeʀasjɔ̃] → SYN nf commiseration

**commissaire** [kɔmisɛʀ] → SYN 1 nm **a** **commissaire (de police)** ≃ (police) superintendent (Brit), ≃ (police) captain (US) ◆ **commissaire principal, commissaire divisionnaire** ≃ chief superintendent (Brit), ≃ police chief (US) ◆ **commissaire de police judiciaire** detective superintendent (Brit), (police) captain (US)

**b** (= responsable) [rencontre sportive, fête] steward; [exposition] organizer ◆ **commissaire de courses** (Aut) marshal

**c** (= envoyé) representative

**d** [commission] commission member, commissioner

2 COMP ▷ **commissaire de l'Air** chief administrator *(in Air Force)* ▷ **commissaire du bord** purser ▷ **commissaire aux comptes** auditor ▷ **commissaire européen** European Commissioner ▷ **commissaire du gouvernement** government commissioner ▷ **Commissaire aux langues officielles** (Can) Commissioner of Official Languages (Can) ▷ **commissaire de la Marine** chief administrator *(in the Navy)* ▷ **commissaire au Plan** planning commissioner ▷ **commissaire de la République** ≃ prefect

**commissaire-priseur,** pl **commissaires-priseurs** [kɔmisɛʀpʀizœʀ] → SYN nm auctioneer

**commissariat** [kɔmisaʀja] nm **a** (= poste) **commissariat (de police)** police station

**b** (Admin = fonction) commissionership ◆ **commissariat du bord** pursership ◆ **commissariat aux comptes** auditorship

**c** (= commission) commission ◆ **Commissariat à l'énergie atomique** Atomic Energy Commission ◆ **Commissariat général du Plan** State Planning Commission

**d** (= corps) **commissariat de la Marine** ≃ Admiralty Board (Brit), ≃ Naval Command (US)

**e** (= service) **commissariat hôtelier** catering service *(for rail companies and airlines)*

**commission** [kɔmisjɔ̃] → SYN 1 nf **a** (= comité restreint) committee; (= bureau nommé) commission ◆ **la commission du budget** *ou* **budgétaire** (Pol) the Budget committee ◆ **les membres sont en commission** the members are in committee ◆ **travail en commission** work in committee ◆ **renvoi d'un texte en commission** (Pol) committal of a bill

**b** (= message) message ◆ **est-ce qu'on vous a fait la commission ?** did you get ou were you given the message?

**c** (= course) errand ◆ **faire des commissions** to run errands (*pour* for) ◆ **on l'a chargé d'une commission** he was sent on an errand

**d** (= emplettes) **commissions** shopping ◆ **faire les/des commissions** to do the/some shopping ◆ **partir en commissions** to go shopping ◆ **l'argent des commissions** the shopping money

**e** (langage enfantin) **faire la petite/grosse commission** to do number one/two (langage enfantin)

**f** (= pourcentage) commission ◆ **toucher 10 % de commission** ou **une commission de 10%** to get 10% commission (*sur* on) ◆ **travailler à la commission** to work on commission

**g** (Comm, Jur = mandat) commission ◆ **avoir la commission de faire** to be empowered ou commissioned to do ◆ **commission d'office** court appointment of a barrister (Brit) ou counselor (US)

2 COMP ▷ **commission d'arbitrage** arbitration committee ▷ **commission d'armistice** armistice council ▷ **Commission de développement économique régional** French *commission for regional economic development* ▷ **commission d'enquête** committee ou commission of inquiry ▷ **Commission européenne** European Commission ▷ **commission d'examen** board of examiners ▷ **la commission des finances** finance committee ▷ **commission interparlementaire** ≃ joint (parliamentary) committee ▷ **la commission des lois** the law commission ▷ **commission militaire** army exemption tribunal ▷ **Commission nationale de l'informatique et des libertés** French data *protection watchdog* ▷ **Commission des opérations de Bourse** *French stock exchange regulatory body,* ≃ Securities and Investment Board (Brit), ≃ Securities and Exchange Commission (US) ▷ **commission paritaire** joint commission (with equal representation of both sides) ▷ **commission parlementaire** parliamentary commission ou committee ▷ **commission permanente** standing committee, permanent commission ▷ **commission rogatoire** letters rogatory ▷ **commission temporaire** ad hoc committee

**commissionnaire** [kɔmisjɔnɛʀ] → SYN nm **a** (= livreur) delivery boy; (adulte) delivery man; (= messager) messenger boy; (adulte) messenger; (= chasseur) page (boy); (adulte) commissionaire

**b** (= intermédiaire) agent, broker ◆ **commissionnaire en douane** customs agent ou broker ◆ **commissionnaire de transport** forwarding agent ◆ **commissionnaire de roulage** carrier, haulage contractor (Brit), haulier (Brit)

**commissionner** [kɔmisjɔne] → SYN ▸ conjug 1 ◂ vt (Comm, Jur = mandater) to commission

**commissoire** [kɔmiswaʀ] adj ◆ **clause commissoire** cancellation clause

**commissure** [kɔmisyʀ] → SYN nf [bouche] corner; (Anat, Bot) commissure

**commodat** [kɔmɔda] nm commodate

**commode** [kɔmɔd] → SYN 1 adj **a** (= pratique) appartement, meuble convenient; outil handy (*pour* for; *pour faire* for doing); itinéraire handy, convenient ◆ **ce pinceau n'est pas très commode pour les coins** this brush isn't very practical for doing corners

**b** (= facile) easy ◆ **ce n'est pas commode** it's not easy (*à faire* to do) ◆ **ce serait trop commode !** that would be too easy!

**c** († = souple) morale, caractère easy-going ◆ **commode à vivre** easy to get along with ou get on (Brit) with ◆ **il n'est pas commode** (= sévère) he's so strict; (= difficile) he's really awkward ou difficult

2 nf (= meuble) chest of drawers

**commodément** [kɔmɔdemɑ̃] adv porter conveniently; s'asseoir comfortably

**commodité** [kɔmɔdite] → SYN nf **a** (= confort) convenience ◆ **pour plus de commodité** for greater convenience ◆ **les commodités de la vie moderne** the conveniences ou comforts of modern life

**b** **commodités** († † = toilettes) toilet

**commotion** [komosjɔ̃] → SYN nf (= secousse) shock ◆ **commotion cérébrale** concussion ◆ **les grandes commotions sociales** the great social upheavals

**commotionner** [komosjɔne] → SYN ▸ conjug 1 ◂ vt [secousse, nouvelle] ◆ **commotionner qn** to give sb a shock, shake sb ◆ **être fortement commotionné par qch** to be badly ou severely shocked ou shaken by sth

**commuable** [kɔmɥabl] adj peine commutable

**commuer** [kɔmɥe] → SYN ▸ conjug 1 ◂ vt [+ peine] to commute (*en* to)

**commun, e**[1] [kɔmœ̃, yn] GRAMMAIRE ACTIVE 5.5 → SYN

1 adj **a** (= collectif, de tous) common; (= fait ensemble) décision, effort, réunion joint (épith) ◆ **pour le bien commun** for the common good ◆ **dans l'intérêt commun** in the common interest ◆ **ils ont une langue commune qui est l'anglais** they have English as a common language ◆ **d'un commun accord** of a common accord, of one accord

◆ **en commun** in common ◆ **faire la cuisine/les achats en commun** to share (in) the cooking/the shopping ◆ **vivre en commun** to live communally ◆ **faire une démarche en commun** to take joint steps ◆ **mettre ses ressources en commun** to share ou pool one's resources ◆ **tout mettre en commun** to share everything ◆ **ces plantes ont en commun de pousser sur les hauteurs** a feature that these plants have in common is that they grow at high altitudes; → **sens**

**b** (= partagé) élément common; pièce, cuisine communal, shared; dénominateur, facteur, angle common (*à* to) ◆ **ces deux maisons ont un jardin commun** the two houses share the same garden ◆ **le jardin est commun aux deux maisons** the garden is shared by the two houses ◆ **les parties communes de l'immeuble** the communal parts of the building ◆ **tout est commun entre eux** they share everything ◆ **un ami commun** a mutual friend ◆ **la vie commune** [couple] conjugal life, life together; [communauté] communal life ◆ **ils ont beaucoup de points communs** they have a lot in common

**c** (= comparable) goût, intérêt, caractère common (épith) ◆ **ils n'ont rien de commun** they have nothing in common ◆ **ce métal n'a rien de commun avec l'argent** this metal has nothing in common with ou is nothing like silver ◆ **il n'y a pas de commune mesure entre eux** there's no possible comparison between them; → **nom**

**d** (= ordinaire) accident, erreur common; opinion commonly held, widespread; métal common ◆ **peu commun** out of the ordinary, uncommon ◆ **d'une force peu commune** unusually ou uncommonly strong ◆ **il est commun de voir ...** it is quite common ou quite a common thing to see ...; → **lieu**

**e** (péj = vulgaire) manières, voix, personne common

**2** nm (= le peuple) ◆ **le commun des mortels** ordinary mortals, the common run of people ◆ **le commun, les gens du commun** (†, péj) the common people ou herd

◆ **hors du commun** personne, destin extraordinary

**3** **les communs** nmpl (= bâtiments) the outbuildings, the outhouses

**communal, e,** mpl **-aux** [kɔmynal, o] → SYN adj dépenses council (épith) (Brit), community (épith) (US); fête, aménagements local (épith) ◆ **l'école communale, la communale** * (= bâtiment) the local (primary) school, the local grade ou elementary school (US); (= éducation) state education ◆ **les (terrains) communaux** common land

**communard, e** [kɔmynaʀ, aʀd] → SYN **1** adj (Hist) of the Commune

**2** nm,f (Hist) communard; (péj = communiste) red (péj), commie * (péj)

**communautaire** [kɔmynotɛʀ] → SYN adj community (épith); (Pol) droit, politique Community (épith)

**communautariste** [kɔmynotaʀist] adj modèle, politique *that takes account of minorities*

**communauté** [kɔmynote] → SYN nf **a** (= similitude) [intérêts, culture] community ◆ **communauté d'idées/de sentiments** shared ideas/feelings ◆ **communauté de langue** common ou shared language

**b** (= groupe) (gén, Rel) community ◆ **la communauté internationale/scientifique** the international/scientific community ◆ **communauté urbaine** urban community ◆ **communauté linguistique** speech community ◆ **vivre en communauté** to live in a commune ◆ **mettre qch en communauté** to pool sth

**c** (Jur : entre époux) **biens qui appartiennent à la communauté** joint estate *(of husband and wife)* ◆ **mariés sous le régime de la communauté (des biens)** married with a communal estate settlement ◆ **communauté légale** communal estate ◆ **communauté réduite aux acquêts** communal estate comprising only property acquired after marriage

**d** (Pol) **la Communauté économique européenne** the European Economic Community ◆ **la Communauté européenne de l'énergie atomique** the European Atomic Energy Community ◆ **les pays de la Communauté** the members of the Community ◆ **la Communauté des États indépendants** the Commonwealth of Independent States ◆ **la Communauté européenne du charbon et de l'acier** (Hist) the European Coal and Steel Community

**commune²** [kɔmyn] → SYN nf **a** (= ville) town; (= village) village; (= administration) town (ou village) council, municipality (Admin) ◆ **sur toute l'étendue de la commune** (territoire) throughout the entire district

**b** (Hist) **la Commune** the Commune

**c** (Pol) **la Chambre des communes, les Communes** the (House of) Commons

> **COMMUNE**
>
> The **commune** is the smallest administrative subdivision in France. There are 38,000 **communes** in all, 90% of them having less than 2,000 inhabitants. Several small villages may make up a single **commune**. Each **commune** is administered by a "maire", who is elected by the "conseil municipal". The inhabitants of the **commune** vote for the "conseil municipal" in the "élections municipales". → ARRONDISSEMENT; CANTON; DÉPARTEMENT; ÉLECTIONS; MAIRE

**communément** [kɔmynemɑ̃] adv commonly

**communiant, e** [kɔmynjɑ̃, jɑ̃t] nm,f (Rel) communicant ◆ **(premier) communiant** young boy making his first communion ◆ **me voici en première communiante** this is me in my communion dress

**communicabilité** [kɔmynikabilite] nf [expérience, sentiment] communicability; [personne] communicativeness

**communicable** [kɔmynikabl] adj expérience, sentiment which can be communicated; droit transferable; dossier which may be made available ◆ **ces renseignements ne sont pas communicables par téléphone** this information cannot be given over the telephone

**communicant, e** [kɔmynikɑ̃, ɑ̃t] **1** adj **a** pièces communicating (épith); → **vase¹**

**b** entreprise that communicates effectively

**2** nm,f (= communicateur) communicator; (dans un colloque) speaker *(person giving a paper)*

**communicateur, -trice** [kɔmynikatœʀ, tʀis] **1** adj (Tech) fil, pièce connecting (épith)

**2** nm,f communicator

**communicatif, -ive** [kɔmynikatif, iv] → SYN adj rire, ennui infectious; personne communicative

**communication** [kɔmynikasjɔ̃] GRAMMAIRE ACTIVE 27.3, 27.6, 27.7 → SYN nf **a** (gén, Philos = relation) communication ◆ **il a des problèmes de communication** he has trouble ou problems communicating ◆ **être en communication avec** [+ ami, société savante] to be in communication ou contact with; [+ esprit] to communicate ou be in communication with ◆ **entrer en communication avec** [+ esprit, extraterrestre] to communicate with; [+ personne] to get in touch ou contact with ◆ **mettre qn en communication avec qn** to put sb in touch ou in contact with sb

**b** (= transmission) [fait, nouvelle] communication; [dossier] transmission ◆ **avoir communication d'un fait** to be informed of a fact ◆ **demander communication d'un dossier** to ask for a file ◆ **donner communication d'une pièce** to communicate a document (*à qn* to sb) ◆ **communication interne** (en entreprise) internal communications

**c** (= message) message, communication; (à une conférence) paper ◆ **j'ai une communication importante à vous faire** I have an important announcement to make ◆ **faire une communication** [conférencier] to read ou give a paper

**d** (Téléc) **communication (téléphonique)** (telephone ou phone) call ◆ **être en communication** to be on the (tele)phone (*avec qn* to sb) ◆ **entrer en communication avec qn** to get through to sb (on the phone) ◆ **mettre qn en communication** to put sb through (*avec* to), connect sb (*avec* with) ◆ **communication interurbaine** inter-city call, trunk call (Brit) ◆ **communication à longue distance** long-distance call ◆ **communication en PCV** reverse charge call (Brit), collect call (US) ◆ **communication avec préavis** personal call (Brit), person-to-person call (US) ◆ **vous avez la communication** you're through, I'm connecting you now ◆ **je n'ai pas pu avoir la communication** I couldn't get through

**e** (= moyen de liaison) communication ◆ **les grands axes de communication** the major communication routes ◆ **porte de communication** communicating door ◆ **moyens de communication** means of communication ◆ **toutes les communications ont été coupées** all communications ou all lines of communication were cut off; → **voie**

**f** (= relations publiques) **la communication** public relations ◆ **conseil(ler) en communication** media ou communications consultant ◆ **action** ou **opération de communication** public relations exercise ◆ **agence/groupe de communication** communications firm/group ◆ **campagne de communication** publicity campaign ou drive ◆ **un homme de communication** a communicator

**communicationnel, -elle** [kɔmynikasjɔnɛl] adj communication (épith)

**communier** [kɔmynje] ▸ conjug 7 ◂ vi (Rel) to receive communion ◆ **communier sous les deux espèces** to receive communion under both kinds ◆ **communier dans** [+ sentiment] to be united in ◆ **communier avec** [+ sentiment] to share

**communion** [kɔmynjɔ̃] → SYN nf (Rel, fig) communion ◆ **faire sa (première) communion** ou **sa communion privée** to make one's first communion ◆ **communion solennelle** † solemn communion ◆ **être en communion avec** [+ personne] to be in communion with; [+ sentiments] to be in sympathy with ◆ **être en communion d'esprit avec qn** to be of the same intellectual outlook as sb ◆ **la communion des saints** the communion of the saints

**communiqué** [kɔmynike] → SYN nm communiqué ◆ **communiqué de presse** press release

**communiquer** [kɔmynike] → SYN ▸ conjug 1 ◂ **1** vt **a** [+ nouvelle, renseignement, demande] to pass on, communicate, convey (*à* to); [+ dossier, document] (= donner) to give (*à* to); (= envoyer) to send, transmit (*à* to) ◆ **communiquer un fait à qn** to inform sb of a fact ◆ **se communiquer des renseignements** to pass on information to one another

**b** [+ enthousiasme, peur] to communicate, pass on (*à* to); (Méd) [+ maladie] to pass on, give (*à qn* to sb)

**c** [+ mouvement] to communicate, transmit, impart (*à* to); [+ lumière, chaleur] to transmit (*à* to)

**2** vi **a** (= correspondre) to communicate (*avec* with) ◆ **communiquer avec qn par lettre/téléphone** to communicate with sb by letter/phone ◆ **il communique bien** he's a good ou an effective communicator

**b** [pièces, salles] to communicate (*avec* with) ◆ **pièces qui communiquent** connecting rooms, rooms which communicate with one another ◆ **couloir qui fait communiquer les chambres** corridor that links ou connects the rooms

**3** **se communiquer** vpr [feu, maladie] ◆ **se communiquer à** to spread to

**communisant, e** [kɔmynizɑ̃, ɑ̃t] **1** adj communistic

**2** nm,f communist sympathizer

**communisme** [kɔmynism] → SYN nm communism

**communiste** [kɔmynist] → SYN adj, nmf communist

> **COMMUNISTE**
>
> The Communist Party has played a far more influential role in French politics than in most other democracies. Evidence of the French Communist Party's importance can be seen in the "banlieues rouges" (Paris suburbs with communist mayors), in the party's annual festival (la "fête de l'Humanité") which continues to draw huge crowds, and in its newspaper, "L'Humanité", which still has a wide circulation.

**commutable** [kɔmytabl] adj ⇒ **commuable**

**commutateur** [kɔmytatœʀ] → SYN nm (Élec) (changeover) switch, commutator; (Téléc) commutation switch; (= bouton) (light) switch

**commutatif, -ive** [kɔmytatif, iv] adj (Jur, Ling, Math) commutative

**commutation** [kɔmytasjɔ̃] → SYN nf (Jur, Math) commutation; (Ling) substitution, commutation; (Élec) commutation, switching ◆ **commutation de peine** commutation of sentence ou penalty ◆ **commutation des messages** (Ordin) message switching

**commutativité** [kɔmytativite] nf [élément] commutative property, commutability; [addition] commutative nature

**commuter** [kɔmyte] → SYN ▸ conjug 1 ◂ vt (Math) [+ éléments] to commute; (Ling) [+ termes] to substitute, commute

**Comores** [kɔmɔʀ] nfpl ◆ **les (îles) Comores** the Comoro Islands, the Comoros

**comorien, -ienne** [kɔmɔʀjɛ̃, jɛn] **1** adj of ou from the Comoros

**2** **Comorien(ne)** nm,f inhabitant ou native of the Comoros

**compacité** [kɔ̃pasite] nf [foule] density; [véhicule, appareil] compactness

**compact, e** [kɔ̃pakt] → SYN **1** adj (= dense) foule, substance dense, brouillard dense, thick; quartier closely ou densely built-up; (= de faible encombrement) véhicule, appareil, meuble compact; poudre pressed ◆ **disque compact, Compact Disc ®** compact disc; → **chaîne**

2 nm a (= chaîne hi-fi) compact music system; (= disque) compact disc, CD ◆ **réédition en compact** CD re-release
b [poudre] powder compact
c (Photo) compact camera
3 **compacte** nf (Aut) compact car

**compactage** [kɔ̃paktaʒ] → SYN nm [sol, ordures] compaction; (Ordin) compressing

**compacter** [kɔ̃pakte] ▸ conjug 1 ◂ vt (gén) to compact; [+ données] to compress

**compacteur** [kɔ̃paktœʀ] nm (de voirie) roadroller ◆ **compacteur d'ordures ménagères** rubbish (Brit) ou trash (US) compactor

**compagne** [kɔ̃paɲ] → SYN nf (= camarade, concubine, littér = épouse) companion; (= maîtresse) (lady) friend; [animal] mate ◆ **compagne de classe** classmate ◆ **compagne de jeu** playmate

**compagnie** [kɔ̃paɲi] → SYN 1 nf a (= présence, société) company ◆ **il n'a pour toute compagnie que sa vieille maman** he has only his old mother for company ◆ **ce n'est pas une compagnie pour lui** he (ou she) is no company for him ◆ **en compagnie de** [+ personne] in the company of, in company with; [+ chose] alongside, along with ◆ **il n'est heureux qu'en compagnie de ses livres** he's only happy when (he's) surrounded by his books ◆ **en bonne/mauvaise/joyeuse compagnie** in good/bad/cheerful company ◆ **tenir compagnie à qn** to keep sb company ◆ **être d'une compagnie agréable** ou **de bonne compagnie** to be pleasant ou good company ◆ **voyager de compagnie** to travel together ◆ **aller de compagnie avec** to go hand in hand with; → **fausser**
b (= réunion) gathering, party ◆ **bonsoir la compagnie !** goodnight all!
c (Comm) company; (= groupe de savants, écrivains) body ◆ **compagnie d'assurances/théâtrale** insurance/theatrical company ◆ **compagnie aérienne/maritime** airline/shipping company ◆ **la banque X et compagnie** the X and company bank, the bank of X and company ◆ **tout ça, c'est voleurs et compagnie** * they're all a bunch * of thieves
d (Mil) company
2 COMP ▹ **compagnie de discipline** punishment company *(made up of convicted soldiers)* ▹ **la Compagnie des Indes** (Hist) the East India Company ▹ **la Compagnie de Jésus** the Society of Jesus ▹ **compagnie de perdreaux** covey of partridges ▹ **compagnies républicaines de sécurité** *state security police force in France*

**compagnon** [kɔ̃paɲɔ̃] → SYN 1 nm a (= camarade, concubin, littér = époux) companion; (= écuyer) companion ◆ **compagnon d'études** fellow student ◆ **compagnon de travail** workmate ◆ **compagnon d'exil/de misère/d'infortune** companion in exile/in suffering/in misfortune
b (= ouvrier) journeyman ◆ **il a deux compagnons** he has two employees ou two people working for him
c (= franc-maçon) companion
2 COMP ▹ **compagnon d'armes** companion- ou comrade-in-arms ▹ **compagnon de bord** shipmate ▹ **compagnon de jeu** playmate ▹ **Compagnon de la Libération** French Resistance fighter ▹ **compagnon de route** (lit, Pol) fellow traveller ▹ **compagnon de table** companion at table, table companion ▹ **compagnon du Tour de France, compagnon du voyage** journeyman *(touring France after his apprenticeship)* ▹ **compagnon de voyage** travelling companion, fellow traveller (lit)

**compagnonnage** [kɔ̃paɲɔnaʒ] nm (Hist) ≃ (trade) guilds

**comparabilité** [kɔ̃paʀabilite] nf comparability, comparableness

**comparable** [kɔ̃paʀabl] GRAMMAIRE ACTIVE 5.3 → SYN adj grandeur, élément comparable (*à* to; *avec* with) ◆ **je n'avais jamais rien vu de comparable** I'd never seen anything like it ◆ **ce n'est pas comparable** there's (just) no comparison

**comparaison** [kɔ̃paʀɛzɔ̃] GRAMMAIRE ACTIVE 26.5 → SYN nf a (gén) comparison (*à* to; *avec* with) ◆ **mettre qch en comparaison avec** to compare sth with ◆ **faire une comparaison entre X et Y** to compare X and Y, make a comparison between X and Y ◆ **vous n'avez qu'à faire la comparaison** you only need to compare them ◆ **et c'est mieux ? – aucune comparaison !** is it better? — (there's) no comparison! ◆ **ça ne soutient** ou **ne souffre pas la comparaison** that doesn't bear ou stand comparison
b (Gram) comparison ◆ **adjectif/adverbe de comparaison** comparative adjective/adverb
c (Littérat) simile, comparison
d (LOC)
◆ **en comparaison (de)** in comparison (with)
◆ **par comparaison** by comparison (*avec, à* with)
◆ **sans comparaison** ◆ **il est sans comparaison le meilleur** he is far and away the best ◆ **c'est sans comparaison avec ...** it cannot be compared with ... ◆ (Prov) **comparaison n'est pas raison** comparisons are odious

**comparaître** [kɔ̃paʀɛtʀ] → SYN ▸ conjug 57 ◂ vi (Jur) to appear in court ◆ **comparaître devant un juge** to appear before a judge ◆ **refus de comparaître** refusal to appear in court; → **citation, citer**

**comparant, e** [kɔ̃paʀɑ̃, ɑ̃t] nm,f (Jur) party *(appearing in court)*

**comparatif, -ive** [kɔ̃paʀatif, iv] 1 adj publicité comparative ◆ **essai comparatif** comparison test
2 nm comparative ◆ **au comparatif** (Gram) in the comparative ◆ **comparatif d'infériorité/de supériorité/d'égalité** comparative of lesser/greater/similar degree

**comparatisme** [kɔ̃paʀatism] nm comparative studies, comparat(iv)ism

**comparatiste** [kɔ̃paʀatist] adj, nmf comparatist

**comparativement** [kɔ̃paʀativmɑ̃] adv comparatively, by comparison ◆ **comparativement à** in comparison to ou with, compared to ou with

**comparé, e** [kɔ̃paʀe] GRAMMAIRE ACTIVE 5.1, 26.5 (ptp de **comparer**) adj étude, littérature comparative

**comparer** [kɔ̃paʀe] GRAMMAIRE ACTIVE 5.1, 5.4, 5.5 → SYN ▸ conjug 1 ◂ vt a (= confronter) to compare (*à, avec* with) ◆ **comparer deux choses (entre elles)** to compare two things ◆ **vous n'avez qu'à comparer** you've only to compare ◆ **comparé à** compared to ou with
b (= identifier) to compare, liken (*à* to) ◆ **Molière peut se comparer** ou **être comparé à Shakespeare** Molière can be compared ou likened to Shakespeare ◆ **c'est un bon écrivain mais il ne peut quand même pas se comparer à X** he's a good writer but he still can't compare with X ◆ **il ose se comparer à Picasso** he dares to compare himself with Picasso ◆ **ça ne se compare pas** there's no comparison, they can't be compared

**comparse** [kɔ̃paʀs] → SYN nmf (Théât) supernumerary, walk-on; (péj) associate, stooge * ◆ **rôle de comparse** (Théât) walk-on part; (péj) minor part ◆ **nous n'avons là que les comparses, il nous faut le vrai chef** these are only the small fry, we want the real leader

**compartiment** [kɔ̃paʀtimɑ̃] → SYN nm (gén, Rail) compartment; [damier] square; (Bourse) section ◆ **compartiment à glace** freezer compartment ◆ **dans tous les compartiments du jeu** in every area of the game

**compartimentage** [kɔ̃paʀtimɑ̃taʒ] nm, **compartimentation** [kɔ̃paʀtimɑ̃tasjɔ̃] nf [armoire] partitioning, compartmentation; [administration, problème] compartmentalization

**compartimenter** [kɔ̃paʀtimɑ̃te] → SYN ▸ conjug 1 ◂ vt [+ armoire] to partition, divide into compartments, put compartments in; [+ problème, administration] to compartmentalize

**comparution** [kɔ̃paʀysjɔ̃] nf (Jur) appearance in court ◆ **il sera jugé en comparution immédiate** he'll be tried immediately

**compas** [kɔ̃pɑ] → SYN 1 nm (Géom) (pair of) compasses; (Naut) compass ◆ **tracer qch au compas** to draw sth with (a pair of) compasses ◆ **avoir le compas dans l'œil** to have an accurate eye; → **naviguer**
2 COMP ▹ **compas à balustre** bow compass ▹ **compas d'épaisseur** callipers (Brit), calipers (US) ▹ **compas à pointes sèches** dividers ▹ **compas quart de cercle** wing compass ▹ **compas de réduction** proportional dividers ▹ **compas à verge** beam compass (Brit)

**compassé, e** [kɔ̃pɑse] → SYN adj (= guindé) formal, stuffy, starchy

**compassion** [kɔ̃pɑsjɔ̃] → SYN nf compassion ◆ **avec compassion** compassionately

**compatibilité** [kɔ̃patibilite] → SYN nf compatibility (*entre* between) ◆ **compatibilité ascendante/descendante** (Ordin) upward/downward compatibility

**compatible** [kɔ̃patibl] → SYN 1 adj compatible (*avec* with) ◆ **difficilement/parfaitement compatibles** hardly/perfectly ou fully compatible
2 nm (Ordin) compatible (computer)

**compatir** [kɔ̃patiʀ] → SYN ▸ conjug 2 ◂ vi to sympathize ◆ **compatir à la douleur de qn** to share sb's grief

**compatissant, e** [kɔ̃patisɑ̃, ɑ̃t] → SYN adj compassionate, sympathetic

**compatriote** [kɔ̃patʀijɔt] → SYN 1 nm compatriot, fellow countryman
2 nf compatriot, fellow countrywoman

**compendium** [kɔ̃pɛ̃djɔm] → SYN nm compendium

**compensable** [kɔ̃pɑ̃sabl] adj a perte that can be compensated for (*par* by)
b chèque **compensable à Paris** to be cleared in Paris

**compensateur, -trice** [kɔ̃pɑ̃satœʀ, tʀis] 1 adj indemnité, élément, mouvement compensatory, compensating (épith) ◆ **repos compensateur** time off in lieu
2 nm compensator ◆ **(pendule) compensateur** compensation pendulum

**compensation** [kɔ̃pɑ̃sasjɔ̃] → SYN nf a (= dédommagement) compensation ◆ **donner qch en compensation d'autre chose** to give sth in compensation for sth else, make up for sth with sth else ◆ **en compensation (des dégâts), à titre de compensation (pour les dégâts)** in compensation ou by way of compensation (for the damage) ◆ **c'est une piètre compensation de le savoir** it's not much (of a) compensation to know that ◆ **il y en a peu mais en compensation c'est bon** there's not much of it but on the other hand ou but to make up for that it's good
b (= équilibre) balance; (= neutralisation) balancing; (Phys) [forces] compensation; [maladie, infirmité] compensation; (Naut) [compas] correction; (Psych) compensation; [dette] set-off (Brit), offsetting; [chèques] clearing ◆ **loi de compensation** (Math) law of large numbers ◆ **compensation des dépens** (Jur) division ou sharing of the costs; → **chambre**

**compensatoire** [kɔ̃pɑ̃satwaʀ] adj compensatory, compensating ◆ **droits compensatoires** (Fin) countervailing duties; → **montant**

**compensé, e** [kɔ̃pɑ̃se] (ptp de **compenser**) adj gouvernail balanced; horloge compensated ◆ **chaussures à semelles compensées** platform shoes, shoes with platform soles

**compenser** [kɔ̃pɑ̃se] → SYN ▸ conjug 1 ◂ vt [+ perte, dégâts] to compensate for, make up for; [+ infirmité] to compensate (for); (Naut) [+ compas] to correct; [+ dette] to set off, offset ◆ **compenser une peine par une joie** to make up for a painful experience with a happy one ◆ **ses qualités et ses défauts se compensent** his qualities compensate for ou make up for his faults ◆ **les gains et les pertes se compensent** the gains and losses cancel each other out ◆ **pour compenser** to compensate, to make up for it, as a compensation ◆ **compenser les dépens** (Jur) to divide ou share the costs, tax each party for its own costs ◆ **forces qui se compensent** (Phys) compensating forces; → **ceci**

**compère** [kɔ̃pɛʀ] → SYN nm a (gén = complice) accomplice; (aux enchères) puffer
b † (= ami) crony *, comrade; (= personne, type) fellow

**compère-loriot,** pl **compères-loriots** [kɔ̃pɛʀlɔʀjo] → SYN nm (Méd = orgelet) sty(e); (Orn) golden oriole

**compète** * [kɔ̃pɛt] nf ⇒ **compétition**

**compétence** [kɔ̃petɑ̃s] → SYN nf a (= expérience) competence (*en* in) ◆ **faire qch avec compétence** to do sth competently ◆ **avoir des compétences** to be competent ◆ **faire appel à la compétence** ou **aux compétences d'un spécialiste** to call (up)on the skills of a specialist ◆ **savoir utiliser les compétences** to know how to put people's skills ou abilities to the best use

**b** (= personne) specialist, expert

**c** (= rayon d'activité) scope of activities, domain; (Jur) competence ◆ **compétence territoriale** (Jur) jurisdiction ◆ **c'est de la compétence de ce tribunal** it's within the competence of this court ◆ **ce n'est pas de ma compétence, cela n'entre pas dans mes compétences** that's not (in) my sphere ou domain

**compétent, e** [kɔ̃petɑ̃, ɑ̃t] → SYN adj **a** (= capable) competent, capable ◆ **compétent en** competent in ◆ **très compétent en législation du travail** very well-versed in ou conversant with labour legislation ◆ **je ne suis pas compétent pour vous répondre** I'm not qualified to answer

**b** (= concerné) service relevant, concerned (attrib); (Jur) competent ◆ **adressez-vous à l'autorité compétente** apply to the authority concerned ◆ **être compétent pour faire qch** [tribunal] to have the jurisdiction to do sth

**compétiteur, -trice** [kɔ̃petitœʀ, tʀis] → SYN nm,f competitor

**compétitif, -ive** [kɔ̃petitif, iv] → SYN adj competitive

**compétition** [kɔ̃petisjɔ̃] → SYN nf **a** (Sport = activité) **la compétition** competitive sport ◆ **faire de la compétition** to go in for competitive sports ◆ **la compétition automobile** motor racing ◆ **abandonner la compétition** to retire from competitive sport, stop going in for competitions ◆ **sport de compétition** competitive sport

**b** (Sport = épreuve) event ◆ **compétition sportive** sporting event ◆ **une compétition automobile** a motor-racing event ◆ **film présenté hors compétition** film presented out of competition

**c** (gén, Scol, Sport = rivalité) competition (NonC); (Comm, Pol) rivalry, competition (NonC) ◆ **entrer en compétition avec** to compete with ◆ **être en compétition** to be competing, be in competition (*avec* with)

**compétitivité** [kɔ̃petitivite] nf competitiveness

**compilateur, -trice** [kɔ̃pilatœʀ, tʀis] **1** nm,f (souvent péj) compiler

**2** nm (Ordin) compiler ◆ **compilateur croisé** cross compiler

**compilation** [kɔ̃pilasjɔ̃] → SYN nf **a** (= action) compiling, compilation; [textes, chansons] compilation; (péj = plagiat) plagiarism ◆ **une compilation des meilleures chansons de Brel** the best of Brel

**b** (Ordin) [programme] compilation

**compiler** [kɔ̃pile] → SYN ▸ conjug 1 ◂ vt **a** [+ documents, chansons, ouvrage] to compile

**b** (Ordin) [+ programme] to compile

**complainte** [kɔ̃plɛ̃t] → SYN nf (Littérat, Mus) lament

**complaire** [kɔ̃plɛʀ] → SYN ▸ conjug 54 ◂ **1 complaire à** vt indir to (try to) please

**2 se complaire** vpr ◆ **se complaire dans qch/à faire qch** to take pleasure in sth/in doing sth, delight ou revel in sth/in doing sth

**complaisamment** [kɔ̃plɛzamɑ̃] adv (avec obligeance) obligingly, kindly; (avec indulgence) indulgently; (avec fatuité) complacently, smugly

**complaisance** [kɔ̃plɛzɑ̃s] → SYN nf **a** (= obligeance) kindness (*envers* to, towards); (= esprit accommodant) accommodating attitude ◆ **il a eu la complaisance de m'accompagner** (frm) he was kind ou good enough to ou he was so kind as to accompany me ◆ **par complaisance** out of kindness

**b** (= indulgence coupable) indulgence, leniency; (= connivence malhonnête) connivance; (= servilité) servility, subservience; [conjoint trompé] tacit consent ◆ **avoir des complaisances pour qn** to treat sb indulgently ◆ **sourire de complaisance** polite smile ◆ **certificat ou attestation de complaisance** medical ou doctor's certificate *(issued for non-genuine illness to oblige a patient)* ◆ **billet de complaisance** (Comm) accommodation bill; → **pavillon**

**c** (= fatuité) self-satisfaction, complacency ◆ **il parlait avec complaisance de ses succès** he spoke smugly about his successes

**complaisant, e** [kɔ̃plɛzɑ̃, ɑ̃t] → SYN adj **a** (= obligeant) kind, obliging; (= arrangeant) accommodating

**b** (= trop indulgent) indulgent, lenient; (= trop arrangeant) over-obliging; (= servile) servile, subservient ◆ **c'est un mari complaisant** he turns a blind eye to his wife's goings-on ◆ **prêter une oreille complaisante à qn/qch** to listen to sb/sth readily, lend a willing ear to sb/sth

**c** (= fat) self-satisfied, smug, complacent

**complément** [kɔ̃plemɑ̃] → SYN nm **a** (gén, Bio, Math, Ordin) complement; (= reste) rest, remainder ◆ **complément d'information** further ou additional information (NonC)

**b** (Gram) (gén) complement; (= complément d'objet) object ◆ **complément circonstanciel de lieu/de temps** adverbial phrase of place/time ◆ **complément (d'objet) direct/indirect** direct/indirect object ◆ **complément d'agent** agent ◆ **complément de nom** possessive phrase

**complémentaire** [kɔ̃plemɑ̃tɛʀ] → SYN **1** adj (gén, Math) complementary; (= additionnel) supplementary ◆ **couleurs complémentaires** complementary colours ◆ **pour tout renseignement complémentaire** for any further ou additional information; → **cours**

**2** nm (Math) complement

**complémentarité** [kɔ̃plemɑ̃taʀite] nf complementarity, complementary nature

**complet, -ète** [kɔ̃plɛ, ɛt] → SYN **1** adj **a** (= exhaustif, entier) (gén) complete, full; rapport, analyse comprehensive, full ◆ **procéder à un examen complet de qch** to make a full ou thorough examination of sth ◆ **il reste encore trois tours/jours complets** there are still three complete ou full laps/three full ou whole days to go ◆ **pour vous donner une idée complète de la situation** to give you a complete idea of the situation ◆ **les œuvres complètes de Voltaire** the complete works of Voltaire ◆ **le dossier est-il complet ?** is the file complete? ◆ **une collection très complète** a very comprehensive ou full collection ◆ **la lecture complète de ce livre prend deux heures** it takes two hours to read this book right through ou from cover to cover; → **aliment, pension, riz**

**b** (= total) échec, obscurité complete, total, utter; découragement complete, total ◆ **dans la misère la plus complète** in the most abject poverty ◆ **l'aviron est un sport très complet** rowing exercises your whole body

**c** (= consommé : après nom) homme, acteur complete ◆ **c'est un athlète complet** he's an all-round athlete

**d** (= plein) autobus, train full, full up (attrib) ◆ **"complet"** (écriteau) hôtel "no vacancies"; parking "full"; cinéma "sold out"; match "ground full" ◆ **le théâtre affiche complet tous les soirs** the theatre has a full house every evening

**e** * **c'est complet !** that's the end! ou the limit!, that's all we needed!

**2** nm (= costume) ◆ **complet(-veston)** suit

**3 au (grand) complet** loc adv ◆ **maintenant que nous sommes au complet** now that we are all here ◆ **le groupe/bureau au grand complet** the whole ou entire group/office

**complètement** [kɔ̃plɛtmɑ̃] → SYN adv **a** (= en entier) démonter, nettoyer, repeindre completely; lire right through, from cover to cover; citer in full ◆ **complètement nu** completely ou stark naked ◆ **complètement trempé/terminé** completely soaked/finished ◆ **complètement équipé** fully equipped ◆ **écouter complètement un CD** to listen to a CD right through, listen to the whole of a CD

**b** (= absolument) [+ fou] completely, absolutely; [+ faux] completely, absolutely, utterly; [+ découragé] completely, totally

**c** (= à fond) étudier, faire une enquête fully, thoroughly

**compléter** [kɔ̃plete] → SYN ▸ conjug 6 ◂ **1** vt **a** (= terminer, porter au total voulu) [+ somme, effectifs] to make up; [+ mobilier, collection, dossier] to complete ◆ **pour compléter votre travail/l'ensemble ...** to complete your work/the whole ... ◆ **il compléta ses études en suivant un cours de dactylographie** he completed ou rounded off ou finished off his studies by taking a course in typing ◆ **et pour compléter le tableau, il arriva en retard !** and to crown ou top it all, he arrived late!

**b** (= augmenter) [+ études, formation] to complement, supplement; [+ connaissances, documentation, collection] to supplement, add to; [+ mobilier, garde-robe] to add to ◆ **sa collection se complète lentement** his collection is slowly building up

**2 se compléter** vpr [caractères, personnes, fonctions] to complement one another

**complétif, -ive** [kɔ̃pletif, iv] **1** adj substantival

**2 complétive** nf ◆ **(proposition) complétive** noun ou substantival clause

**complétude** [kɔ̃pletyd] nf completeness

**complexe** [kɔ̃plɛks] → SYN **1** adj intrigue, mécanisme intricate, complex; calcul, situation complex, complicated; nombre, quantité, phrase complex ◆ **sujet complexe** compound subject

**2** nm **a** (Psych) complex ◆ **complexe d'Œdipe/d'infériorité/de supériorité** Oedipus/inferiority/superiority complex ◆ **faire des complexes, être bourré de complexes** * to have loads of hang-ups *, be full of complexes ◆ **il est vraiment sans complexe** (hum) he's got a nerve * ◆ **c'est une équipe de France sans complexe qui va jouer ce soir** the French team are in a very relaxed frame of mind for tonight's match

**b** (Écon : industriel, universitaire, touristique) complex ◆ **complexe routier** road network ◆ **complexe hôtelier/sportif** hotel/sports complex

**c** (Chim, Math) complex

**complexer** [kɔ̃plɛkse] → SYN ▸ conjug 1 ◂ vt ◆ **ça le complexe terriblement** it gives him a terrible complex ◆ **être très complexé** to be very hung-up * ou mixed up * (*par* about)

**complexification** [kɔ̃plɛksifikasjɔ̃] nf increasing complexity ◆ **cela entraîne une complexification des rapports sociaux** this makes social relationships more and more complex ou increasingly complex

**complexifier** [kɔ̃plɛksifje] ▸ conjug 7 ◂ **1** vt to make more complex, complicate

**2 se complexifier** vpr to become more complex ou complicated

**complexion** †† [kɔ̃plɛksjɔ̃] nf (= constitution) constitution; (= teint) complexion; (= humeur) disposition, temperament

**complexité** [kɔ̃plɛksite] nf [intrigue, mécanisme] intricacy, complexity; [calcul, situation] complexity

**complication** [kɔ̃plikasjɔ̃] → SYN nf (= complexité) complexity; (= ennui) complication ◆ **complications** (Méd) complications ◆ **faire des complications** to make life difficult ou complicated

**complice** [kɔ̃plis] → SYN **1** adj **a** **être complice de qch** to be (a) party to sth

**b** regard, sourire knowing (épith), of complicity (attrib); attitude conniving ◆ **la nuit complice protégeait leur fuite** (littér) the friendly night conspired to shelter their flight (littér) ◆ **on est très complices** [amis] we're very close, we understand each other completely

**2** nmf **a** (= criminel) accomplice ◆ **être (le) complice de qn** to be sb's accomplice, be in collusion with sb ◆ **être complice d'un meurtre** to be an accessory ou an accomplice to murder ◆ **complice par instigation/par assistance** accessory before/after the fact

**b** (dans un adultère) (Jur) co-respondent; (= amant) lover; (= maîtresse) mistress

**c** (= compère) [farce, projet] partner ◆ **mon vieux complice** (hum) my old partner-in-crime (hum)

**complicité** [kɔ̃plisite] → SYN nf (Jur, fig) complicity ◆ **agir en complicité avec** to act in complicity ou collusion with ◆ **accusé de complicité de vol** accused of aiding and abetting a theft ou of being an accessory to theft ◆ **la complicité qui existe entre eux** (= bonne entente) the rapport they have

**complies** [kɔ̃pli] nfpl compline

**compliment** [kɔ̃plimɑ̃] → SYN nm **a** (= félicitations) **compliments** congratulations ◆ **recevoir les compliments de qn** to receive sb's congratulations, be congratulated by sb ◆ **faire des compliments à qn** to congratulate sb (*pour* on) ◆ **(je vous fais) mes compliments !** (lit ou iro) congratulations!, well done!

**b** (= louange) compliment ◆ **elle rougit sous le compliment** she blushed at the compliment ◆ **faire un compliment à qn** to pay sb a compliment ◆ **faire des compliments à qn sur sa bonne mine, faire compliment à qn de sa**

**bonne mine** to compliment sb on how well they look ◆ **il lui fait sans cesse des compliments** he's always paying her compliments

c (= formule de politesse) **compliments** compliments ◆ **avec les compliments de la direction** with the compliments of the management ◆ **faites-lui mes compliments** give him my regards

d (= petit discours) congratulatory speech

**complimenter** [kɔ̃plimɑ̃te] → SYN ▸ conjug 1 ◂ vt (= féliciter) to congratulate (*pour, sur, de* on); (= louanger) to compliment (*pour, sur, de* on)

**compliqué, e** [kɔ̃plike] → SYN (ptp de **compliquer**) adj mécanisme complicated, intricate; affaire, explication, phrase complicated, involved; histoire, esprit tortuous; personne complicated; fracture compound (épith) ◆ **ne sois pas si compliqué !** don't make life so difficult! ◆ **puisque tu refuses, ce n'est pas compliqué, moi je pars** since you refuse, that makes it easy ou that simplifies things– I'm leaving ◆ **il ne m'écoute jamais, c'est pas compliqué !** * it's quite simple, he never listens to a word I say! ◆ **cette histoire est d'un compliqué !** what a complicated story!

**compliquer** [kɔ̃plike] → SYN ▸ conjug 1 ◂ 1 vt to complicate ◆ **il nous complique l'existence** ou **la vie** he makes life difficult ou complicated for us ◆ **compliquer les choses** to complicate matters

2 **se compliquer** vpr a [situation, problème] to become ou get complicated ◆ **ça se complique** things are getting more and more complicated

b [personne] **se compliquer l'existence** to make life difficult ou complicated for o.s.

**complot** [kɔ̃plo] → SYN nm plot ◆ **complot contre la sûreté de l'État** plot to destabilize national security ◆ **mettre qn dans le complot** * to let sb in on the plot

**comploter** [kɔ̃plɔte] → SYN ▸ conjug 1 ◂ vti to plot (*de faire* to do; *contre* against) ◆ **qu'est-ce que vous complotez ?** * what are you up to?

**comploteur, -euse** [kɔ̃plɔtœʀ, øz] → SYN nm,f plotter

**componction** [kɔ̃pɔ̃ksjɔ̃] → SYN nf (péj) (affected) gravity; (Rel) contrition ◆ **avec componction** solemnly, with a great show of dignity

**componé, e** [kɔ̃pɔne] adj (Hér) compony

**comportement** [kɔ̃pɔʀtəmɑ̃] → SYN nm behaviour (Brit), behavior (US) (*envers, avec* towards); [matériel, pneus, monnaie] performance ◆ **comportement d'achat** buying patterns ◆ **comportement sexuel** sexual behaviour (Brit) ou behavior (US)

**comportemental, e,** mpl **-aux** [kɔ̃pɔʀtəmɑ̃tal, o] adj behavioural (Brit), behavioral (US)

**comportementalisme** [kɔ̃pɔʀtəmɑ̃talism] nm behaviourism (Brit), behaviorism (US)

**comportementaliste** [kɔ̃pɔʀtəmɑ̃talist] adj, nmf behaviourist (Brit), behaviorist (US)

**comporter** [kɔ̃pɔʀte] → SYN ▸ conjug 1 ◂ 1 vt a (= consister en) to be composed of, be made up of, consist of, comprise ◆ **ce roman comporte deux parties** this novel is made up of ou is composed of ou comprises two parts ◆ **la maison comporte 5 pièces et une cuisine** the house comprises 5 rooms and a kitchen

b (= être muni de) to have, include ◆ **son livre comporte une préface** his book has ou includes a preface ◆ **cette machine ne comporte aucun dispositif de sécurité** this machine has no safety mechanism ◆ **cette règle comporte des exceptions** there are certain exceptions to this rule

c (= impliquer) [+ risques] to entail, involve ◆ **je dois accepter avec tout ce que cela comporte (de désavantages)** I must accept with all (the disadvantages) that it entails ou involves

2 **se comporter** vpr a (= se conduire) to behave ◆ **se comporter en** ou **comme un enfant gâté** to behave like a spoilt child ◆ **il s'est comporté d'une façon odieuse** he behaved horribly (*avec* towards)

b (= réagir) [personne] to behave; [machine, voiture] to perform ◆ **comment s'est-il comporté après l'accident ?** how did he behave after the accident? ◆ **notre équipe s'est très bien comportée** our team played ou acquitted itself very well, our team put up a good performance ◆ **comment le matériel s'est-il comporté en altitude ?** how did the equipment perform at high altitude? ◆ **ces pneus se comportent très bien sur chaussée glissante** these tyres perform very well on slippery roads ◆ **le franc se comporte bien aujourd'hui** (Bourse) the franc is performing ou doing well today

**composant, e** [kɔ̃pozɑ̃, ɑ̃t] → SYN 1 adj, nm component, constituent ◆ **composants électroniques** electronic components

2 **composante** nf (gén, Phys) component ◆ **les diverses composantes du parti** (Pol) the various elements in the party

**composé, e** [kɔ̃poze] → SYN (ptp de **composer**) 1 adj a (Chim, Gram, Math, Mus) compound (épith); (Bot) fleur composite (épith); feuille compound (épith); bouquet, salade mixed; → **passé**

b (= guindé) maintien, attitude studied

2 nm (Chim, Gram) compound; (fig) combination, mixture

3 **composée** nf (Bot) composite ◆ **composées** composites, Compositae (SPÉC)

**composer** [kɔ̃poze] → SYN ▸ conjug 1 ◂ 1 vt a (= confectionner) [+ plat, médicament] to make (up); [+ équipe sportive] to select, put together; [+ assemblée, équipe scientifique] to form, set up

b (= élaborer) [+ poème, lettre] to write, compose; [+ musique] to compose; [+ tableau] to paint; [+ programme] to work out, draw up

c [+ numéro de téléphone] to dial; [+ code] to enter

d (= disposer) [+ bouquet] to arrange, make up; [+ vitrine] to arrange, lay out

e (= constituer) [+ ensemble, produit, groupe] to make up; [+ assemblée] to form, make up ◆ **pièces qui composent une machine** parts which (go to) make up a machine ◆ **composé à 50% de papier recyclé** made of 50% recycled paper ◆ **ces objets composent un ensemble harmonieux** these objects form ou make a harmonious group

f (Typo) to set

g (frm = étudier artificiellement) **composer son visage** to compose one's features ◆ **composer ses gestes** to use affected gestures ◆ **il s'était composé un personnage de dandy** he had established his image as that of a dandy ◆ **se composer un visage de circonstance** to assume a suitable expression

2 vi a (Scol) to do a test ◆ **composer en anglais** to take ou sit (surtout Brit) an English test

b (= traiter) to compromise ◆ **composer avec** [+ adversaire] to come to terms with, compromise with

3 **se composer** vpr (= consister en) ◆ **se composer de, être composé de** to be composed of, be made up of, consist of, comprise ◆ **la vitrine se compose** ou **est composée de robes** the window display is made up of ou composed of dresses ◆ **notre équipe est composée à 70% de femmes** our team is 70% women, 70% of our team are women

**composeuse** [kɔ̃pozøz] nf typesetter

**composite** [kɔ̃pozit] → SYN 1 adj a (= hétérogène) éléments, mobilier, matériau, groupe composite; public mixed; foule motley (épith)

b (Archit) composite

2 nm (Archit) composite order; (= matériau) composite

**compositeur, -trice** [kɔ̃pozitœʀ, tʀis] → SYN nm,f (Mus) composer; (Typo) typesetter, compositor; → **amiable**

**composition** [kɔ̃pozisjɔ̃] → SYN nf a (= confection) [plat, médicament] making(-up); [assemblée] formation, setting-up; [équipe sportive] selection; [équipe de chercheurs] setting-up; [bouquet, vitrine] arranging ◆ **les boissons qui entrent dans la composition du cocktail** the drinks that go into the cocktail; → **rôle**

b (= élaboration) [lettre, poème] writing, composition; [symphonie] composition; [tableau] painting ◆ **une œuvre de ma composition** a work of my own composition

c (= œuvre) (musicale, picturale) composition; (architecturale) structure ◆ **composition florale** flower arrangement

d (= structure) [plan, ensemble] structure ◆ **quelle est la composition du passage ?** what is the structure of the passage? ◆ **la répartition des masses dans le tableau forme une composition harmonieuse** the distribution of the masses in the picture makes for a harmonious composition

e (= constituants) [mélange] composition; [équipe, assemblée] composition, line-up ◆ **quelle est la composition du gâteau ?** what is the cake made of?, what ingredients go into the cake? ◆ **la nouvelle composition du Parlement européen** the new line-up in the European Parliament

f (Scol = examen) test ◆ **composition de français** (en classe) French test ou exam; (à l'examen) French paper ◆ **composition française** (= rédaction) French essay ou composition

g (Typo) typesetting, composition

h (LOC) **venir à composition** to come to terms ◆ **amener qn à composition** to get sb to come to terms ◆ **être de bonne composition** to be good-natured

**compost** [kɔ̃pɔst] → SYN nm compost

**compostage** [kɔ̃pɔstaʒ] nm a (pour mettre une date) (date) stamping; (= poinçonnage) punching

b (Agr) composting

**composter** [kɔ̃pɔste] ▸ conjug 1 ◂ vt a (= dater) to (date) stamp; (= poinçonner) to punch ◆ **n'oubliez pas de composter votre billet** don't forget to punch your ticket

b (Agr) to compost

**composteur** [kɔ̃pɔstœʀ] nm (= timbre dateur) date stamp; (= poinçon) ticket punching machine; (Typo) composing stick

**compote** [kɔ̃pɔt] → SYN nf stewed fruit, compote ◆ **compote de pommes/de poires** stewed apples/pears, compote of apples/pears ◆ **j'ai les jambes en compote** * (de fatigue) my legs are killing me * ou aching; (par l'émotion, la maladie) my legs are like jelly ou cotton wool (Brit) ◆ **il a le visage en compote** * his face is black and blue ou is a mass of bruises

**compotier** [kɔ̃pɔtje] nm fruit dish ou bowl

**compréhensibilité** [kɔ̃pʀeɑ̃sibilite] nf [texte] comprehensibility

**compréhensible** [kɔ̃pʀeɑ̃sibl] → SYN adj (= clair) comprehensible, easily understood; (= concevable) understandable

**compréhensif, -ive** [kɔ̃pʀeɑ̃sif, iv] → SYN adj a (= tolérant) understanding

b (Logique) comprehensive

**compréhension** [kɔ̃pʀeɑ̃sjɔ̃] → SYN nf (= indulgence) understanding; (= fait ou faculté de comprendre) understanding, comprehension; (= clarté) understanding, intelligibility; (Logique, Ling, Math, Scol) comprehension ◆ **compréhension orale/écrite** listening ou aural/reading comprehension ◆ **exercice de compréhension** comprehension exercise

**comprendre** [kɔ̃pʀɑ̃dʀ] GRAMMAIRE ACTIVE 26.1 → SYN ▸ conjug 58 ◂ vt a (= être composé de) to be composed of, be made up of, consist of, comprise; (= être muni de, inclure) to include ◆ **ce manuel comprend 3 parties** this textbook is composed of ou is made up of ou comprises 3 parts ◆ **cet appareil comprend en outre un flash** this camera also has ou comes with a flash ◆ **le loyer ne comprend pas le chauffage** the rent doesn't include ou cover heating, the rent is not inclusive of heating ◆ **je n'ai pas compris là-dedans les frais de déménagement** I haven't included the removal expenses

b [+ problème, langue] to understand; [+ plaisanterie] to understand, get *; [+ personne] (ce qu'elle dit ou écrit) to understand ◆ **je ne le comprends pas/je ne comprends pas ce qu'il dit, il parle trop vite** I can't understand him/I can't make out ou understand what he says, he speaks too quickly ◆ **vous m'avez mal compris** you've misunderstood me ◆ **il comprend mal ce qu'on lui dit** he doesn't understand what he is told ◆ **il ne comprend pas l'allemand** he doesn't understand German ◆ **comprendre la vie/les choses** to understand life/things ◆ **il ne comprend pas la plaisanterie** he can't take a joke ◆ **il ne comprend rien à rien** he hasn't a clue about anything, he doesn't understand a thing (about anything) ◆ **c'est à n'y rien comprendre** it's completely baffling, it's beyond me ◆ **tu n'as rien compris au film !** * you haven't got a clue! * ◆ **dois-je comprendre que ... ?** am I to take it ou understand that ...? ◆ **oui,**

**enfin, je me comprends** well, I know what I mean ◆ **il comprend vite** he's quick, he catches on fast ◆ **tu comprends, ce que je veux c'est ...** you see, what I want is ... ◆ **il a bien su me faire comprendre que je le gênais** he made it quite clear ou plain to me that I was annoying him

◆ **se faire comprendre** to make o.s. understood ◆ **il est difficile de bien se faire comprendre** it's difficult to get one's ideas across (*de qn* to sb) ◆ **j'espère que je me suis bien fait comprendre** I hope I've made myself quite clear

**c** (= être compréhensif envers) [+ personne] to understand ◆ **j'espère qu'il comprendra** I hope he'll understand ◆ **comprendre les jeunes/les enfants** to understand young people/children ◆ **je le comprends, il en avait assez** I can understand him ou I know just how he felt – he'd had enough

**d** (= concevoir) [+ attitude, point de vue] to understand ◆ **je comprends mal son attitude** I find it hard to understand his attitude ◆ **c'est comme ça que je comprends les vacances** that's what I think of as a holiday ◆ **c'est comme ça que je comprends le rôle de Hamlet** that's how I see ou understand the role of Hamlet ◆ **ça se comprend, il voulait partir** it's quite understandable ou it's perfectly natural, he wanted to go ◆ **nous comprenons vos difficultés mais nous ne pouvons rien faire** we understand ou appreciate your difficulties but there's nothing we can do

**e** (= se rendre compte de) to realize, understand (*pourquoi* why) (*comment* how) ◆ **il n'a pas encore compris la gravité de son acte** he hasn't yet understood ou grasped the seriousness of what he did ◆ **j'ai compris ma douleur** * I realized what I'd let myself in for * ◆ **il m'a fait comprendre que je devais faire attention** he made me realize that I should be careful ◆ **il a enfin compris qu'elle ne voulait pas revenir** he finally understood that she didn't want to come back

**comprenette** * [kɔ̃pʀənɛt] nf ◆ **il est dur** ou **lent à la comprenette, il a la comprenette difficile** he's slow on the uptake *, he's slow to catch on *

**compresse** [kɔ̃pʀɛs] → SYN nf compress

**compresser** [kɔ̃pʀese] → SYN ▸ conjug 1 ◂ vt (gén) to squash; (Tech) to compress; (Ordin, Téléc) [+ images, données, signaux] to compress; [+ coûts, dépenses] to cut, reduce ◆ **des vêtements compressés dans une valise** clothes squashed ou crammed into a suitcase

**compresseur** [kɔ̃pʀesœʀ] nm compressor; → **rouleau**

**compressibilité** [kɔ̃pʀesibilite] nf (Phys) compressibility ◆ **la compressibilité des dépenses** (Fin) the extent to which expenses can be reduced ou cut

**compressible** [kɔ̃pʀesibl] → SYN adj (Phys) compressible; dépenses reducible ◆ **ces dépenses ne sont pas compressibles à l'infini** these costs cannot be reduced ou cut down indefinitely

**compressif, -ive** [kɔ̃pʀesif, iv] adj pansement compressive

**compression** [kɔ̃pʀesjɔ̃] → SYN nf **a** (= action) [gaz, substance] compression; [dépenses, personnel] reduction, cutback, cutting-down (*de* in); (Ordin) compression ◆ **compression numérique** digital compression ◆ **procéder à des compressions de crédits** to set up credit restrictions ou a credit squeeze ◆ **compressions budgétaires** cutbacks in spending, budget restrictions ou cuts ◆ **compression des profits** squeeze on profits, reduction in profits ◆ **compression des coûts** cost-cutting (NonC) ◆ **des mesures de compression sont nécessaires** restrictions ou cutbacks are needed

**b** (Aut, Phys = pression) compression ◆ **pompe de compression** compression pump ◆ **meurtri par compression** bruised by crushing ◆ **point de compression** (Méd) pressure point

**comprimé** [kɔ̃pʀime] → SYN nm (Pharm) tablet ◆ **médicament en comprimés** medicine in tablet form

**comprimer** [kɔ̃pʀime] → SYN ▸ conjug 1 ◂ vt **a** (= presser) [+ air, gaz, artère] to compress; [+ substance à emballer] to press ou pack tightly together ◆ **sa ceinture lui comprimait l'estomac** his belt was pressing ou digging into his stomach ◆ **ces chaussures me compriment les pieds** these shoes pinch my feet ◆ **nous étions tous comprimés dans la voiture** we were all jammed together * ou packed tightly together in the car; → **air¹**

**b** (= réduire) [+ dépenses, personnel] to cut down ou back, reduce; (Ordin) to compress

**c** (= contenir) [+ larmes, colère, sentiments] to hold back, hold in check

**compris, e** [kɔ̃pʀi, iz] → SYN (ptp de **comprendre**) adj **a** (= inclus) **10 € emballage compris** €10 inclusive of ou including packaging, €10 packaging included ◆ **10 € emballage non compris** €10 exclusive of ou excluding ou not including packaging ◆ **service compris** service included ◆ **service non compris** service not included, service extra ◆ **tout compris** all inclusive, everything included ◆ **c'est 20 € tout compris** it's €20 all inclusive ou all in * ◆ **il va vendre ses terres, la ferme comprise/non comprise** he's selling his land including/excluding the farm

**b** **100 € y compris l'électricité** ou **électricité comprise** €100 including electricity ou electricity included ◆ **y compris moi** myself included, including me ou myself

**c** (= situé) **être compris entre** to be contained between ou by, be bounded by ◆ **la zone comprise entre les falaises et la mer** the area (lying) between the cliffs and the sea, the area bounded by the cliffs and the sea ◆ **tous les chapitres qui sont compris entre les pages 12 et 145** all the chapters (which are) contained ou included in pages 12 to 145

**d** (= d'accord) **(c'est) compris !** (it's) agreed! ◆ **alors c'est compris, on se voit demain** so it's agreed then, we'll see each other tomorrow ◆ **tu t'y mets tout de suite, compris !** start right away, understand? ou is that understood?

**compromettant, e** [kɔ̃pʀɔmetɑ̃, ɑ̃t] adj compromising ◆ **signer cette pétition, ce n'est pas très compromettant** you won't commit yourself to very much by signing this petition, there's no great commitment involved in signing this petition ◆ **un homme compromettant** (péj) an undesirable associate

**compromettre** [kɔ̃pʀɔmɛtʀ] → SYN ▸ conjug 56 ◂

**1** vt [+ personne, réputation] to compromise; [+ avenir, chances, santé] to compromise, jeopardize

**2** **se compromettre** vpr (= s'avancer) to commit o.s.; (= se discréditer) to compromise o.s. ◆ **se compromettre dans une affaire louche** to get mixed up ou involved in a shady deal

**compromis, e** [kɔ̃pʀɔmi, iz] → SYN (ptp de **compromettre**) **1** adj ◆ **être compromis** [personne, réputation] to be compromised; [avenir, projet, chances] to be jeopardized ou in jeopardy ◆ **notre sortie/collaboration me semble bien** ou **très compromise** our trip/continuing collaboration looks very doubtful to me ◆ **un ministre serait compromis dans cette affaire** a minister is alleged to be involved in the affair

**2** nm compromise ◆ **solution de compromis** compromise solution ◆ **compromis de vente** (provisional) sales agreement ◆ **trouver un compromis (entre)** to find ou reach a compromise (between)

**compromission** [kɔ̃pʀɔmisjɔ̃] → SYN nf dishonest compromise ◆ **c'est là une compromission avec votre conscience** now you're compromising with your conscience

**compromissoire** [kɔ̃pʀɔmiswaʀ] adj (Jur) ◆ **clause compromissoire** arbitration clause

**comptabilisation** [kɔ̃tabilizasjɔ̃] nf (Fin) posting

**comptabiliser** [kɔ̃tabilize] ▸ conjug 1 ◂ vt (Fin) to post; (= compter) to count

**comptabilité** [kɔ̃tabilite] nf (= science) accountancy, accounting; (d'une petite entreprise) book-keeping; (= comptes) accounts, books; (= bureau, service) accounts office ou department; (= profession) accountancy, accounting ◆ **il s'occupe de la comptabilité de notre entreprise** he does the accounting ou keeps the books for our firm ◆ **comptabilité analytique** cost accounting ◆ **comptabilité publique** public finance ◆ **comptabilité à partie simple/double** single-/double-entry book-keeping

**comptable** [kɔ̃tabl] → SYN **1** adj **a** (Fin) [+ règles etc] accounting, book-keeping ◆ **il manque une pièce comptable** one of the accounts is missing ◆ **nom comptable** (Ling) countable ou count noun

**b** (= responsable) accountable (*de* for)

**2** nmf accountant ◆ **comptable agréé** chartered accountant (Brit), certified accountant (Brit), certified public accountant (US) ◆ **comptable du Trésor** *local Treasury official* ◆ **chèque adressé au comptable du Trésor** cheque addressed to the Treasury; → **chef¹**

**comptage** [kɔ̃taʒ] nm (= action) counting ◆ **faire un comptage rapide** to do a quick count (*de* of)

**comptant** [kɔ̃tɑ̃] → SYN **1** adv payer cash, in cash; acheter, vendre for cash ◆ **verser 25 € comptant** to pay €25 down, put down €25

**2** nm (= argent) cash ◆ **au comptant** payer cash; acheter, vendre for cash ◆ **achat/vente au comptant** cash purchase/sale; → **argent**

## compte [kɔ̃t]

→ SYN

1 NOM MASCULIN
2 COMPOSÉS

### 1 NOM MASCULIN

**a** = calcul count ◆ **faire le compte des visiteurs/erreurs** to count (up) the visitors/mistakes, make a count of the visitors/mistakes ◆ **faire le compte des dépenses/de sa fortune** to calculate ou work out the expenditure/one's wealth ◆ **comment as-tu fait ton compte pour arriver si tard ?** (fig) how did you manage to arrive so late? ◆ **l'as-tu inclus dans le compte ?** have you counted ou included him? ◆ **prendre qch en compte** to take sth into account ◆ **ils exigent la prise en compte des préoccupations écologiques** they're demanding that ecological considerations be taken into account

◆ **à ce compte(-là)** (= dans ce cas) in that case; (= à ce train-là) at this ou that rate

◆ **tout compte fait, tous comptes faits** all things considered, when all's said and done

**b** = nombre exact (right) number ◆ **le compte y est** (paiement) that's the right amount; (inventaire) that's the right number, they're all there ◆ **ça ne fait pas le compte** (paiement) that's not enough ou the right amount; (inventaire) there's (still) something missing, they're not all there ◆ **j'ai ajouté 3 cuillerées/5 € pour faire le compte** I've added 3 spoonfuls/€5 to make up the full amount ◆ **ça devrait faire (largement) le compte** that should be (more than) enough ◆ **avez-vous le bon compte** ou **votre compte de chaises ?** have you got the right number of chairs? ou the number of chairs you want? ◆ **je n'arrive jamais au même compte** I never get the same figure ou number ou total twice ◆ **pour faire bon compte** (Comm) to make up the amount; → **loin, rond**

**c** Comptab account ◆ **les comptes de la nation** the national accounts ◆ **faire ses comptes** to do one's accounts ou books ◆ **tenir les comptes du ménage** to keep the household accounts ◆ **tenir les comptes d'une entreprise** to keep the books ou accounts of a firm ◆ **publier à compte d'auteur** to publish at the author's expense ◆ **passer en compte** to place ou pass to account ◆ **nous sommes en compte** we have business to settle; → **apothicaire, ligne¹**

◆ **de compte à demi** ◆ **ils sont de compte à demi dans cette affaire** they're equal partners in this venture

◆ **être laissé pour compte** [question, aspect] to be neglected ou overlooked; [personne] to be left by the wayside; → **laissé-pour-compte**

**d** Banque **compte (en banque** ou **bancaire)** (bank) account ◆ **compte rémunéré** interest-bearing account ◆ **compte non rémunéré** non-interest-bearing account ◆ **avoir un compte dans une banque/à la Banque de France** to have an account with a bank/with the Banque de France ◆ **avoir de l'argent en compte** to have money in an account

**e** = dû **donner** ou **régler son compte à un employé** (lit) to settle up with an employee; (fig = renvoyer) to give an employee his cards * (Brit) ou pink slip * (US) ◆ **demander son**

**compte** [employé] to hand in one's notice ◆ **il a son compte** * (fig) (épuisé, mort) he's had it *, he's done for *; (ivre) he's had more than he can hold ou take ◆ **son compte est bon** (fig) his number's up *, he's had it *; → **régler**

**f** = facture, addition (gén) account, invoice, bill; [hôtel, restaurant] bill (Brit), check (US) ◆ **pourriez-vous me faire mon compte ?** would you make me out my bill? ◆ **mettez-le sur mon compte** (au restaurant, à l'hôtel) put it on my bill; (dans un magasin) charge it to ou put it on my account

**g** = avantage **cela fait mon compte** that suits me ◆ **il y a trouvé son compte** he's got something out of it, he did well out of it ◆ **chacun y trouve son compte** there's something in it for everybody ◆ **si cette situation continue, c'est parce que le gouvernement y trouve son compte** if this situation continues, it's because it's to the government's advantage ou because it suits the government

◆ **à bon compte** obtenir (on the) cheap, for very little, for a song * ◆ **s'en tirer à bon compte** to get off lightly

**h** = explications, justifications **demander** ou **réclamer des comptes à qn** to ask sb for an explanation ◆ **il me doit des comptes à propos de cette perte** he owes me an explanation for this loss ◆ **rendre des comptes à qn** to explain o.s. to sb ◆ **il va bien falloir qu'il me rende des comptes** he's going to have to explain himself to me ◆ **je n'ai de comptes à rendre à personne** I'm accountable to nobody, I don't owe anybody any explanations ◆ **rendre compte de qch à qn** to give sb an account of sth ◆ **il doit rendre compte de tous ses déplacements** he has to account for all his movements ◆ **elle rendra compte de la réunion à ses collègues** she will brief her colleagues on the meeting

**i** **se rendre compte de qch** (= réaliser) to realize sth, be aware of sth ◆ **se rendre compte que ...** to realize that ..., be aware that ... ◆ **je me rends très bien compte de la situation** I am very well aware of the situation ◆ **est-ce que tu te rends vraiment compte de ce que tu dis/fais ?** do you realize ou do you really know what you are saying/doing? ◆ **tu ne te rends pas compte du travail que ça représente** you have no idea ou you just don't realize how much work that represents ◆ **rendez-vous compte !** just imagine! ou think! ◆ **il a osé me dire ça, à moi, tu te rends compte !** he dared say that to me – can you believe it!

**j** **tenir compte de qch/qn** to take sth/sb into account ◆ **il n'a pas tenu compte de nos avertissements** he didn't take any notice of our warnings, he disregarded ou ignored our warnings ◆ **tenir compte à qn de son dévouement** to take sb's devotion into account ◆ **on lui a tenu compte de son passé** they took his past into account ou consideration

◆ **compte tenu de** considering

**k** expressions figées

◆ **au compte de qn** ou **qch** ◆ **mettre qch au compte de** (= attribuer à) to put sth down to, attribute ou ascribe sth to ◆ **prendre qch à son compte** (responsabilité financière) to pay for sth; (responsabilité morale) to take responsibility for sth ◆ **je reprends cette maxime à mon compte** I shall make that saying my motto ◆ **il a repris la boutique à son compte** he's taken over the shop in his own name ◆ **être/s'établir** ou **se mettre** ou **s'installer à son compte** to be/set up in business for o.s., have/set up one's own business ◆ **travailler à son compte** to be self-employed

◆ **pour le compte de qn** (= au nom de) on behalf of ◆ **pour mon compte (personnel)** (= en ce qui me concerne) personally; (= pour mon propre usage) for my own use; (= à mon profit) for my own benefit ◆ **chacun négocie pour son propre compte** everybody negotiates for himself ◆ **la banque agit pour son propre compte** the bank is acting on its own behalf

◆ **sur le compte de qn** ou **qch** (= à propos de) about ◆ **on m'en a raconté de belles sur son compte !** I was told a few interesting stories about him!

◆ **mettre qch sur le compte de** (= attribuer à) to put sth down to, attribute ou ascribe sth to

**l** **pour le compte** ◆ **aller au tapis pour le compte** (Boxe) to be out for the count ◆ **tes sarcasmes l'ont envoyé au tapis pour le compte** (hum) your sarcastic remarks really knocked him for six *

2 COMPOSÉS

▷ **compte bloqué** escrow account ▷ **compte chèque postal** post office account, ≃ National Girobank account (Brit) ▷ **compte(-)chèques** ⇒ **compte courant** ▷ **compte courant** current ou checking (US) account ▷ **compte d'épargne en actions** stock market investment savings account ▷ **compte d'épargne logement** *house purchase savings account giving the saver a reduced mortgage rate*, ≃ building society account (Brit) ▷ **compte d'exploitation** trading ou operating ou working account ▷ **compte joint** joint account ▷ **compte numéroté** ou **à numéro** numbered account ▷ **compte pour le développement industriel** industrial development savings account ▷ **compte des profits et pertes** profit and loss account ▷ **compte à rebours** (Espace, fig) countdown ▷ **compte rendu** (= rapport) (gén) account, report; [livre, film] review; (sur travaux en cours) progress report ◆ **compte rendu d'audience** court record ◆ **faire le compte rendu d'un match/d'une réunion** to give an account of ou a report on a match/meeting, give a rundown on a match/meeting ▷ **compte sur livret** deposit account

**compte-fils** [kɔ̃tfil] **nm inv** (Tech) linen tester

**compte-gouttes** [kɔ̃tgut] → SYN **nm inv** (= pipette) dropper ◆ **au compte-gouttes** distribuer, dépenser sparingly, in dribs and drabs; rembourser, entrer, sortir in dribs and drabs

**compter** [kɔ̃te]

▸ conjug 1 ◂

→ SYN GRAMMAIRE ACTIVE 8.2

1 VERBE TRANSITIF

2 VERBE INTRANSITIF

1 VERBE TRANSITIF

**a** = calculer [+ choses, personnes, argent, jours] to count ◆ **combien en avez-vous compté ?** how many did you count?, how many did you make it? ◆ **40 cm ? j'avais compté 30** 40 cm? I made it 30 ◆ **il a 50 ans bien comptés** he's a good 50 (years old) ◆ **on peut compter (sur les doigts de la main) ceux qui comprennent vraiment** you can count on (the fingers of) one hand the number of people who really understand ◆ **on ne compte plus ses gaffes, ses gaffes ne se comptent plus** we've lost count of his blunders, he's made countless blunders ◆ **compter les jours/les minutes** to count the days/the minutes ◆ **compter les points** (lit) to count (up) the points ◆ **pendant qu'ils se disputaient moi je comptais les points** (fig) I just sat back and watched while they argued ◆ **pendant qu'ils se battaient je comptais les coups** I just sat back and watched while they fought ◆ **il a été compté 7** (Boxe) he took a count of 7; → **mouton**

**b** = escompter, prévoir to reckon, allow ◆ **combien as-tu compté qu'il nous fallait de chaises ?** how many chairs did you reckon we'd need? ◆ **j'ai compté qu'il nous en fallait 10** I reckoned we'd need 10 ◆ **combien de temps/d'argent comptez-vous pour finir les travaux ?** how much time/money do you reckon it'll take to finish the work?, how much time/money are you allowing to finish the work? ◆ **il faut (bien) compter 10 jours/10 €** you must allow (a good) 10 days/€10, you must reckon on it taking (a good) 10 days/costing (a good) €10 ◆ **j'ai compté 90 cm pour le frigo, j'espère que ça suffira** I've allowed 90 cm for the fridge, I hope that'll do

**c** = inclure to include ◆ **cela fait un mètre en comptant l'ourlet** that makes one metre counting ou including the hem ◆ **t'es-tu compté ?** did you count ou include yourself? ◆ **ne me comptez pas** don't include me

◆ **sans compter** ◆ **nous étions dix, sans compter l'instituteur** there were ten of us, not counting the teacher ◆ **ils nous apportèrent leurs connaissances, sans compter leur bonne volonté** they gave us their knowledge, not to mention ou to say nothing of their helpfulness; voir aussi **2b**

**d** = tenir compte de to take into account ◆ **ta bonne volonté te sera comptée** your helpfulness will be taken into account

◆ **sans compter que**

(= et de plus) not to mention that

(= d'autant plus que) especially since ou as ◆ **il aurait dû venir, sans compter qu'il n'avait rien à faire** he ought to have come especially since ou as he had nothing to do

◆ **tout bien compté** (frm) all things considered, all in all

**e** = facturer to charge for ◆ **compter qch à qn** to charge sb for sth, charge sth to sb ◆ **ils n'ont pas compté le café** they didn't charge for the coffee ◆ **combien vous ont-ils compté le café ?** how much did they charge you for the coffee? ◆ **ils nous l'ont compté trop cher/10 €/au prix de gros** they charged us too much/€10/the wholesale price (for it)

**f** = avoir to have ◆ **la ville compte quelques très beaux monuments** the town has some very beautiful monuments ◆ **il compte 2 ans de règne/de service** he has been on the throne/in the firm for 2 years ◆ **il ne compte pas d'ennemis** he has no enemies ◆ **cette famille compte trois musiciens** this family has ou boasts three musicians

**g** = classer, ranger to consider ◆ **on compte ce livre parmi les meilleurs de l'année** this book is considered (to be) ou ranks among the best of the year ◆ **il le compte au nombre de ses amis** he considers him one of his friends, he numbers him among his friends

**h** = verser to pay ◆ **le caissier va vous compter 100 €** the cashier will pay you €100 ◆ **vous lui compterez 1000 F pour les heures supplémentaires** you will pay him 1,000 francs' overtime

**i** = donner avec parcimonie **il compte chaque sou qu'il nous donne** he counts every penny he gives us ◆ **les permissions leur sont comptées** their leave is rationed ◆ **il ne compte pas sa peine** he spares no trouble ◆ **ses jours sont comptés** his days are numbered ◆ **le temps m'est compté** my time is precious

**j** = avoir l'intention de to intend, plan; (= s'attendre à) to expect, reckon ◆ **ils comptent partir demain** they intend ou plan to go tomorrow ◆ **je compte recevoir la convocation demain** I'm expecting (to receive) the summons tomorrow ◆ **je ne compte pas qu'il vienne aujourd'hui** I'm not expecting ou I don't expect him to come today

2 VERBE INTRANSITIF

**a** = calculer to count ◆ **il sait compter (jusqu'à 10)** he can count (up to 10) ◆ **comment est-ce que tu as compté ?** how did you work it out? ◆ **compter sur ses doigts** to count on one's fingers ◆ **compter de tête** to count in one's head ◆ **tu as mal compté** you counted wrong, you miscounted

◆ **à compter de** (starting ou as) from ◆ **cette loi prendra effet à compter du 1er mai** this law will take effect (as) from May 1st

**b** = être économe to economize ◆ **avec la montée des prix, il faut compter sans cesse** with the rise in prices you have to watch every penny (you spend) ◆ **dépenser sans compter** (= être dépensier) to spend extravagantly; (= donner généreusement) to give without counting the cost ◆ **il s'est dépensé sans compter pour cette cause** he spared no effort in supporting the cause, he gave himself body and soul to the cause

**c** = avoir de l'importance to count, matter ◆ **c'est le résultat qui compte** it's the result that counts ou matters ◆ **c'est le geste qui compte** it's the thought that counts ◆ **35 ans de mariage, ça compte !** 35 years of marriage, that's quite something! ◆ **c'est un succès qui compte** it's an important success ◆ **ce qui compte c'est de savoir dès maintenant** the main thing is to find out right away ◆ **sa mère compte beaucoup pour lui** his mother is very important to him ◆ **ça ne compte pas** that doesn't count

**d** (= valoir) to count ◆ **pour la retraite, les années de guerre comptent double** for the purposes of retirement, war service counts double ◆ **après 60 ans les années comptent double** after 60 every year counts double

**e** (= figurer) **compter parmi** to be *ou* rank among ◆ **compter au nombre de** to be one of ◆ **il compte pour deux** he's worth two men ◆ **il compte pour quatre quand il s'agit de bagages/manger** he takes enough luggage/ eats enough for four ◆ **ça compte pour beaucoup dans sa réussite/dans sa décision** that has a lot to do with his success/his decision, that is a major factor in his success/his decision ◆ **ça ne compte pour rien dans sa réussite/dans sa décision** that has nothing to do with his success/his decision ◆ **ça compte pour du beurre*** that counts for nothing, that doesn't count

**f** **compter avec** (= tenir compte de) to reckon with, take account of, allow for ◆ **il faut compter avec l'opinion** you've got to reckon with *ou* take account of public opinion ◆ **il faut compter avec le temps incertain** you have to allow for changeable weather ◆ **un nouveau parti avec lequel il faut compter** a new party to be reckoned with ◆ **il faudra compter avec lui** you'll have him to reckon with

♦ **compter sans** ◆ **on avait compté sans la grève** we hadn't reckoned on there being a strike, we hadn't allowed for the strike

♦ **compter sur** (= se fier à) to count on, rely on ◆ **compter sur la discrétion/la bonne volonté de qn** to count on *ou* rely on sb's discretion/ goodwill ◆ **nous comptons sur vous (pour) demain** we're expecting you (to come) tomorrow ◆ **j'y compte bien !** I should hope so! ◆ **n'y comptez pas trop, ne comptez pas trop là-dessus** don't bank on it, don't count on it ◆ **je compte sur vous** I'm counting *ou* relying on you ◆ **vous pouvez compter là-dessus** you can depend upon it ◆ **ne comptez pas sur moi** (you can) count me out ◆ **tu peux compter sur lui pour le répéter partout !** you can bet (your life) he'll go and tell everyone!, you can count on him to go and tell everyone! ◆ **compte (là-)dessus et bois de l'eau (fraîche)**‡ you've got a hope! (Brit), you haven't a prayer! (US), you'll be lucky!

**compte-tours** [kɔ̃ttuʀ] **nm inv** (Aut) rev *ou* revolution counter, tachometer; (Tech) rev *ou* revolution counter

**compteur** [kɔ̃tœʀ] [→ SYN] **nm** meter ◆ **compteur d'eau/électrique/à gaz** water/electricity/gas meter ◆ **compteur Geiger** Geiger counter ◆ **compteur (kilométrique)** milometer (Brit), odometer (US) ◆ **compteur (de vitesse)** speedometer ◆ **remettre un compteur à zéro** to reset a meter at *ou* to zero ◆ **remettre les compteurs à zéro** (fig) to wipe the slate clean; → **relever**

**comptine** [kɔ̃tin] **nf** (= chanson) nursery rhyme; (= pour compter) counting rhyme *ou* song

**comptoir** [kɔ̃twaʀ] [→ SYN] **nm** **a** [magasin] counter; [bar] bar
**b** (colonial) trading post
**c** (Comm = cartel) syndicate *(for marketing)*
**d** (Fin = agence) branch

**compulsation** [kɔ̃pylsasjɔ̃] **nf** consultation

**compulser** [kɔ̃pylse] [→ SYN] ▸ conjug 1 ◂ **vt** to consult

**compulsif, -ive** [kɔ̃pylsif, iv] **adj** (Psych) compulsive

**compulsion** [kɔ̃pylsjɔ̃] **nf** (Psych) compulsion

**compulsionnel, -elle** [kɔ̃pylsjɔnɛl] **adj** compulsive

**comput** [kɔ̃pyt] [→ SYN] **nm** (Rel) *reckoning of the dates of movable feasts in the religious calendar*

**computation** [kɔ̃pytasjɔ̃] **nf** calculation, computation ◆ **cela échappe aux computations** this is impossible to calculate

**computationnel, -elle** [kɔ̃pytasjɔnɛl] **adj** computational ◆ **linguistique computationnelle** computational linguistics

**comte** [kɔ̃t] **nm** count; (britannique) earl ◆ **"Le Comte de Monte Cristo"** (Littérat) "The Count of Monte Cristo"

**comté** [kɔ̃te] [→ SYN] **nm** **a** (Hist) earldom; (Admin Brit, Can) county
**b** (= fromage) comté *(kind of gruyère cheese)*

**comtesse** [kɔ̃tɛs] **nf** countess

**con, conne** [kɔ̃, kɔn] [→ SYN] [1] **adj** (f aussi inv : ‡ = stupide) damned‡ *ou* bloody‡ (Brit) stupid ◆ **qu'il est con !** what a stupid bastard*‡ *ou* bloody‡ (Brit) fool (he is)! ◆ **qu'elle est con !** *ou* **conne !** silly bitch!*‡, silly cow!‡ (Brit) ◆ **il est con comme la lune** *ou* **comme un balai** he's a damn‡ *ou* bloody‡ (Brit) fool *ou* idiot ◆ **c'est pas con comme idée** it's not a bad idea
[2] **nm,f** (‡ = crétin) damn fool‡, bloody (Brit) idiot‡, wally‡ (Brit), schmuck‡ (US) ◆ **sale con !***‡ bastard!*‡, bloody‡ (Brit) swine! ◆ **bande de cons** load of cretins‡ *ou* bloody idiots‡ (Brit) ◆ **faire le con** to mess around*, muck about* (Brit), piss about*‡ ◆ **serrure/ gouvernement à la con** lousy‡ *ou* crummy‡ lock/government ◆ **comme un con** like a damn fool‡ *ou* bloody idiot‡ (Brit)
[3] **nm** (*‡= vagin) cunt*‡

**Conakry** [kɔnakʀi] **n** Conakry

**conard**‡ [kɔnaʀ] **nm** ⇒ **connard**

**conarde**‡ [kɔnaʀd] **nf** ⇒ **connarde**

**conasse**‡ [kɔnas] **nf** ⇒ **connasse**

**conatif, -ive** [kɔnatif, iv] **adj** (Ling) conative

**conation** [kɔnasjɔ̃] **nf** (Philos, Psych) conation

**concassage** [kɔ̃kɑsaʒ] **nm** crushing

**concasser** [kɔ̃kɑse] [→ SYN] ▸ conjug 1 ◂ **vt** to crush ◆ **poivre concassé** crushed peppercorns

**concasseur** [kɔ̃kɑsœʀ] [→ SYN] [1] **adj m** crushing
[2] **nm** crusher

**concaténation** [kɔ̃katenasjɔ̃] **nf** concatenation

**concave** [kɔ̃kav] [→ SYN] **adj** concave

**concavité** [kɔ̃kavite] [→ SYN] **nf** (Opt) concavity; (gén = cavité) hollow, cavity ◆ **les concavités d'un rocher** the hollows *ou* cavities in a rock

**concédant** [kɔ̃sedɑ̃] **nm** (Écon) licensor

**concéder** [kɔ̃sede] [→ SYN] ▸ conjug 6 ◂ **vt** [+ privilège, droit, exploitation] to grant; [+ point] to concede; [+ but, corner] to concede, give away ◆ **je vous concède que ...** I'll grant you that ...

**concélébrant** [kɔ̃selebʀɑ̃] **nm** concelebrant

**concélébrer** [kɔ̃selebʀe] ▸ conjug 1 ◂ **vt** to concelebrate

**concentration** [kɔ̃sɑ̃tʀasjɔ̃] [→ SYN] **nf** **a** (gén, Chim) concentration ◆ **les grandes concentrations urbaines des Midlands** the great conurbations of the Midlands; → **camp**
**b** (= fusion) **la concentration des entreprises** the merging of businesses ◆ **concentration horizontale/verticale** horizontal/vertical integration
**c** **concentration (d'esprit)** concentration

**concentrationnaire** [kɔ̃sɑ̃tʀasjɔnɛʀ] **adj** système concentration camp (épith)

**concentré, e** [kɔ̃sɑ̃tʀe] [→ SYN] (ptp de **concentrer**) [1] **adj** **a** acide concentrated; lait condensed
**b** candidat, athlète concentrating hard (attrib)
[2] **nm** (chimique) concentrated solution; (= bouillon) concentrate, extract ◆ **concentré de tomates** tomato purée

**concentrer** [kɔ̃sɑ̃tʀe] [→ SYN] ▸ conjug 1 ◂ [1] **vt** (gén) to concentrate ◆ **concentrer son attention sur qch** to concentrate *ou* focus one's attention on sth
[2] **se concentrer vpr** [foule, troupes] to concentrate ◆ **le candidat se concentra avant de répondre** the candidate gathered his thoughts *ou* thought hard before replying ◆ **je me concentre !** I'm concentrating! ◆ **se concentrer sur un problème** to concentrate on a problem ◆ **les regards se concentrèrent sur moi** everybody's gaze was fixed *ou* focused on me

**concentrique** [kɔ̃sɑ̃tʀik] **adj** cercle concentric

**concept** [kɔ̃sɛpt] [→ SYN] **nm** concept

**conceptacle** [kɔ̃sɛptakl] **nm** conceptacle

**concepteur, -trice** [kɔ̃sɛptœʀ, tʀis] [→ SYN] **nm,f** (Ind, Comm) designer ◆ **concepteur graphique** graphic designer ◆ **concepteur-projeteur** project manager ◆ **concepteur de réseaux** network designer ◆ **concepteur(-rédacteur) publicitaire** advertising copywriter

**conception** [kɔ̃sɛpsjɔ̃] [→ SYN] **nf** **a** (Bio) conception; → **immaculé**
**b** (= action) [idée] conception, conceiving; (Ind, Comm) design ◆ **la conception d'un tel plan est géniale** it is a brilliantly conceived plan ◆ **voilà quelle est ma conception de la chose** this is how I see it ◆ **machine d'une conception révolutionnaire** machine of revolutionary design ◆ **conception assistée par ordinateur** computer-aided *ou* computer-assisted design
**c** (= idée) notion, idea; (= réalisation) creation

**conceptisme** [kɔ̃sɛptism] **nm** conceptism

**conceptualisation** [kɔ̃sɛptɥalizasjɔ̃] **nf** conceptualization

**conceptualiser** [kɔ̃sɛptɥalize] ▸ conjug 1 ◂ **vt** to conceptualize

**conceptualisme** [kɔ̃sɛptɥalism] **nm** conceptualism

**conceptuel, -elle** [kɔ̃sɛptɥɛl] [→ SYN] **adj** conceptual ◆ **art conceptuel** conceptual art

**concernant** [kɔ̃sɛʀnɑ̃] [→ SYN] **prép** **a** (= se rapportant à) concerning, relating to, regarding ◆ **des mesures concernant ce problème seront bientôt prises** steps will soon be taken concerning *ou* regarding this problem
**b** (= quant à) with regard to, as regards ◆ **concernant ce problème, des mesures seront bientôt prises** with regard to this problem *ou* as regards this problem *ou* as far as this problem is concerned, steps will soon be taken

**concerner** [kɔ̃sɛʀne] GRAMMAIRE ACTIVE 6.2 [→ SYN] ▸ conjug 1 ◂ **vt** to concern ◆ **cela ne vous concerne pas** (= ce n'est pas votre affaire) it's no concern of yours; (= on ne parle pas de vous) it doesn't concern you; (= ça n'a pas d'incidence sur vous) it doesn't affect you ◆ **en ce qui concerne cette question** with regard to this question, concerning this question, as far as this question is concerned ◆ **en ce qui me concerne** as far as I'm concerned ◆ **pour affaire vous concernant** (Admin) to discuss a matter which concerns you *ou* a matter concerning you ◆ **je ne me sens pas concerné par sa remarque/son rapport** his remark/ report doesn't apply to *ou* concern me

**concert** [kɔ̃sɛʀ] [→ SYN] **nm** **a** (Mus) concert ◆ **concert spirituel** concert of sacred music ◆ **concert de louanges/de lamentations/ d'invectives** chorus of praise/ lamentation(s)/invective ◆ **on entendit un concert d'avertisseurs** a chorus of horns started up; → **salle**
**b** (littér) (= harmonie) chorus; (= accord) entente, accord ◆ **un concert de voix** a chorus of voices ◆ **le concert des grandes puissances** the entente *ou* accord between the great powers
**c** **de concert** partir, décider together; rire in unison; agir together, in concert, in unison ◆ **ils ont agi de concert pour éviter ...** they took concerted action to avoid ... ◆ **de concert avec** (= en accord avec) in cooperation *ou* conjunction with; (= ensemble) together with

**concertant, e** [kɔ̃sɛʀtɑ̃, ɑ̃t] **adj** → **symphonie**

**concertation** [kɔ̃sɛʀtasjɔ̃] [→ SYN] **nf** (= échange de vues, dialogue) dialogue; (= rencontre) meeting ◆ **sans concertation préalable** without preliminary consultation(s)

**concerté, e** [kɔ̃sɛʀte] [→ SYN] (ptp de **concerter**) **adj** concerted

**concerter** [kɔ̃sɛʀte] [→ SYN] ▸ conjug 1 ◂ [1] **vt** (= organiser) [+ plan, entreprise, projet] to devise
[2] **se concerter vpr** (= délibérer) to consult (each other), take counsel together

**concertina** [kɔ̃sɛʀtina] **nm** concertina

**concertino** [kɔ̃sɛʀtino] **nm** concertino

**concertiste** [kɔ̃sɛʀtist] **nmf** concert artiste *ou* performer

**concerto** [kɔ̃sɛʀto] **nm** concerto ◆ **concerto pour piano (et orchestre)** piano concerto, concerto for piano and orchestra ◆ **concerto grosso** concerto grosso ◆ **"Concertos brandebourgeois"** (Mus) "Brandenburg Concertos"

**concessif, -ive** [kɔ̃sesif, iv] (Gram) [1] **adj** concessive
[2] **concessive nf** concessive clause

**concession** [kɔ̃sesjɔ̃] → SYN nf a (= faveur) concession (*à* to) ◆ **faire des concessions** to make concessions ◆ **sans concession** morale, reportage uncompromising; débat ruthless

b (= cession) [terrain, exploitation] concession ◆ **faire la concession d'un terrain** to grant a piece of land

c (= exploitation, terrain, territoire) concession; [cimetière] burial plot ◆ **concession minière** mining concession ◆ **concession à perpétuité** burial plot held in perpetuity

**concessionnaire** [kɔ̃sesjɔnɛʀ] 1 adj (Comm, Écon) entreprise, service concessionary ◆ **société concessionnaire** (travaux publics) contractor

2 nmf (= marchand agréé) agent, dealer, franchise holder; (= bénéficiaire d'une concession) concessionaire, concessionary ◆ **concessionnaire automobile** car dealer ◆ **disponible chez votre concessionnaire** available from your dealer

**concetti** [kɔnʃɛtti] → SYN nmpl [style] conceits

**concevable** [kɔ̃s(ə)vabl] → SYN adj conceivable ◆ **il est très concevable que ...** it's quite conceivable that ...

**concevoir** [kɔ̃s(ə)vwaʀ] → SYN ▸ conjug 28 ◂ vt a (= penser) to imagine; [+ fait, concept, idée] to conceive of ◆ **je n'arrive pas à concevoir que c'est fini** I can't conceive ou believe that it's finished ◆ **il ne conçoit pas qu'on puisse souffrir de la faim** he cannot imagine ou conceive that people can suffer from starvation

b (= élaborer, étudier) [+ voiture, maison, produit] to design; [+ solution, projet, moyen] to conceive, devise, think up ◆ **bien/mal conçu** projet, livre well/badly thought out; voiture, maison well/badly designed

c (= envisager) [+ question] to see, view ◆ **voilà comment je conçois la chose** that's how I see it ou view it ou look at it

d (= comprendre) to understand ◆ **je conçois sa déception** ou **qu'il soit déçu** I can understand his disappointment ou his being disappointed ◆ **cela se conçoit facilement** it's quite understandable, it's easy to understand ◆ **on concevrait mal qu'il puisse refuser** a refusal on his part would be difficult to understand ◆ **ce qui se conçoit bien s'énonce clairement** what is clearly understood can be clearly expressed

e (= rédiger) [+ lettre, réponse] to compose ◆ **ainsi conçu, conçu en ces termes** expressed ou couched in these terms

f (littér = éprouver) to conceive ◆ **je conçois des doutes quant à son intégrité** I have some doubts as to his integrity ◆ **il en conçut une terrible jalousie** he conceived a terrible feeling of jealousy ◆ **il conçut de l'amitié pour moi** he took a liking to me

g (= engendrer) to conceive

**conchoïdal, e,** mpl **-aux** [kɔ̃kɔidal, o] adj forme conchoidal

**conchoïde** [kɔ̃kɔid] adj, nf ◆ **(courbe) conchoïde** conchoid

**conchyliculteur, -trice** [kɔ̃kilikyltœʀ, tʀis] nm,f shellfish farmer

**conchyliculture** [kɔ̃kilikyltyʀ] nf shellfish farming

**conchylien, -ienne** [kɔ̃kiljɛ̃, jɛn] adj conchiferous

**conchyliologie** [kɔ̃kiljɔlɔʒi] nf conchology

**concierge** [kɔ̃sjɛʀʒ] → SYN nmf [immeuble] caretaker, manager (of an apartment building) (US); [hôtel] porter; (en France) concierge ◆ **c'est un(e) vrai(e) concierge** (fig) he (ou she) is a real gossip

> **CONCIERGE**
>
> Many apartment buildings in French cities still have a "loge" near the entrance where the **concierge** lives with his or her family. The stereotypical image of the **concierge** is that of an amiable busybody with a tendency to spread gossip about tenants. Nowadays the term is considered slightly demeaning, and the words "gardien/gardienne d'immeuble" are often thought more acceptable.

**conciergerie** [kɔ̃sjɛʀʒəʀi] → SYN nf [lycée, château] caretaker's lodge; (Can) apartment house ◆ **la Conciergerie** (Hist) the Conciergerie

**concile** [kɔ̃sil] → SYN nm (Rel) council ◆ **concile œcuménique** ecumenical council ◆ **le concile de Trente** the Council of Trent

**conciliable** [kɔ̃siljabl] → SYN adj (= compatible) opinions reconcilable ◆ **ce n'est pas conciliable avec ...** it's not compatible with ...

**conciliabule** [kɔ̃siljabyl] → SYN nm a (= entretien) consultation, confab * ◆ **tenir de grands conciliabules** (iro) to have great consultations ou confabs *

b († = réunion) secret meeting

**conciliaire** [kɔ̃siljɛʀ] adj conciliar ◆ **les pères conciliaires** the fathers of the council

**conciliant, e** [kɔ̃siljɑ̃, jɑ̃t] → SYN adj conciliatory, conciliating

**conciliateur, -trice** [kɔ̃siljatœʀ, tʀis] → SYN 1 adj conciliatory, conciliating

2 nm,f (= médiateur) conciliator

**conciliation** [kɔ̃siljasjɔ̃] → SYN nf (gén) conciliation, reconciliation; (entre époux) reconciliation ◆ **esprit de conciliation** spirit of conciliation ◆ **comité de conciliation** arbitration committee ◆ **la conciliation d'intérêts opposés** the reconciliation ou reconciling of conflicting interests ◆ **tentative de conciliation** (gén, Pol) attempt at (re)conciliation; (entre époux) attempt at reconciliation; → **procédure**

**conciliatoire** [kɔ̃siljatwaʀ] adj (Jur) conciliatory

**concilier** [kɔ̃silje] → SYN ▸ conjug 7 ◂ 1 vt a (= rendre compatible) [+ exigences, opinions, sentiments] to reconcile (*avec* with)

b (= attirer) to win, gain ◆ **sa bonté lui a concilié les électeurs** his kindness won ou gained him the support of the voters ou won over the voters

c (littér, Jur = réconcilier) [+ ennemis] to reconcile, conciliate

2 **se concilier** vpr (= s'attirer) to win, gain ◆ **se concilier les bonnes grâces de qn** to win ou gain sb's favour

**concis, e** [kɔ̃si, iz] → SYN adj concise ◆ **en termes concis** concisely

**concision** [kɔ̃sizjɔ̃] → SYN nf concision, conciseness, succinctness

**concitoyen, -yenne** [kɔ̃sitwajɛ̃, jɛn] → SYN nm,f fellow citizen

**conclave** [kɔ̃klav] nm (Rel) conclave

**conclaviste** [kɔ̃klavist] nm conclavist

**concluant, e** [kɔ̃klyɑ̃, ɑ̃t] → SYN adj conclusive

**conclure** [kɔ̃klyʀ] GRAMMAIRE ACTIVE 26.4 → SYN ▸ conjug 35 ◂

1 vt a (= signer) [+ affaire, accord] to conclude ◆ **conclure un marché** to conclude ou clinch a deal ◆ **marché conclu !** it's a deal!

b (= terminer) [+ débat, discours, texte] to conclude, end ◆ **et pour conclure** and to conclude ◆ **je vous demande de conclure** will you please conclude ◆ **il conclut par ces mots/en disant ...** he concluded with these words/by saying ... ◆ **conclure sa plaidoirie** to rest one's case

c (= déduire) to conclude (*qch de qch* sth from sth) ◆ **j'en conclus que ...** I therefore conclude that ...

2 vi (Jur) ◆ **conclure contre qn** [témoignage] to convict sb ◆ **conclure contre/en faveur de qn** [personne] to find against/in favour (Brit) ou favor (US) of sb

3 **conclure à** vt indir ◆ **ils ont conclu à son innocence** they concluded that he was innocent ◆ **les juges ont conclu à l'acquittement** the judges decided on an acquittal

**conclusif, -ive** [kɔ̃klyzif, iv] adj concluding (épith)

**conclusion** [kɔ̃klyzjɔ̃] GRAMMAIRE ACTIVE 26.4 → SYN

1 nf (gén) conclusion; [discours] close ◆ **en conclusion** in conclusion ◆ **conclusion, il n'est pas venu** * the net result was that he didn't come ◆ **conclusion, on s'était trompé** * in other words, we had made a mistake

2 **conclusions** nfpl (Jur) [demandeur] pleadings, submissions; [avocat] summing-up; [jury] findings, conclusions ◆ **déposer des conclusions auprès d'un tribunal** to file submissions with a court

**concocter** * [kɔ̃kɔkte] ▸ conjug 1 ◂ vt [+ breuvage, discours, loi] to concoct

**concoction** * [kɔ̃kɔksjɔ̃] nf concoction

**concombre** [kɔ̃kɔ̃bʀ] → SYN nm cucumber

**concomitamment** [kɔ̃kɔmitamɑ̃] adv concomitantly

**concomitance** [kɔ̃kɔmitɑ̃s] → SYN nf concomitance

**concomitant, e** [kɔ̃kɔmitɑ̃, ɑ̃t] → SYN adj concomitant

**concordance** [kɔ̃kɔʀdɑ̃s] → SYN nf a (gén) agreement ◆ **la concordance de deux témoignages** the agreement of two testimonies, the fact that two testimonies tally ou agree ◆ **la concordance de deux résultats/situations** the similarity of ou between two results/situations ◆ **mettre ses actes en concordance avec ses principes** to act in accordance with one's principles

b (= index) (Bible) concordance; (Géol) conformability ◆ **concordance des temps** (Gram) sequence of tenses ◆ **concordance de phases** (Phys) synchronization of phases

**concordant, e** [kɔ̃kɔʀdɑ̃, ɑ̃t] → SYN adj faits corroborating; (Géol) conformable ◆ **deux témoignages concordants** two testimonies which agree ou which are in agreement ou which tally

**concordat** [kɔ̃kɔʀda] → SYN nm (Rel) concordat; (Comm) composition; [faillite] winding-up arrangement

**concorde** [kɔ̃kɔʀd] → SYN nf (littér = harmonie) concord

**concorder** [kɔ̃kɔʀde] → SYN ▸ conjug 1 ◂ vi [faits, dates, témoignages] to agree, tally; [idées] to coincide, match; [caractères] to match ◆ **faire concorder des chiffres** to make figures agree ou tally ◆ **ses actes concordent-ils avec ses idées ?** is his behaviour in accordance with his ideas?

**concourant, e** [kɔ̃kuʀɑ̃, ɑ̃t] → SYN adj (= convergent) droites convergent; efforts concerted (épith), united

**concourir** [kɔ̃kuʀiʀ] → SYN ▸ conjug 11 ◂ 1 vi a [concurrent] to compete (*pour* for) ◆ **les films qui concourent au festival** the films competing (for a prize) at the festival

b (Math = converger) to converge (*vers* towards, on)

2 **concourir à** vt indir ◆ **concourir à qch/à faire qch** [personnes] to work towards sth/towards doing sth; [circonstances] to contribute to sth/to doing sth ◆ **tout concourt à notre réussite** everything is working in our favour ◆ **son intransigeance a concouru à son échec** his inflexibility contributed to ou was a factor in his failure

**concouriste** [kɔ̃kuʀist] nmf contestant

**concours** [kɔ̃kuʀ] → SYN nm a (= jeu, compétition) competition; (= examen) competitive examination ◆ **concours agricole** agricultural show ◆ **concours hippique** (= sport) show-jumping ◆ **un concours hippique** (= épreuve) a horse show ◆ **promotion par (voie de) concours** promotion by (competitive) examination ◆ **concours de beauté** beauty contest ◆ **concours d'entrée (à)** (competitive) entrance examination (for) ◆ **concours de recrutement** competitive entry examination ◆ **concours général** *competitive examination with prizes, open to secondary school children* ◆ **être présenté hors concours** to be shown outside the competition *(because of outstanding merit)* ◆ **être mis hors concours** to be declared ineligible to compete, be disqualified ◆ **il est hors concours** (fig) he's in a class of his own

> **CONCOURS**
>
> In France, the cultural significance of competitive examinations with a predetermined quota of successful candidates is considerable. Gruelling "classes préparatoires" after secondary school level are designed to prepare high-flying students for the "grandes écoles" entrance exams, and have tended to promote a competitive and elitist approach to learning in these schools. Other examples of the importance of **concours** are the competitive recruitment procedures for public sector teaching posts ("CAPES" and "agrégation"), civil service appointments in ministries, and even jobs in the Post Office.

**b** (= participation) aid, help ◆ **prêter son concours à qch** to lend one's support to sth ◆ **avec le concours de** (participation) with the participation of; (aide) with the support ou help ou assistance of ◆ **il a fallu le concours des pompiers** the firemen's help was needed

**c** (= rencontre) **concours de circonstances** combination of circumstances ◆ **un grand concours de peuple** † a large concourse † ou throng of people

**concrescence** [kɔ̃kʀesɑ̃s] [→ SYN] nf (Bot, Méd) concrescence

**concrescent, e** [kɔ̃kʀesɑ̃, ɑ̃t] adj (Bot, Méd) concrescent

**concret, -ète** [kɔ̃kʀɛ, ɛt] [→ SYN] **1** adj situation, détail, objet concrete ◆ **esprit concret** practical mind ◆ **il en a tiré des avantages concrets** it gave him certain real ou positive advantages; → **musique**

**2** nm ◆ **le concret et l'abstrait** the concrete and the abstract ◆ **ce que je veux, c'est du concret** I want something concrete

**concrètement** [kɔ̃kʀɛtmɑ̃] [→ SYN] adv (gén) in concrete terms; (= pratiquement) in practical terms ◆ **je me représente très concrètement la situation** I can visualize the situation very clearly ◆ **concrètement, à quoi ça va servir ?** what practical use will it have?, in concrete terms, what use will it be?

**concrétion** [kɔ̃kʀesjɔ̃] nf (Géol, Méd) concretion

**concrétisation** [kɔ̃kʀetizasjɔ̃] [→ SYN] nf [promesse] realization

**concrétiser** [kɔ̃kʀetize] [→ SYN] ▸ conjug 1 ◂ **1** vt to give concrete expression to

**2** vi (Sport = marquer) to score

**3** **se concrétiser** vpr [espoir, projet] to materialize ◆ **ses promesses/menaces ne se sont pas concrétisées** his promises/threats didn't come to anything ou didn't materialize ◆ **le projet commence à se concrétiser** the project is beginning to take shape

**concubin, e** [kɔ̃kybɛ̃, in] **1** nm,f **a** (Jur) cohabitant, cohabitee, common-law husband (ou wife)

**b** († ou hum) lover

**2** **concubine** nf (Hist) concubine

**concubinage** [kɔ̃kybinaʒ] [→ SYN] nm cohabitation ◆ **ils vivent en concubinage** they're living together ou as husband and wife ◆ **concubinage notoire** (Jur) common-law marriage

**concupiscence** [kɔ̃kypisɑ̃s] [→ SYN] nf concupiscence

**concupiscent, e** [kɔ̃kypisɑ̃, ɑ̃t] [→ SYN] adj concupiscent

**concurremment** [kɔ̃kyʀamɑ̃] adv **a** (= conjointement) conjointly ◆ **il agit concurremment avec le président** he acts conjointly with ou in conjunction with the president

**b** (= en même temps) concurrently

**concurrence** [kɔ̃kyʀɑ̃s] [→ SYN] nf **a** (gén, Comm = compétition) competition ◆ **prix défiant toute concurrence** absolutely unbeatable price, rock-bottom price ◆ **concurrence déloyale** unfair trading ou competition ◆ **faire concurrence à qn** to be in competition with sb ◆ **être en concurrence avec qn** to be in competition with sb, compete with sb

**b** (limite) **jusqu'à concurrence de ...** up to ...

**concurrencer** [kɔ̃kyʀɑ̃se] [→ SYN] ▸ conjug 3 ◂ vt to compete with ◆ **il nous concurrence dangereusement** he is a serious threat ou challenge to us ◆ **leurs produits risquent de concurrencer les nôtres** their products could well pose a serious threat ou challenge to ours

**concurrent, e** [kɔ̃kyʀɑ̃, ɑ̃t] [→ SYN] **1** adj **a** (= rival) rival, competing

**b** († = concourant) forces, actions concurrent, cooperative

**2** nm,f (Comm, Sport) competitor; (Scol) [concours] candidate

**concurrentiel, -elle** [kɔ̃kyʀɑ̃sjɛl] adj secteur, produit, prix competitive

**concussion** [kɔ̃kysjɔ̃] [→ SYN] nf misappropriation of public funds

**concussionnaire** [kɔ̃kysjɔnɛʀ] **1** adj embezzling (épith)

**2** nmf embezzler of public funds

**condamnable** [kɔ̃dɑnabl] [→ SYN] adj action, opinion reprehensible, blameworthy ◆ **il n'est pas condamnable d'avoir pensé à ses intérêts** he cannot be blamed for having thought of his own interests

**condamnation** [kɔ̃dɑnasjɔ̃] [→ SYN] nf **a** (Jur) [coupable] (= action) sentencing (*à* to; *pour* for); (= peine) sentence ◆ **il a 3 condamnations à son actif** he already has 3 convictions ◆ **condamnation à mort** death sentence, sentence of death ◆ **condamnation à une amende** imposition of a fine ◆ **condamnation à 5 ans de prison** 5-year (prison) sentence ◆ **condamnation (aux travaux forcés) à perpétuité** life sentence (of hard labour) ◆ **condamnation aux dépens** order to pay costs ◆ **condamnation pour meurtre** sentence for murder

**b** [livre, délit, conduite, idée] condemnation

**c** (= faillite) [espoir, théorie, projet] end ◆ **c'est la condamnation du petit commerce** it means the end of ou it spells the end for the small trader

**d** (Aut) (= action) locking; (= système) locking device ◆ **condamnation centralisée des portes** central-locking device

**condamnatoire** [kɔ̃dɑnatwaʀ] adj (Jur) condemnatory

**condamné, e** [kɔ̃dɑne] [→ SYN] (ptp de **condamner**) nm,f sentenced person, convict; (à mort) condemned person ◆ **un condamné à mort s'est échappé** a man under sentence of death ou a condemned man has escaped ◆ **les malades condamnés** the terminally ill; → **cigarette**

**condamner** [kɔ̃dɑne] GRAMMAIRE ACTIVE 14 [→ SYN] ▸ conjug 1 ◂ vt **a** [+ coupable] to sentence (*à* to; *pour* for) ◆ **condamner à mort** to sentence to death ◆ **condamner qn à une amende** to fine sb, impose a fine on sb ◆ **condamner qn à 5 ans de prison** to sentence sb to 5 years' imprisonment, pass a 5-year (prison) sentence on sb ◆ **être condamné aux dépens** to be ordered to pay costs ◆ **condamner qn par défaut/par contumace** to sentence sb by default/in his absence ou in absentia ◆ **condamner pour meurtre** to sentence for murder ◆ **Serge Despins, plusieurs fois condamné pour vol ...** Serge Despins, several times convicted of theft ...

**b** (= interdire) [+ délit, livre] to condemn ◆ **la loi condamne l'usage de stupéfiants** the law condemns the use of drugs ◆ **ces délits sont sévèrement condamnés** these offences carry heavy sentences ou penalties

**c** (= blâmer) [+ action, idées] [+ impropriété] to condemn ◆ **il ne faut pas le condamner d'avoir fait cela** you mustn't condemn ou blame him for doing that

**d** (= accuser) to condemn ◆ **sa rougeur le condamne** the fact that he's blushing points to his guilt

**e** [+ malade] to give up hope for; [+ théorie, espoir] to put an end to ◆ **ce projet est maintenant condamné** this project is now doomed ◆ **il était condamné depuis longtemps** there had been no hope for him ou he had been doomed for a long time ◆ **il est condamné par les médecins** the doctors have given up hope (for him)

**f** (= obliger, vouer) **condamner à** [+ silence] to condemn to ◆ **je suis condamné** ou **ça me condamne à me lever tôt** I'm obliged to get up early ◆ **condamné à sombrer dans l'oubli** doomed to sink into oblivion

**g** [+ porte, fenêtre] (gén) to fill in, block up; (avec briques) to brick up; (avec planches) to board up; [+ pièce] to lock up; [+ portière de voiture] to lock ◆ **condamner sa porte à qn** (fig) to bar one's door to sb

**condé** [kɔ̃de] [→ SYN] nm (arg Police = policier) cop *; (= accord) deal *(which allows one to pursue illegal activities in exchange for information)*

**condensable** [kɔ̃dɑ̃sabl] [→ SYN] adj condensable

**condensateur** [kɔ̃dɑ̃satœʀ] [→ SYN] nm (Élec) capacitor, condenser; (Opt) condenser

**condensation** [kɔ̃dɑ̃sasjɔ̃] [→ SYN] nf condensation

**condensé, e** [kɔ̃dɑ̃se] [→ SYN] (ptp de **condenser**) **1** adj gaz, vapeur, lait condensed; exposé, pensée condensed, compressed

**2** nm (gén) summary; (Presse) digest

**condenser** [kɔ̃dɑ̃se] [→ SYN] ▸ conjug 1 ◂ **1** vt [+ gaz, vapeur] to condense; [+ exposé, pensée] to condense, compress

**2** **se condenser** vpr [vapeur] to condense

**condenseur** [kɔ̃dɑ̃sœʀ] nm (Opt, Phys) condenser

**condescendance** [kɔ̃desɑ̃dɑ̃s] [→ SYN] nf condescension ◆ **avec condescendance** condescendingly

**condescendant, e** [kɔ̃desɑ̃dɑ̃, ɑ̃t] [→ SYN] adj condescending

**condescendre** [kɔ̃desɑ̃dʀ] [→ SYN] ▸ conjug 41 ◂ **condescendre à** vt indir to condescend to ◆ **condescendre à faire qch** to condescend ou deign to do sth

**condiment** [kɔ̃dimɑ̃] [→ SYN] nm condiment *(including pickles, spices, and any other seasoning)*

**condisciple** [kɔ̃disipl] [→ SYN] nmf (Scol) schoolmate; (Univ) fellow student

**condition** [kɔ̃disjɔ̃] [→ SYN] nf **a** (= circonstances) **conditions** conditions ◆ **conditions atmosphériques/sociologiques** atmospheric/sociological conditions ◆ **conditions de travail/vie** working/living conditions ◆ **dans ces conditions, je refuse** under these conditions, I refuse ◆ **dans les conditions actuelles** in ou under (the) present conditions ◆ **améliorer la condition des travailleurs émigrés** to improve the lot of foreign workers

**b** (= stipulation) [traité] condition; (= exigence) [acceptation] condition, requirement ◆ **condition préalable** prerequisite ◆ **la condition nécessaire et suffisante pour que ...** the necessary and sufficient condition for ... ◆ **condition sine qua non** sine qua non, necessary condition ◆ **l'honnêteté est la condition du succès** honesty is the (prime) requirement for ou condition of success ◆ **dicter/poser ses conditions** to state/lay down one's conditions ◆ **il ne remplit pas les conditions requises (pour le poste)** he doesn't fulfil the requirements (for the job) ◆ **conditions d'admission** terms ou conditions of admission ou entry (*dans* to) ◆ **sans condition(s)** capitulation unconditional; capituler unconditionally

**c** (Comm) term ◆ **conditions de vente/d'achat** terms of sale/of purchase ◆ **conditions de paiement** terms (of payment) ◆ **obtenir des conditions intéressantes** to get favourable terms ◆ **faire ses conditions** to make ou name one's (own) terms ◆ **acheter/envoyer à ou sous condition** to buy/send on approval ◆ **dans les conditions normales du commerce** in the ordinary course of business

**d** (= état) condition

◆ **en + condition** ◆ **en bonne condition** aliments, envoi in good condition ◆ **en bonne** ou **grande condition (physique)** in good condition, fit ◆ **en mauvaise condition (physique)** out of condition, unfit ◆ **mettre en condition** [+ sportif] to make ou get fit; [+ candidat] to prepare (mentally); [+ spectateurs] to condition ◆ **la mise en condition des téléspectateurs** the conditioning of television viewers ◆ **se mettre en condition** (avant un examen) to prepare o.s. mentally

**e** (= rang social) station, condition ◆ **vivre selon sa condition** to live according to one's station ◆ **étudiant de condition modeste** student from a modest home ou background ◆ **personne de condition** †† person of quality ◆ **la condition féminine** women's position in society ◆ **la condition ouvrière** the conditions of working-class life ◆ **la condition de prêtre** the priesthood ◆ **la condition d'artisan/d'intellectuel** the situation of the craftsman/intellectual

**f** (Loc) **entrer/être en condition chez qn** †† to enter sb's service/be in service with sb ◆ **à une condition** on one condition ◆ **je le ferai, à la seule condition que toi aussi tu fasses un effort** I'll do it but only on one condition - you have to make an effort as well ◆ **tu peux rester, à condition d'être sage** ou **à condition que tu sois sage** you can stay provided (that) ou so long as you're good ◆ **sous condition** conditionally

**conditionné, e** [kɔ̃disjɔne] (ptp de **conditionner**) adj **a** (= emballé) packaged; (= sous vide) vacuum-packed

**b** (= influencé) conditioned ◆ **réflexe conditionné** conditioned response ou reflex

**c** (= climatisé) → **air**

**conditionnel, -elle** [kɔ̃disjɔnɛl] → SYN adj, nm (gén) conditional ◆ **réflexe conditionnel** conditioned response ou reflex ◆ **au conditionnel** (Ling) in the conditional ◆ **cette information est à mettre au conditionnel** this information has still to be confirmed

**conditionnellement** [kɔ̃disjɔnɛlmɑ̃] → SYN adv conditionally

**conditionnement** [kɔ̃disjɔnmɑ̃] → SYN nm (= emballage) packaging; [air, personne, textile, blé] conditioning

**conditionner** [kɔ̃disjɔne] → SYN ▸ conjug 1 ◂ vt (= emballer) to package; (= influencer) to condition; [+ textiles, blé] to condition ◆ **ceci conditionne notre départ** our departure is dependent on ou is conditioned by this

**conditionneur, -euse** [kɔ̃disjɔnœʀ, øz] 1 nm,f (= emballeur) packer

2 nm [denrées] packaging machine; [air] air conditioner; (pour cheveux) conditioner

**condoléances** [kɔ̃dɔleɑ̃s] GRAMMAIRE ACTIVE 24.4 nfpl condolences ◆ **offrir** ou **faire ses condoléances à qn** to offer sb one's sympathy ou condolences ◆ **toutes mes condoléances** (please accept) all my condolences ou my deepest sympathy ◆ **lettre de condoléances** letter of condolence

**condom** [kɔ̃dɔm] → SYN nm condom

**condominium** [kɔ̃dɔminjɔm] nm (= souveraineté, logement) condominium

**condor** [kɔ̃dɔʀ] nm condor

**conductance** [kɔ̃dyktɑ̃s] nf conductance

**conducteur, -trice** [kɔ̃dyktœʀ, tʀis] → SYN 1 adj (Élec) conductive, conducting; → **fil**

2 nm,f (Aut, Rail) driver; [machine] operator ◆ **conducteur d'engins** heavy plant driver ◆ **conducteur d'hommes** leader ◆ **conducteur de travaux** clerk of works

3 nm (Élec) conductor; (TV) continuity

**conductibilité** [kɔ̃dyktibilite] nf conductivity

**conductible** [kɔ̃dyktibl] adj conductive

**conduction** [kɔ̃dyksjɔ̃] nf (Méd, Phys) conduction

**conductivité** [kɔ̃dyktivite] nf conductivity

**conduire** [kɔ̃dɥiʀ] → SYN ▸ conjug 38 ◂ 1 vt a (= emmener) **conduire qn quelque part** to take sb somewhere; (en voiture) to take ou drive sb somewhere ◆ **conduire un enfant à l'école/chez le médecin** to take a child to school/to the doctor ◆ **conduire la voiture au garage** to take the car to the garage ◆ **conduire les bêtes aux champs** to take ou drive the animals to the fields ◆ **conduire qn à la gare** (en voiture) to take ou drive sb to the station; (à pied) to walk ou see sb to the station ◆ **il me conduisit à ma chambre** he showed me ou took me to my room

b (= guider) to lead ◆ **il conduisit les hommes à l'assaut** he led the men into the attack ◆ **le guide nous conduisait** the guide was leading us ◆ **il nous a conduits à travers Paris** he guided us through Paris

c (= piloter) [+ véhicule] to drive; [+ embarcation] to steer; [+ avion] to pilot; [+ cheval] [cavalier] to ride; [cocher] to drive ◆ **conduire un cheval par la bride** to lead a horse by the bridle

d (Aut : emploi absolu) to drive ◆ **il conduit bien/mal** he is a good/bad driver, he drives well/badly; → **permis**

e (= mener) **conduire qn quelque part** [véhicule] to take sb somewhere; [route, traces] to lead ou take sb somewhere; [études, événement] to lead sb somewhere ◆ **la sociologie ne conduit à rien** sociology doesn't lead to anything ou leads nowhere ◆ **où cela va-t-il nous conduire ?** where will all this lead us? ◆ **cela nous conduit à penser que ...** this leads us to believe that ... ◆ **cet escalier conduit à la cave** this staircase leads (down) to the cellar ◆ **où ce chemin conduit-il ?** where does this road lead ou go? ◆ **conduire ses pas vers** (littér) to bend one's steps towards ◆ **ses dérèglements l'ont conduit en prison** his profligacy landed him in prison

f (= diriger) [+ affaires] to run, manage; [+ travaux] to supervise; [+ pays] to run, lead; [+ négociations, enquête] to lead, conduct; [+ orchestre] [chef d'orchestre] to conduct; [premier violon] to lead ◆ **les fouilles sont conduites par P. Brunel** the excavation is being led ou directed by P. Brunel

g (= transmettre) [+ chaleur, électricité] to conduct; (= transporter) to carry ◆ **un aqueduc conduit l'eau à la ville** an aqueduct carries water to the town

2 **se conduire** vpr to behave ◆ **il sait se conduire (en société)** he knows how to behave (in polite company) ◆ **ce ne sont pas des façons de se conduire** that's no way to behave ◆ **conduisez-vous comme il faut !** behave properly! ◆ **il s'est mal conduit** he behaved badly

**conduit** [kɔ̃dɥi] → SYN 1 nm a (Tech) conduit, pipe ◆ **conduit de fumée** flue ◆ **conduit d'air** ou **de ventilation** ventilation shaft ◆ **conduit d'alimentation** supply pipe ◆ **conduit d'aération** air duct

b (Anat) duct, canal, meatus (SPÉC)

2 COMP ▷ **conduit auditif** auditory canal ▷ **conduit urinaire** ureter, urinary canal

**conduite** [kɔ̃dɥit] → SYN 1 nf a (= pilotage) [véhicule] driving; [embarcation] steering; [avion] piloting ◆ **la conduite d'un gros camion demande de l'habileté** driving a big truck takes a lot of skill ◆ **conduite accompagnée** *driving as a learner accompanied by an experienced driver* ◆ **conduite en état d'ivresse** drunk driving, driving while under the influence (of alcohol) ◆ **en Angleterre la conduite est à gauche** in England you drive on the left ◆ **voiture avec conduite à gauche/à droite** left-hand-drive/right-hand-drive car ◆ **faire un brin de conduite à qn** * to go ou walk part of the way with sb, walk along with sb for a bit *

b (= direction) [affaires] running, management; [travaux] supervision; [pays] running, leading; [négociations, enquête] leading, conducting; (Littérat) [intrigue] conducting ◆ **sous la conduite de** [+ homme politique, capitaine] under the leadership of; [+ guide] accompanied by; [+ instituteur] under the supervision of; [+ chef d'orchestre] under the baton ou leadership of

c (= comportement) behaviour (Brit), behavior (US); (Scol) conduct ◆ **avoir une conduite bizarre** to behave strangely ◆ **quelle conduite adopter ?** what course of action shall we take? ◆ **zéro de conduite** zero ou no marks (Brit) for conduct ◆ **relâché** ou **libéré pour bonne conduite** (Prison) released for good behaviour; → **acheter, écart, ligne[1]**

d (= tuyau) pipe ◆ **conduite d'eau/de gaz** water/gas main

2 COMP ▷ **conduite d'échec** defeatist behaviour ▷ **conduite forcée** (Hydro-Élec) pressure pipeline ▷ **conduite intérieure** (Aut) saloon (car) (Brit), sedan (US) ▷ **conduite montante** rising main

**condyle** [kɔ̃dil] nm (Anat) condyle

**condylien, -ienne** [kɔ̃diljɛ̃, jɛn] adj condylar

**condylome** [kɔ̃dilom] nm condyloma

**cône** [kon] nm (gén, Sci) cone ◆ **en forme de cône** cone-shaped ◆ **cône de déjection** alluvial cone ◆ **cône d'ombre/de lumière** cone of shadow/light

**confection** [kɔ̃fɛksjɔ̃] → SYN nf a (= exécution) [appareil, vêtement] making; [repas] making, preparation, preparing ◆ **un plat de ma confection** a dish that I made ou prepared myself

b (Habillement) **la confection** the clothing industry ◆ **être dans la confection** to be in the clothing business ◆ **vêtement de confection** ready-made garment ◆ **il achète tout en confection** he buys everything ready-to-wear ou off-the-peg (Brit) ou off-the-rack (US); → **magasin**

**confectionner** [kɔ̃fɛksjɔne] → SYN ▸ conjug 1 ◂ vt [+ mets] to prepare, make; [+ appareil, vêtement] to make

**confectionneur, -euse** [kɔ̃fɛksjɔnœʀ, øz] nm,f clothes manufacturer

**confédéral, e,** mpl **-aux** [kɔ̃fedeʀal, o] adj confederal

**confédération** [kɔ̃fedeʀasjɔ̃] → SYN nf (Pol) confederation, confederacy; (= syndicats) confederation ◆ **la Confédération helvétique** the Swiss Confederation ◆ **la Confédération générale des cadres** French management union ◆ **la Confédération générale du travail** French trade union

**confédéré, e** [kɔ̃fedeʀe] → SYN (ptp de **confédérer**) 1 adj nations confederate

2 nmpl (Hist US) ◆ **les Confédérés** the Confederates

**confédérer** [kɔ̃fedeʀe] → SYN ▸ conjug 6 ◂ vt to confederate

**confer** [kɔ̃fɛʀ] confer

**conférence** [kɔ̃feʀɑ̃s] → SYN nf a (= exposé) (gén) lecture, talk; (Univ) lecture ◆ **faire une conférence sur qch** to lecture on sth, give a lecture on sth; → **salle, maître**

b (= réunion) conference, meeting ◆ **être en conférence** to be in conference ou in a ou at a meeting ◆ **conférence au sommet** summit (meeting ou conference) ◆ **conférence de presse** press conference

c (= poire) conference pear

**conférencier, -ière** [kɔ̃feʀɑ̃sje, jɛʀ] → SYN nm,f speaker, lecturer

**conférer** [kɔ̃feʀe] → SYN ▸ conjug 6 ◂ 1 vt (= décerner) [+ dignité] to confer (*à* on); [+ baptême, ordres sacrés] to give; (frm = donner) [+ prestige, autorité] to impart (*à* to) ◆ **conférer un certain sens/aspect à qch** to endow sth with a certain meaning/look, give sth a certain meaning/look ◆ **ce titre lui confère un grand prestige** the title confers great prestige on him

2 vi (= s'entretenir) to confer (*sur* on, about)

**confesse** [kɔ̃fɛs] → SYN nf ◆ **être/aller à confesse** to be at/go to confession

**confesser** [kɔ̃fese] → SYN ▸ conjug 1 ◂ 1 vt a (= avouer) [+ péchés, erreur] to confess ◆ **confesser que ...** to confess that ... ◆ **confesser sa foi** to confess one's faith

b **confesser qn** (Rel) to hear sb's confession, confess sb; (* = faire parler qn) to draw the truth out of sb, make sb talk ◆ **l'abbé X confesse de 4 à 6** Father X hears confession from 4 to 6

2 **se confesser** vpr (Rel) to go to confession ◆ **se confesser à** [+ prêtre] to confess to, make confession to; [+ ami] to confess to ◆ **se confesser de** [+ péchés, méfait] to confess

**confesseur** [kɔ̃fesœʀ] → SYN nm confessor

**confession** [kɔ̃fesjɔ̃] → SYN nf (= aveu) confession; (= acte du prêtre) hearing of confession; (= religion) denomination ◆ **"Confessions"** (Littérat) "Confessions"; → **dieu**

**confessionnal,** pl **-aux** [kɔ̃fesjɔnal, o] nm confessional

**confessionnalisme** [kɔ̃fesjɔnalism] nm denominationalism; (au Liban) confessionalism

**confessionnel, -elle** [kɔ̃fesjɔnɛl] adj denominational ◆ **école confessionnelle** denominational ou sectarian school ◆ **non confessionnel** nondenominational, nonsectarian

**confetti** [kɔ̃feti] nm a piece of confetti ◆ **des confettis** confetti (NonC) ◆ **tu peux en faire des confettis !** * (fig) [+ contrat, chèque] it's not worth the paper it's written on!

**confiance** [kɔ̃fjɑ̃s] → SYN nf (en l'honnêteté de qn) confidence, trust; (en la valeur de qn, le succès de qch, la solidité d'un appareil) confidence, faith (*en* in) ◆ **avoir confiance en** ou **dans, faire confiance à** to have confidence ou faith in, trust ◆ **quelqu'un en qui on peut avoir confiance** someone you can rely on ou trust ◆ **je l'aurai, tu peux me faire confiance !** I'll get it – believe me! ◆ **voter la confiance (au gouvernement)** to pass a vote of confidence (in the government) ◆ **restaurer** ou **rétablir la confiance** to restore peoples' ou public confidence ◆ **il faut avoir confiance** one must have confidence ◆ **je n'ai pas confiance dans leur matériel** I have no faith ou confidence in their equipment ◆ **il a toute ma confiance** he has my complete trust ou confidence ◆ **mettre qn en confiance** to win sb's trust ◆ **placer** ou **mettre sa confiance dans** to place ou put one's trust in ◆ **avec confiance** se confier trustingly; espérer confidently ◆ **en (toute) confiance, de confiance** acheter with confidence ◆ **de confiance** personne, maison trustworthy, reliable ◆ **c'est l'homme de confiance du ministre** he's the minister's right-hand man ◆ **poste de confiance** position of trust ◆ **confiance en soi** self-confidence ◆ **la confiance règne !** (iro) I can see you really trust me!; → **abus, inspirer, question**

**confiant, e** [kɔ̃fjɑ̃, jɑ̃t] → SYN adj a (= assuré, plein d'espoir) confident; (en soi-même) (self-)confident

b (= sans défiance) caractère, regard confiding

**confidence** [kɔ̃fidɑ̃s] → SYN nf (= secret) confidence, little (personal) secret ◆ **je vais vous faire une confidence** let me tell you a secret ◆ **faire des confidences à qn** to confide in sb ◆ **confidence pour confidence, je ne l'aime pas non plus** since we're speaking frankly, I don't like him either ◆ **en confidence** in confidence ◆ **mettre qn dans la confidence** to let sb into the secret ◆ **sur le ton de la confidence** in a confidential tone (of voice) ◆ **confidences sur l'oreiller** pillow talk

**confident** [kɔ̃fidɑ̃] → SYN nm (= personne) confidant; (= siège) tête-à-tête, confidante

**confidente** [kɔ̃fidɑ̃t] nf confidante

**confidentialité** [kɔ̃fidɑ̃sjalite] nf confidentiality

**confidentiel, -ielle** [kɔ̃fidɑ̃sjɛl] → SYN adj (= secret) confidential; (sur une enveloppe) private (and confidential); (pour public limité) roman for a narrow readership; film for a limited audience

**confidentiellement** [kɔ̃fidɑ̃sjɛlmɑ̃] adv confidentially

**confier** [kɔ̃fje] → SYN ▸ conjug 7 ◂ 1 vt a (= dire en secret) to confide (*à* to) ◆ **il me confie ses projets** he confides his plans to me, he tells me about his plans ◆ **il me confie tous ses secrets** he shares all his secrets with me, he tells me all his secrets ◆ **dans ce livre il confie ses joies et ses peines** in this book he tells of ou reveals his sorrows and his joys

b (= laisser aux soins de qn) to entrust, confide (*à* to) ◆ **confier qn/qch aux soins de qn** to leave sb/sth in sb's care, entrust sb/sth to sb's care ◆ **confier qn/qch à la garde de qn** to leave sb to look after sb/sth, entrust sb/sth to sb's safekeeping ◆ **je vous confie le soin de le faire** I'll leave you to do it, I entrust you with the task of doing it

2 **se confier** vpr a (= dire un secret) **se confier à qn** to confide in sb ◆ **ils se confièrent l'un à l'autre leur chagrin** they confided their grief to each other

b (frm = se fier à) **se confier à** ou **en qn** to place o.s. in sb's hands

**configuration** [kɔ̃figyʀasjɔ̃] → SYN nf a (= aspect général) (general) shape, configuration ◆ **la configuration des lieux** the layout of the premises ◆ **suivant la configuration du terrain** following the lie of the land

b (Ordin) configuration ◆ **configuration multipostes** multi-user system

**configurer** [kɔ̃figyʀe] ▸ conjug 1 ◂ vt (Ordin) to configure

**confiné, e** [kɔ̃fine] (ptp de **confiner**) adj a (= enfermé) **vivre confiné chez soi** to live shut away in one's own home

b (= renfermé) atmosphère enclosed; air stale

**confinement** [kɔ̃finmɑ̃] nm [malade] confining; [déchets, site] containment; (Phys) containment, confinement

**confiner** [kɔ̃fine] → SYN ▸ conjug 1 ◂ 1 vt (= enfermer) ◆ **confiner qn à** ou **dans** to confine sb to ou in

2 **confiner à** vt indir (= toucher à) (lit) to border on, adjoin; (fig) to border ou verge on

3 **se confiner** vpr to confine o.s. (*à* to) ◆ **se confiner chez soi** to confine o.s. to the house, shut o.s. up at home

**confins** [kɔ̃fɛ̃] → SYN nmpl (= frontières) borders; (= partie extrême) fringes ◆ **aux confins de la Bretagne et de la Normandie/du rêve et de la réalité** on the borders of Brittany and Normandy/dream and reality ◆ **aux confins de la Bretagne/la science** at the outermost ou furthermost bounds of Brittany/science ◆ **aux confins de l'univers** in the far reaches of the universe

**confire** [kɔ̃fiʀ] ▸ conjug 37 ◂ vt (au sucre) to preserve, candy; (au vinaigre) to pickle; (dans de la graisse) to preserve; → **confit**

**confirmand, e** [kɔ̃fiʀmɑ̃, ɑ̃d] nm,f confirmand (SPÉC), confirmation candidate

**confirmatif, -ive** [kɔ̃fiʀmatif, iv] adj (Jur) confirmatory, confirmative

**confirmation** [kɔ̃fiʀmasjɔ̃] GRAMMAIRE ACTIVE 20.3 → SYN nf (gén, Rel) confirmation ◆ **en confirmation de** confirming, in confirmation of ◆ **apporter confirmation de** to confirm, provide confirmation of ◆ **c'est la confirmation de** it provides ou is confirmation of ◆ **j'en attends confirmation** I'm waiting for confirmation

**confirmer** [kɔ̃fiʀme] GRAMMAIRE ACTIVE 19.5, 20.3, 21.3 → SYN ▸ conjug 1 ◂ vt (gén, Rel) to confirm ◆ **il m'a confirmé que ...** he confirmed that ... ◆ **je souhaite confirmer ma réservation du ...** (dans une lettre) I wish to confirm my reservation of ... ◆ **cela l'a confirmé dans ses idées** it confirmed ou strengthened him in his ideas ◆ **confirmer qn dans ses fonctions** to confirm sb's appointment ◆ **la nouvelle se confirme** the news has been confirmed, there is some confirmation of the news; → **exception**

**confiscable** [kɔ̃fiskabl] adj liable to confiscation ou seizure, confiscable

**confiscation** [kɔ̃fiskasjɔ̃] → SYN nf confiscation, seizure

**confiscatoire** [kɔ̃fiskatwaʀ] adj confiscatory ◆ **taux confiscatoire de l'impôt** confiscatory rate of taxation

**confiserie** [kɔ̃fizʀi] → SYN nf (= magasin) confectioner's (shop), sweetshop (Brit), candy store (US); (= métier) confectionery; (= bonbons) confectionery (NonC), sweets (Brit), candy (NonC) (US) ◆ **une confiserie** a sweet (Brit), a candy (US)

**confiseur, -euse** [kɔ̃fizœʀ, øz] nm,f confectioner

**confisquer** [kɔ̃fiske] → SYN ▸ conjug 1 ◂ vt (gén, Jur) to confiscate, seize

**confit, e** [kɔ̃fi, it] (ptp de **confire**) 1 adj fruit crystallized, candied; cornichon pickled ◆ **gésiers confits** gizzards preserved in fat ◆ **la salade est confite** the salad has gone soggy ◆ **confit de** ou **en dévotion** (fig) steeped in piety

2 nm ◆ **confit d'oie/de canard** goose/duck confit

**confiteor** [kɔ̃fiteɔʀ] nm inv Confiteor

**confiture** [kɔ̃fityʀ] → SYN nf jam ◆ **confiture de prunes/d'abricots** plum/apricot jam ◆ **confiture d'oranges** (orange) marmalade ◆ **confiture de citrons** lemon marmalade ◆ **faire des confitures** to make jam ◆ **donner de la confiture aux cochons** to throw pearls before swine

**confiturerie** [kɔ̃fityʀʀi] nf jam factory

**confiturier, -ière** [kɔ̃fityʀje, jɛʀ] 1 nm,f jam ou preserves (Brit) maker

2 nm (= pot) jam jar

**conflagration** [kɔ̃flagʀasjɔ̃] → SYN nf (frm = conflit) cataclysm

**conflictualité** [kɔ̃fliktɥalite] nf conflict, conflictual situations

**conflictuel, -elle** [kɔ̃fliktɥɛl] → SYN adj pulsions, intérêts conflicting ◆ **situation conflictuelle** situation of conflict ◆ **avoir des rapports conflictuels avec qn** to have a conflictual relationship with sb

**conflit** [kɔ̃fli] → SYN nm (gén, Mil, Psych) conflict; (Ind = grève) dispute ◆ **pour éviter le conflit** to avoid (a) conflict ou a clash ◆ **entrer en conflit avec qn** to come into conflict with sb, clash with sb ◆ **être en conflit avec qn** to be in conflict with sb, clash with sb ◆ **conflit d'intérêts** conflict ou clash of interests ◆ **le conflit des générations** the generation gap ◆ **conflit armé** armed conflict ◆ **conflit social, conflit du travail** industrial dispute ◆ **conflits internes** infighting ◆ **conflit de juridiction** (Jur) jurisdictional dispute

**confluence** [kɔ̃flyɑ̃s] nf [cours d'eau] confluence, flowing together; (fig) mingling, merging

**confluent** [kɔ̃flyɑ̃] → SYN nm (Géog) confluence ◆ **au confluent de deux cultures** (fig) at the bridge of two cultures, where two cultures meet ◆ **au confluent du rêve et de la réalité** (fig) where dream meets reality

**confluer** [kɔ̃flye] → SYN ▸ conjug 1 ◂ vi [cours d'eau] to join, flow together; (littér) [foule, troupes] to converge (*vers* on) ◆ **confluer avec** to flow into, join

**confondant, e** [kɔ̃fɔ̃dɑ̃, ɑ̃t] adj astounding

**confondre** [kɔ̃fɔ̃dʀ] → SYN ▸ conjug 41 ◂ 1 vt a (= mêler) [+ choses, dates] to mix up, confuse ◆ **on confond toujours ces deux frères** people always mix up ou confuse the two brothers ou get the two brothers mixed up ◆ **les deux sœurs se ressemblent au point qu'on les confond** the two sisters are so alike that you take ou mistake one for the other ◆ **confondre qch/qn avec qch/qn d'autre** to mistake sth/sb for sth/sb else ◆ **elle a confondu sa valise avec la mienne** she mistook my suitcase for hers ◆ **j'ai dû confondre** I must have made a mistake, I must have been mistaken ◆ **mes réserves ne sont pas de la lâcheté, il ne faudrait pas confondre** my reservations aren't cowardice, let there be no mistake about that ou you shouldn't confuse the two

b (= déconcerter) to astound ◆ **il me confondit par l'étendue de ses connaissances** he astounded me with the extent of his knowledge ◆ **son insolence a de quoi vous confondre** his insolence is astounding ou is enough to leave you speechless ◆ **je suis confondu devant** ou **de tant d'amabilité** I'm overcome ou overwhelmed by such kindness ◆ **être confondu de reconnaissance** to be overcome with gratitude

c (= démasquer) [+ ennemi, menteur] to confound

d (= réunir, fusionner) to join, meet ◆ **deux rivières qui confondent leurs eaux** two rivers which flow together ou join ◆ **toutes classes d'âge/dépenses confondues** all age groups/expenses taken into account ◆ **les députés, toutes appartenances confondues** the deputies, irrespective of which party they belong to

2 **se confondre** vpr a (= ne faire plus qu'un) to merge; (= se rejoindre) to meet; (= s'embrouiller) to become confused ◆ **les silhouettes se confondaient dans la brume** the silhouettes merged (together) in the mist ◆ **les couleurs se confondent de loin** the colours merge in the distance ◆ **tout se confondait dans sa mémoire** everything became confused in his memory ◆ **nos intérêts se confondent** our interests are one and the same ◆ **les deux fleuves se confondent à cet endroit** the two rivers flow together ou join here

b **se confondre en excuses** to apologize profusely ◆ **il se confondit en remerciements** he thanked me (ou them etc) profusely ou effusively

**conformateur** [kɔ̃fɔʀmatœʀ] nm [chapeau] conformator

**conformation** [kɔ̃fɔʀmasjɔ̃] → SYN nf conformation; → **vice**

**conforme** [kɔ̃fɔʀm] → SYN adj a (= semblable) true (*à* to) ◆ **conforme à l'original/au modèle** true to the original/pattern ◆ **c'est conforme à l'échantillon** it matches the sample ◆ **c'est peu conforme à ce que j'ai dit** it bears little resemblance to what I said ◆ **ce n'est pas conforme à l'original** it does not match the original; → **copie**

b (= fidèle) **être conforme à** [+ norme, règle, commande] to be in accordance with, comply with; [+ loi] to be in accordance ou conformity with ◆ **l'exécution des travaux est conforme au plan prévu** the work is being carried out in accordance with the agreed plan ◆ **être conforme aux normes de sécurité** to conform to ou meet safety standards

c (= en harmonie avec) **conforme à** [+ promesse] in keeping with, consonant with (frm) ◆ **un niveau de vie conforme à nos moyens** a standard of living in keeping ou consonant with (frm) our means ◆ **il a des vues conformes aux miennes** his views are in keeping with my own ◆ **ces mesures sont conformes à notre politique** these measures are in line with our policy ◆ **c'est conforme à ce que j'espérais** it is as I hoped

**conformé, e** [kɔ̃fɔʀme] (ptp de **conformer**) adj corps, enfant ◆ **bien/mal conformé** well-/ill-formed ◆ **bizarrement conformé** strangely shaped ou formed

**conformément** [kɔ̃fɔʀmemɑ̃] → SYN **conformément à** loc adv a (= en respectant) [+ loi] in accordance ou conformity with; [+ plan] in accordance with, according to ◆ **ce travail a été exécuté conformément au modèle/à l'original** this piece of work was done to conform to the pattern/original ou to match the pattern/original exactly

b (= suivant) in accordance with ◆ **conformément à ce que j'avais promis/prédit** in accordance with what I had promised/predicted

**conformer** [kɔ̃fɔʀme] → SYN ▸ conjug 1 ◂ 1 vt (= calquer) ◆ **conformer qch à** to model sth on ◆ **conformer sa conduite à celle d'une autre**

**personne** to model one's (own) conduct on somebody else's ◆ **conformer sa conduite à ses principes** to match one's conduct to one's principles
[2] **se conformer** vpr ◆ **se conformer à** to conform to

**conformisme** [kɔ̃fɔʀmism] [→ SYN] nm (gén, Rel) conformism

**conformiste** [kɔ̃fɔʀmist] [→ SYN] adj, nmf (gén, Rel) conformist

**conformité** [kɔ̃fɔʀmite] [→ SYN] nf [a] (= identité) similarity, correspondence (*à* to) ◆ **la conformité de deux choses** the similarity of ou between two things, the close correspondence of ou between two things
[b] (= fidélité) faithfulness (*à* to) ◆ **conformité à la règle/aux ordres reçus** compliance with the rules/orders received ◆ **en conformité avec le plan prévu/avec les ordres reçus** in accordance ou conformity with the proposed plan/orders received ◆ **en conformité avec le modèle** in accordance with the pattern ◆ **certificat de conformité** certificate of compliance
[c] (= harmonie) conformity, agreement (*avec* with) ◆ **la conformité de nos vues sur la question, notre conformité de vues sur la question** the convergence of our views on the question ◆ **sa conduite est en conformité avec ses idées** his conduct is in keeping ou in conformity with his ideas

**confort** [kɔ̃fɔʀ] [→ SYN] nm comfort ◆ **villa tout confort** ou **avec (tout) le confort moderne** villa with all modern conveniences ou mod cons (Brit) ◆ **il aime le** ou **son confort** he likes his creature comforts ou his comfort ◆ **dès que ça dérange son confort personnel il refuse de nous aider** as soon as it inconveniences him ou puts him out he refuses to help us ◆ **pour notre confort intellectuel** for our peace of mind ◆ **confort psychologique** psychological well-being ◆ **améliorer le confort d'écoute** to improve the sound quality ◆ **cette présentation apporte un grand confort de lecture** this presentation makes for easy reading

**confortable** [kɔ̃fɔʀtabl] [→ SYN] adj [a] (= douillet) appartement comfortable, cosy; vêtement, vie comfortable, comfy* ◆ **peu confortable** fauteuil rather uncomfortable; situation rather uncomfortable, awkward
[b] (= opulent) fortune, retraite, situation, vie comfortable
[c] (= important) majorité, marge comfortable ◆ **il dispose d'une avance confortable sur ses rivaux** he has a comfortable lead over his rivals

**confortablement** [kɔ̃fɔʀtabləmɑ̃] adv comfortably ◆ **vivre confortablement** (dans le confort) to live in comfort; (dans la richesse) to live very comfortably, lead a comfortable existence

**conforter** [kɔ̃fɔʀte] [→ SYN] ▸ conjug 1 ◂ vt [+ thèse] to reinforce, back up; [+ détermination] to reinforce ◆ **ceci me conforte dans mon analyse** this backs up ou reinforces my analysis

**confortique** [kɔ̃fɔʀtik] nf *part of ergonomics related to office comfort*

**confraternel, -elle** [kɔ̃fʀatɛʀnɛl] adj relations, amitié between colleagues

**confrère** [kɔ̃fʀɛʀ] [→ SYN] nm [profession] colleague; [association] fellow member ◆ **selon notre confrère Le Monde** (= journal) according to Le Monde

**confrérie** [kɔ̃fʀeʀi] [→ SYN] nf brotherhood

**confrontation** [kɔ̃fʀɔ̃tasjɔ̃] [→ SYN] nf [a] [opinions, personnes] confrontation; [textes] comparison, collation ◆ **au cours de la confrontation des témoins** when the witnesses were brought face to face
[b] (= conflit) clash, confrontation

**confronter** [kɔ̃fʀɔ̃te] [→ SYN] ▸ conjug 1 ◂ vt (= opposer) [+ opinions, personnes] to confront; (= comparer) [+ textes] to compare, collate ◆ **être confronté à** to be confronted with

**confucianisme** [kɔ̃fysjanism] nm Confucianism

**confucianiste** [kɔ̃fysjanist] [1] adj Confucian
[2] nmf Confucian, Confucianist

**Confucius** [kɔ̃fysjys] nm Confucius

**confus, e** [kɔ̃fy, yz] [→ SYN] adj [a] (= peu clair) bruit, texte, souvenir, mélange confused; esprit, personne, affaire confused, muddled
[b] (= honteux) personne ashamed, embarrassed ◆ **il était confus d'avoir fait cela/de son erreur** he was embarrassed at having done that/about his mistake ◆ **vous avez fait des folies, nous sommes confus !** you've been far too kind, we're quite overwhelmed!

**confusément** [kɔ̃fyzemɑ̃] adv distinguer vaguely; comprendre, ressentir vaguely, in a confused way; parler unintelligibly, confusedly

**confusion** [kɔ̃fyzjɔ̃] [→ SYN] nf [a] (= honte) embarrassment, confusion ◆ **à ma grande confusion** to my great embarrassment ◆ **rouge de confusion** red ou blushing with embarrassment
[b] (= erreur) [noms, personnes, dates] mix-up, confusion (*de* in) ◆ **vous avez fait une confusion** (sur la personne) you've made a mistake; (sur des choses) you've got things confused ou mixed up ◆ **cela peut prêter à confusion** this can lead to confusion
[c] (= désordre) [esprits, idées] confusion; [assemblée, pièce, papiers] confusion, disorder (*de* in) ◆ **ses idées sont dans la plus grande confusion** his ideas are extremely confused ◆ **c'était dans une telle confusion** it was in such confusion ou disorder ◆ **mettre** ou **jeter la confusion dans les esprits/l'assemblée** to throw people/the audience into confusion ou disarray ◆ **confusion mentale** mental confusion
[d] (Jur) **confusion des dettes** confusion ◆ **confusion de part** ou **de paternité** doubt over paternity ◆ **confusion des peines** concurrency of sentences ◆ **confusion des pouvoirs** *non-separation of legislative, executive and judicial powers*

**confusionnel, -elle** [kɔ̃fyzjɔnɛl] [→ SYN] adj (Psych) délire, état confusional

**confusionnisme** [kɔ̃fyzjɔnism] [→ SYN] nm (Psych) *confused thinking of a child*; (Pol) *policy of spreading confusion in people's minds*

**conga** [kɔ̃ga] [→ SYN] nf (= danse, tambour) conga

**congé** [kɔ̃ʒe] [→ SYN] [1] nm [a] (= vacances) holiday (Brit), vacation (US); (= arrêt momentané de travail) leave (NonC); (Mil = permission) leave (NonC) ◆ **c'est son jour de congé** it's his day off ◆ **avoir congé le mercredi** to have Wednesdays off, be off on Wednesdays ◆ **quel jour avez-vous congé ?** which day do you have off?, which day are you off? ◆ **j'ai pris deux semaines de congé pour** ou **à Noël** I took two weeks off ou two weeks' leave at Christmas, I took two weeks' holiday (Brit) ou vacation (US) at Christmas ◆ **il me reste trois jours de congé à prendre** I've got three days' holiday (Brit) ou vacation (US) still to come ◆ **congé sans solde** unpaid leave
[b] **en congé** écolier on holiday (Brit) ou vacation (US); salarié on holiday (Brit) ou vacation (US), on leave; soldat on leave ◆ **se mettre en congé de son parti** (fig) to leave the party temporarily
[c] (= avis de départ) notice; (= renvoi) notice (to quit ou leave) ◆ **mon locataire m'a donné son congé** my tenant gave me notice that he was leaving ◆ **donner (son) congé à un locataire/employé** to give a tenant/an employee (his) notice ◆ **donner congé huit jours à l'avance** to give a week's notice ◆ **il a demandé son congé** he has asked to leave
[d] (= adieu) **prendre congé** to take one's leave (*de qn* of sb) ◆ **donner congé à qn** (en fin d'un entretien) to dismiss sb
[e] (Admin = autorisation) clearance certificate; [transports d'alcool] release *(of alcohol from bond)* ◆ **congé (de navigation)** clearance
[2] COMP ▷ **congé annuel** annual holiday (Brit) ou vacation (US) ou leave ▷ **congé pour convenance personnelle** ≃ compassionate leave ▷ **congé de conversion** retraining period ▷ **congé (individuel) de formation** (personal) training leave ▷ **congé de longue durée** extended ou prolonged leave of absence ▷ **congé (de) maladie** sick leave ◆ **congé de longue maladie** prolonged ou extended sick leave ▷ **congé (de) maternité** maternity leave ▷ **congé parental (d'éducation)** (unpaid) extended maternity (ou paternity) leave ▷ **les congés payés** (= vacances) (annual) paid holidays (Brit) ou vacation (US) ou leave; (péj = vacanciers) riff-raff (péj) on holiday (Brit) ou on vacation (US) ▷ **congés scolaires** school holidays (Brit) ou vacation (US); → **sabbatique**

**congédier** [kɔ̃ʒedje] [→ SYN] ▸ conjug 7 ◂ vt to dismiss

**congelable** [kɔ̃ʒlabl] adj suitable for freezing

**congélateur** [kɔ̃ʒelatœʀ] [→ SYN] nm (= meuble) freezer, deep-freeze; (= compartiment) freezer compartment ◆ **congélateur armoire** upright freezer ◆ **congélateur bahut** chest freezer

**congélation** [kɔ̃ʒelasjɔ̃] [→ SYN] nf [eau, aliment, embryon] freezing; [huile] congealing ◆ **sac de congélation** freezer bag; → **point**[1]

**congeler** [kɔ̃ʒ(ə)le] [→ SYN] ▸ conjug 5 ◂ [1] vt [+ eau] to freeze; [+ aliments] to (deep-)freeze; [+ huile] to congeal ◆ **produits congelés** frozen foods
[2] **se congeler** vpr to freeze

**congénère** [kɔ̃ʒenɛʀ] [→ SYN] [1] adj congeneric
[2] nmf (= semblable) fellow, fellow creature ◆ **toi et tes congénères** you and your like ou kind

**congénital, e**, mpl **-aux** [kɔ̃ʒenital, o] [→ SYN] adj congenital ◆ **elle est optimiste, c'est congénital** (hum) she's a born optimist

**congère** [kɔ̃ʒɛʀ] nf snowdrift

**congestif, -ive** [kɔ̃ʒɛstif, iv] adj congestive

**congestion** [kɔ̃ʒɛstjɔ̃] [→ SYN] nf congestion ◆ **congestion (cérébrale)** stroke ◆ **congestion (pulmonaire)** congestion of the lungs

**congestionner** [kɔ̃ʒɛstjɔne] [→ SYN] ▸ conjug 1 ◂ vt [+ rue] to congest; [+ personne, visage] to make flushed ◆ **être congestionné** [personne, visage] to be flushed; [rue] to be congested

**conglomérat** [kɔ̃glɔmeʀa] [→ SYN] nm (Écon, Géol) conglomerate; (fig = amalgame) conglomeration

**conglomération** [kɔ̃glɔmeʀasjɔ̃] [→ SYN] nf conglomeration

**conglomérer** [kɔ̃glɔmeʀe] [→ SYN] ▸ conjug 6 ◂ vt to conglomerate

**Congo** [kɔ̃go] nm ◆ **le Congo** (= fleuve) the Congo ◆ **au Congo** in the Congo ◆ **la République démocratique du Congo** the Democratic Republic of (the) Congo

**congolais, e** [kɔ̃gɔlɛ, ɛz] [1] adj Congolese
[2] **Congolais(e)** nm,f Congolese
[3] nm (= gâteau) coconut cake

**congratulations** [kɔ̃gʀatylasjɔ̃] nfpl († ou hum) congratulations

**congratuler** [kɔ̃gʀatyle] [→ SYN] ▸ conjug 1 ◂ vt († ou hum) to congratulate

**congre** [kɔ̃gʀ] [→ SYN] nm conger (eel)

**congréer** [kɔ̃gʀee] [→ SYN] ▸ conjug 1 ◂ vt (Naut) [+ cordage] to worm

**congréganiste** [kɔ̃gʀeganist] [→ SYN] [1] adj congregational
[2] nmf member of a congregation

**congrégation** [kɔ̃gʀegasjɔ̃] [→ SYN] nf (Rel) congregation; (fig) assembly

**congrégationalisme** [kɔ̃gʀegasjɔnalism] nm Congregationalism

**congrès** [kɔ̃gʀɛ] [→ SYN] nm (gén) congress; (Pol = conférence) conference ◆ **le Congrès** (Pol US) Congress ◆ **membre du Congrès** (gén) member of Congress; (homme) congressman; (femme) congresswoman

**congressiste** [kɔ̃gʀesist] [→ SYN] nmf (gén) participant at a congress; (Pol) participant at a conference

**congru, e** [kɔ̃gʀy] [→ SYN] adj [a] → **portion**
[b] ⇒ **congruent**

**congruence** [kɔ̃gʀyɑ̃s] nf (Math) congruence

**congruent, e** [kɔ̃gʀyɑ̃, ɑ̃t] [→ SYN] adj (Math) congruent

**conicité** [kɔnisite] nf conicity

**conidie** [kɔnidi] nf conidium

**conifère** [kɔnifɛʀ] [→ SYN] nm conifer

**conique** [kɔnik] [→ SYN] [1] adj conical ◆ **de forme conique** cone-shaped, conical
[2] nf conic (section)

**conirostre** [kɔniʀɔstʀ] [1] adj conirostral, conical-billed (épith)
[2] nm coniroster

**conjectural, e,** mpl **-aux** [kɔ̃ʒɛktyʀal, o] [→ SYN] adj conjectural

**conjecture** [kɔ̃ʒɛktyʀ] [→ SYN] nf conjecture ◆ **se perdre en conjectures quant à qch** to lose o.s. in conjectures about sth ◆ **nous en sommes réduits aux conjectures** we can only conjecture ou guess (about this)

**conjecturer** [kɔ̃ʒɛktyʀe] [→ SYN] ▸ conjug 1 ◂ vt (frm) [+ causes, résultat] to conjecture, speculate about ◆ **conjecturer que ...** to conjecture ou surmise that ...

**conjoint, e** [kɔ̃ʒwɛ̃, wɛ̃t] [→ SYN] [1] adj démarche, action, débiteurs, legs joint (épith); problèmes linked, related ◆ **financement conjoint** joint financing ◆ **degrés conjoints** (Mus) conjunct degrees

[2] nm,f (Admin = époux) spouse ◆ **lui et sa conjointe** he and his spouse ◆ **le maire a félicité les conjoints** the mayor congratulated the couple ◆ **les (deux) conjoints** the husband and wife ◆ **les futurs conjoints** the bride and groom to be

**conjointement** [kɔ̃ʒwɛ̃tmɑ̃] [→ SYN] adv jointly ◆ **conjointement avec** together with ◆ **la notice explicative vous sera expédiée conjointement (avec l'appareil)** the explanatory leaflet will be enclosed (with the machine) ◆ **conjointement et solidairement** (Jur) jointly and severally

**conjoncteur** [kɔ̃ʒɔ̃ktœʀ] nm (Téléc) phone socket

**conjoncteur-disjoncteur,** pl **conjoncteurs-disjoncteurs** [kɔ̃ʒɔ̃ktœʀdisʒɔ̃ktœʀ] nm circuit-breaker

**conjonctif, -ive** [kɔ̃ʒɔ̃ktif, iv] [1] adj (Gram) conjunctive; (Anat) tissu connective

[2] **conjonctive** nf (Anat) conjunctiva

**conjonction** [kɔ̃ʒɔ̃ksjɔ̃] [→ SYN] nf [a] (Astron, Gram) conjunction ◆ **conjonction de coordination/de subordination** coordinating/subordinating conjunction

[b] (frm = union) union, conjunction

**conjonctival, e,** mpl **-aux** [kɔ̃ʒɔ̃ktival, o] adj (Méd) conjunctival

**conjonctivite** [kɔ̃ʒɔ̃ktivit] nf conjunctivitis

**conjoncture** [kɔ̃ʒɔ̃ktyʀ] [→ SYN] nf (= circonstances) situation, circumstances ◆ **dans la conjoncture (économique) actuelle** in the present (economic) situation ou circumstances ◆ **crise de conjoncture** economic crisis ◆ **enquête de conjoncture** study of the overall economic climate ou of the present state of the economy ◆ **institut de conjoncture** economic(s) research institute

**conjoncturel, -elle** [kɔ̃ʒɔ̃ktyʀɛl] adj phénomène, reprise linked to the present economic climate; situation, tendance, prévisions economic ◆ **chômage conjoncturel** cyclical unemployment ◆ **fluctuations conjoncturelles** current economic fluctuations

**conjoncturiste** [kɔ̃ʒɔ̃ktyʀist] nmf economic analyst

**conjugable** [kɔ̃ʒygabl] adj which can be conjugated

**conjugaison** [kɔ̃ʒygɛzɔ̃] nf (Bio, Gram) conjugation; (frm = union) union, uniting ◆ **grâce à la conjugaison de nos efforts** thanks to our joint efforts

**conjugal, e,** mpl **-aux** [kɔ̃ʒygal, o] [→ SYN] adj amour, union conjugal ◆ **devoir conjugal** conjugal duty ◆ **vie conjugale** married ou conjugal life; → **domicile**

**conjugalement** [kɔ̃ʒygalmɑ̃] adv ◆ **vivre conjugalement** to live (together) as a (lawfully) married couple

**conjugalité** [kɔ̃ʒygalite] nf conjugality

**conjugué, e** [kɔ̃ʒyge] (ptp de **conjuguer**) [1] adj (Bot, Math) conjugate; efforts, actions joint, combined

[2] **conjuguées** nfpl (Bot) conjugatae

**conjuguer** [kɔ̃ʒyge] [→ SYN] ▸ conjug 1 ◂ [1] vt (Gram) to conjugate; (= combiner) to combine

[2] **se conjuguer** vpr [efforts] to combine ◆ **ce verbe se conjugue avec avoir** this verb is conjugated with avoir

**conjuration** [kɔ̃ʒyʀasjɔ̃] [→ SYN] nf (= complot) conspiracy, (= rite) conjuration ◆ **c'est une véritable conjuration !** * it's a conspiracy!, it's all a big plot!

**conjuré, e** [kɔ̃ʒyʀe] [→ SYN] (ptp de **conjurer**) nm,f conspirator

**conjurer** [kɔ̃ʒyʀe] [→ SYN] ▸ conjug 1 ◂ [1] vt [a] (= éviter) [+ danger, échec] to avert

[b] (littér = exorciser) [+ démons] to ward off, cast out ◆ **essayer de conjurer le sort** to try to ward off ill fortune

[c] (= implorer) **conjurer qn de faire qch** to beseech ou entreat ou beg sb to do sth ◆ **je vous en conjure** I beseech ou entreat ou beg you

[d] (†† = conspirer) [+ mort, perte de qn] to plot ◆ **conjurer contre qn** to plot ou conspire against sb

[2] **se conjurer** vpr (= s'unir) [circonstances] to conspire; [conspirateurs] to plot, conspire (*contre* against) ◆ **vous vous êtes tous conjurés contre moi !** (frm ou hum) you're all conspiring against me!, you're all in league against me!

**connaissable** [kɔnɛsabl] adj knowable

**connaissance** [kɔnɛsɑ̃s] GRAMMAIRE ACTIVE 19.2 [→ SYN] nf [a] (= savoir) **la connaissance** knowledge ◆ **la connaissance intuitive/expérimentale** intuitive/experimental knowledge ◆ **sa connaissance de l'anglais** his knowledge of English ◆ **il a une bonne connaissance des affaires** he has a good ou sound knowledge of business matters ◆ **une profonde connaissance du cœur humain** a deep understanding of ou insight into the human heart ◆ **la connaissance de soi** self-knowledge

[b] (= choses connues, science) **connaissances** knowledge ◆ **faire étalage de ses connaissances** to display one's knowledge ou learning ◆ **approfondir/enrichir ses connaissances** to deepen ou broaden/enhance one's knowledge ◆ **avoir ou posséder des connaissances en** to have some knowledge of ◆ **c'est un garçon qui a des connaissances** he's a knowledgeable fellow ◆ **il a de bonnes/vagues connaissances en anglais** he has a good command of/a smattering of English ◆ **il a de vagues connaissances en physique** he has a vague knowledge of ou a nodding acquaintance with physics

[c] (= personne) acquaintance ◆ **c'est une vieille/simple connaissance** he is an old/a mere acquaintance ◆ **faire de nouvelles connaissances** to make new acquaintances, meet new people

[d] (= conscience, lucidité) consciousness ◆ **être sans connaissance** to be unconscious ◆ **perdre connaissance** to lose consciousness ◆ **reprendre connaissance** to regain consciousness, come to, come round (Brit)

[e] (Loc) **à ma/sa/leur connaissance** to (the best of) my/his/their knowledge, as far as I know/he knows/they know ◆ **pas à ma connaissance** not to my knowledge, not as far as I know ◆ **venir à la connaissance de qn** to come to sb's knowledge ◆ **donner connaissance de qch à qn** to inform ou notify sb of sth ◆ **porter qch à la connaissance de qn** to notify sb of sth, bring sth to sb's attention ◆ **avoir connaissance d'un fait** to be aware of a fact ◆ **en (toute) connaissance de cause** with full knowledge of the facts ◆ **nous sommes parmi gens de connaissance** we are among familiar faces ◆ **un visage de connaissance** a familiar face ◆ **en pays de connaissance** (personnes) among familiar faces; (sujet) on familiar ground ou territory ◆ **il avait amené quelqu'un de sa connaissance** he had brought along an acquaintance of his ou someone he knew ◆ **faire connaissance avec qn, faire la connaissance de qn** (rencontrer) to meet sb, make sb's acquaintance; (apprendre à connaître) to get to know sb ◆ **(je suis) heureux de faire votre connaissance** (I am) pleased to meet you ◆ **prendre connaissance de** [+ lettre] to read; [+ faits] to become acquainted with, be informed of ◆ **nous avons fait connaissance à Paris** we met in Paris ◆ **je leur ai fait faire connaissance** I introduced them (to each other)

**connaissement** [kɔnɛsmɑ̃] nm (Comm) bill of lading ◆ **connaissement sans réserves** clean bill of lading

**connaisseur, -euse** [kɔnɛsœʀ, øz] [→ SYN] [1] adj coup d'œil, air expert

[2] nm,f connoisseur ◆ **être connaisseur en vins** to be a connoisseur of wines ◆ **il juge en connaisseur** his opinion is that of a connoisseur

**connaître** [kɔnɛtʀ] [→ SYN] ▸ conjug 57 ◂ [1] vt [a] [+ date, nom, adresse] to know; [+ fait] to know, be acquainted with; [+ personne] (gén) to know, be acquainted with; (= rencontrer) to meet ◆ **connaît-il la nouvelle ?** has he heard ou does he know the news? ◆ **vous connaissez la dernière (nouvelle) ?** have you heard the latest (news)? ◆ **connais-tu un bon restaurant ?** do you know of a good restaurant? ◆ **connaître qn de vue/nom/réputation** to know sb by sight/by name/by reputation ◆ **chercher à connaître qn** to try to get to know sb ◆ **apprendre à connaître qn** to get to know sb ◆ **il l'a connu à l'université** he met ou knew him at university ◆ **je l'ai connu enfant** ou **tout petit** I knew him when he was a child; (= je le vois encore) I have known him since he was a child ◆ **si tu te conduis comme ça je ne te connais plus !** (hum) if you behave like that (I'll pretend) I'm not with you ◆ **je ne lui connaissais pas ce chapeau/ces talents** I didn't know he had that hat/these talents ◆ **je ne lui connais pas de défauts/d'ennemis** I'm not aware of his having any faults/enemies ◆ **tu le connais mal, c'est mal le connaître** you're underestimating ou misjudging him

[b] [+ langue, science] to know; [+ méthode, auteur, texte] to know, be acquainted with ◆ **connaître les oiseaux/les plantes** to know about birds/plants ◆ **tu connais la mécanique/la musique ?** do you know anything ou much about engineering/music? ◆ **connaître un texte** to know a text, be familiar with a text ◆ **il connaît son affaire** he knows what he's talking about ◆ **elle connaît son métier** she (really) knows her job ◆ **il en connaît un bout** * ou **un rayon** * he knows a thing or two about it * ◆ **un poète qui connaît la vie/l'amour** a poet who knows what life/love is ou knows (about) life/love ◆ **tu connais ce village ? – si je connais ! j'y suis né !** * do you know this village? – do I know it! I was born here! ◆ **il ne connaît pas grand-chose à cette machine** he doesn't know (very) much about this machine ◆ **il n'y connaît rien** he doesn't know anything ou a thing about it, he doesn't have a clue about it * ◆ **je ne connais pas bien les coutumes du pays** I'm not really familiar with ou I'm not (very) well acquainted with ou I'm not very well up on * the customs of the country ◆ **je connais la chanson** ou **la musique** * I've heard it all before ◆ **il ne connaît pas sa force** he doesn't know ou realize his own strength ◆ **il ne connaît pas son bonheur** ou **sa chance** he doesn't know how lucky he is ◆ **il ne connaît que son devoir** duty first is his motto

[c] (= éprouver) [+ faim, privations] to know, experience; [+ crise, événement] to experience; [+ humiliations] to experience, suffer, go through ◆ **il ne connaît pas la pitié** he knows no pity ◆ **ils ont connu des temps meilleurs** they have known ou seen better days ◆ **nous connaissons de tristes heures** we are going through sad times ◆ **le pays connaît une crise économique grave** the country is going through ou experiencing a serious economic crisis

[d] (= avoir) [+ succès] to enjoy, have; [+ sort] to experience ◆ **connaître un échec** to fail ◆ **sa patience ne connaît pas de bornes** his patience knows no bounds ◆ **cette règle ne connaît qu'une exception** there is only one exception to this rule ◆ **l'histoire de ce pays ne connaît qu'une tentative de coup d'État** in the history of this country there has only been one attempted coup

[e] **faire connaître** [+ idée, sentiment] to make known; [+ décision] to announce, make public ◆ **faire connaître qn à qn** to introduce sb to sb ◆ **cette pièce/ce traducteur l'a fait connaître en Angleterre** this play/translator brought him to the attention of the English public ◆ **il m'a fait connaître les joies de la pêche** he introduced me to ou initiated me in(to) the joys of fishing ◆ **se faire connaître** (par le succès) to make a name for o.s., make one's name; (aller voir qn) to introduce o.s., make o.s. known

[f] (Loc) **ça le/me connaît !** * he knows/I know all about it! ◆ **je ne connais que lui/que ça !** do I know him/it! *, don't I know him/it! * ◆ **une bonne tasse de café après le repas, je ne connais que ça** there's nothing like a good cup of coffee after a meal ◆ **je ne le connais**

**ni d'Ève ni d'Adam** I don't know him from Adam ◆ **je te connais comme si je t'avais fait** I know you inside out

**2** **se connaître** vpr **a** **se connaître (soi-même)** to know o.s. ◆ **connais-toi toi-même** know thyself ◆ **il ne se connaît plus** (fig) he's beside himself *(with joy or rage etc)*

**b** (= se rencontrer) to meet ◆ **ils se sont connus en Grèce** they met ou became acquainted in Greece

**c** **s'y connaître en qch** to know (a lot) about sth, be well up on* ou well versed in sth ◆ **il s'y connaît en voitures** he knows (all) about cars, he's an expert on cars ◆ **c'est de l'or ou je ne m'y connais pas*** unless I'm very much mistaken, this is gold ◆ **quand il s'agit d'embêter les autres, il s'y connaît !*** when it comes to annoying people he's an expert!*

**3** **connaître de** vt indir (Jur) to take cognizance of

**connard**‡ [kɔnaʀ] nm damn fool‡, wally‡, bloody (Brit) idiot‡, schmuck‡ (US)

**connarde**‡ [kɔnaʀd], **connasse**‡ [kɔnas] nf (silly) bitch*‡ ou cow‡ (Brit)

**conne**‡ [kɔn] nf → **con**

**connecter** [kɔnɛkte] → SYN ▸ conjug 1 ◂ **1** vt (Élec, Ordin) to connect (*à* to; *avec* with)

**2** **se connecter** vpr (Ordin) (à la prise) to get connected, connect (*à* to); (à un serveur) to log on ◆ **se connecter sur Internet** to log onto ou into the Internet

**connecteur** [kɔnɛktœʀ] nm (Logique, Ling) connective; (Élec) connector

**connecticien, -ienne** [kɔnɛktisjɛ̃, jɛn] nm,f connector engineer

**Connecticut** [kɔnɛktikɔt] nm Connecticut

**connectif, -ive** [kɔnɛktif, iv] adj, nm (Anat, Bot) connective

**connectique** [kɔnɛktik] nf (= industrie) connector industry; (= connexions) connections, wiring

**connement**‡ [kɔnmɑ̃] adv bloody‡ (Brit) ou damn‡ stupidly ◆ **j'ai dit ça un peu connement** it was a bit thick* ou stupid of me to say that

**connerie**‡ [kɔnʀi] nf **a** (NonC) damned ou bloody (Brit) stupidity‡

**b** (= remarque, acte) damned ou bloody (Brit) stupid thing to say ou do‡; (= livre, film) bullshit*‡ (NonC), bloody rubbish‡ (Brit) (NonC) ◆ **arrête de dire des conneries** stop talking bullshit*‡ ou such bloody rubbish‡ (Brit) ◆ **il a encore fait une connerie** he's gone and done another damned stupid thing‡ ◆ **c'est de la connerie !** that's (a load of) bullshit!*‡ ou cobblers!‡ (Brit)

**connétable** [konetabl] nm (Hist) constable

**connexe** [kɔnɛks] → SYN adj (closely) related

**connexion** [kɔnɛksjɔ̃] → SYN nf (gén) link, connection; (Élec) connection (*entre* between; *avec* with) ◆ **le nombre d'heures de connexion sur le réseau** the number of hours people spend on the network ◆ **temps de connexion** connection time

**connexionnisme** [kɔnɛksjɔnism] nm connectionism

**connexité** [kɔnɛksite] nf [choses, concepts] relation(ship)

**connivence** [konivɑ̃s] → SYN nf connivance ◆ **être/agir de connivence avec qn** to be/act in connivance with sb ◆ **un sourire de connivence** a smile of complicity ◆ **ils sont de connivence** they're in league with each other

**connivent, e** [konivɑ̃, ɑ̃t] → SYN adj (Bot, Anat) connivent

**connotatif, -ive** [kɔ(n)nɔtatif, iv] adj (Ling) sens connotative

**connotation** [kɔ(n)nɔtasjɔ̃] → SYN nf connotation

**connoter** [kɔ(n)nɔte] → SYN ▸ conjug 1 ◂ vt to connote, imply; (Ling) to connote

**connu, e** [kɔny] → SYN (ptp de **connaître**) adj (= non ignoré) terre, animal known; (= célèbre) idée, méthode, auteur, livre well-known (épith) ◆ **(bien) connu** well-known (épith) ◆ **très connu** very well known, famous ◆ **ces faits sont mal connus** these facts are not well ou widely known ◆ **il est connu comme le loup blanc** everybody knows him ◆ **chiffres non encore connus** (Stat) figures not yet available; → **ni**

**conoïde** [kɔnɔid] → SYN **1** adj conoid(al)

**2** nm conoid

**conopée** [kɔnɔpe] → SYN nm [tabernacle] canopy

**conque** [kɔ̃k] → SYN nf (= coquille) conch; (Anat) concha

**conquérant, e** [kɔ̃keʀɑ̃, ɑ̃t] → SYN **1** adj pays, peuple conquering; ardeur masterful; air, regard swaggering

**2** nm,f conqueror

**conquérir** [kɔ̃keʀiʀ] → SYN ▸ conjug 21 ◂ vt [+ pays, place forte, montagne] to conquer; [+ part de marché] to capture; (littér) [+ femme, cœur] to conquer (littér), win; (littér) [+ estime, respect] to win, gain; [+ supérieur, personnage influent, public] to win over ◆ **conquis à une doctrine** won over ou converted to a doctrine; → **pays**[1]

**conquête** [kɔ̃kɛt] → SYN nf conquest ◆ **faire la conquête de** [+ pays, montagne] to conquer; [+ femme] to conquer (littér), win; [+ supérieur, personnage influent] to win over ◆ **s'élancer ou partir à la conquête de** (gén) to set out to conquer; [+ record] to set out to break ◆ **faire des conquêtes** (hum) to break a few hearts, make a few conquests

**conquis, e** [kɔ̃ki, iz] ptp de **conquérir**

**conquistador** [kɔ̃kistadɔʀ] → SYN nm conquistador

**consacrant** [kɔ̃sakʀɑ̃] **1** adj m consecrating

**2** nm consecrator

**consacré, e** [kɔ̃sakʀe] → SYN (ptp de **consacrer**) adj **a** (= béni) hostie, église consecrated; lieu consecrated, hallowed

**b** (= habituel, accepté) coutume established, accepted; itinéraire, visite traditional; écrivain established, recognized ◆ **c'est l'expression consacrée** it's the accepted way of saying it ◆ **selon la formule consacrée** as the expression goes

**c** (= destiné à) **consacré à** given over to ◆ **talents consacrés à faire le bien** talents given over to ou dedicated to doing good

**consacrer** [kɔ̃sakʀe] → SYN ▸ conjug 1 ◂ vt **a** **consacrer à** (= destiner, dédier à) to devote to, dedicate to; (= affecter à, utiliser pour) to devote to, give (over) to ◆ **consacrer son temps à faire qch** to devote one's time to doing sth ◆ **consacrer sa vie à Dieu** to devote ou dedicate one's life to God ◆ **il consacre toutes ses forces/tout son temps à son travail** he devotes all his energies/time to his work, he gives all his energies/time (over) to his work ◆ **pouvez-vous me consacrer un instant ?** can you spare me a moment? ◆ **se consacrer à une profession/à Dieu** to dedicate ou devote o.s. to a profession/God, give o.s. to a profession/God ◆ **il a consacré plusieurs articles à ce sujet** he devoted several articles to this subject

**b** (Rel) [+ reliques, lieu] to consecrate, hallow (littér); [+ église, évêque, hostie] to consecrate ◆ **temple consacré à Apollon** temple dedicated to Apollo ◆ **leur mort a consacré cette terre** (littér) their death has made this hallowed ground

**c** (= entériner) [+ coutume, droit] to establish; [+ abus] to sanction ◆ **expression consacrée par l'usage** expression sanctioned by use ou which has become accepted through use ◆ **consacré par le temps** time-honoured (épith) ◆ **la fuite de l'ennemi consacre notre victoire** the enemy's flight makes our victory complete

**consanguin, e** [kɔ̃sɑ̃gɛ̃, in] → SYN **1** adj ◆ **frère consanguin** half-brother *(on the father's side)* ◆ **mariage consanguin** intermarriage, marriage between blood relations ◆ **les mariages consanguins sont à déconseiller** marriages between blood relations ou intermarrying should be discouraged

**2** nm,f ◆ **les consanguins** blood relations

**consanguinité** [kɔ̃sɑ̃g(ɥ)inite] → SYN nf (du même père, d'ancêtre commun) consanguinity; (= union consanguine) intermarrying

**consciemment** [kɔ̃sjamɑ̃] → SYN adv consciously, knowingly

**conscience** [kɔ̃sjɑ̃s] → SYN nf **a** (= faculté psychologique) (gén) awareness, consciousness (*de* of); (Philos, Psych) consciousness ◆ **conscience de soi** self-awareness ◆ **conscience individuelle/collective/nationale/de classe** individual/collective/national/class consciousness ◆ **conscience politique/écologique** ecological/political awareness ◆ **avoir conscience que ...** to be aware ou conscious that ... ◆ **avoir conscience de sa faiblesse/de l'importance de qch** to be aware ou conscious of one's own weakness/of the importance of sth ◆ **avoir une conscience claire/aiguë de ses responsabilités** to be fully/keenly aware of one's responsibilities ◆ **prendre conscience de qch** to become aware of sth, realize sth, awake to sth ◆ **il prit soudain conscience d'avoir dit ce qu'il ne fallait pas** he was suddenly aware that ou he suddenly realized that he had said something he shouldn't have ◆ **cela lui a donné ou fait prendre conscience de son importance** it made him aware of his importance, it made him realize how important he was ◆ **prise de conscience** awareness, realization ◆ **il faut qu'il y ait une prise de conscience du problème** people must be made aware of the problem

**b** (= éveil) consciousness ◆ **perdre/reprendre conscience** to lose/regain consciousness

**c** (= faculté morale) conscience ◆ **avoir la conscience tranquille/chargée, avoir bonne/mauvaise conscience** to have a clear/guilty conscience ◆ **il n'a pas la conscience tranquille** he has a guilty ou an uneasy conscience, his conscience is troubling him ◆ **j'ai ma conscience pour moi** I have a clear conscience ◆ **avoir qch sur la conscience** to have sth on one's conscience ◆ **donner bonne conscience à qn** to ease sb's conscience ◆ **donner mauvaise conscience à qn** to give sb a guilty ou bad conscience ◆ **se donner bonne conscience** to salve ou ease one's conscience ◆ **agir selon sa conscience** to act according to one's conscience ou as one's conscience dictates ◆ **étouffer les consciences** to stifle consciences ou people's conscience ◆ **en (toute) conscience** in all conscience ou honesty ◆ **sans conscience** without conscience ◆ **il a plusieurs morts/un mensonge sur la conscience** he has several deaths/a lie on his conscience ◆ **son déjeuner lui est resté sur la conscience*** his lunch is lying heavy on his stomach; → **acquit, objecteur**

**d** **conscience (professionnelle)** conscientiousness ◆ **faire un travail avec beaucoup de conscience** to do a piece of work very conscientiously

**consciencieusement** [kɔ̃sjɑ̃sjøzmɑ̃] adv conscientiously

**consciencieux, -ieuse** [kɔ̃sjɑ̃sjø, jøz] → SYN adj conscientious

**conscient, e** [kɔ̃sjɑ̃, jɑ̃t] → SYN **1** adj (= non évanoui) conscious; (= lucide) personne lucid; mouvement, décision conscious ◆ **conscient de/que** conscious ou aware of/that

**2** nm (Psych) ◆ **le conscient** the conscious

**conscientiser** [kɔ̃sjɑ̃tize] ▸ conjug 1 ◂ vt ◆ **conscientiser qn** to raise sb's consciousness

**conscription** [kɔ̃skʀipsjɔ̃] → SYN nf conscription, draft (US)

**conscrit** [kɔ̃skʀi] → SYN nm conscript, draftee (US)

**consécration** [kɔ̃sekʀasjɔ̃] → SYN nf **a** (Rel) [personne] consecration; [temple] consecration, dedication (*à* to)

**b** [coutume, droit, artiste] establishment; [abus] sanctioning ◆ **la consécration du temps** time's sanction ◆ **cette exposition fut la consécration de son œuvre** this exhibition established his reputation as an artist ◆ **ce traité fut la consécration de sa politique** this treaty was the apotheosis of his policy

**consécutif, -ive** [kɔ̃sekytif, iv] → SYN adj (= successif) consecutive; (= résultant) consequential ◆ **pendant trois jours consécutifs** for three days running, for three consecutive days ◆ **elle a eu trois succès consécutifs** she had three hits in a row ◆ **sa blessure est consécutive à un accident** his injury is the result of an accident; → **proposition**

**consécution** [kɔ̃sekysjɔ̃] → SYN nf consecution

**consécutivement** [kɔ̃sekytivmɑ̃] adv consecutively ◆ **elle eut consécutivement deux accidents** she had two consecutive accidents, she had two accidents in a row ou one after the other ◆ **consécutivement à** following

**conseil** [kɔ̃sɛj] GRAMMAIRE ACTIVE 1.1, 2.2, 2.3, 11.3 → SYN

1 nm **a** (= recommandation) piece of advice, advice (NonC), counsel (frm); (= simple suggestion) hint ◆ **donner des conseils à qn** to give sb some advice ◆ **écouter/suivre le conseil** ou **les conseils de qn** to listen to/follow sb's advice ◆ **demander conseil à qn** to ask ou seek sb's advice, ask sb for advice ◆ **prendre conseil de qn** to take advice from sb ◆ **je lui ai donné le conseil d'attendre** I advised him to wait ◆ **un petit conseil** a word ou a few words ou a bit of advice ◆ **ne pars pas, c'est un conseil d'ami** don't go – that's (just) a friendly piece of advice ◆ **écoutez mon conseil** take my advice, listen to my advice ◆ **un bon conseil** a good ou sound piece of advice ◆ **un bon conseil : reposez-vous** a bit of advice: get some rest ◆ **ne suivez pas les conseils de la colère** don't let yourself be guided by anger ◆ **il est de bon conseil** he gives good ou sound advice ◆ **un homme de bon conseil** (frm) a man of sound advice ◆ **conseils à ...** (Admin, Comm) advice to ... ◆ **conseils à la ménagère/au débutant** hints ou tips for the housewife/the beginner; → **nuit**

**b** (= activité professionnelle) consultancy ◆ **cabinet** ou **société de conseil** consultancy ou consulting firm, firm of consultants ◆ **activité de conseil** consultancy

**c** (= personne) consultant, adviser (*en* in) ◆ **conseil en brevets d'invention** patent engineer ◆ **conseil fiscal** tax consultant ◆ **conseil juridique** legal consultant ou adviser ◆ **conseil en communication** communications ou media consultant ◆ **conseil en propriété industrielle** patent lawyer ou attorney (US) ◆ **ingénieur(-)conseil** consulting engineer, engineering consultant ◆ **avocat-/esthéticienne-conseil** legal/beauty consultant

**d** (= assemblée) [entreprise] board; [organisme politique ou professionnel] council, committee; (= séance) meeting ◆ **tenir conseil** (= se réunir) to hold a meeting; (= délibérer) to deliberate

2 COMP ▷ **conseil d'administration** [société anonyme] board of directors; [hôpital, école] board of governors ▷ **conseil de classe** (Scol) staff meeting *(to discuss the progress of individual members of a class)* ▷ **conseil communal** (Belg) ≈ local council ▷ **Conseil constitutionnel** Constitutional Council ▷ **conseil de discipline** (Scol, Univ) disciplinary committee ▷ **Conseil économique et social** Economic and Social Council ▷ **conseil d'établissement** (Scol) ≈ governing board (Brit), ≈ board of education (US) ▷ **Conseil d'État** Council of State ▷ **Conseil de l'Europe** Council of Europe ▷ **Conseil européen** European Council ▷ **conseil exécutif** executive council ▷ **conseil de famille** board of guardians ▷ **conseil général** (French) departmental council, ≈ county council (Brit), ≈ county commission (US) ▷ **conseil de guerre** (= réunion) war council; (= tribunal) court-martial ◆ **passer en conseil de guerre** to be court-martialled ◆ **faire passer qn en conseil de guerre** to court-martial sb ▷ **Conseil des ministres** (= personnes) (en Grande-Bretagne) Cabinet; (en France) (French) Cabinet, council of ministers; (= réunion) Cabinet meeting ▷ **conseil municipal** town council ▷ **Conseil national du patronat français** *French national employers' federation,* ≈ Confederation of British Industry (Brit) ▷ **Conseil œcuménique des Églises** World Council of Churches ▷ **le conseil de l'Ordre** [avocats] *lawyers' governing body,* ≈ the Bar Council (Brit), ≈ the Bar (US); [médecins] *doctors' governing body,* ≈ British Medical Association (Brit) ▷ **conseil des prud'hommes** industrial arbitration court, ≈ industrial tribunal ▷ **conseil régional** regional council ▷ **conseil de révision** (Mil) recruiting board, draft board (US) ▷ **Conseil de sécurité** Security Council ▷ **Conseil supérieur de l'audiovisuel** *French broadcasting regulatory body,* ≈ Independent Broadcasting Authority (Brit), ≈ Federal Communications Commission (US) ▷ **Conseil supérieur de la magistrature** *French magistrates' council (which also hears appeals)* ▷ **conseil de surveillance** supervisory board ▷ **conseil d'UFR** (Univ) departmental (management) committee ▷ **conseil d'université** university management committee, ≈ governing body (Brit), ≈ Board of Trustees ou Regents (US)

> **CONSEIL**
>
> The **Conseil constitutionnel** is made up of nine appointed members and the surviving former presidents of France. It ensures that the constitution is respected in matters of legislation and during elections.
>
> The **Conseil d'État** examines bills before they are submitted to the **Conseil des ministres.** It is also the highest administrative court in the land, dealing with legal irregularities within public bodies and at government level.
>
> The **Conseil régional, Conseil général, Conseil municipal** and **Conseil d'arrondissement** are elected local councils, respectively at the level of the "région", the "département", the "commune" and (in Paris, Lyons and Marseilles) the "arrondissement". → ARRONDISSEMENT; COMMUNE; DÉPARTEMENT; MAIRE; RÉGION

**conseiller¹** [kɔ̃seje] GRAMMAIRE ACTIVE 2 → SYN ▸ conjug 1 ◂ vt **a** (= recommander) [+ méthode, bonne adresse] to recommend (*à qn* to sb) ◆ **prix conseillé** recommended price ◆ **il conseille la prudence/le silence** he recommends ou counsels caution/silence ◆ **il m'a conseillé ce médecin** he advised me to go to this doctor, he recommended this doctor to me ◆ **conseiller à qn de faire qch** to advise sb to do sth ◆ **je vous conseille vivement de ...** I strongly advise you to ... ◆ **la peur/prudence lui conseilla de ...** fear/prudence prompted him to ... ◆ **il est conseillé de s'inscrire à l'avance** it is advisable to enrol in advance ◆ **il est conseillé aux parents de ...** parents are advised to ...

**b** (= guider) to advise, give advice to ◆ **conseiller un étudiant dans ses lectures** to advise a student in his reading ◆ **il a été bien/mal conseillé** he has been given good/bad advice, he has been well/badly advised

**conseiller², -ère** [kɔ̃seje, ɛʀ] → SYN 1 nm,f **a** (= expert) consultant, adviser (*en* in); (= personne d'expérience) counsellor, adviser ◆ **conseiller diplomatique/économique/technique** diplomatic/economic/technical adviser ◆ **conseiller financier** financial consultant ou adviser ◆ **il est conseiller auprès du président** he is an adviser to the president ◆ **que ta conscience soit ta conseillère** (fig) may your conscience be your guide; → **colère**

**b** (Admin, Pol = fonctionnaire) council member, councillor

2 COMP ▷ **conseiller d'État** senior member of the Council of State ▷ **conseiller général** (French) departmental councillor ▷ **conseiller en image** image consultant ▷ **conseiller matrimonial** marriage guidance counsellor ▷ **conseiller municipal** town councillor (Brit), city council man (US) ▷ **conseiller d'orientation** (Scol) careers adviser (Brit), (school) counselor (US), guidance counselor (US) ▷ **conseiller pédagogique** educational adviser ▷ **conseiller (principal) d'éducation** year head (Brit), dean (US) ▷ **conseiller régional** regional councillor ▷ **conseiller spécial** special adviser

**conseilleur, -euse** [kɔ̃sɛjœʀ, øz] → SYN nm,f (péj) dispenser of advice ◆ (Prov) **les conseilleurs ne sont pas les payeurs** givers of advice don't pay the price

**consensuel, -elle** [kɔ̃sɑ̃sɥɛl] → SYN adj programme, gouvernement, solution consensus (épith); volonté, point de vue, société consensual; patron who seeks consensus; accord consensual ◆ **dans un esprit consensuel** in a spirit of consensus

**consensus** [kɔ̃sɛ̃sys] → SYN nm consensus (of opinion) ◆ **consensus politique/social/national** political/social/national consensus ◆ **cette évolution fait l'objet d'un très large consensus** there is a broad consensus on this development ◆ **consensus mou** (hum, péj) loose consensus

**consentant, e** [kɔ̃sɑ̃tɑ̃, ɑ̃t] → SYN adj partenaire sexuel, otage, victime willing; (Jur) personnes, parties in agreement, agreeable ◆ **(entre) adultes consentants** (between) consenting adults ◆ **ce mariage ne peut avoir lieu que si les parents sont consentants** this marriage can only take place with the parents' consent ou if the parents consent to it

**consentement** [kɔ̃sɑ̃tmɑ̃] nm consent ◆ **divorce par consentement mutuel** divorce by mutual consent ◆ **donner son consentement à qch** to consent to sth, give one's consent to sth ◆ **le consentement universel** (littér) universal ou common assent

**consentir** [kɔ̃sɑ̃tiʀ] GRAMMAIRE ACTIVE 9.2 → SYN ▸ conjug 16 ◂

1 vi (= accepter) to agree, consent (*à* to) ◆ **consentir à faire qch** to agree to do(ing) sth ◆ **je consens à ce qu'il vienne** I consent ou agree to his coming ◆ **espérons qu'il va (y) consentir** let's hope he'll agree ou consent to it; → **mot**

2 vt (= accorder) [+ permission, délai, prêt] to grant (*à* to)

**conséquemment** [kɔ̃sekamɑ̃] adv (littér = donc) consequently; († ou littér = avec cohérence) consequentially ◆ **conséquemment à** as a result of

**conséquence** [kɔ̃sekɑ̃s] → SYN nf **a** (= effet, résultat) outcome (NonC), consequence ◆ **cela pourrait avoir** ou **entraîner des conséquences graves pour ...** this could have serious consequences for ou repercussions on ... ◆ **cela a eu pour conséquence de l'obliger à réfléchir** the result ou consequence of this was that he was forced to think again, he was forced to think again as a result ◆ **accepter/subir les conséquences de ses actions** to accept/suffer the consequences of one's actions ◆ **c'est une erreur grosse** ou **lourde de conséquences** this mistake will have serious consequences ou repercussions ◆ **avoir d'heureuses conséquences** to have a happy outcome

**b** (Philos = suite logique) consequence; → **proposition, voie**

**c** (= conclusion, déduction) inference, conclusion (*de* to be drawn from) ◆ **tirer les conséquences** to draw conclusions ou inferences (*de* from)

**d** (LOC) **cela ne tire** ou **ne porte** ou **ne prête pas à conséquence** (= sans importance) it's of no consequence; (= sans suites fâcheuses) it's unlikely there will be any repercussions

◆ **de conséquence** affaire, personne of (some) consequence ou importance

◆ **en conséquence** (= donc) consequently; (= comme il convient) accordingly ◆ **en conséquence de** (= par suite de) in consequence of, as a result of; (= selon) according to

◆ **sans conséquence** (= sans suite fâcheuse) without repercussions; (= sans importance) of no consequence ou importance

**conséquent, e** [kɔ̃sekɑ̃, ɑ̃t] GRAMMAIRE ACTIVE 17.1 → SYN

1 adj **a** (= logique) logical, rational; (= doué d'esprit de suite) consistent ◆ **conséquent à** (littér) consistent with, in keeping ou conformity with ◆ **être conséquent avec soi-même** to be consistent ◆ **conséquent dans ses actions** consistent in one's actions

**b** (* = important) sizeable

**c** (Géol) rivière, percée consequent

**d** (Mus) **partie conséquente** answer

2 nm (Ling, Logique, Math) consequent

◆ **par conséquent** consequently, therefore

3 **conséquente** nf (Mus) answer

**conservateur, -trice** [kɔ̃sɛʀvatœʀ, tʀis] → SYN

1 adj (gén) conservative; (Pol Brit) Conservative, Tory ◆ **le parti conservateur** (Can) the Progressive-Conservative Party (Can)

2 nm,f **a** (= gardien) [musée] curator; [bibliothèque] librarian ◆ **conservateur des eaux et forêts** ≈ forestry commissioner ◆ **conservateur des hypothèques** ≈ land registrar

**b** (Pol) conservative; (Pol Brit) Conservative, Tory; (Can) Conservative (Can)

3 nm (= produit chimique) preservative; (= réfrigérateur) freezer compartment

**conservation** [kɔ̃sɛʀvasjɔ̃] → SYN nf **a** (= action) [aliments] preserving; [monuments] preserving, preservation; [archives] keeping; [accent, souplesse] retention, retaining, keeping; [habitudes] keeping up ◆ **date limite de conservation** (gén) use-by date; [aliments] best-before date; → **instinct, long**

**b** (= état) [aliments, monuments] preservation ◆ **en bon état de conservation** fruits well-preserved; monument well-preserved, in a good state of preservation

**c** (Admin = charge) **conservation des eaux et forêts** ≃ Forestry Commission ◆ **conservation des hypothèques** ≃ Land Registry

**conservatisme** [kɔ̃sɛʀvatism] → SYN nm conservatism

**conservatoire** [kɔ̃sɛʀvatwaʀ] → SYN **1** adj (Jur) protective; → **saisie**

**2** nm school, academy *(of music, drama etc.)* ◆ **le Conservatoire (de musique et de déclamation)** the (Paris) Conservatoire ◆ **le Conservatoire national des arts et métiers** *national school of engineering and technology*

**conserve** [kɔ̃sɛʀv] → SYN **1** nf ◆ **les conserves** (en boîtes) canned ou tinned (Brit) food(s); (en bocaux) preserves ◆ **conserves de viande/poisson** canned ou tinned (Brit) meat/fish ◆ **l'industrie de la conserve** the canning industry ◆ **se nourrir de conserves** to live out of cans ou tins (Brit) ◆ **faire des conserves de haricots** to bottle beans ◆ **tu ne vas pas en faire des conserves !** * (fig) you're not going to hoard it away for ever!

◆ **en conserve** ◆ **légumes en conserve** tinned (Brit) ou canned vegetables ◆ **mettre en conserve** to can; → **boîte**

**2** **de conserve** loc adv (= ensemble) naviguer in convoy; agir in concert

**conserver** [kɔ̃sɛʀve] → SYN ▸ conjug 1 ◂ **1** vt **a** (= garder dans un endroit) [+ objets, papiers] to keep ◆ **"conserver à l'abri de la lumière"** "keep ou store away from light" ◆ **"à conserver au froid"** "keep refrigerated"

**b** (= ne pas perdre) (gén) to keep, retain; [+ usage, habitude] to keep up; [+ espoir] to retain; [+ qualité, droits] to conserve, retain; (Sport) [+ titre] to retain, hold on to ◆ **conserver son calme** to keep ou remain calm, keep cool ◆ **ça conserve tout son sens** it retains its full meaning ◆ **conserver la vie** to conserve life ◆ **il a conservé toute sa tête** he still has his wits about him, he's still all there * ◆ **conserver l'allure** (Naut) to maintain speed ◆ **conserver sa position** (Naut) to hold one's position ◆ **conserver ses positions** (Mil) to hold its (ou their) positions

**c** (= maintenir en bon état) [+ aliments, santé, monument] to preserve ◆ **la vie au grand air, ça conserve !** * the open-air life keeps you young ◆ **bien conservé pour son âge** well-preserved for one's age

**d** (Culin) to preserve, can; (dans du vinaigre) to pickle; (en bocal) to bottle

**2** **se conserver** vpr [aliments] to keep

**conserverie** [kɔ̃sɛʀvəʀi] nf (= usine) canning factory; (= industrie) canning industry

**conserveur, -euse** [kɔ̃sɛʀvœʀ, øz] nm,f manufacturer of tinned (Brit) ou canned (US) foods

**considérable** [kɔ̃sideʀabl] → SYN adj somme considerable, sizeable; foule sizeable; retard considerable; rôle, succès, changement, risque, dégâts, tort considerable, significant; († ou littér) personnage, situation eminent, important ◆ **saisi d'une émotion considérable** considerably ou deeply moved

**considérablement** [kɔ̃sideʀabləmɑ̃] → SYN adv considerably ◆ **ceci nous a considérablement retardés** this delayed us considerably ◆ **ceci a considérablement modifié la situation** this has changed things considerably

**considérant** [kɔ̃sideʀɑ̃] → SYN nm [loi, jugement] preamble

**considération** [kɔ̃sideʀasjɔ̃] → SYN nf **a** (= examen) [argument, problème] consideration ◆ **ceci mérite considération** this is worth considering ou consideration ou looking into

◆ **en considération** ◆ **prendre qch en considération** to take sth into consideration ou account ◆ **la prise en considération de qch** taking sth into consideration ou account ◆ **en considération de** (= en raison de) ◆ **en considération de son âge** because of ou given his age ◆ **en considération de ce qui aurait pu se passer** (= par rapport à) considering what could have happened ◆ **en considération des services rendus** for services rendered

◆ **sans considération de** [+ dangers, conséquences, prix] heedless ou regardless of

**b** (= motif, aspect) consideration, issue ◆ **n'entrons pas dans ces considérations** let's not go into these considerations ◆ **c'est une considération dont nous n'avons pas à nous préoccuper** it's a question ou an issue we don't need to bother ourselves with ◆ **considérations d'ordre personnel** personal considerations

**c** (= remarques, observations) **considérations** reflections ◆ **il se lança dans des considérations interminables sur la crise** he launched into lengthy reflections on the crisis

**d** (= respect) esteem, respect ◆ **jouir de la considération de tous** to enjoy everyone's esteem ou respect ◆ **par considération pour** out of respect ou regard for ◆ **ils agissent sans considération pour leurs familles** they have no consideration for their families ◆ **des plans d'urbanisme sans considération pour l'environnement** town planning that takes no account of the environment; → **agréer**

**considérer** [kɔ̃sideʀe] GRAMMAIRE ACTIVE 26.1 → SYN ▸ conjug 6 ◂ vt **a** (= envisager) [+ problème, situation] to consider, think about ◆ **il faut considérer (les) avantages et (les) inconvénients** one must consider ou take into account the advantages and disadvantages ◆ **considère bien ceci** think about this carefully ◆ **il ne considère que son intérêt** he only thinks about ou considers his own interests ◆ **tout bien considéré** all things considered, taking everything into consideration ou account ◆ **c'est à considérer** (pour en tenir compte) this has to be considered ou borne in mind ou taken into account; (à étudier) this has to be gone into ou examined

**b** **considérer comme** (= juger) to consider (to be); (= assimiler à) to look upon as, regard as, consider (to be) ◆ **je le considère comme mon fils** I look upon him as ou regard him as my son, I consider him (to be) my son ◆ **je le considère comme intelligent** I consider him intelligent, I deem him to be intelligent (frm) ◆ **il se considère comme un personnage important** he sees himself as an important person, he considers himself (to be) an important person

**c** (= juger) to consider, deem (frm) ◆ **je le considère intelligent** I consider him intelligent, I deem him to be intelligent (frm) ◆ **je considère qu'il a raison** I consider that he is right ◆ **c'est très mal considéré (d'agir ainsi)** that's not an acceptable way to act, it's very bad form (to act like that) (Brit) ◆ **considérant que ...** (gén) considering that ...; (Jur) whereas ...

**d** (frm = regarder) to consider, study

**e** (= respecter : gén ptp) to respect, have a high regard for ◆ **il est très considéré** he is highly regarded ou respected, he is held in high regard ou high esteem ◆ **métier peu considéré** profession held in low esteem ou regard ◆ **le besoin d'être considéré** the need to have people's respect ou esteem

**consignataire** [kɔ̃siɲatɛʀ] → SYN nm [biens, marchandises] consignee; [navire] consignee, forwarding agent; [somme] depositary

**consignation** [kɔ̃siɲasjɔ̃] → SYN nf (= dépôt d'argent) deposit; (= dépôt de marchandise) consignment ◆ **la consignation d'un emballage** charging a deposit on a container ◆ **marchandises en consignation** goods on consignment; → **caisse**

**consigne** [kɔ̃siɲ] → SYN nf **a** (= instructions) instructions ◆ **donner/recevoir/observer la consigne** to give/get ou be given/follow instructions ◆ **c'est la consigne** those are our instructions

**b** (= punition) (Mil) confinement to barracks; († : Scol) detention

**c** (pour les bagages) left-luggage (office) (Brit), checkroom (US) ◆ **consigne automatique** (left-luggage) lockers

**d** (Comm = somme remboursable) deposit ◆ **il y a 2 F de consigne** ou **une consigne de 2 F sur la bouteille** there's a 2-franc deposit ou a deposit of 2 francs on the bottle, you get 2 francs back on the bottle

**consigné, e** [kɔ̃siɲe] (ptp de **consigner**) adj (Comm) bouteille, emballage returnable ◆ **non consigné** non-returnable

**consigner** [kɔ̃siɲe] → SYN ▸ conjug 1 ◂ vt **a** [+ fait, pensée, incident] to record ◆ **consigner qch par écrit** to put sth down in writing ou on paper

**b** (= interdire de sortir à) [+ troupe] to confine to barracks; [+ élève] to give detention to, keep in (after school); (= interdire l'accès de) [+ salle, établissement] to bar entrance to ◆ **consigné à la caserne** confined to barracks ◆ **établissement consigné aux militaires** establishment out of bounds to troops

**c** (= mettre en dépôt) [+ somme, marchandise] to deposit; [+ navire] to consign; [+ bagages] to deposit ou put in the left-luggage (office) (Brit) ou checkroom (US)

**d** (= facturer provisoirement) [+ emballage, bouteille] to put a deposit on ◆ **les bouteilles sont consignées 2 F** there is a deposit of 2 francs on the bottles ◆ **je vous le consigne** I'm giving it to you on a deposit

**consistance** [kɔ̃sistɑ̃s] → SYN nf [sauce, neige, terre] consistency; [caractère] strength ◆ **consistance sirupeuse/élastique** syrupy/elastic consistency ◆ **manquer de consistance** [sauce] to lack consistency; [idée, personnage, texte, film] to lack substance; [rumeur] to be unsupported by evidence ◆ **donner de la consistance à** [+ pâte] to give body to; [+ rumeur] to give strength to; [+ idée, théorie] to give substance to ◆ **prendre consistance** [liquide] to thicken; [idée, projet, texte, personnage] to take shape ◆ **sans consistance** caractère spineless, colourless; rumeur ill-founded, groundless; substance lacking in consistency (attrib) ◆ **cette rumeur prend de la consistance** this rumour is gaining ground

**consistant, e** [kɔ̃sistɑ̃, ɑ̃t] → SYN adj repas solid (épith), substantial; nourriture solid (épith); mélange, peinture, sirop thick; argument solid, sound ◆ **système consistant** (Logique) consistent system

**consister** [kɔ̃siste] → SYN ▸ conjug 1 ◂ vi **a** (= se composer de) **consister en** to consist of, be made up of ◆ **le village consiste en 30 maisons et une église** the village consists of ou is made up of 30 houses and a church ◆ **en quoi consiste votre travail ?** what does your work consist of?

**b** (= résider dans) **consister dans** to consist in ◆ **leur salut consistait dans l'arrivée immédiate de renforts** their salvation lay in the immediate arrival of reinforcements ◆ **consister à faire** to consist in doing

**consistoire** [kɔ̃sistwaʀ] → SYN nm consistory

**consistorial, e,** mpl **-iaux** [kɔ̃sistɔʀjal, jo] **1** adj consistorial, consistorian

**2** nm consistorian

**conso** * [kɔ̃so] nf (abrév de **consommation**) (= boisson) drink

**consœur** [kɔ̃sœʀ] → SYN nf (hum) (lady) colleague

**consolable** [kɔ̃sɔlabl] adj consolable

**consolant, e** [kɔ̃sɔlɑ̃, ɑ̃t] → SYN adj consoling, comforting

**consolateur, -trice** [kɔ̃sɔlatœʀ, tʀis] **1** adj consolatory

**2** nm,f (littér) comforter

**consolation** [kɔ̃sɔlasjɔ̃] → SYN nf (= action) consoling, consolation; (= réconfort) consolation (NonC), comfort (NonC), solace (NonC) (littér) ◆ **nous prodiguant ses consolations** offering us comfort ◆ **paroles de consolation** words of consolation ou comfort ◆ **elle est sa consolation** she is his consolation ou comfort ou solace (littér) ◆ **il n'y a pas de dégâts, c'est une consolation** there's no damage, that's one consolation ◆ **lot** ou **prix de consolation** consolation prize

**console** [kɔ̃sɔl] → SYN nf **a** (= table) console (table); (Archit) console

**b** (Mus) [harpe] neck; [orgue] console; (Ordin, Tech : d'enregistrement) console ◆ **console de jeu** games console ◆ **console de jeu vidéo** video game console ◆ **console de visualisation** visual display unit, VDU ◆ **console de mixage** mixing desk

**consoler** [kɔ̃sɔle] → SYN ▸ conjug 1 ◂ **1** vt [+ personne] to console; [+ chagrin] to soothe ◆ **ça me consolera de mes pertes** that will console me for my losses ◆ **je ne peux pas le consoler de sa peine** I cannot console ou comfort him in his grief ◆ **si ça peut te consoler ...** if it is of any consolation ou comfort to you ... ◆ **le temps console** time heals

**2** **se consoler** vpr to console o.s., find consolation ◆ **se consoler d'une perte/de son échec** to be consoled for ou to get over a loss/one's failure ◆ **il s'est vite consolé avec une autre** (hum) he soon consoled himself with another woman, he soon found comfort ou consolation with another woman ♦ **il ne s'en consolera jamais** he'll never get over it

**consolidation** [kɔ̃sɔlidasjɔ̃] → SYN nf **a** (gén) [maison, table, mur] strengthening, reinforcement; (Méd) [fracture] setting

**b** [accord, acquis, amitié, parti, fortune] consolidation; [monnaie] strengthening ♦ **consolidation de l'unité européenne** strengthening of European unity

**c** (Fin) funding ♦ **consolidation de la dette** debt funding ou consolidation

**consolidé, e** [kɔ̃sɔlide] (ptp de **consolider**) 1 adj **a** (Fin) bénéfice, bilan, chiffre d'affaires consolidated ♦ **dette consolidée** (gén) consolidated debt; (comptabilité publique) funded debt ♦ **rente consolidée** consolidated government stock, consols

**b** (Méd) **la fracture est consolidée** the fracture has healed, the bone has set ♦ **l'état du patient est consolidé** the patient's condition has stabilized ou is stable

2 **consolidés** nmpl (Fin) consols

**consolider** [kɔ̃sɔlide] → SYN ▸ conjug 1 ◂ 1 vt **a** [+ maison, table] to strengthen, reinforce; [+ mur] to reinforce; (Méd) [+ fracture] to set

**b** [+ accord, amitié, parti, fortune] to consolidate; (Écon) [+ monnaie] to strengthen ♦ **consolider sa position** to consolidate one's position ♦ **consolider son avance** to extend one's lead

**c** (Fin) [+ rente, emprunt] to guarantee; [+ dette] to fund, consolidate

2 **se consolider** vpr [régime, parti] to strengthen ou consolidate its position; [fracture] to set, knit ♦ **la position de la gauche/droite s'est encore consolidée** the position of the left/right has been further consolidated ou strengthened

**consommable** [kɔ̃sɔmabl] → SYN 1 adj solide edible; liquide drinkable ♦ **cette viande n'est consommable que bouillie** this meat can only be eaten boiled

2 nm (gén, Ordin) consumable

**consommateur, -trice** [kɔ̃sɔmatœʀ, tʀis] → SYN 1 nm,f (= acheteur) consumer; (= client d'un café) customer ♦ **les plus grands** ou **gros consommateurs de thé** the biggest ou largest consumers of tea ♦ **ce sont de gros consommateurs d'énergie/de médicaments** they consume a lot of energy/medicines ♦ **c'est un grand consommateur de romans** he reads a lot of novels ♦ **défense/information des consommateurs** consumer protection/information

2 adj ♦ **industrie consommatrice d'énergie/de pétrole** energy-consuming/oil-consuming industry ♦ **le premier pays consommateur d'eau** the country with the highest water consumption

**consommation** [kɔ̃sɔmasjɔ̃] → SYN nf **a** [nourriture, gaz, matière première, essence] consumption ♦ **faire une grande consommation de** to get through ou use a lot of ♦ **consommation aux 100 km** (Aut) (fuel) consumption per 100 km, ≃ miles per gallon, ≃ gas mileage (US) ♦ **ampoule basse consommation** low-energy light bulb

**b** (Écon) **la consommation** consumption ♦ **la consommation des ménages** household ou private consumption ♦ **la consommation intérieure** domestic consumption ♦ **consommation ostentatoire** conspicuous consumption ♦ **de consommation** biens, société consumer (épith) ♦ **produits de consommation** consumables, consumer goods ♦ **article** ou **produit de consommation courante** ou **de grande consommation** staple

**c** (dans un café) (= boisson) drink; (= commande) order

**d** (frm) [mariage] consummation; [ruine] confirmation; [crime] perpetration ♦ **jusqu'à la consommation des siècles** (littér) until the end of time

**consommé, e** [kɔ̃sɔme] → SYN (ptp de **consommer**) 1 adj habileté consummate (épith); écrivain, artiste accomplished ♦ **tableau qui témoigne d'un art consommé** picture revealing consummate artistry

2 nm (Culin) consommé ♦ **consommé de poulet** chicken consommé, consommé of chicken

**consommer** [kɔ̃sɔme] → SYN ▸ conjug 1 ◂ vt **a** [+ nourriture] to eat, consume (frm); [+ boissons] to drink, consume (frm) ♦ **on consomme beaucoup de fruits chez nous** we eat a lot of fruit in our family ♦ **la France est le pays où l'on consomme** ou **où il se consomme le plus de vin** France is the country with the greatest wine consumption ou where the most wine is consumed ou drunk ♦ **il est interdit de consommer de l'alcool dans les bureaux** alcohol is not allowed ou may not be consumed in the office ♦ **"à consommer de préférence avant le"** "best before" ♦ **"à consommer avec modération"** "to be drunk in moderation"

**b** [+ combustible, matière première] to use, consume ♦ **cette machine consomme beaucoup d'eau** this machine uses (up) a lot of water ♦ **combien consommez-vous aux 100 km ?** how much do you use per 100 km?, what's your petrol (Brit) ou gas (US) consumption?, ≃ how many miles per gallon do you get? (Brit), ≃ what's your gas mileage? (US) ♦ **elle consomme beaucoup d'huile** (Aut) it's heavy on oil, it uses a lot of oil

**c** (frm = accomplir) [+ acte sexuel] to consummate; [+ crime] to perpetrate, commit ♦ **le mariage n'a pas été consommé** the marriage has not been consummated ♦ **cela a consommé sa ruine** this finally confirmed his downfall ♦ **ce qui a consommé la rupture ...** what put the seal on the break-up ... ♦ **la rupture est consommée** the break-up is complete

**consomptible** [kɔ̃sɔ̃ptibl] → SYN adj (Jur) consumable

**consomptif, -ive** [kɔ̃sɔ̃ptif, iv] adj († ou littér) wasting (épith)

**consomption** [kɔ̃sɔ̃psjɔ̃] → SYN nf († ou littér = dépérissement) wasting; († = tuberculose) consumption †

**consonance** [kɔ̃sɔnɑ̃s] → SYN nf consonance (NonC) ♦ **nom aux consonances étrangères/douces** foreign-sounding/sweet-sounding name

**consonant, e** [kɔ̃sɔnɑ̃, ɑ̃t] adj consonant

**consonantique** [kɔ̃sɔnɑ̃tik] adj consonantal, consonant (épith) ♦ **groupe consonantique** consonant cluster

**consonantisme** [kɔ̃sɔnɑ̃tism] nm consonant system

**consonne** [kɔ̃sɔn] nf consonant ♦ **consonne d'appui** intrusive consonant ♦ **consonne de liaison** linking consonant

**consort** [kɔ̃sɔʀ] → SYN 1 adj → **prince**

2 nmpl (péj) ♦ **Pierre Renaud et consorts** (= acolytes) Pierre Renaud and company, Pierre Renaud and his bunch* (péj); (= pareils) Pierre Renaud and his like (péj)

**consortial, e,** mpl **-iaux** [kɔ̃sɔʀsjal, jo] adj prêt syndicated

**consortium** [kɔ̃sɔʀsjɔm] → SYN nm consortium ♦ **former un consortium (de prêt)** to syndicate a loan, form a loan consortium

**consoude** [kɔ̃sud] nf comfrey

**conspirateur, -trice** [kɔ̃spiʀatœʀ, tʀis] → SYN 1 adj conspiratorial

2 nm,f conspirer, conspirator, plotter

**conspiration** [kɔ̃spiʀasjɔ̃] → SYN nf conspiracy, plot ♦ **la Conspiration des poudres** (Hist) the Gunpowder Plot

**conspirer** [kɔ̃spiʀe] → SYN ▸ conjug 1 ◂ 1 vi (= comploter) to conspire, plot (*contre* against)

2 **conspirer à** vt indir (= concourir à) ♦ **conspirer à faire qch** to conspire to do sth ♦ **tout semblait conspirer à notre succès** everything seemed to be conspiring to bring about our success

3 vt † [+ mort, ruine de qn] to conspire († ou littér), plot

**conspuer** [kɔ̃spɥe] → SYN ▸ conjug 1 ◂ vt to boo, shout down

**constamment** [kɔ̃stamɑ̃] → SYN adv (= sans trêve) constantly, continuously; (= très souvent) constantly, continually

**Constance** [kɔ̃stɑ̃s] n (Géog) Constance ♦ **le lac de Constance** Lake Constance

**constance** [kɔ̃stɑ̃s] → SYN nf **a** (= permanence) consistency, constancy

**b** (littér = persévérance, fidélité) constancy, steadfastness ♦ **travailler avec constance** to work steadfastly ♦ **vous avez de la constance !** (iro) you don't give up easily!

**c** († = courage) fortitude, steadfastness

**constant, e** [kɔ̃stɑ̃, ɑ̃t] → SYN 1 adj **a** (= invariable) constant; (= continu) constant, continuous; (= très fréquent) constant, continual ♦ **francs constants** inflation-adjusted francs, constant francs

**b** (littér = persévérant) effort steadfast; travail constant ♦ **être constant dans ses efforts** to be steadfast ou constant in one's efforts

2 **constante** nf (Math, Phys) constant; (fig = caractéristique) permanent feature ♦ **une constante de son caractère/sa politique** an abiding feature of his character/policies

**constantan** [kɔ̃stɑ̃tɑ̃] nm constantan

**Constantin** [kɔ̃stɑ̃tɛ̃] nm Constantine

**Constantinople** [kɔ̃stɑ̃tinɔpl] n Constantinople

**constat** [kɔ̃sta] → SYN nm **a** (= procès-verbal) **constat (d'huissier)** affidavit drawn up by a bailiff ♦ **constat (d'accident)** (accident) report ♦ **constat (à l')amiable** *jointly-agreed statement for insurance purposes* ♦ **constat d'adultère** recording of adultery

**b** (= constatation) **constat de décès** death certificate ♦ **constat d'échec/d'impuissance** acknowledgement of failure/impotence ♦ **je suis forcé de faire le triste constat que ...** I regret to have to say that ...

**constatation** [kɔ̃statasjɔ̃] GRAMMAIRE ACTIVE 26.2 → SYN nf **a** (NonC) [fait] noting, noticing; [erreur] seeing, noticing; (frm) [effraction, état de fait, authenticité] recording; [décès] certifying

**b** (= observation) observation ♦ **constatations** [enquête] findings ♦ **c'est une simple constatation et non un reproche** it's just a statement of fact ou an observation, not a criticism ♦ **faire une constatation** to make an observation ♦ **procéder aux constatations d'usage** (Police) to make a routine report

**constater** [kɔ̃state] → SYN ▸ conjug 1 ◂ vt **a** (= remarquer) [+ fait] to note, notice; [+ erreur] to see ♦ **il constata la disparition de son carnet** he noticed ou saw that his notebook had disappeared ♦ **je ne critique pas, je ne fais que constater** I'm not criticizing, I'm merely stating a fact ♦ **je constate que vous n'êtes pas pressé de tenir vos promesses** I see ou notice that you aren't in a hurry to keep your promises ♦ **vous pouvez constater par vous-même les erreurs** you can see the mistakes for yourself

**b** (frm = consigner) [+ effraction, état de fait, authenticité, dégâts] to record; [+ décès] to certify ♦ **le médecin a constaté le décès** the doctor certified that death had taken place ou occurred

**constellation** [kɔ̃stelasjɔ̃] → SYN nf (Astron) constellation ♦ **constellation de** (littér) [+ lumières, poètes] constellation ou galaxy of

**constellé, e** [kɔ̃stele] → SYN (ptp de **consteller**) adj ♦ **constellé (d'étoiles)** star-studded, star-spangled ♦ **constellé de** [+ astres, joyaux, lumières] spangled ou studded with; [+ taches] spotted ou dotted with

**consteller** [kɔ̃stele] → SYN ▸ conjug 1 ◂ vt ♦ **des lumières constellaient le ciel** the sky was studded with lights ♦ **des taches constellaient le tapis** the carpet was spotted ou dotted with marks

**consternant, e** [kɔ̃stɛʀnɑ̃, ɑ̃t] → SYN adj dismaying, disquieting ♦ **d'une bêtise consternante** incredibly stupid

**consternation** [kɔ̃stɛʀnasjɔ̃] → SYN nf consternation, dismay

**consterner** [kɔ̃stɛʀne] → SYN ▸ conjug 1 ◂ vt to dismay, fill with consternation ou dismay ♦ **air consterné** air of consternation ou dismay

**constipation** [kɔ̃stipasjɔ̃] → SYN nf constipation

**constipé, e** [kɔ̃stipe] → SYN (ptp de **constiper**) adj (Méd) constipated ♦ **avoir l'air** ou **être constipé** (péj = guindé) to look stiff ou ill-at-ease

**constiper** [kɔ̃stipe] → SYN ▸ conjug 1 ◂ vt to constipate

**constituant, e** [kɔ̃stitɥɑ̃, ɑ̃t] → SYN 1 adj **a** élément constituent

**b** (Pol) **assemblée constituante** constituent assembly ♦ **l'Assemblée constituante** (Hist) the Constituent Assembly

2 nm a (Jur, Fin) settlor; (Gram) constituent ◆ **constituant immédiat** immediate constituent ◆ **analyse en constituants immédiats** constituent analysis ◆ **constituant ultime** ultimate constituent

b (Hist) **les constituants** the members of the Constituent Assembly

3 **constituante** nf a (au Québec) [université] branch

b (Hist) **la Constituante** the Constituent Assembly

**constitué, e** [kɔ̃stitɥe] → SYN (ptp de **constituer**) adj a (Méd) **bien/mal constitué** of sound/unsound constitution

b (Pol) → **corps**

**constituer** [kɔ̃stitɥe] → SYN ▸ conjug 1 ◂ 1 vt a (= fonder) [+ comité, ministère, gouvernement, société anonyme] to set up, form; [+ bibliothèque] to build up; [+ collection] to build up, put together; [+ dossier] to make up, put together

b (= composer) to make up, constitute, compose ◆ **les pièces qui constituent cette collection** the pieces that (go to) make up ou that constitute this collection ◆ **sa collection est surtout constituée de porcelaines** his collection is made up ou is composed ou consists mainly of pieces of porcelain

c (= être, représenter) to constitute ◆ **ceci constitue un délit/ne constitue pas un motif** that constitutes an offence/does not constitute a motive ◆ **ceci constitue toute ma fortune** this constitutes ou represents my entire fortune ◆ **ils constituent un groupe homogène** they make ou form a well-knit group

d (Jur = établir) [+ rente, pension, dot] to settle (*à on*) ◆ **constituer qn son héritier** to appoint sb one's heir

2 **se constituer** vpr a **se constituer prisonnier** to give o.s. up

b (Comm) **se constituer en société** to form o.s. into a company

c (= amasser) **se constituer un capital** to build (up) capital

**constitutif, -ive** [kɔ̃stitytif, iv] → SYN adj constituent, component

**constitution** [kɔ̃stitysjɔ̃] → SYN nf a (NonC = création) [comité, ministère, gouvernement, société anonyme] setting-up, forming; [bibliothèque] building-up; [collection] building-up, putting together; [dossier] making-up, putting together; (Jur) [rente, pension, dot] settlement, settling; [avocat] retaining ◆ **constitution de stocks** stockpiling

b (= éléments) [substance, ensemble, organisation] make-up, composition; [équipe, comité] composition

c (Méd = santé) constitution ◆ **être de constitution délicate** to have a delicate constitution ◆ **il a une robuste constitution** he has a sturdy constitution

d (Pol) constitution ◆ **la Constitution française** the French constitution ◆ **c'est contraire à la constitution** it's unconstitutional, it's against the constitution

**constitutionnaliser** [kɔ̃stitysjɔnalize] ▸ conjug 1 ◂ vt to constitutionalize

**constitutionnalité** [kɔ̃stitysjɔnalite] nf constitutionality

**constitutionnel, -elle** [kɔ̃stitysjɔnɛl] adj constitutional; → **droit**[3]

**constitutionnellement** [kɔ̃stitysjɔnɛlmɑ̃] adv constitutionally

**constricteur** [kɔ̃stʀiktœʀ] adj m, nm (Anat) ◆ **(muscle) constricteur** constrictor (muscle) ◆ **boa constricteur** boa constrictor

**constrictif, -ive** [kɔ̃stʀiktif, iv] adj (Phon) constricted

**constriction** [kɔ̃stʀiksjɔ̃] → SYN nf constriction

**constrictor** [kɔ̃stʀiktɔʀ] adj m, nm ◆ **(boa) constrictor** (boa) constrictor

**constructeur, -trice** [kɔ̃stʀyktœʀ, tʀis] → SYN 1 adj (Zool) home-making (épith); (fig) imagination constructive

2 nm (= fabricant) manufacturer; (= bâtisseur) builder, constructor ◆ **constructeur d'automobiles/d'ordinateurs** car/computer manufacturer ◆ **constructeur de navires** shipbuilder

**constructible** [kɔ̃stʀyktibl] adj ◆ **terrain constructible** building land ◆ **zone/terrain non constructible** *area/land where no building is permitted*

**constructif, -ive** [kɔ̃stʀyktif, iv] → SYN adj constructive

**construction** [kɔ̃stʀyksjɔ̃] → SYN nf a (= action) [machine, bâtiment, route, navire, chemin de fer] building, construction; [théorie, phrase, intrigue] construction, building ◆ **la construction européenne** European construction ◆ **la construction de l'immeuble/du navire a pris deux ans** building the flats/ship ou the construction of the flats/ship took two years, it took two years to build the flats/ship ◆ **la construction automobile/navale/aéronautique européenne est menacée** the European car/shipbuilding/aircraft industry is under threat ◆ **ça va bien dans la construction** things are going well in the building trade (Brit) ou construction business ◆ **entreprise de construction** construction company ◆ **matériaux de construction** building materials ◆ **de construction récente** newly ou recently built ◆ **de construction française/anglaise** French/British built ◆ **en (cours de) construction** under construction; → **jeu**

b (= structure) [roman, thèse] construction; [phrase] structure ◆ **c'est une simple construction de l'esprit** it's pure hypothesis

c (= édifice, bâtiment) building, construction

d (Ling = expression, tournure) construction, structure

e (Géom = figure) figure, construction

**constructivisme** [kɔ̃stʀyktivism] nm constructivism

**constructiviste** [kɔ̃stʀyktivist] adj, nmf constructivist

**construire** [kɔ̃stʀɥiʀ] → SYN ▸ conjug 38 ◂ 1 vt [+ machine, bâtiment, route, navire, chemin de fer] to build, construct; [+ figure géométrique] to construct; [+ théorie, phrase, intrigue] to construct, put together; [+ famille] to start ◆ **construire un couple** to build a relationship ◆ **construire l'Europe** to build Europe ◆ **ils font construire à la campagne** they're having a house built in the countryside ◆ **devoir bien construit** well-constructed essay

2 **se construire** vpr ◆ **ça s'est beaucoup construit ici depuis la guerre** there's been a lot of building here since the war ◆ **l'oiseau s'est construit un nid** the bird built itself a nest ◆ **il s'est construit un personnage** he created a personality for himself ◆ **ça se construit avec le subjonctif** (Ling) it takes the subjunctive, it takes a subjunctive construction

**consubstantialité** [kɔ̃sypstɑ̃sjalite] → SYN nf consubstantiality

**consubstantiation** [kɔ̃sypstɑ̃sjasjɔ̃] → SYN nf consubstantiation

**consubstantiel, -elle** [kɔ̃sypstɑ̃sjɛl] → SYN adj consubstantial (*à, avec* with)

**consul** [kɔ̃syl] → SYN nm consul ◆ **consul général** consul general ◆ **consul de France** French Consul

**consulaire** [kɔ̃sylɛʀ] → SYN adj consular

**consulat** [kɔ̃syla] → SYN nm a (= bureaux) consulate; (= charge) consulate, consulship

b (Hist) **le Consulat** the Consulate

**consultable** [kɔ̃syltabl] → SYN adj (= disponible) ouvrage, livre available for consultation, which may be consulted ◆ **cette carte est trop grande pour être aisément consultable** (= utilisable) this map is too big to be used easily

**consultant, e** [kɔ̃syltɑ̃, ɑ̃t] → SYN 1 adj avocat consultant (épith) ◆ **médecin consultant** consulting physician

2 nm,f a (= conseiller) consultant ◆ **consultant en relations publiques** public relations consultant

b (= patient) patient

**consultatif, -ive** [kɔ̃syltatif, iv] adj consultative, advisory ◆ **à titre consultatif** in an advisory capacity

**consultation** [kɔ̃syltasjɔ̃] → SYN nf a (= action) consulting, consultation ◆ **pour faciliter la consultation du dictionnaire/de l'horaire** to make the dictionary/timetable easier to consult ◆ **après consultation de son agenda** having consulted his diary ◆ **d'une consultation difficile** livre difficult to use ou consult ◆ **consultation électorale** (= élection) election; (= référendum) referendum ◆ **faire une consultation électorale** to ask the electorate's opinion, go to the country (Brit)

b (= séance : chez le médecin, un expert) consultation ◆ **aller à la consultation** (Méd) to go to the surgery (Brit) ou doctor's office (US) ◆ **donner une consultation** to give a consultation ◆ **les heures de consultation** (Méd) consulting ou surgery (Brit) hours ◆ **service (hospitalier) de consultation externe** outpatients' department

c (= échange de vues) consultation ◆ **être en consultation avec des spécialistes** to be in consultation with specialists

d (frm = avis donné) professional advice (NonC)

**consulte** [kɔ̃sylt] nf *state council in Corsica*

**consulter** [kɔ̃sylte] → SYN ▸ conjug 1 ◂ 1 vt [+ médecin, astrologue] to consult; [+ expert, avocat] to consult, seek advice from; [+ dictionnaire, documents] to consult, refer to; [+ base de données] to consult; [+ boussole, baromètre, horaire] to look at, check ◆ **la population a été consultée par référendum** the people's opinion was canvassed in a referendum ◆ **ne consulter que sa raison/son intérêt** (littér) to be guided only by one's reason/self-interest, look only to one's reason/self-interest

2 vi [médecin] (= recevoir) to hold surgery (Brit), be in (the office) (US); (= conférer) to hold a consultation

3 **se consulter** vpr (= s'entretenir) to confer, consult each other ◆ **ils se consultèrent du regard** they looked questioningly at each other

**consulteur** [kɔ̃syltœʀ] nm (Rel) consultor

**consumer** [kɔ̃syme] → SYN ▸ conjug 1 ◂ 1 vt a (= brûler) to consume, burn ◆ **l'incendie a tout consumé** the fire consumed ou wiped out everything ◆ **des débris à demi consumés** charred debris ◆ **une bûche se consumait dans l'âtre** a log was burning away in the hearth

b (= dévorer) [fièvre, mal] to consume, devour ◆ **consumé par l'ambition** consumed with ou devoured by ambition

c (littér = dépenser) [+ forces] to expend; [+ fortune] to squander ◆ **il consume sa vie en plaisirs frivoles** he fritters away his life in idle pleasures

2 **se consumer** vpr (littér = dépérir) to waste away ◆ **se consumer de chagrin/de désespoir** to waste away with sorrow/despair ◆ **il se consume à petit feu** he is slowly wasting away

**consumérisme** [kɔ̃symeʀism] nm consumerism

**consumériste** [kɔ̃symeʀist] adj, nmf consumerist

**contact** [kɔ̃takt] → SYN nm a (= toucher) touch, contact ◆ **le contact de deux surfaces** contact between two surfaces ◆ **ça s'attrape par (le) contact** (Méd) it can be caught through contact ◆ **le contact de la soie est doux** silk is soft to the touch ◆ **au point de contact des deux lignes** at the point of contact ou the meeting point of the two lines

♦ **au contact de** ◆ **au contact de sa main** at the touch of his hand ◆ **métal qui s'oxyde au contact de l'air/de l'eau** metal that oxidizes on contact with air/water

♦ **en contact** ◆ **entrer/être en contact** [objets] to come into/be in contact; [fils électriques] to make/be making contact ◆ **mettre en contact** [+ objets] to bring into contact; → **lentille, verre**

b (Aut, Élec) contact ◆ **mettre/couper le contact** (Aut) to switch on/switch off the ignition ◆ **contact électrique** electrical contact ◆ **appuyer sur le contact** to press the contact button ou lever ◆ **contact !** (Aviat) contact!; (auto-école) switch on the ignition!; (machine) switch on! ◆ **il y a un faux contact** there's a bad connection, there's a wire loose; → **clé**

c (= rapport) contact ◆ **il a beaucoup de contacts (avec l'étranger)** he has got a lot of contacts ou connections (abroad) ◆ **notre contact à Moscou** our contact in Moscow ◆ **dès le premier contact, ils ...** from their first meeting, they ... ◆ **garder le contact avec qn** to keep in touch ou contact with sb ◆ **elle a besoin de contact humain** she needs human contact ◆ **j'ai un bon/mauvais contact avec eux** my relations with them are good/bad,

I have a good/bad relationship with them ◆ **"bon contact"** (dans une offre d'emploi) "ability to get on well with people" ◆ **être de contact facile/difficile** to be easy/not very easy to talk to ◆ **établir/rompre le contact** (Mil) to make/break off contact (*avec* with) ◆ **faire des contacts** to network

◆ **au contact de** ◆ **au contact de ces jeunes gens il a acquis de l'assurance** through his contact ou association with these young people he has gained self-assurance ◆ **j'ai beaucoup appris au contact de ces gens** I've learned a lot from being with those people

◆ **en contact** ◆ **en contact étroit avec** in close touch ou contact with ◆ **rester/être en contact** (Aviat, Mil, Radio) to remain in/be in contact (*avec* with); [+ client, ami] to keep in/be in touch (*avec* with), remain in/be in contact (*avec* with) ◆ **être en contact radio avec qn** to be in radio contact with sb ◆ **mettre en contact** [+ relations d'affaires] to put in touch; (Aviat, Radio) to put in contact ◆ **se mettre en contact avec** to make contact with, contact

◆ **prendre contact, entrer en contact** (Aviat, Mil, Radio) to make contact (*avec* with); [+ ami, clients] to get in touch ou contact (*avec* with)

◆ **prise de contact** (= première entrevue) first meeting; (Mil) first contact

◆ **perdre (le) contact** (Aviat, Mil, Radio) to lose contact (*avec* with); [+ client, ami] to lose touch ou contact (*avec* with)

**contacter** [kɔ̃takte] GRAMMAIRE ACTIVE 21.2 → SYN ▸ conjug 1 ◂ **vt** to contact, get in touch with

**contacteur** [kɔ̃taktœʀ] **nm** (Élec) contactor

**contage** [kɔ̃taʒ] → SYN **nm** contagium, contagion

**contagieux, -ieuse** [kɔ̃taʒjø, jøz] → SYN **adj** maladie (gén) infectious, catching (attrib); (par le contact) contagious; personne infectious, contagious; enthousiasme, peur, rire infectious, contagious, catching (attrib) ◆ **l'isolement des contagieux** the isolation of contagious patients ou of patients with contagious diseases

**contagion** [kɔ̃taʒjɔ̃] → SYN **nf** (Méd) contagion, contagiousness; (fig) infectiousness ◆ **être exposé à la contagion** to be in danger of becoming infected ◆ **pour éviter tout risque de contagion** to avoid any risk of contagion

**contagiosité** [kɔ̃taʒjozite] **nf** contagiousness

**container** [kɔ̃tɛnɛʀ] → SYN **nm** ⇒ **conteneur**

**contaminant, e** [kɔ̃taminɑ̃, ɑ̃t] **adj** infectious (*pour* to)

**contaminateur, -trice** [kɔ̃taminatœʀ, tʀis] **1** **adj** agent infectious; aiguille causing infection
**2** **nm,f** (Méd) contaminator

**contamination** [kɔ̃taminasjɔ̃] → SYN **nf** **a** (= contagion) [personne] infection, contamination; (= pollution) [cours d'eau, zone] contamination ◆ **contamination radioactive** radioactive contamination
**b** (littér : morale) pollution
**c** (Ling) contamination

**contaminer** [kɔ̃tamine] → SYN ▸ conjug 1 ◂ **vt** **a** (= infecter) [+ personne, animal] to infect, contaminate; [+ aliment, linge] to contaminate; (= polluer) [+ cours d'eau, zone] to contaminate
**b** (= influencer) to corrupt ◆ **il s'est laissé contaminer par le pessimisme ambiant** he gave in to the prevailing mood of pessimism

**conte** [kɔ̃t] → SYN **nm** (= récit) tale, story; († ou littér = histoire mensongère) (tall) story ◆ **conte de fée** (lit, fig) fairy tale ou story ◆ **conte de Noël** Christmas tale ◆ **les contes pour enfants** children's stories ◆ **les contes d'Andersen/de Grimm** Andersen's/Grimm's fairy tales ◆ **"Conte d'hiver"** (Littérat) "The Winter's Tale" ◆ **"Un Conte de deux villes"** (Littérat) "A Tale of Two Cities"

**contemplateur, -trice** [kɔ̃tɑ̃platœʀ, tʀis] → SYN **nm,f** contemplator

**contemplatif, -ive** [kɔ̃tɑ̃platif, iv] → SYN **1** **adj** air, esprit contemplative, meditative; (Rel) ordre contemplative
**2** **nm** (Rel) contemplative

**contemplation** [kɔ̃tɑ̃plasjɔ̃] → SYN **nf** (= action) contemplation ◆ **la contemplation** (Philos) contemplation, meditation; (Rel) contemplation ◆ **rester en contemplation devant qch** to stand gazing at sth

**contempler** [kɔ̃tɑ̃ple] → SYN ▸ conjug 1 ◂ **vt** (= regarder) to contemplate, gaze at, gaze upon (littér); (= envisager) to contemplate, consider ◆ **se contempler dans un miroir** to gaze at o.s. in a mirror

**contemporain, e** [kɔ̃tɑ̃pɔʀɛ̃, ɛn] → SYN **1** **adj** **a** (= de la même époque) personne contemporary; événement contemporaneous, contemporary (*de* with)
**b** (= actuel) problème contemporary, present-day (épith); art, mobilier contemporary
**2** **nm,f** contemporary (*de* of)

**contemporanéité** [kɔ̃tɑ̃pɔʀaneite] → SYN **nf** contemporaneousness

**contempteur, -trice** [kɔ̃tɑ̃ptœʀ, tʀis] → SYN **nm,f** (littér) denigrator

**contenance** [kɔ̃t(ə)nɑ̃s] → SYN **nf** **a** (= capacité) [bouteille, réservoir] capacity; [navire] (carrying) capacity ◆ **avoir une contenance de 45 litres** to have a capacity of 45 litres, hold 45 litres
**b** (= attitude) bearing, attitude ◆ **contenance humble/fière** humble/proud bearing ◆ **contenance gênée** embarrassed attitude ◆ **il fumait pour se donner une contenance** he was smoking to give an impression of composure ou to disguise his lack of composure ◆ **faire bonne contenance (devant)** to put on a bold front (in the face of) ◆ **perdre contenance** to lose one's composure

**contenant** [kɔ̃t(ə)nɑ̃] → SYN **nm** ◆ **le contenant (et le contenu)** the container (and the contents)

**conteneur** [kɔ̃t(ə)nœʀ] → SYN **nm** container

**conteneurisation** [kɔ̃t(ə)nœʀizasjɔ̃] **nf** containerization

**conteneuriser** [kɔ̃t(ə)nœʀize] → SYN ▸ conjug 1 ◂ **vt** to containerize

**contenir** [kɔ̃t(ə)niʀ] → SYN ▸ conjug 22 ◂ **1** **vt** **a** (= avoir une capacité de) [récipient] to hold, take; [cinéma, avion, autocar] to seat, hold
**b** (= renfermer) [récipient, livre, minerai] to contain ◆ **ce minerai contient beaucoup de fer** this ore contains a lot of iron ou has a lot of iron in it
**c** (= maîtriser) [+ surprise] to contain; [+ colère] to contain, suppress; [+ sanglots, larmes] to contain, hold back; [+ foule] to contain, restrain, hold in check; [+ inflation] to control, curb ◆ **contenir l'ennemi** (Mil) to contain the enemy, hold the enemy in check
**2** **se contenir** **vpr** to contain o.s., control one's emotions

**content, e** [kɔ̃tɑ̃, ɑ̃t] → SYN **1** **adj** **a** (= heureux) pleased, glad, happy ◆ **avoir l'air content** to look happy ou pleased ◆ **je serais content que vous veniez** I'd be pleased ou glad ou happy if you came ◆ **je suis content d'apprendre cela** I'm pleased to hear that ◆ **il était très content de ce changement** he was very pleased ou glad about the change ◆ **je suis très content ici** I'm very happy ou contented here ◆ **voilà, c'est cassé, tu es content ?** there, it's broken, are you happy ou satisfied now?
**b** **content de** (= satisfait de) [+ élève, voiture, situation] pleased ou happy with ◆ **être content de peu** to be content with little, be easily satisfied ◆ **être content de soi** to be pleased with o.s.
**c** **non content d'être/d'avoir fait ...** not content with being/with having done ...
**2** **nm** ◆ **avoir (tout) son content de qch** to have had one's fill of sth

**contentement** [kɔ̃tɑ̃tmɑ̃] → SYN **nm** (= action de contenter) satisfaction, satisfying; (= état) contentment, satisfaction ◆ **éprouver un profond contentement à la vue de ...** to feel great contentment ou deep satisfaction at the sight of ... ◆ **contentement d'esprit** spiritual contentment ◆ **contentement de soi** self-satisfaction ◆ (Prov) **contentement passe richesse** happiness is worth more than riches

**contenter** [kɔ̃tɑ̃te] GRAMMAIRE ACTIVE 26.2 → SYN ▸ conjug 1 ◂
**1** **vt** [+ personne, besoin, envie, curiosité] to satisfy ◆ **facile à contenter** easy to please, easily pleased ou satisfied ◆ **cette explication l'a contenté** he was satisfied ou happy with this explanation, this explanation satisfied him ◆ **il est difficile de contenter tout le monde** it's difficult to please everyone
**2** **se contenter** **vpr** ◆ **se contenter de qch/de faire qch** to content o.s. with sth/with doing sth ◆ **se contenter de peu/de ce qu'on a** to make do ou be content with very little/with what one has ◆ **il a dû se contenter d'un repas par jour/de manger les restes** he had to content himself ou make do with one meal a day/with eating the left-overs ◆ **contentez-vous d'écouter/de regarder** just listen/watch ◆ **il se contenta d'un sourire/de sourire** he merely gave a smile/smiled

**contentieux, -ieuse** [kɔ̃tɑ̃sjø, jøz] → SYN **1** **adj** (Jur) contentious
**2** **nm** (= litige) dispute, disagreement; (Comm) litigation; (= service) legal department ◆ **contentieux administratif/commercial** administrative/commercial actions ou litigation

**contentif, -ive** [kɔ̃tɑ̃tif, iv] **adj** (Méd) support (épith)

**contention** [kɔ̃tɑ̃sjɔ̃] → SYN **nf** (Méd) (= procédé) [membre, dents] support; (= appareil) brace ◆ **de contention** collants, chaussettes support (épith)

**contenu, e** [kɔ̃t(ə)ny] → SYN (ptp de **contenir**) **1** **adj** colère, sentiments restrained, suppressed
**2** **nm** [récipient, dossier] contents; [loi, texte] content; (Ling) content ◆ **la table des matières indique le contenu du livre** the contents page shows what's in the book ◆ **le contenu subversif de ce livre** the subversive content of this book

**conter** [kɔ̃te] → SYN ▸ conjug 1 ◂ **vt** **a** (littér) [+ histoire] to recount, relate ◆ **contez-nous vos malheurs** (hum) let's hear your problems, tell us all about your problems
**b** (LOC) **que me contez-vous là ?** what are you trying to tell me? ◆ **il lui en a conté de belles !** he really spun him some yarns!* ou told him some incredible stories! ◆ **elle ne s'en laisse pas conter** she's not easily taken in, she doesn't let herself be taken in (easily) ◆ **il ne faut pas lui en conter** don't bother trying those stories on him, it's no use trying it on with him* (Brit) ◆ **conter fleurette à qn** († ou hum) to whisper sweet nothings in sb's ear

**contestable** [kɔ̃tɛstabl] → SYN **adj** théorie, idée questionable, disputable; raisonnement questionable, doubtful

**contestataire** [kɔ̃tɛstatɛʀ] → SYN **1** **adj** journal, étudiants, tendances anti-establishment
**2** **nmf** ◆ **c'est un contestataire** he's anti-establishment ou anti-authority ◆ **les contestataires ont été expulsés** the protesters were made to leave

**contestateur, -trice** [kɔ̃tɛstatœʀ, tʀis] **adj** contentious

**contestation** [kɔ̃tɛstasjɔ̃] → SYN **nf** **a** (NonC = dénégation) [succession, droit, compétence, résultats] contesting; [légitimité, bien-fondé] questioning, challenging; [fait] questioning, disputing, contesting; [décision] challenging, disputing, contesting
**b** (= objection) dispute ◆ **il y a matière à contestation** there are grounds for contention ou dispute ◆ **sans contestation possible** beyond dispute ◆ **il n'y a aucune contestation possible** it's beyond dispute
**c** (gén, Pol) **la contestation** (= opposition) protest

**conteste** [kɔ̃tɛst] → SYN **sans conteste** **loc adv** unquestionably, indisputably

**contester** [kɔ̃tɛste] → SYN ▸ conjug 1 ◂ **1** **vt** (Jur) [+ succession, droit, compétence] to contest; [+ légitimité, bien-fondé] to question, challenge; [+ fait] to question, dispute, contest; [+ décision] to challenge, dispute, contest ◆ **contester les résultats électoraux** to contest ou challenge the election results ◆ **je ne conteste pas que vous ayez raison** I don't dispute that you're right ◆ **je ne lui conteste pas ce droit** I don't question ou dispute ou contest his right ◆ **ce roman/cet écrivain est très contesté** this novel/writer is very controversial
**2** **vi** (gén) to take issue (*sur* over); (Pol) to protest ◆ **il ne conteste jamais** he never takes issue over anything ◆ **il conteste toujours sur des points de détail** he's always

taking issue over points of detail ◆ **les jeunes ne pensent qu'à contester** all young people think about is protesting

**conteur, -euse** [kɔ̃tœʀ, øz] → SYN nm,f (= écrivain) storywriter; (= narrateur) storyteller

**contexte** [kɔ̃tɛkst] → SYN nm context ◆ **pris hors contexte** taken out of context

**contextuel, -elle** [kɔ̃tɛkstɥɛl] adj (Ling) contextual; (Ordin) aide en ligne context-sensitive

**contexture** [kɔ̃tɛkstyʀ] → SYN nf [organisme] texture; [œuvre] structure

**contigu, -uë** [kɔ̃tigy] → SYN adj maison, pièce, jardin adjoining, adjacent, contiguous (frm); domaines, sujets (closely) related ◆ **être contigu à qch** to be adjacent ou next to sth

**contiguïté** [kɔ̃tigɥite] → SYN nf [choses] proximity, contiguity (frm); (fig) [sujets] relatedness ◆ **la contiguïté de ces deux sujets** the fact that the two subjects are (closely) related

**continence** [kɔ̃tinɑ̃s] → SYN nf continence, continency

**continent[1], e** [kɔ̃tinɑ̃, ɑ̃t] → SYN adj continent

**continent[2]** [kɔ̃tinɑ̃] nm (gén, Géog) continent; (par rapport à une île) mainland ◆ **le continent noir** Africa

**continental, e,** mpl **-aux** [kɔ̃tinɑ̃tal, o] → SYN 1 adj région, climat continental; (opposé à côtier, insulaire) mainland (épith) ◆ **petit déjeuner continental** continental breakfast

2 nm,f (gén) mainlander; (= Européen) Continental

**continentalité** [kɔ̃tinɑ̃talite] nf continental character

**contingence** [kɔ̃tɛ̃ʒɑ̃s] → SYN nf a (Philos) contingency

b **les contingences** contingencies ◆ **il ne se soucie pas des contingences matérielles** he doesn't bother with the routine ou the chores of everyday life ◆ **les contingences de la vie** the (little) chance happenings of life ◆ **tenir compte des contingences** to take account of all contingencies ou eventualities

**contingent, e** [kɔ̃tɛ̃ʒɑ̃, ɑ̃t] → SYN 1 adj contingent

2 nm a (Mil = groupe) contingent ◆ **le contingent** (en France) *the conscripts called up for national service* the draft (US)

b (Comm, Jur = quota) quota

c (= part, contribution) share

**contingentement** [kɔ̃tɛ̃ʒɑ̃tmɑ̃] → SYN nm ◆ **le contingentement des exportations/importations** the fixing ou establishing of export/import quotas, the placing of quotas on exports/imports

**contingenter** [kɔ̃tɛ̃ʒɑ̃te] ▸ conjug 1 ◂ vt [+ importations, exportations] to place ou fix a quota on; [+ produits, matière première] to distribute by a system of quotas

**continu, e** [kɔ̃tiny] → SYN 1 adj mouvement, série, bruit continuous; ligne, silence unbroken, continuous; effort continuous, unremitting; souffrance endless; (Math) continuous; → **jet[1], journée**

2 nm (Math, Philos, Phys) continuum; (Élec) direct current

◆ **en continu** ◆ **utilisation en continu** continuous use ◆ **faire qch en continu pendant cinq heures** to do sth continuously ou non-stop for five hours, do sth for five hours non-stop ◆ **papier (en) continu** (Ordin) continuous stationery

3 **continue** nf (Phon) continuant

**continuateur, -trice** [kɔ̃tinɥatœʀ, tʀis] → SYN nm,f (= successeur) successor; [œuvre littéraire] continuator ◆ **les continuateurs de cette réforme** those who carried on (ou carry on etc) the reform

**continuation** [kɔ̃tinɥasjɔ̃] → SYN nf continuation ◆ **nous comptons sur la continuation de cette entente** we count on the continuation of this agreement; → **bon[1]**

**continuel, -elle** [kɔ̃tinɥɛl] → SYN adj (= continu) continuous; (= très fréquent) continual, constant ◆ **il lui fait des reproches continuels** he's always ou forever criticizing her

**continuellement** [kɔ̃tinɥɛlmɑ̃] → SYN adv (= sans interruption) continuously; (= très fréquemment) continually, constantly ◆ **elle se plaint continuellement** she's always ou she never stops complaining

**continuer** [kɔ̃tinɥe] → SYN ▸ conjug 1 ◂ 1 vt a (= poursuivre) [+ démarches, politique] to continue (with), carry on with; [+ tradition] to continue, carry on; [+ travaux, études] to continue (with), carry on with, go on with ◆ **continuer son chemin** to continue on ou along one's way, go on one's way ◆ **continuer l'œuvre de son maître** to carry on ou continue the work of one's master ◆ **Pompidou continua de Gaulle** Pompidou carried on ou continued where de Gaulle left off

b (= prolonger) [+ droite, route] to continue

2 vi a [bruit, spectacle, guerre] to continue, go on; [voyageur] to go on, continue on one's way ◆ **je continuerai par le saumon** I'll have the salmon to follow ◆ **"mais" continua-t-il** "but", he went on ou continued ◆ **dis-le, continue !** go on, say it! ◆ **s'il continue, je vais ...** * if he goes on ou keeps on ou continues, I'm going to ... ◆ **si ça continue, je vais ...** if this keeps up ou continues, I'm going to ... ◆ **la route (se) continue jusqu'à la gare** the road goes (on) ou continues as far as the station ◆ **le chemin (se) continue par un sentier** the road turns into a path

b **continuer de** ou **à marcher/lire** to go on ou keep on ou continue walking/reading, continue to walk/read, walk/read on

**continuité** [kɔ̃tinɥite] → SYN nf [politique, tradition] continuation; [action] continuity ◆ **la continuité de l'État** the continuity of the state ◆ **assurer la continuité d'une politique** to ensure continuity in applying a policy, ensure the continuation of a policy; → **solution**

**continûment** [kɔ̃tinymɑ̃] → SYN adv continuously

**continuum** [kɔ̃tinɥɔm] → SYN nm continuum ◆ **le continuum espace-temps** the space-time continuum

**contondant, e** [kɔ̃tɔ̃dɑ̃, ɑ̃t] → SYN adj instrument blunt ◆ **arme contondante** blunt instrument

**contorsion** [kɔ̃tɔʀsjɔ̃] → SYN nf contortion

**contorsionner (se)** [kɔ̃tɔʀsjɔne] → SYN ▸ conjug 1 ◂ vpr [acrobate] to contort o.s.; (péj) to contort o.s. ◆ **il se contorsionnait pour essayer de se détacher** he was writhing about ou contorting himself in an attempt to get free

**contorsionniste** [kɔ̃tɔʀsjɔnist] → SYN nmf contortionist

**contour** [kɔ̃tuʀ] → SYN nm a [objet] outline; [montagne, visage, corps] outline, contour

b **contours** [route, rivière] windings

**contourné, e** [kɔ̃tuʀne] → SYN (ptp de **contourner**) adj (péj) raisonnement, style tortuous; (péj) colonne, pied de table (over)elaborate

**contournement** [kɔ̃tuʀnəmɑ̃] nm [obstacle] bypassing; [règle, difficulté] circumventing, bypassing ◆ **le contournement de la ville** driving round ou skirting (round) ou bypassing the town ◆ **autoroute de contournement** bypass

**contourner** [kɔ̃tuʀne] → SYN ▸ conjug 1 ◂ vt a [+ ville] to skirt (round), bypass; [+ montagne] to skirt (round), walk (ou drive etc) round; [+ mur, véhicule] to walk (ou drive etc) round; (fig) [+ règle, difficulté] to circumvent, bypass, get round

b (= façonner) [+ arabesques] to trace (out); [+ vase] to fashion

c (= déformer) to twist, contort

**contra** [kɔ̃tʀa] nm contra

**contraceptif, -ive** [kɔ̃tʀasɛptif, iv] → SYN adj, nm contraceptive

**contraception** [kɔ̃tʀasɛpsjɔ̃] → SYN nf contraception ◆ **moyens de contraception** methods of contraception, contraceptive methods ◆ **être sous contraception orale** to use oral contraception

**contractant, e** [kɔ̃tʀaktɑ̃, ɑ̃t] → SYN 1 adj (Jur) contracting

2 nm,f contracting party

**contracte** [kɔ̃tʀakt] adj (Ling) contractive

**contracté, e** [kɔ̃tʀakte] → SYN (ptp de **contracter**) adj a (Ling) contracted

b personne, muscle tense

**contracter[1]** [kɔ̃tʀakte] → SYN ▸ conjug 1 ◂ 1 vt a (= raidir) [+ muscle] to tense, contract; (fig) [+ personne] to make tense ◆ **la peur lui contracta la gorge** fear gripped his throat ◆ **l'émotion lui contracta la gorge** his throat tightened with emotion ◆ **les traits contractés par la souffrance** his features contorted with pain ◆ **un sourire forcé contracta son visage** his face stiffened into a forced smile

b (Phys) **contracter un corps/fluide** (= réduire) to make a body/fluid contract

2 **se contracter** vpr [muscle] to tense (up), contract; [gorge] to tighten; [traits, visage] to tense (up); [cœur] to contract; (fig) [personne] to become tense; (Phys) [corps] to contract; [mot, syllabe] to be (able to be) contracted

**contracter[2]** [kɔ̃tʀakte] → SYN ▸ conjug 1 ◂ vt a [+ dette, obligation] to contract, incur; [+ alliance] to contract, enter into ◆ **contracter une assurance** to take out an insurance policy ◆ **contracter mariage avec** (Admin) to contract (a) marriage with

b [+ maladie] to contract; [+ manie] to acquire, contract

**contractile** [kɔ̃tʀaktil] → SYN adj contractile

**contractilité** [kɔ̃tʀaktilite] → SYN nf contractility

**contraction** [kɔ̃tʀaksjɔ̃] → SYN nf a (= action) [corps, liquide] contraction; [muscle] tensing, contraction

b (= état) [muscles, traits, visage] tenseness

c (= spasme) contraction ◆ **elle a des contractions** [femme enceinte] she's having contractions

d (= résumé) **contraction de texte** summary

**contractualisation** [kɔ̃tʀaktɥalizasjɔ̃] nf [accord, rapports] formalization by contract ◆ **une politique de contractualisation des universités** a policy of setting up contract-based links between universities and the state

**contractualiser** [kɔ̃tʀaktɥalize] ▸ conjug 1 ◂ vt a [+ personne] to put on contract *(in a department of the public services)*

b [+ accord, rapports] to formalize by contract; [+ université] to set up contract-based links with

**contractuel, -elle** [kɔ̃tʀaktɥɛl] → SYN 1 adj obligation contractual; emploi under contract (attrib); clause contract (épith), in the contract (attrib)

2 nm ◆ **(agent) contractuel** (gén) contract worker *(in the public sector)*; (stationnement) ≃ traffic warden (Brit), ≃ traffic policeman (US); (sortie d'école) ≃ lollipop man * (Brit), ≃ crossing guard (US)

3 **contractuelle** nf (gén) contract worker *(working for local authority)*; (stationnement) ≃ traffic warden (Brit), ≃ meter maid * (US); (sortie d'école) ≃ lollipop lady * (Brit), ≃ crossing guard (US)

**contractuellement** [kɔ̃tʀaktɥɛlmɑ̃] adv by contract, contractually

**contracture** [kɔ̃tʀaktyʀ] → SYN nf (Archit) contracture; (Physiol) spasm, (prolonged) contraction ◆ **contracture musculaire** cramp

**contradicteur** [kɔ̃tʀadiktœʀ] → SYN nm opponent, contradictor

**contradiction** [kɔ̃tʀadiksjɔ̃] → SYN nf a (NonC = contestation) **porter la contradiction dans un débat** to introduce counter-arguments in a debate, add a dissenting voice to a debate ◆ **je ne supporte pas la contradiction** I can't bear to be contradicted; → **esprit**

b (= discordance) contradiction, inconsistency ◆ **texte plein de contradictions** text full of contradictions ou inconsistencies ◆ **le monde est plein de contradictions** the world is full of contradictions ◆ **contradiction dans les termes** contradiction in terms ◆ **il y a contradiction entre ...** there is a contradiction between ... ◆ **être en contradiction avec soi-même** to contradict o.s. ◆ **il est en contradiction avec ce qu'il a dit précédemment** he's contradicting what he said before ◆ **leurs témoignages sont en contradiction** their testimonies contradict each other

**contradictoire** [kɔ̃tʀadiktwaʀ] → SYN adj idées, théories, récits contradictory, conflicting ◆ **débat contradictoire** debate ◆ **réunion politique contradictoire** political meeting with an open debate ◆ **contradictoire à** in contradiction to, in conflict with ◆ **arrêt/jugement contradictoire** (Jur) order/judgment given after due hearing of the parties

**contradictoirement** [kɔ̃tʀadiktwaʀmɑ̃] adv (Jur) after due hearing of the parties

**contragestif, -ive** [kɔ̃tʀaʒɛstif, iv] 1 adj progesterone-inhibiting (épith)
2 nm progesterone inhibitor

**contraignant, e** [kɔ̃tʀɛɲɑ̃, ɑ̃t] → SYN adj horaire restricting, constraining; obligation, occupation restricting

**contraindre** [kɔ̃tʀɛ̃dʀ] → SYN ▸ conjug 52 ◂ 1 vt ◆ **contraindre qn à faire qch** to force ou compel sb to do sth ◆ **contraint à** ou **de démissionner** forced ou compelled to resign ◆ **il/cela m'a contraint au silence/au repos** he/this forced ou compelled me to be silent/to rest ◆ **contraindre par voie de justice** to constrain by law *(to pay debt)*
2 **se contraindre** vpr to restrain o.s. ◆ **se contraindre à être aimable** to force o.s. to be polite, make o.s. be polite

**contraint, e**[1] [kɔ̃tʀɛ̃, ɛ̃t] GRAMMAIRE ACTIVE 10.1, 21.3 → SYN (ptp de **contraindre**) adj a (= gêné) constrained, forced ◆ **d'un air contraint** with an air of constraint, constrainedly
b **contraint et forcé** under constraint ou duress

**contrainte**[2] [kɔ̃tʀɛ̃t] → SYN nf a (= violence) constraint ◆ **vivre dans la contrainte** (littér) to live in bondage ◆ **par contrainte** ou **sous la contrainte** under constraint ou duress ◆ **empêcher qn d'agir par la contrainte** to prevent sb from acting by force, forcibly prevent sb from acting
b (= gêne) constraint, restraint; (Ling) constraint ◆ **sans contrainte** unrestrainedly, without restraint ou constraint
c (Jur) **contrainte par corps** civil imprisonment
d (Phys) stress

**contraire** [kɔ̃tʀɛʀ] GRAMMAIRE ACTIVE 26.3 → SYN
1 adj a (= inverse) sens, effet, mouvement opposite; (Naut) vent contrary, adverse ◆ **dans le cas contraire** otherwise; → **avis**
b (= contradictoire) opinions, propositions, intérêts conflicting
c (= nuisible) forces, action contrary; destin adverse
d **contraire à** [+ loi] against ◆ **c'est contraire à mes principes/intérêts** it is ou goes against my principles/interests ◆ **contraire à la santé** bad for the health, injurious ou prejudicial to the health (frm) ◆ **l'alcool m'est contraire** alcohol doesn't agree with me ◆ **le sort lui fut contraire** fate was against him
2 nm a [mot, concept] opposite ◆ **c'est le contraire de son frère** he's the opposite of his brother ◆ **et pourtant c'est tout le contraire** and yet it's just the reverse ou opposite ◆ **il fait toujours le contraire de ce qu'on lui dit** he always does the opposite of what he's told ◆ **je ne vous dis pas le contraire** I'm not saying anything to the contrary, I'm not disputing ou denying it ◆ **il dit/promet tout et son contraire** he says/promises anything and everything
b (LOC)
◆ **au contraire** on the contrary ◆ **je ne te reproche rien, (bien** ou **tout) au contraire** I'm not criticising you at all, quite the reverse ou the opposite
◆ **au contraire de** unlike ◆ **au contraire des autres** unlike the others

**contrairement** [kɔ̃tʀɛʀmɑ̃] → SYN **contrairement à** loc adv contrary to ◆ **contrairement aux autres ...** (dans une comparaison) unlike the others ...

**contralto** [kɔ̃tʀalto] → SYN nm contralto

**contrapontique** [kɔ̃tʀapɔ̃tik] adj ⇒ **contrapuntique**

**contrapontiste** [kɔ̃tʀapɔ̃tist] nmf ⇒ **contrapuntiste**

**contrapuntique** [kɔ̃tʀapɔ̃tik] adj (Mus) contrapuntal

**contrapuntiste** [kɔ̃tʀapɔ̃tist] → SYN nmf contrapunt(al)ist

**contrariant, e** [kɔ̃tʀaʀjɑ̃, jɑ̃t] → SYN adj personne perverse, contrary; incident tiresome, annoying, irksome

**contrarier** [kɔ̃tʀaʀje] GRAMMAIRE ACTIVE 18.3 → SYN ▸ conjug 7 ◂ vt a (= irriter) to annoy; (= ennuyer) to bother ◆ **il cherche à vous contrarier** he's trying to annoy you
b (= gêner) [+ projets] to frustrate, thwart; [+ amour] to thwart ◆ **contrarier la marche d'un bateau** to impede a ship's progress ◆ **contrarier les mouvements de l'ennemi** to impede the enemy's movements ◆ **forces qui se contrarient** forces which act against each other ◆ **pour lui, la cuisine a été un don contrarié** his gift for cooking was never given a chance to develop
c (= contraster) to alternate (for contrast)
d [+ gaucher] to force to write with his (ou her) right hand

**contrariété** [kɔ̃tʀaʀjete] → SYN nf (= irritation) annoyance, vexation ◆ **éprouver une contrariété** to feel annoyed ou vexed ◆ **un geste de contrariété** a gesture of annoyance ◆ **toutes ces contrariétés l'ont rendu furieux** all these annoyances ou vexations made him furious

**contrastant, e** [kɔ̃tʀastɑ̃, ɑ̃t] → SYN adj couleurs, figures, effets contrasting (épith)

**contraste** [kɔ̃tʀast] GRAMMAIRE ACTIVE 5.1 → SYN nm (gén, TV) contrast ◆ **par contraste** by contrast ◆ **faire contraste avec** to contrast with ◆ **en contraste avec** in contrast to ◆ **mettre en contraste** to contrast

**contrasté, e** [kɔ̃tʀaste] → SYN (ptp de **contraster**) adj composition, image, style full of contrasts; bilan, résultats uneven, mixed ◆ **une photographie trop/pas assez contrastée** a photograph with too much/not enough contrast ◆ **couleurs très contrastées** strongly contrasting colours ◆ **les marchés ont connu des évolutions très contrastées** the markets have developed in very different ways

**contraster** [kɔ̃tʀaste] → SYN ▸ conjug 1 ◂ 1 vt [+ éléments, caractères] to contrast; [+ photographie] to give contrast to, put contrast into ◆ **ce peintre contraste à peine son sujet** this painter hardly brings out his subject (at all) ou hardly makes his subject stand out
2 vi to contrast (*avec* with)

**contrastif, -ive** [kɔ̃tʀastif, iv] adj (Ling) contrastive

**contrat** [kɔ̃tʀa] → SYN 1 nm (= convention, document) contract, agreement; (fig = accord, pacte) agreement ◆ **passer un contrat (avec qn)** to sign a contract (with sb) ◆ **être sous contrat** to be under contract (*avec* to) ◆ **être employé sous contrat** to be employed on contract ◆ **établissement privé (placé) sous contrat (d'association)** ≃ grant-aided school ◆ **réaliser** ou **remplir son contrat** (Bridge) to make one's contract; (fig, Pol) to fulfil one's pledges ◆ **lancer un contrat contre qn** (arg Crime) to take a contract out on sb; → **bridge**
2 COMP ▷ **contrat administratif** public service contract ▷ **contrat aléatoire** aleatory contract ▷ **contrat d'apprentissage** apprenticeship contract ▷ **contrat d'assurance** insurance contract ▷ **contrat collectif** collective agreement ▷ **contrat conclu dans les conditions normales du commerce** arm's length agreement ▷ **contrat à durée déterminée** fixed-term contract ▷ **contrat à durée indéterminée** permanent ou open-ended contract ▷ **contrat emploi-solidarité** *government-sponsored work contract for the unemployed which includes professional training* ▷ **contrat de garantie** guarantee, warranty ▷ **contrat de louage d'ouvrage** contract for services ▷ **contrat de mariage** marriage contract ▷ **contrat de retour à l'emploi** *incentive scheme to encourage employers to hire the long-term unemployed* ▷ **contrat social** (Hist, Pol) social contract ou compact ◆ **"Du contrat social"** (Littérat) "The Social Contract" ▷ **contrat de travail** work contract ▷ **contrat de vente** sales contract ▷ **contrat verbal** verbal agreement

**contravention** [kɔ̃tʀavɑ̃sjɔ̃] → SYN nf a (Aut) (pour infraction au code) fine; (pour stationnement interdit) (= amende) (parking) fine; (= procès-verbal) parking ticket ◆ **dresser contravention (à qn)** (stationnement interdit) to issue a parking ticket (to sb); (autres infractions) to fine sb, book sb* (Brit)
b (Jur = infraction) **contravention à** contravention ou infraction of ◆ **être en (état de) contravention** to be contravening the law ◆ **être en contravention à** to be in contravention of

**contre** [kɔ̃tʀ] GRAMMAIRE ACTIVE 12.2, 26.4 → SYN
1 prép a (contact, juxtaposition) against ◆ **se mettre contre le mur** to stand against the wall ◆ **s'appuyer contre un arbre** to lean against a tree ◆ **(la) face contre terre** face downwards ◆ **son bateau est amarré contre le mien** his boat is moored alongside mine ◆ **serrer qn contre sa poitrine** ou **son cœur** to hug sb (to one), hug ou clasp sb to one's breast ou chest ◆ **pousse la table contre la fenêtre** push the table (up) against the window ◆ **son garage est juste contre notre maison** his garage is built onto our house ◆ **elle se blottit contre sa mère** she nestled ou cuddled up to her mother ◆ **elle s'assit (tout) contre lui** she sat down (right) next to ou beside him ◆ **il s'est cogné la tête contre le mur** he banged his head against ou on the wall ◆ **joue contre joue** cheek to cheek ◆ **les voitures étaient pare-chocs contre pare-chocs** the cars were bumper to bumper
b (opposition, hostilité) against ◆ **se battre/voter contre qn** to fight/vote against sb ◆ **courir contre la montre** to race against the clock ◆ **lutter/travailler contre la montre** (fig) to be up/work against the clock ◆ **course** ou **épreuve contre la montre** (Sport) race against the clock, time-trial; (fig) race against time ou the clock ◆ **le contre la montre individuel/par équipe** (Sport) individual/team time-trial ◆ **ils sont engagés dans une course contre la montre** (fig) they are in a race against time ◆ **Poitiers contre Lyon** (Sport) Poitiers versus Lyon ◆ **être furieux/en colère contre qn** to be furious/angry with sb ◆ **jeter une pierre contre la fenêtre** to throw a stone at the window ◆ **agir contre l'avis/les ordres de qn** to act against ou contrary to ou counter to sb's advice/orders ◆ **aller/nager contre le courant** to go/swim against the current ◆ **acte contre nature** unnatural act, act contrary to ou against nature ◆ **je n'ai rien contre (cela)** ou **là contre** (frm) I have nothing against it ◆ **il a les ouvriers contre lui** he's got the workers against him ◆ **je suis (tout à fait) contre !** I'm (completely) against it!; → **envers**[1], **gré**, **vent**
c (défense, protection) **s'abriter contre le vent/la pluie** to take shelter from the wind/rain ◆ **des comprimés contre la grippe** flu tablets, tablets for flu ◆ **sirop contre la toux** cough mixture ou syrup ◆ **s'assurer contre les accidents/l'incendie** to insure (o.s.) against accidents/fire
d (échange) (in exchange) for ◆ **échanger** ou **troquer qch contre** to exchange ou swap* sth for ◆ **donner qch contre** to give sth (in exchange) for ◆ **il a cédé contre la promesse/l'assurance que ...** he agreed in return for the promise/assurance that ...
e (proportion, rapport) **il y a un étudiant qui s'intéresse contre neuf qui bâillent** for every one interested student there are nine who are bored ◆ **9 voix contre 4** 9 votes to 4 ◆ **à 100 contre 1** at 100 to 1
f (LOC = contrairement à) **contre toute attente** ou **toute prévision** against all expectations, contrary to (all) expectation(s) ◆ **contre toute apparence** despite (all) appearances to the contrary
◆ **par contre** on the other hand
2 adv ◆ **appuyez-vous contre** lean against ou on it ◆ **laisse la porte contre*** push the door to
3 nm a → **pour**
b (= riposte) counter, retort; (Billard) rebound; (Sport) (= contre-attaque) counterattack; (= blocage) block; (Cartes) double ◆ **faire un contre** (Rugby) to charge down a kick ◆ **l'art du contre** the art of repartee
4 préf (le préfixe reste invariable dans les mots composés à trait d'union) ◆ **contre-** counter-, anti-

**contre-accusation** [kɔ̃tʀakyzasjɔ̃] nf counter-charge, counter-accusation

**contre-alizé** [kɔ̃tʀalize] → SYN nm anti-trade (wind)

**contre-allée** [kɔ̃tʀale] → SYN nf (en ville) service road (Brit), frontage road (US); (dans un parc) side path *(running parallel to the main drive)*

**contre-amiral,** pl **contre-amiraux** [kɔ̃tʀamiʀal, o] → SYN nm rear admiral

**contre-analyse** [kɔ̃tʀanaliz] nf second analysis, counter-analysis

**contre-attaque** [kɔ̃tʀatak] → SYN **nf** counter-attack

**contre-attaquer** [kɔ̃tʀatake] → SYN ▸ conjug 1 ◂ **vi** to counter-attack

**contrebalancer** [kɔ̃tʀəbalɑ̃se] → SYN ▸ conjug 3 ◂ **1** **vt** [poids] to counterbalance; (fig = égaler, compenser) to offset

**2** **se contrebalancer**‡ **vpr** ◆ **je m'en contrebalance** I don't give a damn‡

**contrebande** [kɔ̃tʀəbɑ̃d] → SYN **nf** (= activité) smuggling; (= marchandises) contraband, smuggled goods ◆ **faire de la contrebande** to be involved in smuggling ◆ **faire la contrebande du tabac** to smuggle tobacco ◆ **produits de contrebande** contraband (goods), smuggled goods

**contrebandier, -ière** [kɔ̃tʀəbɑ̃dje, jɛʀ] → SYN **nm,f** smuggler ◆ **navire contrebandier** smugglers' ship

**contrebas** [kɔ̃tʀəbɑ] → SYN **en contrebas loc adv** (down) below ◆ **en contrebas de** below

**contrebasse** [kɔ̃tʀəbɑs] → SYN **nf** (= instrument) (double) bass; (= musicien) (double) bass player

**contrebassiste** [kɔ̃tʀəbɑsist] → SYN **nmf** (double) bass player

**contrebasson** [kɔ̃tʀəbɑsɔ̃] → SYN **nm** contrabassoon, double bassoon

**contrebatterie** [kɔ̃tʀəbatʀi] **nf** counterattack *(on the enemy's artillery)*

**contre-boutant** [kɔ̃tʀəbutɑ̃] **nm** (en bois) shore; (en pierre) buttress

**contrebraquage** [kɔ̃tʀəbʀakaʒ] **nm** (en dérapage) steering into the skid (NonC) ◆ **grâce à ce contrebraquage instantané** because he immediately steered into the skid

**contrebraquer** [kɔ̃tʀəbʀake] ▸ conjug 1 ◂ **vi** (en dérapant) to steer into the skid; (pour se garer) *to steer in the opposite direction*

**contrebutement** [kɔ̃tʀəbytmɑ̃] **nm** ⇒ **contre-boutant**

**contrebuter** [kɔ̃tʀəbyte] ▸ conjug 1 ◂ **vt** (Archit) to prop up

**contrecarrer** [kɔ̃tʀəkaʀe] → SYN ▸ conjug 1 ◂ **vt** [+ projets] to thwart, foil; † [+ personne] to thwart

**contrechamp** [kɔ̃tʀəʃɑ̃] → SYN **nm** (Ciné) reverse shot

**contrechant, contre-chant** [kɔ̃tʀəʃɑ̃] **nm** (Mus) descant, discant

**contrechâssis** [kɔ̃tʀəʃɑsi] **nm** double (window) frame

**contrechoc** [kɔ̃tʀəʃɔk] **nm** repercussions, after-effects ◆ **contrechoc pétrolier** impact of the oil slump

**contreclef** [kɔ̃tʀəkle] → SYN **nf** stone adjoining the keystone

**contrecœur**[1] [kɔ̃tʀəkœʀ] → SYN **à contrecœur loc adv** (be)grudgingly, reluctantly

**contrecœur**[2] [kɔ̃tʀəkœʀ] → SYN **nm** **a** (= fond de cheminée) fire-back

**b** (Rail) guardrail

**contrecollé, e** [kɔ̃tʀəkɔle] **adj** cuir, laine foam-backed ◆ **bois contrecollé** plywood

**contrecoup** [kɔ̃tʀəku] → SYN **nm** **a** (= ricochet) [balle] ricochet

**b** (= répercussion) repercussions ◆ **ce pays subit le contrecoup de la crise** this country is suffering from the (after-)effects of the crisis ◆ **par contrecoup** as an indirect consequence

**contre-courant** [kɔ̃tʀəkuʀɑ̃] → SYN **nm** [cours d'eau] counter-current

◆ **à contre-courant** (lit) upstream, against the current; (fig) against the current ou tide ◆ **aller à contre-courant de la tendance générale** to go against the (general) trend

**contre-courbe** [kɔ̃tʀəkuʀb] **nf** (Archit) counter-curve; (Rail) reverse curve

**contre-culture** [kɔ̃tʀəkyltyʀ] → SYN **nf** counter-culture

**contredanse** [kɔ̃tʀədɑ̃s] → SYN **nf** **a** * (gén) fine; (pour stationnement interdit) (parking) ticket

**b** (†† = danse) quadrille

**contre-digue** [kɔ̃tʀədig] → SYN **nf** counterdyke

**contredire** [kɔ̃tʀədiʀ] → SYN ▸ conjug 37 ◂ **1** **vt** [personne] to contradict; [faits] to be at variance with, refute

**2** **se contredire vpr** [personne] to contradict o.s.; [témoins, témoignages] to contradict each other

**contredit** [kɔ̃tʀədi] → SYN **nm** (frm) ◆ **sans contredit** unquestionably, without question

**contrée** [kɔ̃tʀe] → SYN **nf** (littér) (= pays) land; (= région) region

**contre-écrou**, pl **contre-écrous** [kɔ̃tʀekʀu] **nm** lock nut

**contre-électromotrice** [kɔ̃tʀelɛktʀɔmɔtʀis] **adj f** → **force**

**contre-emploi** [kɔ̃tʀɑ̃plwa] **nm** (Théât) ◆ **il joue ou est utilisé à contre-emploi** he's cast against type

**contre-empreinte** [kɔ̃tʀɑ̃pʀɛ̃t] **nf** fossil imprint

**contre-enquête** [kɔ̃tʀɑ̃kɛt] → SYN **nf** counter-inquiry

**contre-épaulette** [kɔ̃tʀepolɛt] **nf** (Mil) epaulette *(without fringe)*

**contre-épreuve** [kɔ̃tʀepʀœv] → SYN **nf** (Typo) counter-proof; (= vérification) countercheck

**contre-espionnage** [kɔ̃tʀɛspjɔnaʒ] **nm** counter-espionage

**contre-essai** [kɔ̃tʀesɛ] → SYN **nm** control test, counter test

**contre-étude** [kɔ̃tʀetyd] **nf** control study

**contre-exemple** [kɔ̃tʀɛgzɑ̃pl] → SYN **nm** counterexample

**contre-expert** [kɔ̃tʀɛkspɛʀ] **nm** [dommages] second assessor; [antiquité, bijou] second valuer

**contre-expertise** [kɔ̃tʀɛkspɛʀtiz] → SYN **nf** [dommages] second assessment; [antiquité, bijou] second valuation

**contre-extension** [kɔ̃tʀɛkstɑ̃sjɔ̃] **nf** counterextension

**contrefaçon** [kɔ̃tʀəfasɔ̃] → SYN **nf** **a** (NonC = falsification) [argent, signature] counterfeiting, forgery, forging; [produits, édition] counterfeiting; [disques compacts] pirating ◆ **contrefaçon involontaire d'un brevet** innocent infringement of a patent ◆ **poursuivre qn en contrefaçon** to take legal action against sb for counterfeiting ou forgery

**b** (= faux) [édition] unauthorized ou pirated edition; [produit] imitation; [disque compact] pirate copy; [billets, signature] forgery, counterfeit ◆ **méfiez-vous des contrefaçons** (Comm) beware of imitations

**contrefacteur** [kɔ̃tʀəfaktœʀ] **nm** (Jur) forger, counterfeiter

**contrefaire** [kɔ̃tʀəfɛʀ] → SYN ▸ conjug 60 ◂ **vt** **a** (littér = imiter) to imitate; († = parodier) to mimic, imitate

**b** (= déguiser) [+ voix, écriture] to disguise

**c** (= falsifier) [+ argent, signature] to counterfeit, forge; [+ produits, édition] to counterfeit; [+ brevet] to infringe

**d** († = feindre) [+ douleur, folie] to feign

**e** (= déformer) to distort

**contrefait, e** [kɔ̃tʀəfɛ, ɛt] → SYN (ptp de **contrefaire**) **adj** (= difforme) misshapen, deformed

**contre-fenêtre** [kɔ̃tʀəfənɛtʀ] **nf** inner window *(of a double window)*

**contre-fer** [kɔ̃tʀəfɛʀ] → SYN **nm** iron cap

**contre-feu**, pl **contre-feux** [kɔ̃tʀəfø] → SYN **nm** (= plaque) fire-back; (= feu) backfire

**contre(-)fiche** [kɔ̃tʀəfiʃ] **nf** [charpente] brace, strut

**contreficher (se)*** [kɔ̃tʀəfiʃe] → SYN ▸ conjug 1 ◂ **vpr** ◆ **je m'en contrefiche** I don't give a damn‡

**contrefil, contre-fil** [kɔ̃tʀəfil] **nm** (Menuiserie) ◆ **à contrefil** against the grain

**contre-filet** [kɔ̃tʀəfilɛ] **nm** (= morceau) sirloin; (= tranche) sirloin steak

**contrefort** [kɔ̃tʀəfɔʀ] → SYN **nm** **a** (Archit) [voûte, terrasse] buttress

**b** [chaussure] stiffener

**c** (Géog) [arête] spur ◆ **contreforts** [chaîne] foothills

**contrefoutre (se)**‡ [kɔ̃tʀəfutʀ] → SYN **vpr** ◆ **je m'en contrefous** I don't give a damn‡

**contre-fugue** [kɔ̃tʀəfyg] → SYN **nf** counter-fugue

**contre-gouvernement** [kɔ̃tʀəguvɛʀnəmɑ̃] **nm** shadow government, shadow cabinet (surtout Brit)

**contre-haut** [kɔ̃tʀəo] → SYN **en contre-haut loc adv** above

**contre-hermine** [kɔ̃tʀɛʀmin] **nf** counter ermine

**contre-indication** [kɔ̃tʀɛ̃dikasjɔ̃] → SYN **nf** (Méd, Pharm) contraindication

**contre-indiquer** [kɔ̃tʀɛ̃dike] → SYN ▸ conjug 1 ◂ **vt** (Méd) to contraindicate ◆ **c'est contre-indiqué** (gén) it is not recommended

**contre-insurrection** [kɔ̃tʀɛ̃syʀɛksjɔ̃] **nf** counterinsurgency

**contre-interrogatoire** [kɔ̃tʀɛ̃teʀɔgatwaʀ] **nm** cross-examination ◆ **faire subir un contre-interrogatoire à qn** to cross-examine sb

**contre-jour** [kɔ̃tʀəʒuʀ] → SYN **nm** (= éclairage) backlighting (NonC), contre-jour (NonC); (= photographie) backlit ou contre-jour shot

◆ **à contre-jour** se profiler, se détacher against the sunlight; photographier into the light; travailler, coudre with one's back to the light

**contre-lettre** [kɔ̃tʀəlɛtʀ] → SYN **nf** (Jur) defeasance

**contremaître** [kɔ̃tʀəmɛtʀ] → SYN **nm** foreman

**contremaîtresse** [kɔ̃tʀəmɛtʀɛs] **nf** forewoman

**contre-manifestant, e** [kɔ̃tʀəmanifɛstɑ̃, ɑ̃t] → SYN **nm,f** counter demonstrator

**contre-manifestation** [kɔ̃tʀəmanifɛstasjɔ̃] → SYN **nf** counter demonstration

**contre-manifester** [kɔ̃tʀəmanifɛste] → SYN **vi** to hold a counter demonstration

**contremarche** [kɔ̃tʀəmaʀʃ] → SYN **nf** **a** (Mil) countermarch

**b** [marche d'escalier] riser

**contremarque** [kɔ̃tʀəmaʀk] → SYN **nf** **a** (Comm = marque) countermark

**b** (Ciné, Théât = ticket) ≃ voucher

**contre-mesure** [kɔ̃tʀəm(ə)zyʀ] **nf** **a** (= action) countermeasure

**b** (Mus) **à contre-mesure** against the beat, offbeat

**contre-offensive** [kɔ̃tʀɔfɑ̃siv] → SYN **nf** counter-offensive

**contre-offre** [kɔ̃tʀɔfʀ] **nf** counterbid, counter offer

**contre-OPA** [kɔ̃tʀɔpea] **nf inv** counterbid, counter offer *(in a takeover battle)*

**contre-ordre, contrordre** [kɔ̃tʀɔʀdʀ] **nm** counter order, countermand ◆ **ordres et contre-ordres** orders and counter orders ◆ **il y a contre-ordre** there has been a change of orders ◆ **sauf contre-ordre** unless otherwise directed

**contrepartie** [kɔ̃tʀəpaʀti] → SYN **nf** **a** (gén = compensation) compensation ◆ **moyennant contrepartie valable** (Jur, Fin) ≃ for a good and valuable consideration ◆ **obtenir de l'argent en contrepartie** to get money in compensation ◆ **prendre qch sans contrepartie** to take sth without offering compensation

◆ **en contrepartie** (= en échange, en retour) in return; (= en revanche) in compensation, to make up for it

**b** (littér = contre-pied) opposing view

**c** (Comm) (= registre) duplicate register; (= écritures) counterpart entries

**contre-passation** [kɔ̃tʀəpasasjɔ̃] **nf** **a** (Comptab) (= action) writing back, reversal, reversing; (= résultat) contra entry

**b** (Fin) (= traite) re-endorsement

**contre-passer** [kɔ̃tʀəpɑse] ▸ conjug 1 ◂ **vt** **a** (Comptab) to write back, reverse, transfer, contra

**b** (Fin) [+ lettre d'échange] to endorse back

**contrepente, contre-pente** [kɔ̃tʀəpɑ̃t] **nf** opposite slope

**contre-performance** [kɔ̃tʀəpɛʀfɔʀmɑ̃s] → SYN **nf** (Sport, Écon) poor performance ◆ **sa contre-performance aux élections** his poor performance ou showing in the elections

**contrepet** [kɔ̃tʀəpɛ] **nm, contrepèterie** [kɔ̃tʀəpetʀi] **nf** spoonerism

**contre-pied** [kɔ̃tʀəpje] → SYN nm **a** [opinion, attitude] (exact) opposite ♦ **prendre le contre-pied** (d'une opinion) to take the opposing ou opposite view; (d'une action) to take the opposite course ♦ **il a pris le contre-pied de ce qu'on lui demandait** he did the exact opposite of what he was asked
**b** (Chasse) **prendre le contre-pied** to (run) heel
**c** **à contre-pied** (Sport) on the wrong foot ♦ **prendre qn à contre-pied** (lit) to wrong-foot sb; (fig) to wrong-foot sb, catch sb off-guard ♦ **les électeurs ont pris à contre-pied les instituts de sondage** the voters foiled the predictions of the pollsters

**contreplacage** [kɔ̃tʀəplakaʒ] nm (= fabrication) plywood manufacturing; (= bois) plywood

**contreplaqué** [kɔ̃tʀəplake] nm plywood

**contre-plongée** [kɔ̃tʀəplɔ̃ʒe] → SYN nf low-angle shot ♦ **filmer en contre-plongée** to film from below

**contrepoids** [kɔ̃tʀəpwa] → SYN nm (lit) counterweight, counterbalance; [acrobate] balancing-pole ♦ **faire contrepoids** (lit, fig) to act as a counterbalance ♦ **porter un panier à chaque main pour faire contrepoids** to carry a basket in each hand to balance oneself ♦ **servir de contrepoids à, apporter un contrepoids à** (fig) to counterbalance

**contre-poil** [kɔ̃tʀəpwal] → SYN **à contre-poil** loc adv (lit, fig) the wrong way

**contrepoint** [kɔ̃tʀəpwɛ̃] → SYN nm (Mus) counterpoint ♦ **en contrepoint** (lit, fig) in counterpoint ♦ **thème joué en contrepoint** theme played in counterpoint, contrapuntal theme ♦ **en contrepoint de** as a counterpoint to

**contre-pointe** [kɔ̃tʀəpwɛ̃t] nf [sabre] back edge; (Tech) tailstock

**contrepoison** [kɔ̃tʀəpwazɔ̃] → SYN nm antidote, counterpoison

**contre-porte** [kɔ̃tʀəpɔʀt] nf [voiture] inner door ♦ **dans la contre-porte du réfrigérateur** in the inside of the fridge door

**contre-pouvoir** [kɔ̃tʀəpuvwaʀ] nm opposition force ♦ **les syndicats doivent jouer leur rôle de contre-pouvoir** the unions should fulfil their role in challenging established authority

**contre-productif, -ive** [kɔ̃tʀəpʀɔdyktif, iv] adj attitude, effet, mesure counter-productive

**contre-projet** [kɔ̃tʀəpʀɔʒɛ] → SYN nm counterplan

**contre-propagande** [kɔ̃tʀəpʀɔpagɑ̃d] → SYN nf counter-propaganda

**contre-proposition** [kɔ̃tʀəpʀɔpozisjɔ̃] → SYN nf counterproposal

**contre-publicité** [kɔ̃tʀəpyblisite] → SYN nf adverse publicity ♦ **ça leur fait de la contre-publicité** it's bad ou adverse publicity for them

**contrer** [kɔ̃tʀe] → SYN ▸ conjug 1 ◂ **1** vt **a** [+ personne, menées] to counter ♦ **se faire contrer** to be countered (*par* by)
**b** (Cartes) to double ♦ **contrer un coup de pied** (Rugby) to charge down a kick
**2** vi (Cartes) to double

**contre-rail**, pl **contre-rails** [kɔ̃tʀəʀɑj] nm checkrail (Brit), guard-rail

**Contre-Réforme** [kɔ̃tʀəʀefɔʀm] nf (Hist) ♦ **la Contre-Réforme** the Counter-Reformation

**contre-révolution** [kɔ̃tʀəʀevɔlysjɔ̃] → SYN nf counter-revolution

**contre-révolutionnaire** [kɔ̃tʀəʀevɔlysjɔnɛʀ] → SYN adj, nmf counter-revolutionary

**contrescarpe** [kɔ̃tʀɛskaʀp] → SYN nf counterscarp

**contreseing** [kɔ̃tʀəsɛ̃] → SYN nm countersignature

**contresens** [kɔ̃tʀəsɑ̃s] → SYN nm (= erreur) misinterpretation; (de traduction) mistranslation; (= absurdité) nonsense (NonC), piece of nonsense ♦ **faire un contresens** (en traduction) to mistranslate a word (ou a phrase); (sur les intentions de qn) to misinterpret sb totally
♦ **à contresens** (sur la route) the wrong way; (Couture) against the grain ♦ **à contresens de** against ♦ **il a pris mes paroles à contresens** he misinterpreted what I said

**contresigner** [kɔ̃tʀəsiɲe] ▸ conjug 1 ◂ vt to countersign

**contretemps** [kɔ̃tʀətɑ̃] → SYN nm **a** (= complication, retard) hitch, contretemps (fml) (aussi hum)
**b** (Mus) off-beat rhythm
♦ **à contretemps** (Mus) off the beat; (fig) at an inopportune moment

**contre-ténor** [kɔ̃tʀətenɔʀ] nm countertenor

**contre-terrorisme** [kɔ̃tʀətɛʀɔʀism] nm counterterrorism

**contre-terroriste** [kɔ̃tʀətɛʀɔʀist] adj, nmf counterterrorist

**contre-torpilleur** [kɔ̃tʀətɔʀpijœʀ] → SYN nm destroyer

**contre-transfert** [kɔ̃tʀətʀɑ̃sfɛʀ] → SYN nm countertransference

**contretype** [kɔ̃tʀətip] nm contact copy ou print

**contre-ut** [kɔ̃tʀyt] nm inv top ou high C

**contre-vair** [kɔ̃tʀəvɛʀ] nm (Hér) countervair

**contre-valeur** [kɔ̃tʀəvalœʀ] → SYN nf (Fin, Écon) exchange value

**contrevenant, e** [kɔ̃tʀəv(ə)nɑ̃, ɑ̃t] → SYN (Jur) **1** adj offending
**2** nm,f offender

**contrevenir** [kɔ̃tʀəv(ə)niʀ] → SYN ▸ conjug 22 ◂ **contrevenir à** vt indir (Jur, littér) [+ loi, règlement] to contravene

**contrevent** [kɔ̃tʀəvɑ̃] → SYN nm **a** (= volet) shutter
**b** [charpente] brace, strut

**contrevérité** [kɔ̃tʀəveʀite] → SYN nf untruth, falsehood

**contrevirage** [kɔ̃tʀəviʀaʒ] nm (Ski) counterturn

**contre-visite** [kɔ̃tʀəvizit] → SYN nf (gén) follow-up inspection; (Méd) second examination

**contre-voie** [kɔ̃tʀəvwa] → SYN nf opposite track *(of a railway line)* ♦ **à contre-voie** (= en sens inverse) on the wrong track; (= du mauvais côté) on the wrong side (of the train)

**contribuable** [kɔ̃tʀibɥabl] → SYN nmf taxpayer ♦ **aux frais du contribuable** at the taxpayer's expense

**contribuer** [kɔ̃tʀibɥe] → SYN ▸ conjug 1 ◂ **contribuer à** vt indir [+ résultat, effet] to contribute to(wards); [+ effort, dépense] to contribute towards ♦ **de nombreux facteurs ont contribué au déclin de .../à réduire le ...** numerous factors contributed to(wards) the decline in .../to(wards) the reduction in the ... ou to reducing the ...

**contributeur, -trice** [kɔ̃tʀibytœʀ, tʀis] **1** adj contributing ♦ **les pays contributeurs de** ou **en troupes** the countries contributing troops
**2** nm,f contributor ♦ **contributeurs de** ou **en troupes/de fonds** contributors of troops/funds ♦ **contributeurs de l'ONU** UN contributors

**contributif, -ive** [kɔ̃tʀibytif, iv] adj (Jur) part contributory

**contribution** [kɔ̃tʀibysjɔ̃] → SYN nf **a** (= participation) contribution ♦ **mettre qn à contribution** to call upon sb's services, make use of sb ♦ **mettre qch à contribution** to make use of sth ♦ **apporter sa contribution à qch** to make one's contribution to sth
**b** (= impôts) **contributions** (à la commune) local taxes; (à l'État) taxes ♦ **contributions directes/indirectes** direct/indirect taxation ♦ **contribution sociale généralisée** *supplementary social security contribution in aid of the underprivileged* ♦ **ça ne durera pas autant que les contributions** * (hum) it won't last forever
**c** (= administration) **contributions** tax office, ≃ Inland Revenue (Brit), ≃ Internal Revenue Service (US) ♦ **travailler aux contributions** to work in the tax office, work for ou in the Inland Revenue (Brit) ou Internal Revenue (US)

**contrister** [kɔ̃tʀiste] → SYN ▸ conjug 1 ◂ vt (littér) to grieve, sadden

**contrit, e** [kɔ̃tʀi, it] → SYN adj contrite

**contrition** [kɔ̃tʀisjɔ̃] → SYN nf contrition; → **acte**

**contrôlabilité** [kɔ̃tʀolabilite] nf [affirmation] verifiableness; [sentiment] controllability, controllableness

**contrôlable** [kɔ̃tʀolabl] → SYN adj opération that can be checked; affirmation that can be checked ou verified, verifiable; sentiment, inflation controllable ♦ **un billet contrôlable à l'arrivée** a ticket that is inspected ou checked on arrival

**contrôle** [kɔ̃tʀol] → SYN nm **a** (= vérification) checking (NonC), check ♦ **contrôle antidopage** doping control ♦ **contrôle des comptes** (Fin) audit ♦ **contrôle d'identité** identity check ♦ **contrôle de police** police check ♦ **contrôle de vitesse** speed check ♦ **contrôle fiscal** tax inspection ♦ **le contrôle des passeports** passport control ♦ **contrôle des passeports !** passports please! ♦ **le contrôle des billets s'effectue à bord** tickets are checked ou inspected on board ♦ **contrôle de qualité** (Comm) quality control ♦ **contrôle sanitaire** health check ♦ **contrôle automatique de gain** (Élec) automatic gain control; → **visite**
**b** (= surveillance) [opérations, agissements, gestion] controlling, supervising, supervision; [prix, loyers] monitoring, controlling ♦ **exercer un contrôle sévère sur les agissements de qn** to maintain strict control over sb's actions ♦ **sous contrôle judiciaire** (Jur) ≃ on probation ♦ **sous contrôle médical** under medical supervision ♦ **contrôle des changes/des prix** (Fin) exchange/price control ♦ **contrôle des naissances** birth control ♦ **contrôle radar** (Aut) radar speed trap ♦ **contrôle technique** (Aut) MOT (test) (Brit), inspection (US)
**c** (= maîtrise) control ♦ **contrôle de soi** self-control ♦ **garder/perdre le contrôle de son véhicule** to remain in/lose control of one's vehicle ♦ **prendre le contrôle d'une entreprise** to take control of ou take over a firm ♦ **prise de contrôle** [entreprise] takeover ♦ **sous contrôle étranger** firme foreign-owned; territoire under foreign control ♦ **sous contrôle militaire** under military control ♦ **avoir une région sous son contrôle** to be in control of a region, have a region under one's control
**d** (Scol = épreuve) (written) test ♦ **le contrôle continu** continuous assessment ♦ **le contrôle des connaissances** pupil ou student assessment ♦ **avoir un contrôle de chimie** to have a chemistry test
**e** (= bureau) (gén) office; (Théât) (advance) booking office (surtout Brit), reservation office (US)
**f** (Mil = registres) **contrôles** rolls, lists ♦ **rayé des contrôles de l'armée** removed from the army lists
**g** (= poinçon) hallmark

**contrôler** [kɔ̃tʀole] → SYN ▸ conjug 1 ◂ **1** vt **a** (= vérifier) [+ billets, passeports] to inspect, check; [+ comptes] to check, inspect; [+ texte, traduction] to check (*sur* against); [+ régularité de qch] to check; [+ qualité] to control, check; [+ affirmations, alibi] to check, verify; (Scol) [+ connaissances] to test ♦ **contrôler le bon fonctionnement d'un appareil** to check that a machine is working properly
**b** (= surveiller) [+ opérations, agissements, gestion] to control, supervise; [+ employés, travail] to supervise; [+ prix, loyers] to monitor, control
**c** (= maîtriser) [+ colère, réactions, nerfs, respiration] to control; [+ véhicule] to control, be in control of; [+ situation] to be in control of; (Mil) [+ zone, pays] to be in control of; (Écon) [+ secteur, firme] to control; (Aut, Sport) [+ ballon, skis, jeu] to control ♦ **les rebelles contrôlent l'aéroport** the rebels have taken control of the airport ♦ **nous contrôlons cette société à 80%** we have an 80% (controlling) stake in this company
**d** (Orfèvrerie) to hallmark
**2** **se contrôler** vpr to control o.s. ♦ **il ne se contrôlait plus** he was no longer in control of himself

**contrôleur, -euse** [kɔ̃tʀolœʀ, øz] → SYN nm,f **a** (dans le train, le métro, le bus) (ticket) inspector; (sur le quai) ticket collector ♦ **contrôleur aérien, contrôleur de la navigation aérienne** air-traffic controller
**b** (Fin) [comptabilité] auditor; [contributions] inspector ♦ **contrôleur de gestion** financial controller, management ou cost accountant
**c** (Tech) regulator; (Ordin) controller ♦ **contrôleur de ronde** time-clock

**contrordre** [kɔ̃tʀɔʀdʀ] → SYN nm ⇒ **contre-ordre**

**controuvé, e** [kɔ̃tʀuve] → SYN adj (littér) fait, nouvelle fabricated; histoire, anecdote fabricated, concocted

**controverse** [kɔ̃tʀɔvɛʀs] → SYN nf controversy ◆ **prêter à controverse** to be debatable

**controversé, e** [kɔ̃tʀɔvɛʀse] → SYN adj ◆ **(très) controversé** théorie, question much debated

**contumace** [kɔ̃tymas] → SYN 1 adj absconding

2 nf (Jur) contumacy *(refusal to appear in court)* ◆ **par contumace** in absentia, in his (ou her etc ) absence

3 nmf absconder

**contumax** [kɔ̃tymaks] nmf *person who fails to appear in court*

**contus, e** [kɔ̃ty, yz] → SYN adj (Méd) membre bruised, contused

**contusion** [kɔ̃tyzjɔ̃] → SYN nf bruise, contusion (SPÉC)

**contusionner** [kɔ̃tyzjɔne] → SYN ▸ conjug 1 ◂ vt to bruise, contuse (SPÉC) ◆ **son corps était tout contusionné** his body was covered in bruises

**conurbation** [kɔnyʀbasjɔ̃] → SYN nf conurbation

**convaincant, e** [kɔ̃vɛ̃kɑ̃, ɑ̃t] GRAMMAIRE ACTIVE 26.4 → SYN adj convincing

**convaincre** [kɔ̃vɛ̃kʀ] → SYN ▸ conjug 42 ◂ vt a [+ personne sceptique] to convince *(de qch* of sth); [+ personne hésitante] to persuade *(de faire qch* to do sth) ◆ **je ne suis pas convaincu par son explication** I'm not convinced by his explanation ◆ **je ne demande qu'à me laisser convaincre** I'm open to persuasion ◆ **il m'a convaincu de renoncer à cette idée** he persuaded ou convinced me to give up the idea, he talked me into giving up the idea ◆ **se laisser convaincre** to let o.s. be persuaded

b (= déclarer coupable) **convaincre qn de meurtre/trahison** to prove sb guilty of ou convict sb of murder/treason

**convaincu, e** [kɔ̃vɛ̃ky] GRAMMAIRE ACTIVE 6.2, 16.1, 26.6 → SYN (ptp de **convaincre**) adj convinced ◆ **d'un ton convaincu** with conviction

**convalescence** [kɔ̃valesɑ̃s] → SYN nf convalescence ◆ **être en convalescence** to be convalescing ◆ **entrer en convalescence** to start one's convalescence ◆ **période de convalescence** (period of) convalescence ◆ **maison de convalescence** convalescent home

**convalescent, e** [kɔ̃valesɑ̃, ɑ̃t] → SYN adj, nm,f convalescent

**convecteur** [kɔ̃vɛktœʀ] nm convector (heater)

**convection** [kɔ̃vɛksjɔ̃] → SYN nf convection

**convenable** [kɔ̃vnabl] → SYN adj a (= approprié) parti fitting, suitable; moment, endroit fitting, suitable, appropriate

b (= décent) manières acceptable, correct; vêtements decent, respectable; personne, famille respectable ◆ **peu convenable** manières improper, unseemly; vêtements unsuitable ◆ **ne montre pas du doigt, ce n'est pas convenable** don't point – it's not polite, it's bad manners to point

c (= acceptable) devoir adequate, passable; salaire, logement decent, acceptable, adequate ◆ **des conditions de vie à peine convenables** barely adequate living conditions

**convenablement** [kɔ̃vnabləmɑ̃] → SYN adv placé, choisi suitably, appropriately; s'exprimer properly; payé, logé decently ◆ **je vous demande de travailler convenablement** I'm asking you to do your work properly ◆ **s'habiller convenablement** (décemment) to dress respectably ou properly; (en fonction du temps) to dress appropriately

**convenance** [kɔ̃vnɑ̃s] → SYN nf a (frm = ce qui convient) **trouver qch à sa convenance** to find sth to one's liking, find sth suitable ◆ **la chambre est-elle à votre convenance ?** is the room to your liking? ◆ **le service est-il à votre convenance ?** is the service to your satisfaction? ◆ **choisissez un jour à votre convenance** choose a day to suit you ou to suit your convenience ◆ **pour des raisons de convenance(s) personnelle(s), pour convenances personnelles** for personal reasons; → **mariage**

b (= étiquette) **les convenances** propriety, the proprieties ◆ **contraire aux convenances** contrary to the proprieties

c (littér = harmonie) [goûts, caractères] affinity; († = caractère adéquat) [terme, équipement] appropriateness, suitability

**convenir** [kɔ̃vniʀ] GRAMMAIRE ACTIVE 9.1 → SYN ▸ conjug 22 ◂

1 **convenir à** vt indir (= être approprié à) to suit, be suitable for; (= être utile à) to suit, be convenient for; (= être agréable à) to be agreeable to, suit ◆ **ce chapeau ne convient pas à la circonstance** this hat is not suitable for the occasion ou does not suit the occasion ◆ **le climat ne lui convient pas** the climate doesn't suit him ou doesn't agree with him ◆ **oui, cette chambre me convient très bien** yes, this room suits me very well ◆ **cette maison convient à une personne seule** this house is suitable for a person living on their own ◆ **j'irai si cela me convient** I'll go if it is convenient (for me); (ton péremptoire) I'll go if it suits me ◆ **si l'heure/la date vous convient** if the time/date is convenient for you ou suits you ◆ **c'est tout à fait ce qui me convient** this is exactly what I need ou want ◆ **j'espère que cela vous conviendra** I hope you will find this acceptable, I hope this will be acceptable to you

2 **convenir de** vt indir a (= avouer) to admit (to), acknowledge ◆ **il convint d'avoir été un peu brusque** he admitted (to) having been a little abrupt, he acknowledged (that) he'd been a bit abrupt ◆ **tu as eu tort, conviens-en** you were wrong, admit it

b (= s'accorder sur) to agree on ◆ **convenir d'une date/d'un lieu** to agree on a date/place ◆ **une date a été convenue** a date has been agreed

3 vt ◆ **convenir que** (= avouer) to admit that ..., acknowledge the fact that; (= s'accorder sur) to agree that ◆ **il est convenu que nous nous réunissons demain** it is agreed that we should meet tomorrow

4 vb impers ◆ **il convient de faire** (= il vaut mieux) it is advisable to do; (= il est bienséant de) it would be proper to do ◆ **il convient d'être prudent** caution is advised, it is advisable to be cautious ◆ **il convient qu'elle remercie ses hôtes de leur hospitalité** it is proper ou right for her to thank her host and hostess for their hospitality ◆ **il convient de faire remarquer ...** (frm) we should point out ...

5 **se convenir** vpr [personnes] to be well-suited (to each other)

**convent** [kɔ̃vɑ̃] → SYN nm *general assembly of Freemasons*

**convention** [kɔ̃vɑ̃sjɔ̃] → SYN nf a (= pacte) (gén) agreement, covenant (frm); (Pol) convention ◆ **convention collective** (Ind) collective agreement ◆ **cela n'entre pas dans nos conventions** that doesn't enter into our agreement

b (= accord tacite) (gén) understanding; (Art, Littérat) convention ◆ **les conventions (sociales)** convention, social conventions ◆ **décor/personnage/langage de convention** (Littérat, Théât) conventional set/character/language ◆ **mots/amabilité de convention** conventional words/kindness

c (= assemblée) (Pol US) convention ◆ **la Convention** (Hist) the Convention

**conventionnalisme** [kɔ̃vɑ̃sjɔnalism] → SYN nm conventionalism

**conventionné, e** [kɔ̃vɑ̃sjɔne] → SYN adj établissement, médecin *linked to the state health scheme*, ≃ National Health (Brit) (épith); prix government-regulated; prêt subsidized, low-interest (épith)

**conventionnel, -elle** [kɔ̃vɑ̃sjɔnɛl] → SYN 1 adj (gén) conventional; (Jur) acte, clause contractual

2 nm (Hist) ◆ **les conventionnels** the members of the Convention

**conventionnellement** [kɔ̃vɑ̃sjɔnɛlmɑ̃] adv conventionally

**conventionnement** [kɔ̃vɑ̃sjɔnmɑ̃] → SYN nm *state health service contract*, ≃ National Health (Brit) contract

**conventionner (se)** [kɔ̃vɑ̃sjɔne] ▸ conjug 1 ◂ vpr [médecin] *to register as a practitioner within the state health scheme*

**conventuel, -elle** [kɔ̃vɑ̃tɥɛl] → SYN adj vie, règle, monde, bâtiment [moines] monastic; [nonnes] convent (épith), conventual; simplicité, paix monastic

**convenu, e** [kɔ̃vny] → SYN (ptp de **convenir**) adj a (= décidé) heure, prix, mot agreed ◆ **comme convenu** as agreed

b (littér péj = conventionnel) conventional

**convergence** [kɔ̃vɛʀʒɑ̃s] → SYN nf convergence ◆ **point de convergence** (Sci, Math) point of convergence; (Pol) point of agreement ◆ **nous avons des points de convergence** there are points on which we agree ◆ **le point de convergence entre les deux théories** the meeting point between the two theories ◆ **objectif/programme de convergence** convergence target/programme; → **critère**

**convergent, e** [kɔ̃vɛʀʒɑ̃, ɑ̃t] → SYN adj convergent

**converger** [kɔ̃vɛʀʒe] → SYN ▸ conjug 3 ◂ vi [lignes, rayons, routes] to converge ◆ **converger sur** [regards] to focus on ◆ **nos pensées convergent sur le sujet** we think along the same lines on the subject

**convers, e** [kɔ̃vɛʀ, ɛʀs] → SYN adj (Rel) lay (épith)

**conversation** [kɔ̃vɛʀsasjɔ̃] → SYN nf a (= entretien) (gén) conversation; (politique, diplomatique) talk ◆ **la conversation** conversation ◆ **conversation téléphonique** (tele)phone conversation ◆ **en (grande) conversation avec** (deep) in conversation with ◆ **faire la conversation à** to make conversation with; → **frais**[2]

b (= art de parler) conversation ◆ **avoir de la conversation** to be a good conversationalist ◆ **il n'a pas de conversation** he's got no conversation ◆ **elle a de la conversation †** she's well-stacked ‡, she has big breasts

c (= langage familier) **dans la conversation courante** in informal ou conversational ou everyday speech ◆ **employer le style de la conversation** to use a conversational style

**conversationnel, -elle** [kɔ̃vɛʀsasjɔnɛl] adj (Ordin) conversational

**converser** [kɔ̃vɛʀse] → SYN ▸ conjug 1 ◂ vi to converse *(avec* with)

**conversion** [kɔ̃vɛʀsjɔ̃] → SYN nf a (à une religion) conversion *(à* to; *en* into); (à une théorie) winning over *(à* to), conversion *(à* to)

b (Écon = reconversion) (professionnelle) retraining; (industrielle) conversion ◆ **convention de conversion** retraining scheme

c [chiffres, mesures, devises] conversion ◆ **taux de conversion** conversion rate ◆ **conversion de dollars en euros** conversion of dollars into euros ◆ **faire une conversion de fractions en ...** to convert fractions into ...

d (= demi-tour) (Mil) wheel; (Ski) kick turn

e (Ordin) conversion

f (Psych) conversion

**converti, e** [kɔ̃vɛʀti] → SYN (ptp de **convertir**) 1 adj converted

2 nm,f convert; → **prêcher**

**convertibilité** [kɔ̃vɛʀtibilite] nf (Fin) convertibility

**convertible** [kɔ̃vɛʀtibl] → SYN 1 adj convertible *(en* into)

2 nm (= avion) convertiplane; (= canapé) sofa bed, bed-settee (Brit)

**convertir** [kɔ̃vɛʀtiʀ] → SYN ▸ conjug 2 ◂ 1 vt a (= rallier) (à une religion) to convert *(à* to); (à une théorie) to win over, convert *(à* to)

b (= transformer) to convert *(en* into) ◆ **convertir une terre en blés** to turn a field over to wheat

2 **se convertir** vpr (= devenir croyant) to become a convert; (= changer de religion) to change religion; (à une théorie) to be converted *(à* to)

**convertissage** [kɔ̃vɛʀtisaʒ] → SYN nm (Métal) conversion

**convertissement** [kɔ̃vɛʀtismɑ̃] → SYN nm (Fin) conversion

**convertisseur** [kɔ̃vɛʀtisœʀ] nm (Élec, Métal) converter ◆ **convertisseur Bessemer** Bessemer converter ◆ **convertisseur d'images** image converter ◆ **convertisseur de couple** (Aut) torque converter ◆ **convertisseur numérique** (Ordin) digitizer ◆ **convertisseur numérique analogique** digital-analogue converter

**convexe** [kɔ̃vɛks] → SYN adj convex

**convexion** [kɔ̃vɛksjɔ̃] nf ⇒ **convection**

**convexité** [kɔ̃vɛksite] → SYN nf convexity

**conviction** [kɔ̃viksjɔ̃] → SYN nf a (= certitude) conviction, (firm) belief ◆ **j'en ai la convic-**

tion I'm convinced of it ◆ **parler avec conviction** to speak with conviction

**b** (= sérieux, enthousiasme) conviction ◆ **faire qch avec/sans conviction** to do sth with/without conviction ◆ **manquer de conviction** to lack conviction

**c** (= opinions) **convictions** beliefs, convictions

**d** → **pièce**

**convier** [kɔ̃vje] GRAMMAIRE ACTIVE 25.1 → SYN ▸ conjug 7 ◂ vt (frm) ◆ **convier à** [+ soirée, concert] to invite to ◆ **convier qn à faire qch** (pousser) to urge sb to do sth; (inviter) to invite sb to do sth ◆ **la chaleur conviait à la baignade** the hot weather made it very tempting to swim

**convive** [kɔ̃viv] → SYN nmf guest *(at a meal)*

**convivial, e,** mpl **-iaux** [kɔ̃vivjal, jo] adj (gén) ambiance, lieu convivial; (Ordin) user-friendly

**convivialiser** [kɔ̃vivjalize] ▸ conjug 1 ◂ vt [+ lieu] to make (more) convivial; [+ logiciel] to make (more) user-friendly

**convivialité** [kɔ̃vivjalite] nf (= rapports) social interaction; (= jovialité) conviviality; (Ordin) user-friendliness

**convocation** [kɔ̃vɔkasjɔ̃] → SYN nf **a** (NonC) [assemblée] convening, convoking; [membre de club] inviting; [témoin, prévenu, subordonné] summoning ◆ **la convocation des membres doit se faire longtemps à l'avance** members must be invited a long time in advance ◆ **cette convocation chez le directeur l'intriguait** he was intrigued to know why the chairman had asked to see him ◆ **la convocation des membres/candidats doit se faire par écrit** members/candidates must be given written notification to attend

**b** (= lettre, carte) (written) notification to attend; (Jur) summons ◆ **je n'ai pas encore reçu ma convocation** I haven't had notification yet

**convoi** [kɔ̃vwa] → SYN nm **a** (= cortège funèbre) funeral procession

**b** (= train) train ◆ **convoi de marchandises** goods train

**c** [véhicules, navires, prisonniers] convoy

**d** (Aut) **convoi exceptionnel** ≃ wide (ou long ou dangerous) load

**convoiement** [kɔ̃vwamɑ̃] nm (= escorte) escorting; (Mil, Naut) escorting, convoying; (= transport) conveying

**convoiter** [kɔ̃vwate] → SYN ▸ conjug 1 ◂ vt [+ héritage, objet, poste] to covet; [+ personne] to lust after ◆ **poste très convoité** highly-coveted job

**convoitise** [kɔ̃vwatiz] → SYN nf (= désir) (gén) covetousness; (pour une personne) lust, desire ◆ **la convoitise des richesses** the lust for wealth ◆ **la convoitise de la chair** the lusts of the flesh ◆ **l'objet de sa convoitise** the object of his desire ◆ **regarder avec convoitise** [+ objet] to cast covetous looks at; [+ personne] to look ou gaze lustfully at ◆ **regard brillant de convoitise** covetous (ou lustful) look ◆ **l'objet des convoitises de tous** the object of everyone's desire

**convoler** [kɔ̃vɔle] → SYN ▸ conjug 1 ◂ vi († ou hum) ◆ **convoler (en justes noces)** to be wed † (aussi hum)

**convolvulacées** [kɔ̃vɔlvylase] → SYN nfpl ◆ **les convolvulacées** convolvulaceous plants

**convolvulus** [kɔ̃vɔlvylys] nm convolvulus, bindweed

**convoquer** [kɔ̃vɔke] → SYN ▸ conjug 1 ◂ vt [+ assemblée] to convene, convoke; (= convier) to invite (*à* to); [+ témoin, prévenu, subordonné] to summon ◆ **convoquer qn (pour une entrevue)** to call ou invite sb for an interview ◆ **convoquer un candidat (à un examen)** to send a candidate written notification (of an exam) ◆ **il va falloir convoquer les membres** we're going to have to call a meeting of the members ou call the members together ◆ **as-tu été convoqué à la réunion ?** have you been invited to (attend) the meeting? ◆ **le président a convoqué la presse pour annoncer ...** the president called a press conference to announce ... ◆ **j'ai été convoqué à dix heures (pour mon oral)** I've been asked to attend at ten o'clock (for my oral) ◆ **le chef m'a convoqué** the boss sent for me ou asked to see me ◆ **le chef m'a convoqué dans son bureau** the boss called ou summoned me to his office ◆ **le juge m'a convoqué** I was summoned to appear before the judge, I was called before the judge

**convoyage** [kɔ̃vwajaʒ] nm ⇒ **convoiement**

**convoyer** [kɔ̃vwaje] → SYN ▸ conjug 8 ◂ vt (= escorter) to escort; (Mil, Naut) to escort, convoy; (= transporter) to convey

**convoyeur** [kɔ̃vwajœʀ] → SYN nm (= navire) convoy, escort ship; (= personne) escort; (Tech) conveyor ◆ **convoyeur de fonds** security guard, Securicor ® guard (Brit)

**convulser** [kɔ̃vylse] → SYN ▸ conjug 1 ◂ vt [+ visage] to convulse, distort; [+ corps] to convulse ◆ **la douleur lui convulsa le visage** his face was distorted ou convulsed with pain ◆ **son visage se convulsait** his face was distorted

**convulsif, -ive** [kɔ̃vylsif, iv] → SYN adj convulsive

**convulsion** [kɔ̃vylsjɔ̃] → SYN nf (gén, Méd, fig) convulsion

**convulsionnaire** [kɔ̃vylsjɔnɛʀ] nmf convulsionary

**convulsionner** [kɔ̃vylsjɔne] ▸ conjug 1 ◂ vt to convulse ◆ **visage convulsionné** distorted ou convulsed face

**convulsivement** [kɔ̃vylsivmɑ̃] adv convulsively

**coobligé, e** [kɔɔbliʒe] nm,f (Jur) joint obligor

**cooccupant, e** [kɔɔkypɑ̃, ɑ̃t] nm,f co-occupier, co-occupant

**cooccurrence** [kɔɔkyʀɑ̃s] nf (Ling) co-occurrence

**Cook** [kuk] n ◆ **les îles Cook** the Cook Islands

**cookie** [kuki] nm (Internet) cookie

**cool** * [kul] adj (f inv) cool *

**coolie** [kuli] → SYN nm coolie

**coopé** [kɔpe] nf **a** (abrév de **coopération**)

**b** (abrév de **coopérative**) co-op

**coopérant, e** [kɔɔpeʀɑ̃, ɑ̃t] → SYN **1** adj cooperative

**2** nm ≃ VSO volunteer, ≃ Peace Corps volunteer (US)

**coopérateur, -trice** [k(ɔ)ɔpeʀatœʀ, tʀis] **1** adj cooperative

**2** nm,f **a** (= associé) collaborator, cooperator

**b** (= membre d'une coopérative) member of a cooperative, cooperator

**coopératif, -ive** [k(ɔ)ɔpeʀatif, iv] → SYN **1** adj cooperative

**2** **coopérative** nf (= organisme) cooperative; (= magasin) co-op ◆ **coopérative scolaire** school fund

**coopération** [kɔɔpeʀasjɔ̃] → SYN nf **a** (gén = collaboration) cooperation ◆ **apporter sa coopération à une entreprise** to cooperate ou collaborate in an undertaking

**b** (Pol) ≃ Voluntary Service Overseas (Brit), ≃ VSO (Brit), ≃ Peace Corps (US) *(usually as form of military service)* **il a été envoyé en Afrique comme professeur au titre de la coopération** ≃ he was sent to Africa as a VSO teacher (Brit), ≃ he was sent to Africa by the Peace Corps to be a teacher (US)

> **COOPÉRATION**
>
> The French government, through the "Ministère de la **coopération**", provides aid to developing countries by setting up and supporting educational and training schemes abroad. Most people who work abroad as part of **coopération** (known as "coopérants") do so as volunteers instead of doing military service. → SERVICE MILITAIRE

**coopératisme** [k(ɔ)ɔpeʀatism] nm (Écon) cooperation

**coopérer** [kɔɔpeʀe] → SYN ▸ conjug 6 ◂ **1** vi to cooperate

**2** **coopérer à** vt indir to cooperate in

**cooptation** [kɔɔptasjɔ̃] → SYN nf coopting, cooptation

**coopter** [kɔɔpte] → SYN ▸ conjug 1 ◂ vt to coopt

**coordinateur, -trice** [kɔɔʀdinatœʀ, tʀis] nm, f ⇒ **coordonnateur**

**coordination** [kɔɔʀdinasjɔ̃] → SYN nf (gén, Ling) coordination ◆ **coordination ouvrière/étudiante** workers'/students' committee; → **conjonction**

**coordinence** [kɔɔʀdinɑ̃s] nf (Chim) coordination number

**coordonnant** [kɔɔʀdɔnɑ̃] nm (Ling) coordinating conjunction

**coordonnateur, -trice** [kɔɔʀdɔnatœʀ, tʀis] **1** adj coordinating

**2** nm,f coordinator

**coordonné, e** [kɔɔʀdɔne] → SYN (ptp de **coordonner**) **1** adj coordinated ◆ **(proposition) coordonnée** (Ling) coordinate clause ◆ **papiers peints coordonnés** matching wallpapers

**2** **coordonnés** nmpl (Habillement) coordinates

**3** **coordonnées** nfpl (Math) coordinates ◆ **donnez-moi vos coordonnées** can I have your name and address please?

**coordonner** [kɔɔʀdɔne] → SYN ▸ conjug 1 ◂ vt to coordinate

**copain** * [kɔpɛ̃] nm (= ami) friend, mate * (surtout Brit), buddy * (surtout US) ◆ **son copain** (= amoureux) her boyfriend ◆ **de bons copains** good friends, great pals * ◆ **copain de régiment** army pal * ou buddy * ◆ **il est très copain avec le patron** he's really in with the boss *, he's very pally * (Brit) with the boss ◆ **avec eux, c'est ou on est copain copain** we're very chummy * ou dead pally ‡ (Brit) with them ◆ **ils sont copains comme cochons** they are great buddies *, they're as thick as thieves ◆ **les meilleurs postes sont toujours pour les petits copains** (péj) they always give the best jobs to their cronies *, it's always jobs for the boys *

**copal** [kɔpal] → SYN nm copal

**copartage** [kopaʀtaʒ] nm (Jur) (co)parcenary, coparceny

**copartageant, e** [kopaʀtaʒɑ̃, ɑ̃t] nm,f (Jur) (co)parcener

**copartager** [kopaʀtaʒe] ▸ conjug 3 ◂ vt to be (co)parcener in

**coparticipant, e** [kopaʀtisipɑ̃, ɑ̃t] (Jur) **1** adj in copartnership ou joint account

**2** nm,f copartner

**coparticipation** [kopaʀtisipasjɔ̃] nf (Jur) copartnership ◆ **coparticipation aux bénéfices** profit-sharing

**copayer** [kɔpaje] nm copaiba ou copaiva tree

**copeau,** pl **copeaux** [kɔpo] → SYN nm [bois] shaving; [métal] turning ◆ **brûler des copeaux** to burn wood shavings

**Copenhague** [kɔpənag] n Copenhagen

**copépodes** [kɔpepɔd] nmpl ◆ **les copépodes** copepods, the Copepoda (SPÉC)

**Copernic** [kɔpɛʀnik] nm Copernicus

**copernicien, -ienne** [kɔpɛʀnisjɛ̃, jɛn] adj, nm,f Copernican ◆ **révolution copernicienne** Copernican revolution

**copiage** [kɔpjaʒ] → SYN nm (gén) copying; (Scol) copying, cribbing

**copie** [kɔpi] → SYN nf **a** (= reproduction, exemplaire) [diplôme, film] copy; [tableau] copy, reproduction; [sculpture, bijou] copy, reproduction, replica ◆ **copie certifiée conforme** (Admin) certified copy ◆ **pour copie conforme** (Admin) certified accurate ◆ **copie étalon** (Ciné, TV) master print ◆ **copie d'exploitation** (Ciné) release print ◆ **copie neuve** (Ciné) new copy ◆ **copie papier** (Ordin) hard copy ◆ **prendre copie de qch** to make a copy of sth ◆ **je vous ai mis en copie** I've copied it to you

**b** (= action de copier) copying

**c** (= reproduction frauduleuse) copy, imitation ◆ **pâle copie** pale imitation

**d** (Scol) (= feuille de papier) sheet (of paper), paper; (= devoir) exercise; (= composition, examen) paper, script ◆ **copie simple/double** single/double sheet (of paper) ◆ **copie d'examen** examination script ◆ **rendre ou remettre copie blanche** to hand in a blank sheet of paper ◆ **rendre ou remettre sa copie** (lit) to hand in one's paper; (fig) to turn in one's report ◆ **revoir sa copie** (fig) to try and come up with something better; → **mal**

**e** (Typo) copy

**f** (Presse) copy; → **pisseur**

**copier** [kɔpje] → SYN ▸ conjug 7 ◂ 1 vt a (= reproduire légalement) [+ écrit, texte, acte] to copy, make a copy of; (Ordin) to copy; [+ tableau, sculpture] to copy, reproduce ◆ **copier qch au propre** to make a fair copy of sth, copy sth out neatly ◆ **copier une leçon trois fois** to copy out a lesson three times ◆ **vous me la copierez !** * I won't forget that in a hurry! *
b (= reproduire frauduleusement) [+ tableau, sculpture, bijou, logiciel] to copy, make a copy of; (Scol = tricher) to copy, crib ◆ **copier le voisin** to copy ou crib from one's neighbour
c (= imiter) [+ style, démarche, auteur] to copy
2 vi (Scol = tricher) to copy, crib (*sur* from)

**copieur, -ieuse** [kɔpjœʀ, jøz] → SYN 1 nm,f (Scol) copier, cribber
2 nm (= machine) copier

**copieusement** [kɔpjøzmɑ̃] → SYN adv manger, boire copiously, heartily ◆ **repas copieusement arrosé** meal generously washed down with wine ◆ **on s'est fait copieusement arroser/engueuler** ⁑ we got well and truly soaked/told off * ◆ **copieusement illustré/annoté** copiously illustrated/annotated

**copieux, -ieuse** [kɔpjø, jøz] → SYN adj repas copious, hearty; portion generous; notes, exemples copious

**copilote** [kopilɔt] nmf (Aviat) co-pilot; (Aut) navigator

**copin** * [kɔpɛ̃] nm ⇒ **copain**

**copinage** * [kɔpinaʒ] nm (péj) pally * (Brit) ou buddy-buddy * (surtout US) relationship ◆ **obtenir qch par copinage** to get sth through friendly contacts

**copine** * [kɔpin] nf (= amie) friend; (= amoureuse) girlfriend ◆ **une copine de ma mère** one of my mother's friends ou girlfriends ◆ **copine de classe** school friend ou mate ◆ **elles sont très copines** they're great friends ◆ **elle est très copine avec le voisin** she's very friendly ou pally * (Brit) with the next-door neighbour

**copiner** * [kɔpine] ▸ conjug 1 ◂ vi to be pally ⁑ (Brit) ou great buddies * (surtout US) (*avec* with)

**copiste** [kɔpist] nmf (Hist, Littérat) copyist, transcriber

**coplanaire** [koplanɛʀ] adj coplanar

**copolymère** [kopɔlimɛʀ] nm copolymer

**coposséder** [kopɔsede] ▸ conjug 6 ◂ vt to own jointly

**copossession** [kopɔsesjɔ̃] nf co-ownership, joint ownership

**copra(h)** [kɔpʀa] nm copra

**coprésidence** [kopʀezidɑ̃s] nf co-presidency, co-chairmanship

**coprésident** [kopʀezidɑ̃] nm co-president, co-chairman

**coprésidente** [kopʀezidɑ̃t] nf co-president, co-chairwoman

**coprin** [kɔpʀɛ̃] nm ink cap, coprinus (SPÉC)

**coprocesseur** [kopʀɔsesœʀ] nm coprocessor

**coproculture** [kɔpʀɔkyltyʀ] nf faecal (Brit) ou fecal (US) culture

**coproducteur, -trice** [kopʀɔdyktœʀ, tʀis] nm,f coproducer

**coproduction** [kopʀɔdyksjɔ̃] nf (Ciné, TV) co-production, joint production ◆ **une coproduction franco-italienne** a French-Italian co-production, a joint French-Italian production

**coproduire** [kopʀɔdɥiʀ] ▸ conjug 38 ◂ vt to co-produce

**coprolalie** [kɔpʀɔlali] nf coprolalia

**coprolithe** [kɔpʀɔlit] nm coprolite

**coprologie** [kɔpʀɔlɔʒi] nf coprology

**coprophage** [kɔpʀɔfaʒ] adj coprophagous

**coprophile** [kɔpʀɔfil] adj coprophilous, coprophilic

**copropriétaire** [kopʀɔpʀijetɛʀ] nmf co-owner, joint owner

**copropriété** [kopʀɔpʀijete] nf (= statut) co-ownership, joint ownership; (= propriétaires) co-owners ◆ **immeuble en copropriété** block of flats (Brit) ou apartment building (US) in co-ownership, condominium (US)

**copte** [kɔpt] 1 adj Coptic
2 nm (Ling) Coptic
3 **Copte** nmf Copt

**copulatif, -ive** [kɔpylatif, iv] adj (Ling) copulative

**copulation** [kɔpylasjɔ̃] → SYN nf copulation

**copule** [kɔpyl] → SYN nf (Ling) copulative verb, copula

**copuler** [kɔpyle] → SYN ▸ conjug 1 ◂ vi to copulate

**copyright** [kɔpiʀajt] → SYN nm copyright

**coq¹** [kɔk] → SYN 1 nm [basse-cour] cock, rooster; (= girouette) weather cock ou vane ◆ **coq faisan/de perdrix** (= oiseau mâle) cock pheasant/partridge ◆ **jeune coq** cockerel ◆ **coq, poids coq** (Boxe) bantam-weight ◆ **être comme un coq en pâte** to be in clover, live the life of Riley ◆ **jambes** ou **mollets de coq** wiry legs ◆ **sauter** ou **passer du coq à l'âne** to jump from one subject to another; → **chant¹, rouge**
2 COMP ▷ **coq de bruyère** (grand) capercaillie; (petit) black grouse ▷ **coq de combat** fighting cock ▷ **le coq gaulois** the French cockerel (*emblem of the French fighting spirit*) ▷ **coq nain** bantam cock ▷ **coq de roche** cock-of-the-rock ▷ **coq de village** (fig) local ladykiller ▷ **coq au vin** (Culin) coq au vin

**coq²** [kɔk] → SYN nm (Naut) (ship's) cook

**coq-à-l'âne** [kɔkalɑn] → SYN nm inv abrupt change of subject ◆ **faire un coq-à-l'âne** to jump from one subject to another

**coquard** ⁑, **coquart** ⁑ [kɔkaʀ] nm black eye, shiner ⁑

**coque** [kɔk] → SYN nf a [bateau] hull; [avion] fuselage; [auto] shell, body
b [noix, amande] shell; † [œuf] shell ◆ **œuf (à la) coque** (Culin) (soft-)boiled egg ◆ **coque de noix** (Naut) cockleshell
c (= mollusque) cockle

**coquelet** [kɔklɛ] → SYN nm (Culin) cockerel

**coquelicot** [kɔkliko] → SYN nm poppy; → **rouge**

**coqueluche** [kɔklyʃ] → SYN nf (Méd) whooping cough ◆ **être la coqueluche de** to be the idol ou darling of

**coquemar** [kɔkmaʀ] → SYN nm cauldron, big kettle

**coqueret** [kɔkʀɛ] nm Chinese lantern, winter ou ground cherry

**coquerico** [kɔk(ə)ʀiko] nm, excl ⇒ **cocorico**

**coquerie** [kɔkʀi] → SYN nf (Naut) (à bord) (ship's) galley, caboose (Brit); (à terre) cookhouse

**coqueron** [kɔkʀɔ̃] → SYN nm (Naut) peak; (Can = habitation) ramshackle house

**coquet, -ette** [kɔkɛ, ɛt] → SYN 1 adj a (= bien habillé) smart, well turned-out; (= soucieux de son apparence) appearance-conscious, clothes-conscious ◆ **homme trop coquet** man who takes too much interest in ou who is too particular about his appearance ou who is too clothes-conscious
b († = flirteur) flirtatious
c ville pretty, charming; logement charming; robe smart, stylish
d (* : intensif) somme d'argent, revenu tidy * (épith)
2 **coquette** nf ◆ **c'est une coquette** she's a coquette ou a flirt, she's very coquettish ou flirtatious ◆ **faire sa coquette** to play hard to get * ◆ **jouer les grandes coquettes** (fig) to flirt a lot, be very coquettish

**coquetier** [kɔk(ə)tje] → SYN nm egg cup ◆ **gagner** ou **décrocher le coquetier** † * to hit the jackpot *

**coquetière** [kɔk(ə)tjɛʀ] → SYN nf *utensil used to make soft-boiled eggs*

**coquettement** [kɔkɛtmɑ̃] adv sourire, regarder coquettishly; s'habiller smartly, stylishly; meubler charmingly

**coquetterie** [kɔkɛtʀi] → SYN nf a (= élégance) [personne] interest in one's appearance, consciousness of one's appearance; [toilette, coiffure] smartness, stylishness
b (= galanterie) coquetry, flirtatiousness (NonC) ◆ **il mettait sa coquetterie à marcher sans canne/parler sans notes** (littér = amour propre) he prided himself on ou made a point of walking without a stick/talking without notes
c (hum) **avoir une coquetterie dans l'œil** * to have a cast in one's eye

**coquillage** [kɔkijaʒ] → SYN nm (= mollusque) shellfish (NonC); (= coquille) shell

**coquillard** ⁑ [kɔkijaʀ] nm → **tamponner**

**coquille** [kɔkij] → SYN 1 nf a [mollusque, œuf, noix] shell ◆ **rentrer dans/sortir de sa coquille** (fig) to go ou withdraw into/come out of one's shell
b (= récipient) (shell-shaped) dish, scallop ◆ **coquille de poisson/crabe** (= mets) scallop of fish/crab, fish/crab served in scallop shells
c (= décoration) scallop; [épée] coquille, shell
d (Typo) misprint
e (Sport = protection) box
f (Méd = plâtre) spinal bed
2 COMP ▷ **coquille de beurre** shell of butter ▷ **coquille de noix** * (Naut) cockleshell ▷ **coquille d'œuf** (= couleur) eggshell (épith) ▷ **coquille Saint-Jacques** (= animal) scallop; (= carapace) scallop shell

**coquillettes** [kɔkijɛt] → SYN nfpl pasta shells

**coquillier, -ière** [kɔkije, jɛʀ] → SYN 1 adj conchiferous (SPÉC)
2 nm † shell collection

**coquin, e** [kɔkɛ̃, in] → SYN 1 adj a (= malicieux) enfant, air mischievous ◆ **coquin de sort !** * the devil! *, the deuce! † *
b (= polisson) histoire, regard naughty, suggestive
2 nm,f (= enfant) rascal, mischief ◆ **tu es un petit coquin !** you little monkey! ou rascal!
3 nm († † = gredin) rascal, rogue
4 **coquine** † † nf (= débauchée) loose woman, strumpet †

**coquinerie** [kɔkinʀi] → SYN nf a (= caractère) [enfant] mischievousness; [gredin] roguery
b (= action) [enfant] mischievous trick; [personne peu honnête] low-down trick

**cor¹** [kɔʀ] → SYN nm (Mus) horn ◆ **cor anglais** cor anglais (Brit), English horn (US) ◆ **cor de chasse** hunting horn ◆ **cor d'harmonie** French horn ◆ **cor à pistons** valve horn ◆ **cor de basset** basset horn ◆ **premier cor** principal horn
◆ **à cor et à cri** ◆ **réclamer** ou **demander qch/qn à cor et à cri** to clamour for sth/sb ◆ **chasser à cor et à cri** to hunt with the hounds

**cor²** [kɔʀ] → SYN nm (Méd) ◆ **cor (au pied)** corn

**cor³** [kɔʀ] → SYN nm [cerf] tine ◆ **un (cerf) 10 cors** a 10-point stag, a 10-pointer

**coracoïde** [kɔʀakɔid] → SYN adj coracoid

**corail,** pl **-aux** [kɔʀaj, o] → SYN 1 nm coral ◆ **la mer de Corail** the Coral Sea
2 adj inv a (= couleur) coral (pink)
b **(train) Corail ®** ≃ express (train), ≃ inter-city train (Brit)
c (Zool) **serpent corail** coral snake

**corailleur, -euse** [kɔʀajœʀ, øz] nm,f (= pêcheur) coral fisher; (= travailleur) coral worker

**corallien, -ienne** [kɔʀaljɛ̃, jɛn] adj coralline (littér), coral (épith)

**corallifère** [kɔʀalifɛʀ] adj coralliferous

**corallin, e** [kɔʀalɛ̃, in] adj (littér) lèvre, coquille coralline (littér), coral (red)

**coralline** [kɔʀalin] → SYN nf coralline

**Coran** [kɔʀɑ̃] nm ◆ **le Coran** the Koran

**coranique** [kɔʀanik] adj Koranic

**corbeau,** pl **corbeaux** [kɔʀbo] → SYN nm a (= oiseau) (terme générique) crow ◆ **(grand) corbeau** raven ◆ **corbeau freux** rook
b († péj = prêtre) black-coat † (péj), priest
c (Archit) corbel
d (* = diffamateur) writer of poison-pen letters

**corbeille** [kɔʀbɛj] → SYN 1 nf a (= panier) basket; (pour courrier) tray ◆ **corbeille arrivée/départ** in/out tray
b (Théât) (dress) circle
c (Archit) [chapiteau] bell, basket
d **la corbeille** † (Bourse) the trading floor ou pit (*in Paris Stock Exchange*)
e (= parterre) (round ou oval) flowerbed
2 COMP ▷ **corbeille d'argent** (Bot) sweet alyssum ▷ **corbeille à courrier** mail tray ▷ **corbeille de mariage** wedding presents ◆ **sa femme a apporté une fortune dans la**

**corbeille de mariage** his wife brought him a fortune when she married him ◆ **dans cette fusion, leur société apporte 10 millions d'euros dans la corbeille de mariage** their company brings (a dowry of) 10 million euros to this merger ▷ **corbeille d'or** (Bot) golden alyssum ▷ **corbeille à ouvrage** workbasket ▷ **corbeille à pain** breadbasket ▷ **corbeille à papier(s)** wastepaper basket ou bin

**corbillard** [kɔʀbijaʀ] → SYN nm hearse

**cordage** [kɔʀdaʒ] → SYN nm a (= corde, lien) rope ◆ **cordages** (gén) ropes, rigging; (Naut : de voilure) rigging

b [raquette de tennis] stringing

**corde** [kɔʀd] → SYN 1 nf a (gén = câble, cordage) rope ◆ **attacher qn avec une corde** ou **de la corde** to tie sb up with a (piece of) rope ◆ **attacher** ou **lier qn à un arbre avec une corde** to rope sb to a tree, tie sb to a tree with a (piece of) rope ◆ **en corde, de corde** tapis whipcord (épith) ◆ **à semelle de corde** rope-soled ◆ **grimper** ou **monter à la corde** to climb a rope, pull o.s. up a rope; → **danseur, sauter**

b (Mus) string ◆ **instruments à cordes** stringed instruments ◆ **les cordes** the strings ◆ **orchestre/quatuor à cordes** string orchestra/quartet ◆ **corde à vide** open string ◆ **instrument à cordes pincées/frottées** plucked/bowed instrument ◆ **à cordes croisées** piano overstrung

c (Sport) [raquette, arc] string ◆ **être envoyé dans les cordes** (Boxe) to be thrown against the ropes

d [funambule] tightrope, high wire

e (Courses) rails ◆ **à la corde** (gén : sur piste) on the inside; (Courses) on the rails ou the inside ◆ **prendre un virage à la corde** to hug a bend, take a bend on the inside ◆ **prendre/tenir la corde** (gén : sur piste) to get on/be on the inside; (Courses) to get close to/be on the rails, get on/be on the inside ◆ **c'est lui qui tient la corde** (fig) he's in with the best chance (of winning)

f (= trame d'un tissu) thread; → **user**

g (Math) chord

h († = mesure) cord

i (LOC) **mériter la corde** † to deserve to hang ou be hanged ◆ **il s'est mis la corde au cou** (= il s'est marié) he's tied the knot, he's got hitched * ◆ **il a dû y aller la corde au cou** (humble, soumis) he had to go cap in hand ◆ **être** ou **marcher** ou **danser sur la corde raide** to walk a tightrope ◆ **politique de la corde raide** brinkmanship ◆ **parler de (la) corde dans la maison du pendu** to bring up a sore point, make a tactless remark ◆ **avoir plus d'une corde** ou **plusieurs cordes à son arc** to have more than one string to one's bow ◆ **c'est dans ses cordes** it's right up his street (Brit) ou alley (US) ◆ **est-ce que c'est dans ses cordes ?** is he up to it? ◆ **ce n'est pas dans mes cordes** it's not my line (of country) ◆ **tirer sur la corde** to push one's luck a bit *, go too far ◆ **toucher** ou **faire vibrer la corde sensible** to touch the right chord ◆ **il pleut** ou **il tombe des cordes** * it's raining cats and dogs * ou bucketing (down) * (Brit); → **sac**[1]

2 COMP ▷ **corde cervicale** cervical nerve ▷ **corde dorsale** spinal cord ▷ **corde à linge** clothes line, washing line ▷ **corde lisse** (climbing) rope ▷ **corde à nœuds** knotted climbing rope ▷ **corde à** ou **de piano** piano wire ▷ **corde de rappel** abseiling rope ▷ **corde à sauter** skipping rope, jump rope (US) ▷ **corde du tympan** chorda tympani ▷ **cordes vocales** vocal cords

**cordé, e** [kɔʀde] → SYN adj cordate

**cordeau,** pl **cordeaux** [kɔʀdo] nm a (= corde) string, line ◆ **cordeau de jardinier** gardener's line ◆ **fait** ou **tiré au cordeau** (fig) as straight as a die

b (= mèche) fuse ◆ **cordeau Bickford** Bickford fuse, safety fuse ◆ **cordeau détonant** detonator fuse

c (Pêche) ledger line

**cordée** [kɔʀde] → SYN nf a [alpinistes] rope, roped party ◆ **premier de cordée** leader

b [bois] cord

**cordeler** [kɔʀdəle] → SYN ▸ conjug 4 ◂ vt to twist into a cord

**cordelette** [kɔʀdəlɛt] → SYN nf cord

**Cordelier** [kɔʀdəlje] nm (= religieux) Cordelier

**cordelière** [kɔʀdəljɛʀ] → SYN nf a (= corde) cord

b (Archit) cable moulding (Brit) ou molding (US)

c (= religieuse) **Cordelière** Franciscan nun

**corder** [kɔʀde] ▸ conjug 1 ◂ vt a (Tech) [+ chanvre, tabac] to twist

b (= lier) [+ malle] to tie up (with rope), rope up

c (= mesurer) [+ bois] to cord

d [+ raquette] to string

**corderie** [kɔʀd(ə)ʀi] nf (= industrie) ropemaking industry; (= atelier) rope factory

**cordial, e,** mpl **-iaux** [kɔʀdjal, jo] → SYN 1 adj accueil hearty, warm, cordial; sentiment, personne warm; manières cordial; antipathie, haine cordial, hearty; → **entente**

2 nm heart tonic, cordial

**cordialement** [kɔʀdjalmɑ̃] → SYN adv ◆ **se serrer la main cordialement** to shake hands warmly ◆ **ils nous ont reçus très cordialement** they gave us a hearty ou very warm welcome ◆ **vous êtes tous cordialement invités** you are all cordially invited ◆ **détester qn cordialement** to detest sb cordially ou heartily ◆ **cordialement (vôtre)** (en fin de lettre) kind regards ◆ **"bien cordialement"** "kindest regards"

**cordialité** [kɔʀdjalite] → SYN nf [accueil] warmth, cordiality; [sentiment, personne] warmth; [manières] cordiality ◆ **tout s'est passé dans la plus parfaite cordialité** it all went off in the most cordial fashion

**cordier** [kɔʀdje] nm a (= fabricant) ropemaker

b (Mus) tailpiece

**cordiforme** [kɔʀdifɔʀm] adj cordiform

**cordillère** [kɔʀdijɛʀ] nf mountain range, cordillera ◆ **la cordillère des Andes** the Andes cordillera ◆ **la cordillère australienne** the Great Dividing Range

**cordite** [kɔʀdit] nf cordite

**cordon** [kɔʀdɔ̃] → SYN 1 nm a [sonnette, rideau] cord; [tablier] tie; [sac, bourse] string; [chaussures] lace ◆ **cordon de sonnette** bell-pull ◆ **tenir/délier/resserrer les cordons de la bourse** (fig) to hold/loosen/tighten the purse strings ◆ **tenir les cordons du poêle** to be a pallbearer

b [soldats] cordon

c (Archit) string-course, cordon

d (= décoration) sash ◆ **cordon du Saint-Esprit** ribbon of the order of the Holy Ghost ◆ **cordon de la Légion d'honneur** sash ou cordon of the Légion d'Honneur

2 COMP ▷ **cordon Bickford** Bickford fuse, safety fuse ▷ **cordon littoral** offshore bar ▷ **cordon médullaire** spinal cord ▷ **cordon ombilical** (lit, fig) umbilical cord ◆ **couper** ou **rompre le cordon (ombilical)** (fig) to cut ou sever the umbilical cord ▷ **cordon sanitaire** (Méd, Pol) quarantine line, cordon sanitaire

**cordon-bleu,** pl **cordons-bleus** [kɔʀdɔ̃blø] → SYN nm (= cuisinier) cordon-bleu cook; (= décoration) cordon bleu

**cordonner** [kɔʀdɔne] ▸ conjug 1 ◂ vt [+ soie, cheveux] to twist

**cordonnerie** [kɔʀdɔnʀi] nf (= boutique) shoe-repair shop, cobbler's †; (= métier) shoe-repairing

**cordonnet** [kɔʀdɔnɛ] nm (= petit cordon) braid (NonC), cord (NonC); (pour boutonnière) buttonhole twist (NonC)

**cordonnier, -ière** [kɔʀdɔnje, jɛʀ] → SYN nm,f (= réparateur) shoe-repairer, cobbler †; († = fabricant) shoemaker ◆ (Prov) **les cordonniers sont toujours les plus mal chaussés** the shoemaker's children always go barefoot (Prov)

**Cordoue** [kɔʀdu] n Cordoba

**coréalisateur, -trice** [koʀealizatœʀ, tʀis] nm,f (Ciné, TV) codirector

**Corée** [kɔʀe] nf Korea ◆ **Corée du Sud/du Nord** South/North Korea

**coréen, -enne** [kɔʀeɛ̃, ɛn] 1 adj Korean

2 nm (Ling) Korean

3 **Coréen(ne)** nm,f Korean

**coreligionnaire** [kɔʀ(ə)liʒjɔnɛʀ] → SYN nmf co-religionist

**coréopsis** [kɔʀeɔpsis] nm coreopsis, calliopsis

**coresponsabilité** [koʀɛspɔ̃sabilite] nf joint responsibility

**coresponsable** [koʀɛspɔ̃sabl] 1 adj personne co-responsible, jointly responsible (*de* for)

2 nmf person sharing responsibility (*de* for)

**Corfou** [kɔʀfu] n Corfu

**coriace** [kɔʀjas] → SYN adj (lit, fig) tough ◆ **il est coriace en affaires** he's a hard-headed ou tough businessman

**coriandre** [kɔʀjɑ̃dʀ] → SYN nf coriander

**coricide** [kɔʀisid] nm corn remover

**corindon** [kɔʀɛ̃dɔ̃] → SYN nm corundum

**Corinthe** [kɔʀɛ̃t] n Corinth; → **raisin**

**corinthien, -ienne** [kɔʀɛ̃tjɛ̃, jɛn] adj Corinthian

**Coriolan** [kɔʀjɔlɑ̃] nm Coriolanus

**cormier** [kɔʀmje] → SYN nm (= arbre) service tree; (= bois) service wood

**cormoran** [kɔʀmɔʀɑ̃] → SYN nm cormorant ◆ **cormoran huppé** shag

**cornac** [kɔʀnak] → SYN nm [éléphant] mahout, elephant driver

**cornage** [kɔʀnaʒ] → SYN nm (Méd) cornage

**cornaline** [kɔʀnalin] → SYN nf carnelian

**cornaquer** * [kɔʀnake] ▸ conjug 1 ◂ vt to show around ◆ **il m'a cornaqué à travers la ville** he showed me round the town

**cornard** ‡ [kɔʀnaʀ] nm cuckold †

**corne** [kɔʀn] → SYN 1 nf a [escargot, vache] horn; [cerf] antler; [narval] tusk ◆ **à cornes** horned ◆ **donner un coup de corne à qn** to butt sb ◆ **blesser qn d'un coup de corne** to gore sb ◆ **avoir** ou **porter des cornes** * (fig) to be a cuckold † ◆ **sa femme lui fait porter des cornes** * his wife is unfaithful to him ◆ **faire les cornes à qn** to make a face at sb, make a jeering gesture at sb; → **bête, taureau**

b (= substance) horn

c (= instrument) horn; (Chasse) hunting horn; († = avertisseur) hooter, horn

d (= coin) [page] dog-ear ◆ **faire une corne à la page d'un livre** to turn down the corner of the page in a book

e (* = peau dure) **avoir de la corne** to have patches of hard skin, have calluses

2 COMP ▷ **corne d'abondance** horn of plenty, cornucopia ▷ **la corne de l'Afrique** the Horn of Africa ▷ **corne de brume** foghorn ▷ **corne à chaussures** shoehorn ▷ **cornes de gazelle** (Culin) *sugar-covered shortbread crescents*

**cornée** [kɔʀne] nf cornea

**cornéen, -enne** [kɔʀneɛ̃, ɛn] adj corneal; → **lentille**

**corneille** [kɔʀnɛj] → SYN nf crow ◆ **corneille mantelée** hooded crow ◆ **corneille noire** carrion crow; → **bayer**

**cornélien, -ienne** [kɔʀneljɛ̃, jɛn] → SYN adj (Littérat) Cornelian; (fig) situation *where love and duty conflict*; héros *who puts duty before everything*

**cornemuse** [kɔʀnəmyz] → SYN nf bagpipes ◆ **joueur de cornemuse** piper, bagpiper

**cornemuseur** [kɔʀnəmyzœʀ] → SYN nm (bag-)piper

**corner**[1] [kɔʀne] → SYN ▸ conjug 1 ◂ 1 vt a [+ livre, carte] to make ou get dog-eared; [+ page] to turn down the corner of

b (†† = claironner) [+ nouvelle] to blare out ◆ **arrête de nous corner (ça) aux oreilles** * stop shouting about it!

2 vi [chasseur] to sound a horn; † [automobiliste] to hoot (Brit) ou sound one's horn; [sirène] to sound

**corner**[2] [kɔʀnɛʀ] nm (Ftbl) corner (kick) ◆ **tirer un corner** to take a corner (kick) ◆ **sortir en corner** to go out of play for a corner (kick)

**cornet** [kɔʀnɛ] → SYN 1 nm a (= récipient) **cornet (de papier)** paper cone ◆ **cornet de dragées/de frites** cornet ou paper cone of sweets/chips, ≃ bag of sweets/chips ◆ **cornet de glace** ice-cream cone ou cornet (Brit) ◆ **mettre sa main en cornet** to cup one's hand to one's ear

b (Belg = combiné téléphonique) handset, receiver

c (Helv = sachet) (paper ou plastic) bag

**d** (Mus) [orgue] cornet stop

**2** COMP ▷ **cornet acoustique** ear trumpet ▷ **cornet à dés** dice cup ▷ **cornets du nez** turbinate bones ▷ **cornet (à pistons)** cornet ▷ **cornet de poste** ou **de postillon** posthorn

**cornette** [kɔʀnɛt] [→ SYN] **nf** [religieuse] cornet; (Naut = pavillon) burgee

**cornettiste** [kɔʀnetist] [→ SYN] **nmf** cornet player

**corniaud** [kɔʀnjo] [→ SYN] **nm** (= chien) mongrel; (* = imbécile) nitwit *, twit * (Brit)

**corniche** [kɔʀniʃ] [→ SYN] **nf** **a** (Archit = moulure) cornice; [piédestal] entablement

**b** (Alpinisme) ledge ◆ **(route en) corniche** coast road, cliff road

**c** [neige] cornice

**cornichon** [kɔʀniʃɔ̃] [→ SYN] **nm** (= concombre) gherkin; (en condiment) gherkin (Brit), pickle (US); (* = personne) nitwit *, nincompoop *; (arg Scol) *pupil in the class preparing for Saint-Cyr*

**cornière** [kɔʀnjɛʀ] **nf** (= pièce métallique) corner iron; (= pièce d'écoulement) valley

**cornique** [kɔʀnik] **1** **adj** Cornish

**2** **nm** (Ling) Cornish

**corniste** [kɔʀnist] [→ SYN] **nmf** horn player

**Cornouaille** [kɔʀnwaj] **nf** ◆ **la Cornouaille** Cornouaille *(area of Brittany)*

**Cornouailles** [kɔʀnwaj] **nf** ◆ **les Cornouailles** Cornwall

**cornouille** [kɔʀnuj] **nf** dogwood berry

**cornouiller** [kɔʀnuje] **nm** dogwood

**cornu, e** [kɔʀny] [→ SYN] **1** **adj** animal, démon horned

**2** **cornue** **nf** (= récipient) retort; (Tech = four) retort

**corollaire** [kɔʀɔlɛʀ] [→ SYN] **nm** (Logique, Math) corollary; (gén = conséquence) consequence, corollary ◆ **et ceci a pour corollaire ...** and this has as a consequence ..., and the corollary of this is ...

**corolle** [kɔʀɔl] [→ SYN] **nf** corolla

**coron** [kɔʀɔ̃] **nm** (= maison) mining cottage; (= quartier) mining village

**coronaire** [kɔʀɔnɛʀ] **adj** (Anat) coronary

**coronal, e,** mpl **-aux** [kɔʀɔnal, o] **adj** (Astron) coronal

**coronarien, -ienne** [kɔʀɔnaʀjɛ̃, jɛn] **adj** (Méd) coronary

**coronarite** [kɔʀɔnaʀit] **nf** coronaritis

**coronarographie** [kɔʀɔnaʀɔgʀafi] **nf** coronarography

**coronelle** [kɔʀɔnɛl] [→ SYN] **nf** smooth snake

**coronille** [kɔʀɔnij] **nf** scorpion senna

**coronographe** [kɔʀɔnɔgʀaf] **nm** coronograph, coronagraph

**corossol** [kɔʀɔsɔl] **nm** soursop

**corozo** [kɔʀozo] **nm** corozo oil

**corporal,** pl **-aux** [kɔʀpɔʀal, o] **nm** (Rel) corporal(e)

**corporatif, -ive** [kɔʀpɔʀatif, iv] **adj** mouvement, système corporative; esprit corporate

**corporation** [kɔʀpɔʀasjɔ̃] [→ SYN] **nf** [notaires, médecins] corporate body; (Hist) guild ◆ **dans notre corporation** in our profession

**corporatisme** [kɔʀpɔʀatism] **nm** corporatism

**corporatiste** [kɔʀpɔʀatist] **adj** corporatist

**corporel, -elle** [kɔʀpɔʀɛl] [→ SYN] **adj** châtiment corporal; sévices physical; intégrité physical, bodily; accident involving physical injury; besoin bodily ◆ **lait corporel** body lotion ou milk ◆ **bien corporel** (Jur) corporeal property

**corporellement** [kɔʀpɔʀɛlmɑ̃] [→ SYN] **adv** corporally

**corps** [kɔʀ] [→ SYN] **1** **nm** **a** (Anat) body; (= cadavre) corpse, (dead) body ◆ **le corps humain** the human body ◆ **frissonner** ou **trembler de tout son corps** to tremble all over ◆ **jusqu'au milieu du corps** up to the waist ◆ **je n'ai rien dans le corps** I've had nothing to eat ◆ **robe près du corps** close-fitting dress; → **contrainte**[2], **diable**

**b** (Astron, Chim, Phys = objet, substance) body ◆ **corps simples/composés** simple/compound bodies; → **chute**

**c** (= partie essentielle) [bâtiment, lettre, article, ouvrage] (main) body; [meuble] main part, body; [pompe] barrel; (Typo) body

**d** [vêtement] bodice; [armure] cors(e)let

**e** (= consistance) [étoffe, papier, vin] body ◆ **ce vin a du corps** this wine is full-bodied ou has (got) body

**f** (= groupe) body, corps; (Mil) corps ◆ **corps de sapeurs-pompiers** fire brigade ◆ **les grands corps de l'État** the senior branches of the civil service; → **esprit**

**g** (= recueil de textes) corpus, body ◆ **corps de doctrines** body of doctrines

**h** (LOC) **se donner corps et âme à qch** to give o.s. body and soul to sth ◆ **sombrer corps et biens** [bateau] to go down with all hands; [entreprise] to sink without trace ◆ **perdu corps et biens** lost with all hands ◆ **s'élancer** ou **se jeter à corps perdu dans une entreprise/la mêlée** to throw o.s. wholeheartedly ou headlong into a venture/into the fray ◆ **donner corps à qch** to give substance to sth ◆ **faire corps** [idées] to form one body (*avec* with); [choses concrètes] to be joined (*avec* to) ◆ **prendre corps** to take shape ◆ **s'ils veulent faire cela, il faudra qu'ils me passent sur le corps** if they want to do that, it'll be over my dead body ◆ **pour avoir ce qu'il veut, il vous passerait sur le corps** he'd trample you underfoot to get his own way ◆ **faire qch à son corps défendant** to do sth against one's will ou unwillingly ◆ **mais qu'est-ce qu'il a dans le corps ?** whatever's got into him? ◆ **j'aimerais bien savoir ce qu'il a dans le corps** I'd like to know what makes him tick ◆ **tenir au corps** [aliment] to be filling

**2** COMP ▷ **corps d'armée** army corps ▷ **corps de ballet** corps de ballet ▷ **corps de bâtiment** main body (of a building) ▷ **corps caverneux** erectile tissue (of the penis) ▷ **corps céleste** celestial ou heavenly body ▷ **corps constitués** constitutional bodies (of the state) ▷ **corps consulaire** consular corps ▷ **corps à corps** clinch ◆ **se battre (au) corps à corps** to fight hand-to-hand ▷ **corps du délit** (Jur) corpus delicti ▷ **le Corps diplomatique** the Diplomatic Corps, the Foreign Service (US) ▷ **corps électoral** electorate ▷ **le corps enseignant** (gén) the teaching profession, teachers; [lycée, collège] the teaching staff ▷ **corps étranger** (Méd) foreign body ▷ **le Corps européen** the Eurocorps ▷ **corps expéditionnaire** task force ▷ **corps franc** irregular force ▷ **corps de garde** (local) guardroom; (= troupe) guard ◆ **plaisanteries de corps de garde** (péj) barrack-room ou guardroom jokes ▷ **corps gras** greasy substance, glyceride (SPÉC) ▷ **corps jaune** (Physiol) yellow body, corpus luteum (SPÉC) ▷ **corps législatif** legislative body ▷ **corps de logis** main building, central building ▷ **le corps médical** the medical profession ▷ **corps de métier** trade association, guild ▷ **corps noir** (Phys) black body ▷ **corps politique** body politic ▷ **corps strié** (Anat) striate body ▷ **corps de troupe** unit (of troops) ▷ **corps vitré** (Anat) vitreous body

**corps-mort,** pl **corps-morts** [kɔʀmɔʀ] **nm** (Naut) mooring

**corpulence** [kɔʀpylɑ̃s] [→ SYN] **nf** stoutness, corpulence ◆ **(être) de forte/moyenne corpulence** (to be) of stout/medium build

**corpulent, e** [kɔʀpylɑ̃, ɑ̃t] [→ SYN] **adj** stout, corpulent

**corpus** [kɔʀpys] [→ SYN] **nm** (gén, Jur, Ling) corpus

**corpusculaire** [kɔʀpyskylɛʀ] **adj** (Anat, Phys) corpuscular

**corpuscule** [kɔʀpyskyl] [→ SYN] **nm** (Anat, Phys) corpuscle

**corrasion** [kɔʀazjɔ̃] [→ SYN] **nf** corrasion

**correct, e** [kɔʀɛkt] [→ SYN] **adj** **a** (= exact) plan, copie accurate; phrase correct, right; emploi, fonctionnement proper, correct ◆ **correct !** (en réponse) correct!, right!

**b** (= convenable) tenue proper, correct

**c** (= courtois) conduite correct; personne polite ◆ **ce n'est pas très correct de sa part** that's rather impolite of him

**d** (= honnête) correct ◆ **il est correct en affaires** he's very correct in business matters

**e** (= acceptable) repas, hôtel, salaire reasonable, decent; → **politiquement**

**correctement** [kɔʀɛktəmɑ̃] [→ SYN] **adv** fonctionner properly; parler, écrire properly, correctly; évaluer accurately; se nourrir properly; rémunérer decently, reasonably well ◆ **vivre correctement** to live reasonably well

**correcteur, -trice** [kɔʀɛktœʀ, tʀis] [→ SYN] **1** **adj** dispositif corrective; → **verre**

**2** **nm,f** [examen] examiner, marker (Brit), grader (US); (Typo) proofreader

**3** **nm** (Tech = dispositif) corrector ◆ **correcteur de tonalité** tone control ◆ **correcteur d'orthographe** ou **orthographique** (Ordin) spellchecker ◆ **correcteur liquide** correcting fluid

**correctif, -ive** [kɔʀɛktif, iv] [→ SYN] **1** **adj** gymnastique, substance corrective

**2** **nm** (lit, fig = médicament) corrective (*à* to); (= mise au point) qualifying statement ◆ **apporter un correctif à qch** (= corriger) to rectify ou correct an error in sth; (= ajouter une précision à) to qualify sth

**correction** [kɔʀɛksjɔ̃] [→ SYN] **nf** **a** (NonC = action) [erreur, abus] correction, putting right; [manuscrit] correction, emendation; [mauvaise habitude] correction; (Naut) [compas] correction; [trajectoire] correction; [examen] (gén) correcting; (en notant) marking (Brit), grading (US); (Ordin) [programme] patching; [mise au point] debugging; (Édition) ◆ **correction d'épreuves** proofreading ◆ **apporter une correction aux propos de qn** to amend what sb has said ◆ **la correction des copies lui a pris toute la soirée** it took him all evening to correct ou mark the homework ◆ **j'ai fait la correction du devoir avec les élèves** I went through the pupils' essays with them ◆ **après correction des variations saisonnières** after seasonal adjustments; → **maison**

**b** (= surcharge, rature) correction ◆ **corrections d'auteur** (Typo) author's corrections ou emendations

**c** (= châtiment) (corporal) punishment, thrashing ◆ **recevoir une bonne correction** to get a good hiding ou thrashing

**d** (NonC = exactitude) [plan, copie] accuracy; [phrase] correctness; [emploi, fonctionnement] propriety, correctness

**e** (= bienséance) [tenue] propriety, correctness; (= honnêteté) [conduite, personne] correctness; (= courtoisie) good manners ◆ **il a fait preuve d'une parfaite correction** he behaved impeccably ◆ **je l'ai fait par correction** it was the polite thing to do, it was only good manners

**correctionnalisation** [kɔʀɛksjɔnalizasjɔ̃] **nf** committing to a magistrate's court (Brit) ou to a criminal court (US)

**correctionnaliser** [kɔʀɛksjɔnalize] ▸ conjug 1 ◂ **vt** [+ délit] to commit to a magistrate's court (Brit) ou to a criminal court (US)

**correctionnel, -elle** [kɔʀɛksjɔnɛl] **1** **adj** ◆ **peine correctionnelle** penalty *(imposed by courts)* ◆ **tribunal (de police) correctionnel** ≈ magistrate's court *(dealing with criminal matters)*

**2** **correctionnelle** **nf** ≈ magistrate's court ◆ **passer en correctionnelle** to go before the magistrate

**Corrège** [kɔʀɛʒ] **n** ◆ **le Corrège** Correggio

**corrélat** [kɔʀela] **nm** correlate

**corrélatif, -ive** [kɔʀelatif, iv] [→ SYN] **adj, nm** correlative

**corrélation** [kɔʀelasjɔ̃] [→ SYN] **nf** correlation ◆ **être en corrélation étroite avec** to be closely related to ou connected with, be in close correlation with ◆ **mettre en corrélation** to correlate

**corréler** [kɔʀele] [→ SYN] ▸ conjug 6 ◂ **vt** to correlate

**correspondance** [kɔʀɛspɔ̃dɑ̃s] [→ SYN] **nf** **a** (= conformité) correspondence, conformity; (Archit = symétrie) balance ◆ **correspondance de goûts/d'idées entre deux personnes** conformity of two people's tastes/ideas ◆ **être en parfaite correspondance d'idées avec qn** to have ideas that correspond perfectly to sb's ou that are perfectly in tune with sb's

**b** (Math) relation ◆ **correspondance biunivoque** one-to-one mapping, bijection c (= échange de lettres) correspondence ◆ **avoir** ou **entretenir une longue correspondance avec qn** to engage in ou keep up a lengthy correspondence with sb ◆ **être en correspondance commerciale avec qn** to have a business correspondence with sb ◆ **nous avons été en correspondance** we have corresponded, we have been in correspondence ◆ **être en correspondance téléphonique avec qn** to be in touch by telephone with sb ◆ **cours par correspondance** correspondence course ◆ **il a appris le latin par correspondance** he learned Latin through a ou by correspondence course

d (= ensemble de lettres) mail, post (surtout Brit), correspondence; (Littérat) [auteur] correspondence; (Presse) letters to the Editor ◆ **il reçoit une volumineuse correspondance** he receives large quantities of mail ◆ **dépouiller/lire sa correspondance** to go through/read one's mail ou one's correspondence

e (= transports) connection ◆ **correspondance ferroviaire/d'autobus** rail/bus connection ◆ **attendre la correspondance** to wait for the connection ◆ **l'autobus n'assure pas la correspondance avec le train** the bus does not connect with the train

**correspondancier, -ière** [kɔʀɛspɔ̃dɑ̃sje, jɛʀ] **nm,f** correspondence clerk

**correspondant, e** [kɔʀɛspɔ̃dɑ̃, ɑ̃t] → SYN [1] **adj** (gén : qui va avec, par paires) corresponding; (Géom) angles corresponding ◆ **ci-joint un chèque correspondant à la facture** enclosed a cheque in the amount of ou in respect of (Brit) the invoice

[2] **nm,f** a (gén, Presse) correspondent; (Scol) penfriend; (Banque) correspondent bank ◆ **correspondant de guerre/à l'étranger** war/foreign correspondent ◆ **de notre correspondant permanent à Londres** from our correspondent in London ◆ (membre) **correspondant** [société savante] corresponding member

b (Téléc) **mon correspondant** (= appelé) the person I was calling; (= appelant) the caller ◆ **le numéro de votre correspondant a changé** the number you dialled has been changed ◆ **nous recherchons votre correspondant** we are trying to connect you ou to put you through

c (Scol = responsable d'un interne) guardian *(for child at boarding school)*

**correspondre** [kɔʀɛspɔ̃dʀ] GRAMMAIRE ACTIVE 5.4 → SYN ▸ conjug 41 ◂

[1] **correspondre à** vt indir a (= s'accorder avec) [+ goûts] to suit; [+ capacités] to fit; [+ description] to correspond to, fit ◆ **sa version des faits ne correspond pas à la réalité** his version of the facts doesn't square ou tally with what happened in reality

b (= être l'équivalent de) [+ système, institutions, élément symétrique] to correspond to ◆ **le yard correspond au mètre** the yard corresponds to the metre

[2] **vi** a (= écrire) to correspond (*avec* with)

b (= communiquer) [mers] to be linked; [chambres] to communicate (*avec* with)

c (Transport) **correspondre avec** to connect with

[3] **se correspondre** vpr [chambres] to communicate (with one another); [éléments d'une symétrie] to correspond

**corrida** [kɔʀida] → SYN **nf** bullfight; (* : fig = désordre) to-do *, carry-on * (Brit) ◆ **ça va être la (vraie) corrida !** * (fig) all hell will break loose *

**corridor** [kɔʀidɔʀ] → SYN **nm** corridor, passage ◆ **le corridor polonais** (Géog, Hist) the Polish Corridor

**corrigé** [kɔʀiʒe] → SYN **nm** (Scol) [exercice] correct version; [traduction] fair copy ◆ **corrigés** (en fin de manuel) key to exercises; (livre du professeur) answer book; [examens] past papers

**corriger** [kɔʀiʒe] → SYN ▸ conjug 3 ◂ [1] **vt** a (= repérer les erreurs de) [+ manuscrit] to correct, emend; (Typo) [+ épreuves] to correct, (proof) read; (Scol) [+ examen, dictée] to correct; (en notant) to mark (Brit), grade (US)

b (= rectifier) [+ erreur, défaut] to correct, put right; [+ théorie] to put right; [+ abus] to remedy, put right; [+ manières] to improve; (Naut) [+ compas] to correct, adjust; [+ trajectoire, vue, vision] to correct ◆ **corriger ses actions** to mend one's ways ◆ **j'ai corrigé mon jugement sur lui** I've changed my opinion of him ◆ **corriger l'injustice du sort** (frm) to mitigate the injustice of fate, soften the blows of unjust Fate (littér) ◆ **corrigé des variations saisonnières** (fig) seasonally adjusted; → **tir**

c (= guérir) **corriger qn de** [+ défaut] to cure ou rid sb of ◆ **tu ne le corrigeras pas à son âge** it's too late to make him change his ways now

d (= punir) to thrash

[2] **se corriger** vpr (= devenir raisonnable) to mend one's ways ◆ **se corriger de** [+ défaut] to cure ou rid o.s. of

**corrigible** [kɔʀiʒibl] → SYN **adj** rectifiable, which can be put right

**corroboration** [kɔʀɔbɔʀasjɔ̃] → SYN **nf** corroboration

**corroborer** [kɔʀɔbɔʀe] GRAMMAIRE ACTIVE 11.1 → SYN ▸ conjug 1 ◂ **vt** to corroborate

**corrodant, e** [kɔʀɔdɑ̃, ɑ̃t] → SYN **adj, nm** corrosive

**corroder** [kɔʀɔde] → SYN ▸ conjug 1 ◂ [1] **vt** [+ métal] to corrode, eat into; (littér) [+ sentiments] to erode

[2] **se corroder** vpr [métal] to corrode

**corroi** [kɔʀwa] → SYN **nm** [cuir] currying

**corrompre** [kɔʀɔ̃pʀ] → SYN ▸ conjug 4 ◂ [1] **vt** a (= soudoyer) [+ témoin, fonctionnaire] to bribe, corrupt

b (frm = pervertir) [+ mœurs, esprit, jeunesse] to corrupt; [+ langage] to debase ◆ **mots corrompus par l'usage** words corrupted ou debased by usage

c [+ air, eau, aliments] to taint; (Méd) [+ sang] to contaminate

[2] **se corrompre** vpr [mœurs, jeunesse] to become corrupt; [goût] to become debased; [aliments] to go off (Brit), go bad

**corrompu, e** [kɔʀɔ̃py] → SYN (ptp de **corrompre**) **adj** corrupt

**corrosif, -ive** [kɔʀozif, iv] → SYN [1] **adj** acide, substance corrosive; ironie, œuvre, écrivain caustic, scathing

[2] **nm** corrosive

**corrosion** [kɔʀozjɔ̃] → SYN **nf** [métaux] corrosion; [rochers] erosion; [volonté, bon sens] erosion

**corroyage** [kɔʀwajaʒ] → SYN **nm** [cuir] currying; [métal] welding

**corroyer** [kɔʀwaje] ▸ conjug 8 ◂ **vt** [+ cuir] to curry; [+ métal] to weld; [+ bois] to trim

**corroyeur** [kɔʀwajœʀ] **nm** currier

**corrupteur, -trice** [kɔʀyptœʀ, tʀis] → SYN [1] **adj** (littér) spectacle, journal corrupting

[2] **nm,f** (= qui soudoie) briber; (littér = qui déprave) corrupter

**corruptible** [kɔʀyptibl] → SYN **adj** (littér) personne corruptible; † matière perishable

**corruption** [kɔʀypsjɔ̃] → SYN **nf** a (gén) corruption; (en soudoyant) bribery, corruption ◆ **corruption active** bribery ◆ **corruption passive** accepting bribes ◆ **corruption de fonctionnaire** bribery of a public official

b (= dépravation) [mœurs, esprit, jeunesse, texte] corruption; [langage] debasement

c (= décomposition) [aliments] decomposition; [sang] contamination

**corsage** [kɔʀsaʒ] → SYN **nm** (= chemisier) blouse; [robe] bodice

**corsaire** [kɔʀsɛʀ] → SYN **nm** a (Hist = marin, navire) privateer

b (= pirate) pirate, corsair

c (**pantalon**) **corsaire** breeches

**corse** [kɔʀs] [1] **adj** Corsican

[2] **nm** (Ling) Corsican

[3] **Corse nmf** Corsican

[4] **Corse nf** Corsica

**corsé, e** [kɔʀse] → SYN (ptp de **corser**) **adj** a vin full-bodied; café (= parfumé) full-flavoured (Brit) ou -flavored (US); (= fort) strong; mets, sauce spicy

b (= scabreux) histoire spicy

c (* intensif) addition high, steep * (attrib); exercice, problème tough

**corselet** [kɔʀsəlɛ] **nm** a (= cuirasse) cors(e)let; (= vêtement) corselet

b (Zool) corselet

**corser** [kɔʀse] → SYN ▸ conjug 1 ◂ **vt** a [+ repas] to make spicier, pep up *; [+ vin] to strengthen; [+ boisson] to spike; [+ assaisonnement] to pep up *

b [+ difficulté] to intensify, aggravate; [+ histoire, intrigue] to liven up ◆ **l'histoire** ou **l'affaire se corse** the plot thickens! (hum) ◆ **le premier exercice est facile mais après ça se corse** the first exercise is easy but then it gets much tougher ◆ **les choses ont commencé à se corser quand il a voulu discuter le prix** things started to get heated when he tried to haggle

**corset** [kɔʀsɛ] → SYN **nm** (= sous-vêtement) corset; (= pièce de costume) bodice ◆ **corset orthopédique** ou **médical** surgical corset

**corseter** [kɔʀsəte] → SYN ▸ conjug 5 ◂ **vt** (lit) to corset; (fig = enserrer) to constrain, constrict

**corsetier, -ière** [kɔʀsətje, jɛʀ] **nm,f** corset-maker

**corso** [kɔʀso] → SYN **nm** ◆ **corso (fleuri)** procession of floral floats

**cortège** [kɔʀtɛʒ] → SYN **nm** [fête] procession; [président] cortège, retinue ◆ **cortège nuptial** bridal procession ◆ **cortège funèbre** funeral procession ou cortège ◆ **cortège de** [+ manifestants, grévistes] procession of; (littér) [+ malheurs, faillites] trail of; [+ visions, souvenirs] succession of ◆ **la faillite et son cortège de licenciements** bankruptcy and the accompanying lay-offs

**cortex** [kɔʀtɛks] **nm** cortex

**cortical, e,** mpl **-aux** [kɔʀtikal, o] **adj** (Anat, Bot) cortical

**corticoïde** [kɔʀtikɔid] **nm** corticoid

**corticostéroïde** [kɔʀtikosteʀɔid] **nm** corticosteroid

**corticosurrénale** [kɔʀtikɔsyʀenal] [1] **adj f** adrenocortical

[2] **nf** adrenal cortex

**corticothérapie** [kɔʀtikoteʀapi] **nf** corticosteroid ou corticoid therapy

**cortisone** [kɔʀtizɔn] **nf** cortisone

**corvéable** [kɔʀveabl] → SYN **adj** (Hist) liable to the corvée; → **taillable**

**corvée** [kɔʀve] → SYN **nf** a (Mil) (= travail) fatigue (duty); (= soldats) fatigue party ◆ **être de corvée** to be on fatigue (duty) ◆ **corvée de chiottes** ‡ latrine duty ◆ **corvée de vaisselle** (Mil) cookhouse fatigue; (hum) dishwashing duty ◆ **corvée de ravitaillement** supply duty ◆ **corvée de pommes de terre** ou **de patates** * spud-bashing (arg Mil) (NonC) ◆ **être de corvée de pommes de terre** ou **de patates** * to be on spud duty *

b (= tâche pénible) chore, drudgery (NonC) ◆ **quelle corvée !** what drudgery!, what a chore!

c (Hist) corvée *(statute labour)*

d (Can) voluntary work, bee * (US, Can)

**corvette** [kɔʀvɛt] → SYN **nf** corvette; → **capitaine**

**corvidés** [kɔʀvide] **nmpl** ◆ **les corvidés** corvine birds, the Corvidae (SPÉC)

**corymbe** [kɔʀɛ̃b] **nm** corymb

**coryphée** [kɔʀife] → SYN **nm** (Théât) coryphaeus

**coryza** [kɔʀiza] → SYN **nm** (Méd) coryza (SPÉC), head cold

**COS** [kɔs] **nm** (abrév de **coefficient d'occupation des sols**) → **coefficient**

**cosaque** [kɔzak] **nm** cossack

**coscénariste** [kosenaʀist] **nmf** co-writer *(of film script)*

**cosécante** [kosekɑ̃t] **nf** cosecant

**cosignataire** [kosiɲatɛʀ] **adj, nmf** cosignatory

**cosigner** [kosiɲe] ▸ conjug 1 ◂ **vt** [+ document] [une personne] to be a joint signatory to (frm); [deux personnes] to be joint signatories to (frm), sign jointly ◆ **un document cosigné par X et Y** a document signed jointly by X and Y

**cosinus** [kosinys] **nm** cosine

**cosmétique** [kɔsmetik] → SYN [1] **adj, nm** cosmetic

[2] **nf** ◆ **la cosmétique** the cosmetics industry

**cosmétologie** [kɔsmetɔlɔʒi] **nf** beauty care

**cosmétologue** [kɔsmetɔlɔg] **nmf** cosmetics expert

**cosmique** [kɔsmik] → SYN adj cosmic; → **rayon**

**cosmogonie** [kɔsmɔgɔni] → SYN nf cosmogony

**cosmogonique** [kɔsmɔgɔnik] adj cosmogonic(al), cosmogonal

**cosmographie** [kɔsmɔgʀafi] nf cosmography

**cosmographique** [kɔsmɔgʀafik] adj cosmographic

**cosmologie** [kɔsmɔlɔʒi] nf cosmology

**cosmologique** [kɔsmɔlɔʒik] adj cosmological

**cosmonaute** [kɔsmɔnot] → SYN nmf cosmonaut

**cosmopolite** [kɔsmɔpɔlit] → SYN adj cosmopolitan

**cosmopolitisme** [kɔsmɔpɔlitism] → SYN nm cosmopolitanism

**cosmos** [kɔsmos] → SYN nm (= univers) cosmos; (Aviat = espace) (outer) space

**cossard, e** * [kɔsaʀ, aʀd] → SYN **1** adj lazy
**2** nm,f lazybones

**cosse** [kɔs] → SYN nf **a** [pois, haricots] pod, hull
**b** (Élec) terminal spade tag ◆ **cosse de batterie** (Aut) battery lead connection
**c** (* = flemme) lazy mood ◆ **avoir la cosse** to feel as lazy as anything, be in a lazy mood

**cossu, e** [kɔsy] → SYN adj personne well-off, well-to-do; maison rich-looking, opulent(-looking)

**cossus** [kɔsys] nm goat moth

**costal, e,** mpl **-aux** [kɔstal, o] adj (Anat) costal

**costar(d)** * [kɔstaʀ] nm suit; → **tailler**

**Costa Rica** [kɔstaʀika] nm Costa Rica

**costaricain, e** [kɔstaʀikɛ̃, ɛn], **costaricien, -ienne** [kɔstaʀisjɛ̃, jɛn] **1** adj Costarican
**2 Costaricain(e), Costaricien(ne)** nm,f Costarican

**costaud, e** * [kɔsto, od] → SYN **1** adj personne strong, sturdy; vin, tissu strong ◆ **une voiture costaud** ou **costaude** a sturdy car
**2** nm **a** (= homme) strong ou sturdy ou strapping man
**b c'est du costaud** [alcool, tissu] it's strong stuff; [maison] it's strongly built
**3 costaude** nf strong ou sturdy ou strapping woman

**costume** [kɔstym] → SYN **1** nm **a** (régional, traditionnel) costume, dress ◆ **costume national** national costume ou dress ◆ **en costume d'Adam/d'Ève** (hum) in his/her birthday suit (hum)
**b** (Ciné, Théât) costume
**c** (= complet) suit ◆ **costume deux/trois pièces** two-/three-piece suit ◆ **en costume-cravate** in a suit and tie
**2** COMP ▷ **costume de bain** bathing suit ou costume (Brit) ▷ **costume de cérémonie** ceremonial dress (NonC) ▷ **costume de chasse** hunting gear (NonC) ▷ **costume marin** sailor suit

**costumé, e** [kɔstyme] (ptp de **costumer**) adj personne (dans un bal) in costume, in fancy dress (Brit); (au théâtre) in costume; → **bal**

**costumer** [kɔstyme] → SYN ▸ conjug 1 ◂ **1** vt ◆ **costumer qn en monstre/en Zorro** to dress sb up as a monster/as Zorro
**2 se costumer** vpr (= porter un déguisement) to put on a costume ou fancy dress (Brit); [acteur] to get into costume ◆ **se costumer en fée** to dress up as a fairy

**costumier** [kɔstymje] nm (= fabricant, loueur) costumier, costumer; (Théât = employé) wardrobe master

**costumière** [kɔstymjɛʀ] nf (Théât) wardrobe mistress

**cosy** [kozi] adj atmosphère, confort, appartement cosy, snug

**cosy(-corner),** pl **cosys** ou **cosy-corners** [kozi(kɔʀnœʀ)] nm corner divan *(with shelves attached)*

**cotangente** [kotɑ̃ʒɑ̃t] nf cotangent

**cotation** [kɔtasjɔ̃] → SYN nf [valeur boursière] listing, quotation; [timbre, voiture] valuation; [devoir scolaire] marking (Brit), grading (US) ◆ **cotation en Bourse/au second marché/à New York** listing ou quotation on the stock exchange/on the second market/in New York

**cote** [kɔt] → SYN **1** nf **a** (= fixation du prix) [valeur boursière] quotation; [timbre, voiture d'occasion] quoted value ◆ **cote officielle** (Bourse = liste) official list ◆ **consulter la cote** to look at the share prices ◆ **inscrit à la cote** quoted (Brit) ou listed (US) on the stock exchange list
**b** (= évaluation) [devoir scolaire] mark (Brit), grade (US); (Courses) [cheval] odds (*de* on) ◆ **la cote de Banjo est de 3 contre 1** the odds on Banjo are 3 to 1
**c** (= popularité) rating, standing ◆ **avoir une bonne** ou **grosse cote** to be (very) highly thought of, be highly rated (*auprès de* by) ◆ **avoir la cote** * to be very popular (*auprès de* with), be very well thought of ou highly rated (*auprès de* by) ◆ **elle a/n'a pas la cote** * **auprès du patron** she is/isn't in the boss's good books ◆ **cote de popularité** ou **de confiance** popularity ou approval rating
**d** (sur une carte = altitude) spot height; (sur un croquis = dimension) dimension ◆ **il y a une cote qui est effacée** one of the dimensions has been rubbed out ◆ **l'ennemi a atteint la cote 215** the enemy reached hill 215 ◆ **les explorateurs ont atteint la cote 4.550/-190** the explorers reached the 4,550-metre mark above sea level/190-metre mark below ground
**e** (= marque de classement) (gén) classification mark, serial number ou mark; [livre de bibliothèque] class(ification) mark (Brit), call number (US)
**f** (= part) **cote mobilière/foncière** (Fin) property/land assessment
**2** COMP ▷ **cote d'alerte** [rivière] danger mark ou level, flood level ◆ **atteindre la cote d'alerte** [chômage, épidémie] to reach ou hit crisis point ▷ **cote d'amour: il jouit d'une cote d'amour** his charm works in his favour ▷ **cote mal taillée** rough-and-ready settlement

**coté, e** [kɔte] (ptp de **coter**) adj ◆ **être très coté** to be highly thought of ou rated ◆ **il est mal coté** he's not very highly thought of ◆ **vin (très) coté** highly-rated wine

**côte** [kot] → SYN nf **a** (Anat) rib ◆ **côtes flottantes** floating ribs ◆ **vraie/fausse côte** true/false rib ◆ **on peut lui compter les côtes, on lui voit les côtes** he's all skin and bone ◆ **avoir les côtes en long** (fig) to feel stiff ◆ **se tenir les côtes (de rire)** (fig) to split one's sides (with laughter) ◆ **côte à côte** side by side; → **caresser**
**b** (Boucherie) [bœuf] rib; [veau, agneau, mouton, porc] chop ◆ **côte première** loin chop; → **faux²**
**c** (= nervure) [chou, coupole] rib; [tissu] rib, wale (US) ◆ **veste à côtes** ribbed jacket ◆ **velours à larges côtes** wide rib ou wide wale (US) corduroy, elephant cord ◆ **faire les poignets en côtes** (Tricot) to do the cuffs in rib(bing)
**d** (= pente) [colline] slope, hillside; (Aut) [route] hill ◆ **il a dû s'arrêter dans la côte** he had to stop on the hill ◆ **ne pas dépasser au sommet d'une côte** do not overtake when approaching the top of a hill ou on the brow of a hill (Brit) ◆ **en côte** (Aut) on a hill; → **course, démarrage**
**e** (= littoral) coast; (= ligne du littoral) coastline ◆ **les côtes de France** the French coast(s) ou coastline ◆ **la Côte (d'Azur)** the (French) Riviera ◆ **la côte d'Émeraude** the northern coast of Brittany ◆ **la Côte-d'Ivoire** the Ivory Coast ◆ **côte rocheuse/découpée/basse** rocky/indented/low coastline ◆ **sur la côte** ou **les côtes, il fait plus frais** it is cooler along ou on ou at the coast ◆ **la route qui longe la côte** the coast road ◆ **aller à la côte** (Naut) to run ashore

**côté** [kote] GRAMMAIRE ACTIVE 5.2, 26.3, 26.5 → SYN
**1** nm **a** (= partie du corps) side ◆ **être blessé au côté** to be wounded in the side ◆ **l'épée au côté** with his sword by his side ◆ **être couché sur le côté** to be lying on one's side ◆ **à son côté** at his side, beside him ◆ **aux côtés de** by the side of; → **point¹**
**b** (= face, partie latérale) [objet, route, feuille] side ◆ **de chaque côté** ou **des deux côtés de la cheminée** on each side ou on both sides of the fireplace ◆ **il a sauté de l'autre côté du mur/du ruisseau** he jumped over the wall/across the stream ◆ **le bruit vient de l'autre côté de la rivière/de la pièce** the sound is coming from across ou from over the river ou from the other side of the river/from the other side of the room ◆ **de l'autre côté de la forêt il y a des prés** on the other side of the forest ou beyond the forest there are meadows ◆ **de l'autre côté de la barricade** ou **de la barrière** on the other side of the fence ◆ **le côté fermé, le petit côté** (Sport) the inside ◆ **le côté ouvert, le grand côté** (Sport) the outside ◆ **changer de côté** (Tennis) to change ends ◆ **un navire sur le côté** (Naut) a ship on her beam-ends
**c** (= aspect) side, point ◆ **le côté pratique/théorique** the practical/theoretical side ◆ **les bons et les mauvais côtés** (de qn) the good and bad sides ou points; (de qch) the pros and cons ◆ **il a un côté sympathique** there's a likeable side to him ◆ **son attitude/ce film a un côté pervers** there's something perverse about his attitude/this film ◆ **prendre qch du bon/mauvais côté** to take sth well/badly ◆ **par certains côtés** in some respects ou ways ◆ **de ce côté(-là)** in that respect ◆ **d'un côté ... d'un autre côté ...** (alternative) on (the) one hand ... on the other hand ...; (hésitation) in one respect ou way ... in another respect ou way ... ◆ **(du) côté santé tout va bien** * healthwise * ou as far as health is concerned everything is fine ◆ **côté argent, tout va bien** * all's well on the money side, moneywise * everything is fine
**d** (= parti, branche familiale) side ◆ **de mon côté** on my side (of the family) ◆ **se ranger** ou **se mettre du côté du plus fort** to side with the strongest ◆ **du côté paternel** on his father's side
**e** (précédé de de) (= direction) way, direction, side ◆ **de ce côté-ci/-là** this/that way ◆ **de l'autre côté** the other way, in the other direction ◆ **nous habitons du côté de la poste** we live over by the post office ◆ **le vent vient du côté de la mer/du côté opposé** the wind is blowing from the sea/from the opposite direction ◆ **ils se dirigeaient du côté des prés/du côté opposé** they were heading towards the meadows/in the opposite direction ◆ **nous pourrions regarder du côté de la littérature médiévale** we could take a look at medieval literature ◆ **venir de tous côtés** to come from all directions ◆ **assiégé de tous côtés** besieged on ou from all sides ◆ **chercher qn de tous côtés** to look for sb everywhere ou all over the place, search high and low for sb ◆ **"Du côté de chez Swann"** (Littérat) "Swann's Way" ◆ **je l'ai entendu dire de divers côtés** I've heard it from several quarters ou sources ◆ **de côté et d'autre** here and there ◆ **de mon côté, je ferai tout pour l'aider** for my part, I'll do everything I can to help him ◆ **renseigne-toi de ton côté, je me renseignerai du mien** you find out what you can and I'll do the same ◆ **voir de quel côté vient le vent** (fig) to see which way the wind is blowing ◆ **côté du vent** windward side ◆ **côté sous le vent** leeward side ◆ **ils ne sont pas partis du bon côté** they didn't go the right way ou in the right direction
**f** (Théât) **côté cour** stage left, prompt side (Brit) ◆ **côté jardin** stage right, opposite prompt side (Brit) ◆ **une chambre côté rue** a bedroom overlooking the street
**2 à côté** loc adv **a** (proximité) nearby; (= pièce ou maison adjacente) next door ◆ **la maison/les gens (d')à côté** the house/the people next door ◆ **nos voisins d'à côté** our next-door neighbours ◆ **l'hôtel est (tout) à côté** the hotel is (very) nearby ou close by
**b** (= en dehors du but) **ils ont mal visé, les bombes sont tombées à côté** their aim was bad and the bombs went astray ou fell wide ◆ **je suis tombé à côté** (= se tromper) I got it all wrong
**c** (= en comparaison) in comparison ◆ **elle a été très malade, ton rhume n'est rien à côté** she's been very ill, your cold is nothing in comparison
**3 à côté de** loc prép **a** (= à proximité de) next to, beside ◆ **on passe à côté de beaucoup de choses en ne voyageant pas** you miss a lot by not travelling ◆ **il est à côté de la plaque** ‡ he hasn't got a clue *
**b** (= en dehors de) **à côté de la cible** off target, wide of the target ◆ **il a répondu à côté de la question** (sans le faire exprès) his answer was off the point; (intentionnellement) he avoided the question
**c** (= en comparaison de) compared to, by comparison with, beside ◆ **leur maison est grande à côté de la nôtre** their house is big

compared to ours ◆ **il est paresseux, à côté de ça il aime son travail** * he's lazy, but on the other hand he does like his work

[4] **de côté** loc adv **a** (= de biais) marcher, regarder, se tourner sideways ◆ **regard de côté** sidelong look ◆ **porter son chapeau de côté** to wear one's hat (tilted) to ou on one side

**b** (= en réserve) mettre, garder aside ◆ **mettre de l'argent de côté** to put money by ou aside

**c** (= à l'écart) **se jeter de côté** to leap aside ou to the ou to one side ◆ **laisser qn/qch de côté** to leave sb/sth to one side ou out

**coteau,** pl **coteaux** [kɔto] → SYN nm (= colline) hill; (= versant) slope, hillside; → **flanc**

**côtelé, e** [kot(ə)le] adj ribbed; → **velours**

**côtelette** [kotlɛt] nf (Culin) cutlet ◆ **côtelettes découvertes** middle neck chops ◆ **côtelettes** * (= côtes, flanc) ribs, side

**coter** [kɔte] → SYN ▸ conjug 1 ◂ [1] vt **a** [+ valeur boursière] to quote, list; [+ timbre-poste, voiture d'occasion] to quote the market price of; [+ cheval] to put odds on; (Scol) [+ devoir] to mark (Brit), grade (US); [+ film, roman] to rate ◆ **coté en Bourse/au comptant** quoted ou listed on the stock exchange/on the spot market ◆ **être coté à l'Argus** to be listed *(in the secondhand car book)*

**b** [+ carte] to put spot heights on; [+ croquis] to mark in the dimensions on

**c** [+ pièce de dossier] to put a classification mark ou serial number ou serial mark on; [+ livre de bibliothèque] to put a class(ification) mark (Brit) ou call number (US) ou shelf-mark ou pressmark (Brit) on

[2] vi (Bourse) ◆ **valeur qui cote 50 €** share quoted ou listed at €50

**coterie** [kɔtʀi] → SYN nf (gén péj) set ◆ **coterie littéraire** literary coterie ou clique ou set

**cothurne** [kɔtyʀn] → SYN nm buskin

**cotice** [kɔtis] nf cotise

**cotidal, e,** mpl **-aux** [kɔtidal, o] adj cotidal

**côtier, -ière** [kotje, jɛʀ] adj pêche inshore; navigation, région, fleuve, ville coastal (épith) ◆ **(bateau) côtier** coaster

**cotignac** [kɔtiɲak] → SYN nm (= confiture) quince preserves (Brit) ou jam

**cotillon** [kɔtijɔ̃] → SYN nm **a** (serpentins etc ) **cotillons** party novelties *(confetti, streamers, paper hats etc.)*

**b** ( †† = jupon) petticoat; → **courir**

**c** (= danse) cotillion, cotillon

**cotinga** [kɔtɛ̃ga] nm cotinga, chatterer

**cotisant, e** [kɔtizɑ̃, ɑ̃t] nm,f [club, syndicat] subscriber, contributor (*à* to); [Sécurité sociale, pension] contributor (*à* to) ◆ **seuls les cotisants y ont droit** only those who pay their subscriptions (ou dues ou contributions) qualify

**cotisation** [kɔtizasjɔ̃] → SYN nf (= quote-part) [club] subscription; [syndicat] subscription, dues; [Sécurité sociale, pension, mutuelle] contributions ◆ **la cotisation est obligatoire** there is a mandatory subscription charge

**cotiser** [kɔtize] → SYN ▸ conjug 1 ◂ [1] vi (dans un club) to subscribe, pay one's subscription; (à la Sécurité sociale) to pay one's contributions (*à* to) ◆ **tu as cotisé pour le cadeau ?** did you chip in * for the present?

[2] **se cotiser** vpr to club together ◆ **ils se sont cotisés pour lui faire un cadeau** they clubbed together to get him a present

**côtoiement** [kotwamɑ̃] nm (= contact) [danger, artistes] contact (*de* with)

**coton** [kɔtɔ̃] → SYN nm **a** (= plante, fil) cotton ◆ **coton à broder** embroidery thread ◆ **coton à repriser** darning thread ou cotton ◆ **coton hydrophile** cotton wool (Brit), absorbent cotton (US) ◆ **robe de** ou **en coton** cotton dress

**b** (= tampon) (cotton-wool (Brit) ou cotton (US)) swab ◆ **mets un coton dans ton nez** put some ou a bit of cotton wool (Brit) ou cotton (US) in your nose

**c** (LOC) **avoir du coton dans les oreilles** * to be deaf, have cloth ears * (Brit) ◆ **j'ai les bras/jambes en coton** my arms/legs feel like jelly ou cotton wool (Brit) ◆ **c'est coton** * it's tricky *; → **élever, filer**

**cotonnade** [kɔtɔnad] nf cotton (fabric)

**cotonnerie** [kɔtɔnʀi] nf (= culture) cotton growing; (= champ) cotton plantation; (= fabrique) cotton mill

**cotonneux, -euse** [kɔtɔnø, øz] → SYN adj **a** fruit, feuille downy

**b** brouillard wispy; nuage fluffy, fleecy, cotton-wool (Brit) (épith); bruit muffled

**cotonnier, -ière** [kɔtɔnje, jɛʀ] [1] adj cotton (épith)

[2] nm (Bot) cotton plant

**coton-poudre,** pl **cotons-poudres** [kɔtɔ̃pudʀ] nm gun cotton

**Coton-tige ®,** pl **Cotons-tiges** [kɔtɔ̃tiʒ] nm cotton bud (Brit), Q-tip ®

**côtoyer** [kotwaje] → SYN ▸ conjug 8 ◂ [1] vt **a** (= être à côté de) to be next to; (= fréquenter) to mix with, rub shoulders with ◆ **côtoyer le danger** to flirt with danger

**b** (= longer) (en voiture, à pied etc ) to drive (ou walk etc ) along ou alongside; [rivière] to run ou flow alongside; [route] to skirt, run along ou alongside

**c** (= frôler) [procédé, situation] to be bordering ou verging on ◆ **cela côtoie la malhonnêteté** that is bordering ou verging on dishonesty ◆ **il aime à côtoyer l'illégalité** he likes to do things that verge on illegality ou that come close to being illegal

[2] **se côtoyer** vpr [individus] to mix, rub shoulders; [genres, extrêmes] to meet, come close

**cotre** [kɔtʀ] → SYN nm (Naut) cutter

**cottage** [kɔtɛdʒ] → SYN nm cottage

**cotte** [kɔt] → SYN nf **a** (Hist) **cotte de mailles** coat of mail ◆ **cotte d'armes** (= tunique) coat of arms *(surcoat)*

**b** (= salopette) overalls, (pair of) dungarees (Brit); ( †† = jupe) petticoat

**cotutelle** [kotytɛl] nf joint guardianship

**cotuteur, -trice** [kotytœʀ, tʀis] nm,f joint guardian

**cotyle** [kɔtil] nm ou f (Anat) acetabulum

**cotylédon** [kɔtiledɔ̃] nm (Anat, Bot) cotyledon

**cotyloïde** [kɔtilɔid] adj cotyloid(al)

**cou** [ku] → SYN nm (Anat, Couture) [bouteille] neck ◆ **porter qch au cou** ou **autour du cou** to wear sth round one's neck ◆ **elle a un vrai cou de girafe** she's got a neck like a giraffe ◆ **jusqu'au cou** (lit) up to one's neck ◆ **endetté jusqu'au cou** up to one's eyes in debt ◆ **être impliqué jusqu'au cou dans un scandale** to be heavily implicated in a scandal ◆ **il est impliqué jusqu'au cou** he's in it up to his neck * ◆ **sauter** ou **se jeter au cou de qn** to throw one's arms around sb's neck, fall on sb's neck; → **bride, casser, taureau** etc

**couac** [kwak] → SYN nm (Mus) [instrument] false note, goose note (Brit); [voix] false note ◆ **il y a eu des couacs pendant les discussions avec les syndicats** (fig) there were moments of friction during the talks with the unions

**couard, couarde** [kwaʀ, kwaʀd] → SYN (frm) [1] adj cowardly ◆ **il est trop couard pour cela** he's too cowardly ou too much of a coward for that

[2] nm,f coward

**couardise** [kwaʀdiz] → SYN nf (frm) cowardice

**couchage** [kuʃaʒ] nm (= matelas, draps) bedding (NonC) ◆ **il faudra organiser le couchage en route** (= installation) we'll have to organize our sleeping arrangements on the way ◆ **matériel de couchage** sleeping equipment, bedding ◆ **pour couchage 90/135** (= matelas) for mattress size 90/135 cm; → **sac**[1]

**couchailler** * [kuʃaje] ▸ conjug 1 ◂ vi (péj) to sleep around *

**couchant** [kuʃɑ̃] → SYN [1] adj ◆ **soleil couchant** setting sun ◆ **au soleil couchant** at sunset ou sundown (US); → **chien**

[2] nm (= ouest) west; (= aspect du ciel, à l'ouest) sunset, sundown (US)

**couche** [kuʃ] → SYN [1] nf **a** (= épaisseur) [peinture] coat; [beurre, fard, bois, neige] layer; (Culin) layer ◆ **ils avaient une couche épaisse de crasse** they were covered in ou coated with dirt, they were covered in a thick layer of dirt ◆ **en tenir** ou **avoir une couche** * to be really thick * ou dumb *

**b** (Hort) hotbed; → **champignon**

**c** (= zone) layer, stratum; (= catégorie sociale) level, stratum ◆ **la couche d'ozone** the ozone layer ◆ **couches de l'atmosphère** layers ou strata of the atmosphere ◆ **couches ligneuses** (Bot) woody ou ligneous layers ◆ **dans toutes les couches de la société** at all levels of society, in every social stratum

**d** [bébé] nappy (Brit), diaper (US) ◆ **couche-culotte** disposable nappy (Brit) ou diaper (US)

**e** (littér = lit) bed ◆ **une couche de feuillage** a bed of leaves

[2] **couches** nfpl (Méd = accouchement) confinement † ◆ **mourir en couches** to die in childbirth ◆ **femme en couches** woman in labour ◆ **elle a eu des couches pénibles** she had a difficult confinement † ou labour; → **faux**[2]**, relever, retour**

**couché, e** [kuʃe] (ptp de **coucher**) adj **a** (= étendu) lying (down); (au lit) in bed ◆ **Rex, couché !** lie down, Rex! ◆ **couché sur son guidon** bent over his handlebars

**b** (= penché) écriture sloping, slanting

**c** → **papier**

**couche-dehors** * [kuʃdəɔʀ] nm inv down-and-out, homeless person

**coucher** [kuʃe] → SYN ▸ conjug 1 ◂ [1] vt **a** (= mettre au lit) to put to bed; (= donner un lit à) to put up ◆ **on peut vous coucher** we can put you up, we can offer you a bed ◆ **nous pouvons coucher 4 personnes** we can put up ou sleep 4 people; → **nom**

**b** (= étendre) [+ blessé] to lay out; [+ échelle] to lay down; [+ bouteille] to lay on its side ◆ **il y a un arbre couché en travers de la route** there's a tree lying across the road ◆ **la rafale a couché le bateau** the gust of wind made the boat keel over ou keeled the boat over ◆ **le vent a couché les blés** the wind has flattened the corn; → **joue**

**c** (frm = inscrire) to inscribe ◆ **coucher qn dans un testament** to name sb in a will ◆ **coucher qn sur une liste** to inscribe ou include sb's name on a list ◆ **coucher un article dans un contrat** to insert a clause into a contract

**d** (Hort) [+ branches] to layer

[2] vi **a** (= passer la nuit, séjourner) to sleep ◆ **nous avons couché à l'hôtel/chez des amis** we spent the night at a hotel/with friends ◆ **nous couchions à l'hôtel/chez des amis** we were staying in a hotel/with friends ◆ **coucher sous la tente** to sleep under canvas ◆ **il faudra qu'il couche par terre** he'll have to sleep on the floor ◆ **on peut coucher à 5 dans le bateau** the boat sleeps 5 ◆ **ma voiture couche dehors** * my car stays outside at night; → **étoile**

**b** ( * = se coucher) to go to bed ◆ **cela nous a fait coucher très tard** that kept us up very late

**c** ( * = avoir des rapports sexuels) **coucher avec qn** to sleep ou go to bed with sb ◆ **ils couchent ensemble** they're sleeping together ◆ **avant le mariage, je ne couche pas** I don't believe in (having) sex before marriage ◆ **coucher à droite à gauche** ** to sleep around

[3] **se coucher** vpr **a** (= aller au lit) to go to bed ◆ **se coucher comme les poules** to go to bed early ou when the sun goes down ◆ **va te coucher !** * (fig) clear off! *; → **comme**

**b** (= s'étendre) to lie down ◆ **il se coucha sur l'enfant pour le protéger** he lay on top of the child to protect him ◆ **se coucher sur les avirons/le guidon** (Sport) to bend over the oars/the handlebars ◆ **un poteau s'est couché au travers de la route** there's a telegraph pole lying across the road ◆ **se coucher devant qn** * (péj) to crawl to sb, grovel before sb

**c** [soleil, lune] to set, go down

**d** (Naut) [bateau] to keel over

**e** (Cartes = s'incliner) (gén) to throw in one's hand; (Poker) to fold

[4] nm **a** (= moment) **surveiller le coucher des enfants** to see the children into bed ◆ **le coucher était toujours à 9 heures** bedtime was always at 9 o'clock ◆ **le coucher du roi** (Hist) the king's going-to-bed ceremony

**b** († = logement) accommodation ◆ **le coucher et la nourriture** board and lodging

**c** (= tombée de la nuit) **(au) coucher du soleil** (at) sunset ou sundown (US) ◆ **le soleil à son coucher** the setting sun

**coucherie** [kuʃʀi] → SYN nf (gén pl : péj) sleeping around (NonC)

**couche-tard** * [kuʃtaʀ] nmf inv night owl *

**couche-tôt** * [kuʃto] **nmf inv** ◆ **c'est un couche-tôt** he always goes to bed early

**couchette** [kuʃɛt] → SYN **nf** (Rail) couchette, berth; (Naut) [voyageur] couchette, berth; [marin] bunk

**coucheur** [kuʃœʀ] **nm** → **mauvais**

**couci-couça** * [kusikusa] **adv** so-so *

**coucou** [kuku] → SYN [1] **nm** a (= oiseau) cuckoo; (= pendule) cuckoo clock ◆ **maigre comme un coucou** * as thin as a rake
b (péj = avion) (old) crate *
c (= fleur) cowslip
d ( * = bonjour) **faire un petit coucou** to say hello (à to) ◆ **elle a fait un coucou à la caméra** she waved to the camera
[2] **excl** (à cache-cache) peek-a-boo!; (= bonjour) cooey!, hello! ◆ **coucou, c'est moi !** hi! ou hello!, it's me!

**coude** [kud] → SYN **nm** a (Anat = partie de la manche) elbow ◆ **coudes au corps** (lit) (with one's) elbows in; courir at the double ◆ **se tenir** ou **serrer les coudes** to stick together ◆ **coup de coude** nudge ◆ **prendre un coup de coude dans la figure** to get an elbow in the face ◆ **écarter qn d'un coup de coude** to elbow sb out of the way ◆ **d'un coup de coude il attira son attention** he nudged him to attract his attention ◆ **donner un coup de coude à qn** (légèrement) to give sb a nudge, nudge sb; (plus brutalement) to elbow sb ◆ **coude à coude** travailler shoulder to shoulder, side by side ◆ **être au coude à coude** [coureurs, candidats] to be neck and neck ◆ **j'ai** ou **je garde votre dossier sous le coude** I am holding on to your file ◆ **j'ai toujours ce dictionnaire sous le coude** I always keep this dictionary handy; → **doigt, huile** etc
b [rivière] bend, elbow; [route, tuyau, barre] bend

**coudé, e** [kude] → SYN (ptp de **couder**) **adj** tuyau, barre angled, bent at an angle, with a bend in it

**coudée** [kude] **nf** ( †† = mesure) cubit † ◆ **avoir ses** ou **les coudées franches** to have elbow room ◆ **dépasser qn de cent coudées** † to stand head and shoulders above sb, be worth a hundred times more than sb

**cou-de-pied,** pl **cous-de-pied** [kud(ə)pje] **nm** instep

**couder** [kude] → SYN ▸ conjug 1 ◂ **vt** [+ tuyau, barre de fer] to put a bend in, bend (at an angle)

**coudière** [kudjɛʀ] **nf** elbow pad

**coudoyer** [kudwaje] → SYN ▸ conjug 8 ◂ **vt** [+ gens] to rub shoulders with, mix with, come into contact with ◆ **dans cet article, la stupidité coudoie la mesquinerie** in this article, stupidity stands side by side with pettiness

**coudraie** [kudʀɛ] → SYN **nf** hazel tree grove

**coudre** [kudʀ] → SYN ▸ conjug 48 ◂ **vt** [+ pièces de tissu] to sew (together); [+ pièce, bouton] to sew on; [+ vêtement] to sew up, stitch up; (Reliure) [+ cahiers] to stitch; (Méd) [+ plaie] to sew up, stitch (up) ◆ **coudre un bouton/une pièce à une veste** to sew a button/patch on a jacket ◆ **coudre une semelle (à l'empeigne)** to stitch a sole (to the upper) ◆ **coudre à la main/à la machine** to sew by hand/by machine; → **dé, machine**

**coudrier** [kudʀije] **nm** hazel tree

**Coué** [kwe] **n** ◆ **méthode Coué** autosuggestion, Couéism (SPÉC) ◆ **il faut pratiquer** ou **utiliser la méthode Coué** you need to try self-persuasion

**couenne** [kwan] → SYN **nf** a [lard] rind
b ( * = peau) hide *
c (Méd) [peau] membrane

**couenneux, -euse** [kwanø, øz] → SYN **adj** → **angine**

**couette** [kwɛt] → SYN **nf** a [cheveux] **couettes** bunches
b (= couverture) continental quilt, duvet, comforter (US) ◆ **se mettre sous la couette** to go to bed, turn in *
c (Tech) bearing; (Naut) ways

**couffin** [kufɛ̃] → SYN **nm** [bébé] Moses basket; († = cabas) (straw) basket

**coufique** [kufik] **adj, nm** Kufic, Cufic

**coug(o)uar** [kugwaʀ] **nm** cougar

**couic** [kwik] **excl** erk!, squeak! ◆ **je n'y comprends que couic** † * I don't understand a blooming * (Brit) ou darn * (US) thing ◆ **faire couic** * (= mourir) to croak *, snuff it *

**couille** ** [kuj] **nf** a (= testicule) ball ** ◆ **couilles** balls **, bollocks ** (Brit) ◆ **avoir des couilles** (courage) to have balls ** ◆ **c'est une couille molle** he has no balls ** ◆ **se faire des couilles en or** to get filthy rich *
b (= erreur, problème) balls-up ** (Brit), cock-up * (Brit), ball-up ** (US) ◆ **faire une couille** to screw up *, fuck up ** ◆ **je n'ai eu que des couilles cette semaine** it's been one cock-up ** (Brit) ou balls-up ** (Brit) ou ball-up ** (US) after another this week ◆ **c'est parti en couille** it went down the drain *

**couillon** * [kujɔ̃] [1] **adj m** damn * ou bloody (Brit) * stupid
[2] **nm** damn * ou bloody * (Brit) idiot ou cretin *

**couillonnade** * [kujɔnad] **nf** bullshit ** (NonC) ◆ **c'est de la couillonnade** it's a load of bullshit **

**couillonner** * [kujɔne] ▸ conjug 1 ◂ **vt** to con *, do * (Brit) ◆ **on t'a couillonné, tu t'es fait couillonner** you've been had * ou conned * ou done * (Brit)

**couinement** [kwinmɑ̃] → SYN **nm** [porc, freins] squealing (NonC), squeal; [souris etc ] squeaking (NonC), squeak; [porte, ressort] creaking (NonC); (péj) [personne] whining (NonC), whine ◆ **pousser un couinement** [porc] to squeal; [souris etc ] to squeak

**couiner** * [kwine] → SYN ▸ conjug 1 ◂ **vi** [porc, freins] to squeal; [souris etc ] to squeak; [porte, ressort] to creak; (péj) [personne] to whine

**coulage** [kulaʒ] → SYN **nm** a [cire, ciment] pouring; [statue, cloche] casting
b (Écon) (= gaspillage) waste; (= vol) pilferage

**coulant, e** [kulɑ̃, ɑ̃t] → SYN [1] **adj** a pâte runny; vin smooth; style (free-)flowing, smooth; → **nœud**
b ( * = indulgent) personne easy-going
[2] **nm** a [ceinture] sliding loop
b (Bot) runner

**coule** [kul] → SYN **nf** a * **être à la coule** to know the ropes, know the tricks of the trade
b (= capuchon) cowl

**coulé, e** [kule] (ptp de **couler**) [1] **adj** (jeu de bataille navale) ◆ **(touché) coulé !** she's gone under!; → **brasse**
[2] **nm** (Mus) slur; (Danse) glide; (Billard) follow
[3] **coulée** **nf** [métal] casting ◆ **coulée de lave** lava flow ◆ **coulée de boue** mudslide ◆ **coulée de neige** snowslide ◆ **il y a une coulée** [peinture] the paint has run ◆ **il y a des/trois coulées** the paint has run (in several places)/in three places ◆ **coulée verte** pedestrian zone *(bordered with trees and grass)*

**coulemelle** [kulmɛl] → SYN **nf** parasol mushroom

**couler** [kule] → SYN ▸ conjug 1 ◂ [1] **vi** a [liquide] to run, flow; [sang, larmes] to flow; [fromage, bougie] to run; [rivière] to flow ◆ **la sueur coulait sur son visage** he had sweat running down his face; (plus fort) he had sweat pouring down his face ◆ **couler à flots** [vin, champagne] to be flowing freely ◆ **le sang a coulé** (fig) blood has been shed
b **faire couler** [+ eau] to run ◆ **faire couler un bain** to run a bath, run water for a bath ◆ **faire couler le sang** (fig) to cause bloodshed ◆ **ça a fait couler beaucoup d'encre** (fig) it has caused a lot of ink to flow ◆ **ça fera couler de la salive** that'll set (the) tongues wagging
c [robinet] to run; (= fuir) to leak; [récipient, stylo] to leak ◆ **ne laissez pas couler les robinets** don't leave the taps (Brit) ou faucets (US) running ou on ◆ **il a le nez qui coule** his nose is running, he has a runny nose
d [paroles] to flow; [roman, style] to flow (along) ◆ **couler de source** (= être clair) to be obvious; (= s'enchaîner) to follow naturally
e [vie, temps] to slip by, slip past
f [bateau, personne] to sink; [entreprise] to go under, fold ◆ **couler à pic** to sink straight to the bottom
[2] **vt** a [+ cire, ciment] to pour; [+ métal, statue, cloche] to cast ◆ **couler une bielle** (Aut) to run a big end
b (= passer) **couler une existence paisible/des jours heureux** to enjoy a peaceful existence/happy days
c [+ bateau] to sink, send to the bottom; (= discréditer) [+ personne] to discredit; ( * = faire échouer) [+ candidat] to bring down; [+ entrepreneur, firme] to wreck, ruin ◆ **c'est son accent/l'épreuve de latin qui l'a coulé** * it was his accent/the Latin test that brought him down
d (= glisser) [+ regard, sourire] to steal; [+ pièce de monnaie] to slip
e (= filtrer) [+ liquide] to pour
[3] **se couler** **vpr** a (= se glisser) **se couler dans/à travers** to slip into/through ◆ **se couler dans un moule** [personne] to conform to a norm
b **se la couler douce** * (= avoir la belle vie) to have it easy *, have an easy time (of it) *; (= paresser) to take it easy

**couleur** [kulœʀ] → SYN [1] **nf** a (= coloris) colour (Brit), color (US); (= nuance) shade, tint, hue (littér) ◆ **couleurs fondamentales/complémentaires** primary/complementary colours ◆ **une robe de couleur bleue** a blue dress ◆ **de couleur claire/sombre** light-/dark-coloured ◆ **une belle couleur rouge** a beautiful shade of red, a beautiful red colour ◆ **aux couleurs délicates** delicately coloured, with delicate colours ◆ **film/cartes en couleurs** colour film/postcards ◆ **vêtements noirs ou de couleur** dark or colourful clothes ◆ **la couleur, les couleurs** (= linge de couleur) coloureds ◆ **je n'aime pas les couleurs de la chambre** I don't like the colour scheme ou the colours in the bedroom ◆ **les feuilles prenaient une couleur dorée** the leaves were turning golden-brown ou taking on a golden-brown colour ◆ **se faire faire sa** ou **une couleur** to have one's hair coloured; → **voir**
b (= peinture) paint ◆ **couleurs à l'eau** watercolours ◆ **couleurs à l'huile** oil colours, oil paint ◆ **boîte de couleurs** paintbox, box of paints; → **crayon, marchand**
c (= carnation) **couleurs** colour (Brit), color (US) ◆ **avoir des couleurs** to have a good colour ◆ **perdre ses/(re)prendre des couleurs** to lose/get back one's colour ◆ **tu as pris des couleurs** (bronzage) you've caught the sun; → **changer, haut**
d (= vigueur) colour (Brit), color (US) ◆ **ce récit a de la couleur** this tale is very vivid ou colourful ◆ **sans couleur** colourless
e (= caractère) colour (Brit), color (US), flavour (Brit), flavor (US) ◆ **le poème prend soudain une couleur tragique** the poem suddenly takes on a tragic colour ou note
f (Pol = étiquette) colour (Brit), color (US) ◆ **couleur politique** political persuasion
g (Cartes) suit; → **annoncer**
h (Sport) **couleurs** [club, écurie] colours (Brit), colors (US) ◆ **les couleurs** (drapeau) the colours (Brit) ou colors (US)
i **couleur locale** local colour ◆ **ces costumes font très couleur locale** these costumes give plenty of local colour
j (Loc) **homme/femme de couleur** coloured man/woman ◆ **sous couleur de qch** under the guise of sth ◆ **sous couleur de faire** while pretending to do ◆ **montrer/présenter qch sous de fausses couleurs** to show/present sth in a false light ◆ **décrire** ou **peindre qch sous les plus sombres/vives couleurs** to paint the darkest/rosiest picture of sth, paint sth in the darkest/rosiest colours ◆ **l'avenir se présente sous les plus sombres couleurs** the future looms very dark ou looks very gloomy ◆ **elle n'a jamais vu la couleur de son argent** * she's never seen the colour of his money * ◆ **il m'a promis un cadeau mais je n'en ai jamais vu la couleur** * he promised me a present but I've yet to see it; → **voir**
[2] **adj inv** ◆ **yeux couleur d'azur** sky-blue eyes ◆ **tissu couleur cyclamen/mousse** cyclamen-coloured/moss-green material ◆ **couleur chair** flesh-coloured, flesh (épith) ◆ **couleur paille** straw-coloured

**couleuvre** [kulœvʀ] → SYN **nf** ◆ **couleuvre (à collier)** grass snake ◆ **couleuvre lisse** smooth snake ◆ **couleuvre vipérine** viperine snake; → **avaler**

**couleuvrine** [kulœvʀin] → SYN **nf** (Hist) culverin

**coulis** [kuli] → SYN [1] **adj m** → **vent**
[2] **nm** a (Culin) coulis ◆ **coulis de framboise/de cassis/de tomates** raspberry/blackcurrant/tomato coulis ◆ **coulis d'écrevisses** crayfish bisque

b (Tech) (= mortier) grout; (= métal) molten metal *(filler)*

**coulissant, e** [kulisɑ̃, ɑ̃t] adj porte, panneau sliding (épith) ◆ **ceinture coulissante** drawstring belt

**coulisse** [kulis] → SYN nf a (Théât : gén pl) wings ◆ **en coulisse, dans les coulisses** (Théât) in the wings; (fig) behind the scenes ◆ **les coulisses de la politique** what goes on behind the political scenes ◆ **rester dans la coulisse** to work behind the scenes

b [porte, tiroir] runner; [rideau] top hem; [robe] casing; (= panneau mobile) sliding door; (Tech = glissière) slide ◆ **porte à coulisse** sliding door ◆ **regard en coulisse** sidelong glance ou look; → **pied, trombone**

c († : Bourse) unofficial Stock Market

**coulisseau,** pl **coulisseaux** [kuliso] nm [tiroir] runner; (Tech) slide

**coulisser** [kulise] → SYN ▸ conjug 1 ◂ 1 vt [+ tiroir, porte] to provide with runners; [+ rideau] to hem (the top of) ◆ **jupe coulissée** skirt with a drawstring waist

2 vi [porte, rideau, tiroir] to slide, run

**coulissier** † [kulisje] → SYN nm unofficial broker

**couloir** [kulwaʀ] → SYN nm [bâtiment] corridor, passage; [wagon] corridor; [avion, train] aisle; [appareil de projection] channel, track; (Athlétisme, Natation) lane; (Géog) gully, couloir (SPÉC); (Tennis) tramlines (Brit), alley (surtout US); (Ski) corridor; (pour bus, taxi) lane ◆ **couloir aérien** air (traffic) lane ◆ **couloir humanitaire** safe ou humanitarian corridor ◆ **couloir de navigation** shipping lane; (Géog) ◆ **couloir d'avalanches** avalanche corridor ◆ **bruits de couloir(s)** (Pol etc) rumours ◆ **intrigues de couloir(s)** (Pol etc) backstage manoeuvring

**coulomb** [kulɔ̃] nm coulomb

**coulommiers** [kulɔmje] → SYN nm Coulommiers cheese *(kind of soft cheese)*

**coulpe** [kulp] → SYN nf (littér ou hum) ◆ **battre sa coulpe** to beat one's breast

**coulure** [kulyʀ] → SYN nf a [fruit] failure *(due to washing off of pollen)*

b (= trace) [métal] runoff ◆ **il y a des coulures** [peinture] the paint has run (in several places)

**coumarine** [kumaʀin] → SYN nf c(o)umarin

## coup [ku]

→ SYN nom masculin

Lorsque **coup** est suivi d'un complément de nom désignant une partie du corps ou un instrument (**coup de main/pied/balai/marteau/téléphone, coup d'œil** etc), cherchez à ce nom.

a = heurt, choc knock, blow; (affectif) blow, shock; (marquant l'agression) blow ◆ **il a pris un coup sur la tête** (= il s'est cogné) he knocked ou hit ou banged his head, he got a blow on the head; (= on l'a frappé) he was hit on the head, he got a blow on the head ◆ **la voiture a reçu un coup** the car has had a knock (Brit) ou bump ◆ **donner des coups dans la porte** to bang ou hammer at the door ◆ **donner un coup sec pour dégager qch** to give sth a sharp rap ou knock to release it ◆ **ça a porté un coup sévère à leur moral** it dealt a severe blow to their morale ◆ **en prendre un (bon ou sacré ou sérieux) coup** * [carrosserie] to have a (nasty) bash * (Brit) ou bang; [personne, confiance, moral] to take a (nasty) blow ou a (real) knock ◆ **ça lui a fait** ou **fichu un coup** * it's given him a (bit of a) shock, it was a bit of a blow (for him) ◆ **coup dur** hard blow ◆ **il m'a donné un coup** he hit me ◆ **en venir aux coups** to come to blows ◆ **les coups tombaient dru** ou **pleuvaient** the blows rained down ou fell thick and fast ◆ **coups et blessures** (Jur) assault and battery, aggravated assault; → **accuser, marquer**

b Sport = geste (Cricket, Golf, Tennis) stroke; (Boxe) blow, punch; (Tir) shot; (Échecs) move; (aux dés) throw ◆ **il a fait 421 en deux coups** he got 421 in two throws ◆ **coup droit** (Tennis) drive ◆ **coup droit croisé** (Tennis) cross court drive ◆ **renvoyer la balle en coup droit** to do a forehand drive ◆ **coup bas** (Boxe) blow ou punch below the belt; (fig) blow below the belt ◆ **c'était un coup bas** that was below the belt ◆ **coup franc** (Ftbl, Rugby) free kick; (Basket) free-throw shot ◆ **tous les coups sont permis** no holds barred ◆ **un coup pour rien** (lit) a go for nothing, a free go ◆ **c'était un coup pour rien** (fig) it was all for nothing; → **discuter, marquer**

c = habileté **avoir le coup** to have the knack ◆ **attraper** ou **prendre le coup** to get the knack; → **main**

d effort **en mettre un coup** * to pull out all the stops * ◆ **il en met un sacré coup** * he's really going at it

e = décharge, détonation [arme à feu] shot ◆ **à six coups** six-shot (épith) ◆ **il jouait avec le fusil quand le coup est parti** he was playing with the rifle when it went off ◆ **faire coup double** (Chasse) to do a right and left; (fig) to kill two birds with one stone; → **feu[1], grâce, tirer**

f = bruit de choc knock; (sec) rap ◆ **il y eut un coup à la porte** there was a knock at the door ◆ **sonner 3 coups** to ring 3 times ◆ **les douze coups de midi** the twelve strokes of noon ◆ **sur le coup de minuit** at ou on the stroke of midnight ◆ **sur le coup des 10-11 heures** around 10 or 11; → **frapper**

g = événement fortuit **coup du sort** ou **du destin** blow dealt by fate ◆ **coup de chance** ou **de veine** *, **coup de pot** * ou **de bol** * stroke ou piece of luck ◆ **coup de malchance** rotten luck; → **sale**

h * = action concertée, hasardeuse [cambrioleurs] job * ◆ **coup médiatique** media stunt ◆ **il est sur un coup** he's up to something ◆ **elle voulait cette maison, mais ils étaient plusieurs sur le coup** she wanted that house but there were several people after it ◆ **c'est un coup à faire** ou **tenter** it's worth (having) a go * ou a bash * (Brit) ◆ **réussir un beau coup** to pull it off ◆ **il a manqué** ou **raté son coup** he blew it *, he didn't pull it off * ◆ **c'est un coup à se tuer ! */à se faire virer ! *** you could get yourself killed doing that!/fired for doing that! ◆ **c'est encore un coup de 100 €** * that'll be another €100 to fork out *; → **cent[1], quatre**

◆ **dans le coup** ◆ **être dans le coup** (impliqué) to be in on it *; (au courant) to know all about it; (expert) to know what's what; (à la page) to be with it * ◆ **une grand-mère dans le coup** a with-it * ou hip * grandmother ◆ **mettre qn dans le coup** to get sb involved, bring sb in ◆ **pendant le match, il n'était pas dans le coup** he wasn't really with it * during the match

◆ **valoir le coup** ◆ **ça vaut le coup** it's worth it ◆ **c'est un film qui vaut le coup** the film is worth seeing ◆ **cela valait le coup d'essayer** it was worth trying ou a try ◆ **ça ne vaut pas le coup de partir pour 2 jours** it's not worth going just for 2 days

i **à coup(s) de** (= au moyen de) ◆ **la société boucle son budget à coups de subventions** the firm manages to balance its budget by using ou through subsidies ◆ **réussir à coup de publicité** to succeed through repeated advertising ou through a massive publicity drive

j = action contre qn trick ◆ **coup monté** setup ◆ **c'est bien un coup à lui** that's just like him ou typical of him ◆ **tu ne vas pas nous faire le coup d'être malade** you're not going to go and be ill on us * ◆ **il nous fait le coup chaque fois** he always does that ◆ **un coup en vache** * a dirty trick * ◆ **faire un coup en vache à qn** * to do the dirty on sb *, pull a dirty trick on sb * ◆ **un coup en traître** a stab in the back; → **mauvais, panne, sale**

k * = fois time ◆ **à chaque coup, à tous (les) coups, à tout coup** every time ◆ **à tous les coups on gagne !** every one a winner! ◆ **du même coup** at the same time ◆ **pleurer/rire un bon coup** to have a good cry/laugh

◆ **au coup par coup** agir on an ad hoc basis; embaucher, acheter as and when the need arises

◆ **coup sur coup** in quick succession ◆ **deux victoires coup sur coup, c'est bon pour l'équipe !** two wins one after the other ou two successive wins, that's good for the team!

◆ **d'un seul coup** ◆ **d'un seul coup, les lumières s'éteignirent** all at once ou all of a sudden the lights went out ◆ **il a sauté 4 marches d'un seul coup** he leaped ou took 4 steps in one go ou at a time

◆ **du premier coup, au premier coup** straight away, right away ◆ **il a eu son permis de conduire du premier coup** he got his driving licence first time round ou first go *

l * = quantité bue **boire un coup** to have a drink ou something to drink ◆ **aller boire un coup** (gén) to go and have something to drink; (au café) to go for a drink ◆ **je te paie un coup (à boire)** I'll buy you a drink ◆ **vous boirez bien un coup de rouge avec nous ?** come and have a glass of red wine with us ◆ **il a bu un coup de trop, il a un coup dans le nez** * he's had one too many *, he's had one over the eight *

m ** = partenaire sexuel **être un bon coup** to be a good screw ** ou fuck **

n expressions figées

◆ **à coup sûr** (= sûrement) definitely

◆ **après coup** afterwards, after the event

◆ **du coup** as a result

◆ **pour le coup** ◆ **c'est pour le coup qu'il se fâcherait** then he'd really get angry ◆ **là, pour le coup, il m'a étonné** he really surprised me there

◆ **sous le coup de**

(= sous l'effet de) [+ surprise, colère] in the grip of ◆ **sous le coup d'une forte émotion** in a highly emotional state, in the grip of a powerful emotion

(Admin) ◆ **être sous le coup d'une condamnation** to have a current conviction ◆ **être sous le coup d'une mesure d'expulsion** to be under an expulsion order ◆ **il est sous le coup d'un mandat d'arrêt** there is a warrant out for his arrest ◆ **tomber sous le coup de la loi** [activité, acte] to be a statutory offence

◆ **sur le coup** (= instantanément) outright ◆ **mourir sur le coup** (assassinat) to be killed outright; (accident) to die ou be killed instantly ◆ **sur le coup je n'ai pas compris** at the time I didn't understand

◆ **tout à coup, tout d'un coup** all of a sudden, suddenly, all at once

**coupable** [kupabl] → SYN 1 adj a (= fautif) personne guilty (*de* of) → **non, plaider**

b (= blâmable) désirs, amour guilty (épith); action, négligence culpable, reprehensible; faiblesse reprehensible

2 nmf culprit, guilty party (hum) ◆ **le grand coupable c'est le jeu** the real culprit is gambling, gambling is chiefly to blame

**coupage** [kupaʒ] → SYN nm [vin] (avec un autre vin) blending (NonC); (avec de l'eau) dilution (NonC), diluting (NonC) ◆ **ce sont des coupages, ce sont des vins de coupage** these are blended wines

**coupant, e** [kupɑ̃, ɑ̃t] → SYN adj lame, brin d'herbe sharp(-edged); ton, réponse sharp

**coup-de-poing,** pl **coups-de-poing** [kud(ə)pwɛ̃] nm a (Archéol) biface, bifacial flint

b (= arme) knuckle-duster(s), brass knuckles

**coupe[1]** [kup] → SYN nf a (à dessert, à glace) dish, bowl; (= contenu) dish(ful), bowl(ful); (à boire) goblet ◆ **une coupe de champagne** a glass of champagne ◆ **coupe à fruits** (= saladier) fruit bowl; (individuelle) fruit dish, coupe ◆ **la coupe est pleine** (fig) I've had enough, that's the limit; → **boire, loin**

b (Sport = objet, épreuve) cup ◆ **coupe d'Europe/du monde** European/World cup ◆ **la coupe de France de football** the French football (Brit) ou soccer (US) cup ◆ **la Coupe des Coupes** (Ftbl) the Cupwinners' Cup

**coupe[2]** [kup] → SYN 1 nf a (Couture) (= action) cutting(-out); (= pièce de tissu) length; (= façon d'être coupé) cut ◆ **robe de belle coupe/de coupe sobre** beautifully/simply cut dress ◆ **coupe nette** ou **franche** clean cut

b (Sylviculture) (= action) cutting (down); (= étendue de forêt) felling area; (= surface, tranche) section

c [herbe] cutting; [gâteau] cutting up, slicing; [rôti] carving, cutting up ◆ **fromage/beurre vendu à la coupe** cheese/butter sold loose

**d** [cheveux] cutting ◆ **coupe (de cheveux)** (hair)cut ◆ **coupe au rasoir** razor-cut ◆ **faites-moi une coupe toute simple** just do something simple

**e** (pour examen au microscope) section ◆ **coupe histologique** histological section

**f** (= dessin, plan) section ◆ **le navire vu en coupe** a (cross) section of the ship ◆ **coupe transversale** cross ou transversal section ◆ **coupe longitudinale** longitudinal section

**g** (Littérat) [vers] break, caesura

**h** (Cartes) cut, cutting (NonC) ◆ **jouer sous la coupe de qn** to lead (after sb has cut)

**i** (= réduction) cut ◆ **faire des coupes dans qch** to make cuts in sth

**j** (LOC) **être sous la coupe de qn** [personne] (= être dominé) to be under sb's thumb; (hiérarchiquement) to be under sb; [entreprise, organisation] to be under sb's control ◆ **tomber sous la coupe de qn** to fall prey to sb, fall into sb's clutches

[2] COMP ▷ **coupe claire** clear-cutting, clear-felling ◆ **faire des coupes claires dans qch** (fig) to make drastic cuts in sth ▷ **coupe d'ensemencement** thinning (out) *(to allow space for sowing new trees)* ▷ **coupe réglée** periodic felling ◆ **mettre en coupe réglée** (fig) to bleed systematically ▷ **coupe sombre** (slight) thinning (out) ◆ **faire des coupes sombres dans** to make drastic cuts in ◆ **coupes sombres dans le personnel** severe staff reductions ou cutbacks

**coupé, e**[1] [kupe] [→ SYN] (ptp de **couper**) [1] adj **a** vêtement **bien/mal coupé** well/badly cut

**b** communications, routes cut off (attrib)

**c** vin blended

**d** (Vét = castré) neutered

[2] nm (Aut, Danse) coupé

**coupe-chou(x)** *, pl **coupe-choux** [kupʃu] nm (= épée) short sword; (= rasoir) open razor

**coupe-cigare,** pl **coupe-cigares** [kupsigaʀ] nm cigar cutter

**coupe-circuit,** pl **coupe-circuits** [kupsiʀkɥi] [→ SYN] nm cutout, circuit breaker

**coupe-coupe** [kupkup] [→ SYN] nm inv machete

**coupée**[2] [kupe] [→ SYN] nf (Naut) gangway *(opening, with ladder)*; → **échelle**

**coupe-faim,** pl **coupe-faim(s)** [kupfɛ̃] nm appetite suppressant ◆ **le tabac a un effet coupe-faim** smoking takes away your appetite

**coupe-feu,** pl **coupe-feu(x)** [kupfø] nm (= espace) firebreak; (= chose) fireguard ◆ **porte coupe-feu** fire door

**coupe-file,** pl **coupe-files** [kupfil] [→ SYN] nm (= carte de priorité) pass

**coupe-frites** [kupfʀit] nm inv chip-cutter ou -slicer (Brit), French-fry-cutter ou -slicer (US)

**coupe-gorge,** pl **coupe-gorge(s)** [kupgɔʀʒ] [→ SYN] nm (= quartier) dangerous ou no-go area; (= rue) dangerous back-alley ◆ **ce café/cette banlieue est un vrai coupe-gorge !** you take your life in your hands when you go into that café/area!

**coupe-jarret,** pl **coupe-jarrets** [kupʒaʀɛ] [→ SYN] nm († ou hum) cutthroat

**coupe-légume(s),** pl **coupe-légumes** [kuplegym] nm vegetable-cutter

**coupelle** [kupɛl] [→ SYN] nf **a** (= petite coupe) (small) dish

**b** (Chim) cupel

**coupe-œufs** [kupø] nm inv egg-slicer

**coupe-ongle(s),** pl **coupe-ongles** [kupɔ̃gl] nm (= pince) nail clippers; (= ciseaux) nail scissors

**coupe-papier** [kuppapje] nm inv paper knife

**couper** [kupe] GRAMMAIRE ACTIVE 27.7 [→ SYN] ▸ conjug 1 ◂

[1] vt **a** (= sectionner) to cut; [+ bois] to chop; [+ arbre] to cut down, fell; (= séparer) to cut off; (= découper) [+ rôti] to carve, cut up; (= partager) [+ gâteau] to cut, slice; (= entailler) to slit; (fig) [vent] to sting ◆ **couper qch en (petits) morceaux** to cut sth up, cut sth into (little) pieces ◆ **couper qch en tranches** to slice sth, cut sth into slices ◆ **couper qch en deux** (lit) to cut sth in two ou in half ◆ **le parti/l'électorat est coupé en deux** the party is/the voters are split down the middle ◆ **le pays sera coupé en deux** (Mét) the country will be split in two ◆ **couper coller** (Ordin) to cut and paste ◆ **couper la gorge à qn** to slit ou cut sb's throat ◆ **couper la tête** ou **le cou à qn** to cut ou chop sb's head off ◆ **couper (les pages d')un livre** to slit open ou cut the pages of a book ◆ **livre non coupé** book with uncut pages ◆ **coupez-lui une tranche de pain** cut him a slice of bread ◆ **se faire couper les cheveux** to get ou have one's hair cut, have a haircut; → **six, tête, vif**

**b** (Couture) [+ vêtement] to cut out; [+ étoffe] to cut

**c** (= retrancher) [+ passages inutiles] to cut (out), take out, delete; (= raccourcir) [+ émission] to cut (down)

**d** (= arrêter) [+ eau, gaz, courant] to cut off; (au compteur) to turn off; [+ communications, route, pont] to cut off; [+ relations diplomatiques] to cut off, break off; (Téléc) to cut off; [+ crédits] to cut off; (Ciné) [+ prise de vues] to cut ◆ **coupez !** (Ciné) cut! ◆ **couper le contact** ou **l'allumage** (Aut) to switch off the ignition ◆ **couper l'appétit à qn** (un peu) to take the edge off sb's appetite; (complètement) to spoil sb's appetite, take away sb's appetite ◆ **couper la faim à qn** to take the edge off sb's hunger ◆ **couper la fièvre à qn** to bring down sb's fever ◆ **couper les ponts avec qn** (fig) to break off communications with sb ◆ **couper la retraite à qn** to cut ou block off sb's line of retreat ◆ **couper la route à qn** to cut sb off, cut in front of sb ◆ **couper la route d'un véhicule** to cut a vehicle off ◆ **la route était coupée net par le bombardement** the road was completely cut off by the bombing ◆ **couper le vent** to cut out the wind ◆ **couper les vivres à qn** to cut off sb's means of subsistence

**e** (= interrompre) **couper qn** to interrupt sb ◆ **couper la parole à qn** [personne] to cut sb short; [émotion] to leave ou render sb speechless ◆ **couper le sifflet** * ou **la chique** ⁑ **à qn** to shut sb up *, take the wind out of sb's sails ◆ **ça te la coupe !** ⁑ that's shut you up! *

**f** (= rompre la continuité de) [+ voyage] to break; [+ journée] to break up ◆ **nous nous arrêterons à Caen pour couper le voyage** we'll stop at Caen to break the journey, we'll break the journey at Caen

**g** (= isoler) **couper qn de qch** to cut sb off from sth

**h** (= traverser) [ligne] to intersect, cut; [route] to cut across, cross ◆ **le chemin de fer coupe la route en 2 endroits** the railway cuts across ou crosses the road at 2 points ◆ **une cloison coupe la pièce** the room is divided by a partition

**i** (Cartes) [+ jeu] to cut; (= prendre avec l'atout) to trump

**j** (Sport) [+ balle] to slice, undercut

**k** (= mélanger) [+ lait, vin] (à table) to dilute, add water to; [+ vin] (à la production) to blend ◆ **vin coupé d'eau** wine diluted with water

**l** (Vét = castrer) to neuter

**m** (LOC) **couper les bras** ou **bras et jambes à qn** [travail] to wear sb out; [nouvelle] to knock sb for six * (Brit) ou for a loop * (US) ◆ **j'en ai les jambes coupées** I'm stunned ◆ **coupons la poire en deux** let's meet halfway ◆ **couper les cheveux en quatre** to split hairs, quibble ◆ **couper la respiration à qn** (lit) to wind sb; (fig) to take sb's breath away; → **couteau, effet, herbe, souffle** etc

[2] **couper à** vt indir (= échapper à) [+ corvée] to get out of ◆ **tu n'y couperas pas d'une amende** you won't get away without paying a fine, you won't get out of paying a fine ◆ **tu n'y couperas pas** you won't get out of it; → **court**[1]

[3] vi **a** (= être tranchant) [couteau, verre] to cut; [vent] to be biting ◆ **ce couteau coupe bien** this knife cuts well ou has a good cutting edge

**b** (= prendre un raccourci) **couper à travers champs** to cut across country ou the fields ◆ **couper au plus court** to go the quickest way ◆ **couper par un sentier/la forêt** to cut along a path/through the forest

**c** (Cartes) (= diviser le jeu) to cut; (= jouer atout) to trump ◆ **couper à trèfle/à carreau** etc to trump with a club/diamond etc

[4] **se couper** vpr **a** (= s'entailler la peau) to cut o.s.

**b** (= retrancher une partie de son corps) **se couper les cheveux/les ongles** to cut one's hair/nails

**c** (= être usé) [tissu] to come apart; [cuir] to crack

**d** (= perdre contact) **se couper de** [+ amis, famille, pays] to cut o.s. off from, cut all ties with

**e** (= se trahir) to give o.s. away

**couperet** [kupʀɛ] [→ SYN] nm [boucher] chopper, cleaver; [guillotine] blade, knife ◆ **la décision est tombée comme un couperet** the decision came as a bombshell ou was a bolt from the blue

**couperose** [kupʀoz] [→ SYN] nf blotches *(on the face)*, rosacea (SPÉC)

**couperosé, e** [kupʀoze] [→ SYN] adj blotchy, affected by rosacea (attrib) (SPÉC)

**coupeur, -euse** [kupœʀ, øz] nm,f (Couture) cutter ◆ **coupeur de tête** headhunter ◆ **coupeur de cheveux en quatre** hairsplitter, quibbler

**coupe-vent,** pl **coupe-vent(s)** [kupvɑ̃] nm (= haie) windbreak; (= vêtement) windcheater (Brit), windbreaker (US)

**couplage** [kuplaʒ] [→ SYN] nm (Élec, Tech) coupling

**couple** [kupl] [→ SYN] [1] nm **a** (= époux, amoureux, danseurs) couple; (= patineurs, animaux) pair ◆ **le couple Martin** the Martins ◆ **ils ont des problèmes de couple, leur couple a des problèmes** they have problems with their relationship ◆ **l'épreuve en** ou **par couples** (Patinage) the pairs (event)

**b** (Phys) couple ◆ **couple moteur** torque ◆ **couple de torsion** torque

**c** (Naut) (square) frame; (Aviat) frame ◆ **s'amarrer à couple** to moor alongside another boat; → **nage, nager**

[2] nf ou m † ◆ **un** ou **une couple de** (= deux) a couple of

[3] nf (Chasse) couple

**couplé** [kuple] nm ◆ **(pari) couplé** first and second place double *(on two horses in the same race)*

**coupler** [kuple] ▸ conjug 1 ◂ vt **a** (Chasse) to couple (together), leash together

**b** (Tech) to couple together ou up; (Ordin) to interface (*avec* with) ◆ **télémètre couplé** (Photo) coupled rangefinder ◆ **bielles couplées** (Rail) coupling rods

**couplet** [kuplɛ] [→ SYN] nm (= strophe) verse; (péj) tirade ◆ **couplets satiriques** (= chanson) satirical song ◆ **y aller de son couplet sur qch** to give a little speech about sth

**coupleur** [kuplœʀ] nm (Élec) coupler ◆ **coupleur acoustique** (Ordin) acoustic coupler

**coupoir** [kupwaʀ] [→ SYN] nm cutter

**coupole** [kupɔl] [→ SYN] nf **a** (Archit) dome ◆ **petite coupole** cupola, small dome ◆ **être reçu sous la Coupole** to become ou be made a member of the Académie française → ACADÉMIE

**b** (Mil) [char d'assaut] revolving gun turret

**coupon** [kupɔ̃] [→ SYN] nm **a** (Couture, Tex) (= reste) remnant; (= rouleau) roll

**b** (Fin) **coupon (de dividende)** coupon ◆ **avec coupon attaché/détaché** cum-/ex-dividend ◆ **coupon de rente** income coupon

**c** (= billet, ticket) coupon ◆ **coupon de théâtre** theatre ticket ◆ **coupon hebdomadaire/mensuel** (Transport) ≃ weekly/monthly season ticket

**d** (Comm) coupon, voucher ◆ **coupon de réduction** coupon, cash premium voucher

**couponnage** [kupɔnaʒ] nm couponing ◆ **couponnage croisé** cross couponing

**coupon-réponse,** pl **coupons-réponse** [kupɔ̃ʀepɔ̃s] nm reply coupon

**coupure** [kupyʀ] [→ SYN] nf **a** (= blessure, brèche) cut

**b** **coupure (de presse** ou **de journal)** (newspaper) cutting, (newspaper) clipping

**c** (= suppression : dans un film, livre) cut

**d** (= billet de banque) note, bill (US) ◆ **petites/grosses coupures** small/big notes, notes of small/large denomination

**e** (= interruption) **coupure (de courant)** power cut ◆ **il y aura des coupures ce soir** (électricité) there'll be power cuts tonight; (gaz, eau) the gas (ou water) will be cut off tonight

**f** (= arrêt, pause) break ◆ **la coupure estivale** the summer break ◆ **coupure publicitaire** commercial break g (= division) divide (*entre* between) ◆ **la coupure droite-gauche** (Pol) the left-right divide

**cour** [kuʀ] → SYN 1 nf a [bâtiment] yard, courtyard ◆ **être sur (la) cour** to look onto the (back)yard ◆ **la cour de la caserne** the barracks square ◆ **cour de cloître** cloister garth ◆ **cour d'école** schoolyard, playground ◆ **cour de ferme** farmyard ◆ **la cour de la gare** the station forecourt ◆ **cour d'honneur** main courtyard ◆ **cour d'immeuble** courtyard of a block of flats (Brit) ou an apartment building (US) ◆ **cour intérieure** inner courtyard ◆ **cour de récréation** playground ◆ **la cour des grands** (lit) the older children's playground ◆ **jouer dans la cour des grands** (fig) to play with the big boys * ou in the major league (US); → **côté**

b (Jur) court ◆ **Messieurs, la Cour !** ≃ all rise!, ≃ be upstanding in court! (Brit) ◆ **la Cour suprême** the Supreme Court; → **haut**

c [roi] court; [personnage puissant, célèbre] following ◆ **vivre à la cour** to live at court ◆ **faire sa cour à** [+ roi] to pay court to; [+ supérieur, femme] to pay one's respects to ◆ **être bien/mal en cour** to be in/out of favour (*auprès de qn* with sb) ◆ **homme/habit de cour** court gentleman/clothes ◆ **gens de cour** courtiers, people at court ◆ **c'est la cour du roi Pétaud** it's absolute bedlam *

d [femme] (= soupirants) following; (= essai de conquête) wooing (NonC), courting (NonC) ◆ **faire la cour à une femme** to woo ou court a woman ◆ **faire un brin de cour à une femme** * to flirt a little with a woman

2 COMP ▷ **cour d'appel** ≃ Court of Appeal, ≃ appellate court (US) ▷ **cour d'assises** ≃ Crown Court (Brit), ≃ court of assizes ▷ **cour de cassation** Court of Cassation; (final) Court of Appeal ▷ **cour des comptes** revenue court, ≃ Government Accounting Office (US) ▷ **Cour européenne des droits de l'homme** European Court of Human Rights ▷ **Cour européenne de justice** European Court of Justice ▷ **Cour internationale de justice** International Court of Justice ▷ **cour de justice** court of justice ▷ **cour martiale** court martial ◆ **passer en cour martiale** to be court-martialled ▷ **la Cour des Miracles** (Hist) *area of Paris famed for its disreputable population* ◆ **chez eux c'est une vraie cour des miracles** (fig) their place is always full of shady characters ◆ **ce quartier est une vraie cour des miracles** this is a very unsavoury area ▷ **Cour de sûreté de l'État** state security court

**courage** [kuʀaʒ] → SYN nm a (= bravoure) courage, bravery, guts * ◆ **avoir du courage** to be brave ou courageous, have guts * ◆ **courage physique/moral** physical/moral courage ◆ **se battre avec courage** to fight courageously ou with courage ou bravely ◆ **s'il y va, il a du courage !** if he goes, it means he has guts! * ◆ **je n'ai pas eu le courage de lui refuser** I didn't have the heart to refuse

b (= ardeur) will, spirit ◆ **entreprendre une tâche/un travail avec courage** to undertake a task/job with a will ◆ **je voudrais finir ce travail, mais je ne m'en sens pas** ou **je n'en ai pas le courage** I'd like to get this work finished, but I don't feel up to it ◆ **je n'ai pas beaucoup de courage ce soir** I don't feel up to much this evening ◆ **il se lève tous les jours à 5 heures ? – quel courage !/il a du courage !** he gets up at 5am every day? – what willpower!/he must have a lot of willpower! ◆ **un petit verre pour vous donner du courage** * just a little drink to buck you up *

c (LOC) **courage ! nous y sommes presque !** cheer up! ou take heart! we're almost there! ◆ **avoir le courage de ses opinions** to have the courage of one's convictions ◆ **prendre son courage à deux mains** to take one's courage in both hands ◆ **perdre courage** to lose heart, become discouraged ◆ **reprendre courage** to take fresh heart

**courageusement** [kuʀaʒøzmɑ̃] adv bravely, courageously ◆ **entreprendre courageusement une tâche** to tackle a task with a will

**courageux, -euse** [kuʀaʒø, øz] → SYN adj brave, courageous ◆ **il n'est pas très courageux pour l'étude** he's lazy when it comes to studying, he hasn't got much will for studying ◆ **je ne suis pas très courageux aujourd'hui** I don't feel up to very much today

**couramment** [kuʀamɑ̃] → SYN adv a (= aisément) fluently ◆ **parler le français couramment** to speak French fluently ou fluent French

b (= souvent) commonly ◆ **ce mot s'emploie couramment** this word is in current ou common usage ◆ **ça se dit couramment** it's a common ou an everyday expression ◆ **cela arrive couramment** it's a common occurrence ◆ **cela se fait couramment** it's quite a common thing to do, it's quite common practice

**courant, e** [kuʀɑ̃, ɑ̃t] → SYN 1 adj a (= normal, habituel) dépenses everyday, standard, ordinary; (Comm) modèle, taille, marque standard ◆ **l'usage courant** everyday ou ordinary ou standard usage ◆ **en utilisant les procédés courants on gagne du temps** it saves time to use the normal ou ordinary ou standard procedures ◆ **il nous suffit pour le travail courant** he'll do for the routine ou everyday business; → **vie**

b (= fréquent) common ◆ **c'est un procédé courant** it's quite common practice ou quite a common procedure, it's quite commonplace ◆ **ce genre d'incident est très courant ici** this kind of incident is very common here, this kind of thing is a common occurrence here

c (= en cours, actuel) année, semaine current, present; (Écon) francs, prix current ◆ **votre lettre du 5 courant** (Comm) your letter of the 5th inst. ou instant ou of the 5th of this month; → **expédier, monnaie**

d (= qui court) → **chien, compte, eau**

2 nm a [cours d'eau, mer, atmosphère] current ◆ **courant (atmosphérique)** airstream, current ◆ **courant d'air** draught (Brit), draft (US) ◆ **plein de courants d'air** very draughty ◆ **courant d'air froid/chaud** (Mét) cold/warm airstream ◆ **c'est un vrai courant d'air** (fig) one minute he's there, the next he's gone ◆ **il y a trop de courant** the current's too strong ◆ **suivre le courant** (lit) to go with the current; (fig) to go with the stream, follow the crowd ◆ **remonter le courant** (lit) to go against the current; (fig) to get back on one's feet

b (= déplacement) [population, échanges commerciaux] movement ◆ **courants de population** movements ou shifts of (the) population

c (= mouvement) (gén) movement; [opinion, pensée] trend, current ◆ **les courants de l'opinion** the trends of public opinion ◆ **un courant de scepticisme/de sympathie** a wave of scepticism/sympathy ◆ **le courant romantique/surréaliste** the romantic/surrealist movement

d (Élec) current, power ◆ **courant continu/alternatif** direct/alternating current ◆ **couper le courant** to cut off the power ◆ **rétablir le courant** to put the power back on ◆ **on s'est rencontré un soir et le courant est tout de suite passé** we met one evening and hit it off straight away * ◆ **le courant ne passe pas entre nous** we don't get on ◆ **entre ce chanteur et le public le courant passe très bien** this singer really gets through to his audience ou has a really good rapport with his audience; → **coupure, prise**

e (= cours) **dans le courant de la semaine/du mois** in the course of the week/month ◆ **je dois le voir dans le courant de la semaine** I'm to see him some time during the week ◆ **dans le courant de la conversation** in the course of the conversation ◆ **le projet doit être fini courant mai** the project is due to finish some time in May

3 **au courant** loc adj, loc adv ◆ **être au courant** (= savoir la nouvelle) to know (about it); (= bien connaître la question) to be well-informed ◆ **tu m'as l'air très** ou **bien au courant de ce qu'il fait !** you seem to know a lot about ou to be very well-informed about what he's doing! ◆ **être au courant de** [+ accident, projet] to know about; [+ théories nouvelles] to be well up on *, be up to date on ◆ **mettre qn au courant de** [+ faits, affaire] to tell sb about, put sb in the picture about *, fill sb in on *; [+ méthodes nouvelles] to bring sb up to date on ◆ **il s'est vite mis au courant dans son nouvel emploi** he soon got the hang of things * in his new job ◆ **tenir qn au courant de** [+ faits, affaire] to keep sb informed of ou posted about *; [+ méthodes] to keep sb up to date on ◆ **si jamais ça recommence, tenez-moi au courant** if it happens again let me know ◆ **s'abonner à une revue scientifique pour se tenir au courant** to subscribe to a science magazine to keep o.s. up to date

4 **courante** nf a (‡ = diarrhée) **la courante** the runs ‡

b (Mus = danse, air) courante, courant

**courant-jet**, pl **courants-jets** [kuʀɑ̃ʒɛ] nm jet stream

**courbaril** [kuʀbaʀil] nm courbaril, West Indian locust (tree)

**courbatu, e** [kuʀbaty] → SYN adj stiff, stiff ou aching all over

**courbature** [kuʀbatyʀ] → SYN nf ache ◆ **ce match de tennis m'a donné des courbatures** I'm stiff ou aching all over after that game of tennis ◆ **plein de courbatures** stiff ou aching all over

**courbaturé, e** [kuʀbatyʀe] → SYN adj stiff, stiff ou aching all over

**courbaturer** [kuʀbatyʀe] → SYN ▸ conjug 1 ◂ vt to make ache

**courbe** [kuʀb] → SYN 1 adj curved

2 nf (gén, Géom) curve ◆ **le fleuve fait une courbe** the river curves ◆ **courbe de niveau** contour line ◆ **courbe de température** temperature curve

**courber** [kuʀbe] → SYN ▸ conjug 1 ◂ 1 vt a (= plier) [+ branche, tige] to bend ◆ **branches courbées sous le poids de la neige** branches bowed down with ou bent under the weight of the snow ◆ **l'âge l'avait courbé** he was bowed ou bent with age

b (= pencher) **courber la tête** to bow ou bend one's head ◆ **courbant le front sur son livre** his head bent over a book ◆ **courber la tête** ou **le front** ou **le dos** (fig) to submit (*devant* to) → **échine**

2 vi to bend ◆ **courber sous le poids** to bend under the weight

3 **se courber** vpr a [arbre, branche, poutre] to bend, curve

b [personne] (pour entrer, passer) to bend (down), stoop; (signe d'humiliation) to bow down; (signe de déférence) to bow (down) ◆ **il se courba pour le saluer** he greeted him with a bow ◆ **se courber en deux** to bend (o.s.) double

c (littér = se soumettre) to bow down (*devant* before)

**courbette** [kuʀbɛt] → SYN nf a (= salut) low bow ◆ **faire des courbettes à** ou **devant qn** (fig) to kowtow to sb, bow and scrape to sb

b [cheval] curvet

**courbure** [kuʀbyʀ] → SYN nf [ligne, surface] curvature ◆ **courbure rentrante/sortante/en S** inward/outward/S curve ◆ **courbure du nez/des reins** curve of the nose/the back

**courcaillet** [kuʀkajɛ] → SYN nm (= cri) quail call

**courette** [kuʀɛt] → SYN nf (small) courtyard

**coureur, -euse** [kuʀœʀ, øz] → SYN 1 nm,f (Athlétisme) runner; (Cyclisme) cyclist, competitor; (Aut) driver, competitor ◆ **coureur de fond/de demi-fond** long-distance/middle-distance runner ◆ **coureur de 110 mètres haies** 110 metres hurdler

2 nm a (Zool) **(oiseaux) coureurs** running birds

b (péj = amateur de) **c'est un coureur de cafés/de bals** he hangs round (Brit) ou around cafés/dances ◆ **coureur (de filles** ou **femmes** ou **jupons)** womanizer, skirt-chaser ◆ **il est assez coureur** he's a bit of a womanizer ou a skirt-chaser ou a wolf *

3 **coureuse** nf (péj = débauchée) manhunter ◆ **elle est un peu coureuse** she's always chasing after men, she's a bit of a manhunter

4 COMP ▷ **coureur automobile** racing(-car) driver ▷ **coureur de** ou **des bois** (Hist Can) trapper, coureur de bois (US, Can) ▷ **coureur cycliste** racing cyclist ▷ **coureur de dot** (péj) fortune-hunter ▷ **coureur motocycliste** motorcycle ou motorbike racer

**courge** [kuʀʒ] → SYN nf (= plante, fruit) gourd, squash (US, Can); (Culin) marrow (Brit), squash (US, Can); (‡ : péj) idiot, berk ‡ (Brit)

**courgette** [kuʀʒɛt] nf courgette (Brit), zucchini (US)

**courir** [kuʀiʀ] → SYN ▸ conjug 11 ◂ 1 vi a (gén, Athlétisme) to run; (Aut, Cyclisme) to race; (Courses) to run, race ◆ **entrer/sortir en courant** to run in/out ◆ **se mettre à courir** to break into a run, start to run, start running ◆ **courir sur Ferrari** to race with Ferrari ◆ **il courait à toutes jambes** ou **à perdre haleine** he ran as fast as his legs could carry him ◆ **courir comme un dératé*** ou **ventre à terre** to run flat out ◆ **elle court comme un lapin** ou **lièvre** she runs ou can run like a hare ou the wind ◆ **le voleur court encore** ou **toujours** the thief is still at large ◆ **faire courir un cheval** to race ou run a horse ◆ **il ne fait plus courir** he doesn't race ou run horses any more ◆ **un cheval trop vieux pour courir** a horse too old to race ou to be raced

**b** (= se précipiter) to rush ◆ **courir chez le docteur/chercher le docteur** to rush ou run to the doctor's/for the doctor ◆ **je cours l'appeler** I'll go ou run and call him straight away (Brit) ou right away ◆ **ce spectacle fait courir tout Paris** all Paris is rushing to see the show ◆ **faire qch en courant** to do sth in a rush ou hurry ◆ **elle m'a fait courir** she had me running all over the place ◆ **elle est toujours en train de courir** she's always rushing about ◆ **un petit mot en courant** just a (quick) note ou a few hurried lines ◆ **courir partout pour trouver qch** to hunt everywhere for sth ◆ **tu peux toujours courir !*** you can (go) whistle for it!* ◆ **pour enlever les taches, tu peux toujours courir*** if you think you can get rid of those stains you've got another think coming*

**c** (avec à, après, sur) **courir à l'échec/à une déception** to be heading ou headed for failure/a disappointment ◆ **courir à sa perte** ou **ruine** to be on the road to ruin ◆ **courir à la catastrophe** to be rushing headlong into disaster ◆ **courir après qch** to chase after sth ◆ **courir après un ballon** to run after a ball ◆ **l'autobus démarra et il courut après** the bus started and he ran after it ◆ **gardez cet argent pour l'instant, il ne court pas après** keep this money for now as he's not in any hurry ou rush for it ou he's not desperate for it ◆ **les épinards, je ne cours pas après*** I'm not that keen on spinach ◆ **courir après qn** (lit, fig) to run after sb ◆ **courir après les femmes** to be a womanizer ◆ **courir sur ses 60/70 ans** to be approaching ou pushing* ou getting on for 60/70 ◆ **courir sur le système** ou **le haricot à qn**‡ to get on sb's nerves* ou wick* (Brit)

**d** [nuages] to speed, race, scud (littér); [ombres, reflets] to speed, race; [eau] to rush; [chemin] to run ◆ **un frisson lui courut par tout le corps** a shiver went ou ran through his body ◆ **sa plume courait sur le papier** his pen was racing across the paper ◆ **laisser courir ses doigts sur un clavier** to tinkle away at a piano

**e** (= se répandre) **faire courir une nouvelle** to spread a piece of news ◆ **le bruit court que ...** rumour has it that ..., there is a rumour that ..., the rumour is that ... ◆ **le bruit a récemment couru que ...** there has been a rumour going around that ... ◆ **il court sur leur compte de curieuses histoires** there are some strange stories going around about them

**f** (= se passer) **l'année/le mois qui court** the current ou present year/month ◆ **laisser courir*** to let things alone ◆ **laisse courir !*** forget it!*, drop it!*

**g** (Naut) to sail

**h** (Fin) [intérêt] to accrue; [bail] to run

**2** vt **a** (Sport) [+ épreuve] to compete in ◆ **courir un 100 mètres** to run (in) ou compete in a 100 metres race ◆ **courir le Grand Prix** to race in the Grand Prix

**b** (Chasse) **courir le cerf/le sanglier** to hunt stag/boar, go staghunting/boarhunting; → **lièvre**

**c** (= rechercher) [+ honneurs] to seek avidly; (= s'exposer à) ◆ **courir de grands dangers** to be in great danger ◆ **courir les aventures** ou **l'aventure** to seek adventure ◆ **courir un (gros) risque** to run a (high ou serious) risk ◆ **courir sa chance** to try one's luck ◆ **il court le risque d'être accusé** he runs the risk of being accused ◆ **c'est un risque à courir** it's a risk we'll have to take ou run ◆ **courir le cachet** (Théât) to chase after any sort of work

**d** (= parcourir) [+ mers, monde] to roam, rove; [+ campagne, bois] to roam ou rove (through); (= faire le tour de) [+ magasins, bureaux] to go round ◆ **j'ai couru les agences toute la matinée** I've been going round the agencies all morning ◆ **courir les rues** (lit) to wander ou roam the streets; (fig) to be run-of-the-mill, be nothing out of the ordinary ◆ **le vrai courage ne court pas les rues** real courage is hard to find ◆ **des gens comme lui, ça ne court pas les rues*** there aren't many like him

**e** (= fréquenter) **courir les théâtres/les bals** to do the rounds of (all) the theatres/dances ◆ **courir les filles** to chase the girls ◆ **courir la gueuse** † to go wenching † ◆ **courir le guilledou** † ou **la prétentaine** † ou **le cotillon** to go gallivanting †, go wenching †

**f** (‡ = ennuyer) **courir qn** to bug sb‡, get up sb's nose‡ (Brit) ou on sb's wick* (Brit)

**courlis** [kuʀli] → SYN nm curlew

**couronne** [kuʀɔn] → SYN nf **a** [fleurs] wreath, circlet ◆ **couronne funéraire** ou **mortuaire** (funeral) wreath ◆ **couronne de fleurs d'oranger** orange-blossom headdress, circlet of orange-blossom ◆ **couronne de lauriers** laurel wreath, crown of laurels ◆ **couronne d'épines** crown of thorns ◆ **en couronne** in a ring; → **fleur**

**b** (= diadème) [roi, pape] crown; [noble] coronet

**c** (= autorité royale) **la couronne** the Crown ◆ **la couronne d'Angleterre/de France** the crown of England/of France, the English/French crown ◆ **aspirer/prétendre à la couronne** to aspire to/lay claim to the throne ou the crown ◆ **de la couronne** joyaux, colonie crown (épith)

**d** (= objet circulaire) crown; (= pain) ring-shaped loaf; [dent] crown; (Archit, Astron) corona ◆ **couronne dentée** (Aut) crown wheel ◆ **la grande/petite couronne** the outer/inner suburbs (of Paris)

**e** (= monnaie) crown

**couronnement** [kuʀɔnmɑ̃] → SYN nm **a** [roi, empereur] coronation, crowning

**b** [édifice, colonne] top, crown; [mur] coping; [toit] ridge

**c** [carrière, œuvre, recherche] crowning achievement

**couronner** [kuʀɔne] → SYN ▸ conjug 1 ◂ **1** vt **a** [+ souverain] to crown ◆ **on le couronna roi** he was crowned king, they crowned him king; → **tête**

**b** [+ ouvrage, auteur] to award a prize to; (Hist) [+ lauréat, vainqueur] to crown with a laurel wreath

**c** (littér = orner, ceindre) to crown; [diadème] [+ front] to encircle ◆ **couronné de fleurs** wreathed ou encircled with flowers ◆ **remparts qui couronnent la colline** ramparts which crown the hill ◆ **pic couronné de neige** snow-capped peak, peak crowned with snow

**d** (= parachever) to crown ◆ **cela couronne son œuvre/sa carrière** that is the crowning achievement of his work/his career ◆ **et pour couronner le tout** (iro) and to crown it all ◆ **ses efforts ont été couronnés de succès** his efforts were crowned with success

**e** [+ dent] to crown

**2** **se couronner** vpr ◆ **se couronner (le genou)** [cheval] to graze its knee; [personne] to graze one's knee

**courre** [kuʀ] vt → **chasse¹**

**courrier** [kuʀje] → SYN nm **a** (= lettres reçues) mail, post (Brit), letters; (= lettres à écrire) letters ◆ **le courrier de 11 heures** the 11 o'clock post (Brit) ou mail ◆ **avoir** ou **recevoir un courrier de ministre** to be inundated with mail ou letters, have a huge postbag* (Brit) ◆ **"courrier arrivée/départ"** (sur bac) "in/out" ◆ **courrier électronique** (Ordin) e-mail, electronic mail ◆ **envoyer qch par courrier électronique** to e-mail sth, send sth by e-mail; → **retour**

**b** † (= avion, bateau) mail; (Mil = estafette) courier; (de diligence) post ◆ **l'arrivée du courrier de Bogota** the arrival of the Bogota mail; → **long-courrier**

**c** (Presse) (= rubrique) column; (= nom de journal) ≃ Mail ◆ **courrier du cœur** problem page, agony column (Brit) ◆ **courrier des lecteurs** letters to the Editor ◆ **courrier littéraire** literary column ◆ **courrier économique** financial page

**courriériste** [kuʀjeʀist] → SYN nmf columnist

**courroie** [kuʀwa] → SYN nf (= attache) strap; (Tech) belt ◆ **courroie de transmission** (Tech) driving belt ◆ **je ne suis qu'une simple courroie de transmission** I'm just a cog in the machine ou in the wheel ◆ **courroie de ventilateur** (Aut) fan belt

**courroucé, e** [kuʀuse] (ptp de **courroucer**) adj (littér) wrathful, incensed

**courroucer** [kuʀuse] → SYN ▸ conjug 3 ◂ (littér) **1** vt to anger, incense

**2** **se courroucer** vpr to become incensed

**courroux** [kuʀu] → SYN nm (littér) ire (littér), wrath

**cours** [kuʀ] → SYN **1** nm **a** (= déroulement, Astron) course; [événements] course, run; [saisons] course, progression; [guerre, maladie] progress, course; [pensées, idées] course ◆ **donner (libre) cours à** [+ imagination] to give free rein to; [+ douleur] to give way to; [+ joie, sentiment] to give vent to, give free expression to ◆ **il donna libre cours à ses larmes** he let his tears flow freely; → **suivre**

**b** [rivière] (= cheminement) course; (= écoulement) flow ◆ **avoir un cours rapide/régulier** to be fast-/smooth-flowing ◆ **sur une partie de son cours** on ou along part of its course ◆ **descendre le cours de la Seine** to go down the Seine ◆ **cours d'eau** (gén) watercourse; (= ruisseau) stream; (= rivière) river

**c** [valeurs, matières premières] price; [devises] rate ◆ **avoir cours** [monnaie] to be legal tender; (fig) to be current, be in current use ◆ **avoir cours légal** to be legal tender ◆ **ne plus avoir cours** [monnaie] to be no longer legal tender, be out of circulation; [expression] to be obsolete, be no longer in use ou no longer current ◆ **ces plaisanteries n'ont plus cours ici** jokes like that are no longer appreciated here ◆ **cours d'ouverture** (Bourse) opening price ◆ **cours de clôture, dernier cours** closing price, latest quotations ◆ **cours des devises** ou **du change** foreign exchange rate ◆ **au cours (du jour)** at the price of the day ◆ **au cours du marché** at (the) market price ◆ **le cours des voitures d'occasion** the (selling) price of second-hand cars

**d** (= leçon) class; (Univ = conférence) lecture; (= série de leçons) course; (= manuel) course-book, textbook ◆ **cours de solfège/de danse** musical theory/dancing lesson ◆ **cours de chimie** (= leçon) chemistry class ou lesson; (= conférence) chemistry lecture; (= enseignement) chemistry course; (= manuel) chemistry coursebook ou textbook ◆ **cours de droit** (= notes) law (course) notes ◆ **faire** ou **donner un cours sur** to give a class (ou lecture ou course) on ◆ **il donne des cours en fac*** he lectures at (the) university ◆ **qui vous fait cours en anglais ?** who takes you for English?, who have you got for English? ◆ **je ne ferai pas cours demain** I won't be teaching tomorrow ◆ **j'ai (un) cours d'histoire à quatorze heures** I've got a history class at two o'clock ◆ **cours accéléré** (Univ) crash course (*de* in) ◆ **cours du soir** (pl) evening classes ◆ **cours par correspondance** correspondence course ◆ **cours de vacances** summer school, holiday course (Brit) ◆ **cours intensif** intensive course (*de, en* in) ◆ **donner/prendre des cours particuliers** to give/have private lessons ou tuition (Brit) ◆ **cours particuliers de piano** private piano lessons

**e** (Scol = établissement) school ◆ **cours privé** private school ◆ **cours de jeunes filles** girls' school ou college ◆ **cours de danse** dancing school

**f** (Scol = enseignement primaire) class ◆ **cours préparatoire/élémentaire/moyen** *first/second or third/fourth or fifth year in primary school* ◆ **cours complémentaire** (Hist) *final year in elementary school*

**g** (= avenue) walk

**2** **au cours de** loc prép in the course of, during

**3** **en cours** loc adj année current (épith); affaires in hand, in progress; essais in progress, under way

**4** **en cours de** loc prép in the process of ◆ **c'est en cours de réparation/réfection** it's (in the process of) being repaired/rebuilt ◆ **le projet est en cours d'étude** the project is under consideration ◆ **en cours de route** (lit, fig) on the way ◆ **brevet en cours d'agrément** (Jur) patent pending

**course** [kuʀs] → SYN **1** nf **a** (= action de courir) running ◆ **prendre sa course** (littér) to start running ◆ **le cheval, atteint d'une balle en pleine course** the horse, hit by a bullet in mid gallop ◆ **il le rattrapa à la course** he ran after him and caught up with him ◆ **quelle course pour attraper le bus !** I had to run like mad* to catch the bus! ◆ **la course folle de la voiture s'est terminée dans le ravin** the car careered out of control and ended up in the ravine ◆ **c'est la course*** it's a race against the clock ◆ **depuis que le bébé est né, c'est la course*** we've been run off our feet ever since the baby was born; → **pas[1]**

**b** (= discipline) (Aut, Courses, Cyclisme, Naut) racing ◆ **la course (à pied)** (Athlétisme) running ◆ **faire de la course pour s'entraîner** to go running to get fit ◆ **tu fais de la course ?** (Aut, Cyclisme) do you race? ◆ **la course de fond/demi-fond** long-distance/middle-distance running ◆ **la course sur piste/route** track/road racing ◆ **faire la course avec qn** to race with sb ◆ **allez, on fait la course !** let's have a race!, I'll race you!; → **champ[1], écurie**

**c** (= compétition) race ◆ **course de fond/sur piste** long-distance/track race ◆ **course autour du monde (à la voile)** round-the-world (yacht) race ◆ **les courses** [chevaux] horse racing ◆ **aller aux courses** to go to the races ◆ **parier aux courses** to bet on the races ◆ **les courses de lévriers** greyhound racing ◆ **être/ne plus être dans la course** [candidat] to be in the running/out of the running ◆ **il n'est plus dans la course*** (dépassé) he's out of touch ◆ **hors course** pilote, voiture out of the race; candidat out of the running ◆ **il a été mis hors course** (Sport) he was disqualified; [candidat] he was put out of the running; → **solitaire**

**d** (pour l'obtention de qch) race ◆ **la course aux armements** the arms race ◆ **la course à la présidence/à l'Élysée/au pouvoir** the race for the presidency/the Elysée/power ◆ **la course à la productivité** the drive to be ultraproductive ◆ **la course au diplôme** the rush to obtain as many diplomas as possible

**e** (= voyage) (en autocar) trip, journey (Brit); (en taxi) ride ◆ **payer (le prix de) la course** to pay the fare ◆ **il n'a fait que 3 courses hier** [taxi] he only picked up or had 3 fares yesterday

**f** [projectile] flight; [navire] rapid course; [nuages, ombres] racing, swift passage; [temps] swift passage, swift passing (NonC); [étoiles] path

**g** (= excursion) (à pied) hike; (= ascension) climb

**h** (= commission) errand ◆ **courses** (dans un magasin) shopping (NonC) ◆ **faire une course** to (go and) get something from the shop(s) (Brit) or store(s) (US) ◆ **faire les courses** to do the shopping ◆ **il est sorti faire des courses** he has gone out to do or get some shopping ◆ **j'ai quelques courses à faire** I've got some shopping to do ◆ **les courses sont sur la table** the shopping is on the table

**i** (Tech) [pièce mobile] movement; [piston] stroke ◆ **à bout de course** (Tech) at full stroke ◆ **en bout de course** (= finalement) at the end of the day, ultimately ◆ **nous n'intervenons qu'en bout de course** we only intervene in the final stage of the process ◆ **à** ou **en bout de course** institution, industrie, machine on its last legs*; personne on one's last legs*; → **fin[2]**

**j** [corsaire] privateering ◆ **faire la course** to privateer, go privateering

**2** COMP ▷ **course attelée** harness race ▷ **course automobile** motor race ▷ **course de chevaux** horse-race ▷ **course de côte** (Sport Aut) hill climb ▷ **course par étapes** stage race ▷ **course contre la montre** (Sport) race against the clock, time-trial; (fig) race against time or the clock ▷ **course de haies** hurdling ◆ **faire de la course de haies** to hurdle ▷ **course hippique** ⇒ **course de chevaux** ▷ **course d'obstacles** (Sport) obstacle race; (Hippisme) steeplechase; (fig) obstacle course or race ▷ **course d'orientation** orienteering race ▷ **course de relais** relay race ▷ **course en sac** sack race ▷ **course de taureaux** bullfight ▷ **course au trésor** treasure hunt ▷ **course de trot** trotting race ▷ **course au trot attelé** harness race ▷ **course de vitesse** sprint

**course-poursuite,** pl **courses-poursuites** [kuʀspuʀsɥit] **nf** (Cyclisme) pursuit; (après un voleur) chase

**courser*** [kuʀse] ▸ conjug 1 ◂ **vt** to chase or hare* after

**coursier[1]** [kuʀsje] → SYN **nm** (littér = cheval) charger (littér), steed (littér)

**coursier[2], -ière** [kuʀsje, jɛʀ] → SYN **nm,f** (gén) messenger, courier; (à moto) dispatch rider ◆ **on vous l'enverra par coursier** we'll send it to you by courier, we'll courier it over to you

**coursive** [kuʀsiv] → SYN **nf** (Naut) gangway *(connecting cabins)*

**court[1], e** [kuʀ, kuʀt] → SYN **1** **adj** **a** (gén) short; introduction, séjour short, brief ◆ **de courte durée** enthousiasme, ardeur short-lived ◆ **il connaît un chemin plus court** he knows a quicker or shorter way ◆ **la journée m'a paru courte** the day seemed to go very quickly or to fly by ◆ **avoir l'haleine** ou **la respiration courte** ou **le souffle court** to be out of or short of breath; → **idée, manche[1], mémoire[1]**

**b** (= insuffisant) avance, majorité narrow, small ◆ **il lui a donné 10 jours, c'est court** he's given him 10 days, which is (a bit) on the short side or which isn't very long ◆ **10 € pour le faire, c'est court*** €10 for doing that – that's not very much or that's a bit stingy* ◆ **20 minutes, c'est bien court** 20 minutes is a bit tight

**c** (LOC) **tirer à la courte paille** to draw lots or straws (US) ◆ **à sa courte honte** to his humiliation ◆ **d'une courte tête** by a short head ◆ **prendre au plus court** to go the shortest way ◆ **aller au plus court** (fig) to cut corners

**2** **adv** **a** coiffer, habiller short ◆ **elle s'habille très court** she wears very short skirts (or dresses) ◆ **les cheveux coupés court** with short hair

**b** (LOC) **s'arrêter court** to stop short ◆ **couper court à** [+ débat, rumeur, critiques] to put a stop to ◆ **il faut faire court*** (= être concis) you (or we) need to be brief; (= être rapide) you'd (or we'd) better make it quick* ◆ **prendre qn de court** to catch sb unawares or on the hop* (Brit) ◆ **rester** ou **demeurer court** to be at a loss ◆ **tourner court** [projet, débat] to come to a sudden end ◆ **être à court d'argent/d'arguments** to be short of money/arguments ◆ **être à court d'idées** to be short of ideas ◆ **appelez-moi Bob tout court** just call me Bob ◆ **ils veulent l'indépendance tout court** they want independence, nothing more and nothing less ◆ **il n'est pas un peu hypocrite, il est hypocrite tout court** he's not just a bit of a hypocrite – he's a hypocrite full stop (Brit) or he's a hypocrite, period (US); → **pendre**

**court[2]** [kuʀ] **nm** (Sport) (tennis) court ◆ **court central** centre court

**courtage** [kuʀtaʒ] → SYN **nm** (= métier) brokerage; (= commission) commission ◆ **vendre qch par courtage** to sell sth through or by a broker ◆ **maison** ou **société de courtage** brokerage company; → **vente**

**courtaud, e** [kuʀto, od] → SYN **adj** **a** personne dumpy, squat

**b** **(chien/cheval) courtaud** docked and cropeared dog/horse

**courtauder** [kuʀtode] → SYN ▸ conjug 1 ◂ **vt** [+ chien, cheval] to dock

**court-bouillon,** pl **courts-bouillons** [kuʀbujɔ̃] → SYN **nm** (Culin) court-bouillon ◆ **faire cuire qch au court-bouillon** to cook sth in a court-bouillon

**court-circuit,** pl **courts-circuits** [kuʀsiʀkɥi] → SYN **nm** (Élec) short(-circuit)

**court-circuitage*,** pl **court-circuitages** [kuʀsiʀkɥitaʒ] **nm** [personne, service] bypassing

**court-circuiter** [kuʀsiʀkɥite] → SYN ▸ conjug 1 ◂ **vt** (Élec) to short(-circuit); [+ personne] to bypass, go over the head of; [+ service] to bypass

**courtepointe** [kuʀtəpwɛ̃t] → SYN **nf** counterpane

**courtier, -ière** [kuʀtje, jɛʀ] → SYN **nm,f** broker ◆ **courtier d'assurances** ou **en assurances** insurance broker ◆ **courtier en vins** wine broker ◆ **courtier maritime** ship broker

**courtilière** [kuʀtiljɛʀ] **nf** mole cricket

**courtine** [kuʀtin] → SYN **nf** curtain

**courtisan** [kuʀtizɑ̃] → SYN **nm** (Hist) courtier; (fig) sycophant ◆ **des manières de courtisan** sycophantic ways

**courtisane** [kuʀtizan] → SYN **nf** (Hist, littér) courtesan

**courtiser** [kuʀtize] → SYN ▸ conjug 1 ◂ **vt** († ou littér) [+ femme] to woo, court, pay court to; (= flatter) to pay court to, fawn on (péj)

**court-jus***, pl **courts-jus** [kuʀʒy] **nm** short(-circuit)

**court-métrage,** pl **courts-métrages** [kuʀmetʀaʒ] **nm** → **métrage**

**courtois, e** [kuʀtwa, waz] → SYN **adj** courteous; (Littérat) courtly

**courtoisement** [kuʀtwazmɑ̃] → SYN **adv** courteously

**courtoisie** [kuʀtwazi] → SYN **nf** courtesy, courteousness ◆ **courtoisie internationale** (Jur) comity of nations

**court-termiste** [kuʀtɛʀmist] **nmf** (Écon) short-term speculator

**court-vêtu, e,** mpl **court-vêtus** [kuʀvety] **adj** wearing a short skirt or dress

**couru, e** [kuʀy] → SYN (ptp de **courir**) **adj** **a** restaurant, spectacle popular ◆ **ce festival est moins couru que l'autre** this festival is less popular or draws less of a crowd than the other one

**b** **c'est couru (d'avance)*** it's a foregone conclusion, it's a sure thing*, it's a (dead) cert* (Brit)

**couscous[1]** [kuskus] **nm** (= plat) couscous

**couscous[2]** [kuskus] **nm** (Zool) cuscus

**couscoussier** [kuskusje] **nm** couscous-maker

**cousette** † [kuzɛt] → SYN **nf** (= ouvrière) dressmaker's apprentice; (= nécessaire) sewing kit

**couseur, -euse** [kuzœʀ, øz] **1** **nm,f** (= personne) stitcher

**2** **couseuse** **nf** (= machine) (industrial) sewing machine

**cousin[1], e** [kuzɛ̃, in] → SYN **nm,f** cousin ◆ **cousin germain** first cousin ◆ **cousins issus de germains** second cousins ◆ **cousins au 3e/4e degré** 3rd/4th cousins ◆ **ils sont un peu cousins** they are related (in some way) or are distant relations; → **mode[1], petit, roi**

**cousin[2]** [kuzɛ̃] → SYN **nm** (Zool) cranefly, daddy longlegs (Brit)

**cousinage** † [kuzinaʒ] **nm** (entre germains) cousinhood, cousinship; (= vague parenté) relationship

**cousiner** † [kuzine] ▸ conjug 1 ◂ **vi** to be on familiar terms (*avec* with)

**coussin** [kusɛ̃] → SYN **nm** [siège] cushion; (Tech) [collier de cheval] padding; (Belg = oreiller) pillow ◆ **coussin d'air** air cushion

**coussinet** [kusinɛ] **nm** **a** [siège, genoux] (small) cushion; [animal] pad

**b** (Tech) bearing ◆ **coussinet de tête de bielle** [arbre de transmission] big end bearing; [rail] chair

**c** (Archit) (volute) cushion

**cousu, e** [kuzy] (ptp de **coudre**) **adj** sewn, stitched ◆ **être (tout) cousu d'or** (fig) to be extremely wealthy ◆ **c'est cousu de fil blanc** (fig) it's a blatant lie ◆ **cousu main** (lit) handsewn, handstitched ◆ **c'est du cousu main*** (fig) it's top quality stuff ◆ **cousu machine** machine-sewn; → **bouche, motus**

**coût** [ku] → SYN **nm** (lit, fig) cost ◆ **le coût de la vie** the cost of living ◆ **coût d'acquisition** original cost ◆ **coûts de base** baseline costs ◆ **coût du crédit** credit charges ◆ **coût de distribution** distribution cost ◆ **coût d'investissement** capital cost ◆ **coût de production** production cost ◆ **coût salarial** wage(s) bill ◆ **coût d'utilisation** cost-in-use; → **indice**

**coûtant** [kutɑ̃] **adj m** ◆ **prix coûtant** cost price ◆ **vendre à prix coûtant** to sell at cost (price)

**couteau,** pl **couteaux** [kuto] → SYN **1** **nm** **a** (pour couper) knife; [balance] knife edge; (= coquillage) razor-shell (Brit), razor clam (US) ◆ **couteau à beurre/dessert/fromage/poisson/huîtres** butter/dessert/cheese/fish/oyster knife; → **lame**

**b** (LOC) **vous me mettez le couteau sous** ou **sur la gorge** you're holding a gun to my head ◆ **être à couteau(x) tiré(s)** to be at daggers drawn (*avec* with) ◆ **remuer** ou **retourner le couteau dans la plaie** to twist the knife in the wound, rub it in* ◆ **second couteau** (fig) minor figure ◆ **ce ne sont que des seconds couteaux** they're only the small fry

**2** COMP ▷ **couteau de chasse** hunting knife ▷ **couteau de cuisine** kitchen knife ▷ **couteau à découper** carving knife ▷ **couteau électrique** electric carving knife ▷ **couteau à éplucher, couteau à légumes** (potato) peeler ▷ **couteau à pain** breadknife ▷ **couteau à palette** ou **de peintre** (Peinture) palette knife ▷ **couteau de table** table knife; → **cran**

**couteau-scie,** pl **couteaux-scies** [kutosi] nm serrated knife

**coutelas** [kutlɑ] nm (= couteau) large (kitchen) knife; (= épée) cutlass

**coutelier, -ière** [kutəlje, jɛʀ] → SYN nm,f (= fabricant, marchand) cutler

**coutellerie** [kutɛlʀi] → SYN nf (= industrie) cutlery industry; (= atelier) cutlery works; (= magasin) cutlery shop, cutler's (shop); (= produits) cutlery

**coûter** [kute] → SYN ▸ conjug 1 ◂ vti **a** (financièrement) to cost ◆ **combien ça coûte ?** how much is it?, how much does it cost? ◆ **ça coûte cher ?** is it expensive?, does it cost a lot? ◆ **ça m'a coûté 25 €** it cost me €25 ◆ **les vacances, ça coûte !*** holidays (Brit) ou vacations (US) are expensive ou cost a lot! ◆ **ça coûte une fortune** ou **les yeux de la tête*** ou **bonbon*** it costs a fortune ou the earth* ◆ **ça coûte la peau des fesses**‡ it costs an arm and a leg* ◆ **ça va lui coûter cher** (lit) it'll cost him a lot; [erreur, impertinence] he'll pay for that, it will cost him dear(ly) ◆ **ça coûtera ce que ça coûtera*** never mind the expense ou cost, hang the expense*

**b** (= être pénible) **cette démarche me coûte** this is a painful step for me (to take) ◆ **il m'en coûte de refuser** it pains ou grieves me to have to refuse; → **premier**

**c** (= causer, valoir) **ça m'a coûté bien des mois de travail** it cost me many months' work ◆ **ça lui a coûté la tête/la vie** it cost him his head/life ◆ **ça ne coûte rien d'essayer** it costs nothing to try ◆ **je sais ce qu'il en coûte** I know what it costs ◆ **tu pourrais le faire, pour ce que ça te coûte !** you could easily do it – it wouldn't make any difference to you ou it wouldn't put you to any trouble

◆ **coûte que coûte** at all costs, no matter what ◆ **il faut y arriver coûte que coûte** we must get there at all costs ou by hook or by crook

**coûteux, -euse** [kutø, øz] → SYN adj objet costly, expensive; erreur costly; expérience painful ◆ **procédé coûteux en temps/énergie** process costly in time/energy

**coutil** [kuti] → SYN nm [vêtements] drill, twill; [matelas] ticking

**coutre** [kutʀ] → SYN nm coulter (Brit), colter (US)

**coutume** [kutym] → SYN nf **a** (= usage : gén, Jur) custom; (Jur = recueil) customary

**b** (= habitude) **avoir coutume de** to be in the habit of ◆ **plus/moins que de coutume** more/less than usual ◆ **comme de coutume** as usual ◆ **selon sa coutume** as is his custom ou wont; → **fois**

**coutumier, -ière** [kutymje, jɛʀ] → SYN **1** adj (gén) customary, usual; loi customary ◆ **droit coutumier** (= concept) customary law; (= lois) common law ◆ **il est coutumier du fait** (gén péj) that is what he usually does, that's his usual trick*

**2** nm (Jur) customary

**couture** [kutyʀ] → SYN nf **a** (= action, ouvrage) sewing; (= profession) dressmaking ◆ **faire de la couture** to sew ◆ **veste/robe (haute) couture** designer jacket/dress; → **haut, maison, point**[2]

**b** (= suite de points) seam ◆ **sans couture(s)** seamless ◆ **faire une couture à grands points** to tack ou baste a seam ◆ **couture apparente** ou **sellier** topstitching, overstitching ◆ **couture anglaise/plate** ou **rabattue** French/flat seam ◆ **regarder qch/qn sous toutes les coutures** to examine sth/sb from every angle; → **battre**

**c** (= cicatrice) scar

**d** (= suture) stitches

**couturé, e** [kutyʀe] → SYN adj visage scarred

**couturier** [kutyʀje] → SYN nm **a** (= personne) couturier, fashion designer ◆ **grand couturier** top designer

**b** (Anat) **(muscle) couturier** sartorial muscle, sartorius

**couturière** [kutyʀjɛʀ] nf **a** (= personne) dressmaker; (en atelier) dressmaker, seamstress †

**b** (Théât) *rehearsal preceding the full dress rehearsal, when alterations are made to the costumes*

**couvain** [kuvɛ̃] → SYN nm (= œufs) brood; (= rayon) brood cells

**couvaison** [kuvɛzɔ̃] nf (= période) incubation; (= action) brooding, sitting

**couvée** [kuve] → SYN nf [poussins] brood, clutch; [œufs] clutch; [enfants] brood; → **naître**

**couvent** [kuvɑ̃] → SYN nm **a** [sœurs] convent, nunnery †; [moines] monastery ◆ **entrer au couvent** to enter a convent

**b** (= internat) convent (school)

**couventine** [kuvɑ̃tin] → SYN nf (= religieuse) conventual; (= jeune fille élevée au couvent) convent schoolgirl

**couver** [kuve] → SYN ▸ conjug 1 ◂ **1** vi [feu, incendie] to smoulder; [haine, passion] to smoulder, simmer; [émeute] to be brewing; [complot] to be hatching ◆ **couver sous la cendre** (lit) to smoulder under the embers; [passion] to smoulder, simmer; [émeute] to be brewing

**2** vt **a** [+ œufs] [poule] to sit on; [appareil] to hatch ◆ **la poule était en train de couver** the hen was sitting on its eggs ou was brooding

**b** [+ enfant] to be overcareful with, cocoon; [+ maladie] to be getting, be coming down with; [+ vengeance] to brew, plot; [+ révolte] to plot ◆ **enfant couvé par sa mère** child cosseted by his mother, child brought up by an overcautious ou overprotective mother ◆ **couver qn/qch des yeux** ou **du regard** (tendresse) to gaze lovingly ou devotedly at sb/sth; (convoitise) to look covetously ou longingly at sb/sth

**couvercle** [kuvɛʀkl] → SYN nm [casserole, boîte, bocal] lid; [aérosol] cap, top; (qui se visse) (screw-)cap, (screw-)top; (Tech) [piston] cover

**couvert, e**[1] [kuvɛʀ, ɛʀt] → SYN (ptp de **couvrir**) **1** adj **a** (= habillé) covered (up) ◆ **il est trop couvert pour la saison** he's dressed too warmly for the time of year ◆ **il est resté couvert dans l'église** he kept his hat on inside the church

**b** **couvert de** [+ boutons, taches] covered in ou with ◆ **pics couverts de neige** snow-covered ou snow-clad (littér) peaks ◆ **couvert de chaume** toit, maison thatched ◆ **le rosier est couvert de fleurs** the rosebush is a mass of ou is covered in flowers

**c** (= voilé) ciel overcast ◆ **par temps couvert** when the sky is overcast; → **mot**

**d** rue, cour covered; piscine, court de tennis indoor (épith), indoors (attrib); → **marché**

**e** (= protégé par un supérieur, une assurance) covered

**f** syllabe closed

**2** nm **a** (= couteau, fourchette, cuillère, verre, assiette) place setting ◆ **une ménagère de 12 couverts** a canteen of 12 place settings ◆ **couverts** (= couteaux, fourchettes, cuillères) cutlery (Brit), flatware (US), silverware (US) ◆ **j'ai sorti les couverts en argent** I've brought out the silver ou the silver cutlery (Brit) ◆ **des couverts en plastique** plastic knives and forks

**b** (à table) **mettre le couvert** to lay ou set the table ◆ **mettre 4 couverts** to lay ou set 4 places, lay ou set the table for 4 ◆ **table de 4 couverts** table laid ou set for 4 ◆ **mets un couvert de plus** lay ou set another place ◆ **il a toujours son couvert mis chez nous** there's always a place for him at our table ◆ **remettre le couvert*** (fig) to do it again; (sexuellement) to be at it again* ◆ **le vivre** ou **gîte et le couvert** board (Brit) ou food (US) and lodging, room ou bed (Brit) and board

**c** (au restaurant = prix) cover charge

**d** (= abri) **sous le couvert d'un chêne** (littér) under the shelter of an oak tree ◆ **à couvert de la pluie** sheltered from the rain ◆ **être à couvert** (Mil) to be under cover ◆ **se mettre à couvert** (Mil) to get under ou take cover; (fig) to cover ou safeguard o.s.

**e** **sous (le) couvert de** (prétexte) under cover of ◆ **ils l'ont fait sous le couvert de leurs supérieurs** they did it by hiding behind the authority of their superiors ◆ **sous (le) couvert de la plaisanterie** under the guise of a joke ◆ **Monsieur le Ministre sous couvert de Monsieur le Recteur** the Minister through the person of the Director of Education

**couverte**[2] [kuvɛʀt] nf (Tech) glaze

**couverture** [kuvɛʀtyʀ] → SYN nf **a** (= literie) blanket ◆ **couverture de laine/chauffante** wool ou woollen/electric blanket ◆ **couverture de voyage** travelling rug ◆ **tirer la couverture à soi** (fig) (= s'attribuer tout le succès) to take (all) the credit; (= monopoliser la parole) to hog the stage

**b** (= toiture) roofing ◆ **couverture de chaume** thatch, thatched roof ◆ **couverture en tuiles** tiles, tiled roof

**c** [cahier, livre] cover; (= jaquette) dust cover ◆ **en couverture** on the cover ◆ **première/quatrième de couverture** (outside) front/back cover

**d** (Mil) cover; (= prétexte) cover ◆ **troupes de couverture** covering troops ◆ **couverture aérienne** aerial cover

**e** (Fin) cover, margin ◆ **couverture sociale** social security cover ou coverage ◆ **couverture médicale** medical ou health cover(age) ◆ **couverture des risques** risk insurance coverage

**f** (Journalisme) coverage ◆ **assurer la couverture d'un événement** to provide coverage of an event ◆ **couverture médiatique** media coverage

**couveuse** [kuvøz] → SYN nf **a** (= poule) broody hen ◆ **couveuse (artificielle)** incubator

**b** [bébé] incubator ◆ **être en couveuse** to be in an incubator

**couvrant, e** [kuvʀɑ̃, ɑ̃t] **1** adj peinture, fond de teint that covers well

**2** **couvrante*** nf blanket, cover

**couvre-chef,** pl **couvre-chefs** [kuvʀəʃɛf] → SYN nm (hum) hat, headgear (NonC) (hum)

**couvre-feu,** pl **couvre-feux** [kuvʀəfø] nm curfew

**couvre-joint,** pl **couvre-joints** [kuvʀəʒwɛ̃] nm batten

**couvre-lit,** pl **couvre-lits** [kuvʀəli] → SYN nm bedspread, coverlet

**couvre-livre,** pl **couvre-livres** [kuvʀəlivʀ] nm book cover ou jacket

**couvre-objet,** pl **couvre-objets** [kuvʀɔbʒɛ] nm cover glass

**couvre-pied(s),** pl **couvre-pieds** [kuvʀəpje] nm quilt

**couvre-plat,** pl **couvre-plats** [kuvʀəpla] nm dish cover

**couvre-théière,** pl **couvre-théières** [kuvʀətejɛʀ] nm tea cosy

**couvreur** [kuvʀœʀ] nm roofer

**couvrir** [kuvʀiʀ] → SYN ▸ conjug 18 ◂ **1** vt **a** (gén) [+ livre, sol, chargement] to cover (*de, avec* with); [+ récipient] to cover (*de, avec* with), put the lid on; (Jeux) [+ carte] to cover ◆ **couvrir un toit d'ardoises/de chaume/de tuiles** to slate/thatch/tile a roof ◆ **des tableaux couvraient tout un mur** one whole wall was covered in pictures ◆ **couvrir le feu** to bank up the fire

**b** (= habiller) to cover ◆ **couvre bien les enfants** wrap ou cover the children up well ◆ **un châle lui couvrait les épaules** she had a shawl around her shoulders

**c** (fig) **couvrir qch/qn de** to cover sth/sb with ou in ◆ **couvert de bleus** bruised all over, covered in ou with bruises ◆ **couvrir qn de cadeaux** to shower sb with gifts, shower gifts (up)on sb ◆ **couvrir qn de caresses/baisers** to cover ou shower sb with caresses/kisses ◆ **couvrir qn d'injures/d'éloges** to shower sb with insults/praise, heap insults/praise on sb ◆ **cette aventure l'a couvert de ridicule** this affair has covered him with ridicule; → **boue**

d (= masquer) [+ son, voix] to drown (out); [+ énigme] to conceal ◆ **le bruit de la rue couvrait la voix du conférencier** the noise from the street drowned (out) the lecturer's voice ◆ **couvrir son jeu** (lit, fig) to hold ou keep one's cards close to one's chest ◆ **sa frugalité couvre une grande avarice** his frugality conceals great avarice ◆ **couvrir qch du nom de charité** to pass sth off as charity

e (= protéger) to cover ◆ **couvrir qn de son corps** to cover ou shield sb with one's body ◆ **couvrir sa retraite** (Mil) to cover one's retreat ◆ **couvrir qn** (fig) to cover up for ou shield sb ◆ **couvrir une erreur** to cover up a mistake

f [+ frais, dépenses] to cover; [assurance] to cover ◆ **pourriez-vous nous couvrir de la somme de 100 € ?** (Admin) would you remit to us the sum of €100? ◆ **couvrir l'enchère de qn** to make a higher bid than sb

g (= parcourir) [+ kilomètres, distance] to cover

h (Zool) [+ jument] to cover

i (Journalisme) [+ événement] to cover

2 **se couvrir** vpr a [arbre] **se couvrir de fleurs/feuilles** to come into bloom/leaf ◆ **les prés se couvrent de fleurs** the meadows are becoming a mass of flowers ◆ **se couvrir de taches** [personne] to cover o.s. in splashes, get covered in splashes ◆ **se couvrir de boutons** to become covered in ou with spots ◆ **se couvrir de gloire** to cover o.s. with glory ◆ **se couvrir de honte/ridicule** to bring shame/ridicule upon o.s., cover o.s. with shame/ridicule

b (= s'habiller) to cover up, wrap up; (= mettre son chapeau) to put on one's hat ◆ **il fait froid, couvrez-vous bien** it's cold so wrap ou cover (yourself) up well

c [ciel] to become overcast, cloud over ◆ **le temps se couvre** it's clouding over, the sky is ou it's becoming (very) overcast

d (Boxe, Escrime) to cover o.s. ◆ **pour se couvrir** (fig) to cover ou shield himself

**covalence** [kovalɑ̃s] nf (Chim) covalency, covalence (US) ◆ **liaison de covalence** covalent bond

**covalent, e** [kovalɑ̃, ɑ̃t] adj (Chim) covalent

**covariance** [kovaʀjɑ̃s] nf (Math) covariance

**covariant, e** [kovaʀjɑ̃, jɑ̃t] adj (Math) covariant

**covelline** [kɔvelin] nf (Minér) covellite

**covendeur, -euse** [kovɑ̃dœʀ, øz] nm,f joint seller

**cover-girl**, pl **cover-girls** [kɔvœʀgœʀl] → SYN nf cover girl

**covoiturage** [kovwatyʀaʒ] nm car sharing

**cow-boy**, pl **cow-boys** [kobɔj] → SYN nm cowboy ◆ **jouer aux cow-boys et aux Indiens** to play (at) cowboys and Indians

**coxalgie** [kɔksalʒi] → SYN nf coxalgia

**coxalgique** [kɔksalʒik] 1 adj coxalgic 2 nmf person suffering from coxalgia

**coxarthrose** [kɔksaʀtʀoz] nf osteoarthritis of the hip

**coyote** [kɔjɔt] nm coyote

**CP** [sepe] nm (abrév de **cours préparatoire**) → **cours**

**CPAM** [sepeaɛm] nf (abrév de **caisse primaire d'assurance maladie**) → **caisse**

**CQFD** [sekyɛfde] (abrév de **ce qu'il fallait démontrer**) QED

**crabe** [kʀɑb] → SYN nm a (Zool) crab ◆ **marcher en crabe** to walk crabwise ou crabways; → **panier**

b (= véhicule) caterpillar-tracked vehicle

**crabier** [kʀɑbje] → SYN nm (= héron) squacco heron

**crabot** [kʀabo] nm (Tech) (= dent) dog

**crac** [kʀak] excl [bois, glace] crack; [étoffe] rip

**crachat** [kʀaʃa] → SYN nm a (gén) spit (NonC), spittle (NonC) ◆ **il a reçu un crachat dans la figure** someone spat in his face

b († * = plaque, insigne) decoration

**craché, e** * [kʀaʃe] (ptp de **cracher**) adj ◆ **c'est son père tout craché** he's the spitting image of his father ◆ **c'est lui tout craché** that's just like him, that's him all over *

**crachement** [kʀaʃmɑ̃] nm a (= expectoration) spitting (NonC) ◆ **crachement de sang** spitting of blood ◆ **crachements de sang** spasms of spitting blood ou of blood-spitting

b (= projection) [flammes, vapeur] burst; [étincelles] shower

c (= bruit) [radio, mitrailleuses] crackling (NonC), crackle

**cracher** [kʀaʃe] → SYN ▸ conjug 1 ◂ 1 vi a (avec la bouche) to spit ◆ **rincez-vous la bouche et crachez** rinse your mouth and spit it out ◆ **cracher sur qn** (lit) to spit at sb; (fig) to spit on sb ◆ **il ne crache pas sur le caviar** * he doesn't turn his nose up at caviar ◆ **il ne faut pas cracher sur cette offre** * this offer is not to be sneezed at ◆ **il ne faut pas cracher dans la soupe** * don't bite the hand that feeds you ◆ **c'est comme si je crachais en l'air** * I might as well be whistling in the wind ◆ **cracher au bassinet** * to cough up *

b [stylo, plume] to splutter, splotch; [micro] to crackle

2 vt a [personne] [+ sang] to spit; [+ bouchée] to spit out; [+ injures] to spit (out); ⁑ [+ argent] to cough up *, stump up * (Brit) ◆ **cracher ses poumons** ⁑ to cough up one's lungs ⁑; → **venin**

b [canon] [+ flammes] to spit (out); [+ projectiles] to spit out; [cheminée, volcan, dragon] to belch (out) ◆ **le moteur crachait des étincelles** the engine was sending out showers of sparks ◆ **le tuyau crachait une eau brunâtre** the pipe was spitting out dirty brown water

**cracheur, -euse** [kʀaʃœʀ, øz] nm,f ◆ **cracheur de feu** ou **de flammes** fire-eater

**crachin** [kʀaʃɛ̃] → SYN nm drizzle

**crachiner** [kʀaʃine] → SYN ▸ conjug 1 ◂ vi to drizzle

**crachoir** [kʀaʃwaʀ] nm spittoon, cuspidor (US) ◆ **tenir le crachoir** * to hold the floor ◆ **j'ai tenu le crachoir à ma vieille tante tout l'après-midi** I had to sit and listen to my old aunt spouting all afternoon *

**crachotement** [kʀaʃɔtmɑ̃] → SYN nm [haut-parleur, téléphone, radio] crackling (NonC), crackle; [robinet] spluttering (NonC)

**crachoter** [kʀaʃɔte] → SYN ▸ conjug 1 ◂ vi [haut-parleur, téléphone, radio] to crackle; [robinet] to splutter

**crachouiller** [kʀaʃuje] → SYN ▸ conjug 1 ◂ vi [personne] to splutter

**crack**[1] [kʀak] → SYN nm a (= poulain) crack ou star horse

b (* = as) ace ◆ **un crack en informatique** an ace ou a wizard * at computing ◆ **c'est un crack au saut en longueur** he's a first-class long jumper

**crack**[2] [kʀak] nm (Drogue) crack (cocaine)

**cracker** [kʀakœʀ, kʀakɛʀ] → SYN nm (= biscuit) cracker

**cracking** [kʀakiŋ] nm (Chim) cracking

**Cracovie** [kʀakɔvi] n Cracow

**cracra** ⁑ [kʀakʀa] adj inv, **crade** ⁑ [kʀad], **cradingue** ⁑ [kʀadɛ̃g], **crado** ⁑ [kʀado], **cradoque** ⁑ [kʀadɔk] adj personne, vêtement dirty, scuzzy ⁑; endroit, meuble dirty, grotty * (Brit)

**craie** [kʀɛ] → SYN nf (= substance, bâtonnet) chalk ◆ **craie de tailleur** tailor's chalk, French chalk ◆ **écrire qch à la craie sur un mur** to chalk sth up on a wall

**craignos** ⁑ [kʀɛɲos] adj inv personne, quartier shady *, dodgy * (Brit) ◆ **il est vraiment craignos ce type** he's a really freaky guy *

**craindre** [kʀɛ̃dʀ] → SYN ▸ conjug 52 ◂ 1 vt a [personne] to fear, be afraid ou scared of ◆ **je ne crains pas la mort/la douleur** I'm not afraid of dying/pain ◆ **ne craignez rien** don't be afraid ou frightened ◆ **oui, je le crains !** yes, I'm afraid so! ◆ **je crains le pire** I fear the worst ◆ **il voulait se faire craindre** he wanted to be feared

b **craindre de faire qch** to be afraid of doing sth ◆ **il craint de se faire mal** he's afraid of hurting himself ◆ **je ne crains pas de dire que ...** I am not afraid of saying that ... ◆ **je crains d'avoir bientôt à partir** I'm afraid ou I fear I may have to leave soon ◆ **craignant de manquer le train** afraid of missing ou afraid (that) he might miss the train

c **craindre que ...** to be afraid that ..., fear that ... ◆ **je crains qu'il (n')attrape froid** I'm afraid (that) he might catch cold ◆ **ne craignez-vous pas qu'il arrive ?** aren't you afraid he'll come? ou he might come? ◆ **je crains qu'il (ne) se soit perdu** I'm afraid that he might ou may have got lost ◆ **il est à craindre que ...** it is to be feared that ... ◆ **je crains que vous ne vous trompiez** I fear you are mistaken

d **craindre pour** [+ vie, réputation, personne] to fear for

e [aliment, produit] **craindre le froid** to be easily damaged by (the) cold ◆ **"craint l'humidité/la chaleur"** "keep ou store in a dry place/cool place", "do not expose to a damp atmosphere/to heat" ◆ **vêtement qui ne craint rien** hard-wearing ou sturdy garment ◆ **c'est un vieux tapis, ça ne craint rien** don't worry, it's an old carpet ◆ **ces animaux craignent la chaleur** these animals can't stand the heat

2 vi ⁑ ◆ **il craint, ce type** that guy's really creepy * ◆ **ça craint dans ce quartier** (louche) this is a really shady * ou dodgy (Brit) * area; (dangereux) this is a really dangerous area ◆ **ça craint, leur émission** that programme's the pits ⁑ ◆ **s'il est élu, ça craint pour la démocratie** if he gets elected, it'll be a bad day for democracy

**crainte** [kʀɛ̃t] GRAMMAIRE ACTIVE 17.1 → SYN nf a (= peur) fear ◆ **la crainte de la maladie** ou **d'être malade l'arrête** fear of illness ou of being ill stops him ◆ **soyez sans crainte, n'ayez crainte** have no fear, never fear ◆ **j'ai des craintes à son sujet** I'm worried about him ◆ **sans crainte** personne fearless; affronter, parler without fear, fearlessly ◆ **avec crainte** fearfully ◆ **la crainte qu'on ne les entende** the fear that they might be overheard ◆ (Prov) **la crainte est le commencement de la sagesse** only the fool knows no fear

b (LOC) **dans la crainte de, par crainte de** for fear of ◆ **de crainte d'une erreur** for fear of (there being) a mistake, lest there be a mistake (frm) ◆ **(par) crainte d'être suivi, il courut** he ran for fear of being followed ou fearing that he might be followed ◆ **de crainte que ...** for fear that ..., fearing that ... ◆ **de crainte qu'on ne le suive, il courut** he ran for fear of being followed ou fearing that he might be followed

**craintif, -ive** [kʀɛ̃tif, iv] → SYN adj timid

**craintivement** [kʀɛ̃tivmɑ̃] adv timidly

**crambe** [kʀɑ̃b] nm sea kale

**cramé, e** ⁑ [kʀame] 1 adj a (= brûlé) burnt, burned (US)

b (= saoul) pissed ⁑; (= drogué) stoned ⁑

2 nm ◆ **ça sent le cramé** (lit) I (can) smell burning; (fig) there's trouble brewing ◆ **ça a un goût de cramé** it tastes burnt ◆ **ne mange pas le cramé** don't eat the burnt bit(s)

**cramer** ⁑ [kʀame] ▸ conjug 1 ◂ 1 vi [maison] to burn down, go up in flames; [mobilier] to go up in flames ou smoke; [tissu, papier] to burn

2 vt (gén) to burn; [+ maison] to burn down

**cramoisi, e** [kʀamwazi] → SYN adj crimson

**crampe** [kʀɑ̃p] → SYN nf cramp ◆ **avoir une crampe au mollet** to have cramp (Brit) ou a cramp (US) in one's calf ◆ **crampe d'estomac** stomach cramp ◆ **la crampe de l'écrivain** (hum) writer's cramp (hum)

**crampillon** [kʀɑ̃pijɔ̃] nm staple

**crampon** [kʀɑ̃pɔ̃] → SYN nm a (Tech) cramp (iron), clamp

b [chaussures de football] stud; [chaussures de course] spike; [fer à cheval] calk ◆ **crampon (à glace)** [alpiniste] crampon

c (Bot) tendril

d (* = personne) leech ◆ **elle est crampon** she clings like a leech, you can't shake her off

**cramponnage** [kʀɑ̃pɔnaʒ] nm (Alpinisme) crampon technique, cramponning

**cramponner** [kʀɑ̃pɔne] → SYN ▸ conjug 1 ◂ 1 vt a (Tech) to cramp (together), clamp (together)

b (* : fig) to cling to

2 **se cramponner** vpr (pour ne pas tomber) to hold on, hang on; (dans son travail) to stick at it * ◆ **elle se cramponne** (= ne vous lâche pas) she clings like a leech, you can't shake her off; (= ne veut pas mourir) she's hanging on (to life) ◆ **se cramponner à** [+ branche, volant, bras] to cling (on) to, clutch, hold on to; [+ personne], (lit) to cling (on) to; (fig) [+ vie, espoir, personne] to cling to

**cran** [kʀɑ̃] → SYN nm **a** (pour accrocher, retenir) [pièce dentée, crémaillère] notch; [arme à feu] catch; [ceinture, courroie] hole ◆ **hausser un rayon de plusieurs crans** to raise a shelf a few notches ou holes ◆ **cran de sécurité** ou **de sûreté** safety catch ◆ **(couteau à) cran d'arrêt** flick-knife
**b** (servant de repère) (Couture, Typo) nick ◆ **cran de mire** bead
**c** [cheveux] wave ◆ **le coiffeur lui avait fait un cran** ou **des crans** the hairdresser had put her hair in waves
**d** ( * = courage) guts * ◆ **elle a un drôle de cran** * she's got a lot of guts * ou bottle * (Brit)
**e** (LOC) **monter/descendre d'un cran** (dans la hiérarchie) to move up/come down a rung ou peg ◆ **elle est monté/descendu d'un cran dans mon estime** she's gone up/down a notch ou peg in my estimation ◆ **être à cran** to be very edgy ◆ **ne le mets pas à cran** don't make him mad *

**crâne[1]** [kʀɑn] → SYN nm (Anat) skull, cranium (SPÉC); (fig) head ◆ **avoir mal au crâne** * to have a splitting headache ◆ **avoir le crâne dur** * (fig) to be thick(skulled) *; → **bourrage, bourrer, fracture**

**crâne[2]** † [kʀɑn] → SYN adj gallant

**crânement** † [kʀɑnmɑ̃] adv gallantly

**crâner** * [kʀɑne] ▸ conjug 1 ◂ vi to swank *, show off *, put on the dog * (US) ◆ **ce n'est pas la peine de crâner** it's nothing to swank * ou show off * about

**crânerie** † [kʀɑnʀi] nf gallantry

**crâneur, -euse** * [kʀɑnœʀ, øz] → SYN nm,f swank *, show-off * ◆ **faire le crâneur** to swank * ou show off * ◆ **elle est un peu crâneuse** she's a bit of a show-off *

**crânien, -ienne** [kʀɑnjɛ̃, jɛn] → SYN adj cranial; → **boîte**

**craniologie** [kʀanjɔlɔʒi] nf craniology

**craniotomie** [kʀanjɔtɔmi] nf craniotomy

**cranter** [kʀɑ̃te] → SYN ▸ conjug 1 ◂ vt (Tech) [+ pignon, roue] to put notches in ◆ **cranter ses cheveux** to put one's hair in waves ◆ **tige crantée** notched stem

**crapahuter** [kʀapayte] → SYN ▸ conjug 1 ◂ vi (arg Mil) to yomp ◆ **on a crapahuté dans la montagne toute la journée** (= faire une randonnée) we trudged ou trekked through the mountains all day

**crapaud** [kʀapo] **1** nm **a** (Zool) toad; → **bave, fauteuil, laid, piano**
**b** ( * = gamin) brat *
**c** [diamant] flaw
**2** COMP ▷ **crapaud de mer** angler(-fish)

**crapaud-buffle**, pl **crapauds-buffles** [kʀapobyfl] nm buffalo frog

**crapaudine** [kʀapodin] → SYN nf [tuyau] grating; [gond] gudgeon; (= pierre) toadstone

**crapoter** * [kʀapɔte] ▸ conjug 1 ◂ vi [fumeur] ◆ **il crapote** he doesn't inhale

**crapoteux, -euse** * [kʀapɔtø, øz] adj lieu murky, gloomy; personne grimy-looking

**crapouillot** [kʀapujo] → SYN nm (Hist Mil) trench mortar

**crapule** [kʀapyl] → SYN nf (= escroc) crook; ( †† = racaille) riffraff, scum *

**crapulerie** [kʀapylʀi] → SYN nf **a** (= caractère) villainy
**b** (= acte) villainy

**crapuleux, -euse** [kʀapylø, øz] → SYN adj action villainous; vie dissolute; → **crime**

**craquage** [kʀakaʒ] nm (Chim) cracking

**craquant, e** * [kʀakɑ̃, ɑ̃t] adj biscuit crunchy; ( * = séduisant) objet, personne gorgeous, lovely

**craque** * † [kʀak] nf whopper *, whopping lie * ◆ **tu m'as raconté des craques** you've been trying to put one over on me

**craquelé, e** [kʀakle] (ptp de **craqueler**) adj terre, chemin covered with cracks; glace, peinture, cuir cracked ◆ **des chaussures toutes craquelées** cracked leather shoes

**craquèlement** [kʀakɛlmɑ̃] → SYN nm (par usure) cracking; (Tech) crackling

**craqueler** [kʀakle] → SYN ▸ conjug 4 ◂ **1** vt [+ vernis, faïence, terre] [usure, âge] to crack; (Tech) [artisan] to crackle
**2 se craqueler** vpr [vernis, faïence, terre] to crack

**craquellement** [kʀakɛlmɑ̃] nm ⇒ **craquèlement**

**craquelure** [kʀaklyʀ] nf (accidentelle) crack ◆ **craquelures** (volontaires) [porcelaine, verre] crackle (NonC); [tableau] craquelure (NonC) (SPÉC) ◆ **couvert de craquelures** covered in cracks

**craquement** [kʀakmɑ̃] → SYN nm (= bruit) [arbre, branche qui se rompt] crack, snap; [plancher, boiserie] creak; [feuilles sèches, neige] crackle, crunch; [chaussures] squeak ◆ **le craquement continuel des arbres/de la banquise** the constant creak of the trees/icefield

**craquer** [kʀake] → SYN ▸ conjug 1 ◂ **1** vi **a** (= produire un bruit) [parquet] to creak, squeak; [feuilles mortes, disque] to crackle; [neige] to crunch; [chaussures] to squeak; [biscuit] to crunch ◆ **faire craquer ses doigts** to crack one's fingers ◆ **faire craquer une allumette** to strike a match
**b** (= céder) [bas] to rip, go * (Brit); [bois, couche de glace] to crack; [branche] to crack, snap ◆ **veste qui craque aux coutures** jacket which is coming apart at the seams; → **plein**
**c** (= s'écrouler) [entreprise, gouvernement] to be falling apart (at the seams), be on the verge of collapse; [athlète] to collapse; [accusé, malade] to break down, collapse ◆ **ils ont craqué en deuxième mi-temps** they gave way in the second half ◆ **je craque** * (= je n'en peux plus) I've had enough; (= je deviens fou) I'm cracking up *; → **nerf**
**d** ( * = être enthousiasmé) **j'ai craqué** I couldn't resist it (ou them ou him etc) ◆ **il est à craquer !** he's irresistible!
**2** vt **a** [+ pantalon] to rip, split ◆ **craquer un bas** * to rip ou tear a stocking
**b craquer une allumette** to strike a match
**c** [+ produit pétrolier] to crack

**craqueter** [kʀakte] → SYN ▸ conjug 4 ◂ vi [cigogne] to clatter; [cigale] to chirp

**crase** [kʀɑz] → SYN nf (Ling) crasis ◆ **crase sanguine** (Méd) coagulation ou clotting factors

**crash** * [kʀaʃ] nm crash

**crasher (se)** * [kʀaʃe] ▸ conjug 1 ◂ vpr [voiture, train] to crash; [chauffeur, motard] to crash, have a crash; [avion] (accidentellement) to crash; (volontairement) to crash-land ◆ **il s'est crashé contre un arbre** he crashed into ou hit a tree ◆ **se crasher en moto/voiture** to crash one's motorbike/car

**craspec** * [kʀaspɛk] adj inv grotty * (Brit), shabby

**crassane** [kʀasan] nf ⇒ **passe-crassane**

**crasse** [kʀas] → SYN **1** nf **a** (= saleté) grime, filth
**b** ( * = sale tour) dirty trick * ◆ **faire une crasse à qn** to play a dirty trick on sb *, do the dirty on sb *
**c** (Tech) (= scorie) dross, scum, slag; (= résidus) scale
**2** adj ignorance, bêtise crass; paresse unashamed ◆ **être d'une ignorance crasse** to be abysmally ignorant ou pig ignorant *

**crasseux, -euse** [kʀasø, øz] → SYN adj grimy, filthy

**crassier** [kʀasje] → SYN nm slag heap

**cratère** [kʀatɛʀ] → SYN nm crater

**craterelle** [kʀatʀɛl] → SYN nf horn of plenty

**cratériforme** [kʀateʀifɔʀm] adj crater-shaped (épith)

**cravache** [kʀavaʃ] → SYN nf (riding) crop, quirt (US) ◆ **mener qn à la cravache** (fig) to drive sb ruthlessly

**cravacher** [kʀavaʃe] → SYN ▸ conjug 1 ◂ **1** vt [+ cheval] to use the crop on, whip, quirt (US); [+ personne] to strike with a riding crop; (= rouer de coups) to horsewhip
**2** vi ( * = foncer) to belt along *; (pour finir un travail) to work like mad *, pull out all the stops *

**cravate** [kʀavat] → SYN nf **a** [chemise] tie ◆ **cravate de chanvre** (hum) hangman's rope ◆ **cravate de commandeur de la Légion d'honneur** ribbon of commander of the Legion of Honour; → **épingle, jeter**
**b** (Lutte) headlock; (Rugby) clothes-line tackle
**c** (Naut) sling

**cravater** [kʀavate] → SYN ▸ conjug 1 ◂ vt **a** (lit) [+ personne] to put a tie on ◆ **cravaté de neuf** wearing a new tie ◆ **se cravater** to put one's ou a tie on
**b** (= prendre au collet) (gén) to grab round the neck; (Lutte) to put in a headlock; ( * = arrêter) to collar * ◆ **se faire cravater par un journaliste** to be collared * ou buttonholed * by a journalist

**crawl** [kʀol] → SYN nm (= nage) crawl ◆ **nager le crawl** to do ou swim the crawl

**crawler** [kʀole] ▸ conjug 1 ◂ vi to do ou swim the crawl ◆ **dos crawlé** backstroke

**crawleur, -euse** [kʀolœʀ, øz] nm,f crawl stroke swimmer

**crayeux, -euse** [kʀɛjø, øz] → SYN adj terrain, substance chalky; teint chalk-white

**crayon** [kʀɛjɔ̃] → SYN **1** nm **a** (pour écrire) pencil ◆ **écrire au crayon** to write with a pencil ◆ **écrivez cela au crayon** write that in pencil ◆ **notes au crayon** pencilled notes ◆ **avoir le crayon facile** to be good at drawing ◆ **coup de crayon** pencil stroke ◆ **avoir un bon coup de crayon** to be good at sketching
**b** (= bâtonnet) pencil
**c** (Art) (= matière) crayon; (= dessin) crayon (drawing) ◆ **colorier qch au crayon** to crayon sth
**2** COMP ▷ **crayon de couleur** crayon ▷ **crayon feutre** felt-tip pen ▷ **crayon gomme** pencil with rubber (Brit) ou eraser (US) ▷ **crayon gras** soft lead pencil ▷ **crayon hémostatique** styptic pencil ▷ **crayon khôl** eyeliner (pencil) ▷ **crayon à lèvres** lip pencil ▷ **crayon lithographique** litho pen ▷ **crayon au nitrate d'argent** silver-nitrate pencil, caustic pencil ▷ **crayon noir** ou **à papier** lead pencil ▷ **crayon optique** light pen ▷ **crayon à sourcils** eyebrow pencil ▷ **crayon pour les yeux** eyeliner (pencil)

**crayonnage** [kʀɛjɔnaʒ] nm (= gribouillage) scribble, doodle; (= dessin) (pencil) drawing, sketch

**crayonné** [kʀɛjɔne] (ptp de **crayonner**) adj m, nm ◆ **(croquis) crayonné** sketch

**crayonner** [kʀɛjɔne] → SYN ▸ conjug 1 ◂ vt **a** [+ notes] to scribble, jot down (in pencil); [+ dessin] to sketch
**b** (péj = gribouiller) [+ traits] to scribble; [+ dessins] to doodle

**CRDP** [seɛʀdepe] nm (abrév de **Centre régional de documentation pédagogique**) → **centre**

**CRDS** [seɛʀdeɛs] nf (abrév de **contribution au remboursement de la dette sociale**) → **remboursement**

**créance** [kʀeɑ̃s] → SYN nf **a** (Fin, Jur) (financial) claim, debt *(seen from the creditor's point of view)*; (= titre) letter of credit ◆ **créance hypothécaire** mortgage loan *(seen from the creditor's point of view)* ◆ **créances** (Fin) accounts receivable ◆ **créance irrécouvrable** bad debt; → **lettre**
**b** († ou littér = crédit, foi) credence (frm) ◆ **donner créance à qch** (= rendre croyable) to lend credibility to sth; (= ajouter foi à) to give credence to sth (frm)

**créancier, -ière** [kʀeɑ̃sje, jɛʀ] → SYN nm,f creditor ◆ **créancier-gagiste** lienor ◆ **créancier privilégié** preferential creditor

**créateur, -trice** [kʀeatœʀ, tʀis] → SYN **1** adj creative
**2** nm,f (gén, Rel) creator ◆ **créateur de mode** fashion designer ◆ **créateur publicitaire** commercial artist ◆ **les créateurs d'entreprise** people who set up companies ◆ **le Créateur** the Creator

**créatif, -ive** [kʀeatif, iv] → SYN **1** adj creative, inventive
**2** nm (Publicité) designer

**créatine** [kʀeatin] nf creatine, creatin

**créatinine** [kʀeatinin] nf creatinine

**création** [kʀeasjɔ̃] → SYN nf **a** (= invention, conception) [vêtement, style, produit] creation; (= chose créée) creation ◆ **ses créations les plus originales** his most original creations

**b** (= production, fondation) [empire, association] creation, founding; [firme] creation, setting up ◆ **la création d'emplois** job creation ◆ **il y a eu 200 créations d'emplois/de postes** 200 jobs/posts were created ◆ **je travaille dans cette entreprise depuis sa création** I've worked in this company since it was first set up ◆ **il y a eu plusieurs créations d'entreprises** several new companies have been created ◆ **la Création** (Rel) (the) Creation ◆ **depuis la création du monde** since the world began

**c** (Théât) [pièce] first production

**d** (Phys) **théorie de la création continue** steady-state theory

**créationnisme** [kʀeasjɔnism] nm creationism

**créationniste** [kʀeasjɔnist] **1** adj creationistic

**2** nmf creationist

**créativité** [kʀeativite] → SYN nf creativeness, creativity; (Ling) creativity

**créature** [kʀeatyʀ] → SYN nf (gén, péj) creature

**crécelle** [kʀesɛl] → SYN nf rattle; → **voix**

**crécerelle** [kʀes(ə)ʀɛl] → SYN nf kestrel

**crèche** [kʀɛʃ] → SYN nf **a** (Rel : de Noël) nativity scene, crib (Brit), crèche (US)

**b** (= établissement) crèche, day nursery, day-care centre (Brit) ou center (US), child care center (US) ◆ **crèche familiale** *crèche in the home of a registered child minder* ◆ **crèche parentale** *crèche run by parents* ◆ **mettre son bébé à la crèche** to put one's baby in a crèche

> **CRÈCHE DE NOËL**
>
> In France the Christmas crib usually contains figurines representing a miller, a woodcutter and other villagers in addition to the Holy Family and the traditional cow, donkey and shepherds. Figurines representing the Magi are added to the nativity scene at Epiphany.

**crécher*** [kʀeʃe] ▸ conjug 6 ◂ vi to hang out* ◆ **je ne sais pas où crécher cette nuit** I don't know where I'm going to crash* ou kip down* (Brit) tonight

**crédence** [kʀedɑ̃s] → SYN nf **a** (= desserte) credence

**b** (Rel) credence table, credenza

**crédibiliser** [kʀedibilize] ▸ conjug 1 ◂ vt [+ histoire] to back up, give credibility to; [+ candidature, situation financière] to support

**crédibilité** [kʀedibilite] → SYN nf credibility

**crédible** [kʀedibl] GRAMMAIRE ACTIVE 26.6 → SYN adj credible ◆ **peu crédible** discours, témoin unconvincing ◆ **il n'est plus très crédible** he doesn't have much credibility any more

**crédirentier, -ière** [kʀediʀɑ̃tje, jɛʀ] → SYN nm,f *recipient of an annuity*

**crédit** [kʀedi] → SYN **1** nm **a** (= paiement différé) credit ◆ **12 mois de crédit** 12 months' credit ◆ **faire crédit à qn** to give sb credit ◆ **faites-moi crédit, je vous paierai la semaine prochaine** let me have (it on) credit – I'll pay you next week ◆ **"la maison ne fait pas (de) crédit"** "we are unable to give credit to our customers", "no credit is given here" ◆ **"possibilités de crédit"** "credit (terms) available" ◆ **acheter/vendre qch à crédit** to buy/sell sth on credit ◆ **ces gens qui achètent tout à crédit** these people who buy everything on credit ou on time (US); → **carte**

**b** (= prêt) loan, credit ◆ **établissement de crédit** credit institution ◆ **l'ouverture d'un crédit** the granting of credit ◆ **crédit à taux préférentiel** preferential credit ◆ **crédit à taux fixe/révisable** fixed rate/adjustable rate loan ◆ **accorder/obtenir un crédit** to grant/obtain credit ◆ **prendre un crédit sur dix ans** to take out a ten-year loan; → **lettre**

**c** (dans une raison sociale) bank

**d** (= excédent d'un compte) credit ◆ **porter une somme au crédit de qn** to credit sb ou sb's account with a sum, credit a sum to sb ou sb's account

**e** (Pol : gén pl = fonds) **crédits** funds ◆ **crédits publics** public funds ◆ **crédits budgétaires** budget allocation ◆ **crédits extraordinaires** extraordinary funds ◆ **débloquer un crédit de 35 millions de francs** to release 35 million francs of funding ◆ **les crédits alloués à la défense** the funds allocated to defence, defence funding

**f** (Can Univ = unité de valeur) credit

**g** (= confiance) credit; (= réputation) reputation ◆ **firme/client qui a du crédit** creditworthy firm/client ◆ **jouir d'un très grand crédit** to enjoy an excellent reputation ◆ **cette théorie connaît un grand crédit** this theory is very widely accepted (*auprès de* by) ◆ **ça donne du crédit à ce qu'il affirme** that lends credibility to what he says ◆ **faire crédit à l'avenir** to put one's trust in the future, have faith in the future ◆ **bonne action à mettre** ou **porter au crédit de qn** good deed which is to sb's credit ou which counts in sb's favour ◆ **perdre tout crédit auprès de qn** to lose all credit with sb, lose sb's confidence ◆ **trouver crédit auprès de qn** [racontars] to find credence with sb (frm); [personne] to win sb's confidence ◆ **il a utilisé son crédit auprès de lui pour ...** he used his influence with him to ...

**2** COMP ▷ **crédit acheteur** buyer credit ▷ **crédit d'appoint** standby credit ▷ **crédit bancaire** bank credit ▷ **crédit en blanc** loan without security ▷ **crédit à la consommation** consumer credit ▷ **crédit documentaire** documentary (letter of) credit ▷ **crédits d'enseignement** (Admin Scol) government grant (to each school) ▷ **crédit à l'exportation** export credit ▷ **crédit fournisseur** supplier credit ▷ **crédit gratuit** (interest-)free credit ▷ **crédit hypothécaire** mortgage ▷ **crédit immobilier** ≈ mortgage ▷ **crédit d'impôt** tax credit ▷ **crédit municipal** state-owned pawnshop ou pawnbroker's

**crédit-bail**, pl **crédits-bails** [kʀedibaj] nm (= système) leasing; (= contrat) lease, leasing agreement ou arrangement ◆ **acquérir qch en crédit-bail** to buy sth under a leasing agreement ou arrangement

**créditer** [kʀedite] → SYN ▸ conjug 1 ◂ vt **a** (Fin) **créditer qn/un compte de** [+ somme] to credit sb/an account with

**b** (= complimenter) **créditer qn de qch** to give sb credit for sth

**c** (Sport) **être crédité de** [+ temps] to be credited with

**créditeur, -trice** [kʀeditœʀ, tʀis] → SYN **1** adj banque, pays creditor (épith) ◆ **compte/solde créditeur** credit account/balance ◆ **leur compte est de nouveau créditeur** their account is in credit ou in the black* again

**2** nm,f customer in credit

**crédit-relais**, pl **crédits-relais** [kʀediʀ(ə)lɛ] nm bridging loan

**credo** [kʀedo] → SYN nm **a** (Rel) **le Credo** the (Apostle's) Creed

**b** (= principes) credo, creed

**crédule** [kʀedyl] → SYN adj credulous, gullible

**crédulité** [kʀedylite] → SYN nf credulity, gullibility

**créer** [kʀee] → SYN ▸ conjug 1 ◂ **1** vt **a** (= inventer, concevoir) [+ vêtement, bijou] to create, design; [+ style, produit] to create; [+ mot] to coin, invent ◆ **il a créé cette histoire de toutes pièces** he made up the story from beginning to end ◆ **la joie de créer** the joy of making things ou creating something

**b** (= produire, fonder) [+ empire, association] to create, found; [+ entreprise] to create, set up, form; [+ emplois] to create ◆ **créer des ennuis/difficultés à qn** to create problems/difficulties for sb, cause sb problems/difficulties ◆ **créer la surprise** to create a surprise; → **événement, fonction, précédent** etc

**c** (Théât) [+ rôle] to create; [+ pièce] to produce (for the first time)

**2** **se créer** vpr ◆ **se créer une clientèle** to build up a clientèle ◆ **se créer des problèmes** to create ou make problems for o.s.

**crémaillère** [kʀemajɛʀ] nf **a** [cheminée] trammel; → **pendre**

**b** (Rail, Tech) rack ◆ **chemin de fer à crémaillère** rack railway, cog railway ◆ **engrenage/direction à crémaillère** rack-and-pinion gear/steering

**crémant** [kʀemɑ̃] → SYN adj m, nm cremant *(sparkling wine)*

**crémation** [kʀemasjɔ̃] → SYN nf cremation

**crématiste** [kʀematist] nmf cremationist

**crématoire** [kʀematwaʀ] **1** adj crematory; → **four**

**2** nm crematorium, crematory *(furnace)*

**crématorium** [kʀematɔʀjɔm] nm crematorium

**crémé, e** [kʀeme] adj ◆ **sauce crémée** cream sauce

**crème** [kʀɛm] → SYN **1** nf **a** (Culin) (= produit laitier) cream; (= peau sur le lait) skin; (= entremets) cream dessert ◆ **crème d'asperges/de champignons/tomates** (potage) cream of asparagus/of mushroom/of tomato (soup) ◆ **crème de cassis** (= liqueur) crème de cassis ◆ **crème de marron** sweetened chestnut purée ◆ **fraises à la crème** strawberries and cream ◆ **gâteau à la crème** cream cake; → **chou¹, fromage** etc

**b** (= produit pour la toilette, le nettoyage) cream ◆ **crème de beauté** beauty cream ◆ **crème pour le visage/de jour/de nuit** face/day/night cream ◆ **crème pour les chaussures** shoe polish ou cream (Brit)

**c** (= les meilleurs) **la crème** the cream of the crop, the crème de la crème ◆ **c'est la crème des pères** he's the best of (all) fathers ◆ **ses amis ce n'est pas la crème** his friends aren't exactly the cream of society ou the crème de la crème

**2** adj inv cream(-coloured (Brit) ou -colored (US))

**3** nm (= café au lait) coffee with milk ou cream, white coffee (Brit) ◆ **un grand/petit crème** a large/small cup of white coffee

**4** COMP ▷ **crème aigre** sour cream ▷ **crème anglaise** *thin custard made with eggs* ▷ **crème antirides** anti-wrinkle cream ▷ **crème au beurre** butter cream ▷ **crème brûlée** crème brûlée ▷ **crème (au) caramel** crème caramel, caramel cream ou custard ▷ **crème démaquillante** cleansing cream, make-up removing cream ▷ **crème fleurette** ≈ single cream (Brit), ≈ light cream (US) ▷ **crème fond de teint** fluid foundation ou makeup ▷ **crème fouettée** (sweetened) whipped cream ▷ **crème fraîche** crème fraîche ◆ **crème fraîche épaisse** ≈ double cream (Brit), ≈ heavy cream (US) ▷ **crème glacée** ice cream ▷ **crème grasse** dry-skin cream ▷ **crème de gruyère** ≈ cheese spread ▷ **crème hydratante** moisturizing cream, moisturizer ▷ **crème pâtissière** confectioner's custard ▷ **crème à raser** shaving cream ▷ **crème renversée** cream mould (Brit), cup custard (US)

**crémerie** [kʀɛmʀi] → SYN nf (= magasin) dairy ◆ **changeons de crémerie*** let's push off* somewhere else, let's take our custom (Brit) ou business (US) elsewhere! (hum)

**crémeux, -euse** [kʀemø, øz] → SYN adj creamy

**crémier, -ière** [kʀemje, jɛʀ] → SYN nm,f dairy owner

**crémone** [kʀemɔn] → SYN nf window catch

**créneau**, pl **créneaux** [kʀeno] → SYN nm **a** [rempart] crenel, crenelle; (Mil) [tranchée] slit ◆ **les créneaux** (= forme) the crenelations; (= chemin de ronde) the battlements ◆ **monter au créneau pour défendre sa politique** (fig) to leap to the defence of one's policies

**b** (Aut) **faire un créneau** to reverse into a parking space *(between two cars)* (Brit), parallel park (US) ◆ **j'ai raté mon créneau** I've parked badly

**c** (Comm) gap, niche; [emploi du temps] gap ◆ **créneau (horaire)** (TV) (time) slot ◆ **créneau publicitaire** advertising slot ◆ **il y a un créneau pour les voitures économiques** there is a niche ou a ready market for fuel-efficient cars ◆ **créneau de lancement** [fusée] (launch) window

**crénelage** [kʀen(ə)laʒ] nm (Tech) milling

**crénelé, e** [kʀen(ə)le] → SYN (ptp de **créneler**) adj mur, arête crenellated; feuille, bordure scalloped, crenate (Bot)

**créneler** [kʀen(ə)le] → SYN ▸ conjug 4 ◂ vt **a** [+ muraille] to crenellate, crenel; [+ tranchée] to make a slit in

**b** [+ roue] to notch; [+ pièce de monnaie] to mill

**crénelure** [kʀen(ə)lyʀ] → SYN nf [muraille] crenellation, crenelation (US); [feuille] crenulation

**créner** [kʀene] ▸ conjug 6 ◂ vt (Typo) [+ lettre] to kern

**crénom** [kʀenɔ̃] excl ◆ **crénom de nom !** † confound it!, dash it all! (surtout Brit)

**créole** [kʀeɔl] → SYN 1 adj accent, parler creole; → **riz**
2 nm (Ling) Creole
3 nmf Creole
4 nf (= boucle d'oreille) large hoop earring

**créolisé, e** [kʀeɔlize] adj (Ling) creolized

**créolité** [kʀeɔlite] nf Creole identity

**Créon** [kʀeɔ̃] nm Creon

**créosote** [kʀeɔzɔt] nf creosote

**crêpage** [kʀɛpaʒ] → SYN nm a [cheveux] backcombing
b **crêpage de chignon** * dust-up *, free-for-all, set-to * (Brit)
c (Tex) crimping

**crêpe**[1] [kʀɛp] → SYN nf (Culin) pancake (Brit), crêpe ◆ **faire sauter une crêpe** to toss a pancake ◆ **crêpe Suzette** crêpe suzette; → **dentelle, pâte, retourner**

**crêpe**[2] [kʀɛp] → SYN nm a (Tex) crepe, crêpe, crape ◆ **crêpe de Chine** crepe de Chine ◆ **crêpe georgette** georgette (crepe) ◆ **crêpe de soie** silk crepe
b (noir : de deuil) black mourning crepe ◆ **voile de crêpe** mourning veil ◆ **porter un crêpe** (au bras) to wear a black armband; (autour du chapeau) to wear a black hatband; (aux cheveux, au revers) to wear a black ribbon
c (= matière) **semelles (de) crêpe** crepe soles

**crêpelé, e** [kʀɛple] adj cheveux fuzzy

**crêper** [kʀepe] → SYN ▸ conjug 1 ◂ 1 vt a [+ cheveux] to backcomb
b (Tex) to crimp
2 **se crêper** vpr ◆ **se crêper les cheveux** to backcomb one's hair ◆ **se crêper le chignon** * (fig) to tear each other's hair out, have a dust-up * ou a set-to * (Brit)

**crêperie** [kʀɛpʀi] → SYN nf crêperie, pancake house ou restaurant (Brit)

**crépi, e** [kʀepi] → SYN (ptp de **crépir**) adj, nm roughcast

**crêpier, -ière** [kʀepje, jɛʀ] 1 nm,f (= personne) pancake (Brit) ou crêpe seller
2 **crêpière** nf (= plaque) pancake (Brit) ou crêpe griddle; (= poêle) shallow frying pan *(for making pancakes)*

**crépine** [kʀepin] → SYN nf a [tuyau] strainer; [passementerie] fringe
b (Zool) omentum, caul; (Culin) caul

**crépinette** [kʀepinɛt] nf flat sausage *(in caul)*

**crépir** [kʀepiʀ] → SYN ▸ conjug 2 ◂ vt to roughcast

**crépissage** [kʀepisaʒ] nm roughcasting

**crépitation** [kʀepitasjɔ̃] → SYN nf [feu, électricité] crackling ◆ **crépitation osseuse** (Méd) crepitus ◆ **crépitation pulmonaire** crepitations

**crépitement** [kʀepitmɑ̃] nm [feu, électricité] crackling (NonC); [chandelle, friture] sputtering (NonC), spluttering (NonC); [pluie] pattering (NonC); [mitrailleuse] rattle (NonC); [grésil] rattle (NonC), patter (NonC) ◆ **sous le crépitement des flashs** with flashguns going off all around

**crépiter** [kʀepite] → SYN ▸ conjug 1 ◂ vi [feu, électricité] to crackle; [chandelle, friture] to sputter, splutter; [pluie] to patter; [flashs] to go off; [mitrailleuse] to rattle out; [grésil] to rattle, patter ◆ **les applaudissements crépitèrent** there was a ripple of applause

**crépon** [kʀepɔ̃] nm ≃ seersucker → **papier**

**crépu, e** [kʀepy] → SYN adj cheveux frizzy ◆ **elle est toute crépue** her hair's all frizzy

**crépusculaire** [kʀepyskylɛʀ] → SYN adj (littér, Zool) crepuscular ◆ **lumière crépusculaire** twilight glow

**crépuscule** [kʀepyskyl] → SYN nm (lit) twilight, dusk; (fig) twilight ◆ **au crépuscule** at twilight ◆ **au crépuscule de sa vie** in his twilight years

**crescendo** [kʀeʃɛndo] → SYN 1 adv a (Mus) crescendo
b **aller crescendo** [vacarme, acclamations] to rise in a crescendo, grow louder and louder, crescendo; [colère, émotion] to grow ou become ever greater
2 nm (Mus) crescendo ◆ **le crescendo de sa colère/de son émotion** the rising tide of his anger/emotion

**crésol** [kʀezɔl] nm cresol, cresylic acid, methylphenol (SPÉC)

**cresson** [kʀesɔ̃] → SYN nm ◆ **cresson (de fontaine)** watercress ◆ **cresson des prés** cardamine, lady's-smock

**cressonnette** [kʀesɔnɛt] nf cardamine, lady's-smock

**cressonnière** [kʀesɔnjɛʀ] nf watercress bed

**Crésus** [kʀezys] nm Croesus; → **riche**

**crésyl, Crésyl ®** [kʀezil] nm *type of disinfectant containing cresol*

**crêt** [kʀɛ] → SYN nm [combe] crest

**crétacé, e** [kʀetase] → SYN 1 adj Cretaceous
2 nm ◆ **le crétacé** the Cretaceous period

**crête** [kʀɛt] → SYN nf a [coq] comb; [oiseau] crest; [batracien] horn ◆ **crête de coq** cockscomb
b [mur] top; [toit] ridge; [montagne] ridge, crest; [vague] crest; [graphique] peak ◆ **la crête du tibia** the edge ou crest (SPÉC) of the tibia, the shin ◆ **(ligne de) crête** (Géog) watershed

**crêté, e** [kʀete] adj coq, oiseau crested; batracien horned

**Crète** [kʀɛt] nf Crete

**crétin, e** [kʀetɛ̃, in] → SYN 1 adj (péj) cretinous *, idiotic, moronic *
2 nm,f (péj) moron *, cretin *

**crétinerie** * [kʀetinʀi] nf a (= caractère) idiocy, stupidity
b (= acte, parole) idiotic ou stupid thing to do ou say

**crétinisant, e** [kʀetinizɑ̃, ɑ̃t] → SYN adj mind-numbing

**crétiniser** [kʀetinize] → SYN ▸ conjug 1 ◂ vt to turn into a moron * ou half-wit

**crétinisme** [kʀetinism] → SYN nm (Méd) cretinism; (péj) idiocy, stupidity

**crétois, e** [kʀetwa, waz] 1 adj Cretan
2 nm (Ling) Cretan
3 **Crétois(e)** nm,f Cretan

**cretonne** [kʀətɔn] → SYN nf cretonne

**creusage** [kʀøzaʒ] → SYN , **creusement** [kʀøzmɑ̃] nm [fondations] digging; [canal] digging, cutting

**creuser** [kʀøze] → SYN ▸ conjug 1 ◂ 1 vt a (= évider) [+ bois, falaise] to hollow (out); [+ sol, roc] to make ou dig a hole in, dig out; (au marteau-piqueur) to drill a hole in ◆ **creuser la neige de ses mains** to dig out the snow with one's hands
b [+ puits] to sink, bore; [+ fondations, mine] to dig; [+ canal] to dig, cut; [+ tranchée, fosse] to dig (out); [+ sillon] to plough (Brit), plow (US); [+ trou] (gén) to dig, make; (au marteau-piqueur) to drill ◆ **creuser un tunnel sous une montagne** to bore ou drive a tunnel under a mountain ◆ **creuser un terrier** to burrow, make a burrow ◆ **la taupe creuse des galeries** moles make ou dig tunnels in the soil ◆ **creuser sa propre tombe** to dig one's own grave ◆ **ça a creusé un abîme** ou **un fossé entre eux** that has created ou thrown a great gulf between them
c (= approfondir) [+ problème, sujet] to go into (deeply ou thoroughly), look into (closely) ◆ **c'est une idée à creuser** it's something to be gone into (more deeply ou thoroughly), it's an idea worth pursuing ◆ **si on creuse un peu** (fig) if you scratch the surface
d (fig) **la fatigue lui creusait les joues** he was so tired his face was gaunt ◆ **visage creusé de rides** face furrowed with wrinkles ◆ **creuser les reins** to draw o.s. up, throw out one's chest ◆ **la promenade, ça creuse (l'estomac)** * walking gives you a real appetite ◆ **creuser l'écart** (lit, fig) to establish a convincing lead (*par rapport à* over)
2 vi [personne] to dig; [lapin] to burrow ◆ **il a fallu creuser beaucoup** ou **profond** we had to dig deep (*dans* into)
3 **se creuser** vpr a [joues, visage] to become gaunt ou hollow ◆ **la mer se creuse** there's a swell coming on ◆ **l'écart se creuse entre eux** (lit, fig) the gap between them is widening
b * **se creuser (la cervelle** ou **la tête)** [personne] to rack ou cudgel one's brains ◆ **il ne s'est pas beaucoup creusé !** he didn't exactly put himself out ou overexert himself! ◆ **ils ne se sont pas beaucoup creusés pour trouver un cadeau** they didn't look very hard to find a present

**creuset** [kʀøzɛ] → SYN nm a (Chim, Ind) crucible; [haut fourneau] heart, crucible ◆ **creuset de verrerie** glassmaker's crucible
b (= lieu de brassage) melting pot; (littér = épreuve) crucible (littér), trial

**Creutzfeldt-Jakob** [kʀɔjtsfɛldʒakɔb] n ◆ **maladie de Creutzfeldt-Jakob** Creutzfeldt-Jakob disease, CJD

**creux, creuse** [kʀø, kʀøz] → SYN 1 adj a arbre, dent hollow; toux, voix hollow, deep; son hollow; estomac empty ◆ **j'ai la tête** ou **la cervelle creuse** my mind's a blank; → **nez, sonner, ventre**
b (= concave) surface concave, hollow; yeux deep-set, sunken; joue gaunt, hollow; visage gaunt ◆ **aux yeux creux** hollow-eyed; → **assiette, chemin**
c (= vide de sens) paroles empty, hollow; idées barren, futile; raisonnement weak, flimsy
d (= sans activité) **les jours creux** slack days ◆ **les heures creuses** (gén) slack periods; (métro, électricité, téléphone) off-peak periods ◆ **période creuse** (gén) slack period; (Tourisme) low season; → **classe**
2 nm a (= cavité) [arbre] hollow, hole; [rocher, dent] cavity, hole ◆ **avoir un creux (dans l'estomac)** * to feel ou be hungry ou peckish * (Brit)
b (= dépression) hollow ◆ **être plein de creux et de bosses** to be full of bumps and holes ou hollows ◆ **le creux de la main** the hollow of one's hand ◆ **ça tient dans le creux de la main** it's small enough to hold in your hand ◆ **des écureuils qui mangent dans le creux de la main** squirrels which eat out of your hand ◆ **le creux de l'aisselle** the armpit ◆ **le creux de l'estomac** the pit of the stomach ◆ **le creux de l'épaule** the hollow of one's shoulder ◆ **au creux des reins** in the small of one's back; → **gravure**
c (= activité réduite) slack period
d (Naut) [voile] belly; [vague] trough ◆ **il y avait des creux de 10 mètres** there were 10-metre-high waves, the waves were 10 metres high ◆ **être au** ou **dans le creux de la vague** (fig) [marché] to have hit rock bottom; [économie] to be in the doldrums, be at its lowest ebb; [entreprise] to be in the doldrums ◆ **il est au** ou **dans le creux de la vague** his fortunes are at their lowest ebb
e (Art) **graver en creux** to do intaglio engraving ◆ **se définir en creux par rapport à qch** (fig) to be defined in relation to sth

**crevaison** [kʀəvɛzɔ̃] → SYN nf (Aut) puncture (Brit), flat

**crevant, e** * [kʀəvɑ̃, ɑ̃t] → SYN adj (= fatigant) gruelling, killing * (Brit); († = amusant) priceless *

**crevasse** [kʀəvas] → SYN nf [mur, rocher] crack, fissure, crevice; [sol] crack, fissure; [glacier] crevasse; [peau] crack ◆ **avoir des crevasses aux mains** to have chapped hands

**crevassé, e** [kʀəvase] (ptp de **crevasser**) adj sol fissured; mains, peau chapped ◆ **glacier très crevassé** glacier with a lot of crevasses

**crevasser** [kʀəvase] → SYN ▸ conjug 1 ◂ 1 vt [+ sol] to cause cracks ou fissures in, crack; [+ mains] to chap
2 **se crevasser** vpr [sol] to crack, become cracked; [mains] to chap, become ou get chapped

**crevé, e** [kʀəve] (ptp de **crever**) 1 adj a pneu burst, punctured ◆ **j'ai un pneu (de) crevé** I've got a puncture (Brit), I've got a flat tyre (Brit) ou tire (US), I've got a flat *
b ‡ (= mort) dead; (= fatigué) dead beat *, bushed *, exhausted, knackered ‡ (Brit)
2 nm (Couture) slash ◆ **des manches à crevés** slashed sleeves

**crève** ‡ [kʀɛv] nf (bad) cold ◆ **j'ai la crève** I've got a bad cold ◆ **elle a attrapé** ou **chopé * la crève** she's caught a bad cold

**crève-cœur**, pl **crève-cœurs** [kʀɛvkœʀ] → SYN nm heartbreak

**crève-la-faim** * [kʀɛvlafɛ̃] → SYN nmf inv (péj) (= miséreux) miserable wretch; (= clochard) down-and-out

**crever** [kʀəve] → SYN ▸ conjug 5 ◂ **1** vt **a** (= percer) [+ pneu] to burst, puncture; [+ ballon] to burst ◆ **crever les yeux à qn** (intentionnellement) to gouge (out) ou put out sb's eyes; (accidentellement) to blind sb (in both eyes) ◆ **ça crève les yeux** it's as plain as the nose on your face ◆ **ça te crève les yeux !** (fig) it's staring you in the face! ◆ **le prix a crevé le plafond** the price has gone through the roof ◆ **crever le cœur à qn** (fig) to break sb's heart ◆ **cet acteur crève l'écran** this actor has a tremendous screen presence

**b** (* = exténuer) **crever qn** [personne] to wear sb out, work sb to death *; [tâche, marche] to wear sb out, kill sb * ◆ **crever un cheval** to ride ou work a horse into the ground ou to death

**c** ‡ **crever la faim** ou **la dalle** to be starving * ou famished * ◆ **on la crève ici !** they starve us here!

**2** vi **a** (= s'ouvrir) [fruit, sac, abcès] to burst ◆ **les nuages crevèrent** the clouds burst, the heavens opened ◆ **faire crever du riz** (Culin) to boil rice until the grains burst ou split

**b** (péj = être plein de) **crever de** [+ santé] to be bursting with; [+ orgueil] to be bursting ou puffed up with; [+ jalousie] to be full of, be bursting with; [+ dépit] to be full of ◆ **crever d'envie de faire qch** to be dying to do sth *; → **rire**

**c** (= mourir) [animal, plante] to die (off); ‡ [personne] to die, kick the bucket ‡, snuff it ‡ (Brit) ◆ **un chien crevé** a dead dog ◆ **crever de faim/froid** ‡ to starve/freeze to death ◆ **on crève de froid ici** * (fig) it's freezing (cold) in here ◆ **on crève de chaud ici** * it's boiling in here * ◆ **je crève de faim** * I'm starving * ou famished * ou ravenous ◆ **je crève de soif** * I'm dying of thirst *, I'm parched * ◆ **crever d'ennui** * to be bored to tears ou death *, be bored out of one's mind * ◆ **tu veux nous faire crever !** * do you want to kill us or what! ◆ **faire crever qn de soif** to make sb die of thirst ◆ **tu peux toujours crever !** * get stuffed! ‡

**d** (Aut) [pneu, automobiliste] to have a flat tyre (Brit) ou tire (US), have a puncture (Brit) ◆ **faire 10 000 km sans crever** to drive 10,000 km without getting a flat * ou a puncture (Brit)

**3 se crever** vpr (‡ = se fatiguer) to kill o.s. * (*à faire* doing) ◆ **se crever (au travail)** * (gén) to work o.s. to death; [ménagère] to work one's fingers to the bone * ◆ **se crever le cul** *‡ to slog one's guts out ‡ (*à faire* doing) ◆ **je ne vais pas me crever le cul à transporter toutes ces briques !** *‡ I'm not going to bust a gut ‡ ou to kill myself * carrying all those bricks around!

**crevette** [kʀəvɛt] → SYN nf ◆ **crevette (rose)** prawn ◆ **crevette grise** shrimp; → **filet**

**crevettier** [kʀəvetje] → SYN nm (= filet) shrimp net; (= bateau) shrimp boat

**cri** [kʀi] → SYN **1** nm **a** (= éclat de voix) [personne] cry, shout; (très fort) scream; (ton aigu) shriek, screech; (= pleurs) cry, scream; (de douleur, de peur) scream, cry, yell ◆ **le cri du nouveau-né** the cry of the newborn baby ◆ **pousser des cris de joie/triomphe** to cry out in joy/triumph ◆ **cri de surprise** cry ou exclamation of surprise ◆ **cri aigu** ou **perçant** piercing cry ou scream, shrill cry; [animal] squeal ◆ **cri sourd** ou **étouffé** muffled cry ou shout ◆ **pousser un cri de colère** to shout angrily ◆ **pousser un cri de rage** to cry out in rage, give a cry of rage ◆ **jeter** ou **pousser des cris** to shout (out), cry out ◆ **elle jeta un cri de douleur** she cried out in pain, she gave a cry of pain ◆ **pousser des cris d'orfraie** to scream, shriek; → **étouffer**

**b** (= exclamation) cry, shout ◆ **cri d'alarme/d'approbation** cry ou shout of alarm/approval ◆ **le cri des marchands ambulants** the hawkers' cries ◆ **marchant au cri de "liberté"** marching to shouts ou cries of "freedom" ◆ **le cri des opprimés** (fig) the cries of the oppressed ◆ **une tentative de suicide est souvent un cri (de détresse)** (fig) a suicide attempt is often a cry for help ◆ **ce poème est un véritable cri d'amour** this poem is a cry of love ◆ **le cri de la conscience** (fig) the voice of conscience; → **haut**

**c** (terme générique) noise; [oiseau] call; [canard] quack; [cochon] squeal ◆ **le cri d'un animal** (terme générique) the noise an animal makes

**d** (littér = crissement) squeal, screech

**e** (LOC) **c'est le dernier cri** it's the (very) latest thing ◆ **un ordinateur dernier cri** a state-of-the-art computer ◆ **à grands cris** vociferously

**2** COMP ▷ **cri du cœur** heartfelt cry, cry from the heart, cri de cœur ▷ **cri de guerre** (lit) war cry; (fig) slogan, war cry ▷ **cri primal** primal scream

**criaillement** [kʀijɑjmɑ̃] nm **a** (gén pl) [oie] squawking (NonC); [paon] squawking (NonC), screeching (NonC); [bébé] bawling (NonC), squalling (NonC)

**b** ⇒ **criailleries**

**criailler** [kʀijɑje] ▸ conjug 1 ◂ vi **a** [oie] to squawk; [paon] to squawk, screech; [bébé] to bawl, squall

**b** (= rouspéter) to grouse *, grumble ◆ **criailler après qn** (= houspiller) to nag (at) sb

**criailleries** [kʀijɑjʀi] nfpl (= rouspétance) grousing * (NonC), grumbling (NonC); (= houspillage) nagging (NonC)

**criailleur, -euse** [kʀijɑjœʀ, øz] **1** adj grouchy *

**2** nm,f (= rouspéteur) grouch *, grouser *

**criant, e** [kʀijɑ̃, ɑ̃t] → SYN adj erreur glaring (épith); injustice rank (épith), blatant, glaring (épith); preuve striking (épith), glaring (épith); contraste, vérité striking (épith) ◆ **portrait criant de vérité** amazingly true-to-life portrait

**criard, e** [kʀijaʀ, aʀd] → SYN adj (péj) enfant yelling, squalling; oiseau squawking; son, voix piercing; couleurs, vêtement loud, garish

**crib** [kʀib] nm (Agr) crib

**criblage** [kʀiblaʒ] → SYN nm (= tamisage) [graines] sifting; [sable] riddling, sifting; [minerai] screening, jigging; (= calibrage) [fruits] grading; [charbon] riddling, screening

**crible** [kʀibl] → SYN nm (à main) riddle; (Ind, Min) screen, jig, jigger ◆ **crible mécanique** screening machine ◆ **passer au crible** (lit) to riddle, put through a riddle; [+ idée, proposition] to examine closely; [+ déclaration, texte] to go through with a fine-tooth comb

**criblé, e** [kʀible] (ptp de **cribler**) **criblé de** loc adj [+ balles, flèches, trous] riddled with; [+ taches] covered in ◆ **visage criblé de boutons** face covered in spots ou pimples, spotty face ◆ **criblé de dettes** crippled with debts, up to one's eyes in debt

**cribler** [kʀible] → SYN ▸ conjug 1 ◂ vt **a** (= tamiser) [+ graines] to sift; [+ sable] to riddle, sift; (= trier) [+ minerai] to screen, jig; (= calibrer) [+ charbon] to riddle, screen; [+ fruits] to grade

**b** (= percer) **cribler qch/qn de balles/flèches** to riddle sth/sb with bullets/arrows ◆ **cribler qn de questions** (= accabler) to bombard sb with questions ◆ **cribler qn d'injures** to heap insults on sb

**cribleur, -euse** [kʀiblœʀ, øz] **1** nm,f (= ouvrier) [graines] sifter; [fruits] grader; [sable] riddler, sifter; [charbon] riddler, screener; [minerai] screener, jigger

**2 cribleuse** nf (= machine) sifter, sifting machine

**cric** [kʀik] → SYN nm ◆ **cric (d'automobile)** (car) jack ◆ **soulever qch au cric** to jack sth up ◆ **cric hydraulique** hydraulic jack ◆ **cric à vis** screw jack

**cric-crac** [kʀikkʀak] excl, nm (gén) creak; (= bruit de clé) click

**cricket** [kʀikɛt] nm (Sport) cricket

**cricoïde** [kʀikɔid] → SYN **1** adj (Anat) cricoid

**2** nm ◆ **le cricoïde** the cricoid cartilage

**cricri** nm, **cri-cri** [kʀikʀi] nm inv (= cri du grillon) chirping; (* = grillon) cricket

**criée** [kʀije] → SYN nf **a (vente à la) criée** (sale by) auction ◆ **vendre des poissons à la criée** to auction fish, sell fish by auction

**b** (= salle) auction room, salesroom

**crier** [kʀije] → SYN ▸ conjug 7 ◂ **1** vi **a** [personne] to shout; (très fort) to scream; (ton aigu) to shriek, screech; (= vagir) to cry, scream; (de douleur, peur) to scream, cry out, yell (out) ◆ **crier de douleur** to give a scream ou cry of pain, scream ou cry ou yell out in pain ◆ **"oh non !" cria-t-il** "oh no!", he cried ◆ **crier à tue-tête** ou **comme un sourd** ou **comme un putois** to shout one's head off ◆ **tes parents vont crier** your parents are going to make a fuss ◆ **tu ne peux pas parler sans crier ?** do you have to shout?, can't you talk without shouting?

**b** [oiseau] to call; [canard] to quack; [cochon] to squeal; [dindon] to gobble; [hibou, singe] to call, screech, hoot; [mouette] to cry; [oie] to honk; [perroquet] to squawk; [souris] to squeak

**c** (= grincer) [porte, plancher, roue] to creak, squeak; [frein] to squeal, screech; [chaussure, étoffe] to squeak; (fig) [couleur] to scream, shriek ◆ **faire crier la craie sur le tableau** to make the chalk squeak on the blackboard

**d** (avec prép) **crier contre** ou **après** * **qn** to nag (at) ou scold sb, go on at sb * ◆ **crier contre qch** to shout about sth ◆ **elle passe son temps à lui crier après** * ou **dessus** * she's forever going on at him *, she's always shouting at him ◆ **crier à la trahison/au scandale** to call it treason/a scandal, start bandying words like treason/scandal about ◆ **crier au miracle** to hail it as a miracle, call it a miracle ◆ **crier à l'assassin** ou **au meurtre** to shout "murder" ◆ **crier au loup/au voleur** to cry wolf/thief ◆ **quand il a demandé une augmentation de 50% son patron a crié au fou** when he asked for a 50% rise his boss called him a madman ou said he was crazy

**2** vt **a** [+ ordre, injures] to shout (out), yell (out); (= proclamer) [+ mépris, indignation] to proclaim; [+ innocence] to protest ◆ **crier qch sur (tous) les toits** to shout ou proclaim sth from the rooftops ou housetops ◆ **elle cria qu'elle en avait assez** she shouted that she had had enough; (plus fort) she screamed (out) that she had had enough ◆ **crier à qn de se taire** ou **qu'il se taise** to shout at sb to be quiet

**b** (pour vendre) **au coin de la rue, un gamin criait les éditions spéciales** at the street corner a kid was shouting out ou calling out the special editions

**c** (pour avertir, implorer) **sans crier gare** without a warning ◆ **crier grâce** (lit) to beg for mercy; (fig) to beg for mercy ou a respite ◆ **quand j'ai parlé de me lancer seul dans l'entreprise, ils ont crié casse-cou** when I spoke of going it alone, they said I was crazy; → **victoire**

**crieur, -euse** [kʀijœʀ, øz] → SYN nm,f ◆ **crieur de journaux** newspaper seller ◆ **crieur public** (Hist) town crier

**crime** [kʀim] nm **a** (= meurtre) murder ◆ **il s'agit bien d'un crime** it's definitely (a case of) murder ◆ **retourner sur les lieux du crime** to go back to the scene of the crime ◆ **la victime/l'arme du crime** the murder victim/weapon ◆ **crime de sang** murder ◆ **crime crapuleux** foul crime ◆ **crime passionnel** crime of passion, crime passionnel ◆ **crime sexuel** sex murder ou crime ◆ **le crime parfait** the perfect crime ◆ **cherchez à qui profite le crime** find someone with a motive ◆ **"Crime et Châtiment"** (Littérat) "Crime and Punishment" ◆ **"Le crime était presque parfait"** (Ciné) "Dial M. for Murder"

**b** (Jur = délit grave) crime, offence, ≃ felony (US) ◆ **crimes et délits** crimes ◆ **crime contre la sûreté de l'État** offence ou crime against the state ◆ **crime de lèse-majesté** crime of lèse-majesté ◆ **crime contre les mœurs** sexual offence, offence against public decency ◆ **crime contre la paix** crime against peace ◆ **crime contre un particulier** crime against a private individual ◆ **crime contre nature** unnatural act, crime against nature ◆ **crimes de guerre** war crimes ◆ **crime contre l'humanité** crime against humanity ◆ (Prov) **le crime ne paie pas** crime doesn't pay (Prov); → **syndicat**

**c** (sens affaibli) crime ◆ **c'est un crime de faire** it's criminal ou a crime to do ◆ **il est parti avant l'heure ? ce n'est pas un crime !** he left early? well, that's hardly a crime!

**d** († ou littér = péché, faute) sin, crime

**Crimée** [kʀime] nf ◆ **la Crimée** the Crimea, the Crimean peninsula ◆ **la guerre de Crimée** the Crimean War

**criminalisation** [kʀiminalizasjɔ̃] nf criminalization

**criminaliser** [kʀiminalize] ▸ conjug 1 ◂ vt (Jur) to criminalize

**criminaliste** [kʀiminalist] nmf criminal lawyer

**criminalistique** [kʀiminalistik] nf (Jur) study of crime detection

**criminalité** [kʀiminalite] → SYN nf (= actes criminels) criminality, crime ◆ **la criminalité juvénile** juvenile criminality ◆ **la grande/petite criminalité** serious/petty crime ◆ **la criminalité organisée** organized crime

**criminel, -elle** [kʀiminɛl] → SYN 1 adj (gén, Jur) acte, personne, procès criminal ◆ **ce serait criminel de laisser ces fruits se perdre** (sens affaibli) it would be criminal ou a crime to let this fruit go to waste; → **incendie**
2 nm,f (= meurtrier) murderer (ou murderess); (Jur = auteur d'un délit grave) criminal ◆ **criminel de guerre** war criminal ◆ **voilà le criminel** (hum = coupable) there's the culprit ou the guilty party
3 nm (juridiction) ◆ **avocat au criminel** criminal lawyer ◆ **poursuivre qn au criminel** to take criminal proceedings against sb, prosecute sb in a criminal court
4 **criminelle** nf ◆ **la criminelle** (= police) the crime ou murder squad

**criminellement** [kʀiminɛlmɑ̃] adv agir criminally ◆ **poursuivre qn criminellement** (Jur) to take criminal proceedings against sb, prosecute sb in a criminal court

**criminogène** [kʀiminɔʒɛn] adj facteur encouraging criminality ou crime

**criminologie** [kʀiminɔlɔʒi] nf criminology

**criminologiste** [kʀiminɔlɔʒist], **criminologue** [kʀiminɔlɔg] nmf criminologist

**crin** [kʀɛ̃] → SYN nm a (= poil) [cheval] hair (NonC); [matelas, balai] horse hair ◆ **crin végétal** vegetable (horse)hair; → **gant**
b **à tous crins, à tout crin** conservateur, républicain diehard, dyed-in-the-wool ◆ **révolutionnaire à tout crin** out-and-out revolutionary

**crincrin** * [kʀɛ̃kʀɛ̃] nm (péj) (= violon) squeaky fiddle; (= son) squeaking, scraping

**crinière** [kʀinjɛʀ] → SYN nf a [animal] mane
b * [personne] mane of hair, flowing mane ◆ **elle avait une crinière rousse** she had a mane of red hair
c [casque] plume

**crinoïdes** [kʀinɔid] nmpl ◆ **les crinoïdes** the Crinoidea (SPÉC)

**crinoline** [kʀinɔlin] → SYN nf crinoline petticoat ◆ **robe à crinoline** crinoline (dress)

**crique** [kʀik] → SYN nf creek, inlet

**criquet** [kʀikɛ] → SYN nm (Zool) locust; (gén = sauterelle) grasshopper

**crise** [kʀiz] → SYN 1 nf a (Méd) [rhumatisme, goutte] attack; [épilepsie, apoplexie] fit ◆ **crise de toux** fit ou bout of coughing
b (= accès) outburst, fit; (= lubie) fit ◆ **crise de colère/rage/jalousie** fit of anger/rage/jealousy ◆ **crise de rire** laughing fit ◆ **être pris d'une crise de rire** to be in fits (of laughter) ◆ **la crise (de rire) !** * what a scream! * ◆ **j'ai été pris d'une crise de rangement** I got a sudden urge to tidy the place up ◆ **travailler par crises** to work in fits and starts ◆ **je vais au cinéma/je lis par crises** I go through phases when I go to the cinema/I read a lot
c ( * = colère) rage, tantrum ◆ **piquer** ou **faire une** ou **sa crise** to throw a tantrum ou a fit *, fly off the handle
d (= bouleversement, Pol, Écon) crisis ◆ **en période de crise** in times of crisis ou of trouble ◆ **pays/économie en (état de) crise** country/economy in (a state of) crisis ◆ **la crise de l'immobilier** the property market crisis ◆ **crise financière/politique** financial/political crisis
e (= pénurie) shortage ◆ **crise de main-d'œuvre** shortage of manpower
2 COMP ▷ **crise d'appendicite** attack of appendicitis ▷ **crise d'asthme** asthma attack, attack of asthma ▷ **crise cardiaque** heart attack ▷ **crise de confiance** crisis of confidence ▷ **crise de conscience** crisis of conscience ▷ **crise économique** economic crisis, slump ▷ **crise d'épilepsie** epileptic fit ▷ **crise de foie** bilious attack, bad attack of indigestion ▷ **crise d'identité** identity crisis ▷ **crise de larmes** crying fit ▷ **crise du logement** housing shortage ▷ **crise ministérielle** cabinet crisis ▷ **crise morale** moral crisis ▷ **crise de nerfs** (Méd) fit of hysterics; (caprice) tantrum ▷ **crise du pétrole** oil crisis ▷ **crise du pouvoir** leadership crisis ▷ **crise de la quarantaine** midlife crisis ▷ **crise religieuse** crisis of belief

**crispant, e** [kʀispɑ̃, ɑ̃t] → SYN adj (= énervant) irritating, aggravating *, annoying ◆ **ce qu'il est crispant !** * he really gets on my nerves! *, he's a real pain in the neck! *

**crispation** [kʀispasjɔ̃] → SYN nf a (= contraction) [traits, visage] tensing; [muscles] contraction; [cuir] shrivelling-up
b (= spasme) twitch ◆ **des crispations nerveuses** nervous twitches ou twitching ◆ **une crispation douloureuse de la main** a painful twitching of the hand ◆ **donner des crispations à qn** (fig) to get on sb's nerves *
c (= nervosité) state of tension

**crispé, e** [kʀispe] (ptp de **crisper**) adj sourire nervous, tense; personne tense, on edge (attrib); style tense, awkward

**crisper** [kʀispe] → SYN ▸ conjug 1 ◂ 1 vt a (= contracter) [+ muscles, membres] to tense, flex; [+ poings] to clench ◆ **la douleur crispait les visages** their faces were contorted with grief ◆ **les mains crispées sur le volant** clutching the wheel
b (= plisser) [+ cuir] to shrivel (up) ◆ **le froid crispe la peau** the cold makes one's skin feel taut ou tight
c ( * = agacer) **crisper qn** to get on sb's nerves *
2 **se crisper** vpr [visage] to tense; [sourire] to become strained ou tense; [poings] to clench; [personne] to get edgy * ou tense ◆ **ses mains se crispèrent sur le manche de la pioche** his hands tightened on the pickaxe, he clutched the pickaxe

**crispin** [kʀispɛ̃] → SYN nm ◆ **gants à crispin** gauntlets

**criss** [kʀis] → SYN nm kris, creese

**crissement** [kʀismɑ̃] → SYN nm [neige, gravier] crunch(ing) (NonC); [pneus, freins] screech(ing) (NonC), squeal(ing) (NonC); [soie, taffetas] rustling (NonC), rustle (NonC); [cuir] squeaking (NonC); [plume] scratching (NonC) ◆ **s'arrêter dans un crissement de pneus** to screech to a halt ◆ **le crissement de la craie sur le tableau** the squeaking of chalk on the blackboard

**crisser** [kʀise] → SYN ▸ conjug 1 ◂ vi [neige, gravier] to crunch; [pneus, freins] to screech, squeal; [soie, taffetas] to rustle; [cuir] to squeak; [plume] to scratch; [craie] to squeak

**cristal, pl -aux** [kʀistal, o] → SYN nm a (Chim, Min) crystal ◆ **cristal (de roche)** rock crystal (NonC), quartz (NonC) ◆ **cristal (de plomb)** (lead) crystal ◆ **cristal de Baccarat** Baccarat crystal ◆ **cristaux de givre** (sur arbre) ice crystals; (sur vitre) ice patterns ◆ **cristaux liquides** liquid crystals ◆ **écran à cristaux liquides** liquid crystal screen ◆ **de** ou **en cristal** crystal (épith) ◆ **le cristal de sa voix, sa voix de cristal** (littér) his crystal-clear voice ◆ **cristal de Bohême** Bohemian crystal ◆ **cristal d'Islande** Iceland spar; → **boule**
b (= objet) crystal(ware) (NonC), piece of crystal(ware) ou fine glassware ◆ **les cristaux du lustre** the crystal droplets of the chandelier
c (pour le nettoyage) **cristaux (de soude)** washing soda

**cristallerie** [kʀistalʀi] nf (= fabrication) crystal (glass-)making; (= fabrique) (crystal) glassworks; (= objets) crystal(ware), fine glassware

**cristallier** [kʀistalje] nm (Hist) (= chercheur) crystal seeker; (= ouvrier) crystal engraver

**cristallin, e** [kʀistalɛ̃, in] → SYN 1 adj (Min) crystalline; son, voix crystal-clear; eau crystal(-clear), crystalline
2 nm (Anat) crystalline lens

**cristallinien, -ienne** [kʀistalinjɛ̃, jɛn] adj of the crystalline lens

**cristallisation** [kʀistalizasjɔ̃] → SYN nf (lit, fig) crystallization

**cristallisé, e** [kʀistalize] (ptp de **cristalliser**) adj minerai, sucre crystallized

**cristalliser** vti, **se cristalliser** vpr [kʀistalize] → SYN ▸ conjug 1 ◂ (lit, fig) to crystallize

**cristallisoir** [kʀistalizwaʀ] nm crystallizing dish

**cristallite** [kʀistalit] nf (Minér) crystallite

**cristallogenèse** [kʀistalɔʒənɛz] nf crystallogenesis

**cristallogénie** [kʀistalɔʒeni] nf crystallogeny

**cristallographie** [kʀistalɔgʀafi] nf crystallography

**cristallographique** [kʀistalɔgʀafik] adj crystallographic

**cristalloïde** [kʀistalɔid] 1 nf (Anat) capsule of the crystalline lens
2 nm (= sel) crystalloid

**cristallomancie** [kʀistalomɑ̃si] nf crystal-gazing, crystallomancy

**criste-marine,** pl **cristes-marines** [kʀist(ə)maʀin] nf (rock) samphire

**cristophine** [kʀistɔfin] → SYN nf christophene, chayote

**critère** [kʀitɛʀ] → SYN nm a (= référence) criterion ◆ **son seul critère est l'avis du parti** his only criterion is the opinion of the party ◆ **le style n'est pas le seul critère pour juger de la valeur d'un roman** style is not the only yardstick ou criterion by which one can judge the value of a novel ◆ **critères de sélection** selection criteria
b (= stipulation) requirement ◆ **il n'y a pas de critère d'âge** there are no special requirements as far as age is concerned ◆ **critères de qualité** quality requirements ◆ **critères de convergence** (Europe) convergence criteria ◆ **critères d'attribution d'un prêt** requirements ou criteria for the granting of a loan ◆ **quels sont vos critères de choix en littérature ?** what are the main factors you take into account when choosing a book to read?; → **convergence**
c (= preuve) criterion ◆ **ce n'est pas un critère suffisant pour prouver l'authenticité du document** this is not a good enough criterion on which to prove the document's authenticity ◆ **la richesse n'est pas un critère de succès** wealth is not a criterion ou an indication of success

**critérium** [kʀiteʀjɔm] → SYN nm a (Cyclisme) rally; (Natation) gala
b † ⇒ **critère**

**crithme** [kʀitm] nm ⇒ **criste-marine**

**criticailler** * [kʀitikɑje] ▸ conjug 1 ◂ vt to criticize, run down * ◆ **il est toujours en train de criticailler** all he does is criticize

**criticisme** [kʀitisism] → SYN nm (Philos) critical approach

**critiquable** [kʀitikabl] → SYN adj attitude reprehensible; politique open to criticism (attrib) ◆ **les aspects les plus critiquables de la procédure** the aspects of the procedure which are most open to criticism

**critique¹** [kʀitik] → SYN adj (= alarmant) situation, période critical; (= décisif) phase, situation, période crucial, critical; (Sci) vitesse, masse, point critical ◆ **dans les circonstances critiques, il perd la tête** in critical situations ou in emergencies ou in a crisis he loses his head; → **âge**

**critique²** [kʀitik] → SYN 1 adj a (= qui analyse) jugement, notes, édition critical; → **apparat, esprit**
b (= sévère) critical, censorious (frm) ◆ **d'un œil critique** with a critical eye ◆ **il s'est montré très critique (au sujet de ...)** he was very critical (of ...)
2 nf a (= blâme) criticism ◆ **il ne supporte pas la critique** ou **les critiques** he can't tolerate criticism ◆ **malgré les nombreuses critiques** despite the many criticisms ◆ **faire une critique à (l'endroit de) qch/qn** to criticize sth/sb ◆ **une critique que je lui ferais est qu'il ...** one criticism I would make of him is that he ... ◆ **la critique est aisée** it's easy to criticize
b (= analyse) [texte, œuvre] appreciation, critique; [livre, spectacle] review ◆ **la critique** (= art de juger) criticism ◆ **la critique littéraire/musicale** literary/music criticism ◆ **faire la critique de** [+ livre, film] to review, do a write-up on; [+ poème] to write an appreciation ou a critique of
c (= personnes) **la critique** the critics ◆ **la critique a bien accueilli sa pièce** his play was well received by the critics
3 nmf (= commentateur) critic ◆ **critique d'art/de cinéma** art/cinema ou film critic ◆ **critique littéraire** literary critic

**critiquer** [kʀitike] [→ SYN] ▸ conjug 1 ◂ vt **a** (= blâmer) to criticize ◆ **il critique tout/tout le monde** he finds fault with ou criticizes everything/everybody

**b** (= juger) [+ livre, œuvre] to assess, make an appraisal of; (= examiner) to examine (critically)

**critiqueur, -euse** [kʀitikœʀ, øz] [→ SYN] nm,f ◆ **c'est un critiqueur** all he does is criticize ◆ **tais-toi, critiqueur !** shut up instead of criticizing!

**croassement** [kʀɔasmɑ̃] [→ SYN] nm caw, cawing (NonC)

**croasser** [kʀɔase] [→ SYN] ▸ conjug 1 ◂ vi to caw

**croate** [kʀɔat] [1] adj Croatian

[2] nm (Ling) Croat, Croatian

[3] **Croate** nmf Croat, Croatian

**Croatie** [kʀɔasi] nf Croatia

**croato-musulman, e** [kʀɔatomyzylmɑ̃, an] adj Muslim-Croat (épith)

**crobard** * [kʀɔbaʀ] nm sketch

**croc** [kʀo] [→ SYN] nm **a** (= dent) fang ◆ **montrer les crocs** [animal] to bare its teeth, show its teeth ou fangs; * [personne] to show one's teeth ◆ **avoir les crocs** * to be starving *, be famished *

**b** (= objet) hook ◆ **croc de boucherie/de marinier** meat/boat hook ◆ **croc à fumier** muck rake

**croc-en-jambe**, pl **crocs-en-jambe** [kʀɔkɑ̃ʒɑ̃b] [→ SYN] nm ◆ **faire un croc-en-jambe à qn** (lit) to trip sb (up); (fig) to trip sb up, pull a fast one on sb * ◆ **un croc-en-jambe me fit perdre l'équilibre** I was tripped up and lost my balance

**croche** [kʀɔʃ] [→ SYN] nf (Mus) quaver (Brit), eighth (note) (US) ◆ **double croche** semiquaver (Brit), sixteenth (note) (US) ◆ **triple/quadruple croche** demisemiquaver/hemidemisemiquaver (Brit), thirty-second/sixty-fourth note (US)

**croche-patte** *, pl **croche-pattes** [kʀɔʃpat] nm ⇒ **croc-en-jambe**

**croche-pied**, pl **croche-pieds** [kʀɔʃpje] nm ⇒ **croc-en-jambe**

**crocher** [kʀɔʃe] [→ SYN] ▸ conjug 1 ◂ vt (Naut) to hook

**crochet** [kʀɔʃɛ] [→ SYN] nm **a** (= fer recourbé) (gén) hook; [chiffonnier] spiked stick; [patte de pantalon] fastener, clip, fastening; [cambrioleur, serrurier] picklock ◆ **crochet d'attelage** (Rail) coupling ◆ **crochet de boucherie** ou **de boucher** meat hook ◆ **crochet à boutons** ou **bottines** buttonhook ◆ **vivre aux crochets de qn** * to live off sb, sponge off * sb

**b** (= aiguille) crochet hook; (= technique) crochet ◆ **couverture au crochet** crocheted blanket ◆ **faire du crochet** to crochet ◆ **faire qch au crochet** to crochet sth

**c** (Boxe) **crochet du gauche/du droit** left/right hook

**d** (= détour) [véhicule] sudden swerve; [route] sudden turn; [voyage] detour ◆ **il a fait un crochet pour éviter l'obstacle** he swerved to avoid the obstacle ◆ **faire un crochet par une ville** to make a detour through a town

**e** (Typo) **crochets** square brackets ◆ **entre crochets** in square brackets

**f** [serpent] fang

**g** (Archit) crocket

**h** † **crochet radiophonique** (Radio) talent show

**crochetage** [kʀɔʃtaʒ] nm [serrure] picking

**crocheter** [kʀɔʃte] [→ SYN] ▸ conjug 5 ◂ vt **a** [+ serrure] to pick; [+ porte] to pick the lock on

**b** (= faire tomber) to trip (up)

**c** (Tricot) to crochet

**crocheteur** [kʀɔʃtœʀ] [→ SYN] nm (= voleur) picklock

**crochu, e** [kʀɔʃy] [→ SYN] adj nez hooked; mains, doigts claw-like ◆ **au nez crochu** hook-nosed; → **atome**

**croco** * [kʀɔko] nm (abrév de **crocodile**) crocodile skin ◆ **en croco** crocodile (épith)

**crocodile** [kʀɔkɔdil] [→ SYN] nm (= animal, peau) crocodile; (Rail) contact ramp ◆ **sac en crocodile** crocodile(-skin) handbag, → **larme**

**crocodiliens** [kʀɔkɔdiljɛ̃] nmpl ◆ **les crocodiliens** crocodilians, the Crocodilia (SPÉC)

**crocus** [kʀɔkys] [→ SYN] nm crocus

**croire** [kʀwaʀ]

GRAMMAIRE ACTIVE 6.2, 26.5 [→ SYN] ▸ conjug 44 ◂

[1] VERBE TRANSITIF
[2] VERBE INTRANSITIF
[3] VERBE TRANSITIF INDIRECT
[4] VERBE TRANSITIF INDIRECT
[5] VERBE PRONOMINAL

[1] VERBE TRANSITIF

**a** [= tenir pour vrai ou sincère] [+ personne, fait, histoire] to believe ◆ **auriez-vous cru cela de lui ?** would you have believed that of him? ◆ **le croira qui voudra, mais ...** believe it or not (but) ... ◆ **je veux bien le croire** I can quite ou well believe it ◆ **je n'en crois rien** I don't believe a word of it ◆ **croyez moi** believe me; → **fer, parole**

◆ **je te** ou **vous crois!** * you bet! *, rather!

**b** **croire** + infinitif ou **que** (= penser, estimer) to believe, think; (= déduire) to believe, assume, think ◆ **nous croyons qu'il a dit la vérité** we believe ou think that he told the truth ◆ **je n'arrive pas à croire qu'il a réussi** I (just) can't believe he has succeeded ◆ **elle croyait avoir perdu son sac** she thought she had lost her bag ◆ **il a bien cru manquer son train** he really thought he would miss his train ◆ **il n'y avait pas de lumière, j'ai cru qu'ils étaient couchés** there was no light on so I thought ou assumed they had gone to bed ◆ **il a cru bien faire** he meant well, he thought he was doing the right thing ou acting for the best ◆ **je crois que oui** I think so ◆ **je crois que non** I don't think so, I think not ◆ **il n'est pas là ? – je crois que si** isn't he in? – (yes) I think he is ◆ **on ne croyait pas qu'il viendrait** we didn't think he'd come ◆ **elle ne croit pas/elle ne peut pas croire qu'il mente** she doesn't think/can't believe he is lying ◆ **non, mais qu'est-ce que vous croyez ?** * what do you imagine? ◆ **je ne suis pas celle que vous croyez !** I'm not that sort of person!; → **dire, rêver**

◆ **à croire que** ◆ **(c'est) à croire qu'il est amoureux** you'd ou anyone would think he was in love ◆ **il est à croire que** (frm) it is to be supposed ou presumed that

◆ **il faut croire que** it would seem ou appear that ◆ **j'entends rien, faut croire** * **que je deviens sourde** I can't hear a thing, I must be going deaf ◆ **faut pas croire !** * make no mistake (about it)

**c** **croire** + adjectif ou adverbe (= juger, estimer) to think, believe, consider; (= supposer) to think, believe ◆ **croyez-vous cette réunion nécessaire ?** do you think ou believe this meeting is necessary?, do you consider this meeting (to be) necessary? ◆ **il n'a pas cru utile** ou **nécessaire de me prévenir** he didn't think it necessary to warn me ◆ **on a cru préférable de refuser** we thought it preferable for us to refuse, we thought that it would be better for us to refuse ◆ **on l'a cru mort** he was believed ou presumed (to be) dead ◆ **on les croyait en France** they were believed ou thought to be in France ◆ **je la croyais ailleurs/avec vous** I thought she was somewhere else/with you ◆ **où vous croyez-vous ?** where do you think you are? ◆ **tu ne peux pas croire** ou **vous ne sauriez croire** (frm) **combien il nous manque** you cannot (begin to) imagine how much we miss him

**d** **on croirait, on aurait cru** ◆ **on croirait une hirondelle** it looks like a swallow ◆ **on aurait cru (voir) un fantôme** he looked like a ghost ◆ **on croirait (entendre) une clarinette** it sounds like ou it could be a clarinet (playing) ◆ **on croirait entendre son père** it could (almost) be his father talking, you'd think it was his father talking ◆ **on croirait qu'elle ne comprend pas** she doesn't seem to understand, you might almost think she didn't understand

**e** **en croire qn** ou **qch** (= s'en rapporter à) ◆ **à l'en croire** to listen to ou hear him, if you (were to) go by what he says ◆ **s'il faut en croire les journaux** if we (are to) go by what the papers say, if we are to believe the papers, if the papers are anything to go by ◆ **croyez-m'en** believe me ◆ **vous pouvez m'en croire, croyez-en mon expérience** (you can) take it from me, take it from one who knows ◆ **si vous m'en croyez** if you want my opinion ◆ **il n'en croyait pas ses oreilles/ses yeux** he couldn't believe his ears/his eyes

[2] VERBE INTRANSITIF

[Rel = avoir la foi] to believe, be a believer

[3] **croire à** VERBE TRANSITIF INDIRECT

[+ innocence de qn, vie éternelle, Père Noël] to believe in; [+ justice, médecine] to have faith ou confidence in, believe in; [+ promesses] to believe (in), have faith in ◆ **il ne croit plus à rien** he no longer believes in anything ◆ **ses histoires, je n'y crois plus** I don't believe his stories any more ◆ **on a cru d'abord à un accident** at first they believed ou thought it was accident, at first they took it for an accident ◆ **pour faire croire à un suicide** to make people think it was suicide, to give the impression ou appearance of (a) suicide ◆ **il ne croit pas à la guerre** (= il pense qu'elle n'aura pas lieu) he doesn't think ou believe there will be a war; (= il pense qu'elle ne sert à rien) he doesn't believe in war ◆ **non, mais tu crois au Père Noël !** you really do live in cloud-cuckoo land! (Brit), you must believe in Santa Claus too! ◆ **c'est à n'y pas croire !** it's beyond belief!, it's unbelievable!, it's hardly credible! ◆ **veuillez croire à mes sentiments dévoués** (frm : formule épistolaire) yours sincerely, I am, sir, your devoted servant (frm)

[4] **croire en** VERBE TRANSITIF INDIRECT

to believe in ◆ **croire en Dieu** to believe in God ◆ **croire en qn** to believe in sb, have faith ou confidence in sb

[5] **se croire** VERBE PRONOMINAL

**a** [= penser être tel ou dans telle situation] **se croire fort/malin** to think one is strong/clever ◆ **il se croit un génie** he thinks he's a genius ◆ **elle se croit tout permis** she thinks she can do whatever she likes ou she can get away with anything ◆ **on se croirait en vacances** I feel as if I'm on holiday ◆ **on se croirait en Bretagne/été** it could almost be Brittany/summer ◆ **le patron lui a dit qu'elle avait un espoir de promotion et elle s'y croit déjà** * the boss told her she had a chance of promotion and she acts as if she'd already got it

**b** [= être prétentieux] **qu'est-ce qu'il se croit, celui-là ?** who does he think he is? * ◆ **il s'y croit** * (péj) he thinks he's really something *

**croisade** [kʀwazad] [→ SYN] nf (Hist, fig) crusade ◆ **les Croisades** the (Holy) Crusades ◆ **la croisade des Albigeois** the Albigensian Crusade ◆ **partir en croisade** (lit) to go on a crusade; (fig) to launch ou mount a crusade (*contre* against) ◆ **se lancer dans une croisade contre le chômage** to go on a crusade against unemployment

**croisé[1], e[1]** [kʀwaze] [→ SYN] (ptp de **croiser**) [1] adj veste double-breasted; rimes, vers alternate ◆ **race croisée** crossbreed ◆ **tissu croisé** twill; → **bras, feu[1], mot**

[2] nm (Tex) twill

**croisé[2]** [kʀwaze] [→ SYN] nm (Hist) crusader

**croisée[2]** [kʀwaze] [→ SYN] nf **a** (= jonction) **croisée de chemins** crossroads, crossing ◆ **à la croisée des chemins** (fig) at a crossroads ◆ **croisée d'ogives** ribbed vault ◆ **croisée du transept** transept crossing ◆ **leur musique est à la croisée de plusieurs cultures** their music is a blend of several cultural influences

**b** (littér = fenêtre) window, casement (littér)

**croisement** [kʀwazmɑ̃] [→ SYN] nm **a** [fils, brins] crossing ◆ **l'étroitesse de la route rendait impossible le croisement des véhicules** the narrowness of the road made it impossible for vehicles to pass (one another); → **feu[1]**

**b** [races, espèces] crossing (NonC), crossbreeding (NonC), interbreeding (NonC) (*avec* with) ◆ **faire des croisements de race** to rear ou produce crossbreeds, cross(breed) ◆ **est-ce un croisement ?** ou **le produit d'un croisement ?** is it a cross(breed)?

**c** (= carrefour) crossroads, junction ◆ **au croisement de la route et de la voie ferrée** where the road crosses the railway

**croiser** [kʀwaze] [→ SYN] ▸ conjug 1 ◂ [1] vt **a** [+ bras] to fold, cross; [+ jambes] to cross; [+ fils, lignes] to cross ◆ **elle croisa son châle sur sa poitrine** she folded her shawl across ou over her chest ♦ **les jambes croisées** cross-legged ♦ **croiser les doigts** (lit) to cross one's fingers; (fig) to keep one's fingers crossed, cross one's fingers ♦ **croisons les doigts !** (fig) fingers crossed! ♦ **je croise les doigts pour qu'il fasse beau** I'm keeping my fingers crossed that the weather will be good ♦ **croiser le fer** (lit, fig) to cross swords (*avec* with) ♦ **se croiser les bras** (fig) to lounge around, sit around idly

**b** (= couper) [+ route] to cross, cut across; [+ ligne] to cross, cut across, intersect

**c** (= passer à côté de) [+ véhicule, passant] to pass ♦ **notre train a croisé le rapide** our train passed the express going in the other direction ♦ **son regard croisa le mien** his eyes met mine ♦ **je l'ai croisé plusieurs fois dans des réunions** I've seen him several times at meetings ♦ **j'ai croisé Jean dans la rue** I bumped into Jean in the street

**d** (= accoupler) [+ espèces, races] to cross-(breed), interbreed (*avec* with) ♦ **l'âne peut se croiser avec le cheval** an ass can cross-bred with a horse

**e** (Sport) [+ tir, coup droit] to angle ♦ **passe croisée** diagonal pass

**2** vi **a** (Habillement) **cette veste croise bien** that jacket has got a nice ou good overlap ♦ **cette saison les couturiers font croiser les vestes** this season fashion designers are making jackets double-breasted ♦ **il avait tellement grossi qu'il ne pouvait plus (faire) croiser sa veste** he'd got so fat that he couldn't get his jacket to fasten

**b** (Naut) to cruise

**3** **se croiser** vpr **a** [chemins, lignes] to cross, cut (across) each other, intersect ♦ **se croiser à angle droit** to cross at right angles ♦ **nos regards** ou **nos yeux se croisèrent** our eyes met ♦ **il a les yeux qui se croisent** * he's cross-eyed

**b** [personnes, véhicules] to pass each other ♦ **ma lettre s'est croisée avec la tienne, nos lettres se sont croisées** my letter crossed yours (in the post), our letters crossed (in the post) ♦ **nous nous sommes croisés hier** we bumped ou ran into each other yesterday ♦ **nous nous sommes croisés plusieurs fois dans des réunions** we've seen each other several times at meetings

**c** (Hist) to take the cross, go on a crusade

**croisette** [kʀwazɛt] nf (petite croix) small cross; (Bot) crosswort, mugwort

**croiseur** [kʀwazœʀ] → SYN nm (= bateau) cruiser

**croisière** [kʀwazjɛʀ] → SYN nf cruise ♦ **partir en croisière, faire une croisière** to go on a cruise ♦ **être en croisière** to be on a cruise ♦ **ce voilier est idéal pour la croisière** this boat is ideal for cruising ♦ **allure** ou **régime** ou **rythme** ou **vitesse de croisière** cruising speed

**croisiériste** [kʀwazjeʀist] nmf cruise passenger

**croisillon** [kʀwazijɔ̃] nm [croix, charpente] cross-piece, crossbar; [église] transept ♦ **croisillons** [fenêtre] lattice work; [tarte] lattice; → **fenêtre**

**croissance** [kʀwasɑ̃s] → SYN nf [enfant, ville, industrie] growth, development; [plante] growth ♦ **croissance économique** economic growth ou development ♦ **croissance interne/externe** [entreprise] internal/external growth ♦ **croissance zéro** zero (economic) growth ♦ **arrêté dans sa croissance** stunted ♦ **maladie de croissance** growth disease ♦ **entreprise en pleine croissance** expanding company

**croissant**[1] [kʀwasɑ̃] nm **a** (= forme) crescent ♦ **croissant de lune** crescent of the moon ♦ **en croissant** crescent-shaped

**b** (Culin) croissant

**croissant**[2], **e** [kʀwasɑ̃, ɑ̃t] → SYN adj nombre, tension growing, increasing, rising; chaleur rising; froid increasing; (Math) fonction increasing ♦ **aller croissant** [peur, enthousiasme] to grow, increase; [bruit] to grow ou get louder ♦ **le rythme croissant des accidents** the increasing number of accidents, the rising accident rate

**croissanterie** [kʀwasɑ̃tʀi] nf croissant shop

**Croissant-Rouge** [kʀwasɑ̃ʀuʒ] nm ♦ **le Croissant-Rouge** the Red Crescent

**croît** [kʀwa] → SYN nm (Agr) increase in stock

**croître** [kʀwatʀ] → SYN ▸ conjug 55 ◂ vi **a** [enfant, plante] to grow; [ville] to grow, increase in size ♦ **croître en beauté/sagesse** to grow in beauty/wisdom ♦ **croître dans l'estime de qn** to rise ou grow in sb's esteem

**b** [ambition, bruit, quantité] to grow, increase ♦ **les jours croissent** the days are getting longer ou are lengthening ♦ **croître en nombre/volume** to increase in number/size ou volume ♦ **l'inquiétude sur son état de santé ne cessait de croître** there was increasing concern over the state of his health ♦ **son enthousiasme ne cessa de croître** he grew more and more enthusiastic ♦ **la chaleur ne faisait que croître** the heat got more and more intense, the temperature kept on rising

**c** [rivière] to swell, rise; [lune] to wax; [vent] to rise

**d** (LOC) **croissez et multipliez !** (Bible) go forth and multiply! ♦ **ça ne fait que croître et embellir !** (iro) (things are getting) better and better! (iro)

**croix** [kʀwa] → SYN **1** nf **a** (gén, Hér, Rel) cross ♦ **croix ansée** ansate cross ♦ **croix celtique/grecque/latine** Celtic/Greek/Latin cross ♦ **croix de Malte/de Saint-André** Maltese/St Andrew's cross ♦ **croix ancrée/fleuretée** cross moline/fleury ou flory ♦ **croix fleuronnée** ou **tréflée** cross tréflée ♦ **croix de Jérusalem** cross of Jerusalem ♦ **croix potencée** potent cross ♦ **en croix** crosswise, in the form of a cross ♦ **mettre des bâtons en croix** to lay sticks crosswise ♦ **être disposé en croix** to form a cross ou be arranged crosswise ♦ **chemins qui se coupent en croix** paths which cross at right angles (to one another) ♦ **mettre en croix, mettre à mort sur la croix** to crucify ♦ **mise en croix** crucifixion ♦ **mettre les bras en croix** to stretch one's arms out sideways ♦ **pour le faire sortir, c'est la croix et la bannière** * it's the devil's own job ou a devil of a job to get him to go out * ♦ **croix de bois croix de fer (, si je mens je vais en enfer)** cross my heart (and hope to die); → **chemin, signe**

**b** (= décoration) cross; (Scol = récompense) prize, medal

**c** (= marque) cross ♦ **faire** ou **mettre une croix devant un nom** to put a cross in front of ou by a name ♦ **(appeler) les noms marqués d'une croix** (to call out) the names with a cross against (Brit) ou by (US) them ♦ **ta prime, tu peux faire une croix dessus** * you might just as well forget all about your bonus ou write your bonus off * ♦ **si tu lui prêtes ton livre, tu peux faire une croix dessus !** * if you lend him your book, you can say goodbye to it! * ou you can kiss it goodbye! * ♦ **il faut faire une croix à la cheminée** ou **sur le calendrier** (iro) it's a red-letter day

**d** (= souffrance, épreuve) cross, burden ♦ **chacun a** ou **porte sa croix** we all have our cross to bear

**2** COMP ▷ **croix de fer** (Gym) crucifix ▷ **croix gammée** swastika ▷ **Croix de guerre** (Mil) Military Cross ▷ **croix de Lorraine** cross of Lorraine ▷ **Croix-du-Sud** Southern Cross

**Croix-Rouge** [kʀwaʀuʒ] nf ♦ **la Croix-Rouge** the Red Cross

**crolle** * [kʀɔl] nf (Belg) curl

**crollé, e** * [kʀɔle] adj (Belg) curly

**cromalin ®** [kʀɔmalɛ̃] nm cromalin ®

**cromlech** [kʀɔmlɛk] nm cromlech

**cromorne** [kʀɔmɔʀn] → SYN nf krumhorn

**Cronos** [kʀɔnɔs] nm Cronus, Cronos, Kronos

**croquant**[1] † [kʀɔkɑ̃] → SYN nm (péj) yokel, (country) bumpkin

**croquant**[2], **e** [kʀɔkɑ̃, ɑ̃t] **1** adj crisp, crunchy

**2** nm [volaille] gristle ♦ **le croquant de l'oreille** the cartilage in the ear

**croque** * [kʀɔk] nm abrév de **croque-monsieur**

**croque au sel** [kʀɔkosɛl] **à la croque au sel** loc adv with salt (and nothing else), with a sprinkling of salt

**croque-madame** [kʀɔkmadam] nm inv *toasted ham and cheese sandwich with a fried egg on top*

**croquembouche** [kʀɔkɑ̃buʃ] → SYN nm *pyramid of cream-filled choux pastry balls*

**croque-mitaine**, pl **croque-mitaines** [kʀɔkmitɛn] → SYN nm bog(e)y man, ogre ♦ **ce maître est un vrai croque-mitaine** this schoolmaster is a real ogre

**croque-monsieur** [kʀɔkməsjø] → SYN nm inv *toasted ham and cheese sandwich*

**croque-mort** *, pl **croque-morts** [kʀɔkmɔʀ] → SYN nm undertaker's ou mortician's (US) assistant ♦ **avoir un air de croque-mort** to have a funereal look ou a face like an undertaker

**croquenot** * [kʀɔkno] nm (= chaussure) clodhopper *

**croquer** [kʀɔke] → SYN ▸ conjug 1 ◂ **1** vt **a** (= manger) [+ biscuits, noisettes, bonbons] to crunch; [+ fruit] to bite into ♦ **à laisser fondre dans la bouche sans croquer** to be sucked slowly and not chewed ou crunched ♦ **croquer le marmot** † * to hang around (waiting) *, kick ou cool one's heels * ♦ **Adam croqua la pomme** Adam took a bite out of the apple ♦ **je ne peux pas croquer avec mon dentier** I can't bite properly with my dentures; → **chocolat**

**b** ( * = dépenser) to squander ♦ **croquer de l'argent** to squander money, go through money like water * ♦ **croquer un héritage** to squander ou blow * an inheritance

**c** (= dessiner) to sketch ♦ **être (joli) à croquer** to be as pretty as a picture, look good enough to eat ♦ **tu es à croquer avec ce chapeau** you look good enough to eat in that hat

**d** (= camper) [+ personnage] to sketch, outline, give a thumbnail sketch of

**e** (arg Crime) **il en croque** [indicateur] he's a (copper's) nark ‡; [policier] he gets paid off *

**2** vi **a** [fruit] to be crunchy; [salade] to be crisp ♦ **le sucre croque sous la dent** sugar is crunchy

**b** (= mordre) to bite ♦ **croquer dans une pomme** to bite into an apple

**croquet** [kʀɔkɛ] → SYN nm (Sport) croquet

**croquette** [kʀɔkɛt] → SYN nf (Culin) croquette ♦ **croquettes de chocolat** chocolate croquettes ♦ **croquettes pour chiens/chats** dry dogfood/catfood

**croqueuse** [kʀɔkøz] nf ♦ **croqueuse de diamants** gold digger, fortune-hunter

**croquignolet, -ette** * [kʀɔkiɲɔlɛ, ɛt] → SYN adj (= mignon) sweet, cute *, dinky * ♦ **ça promet d'être croquignolet** (iro) that sounds like great fun (iro)

**croquis** [kʀɔki] → SYN nm (= dessin) (rough) sketch; (= description) sketch ♦ **faire un croquis de qch** to sketch sth, make a (rough) sketch of sth ♦ **faire un rapide croquis de la situation** to give a rapid outline ou thumbnail sketch of the situation ♦ **croquis d'audience** court-room sketches

**crosne** [kʀon] nm Chinese artichoke

**cross(-country)** [kʀɔs(kuntʀi)] nm (= course) (à pied) cross-country race ou run; (Équitation) cross-country race; (= sport) (à pied) cross-country racing ou running; (Équitation) cross-country racing ♦ **faire du cross(-country)** (à pied) to do cross-country running

**crosse** [kʀɔs] → SYN nf **a** (= poignée) [fusil] butt; [revolver] grip ♦ **frapper qn à coups de crosse** to hit sb with the butt of one's rifle ♦ **mettre** ou **lever la crosse en l'air** (= se rendre) to show the white flag, lay down one's arms; (= se mutiner) to mutiny, refuse to fight

**b** (= bâton) (Rel) crook, crosier, crozier ♦ **crosse de golf** (Sport) golf club ♦ **crosse de hockey** hockey stick

**c** (= partie recourbée) [violon] head, scroll ♦ **crosse de piston** cross-head ♦ **crosse de l'aorte** arch of the aorta, aortic arch ♦ **crosse de fougère** crosier *(of fern)*

**d** ‡ **chercher des crosses à qn** to pick a quarrel with sb ♦ **s'il me cherche des crosses** if he's looking for a chance to make trouble ou to pick a quarrel with me

**e** (Culin) **crosse de bœuf** knuckle of beef

**crossé** [kʀɔse] → SYN adj m (Rel) *having the right to carry the crosier*

**crossette** [kʀɔsɛt] → SYN nf (Bot) scion *(in the shape of the crosier)*

**crossoptérygiens** [kʀɔsɔpteʀiʒjɛ̃] nmpl ♦ **les crossoptérygiens** crossopterygians, the Crossopterygii (SPÉC)

**crotale** [kʀɔtal] → SYN nm rattlesnake, rattler * (US)

**croton** [kʀɔtɔ̃] → SYN nm croton

**crotte** [kʀɔt] → SYN 1 nf a (= excrément) [brebis, lapin, souris] dropping ◆ **crotte de nez** * bogey * (Brit), booger * (US) ◆ **son chien a déposé une crotte sur le palier** his dog has messed ou done its business on the landing ◆ **c'est plein de crotte(s) de chien** it's covered in dog mess ◆ **c'est de la crotte** * it's a load of (old) rubbish * ◆ **c'est pas de la crotte** * it's not cheap rubbish ◆ **il ne se prend pas pour une crotte** * he thinks he's God's gift to mankind ou the bee's knees * (Brit) ◆ **ma (petite) crotte** * (terme d'affection) my little sausage *
b (= bonbon) **crotte de chocolat** chocolate
c († = boue) mud
2 excl * oh heck! *, blast (it)! * (Brit) ◆ **je te dis crotte !** * get lost! *

**crotté, e** [kʀɔte] (ptp de **crotter**) adj chaussure, vêtement muddy, caked with ou covered in mud ◆ **il était tout crotté** he was all covered in mud ou all muddy

**crotter** [kʀɔte] → SYN ▸ conjug 1 ◂ 1 vt to muddy
2 vi [chien] to do its business, mess

**crottin** [kʀɔtɛ̃] → SYN nm a [cheval, âne] droppings, dung (NonC), manure (NonC)
b (= fromage) *small, round goat's milk cheese*

**crouillat** * [kʀuja], **crouille** * [kʀuj] nm (injurieux) North African

**croulant, e** [kʀulɑ̃, ɑ̃t] → SYN 1 adj mur crumbling, tumbledown (épith); maison ramshackle, tumbledown (épith), crumbling; autorité, empire crumbling, tottering
2 nm * old fogey *, crumbly (Brit) *

**crouler** [kʀule] → SYN ▸ conjug 1 ◂ vi a (= s'écrouler) [maison, mur] to collapse, tumble down, fall down; [masse de neige] to collapse; [terre] to give (way); [empire] to collapse ◆ **la terre croula sous ses pas** the ground gave (way) beneath ou under his feet ◆ **le tremblement de terre a fait crouler les maisons** the earthquake has brought the houses down ◆ **la salle croulait sous les applaudissements** the auditorium resounded with applause ◆ **crouler sous le poids de qch** (fig) to collapse under the weight of sth ◆ **ils croulent sous les dettes** they are crippled by debts
b (= être délabré) **qui croule** maison ramshackle, tumbledown, crumbling; mur crumbling, tumbledown; civilisation crumbling

**croup** [kʀup] → SYN nm (Méd) croup ◆ **faux croup** spasmodic croup

**croupade** [kʀupad] nf croupade

**croupe** [kʀup] → SYN nf a [cheval] croup, crupper, rump, hindquarters ◆ **monter en croupe** to ride pillion ◆ **il monta en croupe et ils partirent** he got on behind and off they went ◆ **il avait son ami en croupe** he had his friend behind him (on the pillion)
b * [personne] rump *
c [colline] hilltop

**croupetons** [kʀuptɔ̃] adv ◆ **se tenir** ou **être à croupetons** to be crouching, be squatting, be down on one's haunches ◆ **se mettre à croupetons** to crouch ou squat down, go down on one's haunches

**croupi, e** [kʀupi] → SYN (ptp de **croupir**) adj eau stagnant

**croupier, -ière**[1] [kʀupje, jɛʀ] nm,f croupier

**croupière**[2] [kʀupjɛʀ] → SYN nf (= harnais) crupper ◆ **tailler des croupières à qn** † to put a spoke in sb's wheel

**croupion** [kʀupjɔ̃] → SYN nm (Orn) rump; (Culin) parson's nose, pope's nose (US); (* hum) [personne] rear (end) *, backside * ◆ **parlement/parti croupion** (péj) rump parliament/party

**croupir** [kʀupiʀ] → SYN ▸ conjug 2 ◂ vi [eau] to stagnate ◆ **feuilles qui croupissent dans la mare** leaves rotting in the pond ◆ **croupir dans son ignorance/dans le vice** to wallow ou remain sunk in one's own ignorance/in vice ◆ **je n'ai pas envie de croupir dans ce bled** * I don't want to stay and rot in this dump * ◆ **croupir en prison** to rot in prison

**croupissant, e** [kʀupisɑ̃, ɑ̃t] → SYN adj eau stagnant ◆ **une vie croupissante** a dreary existence

**croupon** [kʀupɔ̃] → SYN nm butt

**CROUS** [kʀus] nm (abrév de **centre régional des œuvres universitaires et scolaires**) → **centre**

**croustade** [kʀustad] → SYN nf croustade

**croustillant, e** [kʀustijɑ̃, ɑ̃t] → SYN adj a pain, pâte crusty; croissant, galette, chips crisp, crunchy
b (= grivois) spicy

**croustiller** [kʀustije] → SYN ▸ conjug 1 ◂ vi [pain, pâte] to be crusty; [croissant, galette, chips] to be crisp ou crunchy

**croûte** [kʀut] → SYN 1 nf a [pain, pâte] crust; [fromage] rind; [vol-au-vent] case ◆ **jambon en croûte** ham en croute ◆ **morue en croûte de pommes de terre** cod baked in a potato crust; → **pâté**
b (* = nourriture) food, grub * ◆ **à la croûte !** * (= venez manger) come and get it! *, grub's up! * (Brit), grub's on! * (US); (= allons manger) let's go and eat! *; → **casser, gagner**
c (= couche) layer; (sur plaie) scab; (sur pot de peinture) skin ◆ **couvert d'une croûte de glace** crusted with ice, covered with a crust ou a layer of ice ◆ **recouvert d'une croûte de boue** caked with mud ◆ **croûte calcaire** ou **de tartre** layer of scale ou fur ◆ **gratter des croûtes de cire sur une table** to scrape candlewax off a table
d (= apparence) **croûte de culture** veneer of culture ◆ **croûte de bêtise** (thick) layer of stupidity
e **croûte (de cuir)** undressed leather ou hide ◆ **sac en croûte** hide bag
f (péj = tableau) lousy painting
g (péj = personne) old fossil
2 COMP ▷ **croûte aux champignons** mushrooms on toast ▷ **croûte au fromage** cheese on toast, toasted cheese, ≃ Welsh rarebit ou rabbit ▷ **croûte de pain** crust of bread ◆ **croûtes de pain** (péj) old crusts; (quignons) hunks ou chunks of bread ▷ **la croûte terrestre** (Géol) the earth's crust

**croûté, e** [kʀute] adj (Ski) ◆ **neige croûtée** crusted snow

**croûter** * [kʀute] ▸ conjug 1 ◂ vi to have some grub *, nosh * (Brit)

**croûteux, -euse** [kʀutø, øz] → SYN adj scabby, covered with scabs

**croûton** [kʀutɔ̃] → SYN nm a (= bout du pain) crust; (Culin) crouton
b (péj) **(vieux) croûton** (= personne) fuddy-duddy *, old fossil *

**croyable** [kʀwajabl] → SYN adj ◆ **ce n'est pas croyable !** it's unbelievable!, it's incredible! ◆ **c'est à peine croyable** it's hard to believe

**croyance** [kʀwajɑ̃s] → SYN nf a (= foi) croyance à ou en belief in, faith in
b (= religion, opinion) belief ◆ **croyances religieuses** religious beliefs ◆ **la croyance populaire** folk ou conventional wisdom

**croyant, e** [kʀwajɑ̃, ɑ̃t] → SYN 1 adj ◆ **être croyant** to be a believer ◆ **ne pas être croyant** to be a non-believer
2 nm,f believer ◆ **les croyants** people who believe in God

**CRS** [seɛʀɛs] → SYN (abrév de **Compagnie républicaine de sécurité**) 1 nm *member of the state security police* ≃ member of the riot police ◆ **les CRS** ≃ the riot police
2 nf *company of the state security police* ≃ riot police

**cru**[1]**, e**[1] [kʀy] → SYN adj a (= non cuit) aliments raw, uncooked ◆ **je ne vais pas te manger tout cru** I won't eat you ◆ **je l'aurais avalée** ou **mangée toute crue** * (= j'étais furieux) I could have strangled ou murdered her *; (= elle était belle à croquer) she looked good enough to eat *; → **lait**
b (Tech = non apprêté) soie raw; chanvre, toile raw, untreated; métal crude, raw ◆ **cuir cru** untreated ou raw leather, rawhide
c lumière, couleur harsh, garish
d (= franc, réaliste) mot forthright, blunt; description raw, blunt; réponse straight, blunt, forthright ◆ **je vous le dis tout cru** I'll tell you straight out *, I'll give it to you straight *
e (= choquant) histoire, chanson, langage crude, coarse ◆ **parler cru** to speak coarsely ou crudely
f (Loc) **à cru** ◆ **construire à cru** to build without foundations ◆ **monter à cru** (Équitation) to ride bareback

**cru**[2] [kʀy] → SYN nm a (= vignoble) vineyard ◆ **un vin d'un bon cru** a good vintage
b (= vin) wine ◆ **un grand cru** a great wine; → **bouilleur**
c (Loc) **du cru** local ◆ **les gens du cru** the locals ◆ **de son (propre) cru** of his own invention ou devising

**cruauté** [kʀyote] → SYN nf a [personne, destin] cruelty (*envers* to); [bête sauvage] ferocity
b (= action) (act of) cruelty, cruel act

**cruche** [kʀyʃ] → SYN nf a (= récipient) jug (Brit), pitcher (US); (= contenu) jug(ful) (Brit), pitcher(ful) (US) ◆ (Prov) **tant va la cruche à l'eau qu'à la fin elle se casse** if you keep playing with fire you must expect to get burnt
b (* = imbécile) ass *, twit * (Brit) ◆ **ce qu'il est cruche !** he's such a ninny *

**cruchon** [kʀyʃɔ̃] nm (= récipient) small jug (Brit) ou pitcher (US); (= contenu) small jug(ful) (Brit) ou pitcher(ful) (US)

**crucial, e,** mpl **-iaux** [kʀysjal, jo] → SYN adj crucial

**crucifère** [kʀysifɛʀ] adj cruciferous

**crucifiement** [kʀysifimɑ̃] nm crucifixion ◆ **le crucifiement de la chair** (fig) the crucifying of the flesh

**crucifier** [kʀysifje] → SYN ▸ conjug 7 ◂ vt (lit, fig) to crucify

**crucifix** [kʀysifi] → SYN nm crucifix

**crucifixion** [kʀysifiksjɔ̃] → SYN nf crucifixion

**cruciforme** [kʀysifɔʀm] adj cruciform ◆ **tournevis cruciforme** Phillips screwdriver ® ◆ **vis cruciforme** Phillips screw ®

**cruciverbiste** [kʀysivɛʀbist] → SYN nmf crossword-puzzle enthusiast

**crudité** [kʀydite] → SYN nf a [langage] crudeness, coarseness; [description] bluntness; [lumière, couleur] harshness, garishness
b (= propos) **crudités** coarse remarks, coarseness (NonC) ◆ **dire des crudités** to make coarse remarks
c (Culin) **crudités** raw vegetables ◆ **salade de crudités** ≃ mixed salad crudités

**crue**[2] [kʀy] → SYN nf (= montée des eaux) rise in the water level; (= inondation) flood ◆ **en crue** in spate ◆ **les crues du Nil** the Nile floods ◆ **la fonte des neiges provoque des crues subites** the spring thaw produces a sudden rise in river levels

**cruel, -elle** [kʀyɛl] → SYN adj a (= méchant) personne, acte, paroles cruel; animal ferocious
b (= douloureux) perte cruel; destin, sort, épreuve cruel, harsh; remords, froid, nécessité cruel, bitter; manque desperate, severe

**cruellement** [kʀyɛlmɑ̃] → SYN adv a (= méchamment) cruelly ◆ **traiter qn cruellement** to be cruel to sb, treat sb cruelly
b (= douloureusement) décevoir bitterly; souffrir terribly ◆ **manquer cruellement de qch** to be desperately short of sth ◆ **l'argent fait cruellement défaut** the lack of money is sorely felt ◆ **cruellement éprouvé par ce deuil** sorely ou grievously distressed by this bereavement

**cruenté, e** [kʀyɑ̃te] → SYN adj plaie raw

**crûment** [kʀymɑ̃] → SYN adv dire, parler (= nettement) bluntly, forthrightly; (= grossièrement) crudely, coarsely ◆ **éclairer crûment** to cast a harsh ou garish light over

**crural, e,** mpl **-aux** [kʀyʀal, o] → SYN adj (Anat) crural

**crustacé** [kʀystase] → SYN nm (Zool) shellfish pl inv *(crabs, lobsters and shrimps)*, crustacean (SPEC) ◆ **crustacés** (Culin) seafood, shellfish

**cruzado** [kʀuzado] nm cruzado

**cryobiologie** [kʀijɔbjɔlɔʒi] nf cryobiology

**cryochirurgie** [kʀijɔʃiʀyʀʒi] nf cryosurgery

**cryoconservation** [kʀijokɔ̃sɛʀvasjɔ̃] nf cryogenic preservation

**cryogène** [kʀijɔʒɛn] adj cryogenic

**cryogénie** [kʀijɔʒeni] nf cryogenics sg

**cryogénique** [kʀijɔʒenik] adj cryogenic ◆ **moteur cryogénique** cryogenic (first-stage) engine ◆ **fusée à propulsion cryogénique** cryogenically-powered rocket

**cryolit(h)e** [kʀijɔlit] nf cryolite

**cryologie** [kʀijɔlɔʒi] nf cryogenics sg

**cryométrie** [kʀijɔmetʀi] nf cryometry

**cryophysique** [kʀijofizik] nf cryogenics sg

**cryoscopie** [kʀijɔskɔpi] nf cryoscopy

**cryostat** [kʀijɔsta] nm cryostat

**cryotempérature** [kʀijotɑ̃peʀatyʀ] nf cryogenic temperature

**cryothérapie** [kʀijoteʀapi] nf cry(m)otherapy

**cryotron** [kʀijɔtʀɔ̃] nm cryotron

**cryptage** [kʀiptaʒ] nm [message, émission, données] encryption

**crypte** [kʀipt] → SYN nf (Archit, Anat) crypt

**crypter** [kʀipte] ▸ conjug 1 ◂ vt [+ message, émission, données] to encrypt ◆ **chaîne/émission cryptée** encrypted channel/programme

**cryptique** [kʀiptik] → SYN adj **a** (= secret) cryptic

**b** (Anat) cryptal

**cryptobiose** [kʀiptɔbjoz] nf cryptobiosis

**cryptobiotique** [kʀiptɔbjɔtik] adj cryptobiotic

**cryptocommuniste** † [kʀiptokɔmynist] nmf crypto-communist

**cryptogame** [kʀiptɔgam] **1** adj cryptogamic

**2** nm ou f cryptogam

**cryptogamique** [kʀiptɔgamik] adj cryptogamic

**cryptogénétique** [kʀiptoʒenetik] adj cryptogenic, cryptogenetic

**cryptogramme** [kʀiptɔgʀam] → SYN nm cryptogram

**cryptographie** [kʀiptɔgʀafi] nf cryptography, cryptology

**cryptographier** [kʀiptɔgʀafje] ▸ conjug 7 ◂ vt to write in cryptograph

**cryptographique** [kʀiptɔgʀafik] adj cryptographic

**crypton** [kʀiptɔ̃] nm ⇒ **krypton**

**cryptorchidie** [kʀiptɔʀkidi] nf (Méd) cryptorchidism

**CSA** [seɛsa] nm (abrév de **Conseil supérieur de l'audiovisuel**) → **conseil**

**CSCE** [seɛsseə] nf (abrév de **Conférence sur la Sécurité et la Coopération en Europe**) CSCE

**CSG** [seɛsʒe] nf (abrév de **contribution sociale généralisée**) → **contribution**

**CSM** [seɛsɛm] nm (abrév de **Conseil supérieur de la magistrature**) → **conseil**

**cténaires** [ktenɛʀ], **cténophores** [ktenɔfɔʀ] nmpl ◆ **les cténaires** comb jellies, ctenophores (SPÉC)

**Cuba** [kyba] n Cuba ◆ **à Cuba** in Cuba

**cubage** [kybaʒ] → SYN nm **a** (= action) cubage

**b** (= volume) cubage, cubature, cubic content ◆ **cubage d'air** air space

**cubain, e** [kybɛ̃, ɛn] **1** adj Cuban

**2** **Cubain(e)** nm,f Cuban

**cubature** [kybatyʀ] nf cubature

**cube** [kyb] → SYN **1** nm (gén, Géom, Math) cube; [jeu] building block, (wooden) brick ◆ **le cube de 2 est 8** (Math) 2 cubed is 8, the cube of 2 is 8 ◆ **élever au cube** to cube ◆ **gros cube** * (= moto) big bike *

**2** adj ◆ **centimètre/mètre cube** cubic centimetre/metre; → **cylindrée**

**cubèbe** [kybɛb] nm cubeb

**cuber** [kybe] → SYN ▸ conjug 1 ◂ **1** vt [+ nombre] to cube; [+ volume, solide] to cube, measure the volume of; [+ espace] to measure the cubic capacity of

**2** vi [récipient] ◆ **cuber 20 litres** to have a cubic capacity of 20 litres ◆ **avec l'inflation leurs dépenses vont cuber** * (fig) with inflation their expenses are going to mount up

**cubilot** [kybilo] → SYN nm (Métal) cupola

**cubique** [kybik] **1** adj cubic; → **racine**

**2** nf (Math = courbe) cubic

**cubisme** [kybism] nm Cubism

**cubiste** [kybist] adj, nmf Cubist

**cubitainer ®** [kybitɛnɛʀ] nm square plastic container *(for holding liquids)*

**cubital, e,** mpl **-aux** [kybital, o] adj ulnar

**cubitière** [kybitjɛʀ] nf [armure] cubitiere

**cubitus** [kybitys] nm ulna

**cuboïde** [kybɔid] nm (Anat) cuboid

**Cu Chulainn** [ʃuʃulɛ̃] nm Cuchu(l)lain, Cuchulainn

**cucu(l)** * [kyky] adj ◆ **cucu(l) (la praline)** personne silly; film, livre corny *

**cuculle** [kykyl] → SYN nf (monk's) hood

**cucurbitacée** [kykyʀbitase] → SYN nf cucurbitaceous plant, cucurbit ◆ **les cucurbitacées** the Cucurbitaceae (SPÉC)

**cucurbitain, cucurbitin** [kykyʀbitɛ̃] nm proglottid

**cucurbite** [kykyʀbit] → SYN nf cucurbit(e)

**cueillette** [kœjɛt] → SYN nf **a** [fleurs, fraises, mûres] picking, gathering; [pommes, poires etc] picking; (Ethnol) gathering ◆ **la cueillette du houblon/des pommes** hop-/apple-picking ◆ **cette tribu pratique la cueillette** the people of this tribe are gatherers

**b** (= récolte) harvest, crop ◆ **elle me montra sa cueillette** she showed me what she'd picked ◆ **quelle cueillette !** what a harvest! ou crop!

**c** (Can) [données] collection

**cueilleur, -euse** [kœjœʀ, øz] nm,f [fruits] gatherer

**cueillir** [kœjiʀ] → SYN ▸ conjug 12 ◂ vt **a** [+ fleurs, fraises, mûres] to pick; (en quantité) to gather; [+ pommes, poires] to pick

**b** (= attraper) [+ ballon] to catch; [+ baiser] to snatch, steal; (* = arrêter) to nab *, catch ◆ **cueillir les lauriers de la victoire** to win ou bring home the laurels (of victory) ◆ **le voleur s'est fait cueillir par la police** * the thief was ou got nabbed by the police * ◆ **il est venu nous cueillir à la gare** * he came to collect ou get us ou pick us up at the station ◆ **il m'a cueilli à froid** (= pris au dépourvu) he caught me off guard ou on the hop * (Brit)

**cueilloir** [kœjwaʀ] → SYN nm (= cisailles) fruit-picker; (= corbeille) basket *(for harvesting)*

**cuesta** [kwɛsta] nf cuesta

**cui-cui** [kɥikɥi] excl, nm tweet-tweet ◆ **faire cui-cui** to go tweet-tweet

**cuiller, cuillère** [kɥijɛʀ] → SYN **1** nf **a** (= ustensile) spoon; (= contenu) spoonful ◆ **petite cuiller** (à thé, à dessert) teaspoon ◆ **faire manger qn à la cuiller** to spoonfeed sb ◆ **manger son dessert à la** ou **avec une cuiller** to use a spoon to eat one's dessert ◆ **service à la cuiller** (Tennis) underarm serve ◆ **servir à la cuiller** to serve underarm; → **dos, ramasser**

**b** (* = main) **serrer la cuiller à qn** to shake sb's paw *

**c** (Pêche) spoon, spoonbait ◆ **cuiller tournante** spinner ◆ **pêche à la cuiller** spoonbait fishing, fishing with a spoon(bait)

**d** (Tech) [grenade] (safety) catch

**2** COMP ▷ **cuiller de bois** (gén, Rugby) wooden spoon ▷ **cuiller à café** coffee spoon, ≃ teaspoon ◆ **prenez une cuiller à café de sirop** take a teaspoonful of cough mixture ▷ **cuiller à dessert** dessertspoon ▷ **cuiller à moka** (small) coffee spoon ▷ **cuiller à moutarde** mustard spoon ▷ **cuiller à pot** ladle ◆ **en deux** ou **trois coups de cuiller à pot** * in two shakes of a lamb's tail *, in a flash, in no time (at all) ▷ **cuiller à soupe** (= ustensile) soup spoon; (pour mesurer) tablespoon ▷ **cuiller de verrier** (glass-blower's) ladle

**cuillerée** [kɥijʀe] → SYN nf spoonful ◆ **cuillerée à soupe** ≃ tablespoonful ◆ **cuillerée à café** ≃ teaspoonful

**cuilleron** [kɥijʀɔ̃] → SYN nm [cuillère] bowl

**cuir** [kɥiʀ] → SYN **1** nm **a** (= peau apprêtée) leather; (= industrie, artisanat) leathercraft, leatherwork; (* = blouson) leather jacket ◆ **ceinture/semelles de cuir** leather belt/soles ◆ **objets** ou **articles en cuir** leather articles ou goods ◆ **le style cuir** the leather look; → **relier, tanner**

**b** (sur l'animal vivant, ou avant tannage) hide; * [personne] hide * ◆ **avoir le cuir dur** (= être résistant) to be as tough ou as hard as nails; (= être insensible à la critique) to be thick-skinned

**c** (* = faute de liaison) incorrect liaison *(due to an intrusive z- or t-sound)*

**d** (Ftbl) ball

**2** COMP ▷ **cuir bouilli** cuir-bouilli ▷ **cuir brut** rawhide ▷ **cuir chevelu** (Anat) scalp ▷ **cuir de crocodile** crocodile skin ▷ **cuir en croûte** undressed leather ▷ **cuir à rasoir** (barber's ou razor) strop ▷ **cuir suédé** suede ▷ **cuir de vache** cowhide ▷ **cuir de veau** calfskin ▷ **cuir verni** patent leather ▷ **cuir vert** ⇒ **cuir brut**

**cuirasse** [kɥiʀas] → SYN nf (Hist) [chevalier] breastplate; (Naut) armour(-plate ou -plating) (Brit), armor(-plate ou -plating) (US); (Zool) cuirass; (fig) armour (Brit), armor (US); → **défaut**

**cuirassé, e** [kɥiʀase] → SYN (ptp de **cuirasser**) **1** adj soldat breastplated; navire armour-plated (Brit), armor-plated (US), armoured (Brit), armored (US) ◆ **être cuirassé contre qch** (fig) to be hardened against sth, be proof against sth

**2** nm battleship ◆ **"Le Cuirassé Potemkine"** (Ciné) "The Battleship Potemkine"

**cuirassement** [kɥiʀasmɑ̃] → SYN nm (= action) armouring, armour-plating; (= cuirasse) armour(-plate)

**cuirasser** [kɥiʀase] → SYN ▸ conjug 1 ◂ **1** vt [+ chevalier] to put a breastplate on; [+ navire] to armour-plate (Brit), armor-plate (US); (fig = endurcir) to harden (*contre* against)

**2** **se cuirasser** vpr **a** [chevalier] to put on a breastplate

**b** (fig = s'endurcir) to harden o.s. (*contre* against) ◆ **se cuirasser contre la douleur/l'émotion** to harden o.s. against suffering/emotion

**cuirassier** [kɥiʀasje] → SYN nm (Hist) cuirassier; (Mil = soldat) (armoured (Brit) ou armored (US)) cavalryman ◆ **le 3ème cuirassier** (= régiment) the 3rd (armoured) cavalry

**cuire** [kɥiʀ] → SYN ▸ conjug 38 ◂ **1** vt **a** (faire) **cuire** [+ plat, dîner] to cook ◆ **cuire à feu doux** ou **doucement** to cook gently ou slowly ◆ **cuire à petit feu** to simmer ◆ **laisser** ou **faire cuire à feu doux** ou **à petit feu pendant 20 minutes** (allow to) simmer ou cook gently for 20 minutes ◆ **cuire à la broche** to cook ou roast on the spit, spit-roast ◆ **cuire au four** [+ pain, gâteau, pommes] to bake; [+ viande] to roast; [+ pommes de terre] to roast, bake ◆ **cuire qch à la vapeur/au gril/à la poêle/à l'eau/à la casserole** to steam/grill/fry/boil/stew sth ◆ **cuire au beurre/à l'huile** to cook in butter/in oil ◆ **faites-le cuire dans son jus** cook ou stew it in its own juice ◆ **faire bien/peu cuire qch** to cook sth thoroughly ou well/slightly ou lightly ◆ **faire trop cuire qch** to overcook sth ◆ **ne pas faire assez cuire qch** to undercook sth ◆ **il l'a fait cuire à point** he cooked it to a turn; → **carotte, cuit, dur, œuf**

**b** **four qui cuit mal la viande** oven which cooks ou does meat badly ou unevenly

**c** [+ briques, porcelaine] to fire

**d** **à cuire** chocolat cooking (épith); prunes, poires stewing (épith) ◆ **pommes à cuire** cooking apples

**2** vi **a** [aliment] to cook ◆ **cuire à gros bouillon(s)** to boil hard ou fast ◆ **le dîner cuit à feu doux** ou **à petit feu** the dinner is cooking gently ou is simmering ou is on low ◆ **cuire dans son jus** to cook in its own juice, stew

**b** [personne] **cuire au soleil** to roast in the sun ◆ **cuire dans son jus** * (= avoir très chaud) to be boiling * ou roasting *; (= se morfondre) to stew in one's own juice ◆ **on cuit ici !** * it's boiling (hot) * ou roasting * ou sweltering in here!

**c** (= brûler) **les mains/yeux me cuisaient** my hands/eyes were smarting ou stinging ◆ **mon dos me cuit** my back is burning

**d** (frm) **il lui en a cuit** he suffered for it, he had good reason to regret it ◆ **il vous en cuira** you'll rue the day (frm)

**cuisant, e** [kɥizɑ̃, ɑ̃t] → SYN adj **a** douleur smarting, sharp; blessure burning, stinging; froid bitter, biting

**b** remarque caustic, stinging; échec, regret bitter

**cuisine** [kɥizin] → SYN **1** nf **a** (= pièce) kitchen; (= mobilier) kitchen furniture (NonC); (Naut) galley ◆ **les cuisines** the kitchens ◆ **la mère est à la caisse et le fils en cuisine** (dans un restaurant) the mother works at the till and the son in the kitchen ◆ **studio avec coin-cuisine** studio flat with kitchen area ou kitchenette ◆ **table/couteau de cuisine** kitchen table/knife; → **batterie, intégré, latin, livre**[1]

**b** (= art culinaire) cookery, cooking; (= préparation) cooking; (= nourriture apprêtée) cooking, food ♦ **cuisine allégée** ou **légère** ou **minceur** low-fat ou low-calorie foods ♦ **la cuisine chinoise/italienne** Chinese/Italian food ♦ **faire la cuisine au beurre/à l'huile** to cook with butter/oil ♦ **je ne supporte pas la cuisine au beurre/à l'huile** I can't stand things cooked in butter/oil ♦ **apprendre la cuisine** to learn (how) to cook, learn cookery ou cooking ♦ **la cuisine prend du temps** cooking takes time ♦ **une cuisine épicée** hot ou spicy dishes ou food ♦ **une cuisine soignée** carefully prepared dishes ou food ♦ **la bonne cuisine** good cooking ou food ♦ **il est en train de faire la cuisine** he's busy cooking ou making the meal ♦ **chez eux, c'est le mari qui fait la cuisine** the husband does the cooking ou the husband is the cook in their house ♦ **savoir faire la cuisine, faire de la bonne cuisine** to be a good cook, be good at cooking; → **nouveau**

**c** (= personnel) [maison privée] kitchen staff; [cantine] kitchen ou catering staff

**d** (fig péj) **cuisine électorale** electoral schemings ou jiggery-pokery * (Brit) ♦ **je n'aime pas beaucoup sa petite cuisine** I'm not very fond of his underhand tricks ou his little fiddles (Brit) ♦ **faire sa petite cuisine** to do one's own thing

[2] COMP ▷ **cuisine américaine** open-plan kitchen ▷ **cuisine bourgeoise** (good) plain cooking ou fare ▷ **cuisine de cantine** canteen food ▷ **la cuisine française** French cooking ou cuisine ▷ **cuisine de restaurant** restaurant meals ou food ▷ **cuisine roulante** (Mil) field kitchen

**cuisiner** [kɥizine] [→ SYN] ▸ conjug 1 ◂ [1] vt **a** [+ plat] to cook

**b** * [+ personne] to grill *, give the third degree to *

[2] vi to cook ♦ **il cuisine bien** he's a good cook ♦ **ne la dérange pas quand elle cuisine** don't bother her when she's cooking

**cuisinette** [kɥizinɛt] nf kitchenette

**cuisinier, -ière** [kɥizinje, jɛʀ] [→ SYN] [1] nm,f (= personne) cook

[2] **cuisinière** nf (à gaz, électrique) stove, cooker (Brit); (à bois) (kitchen) range, wood-burning stove ♦ **cuisinière à gaz** gas stove ou cooker (Brit) ♦ **cuisinière à charbon** solid-fuel stove; (vieux modèle) kitchen range (Brit), stove (US)

**cuisiniste** [kɥizinist] nmf kitchen specialist

**cuissage** [kɥisaʒ] nm → **droit³**

**cuissard** [kɥisaʀ] [→ SYN] nm [armure] cuisse; [cycliste] (cycling) shorts

**cuissardes** [kɥisaʀd] [→ SYN] nfpl [pêcheur] waders; [femme] thigh boots

**cuisse** [kɥis] [→ SYN] nf (Anat) thigh ♦ **cuisse de mouton** (Culin) leg of mutton ou lamb ♦ **cuisse de poulet** chicken leg ♦ **cuisses de grenouilles** frogs' legs ♦ **il se croit sorti de la cuisse de Jupiter** * (fig) he thinks he's God's gift to mankind ♦ **elle a la cuisse légère** * she is generous with her favours (euph)

**cuisseau,** pl **cuisseaux** [kɥiso] nm haunch (of veal)

**cuisse-madame,** pl **cuisses-madame** [kɥismadam] [→ SYN] nf (= poire) cuisse madame pear

**cuisson** [kɥisɔ̃] [→ SYN] nf **a** [aliments] cooking; [pain, gâteau] baking; [gigot] roasting ♦ **ceci demande une longue cuisson** this needs to be cooked (ou baked) for a long time ♦ **temps de cuisson** cooking time ♦ **cuisson à la vapeur/au four** steam/oven cooking ♦ **la pâte gonfle à la cuisson** the dough rises as it bakes ou is baked ♦ **quelle cuisson ?** (au restaurant) how would you like it cooked?

**b** [briques, céramique] firing

**c** (= sensation de brûlure) stinging ou smarting sensation

**cuissot** [kɥiso] nm haunch (of venison ou wild boar)

**cuistance** ‡ [kɥistɑ̃s] nf (= préparation) cooking, preparing the grub ‡; (= nourriture) grub ‡, nosh ‡ (Brit)

**cuistot** * [kɥisto] nm cook

**cuistre** † [kɥistʀ] nm prig, priggish pedant

**cuistrerie** † [kɥistʀəʀi] nf priggish pedantry

**cuit, e¹** [kɥi, kɥit] [→ SYN] (ptp de **cuire**) adj **a** aliment, plat cooked; viande done (attrib); pomme baked ♦ **bien cuit** well done ♦ **je voudrais une baguette bien cuite** I'd like a nice crisp baguette ♦ **trop cuit** overdone ♦ **pas assez cuit** underdone ♦ **cuit à point** (= peu saignant) medium-cooked; (parfaitement) done to a turn

**b** (* = perdu) **il est cuit** (= il va se faire prendre) he's done for *, his goose is cooked *; (= il va perdre) it's all up (Brit) ou over for him, he's had it * ♦ **c'est cuit (pour ce soir)** we've had it (for tonight) *

**c** (* = ivre) plastered ‡, sloshed ‡

**d** (LOC) **c'est du tout cuit** * it's ou it'll be a cinch * ou a walkover * ♦ **il attend toujours que ça lui arrive** ou **tombe tout cuit (dans le bec)** * he expects everything to be handed to him on a plate

**cuite²** [kɥit] [→ SYN] nf **a** ‡ **prendre une cuite** to get plastered ‡ ou sloshed ‡ ♦ **il a pris une sacrée cuite** he got really plastered ‡ ou roaring drunk *

**b** (Tech = cuisson) firing

**cuiter (se)** ‡ [kɥite] [→ SYN] ▸ conjug 1 ◂ vpr to get plastered ‡ ou sloshed ‡

**cuivre** [kɥivʀ] [→ SYN] nm **a** **cuivre (rouge)** copper ♦ **cuivre jaune** brass ♦ **cuivre blanc** white copper ♦ **objets** ou **articles en cuivre** copperware ♦ **casseroles à fond (de) cuivre** copper-bottomed pans; → **gravure**

**b** (Art) copperplate

**c** (= ustensiles) **cuivres** (de cuivre) copper; (de cuivre et laiton) brasses ♦ **faire (briller) les cuivres** to do the brass ou the brasses

**d** (Mus) brass instrument ♦ **les cuivres** the brass (section) ♦ **orchestre de cuivres** brass band

**cuivré, e** [kɥivʀe] [→ SYN] (ptp de **cuivrer**) adj reflets coppery; peau, teint bronzed; voix resonant, sonorous ♦ **cheveux aux reflets cuivrés** hair with copper glints ou lights in it

**cuivrer** [kɥivʀe] [→ SYN] ▸ conjug 1 ◂ vt (Tech) to copper(plate), cover with copper; [+ peau, teint] to bronze

**cuivreux, -euse** [kɥivʀø, øz] [→ SYN] adj (Chim) cuprous ♦ **oxyde cuivreux** cuprous oxide, cuprite

**cuivrique** [kɥivʀik] adj (Chim) cupric

**cul** [ky] [→ SYN] [1] nm **a** (*‡ = fesses) backside *, bum * (Brit), arse *‡ (Brit), ass *‡ (US) ♦ **cul nu** bare-bottomed ♦ **il est tombé le cul dans l'eau** he fell arse first in the water *‡ (Brit), he fell on his ass in the water *‡ (US) ♦ **un coup de pied au cul** a kick ou boot up the arse *‡ (Brit), a kick in the ass *‡ (US) ♦ **gros cul** * (camion) heavy truck ou lorry (Brit), rig; (tabac) ≈ shag → **faux¹, feu¹, trou** etc

**b** (Hist, Habillement) **(faux) cul** bustle

**c** (fig = fond, arrière) [bouteille] bottom ♦ **faire un cendrier d'un cul de bouteille** to make an ashtray with ou from the bottom of a bottle ♦ **pousser une voiture au cul** * to give a car a shove

**d** (*‡ = amour physique) **le cul** sex ♦ **film de cul** porn movie *, skinflick ‡ ♦ **revue** ou **magazine de cul** (gén) porn mag *; (montrant des femmes) girlie mag * ♦ **une histoire de cul** (= plaisanterie) a dirty joke ♦ **il nous a raconté ses histoires de cul** he told us all about his sexual exploits

**e** (LOC) **faire cul sec** to down one's drink in one go * ♦ **allez, cul sec !** right, bottoms up! * ♦ **renverser cul par-dessus tête** to turn head over heels ♦ **on l'a dans le cul** *‡ that's really screwed us (up) *‡ ♦ **être sur le cul** ‡ (= être fatigué) to be dead-beat * ou knackered ‡ (Brit) ♦ **montrer son cul** *‡ to bare all, strip naked ♦ **en tomber** ou **rester sur le cul** * to be taken aback, be flabbergasted ♦ **être comme cul et chemise** * to be as thick as thieves (*avec* with) ♦ **tu peux te le mettre** ou **foutre au cul !** *‡ go and fuck yourself! *‡ ou stuff yourself! ‡ (Brit) ♦ **mon cul !** *‡ my arse! *‡ (Brit), my ass! *‡ (US) ♦ **avoir le cul bordé de nouilles** *‡, **avoir du cul** *‡ to be a lucky ou jammy (Brit) bastard ‡ ♦ **parle à mon cul, ma tête est malade** *‡ you don't give a fuck *‡ about what I'm saying, do you?

[2] adj (‡ = stupide) silly ♦ **qu'il est cul, ce type !** that guy's a real twerp ‡ ou wally ‡ (Brit)!

**culasse** [kylas] nf **a** [moteur] cylinder head; → **joint**

**b** [canon, fusil] breech ♦ **culasse (mobile)** breechblock; → **bloc**

**cul-bénit** *, pl **culs-bénits** [kybeni] nm (péj) religious nut *

**cul-blanc,** pl **culs-blancs** [kyblɑ̃] [→ SYN] nm wheatear

**culbute** [kylbyt] [→ SYN] nf **a** (= cabriole) somersault; (= chute) tumble, fall ♦ **faire une culbute** (cabriole) to (turn a) somersault; (chute) to (take a) tumble, fall (head over heels)

**b** (* fig = faillite) [ministère] collapse, fall; [banque] collapse ♦ **faire la culbute** (= être ruiné) [banque] to collapse; [entreprise] to go bust *; [spéculateur] to take a tumble, come a cropper * (Brit); (= doubler ses gains) to double one's money

**culbuter** [kylbyte] [→ SYN] ▸ conjug 1 ◂ [1] vi [personne] to (take a) tumble, fall (head over heels); [chose] to topple (over), fall (over); [voiture] to somersault, turn a somersault, overturn ♦ **il a culbuté dans l'étang** he tumbled ou fell into the pond

[2] vt [+ chaise] to upset, knock over; [+ personne] to knock over; [+ ennemi] to overwhelm; [+ ministère] to bring down, topple; ‡ [+ femme] to lay ‡, screw *‡

**culbuteur** [kylbytœʀ] [→ SYN] nm **a** [moteur] rocker arm

**b** [benne] tipper

**c** (= jouet) tumbler

**culbuto** [kylbyto] nm wobbly toy, Weeble ®

**cul(-)de(-)basse-fosse,** pl **culs-de-basse-fosse** [kyd(ə)basfos] [→ SYN] nm dungeon

**cul-de-four,** pl **culs-de-four** [kyd(ə)fuʀ] [→ SYN] nm (Archit) cul-de-four

**cul-de-jatte,** pl **culs-de-jatte** [kyd(ə)ʒat] [→ SYN] nm legless cripple

**cul-de-lampe,** pl **culs-de-lampe** [kyd(ə)lɑ̃p] [→ SYN] nm (Archit) cul-de-lampe; (Typo) tailpiece

**cul-de-poule** [kyd(ə)pul] **en cul-de-poule** loc adj ♦ **avoir la bouche en cul-de-poule** to purse one's lips

**cul-de-sac,** pl **culs-de-sac** [kyd(ə)sak] [→ SYN] nm (= rue) cul-de-sac, dead end; (fig) blind alley

**culée** [kyle] [→ SYN] nf abutment

**culer** [kyle] [→ SYN] ▸ conjug 1 ◂ vi (Naut) [bateau] to go astern; [vent] to veer astern ♦ **brasser à culer** to brace aback

**culière** [kyljɛʀ] [→ SYN] nf crupper (strap)

**culinaire** [kylinɛʀ] [→ SYN] adj culinary ♦ **l'art culinaire** cookery

**culminant, e** [kylminɑ̃, ɑ̃t] [→ SYN] adj → **point¹**

**culmination** [kylminasjɔ̃] [→ SYN] nf (Astron) culmination

**culminer** [kylmine] [→ SYN] ▸ conjug 1 ◂ vi **a** [sommet, massif] to tower (*au-dessus de* above) ♦ **culminer à** to reach its highest point at ♦ **le Mont-Blanc culmine à 4 807 mètres** Mont Blanc reaches 4,807 metres at its highest point

**b** [colère, manifestation] to come to a head; [salaire, bénéfice, récession] to peak, reach a peak (*à* at) ♦ **la crise culmina avec l'abdication du roi** the crisis culminated in the king's abdication

**c** (Astron) to reach its highest point

**culot** [kylo] [→ SYN] nm **a** (* = effronterie) nerve *, cheek * (Brit) ♦ **il a du culot** he's got a nerve * ou cheek * (Brit) ♦ **tu ne manques pas de culot !** you've got a nerve! * ou a cheek! * (Brit) ♦ **il y est allé au culot** he bluffed his way through it

**b** [ampoule] cap; [cartouche] cap, base; [bougie] body; [obus, bombe] base

**c** (= dépôt) [pipe] dottle; [creuset] residue ♦ **culot volcanique** (Géog) volcanic cone

**culottage** [kylɔtaʒ] [→ SYN] nm [pipe] seasoning

**culotte** [kylɔt] [→ SYN] [1] nf **a** (= slip) [femme] pants (Brit), knickers (Brit), panties (US); [homme] underpants ♦ **petite culotte** [femme] panties ♦ **trois culottes** three pairs of underpants

**b** (= pantalon) trousers, pants (US); (Hist) breeches; (= short) shorts

**c** (Boucherie) rump

**d** (LOC) **baisser (sa) culotte** (lit) to pull ou take one's knickers (Brit) ou pants (US) down; (‡ fig) to back down ♦ **c'est elle qui porte la culotte** she wears the trousers ou pants (US) ♦ **prendre une culotte** * (au jeu) to lose one's shirt, lose heavily ◆ **faire dans sa culotte** (uriner) to wet oneself ou one's pants; (déféquer) to dirty one's pants ◆ **trembler ou faire dans sa culotte** ⁑, **mouiller sa culotte** ⁑ (fig) to wet oneself ⁑, pee one's pants ⁑ ◆ **il n'a rien dans la culotte** (impuissant) he can't get it up ⁑; (lâche) he has no balls ⁑ ou no guts ⁑

**2** COMP ▷ **culotte de bain** † (swimming ou bathing) trunks ▷ **culotte(s) bouffante(s)** jodhpurs ▷ **culotte(s) de cheval** (lit) riding breeches ◆ **avoir une culotte de cheval** (fig) to have jodhpur thighs ou saddlebags ▷ **culotte(s) courte(s)** short trousers ou pants (US) ◆ **j'étais encore en culotte(s) courte(s)** I was still in short trousers ou short pants (US) ▷ **culotte de golf** plus fours, knickerbockers ▷ **culotte(s) longue(s)** long trousers ou pants (US) ▷ **culotte de peau** ◆ (péj Mil) **une (vieille) culotte de peau** a colonel Blimp

**culotté, e** [kylɔte] ⇒ SYN (ptp de **culotter**) adj **a** (* = effronté) cheeky * (Brit), sassy * (US)

**b** pipe seasoned; cuir mellowed

**culotter** [kylɔte] ⇒ SYN ▸ conjug 1 ◂ **1** vt **a** [+ pipe, théière] to season

**b** [+ enfant] to put trousers on

**2** **se culotter** vpr **a** [pipe] to season

**b** [enfant] to put one's trousers on

**culottier, -ière** † [kylɔtje, jɛʀ] ⇒ SYN nm,f trouser maker, breeches maker †

**culpabilisant, e** [kylpabilizɑ̃, ɑ̃t] adj discours, idée that induces feelings of guilt ◆ **c'est un peu culpabilisant de laisser les enfants seuls** you feel a bit guilty about leaving the children on their own

**culpabilisation** [kylpabilizasjɔ̃] ⇒ SYN nf (= action) making guilty; (= état) guilt

**culpabiliser** [kylpabilize] ⇒ SYN ▸ conjug 1 ◂ **1** vt ◆ **culpabiliser qn** to make sb feel guilty

**2** vi **se culpabiliser** vpr to feel guilty, blame o.s.

**culpabilité** [kylpabilite] ⇒ SYN nf (gén) guilt; (Jur) guilt, culpability; → **sentiment**

**cul-rouge**, pl **culs-rouges** [kyʀuʒ] nm great spotted woodpecker

**culte** [kylt] ⇒ SYN **1** nm **a** (= vénération) worship ◆ **le culte de Dieu** the worship of God ◆ **le culte du feu/du soleil** fire-/sun-worship ◆ **avoir le culte de** [+ justice, tradition] to make a cult ou religion of; [+ argent] to worship ◆ **avoir un culte pour qn** to (hero-)worship sb ◆ **vouer ou rendre un culte à qn/la mémoire de qn** to worship sb/sb's memory ◆ **culte de la personnalité** personality cult ◆ **son culte du secret** his cult of secrecy

**b** (= pratiques) form of worship; (= religion) religion ◆ **le culte catholique** the Catholic form of worship ◆ **les objets du culte** liturgical objects ◆ **lieu de culte** place of worship; → **denier, liberté, ministre**

**c** (= office protestant) (church) service ◆ **assister au culte** to attend a (church) service

**2** adj film, livre cult (épith)

**cul-terreux** *, pl **culs-terreux** [kyteʀø] ⇒ SYN nm (péj) yokel, country bumpkin, hick * (US)

**cultivable** [kyltivabl] ⇒ SYN adj terre suitable for cultivation, cultivable

**cultivar** [kyltivaʀ] nm (Hort) cultivar

**cultivateur, -trice** [kyltivatœʀ, tʀis] ⇒ SYN **1** adj peuple agricultural, farming (épith)

**2** nm,f farmer

**3** nm (= machine) cultivator

**cultivé, e** [kyltive] ⇒ SYN (ptp de **cultiver**) adj (= instruit) cultured, cultivated

**cultiver** [kyltive] ⇒ SYN ▸ conjug 1 ◂ **1** vt **a** [+ champ] to cultivate ◆ **cultiver la terre** to cultivate the soil, farm the land ◆ **terrains cultivés** cultivated land, land under cultivation

**b** [+ céréales, légumes, vigne] to grow, cultivate; [+ moules, huîtres] to breed, farm

**c** (= exercer) [+ goût, don, image] to cultivate ◆ **cultiver son esprit** to improve ou cultivate one's mind

**d** (= pratiquer) [+ art, sciences, genre] to cultivate ◆ **cultiver l'esprit de famille** to have a strong sense of family ◆ **il cultive la grossièreté/le paradoxe** he goes out of his way to be rude/to do the unexpected

**e** (= fréquenter) [+ personne, amitié] to cultivate ◆ **c'est une relation à cultiver** it's a connection which should be cultivated

**2** **se cultiver** vpr to improve ou cultivate one's mind

**cultuel, -elle** [kyltɥɛl] ⇒ SYN adj ◆ **édifices cultuels** places of worship ◆ **association cultuelle** religious organization

**culture** [kyltyʀ] ⇒ SYN nf **a** [champ] cultivation; [légumes] growing, cultivating, cultivation; [moules, huîtres] breeding, farming ◆ **méthodes de culture** farming methods, methods of cultivation ◆ **culture mécanique** mechanized farming ◆ **culture intensive/extensive** intensive/extensive farming ◆ **pays de moyenne/grande culture** country with a medium-scale/large-scale farming industry ◆ **culture maraîchère** market gardening ◆ **culture fruitière** fruit farming ◆ **mettre en culture** [+ terre] to bring under cultivation ◆ **j'ai deux cents hectares en culture** I have two hundred hectares of farmland ou of land under cultivation

**b** **cultures** (= terres cultivées) land under cultivation, arable land

**c** (= espèce cultivée) crop ◆ **culture de rapport, culture commerciale** cash crop ◆ **culture vivrière** food crop

**d** **la culture** culture ◆ **homme de culture** man of culture, cultured man ◆ **il manque de culture** he's not very cultured ◆ **la culture occidentale** western culture ◆ **culture scientifique** scientific knowledge ou education ◆ **culture générale** general knowledge ◆ **culture classique** classical culture ou education ◆ **culture de masse** mass culture ◆ **culture d'entreprise** corporate culture, house style

**e** (Bio) culture ◆ **culture microbienne/de tissus** microbe/tissue culture ◆ **mettre des tissus en culture** to put tissue in a culture medium; → **bouillon**

**f** **culture physique** physical culture ou training, PT ◆ **faire de la culture physique** to do physical training

**culturel, -elle** [kyltyʀɛl] ⇒ SYN adj cultural

**culturellement** [kyltyʀɛlmɑ̃] adv culturally

**culturisme** [kyltyʀism] ⇒ SYN nm body-building

**culturiste** [kyltyʀist] ⇒ SYN nmf body-builder

**cumin** [kymɛ̃] ⇒ SYN nm (= faux anis) cumin; (= carvi) caraway; (= graines) cumin; (de carvi) caraway seeds

**cumul** [kymyl] ⇒ SYN nm **a** [fonctions] plurality; [salaires] concurrent drawing ◆ **pour limiter le cumul des mandats** in order to limit the number of mandates that may be held at the same time ou concurrently

**b** (Jur) [droits] accumulation ◆ **avec cumul de peines** sentences to run consecutively ◆ **cumul d'infractions** combination of offences

**cumulable** [kymylabl] adj fonctions which may be held concurrently ou simultaneously; traitements which may be drawn concurrently ou simultaneously ◆ **les réductions sur ces articles ne sont pas cumulables** not more than one discount can be applied to each item

**cumulard, e** [kymylaʀ, aʀd] ⇒ SYN nm,f (péj) *person drawing several salaries at the same time*

**cumulatif, -ive** [kymylatif, iv] adj cumulative

**cumulativement** [kymylativmɑ̃] adv exercer des fonctions simultaneously, concurrently; purger des peines consecutively

**cumuler** [kymyle] ⇒ SYN ▸ conjug 1 ◂ **1** vt **a** [+ fonctions] to hold concurrently ou simultaneously; [+ salaires] to draw concurrently ou simultaneously ◆ **cumuler deux traitements** to draw two separate salaries ◆ **cumuler les fonctions de directeur et de comptable** to act simultaneously as manager and accountant, hold concurrently the positions of manager and accountant ◆ **cumuler plusieurs handicaps** to suffer from a combination of handicaps

**b** (Jur) [+ droits] to accumulate ◆ **calcul des intérêts cumulés** calculation of the interests accrued

**2** **se cumuler** vpr [effets, handicaps, facteurs] to accumulate ◆ **cette augmentation se cumulera avec celle de la TVA** this rise will come along on top of the increase in VAT

**cumulonimbus** [kymylonɛ̃bys] nm cumulonimbus

**cumulostratus** [kymylostʀatys] nm cumulostratus

**cumulovolcan** [kymylovɔlkɑ̃] nm cumulovolcano

**cumulus** [kymylys] nm **a** (Mét) cumulus ◆ **cumulus de beau temps/d'orage** (pl) fine-weather/storm clouds

**b** (= chauffe-eau) water heater

**cunéiforme** [kyneifɔʀm] adj **a** écriture, caractère wedge-shaped, cuneiform (SPÉC)

**b** (Anat) **les (os) cunéiformes** the cuneiform bones *(of the tarsus)*

**cunnilingus** [kynilɛ̃gys] nm cunnilingus, cunnilinctus

**cupide** [kypid] ⇒ SYN adj air greedy; personne grasping, greedy, moneygrubbing

**cupidement** [kypidmɑ̃] adv greedily

**cupidité** [kypidite] ⇒ SYN nf greed, greediness, cupidity (littér)

**Cupidon** [kypidɔ̃] nm Cupid

**cuprifère** [kypʀifɛʀ] ⇒ SYN adj copper-bearing, cupriferous (SPÉC)

**cuprique** [kypʀik] adj cupreous

**cuprite** [kypʀit] nf cuprite

**cuproalliage** [kypʀoaljaʒ] nm copper (base) alloy

**cupronickel** [kypʀonikɛl] nm cupronickel

**cupule** [kypyl] ⇒ SYN nf (Bot) cupule; [gland] (acorn) cup

**cupulifères** [kypylifɛʀ] nfpl ◆ **les cupulifères** cupuliferous plants, the Cupuliferae (SPÉC)

**curabilité** [kyʀabilite] nf curability

**curable** [kyʀabl] ⇒ SYN adj curable

**curaçao** [kyʀaso] nm curaçao

**curage** [kyʀaʒ] ⇒ SYN nm [fossé, égout] clearing- ou cleaning-out; [puits] cleaning-out

**curaillon** * [kyʀajɔ̃] nm (péj) priest

**curare** [kyʀaʀ] nm curare

**curarisant, e** [kyʀaʀizɑ̃, ɑ̃t] adj curarizing (épith)

**curarisation** [kyʀaʀizasjɔ̃] nf (= traitement) curarization; (= intoxication) intoxication with curare

**curatelle** [kyʀatɛl] ⇒ SYN nf (Jur) [mineur, aliéné] guardianship; [succession] trusteeship

**curateur, -trice** [kyʀatœʀ, tʀis] ⇒ SYN nm,f (Jur) [mineur, aliéné] guardian; [succession] trustee

**curatif, -ive** [kyʀatif, iv] ⇒ SYN adj curative

**curcuma** [kyʀkyma] nm turmeric

**cure**[1] [kyʀ] ⇒ SYN nf **a** (= traitement) course of treatment ◆ **cure (thermale)** ≃ course of treatment ou a cure at a spa ◆ **faire une cure (thermale) à Vichy** to take the waters at Vichy ◆ **suivre une cure d'amaigrissement** to go on a slimming course (Brit), have reducing treatment (US) ◆ **faire une cure de sommeil** to have sleep therapy ◆ **cure de thalassothérapie** course of seawater therapy ◆ **la cure (psychanalytique)** the talking cure; → **désintoxication**

**b** (= consommation) [aliments] diet ◆ **j'ai fait une cure de lecture/théâtre** I've done nothing but read/but go to the theatre ◆ **faire une cure de fruits** to eat a lot of fruit, go on a fruit diet

**c** (littér, hum) **n'avoir cure de qch** to care little about sth, pay no attention to sth ◆ **il n'en a cure** he's not worried about that, he pays no attention to that ◆ **je n'ai cure de ces formalités** I've no time for these formalities, I can't be doing with these formalities (Brit)

**cure**[2] [kyʀ] nf (Rel) (= fonction) cure; (= paroisse) cure, ≃ living (Brit); (= maison) presbytery, ≃ vicarage

**curé** [kyʀe] ⇒ SYN nm parish priest ◆ **curé de campagne** country priest ◆ **se faire curé** * to go in for the priesthood ◆ **les curés** (péj) clerics, priests ◆ **élevé chez les curés** brought up by priests ou clerics; → **bouffer**[2], **Monsieur**

**cure-dent**, pl **cure-dents** [kyʀdɑ̃] nm toothpick

**curée** [kyʀe] ⇒ SYN nf **a** (Chasse) quarry ◆ **donner la curée aux chiens** to give the quarry to the hounds

**b** (fig = ruée) scramble (for the spoils) ◆ **se ruer** ou **aller à la curée** to scramble for the spoils ◆ **les journalistes ont donné le signal de la curée** (attaque violente) the press had everybody baying for his (ou their etc ) blood

**cure-ongle,** pl **cure-ongles** [kyʀɔ̃gl] nm nail-cleaner

**cure-oreille,** pl **cure-oreilles** [kyʀɔʀɛj] nm (= coton-tige) cotton bud (Brit), Q-tip ® (US)

**cure-pipe,** pl **cure-pipes** [kyʀpip] nm pipe cleaner

**curer** [kyʀe] → SYN ▸ conjug 1 ◂ vt **a** [+ fossé, égout] to clear ou clean out; [+ puits] to clean out; [+ pipe] to clean out, scrape out
**b** **se curer les dents/le nez** to pick one's teeth/nose ◆ **se curer les ongles/oreilles** to clean one's nails/ears

**curetage** [kyʀtaʒ] → SYN nm curetting, curettage

**cureter** [kyʀte] → SYN ▸ conjug 5 ◂ vt to curette

**cureton** * [kyʀtɔ̃] → SYN nm (péj) priestling

**curette** [kyʀɛt] → SYN nf (Tech) scraper; (Méd) curette

**curie**[1] [kyʀi] → SYN nf (Hist romaine) curia; (Rel) Curia

**curie**[2] [kyʀi] nm (Phys) curie

**curiethérapie** [kyʀiteʀapi] nf curietherapy

**curieusement** [kyʀjøzmɑ̃] → SYN adv (= avec curiosité) curiously; (= étrangement) strangely, curiously, oddly ◆ **curieusement, ils n'ont pas protesté** strangely ou oddly enough, they didn't protest

**curieux, -ieuse** [kyʀjø, jøz] → SYN **1** adj **a** (= intéressé) interested, curious ◆ **esprit curieux** inquiring mind ◆ **curieux de tout** curious about everything ◆ **curieux de mathématiques** interested in ou keen on (Brit) mathematics ◆ **curieux d'apprendre** interested in learning, keen to learn (Brit) ◆ **je serais curieux de voir/savoir** I'd be interested ou curious to see/know
**b** (= indiscret) curious, inquisitive, nos(e)y * ◆ **jeter un regard curieux sur qch** to glance inquisitively ou curiously at sth
**c** (= bizarre) strange, curious, odd ◆ **ce qui est curieux, c'est que ...** the odd ou strange ou curious thing is that ...; → **bête, chose**
**2** nm (= étrangeté) ◆ **le curieux/le plus curieux de la chose** the funny ou strange thing/the funniest ou strangest thing about it
**3** nm,f **a** (= indiscret) inquisitive person, nos(e)y parker *, busybody * ◆ **petite curieuse !** little nos(e)y parker! *, nos(e)y little thing! *
**b** (gén mpl = badaud) (inquisitive) onlooker, bystander ◆ **éloigner les curieux** to move the bystanders along ◆ **venir en curieux** to come just for a look ou to have a look

**curiosité** [kyʀjozite] → SYN nf **a** (= intérêt) curiosity ◆ **cette curiosité de tout** this curiosity about everything ◆ **ayant eu la curiosité d'essayer** having been curious enough to try ◆ **il n'a pas eu la curiosité de vérifier** he didn't even bother to check
**b** (= indiscrétion) curiosity, inquisitiveness, nosiness * ◆ **curiosité malsaine** unhealthy curiosity ◆ **par (pure) curiosité** out of (sheer) curiosity ◆ **avec curiosité** curiously ◆ (Prov) **la curiosité est un vilain défaut** curiosity killed the cat (Prov)
**c** (= site, monument) curious ou unusual sight ou feature; (= bibelot) curio ◆ **les curiosités de la ville** the (interesting ou unusual) sights of the town ◆ **magasin de curiosités** curio ou curiosity shop ◆ **ce timbre est une curiosité pour les amateurs** this stamp has curiosity value for collectors
**d** (= caractéristique) oddity ◆ **c'est une des curiosités de son esprit** it's one of the quirks ou oddities of his mind

**curiste** [kyʀist] → SYN nmf person taking the waters *(at a spa)*

**curium** [kyʀjɔm] nm curium

**curling** [kœʀliŋ] nm curling

**curriculum (vitæ)** [kyʀikylɔm(vite)] nm inv curriculum vitae, résumé (US)

**curry** [kyʀi] → SYN nm curry ◆ **poulet au curry, curry de poulet** curried chicken, chicken curry

**curseur** [kyʀsœʀ] nm [règle] slide, cursor; [fermeture éclair] slider; [ordinateur] cursor

**cursif, -ive** [kyʀsif, iv] → SYN adj **a** (= lié) écriture, lettre cursive ◆ **écrire en cursive** to write in cursive script
**b** (= rapide) lecture, style cursory

**cursus** [kyʀsys] → SYN nm (Univ) ≈ degree course; [carrière] career path

**curule** [kyʀyl] adj ◆ **chaise curule** curule chair

**curviligne** [kyʀviliɲ] → SYN adj curvilinear

**cuscute** [kyskyt] nf dodder

**cuspide** [kyspid] → SYN nf cusp

**custode** [kystɔd] nf (Rel) pyx; (Aut) rear side panel

**customiser** [kœstɔmize] ▸ conjug 1 ◂ vt [+ produit] to customize

**cutané, e** [kytane] → SYN adj skin (épith), cutaneous (SPÉC) ◆ **affection cutanée** skin trouble

**cuti** * [kyti] nf (abrév de **cuti-réaction**) → **virer**

**cuticule** [kytikyl] nf (Bot, Zool) cuticle

**cuti-réaction** [kytiʀeaksjɔ̃] nf skin test ◆ **faire une cuti-réaction** to take a skin test

**cutter** [kœtœʀ] nm (petit) craft knife; (gros) Stanley knife ®

**cuvage** [kyvaʒ] → SYN nm, **cuvaison** [kyvɛzɔ̃] nf [raisins] fermentation *(in a vat)*

**cuve** [kyv] → SYN nf [fermentation, teinture] vat; [brasserie] mash tun; [mazout] tank; [eau] cistern, tank; [blanchissage] laundry vat ◆ **cuve de développement** (Photo) developing tank

**cuvée** [kyve] → SYN nf (= contenu) vatful; (= cru, année) vintage; [étudiants, films] crop ◆ **la cuvée 1937** the 1937 vintage ◆ **une excellente cuvée** (= examen) an excellent crop of graduates; → **tête**

**cuver** [kyve] → SYN ▸ conjug 1 ◂ **1** vt ◆ **cuver (son vin)** * to sleep it off * ◆ **cuver sa colère** to sleep (ou work ou walk) off one's anger
**2** vi [vin, raisins] to ferment

**cuvette** [kyvɛt] → SYN nf **a** (= récipient) basin, bowl; (pour la toilette) washbowl; (Photo) dish ◆ **cuvette de plastique** plastic bowl
**b** [lavabo] washbasin, basin; [évier] basin; [W.C.] pan
**c** (Géog) basin
**d** [baromètre] cistern, cup
**e** [montre] cap

**CV** [seve] GRAMMAIRE ACTIVE 19.2 nm **a** (abrév de **curriculum vitæ**) CV
**b** (abrév de **cheval-vapeur**) hp

**cyan** [sjɑ̃] nm cyan

**cyanhydrique** [sjanidʀik] → SYN adj hydrocyanic

**cyanobactéries** [sjanobakteʀi] nfpl cyanobacteria

**cyanogène** [sjanɔʒɛn] nm cyanogen

**cyanose** [sjanoz] nf cyanosis

**cyanosé, e** [sjanoze] adj cyanotic (SPÉC) ◆ **avoir le visage cyanosé** to be blue in the face

**cyanuration** [sjanyʀasjɔ̃] nf cyanide process, cyaniding

**cyanure** [sjanyʀ] nm cyanid(e)

**cyber(-)** [sibɛʀ] préf cyber(-)

**cybercafé, cyber-café,** pl **cyber-cafés** [sibɛʀkafe] nm cybercafé

**cybercitoyen, -enne** [sibɛʀsitwajɛ̃, ɛn] nm,f netizen

**cyberculture** [sibɛʀkyltyʀ] nf cyberculture

**cybercriminalité** [sibɛʀkʀiminalite] nf cybercrime

**cyberespace** [sibɛʀɛspas] nm cyberspace

**cybermonde** [sibɛʀmɔ̃d] nm cyberspace

**cybernaute** [sibɛʀnot] nmf cybersurfer, cybernaut

**cybernéticien, -ienne** [sibɛʀnetisjɛ̃, jɛn] nm,f cyberneticist

**cybernétique** [sibɛʀnetik] → SYN nf cybernetics sg

**cyberpunk** * [sibɛʀpœk] adj, nmf, nm cyberpunk

**cyberspace** [sibɛʀspas] nm cyberspace

**cycas** [sikas] nm (Bot) cycad, sago palm

**cyclable** [siklabl] adj ◆ **piste cyclable** cycle track ou path (Brit)

**cyclamen** [siklamɛn] nm cyclamen

**cycle**[1] [sikl] → SYN nm **a** (Astron, Bio, Écon) cycle ◆ **cycle du carbone/de l'azote** carbon/nitrogen cycle ◆ **cycle menstruel** ou **ovarien** menstrual ou ovarian cycle ◆ **le cycle infernal de la violence** the vicious circle of violence
**b** (Écon) cycle ◆ **cycle de vie d'un produit** product life cycle
**c** (Littérat) cycle ◆ **le cycle arthurien** the Arthurian cycle ◆ **cycle de chansons** song cycle
**d** (Scol) **cycle (d'études)** academic cycle ◆ **cycle élémentaire** ≈ first five years of primary school (Brit), ≈ grades one through five (US) ◆ **cycle d'orientation** ≈ middle school *(transition classes)* ◆ **cycle long** *studies leading to the baccalauréat* ◆ **cycle court** *studies leading to vocational training instead of the baccalauréat* ◆ **premier/deuxième cycle** middle/upper school
**e** (Univ) **cycle court** two-year vocational course *(taken after the baccalauréat)* ◆ **cycle long** higher education course ◆ **premier cycle** ≈ first and second year ◆ **deuxième** ou **second cycle** ≈ Final Honours ◆ **troisième cycle** ≈ postgraduate studies ◆ **diplôme de troisième cycle** ≈ postgraduate degree, ≈ Ph.D. ◆ **étudiant de troisième cycle** ≈ postgraduate ou Ph.D. student
**f** (= cours) course ◆ **cycle de conférences** course of lectures ◆ **cycle de formation** training course

**CYCLE**

In France, primary and secondary education is split into four broad age-group divisions known as **cycles** (similar to "key stages" in Britain). Le "cycle élémentaire" corresponds to primary school, "le cycle d'observation" covers the first two years of "collège" (referred to as "sixième" and "cinquième"), and "le premier cycle" the final two years of "collège" ("quatrième" and "troisième"). "Second cycle" corresponds to the three years spent at the "lycée" (referred to as "seconde", "première" and "terminale").
Higher education in France has three **cycles:** "premier cycle" (up to "DEUG" level), "deuxième cycle" (up to "licence" and "maîtrise"), and "troisième cycle" ("doctorat", "DEA" and "DESS"). → COLLÈGE; LYCÉE

**cycle**[2] [sikl] → SYN nm (= bicyclette) cycle ◆ **magasin de cycles** cycle shop ◆ **marchand de cycles** bicycle seller ◆ **tarif : cycles 10 €, automobiles 25 €** charge: cycles and motorcycles €10, cars €25

**cyclique** [siklik] adj cyclic(al)

**cyclisme** [siklism] nm cycling

**cycliste** [siklist] → SYN **1** adj ◆ **course/champion cycliste** cycle race/champion ◆ **coureur cycliste** racing cyclist
**2** nmf cyclist
**3** nm (= short) cycling shorts

**cyclocross, cyclo-cross** [siklokʀɔs] nm inv (= sport) cyclo-cross; (= épreuve) cyclo-cross race

**cycloïdal, e,** mpl **-aux** [siklɔidal, o] adj cycloid(al)

**cycloïde** [siklɔid] nf cycloid

**cyclomoteur** [siklomɔtœʀ] → SYN nm moped, motorized bike ou bicycle

**cyclomotoriste** [siklomɔtɔʀist] nmf moped rider

**cyclonal, e,** mpl **-aux** [siklɔnal, o] adj cyclonic

**cyclone** [siklon] → SYN nm (= typhon) cyclone; (= basse pression) zone of low pressure; (= vent violent) hurricane; (fig) whirlwind ◆ **entrer comme un cyclone** to sweep ou come in like a whirlwind; → **œil**

**cyclonique** [siklonik] adj ⇒ **cyclonal**

**cyclope** [siklɔp] → SYN nm **a** (Myth) **Cyclope** Cyclops
**b** (Zool) cyclops

**cyclopéen, -enne** [siklɔpeɛ̃, ɛn] → SYN adj (Myth) Cyclopean

**cyclopousse** [siklopus] **nm inv** (bicycle-powered) rickshaw

**cyclopropane** [sikləpʀɔpan] **nm** cyclopropane

**cyclosporine** [siklospɔʀin] **nf** ⇒ **ciclosporine**

**cyclostome** [siklostom] **nm** cyclostome

**cyclothymie** [siklotimi] **nf** manic-depression, cyclothymia (SPÉC)

**cyclothymique** [siklotimik] **adj, nmf** manic-depressive, cyclo-thymic (SPÉC)

**cyclotourisme** [siklotuʀism] **nm** bicycle touring ◆ **faire du cyclotourisme** (vacances) to go on a cycling holiday

**cyclotouriste** [siklotuʀist] **nmf** bicycle tourist

**cyclotron** [siklɔtʀɔ̃] → SYN **nm** cyclotron

**cygne** [siɲ] → SYN **nm** swan ◆ **jeune cygne** cygnet ◆ **cygne mâle** male swan, cob; → **chant**[1]

**cylindre** [silɛ̃dʀ] → SYN **nm** **a** (Géom) cylinder ◆ **cylindre droit/oblique** right (circular)/ oblique (circular) cylinder ◆ **cylindre de révolution** cylindrical solid of revolution

**b** (= rouleau) roller; [rouleau-compresseur] wheel, roller ◆ **cylindre d'impression** printing cylinder; → **bureau, presse**

**c** [moteur] cylinder ◆ **moteur à 4 cylindres en ligne** straight-4 engine ◆ **moteur à 6 cylindres en V** V6 engine ◆ **moteur à 2 cylindres opposés** flat-2 engine ◆ **une 6 cylindres** a 6-cylinder (car)

**cylindrée** [silɛ̃dʀe] → SYN **nf** capacity ◆ **une cylindrée de 1 600 cm³** a capacity of 1,600 ccs ◆ **une (voiture de) grosse/petite cylindrée** a big-/small-engined car ◆ **grosse cylindrée** (arg Sport) (= personne) top athlete; (= équipe) big-league team

**cylindrer** [silɛ̃dʀe] ► conjug 1 ◄ **vt** (= rouler) [+ métal] to roll; [+ papier] to roll (up); (= aplatir) [+ linge] to press; [+ route] to roll

**cylindrique** [silɛ̃dʀik] **adj** cylindrical

**cylindroïde** [silɛ̃dʀɔid] **adj** cylindroid

**cymbalaire** [sɛ̃balɛʀ] **nf** (Bot) mother-of-thousands

**cymbale** [sɛ̃bal] **nf** cymbal

**cymbalier** [sɛ̃balje] **nm**, **cymbaliste** [sɛ̃balist] **nmf** cymbalist, cymbale(e)r

**cymbalum** [sɛ̃balɔm] → SYN **nm** dulcimer, cymbalo

**cyme** [sim] **nf** (Bot) cyme

**cynégétique** [sineʒetik] **1** **adj** cynegetic

**2** **nf** cynegetics **sg**

**cynips** [sinips] **nm** gall wasp

**cynique** [sinik] → SYN **1** **adj** cynical; (Philos) Cynic

**2** **nm** cynic; (Philos) Cynic

**cyniquement** [sinikmɑ̃] **adv** cynically

**cynisme** [sinism] → SYN **nm** cynicism; (Philos) Cynicism

**cynocéphale** [sinosefal] **nm** dog-faced baboon, cynocephalus (SPÉC)

**cynodrome** [sinodʀom] **nm** greyhound track

**cynoglosse** [sinoglɔs] **nf** hound's-tongue, dog's-tongue

**cynophile** [sinɔfil] **1** **adj** dog-loving (épith)

**2** **nmf** dog lover

**cynor(r)hodon** [sinɔʀɔdɔ̃] **nm** rosehip

**cyphoscoliose** [sifoskɔljoz] **nf** kyphoscoliosis

**cyphose** [sifoz] **nf** kyphosis

**cyprès** [sipʀɛ] **nm** cypress

**cyprin** [sipʀɛ̃] **nm** cyprinid

**cypriote** [sipʀijɔt] **adj, nmf** ⇒ **chypriote**

**cyrillique** [siʀilik] **adj** Cyrillic

**cystectomie** [sistɛktɔmi] **nf** cystectomy

**cystéine** [sistein] **nf** cysteine

**cysticerque** [sistisɛʀk] **nm** cysticercus

**cystine** [sistin] **nf** cystine

**cystique** [sistik] **adj** cystic

**cystite** [sistit] **nf** cystitis (NonC)

**cystographie** [sistɔgʀafi] **nf** cystography

**cystoscope** [sistɔskɔp] **nm** cystoscope

**cystoscopie** [sistɔskɔpi] **nf** cystoscopy

**cystotomie** [sistɔtɔmi] **nf** cystotomy

**Cythère** [sitɛʀ] **nf** Cythera

**cytise** [sitiz] **nm** laburnum

**cytodiagnostic** [sitodjagnɔstik] **nm** cytodiagnosis

**cytogénéticien, -ienne** [sitoʒenetisjɛ̃, jɛn] **nm,f** cytogenetics specialist

**cytogénétique** [sitoʒenetik] **nf** cytogenetics **sg**

**cytologie** [sitɔlɔʒi] → SYN **nf** cytology

**cytologique** [sitɔlɔʒik] **adj** cytological

**cytologiste** [sitɔlɔʒist] **nmf** cytologist

**cytolyse** [sitɔliz] **nf** cytolysis

**cytomégalovirus** [sitomegaloviʀys] **nm** cytomegalovirus, CMV

**cytoplasme** [sitɔplasm] **nm** cytoplasm

**cytoplasmique** [sitɔplasmik] **adj** cytoplasmic

**cytosine** [sitozin] **nf** cytosine

**cytosol** [sitozɔl] **nm** cytosol

**cytosquelette** [sitoskəlɛt] **nm** cytoskeleton

**cytotoxicité** [sitotɔksisite] **nf** cytotoxicity

**cytotoxique** [sitotɔksik] **adj** cytotoxic

**czar** [tsaʀ] **nm** ⇒ **tsar**

**czarewitch** [tsaʀevitʃ] **nm** ⇒ **tsarévitch**

**czariste** [tsaʀist] **adj** ⇒ **tsariste**

# D

**D, d** [de] nm (= lettre) D, d; → **système**

**d'** [d] → **de¹, de²**

**da** [da] interj → **oui**

**DAB** [dab] nm (abrév de **distributeur automatique de billets**) ATM

**dab** † * [dab] nm (= père) old man *, father

**d'abord** [dabɔʀ] loc adv → **abord**

**da capo** [dakapo] → SYN adv da capo

**Dacca** [daka] n Dacca

**d'accord** [dakɔʀ] loc adv, loc adj → **accord**

**Dacron ®** [dakʀɔ̃] nm Terylene ® (Brit), Dacron ® (US)

**dactyle** [daktil] → SYN nm **a** (Poésie) dactyl
**b** (Bot) cocksfoot

**dactylique** [daktilik] adj dactylic

**dactylo** [daktilo] nf abrév de **dactylographe, dactylographie**

**dactylographe** † [daktilɔgʀaf] nf typist

**dactylographie** [daktilɔgʀafi] nf typing, typewriting ◆ **elle apprend la dactylographie** she's learning to type

**dactylographier** [daktilɔgʀafje] ▸ conjug 7 ◂ vt to type (out)

**dactylographique** [daktilɔgʀafik] adj typing (épith)

**dactyloscopie** [daktilɔskɔpi] nf fingerprinting

**dada¹** [dada] → SYN nm **a** (langage enfantin = cheval) horsey (langage enfantin), gee-gee (Brit) (langage enfantin) ◆ **viens faire à dada** come and ride the horsey ou the gee-gee ◆ **jeu de dadas** ≃ ludo (Brit), ≃ Parcheesi (US)
**b** (= marotte) hobby-horse (fig) ◆ **enfourcher son dada** to get on one's hobby-horse, launch o.s. on one's pet subject

**dada²** [dada] adj (Art, Littérat) Dada, dada

**dadais** [dadɛ] → SYN nm ◆ **(grand) dadais** awkward lump (of a youth) (péj) ◆ **espèce de grand dadais !** you great lump! (péj)

**dadaïsme** [dadaism] → SYN nm Dadaism, Dada

**dadaïste** [dadaist] **1** adj Dadaist
**2** nmf Dadaist

**DAF** [daf] nm (abrév de **directeur administratif et financier**) → **directeur**

**Dagobert** [dagɔbɛʀ] nm Dagobert

**dague** [dag] → SYN nf **a** (= arme) dagger
**b** [cerf] spike

**daguerréotype** [dagerεɔtip] → SYN nm daguerreotype

**daguet** [dagɛ] → SYN nm young stag, brocket

**dahlia** [dalja] nm dahlia

**dahoméen, -enne** [daɔmeɛ̃, ɛn] **1** adj Dahomean
**2** **Dahoméen(ne)** nm,f Dahomean

**Dahomey** [daɔme] nm Dahomey

**dahu** [day] nm *imaginary animal which gullible people are lured into chasing*

**daigner** [deɲe] → SYN ▸ conjug 1 ◂ vt to deign, condescend ◆ **il n'a même pas daigné nous regarder** he didn't even deign to look at us ◆ **daignez nous excuser** (frm) be so good as to excuse us

**daim** [dɛ̃] → SYN nm (gén) (fallow) deer; (mâle) buck; (= peau) buckskin, doeskin; (= cuir suédé) suede ◆ **chaussures en daim** suede shoes

**daine** [dɛn] nf (fallow) doe

**dais** [dɛ] → SYN nm canopy

**Dakar** [dakaʀ] n Dakar

**dakin, Dakin** [dakɛ̃] nm ◆ **solution** ou **eau de Dakin** Dakin's solution

**Dakota** [dakɔta] nm Dakota ◆ **Dakota du Nord/du Sud** North/South Dakota

**dalaï-lama,** pl **dalaï-lamas** [dalailama] nm Dalai Lama

**daleau,** pl **daleaux** [dalo] nm ⇒ **dalot**

**Dalila** [dalila] nf Delilah

**dallage** [dalaʒ] → SYN nm (NonC = action) paving, flagging; (= surface, revêtement) paving, pavement

**dalle** [dal] → SYN nf **a** (= pavement) [trottoir] paving stone, flag(stone); (Constr) slab ◆ **dalle flottante/de béton** floating/concrete slab ◆ **la dalle de couverture du parking** the concrete slab roof of the car park ◆ **dalle funéraire** tombstone ◆ **dalle de moquette** carpet tile
**b** [paroi de rocher] slab
**c** (* = gosier) **avoir la dalle en pente** to be a bit of a boozer * ◆ **avoir** ou **crever la dalle** (= avoir faim) to be starving * ou famished *; → **rincer**
**d** **que dalle** * nothing at all, damn all * (Brit) ◆ **j'y pige** ou **entrave que dalle** I don't get it *, I don't understand a bloody * (Brit) thing ◆ **je n'y vois que dalle** I can't see a damn * ou bloody * (Brit) thing

**daller** [dale] → SYN ▸ conjug 1 ◂ vt to pave, lay paving stones ou flagstones on ◆ **cour dallée de marbre** courtyard paved with marble, marble courtyard

**dalleur** [dalœʀ] nm flag layer, paviour

**Dalmatie** [dalmasi] nf Dalmatia

**dalmatien, -ienne** [dalmasjɛ̃, jɛn] nm,f (= chien) dalmatian

**dalmatique** [dalmatik] → SYN nf dalmatic

**dalot** [dalo] → SYN nm (Naut) scupper; (Constr) culvert

**dalton** [daltɔn] nm dalton

**daltonien, -ienne** [daltɔnjɛ̃, jɛn] **1** adj colour-blind (Brit), color-blind (US)
**2** nm,f colour-blind (Brit) ou color blind (US) person

**daltonisme** [daltɔnism] nm colour blindness (Brit), color-blindness (US), daltonism (SPÉC)

**dam** [dɑ̃] → SYN nm ◆ **au (grand) dam de qn** to sb's great displeasure

**damalisque** [damalisk] nm (Bot) sassaby

**daman** [damɑ̃] nm hyrax

**Damas** [damas] n Damascus; → **chemin**

**damas** [dama(s)] → SYN nm (= tissu) damask; (= acier) Damascus steel, damask; (= prune) damson

**damasquinage** [damaskinaʒ] nm damascening

**damasquiner** [damaskine] → SYN ▸ conjug 1 ◂ vt to damascene

**damassé, e** [damase] (ptp de **damasser**) adj, nm damask

**dame** [dam] → SYN **1** nf **a** (= femme) lady; (* = épouse) wife ◆ **il y a une dame qui vous attend** there is a lady waiting for you ◆ **votre dame m'a dit que** * ... your wife told me that ... ◆ **alors ma petite dame !** * now then, dear! ◆ **vous savez, ma bonne dame !** * you know, my dear! ◆ **la dame Dubois** (Jur) Mrs Dubois ◆ **coiffeur pour dames** ladies' hairdresser ◆ **de dame** sac, manteau lady's ◆ **la Dame de fer** the Iron Lady ◆ **une vieille dame indigne** (hum) an eccentric old lady ◆ **la finale dames** (Sport) the women's final; → **vertu**
**b** (de haute naissance) lady ◆ **une grande dame** (= noble) a highborn ou great lady; (= artiste) a great lady (*de* of) ◆ **la grande dame du roman policier** the grande dame ou the doyenne of crime fiction ◆ **jouer les grandes dames** to play the fine lady ◆ **les belles dames des quartiers chic** the fashionable ou fine ladies from the posh districts ◆ **la première dame de France** France's first lady ◆ **la dame de ses pensées** (hum) his lady-love (hum) ◆ **la Vieille Dame du Quai Conti** the French Academy ◆ **"La Dame aux camélias"** (Littérat) "The Lady with the Camelias" ◆ **"La Dame de pique"** (Mus) "The Queen of Spades"
**c** (Cartes, Échecs) queen; (Dames) crown; (Jacquet) piece, man ◆ **le jeu de dames, les dames** draughts sg (Brit), checkers sg (US) ◆ **jouer aux dames** to play draughts (Brit) ou checkers (US) ◆ **aller à dame** (Dames) to make a crown; (Échecs) to make a queen ◆ **la dame de pique** the queen of spades
**d** (Tech = hie) beetle, rammer; (Naut) rowlock
**2** excl ◆ **dame oui/non !** † why yes/no!, indeed yes/no!
**3** COMP ▷ **dame blanche** (= chouette) barn owl ▷ **dame catéchiste** catechism mistress, ≃ Sunday school teacher ▷ **dame de charité** benefactress ▷ **dame de compagnie** (lady's) companion ▷ **Dame Fortune** Lady Luck ▷ **dame d'honneur** lady-in-waiting ▷ **Dame Nature** Mother Nature ▷ **dame patronnesse** († ou péj) Lady Bountiful ▷ **dame pipi** * lady toilet attendant

**dame-d'onze-heures** [damdɔ̃zœʀ] nf (Bot) star-of-Bethlehem

**dame-jeanne,** pl **dames-jeannes** [damʒan] → SYN nf demijohn

**damer** [dame] → SYN ▸ conjug 1 ◂ vt **a** [+ terre, neige, piste de ski] to pack (down)

**b** [+ pion] (Dames) to crown; (Échecs) to queen ◆ **damer le pion à qn** (fig) to get the better of sb, checkmate sb

**dameuse** [damøz] nf (Ski) snow-grooming machine

**damier** [damje] → SYN nm (Dames) draughtboard (Brit), checkerboard (US); (= dessin) check (pattern) ◆ **en** ou **à damier** motif checkered, chequered (Brit) ◆ **tissu/foulard à damier** checked ou check fabric/scarf ◆ **ville/rues en damier** town/streets in a grid pattern ◆ **les champs formaient un damier** the fields were laid out like a draughtboard (Brit) ou a checkerboard (US)

**damnable** [danabl] → SYN adj (Rel) damnable; passion, idée despicable, abominable

**damnation** [danasjɔ̃] → SYN nf damnation ◆ **damnation !** † damnation!, tarnation! † (US); → **enfer**

**damné, e** [dane] → SYN (ptp de **damner**) **1** adj (*, avant le n = maudit) cursed *, confounded * †; → **âme**

**2** nm,f damned person ◆ **les damnés** the damned; → **souffrir**

**damner** [dane] → SYN ▸ conjug 1 ◂ **1** vt to damn ◆ **faire damner qn** * to drive sb mad * ◆ **c'est bon à faire damner un saint** * (hum) it's so good it's wicked * ◆ **elle est belle à faire damner un saint** * (hum) she's so lovely she would tempt a saint (in heaven) *

**2** **se damner** vpr to damn o.s. ◆ **se damner pour qn** to risk damnation for sb

**Damoclès** [damɔklɛs] nm Damocles; → **épée**

**damoiseau,** pl **damoiseaux** [damwazo] → SYN nm (Hist) page, squire; († , hum) young beau †

**damoiselle** [damwazɛl] nf (Hist) damsel †

**dan** [dan] nm (Arts martiaux) dan ◆ **il est deuxième dan** he's a second dan

**danaïde** [danaid] nf (Zool) monarch butterfly

**Danaïdes** [danaid] nfpl → **tonneau**

**dancing** [dɑ̃siŋ] → SYN nm dance hall

**dandinement** [dɑ̃dinmɑ̃] → SYN nm [canard, personne] waddle

**dandiner (se)** [dɑ̃dine] ▸ conjug 1 ◂ vpr [canard, personne] to waddle ◆ **avancer** ou **marcher en se dandinant** to waddle along

**dandy** [dɑ̃di] nm dandy

**dandysme** [dɑ̃dism] → SYN nm dandyism

**Danemark** [danmaʀk] nm Denmark

**danger** [dɑ̃ʒe] → SYN nm danger ◆ **un grave danger nous menace** we are in serious ou grave danger ◆ **courir un danger** to run a risk ◆ **en cas de danger** in case of emergency ◆ **il est hors de danger** he is out of danger, he is safe ◆ **ça ne présente aucun danger, c'est sans danger** it doesn't present any danger (*pour* to), it's quite safe (*pour* for) ◆ **il y aurait (du) danger à faire cela** it would be dangerous to do that ◆ **cet automobiliste est un danger public** that driver is a public menace ◆ **les dangers de la route** road hazards ◆ **attention danger !** look out! ◆ **"danger de mort"** "danger of death" ◆ **(il n'y a) pas de danger !** * no fear! * ◆ **pas de danger qu'il vienne !** * there's no danger that he'll come

◆ **en danger** ◆ **être en danger** to be in danger ◆ **ses jours sont en danger** his life is in danger ◆ **mettre en danger** [+ personne] to put in danger; [+ vie, espèce] to endanger; [+ chances, réputation, carrière] to jeopardize ◆ **adolescents en danger moral** teenagers in danger of being corrupted ou led astray ◆ **en danger de** in danger of ◆ **il est en danger de mort** he is in danger ou peril of his life ◆ **ce pays est en grand danger de perdre son indépendance** this country is in grave danger of losing its independence

◆ **sans danger** opération, expérience safe; utiliser, agir safely

**dangereusement** [dɑ̃ʒʀøzmɑ̃] adv dangerously

**dangereux, -euse** [dɑ̃ʒʀø, øz] → SYN adj route, ennemi, doctrine, animal dangerous (*pour* to); entreprise dangerous, hazardous, risky ◆ **dangereux à manipuler** dangerous to handle ◆ **zone dangereuse** danger zone ◆ **il joue un jeu dangereux** he's playing a dangerous game ◆ **"abus dangereux"** "to be taken in moderation"

**dangerosité** [dɑ̃ʒʀozite] nf dangerousness

**danien, -ienne** [danjɛ̃, jɛn] **1** adj late Cretaceous

**2** nm ◆ **le danien** the late Cretaceous (period)

**danois, e** [danwa, waz] → SYN **1** adj Danish

**2** nm **a** (Ling) Danish

**b** (= chien) **(grand) danois** Great Dane

**3** **Danois(e)** nm,f Dane

## dans [dɑ̃]

→ SYN préposition

**a** sans changement de lieu in; (= à l'intérieur de) in, inside ◆ **il habite dans Londres même/l'Est/le Jura** he lives in London itself/the East/the Jura ◆ **le ministère est dans la rue de Grenelle** the ministry is in the rue de Grenelle ◆ **courir dans l'herbe/les champs** to run around in ou run through the grass/fields ◆ **il a plu dans toute la France** there has been rain throughout France ◆ **elle erra dans la ville/les rues/la campagne** she wandered through ou round ou about the town/the streets/the countryside ◆ **ne marche pas dans l'eau** don't walk in ou through the water ◆ **vous êtes dans la bonne direction** you are going the right way ou in the right direction ◆ **ils ont voyagé dans le même train/avion** they travelled on the same train/plane ◆ **cherche** ou **regarde dans la boîte** look inside ou in the box ◆ **dans le fond/le bas/le haut de l'armoire** at ou in the back/the bottom/the top of the wardrobe ◆ **il reconnut le voleur dans la foule/l'assistance** he recognized the thief in ou among the crowd/among the spectators ◆ **qu'est-ce qui a bien pu se passer dans sa tête ?** what can he have been thinking of? ◆ **il avait dans l'esprit** ou **l'idée que ...** he had a feeling that ... ◆ **elle avait dans l'idée** ou **la tête de ...** she had a mind to ... ◆ **il y a de la tristesse dans son regard/sourire** there's a certain sadness in his eyes/smile; → **fouiller, recevoir, tomber** etc

**b** changement de lieu into, to ◆ **s'enfoncer/pénétrer dans la forêt** to plunge deep into/go into ou enter the forest ◆ **ils sont partis dans la montagne** they have gone off into the mountains ◆ **mettre qch dans un tiroir** to put sth in ou into a drawer ◆ **verser du vin dans un verre** to pour wine into a glass ◆ **jeter l'eau sale dans l'évier** to pour the dirty water down the sink

**c** = dans des limites de within ◆ **dans le périmètre/un rayon très restreint** within the perimeter/a very restricted radius ◆ **ce n'est pas dans ses projets** he's not planning to do so ou on doing that

**d** indiquant l'action de prélever out of, from ◆ **prendre qch dans un tiroir** to take sth out of ou from a drawer ◆ **boire du café dans une tasse/un verre** to drink coffee out of ou from a cup/glass ◆ **la chèvre lui mangeait dans la main** the goat was eating out of his hand ◆ **le chien a mangé dans mon assiette** the dog ate off my plate ◆ **bifteck dans le filet** fillet steak ◆ **il l'a appris/copié dans un livre** he learnt/copied it from ou out of a book

**e** = pendant in ◆ **dans ma jeunesse/mon jeune temps** in my youth/my younger days ◆ **dans les siècles passés** in previous centuries ◆ **dans les mois à venir** in the months to come ◆ **dans le cours** ou **le courant de l'année** in the course of the year ◆ **il est dans sa 6e année** he's in his 6th year; → **temps¹, vie**

**f** période ou délai dans l'avenir in; (= dans des limites de) within, inside, in (the course of) ◆ **il part dans deux jours/une semaine** he leaves in two days ou two days' time/a week ou a week's time ◆ **dans combien de temps serez-vous prêt ?** how long will it be before you are ready? ◆ **il sera là dans une minute** ou **un instant** he'll be here in a minute ◆ **cela pourrait se faire dans le mois/la semaine** it could be done within the month/week ou inside a month/week ◆ **il mourut dans l'heure qui suivit** he died within the hour ◆ **je l'attends dans la matinée/la nuit** I'm expecting him some time this morning/some time tonight, I'm expecting him some time in the course of the morning/night

**g** état, condition, manière in ◆ **être dans les affaires/l'industrie/le textile** to be in business/industry/textiles ◆ **vivre dans la misère/la peur** to live in poverty/fear ◆ **vivre dans l'oisiveté** to live a life of idleness ◆ **dans le brouillard/l'obscurité** in fog/darkness, in the fog/the dark ◆ **il n'est pas dans le complot/le secret** he's not in on * the plot/the secret ◆ **je l'aime beaucoup dans cette robe/ce rôle** I really like her in that dress/that part ◆ **et dans tout cela, qu'est-ce que vous devenez ?** and with all this going on, how are things with you? ◆ **il est difficile de travailler dans ce bruit/ces conditions** it's difficult to work with this noise/in these conditions ◆ **le camion passa dans un bruit de ferraille** the truck rattled past ◆ **elles sortirent dans un frou-frou de soie** they left in a rustle of silk ◆ **faire les choses dans les règles** to work within the rules

**h** situation, cause in, with ◆ **dans son effroi, elle poussa un cri** she cried out in fright ◆ **dans sa hâte il oublia son chapeau** in his haste he forgot his hat ◆ **dans ces conditions** ou **ce cas-là, je refuse** in that case ou if that's the way it is * I refuse ◆ **elle partit tôt, dans l'espoir de trouver une place** she left early in the hope of getting ou hoping to get a seat ◆ **il l'a fait dans ce but** he did it with this aim in view

**i** destination **mettre son espoir dans qn/qch** to pin one's hopes on sb/sth ◆ **avoir confiance dans l'honnêteté de qn/le dollar** to have confidence in sb's honesty/the dollar

**j** **dans les** + nombre (= environ) (prix) (round) about, (something) in the region of; (temps, grandeur) (round) about, something like, some ◆ **cela vaut/coûte dans les 10 €** it's worth/it costs in the region of €10 ou (round) about €10 ◆ **il faut compter dans les 3 ou 4 mois** we'll have to allow something like 3 or 4 months ou some 3 or 4 months ◆ **il vous faut dans les 3 mètres de tissu** you'll need something like 3 metres of fabric ou about ou some 3 metres of fabric ◆ **cette pièce fait dans les 8 m²** this room is about ou some 8 m² ◆ **il a dans les 30 ans** he's about 30, he's 30 or so

**dansant, e** [dɑ̃sɑ̃, ɑ̃t] → SYN adj mouvement, lueur dancing; musique lively ◆ **thé dansant** tea dance ◆ **soirée dansante** dance

**danse** [dɑ̃s] → SYN nf **a** (= valse, tango etc) dance ◆ **la danse** (= art) dance; (= action) dancing ◆ **la danse folklorique** folk ou country dancing ◆ **danse classique** ballet ◆ **danse contemporaine** contemporary dance ◆ **danse de salon** ballroom dance ◆ **la danse du ventre** belly dancing ◆ **faire la danse du ventre** to belly-dance, do a belly dance ◆ **danse de guerre** war dance ◆ **danse macabre** danse macabre, dance of death ◆ **"Les Danses slaves"** (Mus) "Slavonic Dances" ◆ **ouvrir la danse** to open the dancing ◆ **avoir la danse de Saint-Guy** (Méd) to have St Vitus's dance; (fig) to have the fidgets ◆ **de danse** professeur, leçon dancing; musique dance ◆ **entrer dans la danse** (lit) to join in the dance ou dancing ◆ **s'il entre dans la danse ...** (fig) if he decides to get involved ou to join in ...; → **mener, piste**

**b** (*‡* = volée) belting *‡*, (good) hiding ◆ **filer** ou **flanquer une danse à qn** to belt sb *‡*, give sb a (good) hiding

**danser** [dɑ̃se] → SYN ▸ conjug 1 ◂ **1** vi (gén) to dance; [ombre, flamme] to flicker, dance; [flotteur, bateau] to bob (up and down), dance ◆ **elle danse bien** she's a good dancer ◆ **faire danser qn** to (have a) dance with sb ◆ **après dîner il nous a fait danser** after dinner he got us dancing ◆ **voulez-vous danser (avec moi) ?, vous dansez ?** shall we dance?, would you like to dance? ◆ **danser de joie** to dance for joy ◆ **à l'époque, on dansait devant le buffet** * (fig) those were lean times ◆ **les lignes dansaient devant mes yeux** the lines were dancing before my eyes ◆ **personne ne savait sur quel pied danser** nobody knew what to do

**2** vt to dance ◆ **danser le tango** to dance the tango ◆ **danser un rock** to jive ◆ **elle danse "le Lac des cygnes"** she's dancing "Swan Lake"

**danseur, -euse** [dɑ̃sœʀ, øz] → SYN **1** nm,f (gén) dancer; (= partenaire) partner ◆ **danseur classique** ou **de ballet** ballet dancer ◆ **danseur étoile** (Opéra) principal dancer ◆ **danseuse étoile** prima ballerina ◆ **danseur de corde** tightrope walker ◆ **danseur de claquettes** tap dancer ◆ **danseur mondain** *professional ballroom dancing host*

**2 danseuse** nf ◆ **danseuse de cabaret** cabaret dancer ◆ **pédaler en danseuse** to pedal standing up ◆ **entretenir une danseuse** (maîtresse) to keep a mistress ◆ **l'État ne peut pas se permettre d'entretenir des danseuses** the state cannot afford to support unprofitable ventures ◆ **les voiliers de course, c'est sa danseuse** he spends all his money on racing yachts

**Dante** [dɑ̃t] nm Dante

**dantesque** [dɑ̃tɛsk] → SYN adj Dantesque, Dantean

**Danton** [dɑ̃tɔ̃] nm Danton

**Danube** [danyb] nm Danube

**DAO** [deao] nm (abrév de **dessin assisté par ordinateur**) CAD

**daphné** [dafne] → SYN nm daphne

**daphnie** [dafni] nf daphnia

**darce** [daʀs] nf ⇒ **darse**

**dard¹** [daʀ] nm [animal] sting; (†, Mil) javelin, spear

**dard²** [daʀ] → SYN nm (= poisson) dace, chub

**Dardanelles** [daʀdanɛl] nfpl ◆ **les Dardanelles** the Dardanelles

**darder** [daʀde] → SYN ▸ conjug 1 ◂ vt **a** (= lancer) [+ flèche] to shoot ◆ **le soleil dardait ses rayons sur la maison** the sun was beating down on the house ◆ **il darda un regard haineux sur son rival** he shot a look full of hate at his rival

**b** (= dresser) [+ piquants, épines] to point ◆ **le clocher dardait sa flèche vers le ciel** the church spire thrust upwards into the sky

**dare-dare** * [daʀdaʀ] loc adv double-quick * ◆ **accourir dare-dare** to come running up double-quick * ou at the double

**Dar es-Salaam** [daʀɛssalam] n Dar es Salaam

**dariole** [daʀjɔl] → SYN nf dariole

**darne** [daʀn] → SYN nf [poisson] steak

**darse** [daʀs] nf (Naut) harbour basin

**dartre** [daʀtʀ] → SYN nf dry patch, scurf (NonC)

**dartreux, -euse** [daʀtʀø, øz] → SYN adj peau scurfy, flaky

**darwinien, -ienne** [daʀwinjɛ̃, jɛn] adj Darwinian

**darwinisme** [daʀwinism] → SYN nm Darwinism

**darwiniste** [daʀwinist] adj, nmf Darwinist

**dasyure** [dazjyʀ] → SYN nm dasyure

**DAT** [deate] nm (abrév de **Digital Audio Tape**) DAT

**datable** [databl] adj dat(e)able ◆ **manuscrit facilement datable** manuscript which can easily be dated

**dataire** [datɛʀ] nm datary

**DATAR** [dataʀ] nf (abrév de **Délégation à l'aménagement du territoire et à l'action régionale**) → **délégation**

**datation** [datasjɔ̃] nf [contrat, manuscrit] dating ◆ **datation au carbone 14** carbon dating

**datcha** [datʃa] → SYN nf dacha

**date** [dat] → SYN nf date ◆ **date de naissance/mariage/paiement** date of birth/marriage/payment ◆ **date d'exigibilité** due ou maturity date ◆ **date de péremption/clôture** expiry/closing date ◆ **date butoir** ou **limite** deadline ◆ **date limite de consommation/de vente** use-by/sell-by date ◆ **date limite de fraîcheur** ou **de conservation** best-before date ◆ **date de valeur** [chèque] processing date ◆ **pourriez-vous faire ce virement avec date de valeur le 15 juin ?** could you process this payment on 15th June? ◆ **la date à laquelle je vous ai vu** the day I saw you ◆ **j'ai pris date avec lui pour le 18 mai** I have set ou fixed a date with him for May 18th ◆ **cet événement fait date dans l'histoire** this event stands out in ou marks a milestone in history ◆ **sans date** undated

◆ **à + date** ◆ **note ce rendez-vous à la date du 12 mai** note down this appointment for May 12th ◆ **à quelle date cela s'est-il produit ?** on what date did that occur? ◆ **à cette date il ne le savait pas encore** at that time he did not yet know about it ◆ **à cette date-là il était déjà mort** by that time ou by then he was already dead ◆ **le comité se réunit à date fixe** the committee meets on a fixed ou set date

◆ **en date** ◆ **lettre en date du 23 mai** letter dated May 23rd ◆ **le premier en date** the first ou earliest ◆ **le dernier en date** the latest ou most recent

◆ **de longue** ou **vieille date** amitié long-standing; ami long-standing, long-time ◆ **je le connais de longue date** I've known him for a (very) long time ◆ **nous sommes des amis de longue date** we go back a long way

◆ **de fraîche date** ami recent ◆ **arrivé de fraîche date à Paris** newly arrived in Paris

**dater** [date] → SYN ▸ conjug 1 ◂ **1** vt [+ lettre, événement] to date ◆ **lettre datée du 6/de Paris** letter dated the 6th/from Paris ◆ **non daté** undated

**2** vi **a** **dater de** (= remonter à) to date back to, date from ◆ **ça ne date pas d'hier** ou **d'aujourd'hui** [maladie] it has been going a long time; [amitié, situation] it goes back a long way; [objet] it's far from new ◆ **à dater de demain** as from tomorrow, from tomorrow onwards ◆ **de quand date votre dernière rencontre ?** when did you last meet?

**b** (= être important) **cet événement a daté dans sa vie** this event marked a milestone in his life

**c** (= être démodé) to be dated ◆ **ça commence à dater** it's beginning to date ◆ **le film est un peu daté** the film is a little dated

**daterie** [datʀi] nf dataria

**dateur** [datœʀ] nm [montre] date indicator ◆ **(timbre** ou **tampon) dateur** date stamp

**datif, -ive** [datif, iv] adj, nm dative ◆ **au datif** in the dative

**dation** [dasjɔ̃] → SYN nf (Jur) payment in kind; [œuvres d'art] donation

**datte** [dat] nf (Bot, Culin) date

**dattier** [datje] nm date palm

**datura** [datyʀa] nm datura

**DAU** [deay] nm (abrév de **document administratif unique**) SAD

**daube** [dob] nf **a** (= viande) stew, casserole ◆ **faire une daube** ou **de la viande en daube** to make a stew ou casserole ◆ **bœuf en daube** casserole of beef, beef stew

**b** (‡ = nullité) **c'est de la daube** it's crap ‡

**dauber¹** [dobe] → SYN ▸ conjug 1 ◂ vi **a** (littér) **dauber sur qn/qch** to jeer (at) sb/sth ◆ **il serait facile de dauber sur nos erreurs** it would be easy to sneer ou scoff at our mistakes

**b** (‡ = puer) **ça daube ici !** it stinks in here!

**dauber²** [dobe] ▸ conjug 1 ◂ vt (Culin) to braise

**daubière** [dobjɛʀ] → SYN nf braising pot

**dauphin** [dofɛ̃] → SYN nm **a** (Zool) dolphin

**b** (Hist) **le Dauphin** the Dauphin

**c** (= successeur) heir apparent

**Dauphine** [dofin] nf Dauphine, Dauphiness

**dauphinelle** [dofinɛl] → SYN nf delphinium

**dauphinois, e** [dofinwa, waz] **1** adj of ou from the Dauphiné; → **gratin**

**2 Dauphinois(e)** nm,f inhabitant ou native of the Dauphiné

**daurade** [doʀad] nf gilthead bream, sea bream ◆ **daurade rose** red sea bream

**davantage** [davɑ̃taʒ] → SYN adv **a** (= plus) gagner, acheter more; (négatif) any more; (interrogatif) (any) more ◆ **bien/encore/même davantage** much/still/even more ◆ **je n'en sais pas davantage** I don't know any more about it, I know no more ou nothing further about it ◆ **il s'approcha davantage** he drew closer ou nearer

**b** (= plus longtemps) longer; (négatif, interrogatif) any longer ◆ **sans s'attarder/rester davantage** without lingering/staying any longer

**c** (= de plus en plus) more and more ◆ **les prix augmentent chaque jour davantage** prices go up more and more every day

**d davantage de** (some) more; (négatif) any more ◆ **vouloir davantage de pain/temps** to want (some) more bread/time ◆ **veux-tu davantage de viande ?** do you want (any ou some) more meat? ◆ **il n'en a pas voulu davantage** he didn't want any more (of it)

◆ **davantage que** (= plus) more than; (= plus longtemps) longer than ◆ **tu te crois malin mais il l'est davantage (que toi)** you think you're sharp but he is more so than you ou but he is sharper (than you)

**David** [david] nm David ◆ **David et Goliath** David and Goliath

**davier** [davje] → SYN nm (Chir) forceps; (Menuiserie) cramp

**dazibao** [da(d)zibao] → SYN nm dazibao

**db** (abrév de **décibel**) dB, db

**DBO** [debeo] nf (abrév de **demande biochimique en oxygène**) BOD

**DCA** [desea] nf (abrév de **défense contre avions**) anti-aircraft defence

**DCO** [deseo] nf (abrév de **demande chimique en oxygène**) COD

**DDASS** [das] nf (abrév de **Direction départementale de l'action sanitaire et sociale**) local department of social services ◆ **un enfant de la DDASS** (orphelin) a state orphan; (retiré de la garde de ses parents) a child who has been taken into care (Brit), a child in court custody (US)

**DDD** [dedede] (abrév de **digital digital digital**) DDD

**DDT** [dedete] nm (abrév de **dichloro-diphényl-trichloréthane**) DDT

## de¹ [də]

préposition

Devant une voyelle ou un **h** muet = **d'**;
contraction **de** + **le** = **du**;
**de** + **les** = **des**.

Lorsque **de** fait partie d'une locution du type **décider de faire, content de qch, c'est l'occasion de, se nourrir de, s'aider de, de plus en plus** etc, reportez-vous à l'autre mot.

**a** [déplacement, provenance] from ◆ **être/provenir/s'échapper de** to be/come/escape from ◆ **sauter du toit** to jump off ou from the roof ◆ **de sa fenêtre elle voit la mer** she can see the sea from her window ◆ **il arrive du Japon** he has just arrived from Japan ◆ **il y a une lettre de Paul** there's a letter from Paul ◆ **nous recevons des amis du Canada** we have friends from Canada staying (with us) ◆ **ce sont des gens de la campagne/la ville** they are people from the country/town ◆ **on apprend de Londres que ...** we hear ou it is announced from London that ... ◆ **des pommes de notre jardin** apples from our garden ◆ **le train/l'avion de Londres** the train/plane from London, the London train/plane MAIS ◑ **je l'ai vu en sortant de la maison** I saw him as I was coming out of the house

**b** [localisation] in ◆ **les magasins de Londres/Paris** the shops in London/Paris, the London/Paris shops ◆ **les gens de ma rue** the people in my street MAIS ◑ **les voisins du 2e (étage)** the neighbours on the 2nd floor

**c** [destination] for, to ◆ **le train/l'avion de Bruxelles** the Brussels train/plane, the train/plane for ou to Brussels ◆ **la route de Tours** the Tours road, the road for Tours

**d** [appartenance]

Lorsque **de** sert à exprimer l'appartenance, il peut se traduire par **of** ; on préférera toutefois souvent le génitif lorsque le possesseur est une personne ou un pays, plus rarement une chose :

◆ **la maison de David/de notre ami** David's/our friend's house ◆ **le mari de la reine d'Angleterre** the Queen of England's husband ◆ **la patte du chien** the dog's paw ◆ **le roi de France** the King of France ◆ **l'attitude du Canada** Canada's attitude, the attitude of Canada ◆ **un ami de mon père** a friend of my father's ◆ **c'est le médecin de mes cousins** he's my cousins' doctor ◆ **un ami de la famille** a friend of the family, a family friend MAIS ◑ **un programmeur d'IBM** ou **de chez IBM** a programmer with IBM ◑ **ses collègues de** ou **du bureau** his colleagues at work

Après un pluriel régulier ou un pluriel irrégulier se terminant par un **s**, l'apostrophe s'utilise toujours seule ; après un pluriel irrégulier ne se terminant pas par un **s**, **'s** est obligatoire :

◆ **la maison de nos amis** our friends' house ◆ **la loge des actrices** the actresses' dressing-room ◆ **les amis de nos enfants** our children's friends

Après un nom commun se terminant par **ss**, **'s** est obligatoire :

◆ **la loge de l'actrice** the actress's dressing-room

Après un nom propre se terminant par **s** ou **ss**, l'apostrophe peut être utilisée seule dans un registre plus soutenu :

◆ **la vie de Jésus** Jesus's life, Jesus' life ◆ **la maison de Wells/Burgess** Wells's/Burgess's house, Wells'/Burgess' house

Dans le cas où le possesseur est un inanimé, l'anglais juxtapose parfois les noms :

◆ **le pied de la table** the leg of the table, the table leg ◆ **le bouton de la porte** the door knob

**e** caractérisation

Lorsque **de** est utilisé pour la caractérisation, il peut être traduit par **of**, mais l'anglais utilise souvent des tournures adjectivales :

(caractérisation par le contenu) ◆ **une bouteille de vin/lait** a bottle of wine/milk ◆ **une tasse de thé** a cup of tea ◆ **une pincée/cuillerée de sel** a pinch/spoonful of salt ◆ **une poignée de gens** a handful of people ◆ **une collection de timbres** a stamp collection ◆ **une boîte de bonbons** a box of sweets

(caractérisation par la matière) ◆ **vase de cristal** crystal vase ◆ **robe de soie** silk dress

(caractérisation par la qualité) ◆ **un homme de goût/d'une grande bonté** a man of taste/great kindness ◆ **quelque chose de beau/cher** something lovely/expensive ◆ **rien de neuf/d'intéressant** nothing new/interesting ou of interest

(caractérisation par la fonction) ◆ **il est professeur d'anglais** he's an English teacher ou a teacher of English

(caractérisation par le temps) ◆ **les romanciers du 20e siècle** 20th-century novelists, novelists of the 20th century ◆ **les journaux d'hier/du dimanche** yesterday's/the Sunday papers;

◆ **de** + participe passé ◆ **il y a deux verres de cassés** there are two broken glasses ou glasses broken ◆ **il y a cinq enfants de disparus** five children are missing

**f** valeur intensive **et elle de se moquer de nos efforts !** and she made fun of our efforts! ◆ **et lui d'ajouter : "jamais !"** "never!" he added

La valeur intensive de **de** + article ou démonstratif est souvent rendue par un adjectif ou un adverbe en anglais :

◆ **il est d'une bêtise !** he's so stupid!, he's incredibly stupid! ◆ **il a un de ces appétits !** he's got an incredible appetite ◆ **j'ai de ces douleurs !** I've got this terrible pain ◆ **elle a de ces initiatives !** some of the things she gets up to! ◆ **tu as de ces idées !** you have the strangest ideas sometimes!

**g** Lorsque **de** introduit un nom en apposition, il est rarement traduit :

◆ **le jour de Noël** Christmas Day ◆ **le prénom de Paul est très courant** the name Paul is very common ◆ **le mot de "liberté"** the word "freedom" ◆ **cette saleté de temps nous gâche nos vacances** this rotten weather is spoiling our holiday MAIS ◑ **ton idiot de fils** that stupid son of yours ◑ **la ville de Paris** the city of Paris ◑ **le mois de juin** (the month of) June

**h** **de** + nombre (= parmi) of ◆ **de six qu'ils étaient (au départ), ils ne sont plus que deux** of the original six there are only two left

Lorsque **de** est suivi d'une mesure, d'un poids, d'un âge, d'une durée, d'un montant etc, il est souvent rendu en anglais par une simple apposition :

◆ **une pièce de 6 m²** a room 6 metres square ◆ **une plage de plusieurs kilomètres** a beach several kilometres long ◆ **un rôti de 2 kg** a 2-kilo joint ◆ **une table de 2 mètres de large** a table 2 metres wide ou in width ◆ **un enfant de 5 ans** a 5-year-old (child) ◆ **un bébé de 6 mois** a 6-month(-old) baby, a baby of 6 months ◆ **une attente de 2 heures** a 2-hour wait ◆ **un voyage de trois jours** a three-day journey ◆ **une promenade de 3 km/3 heures** a 3-km/3-hour walk ◆ **un bébé de quelques mois** a baby just a few months old ◆ **il y aura une attente de quelques heures** there will be a few hours' wait, you will have to wait a few hours MAIS ◑ **un chèque de 20 €** a cheque for €20 ◑ **elle est plus grande que lui de 5 cm** she is 5 cm taller than he is, she is taller than him by 5 cm

**i** agent animé by ◆ **un film de Fellini** a Fellini film, a film by Fellini ◆ **un concerto de Brahms** a concerto by Brahms, a Brahms concerto ◆ **le message a été compris de tous** the message was understood by everybody ◆ **c'est de qui ?** who is it by? MAIS ◑ **le poème n'est pas de moi** I didn't write the poem ◑ **c'est bien de lui de sortir sans manteau** it's just like him ou it's typical of him to go out without a coat

**j** agent inanimé

Lorsque **de** introduit un agent inanimé, la traduction dépend étroitement du verbe ; reportez-vous à celui-ci :

◆ **couvert de boue/d'un drap** covered in mud/with a sheet ◆ **rempli de fumée** filled with smoke

**k** = avec, manière, cause

Lorsque **de** signifie **avec, au moyen de, à l'aide de**, ou exprime la manière ou la cause, la traduction dépend étroitement du contexte ; reportez-vous au verbe ou au nom :

◆ **il l'attrapa de la main gauche** he caught it with his left hand ◆ **de rien/d'un bout de bois, il peut faire des merveilles** he can make wonderful things out of nothing/a bit of wood ◆ **il les encourageait de la voix** he cheered them on ◆ **marcher d'un pas lent/d'un bon pas** to walk slowly/briskly ◆ **parler d'une voix émue/ferme** to speak emotionally/firmly ou in an emotional/a firm voice ◆ **regarder qn d'un air tendre** to look at sb tenderly, give sb a tender look ◆ **rougir de dépit/de honte** to blush with vexation/with ou for shame ◆ **de colère, il la gifla** he slapped her in anger ◆ **être fatigué du voyage/de répéter** to be tired from the journey/of repeating ◆ **elle rit de le voir si maladroit** she laughed to see him ou on seeing him so clumsy ◆ **contrarié de ce qu'il se montre si peu coopératif** annoyed at his being so uncooperative

**l** = par, chaque **il gagne 90 F de l'heure** he earns 90 francs an hour ou per hour ◆ **ça coûte 80 F du mètre** it costs 80 francs a metre

**m** = durant **de jour/nuit** by day/night, during the day/the night ◆ **3 heures du matin/de l'après-midi** 3 (o'clock) in the morning/afternoon, 3 am/pm

Notez l'emploi de **all** dans les phrases suivantes :

◆ **il n'a rien fait de la semaine/l'année** he hasn't done a thing all week/year ◆ **de (toute) ma vie je n'ai entendu pareilles sottises** I've never heard such nonsense in all my life ◆ **je ne l'avais pas vu de la semaine/de la soirée** I hadn't seen him all week/all evening

**n** valeur emphatique **t'en as une, de moto ?** * have you got a motorbike? ◆ **moi j'en ai vu deux, de lions !** * I saw two lions, I did! ◆ **c'en est un, d'imbécile** * he's a real idiot

◆ **de ... à** from ... to

(dans l'espace) ◆ **de chez moi à la gare, il y a 5 km** it's 5 km from my house to the station

(dans le temps) ◆ **je serai là de 6 à 8** I'll be there from 6 to 8 ◆ **du 2 au 7 mai** (écrit) from 2nd to 7th May; (parlé) from the 2nd to the 7th of May ◆ **le magasin est ouvert du mardi au samedi** the shop is open from Tuesday to Saturday MAIS ◑ **d'une minute/d'un jour à l'autre** (= très rapidement) from one minute/day to the next; (= incessamment, n'importe quand) any minute/day now

(avec un âge, une durée, une estimation) ◆ **les enfants de 9 à 12 ans** children from 9 to 12, children between (the ages of) 9 and 12 ◆ **ça peut coûter de 20 à 30 €** it can cost from €20 to €30 ou between €20 and €30

(pour exprimer l'exhaustivité) ◆ **ils ont tout pris, des petites cuillères à l'armoire** they took everything, from the teaspoons to the wardrobe; → **ici, là**

◆ **de ... en** from ... to

(dans l'espace) ◆ **il va de village en village/de porte en porte** he goes from village to village/from door to door

(dans le temps) ◆ **de mois en mois/jour en jour** from month to month/day to day MAIS ◑ **le nombre diminue d'année en année** the number is decreasing year on year ou every year ◑ **de minute en minute, l'espoir s'amenuisait** hope faded as the minutes went by

(dans une succession, une évolution) ◆ **il va d'échec en échec** he goes from one failure to the next MAIS ◑ **nous allions de surprise en surprise** we had one surprise after another

## de² [də]

1 ARTICLE PARTITIF
2 ARTICLE INDÉFINI PLURIEL

Devant une voyelle ou un **h** muet = **d'**;
contraction **de** + **le** = **du**;
**de** + **les** = **des**.

### 1 ARTICLE PARTITIF

**a** dans une affirmation

**de** se traduit généralement par **some**, mais celui-ci peut être omis :

◆ **au déjeuner, nous avons eu du poulet** we had (some) chicken for lunch ◆ **j'ai du travail à faire** I've got (some) work to do ◆ **il but de l'eau au robinet** he drank some water from the tap ◆ **j'ai acheté des pommes/de la viande** I bought some apples/some meat ◆ **j'ai acheté des fruits, des légumes et du vin** I bought (some) fruit, (some) vegetables and (some) wine ◆ **j'ai acheté de la laine** I bought some wool ◆ **il a joué du Chopin/des valses de Chopin** he played (some) Chopin/some Chopin waltzes ◆ **cela demande du courage/de la patience** it takes (some) courage/patience ◆ **c'est du chantage/vol !** that's blackmail/robbery!

**de** ne se traduit pas lorsque l'on ne veut pas ou ne peut pas préciser la quantité :

◆ **boire du vin/de la bière/de l'eau** to drink wine/beer/water ◆ **ils vendent des pommes/de la viande** they sell apples/meat ◆ **on peut acheter de la laine chez Dupont** you can buy wool at Dupont's ◆ **il mange des biscuits toute la journée** he eats biscuits all day ◆ **les ânes mangent du foin** donkeys eat hay MAIS ◑ **il y avait de l'agressivité dans ses paroles** there was something aggressive about what he said

Dans certaines expressions, **de** se traduit par l'article **a, an** :

◆ **faire du bruit** to make a noise ◆ **avoir de l'humour** to have a sense of humour

**b** dans une interrogation, une hypothèse

**de** se traduit généralement par **any** ; **some** est utilisé si l'on s'attend à une réponse positive :

◆ **avez-vous du pain/des œufs à me passer ?** do you have any bread/eggs you could let me have?, I wonder if you could let me have some bread/eggs? ◆ **voulez-vous du pain/des œufs ?** would you like some bread/eggs? ◆ **vous ne voulez vraiment pas de vin ?** are you sure you don't want some ou any wine? ◆ **si on prenait de la bière/du vin ?** what about some beer/wine? ◆ **s'il y avait du pain, j'en mangerais** if there was some ou any bread, I'd eat it

Lorsqu'il s'agit d'une alternative, **de** ne se traduit généralement pas :

◆ **voulez-vous du thé ou du café ?** would you like tea or coffee?

**c** dans une négation

**de** se traduit généralement par **any** ou **no** :

◆ **je n'ai pas acheté de pommes/de laine** I didn't buy (any) apples/wool ◆ **il n'y a pas** de pain there's no bread, there isn't any bread

**d** dans une comparaison **il y a du poète chez cet homme** he has something of the poet about him ◆ **il y a du puritain chez lui** he has something of the puritan about him, there's something puritanical about him ◆ **il y a du Fellini chez lui** his work is somewhat reminiscent of Fellini

2 ARTICLE INDÉFINI PLURIEL

**a** dans une affirmation

> **des, de** peuvent se traduire par **some** mais ce dernier est souvent omis :

◆ **des enfants ont cassé les carreaux** some children have broken the window panes ◆ **il y a des vers dans le fromage** there are (some) maggots in the cheese ◆ **j'ai des voisins charmants** ou **de charmants voisins** I've got (some) lovely neighbours ◆ **il y a des gens qui attendent** there are (some) people waiting ◆ **il y a des gens qui disent que ...** some people say that ... ◆ **elle a des taches de rousseur** she's got freckles ◆ **elle a de petites taches de rousseur sur les joues** she's got (some) little freckles on her cheeks

> Lorsque le nom suivant **de** appartient à un ensemble d'éléments fixes, **some** ne peut être employé :

◆ **elle a de jolies mains/de jolis doigts** she's got lovely hands/lovely fingers ◆ **il a de beaux enfants** he's got beautiful kids ◆ **il portait des lunettes** he was wearing glasses

> Dans les oppositions, **de** ne se traduit pas :

◆ **elle élève des chats mais pas de chiens** she breeds cats but not dogs

**b** dans une interrogation

> **des, de** se traduisent par **any** ; **some** est utilisé lorsque l'on s'attend à une réponse positive :

◆ **as-tu rencontré des randonneurs ?** did you meet any hikers? ◆ **tu veux vraiment des livres pour ton anniversaire ?** do you really want (some) books for your birthday?

**c** dans une négation

> **de** se traduit par **any** ou **no** :

◆ **je n'ai pas de voisins** I haven't got any neighbours, I have no neighbours ◆ **il n'a pas eu de client ce matin** he hasn't had any customers this morning ◆ **je n'ai jamais vu de loups ici** I have never seen (any) wolves here MAIS ◑ **je n'ai jamais vu de loups (de ma vie)** I've never seen a wolf (in my life)

**d** valeur intensive **elle est restée des mois et des mois sans nouvelles** she was without news for months and months, she went for months and months without news ◆ **j'ai attendu des heures** I waited (for) hours ◆ **nous n'avons pas fait des kilomètres** we didn't exactly walk miles ◆ **ils en ont cueilli des kilos (et des kilos)** they picked kilos (and kilos) ◆ **il y en a des qui exagèrent** * some people do exaggerate

**dé** [de] → SYN nm **a** **dé (à coudre)** thimble; (= petit verre) tiny glass ◆ **ça tient dans un dé à coudre** (fig) it will fit into a thimble
**b** (Jeux) die, dice pl ◆ **dés (à jouer)** dice ◆ **jouer aux dés** to play dice ◆ **les dés sont jetés** the die is cast ◆ **couper des carottes en dés** (Culin) to dice carrots ◆ **sur un coup de dés** (lit, fig) on a throw of the dice ◆ **jouer son avenir sur un coup de dés** to risk one's future on a throw of the dice, (take a) gamble with one's future

**DEA** [deəa] nm (abrév de **diplôme d'études approfondies**) → **diplôme**

**deal** [dil] nm **a** (Drogue) drug dealing
**b** (* = transaction) deal ◆ **passer un deal** to do ou strike a deal (*avec* with)

**dealer**[1] [dile] ▸ conjug 1 ◂ vi (Drogue) to push drugs *

**dealer**[2] [dilœʀ] nm (Drogue) (drug) dealer *

**déambulateur** [deɑ̃bylatœʀ] nm walking frame, walker, zimmer (aid) ®

**déambulatoire** [deɑ̃bylatwaʀ] → SYN nm ambulatory

**déambuler** [deɑ̃byle] → SYN ▸ conjug 1 ◂ vi (gén) to wander; [promeneur] to stroll ◆ **j'aime déambuler dans les rues de Paris** I like to stroll through the streets of Paris

**déb** * [dɛb] nf (abrév de **débutante**) deb *

**débâcher** [debaʃe] ▸ conjug 1 ◂ vt to remove the canvas sheet (ou tarpaulin) from

**débâcle** [debɑkl] → SYN nf [armée] debacle, rout; [régime] collapse; [glaces] breaking up, debacle (SPÉC) ◆ **c'est une vraie débâcle !** it's a complete disaster! ◆ **la débâcle de la livre (face au dollar)** the collapse of the pound (against the dollar)

**déballage** [debalaʒ] nm **a** (= action) [objets] unpacking
**b** [marchandises] display (*of loose goods*)
**c** (* = paroles, confession) outpouring

**déballastage** [debalastaʒ] nm emptying of the ballast tanks

**déballer** [debale] → SYN ▸ conjug 1 ◂ vt [+ objets] to unpack; [+ marchandises] to display, lay out; * [+ histoires, souvenirs] to let out; * [+ sentiments] to pour out, give vent to; (* péj) [+ connaissances] to air (péj) ◆ **elle lui a tout déballé** * she poured out her heart to him

**déballonner (se)** ⁑ [debalɔne] ▸ conjug 1 ◂ vpr to chicken out *

**débanaliser** [debanalize] ▸ conjug 1 ◂ vt to make less commonplace

**débandade** [debɑ̃dad] → SYN nf (= déroute) headlong flight; (= dispersion) scattering ◆ **c'est la débandade générale** (fig = fuite) it's a general exodus ◆ **en débandade, à la débandade** everything's going to rack and ruin ou to the dogs *

**débander** [debɑ̃de] → SYN ▸ conjug 1 ◂ 1 vt **a** (Méd) to unbandage, take the bandages off ◆ **débander les yeux de qn** to remove a blindfold from sb's eyes
**b** [+ arc, ressort] to relax, slacken (off)
2 vi (⁑ : sexuellement) to lose one's hard-on ⁑ ◆ **travailler 10 heures sans débander** (fig) to work 10 hours without letting up *
3 **se débander** vpr [armée, manifestants] to scatter, break up; [arc, ressort] to relax, slacken

**débaptiser** [debatize] ▸ conjug 1 ◂ vt to change the name of, rename

**débarbouillage** [debaʀbujaʒ] nm [visage] quick wash, cat-lick * (Brit)

**débarbouiller** [debaʀbuje] → SYN ▸ conjug 1 ◂ 1 vt [+ visage] to give a quick wash ou cat-lick * (Brit) to
2 **se débarbouiller** vpr to give one's face a quick wash ou a cat-lick * (Brit)

**débarbouillette** [debaʀbujɛt] nf (Can) face cloth, flannel (Brit), wash cloth (US)

**débarcadère** [debaʀkadɛʀ] → SYN nm landing stage

**débardage** [debaʀdaʒ] nm (Naut) unloading, unlading; (Sylviculture) skidding

**débarder** [debaʀde] ▸ conjug 1 ◂ vt (Naut) to unload, unlade; (Sylviculture) to skid

**débardeur** [debaʀdœʀ] → SYN nm (Naut) docker, stevedore; (Sylviculture) skidder; (= vêtement) (= T-shirt) singlet, sleeveless T-shirt; (par-dessus une chemise) tank top, slipover (Brit)

**débarqué, e** [debaʀke] (ptp de **débarquer**) nm,f (lit) disembarked passenger ◆ **un nouveau débarqué dans le service** * (fig) a new arrival in the department ◆ **un jeune auteur fraîchement débarqué de sa province** a young writer just up ou newly arrived from the provinces

**débarquement** [debaʀkəmɑ̃] → SYN nm [marchandises] unloading, landing; [passagers] disembarkation, landing; [troupes] landing ◆ **navire** ou **péniche de débarquement** landing craft inv ◆ **le débarquement** (Hist : en Normandie) the Normandy landings

**débarquer** [debaʀke] → SYN ▸ conjug 1 ◂ 1 vt **a** [+ marchandises] to unload, land; [+ passagers] to disembark, land; [+ troupes] to land
**b** (* = congédier) to fire, sack * (Brit), kick out * ◆ **se faire débarquer** to get the push * ou sack * (Brit), get kicked out *
2 vi **a** (Aviat, Naut) [passagers] to disembark (*de* from); [troupes] to land
**b** (* = arriver subitement) to turn up ◆ **il a débarqué chez moi hier soir** he turned up at my place last night ◆ **j'ai débarqué à Paris quand j'avais 20 ans** I arrived in Paris when I was 20
**c** (* = ne pas être au courant) **tu débarques !** where have you been? * ◆ **je n'en sais rien, je débarque** I don't know, that's the first I've heard of it

**débarras** [debaʀɑ] → SYN nm **a** (= pièce) junk room, boxroom (Brit); (= placard, soupente) junk cupboard, junk closet (US)
**b** * **bon débarras !** good riddance! ◆ **il est parti, quel débarras !** thank goodness he's gone!

**débarrasser** [debaʀɑse] → SYN ▸ conjug 1 ◂ 1 vt **a** [+ local] to clear (*de* of) ◆ **débarrasser (la table)** to clear the table ◆ **débarrasse le plancher !** * beat it! *, hop it! * (Brit)
**b** **débarrasser qn de** [+ fardeau, manteau, chapeau] to relieve sb of; [+ habitude] to break ou rid sb of; [+ ennemi, mal] to rid sb of; [+ liens] to release sb from ◆ **écris ces lettres tout de suite, tu en seras débarrassé** write those letters now to get them out of the way ◆ **je peux vous débarrasser ?** can I take your coat (ou jacket etc )?
2 **se débarrasser** vpr ◆ **se débarrasser de** [+ objet, personne] to get rid of, rid o.s. of; [+ sentiment] to rid o.s. of, get rid of, shake off; [+ mauvaise habitude] to rid o.s. of; (= ôter) [+ vêtement] to take off, remove ◆ **débarrassez-vous !** [+ objets] put your things down; [+ manteau] take your coat off

**débat** [deba] → SYN nm (= discussion) discussion, debate; (= polémique) debate ◆ **débat intérieur** inner struggle ◆ **dîner-débat** dinner debate ◆ **émission-débat** (TV) televised ou television debate ◆ **débats** (Jur, Pol = séance) proceedings, debates ◆ **débats à huis clos** (Jur) hearing in camera ◆ **débat de clôture** (Parl) ≃ adjournment debate ◆ **débat d'idées** ideological debate ◆ **un grand débat de société sur l'éthique médicale** a major public debate ou controversy about medical ethics

**débâter** [debɑte] ▸ conjug 1 ◂ vt [+ bête de somme] to unsaddle

**débâtir** [debɑtiʀ] → SYN ▸ conjug 2 ◂ vt (Couture) to take out ou remove the tacking ou basting

**débattement** [debatmɑ̃] nm [suspension] clearance

**débatteur** [debatœʀ] nm debater

**débattre** [debatʀ] → SYN ▸ conjug 41 ◂ 1 vt [+ problème, question] to discuss, debate; [+ prix, clauses d'un traité] to discuss ◆ **le prix reste à débattre** the price has still to be discussed ◆ **à vendre 200 € à débattre** (petite annonce) for sale: €200 or nearest offer
2 **débattre de** ou **sur** vt indir [+ question] to discuss, debate
3 **se débattre** vpr (contre un adversaire) to struggle (*contre* with); (contre le courant) to struggle (*contre* against); (contre les difficultés) to struggle (*contre* against; *avec* with), wrestle (*contre* with) ◆ **se débattre comme un beau diable** ou **comme un forcené** to struggle like the very devil ou like one possessed

**débauchage** [deboʃaʒ] nm (= licenciement) laying off, dismissal; [salarié d'une autre entreprise] hiring away, poaching ◆ **il y a eu plusieurs débauchages** (licenciements) there were several layoffs, several people were laid off; (d'autres entreprises) several people were hired away ou poached

**débauche** [deboʃ] → SYN nf **a** (= vice) debauchery ◆ **mener une vie de débauche, vivre dans la débauche** to lead a debauched life ou a life of debauchery ◆ **scène de débauche** scene of debauchery ◆ **incitation de mineurs à la débauche** (Jur) corruption of minors; → **lieu**[1]
**b** (= abondance) **débauche de** profusion ou abundance ou wealth of ◆ **débauche de couleurs** riot of colour

**débauché, e** † [deboʃe] → SYN (ptp de **débaucher**) 1 adj personne, vie debauched
2 nm,f debauched individual ◆ **c'est un débauché** he leads a debauched life ou a life of debauchery

**débaucher** [deboʃe] → SYN ▸ conjug 1 ◂ 1 vt **a** (= embaucher un salarié d'une autre entreprise) (gén) to hire away, poach (*de* from); [chasseur de tête] to head-hunt ◆ **il s'est fait débaucher par un chasseur de tête** he was head-hunted

**b** (= licencier) to lay off, make redundant (Brit) ◆ **on débauche dans ce secteur** a lot of people are being laid off ou made redundant in this sector ◆ **les usines qui débauchent** factories that are laying off workers

**c** († = détourner) (du droit chemin) to debauch, corrupt; (* : d'une occupation) to entice away, tempt away; (= inciter à la grève) to incite to strike

**2** vi (= sortir du travail) to stop work for the day, knock off *

**débecter** ⁑ [debɛkte] ▸ conjug 1 ◂ vt (= dégoûter) to disgust ◆ **ça me débecte** it makes me sick, it makes me want to throw up * ou to puke ⁑

**débile** [debil] → SYN **1** adj **a** (= faible) enfant sickly, weak; corps, membre weak, feeble; esprit feeble; santé frail, poor

**b** (* = stupide) personne moronic *; film, discours, raisonnement pathetic *, stupid

**2** nmf (Méd) ◆ **débile mental** (mentally) retarded person ◆ **débile léger/moyen/profond** mildly/moderately/severely (mentally) retarded ou handicapped person ◆ **quel débile, celui-là !** (péj) what a moron! *

**débilitant, e** [debilitɑ̃, ɑ̃t] → SYN adj (= anémiant) climat, régime debilitating, enervating; (= déprimant) atmosphère demoralizing; (* = abêtissant) travail mind-numbing; musique, spectacle mindless

**débilité** [debilite] → SYN nf († = faiblesse) debility; (péj) [propos, attitude] stupidity ◆ **débilité mentale** mental retardation ou deficiency ◆ **enfant atteint d'une débilité légère** mildly (mentally) retarded ou handicapped child

**débiliter** [debilite] → SYN ▸ conjug 1 ◂ vt (= affaiblir) [climat, régime] to debilitate, enervate; (= déprimer) [endroit, propos] to demoralize

**débinage** * [debinaʒ] nm knocking *, running down

**débine** † * [debin] nf ◆ **être dans la débine** to be hard up, be on one's uppers * (Brit) ◆ **tomber dans la débine** to fall on hard times

**débiner** * [debine] ▸ conjug 1 ◂ **1** vt (= dénigrer) [+ personne] to knock *, run down

**2** **se débiner** vpr (= se sauver) to clear off *

**débineur, -euse** * [debinœʀ, øz] nm,f backbiter *

**débirentier, -ière** [debiʀɑ̃tje, jɛʀ] nm,f (Jur) payer of an annuity

**débit** [debi] → SYN **1** nm **a** (Fin) debit; [relevé de compte] debit side ◆ **mettre** ou **porter 25 € au débit de qn** to debit sb ou sb's account with €25, charge €25 to sb's account ◆ **pouvez-vous me faire le** ou **mon débit ?** can I pay for it please?

**b** (Comm = vente) turnover (of goods), sales ◆ **cet article a un bon/faible débit** this item sells well/poorly ◆ **n'achète pas ton fromage dans cette boutique, il n'y a pas assez de débit** don't buy your cheese in this shop, there isn't a quick enough turnover

**c** [fleuve] (rate of) flow; [gaz, électricité] output; [pompe] flow, outflow; [tuyau] discharge; [machine] output; [moyen de transport] passenger flow; (Ordin) [données] output ◆ **il n'y a pas assez de débit au robinet** there is not enough pressure in the tap ◆ **débit cardiaque** (Méd) cardiac output ◆ **débit sanguin** blood flow (from the heart)

**d** (= élocution) delivery ◆ **débit rapide/monotone** rapid/monotonous delivery ◆ **elle a un sacré débit** * she's a real chatterbox, she's a great talker *

**e** (Menuiserie) cutting up, sawing up

**2** COMP ▷ **débit de boissons** (= petit bar ou café) bar; (Admin, terme générique) drinking establishment ▷ **débit de tabac** tobacconist's (shop) (Brit), tobacco ou smoke shop (US)

**débitable** [debitabl] adj bois which can be sawn ou cut up

**débitage** [debitaʒ] nm [bois] sawing up, cutting up; [viande] cutting up

**débitant, e** [debitɑ̃, ɑ̃t] → SYN nm,f ◆ **débitant (de boissons)** ≃ off-licence manager (Brit), ≃ liquor store manager (US) ◆ **débitant (de tabac)** tobacconist (Brit), tobacco dealer (US)

**débiter** [debite] → SYN ▸ conjug 1 ◂ vt **a** (Fin) [+ personne, compte] to debit ◆ **j'ai été débité de 300 F** 300 francs has been debited from my account

**b** (Comm) [+ marchandises] to retail, sell

**c** [usine, machine] to produce; (Ordin) to output ◆ **ce fleuve/tuyau débite 3 m³/s** the flow of this river/through this pipe is 3 cu m per second

**d** (péj = dire) [+ sottises, banalités] to utter, mouth; [+ insultes] to pour forth; [+ sermon] to spout, spiel off * (US); [+ rôle] to churn out ◆ **il me débita tout cela sans s'arrêter** he poured all that out to me without stopping

**e** (= découper) [+ bois] to cut up, saw up (*en* into); [+ viande] to cut up

**débiteur, -trice** [debitœʀ, tʀis] → SYN **1** adj (Fin) compte, solde debit (épith) ◆ **mon compte est débiteur (de 100 €)** my account has a debit balance (of €100) ou is (€100) in the red * ◆ **l'organisme débiteur** the organisation that owes the money ◆ **toute personne débitrice paiera des agios** account holders with a debit balance must pay charges

**2** nm,f (Fin, fig) debtor ◆ **débiteur-gagiste** (Jur) lienee ◆ **être le débiteur de qn** (lit, fig) to be indebted to sb, be in sb's debt

**débitmètre** [debimɛtʀ] nm flowmeter

**déblai** [deblɛ] → SYN **1** nm (= nettoyage) clearing; (Tech = terrassement) earth-moving, excavation

**2** **déblais** nmpl (= gravats) rubble, debris sg; (= terre) (excavated) earth

**déblaiement** [deblɛmɑ̃] nm [chemin, espace] clearing

**déblatérer** * [deblateʀe] ▸ conjug 6 ◂ vi (= parler longuement et violemment) to rant and rave (*contre* about) ◆ **déblatérer contre** ou **sur** (= médire) to go ou rant on about *

**déblayage** [deblɛjaʒ] nm **a** ⇒ **déblaiement**

**b** (fig) **le déblayage d'une question** (doing) the spadework on a question

**déblayer** [debleje] → SYN ▸ conjug 8 ◂ vt **a** (= retirer) [+ décombres] to clear away, remove; [+ neige] to clear away; (= dégager) [+ route, porte, espace] to clear; [+ pièce] to clear up, tidy up; (Tech) [+ terrain] to level off

**b** [+ travail] to prepare, do the spadework on ◆ **déblayer le terrain** (avant des négociations, une réflexion) to clear the ground ou the way ◆ **déblaye (le terrain) !** * (= déguerpir) get lost! *, shove off! *, push off! * (Brit)

**déblocage** [deblɔkaʒ] nm **a** (Écon) [crédits, fonds, aide, marchandises] releasing; [prix, salaires, loyers] unfreezing; (Fin) [compte] freeing

**b** (Tech) [machine] unjamming; [écrou, frein] releasing; [route] unblocking ◆ **ceci a permis le déblocage de la situation/des négociations** this has broken the deadlock in the situation/the negotiations

**débloquer** [deblɔke] → SYN ▸ conjug 1 ◂ **1** vt **a** (Écon) [+ crédits, fonds, aide, marchandises] to release; [+ prix, salaires, loyers] to unfreeze; (Fin) [+ compte] to free

**b** (Tech) [+ machine] to unjam; [+ écrou, freins] to release; [+ route] to unblock; [+ négociations, situation] to break the deadlock in

**c** **débloquer qn** (= le rendre moins timide) to bring sb out of their shell; (* = désinhiber) to rid sb of their complexes ou inhibitions

**2** vi ⁑ (= dire des bêtises) to talk nonsense ou rot * (Brit); (= être fou) to be off one's rocker *

**3** **se débloquer** vpr [personne] to loosen up ◆ **la situation commence à se débloquer** things are starting to get moving again

**débobiner** [debɔbine] ▸ conjug 1 ◂ vt (Couture) to unwind, wind off; (Élec) to unwind, uncoil

**déboguer** [debɔge] ▸ conjug 1 ◂ vt (Ordin) to debug

**débogueur** [debɔgœʀ] nm (Ordin) debugger

**déboires** [debwaʀ] nmpl (= déceptions) disappointments; (= échecs) setbacks; (= ennuis) trials, difficulties

**déboisage** [debwazaʒ], **déboisement** [debwazmɑ̃] nm [montagne, région] deforestation; [forêt] clearing

**déboiser** [debwaze] → SYN ▸ conjug 1 ◂ vt [+ montagne, région] to deforest; [+ forêt] to clear of trees

**déboîtement** [debwatmɑ̃] → SYN nm **a** (Méd) dislocation

**b** (Aut) (du trottoir) pulling out; (d'une file) changing lanes, pulling out

**déboîter** [debwate] → SYN ▸ conjug 1 ◂ **1** vt [+ épaule, cheville, mâchoire] to dislocate; [+ porte] to take off its hinges; [+ tuyaux] to disconnect; [+ objet] to dislodge, knock out of place ◆ **se déboîter l'épaule** to dislocate one's shoulder

**2** vi (Aut) (du trottoir) to pull out; (d'une file) to change lanes, pull out; (Mil) to break rank

**débonder** [debɔ̃de] → SYN ▸ conjug 1 ◂ **1** vt [+ tonneau] to remove the bung ou stopper from; [+ baignoire] to pull the plug out of

**2** **se débonder** vpr [personne] to open one's heart, pour out one's feelings

**débonnaire** [debɔnɛʀ] → SYN adj (= bon enfant) easy-going, good-natured; († = trop bon, faible) soft, weak ◆ **air débonnaire** kindly appearance

**débord** [debɔʀ] → SYN nm (= liseré) piping (NonC)

**débordant, e** [debɔʀdɑ̃, ɑ̃t] → SYN adj **a** activité exuberant; enthousiasme, joie overflowing, unbounded; imagination overactive ◆ **elle était débordante de vie** she was bursting with vitality

**b** (Mil) **mouvement débordant** outflanking manoeuvre

**débordé, e** [debɔʀde] (ptp de **déborder**) adj ◆ **débordé (de travail)** snowed under with work, up to one's eyes in work ◆ **les hôpitaux sont débordés** the hospitals are unable to cope

**débordement** [debɔʀdəmɑ̃] → SYN **1** nm **a** [rivière, liquide] overflowing (NonC); [liquide en ébullition] boiling over (NonC); (Ordin) memory overflow; (Mil, Sport) outflanking (NonC) ◆ **afin d'éviter les débordements** (dans une manifestation) to prevent things from getting out of hand ◆ **le débordement du parti par la base** the outflanking of the party by the rank and file

**b** [joie, violence] outburst; [énergie] burst; [paroles, injures] torrent, rush; [activité] explosion ◆ **débordement de vie** bubbling vitality

**2** **débordements** nmpl (= excès) excesses

**déborder** [debɔʀde] → SYN ▸ conjug 1 ◂ **1** vi **a** [récipient, liquide] to overflow; [fleuve, rivière] to burst its banks, overflow; [liquide bouillant] to boil over ◆ **les pluies ont fait déborder le réservoir** the rains caused the reservoir to overflow ◆ **faire déborder le lait** to let the milk boil over ◆ **tasse/boîte pleine à déborder** cup/box full to the brim ou to overflowing (*de* with) ◆ **l'eau a débordé du vase/de la casserole** the water has overflowed out of the vase/has boiled over ◆ **les vêtements débordaient de la valise** the clothes were spilling out of the suitcase ◆ **la foule débordait sur la chaussée** the crowd was overflowing onto the roadway ◆ **cela a fait déborder le vase, c'est la goutte qui a fait déborder le vase** (fig) that was the last straw, that was the straw that broke the camel's back ◆ **son cœur débordait, il fallait qu'il parle** his heart was (full to) overflowing and he just had to speak

**b** (en coloriant, en mettant du rouge à lèvres) to go over the edge

**c** (fig) **déborder de santé** to be bursting with health ◆ **déborder de joie** to be brimming over ou bubbling ou bursting with joy ◆ **déborder d'activité** [lieu] to be bustling ou buzzing with activity; [personne] to be bursting with vitality ◆ **déborder de vie** to be bursting with vitality ◆ **déborder d'imagination** to be full of imagination ◆ **son cœur débordait de reconnaissance** his heart was overflowing ou bursting with gratitude ◆ **il débordait de tendresse pour elle** his heart was overflowing with tenderness for her

**2** vt **a** (= dépasser) [+ enceinte, limites] to extend beyond; (Mil, Pol, Sport) [+ ennemi] to outflank ◆ **leur maison déborde les autres** their house juts out from the others ◆ **la nappe doit déborder la table** the tablecloth should hang over the edge of the table ◆ **le conférencier/cette remarque déborde le cadre du sujet** the lecturer/that remark goes beyond the bounds of the subject ◆ **il a débordé (le temps imparti)** he has run over (the allotted time) ◆ **se laisser déborder sur la droite** (Mil, Pol, Sport) to allow o.s. to be outflanked on the right ◆ **le service d'ordre s'est laissé déborder** the stewards were unable to cope

**b** [+ couvertures] to untuck ◆ **déborder qn** to untuck sb ou sb's bed

**c** (Couture) [+ vêtement] to remove the border from

[3] **se déborder** vpr ◆ **il s'est débordé en dormant** he ou his bed came untucked in his sleep

**débosseler** [debɔs(ə)le] ▸ conjug 4 ◂ vt [+ carrosserie] to beat ou hammer (back) into shape; [+ chapeau] (à coups de poing) to beat back into shape

**débotté** [debɔte] → SYN **au débotté** loc adv (littér) ◆ **je ne peux pas répondre au débotté** I can't answer off the cuff ◆ **prendre qn au débotté** to catch sb unawares, take sb by surprise ◆ **il m'a reçu au débotté** he received me straight away

**débotter** [debɔte] ▸ conjug 1 ◂ [1] vt ◆ **débotter qn** to take off sb's boots

[2] **se débotter** vpr to take one's boots off

**débouchage** [debuʃaʒ] nm [bouteille] uncorking, opening; [tuyau] unblocking

**débouché** [debuʃe] → SYN nm **a** (gén pl) (Comm = marché, créneau) outlet; (= carrière) opening, prospect

**b** (= sortie, ouverture) opening ◆ **au débouché de la vallée (dans la plaine)** where the valley opens out (into the plain) ◆ **au débouché de la rue** at the end of the street ◆ **la Suisse n'a aucun débouché sur la mer** Switzerland has no outlet to the sea

**déboucher** [debuʃe] → SYN ▸ conjug 1 ◂ [1] vt **a** [+ lavabo, tuyau] to unblock

**b** [+ bouteille de vin] to uncork, open; [+ carafe, flacon] to unstopper, take the stopper out of; [+ tube] to uncap, take the cap ou top off

[2] vi to emerge, come out ◆ **déboucher de** [personne, voiture] to emerge from, come out of ◆ **déboucher sur** ou **dans** [rue] to run into, open onto ou into; [personne, voiture] to come out onto ou into, emerge onto ou into ◆ **sur quoi ces études débouchent-elles ?** what does this course lead on to? ◆ **les négociations ont débouché sur une impasse** the talks have reached an impasse ou a dead end ◆ **déboucher sur des mesures concrètes** to result in ou lead to concrete measures ◆ **ne déboucher sur rien** to lead nowhere ◆ **les discussions n'ont pas débouché** the discussions led nowhere

[3] **se déboucher** vpr [bouteille] to come uncorked; [tuyau] to unblock, come unblocked

**déboucheur** [debuʃœʀ] nm caustic cleaner, Liquid Plumber ® (US)

**débouchoir** [debuʃwaʀ] nm [lavabo] plunger, plumber's helper (US)

**déboucler** [debukle] → SYN ▸ conjug 1 ◂ vt [+ ceinture] to unbuckle, undo ◆ **je suis toute débouclée** my hair has all gone straight, the curl has come out of my hair

**déboulé** [debule] nm (Danse) déboulé; (Courses) charge ◆ **tirer un lapin au déboulé** (Chasse) to shoot a rabbit as it breaks cover

**débouler** [debule] → SYN ▸ conjug 1 ◂ [1] vi **a** (Chasse) [lapin] to bolt

**b** ( * = surgir) **attention, les voitures déboulent à toute vitesse ici** watch out, the cars come out of nowhere around here ◆ **le vélo déboula d'une rue adjacente** the bike shot out of a side street ◆ **débouler chez qn** to turn up at sb's home

**c** (= dégringoler) to tumble down

[2] vt ( * = dévaler) to charge down ◆ **débouler l'escalier** to come charging down the stairs *

**déboulonnage** [debulɔnaʒ], **déboulonnement** [debulɔnmɑ̃] nm **a** (= dévissage) removal of bolts (*de* from); [statue] dismantling, taking down

**b** * [personne] (= action de discréditer) discrediting, debunking; (= renvoi) ousting

**déboulonner** [debulɔne] ▸ conjug 1 ◂ vt **a** (= dévisser) to remove the bolts from, take the bolts out of ◆ **déboulonner la statue de qn** (lit) to dismantle ou take down sb's statue; (fig) to knock sb off their pedestal

**b** * [+ personne] (= discréditer) to discredit, debunk; (= renvoyer) to oust

**débouquer** [debuke] → SYN ▸ conjug 1 ◂ vi to emerge from the canal mouth

**débourber** [debuʀbe] ▸ conjug 1 ◂ vt [+ fossé] to clear of mud, clean out; [+ canal] to dredge; [+ véhicule] to pull out of the mud ◆ **débourber du vin** (Œnol) to decant wine

**débourrage** [debuʀaʒ] nm [cheval] breaking in

**débourrement** [debuʀmɑ̃] nm (Agr) opening of buds

**débourrer** [debuʀe] → SYN ▸ conjug 1 ◂ [1] vt **a** [+ cheval] to break in

**b** [+ cuir] to deburr

**c** [+ pipe] to empty

[2] vi [bourgeon] to open out

**débours** [debuʀ] → SYN nm (= dépense) outlay ◆ **pour rentrer dans ses débours** to recover one's outlay ◆ **sans débours d'argent** without any financial outlay

**déboursement** [debuʀsəmɑ̃] nm laying out, disbursement (frm)

**débourser** [debuʀse] → SYN ▸ conjug 1 ◂ vt to pay out, lay out, disburse (frm) ◆ **sans débourser un sou** without paying ou laying out a penny

**déboussoler** * [debusɔle] ▸ conjug 1 ◂ vt to disorientate ◆ **il est complètement déboussolé** he is completely lost ou disorientated

**debout** [d(ə)bu] → SYN adv, adj inv **a** personne (= en position verticale) standing (up); (= levé) up ◆ **être** ou **se tenir debout** to stand ◆ **être debout** (= levé) to be up; (= guéri) to be up (and about) ◆ **se mettre debout** to stand up, get up ◆ **il préfère être** ou **rester debout** he prefers to stand ou remain standing ◆ **hier, nous sommes restés debout jusqu'à minuit** yesterday we stayed up till midnight ◆ **il l'aida à se (re)mettre debout** he helped him (back) up, he helped him (back) to his feet ◆ **leur fils se tient debout maintenant** their son can stand (up) now ◆ **le plafond est si bas qu'on ne peut pas se tenir debout** the ceiling is so low that it's impossible to stand upright ◆ **il est très fatigué, il tient à peine debout** he's so tired he can hardly stand ◆ **je ne tiens plus debout** I'm fit ou ready to drop * ◆ **elle est debout toute la journée** she's on her feet all day ◆ **ces gens debout nous empêchent de voir** we can't see because of the people standing in front of us ◆ **debout !** get up!, on your feet! ◆ **debout là-dedans !** * get up, you guys ou you lot! * (Brit) ◆ **il veut mourir debout** (fig) he wants to die on his feet ou with his boots on; → **dormir, magistrature, place**

**b** bouteille, meuble (position habituelle) standing up(right); (position inhabituelle) standing (up) on end ◆ **mettre qch debout** to stand sth up(right), stand sth (up) on end ◆ **les tables, debout le long du mur** the tables, standing (up) on end along the wall ◆ **mets les bouteilles debout** stand the bottles up(right) ◆ **tenir debout** [objet] to stay upright ◆ **je n'arrive pas à faire tenir le livre debout** I can't keep the book upright, I can't make the book stand ou stay up

**c** édifice, mur standing (attrib) ◆ **ces institutions sont** ou **tiennent encore debout** (fig) these institutions are still going ◆ **cette théorie tient debout** this theory holds up ou holds water ◆ **ça ne tient pas debout ce que tu dis** what you say doesn't stand up ◆ **son histoire ne tient pas debout** his story doesn't make sense ou doesn't hold together

**débouté** [debute] nm (Jur) ≃ nonsuit

**déboutement** [debutmɑ̃] nm (Jur) ≃ nonsuiting

**débouter** [debute] → SYN ▸ conjug 1 ◂ vt (Jur) ≃ to nonsuit ◆ **débouter qn de sa plainte** ≃ to nonsuit a plaintiff ◆ **être débouté de sa demande** to be ruled out of court, see one's case dismissed by the court, ≃ be nonsuited

**déboutonner** [debutɔne] → SYN ▸ conjug 1 ◂ [1] vt to unbutton, undo

[2] **se déboutonner** vpr **a** [personne] to unbutton ou undo one's jacket (ou coat etc); [vêtement] to come unbuttoned ou undone

**b** ( * = se confier) to open up *

**débraillé, e** [debʀaje] → SYN (ptp de **débrailler**)

[1] adj tenue, personne untidy, slovenly-looking; manières slovenly; style sloppy, slipshod

[2] nm [tenue, manières] slovenliness; [style] sloppiness ◆ **être en débraillé** to be slovenly dressed

**débrailler (se)** * [debʀaje] → SYN ▸ conjug 1 ◂ vpr [personne] to loosen one's clothing ◆ **la conversation se débraille** the conversation is getting out of hand

**débranchement** [debʀɑ̃ʃmɑ̃] nm (gén) disconnecting; [appareil électrique] unplugging, disconnecting; (Rail) [wagons] splitting up

**débrancher** [debʀɑ̃ʃe] → SYN ▸ conjug 1 ◂ [1] vt [+ appareil électrique] to unplug, disconnect; [+ prise] to disconnect, pull out; [+ téléphone, perfusion] to disconnect; (Rail) [+ wagons] to split up ◆ **ils l'ont débranché** * (Méd) they switched him off * ◆ **quand il commence à en parler, on a du mal à le débrancher** * once he get's going on that subject there's no stopping him

[2] vi * (= ne plus prêter attention) to switch off * ◆ **débranche un peu, tu veux ?** (= arrête de parler, de t'agiter) why don't you give it a break? *

**débrayage** [debʀɛjaʒ] nm **a** (= objet) [voiture] clutch; [appareil-photo] release button

**b** (= action) [moteur] disengagement of the clutch, declutching (Brit); [appareil-photo] releasing ◆ **faire un double débrayage** (Aut) to double-declutch

**c** (= grève) stoppage

**débrayer** [debʀeje] ▸ conjug 8 ◂ [1] vi **a** (Aut) to disengage the clutch, declutch (Brit); (Tech) to operate the release mechanism

**b** (= faire grève) to stop work, come out on strike ◆ **le personnel a débrayé à 4 heures** the staff stopped work at 4 o'clock

[2] vt (Tech) to release

**débridé, e** [debʀide] → SYN (ptp de **débrider**) adj unbridled, unrestrained

**débridement** [debʀidmɑ̃] → SYN nm [instincts] unbridling, unleashing; [plaie] lancing, incising

**débrider** [debʀide] → SYN ▸ conjug 1 ◂ vt [+ cheval] to unbridle; [+ volaille] to untruss; [+ plaie] to lance, incise ◆ **travailler sans débrider** to work non-stop

**débris** [debʀi] → SYN nm **a** (pl = morceaux) fragments, pieces; (= décombres) debris sg; (= détritus) rubbish (NonC) ◆ **des débris de métal** scraps of metal

**b** (pl : littér = restes) [mort] remains; [plat, repas] left-overs, scraps; [armée, fortune] remains, remnants; [État] ruins; [édifice] ruins, remains

**c** (= éclat, fragment) fragment

**d** (péj = personne) **(vieux) débris** old wreck, old dodderer

**débrocher** [debʀɔʃe] ▸ conjug 1 ◂ vt [+ livre] to unbind

**débronzer** [debʀɔ̃ze] ▸ conjug 1 ◂ vi to lose one's tan

**débrouillage** [debʀujaʒ] nm [fils] disentangling, untangling; [énigme] unravelling

**débrouillard, e** [debʀujaʀ, aʀd] → SYN [1] adj (= ingénieux) resourceful; (= malin) smart

[2] nm,f ◆ **c'est un débrouillard** he's resourceful ou smart

**débrouillardise** [debʀujaʀdiz], **débrouille** * [debʀuj] nf (= ingéniosité) resourcefulness; (= astuce) smartness

**débrouillement** [debʀujmɑ̃] nm ⇒ **débrouillage**

**débrouiller** [debʀuje] → SYN ▸ conjug 1 ◂ [1] vt **a** [+ fils] to disentangle, untangle; [+ affaire] to sort out; [+ problème] to sort out, untangle; [+ énigme] to unravel

**b** ( * = éduquer) **débrouiller qn** (gén) to teach sb how to look after himself (ou herself); (à l'école) to teach sb the basics ◆ **débrouiller qn en anglais/en informatique** to teach sb the basics ou give sb a grounding in English/computing

[2] **se débrouiller** vpr to manage ◆ **débrouillez-vous** you'll have to manage on your own ou sort things out yourself ◆ **il m'a laissé me débrouiller tout seul** he left me to cope alone ou on my own ◆ **il a fallu qu'il se débrouille tout seul dans la vie** he had to cope on his own, he had to fend for himself ◆ **il s'est débrouillé pour obtenir la permission d'y aller** he somehow managed to get permission to go, he wangled * permission to go ◆ **c'est toi qui as fait l'erreur, maintenant débrouille-toi pour la réparer** you made the mistake so now you can sort it out yourself ◆ **il faudra bien nous en débrouiller** we'll have to sort it out ◆ **pour les boissons, je me débrouillerai avec mon frère** * I'll look after ou I'll organize the drinks with my brother ◆ **elle se débrouille en**

**allemand** * she can get by in German ◆ **il se débrouille bien en anglais** * he gets by fairly well in English ◆ **elle se débrouille bien** * (= elle gagne bien sa vie) she does well for herself

**débroussaillage** [debʀusajaʒ], **débroussaillement** [debʀusajmɑ̃] nm [terrain] clearing (*de* of); [problème] spadework (*de* on)

**débroussailler** [debʀusaje] → SYN ▸ conjug 1 ◂ vt [+ terrain] to clear (of brushwood); [+ problème] to do the spadework on

**débroussailleuse** [debʀusajøz] nf edge trimmer, strimmer ® (Brit), weedeater ® (US)

**débuché, débucher**[1] [debyʃe] nm [animal] break of cover; (= sonnerie) sounding of the horn at break of cover

**débucher**[2] [debyʃe] ▸ conjug 1 ◂ [1] vi [animal] to break cover

[2] vt to force to break cover

**débudgétisation** [debydʒetizasjɔ̃] nf debudgeting

**débudgétiser** [debydʒetize] ▸ conjug 1 ◂ vt to debudget

**débureaucratiser** [debyʀokʀatize] ▸ conjug 1 ◂ vt to do away with the bureaucracy of

**débusquer** [debyske] → SYN ▸ conjug 1 ◂ vt [+ lièvre, cerf] to drive out (from cover); [+ oiseau] to flush out, drive out (from cover); [+ personne] to drive out, flush out

**début** [deby] → SYN [1] nm **a** [semaine, livre, action] beginning, start; [discours] beginning, opening ◆ **le chômage augmente, et ce n'est qu'un début** unemployment is getting worse, and it's only the beginning ◆ **ce n'est pas mal pour un début** it's not bad for a first attempt ◆ **j'ai un début de grippe** I've got the beginnings ou first signs of the flu ◆ **l'incident a déclenché un début de panique** the incident caused some initial panic ◆ **trouver un début de solution** to find the beginnings of a solution ◆ **il y a** ou **il faut un début à tout** there's a first time for everything

**b** (Loc) **début mai** at the beginning of May, in early May ◆ **dès le début** from the outset ou the start ou the (very) beginning ◆ **du début à la fin** from beginning to end, from start to finish ◆ **en début de soirée** early on in the evening ◆ **salaire de début** starting salary ◆ **les scènes du début sont très belles** the opening scenes are very beautiful

◆ **au** + **début** at first, in ou at the beginning ◆ **au début du mois prochain** early next month, at the beginning of next month ◆ **au tout début du siècle** right at the beginning of the century, at the very beginning of the century

[2] **débuts** nmpl ◆ **ses débuts furent médiocres** he made an indifferent start ◆ **à mes débuts (dans ce métier)** when I started (in this job) ◆ **ce projet n'en est qu'à ses débuts** the project is still in its early stages ◆ **faire ses débuts dans le monde** to make one's début in society ◆ **faire ses débuts sur la scène** to make one's début ou one's first appearance on the stage

**débutant, e** [debytɑ̃, ɑ̃t] → SYN [1] adj novice (épith)

[2] nm,f (gén) beginner, novice; (Théât) debutant actor ◆ **cours pour débutants** beginners' course ◆ **grand/faux débutant en anglais** absolute/false beginner in English

[3] **débutante** nf (Théât) debutant actress; (dans la haute société) debutante

**débuter** [debyte] → SYN ▸ conjug 1 ◂ [1] vi **a** [personne] to start (out) ◆ **débuter bien/mal** to make a good/bad start, start well/badly ◆ **il a débuté (dans la vie) comme livreur** he started (life) as a delivery boy ◆ **elle a débuté dans mon film** she made her début ou her first appearance in my film ◆ **il débute (dans le métier), soyez indulgent** he is just starting (in the business) so don't be too hard on him ◆ **l'orateur a débuté par des excuses** the speaker started (off) ou began ou opened by apologizing ◆ **débuter dans le monde** to make one's début in society ◆ **pour débuter** to start (off) with

**b** [livre, concert, manifestation] to start, begin, open (*par, sur* with)

[2] vt [+ semaine, réunion, discours] to start, begin, open (*par, sur* with) ◆ **il a bien débuté l'année** he has begun ou started the year well

**deçà** [dəsa] adv ◆ **en deçà de** (= de ce côté-ci de) (on) this side of; (= en dessous de) [+ limite, prévisions] below ◆ **en deçà du fleuve/de la montagne** this side of the river/of the mountain ◆ **tu vois la rivière, sa maison se trouve en deçà** you see the river – his house is this side of it ◆ **en deçà d'une certaine intensité, on ne peut plus rien entendre** below a certain intensity, one can no longer hear anything ◆ **ce qu'il dit est très** ou **bien en deçà de la vérité** what he says is well short of the truth ◆ **en deçà de ses moyens** within his means ◆ **deçà, delà** †† here and there

**déca** * [deka] nm (abrév de **décaféiné**) decaf *

**déca-** [deka] préf deca-

**décabosser** [dekabɔse] ▸ conjug 1 ◂ vt [+ chapeau] (à coups de poing) to beat back into shape; [+ carrosserie] to beat ou hammer (back) into shape

**décachetage** [dekaʃtaʒ] nm unsealing, opening

**décacheter** [dekaʃ(ə)te] → SYN ▸ conjug 4 ◂ vt [+ lettre] to unseal, open

**décade** [dekad] nf (= dix jours) period of ten days; (= décennie) decade

**décadenasser** [dekadnase] ▸ conjug 1 ◂ vt [+ porte] to unpadlock, remove the padlock from

**décadence** [dekadɑ̃s] → SYN nf (= processus) decline, decadence; (= état) decadence ◆ **la décadence de l'empire romain** the decline of the Roman empire ◆ **tomber en décadence** to fall into decline; → **grandeur**

**décadent, e** [dekadɑ̃, ɑ̃t] → SYN [1] adj (gén) decadent, declining; (Art) decadent

[2] nm,f decadent

**décaèdre** [dekaɛdʀ] [1] adj decahedral

[2] nm decahedron

**décaféiné, e** [dekafeine] (ptp de **décaféiner**) [1] adj decaffeinated, caffeine-free

[2] nm decaffeinated coffee

**décaféiner** [dekafeine] ▸ conjug 1 ◂ vt to decaffeinate

**décagonal, e**, mpl **-aux** [dekagɔnal, o] adj decagonal

**décagone** [dekagon] nm decagon

**décagramme** [dekagʀam] nm decagram(me)

**décaissement** [dekɛsmɑ̃] nm payment, disbursement

**décaisser** [dekese] → SYN ▸ conjug 1 ◂ vt [+ argent] to pay out; [+ objet] to uncrate, unpack

**décalage** [dekalaʒ] → SYN nm **a** (= écart) gap, interval; (entre deux concepts) gap, discrepancy; (entre deux actions successives) interval, time-lag (*entre* between) ◆ **le décalage entre le rêve et la réalité** the gap between dream and reality ◆ **il y a un décalage entre le coup de feu et le bruit de la détonation** there is an interval ou a time-lag between firing and the sound of the shot ◆ **le décalage horaire entre l'est et l'ouest des USA** the time difference between the east and west of the USA ◆ **(fatigue due au) décalage horaire** (en avion) jet lag ◆ **mal supporter le décalage horaire** to suffer from jet lag ◆ **ses créations sont en décalage avec son époque/par rapport aux tendances actuelles** (fig) his designs are out of step with the times/with contemporary trends

**b** (= déplacement) move forward ou back ◆ **il y a eu un décalage d'horaire/de date pour cette réunion** (avance) the time/date of this meeting has been brought forward; (retard) the time/date of this meeting has been put back

**c** (dans l'espace) (= avancée) jutting out; (= retrait) standing back; (= déplacement) [meuble, objet] shifting forward ou back

**décalaminage** [dekalaminaʒ] nm decarbonization, decoking (Brit)

**décalaminer** [dekalamine] ▸ conjug 1 ◂ vt to decarbonize, decoke (Brit)

**décalcifiant, e** [dekalsifjɑ̃, jɑ̃t] adj decalcifying (épith)

**décalcification** [dekalsifikasjɔ̃] nf decalcification

**décalcifier** vt, **se décalcifier** vpr [dekalsifje] ▸ conjug 7 ◂ to decalcify

**décalcomanie** [dekalkɔmani] nf transfer, decal ◆ **faire des décalcomanies** to do transfers

**décaler** [dekale] → SYN ▸ conjug 1 ◂ [1] vt **a** [+ horaire, départ, repas] (= avancer) to bring ou move forward; (= retarder) to put back ◆ **décalé d'une heure** (= avancé) brought ou moved forward an hour; (= retardé) put back an hour

**b** [+ pupitre, meuble] (= avancer) to move ou shift forward; (= reculer) to move ou shift back ◆ **décale le tableau (de 20 cm) vers la droite** move the picture (20 cm) to the right ◆ **une série d'immeubles décalés par rapport aux autres** a row of buildings out of line with ou jutting out from the others; (fig) ◆ **il est complètement décalé par rapport à la réalité** he's completely out of touch with reality

**c** (= déséquilibrer) **le buffet est décalé** the sideboard isn't straight

[2] **se décaler** vpr [rythme] to go out of sync * ◆ **décalez-vous d'un rang** move forward (ou back) a row ◆ **décalez-vous d'une place** move up a seat

**décalitre** [dekalitʀ] nm decalitre (Brit), decaliter (US)

**décalogue** [dekalɔg] nm Decalogue

**décalotter** [dekalɔte] ▸ conjug 1 ◂ vt (gén) to take the top off ◆ **décalotter le pénis** (Méd) to pull back the foreskin

**décalquer** [dekalke] ▸ conjug 1 ◂ vt (= reproduire) (avec papier transparent) to trace; (par pression, à chaud) to transfer; (fig = imiter) to copy

**décalvant, e** [dekalvɑ̃, ɑ̃t] adj causing baldness

**décamètre** [dekamɛtʀ] nm decametre (Brit), decameter (US)

**décamper** * [dekɑ̃pe] ▸ conjug 1 ◂ vi (= déguerpir) to clear out * ou off * ◆ **décampez d'ici !** clear off! *, scram! ‡ ◆ **faire décamper qn** to chase sb out (*de* from)

**décan** [dekɑ̃] nm (Astrol) decan

**décanal, e**, mpl **-aux** [dekanal, o] adj decanal

**décanat** [dekana] nm (= dignité, durée) deanship

**décaniller** ‡ [dekanije] ▸ conjug 1 ◂ vi (= partir) to clear out * ou off *, decamp * ◆ **il nous a fait décaniller** he sent us packing * (*de* from)

**décantation** [dekɑ̃tasjɔ̃] nf [liquide, vin] settling (and decanting) ◆ **bassin de décantation** settling ou sedimentation tank

**décanter** [dekɑ̃te] → SYN ▸ conjug 1 ◂ [1] vt [+ liquide, vin] to settle, allow to settle (and decant) ◆ **il faut laisser décanter ce liquide pendant une nuit** this liquid must be allowed to settle overnight ◆ **décanter ses idées** (fig) to allow the dust to settle around one's ideas

[2] **se décanter** vpr [liquide, vin] to settle; (fig) [idées] to become clear ◆ **il faut laisser les choses se décanter, après on verra** we'll have to let things clarify themselves ou we'll have to let the dust to settle and then we'll see ◆ **attendre que la situation se décante** to wait until the situation becomes clearer

**décanteur** [dekɑ̃tœʀ] nm [station d'épuration] settling ou sedimentation tank

**décapage** [dekapaʒ] nm (gén) cleaning, cleansing; (à l'abrasif) scouring; (à l'acide) pickling; (à la brosse) scrubbing; (au papier de verre) sanding; (à la sableuse) sandblasting; (au chalumeau) burning off; [peinture] stripping

**décapant** [dekapɑ̃] → SYN [1] adj produit abrasive, caustic; humour, critique scathing, caustic

[2] nm (= acide) pickle, acid solution; (= abrasif) scouring agent, abrasive; (pour peinture, vernis) paint stripper

**décapeler** [dekap(ə)le] ▸ conjug 4 ◂ vt to unrig

**décaper** [dekape] → SYN ▸ conjug 1 ◂ vt (gén) to clean, cleanse; (à l'abrasif) to scour; (à l'acide) to pickle; (à la brosse) to scrub; (au papier de verre) to sand; (à la sableuse) to sandblast; (au chalumeau) to burn off; (= enlever la peinture) to strip ◆ **décapez d'abord la surface pour enlever la rouille** first scrub the surface to remove the rust ◆ **un savon qui décape la peau** * an abrasive soap ◆ **un humour qui décape** * scathing ou caustic humour ◆ **ça décape !** * it's strong stuff!

**décapeur, -euse** [dekapœʀ, øz] [1] nm,f (= personne) pickler

2 nm ◆ **décapeur (thermique)** (thermal) pickling machine

3 **décapeuse** nf scraper

**décapitation** [dekapitasjɔ̃] nf [personne] beheading

**décapiter** [dekapite] → SYN ▸ conjug 1 ◂ vt [+ personne] to behead; (accidentellement) to decapitate; [+ arbre] to top, cut the top off ◆ **la police a décapité un réseau terroriste** the police have arrested the ringleaders of a terrorist network ◆ **à la suite de l'attentat le parti s'est trouvé décapité** the party was left leaderless ou without a leader as a result of the attack

**décapode** [dekapɔd] nm decapod ◆ **les décapodes** the Decapoda

**Décapole** [dekapɔl] nf Decapolis

**décapotable** [dekapɔtabl] adj, nf ◆ **(voiture) décapotable** convertible

**décapoter** [dekapɔte] ▸ conjug 1 ◂ vt ◆ **décapoter une voiture** to put down the top ou roof (Brit) of a car

**décapsulage** [dekapsylaʒ] nm taking the cap ou top off

**décapsulation** [dekapsylasjɔ̃] nf decapsulation

**décapsuler** [dekapsyle] ▸ conjug 1 ◂ vt **a** [+ bouteille] to take the cap ou top off

**b** (Méd) [+ rein] to decapsulate

**décapsuleur** [dekapsylœʀ] nm bottle-opener

**décapuchonner** [dekapyʃɔne] ▸ conjug 1 ◂ vt to remove the top ou cap from

**décarbonater** [dekaʀbɔnate] ▸ conjug 1 ◂ vt to decarbonate

**décarboxylase** [dekaʀbɔksilɑz] nf decarboxylase

**décarburant, e** [dekaʀbyʀɑ̃, ɑ̃t] adj decarbonizing (épith)

**décarburation** [dekaʀbyʀasjɔ̃] nf decarbonization

**décarburer** [dekaʀbyʀe] ▸ conjug 1 ◂ vt to decarbonize

**décarcasser (se)*** [dekaʀkase] → SYN ▸ conjug 1 ◂ vpr to go to a lot of trouble (*pour faire* to do) ◆ **si tu veux des tickets, il faut que tu te décarcasses** if you want to get tickets, you'd better get a move on*

**décarreler** [dekaʀle] ▸ conjug 4 ◂ vt to remove the tiles from

**décarrer**‡ [dekaʀe] ▸ conjug 1 ◂ vi to split*, make tracks*, hit the road*

**décartellisation** [dekaʀtelizasjɔ̃] nf decartelization

**décasyllabe** [dekasi(l)lab] 1 adj decasyllabic

2 nm decasyllable

**décasyllabique** [dekasi(l)labik] adj decasyllabic

**décathlon** [dekatlɔ̃] nm decathlon

**décathlonien** [dekatlɔnjɛ̃] nm decathlete

**décati, e** [dekati] → SYN adj (péj) vieillard decrepit; visage aged; beauté faded; immeuble, façade shabby-looking

**décatir** [dekatiʀ] ▸ conjug 2 ◂ 1 vt [+ étoffe] to remove the gloss from

2 **se décatir** vpr [personne] to become decrepit

**décauser** [dekoze] ▸ conjug 1 ◂ vt (Belg) to denigrate, run down

**decauville** [dəkovil] nm single-track railway *(used in mines)*

**décavé, e** [dekave] → SYN adj **a** (= ruiné) joueur ruined, cleaned out* (attrib); * banquier ruined

**b** (* = hâve) visage haggard, drawn

**decca** [deka] nm Decca navigator

**décéder** [desede] GRAMMAIRE ACTIVE 24.4 ▸ conjug 6 ◂ vi (frm) to die ◆ **M. Leblanc, décédé le 14 mai** Mr Leblanc, who died on May 14th ◆ **il est décédé depuis 20 ans** he died 20 years ago, he's been dead 20 years ◆ **les biens des personnes décédées** the property of deceased persons ou of those who have died

**décelable** [des(ə)labl] adj detectable, discernible

**déceler** [des(ə)le] → SYN ▸ conjug 5 ◂ vt **a** (= repérer) to detect ◆ **on a décelé des traces de poison** traces of poison have been detected ◆ **on peut déceler dans ce poème l'influence germanique** the Germanic influence can be discerned ou detected in this poem

**b** (= indiquer) to indicate, reveal

**décélération** [deseleʀasjɔ̃] nf [véhicule] deceleration ◆ **la décélération de la croissance économique** the slowdown in ou deceleration of economic growth

**décélérer** [deseleʀe] → SYN ▸ conjug 1 ◂ vi [véhicule] to decelerate; [investissements, rythme] to slow down

**décembre** [desɑ̃bʀ] nm December; pour loc voir **septembre**

**décemment** [desamɑ̃] adv vivre, se nourrir decently, properly; se conduire decently ◆ **je ne peux décemment pas accepter** it wouldn't be right for me ou proper of me to accept

**décemvir** [desɛmviʀ] nm decemvir

**décemvirat** [desɛmviʀa] nm decemvirate

**décence** [desɑ̃s] → SYN nf (= bienséance) decency, propriety; (= réserve) (sense of) decency ◆ **il aurait pu avoir la décence de ...** he could ou might have had the decency to ...

**décennal, e,** mpl **-aux** [desenal, o] adj decennial

**décennie** [deseni] nf decade

**décent, e** [desɑ̃, ɑ̃t] → SYN adj (= bienséant) decent, proper; (= discret, digne) proper; (= acceptable) logement, salaire decent; prix reasonable, fair ◆ **je vais mettre une robe pour être un peu plus décente** I'm going to put on a dress to look a bit more decent ◆ **il eût été plus décent de refuser** it would have been more proper to refuse

**décentrage** [desɑ̃tʀaʒ] nm (gén) decentring (Brit), decentering (US); (Opt) decentration

**décentralisateur, -trice** [desɑ̃tʀalizatœʀ, tʀis] 1 adj decentralizing (épith), decentralization (épith)

2 nm,f advocate of decentralization

**décentralisation** [desɑ̃tʀalizasjɔ̃] nf decentralization

**décentraliser** [desɑ̃tʀalize] ▸ conjug 1 ◂ 1 vt [+ administration, décisions] to decentralize

2 **se décentraliser** vpr [usine] to be decentralized

**décentration** [desɑ̃tʀasjɔ̃] nf, **décentrement** [desɑ̃tʀəmɑ̃] nm (Opt) decentration; (= action) decentring (Brit), decentering (US), throwing off centre

**décentrer** [desɑ̃tʀe] ▸ conjug 1 ◂ 1 vt to decentre (Brit), decenter (US), throw off centre

2 **se décentrer** vpr to move off centre

**déception** [desɛpsjɔ̃] → SYN nf disappointment, let-down ◆ **déception sentimentale** unhappy love affair ◆ **j'ai eu la déception de voir que ...** I was disappointed to see that ...

**décérébration** [deseʀebʀasjɔ̃] nf (Physiol) decerebration

**décérébrer** [deseʀebʀe] ▸ conjug 6 ◂ vt (lit) to decerebrate; (fig) to make moronic

**décernement** [desɛʀnəmɑ̃] nm awarding

**décerner** [desɛʀne] → SYN ▸ conjug 1 ◂ vt **a** [+ prix, récompense] to give, award; [+ titre] to award

**b** (Jur) [+ mandat d'arrêt, de dépôt] to issue

**décervelage** [desɛʀvəlaʒ] nm (= abrutissement) making moronic; (= lavage de cerveau) brainwashing ◆ **l'entreprise de décervelage menée par la télévision** the way television turns people into morons

**décerveler** [desɛʀvəle] ▸ conjug 4 ◂ vt (= abrutir) to make moronic; (= laver le cerveau de) to brainwash ◆ **machine à décerveler** (allusion littéraire) debraining machine; (péj) propaganda machine

**décès** [desɛ] GRAMMAIRE ACTIVE 24.4 → SYN nm death, decease (frm) ◆ **"fermé pour cause de décès"** "closed owing to bereavement"; → **acte**

**décevant, e** [des(ə)vɑ̃, ɑ̃t] → SYN adj disappointing

**décevoir** [des(ə)vwaʀ] → SYN ▸ conjug 28 ◂ vt ◆ **décevoir qn** to disappoint sb, let sb down ◆ **je ne veux pas décevoir vos espoirs** I don't want to dash your hopes

**déchaîné, e** [deʃene] (ptp de **déchaîner**) adj flots, éléments raging; passion unbridled, raging; personne wild; foule raging, wild; opinion publique furious ◆ **il est déchaîné contre moi** he is furious with me

**déchaînement** [deʃɛnmɑ̃] → SYN nm **a** [fureur, passions, haine] outburst, explosion ◆ **l'événement a provoqué un déchaînement de violence** the incident triggered an outburst of violence

**b** (= colère, violence) (raging) fury ◆ **un tel déchaînement contre son fils** such an outburst of fury at his son ◆ **les déchaînements des médias/du public contre la réforme** angry outbursts from the media/the public against the reform

**déchaîner** [deʃene] → SYN ▸ conjug 1 ◂ 1 vt **a** [+ tempête, violence, passions, colère] to unleash; [+ enthousiasme] to arouse; [+ opinion publique] to rouse ◆ **déchaîner l'hilarité générale** to cause great ou much hilarity ◆ **déchaîner les huées/les cris/les rires** to raise a storm of booing/shouting/laughter ◆ **déchaîner les critiques** to unleash a barrage of criticism

**b** [+ chien] to unchain, let loose

2 **se déchaîner** vpr [fureur, passions] to explode; [personne] to fly into a rage; [foule] to go wild ◆ **il s'est déchaîné contre elle** he blew up at her ou let fly at her ◆ **la presse se déchaîna contre lui/cette décision** the press railed against him/the decision ◆ **la tempête se déchaînait** the storm was raging furiously

**déchant** [deʃɑ̃] nm (Mus) descant

**déchanter** [deʃɑ̃te] → SYN ▸ conjug 1 ◂ vi to become disillusioned ou disenchanted ◆ **il commence à déchanter** he is becoming (somewhat) disillusioned ou disenchanted

**décharge** [deʃaʀʒ] → SYN nf **a** **décharge (électrique)** electrical discharge ◆ **il a pris une décharge (électrique) dans les doigts** he got an electric shock in his fingers ◆ **décharge d'adrénaline** (Physiol) rush of adrenalin ◆ **décharge émotionnelle** (Psych) emotional release

**b** (= salve) volley of shots, salvo ◆ **on entendit le bruit de plusieurs décharges** a volley of shots was heard ◆ **il a reçu une décharge de chevrotines dans le dos** he was hit in the back by a volley of buckshot

**c** (Jur) discharge; (Comm = reçu) receipt; (Hôpital) (= action) discharge; (= document) discharge form ◆ **décharge (de service)** (Scol) reduction in teaching load ◆ **je vais signer la décharge pour ce colis** I'll sign the receipt for this parcel ◆ **il faut dire à sa décharge que ...** (fig) it must be said in his defence that ...; → **témoin**

**d** (= dépôt) **décharge (publique** ou **municipale)** rubbish tip ou dump (Brit), garbage dump (US) ◆ **la mise en décharge des déchets toxiques** the dumping of toxic waste; → **sauvage**

**e** (Typo) offset sheet

**f** (Archit) **voûte/arc de décharge** relieving ou discharging vault/arch

**déchargement** [deʃaʀʒəmɑ̃] → SYN nm [cargaison, véhicule, arme] unloading ◆ **commencer le déchargement d'un véhicule** to start unloading a vehicle

**décharger** [deʃaʀʒe] → SYN ▸ conjug 3 ◂ 1 vt **a** [+ véhicule, animal] to unload; [+ bagages, marchandises] to unload (*de* from) ◆ **je vais vous décharger : donnez-moi vos sacs/votre manteau** let me take your bags/your coat off you

**b** (= soulager) [+ conscience, cœur] to unburden, disburden (*auprès de* to) ◆ **décharger sa colère** ou **bile** (littér) to vent one's anger ou spleen (*sur qn* (up)on sb)

**c** (Jur) **décharger un accusé** to discharge an accused person

**d** **décharger qn de** [+ dette] to release sb from; [+ impôt] to exempt sb from; [+ responsabilité, fonction, tâche] to relieve sb of ou from ◆ **le juge a demandé à être déchargé du dossier** the judge asked to be taken off the case

**e** [+ arme] (= enlever le chargeur) to unload; (= tirer) to discharge, fire ◆ **il déchargea son revolver sur la foule** he emptied his revolver into the crowd

**f** (Élec) to discharge

**g** (Tech) [+ bassin] to drain off the excess from; [+ support, étai] to take the load ou weight off

2 vi a [tissu] to lose its colour

b (* = éjaculer) to come*, shoot one's load*

3 **se décharger** vpr a (Élec) [pile, batterie] to run down, go flat

b **se décharger de** [+ responsabilité, problème] to offload, pass off (*sur qn* onto sb) ◆ **il s'est déchargé sur moi du soin de prévenir sa mère** he offloaded the job of telling his mother onto me

c (= être expulsé) **l'excès de vapeur d'eau se décharge dans l'atmosphère** excess steam is released into the atmosphere

**décharné, e** [deʃaʀne] → SYN (ptp de **décharner**) adj corps, membre all skin and bone (attrib), emaciated; doigts bony, fleshless; visage fleshless, emaciated; squelette fleshless; (fig) paysage bare; style bald

**décharner** [deʃaʀne] ▸ conjug 1 ◂ vt (= amaigrir) to emaciate ◆ **cette maladie l'a complètement décharné** this illness has left him completely emaciated

**déchaumer** [deʃome] ▸ conjug 1 ◂ vt to clear the stubble from

**déchaussé, e** [deʃose] (ptp de **déchausser**) adj personne barefoot(ed); pied bare; carmélite discalced (frm); dent, pavé loose; mur exposed

**déchaussement** [deʃosmɑ̃] nm [dent] loosening

**déchausser** [deʃose] → SYN ▸ conjug 1 ◂ 1 vt [+ arbre] to expose the roots of; [+ mur] to lay bare the foundations of ◆ **déchausser un enfant** to take a child's shoes off ◆ **déchausser ses skis** to take one's skis off

2 vi (Ski) to lose one's skis

3 **se déchausser** vpr [personne] to take one's shoes off; [skieur] to take one's skis off; [dents] to come ou work loose

**déchaux** [deʃo] adj m (Rel) discalced

**dèche*** [dɛʃ] nf ◆ **on est dans la dèche, c'est la dèche** we're flat broke *

**déchéance** [deʃeɑ̃s] → SYN nf a (morale) decay, decline; (intellectuelle) intellectual decline ou degeneration; (physique) degeneration; (Rel) fall; [civilisation] decline, decay

b (Pol) [souverain] deposition, dethronement ◆ **déchéance de l'autorité parentale** (Jur) loss of parental rights

c (Fin) **remboursement par déchéance du terme** repayment by acceleration

**déchet** [deʃɛ] → SYN 1 nm a (= reste) [viande, tissu, métal] scrap

b (gén, Comm = perte) waste, loss ◆ **il y a du déchet** (dans une marchandise) there is some waste ou wastage; (dans un examen) there are (some) failures, there is (some) wastage (of students) (Brit); (viande) there's a lot of waste ◆ **déchet de route** loss in transit

c (péj) (= raté) failure, wash-out *, dead loss *; (= épave) wreck, dead-beat * ◆ **les déchets de l'humanité** the dregs ou scum of the earth

2 **déchets** nmpl (= restes, résidus) [viande, métal, tissu] scraps; (= épluchures) peelings; (= ordures) waste (NonC), refuse (NonC), rubbish (NonC) (Brit); (Physiol) waste (NonC) ◆ **déchets domestiques/industriels** household/industrial waste ou wastes (US) ◆ **déchets nucléaires/radioactifs/toxiques** nuclear/radioactive/toxic waste

**déchetterie** [deʃɛtʀi] nf waste collection centre ou site

**déchiffonner** [deʃifɔne] ▸ conjug 1 ◂ vt to smooth out, uncrease ◆ **sa robe s'est déchiffonnée toute seule** the creases have come out of her dress (on their own)

**déchiffrable** [deʃifʀabl] adj message, écriture decipherable; code decodable, decipherable

**déchiffrage** [deʃifʀaʒ], **déchiffrement** [deʃifʀəmɑ̃] nm [message, hiéroglyphe] deciphering; [code] decoding; [code-barres] scanning; [écriture] deciphering; (Mus) sight-reading

**déchiffrer** [deʃifʀe] → SYN ▸ conjug 1 ◂ vt [+ message, hiéroglyphe] to decipher; [+ code] to decode; [+ code-barres] to scan; [+ écriture] to make out, decipher; (Mus) to sight-read; [+ énigme] to unravel, fathom; [+ avenir] to read; [+ sentiment] to read, make out

**déchiffreur, -euse** [deʃifʀœʀ, øz] nm,f [code] decoder; [inscriptions, message] decipherer

**déchiqueté, e** [deʃikte] (ptp de **déchiqueter**) adj montagne, relief, côte jagged, ragged; feuille jagged(-edged); corps mutilated

**déchiqueter** [deʃikte] → SYN ▸ conjug 4 ◂ vt [+ papier, tissu] to tear to pieces ou shreds; [+ viande, victime] to pull ou tear to pieces ◆ **elle a été déchiquetée par le train/l'explosion** she was mangled by the train/blown to pieces by the explosion ◆ **déchiqueté par un lion** mauled ou savaged by a lion

**déchiqueteur** [deʃiktœʀ] nm, **déchiqueteuse** [deʃik(ə)tøz] nf (= machine) shredder

**déchiqueture** [deʃik(ə)tyʀ] → SYN nf [tissu] slash; [feuille] notch ◆ **déchiquetures** [côte, montagne] jagged ou ragged outline

**déchirant, e** [deʃiʀɑ̃, ɑ̃t] → SYN adj drame heartbreaking, heartrending; cri, spectacle heartrending, harrowing; douleur agonizing, searing; adieux heartbreaking

**déchiré, e*** [deʃiʀe] (ptp de **déchirer**) adj ◆ **il était complètement déchiré** (= ivre, drogué) he was completely ripped*

**déchirement** [deʃiʀmɑ̃] → SYN nm a [tissu] tearing, ripping; [muscle, tendon] tearing

b (= peine) wrench, heartbreak ◆ **pour lui, l'exil fut un véritable déchirement** exile was a heartrending experience for him

c **déchirements** (= divisions) rifts, splits

**déchirer** [deʃiʀe] → SYN ▸ conjug 1 ◂ 1 vt a (= mettre en morceaux) [+ papier, lettre] to tear up, tear to pieces; (= faire un accroc à) [+ vêtement] to tear, rip; (= arracher) [+ page] to tear out (*de* from); (= ouvrir) [+ sac, enveloppe] to tear open; [+ bande de protection] to tear off; (= mutiler) [+ corps] to tear to pieces ◆ **déchirer un papier/tissu en deux** to tear a piece of paper/cloth in two ou in half

b (fig) **leurs cris déchirèrent l'air/le silence** their cries rent the air/pierced the silence ◆ **ce bruit me déchire les oreilles** that noise is ear-splitting ◆ **la toux lui déchirait la poitrine** his chest was racked by a terrible cough ◆ **un spectacle qui déchire (le cœur)** a heartrending ou harrowing sight ◆ **elle est déchirée par le remords/la douleur** she is torn by remorse/racked by pain ◆ **les dissensions continuent à déchirer le pays** the country continues to be torn (apart) by dissension, dissension is still tearing the country apart ◆ **déchirer qn à belles dents** to tear ou pull sb to pieces

2 **se déchirer** vpr a [vêtement] to tear, rip; [sac] to burst ◆ **attention, tu vas te déchirer** * be careful, you'll tear your clothes ◆ **se déchirer un muscle** to tear a muscle ◆ **se déchirer les mains** to graze ou skin one's hands ◆ **le brouillard s'est déchiré** the fog has broken up ◆ **son cœur se déchira** his heart broke ◆ **le pays se déchira en deux camps** the country was split into two camps

b [personnes] **ils ne cessent de se déchirer** they are constantly tearing each other apart

**déchirure** [deʃiʀyʀ] → SYN nf [tissu] tear, rip, rent; [ciel] break ou gap in the clouds ◆ **déchirure musculaire** torn muscle ◆ **se faire une déchirure musculaire** to tear a muscle ◆ **le chômage fait planer la menace d'une déchirure sociale** unemployment threatens to rip society ou the social fabric apart

**déchoir** [deʃwaʀ] → SYN ▸ conjug 25 ◂ (frm) 1 vi a [personne] to lower o.s., demean o.s. ◆ **ce serait déchoir que d'accepter** you would be lowering ou demeaning yourself if you accepted ◆ **déchoir de son rang** to fall from rank

b [réputation, influence] to decline, wane

2 vt ◆ **déchoir qn de sa nationalité/son titre** to strip ou deprive sb of their nationality/title ◆ **être déchu de ses droits** to be deprived of one's rights

**déchristianisation** [dekʀistjanizasjɔ̃] nf dechristianization

**déchristianiser** [dekʀistjanize] → SYN ▸ conjug 1 ◂ 1 vt to dechristianize

2 **se déchristianiser** vpr to become dechristianized

**déchu, e** [deʃy] → SYN (ptp de **déchoir**) adj roi deposed, dethroned; président, champion deposed; (Rel) ange, humanité fallen

**déci** [desi] nm (Helv) ≃ glass of wine *(containing one decilitre)*

**décibel** [desibɛl] nm decibel

**décidabilité** [desidabilite] nf decidability

**décidable** [desidabl] → SYN adj decidable

**décidé, e** [deside] → SYN (ptp de **décider**) adj a (= résolu, volontaire) air, ton determined, decided; personne determined; (= net, marqué) goût decided, definite ◆ **maintenant je suis décidé** now I have made up my mind ◆ **il est bien décidé à agir** he is determined to act ◆ **il est décidé à tout** he is prepared to do anything ◆ **il était décidé à ce que ça change** he was determined that this should change ◆ **j'y suis tout à fait décidé** I am quite determined (to do it) ◆ **les mesures sont décidées en comité** the measures are decided in committee

b (= fixé) question settled, decided ◆ **bon, c'est décidé** right, that's settled ou decided (then) ◆ **c'est une chose décidée** the matter is settled

**décidément** [desidemɑ̃] → SYN adv (= en fait) certainly, undoubtedly, indeed ◆ **oui, c'est décidément une question de chance** yes, it is certainly ou undoubtedly ou indeed a matter of luck ◆ **décidément, je perds toujours mes affaires !** (intensif) I'm ALWAYS losing my things! ◆ **décidément, tu m'ennuies aujourd'hui** you're really annoying me today, you ARE annoying me today ◆ **décidément, il est fou** he's really crazy, there's no doubt about it — he's crazy

**décider** [deside] GRAMMAIRE ACTIVE 8.2 → SYN ▸ conjug 1 ◂

1 vt a [personne] (= déterminer, établir) **décider qch** to decide on sth ◆ **décider que** to decide that ◆ **décider de faire qch** to decide to do sth ◆ **comment décider qui a raison ?** how is one to decide who is right? ◆ **elle décida qu'elle devait démissionner** she decided ou came to the decision that she must resign ◆ **ils ont décidé la grève/de faire grève/de ne pas faire grève** they decided on a strike/to go on strike/against a strike ou not to go on strike ◆ **c'est à lui de décider** it's up to him to decide ◆ **c'est souvent lui qui décide pour les autres** he often decides for the others

b (= persuader) [personne] to persuade; [conseil, événement] to decide, convince ◆ **décider qn à faire qch** to persuade ou induce sb to do sth ◆ **c'est moi qui l'ai décidé à ce voyage** I'm the one who persuaded ou induced him to go on this trip ◆ **la bonne publicité décide les clients éventuels** good advertising wins over potential customers

c [chose] (= provoquer) to cause, bring about ◆ **ces scandales ont finalement décidé son renvoi** these scandals finally brought about ou caused his dismissal

2 **décider de** vt indir (= être l'arbitre de) to decide; (= déterminer) to decide, determine ◆ **décider de l'importance/de l'urgence de qch** to decide on the ou as to the importance/urgency of sth, decide how important/urgent sth is ◆ **les résultats de son examen décideront de sa carrière** the results of his exam will decide ou determine his career ◆ **le sort en a décidé autrement** fate has decided ou ordained ou decreed otherwise ◆ **ainsi en a décidé le gouvernement** this was the decision the government reached

3 **se décider** vpr a [personne] to come to ou make a decision, make up one's mind ◆ **se décider à qch** to decide on sth ◆ **se décider à faire qch** to make up one's mind to do sth, make the decision to do sth ◆ **je ne peux pas me décider à lui mentir** I cannot bring myself to lie to him ◆ **se décider pour qch** to decide on sth ou in favour of sth ◆ **allez, décide-toi !** come on, make up your mind!

b [problème, affaire] to be decided ou settled ou resolved ◆ **la question se décide aujourd'hui** the question is being decided ou settled ou resolved today ◆ **leur départ s'est décidé très vite** they very quickly decided to leave

c * **est-ce qu'il va se décider à faire beau ?** do you think it'll turn out fine after all? ◆ **ça ne veut pas se décider** it won't make up its mind * ◆ **la voiture ne se décide pas à partir** the car just won't start

**décideur, -euse** [desidœʀ, øz] → SYN nm,f decision-maker ◆ **avoir un rôle de décideur** to have a decision-making role

**décidu, e** [desidy] adj forêt deciduous

**décidual, e,** mpl **-aux** [desidɥal, o] 1 adj decidual
2 **déciduale** nf decidua

**décigramme** [desigʀam] nm decigram(me)

**décile** [desil] nm decile

**décilitre** [desilitʀ] nm decilitre (Brit), deciliter (US)

**décimal, e,** mpl **-aux** [desimal, o] 1 adj decimal
2 **décimale** nf decimal place ◆ **nombre à quatre décimales** number given to four decimal places ◆ **jusqu'à la deuxième/troisième décimale** to two/three decimal places

**décimalisation** [desimalizasjɔ̃] nf decimalization

**décimation** [desimasjɔ̃] → SYN nf decimation

**décimer** [desime] → SYN ▸ conjug 1 ◂ vt to decimate

**décimètre** [desimɛtʀ] nm decimetre (Brit), decimeter (US)

**décimétrique** [desimetʀik] adj decimetric

**décintrer** [desɛ̃tʀe] ▸ conjug 1 ◂ vt (Archit) to dismantle the arches of; [+ vêtement] to let out

**décisif, -ive** [desizif, iv] → SYN adj argument, combat decisive, conclusive; intervention, influence decisive; preuve conclusive; moment, rôle decisive, critical; ton decisive, authoritative ◆ **tournant décisif** watershed ◆ **le facteur décisif** the deciding factor ◆ **porter un coup décisif au terrorisme** to deal terrorism a decisive blow; → **jeu**

**décision** [desizjɔ̃] → SYN nf a (= choix) decision ◆ **prendre une décision** to take ou make a decision ◆ **prendre la décision de faire qch** to take ou make the decision to do sth ◆ **il n'a pas encore pris sa décision** he hasn't yet made his decision ◆ **le processus de prise de décision dans l'entreprise** the decision-making process in the company ◆ **parvenir à une décision** to come to ou reach a decision ◆ **la décision t'appartient** it's your decision, it's for you to decide ◆ **soumettre qch à la décision de qn** to ask sb to make a decision about sth; → **pouvoir**[2]
b (= verdict) decision ◆ **décision administrative/gouvernementale** administrative/government decision ◆ **par décision judiciaire** ou **de justice** by court order ◆ **nommé à un poste de décision** appointed to a decision-making job ◆ **organe de décision** decision-making body ◆ **faire la décision** (Sport) to win the match ◆ **leurs trois voix ont fait la décision** their three votes swung the result
c (= qualité) decision, decisiveness ◆ **montrer de la décision** to be decisive ◆ **avoir l'esprit de décision** to be decisive

**décisionnaire** [desizjɔnɛʀ] 1 adj organisme, pouvoir decision-making (épith)
2 nmf decision-maker

**décisionnel, -elle** [desizjɔnɛl] adj rôle, responsabilité decision-making (épith)

**décisoire** [desizwaʀ] adj (Jur) serment decisive

**décitex** [desitɛks] nm decitex

**déclamateur, -trice** [deklamatœʀ, tʀis] → SYN (péj) 1 adj ranting, declamatory
2 nm,f ranter, declaimer

**déclamation** [deklamasjɔ̃] → SYN nf (= art) declamation (NonC); (péj) ranting (NonC), spouting (NonC) ◆ **toutes leurs belles déclamations** all their ranting

**déclamatoire** [deklamatwaʀ] → SYN adj a (péj) ton ranting, bombastic, declamatory; style bombastic, turgid
b rythme declamatory

**déclamer** [deklame] → SYN ▸ conjug 1 ◂ 1 vt to declaim; (péj) to spout
2 vi (péj) to rant ◆ **déclamer contre** (littér) to inveigh ou rail against

**déclarable** [deklaʀabl] adj marchandise declarable, dutiable; revenus declarable

**déclarant, e** [deklaʀɑ̃, ɑ̃t] nm,f (Jur) informant

**déclaratif, -ive** [deklaʀatif, iv] adj (Jur) declaratory; (Ling, Ordin) declarative

**déclaration** [deklaʀasjɔ̃] → SYN nf a (= manifeste, proclamation, Ordin) declaration; (= discours, commentaire) statement; (= aveu) admission; (= révélation) revelation ◆ **dans une déclaration télévisée** in a televised statement ◆ **le ministre n'a fait aucune déclaration** the minister did not make a statement ◆ **je n'ai aucune déclaration à faire** I have no comment to make ◆ **selon sa propre déclaration, il était ivre** by his own admission he was drunk ◆ **Déclaration (universelle) des droits de l'homme** (Universal) Declaration of Human Rights ◆ **Déclaration d'indépendance** (Hist US) Declaration of Independence ◆ **déclaration d'intention** declaration of intent ◆ **déclaration de principe** statement ou declaration of principle
b (amoureuse) **déclaration (d'amour)** declaration of love ◆ **faire une** ou **sa déclaration à qn** to make a declaration of love to sb, declare one's love to sb
c (Admin, Jur) [naissance, décès] registration, notification; [vol, perte, changement de domicile] notification ◆ **envoyer une déclaration de changement de domicile** to send notification of change of address ◆ **faire une déclaration d'accident** (à l'assurance) to file an accident claim; (à la police) to report an accident ◆ **déclaration en douane** customs declaration ◆ **déclaration de faillite** declaration of bankruptcy ◆ **déclaration de guerre** declaration of war ◆ **déclaration d'impôts** ou **de revenus** tax declaration; (formulaire) tax return (form) ◆ **faire sa déclaration d'impôts** to fill in one's tax return (form) ◆ **déclaration d'utilité publique** public notice → IMPÔTS

> **LA DÉCLARATION DES DROITS DE L'HOMME**
>
> Written in 1789, this document is of great cultural and historical significance in France, reflecting as it does the Republican ideals upon which modern France is founded. Drawing on philosophical ideas that developed during the Enlightenment, it declares the natural and inalienable right of all people to freedom, ownership of property and equality before the law, as well as the universal right of all nations to sovereignty and the separation of powers. It has always been used as a basis for the French Constitution.

**déclaratoire** [deklaʀatwaʀ] adj (Jur) declaratory

**déclaré, e** [deklaʀe] (ptp de **déclarer**) adj opinion professed; athée, révolutionnaire declared, self-confessed; ennemi sworn, avowed; intention avowed, declared; travailleur registered, declared ◆ **revenus non déclarés** undeclared income

**déclarer** [deklaʀe] → SYN ▸ conjug 1 ◂ 1 vt a (= annoncer) to announce, state, declare; (= proclamer) to declare; (= avouer) to admit, confess to ◆ **"c'est un moment historique", déclara le ministre** "it's an historic moment", the minister declared ◆ **déclarer son amour (à qn)** to declare one's love (to sb), make a declaration of love (to sb) ◆ **déclarer la guerre à une nation/à la pollution** to declare war on a nation/on pollution ◆ **le président déclara la séance levée** the chairman declared the meeting closed ◆ **déclarer qn coupable/innocent** to find sb guilty/innocent
b **déclarer que ...** to declare ou say that ... ◆ **je vous déclare que je n'y crois pas** I tell you I don't believe it ◆ **ils ont déclaré que nous avions menti** they claimed that we had lied
c (Admin) [+ marchandises, revenus, employés] to declare; [+ naissance, décès] to register, notify ◆ **le père doit aller déclarer l'enfant à la mairie** the father has to go and register the child at the town hall ◆ **déclarer qn en faillite** to declare sb bankrupt ◆ **avez-vous quelque chose à déclarer ?** (Douane) do you have anything to declare? ◆ **déclarer qch au-dessus/au-dessous de sa valeur** to overvalue/undervalue sth ◆ **rien à déclarer** nothing to declare
2 **se déclarer** vpr a (= se prononcer) to declare ou state one's opinion ◆ **se déclarer en faveur de qch** to declare ou profess o.s. in favour of sth ◆ **se déclarer pour/contre qch** to come out in favour of/against sth ◆ **il s'est déclaré l'auteur de ces poèmes/crimes** he stated that he had written the poems/committed the crimes ◆ **se déclarer satisfait** to declare o.s. satisfied ◆ **il s'est déclaré prêt à signer ce document** he said he was ready ou declared himself ready to sign the document ◆ **se déclarer incompétent** (Jur) to decline a jurisdiction
b (= apparaître) [incendie, épidémie] to break out
c [amoureux] to make a declaration of one's love, declare ou avow (littér) one's love

**déclassé, e** [deklɑse] → SYN (ptp de **déclasser**) adj a coureur relegated *(in the placing)*; hôtel, restaurant, vin downgraded ◆ **valeurs déclassées** (Bourse) displaced stocks ou securities
b fiche, livre out of order (attrib)

**déclassement** [deklɑsmɑ̃] → SYN nm a (social, dans une hiérarchie) fall ou drop in status
b (Sport) [coureur] relegation *(in the placing)*; (Rail) [voyageur] change of class; (Admin) [hôtel] downgrading; [monument] delisting; (Bourse) [valeur] displacement
c [fiches, livres] **pour éviter le déclassement** to stop things getting out of order

**déclasser** [deklɑse] → SYN ▸ conjug 1 ◂ vt a (socialement, dans une hiérarchie) to lower in status ◆ **il estimait qu'on l'avait déclassé en le mettant dans l'équipe B** he felt that he had suffered a drop in status ou that he had been downgraded by being put in the B team ◆ **il se déclassait par de telles fréquentations** he was lowering himself socially ou demeaning himself by keeping such company
b (= rétrograder) (Sport) [+ coureur] to relegate *(in the placing)*; (Rail) [+ voyageur] to put in second class; (Admin) [+ hôtel] to downgrade; [+ monument] to delist; (Bourse) [+ valeur] to displace
c (= déranger) [+ fiches, livres] to get out of order, put back in the wrong order

**déclassifier** [deklasifje] ▸ conjug 7 ◂ vt [+ dossier] to declassify

**déclenchement** [deklɑ̃ʃmɑ̃] → SYN nm a (= actionnement) [ressort, mécanisme] release; [sonnerie, alarme] setting off, activating
b (= provocation) [insurrection] launching, starting; [catastrophe, guerre, crise, grève, processus, polémique] triggering ou sparking off; [accouchement] inducement ◆ **le rôle du psychisme dans le déclenchement de certaines maladies** the role of psychological factors in triggering certain illnesses
c (Mil) [tir] opening; [attaque] launching

**déclencher** [deklɑ̃ʃe] → SYN ▸ conjug 1 ◂ 1 vt a (= actionner) [+ ressort, mécanisme] to release; [+ sonnerie, alarme] to set off, activate ◆ **ce bouton déclenche l'ouverture/la fermeture de la porte** this button opens/closes the door ◆ **faire la mise au point avant de déclencher** (Photo) to focus before releasing the shutter
b (= provoquer) [+ insurrection] to launch, start; [+ catastrophe, guerre, crise, processus, polémique] to trigger ou spark off; [+ accouchement] to induce ◆ **c'est ce mot qui a tout déclenché** this is the word which triggered everything off ◆ **déclencher une grève** [meneur] to launch ou start a strike; [incident] to trigger ou spark off a strike ◆ **ça m'a déclenché une sciatique** it gave me sciatica ◆ **quand je me penche ça me déclenche une douleur dans le dos** when I bend down my back hurts ou I get backache
c (Mil) [+ tir] to open; [+ attaque] to launch ◆ **déclencher l'offensive** to launch the offensive
2 **se déclencher** vpr [ressort, mécanisme] to release itself; [sonnerie, alarme] to go off; [attaque, grève] to start, begin; [catastrophe, crise, réaction nerveuse] to be triggered off

**déclencheur** [deklɑ̃ʃœʀ] nm (Tech) release mechanism; (Photo) shutter release ◆ **déclencheur souple** cable release ◆ **déclencheur automatique** ou **à retardement** self-timer ◆ **cet incident a servi de déclencheur à la crise** this incident sparked off ou triggered (off) the crisis

**déclic** [deklik] → SYN nm (= bruit) click; (= mécanisme) trigger mechanism ◆ **ça a été le déclic** (mentalement) it triggered something off in my (ou his etc) mind

**déclin** [deklɛ̃] → SYN nm a (gén) decline; [malade, santé, vue] deterioration; [talent, forces, beauté, sentiment] waning, fading ◆ **déclin de la production/de l'activité économique** decline in production/in economic activity ◆ **le déclin du parti** the party's decline, the decline of the party ◆ **le déclin du jour** the close of day ◆ **au déclin de la vie** (littér) in the twilight years ◆ **déclin démographique** population decline

b (LOC) **être à son déclin** [soleil] to be setting; [lune] to be on the wane, be waning ◆ **être sur le** ou **son déclin** [malade] to be going downhill; [acteur, homme politique] to be on the decline ou on the wane ◆ **être en déclin** [talent, prestige] to be on the decline ou on the wane; [forces, intelligence, civilisation, art] to be in decline ou on the wane; [marché, secteur] to be in decline ◆ **marché/industrie en déclin** declining market/industry

**déclinable** [deklinabl] adj a (Gram) declinable

b (= adaptable) **ce produit est facilement déclinable** it's easy to develop a whole range from this product ◆ **coupe de cheveux déclinable en trois longueurs** hairstyle that can be adapted to three different lengths of hair

**déclinaison** [deklinezɔ̃] nf (Ling) declension; (Astron, Phys) declination

**déclinant, e** [deklinɑ̃, ɑ̃t] adj pouvoir declining; santé declining, deteriorating; vue failing; prestige, popularité, forces waning, declining; beauté, sentiment fading

**déclinatoire** [deklinatwaʀ] → SYN nm a (= boussole) surveyor's compass

b (Jur) **déclinatoire (de compétence)** (gén) challenge to jurisdiction; (fait par le tribunal) declining ou denial of jurisdiction

**décliner** [dekline] → SYN ▸ conjug 1 ◂ [1] vt a (frm = refuser) [+ offre, invitation, honneur] to decline, turn down, refuse ◆ **la direction décline toute responsabilité en cas de perte ou de vol** the management accepts no responsibility ou refuses to accept responsibility for loss or theft of articles ◆ **décliner la compétence de qn/la compétence d'une juridiction** (Jur) to refuse to recognize sb's competence/the competence of a court

b (Ling) to decline ◆ **ce mot ne se décline pas** this word does not decline

c (frm = réciter) **décliner son identité** to give one's personal particulars ◆ **déclinez vos nom, prénoms, titres et qualités** state your name, forenames, qualifications and status

d (Comm) [+ produit] to offer in a variety of forms ◆ **un rouge à lèvres décliné en cinq nuances** a lipstick available in ou that comes in five shades

[2] vi a (= s'affaiblir) to decline; [malade, santé, vue] to deteriorate, go downhill; [talent, forces, beauté, sentiment] to wane, fade; [prestige, popularité] to wane, fall off; [production, ventes] to fall, be on the decline; [marché, secteur] to be on the decline ◆ **le revenu par habitant décline** per capita income is falling

b [jour] to draw to a close; [soleil] to be setting, go down; [lune] to wane, be on the wane; (Tech) [aiguille aimantée] to deviate

[3] **se décliner** vpr (Comm) [produit] to come in a variety of forms ◆ **ce yaourt se décline en trois saveurs** this yoghurt is available in ou comes in three flavours

**déclive** [dekliv] adj terrain inclined

**déclivité** [deklivite] → SYN nf slope, incline, declivity (frm)

**décloisonnement** [deklwazɔnmɑ̃] nm decompartmentalization

**décloisonner** [deklwazɔne] ▸ conjug 1 ◂ vt to decompartmentalize

**déclouer** [deklue] ▸ conjug 1 ◂ vt [+ caisse] to open; [+ planche] to remove

**déco** [deko] [1] adj inv (abrév de **décoratif**) → **art**

[2] nf * (abrév de **décoration**) ◆ **j'ai refait la déco de ma chambre** I've redecorated my bedroom

**décocher** [dekɔʃe] → SYN ▸ conjug 1 ◂ vt a [+ flèche] to shoot, fire; [+ coup de pied] to give, deliver; [+ coup de poing] to throw; [+ ruade] to let fly

b [+ œillade, regard] to shoot, flash, dart; [+ sourire] to flash; [+ remarque] to fire, let fly

**décoction** [dekɔksjɔ̃] → SYN nf decoction

**décodage** [dekɔdaʒ] nm [code] decoding, cracking; (TV, Ordin, Ling) decoding; [message] deciphering ◆ **système de décodage numérique** digital decoding system

**décoder** [dekɔde] → SYN ▸ conjug 1 ◂ vt [+ code] to decode, break; (TV, Ordin, Ling) to decode; [+ message] to decipher; (= comprendre) [+ poème, comportement] to understand

**décodeur** [dekɔdœʀ] nm [code] (TV, Ordin, Ling) decoder; [message] decipherer

**décoffrage** [dekɔfʀaʒ] nm (Constr) removal of the formwork; → **brut**

**décoffrer** [dekɔfʀe] ▸ conjug 1 ◂ vt (Constr) to remove the formwork from

**décoiffer** [dekwafe] → SYN ▸ conjug 1 ◂ vt a (= ébouriffer) **décoiffer qn** to mess up sb's hair ◆ **il s'est/le vent l'a décoiffé** he/the wind has disarranged ou messed up his hair ◆ **je suis toute décoiffée** my hair is in a mess ou is (all) messed up ◆ **ça décoiffe !** * (fig) it really takes your breath away!

b (= ôter le chapeau) **décoiffer qn** to take sb's hat off ◆ **il se décoiffa** he took his hat off

c (Tech) [+ obus] to uncap

**décoincement** [dekwɛ̃smɑ̃] nm (gén) unjamming, loosening (*de* of); (Tech) removal of the wedge (*de* from)

**décoincer** [dekwɛ̃se] → SYN ▸ conjug 3 ◂ [1] vt (gén) to unjam, loosen ◆ **décoincer qch** (Tech) to remove the wedge from sth ◆ **décoincer qn** * to help sb to shake off their hang-ups *

[2] **se décoincer** vpr [objet] to come loose; * [personne] to shake off one's hang-ups *

**décolérer** [dekɔleʀe] ▸ conjug 6 ◂ vi ◆ **ne jamais décolérer** to be always in a temper ◆ **il ne décolère pas depuis hier** he hasn't calmed down since yesterday, he's still angry from yesterday

**décollage** [dekɔlaʒ] → SYN nm a [avion] takeoff; [fusée] lift-off ◆ **au décollage** at take off, at lift-off ◆ **depuis le décollage économique de la région** since the region's economy took off ◆ **le décollage de l'informatique n'a pas été facile** information technology had difficulty getting off the ground

b [timbre] unsticking; [papier peint] stripping, peeling off

**décollation** [dekɔlasjɔ̃] nf decapitation, beheading

**décollectivisation** [dekɔlɛktivizasjɔ̃] nf [agriculture, économie] decollectivization

**décollement** [dekɔlmɑ̃] → SYN nm [timbre] unsticking; (Méd) [rétine] detachment ◆ **se faire faire un décollement de racines** (Coiffure) to have one's hair volumized

**décoller** [dekɔle] → SYN ▸ conjug 1 ◂ [1] vt a (gén) to unstick; (en trempant) [+ timbre] to soak off; (à la vapeur) [+ timbre] to steam off; [+ lettre] to steam open; [+ papier peint] to steam off ◆ **décoller qn de** * [+ livre, télévision] to drag sb away from

b ( * = se débarrasser de) [+ créanciers, poursuivants] to shake off, get rid of ◆ **je ne suis pas arrivé à m'en décoller !** ou **le décoller !** I couldn't manage to shake him off! ou get rid of him!

[2] vi a [avion, pays] to take off; [fusée] to lift off (*de* from); [industrie] to take off, get off the ground

b ( * = maigrir) to lose weight

c ( * = partir) [gêneur] to budge, shift; [drogué] to get off * ◆ **il n'a pas décollé (d'ici) pendant deux heures** he sat ou stayed here for two solid hours without budging * ◆ **décoller du peloton** (Sport) (en avant) to pull away from ou ahead of the pack; (en arrière) to fall ou drop behind the pack ◆ **décoller du réel** to escape from reality

[3] **se décoller** vpr [timbre] to come unstuck; [papier peint] to peel; (Méd) [rétine] to become detached

**décolletage** [dekɔltaʒ] nm a (= forme) (low-cut) neckline, décolletage; [robe] (= action) cutting out of the neck

b (Agr) topping; (Tech) cutting (from the bar)

**décolleté, e** [dekɔlte] → SYN (ptp de **décolleter**) [1] adj robe low-necked, low-cut; femme wearing a low-cut dress, décolleté (attrib); chaussure low-cut ◆ **robe décolletée dans le dos** dress cut low at the back

[2] nm [robe] low neck(line), décolletage; [femme] (bare) neck and shoulders; (plongeant) cleavage

[3] COMP ▷ **décolleté bateau** bateau ou boat neck ▷ **décolleté en pointe** V-neck ▷ **décolleté rond** round-neck

**décolleter** [dekɔlte] ▸ conjug 4 ◂ vt a [+ robe] to cut out the neck of

b (Agr) to top; (Tech) to cut (from the bar)

**décolleuse** [dekɔløz] nf [papier peint] steam stripper

**décolonisateur, -trice** [dekɔlɔnizatœʀ, tʀis] [1] adj decolonization (épith), decolonizing (épith)

[2] nm,f decolonizer

**décolonisation** [dekɔlɔnizasjɔ̃] nf decolonization

**décoloniser** [dekɔlɔnize] ▸ conjug 1 ◂ vt to decolonize

**décolorant, e** [dekɔlɔʀɑ̃, ɑ̃t] [1] adj decolorizing (épith), bleaching (épith)

[2] nm bleaching agent

**décoloration** [dekɔlɔʀasjɔ̃] → SYN nf (gén) discolouration (Brit), discoloration (US); [tissu] fading; [cheveux] bleaching, lightening ◆ **se faire faire une décoloration** (gén) to have one's hair lightened; (en blond) to have one's hair bleached

**décoloré, e** [dekɔlɔʀe] → SYN (ptp de **décolorer**) adj vêtement faded; cheveux bleached, lightened; teint, lèvres pale, colourless (Brit), colorless (US) ◆ **une blonde décolorée** a peroxide ou bleached ou bottle * blonde

**décolorer** [dekɔlɔʀe] → SYN ▸ conjug 1 ◂ [1] vt (gén) to discolour (Brit), discolor (US); [+ tissu] [soleil] to fade; [lavage] to take the colour (Brit) ou color (US) out of, fade; [+ cheveux] (gén) to lighten; (en blond) to bleach

[2] **se décolorer** vpr [liquide] to lose its colour (Brit) ou color (US); [tissu] to fade, lose its colour (Brit) ou color (US) ◆ **elle s'est décolorée, elle s'est décoloré les cheveux** (gén) she has lightened her hair; (en blond) she has bleached her hair

**décombres** [dekɔ̃bʀ] → SYN nmpl rubble, debris sg

**décommander** [dekɔmɑ̃de] → SYN ▸ conjug 1 ◂ [1] vt [+ marchandise] to cancel (an order for); [+ invités] to put off; [+ invitation] to cancel

[2] **se décommander** vpr to cancel one's appointment

**décommuniser (se)** [dekɔmynize] vpr to leave communism behind

**décompacter** [dekɔ̃pakte] ▸ conjug 1 ◂ vt **Ordin** to decompress

**décompensation** [dekɔ̃pɑ̃sasjɔ̃] nf (Méd) (physique) decompensation; (nerveuse) (emotional) collapse

**décompensé, e** [dekɔ̃pɑ̃se] (ptp de **décompenser**) adj (Méd) decompensated

**décompenser** [dekɔ̃pɑ̃se] ▸ conjug 1 ◂ vi (Méd) (physiquement) to decompensate; (nerveusement) to collapse (emotionally)

**décomplexer** [dekɔ̃plɛkse] ▸ conjug 1 ◂ vt ◆ **décomplexer qn** to rid sb of their complexes ou hang-ups

**décomposable** [dekɔ̃pozabl(ə)] → SYN adj (Math) nombre that can be factorized; (Chim) decomposable; (Phys) lumière that can be broken up, that can be split up; (Tech) forces resoluble

**décomposer** [dekɔ̃poze] → SYN ▸ conjug 1 ◂ [1] vt a (= diviser) (gén) to split up ou break up into its component parts; (Math) [+ nombre] to factorize, express as a product of prime factors; (Chim) to decompose; (Phys) [+ lumière] to break up, split up; (Tech) [+ forces] to resolve; (Ling) [+ phrase] to break down, split up; [+ problème, idée] to dissect, break down ◆ **la prof de danse décomposa le mouvement devant nous** the dance teacher broke the movement up for us ou went through the movement slowly for us ◆ **la phrase se décompose en trois propositions** the sentence can be broken down ou split up into three clauses

b (= altérer) [+ visage] to contort, distort ◆ **la douleur décomposait ses traits** his face was contorted with pain ◆ **il était décomposé** he looked distraught

c (= putréfier) [+ viande] to cause to decompose ou rot ◆ **la chaleur décomposait les cadavres** the heat was causing the corpses to decompose ou to decay

[2] **se décomposer** vpr a (= pourrir) [viande] to decompose, rot; [cadavre] to decompose, decay

**b** (= s'altérer) [visage] to become distorted ◆ **à cette nouvelle son visage se décomposa** when he heard this news his face fell

**c** (= se diviser) to be divided ◆ **se décomposer en trois parties** to be divided ou broken up into three parts ◆ **cela se décompose de la façon suivante ...** it breaks down ou is divided up in the following way ...

**d** (= se déstructurer) [société] to break down; [fédération] to break up

**décomposeur** [dekɔ̃pozœʀ] nm (Bio) decomposer

**décomposition** [dekɔ̃pozisjɔ̃] → SYN nf **a** (= division) (gén) splitting up, breaking up; (Math) [nombre] factorization; (Chim) decomposition; (Phys) [lumière] breaking up, splitting up; (Tech) [forces] resolution; (Ling) [phrase] breaking down, splitting up; [problème, idée] dissection, breaking down ◆ **le calcul de l'impôt nécessite la décomposition du revenu en tranches** income needs to be divided up into bands for tax calculation purposes

**b** (= pourriture) decomposition, decay ◆ **cadavre en décomposition** corpse in a state of decomposition ou decay

**c** (= déstructuration) [société] breakdown; [fédération] breakup ◆ **société/système en complète décomposition** society/system in decay

**décompresser** [dekɔ̃pʀese] → SYN ▸ conjug 1 ◂ **1** vt (Tech, Ordin) to decompress **2** vi (* = se détendre) to unwind, relax

**décompresseur** [dekɔ̃pʀesœʀ] nm decompression tap; (Aut) decompressor

**décompression** [dekɔ̃pʀesjɔ̃] nf **a** (Tech, Méd, Ordin) decompression ◆ **soupape/chambre de décompression** decompression valve/chamber ◆ **décompression cardiaque** cardiac decompression

**b** (* = détente) relaxation

**décomprimer** [dekɔ̃pʀime] ▸ conjug 1 ◂ vt to decompress

**décompte** [dekɔ̃t] → SYN nm **a** (= calcul) detailed account, breakdown

**b** (= déduction) deduction ◆ **faire le décompte des points** to count up ou tot up * (surtout Brit) the points ◆ **faire le décompte des voix** (Pol) to count the votes ◆ **vous voulez faire mon décompte ?** will you make out my bill? (Brit) ou check? (US)

**décompter** [dekɔ̃te] → SYN ▸ conjug 1 ◂ **1** vt (= défalquer) to deduct (*de* from) **2** vi [horloge] to strike ou chime at the wrong time

**déconcentration** [dekɔ̃sɑ̃tʀasjɔ̃] nf **a** [personne] loss of concentration

**b** (Admin) devolution, decentralization; (Ind) dispersal; (Chim) deconcentration

**déconcentré, e** [dekɔ̃sɑ̃tʀe] (ptp de **déconcentrer**) adj **a** (Admin) devolved, decentralized; (Ind) dispersed

**b** personne **être déconcentré** to have lost (one's) concentration ◆ **j'étais un peu/très déconcentré** I wasn't really concentrating/wasn't concentrating at all

**déconcentrer** [dekɔ̃sɑ̃tʀe] ▸ conjug 1 ◂ **1** vt **a** (Admin) to devolve, decentralize; (Ind) to disperse

**b** (= distraire) **ça m'a déconcentré** it made me lose (my) concentration

**2** **se déconcentrer** vpr [personne] to lose (one's) concentration

**déconcertant, e** [dekɔ̃sɛʀtɑ̃, ɑ̃t] → SYN adj disconcerting

**déconcerter** [dekɔ̃sɛʀte] → SYN ▸ conjug 1 ◂ vt (= décontenancer) to disconcert; († † = déjouer) to thwart, frustrate

**déconditionnement** [dekɔ̃disjɔnmɑ̃] nm deconditioning

**déconditionner** [dekɔ̃disjɔne] ▸ conjug 1 ◂ vt to decondition

**déconfit, e** [dekɔ̃fi, it] → SYN adj **a** (= dépité) personne, air, mine crestfallen, downcast ◆ **avoir la mine déconfite** to look downcast ou crestfallen

**b** († † = battu) defeated, discomfited †

**déconfiture** * [dekɔ̃fityʀ] nf (= déroute) (gén) failure, collapse; [parti, armée] defeat; (financière) (financial) collapse, ruin ◆ **cette entreprise est en déconfiture** the company is in a state of collapse

**décongélation** [dekɔ̃ʒelasjɔ̃] nf defrosting, unfreezing

**décongeler** [dekɔ̃ʒ(ə)le] ▸ conjug 5 ◂ **1** vi [aliment] to defrost, thaw **2** vt [+ aliment] to defrost, leave to thaw; [+ sperme] to thaw

**décongestif, -ive** [dekɔ̃ʒɛstif, iv] adj, nm decongestant

**décongestionnant, e** [dekɔ̃ʒɛstjɔnɑ̃, ɑ̃t] adj gel, crème decongesting

**décongestionner** [dekɔ̃ʒɛstjɔne] → SYN ▸ conjug 1 ◂ vt (Méd) [+ poumons, fosses nasales] to decongest, relieve congestion in; [+ malade] to relieve congestion in; [+ rue, centre-ville] to relieve congestion in; [+ service, aéroport, université, administration] to relieve the pressure on

**déconnade** ✱ [dekɔnad] nf ◆ **il aime la franche déconnade** he likes to mess around * ou to fool around * ◆ **il se moquait d'elle pour la déconnade** he was teasing her for a laugh * ou just for the hell of it *

**déconnecter** [dekɔnɛkte] ▸ conjug 1 ◂ **1** vt **a** (Élec) to disconnect

**b** [+ problème] to dissociate (*de* from) ◆ **il est complètement déconnecté de la réalité/de son pays d'origine** he's completely out of touch with reality/with his native country

**2** vi * [personne] to switch off *

**déconner** ✱ [dekɔne] ▸ conjug 1 ◂ vi [personne] (= faire des bêtises) to mess around *, fool around *; (= dire des bêtises) to talk nonsense; (= plaisanter) to joke, kid *; [machine] to act up * ◆ **arrête de déconner !** stop messing around!, quit fooling! ◆ **sans déconner, c'était super !** no joke *, it was great! ◆ **faut pas déconner !** come off it! *

**déconneur** ✱ [dekɔnœʀ] nm fun-loving * ou crazy * guy

**déconneuse** ✱ [dekɔnøz] nf fun-loving * ou crazy * girl

**déconnexion** [dekɔnɛksjɔ̃] nf disconnection

**déconseiller** [dekɔ̃seje] GRAMMAIRE ACTIVE 2.2 → SYN ▸ conjug 1 ◂ vt to advise against ◆ **déconseiller qch à qn/à qn de faire qch** to advise sb against sth/sb against doing sth ◆ **c'est déconseillé** it's not advisable, it's inadvisable ◆ **dans ce régime, le beurre est déconseillé** butter is not recommended in this diet

**déconsidération** [dekɔ̃sideʀasjɔ̃] nf discredit, disrepute

**déconsidérer** [dekɔ̃sideʀe] → SYN ▸ conjug 6 ◂ vt to discredit ◆ **il s'est déconsidéré en agissant ainsi** he has discredited himself ou brought discredit upon himself by acting thus

**déconsigner** [dekɔ̃siɲe] ▸ conjug 1 ◂ vt **a** [+ valise] to collect from the left luggage office (Brit) ou the baggage checkroom (US); [+ bouteille] to return the deposit on

**b** [+ troupes] to release from confinement to barracks

**déconsommation** [dekɔ̃sɔmasjɔ̃] nf (Écon) drop in consumption (of consumer goods) ◆ **on observe une tendance à la déconsommation des ménages** there is a growing tendency for households to buy less consumer goods

**déconstruction** [dekɔ̃stʀyksjɔ̃] nf [concept, système] deconstruction; [bâtiment] dismantling

**déconstruire** [dekɔ̃stʀɥiʀ] ▸ conjug 38 ◂ vt [+ concept, système] to deconstruct; [+ bâtiment] to dismantle

**décontamination** [dekɔ̃taminasjɔ̃] nf decontamination

**décontaminer** [dekɔ̃tamine] ▸ conjug 1 ◂ vt to decontaminate

**décontenancer** [dekɔ̃t(ə)nɑ̃se] → SYN ▸ conjug 3 ◂ **1** vt to disconcert, discountenance (frm)

**2** **se décontenancer** vpr to lose one's composure

**décontract** * [dekɔ̃tʀakt] adj inv laid-back *, cool *

**décontractant, e** [dekɔ̃tʀaktɑ̃, ɑ̃t] **1** adj ambiance, massage, médicament relaxing

**2** nm relaxant

**décontracté, e** [dekɔ̃tʀakte] → SYN (ptp de **décontracter**) adj **a** muscles, corps relaxed

**b** personne relaxed, laid-back *; (= sans-gêne) casual, offhand; atmosphère, attitude relaxed, laid-back *; vêtements, style casual

**décontracter** vt, **se décontracter** vpr [dekɔ̃tʀakte] ▸ conjug 1 ◂ to relax

**décontraction** [dekɔ̃tʀaksjɔ̃] → SYN nf **a** [muscle, corps] relaxation

**b** (= désinvolture) relaxed ou laid-back * attitude ◆ **sa décontraction m'a étonné** I was amazed that he was so relaxed ou laid-back *

**déconventionner** [dekɔ̃vɑ̃sjɔne] ▸ conjug 1 ◂ vt [+ établissement, médecin] to strike off the register (*for financial misconduct*)

**déconvenue** [dekɔ̃v(ə)ny] → SYN nf (= déception) disappointment

**décor** [dekɔʀ] → SYN nm **a** (Théât) **le décor, les décors** the scenery (NonC), the décor (NonC) ◆ **décor de cinéma** film set ◆ **on dirait un décor ou des décors de théâtre** it looks like a stage setting ou a theatre set, it looks like scenery for a play ◆ **tourner en décors naturels** to shoot on location ◆ **planter le décor** to set the scene ◆ **faire partie du décor** (lit, fig) to be part of the furniture ◆ **aller ou partir dans le décor** * ou **les décors** * [véhicule, conducteur] to go off the road ◆ **envoyer qn dans le décor** * ou **les décors** * to force sb off the road; → **changement**, **envers**

**b** (= paysage) scenery; (= arrière-plan) setting; (= intérieur de maison) décor (NonC), decoration ◆ **décor de montagnes** mountain scenery ◆ **dans un décor de verdure** in a green setting ◆ **photographié dans son décor habituel** photographed in his usual surroundings

**décorateur, -trice** [dekɔʀatœʀ, tʀis] → SYN nm,f **a** (d'intérieurs) (interior) decorator; → **peintre**

**b** (Théât = architecte) stage ou set designer; (TV, Ciné) set designer

**décoratif, -ive** [dekɔʀatif, iv] → SYN adj ornement decorative, ornamental; arts, effet decorative ◆ **elle a un rôle purement décoratif** (péj) she has a purely decorative role

**décoration** [dekɔʀasjɔ̃] → SYN nf **a** (= action) decoration

**b** (gén pl = ornement) decorations; (= ensemble des ornements) decoration ◆ **décorations de Noël** Christmas decorations

**c** (= médaille) decoration

**décorder (se)** [dekɔʀde] ▸ conjug 1 ◂ vpr (Alpinisme) to unrope

**décoré, e** [dekɔʀe] (ptp de **décorer**) adj **a** (= orné) decorated ◆ **joliment décoré** prettily decorated ◆ **richement décoré** ornate, richly decorated ◆ **mur décoré de fresques** wall decorated with frescoes ◆ **un vase très décoré** an ornate vase

**b** (= récompensé) wearing a (military) decoration (ou decorations), decorated ◆ **un vieux monsieur très décoré** an old man bedecked with medals and ribbons ◆ **les décorés de la Première Guerre mondiale** soldiers awarded (military) decorations ou decorated during the First World War

**décorer** [dekɔʀe] → SYN ▸ conjug 1 ◂ vt **a** (= embellir) (gén) to decorate; [+ robe] to trim ◆ **décorer une maison pour Noël** to decorate a house for Christmas ◆ **l'ensemblier qui a décoré leur maison** the designer who did the (interior) decoration of their house

**b** (= médailler) to decorate (*de* with) ◆ **on va le décorer** (gén) he is to be decorated; (Légion d'honneur) he is to be made a member of the Legion of Honour

**décorner** [dekɔʀne] ▸ conjug 1 ◂ vt [+ page] to smooth out; [+ animal] to dehorn; → **vent**

**décorticage** [dekɔʀtikaʒ] nm [crevettes, amandes] shelling; [riz] hulling, husking; [texte] dissection

**décortication** [dekɔʀtikasjɔ̃] nf (Méd, Sylviculture) decortication

**décortiquer** [dekɔʀtike] → SYN ▸ conjug 1 ◂ vt **a** [+ crevettes, amandes] to shell; [+ riz] to hull, husk; [+ texte] to dissect

**b** (Méd) to decorticate

**c** (Sylviculture) to remove the bark from

**décorum** [dekɔʀɔm] → SYN nm ◆ **le décorum** (= convenances) decorum; (= étiquette) etiquette

**décote** [dekɔt] nf (Fin) [devises, valeur] below par rating; [impôts] tax relief

**découcher** [dekuʃe] ▸ conjug 1 ◂ vi to spend the night away from home

**découdre** [dekudʀ] → SYN ▸ conjug 48 ◂ [1] vt **a** [+ vêtement] to take the stitches out of, unpick (Brit); [+ bouton] to take off; [+ couture] to take out, unpick (Brit)

**b** **en découdre** (littér, hum = se battre) to fight, do battle (*avec* with)

**c** (Chasse) to gore, rip open

[2] **se découdre** vpr [robe] to come unstitched; [bouton] to come off; [couture] to come apart

**découenné, e** [dekwane] adj ◆ **jambon découenné** rindless bacon

**découler** [dekule] GRAMMAIRE ACTIVE 26.4 → SYN ▸ conjug 1 ◂ vi (= dériver) to ensue, follow (*de* from) ◆ **il découle de cela que ...** it ensues ou follows that ...

**découpage** [dekupaʒ] → SYN nm **a** [papier, gâteau] cutting up; [viande] carving; [image, métal] cutting out

**b** (= image) cut-out ◆ **un cahier de découpages** a cut-out book ◆ **faire des découpages** to make cut-out figures

**c** (Ciné) cutting

**d** (Pol) **découpage électoral** division into constituencies, distribution of constituencies (Brit), ≃ apportionment (US)

**découpe** [dekup] nf **a** (Couture) (= coupe) cut; (= coupure) cut-out

**b** [bois, verre, carrelage] cutting to shape ◆ **verre/bois à la découpe** glass/wood cut to order

**découpé, e** [dekupe] → SYN (ptp de **découper**) adj relief, sommets, côte jagged, indented; feuille jagged, serrated

**découper** [dekupe] → SYN ▸ conjug 1 ◂ vt **a** (Culin) [+ viande, volaille] to carve, cut (up); [+ gâteau] to cut (up) ◆ **couteau/fourchette à découper** carving knife/fork

**b** [+ papier, tissu] to cut up; [+ bois, verre] to cut to shape; [+ images, métal] to cut out; (littér) to indent ◆ **découper un article dans un magazine** to cut an article out of a magazine ◆ **"découpez suivant le pointillé"** "cut along the dotted line" ◆ **les indentations qui découpent la côte** the indentations which cut into the coastline; → **scie**

**c** (= se détacher) **la montagne découpe ses aiguilles sur le ciel** the mountain's peaks stand out against the sky ◆ **sa silhouette se découpait dans la lumière** his figure stood out ou was outlined against the light

**découpeur, -euse** [dekupœʀ, øz] [1] nm,f (= personne) [viande] carver; [métal] cutter; [bois] jigsaw operator

[2] **découpeuse** nf (= machine) (gén) cutting machine; [bois] fretsaw, jigsaw

**découplage** [dekuplaʒ] nm (Élec) decoupling; (= dissociation) delinking, decoupling ◆ **le découplage croissance-emploi** the fact that there is no longer any connection between industrial growth and employment

**découplé, e** [dekuple] → SYN adj ◆ **bien découplé** well-built

**découpler** [dekuple] ▸ conjug 1 ◂ vt (Élec) to decouple; (Chasse) to uncouple; (= dissocier) to delink, decouple (*de* from) ◆ **le pays n'a pas voulu découpler son économie de celles de ses partenaires** the country did not want to delink its economy from that of its partners

**découpure** [dekupyʀ] → SYN nf **a** (= forme, contour) jagged ou indented outline

**b** **découpures** (= échancrures) [côte] indentations; [arête] jagged ou indented edge ou outline; [dentelle, guirlande] scalloped edge

**c** (= morceau) bit ou piece *(that has been cut out)* ◆ **découpures de papier** cut-out bits of paper

**décourageant, e** [dekuʀaʒɑ̃, ɑ̃t] → SYN adj nouvelle disheartening, discouraging; élève, travail, situation disheartening

**découragement** [dekuʀaʒmɑ̃] → SYN nm discouragement, despondency

**décourager** [dekuʀaʒe] → SYN ▸ conjug 3 ◂ [1] vt **a** (= démoraliser) to discourage, dishearten ◆ **il ne faut pas se laisser décourager par un échec** one must not be discouraged ou disheartened by failure

**b** (= dissuader) to discourage, put off ◆ **le gouvernement a tout fait pour décourager la spéculation** the government has done everything in its power to discourage speculating ◆ **pour décourager les malfaiteurs** to deter wrongdoers ◆ **décourager qn de qch/de faire qch** to discourage sb from sth/from doing sth, put sb off sth/doing sth ◆ **décourager qn d'une entreprise** to discourage ou deter sb from an undertaking, put sb off an undertaking

[2] **se décourager** vpr to lose heart, become disheartened ou discouraged ◆ **ne nous décourageons pas** let's not lose heart

**découronner** [dekuʀɔne] ▸ conjug 1 ◂ vt [+ roi] to dethrone, depose ◆ **arbre découronné par la tempête** tree that has had its topmost branches blown off by the storm

**décours** [dekuʀ] → SYN nm **a** (Astron) wane ◆ **au décours de la lune** when the moon is (ou was) waning

**b** (Méd) regression ◆ **au décours de la maladie** during the regression phase of the illness ◆ **au décours de la fièvre** when the fever is (ou was) abating

**décousu, e** [dekuzy] → SYN (ptp de **découdre**) [1] adj **a** (Couture) unstitched ◆ **couture décousue** seam that has come unstitched ou unsewn ◆ **ourlet décousu** hem that has come down ◆ **ta robe est décousue à la manche** your dress is coming apart at the sleeve

**b** style disjointed, desultory; idées disconnected, unconnected; dissertation, travail scrappy, disjointed; paroles, conversation disjointed, desultory

[2] nm [style] disjointedness, desultoriness; [idées, raisonnement] disconnectedness

**découvert, e**[1] [dekuvɛʀ, ɛʀt] → SYN (ptp de **découvrir**) [1] adj **a** (= mis à nu) épaules, corps, tête bare, uncovered (attrib); → **visage**

**b** (= sans protection) lieu open, exposed; piscine open-air (épith), outdoor (épith) ◆ **en terrain découvert** in open country ou terrain ◆ **allée découverte** open avenue

[2] nm (Fin) [firme, compte] overdraft; [caisse] deficit; [objet assuré] uncovered amount ou sum ◆ **découvert du Trésor** Treasury deficit ◆ **découvert bancaire** bank overdraft ◆ **découvert budgétaire/de trésorerie** budget/cash deficit ◆ **tirer de l'argent à découvert** to overdraw one's account ◆ **mon compte est/je suis à découvert** my account is/I am overdrawn ◆ **crédit à découvert** unsecured credit ◆ **vendre à découvert** to sell short ◆ **vente à découvert** short sale

◆ **à découvert** ◆ **être à découvert dans un champ** to be exposed ou without cover in a field ◆ **la plage laissée à découvert par la marée** the beach left exposed by the tide ◆ **mettre qch à découvert** to expose sth, bring sth into the open ◆ **parler à découvert** to speak frankly ou openly ◆ **agir à découvert** to act openly

**découverte**[2] [dekuvɛʀt] nf **a** (= action) discovery; (= objet) find, discovery ◆ **aller** ou **partir à la découverte de** to go in search of ◆ **faire une découverte** to make a discovery ◆ **faire la découverte de** to discover ◆ **montre-moi ta découverte** show me what you've found ◆ **ce n'est pas une découverte !** * that's hardly news!, so what's new? *

**b** (Art, Photo) background

**découvreur, -euse** [dekuvʀœʀ, øz] nm,f discoverer ◆ **découvreur de talents** talent scout

**découvrir** [dekuvʀiʀ] → SYN ▸ conjug 18 ◂ [1] vt **a** (= trouver) [+ trésor, loi scientifique, terre inconnue] to discover; [+ indices, complot] to discover, unearth; [+ cause, vérité] to discover, find out, unearth; [+ personne cachée] to discover, find ◆ **découvrir que ...** to discover ou find out that ... ◆ **il veut découvrir comment/pourquoi c'est arrivé** he wants to find out ou discover how/why it happened ◆ **je lui ai découvert des qualités insoupçonnées** I have discovered some unsuspected qualities in him ◆ **il a découvert l'amour à 50 ans** he found love at the age of 50 ◆ **faire découvrir la musique/la peinture à qn** to introduce sb to music/painting ◆ **il craint d'être découvert** (percé à jour) he is afraid of being found out; (trouvé) he is afraid of being found ou discovered ◆ **quand ils découvriront le pot aux roses** * when they find out what's been going on

**b** (= enlever ce qui couvre, protège) [+ plat, casserole] to take the lid ou cover off; [+ voiture] to open the roof of; [+ statue] to unveil; (Échecs) [+ roi] to uncover; (Mil) [+ frontière] to expose, uncover; [+ corps] to uncover; [+ membres, poitrine, épaules, tête] to bare, uncover; (= mettre à jour) [+ ruines] to uncover ◆ **elle enleva les housses et découvrit les meubles** she removed the dust sheets and uncovered the furniture ◆ **il découvrit son torse/avant-bras** he bared ou uncovered his torso/forearm ◆ **il resta découvert devant elle** he kept his hat off in her presence ◆ **ils découvrirent leur aile gauche** (Mil) they exposed their left wing, they left their left wing open to attack

**c** (= laisser voir) to reveal ◆ **une robe qui découvre le dos** a dress cut low at the back ◆ **son sourire découvre des dents superbes** when he smiles he shows his beautiful teeth

**d** (= voir) to see, have a view of; (Naut) [+ terre] to sight ◆ **du haut de la falaise on découvre toute la baie** from the top of the cliff you have a view of the whole bay

**e** (= révéler, dévoiler) [+ projets, intentions, motifs] to reveal, disclose (*à qn* to sb) ◆ **découvrir son cœur** to lay bare ou open one's heart ◆ **découvrir son jeu** to show one's hand

[2] vi [mer] to recede

[3] **se découvrir** vpr **a** (= ôter son chapeau) to take off one's hat; (= ôter ses habits) to undress, take off one's clothes; (= perdre ses couvertures) to throw off the bedclothes, uncover o.s. ◆ **en altitude on doit se découvrir le moins possible** at high altitudes you must keep covered up as much as possible; → **avril**

**b** (Boxe, Escrime) to leave o.s. open; (Mil, fig) to expose o.s., leave o.s. open to attack

**c** [ciel, temps] to clear ◆ **ça va se découvrir** it will soon clear

**d** (= trouver) **elle s'est découvert un cousin en Amérique/un talent pour la peinture** she found out ou discovered she had a cousin in America/a gift for painting ◆ **c'est dans les épreuves qu'on se découvre** one finds ou discovers one's true self in testing situations

**décrassage** [dekʀasaʒ] → SYN, **décrassement** [dekʀasmɑ̃] nm [objet boueux, graisseux] cleaning; [chaudière] cleaning, cleaning-out; [bougie de moteur] cleaning-up ◆ **un bon décrassage** * (= toilette) a good scrubbing-down ou clean-up

**décrasser** [dekʀase] → SYN ▸ conjug 1 ◂ vt **a** [+ enfant] to scrub clean; [+ objet boueux, graisseux] to clean, get the mud (ou grease etc ) off; (en frottant) to scrub; (en trempant) to soak the dirt out of; [+ chaudière] to clean out, clean; [+ bougie de moteur] to clean (up) ◆ **se décrasser** [personne] to give o.s. a good scrub, clean o.s. up ◆ **se décrasser le visage/les mains** to give one's face/hands a good clean ◆ **le bon air, ça décrasse les poumons** fresh air cleans out the lungs ◆ **rouler à cette vitesse, ça décrasse le moteur** driving at that speed gives the engine a good decoking (Brit) ou cleans the engine out well

**b** (= dégrossir) to take the rough edges off

**décrédibilisation** [dekʀedibilizasjɔ̃] nf loss of credibility

**décrédibiliser** [dekʀedibilize] ▸ conjug 1 ◂ vt [+ personne, organisation] to undermine the credibility of

**décrément** [dekʀemɑ̃] nm decrement

**décrêpage** [dekʀɛpaʒ] nm straightening

**décrêper** [dekʀepe] ▸ conjug 1 ◂ vt [+ cheveux] to straighten

**décrépir** [dekʀepiʀ] ▸ conjug 2 ◂ [1] vt [+ mur] to remove the roughcast from ◆ **façade décrépie** peeling façade

[2] **se décrépir** vpr [mur] to peel

**décrépit, e** [dekʀepi, it] → SYN adj personne decrepit; maison, mur dilapidated, decrepit

**décrépitude** [dekʀepityd] → SYN nf [personne] decrepitude; [nation, institution, civilisation] decay ◆ **tomber en décrépitude** [personne] to become decrepit; [nation] to decay

**decrescendo** [dekʀeʃɛndo] [1] adv (Mus) decrescendo ◆ **sa réputation va decrescendo** his reputation is declining ou waning

[2] nm (Mus) decrescendo

**décret** [dekʀɛ] → SYN nm (Pol, Rel) decree ◆ **décret d'application** *decree specifying how a law should be enforced* ◆ **gouverner par décret** to rule by decree ◆ **décret-loi** government decree ◆ **les décrets de la Providence** (littér) the decrees of Providence

**décréter** [dekʀete] → SYN ▸ conjug 6 ◂ vt [+ mobilisation] to order; [+ état d'urgence] to declare; [+ mesure] to decree ◆ **le président a décrété la nomination d'un nouveau ministre** the president ordered the appointment of a new minister ◆ **décréter que** [gouvernement, patron] to decree ou order that; (Rel) to ordain ou decree that ◆ **il a décrété qu'il ne mangerait plus de betteraves** he swore that he wouldn't eat beetroot any more ◆ **j'ai décrété que je n'irai pas** I have decided that I won't go

**décrier** [dekʀije] → SYN ▸ conjug 7 ◂ vt [+ œuvre, mesure, principe, auteur] to decry (littér), disparage, downcry (US) ◆ **la chasteté, une vertu si décriée de nos jours** chastity, a much disparaged virtue nowadays ◆ **ces auteurs maintenant si décriés par la critique** these authors now so disparaged by the critics ◆ **il décria fort ma conduite** he (strongly) censured my behaviour

**décriminaliser** [dekʀiminalize] ▸ conjug 1 ◂ vt to decriminalize

**décrire** [dekʀiʀ] → SYN ▸ conjug 39 ◂ vt **a** (= dépeindre) to describe

**b** [+ trajectoire] to follow; [+ cercle, ellipse] to describe ◆ **l'oiseau/l'avion décrivait des cercles au-dessus de nos têtes** the bird/plane flew in circles overhead ◆ **la route décrit une courbe** the road makes ou follows a curve ◆ **le satellite décrit une ellipse** the satellite follows ou makes ou describes an elliptical orbit

**décrispation** [dekʀispasjɔ̃] nf (Pol) easing of tension (*entre* between) ◆ **il y a des signes de décrispation politique** there are signs that the political tension is easing

**décrisper** [dekʀispe] ▸ conjug 1 ◂ vt [+ situation] to defuse, de-escalate; [+ personne] to relax ◆ **pour décrisper les relations** to make relations less strained, ease relations

**décrochage** [dekʀɔʃaʒ] → SYN nm **a** [rideaux] taking down, unhooking; [wagon] uncoupling

**b** (Mil) **opérer un décrochage** to disengage, break off the action

**c** (Radio, TV) switchover

**d** (Fin) **le décrochage du franc par rapport au mark** the decoupling ou unpegging of the franc from the mark

**e** (Aviat) stalling ◆ **faire un décrochage** to stall

**décrochement** [dekʀɔʃmɑ̃] nm **a** [wagon] uncoupling

**b** (Géol) thrust fault, slide

**c** (Constr) (en retrait) recess; (en saillie) projection ◆ **le mur présente un décrochement** (en retrait) the wall is recessed; (en saillie) the wall juts out

**d** (Fin) ⇒ **décrochage d**

**décrocher** [dekʀɔʃe] → SYN ▸ conjug 1 ◂ **1** vt **a** (= détacher) [+ tableau] to take down; [+ rideau] to take down, unhook; [+ vêtement] to take down, take off the hook ou peg; [+ fermoir] to undo, unclasp; [+ poisson] to unhook; [+ wagon] to uncouple ◆ **il n'a pas pu décrocher son cerf-volant qui s'était pris dans l'arbre** he couldn't free ou unhook his kite which had got caught in the tree ◆ **décrocher le reste du peloton** (Sport) to leave the pack behind ◆ **décrocher le franc du mark** (Fin) to decouple ou unpeg the franc from the mark

**b** [+ téléphone] (pour répondre) to pick up, lift; (pour l'empêcher de sonner) to take off the hook; (sans complément) to pick up ou lift the receiver ◆ **ne décroche pas !** don't answer it! ◆ **le téléphone est décroché** the telephone is off the hook

**c** (* = obtenir) [+ prix, contrat, poste, récompense] to get, land* ◆ **il a décroché une belle situation** he's landed (himself) a fine job* ◆ **décrocher le gros lot** ou **la timbale** (lit, fig) to hit the jackpot; → **lune, pompon**

**2** vi **a** (Mil) to pull back, break off the action; [coureur] to fall behind

**b** * (= abandonner, ne pas suivre) to fall by the wayside, fail to keep up; (= se désintéresser) to drop out, opt out; (= cesser d'écouter) to switch off*

**c** (arg Drogue) to come off

**d** (Fin) **le franc a décroché du mark** (= perdre du terrain) the franc lost ground against the mark

**e** (Radio, TV) to go off the air

**f** (Aviat) to stall

**3** **se décrocher** vpr [tableau, vêtement] to fall down ou off; [rideau] to fall down, come unhooked; [fermoir] to come undone; [poisson] to get unhooked; [wagon] to come uncoupled ◆ **le cerf-volant pris dans l'arbre s'est finalement décroché** the kite which had been caught in the tree finally came free; → **bâiller**

**décrochez-moi-ça** †* [dekʀɔʃemwasa] nm inv second-hand clothes shop (Brit) ou store (US)

**décroisement** [dekʀwazmɑ̃] nm [jambes] uncrossing; [bras] unfolding; [fils] untwining, untwisting

**décroiser** [dekʀwaze] ▸ conjug 1 ◂ vt [+ jambes] to uncross; [+ bras] to unfold; [+ fils] to untwine, untwist

**décroissance** [dekʀwasɑ̃s] → SYN nf (= diminution) decline, decrease (*de* in)

**décroissant, e** [dekʀwasɑ̃, ɑ̃t] adj (gén) decreasing, diminishing, declining; bruit fading; vitesse decreasing, falling ◆ **par ordre décroissant** in decreasing ou descending order

**décroissement** [dekʀwasmɑ̃] → SYN nm [jours] shortening; [lune] waning

**décroît** [dekʀwa] nm [lune] ◆ **dans** ou **sur son décroît** in its last quarter

**décroître** [dekʀwatʀ] → SYN ▸ conjug 55 ◂ vi [nombre, population, intensité, pouvoir] to decrease, diminish, decline; [eaux, fièvre] to subside, go down; [popularité] to decline, drop; [vitesse] to drop; [force] to decline, diminish, fail; [revenus] to get less, diminish; [lune] to wane; [jours] to get shorter; [silhouette] to get smaller and smaller; [bruit] to die away, fade; [lumière] to fade, grow fainter ou dimmer ◆ **ses forces vont (en) décroissant** his strength is failing ou gradually diminishing ou declining ◆ **cette ville a beaucoup décru en importance** this town has greatly declined in importance

**décrotter** [dekʀɔte] ▸ conjug 1 ◂ vt [+ chaussures] to scrape the mud off; (fig) [+ rustre] to take the rough edges off

**décrottoir** [dekʀɔtwaʀ] nm (= lame) mudscraper, shoescraper; (= paillasson) wire (door)mat

**décrue** [dekʀy] → SYN nf [eaux, rivière] fall ou drop in level (*de* of); [taux d'intérêt] drop (*de* in); [popularité] decline, drop (*de* in) ◆ **la décrue des eaux atteint deux mètres** the water level ou flood-level has fallen ou dropped by two metres ◆ **au moment de la décrue** when the water level drops

**décryptage** [dekʀiptaʒ], **décryptement** [dekʀiptəmɑ̃] nm deciphering; (Ordin, TV) decryption

**décrypter** [dekʀipte] → SYN ▸ conjug 1 ◂ vt (= décoder) [+ message, code, génome] to decipher; (Ordin, TV) to decrypt ◆ **décrypter l'attitude de qn** (= élucider) to work sb out, understand sb's attitude

**déçu, e** [desy] (ptp de **décevoir**) adj disappointed ◆ **j'ai été très déçu d'apprendre que ...** I was very disappointed to find out that ... ◆ **elle ne va pas être déçue du voyage !*** (iro) she's going to be over the moon!* (iro)

**décubitus** [dekybitys] nm decubitus ◆ **être en décubitus dorsal/latéral** to be lying on one's back/side

**de cujus** [dekyʒys, dekujus] → SYN nm inv (Jur) ◆ **le de cujus** (sans testament) the deceased, the intestate; (qui a fait un testament) (homme) the testator; (femme) the testatrix

**déculottée**‡ [dekylɔte] nf (= défaite) clobbering*, hammering* ◆ **prendre** ou **recevoir une déculottée** to get a hammering* ou clobbering*

**déculotter** [dekylɔte] ▸ conjug 1 ◂ **1** vt ◆ **déculotter qn** to take down sb's trousers

**2** **se déculotter** vpr (lit) to take down one's trousers; (‡ = s'humilier) to lie down and take it*

**déculpabilisation** [dekylpabilizasjɔ̃] nf [personne] ridding of his (ou her) guilt ◆ **la déculpabilisation du divorce** taking away the guilt associated with divorce

**déculpabiliser** [dekylpabilize] → SYN ▸ conjug 1 ◂ vt ◆ **déculpabiliser qn** to rid sb of their guilt ◆ **déculpabiliser le divorce** to take away the guilt associated with divorce

**déculturation** [dekyltyʀasjɔ̃] nf loss of cultural identity

**décuple** [dekypl] **1** adj tenfold ◆ **un revenu décuple du mien** an income ten times as large as mine

**2** nm ◆ **20 est le décuple de 2** 20 is ten times 2 ◆ **il gagne le décuple de ce que je gagne** he earns ten times what I earn ◆ **il me l'a rendu au décuple** he paid me back tenfold

**décuplement** [dekypləmɑ̃] nm (lit) tenfold increase ◆ **grâce au décuplement de nos forces** thanks to our greatly increased strength

**décupler** [dekyple] ▸ conjug 1 ◂ vti to increase tenfold ◆ **la colère décuplait ses forces** anger gave him the strength of ten

**décurion** [dekyʀjɔ̃] nm decurion

**décuver** [dekyve] ▸ conjug 1 ◂ vt [+ raisin, vin] to rack

**dédaignable** [dedɛɲabl] adj ◆ **ce n'est pas dédaignable** it's not to be sniffed at

**dédaigner** [dedeɲe] → SYN ▸ conjug 1 ◂ vt **a** (= mépriser) [+ personne] to despise, look down on, scorn; [+ honneurs, richesse] to scorn, despise, disdain ◆ **il ne dédaigne pas de rire avec ses subordonnés** he doesn't consider it beneath him to joke with his subordinates ◆ **il ne dédaigne pas un verre de vin de temps à autre** he's not averse to the occasional glass of wine

**b** (= négliger) [+ offre, adversaire] to spurn; [+ menaces, insultes] to disregard, discount ◆ **ce n'est pas à dédaigner** (honneur, offre) it's not to be sniffed at; (danger, adversaire) it can't just be shrugged off ◆ **il dédaigna de répondre/d'y aller** he did not deign to reply/go

**dédaigneusement** [dedɛɲøzmɑ̃] adv disdainfully, scornfully, contemptuously

**dédaigneux, -euse** [dedɛɲø, øz] → SYN adj personne, air scornful, disdainful, contemptuous ◆ **dédaigneux de** contemptuous ou scornful ou disdainful of ◆ **il est dédaigneux de plaire** (littér) he scorns to please

**dédain** [dedɛ̃] → SYN nm contempt, scorn, disdain (*de* for) ◆ **sourire de dédain** disdainful ou scornful smile

**dédale** [dedal] → SYN nm **a** [rues, idées, lois] maze

**b** (Myth) **Dédale** Daedalus

**dedans** [dədɑ̃] → SYN **1** adv **a** (= à l'intérieur) inside; (= pas à l'air libre) indoors, inside ◆ **voulez-vous dîner dehors ou dedans ?** do you want to have dinner outside or inside? ou outdoors or indoors? ◆ **au-dedans** inside ◆ **la maison est laide, mais dedans** ou **au-dedans c'est très joli** it's an ugly-looking house but it's lovely inside ◆ **nous sommes restés dedans toute la journée** we stayed in ou inside ou indoors all day ◆ **elle cherche son sac, tout son argent est dedans** she is looking for her bag — it's got all her money in it ◆ **prenez ce fauteuil, on est bien dedans** have this chair, you'll be comfortable in it ou you'll find it comfortable ◆ **de** ou **du dedans on n'entend rien** you can't hear a sound from inside ◆ **passez par dedans pour aller au jardin** go through the house to get to the garden ◆ **la crise ? on est en plein dedans !** the crisis? we're right in the middle of it!

**b** (Loc) **être dedans** (Cartes) to lose (*de* by) ◆ **mettre*** ou **ficher*** ou **foutre**‡ **qn dedans** to get sb confused, make sb get it wrong ◆ **il s'est fait mettre dedans**‡ he got himself put away‡ ou put inside‡ ◆ **il s'est fichu*** ou **foutu**‡ **dedans** he got it all wrong* ◆ **un bus lui est rentré dedans*** a bus hit him ou ran into him ◆ **il a dérapé, il y avait un arbre, il est rentré** ou **entré dedans*** he skidded, there was a tree and he ran ou went ou crashed straight into it

◆ **en dedans** ◆ **fleur blanche en dehors et jaune en dedans** (= à l'intérieur) a flower that's white (on the) outside and yellow (on the) inside ◆ **ces volets s'ouvrent en dedans** (= vers l'intérieur) these shutters open inwards ◆ **avoir** ou **marcher les pieds en dedans** to be pigeon-toed ◆ **ne marche pas les pieds en dedans** don't walk with your feet turned in

[2] nm [objet, bâtiment] inside ◆ **le coup a été préparé du dedans** it's an inside job

**dédicace** [dedikas] [→ SYN] nf a (imprimée) dedication; (manuscrite) [livre, photo] dedication, inscription (*à* to)
b [église] consecration, dedication

**dédicacer** [dedikase] ▸ conjug 3 ◂ vt [+ livre, photo] (= signer) to sign, autograph (*à qn* for sb); (= dédier) to dedicate (*à* to)

**dédicataire** [dedikatɛʀ] nmf dedicatee

**dédicatoire** [dedikatwaʀ] adj dedicatory, dedicative

**dédié, e** [dedje] (ptp de **dédier**) adj équipement, ordinateur dedicated

**dédier** [dedje] [→ SYN] ▸ conjug 7 ◂ **dédier à** vt (Rel) to consecrate to, dedicate to ◆ **dédier ses efforts à** to devote ou dedicate one's efforts to ◆ **dédier un livre à** to dedicate a book to

**dédifférenciation** [dediferɑ̃sjasjɔ̃] nf (Bio) dedifferentiation

**dédifférencier (se)** [dediferɑ̃sje] ▸ conjug 7 ◂ vpr (Bio) to undergo dedifferentiation ◆ **cellule dédifférenciée** dedifferentiated cell

**dédire (se)** [dediʀ] ▸ conjug 37 ◂ vpr a (= manquer à ses engagements) to go back on one's word ◆ **se dédire d'une promesse** to go back on a promise
b (= se rétracter) to retract, recant ◆ **se dédire d'une affirmation** to withdraw a statement, retract (a statement); → **cochon**

**dédit** [dedi] [→ SYN] nm a (Comm = somme) forfeit, penalty ◆ **un dédit de 30 000 F** a 30,000 franc penalty
b (= rétractation) retraction; (= manquement aux engagements) failure to keep one's word; (= non-paiement) default ◆ **en cas de dédit il faut payer un supplément** in case of default a supplement must be paid

**dédommagement** [dedɔmaʒmɑ̃] [→ SYN] nm compensation ◆ **en dédommagement, je lui ai donné une bouteille de vin** in compensation ou to make up for it, I gave him a bottle of wine ◆ **en dédommagement des dégâts** ou **à titre de dédommagement pour les dégâts, on va me donner 100 €** they will give me €100 in compensation for the damage ◆ **en dédommagement du mal que je vous donne** to make up for the trouble I'm causing you

**dédommager** [dedɔmaʒe] [→ SYN] ▸ conjug 3 ◂ vt (= indemniser) ◆ **dédommager qn** to compensate sb (*de* for), give sb compensation (*de* for) ◆ **je l'ai dédommagé en lui donnant une bouteille de vin** I gave him a bottle of wine in compensation ou to make up for it ◆ **dédommager qn d'une perte** to compensate sb for a loss, make good sb's loss ◆ **comment vous dédommager du dérangement que je vous cause ?** how can I ever make up for the trouble I'm causing? ◆ **le succès le dédommage de toutes ses peines** his success is compensation ou compensates for all his troubles

**dédoré, e** [dedɔʀe] (ptp de **dédorer**) adj bijou, tableau which has lost its gilt, tarnished; (fig) noblesse faded

**dédorer** [dedɔʀe] ▸ conjug 1 ◂ vt to remove the gilt from

**dédouanage** [dedwanaʒ], **dédouanement** [dedwanmɑ̃] nm (Comm) clearing ou clearance through customs, customs clearance; * [personne] clearing (the name of), putting in the clear *

**dédouaner** [dedwane] ▸ conjug 1 ◂ vt (Comm) to clear through customs; ( * = réhabiliter) [+ personne] to clear (the name of), put in the clear * ◆ **marchandises dédouanées** duty-paid goods ◆ **se dédouaner** to clear one's name

**dédoublage** [dedublaʒ] nm [vêtement] removing the lining of

**dédoublement** [dedubləmɑ̃] [→ SYN] nm [classe] dividing ou splitting in two; [ongles] splitting ◆ **le dédoublement d'un train** the running of a relief train ◆ **le dédoublement de la personnalité est un trouble grave** (Psych) having a split ou dual personality is a serious illness ◆ **souffrir d'un dédoublement de la personnalité** to suffer from a split ou dual personality

**dédoubler** [deduble] [→ SYN] ▸ conjug 1 ◂ [1] vt a [+ manteau] to remove the lining of
b [+ classe] to split ou divide in two; [+ ficelle] to separate the strands of ◆ **dédoubler un train** to run ou put on a relief train ◆ **pour Noël on a dû dédoubler tous les trains** at Christmas they had to run additional trains on all services
c [+ couverture] to unfold, open out
[2] **se dédoubler** vpr (= se déplier) to unfold, open out; [ongles] to split ◆ **dans les cas où la personnalité se dédouble** in cases of split ou dual personality ◆ **je ne peux pas me dédoubler** * I can't be in two places at once ◆ **l'image se dédoublait dans l'eau** there was a double outline reflected in the water

**dédramatisation** [dedʀamatizasjɔ̃] nf (= minimisation) événement, situation playing down the importance of ◆ **au gouvernement, le ton est à la dédramatisation** the government is trying to play things down ◆ **le patient fait un travail de dédramatisation de sa maladie** the patient tries to come to terms with his illness

**dédramatiser** [dedʀamatize] [→ SYN] ▸ conjug 1 ◂ vt [+ examen, opération] to make less alarming ou awesome; [+ problème] to play down the importance of; [+ débat] to take the heat out of ◆ **il faut dédramatiser la situation** we mustn't overdramatize the situation

**déductible** [dedyktibl] adj (Fin) frais, somme deductible (*de* from) ◆ **déductible du revenu imposable** tax-deductible ◆ **dépenses non déductibles** non-deductible expenses

**déductif, -ive** [dedyktif, iv] [→ SYN] adj deductive

**déduction** [dedyksjɔ̃] [→ SYN] nf a (Comm) deduction ◆ **déduction fiscale** tax deduction ◆ **déduction forfaitaire** standard deduction ◆ **déduction faite de** after deducting, after deduction of ◆ **ça entre en déduction de ce que vous nous devez** that's deductible from what you owe us, that'll be taken off what you owe us
b (= forme de raisonnement) deduction, inference; (= conclusion) conclusion, inference

**déduire** [dedɥiʀ] [→ SYN] ▸ conjug 38 ◂ vt (Comm) to deduct (*de* from); (= conclure) to deduce, infer (*de* from) ◆ **tous frais déduits** after deduction of expenses

**déesse** [deɛs] [→ SYN] nf goddess ◆ **elle a un corps/port de déesse** she's got the body/bearing of a goddess

**de facto** [defakto] loc adv reconnaissance, gouvernement de facto ◆ **reconnaître qch de facto** to give de facto recognition to sth ◆ **de facto, il devient président** he becomes de facto president

**défaillance** [defajɑ̃s] [→ SYN] [1] nf a (= évanouissement) blackout; (= faiblesse physique) feeling of weakness ou faintness; (= faiblesse morale) weakness, failing ◆ **avoir une défaillance** (évanouissement) to faint, have a blackout; (faiblesse) to feel faint ou weak ◆ **l'athlète a eu une défaillance au troisième kilomètre** the athlete seemed to be in difficulty ou to be weakening at the third kilometre ◆ **il a eu plusieurs défaillances ces derniers jours** he has had several weak spells these last few days ◆ **faire son devoir sans défaillance** to do one's duty without flinching
b (= mauvais fonctionnement) (mechanical) fault, failure, breakdown (*de* in) ◆ **l'accident était dû à une défaillance de la machine** the accident was caused by a fault in the machine
c (= insuffisance) weakness ◆ **élève qui a des défaillances (en histoire)** pupil who has certain shortcomings ou weak points (in history) ◆ **devant la défaillance du gouvernement** faced with the weakness of the government ou the government's failure to act ◆ **mémoire sans défaillance** faultless memory
d (Jur) default ◆ **défaillance d'entreprise** bankruptcy
[2] COMP ▷ **défaillance cardiaque** heart failure ▷ **défaillance mécanique** mechanical fault ▷ **défaillance de mémoire** lapse of memory

**défaillant, e** [defajɑ̃, ɑ̃t] [→ SYN] adj a (= affaibli) forces failing, declining; santé, mémoire, raison failing; courage, volonté faltering, weakening; cœur weak
b (= tremblant) voix, pas unsteady, faltering; main unsteady
c (= près de s'évanouir) personne weak, faint (*de* with)
d matériel, installation faulty; pouvoir, gouvernement shaky
e (Jur) partie, témoin defaulting ◆ **client défaillant** client who defaults ou has defaulted ◆ **candidat défaillant** candidate who fails (ou who has failed) to appear

**défaillir** [defajiʀ] [→ SYN] ▸ conjug 13 ◂ vi a (= s'évanouir) to faint ◆ **elle défaillait de bonheur/de faim** she felt faint with happiness/hunger
b [forces] to weaken, fail; [courage, volonté] to falter, weaken; [mémoire] to fail ◆ **faire son devoir sans défaillir** to do one's duty without flinching

**défaire** [defɛʀ] [→ SYN] ▸ conjug 60 ◂ [1] vt a [+ échafaudage] to take down, dismantle; [+ installation électrique] to dismantle; [+ sapin de Noël] to take down
b [+ couture, tricot] to undo, unpick (Brit); [+ écheveau] to undo, unravel, unwind; [+ corde, nœud, ruban] to undo, untie; [+ courroie, fermeture, robe] to undo, unfasten; [+ valise] to unpack; [+ cheveux, nattes] to undo ◆ **défaire ses bagages** to unpack (one's luggage)
c **défaire le lit** (pour changer les draps) to strip the bed; (pour se coucher) to pull back the sheets; (mettre en désordre) to unmake ou rumple the bed
d [+ mariage] to break up; [+ contrat, traité] to break ◆ **cela défit tous nos plans** it ruined all our plans ◆ **il (faisait et) défaisait les rois** he (made and) unmade kings ◆ **elle se plaît à défaire tout ce que j'essaie de faire pour elle** she takes pleasure in undoing everything I try to do for her
e (= miner) **la maladie l'avait défait** his illness had left him shattered ◆ **la douleur défaisait ses traits** his face was contorted with pain
f (littér) [+ ennemi, armée] to defeat
g (littér) **défaire qn de** [+ liens, gêneur] to rid sb of, relieve sb of, deliver sb from (littér); [+ habitude] to break sb of, cure sb of, rid sb of; [+ défaut] to cure sb of, rid sb of
[2] **se défaire** vpr a [nœud, ficelle, coiffure] to come undone; [couture] to come undone ou apart; [légumes, viande] (à la cuisson) to fall to pieces, disintegrate; [mariage, amitié] to break up
b (= se déformer) **ses traits se défirent, son visage se défit** his face crumpled, his face twisted with grief (ou pain etc )
c **se défaire de** (= se débarrasser de) [+ gêneur, vieillerie, odeur] to get rid of; [+ image, idée] to put ou get out of one's mind; [+ habitude] to break ou cure o.s. of, get rid of; [+ défaut] to cure o.s. of; [+ souvenir] to part with

**défait, e**[1] [defɛ, ɛt] [→ SYN] (ptp de **défaire**) adj a visage ravaged, haggard; cheveux tousled, dishevelled ◆ **il était complètement défait** he looked terribly haggard
b lit unmade, rumpled
c armée defeated

**défaite**[2] [defɛt] [→ SYN] nf (Mil) defeat; (= échec) defeat, failure ◆ **la défaite de notre équipe** our team's defeat ◆ **défaite électorale** electoral defeat

**défaitisme** [defetism] nm defeatism

**défaitiste** [defetist] [→ SYN] adj, nmf defeatist

**défalcation** [defalkasjɔ̃] [→ SYN] nf deduction ◆ **défalcation faite des frais** after deduction of expenses

**défalquer** [defalke] [→ SYN] ▸ conjug 1 ◂ vt to deduct

**défatigant, e** [defatigɑ̃, ɑ̃t] adj lait, lotion soothing

**défatiguer** [defatige] ▸ conjug 1 ◂ [1] vt to relax, refresh
[2] **se défatiguer** vpr to relax

**défaufiler** [defofile] ▸ conjug 1 ◂ vt to remove the tacking ou basting thread from

**défausse** [defos] nf discarding, throwing out ou away

**défausser (se)** [defose] ▸ conjug 1 ◂ vpr (Cartes) to discard, throw out ou away ◆ **se défausser (d'une carte)** to discard ◆ **il s'est défaussé à trèfle** he discarded a club

**défaut** [defo] [→ SYN] [1] nm a [pierre précieuse, métal] flaw; [étoffe, verre] flaw, fault; [machine] defect, fault; [bois] blemish; [roman, tableau, système] flaw, defect ◆ **sans défaut** flawless, faultless

**b** [personne] fault, failing; [caractère] defect, fault, failing (*de* in) ◆ **chacun a ses petits défauts** we've all got our little faults ou our shortcomings ou failings ◆ **il n'a aucun défaut** he's perfect, he hasn't a single failing ◆ **la gourmandise n'est pas un gros défaut** greediness isn't such a bad fault; → **curiosité**

**c** (= désavantage) drawback ◆ **ce plan/cette voiture a ses défauts** this plan/car has its drawbacks ◆ **le défaut de** ou **avec*** **cette voiture, c'est que ...** the trouble ou snag* ou drawback with this car is that ...

**d** (= manque) **défaut de** [+ raisonnement] lack of; [+ main-d'œuvre] shortage of

**e** (LOC)

◆ **faire défaut** [temps, argent, talent] to be lacking; (Jur) [prévenu, témoin] to default ◆ **la patience/le temps lui fait défaut** he lacks patience/time ◆ **le courage lui a finalement fait défaut** his courage failed him in the end ◆ **ses amis lui ont finalement fait défaut** his friends let him down in the end ◆ **si ma mémoire ne me fait pas défaut** if my memory serves me right

◆ **à défaut** ◆ **à défaut de** for lack ou want of ◆ **à défaut de vin, il boira du cidre** if there's no wine, he'll drink cider ◆ **elle cherche une table ovale, ou, à défaut, ronde** she is looking for an oval table, or, failing that, a round one (will do)

◆ **en défaut** ◆ **être en défaut** to be at fault ou in the wrong ◆ **se mettre en défaut** to put o.s. in the wrong ◆ **prendre qn en défaut** to catch sb out ◆ **mettre les chiens en défaut** (Chasse) to put the dogs off the scent ◆ **c'est votre mémoire qui est en défaut** it's your memory that's at fault

◆ **par défaut** by default ◆ **condamner/juger qn par défaut** (Jur) to sentence/judge sb in absentia ◆ **calculer qch par défaut** (Math) to calculate sth to the nearest decimal point ◆ **il pèche par défaut** he doesn't try hard enough ◆ **le lecteur par défaut** (Ordin) the default drive

**2** COMP ▷ **défaut de comparution** (Jur) default, non-appearance, failure to appear ▷ **le défaut de la cuirasse** (lit, fig) the chink in the armour ▷ **défaut d'élocution** ⇒ **défaut de prononciation** ▷ **le défaut de l'épaule** the hollow beneath the shoulder ▷ **défaut de fabrication** manufacturing defect ▷ **défaut de masse** (Phys) mass defect ▷ **défaut de paiement** (Jur) default in payment, non-payment ▷ **défaut de prononciation** speech impediment ou defect

**défaut-congé**, pl **défauts-congés** [defokɔ̃ʒe] nm (Jur) *dismissal of case through non-appearance of plaintiff*

**défaveur** [defavœʀ] → SYN nf disfavour (Brit), disfavor (US) (*auprès de* with) ◆ **être en défaveur** to be out of favour (Brit) ou favor (US), be in disfavour ◆ **s'attirer la défaveur de** to incur the disfavour of

**défavorable** [defavɔʀabl] → SYN adj unfavourable (Brit), unfavorable (US) (*à* to) ◆ **voir qch d'un œil défavorable** to view sth with disfavour (Brit) ou disfavor (US)

**défavorablement** [defavɔʀabləmɑ̃] adv unfavourably

**défavoriser** [defavɔʀize] → SYN ▸ conjug 1 ◂ vt (= désavantager) [décision, loi] to penalize; [défaut, timidité] to put at a disadvantage; [examinateur, patron] to put at an unfair disadvantage ◆ **il a défavorisé l'aîné** he treated the eldest less fairly (than the others) ◆ **j'ai été défavorisé par rapport aux autres candidats** I was put at an unfair disadvantage with respect to the other candidates ◆ **aider les couches les plus défavorisées de la population** to help the most underprivileged ou disadvantaged sections of the population

**défécation** [defekasjɔ̃] → SYN nf (Physiol) defecation; (Chim) defecation, purification

**défectif, -ive** [defɛktif, iv] adj verbe defective

**défection** [defɛksjɔ̃] → SYN nf [amis, alliés politiques] desertion, defection; [troupes] failure to give ou lend assistance; [candidats] failure to attend ou appear; [invités] failure to appear ◆ **faire défection** [partisans] to fail to lend support; [invités] to fail to appear ou turn up ◆ **il y a eu plusieurs défections** (membres d'un parti) a number of people have withdrawn their support; (invités, candidats) several people failed to appear

**défectueux, -euse** [defɛktɥø, øz] → SYN adj matériel faulty, defective; raisonnement faulty

**défectuosité** [defɛktɥozite] → SYN nf (= état) defectiveness, faultiness; (= défaut) imperfection, (slight) defect ou fault (*de* in)

**défendable** [defɑ̃dabl] → SYN adj (Mil) ville defensible; (= soutenable) conduite defensible, justifiable; position tenable, defensible ◆ **il n'est pas défendable** (gén) he has no excuse; (Jur) he cannot be defended

**défendant** [defɑ̃dɑ̃] → **corps**

**défendeur, -deresse** [defɑ̃dœʀ, dʀɛs] → SYN nm,f (Jur) defendant ◆ **défendeur en appel** respondent

**défendre** [defɑ̃dʀ] → SYN ▸ conjug 41 ◂ **1** vt **a** (= protéger) (gén, Jur, Mil) to defend; (= soutenir) [+ personne, opinion] to stand up for, defend (*contre* against); [+ cause] to champion, defend (*contre* against) ◆ **ville défendue par deux forts** town defended ou protected by two forts ◆ **défendre son bifteck*** (fig) to stand up for one's rights, defend one's livelihood

**b** (= interdire) **défendre qch à qn** to forbid sb sth ◆ **défendre à qn de faire qch** ou **qu'il fasse qch** to forbid sb to do sth ◆ **le médecin lui défend le tabac/la mer** the doctor has forbidden him ou won't allow him to smoke/to go to the seaside ◆ **il m'en a défendu l'accès** he forbade me access to it ◆ **défendre sa porte à qn** to bar one's door to sb, refuse to allow sb in ◆ **ne fais pas ça, c'est défendu** don't do that, it's not allowed ou it's forbidden ◆ **il est défendu de fumer** smoking is prohibited ou not allowed ◆ **il est défendu de parler** talking is not allowed; → **fruit[1]**

**2** **se défendre** vpr **a** (= se protéger) (gén, Jur, Mil) to defend o.s. (*contre* against); (contre brimades, critiques) to stand up for o.s., defend o.s. (*contre* against) ◆ **se défendre du froid/de la pluie** to protect o.s. from the cold/rain

**b** (* = se débrouiller) to manage, get along ou by ◆ **elle se défend au tennis/au piano** she's not bad at tennis/on the piano ◆ **il se défend bien/mal en affaires** he gets on ou does quite well/he doesn't do very well in business ◆ **il se défend** he gets along ou by, he can hold his own (quite well)

**c** (= se justifier) **se défendre d'avoir fait qch** to deny doing ou having done sth ◆ **il se défendit d'être vexé/jaloux** he denied being ou that he was annoyed/jealous ◆ **sa position/son point de vue se défend** his position/point of view is quite defensible ◆ **ça se défend !** (raisonnement) it holds ou hangs together ◆ **il dit que ce serait trop cher, ça se défend** he says it would be too expensive and he has a point ou it's a fair point

**d** **se défendre de** (= s'empêcher de) to refrain from ◆ **il ne pouvait se défendre d'un sentiment de pitié/gêne** he couldn't help feeling pity/embarrassment ◆ **elle ne put se défendre de sourire** she could not refrain from smiling, she couldn't suppress a smile

**défenestration** [defənɛstʀasjɔ̃] nf defenestration

**défenestrer** [defənɛstʀe] ▸ conjug 1 ◂ **1** vt to throw out of the (ou a) window, defenestrate (frm)

**2** **se défénestrer** vpr to throw o.s. out of a window

**défense[1]** [defɑ̃s] → SYN nf **a** (contre agression : gén, Mil) defence (Brit), defense (US) ◆ **défenses** (= fortifications) defences ◆ **défense nationale/antiaérienne** ou **contre avions/passive** national/anti-aircraft/civil defence ◆ **le budget de la défense (nationale)** the (national) defence budget ◆ **les défenses d'une frontière** border defences ◆ **la défense du pays** the country's defence ou protection ◆ **ligne de défense** line of defence ◆ **ouvrage de défense** fortification ◆ **prendre la défense de qn** to stand up for sb, defend sb

**b** (= protection) [droits, environnement] protection ◆ **la défense des opprimés** the defence ou protection of the oppressed ◆ **la défense de l'emploi** job protection

**c** (= résistance) defence (Brit), defense (US) ◆ **opposer une défense courageuse** to put up a brave defence ◆ **mécanisme/instinct de défense** (Physiol, Psych) defence mechanism/instinct ◆ **moyens de défense** means of defence ◆ **défenses immunitaires** immune defence system ◆ **sans défense** (= trop faible) defenceless; (= non protégé) unprotected ◆ **sans défense contre les tentations** helpless ou defenceless against temptation; → **légitime**

**d** (Sport) defence (Brit), defense (US) ◆ **jouer en défense** to play in defence

**e** (Jur) defence (Brit), defense (US); (= avocat) counsel for the defence (Brit), defense attorney (US) ◆ **assurer la défense d'un accusé** to conduct the case for the defence ◆ **la parole est à la défense** (the counsel for) the defence may now speak ◆ **qu'avez-vous à dire pour votre défense ?** what have you to say in your defence?

**f** (= interdiction) **"défense d'entrer"** "no entrance", "no entry", "no admittance" ◆ **"propriété privée, défense d'entrer"** "private property, no admittance ou keep out" ◆ **"danger : défense d'entrer"** "danger – keep out" ◆ **"défense de fumer/stationner"** "no smoking/parking", "smoking/parking prohibited" ◆ **"défense d'afficher"** "(stick ou post) no bills" ◆ **défense d'en parler à quiconque** it is forbidden to speak of it to anyone ◆ **il est sorti malgré ma défense** he went out in spite of the fact that I'd told him not to ou in spite of my having forbidden him to do so

**défense[2]** [defɑ̃s] → SYN nf [éléphant, morse, sanglier] tusk

**défenseur** [defɑ̃sœʀ] → SYN nm (gén, Mil, Sport) defender; [cause] champion, defender; [doctrine] advocate; (Jur) counsel for the defence (Brit), defense attorney (US) ◆ **l'accusé et son défenseur** the accused and his counsel ◆ **défenseur de l'environnement** conservationist, preservationist; → **veuf**

**défensif, -ive** [defɑ̃sif, iv] **1** adj (Mil, fig) defensive

**2** **défensive** nf ◆ **la défensive** the defensive ◆ **être** ou **se tenir sur la défensive** to be on the defensive

**déféquer** [defeke] → SYN ▸ conjug 6 ◂ **1** vt (Chim) to defecate, purify

**2** vi (Physiol) to defecate

**déférence** [defeʀɑ̃s] → SYN nf deference ◆ **par déférence pour** in deference to

**déférent, e** [defeʀɑ̃, ɑ̃t] → SYN adj deferential, deferent; → **canal**

**déférer** [defeʀe] → SYN ▸ conjug 6 ◂ vt **a** (Jur) **déférer une affaire** to refer a case to the court ◆ **déférer un coupable à la justice** to hand a guilty person over to the law

**b** (= céder) to defer (*à* to)

**c** († = conférer) to confer (*à* on, upon)

**déferlante** [defɛʀlɑ̃t] adj f, nf ◆ **(vague) déferlante** breaker ◆ **la déferlante de films américains/de produits nouveaux** the flood of American films/of new products

**déferlement** [defɛʀləmɑ̃] → SYN nm [vagues] breaking; [violence] surge, spread; [véhicules, touristes] flood ◆ **ils étaient impuissants devant le déferlement des troupes** they were powerless before the advancing tide of troops ◆ **ce déferlement d'enthousiasme le surprit** this sudden wave of enthusiasm surprised him ◆ **le déferlement de haine/des sentiments anti-catholiques dans tout le pays** the hatred/anti-Catholic feeling which has engulfed the country ou swept through the country

**déferler** [defɛʀle] → SYN ▸ conjug 1 ◂ **1** vi [vagues] to break ◆ **la violence/haine déferla sur le pays** violence/hatred swept through the country ◆ **les touristes déferlaient sur les plages** tourists were streaming onto the beaches ◆ **la foule déferla dans la rue/sur la place** the crowd flooded into the street/over the square

**2** vt [+ voile, pavillon] to unfurl

**déferrer** [defeʀe] ▸ conjug 1 ◂ vt [+ cheval] to unshoe; [+ porte] to remove the iron plates from

**défet** [defɛ] → SYN nm spare sheet

**défi** [defi] → SYN nm (gén) challenge; (= bravade) defiance ◆ **lancer un défi à qn** to challenge sb ◆ **relever un défi** to take up ou accept a challenge ◆ **mettre qn au défi** to challenge ou defy sb (*de faire* to do) ◆ **c'est un défi au bon sens** it defies common sense, it goes against common sense ◆ **d'un air** ou **d'un ton de défi** defiantly

**défiance** [defjɑ̃s] → SYN nf mistrust, distrust ◆ **avec défiance** with mistrust ou distrust, mistrustingly, distrustingly ◆ **sans défiance** personne unsuspecting; agir, s'abandonner unsuspectingly ◆ **mettre qn en défiance** to arouse sb's mistrust ou suspicions, make sb suspicious

**défiant, e** [defjɑ̃, jɑ̃t] → SYN adj mistrustful, distrustful

**défibrer** [defibʀe] ▸ conjug 1 ◂ vt to remove the fibres from

**défibrillateur** [defibʀijatœʀ] nm defibrillator

**défibrillation** [defibʀijasjɔ̃] nf defibrillation

**déficeler** [defis(ə)le] → SYN ▸ conjug 4 ◂ 1 vt to untie

2 **se déficeler** vpr [paquet] to come untied ou undone

**déficience** [defisjɑ̃s] → SYN nf (Méd, fig) deficiency ◆ **déficience musculaire** muscular insufficiency ◆ **déficience immunitaire** immunodeficiency ◆ **déficience de mémoire** lapse of memory ◆ **déficience mentale** ou **intellectuelle** mental deficiency ◆ **les déficiences du système de production** the deficiencies in ou shortcomings of the production system

**déficient, e** [defisjɑ̃, jɑ̃t] → SYN 1 adj (Méd) force, intelligence deficient; raisonnement weak; matériel faulty, defective ◆ **enfant déficient** (intellectuellement) mentally deficient child; (physiquement) child with a physical disability, physically disabled ou handicapped child

2 nm,f ◆ **déficient mental/visuel** mentally/visually handicapped person ◆ **déficient moteur** person with motor deficiencies

**déficit** [defisit] → SYN nm a (Fin) deficit ◆ **être en déficit** to be in deficit ◆ **le déficit budgétaire** the budget deficit ◆ **le déficit de notre commerce extérieur** the deficit in our foreign trade ◆ **déficit de la balance des paiements** balance of payments deficit ◆ **déficit commercial/d'exploitation** trade/operating deficit ◆ **déficit de trésorerie** cash deficit ◆ **les déficits sociaux** the social security budget deficit

b [manque] **déficit de ressources** resource(s) gap ◆ **déficit en main d'œuvre** labour (Brit) ou labor (US) shortage ◆ **déficit en magnésium** (Méd) magnesium deficiency ◆ **déficit psychologique/intellectuel** psychological/mental defect ◆ **déficit immunitaire** immunodeficiency

**déficitaire** [defisitɛʀ] → SYN adj (Fin) in deficit (attrib); récolte poor; année poor (*en* in), bad (*en* for) ◆ **déficitaire en** main-d'œuvre short of, deficient in ◆ **année déficitaire en blé** year showing a wheat shortage

**défier** [defje] → SYN ▸ conjug 7 ◂ 1 vt a [+ adversaire] to challenge (*à* to) ◆ **défier qn en combat singulier** to challenge sb to single combat ◆ **défier qn du regard** to give sb a challenging look ◆ **défier qn de faire qch** to defy ou challenge sb to do sth ◆ **je t'en défie !** I dare ou challenge you (to)!

b [+ mort, adversité] to defy, brave; [+ opinion publique] to fly in the face of, defy; [+ autorité] to defy, challenge ◆ **ça défie l'imagination !** it defies the imagination! * ◆ **à des prix qui défient toute concurrence** at absolutely unbeatable prices

2 **se défier** vpr (littér) ◆ **se défier de** to distrust, mistrust ◆ **je me défie de moi-même** I don't trust myself ◆ **défie-toi de ton caractère impulsif** beware of your impulsiveness ◆ **défie-toi de lui !** beware of him!, be on your guard against him!

**défigurement** [defigyʀmɑ̃] nm [vérité] distortion; [texte, tableau] mutilation; [visage] disfigurement

**défigurer** [defigyʀe] → SYN ▸ conjug 1 ◂ vt a [blessure, maladie] to disfigure; [bouton, larmes] [+ visage] to spoil ◆ **l'acné qui la défigurait** the acne that spoiled her looks

b (= altérer) [+ pensée, réalité, vérité] to distort; [+ texte, tableau] to mutilate, deface; [+ monument] to deface; [+ paysage] to disfigure, mar, spoil

**défilé** [defile] → SYN nm a (= cortège) procession; (= manifestation) march; (Mil) march-past, parade ◆ **défilé de mode** ou **de mannequins** fashion show ◆ **défilé aérien** (Mil) flypast (Brit), flyover (US)

b (= succession) [visiteurs] procession, stream; [voitures] stream; [impressions, pensées] stream, succession

c (Géog) (narrow) gorge, defile

**défilement** [defilmɑ̃] nm [film] projection; [bande magnétique] unreeling, unwinding; (Ordin) scrolling ◆ **vitesse de défilement** (Ciné) projection speed ◆ **défilement horizontal/vertical** (Ordin) horizontal/vertical scrolling

**défiler** [defile] → SYN ▸ conjug 1 ◂ 1 vt a [+ aiguille, perles] to unthread; [+ chiffons] to shred

b (Mil) [+ troupes] to put under cover *(from the enemy's fire)*

2 vi a (Mil) to march past, parade; [manifestants] to march (*devant* past)

b [bande magnétique] to unreel, unwind; [texte de téléprompteur] to scroll ◆ **faire défiler un document** (Ordin) to scroll a document ◆ **faire défiler une bande magnétique** (vers l'avant) to forward a tape; (vers l'arrière) to rewind a tape ◆ **les souvenirs défilaient dans sa tête** a stream of memories passed through his mind ◆ **les visiteurs défilaient devant le mausolée** the visitors filed past the mausoleum ◆ **la semaine suivante tous les voisins défilèrent chez nous** the following week we were visited by all the neighbours one after the other ◆ **nous regardions le paysage qui défilait devant nos yeux** we watched the scenery pass by ou *(plus vite)* flash by

3 **se défiler** vpr a [aiguille] to come unthreaded; [perles] to come unstrung ou unthreaded

b (Mil) to take cover *(from the enemy's fire)*

c (= s'éclipser) to slip away ou off ◆ **il s'est défilé** (= s'est dérobé) he wriggled ou ducked out of it

**défini, e** [defini] → SYN (ptp de **définir**) adj a (= déterminé) but definite, precise ◆ **terme bien défini** well-defined term

b (Gram) article definite ◆ **passé défini** preterite

**définir** [definiʀ] → SYN ▸ conjug 2 ◂ vt [+ idée, sentiment, position] to define; (Géom, Gram) to define; [+ personne] to define, characterize; [+ conditions] to specify, define ◆ **il se définit comme un humaniste** he defines himself as a humanist ◆ **notre politique se définit comme étant avant tout pragmatique** our policies can be defined as being essentially pragmatic

**définissable** [definisabl(ə)] adj definable

**définitif, -ive** [definitif, iv] GRAMMAIRE ACTIVE 26.4 → SYN

1 adj a (= final) résultat, destination, résolution final; mesure, installation, victoire, fermeture permanent, definitive; solution definitive, final; étude, édition definitive; prix set, fixed ◆ **son départ était définitif** he was leaving for good, his departure was final ◆ **les bâtiments provisoires sont vite devenus définitifs** the temporary buildings quickly became permanent

b (= sans appel) décision final; refus definite, decisive; argument conclusive ◆ **un jugement définitif** a final judgment ◆ **et c'est définitif !** and that's that! ou that's final!

2 **en définitive** loc adv (= à la fin) eventually; (= somme toute) in fact, when all is said and done

**définition** [definisjɔ̃] → SYN nf a [concept, mot] definition; [mots croisés] clue ◆ **par définition** by definition ◆ **définition de poste** job description

b (TV) definition ◆ **la haute définition** high definition ◆ **(de) haute définition** high-definition (épith)

**définitionnel, -elle** [definisjɔnɛl] adj definitional

**définitivement** [definitivmɑ̃] → SYN adv partir for good; résoudre conclusively, definitively; exclure, s'installer for good, permanently; refuser, décider, savoir definitely, positively; nommer on a permanent basis, permanently

**définitoire** [definitwaʀ] adj (Ling) vocabulaire defining (épith)

**défiscalisation** [defiskalizasjɔ̃] nf tax exemption

**défiscaliser** [defiskalize] ▸ conjug 1 ◂ vt to exempt from tax(ation)

**déflagrant, e** [deflagʀɑ̃, ɑ̃t] adj deflagrating (épith)

**déflagrateur** [deflagʀatœʀ] nm deflagrator

**déflagration** [deflagʀasjɔ̃] → SYN nf (gén) explosion; (Chim) deflagration

**déflagrer** [deflagʀe] ▸ conjug 1 ◂ vi to deflagrate

**déflation** [deflasjɔ̃] nf (Écon, Fin) deflation; [effectifs] reduction, cut (*de* in) ◆ **déflation salariale** declining wage trend

**déflationniste** [deflasjɔnist] 1 adj politique, effets deflationary; économiste deflationist

2 nmf deflationist

**défléchir** [defleʃiʀ] ▸ conjug 2 ◂ vt, vi to deflect

**déflecteur** [deflɛktœʀ] nm (Aut) quarter-light (Brit), vent (US); (Tech) jet deflector; (Naut) deflector

**défleurir** [deflœʀiʀ] → SYN ▸ conjug 2 ◂ (littér) 1 vt [+ buisson] to remove the blossom from

2 vi [buisson] to shed its flowers ou its blossom

**déflexion** [deflɛksjɔ̃] nf deflection

**déflocage** [deflɔkaʒ] nm (Tech) removal of asbestos ◆ **le déflocage de l'immeuble a duré 6 mois** it took six months to remove the asbestos from the building

**défloquer** [deflɔke] ▸ conjug 1 ◂ vt [+ pièce, bâtiment] to remove asbestos from

**défloraison** [deflɔʀɛzɔ̃] nf (Bot, littér) falling of blossoms

**défloration** [deflɔʀasjɔ̃] nf [jeune fille] defloration

**déflorer** [deflɔʀe] → SYN ▸ conjug 1 ◂ vt [+ jeune fille] to deflower; (littér) [+ sujet, moments] to spoil the charm of, deflower (littér)

**défluent** [deflyɑ̃] nm distributary

**défoliant** [defɔljɑ̃] nm defoliant

**défoliation** [defɔljasjɔ̃] nf defoliation

**défolier** [defɔlje] ▸ conjug 7 ◂ vt to defoliate

**défonçage** [defɔ̃saʒ] → SYN , **défoncement** [defɔ̃smɑ̃] nm [caisse, barque] staving in; [porte, clôture] smashing in ou down, staving in; [sommier, fauteuil] breaking; [route, terrain] (par bulldozers, camions) ripping ou ploughing ou breaking up; (Agr) deep-ploughing

**défonce** [defɔ̃s] nf (arg Drogue) getting high * ◆ **défonce à la colle/aux solvants** getting high on glue/solvents ◆ **il était en pleine défonce** he was completely out of it *

**défoncé, e** [defɔ̃se] (ptp de **défoncer**) 1 adj a canapé, fauteuil sagging; chemin, route full of potholes (attrib) ◆ **un vieux fauteuil tout défoncé** an old sunken armchair ◆ **sur des routes défoncées** on roads full of potholes

b (arg Drogue) high * ◆ **il était complètement défoncé** he was completely out of it *, he was as high as a kite *

2 nm,f (= drogué) junkie *, drug addict ◆ **un défoncé au crack** a crack addict

**défoncer** [defɔ̃se] → SYN ▸ conjug 3 ◂ 1 vt [+ caisse, barque] to stave in, knock out the bottom out of; [+ porte, clôture] to smash in ou down, stave in; [+ sommier, fauteuil] to break ou burst the springs of; [+ route, terrain] [bulldozers, camions] to rip ou plough ou break up; (Agr) to plough deeply, deep-plough ◆ **il a eu le crâne défoncé** his skull was smashed in

2 **se défoncer** vpr a (* = travailler dur) to work like a dog *, work flat out * ◆ **se défoncer pour qn/pour faire qch** to work like a dog * for sb/to do sth

b (arg Drogue) to get high * (*à* on)

**défonceuse** [defɔ̃søz] nf (Agr) trench plough

**déforcer** [defɔʀse] ▸ conjug 3 ◂ vt (Belg) to dishearten

**déforestation** [defɔʀɛstasjɔ̃] nf deforestation

**déformant, e** [defɔʀmɑ̃, ɑ̃t] adj miroir distorting; rhumatisme crippling

**déformation** [defɔʀmasjɔ̃] → SYN nf a [objet, métal] bending (out of shape), distortion; [bois] warping; [visage, image, vision] distortion; [vérité, pensée] distortion, misrepresentation; [esprit] warping ◆ **par une curieuse déformation d'esprit, il ...** by a strange twist in his character, he ... ◆ **désolé, c'est de la déformation professionnelle** sorry, I can't help it, it's my job ◆ **par déformation professionnelle** as a result of being so conditioned by one's job

b (Méd) deformation ◆ **souffrir d'une déformation de la hanche** to have a hip deformity

**déformer** [defɔʀme] → SYN ▸ conjug 1 ◂ **1** vt [+ objet, métal] to bend (out of shape), distort; [+ bois] to warp; [+ chaussures, vêtements] to stretch out of shape; [+ corps] to deform; [+ visage, image, vision] to distort; [+ vérité, pensée] to distort, misrepresent; [+ esprit] to warp ◆ **vieillard au corps déformé** old man with a deformed ou misshapen body ◆ **veste déformée** jacket which has lost its shape ou has gone out of shape ◆ **pantalon (tout) déformé** trousers that have gone all baggy ◆ **traits déformés par la douleur** features contorted ou distorted by pain ◆ **mes propos ont été déformés** (involontairement) I've been misquoted; (volontairement) my words have been twisted ◆ **il est déformé par son métier** he has been conditioned by his job; → **chaussée**

**2** **se déformer** vpr [objet] to be bent (out of shape), lose its shape; [métal] to be bent (out of shape), be distorted; [bois] to warp; [vêtement] to lose its shape

**défoulement** [defulmɑ̃] → SYN nm [instincts, sentiments] (psychological) release ◆ **moyen de défoulement** (psychological) outlet ou means of release ◆ **après les examens on a besoin de défoulement** after the exams you need some kind of (psychological) release ou you need to let off steam *

**défouler** [defule] ▸ conjug 1 ◂ **1** vt ◆ **j'ai crié des injures, ça m'a défoulé** I shouted some abuse, it helped relieve my feelings ou helped me to get it out of my system * ◆ **ça (vous) défoule de courir** running helps you unwind ou relax

**2** **se défouler** vpr (= se libérer de tensions) to let off steam *; (= se relaxer) to relax, unwind ◆ **se défouler sur qn/qch** to take it out on sb/sth

**défourailler** * [defuʀaje] ▸ conjug 1 ◂ vi to draw (one's gun)

**défourner** [defuʀne] ▸ conjug 1 ◂ vt [+ pain] to take out of the oven; [+ poteries] to take out of the kiln

**défragmentation** [defʀagmɑ̃tasjɔ̃] nf (Ordin) [disque dur] defragmention

**défragmenter** [defʀagmɑ̃te] ▸ conjug 1 ◂ vt (Ordin) [+ disque dur] to defragment

**défraîchi, e** [defʀeʃi] → SYN (ptp de **défraîchir**) adj article shopsoiled; fleur, couleur faded; tissu (= passé) faded; (= usé) worn; humour, idée dated, stale (péj)

**défraîchir** [defʀeʃiʀ] ▸ conjug 2 ◂ **1** vt to take the freshness from

**2** **se défraîchir** vpr [fleur, couleur] to fade; [tissu] (= passer) to fade; (= s'user) to become worn

**défraiement** [defʀɛmɑ̃] nm payment ou settlement of expenses ◆ **vous avez droit à un défraiement** you can claim expenses

**défrayer** [defʀeje] → SYN ▸ conjug 8 ◂ vt **a** (= payer) **défrayer qn** to pay ou settle sb's expenses

**b** (= être en vedette) **défrayer la conversation** to be the main topic of conversation ◆ **défrayer la chronique** to be widely talked about, be in the news

**défrichage** [defʀiʃaʒ] → SYN, **défrichement** [defʀiʃmɑ̃] nm [forêt, terrain] clearing *(for cultivation)* ◆ **le défrichage d'un sujet** the spadework (done) on a subject

**défricher** [defʀiʃe] → SYN ▸ conjug 1 ◂ vt [+ forêt, terrain] to clear *(for cultivation)*; [+ sujet, question] to open up, do the spadework on ◆ **défricher le terrain** (fig) to prepare the ground ou way (fig), clear the way (fig)

**défricheur** [defʀiʃœʀ] → SYN nm (lit) land-clearer; (fig) pioneer

**défriper** [defʀipe] → SYN ▸ conjug 1 ◂ vt to smooth out

**défrisage** [defʀizaʒ], **défrisement** [defʀizmɑ̃] nm straightening

**défriser** [defʀize] ▸ conjug 1 ◂ vt **a** [+ cheveux] to straighten

**b** (* = contrarier) [+ personne] to bug * ◆ **ce qui me défrise** * what bugs * ou gets * me ◆ **et alors ! ça te défrise ?** * so (what)? *, what's it to you? *

**défroisser** [defʀwase] ▸ conjug 1 ◂ vt to smooth out

**défroque** [defʀɔk] → SYN nf (= frusques) old cast-offs; (= accoutrement) getup *; [moine] effects *(left by a dead monk)*

**défroqué, e** [defʀɔke] (ptp de **défroquer**) **1** adj defrocked, unfrocked

**2** nm defrocked ou unfrocked priest (ou monk)

**défroquer** [defʀɔke] ▸ conjug 1 ◂ **1** vt to defrock, unfrock

**2** vi **se défroquer** vpr to give up the cloth, renounce one's vows

**défruiter** [defʀɥite] ▸ conjug 1 ◂ vt [+ extrait végétal] to remove the fruity taste from

**défunt, e** [defœ̃, œ̃t] → SYN **1** adj (frm) personne late (épith); (littér) espoir, année which is dead and gone; (littér) assemblée, projet defunct ◆ **son défunt père** his late father

**2** nm,f deceased

**dégagé, e** [degaʒe] → SYN (ptp de **dégager**) **1** adj **a** route clear; ciel clear, cloudless; espace, site open, clear; vue wide, open; front, nuque bare ◆ **c'est un peu trop dégagé autour des oreilles** it's a bit short around the ears

**b** air, allure, manières casual, jaunty; ton airy, casual

**2** nm (Danse) dégagé

**dégagement** [degaʒmɑ̃] → SYN nm **a** (= action de libérer) [personne] freeing, extricating; [objet, main] freeing; (Mil) [troupe, ville] relief; (Fin) [crédits, titres] release *(for a specific purpose)*; [objet en gage] redemption ◆ **ils ont procédé au dégagement des blessés enfouis sous les décombres** they began to free the injured from the rubble ◆ **le dégagement d'une promesse** going back on a promise

**b** (à l'accouchement) expulsion, delivery ◆ **dégagement de la tête** crowning

**c** (= production) [fumée, gaz, chaleur] emission, emanation; [énergie] release ◆ **un dégagement de vapeurs toxiques** a discharge ou an emission of toxic fumes

**d** (Escrime) disengagement; (Ftbl, Rugby) clearance ◆ **faire un dégagement au pied/au poing** to kick/knock a ball clear ◆ **coup de pied de dégagement** kick downfield; (en touche) kick to touch

**e** (= espace libre) [forêt] clearing; [appartement] (gén) open space; (= couloir) passage; (Tech) [camion] clearance, headroom (*de* above)

**dégager** [degaʒe] → SYN ▸ conjug 3 ◂ **1** vt **a** (= libérer) [+ personne] to free, extricate; [+ objet, main] to free; (Mil) [+ troupe, ville] to relieve, bring relief to; (Fin) [+ crédits, titres] to release *(for a specific purpose)*; [+ objet en gage] to redeem, take out of pawn ◆ **cela devrait se dégager facilement** it should come free easily ◆ **on a dû dégager les blessés au chalumeau** the injured had to be cut loose ou free (from the wreckage) ◆ **dégager qn de sa promesse/d'une obligation** to release ou free sb from his promise/an obligation ◆ **dégager qn d'une dette** to cancel sb's debt ◆ **dégager sa responsabilité d'une affaire** to disclaim ou deny (all) responsibility in a matter ◆ **col/robe qui dégage le cou/les épaules** collar/dress which leaves the neck/shoulders bare

**b** [+ place, passage, table] to clear (*de* of); (Méd) [+ gorge, nez, poitrine] to clear ◆ **je voudrais que ce soit bien dégagé derrière les oreilles** (chez le coiffeur) cut it nice and short around the ears ◆ **dégagez s'il vous plaît !** move away please! ◆ **dégage !** * clear off! *, buzz off! * ◆ **toutes ces vieilleries, à dégager !** * all these old things can go ou can be chucked out *

**c** (= exhaler) [+ odeur, fumée, gaz, chaleur] to give off, emit; [+ enthousiasme] to radiate ◆ **la maison dégageait une impression de tristesse** there was an aura of gloom about the house, the house had a gloomy feel about it ◆ **elle dégage** *, **cette voiture !** that's some car! *

**d** (= extraire) [+ conclusion] to draw; [+ idée, sens] to bring out; [+ bénéfice, marge] to show ◆ **l'entreprise a dégagé de gros profits cette année** the company showed a high profit this year ◆ **l'idée principale qu'on peut dégager de ce rapport** the main idea that can be drawn ou derived from this report ◆ **je vous laisse dégager la morale de cette histoire** I'll let you guess what the moral of the story is ◆ **dégager l'inconnue** (Math) to isolate the unknown quantity

**e** (Escrime) [+ épées] to disengage; (Ftbl, Rugby) [+ ballon] to clear ◆ **dégager (le ballon) en touche** to clear the ball into touch, kick (the ball) into touch

**f** (Danse) to do a dégagé

**2** **se dégager** vpr **a** [personne] to free ou extricate o.s., get free; (Mil) [troupe] to extricate itself (*de* from) ◆ **se dégager de** [+ dette] to free o.s. of; [+ obligation] to free ou release o.s. from; [+ affaire] to get ou back out of; [+ promesse] to go back on ◆ **il s'est dégagé d'une situation très délicate** he extricated himself from a very tricky situation ◆ **j'ai une réunion mais je vais essayer de me dégager** I have a meeting but I'll try to get out of it

**b** [ciel, rue, nez] to clear ◆ **le sommet/la silhouette se dégagea du brouillard** the summit/the outline loomed up out of the fog

**c** [odeur, fumée, gaz, chaleur] to emanate, be given off; [enthousiasme] to emanate, radiate; [impression] to emanate (*de* from) ◆ **il se dégage d'elle une telle vitalité** she exudes such vitality

**d** [conclusion] to be drawn; [impression, idée, sens] to emerge; [morale] to be drawn, emerge (*de* from) ◆ **il se dégage de tout cela que ...** from all this it emerges that ...

**dégaine** * [degɛn] nf ◆ **il a une drôle de dégaine** he's got an odd look about him ◆ **je n'aime pas leur dégaine** I don't like the look of them

**dégainer** [degene] ▸ conjug 1 ◂ **1** vt [+ épée] to unsheathe, draw; [+ pistolet] to draw

**2** vi to draw one's sword (ou gun)

**déganter (se)** [degɑ̃te] ▸ conjug 1 ◂ vpr to take off one's gloves ◆ **main dégantée** ungloved hand

**dégarni, e** [degaʀni] → SYN (ptp de **dégarnir**) adj front, arbre, salle, rayon bare; compte en banque low; portefeuille empty; magasin low in stock; tête, personne balding ◆ **il est un peu dégarni sur le dessus** he's a bit thin on top

**dégarnir** [degaʀniʀ] → SYN ▸ conjug 2 ◂ **1** vt [+ maison, salle, vitrine] to empty, clear; [+ compte en banque] to drain, draw heavily on; (Mil) [+ ville, place] to withdraw troops from ◆ **il faut dégarnir un peu le sapin de Noël** we should take some of the decorations off the Christmas tree

**2** **se dégarnir** vpr [salle] to empty; [personne] to go bald; [arbre] to lose its leaves; [bois] to become sparse; (Comm) [rayons] to be cleaned out ou cleared; (Comm) [stock] to run out, be cleaned out ◆ **il se dégarnit sur le dessus/au niveau des tempes** he's getting a bit thin on top/he has a receding hairline

**dégasolinage** [degazɔlinaʒ] nm [gaz] extraction of hydrocarbons

**dégasoliner** [degazɔline] ▸ conjug 1 ◂ vt [+ gaz] to extract the hydrocarbons from

**dégât** [degɑ] → SYN nm damage (NonC) ◆ **causer ou faire beaucoup de dégât(s)** [grêle, inondation, personne etc ] to cause ou do a lot of damage; [alcool] to do a lot of ou great harm ◆ **dégât des eaux** (Assurances) water damage; → **limiter**

**dégauchir** [degoʃiʀ] → SYN ▸ conjug 2 ◂ vt [+ bois] to surface; [+ pierre] to dress

**dégauchissage** [degoʃisaʒ], **dégauchissement** [degoʃismɑ̃] nm [bois] surfacing; [pierre] dressing

**dégauchisseuse** [degoʃisøz] nf surface-planing machine

**dégazage** [degɑzaʒ] nm [pétrolier] degassing, emptying of tanks

**dégazer** [degɑze] ▸ conjug 1 ◂ **1** vt to degas

**2** vi [navire] to empty its tanks

**dégazolinage** [degazɔlinaʒ] nm ⇒ **dégasolinage**

**dégazoliner** [degazɔline] ▸ conjug 1 ◂ vt ⇒ **dégasoliner**

**dégel** [deʒɛl] → SYN nm (lit, fig) thaw ◆ **tu attends le dégel ou quoi ?** * what on earth are you waiting for?, are you waiting for Christmas or what?, → **barrière**

**dégelée** * [deʒ(ə)le] nf (= coups) thrashing, hiding, beating; (= défaite) thrashing * ◆ **recevoir une dégelée** (coups) to get a hiding; (défaite) to be thrashed *

**dégeler** [deʒ(ə)le] → SYN ► conjug 5 ◄ 1 vt a [+ lac, terre] to thaw (out); [+ glace] to thaw, melt; * [+ pieds, mains] to thaw
b * [+ invité, réunion] to thaw (out) ◆ **pour dégeler l'atmosphère** to break the ice
c (Fin) to unfreeze
2 vi a [neige, lac] to thaw (out)
b (Culin) **faire dégeler** to thaw, leave to thaw
3 vb impers ◆ **ça dégèle** it's thawing
4 **se dégeler** vpr [personne] (lit) to warm up, get o.s. warmed up; (fig) to thaw (out); [public] to warm up

**dégénératif, -ive** [deʒeneʀatif, iv] adj affection, maladie degenerative, wasting

**dégénéré, e** [deʒeneʀe] → SYN (ptp de **dégénérer**) 1 adj (= abâtardi) degenerate; († : Psych) defective ◆ **t'es complètement dégénéré !** * you're such a moron! *
2 nm,f degenerate; († : Psych) defective; (*, péj) moron *

**dégénérer** [deʒeneʀe] → SYN ► conjug 6 ◄ vi a (= s'abâtardir) [race] to degenerate; [qualité] to deteriorate
b (= mal tourner) to degenerate (*en* into) ◆ **leur dispute a dégénéré en rixe** their quarrel degenerated into a brawl ◆ **un coup de froid qui dégénère en grippe** a chill which develops into flu ◆ **ça a rapidement dégénéré** [débat, manifestation] it soon got out of hand

**dégénérescence** [deʒeneʀesɑ̃s] → SYN nf a [personne] (morale) degeneracy; (physique, mentale) degeneration
b [moralité, race] degeneration, degeneracy; [qualité] deterioration (*de* in)
c (Méd, Bio, Phys) degeneration

**dégénérescent, e** [deʒeneʀesɑ̃, ɑ̃t] adj (Méd) degenerating, deteriorating

**dégermer** [deʒɛʀme] ► conjug 1 ◄ vt to degerm, remove the germ from

**dégingandé, e** * [deʒɛ̃gɑ̃de] → SYN adj gangling, lanky

**dégivrage** [deʒivʀaʒ] nm [réfrigérateur] defrosting; [avion, pare-brise] de-icing ◆ **dégivrage automatique** auto-defrost

**dégivrer** [deʒivʀe] ► conjug 1 ◄ vt [+ réfrigérateur] to defrost; [+ avion, pare-brise] to de-ice ◆ **rétroviseur dégivrant** heated ou de-icer rearview mirror

**dégivreur** [deʒivʀœʀ] nm [réfrigérateur] defroster; [avion, pare-brise] de-icer

**déglaçage** [deglasaʒ], **déglacement** [deglasmɑ̃] nm a (Culin) deglazing ◆ **déglaçage à la crème** deglazing with cream
b (Tech) [papier] removal of the glaze (*de* from)
c [route] removal of the ice (*de* from)

**déglacer** [deglase] ► conjug 3 ◄ vt a (Culin) to deglaze ◆ **déglacez au vinaigre** deglaze with vinegar
b (Tech) [+ papier] to remove the glaze from
c [+ route] to remove the ice from

**déglaciation** [deglasjasjɔ̃] nf deglaciation

**déglingue** ⁑ [deglɛ̃g] nf dilapidation, decay ◆ **il est au bord de la déglingue** he's on his last legs *

**déglingué, e** * [deglɛ̃ge] (ptp de **déglinguer**) adj mécanisme kaput *; valise battered, broken; banlieue, ville dilapidated, run-down ◆ **la chaise était toute déglinguée** the chair was falling apart ◆ **une voiture toute déglinguée** a ramshackle car ◆ **nous vivons dans une société déglinguée** we live in a society that is coming apart at the seams ou that is falling apart

**déglinguer** * [deglɛ̃ge] ► conjug 1 ◄ 1 vt [+ objet, appareil] to bust *
2 **se déglinguer** vpr [appareil] to be on the blink *; [chaise] to fall to pieces, fall ou come apart; [serrure, robinet] to go bust * ◆ **se déglinguer l'estomac/la santé** to ruin one's stomach/one's health

**déglutir** [deglytiʀ] → SYN ► conjug 2 ◄ vti (Méd) to swallow

**déglutition** [deglytisjɔ̃] nf (Méd) swallowing, deglutition (SPÉC)

**dégobiller** ⁑ [degɔbije] ► conjug 1 ◄ vti (= vomir) to puke ⁑

**dégoiser** * [degwaze] ► conjug 1 ◄ 1 vt [+ boniments, discours] to spout * ◆ **qu'est-ce qu'il dégoise ?** what is he rattling on about? *
2 vi (= parler) to rattle on *, go on (and on) * ◆ **dégoiser sur le compte de qn** (= médire) to gossip about sb

**dégommer** ⁑ [degɔme] ► conjug 1 ◄ vt a (= dégrader) to demote; (= détrôner) to unseat; (= renvoyer) to give the push to *, fire, sack * (Brit) ◆ **se faire dégommer** to get the push *, be fired * ou sacked * (Brit)
b [+ avion] to down *; [+ quille] to knock flying *; [+ bille] to knock out of the way; [+ cible sur écran] to zap *; [+ cible sur stand de tir] to hit

**dégonflage** [degɔ̃flaʒ] nm a [pneu] deflating
b (⁑ = lâcheté) chickening out * ◆ **j'appelle ça du dégonflage !** that's what I call being chicken! *, that's what I call chickening out! *

**dégonflard, e** ⁑ [degɔ̃flaʀ, aʀd] nm,f (= lâche) chicken *, yellow-belly *

**dégonflé, e** [degɔ̃fle] → SYN (ptp de **dégonfler**) 1 adj a [+ pneu] flat
b (⁑ = lâche) chicken * (attrib), yellow (-bellied) *
2 nm,f yellow-belly *, chicken *

**dégonflement** [degɔ̃fləmɑ̃] nm [ballon, pneu] deflation; [enflure] reduction

**dégonfler** [degɔ̃fle] → SYN ► conjug 1 ◄ 1 vt [+ pneu] to let down, let the air out of, deflate; [+ ballon] to deflate, let the air out of; [+ enflure] to reduce, bring down; [+ chiffres, statistiques] to reduce, bring down; [+ effectif] to reduce; [+ mythe] to debunk
2 vi [chiffre, effectifs] to go down, fall ◆ **ses yeux/jambes ont dégonflé** the swelling in his eyes/legs has gone down
3 **se dégonfler** vpr a [ballon, pneu] to deflate, go down; [enflure] to go down; [stocks] to run out ◆ **se dégonfler comme une baudruche** [espoir, illusion, promesse] to fade (away); [mouvement politique, parti] to fizzle out;
b (⁑ = avoir peur) to chicken out *

**dégorgement** [degɔʀʒəmɑ̃] → SYN nm a (= débouchage) [évier, égout] clearing out
b (= évacuation) [eau, bile] discharge
c (= écoulement) [égout, rivière] discharge; [gouttière] discharge, overflow
d (Tech = lavage) [cuir] cleaning, cleansing; [laine] scouring

**dégorgeoir** [degɔʀʒwaʀ] nm (= conduit d'évacuation) overflow duct ou pipe; (Pêche) disgorger

**dégorger** [degɔʀʒe] → SYN ► conjug 3 ◄ 1 vt a (= déboucher) [+ évier, égout] to clear out
b (= déverser) [tuyau] [+ eau] to discharge, pour out; [rue, train] [+ personnes] to disgorge, pour forth ou out (*dans* into)
c (Tech = laver) [+ cuir, étoffe] to clean; [+ laine] to scour
2 vi a [étoffe] to soak *(to release impurities)*; (Culin) [viande] to soak ◆ **faire dégorger** [+ étoffe, viande] to soak; [+ escargots] *to clean by soaking in salted water* ◆ **faites dégorger le concombre** sprinkle the cucumber with salt and leave to drain
b **dégorger dans** [égout, gouttière] to discharge into; [rivière] to discharge itself into
3 **se dégorger** vpr [eau] to be discharged, pour out (*dans* into); [foule] to pour forth ou out (*dans* into)

**dégot(t)er** * [degɔte] ► conjug 1 ◄ vt (= trouver) to dig up *, unearth, find

**dégoulinade** [degulinad] nf trickle

**dégoulinement** [degulinmɑ̃] nm (en filet) trickling; (goutte à goutte) dripping

**dégouliner** [deguline] → SYN ► conjug 1 ◄ vi (en filet) to trickle; (goutte à goutte) to drip ◆ **ça me dégouline dans le cou** it's dripping ou trickling down my neck ◆ **je dégoulinais (de sueur)** * I was dripping with sweat ◆ **gâteau dégoulinant de crème** cake oozing with cream ◆ **mélodrame dégoulinant de sentimentalité** melodrama full of treacly sentiment, cloyingly sentimental melodrama

**dégoulinure** [degulinyʀ] nf ⇒ **dégoulinade**

**dégoupiller** [degupije] ► conjug 1 ◄ vt [+ grenade] to pull the pin out of ◆ **grenade dégoupillée** unpinned grenade, grenade with the pin pulled out

**dégourdi, e** * [deguʀdi] → SYN (ptp de **dégourdir**) 1 adj (= malin) smart, resourceful, bright ◆ **il n'est pas très dégourdi** he's pretty clueless *
2 nm,f ◆ **c'est un dégourdi** he knows what's what *, he's on the ball * ◆ **quel dégourdi tu fais !** (iro) you're a smart one! ou a bright one! ou a bright spark! * (Brit)

**dégourdir** [deguʀdiʀ] → SYN ► conjug 2 ◄ 1 vt [+ membres] (ankylosés) to bring the circulation back to; (gelés) to warm up; (= donner plus d'aisance à) [+ personne] to knock the rough edges off, teach a thing or two to *; (= réchauffer) [+ eau] to warm (up) ◆ **le service militaire/habiter à Paris le dégourdira** military service/living in Paris will knock him into shape ou teach him a thing or two * ◆ **dégourdir qn en anglais/en physique** to teach sb the basics of English/physics
2 **se dégourdir** vpr ◆ **il est sorti pour se dégourdir un peu (les jambes)** he went out to stretch his legs a bit ◆ **elle s'est un peu dégourdie depuis l'an dernier** she seems to have learnt a thing or two * since last year

**dégourdissement** [deguʀdismɑ̃] nm [membre] bringing the circulation back, warming up

**dégoût** [degu] → SYN nm a (NonC = répugnance) disgust (NonC), distaste (NonC) (*pour, de* for) ◆ **j'éprouve un certain dégoût pour son comportement** I feel somewhat disgusted at his behaviour ◆ **avoir du dégoût pour** to feel disgust ou distaste for ◆ **j'ai pris les épinards en dégoût** I don't like spinach these days, I've gone right off spinach (Brit) ◆ **je peux manger des cerises jusqu'au dégoût** I can eat cherries till they come out of my ears ◆ **il fit une grimace de dégoût** he screwed up his face in disgust ou distaste ◆ **ce dégoût de la vie m'étonnait** such world-weariness surprised me
b (= aversion) dislike ◆ **ses dégoûts** the things he dislikes

**dégoûtant, e** [degutɑ̃, ɑ̃t] → SYN 1 adj a (= sale) disgusting, filthy; (= répugnant) manie, image revolting
b (= scandaleux, injuste) disgusting ◆ **il a été dégoûtant avec elle** the way he treated her was disgusting
c (= obscène, vicieux) disgusting ◆ **il est vraiment dégoûtant ce type !** he's so disgusting!
2 nm,f (= personne sale) (dirty) pig ⁑; (= personne injuste) (homme) swine ⁑; (femme) cow ⁑ ◆ **espèce de vieux dégoûtant !** * (sale) you messy old pig! ⁑; (vicieux) you disgusting ou filthy old beast! ⁑, you dirty old man! ⁑

**dégoûtation** * [degutasjɔ̃] nf (= dégoût) disgust ◆ **quelle dégoûtation !** (= saleté) what a disgusting ou filthy mess!

**dégoûté, e** [degute] → SYN (ptp de **dégoûter**) 1 adj ◆ **je suis dégoûté !** (scandalisé) I'm disgusted!; (lassé) I'm sick and tired of it! ◆ **dégoûté de la vie** weary ou sick of life ◆ **il leur jeta un regard dégoûté** he looked at them in disgust ◆ **il n'est pas dégoûté !** (hum) he's not (too) fussy! ou choosy! *
2 nm,f ◆ **il a fait le dégoûté** (devant un mets, une offre) he turned his nose up at it ◆ **ne fais pas le dégoûté !** don't be so fussy!

**dégoûter** [degute] → SYN ► conjug 1 ◄ 1 vt a (= écœurer) to disgust ◆ **cet homme me dégoûte** that man disgusts me ou fills me with disgust, I find that man disgusting ou revolting ◆ **ce plat me dégoûte** I find this food disgusting ou revolting ◆ **la vie me dégoûte** I'm weary ou sick of life
b **dégoûter qn de qch** (= ôter l'envie de) to put sb (right) off sth; (= remplir de dégoût pour) to make sb feel disgusted with sth ◆ **c'est à vous dégoûter d'être honnête** it's enough to put you (right) off being honest ◆ **si tu n'aimes pas ça, n'en dégoûte pas les autres** if you don't like it, don't put the others off ◆ **je suis dégoûté par ces procédés** I'm disgusted ou revolted by this behaviour ◆ **ça m'a dégoûté de fumer** it put me (right) off smoking
2 **se dégoûter** vpr ◆ **se dégoûter de qn/qch** to get sick of sb/sth ◆ **elle s'est dégoûtée du tabac** she's gone right off smoking ◆ **je me dégoûte d'avoir dit ça !** I'm disgusted with myself for having said that!

**dégoutter** [degute] → SYN ▸ conjug 1 ◂ vi to drip ◆ **dégouttant de sueur** dripping with sweat ◆ **l'eau qui dégoutte du toit** the water dripping down from ou off the roof ◆ **dégouttant de pluie** dripping wet

**dégradant, e** [degʀadɑ̃, ɑ̃t] → SYN adj degrading

**dégradation** [degʀadasjɔ̃] → SYN nf **a** (Mil) demotion ◆ **dégradation civique** (Jur) loss of civil rights

**b** (= avilissement) [personne] degradation, debasement; [qualité] debasement; [beauté] defiling, debasement

**c** (= détérioration) [mur, bâtiment] (par le vandalisme) damage; (par la pluie) erosion; [monument, façade] defacement; (Géol) [roches] erosion ◆ **dégradations** (= dégâts) damage (NonC) ◆ **les dégradations causées au bâtiment** the damage caused to the building ◆ **la dégradation des données** the corruption of the data

**d** (Art) [couleurs] shading-off, gradation; [lumière] gradation

**e** (= avilissement moral) degradation, debasement; (= affaiblissement physique) weakening

**f** (= détérioration) [relations, situation, qualité, santé, bâtiment] deterioration; [valeurs morales, forces] decline; [temps] worsening; [marché] decline; (= baisse) [monnaie, pouvoir d'achat] weakening, erosion

**g** (Phys) **la dégradation de l'énergie** the degradation ou dissipation of energy

**dégradé** [degʀade] nm [couleurs] gradation; [lumière] (gradual) moderation; (Ciné) grading; (Coiffure) layers, layered cut ◆ **couper en dégradé** to layer ◆ **un dégradé de rouges** a gradation of reds

**dégrader** [degʀade] → SYN ▸ conjug 1 ◂ **1** vt **a** (Mil = destituer) [+ officier] to demote

**b** (= avilir) [+ personne] to degrade, debase; [+ qualité] to debase; [+ beauté] to defile, debase

**c** (= détériorer) [+ mur, bâtiment] [vandales] to damage, cause damage to; [pluie] to erode, cause to deteriorate; [+ monument, façade] to deface, damage; (Géol) [+ roches] to erode, wear away; [+ relations] to damage ◆ **ils ont dégradé le matériel** they damaged the equipment ◆ **les quartiers dégradés** the rundown areas

**d** (Art) [+ couleurs] to shade off; [+ lumière] to subdue ◆ **tons dégradés** shaded tones

**e** [+ cheveux] to layer, cut in layers

**2** **se dégrader** vpr **a** [personne] (= s'avilir moralement) to degrade o.s., debase o.s.; (= s'affaiblir physiquement) to lose one's physical powers

**b** [relations, situation, qualité, santé, bâtiment] to deteriorate; [valeurs morales, forces] to decline; [mémoire] to fail; [marché] to weaken; [monnaie] to grow weaker; [pouvoir d'achat] to shrink ◆ **le temps se dégrade** the weather is deteriorating, there's a change for the worse in the weather

**c** (Art) [couleurs] to shade off; [lumière] to become subdued

**d** (Sci) [énergie] to become dissipated ou degraded

**dégrafer** [degʀafe] → SYN ▸ conjug 1 ◂ **1** vt [+ vêtement] to unfasten, unhook, undo; [+ bracelet, ceinture, collier] to unfasten, undo; [+ papiers] to unstaple ◆ **tu peux me dégrafer ?** can you undo me?

**2** **se dégrafer** vpr (accidentellement) [vêtement, collier] to come undone; [papiers] to come apart; (volontairement) [personne] to unfasten ou unhook ou undo one's dress etc

**dégrafeur** [degʀafœʀ] nm staple remover

**dégraissage** [degʀɛsaʒ] nm **a** **le dégraissage d'un vêtement** dry-cleaning a garment ◆ **le dégraissage du bouillon** skimming (the fat off) the broth ◆ **"dégraissage et nettoyage à sec"** "dry cleaning"

**b** (Écon) [effectifs] cutback, rundown (*de* in) ◆ **opérer un dégraissage** ou **des dégraissages** to slim down ou cut back the workforce

**dégraissant** [degʀɛsɑ̃] nm (= produit) spot remover

**dégraisser** [degʀese] → SYN ▸ conjug 1 ◂ vt **a** [+ vêtement] to dry-clean

**b** (Culin) [+ bouillon] to skim (the fat off); [+ viande] to remove the fat from, cut the fat off ◆ **jambon dégraissé** extra-lean ham

**c** (Menuiserie) [+ bois] to trim the edges of

**d** (Écon) [+ personnel, effectifs] to cut back, slim down

**degré** [dəgʀe] → SYN nm **a** (gén = niveau) degree; (= stade de développement) stage; (Admin = échelon) grade ◆ **c'est le degré zéro de la civilisation/politique** it's civilisation/politics in its most basic form ◆ **haut degré de civilisation** high degree ou level of civilization ◆ **à un degré avancé de** at an advanced stage of ◆ **mur de 6^ème^ degré** (Alpinisme) grade 6 wall ◆ **avare au plus haut degré** miserly in the extreme ◆ **jusqu'à un certain degré** to some ou a certain extent ou degree, to a degree ◆ **à un degré moindre, à un moindre degré** to a lesser degree ou extent ◆ **par degré(s)** by degrees ◆ **c'est le dernier degré de la perfection/passion** it's the height of perfection/passion ◆ **il s'est montré grossier au dernier degré** he was extremely rude

**b** (Gram, Mus, Sci) degree ◆ **équation du 1^er^/2^ème^ degré** equation of the 1st/2nd degree ◆ **il fait 20 degrés dans la chambre** it's 20 degrees (centigrade) in the room ◆ **la température a baissé/est montée de 2 degrés** the temperature has dropped/risen 2 degrees ◆ **degré centigrade/Fahrenheit/Celsius** degree centigrade/Fahrenheit/Celsius

**c** (= proportion) **degré d'alcool d'une boisson** proof of an alcoholic drink ◆ **degré en alcool d'un liquide** percentage of alcohol in a liquid ◆ **alcool à 90 degrés** 90% proof alcohol, surgical spirit (Brit) ◆ **du cognac à 40 degrés** 70° proof cognac ◆ **ce vin fait (du) 11 degrés** this wine is 11° *(on Gay-Lussac scale)* ◆ **degré Baumé** degree Baumé

**d** (dans un classement) degree ◆ **brûlure du premier/deuxième degré** (Méd) first/second degree burn ◆ **degré de parenté** (Sociol) degree of (family) relationship ou of kinship (frm) ◆ **cousins au premier degré** first cousins ◆ **parents au premier/deuxième degré** relatives of the first/second degree ◆ **prendre qch au premier degré** to take sth literally ◆ **prendre qch au deuxième** ou **second degré** to look below the surface of sth ◆ **c'est de l'humour au second degré** it's tongue-in-cheek (humour) ◆ **c'est à prendre au second degré** it's not to be taken literally

**e** (Scol) **enseignement du premier/second degré** primary/secondary education ◆ **enseignant du premier/second degré** primary/secondary schoolteacher

**f** (littér = marche) step ◆ **les degrés de l'échelle sociale** the rungs of the social ladder

**dégréer** [degʀee] ▸ conjug 1 ◂ vt to unrig

**dégressif, -ive** [degʀesif, iv] adj impôt degressive ◆ **appliquer un tarif dégressif** to use a sliding scale of charges

**dégressivité** [degʀesivite] nf [impôt] degression

**dégrèvement** [degʀɛvmɑ̃] → SYN nm **a** (Fin) **dégrèvement fiscal, dégrèvements fiscaux** tax exemption ou relief ◆ **le dégrèvement d'un produit** reduction of tax(es) on a product ◆ **le dégrèvement d'une industrie** reduction of the tax burden on an industry ◆ **le dégrèvement d'un contribuable** granting tax relief to a taxpayer

**b** (Jur) [hypothèque] disencumbrance

**dégrever** [degʀəve] → SYN ▸ conjug 5 ◂ vt [+ produit] to reduce the tax(es) on; [+ industrie] to reduce the tax burden on; [+ contribuable] to grant tax relief to; [+ immeuble] to disencumber

**dégriffé, e** [degʀife] **1** adj ◆ **robe dégriffée** unlabelled designer dress

**2** nm ◆ **magasin de dégriffés** designer seconds store ◆ **ils vendent du dégriffé** they sell designer seconds

**dégringolade** [degʀɛ̃gɔlad] → SYN nf [personne, objet] fall; [prix, firme] tumble; (Bourse) [cours, monnaie] collapse ◆ **pour stopper la dégringolade des prix** to stop prices (from) collapsing ◆ **après son divorce, ça a été la dégringolade** after his divorce he went downhill

**dégringoler** [degʀɛ̃gɔle] → SYN ▸ conjug 1 ◂ **1** vi **a** [personne, objet] to tumble (down), fall ◆ **il a dégringolé jusqu'en bas** he tumbled all the way down, he came ou went tumbling down ◆ **elle a dégringolé du toit** she tumbled ou fell off the roof ◆ **elle a fait dégringoler toute la pile de livres** she toppled the whole pile of books over ou brought the whole pile of books (crashing) down ◆ **ça dégringole !** * [pluie] it's pouring (down) ou tipping down * (Brit)

**b** [monnaie, prix] to collapse, take a tumble; [firme, réputation] to tumble, take a tumble ◆ **il a dégringolé (jusqu')à la 15ème place/dans les sondages** he tumbled to 15th place/in the polls

**2** vt [+ escalier, pente] (en courant) to rush ou tear down; (en tombant) to tumble down

**dégrippant** [degʀipɑ̃] nm penetrating oil

**dégripper** [degʀipe] ▸ conjug 1 ◂ vt to unblock, unchoke

**dégrisement** [degʀizmɑ̃] nm (lit, fig) sobering up

**dégriser** [degʀize] → SYN ▸ conjug 1 ◂ **1** vt (lit) to sober up; (fig) to sober up, bring back down to earth

**2** **se dégriser** vpr (lit) to sober up; (fig) to sober up, come back down to earth

**dégrosser** [degʀose] ▸ conjug 1 ◂ vt [+ lingot] to draw

**dégrossir** [degʀosiʀ] → SYN ▸ conjug 2 ◂ vt **a** [+ bois] to trim, cut down to size; [+ marbre] to rough-hew

**b** [+ projet, travail] to rough out, work out roughly, do the spadework on

**c** [+ personne] to knock the rough edges off, polish up ◆ **individu mal dégrossi** coarse ou unpolished ou unrefined individual ◆ **il s'est un peu dégrossi** he has lost some of his rough edges

**dégrossissage** [degʀosisaʒ] nm [bois] trimming; [marbre] rough-hewing

**dégrouiller (se)** * [degʀuje] → SYN ▸ conjug 1 ◂ vpr (= se dépêcher) to hurry up, get a move on * ◆ **allez, dégrouille(-toi) !** come on, hurry up! ou get a move on! * ◆ **se dégrouiller de** ou **pour faire qch** to hurry to do sth

**dégroupement** [degʀupmɑ̃] nm putting ou dividing into groups

**dégrouper** [degʀupe] ▸ conjug 1 ◂ vt to put ou divide into groups

**déguenillé, e** [deg(ə)nije] → SYN **1** adj ragged, tattered

**2** nm,f ragamuffin

**déguerpir** * [degɛʀpiʀ] ▸ conjug 2 ◂ vi (= s'enfuir) to clear off *, scarper ‡ (Brit) ◆ **faire déguerpir** [+ ennemi] to scatter; [+ voleur] to chase ou drive off

**dégueu** ‡ [degø] adj abrév de **dégueulasse**

**dégueulasse** ‡ [degœlas] **1** adj **a** (= crasseux, sale) disgusting, filthy

**b** (= mauvais, injuste) lousy *, rotten * ◆ **il a fait un temps dégueulasse** the weather was lousy * ◆ **c'est dégueulasse de faire ça** that's a lousy * ou rotten * thing to do ◆ **il a vraiment été dégueulasse avec elle** he was really rotten * to her ◆ **c'est pas dégueulasse** it's not bad at all

**c** (= vicieux) disgusting ◆ **il est vraiment dégueulasse, ce type** he's a filthy swine ‡

**2** nmf personne (sale) dirty pig ‡; (mauvais, vicieux) (homme) swine ‡; (femme) bitch, cow ‡ (Brit) ◆ **c'est un gros dégueulasse** he's a lousy ou rotten swine ‡ ◆ **c'est un vieux dégueulasse** he's a dirty old man ‡

**dégueulasser** ‡ [degœlase] ▸ conjug 1 ◂ vt [+ vêtement, feuille, tapis] to muck up *, mess up *, make mucky *

**dégueuler** ‡ [degœle] ▸ conjug 1 ◂ vti (= vomir) to throw up ‡, spew (up) ‡, puke (up) ‡ ◆ **c'est à dégueuler** it's enough to make you throw up ‡ ou spew (up) ‡ ou puke (up) ‡

**dégueulis** ‡ [degœli] nm puke ‡

**déguisé, e** [degize] (ptp de **déguiser**) adj **a** (pour tromper) in disguise (attrib), disguised (*en* as); (pour s'amuser) in fancy dress (Brit), in costume (US) ◆ **déguisé en Zorro** dressed up as Zorro

**b** voix, écriture, subvention, chômage disguised; ambition, sentiment disguised, masked, veiled; prêt, accord backdoor (épith) ◆ **non déguisé** unconcealed, undisguised ◆ **il parlait avec une hostilité à peine déguisée** he spoke with thinly veiled ou disguised hostility ◆ **les taxes ont augmenté sous une forme déguisée** there have been hidden tax increases ◆ **impôt déguisé** hidden tax

**déguisement** [degizmɑ̃] → SYN nm (pour tromper) disguise; (pour s'amuser) disguise, fancy dress (Brit), costume (US) ◆ **sans déguisement** (littér) without disguise, openly

**déguiser** [degize] → SYN ▸ conjug 1 ◂ 1 vt (gén) [+ voix, écriture, visage] to disguise; [+ pensée, ambition, vérité] to disguise, mask, veil; [+ poupée, enfant] to dress up (*en* as) ◆ **je ne puis vous déguiser ma surprise** I cannot conceal my surprise from you

2 **se déguiser** vpr (pour tromper) to disguise o.s.; (pour s'amuser) to dress up, to put on fancy dress (Brit) ◆ **se déguiser en Zorro** to dress up as a Zorro ◆ **se déguiser en courant d'air** * to make o.s. scarce *

**dégurgitation** [degyʀʒitasjɔ̃] nf [nourriture] vomiting ou bringing back (up); [leçon] parroting, regurgitation

**dégurgiter** [degyʀʒite] ▸ conjug 1 ◂ vt [+ nourriture] to vomit ou bring back (up); [+ leçon] to parrot, regurgitate

**dégustateur, -trice** [degystatœʀ, tʀis] nm,f [vin] wine taster

**dégustation** [degystasjɔ̃] nf [coquillages, fromages] sampling ◆ **une dégustation de vin(s)** a wine-tasting session ◆ **"ici, dégustation d'huîtres à toute heure"** "oysters available ou served at all times"

**déguster** [degyste] → SYN ▸ conjug 1 ◂ 1 vt [+ vins] to taste; [+ coquillages, fromages] to sample; [+ repas, café] [+ spectacle] to enjoy, savour ◆ **as-tu fini ton café ? – non, je le déguste** have you finished your coffee? – no, I'm enjoying it ou savouring it

2 vi ( * = souffrir) ◆ **il a dégusté !** he didn't half have a rough time! * ◆ **j'ai une rage de dents, je déguste !** I've got toothache and I'm in agony! * ou and it's killing me! *

**déhaler** [deale] ▸ conjug 1 ◂ 1 vt [+ bateau] to warp

2 **se déhaler** vpr to be warped

**déhanché, e** [deɑ̃ʃe] (ptp de **se déhancher**) adj démarche swaying; [infirme] lop-sided ◆ **il se tenait légèrement déhanché** he was standing with his weight on one leg

**déhanchement** [deɑ̃ʃmɑ̃] nm (= démarche) swaying walk; [infirme] lop-sided walk; (= posture) standing with one's weight on one hip

**déhancher (se)** [deɑ̃ʃe] → SYN ▸ conjug 1 ◂ vpr a (en marchant) to sway one's hips

b (immobile) to stand with ou lean one's weight on one hip

**déharnacher** [deaʀnaʃe] ▸ conjug 1 ◂ vt to unharness

**déhiscence** [deisɑ̃s] nf dehiscence

**déhiscent, e** [deisɑ̃, ɑ̃t] adj dehiscent

**dehors** [dəɔʀ] → SYN 1 adv a (= à l'extérieur) outside; (= à l'air libre) outside, outdoors, out of doors; (= pas chez soi) out ◆ **attendez-le dehors** wait for him outside ◆ **je serai dehors toute la journée** I'll be out all day ◆ **par beau temps, les enfants passent la journée dehors** when it's fine, the children spend the day outdoors ou out of doors ou outside ◆ **il fait plus frais dedans que dehors** it is cooler inside than out(side) ou indoors than out(doors) ◆ **cela ne se voit pas de dehors** it can't be seen from (the) outside ◆ **passez par dehors pour aller au jardin** go round the outside (of the house) to get to the garden ◆ **dîner dehors** (dans le jardin) to eat out of doors ou outside; (au restaurant) to eat ou dine out ◆ **jeter** ou **mettre** ou **ficher** * ou **foutre** ⁑ **qn dehors** (gén) to throw ou kick ⁑ ou chuck ⁑ sb out; [patron] to sack * ou fire * sb ◆ **mettre le nez** ou **le pied dehors** to set foot outside ◆ **il fait un temps à ne pas mettre le nez dehors** it's weather for staying indoors

b (Loc)

◆ **au dehors** (= à l'extérieur) outside ◆ **au dehors, elle paraît calme, mais c'est une nerveuse** outwardly she looks relaxed, but actually she's quite highly strung ◆ **au dehors, la situation est tendue** (= à l'étranger) outside the country, the situation is tense

◆ **en dehors** ◆ **avoir les pieds en dehors** to have turned-out feet, be splay-footed ◆ **marcher les pieds en dehors** to walk with one's feet ou toes turned out, walk splay-footed

◆ **en dehors de** (lit) outside; (= sans rapport avec) outside, irrelevant to; (= excepté) apart from ◆ **ce passage est en dehors du sujet** this passage is outside the subject ou is irrelevant (to the subject) ◆ **en dehors de cela, il n'y a rien de neuf** apart from that ou beyond that ou otherwise there's nothing new ◆ **cette tâche est en dehors de ses possibilités** this task is beyond his capabilities ◆ **il a voulu rester en dehors de cette affaire** he didn't want to get involved ◆ **en dehors de tout contrôle** fabriquer, exporter without any form of control

2 nm (= extérieur) outside ◆ **on n'entend pas les bruits du dehors** you can't hear the noise from outside ◆ **l'air du dehors** the fresh air ◆ **les détenus n'avaient aucune communication avec le dehors** the prisoners had no contact with the outside world ◆ **ce sont certainement des gens du dehors qui ont commis ce vol** it must be outsiders ou people from outside who are responsible for the theft

3 **dehors** nmpl (= apparences) ◆ **les dehors sont trompeurs** appearances are deceptive ◆ **sous des dehors aimables, il est dur** under his friendly exterior, he's a hard man

**déhoussable** [deusabl] adj with loose covers (attrib)

**déicide** [deisid] 1 adj deicidal

2 nmf deicide

3 nm (= crime) deicide

**déictique** [deiktik] nm (Ling) deictic

**déification** [deifikasjɔ̃] → SYN nf deification

**déifier** [deifje] → SYN ▸ conjug 7 ◂ vt to deify

**déisme** [deism] → SYN nm deism

**déiste** [deist] 1 adj deistic, deist

2 nmf deist

**déité** [deite] → SYN nf (littér) deity

**déjà** [deʒa] → SYN adv a (= dès maintenant, dès ce moment) already ◆ **il a déjà fini** he has finished already, he has already finished ◆ **est-il déjà rentré ?** has he come home yet?; (surprise) has he come home already? ◆ **à trois heures il avait déjà écrit trois lettres** he'd already written three letters by three o'clock ◆ **déjà à cette époque** even then ◆ **j'aurais déjà fini si tu ne me dérangeais pas tout le temps** I would have finished by now ou already if you didn't keep bothering me all the time ◆ **je l'aurais déjà dit si je n'avais pas craint de le vexer** I would have said it before now ou by now ou already if I hadn't been afraid of offending him

b (= auparavant) before, already ◆ **je suis sûr de l'avoir déjà rencontré** I'm sure I've met him before, I'm sure I've already met him ◆ **j'ai déjà fait ce genre de travail** I've done that sort of work before, I've already done that sort of work ◆ **c'est du déjà-vu** we've seen it all before, it's old hat * ◆ **impression de déjà-vu** sense ou feeling of déjà vu

c (intensif) **200 €, c'est déjà pas mal** * €200, that's not bad at all ◆ **30 tonnes, c'est déjà un gros camion** 30 tons, that's quite a big truck ou that's a fair-sized truck ◆ **il est déjà assez paresseux** he's lazy enough as it is ◆ **enfin, c'est déjà quelque chose !** anyway, it's better than nothing! ou it's a start! ◆ **déjà que** * **je ne suis pas riche, s'il faut encore payer une amende ...** I'm not rich as it is but if I have to pay a fine as well ...

d ( * : interrogatif) **qu'est-ce qu'il a dit, déjà ?** what was it he said again?, what did he say again? ◆ **c'est combien, déjà ?** how much is it again?, how much did you say it was again?; → **ores**

**déjanté, e** ⁑ [deʒɑ̃te] (ptp de **déjanter**) adj ◆ **tu es complètement déjanté !** you're off your rocker ⁑ ou trolley ⁑ (Brit)!

**déjanter** [deʒɑ̃te] ▸ conjug 1 ◂ 1 vt [pneu] to remove from its rim

2 vi ( ⁑ = devenir fou) to go crazy * ◆ **non mais tu déjantes !** you must be off your rocker! ⁑ ou trolley! ⁑ (Brit)

3 **se déjanter** vpr [pneu] to come off its rim

**déjauger** [deʒoʒe] ▸ conjug 3 ◂ vi to hydroplane

**déjection** [deʒɛksjɔ̃] → SYN nf a (Méd) evacuation ◆ **déjections** faeces, excrement

b (Géol) **déjections** ejecta (SPÉC), ejectamenta (SPÉC); → **cône**

**déjeté, e** [deʒ(ə)te] → SYN adj position, mur, arbre, infirme lop-sided, crooked; colonne vertébrale twisted ◆ **il est tout déjeté** he's all lop-sided ou misshapen

**déjeter** [deʒ(ə)te] ▸ conjug 4 ◂ vt to bend

**déjeuner** [deʒœne] → SYN ▸ conjug 1 ◂ 1 vi a (gén : à midi) to have lunch ◆ **nous avons déjeuné de fromage et de pain** we had bread and cheese for lunch ◆ **inviter qn à déjeuner** to invite sb to lunch ◆ **rester à déjeuner chez qn** to stay and have lunch with sb, stay for ou to lunch at sb's ◆ **viens déjeuner avec nous demain** come and have lunch with us tomorrow, come to lunch with us tomorrow ◆ **nous avons déjeuné sur l'herbe** we had a picnic lunch ◆ **ne pars pas sans déjeuner** don't go before you've had your lunch

b (Belg, Helv = le matin) to (have) breakfast; → **pouce**

2 nm a (= repas de midi) (gén) lunch, luncheon (frm) ◆ **déjeuner d'affaires** business lunch ◆ **déjeuner de travail** working lunch ◆ **déjeuner sur l'herbe** picnic lunch ◆ **"Le Déjeuner sur l'herbe"** (Art) "The Déjeuner sur l'herbe" ◆ **prendre son déjeuner** to have lunch ◆ **j'ai eu du poulet à déjeuner** I had chicken for lunch ◆ **j'ai ma mère à déjeuner** I've got my mother coming for lunch

b (Belg, Helv : du matin) breakfast

c (= tasse et soucoupe) breakfast cup and saucer

d (Loc) **ça a été un vrai déjeuner de soleil** (vêtement, tissu) it didn't take long to fade; (objet) it soon gave up the ghost *, it didn't last long; (résolution) it was a flash in the pan, it didn't last long

**déjouer** [deʒwe] → SYN ▸ conjug 1 ◂ vt [+ complot] to foil, thwart; [+ plan] to thwart, frustrate; [+ ruse] to outsmart; [+ surveillance] to elude ◆ **déjouer les plans de l'ennemi** to frustrate the enemy in his plans, confound the enemy's plans ◆ **j'ai déjoué ses plans** I thwarted his plans, I outwitted him

**déjuger (se)** [deʒyʒe] → SYN ▸ conjug 3 ◂ vpr to go back on ou reverse one's decision

**de jure** [deʒyʀe] loc adj, loc adv de jure

**delà** [dəla] 1 adv

◆ **au-delà** beyond ◆ **au-delà il y a l'Italie** beyond that is Italy ◆ **il a eu ce qu'il voulait et bien au-delà** he had all he wanted and more (besides) ◆ **vous avez droit à dix bouteilles et pas au-delà/mais au-delà vous payez une taxe** you're entitled to ten bottles and no more/but above that you pay duty ◆ **n'allez pas au-delà** (somme, prix) don't go beyond ou over that figure (ou sum etc), don't exceed that figure (ou sum etc ) ◆ **mes connaissances ne vont pas au-delà** that's as far as my knowledge goes, that's the extent of my knowledge

◆ **par(-)delà** beyond ◆ **devant eux il y a le pont et par(-)delà l'ennemi** in front of them is the bridge and beyond that the enemy ou and on the other ou far side of it, the enemy

◆ **en delà** beyond, outside ◆ **la clôture était à 20 mètres et il se tenait un peu en delà** the fence was 20 metres away and he was standing just beyond it ou outside it; → **deçà**

2 prép

◆ **au delà de** [+ lieu, frontière] beyond, on the other side of; [+ somme, limite] over, above ◆ **au delà des mers** (littér) overseas, beyond ou over the seas ◆ **ceci va au delà de tout ce que nous espérions** this goes (far) beyond anything we hoped for ◆ **au delà de la conscience/douleur** beyond consciousness/pain ◆ **aller au delà de ses forces/moyens** to go beyond ou exceed one's strength/means

◆ **par delà** beyond ◆ **par delà les mers** overseas, beyond ou over the seas ◆ **par delà les apparences** beneath the surface (fig) ◆ **par delà les siècles** across the centuries; voir aussi **par-delà**

**délabialisation** [delabjalizasjɔ̃] nf delabialization

**délabialiser** vt, **se délabialiser** vpr [delabjalize] ▸ conjug 1 ◂ to delabialize

**délabré, e** [delabʀe] (ptp de **délabrer**) adj maison dilapidated, ramshackle (épith), tumbledown (épith); mobilier, matériel broken-down; santé ruined; mur crumbling, in ruins (attrib); affaires in a poor ou sorry state (attrib); fortune depleted

**délabrement** [delabʀəmɑ̃] → SYN nm [maison] dilapidation, decay, ruin; [santé, affaires] poor ou sorry state; [vêtements] raggedness; [mobilier, matériel, mur] decay, ruin; [fortune]

depletion ♦ **état de délabrement** dilapidated state, state of decay ou ruin

**délabrer** [delabʀe] → SYN ▸ conjug 1 ◂ [1] vt [+ maison] to ruin; [+ mobilier, matériel] to spoil, ruin; [+ santé] to ruin, impair

[2] **se délabrer** vpr [maison, mur, matériel] to fall into decay; [santé] to break down; [affaires] to go to rack and ruin

**délacer** [delase] → SYN ▸ conjug 3 ◂ [1] vt [+ chaussures] to undo (the laces of); [+ corset] to unlace

[2] **se délacer** vpr [chaussures] to come undone

**délai** [delɛ] GRAMMAIRE ACTIVE 20.2, 20.3 → SYN

[1] nm a (= temps accordé) time limit ♦ **c'est un délai trop court pour ...** it's too short a time for ... ♦ **je vous donne trois mois, c'est un délai impératif** I'll give you three months and that's the absolute limit ♦ **avant l'expiration du délai** before the deadline ♦ **dans le délai imparti** ou **prescrit** within the allotted ou prescribed time, within the time laid down ou allotted ♦ **dans un délai de six jours** within (a period of) six days ♦ **livrable dans un délai de quinze jours** (sur facture) allow two weeks for delivery ♦ **vous êtes dans les délais** you're within the time limit ♦ **ce sera fait dans les délais** it'll be done within the time limit ou allotted time ♦ **observer** ou **respecter** ou **tenir les délais** [travail] to keep ou meet the deadline; [livraison] to keep ou meet delivery dates ♦ **prolonger un délai** to extend a time limit ou a deadline

b (= période d'attente) waiting period ♦ **il faut compter un délai de huit jours** you'll have to allow a week, there'll be a week's delay

c (= sursis) extension ♦ **un dernier délai de dix jours** a final extension of ten days ♦ **accorder des délais successifs** to allow further extensions ♦ **il va demander un délai pour achever le travail** he's going to ask for more time to finish off the job

d (LOC) **à bref délai** prévenir at short notice; (= très bientôt) shortly, very soon ♦ **dans le(s) plus bref(s) délai(s), dans les meilleurs délais** as soon ou as quickly as possible ♦ **il faut payer avant le 15, dernier délai** it must be paid by the 15th at the latest, the 15th is the deadline for payment ♦ **15 octobre, dernier délai pour les inscriptions** 15th October is the closing ou final date for registration, registration must be completed by 15th October at the latest ♦ **sans délai** without delay, immediately

[2] COMP ▷ **délai de carence** (Fin, Jur) waiting period *(before receiving social security payments)* ▷ **délai d'exécution** (pour un travail) turnaround time ▷ **délai de fabrication** production time ▷ **délai de grâce** (Fin, Jur) grace period ♦ **un délai de grâce de cinq jours** five days' grace ▷ **délai de livraison** delivery time ou period ▷ **délai de paiement** term of payment, time for payment ▷ **délai de préavis** term ou period of notice ▷ **délai de prescription** (Jur) limitation period ▷ **délai de réflexion** (avant réponse) time to think; (avant sanctions) cooling-off period; (Comm) right-to-cancel period ▷ **délai de rigueur** final deadline ♦ **à remettre avant le 15 mai, délai de rigueur** to be handed in before the final deadline of May 15th

**délai-congé,** pl **délais-congés** [delɛkɔ̃ʒe] nm term ou period of notice

**délaissement** [delɛsmɑ̃] → SYN nm (= action) abandonment, desertion; (= état) neglect, state of neglect ou abandonment; (Jur) relinquishment ou renunciation *(of a right)*

**délaisser** [delese] → SYN ▸ conjug 1 ◂ vt a (= abandonner) [+ famille, ami] to abandon, give up; [+ travail] to give up, quit ♦ **épouse délaissée** deserted wife

b (= négliger) [+ famille, ami, travail] to neglect ♦ **c'est un métier délaissé par les jeunes** young people don't go in for this kind of work ♦ **épouse/fillette délaissée** neglected wife/little girl

c (Jur) [+ droit] to relinquish

**délarder** [delaʀde] ▸ conjug 1 ◂ vt (Culin) to remove the lard from; (Tech) to trim

**délassant, e** [delasɑ̃, ɑ̃t] adj massage, bain relaxing; lecture entertaining

**délassement** [delasmɑ̃] → SYN nm (= état) relaxation, rest; (= distraction) relaxation

**délasser** [delase] → SYN ▸ conjug 1 ◂ [1] vt (= reposer) [+ membres] to refresh; (= divertir) [+ personne, esprit] entertain ♦ **un bon bain, ça délasse** a good bath is very relaxing ♦ **c'est un livre qui délasse** it's an entertaining sort of book

[2] **se délasser** vpr (= se détendre) to relax (*en faisant qch* by doing sth)

**délateur, -trice** [delatœʀ, tʀis] → SYN nm,f (frm) informer

**délation** [delasjɔ̃] → SYN nf (frm) denouncement, informing ♦ **lettre de délation** denunciatory letter

**délavage** [delavaʒ] nm a [aquarelle] watering down; [tissu, inscription] fading

b [terre] waterlogging

**délavé, e** [delave] (ptp de **délaver**) adj a tissu faded; inscription washed-out ♦ **jeans délavés** prewashed jeans ♦ **un ciel délavé après la pluie** a watery ou washed-out (blue) sky after rain

b terre waterlogged

**délaver** [delave] → SYN ▸ conjug 1 ◂ vt a [+ aquarelle] to water down; [+ tissu, inscription] to (cause to) fade *(by the action of water)*

b [+ terre] to waterlog

**Delaware** [dəlawɛʀ] nm Delaware

**délayage** [delɛjaʒ] → SYN nm [couleur] thinning down; (Culin) [farine, poudre] mixing *(to a certain consistency)* (*dans* with); (fig péj) [idée] dragging out, spinning out; [texte, exposé] padding out ♦ **faire du délayage** (péj) [personne, écrivain] to waffle* ♦ **son commentaire est un pur délayage** his commentary is pure waffle*

**délayer** [deleje] → SYN ▸ conjug 8 ◂ vt [+ couleur] to thin down; (Culin) [+ farine, poudre] to mix *(to a certain consistency)* (*dans* with); (péj) [+ idée] to drag out, spin out; [+ exposé] to pad out ♦ **délayer 100 g de farine dans un litre d'eau** mix 100 g of flour with a litre of water ♦ **quelques idées habilement délayées** a few ideas cleverly spun out

**Delco ®** [dɛlko] nm distributor; → **tête**

**deleatur** [deleatyʀ] nm inv delete mark ou sign, deleatur (SPÉC)

**déléaturer** [deleatyʀe] ▸ conjug 1 ◂ vt to delete

**délectable** [delɛktabl] → SYN adj delectable

**délectation** [delɛktasjɔ̃] → SYN nf delight, delectation (littér); (Rel) delight ♦ **avec délectation** écouter with delight; boire with relish ♦ **délectation morose** delectatio morosa

**délecter** [delɛkte] → SYN ▸ conjug 1 ◂ [1] vt (littér) to delight

[2] **se délecter** vpr ♦ **se délecter de qch/à faire** to delight ou revel ou take delight in sth/in doing ♦ **il se délectait** he was thoroughly enjoying it

**délégant, e** [delegɑ̃, ɑ̃t] → SYN nm,f delegator

**délégataire** [delegatɛʀ] nmf proxy

**délégation** [delegasjɔ̃] → SYN nf a (= groupe) delegation; (= commission) commission ♦ **ils sont allés en délégation voir le patron** they went as a delegation to see the boss

b (= mandat) delegation ♦ **quand il est absent, sa secrétaire signe le courrier par délégation** when he is away his secretary signs his letters on his authority ♦ **il agit par délégation** ou **en vertu d'une délégation** he is acting on somebody's authority ♦ **délégation rectorale** *special appointment of a teacher by the rectorat* ♦ **délégation de créance** (Jur) assignment ou delegation of debt ♦ **délégation de pouvoirs** delegation of powers ♦ **délégation de solde** (Mil) assignment of pay *(to relatives)*

c (Admin = succursale) branch, office(s) ♦ **Délégation générale pour l'armement** *state organization responsible for armament programmes* ♦ **Délégation à l'aménagement du territoire et à l'action régionale** *state organization for regional development*

**délégué, e** [delege] → SYN (ptp de **déléguer**) [1] adj delegated (*à* to) ♦ **membre délégué** delegate ♦ **producteur délégué** (Ciné) associate producer ♦ **délégué à qch** adjoint, directeur responsible for sth; → **administrateur, juge, ministre**

[2] nm,f (= représentant) (gén) representative; (à une réunion, une conférence) delegate ♦ **délégué rectoral** (Scol) ≃ temporary teacher ♦ **délégué de classe/de parents d'élèves** class/parents' representative ♦ **délégué du personnel** staff representative ♦ **délégué général** [parti politique] deputy leader; [association, organisme] chief representative ♦ **délégué syndical** union representative

> **DÉLÉGUÉS**
>
> At the start of the new school year in state "collèges" and "lycées", pupils elect two class representatives known as "délégués de classe", as well as two deputies. The role of the **délégués** is to represent the interest of the class as a whole by liaising with teachers and the school administration. At the end-of-term "conseils de classe", for example, the **délégués** are consulted during discussions on whether borderline pupils should move up to the next year, leave school or repeat the year. The **délégués** of the whole school elect the "délégués d'établissement" who attend the "conseil d'établissement", where they participate in discussions on the general running of the school and vote on decisions to be made.

**déléguer** [delege] → SYN ▸ conjug 6 ◂ vt a (= transmettre) [+ compétence, pouvoirs, responsabilité] to delegate (*à* to); (Jur) [+ créance] to assign, delegate ♦ **il faut savoir déléguer** it's important to be able to delegate

b (= mandater) [+ personne] to (appoint as a) delegate (*à* to)

**délestage** [delɛstaʒ] nm (Élec) power cut; (Aut) diversion; [ballon, navire] removal of ballast (*de* from), unballasting ♦ **établir un itinéraire de délestage** to set up a relief route

**délester** [delɛste] → SYN ▸ conjug 1 ◂ [1] vt [+ navire, ballon] to remove ballast from, unballast; (Élec) to cut off power from ♦ **on a délesté la N4** (Aut) a diversion has been set up on the N4 to relieve traffic congestion ♦ **délester qn d'un fardeau** to relieve sb of a burden ♦ **délester qn de qch*** (= voler qn) to relieve sb of sth

[2] **se délester** vpr [bateau, ballon] to jettison ballast ♦ **se délester de ses bombes** (Aviat) (en cas de panne) to jettison its bombs; (sur l'objectif) to release its bombs ♦ **elle se délesta de ses colis** she put down ou dropped her parcels ♦ **se délester de ses responsabilités sur qn** to offload one's responsibilities on sb

**délétère** [deletɛʀ] → SYN adj émanations, gaz noxious, deleterious; influence, propagande pernicious, deleterious

**délétion** [delesjɔ̃] nf (Bio) deletion

**Delhi** [dɛli] n Delhi

**déliassage** [deljasaʒ] nm (Ordin) decollation

**déliasser** [deljase] ▸ conjug 1 ◂ vt (Ordin) to decollate

**délibérant, e** [delibeʀɑ̃, ɑ̃t] adj deliberative

**délibératif, -ive** [delibeʀatif, iv] adj assemblée, conseil deliberative ♦ **avoir voix délibérative** to have voting rights

**délibération** [delibeʀasjɔ̃] → SYN nf a (= débat) deliberation, debate ♦ **délibérations** proceedings, deliberations ♦ **mettre une question en délibération** to debate ou deliberate (over ou upon) an issue ♦ **après délibération du jury** after the jury's due deliberation

b (= réflexion) deliberation, consideration

c (= décision) decision, resolution ♦ **délibérations** resolutions ♦ **par délibération du jury** on the jury's recommendation

**délibératoire** [delibeʀatwaʀ] adj deliberative

**délibéré, e** [delibeʀe] → SYN (ptp de **délibérer**) [1] adj (= intentionnel) deliberate; (= assuré) resolute, determined; → **propos**

[2] nm (Jur) deliberation *(of court at end of trial)* ♦ **mettre une affaire en délibéré** to deliberate on a matter ♦ **mise en délibéré** deliberation

**délibérément** [delibeʀemɑ̃] → SYN adv (= volontairement) deliberately, intentionally; (= après avoir réfléchi) with due consideration; (= résolument) resolutely

**délibérer** [delibeʀe] → SYN ▸ conjug 6 ◂ [1] vi (= débattre) (gén) to deliberate; [jury] to confer, deliberate; (= réfléchir) to deliberate, consider ♦ **après avoir mûrement délibéré** after having pondered the matter, after duly considering the matter ♦ **délibérer sur une question** to deliberate (over ou upon) an issue

2 **délibérer de** vt indir (= décider) ◆ **délibérer de qch** to deliberate sth ◆ **délibérer de faire qch** to decide ou resolve to do sth (after deliberation)

**délicat, e** [delika, at] → SYN adj a (= fin) dentelle, parfum, forme, couleur delicate; fil, voile, facture, travail fine; mets dainty ◆ **un objet gravé de facture délicate** an intricately engraved object

b (= fragile) tissu, fleur, enfant, santé delicate ◆ **il a la peau très délicate** he has very delicate ou sensitive skin ◆ **lotion pour peaux délicates** lotion for sensitive skins

c (= difficile) situation, question, opération delicate, tricky; sujet delicate, sensitive ◆ **c'est délicat !** it's rather delicate! ou tricky! ◆ **c'est délicat de lui dire ça** it's a bit awkward to tell him that

d (gén nég = scrupuleux) personne, conscience scrupulous ◆ **des procédés peu délicats** unscrupulous ou dishonest methods ◆ **il ne s'est pas montré très délicat envers vous** he hasn't behaved very fairly ou decently towards you

e (= raffiné) sentiment, goût, esprit, style refined, delicate; attention thoughtful; geste delicate, thoughtful ◆ **ces propos conviennent peu à des oreilles délicates** this conversation isn't suitable for delicate ou sensitive ears ◆ **avoir le palais délicat** to have a discerning palate

f (= précis) nuance subtle, fine, delicate; oreille sensitive, fine; travail fine, delicate

g (= léger) toucher, touche gentle, delicate ◆ **prendre qch d'un geste délicat** to take sth gently ou delicately

h (= plein de tact) tactful (*envers* to, towards)

i (= exigeant) fussy, particular ◆ **il est délicat pour manger** he's fussy ou particular about his food ◆ **faire le délicat** (nourriture) to be particular ou fussy; (spectacle) to be squeamish; (propos) to act shocked

**délicatement** [delikatmɑ̃] adv a (= finement) **tableau délicatement coloré** finely ou delicately coloured painting ◆ **dentelle délicatement ouvragée** finely ou delicately worked lace ◆ **mets délicatement préparé** daintily ou delicately prepared dish

b (= avec précision) delicately, finely ◆ **nuance délicatement exprimée** subtly ou finely ou delicately expressed shade of meaning

c (= avec légèreté) poser, saisir gently, delicately

d (= avec raffinement) delicately ◆ **sentiment délicatement exprimé** delicately expressed feeling

**délicatesse** [delikatɛs] → SYN nf a (= finesse) [dentelle, parfum, couleur, forme] delicacy; [mets] daintiness; [fil, voile, facture, travail] fineness

b (= fragilité) [peau] sensitiveness; [tissu] delicacy

c (= scrupules) [personne, procédés] scrupulousness ◆ **sa manière d'agir manque de délicatesse** his behaviour is somewhat unscrupulous

d (= raffinement) [sentiment, goût, esprit, style] refinement, delicacy; [geste] delicacy

e (= tact) tact; (= attentions) thoughtfulness ◆ **par délicatesse il se retira** he withdrew tactfully ou out of politeness

f (= précision) [nuance] subtlety, fineness, delicacy; [oreille] sensitivity, fineness; [travail] fineness, delicacy

g (= légèreté) gentleness ◆ **il prit le vase avec délicatesse** he picked up the vase gently ou delicately

h (= caractère complexe) [situation, question, opération] delicacy ◆ **être en délicatesse avec qn/la justice** (frm) to be at odds with sb/the law

i (gén pl = prévenances) consideration (NonC), (kind) attentions ◆ **avoir des délicatesses pour qn** to show consideration for sb

**délice** [delis] → SYN nm (= plaisir) delight ◆ **quel délice de s'allonger au soleil !** what a delight to lie in the sun! ◆ **se plonger dans l'eau avec délice** to jump into the water with sheer delight ◆ **ce dessert est un vrai délice** this dessert is quite delightful ou delicious

**délices** [delis] nfpl (littér = plaisirs) delights ◆ **les délices de l'étude** the delights of study ◆ **toutes les délices de la terre se trouvaient réunies là** every earthly delight was to be found there ◆ **faire ses délices de qch** to take delight in sth ◆ **cette vie rustique ferait les délices de mon père** this country life would delight my father

**délicieusement** [delisjøzmɑ̃] adv chanter delightfully, exquisitely; beau, parfumé exquisitely ◆ **s'enfoncer délicieusement dans les couvertures** to snuggle down under the covers with delight

**délicieux, -ieuse** [delisjø, jøz] → SYN adj fruit delicious; goût delicious, delightful; lieu, personne, sensation, anecdote charming, delightful

**délictuel, -elle** [deliktɥɛl] adj action criminal

**délictueux, -euse** [deliktɥø, øz] → SYN adj (Jur) criminal ◆ **fait délictueux** criminal act

**délié, e** [delje] → SYN (ptp de **délier**) 1 adj a (= agile) doigts nimble, agile; esprit astute, penetrating ◆ **avoir la langue déliée** to be very talkative

b (= fin) taille slender; fil, écriture fine

2 nm [lettre] (thin) upstroke ◆ **les pleins et les déliés** the downstrokes and the upstrokes (*in handwriting*) ◆ **avoir un bon délié** (Mus) to have a flowing ou an even touch

**délier** [delje] → SYN ▸ conjug 7 ◂ 1 vt a [+ corde, paquet, prisonnier] to untie; [+ gerbe] to unbind ◆ **déliez-lui les mains** untie his hands ◆ **délier la langue de qn** to loosen sb's tongue; → **bourse**

b **délier qn de** [+ obligation, serment] to free ou release sb from; (Rel) [+ péché] to absolve sb from

2 **se délier** vpr a [lien] to come untied; [prisonnier] to untie o.s., get (o.s.) free; [langue] to loosen ◆ **sous l'effet de l'alcool les langues se délient** alcohol loosens people's tongues

b **se délier d'un serment** to free ou release o.s. from an oath

**délimitation** [delimitasjɔ̃] → SYN nf [terrain, frontière] delimitation; [sujet, rôle] definition, delimitation; [responsabilités, attributions] determination

**délimiter** [delimite] → SYN ▸ conjug 1 ◂ vt [+ terrain, frontière] to delimit; [+ sujet, rôle] to define (the scope of), delimit; [+ responsabilités, attributions] to determine

**délimiteur** [delimitœʀ] nm (Ordin) delimiter

**délinéament** [delineamɑ̃] nm (littér) contour

**délinéarisé, e** [delineaʀize] adj lettres not aligned

**délinéer** [delinee] ▸ conjug 1 ◂ vt (= dessiner) to sketch, trace; (= faire ressortir) to outline

**délinquance** [delɛ̃kɑ̃s] → SYN nf criminality ◆ **délinquance juvénile** juvenile delinquency ◆ **délinquance financière** financial crime ◆ **délinquance routière** reckless driving ◆ **la petite/la grande délinquance** petty/serious crime ◆ **acte de délinquance** crime ◆ **il a sombré dans la délinquance** he slid into crime

**délinquant, e** [delɛ̃kɑ̃, ɑ̃t] → SYN 1 adj delinquent ◆ **la jeunesse délinquante** juvenile delinquents ou offenders

2 nm,f delinquent, offender ◆ **délinquant primaire** first offender

**déliquescence** [delikesɑ̃s] → SYN nf a (Chim = action) deliquescence

b (= décadence) decay ◆ **en déliquescence** régime, structure in decline ◆ **société en complète déliquescence** society in a state of total decay ◆ **tomber en déliquescence** to fall into decay ou decline

**déliquescent, e** [delikesɑ̃, ɑ̃t] → SYN adj a (Chim) deliquescent

b (= décadent) régime, mœurs, société decaying; atmosphère devitalizing; esprit enfeebled; personne decrepit

**délirant, e** [deliʀɑ̃, ɑ̃t] → SYN adj a (Méd) malade delirious ◆ **crise délirante** bout ou spell of delirium

b (= enthousiaste) foule delirious; accueil rapturous ◆ **un public délirant** a frenzied audience ◆ **tu n'es pas d'un optimisme délirant !** you're not exactly overflowing with optimism!

c (= extravagant) idée, architecture extraordinary, wild; prix, propos outrageous; comédie, film whacky * ◆ **ce projet est complètement délirant !** * this project is completely off the wall! *

**délire** [deliʀ] → SYN 1 nm a (Méd) delirium ◆ **dans un accès de délire** in a fit of delirium ◆ **être en plein délire** to be totally delirious

b (= frénésie) frenzy ◆ **sa passion allait jusqu'au délire** his passion was almost frenzied ◆ **dans le délire de son imagination** in his wild ou frenzied imagination ◆ **une foule en délire** a frenzied crowd ◆ **quand l'acteur parut, ce fut le** ou **du délire** * when the actor appeared the crowd went crazy

c **c'est du délire !** (= chose extravagante) it's sheer madness! ou lunacy! ◆ **aux heures de pointe, c'est du délire dans cette ville** it's absolute chaos ou sheer madness in the city at rush hour ◆ **c'est le délire !** * (= c'est super) it's great! *

2 COMP ▷ **délire alcoolique** alcoholic mania ▷ **délire de grandeur** delusions of grandeur ▷ **délire hallucinatoire** hallucinatory delirium ▷ **délire de persécution** persecution mania ▷ **délire poétique** (Littérat) poetic frenzy ▷ **délire systématisé** systematized delusion

**délirer** [deliʀe] → SYN ▸ conjug 1 ◂ vi [malade] to be delirious ◆ **délirer de joie** to be delirious with joy ◆ **il délire !** * he's raving! *, he's out of his mind! * ◆ **délirer sur qch** (= en parler) to jabber on * about sth ◆ **il délire complètement sur le rap** he's crazy * about rap music

**delirium tremens** [deliʀjɔmtʀemɛ̃s] nm delirium tremens

**délit** [deli] → SYN nm (gén) crime, offence; (Jur) (criminal) offence, misdemeanor (US) ◆ **commettre un délit** to commit an offence ◆ **délit de fuite** failure to report an accident, hit-and-run offence ◆ **il a été arrêté pour délit de faciès/de sale gueule** they arrested him because of the colour of his skin/because they didn't like the look of him ◆ **délit financier** financial crime ◆ **délit d'ingérence** abuse of office ◆ **délit d'initié** insider dealing ou trading ◆ **délit de presse** violation of the press laws ◆ **délit sexuel** sexual offence ou crime ◆ **être poursuivi pour délit d'opinion** to be prosecuted for one's beliefs ou convictions; → **corps, flagrant**

**déliter** [delite] → SYN ▸ conjug 1 ◂ 1 vt [+ pierre] to cleave

2 **se déliter** vpr (lit) to disintegrate (*because of exposure to moisture*); [certitudes, valeurs] to crumble; [État, structure] to fall apart

**délitescence** [delitesɑ̃s] nf (Chim) disintegration; (Méd) delitescence

**délitescent, e** [delitesɑ̃, ɑ̃t] adj (Chim) disintegrative

**délivrance** [delivʀɑ̃s] → SYN nf a [prisonniers] release; [pays] deliverance, liberation

b (= soulagement) relief ◆ **il est parti, quelle délivrance !** he's gone – what a relief!

c [passeport, reçu] issue, delivery; [ordonnance] issue; [lettre, marchandise] delivery ◆ **délivrance d'un brevet** (Jur) issue of a patent

d (Méd, littér = accouchement) delivery

**délivrer** [delivʀe] → SYN ▸ conjug 1 ◂ 1 vt a [+ prisonnier, esclave] to set free ◆ **délivrer qn de** [+ rival] to relieve ou rid sb of; [+ liens, obligation] to free sb from, relieve sb of; [+ crainte] to relieve sb of ◆ **être/se sentir délivré d'un grand poids** to be/feel relieved of a great weight

b [+ passeport, reçu] to issue, deliver; [+ lettre, marchandise] to deliver; (Comm) [+ brevet] to grant; [+ ordonnance] to give, issue; [+ médicament] [pharmacien] to dispense; (Admin) to sell; → **ordonnance**

2 **se délivrer** vpr [personne] to free o.s. (*de* from)

**délocalisation** [delɔkalizasjɔ̃] nf relocation

**délocaliser** [delɔkalize] ▸ conjug 1 ◂ vt [+ activités, entreprise, emplois] to relocate ◆ **l'entreprise va se délocaliser à l'étranger** the company is going to relocate abroad

**délogement** [delɔʒmɑ̃] nm [locataire] turning ou throwing out; [fugitif] flushing out; [lièvre] starting; [objet] dislodging

**déloger** [delɔʒe] → SYN ▸ conjug 3 ◂ 1 vt [+ locataire] to turn ou throw out; [+ fugitif] to flush out; [+ lièvre] to start; [+ objet, ennemi] to dislodge (*de* from)

2 vi a (= déguerpir) to clear out ◆ **délogez de là !** clear out of there! *

b (Belg = découcher) to spend the night away from home

**déloquer (se)** ✱ [delɔke] ▸ conjug 1 ◂ vpr (= se déshabiller) to strip off

**déloyal, e,** mpl **-aux** [delwajal, o] → SYN adj ami unfaithful, disloyal (*envers* towards); adversaire underhand; conduite disloyal, underhand; procédé unfair ◆ **concurrence déloyale** (Comm) unfair competition ◆ **un coup déloyal** (Sport) a foul

**déloyalement** [delwajalmɑ̃] adv disloyally

**déloyauté** [delwajote] → SYN nf (NonC) [ami, conduite] disloyalty (*envers* towards); [adversaire] underhandedness, unfairness; [procédé] unfairness ◆ **actes de déloyauté** disloyal acts

**Delphes** [dɛlf] n Delphi

**delphinarium** [dɛlfinaʀjɔm] nm dolphinarium

**delphinidés** [dɛlfinide] nmpl ◆ **les delphinidés** delphinoids, the Delphinidae (SPÉC)

**delphinium** [dɛlfinjɔm] nm delphinium

**delta** [dɛlta] → SYN nm (Géog, Ling) delta ◆ **le delta du Mékong** the Mekong delta ◆ **rayon delta** (Phys) delta ray ◆ **à ailes (en) delta** (Aviat) delta-winged; → **aile**

**deltaïque** [dɛltaik] adj deltaic, delta (épith)

**deltaplane ®** [dɛltaplan] nm (= appareil) hang-glider; (= sport) hang-gliding ◆ **faire du deltaplane** to hang-glide, go hang-gliding

**deltoïde** [dɛltɔid] adj, nm (Méd) deltoid

**deltoïdien, -ienne** [dɛltɔidjɛ̃, jɛn] adj deltoid

**déluge** [delyʒ] → SYN nm (= pluie) downpour, deluge; [larmes, paroles, injures] flood; [compliments, coups] shower ◆ **le déluge** (Bible) the Flood, the Deluge ◆ **ça date du déluge, ça remonte au déluge** it's ancient history ◆ **après moi le déluge !** I don't care what happens after I'm gone!, après moi le déluge!

**déluré, e** [delyʀe] → SYN (ptp de **délurer**) adj **a** (= débrouillard) smart, resourceful

**b** (= impertinent) (gén) forward; fille saucy, sassy * (US) ◆ **sa sœur est un peu délurée** his sister is a bit wild

**délurer** [delyʀe] ▸ conjug 1 ◂ **1** vt (= dégourdir) to make smart ou resourceful, teach a thing or two to *; (péj) to make forward ou pert

**2** **se délurer** vpr (= se dégourdir) to become smart ou resourceful; (péj) to become forward ◆ **il s'est déluré au régiment** he learnt a thing or two * in the army

**délustrer** [delystʀe] ▸ conjug 1 ◂ vt to take the lustre ou shine off

**dém** * [dɛm] nf abrév de **démission**

**démagnétisation** [demaɲetizasjɔ̃] nf demagnetization

**démagnétiser** [demaɲetize] ▸ conjug 1 ◂ vt, **se démagnétiser** vpr to demagnetize

**démago** * [demago] **1** adj (abrév de **démagogique**)

**2** nmf (abrév de **démagogue**)

**démagogie** [demagɔʒi] nf demagogy, demagoguery

**démagogique** [demagɔʒik] adj discours, réforme popularity-seeking, demagogic

**démagogue** [demagɔg] → SYN **1** nmf demagogue

**2** adj ◆ **être démagogue** to be a demagogue

**démaigrir** [demegʀiʀ] ▸ conjug 2 ◂ vt (Tech) to trim

**démaillage** [demɑjaʒ] nm [bas] laddering (Brit), running (US); [tricot] undoing, unravelling

**démailler** [demɑje] ▸ conjug 1 ◂ **1** vt [+ bas] to ladder (Brit), run (US); [+ filet] to undo (the mesh of); [+ tricot] to undo, unravel; [+ chaîne] to unlink, separate the links of ◆ **ses bas sont démaillés** her stockings are laddered (Brit) ou have got ladders (Brit) ou have runs (US) in them

**2** **se démailler** vpr [bas] to ladder (Brit), run (US); [tricot, filet] to unravel, come unravelled ◆ **la chaîne s'est démaillée** the links of the chain have come apart

**démailloter** [demajɔte] ▸ conjug 1 ◂ vt [+ enfant] to take the swaddling clothes off

**demain** [d(ə)mɛ̃] → SYN adv **a** (= dans un jour) tomorrow ◆ **demain matin** tomorrow morning ◆ **demain soir** tomorrow evening ou night ◆ **demain en huit/en quinze** a week/two weeks tomorrow ◆ **à dater** ou **à partir de demain** (as) from tomorrow, from tomorrow on ◆ **demain il fera jour** tomorrow is another day ◆ **ce n'est pas demain la veille** *, **ce n'est pas pour demain** * that won't happen in a hurry ◆ **demain on rase gratis !** * it's jam tomorrow! ◆ **à demain** (gén) see you tomorrow; (= je téléphonerai) I'll talk to you tomorrow ◆ **d'ici (à) demain tout peut changer** everything might be different by tomorrow; → **remettre**

**b** (= l'avenir) **le monde de demain** the world of tomorrow, tomorrow's world ◆ **de quoi demain sera-t-il fait ?** what will tomorrow's world hold for us?

**démanché, e** [demɑ̃ʃe] (ptp de **démancher**) **1** adj bras out of joint (attrib), dislocated; * objet loose; meuble rickety ◆ **le marteau est démanché** the hammer has no handle ou has lost its handle

**2** nm (Mus) shift

**démancher** [demɑ̃ʃe] → SYN ▸ conjug 1 ◂ **1** vt [+ outil] to take the handle off; ( * = disloquer) [+ meuble] to knock a leg off; [+ bras] to put out of joint, dislocate

**2** vi (Mus) to shift

**3** **se démancher** vpr [outil] to lose its handle; [bras] to be put out of joint, be dislocated; * [meuble, objet] to fall to bits ou pieces ◆ **se démancher le bras** to dislocate one's shoulder ◆ **se démancher le cou pour voir qch** * to crane one's neck to see sth

**demande** [d(ə)mɑ̃d] → SYN nf **a** (= requête) request (*de qch* for sth); (= revendication) claim, demand (*de* for); (Admin) [autorisation, naturalisation] application (*de* for); [remboursement, dédommagement] claim (*de* for); [renseignement] enquiry; (Cartes) bid ◆ **faire une demande** (gén) to make a request ◆ **faire une demande de remboursement** to put in ou make a claim for reimbursement ou a refund (*à qn* to sb), claim reimbursement ou a refund (*à qn* from sb) ◆ **adressez votre demande au ministère** apply to the ministry ◆ **remplir une demande** (formulaire) to fill in a claim form (*de* for) ◆ **demande d'adhésion** application for membership ◆ **demande d'asile** request ou application for asylum ◆ **demande de rançon** ransom demand ◆ **demande d'emploi** job application ◆ **"demandes d'emploi"** (rubrique de journal) "situations wanted" ◆ **demande (en mariage)** proposal (of marriage) ◆ **faire sa demande (en mariage)** to propose ◆ **à** ou **sur la demande de qn** at sb's request ◆ **à la demande, sur demande** (gén) on request; (Admin) on application ◆ **et maintenant, à la demande générale ...** and now, by popular request ...

**b** (Écon) **la demande** demand ◆ **pour répondre à la demande (de pétrole/de fruits)** to meet the demand (for oil/fruit) ◆ **il y a une forte demande de produits importés** imported goods are in great demand, there is a great ou high demand for imported goods

**c** (Jur) **demande en divorce** divorce petition ◆ **demande en renvoi** request for remittal ◆ **demande principale/accessoire/subsidiaire** chief/secondary/contingency petition

**d** (= besoins) [malade, enfant] needs ◆ **demande d'affection** need for affection

**demandé, e** [d(ə)mɑ̃de] (ptp de **demander**) adj (Comm) in demand ◆ **cet article est très demandé** this item is very much in demand, there is a great demand for this item ◆ **il est très demandé** médecin, chanteur he is very much in demand ◆ **c'est une destination très demandée** it's a very popular destination

**demander** [d(ə)mɑ̃de] GRAMMAIRE ACTIVE 1.2, 16.1, 26.6 → SYN ▸ conjug 1 ◂

**1** vt **a** (= solliciter) [+ chose, conseil, réponse, entrevue] to ask for, request (frm); [+ volontaire] to call for, ask for; (Admin, Jur) [+ délai, emploi, divorce] to apply for; [+ indemnité, remboursement] to claim; [+ réunion, enquête] to call for, ask for ◆ **demander qch à qn** to ask sb for sth ◆ **demander un service** ou **une faveur à qn** to ask sb a favour ◆ **demander la paix** to sue for peace ◆ **demander une permission** (Mil) to ask for ou request (frm) leave ◆ **demander la permission de faire qch** to ask ou request (frm) permission to do sth ◆ **demander aide et assistance** to request aid (*à* from) ◆ **demander à voir qn/à parler à qn** to ask to see sb/to speak to sb ◆ **il a demandé à partir plus tôt** he has asked to leave earlier ◆ **demander à qn de faire** ou **qu'il fasse qch** to ask ou request (frm) sb to do sth ◆ **puis-je vous demander (de me passer) du pain ?** would you mind passing me some bread? ◆ **vous n'avez qu'à demander, il n'y a qu'à demander** you only have to ask ◆ **que demande le peuple ?** (hum) what more could you ask for?; → **aumône, charité, pardon**

**b** (= appeler) [+ médecin, prêtre, plombier] to send for ◆ **le blessé demande un prêtre** the injured man is asking ou calling for a priest

**c** (au téléphone, au bureau etc ) [+ personne, numéro] to ask for ◆ **demandez-moi M. Leblanc** (au téléphone) get me Mr Leblanc ◆ **qui demandez-vous ?** who do you wish to speak to? ◆ **on le demande au bureau/au téléphone** he is wanted at the office/on the phone, someone is asking for him at the office/on the phone ◆ **le patron vous demande** ou **demande après** * **vous** the boss wants to see you ou speak to you, the boss is asking to see you

**d** (= désirer) to be asking for, want ◆ **ils demandent 60 F de l'heure et une semaine de congé** they are asking (for) 60 francs an hour and a week's holiday ◆ **le chat miaule, il demande son lait** the cat's mewing – he's asking for his milk ◆ **je demande à voir !** * I'll believe it when I see it! ◆ **il ne demande qu'à apprendre/à se laisser convaincre** all he wants is to learn/to be convinced, he's more than willing to learn/be convinced ◆ **il demande qu'on le laisse partir** he wants us to ou is asking us to let him go ◆ **tout ce que je demande, c'est qu'il vienne** all (that) I ask is that he should come ◆ **je ne demande pas mieux !** ou **que ça !** I'll be ou I'm only too pleased! ◆ **il ne demandera pas mieux que de vous aider** he'll be only too pleased to help you

**e** (= s'enquérir de) [+ heure, nom, chemin] to ask ◆ **demander l'heure à qn** to ask sb the time ◆ **je lui ai demandé son nom** I asked him his name ◆ **demander un renseignement à qn** to ask sb for some information ◆ **demander quand/comment/pourquoi c'est arrivé** to ask when/how/why it happened ◆ **demander des nouvelles de qn, demander après qn** * to enquire ou ask after sb ◆ **"où est-il ?" demanda-t-elle** "where is he?", she asked ◆ **va demander !** go and ask! ◆ **je ne t'ai rien demandé** I didn't ask you ◆ **je ne te demande rien** I'm not asking you ◆ **on ne t'a pas demandé l'heure (qu'il est)** * ou **ton avis** * who asked you?, who rattled your cage? ✱ ◆ **je vous le demande !, je vous demande un peu !** * (excl) honestly! *

**f** (= nécessiter) [travail, décision] to require, need ◆ **ça demande un effort** it requires an effort ◆ **ces plantes demandent beaucoup d'eau/à être arrosées** these plants need ou require a lot of water/watering ◆ **ce travail va (lui) demander six heures** the job will take (him) 6 hours ou will require 6 hours, he'll need 6 hours to do the job ◆ **cette proposition demande réflexion** this proposal needs thinking over ◆ **cette proposition demande toute votre attention** this proposal calls for ou requires your full attention

**g** (= exiger) **demander qch à** ou **de qn** to ask sth of sb ◆ **demander beaucoup à** ou **de la vie/ses élèves** to ask a lot of life/of one's pupils ◆ **il ne faut pas trop lui en demander !** you mustn't ask too much of him!

**h** (Comm) **ils (en) demandent 100 €** they are asking ou want €100 (for it) ◆ **ils m'en ont demandé 100 €** they asked (me) for €100 for it ◆ **ils demandent une vendeuse** (= ils en cherchent une) they're looking for a shop assistant ◆ **ils demandent 3 vendeuses** (par annonce) they are advertising for ou they want 3 shop assistants ◆ **on demande beaucoup de vendeuses en ce moment** shop assistants are very much in demand ou are in great demand just now ◆ **"on demande : électricien"** "electrician wanted ou required" ◆ **comme vous l'avez demandé dans votre lettre du 25 janvier** as requested in your letter of 25th January

**2** **se demander** vpr **a** (= hésiter, douter) to wonder ◆ **on peut vraiment se demander** ou **c'est à se demander s'il a perdu la tête** it makes you wonder if he isn't out of his mind ◆ **il se demande où aller/ce qu'il doit faire** he is wondering where to go/what to do ◆ **il se demanda : suis-je vraiment aussi bête ?** he asked himself ou wondered: am I really so stupid? ◆ **ils se demandent bien**

**pourquoi il a démissionné** they can't think why he resigned, they really wonder why he resigned

**b** (sens passif) **ça ne se demande pas !** that's a stupid question!

**demandeur[1], -deresse** [d(ə)mɑ̃dœʀ, dʀɛs] → SYN **nm,f** (Jur) plaintiff, complainant; (en divorce) petitioner ◆ **demandeur en appel** appellant ◆ **la partie demanderesse** the moving party

**demandeur[2], -euse** [d(ə)mɑ̃dœʀ, øz] → SYN **nm,f** ◆ **demandeur d'emploi** person looking for work, job seeker ◆ **le nombre des demandeurs d'emploi a baissé** the number of job seekers has fallen ◆ **demandeur d'asile** asylum seeker ◆ **demandeur de visa** visa applicant ◆ **ils sont très demandeurs de nos produits** our goods are very popular with them ◆ **s'il existe un bon dictionnaire, je suis demandeur** if there's a good dictionary I'm interested

**démangeaison** [demɑ̃ʒɛzɔ̃] → SYN **nf** itching (NonC), itching sensation ◆ **avoir des démangeaisons** to be itching ◆ **j'ai des démangeaisons dans le dos** my back is itching ◆ **j'ai une démangeaison** I've got an itch

**démanger** [demɑ̃ʒe] → SYN ▸ conjug 3 ◂ **vt** **a** (= gratter) **son dos/son coup de soleil le** ou **lui démange** his back/sunburn itches ou is itching ◆ **où est-ce que ça (vous) démange ?** where does it itch? ◆ **ça (me) démange** it itches, it's making me itch

**b** (fig) **ses poings le démangent** he's itching* for a fight ◆ **la main me démange** I'm itching* ou dying to hit him (ou her etc) ◆ **la langue me démange** I'm itching* ou dying to say something ◆ **ça me démange de faire ..., l'envie me démange de faire ...** I'm dying to do ... ◆ **ça me démangeait de lui dire** I was itching* to tell him

**démantèlement** [demɑ̃tɛlmɑ̃] → SYN **nm** (Mil) [forteresse] demolition, demolishing; [armes, missiles, centrale nucléaire, entreprise, service] dismantling; [gang, réseau d'espionnage, de trafiquants] breaking up; [empire] dismantling, break-up

**démanteler** [demɑ̃t(ə)le] → SYN ▸ conjug 5 ◂ **vt** (Mil) [+ forteresse] to demolish; [+ armes, missiles, centrale nucléaire, entreprise, service] to dismantle; [+ gang, réseau d'espionnage, de trafiquants] to break up; [+ empire] to dismantle, break up

**démantibuler*** [demɑ̃tibyle] ▸ conjug 1 ◂ **1** **vt** [+ objet] to demolish, break up

**2** **se démantibuler** **vpr** to fall apart ◆ **se démantibuler le bras** to dislocate one's shoulder

**démaquillage** [demakijaʒ] **nm** removal of make-up ◆ **elle commença son démaquillage** she started to take off ou remove her make-up

**démaquillant, e** [demakijɑ̃, ɑ̃t] **1** **adj** ◆ **lait** (ou **gel**) **démaquillant** make-up remover

**2** **nm** make-up remover ◆ **démaquillant pour les yeux** eye make-up remover

**démaquiller** [demakije] → SYN ▸ conjug 1 ◂ **1** **vt** [+ yeux, visage] to remove the make-up from, take the make-up off ◆ **démaquiller qn** to take off ou remove sb's make-up

**2** **se démaquiller** **vpr** to take one's make-up off, remove one's make-up ◆ **se démaquiller les yeux** to remove one's eye make-up

**démarcage** [demaʀkaʒ] **nm** ⇒ **démarquage**

**démarcatif, -ive** [demaʀkatif, iv] **adj** demarcating

**démarcation** [demaʀkasjɔ̃] → SYN **nf** demarcation (*de, entre* between) → **ligne[1]**

**démarchage** [demaʀʃaʒ] → SYN **nm** (Comm) door-to-door ou doorstep selling ◆ **démarchage téléphonique** cold calling ◆ **démarchage électoral** (Pol) canvassing ◆ **faire du démarchage** (Comm) to do door-to-door selling; (Pol) to canvass

**démarche** [demaʀʃ] → SYN **nf** **a** (= façon de marcher) gait, walk ◆ **avoir une démarche pesante/gauche** to have a heavy/an awkward gait ou walk, walk heavily/awkwardly

**b** (= intervention) step, move ◆ **faire une démarche auprès de qn (pour obtenir qch)** to approach sb (to obtain sth) ◆ **entreprendre des démarches auprès d'un service** to apply to a department ◆ **toutes nos démarches ont échoué** none of the steps we took came to anything ◆ **les démarches nécessaires pour obtenir qch** the necessary ou required procedures ou steps to obtain sth ◆ **l'idée de (faire) cette démarche m'effrayait** I was frightened at the idea of taking this step ou of making this move

**c** [raisonnement, pensée] reasoning ◆ **démarche intellectuelle** intellectual reasoning ◆ **expliquez-moi votre démarche** explain your reasoning to me

**démarcher** [demaʀʃe] ▸ conjug 1 ◂ **vt** [+ clients] to canvass; [+ produit] to sell door-to-door

**démarcheur, -euse** [demaʀʃœʀ, øz] → SYN **nm,f** (= vendeur) door-to-door salesman (ou saleswoman); (Pol) (door-to-door) canvasser

**démarier** [demaʀje] ▸ conjug 7 ◂ **vt** (Agr) to thin out

**démarquage** [demaʀkaʒ] **nm** [linge, argenterie] removal of the identifying mark(s) (*de* on); [auteur, œuvre] copying (*de* from) ◆ **le démarquage d'un joueur** (Sport) the drawing away of a player's marker ◆ **cet ouvrage est un démarquage grossier** this work is a crude plagiarism ou copy

**démarque** [demaʀk] → SYN **nf** (Comm) [article] markdown, marking-down ◆ **démarque inconnue** shortfall *(in stock)*

**démarqué, e** [demaʀke] (ptp de **démarquer**) **adj** (Sport) joueur unmarked ◆ **robe démarquée** unlabelled designer dress

**démarquer** [demaʀke] → SYN ▸ conjug 1 ◂ **1** **vt** **a** [+ linge, argenterie] to remove the (identifying) mark(s) from; (Comm) (= solder) to mark down; (= retirer l'étiquette de) to remove the (designer) label from

**b** [+ œuvre, auteur] to plagiarize, copy

**c** (Sport) [+ joueur] to draw a marker away from

**2** **se démarquer** **vpr** **a** (Sport) to lose ou shake off one's marker

**b** **se démarquer de** (= marquer sa différence avec) to distinguish ou differentiate o.s. from

**démarqueur, -euse** [demaʀkœʀ, øz] **nm,f** plagiarist

**démarrage** [demaʀaʒ] → SYN **1** **nm** **a** (= départ) [véhicule] moving off (NonC) ◆ **démarrage en trombe** shooting off (NonC) ◆ **il a calé au démarrage** he stalled as he moved off ◆ **secoués à chaque démarrage du bus** shaken about every time the bus moved off

**b** (= début) [affaire, campagne, élève, débutant] start ◆ **l'excellent/le difficile démarrage de la campagne électorale** the excellent/difficult start to the electoral campaign

**c** (Sport = accélération) [coureur] pulling away (NonC) ◆ **il a placé un démarrage à 100 m de l'arrivée** he put on a burst of speed ou he pulled away 100 metres from the finishing line

**d** (Naut) casting off, unmooring

**e** (= mise en marche) [véhicule] starting ◆ **le démarrage d'une affaire/campagne** getting a deal/a campaign started

**2** **COMP** ▷ **démarrage en côte** hill start ▷ **démarrage à la manivelle** crank-starting

**démarrer** [demaʀe] → SYN ▸ conjug 1 ◂ **1** **vi** **a** [moteur, conducteur] to start (up); [véhicule] to move off; [affaire, campagne] to get under way, get off the ground; [économie] to take off; [élève, débutant] to start off ◆ **l'affaire a bien démarré** the deal got off to a good start ou started off well ◆ **démarrer en trombe** to shoot off ◆ **faire démarrer** [+ véhicule] to start, get started; [+ affaire, campagne] to get under way, get off the ground ◆ **il a bien démarré en latin** he got off to a good start in Latin, he started off well in Latin; → **froid**

**b** (= accélérer) [coureur] to pull away

**c** (Naut) to cast off, unmoor

**2** **démarrer de** **vt indir** (= démordre de) [+ idée, projet] to let go of ◆ **il ne veut pas démarrer de son idée** he just won't let go of his idea

**3** **vt** [+ véhicule] to start, get started; (Naut) [+ embarcation] to cast off, unmoor; * [+ travail] to get going on* ◆ **démarrer une affaire/une campagne** to get a deal/a campaign started ◆ **démarrer qn en anglais** to get sb started in English

**démarreur** [demaʀœʀ] **nm** (Aut) starter

**démasquer** [demaske] → SYN ▸ conjug 1 ◂ **1** **vt** **a** (= dévoiler) [+ imposteur, espion, hypocrisie] to unmask; [+ plan] to unveil, uncover

**b** (= enlever le masque de) to unmask

**2** **se démasquer** **vpr** [imposteur] to drop one's mask; [personne déguisée] to take off one's mask

**dématage** [demataʒ] **nm** dismasting

**démâter** [demate] ▸ conjug 1 ◂ **1** **vt** (involontairement) to dismast; (volontairement) to unstep the mast(s) of

**2** **vi** [bateau] to lose its mast(s), be dismasted ◆ **j'ai démâté** my boat lost its mast(s)

**dématérialisation** [dematerjalizasjɔ̃] **nf** dematerialization

**dématérialiser (se)** [dematerjalize] ▸ conjug 1 ◂ **vpr** [transaction] to dematerialize ◆ **les frontières de l'Europe se dématérialisent** Europe's borders are becoming less and less visible

**démazouter** [demazute] ▸ conjug 1 ◂ **vt** [+ plage] to remove the oil from

**d'emblée** [dɑ̃ble] **loc adv** → **emblée**

**démédicaliser** [demedikalize] ▸ conjug 1 ◂ **vt** [+ pratique, produit] to divest of its medical character, demedicalize (frm)

**démêlage** [demɛlaʒ] **nm** (lit, fig) disentangling, untangling

**démêlant, e** [demɛlɑ̃, ɑ̃t] **1** **adj** (hair) conditioning

**2** **nm** (hair) conditioner

**démêlé** [demele] → SYN **nm** (= dispute) dispute, quarrel ◆ **démêlés** (= ennuis) problems ◆ **il a eu des démêlés avec la justice** he has fallen foul of the law ou has had some problems ou trouble with the law ◆ **il risque d'avoir des démêlés avec l'administration** he's likely to have some trouble with the authorities

**démêlement** [demɛlmɑ̃] **nm** ⇒ **démêlage**

**démêler** [demele] → SYN ▸ conjug 1 ◂ **1** **vt** **a** [+ ficelle, écheveau] to disentangle, untangle; [+ cheveux] to untangle; (avec un peigne) to comb out

**b** [+ problème, situation] to untangle, sort out; [+ intentions, machinations] to unravel, get to the bottom of ◆ **démêler qch d'avec** ou **de** to distinguish ou tell sth from ◆ **démêler le vrai du faux** to sort the truth out from the lies

**c** (littér = débattre) **démêler qch avec qn** to dispute sth with sb ◆ **je ne veux rien avoir à démêler avec lui** I do not wish to have to contend with him

**2** **se démêler de** † **vpr** (littér = se tirer de) [+ embarras, difficultés] to disentangle o.s. from, extricate o.s. from

**démêloir** [demɛlwaʀ] **nm** (large-toothed) comb

**démêlures** [demelyʀ] **nfpl** combings

**démembrement** [demɑ̃bʀəmɑ̃] → SYN **nm** **a** [animal] dismemberment

**b** [pays, empire] dismemberment, break-up; [entreprise] asset-stripping

**démembrer** [demɑ̃bʀe] → SYN ▸ conjug 1 ◂ **vt** **a** [+ animal] to dismember

**b** [+ pays, empire] to dismember, break up; [+ entreprise] to asset-strip

**déménagement** [demenaʒmɑ̃] → SYN **nm** **a** [meubles] moving, removal (Brit); [pièce] emptying (of furniture) (NonC) ◆ **camion de déménagement** removal (Brit) ou moving (US) van ◆ **le déménagement du mobilier s'est bien passé** moving the furniture ou the removal of the furniture went well ◆ **le déménagement du laboratoire a posé des problèmes** moving the furniture out of the laboratory ou emptying the laboratory of (its) furniture proved to be no easy matter ◆ **ils ont fait quatre déménagements en trois jours** they did four moves ou removals (Brit) in three days

**b** (= changement de domicile) move, moving (house) (NonC); (= changement de bureau) move, moving (offices) (NonC) ◆ **faire un déménagement** to move (house) ◆ **on a dû perdre ça pendant le déménagement** we must have lost it during the move ◆ **trois déménagements en une année, c'est trop** three moves in one year is too much, moving (house) three times in one year is too much

**déménager** [demenaʒe] → SYN ▸ conjug 3 ◂ **1** **vt** [+ meubles, affaires] to move; [+ maison, pièce] to move the furniture out of, empty (of furniture)

2 vi a (= changer de maison) to move (house); (= changer d'appartement) to move (into a new flat); (= changer de locaux) to move (offices) ♦ **déménager à la cloche de bois** to sneak off in the middle of the night, do a moonlight flit* (Brit)

b (* = partir) to clear off* ♦ **allez, déménage!** buzz ou clear off!* ♦ **il nous a fait déménager** he sent us packing* ♦ **avec elle, les dossiers ça déménage*** she gets through files like nobody's business*

c (* = être fou) to be off one's rocker*

d (* = être excellent) **il/ça déménage!** he's/it's brill!* (Brit) ou awesome!* (US)

**déménageur** [demenaʒœʀ] nm (= entrepreneur) furniture remover (Brit), moving company (US); (= ouvrier) removal man (Brit), (furniture) mover (US) ♦ **il a une carrure de déménageur** he's built like a tank

**démence** [demɑ̃s] → SYN nf (Méd) dementia; (Jur) mental disorder; (gén) madness, insanity ♦ **c'est de la démence** (fig) it's (sheer) madness ou lunacy, it's insane ♦ **démence précoce** (Méd) dementia praecox ♦ **démence sénile** (Méd) senile dementia

**démener (se)** [dem(ə)ne] → SYN ▸ conjug 5 ◂ vpr (= se débattre) to thrash about, struggle (violently); (= se dépenser) to exert o.s. ♦ **se démener comme un beau diable** (pour se sauver) to thrash about ou struggle violently; (pour obtenir qch) to make a tremendous effort, go to great lengths ♦ **si on se démène un peu on aura fini avant la nuit** if we put our backs into it a bit* we'll finish before nightfall ♦ **ils se démenèrent tant et si bien que ...** they exerted themselves to such an extent that ..., they made such a great effort that ... ♦ **il faut que tu te démènes si tu veux des billets** you'll have to get a move on* if you want tickets

**dément, e** [demɑ̃, ɑ̃t] → SYN 1 adj (= fou) mad, insane, crazy; (= incroyable) incredible, unbelievable; (* = extravagant) type, musique way-out*, weird*; prix, projet mad, crazy

2 nm,f (Méd) lunatic, demented person

**démenti** [demɑ̃ti] → SYN nm (= déclaration) denial, refutation; (apporté par les faits, les circonstances) refutation ♦ **opposer un démenti à** [+ nouvelle, allégations, rumeurs] to deny formally ♦ **publier un démenti** to publish a denial ♦ **sa version des faits reste sans démenti** his version of the facts remains uncontradicted ou unchallenged ♦ **son expression opposait un démenti à ses paroles** his expression belied his words

**démentiel, -ielle** [demɑ̃sjɛl] → SYN adj a (Méd) dementia (épith)

b projet, prix mad, crazy

**démentir** [demɑ̃tiʀ] → SYN ▸ conjug 16 ◂ 1 vt a [personne] [+ nouvelle, rumeur] to deny, refute; [+ personne] to contradict ♦ **il dément ses principes par son attitude** his attitude contradicts his principles

b [faits] [+ témoignage] to refute; [+ apparences] to belie; [+ espoirs] to disappoint ♦ **la douceur de son sourire est démentie par la dureté de son regard** the hardness in her eyes belies the sweetness of her smile ♦ **les résultats ont démenti les pronostics** the results have contradicted the predictions

2 **se démentir** vpr ♦ (nég = cesser) **son amitié/sa fidélité ne s'est jamais démentie** his friendship/loyalty has never failed ♦ **c'est un roman dont le succès ne s'est jamais démenti** the novel has always maintained its popularity ♦ **leur intérêt pour ces mystères, qui ne s'est jamais démenti** their unfailing ou never-failing interest in these mysteries

**démerdard, e** ⁑ [demɛʀdaʀ, aʀd] 1 nm,f ♦ **c'est un démerdard** he knows how to look after himself

2 adj ♦ **il est démerdard** he's a smart customer*, there are no flies on him (Brit) ♦ **il n'est pas démerdard pour deux sous** he's really clueless*, he hasn't (got) a clue* ♦ **dans la vie il faut être démerdard** you have to learn to look out for yourself in life

**démerde** ⁑ [demɛʀd] 1 adj ⇒ **démerdard**

2 nf ♦ **la démerde** (= ingéniosité) resourcefulness; (= astuce) smartness ♦ **c'est le roi de la démerde** he always knows how to wangle* things

**démerder (se)** ⁑ [demɛʀde] ▸ conjug 1 ◂ vpr a (= se débrouiller) to manage ♦ **il sait se démerder dans la vie** he knows how to look after himself all right* ♦ **elle se démerde (pas mal) au ski/en peinture** she's pretty good at skiing/painting ♦ **si je m'étais mieux démerdé, j'aurais gagné** if I'd known how to handle things better, I'd have won ♦ **il s'est démerdé pour avoir une permission** he wangled himself some leave*, he wangled it so that he got some leave*

b (= se tirer d'affaire) to get out of a mess ♦ **il a voulu y aller, maintenant qu'il se démerde tout seul** he wanted to go so now he can get out of his own bloody⁑ (Brit) ou damn⁑ mess

**démérite** [demeʀit] → SYN nm (littér) demerit (littér), fault ♦ **où est son démérite, dans ce cas?** where is he at fault in this matter?, wherein lies his fault in this matter? (littér)

**démériter** [demeʀite] → SYN ▸ conjug 1 ◂ 1 **démériter de** vt indir [+ patrie, institution] to show o.s. unworthy of

2 vi (Rel) to deserve to fall from grace ♦ **en quoi a-t-il démérité?** how was he to blame? ♦ **il n'a pas démérité** he hasn't done anything blameworthy ♦ **l'équipe perdante n'a cependant pas démérité** the losing team nevertheless put up a creditable performance

**démesure** [dem(ə)zyʀ] → SYN nf [personnage] excessiveness, immoderation; [propos, exigences, style] outrageousness, immoderateness ♦ **je hais la démesure** I hate excess

**démesuré, e** [dem(ə)zyʀe] → SYN adj orgueil, ambition, prétentions inordinate, immoderate; taille disproportionate; territoire, distances vast, enormous; membres enormous

**démesurément** [dem(ə)zyʀemɑ̃] adv exagérer immoderately, inordinately; augmenter disproportionately ♦ **démesurément long** disproportionately ou inordinately long

**démettre** [demɛtʀ] → SYN ▸ conjug 56 ◂ 1 vt a (= disloquer) [+ articulation] to dislocate

b (= révoquer) **démettre qn de ses fonctions/son poste** to dismiss sb from his duties/post

c (Jur) **démettre qn de son appel** to dismiss sb's appeal

2 **se démettre** vpr a (frm = démissionner) to resign, hand in one's resignation ♦ **se démettre de ses fonctions/son poste** to resign (from) one's duties/post

b (= se disloquer) **se démettre le poignet/la cheville** to dislocate one's wrist/ankle, put one's wrist/ankle out of joint

**démeubler** [demœble] ▸ conjug 1 ◂ vt to remove the furniture from

**demeurant** [d(ə)mœʀɑ̃] → SYN **au demeurant** loc adv incidentally, by the way

**demeure** [d(ə)mœʀ] → SYN nf (= maison) residence; (littér = domicile) residence, dwelling place (littér)

♦ **à demeure** installations permanent; domestique live-in, resident ♦ **s'installer à demeure dans une ville** to make one's permanent home ou settle permanently in a town ♦ **il ne faudrait pas qu'ils y restent à demeure** they mustn't stay there permanently

♦ **en demeure** ♦ **mettre qn en demeure de faire qch** to instruct ou order sb to do sth ♦ **mettre qn en demeure de payer/de partir** (Jur) to give sb notice to pay/to quit ou leave ♦ **mise en demeure** formal demand, notice

**demeuré, e** [d(ə)mœʀe] → SYN (ptp de **demeurer**) 1 adj half-witted ♦ **il est complètement demeuré** he's an absolute half-wit

2 nm,f half-wit

**demeurer** [d(ə)mœʀe] → SYN ▸ conjug 1 ◂ vi a (avec aux avoir) **demeurer quelque part** (= habiter) to live somewhere; (= séjourner) to stay somewhere ♦ **il demeure au 24 rue d'Ulm** he lives at number 24 (in the) rue d'Ulm

b (frm : avec aux être, avec attrib ou adv de lieu) (= rester, subsister) to remain ♦ **demeurer fidèle/quelque part** to remain faithful/somewhere ♦ **il lui faut demeurer couché** he must remain in bed ♦ **l'odeur demeurait dans la pièce** the smell lingered in the room ♦ **la conversation en est demeurée là** the conversation was taken no further ou was left at that

c († = être transmis) **demeurer à qn** to be left to sb ♦ **la maison leur est demeurée de leur mère** the house was left to them by their mother, they inherited the house from their mother

**demi**[1] [d(ə)mi] adv half ♦ **demi plein/nu** half-full/-naked

♦ **à demi** ♦ **il n'était qu'à demi rassuré** he was only half reassured ♦ **il ne te croit qu'à demi** he only half believes you ♦ **il a fait le travail à demi** he has (only) done half the work, he has (only) half done the work ♦ **je ne fais pas les choses à demi** I don't do things by halves ♦ **ouvrir une porte à demi** to half open a door, open a door halfway

**demi**[2], **e** [d(ə)mi] 1 adj (après n : avec et, nominal) ♦ **une livre/heure et demie** one and a half pounds/hours, a pound/an hour and a half ♦ **un centimètre/kilo et demi** one and a half centimetres/kilos, one centimetre/kilo and a half ♦ **à six heures et demie** at half past six ♦ **deux fois et demie plus grand/autant** two and a half times greater/as much; → **malin**

2 adv, préf a (avant n = moitié) **une demi-livre/-douzaine/-journée** half a pound/dozen/day, a half-pound/half-dozen/half-day ♦ **un demi-tour de clé** half a turn of the key, a half turn of the key ♦ **un demi-paquet** half a packet

b (avant n = incomplet) **c'est un demi-succès** it's a partial success ♦ **une demi-vérité** a half-truth ♦ **demi-cécité** partial blindness ♦ **demi-pouvoir** partial power ♦ **demi-circulaire** canal semicircular

3 nm,f (fonction pronominale) ♦ **un demi** (a) half ♦ **une bouteille? – non, une demie** one bottle? – no, (a) half ou no, half a bottle ou no, a half-bottle ♦ **deux demis font un entier** two halves make a whole

4 nm a (= bière) glass of beer, ≃ half-pint, ≃ half* (Brit)

b (Sport) half-back ♦ **demi gauche/droit** left/right half ♦ **demi de mêlée** (Rugby) scrum half ♦ **demi d'ouverture** (Rugby) stand-off half

5 **demie** nf (à l'horloge) ♦ **la demie** the half-hour ♦ **la demie a sonné** the half-hour has struck ♦ **c'est déjà la demie** it's already half past ♦ **on part à la demie** we're leaving at half past ♦ **le bus passe à la demie** the bus comes by at half past (the hour), the bus comes by on the half-hour ♦ **la pendule sonne les heures et les demies** the clock strikes the hours and the halves ou the half-hours

**demiard** [dəmjaʀ] nm (Can) half-pint, 0.284 litre

**demi-botte** [d(ə)mibɔt] nf calf-length boot

**demi-bouteille** [d(ə)mibutɛj] nf half-bottle

**demi-canton**, pl **demi-cantons** [d(ə)mikɑ̃tɔ̃] nm (en Suisse) demicanton *(Swiss territorial subdivision comprising half of a canton)*

**demi-cercle** [d(ə)misɛʀkl] nm (= figure) semicircle; (= instrument) protractor ♦ **en demi-cercle** semicircular ♦ **se mettre en demi-cercle** to make a semicircle, stand (ou sit) in a semicircle

**demi-circulaire**, pl **demi-circulaires** [d(ə)misiʀkylɛʀ] adj semicircular

**demi-colonne** [d(ə)mikɔlɔn] nf semi-column, demi-column, half-column

**demi-deuil** [d(ə)midœj] nm half-mourning ♦ **poularde demi-deuil** (Culin) *chicken served in a white sauce with black truffles*

**demi-dieu**, pl **demi-dieux** [d(ə)midjø] nm demi-god

**demi-douzaine** [d(ə)miduzɛn] nf ♦ **une demi-douzaine** half-a-dozen, a half-dozen ♦ **une demi-douzaine d'œufs** half-a-dozen eggs, a half-dozen eggs ♦ **une bonne demi-douzaine de voitures** a good half-a-dozen cars ♦ **cette demi-douzaine de joueurs** these half-a-dozen players

**demi-droite** [d(ə)midʀwat] nf half-line, half-ray

**demi-écrémé** [dəmiekʀeme] adj m, nm ♦ **(lait) demi-écrémé** semi-skimmed milk

**demi-fin, e** [d(ə)mifɛ̃, fin] adj petit pois small; aiguille medium; or 12-carat

**demi-finale** [d(ə)mifinal] nf semifinal ◆ **arriver en demi-finale** to reach the semifinals ◆ **éliminé en demi-finale** eliminated in the semifinal

**demi-finaliste** [d(ə)mifinalist] nmf semifinalist

**demi-fond** [d(ə)mifɔ̃] nm (= discipline) ◆ **le demi-fond** medium-distance ou middle-distance running; (= épreuve) medium-distance ou middle-distance race ◆ **coureur de demi-fond** medium-distance ou middle-distance runner

**demi-frère** [d(ə)mifʀɛʀ] nm half-brother

**demi-gros** [d(ə)migʀo] nm inv (Comm) retail-wholesale

**demi-heure** [d(ə)mijœʀ, dəmjœʀ] nf ◆ **une demi-heure** half an hour, a half-hour ◆ **la première demi-heure a passé très lentement** the first half-hour went very slowly

**demi-jour,** pl **demi-jour(s)** [d(ə)miʒuʀ] nm (gén) half-light; (= le soir) twilight

**demi-journée** [d(ə)miʒuʀne] nf ◆ **une demi-journée** half a day, a half-day ◆ **faire des demi-journées de ménage/couture** to work half-days cleaning/sewing ◆ **il travaille deux demi-journées par semaine** he works two half-days a week

**démilitarisation** [demilitaʀizasjɔ̃] nf demilitarization

**démilitariser** [demilitaʀize] ▸ conjug 1 ◂ vt to demilitarize

**demi-litre** [d(ə)militʀ] nm ◆ **un demi-litre (de)** half a litre (of), a half-litre (of) ◆ **versez ce demi-litre de lait sur ...** pour this half-litre of milk over ...

**demi-longueur** [d(ə)milɔ̃gœʀ] nf (Sport) ◆ **une demi-longueur** half a length, a half-length ◆ **la demi-longueur d'avance qui lui a valu le prix** the half-length lead that won him the prize

**demi-lune** [d(ə)milyn] 1 nf (Mil) demilune; (Rail) relief line ◆ **en demi-lune** semicircular, half-moon (épith)
2 adj table, console semicircular ◆ **lunettes demi-lunes** half-moon glasses

**demi-mal,** pl **demi-maux** [d(ə)mimal, d(ə)mimo] nm ◆ **il n'y a que** ou **ce n'est que demi-mal** it could have been worse, there's no great harm done

**demi-mesure** [d(ə)mim(ə)zyʀ] nf a (= compromis) half-measure ◆ **ils ne se contenteront pas de demi-mesures** they won't be satisfied with half-measures ◆ **elle n'aime pas les demi-mesures** she doesn't do things by halves
b (Habillement) **la demi-mesure** semifinished clothing ◆ **s'habiller en demi-mesure** to buy semifinished clothing

**demi-mondaine** † [dəmimɔ̃dɛn] → SYN nf demi-mondaine

**demi-monde** † [d(ə)mimɔ̃d] nm demi-monde

**demi-mot** [d(ə)mimo] → SYN **à demi-mot** loc adv without having to spell things out ◆ **se faire comprendre à demi-mot** to make o.s. understood without having to spell it out ◆ **ils se comprenaient à demi-mot** they didn't have to spell things out to each other

**déminage** [deminaʒ] nm [terrain] mine clearance; [eaux] minesweeping ◆ **équipe de déminage** (pour mines) mine-clearing team; (pour bombes) bomb disposal unit ◆ **opérations de déminage** mine-clearing operations

**déminer** [demine] ▸ conjug 1 ◂ vt to clear of mines (ou bombs)

**déminéralisation** [demineʀalizasjɔ̃] nf (Tech) demineralization

**déminéraliser** [demineʀalize] ▸ conjug 1 ◂ 1 vt (Tech) to demineralize; (Méd) to make deficient in essential minerals ◆ **eau déminéralisée** distilled ou demineralized water
2 **se déminéraliser** vpr (Méd) to become deficient in essential minerals

**démineur** [deminœʀ] nm [mines] mine-clearing expert; [bombes] bomb disposal expert

**demi-pause** [d(ə)mipoz] nf (Mus) minim (Brit) ou half-note (US) rest

**demi-pension** [d(ə)mipɑ̃sjɔ̃] nf (à l'hôtel) half-board (Brit), bed and breakfast with an evening meal (Brit), modified American plan (US); (Scol) half-board ◆ **être en demi-pension** to take school lunches

**demi-pensionnaire** [d(ə)mipɑ̃sjɔnɛʀ] nmf day pupil ◆ **être demi-pensionnaire** to take school lunches

**demi-place** [d(ə)miplas] nf (Transport) half-fare; (Ciné, Théât etc) half-price ticket ou seat

**demi-point,** pl **demi-points** [d(ə)mipwɛ̃] nm (Écon) half point ◆ **abaisser un taux d'un demi-point** to lower a rate by a half point ou by half a point

**demi-pointe,** pl **demi-pointes** [d(ə)mipwɛ̃t] nf (Danse) (= position) demi-pointe ◆ **(chausson de) demi-pointe** ballet shoe ◆ **faire des demi-pointes** to dance on points

**demi-portion** * [d(ə)mipɔʀsjɔ̃] → SYN nf (péj) weed *, weedy person *

**demi-queue** [d(ə)mikø] adj, nm ◆ **(piano) demi-queue** baby grand (piano)

**demi-reliure** [d(ə)miʀəljyʀ] nf half-binding

**demi-ronde** [d(ə)miʀɔ̃d] adj f, nf ◆ **(lime) demi-ronde** half-round file

**démis, e** [demi, iz] (ptp de **démettre**) adj membre dislocated

**demi-saison** [d(ə)misɛzɔ̃] nf spring (ou autumn), cool season ◆ **un manteau de demi-saison** a spring (ou an autumn) coat

**demi-sang,** pl **demi-sang(s)** [d(ə)misɑ̃] nm (= cheval) half-breed (horse)

**demi-sel** [d(ə)misɛl] → SYN 1 adj inv slightly salted ◆ **(fromage) demi-sel** slightly salted cream cheese
2 nm († : arg Crime) small-time crook *

**demi-siècle,** pl **demi-siècles** [d(ə)misjɛkl] nm half-century ◆ **l'organisation fête son demi-siècle d'existence** the organization is celebrating its fiftieth anniversary ◆ **les grands enjeux médicaux de ce dernier demi-siècle** the big medical issues of the last fifty years ou half-century

**demi-sœur** [d(ə)misœʀ] nf half-sister

**demi-solde** [d(ə)misɔld] nf (Mil) half-pay

**demi-sommeil** [d(ə)misɔmɛj] nm half-sleep ◆ **dans un demi-sommeil il entendit des rires** in his half-sleep, he heard laughter ◆ **le marché est en demi-sommeil** (Écon) the market is rather sluggish

**demi-soupir** [d(ə)misupiʀ] nm (Mus) quaver (Brit) ou eighth note (US) rest

**démission** [demisjɔ̃] → SYN nf (d'un poste) resignation; (de ses responsabilités) abdication ◆ **donner sa démission** to hand in ou tender (frm) one's resignation ◆ **la démission des politiques/de la police** the politicians'/the police's failure to take responsibility ◆ **la démission des parents** the abdication of parental responsibility

**démissionnaire** [demisjɔnɛʀ] 1 adj (= en train de démissionner) resigning; (= qui a démissionné) who has resigned
2 nmf person resigning

**démissionner** [demisjɔne] → SYN ▸ conjug 1 ◂ 1 vi [employé] to resign, hand in one's notice; (= abandonner) [parents, enseignants] to give up ◆ **il a démissionné de ses fonctions de président** he resigned from his post as president
2 vt ◆ **démissionner qn** * to give sb his cards * (Brit) ou his pink slip * (US) ◆ **on l'a démissionné** they persuaded him to resign

**demi-tarif** [d(ə)mitaʀif] nm half-price; (Transport) half-fare ◆ **billet d'avion (à) demi-tarif** half-price ou half-fare plane ticket ◆ **voyager à demi-tarif** to travel (at) half-fare

**demi-teinte** [d(ə)mitɛ̃t] → SYN nf (Art) halftone ◆ **en demi-teinte** (= nuancé, discret) film, déclaration, humour low-key ◆ **notre équipe a eu une saison en demi-teinte** (= mitigé) our team had a season with mixed results

**demi-tige** [d(ə)mitiʒ] nf (Bot) half standard

**demi-ton** [d(ə)mitɔ̃] nm (Mus) semitone, half step (US), half-tone (US)

**demi-tonneau,** pl **demi-tonneaux** [d(ə)mitɔno] nm (Aviat) half flick roll (Brit), snap roll (US)

**demi-tour** [d(ə)mituʀ] nm a (lit, fig) about-turn, U-turn; (Aut) U-turn ◆ **faire un demi-tour** to make an about-turn ou a U-turn ◆ **faire demi-tour** (fig) to do a U-turn, make an about-turn
b (= moitié d'un tour) **le coureur a fini dernier, à un demi-tour de ses concurrents** the athlete finished last, half a lap behind the other competitors ◆ **il avait déjà bouclé un demi-tour du monde** he had already completed half of a world tour, he had already travelled halfway round the world

**démiurge** [demjyʀʒ] → SYN nm demiurge

**demi-vie** [d(ə)mivi] nf [radiation] half-life

**demi-vierge** † [d(ə)mivjɛʀʒ] nf virgin in name only

**demi-volée** [d(ə)mivɔle] nf half-volley

**demi-volte,** pl **demi-voltes** [d(ə)mivɔlt] nf (Équitation) demivolt(e)

**démixtion** [demikstjɔ̃] nf (Phys) segregation

**démo** * [demo] nf abrév de **démonstration**

**démobilisateur, -trice** [demɔbilizatœʀ, tʀis] adj discours, mesure demobilizing, disarming

**démobilisation** [demɔbilizasjɔ̃] nf (Mil) demobilization, demob * (Brit); (= apathie) apathy, demobilization

**démobiliser** [demɔbilize] → SYN ▸ conjug 1 ◂ vt (Mil) to demobilize, demob * (Brit); (= démotiver) to demobilize ◆ **se démobiliser** to become demobilized ou apathetic

**démocrate** [demɔkʀat] → SYN 1 adj democratic
2 nmf democrat

**démocrate-chrétien, -ienne,** mpl **démocrates-chrétiens** [demɔkʀatkʀetjɛ̃, jɛn] adj, nm,f Christian Democrat

**démocratie** [demɔkʀasi] → SYN nf democracy ◆ **démocratie directe/représentative** direct/representative democracy ◆ **démocratie libérale** liberal democracy ◆ **démocratie populaire** people's democracy ◆ **démocratie parlementaire/présidentielle** parliamentary/presidential democracy ◆ **"De la démocratie en Amérique"** (Littérat) "Democracy in America"

**démocratique** [demɔkʀatik] → SYN adj democratic ◆ **le Nouveau Parti Démocratique** (Can) the New Democratic Party

**démocratiquement** [demɔkʀatikmɑ̃] adv democratically

**démocratisation** [demɔkʀatizasjɔ̃] nf democratization

**démocratiser** [demɔkʀatize] ▸ conjug 1 ◂ 1 vt to democratize
2 **se démocratiser** vpr to become (more) democratic

**démodé, e** [demɔde] → SYN (ptp de **se démoder**) adj vêtement, style old-fashioned; procédé, théorie outmoded, old-fashioned

**démoder** [demɔde] ▸ conjug 1 ◂ 1 vt [+ principe] to make obsolete; [+ vêtement] to make old-fashioned
2 **se démoder** vpr [vêtement, style] to go out of fashion, become old-fashioned; [procédé, théorie] to become outmoded ou old-fashioned

**demodex** [demɔdɛks] nm face mite, demodex (SPÉC)

**démodulateur** [demɔdylatœʀ] nm demodulator

**démodulation** [demɔdylasjɔ̃] nf demodulation

**démoduler** [demɔdyle] ▸ conjug 1 ◂ vt to demodulate

**démographe** [demɔgʀaf] nmf demographer, demographist

**démographie** [demɔgʀafi] nf demography ◆ **démographie galopante** massive population growth

**démographique** [demɔgʀafik] adj demographic ◆ **poussée démographique** increase in population, population increase

**demoiselle** [d(ə)mwazɛl] → SYN 1 nf a (frm, hum) (jeune) young lady; (d'un certain âge) single lady, maiden lady ◆ **votre demoiselle** * (dial = fille) your daughter
b (Hist = noble) young noblewoman
c (Zool) dragonfly
d (Tech) rammer
2 COMP ▷ **demoiselle de compagnie** (lady's) companion ▷ **demoiselle d'honneur** (à un mariage) bridesmaid; (d'une reine) maid of honour

**démolir** [demɔliʀ] → SYN ▸ conjug 2 ◂ vt **a** (= détruire) [+ maison, quartier] to demolish, pull down ◆ **on démolit beaucoup dans le quartier** they are pulling down ou demolishing a lot of houses ou they are doing a lot of demolition in the area

**b** (= abîmer) [+ jouet, radio, voiture] to wreck, demolish, smash up* ◆ **cet enfant démolit tout !** that child wrecks ou demolishes everything! ◆ **ces boissons vous démolissent l'estomac/la santé*** these drinks play havoc with ou ruin your stomach/health

**c** [+ autorité, influence] to destroy; [+ doctrine] to demolish, crush; [+ espoir] to crush, shatter; [+ foi] to shatter, destroy

**d** * [+ personne] (= épuiser) to do for*, do in*; (= frapper) to bash up*, duff up* (Brit); (= critiquer) to tear to pieces, slam*, slate* (Brit) ◆ **ce travail/cette maladie l'avait démoli** this work/this illness had just about done for him* ◆ **je vais lui démolir le portrait** I'm going to smash his face in* ◆ **cette marche m'a complètement démoli** I'm whacked* ou shattered* (Brit) after that walk, that walk has done for me* ou shattered me* (Brit)

**démolissage*** [demɔlisaʒ] nm (= critique) panning*, slating* (Brit)

**démolisseur, -euse** [demɔlisœʀ, øz] → SYN nm,f (= ouvrier) demolition worker; (= entrepreneur) demolition contractor; [doctrine] demolisher

**démolition** [demɔlisjɔ̃] → SYN nf **a** [immeuble, quartier] demolition, pulling down; [doctrine, idéal] demolition, crushing ◆ **entreprise de démolition** (lit) demolition company; [droits, institution] demolition job (*de* on) ◆ **l'immeuble est en démolition** the building is (in the course of) being demolished; → **chantier**

**b** **démolitions** (= décombres) debris sg, ruins

**démon** [demɔ̃] → SYN nm **a** (Rel) demon, fiend; (= enfant) devil, demon ◆ **sa femme est un vrai démon** his wife is a real harpy ◆ **le démon** the Devil ◆ **le démon de midi** middle-aged lust ◆ **le démon du jeu** gambling fever ◆ **le démon de l'alcool** the demon drink ◆ **le démon de la luxure/de la curiosité** the demon of lechery/curiosity ◆ **réveiller les vieux démons du racisme** to reawaken the old demons of racism; → **possédé**

**b** (Myth) genius, daemon ◆ **écoutant son démon familier/son mauvais démon** listening to his familiar/evil spirit

**démonétisation** [demɔnetizasjɔ̃] nf (Fin) demonetization, demonetarization

**démonétiser** [demɔnetize] ▸ conjug 1 ◂ vt **a** (Fin) to demonetize, demonetarize

**b** [+ théorie] to devalue, discredit; [+ personne] to discredit

**démoniaque** [demɔnjak] → SYN **1** adj diabolical, fiendish

**2** nmf person possessed by the devil ou by an evil spirit

**démonisme** [demɔnism] nm demonism

**démonologie** [demɔnɔlɔʒi] nf demonology

**démonstrateur, -trice** [demɔ̃stʀatœʀ, tʀis] nm,f demonstrator *(of commercial products)*

**démonstratif, -ive** [demɔ̃stʀatif, iv] → SYN **1** adj **a** personne, caractère demonstrative ◆ **peu démonstratif** undemonstrative

**b** argument, preuve demonstrative, illustrative

**c** (Gram) demonstrative

**2** nm (Gram) demonstrative

**démonstration** [demɔ̃stʀasjɔ̃] → SYN nf **a** (gén, Math) [vérité, loi] demonstration; [théorème] proof ◆ **cette démonstration est convaincante** this demonstration is convincing

**b** (Comm) [fonctionnement, appareil] demonstration ◆ **faire une démonstration** to give a demonstration ◆ **faire la démonstration d'un appareil** to demonstrate an appliance ◆ **appareil de démonstration** demonstration model ◆ **disquette de démonstration** (Ordin) demo disk

**c** (= manifestation) [joie, tendresse] demonstration, show, display ◆ **accueillir qn avec des démonstrations d'amitié** to welcome sb with a great show of friendship ◆ **démonstration de force** (Mil) show of force ◆ **démonstration aérienne/navale** (Mil) display of air/naval strength

**démontable** [demɔ̃tabl] adj (gén) that can be dismantled ◆ **armoire démontable** wardrobe that can be dismantled ou taken to pieces, knockdown wardrobe (US)

**démontage** [demɔ̃taʒ] nm **a** [installation, échafaudage, étagères] taking down, dismantling; [tente] taking down; [moteur, arme] stripping; [armoire, appareil, horloge] dismantling, taking to pieces, taking apart ◆ **pièces perdues lors de démontages successifs** parts lost during successive dismantling operations ◆ **le démontage de la tente se fait en 5 minutes** it takes 5 minutes to take the tent down

**b** [pneu, porte] taking off

**c** [raisonnement] dissection, taking apart; (pour contrecarrer) demolishing

**démonté, e** [demɔ̃te] → SYN (ptp de **démonter**) adj mer raging, wild; personne (= déconcerté) disconcerted

**démonte-pneu,** pl **démonte-pneus** [demɔ̃t(ə)pnø] nm tyre lever (Brit), tire iron (US)

**démonter** [demɔ̃te] → SYN ▸ conjug 1 ◂ **1** vt **a** (= désassembler) [+ installation, échafaudage, étagères] to take down, dismantle; [+ tente] to take down; [+ moteur, arme] to strip down; [+ armoire, appareil, horloge] to dismantle, take to pieces, take apart; [+ circuit électrique] to dismantle

**b** (= enlever) [+ pneu, porte] to take off

**c** (= déconcerter) to disconcert ◆ **ça m'a complètement démonté** I was completely taken aback by that, that really disconcerted me ◆ **il ne se laisse jamais démonter** he never gets flustered, he always remains unruffled

**d** [+ argumentation, raisonnement] to dissect, take apart; (pour contrecarrer) to demolish

**e** (= désarçonner) [+ cavalier] to throw, unseat

**2** **se démonter** vpr **a** [assemblage, pièce] (accidentellement) to come apart ou to pieces ◆ **est-ce que ça se démonte ?** can it be dismantled ou taken apart?

**b** (= perdre son calme : gén nég) to get flustered ◆ **répondre sans se démonter** to reply without getting flustered ou without losing one's cool ◆ **il ne se démonte pas pour si peu** he's not that easily flustered, it takes more than that to ruffle him

**démontrable** [demɔ̃tʀabl] adj demonstrable

**démontrer** [demɔ̃tʀe] GRAMMAIRE ACTIVE 26.4 → SYN ▸ conjug 1 ◂ vt (= prouver) [+ loi, vérité] to demonstrate; [+ théorème] to prove; (= expliquer) [+ fonctionnement] to demonstrate; (= faire ressortir) [+ urgence, nécessité] to show, demonstrate ◆ **démontrer l'égalité de deux triangles** to demonstrate ou prove ou show that two triangles are equal ◆ **sa hâte démontrait son inquiétude** his haste clearly indicated his anxiety ◆ **tout cela démontre l'urgence de ces réformes** all this shows ou demonstrates the urgency of these reforms

**démoralisant, e** [demɔʀalizɑ̃, ɑ̃t] → SYN adj demoralizing

**démoralisateur, -trice** [demɔʀalizatœʀ, tʀis] → SYN adj demoralizing

**démoralisation** [demɔʀalizasjɔ̃] → SYN nf demoralization

**démoraliser** [demɔʀalize] → SYN ▸ conjug 1 ◂ **1** vt to demoralize

**2** **se démoraliser** vpr to lose heart, become demoralized

**démordre** [demɔʀdʀ] → SYN ▸ conjug 41 ◂ vi ◆ **il ne démord pas de son avis/sa décision** he is sticking to ou standing by his opinion/decision ◆ **il ne veut pas en démordre** he won't budge an inch, he's sticking to his guns

**Démosthène** [demɔstɛn] nm Demosthenes

**démotique** [demɔtik] → SYN **1** adj, nm demotic

**2** nf Demotic

**démotivant, e** [demɔtivɑ̃, ɑ̃t] adj demotivating

**démotivation** [demɔtivasjɔ̃] nf loss of motivation, demotivation

**démotiver** [demɔtive] ▸ conjug 1 ◂ vt ◆ **démotiver qn** to demotivate sb, take sb's motivation away ◆ **je suis totalement démotivé** I've lost all my motivation, I am ou I feel completely demotivated

**démoucheté, e** [demuʃte] adj fleuret unbuttoned

**démoulage** [demulaʒ] nm [statue] removal from the mould; [flan, gâteau] turning out ◆ **procédez au démoulage du gâteau** turn out the cake

**démouler** [demule] ▸ conjug 1 ◂ vt [+ statue] to remove from the mould; [+ flan, gâteau] to turn out

**démoustiquer** [demustike] ▸ conjug 1 ◂ vt to clear ou rid of mosquitoes

**démultiplexage** [demyltiplɛksaʒ] nm demultiplexing

**démultiplicateur, -trice** [demyltiplikatœʀ, tʀis] **1** adj reduction (épith), reducing (épith)

**2** nm reduction system

**démultiplication** [demyltiplikasjɔ̃] nf (= procédé) reduction; (= rapport) reduction ratio

**démultiplier** [demyltiplije] ▸ conjug 7 ◂ vt [+ force] to reduce, gear down; [+ moyens] to increase

**démuni, e** [demyni] → SYN (ptp de **démunir**) adj **a** (= sans ressources) destitute ◆ **nous sommes démunis** (sans argent) we are destitute; (sans défense) we are powerless (*devant* in the face of)

**b** (= privé de) **démuni de** without, lacking in ◆ **démuni d'ornements** unornamented, unadorned ◆ **démuni de protection** unprotected ◆ **démuni de talents/d'attraits** without talent/attraction, devoid of talent/charm ◆ **démuni d'intérêt** devoid of ou without interest, uninteresting ◆ **démuni de tout** destitute ◆ **démuni d'argent** penniless, without money ◆ **démuni de papiers d'identité** without identity papers

**démunir** [demyniʀ] → SYN ▸ conjug 2 ◂ **1** vt ◆ **démunir qn de** [+ vivres] to deprive sb of; [+ ressources, argent] to divest ou deprive sb of ◆ **démunir qch de** to divest sth of

**2** **se démunir** vpr (financièrement) to part with one's money ◆ **se démunir de** (= se défaire de) to part with, give up

**démuseler** [demyz(ə)le] ▸ conjug 4 ◂ vt (lit, fig) to unmuzzle

**démystifiant, e** [demistifjɑ̃, jɑ̃t] adj demystifying

**démystificateur, -trice** [demistifikatœʀ, tʀis] **1** adj demystifying

**2** nm,f demystifier

**démystification** [demistifikasjɔ̃] nf [personne] enlightenment; (= banalisation) demystification

**démystifier** [demistifje] → SYN ▸ conjug 7 ◂ vt (= détromper) to enlighten, disabuse; (= banaliser) to demystify, take the mystery out of

**démythification** [demitifikasjɔ̃] nf demythologization, demystification

**démythifier** [demitifje] ▸ conjug 7 ◂ vt to demythologize, demystify

**dénantir** [denɑ̃tiʀ] ▸ conjug 2 ◂ vt (Jur) to deprive of securities

**dénasalisation** [denazalizasjɔ̃] nf denasalization

**dénasaliser** [denazalize] ▸ conjug 1 ◂ vt to denasalize

**dénatalité** [denatalite] → SYN nf fall ou decrease in the birth rate

**dénationalisation** [denasjɔnalizasjɔ̃] → SYN nf denationalization

**dénationaliser** [denasjɔnalize] ▸ conjug 1 ◂ vt to denationalize

**dénatter** [denate] ▸ conjug 1 ◂ vt [+ cheveux] to unplait

**dénaturalisation** [denatyʀalizasjɔ̃] nf denaturalization

**dénaturaliser** [denatyʀalize] ▸ conjug 1 ◂ vt to denaturalize

**dénaturant, e** [denatyʀɑ̃, ɑ̃t] adj denaturing (épith)

**dénaturation** [denatyʀasjɔ̃] nf (Tech) denaturation

**dénaturé, e** [denatyʀe] → SYN (ptp de **dénaturer**) adj **a** (Tech) alcool, sel denatured

**b** goût, mœurs, parents unnatural

**dénaturer** [denatyʀe] → SYN ▸ conjug 1 ◂ vt **a** [+ vérité, faits] to distort, misrepresent; [+ propos] to distort, twist; [+ intentions] to misrepresent

**b** (Tech) [+ alcool, substance alimentaire] to denature; (= altérer) [+ goût, aliment] to alter completely, change the nature of

**dénazification** [denazifikasjɔ̃] nf denazification

**dendrite** [dɑ̃dʀit, dɛ̃dʀit] nf (Géol, Anat) dendrite

**dendritique** [dɑ̃dʀitik, dɛ̃dʀitik] adj dendritic

**dendrologie** [dɑ̃dʀɔlɔʒi, dɛ̃dʀo-] nf dendrology

**dénébuliser** [denebylize], **dénébuler** [denbyle] ▸ conjug 1 ◂ vt to dispel the fog from

**dénégation** [denegasjɔ̃] → SYN nf (gén, Jur) denial

**déneigement** [denɛʒmɑ̃] nm snow-clearing (operation), snow removal

**déneiger** [deneʒe] ▸ conjug 3 ◂ vt [+ objet] to clear of snow, clear the snow from

**dengue** [dɛ̃g] nf dengue, dandy, breakbone fever

**déni** [deni] → SYN nm denial ◆ **déni de justice** (Jur) denial of justice ◆ **déni (de la réalité)** (Psych) denial

**déniaiser** [denjeze] → SYN ▸ conjug 1 ◂ vt ◆ **déniaiser qn** (= dégourdir qn) to teach sb a thing or two; (= dépuceler qn) to take away sb's innocence ◆ **se déniaiser** to learn about life, lose one's innocence

**dénicher** [deniʃe] → SYN ▸ conjug 1 ◂ 1 vt **a** (* = trouver) [+ objet] to unearth; [+ magasin, restaurant] to discover; [+ personne] to track ou hunt down

**b** (= débusquer) [+ fugitif, animal] to drive out (of hiding), flush out

**c** (= enlever du nid) [+ œufs, oisillons] to take out of the nest

2 vi [oiseau] to leave the nest

**dénicheur, -euse** [deniʃœʀ, øz] nm,f **a** (hum) **c'est un vrai dénicheur d'objets rares** he's really good at finding rare objects ◆ **dénicheur de talents** talent scout

**b** (d'oiseaux) bird's-nester

**dénicotinisation** [denikɔtinizasjɔ̃] nf denicotinizing

**dénicotiniser** [denikɔtinize] ▸ conjug 1 ◂ vt to denicotinize ◆ **cigarettes dénicotinisées** nicotine-free cigarettes

**dénicotiniseur** [denikɔtinizœʀ] nm cigarette filter

**denier** [dənje] → SYN 1 nm **a** (= monnaie) (Hist romaine) denarius; (Hist française) denier ◆ **ça ne leur a pas coûté un denier** † it didn't cost them a farthing (Brit) ou a cent (US) ◆ **l'ayant payé de ses propres deniers** having paid for it out of his own pocket ◆ **les trente deniers de Judas** Judas's thirty pieces of silver

**b** (Tex = unité de poids) denier ◆ **bas de 30 deniers** 30-denier stockings

2 COMP ▷ **le denier du culte** the contribution to parish costs *(paid yearly)* ▷ **les deniers publics** ou **de l'État** public moneys ou monies

**dénier** [denje] → SYN ▸ conjug 7 ◂ vt **a** [+ responsabilité] to deny, disclaim; [+ faute] to deny

**b** (= refuser) **dénier qch à qn** to deny ou refuse sb sth

**dénigrement** [denigʀəmɑ̃] → SYN nm denigration, defamation ◆ **ce mot s'emploie par dénigrement** this word is used disparagingly ◆ **campagne de dénigrement** smear campaign

**dénigrer** [denigʀe] → SYN ▸ conjug 1 ◂ vt to denigrate, run down

**denim** [dənim] nm denim

**dénitrification** [denitʀifikasjɔ̃] nf denitrification

**dénitrifier** [denitʀifje] ▸ conjug 7 ◂ vt to denitrify

**dénivelé** nm, **dénivelée** nf [deniv(ə)le] difference in height (*entre* between)

**déniveler** [deniv(ə)le] ▸ conjug 4 ◂ vt (= rendre inégal) to make uneven; (= abaisser) to lower, put on a lower level

**dénivellation** [denivelasjɔ̃] → SYN nf, **dénivellement** [denivɛlmɑ̃] nm **a** (NonC) (= fait de rendre inégal) making uneven; (= abaissement) lowering, putting on a lower level

**b** (= pente) slope; (= cassis, creux) unevenness (NonC), dip

**c** (= différence de niveau) difference in level ou altitude

**dénombrable** [denɔ̃bʀabl] adj countable ◆ **nom dénombrable** (Ling) countable ou count noun ◆ **non dénombrable** uncountable

**dénombrement** [denɔ̃bʀəmɑ̃] → SYN nm counting ◆ **dénombrement de la population** population census ou count

**dénombrer** [denɔ̃bʀe] → SYN ▸ conjug 1 ◂ vt (= compter) to count; (= énumérer) to enumerate, list ◆ **on dénombre trois morts et cinq blessés** there are three dead and five wounded

**dénominateur** [denɔminatœʀ] nm (Math) denominator ◆ **(plus petit) dénominateur commun** (fig, Math) (lowest) common denominator

**dénominatif, -ive** [denɔminatif, iv] adj, nm denominative

**dénomination** [denɔminasjɔ̃] → SYN nf (= nom) designation, appellation (frm), denomination (frm); (= action) denomination (frm), naming

**dénommé, e** [denɔme] (ptp de **dénommer**) adj (parfois péj) ◆ **le dénommé X** a certain X, the man called X ◆ **on m'a présenté un dénommé Dupont** I was introduced to a certain Mr Dupont, I was introduced to someone by the name of Dupont

**dénommer** [denɔme] → SYN ▸ conjug 1 ◂ vt (frm = donner un nom à) to denominate (frm), name; (= désigner) to designate, denote; (Jur) to name

**dénoncer** [denɔ̃se] → SYN ▸ conjug 3 ◂ 1 vt **a** (= révéler) [+ coupable] to denounce; [+ forfait, abus] to expose ◆ **sa hâte l'a dénoncé** his haste gave him away ou betrayed him ◆ **dénoncer qn à la police** to inform against sb, give sb away to the police

**b** (= signaler publiquement) [+ danger, injustice] to denounce

**c** (= annuler) [+ contrat, traité] to denounce

**d** (littér = dénoter) to announce, indicate

2 **se dénoncer** vpr [criminel] to give o.s. up, come forward ◆ **se dénoncer à la police** to give o.s. up to the police

**dénonciateur, -trice** [denɔ̃sjatœʀ, tʀis] → SYN 1 adj denunciatory, accusatory

2 nm,f [criminel] denouncer, informer; [forfait] exposer ◆ **les dénonciateurs d'injustices/de malhonnêtetés** those who denounce injustices/dishonesty

**dénonciation** [denɔ̃sjasjɔ̃] → SYN nf [criminel] denunciation; [forfait, abus] exposure (NonC); [traité] denunciation, denouncement; [contrat] termination ◆ **emprisonné sur la dénonciation de qn** imprisoned on the strength of a denunciation by sb

**dénotatif, -ive** [denɔtatif, iv] adj (Ling) denotative

**dénotation** [denɔtasjɔ̃] nf (Ling) denotation

**dénoter** [denɔte] → SYN ▸ conjug 1 ◂ vt (= révéler) to indicate, denote; (Ling) to denote

**dénouement** [denumɑ̃] → SYN nm (Théât) dénouement; [affaire, aventure, intrigue] outcome, conclusion ◆ **dénouement heureux** [film] happy ending

**dénouer** [denwe] → SYN ▸ conjug 1 ◂ 1 vt **a** [+ nœud, lien] to untie, undo; [+ cravate] to undo; [+ cheveux] to let down, undo ◆ **les cheveux dénoués** with her hair (falling) loose

**b** [+ situation] to untangle, resolve; [+ difficultés, intrigue] to untangle, unravel

2 **se dénouer** vpr **a** [lien, nœud] to come untied, come undone; [cheveux] to come undone, come down; → **langue**

**b** [intrigue, situation] to be resolved

**dénoûment** [denumɑ̃] nm ⇒ **dénouement**

**dénoyautage** [denwajotaʒ] nm [fruit] stoning (Brit), pitting (US)

**dénoyauter** [denwajote] ▸ conjug 1 ◂ vt [+ fruit] to stone (Brit), pit (US)

**dénoyauteur** [denwajotœʀ] nm stoner (Brit), pitter (US)

**denoyer** [denwaje] ▸ conjug 8 ◂ vt [+ mine] to unwater

**denrée** [dɑ̃ʀe] → SYN nf commodity, foodstuff, produce (NonC) ◆ **denrées alimentaires** foodstuffs ◆ **denrées de base** basic foods ◆ **denrées de consommation courante** basic consumer goods ◆ **denrées périssables** perishable foods ou foodstuffs ◆ **l'honnêteté devient une denrée rare** (fig) honesty is becoming a rare commodity

**dense** [dɑ̃s] → SYN adj (Phys) dense; foule dense, tightly packed; feuillage, brouillard dense, thick; circulation heavy; texte dense; style compact, condensed

**densifier** [dɑ̃sifje] ▸ conjug 7 ◂ 1 vt [+ bois] to make denser

2 **se densifier** vpr [population, trafic] to get denser

**densimètre** [dɑ̃simɛtʀ] nm densimeter

**densité** [dɑ̃site] → SYN nf (Démographie, Phys) density; [brouillard] denseness, thickness; [circulation] heaviness; [foule] denseness ◆ **région à forte/faible densité de population** densely/sparsely populated area, area with a high/low population density ◆ **densité d'implantation** (Ordin) packing density

**dent** [dɑ̃] → SYN nf **a** [homme, animal] tooth ◆ **dents du haut/du bas/de devant/du fond** upper/lower/front/back teeth ◆ **dent de lait/de sagesse** milk ou baby/wisdom tooth ◆ **dent définitive** ou **de remplacement** permanent ou second tooth ◆ **donner un coup de dent à** to bite into, take a bite at ◆ **"Les Dents de la mer"** (Ciné) "Jaws"; → **arracher, brosse, faux**[2]

**b** [herse, fourche, fourchette] prong; [râteau] tooth, prong; [scie, peigne] tooth; [roue, engrenage] tooth, cog; [feuille] serration; [arête rocheuse] jag; [timbre] perforation

◆ **en dents de scie** couteau serrated; montagne jagged ◆ **graphique/carrière en dents de scie** switchback graph/career

**c** (LOC) **avoir la dent** * to be hungry ◆ **avoir la dent dure** to be scathing (in one's comments) (*envers* about) ◆ **avoir/garder une dent contre qn** to have/hold a grudge against sb ◆ **avoir les dents longues** (= être ambitieux) to be very ambitious, have one's sights fixed high ◆ **avoir les dents qui rayent le parquet** (hum) to have one's sights fixed high, want it all * ◆ **montrer les dents** (lit, fig) to bare one's teeth ◆ **être sur les dents** (fébrile) to be keyed up; (très occupé) to be under great pressure ◆ **faire** ou **percer ses dents** to teethe, cut (one's) teeth ◆ **il vient de percer une dent** he has just cut a tooth ◆ **se faire les dents** [animal] to cut its teeth; (fig = s'exercer) to cut one's teeth (*sur* on) ◆ **croquer/manger qch à belles dents** to bite into sth/eat sth with gusto ◆ **manger du bout des dents** to eat half-heartedly, pick at one's food ◆ **parler/marmotter entre ses dents** to talk/mumble between one's teeth ◆ **ils n'ont rien à se mettre sous la dent** they have nothing to eat ◆ **on voudrait bien quelque chose à se mettre sous la dent** we wouldn't say no to a bite to eat ou something to eat ◆ **il mange tout ce qui lui tombe sous la dent** he eats everything he can lay his hands on; → **armé, casser**

**dentaire**[1] [dɑ̃tɛʀ] adj dental ◆ **faire (l'école) dentaire** * to study dentistry; → **fil, formule, prothèse**

**dentaire**[2] [dɑ̃tɛʀ] nf (Bot) toothwort

**dental, e,** mpl **-aux** [dɑ̃tal, o] (Ling) 1 adj dental

2 **dentale** nf dental

**dent-de-lion,** pl **dents-de-lion** [dɑ̃dəljɔ̃] → SYN nf dandelion

**denté, e** [dɑ̃te] adj (Tech) toothed; (Bot) dentate; → **roue**

**dentelaire** [dɑ̃t(ə)lɛʀ] nf plumbago, leadwort

**dentelé, e** [dɑ̃t(ə)le] → SYN (ptp de **denteler**) adj arête jagged; timbre perforated; contour, côte indented, jagged; (Bot) dentate; (Anat) serrate

**denteler** [dɑ̃t(ə)le] ▸ conjug 4 ◂ vt (Tech) [+ timbre-poste] to perforate ◆ **l'érosion avait dentelé la côte** (fig = découper) erosion had indented the coastline ou had given the coast a jagged outline ◆ **les pics qui dentelaient l'horizon** the peaks that stood in a jagged line along the horizon

**dentelle** [dɑ̃tɛl] → SYN nf lace (NonC) ◆ **de** ou **en dentelle** lace (épith) ◆ **dentelle à l'aiguille** ou **au point** needle-point lace ◆ **dentelle au(x) fuseau(x)** bobbin lace ◆ **dentelle de papier** lacy paper ◆ **dentelle de pierre** (stone) filigree ◆ **crêpe dentelle** thin pancake ◆ **il ne fait pas dans la dentelle** * he's not particular about details

**dentellerie** [dɑ̃tɛlʀi] nf (= fabrication) lacemaking; (Comm) lace manufacture

**dentellier, -ière** [dɑ̃təlje, jɛʀ] 1 adj industrie lace (épith)
2 nm,f lacemaker ◆ **"La Dentellière"** (Art) "The Lacemaker"
3 **dentellière** nf (= machine) lacemaking machine

**dentelure** [dɑ̃t(ə)lyʀ] → SYN nf [timbre-poste] perforations; [feuille] serration; [arête] jagged outline ◆ **les dentelures d'une côte** the indentations ou jagged outline of a coastline

**denticule** [dɑ̃tikyl] nm (Archit) dentil; (Méd) denticle

**denticulé, e** [dɑ̃tikyle] adj denticulate

**dentier** [dɑ̃tje] → SYN nm denture, dental plate ◆ **porter un dentier** to wear dentures

**dentifrice** [dɑ̃tifʀis] 1 nm toothpaste
2 adj ◆ **eau dentifrice** mouthwash ◆ **poudre dentifrice** tooth powder ◆ **pâte dentifrice** toothpaste

**dentine** [dɑ̃tin] nf (Anat) dentine

**dentiste** [dɑ̃tist] → SYN nmf dentist; → **chirurgien**

**dentisterie** [dɑ̃tistəʀi] → SYN nf dentistry

**dentition** [dɑ̃tisjɔ̃] → SYN nf (= dents) teeth pl; (= croissance) dentition ◆ **dentition de lait** milk ou baby teeth, deciduous dentition (SPÉC) ◆ **dentition définitive** permanent teeth ou dentition (SPÉC)

**denture** [dɑ̃tyʀ] → SYN nf (= humaine) teeth pl, set of teeth, dentition (SPÉC); (Tech) [roue] teeth pl, cogs

**dénucléarisation** [denykleaʀizasjɔ̃] nf denuclearization

**dénucléariser** [denykleaʀize] ► conjug 1 ◄ vt to denuclearize ◆ **zone dénucléarisée** nuclear-free zone

**dénudation** [denydasjɔ̃] nf (Méd) stripping; [fil] baring, stripping

**dénudé, e** [denyde] (ptp de **dénuder**) adj (gén) bare; crâne bald; colline bare, bald

**dénuder** [denyde] → SYN ► conjug 1 ◄ 1 vt a (Tech) [+ fil] to bare, strip; (Méd) [+ os] to strip
b [+ arbre, sol, colline] to bare, strip
c [+ bras, dos] [robe] to leave bare; [mouvement] to bare
2 **se dénuder** vpr a [personne] to strip (off)
b [colline, arbre] to become bare, be bared; [crâne] to be balding, be going bald

**dénué, e** [denɥe] → SYN (ptp de **dénuer**) **dénué de** adj devoid of ◆ **dénué de bon sens** senseless, devoid of sense ◆ **dénué d'intérêt** devoid of interest ◆ **dénué de talent/d'imagination** lacking in ou without talent/imagination, untalented/unimaginative ◆ **dénué de tout** destitute ◆ **dénué de tout fondement** completely unfounded ou groundless, entirely without foundation

**dénuement** [denymɑ̃] → SYN nm [personne] destitution ◆ **le dénuement de la recherche/du système de soins** the impoverished state of research/of the care system ◆ **dans le dénuement le plus total** in utter destitution

**dénuer (se)** [denɥe] ► conjug 1 ◄ vpr (littér) to deprive o.s. (*de* of)

**dénûment** [denymɑ̃] nm ⇒ **dénuement**

**dénutri, e** [denytʀi] adj (Méd) enfant malnourished ◆ **bébé gravement dénutri** severely malnourished baby

**dénutrition** [denytʀisjɔ̃] nf undernutrition, undernourishment

**déo** * [deo] nm abrév de **déodorant**

**déodorant** [deɔdɔʀɑ̃] → SYN adj m, nm ◆ **(produit) déodorant** deodorant ◆ **déodorant (corporel)** deodorant

**déontique** [deɔ̃tik] adj deontic

**déontologie** [deɔ̃tɔlɔʒi] nf professional code of ethics, deontology (SPÉC)

**déontologique** [deɔ̃tɔlɔʒik] adj ethical, deontological (SPÉC)

**dép.** (abrév de **département**) a [organisme, entreprise] dept
b (= division du territoire) → **département**

**dépailler** [depɑje] ► conjug 1 ◄ vt [+ chaise] to remove the straw seating from

**dépannage** [depanaʒ] nm [véhicule, appareil] fixing, repairing ◆ **camion de dépannage** breakdown lorry (Brit), tow truck (US) ◆ **service de dépannage** (pour véhicules) breakdown service; (pour appareils) repair service ◆ **ils ont fait trois dépannages aujourd'hui** (de véhicules) they've fixed three breakdowns today; (d'appareils) they've done three repair jobs today ◆ **c'est une lampe/une bouilloire de dépannage** * it's a spare lamp/kettle

**dépanner** [depane] → SYN ► conjug 1 ◄ vt a (= réparer) [+ véhicule, appareil] to fix, repair; [+ automobiliste] to fix the car of ◆ **j'ai dû me faire dépanner sur l'autoroute** I had to call the breakdown service on the motorway
b (* = tirer d'embarras) [+ personne] to help out ◆ **dépanner qn d'un ticket restaurant** to help sb out with a luncheon voucher ◆ **il m'avait donné 20 € pour me dépanner** he gave me €20 to tide me over ou to help me out ◆ **tu peux me dépanner d'une cigarette ?** can you spare me a cigarette?

**dépanneur** [depanœʀ] nm (gén) repairman; (Aut) breakdown mechanic; (TV) television engineer ou repairman; (Can = épicerie) convenience store

**dépanneuse** [depanøz] nf breakdown lorry (Brit), tow truck (US), wrecker (US)

**dépaqueter** [depak(ə)te] ► conjug 4 ◄ vt to unpack

**déparaffinage** [depaʀafinaʒ] nm paraffin extraction

**déparasiter** [depaʀazite] ► conjug 1 ◄ vt [+ poste de radio] to fit a suppressor to; [+ animal, local] to rid of parasites

**dépareillé, e** [depaʀeje] (ptp de **dépareiller**) adj collection incomplete; objet odd (épith) ◆ **articles dépareillés** (Comm) oddments ◆ **couverts dépareillés** (Comm) odd cutlery

**dépareiller** [depaʀeje] → SYN ► conjug 1 ◄ vt [+ collection, service de table] to make incomplete, spoil ◆ **en cassant cette assiette tu as dépareillé le service** you've spoilt the set now that you've broken that plate

**déparer** [depaʀe] → SYN ► conjug 1 ◄ vt [+ paysage] to spoil, disfigure, mar; [+ visage] to disfigure; [+ beauté, qualité] to detract from, mar ◆ **cette pièce ne déparerait pas ma collection** this piece would go well in my collection ◆ **cette lampe ne déparerait pas dans la chambre** this lamp wouldn't look bad in the bedroom

**déparié, e** [depaʀje] (ptp de **déparier**) adj chaussures, gants odd (épith)

**déparier** [depaʀje] → SYN ► conjug 7 ◄ vt [+ chaussures, gants] to split up

**départ**[1] [depaʀ] → SYN nm a [voyageur, véhicule, excursion] departure; [fusée] launch; (= endroit) point of departure ◆ **observer le départ du train** to watch the train leave ◆ **le départ est à huit heures** the train (ou coach etc) leaves at eight o'clock ◆ **fixer l'heure/le jour de son départ** to set a time/day for one's departure ◆ **être sur le départ** to be about to leave ou go ◆ **excursions au départ de Chamonix** excursions (leaving ou departing) from Chamonix, (day) trips from Chamonix ◆ **"départ des grandes lignes"** (Rail) "main-line departures" ◆ **dès son départ j'ai ...** as soon as he had left I ... ◆ **mon départ de l'hôtel** my departure from ou my leaving the hotel ◆ **peu après mon départ de l'hôtel** soon after I had left the hotel, soon after my departure from the hotel ◆ **c'est bientôt le départ en vacances** we'll soon be off on holiday (Brit) ou vacation (US), we'll soon be leaving on our holidays (Brit) ou on vacation (US) ◆ **alors, c'est pour bientôt le grand départ ?** when's the big trip then? ◆ **le départ du train/bateau est imminent** the train/boat will be leaving any time now ou is about to depart ◆ **son départ précipité** his hasty departure ◆ **il a essayé de reculer son départ à l'armée** he tried to put off leaving for the army ◆ **la levée du matin est à sept heures et le départ du courrier se fait à neuf heures** the morning collection is at seven and the mail leaves town at nine o'clock; → **tableau**
b (Sport) start ◆ **un faux départ** (lit, fig) a false start ◆ **départ lancé/arrêté** flying/standing start ◆ **départ décalé** staggered start ◆ **donner le départ aux coureurs** to give the runners the starting signal, start the race ◆ **les coureurs se rassemblent au départ** the runners are assembling at the start ◆ **être au départ d'une course, prendre le départ d'une course** to take part in a race ◆ **47 concurrents ont pris le départ** 47 competitors took part in the race ◆ **prendre un bon/mauvais départ** (lit, fig) to get off to a good/bad start
c [salarié, ministre] leaving (NonC), departure ◆ **le ministre annonça son départ** the minister announced that he was going to quit ou that he was leaving ◆ **demander le départ d'un fonctionnaire** to demand the resignation of a civil servant ◆ **réduire le personnel par départs naturels** to reduce the staff gradually by natural wastage ◆ **indemnité de départ** severance pay ◆ **départ en préretraite** early retirement ◆ **départ à la retraite** retirement ◆ **départ volontaire** ou **négocié** voluntary redundancy
d (= origine) [processus, transformation] start ◆ **au départ** at the start ou outset ◆ **de départ** hypothèse initial ◆ **salaire de départ** starting salary ◆ **de la langue de départ à la langue d'arrivée** from the source language to the target language ◆ **il y a eu plusieurs départs de feu** fire broke out in several places; → **point**[1]

**départ**[2] [depaʀ] → SYN nm (littér) distinction (*entre* between) ◆ **faire le départ entre le vrai et le faux** to draw ou make a distinction between truth and falsehood

**départager** [depaʀtaʒe] → SYN ► conjug 3 ◄ vt [+ concurrents] to decide between; [+ votes] to settle, decide; (littér) [+ opinions] to decide between; (littér) [+ camps opposés] to separate ◆ **départager l'assemblée** to settle the voting in the assembly

**département** [depaʀtəmɑ̃] → SYN nm [organisme, université, entreprise] department; (= division du territoire) département *(administrative division)*, ≃ county (Brit) ◆ **département (ministériel)** ministry, department ◆ **le département d'État** (aux USA) the State Department ◆ **département d'outre-mer** French overseas département

> **DÉPARTEMENT**
>
> Since 1790, France has been divided into 95 metropolitan **départements** and four overseas **départements**. Each is run by its own local council, the "conseil général", which has its headquarters in the principal town ("le chef-lieu du département"). Every **département** has a code number which appears as the first two figures of postcodes and the last two figures on vehicle registration plates. → ARRONDISSEMENT; CANTON; COMMUNE; RÉGION; DOM-TOM

**départemental, e,** mpl **-aux** [depaʀtəmɑ̃tal, o] adj (gén) departmental; (= ministériel) ministerial; (Admin) *of a département* ◆ **(route) départementale** secondary road, ≃ B-road (Brit)

**départementalisation** [depaʀtəmɑ̃talizasjɔ̃] nf (Admin) [territoire] giving the status of département to; [compétence] devolution to the départements ◆ **la départementalisation des services judiciaires** basing legal services in the départements

**départementaliser** [depaʀtəmɑ̃talize] ► conjug 1 ◄ vt [+ territoire] to give the status of department to

**départir** [depaʀtiʀ] → SYN ► conjug 16 ◄ 1 vt (†, littér = attribuer) [+ tâche] to assign; [+ faveur] to accord (frm)
2 **se départir** vpr ◆ **se départir de** (gén nég = abandonner) [+ ton, attitude] to abandon, depart from; [+ sourire] to drop ◆ **sans se départir de sa prudence/sa bonne humeur** without abandoning his caution/his good humour ◆ **il a répondu sans se départir de son calme** he answered without losing his composure

**départiteur** [depaʀtitœʀ] nm ◆ **(juge) départiteur** arbitrator

**dépassant** [depasɑ̃] nm (Couture) edging (NonC)

**dépassé, e** [depɑse] → SYN (ptp de **dépasser**) adj (= périmé) outmoded, old-fashioned, out of date; (* = désorienté) out of one's depth (attrib)

**dépassement** [depɑsmɑ̃] → SYN nm a (Aut) passing (NonC), overtaking (Brit) (NonC) ◆ **tout dépassement est dangereux** overtaking is always dangerous, it is always dangerous to overtake ◆ **"dépassement interdit"** "no overtaking" ◆ **après plusieurs dépassements**

**dangereux ...** after perilously overtaking several vehicles ...

**b** [limite, prix] (= action) exceeding; (= excès) excess ◆ **dépassement d'honoraires** charge exceeding the statutory fee ◆ **faire des dépassements d'honoraires** to charge more than the statutory fee ◆ **il a eu une amende pour dépassement de vitesse** ou **de la vitesse autorisée** he was fined for speeding ou for exceeding the speed limit

**c** (Fin) **dépassement (de crédit)** overspending (NonC) ◆ **un dépassement de crédit de 5 millions** overspending by 5 million francs ◆ **dépassement budgétaire** overspend on budget, overspending

**d** **dépassement (de soi-même)** surpassing of oneself

**dépasser** [depɑse] → SYN ▸ conjug 1 ◂ [1] vt **a** (= aller plus loin que) [+ endroit] to pass, go past; (Aviat) [+ piste] to overshoot; (= distancer) [+ véhicule, personne] to pass, overtake (Brit) ◆ **dépassez les feux et prenez la première rue à gauche** take the first on the left after the lights

**b** (= déborder de) [+ alignement] (horizontalement) to jut out over, overhang; (verticalement) to jut out above, stand higher than ◆ **son succès a dépassé les frontières** his success has reached beyond ou transcended national boundaries

**c** (= excéder) [+ limite, quantité mesurable] to exceed ◆ **dépasser qch en hauteur/largeur** to be higher ou taller/wider than sth, exceed sth in height/width ◆ **il a dépassé son père (de 10 cm) maintenant** he's (10 cm) taller than his father now ◆ **cette plante a dépassé l'autre** this plant has outgrown the other one ou is now taller than the other one ◆ **dépasser en nombre** to outnumber ◆ **tout colis qui dépasse 20 kg/la limite (de poids)** all parcels in excess of ou exceeding ou over 20 kg/the (weight) limit ◆ **dépasser le nombre prévu** to be more than expected ◆ **la réunion ne devrait pas dépasser trois heures** the meeting shouldn't go on longer than ou last longer than three hours, the meeting shouldn't exceed three hours (in length) ◆ **il ne veut pas dépasser 75 €** he won't go above ou over €75 ◆ **ça va dépasser 20 €** it'll be more than ou over €20 ◆ **elle a dépassé la quarantaine** she is over forty, she has turned forty ◆ **"ne pas dépasser la dose prescrite"** "do not exceed the prescribed dose" ◆ **le prix de cette maison dépasse nos moyens** this house is beyond our means ou is more than we can afford

**d** (= surpasser) [+ valeur, prévisions] to exceed; [+ réputation] to outshine; [+ rival] to outmatch, outstrip ◆ **dépasser qn en violence/intelligence** to be more violent/intelligent than sb, surpass sb in violence/intelligence ◆ **pour la paresse/l'appétit il dépasse tout le monde** he beats everybody for laziness/appetite ◆ **il dépasse tous ses camarades** he is ahead of ou he surpasses all his friends ◆ **sa bêtise dépasse tout ce qu'on peut imaginer** his stupidity beggars belief, he's more stupid than you could possibly imagine ◆ **les résultats ont dépassé notre attente** the results exceeded ou surpassed our expectations ◆ **cela dépasse toutes mes espérances** it is beyond my wildest dreams, it is better than anything I had ever hoped for

**e** (= outrepasser) [+ moyens, instructions] to go beyond; [+ attributions] to go beyond, overstep; [+ crédits] to exceed ◆ **cela dépasse les bornes** ou **les limites** ou **la mesure** that's the absolute limit, that's going too far ◆ **il a dépassé les bornes** ou **la mesure** he has really gone too far ou overstepped the mark ou passed over the bounds (US) ◆ **cela a dépassé le stade de la plaisanterie** it has gone beyond a joke ◆ **les mots ont dû dépasser sa pensée** he must have got carried away ◆ **cela dépasse mes forces/ma compétence** it's beyond my strength/capabilities ◆ **cela me dépasse** it's beyond me ◆ **il a dépassé ses forces** he has overtaxed himself ou overdone it

**f** (= dérouter) **cela/cet argument me dépasse !** it/this argument is beyond me! ◆ **être dépassé (par les événements)** to be overtaken by events

[2] vi **a** (Aut) to overtake (Brit), pass (US) ◆ **"défense de dépasser"** "no overtaking" (Brit), "no passing" (US)

**b** (= faire saillie) [bâtiment, tour] to stick out; [planche, balcon, rocher] to stick out, jut out, protrude; [clou] to stick out; [jupon] to show (*de, sous* below); [chemise] to be hanging out (*de* of), be untucked ◆ **il y a quelque chose qui dépasse du tiroir** something's sticking out ou hanging out of the drawer ◆ **leur chien a toujours un bout de langue qui dépasse** their dog always has the end of his tongue hanging out

[3] **se dépasser** vpr to surpass o.s., excel o.s.

**dépassionner** [depasjɔne] ▸ conjug 1 ◂ vt [+ débat] to take the heat out of

**dépatouiller (se)** * [depatuje] ▸ conjug 1 ◂ vpr ◆ **se dépatouiller de** [+ situation difficile] to get out of ◆ **laisse-le se dépatouiller !** leave him to ou let him get out of it on his own! ◆ **savoir se dépatouiller** to (manage to) get by

**dépavage** [depavaʒ] nm removal of the cobbles ou cobblestones (*de* from)

**dépaver** [depave] ▸ conjug 1 ◂ vt to dig up the cobbles ou cobblestones from

**dépaysant, e** [depeizɑ̃, ɑ̃t] adj ◆ **j'ai passé un séjour très dépaysant en Inde** my stay in India provided me with a complete change of scene ◆ **restaurant au décor dépaysant** restaurant with an exotic décor

**dépaysé, e** [depeize] (ptp de **dépayser**) adj (gén) disoriented ◆ **je me sens très dépaysé ici** I feel very much like a fish out of water here, I feel very disoriented here, I don't feel at home at all here ◆ **il ne sera pas dépaysé dans notre service** he'll feel quite at home ou he won't feel at all out of place in our department

**dépaysement** [depeizmɑ̃] → SYN nm (= changement salutaire) change of scene ou scenery; (= désorientation) disorientation, feeling of strangeness ◆ **partez en Inde, c'est le dépaysement assuré !** go to India, you're guaranteed exotic new surroundings!

**dépayser** [depeize] → SYN ▸ conjug 1 ◂ vt (= désorienter) to disorientate, disorient; (= changer agréablement) to give a change of scenery to, give a welcome change of surroundings to ◆ **ce séjour m'a dépaysé** this stay has given me a change of scenery ou a welcome change of surroundings

**dépeçage** [depəsaʒ], **dépècement** [depɛsmɑ̃] nm [animal] (par un boucher) cutting up; (par un fauve) dismembering; [territoire, état] carving up, dismembering; [groupe, entreprise] carving up

**dépecer** [depəse] → SYN ▸ conjug 5 ◂ vt [+ animal] [boucher] to cut up; [fauve] to dismember, tear limb from limb; [+ territoire, état] to carve up, dismember; [+ groupe, entreprise] to carve up

**dépeceur, -euse** [depəsœʀ, øz] nm,f cutter

**dépêche** [depɛʃ] → SYN nf **a** (Admin) dispatch ◆ **dépêche diplomatique** diplomatic dispatch

**b** (Téléc) **dépêche (télégraphique)** telegram, wire (US) ◆ **envoyer une dépêche à qn** to send sb a telegram ou wire (US), telegraph sb, wire sb (US)

**c** (Journalisme) **dépêche (d'agence)** dispatch, agency ou wire (US) story ◆ **je reçois à l'instant une dépêche de notre correspondant** I've just received a dispatch ou story from our correspondent

**dépêcher** [depeʃe] → SYN ▸ conjug 1 ◂ [1] vt to dispatch, send (*auprès de* to)

[2] **se dépêcher** vpr to hurry ◆ **il se dépêchait** (en marchant, courant) he was hurrying (along); (en travaillant) he was hurrying ◆ **dépêche-toi !** hurry (up)!, (be) quick! ◆ **se dépêcher de faire qch** to hurry to do sth ◆ **dépêche-toi de les commander, il n'y en aura bientôt plus** hurry up and order them or there soon won't be any left

**dépeigner** [depeɲe] → SYN ▸ conjug 1 ◂ vt ◆ **dépeigner qn** to make sb's hair untidy, ruffle sb's hair ◆ **dépeigné par le vent** with windswept hair ◆ **elle entra toute dépeignée** she came in with tousled ou dishevelled hair

**dépeindre** [depɛ̃dʀ] → SYN ▸ conjug 52 ◂ vt to depict

**dépenaillé, e** [dep(ə)naje] → SYN adj personne, vêtements (= débraillé) messy; (= en haillons) tattered, ragged; drapeau, livre tattered

**dépénalisation** [depenalizasjɔ̃] nf [délit, drogue] decriminalization

**dépénaliser** [depenalize] ▸ conjug 1 ◂ vt to decriminalize

**dépendance** [depɑ̃dɑ̃s] → SYN nf **a** (= interdépendance) dependence (NonC), dependency ◆ **la dépendance de qch vis-à-vis de qch d'autre** the dependence of sth (up)on sth else ◆ **un réseau subtil de dépendances** a subtle network of dependencies ou interdependencies

**b** (= asservissement, subordination) subordination (*à l'égard de* to) ◆ **la dépendance de qn vis-à-vis de qn d'autre** the subordination of sb to sb else ◆ **être sous** ou **dans la dépendance de qn** to be subordinate to sb

**c** (= bâtiment) [hôtel, château, ferme] outbuilding, outhouse

**d** (Hist, Pol = territoire) dependency

**e** (à une drogue, à l'alcool) dependence, dependency (*à* on), addiction (*à* to)

**f** (Ling) dependency

**dépendant, e** [depɑ̃dɑ̃, ɑ̃t] → SYN adj **a** (= non autonome) dependent (*de* (up)on) ◆ **personnes âgées dépendantes** elderly dependants

**b** drogué dependent (*à* on), addicted (*à* to)

**dépendeur** [depɑ̃dœʀ] nm (hum) ◆ **c'est un grand dépendeur d'andouilles** * he's a good-for-nothing

**dépendre** [depɑ̃dʀ] GRAMMAIRE ACTIVE 25.6 → SYN ▸ conjug 41 ◂

[1] **dépendre de** vt indir **a** [employé] to be answerable to, be responsible to; [organisation] to be dependent (up)on; [territoire] to be dependent (up)on, be a dependency of ◆ **dépendre (financièrement) de ses parents** to be financially dependent (up)on one's parents ◆ **ce pays dépend économiquement de la France** this country is economically dependent (up)on France ◆ **je ne veux dépendre de personne** I don't wish to be dependent (up)on anyone ou to have to depend (up)on anyone ◆ **ce terrain dépend de leur domaine** this piece of land is part of ou belongs to their property ◆ **ne dépendre que de soi-même** to be answerable only to oneself

**b** [décision, résultat, phénomène] to depend (up)on, be dependent (up)on ◆ **ça va dépendre du temps** it'll (all) depend on the weather ◆ **– ça dépend –** it (all) depends ◆ **il dépend de vous/de ceci que ...** it depends ou rests (up)on you/this whether ... ◆ **il ne dépend que de vous que ...** it depends ou rests entirely (up)on you whether ..., it's entirely up to you whether ... ◆ **il dépend de toi de réussir** it depends on you ou it's up to you whether you succeed (or not)

[2] vt [+ lustre, guirlandes, pendu] to take down

**dépens** [depɑ̃] → SYN nmpl **a** (Jur) costs ◆ **être condamné aux dépens** to be ordered to pay costs, have costs awarded against one

**b** **aux dépens de** at the expense of ◆ **rire aux dépens de qn** to (have a) laugh at sb's expense ◆ **vivre aux dépens de qn** to live off sb ◆ **je l'ai appris à mes dépens** I learnt this to my cost ou at my expense ◆ **notre équipe s'est qualifiée aux dépens de Toulon** our team qualified after ou by beating Toulon

**dépense** [depɑ̃s] → SYN nf **a** (= argent dépensé, frais) spending (NonC), expense, expenditure (NonC); (= sortie) outlay, expenditure (NonC) ◆ **une dépense de 300 €** an outlay ou expenditure of €300 ◆ **les dépenses du ménage** household expenses ◆ **contrôler les dépenses de qn** to control sb's expenditure ou spending ◆ **je n'aurais pas dû faire cette dépense** I shouldn't have spent that money ◆ **j'hésite, c'est une grosse dépense** I can't decide, it's a large outlay ou it's a lot to lay out ◆ **calculer dépenses et recettes** to calculate expenditure and receipts ◆ **dépenses diverses** sundries ◆ **dépenses publiques** public ou government expenditure ou spending ◆ **les dépenses de santé/militaires** health/military expenditure ou spending ◆ **dépense d'investissement** ou **d'équipement** capital expenditure (NonC) ◆ **pousser qn à la dépense** to make sb spend some money ◆ **faire la dépense d'une voiture** to lay out money ou spend money on a car ◆ **ne pas regarder à la dépense** to spare no expense

**b** [électricité, essence] consumption ◆ **dépense physique** (physical) exercise

**dépenser** [depɑ̃se] → SYN ▸ conjug 1 ◂ [1] vt **a** [+ argent] to spend; [+ électricité, essence] to use ◆ **dépenser sans compter** to spend without counting the cost, spend lavishly ◆ **elle**

**dépense peu pour la nourriture** she doesn't spend much on food, she spends little on food

**b** [+ forces, énergie] to expend, use up; [+ temps, jeunesse] to spend, use up ◆ **dépenser son trop-plein d'énergie** to use up one's surplus energy ◆ **vous dépensez inutilement votre salive** you're wasting your breath

2 **se dépenser** vpr (= faire des efforts) to exert o.s.; (= se défouler) to let off steam * ◆ **se dépenser en démarches inutiles** to waste one's energies in useless procedures ◆ **pour ce projet il s'est dépensé sans compter** he has put all his energy ou energies into this project ◆ **les enfants ont besoin de se dépenser physiquement** children need to expend their energy

**dépensier, -ière** [depɑ̃sje, jɛʀ] → SYN adj, nm,f extravagant ◆ **c'est une dépensière, elle est dépensière** she's a spendthrift

**déperdition** [depɛʀdisjɔ̃] → SYN nf (Sci, gén) loss

**dépérir** [depeʀiʀ] → SYN ▸ conjug 2 ◂ vi [personne] to fade away, waste away; [santé, forces] to fail, decline; [plante] to wither; [commerce] to (be on the) decline, fall off; [affaire, région, économie] to be in decline, go downhill

**dépérissement** [depeʀismɑ̃] → SYN nm [personne] fading away, wasting away; [santé, forces] failing, decline; [plante] withering; [commerce] decline, falling off; [affaire, région, économie] decline

**dépersonnalisation** [depɛʀsɔnalizasjɔ̃] nf depersonalization

**dépersonnaliser** [depɛʀsɔnalize] 1 vt to depersonalize

2 **se dépersonnaliser** vpr [relations, débat] to become impersonal ou depersonalized; (Psych) to become depersonalized

**dépêtrer** [depetʀe] → SYN ▸ conjug 1 ◂ 1 vt ◆ **dépêtrer qn de** [+ bourbier, ronces, harnachement] to extricate sb from, free sb from; [+ situation] to extricate sb from, get sb out of

2 **se dépêtrer** vpr (lit, fig) to extricate o.s., free o.s. ◆ **se dépêtrer de** [+ ronces, situation] to extricate ou free o.s. from, get out of; [+ liens] to free o.s. from; [+ gêneur] to get rid of

**dépeuplement** [depœpləmɑ̃] → SYN nm [région, ville] depopulation ◆ **le dépeuplement de la rivière** the depletion of fish stocks in the river ◆ **le dépeuplement des forêts** the disappearance of wildlife from forests

**dépeupler** [depœple] → SYN ▸ conjug 1 ◂ 1 vt **a** [+ région, ville] to depopulate ◆ **zones rurales dépeuplées** depopulated rural areas

**b** [+ rivière] to deplete the fish stocks in; [+ forêt] to kill off the wildlife in

2 **se dépeupler** vpr **a** [région, ville] to be depopulated ◆ **les campagnes se dépeuplent** the countryside is becoming depopulated

**b** [rivière] to be depleted of fish; [région, forêt] to be emptied of wildlife

**déphasage** [defɑzaʒ] → SYN nm (Phys) phase difference; ( * = perte de contact) being out of touch ◆ **il y a déphasage entre les syndicats et leurs dirigeants** the unions and their leaders are out of phase ou step

**déphasé, e** [defɑze] → SYN (ptp de **déphaser**) adj **a** (Phys) out of phase

**b** ( * = désorienté) out of phase ou step (attrib), not with it * (attrib)

**déphaser** [defɑze] ▸ conjug 1 ◂ vt **a** (Phys) to cause a phase difference in

**b** ( * = désorienter) to put out of touch

**déphosphoration** [defɔsfɔʀasjɔ̃] nf dephosphorization

**déphosphorer** [defɔsfɔʀe] ▸ conjug 1 ◂ vt to dephosphorize

**dépiauter** * [depjote] ▸ conjug 1 ◂ vt [+ animal] to skin; [+ paquet] to undo; [+ texte] to pull to pieces

**dépigmentation** [depigmɑ̃tasjɔ̃] nf depigmentation

**dépilation** [depilasjɔ̃] nf (Méd) hair loss

**dépilatoire** [depilatwaʀ] 1 adj depilatory, hair-removing (épith)

2 nm depilatory ou hair-removing cream

**dépiler**[1] [depile] → SYN ▸ conjug 1 ◂ vt (Méd) to cause hair loss to; (Tech) [+ peaux] to grain

**dépiler**[2] [depile] ▸ conjug 1 ◂ vt (Mines) to remove the posts from

**dépiquer** [depike] ▸ conjug 1 ◂ vt (Couture) to unstitch, unpick (Brit); (Agr) [+ laitue] to transplant; [+ blé] to thresh; [+ riz] to hull

**dépistage** [depistaʒ] → SYN nm [maladie, virus, dopage] screening (*de* for) ◆ **centre de dépistage du sida** HIV testing centre ◆ **examen** ou **test de dépistage** screening test ◆ **test de dépistage du sida** AIDS test

**dépister** [depiste] → SYN ▸ conjug 1 ◂ vt **a** (Méd) [+ maladie, virus, dopage] to detect; (= faire passer un test à) to screen

**b** (= détecter) [+ gibier, criminel] to track down; [+ influence, cause] to unearth, detect

**dépit** [depi] → SYN nm (= amertume) pique, (great) vexation ◆ **causer du dépit à qn** to vex sb greatly ◆ **il en a conçu du dépit** he was very piqued at it ◆ **il l'a fait par dépit** he did it out of pique ou in a fit of pique ◆ **par dépit amoureux elle a épousé le premier venu** she married the first man she met on the rebound * ◆ **"Le Dépit amoureux"** (Littérat) "The Amorous Quarrel"

◆ **en dépit de** in spite of, despite ◆ **faire qch en dépit du bon sens** to do sth any old how

**dépité, e** [depite] (ptp de **dépiter**) adj (greatly) vexed, piqued

**dépiter** [depite] → SYN ▸ conjug 1 ◂ vt to vex

**dépitonner** [depitɔne] ▸ conjug 1 ◂ vti (Alpinisme) to depeg

**déplacé, e** [deplase] → SYN (ptp de **déplacer**) adj présence uncalled-for; intervention, scrupule misplaced, out of place (attrib); remarque, propos uncalled-for, out of place (attrib); → **personne**

**déplacement** [deplasmɑ̃] → SYN nm **a** [objet, meuble] moving, shifting

**b** (Méd) [articulation, os] displacement ◆ **déplacement de vertèbre** slipped disc ◆ **déplacement d'organe** organ displacement

**c** [usine, fonctionnaire] transfer; [collectivité] moving ◆ **le déplacement forcé des populations** the forced movement ou transfer of people ◆ **j'ai demandé le déplacement du rendez-vous** I asked for the appointment to be changed

**d** (= mouvement) [pièce mobile] movement; [substance] movement, displacement ◆ **déplacement d'air** displacement of air ◆ **déplacement de troupes** movement of troops

**e** (= voyage) trip ◆ **les déplacements coûtent cher** travelling ou travel is expensive ◆ **être en déplacement (pour affaires)** to be away on business ◆ **ça vaut le déplacement** * it's worth the trip; → **frais**[2]

**f** (Naut) displacement ◆ **déplacement de 10 000 tonnes** 10,000-ton displacement

**g** (Psych) displacement

**déplacer** [deplase] → SYN ▸ conjug 3 ◂ 1 vt **a** (= bouger) [+ objet, meuble] to move, shift ◆ **il déplace beaucoup d'air** (hum) he's all talk (and no action) ◆ **déplacer des montagnes** to move mountains

**b** (Méd) [+ articulation, os] to displace

**c** [+ usine, fonctionnaire] to transfer, move; [+ collectivité] to move; [+ rendez-vous] to change ◆ **personnes déplacées** (Pol, Mil) displaced persons

**d** (= attirer) **le spectacle a déplacé plus de 60 000 personnes** the show brought in ou drew more than 60,000 people

**e** [+ problème, question] to shift the emphasis of

**f** (Naut) to displace ◆ **navire qui déplace 10 000 tonnes** ship with a 10,000-ton displacement

2 **se déplacer** vpr **a** [pièce mobile] to move; [air, substance] to move, be displaced

**b** [animal] to move (along); [personne] to move; (= circuler) to move (around) ◆ **il ne se déplace qu'avec peine** he has difficulty getting about ◆ **il est interdit de se déplacer pendant la classe** no moving around during class ◆ **pouvez-vous vous déplacer sur la droite ?** can you move (over) to the right?

**c** (= se déranger) [médecin] to come out ◆ **avec le téléachat on peut faire ses courses sans se déplacer** teleshopping means you can do your shopping in the comfort of your own home ◆ **il ne s'est même pas déplacé pour le mariage de sa sœur** he didn't event bother to go to his sister's wedding

**d** (= voyager) to travel ◆ **il ne se déplace qu'en avion** he only travels by air ◆ **il se déplace fréquemment** he travels a lot, he's a frequent traveller

**e** (Méd) [os] to be displaced ◆ **se déplacer une articulation** to put a joint out, displace a joint ◆ **se déplacer une vertèbre** to slip a disc

**déplafonnement** [deplafɔnmɑ̃] nm [crédit] derestriction ◆ **ils réclament le déplafonnement des cotisations** they are asking for the ceiling on contributions to be lifted

**déplafonner** [deplafɔne] ▸ conjug 1 ◂ vt [+ crédit] to derestrict; [+ cotisations] to lift the ceiling on

**déplaire** [deplɛʀ] GRAMMAIRE ACTIVE 7.3 → SYN ▸ conjug 54 ◂

1 vt indir **a** (= n'être pas aimé de) **il déplaît à tout le monde** he is disliked by everyone ◆ **cette mode/ville/femme me déplaît** I dislike ou I don't like ou I don't care for this fashion/town/woman ◆ **au bout d'un moment, cela risque de déplaire** after a while it can become disagreeable ou unpleasant ◆ **ça ne me déplairait pas de le faire** I wouldn't mind doing it ◆ **il me déplaît de faire ...** (frm) I dislike doing ... ◆ **il me déplairait d'avoir à vous renvoyer** (frm) I would be sorry to have to dismiss you

**b** (= irriter) **déplaire à qn** to displease sb ◆ **il fait tout pour nous déplaire** he does all he can to displease us ◆ **ceci a profondément déplu** this gave profound ou great displeasure ◆ **il cherche à déplaire** he is trying to be disagreeable ou unpleasant

**c** († ou hum) **c'est, ne t'en déplaise, beaucoup plus pratique** whether you like it or not, it's more practical ◆ **j'irai la voir, n'en déplaise à votre père** whatever your father's views on the matter, I shall go and see her

2 **se déplaire** vpr ◆ **elle se déplaît ici/à la campagne** she dislikes it ou doesn't like it here/in the country ◆ **se déplaire dans son nouvel emploi** to be unhappy in one's new job, dislike one's new job ◆ **ils se sont déplu dès leur première rencontre** they disliked each other right from the start

**déplaisant, e** [deplɛzɑ̃, ɑ̃t] → SYN adj disagreeable, unpleasant

**déplaisir** [deplezіʀ] → SYN nm (= contrariété) displeasure, annoyance ◆ **je le ferai sans déplaisir** I'm quite willing ou happy to do it, I don't mind doing it ◆ **faire qch avec (le plus grand) déplaisir** to do sth with (the greatest) displeasure

**déplantage** [deplɑ̃taʒ] nm, **déplantation** [deplɑ̃tasjɔ̃] nf [plante] transplanting; [plate-bande] digging up; [piquet] pulling out

**déplanter** [deplɑ̃te] → SYN ▸ conjug 1 ◂ vt **a** [+ plante] to transplant; [+ plate-bande] to dig up; [+ piquet] to pull out

**b** [+ ordinateur] to get going again

**déplantoir** [deplɑ̃twaʀ] nm trowel

**déplâtrage** [deplɑtʀaʒ] nm ◆ **le déplâtrage d'un mur** (Constr) stripping the plaster off a wall ◆ **le déplâtrage d'un membre** (Méd) taking a limb out of plaster ou out of its (plaster) cast, taking a (plaster) cast off a limb

**déplâtrer** [deplɑtʀe] ▸ conjug 1 ◂ vt (Constr) to strip the plaster off; (Méd) to take out of plaster, take the (plaster) cast off ◆ **je me fais déplâtrer lundi** I'm going to have my cast taken off on Monday

**déplétion** [deplesjɔ̃] nf depletion

**dépliage** [deplijaʒ] nm [serviette, vêtement] unfolding; [carte, journal, canapé-lit] opening out, unfolding

**dépliant, e** [deplijɑ̃, ijɑ̃t] 1 adj extendible

2 nm (= prospectus) leaflet; (= grande page) fold-out page ◆ **dépliant touristique** travel brochure

**déplier** [deplije] → SYN ▸ conjug 7 ◂ 1 vt **a** [+ serviette, vêtement] to unfold; [+ carte routière, journal, canapé-lit] to open out, unfold ◆ **déplier les jambes** to stretch one's legs out

**b** († = déballer) [+ paquet] to open out, open up ◆ **déplier sa marchandise** to spread (out) one's wares

2 **se déplier** vpr [carte routière] to open out; [feuille d'arbre] to open out, unfold ◆ **ça peut se**

**déplier, ça se déplie** it unfolds ou opens out, it can be unfolded ◆ **le canapé se déplie pour faire lit** the sofa opens out ou unfolds into a bed

**déplissage** [deplisaʒ] nm [étoffe plissée] taking the pleats out of; (= défroissage) flattening (out), smoothing (out)

**déplisser** [deplise] → SYN ▸ conjug 1 ◂ 1 vt (= défaire les plis de) to take the pleats out of; (= défroisser) to flatten (out), smooth (out); (littér) [+ front] to smooth
2 **se déplisser** vpr [jupe] to come unpleated, lose its pleats

**déploiement** [deplwamɑ̃] → SYN nm [voile, drapeau] unfurling; [ailes] spreading; [troupes] deployment; [richesses, forces, amabilité, talents] display ◆ **déploiement de force** deployment of troops (ou police)

**déplombage** [deplɔ̃baʒ] nm [colis] unsealing; [dent] removing the filling from, taking the filling out of; (Ordin) hacking

**déplomber** [deplɔ̃be] ▸ conjug 1 ◂ vt [+ colis, compteur] to unseal; [+ dent] to remove the filling from, take the filling out of; (Ordin) to hack into, gain unauthorized access to

**déplorable** [deplɔʀabl] → SYN adj a (= regrettable) incident, situation deplorable
b (= très mauvais) conduite, gestion, notes appalling, deplorable ◆ **il faisait un temps déplorable** the weather was appalling ou atrocious ◆ **sa chambre est dans un état déplorable** his room is in an appalling ou a terrible state

**déplorablement** [deplɔʀabləmɑ̃] adv deplorably, disgracefully ◆ **il se conduit déplorablement** he behaves appallingly ou deplorably

**déploration** [deplɔʀasjɔ̃] nf (Art) ◆ **déploration du Christ** lamentation

**déplorer** [deplɔʀe] → SYN ▸ conjug 1 ◂ vt (= trouver fâcheux) to deplore; (littér = s'affliger de) to lament

**déployer** [deplwaje] → SYN ▸ conjug 8 ◂ 1 vt a [+ carte, tissu] to open out, spread out; [+ voile, drapeau] to unfurl; [+ ailes] to spread
b [+ troupes, forces de police] to deploy; [+ assortiment, échantillons] to spread out, lay out ◆ **il a déployé ses troupes en éventail** he made his troops fan out
c [+ richesses, fastes] to make a display of, display; [+ talents, ressources, forces] to display, exhibit
d **déployer beaucoup d'activité** to be very active ◆ **déployer beaucoup d'efforts/d'énergie** to expend a lot of effort/energy; → **rire**
2 **se déployer** vpr [voile, drapeau] to unfurl; [ailes] to spread; [troupes] to deploy; [cortège] to spread out

**déplumé, e** [deplyme] (ptp de **déplumer**) adj a oiseau featherless, that has lost its feathers
b (* = chauve) bald ◆ **il est un peu déplumé sur le dessus** he's a bit thin on top ◆ **son crâne déplumé** his bald ou hairless head
c (* = démuni) broke *, skint * (Brit) ◆ **il s'est retrouvé complètement déplumé** he ended up completely skint * (Brit) ou with no money at all

**déplumer** [deplyme] ▸ conjug 1 ◂ 1 vt † to pluck
2 **se déplumer** vpr [oiseau] to moult, lose its feathers; (* = perdre ses cheveux) to go bald, lose one's hair

**dépoétiser** [depɔetize] ▸ conjug 1 ◂ vt to take the romance out of, make prosaic

**dépoitraillé, e** [depwatʀɑje] → SYN adj (péj) ◆ **il était tout dépoitraillé** his shirt was open, revealing his chest

**dépolarisant, e** [depɔlaʀizɑ̃, ɑ̃t] 1 adj depolarizing
2 nm depolarizer

**dépolarisation** [depɔlaʀizasjɔ̃] nf depolarization

**dépolariser** [depɔlaʀize] ▸ conjug 1 ◂ vt to depolarize

**dépoli, e** [depɔli] (ptp de **dépolir**) adj → **verre**

**dépolir** [depɔliʀ] → SYN ▸ conjug 2 ◂ 1 vt [+ argent, étain] to tarnish; [+ verre] to frost
2 **se dépolir** vpr to tarnish

**dépolissage** [depɔlisaʒ] nm [argent, étain] tarnishing; [verre] frosting

**dépolitisation** [depɔlitizasjɔ̃] nf depoliticization

**dépolitiser** [depɔlitize] ▸ conjug 1 ◂ 1 vt to depoliticize
2 **se dépolitiser** vpr to become depoliticized

**dépolluant, e** [depɔlɥɑ̃, ɑ̃t] 1 adj produit depolluting, anti-pollutant
2 nm depollutant, anti-pollutant

**dépolluer** [depɔlɥe] ▸ conjug 1 ◂ vt to clean up, rid ou clear of pollution

**dépollution** [depɔlysjɔ̃] nf getting rid of pollution (de from) ◆ **la dépollution des plages souillées par le mazout** the cleaning (up) of oil-polluted beaches

**dépolymériser** [depɔlimeʀize] ▸ conjug 1 ◂ vt to depolymerize

**déponent, e** [depɔnɑ̃, ɑ̃t] 1 adj (Ling) deponent
2 nm deponent (verb)

**dépopulation** [depɔpylasjɔ̃] → SYN nf depopulation

**déport** [depɔʀ] nm a (Téléc) radar data transmission
b (Fin) backwardation

**déportance** [depɔʀtɑ̃s] nf negative lift

**déportation** [depɔʀtasjɔ̃] → SYN nf (= exil) deportation, transportation; (= internement) imprisonment (in a concentration camp) ◆ **ils sont morts en déportation** they died in the (Nazi concentration) camps

**déporté, e** [depɔʀte] (ptp de **déporter**) nm,f (= exilé) deportee; (= interné) prisoner (in a concentration camp)

**déportement** [depɔʀtəmɑ̃] → SYN nm a (= embardée) **déportement vers la gauche** swerve to the left
b († = écarts de conduite) **déportements** misbehaviour (Brit), misbehavior (US)

**déporter** [depɔʀte] → SYN ▸ conjug 1 ◂ vt a [+ personne] (= exiler) to deport, transport; (= interner) to send to a concentration camp
b (= faire dévier) to carry off course ◆ **le vent l'a déporté** the wind carried ou blew him off course ◆ **se déporter sur la gauche** (Aut) to swerve to the left

**déposant, e** [depozɑ̃, ɑ̃t] nm,f (= épargnant) depositor; (Jur) bailor; (= témoin) deponent

**dépose** [depoz] nf [tapis] lifting, taking up; [serrure, moteur] taking out, removal; [rideau] taking down ◆ **"dépose des passagers"** "setting down only"

**déposer** [depoze] → SYN ▸ conjug 1 ◂ 1 vt a (= poser) to lay down, put down, set down; [+ ordures] to dump ◆ **"défense de déposer des ordures"** "no dumping", "no tipping" (Brit) ◆ **déposer les armes** to lay down (one's) arms ◆ **déposer un baiser sur le front de qn** (littér) to plant a kiss on sb's forehead
b (= laisser) [+ chose] to leave; [+ personne] to drop ◆ **déposer sa carte** to leave one's card ◆ **on a déposé une lettre/un paquet pour vous** somebody left a letter/a parcel for you, somebody dropped a letter/a parcel in for you ◆ **déposer une valise à la consigne** to deposit ou leave a suitcase at the left-luggage office (Brit) ou baggage check (US) ◆ **je te dépose à la gare** I'll drop you (off) at the station ◆ **l'autobus le déposa à la gare** the bus dropped him ou set him down at the station ◆ **est-ce que je peux vous déposer quelque part ?** can I give you a lift (Brit) ou ride (US) anywhere?, can I drop you anywhere?
c (Fin) [+ argent, valeur] to deposit ◆ **déposer de l'argent sur un compte** to put money into an account, deposit money in an account
d (Admin, Jur) [+ plainte] to lodge; [+ réclamation] to file; [+ conclusions] to present; [+ brevet, marque de fabrique] to register; [+ projet de loi] to bring in, table (Brit); [+ rapport] to send in, file ◆ **déposer son bilan** to go into (voluntary) liquidation ◆ **déposer un préavis de grève** to give notice of strike action; → **marque**
e (= destituer) [+ souverain] to depose
f [eau, vin] [+ sable, lie] to deposit
g (= démonter) [+ tenture] to take down; [+ tapis] to take up, lift; [+ serrure, moteur] to take out, remove
2 vi a [liquide] to form a sediment ou a deposit ◆ **laisser déposer** to leave to settle
b (Jur) to give evidence, testify
3 **se déposer** vpr [poussière, lie] to settle

**dépositaire** [depozitɛʀ] → SYN nmf a [objet confié] depository; [secret, vérité] possessor, guardian; (Jur) bailee ◆ **dépositaire public** (Jur) ≃ authorized depository ◆ **dépositaire légal** (Fin) escrow agent
b (Comm = agent) agent (de for) ◆ **dépositaire exclusif** sole agent (de for) ◆ **nous ne sommes pas dépositaires** we are not agents for them, it's not a line we carry

**déposition** [depozisjɔ̃] → SYN nf a (Jur) (à un procès) evidence (NonC); (écrite) (sworn) statement, deposition ◆ **faire une déposition** (à un procès) to give evidence; (écrite) to write a statement ◆ **signer sa déposition** to sign one's statement ou deposition
b [souverain] deposition, deposing
c (Art) **déposition de croix** Deposition

**déposséder** [depɔsede] → SYN ▸ conjug 6 ◂ vt ◆ **déposséder qn de** [+ terres] to dispossess sb of; [+ place, biens] to deprive sb of; [+ charge] to divest ou deprive sb of ◆ **ils se sentaient dépossédés** they felt dispossessed

**dépossession** [depɔsesjɔ̃] → SYN nf (de terres) dispossession; (d'une place, de biens) deprivation; (d'une charge) divesting ◆ **leur sentiment de dépossession** their feeling of being dispossessed ◆ **dépossession de soi** (littér) loss of a sense of self

**dépôt** [depo] → SYN 1 nm a (= action de déposer) [argent, valeurs] deposit(ing) ◆ **le dépôt des manteaux au vestiaire est obligatoire** coats must be left ou deposited in the cloakroom ◆ **le dépôt d'une marque de fabrique** the registration of a trademark ◆ **dépôt de bilan** (voluntary) liquidation ◆ **dépôt légal** (Jur) registration of copyright ◆ **en dépôt fiduciaire** (Fin) in escrow; → **mandat**
b (= garde) **avoir qch en dépôt** to hold sth in trust ◆ **confier qch en dépôt à qn** to entrust sth to sb
c (= chose confiée) **restituer un dépôt** to return what has been entrusted to one ◆ **dépôt sacré** sacred trust ◆ **dépôt (bancaire)** (Fin) (bank) deposit ◆ **dépôt à vue** (Fin) deposit on current account (Brit), checking deposit (US) ◆ **dépôt à terme** fixed term deposit; → **banque, compte**
d (= garantie) deposit ◆ **dépôt préalable** advance deposit ◆ **verser un dépôt** to put down ou pay a deposit
e (= sédiment) [liquide, lie] sediment, deposit ◆ **dépôt de sable** silt (NonC) ◆ **dépôt de tartre** layer of sediment, fur (Brit) (NonC) ◆ **l'eau a formé un dépôt calcaire dans la bouilloire** the water has formed a layer of sediment on the kettle ou has furred up the kettle (Brit)
f (= entrepôt) warehouse, store; [autobus] depot, garage; [trains] depot, shed; (Mil) depot
g (Comm) **il y a un dépôt de pain/de lait à l'épicerie** (= point de vente) bread/milk can be bought at the grocer's
h (= prison) jail, prison ◆ **il a passé la nuit au dépôt** he spent the night in the cells ou in jail
2 COMP ▷ **dépôt d'essence** (Aut) petrol (Brit) ou gasoline (US) depot ▷ **dépôt de marchandises** goods (Brit) ou freight (US) depot ou station ▷ **dépôt de munitions** ammunition ou munitions dump ▷ **dépôt d'ordures** (rubbish) dump ou tip (Brit), garbage dump (US)

**dépotage** [depɔtaʒ], **dépotement** [depɔtmɑ̃] nm [plante] transplanting; [liquide] decanting

**dépoter** [depɔte] ▸ conjug 1 ◂ vt [+ plante] to take out of the pot; [+ liquide] to decant

**dépotoir** [depɔtwaʀ] → SYN nm a (lit, fig = décharge) dumping ground, (rubbish) dump ou tip (Brit), garbage dump (US) ◆ **classe dépotoir** class of rejects ◆ **c'est devenu une banlieue dépotoir** it's become a suburban dumping ground
b (= usine) sewage works

**dépôt-vente**, pl **dépôts-ventes** [depovɑ̃t] nm second-hand shop (Brit) ou store (US) *(where items are sold on commission)*

**dépouille** [depuj] → SYN nf a (= peau) skin, hide; (Zool : de mue) cast; [serpent] slough
b (littér = cadavre) **dépouille (mortelle)** (mortal) remains

**c** (littér = butin) **dépouilles** plunder, spoils ◆ **système des dépouilles** (Pol US) spoils system

**dépouillé, e** [depuje] → SYN (ptp de **dépouiller**) adj décor bare; style bald; vin (= décanté) decanted ◆ **dépouillé de** poésie lacking in; ornements shorn ou stripped of

**dépouillement** [depujmɑ̃] → SYN nm **a** (= examen) [comptes, journal, documents, courrier] going through, perusal (frm); [auteur] going through, studying ◆ **le dépouillement du courrier a pris trois heures** it took three hours to go through the mail ◆ **le dépouillement du scrutin** counting the votes ◆ **lors du dépouillement** when the votes are (ou were) being counted, during the count ◆ **pendant le dépouillement des données** while sifting through the data

**b** (= ascèse, pauvreté) asceticism; (= sobriété) spareness, sobriety ◆ **vivre dans le dépouillement** to lead an ascetic life

**c** (= spoliation) stripping

**dépouiller** [depuje] → SYN ▸ conjug 1 ◂ **1** vt **a** (= examiner en détail) [+ comptes, documents, courrier] to go through, peruse; [+ auteur] to go through, study (in detail) ◆ **dépouiller un scrutin** to count the votes

**b** (= écorcher) to skin; (= écorcer) to bark, strip the bark from

**c dépouiller qn de** [+ vêtements] to strip sb of; [+ économies, honneurs] to strip ou divest sb of; [+ droits] to strip ou deprive sb of

**d dépouiller qch de** [+ ornements] to strip ou divest ou denude sth of; [+ feuilles, fleurs] to strip ou denude sth of ◆ **un livre qui dépouille l'amour de son mystère** a book that strips ou divests love of its mystery

**e** (littér = dénuder) to strip, denude ◆ **le vent dépouille les arbres** the wind strips ou denudes the trees (of their leaves) ◆ **l'hiver dépouille les champs** winter lays the fields bare ◆ **dépouiller un autel** to remove the ornaments from an altar, strip an altar (of its ornaments) ◆ **dépouiller son style** to strip one's style of all ornament

**f** (littér = spolier) **dépouiller un voyageur** to despoil (littér) ou strip a traveller of his possessions ◆ **dépouiller un héritier** to deprive ou divest an heir of his inheritance ◆ **il a dépouillé ses enfants** he's deprived ou stripped his children of everything ◆ **ils ont dépouillé le pays** they have plundered the country ou laid the country bare

**2 se dépouiller** vpr **a** (littér) **se dépouiller de** [+ vêtements] to shed, divest o.s. of; [+ possessions] to divest ou deprive o.s. of; [+ arrogance] to cast off ou aside, divest o.s. of; [arbre] [+ feuilles, fleurs] to shed; [pré] [+ verdure, fleurs] to become stripped ou denuded of ◆ **les arbres se dépouillent (de leurs feuilles)** the trees are shedding their leaves ◆ **la campagne se dépouille (de son feuillage ou de sa verdure)** the countryside is losing ou shedding its greenery ◆ **son style s'était dépouillé de toute redondance** his style had been stripped ou shorn of all unnecessary repetition

**b** [animal qui mue] to shed its skin

**dépourvu, e** [depuʀvy] → SYN **1** adj ◆ **dépourvu de** (gén) lacking ou wanting in, without; [+ intérêt, qualités, bon sens] devoid of, lacking ou wanting in; [+ méchanceté, mauvaises intentions] devoid of, without ◆ **dépourvu d'ornements** bare of ornaments, without ornaments ◆ **dépourvu d'argent** penniless, without money ◆ **ce récit n'est pas dépourvu d'intérêt/de qualités** this story is not devoid of interest/qualities ou not without interest/its qualities ◆ **des gens dépourvus (de tout)** destitute people

**2** nm ◆ **prendre qn au dépourvu** to catch sb off their guard ◆ **il a été pris au dépourvu par cette question inattendue** he was caught off his guard by this unexpected question

**dépoussiérage** [depusjeʀaʒ] nm (lit) dusting (*de* of); (fig) [administration, parti] revamping (*de* of)

**dépoussiérant** [depusjeʀɑ̃] nm anti-static furniture polish

**dépoussiérer** [depusjeʀe] ▸ conjug 6 ◂ vt (lit) to dust; (fig) [+ texte, institution] to blow ou brush away the cobwebs from ◆ **dépoussiérer l'image d'un parti** to revamp a party's image, get rid of a party's old-fashioned image

**dépoussiéreur** [depusjeʀœʀ] nm dust remover

**dépravant, e** [depʀavɑ̃, ɑ̃t] adj depraving

**dépravation** [depʀavasjɔ̃] → SYN nf (= état) depravity

**dépravé, e** [depʀave] → SYN (ptp de **dépraver**)
**1** adj depraved
**2** nm,f depraved person

**dépraver** [depʀave] → SYN ▸ conjug 1 ◂ vt to deprave ◆ **les mœurs se dépravent** morals are becoming depraved

**déprécation** [depʀekasjɔ̃] → SYN nf supplication

**dépréciateur, -trice** [depʀesjatœʀ, tʀis] → SYN nm,f disparager

**dépréciatif, -ive** [depʀesjatif, iv] → SYN adj propos, jugement depreciatory, disparaging; mot, sens derogatory, disparaging

**dépréciation** [depʀesjasjɔ̃] → SYN nf depreciation

**déprécier** [depʀesje] → SYN ▸ conjug 7 ◂ **1** vt (= faire perdre de la valeur à) to depreciate; (= dénigrer) to belittle, disparage, depreciate

**2 se déprécier** vpr [monnaie, objet] to depreciate; [personne] to belittle o.s., put o.s. down

**déprédateur, -trice** [depʀedatœʀ, tʀis] → SYN
**1** adj (= voleur) plundering (épith); (= destructeur) personne destructive ◆ **insectes déprédateurs** insect pests
**2** nm,f (= pilleur) plunderer; (= escroc) embezzler; (= vandale) vandal

**déprédation** [depʀedasjɔ̃] → SYN nf **a** (gén pl) (= pillage) plundering (NonC), depredation (frm); (= dégâts) damage (NonC), depredation (frm) ◆ **commettre des déprédations** to cause damage

**b** (Jur = détournement) misappropriation, embezzlement

**déprendre (se)** [depʀɑ̃dʀ] ▸ conjug 58 ◂ vpr (littér) ◆ **se déprendre de** [+ personne, chose] to lose one's fondness for; [+ habitude] to lose

**dépressif, -ive** [depʀesif, iv] adj, nm,f depressive

**dépression** [depʀesjɔ̃] → SYN nf **a dépression (de terrain)** depression; (petite) dip

**b** (Mét) **dépression (atmosphérique)** (atmospheric) depression, low ◆ **une dépression centrée sur le nord** an area of low pressure in the north

**c** (Psych = état) depression ◆ **dépression (nerveuse)** (nervous) breakdown ◆ **il a fait une dépression** he had a (nervous) breakdown ◆ **elle fait de la dépression** she suffers from depression

**d** (Écon) **dépression (économique)** (economic) depression ou slump

**dépressionnaire** [depʀesjɔnɛʀ] adj (Mét) ◆ **zone dépressionnaire** area of low pressure

**dépressurisation** [depʀesyʀizasjɔ̃] nf (Astron, Aviat) depressurization ◆ **en cas de dépressurisation de la cabine** should the pressure drop in the cabin

**dépressuriser** [depʀesyʀize] ▸ conjug 1 ◂ vt (Astron, Aviat) to depressurize

**déprimant, e** [depʀimɑ̃, ɑ̃t] → SYN adj (moralement) depressing; (physiquement) enervating, debilitating

**déprime** * [depʀim] nf depression ◆ **faire de la déprime** to be depressed ◆ **c'est la déprime dans les milieux financiers** financial circles are depressed ◆ **période de déprime** low period

**déprimé, e** [depʀime] (ptp de **déprimer**) adj **a** personne (moralement) depressed, low (attrib)

**b** terrain low-lying

**déprimer** [depʀime] → SYN ▸ conjug 1 ◂ **1** vt **a** (moralement) to depress; (physiquement) to debilitate, enervate

**b** (= enfoncer) to depress

**2** vi * to be depressed, feel down *

**De profundis** [depʀɔfɔ̃dis] nm de profundis

**déprogrammation** [depʀɔgʀamasjɔ̃] nf cancellation

**déprogrammer** [depʀɔgʀame] ▸ conjug 1 ◂ vt (TV) (définitivement) to take off the air; (temporairement) to cancel; [+ magnétoscope] to cancel the programming on; [+ rendez-vous, visite] to cancel

**déprotéger** [depʀɔteʒe] ▸ conjug 6 et 3 ◂ vt (Ordin) to remove the write protection from

**dépucelage** * [depys(ə)laʒ] nm ◆ **dépucelage d'une fille/d'un garçon** taking of a girl's/boy's virginity

**dépuceler** * [depys(ə)le] ▸ conjug 4 ◂ vt [+ fille], (hum) [+ garçon] to take the virginity of ◆ **se faire dépuceler** to lose one's virginity ou one's cherry ‡ ◆ **c'est lui qui l'a dépucelée** she lost it to him ‡

**depuis** [dəpɥi] **1** prép **a** (point de départ dans le temps) since, ever since (*intensif*) ◆ **il attend depuis hier/ce matin** he has been waiting (ever) since yesterday/this morning ◆ **il attendait depuis lundi/le 3 mars** he had been waiting (ever) since Monday/since March 3rd ◆ **depuis leur dispute ils ne se parlent/parlaient plus** they haven't/hadn't spoken to each other (ever) since their quarrel ou (ever) since they quarrelled ◆ **ils ont toujours habité la même maison depuis leur mariage** they've lived in the same house (ever) since they were married ◆ **je ne l'ai pas vue depuis qu'elle/depuis le jour où elle s'est cassé la jambe** I haven't seen her since she/since the day she broke her leg ◆ **elle joue du violon depuis son plus jeune âge** she has played the violin since ou from early childhood, she has been playing ou has played the violin (ever) since she was very small ◆ **depuis cette affaire il est très méfiant** (ever) since that affair he has been very suspicious ◆ **depuis quand le connaissez-vous ?** how long have you known him?, how long is it that you've known him? ◆ **depuis quelle date êtes-vous ici ?** since when have you been here?, when did you arrive here? ◆ **depuis cela, depuis lors** (littér) since then ou that time, from that time forward (littér), ever since ◆ **depuis quand es-tu (devenu) expert sur la question ?** (iro) since when have you been an expert on the matter? (iro) ◆ **depuis le matin jusqu'au soir** from morning till night

**b** (durée) for ◆ **il est malade depuis une semaine** he has been ill for a week (now) ◆ **depuis combien de temps êtes-vous/travaillez-vous ici ? – je suis/travaille ici depuis cinq ans** how long have you been here/been working here? – I've been here/been working here (for) five years ou for the last five years ◆ **il est parti/mort depuis deux ans** he has been gone/dead (for) two years ◆ **depuis ces derniers jours/mois il a bien changé** he has changed a great deal in ou over the last ou past few days/months ◆ **elle cherche du travail depuis plus d'un mois** she's been looking for a job for over ou more than a month ◆ **il dormait depuis une heure quand le réveil sonna** he had been sleeping ou asleep for an hour when the alarm went off ◆ **mort depuis longtemps** long since dead ◆ **tu le connais depuis longtemps ? – depuis toujours** have you known him long? ou for a long time? – I've known him all my life ou I've always known him ◆ **nous n'avons pas été au théâtre depuis des siècles** we haven't been to the theatre for ou in ages

◆ **depuis peu** ◆ **depuis peu elle a recommencé à sortir** lately ou recently ou of late she has started going out again ◆ **je la connaissais depuis peu quand elle est partie** I hadn't known her long ou I had known her (for) only a short time when she left

**c** (lieu : = à partir de) from ◆ **nous roulons/roulions sous la pluie depuis Londres** it's been raining/it rained all the way from London ◆ **depuis Nice il a fait le plein trois fois** he's filled up three times since Nice ◆ **le concert est retransmis depuis Paris/nos studios** the concert is broadcast from Paris/our studios

**d** (rang, ordre, quantité) from ◆ **depuis le simple soldat jusqu'au général** from private (right up) to general ◆ **depuis le premier jusqu'au dernier** from the first to the last ◆ **robes depuis 50 € jusqu'à ...** dresses from €50 to ..., dresses starting at €50 (and) going up to ... ◆ **depuis 5 grammes jusqu'à ...** from 5 grammes (up) to ... ◆ **ils ont toutes les tailles depuis le 36** they have all sizes from 36 upwards, they have all sizes starting at 36

**2** adv ever since, since (then) ◆ **depuis, nous sommes sans nouvelles** we have been without news ever since ◆ **nous étions en vacan-**

**ces ensemble, je ne l'ai pas revu depuis** we were on holiday together and I haven't seen him since (then)

♦ **depuis (le temps) que** ◆ **depuis qu'il habite ici, il n'a cessé de se plaindre** he hasn't stopped complaining (ever) since he's lived here ◆ **depuis qu'il est ministre il ne nous parle plus** now that he is ou since he became a minister he doesn't speak to us any more ◆ **depuis qu'il avait appris son succès il désirait la féliciter** he had wanted to congratulate her ever since he had heard of her success ◆ **depuis que le monde est monde** since the beginning of time, from time immemorial ◆ **depuis le temps qu'il apprend le français, il devrait pouvoir le parler** considering how long ou for all the time he's been learning French, he ought to be able to speak it ◆ **depuis le temps qu'il est ici, il ne nous a jamais dit un mot** in all the time he has been here he has never said a word to us ◆ **depuis le temps qu'on ne s'était pas vus !** it's ages since we (last) saw each other!, long time no see! * ◆ **depuis le temps que je voulais voir ce film !** I had been wanting to see that film for ages! ou for such a long time! ◆ **depuis le temps que je dis que je vais lui écrire !** I've been saying I'll write to him for ages! ◆ **depuis le temps qu'il essaie !** he has been trying long enough! ◆ **depuis le temps que je te le dis !** I've told you often enough!

**dépuratif, -ive** [depyʀatif, iv] → SYN adj, nm depurative

**dépurer** [depyʀe] → SYN ▸ conjug 1 ◂ vt to purify

**députation** [depytasjɔ̃] → SYN nf (= envoi, groupe) deputation, delegation; (= mandat de député) post of deputy ◆ **candidat à la députation** parliamentary candidate ◆ **se présenter à la députation** to stand (Brit) ou run (US) for parliament

**député, e** [depyte] → SYN 1 nm,f (au parlement) deputy; (en Grande-Bretagne) Member of Parliament; (aux États-Unis) ≃ Congressman ◆ **elle a été élue député de Metz** she has been elected (as) deputy ou member for Metz ◆ **député au Parlement européen, député européen** Member of the European Parliament, MEP ◆ **le député-maire de Rouen** the deputy and mayor of Rouen ◆ **député en exercice** present incumbent, sitting member (Brit)

2 nm (= envoyé d'un prince) envoy; (= envoyé d'une assemblée) delegate

> **DÉPUTÉ**
>
> 577 **députés**, elected in the "élections législatives" held every five years, make up the lower house of the French parliament (the "Assemblée nationale"). Each **député** represents a constituency ("circonscription"). Their role is comparable to that of Members of Parliament in Britain and Congressmen and women in the United States. → ASSEMBLÉE NATIONALE; ÉLECTIONS; MAIRE

**députer** [depyte] ▸ conjug 1 ◂ vt ◆ **députer qn pour faire/aller** to delegate sb to do/go ◆ **députer qn à** ou **auprès d'une assemblée/auprès de qn** to send sb (as representative) to an assembly/to sb

**déqualification** [dekalifikasjɔ̃] nf deskilling ◆ **la déqualification est de plus en plus courante** (Écon) more and more people are being given jobs for which they are overqualified ou which don't match their qualifications

**déqualifié, e** [dekalifje] (ptp de **déqualifier**) adj personnel, emploi deskilled

**déqualifier** [dekalifje] ▸ conjug 7 ◂ vt [+ personnel, emploi] to deskill

**der** * [dɛʀ] nf (abrév de **dernière**) ◆ **dix de der** (Cartes) *ten points awarded for the last trick taken in belote* ◆ **la der des ders** (gén) the very last one; (= guerre de 1914-1918) the war to end all wars

**déracinable** [deʀasinabl] adj préjugé eradicable ◆ **difficilement déracinable** difficult to eradicate

**déracinement** [deʀasinmɑ̃] → SYN nm [arbre, personne] uprooting; [erreur, préjugé] eradication ◆ **il a souffert de ce déracinement** he suffered as a result of being uprooted like this

**déraciner** [deʀasine] → SYN ▸ conjug 1 ◂ vt [+ arbre, personne] to uproot; [+ erreur] to eradicate; [+ préjugé] to root out, eradicate ◆ **toute ma vie, je serai un déraciné** I'll always be rootless, I'll never belong anywhere

**déraidir** [deʀediʀ] → SYN ▸ conjug 2 ◂ vt [+ membre] to make less stiff

**déraillement** [deʀajmɑ̃] nm derailment

**dérailler** [deʀaje] ▸ conjug 1 ◂ vi a [train] to be derailed, go off ou leave the rails ◆ **faire dérailler un train** to derail a train ◆ **faire dérailler le processus de paix/les négociations** to derail the peace process/the negotiations

b * (= divaguer) to talk nonsense ou twaddle * (Brit); (= mal fonctionner) to be on the blink *, be up the spout * (Brit) ◆ **tu dérailles !** (= tu es fou) you're nuts! *, you're off your rocker! *; (= tu te trompes) you're talking through your hat! *, you're talking nonsense! ◆ **son père déraille complètement** (= être gâteux) his father is completely gaga * ou has lost his marbles *

**dérailleur** [deʀajœʀ] nm [bicyclette] derailleur; (Rail) derailer, derailing stop

**déraison** [deʀɛzɔ̃] → SYN nf (littér) insanity

**déraisonnable** [deʀɛzɔnabl] → SYN adj unreasonable

**déraisonnablement** [deʀɛzɔnabləmɑ̃] adv unreasonably

**déraisonner** [deʀɛzɔne] → SYN ▸ conjug 1 ◂ vi (littér) (= dire des bêtises) to talk nonsense; (= être fou) to rave

**dérangé, e** [deʀɑ̃ʒe] (ptp de **déranger**) 1 adj a (* = fou) crazy ◆ **il est complètement dérangé !** he's a real head case! *, he's nuts! * ◆ **il a le cerveau** ou **l'esprit dérangé** he's deranged ou unhinged

b (= malade) **il a l'estomac dérangé** he has an upset stomach ou a stomach upset ◆ **il est (un peu) dérangé** he has (a bit of) diarrhoea, his bowels are (a bit) loose

c coiffure dishevelled, untidy ◆ **mes papiers étaient tout dérangés** my papers were all in a mess

2 nm,f * nutcase *

**dérangeant, e** [deʀɑ̃ʒɑ̃, ɑ̃t] adj disturbing

**dérangement** [deʀɑ̃ʒmɑ̃] GRAMMAIRE ACTIVE 27.7 → SYN nm a (= gêne) trouble ◆ **(toutes) mes excuses pour le dérangement** my apologies for the trouble I'm causing ou for the inconvenience

b (= déplacement) **pour vous éviter un autre dérangement** to save you another trip ◆ **voilà 10 € pour votre dérangement** here's €10 for coming ou for taking the trouble to come

c (= bouleversement) [affaires, papiers] disorder (*de* in) ◆ **en dérangement** machine, téléphone out of order

**déranger** [deʀɑ̃ʒe] GRAMMAIRE ACTIVE 9.1 → SYN ▸ conjug 3 ◂

1 vt a (= déplacer) [+ papiers] to disturb, mix ou muddle up; [+ coiffure] to ruffle, mess up; [+ vêtements] to rumple, disarrange

b (= gêner, importuner) to trouble, bother; (= surprendre) [+ animal, cambrioleur] to disturb ◆ **je ne vous dérange pas ?** am I disturbing you?, I hope I'm not disturbing you? ◆ **les cambrioleurs ont été dérangés** the burglars were disturbed ◆ **elle viendra vous voir demain, si cela ne vous dérange pas** she'll come and see you tomorrow, if that's all right by you * ou if that's no trouble to you ◆ **elle ne veut pas déranger le médecin inutilement** she doesn't want to bother the doctor unnecessarily ◆ **ne me dérangez pas toutes les cinq minutes** don't come bothering me every five minutes ◆ **déranger qn dans son sommeil** to disturb sb's sleep ◆ **on le dérange toutes les nuits en ce moment** he is disturbed every night at the moment ◆ **ça vous dérange si je fume ?** do you mind ou will it bother you if I smoke? ◆ **cela vous dérangerait-il de venir ?** would you mind coming? ◆ **alors, ça te dérange ?** * what does it matter to you?, what's it to you? * ◆ **"ne pas déranger"** "do not disturb" ◆ **ses films dérangent** his films are disturbing

c (= dérégler) [+ projets, routine] to disrupt, upset; [+ machine] to put out of order ◆ **les essais atomiques ont dérangé le temps** the nuclear tests have unsettled ou upset the weather ◆ **ça lui a dérangé l'esprit** this has unsettled his mind

2 **se déranger** vpr a [médecin, réparateur] to come out

b (pour une démarche, une visite) to go along, come along ◆ **sans vous déranger, sur simple appel téléphonique, nous vous renseignons** without leaving your home, you can obtain information simply by telephoning us ◆ **je me suis dérangé pour rien, c'était fermé** it was a waste of time going ou it was a wasted trip ou journey (Brit) – it was closed

c (= changer de place) to move ◆ **il s'est dérangé pour me laisser passer** he moved ou stepped aside to let me pass

d (= se gêner) **surtout, ne vous dérangez pas pour moi** please don't put yourself out ou go to any inconvenience on my account

**dérapage** [deʀapaʒ] → SYN nm a [véhicule] skid; (Ski) sideslipping; (Aviat) sideslip ◆ **faire un dérapage** to skid ◆ **faire un dérapage contrôlé** to do a controlled skid ◆ **descendre une piste en dérapage** (Ski) to sideslip down a slope

b [prix] unexpected increase; (= maladresse) blunder, faux pas ◆ **dérapages budgétaires** overspending ◆ **le dérapage des dépenses publiques** government overspending ◆ **dérapage verbal** slip, verbal faux pas ◆ **pour éviter tout dérapage inflationniste** to prevent inflation from getting out of control

**déraper** [deʀape] → SYN ▸ conjug 1 ◂ vi a [véhicule] to skid; [piéton, semelles, échelle] to slip; (Ski) to sideslip ◆ **ça dérape** [chaussée] it's slippery

b [ancre] to drag; [bateau] to trip her anchor

c [prix, salaires] to get out of hand, soar; [conversation] to veer onto slippery ground; [personne] to make a faux pas

**dératé, e** [deʀate] nm,f → **courir**

**dératisation** [deʀatizasjɔ̃] nf rat extermination

**dératiser** [deʀatize] ▸ conjug 1 ◂ vt ◆ **dératiser un lieu** to exterminate the rats in a place, rid a place of rats

**derby** [dɛʀbi] nm (Ftbl, Rugby) derby; (Équitation) Derby; (= chaussure) *kind of lace-up shoe*, blucher (US)

**derche** ** [dɛʀʃ] nm arse ** (Brit), ass ** (US) ◆ **c'est un faux derche** he's a two-faced bastard **

**derechef** [dəʀəʃɛf] adv († ou littér) once more, once again

**déréférencement** [deʀefeʀɑ̃smɑ̃] nm (Comm) [produit] withdrawal from sale

**déréférencer** [deʀefeʀɑ̃se] ▸ conjug 3 ◂ vt (Comm) [+ produit] to withdraw from sale

**déréglé, e** [deʀegle] (ptp de **dérégler**) adj a (= détraqué) mécanisme out of order (attrib); esprit unsettled; habitudes, temps upset, unsettled; estomac, appétit, pouls upset ◆ **les élucubrations de son imagination déréglée** the ravings of his wild ou disordered imagination

b (= corrompu) vie, mœurs dissolute

**dérèglement** [deʀɛgləmɑ̃] → SYN nm [machine, mécanisme] disturbance; [pouls, estomac, temps] upset; [esprit] unsettling (NonC); [mœurs] dissoluteness (NonC) ◆ **dérèglements** (littér) (= dépravations) dissoluteness ◆ **dérèglement hormonal** hormone imbalance

**déréglementation** [deʀɛgləmɑ̃tasjɔ̃] nf deregulation

**déréglementer** [deʀɛgləmɑ̃te] ▸ conjug 1 ◂ vt to deregulate

**dérégler** [deʀegle] → SYN ▸ conjug 6 ◂ 1 vt a (= détraquer) [+ mécanisme] to throw out, disturb; [+ machine] to disturb the mechanism of, put out of order; [+ esprit] to unsettle; [+ habitudes, temps] to upset, unsettle; [+ estomac, appétit, pouls] to upset; [+ métabolisme] to disrupt, upset

b (= corrompre) [+ vie, mœurs] to make dissolute

2 **se dérégler** vpr a [mécanisme, machine, appareil] to go wrong; [pouls, estomac, temps]

to be upset; [esprit] to become unsettled ♦ **cette montre se dérègle tout le temps** this watch keeps going wrong

**b** (= se corrompre) [mœurs] to become dissolute

**dérégulation** [deʀegylasjɔ̃] nf [marché, secteur] deregulation ♦ **dérégulation économique/sociale** economic/social deregulation

**déréguler** [deʀegyle] ▸ conjug 1 ◂ vt [+ marché, secteur] to deregulate

**déréliction** [deʀeliksjɔ̃] [→ SYN] nf (Rel, littér) dereliction

**déremboursement** [deʀɑ̃buʀsəmɑ̃] nm (Admin) ♦ **le déremboursement des médicaments** *cutting back on the reimbursement of medicines by the French Social Security system* ♦ **le gouvernement a annoncé des mesures de déremboursement** the government have announced measures to cut back on the reimbursement of medicines

**déresponsabilisation** [deʀɛspɔ̃sabilizasjɔ̃] nf taking away responsibility from

**déresponsabiliser** [deʀɛspɔ̃sabilize] ▸ conjug 1 ◂ vt [+ personne] to take away responsibility from

**déridage** [deʀidaʒ] nm face-lift

**dérider** [deʀide] [→ SYN] ▸ conjug 1 ◂ **1** vt [+ personne] to brighten up; [+ front] to uncrease

**2 se dérider** vpr [personne] to cheer up; [front] to uncrease

**dérision** [deʀizjɔ̃] [→ SYN] nf derision, mockery ♦ **par dérision** derisively, mockingly ♦ **de dérision** parole, sourire of derision, derisive ♦ **esprit de dérision** sense of mockery ou ridicule ♦ **tourner en dérision** (= ridiculiser) to ridicule; (= minimiser) to make a mockery of

**dérisoire** [deʀizwaʀ] [→ SYN] adj (gén) derisory, pathetic, laughable ♦ **pour une somme dérisoire** for a derisory sum

**dérisoirement** [deʀizwaʀmɑ̃] adv pathetically

**dérivable** [deʀivabl] adj (Math) derivable

**dérivant** [deʀivɑ̃] adj m ♦ **filet dérivant** drift net

**dérivatif, -ive** [deʀivatif, iv] [→ SYN] **1** adj derivative

**2** nm distraction ♦ **dans son travail il cherche un dérivatif à sa douleur** he throws himself into his work to try and take his mind off his grief

**dérivation** [deʀivasjɔ̃] [→ SYN] nf **a** [rivière] diversion; [circulation routière] diversion (Brit), detour (US); → **canal**

**b** (Ling, Math) derivation ♦ **dérivation régressive** back formation

**c** (Élec) shunt

**d** (Aviat, Naut) drift, deviation

**dérive** [deʀiv] [→ SYN] nf **a** (= déviation) drift, leeway; (= errance) drift ♦ **dérive sur bâbord** drift to port ♦ **navire en dérive** ship adrift ♦ **dérive des continents** continental drift ♦ **dérive nord-atlantique** North Atlantic Drift ♦ **à la dérive** adrift ♦ **tout va à la dérive** (fig) everything is going to the dogs ou is going downhill ♦ **partir à la dérive** to go drifting off ♦ **être à la dérive** [personne] to be adrift, be drifting

**b** (= dispositif) (Aviat) fin, vertical stabilizer (US); (Naut) centre-board (Brit), center-board (US)

**c** (= abus) excess, abuse; (= évolution) drift ♦ **dérive droitière/totalitaire** drift towards the right/towards totalitarianism

**dérivé, e** [deʀive] (ptp de **dériver**) **1** adj (gén, Chim, Math) derived

**2** nm (Chim, Ling, Math) derivative; (= produit) by-product

**3 dérivée** nf (Math) derivative

**dériver** [deʀive] [→ SYN] ▸ conjug 1 ◂ **1** vt **a** [+ rivière, circulation] to divert

**b** (Chim, Ling, Math) to derive

**c** (Élec) to shunt

**d** (Tech = dériveter) to unrivet

**2 dériver de** vt indir to derive ou stem from; (Ling) to derive from, be derived from, be a derivative of

**3** vi (Aviat, Naut) to drift; [orateur] to wander ou drift (away) from the subject; [marginal] to be adrift, be drifting ♦ **la conversation a dérivé sur ...** the conversation drifted onto ...

**dériveur** [deʀivœʀ] nm (= voile) storm sail; (= bateau) sailing dinghy *(with centre-board)*

**dermabrasion** [dɛʀmabʀazjɔ̃] nf (Méd) dermabrasion

**dermatite** [dɛʀmatit] nf ⇒ **dermite**

**dermato** * [dɛʀmato] **1** nf (abrév de **dermatologie**)

**2** nmf (abrév de **dermatologiste** ou **dermatologue**)

**dermatoglyphes** [dɛʀmatɔglif] nmpl dermatoglyphics

**dermatologie** [dɛʀmatɔlɔʒi] nf dermatology

**dermatologique** [dɛʀmatɔlɔʒik] adj dermatological

**dermatologue** [dɛʀmatɔlɔg], **dermatologiste** [dɛʀmatɔlɔʒist] nmf dermatologist, skin specialist

**dermatose** [dɛʀmatoz] nf dermatosis

**derme** [dɛʀm] nm dermis

**dermeste** [dɛʀmɛst] nm dermestid

**dermique** [dɛʀmik] adj dermic, dermal

**dermite** [dɛʀmit] nf dermatitis

**dermographisme** [dɛʀmɔgʀafism] nm dermographia, dermographism

**dermopharmacie** [dɛʀmofaʀmasi] nf skincare products *(sold in pharmacies)*

**dernier, -ière** [dɛʀnje, jɛʀ] [→ SYN] **1** adj **a** (dans le temps) last ♦ **arriver dernier** to come in last ♦ **arriver bon dernier** to come in a long way behind the others ♦ **durant les derniers jours du mois** in the last few days of the month ♦ **l'artiste, dans ses dernières œuvres ...** the artist, in his final ou last works ... ♦ **les dernières années de sa vie** the last few years of his life

**b** (dans l'espace) étage top (épith); rang back (épith); branche upper (épith), highest ♦ **la dernière marche de l'escalier** (en bas) the bottom step; (en haut) the top step ♦ **le dernier mouchoir de la pile** (dessus) the top handkerchief in the pile; (dessous) the bottom handkerchief in the pile ♦ **en dernière page** (Presse) on the back page ♦ **les 100 dernières pages** the last 100 pages; → **jugement, premier**

**c** (dans une hiérarchie, un ordre) élève bottom, last ♦ **être reçu dernier** to come last ou bottom (à in) ♦ **il est toujours dernier (en classe)** he's always bottom (of the class), he's always last (in the class) ♦ **c'est bien la dernière personne à qui je demanderais !** he's the last person I'd ask!

**d** (= le plus récent) (gén avant n) last, latest ♦ **son dernier roman** his latest ou last novel ♦ **ces derniers mois/jours** (during) the last ou past couple of ou few months/days ♦ **ces derniers incidents/événements** these latest ou most recent incidents/events; → **temps**

**e** (= précédent) last, previous ♦ **les derniers propriétaires sont partis à l'étranger** the last ou previous owners went abroad ♦ **le dernier détenteur du record était américain** the last ou previous record holder was American ♦ **l'an/le mois dernier** last year/month ♦ **samedi dernier** last Saturday

**f** (= extrême) **il a protesté avec la dernière énergie** he protested most vigorously ou with the utmost vigour ♦ **examiner qch dans les derniers détails** to study sth in the most minute ou in the minutest detail ♦ **c'est du dernier ridicule** it's utterly ridiculous, it's ridiculous in the extreme ♦ **c'est du dernier chic** it's the last word in elegance ♦ **c'est de la dernière importance** it is of the utmost importance ♦ **il est du dernier bien avec le patron** he's on the best of terms with his boss

**g** (= pire) qualité lowest, poorest ♦ **c'était la dernière chose à faire !** that was the last thing to do!

**h** (évoquant la mort) last ♦ **ses derniers moments** ou **instants** his last ou dying moments ♦ **jusqu'à mon dernier jour** until the day I die, until my dying day ♦ **je croyais que ma dernière heure était venue** I thought my last ou final hour had come ♦ **à sa dernière heure** on his deathbed ♦ **dans les derniers temps il ne s'alimentait plus** towards the end he stopped eating ♦ **rendre les derniers devoirs** (littér, frm) to pay one's last respects (à to) ♦ **accompagner qn à sa dernière demeure** to accompany sb to his final resting place ♦ **les dernières dispositions du défunt** the deceased's last will and testament; → **soupir**

**i** (= final, ultime) échelon, grade top, highest ♦ **après un dernier regard/effort** after one last ou final look/effort ♦ **on prend un dernier verre ?** one last drink?, one for the road?

**2** nm,f **a** (dans le temps) last (one) ♦ **parler/sortir le dernier** to speak/leave last ♦ **les derniers arrivés n'auront rien** the last ones to arrive ou the last arrivals will get nothing ♦ **dernier entré, premier sorti** last in, first out ♦ **tu seras servi le dernier** you'll be served last, you'll be the last to get served ♦ **elle a tendance à gâter son (petit) dernier** she's inclined to spoil her youngest (child)

**b** (dans une hiérarchie, un ordre) **il est le dernier de sa classe/de la liste** he's (at the) bottom of the class/list ♦ **il a été reçu dans les derniers** he was nearly bottom among those who passed the exam ♦ **ils ont été tués jusqu'au dernier** they were all killed (right down) to the last man, every single one of them was killed ♦ **c'est la dernière à qui vous puissiez demander un service** she's the last person you can ask a favour of ♦ **il est le dernier à pouvoir** ou **qui puisse faire cela** he's the last person to be able to do that ♦ **"Le Dernier des Mohicans"** (Littérat) "The Last of the Mohicans"

♦ **ce dernier, cette dernière** the latter ♦ **enseignants et chercheurs étaient présents ; ces derniers ...** there were teachers and researchers there; the latter ... ♦ **Luc, Marc et Jean étaient là et ce dernier a dit que ...** Luc, Marc and Jean were there, and Jean said that ... ♦ **Paul, Pierre et Maud sont venus ; cette dernière ...** Paul, Pierre and Maud came; she ...; → **souci**

**c** (péj : intensif) **le dernier des imbéciles** an absolute imbecile, a complete and utter fool ♦ **le dernier des filous** an out-and-out scoundrel ♦ **c'est le dernier des derniers !** he's the lowest of the low!

**3** nm (= étage) top floor ou storey (Brit) ou story (US)

♦ **en dernier** acheter, arriver last ♦ **j'ai été servi en dernier** I was served last, I was the last to be served

**4 dernière** nf **a** (Théât) last performance

**b** ( * = nouvelle) **vous connaissez la dernière ?** * have you heard the latest?

**dernièrement** [dɛʀnjɛʀmɑ̃] [→ SYN] adv (= il y a peu de temps) recently; (= ces derniers temps) lately, recently, of late

**dernier-né, dernière-née,** mpl **derniers-nés** [dɛʀnjene, dɛʀnjɛʀne] nm,f (= enfant) last-born, youngest child; (= œuvre) latest ou most recent creation ♦ **le dernier-né de leurs logiciels** the latest in their line of software

**dérobade** [deʀɔbad] [→ SYN] nf evasion; (Équitation) refusal ♦ **dérobade fiscale** tax evasion

**dérobé, e** [deʀɔbe] [→ SYN] (ptp de **dérober**) **1** adj escalier, porte secret, hidden

**2 à la dérobée** loc adv secretly, surreptitiously ♦ **regarder qn à la dérobée** to give sb a surreptitious ou stealthy glance

**dérober** [deʀɔbe] [→ SYN] ▸ conjug 1 ◂ **1** vt **a** (= voler) to steal ♦ **dérober qch à qn** to steal sth from sb ♦ **dérober un baiser (à qn)** to steal a kiss (from sb)

**b** (= cacher) **dérober qch à qn** to hide ou conceal sth from sb ♦ **une haie dérobait la palissade aux regards** a hedge hid ou screened the fence from sight, a hedge concealed the fence ♦ **dérober qn à la justice/au danger/à la mort** to shield sb from justice/danger/death

**c** (littér = détourner) [+ regard, front] to turn away

**2 se dérober** vpr **a** (= refuser d'assumer) to shy away ♦ **se dérober à son devoir/à ses obligations** to shy away from ou shirk one's duty/obligations ♦ **se dérober à une discussion** to shy away from a discussion ♦ **je lui ai posé la question mais il s'est dérobé** I put the question to him but he evaded ou sidestepped it

**b** (= se cacher de) to hide, conceal o.s. ♦ **se dérober aux regards** to hide from view ♦ **se dérober à la justice** to hide from justice ♦ **pour se dérober à la curiosité dont il était l'objet** in order to escape the curiosity surrounding him

**c** (= se libérer) to slip away ◆ **se dérober à l'étreinte de qn** to slip out of sb's arms ◆ **il voulut la prendre dans ses bras mais elle se déroba** he tried to take her in his arms but she shrank ou slipped away

**d** (= s'effondrer) [sol] to give way ◆ **ses genoux se dérobèrent (sous lui)** his knees gave way (beneath him)

**e** (Équitation) to refuse

**dérochage** [deʀɔʃaʒ] **nm** [métal] pickling

**dérocher** [deʀɔʃe] ▸ conjug 1 ◂ **1** **vi se dérocher** **vpr** [alpiniste] to fall off (a rock face)

**2** **vt** [+ métal] to pickle; [+ terrain] to clear of rocks

**dérogation** [deʀɔgasjɔ̃] → SYN **nf** (special) dispensation ◆ **ceci constitue une dérogation par rapport à la loi** this constitutes a departure from the law ◆ **aucune dérogation ne sera permise** no exemption will be granted, no special dispensation will be allowed ◆ **il a obtenu ceci par dérogation** he obtained this by special dispensation

**dérogatoire** [deʀɔgatwaʀ] **adj** dispensatory, exceptional ◆ **appliquer un régime dérogatoire à** to apply exceptional arrangements to ou in respect of ◆ **à titre dérogatoire** by special dispensation

**déroger** [deʀɔʒe] → SYN ▸ conjug 3 ◂ **vi** **a** (= déchoir) (gén) to lower o.s., demean o.s.; (Hist) to lose rank and title

**b** (= enfreindre) **déroger à qch** to go against sth, depart from sth ◆ **déroger aux règles** to depart from the rules ◆ **ce serait déroger à la règle établie** that would go against the established order ou procedure

**dérouillée** * [deʀuje] **nf** thrashing, belting* ◆ **recevoir une dérouillée** (coups) to get a thrashing ou belting*; (défaite) to get a thrashing* ou hammering*

**dérouiller** [deʀuje] → SYN ▸ conjug 1 ◂ **1** **vt** **a** [+ métal] to remove the rust from; [+ mémoire] to refresh ◆ **je vais me dérouiller les jambes** I'm going to stretch my legs

**b** (* = battre) to give a thrashing ou belting* to, thrash

**2** **vi** (* = souffrir) to have a hard time of it, go through it* (surtout Brit); (= se faire battre) to catch it*, cop it * (Brit) ◆ **j'ai une rage de dents, qu'est-ce que je dérouille!** I've got toothache, it's agony!* ou it's driving me mad! ou it's killing me!*

**déroulant** [deʀulɑ̃] **adj m** ◆ **menu déroulant** pull-down menu

**déroulement** [deʀulmɑ̃] → SYN **nm** **a** (= fait de se passer) **déroulement de carrière** career development ◆ **rappelez-moi le déroulement des événements** go over the sequence of events for me again ◆ **pendant le déroulement des opérations** during the course of (the) operations, while the operations were in progress ◆ **pendant le déroulement du film** while the film was on, during the film ◆ **rien n'est venu troubler le déroulement de la manifestation** the demonstration went off ou passed off without incident, nothing happened to disturb the course of the demonstration ◆ **veiller au bon déroulement des élections** to make sure the elections go smoothly

**b** [fil, bobine, film, bande magnétique] unwinding; [cordage] uncoiling; [carte] unrolling

**dérouler** [deʀule] → SYN ▸ conjug 1 ◂ **1** **vt** **a** [+ fil, bobine, pellicule, ruban] to unwind; [+ cordage] to uncoil; [+ carte, parchemin] to unroll; [+ tapis] to roll out; [+ store] to roll down ◆ **dérouler le tapis rouge à qn** to roll out the red carpet for sb ◆ **la rivière déroule ses méandres** the river snakes ou winds along its tortuous course

**b** (Tech) [+ tronc d'arbre] to peel a veneer from

**c** (= passer en revue) **il déroula dans son esprit les événements de la veille** in his mind he went over ou through the events of the previous day

**2** **se dérouler** **vpr** **a** (= avoir lieu) (comme prévu) to take place; (accidentellement) to happen, occur ◆ **la ville où la cérémonie s'est déroulée** the town where the ceremony took place

**b** (= progresser) [histoire] to unfold, develop ◆ **à mesure que l'histoire se déroulait** as the story unfolded ou developed

**c** (= se passer) to go (off) ◆ **la manifestation s'est déroulée dans le calme** the demonstration went off peacefully ◆ **comment s'est déroulé le match?** how did the match go? ◆ **ça s'est bien déroulé** it went well ◆ **son existence se déroulait, calme et morne** his life went on ou pursued its course, dreary and uneventful ◆ **c'est là que toute ma vie s'est déroulée** that was where I spent my whole life

**d** [fil, bobine, pellicule, ruban] to unwind, come unwound; [bande magnétique] to unwind; [cordage] to unreel, uncoil; [carte, drapeau, parchemin] to unroll, come unrolled; [tapis] to unroll; [store] to roll down ◆ **le paysage se déroulait devant nos yeux** the landscape unfolded before our eyes

**dérouleur** [deʀulœʀ] **nm** [papier] holder ◆ **dérouleur de bande magnétique** (Ordin) magnetic tape drive

**dérouleuse** [deʀuløz] **nf** (Tech) winding machine

**déroutage** [deʀutaʒ] **nm** ⇒ **déroutement**

**déroutant, e** [deʀutɑ̃, ɑ̃t] → SYN **adj** disconcerting

**déroute** [deʀut] → SYN **nf** [armée, équipe] rout; [régime, entreprise] collapse ◆ **armée en déroute** routed army ◆ **mettre en déroute** [+ armée] to rout, put to rout ou flight; [+ adversaire] to rout

**déroutement** [deʀutmɑ̃] **nm** (Aviat, Naut) rerouting, diversion

**dérouter** [deʀute] → SYN ▸ conjug 1 ◂ **vt** [+ avion, navire] to reroute, divert; [+ candidat, orateur] to disconcert, throw*; [+ poursuivants, police] to throw ou put off the scent

**derrick** [deʀik] → SYN **nm** derrick

**derrière** [dɛʀjɛʀ] → SYN **1** **prép** **a** (= à l'arrière de, à la suite de) behind ◆ **il se cache derrière le fauteuil** he's hiding behind the armchair ◆ **il avait les mains derrière le dos** he had his hands behind his back ◆ **sors de derrière le lit** come out from behind the bed ◆ **passe (par) derrière la maison** go round the back of ou round behind the house ◆ **marcher l'un derrière l'autre** to walk one behind the other ◆ **il a laissé les autres loin derrière lui** (lit, fig) he left the others far ou a long way behind (him) ◆ **disparaître derrière une colline** to disappear behind a hill

**b** (fig) behind ◆ **il faut chercher derrière les apparences** you must look beneath (outward) appearances ◆ **derrière sa générosité se cache l'intérêt le plus sordide** behind his generosity lurks ou his generosity hides the most sordid self-interest ◆ **faire qch derrière (le dos de) qn** to do sth behind sb's back ◆ **dire du mal derrière (le dos de) qn** to say (unkind) things behind sb's back ◆ **il a laissé trois enfants derrière lui** he left three children ◆ **le président avait tout le pays derrière lui** the president had the whole country behind him ou had the backing of the whole country ◆ **ayez confiance, je suis derrière vous** take heart, I'll support you ou back you up ou I'm on your side ◆ **il laisse tout le monde derrière (lui) pour le talent/le courage** his talent/courage puts everyone else in the shade ◆ **il laisse tout le monde derrière en chimie** he's head and shoulders above ou miles ahead of the others in chemistry ◆ **il faut toujours être derrière lui** ou **son dos** you've always got to keep an eye on him ◆ **un vin de derrière les fagots*** an extra-special (little) wine ◆ **une bouteille de derrière les fagots*** a bottle of the best; → **idée**

**c** (Naut) (dans le bateau) aft, abaft; (sur la mer) astern of

**2** **adv** **a** (= en arrière) behind ◆ **vous êtes juste derrière** you're just ou right behind (it ou us etc) ◆ **on l'a laissé (loin) derrière** we (have) left him (far ou a long way) behind ◆ **il est assis trois rangs derrière** he's sitting three rows back ou three rows behind (us ou them etc) ◆ **il a pris des places derrière** he has got seats at the back ◆ **il a préféré monter derrière** (Aut) he preferred to sit in the back ◆ **chemisier qui se boutonne derrière** blouse which buttons up ou does up at the back ◆ **passe le plateau derrière** pass the tray back ◆ **regarde derrière, on nous suit** look behind (you) ou look back — we're being followed ◆ **il est derrière** he's behind (us ou them etc) ◆ **regarde derrière** (au fond de la voiture) look in the back; (derrière un objet) look behind (it) ◆ **arrêtez de pousser, derrière!** stop pushing back there! ◆ **tu peux être sûr qu'il y a quelqu'un derrière** (fig) you can be sure that there's somebody behind it (all)

**b** (Naut) (dans le bateau) aft, abaft; (sur la mer) astern

**3** **par-derrière** **loc adv** ◆ **c'est fermé, entre** ou **passe par-derrière** it's locked, go in by the back ou go in the back way ◆ **attaquer par-derrière** [+ ennemi] to attack from behind ou from the rear; [+ adversaire] to attack from behind ◆ **dire du mal de qn par-derrière** to say (unkind) things behind sb's back ◆ **il fait tout par-derrière** he does everything behind people's backs ou in an underhand way

**4** **nm** **a** [personne] bottom, behind*; [animal] hindquarters, rump ◆ **donner un coup de pied au derrière** ou **dans le derrière de qn** to give sb a kick in the behind* ou up the backside* ou in the pants* ◆ **quand j'ai eu 20 ans mon père m'a chassé à coups de pied dans le derrière** when I was 20 my father sent me packing ou kicked me out*; → **botter**

**b** [objet] back; [maison] back, rear ◆ **le derrière de la tête** the back of the head ◆ **habiter sur le derrière** to live at the back (of the house) ◆ **roue de derrière** back ou rear wheel ◆ **porte de derrière** [maison] back door; [véhicule] back ou rear door; → **patte**

**5** **derrières** † **nmpl** [édifice] back, rear; [armée] rear

**déruralisation** [deʀyʀalizasjɔ̃] **nf** rural depopulation

**derviche** [dɛʀviʃ] **nm** dervish ◆ **derviche tourneur** whirling dervish

**des** [de] → **de**[1], **de**[2]

**dès** [dɛ] **1** **prép** **a** (dans le temps) from ◆ **dimanche il a commencé à pleuvoir dès le matin** on Sunday it rained from the morning onwards ou it started raining in the morning ◆ **dès le 15 août nous ne travaillerons plus qu'à mi-temps** (as) from August 15th we will only be working half-time ◆ **dès le début** from the (very) start ou beginning, right from the start ou beginning ◆ **dès son retour il fera le nécessaire** as soon as he's back ou immediately upon his return he'll do what's necessary ◆ **dès son retour il commença à se plaindre** as soon as he was back ou from the moment he was back he started complaining ◆ **il se précipita vers la sortie dès la fin du spectacle** as soon as ou immediately the performance was over he rushed towards the exit ◆ **dès l'époque romaine on connaissait le chauffage central** as early as ou as far back as Roman times people used central heating ◆ **dès son enfance il a collectionné les papillons** he has collected butterflies from (his) childhood ou ever since he was a child ◆ **on peut dire dès maintenant** ou **à présent** it can be said here and now ◆ **dès l'abord/ce moment** from the very beginning ou the outset/that moment

**b** (dans l'espace) **dès Lyon il se mit à pleuvoir** we ran into rain ou it started to rain as ou when we got to Lyons ◆ **dès Lyon il a plu sans arrêt** it never stopped raining from Lyons onwards ou after Lyons ◆ **dès l'entrée vous êtes accueillis par des slogans publicitaires** advertising slogans hit you as soon as ou immediately you walk in the door ◆ **dès le seuil je sentis qu'il se passait quelque chose** as I walked in at the door I sensed that something was going on

**c** (dans une gradation) **dès sa première année il brilla en anglais** he was good at English right from the first year ◆ **dès le premier verre il roula sous la table** after the (very) first glass he collapsed under the table ◆ **dès la troisième chanson elle se mit à pleurer** at the third song she started to cry

**2** **dès que** **loc conj** as soon as, immediately ◆ **dès qu'il aura fini il viendra** as soon as ou immediately he's finished he'll come

**3** **dès lors** **loc adv** (= depuis lors) from that moment (on), from that time on, from then on; (= conséquemment) that being the case, consequently ◆ **dès lors il ne fuma plus** from that time ou moment on he stopped smoking ◆ **dès lors il décida de ne plus fumer** from that moment he decided he wouldn't smoke any more ◆ **vous ne pouvez rien prouver contre lui, dès lors vous devez le relâcher** you can prove nothing against him and that being the case ou and so you'll have to release him

[4] **dès lors que** loc conj (temporel) as soon as; (relation de conséquence) (= si) from the moment that; (= puisque) since, as ◆ **dès lors que vous décidez de partir, nous ne pouvons plus rien pour vous** from the moment (that) you choose to go, we can do nothing more for you ◆ **dès lors qu'il a choisi de démissionner, il n'a plus droit à rien** since ou as he has decided to hand in his notice he is no longer entitled to anything ◆ **peu m'importe, dès lors qu'ils sont heureux** I don't mind so long as they are happy

**désabonnement** [dezabɔnmɑ̃] nm non-renewal ou cancellation of one's subscription

**désabonner** [dezabɔne] ► conjug 1 ◄ [1] vt ◆ **désabonner qn d'un journal** to cancel sb's subscription to a newspaper

[2] **se désabonner** vpr to cancel one's subscription, not to renew one's subscription

**désabusé, e** [dezabyze] → SYN (ptp de **désabuser**) adj personne, air disenchanted, disillusioned; († = détrompé) disabused, undeceived (frm) ◆ **geste désabusé** gesture of disillusion ◆ **"non" dit-il d'un ton désabusé** "no" he said in a disillusioned voice

**désabusement** [dezabyzmɑ̃] → SYN nm disillusionment

**désabuser** [dezabyze] → SYN ► conjug 1 ◄ vt to disabuse (*de* of), undeceive (frm) (*de* of)

**désacclimater** [dezaklimate] ► conjug 1 ◄ vt to disacclimatize

**désaccord** [dezakɔʀ] → SYN nm **a** (= mésentente) discord ◆ **être en désaccord avec sa famille/son temps** to be at odds ou at variance with one's family/time

**b** (= divergence) (entre personnes, points de vue) disagreement; (entre idées, intérêts) conflict, clash ◆ **le désaccord qui subsiste entre leurs intérêts** their unresolved conflict ou clash of interests ◆ **leurs intérêts sont en désaccord avec les nôtres** their interests conflict ou clash with ours

**c** (= contradiction) discrepancy ◆ **désaccord entre la théorie et la réalité** discrepancy between theory and reality ◆ **les deux versions de l'accident sont en désaccord sur bien des points** the two versions of the accident conflict ou diverge on many points ◆ **ce qu'il dit est en désaccord avec ce qu'il fait** he says one thing and does another, there is a discrepancy between what he says and what he does

**désaccordé, e** [dezakɔʀde] (ptp de **désaccorder**) adj piano out of tune

**désaccorder** [dezakɔʀde] → SYN ► conjug 1 ◄ [1] vt [+ piano] to put out of tune

[2] **se désaccorder** vpr to go out of tune

**désaccoupler** [dezakuple] → SYN ► conjug 1 ◄ vt [+ wagons, chiens] to uncouple; (Élec) to disconnect

**désaccoutumance** [dezakutymɑ̃s] nf ◆ **désaccoutumance de qch** losing the habit of (doing) sth ◆ **méthode utilisée dans les cures de désaccoutumance du tabac** method used in breaking nicotine dependency ou to wean smokers off nicotine

**désaccoutumer** [dezakutyme] → SYN ► conjug 1 ◄ [1] vt ◆ **désaccoutumer qn de qch/de faire** to get sb out of the habit of sth/of doing, disaccustom sb from sth/from doing (frm)

[2] **se désaccoutumer** vpr ◆ **se désaccoutumer de qch/de faire** to lose the habit of sth/of doing

**désacralisation** [desakʀalizasjɔ̃] nf ◆ **la désacralisation d'une institution/d'une profession** the removal of the sacred aura surrounding an institution/a profession

**désacraliser** [desakʀalize] → SYN ► conjug 1 ◄ vt [+ institution, profession] to take away the sacred aura of ◆ **la médecine se trouve désacralisée** medicine has lost its sacred aura ◆ **il désacralise tout** he debunks everything, nothing escapes his cynicism

**désactivation** [dezaktivasjɔ̃] nf deactivation

**désactiver** [dezaktive] ► conjug 1 ◄ vt (= neutraliser) [+ engin explosif] to deactivate; [+ réseau d'espionnage] to break up; (Chim) to deactivate; (Phys Nucl) to decontaminate; (Ordin) to disable

**désadapté, e** [dezadapte] ► conjug 1 ◄ adj ◆ **personne désadaptée** misfit ◆ **le système judiciaire est désadapté par rapport à son époque** the legal system has not moved with the times

**désaffectation** [dezafɛktasjɔ̃] nf [lieu] closing down; [somme d'argent] withdrawal

**désaffecté, e** [dezafɛkte] (ptp de **désaffecter**) adj usine, gare disused; église deconsecrated

**désaffecter** [dezafɛkte] → SYN ► conjug 1 ◄ vt [+ lieu] to close down; [+ somme d'argent] to withdraw ◆ **l'école a été désaffectée pour en faire une prison** the school was closed down and converted into a prison

**désaffection** [dezafɛksjɔ̃] → SYN nf (gén) loss of interest (*pour* in); (Pol) disaffection (*pour* with)

**désaffectionner (se)** † [dezafɛksjɔne] ► conjug 1 ◄ vpr ◆ **se désaffectionner de** to lose one's affection ou fondness for

**désagrafer** [dezagʀafe] ► conjug 1 ◄ vt ⇒ **dégrafer**

**désagréable** [dezagʀeabl] → SYN adj unpleasant, disagreeable

**désagréablement** [dezagʀeabləmɑ̃] adv unpleasantly, disagreeably

**désagrégation** [dezagʀegasjɔ̃] → SYN nf [roche] crumbling; [État] breakup; (Psych) disintegration (of the personality)

**désagréger** [dezagʀeʒe] → SYN ► conjug 3 et 6 ◄ [1] vt [+ roches] to crumble ◆ **pour désagréger la cellulite** to break down cellulite ◆ **ça a désagrégé leur couple** it was the end of ou it broke up their relationship

[2] **se désagréger** vpr **a** [cachet, sucre] to break up, disintegrate; [roche] to crumble

**b** [amitié, État] to break up; [couple] to break ou split up

**désagrément** [dezagʀemɑ̃] → SYN nm **a** (gén pl = inconvénient, déboire) annoyance, inconvenience, trouble (NonC) ◆ **malgré tous les désagréments que cela entraîne** despite all the annoyances ou trouble it involves ◆ **c'est un des désagréments de ce genre de métier** it's one of the inconveniences of ou it's part of the trouble with this kind of job ◆ **cette voiture m'a valu bien des désagréments** this car has given me a great deal of trouble ◆ **"la direction vous prie d'excuser les désagréments causés par les travaux"** "the management apologizes for any inconvenience caused to customers during renovations"

**b** (frm = déplaisir) displeasure ◆ **causer du désagrément à qn** to cause sb displeasure

**désaimantation** [dezɛmɑ̃tasjɔ̃] nf demagnetization

**désaimanter** [dezɛmɑ̃te] ► conjug 1 ◄ vt to demagnetize

**désaisonnaliser** [desɛzɔnalize] ► conjug 1 ◄ vt to make seasonal adjustments to ◆ **le chiffre du chômage, en données désaisonnalisées** the seasonally adjusted unemployment figure

**désalper** [dezalpe] ► conjug 1 ◄ vi (Helv) *to come down from the high mountain pastures*

**désaltérant, e** [dezalteʀɑ̃, ɑ̃t] adj thirst-quenching

**désaltérer** [dezalteʀe] → SYN ► conjug 6 ◄ [1] vt to quench ou slake the thirst of ◆ **le vin ne désaltère pas** wine does not quench your thirst, wine is not a thirst-quenching drink

[2] **se désaltérer** vpr to quench ou slake one's thirst

**désambiguïsation** [dezɑ̃bigɥizasjɔ̃] nf disambiguation

**désambiguïser** [dezɑ̃bigɥize] ► conjug 1 ◄ vt to disambiguate

**désamiantage** [dezamjɑ̃taʒ] nm (Tech) removal of asbestos ◆ **le désamiantage du bâtiment a pris 3 mois** it took 3 months to remove the asbestos from the building

**désamianter** [dezamjɑ̃te] ► conjug 1 ◄ vt (Tech) [+ bâtiment] to remove asbestos from

**désaminase** [dezaminaz] nf deaminase

**désaminer** [dezamine] ► conjug 1 ◄ vt (Chim) to deaminate

**désamorçage** [dezamɔʀsaʒ] nm **a** [fusée, pistolet] removal of the primer (*de* from); [bombe, situation, conflit] defusing

**b** [dynamo] failure

**désamorcer** [dezamɔʀse] ► conjug 3 ◄ vt **a** [+ fusée, pistolet] to remove the primer from; [+ bombe] to defuse

**b** [+ pompe] to drain

**c** [+ situation explosive, crise] to defuse; [+ mouvement de revendication] to forestall

**désamour** [dezamuʀ] nm (gén) disenchantment; (entre deux amoureux) falling out of love ◆ **le désamour des citoyens vis-à-vis de la politique** people's disillusionment ou disenchantment with politics ◆ **il a quitté son amie par désamour** he left his girlfriend because he no longer loved her ou because he had fallen out of love with her

**désaper** * [desape] ► conjug 1 ◄ [1] vt to undress

[2] **se désaper** vpr to peel off one's clothes *, get undressed

**désapparié, e** [dezapaʀje] (ptp de **désapparier**) adj ⇒ **déparié**

**désapparier** [dezapaʀje] ► conjug 7 ◄ vt ⇒ **déparier**

**désappointé, e** [dezapwɛ̃te] (ptp de **désappointer**) adj disappointed

**désappointement** [dezapwɛ̃tmɑ̃] → SYN nm disappointment

**désappointer** [dezapwɛ̃te] → SYN ► conjug 1 ◄ vt to disappoint

**désapprendre** [dezapʀɑ̃dʀ] → SYN ► conjug 58 ◄ vt (littér) to forget; (volontairement) to unlearn ◆ **désapprendre à faire qch** to forget how to do sth ◆ **ils ont dû désapprendre à être exigeants** they had to learn not to be so demanding

**désapprobateur, -trice** [dezapʀɔbatœʀ, tʀis] → SYN adj disapproving

**désapprobation** [dezapʀɔbasjɔ̃] → SYN nf disapproval, disapprobation (frm)

**désapprouver** [dezapʀuve] GRAMMAIRE ACTIVE 14 → SYN ► conjug 1 ◄ vt [+ acte, conduite] to disapprove of ◆ **je le désapprouve de les inviter** I disagree with his inviting them, I disapprove of his inviting them ◆ **elle désapprouve qu'il vienne** she disapproves of his coming ◆ **le public désapprouva** the audience showed its disapproval

**désarçonner** [dezaʀsɔne] ► conjug 1 ◄ vt (= faire tomber) [cheval] to throw, unseat; [adversaire] to unseat, unhorse; (= déconcerter) [argument] to throw *, baffle ◆ **son calme/sa réponse me désarçonna** I was completely thrown * ou nonplussed by his calmness/reply

**désargenté, e** [dezaʀʒɑ̃te] → SYN (ptp de **désargenter**) adj **a** (= terni) **couverts désargentés** cutlery with the silver worn off

**b** ( * = sans un sou) broke * (attrib), penniless ◆ **je suis désargenté en ce moment** I'm a bit short of cash ou a bit strapped for cash * at the moment

**désargenter** [dezaʀʒɑ̃te] ► conjug 1 ◄ vt **a** [+ métal] to rub ou wear the silver off ◆ **cette fourchette se désargente** the silver is wearing off this fork

**b** **désargenter qn** * to leave sb broke * ou penniless

**désarmant, e** [dezaʀmɑ̃, ɑ̃t] → SYN adj disarming

**désarmé, e** [dezaʀme] (ptp de **désarmer**) adj pays, personne unarmed; (fig = démuni) helpless (*devant* before)

**désarmement** [dezaʀməmɑ̃] nm **a** [personne, forteresse] disarming; [pays] disarmament

**b** [navire] laying up

**désarmer** [dezaʀme] → SYN ► conjug 1 ◄ [1] vt **a** [+ adversaire, pays] to disarm

**b** [+ mine] to disarm, defuse; [+ fusil] to unload; (= mettre le cran de sûreté) to put the safety catch on

**c** (Naut) to lay up

**d** (= émouvoir) [sourire, réponse] to disarm

[2] vi [pays] to disarm; [haine] to yield, abate ◆ **il ne désarme pas contre son fils** he is unrelenting in his attitude towards his son ◆ **il ne désarme pas et veut intenter un nouveau procès** he won't give in and wants a new trial

**désarrimage** [dezaʀimaʒ] nm shifting (of the cargo)

**désarrimer** [dezaʀime] ▸ conjug 1 ◂ vt to shift, cause to shift

**désarroi** [dezaʀwa] → SYN nm [personne] (feeling of) helplessness; [armée, équipe] confusion ◆ **ceci l'avait plongé dans le désarroi le plus profond** this had left him feeling totally helpless and confused ◆ **être en plein désarroi** [personne] (= être troublé) to be utterly distraught; (= se sentir impuissant) to feel quite helpless; [marché, pays] to be in total disarray ◆ **sa mort laisse le pays en plein désarroi** his death has left the nation numb with grief, the entire nation is deeply distressed by his death

**désarticulation** [dezaʀtikylasjɔ̃] nf [membre] dislocation; (Chir) disarticulation

**désarticuler** [dezaʀtikyle] → SYN ▸ conjug 1 ◂ **1** vt [+ membre] (= déboîter) to dislocate; (= amputer) to disarticulate; [+ mécanisme] to upset ◆ **il s'est désarticulé l'épaule** he dislocated his shoulder
**2** **se désarticuler** vpr [acrobate] to contort o.s.

**désassemblage** [dezasɑ̃blaʒ] nm dismantling

**désassembler** [dezasɑ̃ble] ▸ conjug 1 ◂ vt to dismantle, take apart

**désassimilation** [dezasimilasjɔ̃] nf dissimilation

**désassimiler** [dezasimile] ▸ conjug 1 ◂ vt to dissimilate

**désassorti, e** [dezasɔʀti] (ptp de **désassortir**) adj service de table unmatching, unmatched; [+ assiettes etc ] odd (épith); magasin, marchand poorly stocked

**désassortir** [dezasɔʀtiʀ] → SYN ▸ conjug 2 ◂ vt [+ service de table] to break up, spoil

**désastre** [dezastʀ] → SYN nm (lit, fig) disaster ◆ **courir au désastre** to be heading (straight) for disaster ◆ **les désastres causés par la tempête** the damage caused by the storm

**désastreusement** [dezastʀøzmɑ̃] adv disastrously

**désastreux, -euse** [dezastʀø, øz] → SYN adj erreur, décision, récolte, influence disastrous; bilan, conditions, temps terrible, appalling

**désavantage** [dezavɑ̃taʒ] → SYN nm (= handicap) disadvantage, handicap; (= inconvénient) disadvantage, drawback ◆ **avoir un désavantage sur qn** to be at a disadvantage compared to sb ◆ **cela présente bien des désavantages** it has many disadvantages ou drawbacks ◆ **être/tourner au désavantage de qn** to be/turn to sb's disadvantage ◆ **malgré le désavantage du terrain, ils ont gagné** they won even though the ground put them at a disadvantage

**désavantager** [dezavɑ̃taʒe] → SYN ▸ conjug 3 ◂ vt to disadvantage, put at a disadvantage ◆ **cette mesure nous désavantage par rapport aux autres** this measure puts us at a disadvantage compared to the others ◆ **cela désavantage les plus pauvres** this penalizes the very poor ◆ **nous sommes désavantagés par rapport à eux dans le domaine économique** in the economic field we are handicapped ou at a disadvantage compared to them ◆ **se sentir désavantagé par rapport à son frère** to feel unfavourably treated by comparison with one's brother, feel one is treated less fairly than one's brother ◆ **les couches sociales les plus désavantagées** the most under-privileged ou disadvantaged sectors of society

**désavantageusement** [dezavɑ̃taʒøzmɑ̃] adv unfavourably, disadvantageously

**désavantageux, -euse** [dezavɑ̃taʒø, øz] → SYN adj unfavourable, disadvantageous

**désaveu** [dezavø] → SYN nm (= rétractation) retraction; (= reniement) [opinion, propos] disowning, disavowal (frm); (= blâme) repudiation, disowning; [signature] disclaiming, repudiation ◆ **encourir le désaveu de qn** to be disowned by sb ◆ **désaveu de paternité** (Jur) repudiation ou denial of paternity

**désavouer** [dezavwe] → SYN ▸ conjug 1 ◂ vt **a** (= renier) [+ livre, opinion, propos] to disown, disavow (frm); [+ signature] to disclaim; [+ paternité] to disclaim, deny
**b** (= blâmer) [+ personne, action] to disown

**désaxé, e** [dezakse] → SYN (ptp de **désaxer**) **1** adj personne unhinged
**2** nm,f lunatic ◆ **ce crime est l'œuvre d'un désaxé** this crime is the work of a lunatic ou a psychotic ◆ **"Les Désaxés"** (Ciné) "The Misfits"

**désaxer** [dezakse] ▸ conjug 1 ◂ vt [+ roue] to put out of true; [+ personne, esprit] to unbalance, unhinge

**descellement** [desɛlmɑ̃] → SYN nm [pierre] freeing; [grille] pulling up; [acte] unsealing, breaking the seal on ou of

**desceller** [desele] → SYN ▸ conjug 1 ◂ **1** vt (= arracher) [+ pierre] to (pull) free; [+ grille] to pull up; (= ouvrir) [+ acte] to unseal, break the seal on ou of
**2** **se desceller** vpr [objet] to come loose

**descendance** [desɑ̃dɑ̃s] → SYN nf (= enfants) descendants, issue (frm); (= origine) descent, lineage (frm)

**descendant, e** [desɑ̃dɑ̃, ɑ̃t] **1** adj direction, chemin downward, descending; (Mus) gamme falling, descending; (Mil) garde coming off duty (attrib); (Rail) voie, train down (épith); bateau sailing downstream ◆ **marée descendante** ebb tide ◆ **à marée descendante** when the tide is going out ou on the ebb
**2** nm,f descendant (*de* of)

**descendeur, -euse** [desɑ̃dœʀ, øz] **1** nm,f (Ski, Cyclisme) downhill specialist ou racer, downhiller
**2** nm (Alpinisme) descender, abseil device

**descendre** [desɑ̃dʀ] → SYN ▸ conjug 41 ◂ **1** vi (avec aux être) **a** (= aller vers le bas) [personne] (vu d'en haut) to go down; (vu d'en bas) to come down (*à, vers* to; *dans* into); [fleuve] to flow down; [oiseau] to fly down; [avion] to come down, descend ◆ **descends me voir** come down and see me ◆ **descends le prévenir** go down and warn him ◆ **aidez-la à descendre** (de sa chaise) help her down; (dans l'escalier) help her downstairs ◆ **descendre à pied/à bicyclette/en voiture/en parachute** to walk/cycle/drive/parachute down ◆ **on descend par un sentier étroit** the way down is by a narrow path ◆ **descendre en courant/en titubant** to run/stagger down ◆ **descendre en train/par l'ascenseur** to go down by train/in the lift (Brit) ou elevator (US) ◆ **descendre par la fenêtre** to get down through the window ◆ **nous sommes descendus en dix minutes** we got down in 10 minutes ◆ **descendre à Marseille** to go down to Marseilles ◆ **descendre en ville** to go into town; → **arène, rappel, rue**
**b** (d'un lieu élevé) **descendre de** [+ toit, rocher, arbre] to climb ou come down from; [+ balançoire, manège] to get off ◆ **il descendait de l'échelle** he was climbing ou coming down the ladder ◆ **il est descendu de sa chambre** he came down from his room ◆ **descendre de la colline** to come ou climb ou walk down the hill ◆ **fais descendre le chien du fauteuil** get the dog (down) off the armchair ◆ **descends de ton nuage !** * come back (down) to earth!
**c** (d'un moyen de transport) **descendre de voiture/du train** to get out of the car/off ou out of the train, alight from the car/train (frm) ◆ **"tout le monde descend !"** "all change!" ◆ **vous descendez (à la prochaine) ?** (dans le métro, le bus) are you getting off (at the next stop)? ◆ **beaucoup de passagers sont descendus à Lyon** a lot of people got off at Lyons ◆ **ça descend pas mal à Châtelet** a lot of people get off at Châtelet ◆ **descendre à terre** to go ashore ◆ **descendre de cheval** to dismount ◆ **descendre de bicyclette** to get off one's bicycle
**d** (= atteindre) **descendre à** ou **jusqu'à** [habits, cheveux] to come down to ◆ **son manteau lui descendait jusqu'aux chevilles** his coat came down to his ankles
**e** (= loger) **descendre dans un hôtel** ou **à l'hôtel** to stay at ou put up at a hotel ◆ **descendre chez des amis** to stay with friends
**f** (= s'étendre de haut en bas) **descendre en pente douce** [colline, route] to slope gently down ◆ **descendre en pente raide** to drop ou fall away sharply ◆ **la route descend en tournant** ou **en lacets** the road winds downwards
**g** (= s'enfoncer) **le puits descend à 60 mètres** the well goes down 60 metres
**h** (= tomber) [obscurité, neige] to fall; [soleil] to go down, sink ◆ **le brouillard descend sur la vallée** the fog is coming down over the valley ◆ **le soleil descend sur l'horizon** the sun is going down on the horizon ◆ **le soir descendait** night was falling ◆ **les impuretés descendent au fond** the impurities fall ou drop to the bottom ◆ **la neige descend en voltigeant** the snow is fluttering down ◆ **qu'est-ce que ça descend !, qu'est-ce qu'il descend !** * [pluie] it's pouring, it's tipping it down! * (Brit); [neige] it's snowing really hard
**i** (= baisser) [baromètre, température] to fall, drop; [mer, marée] to go out, ebb; [prix] to come down, fall, drop; [valeurs boursières, cote de popularité] to fall ◆ **il est descendu à la dixième place** he's fallen back into tenth position ◆ **l'équipe est descendue en seconde division** the team moved down into the second division ◆ **descendre dans l'échelle sociale** to move down the social scale ◆ **faire descendre le taux d'inflation/le nombre des chômeurs** to bring down the inflation rate/the number of unemployed ◆ **dans le 200 m, il est descendu en dessous de** ou **sous les 21 secondes** in the 200 metres he brought his time down to less than 21 seconds ◆ **ma voix ne descend pas plus bas** my voice doesn't ou won't go any lower
**j** (= s'abaisser) **descendre dans l'estime de qn** to go down in sb's estimation ◆ **il est descendu bien bas/jusqu'à mendier** he has stooped very low/to begging
**k** (= faire irruption) **la police est descendue dans cette boîte de nuit** the police raided the night club, there was a police raid on the night club
**l** (* = être avalé ou digéré) **ça descend bien** [vin, repas] that goes down well, that goes down a treat * (Brit) ◆ **se promener pour faire descendre son déjeuner** to take a walk in order to help digest one's lunch ◆ **il a bu une bière pour faire descendre son sandwich** he washed his sandwich down with a beer
**2** **descendre de** vt indir (= avoir pour ancêtre) to be descended from ◆ **l'homme descend du singe** man is descended from the apes
**3** vt (avec aux avoir) **a** (= parcourir vers le bas) [+ escalier, colline, pente] to go down, descend (frm) ◆ **descendre l'escalier/les marches précipitamment** to dash downstairs/down the steps ◆ **la péniche descend le fleuve** the barge goes down the river ◆ **descendre une rivière en canoë** to go down a river in a canoe, canoe down a river ◆ **descendre la rue en courant** to run down the street ◆ **descendre une piste en slalom** to slalom down a slope ◆ **descendre la gamme** (Mus) to go down the scale
**b** (= porter, apporter en bas) [+ valise] to get down, take down, bring down; [+ meuble] to take down, bring down ◆ **faire descendre ses bagages** to have one's luggage brought ou taken down ◆ **tu peux me descendre mes lunettes ?** can you bring my glasses down for me? ◆ **il faut descendre la poubelle tous les soirs** the rubbish (Brit) ou garbage (US) has to be taken down every night ◆ **descendre des livres d'un rayon** to reach ou take books down from a shelf ◆ **je te descends en ville** I'll take ou drive you into town, I'll give you a lift into town ◆ **le bus me descend à ma porte** the bus drops me right outside my front door
**c** (= baisser) [+ étagère, rayon] to lower ◆ **descends les stores** pull the blinds down, lower the blinds ◆ **descendre une étagère d'un cran** to lower a shelf (by) a notch, take a shelf down a notch
**d** * (= abattre) [+ avion] to bring down, shoot down; (= tuer) [+ personne] to do in *, bump off * ◆ **le patron du bar s'est fait descendre** the bar owner got himself done in * ou bumped off * ◆ **l'auteur s'est fait descendre en beauté (par la critique)** (fig) the author was shot down in flames (by the critics); → **flamme**
**e** (* = boire) [+ bouteille] to down * ◆ **qu'est-ce qu'il descend !** he drinks like a fish! *

**descenseur** [desɑ̃sœʀ] nm (Tech) lift (Brit), elevator (US)

**descente** [desɑ̃t] → SYN **1** nf **a** (= action) going down (NonC), descent; (Aviat, Alpinisme) descent ◆ **la descente dans le puits est dangereuse** it's dangerous to go down the well ◆ **en montagne, la descente est plus fatigante que la montée** in mountaineering, coming down ou the descent is more tiring than going up ou the climb ◆ **le téléphérique est tombé en panne dans la descente** the cable-car broke down on the ou its way down ◆ **descente en vol plané** (Aviat) gliding descent ◆ **descente en feuille morte** (Aviat) falling leaf ◆ **descente en tire-bouchon** (Aviat) spiral dive ◆ **descente en parachute** parachute drop ◆ **la descente** (Ski) ◆ **l'épreuve de descente** the downhill (race) ◆ **descente en slalom** slalom descent ◆ **descente en rappel** (Alpinisme) abseiling, roping down ◆ **accueillir qn à la descente du train/bateau** to meet sb off the train/boat ◆ **à ma descente de voiture** as I got out of the car; → **tuyau**

**b** (= raid, incursion) raid ◆ **descente de police** police raid ◆ **faire une descente sur** ou **dans** to raid, make a raid on ◆ **les enfants ont fait une descente dans le frigidaire** * the children have raided the fridge

**c** (en portant) **la descente des bagages prend du temps** it takes time to bring down the luggage ◆ **pendant la descente du tonneau à la cave** while taking the barrel down to the cellar

**d** (= partie descendante) (downward) slope, incline ◆ **s'engager dans la descente** to go off on the downward slope ◆ **la descente est rapide** it's a steep (downward) slope ◆ **freiner dans les descentes** to brake going downhill ou on the downhill ◆ **les freins ont lâché au milieu de la descente** the brakes went halfway down (the slope) ◆ **la descente de la cave** the stairs ou steps down to the cellar ◆ **la descente du garage** the slope down to the garage ◆ **il a une bonne descente** * he can really knock it back * ou put it away *

[2] COMP ▷ **descente de croix** (Art, Rel) Deposition ▷ **descente aux enfers** (Rel, fig) descent into hell ▷ **descente de lit** bedside rug ▷ **descente d'organe** (Méd) prolapse of an organ

**déscolarisation** [deskɔlarizasjɔ̃] **nf** ◆ **les enfants en voie de déscolarisation** children who are dropping out of the school system

**déscolarisé, e** [deskɔlarize] **adj** enfant who has dropped out of the school system

**descripteur** [dɛskriptœr] **nm** (Ordin) (file) descriptor

**descriptible** [dɛskriptibl] **adj** ◆ **ce n'est pas descriptible** it's indescribable

**descriptif, -ive** [dɛskriptif, iv] [1] **adj** descriptive

[2] **nm** (= brochure) explanatory leaflet; [travaux] specifications, specification sheet; [projet] outline

**description** [dɛskripsjɔ̃] [→ SYN] **nf** description ◆ **faire la description de** to describe

**descriptivisme** [dɛskriptivism] **nm** descriptivism

**descriptiviste** [dɛskriptivist] **nmf** descriptivist

**déséchouer** [dezeʃwe] ▸ conjug 1 ◂ [1] **vt** to refloat, float off

[2] **se déséchouer vpr** to float off

**désectorisation** [desɛktɔrizasjɔ̃] **nf** (Scol) removal of catchment area (Brit) ou school district (US) boundaries

**désectoriser** [desɛktɔrize] ▸ conjug 1 ◂ **vt** (Scol) ◆ **désectoriser une région** to remove a region's catchment area (Brit) ou school district (US) boundaries

**déségrégation** [desegregasjɔ̃] **nf** desegregation

**désembobiner** [dezɑ̃bɔbine] ▸ conjug 1 ◂ **vt** (Couture) to unwind, wind off; (Élec) to unwind, uncoil

**désembourber** [dezɑ̃burbe] ▸ conjug 1 ◂ **vt** to get out of the mud

**désembourgeoiser** [dezɑ̃burʒwaze] ▸ conjug 1 ◂ [1] **vt** to make less bourgeois

[2] **se désembourgeoiser vpr** to become less bourgeois, lose some of one's bourgeois habits ou attitudes

**désembouteiller** [dezɑ̃buteje] ▸ conjug 1 ◂ **vt** (Aut) to unblock; [+ lignes téléphoniques] to unjam

**désembuage** [dezɑ̃bɥaʒ] **nm** demisting

**désembuer** [dezɑ̃bɥe] ▸ conjug 1 ◂ **vt** [+ vitre] to demist

**désemparé, e** [dezɑ̃pare] [→ SYN] (ptp de **désemparer**) **adj** **a** personne, air helpless, distraught

**b** navire crippled

**désemparer** [dezɑ̃pare] ▸ conjug 1 ◂ [1] **vi** ◆ **sans désemparer** without stopping

[2] **vt** (Naut) to cripple

**désemplir** [dezɑ̃plir] [→ SYN] ▸ conjug 2 ◂ [1] **vt** to empty

[2] **vi** ◆ **le magasin ne désemplit jamais** the shop is never empty ou is always full

[3] **se désemplir vpr** to empty (*de* of)

**désencadrer** [dezɑ̃kadre] ▸ conjug 1 ◂ **vt** **a** [+ tableau] to take out of its frame

**b** (Écon) **désencadrer le crédit** to ease credit controls

**désenchaîner** [dezɑ̃ʃene] ▸ conjug 1 ◂ **vt** to unchain, unfetter (frm)

**désenchantement** [dezɑ̃ʃɑ̃tmɑ̃] [→ SYN] **nm** (= désillusion) disillusionment, disenchantment

**désenchanter** [dezɑ̃ʃɑ̃te] ▸ conjug 1 ◂ **vt** **a** [+ personne] to disillusion, disenchant

**b** (littér) [+ activité] to dispel the charm of; († † = désensorceler) to free from a ou the spell, disenchant

**désenclavement** [dezɑ̃klavmɑ̃] **nm** [région, quartier, ville] opening up ◆ **cela a permis le désenclavement de la région** this has opened up the region

**désenclaver** [dezɑ̃klave] ▸ conjug 1 ◂ **vt** [+ région, quartier] to open up

**désencombrement** [dezɑ̃kɔ̃brəmɑ̃] **nm** clearing

**désencombrer** [dezɑ̃kɔ̃bre] ▸ conjug 1 ◂ **vt** [+ passage] to clear

**désencrasser** [dezɑ̃krase] ▸ conjug 1 ◂ **vt** to clean out

**désencroûter** * [dezɑ̃krute] ▸ conjug 1 ◂ [1] **vt** ◆ **désencroûter qn** to get sb out of the ou a rut, shake sb up *

[2] **se désencroûter vpr** to get (o.s.) out of the ou a rut, shake o.s. up *

**désendettement** [dezɑ̃dɛtmɑ̃] **nm** [entreprise, pays] reduction in debt ◆ **l'entreprise poursuit son désendettement** the company is progressively clearing its debts ◆ **une politique de désendettement de l'État** a policy of reducing the national debt

**désendetter** [dezɑ̃dete] ▸ conjug 1 ◂ [1] **vt** (= annuler la dette de) to get out of debt; (= réduire la dette) to reduce the debt of

[2] **se désendetter vpr** to get (o.s.) out of debt

**désénerver** [dezenɛrve] ▸ conjug 1 ◂ **vt** to calm down

**désenfiler** [dezɑ̃file] ▸ conjug 1 ◂ **vt** [+ aiguille] to unthread; [+ perles] to unstring ◆ **mon aiguille s'est désenfilée** my needle has come unthreaded

**désenfler** [dezɑ̃fle] ▸ conjug 1 ◂ **vi** to go down, become less swollen

**désenfumer** [dezɑ̃fyme] ▸ conjug 1 ◂ **vt** to clear the smoke from

**désengagement** [dezɑ̃gaʒmɑ̃] [→ SYN] **nm** (gén, Mil) withdrawal, disengagement; (Fin) disinvestment ◆ **le désengagement progressif des forces militaires** the gradual withdrawal of military forces ◆ **le désengagement de l'État** the withdrawal of state funding

**désengager** [dezɑ̃gaʒe] [→ SYN] ▸ conjug 3 ◂ [1] **vt** [+ troupes] to disengage, withdraw ◆ **désengager qn d'une obligation** to free sb from an obligation

[2] **se désengager vpr** [troupes] to disengage, withdraw; [entreprise, État] to withdraw, pull out (*de* from)

**désengorger** [dezɑ̃gɔrʒe] ▸ conjug 3 ◂ **vt** [+ tuyau] to unblock; [+ route] to relieve the traffic congestion on; [+ service] to relieve

**désenivrer** [dezɑ̃nivre] ▸ conjug 1 ◂ **vti** to sober up

**désennuyer** [dezɑ̃nɥije] ▸ conjug 8 ◂ [1] **vt** ◆ **désennuyer qn** to relieve sb's boredom ◆ **la lecture désennuie** reading relieves (one's) boredom

[2] **se désennuyer vpr** to relieve the ou one's boredom

**désenrayer** [dezɑ̃reje] ▸ conjug 8 ◂ **vt** to unjam

**désensabler** [dezɑ̃sable] ▸ conjug 1 ◂ **vt** [+ voiture] to dig out of the sand; [+ chenal] to dredge

**désensibilisation** [desɑ̃sibilizasjɔ̃] **nf** (Méd, Photo, fig) desensitization

**désensibiliser** [desɑ̃sibilize] ▸ conjug 1 ◂ **vt** (Méd, Photo, fig) to desensitize ◆ **se faire désensibiliser au pollen** (Méd) to be desensitized to pollen ◆ **des enfants totalement désensibilisés à la violence** children totally inured to violence

**désensorceler** [dezɑ̃sɔrsəle] ▸ conjug 4 ◂ **vt** to free ou release from a ou the spell

**désentoiler** [dezɑ̃twale] ▸ conjug 1 ◂ **vt** [+ estampe, vêtement] to remove the canvas from

**désentortiller** [dezɑ̃tɔrtije] ▸ conjug 1 ◂ **vt** to disentangle, unravel

**désentraver** [dezɑ̃trave] ▸ conjug 1 ◂ **vt** to unshackle

**désenvaser** [dezɑ̃vaze] ▸ conjug 1 ◂ **vt** (= sortir) to get out of the mud; (= nettoyer) to clean the mud off; [+ port, chenal] to dredge

**désenvenimer** [dezɑ̃vnime] ▸ conjug 1 ◂ **vt** [+ plaie] to take the poison out of; [+ relations] to take the bitterness out of ◆ **pour désenvenimer la situation** to defuse ou take the heat out of the situation

**désenverguer** [dezɑ̃vɛrge] ▸ conjug 1 ◂ **vt** ⇒ **déverguer**

**désenvoûtement** [dezɑ̃vutmɑ̃] **nm** release from a ou the spell

**désenvoûter** [dezɑ̃vute] ▸ conjug 1 ◂ **vt** to free ou release from a ou the spell

**désépaissir** [dezepesir] ▸ conjug 2 ◂ **vt** [+ cheveux] to thin (out); [+ sauce] to thin (down), make thinner

**déséquilibrant, e** [dezekilibrɑ̃, ɑ̃t] **adj** destabilizing

**déséquilibre** [dezekilibr] [→ SYN] **nm** (= manque d'assise) unsteadiness; (dans un rapport de forces, de quantités) imbalance (*entre* between); (mental, nerveux) unbalance, disequilibrium (frm) ◆ **l'armoire est en déséquilibre** the cupboard is unsteady ◆ **le budget est en déséquilibre** the budget is not balanced ◆ **déséquilibre commercial** trade gap ou imbalance

**déséquilibré, e** [dezekilibre] [→ SYN] (ptp de **déséquilibrer**) [1] **adj** budget unbalanced; esprit disordered, unhinged

[2] **nm,f** unbalanced ou mentally disturbed person

**déséquilibrer** [dezekilibre] [→ SYN] ▸ conjug 1 ◂ **vt** (lit) to throw off balance; [+ esprit, personne] to unbalance; [+ budget] to create an imbalance in

**désert, e** [dezɛr, ɛrt] [→ SYN] [1] **adj** deserted; → **île**

[2] **nm** (Géog) desert; (fig) desert, wilderness ◆ **désert de Gobi/du Kalahari/d'Arabie** Gobi/Kalahari/Arabian Desert ◆ **désert culturel** cultural desert; → **prêcher, traversée**

**déserter** [dezɛrte] [→ SYN] ▸ conjug 1 ◂ [1] **vt** [+ lieu] to desert, abandon ◆ **village déserté par ses habitants** village deserted ou abandoned by its inhabitants

[2] **vi** (Mil, fig) to desert

**déserteur** [dezɛrtœr] [→ SYN] [1] **nm** deserter

[2] **adj m** deserting

**désertification** [dezɛrtifikasjɔ̃] **nf** **a** (Écol, Géog) desertification

**b** (fig) [campagnes, région] depopulation ◆ **la désertification rurale** ou **des campagnes** rural depopulation

**désertifier (se)** [dezɛrtifje] ▸ conjug 7 ◂ **vpr** **a** (Écol, Géog) to turn into a desert ◆ **zone désertifiée** desertified area

**b** [campagnes, région] to become depopulated ◆ **région désertifiée** depopulated area

**désertion** [dezɛrsjɔ̃] [→ SYN] **nf** (Mil, fig) desertion

**désertique** [dezɛrtik] [→ SYN] **adj** lieu (= de sable) desert (épith); (= aride) barren; climat, plante desert (épith)

**désescalade** [dezɛskalad] [→ SYN] **nf** (Écon) [taux] de-escalation

**désespérance** [dezɛsperɑ̃s] [→ SYN] **nf** (littér) desperation, desperateness

**désespérant, e** [dezɛsperɑ̃, ɑ̃t] [→ SYN] **adj** lenteur, nouvelle, bêtise appalling; enfant hopeless; temps depressing ◆ **d'une naïveté désespérante** hopelessly naïve

**désespéré, e** [dezɛspeʀe] → SYN (ptp de **désespérer**) 1 adj personne in despair (attrib), desperate; situation desperate, hopeless; cas hopeless; tentative desperate ◆ **appel/regard désespéré** cry/look of despair, desperate cry/look ◆ **je suis désespéré d'avoir à le faire** (sens affaibli) I'm desperately sorry to have to do it

2 nm,f desperate person, person in despair ◆ **la désespérée s'est jetée dans la Seine** the woman committed suicide by jumping into the Seine

**désespérément** [dezɛspeʀemɑ̃] adv (= avec acharnement) desperately; (= sans espoir de changement) hopelessly ◆ **la salle restait désespérément vide** the room remained hopelessly empty

**désespérer** [dezɛspeʀe] → SYN ▸ conjug 6 ◂ 1 vt (= décourager) to drive to despair ◆ **il désespère ses parents** he drives his parents to despair, he is the despair of his parents

2 vi (= se décourager) to despair, lose hope, give up hope ◆ **c'est à désespérer** it's enough to drive you to despair, it's hopeless

3 **désespérer de** vt indir to despair of ◆ **je désespère de toi/de la situation** I despair of you/of the situation ◆ **je désespère de son succès** I despair of his (ever) being successful ◆ **désespérer de faire qch** to have lost (all) hope ou have given up (all) hope of doing sth, despair of doing sth ◆ **il désespère de leur faire entendre raison** he has lost all hope of making them see reason, he despairs of (ever) making them see reason ◆ **je ne désespère pas de les amener à signer** I haven't lost hope ou given up hope of getting them to sign

4 **se désespérer** vpr to despair ◆ **elle passe ses nuits à se désespérer** her nights are given over to despair

**désespoir** [dezɛspwaʀ] → SYN 1 nm (= perte de l'espoir) despair; (= chagrin) despair, despondency ◆ **il fait le désespoir de ses parents** he is the despair of his parents ◆ **sa paresse fait mon désespoir** his laziness drives me to despair ou to desperation ◆ **sa supériorité fait le désespoir des autres athlètes** his superiority is the despair of the other athletes ◆ **être au désespoir** to be in despair ◆ **je suis au désespoir de ne pouvoir venir** (sens affaibli) I'm desperately sorry that I can't come ◆ **en désespoir de cause, on fit appel au médecin** in desperation, we called in the doctor

2 COMP ▷ **désespoir des peintres** (Bot) London pride, saxifrage

**désétatisation** [dezetatizasjɔ̃] nf denationalization

**désétatiser** [dezetatize] ▸ conjug 1 ◂ vt to denationalize

**désexcitation** [dezɛksitasjɔ̃] nf (Phys) de-energization

**désexciter** [dezɛksite] ▸ conjug 1 ◂ vt (Phys) to de-energize

**désexualiser** [desɛksɥalize] ▸ conjug 1 ◂ vt to desexualize

**déshabillage** [dezabijaʒ] nm undressing

**déshabillé** [dezabije] → SYN nm négligé

**déshabiller** [dezabije] → SYN ▸ conjug 1 ◂ 1 vt to undress ◆ **déshabiller Pierre pour habiller Paul** (fig) to rob Peter to pay Paul

2 **se déshabiller** vpr to undress, take off one's clothes; (* = ôter son manteau, sa veste) to take off one's coat ◆ **déshabillez-vous dans l'entrée** leave your coat ou things in the hall

**déshabituer** [dezabitɥe] → SYN ▸ conjug 1 ◂ 1 vt ◆ **déshabituer qn de (faire) qch** to get sb out of the habit of (doing) sth, break sb of the habit of (doing) sth

2 **se déshabituer** vpr ◆ **se déshabituer de qch/de faire qch** (volontairement) to get (o.s.) out of the habit ou break o.s. of the habit of sth/of doing sth; (par inaction, inertie) to get out of ou lose the habit of sth/of doing sth

**désherbage** [dezɛʀbaʒ] nm weeding

**désherbant** [dezɛʀbɑ̃] nm weed-killer

**désherber** [dezɛʀbe] ▸ conjug 1 ◂ vt to weed

**déshérence** [dezeʀɑ̃s] nf escheat ◆ **tomber en déshérence** to escheat

**déshérité, e** [dezeʀite] → SYN (ptp de **déshériter**) 1 adj (= désavantagé) quartier, région deprived; famille, population destitute, deprived, underprivileged ◆ **l'enfance déshéritée** deprived children

2 nm,f ◆ **les déshérités** the underprivileged

**déshériter** [dezeʀite] → SYN ▸ conjug 1 ◂ vt [+ héritier] to disinherit

**déshonnête** [dezɔnɛt] → SYN adj (littér = impudique) unseemly, immodest

**déshonnêteté** [dezɔnɛtte] nf (littér = impudeur) unseemliness, immodesty

**déshonneur** [dezɔnœʀ] → SYN nm disgrace, dishonour (Brit), dishonor (US) ◆ **il n'y a pas de déshonneur à avouer son échec** there's no disgrace in admitting one's failure

**déshonorant, e** [dezɔnɔʀɑ̃, ɑ̃t] → SYN adj dishonourable (Brit), dishonorable (US), degrading

**déshonorer** [dezɔnɔʀe] → SYN ▸ conjug 1 ◂ 1 vt a (= discréditer) [+ profession] to disgrace, dishonour (Brit), dishonor (US); [+ personne, famille] to dishonour (Brit), dishonor (US), be a disgrace to, bring disgrace on ◆ **il se croirait déshonoré de travailler** he would think it beneath him to work

b † [+ femme] to dishonour (Brit), dishonor (US)

2 **se déshonorer** vpr to disgrace o.s.

**déshumaniser** [dezymanize] ▸ conjug 1 ◂ vt to dehumanize

**déshumidificateur** [dezymidifikatœʀ] nm dehumidifier

**déshydratation** [dezidʀatasjɔ̃] nf dehydration

**déshydraté, e** [dezidʀate] (ptp de **déshydrater**) adj peau, aliment dehydrated

**déshydrater** vt, **se déshydrater** vpr [dezidʀate] → SYN ▸ conjug 1 ◂ to dehydrate

**déshydrogénation** [dezidʀɔʒenasjɔ̃] nf dehydrogenation, dehydrogenization

**déshydrogéner** [dezidʀɔʒene] ▸ conjug 6 ◂ vt to dehydrogenate, dehydrogenize

**déshypothéquer** [dezipɔteke] ▸ conjug 6 ◂ vt to free from mortgage

**desiderata** [dezideʀata] → SYN nmpl (= souhaits) wishes, desiderata (frm)

**design** [dizajn] → SYN 1 nm ◆ **le design** (= activité) design; (= style) the designer look; (= mobilier) designer furniture ◆ **le design industriel** industrial design

2 adj inv designer

**désignation** [deziɲasjɔ̃] → SYN nf (= appellation) name, designation (frm); (= élection) naming, appointment, designation

**designer** [dizajnœʀ] → SYN nm (= décorateur) designer

**désigner** [deziɲe] → SYN ▸ conjug 1 ◂ vt a (= montrer) to point out, indicate ◆ **désigner qn du doigt** to point sb out ◆ **ces indices le désignent clairement comme coupable** these signs point clearly to his guilt ◆ **désigner qch à l'attention de qn** to draw ou call sth to sb's attention ◆ **désigner qch à l'admiration de qn** to point sth out for sb's admiration

b (= nommer) to name, appoint, designate ◆ **le gouvernement a désigné un nouveau ministre** the government has named ou appointed a new minister ◆ **désigner qn pour remplir une mission** to designate sb to undertake a mission ◆ **désigner qn à un poste** to appoint sb to a post ◆ **que des volontaires se désignent !** volunteers step forward!, could we have some volunteers! ◆ **membre/successeur désigné** member/successor elect ou designate

c (= qualifier) to mark out ◆ **sa hardiesse le désigne pour (faire) cette tentative** his boldness marks him out for this attempt ◆ **c'était le coupable désigné/la victime désignée** he was the classic culprit/victim ◆ **être tout désigné pour faire qch** [personne] to be cut out to do sth, be altogether suited to doing sth ◆ **l'endroit est tout désigné pour ce genre de festival** the place is perfect for this kind of festival

d (= dénommer) to designate, refer to ◆ **désigner qn par son nom** to refer to sb by (their) name ◆ **on désigne sous ce nom toutes les substances toxiques** this name designates all toxic substances ◆ **ces métaphores désignent toutes le héros** these metaphors all refer to the hero ◆ **les mots qui désignent des objets concrets** the words which denote ou designate concrete objects

**désillusion** [dezi(l)lyzjɔ̃] → SYN nf disillusion

**désillusionnement** [dezi(l)lyzjɔnmɑ̃] nm disillusionment

**désillusionner** [dezi(l)lyzjɔne] → SYN ▸ conjug 1 ◂ vt to disillusion

**désincarcération** [dezɛ̃kaʀseʀasjɔ̃] nf ◆ **la désincarcération des victimes a pris deux heures** it took two hours to cut the victims (free) from the wreckage

**désincarcérer** [dezɛ̃kaʀseʀe] ▸ conjug 6 ◂ vt [+ accidenté] to free *(from a wrecked vehicle)*

**désincarné, e** [dezɛ̃kaʀne] adj (Rel) âme disembodied ◆ **on dirait qu'il est désincarné** (fig) you'd think he wasn't flesh and blood

**désincrustant, e** [dezɛ̃kʀystɑ̃, ɑ̃t] 1 adj a (Tech) (de)scaling

b crème, masque (deep) cleansing (épith)

2 nm (Tech) (de)scaling agent

**désincruster** [dezɛ̃kʀyste] ▸ conjug 1 ◂ vt [+ chaudière] to descale, remove the fur (Brit) ou sediment (US) from; [+ peau] to cleanse

**désindexation** [dezɛ̃dɛksasjɔ̃] nf de-indexation

**désindexer** [dezɛ̃dɛkse] ▸ conjug 1 ◂ vt to de-index

**désindustrialisation** [dezɛ̃dystʀijalizasjɔ̃] nf de-industrialization

**désindustrialiser** [dezɛ̃dystʀijalize] ▸ conjug 1 ◂ vt to de-industrialize

**désinence** [dezinɑ̃s] → SYN nf (Ling) ending, inflexion

**désinentiel, -ielle** [dezinɑ̃sjɛl] adj inflexional

**désinfectant, e** [dezɛ̃fɛktɑ̃, ɑ̃t] → SYN adj, nm disinfectant

**désinfecter** [dezɛ̃fɛkte] → SYN ▸ conjug 1 ◂ vt to disinfect

**désinfection** [dezɛ̃fɛksjɔ̃] → SYN nf disinfection

**désinflation** [dezɛ̃flasjɔ̃] nf ⇒ **déflation**

**désinformation** [dezɛ̃fɔʀmasjɔ̃] nf disinformation

**désinformer** [dezɛ̃fɔʀme] ▸ conjug 1 ◂ vt to give false information to

**désinhiber** [dezinibe] ▸ conjug 1 ◂ vt ◆ **désinhiber qn** to rid sb of his (ou her) inhibitions

**désinhibition** [dezinibisjɔ̃] nf loss of inhibitions

**désinsectisation** [dezɛ̃sɛktizasjɔ̃] nf spraying ou treatment with insecticide, ≃ pest control

**désinsectiser** [dezɛ̃sɛktize] ▸ conjug 1 ◂ vt to rid of insects, spray ou treat with insecticide

**désinsertion** [dezɛ̃sɛʀsjɔ̃] nf ◆ **la désinsertion sociale provoquée par le chômage** the way unemployment turns people into social outcasts

**désinstallation** [dezɛ̃stalasjɔ̃] nf [logiciel] deinstalling

**désinstaller** [dezɛ̃stale] ▸ conjug 1 ◂ vt [+ logiciel] to deinstall

**désintégration** [dezɛ̃tegʀasjɔ̃] → SYN nf [groupe] splitting-up, breaking-up; [État] disintegration, breakup; [roche] disintegration, breaking-up; [fusée] self-destructing; (Phys Nucl) [atome] splitting ◆ **la désintégration de la matière** the disintegration of matter

**désintégrer** [dezɛ̃tegʀe] → SYN ▸ conjug 6 ◂ 1 vt [+ groupe] to split up, break up; [+ État, roche] to break up, disintegrate; (Phys Nucl) [+ atome, matière] to disintegrate

2 **se désintégrer** vpr [groupe] to split up, break up; [État] to break up, disintegrate; [roche] to disintegrate, crumble, break up; [fusée] to self-destruct; (Phys Nucl) to disintegrate

**désintéressé, e** [dezɛ̃teʀese] → SYN (ptp de **désintéresser**) adj (= généreux) disinterested, unselfish; (= impartial) disinterested ◆ **elle n'était pas complètement désintéressée en l'invitant** she had an ulterior motive in inviting him

**désintéressement** [dezɛ̃teʀɛsmɑ̃] → SYN nm a (= générosité) unselfishness, selflessness; (= impartialité) disinterestedness ◆ **avec désintéressement** unselfishly

**b** (Fin) [créancier] paying off; [associé] buying out

**désintéresser** [dezɛ̃teʀese] → SYN ▸ conjug 1 ◂ [1] vt [+ créancier] to pay off; [+ associé] to buy out
[2] **se désintéresser** vpr ◆ **se désintéresser de** to lose interest in

**désintérêt** [dezɛ̃teʀɛ] → SYN nm disinterest, lack of interest (*pour* in)

**désintoxication** [dezɛ̃tɔksikasjɔ̃] nf (Méd) [alcoolique] detoxification, treatment for alcoholism; [drogué] detoxification, treatment for drug addiction ◆ **il fait une** ou **est en cure de désintoxication** [alcoolique] he's undergoing treatment for alcoholism, he's in detox *; [drogué] he's undergoing treatment for drug addiction, he's in detox * ◆ **centre de désintoxication** detoxification centre (Brit) ou center (US)

**désintoxiqué, e** [dezɛ̃tɔksike] (ptp de **désintoxiquer**) adj ancien alcoolique dried out, detoxed *; ancien drogué clean, detoxed *

**désintoxiquer** [dezɛ̃tɔksike] ▸ conjug 1 ◂ vt **a** (Méd) [+ alcoolique] to treat for alcoholism, detoxify, dry out *; [+ drogué] to treat for drug addiction, detoxify ◆ **il s'est fait désintoxiquer** [alcoolique] he was treated for alcoholism; [drogué] he was treated for drug addiction
**b** [+ citadin, gros mangeur] to cleanse the system of
**c** (= désaccoutumer) **tu veux un café ? – non, j'essaie de me désintoxiquer** do you want a coffee? – no, I'm trying to give it up ◆ **pour désintoxiquer les enfants de la télévision** to wean children off ou from the television ◆ **il faut désintoxiquer l'opinion publique** (= déconditionner) the record has to be set straight with the public

**désinvestir** [dezɛ̃vɛstiʀ] ▸ conjug 2 ◂ [1] vi **a** (Écon) to disinvest (*dans* in) ◆ **la société a désinvesti dans le secteur immobilier** the company has disinvested in ou withdrawn its investments from the real estate market
**b** (Psych) to cease to invest o.s.
[2] vt (Mil) to lift the siege of
[3] **se désinvestir** vpr to lose interest (*de* in) ◆ **elle s'est complètement désinvestie de sa relation amoureuse/de son travail** she has completely lost interest in her relationship/her work, she no longer puts anything into her relationship/her work

**désinvestissement** [dezɛ̃vɛstismɑ̃] nm **a** (Écon) disinvestment, withdrawal of investments ◆ **la société a procédé à des désinvestissements dans ces secteurs** the company began to disinvest in ou to withdraw its investments from these areas
**b** (Psych) loss of interest ◆ **on note chez certains cadres un grand désinvestissement** some managers are putting less and less of themselves into their jobs ou are less and less committed to their jobs

**désinvolte** [dezɛ̃vɔlt] → SYN adj (= sans gêne) casual, offhand, airy; (= à l'aise) casual, relaxed

**désinvolture** [dezɛ̃vɔltyʀ] → SYN nf casualness ◆ **avec désinvolture** casually, in an offhand way

**désir** [deziʀ] → SYN nm **a** (= souhait) wish, desire (*de qch* for sth) ◆ **le désir de faire qch** the desire to do sth ◆ **vos désirs sont des ordres** your wish is my command ◆ **selon le désir de qn** in accordance with sb's wishes ◆ **prendre ses désirs pour des réalités** to indulge in wishful thinking, delude o.s.
**b** (= convoitise, sensualité) desire (*de qch* for sth) ◆ **yeux brillants de désir** eyes burning with desire ◆ **éprouver du désir pour qn** to feel desire for sb

**désirabilité** [deziʀabilite] nf desirability

**désirable** [deziʀabl] → SYN adj desirable ◆ **peu désirable** undesirable

**Désirade** [deziʀad] nf ◆ **la Désirade** Desiderada

**désirer** [deziʀe] GRAMMAIRE ACTIVE 21.1 → SYN ▸ conjug 1 ◂ vt **a** (= vouloir) to want ◆ **désirer faire qch** to want ou wish to do sth ◆ **que désirez-vous ?** (dans un magasin) what would you like?, what can I do for you? ◆ **désirez-vous prendre du café ?** would you care for ou would you like some coffee? ◆ **Madame désire ?** (dans une boutique) can I help you, madam?; (domestique) yes, madam? ◆ **il désire que tu viennes tout de suite** he wants you to come at once ◆ **désirez-vous qu'on vous l'envoie ?** would you like it sent to you?, do you wish to have it sent to you?
**b** (sexuellement) to desire
**c** (LOC) **se faire désirer** * to play hard-to-get * ◆ **la cuisine/son travail laisse à désirer** the food/his work leaves something to be desired ou is not (quite) up to the mark * (Brit) ◆ **ça laisse beaucoup à désirer** it leaves much ou a lot to be desired ◆ **la décoration ne laisse rien à désirer** the decor is all that one could wish for ou leaves nothing to be desired

**désireux, -euse** [deziʀø, øz] → SYN adj ◆ **désireux de faire** anxious to do, desirous of doing (frm) ◆ **il est très désireux de faire votre connaissance** he is most anxious to make your acquaintance ◆ **ils sont peu désireux d'entamer les négociations** they aren't very eager to ou they are reluctant to start negotiations ◆ **désireux de qch** avid for sth, desirous of sth (frm)

**désistement** [dezistəmɑ̃] → SYN nm (Jur, Pol) withdrawal

**désister (se)** [deziste] → SYN ▸ conjug 1 ◂ vpr **a** (Pol) to withdraw, stand down (Brit) (*en faveur de qn* in sb's favour)
**b** (Jur) **se désister de** [+ action, appel] to withdraw

**desman** [dɛsmɑ̃] nm desman

**désobéir** [dezɔbeiʀ] → SYN ▸ conjug 2 ◂ vi to be disobedient, disobey ◆ **désobéir à qn/à un ordre** to disobey sb/an order ◆ **il désobéit tout le temps** he's always being disobedient

**désobéissance** [dezɔbeisɑ̃s] → SYN nf disobedience (NonC) (*à* to) ◆ **désobéissance civile** civil disobedience

**désobéissant, e** [dezɔbeisɑ̃, ɑ̃t] → SYN adj disobedient

**désobligeamment** [dezɔbliʒamɑ̃] adv (frm) répondre, se conduire disagreeably

**désobligeance** [dezɔbliʒɑ̃s] nf (frm) disagreeableness

**désobligeant, e** [dezɔbliʒɑ̃, ɑ̃t] → SYN adj disagreeable

**désobliger** [dezɔbliʒe] → SYN ▸ conjug 3 ◂ vt (frm) to offend

**désobstruer** [dezɔpstʀye] → SYN ▸ conjug 1 ◂ vt to unblock

**désocialisation** [desɔsjalizasjɔ̃] nf ◆ **la désocialisation des chômeurs de longue durée** the way the long-term unemployed are turned into social misfits ou outcasts

**désocialiser** [desɔsjalize] ▸ conjug 1 ◂ vt [+ personne] to turn into a social misfit ou outcast

**désodé, e** [desɔde] adj régime sodium-free

**désodorisant, e** [dezɔdɔʀizɑ̃, ɑ̃t] [1] adj savon deodorizing (épith), deodorant (épith); filtre deodorizing (épith) ◆ **bombe désodorisante** air freshener
[2] nm (pour le corps) deodorant; (pour l'air) air freshener

**désodoriser** [dezɔdɔʀize] ▸ conjug 1 ◂ vt to deodorize

**désœuvré, e** [dezœvʀe] adj idle ◆ **il restait désœuvré pendant des heures** he did nothing ou he sat idle for hours on end ◆ **le voyant désœuvré, elle lui a demandé de l'aider** seeing that he was at a loose end, she asked him to help her ◆ **pour occuper les désœuvrés** to occupy people with nothing to do

**désœuvrement** [dezœvʀəmɑ̃] → SYN nm idleness ◆ **lire par désœuvrement** to read for something to do ou for want of anything better to do

**désolant, e** [dezɔlɑ̃, ɑ̃t] adj nouvelle, situation, spectacle distressing ◆ **cet enfant est vraiment désolant** this child is absolutely hopeless ◆ **ce serait désolant qu'elle ne puisse pas venir** it would be a terrible shame ou such a pity if she couldn't come ◆ **il est désolant de bêtise/paresse** he's hopelessly ou desperately stupid/lazy

**désolation** [dezɔlasjɔ̃] → SYN nf **a** (= consternation) distress, grief ◆ **être plongé dans la désolation** to be plunged in grief ◆ **il fait la désolation de sa mère** he causes his mother great distress, he breaks his mother's heart
**b** (= dévastation) desolation, devastation

**désolé, e** [dezɔle] GRAMMAIRE ACTIVE 12.2, 18.1, 18.3, 21.1, 25.5 (ptp de **désoler**) adj **a** endroit desolate
**b** personne, air (= affligé) distressed; (= contrit) sorry ◆ **(je suis) désolé de vous avoir dérangé** (I'm) sorry to have disturbed you ◆ **désolé, je dois partir** (very) sorry, I have to go ◆ **je suis désolé d'avoir appris que vous avez perdu votre mari** I am sorry to hear that you have lost your husband

**désoler** [dezɔle] → SYN ▸ conjug 1 ◂ [1] vt **a** (= affliger) to distress, grieve, sadden; (= contrarier) to upset ◆ **cet enfant me désole !** I despair of that child!
**b** (littér = dévaster) to desolate, devastate
[2] **se désoler** vpr to be upset ◆ **inutile de vous désoler** it's no use upsetting yourself

**désolidariser** [desɔlidaʀize] ▸ conjug 1 ◂ [1] vt (gén) to divide; (Tech) to separate
[2] **se désolidariser** vpr [syndicats] to go in different directions ◆ **se désolidariser de** to dissociate o.s. from

**désoperculer** [dezɔpɛʀkyle] ▸ conjug 1 ◂ vt [+ alvéole] to remove the operculum from

**désopilant, e** [dezɔpilɑ̃, ɑ̃t] → SYN adj screamingly funny *, hilarious

**désordonné, e** [dezɔʀdɔne] → SYN adj **a** pièce, personne untidy; mouvements uncoordinated; combat, fuite disorderly; esprit muddled, disorganized ◆ **être désordonné dans son travail** to be disorganized in one's work
**b** (littér) vie disorderly; dépenses, imagination reckless, wild

**désordre** [dezɔʀdʀ] → SYN [1] nm **a** (= état) [pièce, vêtements, cheveux] untidiness; [affaires publiques, service] disorderliness, disorder ◆ **il ne supporte pas le désordre** he can't bear disorder ou untidiness ◆ **quel désordre !** what a mess! ◆ **il régnait dans la pièce un désordre indescriptible** the room was in a terrible mess ◆ **les mauvaises herbes sur la terrasse, ça fait désordre** * the weeds on the terrace are rather unsightly, the terrace looks messy with weeds growing all over it ◆ **un service sans chef, ça fait désordre** * it doesn't look good, having a department without a manager ◆ **dans le désordre** in no particular order ◆ **mettre du désordre dans une pièce** to mess up a room
◆ **en désordre** ◆ **être en désordre** [pièce, affaires] to be untidy ou in disorder ou in a mess; [cheveux, vêtements] to be untidy ou in a mess ◆ **mettre une pièce en désordre** to mess up a room, make a room untidy ◆ **jeter quelques idées en désordre sur le papier** to jot down a few random ideas; → **tiercé**
**b** (= agitation) disorder ◆ **des agitateurs ont semé le désordre dans l'armée** agitators spread unrest in the army ◆ **faire du désordre (dans la classe/dans un lieu public)** to cause a commotion ou a disturbance (in class/in a public place) ◆ **arrêté pour désordre sur la voie publique** arrested for disorderly conduct ◆ **jeter le désordre dans les esprits** to throw people's minds into confusion ◆ **c'est un facteur de désordre** it's a disruptive influence
**c** (littér = débauche) dissoluteness, licentiousness ◆ **mener une vie de désordre** to lead a dissolute ou licentious life ◆ **regretter les désordres de sa jeunesse** to regret the dissolute ou licentious ways of one's youth
**d** (Méd) **désordre fonctionnel/hépatique** functional/liver disorder
[2] **désordres** nmpl (= émeutes) disturbances, disorder (NonC) ◆ **de graves désordres ont éclaté** serious disturbances have broken out, there have been serious outbreaks of violence ◆ **désordres monétaires/politiques** (= perturbations) monetary/political chaos

**désorganisation** [dezɔʀganizasjɔ̃] → SYN nf disorganization

**désorganiser** [dezɔʀganize] → SYN ▸ conjug 1 ◂ vt (gén) to disorganize; [+ projet, service] to disrupt, disorganize ◆ **à cause de la grève, nos services sont désorganisés** our services have been disrupted by the strike

**désorientation** [dezɔʀjɑ̃tasjɔ̃] nf disorientation

**désorienté, e** [dezɔʀjɑ̃te] (ptp de **désorienter**) adj (= égaré) disorientated; (= déconcerté) bewildered, confused (*par* by)

**désorienter** [dezɔʀjɑ̃te] → SYN ▸ conjug 1 ◂ vt (= égarer) to disorientate; (= déconcerter) to bewilder, confuse

**désormais** [dezɔʀmɛ] → SYN adv (au présent) from now on, henceforth (frm); (au passé) from then on, henceforth (frm)

**désorption** [desɔʀpsjɔ̃] nf desorption

**désossé, e** [dezɔse] → SYN (ptp de **désosser**) adj viande boned; (fig) personne supple

**désossement** [dezɔsmɑ̃] nm [viande] boning

**désosser** [dezɔse] ▸ conjug 1 ◂ vt [+ viande] to bone; [+ objet, texte] to take to pieces; [+ voiture] to strip (down) ◆ **acrobate qui se désosse** acrobat who can twist himself in every direction

**désoxydant, e** [dezɔksidɑ̃, ɑ̃t] 1 adj deoxidizing
2 nm deoxidizer

**désoxyder** [dezɔkside] ▸ conjug 1 ◂ vt to deoxidize

**désoxygéner** [dezɔksiʒene] ▸ conjug 6 ◂ vt to deoxygenate, deoxygenize

**désoxyribonucléase** [dezɔksiʀibonykleaz] nf deoxyribonuclease

**désoxyribonucléique** [dezɔksiʀibonykleik] adj desoxyribonucleic

**désoxyribose** [dezɔksiʀiboz] nf deoxyribose

**desperado** [dɛspeʀado] → SYN nm desperado

**despote** [dɛspɔt] → SYN 1 adj despotic
2 nm (lit, fig) despot, tyrant

**despotique** [dɛspɔtik] → SYN adj despotic

**despotiquement** [dɛspɔtikmɑ̃] → SYN adv despotically

**despotisme** [dɛspɔtism] → SYN nm (lit, fig) despotism, tyranny

**desquamation** [dɛskwamasjɔ̃] nf desquamation

**desquamer** [dɛskwame] ▸ conjug 1 ◂ 1 vt to remove *(in scales)*
2 vi **se desquamer** vpr to flake off, desquamate (SPÉC)

**desquels, desquelles** [dekɛl] → **lequel**

**DESS** [deəɛsɛs] nm (abrév de **diplôme d'études supérieures spécialisées**) → **diplôme**

**dessabler** [desɑble] ▸ conjug 1 ◂ vt to remove the sand from

**dessaisir** [deseziʀ] → SYN ▸ conjug 2 ◂ 1 vt (Jur) ◆ **dessaisir un tribunal d'une affaire** to remove a case from a court ◆ **être dessaisi du dossier** to be taken off the case
2 **se dessaisir** vpr ◆ **se dessaisir de** to give up, part with, relinquish

**dessaisissement** [desezismɑ̃] → SYN nm ◆ **dessaisissement d'un tribunal/juge (d'une affaire)** removal of a case from a court/judge

**dessalage** [desalaʒ] nm a (= chavirement) capsizing, turning turtle *
b ⇒ **dessalement**

**dessalaison** [desalɛzɔ̃] nf [eau de mer] desalination; [poisson] soaking

**dessalé, e** * [desale] → SYN (ptp de **dessaler**) adj (= déluré) ◆ **il est drôlement dessalé depuis qu'il a fait son service militaire** he has really learnt a thing or two * since he did his military service

**dessalement** [desalmɑ̃] nm [eau de mer] desalination; [poisson] soaking

**dessaler** [desale] ▸ conjug 1 ◂ 1 vt a [+ eau de mer] to desalinate; [+ poisson] to soak *(to remove the salt)* ◆ **faire dessaler** ou **mettre à dessaler de la viande** to put meat to soak
b (* = déluré) **dessaler qn** to teach sb a thing or two *, teach sb about life ◆ **il s'était dessalé au contact de ses camarades** he had learnt a thing or two * ou learnt about life through contact with his friends
2 vi (Naut) to capsize, turn turtle *

**dessangler** [desɑ̃gle] ▸ conjug 1 ◂ vt [+ cheval] to ungirth; [+ paquetage] to unstrap

**dessaouler** * [desule] ▸ conjug 1 ◂ vti ⇒ **dessoûler**

**desséchant, e** [deseʃɑ̃, ɑ̃t] → SYN adj vent parching, drying; travail soul-destroying

**dessèchement** [desɛʃmɑ̃] → SYN nm (= action) drying (out ou up), parching; (= état) dryness; (= amaigrissement) emaciation

**dessécher** [deseʃe] → SYN ▸ conjug 6 ◂ 1 vt a [+ terre, végétation] to dry out, parch; [+ plante, feuille] to wither, dry out ◆ **le vent dessèche la peau** the wind dries (out) the skin ◆ **la soif me dessèche la bouche** my mouth is dry ou parched ◆ **lèvres desséchées** parched lips ◆ **cheveux desséchés** dry and damaged hair
b (volontairement) [+ aliments] to dry, dehydrate, desiccate
c (= racornir) [+ cœur] to harden ◆ **l'amertume/la vie lui avait desséché le cœur** bitterness/life had hardened his heart ou left him stony-hearted ◆ **desséché par l'étude** fossilized by years of study
2 **se dessécher** vpr [terre] to dry out, become parched; [plante, feuille] to wither, dry out; [aliments] to dry out, go dry; [bouche, lèvres] to go dry, become parched; [peau] to dry out

**dessein** [desɛ̃] → SYN nm (littér) (= intention) intention, design; (= projet) plan ◆ **son dessein est** ou **il a le dessein de faire** he intends ou means to do ◆ **former le dessein de faire qch** to make up one's mind to do sth, form a plan to do sth ◆ **avoir des desseins sur qn** to have designs on sb ◆ **c'est dans ce dessein que** it is with this in mind ou with this intention that ◆ **il est parti dans le dessein de** ou **à dessein de faire fortune** he went off meaning ou intending to make his fortune ou with the intention of making his fortune ◆ **faire qch à dessein** to do sth intentionally ou deliberately ou on purpose

**desseller** [desele] ▸ conjug 1 ◂ vt to unsaddle

**desserrage** [deseʀaʒ] nm [vis, écrou] unscrewing, undoing, loosening; [câble] loosening, slackening; [frein] releasing; [crédit] relaxation

**desserré, e** [deseʀe] (ptp de **desserrer**) adj vis, écrou loose, undone (attrib); ficelle loose, slack; cravate, ceinture, nœud loose; frein off (attrib), released (attrib)

**desserrement** [desɛʀmɑ̃] nm [ficelle, câble] loosening, slackening; [nœud, écrou, étau] loosening; [frein] releasing; [étreinte, contrainte] relaxation ◆ **desserrement de la politique monétaire** relaxation of ou in monetary policy

**desserrer** [deseʀe] → SYN ▸ conjug 1 ◂ 1 vt a [+ nœud, ceinture, ficelle, écrou] to loosen; [+ poing, dents] to unclench; [+ frein] to release, take off; [+ étreinte] to relax, loosen; [+ objets alignés, mots, lignes] to space out ◆ **desserrer sa ceinture de 2 crans** to let one's belt out 2 notches ◆ **desserrer les cordons de la bourse** (fig) to loosen the purse strings ◆ **il n'a pas desserré les dents de toute la soirée** he didn't say a word ou open his mouth all evening ◆ **desserrer l'étau** (lit) to loosen the vice; (fig) to loosen one's grip (*autour de* on)
b (Écon) [+ contrainte, politique monétaire] to relax, ease
2 **se desserrer** vpr [ficelle, câble] to come loose, slacken; [nœud] to come loose; [écrou] to work ou come loose; [frein] to release itself; [étreinte] to relax

**dessert** [desɛʀ] → SYN nm dessert, pudding (Brit), sweet (Brit) ◆ **ils en sont au dessert** they're on to the dessert

**desserte** [desɛʀt] → SYN nf a (= meuble) sideboard
b (Transport) **la desserte d'une localité par bateau** the servicing of an area by water transport ◆ **la desserte de la ville est assurée par un car** there is a bus service to the town ◆ **cette compagnie aérienne assure une desserte quotidienne entre ces deux villes** the airline operates a daily scheduled flight between these two cities
c [prêtre] cure

**dessertir** [desɛʀtiʀ] ▸ conjug 2 ◂ vt to unset, remove from its setting

**dessertissage** [desɛʀtisaʒ] nm unsetting

**desservant** [desɛʀvɑ̃] → SYN nm priest in charge

**desservir[1]** [desɛʀviʀ] → SYN ▸ conjug 14 ◂ vt a [+ repas, plat] to clear away ◆ **vous pouvez desservir (la table)** you can clear away, you can clear the table
b (= nuire à) [+ personne, cause] to do a disservice to; [+ intérêts] to harm ◆ **son mauvais caractère le dessert** his bad temper goes against him ou doesn't do him any favours ◆ **il m'a desservi auprès de mes amis** he turned my friends against me

**desservir[2]** [desɛʀviʀ] → SYN ▸ conjug 14 ◂ vt a (Transport) to serve ◆ **le village est desservi par 3 autobus chaque jour** there is a bus service from the village ou a bus runs from the village 3 times daily ◆ **le village est desservi par 3 lignes d'autobus** the village is served by ou has 3 bus services ◆ **ville bien desservie** town well served by public transport
b [porte, couloir] to lead to
c [prêtre] to serve ◆ **desservir une paroisse** to minister to a parish

**dessiccateur** [desikatœʀ] nm desiccator, dryer

**dessiccatif, -ive** [desikatif, iv] 1 adj desiccative
2 nm desiccant

**dessiccation** [desikasjɔ̃] → SYN nf (Chim) desiccation; [aliments] drying, desiccation, dehydration

**dessiller** [desije] → SYN ▸ conjug 1 ◂ vt (fig) ◆ **dessiller les yeux de** ou **à qn** to open sb's eyes (fig) ◆ **mes yeux se dessillèrent** my eyes were opened, the scales fell from my eyes (Brit)

**dessin** [desɛ̃] → SYN nm a (= image) drawing ◆ **il a fait un (joli) dessin** he drew a (nice) picture, he did a (nice) drawing ◆ **il passe son temps à faire des dessins** he spends his time drawing ◆ **il fait toujours des petits dessins sur son cahier** he's always doodling on his exercise book ◆ **dessin à la plume/au fusain/au trait** pen-and-ink/charcoal/line drawing ◆ **dessin animé** cartoon (film) ◆ **dessin humoristique** cartoon *(in a newspaper or magazine)* ◆ **dessin publicitaire/de mode** advertisement/fashion drawing ◆ **il n'a rien compris, fais lui donc un dessin !** * (hum) he hasn't understood a word — explain it in words of one syllable ou you'll have to spell it out for him; → **carton**
b (= art) **le dessin** drawing ◆ **il est doué pour le dessin** he has a gift for drawing ◆ **école de dessin** (Art) art school; (technique) technical college (for draughtsmen) ◆ **professeur de dessin** art teacher ◆ **dessin technique** technical drawing ◆ **dessin de mode** fashion design ◆ **dessin industriel** draughtsmanship (Brit), draftsmanship (US) ◆ **table/planche à dessin** drawing table/board ◆ **dessin assisté par ordinateur** computer-aided design
c (= motif) pattern, design ◆ **tissu avec des dessins jaunes** material with a yellow pattern on it ◆ **le dessin des veines sur la peau** the pattern of the veins on the skin
d (= contour) outline, line ◆ **la bouche a un joli dessin** the mouth has a good line ou is finely delineated

**dessinateur, -trice** [desinatœʀ, tʀis] → SYN nm,f (= artiste) drawer; (= technicien) draughtsman (Brit), draftsman (US); (= technicienne) draughtswoman (Brit), draftswoman (US) ◆ **dessinateur humoristique** cartoonist ◆ **dessinateur de mode** fashion designer ◆ **dessinateur industriel** draughtsman (Brit), draftsman (US) ◆ **dessinateur de publicité** commercial artist ◆ **dessinateur-cartographe** cartographic designer, cartographer ◆ **dessinateur concepteur** designer

**dessiner** [desine] → SYN ▸ conjug 1 ◂ 1 vt a (Art) to draw ◆ **il dessine bien** he's good at drawing, he draws well ◆ **dessiner qch à grands traits** to draw a broad outline of sth ◆ **dessiner au pochoir** to stencil ◆ **dessiner au crayon/à l'encre** to draw in pencil/ink
b (= faire le plan, la maquette de) [+ véhicule, meuble] to design; [+ plan d'une maison] to draw; [+ jardin] to lay out, landscape ◆ **une bouche/oreille bien dessinée** (fig) a finely delineated mouth/ear
c [chose] to make, form ◆ **les champs dessinent un damier** the fields form ou are laid out like a checkerboard ou (a) patchwork ◆ **un vêtement qui dessine bien la taille** a garment that shows off the waist well
2 **se dessiner** vpr a [contour, forme] to stand out, be outlined ◆ **des collines se dessinaient à l'horizon** hills stood out on the horizon
b [tendance] to become apparent; [projet] to take shape ◆ **on voit se dessiner une tendance à l'autoritarisme** a tendency towards authoritarianism is becoming apparent ou is emerging ◆ **un sourire se dessina sur ses lèvres** a smile played ou formed on his lips

**dessolement** [desɔlmɑ̃] nm changing the rotation of crops

**dessoler** [desɔle] ▸ conjug 1 ◂ vt to change the rotation of crops in

**dessouder** [desude] ▸ conjug 1 ◂ 1 vt a (Tech) to unsolder

**b** (* = tuer) to bump off *, do in *

**2** **se dessouder** vpr (Tech) to come unsoldered ◆ **leur couple s'est dessoudé** they broke up

**dessoûler** * [desule] ▸ conjug 1 ◂ vti to sober up ◆ **il n'a pas dessoûlé depuis 2 jours** he's been drunk for the past 2 days, he's been on a bender * for the past 2 days

**dessous** [d(ə)su] → SYN **1** adv **a** (= sous) placer, passer, suspendre underneath; (= plus bas) below ◆ **mettez votre valise dessous** put your suitcase underneath (it) ou under it ◆ **soulevez ces dossiers, la liste est dessous** lift up those files – the list is underneath (them) ou under them ou beneath them ◆ **passez (par) dessous** go underneath (it) ou under it ◆ **tu as mal lu, il y a une note dessous** you misread it – there's a note underneath ◆ **retirer qch de dessous le lit/la table** to get sth from under(neath) ou beneath the bed/table ◆ **ils ont pris le buffet par (en) dessous** they took hold of the sideboard from underneath

**b** (LOC)

◆ **au-dessous** below ◆ **ils habitent au-dessous** they live downstairs ◆ **des articles à 100 F et au-dessous** items at 100 francs and less ou below

◆ **au-dessous de** (lit) below, underneath; [+ possibilités, limite] below; (= indigne de) beneath ◆ **sa jupe lui descend au-dessous du genou** her skirt comes down to below her knees ou reaches below her knees ◆ **les enfants au-dessous de 7 ans ne paient pas** children under 7 don't pay, the under-sevens don't pay ◆ **20° au-dessous de zéro** 20° below (zero) ◆ **il considère que c'est au-dessous de lui de faire la vaisselle** he considers it beneath him to do the dishes ◆ **il est au-dessous de sa tâche** (incapable) he's not up to the job ◆ **il est au-dessous de tout !** he's the absolute limit!, he's the end! ◆ **le service est au-dessous de tout** the service is hopeless ou a disgrace

◆ **en dessous** (= sous) underneath; (= plus bas) below; (= hypocritement) in an underhand ou underhanded (US) manner ◆ **en dessous de** below ◆ **il s'est glissé en dessous** he slid underneath ◆ **les locataires d'en dessous** the people who rent the flat below ou downstairs ◆ **jeter un coup d'œil en dessous à qn, regarder qn en dessous** to give sb a shifty look ◆ **faire qch en dessous** to do sth in an underhand ou underhanded (US) manner ◆ **il est très en dessous de la moyenne** he's well below (the) average

**2** nm **a** [objet] bottom, underside; [pied] sole; [avion, voiture, animal] underside; [tissu] wrong side; [tapis] back ◆ **le dessous de la table est poussiéreux** the table is dusty underneath ◆ **avoir le dessous** to get the worst of it, come off worst

◆ **du dessous** feuille, drap bottom ◆ **les voisins du dessous** the downstairs neighbours, the people below (us ou them etc), the people downstairs (from us ou them etc) ◆ **à l'étage du dessous** on the floor below ◆ **les fruits du dessous sont moisis** the fruit at the bottom ou the fruit underneath is mouldy

**b** (= côté secret) **le dessous de l'affaire** ou **l'histoire** the hidden side of the affair ◆ **les dessous de la politique** the unseen ou hidden side of politics ◆ **connaître le dessous des cartes** to have inside information

**c** (Habillement) undergarment ◆ **les dessous** underwear, undies *

**3** COMP ▷ **dessous de caisse** (Aut) underbody ▷ **dessous de robe** slip, petticoat ▷ **dessous de verre** coaster

**dessous-de-bouteille** [d(ə)sud(ə)butɛj] nm inv bottle mat

**dessous-de-bras** [d(ə)sud(ə)bʀɑ] nm inv dress shield

**dessous-de-plat** [d(ə)sud(ə)pla] nm inv table mat *(for hot serving dishes)*, hot pad (US)

**dessous-de-table** [d(ə)sud(ə)tabl] nm inv bribe, under-the-counter payment, backhander *

**dessuinter** [desɥɛ̃te] ▸ conjug 1 ◂ vt [+ laine] to scour

**dessus** [d(ə)sy] GRAMMAIRE ACTIVE 16.4 → SYN

**1** adv (= sur) placer, poser, monter on top (of it); coller, écrire, fixer on it; passer, lancer over it; (= plus haut) above ◆ **mettez votre valise dessus** put your suitcase on top (of it) ◆ **regardez ces dossiers, la liste doit être dessus** have a look at those files – the list must be on top (of them) ◆ **il n'y a pas de timbre dessus** there's no stamp on it ◆ **c'est écrit dessus** it's written on it ◆ **montez dessus** [+ tabouret, échelle] get up on it ◆ **passez (par) dessus** go over it ◆ **il a sauté par dessus** he jumped over it ◆ **ôter qch de dessus la table** to take sth (from) off the table ◆ **il n'a même pas levé la tête de dessus son livre** he didn't even look up from his book, he didn't even take his eyes off his book ◆ **il lui a tapé/tiré dessus** he hit him/shot at him ◆ **il nous sont arrivés** ou **tombés dessus à l'improviste** they dropped in on us unexpectedly

◆ **au-dessus** above; (= à l'étage supérieur) upstairs; (= posé sur) on top; (= plus cher) over, above ◆ **pour le confort, il n'y a rien au-dessus** there's nothing to beat it for comfort

◆ **au-dessus de** (= plus haut que, plus au nord que) above; (= sur) on top of; [+ prix, limite] over, above; [+ possibilités] beyond ◆ **la valise est au-dessus de l'armoire** the suitcase is on top of the wardrobe ◆ **les enfants au-dessus de 7 ans paient** children over 7 pay, the over-sevens pay ◆ **20° au-dessus de zéro** 20° above zero ◆ **il n'y a pas d'articles au-dessus de 25 €** there are no items over €25 ◆ **c'est au-dessus de ce que je peux mettre** (prix) it's beyond my means, it's more than I can afford ◆ **cette tâche est au-dessus de ses capacités** this task is beyond his capabilities ◆ **c'est au-dessus de mes forces** it's too much for me ◆ **il ne voit rien au-dessus de son fils** he thinks no one can hold a candle to his son ◆ **il est au-dessus de ces petites mesquineries** he's above this kind of pettiness ◆ **être au-dessus de tout soupçon/reproche** to be above suspicion/beyond reproach

**2** nm **a** [objet, pied, tête] top; [tissu] right side ◆ **le dessus de la table est en marbre** the table-top ou the top of the table is marble ◆ **le dessus du panier** (= les meilleurs) the pick of the bunch; (= l'élite sociale) the upper crust

◆ **du dessus** feuille, drap top ◆ **les voisins du dessus** the upstairs neighbours, the people above (us ou them etc) ou upstairs (from us ou them etc) ◆ **à l'étage du dessus** on the floor above ◆ **les fraises du dessus sont plus belles** the strawberries on top are nicer ◆ **elle portait deux pulls, celui du dessus était bleu** she was wearing two jumpers and the top one was blue

**b** (LOC) **avoir/prendre le dessus** to have/get the upper hand ◆ **reprendre le dessus** to get over it ◆ **il a été très malade/déprimé mais il a repris le dessus rapidement** he was very ill/depressed but he soon got over it

**3** COMP ▷ **dessus de cheminée** (= tablette) mantlepiece; (= bibelots) mantlepiece ornaments ▷ **dessus de table** table runner

**dessus-de-lit** [d(ə)syd(ə)li] nm inv bedspread

**dessus-de-plat** [d(ə)syd(ə)pla] nm inv dish cover

**dessus-de-porte** [d(ə)syd(ə)pɔʀt] nm inv overdoor

**DEST** [deəɛste] nm (abrév de **diplôme d'études supérieures techniques**) → **diplôme**

**déstabilisant, e** [destabilizɑ̃, ɑ̃t], **déstabilisateur, -trice** [destabilizatœʀ, tʀis] adj influence, événement destabilizing

**déstabilisation** [destabilizasjɔ̃] → SYN nf destabilization

**déstabiliser** [destabilize] ▸ conjug 1 ◂ vt to destabilize

**déstalinisation** [destalinizasjɔ̃] nf destalinization

**déstaliniser** [destalinize] ▸ conjug 1 ◂ vt to destalinize

**destin** [dɛstɛ̃] → SYN nm (= fatalité, sort) fate; (= existence, avenir, vocation) destiny ◆ **le destin contraire** ill-fortune ◆ **elle connut un destin tragique** she met with a tragic end ◆ **c'est le destin !** it was meant to be!

**destinataire** [dɛstinatɛʀ] → SYN nmf [lettre] addressee; [marchandise] consignee; [mandat] payee; (Ling) person addressed ◆ **remettre une lettre à son destinataire** to hand a letter to the person it is addressed to

**destinateur** [dɛstinatœʀ] → SYN nm (Ling) speaker

**destination** [dɛstinasjɔ̃] → SYN nf **a** (= direction) destination ◆ **à destination de** avion, train, bateau to, bound for; voyageur travelling to; lettre sent to ◆ **arriver à destination** to reach one's ou its destination, arrive (at one's ou its destination) ◆ **train/vol 702 à destination de Paris** train number 702/flight (number) 702 to ou for Paris ◆ **partir pour une destination inconnue/lointaine** to leave for an unknown/a faraway destination

**b** (= usage) [appareil, édifice, somme d'argent] purpose ◆ **quelle destination comptez-vous donner à cette somme/pièce ?** to what purpose do you intend to put this money/room?, what do you intend to use this money/room for? ◆ **on a rendu à ce local sa destination première** these premises have been restored to their original purpose

**destiné, e**[1] [dɛstine] (ptp de **destiner**) adj **a** (= prévu pour) **destiné à faire qch** intended ou meant to do sth ◆ **ces mesures sont destinées à freiner l'inflation** these measures are intended ou meant to curb inflation ◆ **cette pommade est destinée à guérir les brûlures** this ointment is intended for healing burns ◆ **livre destiné aux enfants** book (intended ou meant) for children ◆ **édifice destiné au culte** building intended for worship

**b** (= voué à) **destiné à qch** destined for sth ◆ **destiné à faire** destined to do ◆ **il était destiné à une brillante carrière** he was destined for a brilliant career ◆ **elle était destinée à mourir jeune** she was destined ou fated ou doomed to die young

**destinée**[2] [dɛstine] → SYN nf (= fatalité, sort) fate; (= existence, avenir, vocation) destiny ◆ **unir sa destinée à celle de qn** to unite one's destiny with sb's ◆ **promis à de hautes destinées** destined for great things

**destiner** [dɛstine] → SYN ▸ conjug 1 ◂ vt **a** (= attribuer) **destiner sa fortune à qn** to intend ou mean sb to have one's fortune, intend that sb should have one's fortune ◆ **il vous destine ce poste** he intends ou means you to have this post ◆ **destiner une allusion à qn** to intend an allusion for sb ◆ **destiner un coup à qn** to aim a blow at sb ◆ **nous destinons ce livre à tous ceux qui souffrent** this book is intended ou meant for all who are suffering, we have written this book with all those who are suffering in mind ◆ **il ne put attraper le ballon qui lui était destiné** he couldn't catch the ball thrown to him ◆ **sans deviner le sort qui lui était destiné** not knowing what fate had in store for him ◆ **cette lettre t'était/ne t'était pas destinée** this letter was/was not (meant ou intended) for you

**b** (= affecter) **destiner une somme à l'achat de qch** to intend to use a sum to buy sth, earmark a sum for sth ◆ **destiner un local à un usage précis** to intend a place to be used for a specific purpose, have a specific use in mind for a place ◆ **les fonds seront destinés à la recherche** the money will be devoted to ou used for research

**c** (= vouer) to destine ◆ **destiner qn à une fonction** to destine sb for a post ◆ **sa famille la destinait à être médecin/à un vicomte** her family wanted her to be a doctor/wanted to marry her off to a viscount ◆ **sa bravoure le destinait à mourir de mort violente** his boldness marked him out ou destined him to die a violent death ◆ **je vous destine ma fille** (littér) I intend that my daughter should marry you ◆ **il se destine à l'enseignement/à être ingénieur** he intends to go into teaching/to be an engineer, he has set his sights on teaching/being an engineer

**destituer** [dɛstitɥe] → SYN ▸ conjug 1 ◂ vt [+ ministre] to dismiss; [+ roi] to depose; [+ officier] to discharge ◆ **destituer un officier de son commandement** to relieve an officer of his command ◆ **destituer qn de ses fonctions** to relieve sb of his duties

**destitution** [dɛstitysjɔ̃] → SYN nf [ministre, fonctionnaire] dismissal; [officier] discharge; [roi] deposition

**déstockage** [destɔkaʒ] nm destocking ◆ **"déstockage massif"** (dans une vitrine) "massive clearance sale"

**déstocker** [destɔke] ▸ conjug 1 ◂ **1** vt [+ produit, or] to sell off ◆ **vêtements déstockés** end-of-line garments

**2** vi to reduce stocks, destock

**destrier** [dɛstʀije] → SYN nm (Hist) charger

**destroy*** [dɛstʀɔj] adj inv musique wild ◆ **il avait une allure complètement destroy** he looked wild and wasted

**destroyer** [dɛstʀwaje] nm (Naut) destroyer

**destructeur, -trice** [dɛstʀyktœʀ, tʀis] [→ SYN] **1** adj destructive ◆ **produits destructeurs d'ozone** products that deplete ou destroy the ozone layer, ozone-depleting ou -destroying products
**2** nm,f destroyer

**destructible** [dɛstʀyktibl] [→ SYN] adj destructible

**destructif, -ive** [dɛstʀyktif, iv] adj destructive, destroying (épith)

**destruction** [dɛstʀyksjɔ̃] [→ SYN] nf (gén) destruction (NonC); [rats, insectes] extermination (NonC) ◆ **les destructions causées par la guerre** the destruction caused by the war

**destructivité** [dɛstʀyktivite] nf (Psych) destructiveness, destructivity

**déstructuration** [destʀyktyʀasjɔ̃] nf [texte] taking apart, deconstruction ◆ **pour empêcher la déstructuration de l'esprit** (Psych) to prevent the mind from becoming destructured ◆ **la déstructuration de la société** the breakdown of social structures

**déstructurer** [destʀyktyʀe] ▸ conjug 1 ◂ **1** vt [+ société, organisation] to dismantle the structure of; [+ texte] to take apart, deconstruct ◆ **veste déstructurée** unstructured jacket ◆ **déstructurer l'emploi** to dismantle traditional job structures ◆ **des gens déstructurés par le chômage** people who have been devastated by unemployment
**2** **se déstructurer** vpr [société] to disintegrate, come apart at the seams; [esprit, personnalité] to become destructured

**désuet, -ète** [dezɥɛ, ɛt] [→ SYN] adj (gén) outdated, antiquated, outmoded; charme old-fashioned, quaint; vêtement old-fashioned; mode outdated

**désuétude** [desɥetyd] [→ SYN] nf disuse, obsolescence, desuetude (littér) ◆ **tomber en désuétude** [loi] to fall into abeyance; [expression, coutume] to become obsolete, fall into disuse

**désulfiter** [desylfite] ▸ conjug 1 ◂ vt [+ moût, vin] to remove the sulphuric anhydride from

**désulfurer** [desylfyʀe] ▸ conjug 1 ◂ vt to desulphurize

**désuni, e** [dezyni] (ptp de **désunir**) adj couple, famille divided, disunited; mouvements uncoordinated; coureur, cheval off his stride (attrib) ◆ **l'équipe était un peu désunie** (Sport) the team wasn't really working together

**désunion** [dezynjɔ̃] [→ SYN] nf [couple, parti] disunity, dissension (*de* in)

**désunir** [dezyniʀ] [→ SYN] ▸ conjug 2 ◂ **1** vt [+ famille, couple] to divide, disunite, break up; [+ pierres, planches] to separate
**2** **se désunir** vpr [athlète] to lose one's stride; [cheval] to lose its stride; [équipe] to lose its coordination

**désurchauffe** [desyʀʃof] nf desuperheating

**désurchauffer** [desyʀʃofe] ▸ conjug 1 ◂ vt to desuperheat

**désynchronisation** [desɛ̃kʀɔnizasjɔ̃] nf de-synchronization

**désynchroniser** [desɛ̃kʀɔnize] ▸ conjug 1 ◂ vt to de-synchronize

**désyndicalisation** [desɛ̃dikalizasjɔ̃] nf decrease in (trade) union membership

**détachable** [detaʃabl] adj detachable

**détachage** [detaʃaʒ] nm (= nettoyage) stain removal

**détachant** [detaʃɑ̃] **1** adj stain-removing (épith)
**2** nm stain remover

**détaché, e** [detaʃe] [→ SYN] (ptp de **détacher**) adj
**a** (= indifférent) detached ◆ **"peut-être", dit-il d'un ton détaché** "maybe", he said with detachment ◆ **elle prit un air détaché** she assumed an indifferent air
**b** (Admin) fonctionnaire on temporary assignment (*auprès de* to), on secondment (Brit) (*auprès de* to)
**c** (Mus) detached; → **pièce**

**détachement** [detaʃmɑ̃] [→ SYN] nm **a** (= indifférence) detachment (*envers, à l'égard de* from) ◆ **regarder/dire qch avec détachement** to look at/say sth with (an air of) detachment ◆ **le détachement qu'il montrait pour les biens matériels** the disregard he showed for material goods
**b** (Mil) detachment
**c** [fonctionnaire] temporary assignment, secondment (Brit) ◆ **être en détachement** to be on a temporary assignment ou on secondment ◆ **en détachement à l'ambassade de France** on a temporary assignment at ou on secondment to the French embassy

**détacher**[1] [detaʃe] [→ SYN] ▸ conjug 1 ◂ **1** vt **a** (= délier) [+ chien, cheval] to untie, let loose; [+ prisonnier] to untie, unbind; [+ paquet, objet] to undo, untie; [+ wagon, remorque] to take off, detach ◆ **détacher un wagon d'un convoi** to detach a carriage (Brit) ou car (US) from a train ◆ **il détacha la barque/le prisonnier de l'arbre** he untied the boat/the prisoner from the tree
**b** (= dénouer) [+ vêtement, ceinture] to undo, unfasten; [+ lacet, nœud] to undo, untie; [+ chaussure, chaîne] to unfasten, undo ◆ **il détacha la corde du poteau** he untied ou removed the rope from the post
**c** (= ôter) [+ peau, écorce] to remove (*de* from), take off; [+ papier collé] to remove, unstick (*de* from); [+ rideau, tableau] to take down (*de* from); [+ épingle] to take out (*de* of), remove; [+ reçu, bon] to tear out (*de* of), detach (*de* from) ◆ **l'humidité avait détaché le papier** the paper had come unstuck because of the damp ◆ **détacher des feuilles d'un bloc** to tear ou take some sheets out of a pad, detach some sheets from a pad ◆ **détacher un morceau de plâtre du mur** to remove a piece of plaster from the wall, take a piece of plaster from ou off the wall ◆ **il détacha une pomme de l'arbre** he took an apple from the tree, he picked an apple off the tree ◆ **détachez bien les bras du corps** keep your arms well away from your body ◆ **il ne pouvait détacher son regard du spectacle** he could not take his eyes off the sight ◆ **"partie à détacher"** (sur un coupon) "tear off (this section)" ◆ **"détacher suivant le pointillé"** "tear off along the dotted line"
**d** (= envoyer) [+ personne] to send, dispatch; (Admin = affecter : à un ministère, une organisation) to assign temporarily, second (Brit) (*à* to) ◆ **il a été détaché auprès du Premier ministre** he was temporarily assigned ou he was seconded (Brit) to work with the Prime Minister
**e** (= mettre en relief) [+ lettres] to separate; [+ syllabes, mots] to articulate, separate; (Peinture) [+ silhouette, contour] to bring out, make stand out; (Mus) [+ notes] to detach
**f** (= éloigner) **détacher qn de qch/qn** to turn sb away from sth/sb ◆ **son cynisme a détaché de lui tous ses amis** his cynicism has turned his friends away from him
**2** **se détacher** vpr **a** (= se délier) [chien] to free itself, get loose (*de* from); [prisonnier] to free o.s., get loose (*de* from); [paquet] to come undone ou untied; [barque] to come untied, loose itself (*de* from); [wagon] to come off, detach itself (*de* from) ◆ **la boule s'était détachée de l'arbre de Noël** the bobble had fallen off the Christmas tree
**b** (= se dénouer) [ceinture, chaussure] to come undone ou unfastened; [lacet, ficelle] to come undone ou untied
**c** (= se séparer) [fruit, ficelle] to come off; [page] to come loose, come out; [peau, écorce] to come off; [papier collé] to come unstuck, come off; [épingle] to come out, fall out; [rideau] to come down ◆ **le papier s'était détaché à cause de l'humidité** the paper had come unstuck because of the damp ◆ **un bloc de pierre se détacha du rocher** a block of stone broke away from ou detached itself from the rock ◆ **l'écorce se détachait de l'arbre** the bark was coming off the tree ou was coming away from the tree ◆ **la capsule spatiale s'est détachée de la fusée** the space capsule has separated from ou come away from the rocket
**d** (Sport) [coureur] to pull ou break away (*de* from) ◆ **un petit groupe se détacha du reste des manifestants** a small group broke away from ou detached itself from the rest of the demonstrators
**e** (= ressortir) to stand out ◆ **la forêt se détache sur le ciel clair** the forest stands out against the clear sky
**f** **se détacher de** (= renoncer à) to turn one's back on, renounce; (= se désintéresser de) to grow away from ◆ **se détacher des plaisirs de la vie** to turn one's back on ou renounce the pleasures of life ◆ **ils se sont détachés l'un de l'autre** they have grown apart

**détacher**[2] [detaʃe] [→ SYN] ▸ conjug 1 ◂ vt to remove the stains from, clean ◆ **donner une robe à détacher** to take a dress to be cleaned ou to the cleaner's ◆ **détacher au savon/à la benzine** to clean with soap/benzine

**détail** [detaj] [→ SYN] nm **a** (= particularité) detail ◆ **dans les (moindres) détails** in (minute) detail ◆ **se perdre dans les détails** to lose o.s. in details ◆ **entrer dans les détails** to go into detail(s) ou particulars ◆ **je n'ai pas remarqué ce détail** I didn't notice that detail ou point ◆ **c'est un détail !** that's just a minor detail!; → **revue**
**b** (= description précise) [facture, compte] breakdown ◆ **examiner le détail d'un compte** to examine a breakdown of ou the particulars of an account ◆ **pourriez-vous nous faire le détail de la facture/de ce que l'on vous doit ?** could you give us a breakdown of the invoice/of what we owe you? ◆ **il nous a fait le détail de ses aventures** he gave us a detailed account ou a rundown* of his adventures ◆ **en détail, dans le détail** in detail ◆ **il ne fait pas de** ou **le détail !*** he doesn't make any exceptions!, he doesn't discriminate!
**c** (Comm) retail ◆ **commerce/magasin/prix de détail** retail business/shop ou store/price ◆ **vendre au détail** [+ marchandise, vin] to (sell) retail; [+ articles, couverts] to sell separately ◆ **il fait le gros et le détail** he deals in wholesale and retail

**détaillant, e** [detajɑ̃, ɑ̃t] [→ SYN] nm,f retailer, retail dealer

**détaillé, e** [detaje] [→ SYN] (ptp de **détailler**) adj récit, plan, explications detailed; facture itemized

**détailler** [detaje] [→ SYN] ▸ conjug 1 ◂ vt **a** (Comm) [+ articles] to sell separately; [+ marchandise] to (sell) retail ◆ **nous détaillons les services de table** we sell dinner services in separate pieces ◆ **est-ce que vous détaillez cette pièce de tissu ?** do you sell lengths of this piece of material?
**b** (= passer en revue) [+ plan] to detail, explain in detail; [+ facture] to itemize; [+ récit] to tell in detail; [+ incidents, raisons] to detail, give details of ◆ **il m'a détaillé (de la tête aux pieds)** he examined me ou looked me over (from head to foot)

**détaler** [detale] [→ SYN] ▸ conjug 1 ◂ vi [lapin] to bolt; * [personne] to take off*, clear off* ◆ **il a détalé comme un lapin** he bolted*, he skedaddled*

**détartrage** [detaʀtʀaʒ] nm [dents] scaling; [chaudière] descaling; [lave-vaisselle, WC] removal of limescale from ◆ **se faire faire un détartrage** to have one's teeth scaled (and polished)

**détartrant** [detaʀtʀɑ̃] **1** adj descaling
**2** nm descaling agent

**détartrer** [detaʀtʀe] ▸ conjug 1 ◂ vt [+ dents] to scale (and polish); [+ chaudière] to descale; [+ lave-vaisselle, WC] to remove limescale from

**détaxation** [detaksasjɔ̃] nf (= réduction) reduction in tax; (= suppression) removal of tax (*de* from)

**détaxe** [detaks] [→ SYN] nf (= réduction) reduction in tax; (= suppression) removal of tax (*de* from); (= remboursement) tax refund ◆ **détaxe à l'exportation** duty-free for export ◆ **marchandises en détaxe** duty-free ou tax-free goods

**détaxer** [detakse] [→ SYN] ▸ conjug 1 ◂ vt (= réduire) to reduce the tax on; (= supprimer) to remove the tax on, take the tax off ◆ **produits détaxés** duty-free ou tax-free goods

**détectable** [detɛktabl] adj detectable, detectible

**détecter** [detɛkte] [→ SYN] ▸ conjug 1 ◂ vt to detect

**détecteur, -trice** [detɛktœʀ, tʀis] **1** adj dispositif detecting (épith), detector (épith); lampe, organe detector (épith)
**2** nm detector ◆ **détecteur d'approche** intrusion-detection device ◆ **détecteur de**

**faux billets** forged banknote detector ◆ **détecteur de fumée/de métaux** metal/smoke detector ◆ **détecteur de mensonges** polygraph, lie detector ◆ **détecteur de mines/particules** mine/particle detector

**détection** [detɛksjɔ̃] nf detection ◆ **détection sous-marine/électromagnétique** underwater/electromagnetic detection

**détective** [detɛktiv] → SYN nm ◆ **détective (privé)** private detective ou investigator, private eye *

**déteindre** [detɛ̃dʀ] → SYN ▸ conjug 52 ◂ 1 vt [personne, produit] to take the colour out of; [soleil] to fade, take the colour out of
2 vi (au lavage) [étoffe] to run, lose its colour; [couleur] to run, come out; (par l'humidité) [couleur] to come off; (au soleil) [étoffe] to fade, lose its colour; [couleur] to fade ◆ **déteindre sur** [couleur] to run into; (= influencer) [trait de caractère] to rub off on ◆ **elle a déteint sur sa fille** something of her character rubbed off on her daughter ◆ **le pantalon a déteint sur la chemise** some of the colour has come out of the trousers onto the shirt

**dételer** [det(ə)le] → SYN ▸ conjug 4 ◂ 1 vt [+ bœufs] to unyoke; [+ chevaux] to unharness; [+ voiture] to unhitch; [+ wagon] to uncouple, unhitch
2 vi (* = arrêter de travailler) to knock off * ◆ **sans dételer** travailler, faire qch without a break, non-stop

**détendeur** [detɑ̃dœʀ] nm [bouteille de gaz, installation frigorifique] regulator

**détendre** [detɑ̃dʀ] → SYN ▸ conjug 41 ◂ 1 vt [+ ressort] to release; [+ corde] to slacken, loosen; (Phys) [+ gaz] to release the pressure of; [+ corps, esprit] to relax ◆ **détendre ses jambes** to unbend one's legs ◆ **je vais me détendre les jambes** I'm going to stretch my legs ◆ **ces vacances m'ont détendu** this holiday has made me more relaxed ◆ **pour détendre un peu ses nerfs** to calm ou soothe his nerves a little ◆ **pour détendre la situation/les relations** to relieve ou ease the situation/the tension in relations ◆ **il n'arrivait pas à détendre l'atmosphère** he couldn't ease the strained ou tense atmosphere ◆ **détendre le climat social** to defuse social unrest
2 **se détendre** vpr a [ressort] to lose its tension; [corde] to become slack, slacken; (Phys) [gaz] to be reduced in pressure
b [visage, esprit, corps] to relax; [nerfs] to calm down; [atmosphère] to become less tense ◆ **aller à la campagne pour se détendre** to go to the country to relax ou to unwind ◆ **détendez-vous !** relax! ◆ **la situation internationale s'est détendue** the international situation has grown less tense ou has relaxed ◆ **pour que leurs rapports se détendent** to make their relations less strained, to ease the tension in their relations

**détendu, e** [detɑ̃dy] → SYN (ptp de **détendre**) adj personne, visage, atmosphère relaxed; câble slack; ressort unextended

**détenir** [det(ə)niʀ] → SYN ▸ conjug 22 ◂ vt a [+ record, grade, titres] to hold; [+ secret, objets volés] to hold, be in possession of, have in one's possession; [+ moyen] to have (in one's possession) ◆ **détenir le pouvoir** to be in power, have ou hold the power ◆ **il détient la clé de l'énigme** he holds the key to the enigma ◆ **il détient 25% du capital de l'entreprise** he holds 25% of the company's capital
b [+ prisonnier] to detain; [+ otage] to hold ◆ **il a été détenu dans un camp** he was held prisoner in a camp

**détente** [detɑ̃t] → SYN nf a (= délassement) relaxation ◆ **avoir besoin de détente** to need to relax ou unwind ◆ **ce voyage a été une (bonne) détente** this trip has been (very) relaxing
b (= décrispation) [relations] easing (*dans* of) ◆ **la détente** (Pol) détente
c (= élan) [sauteur] spring; [lanceur] thrust ◆ **ce sauteur a de la détente** ou **une bonne détente** this jumper has plenty of spring ou a powerful spring ◆ **d'une détente rapide, il bondit sur sa victime** with a swift bound he leaped upon his victim
d (= relâchement) [ressort, arc] release; [corde] slackening, loosening
e (lit, fig = gâchette) trigger; → **dur**
f (Tech) [pendule] catch; [gaz] reduction in pressure; [moteur à explosion] expansion

**détenteur, -trice** [detɑ̃tœʀ, tʀis] nm,f [secret] holder, keeper; [record, titres, objet volé] holder

**détention** [detɑ̃sjɔ̃] → SYN nf a (= possession) [armes, drogue, faux passeport] possession; [titres] holding; (Jur) [bien] holding
b (= captivité) detention ◆ **en détention préventive** ou **provisoire** remanded in custody, on remand ◆ **mettre** ou **placer qn en détention préventive** to remand in custody, put on remand

**détenu, e** [det(ə)ny] → SYN (ptp de **détenir**) nm,f prisoner ◆ **détenu politique/de droit commun** political/ordinary prisoner ◆ **jeune détenu** young offender *(in prison)*

**détergence** [detɛʀʒɑ̃s] nf detergency, detergence

**détergent, e** [detɛʀʒɑ̃, ɑ̃t] adj, nm detergent

**déterger** [detɛʀʒe] ▸ conjug 3 ◂ vt to clean (with a detergent)

**détérioration** [deteʀjɔʀasjɔ̃] → SYN nf [objet] damaging (*de* of), damage (*de* to); [matériel, bâtiment, santé, temps] deterioration (*de* in); [relations, situation] deterioration (*de* in), worsening (*de* in) ◆ **la détérioration irréversible des muscles** the progressive wasting of the muscles ◆ **la détérioration du niveau de vie** the deterioration ou decline in living standards ◆ **la détérioration du climat économique** the deterioration in the economic climate

**détériorer** [deteʀjɔʀe] → SYN ▸ conjug 1 ◂ 1 vt [+ objet] to damage, spoil; [+ santé, bâtiment, relations] to damage
2 **se détériorer** vpr [matériel, bâtiment, santé, temps] to deteriorate; [relations, situation, climat économique] to deteriorate, worsen

**déterminable** [detɛʀminabl] adj determinable

**déterminant, e** [detɛʀminɑ̃, ɑ̃t] 1 adj (= décisif) determining (épith), deciding (épith) ◆ **ça a été déterminant** that was the deciding ou determining factor (*dans* in)
2 nm (Ling) determiner; (Math, Bio) determinant

**déterminatif, -ive** [detɛʀminatif, iv] 1 adj determinative; proposition defining (épith)
2 nm determiner, determinative

**détermination** [detɛʀminasjɔ̃] → SYN nf a [cause, sens] determining, establishing; [date, quantité] determining, fixing
b (= résolution) decision, resolution
c (= fermeté) determination ◆ **il le regarda avec détermination** he looked at him determinedly ou with (an air of) determination
d (Philos) determination

**déterminé, e** [detɛʀmine] GRAMMAIRE ACTIVE 8.2 → SYN (ptp de **déterminer**) 1 adj a personne, air determined, resolute
b (= précis) but, intentions specific, definite; (= spécifique) quantité, distance, date determined, given (épith)
c (Philos) phénomènes predetermined
2 nm (Gram) determinatum

**déterminer** [detɛʀmine] → SYN ▸ conjug 1 ◂ vt a (= préciser) [+ cause, distance, sens d'un mot] to determine, establish; [+ date, lieu, quantité] to determine, fix ◆ **déterminer par des calculs où une météorite va tomber** to calculate ou work out where a meteorite will fall
b (= décider) to decide, determine ◆ **déterminer qn à faire qch** to decide ou determine sb to do sth ◆ **ils se sont déterminés à agir** they have made up their minds ou resolved to act
c (= motiver) [+ chose] to determine ◆ **c'est ce qui a déterminé mon choix** that's what decided me ◆ **ceci a déterminé d'importants retards** this brought about ou caused long delays
d (Gram) to determine

**déterminisme** [detɛʀminism] → SYN nm determinism

**déterministe** [detɛʀminist] 1 adj determinis-t(ic)
2 nmf determinist

**déterré, e** [deteʀe] (ptp de **déterrer**) nm,f (péj) ◆ **avoir une tête** ou **une mine de déterré** to look deathly pale ou like death warmed up * (Brit) ou warmed over * (US)

**déterrement** [detɛʀmɑ̃] nm [objet enfoui] digging up, unearthing; [arbre] uprooting, digging up; [mort] digging up, disinterring

**déterrer** [deteʀe] → SYN ▸ conjug 1 ◂ vt [+ objet enfoui] to dig up, unearth; [+ arbre] to uproot, dig up; [+ mort] to dig up, disinter; * [+ vieil objet, bouquin] to dig out *, unearth

**détersif, -ive** [detɛʀsif, iv] adj, nm detergent, detersive

**détersion** [detɛʀsjɔ̃] nf cleaning

**détestable** [detɛstabl] → SYN adj personne detestable; attitude appalling, dreadful; habitude, caractère foul ◆ **leur image de marque est détestable** their public image is appalling ◆ **cela a fait une impression détestable** it made a dreadful impression

**détestablement** [detɛstabləmɑ̃] adv jouer, chanter appallingly ou dreadfully badly

**détestation** [detɛstasjɔ̃] nf (littér) (= haine) abhorrence ◆ **avoir de la détestation pour qn/qch** to abhor sb/sth

**détester** [detɛste] GRAMMAIRE ACTIVE 7.3 → SYN ▸ conjug 1 ◂ vt to hate, detest ◆ **il déteste la peinture/les enfants/le fromage** he hates ou detests painting/children/cheese ◆ **elle déteste attendre** she hates ou detests ou can't bear having to wait ◆ **il déteste qu'on range son bureau/qu'on l'appelle Michou** he hates other people tidying his desk/being called Michou ◆ **il ne déteste pas le chocolat** he is not averse to chocolate ◆ **il ne déteste pas (de) faire parler de lui** he's not averse to having people talk about him

**déthéiné, e** [deteine] adj decaffeinated

**détonant, e** [detɔnɑ̃, ɑ̃t] adj ◆ **cocktail** ou **mélange détonant** (lit, fig) explosive mixture

**détonateur** [detɔnatœʀ] nm (Tech) detonator ◆ **être le détonateur de** (fig) to trigger off

**détonation** [detɔnasjɔ̃] → SYN nf [bombe, obus] detonation, explosion; [fusil] report, bang

**détoner** [detɔne] → SYN ▸ conjug 1 ◂ vi to detonate, explode

**détonner** [detɔne] → SYN ▸ conjug 1 ◂ vi a [couleurs] to clash (with each other); [meuble, bâtiment, personne] to be out of place ◆ **ses manières vulgaires détonnent dans ce milieu raffiné** his vulgar manners are out of place in this refined milieu
b (Mus) (= sortir du ton) to go out of tune; (= chanter faux) to sing out of tune

**détordre** [detɔʀdʀ] → SYN ▸ conjug 41 ◂ vt to untwist ◆ **le câble s'est détordu** the cable came untwisted

**détors, e** [detɔʀ, ɔʀs] adj untwisted, unwound

**détortiller** [detɔʀtije] ▸ conjug 1 ◂ vt to untwist

**détour** [detuʀ] → SYN nm a (= sinuosité) bend, curve ◆ **la rivière fait des détours** the river meanders ◆ **ce sentier est plein de détours** this path is full of twists and turns, it's a very winding path ◆ **au détour du chemin** at the bend in the path ◆ **on devine au détour d'une phrase ...** you begin to guess as you are reading ...
b (= déviation) detour ◆ **au détour de la conversation** in the course of the conversation ◆ **faire un détour** to make a detour (*par* via) ◆ **le musée valait le détour** the museum was worth the detour ou was worth seeing; → **tour**[2]
c (= moyen indirect) roundabout means; (= circonlocution) circumlocution ◆ **explique-toi sans détour(s)** just say straight out what you mean ◆ **user de longs détours** ou **prendre beaucoup de détours pour demander qch** to ask for sth in a very roundabout way ◆ **il ne s'embarrasse pas de détours pour arriver à ses fins** he doesn't shilly-shally when it comes to getting what he wants

**détourné, e** [detuʀne] → SYN (ptp de **détourner**) adj chemin roundabout (épith); moyen roundabout (épith), indirect; reproche indirect, oblique ◆ **je l'ai appris de façon détournée** I heard it in a roundabout way ou indirectly

**détournement** [detuʀnəmɑ̃] → SYN nm [rivière] diversion, rerouting ◆ **détournement d'avion** hijacking, skyjacking * ◆ **détournement de fonds** embezzlement, misappropriation of funds ◆ **détournement de mineur** corruption of a minor ◆ **détournement de pouvoir** abuse of power

**détourner** [detuʀne] → SYN ▸ conjug 1 ◂ **1** vt **a** (= dévier) [+ route, ruisseau, circulation, convoi] to divert, reroute; [+ bus] [pirate] to hijack; [+ avion] [pirate de l'air] to hijack, skyjack *; [+ soupçon] to divert (*sur* on to); [+ coup] to parry, ward off; (Sport) [+ ballon, tir au but] to deflect ◆ **détourner l'attention de qn** to divert ou distract sb's attention ◆ **détourner la conversation** to change the subject ◆ **pour détourner leur colère** to ward off ou avert their anger

**b** (= tourner d'un autre côté) to turn away ◆ **détourner les yeux** ou **le regard** to look away, avert one's gaze ◆ **détourner la tête** to turn one's head away

**c** (= écarter) to divert ◆ **détourner qn de sa route** ou **de son chemin** to divert sb, take sb out of his way ◆ **si ça ne te détourne pas (de ton chemin) ...** (à un conducteur) if it's not out of your way ... ◆ **détourner qn d'un projet/de faire qch** to dissuade sb from a plan/from doing sth, put sb off a plan/off doing sth ◆ **détourner qn de qn** to put sb off sb, turn sb away from sb ◆ **détourner qn du droit chemin** to lead sb astray, lead sb off the straight and narrow ◆ **détourner qn de son devoir** to lead sb away ou divert sb from his duty ◆ **pour le détourner de ses soucis** to divert him from his worries, to take his mind off his worries

**d** (= modifier l'objectif de) [+ loi, réglementation] to twist ◆ **elle a détourné le sens de mes paroles** she twisted my words ◆ **il a su détourner le système à son profit** he managed to work the system to his advantage ◆ **détourner un médicament de son usage normal** to use a drug for something it wasn't meant for

**e** (= voler) [+ fonds] to embezzle, misappropriate; [+ marchandises] to misappropriate

**2** **se détourner** vpr to turn away (*de* from) ◆ **se détourner de sa route** (pour aller ailleurs) to make a detour ou diversion; (par erreur) to go off the right road ◆ **il s'est détourné de tous ses amis** he has turned away ou aside from all his friends ◆ **le public s'est détourné de ce produit** the public have turned their backs on ou spurned this product

**détoxication** [detɔksikasjɔ̃] nf detoxication, detoxification

**détoxiquer** [detɔksike] ▸ conjug 1 ◂ vt to detoxicate, detoxify

**détracteur, -trice** [detʀaktœʀ, tʀis] → SYN **1** adj disparaging
**2** nm,f detractor

**détraqué, e** [detʀake] → SYN (ptp de **détraquer**) adj machine broken down; * personne unhinged, cracked *; temps unsettled; nerfs, santé shaky; imagination unbalanced ◆ **cette horloge est détraquée** this clock is on the blink * ou is bust * ◆ **il a l'estomac détraqué** he's got an upset stomach ◆ **avoir le cerveau détraqué** * to be unhinged ou cracked *, have a screw loose ⁑ ◆ **c'est un détraqué** * he's a headcase ⁑, he's off his head ⁑ ◆ **c'est un détraqué sexuel** he's a pervert

**détraquement** [detʀakmɑ̃] nm [machine] breakdown; [santé, nerfs] shakiness; [économie] shakiness, instability ◆ **à cause du détraquement du temps** because of the unsettled weather

**détraquer** [detʀake] → SYN ▸ conjug 1 ◂ **1** vt [+ machine] to put out of order; [+ personne] (physiquement) to put out of sorts; [+ estomac] * to upset; [+ nerfs] * to shake up, upset ◆ **ces orages ont détraqué le temps** these storms have unsettled the weather ◆ **ce drame lui a détraqué le cerveau** * ou **l'a détraqué** * this tragedy unhinged him ou sent him out of his mind *

**2** **se détraquer** vpr [machine] to go wrong, break down; [estomac] to be upset; [économie] to become unstable ◆ **le temps se détraque** * the weather is becoming unsettled ◆ **tout, dans sa vie, s'est soudain détraqué** suddenly everything started going wrong for him

**détrempe¹** [detʀɑ̃p] nf (Peinture) (= substance) (gén) distemper; (à base d'œuf) tempera; (= tableau) distemper ou tempera painting ◆ **peindre en** ou **à la détrempe** to paint in tempera ou distemper

**détrempe²** [detʀɑ̃p] nf (Tech) [acier] softening

**détremper¹** [detʀɑ̃pe] ▸ conjug 1 ◂ vt (= délayer) [+ terre, pain] to soak; [+ couleurs] to dilute, water down; [+ chaux] to mix with water, slake; [+ mortier] to mix with water, temper ◆ **chemins détrempés** sodden ou waterlogged paths ◆ **ma chemise est détrempée** my shirt is soaking (wet) ou soaked

**détremper²** [detʀɑ̃pe] ▸ conjug 1 ◂ vt (Tech) [+ acier] to soften

**détresse** [detʀɛs] → SYN nf **a** (= sentiment) distress ◆ **son cœur en détresse** his anguished heart

**b** (= situation) distress ◆ **être dans la détresse** to be in distress ◆ **bateau/avion en détresse** boat/plane in distress ◆ **entreprise en détresse** business in dire straits ◆ **envoyer un appel/un signal de détresse** to send out a distress call/signal; → **feu¹**

**détriment** [detʀimɑ̃] → SYN **au détriment de** loc prép to the detriment of

**détritique** [detʀitik] adj roche detrital

**détritivore** [detʀitivɔʀ] adj bactérie, insecte detritivorous

**détritus** [detʀity(s)] → SYN nmpl litter (NonC), rubbish (NonC) (Brit); (Méd) detritus (NonC)

**détroit** [detʀwa] → SYN nm (Géog) strait ◆ **le détroit de Gibraltar/du Bosphore** the Strait of Gibraltar/of the Bosphorus ◆ **le détroit de Magellan** the Magellan Strait

**détromper** [detʀɔ̃pe] → SYN ▸ conjug 1 ◂ **1** vt [+ personne] to disabuse (*de* of) ◆ **je croyais à cette histoire mais son frère m'a détrompé** I believed that story but his brother put me right

**2** **se détromper** vpr ◆ **détrompez-vous, il n'est pas venu** you're quite mistaken, he didn't come ◆ **si tu crois que je vais accepter, détrompe-toi !** if you think I'm going to accept, you've got another think coming * ou you'll have to think again!

**détrôner** [detʀone] → SYN ▸ conjug 1 ◂ vt [+ souverain] to dethrone, depose; (= supplanter) [+ champion] to oust, dethrone; [+ mode, produit] to supplant

**détroquer** [detʀɔke] ▸ conjug 1 ◂ vt [+ huîtres] to detach

**détrousser** [detʀuse] → SYN ▸ conjug 1 ◂ vt († ou hum) ◆ **détrousser qn** to relieve sb of his money (ou luggage etc ) (hum), rob sb

**détrousseur** [detʀusœʀ] nm († ou hum) bandit, footpad † (Brit)

**détruire** [detʀɥiʀ] → SYN ▸ conjug 38 ◂ vt **a** (= ravager) to destroy ◆ **un incendie a détruit l'hôtel** the hotel was burnt (Brit) ou burned (US) down, the hotel was destroyed by fire ◆ **la ville a été complètement détruite** the town was wiped out ou razed to the ground ou completely destroyed ◆ **cet enfant détruit tout** this child wrecks ou ruins everything ou smashes everything up ◆ **la tempête a détruit les récoltes** the storm has ruined the crops

**b** (= tuer) [+ armée] to wipe out; [+ animaux, insectes] to destroy, exterminate ◆ **il a essayé de se détruire** he tried to do away with himself

**c** (= ruiner) [+ empire] to destroy; [+ santé, réputation] to ruin, wreck; [+ sentiment] to destroy, kill; [+ espoir, théorie, projet] to ruin, wreck, put paid to (Brit) ◆ **les effets se détruisent** the effects cancel each other out ◆ **cela détruit tous ses beaux arguments** that destroys ou puts paid to (Brit) all his fine arguments

**dette** [dɛt] → SYN nf **a** (Fin) debt ◆ **avoir des dettes** to be in debt, have debts ◆ **faire des dettes** to get into debt, run up debts ◆ **avoir 2 000 € de dettes** to be €2,000 in debt, be in debt to the tune of €2,000 ◆ **dette de jeu, dette d'honneur** a gambling ou gaming debt is a debt of honour ◆ **la dette publique** ou **de l'État/extérieure** the national/foreign debt; → **reconnaissance**

**b** (morale) debt ◆ **dette d'amitié/de reconnaissance** debt of friendship/gratitude ◆ **je suis en dette envers vous** I am indebted to you ◆ **il a payé sa dette envers la société** he has paid his debt to society ◆ **j'ai une dette de reconnaissance envers vous** I am eternally grateful to you

**détumescence** [detymesɑ̃s] nf detumescence

**DEUG** [døg] nm (abrév de **diplôme d'études universitaires générales**) → **diplôme**

> **DEUG, DEUST**
>
> French students sit their **DEUG** or their **DEUST** after two years of university study. Students can leave university after the **DEUG** or **DEUST**, which may be awarded with distinction, or proceed to the "licence". The certificate obtained specifies the principal subject area studied. → DIPLÔMES

**deuil** [dœj] → SYN nm **a** (= perte) bereavement ◆ **il a eu un deuil récemment** he was recently bereaved, he recently suffered a bereavement (frm), there has recently been a death in his family

**b** (= affliction) mourning (NonC), grief ◆ **cela nous a plongés dans le deuil** it has plunged us into mourning ou grief ◆ **si nous pouvons vous réconforter dans votre deuil** if we can comfort you in your grief ou sorrow ◆ **décréter un deuil national de trois jours** to declare three days of national mourning

**c** (= vêtements) mourning (clothes) ◆ **en grand deuil** in deep mourning ◆ **être/se mettre en deuil** to be in/go into mourning ◆ **quitter le deuil** to come out of mourning ◆ **prendre/porter le deuil d'un ami** to go into/be in mourning for a friend ◆ **porter le deuil de ses espoirs/illusions** to grieve for one's lost hopes/illusions ◆ **la nature/la forêt est en deuil** (littér) nature/the forest is in mourning

**d** (= durée) mourning ◆ **le deuil du président dura un mois** the mourning for the president lasted a month

**e** (= cortège) funeral procession ◆ **conduire** ou **mener le deuil** to head the funeral procession, be (the) chief mourner

**f** **faire son deuil de qch** to kiss sth goodbye *, say goodbye to sth * ◆ **il n'arrive pas à faire le deuil de cette relation** he hasn't come to terms with the fact that they have split up ◆ **les vacances sont annulées, j'en ai fait mon deuil** the holidays have been cancelled but I'm resigned to it ou it's no use crying about it

**deus ex machina** [deusɛksmakina] nm deus ex machina

**deusio** * [døzjo] adv ⇒ **deuzio**

**DEUST** [døst] nm (abrév de **diplôme d'études universitaires scientifiques et techniques**) → **diplôme**

**deutérium** [døteʀjɔm] nm deuterium

**deutérocanonique** [døteʀokanɔnik] adj Apocryphal ◆ **les livres deutérocanoniques** the Apocrypha

**deutéron** [døteʀɔ̃] nm ⇒ **deuton**

**Deutéronome** [døteʀɔnɔm] nm Deuteronomy

**deuton** [døtɔ̃] nm deuteron

**deux** [dø] **1** adj inv **a** (= nombre) two ◆ **les deux yeux/mains** etc both eyes/hands etc ◆ **ses deux jambes** both his legs, his two legs ◆ **montrez-moi les deux** show me both (of them) ou the two of them ◆ **deux fois** twice, two times (US) ◆ **il ne peut être en deux endroits/aux deux endroits à la fois** he can't be in two places/in both places at once ◆ **je les ai vus tous (les) deux** I saw them both, I saw both of them, I saw the two of them ◆ **inflation à deux chiffres** double-figure ou two-figure inflation ◆ **des deux côtés de la rue** on both sides ou on either side of the street ◆ **tous les deux jours/mois** every other ou every second day/month, every two days/months ◆ **habiter** ou **vivre à deux** to live together ou as a couple ◆ **deux t/l** (gén) two t's/l's; (en épelant) double t/l

**b** (= quelques) a couple, a few ◆ **c'est à deux pas/à deux minutes d'ici** it's only a short distance/just a few minutes from here, it's only a stone's throw/only a couple of minutes from here ◆ **pouvez-vous attendre deux (ou trois) minutes ?** could you wait two (or three) minutes? ou a couple of minutes? ◆ **vous y serez en deux secondes** you'll be there in no time (at all) ◆ **j'ai deux mots à vous dire** I want to have a word with you

**c** (= deuxième) second ◆ **volume/acte deux** volume/act two ◆ **le deux janvier** the second of January ◆ **Jacques II** James the Second; pour autres loc voir **six**

**d** (Mus) **mesure à deux-deux/à deux-quatre/à deux-huit** two-two/two-four/two-eight time

**e** (LOC) **essayer et réussir, cela fait deux** to try is one thing but to succeed is another thing altogether, to try and to succeed are two (entirely) different things ◆ **un homme entre deux âges** a middle-aged man ◆ **pris entre deux feux** caught in the crossfire ◆ **lui et les maths, ça fait deux !** * he hasn't got a clue about maths ◆ **lui et la tendresse, ça fait deux !** * he doesn't know the meaning of tenderness ◆ **faire** ou **avoir deux poids deux mesures** to have double standards ou two sets of rules ◆ **être assis** ou **avoir le cul** *‡ **entre deux chaises** to be caught between two stools ◆ (Prov) **deux précautions valent mieux qu'une** better safe than sorry (Prov) ◆ **deux avis valent mieux qu'un** two heads are better than one (Prov) ◆ **en deux temps, trois mouvements il l'a réparé** * he repaired it in no time ou before you could say Jack Robinson * (hum) ◆ **il ne reste pas les deux pieds dans le même sabot** he doesn't just sit back and wait for things to happen

[2] nm inv (= chiffre) two ◆ **le deux** (Cartes, Dés) the two, the deuce ◆ **couper en deux** to cut in two ou in half ◆ **marcher deux par deux** ou **à deux** to walk two by two ou in pairs ou two abreast ◆ **à nous deux** (= parlons sérieusement) let's talk; (= je m'occupe de vous) I'm all yours; (à un ennemi) now let's fight it out!; (à un appareil à réparer) now let's see what we can do with you, now let's get you fixed ◆ **quand il y en a pour deux, il y en a pour trois** there's always enough to go around ◆ **il cuisine comme pas deux** * he's a hell of a cook * ◆ **elle est rapide comme pas deux** * she's damn quick * ◆ **quel bricoleur/gardien de but de mes deux !** ‡ what a crap ‡ ou lousy * handyman/goalie!; pour autres loc voir **six** et **moins, pas**

**deuxième** [døzjɛm] → SYN [1] adj, nmf second; pour loc voir **sixième**

[2] COMP ▷ **le Deuxième Bureau** (Admin) the intelligence branch ou service

**deuxièmement** [døzjɛmmɑ̃] GRAMMAIRE ACTIVE 26.5 adv second(ly)

**deux-mâts** [dømɑ] nm inv (Naut) two-master

**deux-pièces** [døpjɛs] nm inv **a** (= ensemble) two-piece suit; (= maillot) two-piece (swimsuit)

**b** (= appartement) two-room flat (Brit) ou apartment (US) ◆ **"à louer : deux-pièces cuisine"** "for rent: two-room flat with separate kitchen"

**deux-points** [døpwɛ̃] nm inv colon

**deux-ponts** [døpɔ̃] adj, nm inv (Naut) two-decker; (Aviat) double-decker

**deux-roues** [døʀu] nm inv two-wheeled vehicle ◆ **deux-roues motorisé** motorcycle

**deux-temps** [døtɑ̃] [1] adj inv (Aut) two-stroke

[2] nm inv (= moteur) two-stroke (engine); (Mus) half-common time

**deuzio** * [døzjo] adv secondly

**dévaler** [devale] → SYN ▸ conjug 1 ◂ [1] vt (en courant) to tear down, hurtle down; (en tombant) to tumble down ◆ **il dévala les escaliers quatre à quatre** he tore ou hurtled down the stairs four at a time, he came tearing ou hurtling down the stairs four at a time

[2] vi [rochers] to hurtle down; [lave] to rush down, gush down; [terrain] to fall away sharply ◆ **il a dévalé dans les escaliers et s'est cassé le bras** he tumbled down the stairs and broke his arm

**dévaliser** [devalize] → SYN ▸ conjug 1 ◂ vt [+ maison] to burgle, burglarize (US); [+ banque] to rob ◆ **dévaliser qn** to strip sb of what he has on him ◆ **dévaliser un magasin** [voleurs] to burgle ou burglarize (US) a shop; [clients] to buy up a shop ◆ **dévaliser le réfrigérateur** to raid the fridge

**dévalorisant, e** [devalɔʀizɑ̃, ɑ̃t] adj emploi, tâche demeaning ◆ **cette expérience a été très dévalorisante pour lui** this experience was very damaging to his sense of self-worth

**dévalorisation** [devalɔʀizasjɔ̃] → SYN nf depreciation

**dévaloriser** [devalɔʀize] → SYN ▸ conjug 1 ◂ [1] vt [+ marchandises, collection] to reduce the value of; [+ monnaie, diplôme] to undermine the value of ◆ **son patron le dévalorise sans cesse** his boss is forever running ou putting him down ◆ **ce type de publicité dévalorise les femmes** this type of advertising degrades women ◆ **cette situation le dévalorise aux yeux de sa famille** this situation undermines his standing ou status in the eyes of his family

[2] **se dévaloriser** vpr [monnaie, marchandise] to fall in value, depreciate; [personne] to run o.s. down ◆ **ce métier s'est dévalorisé** this profession has lost its prestige

**dévaluation** [devalɥasjɔ̃] → SYN nf devaluation

**dévaluer** [devalɥe] → SYN ▸ conjug 1 ◂ [1] vt [+ monnaie, métier, diplôme] to devalue, devaluate (US); [+ rôle, statut] to undermine

[2] **se dévaluer** vpr [monnaie] to devalue, be devalued, fall in value

**devanagari** [devanagaʀi] nf Devanagari

**devancement** [d(ə)vɑ̃smɑ̃] nm ◆ **devancement d'une échéance** payment in advance ou before time ◆ **devancement d'appel** (Mil) enlistment before call-up

**devancer** [d(ə)vɑ̃se] → SYN ▸ conjug 3 ◂ vt **a** (= distancer) [+ coureur] to get ahead of, get in front of; [+ concurrent, rival] to get ahead of, forestall ◆ **il m'a devancé de 3 minutes/de 3 points** he beat me by 3 minutes/3 points, he was 3 minutes/3 points ahead of me

**b** (= précéder) to arrive before, arrive ahead of ◆ **il m'a devancé au carrefour** he got to the crossroads before me ◆ **devancer son siècle** to be ahead of ou in advance of one's time

**c** (= aller au devant de) [+ question, objection, désir] to anticipate ◆ **j'allais le faire mais il m'a devancé** I was going to do it but he did it first ou got there first

**d** (= faire qch en avance) **devancer l'appel** (Mil) to enlist before call-up ◆ **devancer la date d'un paiement** to make a payment before it is due

**devancier, -ière** [d(ə)vɑ̃sje, jɛʀ] → SYN nm,f predecessor

**devant** [d(ə)vɑ̃] → SYN [1] prép **a** (position = en face de) in front of, before (littér); (mouvement = le long de) past ◆ **ma voiture est devant la porte** my car is (just) outside ou at the door ◆ **devant nous se dressait un vieux chêne** before us ou in front of us stood an old oak tree ◆ **le bateau est ancré devant le port** the boat is anchored outside the port ◆ **il est passé devant moi sans me voir** he walked past me ou he passed me ou he went right by me without seeing me ◆ **elle était assise devant la fenêtre** she was sitting at ou by the window ◆ **il est passé** ou **a filé devant nous comme une flèche** he shot past us (like an arrow), he flashed past us ◆ **va-t-en de devant la vitrine** move away from (in front of) the window ◆ **va-t-en de devant la lumière** get out of the ou my light

**b** (= en avant de) (proximité) in front of; (distance) ahead of ◆ **il marchait devant moi** he was walking in front of ou ahead of me ◆ **il est loin devant nous** he is a long way ahead of us ◆ **regarde devant toi** look in front of you ou straight ahead (of you) ◆ **il est devant moi en classe** (banc) he sits in front of me at school; (résultats) he is ahead of me at ou in school ◆ **fuir devant qn** to flee before ou from sb ◆ **(droit) devant nous se dressait la muraille** the wall rose up (straight) in front of ou ahead of us ◆ **allez droit devant vous, vous trouverez le village** go straight on ou ahead and you'll come to the village ◆ **aller droit devant soi (sans s'occuper des autres)** (fig) to go straight on (regardless of others) ◆ **passe devant moi si tu es pressé** you go first ou in front of me if you're in a hurry ◆ **elle est passée devant moi chez le boucher** she pushed (in) in front of me at the butcher's ◆ **avoir du temps/de l'argent devant soi** to have time/money to spare ◆ **il avait du temps devant lui** he had time to spare, he had time on his hands ◆ **il a toute la vie devant lui** he has his whole life ahead of him

**c** (= en présence de) before, in front of ◆ **s'incliner devant qn** to bow before sb ◆ **comparaître devant ses juges** to appear before one's judges ◆ **ne dis pas cela devant les enfants/tout le monde** don't say that in front of the children/everyone ◆ **cela s'est passé juste devant nous** ou **nos yeux** it happened before ou in front of our very eyes ◆ **imperturbable devant le malheur d'autrui** unmoved by ou in the face of other people's misfortune ◆ **reculer devant ses responsabilités** to shrink from one's responsibilities ◆ **par-devant notaire/Maître Durand** (Jur) in the presence of a notary/Maître Durand

**d** (= face à) faced with, in the face of; (= étant donné) in view of, considering ◆ **devant la gravité de la situation** in view of ou considering the gravity of the situation ◆ **rester ferme devant le danger** to stand fast in the face of danger ◆ **il ne sut quelle attitude prendre devant ces faits** he did not know what line to adopt when faced with ou confronted with these facts ◆ **tous égaux devant la loi** everyone (is) equal in the eyes of the law

[2] adv **a** (position) in front ◆ **vous êtes juste devant** you're right in front of it ◆ **vous êtes passé devant** you came past ou by it ◆ **je suis garé juste devant** I'm parked just out at the front ou just outside ◆ **en passant devant, regarde si la boutique est ouverte** see if the shop is open as you go past ◆ **corsage qui se boutonne (par-)devant** blouse which buttons up ou does up at the front ◆ **tu as mis ton pull devant derrière** you've put your sweater on back-to-front (Brit) ou backwards (US) ◆ **entre par-devant, le jardin est fermé** go in the front, the garden gate is locked

**b** (= en avant) ahead, in front ◆ **il est parti devant** he went on ahead ou in advance ◆ **il est loin devant** he's a long way ahead ◆ **attention, obstacle (droit) devant !** (Naut) stand by, hazard ahead! ◆ **il est assis 3 rangs devant** he's sitting 3 rows in front (of us) ◆ **fais passer le plateau devant** pass the tray forward ◆ **il a pris des places devant** he has got front seats ou seats at the front ou up front * ◆ **il a préféré monter devant** (Aut) he preferred to sit in (the) front ◆ **marchez devant, les enfants** walk in front, children ◆ **passe devant, je te rejoindrai** go on ahead and I'll catch up with you ◆ **passe devant, il roule trop lentement** go past him ou overtake him (Brit), he's going too slowly ◆ **passez devant, je ne suis pas pressé** after you ou you go first ou you go in front of me, I'm in no hurry

[3] nm [maison, voiture, objet] front; [bateau] fore, bow(s) ◆ **habiter sur le devant** to live at the front (of the house etc ) ◆ **de devant** roue, porte front

◆ **au-devant** ◆ **je l'ai vu de loin et je suis allé au-devant de lui** I saw him in the distance and went (out) to meet him ◆ **aller au-devant des désirs de qn** to anticipate sb's wishes ◆ **courir au-devant du danger** to court danger ◆ **aller au-devant des ennuis** ou **difficultés** to be asking for trouble ◆ **nous avons bien assez de problèmes sans aller au-devant** we've got enough problems as it is without looking for more

[4] **devants** nmpl ◆ **voyant qu'il hésitait, j'ai pris les devants pour lui parler** as he was hesitating I made the first move ou took the initiative and spoke to him ◆ **nous étions plusieurs sur cette affaire, j'ai dû prendre les devants en offrant un contrat plus intéressant** there were several of us after the job so I had to pre-empt ou forestall the others and offer a more competitive contract ◆ **prendre les devants en attaquant** (Mil) to launch a pre-emptive strike ou attack

**devanture** [d(ə)vɑ̃tyʀ] → SYN nf **a** (= étalage) display; (= vitrine) shop ou store (US) window ◆ **à la** ou **en devanture** on display; (dans la vitrine) in the window

**b** (= façade) (shop ou store) front

**dévastateur, -trice** [devastatœʀ, tʀis] → SYN adj torrent, orage devastating; passion destructive

**dévastation** [devastasjɔ̃] → SYN nf devastation ◆ **les dévastations de la guerre/de la tempête** the ravages of war/the storm, the devastation ou havoc wreaked by war/the storm

**dévasté, e** [devaste] (ptp de **dévaster**) adj pays, ville, cultures devastated; maison ruined; visage ravaged

**dévaster** [devaste] → SYN ▸ conjug 1 ◂ vt [+ pays, ville, cultures] to devastate, lay waste; [+ esprit, cœur] to devastate, ravage

**déveine** * [devɛn] nf rotten luck * ◆ **être dans la déveine** to be down on one's luck ou out of luck ◆ **avoir la déveine de** to have the rotten luck to * ◆ **quelle déveine !** what rotten luck! *

**développable** [dev(ə)lɔpabl] adj (gén, Géom) developable

**développante** [dev(ə)lɔpɑ̃t] nf (Math) involute

**développé, e** [dev(ə)lɔpe] (ptp de **développer**) 1 adj pays developed; sens, intuition, musculature well-developed ◆ **bien/peu développé** well-developed/underdeveloped ◆ **sens olfactif très développé** highly developed sense of smell

2 nm (Haltérophilie) press; (Danse) développé

**développée** [dev(ə)lɔpe] nf (Math) evolute

**développement** [dev(ə)lɔpmɑ̃] → SYN nm a (= croissance) [intelligence, corps, science, maladie] development; [économie, affaire, commerce, région] development, expansion, growth; [chômage] growth ◆ **une affaire en plein développement** a fast-expanding ou fast-developing business ◆ **l'entreprise a connu un développement important** the firm has expanded ou developed greatly ou has undergone a sizeable expansion ◆ **la crise a connu un développement inattendu** the crisis has taken an unexpected turn, there has been an unexpected development in the crisis ◆ **principe du développement durable** (Écol) principle of sustainable development; → **pays**[1]

b **développements** (= prolongements) [affaire, enquête] developments ◆ **cette affaire pourrait connaître de nouveaux développements** there could be some new developments in this affair

c [sujet] exposition; (Mus) [thème] development ◆ **entrer dans des développements inutiles** to go into unnecessary details, develop the subject unnecessarily

d (Ind = mise au point) development ◆ **on évalue le développement de ce missile à 1 milliard d' euros** it is estimated that it will cost 1 billion euros to develop this missile

e (Photo) developing, development, processing ◆ **appareil/photo à développement instantané** instant camera/photograph

f (Cyclisme) **choisir un grand/petit développement** to choose a high/low gear

g (Géom) [solide] development; (Algèbre) [fonction] development; [expression algébrique] simplification

**développer** [dev(ə)lɔpe] GRAMMAIRE ACTIVE 26.2 → SYN ▸ conjug 1 ◂

1 vt a [+ corps, muscle, intelligence, stratégie] to develop; [+ commerce, industrie] to develop, expand ◆ **développer le goût de l'aventure chez les enfants** to bring out ou develop adventurousness in children ◆ **il faut développer les échanges entre les pays** exchanges between countries must be developed

b [+ récit, argument, projet] to develop, enlarge (up)on, elaborate upon ◆ **il faut développer ce paragraphe** this paragraph needs developing ou expanding

c (Photo) [+ film] to develop ◆ **envoyer une pellicule à développer** to send a film to be developed ou processed

d (Méd) [+ maladie] to develop

e (= déballer) [+ paquet] to unwrap

f (= déployer) [+ parchemin] to unroll; [+ coupon de tissu] to unfold; [+ armée, troupes] to deploy

g (Math) [+ solide, fonction, série] to develop; [+ expression algébrique] to simplify

h **vélo qui développe 6 mètres** bicycle which moves forward 6 metres for every complete revolution of the pedal

2 **se développer** vpr a [personne, intelligence, plante] to develop, grow; [entreprise] to expand, develop, grow; [pays, région] to develop

b [armée] to spread out

c [habitude] to spread

d [maladie, symptôme] to develop

**développeur** [dev(ə)lɔpœʀ] nm (Photo, Ordin) developer

**devenir** [dəv(ə)niʀ] → SYN ▸ conjug 22 ◂ 1 vi a (= passer d'un état à un autre) to become ◆ **devenir capitaine/médecin** to become a captain/a doctor ◆ **que veux-tu devenir dans la vie ?** what do you want to do ou be in life? ◆ **cet enfant maladif est devenu un homme solide** that sickly child has turned out ou turned into ou has become a strong man ◆ **il est devenu tout rouge** he turned ou went quite red ◆ **il devient de plus en plus agressif** he's becoming ou growing ou getting more and more aggressive ◆ **devenir vieux/grand** to grow ou get old/tall ◆ **arrête, tu deviens grossier** stop it, you're starting to be rude ◆ **c'est à devenir fou !** it's enough to drive you mad!

b (= advenir de) **bonjour, que devenez-vous ?** * hullo, how are you doing? * ou getting on? (Brit) ou getting along? (US) ◆ **et Chantal, qu'est-ce qu'elle devient ?** how's Chantal ou what's Chantal up to these days? ◆ **qu'étais-tu devenu ? nous te cherchions partout** where ou wherever had you gone? ou got to? (Brit) we were looking for you everywhere ◆ **que sont devenues mes lunettes ?** where ou wherever have my glasses gone? ou got to? (Brit) ◆ **que sont devenus tes grands projets ?** what has become of your great plans? ◆ **que deviendrais-je sans toi ?** what(ever) would I do ou what(ever) would become of me without you? ◆ **qu'allons-nous devenir ?** what is going to happen to us?, what will become of us?

2 nm (= progression) evolution; (= futur) future ◆ **quel est le devenir de l'homme ?** what is man's destiny? ◆ **en devenir** constantly evolving

**déverbal, pl -aux** [devɛʀbal, o] nm deverbal, deverbative

**dévergondage** [devɛʀgɔ̃daʒ] → SYN nm licentious ou loose living

**dévergondé, e** [devɛʀgɔ̃de] → SYN (ptp de **se dévergonder**) 1 adj femme shameless, loose; homme wild; conversation licentious, bawdy ◆ **vie dévergondée** licentious ou loose living

2 nm,f ◆ **c'est une dévergondée** she's a shameless hussy ◆ **c'est un dévergondé** he leads a wild life

**dévergonder** [devɛʀgɔ̃de] ▸ conjug 1 ◂ 1 vt [+ personne] to debauch

2 **se dévergonder** vpr to run wild, get into bad ways

**déverguer** [devɛʀge] ▸ conjug 1 ◂ vt (Naut) to remove the yards from

**déverrouillage** [deveʀujaʒ] nm a [porte] unbolting

b [mécanisme, arme à feu] unlocking

**déverrouiller** [deveʀuje] ▸ conjug 1 ◂ vt a [+ porte] (avec un verrou) to unbolt; (avec une serrure) to unlock

b [+ mécanisme] to unlock, release; [+ arme à feu] to release the bolt of; [+ train d'atterrissage] to release ◆ **ils déverrouillent la grille des salaires** they are introducing greater flexibility into the salary structure ◆ **pour tenter de déverrouiller le débat** to try and break the deadlock in the debate

**devers** [dəvɛʀ] → **par-devers**

**dévers** [devɛʀ] → SYN nm [route] banking; [mur] slant

**déversement** [devɛʀsəmɑ̃] nm [liquide] pouring (out); [sable, ordures] tipping (out); [bombes] unloading ◆ **déversement accidentel de pétrole** oil spill ◆ **le déversement en mer de déchets toxiques** the dumping of toxic waste at sea ◆ **le déversement de produits sur le marché européen** the dumping of goods onto the European market

**déverser** [devɛʀse] → SYN ▸ conjug 1 ◂ 1 vt a [+ liquide] to pour (out) ◆ **la rivière déverse ses eaux dans le lac** the river flows into the lake ◆ **une fenêtre ouverte déversait des flots de musique** strains of music wafted from an open window

b [+ sable, ordures] to tip (out); [+ bombes] to unload ◆ **déverser des produits sur un marché** to dump ou unload products onto a market ◆ **le train déversa des milliers de banlieusards** the train disgorged ou discharged thousands of commuters ◆ **des tonnes de pommes de terre ont été déversées sur la route** tons of potatoes were dumped on the road

c (= épancher) **il déversa toute sa colère sur moi** he poured out ou vented his anger on me ◆ **déverser des injures sur qn** to shower abuse on sb ◆ **déverser sa bile sur qn** to vent one's spleen on sb

2 **se déverser** vpr to pour (out) ◆ **la rivière se déverse dans le lac** the river flows into ou pours its waters into the lake ◆ **de l'orifice se déversaient des torrents d'eaux boueuses** torrents of muddy water poured out of the hole ◆ **les produits qui se déversent sur le marché européen** the products being dumped ou unloaded onto the European market

**déversoir** [devɛʀswaʀ] → SYN nm [canal] overflow; [réservoir] spillway, overflow; (fig) outlet

**dévêtir** [devetiʀ] → SYN ▸ conjug 20 ◂ 1 vt [+ personne, poupée] to undress ◆ **dévêtir un enfant** to undress a child, take a child's clothes off

2 **se dévêtir** vpr to undress, get undressed, take one's clothes off

**déviance** [devjɑ̃s] nf (Psych) deviancy, deviance

**déviant, e** [devjɑ̃, jɑ̃t] 1 adj comportement deviant; discours, opinion dissenting

2 nm,f deviant ◆ **déviant sexuel** sexual deviant

**déviateur, -trice** [devjatœʀ, tʀis] 1 adj [+ force] deviatory

2 nm (Phys) deflector ◆ **déviateur (de jet)** (Aviat) jet vane

**déviation** [devjasjɔ̃] → SYN nf a [projectile, navire, aiguille aimantée] deviation; [circulation] diversion

b (Aut = détour obligatoire) diversion (Brit), detour (US)

c (Méd) [organe] inversion; [utérus] displacement; [colonne vertébrale] curvature

d (= changement) deviation ◆ **déviation par rapport à la norme** departure from the norm ◆ **le parti l'a accusé de déviation** he was accused of deviating from the party line ◆ **il n'admettra aucune déviation par rapport à ses objectifs** he will not be deflected from his goals

**déviationnisme** [devjasjɔnism] nm deviationism ◆ **faire du déviationnisme de droite** to veer to the right

**déviationniste** [devjasjɔnist] → SYN adj, nmf deviationist

**dévidage** [devidaʒ] nm (= déroulement) [pelote, bobine] unwinding; (= mise en pelote) [fil] reeling

**dévider** [devide] → SYN ▸ conjug 1 ◂ vt a (= dérouler) [+ pelote, bobine] to unwind; [+ cordage, câble] to unreel ◆ **dévider son chapelet** (lit) to tell one's beads ◆ **dévider un chapelet de clichés** to reel off a string of clichés ◆ **elle m'a dévidé tout son chapelet** * she gave me a catalogue of her woes

b (= mettre en pelote) [+ fil] to wind into a ball ou skein; [+ écheveau] to wind up

**dévidoir** [devidwaʀ] nm [fil, tuyau] reel; [câbles] drum, reel

**dévier** [devje] → SYN ▸ conjug 7 ◂ 1 vi a [aiguille magnétique] to deviate; [ballon, bateau, projectile] to veer (off course), turn (off course) ◆ **le ballon a dévié vers la gauche** the ball veered to the left ◆ **le poteau a fait dévier le ballon** the post deflected the ball ◆ **le vent nous a fait dévier (de notre route)** the wind blew us off course ou made us veer off course ◆ **nous avons dévié par rapport à notre route** we've gone off course, we're off course

b [doctrine] to alter; [conversation] to turn (*sur* (on)to) ◆ **voyant que la conversation déviait dangereusement** seeing that the conversation was taking a dangerous turn ◆ **il fit dévier la conversation vers des sujets plus neutres** he turned ou diverted the conversation onto more neutral subjects ◆ **nous avons dévié par rapport au projet initial** we have moved away ou departed from the original plan ◆ **on m'accuse de dévier de ma ligne politique** I'm accused of straying from my political principles ◆ **rien ne me fera dévier de mes principes** nothing will turn me away from my principles

2 vt [+ route, circulation] to divert (Brit), detour (US); [+ projectile, coup] to deflect, divert ◆ **avoir la colonne vertébrale déviée** to have curvature of the spine

**devin, devineresse** [dəvɛ̃, dəvin(ə)ʀɛs] → SYN nm,f soothsayer, seer ◆ **je ne suis pas devin** * I don't have second sight, I can't see into the future

**devinable** [d(ə)vinabl] adj résultat foreseeable; énigme solvable; secret, raison that can be guessed, guessable

**deviner** [d(ə)vine] → SYN ▸ conjug 1 ◂ vt **a** [+ secret, raison] to guess; [+ énigme] to solve; [+ avenir] to foresee, foretell ◆ **devine pourquoi/qui** guess why/who ◆ **vous ne devinez pas ?** can't you guess? ◆ **tu devines le reste** you can imagine the rest ◆ **deviner qn** to read sb's mind ◆ **je crois deviner où il veut en venir** I think I know ou I think I can guess what he's getting at ◆ **rien ne laissait deviner leur liaison** nothing hinted that they were having an affair

**b** (= apercevoir) to make out ◆ **je devinais son sourire dans la pénombre** I could make out his smile in the darkness ◆ **sa robe laissait deviner son corps souple** you could make out the contours of her lithe body through her dress ◆ **une silhouette se devinait à la place du conducteur** you could just make out a figure in the driver's seat ◆ **ses véritables sentiments se devinaient derrière son apparente indifférence** his true feelings showed through his apparent indifference

**devineresse** [dəvin(ə)ʀɛs] nf → **devin**

**devinette** [d(ə)vinɛt] → SYN nf riddle, conundrum ◆ **poser une devinette à qn** to ask ou set sb a riddle ◆ **jouer aux devinettes** (lit) to play at riddles ◆ **arrête de jouer aux devinettes** * stop playing guessing games ou talking in riddles

**déviriliser** [deviʀilize] ▸ conjug 1 ◂ vt ◆ **déviriliser qn** to emasculate sb, make sb look less manly

**devis** [d(ə)vi] → SYN nm estimate, quotation, quote ◆ **devis descriptif/estimatif** detailed/preliminary estimate ◆ **faire faire des réparations sur devis** to have repairs carried out on the basis of an estimate ◆ **il a établi un devis de 3 000 F** he drew up ou made out an estimate for 3,000 francs

**dévisager** [devizaʒe] → SYN ▸ conjug 3 ◂ vt to stare at, look hard at

**devise** [dəviz] → SYN nf **a** (Hér) (= formule) motto, watchword; (= figure emblématique) device

**b** [maison de commerce] slogan; [parti] motto, slogan ◆ **simplicité est ma devise** simplicity is my motto

**c** (Fin = monnaie) currency ◆ **devise forte** hard ou strong currency ◆ **devise faible** soft ou weak currency ◆ **devises étrangères** foreign currency ◆ **devise convertible** convertible currency ◆ **payer en devises** to pay in foreign currency; → **cours**

**deviser** [dəvize] → SYN ▸ conjug 1 ◂ vi (littér) to converse (*de* about, on)

**dévissage** [devisaʒ] nm **a** [bouchon, couvercle, boulon] unscrewing, undoing; [ampoule électrique] unscrewing

**b** [alpiniste] fall

**dévisser** [devise] ▸ conjug 1 ◂ **1** vt [+ bouchon, couvercle, boulon] to unscrew, undo; [+ ampoule électrique] to unscrew ◆ **se dévisser la tête** ou **le cou** (fig) to crane one's neck

**2** vi [alpiniste] to fall

**de visu** [devizy] loc adv ◆ **s'assurer/se rendre compte de qch de visu** to make sure of sth/see sth for o.s.

**dévitalisation** [devitalizasjɔ̃] nf ◆ **dévitalisation d'une dent** removal of a nerve from a tooth, devitalization (SPÉC) of a tooth

**dévitaliser** [devitalize] ▸ conjug 1 ◂ vt [+ dent] to remove the nerve from, devitalize (SPÉC)

**dévitaminé, e** [devitamine] adj aliment which has lost its vitamins

**dévitrifier** [devitʀifje] ▸ conjug 7 ◂ vt to devitrify

**dévoiement** [devwamɑ̃] nm (littér) [personne] leading astray; [idéal, principe] corruption ◆ **ils réprouvaient les dévoiements du régime établi** they condemned the corrupt behaviour of the regime in power ◆ **il voit dans cette expérience un dévoiement pervers de la science** he regards this experiment as a perverse misuse of science

**dévoilement** [devwalmɑ̃] nm **a** [statue, plaque commémorative] unveiling

**b** [intentions, secret, vérité, identité, date] revelation, disclosure; [projet] unveiling, revealing; [complot, scandale] exposure

**dévoiler** [devwale] → SYN ▸ conjug 1 ◂ vt **a** [+ statue, plaque commémorative] to unveil ◆ **dévoiler ses charmes** (hum) to reveal one's charms

**b** [+ intentions, secret, vérité, identité, date] to reveal, disclose; [+ projet] to unveil, reveal; [+ complot, scandale] to expose, uncover ◆ **dévoiler son vrai visage** to show one's true face ◆ **le mystère s'est dévoilé** the mystery has been revealed ou unfolded

## devoir [d(ə)vwaʀ]

▸ conjug 28 ◂

→ SYN GRAMMAIRE ACTIVE 1.1, 1.2, 2, 9.3, 10.1, 10.2, 10.4, 14, 15.2

1 VERBE TRANSITIF
2 VERBE AUXILIAIRE
3 VERBE PRONOMINAL
4 NOM MASCULIN
5 NOM MASCULIN PLURIEL

### 1 VERBE TRANSITIF

**a** = avoir à payer [+ chose, somme d'argent] to owe ◆ **devoir qch à qn** to owe sb sth ◆ **elle (lui) doit 50 €/2 jours de travail** she owes (him) €50/2 days' work ◆ **il réclame seulement ce qui lui est dû** he is asking only for what he's owed ou for what is owing to him

**b** = être redevable de **devoir qch à qn** to owe sth to sb, owe sb sth ◆ **c'est à son courage qu'elle doit la vie** she owes her life to his courage, it's thanks to his courage that she's alive ◆ **je dois à mes parents d'avoir réussi** I have my parents to thank for my success, I owe my success to my parents ◆ **c'est à lui que l'on doit cette découverte** we have him to thank for this discovery, it is to him that we owe this discovery MAIS ◑ **à qui doit-on ce délicieux gâteau?** who do we have to thank for this delicious cake? ◑ **à qui doit-on la découverte du radium?** who discovered radium? ◑ **il ne veut rien devoir à personne** he doesn't want to be indebted to anyone ◑ **sa réussite ne doit rien au hasard** his success has nothing to do with luck

**c** = être tenu à **devoir (l')obéissance à qn** to owe sb obedience ◆ **les enfants doivent le respect à leurs parents** children ought to respect their parents ◆ **il lui doit bien cela !** it's the least he can do for him! ◆ **avec les honneurs dus à son rang** with honours befitting his rank

### 2 VERBE AUXILIAIRE

**a** obligation

> Lorsque **devoir** exprime une obligation, il se traduit généralement par **have to** ou la forme plus familière **have got to** lorsqu'il s'agit de contraintes extérieures ; notez que **have got to** ne s'utilise qu'au présent. Le verbe **must** a généralement une valeur plus impérative ; **must** étant défectif, on utilise **have to** aux temps où il ne se conjugue pas :

◆ **elle doit (absolument) partir ce soir** she (really) has to ou she (really) must go tonight, she's (really) got to go tonight ◆ **il avait promis, il devait le faire** he'd promised, so he had to do it ◆ **dois-je lui écrire tout de suite ?** must I ou do I have to ou have I got to write to him immediately? ◆ **vous ne devez pas entrer sans frapper** you are not to ou must not come in without knocking MAIS ◑ **il a cru devoir accepter** he thought he should accept ◑ **dois-je comprendre par là que ...** am I to understand from this that ...

**b** conseil, suggestion

> Lorsque **devoir** est au conditionnel et qu'il a donc un sens proche du conseil, de la suggestion ou qu'il introduit ce qu'il est raisonnable de supposer, il se traduit par **should** ou **ought to** :

◆ **tu devrais t'habiller plus chaudement** you should ou ought to dress more warmly ◆ **il aurait dû la prévenir** he should have ou ought to have warned her ◆ **il devrait maintenant connaître le chemin** he ought to ou should know the way by now

**c** fatalité

> Lorsque **devoir** exprime une fatalité ou le caractère très vraisemblable d'un événement, il se traduit généralement par **have to** ou **be bound to** :

◆ **nos chemins devaient se croiser un jour ou l'autre** our paths were bound to ou had to cross some time ◆ **cela devait arriver !** it was bound to happen!, it (just) had to happen! ◆ **on doit tous mourir un jour** we all have to die some time MAIS ◑ **les choses semblent devoir s'arranger/empirer** things seem to be sorting themselves out/getting worse

> Notez l'emploi de **be to** dans les exemples suivants :

◆ **elle ne devait pas les revoir vivants** she was never to see them alive again ◆ **il devait devenir premier ministre trois mois plus tard** he was to become prime minister three months later

**d** prévision

> Lorsque **devoir** exprime une prévision, il est souvent traduit par **be going to** :

◆ **elle doit vous téléphoner demain** she's going to ring you tomorrow ◆ **il devait acheter une moto mais c'était trop cher** he was going to buy a motorbike but it was too expensive

> Notez l'emploi de **be due to** et **be supposed to** dans les contextes où la notion de temps est importante :

◆ **son train doit** ou **devrait arriver dans cinq minutes** his train is due to arrive in five minutes ◆ **il devait partir à 6 heures mais ...** he was supposed to be leaving at 6 but ... ◆ **elle doit nous rejoindre ce soir** she's supposed to be joining us this evening ◆ **nous ne devions pas arriver avant 8 heures** we weren't supposed to come before 8

**e** probabilité, hypothèse

> Lorsque **devoir** exprime une probabilité, une hypothèse, il se traduit généralement par **must** dans les phrases affirmatives :

◆ **il doit faire froid ici en hiver** it must be cold here in winter ◆ **vous devez vous tromper** you must be mistaken ◆ **il a dû se tromper** ou **il doit s'être trompé de chemin** he must have lost his way ◆ **il devait être 6 heures quand il est sorti** it must have been 6 when he went out

> Au conditionnel, on utilise **should** ou **ought to** :

◆ **ça devrait pouvoir se faire** it should be ou ought to be feasible ◆ **ça devrait tenir dans le coffre** it should go ou ought to go in the boot

> Dans les phrases négatives, on utilise généralement **can't** :

◆ **elle ne doit pas être bête, vous savez** she can't be stupid, you know ◆ **il ne devait pas être loin du sommet quand il a abandonné** he can't have been far from the top when he gave up

**f** supposition **dussé-je** (frm) **perdre de l'argent, j'irai jusqu'au procès** I'll go to court even if it means losing money

> Notez l'emploi possible de **be to** :

◆ **même s'il devait** ou **dût-il** (littér) **être condamné, il refuserait de parler** even if he were (to be) found guilty he would refuse to talk

### 3 se devoir VERBE PRONOMINAL

**a** réciproque **les époux se doivent (mutuellement) fidélité** husband and wife have a duty to be faithful to one another ◆ **nous nous devons la vérité** we owe it to each other to tell the truth

**b** **se devoir à qn/qch** ◆ **il se doit à sa famille** he has a duty to his family ◆ **quand on gagne un salaire pareil, on se doit à son métier** when you earn that much, you've got to be committed to your job

**c** **se devoir de** + infinitif (= être obligé de) ◆ **nous nous devons de le lui dire** it is our duty ou we are duty bound to tell him ◆ **l'ONU se devait de réagir/prendre des sanctions** the UN was duty bound to react/to introduce sanctions ◆ **je me devais de la prévenir** I owed it to myself to warn her ◆ **je me devais d'essayer** I had to try for my own sake ◆ **nos deux pays se doivent de coopérer davantage** our two countries must cooperate more ◆ **nous nous devons de satisfaire nos clients** we must satisfy our customers ◆ **pour être acceptée, la nouvelle procédure se**

**devait d'être simple** the new procedure had to be simple if it was going to be accepted

♦ **comme il se doit/se devait** ♦ **j'en ai informé mon chef, comme il se doit** I informed my boss, of course ♦ **il a convié le ministre, comme il se devait** he invited the minister to attend, as was right and proper ♦ **on a fêté l'événement, comme il se doit** and naturally ou of course, we celebrated the event ♦ **le premier tome est consacré, comme il se doit, au Moyen Âge** not surprisingly, the first volume is devoted to the Middle Ages ♦ **comme il se doit en pareil cas, on a procédé à un vote** as is usual in these cases, we put it to a vote ♦ **ils ont été punis comme il se doit** they were duly punished ♦ **et il est arrivé en retard, comme il se doit !** (hum) and naturally he arrived late!

4 NOM MASCULIN

a [= obligation] duty ♦ **agir par devoir** to act from a sense of duty ♦ **un homme de devoir** a man of conscience ou with a sense of duty ♦ **accomplir** ou **faire** ou **remplir son devoir** to carry out ou do one's duty (*envers* towards) ♦ **les devoirs du citoyen/d'une charge** the duties of a citizen/a post ♦ **se faire un devoir de faire qch** to make it one's duty to do sth ♦ **il est de mon/ton/son** etc **devoir de ...** it is my/your/his etc duty to ... ♦ **croire de son devoir de faire qch** to think ou feel it one's duty to do sth ♦ **devoirs religieux** religious duties;

♦ **se mettre en devoir de** + infinitif (frm) ♦ **il se mit en devoir de répondre à la lettre** he proceeded to reply to the letter ♦ **il se mit immédiatement en devoir de le faire** he set about doing it immediately

b [Scol] (= dissertation) essay, paper; (= exercice) (fait à la maison) homework (NonC); (fait en classe) exercise ♦ **faire ses devoirs** to do one's homework ♦ **devoirs de vacances** holiday homework ♦ **devoir (à la) maison** homework (NonC) ♦ **devoir sur table** ou **surveillé** (written) test

5 **devoirs** NOM MASCULIN PLURIEL

[† ou hum = hommages] respects ♦ **présenter ses devoirs à qn** to pay one's respects to sb

**dévoisé, e** [devwaze] adj (Ling) consonne devoiced

**dévoisement** [devwazmɑ̃] nm (Ling) devoicing

**dévolter** [devɔlte] ▸ conjug 1 ◂ vt to reduce the voltage of

**dévolu, e** [devɔly] [→ SYN] 1 adj ♦ **être dévolu à qn** [succession, droits] to be devolved upon ou to sb; [charge] to be handed down ou passed on to sb ♦ **le budget qui a été dévolu à la recherche** the funds that have been allotted ou granted to research ♦ **la part de gâteau qui m'avait été dévolue** the piece of cake that had been allotted to me ♦ **c'est à moi qu'il a été dévolu de commencer** it fell to me to start ♦ **le sort qui lui sera dévolu** the fate that is in store for him

2 nm ♦ **jeter son dévolu sur qn/qch** to set one's heart on sb/sth

**dévolutif, -ive** [devɔlytif, iv] adj devolutionary

**dévolution** [devɔlysjɔ̃] nf devolution

**dévonien, -ienne** [devɔnjɛ̃, jɛn] 1 adj Devonian

2 nm ♦ **le dévonien** the Devonian

**dévorant, e** [devɔʀɑ̃, ɑ̃t] [→ SYN] adj faim raging (épith); curiosité, soif burning (épith); passion devouring (épith), consuming (épith); (littér) flammes all-consuming

**dévorateur, -trice** [devɔʀatœʀ, tʀis] adj passion devouring (épith)

**dévorer** [devɔʀe] [→ SYN] ▸ conjug 1 ◂ vt a (= manger) [fauve] to devour; [personne] to devour, wolf down* ♦ **des limaces ont dévoré mes laitues** my lettuces have been eaten by slugs ♦ **cet enfant dévore !** this child has a huge appetite! ♦ **on est dévoré par les moustiques !** we're being eaten alive by mosquitoes! ♦ **dévorer un livre** to devour a book ♦ **dévorer qch à belles dents** to wolf sth down* ♦ **dévorer qn/qch du regard** ou **des yeux** to eye sb/sth greedily ou hungrily ♦ **dévorer qn de baisers** to smother sb with kisses ♦ **la barbe qui lui dévorait les joues** the beard that covered his face; → **loup**

b (= consumer) to consume ♦ **le feu dévore le bâtiment** the building is being consumed by fire ♦ **il a dévoré sa fortune** he has consumed his (whole) fortune ♦ **voiture qui dévore les kilomètres** ou **la route** car which eats up the miles ♦ **c'est une tâche qui dévore tous mes loisirs** it's a task which takes up ou swallows up all my free time

c (littér = tourmenter) [jalousie, remords, soucis] to consume, devour; [maladie] to consume ♦ **la soif le dévorait** he had a burning ou raging thirst ♦ **être dévoré de remords/jalousie** to be eaten up with ou consumed with ou devoured by remorse/jealousy ♦ **dévoré par l'ambition** consumed with ambition

d (frm = cacher) **dévorer ses larmes** to choke back ou gulp back one's tears

**dévoreur, -euse** [devɔʀœʀ, øz] nm,f devourer ♦ **un dévoreur de livres** an avid reader ♦ **ce projet est un gros dévoreur de crédits** this project eats up money ou is a great drain on funds

**dévot, e** [devo, ɔt] [→ SYN] 1 adj (gén) devout, pious; (péj = bigot) sanctimonious, churchy*

2 nm,f (gén) deeply religious person; (péj) sanctimonious person ♦ **une vieille dévote** (péj) a churchy* ou sanctimonious old woman; → **faux²**

**dévotement** [devɔtmɑ̃] adv devoutly, piously

**dévotion** [devosjɔ̃] [→ SYN] 1 nf a (= piété) devoutness, religious devotion; → **faux²**

b (= culte) devotion ♦ **avoir une dévotion pour qn** to worship sb ♦ **être à la dévotion de qn** to be totally devoted to sb ♦ **il avait à sa dévotion plusieurs employés** he had several totally devoted employees

2 **dévotions** nfpl devotions ♦ **faire ses dévotions** to perform one's devotions

**dévoué, e** [devwe] [→ SYN] (ptp de **se dévouer**) adj employé devoted, dedicated; époux, ami devoted ♦ **être dévoué à qn/qch** to be devoted to sb/sth ♦ **votre dévoué serviteur** (†† : formule de lettre) your devoted servant; → **croire**

**dévouement** [devumɑ̃] [→ SYN] nm [mère, ami, voisin] devotion; [infirmière, sauveteur, soldat] devotion, dedication ♦ **dévouement à un parti** devotion to a party ♦ **avec dévouement** devotedly ♦ **avoir un dévouement aveugle pour qn** to be blindly devoted to sb ♦ **elle a fait preuve d'un grand dévouement pour lui/à leur cause** she showed great devotion to him/to their cause

**dévouer (se)** [devwe] ▸ conjug 1 ◂ vpr a (= se sacrifier) to sacrifice o.s. ♦ **il se dévoue pour les autres** he sacrifices himself for others ♦ **c'est toujours moi qui me dévoue !** it's always me who makes the sacrifices! ♦ **personne ne veut le manger ? bon, je me dévoue** (hum) so nobody wants to eat it? all right, I'll be a martyr (hum)

b (= se consacrer à) **se dévouer à qn/qch** to devote ou dedicate o.s. to sb/sth

**dévoyé, e** [devwaje] [→ SYN] (ptp de **dévoyer**) 1 adj personne depraved ♦ **un nationalisme dévoyé** warped nationalism

2 nm,f corrupt individual ♦ **une bande de jeunes dévoyés** a gang of young delinquents

**dévoyer** [devwaje] ▸ conjug 8 ◂ 1 vt to lead astray

2 **se dévoyer** vpr to go astray

**dextérité** [dɛksteʀite] [→ SYN] nf skill, dexterity ♦ **avec dextérité** skilfully, dextrously, with dexterity

**dextre** [dɛkstʀ] 1 adj coquille dextral; (Hér) dexter

2 nf (††, hum) right hand

**dextrine** [dɛkstʀin] nf dextrin(e)

**dextrocardie** [dɛkstʀokaʀdi] nf dextrocardia

**dextrogyre** [dɛkstʀoʒiʀ] adj dextrogyrate, dextrogyre

**dextrorsum** [dɛkstʀɔʀsɔm] adj inv dextrorse, dextrorsal

**dey** [dɛ] nm dey

**dézinguer*** [dezɛ̃ge] ▸ conjug 1 ◂ vt (= tuer) to kill

**DG** [deʒe] 1 nm (abrév de **directeur général**) → **directeur**

2 nf (abrév de **direction générale**) (= siège social) head office; (de l'UE) DG

**dg** (abrév de **décigramme**) dg

**DGA** [deʒea] 1 nm (abrév de **directeur général adjoint**) → **directeur**

2 nf (abrév de **Délégation générale pour l'armement**) → **délégation**

**DGE** [deʒeə] nf (abrév de **dotation globale d'équipement**) *state contribution to local government budget*

**DGI** [deʒei] nf (abrév de **Direction générale des impôts**) ≈ IR (Brit), ≈ IRS (US)

**DGSE** [deʒeɛsə] nf (abrév de **Direction générale de la sécurité extérieure**) ≈ MI6 (Brit), ≈ CIA (US)

**Dhaka** [daka] n Dhaka

**dia** [dja] excl → **hue**

**diabète** [djabɛt] nm diabetes sg ♦ **avoir du diabète** to have diabetes ♦ **diabète insipide/sucré** diabetes insipidus/mellitus ♦ **diabète gras** maturity-onset diabetes ♦ **diabète maigre** insulin-dependent ou juvenile-onset diabetes

**diabétique** [djabetik] adj, nmf diabetic

**diabétologie** [djabetɔlɔʒi] nf study of diabetes

**diabétologue** [djabetɔlɔg] nmf diabetes specialist

**diable** [djɑbl] [→ SYN] nm a (Myth, Rel) devil ♦ **le diable** the Devil ♦ **s'agiter comme un beau diable** to thrash about like the (very) devil ♦ **j'ai protesté comme un beau diable** I protested for all I was worth ou as loudly as I could ♦ **il a le diable au corps** he's the very devil ♦ **faire le diable à quatre** † to create the devil* of a rumpus ♦ **que le diable l'emporte !** the devil take him!* ♦ **le diable m'emporte si j'y comprends quelque chose !** the devil take me † ou the deuce † if I understand any of it!, I'll be damned if I understand it!* ♦ **c'est bien le diable si on ne trouve pas à les loger** it would be most surprising if we couldn't find anywhere for them to stay ♦ **ce n'est pas le diable** it's not that bad ♦ **(fait) à la diable** (done) any old how ♦ **tirer le diable par la queue*** to live from hand to mouth, be on one's uppers (Brit) ♦ **se démener comme un diable dans un bénitier** to be like a cat on a hot tin roof ou on hot bricks (Brit); → **avocat¹, île**

b (dans excl) **Diable !** † **c'est difficile !** it's dashed ou deuced difficult! † ♦ **diable oui/non !** good gracious yes/no! ♦ **du diable si je le sais !** the devil take me † ou the deuce † if I know! ♦ **allons, du courage que diable !** cheer up, dash it!** † ♦ **où/quand/qui/pourquoi diable ... ?** where/when/who/why the blazes* ou the devil* ...?

c (Loc) **être situé/habiter au diable (vauvert)** to be/live miles from anywhere ou at the back of beyond (Brit) ♦ **envoyer qn au diable** ou **à tous les diables** to tell sb to go to the devil* ♦ **il peut aller au diable !, qu'il aille au diable !** he can go to the devil!* ♦ **au diable l'avarice !** hang the expense! ♦ **au diable le percepteur !** the devil take the tax collector!*

d (* = enfant) devil, rogue ♦ **pauvre diable*** (= personne) poor devil ou wretch ♦ **grand diable*** tall fellow ♦ **c'est un bon/ce n'est pas un mauvais diable** () he's a nice/he's not a bad sort* ou fellow

e (en intensif) **il fait un froid du diable** ou **de tous les diables** it's fearfully ou fiendishly cold ♦ **il faisait un vent du diable** ou **de tous les diables** there was the ou a devil* of a wind ♦ **on a eu un mal du diable à le faire avouer** we had the ou a devil* of a job making him own up ♦ **il est menteur en diable** he is a deuced † ou damned* liar ♦ **il est courageux/robuste en diable** he is devilishly brave/strong ♦ **ce diable d'homme** that wretched fellow ♦ **cette diable d'affaire** this wretched business ♦ **avec ce diable de temps on ne peut pas sortir** we can't go out in this wretched weather

f (= chariot) hand truck ♦ **diable (à ressort)** (= jouet) jack-in-the-box

g (= casserole) earthenware braising pot

h (Culin) **à la diable** in a piquant sauce, à la diable

**diablement*** [djɑbləmɑ̃] adv (= très) darned* ♦ **il y a diablement longtemps que ...** it's a heck* of a long time since ... ♦ **il m'a diablement surpris** he gave me a heck* of a surprise

**diablerie** [djɑblʀi] [→ SYN] **nf** **a** (= espièglerie) roguishness; (= acte) mischief (NonC) ◆ **leurs diableries me feront devenir folle** their mischief will drive me mad
**b** (†† = machination) machination, evil intrigue
**c** († † = sorcellerie) devilry
**d** (Théât) *mystery play featuring devils*

**diablesse** [djɑblɛs] [→ SYN] **nf** (= diable femelle) she-devil; († = mégère) shrew, vixen; (* = bonne femme) wretched woman ◆ **cette enfant est une vraie diablesse** that child is a little devil

**diablotin** [djɑblɔtɛ̃] [→ SYN] **nm** (lit, fig) imp; (= pétard) (Christmas) cracker (Brit), favor (US)

**diabolique** [djabɔlik] [→ SYN] **adj** diabolic(al), devilish

**diaboliquement** [djabɔlikmɑ̃] **adv** diabolically

**diabolisation** [djabɔlizasjɔ̃] **nf** [adversaire, ennemi] demonization ◆ **la diabolisation du cannabis** the way cannabis is portrayed as an evil ou dangerous drug

**diaboliser** [djabɔlize] ▸ conjug 1 ◂ **vt** [+ personne, État] to demonize

**diabolo** [djabɔlo] **nm** (= jouet) diabolo ◆ **diabolo grenadine/menthe** (= boisson) grenadine/mint (cordial) and lemonade

**diacétylmorphine** [diasetilmɔʀfin] **nf** diacetylmorphine

**diachronie** [djakʀɔni] **nf** diachrony

**diachronique** [djakʀɔnik] **adj** diachronic

**diachylon** [djakilɔ̃] **nm** diachylon

**diaclase** [djaklɑz] **nf** (Géol) joint *(in rock)*

**diaconal, e,** mpl **-aux** [djakɔnal, o] **adj** diaconal

**diaconat** [djakɔna] **nm** diaconate

**diaconesse** [djakɔnɛs] **nf** deaconess

**diacre** [djakʀ] **nm** deacon

**diacritique** [djakʀitik] **adj** diacritic(al) ◆ **(signe) diacritique** diacritic (mark)

**diadème** [djadɛm] [→ SYN] **nm** (lit, fig = couronne) diadem; (= bijou) tiara

**diagnose** [djagnoz] **nf** (Bio) diagnosis

**diagnostic** [djagnɔstik] **nm** [médecin, expert] diagnosis ◆ **diagnostic prénatal** prenatal ou antenatal diagnosis ◆ **faire** ou **établir** ou **poser un diagnostic** to make a diagnosis ◆ **erreur de diagnostic** error in diagnosis ◆ **il a un bon diagnostic** he's a good diagnostician ◆ **le diagnostic des économistes est pessimiste** the economists' diagnosis ou prognosis is pessimistic

**diagnostique** [djagnɔstik] **adj** diagnostic

**diagnostiquer** [djagnɔstike] [→ SYN] ▸ conjug 1 ◂ **vt** (lit, fig) to diagnose

**diagonal, e,** mpl **-aux** [djagɔnal, o] **1** **adj** diagonal
**2** **diagonale** **nf** diagonal ◆ **couper un tissu dans la diagonale** to cut a fabric on the bias ou on the cross (Brit)
◆ **en diagonale** diagonally, crosswise ◆ **tirer un trait en diagonale** to draw a line across the page ◆ **lire** ou **parcourir en diagonale** to skim through

**diagonalement** [djagɔnalmɑ̃] **adv** diagonally

**diagramme** [djagʀam] [→ SYN] **nm** (= schéma) diagram; (= courbe, graphique) chart, graph ◆ **diagramme à barres** ou **à bâtons** ou **en tuyaux d'orgue** bar chart ou graph ◆ **diagramme sagittal/en arbre** sagittal/tree diagram ◆ **diagramme en secteurs** pie chart

**diagraphe** [djagʀaf] **nm** diagraph

**dialcool** [dialkɔl] **nm** dihydric alcohol, diol, glycol

**dialectal, e,** mpl **-aux** [djalɛktal, o] **adj** dialectal, dialectic(al)

**dialectalisme** [djalɛktalism] **nm** dialectal variation

**dialecte** [djalɛkt] [→ SYN] **nm** dialect

**dialecticien, -ienne** [djalɛktisjɛ̃, jɛn] **nm,f** dialectician

**dialectique** [djalɛktik] [→ SYN] **1** **adj** dialectic(al)
**2** **nf** dialectics sg

**dialectiquement** [djalɛktikmɑ̃] **adv** dialectically

**dialectiser** [djalɛktize] ▸ conjug 1 ◂ **vt** to dialectalize

**dialectologie** [djalɛktɔlɔʒi] **nf** dialectology

**dialectologue** [djalɛktɔlɔg] **nmf** dialectologist

**dialogique** [djalɔʒik] **adj** dialogic

**dialogue** [djalɔg] [→ SYN] **nm** (gén) dialogue, dialog (US) ◆ **le dialogue social** the dialogue between employers (ou government) and trade unions ◆ **c'est un dialogue de sourds** it's a dialogue of the deaf ◆ **c'est un dialogue de sourds entre le syndicat et la direction** the union and the management are not listening to each other ◆ **sa volonté de dialogue** his willingness to engage in dialogue ◆ **c'est un homme de dialogue** he is a man who is open to dialogue ou who is prepared to discuss matters ◆ **il faut établir un dialogue entre parents et enfants** it's important to get parents and children to talk to each other ou to get a dialogue going between parents and children ◆ **"Le Dialogue des Carmélites"** (Littérat) "The Fearless Heart" ◆ **dialogue homme-machine** (Ordin) dialogue between man and machine

**dialoguer** [djalɔge] [→ SYN] ▸ conjug 1 ◂ **1** **vt** [+ roman] to put into dialogue (form)
**2** **vi** to have talks, enter into dialogue (Brit) ou dialog (US) ◆ **dialoguer avec un ordinateur** to interact with a computer ◆ **il veut faire dialoguer syndicats et patronat** he wants to get unions and employers to enter into dialogue

**dialoguiste** [djalɔgist] **nmf** dialogue writer, screen writer

**dialypétale** [djalipetal] **1** **adj** dypetalous
**2** **dialypétales** **nfpl** ◆ **les dialypétales** dypetalous flowers

**dialyse** [djaliz] **nf** dialysis ◆ **dialyse rénale** kidney dialysis ◆ **dialyse péritonéale** peritoneal dialysis ◆ **être en dialyse** to be on dialysis ◆ **subir une dialyse** to have dialysis ◆ **patient sous dialyse** dialysis patient

**dialyser** [djalize] ▸ conjug 1 ◂ **vt** to dialyse (Brit), dialyze (US) ◆ **(malade) dialysé** dialysis patient

**dialyseur** [djalizœʀ] **nm** dialyser (Brit), dialyzer (US)

**diam** * [djam] **nm** (abrév de **diamant**) rock *, diamond

**diamagnétisme** [djamaɲetism] **nm** diamagnetism

**diamant** [djamɑ̃] [→ SYN] **nm** (gén) diamond ◆ **le diamant noir** (fig) the truffle; → **croqueuse**

**diamantaire** [djamɑ̃tɛʀ] **nm** (= tailleur) diamond-cutter; (= vendeur) diamond merchant

**diamanté, e** [djamɑ̃te] **adj** (Tech) diamond-tipped; (littér) eau, lumière glittering

**diamantifère** [djamɑ̃tifɛʀ] **adj** diamantiferous

**diamétral, e,** mpl **-aux** [djametʀal, o] **adj** diametral, diametric(al)

**diamétralement** [djametʀalmɑ̃] [→ SYN] **adv** (Géom) diametrally, diametrically ◆ **points de vue diamétralement opposés** diametrically opposite ou opposed views

**diamètre** [djamɛtʀ] **nm** diameter ◆ **10 m de diamètre** 10 m in diameter

**diamine** [diamin] **nf** diamine

**diaminophénol** [diaminofenɔl] **nm** diaminophenol

**Diane** [djan] **nf** Diane, Diana ◆ **Diane chasseresse** Diana the Huntress

**diane** [djan] [→ SYN] **nf** († Mil) reveille ◆ **sonner/battre la diane** to sound/beat the reveille

**diantre** † [djɑ̃tʀ] [→ SYN] **excl** (aussi hum) by Jove! † (aussi hum), by gad! † (aussi hum) ◆ **qui/pourquoi/comment diantre ... ?** who/why/how the deuce ...? † ou the devil ...? *

**diantrement** [djɑ̃tʀəmɑ̃] **adv** († , hum) devilish †, deuced †

**diapason** [djapazɔ̃] [→ SYN] **nm** **a** (Mus) (= registre) compass, range, diapason; (= instrument) (en métal) tuning fork, diapason; (à vent) pitch pipe, diapason ◆ **diapason de Scheibler** tonometer
**b** (fig) **être au diapason d'une situation** to be in tune with a situation ◆ **se mettre au diapason de qn** to get in tune with sb, get onto sb's wavelength ◆ **il s'est vite mis au diapason** he soon fell ou got in step ou tune with the others

**diapédèse** [djapedɛz] **nf** diapedesis

**diaphane** [djafan] [→ SYN] **adj** tissu diaphanous, filmy; parchemin, porcelaine translucent; mains diaphanous

**diaphanoscopie** [djafanɔskɔpi] **nf** diaphanoscopy

**diaphonie** [djafɔni] **nf** crosstalk

**diaphragme** [djafʀagm] **nm** (Anat, Bot, Tech) diaphragm; (= contraceptif) diaphragm; (Photo) aperture ◆ **ouvrir de deux diaphragmes** (Photo) to open two stops

**diaphragmer** [djafʀagme] ▸ conjug 1 ◂ **vi** (Photo) to adjust the aperture

**diaphyse** [djafiz] **nf** (Anat) shaft

**diapo** * [djapo] **nf** abrév de **diapositive**

**diaporama** [djapɔʀama] **nm** slide show

**diapositive** [djapozitiv] **nf** slide, transparency (Brit) ◆ **passer** ou **projeter des diapositives** to show slides ou transparencies (Brit)

**diapré, e** [djapʀe] [→ SYN] (ptp de **diaprer**) **adj** mottled, variegated

**diaprer** [djapʀe] ▸ conjug 1 ◂ **vt** (littér) to mottle, variegate

**diaprure** [djapʀyʀ] **nf** (NonC, littér) variegation, mottled effect

**diarrhée** [djaʀe] [→ SYN] **nf** diarrhoea (Brit) (NonC), diarrhea (US) (NonC) ◆ **avoir la diarrhée** ou **des diarrhées** to have diarrhoea (Brit) ou diarrhea (US) ◆ **diarrhée verbale** * (péj) verbal diarrhoea *

**diarrhéique** [djaʀeik] **adj** diarrh(o)eal, diarrh(o)eic

**diarthrose** [djaʀtʀoz] **nf** (Anat) hinge joint ◆ **diarthrose rotatoire** pivot joint

**diascope** [djaskɔp] **nm** [blindé] periscope; (= projection) diascope

**diascopie** [djaskɔpi] **nf** diascopy

**diaspora** [djaspɔʀa] **nf** (gén) diaspora ◆ **la Diaspora (juive)** the (Jewish) Diaspora

**diastase** [djastɑz] **nf** diastase

**diastasique** [djastɑzik] **adj** diastatic, diastasic

**diastole** [djastɔl] **nf** diastole

**diastolique** [djastɔlik] **adj** diastolic

**diathèque** [djatɛk] **nf** (= collection) slide ou transparency (Brit) collection; (= salle) slide ou transparency (Brit) room

**diathermane** [djatɛʀman], **diatherme** [djatɛʀm] **adj** diathermic

**diathermie** [djatɛʀmi] **nf** diathermy, diathermia

**diathermique** [djatɛʀmik] **adj** diathermic

**diathèse** [djatɛz] **nf** diathesis

**diatomée** [djatɔme] **nf** diatom

**diatomique** [diatɔmik] **adj** diatomic

**diatomite** [djatɔmit] **nf** diatomite

**diatonique** [djatɔnik] **adj** diatonic

**diatribe** [djatʀib] [→ SYN] **nf** diatribe ◆ **se lancer dans une longue diatribe contre qn** to launch into a long diatribe against sb

**diazoïque** [diazɔik] **adj** diazoic

**dibasique** [dibɑzik] **adj** dibasic

**dichotomie** [dikɔtɔmi] **nf** (Bot, littér) dichotomy

**dichotomique** [dikɔtɔmik] **adj** dichotomous, dichotomic

**dichroïque** [dikʀɔik] **adj** dichroic

**dichroïsme** [dikʀɔism] **nm** dichroism

**dichromatique** [dikʀɔmatik] **adj** dichromatic

**dicline** [diklin] **adj** diclinous

**dico** * [diko] **nm** abrév de **dictionnaire**

**dicotylédone** [dikɔtiledɔn] **1** **adj** dicotyledonous
**2** **nf** dicotyledon

**dicrote** [dikʀɔt] **adj m** pouls dicrotic

**dictame** [diktam] **nm** (Bot) dictamnus

**Dictaphone** ® [diktafɔn] **nm** Dictaphone ®

**dictateur** [diktatœʀ] [→ SYN] **nm** dictator ◆ **ton/allure de dictateur** dictatorial tone/manner ◆ **"le Dictateur"** (Ciné) "the Great Dictator"

**dictatorial, e,** mpl **-iaux** [diktatɔʀjal, jo] → SYN **adj** dictatorial

**dictature** [diktatyʀ] → SYN **nf** dictatorship ◆ **la dictature du prolétariat** dictatorship of the proletariat ◆ **dictature militaire** military dictatorship ◆ **sous la dictature de** under the dictatorship of ◆ **c'est de la dictature !** (fig) this is tyranny!

**dictée** [dikte] → SYN **nf** (= action) dictating, dictation; (= exercice) dictation ◆ **écrire qch sous la dictée** to take down a dictation of sth ◆ **écrire sous la dictée de qn** to take down sb's dictation ou what sb dictates ◆ **dictée musicale** musical dictation ◆ **les dictées de son cœur** (littér) the dictates of his heart

**dicter** [dikte] → SYN ▸ conjug 1 ◂ **vt** [+ lettre, action] to dictate ◆ **ils nous ont dicté leurs conditions** they laid down ou dictated their conditions to us ◆ **les mesures que nous dicte la situation** the steps that the situation imposes upon us ◆ **il m'a dicté sa volonté** he imposed his will upon me ◆ **sa réponse (lui) est dictée par sa femme/par la peur** his reply was dictated by his wife/by fear ◆ **je n'aime pas qu'on me dicte ce que je dois faire !** I won't be dictated to! ◆ **une paix dictée par l'ennemi** peace on the enemy's terms

**diction** [diksjɔ̃] → SYN **nf** (= débit) diction, delivery; (= art) speech production ◆ **professeur/leçons de diction** speech production teacher/lessons

**dictionnaire** [diksjɔnɛʀ] → SYN **nm** dictionary ◆ **dictionnaire analogique** thesaurus ◆ **dictionnaire de langue/de rimes** language/rhyme dictionary ◆ **dictionnaire de données** (Ordin) data directory ou dictionary ◆ **dictionnaire électronique** electronic dictionary ◆ **dictionnaire encyclopédique/étymologique** encyclopaedic/etymological dictionary ◆ **dictionnaire géographique** gazetteer ◆ **dictionnaire des synonymes** dictionary of synonyms ◆ **c'est un vrai dictionnaire** ou **un dictionnaire vivant** he's a walking encyclopaedia

**dictionnairique** [diksjɔnɛʀik] **adj** dictionary (épith)

**dictionnariste** [diksjɔnaʀist] **nmf** lexicographer

**dicton** [diktɔ̃] → SYN **nm** saying, dictum ◆ **il y a un dicton qui dit ...** there's a saying that goes ...

**didacticiel** [didaktisjɛl] **nm** educational software (NonC), piece of educational software ◆ **des didacticiels** educational software

**didactique** [didaktik] → SYN **1** **adj** **a** (= destiné à instruire) ouvrage educational; exposé, style didactic ◆ **matériel didactique** teaching aids
**b** (= savant) mot, terme technical
**c** (Psych) **psychanalyse didactique** training analysis
**2** **nf** didactics sg

**didactiquement** [didaktikmɑ̃] **adv** didactically

**didactisme** [didaktism] **nm** didacticism

**didascalie** [didaskali] **nf** (Théât) stage direction

**Didon** [didɔ̃] **nf** Dido

**dièdre** [djɛdʀ] **1** **adj** angle dihedral
**2** **nm** dihedron, dihedral; (Alpinisme) dièdre, corner

**diélectrique** [dielɛktʀik] **adj, nm** dielectric

**diencéphale** [diɑ̃sefal] **nm** diencephalon

**diencéphalique** [diɑ̃sefalik] **adj** diencephalic

**diérèse** [djeʀɛz] **nf** (Ling) di(a)eresis

**diergol** [diɛʀgɔl] **nm** diergol

**dièse** [djɛz] **nm** (gén) hash mark ou sign; (Mus) sharp ◆ **fa/sol dièse** F/G sharp

**diesel** [djezɛl] **nm** diesel ◆ **(moteur/camion) diesel** diesel engine/lorry (Brit) ou truck

**diéséliste** [djezelist] **nm** (= mécanicien) diesel engineer

**diéser** [djeze] ▸ conjug 6 ◂ **vt** (Mus) to sharpen, make sharp

**Dies irae** [djɛsiʀe] **nm inv** Dies Irae

**diète**[1] [djɛt] → SYN **nf** (Méd) (= jeûne) starvation diet; (= régime) diet ◆ **diète lactée/végétale** milk/vegetarian diet ◆ **mettre qn à la diète** to put sb on a starvation diet ◆ **il est à la diète** he has been put on a starvation diet

**diète**[2] [djɛt] → SYN **nf** (Hist) diet

**diététicien, -ienne** [djetetisjɛ̃, jɛn] → SYN **nm,f** dietician, dietitian

**diététique** [djetetik] → SYN **1** **adj** restaurant, magasin health-food (épith)
**2** **nf** dietetics sg

**diététiste** [djetetist] **nmf** (Can) dietician, dietitian

**dieu,** pl **dieux** [djø] → SYN **nm** **a** (= divinité) god ◆ **les dieux de l'Antiquité** the gods of Antiquity ◆ **le dieu Chronos** the god Chronos
**b** (dans le monothéisme) **Dieu** God ◆ **le Dieu des chrétiens/musulmans** the God of the Christians/Muslims ◆ **Dieu le père** God the Father ◆ **c'est Dieu le père dans l'entreprise** (hum) he's God ou he's the big white chief in the company ◆ **une société/génération sans Dieu** a godless society/generation ◆ **le bon Dieu** the good ou dear Lord ◆ **donner/recevoir le bon Dieu** to offer/receive the Lord (in Sacrament) ◆ **on lui donnerait le bon Dieu sans confession** he looks as if butter wouldn't melt in his mouth ◆ **faire de qn son dieu** to idolize ou worship sb, put sb on a pedestal ◆ **il n'a ni dieu ni maître** he has neither lord nor master; → **âme, homme**
**c** (= idole) god
**d** (LOC) **mon Dieu !** my God!, my goodness! ◆ **(grand) Dieu !, grands Dieux !** good God!, good heavens! ◆ **Dieu qu'il est beau/bête !** he's so good-looking/stupid! ◆ **mon Dieu oui, on pourrait ...** well yes, we could ... ◆ **Dieu vous bénisse !** God bless you! ◆ **que Dieu vous assiste !** may God be with you! ◆ **à Dieu ne plaise !, Dieu m'en garde !** God forbid! ◆ **Dieu vous entende/aide !** may God hear your prayer/help you! ◆ **Dieu seul le sait** God only ou alone knows ◆ **Dieu sait s'il est généreux/si nous avons essayé !** God knows he's generous/we've tried! ◆ **Dieu sait pourquoi elle l'a épousé** heaven ou God (only) knows why she married him ◆ **Dieu merci, Dieu soit loué !** (frm) thank God!, praise the Lord! ◆ **Dieu merci, il n'a pas plu** it didn't rain, thank goodness ou thank God ou thank heaven(s) ◆ **c'est pas Dieu possible !** * that's just not possible ◆ **à-Dieu-vat !** † (entreprise risquée) it's in God's hands; (départ) Godspeed ◆ **Dieu m'est témoin que je n'ai jamais ...** as God is my witness I have never ... ◆ **tu vas te taire bon Dieu !** ‡ for Christ's sake ‡ ou sakes ‡ (US) will you be quiet!; → **amour, grâce, plaire**

**diffamant, e** [difamɑ̃, ɑ̃t] → SYN **adj** propos slanderous, defamatory; écrits libellous, defamatory

**diffamateur, -trice** [difamatœʀ, tʀis] **1** **adj** propos slanderous, defamatory; écrit libellous, defamatory
**2** **nm,f** slanderer

**diffamation** [difamasjɔ̃] → SYN **nf** **a** (NonC) (gén) defamation (of character); (en paroles) slander; (par écrit) libel ◆ **campagne de diffamation** smear campaign ◆ **procès en diffamation** action for slander (ou libel) ◆ **engager des poursuites en diffamation contre qn** to sue sb for slander (ou libel) ◆ **il a été condamné pour diffamation envers X** he was found guilty of slander (ou libel) against X ou of slandering (ou libelling) X
**b** (= propos) slander (NonC); (= pamphlet) libel (NonC) ◆ **les diffamations des journaux** the libellous reports in the newspapers

**diffamatoire** [difamatwaʀ] **adj** (gén) defamatory; propos slanderous; écrit libellous ◆ **avoir un caractère diffamatoire** to be slanderous (ou libellous)

**diffamer** [difame] → SYN ▸ conjug 1 ◂ **vt** (en paroles) to slander, defame; (par écrit) to libel, defame

**différé, e** [difeʀe] (ptp de **différer**) **1** **adj** (TV) (pre-)recorded
**2** **nm** ◆ **(émission en) différé** (pre-)recorded programme, recording ◆ **le match sera retransmis en différé** the match will be broadcast at a later time

**différemment** [difeʀamɑ̃] **adv** differently

**différence** [difeʀɑ̃s] GRAMMAIRE ACTIVE 5.1, 5.4, 26.5 → SYN **nf** **a** (gén) difference ◆ **différence d'opinion** difference of opinion ◆ **différence d'âge/de prix** difference in age/price, age/price difference ◆ **ils ont neuf ans de différence** there are nine years between them ◆ **quelle différence avec les autres !** what a difference from the others! ◆ **ne pas faire de différence** to make no distinction (entre between) ◆ **ils savent faire la différence entre vérité et mensonge** they can tell the difference ou distinguish between truth and falsehood ◆ **c'est son service qui a fait la différence** (Tennis) it was his serve that made all the difference ◆ **il fait des différences entre ses enfants** he doesn't treat all his children in the same way ou equally ◆ **tu auras à payer la différence** you will have to make up ou pay the difference ◆ **différence de buts** (Ftbl) goal difference
**b** (= identité) **marquer sa différence** to assert one's (ou its) distinctive identity ◆ **il fait entendre sa différence au sein du parti** he voices his dissent in the party
**c** (LOC) **à la différence de** unlike ◆ **à la différence** ou **à cette différence que** except (for the fact) that

**différenciateur, -trice** [difeʀɑ̃sjatœʀ, tʀis] **adj** differentiating, differential

**différenciation** [difeʀɑ̃sjasjɔ̃] → SYN **nf** differentiation

**différencié, e** [difeʀɑ̃sje] (ptp de **différencier**) **adj** (Bio) cellule, tissu differentiated; (Sociol) groupe ethnique diverse; (Scol) enseignement, filières specialized

**différencier** [difeʀɑ̃sje] GRAMMAIRE ACTIVE 5.1 → SYN ▸ conjug 7 ◂
**1** **vt** to differentiate
**2** **se différencier** **vpr** (= être différent de) to differ (de from); (= devenir différent) to become differentiated (de from); (= se rendre différent) to differentiate o.s. (de from)

**différend** [difeʀɑ̃] → SYN **nm** difference of opinion, disagreement; (Jur, Fin) controversy ◆ **avoir un différend avec qn** to have a difference of opinion with sb

**différent, e** [difeʀɑ̃, ɑ̃t] GRAMMAIRE ACTIVE 26.3 → SYN **adj** **a** (= dissemblable) different (de from) ◆ **dans des circonstances différentes, je vous aurais aidé** if things had been different ou in other ou different circumstances, I would have helped you ◆ **chercher des solutions différentes** to try to find alternative ou other solutions
**b** (pl, gén avant n) (= divers) different, various ◆ **à différentes reprises** on several different ou on various occasions ◆ **à différentes heures de la journée** at different times of the day ◆ **pour différentes raisons** for various ou diverse (frm) reasons

**différentiation** [difeʀɑ̃sjasjɔ̃] **nf** (Math) differentiation

**différentiel, -ielle** [difeʀɑ̃sjɛl] **1** **adj, nm** (gén) differential ◆ **différentiel d'inflation** inflation differential
**2** **différentielle** **nf** differential

**différentier** [difeʀɑ̃sje] ▸ conjug 7 ◂ **vt** (Math) to differentiate

**différer** [difeʀe] → SYN ▸ conjug 6 ◂ **1** **vi** **a** (= être dissemblable) to differ, be different (de from; en, par in) ◆ **leur politique ne diffère en rien de celle de leurs prédécesseurs** their policy is no different ou is in no way different from their predecessors
**b** (= diverger) to differ ◆ **elle et moi différons sur** ou **en tout** she and I differ about everything
**c** (= varier) to differ, vary ◆ **la mode diffère de pays à pays** fashions differ ou vary from one country to the next
**2** **vt** [+ travail] to postpone, put off; [+ jugement, paiement, départ] to defer, postpone ◆ **différer une décision** to defer ou postpone making ou put off making a decision ◆ **à quoi bon différer plus longtemps ?** why delay any longer? ◆ **différer de** ou **à faire qch** (frm) to delay ou defer ou postpone doing sth; → **crédit**

**difficile** [difisil] GRAMMAIRE ACTIVE 6.3, 16.4 → SYN **adj** **a** (= ardu) travail, problème difficult ◆ **il nous est difficile de prendre une décision tout de suite** it is difficult ou hard for us ou we find it difficult ou hard to make a decision straight away ◆ **il a eu un moment difficile lorsque sa femme est morte** he went through a difficult ou hard time when his wife died ◆ **il a trouvé l'expédition difficile** he found the expedition hard going ou heavy going ◆ **difficile à faire** difficult ou hard to do ◆ **morceau difficile (à jouer)** ou **d'exécution difficile** difficult ou hard piece to play

**b** (= délicat) position, situation difficult, awkward ◆ **ils ont des fins de mois difficiles** they have a hard time making ends meet

**c** personne (= contrariant) difficult, trying; (= exigeant) hard ou difficult to please (attrib), fussy ◆ **un enfant difficile** a difficult ou a problem child ◆ **elle a un caractère difficile** she's difficult ou awkward ◆ **elle est difficile pour ce qui est de** ou **en ce qui concerne la propreté** she's a stickler for cleanliness, she's very fussy ou particular about cleanliness ◆ **être** ou **se montrer difficile sur la nourriture** to be difficult ou fussy ou finicky about one's food ◆ **il ne faut pas être trop difficile** ou **(trop) faire le difficile** it's no good being too fussy ou over-fussy ◆ **cette chambre ne vous plaît pas ? vous êtes vraiment difficile !** don't you like this room? you really are hard ou difficult to please! ◆ **elle est difficile dans le choix de ses amis** she's very selective ou choosy* about her friends; → **vivre**

**d** banlieue, quartier tough

**difficilement** [difisilmɑ̃] adv marcher, s'exprimer with difficulty ◆ **c'est difficilement visible/croyable** it's difficult ou hard to see/believe ◆ **il gagne difficilement sa vie** he finds it difficult ou hard to earn a living

**difficulté** [difikylte] → SYN nf **a** (NonC) difficulty ◆ **selon la difficulté du travail** depending on how difficult the work is, according to the difficulty of the work ◆ **faire qch avec difficulté** to do sth with difficulty ◆ **avoir** ou **éprouver de la difficulté à faire qch** to have difficulty (in) doing sth, find it difficult ou hard to do sth ◆ **j'ai eu beaucoup de difficulté à trouver des arguments** I had great difficulty finding ou I was hard put to find any arguments

♦ **en difficulté** ◆ **être** ou **se trouver en difficulté** [personne] to find o.s. in difficulty, be in difficulties ou in trouble; [entreprise] to be having difficulties ◆ **avion/navire en difficulté** aircraft/ship in distress ◆ **couple en difficulté** couple with problems ◆ **enfant en difficulté** (Scol) child with learning difficulties; (Psych) child with emotional difficulties ◆ **mettre qn en difficulté** to put sb in a difficult position ◆ **notre gardien de but a été plusieurs fois en difficulté** our goalkeeper ran into trouble several times

**b** (= embarras, obstacle) difficulty, problem; [texte, morceau de musique] difficult passage, difficulty ◆ **avoir des difficultés pour faire qch** to have some difficulty (in) doing sth ◆ **enfant qui a des difficultés (à l'école/en orthographe)** child who has difficulty ou difficulties (at school/with spelling) ◆ **avoir des difficultés financières** to be in financial difficulties ou straits ◆ **il s'est heurté à de grosses difficultés** he has come up against grave difficulties ◆ **ils ont des difficultés avec leurs enfants** they have problems ou trouble with their children ◆ **cela ne fait** ou **ne présente aucune difficulté** that presents ou poses no problem ◆ **il y a une difficulté** there's a problem ou hitch* ou snag* ◆ **c'est là la difficulté** that's where the trouble lies, that's the difficulty ◆ **il a fait des difficultés pour accepter nos conditions** he made ou raised difficulties about accepting our conditions ◆ **il n'a pas fait de difficultés pour nous suivre** he followed us without protest ou fuss ◆ **sans difficulté** easily, without any difficulty ◆ **en cas de difficulté** in case of difficulty

**difficultueux, -euse** † [difikyltɥø, øz] → SYN adj difficult, awkward

**diffluence** [diflyɑ̃s] nf (Géog) diffluence

**diffluent, e** [diflyɑ̃, ɑ̃t] adj flowing (épith)

**difforme** [difɔʀm] → SYN adj corps, membre, visage deformed, misshapen; arbre twisted

**difformité** [difɔʀmite] → SYN nf deformity ◆ **présenter des difformités** to have deformities, be deformed

**diffracter** [difʀakte] ▸ conjug 1 ◂ vt to diffract

**diffraction** [difʀaksjɔ̃] nf diffraction; → **réseau**

**diffus, e** [dify, yz] → SYN adj (gén) diffuse; douleur diffuse, not localized

**diffuser** [difyze] → SYN ▸ conjug 1 ◂ **1** vt **a** [+ lumière, chaleur] to diffuse

**b** [+ rumeur, idée, nouvelle] to spread; [+ connaissances] to disseminate, spread ◆ **la police a diffusé le signalement du ravisseur** the police have issued a description of the kidnapper

**c** (Radio, TV) [+ émission] to broadcast ◆ **le concert était diffusé en direct/en différé** the concert was broadcast live/was prerecorded ◆ **des slogans diffusés par haut-parleur** slogans broadcast over a loudspeaker

**d** (= distribuer) [+ livres, revues] to distribute; [+ tracts] to distribute, circulate ◆ **hebdomadaire diffusé à 80 000 exemplaires** weekly magazine with a circulation of 80,000

**2** vi (Sci) to diffuse

**3** **se diffuser** vpr [chaleur, lumière] to be diffused; [rumeur, idée, nouvelle, phénomène] to spread

**diffuseur** [difyzœʀ] nm (Aut, Tech = appareil) diffuser; (Presse = distributeur) distributor; (fig = propagateur) diffuser, spreader ◆ **diffuseur de parfum** diffuser *(for room fragrance)* ◆ **diffuseur d'insecticide** electric mosquito killer

**diffusion** [difyzjɔ̃] → SYN nf **a** [lumière, chaleur] diffusion

**b** [rumeur, idée, nouvelle] spreading; [connaissances] dissemination, diffusion

**c** (Radio, TV) [émission] broadcasting ◆ **des films en première diffusion** films being shown ou broadcast for the first time on television ◆ **diffusion numérique** digital broadcasting

**d** (= distribution) [livres, revues] distribution; [tracts] distribution, circulation ◆ **journal de grande diffusion** large ou wide circulation paper ◆ **pour diffusion restreinte** rapport (gén) restricted; (secret d'État) classified

**e** (Méd) [maladie, virus] spread, spreading

**diffusionnisme** [difyzjɔnism] nm diffusionism

**digamma** [diga(m)ma] nm digamma

**digérer** [diʒeʀe] → SYN ▸ conjug 6 ◂ vt **a** [+ aliment, connaissance] to digest ◆ **je l'ai bien/mal digéré** I had no trouble/I had trouble digesting it ◆ **c'est du Marx mal digéré** it's ill-digested Marx

**b** (* = supporter) [+ insulte, attitude] to stomach*, put up with; [+ échec, choc] to accept, come to terms with ◆ **je ne peux plus digérer son insolence** I won't put up with ou stand for his insolence any longer

**digest** [dajʒɛst, diʒɛst] → SYN nm digest

**digeste** [diʒɛst] → SYN adj aliment easily digested, easily digestible ◆ **c'est un livre peu digeste** * this book's rather heavy going

**digesteur** [diʒɛstœʀ] nm (Chim) digester

**digestibilité** [diʒɛstibilite] nf digestibility

**digestible** [diʒɛstibl] adj easily digested, easily digestible

**digestif, -ive** [diʒɛstif, iv] → SYN **1** adj digestive; → **tube**

**2** nm (Méd) digestive; (= liqueur) liqueur

**digestion** [diʒɛstjɔ̃] → SYN nf digestion ◆ **j'ai une digestion difficile** I have trouble digesting, I have digestive problems

**digicode ®** [diʒikɔd] nm (press-button) door-entry system ◆ **y a-t-il un digicode pour entrer chez toi ?** do you have a door code?

**digit** [diʒit] → SYN nm (Ordin) (= chiffre) digit; (= caractère) character

**digital, e**[1], mpl **-aux** [diʒital, o] → SYN adj (gén) digital; → **empreinte**[2]

**digitale**[2] [diʒital] → SYN nf digitalis ◆ **digitale pourprée** foxglove

**digitaline** [diʒitalin] nf digitalin

**digitaliser** [diʒitalize] ▸ conjug 1 ◂ vt [+ données, images] to digitize ◆ **son digitalisé** digital sound

**digitaliseur** [diʒitalizœʀ] nm digitizer

**digité, e** [diʒite] adj digitate(d)

**digitiforme** [diʒitifɔʀm] adj digitiform

**digitigrade** [diʒitigʀad] adj, nm digitigrade

**diglossie** [diglɔsi] nf diglossia

**digne** [diɲ] → SYN adj **a** (= auguste) dignified ◆ **il avait un air très digne** he had a very dignified air (about him)

**b** (= qui mérite) **digne de** [+ admiration, intérêt] worthy of, deserving (of) ◆ **digne de ce nom** worthy of the name ◆ **digne d'être remarqué** noteworthy ◆ **digne d'éloges** praiseworthy ◆ **digne de foi** trustworthy ◆ **digne de pitié** pitiable ◆ **digne d'envie** enviable ◆ **vous devez vous montrer dignes de représenter la France** you must show that you are fit ou worthy to represent France ◆ **livre à peine digne d'être lu** book which is scarcely worth reading ou which scarcely deserves to be read ◆ **il n'est pas digne de vivre** he's not fit to live ◆ **je ne suis pas digne que vous m'offriez votre soutien** I am not worthy of your offering me your support (littér)

**c** (= à la hauteur) worthy ◆ **son digne fils/père/représentant** his worthy son/father/representative ◆ **tu es le digne fils** ou **tu es digne de ton père** (lit, péj) you're fit to be your father's son, you take after your father ◆ **avoir un adversaire digne de soi** to have an opponent worthy of oneself ◆ **œuvre digne de son auteur** work worthy of its author ◆ **avec une attitude peu digne d'un juge** with an attitude little befitting a judge ou unworthy of a judge ◆ **un dessert digne d'un si fin repas** a fitting dessert for such a fine meal

**dignement** [diɲ(ə)mɑ̃] adv **a** (= noblement) with dignity ◆ **garder dignement le silence** to maintain a dignified silence

**b** (= justement) fittingly, justly ◆ **être dignement récompensé** to receive a fitting ou just reward, be fittingly ou justly rewarded

**dignitaire** [diɲitɛʀ] → SYN nm dignitary

**dignité** [diɲite] → SYN nf **a** (= noblesse) dignity ◆ **la dignité du travail** the dignity of labour ◆ **la dignité de la personne humaine** human dignity ◆ **avoir de la dignité** to be dignified, have dignity ◆ **manquer de dignité** to be lacking in dignity, be undignified ◆ **c'est contraire à sa dignité** (hum) it is beneath his dignity ◆ **elle entra, pleine de dignité** she came in with great dignity

**b** (= fonction) dignity ◆ **être élevé à la dignité de juge** to be promoted to the dignity ou rank of judge

**digramme** [digʀam] nm digraph

**digression** [digʀesjɔ̃] → SYN nf digression ◆ **faire une digression** to digress, make a digression

**digue** [dig] → SYN nf (gén) dyke, dike; (pour protéger la côte) sea wall; (fig) barrier ◆ **élever des digues contre qch** to erect barriers against sth

**diholoside** [diolozid] nm disaccharide

**diktat** [diktat] nm diktat

**dilapidateur, -trice** [dilapidatœʀ, tʀis] → SYN **1** adj wasteful

**2** nm,f spendthrift, squanderer ◆ **dilapidateur des fonds publics** embezzler of public funds

**dilapidation** [dilapidasjɔ̃] → SYN nf [héritage, fortune] squandering; [fonds publics, biens] embezzlement, misappropriation

**dilapider** [dilapide] → SYN ▸ conjug 1 ◂ vt [+ héritage, fortune] to squander; [+ énergie] to waste; [+ fonds publics, biens] to embezzle, misappropriate

**dilatabilité** [dilatabilite] nf dilatability

**dilatable** [dilatabl] adj corps dilatable

**dilatant, e** [dilatɑ̃, ɑ̃t] **1** adj dilative

**2** nm dilat(at)or

**dilatateur, -trice** [dilatatœʀ, tʀis] **1** adj dilative

**2** nm ◆ **(muscle) dilatateur** dilat(at)or, dilater

**dilatation** [dilatasjɔ̃] → SYN nf [pupille, narine, vaisseau, col de l'utérus] dilation, dilatation; [estomac] distension; [métal, gaz, liquide] expansion; [pneu] swelling, distension ◆ **avoir une dilatation d'estomac** to have a distended stomach ◆ **dilatation cardiaque** cardiac dila(ta)tion

**dilater** [dilate] → SYN ▸ conjug 1 ◂ **1** vt [+ pupille, narine, vaisseau, col de l'utérus, cœur] to dilate; [+ estomac] to distend; [+ métal, gaz, liquide] to cause to expand; [+ pneu] to cause to swell

**2** **se dilater** vpr [pupille, narine] to dilate; [estomac] to distend; [métal, gaz, liquide] to expand; [pneu] to swell ◆ **se dilater les poumons** to open one's lungs ◆ **pupilles**

dilatées dilated pupils ◆ **pores dilatés** enlarged pores ◆ **se dilater la rate** † to split one's sides (laughing) *

**dilatoire** [dilatwaʀ] adj ◆ **manœuvres** ou **moyens dilatoires** delaying ou stalling tactics ◆ **donner une réponse dilatoire** to play for time

**dilatomètre** [dilatɔmɛtʀ] nm dilatometer

**dilemme** [dilɛm] [→ SYN] nm dilemma ◆ **sortir du dilemme** to resolve the dilemma ◆ **enfermer qn dans un dilemme** to put sb in a dilemma

**dilettante** [dilɛtɑ̃t] [→ SYN] nmf (= amateur d'art) dilettante; (péj = amateur) dilettante, dabbler ◆ **faire qch en dilettante** (en amateur) to dabble in sth; (péj) to do sth in an amateurish way

**dilettantisme** [dilɛtɑ̃tism] [→ SYN] nm amateurishness ◆ **faire qch avec dilettantisme** to do sth in an amateurish way ou amateurishly

**diligemment** [diliʒamɑ̃] adv (littér) (= avec soin) diligently; (= avec célérité) promptly, speedily

**diligence** [diliʒɑ̃s] [→ SYN] nf **a** (†, littér = empressement) haste, dispatch ◆ **faire diligence** to make haste, hasten ◆ **en diligence** posthaste †, speedily

**b** (littér = soin) diligence, conscientiousness ◆ **à la diligence du ministre** (Jur) at the minister's behest (littér) ou request

**c** (Hist = voiture) diligence, stagecoach

**diligent, e** [diliʒɑ̃, ɑ̃t] [→ SYN] adj (littér) **a** (= actif) serviteur prompt

**b** (= assidu) employé, travail diligent, conscientious; soins, attention diligent, sedulous (frm)

**diligenter** [diliʒɑ̃te] ► conjug 1 ◄ vt (Admin) [+ enquête] to expedite, hasten

**diluant** [dilɥɑ̃] nm thinner

**diluer** [dilɥe] [→ SYN] ► conjug 1 ◄ vt **a** [+ liquide] to dilute; [+ peinture] to thin (down); (péj) [+ discours] to pad out ◆ **alcool dilué** alcohol diluted with water ◆ **ce médicament se dilue dans l'eau** this medicine should be diluted with water

**b** [+ force, pouvoir] to dilute, weaken

**c** (Fin) [+ participation, capital, bénéfice] to dilute ◆ **capital dilué** diluted capital

**dilution** [dilysjɔ̃] nf **a** [liquide] dilution; [peinture] thinning (down); (péj) [discours] padding out ◆ **à haute dilution** highly diluted

**b** [force, pouvoir] dilution, weakening

**c** (Fin) dilution

**diluvien, -ienne** [dilyvjɛ̃, jɛn] adj pluie torrential; (Bible) époque diluvian

**diluvium** [dilyvjɔm] nm diluvium

**dimanche** [dimɑ̃ʃ] nm Sunday ◆ **le dimanche des Rameaux/de Pâques** Palm/Easter Sunday ◆ **le dimanche de Noël** the Sunday after Christmas ◆ **les dimanches de l'Avent/de Carême** the Sundays in Advent/Lent ◆ **mettre son costume** ou **ses habits du dimanche** to put on one's Sunday clothes ou one's Sunday best ◆ **promenade/journal du dimanche** Sunday walk/(news)paper ◆ **peintre/sportif du dimanche** (péj) amateur ou spare-time painter/sportsman ◆ **chauffeur du dimanche** Sunday driver ◆ **sauf dimanche et jours fériés** Sundays and holidays excepted ◆ **ici, c'est pas tous les jours dimanche !** life isn't always much fun here! ◆ **allez, encore un verre, c'est pas tous les jours dimanche !** go on, have another, it's not every day we have an excuse for celebrating!; pour autres loc voir **samedi**

**dîme** [dim] nf (Hist) tithe ◆ **lever une dîme sur qch** to tithe sth ◆ **payer la dîme du vin/des blés** to pay tithes ou the tithe on wine/corn ◆ **le grossiste/l'État prélève sa dîme (sur la marchandise)** (fig) the wholesaler takes his/the State takes its cut (on the goods)

**dimension** [dimɑ̃sjɔ̃] [→ SYN] nf **a** (= taille) [pièce, terrain] size ◆ **avoir la même dimension** to be the same size, have the same dimensions ◆ **de grande/petite dimension** large/small-sized, of large/small dimensions ◆ **faire une étagère à la dimension d'un recoin** to make a shelf to fit (into) an alcove

**b** (= mesure) **dimensions** dimensions ◆ **quelles sont les dimensions de la pièce ?** what are the dimensions ou measurements of the room?, what does the room measure? ◆ **ce placard est fait aux dimensions du mur** the cupboard has been built to the dimensions of the wall ou built to fit the wall ◆ **mesurez-le dans la plus grande dimension** measure it at the widest ou longest point ◆ **prendre la dimension de qn/d'un problème** to size sb/a problem up

**c** (= importance) **une entreprise de dimension internationale** a company of international standing ◆ **une erreur de cette dimension** a mistake of this magnitude ◆ **un repas à la dimension de son appétit** a meal commensurate with one's appetite ◆ **une tâche à la dimension de son talent** a task equal to ou commensurate with one's talent ◆ **il n'a pas la dimension d'un premier ministre** he hasn't got what it takes to be a prime minister

**d** (Philos, Phys) dimension ◆ **la troisième/quatrième dimension** the third/fourth dimension ◆ **à** ou **en 2/3 dimensions** 2-/3-dimensional

**dimensionnel, -elle** [dimɑ̃sjɔnɛl] adj dimensional

**dimensionnement** [dimɑ̃sjɔnmɑ̃] nm [objet] proportioning

**dimensionner** [dimɑ̃sjɔne] ► conjug 1 ◄ vt to proportion ◆ **objet bien dimensionné** well-proportioned object

**dimère** [dimɛʀ] nm dimer

**diminué, e** [diminɥe] (ptp de **diminuer**) adj **a** (= affaibli) **il est (très)** ou **c'est un homme (très) diminué depuis son accident** he's not (at all) the man he was since his accident ◆ **très diminué physiquement** in very poor health ◆ **très diminué mentalement** mentally much less alert

**b** (Mus) diminished; (Tricot) vêtement fully-fashioned; rang de tricot decreased

**diminuer** [diminɥe] [→ SYN] ► conjug 1 ◄ **1** vt **a** (= réduire) [+ longueur, largeur, quantité, vitesse] to reduce, decrease; [+ durée, volume, nombre] to reduce, decrease; [+ prix, impôts, consommation, valeur] to reduce, bring down; [+ son] to lower, turn down; [+ ardeur] to dampen; [+ chances de succès, intérêt] to lessen, reduce, diminish ◆ **diminuer les effectifs** to cut back on numbers, reduce ou cut back the numbers ◆ **diminuer le plaisir de qn** to take away from sb's pleasure ◆ **diminuer les forces de qn** to diminish sb's strength

**b** (= affaiblir) [+ personne] to weaken ◆ **ça l'a beaucoup diminué physiquement/moralement** it greatly weakened him physically/mentally

**c** (= rabaisser) [+ personne] to belittle; [+ mérite, talent] to belittle, depreciate ◆ **il cherche toujours à se diminuer** he's always putting himself down

**d** (Tricot) to decrease

**2** vi **a** [violence, intensité] to diminish, lessen; [lumière] to fade; [bruit] to die down; [pluie] to let up; [orage] to die down, subside; [intérêt, ardeur] to die down, decrease, diminish ◆ **l'attaque/le bruit diminue d'intensité** the attack/noise is dying down ou is decreasing in intensity

**b** [effectifs, nombre, valeur, pression] to decrease, diminish, fall; [provisions] to diminish, run low; [forces] to decline, diminish ◆ **diminuer de longueur/largeur** to grow shorter/narrower, decrease in length/width ◆ **le (prix du) beurre a diminué** butter has gone ou come down ou dropped in price ◆ **ça a diminué de volume** it has got smaller ◆ **les jours diminuent** the days are growing shorter ou drawing in (Brit)

**diminutif, -ive** [diminytif, iv] [→ SYN] **1** adj suffixe diminutive

**2** nm (Ling) diminutive; (= petit nom) pet name (*de* for), diminutive (*de* of)

**diminution** [diminysjɔ̃] [→ SYN] nf **a** [longueur, largeur, vitesse] reduction, decreasing; [durée, volume, nombre, quantité] reduction, decreasing; [prix, impôts, consommation, valeur] reduction, bringing down, cutting back ◆ **il nous a consenti une petite diminution** he gave us a small reduction ◆ **une diminution très nette du nombre des accidents** a marked decrease ou drop ou fall-off in the number of accidents ◆ **être en nette diminution** to be falling rapidly

**b** [chances de succès, plaisir, intérêt] lessening, reduction; [violence, intensité] diminishing, lessening

**c** [lumière, bruit] fading, diminishing; [circulation] dying down; [pluie] letting up, diminishing; [orage] dying down, dying away, subsiding; [ardeur] dying down, diminishing, decrease (*de* in)

**d** (Tricot) decreasing ◆ **faire une diminution** to decrease ◆ **commencer les diminutions** to begin decreasing

**dimorphe** [dimɔʀf] adj dimorphous, dimorphic

**dimorphisme** [dimɔʀfism] nm dimorphism

**DIN** [din] nm inv (abrév de **Deutsche Industrie Norm**) DIN ◆ **les DIN et les ASA** DIN and ASA standards

**dinanderie** [dinɑ̃dʀi] nf (= commerce) copperware trade; (= articles) copperware

**dinandier** [dinɑ̃dje] nm copperware manufacturer and retailer

**dinar** [dinaʀ] nm dinar

**dînatoire** [dinatwaʀ] adj (frm) ◆ **goûter dînatoire** substantial afternoon meal, ≃ high tea (Brit) ◆ **buffet dînatoire** ≃ buffet dinner

**dinde** [dɛ̃d] nf **a** (Zool) turkey hen; (Culin) turkey ◆ **dinde rôtie/de Noël** roast/Christmas turkey

**b** (péj = fille stupide) silly little goose

**dindon** [dɛ̃dɔ̃] nm **a** (gén) turkey; (mâle) turkey cock

**b** ( * = homme sot) **être le dindon (de la farce)** to be the fall guy *; → **pavaner**

**dindonneau,** pl **dindonneaux** [dɛ̃dɔno] nm (Zool) turkey poult; (Culin) turkey

**dîner** [dine] [→ SYN] ► conjug 1 ◄ **1** vi **a** (le soir) to have dinner, dine ◆ **dîner aux chandelles** to have dinner ou to dine by candlelight ◆ **dîner d'une tranche de pain** to have a slice of bread for dinner ◆ **avoir qn à dîner** to have sb (round) to dinner; → **dormir**

**b** (Can, Helv, Belg) to have lunch

**2** nm **a** (= repas du soir) dinner ◆ **ils donnent un dîner demain** they are having a dinner party tomorrow ◆ **dîner de famille/d'affaires** family/business dinner ◆ **dîner en ville** (formal) dinner party ◆ **avant le dîner** before dinner

**b** (Can, Helv, Belg) lunch

**dînette** [dinɛt] nf **a** (= jeu d'enfants) doll's tea party ◆ **jouer à la dînette** to play at having a tea party ◆ **venez à la maison, on fera (la) dînette** * come round and we'll have a bite to eat

**b** (= jouet) **dînette de poupée** doll's tea set, toy tea set

**dîneur, -euse** [dinœʀ, øz] nm,f diner

**ding** [diŋ] excl ding ◆ **ding dong !** ding dong!

**dingo**[1] [dɛ̃go] nm (= chien) dingo

**dingue** * [dɛ̃g], **dingo**[2] * † [dɛ̃go] **1** adj personne nuts *, crazy *, barmy * (Brit) ◆ **il y avait un bruit dingue** it was incredibly noisy ◆ **tu verrais les prix, c'est dingue !** you should see the prices, they're crazy ou incredible! ◆ **un film dingue** a really way-out * film ◆ **un vent dingue** a hell of * a wind, an incredible wind ◆ **il est dingue de cette fille/de ce chanteur** he's crazy * ou nuts * ou mad * about that girl/singer

**2** nmf nutcase *, loony * ◆ **on devrait l'envoyer chez les dingues** he ought to be locked up ou to be sent to the loony bin ✻ ◆ **c'est un dingue de la voiture/de la guitare** he's crazy * ou nuts * ou mad * about cars/guitar-playing

**dinguer** * [dɛ̃ge] ► conjug 1 ◄ vi ◆ **aller dinguer** [personne] to fall flat on one's face, go sprawling; [chose] to go crashing down, go flying * ◆ **envoyer dinguer qn** (= faire tomber) to send sb flying *; (= chasser) to tell sb to buzz off * ou push off * ◆ **envoyer dinguer qch** to send sth flying *

**dinguerie** * [dɛ̃gʀi] nf craziness, stupidity ◆ **toutes ces dingueries** all these stupidities

**dinoflagellés** [dinoflaʒele] nmpl ◆ **les dinoflagellés** the Dinoflagellates, the Dinoflagellata (SPÉC)

**dinosaure** [dinɔzɔʀ] nm (Zool, fig) dinosaur

**dinosauriens** [dinɔsɔʀjɛ̃] nmpl ◆ **les dinosauriens** dinosaurians

**diocésain, e** [djɔsezɛ̃, ɛn] adj, nm,f diocesan

**diocèse** [djɔsɛz] [→ SYN] nm diocese

**diode** [djɔd] nf diode

**Diogène** [djoʒɛn] nm Diogenes

**dioïque** [djɔik] adj dioecious (Brit), diecious (US)

**dionée** [djɔne] nf Venus's-flytrap, Venus fly-trap

**dionysiaque** [djɔnizjak] → SYN adj Dionysian, Dionysiac ◆ **les dionysiaques** the Dionysia

**Dionysos** [djɔnizɔs] nm Dionysus, Dionysos

**dioptre** [djɔptʀ] nm dioptre

**dioptrie** [djɔptʀi] nf dioptre

**dioptrique** [djɔptʀik] 1 adj dioptric(al)
2 nf dioptrics sg

**diorama** [djɔʀama] nm diorama

**diorite** [djɔʀit] nf diorite

**dioxine** [diɔksin] nf dioxin

**dioxyde** [diɔksid] nm dioxide

**dipétale** [dipetal] adj dipetalous

**diphasé, e** [difɑze] adj diphase, diphasic, two-phase

**diphénol** [difenɔl] nm biphenol, diphenol

**diphényle** [difenil] nm biphenyl, diphenyl

**diphtérie** [diftеʀi] → SYN nf diphtheria

**diphtérique** [difteʀik] adj diphther(it)ic, diphtherial

**diphtongaison** [diftɔ̃gɛzɔ̃] nf diphthongization

**diphtongue** [diftɔ̃g] nf diphthong

**diphtonguer** vt, **se diphtonguer** vpr [diftɔ̃ge] ▸ conjug 1 ◂ to diphthongize

**diplocoque** [diplɔkɔk] nm diplococcus

**diplodocus** [diplɔdɔkys] nm diplodocus

**diploé** [diplɔe] nm diploë

**diploïde** [diplɔid] adj diploid

**diplômant, e** [diplomɑ̃, ɑ̃t] adj ◆ **formation diplômante** *course leading to a qualification*, ≃ certificate course

**diplomate** [diplɔmat] → SYN 1 adj diplomatic
2 nmf (= ambassadeur, personne habile) diplomat
3 nm (Culin) ≃ trifle ◆ **diplomate au chocolat** ≃ chocolate charlotte russe

**diplomatie** [diplɔmasi] → SYN nf (Pol, fig) diplomacy ◆ **le personnel de la diplomatie** the diplomatic staff ◆ **faire preuve de diplomatie envers qn** to treat sb diplomatically, be diplomatic towards sb ◆ **entrer dans la diplomatie** to enter the diplomatic service

**diplomatique** [diplɔmatik] → SYN adj (gén) diplomatic ◆ **c'est une maladie diplomatique** it's a face-saving illness; → **valise**

**diplomatiquement** [diplɔmatikmɑ̃] adv (Pol, fig) diplomatically

**diplôme** [diplom] → SYN nm (= titre) (gén) diploma, certificate; (Univ) ≃ degree ◆ **avoir des diplômes** to have qualifications ◆ **diplôme d'études universitaires générales** *diploma taken after two years at university* ◆ **diplôme d'études approfondies** *post-graduate diploma taken before completing a PhD*, ≃ all but dissertation (US) ◆ **diplôme d'études supérieures spécialisées** *one-year post-graduate diploma in an applied subject* ◆ **diplôme d'études supérieures techniques** *university post-graduate technical degree* ◆ **diplôme d'études universitaires scientifiques et techniques** *science diploma taken after two years at university* ◆ **diplôme universitaire de technologie** *two-year diploma taken at a technical college after the baccalauréat*

**DIPLÔMES**

The initial university qualifications in France are the DEUG or DEUST (taken after two years, the latter in science and technology), and the "licence", taken after three years. The one-year "maîtrise" follows the "licence", and is assessed on the basis of a written dissertation known as a "mémoire". Higher postgraduate study usually begins with a "DEA", a preparatory research qualification that precedes the "doctorat".

**diplômé, e** [diplome] (ptp de **diplômer**) 1 adj qualified
2 nm,f holder of a diploma ◆ **il est diplômé d'Harvard** he has a Harvard degree, he has a degree from Harvard

**diplômer** [diplome] ▸ conjug 1 ◂ vt to award a diploma to

**diplopie** [diplɔpi] nf double vision, diplopia (SPÉC)

**diplopodes** [diplɔpɔd] nmpl ◆ **les diplopodes** diplopods, the Diplopoda (SPÉC)

**dipneustes** [dipnøst] nmpl ◆ **les dipneustes** dipnoans, the Dipnoi (SPÉC)

**dipode** [dipɔd] 1 adj biped(al)
2 nm biped

**dipolaire** [dipɔlɛʀ] adj dipolar ◆ **moment dipolaire** dipole moment

**dipôle** [dipol] nm (Phys) dipole; (Élec) dipole (aerial)

**dipsomane** [dipsɔman] → SYN 1 adj dipsomaniacal
2 nmf dipsomaniac

**dipsomanie** [dipsɔmani] nf dipsomania

**diptère** [diptɛʀ] 1 adj temple dipteral; insecte dipterous, dipteran
2 nm (Zool) dipteran ◆ **les diptères** dipterans, the Diptera (SPÉC)

**diptyque** [diptik] nm (Hist, Art = tablette) diptych; (= roman, film) work in two parts

**dir.** abrév de **direction**

**dircom** * [diʀkɔm] nmf abrév de **directeur, -trice de la communication**

## dire [diʀ]

▸ conjug 37 ◂

→ SYN GRAMMAIRE ACTIVE 1.1, 3, 26.1, 26.5

1 VERBE TRANSITIF
2 VERBE PRONOMINAL
3 NOM MASCULIN

1 VERBE TRANSITIF

**a** [gén = déclarer] to say ◆ **avez-vous quelque chose à dire ?** have you got anything to say? ◆ **"j'ai froid", dit-il** "I'm cold", he said ◆ **on peut commencer ? – elle a dit oui** can we start? – she said yes ou she said we could ◆ **dire bonjour/quelques mots à qn** to say hello/a few words to sb ◆ **il m'a dit : "je comprends"** he said to me, "I understand" ◆ **que dites-vous ?, qu'est-ce que vous dites ?** (I beg your) pardon?, what did you say? ◆ **comment dit-on ça en anglais ?** what's the English for that?, how do you say that in English? ◆ **comme disent les spécialistes** as the experts say ◆ **dire ce que l'on pense** to speak one's mind, say what one thinks ◆ **je ne fais que dire tout haut ce que tout le monde pense tout bas** I'm only saying aloud what everyone else is thinking ◆ **je ne savais plus quoi dire** I was at a loss for words ◆ **il n'a pas dit un mot** he didn't say ou utter a (single) word ◆ **l'argent ne fait pas le bonheur, dit-on** money can't buy you happiness, as the saying goes ou as they say ◆ **qu'est-ce que les gens vont dire ?, qu'en dira-t-on ?** whatever will people ou they say? ◆ **il sait ce qu'il dit** he knows what he's talking about ◆ **il ne sait pas ce qu'il dit** (= il déraisonne) he doesn't know what he's saying; (= il ne sait pas de quoi il parle) he doesn't know what he's talking about ◆ **à** ou **d'après ce qu'il dit** according to him, according to what he says ◆ **tu ne crois pas si bien dire !** you don't know how right you are! ◆ **ce n'est pas une chose à dire** some things are better left unsaid ◆ **où va-t-il ? – il ne l'a pas dit** where's he going? – he didn't say ◆ **c'est à vous de dire** (Cartes) your call; → **bien, mal, parler**

◆ **ceci** ou **cela dit** (avec restriction) nevertheless, having said this; (= à ces mots) thereupon, having said this

◆ **cela va sans dire** it goes without saying

◆ **il va sans dire que ...** needless to say (that) ...

◆ **comme on dit, comme dit** ou **dirait l'autre** * as they say, so to speak

◆ **comme qui dirait** * as you might say ◆ **j'entends comme qui dirait des grognements** I can hear what sounds like groans ◆ **cette maison c'est comme qui dirait un énorme cube** the house looks a bit like a huge cube

◆ **comment dirais-je?** how shall I put it?

◆ **je ne te** ou **vous dis que ça!** * that's all I can say! ◆ **il nous a fait un dîner, je ne te dis que ça !** (admiratif) he made us one hell of a dinner! *

◆ **pour ne pas dire** ◆ **il est gros, pour ne pas dire obèse** he's fat, not to say obese

◆ **soit dit en passant** by the way, let me say in passing, incidentally

**b** **dire que** to say that ◆ **dire à qn que ...** to tell sb that ..., say to sb that ... ◆ **il dit qu'il nous a écrit** he says that he wrote to us ◆ **il a bien dit qu'il ne rentrerait pas** he did say that he would not be coming home ◆ **est-ce qu'il doit venir ? – elle dit que oui/que non** is he coming? – she says he is/he isn't ou she says so/not ◆ **la radio et les journaux avaient dit qu'il pleuvrait** the radio and the papers had said it would rain ◆ **vous nous dites dans votre lettre que ...** you tell us ou you say in your letter that ... ◆ **votre lettre/la loi dit clairement que ...** your letter/the law says clearly that ou clearly states that ... ◆ **qu'est-ce qui me dit que c'est vrai ?** how can I tell it's the truth?, how am I to know ou how do I know it's the truth?

◆ **on dit que ...** rumour has it that ..., they say that ...

◆ **que dis-je** ◆ **il a au moins 70 ans, que dis-je, plutôt 80** he must be at least 70 – what am I saying? – more like 80 ◆ **il est très économe, que dis-je, il est avare !** he's very thrifty, not to say mean!

**c** [= communiquer] [+ mensonges, nouvelle, adresse, nom] to tell; [+ sentiment] to tell of, express ◆ **dire qch à qn** to tell sb sth ◆ **il m'a dit quelque chose qui m'a fait rire** he told me something ou he said something to me that made me laugh ◆ **j'ai quelque chose à vous dire** there's something I want to tell you ou say to you ◆ **dire des bêtises** to talk nonsense ◆ **il nous a dit sa joie/son soulagement** he told us how happy/how relieved he was ◆ **je ne te le dirai pas deux fois** I won't tell you again ◆ **je suis sûr, je te dis !** * I'm certain, I tell you! ◆ **je vous l'avais bien dit !** I told you so!, didn't I tell you? ◆ **quelque chose me dit que ...** something tells me (that) ..., I've got the feeling (that) ...; → **aventure**

◆ **entre nous soit dit, soit dit entre nous** (just) between the two of us, between you and me

◆ **pour mieux dire** ◆ **sa franchise, ou pour mieux dire son manque de tact** his frankness, or rather his tactlessness

◆ **pour tout dire** actually, in fact ◆ **pour tout dire, ce film m'a paru sans intérêt** actually, I found the film totally uninteresting ◆ **il n'est pas bricoleur, pour tout dire il a horreur des travaux manuels** he's not much of a handyman - in fact he hates manual work

**d** [= ordonner, prévenir] to tell ◆ **dites-lui de partir/qu'il parte ce soir** tell him to go/that he must leave tonight ◆ **il a dit de venir tôt** he said we were to come ou he said to come * early, he told us to come early ◆ **fais ce qu'on te dit !** do as ou what you are told! ◆ **ça suffit, j'ai dit !** I said that's enough! ◆ **on nous a dit de l'attendre** we were told to wait for him; → **envoyer**

**e** [= objecter] to say (*à, contre* against) ◆ **que veux-tu que je dise à** ou **contre ça ?** what can I say against that? ◆ **je n'ai rien à dire sur son travail** I can't complain about his work ◆ **tu n'as rien à dire, tu aurais fait la même chose !** you can talk! you would have done exactly the same thing! ◆ **tais-toi, tu n'as rien à dire !** be quiet, you're in no position to comment! ◆ **tu n'as rien à dire, tu es bien servi** you can't complain, you've done very well out of it

◆ **c'est pas pour dire** * ◆ **c'est pas pour dire, mais je l'ai bien réussi, ce gâteau !** I don't mean to boast, but I made a really good job of that cake! ◆ **c'est pas pour dire, mais il aurait pu m'inviter !** I don't mean to complain, but he could have invited me!

◆ **il n'y a pas à dire** *, **on ne peut pas dire** * there's no doubt about it, there's no getting away from it

**f** [= réciter] [+ poèmes] to say, recite; [+ prière] to say; [+ rôle] to speak ◆ **dire la messe** to say mass ◆ **l'acteur a très mal dit ce passage** the actor spoke the lines very badly; → **chapelet**

**g** = plaire **ça vous dit de sortir ?** do you feel like going out?, do you fancy (Brit) going out? ◆ **ça ne me dit rien** I don't feel like it at all, it doesn't appeal to me at all, I don't fancy (Brit) it at all ◆ **il y a des fraises mais ça ne me dit pas** there are strawberries but I don't fancy them (Brit) ou I'm not in the mood for them ◆ **rien ne me dit en ce moment** I'm not in the mood for anything ou I don't feel like doing anything just now ◆ **si le cœur vous en dit** if you feel like it, if you feel so inclined

**h** = penser to think ◆ **qu'est-ce que tu dis de ma robe ?** what do you think of ou how do you like my dress? ◆ **qu'est-ce que vous dites de ça ?** what do you think ou how do you feel about it?, what are your feelings on the subject? ◆ **qu'est-ce que vous diriez d'une promenade ?** what would you say to a walk?, how about a walk? ◆ **on dirait qu'il n'aime pas cette ville** he doesn't seem to like this town ◆ **on dirait qu'il le fait exprès !** you'd almost think he does it on purpose! ◆ **qui aurait dit qu'elle allait gagner ?** who would have thought (that) she would win? ◆ **on dirait qu'il va pleuvoir** it looks like rain ◆ **on dirait qu'il va pleurer** he looks as though he is going to cry ◆ **cette eau est noire, on dirait de l'encre** this water is black – it looks like ink ◆ **on dirait du poulet** it tastes like ou it's like chicken ◆ **on dirait du Brahms** it sounds like ou it's like Brahms ◆ **on dirait du parfum** it's like ou it smells like perfume ◆ **on dirait de la soie** it's like ou it feels like silk ◆ **qui l'eût dit !** who'd have thought it!

◆ **dire que ...!** (dans une phrase exclamative) ◆ **et dire qu'il aurait pu se tuer !** to think he might have killed himself!

**i** = supposer, prétendre **on le dit malade/à Londres** he's rumoured to be ill/in London ◆ **des gens dits cultivés** supposedly educated people

**j** = décider **venez bientôt, disons demain** come soon, let's make it tomorrow ou (let's) say tomorrow ◆ **tout n'est pas dit** the last word has not been said, it isn't all over yet ◆ **il est dit** ou **il a été dit que je ne gagnerai jamais** I'm destined ou fated never to win ◆ **bon, c'est dit** ou **voilà qui est dit** right, that's settled ou it's all arranged ◆ **ce qui est dit est dit** what's said is said ◆ **à l'heure dite** at the appointed time ou hour ◆ **au jour dit** on the appointed day; → **aussitôt, facile, tenir**

**k** = admettre to say, admit ◆ **il faut bien dire que ...** I must say ou admit that ... ◆ **disons-le, il nous ennuie** let's be frank ou let's face it *, we find him boring

**l** = évoquer **ce nom me dit quelque chose** this name rings a bell ◆ **ça ne me dit rien du tout** that doesn't mean a thing to me

**m** * = avoir tel aspect **et tes plantations, qu'est-ce que ça dit ?** how are your plants doing? ◆ **pour l'instant, ça ne dit rien** †**, mais attendez que ce soit fini !** for the moment it doesn't look up to much *, but just wait until it's finished!

**n** = indiquer to say, show ◆ **ma montre dit 6 heures** my watch says 6 o'clock, it's 6 o'clock by my watch ◆ **son visage disait sa déception** his face gave away his disappointment, disappointment was written all over his face; → **long**

**o faire dire** ◆ **faire dire qch à qn** to send word of sth to sb ◆ **faire dire à qn de venir** to send for sb ◆ **faire dire à qn qu'on a besoin de lui** to let sb know that he is needed ◆ **faire dire à qn des choses (qu'il n'a pas dites)** to put words in sb's mouth ◆ **je ne vous le fais pas dire !** you said it! ◆ **il ne se l'est pas fait dire deux fois** he didn't need ou have to be told twice ◆ **elle partit sans se le faire dire deux fois** she left without having to be told twice ◆ **sous la torture, on fait dire aux gens ce qu'on veut** people can be made to say ou you can make people say anything under torture

**p laisser dire** to let people talk ◆ **laisse dire !** let them talk!, never mind what they say! ◆ **je me suis laissé dire que ...** I heard that ..., I was told that ...

**q vouloir dire** (= signifier) to mean ◆ **qu'est-ce que ça veut dire ?** [mot, texte] what does that mean?; [attitude de qn] what does that imply? ou mean? ◆ **cette phrase ne veut rien dire** this sentence doesn't mean a thing ◆ **que veux-tu dire par là ?** what do you mean? ◆ **ça ne veut pas dire qu'il viendra** it doesn't mean (to say) that ou it doesn't follow that he'll come ◆ **ça veut tout dire !** that says it all! ◆ **ça dit bien ce que ça veut dire** it means exactly ou just what it says ◆ **non mais, qu'est-ce que ça veut dire de crier comme ça ?** (reproche) what on earth is all this shouting about?

**r** LOC **tu me l'envoies, dis, cette lettre ?** you will send me that letter, won't you? ◆ **dis Papa, quand est-ce qu'on part ?** hey daddy, when are we going? ◆ **dis** ou **dites donc !** (= à propos) by the way; (= holà) hey!, say! (US) ◆ **c'est joli dis donc !** oh, isn't that pretty! ◆ **ça lui a rapporté 10 000 € – ben dis donc !** * that earned him €10,000 – goodness me ou well I never! * (Brit) ◆ **tu l'as dit (bouffi *) !** how right you are!, you said it! ◆ **quand je vous le disais !** I told you so!, what did I tell you! ◆ **c'est moi qui vous le dis** take my word for it ◆ **c'est vous qui le dites** that's what YOU say ◆ **c'est (vous) dire s'il est content/s'il a eu peur** that just shows you how pleased he is/how frightened he was ◆ **c'est beaucoup/trop dire** that's saying a lot/too much ◆ **c'est peu dire** that's an understatement ◆ **et ce n'est pas peu dire !, ce qui n'est pas peu dire !** and that's really saying something! ◆ **c'est une superproduction hollywoodienne, c'est tout dire !** it's a Hollywood spectacular, which says it all! ◆ **est-ce à dire que ... ?** does that mean (that) ...? ◆ **qu'est-ce à dire ?** (frm) what does that mean? ◆ **que tu dis** (ou **qu'il dit** etc) **!** * that's YOUR (ou HIS etc) story!, that's what YOU say (ou HE says etc)! ◆ **qui dit argent, dit problèmes** money means problems ◆ **à qui le dites-vous !** don't I know it! *, you're telling me! * ◆ **qui dit mieux ?** (aux enchères) any advance? ◆ **il a fait 50 % de bénéfice, qui dit mieux ?** he made a 50 % profit, you can't get much better than that, can you?

[2] **se dire** VERBE PRONOMINAL

**a** = penser to say to o.s ◆ **il se dit qu'il était inutile de rester** he said to himself that there was no point in staying ◆ **je me dis que j'aurais dû l'acheter** I feel now ou I'm thinking now that I should have bought it ◆ **il faut bien se dire que ...** one has to realize ou accept that ...

**b** = se prétendre to claim to be ◆ **il se dit malade** he claims to be ill ou that he is ill ◆ **elle se dit sa cousine** she claims to be his cousin, she says she is his cousin

**c** = se croire **on se dirait en Grèce/au Moyen Âge** you'd think we were in Greece/back in the Middle Ages

**d** mutuellement **elles se dirent au revoir** they said goodbye (to each other)

**e** = être dit **ça ne se dit pas** (inusité) you don't say that; (impoli) it's not polite ◆ **cela ne se dit plus en français** the expression is no longer used ou in use in French ◆ **ça se dit de la même façon en anglais et en français** it's the same in English and in French ◆ **comment ça se dit en français ?** how do you say that in French? ◆ **se dit d'un objet/d'une personne** etc (dans un dictionnaire) of an object/a person etc

[3] NOM MASCULIN

= déclaration statement ◆ **d'après** ou **selon ses dires** according to him ou to what he says ◆ **au dire de, aux dires de** according to ◆ **au dire de** ou **selon le dire de tous** by all accounts ◆ **leurs dires ne concordent pas** (Jur) their statements do not agree

**direct, e** [diʀɛkt] → SYN [1] adj **a** (= sans détour) route, personne, reproche, regard direct; question direct, straight; allusion direct, pointed (épith) ◆ **c'est le chemin le plus direct** it's the most direct route ◆ **c'est direct en bus** there's a bus that goes direct ◆ **il m'a parlé de manière très directe, il a été très direct** he spoke to me in a very direct ou straightforward way, he didn't beat about the bush

**b** (= sans intermédiaire) (gén) direct; cause, conséquence immediate, direct; (Jur) action direct ◆ **ses chefs directs** his immediate superiors ◆ **vente directe** direct selling ◆ **ligne téléphonique directe** (privée) private ou direct line; (automatique) automatic dialling system ◆ **être en rapport** ou **en contact direct** ou **en relations directes avec** to deal directly ou be in direct contact with ◆ **se mettre en rapport direct avec qn** to contact sb ou make contact with sb directly ◆ **il n'y a pas de rapport** ou **lien direct entre les deux faits** there is no direct connection ou link between the two facts ◆ **il a pris une part très directe à cette affaire** he was directly involved in the deal

**c** (= absolu) **en contradiction/opposition directe avec** in direct contradiction/opposition to

**d** (Astron) direct; (Ling) style, discours, objet direct; (Logique) proposition positive; → **complément**

**e** (Transport) train through (épith), non-stop (épith); vol direct, non-stop (épith) ◆ **ce train est direct jusqu'à Paris** this is a through ou non-stop train to Paris

[2] nm **a** (Rail) express (train), fast ou non-stop train ◆ **le direct Paris-Dijon** the Paris-Dijon express

**b** (Boxe) jab ◆ **direct du gauche/du droit** straight left/right, left/right jab ◆ **il lui a envoyé un direct dans l'estomac** he delivered a punch straight to his stomach

**c** (Radio, TV) **c'est du direct** it's live ◆ **émission en direct** live broadcast ◆ **parler/faire un reportage en direct de New York** to be speaking/reporting live from New York ◆ **ce sont les risques du direct** those are the risks of live broadcasting ou of broadcasting live

[3] adv * straight ◆ **tu fais la traduction direct ?** do you translate straight off? ◆ **on l'a emmené direct à l'hôpital** he was taken straight to hospital

**directement** [diʀɛktəmɑ̃] → SYN adv **a** (= immédiatement) straight, right away, straight away (Brit) ◆ **il est allé se coucher directement** he went straight ou directly to bed, he went to bed right ou straight (Brit) away ◆ **en rentrant il est allé directement au réfrigérateur** when he came home he went straight to the fridge ou he made a beeline for the fridge

**b** (= sans détour) straight, directly ◆ **cette rue mène directement à la gare** this street leads straight to the station ◆ **cet escalier communique directement avec la cave** this staircase leads straight ou directly to the cellar ◆ **il est entré directement dans le vif du sujet** he came straight to the point

**c** (= personnellement) directly ◆ **il m'a très directement accusé de ce crime** he accused me of the crime straight out ◆ **sa bonne foi est directement mise en cause** it's a direct challenge to his good faith ◆ **tout ceci ne me concerne pas directement mais ...** none of this concerns me directly ou personally but ..., none of this is of any direct ou immediate concern to me but ... ◆ **les secteurs les plus directement touchés par la crise** the sectors most directly ou immediately affected by the crisis

**d** (= sans intermédiaire) direct, straight ◆ **adressez-vous directement au patron** apply to the boss direct ou in person, go straight to the boss ◆ **j'ai été directement le trouver pour le lui demander** I went straight to him to ask him about it ◆ **directement du producteur au consommateur** direct ou straight from the producer to the consumer ◆ **colis expédié directement à l'acheteur** parcel sent direct to the buyer

**e** (= diamétralement) (lit) directly; (fig) completely, utterly, directly ◆ **la maison directement en face** the house directly ou straight opposite

**directeur, -trice** [diʀɛktœʀ, tʀis] → SYN [1] adj (= dirigeant) directing; (= principal) idée principal, main; principe guiding; force guiding, driving; (Tech) bielle driving; roue front ◆ **le taux directeur de la Banque de France** the Bank of France's key interest rate; → **comité, ligne[1], plan[1]**

[2] nm **a** (= responsable, gérant) [banque, usine] manager; (Admin) head; (Police) ≃ chief constable (Brit), ≃ police chief (US); (Ciné, TV) director ◆ **directeur général** [entreprise] general manager; (au conseil d'administration) managing director, chief executive officer

(US); [organisme international] director general ◆ **directeur général adjoint** assistant general manager ◆ **le directeur de l'UFR d'anglais** (Univ) the head of the English department ◆ **directeur des achats** ou **d'achat** (Comm) chief buyer, purchasing manager

**b** (= administrateur, propriétaire) director

**c** **directeur (d'école)** headmaster, principal (US)

[3] **directrice** nf **a** [entreprise] manageress; (= propriétaire) director; (Admin) head

**b** **directrice (d'école)** headmistress, principal (US)

**c** (Math) directrix

[4] COMP ▷ **directeur administratif et financier** financial and administrative director ▷ **directeur artistique** artistic director ▷ **directeur de cabinet** (d'un ministre) principal private secretary ▷ **directeur commercial** commercial manager ▷ **directeur de la communication** head of communications ▷ **directeur de conscience** spiritual adviser ▷ **directeur financier** financial director ▷ **directeur gérant** managing director ▷ **directeur de journal** newspaper editor ▷ **directeur de la photographie** director of photography ▷ **directeur de prison** prison governor (Brit), head warden (US) ▷ **directeur des programmes** (Radio, TV) programme (Brit) ou program (US) director ▷ **directeur des ressources humaines** human resources manager ▷ **directeur spirituel** ⇒ **directeur de conscience** ▷ **directeur de théâtre** theatre (Brit) ou theater (US) manager ▷ **directeur de thèse** (Univ) supervisor (Brit), (dissertation) director (US) ▷ **directeur des ventes** sales manager

**directif, -ive¹** [diʀɛktif, iv] [→ SYN] adj managerial

**direction** [diʀɛksjɔ̃] [→ SYN] nf **a** (= sens) direction; (= route, chemin) direction, way ◆ **vous n'êtes pas dans** ou **vous n'avez pas pris la bonne direction** you're not going the right way, you're going in the wrong direction ◆ **dans quelle direction est-il parti ?** which way did he go? ◆ **aller dans la direction de** ou **en direction de Paris, prendre la direction de Paris** to go towards ou in the direction of Paris ◆ **prendre la direction Châtelet** (en métro) take the line that goes to Châtelet ◆ **train/avion en direction de ...** train/plane for ou going to ... ◆ **bateau en direction de ...** ship bound ou heading for ... ◆ **nous devons chercher dans une autre direction** we must look in some other ou a different direction ◆ **l'enquête a pris une nouvelle direction** the inquiry has taken a new turn ◆ **dans toutes les directions** in all directions ◆ **"autres directions"** (Aut) "all other routes" ◆ **"toutes directions"** "all routes"

**b** (= action de diriger) [entreprise, usine, théâtre] management, running; [journal, pays, gouvernement, parti] running; [orchestre] conducting; (Ciné, Théât, TV) [acteurs] directing; [opération, manœuvre] supervision ◆ **il a été chargé de** ou **on lui a confié la direction de l'enquête/des travaux** he has been put in charge of the inquiry/the work ◆ **prendre la direction de** [+ service] to become head of, take over the running of; [+ usine, entreprise] to become manager of, take over the running ou management of; [+ équipe, travaux] to take charge of, take over the supervision of; [+ mouvement, pays] to become leader of, take over the leadership of; [+ débats] to take control of; [+ journal] to take over the editorship of ◆ **direction par objectifs** management by objectives ◆ **prendre la direction des opérations** to take charge ou control (of operations) ◆ **sous sa direction** under his leadership (ou management etc) ◆ **il a travaillé sous la direction d'un spécialiste** he has worked under the supervision of an expert ◆ **il a fait ses études sous la direction de M. Borel** he studied under M. Borel ◆ **orchestre (placé) sous la direction de Luc Petit** orchestra conducted by Luc Petit

**c** (= fonction de responsable) post of manager, managership; (= fonction d'administrateur) post of director, directorship; [école] headship, post of head ou principal (US); [journal] editorship, post of editor; [pays, gouvernement, parti] leadership ◆ **on lui a offert la direction de l'usine/d'une équipe de chercheurs** he was offered the post of factory manager/of head of a research team ◆ **on lui a donné la direction générale** he was given the director-generalship

**d** (= personnel dirigeant) [usine, service, équipe] management; [journal] editorial board ◆ **la direction générale/commerciale** the general/sales management ◆ **se plaindre à la direction** to make a complaint to the board ou the management ◆ **la direction décline toute responsabilité** the management accepts no responsibility; → **changement**

**e** (= bureau) [usine] manager's (ou director's) office; [école] headmaster's (ou headmistress's) office, principal's office (US); [journal] editor's office

**f** (= service) department ◆ **la direction des ressources humaines** the human resources department ◆ **adressez-vous à la direction du personnel** apply to the personnel department ◆ **notre direction générale est à Paris** our head office is in Paris ◆ **Direction générale** (de l'UE) Directorate General ◆ **la Direction de la surveillance du territoire** the counterespionage services, ≃ MI5 (Brit), ≃ the CIA (US) ◆ **Direction départementale de l'action sanitaire et sociale** ≃ social services ◆ **Direction générale des impôts** ≃ Inland Revenue (Brit), ≃ Internal Revenue Service (US)

**g** (Aut = mécanisme) steering ◆ **direction assistée** power steering ◆ **il n'y a plus de direction** the steering has gone; → **rupture**

**directionnel, -elle** [diʀɛksjɔnɛl] adj (Tech) directional

**directive²** [diʀɛktiv] [→ SYN] nf (gén pl) directive, order, instruction ◆ **directive communautaire/européenne** Community/European directive

**directivisme** [diʀɛktivism] nm authoritarian leadership

**directivité** [diʀɛktivite] nf [personne] authoritarianism; (Tech) directivity

**directoire** [diʀɛktwaʀ] nm **a** (Comm etc ) board of directors ou management ◆ **membre/président du directoire** member/chairman of the board (of directors)

**b** (Hist) **le Directoire** the (French) Directory, the Directoire ◆ **fauteuil/table directoire** Directoire chair/table

**directorat** [diʀɛktɔʀa] nm [administration] directorship; [entreprise] managership; [école] headship, principalship (US)

**directorial, e,** mpl **-iaux** [diʀɛktɔʀjal, jo] adj fonction, responsabilité (Comm, Ind) managerial; (Admin) of directors; (Scol) of headmaster (ou headmistress), of principal (US) ◆ **fauteuil/bureau directorial** manager's (ou director's ou head's ou principal's (US)) chair/office

**directrice** [diʀɛktʀis] nf → **directeur**

**dirham** [diʀam] nm dirham

**dirigeable** [diʀiʒabl] [→ SYN] adj, nm ◆ **(ballon) dirigeable** dirigible, airship

**dirigeant, e** [diʀiʒɑ̃, ɑ̃t] [→ SYN] [1] adj classe ruling

[2] nm,f [parti, syndicat, pays] leader; (= monarque, dictateur) ruler ◆ **dirigeant d'entreprise** company director; (salarié) company manager

**diriger** [diʀiʒe] [→ SYN] ▸ conjug 3 ◂ [1] vt **a** [+ service] to run, be in charge of; [+ entreprise, usine, théâtre] to manage, run; [+ journal] to run, edit; [+ pays] (gén) to lead; [dictateur, monarque] to rule; [+ mouvement, parti] to lead; [+ orchestre] to conduct ◆ **mal diriger une entreprise** to mismanage a business, run a business badly ◆ **savoir diriger** to be a good manager ou leader ◆ **équipe bien/mal dirigée** team under good/poor leadership ou management, well-/badly-run team; → **économie**

**b** (= superviser) [+ opération, manœuvre] to direct, be in charge of; [+ recherches, travaux] to supervise, oversee, be in charge of

**c** (= mener) [+ enquête, procès] to conduct; [+ débat] to conduct, lead ◆ **a-t-il bien su diriger sa vie ?** did he manage to run his life properly? ◆ **cette idée dirige toute notre politique** this idea guides ou determines our whole policy ◆ **l'ambition dirige tous ses actes** he is entirely ruled by ambition

**d** (Mil) **diriger le tir** to direct the firing

**e** (= piloter) [+ voiture] to steer; [+ avion] to pilot, fly; [+ bateau] to steer, navigate; (= guider) [+ cheval] (de trait) to steer; (de selle) to guide ◆ **bateau qui se dirige facilement** boat which is easy to steer

**f** (= acheminer) [+ marchandises, convoi] to send (*vers, sur* to)

**g** (= orienter) [+ personnes] to direct, send (*sur, vers* to) ◆ **on m'a mal dirigé** I was misdirected ou sent the wrong way ◆ **diriger ses pas vers un lieu** to make for ou make one's way to ou head for a place ◆ **la flèche est dirigée vers la gauche** the arrow is pointing left ou to(wards) the left ◆ **on devrait diriger ce garçon vers les sciences** we should advise this boy to specialize in science, we should guide this boy towards the sciences ◆ **cet élève a été mal dirigé** this pupil has been badly advised ou guided ◆ **nous dirigeons notre enquête/nos travaux dans une voie nouvelle** we are conducting ou directing our inquiry/carrying out ou directing our work along new lines ◆ **diriger un article/une allusion contre qn/qch** to aim ou direct an article/an allusion at sb/sth ◆ **diriger une critique contre qn/qch** to aim ou direct a criticism at sb/sth ◆ **les poursuites dirigées contre lui** the proceedings brought against him

**h** (= braquer) **diriger une arme sur** to point ou level ou aim a weapon at ◆ **diriger un canon/télescope sur** to train a gun/telescope on, point a gun/telescope at ◆ **diriger une lampe de poche/lumière sur** to shine a torch/light on ◆ **le pompier dirigea sa lance vers les flammes** the fireman aimed ou pointed his hose at ou trained his hose on the flames ◆ **diriger son attention sur qn/qch** to turn one's attention to ou on sb/to sth ◆ **diriger son regard** ou **ses yeux sur** ou **vers qch** to look towards ou in the direction of sth ◆ **son regard se dirigea vers elle** he turned his gaze towards ou on her

**i** (Ciné, Théât, TV) [+ acteurs] to direct

[2] **se diriger** vpr **a** **se diriger vers** (= aller, avancer vers) to make for, head for, make one's way towards ◆ **il se dirigea vers la sortie** he made his way towards ou made for the exit ◆ **le bateau/la voiture semblait se diriger vers le port** the boat/car seemed to be heading ou making for the harbour ◆ **l'avion se dirigea vers le nord** the plane flew ou headed northwards ◆ **se diriger droit sur qch/qn** to make a beeline ou make straight for sth/sb ◆ **nous nous dirigeons vers une solution/un match nul** we seem to be heading towards a solution/a draw ◆ **se diriger vers les sciences** (Scol) to specialize in science ◆ **se diriger vers une carrière juridique** to opt for ou be headed for a career in law

**b** (= se guider) to find one's way ◆ **se diriger sur les étoiles/le soleil** to navigate ou sail by the stars/the sun ◆ **se diriger au radar** to navigate by radar ◆ **il n'est pas facile de se diriger dans le brouillard** it isn't easy to find one's way in the fog

**dirigisme** [diʀiʒism] nm (Écon) interventionism, state intervention

**dirigiste** [diʀiʒist] adj, nmf interventionist

**dirlo** [diʀlo] nmf (abrév de **directeur, -trice**) (arg Scol) head

**disaccharide** [disakaʀid] nm disaccharide

**disant** [dizɑ̃] → **soi-disant**

**discal, e,** mpl **-aux** [diskal, o] adj (Méd) of the intervertebral discs; → **hernie**

**discarthrose** [diskaʀtʀoz] nf intervertebral disc arthrosis

**discernable** [disɛʀnabl] adj discernible, detectable

**discernement** [disɛʀnəmɑ̃] [→ SYN] nm **a** (= sagesse) judgment, discernment ◆ **manquer de discernement** to be lacking in judgment ou discernment ◆ **agir sans discernement** to act without proper judgment

**b** (= action) distinguishing, discriminating, distinction ◆ **sans discernement** without (making a) distinction

**discerner** [disɛʀne] [→ SYN] ▸ conjug 1 ◂ vt **a** (= distinguer) [+ forme] to discern, make out, perceive; [+ bruit] to detect, hear, make out; [+ nuance] to discern, detect

**b** (= différencier) to distinguish, discriminate (*entre* between) ◆ **discerner une couleur d'une ou d'avec une autre/le vrai du faux** to distinguish ou tell one colour from another/truth from falsehood

**disciple** [disipl] → SYN nm (= élève) disciple; (= adepte) follower, disciple

**disciplinable** [disiplinabl] adj disciplinable

**disciplinaire** [disiplinɛʀ] → SYN adj disciplinary

**disciplinairement** [disiplinɛʀmɑ̃] adv in a disciplinary way

**discipline** [disiplin] → SYN nf **a** (= règle) discipline ◆ **une discipline de fer** an iron discipline ◆ **discipline de vote d'un parti** party discipline; (Pol Brit) party whip ◆ **elle n'a aucune discipline** she has no self-discipline ◆ **il s'entraîne tous les matins avec discipline** he makes himself train every morning ◆ **il fait régner la discipline dans sa classe** he imposes discipline on his class ◆ **s'imposer une discipline alimentaire** to be very strict ou careful about what one eats; → **compagnie, conseil**

**b** (= matière) (Scol, Univ) subject, discipline; (Sport) sport ◆ **discipline olympique** Olympic sport ◆ **c'est le meilleur dans sa discipline** he's the best in his field

**discipliné, e** [disipline] → SYN (ptp de **discipliner**) adj (well-)disciplined

**discipliner** [disipline] → SYN ▸ conjug 1 ◂ vt [+ soldats, élèves] to discipline; [+ impulsions] to discipline, control; [+ cheveux] to control, keep tidy ◆ **cheveux difficiles à discipliner** unruly ou unmanageable hair ◆ **il faut apprendre à se discipliner** one must learn self-discipline ou to discipline oneself

**disc-jockey,** pl **disc-jockeys** [disk(ə)ʒɔkɛ] nm disc jockey, DJ

**disco** [disko] **1** adj musique disco

**2** nm ◆ **le disco** disco music

**discobole** [diskɔbɔl] nm discus thrower; (Antiq) discobolus

**discographie** [diskɔgʀafi] nf discography ◆ **sa discographie est abondante** he's made a lot of records

**discoïdal, e,** mpl **-aux** [diskɔidal, o] adj discoid(al)

**discoïde** [diskɔid] adj discoid(al), disc- ou disk-shaped

**discomycètes** [diskomisɛt] nmpl ◆ **les discomycètes** the Discomycetes (SPÉC)

**discontinu, e** [diskɔ̃tiny] → SYN **1** adj (Ling, Math) discontinuous; (= intermittent) trait broken; bruit, effort intermittent ◆ **bande ou ligne blanche discontinue** (sur route) broken white line

**2** nm (Philos) discontinuity ◆ **en discontinu** intermittently

**discontinuer** [diskɔ̃tinɥe] → SYN ▸ conjug 1 ◂ vti (littér) to discontinue, cease, stop ◆ **sans discontinuer** without stopping, without a break ◆ **pendant deux heures sans discontinuer** for two hours at a stretch ou without stopping ou without a break

**discontinuité** [diskɔ̃tinɥite] → SYN nf discontinuity

**disconvenance** [diskɔ̃v(ə)nɑ̃s] → SYN nf (littér) incompatibility

**disconvenir** [diskɔ̃v(ə)niʀ] ▸ conjug 22 ◂ vi ◆ (littér = nier) **je n'en disconviens pas** I don't deny it ◆ **il ne peut disconvenir que ce soit vrai** he cannot deny the truth of it ou that it's true

**discopathie** [diskɔpati] nf discopathy

**discophile** [diskɔfil] nmf record collector

**discophilie** [diskɔfili] nf discophilia

**discordance** [diskɔʀdɑ̃s] → SYN nf **a** [caractères] conflict, clash; [opinions] difference, conflict; [sons] discord (NonC), discordance, dissonance; [couleurs] clash(ing) (NonC) ◆ **leurs déclarations présentent des discordances graves** there were major discrepancies between their statements

**b** (Géol) unconformability, discordance

**discordant, e** [diskɔʀdɑ̃, ɑ̃t] → SYN adj **a** caractères, opinions, témoignages conflicting; sons, cris, bruits discordant, harsh; instruments out of tune; couleurs clashing, discordant ◆ **elle a une voix discordante** she has a harsh ou grating voice, her voice grates

**b** (Géol) unconformable, discordant

**discorde** [diskɔʀd] → SYN nf (littér) discord, dissension ◆ **mettre ou semer la discorde** to sow discord, cause dissension (*chez, parmi* among) → **pomme**

**discorder** [diskɔʀde] ▸ conjug 1 ◂ vi [sons] to be discordant; [couleurs] to clash; [témoignages] to conflict

**discothécaire** [diskɔtekɛʀ] nmf record librarian

**discothèque** [diskɔtɛk] nf (= collection) record collection; (= meuble) record cabinet; (= bâtiment) record library; (= club) discotheque

**discount** [diskunt] → SYN nm (= rabais) discount ◆ **billets/vols en discount** discount tickets/flights ◆ **(magasin) discount** discount store ou shop ◆ **à des prix discount** at discount prices

**discounter[1]** [diskunte] ▸ conjug 1 ◂ vt to discount, sell at a discount ◆ **tout est discounté** everything is cut-price ou is at a discount price

**discounter[2], discounteur** [diskuntœʀ] nm discount dealer

**discoureur, -euse** [diskuʀœʀ, øz] → SYN nm,f (péj) speechifier, windbag *

**discourir** [diskuʀiʀ] → SYN ▸ conjug 11 ◂ vi **a** (= faire un discours) to discourse (frm), expatiate (frm) (*sur, de* (up)on); (péj) to hold forth (*sur, de* on), speechify

**b** (= bavarder) to talk (away)

**discours** [diskuʀ] → SYN nm **a** (= allocution) speech ◆ **discours d'ouverture/de clôture** opening/closing speech ou address ◆ **discours inaugural** inaugural address ou speech ◆ **discours d'investiture** nomination speech ◆ **discours-programme** keynote speech ◆ **discours du trône** Queen's (ou King's) speech, speech from the throne ◆ **discours sur l'état de l'Union** (Pol US) State of the Union Address ◆ **faire ou prononcer un discours** to make ou deliver a speech ◆ **prononcer un discours sur la tombe de qn** to deliver a funeral oration for sb

**b** (péj) talking (NonC), chatter (NonC) ◆ **tous ces beaux discours n'y changeront rien** all these fine words ou all this fine talk won't make any difference ◆ **suis-moi sans faire de discours !** follow me and don't argue! ◆ **que de discours !** what a lot of fuss (about nothing)! ◆ **perdre son temps en discours** to waste one's time talking ◆ **assez de discours, des faits !** that's enough talk, let's see some action! ◆ **elle me tenait des discours sans fin sur la morale/la politique** she gave me endless lectures on morality/politics, she lectured me endlessly on morality/politics ◆ **il aime tenir de grands discours** he likes to hold forth ◆ **elle m'a tenu des discours à n'en plus finir** she went on and on as if she was never going to stop ◆ **un dessin vaut mieux qu'un long discours** a picture is worth a thousand words

**c** (= idées exprimées) views ◆ **le discours des intellectuels/des extrémistes** the views expressed by intellectuals/extremists ◆ **le discours dominant** the prevailing attitude ou view ◆ **c'est le discours officiel** it's the official line ◆ **leur discours rassurant/optimiste** their reassuring/optimistic words ◆ **changer de discours** to change one's position ◆ **il tient rarement ce discours en public** he seldom expresses these views in public ◆ **ce parti tient un discours nouveau** the party is taking a new line ◆ **il m'a déjà tenu ce discours** he's already told me that ◆ **ils tiennent tous le même discours** they all say the same thing

**d** **le discours** (= expression verbale) speech; (Ling, Rhétorique) discourse; (Philos = raisonnement) discursive reasoning ou thinking ◆ **(au) discours direct/indirect** (Ling) (in) direct/indirect ou reported speech ◆ **les parties du discours** (Ling) the parts of speech; (Rhétorique) the parts of discourse

**e** (Philos = traité) discourse, treatise ◆ **"Le Discours de la méthode"** (Littérat) "the Discourse on Method"

**discourtois, e** [diskuʀtwa, waz] → SYN adj discourteous

**discourtoisie** [diskuʀtwazi] nf (littér) discourtesy

**discrédit** [diskʀedi] → SYN nm [personne] discredit, disfavour; [idée, théorie, œuvre] discredit, disrepute ◆ **tomber dans le discrédit** to fall into disrepute ◆ **être en discrédit** to be discredited ou in disrepute ◆ **jeter le discrédit sur qch/qn** to discredit sth/sb

**discréditer** [diskʀedite] → SYN ▸ conjug 1 ◂ **1** vt [+ personne] to discredit; [+ théorie, œuvre] to discredit, bring into disrepute ◆ **c'est une opinion tout à fait discréditée de nos jours** it is an opinion which has gone right out of favour ou which is quite discredited nowadays

**2** **se discréditer** vpr [idée, théorie] to become discredited, fall into disrepute; [personne] to bring discredit upon o.s., discredit o.s. (*aux yeux de qn, auprès de qn* in sb's eyes)

**discret, -ète** [diskʀɛ, ɛt] → SYN adj **a** (= réservé, retenu) personne, attitude discreet, reserved; allusion, reproche, compliment discreet ◆ **soyez discret, ne lui parlez pas de sa défaite** be tactful ou discreet and don't mention his defeat to him

**b** (= qui n'attire pas l'attention) personne, manière unassuming, unobtrusive; parfum, maquillage discreet, light; vêtement sober, plain, simple; couleur quiet; lumière subdued; endroit quiet, secluded; parole, regard discreet ◆ **il lui remit un paquet sous emballage discret** he handed her a plainly wrapped parcel ◆ **"envoi discret"** "sent under plain cover" ◆ **n'y a-t-il pas une façon plus discrète de m'avertir ?** isn't there a more discreet ou less conspicuous way of warning me?

**c** (= qui garde les secrets) discreet

**d** (Math) quantité discrete; (Phys) fonction discontinuous; (Ling) unité discrete

**discrètement** [diskʀɛtmɑ̃] → SYN adv **a** (= avec tact) se tenir à l'écart, parler, reprocher discreetly, quietly ◆ **il a discrètement fait allusion à ...** he gently hinted at ..., he made a discreet allusion to ...

**b** (= pour ne pas se faire remarquer) discreetly; se maquiller lightly; s'habiller plainly, simply ◆ **il s'est éclipsé discrètement** he made a discreet exit, he slipped away ou out quietly ◆ **parler discrètement à l'oreille de qn** to have a quiet word in sb's ear, have a discreet word with sb

**discrétion** [diskʀesjɔ̃] → SYN nf **a** (= art de garder un secret) discretion ◆ **"discrétion assurée"** "discretion assured" ◆ **j'aimerais que vous gardiez la plus grande discrétion sur le sujet** I'd appreciate it if you could be as discreet as possible about this ◆ **ils se sont mariés dans la plus grande discrétion** they had a very quiet wedding

**b** (= réserve) [personne] discretion, tact ◆ **sa discrétion est exemplaire** he's a model of discretion ou tact

**c** (= modération) [maquillage, parfum] lightness; [vêtement] plainness, simpleness ◆ **avec discrétion** s'habiller soberly, plainly, simply; se conduire discreetly, unobtrusively; parler discreetly

**d** (littér = discernement) discretion

**e** (LOC) **vin/pain à discrétion** unlimited wine/bread, as much wine/bread as you want ◆ **être à la discrétion de qn** (littér) to be in sb's hands

**discrétionnaire** [diskʀesjɔnɛʀ] → SYN adj discretionary

**discriminant, e** [diskʀiminɑ̃, ɑ̃t] **1** adj discriminating, distinguishing

**2** nm (Math) discriminant

**discriminateur** [diskʀiminatœʀ] nm (Élec) discriminator

**discriminatif, -ive** [diskʀiminatif, iv] adj discriminatory, discriminative

**discrimination** [diskʀiminasjɔ̃] → SYN nf discrimination (*contre, à l'égard de, envers* against) ◆ **discrimination raciale/sexuelle** race ou racial/sex ou sexual discrimination ◆ **sans discrimination d'âge ni de sexe** regardless of age or sex ◆ **ce métier est accessible à tous sans discrimination** this profession is open to everyone without discrimination ◆ **tirer sans discrimination (dans la foule)** to fire indiscriminately (into the crowd) ◆ **discrimination positive** affirmative action

**discriminatoire** [diskʀiminatwaʀ] → SYN adj mesures discriminatory, discriminating

**discriminer** [diskʀimine] → SYN ▸ conjug 1 ◂ vt **a** (littér = distinguer) to distinguish ◆ **apprendre**

**à discriminer les méthodes** to learn how to discriminate ou distinguish between methods

**b** (surtout ptp) [+ personnes] to discriminate against

**disculpation** [diskylpasjɔ̃] → SYN nf exoneration, exculpation (frm)

**disculper** [diskylpe] → SYN ▸ conjug 1 ◂ **1** vt to exonerate, exculpate (frm) (*de* from)

**2 se disculper** vpr to exonerate o.s., vindicate o.s., exculpate o.s. (frm) (*auprès de qn* in sb's eyes)

**discursif, -ive** [diskyʀsif, iv] → SYN adj discursive

**discussion** [diskysjɔ̃] → SYN nf **a** [problème] discussion (*de* of); [projet de loi] debate (*de* on), discussion (*de* of) ◆ **mettre une question en discussion** to bring a matter up for discussion ◆ **le projet de loi est en discussion** the bill is being debated ou is under discussion

**b** (= débat) discussion, debate; (= pourparlers, échanges de vues) discussion(s), talks; (= conversation) discussion, talk ◆ **les délégués sont en discussion** the delegates are in conference ◆ **sans discussion possible** indisputably, undoubtedly ◆ (Prov) **de la discussion jaillit la lumière** truth is reached through discussion

**c** (= querelle) argument, quarrel ◆ **avoir une violente discussion avec qn** to have a violent disagreement ou quarrel ou argument with sb ◆ **suis-moi et pas de discussions** follow me and don't argue ou no argument

**discutable** [diskytabl] → SYN adj solution, théorie debatable, questionable, arguable; goût doubtful, questionable ◆ **il est compétent – c'est tout à fait discutable** he's competent – that's debatable

**discutailler*** [diskytɑje] ▸ conjug 1 ◂ vi (péj) (= bavarder) to chat (away), natter (away)* (Brit); (= débattre sans fin) to argue (*sur* over), go on* (*sur* about); (= ergoter) to wrangle, quibble (*sur* over) ◆ **discutailler dans le vide** to argue ou quibble over nothing

**discute‡** [diskyt] nf ◆ **taper la discute** to have a chin-wag*

**discuté, e** [diskyte] (ptp de **discuter**) adj (= contesté) ◆ **ministre très discuté** very controversial minister ◆ **question très discutée** vexed question, much debated ou disputed question ◆ **théorie très discutée** very ou highly controversial theory

**discuter** [diskyte] → SYN ▸ conjug 1 ◂ **1** vt **a** (= débattre) [+ problème] to discuss; [+ projet de loi] to debate, discuss; [+ prix] to argue about, haggle over ◆ **cette question se discute actuellement au Parlement** this issue is now being debated ou discussed in Parliament

**b** (= contester) [+ ordre, droits de qn] to question, dispute ◆ **ça se discute, ça peut se discuter** that's debatable ◆ **cela ne se discute pas** the question doesn't even arise

**c discuter le coup*** ou **le bout de gras‡** (= bavarder) to have a chat ou natter* (Brit); (= parlementer) to argue away

**2** vi **a** (= être en conférence) to have a discussion, confer (*avec* with); (= parler) to talk (*avec* with); (= parlementer) to argue (*avec* with) ◆ **discuter de** ou **sur qch** to discuss sth ◆ **discuter (de) politique/(d') affaires** to discuss ou talk politics/business ◆ **on ne peut pas discuter avec lui !** you just can't argue with him!, there's no arguing with him!

**b** (= protester) to argue ◆ **suivez-moi sans discuter** follow me and don't argue ou no argument ◆ **il a obéi sans discuter** he obeyed without question ◆ **pour moi c'est décidé, il n'y a pas à discuter** my mind's made up about it and that's that ou and that's final ou and there's nothing further to be said

**c** (= débattre) **discuter de** ou **sur** [+ question, problème] to discuss, debate ◆ **ensuite, nous avons discuté du prix** then we discussed the price ◆ **discuter sur le cas de qn** to discuss ou debate sb's case ◆ **j'en ai discuté avec lui et il est d'accord** I have discussed the matter ou talked the matter over with him and he agrees ◆ **vous discutez sur des points sans importance** you are arguing about ou niggling over trifles ◆ **discuter du sexe des anges** (hum) to discuss futilities, discuss how many angels can dance ou sit on the head of a pin (hum)

**disert, e** [dizɛʀ, ɛʀt] → SYN adj (frm, hum) talkative ◆ **il s'est montré peu disert sur ses intentions** he was less than ou not very forthcoming about his intentions

**disette** [dizɛt] → SYN nf **a** (= manque) [vivres, idées] scarcity, shortage, dearth

**b** (= famine) food shortage, scarcity (of food)

**diseur, -euse** [dizœʀ, øz] → SYN nm,f ◆ **diseuse de bonne aventure** fortuneteller ◆ **diseur de bons mots** wit, wag

**disfonctionnement** [disfɔ̃ksjɔnmɑ̃] nm ⇒ **dysfonctionnement**

**disgrâce** [disgʀɑs] → SYN nf **a** (= défaveur, déchéance) disgrace ◆ **encourir** ou **mériter la disgrâce de qn** to incur sb's disfavour (Brit) ou disfavor (US) ou displeasure ◆ **être en disgrâce auprès de** to be out of favour (Brit) ou favor (US) with ◆ **tomber en disgrâce** to fall into disgrace

**b** († = malheur) misfortune ◆ **pour comble de disgrâce** most unfortunately of all

**disgracié, e** [disgʀasje] → SYN (ptp de **disgracier**) adj (= en disgrâce) in disgrace, disgraced; (frm = laid) ill-favoured (Brit) ou -favored (US), ugly

**disgracier** [disgʀasje] → SYN ▸ conjug 7 ◂ vt to disgrace, dismiss from favour (Brit) ou favor (US)

**disgracieux, -ieuse** [disgʀasjø, jøz] → SYN adj geste inelegant, awkward; démarche inelegant, awkward, ungainly; visage ugly; forme, objet unsightly

**disharmonie** [dizaʀmɔni, disaʀmɔni] → SYN nf disharmony

**disjoindre** [disʒwɛ̃dʀ(ə)] → SYN ▸ conjug 49 ◂ **1** vt [+ planches, tôles, tuiles] to take apart, separate; [+ tuyaux] to disconnect, take apart; [+ pierres] to break apart; [+ problèmes] to separate, split; (Jur) [+ causes] to deal with ou hear separately

**2 se disjoindre** vpr [planches, tôles, tuiles] to come apart ou loose, separate; [tuyaux, pierres] to come apart

**disjoint, e** [disʒwɛ̃, wɛ̃t] (ptp de **disjoindre**) adj ◆ **ces deux questions sont disjointes** these two matters are not connected ◆ **planches/tuiles disjointes** planks/tiles which are coming apart ou loose, loose planks/tiles ◆ **tuyaux disjoints** pipes which have come apart ou undone

**disjoncter** [disʒɔ̃kte] ▸ conjug 1 ◂ **1** vt [+ courant] to cut off, disconnect

**2** vi **a** (Élec) **ça a disjoncté** the trip-switch has gone

**b** * [personne] to crack up*, lose it* ◆ **cette musique la fait carrément disjoncter** she really goes crazy* when she listens to that music

**disjoncteur** [disʒɔ̃ktœʀ] → SYN nm (Élec) circuit-breaker, cutout

**disjonctif, -ive** [disʒɔ̃ktif, iv] **1** adj disjunctive

**2 disjonctive** nf disjunctive

**disjonction** [disʒɔ̃ksjɔ̃] → SYN nf (gén, Logique) disjunction; (Jur) separation

**dislocation** [dislɔkasjɔ̃] → SYN nf **a** (Méd) [articulation] dislocation

**b** [machine, meuble] (= démontage) dismantling; (= casse) smashing, breaking up

**c** [rassemblement, cortège] dispersal, breaking up; [troupes] dispersal, scattering

**d** [pays, empire] dismantling, breaking up ◆ **dislocation de la cellule familiale** breakdown of the family unit

**e** (Géol) fault

**disloquer** [dislɔke] → SYN ▸ conjug 1 ◂ **1** vt **a** (Méd) [+ articulation] to dislocate, put out of joint ◆ **avoir l'épaule disloquée** to have a dislocated shoulder

**b** (= démonter) [+ machine, meuble] to dismantle, take apart ou to pieces; (= casser) to smash, break up ◆ **la chaise est toute disloquée** the chair's completely broken

**c** (= disperser) [+ rassemblement, cortège] to disperse, break up; [+ troupes] to disperse, scatter

**d** (= démembrer) [+ pays, empire] to dismantle, break up ◆ **les familles disloquées par la guerre** families broken up ou torn apart by war

**2 se disloquer** vpr **a se disloquer le bras** to dislocate one's arm, put one's arm out of joint ◆ **son épaule s'est disloquée** he has dislocated his shoulder

**b** [meuble] to come apart, fall to pieces

**c** [troupes] to disperse, scatter; [cortège] to disperse, break ou split up

**d** [empire] to break up, disintegrate

**disparaître** [dispaʀɛtʀ] → SYN ▸ conjug 57 ◂ vi **a** (= s'en aller, devenir invisible) to disappear, vanish ◆ **il disparut au coin de la rue/dans la foule** he disappeared ou vanished round the corner of the street/into the crowd ◆ **disparaître discrètement** to slip away quietly ◆ **disparaître furtivement** to sneak away ou out ◆ **je ne veux pas le voir, je disparais** I don't want to see him so I'll just slip away ou so I'll be off ◆ **le voilà, disparais !** there he is, make yourself scarce! * ◆ **disparaître aux regards** to vanish out of sight, disappear from view ◆ **disparaître à l'horizon** [soleil] to disappear ou vanish ou sink below the horizon; [bateau] to vanish ou disappear over the horizon ◆ **l'arbre disparut dans le brouillard** the tree vanished ou was swallowed up in the fog ◆ **le bâtiment disparaît sous le lierre** the building is (half-)hidden under the ivy

**b** (= être porté manquant) [personne] to disappear, go missing (Brit); [objet] to disappear ◆ **il a disparu de son domicile** he is missing ou has gone missing (Brit) ou has disappeared from home ◆ **trois voitures ont disparu (du garage)** three cars have disappeared ou are missing ou have gone (from the garage) ◆ **disparaître sans laisser de traces** to disappear ou vanish without trace ◆ **il a disparu de la circulation*** he dropped out of circulation

**c** (= passer, s'effacer) [joie, crainte, sourire] to disappear, vanish, evaporate; [rougeur, douleur, cicatrice] to disappear, vanish, go away; (graduellement) to fade; [jeunesse] to vanish, be lost; [brouillard] to lift

**d** (= mourir) [race, civilisation] to die (out), vanish; [coutume] to die out, disappear; [personne] to die; (= se perdre) [navire] to sink, be lost ◆ **si je venais à disparaître, tu n'aurais pas de soucis matériels** if I were to die, you wouldn't have any financial worries ◆ **tout le charme de la Belle Époque disparaît avec elle** all the charm of the Belle Époque dies ou vanishes with her ◆ **disparaître en mer** to be lost at sea ◆ **disparaître corps et biens** (Naut) to go down with all hands

**e faire disparaître** [+ objet] (gén) to remove, hide away ou out of sight; [prestidigitateur] to make vanish ou disappear; [+ document] to dispose of, get rid of; [+ tache, trace, obstacle, difficulté] to remove; [+ personne] to eliminate, get rid of, do away with*; [+ crainte] to dispel, eliminate ◆ **cela a fait disparaître la douleur/la rougeur** it made the pain/red mark go away, it got rid of the pain/all trace of the red mark ◆ **le voleur fit disparaître le bijou dans sa poche** the thief concealed the jewel ou hid the jewel in his pocket ◆ **il prenait de gros morceaux de pain qu'il faisait disparaître dans sa bouche** he was taking large hunks of bread and cramming them into his mouth ◆ **ils firent disparaître toute trace de leur passage** they destroyed ou removed all trace of their visit ◆ **faire disparaître une inscription** [temps] to erase ou efface ou wear away an inscription; [personne] to erase ou wipe out ou remove an inscription

**disparate** [dispaʀat] → SYN adj éléments disparate; objets, mobilier disparate, ill-assorted; couple, couleurs ill-assorted, badly matched

**disparité** [dispaʀite] → SYN nf [éléments, salaires] disparity (*de* in); [objets, couleurs] mismatch (NonC) (*de* of)

**disparition** [dispaʀisjɔ̃] → SYN nf **a** [personne] disappearance; [cicatrice, rougeur] (gén) disappearance; (graduelle) fading; [brouillard] lifting; [soleil] sinking, setting; [tache, obstacle] disappearance, removal ◆ **la disparition de la douleur sera immédiate** the pain will be relieved ou will go away ou vanish immediately

**b** (= mort, perte) [personne] death; [espèce] extinction, disappearance; [coutume, langue] disappearance, dying out; [objet, bateau] loss, disappearance ♦ **menacé** ou **en voie de disparition** espèce endangered; civilisation, langue, tradition dying, fast disappearing; emploi, métier dying ♦ **cette espèce est en voie de disparition** (animaux) this species is becoming extinct ou is dying out, this is an endangered species; (fig) they're a dying breed

**disparu, e** [dispaʀy] → SYN (ptp de **disparaître**) **1** adj **a** (= révolu) monde, époque bygone (épith), vanished; bonheur, jeunesse lost

**b** (= effacé) **une lueur menaçante, aussitôt disparue, brilla dans ses yeux** a dangerous gleam flickered and died in his eyes, his eyes glinted dangerously for a brief moment ♦ **un sentiment d'espoir, bientôt disparu, l'anima un court instant** hope filled him for a brief moment only to fade again

**c** (= mort) personne dead, deceased; espèce extinct; race, coutume, langue vanished, dead, extinct; (= dont on est sans nouvelles) victime missing ♦ **il a été porté disparu** (Mil) he has been reported missing; (dans une catastrophe) he is missing, believed dead ♦ **marin disparu en mer** sailor lost at sea

**2** nm,f (= mort) dead person; (= dont on a perdu la trace) missing person ♦ **le cher disparu** the dear departed ♦ **l'incendie a fait cinq morts et trois disparus** the fire left five people dead and three unaccounted for ou missing

**dispatcher**[1] [dispatʃe] ▸ conjug 1 ◂ vt to dispatch

**dispatcher**[2], **dispatcheur** [dispatʃœʀ] → SYN nm dispatcher

**dispatching** [dispatʃiŋ] → SYN nm (gén) dispatching; [courrier] routing, dispatching

**dispendieusement** [dispɑ̃djøzmɑ̃] adv (frm) vivre extravagantly, expensively

**dispendieux, -ieuse** [dispɑ̃djø, jøz] → SYN adj (frm) goûts, luxe extravagant, expensive

**dispensaire** [dispɑ̃sɛʀ] → SYN nm community (Brit) ou free (US) clinic, health centre (Brit) ou center (US), people's dispensary

**dispensateur, -trice** [dispɑ̃satœʀ, tʀis] → SYN (littér) **1** adj dispensing

**2** nm,f dispenser

**dispense** [dispɑ̃s] → SYN nf **a** (= exemption, Rel) exemption (*de* from), dispensation (*de* from)

**b** (= permission) special permission ♦ **dispense d'âge pour passer un examen** permission to sit an exam under the statutory age limit ♦ **dispense de recherche d'emploi** (pour un chômeur) exemption from the actively seeking work rule ♦ **dispense du service militaire/d'un examen** exemption from military service/from an exam

**dispenser** [dispɑ̃se] → SYN ▸ conjug 1 ◂ **1** vt **a** (= exempter) to exempt, excuse (*de faire* from doing; *de qch* from sth) ♦ **dispenser qn d'un vœu** (Rel) to release sb from a vow ♦ **je vous dispense de vos réflexions** I can do without your comments, you can spare me your comments ♦ **dispensez-moi d'en dire plus** (frm) spare me the necessity of saying any more ♦ **se faire dispenser** to get exempted ♦ **il est dispensé de gymnastique** he's excused from gym

**b** (littér = distribuer) [+ bienfaits] to dispense; [+ charme] to radiate; [+ lumière] to dispense, give out ♦ **dispenser des soins à un malade** to give medical care to a patient

**2** **se dispenser** vpr ♦ **se dispenser de** [+ corvée] to avoid, get out of; [+ remarque] to refrain from ♦ **se dispenser de faire qch** to get out of doing sth, not to bother doing sth ♦ **il peut se dispenser de travailler** he doesn't need to work, he has no need to work ♦ **je me dispenserais bien d'y aller** I'd gladly save myself the bother of going if I could ♦ **il s'est dispensé de s'excuser** (iro) he didn't see any necessity for excusing himself

**dispersant, e** [dispɛʀsɑ̃, ɑ̃t] **1** adj dispersive

**2** nm dispersant

**dispersé, e** [dispɛʀse] (ptp de **disperser**) adj habitat, famille scattered ♦ **en ordre dispersé** in a disorganised manner ♦ **leur actionnariat est très dispersé** they have many small shareholders ♦ **nos efforts sont trop dispersés** our efforts aren't focused enough

**disperser** [dispɛʀse] → SYN ▸ conjug 1 ◂ **1** vt **a** [+ papiers, feuilles] to scatter; [+ brouillard, pétrole] to disperse, break up; [+ collection] to break up ♦ **disperser les cendres de qn** to scatter sb's ashes

**b** [+ forces] to dissipate; [+ foule, ennemi] to scatter, disperse ♦ **disperser l'attention de qn** to distract sb ♦ **il ne faut pas disperser tes efforts** you shouldn't spread yourself too thin ♦ **tous nos amis sont maintenant dispersés** all our friends are now scattered

**2** **se disperser** vpr [foule] to scatter, disperse, break up; [élève, artiste] to overdiversify ♦ **ne vous dispersez pas trop !** don't spread yourself too thin!, don't attempt to do too many things at once!

**dispersif, -ive** [dispɛʀsif, iv] adj dispersive

**dispersion** [dispɛʀsjɔ̃] → SYN nf **a** (Chim, Phys, Stat) dispersion; [papiers, feuilles] scattering; [brouillard, pétrole] dispersal, breaking up; [collection] breaking up

**b** [forces] dissipation; [foule, ennemi] scattering, dispersal ♦ **évitez la dispersion dans votre travail** don't attempt to do too many things at once

**disponibilité** [dispɔnibilite] → SYN nf **a** [choses] availability ♦ **disponibilité des biens** (Jur) (faculté du possesseur) ability to transfer one's property; (caractère des possessions) transferability of property ♦ **en fonction des disponibilités** ou **de la disponibilité de chacun** depending on each person's availability

**b** (Fin) **disponibilités** available funds, liquid assets

**c** **mettre en disponibilité** [+ fonctionnaire] to free from duty temporarily, grant leave of absence to; [+ officier] to place on reserve ♦ **mise en disponibilité** [fonctionnaire] leave of absence; [officier] transfer to reserve duty

**d** [élève, esprit, auditoire] alertness, receptiveness ♦ **disponibilité d'esprit** alertness ou receptiveness of mind

**disponible** [dispɔnibl] GRAMMAIRE ACTIVE 19.3 → SYN

**1** adj **a** appartement, fonds, produit available ♦ **avez-vous des places disponibles pour ce soir ?** are there any seats (available) for this evening? ♦ **il n'y a plus une seule place disponible** there's not a single seat left ou not one spare seat ♦ **je ne suis pas disponible ce soir** I'm not free tonight ♦ **elle est toujours disponible pour écouter ses amis** she's always ready to listen to her friends ♦ **biens disponibles** (Jur) transferable property

**b** (Admin) **fonctionnaire disponible** civil servant on leave of absence ou temporarily freed from duty ♦ **officier disponible** officer on reserve

**c** élève, esprit, auditoire alert, receptive

**2** nm (Fin) available assets ou funds

**dispos, e** [dispo, oz] → SYN adj personne refreshed, in good form (attrib), full of energy (attrib) ♦ **avoir l'esprit dispos** to have a fresh mind; → **frais**[1]

**disposant, e** [dispozɑ̃, ɑ̃t] nm,f (Jur) donor

**disposé, e** [dispoze] → SYN (ptp de **disposer**) adj **a** (= prêt) **être disposé à faire** to be willing ou prepared ou disposed (frm) to do ♦ **être peu disposé à faire** to be unwilling to do, not to be prepared ou disposed to do

**b** **bien/mal disposé** in a good/bad mood ♦ **bien/mal disposé à l'égard de** ou **pour** ou **envers qn** well-/ill-disposed towards sb

**c** terrain situated, sited ♦ **bâtiments disposés face à la mer** buildings facing the sea ♦ **pièces bien/mal disposées** well/badly laid-out rooms

**disposer** [dispoze] → SYN ▸ conjug 1 ◂ **1** vt **a** (= arranger) [+ personnes, meubles, fleurs] to arrange; [+ couverts] to set, lay ♦ **disposer des troupes sur le terrain** to draw up ou range troops on the battlefield ♦ **disposer des objets en ligne/en cercle** to place ou lay ou arrange things in a row/in a circle ♦ **on avait disposé le buffet dans le jardin** they had laid out ou set out the buffet in the garden

**b** **disposer qn à faire/à qch** (= engager à) to incline ou dispose (frm) sb to do/towards sth; (frm = préparer à) to prepare sb to do/for sth ♦ **cela ne dispose pas à l'optimisme** it doesn't exactly make you feel optimistic

**2** vi (frm = partir) to leave ♦ **vous pouvez disposer** you may leave ou go (now), that will be all

**3** **disposer de** vt indir **a** (= avoir l'usage de) to have (at one's disposal) ♦ **disposer d'une voiture** to have a car (at one's disposal), have the use of a car ♦ **disposer d'une somme d'argent** to have a sum of money at one's disposal ou available (for one's use) ♦ **il disposait de quelques heures pour visiter Lille** he had a few hours free ou to spare in which to visit Lille ♦ **il peut disposer de son temps** his time is his own, he can do what he likes with his time ♦ **avec les moyens dont il dispose** with the means at his disposal ou available to him ♦ **si vous voulez vous pouvez en disposer** if you wish you can use it ♦ **disposer d'un domaine (par testament)** (Jur) to dispose of an estate (in one's will) ♦ **il se croit autorisé à disposer de ses amis** he thinks his friends are just there to do his bidding ♦ **droit des peuples à disposer d'eux-mêmes** right of nations to self-determination ♦ **le droit de chacun à disposer de son corps** (pendant sa vie) the individual's right to own and control his own body; (après sa mort) the individual's right to determine what shall be done to his body

**4** **se disposer** vpr ♦ **se disposer à faire** (= se préparer à) to prepare to do, be about to do ♦ **il se disposait à quitter le bureau** he was about to ou was preparing to ou was getting ready to leave the office

**dispositif** [dispozitif] → SYN nm **a** (= mécanisme) device, mechanism ♦ **dispositif d'alarme** alarm ou warning device ♦ **dispositif de contrôle** control mechanism ♦ **dispositif de sécurité** safety device ♦ **dispositif scénique** (Opéra, Théât) set ♦ **dispositif intra-utérin** (Méd) intra-uterine (contraceptive) device, IUD

**b** (= moyens prévus) plan (of action) ♦ **dispositif d'attaque** (Mil) plan of attack ♦ **dispositif de combat** (Mil) fighting plan ♦ **dispositif de contrôle** control system ♦ **dispositif de défense** (Mil) defence (Brit) ou defense (US) system ♦ **dispositif législatif** legislation, laws ♦ **dispositif de lutte contre le chômage** measures to combat unemployment ♦ **dispositif de lutte contre l'incendie** fire-fighting system ou arrangements ♦ **renforcer/alléger le dispositif militaire** to increase/decrease the military presence ♦ **un important dispositif de sécurité a été mis en place à la frontière** a major security operation has been mounted on the border ♦ **dispositif de surveillance** surveillance ou monitoring system

**c** (Jur) [jugement] pronouncement; [loi] purview

**disposition** [dispozisjɔ̃] GRAMMAIRE ACTIVE 19.3 → SYN

**1** nf **a** (= arrangement) (= action) arrangement, arranging, placing; (= résultat) arrangement, layout ♦ **selon la disposition des pions/des joueurs** according to how the pawns/players are placed ♦ **ils ont changé la disposition des objets dans la vitrine** they have changed the arrangement ou layout of the things in the window ♦ **la disposition des lieux/pièces** the layout of the premises/rooms

**b** (= usage) disposal ♦ **avoir la libre disposition de qch** (Jur) to have free disposal of sth, be free to dispose of sth ♦ **mettre qch/être à la disposition de qn** to put sth/be at sb's disposal ♦ **la maison/la bibliothèque est à votre disposition** the house/library is at your disposal, you can have the run of the house/library ♦ **les moyens (mis) à notre disposition sont insuffisants** we have insufficient means at our disposal ♦ **je me mets** ou **tiens à votre entière disposition pour de plus amples renseignements** I am entirely at your disposal ou service should you require further information ♦ **il a été mis à la disposition de la justice** (Jur) he was handed over to the law

**c** (= mesure) measure ♦ **dispositions** (= préparatifs) arrangements, preparations; (= précautions) measures, precautions, steps ♦ **prendre des** ou **ses dispositions pour que qch soit fait** to make arrangements ou take steps to have sth done ou for sth to be done ♦ **prendre ses dispositions pour partir** to make arrangements for ou prepare for one's departure ♦ **nous avons prévu des dispositions spéciales** we have arranged for special steps ou measures ou precautions to be taken

**d** (= manière d'être) mood, humour, frame of mind ♦ **être dans de bonnes/mauvaises dispositions** to be in a good/bad mood, be in (a) good/bad humour ♦ **être dans de bonnes dispositions pour faire qch** to be in the right mood to do sth, be in the right frame of mind for doing sth ♦ **être dans les meilleures dispositions** to be in the best of moods ♦ **être dans de bonnes/de mauvaises/les meilleures dispositions à l'égard de qn** to feel well-disposed/ill-disposed/very well-disposed towards sb ♦ **est-il toujours dans les mêmes dispositions à l'égard de ce projet/candidat ?** does he still feel the same way about this plan/candidate? ♦ **disposition d'esprit** mood, state ou frame of mind

**e** (= tendance) [personne] predisposition, tendency; [objet] tendency (*à* to) ♦ **avoir une disposition au rhumatisme** to have a tendency to rheumatism ♦ **ce bateau a une curieuse/fâcheuse disposition à ...** this boat has a strange/an annoying tendency to ...

**f** (Jur) clause ♦ **dispositions testamentaires** provisions of a will, testamentary provisions; → **dernier**

[2] **dispositions** nfpl (= inclinations, aptitudes) bent, aptitude, natural ability ♦ **avoir des dispositions pour la musique/les langues/le tennis** to have a special aptitude for ou a gift for music/languages/tennis

**disproportion** [dispʀɔpɔʀsjɔ̃] → SYN nf disproportion (*entre* between; *de* in)

**disproportionné, e** [dispʀɔpɔʀsjɔne] → SYN adj disproportionate (*par rapport à, avec* to), out of (all) proportion (*par rapport à, avec* to, with) ♦ **il a une tête disproportionnée** his head is out of proportion with his body

**dispute** [dispyt] → SYN nf **a** (= querelle) argument, quarrel ♦ **dispute d'amoureux** lovers' tiff ou quarrel ♦ **tu cherches la dispute !** you're looking for an argument! ♦ **c'est leur principal sujet de dispute** it's a major bone of contention between them

**b** († † = débat polémique) debate, dispute

**disputé, e** [dispyte] (ptp de **disputer**) adj ♦ **très disputé** match close, closely fought; course, élection, siège de député hotly ou closely contested

**disputer** [dispyte] → SYN ▸ conjug 1 ◂ [1] vt **a** (= contester) **disputer qch/qn à qn** to fight with sb for ou over sth/sb ♦ **disputer la victoire/la première place à son rival** to fight for victory/for first place with one's rival, fight one's rival for victory/first place ♦ **elle essaya de lui disputer la gloire de son invention** she tried to rob him of the glory of his invention ♦ **le disputer en beauté/en grandeur à qn** (littér) to vie with ou rival sb in beauty/greatness ♦ **disputer le terrain** (Mil) to fight for every inch of ground; (fig) to fight every inch of the way

**b** (= livrer) [+ combat] to fight; [+ match] to play ♦ **le match a été disputé** ou **s'est disputé en Angleterre** the match was played ou took place in England

**c** (= gronder) to tell off *, tick off * (Brit) ♦ **se faire disputer par son père** to get a telling-off * ou ticking-off * (Brit) from one's father

[2] **se disputer** vpr **a** (= se quereller) to quarrel, argue, have a quarrel ou an argument (*avec* with) ♦ **il s'est disputé avec son oncle** (= s'est querellé avec lui) he quarrelled ou had a quarrel ou an argument with his uncle; (= s'est brouillé avec lui) he fell out with his uncle

**b** (= se battre pour) **se disputer qch** to fight over sth, contest sth ♦ **deux chiens se disputent un os** two dogs are fighting over a bone ♦ **deux candidats se disputent un siège à l'Académie** there are two contenders for ou two candidates are contesting a seat at the Academy

**disquaire** [diskɛʀ] nmf (= commerçant) record dealer

**disqualification** [diskalifikasjɔ̃] → SYN nf (Sport) disqualification

**disqualifier** [diskalifje] → SYN ▸ conjug 7 ◂ vt **a** (Sport = exclure) to disqualify

**b** (= discréditer) to dishonour (Brit), dishonor (US), bring discredit on ♦ **il s'est disqualifié aux yeux de l'opinion** he has destroyed people's trust in him ou people's good opinion of him

**disque** [disk] → SYN nm **a** (gén, Méd, Photo) disc, disk (surtout US) ♦ **disque d'embrayage** clutch plate ♦ **disque de stationnement** parking disc ♦ **disque à démaquiller** make-up remover pad; → **frein**

**b** (Sport) discus

**c** (Mus) (gén, en vinyle) record ♦ **disque compact** compact disc, CD ♦ **disque (compact) audio/interactif/laser/vidéo** audio (compact)/interactive/laser/video disc ♦ **disque d'or/de platine** gold/platinum disc ♦ **mettre/passer un disque** (vinyle) to put on/play a record; (compact) to put on/play a CD ♦ **ça vient de sortir en disque compact** it's just come out on compact disc ou CD; → **changer**

**d** (Ordin) disk, disc ♦ **disque dur/souple/optique** hard/floppy/optical disk ♦ **disque optique compact** compact optical disk ♦ **disque optique numérique** digital optical disk

**disque-jockey**, pl **disques-jockeys** [disk(ə)ʒɔkɛ] nm disc jockey, DJ

**disquette** [diskɛt] nf (Ordin) floppy (disk ou disc), diskette

**disruptif, -ive** [disʀyptif, iv] adj (Élec) disruptive

**dissection** [disɛksjɔ̃] → SYN nf dissection ♦ **de dissection** instrument, table dissecting, dissection

**dissemblable** [disɑ̃blabl] → SYN adj dissimilar, different (*de* from, to)

**dissemblance** [disɑ̃blɑ̃s] → SYN nf dissimilarity, difference (*de* in)

**dissémination** [diseminasjɔ̃] → SYN nf **a** (= action) [graines] scattering; [troupes, maisons, usines] scattering, spreading; [idées] dissemination

**b** (= état) [maisons, points de vente] scattered layout ou distribution ♦ **à cause de la dissémination de notre famille** because our family is scattered

**disséminer** [disemine] → SYN ▸ conjug 1 ◂ [1] vt [+ graines] to scatter; [+ troupes, maisons] to scatter, spread (out); [+ idées] to disseminate ♦ **les points de vente sont très disséminés** the (sales) outlets are widely scattered ou thinly distributed

[2] **se disséminer** vpr [graines] to scatter; [personnes] to spread (out) ♦ **les pique-niqueurs se disséminèrent aux quatre coins de la forêt** the picnickers spread out ou scattered to the four corners of the forest

**dissension** [disɑ̃sjɔ̃] → SYN nf dissension (*entre, au sein de* between, within)

**dissentiment** [disɑ̃timɑ̃] nm disagreement, difference of opinion

**disséquer** [diseke] → SYN ▸ conjug 6 ◂ vt [+ cadavre, plante] to dissect; [+ texte, problème] to dissect

**dissert** [disɛʀt] nf (abrév de **dissertation**) (arg Scol) paper

**dissertation** [disɛʀtasjɔ̃] → SYN nf (Scol, hum) essay; (péj : † † = traité) dissertation

**disserter** [disɛʀte] → SYN ▸ conjug 1 ◂ vi **a** (Scol) **disserter sur** (= parler) to speak on, discourse upon (frm); (= écrire) to write an essay on

**b** (péj) to hold forth (*de, sur* about, on)

**dissidence** [disidɑ̃s] → SYN nf (= sécession) (Pol) dissidence, rebellion; (Rel) dissent; (= dissidents) dissidents, rebels; (littér = divergence) disagreement, dissidence ♦ **entrer en dissidence contre** [+ régime] to rebel against; [+ parti] to break away from ♦ **rejoindre la dissidence** to join the dissidents ou the rebels

**dissident, e** [disidɑ̃, ɑ̃t] → SYN [1] adj (Pol) dissident; (Rel) dissenting ♦ **groupe dissident** breakaway ou splinter group ♦ **une fraction dissidente de cette organisation terroriste** a dissident minority in this terrorist organization ♦ **une voix dissidente à l'intérieur du parti** a dissenting voice within the party ♦ **un candidat socialiste dissident** a socialist candidate who has broken away from the party

[2] nm,f (Pol) dissident, rebel; (Rel) dissenter

**dissimilitude** [disimilityd] nf dissimilarity

**dissimulateur, -trice** [disimylatœʀ, tʀis] → SYN [1] adj dissembling

[2] nm,f dissembler

**dissimulation** [disimylasjɔ̃] → SYN nf (NonC) (= duplicité) dissimulation, dissembling; (= cachotterie) dissimulation (NonC), dissembling (NonC); (= action de cacher) concealment ♦ **agir avec dissimulation** to act in an underhand way ♦ **dissimulation d'actif** (Jur) (fraudulent) concealment of assets ♦ **dissimulation de salariés** (Jur) non-declaration of workers ♦ **dissimulation de preuve(s)** withholding of evidence

**dissimulé, e** [disimyle] → SYN (ptp de **dissimuler**) adj ♦ **sentiments mal dissimulés** ill-concealed feelings ♦ **avec un plaisir non dissimulé** with undisguised glee ou pleasure

**dissimuler** [disimyle] → SYN ▸ conjug 1 ◂ [1] vt (= cacher) [+ objet, personne, sentiment, difficulté] to conceal, hide (*à qn* from sb); (Fin) [+ bénéfices] to conceal ♦ **son visage dissimulé par un foulard** her face hidden by a scarf ♦ **ces arbustes dissimulent la cabane** the shrubs hide the shed from view ♦ **il sait bien dissimuler** he's good at pretending ou dissembling (frm) ♦ **il parvenait mal à dissimuler son impatience/son envie de rire** he had great difficulty concealing ou hiding his annoyance/his urge to laugh ♦ **je ne vous dissimulerai pas qu'il y a de gros problèmes** I won't disguise ou conceal the fact that there are serious problems

[2] **se dissimuler** vpr to conceal ou hide o.s. ♦ **il essaie de se dissimuler la vérité/qu'il a tort** he's trying to close his eyes to the truth/to the fact that he's wrong, he's trying to conceal the truth from himself/to conceal from himself the fact that he's wrong

**dissipateur, -trice** [disipatœʀ, tʀis] → SYN nm,f (littér) spendthrift, squanderer (Brit)

**dissipatif, -ive** [disipatif, iv] adj dissipative

**dissipation** [disipasjɔ̃] → SYN nf **a** (= indiscipline) misbehaviour (Brit), misbehavior (US), unruliness; (littér = débauche) dissipation ♦ **une vie de dissipation** a dissipated life, a life of dissipation

**b** (= dilapidation) [fortune] squandering, dissipation; (= folle dépense) extravagance

**c** [fumée, nuages] dissipation, dispersal; [brouillard] clearing, lifting; [craintes] dispelling ♦ **après dissipation des brouillards matinaux** after the early morning fog has lifted ou cleared

**dissipé, e** [disipe] → SYN (ptp de **dissiper**) adj élève undisciplined, unruly; vie dissolute, dissipated

**dissiper** [disipe] → SYN ▸ conjug 1 ◂ [1] vt **a** (= chasser) [+ brouillard, fumée] to dispel, disperse, clear away; [+ nuages] to break up, disperse; [+ soupçon, crainte] to dissipate, dispel; [+ malentendu] to clear up

**b** (= dilapider) [+ fortune] to squander, fritter away, dissipate; (littér) [+ jeunesse] to waste, dissipate, idle away

**c** **dissiper qn** to lead sb astray ou into bad ways ♦ **il dissipe ses camarades en classe** he is a distracting influence on ou he distracts his classmates

**d** (Sci) to dissipate

[2] **se dissiper** vpr **a** (= disparaître) [fumée] to drift away, disperse; [nuages] to break (up), disperse; [brouillard] to clear, lift, disperse; [inquiétude] to vanish, melt away; [malaise, fatigue] to disappear, go away, wear off

**b** [élève] to become undisciplined ou unruly, misbehave

**dissociabilité** [disɔsjabilite] nf [molécules] dissociability; [problèmes] separability, separableness

**dissociable** [disɔsjabl] adj molécules dissociable, separable; problèmes separable

**dissociation** [disɔsjasjɔ̃] → SYN nf [molécules, problèmes] dissociation, separation

**dissocier** [disɔsje] → SYN ▸ conjug 7 ◂ [1] vt [+ molécules, problèmes] to dissociate

[2] **se dissocier** vpr [éléments, groupe, équipe] to break up, split up ♦ **nous tenons à nous dissocier de ces groupes/vues** we are anxious to dissociate ourselves from these groups/views

**dissolu, e** [disɔly] → SYN adj dissolute

**dissolution** [disɔlysjɔ̃] → SYN nf **a** (Jur) [assemblée, gouvernement, mariage] dissolution; [association, groupe, parti] dissolution, disbanding ♦ **prononcer la dissolution de** [+ mariage] to dissolve; [+ parti, groupement] to disband

**b** (= désagrégation) [groupe, association] breaking-up, splitting-up; [empire] crumbling, decay, dissolution ♦ **l'unité nationale**

**est en pleine dissolution** national unity is crumbling ou disintegrating ou falling apart

**c** [sucre] dissolving ◆ **jusqu'à dissolution complète du cachet** until the tablet has completely dissolved

**d** (= colle) rubber solution

**e** (littér = débauche) dissoluteness, dissipation

**dissolvant, e** [disɔlvɑ̃, ɑ̃t] [1] adj solvent, dissolvent

[2] nm (= produit) solvent ◆ **dissolvant (gras)** (pour les ongles) nail polish ou varnish remover

**dissonance** [disɔnɑ̃s] [→ SYN] nf (Mus = intervalle) dissonance, discord; [couleurs, styles] mismatch; (fig) clash; (= manque d'harmonie) discord, dissonance ◆ **des dissonances de tons dans un tableau** clashes of colour in a painting

**dissonant, e** [disɔnɑ̃, ɑ̃t] [→ SYN] adj sons, accord dissonant, discordant; couleurs clashing (épith)

**dissoner** [disɔne] ▸ conjug 1 ◂ vi (frm) [sons] to be discordant; [couleurs] to clash

**dissoudre** [disudʀ] [→ SYN] ▸ conjug 51 ◂ [1] vt **a** [+ sel] to dissolve ◆ **(faire) dissoudre du sucre** to dissolve sugar

**b** (Jur, Pol) [+ assemblée, gouvernement] to dissolve; [+ parti, groupement, association] to disband; [+ mariage] to dissolve

[2] **se dissoudre** vpr **a** [sel, sucre] to dissolve, be dissolved

**b** [association] to disband

**dissuader** [disɥade] [→ SYN] ▸ conjug 1 ◂ vt [personne] to dissuade (*de qch* from sth; *de faire* from doing); [circonstances] to deter (*de faire* from doing) ◆ **il m'a dissuadé d'y aller** he talked me out of going, he persuaded me not to go

**dissuasif, -ive** [disɥazif, iv] [→ SYN] adj **a** argument dissuasive; mesures, sanction deterrent (épith) ◆ **avoir un effet dissuasif sur** to have a deterrent effect on ◆ **à un prix dissuasif** at a prohibitive price ◆ **c'est une procédure très dissuasive** it's a very off-putting procedure

**b** (Mil) arme, force, stratégie deterrent (épith)

**dissuasion** [disɥazjɔ̃] [→ SYN] nf (gén) dissuasion; (Mil) deterrence ◆ **la dissuasion nucléaire** nuclear deterrence ◆ **de dissuasion** mesures, force, stratégie deterrent

**dissyllabe** [disi(l)lab] [1] adj disyllabic

[2] nm disyllable

**dissyllabique** [disi(l)labik] adj disyllabic

**dissymétrie** [disimetʀi] nf dissymmetry

**dissymétrique** [disimetʀik] [→ SYN] adj dissymmetric(al)

**distal, e,** mpl **-aux** [distal, o] adj distal

**distance** [distɑ̃s] [→ SYN] nf **a** (= éloignement, intervalle, trajet) distance ◆ **distance focale** (Photo) focal length ◆ **distance de freinage** braking distance ◆ **respectez les distances (de freinage)** keep your distance ◆ **parcourir de grandes/petites distances** to cover great/small distances ◆ **il est meilleur sur les grandes distances** (Sport) he's better over long distances ◆ **quelle distance parcourue depuis son dernier roman !** what a long way ou how far he has come since his last novel!

**b** (= écart) gap ◆ **la distance qui sépare deux générations/points de vue** the gap between ou which separates two generations/points of view ◆ **la guerre a mis une grande distance entre ces deux peuples** the war has left a great gulf between these two nations

**c** (Loc) **garder ses distances** to keep one's distance (*vis à vis de* from) ◆ **prendre ses distances** (Mil) to form open order; (Scol etc) to space out; (fig) to stand aloof (*à l'égard de* from), distance o.s. (*par rapport à* from) ◆ **les syndicats ont pris leurs distances vis-à-vis du gouvernement** the unions have distanced themselves from the government ◆ **tenir la distance** [coureur] to go ou do ou cover the distance, last ou stay the course; [conférencier] to stay ou last the course ◆ **à deux ou trois ans de distance je m'en souviens encore** two or three years later I can still remember it ◆ **nés à quelques années de distance** born within a few years of one another, born a few years apart ◆ **de distance en distance** at intervals, here and there ◆ **téléphone/communication/vol longue distance** long-distance (tele)phone/call/flight

◆ **à distance** (dans l'espace) at ou from a distance, from afar; (dans le temps) at ou from a distance ◆ **le prestidigitateur fait bouger des objets à distance** the conjurer moves objects from a distance ◆ **mettre en marche à distance** [+ appareil] to switch on by remote control ◆ **tenir qn à distance** to keep sb at a distance ou at arm's length ◆ **se tenir à distance** to keep one's distance, stand aloof

◆ **à + distance** ◆ **à quelle distance est la gare ?** how far (away) is the station?, what's the distance to the station? ◆ **se tenir à une distance respectueuse de** to keep ou stay a respectful distance from ◆ **habiter à une grande distance/à quelques kilomètres de distance** to live a great distance away ou a long way away/a few kilometres away (*de* from) ◆ **à grande distance** détection long-range (épith), at long range; apercevoir from a long way off ou away ◆ **entendre un bruit/distinguer qch à une distance de 30 mètres** to hear a noise/make out sth from a distance of 30 metres ou from 30 metres away

**distancer** [distɑ̃se] [→ SYN] ▸ conjug 3 ◂ vt **a** [+ coureur] to outrun, outdistance, leave behind; [+ voiture] to outdistance, leave behind; [+ concurrent, élève] to outstrip, outclass, leave behind ◆ **se laisser ou se faire distancer** to be left behind, be outdistanced (*par* by) ◆ **ne nous laissons pas distancer** let's not fall behind ou be left behind

**b** (Sport = disqualifier) to disqualify

**distanciation** [distɑ̃sjasjɔ̃] nf distance ◆ **sa distanciation par rapport aux événements** the way he has distanced himself from events

**distancier (se)** [distɑ̃sje] ▸ conjug 7 ◂ vpr to distance o.s. (*de* from)

**distant, e** [distɑ̃, ɑ̃t] [→ SYN] adj **a** lieu far-off, faraway, distant; événement distant, far-off ◆ **distant de la gare** far away from the station ◆ **une ville distante de 10 km** a town 10 km away ◆ **deux villes distantes de 10 km (l'une de l'autre)** two towns 10 km apart ou 10 km away from one another

**b** attitude distant, aloof; voix distant ◆ **il s'est montré très distant** he was very stand-offish

**distendre** [distɑ̃dʀ] ▸ conjug 41 ◂ [1] vt [+ peau] to distend; [+ corde, pull, col] to stretch

[2] **se distendre** vpr [lien] to slacken, become looser; [ventre, peau] to distend, become distended ou bloated

**distendu, e** [distɑ̃dy] (ptp de **distendre**) adj ventre distended, bloated; corde slack, loose; élastique, ressort slack

**distension** [distɑ̃sjɔ̃] [→ SYN] nf [peau, estomac] distension; [corde] slackening, loosening

**distillat** [distila] nm (Chim) distillate

**distillateur** [distilatœʀ] nm (= personne) distiller

**distillation** [distilasjɔ̃] nf distillation, distilling

**distiller** [distile] [→ SYN] ▸ conjug 1 ◂ [1] vt [+ alcool] to distil; [+ suc] to elaborate; [+ ennui] to exude ◆ **eau distillée** distilled water

[2] vi (Sci) to distil

**distillerie** [distilʀi] nf (= usine) distillery; (= industrie) distilling

**distinct, e** [distɛ̃(kt), ɛ̃kt] [→ SYN] adj **a** (= indépendant) distinct, separate (*de* from)

**b** (= net) distinct, clear

**distinctement** [distɛ̃ktəmɑ̃] adv distinctly, clearly

**distinctif, -ive** [distɛ̃ktif, iv] [→ SYN] adj distinctive

**distinction** [distɛ̃ksjɔ̃] [→ SYN] nf **a** (= différentiation) distinction ◆ **faire la distinction entre** to make a distinction between ◆ **sans distinction** without distinction ◆ **sans distinction de race/d'âge** irrespective of race/age, without distinction of race/age

**b** (= décoration, honneur) distinction

**c** (= raffinement) distinction, refinement ◆ **il a de la distinction** he is very distinguished ou refined, he has great distinction

**d** (= éminence) distinction, eminence ◆ **un pianiste de la plus haute distinction** (frm) a pianist of the highest distinction

**distinguable** [distɛ̃gabl] adj distinguishable (*de* from)

**distingué, e** [distɛ̃ge] [→ SYN] (ptp de **distinguer**) adj **a** (= élégant, bien élevé) personne distinguished; allure elegant, refined, distinguished ◆ **il a l'air très distingué** he looks very distinguished, he has a very distinguished look about him ◆ **ça fait très distingué** it's very distinguished; → **agréer**

**b** (= illustre) distinguished, eminent ◆ **notre distingué collègue, le professeur X** our distinguished ou eminent colleague, Professor X

**distinguer** [distɛ̃ge] [→ SYN] ▸ conjug 1 ◂ [1] vt **a** (= percevoir) [+ objet, bruit] to make out, distinguish, perceive; [+ ironie] to distinguish, perceive ◆ **distinguer qn dans la foule** to pick out ou spot sb in the crowd ◆ **on commença à distinguer les collines à travers la brume** the hills began to be visible through the mist, you could begin to make out the hills through the mist ◆ **il distingue mal sans lunettes** he can't see very well without his glasses

**b** (= différencier) to distinguish ◆ **distinguer une chose d'une autre** ou **d'avec une autre** to distinguish ou tell one thing from another ◆ **savoir distinguer les oiseaux/plantes** to be able to distinguish different species of birds/plants ◆ **les deux sœurs sont difficiles à distinguer (l'une de l'autre)** the two sisters are difficult to tell apart ◆ **distinguer le bien du mal/un Picasso d'un** ou **d'avec un Braque** to tell good from evil/a Picasso from a Braque, distinguish between good and evil/between a Picasso and a Braque ◆ **tu la distingueras à sa veste rouge** you will recognize her ou pick her out by her red jacket ◆ **distinguons, il y a chanteur et chanteur** we must make a distinction, there are good singers and bad singers

**c** (= rendre différent) to distinguish, set apart (*de* from), mark off ◆ **c'est son accent qui le distingue des autres** it is his accent which distinguishes him from ou makes him different from the others ou which sets him apart

**d** (frm) (= choisir) to single out; (= honorer) to honour (Brit), honor (US) ◆ **on l'a distingué pour faire le discours d'adieu** he was singled out to make the farewell speech ◆ **l'Académie française a distingué X pour son œuvre poétique** the Académie Française has honoured X for his works of poetry

[2] **se distinguer** vpr **a** (= différer) to distinguish o.s., be distinguished (*de* from) ◆ **ces objets se distinguent par** ou **grâce à leur couleur** these objects can be distinguished by their colour ◆ **les deux frères se distinguent (l'un de l'autre) par leur taille** you can tell the two brothers apart by their (different) height ◆ **il se distingue par son accent/sa démarche** his accent/his walk makes him stand out ou makes him seem quite different

**b** (= se signaler, réussir) to distinguish o.s. ◆ **se distinguer (pendant une guerre) par son courage** to distinguish o.s. (in a war) by one's courage ◆ **il s'est distingué par ses découvertes en physique** he has become famous for ou from his discoveries in physics, he's made a name for himself by his discoveries in physics ◆ **il se distingue par son absence** (hum) he is noticeable ou conspicuous by his absence ◆ **il s'est particulièrement distingué en latin** he has done particularly well ou he has particularly distinguished himself in Latin

**distinguo** [distɛ̃go] nm (= nuance) distinction ◆ **faire le distinguo entre X et Y** to make a distinction between X and Y

**distique** [distik] nm distich

**distomatose** [distɔmatoz] nf distomatosis, distomiasis

**distome** [distɔm] nm (Bio) fluke

**distordre** vt, **se distordre** vpr [distɔʀdʀ] ▸ conjug 41 ◂ to twist, distort

**distorsion** [distɔʀsjɔ̃] [→ SYN] nf **a** (gén, Anat, Téléc) distortion ◆ **la distorsion des faits/de la réalité** distortion of the facts/of reality ◆ **distorsion de concurrence** (Écon) distortion of competition ◆ **distorsion du temps** time warp

**b** (= déséquilibre : entre des chiffres, salaires, taux) imbalance (*entre* between) ◆ **la distorsion entre les textes et la réalité** (= décalage) the discrepancy between the texts and reality

**distractif, -ive** [distʀaktif, iv] **adj** distractive (frm), recreational

**distraction** [distʀaksjɔ̃] → SYN **nf** **a** (= inattention) absent-mindedness, lack of attention ◆ **j'ai eu une distraction** my concentration lapsed, my attention wandered ◆ **cette distraction lui a coûté la vie** this one lapse in concentration cost him his life ◆ **les distractions proverbiales des savants** the proverbial absent-mindedness of scientists

**b** (= passe-temps) leisure ou recreational activity, pastime ◆ **ça manque de distraction** there's not much in the way of entertainment ◆ **c'est sa seule distraction** it's his only form of entertainment

**c** (Jur = vol) abstraction ◆ **distraction de fonds** misappropriation of funds

**distraire** [distʀɛʀ] → SYN ▸ conjug 50 ◂ **1** **vt** **a** (= divertir) to entertain, amuse

**b** (= déranger) to distract, divert (*de* from) ◆ **distraire l'attention de qn** to distract sb's attention ◆ **il distrait ses camarades** he distracts his friends ◆ **se laisser facilement distraire de son travail** to be easily distracted from one's work ◆ **distraire qn de ses soucis** to take sb's mind off his worries

**c** (frm = voler) to abstract (*de* from) ◆ **distraire des fonds** to misappropriate funds

**2** **se distraire** **vpr** to amuse o.s., enjoy o.s. ◆ **je vais au cinéma, j'ai besoin de me distraire** I'm going to the cinema, I need to take my mind off things ◆ **je lis des romans pour me distraire** I read novels for entertainment

**distrait, e** [distʀɛ, ɛt] → SYN (ptp de **distraire**) **adj** personne, caractère absent-minded ◆ **d'un air distrait** absent-mindedly, abstractedly ◆ **il n'y a prêté qu'une attention distraite** he wasn't really paying attention, he was only half paying attention ◆ **d'une oreille distraite** with only half an ear, abstractedly ◆ **je l'ai lu d'un œil distrait** I glanced through it

**distraitement** [distʀɛtmɑ̃] → SYN **adv** absent-mindedly, abstractedly

**distrayant, e** [distʀɛjɑ̃, ɑ̃t] → SYN **adj** entertaining, diverting ◆ **les romans policiers sont d'une lecture distrayante** detective novels make pleasant light reading

**distribuable** [distʀibɥabl] **adj** distributable

**distribuer** [distʀibɥe] → SYN ▸ conjug 1 ◂ **vt** **a** (= donner) [+ objets] to distribute, give out, hand out; [+ vivres] to distribute, share out; [+ courrier] to deliver; [+ récompense] to present; (Fin) [+ actions] to allot; [+ travail] to distribute; [+ argent, dividendes] to distribute, hand out; [+ cartes] to deal (out); [+ ordres] to hand out, deal out; [+ coups] to deal, deliver; [+ saluts, sourires, enseignement] to dispense (*à* to) ◆ **distribuer les rôles d'une pièce** to cast a play ◆ **distribuer des claques à qn** to slap sb

**b** (= répartir) to distribute, arrange; (Typo) [+ caractères] to distribute ◆ **on distribue ces plantes en quatre espèces** these plants are divided into four species ◆ **savoir distribuer son temps** to know how to allocate ou divide (up) one's time ◆ **comment les pièces sont-elles distribuées ?** how are the rooms set out? ou laid out? ◆ **distribuer les masses dans un tableau** to arrange ou distribute the masses in a picture ◆ **mon emploi du temps est mal distribué** my schedule is badly arranged

**c** (= amener) to distribute, carry ◆ **distribuer l'eau dans les villages** to distribute ou carry ou supply water to villages ◆ **le sang est distribué dans tout le corps par le cœur** blood is pumped ou carried round the body by the heart ◆ **chaîne de télévision distribuée par câble** cable television channel

**d** (Comm) [+ film, produit] to distribute

**distributaire** [distʀibytɛʀ] **nmf** distributee (esp US) *beneficiary of an estate*

**distributeur, -trice** [distʀibytœʀ, tʀis] → SYN

**1** **adj** compagnie, entreprise distributing ◆ **société distributrice de films** film distribution company, film distributor

**2** **nm,f** (= agent commercial) distributor ◆ **distributeur d'essence** petrol company ◆ **distributeur de films** film distributor

**3** **nm** (= appareil) machine; [savon, papier absorbant] dispenser; (Aut) distributor ◆ **distributeur (automatique)** vending machine ◆ **distributeur de boissons/préservatifs** drinks/condom(-vending) machine, drinks/condom dispenser ◆ **distributeur (automatique) de billets** (Banque) cash dispenser ou machine, automatic ou automated teller machine; (Rail) (automatic) ticket machine ◆ **distributeur d'engrais** (Agr) manure- ou muck-spreader

**distributif, -ive** [distʀibytif, iv] **adj** distributive

**distribution** [distʀibysjɔ̃] → SYN **nf** **a** [objets] distribution, giving out, handing out; [vivres] distribution, sharing out; [argent, dividendes] distribution; [cartes] deal; [courrier] delivery; (Fin) [actions] allotment ◆ **la distribution du travail sera faite suivant l'âge** the work will be shared out ou allotted ou allocated according to age ◆ **distribution gratuite** free gifts ◆ **(jour de la) distribution des prix** prize giving (day)

**b** (= répartition) distribution, arrangement; (Ling) distribution ◆ **la distribution des mots dans une phrase** the distribution of words in a sentence ◆ **la distribution des meubles dans une pièce** the arrangement of the furniture in a room ◆ **cet appartement a une bonne/mauvaise distribution (des pièces)** the flat is well/badly laid out ◆ **ce résultat a conduit à une nouvelle distribution des cartes** (fig) this result has shifted ou altered the balance of power ou has put a new complexion on the situation

**c** (Ciné, Théât = acteurs) cast ◆ **distribution par ordre d'entrée en scène** cast ou characters in order of appearance ◆ **qui est responsable de la distribution de cette pièce ?** who's in charge of casting this play?

**d** (= acheminement) [eau, électricité] supply ◆ **distribution par câble/par satellite** (TV) cable/satellite distribution

**e** (Comm) [livres, films] distribution ◆ **réseau de distribution** distribution network ◆ **la grande distribution** mass marketing

**f** (Aut, Tech) distribution

**distributionnalisme** [distʀibysjɔnalism] **nm** distributionalism

**distributionnaliste** [distʀibysjɔnalist] **adj, nmf** distributionalist

**distributionnel, -elle** [distʀibysjɔnɛl] **adj** distributional

**distributivement** [distʀibytivmɑ̃] **adv** distributively

**distributivité** [distʀibytivite] **nf** distributiveness

**district** [distʀikt] → SYN **nm** district ◆ **district urbain** urban district

**dit, e** [di, dit] (ptp de **dire**) **1** **adj** **a** (= appelé) **Louis XIV, dit le Roi Soleil** Louis XIV, known as the Sun King ◆ **Jean Petit, dit le Chacal** Jean Petit, also known as the Jackal ou aka ou alias the Jackal ◆ **une émission dite culturelle** a so-called cultural programme

**b** (= fixé) **à l'heure dite** at the appointed time ou hour ◆ **le jour dit** on the appointed day

**2** **nm** (Psych) ◆ **le dit et le non-dit** what is said and what is left unsaid

**dithyrambe** [ditiʀɑ̃b] → SYN **nm** (= poème) dithyramb; (= éloge) panegyric, eulogy

**dithyrambique** [ditiʀɑ̃bik] → SYN **adj** paroles laudatory, eulogistic; éloges extravagant; (Littérat) dithyrambic ◆ **une critique dithyrambique** a rave review

**dito** [dito] → SYN **adv** (Comm) ditto

**DIU** [deiy] **nm** (abrév de **dispositif intra-utérin**) IUD

**diurèse** [djyʀɛz] **nf** (Physiol) diuresis

**diurétique** [djyʀetik] **adj, nm** diuretic

**diurnal,** pl **-aux** [djyʀnal, o] **nm** (Rel) diurnal

**diurne** [djyʀn] → SYN **adj** diurnal

**diva** [diva] → SYN **nf** († , aussi hum) diva, prima donna ◆ **elle a des caprices de diva** she's a bit of a prima donna

**divagation** [divagasjɔ̃] → SYN **nf** (gén pl) (= délire) wandering, rambling; (= bêtises) raving

**divaguer** [divage] → SYN ▸ conjug 1 ◂ **vi** (= délirer) to ramble; (= dire des bêtises) to rave ◆ **il commence à divaguer** he's beginning to ramble ◆ **tu divagues !** you're off your head! *

**divalent, e** [divalɑ̃, ɑ̃t] **adj** divalent, bivalent

**divan** [divɑ̃] → SYN **nm** (= siège) divan; (Hist) divan ◆ **le divan du psychanalyste** the psychoanalyst's couch

**dive** [div] **adj f** (allusion littéraire) ◆ **la dive bouteille** the bottle, drink ◆ **il aime la dive bouteille** he likes his drink

**divergence** [divɛʀʒɑ̃s] → SYN **nf** **a** [opinions] divergence, difference; [témoignages] discrepancy

**b** (Opt, Phys Nucl) divergence

**divergent, e** [divɛʀʒɑ̃, ɑ̃t] → SYN **adj** **a** opinions divergent, differing; témoignages differing

**b** (Opt, Phys Nucl) divergent; → **strabisme**

**diverger** [divɛʀʒe] GRAMMAIRE ACTIVE 12.1 → SYN ▸ conjug 3 ◂ **vi** **a** [opinions] to diverge, differ; [témoignages] to differ

**b** [chemins, rayons] to diverge

**c** (Phys Nucl) to go critical

**divers, e** [divɛʀ, ɛʀs] → SYN **adj** **a** (pl) (= varié) couleurs, coutumes, opinions diverse, varied; (= différent) sens d'un mot, moments, occupations different, various ◆ **frais divers, dépenses diverses** sundries, miscellaneous expenses ◆ **ses dons/écrits divers et variés** his many and various talents/writings ◆ **elle a suivi des traitements divers et variés** (hum) she has undergone all manner of treatments; → **fait**[1]

**b** (pl = plusieurs) various, several ◆ **diverses personnes m'en ont parlé** various ou several people have spoken to me about it

**c** (littér = changeant) spectacle varied, changing (épith)

**diversement** [divɛʀsəmɑ̃] **adv** in various ways, in diverse ways ◆ **son livre a été diversement accueilli** his book has had a varied ou mixed reception ◆ **son discours a été diversement apprécié** there were mixed reactions to his speech

**diversification** [divɛʀsifikasjɔ̃] → SYN **nf** diversification ◆ **l'entreprise poursuit la diversification de ses activités** the company is continuing to diversify (its activities)

**diversifier** [divɛʀsifje] → SYN ▸ conjug 7 ◂ **1** **vt** [+ méthodes, exercices] to vary; [+ activités, centres d'intérêt, production] to diversify ◆ **une économie/une gamme de produits diversifiée** a varied ou diversified economy/range of products

**2** **se diversifier** **vpr** [entreprise] to diversify; [activités] to be diversified; [clientèle, public] to become more diverse ◆ **nous devons nous diversifier davantage** we must diversify more

**diversiforme** [divɛʀsifɔʀm] **adj** diversiform

**diversion** [divɛʀsjɔ̃] → SYN **nf** (Mil, littér) diversion ◆ **faire diversion** to create a diversion

**diversité** [divɛʀsite] → SYN **nf** (= grand nombre) [opinions, possibilités] range, variety; (= variété) [sujet, spectacle] variety, diversity; (= divergence : entre deux opinions etc) diversity, difference, divergence

**diverticule** [divɛʀtikyl] **nm** (Méd) diverticulum

**diverticulose** [divɛʀtikyloz] **nf** diverticulosis

**divertimento** [divɛʀtimɛnto] **nm** divertimento

**divertir** [divɛʀtiʀ] → SYN ▸ conjug 2 ◂ **1** **vt** **a** (= amuser) to amuse, entertain

**b** (Jur) **divertir des fonds/une succession** (= détourner) to misappropriate funds/an inheritance

**2** **se divertir** **vpr** (= se distraire) to amuse o.s.; (= prendre du bon temps) to enjoy o.s. ◆ **se divertir de qn** (littér) to make fun of sb, laugh at sb

**divertissant, e** [divɛʀtisɑ̃, ɑ̃t] → SYN **adj** (= qui fait rire) amusing; (= qui occupe agréablement) entertaining

**divertissement** [divɛʀtismɑ̃] → SYN **nm** **a** (NonC = action de distraire) entertainment ◆ **la boxe est un divertissement populaire** boxing is a popular form of entertainment ◆ **le spectacle est organisé pour le divertissement des touristes** the show is put on to entertain the tourists ◆ **émission de divertissement** light-entertainment programme ◆ **film de divertissement** film for entertainment

**b** (= distraction, passe-temps) recreation ◆ **les divertissements sont rares dans ce village** there isn't much to do in this village, not much goes on in this village

**c** (Mus) divertimento, divertissement

**d** (††, Philos) distraction

**dividende** [dividɑ̃d] → SYN nm (Fin, Math) dividend ◆ **dividende sous forme d'actions** share ou stock dividend ◆ **dividende prioritaire** preferential ou preference dividend ◆ **avec dividende** cum div(idend), dividend on (US) ◆ **sans dividende** ex div(idend), dividend off (US)

**divin, e** [divɛ̃, in] → SYN adj **a** caractère, justice, service divine ◆ **la loi divine** divine law, the law of God ◆ **le divin Achille** the divine Achilles ◆ **la divine Providence** divine Providence ◆ **"La Divine Comédie"** (Littérat) "The Divine Comedy" ◆ **notre divin Sauveur** the divine saviour ◆ **notre divin Père** our heavenly Father ◆ **l'amour divin** divine ou heavenly love ◆ **le sens du divin** the sense of the divine; → **bonté, droit**[3]

**b** (= excellent) poésie, beauté, mets, robe, temps divine, heavenly

**divinateur, -trice** [divinatœʀ, tʀis] **1** adj divining, foreseeing

**2** nm,f †† diviner, soothsayer

**divination** [divinasjɔ̃] → SYN nf divination

**divinatoire** [divinatwaʀ] adj science divinatory

**divinement** [divinmɑ̃] adv divinely

**divinisation** [divinizasjɔ̃] nf deification

**diviniser** [divinize] → SYN ▸ conjug 1 ◂ vt to deify

**divinité** [divinite] → SYN nf (= essence divine) divinity; (lit, fig = dieu) deity, divinity

**divis, e** [divi, iz] (Jur) **1** adj divided

**2** nm division

**diviser** [divize] → SYN ▸ conjug 1 ◂ **1** vt **a** (= fractionner) (gén) to divide; [+ tâche, ressources] to share out, split up; [+ gâteau] to cut up, divide up ◆ **diviser une somme en trois/en trois parties** to divide ou split a sum of money in three/into three parts ◆ **diviser une somme entre plusieurs personnes** to share (out) ou divide (out) a sum among several people ◆ **le pays est divisé en deux par des montagnes** the country is split ou divided in two by mountains ◆ **diviser un groupe en plusieurs équipes** to split a group up into several teams

**b** (= désunir) [+ famille, adversaires] to divide, set at variance ◆ **"diviser pour (mieux) régner"** "divide and rule" ◆ **une famille divisée** a broken family ◆ **les historiens sont très divisés à ce sujet** historians are very divided on this subject ◆ **l'opinion est divisée en deux par cette affaire** opinion is split ou divided over this affair

**c** († = séparer) to divide, separate ◆ **un rideau divise la chambre d'avec le salon** ou **du salon** a curtain separates the bedroom (off) from the drawing room

**d** (Math) to divide ◆ **diviser 4 par 2** to divide 4 by 2

**2 se diviser** vpr **a** (= se scinder) [groupe, cellules] to split up, divide (*en* into)

**b** (= se ramifier) [route] to fork, divide; [tronc d'arbre] to fork ◆ **ce livre se divise en plusieurs chapitres** this book is divided into several chapters

**diviseur** [divizœʀ] → SYN nm **a** (Math) divisor ◆ **nombre/fraction diviseur** divisor number/fraction ◆ **plus grand commun diviseur** highest common factor ◆ **diviseur de fréquence** (Élec) frequency divider

**b** (= personne) divisive force ou influence

**divisibilité** [divizibilite] nf divisibility

**divisible** [divizibl] → SYN adj divisible ◆ **le nombre est divisible par 2** the number is divisible by ou can be divided by 2

**division** [divizjɔ̃] → SYN nf **a** (= fractionnement) division; (= partage) sharing out, division (*en* into) ◆ **division du travail** division of labour ◆ **division cellulaire** cellular division

**b** (= désaccord) division ◆ **il y a une division au sein du parti** there's a split ou rift within the party ◆ **semer la division** to sow discord (*entre* among)

**c** (Math) division ◆ **faire une division** to do a division (sum)

**d** (Admin, Mil) division ◆ **division blindée/d'infanterie** armoured/infantry division; → **général**

**e** (Ftbl etc ) division ◆ **division d'honneur** 4th division ◆ **club de première/deuxième division** first/second division club ◆ **ils sont montés en première division** they've gone up to ou have been promoted to the first division

**f** (= graduation, compartiment) division

**g** (= partie) [livre, discours, exposé] division; (= branche) [science] division

**divisionnaire** [divizjɔnɛʀ] **1** adj divisional

**2** nm († Mil) major-general ◆ **(commissaire) divisionnaire** (Police) ≃ chief superintendent (Brit), ≃ police chief (US)

**divisionnisme** [divizjɔnism] nm divisionism

**divisionniste** [divizjɔnist] adj, nmf divisionist

**divorce** [divɔʀs] → SYN nm (lit, fig) divorce (*avec, d'avec* from; *entre* between) ◆ **demander le divorce** (gén) to ask for a divorce; (Jur) to sue for (a) divorce ◆ **obtenir le divorce** to obtain ou get a divorce ◆ **divorce par consentement mutuel** divorce by consent (Brit), no-fault divorce (US) ◆ **les enfants du divorce** children of divorced parents ou of divorce

**divorcé, e** [divɔʀse] (ptp de **divorcer**) **1** adj (lit, fig) divorced (*de* from)

**2** nm,f divorcee

**divorcer** [divɔʀse] → SYN ▸ conjug 3 ◂ vi **a** (Jur) to get a divorce, be ou get divorced ◆ **divorcer d'avec sa femme/son mari** to divorce one's wife/one's husband

**b** (fig) to break (*d'avec, de* with)

**divortialité** [divɔʀsjalite] nf divorce rate

**divulgateur, -trice** [divylgatœʀ, tʀis] → SYN nm,f divulger

**divulgation** [divylgasjɔ̃] → SYN nf disclosure

**divulguer** [divylge] → SYN ▸ conjug 1 ◂ vt to divulge, disclose

**divulsion** [divylsjɔ̃] → SYN nf divulsion

**dix** [dis] adj inv, nm inv ten ◆ **les dix commandements** the Ten Commandments ◆ **elle a eu dix sur dix** (Scol) she got ten out of ten, she got full marks (Brit) ◆ **avoir dix dixièmes à chaque œil** to have twenty-twenty vision ◆ **répéter/recommencer dix fois la même chose** to repeat/start the same thing over and over (again); pour autres loc voir **six**

**dix-huit** [dizɥit] adj inv, nm inv eighteen ◆ **un (golf) dix-huit trous** an eighteen-hole golf course

**dix-huitième** [dizɥitjɛm] adj, nmf eighteenth ◆ **un fauteuil fin dix-huitième** a late eighteenth-century armchair

**dixième** [dizjɛm] adj, nmf tenth ◆ **je ne sais pas le dixième de ce qu'il sait** I don't know one tenth ou a tenth of the things he knows

**dixièmement** [dizjɛmmɑ̃] adv tenthly, in (the) tenth place

**dixit** [diksit] loc verb dixit

**dix-neuf** [diznœf] adj inv, nm inv nineteen

**dix-neuvième** [diznœvjɛm] adj, nmf nineteenth ◆ **les romans du dix-neuvième** nineteenth-century novels

**dix-sept** [di(s)sɛt] adj inv, nm inv seventeen

**dix-septième** [di(s)sɛtjɛm] adj, nmf seventeenth ◆ **les auteurs du dix-septième** seventeenth-century writers

**dizain** [dizɛ̃] nm ten-line poem

**dizaine** [dizɛn] nf (= dix) ten; (= quantité voisine de dix) about ten, ten or so ◆ **des dizaines et des dizaines de fois** over and over (again), countless times, hundreds * ou thousands * of times

**dizygote** [dizigɔt] **1** adj fraternal, dizygotic (SPÉC)

**2** nm fraternal ou dizygotic twin

**DJ** [didʒi] nm (abrév de **disque-jockey**) DJ

**Djakarta** [dʒakaʀta] n Jakarta, Djakarta

**djebel** [dʒebɛl] nm jebel

**Djeddah** [dʒeda] n Jidda, Jedda

**djellaba** [dʒɛ(l)laba] nf jellaba

**Djibouti** [dʒibuti] nm Djibouti, Djibouti

**djiboutien, -ienne** [dʒibusjɛ̃, jɛn] **1** adj of ou from Djibouti

**2 Djiboutien(ne)** nm,f inhabitant ou native of Djibouti

**djihad** [dʒi(j)ad] nf jihad, jehad ◆ **le Djihad islamique** Islamic Jihad

**djinn** [dʒin] → SYN nm jinn, djinn

**dl** (abrév de **décilitre**) dl

**DM** (abrév de **Deutsche Mark**) DM

**dm** (abrév de **décimètre**) dm

**do** [do] nm inv (Mus) (= note) C; (en chantant la gamme) doh ◆ **le do du milieu du piano** middle C

**doberman** [dɔbɛʀman] nm Doberman pinscher

**DOC** [dɔk] nm (abrév de **disque optique compact**) CD-ROM

**doc** * [dɔk] nf abrév de **documentation**

**docétisme** [dɔsetism] nm Docetism

**docile** [dɔsil] → SYN adj personne, caractère docile, meek, obedient; animal docile; cheveux manageable

**docilement** [dɔsilmɑ̃] adv docilely, obediently

**docilité** [dɔsilite] → SYN nf docility, obedience

**docimologie** [dɔsimɔlɔʒi] nf (statistical) analysis of test ou exam results

**dock** [dɔk] → SYN nm **a** (= bassin) dock; (= cale de construction) dockyard ◆ **dock de carénage/flottant** dry/floating dock

**b** (= hangar, bâtiment) warehouse

**docker** [dɔkɛʀ] → SYN nm docker, stevedore

**docte** [dɔkt] → SYN adj (littér, hum) learned

**doctement** [dɔktəmɑ̃] adv (littér, hum) learnedly

**docteur** [dɔktœʀ] → SYN nm (gén, Univ) doctor (*ès, en* of); (Méd) doctor ◆ **docteur en médecine** doctor of medicine ◆ **le docteur Lebrun** (Méd) Dr Lebrun ◆ **aller chez le docteur** to go to the doctor's ◆ **maintenant que tu es docteur** (Univ) now you've got your doctorate ou Ph.D. ◆ **Monsieur Leroux, docteur ès lettres** Dr Leroux, Ph.D. ◆ **les docteurs de l'Église** (Rel) the Doctors of the Church ◆ **"Docteur Jekyll et Mr Hyde"** (Littérat) "(The Strange Case of) Doctor Jekyll and Mister Hyde"

**doctoral, e,** mpl **-aux** [dɔktɔʀal, o] → SYN adj (Univ) doctoral; (péj = pédant) ton pompous, bombastic

**doctorant, e** [dɔktɔʀɑ̃, ɑ̃t] nm,f doctoral student

**doctorat** [dɔktɔʀa] nm doctorate (*ès, en* in) ◆ **doctorat de 3e cycle, doctorat d'État** doctorate, Ph.D. → DIPLÔMES

**doctoresse** [dɔktɔʀɛs] nf woman ou lady doctor

**doctrinaire** [dɔktʀinɛʀ] → SYN **1** adj (= dogmatique) doctrinaire; (= sentencieux) pompous, sententious

**2** nmf doctrinarian

**doctrinal, e,** mpl **-aux** [dɔktʀinal, o] adj doctrinal

**doctrine** [dɔktʀin] → SYN nf doctrine

**docudrame** [dɔkydʀam] nm docudrama

**document** [dɔkymɑ̃] → SYN nm document ◆ **nous avons des documents le prouvant** we have documentary evidence, we have documents to prove it ◆ **documents de travail** working documents ◆ **document de référence** ou **d'information** background paper ◆ **documents d'expédition** dispatch documents ◆ **documents d'archives** (Ciné, TV) archive footage (NonC) ou material (NonC) ◆ **document administratif unique** Single Administrative Document

**documentaire** [dɔkymɑ̃tɛʀ] → SYN **1** adj intérêt documentary ◆ **à titre documentaire** for your (ou his etc ) information ◆ **logiciel documentaire** documentation software (NonC)

**2** nm (= film) documentary (film)

**documentaliste** [dɔkymɑ̃talist] → SYN nmf (Presse, TV) researcher; (Scol) librarian

**documentariste** [dɔkymɑ̃taʀist] nmf documentary maker

**documentation** [dɔkymɑ̃tasjɔ̃] → SYN nf (= brochures) documentation, literature, information; (Presse, TV = service) research department

**documenter** [dɔkymɑ̃te] → SYN ▸ conjug 1 ◂ **1** vt [+ personne, livre] to document ◆ **(bien) documenté** [+ personne] well-informed; [+ livre, thèse] well-documented

**2** **se documenter** vpr to gather information ou material (*sur* on, about)

**dodécaèdre** [dɔdekaɛdʀ] nm dodecahedron

**dodécagonal, e,** mpl **-aux** [dɔdekagɔnal, o] adj dodecagonal

**dodécagone** [dɔdekagɔn] nm dodecagon

**dodécaphonique** [dɔdekafɔnik] adj dodecaphonic

**dodécaphonisme** [dɔdekafɔnism] nm dodecaphony

**dodécaphoniste** [dɔdekafɔnist] **1** adj compositeur, œuvre dodecaphonic
**2** nmf dodecaphonist

**dodécasyllabe** [dɔdekasi(l)lab] **1** adj dodecasyllabic
**2** nm dodecasyllable

**dodeliner** [dɔd(ə)line] → SYN ► conjug 1 ◄ vi ♦ **il dodelinait de la tête** his head was nodding gently ♦ **sa tête dodelinait par instants** his head would nod every now and again

**dodo**[1] [dodo] nm (langage enfantin) (= sommeil) beddy-byes (langage enfantin), sleep; (= lit) bed ♦ **faire dodo** to be asleep ♦ **il est temps d'aller au dodo** ou **d'aller faire dodo** it's time to go to beddy-byes (langage enfantin) ♦ **(fais) dodo !** come on, sleepy-time! ♦ **un bon gros/un petit dodo** a nice long/a short sleep

**dodo**[2] [dodo] nm (Orn) dodo

**Dodoma** [dodoma] n Dodoma

**dodu, e** [dɔdy] → SYN adj personne, poule, bras plump; enfant, joue chubby

**doge** [dɔʒ] nm doge

**dogger** [dɔgœʀ] nm ♦ **le dogger** the middle Jurassic period

**dogmatique** [dɔgmatik] → SYN adj dogmatic

**dogmatiquement** [dɔgmatikmɑ̃] adv dogmatically

**dogmatiser** [dɔgmatize] → SYN ► conjug 1 ◄ vi to dogmatize

**dogmatisme** [dɔgmatism] → SYN nm dogmatism

**dogme** [dɔgm] → SYN nm (lit, fig) dogma ♦ **le dogme** (Rel) the dogma

**dogon** [dɔgɔ̃] **1** adj art, pays Dogon
**2** **Dogon** nmf Dogon ♦ **les Dogons** the Dogon people

**dogue** [dɔg] nm (Zool) ♦ **dogue (anglais)** mastiff ♦ **dogue allemand** German mastiff

**doigt** [dwa] nm **a** [main, gant] finger; [animal] digit ♦ **doigt de pied** toe ♦ **le petit doigt** the little finger ♦ **se mettre** ou **se fourrer** * **les doigts dans le nez** to pick one's nose ♦ **le doigt de Dieu** the hand of God ♦ **montrer qn du doigt** (lit) to point sb out; (fig) to point the finger at sb ♦ **désigner qn d'un doigt accusateur** to point an accusing finger at sb; → **bague, bout, compter** etc
**b** (= mesure) **raccourcir une jupe de 2/3 doigts** to shorten a skirt by 1 inch/2 inches ♦ **un doigt de vin** a drop of wine ♦ **un doigt de whisky/vodka** a finger of whisky/vodka
**c** (Loc) **avoir des doigts de fée** [couturière, tricoteuse] to have nimble fingers; [infirmière] to have gentle hands ♦ **il ne fait rien de ses dix doigts** he's an idle ou a lazy good-for-nothing, he's bone idle (Brit) ♦ **il ne sait rien faire de ses dix doigts** he's useless ♦ **faire marcher** ou **mener qn au doigt et à l'œil** to keep a tight rein on sb ♦ **avec lui, ils obéissent au doigt et à l'œil** with him, they have to toe the line ♦ **le (petit) doigt sur la couture du pantalon** (lit) standing to attention ♦ **c'est devenu un employé modèle, le petit doigt sur la couture du pantalon** (fig) he's become a model employee, always ready to jump to attention ♦ **mon petit doigt me l'a dit** (fig) a little bird told me ♦ **se mettre** ou **se fourrer** * **le doigt dans l'œil (jusqu'au coude)** to be kidding o.s. * ♦ **là tu te mets** ou **te fourres** * **le doigt dans l'œil** you've got another think coming * ♦ **il n'a pas levé** ou **bougé** ou **remué le petit doigt pour nous aider** he didn't lift a finger to help us ♦ **mettre le doigt sur le problème** to put one's finger on the problem ♦ **mettre le doigt sur la plaie** (fig) to touch a raw nerve ♦ **toucher du doigt** (lit) to touch sth (with one's finger); [+ réalité, sentiment, difficulté] to grasp fully ♦ **faire toucher du doigt qch (à qn)** (fig) to bring sth home (to sb) ♦ **mettre le doigt dans l'engrenage** to get involved ♦ **filer** ou **glisser entre les doigts de qn** to slip through sb's fingers ♦ **ils sont unis comme les (deux) doigts de la main** they're joined at the hip *, they're very close ♦ **je le ferais les doigts dans le nez** * I could do it standing on my head ou with my eyes closed ♦ **il a gagné les doigts dans le nez** * he won hands down * ♦ **avoir un morceau de musique dans les doigts** to know a piece of music like the back of one's hand ♦ **avoir les doigts de pied en éventail** * to have one's feet up ♦ **être à deux doigts** ou **un doigt de faire** to come very close to doing ♦ **il a été à deux doigts de la mort/de réussir** he was within an ace ou an inch of death/of succeeding ♦ **la balle est passée à un doigt de sa tête** the bullet passed within a hairbreadth ou an inch of his head ♦ **c'est la pratique du doigt mouillé** it's guess work

**doigté** [dwate] → SYN nm **a** (Mus) (= jeu des doigts) fingering technique; (= position des doigts) fingering
**b** [chirurgien, dactylo, pianiste] touch; (= tact) diplomacy, tact ♦ **avoir du doigté** (lit) to be nimble-fingered; (fig) to be tactful ♦ **manquer de doigté** to be heavy-handed ♦ **il faudra du doigté pour mener à bien cette négociation** a certain amount of diplomacy will be needed to bring these negotiations to a successful conclusion

**doigter** [dwate] ► conjug 1 ◄ vti (Mus) to finger

**doigtier** [dwatje] → SYN nm fingerstall

**doit** [dwa] → SYN nm debit ♦ **doit et avoir** debit and credit

**dojo** [dɔʒo] nm dojo

**dol** [dɔl] → SYN nm (Jur) fraud, wilful misrepresentation (SPÉC)

**dolby ®** [dɔlbi] nm Dolby ® ♦ **dolby stéréo** Dolby stereo ♦ **procédé/système dolby** Dolby process/system ♦ **son dolby** Dolby sound

**dolce** [dɔltʃe] adv dolce

**dolce vita** [dɔltʃevita] nf dolce vita

**dolcissimo** [dɔltʃisimo] adv dolcissimo

**doléances** [dɔleɑ̃s] → SYN nfpl (= plaintes) complaints; (= réclamations) grievances

**dolent, e** [dɔlɑ̃, ɑ̃t] → SYN adj (littér) doleful, mournful

**dolic** [dɔlik] nm dolichos ♦ **dolic d'Égypte** hyacinth bean

**dolichocéphale** [dɔlikosefal] adj dolicocephalic

**doline** [dɔlin] nf doline

**dolique** [dɔlik] nm ⇒ **dolic**

**dollar** [dɔlaʀ] nm dollar ♦ **dollar australien/canadien** Australian/Canadian dollar ♦ **dollar titre** security dollar

**dollarisation** [dɔlaʀizasjɔ̃] nf [économie, échanges] dollarization

**dolman** [dɔlmɑ̃] nm (Hist = veste) dolman

**dolmen** [dɔlmɛn] nm dolmen

**dolomie** [dɔlɔmi], **dolomite** [dɔlɔmit] nf dolomite ♦ **les Dolomites** the Dolomites

**dolomitique** [dɔlɔmitik] adj dolomitic

**dolosif, -ive** [dɔlozif, iv] → SYN adj (Jur) fraudulent

**DOM** [dɔm] nm (abrév de **département d'outre-mer**) → **département**

**Dom** [dɔ̃] nm (= titre) Dom

**domaine** [dɔmɛn] → SYN nm **a** (= propriété) estate, property ♦ **le domaine de la couronne** Crown lands ou property ♦ **le domaine (de l'État)** (Jur) (= propriété) state(-owned) property; (= service) state property department ♦ **dans le domaine public/privé** in the public/private domain, in public/private ownership ♦ **ses œuvres sont maintenant tombées dans le domaine public** his works are now out of copyright ♦ **la salle de jeux est le domaine des enfants** the playroom is the children's domain, the playroom belongs to the children; → **skiable**
**b** (= sphère) field, domain, sphere ♦ **ce n'est pas (de) mon domaine** it's not my field ou sphere ♦ **dans tous les domaines** in every domain ou field ♦ **domaine d'activité stratégique** (Gestion) strategic business unit ♦ **domaine réservé** (fig) preserve
**c** (dans un dictionnaire) field ♦ **indication de domaine** field label

**domanial, e,** mpl **-iaux** [dɔmanjal, jo] adj (= d'un domaine privé) belonging to a private estate; (= d'un domaine public) national (épith), state (épith)

**dôme** [dom] → SYN nm (= voûte) dome; (= cathédrale) cathedral ♦ **le dôme du ciel** (littér) the vault of heaven ♦ **un dôme de verdure** (fig) a canopy of foliage ou greenery ♦ **dôme volcanique** (Géog) volcanic dome

**domestication** [dɔmɛstikasjɔ̃] → SYN nf (= action) domestication, domesticating; (= résultat) domestication

**domesticité** [dɔmɛstisite] → SYN nf **a** (= condition de domestique) domestic service
**b** (= personnel) (domestic) staff, household ♦ **une nombreuse domesticité** a large staff of servants
**c** [animal] domesticity

**domestique** [dɔmɛstik] → SYN **1** nmf servant, domestic ♦ **les domestiques** the servants, the staff (of servants) ♦ **je ne suis pas ton domestique !** I'm not your servant!
**2** adj **a** (= ménager) travaux domestic, household (épith); soucis, querelle domestic, family (épith) ♦ **accidents domestiques** accidents in the home ♦ **déchets domestiques** kitchen waste ou wastes (US) ♦ **les dieux domestiques** the household gods
**b** (Comm) marché, consommation domestic, home (épith)
**c** (Zool) domestic ♦ **animal domestique** domestic animal

**domestiquer** [dɔmɛstike] → SYN ► conjug 1 ◄ vt [+ animal] to domesticate; [+ peuple] to subjugate; [+ énergie solaire, marée, vent] to harness

**domicile** [dɔmisil] → SYN nm place of residence, home, domicile (Admin); (Jur) [société] registered address; (sur formulaire) address ♦ **domicile légal** official domicile ♦ **domicile conjugal/parental** marital/parental home ♦ **dernier domicile connu** last known address
♦ **à domicile** ♦ **je vous l'apporterai à domicile** I'll bring it to your home ♦ **le travail** ou **l'emploi à domicile** homeworking ♦ **il cherche du travail à domicile** he's looking for work at home ♦ **travailler à domicile** to work at ou from home ♦ **"réparations à domicile"** "home repairs carried out" ♦ **service de courses à domicile** home delivery service ♦ **la banque à domicile** home banking ♦ **le cinéma à domicile** home cinema ♦ **jouer à domicile** (Sport) to play at home

**domiciliaire** [dɔmisiljɛʀ] adj domiciliary, house (épith)

**domiciliataire** [dɔmisiljatɛʀ] nm paying agent

**domiciliation** [dɔmisiljasjɔ̃] nf domiciliation

**domicilier** [dɔmisilje] ► conjug 7 ◄ vt [+ facture] to pay by banker's order ♦ **être domicilié** to be domiciled (Admin), have one's home (à in) ♦ **je me suis fait domicilier à Lyon** I gave Lyons as my official address ou place of residence ♦ **faire domicilier ses factures** to have one's bills paid by banker's order

**dominance** [dɔminɑ̃s] → SYN nf [gène] dominance

**dominant, e** [dɔminɑ̃, ɑ̃t] → SYN **1** adj pays, rôle dominant; idéologie, opinion, vent prevailing (épith); idée, trait dominant, main (épith); passion ruling (épith); problème, préoccupation main (épith), chief (épith); position dominating (épith), leading (épith); (Bio, Jur) dominant
**2** **dominante** nf (= caractéristique) dominant characteristic; (= couleur) dominant ou predominant colour; (Mus) dominant ♦ **tableau à dominante rouge** painting with red as the dominant ou predominant colour ♦ **septième de dominante** (Mus) dominant seventh chord

**dominateur, -trice** [dɔminatœʀ, tʀis] → SYN **1** adj personne, caractère domineering, overbearing; voix, geste, regard imperious; pays dominating (épith); passion ruling (épith)
**2** nm,f (littér) ruler

**domination** [dɔminasjɔ̃] → SYN nf **a** (Pol = autorité) domination; (fig = emprise) domination, influence ♦ **la domination de la Gaule (par Rome)** the domination of Gaul (by Rome) ♦ **la domination de Rome (sur la Gaule)** Roman rule ou domination (over Gaul) ♦ **les pays sous (la) domination britannique** countries under British rule ou domination ou dominion ♦ **tomber sous la domination de** to fall ou come under the domination of ♦ **exercer**

**sa domination sur qn** to exert one's influence on sb, hold sway over sb ◆ **exercer une domination morale sur qn** to exert a moral influence on sb ◆ **un besoin insatiable de domination** an insatiable need to dominate ◆ **domination de soi-même** self-control, self-possession

**b** (Rel) **dominations** dominations

**dominer** [dɔmine] [→ SYN] ▸ conjug 1 ◂ **1** vt **a** (= être maître de) [+ personne, pays] to dominate ◆ **il voulait dominer le monde** he wanted to rule the world ◆ **ces enfants sont dominés par leur père** these children are kept down ou dominated by their father ◆ **il se laisse dominer par sa femme** he's dominated by his wife, he's under his wife's sway ◆ **se laisser dominer par ses passions** to let o.s. be ruled by one's passions ◆ **elle ne sait pas dominer ses élèves** she can't keep her pupils in order ou under control, she can't keep control over her pupils

**b** (= surpasser) [+ adversaire, concurrent] to outclass, tower above ◆ **il domine de loin les autres étudiants** he is way ahead of the other students ◆ **écrivain qui domine son siècle** writer who dominates his century ◆ **se faire dominer par l'équipe adverse** to be dominated ou outclassed by the opposing team ◆ **parler fort pour dominer le bruit de la rue** to speak loudly to be heard above the noise from the street ◆ **chez lui cette passion domine toutes les autres** this is his overriding passion ◆ **le problème de la pollution domine tous les autres** the problem of pollution overshadows all others

**c** (= être le meilleur dans) [+ course, match, marché] to dominate

**d** (= maîtriser) [+ sentiment] to control, master, overcome; [+ problème] to overcome, master; [+ sujet] to master; [+ situation] to dominate, master ◆ **elle ne put dominer son trouble** she couldn't overcome her confusion

**e** (= diriger, gouverner) to dominate, govern ◆ **l'idée maîtresse/la préoccupation qui domine toute son œuvre** the key idea/the main concern which dominates his whole work

**f** (= surplomber) to tower above, dominate ◆ **rocher/terrasse qui domine la mer** rock/terrace which overlooks the sea ◆ **la tour domine la ville** the tower dominates the town ◆ **il dominait la foule de sa haute taille** he towered above the crowd with his great height ◆ **de là-haut on domine la vallée** from up there you look down over the whole valley

**2** vi **a** (= être le meilleur) [nation] to hold sway; [orateur, concurrent] to be in the dominant position; (Sport) [équipe] to be in the dominant position, be on top; [coureur] to be in a commanding position ◆ **l'Angleterre a dominé sur les mers pendant des siècles** England ruled the seas ou held dominion over the seas for centuries ◆ **dans les débats, il domine nettement** in debates, he clearly has the edge on everyone else ou he's definitely the strongest speaker ◆ **leur équipe a dominé pendant tout le match** their team was on top throughout the match ◆ **ce coureur a dominé pendant les premiers kilomètres** this runner was out in front for the first few kilometres ◆ **dominer de la tête et des épaules** (fig) to be head and shoulders above the others

**b** (= prédominer) [caractère, défaut, qualité] to predominate; [idée, théorie] to prevail; [préoccupation, intérêt] to be dominant, predominate; [parfum] to predominate; [couleur] to stand out, predominate ◆ **c'est l'ambition qui domine chez lui** ambition is his dominant characteristic ◆ **c'est le jaune qui domine** it is yellow which stands out ou which is the predominant colour

**3 se dominer** vpr to control o.s., keep o.s. under control ◆ **il ne sait pas se dominer** he has no self-control

**dominicain, e** [dɔminikɛ̃, ɛn] **1** adj (Géog, Rel) Dominican ◆ **République dominicaine** Dominican Republic

**2 Dominicain(e)** nm,f **a** (Rel) Dominican

**b** (Géog) Dominican

**dominical, e,** mpl **-aux** [dɔminikal, o] adj Sunday (épith); → **repos**

**dominion** [dɔminjɔn] nm (Pol Brit) dominion *(of the British Commonwealth)*

**Dominique** [dɔminik] nf (Géog) ◆ **la Dominique** Dominica

**domino** [dɔmino] [→ SYN] nm **a** (Habillement, Jeux) domino; (Élec) connecting block

**b les dominos** dominoes sg ◆ **un jeu de dominos** a domino set ◆ **la théorie des dominos** (Pol) the domino theory ◆ **l'effet domino** the domino effect

**dommage** [dɔmaʒ] GRAMMAIRE ACTIVE 18.3 [→ SYN]

**1** nm **a** (= préjudice) harm (NonC), injury ◆ **causer un dommage à qn** to cause ou do sb harm ◆ **pour réparer le dommage que je vous ai causé** to repair the injury I've done you ◆ **s'en tirer sans dommage(s)** to emerge ou escape unscathed ◆ **dommage causé avec intention de nuire** (Jur) malicious damage

**b** (Loc) **c'est dommage !, quel dommage !** what a pity! ou shame! ◆ **il est vraiment dommage que ...** it's such a pity ou it's a great pity that ... ◆ **(c'est ou quel) dommage que tu ne puisses pas venir** it's a ou what a pity ou shame (that) you can't come ◆ **le spectacle était formidable, dommage pour les absents !** the show was fantastic, too bad for those who missed it! ◆ **ça ne te plaît pas ? c'est bien dommage !** (iro) you don't like it? well, that really is a shame! (iro)

**2 dommages** nmpl (= ravages) damage (NonC) ◆ **causer des dommages aux récoltes** to damage ou cause damage to the crops ◆ **les dommages sont inestimables** there is incalculable damage

**3** COMP ▷ **dommage(s) corporel(s)** physical injury ▷ **dommages de guerre** war damages ▷ **dommages et intérêts** damages ◆ **il réclame 1 000 € de dommages et intérêts** he is claiming €1,000 (in) damages ▷ **dommage(s) matériel(s)** material damage

**dommageable** [dɔmaʒabl] [→ SYN] adj prejudicial, harmful, injurious (à to)

**dommages-intérêts** [dɔmaʒɛ̃terɛ] nmpl (Jur) damages

**domotique** [dɔmɔtik] nf home automation

**domptable** [dɔ̃(p)tabl] adj tam(e)able

**domptage** [dɔ̃(p)taʒ] nm taming

**dompter** [dɔ̃(p)te] [→ SYN] ▸ conjug 1 ◂ vt [+ fauve] to tame; [+ cheval] to break in; [+ enfant insoumis] to subdue; [+ rebelles] to put down, subdue; [+ sentiments, passions] to master, control, overcome; [+ nature, fleuve] to tame

**dompteur, -euse** [dɔ̃(p)tœr, øz] [→ SYN] nm,f (gén) tamer, trainer ◆ **dompteur (de lions)** liontamer

**DOM-TOM** [dɔmtɔm] nmpl (abrév de **départements et territoires d'outre-mer**) *French overseas departments and territories*

> **DOM-TOM**
>
> There are four "Départements d'outre-mer": Guadeloupe, Martinique, La Réunion and French Guyana ("Guyane"). They are run in the same way as metropolitan "départements" and their inhabitants are French citizens.
>
> The "Territoires d'outre-mer" include French Polynesia, Wallis-and-Futuna, New Caledonia and polar territories. They are independent, but each is supervised by a representative of the French government.

**DON** [deoɛn] nm (abrév de **disque optique numérique**) → **disque**

**Don** [dɔ̃] nm **a** (Géog) Don

**b** (= titre) Don

**don** [dɔ̃] [→ SYN] nm **a** (= aptitude) gift, talent ◆ **dons littéraires** literary gifts ou talents ◆ **avoir un don pour** to have a gift ou talent for ◆ **avoir le don des maths** to have a gift for maths ◆ **avoir des dons** to be gifted ou talented ◆ **elle a le don de m'énerver** she has a knack ou a genius for getting on my nerves ◆ **cette proposition n'a pas eu le don de lui plaire** this proposal was not destined to ou didn't happen to please him

**b** (= cadeau) gift; (= offrande) donation ◆ **don en argent** cash donation ◆ **don en nature** donation in kind ◆ **don d'organes** donation of organs ◆ **les dons de la terre** (littér) the gifts of the earth ◆ **faire don de** [+ fortune, maison] to donate ◆ **je lui ai fait don de ce livre** I made him a present ou gift of that book, I gave him that book as a gift ◆ **cette tâche exige le don de soi** this task demands real self-sacrifice ◆ **faire (le) don de sa vie pour sauver qn** to give one's life to save sb, lay down one's life for sb ◆ **c'est un don du ciel** (fig) it's a godsend

**Doña** [dɔɲa] nf Doña

**donacie** [dɔnasi] nf reed beetle

**donataire** [dɔnatɛr] [→ SYN] nmf donee

**donateur, -trice** [dɔnatœr, tris] [→ SYN] nm,f donor

**donation** [dɔnasjɔ̃] nf (Jur) ≃ settlement ◆ **faire une donation à qn** to make a settlement on sb ◆ **donation entre vifs** donation inter vivos

**donation-partage,** pl **donations-partages** [dɔnasjɔ̃partaʒ] nf (Jur) inter vivos settlement, deed of gift

**donc** [dɔ̃k en tête de proposition ou devant voyelle; ailleurs dɔ̃] GRAMMAIRE ACTIVE 17.1 [→ SYN] conj **a** (= par conséquent) therefore, so, thus; (= après une digression) so, then ◆ **il partit donc avec ses amis et ...** so he left with his friends and ... ◆ **je n'étais pas d'accord, donc j'ai refusé** I didn't agree (and) so I refused ou and I therefore refused ◆ **j'ai raté le train, donc je n'ai pas pu venir** I missed the train and was thus not able to come ou and so I couldn't come ◆ **si ce n'est pas la variole c'est donc la rougeole** if it's not smallpox then it's measles

**b** (intensif : marque la surprise) then, so ◆ **c'était donc un espion ?** he was a spy then?, so he was a spy? ◆ **voilà donc ce dont il s'agissait** that's what it was (all) about then, so that's what it was (all) about

**c** (de renforcement) **allons donc !** come on!, come now! ◆ **écoute-moi donc** do listen to me ◆ **demande-lui donc** go on, ask him ◆ **tais-toi donc !** do be quiet! ◆ **regardez donc ça comme c'est joli** just look at that, isn't it pretty? ◆ **pensez donc !** just imagine ou think! ◆ **comment donc ?** how do you mean? ◆ **quoi donc ?** what was that?, what did you say? ◆ **dis donc, dites donc** (introduit une question) tell me, I say; (introduit un avertissement, une injonction) look (here) ...; (ton indigné) well really ... ◆ **non mais dis donc, ne te gêne pas !** well, don't mind me! ◆ **dites donc, où l'avez-vous mis ?** I say, where did you put it? ◆ **tiens donc !** well, well!, I say!

**dondon** * [dɔ̃dɔ̃] nf big ou fat woman (ou girl) ◆ **une grosse dondon** a big lump * of a woman (ou girl)

**donf** [dɔ̃f] **à donf** * loc adv **rouler à donf** to drive like crazy * ◆ **on s'est éclaté à donf** we had a fantastic time * ◆ **elle est jolie ? – à donf !** is she pretty? – fantastic! *

**donjon** [dɔ̃ʒɔ̃] nm keep, donjon

**don Juan** [dɔ̃ʒɥɑ̃] [→ SYN] nm Don Juan

**donjuanesque** [dɔ̃ʒɥanɛsk] adj of Don Juan, typical of Don Juan

**donjuanisme** [dɔ̃ʒɥanism] nm Don Juanism

**donnant-donnant, donnant, donnant** [dɔnɑ̃dɔnɑ̃] **1** nm quid pro quo ◆ **stratégie/principe du donnant-donnant** strategy/principle of quid pro quo ◆ **les belligérants ont insisté sur le donnant-donnant** the belligerents insisted on a quid pro quo arrangement

**2** loc adv ◆ **avec lui, c'est donnant, donnant** he always wants something in return ◆ **donnant, donnant : je te prête mon livre, tu me prêtes ton stylo** fair's fair – I lend you my book and you lend me your pen

**donne** [dɔn] nf (Cartes) deal; (fig) (= situation) order ◆ **à vous la donne** your deal ◆ **faire la donne** to deal (out) the cards ◆ **il y a fausse donne** it's a misdeal ◆ **la nouvelle donne politique** the new political order

**donné, e** [dɔne] GRAMMAIRE ACTIVE 17.1 (ptp de **donner**)

**1** adj **a** (= déterminé) lieu, date given, fixed; → **moment**

◆ **étant donné** ◆ **étant donné la situation** in view of ou given ou considering the situation ◆ **étant donné que tu es parti** seeing ou given that you left

**b** (* = pas cher) (dirt) cheap *

**2** nm ◆ **le donné, c'est ...** the facts of the situation are ...

3 **donnée** nf **a** (Math, Sci) [problème] datum ◆ **données** data ◆ **selon les données corrigées des variations saisonnières** (Écon) according to the seasonally adjusted figures ◆ **le taux de chômage en données corrigées des variations saisonnières** the seasonally adjusted unemployment rate

**b** (= chose connue) piece of information ◆ **données** facts, particulars ◆ **manquer de données** to be short of facts ◆ **modifier les données du problème** to redefine the problem

## donner [dɔne]

▸ conjug 1 ◂ → SYN

1 VERBE TRANSITIF
2 VERBE INTRANSITIF
3 VERBE TRANSITIF INDIRECT
4 VERBE TRANSITIF INDIRECT
5 VERBE PRONOMINAL

1 VERBE TRANSITIF

**a** = offrir **donner qch à qn** to give sth to sb, give sb sth ◆ **je le lui ai donné** I gave it to him ◆ **donner son cœur/son amitié (à qn)** to give one's heart/one's friendship (to sb) ◆ **donner à manger/boire à qn** to give sb something to eat/drink ◆ **donner son corps à la science** to donate one's body to science ◆ **il a donné ses tableaux au Louvre** he donated his paintings to the Louvre ◆ **donner sa vie/son temps pour une cause** to give (up) one's life/one's time for a cause ◆ **donner qch pour** ou **contre qch d'autre** to give sth in exchange for sth else, exchange sth for sth else ◆ **en donner à qn pour son argent** to give sb their money's worth ◆ **on ne les vend pas, on les donne** we're not selling them, we're giving them away ◆ **j'ai déjà donné !** (lit) I've already made a donation!; (hum = on ne m'y reprendra plus !) I've been there! ◆ (Prov) **donner c'est donner (, reprendre c'est voler)** a gift is a gift ◆ (Prov) **qui donne aux pauvres prête à Dieu** charity will be rewarded in heaven; → **change, matière, sang**

**b** = remettre, confier to give, hand; [+ copie d'examen] to hand in, give in ◆ **donner quelque chose à faire à qn** to give sb something to do ◆ **je donnerai la lettre au concierge** I shall give the letter to the caretaker ◆ **donnez-moi les outils** give me ou hand me ou pass me the tools ◆ **donnez-moi un kilo d'oranges** I'd like a kilo of oranges ◆ **donner ses chaussures à ressemeler/au cordonnier** to take one's shoes (in) to be resoled/to the shoe-repair shop

**c** = accorder [+ moyen, occasion] to give; [+ permission, interview] to grant, give; [+ prix, décoration, subvention] to award, give ◆ **donnez-moi le temps d'y réfléchir** give me time to think about it ◆ **on lui a donné 24 heures pour quitter le pays** he was given 24 hours to leave the country ◆ **le médecin lui donne trois mois (à vivre)** the doctor has given him three months (to live) ◆ **donner sa fille en mariage à qn** to give one's daughter to sb in marriage ◆ **il m'a été donné d'assister à cet événement historique** I was privileged enough to be there when this historic event took place ◆ **il** ou **ça n'est pas donné à tout le monde de ...** not everyone is lucky ou fortunate enough to ... ◆ **l'intelligence n'est pas donnée à tout le monde** not everyone is gifted with intelligence ◆ **je vous le donne en cent** ou **en mille !** * you'll never guess (in a million years)!; → **dieu**

**d** = administrer [+ médicament, bain] to give; (Rel) [+ communion] to give; [+ sacrement] to administer ◆ **donner une punition à qn** to punish sb ◆ **donner un baiser/un coup de pied à qn** to give sb a kiss/a kick ◆ **donner un coup de balai à la pièce** to give the room a quick sweep ◆ **donner un coup de chiffon à la pièce** to flick a duster over the room, give the room a quick dust

**e** = céder [+ vieux vêtements] to give away ◆ **donner sa place à une dame** to give up one's seat to a lady ◆ **je donnerais beaucoup pour savoir** I would give a lot to know; → **langue**

**f** = distribuer to hand out, give out; [+ cartes] to deal (out) ◆ **c'est à vous de donner** (Cartes) it's your deal

**g** = communiquer, indiquer [+ description, détails, idée, avis] to give; [+ sujet de devoir] to set ◆ **il lui a donné l'ordre de partir** he has ordered him to go ◆ **pouvez-vous me donner l'heure ?** can you tell me the time?; → **alarme, alerte**

**h** = causer [+ plaisir, courage] to give (à to); [+ peine, mal] to cause, give (à to) ◆ **ça donne chaud/froid/soif/faim** it makes you (feel) hot/cold/thirsty/hungry ◆ **donner le vertige/le mal de mer (à qn)** to make sb (feel) giddy/seasick ◆ **ça donne des maux de tête** it causes headaches ou gives you headaches ◆ **mangez ça, ça va vous donner des forces** eat this, it'll give you some energy ou it'll make you feel stronger ◆ **rajoute des fines herbes, ça donnera du goût** add some herbs to give it some flavour; → **appétit**

**i donner à** + infinitif (= faire) ◆ **cela m'a donné à penser que ...** it made me think that ... ◆ **tout donne à croire que ...** everything points to the fact that ... ◆ **ces événements nous ont donné (beaucoup) à réfléchir** these events have given us (much) food for thought ou have really set us thinking ◆ **c'est ce qu'on m'a donné à entendre** that's what I was given to understand ou led to believe ◆ **donner à rire** to be laughable

**j** = organiser [+ réception, bal] to give, hold (à for); [+ film] to show; [+ pièce] to perform, put on

**k** = conférer [+ poids, valeur] to add, give; [+ importance] to give ◆ **le brouillard donne un air triste à la ville** the fog makes the town look really dismal

**l** = attribuer **quel âge lui donnez-vous ?** how old would you say he was? ◆ **je lui donne 50 ans** I'd say he was 50; → **raison, tort**

**m donner qch/qn pour** (= présenter comme) ◆ **donner un fait pour certain** to present a fact as a certainty ◆ **on le donne pour un homme habile** he is said ou made out to be a clever man ◆ **il se donne pour un tireur d'élite** he makes himself out ou claims to be a crack shot ◆ **on l'a donné pour mort** he was given up for dead ◆ **on m'a dit qu'il démissionnait, je te le donne pour ce que ça vaut** * for what it's worth, somebody told me he's resigning

**n** Mus [+ la, note, ton] to give

**o** = produire [+ fruits, récolte] to yield; [+ résultat] to produce ◆ **cette vigne donne un très bon vin** this vine produces a very good wine ◆ **elle lui a donné un fils** she gave ou bore him a son ◆ **cet écrivain donne un livre tous les ans** this writer produces a book every year ◆ **cette méthode ne donne rien** this method is totally ineffective ◆ **j'ai essayé de le convaincre, mais ça n'a pas donné grand-chose** I tried to convince him, but without much success ◆ **qu'est-ce que ça donne ?** * (= qu'en penses-tu) how's that?, what do you think?; (= comment ça se passe) how's it going? ◆ **essaie la robe, pour que je voie ce que ça donne** try the dress on so I can see what it looks like

**p** ‡ = dénoncer [+ complice] to squeal ou grass on‡, shop‡ (Brit)

2 VERBE INTRANSITIF

**a** = frapper **le voilier est allé donner sur les rochers** the boat ran onto ou struck the rocks ◆ **le soleil donne en plein sur la voiture** the sun is beating down on ou shining right onto the car ◆ **donner de la tête contre une porte** to knock ou bump one's head against a door ◆ **je ne sais plus où donner de la tête** I don't know which way to turn

**b** = attaquer to attack ◆ **l'artillerie va donner** the artillery is going to fire ◆ **faites donner la garde !** send in the guards!

**c** = produire to yield ◆ **les pommiers ont bien donné cette année** the apple trees have produced a good crop ou given a good yield this year ◆ **cet arbre ne donnera pas avant trois ans** this tree won't bear fruit for three years ◆ **les tomates donnent à plein** it is the height of the tomato season ◆ **la radio donne à plein** (fig) the radio is turned right up ◆ **ça donne !**‡ (= l'ambiance est fantastique) it's cool * ou magic * ou brill!‡

3 **donner dans** VERBE TRANSITIF INDIRECT

= tomber dans [+ piège] to fall into; [+ défaut] to lapse into ◆ **donner dans le snobisme** to be rather snobbish, have a tendency to be snobbish; → **panneau**

4 **donner sur** VERBE TRANSITIF INDIRECT

= s'ouvrir sur [pièce, porte] to give onto, open onto; [fenêtre] to overlook, open onto, look onto ◆ **la maison donne sur la mer** the house faces ou looks onto the sea

5 **se donner** VERBE PRONOMINAL

**a** = se consacrer **se donner à** [+ cause, parti, travail] to devote o.s. to

**b** = agir avec énergie **il s'est donné à fond** he gave his all ◆ **il se donne pour réussir dans la vie** he works hard to succeed in life

**c** sexuellement **elle s'est donnée à lui** † she gave herself to him

**d** = donner à soi-même **donne-toi un coup de peigne** give your hair a quick comb, run a comb through your hair ◆ **se donner bien du mal** ou **de la peine** to go to a lot of trouble ◆ **il s'est donné la peine de me prévenir** he took the trouble to warn me ◆ **se donner bonne conscience** to ease ou soothe one's conscience ◆ **elle se donne des airs de jeune fille naïve** she makes herself out to be an innocent young thing ◆ **se donner un maire/un président** to choose a mayor/a president ◆ **il s'est donné 6 mois pour fonder son entreprise** he gave ou allowed himself 6 months to set up the company **s'en donner (à cœur joie)** to have a whale of a time *, have the time of one's life ◆ **se la donner** to show off; → **cœur**

**e** = échanger **ils se donnaient des baisers** they were kissing each other ◆ **ils se sont donné des coups/des nouvelles** they exchanged blows/news; → **main, rendez-vous** etc

**f** = être joué, montré [pièce] to be on; [film] to be on, be showing

**donneur, -euse** [dɔnœʀ, øz] nm,f **a** (gén) giver; (Cartes) dealer ◆ **donneur d'ordre** (Comm) principal ◆ **donneur de leçons** (péj) sermonizer (péj)

**b** (* = dénonciateur) squealer‡, grass‡, informer

**c** (Méd) donor ◆ **donneur de sang/de sperme** blood/sperm donor ◆ **donneur universel** universal donor

**Don Quichotte** [dɔ̃kiʃɔt] nm Don Quixote

**don-quichottisme** [dɔ̃kiʃɔtism] nm quixotism

**dont** [dɔ̃] pron rel **a** (provenant d'un complément de nom : indique la possession, la qualité etc ) whose, of which; (antécédent humain) whose ◆ **la femme dont vous apercevez le chapeau** the woman whose hat you can see ◆ **c'est un pays dont j'aime le climat** it's a country whose climate I like ou which has a climate I like ◆ **un vagabond dont les chaussures laissaient voir les doigts de pied** a tramp whose toes showed through his shoes ◆ **les enfants dont la mère travaille sont plus indépendants** children whose mothers go out to work ou children with working mothers are more independent ◆ **l'histoire, dont voici l'essentiel, est ...** the story, of which these are the main points, is ...

**b** (indiquant la partie d'un tout) **il y a eu plusieurs blessés, dont son frère** there were several casualties, among which ou among whom was his brother ou including his brother ◆ **des livres dont j'ai lu une dizaine environ/dont une dizaine sont reliés** books of which I have read about ten/of which about ten are bound ◆ **ils ont trois filles dont deux sont mariées** they have three daughters, two of whom are married ou of whom two are married, they have three daughters, two of them married ◆ **il a écrit deux romans dont un est autobiographique** he has written two novels one of which is autobiographical

**c** (indique la manière, la provenance) **la façon dont elle marche/s'habille** the way (in which) she walks/dresses, her way of walking/dressing ◆ **la pièce dont il sort** the room (which) he is coming out of ou out of which he is coming ◆ **mines dont on extrait de l'or** mines from which gold is extracted, mines (that) gold is extracted from ◆ **la classe sociale dont elle est issue** the social class (which) she came from; voir aussi **de**[1]

**d** (provenant d'un complément prépositionnel d'adjectif, de verbe : voir aussi les adjectifs et verbes en question) **l'outil dont il se sert** the tool (which) he is using ◆ **la maladie dont elle souffre** the illness she suffers from ou from which she suffers ◆ **le vase dont la maison m'a fait cadeau** the vase (which) the firm gave me, the vase with which the firm presented me ◆ **le film/l'acteur dont elle parle tant** the film/actor she talks so much about ou which/whom she talks so much ◆ **voilà ce dont il faut vous assurer** that is what you must make sure of ou about ◆ **l'accident dont il a été responsable** the accident he was responsible for ou for which he was responsible ◆ **le collier/l'enfant dont elle est si fière** the necklace/child she is so proud of ou of which/whom she is so proud

**donzelle** [dɔ̃zɛl] [→ SYN] nf (péj) young madam (péj)

**dopage** [dɔpaʒ] nm [athlète] (illegal) drug use, drug abuse; [cheval] doping ◆ **l'athlète a été disqualifié pour dopage** the athlete was disqualified for drug abuse ou after failing a drug ou dope test

**dopamine** [dɔpamin] nf dopamine

**dopant, e** [dɔpɑ̃, ɑ̃t] [1] adj ◆ **produit dopant** drug
[2] nm drug

**dope** [dɔp] nf (arg Drogue) dope (arg)

**doper** [dɔpe] [→ SYN] ▸ conjug 1 ◂ [1] vt [+ athlète, cheval] to dope; [+ économie, ventes] to boost ◆ **semi-conducteur dopé** (Tech) doped semiconductor
[2] **se doper** vpr to take drugs ◆ **il se dope aux amphétamines** he takes amphetamines

**dopeur** [dɔpœʀ] nm drug pusher *(who pushes to athletes)*

**doping** [dɔpiŋ] [→ SYN] nm ⇒ **dopage**

**Doppler** [dɔplɛʀ] nm Doppler test ◆ **se faire faire un Doppler** to have a Doppler test ◆ **effet Doppler(-Fizeau)** Doppler effect

**dorade** [dɔʀad] [→ SYN] nf ⇒ **daurade**

**Dordogne** [dɔʀdɔɲ] nf ◆ **la Dordogne** the Dordogne

**doré, e** [dɔʀe] (ptp de **dorer**) [1] adj **a** (= couvert d'une dorure) gilt, gilded ◆ **doré sur tranche** gilt-edged, with gilded edges
**b** (= couleur d'or) peau bronzed, tanned; blé, cheveux, lumière golden; gâteau, viande browned ◆ **des rêves dorés** (fig) golden dreams ◆ **doré comme les blés** golden-blond, flaxen; → **jeunesse**
[2] nm **a** (= dorure) gilt, gilding ◆ **le doré du vase s'en va** the gilt ou gilding is coming off the vase
**b** (Can = poisson) yellow pike, wall-eyed pike
[3] **dorée** nf John Dory, dory

**dorénavant** [dɔʀenavɑ̃] [→ SYN] adv (dans le futur) from now on, henceforth (frm), henceforward (frm); (dans le passé) from then on, henceforth (frm), henceforward (frm)

**dorer** [dɔʀe] ▸ conjug 1 ◂ [1] vt **a** (= couvrir d'or) [+ objet] to gild ◆ **faire dorer un cadre** to have a frame gilded ◆ **dorer la pilule à qn** * (fig) to sugar ou sweeten the pill for sb
**b** (Culin) [+ gâteau] to glaze *(with egg yolk)* ◆ **le four dore bien la viande** the oven browns the meat well
**c** [+ peau] to bronze, tan ◆ **le soleil dore les blés** (littér) the sun turns the corn gold ◆ **le soleil dore les dunes** the sun tinges the dunes with gold ◆ **se dorer au soleil, se dorer la pilule** * to lie (and get brown) in the sun, sunbathe
[2] vi (Culin) [rôti] to brown ◆ **faire dorer un poulet** to brown a chicken

**d'ores et déjà** [dɔʀzedeʒa] adv → **ores**

**doreur, -euse** [dɔʀœʀ, øz] nm,f gilder

**dorien, -ienne** [dɔʀjɛ̃, jɛn] [1] adj (Géog) Dorian, Doric; dialecte Doric; (Mus) mode Dorian
[2] nm (Ling) Doric (dialect)

**dorique** [dɔʀik] adj, nm Doric

**doris**[1] [dɔʀis] nf (Zool) dory

**doris**[2] [dɔʀis] nm (Naut) dory

**dorlotement** [dɔʀlɔtmɑ̃] nm pampering, (molly)coddling, cosseting

**dorloter** [dɔʀlɔte] [→ SYN] ▸ conjug 1 ◂ [1] vt to pamper, (molly)coddle, cosset ◆ **il est trop dorloté** he's mollycoddled ◆ **se faire dorloter** to be pampered ou (molly)coddled ou cosseted
[2] **se dorloter** vpr to pamper o.s.

**dormance** [dɔʀmɑ̃s] nf (Bot, Méd) dormancy ◆ **la dormance cancéreuse** dormancy of cancer cells

**dormant, e** [dɔʀmɑ̃, ɑ̃t] [→ SYN] [1] adj eau still; (Tech) châssis fixed ◆ **compte dormant** (Jur, Fin) dormant account ◆ **agent dormant** (Espionnage) sleeper
[2] nm [porte, châssis] casing, frame; (Naut) standing end

**dormeur, -euse** [dɔʀmœʀ, øz] [1] adj poupée with eyes that shut
[2] nm,f sleeper; (péj) sleepyhead * ◆ **c'est un gros** ou **grand dormeur** he likes his sleep, he's a real sleepyhead *
[3] nm (= crabe) (common ou edible) crab
[4] **dormeuse** nf († = boucle d'oreille) stud (earring)

**dormir** [dɔʀmiʀ] [→ SYN] ▸ conjug 16 ◂ vi **a** (gén) to sleep; (= être en train de dormir) to be asleep, be sleeping ◆ **dormir d'un sommeil léger/lourd** to sleep lightly/heavily ◆ **parler en dormant** to talk in one's sleep ◆ **il dormait d'un sommeil agité** he was tossing and turning in his sleep ◆ **je n'ai pas dormi de la nuit/de trois jours** I haven't slept a wink (all night)/for three days ◆ **avoir envie de dormir** to feel sleepy ◆ **essayez de dormir un peu** try to get some sleep ◆ **ça m'empêche de dormir** [café] it keeps me awake; [soucis] I'm losing sleep over it ◆ **ce n'est pas ça qui va m'empêcher de dormir** I'm not going to lose any sleep over that ◆ **il n'en dort pas** ou **plus** he's losing sleep over it, he can't sleep for thinking of it
**b** (= rester inactif) [eau] to be still; [argent, capital] to lie idle; [machines] to be ou lie idle; [nature, forêt] to be still, be asleep ◆ **tout dormait dans la maison/ville** everything was quiet ou still in the house/town ◆ **la brute qui dormait en lui** the beast within ou inside ◆ **investis ton capital plutôt que de le laisser dormir** invest your capital rather than leave it idle ◆ **ce n'est pas le moment de dormir !** this is no time for slacking ou idling! ◆ **il dormait sur son travail** he wasn't concentrating on his work ◆ **voilà six ans que le projet dort dans un tiroir** the project has been lying dormant ou has been in mothballs * for six years; → **pire**
**c** (Loc) **je dors debout** I'm asleep on my feet, I can't keep my eyes open ◆ **une histoire à dormir debout** a cock-and-bull story ◆ **dormir (de) son dernier sommeil** (frm) to sleep one's last sleep ◆ **dormir comme un bienheureux** to sleep like a baby ◆ **dormir comme un loir** ou **une marmotte** ou **une souche** ou **un sonneur** to sleep like a log ◆ **ne dormir que d'un œil** to sleep with one eye open ◆ **il dort à poings fermés** he is sound ou fast asleep, he's dead to the world * ◆ **cette nuit je vais dormir à poings fermés** I'm going to sleep very soundly tonight ◆ **dormir du sommeil du juste** to sleep the sleep of the just ◆ **dormir tranquille** ou **sur ses deux oreilles** (sans soucis) to sleep soundly; (sans danger) to sleep safely (in one's bed) ◆ (Prov) **qui dort dîne** he who sleeps forgets his hunger

**dormitif, -ive** [dɔʀmitif, iv] [→ SYN] adj soporific

**dormition** [dɔʀmisjɔ̃] nf Dormition of the Blessed Virgin

**dorsal, e,** mpl **-aux** [dɔʀsal, o] [1] adj (gén) dorsal; douleur back (épith); → **épine, parachute**
[2] **dorsale** nf **a** (Ling) dorsal consonant
**b** (Géog) ridge ◆ **dorsale barométrique** (Mét) ridge of high pressure

**dorsalgie** [dɔʀsalʒi] nf back pain

**dorsolombaire** [dɔʀsolɔ̃bɛʀ] adj dorsolumbar

**dortoir** [dɔʀtwaʀ] [→ SYN] nm dormitory ◆ **banlieue(-)dortoir** dormitory ou bedroom (US) suburb

**dorure** [dɔʀyʀ] nf **a** (= couche d'or) gilt, gilding ◆ **uniforme couvert de dorures** uniform covered in gold decorations
**b** (= action) gilding

**doryphore** [dɔʀifɔʀ] nm Colorado beetle

**DOS, Dos ®** [dɔs] nm (abrév de **Disc Operating System**) DOS ®

**dos** [do] [→ SYN] [1] nm **a** [être animé, main, vêtement, siège, page] back; [livre] spine; [lame, couteau] blunt edge ◆ **avoir le dos rond** to be round-shouldered ◆ **couché sur le dos** lying on one's (ou its) back ◆ **écrire au dos d'une lettre/enveloppe** to write on the back of a letter/an envelope ◆ **robe décolletée dans le dos** low-backed dress ◆ **"voir au dos"** "see over ou overleaf" ◆ **aller à dos d'âne/de chameau** to ride on a donkey/a camel ◆ **les vivres sont portés à dos de chameau/d'homme** the supplies are carried by camel/men ◆ **ils partirent, sac au dos** they set off, (with) their rucksacks on their backs ◆ **avoir les cheveux dans le dos** to wear one's hair loose ◆ **(vu) de dos il a une allure jeune** (seen) from behind ou from the back he looks quite young ◆ **le chat fait le gros dos** the cat is arching its back
**b** (= nage) **dos (crawlé)** backstroke
**c** (Loc) **il s'est mis tout le monde à dos** he has turned everybody against him ◆ **être dos à dos** to be back to back ◆ **renvoyer deux adversaires dos à dos** to send away ou dismiss two opponents without pronouncing in favour of either ◆ **le train/ta mère a bon dos** * (fig) (that's right) blame the train/your mother (iro) ◆ **il n'y va pas avec le dos de la cuiller** * he certainly doesn't go in for half-measures *, there are no half-measures with him ◆ **faire qch dans** ou **derrière le dos de qn** to do sth behind sb's back ◆ **nous avions la mer/l'ennemi dans le dos** we had the sea/the enemy behind us ou at our back(s) ◆ **on l'a dans le dos !** ‡ we've had it! * ◆ **j'ai toujours mon patron sur le dos** my boss is always breathing down my neck ou is always standing over me ◆ **mettre qch sur le dos de qn** [+ responsabilité] to saddle sb with sth, make sb shoulder the responsibility for sth; [+ accusation] to pin sth on sb ◆ **il s'est mis une sale affaire sur le dos** he has got himself mixed up in a nasty bit of business ◆ **faire des affaires sur le dos de qn** to do a bit of business at sb's expense ◆ **il a tout pris sur le dos** * he bore the brunt of the whole thing ◆ **je n'ai rien à me mettre sur le dos** I haven't a thing to wear ◆ **tomber sur le dos de qn** (= arriver à l'improviste) to drop in on sb, pay sb an unexpected visit; (= attaquer) (physiquement) to fall on sb, go for sb; (en paroles) to jump down sb's throat, go for sb ◆ **tourner le dos à** to turn one's back on ◆ **avoir le dos tourné à la mer/à la porte** to have one's back to the sea/door ◆ **dès qu'il a le dos tourné** as soon as his back is turned; → **froid, laine, plein**
[2] COMP ▷ **dos brisé** (Reliure) hollow ou open ou loose back

**dosage** [dozaʒ] nm **a** [ingrédient, élément] measuring out; [remède] dosage
**b** [mélange] correct proportioning, mixture ◆ **se tromper dans le dosage d'un cocktail/d'une solution chimique** to mix a cocktail/a chemical solution in the wrong proportions
**c** (= équilibre) **tout est question de dosage** it's all a matter of striking a balance ou the right balance ◆ **un savant dosage de prudence et d'audace** a judicious combination of caution and audacity

**dos-d'âne** [dodan] nm inv hump ◆ **pont en dos-d'âne** humpback bridge

**dose** [doz] [→ SYN] nf **a** (Pharm) dose ◆ **dose mortelle** lethal dose ◆ **absorber une dose excessive de barbituriques** to take an overdose of barbiturates ◆ **s'en tenir à la dose prescrite** to keep to the prescribed dose ou dosage
**b** (= proportion) [ingrédient, élément] amount, quantity ◆ **il a eu sa dose quotidienne** (hum) he has had his daily dose ou fix * (hum) ◆ **en avoir sa dose** * to have had more than one's share of it ◆ **forcer la dose** (fig) to overdo it, overstep the mark ◆ **introduire une petite dose d'ironie dans un récit** to introduce a touch of irony into a story ◆ **pour faire cela, il faut une dose de courage peu commune** you need an extraordinary amount of courage to do that ◆ **affligé d'une forte dose de stupidité** afflicted with more than one's fair share of stupidity ◆ **j'aime bien la poésie/ce chanteur mais seulement par petites doses** ou **à petites doses** I like poetry/that singer but only in small doses ◆ **le travail, c'est bien mais à doses homéopathiques** (hum) work's fine but only in small doses

**doser** [doze] → SYN ▸ conjug 1 ◂ vt **a** (= mesurer) [+ ingrédient, élément] to measure out; [+ remède] to measure out a dose of
**b** (= proportionner) [+ mélange] to proportion correctly, mix in the correct proportions ◆ **mal doser un cocktail/une solution chimique** to mix a cocktail/a chemical solution in the wrong proportions ◆ **gélules dosées à 100 mg** 100 mg capsules ◆ **pilule faiblement dosée (en œstrogènes)** low-dose (oestrogen) pill
**c** (= équilibrer) to strike a balance between; [+ exercices, difficultés] to grade ◆ **il faut savoir doser compréhension et sévérité** you must strike a balance ou the right balance between understanding and severity ◆ **doser ses efforts** to pace o.s. ◆ **cet auteur sait doser l'ironie** this author has a gift for using irony in just the right amounts

**dosette** [dozɛt] nf [moutarde, sauce] sachet

**doseur** [dozœʀ] nm measure ◆ **bouchon doseur** measuring cap ◆ **flacon doseur** pump dispenser

**dosimètre** [dozimɛtʀ] nm dosimeter

**dossard** [dosaʀ] nm (Sport) number *(worn by competitor)* ◆ **avec le dossard numéro 9** wearing number 9

**dosseret** [dosʀɛ] nm headboard

**dossier** [dosje] → SYN nm **a** [siège] back
**b** (= documents) file, dossier ◆ **dossier d'inscription** (Scol, Univ) registration forms ◆ **dossier médical** medical file ou records ◆ **dossier de presse** press kit ◆ **dossier scolaire** school record, student file (US) ◆ **constituer un dossier sur qn** to draw up a file on sb ◆ **connaître** ou **posséder ses dossiers** to know what one is about, know what's what ◆ **être sélectionné sur dossier** to be selected on the basis of one's application
**c** (Jur) (= affaire) case; (= papiers) case file ◆ **il n'y a rien dans le dossier** the case has no substance ◆ **ils ont fermé le dossier** they closed the case ◆ **verser une pièce au dossier** to add a piece of evidence to the case file
**d** (= question à traiter) issue, question; (Scol, Univ = travail de recherche) project ◆ **le dossier agricole** the agriculture issue ◆ **le dossier brûlant de l'immigration** the burning ou highly sensitive issue of immigration ◆ **ils ont un dossier à faire sur les ours** they've got to do a project on bears
**e** (Presse = article) special report (*sur* on), survey (*sur* of) ◆ **dossier spécial sur la Mafia** (TV) special programme (Brit) ou program (US) on the Mafia
**f** (= classeur) file, folder

**dot** [dɔt] nf [mariage] dowry; (Rel) (spiritual) dowry ◆ **apporter qch en dot** to bring a dowry of sth, bring sth as one's dowry; → **coureur**

**dotal, e,** mpl **-aux** [dɔtal, o] adj dotal, dowry (épith)

**dotation** [dɔtasjɔ̃] → SYN nf (Jur) [institution] endowment; (Hist) [fonctionnaire, dignitaire] emolument; (Admin = allocation) grant ◆ **l'État a diminué les dotations en capital des entreprises publiques** the government has reduced subsidies to state-owned companies

**doter** [dɔte] → SYN ▸ conjug 1 ◂ vt **a** (Jur) [+ fille à marier] to provide with a dowry; [+ institution] to endow; (Hist) [+ fonctionnaire, dignitaire] to endow with an emolument; (Admin) [+ université, organisme] to grant money to, give a grant to ◆ **doté de** équipement, matériel, dispositif equipped with; talent, courage, pouvoir endowed with ◆ **richement dotée** fille with a handsome dowry; compétition with big prize-money
**b** **doter qn/qch de** (= pourvoir de) to equip ou provide sb/sth with ◆ **la nature l'avait doté d'un grand talent** nature had endowed him with great talent, nature had bestowed great talent upon him

**douaire** [dwɛʀ] nm dower

**douairière** [dwɛʀjɛʀ] → SYN nf dowager

**douane** [dwan] nf **a** (= service) Customs ◆ **les douanes britanniques** Customs and Excise, British Customs ◆ **il est employé aux douanes** ou **à la douane** he's employed in the Customs department ◆ **marchandises (entreposées) en douane** bonded goods, goods in bond ◆ **zone/port sous douane** zone/port under the authority of the Customs
**b** (à la frontière) customs ◆ **poste** ou **bureau de douane** customs house ◆ **passer (à) la douane** (à l'aéroport etc ) to go through customs ◆ **la visite de la douane** (dans le train) the customs check ◆ **il s'est fait contrôler à la douane** he was stopped by customs (officers) ou at customs, he had his baggage checked ou examined by customs (officers)
**c** **(droits de) douane** customs duty ou dues, duty ◆ **exempté de douane** duty-free, non-dutiable

**douanier, -ière** [dwanje, jɛʀ] → SYN **1** adj customs (épith); → **barrière, union**
**2** nm,f customs officer

**douar** [dwaʀ] nm doyar

**doublage** [dublaʒ] nm **a** [fil] doubling; [revêtement] doubling, laying double; [couverture] doubling, folding (in half)
**b** [film] dubbing ◆ **le doublage d'un acteur** (voix) dubbing an actor; (rôle) using a double for an actor
**c** [vêtement, paroi, boîte, tableau] lining; (Naut) [coque] sheathing
**d** [somme, quantité, lettre] doubling

**double** [dubl] → SYN **1** adj **a** consonne, longueur, épaisseur, fleur double; inconvénient, avantage double, twofold ◆ **feuille double** double sheet (of paper) ◆ **double whisky** double ou large whisky ◆ **le prix est double de ce qu'il était** the price is double ou twice what it was ◆ **vous avez fait une double erreur** you have made two mistakes ◆ **faire qch en double exemplaire** to make two copies of sth, do sth in duplicate ◆ **à double action** rasoir dual-action; crème double-acting; shampooing two-in-one ◆ **ustensile à double usage** dual-purpose utensil ◆ **faire double emploi** to be redundant ◆ **cet appareil fait maintenant double emploi avec l'ancien** this appliance makes the old one redundant ◆ **"à vendre voiture, cause double emploi"** "for sale: car, surplus to requirements" ◆ **fermer une porte à double tour** to double-lock a door ◆ **enfermer qn à double tour** to put sb under lock and key ◆ **à double tranchant** (lit, fig) double-edged, two-edged ◆ **boîte/valise à double fond** box/case with a false bottom ◆ **foyer à double revenu** dual-income ou double-income household ◆ **mettre un fil (en) double** to use a double thread ◆ **mettre une couverture (en) double** to put a blanket on double ◆ **en double aveugle** double-blind (épith); → **bouchée**[2]**, coup**
**b** (= qui a des aspects opposés) vie, aspect double ◆ **à double face** tissu reversible; adhésif double-sided ◆ **accusé de jouer un double jeu** accused of double-dealing ou of playing a double game (Brit) ◆ **phrase à double sens** ou **entente** sentence with a double meaning ◆ **mener une double vie** to lead a double life ◆ **personnage à personnalité double** person with a dual personality ou a Jekyll-and-Hyde personality; → **agent**
**2** nm **a** (= quantité) **manger/gagner le double (de qn)** to eat/earn twice as much (as sb) ou double the amount (that sb does) ◆ **il pèse le double de vous** he's twice your weight, he weighs twice as much as you do ◆ **4 est le double de 2** 4 is two times ou twice 2 ◆ **c'est le double du prix normal** it is twice ou double the normal price ◆ **c'est le double de la distance Paris-Lyon** it's twice ou double the distance from Paris to Lyons ◆ **hier il a mis le double de temps à faire ce travail** yesterday he took twice as long ou double the time to do this job ◆ **nous attendons le double de gens** we expect twice as many people ou double the number of people ◆ **plier qch en double** to fold sth in half ou in two; → **quitte**
**b** (= copie, duplicata) [facture, acte] copy; [timbre] duplicate, double; [personne] double; [objet d'art] replica, exact copy ◆ **se faire faire un double de clé** to have a second key cut ◆ **avoir des timbres en double** to have duplicates ou doubles ou two of a stamp ◆ **il a tous les documents/toutes les photos en double** he has copies of all the documents/all the photos ◆ **on a tout en double, pour plus de sûreté** we have two of everything to be on the safe side
**c** (Sport) doubles ◆ **le double dames/messieurs/mixte** the ladies'/men's/mixed doubles ◆ **faire un double, jouer en double** to play a doubles match
**d** (Jeux) [dés, dominos] double ◆ **faire un double** to throw a double ◆ **double-six** double six ◆ **double-blanc** double blank
**3** adv payer, compter double
**4** COMP ▷ **double allumage** (Tech) nm dual ignition ▷ **double barre** (Mus) nf double bar ▷ **doubles cordes** (Mus) nfpl double stopping ▷ **double dièse** (Mus) nm double sharp ▷ **double fenêtre** nf double window ▷ **double nœud** nm double knot ▷ **double page** nf double page (spread) ▷ **doubles rideaux** nmpl double curtains (Brit) ou drapes (US)

**doublé, e** [duble] (ptp de **doubler**) **1** adj vêtement lined (*de* with) ◆ **doublé de cuir/cuivre** boîte, paroi lined with leather/copper ◆ **non doublé** unlined ◆ **doublé de fourrure** fur-lined ◆ **doublé (de) coton/nylon** cotton/nylon-lined, lined with cotton/nylon
**2** nm **a** (Sport, fig = victoire, réussite) double; (Chasse = coup double) right and left
**b** (Orfèvrerie) rolled gold
**c** (Mus) turn

**doubleau,** pl **doubleaux** [dublo] nm joist

**double-cliquer** [dubləklike] ▸ conjug 1 ◂ vi to double-click (*sur* on)

**double-crème,** pl **doubles-crèmes** [dubləkʀɛm] nm cream cheese

**double-croche,** pl **doubles-croches** [dubləkʀɔʃ] nf semiquaver (Brit), sixteenth note (US)

**double-décimètre,** pl **doubles-décimètres** [dubladesimɛtʀ] nm (20 cm) rule

**doublement** [dubləmɑ̃] **1** adv (= pour deux raisons) for two reasons; (= à un degré double) doubly
**2** nm **a** [somme, quantité, lettre] doubling
**b** [feuille] doubling, folding (in half); [fil] doubling
**c** [véhicule] passing, overtaking (Brit)

**double-mètre,** pl **doubles-mètres** [dubləmɛtʀ] nm two-metre (Brit) ou -meter (US) rule

**doubler** [duble] → SYN ▸ conjug 1 ◂ **1** vt **a** (= augmenter) [+ fortune, dose, longueur, salaire] to double ◆ **doubler le pas** to quicken one's pace, speed up ◆ **il a doublé son poids** he has doubled in weight
**b** (= mettre en double) [+ fil, ficelle] to double; [+ revêtement] to double, lay double; [+ couverture] to double, fold (in half)
**c** (Scol) [+ classe, année] to repeat
**d** (Ciné) [+ film, acteur] to dub ◆ **doubler (la voix de) qn** to dub sb, dub sb's voice
**e** (Théât, Ciné = remplacer) to understudy, act as an understudy for; (dans une scène dangereuse) to stand in for ◆ **il s'est fait doubler par un cascadeur** a stuntman stood in for him
**f** (= revêtir) [+ boîte, paroi, tableau, veste] to line (*de* with) ◆ **doubler une veste de fourrure** to line a jacket with fur
**g** (= dépasser) [+ véhicule] to pass, overtake (Brit); (Naut) [+ cap] to round ◆ **il a doublé ce cap important** (fig) he has got over this important hurdle ou turned this important corner ◆ **doubler le cap des 50 ans** to turn 50, pass the 50 mark
**h** ( * = tromper) **doubler qn** to pull a fast one on sb *, double-cross sb
**2** vi **a** (= augmenter) [nombre, quantité, prix] to double, increase twofold ◆ **doubler de poids/valeur** to double in weight/value ◆ **le nombre des crimes a doublé** the number of crimes has doubled ou increased twofold
**b** (Aut) to pass, overtake (Brit)
**3** **se doubler** vpr ◆ **se doubler de** to be coupled with ◆ **chez lui le sens de l'honneur se double de courage** with him a sense of honour is coupled with ou goes hand in hand with courage ◆ **ce dispositif se double d'un système d'alarme** this device works ou functions in conjunction with an alarm system ◆ **c'est un savant doublé d'un pédagogue** he's a teacher as well as a scholar

**doublet** [dublɛ] → SYN nm **a** (Ling) doublet
**b** (Orfèvrerie) doublet

**doublon** [dublɔ̃] nm **a** (= monnaie) doubloon
**b** (= redondance) duplication
**c** (Typo) double

**doublonner** [dublɔne] ▸ conjug 1 ◂ vi ◆ **doublonner avec** to duplicate

**doublure** [dublyʀ] nf **a** (= étoffe) lining
**b** (Théât) understudy; (Ciné) stand-in; (pour scènes dangereuses) stuntman (ou stuntwoman)

**douçâtre** [dusɑtʀ] adj ⇒ **douceâtre**

**douce** [dus] adj f, nf → **doux**

**douceâtre** [dusɑtʀ] → SYN adj saveur sickly sweet; (péj) air, sourire sickly sweet, mawkish

**doucement** [dusmɑ̃] → SYN **1** adv **a** (= légèrement) toucher, prendre, soulever gently; frapper, parler gently, softly; éclairer softly ◆ **marcher doucement** to tread carefully ou softly ◆ **allez-y doucement !** * easy ou gently does it! *, go easy! *
**b** (= graduellement) monter, progresser gently, gradually; (= lentement) rouler, avancer slowly; démarrer smoothly ◆ **la route monte/descend doucement** the road climbs/descends gradually ou goes gently up/down ◆ **la température monte/descend doucement** the temperature is slowly ou gradually rising/falling
**c** ( * = plus ou moins bien) so-so * ◆ **comment allez-vous ? – (tout) doucement** how are you? – so-so *
**d** ( * = en cachette) **s'amuser doucement de voir qn dans l'embarras** to have a quiet laugh * (to o.s.) at seeing sb in difficulties ◆ **ça me fait doucement rigoler !** it makes me want to laugh!
**2** excl gently!, easy! ◆ **doucement avec le whisky !** go easy on the whisky! *, careful with the whisky! ◆ **doucement les basses !** ‡ take it easy! *, go easy! *

**doucereux, -euse** [dus(ə)ʀø, øz] → SYN adj goût, saveur sickly sweet; (péj) ton, paroles sugary, honeyed; (péj) personne, manières suave, smooth *

**doucet, -ette** [dusɛ, ɛt] → SYN **1** adj † meek, mild
**2** **doucette** nf (Bot) corn-salad, lamb's lettuce

**doucettement** * [dusɛtmɑ̃] adv commencer, avancer gently; vivre quietly

**douceur** [dusœʀ] → SYN **1** nf **a** [peau, tissu] softness, smoothness; [matelas, brosse, suspension] softness
**b** [temps, climat, température, saison] mildness; [brise] gentleness
**c** (= goût sucré) [fruit, liqueur, saveur] sweetness; (= goût faible) [fromage, tabac, moutarde, piment] mildness
**d** [son, musique, voix] sweetness, gentleness; [parfum] sweetness; [lumière, couleur] softness
**e** (= modération) [pente] gentleness
**f** (= affabilité, gentillesse) [caractère, personne, sourire, geste] gentleness ◆ **c'est un homme d'une grande douceur** he's a very gentle man ◆ **elle est d'une douceur angélique** she's as sweet as an angel ◆ **prendre qn par la douceur** to deal gently with sb; (pour convaincre) to use gentle persuasion on sb ◆ **douceur de vivre** gentle way of life
**g** (gén pl) (= sucrerie) sweet; (= flatterie) sweet talk (NonC) ◆ **les douceurs de l'amitié** the (sweet) pleasures of friendship
**2** **en douceur** loc adj, loc adv démarrage smooth; démarrer smoothly; commencer, manœuvrer gently ◆ **il faut y aller en douceur** we must go about it gently ◆ **ça s'est passé en douceur** it went off smoothly; → **atterrissage**

**Douchanbe** [duʃɑ̃be] n Dushanbe

**douche** [duʃ] → SYN **1** nf **a** (= jet, système) shower ◆ **prendre une douche** to have ou take a shower ◆ **passer à la douche** to go for a shower ◆ **il est sous la douche** he's in the ou having a shower
**b** (= salle) **douches** shower room, showers
**c** * (= déception) let-down *, bummer ‡; (= réprimande) (good) telling-off * ou ticking-off * (Brit); (= averse, arrosage) soaking, drenching ◆ **on a pris une bonne douche** we got drenched ou soaked ◆ **ça nous a fait l'effet d'une douche (froide) quand nous l'avons appris** it was a real let-down * when we found out
**2** COMP ▷ **douche écossaise** (lit) alternately hot and cold shower ◆ **ça a été la douche écossaise** * (fig) it came as a bit of a blow ou shock

**doucher** [duʃe] → SYN ▸ conjug 1 ◂ **1** vt **a** **doucher qn** to give sb a shower ◆ **se faire doucher** (par l'averse) to get a soaking, get soaked ou drenched; († * = se faire réprimander) to get a (good) telling-off * ou ticking-off * (Brit)
**b** [+ espoirs, enthousiasme] to dampen ◆ **ce qu'il m'a dit, ça m'a douché** * what he said really knocked me back *
**2** **se doucher** vpr to have ou take a shower

**douchette** [duʃɛt] nf [douche] shower rose; (pour codes-barres) bar-code reader ou scanner

**doucheur, -euse** [duʃœʀ, øz] nm,f shower attendant

**doucine** [dusin] → SYN nf (= rabot) moulding plane; (Archit) double-curved moulding ◆ **doucine droite** cyma recta, ogee moulding ◆ **doucine renversée** cyma reversa, reverse ogee moulding

**doucir** [dusiʀ] → SYN ▸ conjug 2 ◂ vt to polish

**doudou**[1] * [dudu] nf (terme des Antilles) (= femme) woman; (= jeune fille) girl

**doudou**[2] [dudu] nm (langage enfantin) ≃ security blanket

**doudoune** [dudun] nf **a** (= anorak) down jacket
**b** ( * = sein) boob ‡, breast

**doué, e** [dwe] → SYN (ptp de **douer**) adj **a** (= talentueux) gifted, talented (*en* in) ◆ **être doué pour** to have a gift for ◆ **il n'est pas doué** * (iro) he's not exactly bright ou clever ◆ **doué sur le plan scolaire** academically able
**b** (= pourvu de) **doué de** [+ vie, raison] endowed with; [+ intelligence, talent, mémoire] blessed with, endowed with

**douelle** [dwɛl] → SYN nf (Archit) curved face ◆ **douelle intérieure** intrados ◆ **douelle extérieure** extrados

**douer** [dwe] → SYN ▸ conjug 1 ◂ vt **douer qn de** [+ vie, raison] to endow sb with; [+ intelligence, talent, mémoire] to bless sb with, endow sb with

**douille** [duj] → SYN nf [cartouche] (cartridge) case, cartridge; [fil électrique] (electric light) socket; [manche] socket; (Culin) piping socket ◆ **douille à vis/à baïonnette** (Élec) screw/bayonet socket

**douiller** ‡ [duje] ▸ conjug 1 ◂ vi (= payer cher) to pay through the nose *, fork out * a lot ◆ **ça douille** it's damn expensive ou pricey ‡

**douillet, -ette** [dujɛ, ɛt] → SYN **1** adj **a** (= sensible à la douleur) personne soft (péj) ◆ **je ne suis pas douillet** I can take it
**b** (= confortable) maison, atmosphère cosy, snug; nid, lit, vie soft, cosy
**2** **douillette** † nf [ecclésiastique] (clerical) overcoat; [bébé] quilted coat

**douillettement** [dujɛtmɑ̃] adv cosily, snugly

**douleur** [dulœʀ] GRAMMAIRE ACTIVE 24.4 → SYN nf
**a** (physique) pain ◆ **douleurs rhumatismales** rheumatic pains ◆ **douleurs dorsales** backache (NonC), back pains ◆ **les douleurs (de l'accouchement)** labour (Brit) ou labor (US) pains ◆ **j'ai une douleur dans le bras** I have a sore arm, I have a pain in my arm, my arm hurts ◆ **mes vieilles douleurs me font souffrir** my old aches and pains are bothering me; → **accouchement**
**b** (morale) grief, distress ◆ **il a eu la douleur de perdre son frère** he had the distress of ou had to suffer the grief of losing his brother ◆ **"nous avons la douleur de vous faire part du décès de ..."** "it is our sad duty to tell you ou it is with great sorrow that we have to tell you of the death of ..." ◆ **"nous avons la douleur d'apprendre que ..."** "it is with great sorrow that we've learned that ..." ◆ **j'ai compris ma douleur** * (fig) I realized my mistake, I could have kicked myself * ◆ (Prov) **les grandes douleurs sont muettes** great sorrow is often silent

**douloureusement** [duluʀøzmɑ̃] → SYN adv (= physiquement) painfully; (= moralement) grievously

**douloureux, -euse** [duluʀø, øz] → SYN **1** adj **a** sensation, maladie, opération, membre painful
**b** perte grievous, distressing; décision, spectacle painful, distressing, harrowing; séparation, circonstances, moment painful, distressing; regard, expression sorrowful
**2** **douloureuse** * nf (hum) (= addition) bill (Brit), check (US); (= facture) bill ◆ **apportez-nous la douloureuse** what's the damage? *, let's hear the worst *

**doum** [dum] nm doum palm

**douma** [duma] nf duma

**dourine** [duʀin] nf dourine

**doute** [dut] GRAMMAIRE ACTIVE 15.1, 16.1, 26.6 → SYN nm **a** (= état d'incertitude) doubt, uncertainty; (Philos, Rel) doubt ◆ **être dans le doute** to be doubtful ou uncertain ◆ **laisser qn dans le doute** to leave sb in a state of uncertainty ◆ **être dans le doute au sujet de qch** to be in doubt ou doubtful ou uncertain about sth ◆ **le doute l'envahit** he was overcome by doubt ◆ **le doute n'est plus permis quant à** there is no more room for doubt concerning ◆ **un air de doute** a doubtful air
**b** (= soupçon, perplexité) doubt ◆ **je n'ai pas le moindre doute à ce sujet** I haven't the slightest doubt about it ◆ **avoir des** ou **ses doutes sur** ou **au sujet de qch/qn** to have misgivings ou (one's) doubts about sth/sb ◆ **malgré tout, j'ai des doutes** nevertheless, I have my doubts ◆ **il a émis des doutes à propos de ...** he expressed (his) doubts ou misgivings about ... ◆ **un doute plane sur l'affaire** a certain amount of ou an element of doubt hangs over the matter
**c** (LOC) (Prov) **dans le doute, abstiens-toi** when in doubt, don't! ◆ **il ne fait aucun doute que ...** there is (absolutely) no doubt that ..., there is no question that ... ◆ **ceci ne fait aucun doute** there is no doubt ou question about it ◆ **il est hors de doute qu'il a raison** he's undoubtedly right, it's beyond doubt that he's right ◆ **mettre hors de doute** [+ authenticité] to prove beyond doubt ◆ **nul doute que ...** (there is) no doubt that ...
◆ **sans doute** (= vraisemblablement) doubtless, no doubt, probably ◆ **sans doute s'est-il trompé** he's doubtless ou no doubt mistaken ◆ **tu viendras demain ? – sans doute** are you coming tomorrow – yes, probably ou most likely ◆ **sans (aucun** ou **nul) doute** (= incontestablement) without (a) doubt, undoubtedly
◆ **en doute** ◆ **mettre en doute** [+ affirmation, honnêteté de qn] to question, challenge, cast doubt on ◆ **mettre en doute que ...** to question whether ...

**douter** [dute] GRAMMAIRE ACTIVE 16.1 → SYN ▸ conjug 1 ◂
**1** **douter de** vt indir **a** (sentiment d'incertitude) [+ identité, authenticité, existence de qch] to doubt, question, have doubts as to; [+ réussite] to be doubtful of ◆ **au débat il le croyait, maintenant il doute** in the debate he believed it, now he's questioning it ou now he's doubting it ◆ **il le dit mais j'en doute** he says so but I have my doubts ou but I doubt it ◆ **il a dit la vérité, n'en doutez pas** he's telling the truth, you can be sure of that ou there's no doubt about that ◆ **je doute d'avoir jamais fait/dit cela** I doubt that I ever did/said that ◆ **je n'ai jamais douté du résultat** I never had any doubts about ou as to the result ◆ **je doute qu'il vienne** I doubt (if ou whether) he'll come ◆ **je ne doute pas qu'il le fera** ou **ne le fasse** I don't doubt ou I dare say that he'll do it ◆ **à n'en pas douter** (= sans aucun doute) without (a) doubt; (= vraisemblablement) doubtless, no doubt ◆ **douter si** (littér) to doubt whether
**b** (Philos, Rel : esprit de réfutation) **douter de** [+ dogme] to have ou entertain (frm) doubts about, doubt ◆ **mieux vaut douter que tout accepter** it is better to doubt than to accept everything
**c** (sentiment de méfiance) **douter de** [+ allié, sincérité de qn] to have (one's) doubts about, doubt ◆ **je n'ai jamais douté de vous** I never doubted you, I never had any doubts about you ◆ **douter de la parole de qn** to doubt sb's word ◆ **il ne doute de rien !** * he's got some nerve! * ◆ **il doute de lui(-même)** he has feelings of self-doubt ◆ **je te dis que c'était lundi – ah, tu me fais douter de moi, j'étais sûr que c'était mardi** I tell you it was Monday – oh, I was sure it was Tuesday, but now you're making me wonder
**2** **se douter** vpr ◆ **se douter de qch** to suspect sth ◆ **je me doute de son inquiétude quand il apprendra la nouvelle** I can (just) imagine his anxiety when he learns the news ◆ **je ne**

m'en suis jamais douté** I never guessed ou suspected it for a moment ◆ **ça, je m'en doutais depuis longtemps** I've thought so ou thought as much ou suspected as much for a long time ◆ **j'étais (bien) loin de me douter que ...** little did I know that ... ◆ **se douter que** to suspect that, have an idea that ◆ **il ne se doutait pas qu'elle serait là** he had no idea ou hadn't suspected (that) she would be there ◆ **je me doute qu'il a dû accepter** I expect ou imagine that he must have accepted ◆ **qu'il soit fâché, je m'en doute** I can well imagine that he's angry ◆ **on s'en serait douté !** * surprise, surprise! (iro)

**douteur, -euse** [dutœʀ, øz] → SYN (littér) **1** adj sceptical
**2** nm,f sceptic

**douteux, -euse** [dutø, øz] → SYN adj **a** (= incertain) fait doubtful, questionable, uncertain; résultat, issue doubtful, uncertain; sens, date, réponse doubtful ◆ **il est douteux que ...** it is doubtful ou questionable that ou whether ... ◆ **il n'est pas douteux que ...** there is no doubt that ... ◆ **d'origine douteuse** of uncertain ou doubtful origin
**b** (péj) (= médiocre) raisonnement, propreté, qualité, mœurs doubtful, dubious, questionable; (= peu solide ou peu propre) vêtements, individu, aliment dubious-looking; amarrage, passerelle shaky, dubious-looking ◆ **d'un goût douteux** décoration, cravate, plaisanterie in doubtful ou questionable ou dubious taste

**douve¹** [duv] → SYN nf **a** (Agr) drainage ditch; (Équitation) water jump ◆ **douve(s)** [château] moat
**b** [tonneau] stave

**douve²** [duv] nf (Vét, Zool) fluke ◆ **douve du foie** liver fluke

**Douvres** [duvʀ] n Dover

**doux, douce** [du, dus] → SYN **1** adj **a** (= lisse, souple) peau, tissu soft, smooth; matelas, suspension, brosse soft; → **fer, lime**
**b** eau (= non calcaire) soft; (= non salé) fresh
**c** (= clément) temps, climat, température mild; brise, chaleur gentle ◆ **il fait doux aujourd'hui** it's mild today
**d** (au goût) (= sucré) fruit, saveur, liqueur sweet; (= pas fort) moutarde, fromage, tabac, piment mild ◆ **doux comme le miel** as sweet as honey; → **orange, patate**
**e** (à l'ouïe, la vue) son, musique, accents sweet, gentle; voix soft, gentle; lumière, couleur soft, mellow, subdued ◆ **un nom aux consonances douces** a mellifluous ou sweet-sounding name
**f** (= modéré) pente, montée gentle, gradual ◆ **en pente douce** gently sloping ◆ **nous pratiquons des prix très doux** our prices are easy on the pocket; → **drogue, feu, médecine** etc
**g** (= non brutal, gentil) caractère, manières, reproche mild, gentle; personne, sourire gentle; punition mild ◆ **il a l'air doux** he looks gentle ◆ **elle a eu une mort douce** she died peacefully ◆ **il est doux comme un agneau** he's as gentle ou meek (Brit) as a lamb ◆ **d'un geste très doux** very gently; → **œil**
**h** (gén avant nom) (= agréable) victoire, revanche, repos, tranquillité sweet; parfum, souvenirs, pensées sweet, agreeable, pleasant ◆ **cette pensée lui était douce** this thought gave him great pleasure ◆ **qu'il m'était doux de repenser à ces moments** what pleasure it gave me ou how pleasant ou agreeable for me to think over those moments; → **billet, couler, folie**
**2** **en douce** * loc adv on the quiet, on the q.t. *
**3** **tout doux** loc adv ◆ **ça va tout doux** * things are going so-so * ◆ **tout doux !** († ou hum) gently (now)!, careful (now)!; → **filer**
**4** nm,f (parfois péj) (= personne douce) mild (-natured) person
**5** **douce** nf (†, aussi hum = amoureuse) sweetheart †

**doux-amer, douce-amère,** mpl **doux-amers,** fpl **douces-amères** [du(z)amɛʀ, dusamɛʀ] **1** adj (lit, fig) bittersweet
**2** **douce-amère** nf (Bot) woody nightshade, bittersweet

**douzain** [duzɛ̃] nm (Poésie) twelve-line poem; (Hist = monnaie) douzain

**douzaine** [duzɛn] nf (= douze) dozen ◆ **une douzaine** (= environ douze) about twelve, a dozen (or so) ◆ **une douzaine d'huîtres/d'œufs** a dozen oysters/eggs ◆ **il y a une douzaine d'années** about twelve years ago, twelve or so years ago ◆ **elle a une douzaine d'années** she's about twelve ◆ **vendre qch à la douzaine** to sell sth by the dozen ◆ **il y en a à la douzaine** (fig) there are dozens of them; → **treize**

**douze** [duz] **1** adj inv twelve ◆ **douze douzaines** (Comm) a gross, twelve dozen; pour autres loc voir **six**
**2** nm inv twelve ◆ **les Douze** (Hist) the Twelve; pour autres loc voir **six**

**douzième** [duzjɛm] adj, nmf twelfth; pour loc voir **sixième**

**douzièmement** [duzjɛmmɑ̃] adv in twelfth place, twelfthly

**Dow Jones** [dodʒɔns] nm (Bourse) ◆ **le Dow Jones, l'indice Dow Jones** the Dow Jones (index)

**doxologie** [dɔksɔlɔʒi] → SYN nf doxology

**doyen, -enne** [dwajɛ̃, jɛn] → SYN nm,f (Rel, Univ) ≃ dean; [équipe, groupe] most senior member ◆ **doyen (d'âge)** [assemblée, corps constitué] most senior member, doyen ◆ **la doyenne des Français** France's oldest citizen

**doyenné** [dwajene] **1** nm (Rel) (= circonscription) deanery; (= charge) deanery, deanship
**2** nf (= poire) ◆ **doyenné (du comice)** comice (pear)

**DPLG** [depeɛlʒe] (abrév de **diplômé par le gouvernement**) **ingénieur DPLG** (state) certified engineer

**Dr** (abrév de **docteur**) Dr

**dracéna** [dʀasena] nm dracaena

**drachme** [dʀakm] nf drachma

**draconien, -ienne** [dʀakɔnjɛ̃, jɛn] → SYN adj loi draconian; mesure drastic, draconian; régime alimentaire strict

**dragage** [dʀagaʒ] nm (pour nettoyer) dredging; (pour trouver qch) dragging ◆ **dragage des mines** minesweeping

**dragée** [dʀaʒe] nf **a** (= friandise) sugared almond, dragée; (Méd) sugar-coated pill, dragée (SPÉC)
**b** (= plomb de chasse) small shot; (* = balle) slug *, bullet
**c** (Agr) dredge
**d** (Loc) **tenir la dragée haute à qn** to hold out on sb

**dragéifier** [dʀaʒeifje] ▸ conjug 7 ◂ vt to sugar, coat with sugar ◆ **comprimé dragéifié** sugared ou sugar-coated tablet

**drageoir** [dʀaʒwaʀ] nm sweet (Brit) ou candy (US) jar

**drageon** [dʀaʒɔ̃] → SYN nm (Bot) sucker

**drageonner** [dʀaʒɔne] ▸ conjug 1 ◂ vi (Bot) to produce suckers

**dragline** [dʀaglin, dʀaglajn] → SYN nf dragline

**dragon** [dʀagɔ̃] → SYN nm **a** (Myth, fig) dragon ◆ **dragon volant** flying lizard ou dragon ◆ **dragon de Komodo** Komodo dragon ◆ **un dragon de vertu** (fig) a dragon of virtue
**b** (Hist Mil) dragoon

**dragonnade** [dʀagɔnad] nf (Hist) dragonnade

**dragonne** [dʀagɔn] → SYN nf [épée] sword-knot; [parapluie] loop *(for wrist)*; [bâton de ski] wrist-strap; (Alpinisme) wrist loop

**dragonnier** [dʀagɔnje] nm dragon tree

**dragster** [dʀagstɛʀ] nm dragster

**drague** [dʀag] → SYN nf **a** (Pêche) dragnet
**b** (Tech) (= machine) dredge; (= navire, ponton) dredger
**c** (* : pour séduire) **la drague** trying to pick people up *, chatting people up * (Brit)

**draguer** [dʀage] → SYN ▸ conjug 1 ◂ **1** vt **a** (Tech) [+ rivière, port, canal] (pour nettoyer) to dredge; (pour trouver qch) to drag; [+ mines] to sweep
**b** (Pêche) to dredge for
**c** (Naut) **draguer (le fond)** [ancre] to drag
**d** (* : pour séduire) **draguer qn** to try and pick sb up *, chat sb up * (Brit) ◆ **elle s'est fait draguer par un mec** some guy tried to pick her up *
**2** vi * to try and pick up * girls (ou guys), chat up * (Brit) girls (ou guys), be on the pull * (Brit) ou make * (US) ◆ **draguer en voiture** to go cruising *, go kerb-crawling ◆ **draguer dans les boîtes** (gén) to go to night-clubs to try and pick somebody up; [homosexuel] to go cruising (in night-clubs) *

**dragueur¹** [dʀagœʀ] nm (= pêcheur) dragnet fisherman; (= ouvrier) dredger; (= bateau) dredger ◆ **dragueur de mines** minesweeper

**dragueur², -euse** * [dʀagœʀ, øz] nm,f ◆ **c'est un sacré dragueur** he's a great one for trying to pick up * girls ou women ◆ **quelle dragueuse !** she's always trying to pick up guys

**draille** [dʀaj] → SYN nf (Naut) stay

**drain** [dʀɛ̃] → SYN nm (Agr) (underground) drain; (Méd, Élec) drain ◆ **poser un drain à qn** to insert a drain in sb

**drainage** [dʀɛnaʒ] → SYN nm **a** [marais, sol] drainage
**b** (Méd) drainage ◆ **drainage lymphatique** lymphatic drainage
**c** [main-d'œuvre, capitaux] drain

**draine** [dʀɛn] → SYN nf mistlethrush

**drainer** [dʀene] → SYN ▸ conjug 1 ◂ vt **a** [+ marais, sol] to drain
**b** (Méd) [+ plaie, rein] to drain
**c** (= attirer) [+ main-d'œuvre, capitaux] to bring in; [+ public, clientèle] to attract ◆ **drainer l'épargne vers l'immobilier** to encourage savers to invest in real estate

**draisienne** [dʀɛzjɛn] → SYN nf (Hist) dandy horse

**draisine** [dʀezin] nf (Rail) track motorcar (Brit), gang car (US), handcar (US)

**drakkar** [dʀakaʀ] → SYN nm longship

**Dralon ®** [dʀalɔ̃] nm Dralon ®

**dramatique** [dʀamatik] → SYN **1** adj **a** (= tragique) tragic ◆ **ce n'est pas dramatique !** it's not the end of the world!
**b** (Théât) **artiste dramatique** stage actor (ou actress) ◆ **auteur dramatique** playwright, dramatist ◆ **centre dramatique** drama school ◆ **critique dramatique** drama critic; → **art, comédie**
**c** (= épique) récit, puissance, intensité dramatic
**2** nf (TV) ◆ **dramatique** (television) play ou drama

**dramatiquement** [dʀamatikmɑ̃] → SYN adv (= de façon épique) dramatically; (= tragiquement) tragically

**dramatisation** [dʀamatizasjɔ̃] → SYN nf dramatization

**dramatiser** [dʀamatize] → SYN ▸ conjug 1 ◂ vt to dramatize ◆ **il ne faut pas dramatiser (la situation)** you shouldn't dramatize things

**dramaturge** [dʀamatyʀʒ] → SYN nmf dramatist, playwright

**dramaturgie** [dʀamatyʀʒi] nf (= art) dramatic art; (= traité) treatise on dramatic art

**drame** [dʀam] → SYN nm **a** (Théât) (= genre littéraire) drama; (= œuvre) play, drama
**b** (= événement tragique) drama, tragedy ◆ **drame de la jalousie** drama of jealousy ◆ **la farce tournait au drame** the joke was going tragically wrong ◆ **faire un drame de qch** to make a drama out of sth ◆ **n'en faites pas un drame** don't make such a fuss ou to-do * about it ◆ **ce n'est pas un drame !** it's not the end of the world!

**drap** [dʀa] nm **a** (= tissu) woollen cloth
**b** (= pièce de tissu) **drap (de lit)** sheet ◆ **draps de soie/nylon** silk/nylon sheets ◆ **drap de dessus/dessous** top/bottom sheet ◆ **drap de bain** bath sheet ◆ **drap de plage** beach towel ◆ **drap mortuaire** ou **funéraire** pall ◆ **être dans les draps** to be between the sheets ◆ **être dans de beaux** ou **sales draps** (fig) to be in a right fix * ou mess * ◆ **tu m'as mis dans de beaux draps** you got me in a right fix *, you really landed me in it *

**drapé, e** [dʀape] (ptp de **draper**) **1** adj draped ◆ **tambours drapés** muffled drums
**2** nm ◆ **le drapé d'un rideau** etc the hang ou drape of a curtain etc

**drapeau,** pl **drapeaux** [dʀapo] → SYN nm **a** (gén) flag ◆ **le drapeau tricolore** the (French) tricolour ◆ **le drapeau blanc/rouge** the white/red flag ◆ **hisser le drapeau blanc** to wave the white flag ◆ **drapeau à damier** (Courses) chequered (Brit) ou checkered (US) flag ◆ **drapeau de trou** (Golf) pin ◆ **le respect du drapeau** respect for the flag ◆ **être sous les drapeaux** (Mil) to be doing one's military service ◆ **le drapeau de la liberté** the flag of liberty ◆ **mettre son drapeau dans sa poche** (fig) to keep one's views well hidden

b (Aviat, Naut) **en drapeau** feathered ◆ **mettre une hélice en drapeau** to feather a propeller

**drapement** [dʀapmɑ̃] nm (= action) draping; (= résultat) hang ◆ **je n'aime pas le drapement de cette robe** I don't like the way this dress hangs

**draper** [dʀape] → SYN ▸ conjug 1 ◂ **1** vt to drape; (Tex) [+ laine] to process ◆ **un foulard de soie drapait ses épaules** a silk scarf was draped over her shoulders, her shoulders were draped in a silk scarf

**2** **se draper** vpr ◆ **se draper dans** to drape o.s. in ◆ **se draper dans sa dignité** to stand on one's dignity ◆ **se draper dans sa vertu/son honnêteté** to cloak o.s. in one's virtue/one's honesty

**draperie** [dʀapʀi] → SYN nf (= tenture) drapery, hanging; (Comm) drapery, cloth; (Art) drapery

**drap-housse**, pl **draps-housses** [dʀaus] nm fitted sheet

**drapier, -ière** [dʀapje, jɛʀ] **1** adj ◆ **industrie drapière** clothing industry ◆ **ouvrier drapier** cloth-worker

**2** nm (= fabricant) (woollen) cloth manufacturer ◆ **(marchand) drapier** clothier, draper (Brit)

**drastique** [dʀastik] → SYN adj (Méd, gén) drastic

**drave** * [dʀav] nf (Can Hist) [bois] drive, rafting

**draver** * [dʀave] ▸ conjug 1 ◂ vt (Can Hist) [+ bois] to drive, raft

**draveur** * [dʀavœʀ] nm (Can Hist) (log ou timber) driver, raftsman

**dravidien, -ienne** [dʀavidjɛ̃, jɛn] adj, nm Dravidian

**drêche** [dʀɛʃ] → SYN nf (Tech) spent grain

**drège** [dʀɛʒ] → SYN nf (= filet) dragnet

**drépanocytose** [dʀepanositoz] nf sickle-cell anaemia (Brit) ou anemia (US)

**Dresde** [dʀɛzd] n Dresden

**dressage** [dʀesaʒ] → SYN nm a [animal sauvage] taming; [jeune cheval] breaking in; (pour le cirque) [chien, cheval] training; * [recrue] knocking ou licking into shape * ◆ **épreuve de dressage** (Équitation) dressage event

b [tente] pitching; [échafaudage] erection, putting up

c [pierre, planche, tôle] dressing

**dresser** [dʀese] → SYN ▸ conjug 1 ◂ **1** vt a (= établir) [+ inventaire, liste] to draw up, make out; [+ plan, carte] to draw up ◆ **dresser un acte** (Jur) to draw up a deed ◆ **il a dressé un bilan encourageant de la situation** he gave an encouraging review of the situation ou an encouraging run-down * on the situation

b (= ériger) [+ monument, statue, échafaudage] to put up, erect; [+ barrière, échelle] to put up, set up; [+ tente] to pitch, put up; [+ mât] to raise, put up, erect; [+ lit] to put up ◆ **nous avons dressé un buffet dans le jardin** we laid out a buffet in the garden ◆ **dresser le couvert** ou **la table** to lay ou set the table ◆ **dressez les filets sur un plat** (Culin) arrange the fillets on a dish

c (= lever) [+ tête] to raise, lift; [+ menton] to stick out ◆ **dresser l'oreille** (fig) to prick up one's ears ◆ **dresser l'oreille** ou **ses oreilles** [chien] to prick up ou cock (up) its ears ◆ **faire dresser les cheveux sur la tête à qn** to make sb's hair stand on end ◆ **une histoire à faire dresser les cheveux sur la tête** a spine-chilling ou spine-tingling tale, a tale to make your hair stand on end

d (= braquer) **dresser qn contre** to set sb against

e (= dompter) [+ animal sauvage] to tame; [+ jeune cheval] to break (in); (pour le cirque) [+ chien, cheval] to train ◆ **dresser un chien à rapporter** to train a dog to retrieve

f (* = mater) [+ recrue] to knock ou lick into shape * ◆ **ça le dressera !** that will knock ou lick him into shape * ◆ **dresser un enfant** to teach a child his place ◆ **les enfants/les élèves, ça se dresse !** children/pupils should be taught their place! ◆ **enfant mal dressé** badly brought-up child

g (Tech) [+ pierre, planche, tôle] to dress

**2** **se dresser** vpr a [personne] (debout) to stand up; (assis) to sit up (straight) ◆ **se dresser sur la pointe des pieds** to stand on tiptoe ◆ **se dresser de toute sa taille** to draw o.s. up to one's full height ◆ **se dresser sur ses pattes de derrière** [cheval] to rear (up); [autre animal] to stand up on its hind legs; → **ergot**

b [cheveux] to stand on end; [oreille] to prick up

c [statue, bâtiment, obstacle] to stand; (de façon imposante, menaçante) to tower (up) ◆ **un navire se dressa soudain dans le brouillard** a ship suddenly loomed (up) out of the fog

d (= s'insurger) to rise up (*contre, face à* against)

**dresseur, -euse** [dʀesœʀ, øz] → SYN nm,f (gén) trainer; [animaux sauvages] tamer ◆ **dresseur de lions** lion tamer ◆ **dresseur de chevaux** (débourrage) horse-breaker; (dans un cirque) horse-trainer

**dressing** [dʀesiŋ], **dressing-room** pl **dressing-rooms** [dʀesiŋʀum] nm dressing room

**dressoir** [dʀeswaʀ] → SYN nm dresser

**dreyfusard, e** [dʀefyzaʀ, aʀd] **1** adj (Hist) supporting ou defending Dreyfus

**2** nm,f supporter ou defender of Dreyfus

**dreyfusisme** [dʀefyzism] nm Dreyfusism

**DRH** [deɛʀaʃ] **1** nf (abrév de **direction des ressources humaines**) → **direction**

**2** nmf (abrév de **directeur, -trice des ressources humaines**) → **directeur, -trice**

**dribble** [dʀibl] nm (Sport) dribble

**dribbler** [dʀible] ▸ conjug 1 ◂ (Sport) **1** vi to dribble

**2** vt [+ ballon] to dribble; [+ joueur] to dribble past ou round

**dribbleur, -euse** [dʀiblœʀ, øz] nm,f (Sport) dribbler

**drifter** [dʀiftœʀ] nm (Naut) drifter

**drill**[1] [dʀil] nm (Zool) drill

**drill**[2] [dʀil] → SYN nm (Scol etc = exercice) drill

**drille**[1] [dʀij] nm † ◆ **bon** ou **joyeux drille** jolly fellow, cheerful character

**drille**[2] [dʀij] → SYN nf (Tech) hand-drill

**dring** [dʀiŋ] excl, nm ding, ding-a-ling

**dringuelle** [dʀɛ̃gɛl] → SYN nf (Belg = pourboire) tip

**drisse** [dʀis] nf (Naut) halyard

**drive** [dʀajv] nm (Golf, Ordin) drive

**driver**[1] [dʀajve, dʀive] ▸ conjug 1 ◂ **1** vt [jockey] to drive

**2** vi (Golf) to drive

**driver**[2], **driveur** [dʀajvœʀ, dʀivœʀ] nm (Équitation, Golf, Ordin) driver

**drogue** [dʀɔg] → SYN nf a (= stupéfiant) drug ◆ **la drogue** drugs ◆ **une drogue dure/douce** a hard/soft drug; → **trafic**

b (Pharm, fig) drug; (péj) patent medicine, quack remedy (péj)

**drogué, e** [dʀɔge] → SYN (ptp de **droguer**) nm,f drug addict

**droguer** [dʀɔge] → SYN ▸ conjug 1 ◂ **1** vt a (péj) [+ malade] to dose up (péj); († Méd) to give drugs to

b [+ victime] to drug

**2** **se droguer** vpr a (péj : de médicaments) to dose o.s. (up) (*de* with)

b (de stupéfiants) to take drugs ◆ **il se drogue** he's on drugs, he's taking drugs ◆ **se droguer à la cocaïne** to be on ou take cocaine

**droguerie** [dʀɔgʀi] nf (= commerce) hardware trade; (= magasin) hardware shop

**droguet** [dʀɔgɛ] → SYN nm (Tex) drugget

**droguiste** [dʀɔgist] nmf owner ou keeper of a hardware shop

**droit**[1], **e**[1] [dʀwa, dʀwat] → SYN **1** adj (après nom : opposé à gauche) main, bras, jambe right; poche, chaussure right(-hand) ◆ **du côté droit** on the right-hand side; → **bras, centre, main**

**2** nm (Boxe = coup) right ◆ **direct du droit** (= poing) straight right ◆ **crochet du droit** right hook

**3** **droite** nf a (opposé à la gauche) **la droite** the right (side), the right-hand side ◆ **à droite** on the right; (direction) to the right ◆ **troisième rue à droite** third street on the right ◆ **à ma/sa droite** on my/his right (hand), on my/his right(-hand) side ◆ **le tiroir/chemin de droite** the right-hand drawer/path ◆ **il ne connaît pas sa droite de sa gauche** he can't tell (his) right from (his) left ◆ **à droite de la fenêtre** to the right of the window ◆ **de droite à gauche** from right to left ◆ **à droite et à gauche, de droite et de gauche** this way and that ◆ **il a couru à droite et à gauche pour se renseigner** he tried everywhere ou all over the place to get some information ◆ **c'est ce qu'on entend dire de droite et de gauche** that's what one hears from all sides ou quarters

b (Aut) **la droite** the right ◆ **rouler à droite** to drive on the right (-hand side of the road) ◆ **garder** ou **tenir sa droite** to keep to the right; → **conduite**

c (Pol) **la droite** the right (wing) ◆ **candidat/idées de droite** right-wing candidate/ideas ◆ **un homme de droite** a man of the right ◆ **membre de la droite** right-winger ◆ **elle est très à droite** she's very right-wing ◆ **la droite est divisée** the right wing is split; → **extrême**

d (Boxe = coup) right

**droit**[2], **e**[2] [dʀwa, dʀwat] → SYN **1** adj a (= sans déviation, non courbe) barre, ligne, route, nez straight ◆ **ça fait 4 km en ligne droite** it's 4 km as the crow flies ◆ **cela vient en droite ligne de ...** (fig) that comes straight ou direct from ... ◆ **le droit chemin** (Rel) the straight and narrow ◆ **droit fil** (Couture) straight grain ◆ **cette décision s'inscrit dans le droit fil de leur politique** (fig) this decision is totally in keeping with ou in line with their policy; → **coup**

b (= vertical, non penché) arbre, mur upright, straight; (Géom) prisme, cylindre, cône right; écriture upright ◆ **ce tableau n'est pas droit** this picture isn't (hanging) straight ◆ **est-ce que mon chapeau est droit ?** is my hat (on) straight? ◆ **jupe droite** straight skirt ◆ **veston droit** single-breasted jacket ◆ **tiens ta tasse droite** hold your cup straight ou level ◆ **être droit comme un pieu** ou **un piquet** (péj, hum) to be as stiff as a poker ou ramrod (péj) ◆ **être droit comme un i** to have a very upright posture, hold o.s. very erect ◆ **se tenir droit comme un i** to stand bolt upright ou very erect ◆ **tiens-toi droit** (debout) stand up (straight); (assis) sit up (straight); → **angle**

c (= honnête, loyal) personne upright, straight(forward)

d (= sensé) jugement sound, sane

**2** **droite** nf (Géom) ◆ **(ligne) droite** straight line

**3** adv viser, couper, marcher straight ◆ **aller/marcher droit devant soi** to go/walk straight ahead ◆ **écrire droit** to have upright handwriting ◆ **c'est droit devant vous** it's straight ahead of you ou right in front of you ◆ **aller droit à la faillite** to be heading ou headed straight for bankruptcy ◆ **aller droit au but** ou **au fait** (fig) to go straight to the point ◆ **cela lui est allé droit au cœur** (fig) it went straight to his heart; → **marcher**

**droit**[3] [dʀwa] GRAMMAIRE ACTIVE 9, 10.4 → SYN

**1** nm a (= prérogative) right ◆ **droit de pêche/chasse** fishing/hunting rights ◆ **droit du sang/du sol** *right to nationality based on parentage/on place of birth* ◆ **les droits du sang** (fig) rights of kinship ◆ **le droit des peuples à disposer d'eux-mêmes** the right of peoples to self-determination ◆ **le droit à l'enfant** the right to have a child ◆ **le droit du plus fort** the law of the jungle ◆ **avoir le droit de faire** (gén : simple permission, possibilité) to be allowed to do; (Admin, Jur : autorisation) to have the right to do ◆ **avoir le droit pour soi** to have right on one's side ◆ **avoir droit à** [+ allocation] to be entitled to, be eligible for; [+ critique] to come in for ◆ **il a eu droit à une bonne raclée */réprimande** (hum) he got ou earned himself a good hiding/telling-off * ◆ **avoir (le) droit de vie ou de mort sur** to have (the) power of life and death over ◆ **avoir droit de regard sur** [+ documents] to have the right to examine ou to inspect; [+ affaires, choix, décision] to have a say in ◆ **avoir droit de regard dans la comptabilité** (Fin, Jur) to be entitled to have access to the books and records ◆ **avoir des droits sur** to have rights over ◆ **il n'a aucun droit sur ce terrain** he has no right to this land ◆ **cette carte vous donne droit à des places gratuites** this card entitles you to free seats ◆ **être en droit de faire** to have a ou the right to do, be entitled to do ◆ **on est en droit de se demander pourquoi ...** (fig) one has every right ou one is entitled to wonder why ... ◆ **être dans son (bon) droit** to be (quite) within one's rights ◆ **faire droit à** [+ requête] to grant, accede to ◆ **l'humour ne perd jamais ses droits** there is always a place for humour ◆ **c'est (bien) votre droit** you've every right to do so, you are perfectly entitled to do so, you're perfectly within your rights ◆ **à bon droit** with good reason, legitimately ◆ **membre de droit** ex officio member ◆ **monarque de droit divin** monarch by divine right ◆ **cela lui revient de droit** it's his by right(s), it is rightfully his ◆ **de quel droit est-il entré ?** what right did he have ou what gave him the right to come in? ◆ **de droit comme de fait** both legitimately and effectively ◆ **être membre de plein droit** to be a fully-fledged member ◆ **réclamer qch de plein droit** to claim sth as one's right; → **force, qui**

**b** **le droit** (Jur) law ◆ **faire son droit** (Univ) to study law ◆ **droit civil/pénal** civil/criminal law ◆ **droit constitutionnel/international** constitutional/international law ◆ **droit canon** canon law ◆ **droit romain** Roman law ◆ **droit privé/public** private/public law ◆ **droit coutumier** (= concept) customary law; (= lois) common law ◆ **droit écrit** statute law ◆ **droit administratif/commercial/fiscal/du travail** administrative/commercial/tax/employment law ◆ **droit des affaires** company ou corporate law ◆ **le droit des gens** the law of nations ◆ **droit de la famille** family law ◆ **une société de droit anglais** a firm that comes under English law

**c** (gén pl = taxe) duty, tax; (d'inscription etc) fee(s) ◆ **droit d'entrée** entrance (fee) ◆ **droits d'inscription/d'enregistrement** enrolment/registration fee(s) ◆ **droits portuaires** ou **de port** (Comm) harbour fees ou dues ◆ **exempt de droits** duty-free ◆ **passible de droits** liable to duty, dutiable

**2** COMP ▷ **droit d'aînesse** birthright ▷ **droit d'asile** right of asylum ▷ **droit d'auteur** (= propriété artistique, littéraire) copyright ◆ **droits d'auteur** (= rémunération) royalties ▷ **droit de cité** (fig) ◆ **avoir droit de cité parmi/dans** to be established among/in ▷ **droits civils** civil rights ▷ **droits civiques** civic rights ▷ **droit commun**: **condamné/délit de droit commun** common law criminal/crime ▷ **droits compensatoires** (Fin) countervailing duties ▷ **droit de cuissage** (Hist) droit du seigneur; (hum) *right to subject employees to sexual harassment* ▷ **droits de douane** customs duties ▷ **les droits de la femme** women's rights ◆ **les droits de la femme mariée** the rights of married women ou a married woman ▷ **droit de gage** (Jur) lien ▷ **droit de garde** [enfant] custody ▷ **droit de grâce** right of reprieve ▷ **le droit de grève** the right to strike ▷ **les droits de l'homme** human rights ▷ **droit d'initiative** (Pol) *citizens' right to initiate legislation (in Switzerland etc)* ▷ **droit de mutation** (Fin) transfer tax ▷ **les droits naturels** natural rights ▷ **droit de passage** right of way, easement (US) ▷ **droit de propriété** right of property ◆ **nous avons un droit de propriété sur notre corps** we should have jurisdiction over our own bodies ▷ **droit réel** (Jur) title ▷ **droit de réponse** right of reply ▷ **droits de reproduction** reproduction rights ◆ **"tous droits (de reproduction) réservés"** "all rights reserved" ▷ **droit de souscription** application right ▷ **droits de succession** inheritance tax ▷ **droit de timbre** stamp duty ▷ **droits de tirage spéciaux** special drawing rights ▷ **droit d'usage** (Jur) right of user ▷ **droit de visite** (Jur) (right of) access ▷ **le droit de vote** the right to vote, the vote, franchise

**droitement** [dʀwatmɑ̃] adv agir, parler uprightly, honestly; juger soundly

**droitier, -ière** [dʀwatje, jɛʀ] **1** adj (= non gaucher) right-handed; (Pol) right-wing

**2** nm,f right-handed person; (Pol) right-winger ◆ **c'est un droitier** (Tennis etc ) he's a right-handed player ou a right-hander

**droitisme** [dʀwatism] nm right-wing tendency, rightism

**droitiste** [dʀwatist] **1** adj right-wing

**2** nmf right-winger, rightist

**droiture** [dʀwatyʀ] [→ SYN] nf [personne] uprightness, honesty; [conscience] honesty ◆ **droiture de caractère** uprightness, rectitude (of character)

**drolatique** [dʀɔlatik] [→ SYN] adj (littér) comical, droll

**drôle** [dʀol] **1** adj **a** (= amusant) situation, accoutrement funny, comical, amusing; (= spirituel) personne funny, amusing ◆ **je ne trouve pas ça drôle** I don't find that funny ou amusing ◆ **la vie n'est pas drôle** life's no joke ◆ **tu es drôle, je ne pouvais pourtant pas l'insulter !** * you must be joking ou kidding — I could hardly insult him!; → **histoire**

**b** (= bizarre) funny, strange ◆ **c'est drôle, j'aurais juré l'avoir rangé** that's funny ou strange, I could have sworn I had put it away ◆ **avoir un drôle d'air** to look funny ou peculiar ou strange ◆ **un drôle de type** a strange ou peculiar fellow, an oddbod * ◆ **c'est un drôle de numéro** he's a bit of a character ◆ **une drôle d'idée/d'odeur** a funny ou strange ou peculiar idea/smell ◆ **il a fait une drôle de tête !** he pulled a wry ou funny face! ◆ **la drôle de guerre** (Hist) the Phoney War ◆ **se sentir tout drôle** to feel funny ou strange ou peculiar ◆ **ça me fait (tout) drôle (de le voir)** * it gives me a funny ou strange ou odd feeling (to see him)

**c** (* : intensif) **un drôle d'orage** a fantastic * ou terrific * storm ◆ **de drôles de muscles/progrès** fantastic * ou terrific * muscles/progress ◆ **une drôle de correction** a hell of a punishment * ◆ **on en a vu de drôles pendant la guerre** we had a hard time (of it) during the war

**2** nm (dial = gamin) child, kid *; († : péj = coquin) scamp, rascal

**drôlement** [dʀolmɑ̃] [→ SYN] adv **a** (= bizarrement) strangely, peculiarly ◆ **il m'a regardé drôlement** he gave me a strange ou funny look

**b** (* = extrêmement) **drôlement bon/sage** awfully ou terribly good/well-behaved ◆ **il fait drôlement froid** it's awfully ou terribly cold, it isn't half cold * ◆ **il est drôlement musclé** he's really muscular, he's got a lot of muscle * ◆ **il est drôlement culotté** he's got some cheek *, he hasn't half got a cheek * (Brit) ◆ **il a drôlement changé** he really has changed, he's changed an awful lot * ◆ **ça lui a fait drôlement plaisir** it pleased him no end *

**c** (= spirituellement) funnily, comically, amusingly

**drôlerie** [dʀolʀi] [→ SYN] nf **a** (NonC) funniness, drollness ◆ **la drôlerie de la situation m'échappe** I don't see ou I fail to see what's so funny ou amusing ◆ **c'est d'une drôlerie !** it's so funny ou comical!

**b** (= propos, action) funny ou amusing thing (to say ou do)

**drôlesse** † [dʀolɛs] nf (péj) hussy † (péj)

**drôlet, -ette** [dʀolɛ, ɛt] adj (littér) funny, amusing

**dromadaire** [dʀɔmadɛʀ] [→ SYN] nm dromedary

**drome** [dʀom] nf (Naut) spare equipment

**drone** [dʀon] nm (Aviat) drone

**dronte** [dʀɔ̃t] nm dodo

**drop** [dʀɔp], **drop-goal**, pl **drop-goals** [dʀɔpgol] nm (= coup de pied) drop kick; (= but) drop goal ◆ **passer un drop** to score a drop goal

**dro(p)per** [dʀɔpe] ▸ conjug 1 ◂ vt (Mil) to drop

**droppage** [dʀɔpaʒ] [→ SYN] nm (Mil) drop ◆ **zone de droppage** drop zone

**droséra** [dʀozeʀa] nm *type of sundew*, drosera rotundifolia (SPÉC)

**drosophile** [dʀozɔfil] nf (Zool) fruit fly, drosophila (SPÉC)

**drosse** [dʀɔs] nf (Naut) (= cordage) rudder cable; (= chaîne) rudder chain

**drosser** [dʀɔse] [→ SYN] ▸ conjug 1 ◂ vt (Naut) [vent, courant] to drive (*contre* onto, against)

**dru, e** [dʀy] [→ SYN] **1** adj herbe thick; barbe thick, bushy; haie thick, dense; pluie heavy

**2** adv pousser thickly, densely; tomber [pluie] heavily, fast; [coups] thick and fast

**drug(-)store**, pl **drug(-)stores** [dʀœgstɔʀ] nm drugstore

**druide** [dʀɥid] [→ SYN] nm druid

**druidesse** [dʀɥidɛs] nf druidess

**druidique** [dʀɥidik] adj druidic

**druidisme** [dʀɥidism] nm druidism

**drumlin** [dʀœmlin] nm drumlin

**drupe** [dʀyp] nf drupe

**druze** [dʀyz] **1** adj Drusean, Drusian

**2** **Druzes** nmpl ◆ **les Druzes** the Druse ou Druze

**dryade** [dʀijad] [→ SYN] nf (Myth) dryad, wood-nymph; (Bot) dryas

**DST** [deɛste] nf (abrév de **Direction de la surveillance du territoire**) ≃ MI5 (Brit), ≃ CIA (US)

**DT** [dete] nm (abrév de **diphtérie, tétanos**) *vaccine against diphtheria and tetanus*

**du** [dy] **1** art partitif → **de**[2]

**2** prép + art déf → **de**[1]

**dû, due** [dy] GRAMMAIRE ACTIVE 20.5 (ptp de **devoir**)

**1** adj (= à restituer) owing, owed; (= arrivé à échéance) due ◆ **la somme due** the sum owing ou owed, the sum due ◆ **la somme qui lui est due** the sum owing ou owed ou due to him; → **chose, port**[2]

◆ **dû à** due to ◆ **ces troubles sont dus à ...** these troubles are due to ...

◆ **en (bonne et) due forme** in due form

**2** nm due; (= somme d'argent) dues

**dual, e** [dɥal] adj économie, système dual ◆ **société duale** two-tier society

**dualisme** [dɥalism] [→ SYN] nm dualism

**dualiste** [dɥalist] **1** adj dualistic

**2** nmf dualist

**dualité** [dɥalite] nf duality

**Dubaï, Dubay** [dybaj] n Dubai

**dubitatif, -ive** [dybitatif, iv] [→ SYN] adj doubtful, dubious ◆ **d'un air dubitatif** doubtfully, dubiously

**dubitativement** [dybitativmɑ̃] adv doubtfully, dubiously

**Dublin** [dyblɛ̃] n Dublin

**dublinois, e** [dyblinwa, waz] **1** adj of ou from Dublin

**2** **Dublinois(e)** nm,f Dubliner

**duc** [dyk] [→ SYN] nm duke

**ducal, e**, mpl **-aux** [dykal, o] adj ducal

**ducasse** [dykas] [→ SYN] nf (Belg) fair

**ducat** [dyka] nm ducat

**duché** [dyʃe] nm (= fonction) dukedom; (= territoire) dukedom, duchy

**duchesse** [dyʃɛs] nf **a** (= noble) duchess ◆ **elle fait la** ou **sa duchesse** (péj) she's playing the grand lady ou putting on airs

**b** (poire) **duchesse** Duchesse pear

**ductile** [dyktil] [→ SYN] adj ductile

**ductilité** [dyktilite] nf ductility

**dudit** [dydi], **de ladite** [dəladit], mpl **desdits** [dedi], fpl **desdites** [dedit] adj (Jur, hum) of the aforementioned, of the said ◆ **le propriétaire dudit édifice/chien** the owner of the aforementioned ou said building/dog

**duègne** [dɥɛɲ] [→ SYN] nf duenna

**duel**[1] [dɥɛl] [→ SYN] nm duel ◆ **provoquer qn en duel** to challenge sb to a duel ◆ **se battre en duel** to fight a duel (*avec* with) ◆ **deux malheureux bouts de viande se battaient en duel au fond du plat** (péj) there were just two measly bits of meat on the plate ◆ **duel oratoire** verbal duel ou battle ◆ **duel d'artillerie** artillery battle

**duel**[2] [dɥɛl] nm (Ling) dual (number)

**duelliste** [dɥelist] [→ SYN] nm duellist

**duettiste** [dɥetist] nmf duettist

**duffle-coat**, pl **duffle-coats**, **duffel-coat**, pl **duffel-coats** [dœfœlkot] nm duffel coat

**dugong** [dygɔ̃g] nm dugong

**dulçaquicole** [dylsakikɔl] adj freshwater (épith)

**dulcinée** [dylsine] [→ SYN] nf († , aussi hum) ladylove † (aussi hum)

**dulie** [dyli] [→ SYN] nf dulia

**dum-dum** [dumdum] nf inv ◆ **(balle) dum-dum** dum-dum (bullet)

**dûment** [dymɑ̃] adv duly

**dumper** [dœmpœʀ] [→ SYN] nm (= engin) dumper

**dumping** [dœmpiŋ] nm (Écon) dumping ◆ **faire du dumping** to dump goods ◆ **dumping social** social dumping

**dundee** [dœndi] nm ketch

**dune** [dyn] [→ SYN] nf dune ◆ **dune de sable** sand dune

**dunette** [dynɛt] nf (Naut) poop deck

**Dunkerque** [dœ̃kɛʀk] n Dunkirk

**duo** [dɥo] nm (Mus) duet; (Théât) double act, duo; [plaisantins] pair, duo; (= dialogue) exchange ◆ **chanter en duo** to sing a duet ◆ **duo de poissons sur lit de poireaux** (sur menu) two fish on a bed of leeks

**duodécimal, e,** mpl **-aux** [dɥɔdesimal, o] adj duodecimal

**duodénal, e,** mpl **-aux** [dɥɔdenal, o] adj duodenal

**duodénite** [dɥɔdenit] nf duodenitis

**duodénum** [dɥɔdenɔm] nm duodenum

**duopole** [dɥɔpɔl] nm duopoly

**dupe** [dyp] [→ SYN] 1 nf dupe ◆ **prendre pour dupe** to fool, take in, dupe ◆ **être la dupe de qn** to be taken in ou fooled by sb; → **jeu, marché**

2 adj ◆ **être dupe (de)** to be taken in (by), be fooled (by) ◆ **je ne** ou **n'en suis pas dupe** I'm not taken in (by it), he (ou it etc ) doesn't fool me

**duper** [dype] [→ SYN] ▸ conjug 1 ◂ vt to dupe, deceive, fool ◆ **se duper (soi-même)** to deceive o.s.

**duperie** [dypʀi] [→ SYN] nf (= tromperie) dupery (NonC), deception

**duplex** [dyplɛks] 1 adj inv (Téléc) duplex, two-way

2 nm (= appartement) split-level apartment, duplex (US); (Can) duplex (house), maisonette ◆ **(émission en) duplex** (Téléc) link-up

**duplexage** [dyplɛksaʒ] nm setting up a link-up

**duplexer** [dyplɛkse] [→ SYN] ▸ conjug 1 ◂ vt [+ émission] to set up a link-up to

**duplicata** [dyplikata] [→ SYN] nm inv (Admin, Jur) duplicate

**duplicateur** [dyplikatœʀ] nm duplicator, duplicating machine

**duplication** [dyplikasjɔ̃] nf (Math) duplication; (Bio) doubling; [ADN] replication; [enregistrement] duplication

**duplicité** [dyplisite] [→ SYN] nf duplicity

**dupliquer** [dyplike] [→ SYN] ▸ conjug 1 ◂ vt to duplicate

**duquel** [] → **lequel**

**dur, e** [dyʀ] [→ SYN] 1 adj a roche, métal, lit, crayon, sol hard; carton, col, brosse stiff; viande tough; porte, serrure, levier stiff ◆ **être dur d'oreille, être dur de la feuille** *, **avoir l'oreille dure** † to be hard of hearing ◆ **dur comme le roc** as hard as (a) rock, rock-hard; → **blé, œuf, pain** etc

b problème, travail, parcours hard, stiff, tough ◆ **dur à manier/digérer/croire** hard to handle/digest/believe ◆ **leur fils est un enfant très dur** their son is a very difficult child ◆ **être dur à la détente** * (= avare) to be tight-fisted *; (= difficile à persuader) to be pigheaded; (= obtus) to be slow on the uptake *

c climat, lumière, punition, combat harsh, hard; couleur, épreuve harsh; leçon hard; (= âpre) vin, cidre harsh; (= calcaire) eau hard ◆ **il lui est dur d'avoir à partir** it's hard for him to have to leave ◆ **ce sont des vérités dures à avaler** ou **digérer** * these are hard truths to take ◆ **la vie est dure** (souvent hum) it's a hard life, life's no bed of roses ◆ **dur !** * ou **dur, dur !** * not easy! ◆ **les temps sont durs** (souvent hum) times are hard ◆ **il nous mène la vie dure** he makes life difficult for us, he gives us a hard time ◆ **le plus dur est passé** the worst is over; → **coup**

d (= sévère) personne, voix, regard, traits, visage hard, harsh, severe; loi, critique harsh, severe ◆ **être dur avec** ou **pour** ou **envers qn** to be harsh with sb, be hard on sb; → **dent, école**

e (= insensible, cruel) personne hard(-hearted) ◆ **il a le cœur dur** he's a hard-hearted man, he has a heart of stone

f (= endurant) **être dur au mal** ou **à la douleur** to be tough ◆ **être dur à la peine** ou **à l'ouvrage** to be a tireless ou hard worker; → **peau**

g (= sans concession) uncompromising ◆ **le gouvernement adopte une ligne dure sur le commerce international** the government is taking a hard line on ou a hardline stance on international trade; → **pur**

2 adv * travailler, frapper hard ◆ **le soleil tape dur** the sun is beating down ◆ **le vent souffle dur** the wind is blowing hard ou strongly ◆ **croire à qch dur comme fer** to have a blind belief in sth

3 nm a (* = résistant) tough one; (= meneur, casseur) tough nut *, tough guy *; (gén, Pol = intransigeant) hard-liner ◆ **c'est un dur au cœur tendre** his bark is worse than his bite ◆ **c'est un dur à cuire** ou **un dur de dur** * he's a hard nut to crack * ◆ **jouer les durs** to act the tough guy *, act tough

b (Loc) **c'est du dur** * it's solid ou tough stuff, it's sturdy

◆ **en dur** ◆ **construire en dur** to build a permanent structure ◆ **une construction en dur** a permanent structure ◆ **un court (de tennis) en dur** a hard court

c [corde] tension ◆ **dur !** (Alpinisme) pull tight!

4 **dure** nf a * **c'est une dure** (= résistante) she's a tough one; (= meneuse) she's a hard one

b (Loc) **coucher sur la dure** to sleep on the ground, sleep rough (surtout Brit)

◆ **à la dure** ◆ **être élevé à la dure** to be brought up the hard way ◆ **vivre à la dure** to live rough

c (* : Loc) **en dire de dures à qn** to give sb a good telling-off * ou ticking-off * (Brit) ◆ **en entendre de dures** (= reproches) to get a good telling-off * ou ticking-off * (Brit) ◆ **en voir de dures** to have a hard time (of it) * ◆ **en faire voir de dures à qn** to give sb a hard time (of it) *

**durabilité** [dyʀabilite] [→ SYN] nf (gén) durability; [produit] life span

**durable** [dyʀabl] [→ SYN] adj croissance, développement, reprise lasting; solution, paix lasting, durable; bonheur, monument, souvenir, succès lasting, enduring; emploi long-term (épith); → **bien**

**durablement** [dyʀabləmɑ̃] adv s'installer on a long-term basis ◆ **bâtir durablement** to build something to last ◆ **bâti durablement** built to last

**duraille** * [dyʀaj] adj problème tough, hard; matelas, viande hard

**duralumin ®** [dyʀalymɛ̃] nm Duralumin ®

**duramen** [dyʀamɛn] nm duramen

**durant** [dyʀɑ̃] [→ SYN] prép (gén = pendant) for; (= au cours de) during, in the course of ◆ **il peut rêvasser durant des heures** ou **des heures durant** he can daydream for hours (on end) ◆ **deux heures durant** for (a full ou whole) two hours ◆ **des années durant** for years (and years) ◆ **sa vie durant** throughout his life, for as long as he lived (ou lives) ◆ **durant le spectacle** during the show ◆ **il a plu durant la nuit** it rained in (the course of) ou during the night

**duratif, -ive** [dyʀatif, iv] adj durative

**durcir** [dyʀsiʀ] [→ SYN] ▸ conjug 2 ◂ 1 vt [+ attitude] to harden; [+ contrôle, embargo, sanctions] to tighten ◆ **durcir ses positions** to take a tougher stand ◆ **durcir un mouvement de grève** to step up strike action ◆ **il a durci son discours** he has taken a tougher stand

2 vi **se durcir** vpr [sol, colle, visage, attitude, ton] to harden; [mouvement de grève] to become more firmly entrenched; [conflit] to become more serious

**durcissement** [dyʀsismɑ̃] [→ SYN] nm [attitude, positions] hardening; [sanctions, embargo] tightening ◆ **durcissement des mouvements de grève** stepping up of strike action

**durcisseur** [dyʀsisœʀ] nm hardener

**durée** [dyʀe] [→ SYN] nf a [spectacle, opération] duration, length; [bail] term; [prêt] period; [matériau, pile, ampoule] life; (Mus) [note] value ◆ **la durée d'une mode dépend de ...** how long a fashion lasts depends on ... ◆ **je m'étonne de la durée de ce spectacle** I'm amazed at how long this show is ◆ **pour une durée illimitée** for an unlimited length of time, for an unlimited period ◆ **pendant une durée d'un mois** for (the period of) one month ◆ **pour la durée des négociations** while negotiations continue, for the duration of the negotiations ◆ **pendant la durée des réparations** for the duration of repairs, while repairs are being carried out ◆ **de courte durée** séjour short; bonheur, répit short-lived ◆ **(de) longue durée** effet long-lasting (épith); contrat, chômage, visa long-term (épith); pile long-life (épith), long-lasting (épith) ◆ **durée de vie utile** useful life

b (= permanence) continuance ◆ **il n'osait croire à la durée de cette prospérité** he didn't dare to believe that this prosperity would last ou to believe in the continuance of this prosperity

c (Philos) duration

**durement** [dyʀmɑ̃] [→ SYN] adv a (= sévèrement) harshly, severely; (= brutalement) harshly ◆ **élever qn durement** to bring sb up the hard way ◆ **parler durement à qn** to speak harshly ou severely to sb ◆ **la manifestation a été durement réprimée** the demonstration was suppressed using force

b (= cruellement) éprouvé, ressenti sorely ◆ **région durement touchée par la crise** region hard hit by the recession

**dure-mère,** pl **dures-mères** [dyʀmɛʀ] nf (Anat) dura mater

**durer** [dyʀe] [→ SYN] ▸ conjug 1 ◂ vi a (= avoir une durée de) to last ◆ **combien de temps cela dure-t-il ?** how long does it last? ◆ **l'effet dure deux minutes/mois** the effect lasts (for) two minutes/months ◆ **le festival dure (pendant) deux semaines** the festival lasts (for) two weeks

b (= se prolonger) [mode, maladie, tempête] to last ◆ **la fête a duré toute la nuit/jusqu'au matin** the party went on ou lasted all night/until morning ◆ **sa maladie dure depuis deux mois** he has been ill for two months (now), his illness has lasted for two months (now) ◆ **ça fait deux mois que ça dure** it has been going on ou it has lasted for two months (now) ◆ **ça n'a que trop duré !** it's gone on too long already! ◆ **ça va durer longtemps, cette plaisanterie ?** how much longer is this joke going to go on? ou continue? ◆ **ça durera ce que ça durera** I don't know if it'll last, it might last and it might not ◆ **ça ne peut plus durer !** this can't go on (any longer)! ◆ **elle dure, leur conversation !** they've been talking for ages! ◆ **faire durer un travail** to prolong ou spin out * (Brit) a job ◆ **faire durer le plaisir** (iro) to prolong the agony ◆ **le temps me dure** (littér) time hangs heavy on my hands ◆ **l'inaction me dure** (littér) I am growing impatient at this inactivity; → **pourvu**[2]

c (littér = subsister) [coutume] to linger on; (péj) [mourant] to hang on (péj), linger on

d (= se conserver) [matériau, vêtement, outil] to last ◆ **faire durer des chaussures** to make shoes last ◆ **cette somme doit te durer un mois** this money will have to last you a month

**dureté** [dyʀte] [→ SYN] nf a [roche, métal, lit, crayon] hardness; [carton, col, brosse] stiffness; [viande] toughness

b [problème, travail, parcours] hardness, stiffness, toughness ◆ **la dureté des temps** the hard times we live in ◆ **la dureté de la vie quotidienne** the harshness of daily life

c [climat, lumière, punition, combat] harshness, hardness; [vin, cidre] harshness

d (= sévérité) [personne, voix, regard, traits, visage] hardness, harshness, severity; [loi, critique] harshness, severity ◆ **sa dureté de ton m'a surpris** his harsh tone surprised me

e (= insensibilité, cruauté) **dureté (de cœur)** hard-heartedness ◆ **traiter qn avec dureté** to treat sb harshly

f [eau] hardness ◆ **tester la dureté de l'eau** to test how hard the water is

**durian** [dyʀjɑ̃, dyʀjan] nm (= arbre) durian; (= fruit) durian (fruit)

**durillon** [dyʀijɔ̃] [→ SYN] nm (aux mains) callus, hard skin (NonC); (aux pieds) callus, corn

**durit ®, durite** [dyʀit] nf (Aut) (radiator) hose

**DUT** [deyte] nm (abrév de **diplôme universitaire de technologie**) → **diplôme**

**duty-free** [djutifʀi] 1 adj duty-free
2 nm duty-free (shop) ◆ **en duty-free** duty-free ◆ **j'ai acheté du parfum en duty-free** I bought some duty-free perfume, I bought some perfume in the duty-free

**duvet** [dyvɛ] → SYN nm **a** [oiseau, fruit, joues] down
**b** (= sac de couchage) (down-filled) sleeping bag

**duveté, e** [dyv(ə)te] → SYN adj pêche, joue downy ◆ **elle avait la lèvre duvetée** she had a faint moustache

**duveter (se)** [dyv(ə)te] ▸ conjug 5 ◂ vpr to become downy

**duveteux, -euse** [dyv(ə)tø, øz] adj downy

**DVD** [devede] nm (abrév de **digital versatile disc**) DVD ◆ **lecteur DVD** DVD drive

**DVD-RAM** [devedeʀam] nm DVD-RAM

**DVD-ROM** [devedeʀɔm] nm DVD-ROM

**dyarchie** [djaʀʃi] nf diarchy

**dyke** [dik, dajk] nm (Géol) dyke

**dynamicien, -ienne** [dinamisjɛ̃, jɛn] nm,f dynamic psychologist

**dynamique** [dinamik] → SYN 1 adj (Phys, gén) dynamic; → **cadre**
2 nf **a** (Phys, Mus) dynamics sg ◆ **la dynamique de groupe** (Sociol) group dynamics
**b** (fig) dynamic ◆ **créer une dynamique de croissance/d'évolution technologique** to create a dynamic of growth/technological change ◆ **accélérer la dynamique de paix** to speed up the peace process ◆ **la dynamique en cours** the dynamic current

**dynamiquement** [dinamikmɑ̃] adv dynamically

**dynamisant, e** [dinamizɑ̃, ɑ̃t] adj effet, changement stimulating

**dynamisation** [dinamizasjɔ̃] nf [secteur, marché] stimulation

**dynamiser** [dinamize] → SYN ▸ conjug 1 ◂ vt [+ économie, marché] to stimulate, give a boost to; [+ personnel] to energize; [+ affiche, image de marque] to make more dynamic; (Méd) [+ médicament] to potentiate (SPÉC)

**dynamisme** [dinamism] → SYN nm (Philos, gén) dynamism

**dynamitage** [dinamitaʒ] nm dynamiting

**dynamite** [dinamit] nf dynamite ◆ **faire sauter qch à la dynamite** to blow sth up with dynamite ◆ **c'est de la dynamite !** * (fig) it's dynamite!

**dynamiter** [dinamite] ▸ conjug 1 ◂ vt (lit) to dynamite, blow up with dynamite; [+ certitudes, mythe] to explode

**dynamiteur, -euse** [dinamitœʀ, øz] nm,f dynamiter

**dynamo** [dinamo] → SYN nf dynamo

**dynamoélectrique** [dinamoelɛktʀik] adj dynamoelectric

**dynamogène** [dinamɔʒɛn], **dynamogénique** [dinamɔʒenik] adj dynamogenic

**dynamographe** [dinamɔgʀaf] nm dynamograph

**dynamomètre** [dinamɔmɛtʀ] nm dynamometer

**dynamométrique** [dinamɔmetʀik] adj dynamometric; → **clé**

**dynastie** [dinasti] → SYN nf dynasty

**dynastique** [dinastik] adj dynastic, dynastical

**dyne** [din] nf dyne

**dysacousie** [dizakuzi] nf dysacusis, dysacusia

**dysarthrie** [dizaʀtʀi] nf dysarthria

**dysbarisme** [disbaʀism] nm dysbarism

**dyscalculie** [diskalkyli] nf *difficulty in making simple calculations*

**dyschromatopsie** [diskʀɔmatɔpsi] nf dyschromatopsia

**dyscrasie** [diskʀazi] nf dyscrasia

**dysenterie** [disɑ̃tʀi] → SYN nf dysentery

**dysentérique** [disɑ̃teʀik] adj dysenteric

**dysfonctionnement** [disfɔ̃ksjɔnmɑ̃] nm (Méd) dysfunction; [organisation, service] poor running (NonC) ◆ **il y a des dysfonctionnements dans la gestion du service** there are problems in the management of the department

**dysgénique** [disʒenik] adj dysgenic

**dysgraphie** [disgʀafi] nf dysgraphia

**dysharmonie** [disaʀmɔni] nf ⇒ **disharmonie**

**dyshidrose, dysidrose** [dizidʀoz] nf dyshidrosis

**dyskinésie** [diskinezi] nf dyskinesia

**dyslexie** [dislɛksi] nf dyslexia, word-blindness

**dyslexique** [dislɛksik] adj, nmf dyslexic

**dyslogie** [dislɔʒi] nf dyslogia

**dysménorrhée** [dismenɔʀe] nf dysmenorrhoea

**dysmnésie** [dismnezi] nf dysmnesia

**dysmorphie** [dismɔʀfi] nf deformity

**dysorexie** [dizɔʀɛksi] nf dysorexia

**dysorthographie** [dizɔʀtɔgʀafi] nf difficulty in spelling

**dyspareunie** [dispaʀøni] nf dyspareunia

**dyspepsie** [dispɛpsi] nf dyspepsia

**dyspepsique** [dispɛpsik], **dyspeptique** [dispɛptik] adj, nmf dyspeptic

**dysphagie** [disfaʒi] nf dysphagia

**dysphasie** [disfazi] nf dysphasia

**dysphorie** [disfɔʀi] nf dysphoria

**dysplasie** [displazi] nf (Méd) dysplasia

**dyspnée** [dispne] nf dyspnoea (Brit), dyspnea (US)

**dyspraxie** [dispʀaksi] nf dyspraxia

**dysprosium** [dispʀozjɔm] nm dysprosium

**dystasie** [distɑzi] nf dystasia

**dystocie** [distɔsi] nf dystocia

**dystonie** [distɔni] nf dystonia

**dystrophie** [distʀɔfi] nf ◆ **dystrophie musculaire progressive** muscular dystrophy

**dysurie** [dizyʀi] nf dysuria

**dytique** [ditik] nm dytiscid

# E

**E¹, e** [ə] nm (= lettre) E, e ◆ **e dans l'o** o and e joined together, o and e ligature

**E²** (abrév de **Est**) E

**EAO** [əao] nm (abrév de **enseignement assisté par ordinateur**) CAI, CAL

**EAU** [əay] nmpl (abrév de **Émirats arabes unis**) UAE

**eau,** pl **eaux** [o] → SYN **1** nf **a** (gén, Méd) water; (= pluie) rain ◆ **sans eau** alcool neat, straight ◆ **cuire à l'eau** to boil ◆ **se passer les mains à l'eau** to rinse one's hands, give one's hands a quick wash ◆ **passer qch sous l'eau** to give sth a quick rinse ◆ **laver à grande eau** [+ sol] to wash ou sluice down; (avec un tuyau) to hose down; [+ légumes] to wash thoroughly ◆ **port en eau profonde** deep-water port ◆ **que d'eau, que d'eau !** (hum) it's coming down in buckets* ou in torrents!

**b** (Bijouterie) water ◆ **diamant de la plus belle eau** diamond of the first water ◆ **un escroc de la plus belle eau** an out-and-out crook ◆ **de la même eau** (fig) of the same ilk

**c** (Loc) **tout cela apporte de l'eau à son moulin** it's all grist to his mill ◆ **aller sur l'eau** (Naut) (= flotter) to be buoyant; (= naviguer) to sail ◆ **aller à l'eau** to go for a dip* ◆ **j'en avais l'eau à la bouche** my mouth was watering, it made my mouth water ◆ **être en eau** to be bathed in perspiration ou sweat ◆ **faire de l'eau** (Naut, Rail) to take on (a supply of) water ◆ **faire eau (de toutes parts)** to leak (like a sieve) ◆ **mettre à l'eau** (Naut) to launch ◆ **mise à l'eau** launch, launching ◆ **se mettre à l'eau** (= nager) to get into the water; (= être sobre) to go on the wagon*, keep off alcohol ◆ **mettre de l'eau dans son vin** (lit) to water down one's wine; (= modérer ses prétentions) to climb down; (= faire des concessions) to make concessions ◆ **prendre l'eau** [chaussures, objet] to let in water; [projet] to founder ◆ **il passera** ou **coulera beaucoup d'eau sous les ponts avant que ...** it will be a long time before ... ◆ (Prov) **porter de l'eau à la rivière** to carry coals to Newcastle (Prov) ◆ (Prov) **l'eau va à la rivière** money makes money, to him that has shall more be given ◆ **s'en aller** ou **tourner en eau de boudin*** to flop ◆ **notre projet est (tombé) à l'eau** our project has fallen through ◆ **il y a de l'eau dans le gaz*** things aren't running too smoothly ◆ **ils sont comme l'eau et le feu** they're as different as night and day ou as chalk and cheese (Brit)

**2 eaux** nfpl **a** [fleuve] **hautes eaux** high water ◆ **basses eaux** (lit) low water ◆ **pendant les basses eaux** when the waters are low, when the water level is low ◆ **en période de basses eaux** (fig) when the economy is at a low ebb, during a period of economic stagnation ◆ **être dans les eaux d'un navire** (Naut) to be in the wake of a ship ◆ **nager** ou **naviguer en eaux troubles** (fig) to move in shady circles ◆ **dans ces eaux-là*** or thereabouts ◆ **entre deux eaux** just below the surface ◆ **nager entre deux eaux** (fig) to keep a foot in both camps, to run with the hare and hunt with the hounds

**b** (Méd) **elle a perdu les eaux** her waters have broken

**c** (station thermale) **prendre les eaux** † to take the waters; → **ville**

**d** (Admin) **la Compagnie des Eaux et de l'Ozone** the French water utility

**3** COMP ▷ **eau bénite** holy water ▷ **eau blanche** lead acetate, sugar of lead ▷ **eau de Cologne** eau de Cologne, cologne ▷ **eau courante** running water ▷ **eau de cuisson** cooking water ▷ **eau douce** fresh water ▷ **eau écarlate** ® (liquid) stain remover ▷ **eau d'érable** maple sap (Can) ▷ **eau de fleur d'oranger** orange-flower water ▷ **les Eaux et Forêts** ≃ the Forestry Commission (Brit), ≃ the Forest Service (US) ▷ **eau gazeuse** sparkling (mineral) water ▷ **eaux grasses** swill, slops ▷ **eaux internationales** international waters ▷ **eau de Javel** bleach ▷ **eau lourde** heavy water ▷ **eau de mélisse** melissa water ▷ **eaux ménagères** (household) waste water ▷ **eau de mer** sea water ▷ **eaux mères** mother liquids ▷ **eau minérale** mineral water ▷ **eau oxygénée** hydrogen peroxide ▷ **eau de parfum** eau de parfum ▷ **eau plate** plain ou still water ▷ **eau de pluie** rainwater ▷ **eau potable** drinking water ▷ **eaux profondes** deep waters ▷ **eau de refroidissement** cooling water ▷ **eaux résiduaires** waste water ▷ **eau du robinet** tap water ▷ **eau de rose** rose water ◆ **roman/histoire à l'eau de rose** sentimental ou schmaltzy* novel/story ▷ **eau rougie** wine and water ▷ **eaux de ruissellement** run-off water ▷ **eau salée** salt water ▷ **eau savonneuse** soapy water ▷ **eau de Seltz** soda (water), seltzer water (US) ▷ **eau de source** spring water ▷ **eaux superficielles** surface water(s) ▷ **eaux territoriales** territorial waters ◆ **dans les eaux territoriales françaises** in French (territorial) waters ▷ **eaux thermales** thermal springs ou waters ▷ **eau de toilette** eau de toilette, toilet water ▷ **eaux usées** waste water ▷ **eau de vaisselle** dishwater, washing-up (Brit) water

**eau-de-vie,** pl **eaux-de-vie** [od(ə)vi] nf ≃ brandy ◆ **eau-de-vie de prune/poire** plum/pear brandy ◆ **cerises à l'eau-de-vie** cherries in brandy

**eau-forte,** pl **eaux-fortes** [ofɔʀt] nf (Art) etching; (Chim) aqua fortis

**eaux-vannes** [ovan] nfpl effluent (NonC)

**ébahi, e** [ebai] → SYN (ptp de **ébahir**) adj dumbfounded, flabbergasted, astounded

**ébahir** [ebaiʀ] → SYN ▸ conjug 2 ◂ **1** vt to dumbfound, flabbergast, astound

**2 s'ébahir** vpr to wonder (*de voir* at seeing)

**ébahissement** [ebaismɑ̃] → SYN nm astonishment, amazement

**ébarber** [ebaʀbe] ▸ conjug 1 ◂ vt [+ papier, poisson] to trim; [+ métal] to (de)burr, trim; [+ plante] to clip, trim

**ébarbeur** [ebaʀbœʀ] nm, **ébarbeuse** [ebaʀbøz] nf [plantes] clipping ou trimming machine

**ébarboir** [ebaʀbwaʀ] nm trimming machine

**ébarbure** [ebaʀbyʀ] nf trimming, clipping

**ébats** [eba] nmpl frolics ◆ **ébats amoureux** ou **sexuels** lovemaking

**ébattre (s')** [ebatʀ] → SYN ▸ conjug 41 ◂ vpr [animaux] to frolic, frisk, gambol (about); [enfants] to play ou romp about, frolic

**ébaubi, e** [ebobi] → SYN (ptp de **s'ébaubir**) adj († , hum) bowled over, flabbergasted (*de* at) ◆ **être tout ébaubi** to be agog (*devant* at)

**ébaubir (s')** [ebobiʀ] ▸ conjug 2 ◂ vpr († , hum) to wonder (*de voir* at seeing)

**ébauche** [eboʃ] → SYN nf [livre] skeleton, outline; [tableau, dessin] draft, sketch; [statue] rough shape; [projet, roman] (rough) outline ◆ **l'ébauche d'une amitié** the beginnings of a friendship ◆ **une ébauche de sourire** the ghost of a smile ◆ **l'ébauche d'un geste** a slight movement ◆ **ce n'est que la première ébauche** this is just a rough draft ◆ **c'est encore à l'état d'ébauche** it's still in the early stages

**ébaucher** [eboʃe] → SYN ▸ conjug 1 ◂ **1** vt [+ livre, plan, tableau] to sketch out; [+ statue] to rough out; [+ programme d'action] to outline; [+ poutre] to rough-hew; [+ pierre] to rough-hew, boast; [+ diamant] to begin to cut; [+ amitié, conversation] to start up; [+ relations] to open up ◆ **ébaucher un sourire** to give a faint smile ◆ **ébaucher un geste** to start to make a movement

**2 s'ébaucher** vpr [plan] to form, take shape ou form; [livre] to take shape ou form; [amitié] to form; [conversation] to start; [relations] to open up ◆ **une solution s'ébauche lentement** a solution is gradually taking shape ◆ **une idée à peine ébauchée** the bare bones ou the mere outline of an idea

**ébaucheur** [eboʃœʀ] nm [pierres] rough-hewer, rougher

**ébauchoir** [eboʃwaʀ] nm [pierres] boasting chisel

**ébaudir** vt, **s'ébaudir** vpr [ebodiʀ] → SYN ▸ conjug 2 ◂ († , hum) to rejoice (*de, à* over, at)

**ébavurer** [ebavyʀe] ▸ conjug 1 ◂ vt to (de)burr, trim

**ébène** [ebɛn] nf ebony ◆ **cheveux/table d'ébène** ebony hair/table; → **bois**

**ébénier** [ebenje] nm ebony (tree); → **faux²**

**ébéniste** [ebenist] → SYN nmf cabinetmaker

**ébénisterie** [ebenist(ə)ʀi] → SYN nf (= métier) cabinetmaking; (= façon, meuble) cabinetwork

**éberlué, e** [ebɛʀlɥe] → SYN (ptp de **éberluer**) adj flabbergasted, dumbfounded ◆ **il avait un regard éberlué** he looked dazed

**éberluer** [ebɛʀlɥe] → SYN ▸ conjug 1 ◂ vt to astound, flabbergast, dumbfound ◆ **elle était un peu éberluée de** ou **par ce qui lui arrivait** she was dazed by what was happening to her

**ébiseler** [ebizle] ▸ conjug 4 ◂ vt to bevel; (à 45°) to chamfer

**éblouir** [ebluiʀ] → SYN ▸ conjug 2 ◂ vt (lit, fig) to dazzle

**éblouissant, e** [ebluisɑ̃, ɑ̃t] → SYN adj (lit, fig) dazzling ◆ **éblouissant de talent/de beauté** dazzlingly talented/beautiful

**éblouissement** [ebluismɑ̃] → SYN nm **a** [lampe] dazzle
**b** (= émerveillement) bedazzlement; (= spectacle) dazzling sight
**c** (Méd) **avoir un éblouissement** to have a dizzy spell

**ébonite** [ebɔnit] nf vulcanite, ebonite

**éborgner** [ebɔʀɲe] ▸ conjug 1 ◂ vt **a** **éborgner qn** to blind sb in one eye, put ou poke sb's eye out ◆ **j'ai failli m'éborgner contre la cheminée** * I nearly put ou poked my eye out on the corner of the mantelpiece
**b** (Agr) to disbud

**éboueur** [ebwœʀ] nm dustman (Brit), refuse collector (Brit Admin), garbage man ou collector (US), sanitation man (US Admin)

**ébouillanter** [ebujɑ̃te] → SYN ▸ conjug 1 ◂ **1** vt (gén) to scald; [+ légumes] to scald, blanch; [+ théière] to warm
**2** **s'ébouillanter** vpr to scald o.s.

**éboulement** [ebulmɑ̃] → SYN nm **a** [falaise] (progressif) crumbling; (soudain) collapsing; [mur, toit] falling in, caving in ◆ **éboulement de rochers** rock fall ◆ **éboulement de terrain** landslide, landslip
**b** (= éboulis) heap ou mass of rocks (ou earth)

**ébouler** [ebule] → SYN ▸ conjug 1 ◂ **1** vt to cause to collapse ou crumble, bring down
**2** vi **s'ébouler** vpr [pente, falaise] (progressivement) to crumble; (soudainement) to collapse; [mur, toit] to fall in, cave in; [terre] to slip, slide

**éboulis** [ebuli] → SYN nm mass of fallen rocks (ou earth) ◆ **pente couverte d'éboulis** scree-covered slope

**ébourgeonner** [ebuʀʒɔne] ▸ conjug 1 ◂ vt to disbud

**ébouriffant, e** * [ebuʀifɑ̃, ɑ̃t] → SYN adj vitesse, prix hair-raising

**ébouriffé, e** [ebuʀife] → SYN (ptp de **ébouriffer**) adj cheveux tousled, dishevelled; plumes, poils ruffled; personne dishevelled ◆ **il était tout ébouriffé** his hair was all tousled ou ruffled ou dishevelled

**ébouriffer** [ebuʀife] ▸ conjug 1 ◂ vt **a** [+ cheveux] to tousle, ruffle; [+ plumes, poil] to ruffle
**b** ( * = surprendre) to amaze, astound

**ébouter** [ebute] ▸ conjug 1 ◂ vt [+ haricots] to top and tail

**ébranchage** [ebʀɑ̃ʃaʒ], **ébranchement** [ebʀɑ̃ʃmɑ̃] nm pruning, lopping

**ébrancher** [ebʀɑ̃ʃe] → SYN ▸ conjug 1 ◂ vt to prune, lop (the branches off)

**ébranchoir** [ebʀɑ̃ʃwaʀ] nm billhook

**ébranlement** [ebʀɑ̃lmɑ̃] → SYN nm **a** (= tremblement) shaking
**b** (= affaiblissement) [confiance, gouvernement] weakening
**c** (= choc) shock ◆ **l'ébranlement provoqué par cette nouvelle** the shock caused by the news

**ébranler** [ebʀɑ̃le] → SYN ▸ conjug 1 ◂ **1** vt **a** (= faire trembler) [+ vitres, mur, sol] to shake
**b** (= affaiblir) [+ nerfs] to shake; [+ santé] to weaken; [+ esprit] to disturb, unhinge; [+ résolution, confiance, gouvernement] to shake, weaken ◆ **ça a fortement ébranlé ses nerfs/sa santé** it has shattered his nerves/health ◆ **le monde entier a été ébranlé par cette nouvelle** the whole world was shaken ou shattered by the news ◆ **ces paroles l'ont ébranlé** he was very shaken by what he heard ◆ **se laisser ébranler par qch** to allow o.s. to be swayed by sth
**2** **s'ébranler** vpr [train, véhicule, cortège] to move off, set off; [cloche] to start swinging

**ébrasement** [ebʀazmɑ̃] → SYN nm (= action) splaying; (= biais) splay

**ébraser** [ebʀaze] ▸ conjug 1 ◂ vt to splay

**ébrécher** [ebʀeʃe] → SYN ▸ conjug 6 ◂ vt [+ assiette] to chip; [+ lame] to nick; [+ fortune] [personne] to break into; [achat] to make a hole ou a dent in

**ébréchure** [ebʀeʃyʀ] nf [assiette] chip; [lame] nick

**ébriété** [ebʀijete] → SYN nf (frm) intoxication, inebriation ◆ **en état d'ébriété** intoxicated, inebriated

**ébrouement** [ebʀumɑ̃] → SYN nm [cheval] snort

**ébrouer (s')** [ebʀue] → SYN ▸ conjug 1 ◂ vpr **a** [cheval] to snort
**b** [personne, chien, oiseau] to shake o.s.

**ébruitement** [ebʀɥitmɑ̃] → SYN nm [nouvelle, rumeur] spreading; [secret] divulging, disclosing

**ébruiter** [ebʀɥite] → SYN ▸ conjug 1 ◂ **1** vt [+ nouvelle, rumeur] to spread; [+ secret] to divulge, disclose
**2** **s'ébruiter** vpr ◆ **il ne faut pas que ça s'ébruite** people mustn't get to know about this ◆ **pour que rien ne s'ébruite** so that nothing leaks out ◆ **l'affaire s'est ébruitée** news of the affair got out

**ébulliomètre** [ebyljɔmɛtʀ] nm ebulliometer

**ébulliométrie** [ebyljɔmetʀi] nf ebulliometry

**ébullioscope** [ebyljɔskɔp] nm ebullioscope

**ébullioscopie** [ebyljɔskɔpi] nf ebullioscopy

**ébullition** [ebylisjɔ̃] → SYN nf [eau] boiling; (= agitation) turmoil ◆ **au moment de/avant l'ébullition** as/before boiling point is reached, as/before it begins to boil ◆ **porter à ébullition** (dans une recette) bring to the boil ◆ **maintenir à ébullition trois minutes** boil for three minutes
◆ **en ébullition** ◆ **être en ébullition** [liquide] to be boiling; [ville, pays, maison] to be in turmoil; [personne] (par la surexcitation) to be bubbling over with excitement; (par la colère) to be seething (with anger)

**éburnéen, -enne** [ebyʀneɛ̃, ɛn] adj (littér) ivory-like (épith)

**écaillage** [ekajaʒ] nm **a** [poisson] scaling
**b** [huîtres] opening
**c** [peinture] flaking, peeling

**écaille** [ekaj] → SYN nf [poisson, reptile, bourgeon, pomme de pin] scale; [tortue, huître] shell; [oignon] layer, scale; [peinture sèche] flake ◆ **lunettes (à monture) d'écaille** tortoiseshell ou horn-rimmed glasses ◆ **en écaille** tortoiseshell (épith) ◆ **les écailles lui sont tombées des yeux** (frm) the scales fell from his eyes ◆ **chat écaille** tortoiseshell (cat)

**écaillé, e** [ekaje] (ptp de **écailler[1]**) adj peinture, surface chipped, flaking; façade peeling, flaking; baignoire chipped; poisson scaled

**écailler[1]** [ekaje] ▸ conjug 1 ◂ **1** vt **a** [+ poisson] to scale
**b** [+ huîtres] to open
**c** [+ peinture] to chip
**2** **s'écailler** vpr [peinture] to flake (off), peel (off), chip; [vernis à ongles] to chip

**écailler[2], -ère** [ekaje, jɛʀ] nm,f (= marchand) oyster seller; (= restaurateur) owner of an oyster bar

**écailleur** [ekajœʀ] nm [poisson] scaler

**écailleux, -euse** [ekajø, øz] → SYN adj poisson, peau scaly; peinture, ardoise flaky, flaking

**écaillure** [ekajyʀ] nf **a** (= morceau de peinture) chip, flake; (= surface écaillée) chipped ou flaking patch
**b** [poisson] scales

**écale** [ekal] nf [noix] husk

**écaler** [ekale] → SYN ▸ conjug 1 ◂ vt [+ noix] to husk; [+ œuf dur] to peel

**écalure** [ekalyʀ] nf husk

**écang** [ekɑ̃] nm scutch(er)

**écanguer** [ekɑ̃ge] ▸ conjug 1 ◂ vt to scutch

**écarlate** [ekaʀlat] → SYN **1** adj scarlet ◆ **devenir écarlate** (de honte) to turn scarlet ou crimson (*de* with) → **eau**
**2** nf scarlet

**écarquiller** [ekaʀkije] → SYN ▸ conjug 1 ◂ vt ◆ **écarquiller les yeux** to stare wide-eyed (*devant* at)

**écart** [ekaʀ] → SYN **1** nm **a** [objets] distance, space, gap; [dates] interval, gap; [chiffres, températures] difference; [opinions] difference, divergence; [explications] discrepancy, disparity (*entre* between) ◆ **écart par rapport à la règle** deviation ou departure from the rule ◆ **il y a un écart important de prix entre ...** there's a big difference in price between ... ◆ **il y a un gros écart d'âge entre eux** there's a big age gap ou age difference between them ◆ **ils ont 11 ans d'écart** there are 11 years between them ◆ **réduire l'écart entre** (lit, fig) to narrow ou close the gap between ◆ **réduire l'écart à la marque** (Sport) to narrow ou close the gap ◆ **faire un écart** [cheval apeuré] to shy; [voiture] to swerve; [personne surprise] to jump out of the way, leap aside ◆ **faire un écart de régime** to allow o.s. a break ou a lapse in one's diet ◆ **grand écart** (Gym, Danse) splits sg; (fig) balancing act ◆ **faire le grand écart** (lit) to do the splits; (fig) to do a balancing act
**b** (Cartes) discard
**c** (Admin = hameau) hamlet
**2** **à l'écart** loc adj, loc adv ◆ **être à l'écart** [hameau] to be out of the way ou isolated ◆ **tirer qn à l'écart** to take sb aside ou to one side ◆ **mettre** ou **tenir qn à l'écart** (= empêcher de participer) to keep sb in the background, keep sb out of things; (= empêcher d'approcher) to keep ou hold sb back ◆ **se tenir** ou **rester à l'écart** (= s'isoler) to stand ou remain aloof, stand apart; (= ne pas approcher) to stay in the background, keep out of the way; (= ne pas participer) to stay on the sidelines, keep out of things
**3** **à l'écart de** loc prép ◆ **la maison est à l'écart de la route** the house is (well) off the road ◆ **ils habitent un peu à l'écart du village** they live just outside the village ◆ **tenir qn à l'écart d'un lieu** to keep sb (well) away from a place ◆ **tenir qn à l'écart d'une affaire** to keep sb out of a deal ◆ **se tenir** ou **rester à l'écart des autres** to keep out of the way of ou well away from other people ◆ **se tenir** ou **rester à l'écart d'une affaire/de la politique** to steer clear of ou keep out of an affair/out of politics
**4** COMP ▷ **écart de conduite** misdemeanour ▷ **écart d'inflation** inflation differential ▷ **écart de jeunesse** youthful misdemeanour ▷ **écart de langage** strong ou bad language (NonC) ◆ **faire un écart de langage** to use unacceptable language ▷ **écart type** standard deviation

**écarté, e** [ekaʀte] → SYN (ptp de **écarter**) **1** adj lieu, hameau remote, isolated, out-of-the-way; yeux set far apart ◆ **chemin écarté** lonely road ◆ **avoir les dents écartées** to have gap(py) teeth, have gaps between one's teeth ◆ **il se tenait debout, les jambes écartées/les bras écartés** he stood with his legs ou feet apart/with his arms outspread ou with outspread arms
**2** nm (Cartes) écarté

**écartelé, e** [ekaʀtəle] (ptp de **écarteler**) adj (Hér) écu quartered

**écartèlement** [ekaʀtɛlmɑ̃] nm (Hist = supplice) quartering; (= tiraillement) agonizing struggle

**écarteler** [ekaʀtəle] → SYN ▸ conjug 5 ◂ vt (Hist = supplicier) to quarter; (= tirailler) to tear apart ◆ **écartelé entre ses obligations familiales et professionnelles** torn between family and professional obligations

**écartelure** [ekaʀtəlyʀ] nf (Hér) quartering

**écartement** [ekaʀtəmɑ̃] → SYN nm space, distance, gap (*de, entre* between) ◆ **écartement (des rails)** (Rail) gauge ◆ **écartement des essieux** (Aut) wheelbase

**écarter** [ekaʀte] → SYN ▸ conjug 1 ◂ **1** vt **a** (= séparer) [+ objets] to move apart, move away from each other; [+ bras, jambes] to open, spread; [+ doigts] to spread (open), part; [+ rideaux] to draw (back) ◆ **il écarta la foule pour passer** he pushed his way through the crowd
**b** (= exclure) [+ objection, solution] to dismiss, set ou brush aside; [+ idée] to dismiss, rule out; [+ candidature] to dismiss, turn down; [+ personne] (d'une liste) to remove, strike off; (d'une équipe) to remove, exclude (*de* from)
**c** (= éloigner) [+ meuble] to move away, push away ou back; [+ foule, personne] to push back (*de* from), push aside ◆ **elle essaie d'écarter son mari de ses parents** (= brouiller) she's trying to cut her husband off from his parents ◆ **écarter qn de la tentation** to keep sb (away) from temptation ◆ **tout danger est maintenant écarté** the danger's passed now ◆ **ce chemin nous écarte du**

village this road takes ou leads us away from the village ◆ **ça nous écarte de notre propos** this is taking ou leading us off the subject ou away from the issue ◆ **ça l'écarte de l'étude** it distracts him from his studies

**d** (Cartes) to discard

**2** **s'écarter** vpr **a** (= se séparer) [foule] to draw aside, part; [nuages] to part ◆ **la foule s'écarta pour le laisser passer** the crowd drew aside ou parted to let him through

**b** (= s'éloigner) to withdraw, move away, step back (*de* from) ◆ **la foule s'écarta du lieu de l'accident** the crowd moved away from the scene of the accident ◆ **écartez-vous !** (move) out of the way! ◆ **s'écarter de sa route** to stray ou wander from one's path ◆ **avec ce chemin nous nous écartons** this path is taking us out of our way ◆ **les deux routes s'écartent l'une de l'autre** the two roads diverge ◆ **s'écarter du droit chemin** (fig) to wander from the straight and narrow ◆ **le mur s'écarte dangereusement de la verticale** the wall is dangerously out of plumb ◆ **s'écarter de la norme** to deviate ou depart from the norm ◆ **s'écarter d'un sujet** to stray ou wander from a subject ◆ **nous nous écartons !** we are getting away from the point!

**écarteur** [ekaʀtœʀ] nm (Méd) retractor

**ecballium** [ɛkbaljɔm] nm squirting cucumber

**Ecce homo** [ɛkseomo] nm inv Ecce Homo

**eccéité** [ɛkseite] nf (Philos) Dasein, there-being

**ecchymose** [ekimoz] → SYN nf bruise, ecchymosis (SPÉC)

**ecchymotique** [ekimɔtik] adj ecchymotic

**ecclésial, e,** mpl **-iaux** [eklezjal, jo] adj church (épith)

**Ecclésiaste** [eklezjast] nm ◆ **(le livre de) l'Ecclésiaste** (the Book of) Ecclesiastes

**ecclésiastique** [eklezjastik] → SYN **1** adj vie, charge ecclesiastical; revenus church (épith); → **habit**

**2** nm ecclesiastic, clergyman

**ecdysone** [ɛkdizɔn] nf ecdysone

**écervelé, e** [esɛʀvəle] → SYN **1** adj (= étourdi) scatterbrained, birdbrained

**2** nm,f scatterbrain, birdbrain

**ECG** [əseʒe] nm (abrév de **encéphalocardiogramme**) ECG

**échafaud** [eʃafo] → SYN nm **a** (pour l'exécution) scaffold ◆ **monter à l'échafaud** to mount the scaffold ◆ **finir sur l'échafaud** to die on the scaffold ◆ **tu finiras sur l'échafaud** † you'll end up on the gallows ◆ **il risque l'échafaud** he's risking his neck

**b** (†† = estrade) platform, stand

**échafaudage** [eʃafodaʒ] → SYN nm **a** (Constr) scaffolding (NonC) ◆ **ils ont mis un échafaudage** they have put up scaffolding

**b** (= pile) [objets] heap, pile

**c** (= élaboration) [fortune] building up, amassing; [théorie] building up, construction ◆ **l'échafaudage financier de cette affaire** the financial framework of the deal

**échafauder** [eʃafode] → SYN ▸ conjug 1 ◂ **1** vt **a** [+ fortune] to build (up), amass; [+ projet] to construct, build; [+ théorie] to construct, build up ◆ **il a échafaudé toute une histoire pour ne pas venir** he made up ou fabricated a whole story so he wouldn't have to come

**b** (= empiler) to pile up, stack up

**2** vi (Tech) to put up ou erect scaffolding

**échalas** [eʃala] → SYN nm (= perche) stake, pole; (* = personne) beanpole *

**échalasser** [eʃalase] ▸ conjug 1 ◂ vt (Agr) to stake, pole

**échalier** [eʃalje] → SYN nm (= échelle) stile; (= clôture) gate

**échalote** [eʃalɔt] nf shallot

**échancré, e** [eʃɑ̃kʀe] → SYN (ptp de **échancrer**) adj côte indented, jagged; feuille serrated, jagged ◆ **robe échancrée dans le dos** dress cut low in the back ◆ **robe très échancrée sur le devant** dress with a plunging neckline

**échancrer** [eʃɑ̃kʀe] → SYN ▸ conjug 1 ◂ vt [+ robe] (devant) to cut (out) a neckline in; (dans le dos) to cut (out) the back of; [+ manche] to widen the top of, widen at the top

**échancrure** [eʃɑ̃kʀyʀ] → SYN nf [robe] neckline; [côte] indentation; [feuille] serration

**échange** [eʃɑ̃ʒ] GRAMMAIRE ACTIVE 17.1 → SYN

**1** nm **a** (gén, Échecs, Sci) exchange (*avec* with); (= troc) swap, trade off (*entre* between) ◆ **échange de prisonniers** exchange of prisoners ◆ **programme d'échange de seringues** needle ou syringe exchange scheme ◆ **échange de vues** exchange of views ◆ **échanges de coups avec la police** scuffles with the police ◆ **de vifs échanges entre des orateurs** heated exchanges between speakers ◆ **nous avons de bons échanges entre collègues** there's good communication between colleagues here ◆ **c'est un échange de bons procédés** it's an exchange of favours, one good turn deserves another ◆ **échange standard** standard part replacement ◆ **faire l'échange standard d'un moteur** to replace an engine by a standard one

**b** (LOC) **faire (l')échange de qch** to swap ou exchange sth ◆ **on a fait échange** we've done a swap ou an exchange ◆ **ils ont fait (l')échange de leurs maisons** they've swapped houses ◆ **faire échange** (Échecs) to exchange pieces

◆ **en échange** (= par contre) on the other hand; (= en guise de troc) in exchange; (= pour compenser) to make up for it

◆ **en échange de** in exchange for, in return for

**c** (= relations) exchange ◆ **échange culturel** cultural exchange ◆ **échange scolaire/universitaire** school/university ou academic exchange

**d** (Tennis, Ping-Pong) rally ◆ **faire des échanges** to have a knock-up, knock up

**2** nmpl (Écon) ◆ **échanges (commerciaux)** trade, trading ◆ **le volume des échanges** the volume of trade ◆ **échanges extérieurs/internationaux** foreign/international trade ◆ **dès les premiers échanges entre banques** as soon as trading between banks got under way

**échangeabilité** [eʃɑ̃ʒabilite] nf exchangeability

**échangeable** [eʃɑ̃ʒabl] adj exchangeable (*contre* for)

**échanger** [eʃɑ̃ʒe] → SYN ▸ conjug 3 ◂ vt **a** (= troquer) to exchange, swap (*contre* for; *avec* with) ◆ **"articles ni repris ni échangés"** (Comm) "goods can neither be returned nor exchanged" ◆ **ce titre s'échange à 200 dollars** (Bourse) this security is traded at $200

**b** [+ idées, regards, lettres, coups] to exchange; [+ injures] to trade, exchange ◆ **ils ont échangé des remerciements** they thanked one another ◆ **échanger des balles** (Tennis, Ping-Pong) to have a knock-up, knock up

**échangeur** [eʃɑ̃ʒœʀ] → SYN nm **a** (Aut = route) interchange

**b** (Tech) **échangeur (de chaleur** ou **thermique)** heat exchanger ◆ **échangeur d'ions** (Chim) ion exchanger

**échangisme** [eʃɑ̃ʒism] nm (gén) partner-swapping; (d'épouses) wife-swapping

**échangiste** [eʃɑ̃ʒist] **1** adj club, soirée partner-swapping ◆ **couples échangistes** couples who engage in partner-swapping, swingers *

**2** nmf partner-swapper, swinger *

**échanson** [eʃɑ̃sɔ̃] → SYN nm (Hist) cupbearer; (hum) wine waiter

**échantillon** [eʃɑ̃tijɔ̃] → SYN nm (Stat, Ordin) sample; [parfum, crème] (pour tester) tester; (en cadeau) sample; (fig) example ◆ **échantillon de tissu** fabric sample, swatch (of material) ◆ **choisir un tissu sur échantillon** to choose a material from a sample ou swatch ◆ **échantillon de sang** (Méd) blood sample ou specimen ◆ **échantillon représentatif** [personnes sondées] cross-section, representative sample ◆ **prendre** ou **prélever des échantillons de** to take samples of, sample

**échantillonnage** [eʃɑ̃tijɔnaʒ] → SYN nm **a** (= collection) range ou selection of samples ◆ **échantillonnage d'outils** selection of tools ◆ **échantillonnage de tissus** swatch ◆ **le festival représente un échantillonnage intéressant du jeune cinéma français** the festival brings together an interesting cross-section of young French film directors

**b** (Stat, Ordin, Mus) sampling; [population] sampling ◆ **échantillonnage par couches** ou **par strates** stratified sampling ◆ **échantillonnage au hasard** random sampling ◆ **l'échantillonnage de la population a été fait de manière rigoureuse** the population samples were very carefully selected

**échantillonner** [eʃɑ̃tijɔne] ▸ conjug 1 ◂ vt (Stat, Ordin, Mus) to sample; [+ population à sonder] to take a sample of

**échantillonneur** [eʃɑ̃tijɔnœʀ] nm sampler

**échappatoire** [eʃapatwaʀ] → SYN nf (= faux-fuyant) way out ◆ **sa réponse n'était qu'une échappatoire** his answer was just a way of evading the issue ◆ **il nous faut trouver une échappatoire** we need to find some way of getting out of this ou a way out ◆ **il n'y a pas d'échappatoire à la guerre** there's no way of avoiding war; → **clause**

**échappé, e** [eʃape] (ptp de **échapper**) **1** nm,f **a** (Sport) breakaway ◆ **les échappés** the breakaway group

**b** († † ou hum) **échappé de l'asile** bedlamite †

**2** **échappée** nf **a** (Sport) breakaway ◆ **échappée solitaire** solo breakaway ◆ **il ne faisait pas partie de l'échappée** he wasn't in the breakaway group ◆ **faire une échappée de 100 km** to be ahead of the pack for 100km

**b** (= vue) vista; (= rayon de soleil) gleam

**c** [escalier] headroom

**échappement** [eʃapmɑ̃] → SYN nm **a** (Aut) exhaust (system) ◆ **rouler en échappement libre** to drive without a silencer (Brit) ou a muffler (US) ◆ **soupape d'échappement** exhaust valve; → **pot**

**b** (Horlogerie, Tech) escapement

**c** (Ordin) escape

**échapper** [eʃape] → SYN ▸ conjug 1 ◂ **1** vi **a** **échapper à** ◆ **un cri de douleur lui échappa** he let out ou gave a cry of pain ◆ **un gros mot lui a échappé** he let slip ou let out a swearword ◆ **je ne voulais pas le dire mais ça m'a échappé** I didn't mean to say it but it just slipped out

◆ **échapper de** ◆ **échapper des mains de qn** to slip out of ou slip from sb's hands ◆ **échapper des lèvres de qn** [cri, parole] to burst from sb's lips

◆ **laisser échapper** [+ gros mot] to let out, let slip; [+ cri] to let out, give; [+ objet] to drop; [+ secret] to let out; [+ occasion] to let slip, let go; [+ détail, faute] to overlook ◆ **laisser échapper un prisonnier** to let a prisoner escape ou get away

◆ **faire échapper** ◆ **faire échapper un prisonnier** to help a prisoner (to) escape ou get out ◆ **il a fait échapper l'oiseau** he let the bird out

**b** **il l'a échappé belle** he had a narrow escape, it was a close shave (for him)

**2** **échapper à** vt indir **a** [+ danger, destin, punition, mort] to escape; [+ poursuivants] (en fuyant) to escape (from), get away from; (par ruse) to evade, elude; [+ obligations, responsabilités] to evade; [+ corvée] to get out of; [+ ennuis] to avoid **échapper aux recherches** to escape detection ◆ **échapper à l'impôt** (Écon) (par privilège) to be exempt from tax; (illégalement) to evade ou dodge * tax, avoid paying tax ◆ **échapper à la règle** to be an exception to the rule ◆ **cela échappe à toute tentative de définition** it defies definition ◆ **il échappe à tout contrôle** he is beyond (any) control ◆ **cela échappe à notre juridiction** (Jur) it is outside ou beyond our jurisdiction ◆ **tu ne m'échapperas pas !** (lit) you won't get away from me!, (fig) you won't get off as easily as that!, I'll get you yet! ◆ **son fils lui échappe** (gén) her son is slipping from her clutches; (en grandissant) her son is growing away from her ◆ **essaie d'échapper pour quelques jours à ton travail** try and get away from work for a few days ◆ **échapper à la vue** ou **aux regards de qn** to escape sb's notice ◆ **nous n'échapperons pas à une tasse de thé** (hum) we won't get away without having a cup of tea

**b** (= être oublié) **échapper à l'esprit de qn** to escape sb ◆ **son nom m'échappe** his name escapes me ou has slipped my mind ◆ **ce détail m'avait échappé** this detail had escaped my attention, I had overlooked this detail ◆ **ce détail ne lui a pas échappé** this detail was not lost on him ◆ **ce qu'il a dit m'a échappé** (= je n'ai pas entendu) I didn't catch what he said; (= je n'ai pas compris) I didn't understand what he said ◆ **ça a échappé à mon attention** it escaped my notice ◆ **l'opportunité d'une telle mesure**

**m'échappe** I can't see ou I fail to see the point of such a measure ◆ **l'intérêt de la chose m'échappe** I don't see the point ◆ **rien ne lui échappe** (= il voit tout) nothing escapes him, he doesn't miss a thing

3 **s'échapper** vpr a [prisonnier] to escape (*de* from), break out (*de* of); [cheval] to get out (*de* of); [oiseau] to fly away; [cri] to escape, burst (*de* from) ◆ **l'oiseau s'est échappé de la cage** the bird got out of ou escaped from the cage ◆ **la voiture réussit à s'échapper malgré la foule** the car got away in spite of the crowd ◆ **je m'échappe un instant pour préparer le dîner** I'll slip away for a moment ou I must leave you for a moment to get dinner ready ◆ **j'ai pu m'échapper du bureau de bonne heure** I managed to get away ou slip out early from the office ◆ **le coureur s'est échappé dans la côte** (Sport) the runner drew ahead ou pulled away on the uphill stretch

b [gaz] to escape, leak; [odeur, lumière] to come, issue (littér) (*de* from) ◆ **de la fumée s'échappait de la cheminée** smoke was coming from ou out of the chimney ◆ **l'eau s'est échappée de la casserole** the water boiled over ◆ **des flammes s'échappaient du toit** flames were coming out of the roof

**écharde** [eʃaʀd] nf splinter

**échardonner** [eʃaʀdɔne] ▸ conjug 1 ◂ vt to clear the thistles from

**écharner** [eʃaʀne] ▸ conjug 1 ◂ vt to flesh

**écharpe** [eʃaʀp] → SYN nf (= cache-nez) scarf; (= bandage) sling; [maire] sash ◆ **porter** ou **avoir le bras en écharpe** to have one's arm in a sling ◆ **prendre une voiture en écharpe** to hit a car broadside ou sideways on (Brit)

**écharper** [eʃaʀpe] → SYN ▸ conjug 1 ◂ vt (lit, fig) to tear to pieces ◆ **se faire écharper** to be torn to pieces

**échasse** [eʃas] nf (= objet, oiseau) stilt ◆ **marcher avec des échasses** to walk on stilts ◆ **être monté sur des échasses** (hum) to have long legs

**échassier** [eʃasje] → SYN nm wading bird, wader (Brit)

**échauder** [eʃode] → SYN ▸ conjug 1 ◂ vt a (= faire réfléchir) **échauder qn** to teach sb a lesson ◆ **se faire échauder** to burn one's fingers, get one's fingers burnt; → **chat**

b (= laver à l'eau chaude) to wash in hot water; (= ébouillanter) to scald; [+ théière] to warm

**échaudoir** [eʃodwaʀ] nm (= cuve) scalding tub; (= local) scalding room

**échauffant, e** † [eʃofɑ̃, ɑ̃t] adj (= constipant) constipating

**échauffement** [eʃofmɑ̃] → SYN nm a (Sport) warm-up ◆ **exercices/séance d'échauffement** warm-up exercises/session

b [terre] heating; [moteur] overheating

c († = constipation) constipation; (= inflammation) inflammation; [sang] overheating

**échauffer** [eʃofe] → SYN ▸ conjug 1 ◂ 1 vt a [+ moteur, machine] to overheat ◆ **il était échauffé par la course, la course l'avait échauffé** he was hot after the race

b [+ imagination] to fire, excite ◆ **cette remarque a échauffé le débat** this remark made for a heated discussion ◆ **après une heure de discussion les esprits étaient très échauffés** after arguing for an hour people were getting very heated ou worked up* ◆ **tu commences à m'échauffer* (les oreilles** ou **la bile** †) you're getting on my nerves ou wick* (Brit)

c († : Méd) **échauffer la peau** to inflame the skin ◆ **je suis un peu échauffé** I'm a bit constipated

2 **s'échauffer** vpr a (Sport) to warm up

b (= s'animer) [personne] to become heated, get worked up*; [conversation] to become heated

**échauffourée** [eʃofuʀe] → SYN nf (avec la police) brawl, clash; (Mil) skirmish

**échauguette** [eʃogɛt] → SYN nf bartizan, watchtower

**èche** [ɛʃ] → SYN nf (Pêche) bait

**échéance** [eʃeɑ̃s] → SYN nf a (= date limite) [délai] expiration ou expiry (Brit) date; [bon, action] maturity date; [traite, emprunt] redemption date; [loyer] date of payment; [facture, dette] due date, settlement date; (Bourse) settling day ◆ **échéances politiques** elections ◆ **payable à l'échéance** (Jur, Fin, Comm) payable when due ◆ **venir à échéance** to fall due

b (= règlements à effectuer) **l'échéance de fin de mois** the end-of-month payments ◆ **faire face à ses échéances** to meet one's financial obligations ou commitments ◆ **avoir de lourdes échéances** to be heavily committed, have heavy financial commitments

c (= laps de temps) term ◆ **à longue échéance** in the long run ou term ◆ **à courte** ou **brève échéance** before long ◆ **à plus ou moins brève** ou **longue échéance** sooner or later ◆ **à longue/courte échéance** traite long-/short-term (épith); bon long-/short-dated

**échéancier** [eʃeɑ̃sje] nm [effets] billbook; [emprunt] schedule of repayments; [travaux] schedule

**échéant** [eʃeɑ̃, ɑ̃t] adj m → **cas**

**échec¹** [eʃɛk] → SYN nm a (= insuccès) failure; (= défaite) defeat; (= revers) setback ◆ **subir un échec** (gén) to suffer a setback; (Mil) to suffer a defeat ◆ **son troisième échec dans une élection** his third defeat in an election ◆ **l'échec des pourparlers** the breakdown in ou the failure of the talks ◆ **après l'échec des négociations** after negotiations broke down ◆ **sa tentative s'est soldée par un échec** his attempt has failed ou has ended in failure ◆ **voué à l'échec** bound to fail, doomed to failure ◆ **avoir une conduite d'échec** (Psych) to be self-defeating ◆ **être/mettre qn en situation** ou **position d'échec** to be in/put sb in a hopeless ou no-win situation ◆ **l'échec scolaire** academic failure ◆ **jeunes en situation d'échec scolaire** young people who have failed in their school career

b (LOC) **tenir qn en échec** to hold sb in check ◆ **faire échec à qn** to foil ou frustrate ou thwart sb

**échec²** [eʃɛk] nm (Jeux) ◆ **les échecs** chess ◆ **jeu d'échecs** (= échiquier) chessboard; (= pièces) chessmen ◆ **jouer aux échecs** to play chess ◆ **mettre/être en échec** to put/be in check ◆ **faire échec au roi** to put the king in check ◆ **échec au roi !** check! ◆ **échec et mat** checkmate ◆ **faire échec et mat** to checkmate

**échelette** [eʃ(ə)lɛt] nf (Zool) wall creeper

**échelier** [eʃəlje] nm peg-ladder

**échelle** [eʃɛl] → SYN 1 nf a (= objet) ladder ◆ **courte échelle** (= appui) leg up, boost (US) ◆ **faire la courte échelle à qn** to give sb a leg up ou a boost (US) ◆ **la grande échelle (des pompiers)** the (firemen's) turntable ladder ◆ **faire grimper** ou **monter qn à l'échelle** (fig) to pull sb's leg*, have sb on* (Brit) ◆ **il a grimpé à** ou **est monté à l'échelle*** he fell for it, he was taken in (by it) ◆ **il n'y a plus qu'à tirer l'échelle** (hum) we may as well give it up ◆ **après lui, il n'y a plus qu'à tirer l'échelle** nobody can hold a candle to him, he's the best by a long shot

b (= dimension) scale ◆ **à l'échelle (de) 1/100 000** on a scale of 1 to 100,000 ◆ **croquis à l'échelle** scale drawing ◆ **le dessin est/n'est pas à l'échelle** the drawing is/is not to scale ◆ **carte à grande/petite échelle** large-/small-scale map ◆ **sur une grande échelle** on a large scale ◆ **à l'échelle nationale/mondiale** on a national/world(wide) scale ◆ **un monde à l'échelle de l'homme** a world on a human scale ◆ **à l'échelle de la firme** (et non d'une seule usine) at the level of the firm as a whole; (en rapport avec son importance) in proportion to the firm's size (ou requirements etc )

c [bas, collant] run, ladder (Brit)

d (dans les cheveux) **faire des échelles à qn** to cut sb's hair all unevenly

e (= gradation, Mus) scale; (= hiérarchie) ladder, scale ◆ **être au sommet de l'échelle** [poste] to be at the top of the ladder; [salaire] to be at the top of the scale

2 COMP ▷ **les échelles de Barbarie** the Ports of the Barbary Coast ▷ **échelle de Beaufort** Beaufort scale ▷ **échelle chromatique** (Mus) chromatic scale ▷ **échelle de corde** rope ladder ▷ **échelle coulissante** extending ou extension ladder ▷ **échelle de coupée** accommodation ladder ▷ **échelle double** high stepladder ▷ **échelle de gravité** [accidents nucléaires] international nuclear event scale ▷ **échelle d'incendie** fire escape ▷ **l'échelle de Jacob** (Bible) Jacob's ladder ▷ **les échelles du Levant** the Ports of the Levant ▷ **échelle de meunier** (wooden) step ladder ▷ **échelle mobile** [pompiers] extending ladder; (Écon) sliding scale ▷ **échelle de Richter** Richter scale ▷ **échelle des salaires** salary scale ▷ **échelle à saumons** salmon ladder ▷ **échelle sociale** social scale ou ladder ▷ **échelle des traitements** ⇒ **échelle des salaires** ▷ **échelle des valeurs** scale of values

**échelon** [eʃ(ə)lɔ̃] → SYN nm a [échelle] rung; [hiérarchie] step, grade ◆ **fonctionnaire au 8ème échelon** (Admin) official on grade 8 (of the salary scale) ◆ **être au dernier/premier échelon** (Admin) to be on the highest ou top/on the lowest ou bottom grade ◆ **monter d'un échelon dans la hiérarchie** to go up one step ou grade ou rung in the hierarchy ◆ **grimper rapidement les échelons** to climb the career ladder quickly, get quick promotion

b (= niveau) level ◆ **à l'échelon national** at the national level ◆ **à tous les échelons** (lit, fig) at every level

c (Mil = troupe) echelon

**échelonnement** [eʃ(ə)lɔnmɑ̃] → SYN nm a [objets] spacing out, spreading out

b [paiements] spreading (*sur* over); [congés, vacances] staggering (*sur* over)

c [exercices] (dans la complexité) grading; (dans le temps) gradual introduction

**échelonner** [eʃ(ə)lɔne] → SYN ▸ conjug 1 ◂ vt a [+ objets] to space out, spread out, place at intervals (*sur* over) ◆ **les bouées sont échelonnées à 50 mètres l'une de l'autre** the buoys are spaced ou placed 50 metres apart ◆ **les membres du service d'ordre sont échelonnés tout au long du parcours** the police are positioned ou stationed at intervals all along the route ◆ **les bâtiments s'échelonnent sur 3 km** the buildings are spaced out over 3 km

b [+ paiements] to spread (out) (*sur* over); [+ congés, vacances] to stagger (*sur* over)

c [+ exercices, difficultés] (dans la complexité) to grade; (dans le temps) to introduce gradually

d (Mil) to place in echelon, echelon

**échenilloir** [eʃ(ə)nijwaʀ] nm billhook, pruning hook

**écheveau**, pl **écheveaux** [eʃ(ə)vo] → SYN nm skein, hank; (fig) tangle, web

**échevelé, e** [eʃəv(ə)le] → SYN (ptp de **écheveler**) adj course, danse, rythme wild, frenzied ◆ **il était tout échevelé** his hair was tousled ou dishevelled

**écheveler** [eʃəv(ə)le] ▸ conjug 4 ◂ vt (littér) [+ personne] to ruffle ou tousle ou dishevel the hair of

**échevin** [eʃ(ə)vɛ̃] → SYN nm (Hist) alderman, principal county magistrate; (en Belgique) deputy burgomaster; (au Canada) municipal councillor, alderman

**échevinage** [eʃ(ə)vinaʒ] nm (Hist) aldermanry, aldermanship; (en Belgique) body of deputy burgomasters; (au Canada) municipal councillorship, aldermanry, aldermanship

**échevinat** [eʃ(ə)vina] nm (en Belgique) (= fonction) office of a deputy burgomaster; (= services) deputy burgomaster's offices

**échidné** [ekidne] nm spiny anteater, echidna (SPÉC)

**échiffer*** [eʃife] ▸ conjug 1 ◂ vt (Can) to tease, unravel

**échine** [eʃin] → SYN nf a (Anat) backbone, spine; (Culin) loin, chine ◆ **côte de porc dans l'échine** pork loin chop ◆ **il a l'échine souple** (fig) he kowtows to his superiors, he's a bit of a doormat ◆ **plier** ou **courber l'échine** to submit (*devant* to)

b (Archit) echinus

**échiner (s')** [eʃine] ▸ conjug 1 ◂ vpr (= travailler dur) to work o.s. to death ou into the ground (*à faire qch* doing sth) ◆ **s'échiner à répéter/écrire qch** to wear o.s. out repeating/writing sth

**échinocactus** [ekinokaktys] nm hedgehog cactus

**échinococcose** [ekinɔkɔkoz] nf echinococciasis

**échinocoque** [ekinɔkɔk] nm echinococcus

**échinodermes** [ekinɔdɛʀm] nmpl ◆ **les échinodermes** echinoderms, the Echinodermata (SPÉC)

**échiquéen, -enne** [eʃikeɛ̃, ɛn] adj chess (épith)

**échiqueté, e** [eʃikte] adj (Hér) checky

**échiquier** [eʃikje] [→ SYN] nm (Échecs) chessboard ◆ **l'échiquier politique/économique** the political/economic scene ◆ **notre place sur l'échiquier mondial** our place in the field ou on the scene of world affairs ◆ **en échiquier** in a chequered pattern ◆ **l'Échiquier** (Pol Brit) the Exchequer

**écho** [eko] [→ SYN] nm **a** (lit) echo ◆ **écho simple** echo ◆ **écho multiple** multiple echo ◆ **il y a de l'écho** (lit, fig) there's an echo ◆ **"toujours", répondit-il en écho** "always", he echoed

**b** (= rumeur) rumour, echo; (= témoignage) account, report; (= réponse) response ◆ **avez-vous eu des échos de la réunion ?** did you get any inkling of what went on at the meeting?, did anything come back to you from the meeting? ◆ **se faire l'écho de** [+ souhaits, opinions, inquiétudes] to echo, repeat; [+ rumeurs] to repeat, spread ◆ **sa proposition est restée sans écho** his suggestion wasn't taken up, nothing further came of his suggestion ◆ **l'écho donné par les médias à cette nouvelle** the coverage ou publicity given to this news item by the media ◆ **cette nouvelle n'a eu aucun écho dans la presse** this item got no coverage ou was not mentioned in the press ◆ **trouver un écho (chez)** to find an echo (among)

**c** (Presse = nouvelle) miscellaneous news item, item of gossip ◆ **(rubrique des) échos** gossip column

**échocardiogramme** [ekokaʀdjɔgʀam] nm echocardiogram

**échographie** [ekogʀafi] nf (= technique) ultrasound; (= examen) ultrasound (scan), echography, sonogram (US) ◆ **passer une échographie** to have an ultrasound (scan) ou an echography ou a sonogram (US)

**échographier** [ekogʀafje] ▸ conjug 1 ◂ vt ◆ **échographier qn** to give sb an ultrasound (scan)

**échographique** [ekogʀafik] adj étude, compte rendu ultrasound (épith), ultrasonographic ◆ **guidage échographique** ultrasound guidance

**échographiste** [ekogʀafist] nmf ultrasonographer

**échoir** [eʃwaʀ] [→ SYN] vi **a** (littér) **échoir (en partage) à qn** to fall to sb's share ou lot ◆ **il vous échoit de ...** it falls to you to ...

**b** [loyer, dettes] to fall due; [délai] to expire

**écholalie** [ekolali] nf echolalia

**écholocation** [ekolɔkasjɔ̃] nf echolocation

**échoppe**[1] † [eʃɔp] nf (= boutique) workshop; (sur un marché) stall, booth

**échoppe**[2] [eʃɔp] [→ SYN] nf (= burin) burin

**échopper** [eʃɔpe] ▸ conjug 1 ◂ vt to grave, gouge

**échotier, -ière** [ekɔtje, jɛʀ] nm,f gossip columnist

**échouage** [eʃwaʒ], **échouement** [eʃumɑ̃] nm (Naut) (= état) state of being aground; (= action) grounding, running aground

**échouer** [eʃwe] [→ SYN] ▸ conjug 1 ◂ **1** vi **a** [personne] to fail ◆ **échouer à un examen/dans une tentative** to fail an exam/in an attempt

**b** [tentative] to fail; [plan] to fail, fall through

**c** **faire échouer** [+ complot] to foil; [+ projet] to wreck, ruin ◆ **faire échouer les plans de l'ennemi** to foil the enemy's plans, thwart the enemy in his plans ◆ **on a fait échouer leur tentative** they were foiled in their attempt

**d** (= aboutir) to end up ◆ **nous avons échoué dans un petit hôtel** we ended up ou landed up in a small hotel

**e** (Naut) [bateau] to run aground; [débris d'épave] to be washed up; [baleine] to be beached ◆ **le bateau s'est échoué** ou **a échoué sur un écueil** the boat ran onto a reef ◆ **le bateau s'est échoué** ou **a échoué sur un banc de sable** the boat ran aground on ou ran onto a sandbank ◆ **bateau échoué** boat lying high and dry

**2** vt (Naut) (accidentellement) to ground; (volontairement) to beach ◆ **il a échoué sa barque sur un écueil** he ran his boat onto a reef

**3** **s'échouer** vpr → **1e**

**échu, e** [eʃy] (ptp de **échoir**) adj (Fin) due, outstanding ◆ **intérêts échus** outstanding interest ◆ **billets échus** bills overdue ◆ **obligations échues** matured bonds ◆ **effet non échu** unmatured bill ◆ **à terme échu** at the expiry date, when the fixed period has expired ◆ **les loyers sont versés à terme échu** rents are paid at the end of each rental period

**écimer** [esime] ▸ conjug 1 ◂ vt [+ arbre] to pollard, poll

**éclaboussement** [eklabusmɑ̃] nm splash

**éclabousser** [eklabuse] [→ SYN] ▸ conjug 1 ◂ vt to splash, spatter ◆ **éclabousser de sang** to spatter with blood ◆ **ils ont été éclaboussés par le scandale** their name has been smeared ou sullied ou tarnished by the scandal ◆ **éclabousser qn de son luxe** (éblouir) to dazzle sb with a show of wealth; (humilier) to overwhelm sb with a show of wealth

**éclaboussure** [eklabusyʀ] [→ SYN] nf [boue] splash; [sang] spatter; (sur la réputation) stain, smear, blot ◆ **il y a des éclaboussures sur la glace** there are smears ou spots on the mirror

**éclair** [eklɛʀ] [→ SYN] **1** nm **a** (Mét) flash of lightning; (Photo) flash ◆ **il y a des éclairs** there's lightning, there are flashes of lightning ◆ **éclairs de chaleur** summer lightning ◆ **éclair de magnésium** magnesium flash

**b** [intelligence, génie] flash, spark ◆ **éclair de malice** mischievous glint ◆ **dans un éclair de lucidité** in a moment ou flash of lucidity ◆ **ses yeux lançaient des éclairs (de colère)** her eyes blazed with anger

**c** (LOC) **comme un éclair** like a flash, like greased lightning * ◆ **passer comme un éclair** [coureur] to dart ou flash past ou by; [moment] to fly ou flash past ou by ◆ **en un éclair** in a flash, in a split second; → **rapide**

**d** (Culin) éclair

**2** adj inv attaque, victoire lightning (épith); visite lightning (épith), flying (épith); (Échecs) partie lightning (épith) ◆ **voyage éclair** flying visit ◆ **raid éclair** (Aviat) blitz raid; (Mil) hit-and-run raid ◆ **son passage éclair au pouvoir** his brief spell in power; → **fermeture, guerre**

**éclairage** [eklɛʀaʒ] [→ SYN] nm **a** (artificiel) lighting; (= niveau de luminosité) light (level) ◆ **sous cet éclairage** in this light ◆ **éclairage à l'électricité** electric lighting ◆ **éclairage au néon** neon lighting ◆ **éclairage direct/indirect/d'ambiance** direct/indirect ou concealed/subdued lighting ◆ **l'éclairage est insuffisant pour faire une bonne photo** there isn't enough light to take a good photograph ◆ **les éclairages** (Théât, Ciné) (= projecteurs) the lights; (= effets de lumière) the lighting effects ◆ **l'éclairage** ou **les éclairages du Tintoret** (Art) Tintoretto's use of light

**b** (= action d'éclairer) lighting ◆ **l'éclairage public** ou **des rues** street lighting

**c** (= point de vue) light ◆ **sous cet éclairage** in this light ◆ **donner** ou **apporter un nouvel éclairage à qch** to shed ou cast new light on sth ◆ **apporter un éclairage intéressant/différent sur qch** to give an interesting/different perspective to sth ◆ **ces informations apportent un premier éclairage sur ce qui s'est passé** this information provides us with a first indication of what happened

**éclairagisme** [eklɛʀaʒism] nm lighting techniques ou engineering

**éclairagiste** [eklɛʀaʒist] nmf (Théât) electrician; (Ciné) lighting engineer

**éclairant, e** [eklɛʀɑ̃, ɑ̃t] adj (lit) pouvoir, propriétés lighting (épith); (fig) illuminating, enlightening; → **fusée**

**éclaircie** [eklɛʀsi] [→ SYN] nf **a** (Mét) bright interval, sunny spell

**b** (dans la vie) bright spot ou interval; (dans une situation) upturn, upswing

**c** [arbres] thinning

**éclaircir** [eklɛʀsiʀ] [→ SYN] ▸ conjug 2 ◂ **1** vt **a** [+ teinte] to lighten; [+ pièce] to brighten up, make brighter ◆ **cela éclaircit le teint** it brightens the complexion

**b** (= désépaissir) [+ soupe] to make thinner, thin (down); [+ plantes] to thin (out); [+ arbres, cheveux] to thin

**c** [+ mystère] to clear up, solve; [+ question, pensée, situation] to clarify, make clear; [+ meurtre] to solve ◆ **pouvez-vous nous éclaircir sur ce point ?** can you enlighten us on this point?

**2** **s'éclaircir** vpr **a** [ciel] to clear; [temps] to clear up ◆ **s'éclaircir la voix** ou **la gorge** to clear one's throat

**b** [arbres, foule] to thin out; [cheveux] to thin, get ou grow thin ou thinner ◆ **les rangs de leurs alliés se sont éclaircis** their allies are getting thin on the ground

**c** [idées, situation] to grow ou become clearer; [mystère] to be solved ou explained

**éclaircissant, e** [eklɛʀsisɑ̃, ɑ̃t] adj ◆ **shampooing éclaircissant** shampoo for lightening the hair

**éclaircissement** [eklɛʀsismɑ̃] [→ SYN] nm **a** [mystère] solving, clearing up; [texte obscur] clarification; (= explication) explanation ◆ **j'exige des éclaircissements sur votre attitude** I demand some explanation of your attitude ◆ **demande d'éclaircissement** (Jur) request for clarification

**b** [cheveux] **se faire faire un éclaircissement** to have one's hair lightened

**éclairé, e** [ekleʀe] [→ SYN] (ptp de **éclairer**) adj public, minorité, avis, despote enlightened

**éclairement** [eklɛʀmɑ̃] nm (Phys) illumination

**éclairer** [ekleʀe] [→ SYN] ▸ conjug 1 ◂ **1** vt **a** [lampe] to light (up); [soleil] to shine (down) on ◆ **une seule fenêtre était éclairée** there was a light in only one window, only one window was lit up ◆ **café éclairé au néon** café with neon lights ◆ **une grande baie éclairait l'entrée** a large bay window brought light into the hall ◆ **ce papier peint éclaire le couloir** this wallpaper makes the passage look lighter ou brighter ◆ **deux grands yeux éclairaient son visage** (littér) her large eyes seemed to light up her face ◆ **un sourire éclaira son visage** a smile lit up his face ◆ **bien/mal éclairé** well-/badly-lit

**b** [+ problème, situation] to throw ou shed light on, clarify; [+ auteur, texte] to throw light on ◆ **éclairer qch d'un jour nouveau** to shed ou cast new light on sth

**c** **éclairer qn** (= montrer le chemin) to light the way for sb; (= renseigner) to enlighten sb (*sur* about) ◆ **éclairer la lanterne de qn** to put sb in the picture *

**d** (Mil) **éclairer le terrain** to reconnoitre (Brit) ou reconnoiter (US) the area, scout the area ◆ **éclairer un régiment** to reconnoitre (Brit) ou reconnoiter (US) for a regiment ◆ **éclairer la route** to scout out the route

**2** vi ◆ **éclairer bien/mal** to give a good/poor light

**3** **s'éclairer** vpr **a** [rue] to be lit; [visage] to light up, brighten (up)

**b** [situation] to get clearer ◆ **tout s'éclaire !** it's all becoming clear!

**c** **s'éclairer à l'électricité** to have electric light ◆ **s'éclairer à la bougie** to use candlelight ◆ **prends une lampe pour t'éclairer** take a lamp to light the way

**éclaireur** [eklɛʀœʀ] nm **a** (Mil) scout ◆ **avion éclaireur** reconnaissance plane ◆ **partir en éclaireur** (lit) to go and scout around; (fig) to go on ahead

**b** (Scoutisme) (boy) scout

**éclaireuse** [eklɛʀøz] nf (girl) guide (Brit), girl scout (US)

**éclampsie** [eklɑ̃psi] nf eclampsia

**éclamptique** [eklɑ̃ptik] adj eclamptic

**éclat** [ekla] [→ SYN] nm **a** [os, verre] splinter, fragment; [bois] splinter, sliver; [grenade, pierre] fragment ◆ **éclat d'obus** piece of shrapnel ◆ **des éclats d'obus** shrapnel; → **voler**[1]

**b** [lumière, métal, soleil] brightness, brilliance; (aveuglant) glare; [diamant, pierreries] flash, brilliance, sparkle; [couleur] brightness, vividness; [braise] glow; [vernis] shine, gloss; [satin, bronze] sheen; [perle] lustre ◆ **l'éclat des phares** (Aut) the glare of the headlights ◆ **l'éclat (des lumières) de la rampe** (Théât) the blaze ou glare of the footlights

**c** [yeux] brightness, sparkle; [teint, beauté] radiance ◆ **dans tout l'éclat de sa jeunesse** in the full radiance ou bloom of her youth ◆ **perdre son éclat** [personne] to lose one's sparkle ◆ **pour retrouver l'éclat de votre sourire** to put the sparkle back into your smile

**d** [cérémonie] glamour (Brit), glamor (US), splendour (Brit), splendor (US); [nom] fame; [richesse, époque] brilliance, glamour (Brit), glamor (US); [personnage] glamour (Brit), glamor (US) ◆ **donner de l'éclat à qch** to lend glamour to sth ◆ **réception donnée avec éclat** sumptuous ou dazzling reception ◆ **ça s'est déroulé sans éclat** it passed off quietly ou without fuss ◆ **sans éclat** personnalité, interprétation lacklustre (Brit), lackluster (US) ◆ **coup** ou **action d'éclat** (= exploit) (glorious) feat

**e** (= scandale) fuss (NonC), commotion (NonC) ◆ **faire un éclat** ou **un coup d'éclat** to make ou cause a fuss, create a commotion

**f** (= bruit) **éclats de voix** shouts ◆ **sans éclat de voix** without voices being raised ◆ **avec un soudain éclat de colère** in a sudden blaze of anger ◆ **éclat de rire** roar ou burst of laughter ◆ **on l'accueillit avec des éclats de rire** his arrival was greeted with roars ou shouts of laughter ◆ **"oui", dit-il dans un éclat de rire** "yes", he said with a peal of laughter

**éclatant, e** [eklatɑ̃, ɑ̃t] → SYN adj **a** lumière bright, brilliant; (= aveuglant) glaring; couleur bright, vivid; feu, soleil blazing; blancheur dazzling

**b** teint blooming, radiant; beauté radiant, dazzling; sourire sparkling, dazzling ◆ **éclatant de santé** radiant with health

**c** succès dazzling, resounding; revanche shattering, devastating; victoire resounding; gloire shining; vérité manifest, self-evident; exemple striking, shining; mensonge blatant

**d** rire, bruit loud; voix loud, ringing; musique blaring (péj), loud

**e** ⁑ fête, musique super, fab * (Brit)

**éclate** ⁑ [eklat] nf ◆ **c'est l'éclate totale** it's brilliant *

**éclaté, e** [eklate] 1 adj initiatives, marché fragmented; paysage politique confused, fragmented

2 nm exploded view

**éclatement** [eklatmɑ̃] → SYN nm [bombe, mine] explosion; [obus] bursting, explosion; [pneu, ballon] bursting; [veine] rupture; [parti] break-up, split (*de* in); [marché] fragmentation ◆ **à cause de l'éclatement d'un pneu** as a result of a burst tyre ◆ **l'éclatement d'une bombe/d'un obus le couvrit de terre** an exploding bomb/shell covered him with earth

**éclater** [eklate] → SYN ▸ conjug 1 ◂ 1 vi **a** [mine, bombe] to explode, blow up; [obus] to burst, explode; [veine] to rupture; [bourgeon] to burst open; [pneu, chaudière] to burst; [verre] to splinter, shatter; [parti, ville, services, structures familiales] to break up ◆ **j'ai cru que ma tête allait éclater** I thought my head was going to burst

**b** [incendie, épidémie, guerre] to break out; [orage, scandale, nouvelle] to break ◆ **la nouvelle a éclaté comme un coup de tonnerre** the news came as ou was a bolt from the blue, the news was a real bombshell

**c** (= retentir) **des cris ont éclaté** shouts were raised ◆ **une détonation éclata** there was an explosion ◆ **une fanfare éclata** there was a sudden flourish of trumpets ◆ **un coup de fusil a éclaté** there was the crack of a rifle ◆ **un coup de tonnerre éclata** there was a sudden peal of thunder ◆ **des rires/des applaudissements ont éclaté** there was a roar of laughter/a burst of applause, laughter/applause broke out

**d** (= se manifester) [vérité, bonne foi] to shine out, shine forth (littér); [mauvaise foi] to be blatant ◆ **sa joie** ou **la joie éclate dans ses yeux/sur son visage** his eyes are/face is shining with joy

**e** **éclater de rire** to burst out laughing ◆ **il éclata (de rage)** he exploded (with rage) ◆ **éclater en menaces** ou **en reproches** to inveigh (*contre* against), rail (*contre* at, against) ◆ **éclater en sanglots** to burst into tears ◆ **nous avons éclaté en protestations devant sa décision** we protested angrily at his decision

**f** **faire éclater** [+ mine] to detonate, blow up; [+ bombe, obus] to explode; [+ poudrière] to blow up; [+ pétard] to let ou set off; [+ ballon] to burst; [+ tuyau] to burst, crack; [+ verre] to shatter, splinter ◆ **cette remarque l'a fait éclater (de colère)** he exploded at this remark ◆ **faire** ou **laisser éclater sa joie** to give free rein to one's joy ◆ **faire** ou **laisser éclater sa colère** to give vent ou give free rein to one's anger

2 vt * ◆ **je vais l'éclater, je vais lui éclater la tête** (= frapper) I'm going to smash his face in ⁑

3 **s'éclater** ⁑ vpr (= se défouler) to have a ball * ◆ **s'éclater à faire** ou **en faisant qch** to get one's kicks * doing sth

**éclateur** [eklatœʀ] nm (Élec) spark gap

**éclectique** [eklɛktik] → SYN adj eclectic

**éclectisme** [eklɛktism] → SYN nm eclecticism

**éclimètre** [eklimɛtʀ] nm clinometer

**éclipse** [eklips] → SYN nf (Astron, fig) eclipse ◆ **éclipse partielle/totale (de soleil/lune)** partial/total eclipse (of the sun/moon) ◆ **éclipse annulaire** annular eclipse ◆ **carrière à éclipses** career with ups and downs ◆ **personnalité à éclipses** public figure who comes and goes, figure who is in and out of the public eye

**éclipser** [eklipse] → SYN ▸ conjug 1 ◂ 1 vt (Astron) to eclipse; [événement, gloire] to eclipse, overshadow; [personne] to eclipse, overshadow, outshine

2 **s'éclipser** vpr [personne] to slip away, slip out

**écliptique** [ekliptik] adj, nm ecliptic

**éclisse** [eklis] nf (Méd) splint; (Rail) fishplate; [violon] rib; (à fromage) wicker tray

**éclisser** [eklise] ▸ conjug 1 ◂ vt (Méd) to splint, put in splints; (Rail) to join with fishplates

**éclopé, e** [eklɔpe] → SYN 1 adj personne limping, lame; cheval lame

2 nm,f (hum) (dans une bagarre) (slightly) wounded person; (dans un accident) (slightly) injured person

**éclore** [eklɔʀ] → SYN ▸ conjug 45 ◂ vi **a** [œuf] to hatch; [poussin, larve] to hatch (out) ◆ **faire éclore** [+ œuf] to hatch

**b** [plan, idée] to take form; [association, secte] to appear

**c** [fleur] to open; (littér) [amour, talent, jour] to be born ◆ **fleur à peine éclose/fraîche éclose** budding/fresh-blown flower ◆ **faire éclore** [+ sentiment] to kindle; [+ qualités] to draw forth

**écloserie** [eklozʀi] nf hatchery

**éclosion** [eklozjɔ̃] → SYN nf **a** [œuf, poussin, larve] hatching

**b** [idée] forming; [association, secte] appearance

**c** [fleur] opening; (littér) [amour, talent, jour] birth, dawn

**écluse** [eklyz] → SYN nf (Naut) lock ◆ **porte d'écluse** lock gate ◆ **lâcher** ou **ouvrir les écluses** * (fig) to turn on the waterworks *

**éclusée** [eklyze] nf sluice *(amount of water contained in a lock)*

**écluser** [eklyze] → SYN ▸ conjug 1 ◂ vt **a** (⁑ = boire) to down *, knock back ⁑ ◆ **qu'est-ce qu'il a éclusé !** he really knocked it back! ⁑

**b** (Tech) [+ canal] to lock, sluice; [+ bateau] to lock

**éclusier, -ière** [eklyzje, jɛʀ] nm,f lock keeper

**écobilan** [ekobilɑ̃] nm life-cycle analysis

**écobuage** [ekɔbyaʒ] nm burnbeating

**écobuer** [ekɔbɥe] ▸ conjug 1 ◂ vt to burnbeat

**écocide** [ekosid] nm ecocide

**écodéveloppement** [ekodevlɔpmɑ̃] nm ecodevelopment

**écœurant, e** [ekœʀɑ̃, ɑ̃t] → SYN adj conduite disgusting, sickening; personne loathsome; gâteau, boisson sickly (sweet); goût sickly, cloying; richesse obscene; talent, succès sickening ◆ **elle a une chance écœurante** she is so lucky it makes you sick ou it's sickening

**écœurement** [ekœʀmɑ̃] → SYN nm (= dégoût) (lit) nausea; (fig) disgust; (= lassitude) disillusionment, discouragement ◆ **manger/boire jusqu'à écœurement** to eat/drink o.s. sick ◆ **manger de la crème jusqu'à écœurement** to eat cream until one feels sick

**écœurer** [ekœʀe] → SYN ▸ conjug 1 ◂ vt ◆ **écœurer qn** [gâteau, boisson] to make sb feel sick; [conduite, personne] to disgust sb, nauseate sb, make sb sick; [avantage, chance] to make sb sick, sicken sb; [échec, déception] to discourage sb, sicken sb

**écoinçon** [ekwɛ̃sɔ̃] nm (Constr) quoin ◆ **meuble en écoinçon** corner unit

**éco-industrie**, pl **éco-industries** [ekoɛ̃dystʀi] nf green-technology industry

**écolabel** [ekolabɛl] nm eco-label

**écolage** [ekɔlaʒ] nm (Helv) (school) fees (Brit), tuition (US)

**école** [ekɔl] → SYN 1 nf **a** (= établissement) school ◆ **avion-/navire-école** training plane/ship ◆ **ferme-école** teaching farm ◆ **l'école reprend dans une semaine** school starts again in a week's time ◆ **aller à l'école** [élève] to go to school; [visiteur] to go to the school ◆ **envoyer** ou **mettre un enfant à l'école** to send a child to school ◆ **grande école** (Univ) *prestigious higher education institute with competitive entrance examination* ◆ **il va/est à la grande école** * (école primaire) he goes to/is at primary school ◆ **"L'École des Femmes"** (Littérat) "The School for Wives"

**b** (= enseignement) schooling; (= système scolaire) school system ◆ **l'école gratuite** free education ◆ **l'école en France** the French school system ◆ **les partisans de l'école laïque** the supporters of secular state education ◆ **elle fait l'école depuis 15 ans** † she's been teaching for 15 years

**c** (Art, Philos) school ◆ **un tableau/peintre de l'école florentine** a painting/painter of the Florentine School ◆ **querelle d'écoles** petty quarrel between factions ◆ **son œuvre est une école de courage/de vertu** his work presents us with an inspiring model of courage/virtue ◆ **la lexicographie est une école de rigueur** you learn to be very rigorous when doing lexicography

**d** (Loc) **être à bonne école** to be in good hands ◆ **il a été à dure** ou **rude école** he learned about life the hard way ◆ **à l'école de qn** under sb's guidance ◆ **apprendre la vie à l'école de la pauvreté** to be schooled by poverty ◆ **faire l'école buissonnière** to play truant (Brit) ou hooky (US) ◆ **faire école** [personne] to acquire a following; [théorie] to gain widespread acceptance ◆ **il est de la vieille école** he belongs to ou is one of the old school

2 COMP ▷ **école de l'air** flying school ▷ **école d'application** (Mil) officers' training school ▷ **école des Beaux-Arts** ≈ art college ▷ **École centrale (des arts et manufactures)** *prestigious college of engineering* ▷ **école de commerce** business school ◆ **elle a fait une école de commerce** she went to business school ▷ **école de conduite** driving school ▷ **école de danse** (gén) dancing school; (classique) ballet school ▷ **école de dessin** art school ▷ **école élémentaire** elementary school ▷ **école hôtelière** catering school, hotel management school ▷ **école libre** sectarian ou denominational school ▷ **école militaire** military academy ▷ **École nationale d'administration** *prestigious college training senior civil servants* ▷ **École nationale supérieure de chimie** *national college of chemical engineering* ▷ **École nationale supérieure d'ingénieurs** *national college of engineering* ▷ **école de neige** ski school ▷ **École normale** ≈ teacher training college ▷ **École normale supérieure** *grande école for training of teachers* ▷ **école de pensée** school of thought ▷ **école de police** police academy ▷ **école de secrétariat** secretarial college; → **haut** ; → GRANDES ÉCOLES

**ÉCOLE NATIONALE D'ADMINISTRATION**

The "École nationale d'administration" or "ENA", in Strasbourg (formerly in Paris), is a competitive-entrance college training top civil servants such as diplomats, "préfets" and "inspecteurs des finances". Because so many ministers and high-ranking decision-makers are "énarques" (ex-students of ENA), the school has often been criticized for exercising too much influence, and French political life is perceived by some as being monopolised by the so-called "énarchie". → CONCOURS

**écolier** [ekɔlje] → SYN nm schoolboy; (= novice) novice ◆ **papier (format) écolier** exercise (book) paper; → **chemin**

**écolière** [ekɔljɛʀ] nf schoolgirl

**écolo** * [ekɔlo] 1 adj (abrév de **écologique, écologiste**) ◆ **il est très écolo** he's very ecology-minded, he's an eco-freak *

2 nmf (abrév de **écologiste**) ecologist

**écologie** [ekɔlɔʒi] → SYN nf ecology

**écologique** [ekɔlɔʒik] → SYN adj **a** catastrophe ecological, environmental; équilibre ecological

**b** produit eco-friendly, environmentally friendly

**c** (Pol) association ecological, environmentalist; discours, politique on ecological issues; conscience, préoccupation ecological ◆ **mouvement écologique** ecological ou ecology ou green movement, ecomovement ◆ **la cause écologique** the green cause

**écologisme** [ekɔlɔʒism] nm environmentalism

**écologiste** [ekɔlɔʒist] 1 adj candidat green (épith), ecological (épith), ecologist (épith); vote green (épith); action, idée green (épith), ecologist (épith), ecology (épith) ◆ **militant écologiste** green ou ecology activist ◆ **mouvement écologiste** ecological ou ecology ou green movement, ecomovement

2 nmf (= spécialiste d'écologie) ecologist, environmentalist; (Pol) ecologist; (= partisan) environmentalist

**écologue** [ekɔlɔg] nmf ecology expert ◆ **ingénieur écologue** ecological engineer

**écomusée** [ekomyze] nm eco-museum

**éconduire** [ekɔ̃dɥiʀ] → SYN ▸ conjug 38 ◂ vt [+ visiteur] to dismiss; [+ soupirant] to reject; [+ solliciteur] to turn away

**éconocroques** ‡ [ekɔnɔkʀɔk] nfpl savings

**économat** [ekɔnɔma] → SYN nm (= fonction) bursarship, stewardship; (= bureau) bursar's office, steward's office; (= magasin) staff cooperative ou store

**économe** [ekɔnɔm] → SYN 1 adj thrifty ◆ **elle est très économe** she's very careful with money ◆ **être économe de son temps/ses efforts** to be sparing of one's time/efforts ◆ **il n'est jamais économe de conseils** he's always full of advice ◆ **une production de plus en plus économe de main-d'œuvre** a system of production which requires less and less manpower

2 nmf bursar, steward

3 nm ◆ **(couteau) économe** (vegetable) peeler, paring knife

**éconómètre** [ekɔnɔmɛtʀ] nmf, **économétricien, -ienne** [ekɔnɔmetʀisjɛ̃, jɛn] nm,f econometrician

**économétrie** [ekɔnɔmetʀi] nf econometrics sg

**économétrique** [ekɔnɔmetʀik] adj econometric

**économie** [ekɔnɔmi] → SYN 1 nf **a** (= science) economics sg; (Pol = système) economy ◆ **économie politique/monétaire** political/cash economy ◆ **économie de troc** barter economy ◆ **économie dirigée** state-controlled ou centrally-planned economy ◆ **économie de marché** free market ou free enterprise economy ◆ **nouvelle économie** new economy ◆ **économie souterraine** underground economy ◆ **économie formelle/informelle** formal/informal economy ◆ **économie domestique** (Scol) home economics

**b** (NonC = épargne) economy, thrift ◆ **par économie** for the sake of economy ◆ **il a le sens de l'économie** he's careful with money, he's thrifty

**c** (= gain) saving ◆ **faire une économie de temps/d'argent** to save time/money ◆ **représenter une économie de temps** to represent a saving in time ◆ **procédé permettant une économie de temps/de main-d'œuvre** time-saving/labour-saving process ◆ **elle fait l'économie d'un repas par jour** she goes ou does without one meal a day ◆ **j'ai fait l'économie d'une visite** I've saved myself a visit ◆ **avec une grande économie de moyens** with very restricted ou limited means ◆ **économie d'échelle** economy of scale

**d** [livre] arrangement; [projet] organization

2 **économies** nfpl (= gains) savings ◆ **avoir des économies** to have (some) savings, have some money saved up ◆ **faire des économies** to save up, put money by ◆ **faire des économies de chauffage** to economize on heating ◆ **les économies d'énergie sont nécessaires** energy conservation is essential ◆ **réaliser d'importantes économies d'énergie** to make significant energy savings ou make significant savings on one's fuel ou heating bills ◆ **économies budgétaires** budget savings ◆ **il n'y a pas de petites économies** every little helps look after the pennies and the pounds will look after themselves (Prov) (Brit) ◆ **faire des économies de bouts de chandelle** (péj) to make cheeseparing economies

**économique** [ekɔnɔmik] → SYN adj **a** (Écon) economic

**b** (= bon marché) economical; (Aut) fuel-efficient ◆ **cycle économique** [machine à laver] economy cycle ◆ **classe économique** (Aviat) economy class

**économiquement** [ekɔnɔmikmɑ̃] adv economically ◆ **les économiquement faibles** the lower-income groups

**économiser** [ekɔnɔmize] → SYN ▸ conjug 1 ◂ vt [+ électricité] to economize on, save on; [+ énergie] to conserve, save; [+ temps] to save; [+ argent] to save up, put aside ◆ **économiser ses forces** to save one's strength ◆ **économiser sur le chauffage** to economize on ou cut down on heating ◆ **économise ta salive** ou **tes paroles** don't waste your breath

**économiseur** [ekɔnɔmizœʀ] nm ◆ **économiseur (de carburant)** (Aut) fuel-saving device ◆ **économiseur d'écran** (Ordin) screen saver

**économisme** [ekɔnɔmism] nm economism

**économiste** [ekɔnɔmist] nmf economist

**écope** [ekɔp] nf (Naut) bailer, baler, scoop

**écoper** [ekɔpe] → SYN ▸ conjug 1 ◂ vti **a** (Naut) to bail ou bale (out)

**b** (* = prendre) **écoper (d')une punition** to catch it *, get it *, cop it ‡ (Brit) ◆ **écoper de trois ans de prison** * to get a three-year sentence, be sent down for three years * ◆ **c'est moi qui ai écopé** I was the one that took the rap * ◆ **il a écopé pour les autres** he took the rap for the others *

**écoperche** [ekɔpɛʀʃ] nf (= perche) scaffold pole ou standard; (avec poulie) derrick

**écoproduit** [ekopʀɔdɥi] nm environmentally-friendly ou eco-friendly product

**écorce** [ekɔʀs] → SYN nf [arbre] bark; [orange] peel, skin ◆ **l'écorce terrestre** (Géol) the earth's crust ◆ **canot d'écorce** (Can) bark canoe

**écorcer** [ekɔʀse] ▸ conjug 3 ◂ vt [+ fruit] to peel; [+ arbre] to bark, strip the bark from

**écorceur, -euse** [ekɔʀsœʀ, øz] 1 nm,f (= personne) barker

2 **écorceuse** nf (= machine) barker

**écorché** [ekɔʀʃe] → SYN nm (Anat) écorché; (Tech) cut-away (diagram) ◆ **c'est un écorché vif** (fig) he's a tormented soul

**écorchement** [ekɔʀʃəmɑ̃] nm [animal] skinning

**écorcher** [ekɔʀʃe] → SYN ▸ conjug 1 ◂ vt **a** (= dépecer) [+ animal] to skin ◆ **écorché vif** flayed alive

**b** (= égratigner) [+ peau, visage] to scratch, graze; [+ genoux] to graze, scrape ◆ **il s'est écorché les genoux** he grazed his knees

**c** (par frottement) to chafe, rub; [+ cheval] to gall

**d** [+ mot, nom] to mispronounce ◆ **il écorche l'allemand** his German's terrible

**e** († = escroquer) **écorcher le client** to fleece * one's customers

**f** **écorcher les oreilles de qn** [bruit] to grate on sb's ears; [personne] to hurt sb's ears

**écorchure** [ekɔʀʃyʀ] → SYN nf [peau, visage] scratch, graze; [genou] graze

**éco-recharge,** pl **éco-recharges** [ekoʀ(ə)ʃaʀʒ] nf eco-refill

**écorner** [ekɔʀne] → SYN ▸ conjug 1 ◂ vt [+ meuble] to chip the corner of; [+ livre] to turn down the corner of; [+ économies, fortune] to make a hole ou a dent in ◆ **livre tout écorné** dog-eared book

**écornifler** * † [ekɔʀnifle] ▸ conjug 1 ◂ vt to cadge, scrounge (*chez qn* from sb)

**écornifleur, -euse** * † [ekɔʀniflœʀ, øz] → SYN nm,f cadger, scrounger

**écornure** [ekɔʀnyʀ] nf chip

**écossais, e** [ekɔsɛ, ɛz] 1 adj (gén) Scottish, Scots (épith); whisky Scotch; tissu tartan; → **douche**

2 nm **a** **Écossais** Scot, Scotsman ◆ **les Écossais** the Scots

**b** (Ling) (= dialecte anglais) Scots; (= dialecte gaélique) Gaelic

**c** (= tissu) tartan (cloth)

3 **Écossaise** nf Scot, Scotswoman

**Écosse** [ekɔs] nf Scotland

**écosser** [ekɔse] → SYN ▸ conjug 1 ◂ vt to shell, pod ◆ **petits pois à écosser** peas in the pod; → **haricot**

**écosystème** [ekosistɛm] nm ecosystem

**écot** [eko] → SYN nm (= quote-part) share (of a bill) ◆ **chacun de nous a payé son écot** we all paid our share

**écotaxe** [ekotaks] nf green tax, environment tax

**écoté, e** [ekɔte] adj (Hér) lopped

**écotype** [ekotip] nm ecotype

**écoulement** [ekulmɑ̃] → SYN nm **a** [eau] flow ◆ **tuyau/fossé d'écoulement** drainage pipe/ditch ◆ **écoulement d'air** air flow

**b** [humeur, pus] discharge ◆ **écoulement de sang** flow of blood, bleeding

**c** [foule] dispersal; [temps] passage, passing ◆ **l'écoulement des voitures** the flow of traffic

**d** (Comm) selling ◆ **articles d'écoulement facile** quick-selling ou fast-moving articles

**écouler** [ekule] → SYN ▸ conjug 1 ◂ 1 vt (Comm) to sell ◆ **écouler des faux billets** to get rid of ou dispose of counterfeit money ◆ **on n'arrive pas à écouler ce stock** this stock isn't moving ou selling, we can't shift this stock ◆ **nous avons écoulé tout notre stock** we've cleared all our stock

2 **s'écouler** vpr **a** [liquide] (= suinter) to seep ou ooze (out); (= fuir) to leak (out); (= couler) to flow (out); [pus] to ooze out ◆ **s'écouler à grands flots** to pour out

**b** [temps] to pass (by), go by; [argent] to disappear, melt away; [foule] to disperse, drift away ◆ **en réfléchissant sur sa vie écoulée** thinking over his past life ◆ **10 ans s'étaient écoulés** 10 years had passed ou had elapsed ou had gone by ◆ **les fonds s'écoulent vite** (the) funds are soon spent ou exhausted

**c** (Comm) to sell ◆ **marchandise qui s'écoule bien** quick-selling ou fast-moving item ◆ **nos produits se sont bien écoulés** our products have sold well

**écoumène** [ekumɛn] nm ⇒ **œkoumène**

**écourter** [ekuʀte] → SYN ▸ conjug 1 ◂ vt [+ bâton] to shorten; [+ visite, attente, supplice, adieux] to cut short, shorten; [+ texte, discours] to shorten, cut down; [+ queue] to dock

**écoutant, e** [ekutɑ̃, ɑt] nm,f telephone counsellor

**écoute** [ekut] nf **a** (= attention) **ces personnes recherchent un réconfort, une écoute** what these people are looking for is some consolation and a sympathetic ear ◆ **une écoute attentive du patient peut ...** listening attentively to what the patient has to say can ... ◆ **être à l'écoute de** [+ opinion publique, pays] to be in touch with, listen to; [+ enfant, revendications] to listen to; [+ marché] to have one's finger on the pulse of ◆ **il faut être à l'écoute de son corps** you should listen to what your body is telling you

**b** **être aux écoutes** † to be listening (*de* to); (= épier) to listen in, eavesdrop (*de* on); (= être aux aguets) to be on the look-out (*de* for), keep one's ears open (*de* for)

**c** (Radio) listening (*de* to) ◆ **être à l'écoute de** to be tuned in to, be listening to ◆ **se mettre à** ou **prendre l'écoute** to tune in ◆ **nous restons à l'écoute** we are staying tuned ◆ **reprendre l'écoute** to retune ◆ **heures de grande écoute** (Radio) peak listening hours; (TV) prime time, peak viewing hours ◆ **avoir une grande écoute** (Radio, TV) to have a large audience ◆ **avoir une grande écoute féminine** to have a large female audience ou a large number of women listeners (Radio) ou viewers (TV) ◆ **indice d'écoute** audience ratings

**d** (Mil, Police) **écoutes téléphoniques** phone-tapping ◆ **ils sont sur écoute(s)** their phone is being tapped ◆ **mettre qn sur écoute(s)** to tap sb's phone ◆ **la mise sur écoute(s) du ministre** tapping the minister's phone; → **table**

**e** (Mus) **pour une meilleure écoute** for better sound quality; → **confort**

**f** (Naut) sheet

**g** [sanglier] **écoutes** ears

**écouter** [ekute] → SYN ▸ conjug 1 ◂ **1** vt **a** [+ discours, chanteur, radio, disque] to listen to ◆ **écoute !** listen! ◆ **(allô, oui) j'écoute** hello! ◆ **j'ai été écouter sa conférence** I went to hear his lecture ◆ **écoutons ce qu'il dit** let's listen to ou hear what he has to say ◆ **écouter qn jusqu'au bout** to hear sb out ◆ **écouter qch/qn secrètement** to eavesdrop on sth/sb ◆ **écouter qn parler** to hear sb speak ◆ **savoir écouter** to be a good listener ◆ **écouter aux portes** to eavesdrop ◆ **écouter de toutes ses oreilles** to be all ears, listen with both ears ◆ **n'écouter que d'une oreille** to listen with only half an ear ◆ **faire écouter un disque/une chanson à qn** to play sb a record/a song

**b** [+ justification, confidence] to listen to; (Jur, Rel) to hear ◆ **écoute-moi au moins !** at least listen to ou hear what I have to say!

**c** [+ conseil] to listen to, take notice of ◆ **écoute-moi** listen to me ◆ **refuser d'écouter un conseil** to turn a deaf ear to advice, disregard a piece of advice ◆ **bon, écoute !** look!, listen! ◆ **aide-moi, écoute !** come on – help me! ◆ **écoute, c'est bien simple** look ou listen – it's quite simple ◆ **il se fait écouter du ministre** he has the ear of the minister ◆ **c'est quelqu'un de très écouté** his opinion is highly valued ◆ **ses conseils sont très écoutés** his advice is greatly valued ou greatly sought after

**d** (= obéir à) to listen to ◆ **écouter ses parents** to listen to ou obey one's parents ◆ **vas-tu (m')écouter !** will you listen to me! ◆ **faire écouter qn** to get sb to listen ◆ **son père saura le faire écouter** his father will get him to do as he's told ◆ **il sait se faire écouter** he's good at getting people to do what he says ◆ **écouter ses envies/son cœur** to be guided by one's desires/one's heart ◆ **il faut apprendre à écouter son corps** you must listen to what your body is telling you ◆ **n'écoutant que son courage** letting (his) courage be his only guide

**2** **s'écouter** vpr [malade] ◆ **elle s'écoute trop** she coddles herself ◆ **si je m'écoutais je n'irais pas** if I were to take my own advice I wouldn't go ◆ **s'écouter parler** to savour one's words ◆ **il aime s'écouter parler** he loves the sound of his own voice

**écouteur, -euse** [ekutœʀ, øz] **1** nm,f (littér = personne) (attentif) listener; (indiscret) eavesdropper

**2** nm [téléphone] earpiece ◆ **écouteurs** (Radio) earphones, headphones

**écoutille** [ekutij] nf (Naut) hatch(way)

**écouvillon** [ekuvijɔ̃] nm [fusil] swab; [bouteille] (bottle-)brush; [boulanger] scuffle

**écouvillonner** [ekuvijɔne] ▸ conjug 1 ◂ vt [+ fusil] to swab; [+ bouteille, four] to clean

**écrabouiller** * [ekʀabuje] ▸ conjug 1 ◂ vt to squash, crush ◆ **se faire écrabouiller par une voiture** to get flattened ou crushed by a car

**écran** [ekʀɑ̃] → SYN nm **a** (gén) screen ◆ **ce mur fait écran et nous isole du froid/du bruit** this wall screens ou shields us from the cold/noise, this wall acts as a screen ou shield against the cold/noise ◆ **faire écran à qn** (= abriter) to screen ou shelter sb; (= gêner) to get in sb's way; (= éclipser) to stand in sb's way ◆ **son renom me fait écran** he puts me in the shade because he's so famous ◆ **écran de fumée/de protection** smoke/protective screen ◆ **écran de verdure** screen of foliage ◆ **écran publicitaire** advertising slot ◆ **écran solaire** (= crème) sun screen ◆ **écran total** total sunblock

**b** (Ordin, TV) screen ◆ **télévision grand écran** large-screen television ◆ **écran cathodique** cathode-ray screen ◆ **écran de contrôle** monitor (screen) ◆ **écran plat** flat screen ◆ **écran pleine page** (Ordin) full page display ◆ **écran vidéo** video screen ◆ **écran de visualisation** (visual) display screen ◆ **écran tactile** touch-sensitive screen ◆ **écran 16/9e** wide screen ◆ **le petit écran** (= télévision) the small screen, television ◆ **une vedette du petit écran** a television ou TV star ◆ **travailler sur écran** (Ordin) to work on screen

**c** (Ciné) **écran (de cinéma)** (= toile) screen ◆ **écran de projection** projector screen ◆ **sur écran géant** on a giant screen ◆ **porter un roman à l'écran** to adapt a novel for the screen ◆ **prochainement sur vos écrans** coming soon to a cinema near you ◆ **ce film sera la semaine prochaine sur les écrans londoniens** this film will open ou be showing next week in London ◆ **le grand écran** (= le cinéma) the big ou silver screen ◆ **sur grand écran** on the big screen ◆ **une vedette de l'écran** ou **du grand écran** a star of the silver screen, a film ou movie (US) star

**écrasant, e** [ekʀazɑ̃, ɑ̃t] adj impôts, mépris, poids crushing; preuve, responsabilité, nombre overwhelming; travail gruelling, back-breaking; défaite, supériorité crushing, overwhelming; chaleur overpowering, overwhelming ◆ **majorité/victoire écrasante** (Pol) landslide ou crushing majority/victory

**écrasé, e** [ekʀaze] (ptp de **écraser**) adj nez flat, squashed; perspective, relief dwarfed

**écrasement** [ekʀazmɑ̃] → SYN nm **a** [objet, révolte, ennemi] crushing

**b** (Ordin) [données, fichier] overwriting

**écrase-merde** *, pl **écrase-merdes** [ekʀazmɛʀd] nm clodhopper *

**écraser** [ekʀaze] → SYN ▸ conjug 1 ◂ **1** vt **a** (gén) to crush; [+ mouche] to squash; [+ mégot] to stub out; (en purée) to mash; (en poudre) to grind (*en* to); (au pilon) to pound; (pour le jus) to squeeze; (en aplatissant) to flatten (out); (en piétinant) to trample down; (Tennis) [+ balle] to flatten, kill ◆ **écraser sous la dent** [+ biscuit] to crunch; [+ noix] to crush between one's teeth ◆ **écrasé par la foule** squashed ou crushed in the crowd ◆ **aïe, vous m'écrasez les pieds !** ouch, you're standing ou treading on my feet! ◆ **écraser la pédale d'accélérateur** * to step on it *

**b** (= tuer) [voiture, train] to run over; [avalanche] to crush ◆ **il s'est fait écraser par une voiture** he was run over by a car

**c** (= accabler) to crush ◆ **nous sommes écrasés d'impôts** we are overburdened ou crushed by taxation ◆ **il nous écrase de son mépris** he crushes us with his scornful attitude ◆ **écrasé de chaleur** overcome by the heat ◆ **écrasé de sommeil/de douleur** overcome by sleep/with grief ◆ **écrasé de travail** snowed under with * ou overloaded with work

**d** (= vaincre) [+ ennemi] to crush; [+ rébellion] to crush, suppress, put down ◆ **notre équipe a été écrasée** ou **s'est fait écraser** we were hammered * ou we were beaten hollow (Brit)

**e** (Ordin) [+ données, fichiers] to overwrite

**2** vi **a** (* = ne pas insister) to drop the subject ◆ **oh écrase !** oh shut up! * ou belt up! * (Brit)

**b** (= dormir) **en écraser** * to sleep like a log *

**3** **s'écraser** vpr **a** [avion, voiture] to crash (*contre* into, against *sur* on); [objet, corps] to be crushed (*contre* on, against)

**b** [foule] to be ou get crushed (*dans* in) ◆ **on s'écrase pour en acheter** they're falling over each other ou they're rushing to buy them ◆ **on s'écrase devant les cinémas** there's a great crush to get into the cinemas

**c** (* = ne pas protester) to pipe down * ◆ **il s'écrase toujours devant son chef** he never says a word when the boss is around ◆ **il a intérêt à s'écraser !** he'd better keep quiet!

**écraseur, -euse** * [ekʀazœʀ, øz] → SYN nm,f roadhog *

**écrémage** [ekʀemaʒ] → SYN nm **a** [lait] skimming

**b** (fig) creaming off

**écrémer** [ekʀeme] → SYN ▸ conjug 6 ◂ vt **a** [+ lait] to skim ◆ **lait écrémé** skimmed milk

**b** [+ candidats] to cream off the best from

**écrémeuse** [ekʀemøz] nf creamer, (cream) separator

**écrêter** [ekʀete] ▸ conjug 1 ◂ vt (= niveler) to lop

**écrevisse** [ekʀəvis] nf (freshwater) crayfish (Brit), crawfish (US); → **rouge**

**écrier (s')** [ekʀije] → SYN ▸ conjug 7 ◂ vpr to exclaim, cry out

**écrin** [ekʀɛ̃] → SYN nm case, box; [bijoux] casket ◆ **niché dans un écrin de verdure** (littér) nestling in a green setting

**écrire** [ekʀiʀ] GRAMMAIRE ACTIVE 21.1, 21.2 → SYN ▸ conjug 39 ◂

**1** vt **a** (gén) [+ mots, livres] to write; (= orthographier) to spell; (= inscrire, marquer) to write down ◆ **je lui ai écrit que je viendrais** I wrote and told him I would be coming ◆ **écrire des commentaires au crayon** to pencil in comments, make notes ou comments in pencil

**b** (Loc) **c'était écrit** it was bound to happen, it was inevitable ◆ **il est écrit que je ne pourrai jamais y arriver !** I'm fated ou doomed never to succeed! ◆ **c'est écrit sur sa figure** it's written all over his face ◆ **c'est écrit noir sur blanc** ou **en toutes lettres** it's written in black and white

**2** vi (gén) to write; (= être écrivain) to be a writer, write ◆ **vous écrivez très mal** your writing is really bad ◆ **écrire gros/fin** [personne] to have large/small (hand)writing; [stylo] to have a thick/fine nib ◆ **écrire au crayon/à l'encre** to write in pencil/in ink

**3** **s'écrire** vpr [personnes] to write to each other ◆ **comment ça s'écrit ?** how do you spell it? ◆ **ça s'écrit comme ça se prononce** it's spelt how it sounds, you write it the same way as you pronounce it

**écrit, e** [ekʀi, it] → SYN (ptp de **écrire**) **1** adj ◆ **épreuve écrite** (Scol) written exam ou paper ◆ **le texte/scénario est très écrit** it's a very carefully written ou crafted text/script

**2** nm (= ouvrage) piece of writing, written work; (= examen) written exam ou paper; (Jur) document ◆ **par écrit** in writing ◆ **être bon à l'écrit** (Scol) to do well in the written papers

**écriteau**, pl **écriteaux** [ekʀito] → SYN nm notice, sign

**écritoire** [ekʀitwaʀ] → SYN nf writing case

**écriture** [ekʀityʀ] → SYN **1** nf **a** (à la main) (hand)writing (NonC) ◆ **il a une belle écriture** he has beautiful (hand)writing ◆ **écriture de chat** spidery (hand)writing

**b** (= alphabet) writing (NonC), script ◆ **écriture hiéroglyphique** hieroglyphic writing ◆ **écriture phonétique** phonetic script

**c** (littér = style) writing (NonC)

**d** (= rédaction) writing ◆ **se consacrer à l'écriture (de romans)** to devote one's time to writing (novels) ◆ **écriture automatique** (Littérat) automatic writing

**e** (Fin) entry ◆ **passer une écriture** to make an entry

**f** (Rel) **les (Saintes) Écritures, l'Écriture (sainte)** Scripture, the Scriptures, (the) Holy Writ

**2** **écritures** nfpl (Comm) accounts, books ◆ **employé aux écritures** ledger clerk ◆ **tenir les écritures** to do the book-keeping ou the accounts ou the books

**écrivailler** [ekʀivɑje] ▸ conjug 1 ◂ vi (péj) to scribble

**écrivailleur, -euse** [ekʀivɑjœʀ, øz] nm,f, **écrivaillon** [ekʀivɑjɔ̃] nm (péj) scribbler

**écrivain** [ekʀivɛ̃] → SYN nm writer ◆ **femme-écrivain** woman writer ◆ **écrivain public** (public) letter-writer

**écrivasser** [ekʀivase] ▸ conjug 1 ◂ vt (péj) to scribble

**écrivassier, -ière** [ekʀivasje, jɛʀ] nm,f ⇒ **écrivailleur, -euse**

**écrou** [ekʀu] nm **a** (Tech) nut ◆ **écrou à ailettes** wing nut

**b** (Jur) commitment, committal, mittimus (SPÉC) ◆ **mettre qn sous écrou** to enter sb on the prison register ◆ **mise sous écrou** entering on the prison register; → **levée**[2]

**écrouelles** †† [ekʀuɛl] nfpl scrofula

**écrouer** [ekʀue] → SYN ▸ conjug 1 ◂ vt (= incarcérer) to imprison, lock away (in prison) ◆ **il a été écroué sous le numéro 3489** he was entered on the prison register under the number 3489

**écrouir** [ekʀuiʀ] ▸ conjug 2 ◂ vt (Tech) (= frapper) to cold hammer; (= étirer) to cold roll

**écroulé, e** [ekʀule] (ptp de **s'écrouler**) adj **a** maison, mur ruined ◆ **à moitié écroulé** half-ruined, tumbledown (épith), dilapidated

**b** **être écroulé** * **(de rire)** to be doubled up with laughter

**écroulement** [ekʀulmɑ̃] [→ SYN] **nm** [mur, édifice] collapse; [empire, entreprise] collapse, fall; [espoir, théorie, projet, prix] collapse ◆ **l'explosion a provoqué l'écroulement du toit** the explosion caused the roof to collapse ou cave in

**écrouler (s')** [ekʀule] [→ SYN] ▸ conjug 1 ◂ **vpr** **a** [mur] to fall (down), collapse; [rocher] to fall; [toit] to collapse, cave in, fall in; (Rugby) [mêlée] to collapse

**b** [empire] to collapse, crumble; [entreprise] to collapse, crash; [prix, cours] to collapse, plummet; [espoir, projet, théorie] to collapse, crumble ◆ **tous nos projets s'écroulent** all our plans are crumbling ou falling apart

**c** [personne] (= tomber) to collapse; ( * = s'endormir) to fall fast asleep; [coureur, candidat] to collapse ◆ **s'écrouler de sommeil/de fatigue** to be overcome with ou collapse with sleepiness/weariness ◆ **il s'écroula dans un fauteuil** * he flopped down ou slumped down ou collapsed into an armchair ◆ **être près de s'écrouler** to be on the verge of collapse

**écru, e** [ekʀy] [→ SYN] **adj** tissu raw, in its natural state; vêtement ecru ◆ **couleur écrue** ecru ◆ **toile écrue** unbleached linen ◆ **soie écrue** raw silk *(before dyeing)*

**ecstasy** [ɛkstazi] **nf** ecstasy

**ecthyma** [ɛktima] **nm** ecthyma

**ectoblaste** [ɛktɔblast] **nm** ectoblast

**ectoderme** [ɛktɔdɛʀm] **nm** ectoderm

**ectodermique** [ɛktɔdeʀmik] **adj** ectodermal, ectodermic

**ectoparasite** [ɛktopaʀazit] **1** **adj** ectoparasitic

**2** **nm** ectoparasite

**ectopie** [ɛktɔpi] **nf** ectopia

**ectoplasme** [ɛktoplasm] **nm** ectoplasm

**écu** [eky] [→ SYN] **nm** (= monnaie ancienne, papier) crown; (= monnaie européenne) ecu; (Hér, Hist = bouclier) shield

**écubier** [ekybje] **nm** hawse-hole

**écueil** [ekœj] [→ SYN] **nm** (lit) reef, shelf; (= pierre d'achoppement) stumbling block; (= piège, danger) pitfall

**écuelle** [ekɥɛl] [→ SYN] **nf** (= assiette creuse) (pour chien) bowl; (= contenu) bowlful; (Hist) platter

**écuisser** [ekɥise] ▸ conjug 1 ◂ **vt** [+ arbre] to split

**éculé, e** [ekyle] [→ SYN] (ptp de **éculer**) **adj** chaussure down-at-heel; plaisanterie hackneyed, worn; mot overused

**éculer** [ekyle] ▸ conjug 1 ◂ **1** **vt** [+ chaussure] to wear down at the heel

**2** **s'éculer vpr** [plaisanterie] to wear thin; [mot] to be overused

**écumage** [ekymaʒ] **nm** skimming

**écumant, e** [ekymɑ̃, ɑ̃t] [→ SYN] **adj** mer, torrent, vague foamy; lait frothy; bouche foaming

**écume** [ekym] [→ SYN] **nf** [mer] foam; [bouche, bière] foam, froth; [métal] dross; [confiture, bouillon] scum; [savon, cheval] lather ◆ **pipe en écume de mer** meerschaum pipe ◆ **l'écume de la société** (péj) the scum ou dregs of society

**écumer** [ekyme] [→ SYN] ▸ conjug 1 ◂ **1** **vt** **a** [+ bouillon] to skim; [+ confiture] to take the scum off, skim; [+ métal] to scum

**b** (= piller) to clean out, plunder ◆ **écumer les mers** to scour the seas ◆ **écumer la ville à la recherche de** to scour the town in search of

**2** **vi** [mer, confiture] to foam; [métal] to scum; [bouche, liquide] to froth, foam; [cheval] to lather ◆ **écumer (de rage)** to foam ou froth at the mouth (fig), foam with rage

**écumeur** [ekymœʀ] [→ SYN] **nm** (Hist) ◆ **écumeur des mers** (hum) pirate, buccaneer

**écumeux, -euse** [ekymø, øz] [→ SYN] **adj** foamy, frothy

**écumoire** [ekymwaʀ] **nf** skimmer ◆ **troué comme une écumoire** riddled with holes

**écureuil** [ekyʀœj] [→ SYN] **nm** squirrel ◆ **écureuil roux/gris** red/grey squirrel ◆ **écureuil de Corée** chipmunk ◆ **écureuil volant** flying squirrel

**écurie** [ekyʀi] [→ SYN] **nf** [chevaux, cyclistes etc ] stable; (péj = endroit sale) pigsty ◆ **mettre un cheval à l'écurie** to stable a horse ◆ **écurie de course** racing stable ◆ **nettoyer les écuries d'Augias** to clean the Augean stables; → **sentir**

**écusson** [ekysɔ̃] [→ SYN] **nm** (= insigne) badge; (Mil) tab; (Hér) escutcheon; [serrure] escutcheon; [insecte] scutellum ◆ **(greffe en) écusson** (Agr) shield-graft

**écussonner** [ekysɔne] ▸ conjug 1 ◂ **vt** (Agr) to shield-graft; uniforme to put a tab on

**écuyer** [ekɥije] [→ SYN] **nm** **a** (= cavalier) rider, horseman; (= professeur d'équitation) riding master ◆ **écuyer de cirque** circus rider

**b** (Hist) (d'un chevalier) squire; (à la cour) equerry

**écuyère** [ekɥijɛʀ] [→ SYN] **nf** rider, horsewoman ◆ **écuyère de cirque** circus rider ◆ **bottes à l'écuyère** riding boots

**eczéma** [ɛgzema] **nm** eczema ◆ **avoir** ou **faire de l'eczéma** to have eczema

**eczémateux, -euse** [ɛgzematø, øz] **adj** eczematous, eczema (épith)

**édam** [edam] **nm** (Culin) Edam

**edelweiss** [edɛlvɛs] [→ SYN] [edɛlvajs] **nm** edelweiss

**Éden** [edɛn] **nm** ◆ **l'Éden** ◆ **le jardin d'Éden** (the garden of) Eden

**édénique** [edenik] [→ SYN] **adj** (littér) Edenic

**édenté, e** [edɑ̃te] [→ SYN] (ptp de **édenter**) **1** **adj** (totalement) toothless; (partiellement) gap-toothed

**2** **nm** edentate mammal ◆ **les édentés** edentate mammals, the Edentata (SPÉC)

**édenter** [edɑ̃te] ▸ conjug 1 ◂ **vt** to break the teeth of

**EDF** [ədeɛf] **nf** (abrév de **Électricité de France**) ◆ **l'EDF** the French Electricity Board ◆ **l'EDF-GDF** the French Electricity and Gas Board

**édicter** [edikte] [→ SYN] ▸ conjug 1 ◂ **vt** [+ loi] to enact, decree; [+ peine] to decree

**édicule** [edikyl] [→ SYN] **nm** (hum = cabinets) public lavatory ou convenience (Brit), (public) rest room (US); (= kiosque) kiosk

**édifiant, e** [edifjɑ̃, jɑ̃t] [→ SYN] **adj** livre, conduite edifying

**édification** [edifikasjɔ̃] [→ SYN] **nf** [bâtiment] erection, construction; [personne] edification (frm), enlightenment

**édifice** [edifis] [→ SYN] **nm** building, edifice (frm) ◆ **édifice public** public building ◆ **l'édifice social** the social structure ou fabric

**édifier** [edifje] [→ SYN] ▸ conjug 7 ◂ **vt** **a** [+ maison] to build, construct, erect; [+ fortune, empire] to build (up); [+ système] to build, develop

**b** (moralement) to edify (frm), enlighten

**édile** [edil] [→ SYN] **nm** (frm, hum) (town) councillor

**Édimbourg** [edɛ̃buʀ] **n** Edinburgh

**édit** [edi] [→ SYN] **nm** (Hist) edict ◆ **l'Édit de Nantes** the Edict of Nantes

**éditer** [edite] [→ SYN] ▸ conjug 1 ◂ **vt** (= publier) to publish; [+ disques] to produce; (= annoter, présenter) to edit

**éditeur, -trice** [editœʀ, tʀis] **1** **nm,f** (= annotateur) editor

**2** **nm** **a** (= qui publie) publisher ◆ **éditeur de disques** record producer

**b** (Ordin) **éditeur de textes** text editor

**édition** [edisjɔ̃] [→ SYN] **nf** **a** (= action de publier) publishing; [disques] production ◆ **travailler dans l'édition** to be in publishing ou in the publishing business ◆ **l'édition électronique** electronic publishing

**b** (= livre, journal) edition ◆ **édition spéciale** (= journal) special edition; (= magazine) special issue ◆ **"édition spéciale !"** (cri du vendeur) "extra! extra!" ◆ **édition de 5 heures** (= journal) five o'clock edition ◆ **notre édition de 13 heures** (Radio, TV = informations) our 1 o'clock news bulletin ◆ **dernière édition** (Presse) late edition; (TV) late news bulletin ◆ **deuxième/troisième édition !** * (hum) for the second/third time!

**c** (= annotation) editing; (= texte) edition ◆ **établir l'édition critique d'un texte** to produce a critical edition of a text ◆ **édition revue et corrigée/revue et augmentée** revised/revised and enlarged edition

**d** (Ordin) editing

**édito** * [edito] **nm** abrév de **éditorial**

**éditorial, e,** mpl **-iaux** [editɔʀjal, jo] [→ SYN] **1** **nm** leading article, leader, editorial

**2** **adj** comité, politique, projet editorial ◆ **il y a un superbe travail éditorial** it's beautifully edited

**éditorialiste** [editɔʀjalist] **nmf** leader ou editorial writer

**Édouard** [edwaʀ] **nm** Edward ◆ **Édouard le Confesseur** Edward the Confessor

**édredon** [edʀədɔ̃] [→ SYN] **nm** eiderdown

**éducable** [edykabl] [→ SYN] **adj** educable, teachable

**éducateur, -trice** [edykatœʀ, tʀis] [→ SYN] **1** **adj** educational

**2** **nm,f** (gén) teacher; (en prison) tutor, instructor; (= théoricien) educationalist ◆ **éducateur spécialisé** (gén) teacher of children with special needs; [maison de jeunes] youth worker ◆ **éducateur sportif** sports teacher

**éducatif, -ive** [edykatif, iv] [→ SYN] **adj** rôle, valeur, processus educational, educative; chaîne, programme, jeu educational ◆ **système éducatif** education system ◆ **équipe éducative** (Scol) teaching staff; [services sociaux] (social services) support team

**éducation** [edykasjɔ̃] [→ SYN] **nf** **a** (= enseignement) education ◆ **les problèmes de l'éducation** educational problems ◆ **il faut faire l'éducation politique des masses** the masses must be educated politically ◆ **j'ai fait mon éducation à Paris** I was educated ou I went to school in Paris ◆ **j'ai fait mon éducation musicale à Paris** I studied music in Paris ◆ **il a reçu une bonne éducation** he had a good education ◆ **il a reçu une éducation religieuse** he had a religious upbringing ◆ **toute une éducation à refaire !** (hum) you've got a few things to learn! ◆ **éducation manuelle et technique** technical education (Brit), industrial arts (US) ◆ **l'Éducation nationale** (= système) state education; (= ministère) the Ministry (Brit) ou Department (US) of Education ◆ **éducation religieuse** religious education ◆ **éducation civique** civic education, civics sg ◆ **éducation permanente** continuing education ◆ **éducation physique et sportive** physical training ou education, P.E. ◆ **éducation sexuelle** sex education ◆ **le roman raconte l'éducation sentimentale d'un jeune homme** the novel recounts a young man's first experience of love; → **maison, ministère** etc

**b** (= discipline familiale) upbringing ◆ **avoir de l'éducation** (bonnes manières) to be well-mannered ou well-bred ou well brought up ◆ **manquer d'éducation** to be ill-mannered ou ill-bred, be badly brought up ◆ **sans éducation** ill-mannered, ill-bred, uncouth

**c** [goût, volonté] training

> **ÉDUCATION NATIONALE**
>
> The French state education system is the responsibility of the "Ministre de l'Éducation nationale". Schools administration at local level is the responsibility of the "recteur d'académie".
>
> State education in France is divided into four levels: "maternelle" (for children 2-6 years old), "primaire" (including "école élémentaire" and "école primaire", for 7 to 11-year-olds), "secondaire" (including "collège" and "lycée", for 12 to 18-year-olds) and "supérieur" (universities and other higher education establishments).
>
> State education as a whole is designed to follow key republican principles, the concept of "laïcité" (secular education) being of particular significance. Private education (mainly in Catholic schools) is structured in a similar way to the state system. → ACADÉMIE; COLLÈGE; CONCOURS; DIPLÔMES; LYCÉE

**éducationnel, -elle** [edykasjɔnɛl] **adj** educational

**édulcorant, e** [edylkɔʀɑ̃, ɑ̃t] **1** **adj** sweetening

**2** **nm** sweetener ◆ **sans édulcorant** unsweetened

**édulcorer** [edylkɔʀe] [→ SYN] ▸ conjug 1 ◂ **vt** **a** (= expurger) [+ doctrine, propos] to water down; [+ texte osé] to tone down ◆ **ils ont adopté une version édulcorée des thèses de l'extrême droite** they have adopted a toned-down version of the ideas of the far right ◆ **il a beaucoup édulcoré les passages violents du livre** he has really toned down the violent parts of the book

**b** (Pharm) to sweeten

**éduquer** [edyke] → SYN ▸ conjug 1 ◂ vt [+ enfant] (à l'école) to educate; (à la maison) to bring up, raise; [+ peuple] to educate; [+ goût, volonté, œil, oreille] to train ◆ **bien éduqué** well-mannered, well-bred, well brought up ◆ **mal éduqué** ill-mannered, ill-bred, badly brought up

**EEE** [əəə] nm (abrév de **espace économique européen**) EEA

**EEG** [eeʒe] nm (abrév de **électro-encéphalogramme**) EEG

**effaçable** [efasabl] adj inscription erasable

**effacé, e** [efase] → SYN (ptp de **effacer**) adj **a** couleur (= qui a passé) faded; (= sans éclat) subdued

**b** personne, manières unassuming, self-effacing; vie retiring; rôle unobtrusive

**c** menton receding; poitrine flat ◆ **en position effacée** (Escrime) sideways (on)

**effacement** [efasmɑ̃] → SYN nm **a** [inscription, faute, souvenir] obliteration, effacing; [bande magnétique] erasing; [craintes] dispelling; (Ling) deletion ◆ **effacement du corps/des épaules** (Escrime) drawing o.s./one's shoulders in ◆ **l'effacement progressif des frontières** the gradual elimination of borders

**b** [personne] (par modestie) unassuming ou self-effacing manner ◆ **son effacement progressif au profit du jeune sous-directeur** (devant un rival) the way in which he was gradually being eclipsed by the young deputy director

**effacer** [efase] → SYN ▸ conjug 3 ◂ [1] vt **a** (= enlever) [+ inscription, traces] to erase, obliterate, efface; [+ bande magnétique] to erase; [+ tableau noir] to clean, wipe; (à la gomme) to erase, rub out (Brit); (à l'éponge) to wipe off, sponge off; (en lavant) to wash off ou out; (au chiffon) to wipe off, rub out; (Ling) to delete ◆ **cette gomme efface bien** this is a good rubber (Brit) ou eraser (US), this rubber (Brit) ou eraser (US) works well ◆ **prends un chiffon pour effacer** use a cloth to rub it out ou wipe it off ◆ **un chemin à demi effacé** a barely distinguishable track

**b** [+ mauvaise impression, souvenir] to erase, efface; [+ faute] to erase, obliterate; [+ craintes] to dispel ◆ **pour effacer vos rides** to smooth out your wrinkles ◆ **on efface tout et on recommence** (on oublie le passé) we'll let bygones be bygones, we'll wipe the slate clean; (on reprend à zéro) let's go back to square one, let's make a fresh start ◆ **tenter d'effacer son passé** to try to blot out one's past ◆ **le temps efface tout** everything fades in ou with time ◆ **ce moyen de communication efface les frontières** this means of communication cuts across borders

**c** (= éclipser) to outshine, eclipse

**d** (Sport) [+ adversaire] to smash

**e** **effacer le corps** (Escrime) to stand sideways on; (gén) to draw o.s. in ◆ **effacez les épaules !** shoulders back! ◆ **effacez le ventre !** stomach in!

[2] **s'effacer** vpr **a** [inscription] to wear away; [couleurs] to fade; [sourire] to fade, die ◆ **le crayon s'efface mieux que l'encre** it is easier to erase ou rub out (Brit) pencil than ink, pencil erases ou rubs out (Brit) more easily than ink ◆ **les frontières s'effacent** borders are coming down ou disappearing

**b** [crainte, impression, souvenir] to fade, diminish ◆ **tout s'efface avec le temps** everything fades in ou with time ◆ **un mauvais souvenir qui s'efface difficilement** an unpleasant memory that is hard to forget ou that is slow to fade

**c** (= s'écarter) to move aside, step back ou aside; (= se faire discret) to keep in the background; (= se retirer) to withdraw ◆ **l'auteur s'efface derrière ses personnages** the author hides behind his characters ◆ **elle s'efface le plus possible** she keeps (herself) in the background as much as possible ◆ **s'effacer devant** ou **au profit de qn** to step aside in favour of sb ◆ **le romantisme s'efface devant** ou **derrière le réalisme** romanticism is giving way to realism

**effaceur** [efasœʀ] nm ◆ **effaceur d'encre** (ink) eraser pen

**effarant, e** [efaʀɑ̃, ɑ̃t] → SYN adj prix outrageous; vitesse alarming, breathtaking; bêtise astounding, incredible

**effaré, e** [efaʀe] → SYN (ptp de **effarer**) adj alarmed (attrib) (*de* by, at), aghast (attrib) (*de* at) ◆ **son regard effaré** his wild eyes, his look of alarm

**effarement** [efaʀmɑ̃] → SYN nm alarm, trepidation

**effarer** [efaʀe] → SYN ▸ conjug 1 ◂ vt (= alarmer) to alarm ◆ **cette bêtise/hausse des prix m'effare** (= stupéfier) I find such stupidity/this rise in prices most alarming

**effarouchement** [efaʀuʃmɑ̃] nm [animal] frightening away ou off, scaring away ou off; [personne timide] frightening, scaring; (= choc) shocking, upsetting; (= effroi) fright; (= état de choc) shock, upset

**effaroucher** [efaʀuʃe] ▸ conjug 1 ◂ [1] vt (= alarmer) [+ animal] to frighten away ou off, scare away ou off; [+ personne timide] to frighten, scare; (= choquer) to shock, upset

[2] **s'effaroucher** vpr (par timidité) [animal, personne] to shy (*de* at), take fright (*de* at); (par pudeur) to be shocked ou upset (*de* by)

**effarvatte** [efaʀvat] nf reed warbler

**effecteur** [efɛktœʀ] adj, nm ◆ **(organe) effecteur** effector

**effectif, -ive** [efɛktif, iv] → SYN [1] adj aide real (épith), positive (épith); travail effective, actual (épith), real (épith); (Fin) capital real (épith) ◆ **le couvre-feu sera effectif à partir de 22 heures** the curfew will take effect ou become effective as from 10 p.m.

[2] nm [armée] strength (NonC); [classe] size, (total) number of pupils; [parti] size; [entreprise] staff, workforce ◆ **effectifs** (Mil) numbers, strength ◆ **l'école n'a jamais atteint son effectif** ou **l'effectif prévu** the school has never reached its full complement ◆ **l'effectif de la classe a triplé en deux ans** the (total) number of pupils in the class has ou the (size of the) class has trebled in two years ◆ **l'effectif est au complet** (Mil) we are at full strength ou up to strength ◆ **augmenter ses effectifs** [parti, lycée] to increase its numbers; [entreprise] to increase its workforce ◆ **l'usine a un effectif de 70 personnes** the factory has 70 people on the payroll ou has a staff ou workforce of 70 ◆ **maintenir le niveau des effectifs** (Ind) to keep up manning levels

**effectivement** [efɛktivmɑ̃] → SYN adv **a** (= concrètement) aider, travailler effectively ◆ **contribuer effectivement à qch** to make a real ou positive contribution to sth

**b** (= réellement) actually, really ◆ **cet incident s'est effectivement produit** the incident really did happen ou actually happened

**c** (= en effet) actually, in fact; (dans une réponse = oui) quite, indeed ◆ **c'est effectivement plus rapide** it's true that it's faster, it is in fact faster ◆ **n'y a-t-il pas risque de conflit ? – effectivement !** isn't there a risk of conflict? – there is indeed! ◆ **effectivement, quand ce phénomène se produit ...** indeed ou in fact, when this phenomenon occurs ...

**effectivité** [efɛktivite] nf (frm) [action, démarche, aide, travail] effectiveness, efficacy

**effectuer** [efɛktɥe] → SYN ▸ conjug 1 ◂ [1] vt [+ manœuvre, opération, mission, réparation] to carry out; [+ expérience] to carry out, perform; [+ mouvement, geste] to make; [+ paiement] to make, effect; [+ trajet] to make, complete; [+ reprise économique] to undergo, stage ◆ **le franc/le coureur a effectué une remontée spectaculaire** the franc/the runner made ou staged a spectacular recovery

[2] **s'effectuer** vpr ◆ **le trajet s'effectue en 2 heures** the journey takes 2 hours (to complete) ◆ **le paiement peut s'effectuer de deux façons** payment may be made in two ways ◆ **le rapatriement des prisonniers s'est effectué sans incident** the repatriation of the prisoners went off without a hitch ◆ **la rentrée scolaire s'est effectuée dans de bonnes conditions** the new school year got off to a good start

**efféminé, e** [efemine] → SYN (ptp de **efféminer**) adj effeminate

**efféminer** [efemine] → SYN ▸ conjug 1 ◂ vt [+ personne] to make effeminate; [+ peuple, pensée] to emasculate ◆ **s'efféminer** to become effeminate

**efférent, e** [efeʀɑ̃, ɑ̃t] adj efferent

**effervescence** [efɛʀvesɑ̃s] → SYN nf (lit) effervescence; (fig) agitation ◆ **mettre la ville en effervescence** to plunge the town into a turmoil ◆ **être en effervescence** to be bubbling with excitement ◆ **l'effervescence révolutionnaire** the stirrings of revolution

**effervescent, e** [efɛʀvesɑ̃, ɑ̃t] → SYN adj (lit) effervescent; (fig) agitated, in turmoil (attrib)

**effet** [efɛ] → SYN [1] nm **a** (= résultat) [action, médicament] effect ◆ **effet pervers** negative effect ◆ **c'est un effet de son inexpérience** it is because of ou a result of his inexperience ◆ **c'est l'effet du hasard** it's pure chance, it is the result of chance ◆ **avoir** ou **produire beaucoup d'effet/l'effet voulu** to have ou produce a considerable effect/the desired effect ◆ **ces livres ont un effet nocif sur la jeunesse** these books have a harmful effect on young people ◆ **créer un effet de surprise** to create a surprise ◆ **il espérait créer un effet de surprise** he was hoping to surprise them (ou us etc) ◆ **avoir pour effet de faire qch** to have the effect of doing sth ◆ **avoir pour effet une augmentation/diminution de** to result in an increase/a decrease in ◆ **faire effet** [médicament] to take effect ◆ **ce médicament (me) fait de l'effet/a fait son effet** this medicine is effective ou works (on me)/has taken effect ou has worked ◆ **la bière me fait beaucoup d'effet** beer goes straight to my head ◆ **la bière ne me fait aucun effet** beer has no effect on me ◆ **être** ou **rester sans effet** to be ineffective, have no effect ◆ **ces mesures sont demeurées sans effet** these measures had no effect ou were ineffective; → **relation**

**b** (= impression) impression ◆ **faire** ou **produire un effet considérable/déplorable (sur qn)** to make a great/dreadful impression (on sb) ◆ **il a fait** ou **produit son petit effet** he managed to cause a bit of a stir ou a minor sensation ◆ **il aime faire de l'effet** he likes to create a stir ◆ **c'est tout l'effet que ça te fait ?** is that all it means to you?, is that all you feel about it? ◆ **quel effet ça te fait d'être revenu ?** what does it feel like ou how does it feel to be back? ◆ **ça m'a fait un drôle d'effet de le revoir après si longtemps** I found it strange seeing him again after so long ◆ **cela m'a fait de l'effet de le voir dans cet état** it really affected me ou it gave me quite a turn to see him in that state ◆ **faire bon/mauvais effet sur qn** to make a good/bad impression on sb ◆ **il m'a fait bon effet** he made a good impression on me, I was favourably impressed by him ◆ **ce tableau fait bon effet/beaucoup d'effet ici** this picture is quite/very effective here ◆ **il me fait l'effet d'(être) une belle crapule** he strikes me as being a real crook, he seems like a real crook to me; → **bœuf**

**c** (= artifice, procédé) effect ◆ **effet de contraste/de style/comique** contrasting/stylistic/comic effect ◆ **effet d'optique** visual effect ◆ **effet facile** facile effect ◆ **effets de lumière** (au théâtre) lighting effects; (naturels, sur l'eau) play of light (NonC) ◆ **effets spéciaux** (Ciné) special effects ◆ **rechercher les effets** ou **l'effet** to strive for effect ◆ **soigner ses effets** to take great trouble over one's effects ◆ **elle lui a coupé ses effets** she stole his thunder ◆ **manquer** ou **rater son effet** [personne] to spoil one's effect; [plaisanterie] to fall flat, misfire ◆ **faire des effets de voix** to use one's voice to dramatic effect, make dramatic use of one's voice ◆ **il fait des effets de manches** [avocat] he waves his arms about in a most dramatic fashion

**d** (Phys, Tech) effect ◆ **machine à simple/double effet** single-/double-effect machine ◆ **effet de serre** greenhouse effect ◆ **effet de souffle** [bombe, explosif] blast ◆ **effet papillon** (Math) butterfly effect ◆ **effet tunnel** tunnel effect; → **boomerang, larsen, placebo, secondaire**

**e** (Sport) spin ◆ **donner de l'effet à une balle** to put spin on a ball ◆ **tu as mis trop d'effet** you've put too much spin on the ball

**f** (Admin, Jur) **augmentation de salaire avec effet rétroactif au 1er janvier** payrise backdated to the 1st January, retrospective payrise from 1st January ◆ **prendre effet à la date de** to take effect from, be operative from ◆ **à l'effet de** in order to

**g** (Comm = valeur) **effet bancaire, effet de commerce** bill of exchange ◆ **effet à vue** sight bill, demand note ◆ **effet au porteur** bill payable to bearer ◆ **effets à payer** notes payable ◆ **effets à recevoir** bills receivable ◆ **effets publics** government securities

**h** (Loc) **mettre à effet** to put into operation or effect

◆ **à cet effet** ◆ **utilisez la boîte prévue à cet effet** use the box provided ◆ **un bâtiment construit à cet effet** a building designed for that purpose

◆ **pour cet effet** † for this purpose, to this effect or end

◆ **sous l'effet de** [+ alcool] under the effect(s) or influence of; [+ drogue] under the effect(s) of ◆ **sous l'effet de la colère il me frappa** in his anger he hit me ◆ **il était encore sous l'effet de la colère** his anger hadn't worn off yet, he was still angry

**2** **effets** nmpl (= affaires, vêtements) things, clothes ◆ **effets personnels** personal effects

**3** **en effet** loc adv **a** (introduit une explication) because ◆ **cette voiture me plaît beaucoup, en effet, elle est rapide et confortable** I like this car very much because it's fast and comfortable

**b** (= effectivement) **cela me plaît beaucoup, en effet** yes (indeed), I like it very much ◆ **c'est en effet plus rapide** it's true that it's faster

**c** (dans une réponse) **étiez-vous absent mardi dernier ? – en effet, j'avais la grippe** were you absent last Tuesday? – yes (I was) or that's right, I had flu ◆ **tu ne travaillais pas ? – en effet** you weren't working? – no, I wasn't as it happens

**effeuillage** [efœjaʒ] nm (Agr) thinning-out of leaves; (hum) striptease

**effeuillaison** [efœjɛzɔ̃] nf, **effeuillement** [efœjmɑ̃] nm fall of the leaves

**effeuiller** [efœje] → SYN ▸ conjug 1 ◂ **1** vt [+ arbre, branche] [arboriculteur] to thin out the leaves of; [vent] to blow the leaves off ◆ **effeuiller une branche/une fleur** (par jeu) to pull or pick the leaves off a branch/the petals off a flower ◆ **effeuiller la marguerite** to play "she-loves-me, she-loves-me-not"

**2** **s'effeuiller** vpr [arbre] to shed or lose its leaves

**effeuilleuse** [efœjøz] nf (hum = strip-teaseuse) stripper

**efficace** [efikas] → SYN adj remède, mesure effective; personne, machine efficient; → **grâce**

**efficacement** [efikasmɑ̃] adv efficiently, effectively

**efficacité** [efikasite] → SYN nf [remède, mesure] effectiveness; [personne, machine] efficiency

**efficience** [efisjɑ̃s] nf efficiency

**efficient, e** [efisjɑ̃, jɑ̃t] adj efficient

**effigie** [efiʒi] → SYN nf effigy ◆ **à l'effigie de** bearing the effigy of ◆ **en effigie** in effigy

**effilé, e** [efile] → SYN (ptp de **effiler**) **1** adj doigt, silhouette slender; pointe, outil highly-sharpened; carrosserie streamlined; tissu frayed ◆ **amandes effilées** flaked almonds ◆ **poulet effilé** oven-ready chicken

**2** nm [jupe, serviette] fringe

**effiler** [efile] → SYN ▸ conjug 1 ◂ **1** vt **a** [+ objet] to taper; [+ lignes, forme] to streamline

**b** [+ étoffe] to fray; [+ cheveux] to thin (out)

**2** **s'effiler** vpr [objet] to taper; [étoffe] to fray

**effilochage** [efilɔʃaʒ] nm fraying

**effilocher** [efilɔʃe] ▸ conjug 1 ◂ **1** vt [+ tissu] to fray

**2** **s'effilocher** vpr to fray ◆ **veste effilochée** frayed jacket

**effilochure** [efilɔʃyʀ] nf fray

**efflanqué, e** [eflɑ̃ke] → SYN adj raw-boned ◆ **c'était un cheval efflanqué** the horse was just skin and bones

**effleurage** [eflœʀaʒ] nm [cuir] buffing; (= massage) effleurage

**effleurement** [eflœʀmɑ̃] → SYN nm (= frôlement) light touch; (Ordin) touch ◆ **elle sentit sur son bras l'effleurement d'une main** she felt the light touch of a hand on her arm, she felt a hand brush against her arm ◆ **massage par effleurement** effleurage

**effleurer** [eflœʀe] → SYN ▸ conjug 1 ◂ vt **a** (= frôler) to touch lightly, brush (against); (= érafler) to graze; [+ sujet] to touch (lightly) on or upon, skim over; (Ordin) to touch ◆ **les oiseaux effleuraient l'eau** the birds skimmed (across) the water ◆ **une idée lui effleura l'esprit** an idea crossed his mind ◆ **ça ne m'a pas effleuré** it didn't cross my mind, it didn't occur to me ◆ **ayant oublié le désir qui l'avait effleuré** having forgotten his fleeting desire

**b** [+ cuir] to buff

**effleurir** [eflœʀiʀ] ▸ conjug 2 ◂ vi to effloresce

**efflorescence** [eflɔʀesɑ̃s] → SYN nf (Bot, Chim) efflorescence

**efflorescent, e** [eflɔʀesɑ̃, ɑ̃t] adj (Bot, Chim) efflorescent

**effluent, e** [eflyɑ̃, ɑ̃t] **1** adj effluent

**2** nm (Géog) effluent ◆ **effluent urbain** urban effluent ◆ **effluents radioactifs** radioactive effluent (NonC) or discharges

**effluves** [eflyv] nmpl (littér) (agréables) fragrance; (désagréables) smell, effluvia (frm)

**effondré, e** [efɔ̃dʀe] → SYN (ptp de **s'effondrer**) adj (gén = abattu) shattered, crushed (*de* by) ◆ **effondré de douleur** prostrate with grief ◆ **les parents effondrés** the grief-stricken parents

**effondrement** [efɔ̃dʀəmɑ̃] → SYN nm **a** [mur, édifice] collapse ◆ **ça a provoqué l'effondrement du plancher** it caused the floor to cave in or collapse

**b** [empire, entreprise] collapse, fall; [prix, marché] collapse

**c** (= abattement) utter dejection

**effondrer** [efɔ̃dʀe] → SYN ▸ conjug 1 ◂ **1** vt (Rugby) [+ mêlée] to collapse

**2** **s'effondrer** vpr **a** [toit, plancher] to collapse, cave in, fall in; [mur] to collapse, fall down; [terre] to fall away, collapse; [pont] to collapse; (Rugby) [mêlée] to collapse

**b** [empire, projet] to collapse; [prix, marché] to collapse, plummet; [argument] to collapse, fall to pieces; [espoirs] to be dashed; [rêves] to come to nothing

**c** [personne] to collapse; (fig) [accusé] to break down ◆ **elle s'est effondrée en larmes** she dissolved or collapsed into tears, she broke down and wept ◆ **effondré sur sa chaise** slumped on his chair

**efforcer (s')** [efɔʀse] → SYN ▸ conjug 3 ◂ vpr ◆ **s'efforcer de faire qch** to try hard or endeavour to do sth, do one's best to do sth ◆ **il s'efforçait à une politesse dont personne n'était dupe** (littér) he was striving to remain polite but he convinced nobody ◆ **ils s'efforçaient en vain** (littér) they were striving in vain

**effort** [efɔʀ] → SYN nm **a** (physique, intellectuel) effort ◆ **après bien des efforts** after much exertion or effort ◆ **la récompense de nos efforts** the reward for our efforts ◆ **nécessiter un (gros) effort financier** to require a (large) financial outlay ◆ **faire un effort financier en faveur des petites entreprises** to give financial help to small businesses ◆ **l'effort financier de la France dans le domaine de l'énergie** France's investment in the field of energy ◆ **effort de guerre** war effort ◆ **effort de volonté** effort of will ◆ **cela demande un effort de réflexion** that requires careful thought ◆ **faire un effort de mémoire** to make an effort or try hard to remember ◆ **cela demande un effort d'attention** you have to make an effort to concentrate ◆ **tu dois faire un effort d'imagination** you should try to use your imagination

**b** (Tech) stress, strain; (Vét) strain ◆ **effort de torsion** torsional stress ◆ **effort de traction** traction, pull ◆ **l'effort que subissent les fondations** the strain on the foundations

**c** (Loc) **faire un effort** to make an effort ◆ **faire de gros efforts pour réussir** to make a great effort or great efforts to succeed, try very hard to succeed ◆ **faire un effort sur soi-même pour rester calme** to make an effort or force o.s. to stay calm ◆ **faire l'effort de** to make the effort to ◆ **faire porter son** or **l'effort** to concentrate one's efforts (*sur* on) ◆ **plier sous l'effort** to bend with the effort ◆ **il est resté en deçà de son effort** (Sport) he didn't go all out, he didn't stretch himself to his limit ◆ **encore un effort** just a little more effort ◆ **sans effort** effortlessly, easily ◆ **avec effort** with some effort; → **moindre**

**effraction** [efʀaksjɔ̃] → SYN nf (Jur) breaking and entering ◆ **entrer par effraction** to break in ◆ **ils sont entrés par effraction dans la maison** they broke into the house ◆ **effraction informatique** (computer) hacking; → **vol²**

**effraie** [efʀɛ] → SYN nf ◆ **(chouette) effraie** barn-owl

**effrangé, e** [efʀɑ̃ʒe] (ptp de **effranger**) adj fringed; (= effiloché) frayed

**effranger** [efʀɑ̃ʒe] → SYN ▸ conjug 3 ◂ **1** vt to fringe *(by fraying)*

**2** **s'effranger** vpr to fray ◆ **ces manches s'effrangent** these sleeves are fraying (at the edges)

**effrayant, e** [efʀɛjɑ̃, ɑ̃t] → SYN adj (= qui fait peur) frightening; (= alarmant) alarming

**effrayé, e** [efʀeje] (ptp de **effrayer**) adj frightened, scared ◆ **il me regarda d'un air effrayé** he looked at me in alarm

**effrayer** [efʀeje] → SYN ▸ conjug 8 ◂ **1** vt (= faire peur à) to frighten, scare

**2** **s'effrayer** vpr to be frightened or scared or afraid (*de* of)

**effréné, e** [efʀene] → SYN adj course wild, frantic; passion, luxe unbridled, unrestrained, wild

**effritement** [efʀitmɑ̃] → SYN nm [roche] crumbling; [valeurs morales, majorité] crumbling; [monnaie] erosion; [fortune, valeurs boursières] dwindling; [relation] disintegration

**effriter** [efʀite] → SYN ▸ conjug 1 ◂ **1** vt [+ biscuit, sucre] to crumble; [+ roche, falaise] to cause to crumble

**2** **s'effriter** vpr [roche] to crumble (away); [valeurs morales] to crumble (away), disintegrate; [majorité électorale] to crumble; [monnaie] to be eroded, decline in value; [fortune, valeurs boursières] to dwindle; [relation] to disintegrate, fall apart ◆ **son avance s'effrite** (Sport) he's losing his lead

**effroi** [efʀwa] → SYN nm (littér) terror, dread ◆ **saisi d'effroi** terror-stricken

**effronté, e** [efʀɔ̃te] → SYN **1** adj personne, air, réponse insolent, impudent, cheeky (Brit), sassy (US); mensonge, menteur barefaced (épith), shameless

**2** nm,f insolent or impudent person ◆ **petit effronté !** you insolent or impudent or cheeky (Brit) or sassy (US) little thing!

**effrontément** [efʀɔ̃temɑ̃] adv mentir brazenly; sourire impudently, cheekily (Brit)

**effronterie** [efʀɔ̃tʀi] → SYN nf [réponse, personne] insolence, impudence, cheek (Brit); [mensonge] shamelessness, effrontery

**effroyable** [efʀwajabl] → SYN adj appalling, horrifying

**effroyablement** [efʀwajabləmɑ̃] adv appallingly, horrifyingly

**effusion** [efyzjɔ̃] → SYN nf [tendresse] outpouring ◆ **après ces effusions** after all this effusiveness ◆ **remercier qn avec effusion** to thank sb effusively ◆ **effusion de sang** bloodshed

**éfrit** [efʀit] nm efreet

**égagropile** [egagʀɔpil] → SYN nm ⇒ **ægagropile**

**égailler (s')** [egaje] → SYN ▸ conjug 1 ◂ vpr to scatter, disperse

**égal, e,** mpl **-aux** [egal, o] GRAMMAIRE ACTIVE 7.5 → SYN

**1** adj **a** (= de même valeur) equal (*à* to) ◆ **de poids égal** of equal weight ◆ **à poids égal** weight for weight ◆ **à nombre/prix égal** for the same number/price ◆ **égaux en nombre** equal in numbers ◆ **à égale distance de deux points** equidistant or exactly halfway between two points ◆ **Orléans est à égale distance de Tours et de Paris** Orléans is equidistant from Tours and Paris or is the same distance from Tours as from Paris ◆ **Tours et Paris sont à égale distance d'Orléans** Tours and Paris are the same distance from or are equidistant from Orléans ◆ **d'adresse/d'audace égale** of equal skill/boldness, equally skilful/bold ◆ **toutes choses égales par ailleurs** all or other things being equal; → **signe**

b (= sans variation) justice even, unvarying; climat equable, unchanging; terrain even, level; bruit, rumeur, vent steady ◆ **de caractère égal** even-tempered ◆ **marcher d'un pas égal** to walk with a regular ou an even step

c (LOC) **ça m'est égal** (= je n'y attache pas d'importance) I don't mind, it's all one ou the same to me; (= je m'en fiche) I don't care ◆ **pense ce que tu veux, ça m'est bien égal** you can think what you like, I really don't care ◆ **tout lui est égal** he doesn't feel strongly about anything ◆ **c'est égal, il aurait pu m'écrire** all the same ou be that as it may, he might have written ◆ **sa probité n'a d'égale que sa générosité** his integrity is matched ou equalled only by his generosity ◆ **rester égal à soi-même** to remain true to form; → **arme, jeu**

2 nm,f a (= personne) equal ◆ **il ne fréquente que ses égaux** he only associates with his equals

b (LOC) **il a traité d'égal à égal avec moi** he treated me as his ou an equal ◆ **nous parlions d'égal à égal** we talked to each other as equals ◆ **sa probité est à l'égal de sa générosité** his generosity is equalled or matched by his integrity ◆ **c'est une vraie mégère à l'égal de sa mère** she's a real shrew just like her mother ◆ **sans égal** beauté, courage matchless, unequalled, peerless

**égalable** [egalabl] adj ◆ **difficilement égalable** difficult to equal ou match

**également** [egalmɑ̃] → SYN adv (= sans aspérités) evenly; (= sans préférence) equally; (= aussi) also, too, as well ◆ **elle lui a également parlé** (elle aussi) she also ou too spoke to him; (à lui aussi) she spoke to him as well ou too

**égaler** [egale] → SYN ▸ conjug 1 ◂ 1 vt a [+ personne, record] to equal (*en* in) ◆ **2 plus 2 égalent 4** (Math) 2 plus 2 equals 4 ◆ **personne ne l'a encore égalé en adresse** so far there has been no one to equal ou match his skill, so far no one has matched him for skill ◆ **son intégrité égale sa générosité** his generosity is matched ou equalled by his integrity, his integrity matches ou equals his generosity

b (= comparer) **égaler qn à** to rank sb with ◆ **c'est un bon compositeur mais je ne l'égalerais pas à Ravel** he's a good composer but I wouldn't rank him with ou put him beside Ravel

c († = rendre égal) **la mort égale tous les êtres** death is the great leveller

2 **s'égaler** vpr ◆ **s'égaler à** (= se montrer l'égal de) to equal, be equal to; (= se comparer à) to liken o.s. to, compare o.s. to

**égalisateur, -trice** [egalizatœʀ, tʀis] adj equalizing (Brit), tying (US) ◆ **le but égalisateur** (Sport) the equalizer (Brit), the tying goal (US) ◆ **le jeu égalisateur** (Tennis) the game which evened (up) the score

**égalisation** [egalizasjɔ̃] nf (Sport) equalization (Brit), tying (US); [sol, revenus] levelling ◆ **c'est l'égalisation** (Sport) they've scored the equalizer (Brit) ou the tying goal (US), they've equalized (Brit) ou tied (US)

**égaliser** [egalize] → SYN ▸ conjug 1 ◂ 1 vt [+ chances] to equalize, make equal; [+ cheveux] to straighten up; [+ sol, revenus] to level (out)

2 vi (Sport) to equalize (Brit), tie (US)

3 **s'égaliser** vpr [chances] to become (more) equal; [sol] to level (out), become (more) level

**égaliseur** [egalizœʀ] nm ◆ **égaliseur graphique** graphic equalizer

**égalitaire** [egalitɛʀ] → SYN adj egalitarian

**égalitarisme** [egalitaʀism] nm egalitarianism

**égalitariste** [egalitaʀist] adj, nmf egalitarian

**égalité** [egalite] GRAMMAIRE ACTIVE 5.4 → SYN nf a [hommes] equality; (Math) identity ◆ **comparatif d'égalité** (Gram) comparative of similar degree ◆ **à égalité de qualification on prend le plus âgé** in the case of equal qualifications we take the oldest ◆ **égalité des chances** equal opportunities, equality of opportunity

b [climat] equableness, equability; [pouls] regularity; [surface] evenness, levelness ◆ **égalité d'humeur** evenness of temper, equableness ◆ **égalité d'âme** equanimity

c (Tennis) **"égalité !"** "deuce!"

◆ **à égalité** ◆ **être à égalité** (après un but) to be equal; (fin du match) to draw (Brit), tie (US); (Tennis : à 40/40) to be at deuce ◆ **ils sont à égalité** (Sport) the score is ou the scores are even

**égard** [egaʀ] nm a (= respect) **égards** consideration ◆ **il la reçut avec de grands égards** he welcomed her with every ou great consideration ◆ **être plein d'égards pour qn, avoir beaucoup d'égards pour qn** to be very considerate towards sb, show great consideration for sb ◆ **manquer d'égards envers qn** to be inconsiderate to(wards) sb, show a lack of consideration for sb ◆ **vous n'avez aucun égard pour votre matériel** you have no respect for your equipment

b (LOC) **avoir égard à qch** to take sth into account ou consideration ◆ **par égard pour** out of consideration for ◆ **sans égard pour** without regard for, without consideration for ◆ **à bien des égards, à maints égards** in many respects ◆ **à tous (les) égards** in all respects

◆ **eu égard à** in view of, considering

◆ **à l'égard de** ◆ **aimable à l'égard des enfants** (envers) friendly towards children ◆ **des mesures ont été prises à son égard** (contre) measures have been taken against him ◆ **à l'égard de ce que vous me dites ...** (en ce qui concerne) concerning ou regarding ou with regard to what you're saying ...

**égaré, e** [egaʀe] → SYN (ptp de **égarer**) adj a voyageur lost; animal stray (épith), lost; → **brebis**

b air, regard distraught, wild

**égarement** [egaʀmɑ̃] → SYN 1 nm (littér = trouble affectif) distraction ◆ **dans un moment d'égarement** in a moment of distraction

2 **égarements** nmpl (littér = dérèglements) aberrations ◆ **elle est revenue de ses égarements** she's seen the error of her ways

**égarer** [egaʀe] → SYN ▸ conjug 1 ◂ 1 vt a [+ voyageur] to lead out of his way; [+ enquêteurs] to mislead; (moralement) [+ jeunes, esprits] to lead astray ◆ **la douleur vous égare** (frm) you are distraught ou distracted with grief

b [+ objet] to mislay

2 **s'égarer** vpr a [voyageur] to lose one's way, get lost; [animal] (gén) to get lost; (du troupeau) to stray; [colis, lettre] to get lost, go astray; [discussion, auteur] to wander from the point ◆ **ne nous égarons pas !** let's stick to the point!, let's not wander from the point! ◆ **il s'égare dans des détails** he loses himself ou he gets lost in details ◆ **une espèce d'original égaré dans notre siècle** an eccentric individual who seems out of place in the age we live in ◆ **s'égarer du droit chemin** (fig, Rel) to wander ou stray from the straight and narrow ◆ **quelques votes d'extrême droite se sont égarés sur ce candidat socialiste** a few votes from the far right have been lost to the socialist candidate

b (= perdre la raison) to lose one's reason ◆ **mon esprit s'égare à cette pensée** the thought of it makes me feel quite distraught

**égayer** [egeje] → SYN ▸ conjug 8 ◂ 1 vt [+ personne] to cheer up; [+ pièce] to brighten up; [+ conversation] to enliven

2 **s'égayer** vpr to have fun ◆ **s'égayer aux dépens de qn** to amuse o.s. at sb's expense ◆ **s'égayer à voir ...** to be highly amused ou entertained at seeing ...

**Égée** [eʒe] adj ◆ **la mer Égée** the Aegean Sea ◆ **les îles de la mer Égée** the Aegean Islands

**égéen, -enne** [eʒeɛ̃, ɛn] adj peuples Aegean

**égérie** [eʒeʀi] nf a [poète] oracle; [voleurs] mastermind ◆ **la police a arrêté l'égérie de la bande** the police have arrested the woman who was the brains behind the gang

b **Égérie** (Hist) Egeria

**égide** [eʒid] → SYN **sous l'égide de** loc prép under the aegis of

**églantier** [eglɑ̃tje] nm wild ou dog rose

**églantine** [eglɑ̃tin] nf wild ou dog rose, eglantine

**églefin** [egləfɛ̃] nm ⇒ **aiglefin**

**église** [egliz] → SYN nf a (= bâtiment) church ◆ **aller à l'église** to go to church ◆ **il est à l'église** (pour l'office) he's at ou in church; (en curieux) he's in the church ◆ **se marier à l'église** to get married in church, have a church wedding ◆ **à l'église Ste Marie** at St Mary's (church)

b **l'Église** (= secte, clergé) the Church ◆ **l'Église anglicane** the Church of England, the Anglican Church ◆ **l'Église catholique** the Church of Rome, the Roman Catholic Church ◆ **l'Église réformée** the Reformed Church ◆ **l'Église orthodoxe** the Orthodox Church ◆ **l'Église de France/Rome** The Church of France/Rome ◆ **l'Église militante/triomphante/souffrante** the Church militant/triumphant/expectant; → **gens[1], homme**

**églogue** [eglɔg] → SYN nf eclogue

**ego** [ego] nm (Philos, Psych) ego ◆ **il a un ego démesuré** he has an inflated ego

**égocentrique** [egosɑ̃tʀik] 1 adj egocentric, self-centred

2 nmf egocentric ou self-centred person

**égocentrisme** [egosɑ̃tʀism] nm (gén) egocentricity, self-centredness; (Psych) egocentricity

**égocentriste** [egosɑ̃tʀist] adj, nmf ⇒ **égocentrique**

**égoïne** [egɔin] nf ◆ **(scie) égoïne** handsaw

**égoïsme** [egɔism] → SYN nm selfishness, egoism

**égoïste** [egɔist] → SYN 1 adj selfish, egoistic

2 nmf selfish person, egoist

**égoïstement** [egɔistəmɑ̃] adv selfishly, egoistically

**égorgement** [egɔʀʒəmɑ̃] nm ◆ **l'égorgement d'un mouton** slitting ou cutting a sheep's throat

**égorger** [egɔʀʒe] → SYN ▸ conjug 3 ◂ vt (lit) to slit ou cut the throat of; * [+ débiteur, client] to bleed white

**égorgeur, -euse** [egɔʀʒœʀ, øz] nm,f cut-throat

**égosiller (s')** [egozije] → SYN ▸ conjug 1 ◂ vpr (= crier) to shout o.s. hoarse; (= chanter fort) to sing at the top of one's voice ou lungs (US)

**égotisme** [egɔtism] → SYN nm egotism

**égotiste** [egɔtist] (littér) 1 adj egotistic(al)

2 nmf egotist

**égout** [egu] → SYN nm sewer ◆ **réseau** ou **système d'égouts** sewerage system ◆ **eaux d'égout** sewage ◆ **aller à l'égout** [eaux usées] to go down the drain ◆ **égout pluvial** storm drain ou sewer

**égoutier** [egutje] nm sewer worker

**égouttage** [egutaʒ] nm (avec passoire) straining; [linge] wringing out; [fromage] draining

**égouttement** [egutmɑ̃] nm [vaisselle] draining; [linge, eau] dripping

**égoutter** [egute] ▸ conjug 1 ◂ 1 vt [+ légumes] (avec une passoire) to strain; [+ linge] (en le tordant) to wring out; [+ fromage] to drain

2 vi [vaisselle] to drain; [linge, eau] to drip ◆ **faire égoutter l'eau** to drain off the water ◆ **mettre le linge à égoutter** to hang up the washing to drip ◆ **ne l'essore pas, laisse-le égoutter** don't wring it out, leave it to drip dry

3 **s'égoutter** vpr [arbre, linge, eau] to drip; [vaisselle] to drain

**égouttoir** [egutwaʀ] → SYN nm [vaisselle] (intégré dans l'évier) draining (Brit) ou drain (US) board; (mobile) draining rack (Brit), drainer (US), dish rack (US); [légumes] strainer, colander

**égoutture** [egutyʀ] nf drippings, drops

**égrapper** [egʀape] ▸ conjug 1 ◂ vt [+ fruit] to stem

**égratigner** [egʀatiɲe] → SYN ▸ conjug 1 ◂ vt [+ peau] to scratch, graze; [+ genou] to graze, scrape; (fig) [+ adversaire] to have a dig at ◆ **il s'est égratigné le genou** he grazed his knee ◆ **le film/l'auteur s'est fait égratigner par la critique** the film/the author was given a bit of a rough ride by the critics

**égratignure** [egʀatiɲyʀ] → SYN nf [peau] scratch, graze; [genou] graze, scrape ◆ **il s'en est sorti sans une égratignure** he came out of it without a scratch ◆ **ce n'était qu'une égratignure faite à son amour-propre** it just dented his self-esteem

**égrènement** [egʀɛnmɑ̃] nm ◆ **l'égrènement des heures/minutes** marking out the hours/minutes ◆ **l'égrènement des hameaux le long**

**de la vallée** (littér) the hamlets dotted along the valley

**égrener** [egʀəne] → SYN ▸ conjug 5 ◂ 1 vt a [+ pois] to shell, pod; [+ blé, maïs, épi] to shell; [+ coton] to gin; [+ grappe] to pick grapes off ◆ **égrener des raisins** to pick grapes off the bunch

b (fig) **égrener son chapelet** to tell one's beads † (aussi littér), say the rosary ◆ **la pendule égrène les heures** the clock marks out the hours ◆ **égrener la liste de ses succès** to go through a list of one's successes

2 **s'égrener** vpr [raisins] to drop off the bunch; [blé] to drop off the stalk; [rire] to break out ◆ **les maisons s'égrenaient le long de la route** the houses were dotted along the road ◆ **les notes du piano s'égrenaient dans le silence** the notes of the piano fell one by one in the silence

**égreneuse** [egʀənøz] nf [céréales] corn-sheller; [coton] gin

**égrillard, e** [egʀijaʀ, aʀd] → SYN adj ton, regard ribald; plaisanterie, rire, propos ribald, bawdy

**égrisé** [egʀize] nm **égrisée** [egʀize] nf bo(a)rt, bortz

**égriser** [egʀize] ▸ conjug 1 ◂ vt [+ gemme, glace] to grind

**égrugeoir** [egʀyʒwaʀ] → SYN nm mortar

**égruger** [egʀyʒe] → SYN ▸ conjug 3 ◂ vt to pound, crush

**égueuler** [egœle] ▸ conjug 1 ◂ vt to break the opening of

**Égypte** [eʒipt] nf Egypt ◆ **la basse/haute Égypte** Lower/Upper Egypt ◆ **la République arabe d'Égypte** the Arab Republic of Egypt

**égyptien, -ienne** [eʒipsjɛ̃, jɛn] 1 adj Egyptian
2 **Égyptien(ne)** nm,f Egyptian

**égyptologie** [eʒiptɔlɔʒi] nf Egyptology

**égyptologue** [eʒiptɔlɔg] nmf Egyptologist

**eh** [e] excl hey! ◆ **eh oui !/non !** I'm afraid so!/not! ◆ **eh bien** well

**éhonté, e** [eɔ̃te] → SYN adj action shameless, brazen; menteur, mensonge shameless, barefaced, brazen

**eider** [ɛdɛʀ] nm eider

**eidétique** [ɛjdetik] adj eidetic

**Eiffel** [ɛfɛl] n ◆ **la tour Eiffel** the Eiffel Tower

**einsteinien, -ienne** [ɛnstajnjɛ̃, jɛn] adj Einsteinian

**einsteinium** [ɛnstɛnjɔm] nm einsteinium

**Eire** [ɛʀ] nf Eire

**éjaculateur** [eʒakylatœʀ] nm ◆ **être un éjaculateur précoce** to suffer from premature ejaculation, be a premature ejaculator

**éjaculation** [eʒakylasjɔ̃] → SYN nf (Physiol) ejaculation ◆ **éjaculation précoce** premature ejaculation

**éjaculatoire** [eʒakylatwaʀ] adj (Physiol) ejaculatory

**éjaculer** [eʒakyle] ▸ conjug 1 ◂ vi (Physiol) to ejaculate

**éjectable** [eʒɛktabl] adj → **siège¹**

**éjecter** [eʒɛkte] → SYN ▸ conjug 1 ◂ 1 vt a (Tech) to eject

b [+ personne] (accidentellement) to throw out ◆ **le choc l'a éjecté de la voiture** he was thrown out of the car

c * (= congédier) to sack *; (= expulser) to kick out * ◆ **se faire éjecter** (de son travail) to get the sack *; (d'une boîte de nuit) to get kicked out *

2 **s'éjecter** vpr [pilote] to eject

**éjecteur** [eʒɛktœʀ] nm [fluide, pièce] ejector

**éjection** [eʒɛksjɔ̃] → SYN nf a (Tech) ejection

b (= licenciement) sacking *

**élaboration** [elabɔʀasjɔ̃] → SYN nf [plan, système] working-out, elaboration; [bile, sève, aliments] elaboration

**élaboré, e** [elabɔʀe] (ptp de **élaborer**) adj (= sophistiqué) théorie, savoir elaborate; cuisine, coiffure, système elaborate, sophisticated

**élaborer** [elabɔʀe] → SYN ▸ conjug 1 ◂ vt [+ plan, système, solution] to work out, elaborate; [+ document] to draw up; [+ bile, sève, aliments] to elaborate

**élæis** [eleis] nm ⇒ **éléis**

**élagage** [elagaʒ] → SYN nm (lit, fig) pruning

**élaguer** [elage] → SYN ▸ conjug 1 ◂ vt (lit, fig) to prune

**élagueur, -euse** [elagœʀ, øz] nm,f pruner

**élan¹** [elɑ̃] → SYN nm (Zool) elk, moose

**élan²** [elɑ̃] → SYN nm a (= début de course) run up ◆ **prendre son élan** to take a run up ◆ **saut avec/sans élan** running/standing jump ◆ **l'élan du clocher vers le ciel** (littér) the thrust of the steeple towards the sky

b (= vitesse acquise) momentum ◆ **prendre de l'élan** [coureur] to gather speed ◆ **perdre son élan** to lose one's momentum ◆ **il a continué dans** ou **sur son élan** he continued to run at the same pace ou speed ◆ **rien ne peut arrêter son élan** nothing can check ou stop his pace ou momentum ◆ **emporté par son propre élan** (lit) carried along by his own impetus ou momentum; (fig) carried away on ou by the tide of his own enthusiasm

c (= poussée, transport) **élan de** [+ enthousiasme, colère] surge ou rush ou burst of ◆ **dans un élan de générosité** in a surge of generosity ◆ **les élans de l'imagination** flights of fancy ◆ **les rares élans (de tendresse) qu'il avait vers elle** the few surges ou rushes of affection he felt for her ◆ **les élans lyriques de l'orateur** the lyrical outbursts of the speaker ◆ **maîtriser les élans de son cœur** to control the impulses of one's heart ◆ **dire qch avec élan** to say sth with fervour ou passion

d (= ardeur) vigour (Brit), vigor (US), spirit, élan ◆ **élan patriotique** patriotic fervour ◆ **l'élan des troupes** the vigour ou spirit of the troops

e (= dynamisme) boost ◆ **redonner de l'élan** ou **donner un nouvel élan à une politique/une institution/l'économie** to give new impetus to a policy/an institution/the economy ◆ **élan vital** life force

**élancé, e** [elɑ̃se] → SYN (ptp de **élancer**) adj clocher, colonne, taille, personne slender

**élancement** [elɑ̃smɑ̃] → SYN nm (Méd) shooting ou sharp pain

**élancer** [elɑ̃se] → SYN ▸ conjug 3 ◂ 1 vt (littér) ◆ **le clocher élance sa flèche vers le ciel** the church steeple soars up ou thrusts upwards into the sky

2 vi [blessure] to give shooting ou sharp pains ◆ **mon doigt m'élance** I get shooting ou sharp pains in my finger

3 **s'élancer** vpr a (= se précipiter) to rush forward; (= prendre son élan) to take a run up ◆ **s'élancer au-dehors** to rush ou dash outside ◆ **s'élancer comme une flèche vers** to dart towards ◆ **s'élancer d'un bond sur** to leap onto ◆ **s'élancer au secours de qn** to rush ou dash to help sb ◆ **s'élancer à la poursuite de qn** to rush off in pursuit of sb, dash after sb ◆ **s'élancer vers qn** to leap ou dash towards sb ◆ **s'élancer sur qn** to hurl ou throw o.s. at sb, rush at sb ◆ **s'élancer à l'assaut d'une montagne/forteresse** to launch an attack on a mountain/fortress

b (littér = se dresser) to soar ou thrust (upwards) ◆ **la tour s'élance vers le ciel** the tower soars ou thrusts up into the sky

**élargir** [elaʀʒiʀ] → SYN ▸ conjug 2 ◂ 1 vt a (pour agrandir) [+ rue] to widen; [+ robe] to let out; [+ chaussures] to stretch, widen; (= déformer) [+ vêtement, chaussures] to stretch ◆ **ça lui élargit la taille** it makes her look bigger round the waist ◆ **une veste qui élargit les épaules** a jacket that makes the shoulders look broader ou wider

b [+ débat, connaissances] to broaden, widen ◆ **majorité élargie** (Pol) increased majority ◆ **élargir son horizon** to enlarge ou widen one's horizons ◆ **élargir son champ d'action** to extend one's field of operations

c (Jur = libérer) to release, free

2 **s'élargir** vpr [vêtement] to stretch; [route] to widen, get wider; [esprit, débat] to broaden; [idées] to broaden, widen

**élargissement** [elaʀʒismɑ̃] → SYN nm a (= agrandissement) [rue] widening; [robe] letting out; [chaussures] stretching, widening

b [débat, connaissances] broadening, widening ◆ **elle réclame un élargissement de ses pouvoirs** she wants her powers to be extended

c (Jur = libération) release, freeing

**élasthanne** [elastan] nm spandex ®, elastane ® (Brit)

**élasticimétrie** [elastisimetʀi] nf (Sci) elastometry

**élasticité** [elastisite] → SYN nf a [objet] elasticity; [démarche] springiness; (Écon) [offre, demande] elasticity

b [sens, esprit, principes] flexibility; (péj) [conscience] accommodating nature; [règlement] elasticity, flexibility

**élastine** [elastin] nf elastin

**élastique** [elastik] → SYN 1 adj a objet elastic; démarche springy; (Écon) offre, demande elastic ◆ **taille élastique** (Couture) elasticated (Brit) ou elasticized (US) waist

b sens, esprit, principes flexible; (péj) conscience accommodating; règlement elastic, flexible

2 nm a (de bureau) elastic ou rubber band; → **lâcher**

b (pour couture, jeu etc ) elastic (NonC); (Sport) bungee cord ◆ **en élastique** elasticated, elastic; → **saut**

**élastiqué, e** [elastike] adj encolure, ceinture, manche, taille elasticated (Brit), elasticized (US); pantalon with an elasticated (Brit) ou elasticized (US) waist

**élastomère** [elastɔmɛʀ] nm elastomer ◆ **en élastomère** chaussures man-made

**Elbe** [ɛlb] n ◆ **l'île d'Elbe** (the island of) Elba ◆ **l'Elbe** (= fleuve) the Elbe

**Eldorado** [ɛldoʀado] nm El Dorado

**éléatique** [eleatik] adj Eleatic

**électeur, -trice** [elɛktœʀ, tʀis] nm,f a (Pol, gén) voter, elector; (dans une circonscription) constituent ◆ **le député et ses électeurs** ≃ the member of parliament and his constituents ◆ **les électeurs** (corps électoral) the electorate, the voters ◆ **grand électeur** (en France) *elector who votes in the elections for the French Senate*; (aux USA) presidential elector

b (Hist) **Électeur** Elector ◆ **Électrice** Electress → SÉNAT

**électif, -ive** [elɛktif, iv] adj (Pol) elective

**élection** [elɛksjɔ̃] → SYN nf a (Pol, gén) election ◆ **jour des élections** polling ou election day ◆ **se présenter aux élections** to stand (Brit) ou run (US) as a candidate (in the election) ◆ **élection présidentielle** presidential election ◆ **élection partielle** ≃ by(e)-election ◆ **élections législatives** legislative elections, ≃ general election ◆ **élections municipales/cantonales** municipal/cantonal elections ◆ **élections régionales** regional elections

b (littér = choix) choice ◆ **lieu/patrie d'élection** place/country of one's (own) choosing ou choice ◆ **la France est une patrie** ou **terre d'élection pour les poètes** France is a country much favoured by poets ◆ **élection de domicile** (Jur) choice of residence

**ÉLECTIONS**

Presidential elections are held in France every seven years, while legislative elections (for the "députés" who make up the "Assemblée nationale") take place every five years. Elections for one third of the "Sénat" are held every three years, but these are collegiate and only "grands électeurs" (high-ranking officials and party representatives) vote in them.

There are two kinds of local election in France, and both are held every six years. They are the "élections cantonales" in which people vote for the "Conseil régional" and "Conseil général", and the "élections municipales" for the "Conseil municipal" (or the "Conseil d'arrondissement" in Paris, Marseille and Lyons).

All public elections take place on a Sunday in France, usually in school halls and "mairies".
→ CANTON; COMMUNE; DÉPARTEMENT etc

**électoral, e,** mpl **-aux** [elɛktɔʀal, o] adj affiche, réunion election (épith) ◆ **campagne électorale** election ou electoral campaign ◆ **pendant la période électorale** during election time, during the run-up to the election ◆ **il m'a promis son soutien électoral** he promised me his backing in the election; → **agent, circonscription, corps**

**électoralisme** [elɛktɔʀalism] nm electioneering

**électoraliste** [elɛktɔʀalist] adj electioneering

**électorat** [elɛktɔʀa] nm a (= électeurs) electorate; (dans une circonscription) constituency; (= droit de vote) franchise ◆ **l'électorat socialiste** the voters for the socialist party, the socialist vote

b (Hist = principauté) electorate

**Électre** [elɛktʀ] nf Electra

**électret** [elɛktʀɛ(t)] nm electret

**électricien, -ienne** [elɛktʀisjɛ̃, jɛn] nm,f electrician

**électricité** [elɛktʀisite] → SYN nf electricity ◆ **allumer l'électricité** to turn ou switch ou put the light on ◆ **ça marche à l'électricité** it runs on electricity, it's electrically operated ◆ **refaire l'électricité** to rewire the house (ou shop etc ) ◆ **être sans électricité** (gén) to have no electricity; (suite à une panne, à une grève) to be without power ◆ **électricité statique** static electricity ◆ **l'électricité d'origine nucléaire** nuclear(-generated) electricity ◆ **électricité atmosphérique** atmospherics ◆ **il y a de l'électricité dans l'air** * the atmosphere is electric; → **panne**[1]

**électrification** [elɛktʀifikasjɔ̃] nf electrification

**électrifier** [elɛktʀifje] ▸ conjug 7 ◂ vt to electrify ◆ **électrifier un village** to bring electricity ou electric power to a village

**électrique** [elɛktʀik] adj (lit) electric(al); (fig) electric ◆ **atmosphère électrique** highly-charged atmosphere ◆ **bleu électrique** electric blue ◆ **j'ai les cheveux électriques** * I've got static (electricity) in my hair

**électriquement** [elɛktʀikmɑ̃] adv electrically

**électrisable** [elɛktʀizabl] adj foule easily roused; substance chargeable, electrifiable

**électrisant, e** [elɛktʀizɑ̃, ɑ̃t] adj discours, contact electrifying

**électrisation** [elɛktʀizasjɔ̃] nf [substance] charging, electrifying

**électriser** [elɛktʀize] → SYN ▸ conjug 1 ◂ vt [+ substance] to charge, electrify; [+ public] to electrify

**électroacousticien, -ienne** [elɛktʀoakustisjɛ̃, jɛn] 1 adj acoustoelectronic, electroacoustic

2 nm,f acoustoelectronic ou electroacoustic engineer

**électroacoustique, électro-acoustique,** pl **électro-acoustiques** [elɛktʀoakustik] 1 adj electroacoustic

2 nf acoustoelectronics sg, electroacoustics sg

**électro-aimant,** pl **électro-aimants** [elɛktʀoɛmɑ̃] nm electromagnet

**électrocardiogramme** [elɛktʀokaʀdjɔgʀam] nm electrocardiogram ◆ **faire un électrocardiogramme à qn** to give sb an electrocardiogram ou an ECG

**électrocardiographe** [elɛktʀokaʀdjɔgʀaf] nm electrocardiograph

**électrocardiographie** [elɛktʀokaʀdjɔgʀafi] nf electrocardiography

**électrocardiographique** [elɛktʀokaʀdjɔgʀafik] adj electrocardiographic

**électrocautère** [elɛktʀokɔtɛʀ] nm electrocautery, galvanocautery

**électrochimie** [elɛktʀoʃimi] nf electrochemistry

**électrochimique** [elɛktʀoʃimik] adj electrochemical

**électrochoc** [elɛktʀoʃɔk] nm (= procédé) electric shock treatment, electroconvulsive therapy (SPÉC) ◆ **on lui a fait des électrochocs** he was given electric shock treatment ou ECT ◆ **sa proposition a provoqué un électrochoc** his proposal sent shock waves through the country

**électrocinétique** [elɛktʀosinetik] 1 adj electrokinetic

2 nf electrokinetics sg

**électrocoagulation** [elɛktʀokɔagylasjɔ̃] nf electrocoagulation

**électrocuter** [elɛktʀɔkyte] ▸ conjug 1 ◂ 1 vt to electrocute

2 **s'électrocuter** vpr to electrocute o.s.

**électrocution** [elɛktʀɔkysjɔ̃] nf electrocution

**électrode** [elɛktʀɔd] nf electrode

**électrodéposition** [elɛktʀodepozisjɔ̃] nf electrodeposition

**électrodiagnostic** [elɛktʀodjagnɔstik] nm electrodiagnosis

**électrodynamique** [elɛktʀodinamik] 1 adj electrodynamic

2 nf electrodynamics sg

**électrodynamomètre** [elɛktʀodinamɔmɛtʀ] nm electrodynamometer

**électro-encéphalogramme,** pl **électro-encéphalogrammes** [elɛktʀoɑ̃sefalɔgʀam] nm electroencephalogram

**électro-encéphalographie,** pl **électro-encéphalographies** [elɛktʀoɑ̃sefalɔgʀafi] nf electroencephalography

**électrofaible** [elɛktʀofɛbl] adj electroweak

**électrogène** [elɛktʀɔʒɛn] adj (Zool) electric; → **groupe**

**électroluminescence** [elɛktʀolyminesɑ̃s] nf electroluminescence

**électroluminescent, e** [elɛktʀolyminesɑ̃, ɑ̃t] adj electroluminescent

**électrolyse** [elɛktʀɔliz] nf electrolysis

**électrolyser** [elɛktʀɔlize] ▸ conjug 1 ◂ vt to electrolyse

**électrolyseur** [elɛktʀɔlizœʀ] nm electrolyser

**électrolyte** [elɛktʀɔlit] nm electrolyte

**électrolytique** [elɛktʀɔlitik] adj electrolytic(al)

**électromagnétique** [elɛktʀomaɲetik] adj electromagnetic

**électromagnétisme** [elɛktʀomaɲetism] nm electromagnetism

**électromécanicien, -ienne** [elɛktʀomekanisjɛ̃, jɛn] nm,f electromechanical engineer

**électromécanique** [elɛktʀomekanik] 1 adj electromechanical

2 nf electromechanical engineering

**électroménager** [elɛktʀomenaʒe] 1 adj ◆ **appareil électroménager** (household ou domestic) electrical appliance

2 nm ◆ **l'électroménager** (= appareils) (household ou domestic) electrical appliances; (= industrie) the electrical goods industry ◆ **le petit/gros électroménager** small/large electrical appliances ◆ **magasin d'électroménager** electrical goods shop (Brit) ou store (US)

**électroménagiste** [elɛktʀomenaʒist] nmf dealer in household ou domestic (electrical) appliances

**électrométallurgie** [elɛktʀometalyʀʒi] nf electrometallurgy

**électrométallurgique** [elɛktʀometalyʀʒik] adj electrometallurgical

**électromètre** [elɛktʀɔmɛtʀ] nm electrometer

**électrométrie** [elɛktʀɔmetʀi] nf electrometry

**électromoteur, -trice** [elɛktʀomɔtœʀ, tʀis] 1 adj electromotive

2 nm electric motor, electromotor

**électron** [elɛktʀɔ̃] nm electron

**électronégatif, -ive** [elɛktʀonegatif, iv] adj electronegative

**électronicien, -ienne** [elɛktʀɔnisjɛ̃, jɛn] nm,f electronics engineer

**électronique** [elɛktʀɔnik] → SYN 1 adj (gén) electronic; microscope electron (épith) ◆ **groupe/industrie électronique** electronics group/industry; → **adresse, autoroute, courrier, dictionnaire**

2 nf electronics sg

**électronucléaire** [elɛktʀonykleɛʀ] 1 adj nuclear power (épith)

2 nm ◆ **l'électronucléaire** nuclear power

**électronvolt** [elɛktʀɔ̃vɔlt] nm electronvolt

**électrophile** [elɛktʀɔfil] adj electrophilic

**électrophone** [elɛktʀɔfɔn] nm record player

**électrophorèse** [elɛktʀɔfɔʀɛz] nf electrophoresis, cataphoresis

**électrophysiologie** [elɛktʀofizjɔlɔʒi] nf electrophysiology

**électroponcture** [elɛktʀopɔ̃ktyʀ] nf electropuncture

**électropositif, -ive** [elɛktʀopozitif, iv] adj electropositive

**électropuncture** [elɛktʀopɔ̃ktyʀ] nf ⇒ **électroponcture**

**électroscope** [elɛktʀɔskɔp] nm electroscope

**électrostatique** [elɛktʀostatik] 1 adj electrostatic

2 nf electrostatics sg

**électrostriction** [elɛktʀostʀiksjɔ̃] nf electrostriction

**électrotechnicien, -ienne** [elɛktʀotɛknisjɛ̃, jɛn] nm,f electrotechnician

**électrotechnique** [elɛktʀotɛknik] 1 adj electrotechnical ◆ **institut électrotechnique** institute of electrical engineering ou of electrotechnology

2 nf (= science) electrical engineering, electrotechnology, electrotechnics sg; (= secteur) electrical engineering

**électrothérapie** [elɛktʀoteʀapi] nf electrotherapy

**électrothermie** [elɛktʀotɛʀmi] nf (= science) electrothermics sg

**électrothermique** [elɛktʀotɛʀmik] adj electrothermal, electrothermic

**électrovalence** [elɛktʀovalɑ̃s] nf electrovalency, electrovalence

**électrovanne** [elɛktʀovan] nf electromagnetic valve

**électrum** [elɛktʀɔm] nm electrum

**élégamment** [elegamɑ̃] adv elegantly

**élégance** [elegɑ̃s] → SYN nf a [personne, toilette] elegance, stylishness

b [conduite] generosity; [solution] elegance, neatness ◆ **élégances (de style)** ornaments (of style) ◆ **perdre avec élégance** to be gracious in defeat ou a graceful loser ◆ **l'élégance féminine** feminine elegance ◆ **concours d'élégance** *parade of elegant women in beautiful cars* ◆ **il aurait pu avoir l'élégance de s'excuser** he might have had the good grace to apologize

**élégant, e** [elegɑ̃, ɑ̃t] → SYN 1 adj a personne, toilette elegant, stylish ◆ **tu es très élégant habillé comme ça** you're looking very elegant

b conduite generous; solution elegant, neat ◆ **user de procédés peu élégants** to use crude methods ◆ **c'était une façon élégante de le remettre à sa place** it was a neat way of putting him in his place

2 nm († = dandy) elegant ou stylish man, man of fashion

3 **élégante** † nf elegant ou stylish woman, woman of fashion

**élégiaque** [eleʒjak] → SYN adj elegiac

**élégie** [eleʒi] nf elegy

**élégir** [eleʒiʀ] → SYN ▸ conjug 2 ◂ vt to fine (down)

**éléis** [eleis] nm oil palm

**élément** [elemɑ̃] → SYN 1 nm a [structure, ensemble] element, component; [problème] element; [mélange] ingredient, element; [réussite] factor, element; [appareil] part, component ◆ **élément comique (d'un roman)** comic element (of a novel)

b (= meuble) unit ◆ **éléments de rangement** storage units ◆ **éléments de cuisine/de bibliothèque** kitchen/bookshelf units

c (Mil) **éléments blindés/aéroportés** armoured/airborne units

d (Chim) element ◆ **l'élément hydrogène** the element hydrogen

e (Tech) [pile] cell

f (= fait) fact ◆ **nous manquons d'éléments** we lack information ou facts ◆ **aucun élément nouveau n'est survenu** there have been no new developments, no new facts have come to light ◆ **éléments de tir** (Mil) range data

g (Comptab, Fin) item ◆ **après/hors éléments exceptionnels** after/before extraordinary items

h (= individu) **c'est le meilleur élément de ma classe** he's the best pupil in my class ◆ **bons et mauvais éléments** good and bad elements ◆ **éléments subversifs/ennemis** subversive/hostile elements

i (= milieu) element ◆ **les quatre éléments** the four elements ◆ **les éléments (naturels)** the elements ◆ **l'élément liquide** the liquid element ◆ **quand on parle d'électronique il est**

**dans son élément*** when you talk about electronics he's in his element ◆ **parmi ces artistes il ne se sentait pas dans son élément** he didn't feel at home ou he felt like a fish out of water among those artists

2 **éléments** nmpl (= rudiments) basic principles, rudiments, elements ◆ **il a quelques éléments de chimie** he has some elementary knowledge of chemistry ◆ **"Éléments de Mécanique"** (titre d'ouvrage) "Elementary Mechanics"

**élémentaire** [elemɑ̃tɛʀ] → SYN adj a (= facile) problème elementary; (= de base) notion elementary, basic; forme rudimentary, basic; (Scol) cours, niveau elementary; (= évident) précaution elementary, basic ◆ **c'est élémentaire !** it's elementary! ◆ **la plus élémentaire courtoisie/discrétion veut que ...** elementary ou basic ou simple courtesy/discretion demands that ... ◆ **élémentaire, mon cher Watson !** (hum) elementary, my dear Watson!

b (Chim) elemental ◆ **particules élémentaires** (Phys Nucl) elementary ou fundamental particles

**Éléonore** [eleɔnɔʀ] nf Eleanor

**éléphant** [elefɑ̃] → SYN nm elephant ◆ **éléphant femelle** cow elephant ◆ **éléphant d'Asie/d'Afrique** Indian/African elephant ◆ **éléphant de mer** sea elephant, elephant seal ◆ **comme un éléphant dans un magasin de porcelaine** like a bull in a china shop ◆ **les éléphants du parti** (fig) the party old guard

**éléphanteau**, pl **éléphanteaux** [elefɑ̃to] nm elephant calf, baby elephant

**éléphantesque** [elefɑ̃tɛsk] adj (= énorme) elephantine, gigantic

**éléphantiasique** [elefɑ̃tjazik] adj elephantiasic

**éléphantiasis** [elefɑ̃tjazis] nm elephantiasis

**éléphantin, e** [elefɑ̃tɛ̃, in] adj elephantine

**élevage** [el(ə)vaʒ] → SYN nm a [bétail] rearing, breeding; [chiens, porcs, chevaux, vers à soie] breeding; [volailles] farming ◆ **l'élevage (du bétail)** cattle breeding ou rearing ◆ **l'élevage des abeilles** beekeeping ◆ **élevage intensif de porcs/poulets** intensive farming of pigs/chickens ◆ **faire de l'élevage** to breed ou rear cattle ◆ **faire l'élevage de** [+ bétail] to rear, breed; [+ chiens, porcs, chevaux, vers à soie] to breed; [+ abeilles] to keep ◆ **région ou pays d'élevage** cattle-rearing ou -breeding area ◆ **truite/saumon d'élevage** farmed trout/salmon

b (= ferme) [bétail] cattle farm ◆ **élevage de poulets/de truites** poultry/trout farm ◆ **élevage de chiens** breeding kennels

**élévateur, -trice** [elevatœʀ, tʀis] → SYN adj, nm,f ◆ **(muscle) élévateur** elevator ◆ **(appareil) élévateur** elevator ◆ **(appareil ou transformateur) élévateur de tension** (Élec) step-up transformer; → **chariot**

**élévation** [elevasjɔ̃] → SYN nf a (= action d'élever) [rempart, statue] putting up, erection; [objet, niveau] raising; [pensée, âme] elevation ◆ **élévation d'un nombre au carré** (Math) squaring of a number ◆ **élévation d'un nombre à une puissance** (Math) raising of a number to a power ◆ **son élévation au rang de capitaine** his being raised ou elevated to the rank of captain, his elevation to the rank of captain

b (= action de s'élever) [température, niveau] rise (*de* in)

c (Rel) **l'élévation** the Elevation

d (= tertre) elevation, mound ◆ **élévation de terrain** rise

e (Archit, Géom = coupe, plan) elevation

f (= noblesse) [pensée, style] elevation, loftiness

**élévatoire** [elevatwaʀ] adj lifting (épith)

**élevé, e** [el(ə)ve] → SYN (ptp de **élever**) adj a prix, niveau, température high; pertes heavy ◆ **peu élevé** prix, niveau low; pertes slight ◆ **dommages-intérêts élevés** (Jur) substantial damages

b cime, arbre tall; colline high

c rang, grade high, elevated ◆ **être de condition élevée** (frm) to be of high birth ◆ **occuper une position élevée** to hold a high position, be high-ranking

d (= noble) pensée, style elevated, lofty; conception exalted, lofty; principes high (épith)

e (= éduqué) **bien élevé** well-mannered ◆ **mal élevé** (= rustre) bad-mannered, ill-mannered; (= impoli) rude, impolite ◆ **espèce de mal élevé !** you rude thing! ◆ **c'est mal élevé de parler en mangeant** it's bad manners ou it's rude to talk with your mouth full

**élève** [elɛv] → SYN nmf (gén) pupil, student; (Grande École) student; (Mil) cadet ◆ **élève professeur** student teacher, trainee teacher ◆ **élève infirmière** student nurse ◆ **élève officier** officer cadet ◆ **élève-officier de réserve** officer cadet

**élever** [el(ə)ve] → SYN ▸ conjug 5 ◂ 1 vt a (= éduquer) [+ enfant] to bring up, raise ◆ **il a été élevé dans du coton** he had a sheltered upbringing, he was wrapped (up) in cotton wool as a child (Brit) ◆ **elle a été élevée selon des principes stricts** she had a strict upbringing ◆ **son fils est élevé maintenant** his son is grown-up now

b (= faire l'élevage de) [+ bétail] to rear, breed; [+ chiens, porcs, chevaux, vers à soie] to breed; [+ abeilles] to keep; [+ volailles] to farm; [+ vin] to produce ◆ **vin élevé dans nos chais** wine matured in our cellars

c (= dresser) [+ rempart, mur, statue] to put up, erect, raise ◆ **la maison élevait sa masse sombre** (littér) the dark mass of the house rose up ou reared up (littér) ◆ **élever des objections/des protestations** to raise objections/a protest ◆ **élever des critiques** to make criticisms

d (= hausser) [+ édifice] to raise, make higher ◆ **élever une maison d'un étage** to raise a house by one storey, make a house one storey higher

e (= lever, mettre plus haut) [+ poids, objet] to lift (up), raise; [+ niveau, taux, prix] to raise; [+ voix] to raise; (littér) [+ yeux, bras] to raise, lift (up) ◆ **pompe qui élève l'eau** pump which raises water

f [+ débat] to raise the tone of ◆ **musique qui élève l'âme** elevating ou uplifting music ◆ **élevons nos cœurs vers le Seigneur** (Rel) let us lift up our hearts unto the Lord

g (= promouvoir) to raise, elevate ◆ **il a été élevé au grade de capitaine** he was raised ou elevated to the rank of captain ◆ **chez eux l'abstinence est élevée à la hauteur d'une institution** they've given abstinence the status of an institution, they have made abstinence a way of life

h (Math) **élever une perpendiculaire** to raise a perpendicular ◆ **élever un nombre à la puissance 5** to raise a number to the power of 5 ◆ **élever un nombre au carré** to square a number

2 **s'élever** vpr a (= augmenter) [température, niveau, prix] to rise, go up ◆ **le niveau des élèves/de vie s'est élevé** the standard of the pupils/of living has risen ou improved

b (= se dresser) [montagne, tour] to rise ◆ **la tour s'élève à 50 mètres au-dessus du sol** the tower is 50 metres tall ◆ **un mur s'élevait entre ces deux jardins** a wall stood between the two gardens ◆ **la cime s'élève majestueusement au-dessus des forêts** the peak rises (up) ou towers majestically above the forests

c (= monter) [avion] to go up, ascend; [oiseau] to fly up, ascend ◆ **l'avion s'élevait régulièrement** the plane was climbing ou ascending steadily ◆ **la pensée s'élève vers l'absolu** thought soars ou ascends towards the absolute ◆ **l'âme s'élève vers Dieu** the soul ascends to(wards) God ◆ **le ton s'élève, les voix s'élèvent** voices are beginning to rise ◆ **s'élever au-dessus des querelles** to rise above petty quarrels

d [objections, doutes] to be raised, arise ◆ **sa voix s'éleva dans le silence** his voice broke the silence ◆ **aucune voix ne s'éleva en sa faveur** not a (single) voice was raised in his favour

e (dans la société) to rise ◆ **s'élever jusqu'au sommet de l'échelle** to climb to the top of the ladder ◆ **s'élever à la force du poignet/par son seul travail** to work one's way up unaided/by the sweat of one's brow

f (= protester) **s'élever contre** to rise up against

g (= se bâtir) to go up, be put up ou erected ◆ **la maison s'élève peu à peu** the house is going up bit by bit ou is gradually going up

h (= se monter) **s'élever à** [prix, pertes] to total, add up to, amount to

**éleveur, -euse** [el(ə)vœʀ, øz] → SYN 1 nm,f (Agr) stockbreeder; [vin] producer ◆ **éleveur (de bétail)** cattle breeder ou rearer ◆ **éleveur de chiens/chevaux/porcs** dog/horse/pig breeder ◆ **éleveur de volailles** poultry farmer ◆ **éleveur de vers à soie** silkworm breeder, sericulturist (SPÉC) ◆ **éleveur d'abeilles** beekeeper; → **propriétaire**

2 **éleveuse** nf (pour poussins) brooder

**elfe** [ɛlf] → SYN nm elf

**élider** vt, **s'élider** vpr [elide] ▸ conjug 1 ◂ to elide ◆ **article élidé** elided article

**Élie** [eli] nm Elijah

**éligibilité** [eliʒibilite] nf eligibility (*à* for)

**éligible** [eliʒibl] adj eligible (*à* for)

**élimé, e** [elime] (ptp de **élimer**) adj vêtement, tissu threadbare, worn ◆ **manteau un peu élimé** rather worn overcoat ◆ **chemise élimée au col/aux poignets** shirt with a frayed collar/with frayed cuffs

**élimer** [elime] ▸ conjug 1 ◂ 1 vt [+ vêtement, tissu] to wear thin

2 **s'élimer** vpr [vêtement, tissu] to wear thin, become threadbare

**élimination** [eliminasjɔ̃] → SYN nf (gén) elimination ◆ **procéder par élimination** to work by a process of elimination

**éliminatoire** [eliminatwaʀ] 1 adj épreuve eliminatory (épith); note, temps disqualifying (épith)

2 nf (Sport) (eliminating ou preliminary) heat, eliminator

**éliminer** [elimine] → SYN ▸ conjug 1 ◂ vt (gén, Math, Méd) to eliminate; [+ possibilité] to rule out, eliminate; [+ données secondaires] to discard, eliminate ◆ **éliminé au second tour** (Pol) eliminated in the second ballot ◆ **être éliminé à l'oral** (Scol) to be eliminated in ou to fail (in) the oral ◆ **éliminé !** (Jeux) you're out! ◆ **éliminé en quart de finale** knocked out ou eliminated in the quarter finals ◆ **les petits exploitants seront éliminés du marché** small farmers will be forced out of the market ◆ **boire de l'eau minérale fait éliminer** drinking mineral water cleans out the system

**élingue** [elɛ̃g] nf (Naut) sling

**élinguer** [elɛ̃ge] ▸ conjug 1 ◂ vt (Naut) to sling

**élire** [eliʀ] → SYN ▸ conjug 43 ◂ vt to elect ◆ **il a été élu président** he was elected president, he was voted in as president ◆ **élire domicile** to take up residence (*à, dans* in)

**Élisabeth** [elizabɛt] nf Elizabeth

**élisabéthain, e** [elizabetɛ̃, ɛn] 1 adj Elizabethan

2 **Élisabéthain(e)** nm,f Elizabethan

**Élisée** [elize] nm Elisha

**élision** [elizjɔ̃] → SYN nf elision

**élitaire** [elitɛʀ] adj club, festival exclusive

**élite** [elit] → SYN nf a (= groupe) elite, élite ◆ **l'élite de** the cream ou elite of ◆ **les élites (de la nation)** the elite (of the nation) ◆ **être ou personnalité d'élite** exceptional person ◆ **corps/cavalerie d'élite** (Mil) crack corps/cavalry ◆ **tireur d'élite** crack shot ◆ **troupe d'élite** elite ou crack troops ◆ **école d'élite** elite school

b (Imprim) **caractères élite** elite (type)

**élitisme** [elitism] → SYN nm elitism ◆ **faire de l'élitisme** to be elitist

**élitiste** [elitist] → SYN adj, nmf elitist

**élixir** [eliksiʀ] → SYN nm elixir ◆ **élixir de longue vie** elixir of life ◆ **élixir d'amour** love potion, elixir of love ◆ **élixir parégorique** paregoric (elixir)

**elle** [ɛl] pron pers f a (fonction sujet) (personne) she; (chose) it; (nation) it, she; (animal, bébé) she, it ◆ **elles** they ◆ **elle est couturière** she is a dressmaker ◆ **prends cette chaise, elle est plus confortable** have this chair – it's more comfortable ◆ **je me méfie de sa chienne, elle mord** I don't trust his dog – she ou it bites ◆ **elle, furieuse, a refusé** furious, she refused ◆ **la Suisse a décidé qu'elle resterait neutre** Switzerland decided that it ou she would remain neutral ◆ **qu'est-ce qu'ils ont dit ? – elle, rien** what did they say? – she said nothing ◆ **il est venu mais pas elle/elles** he came but she/they didn't, he came but not her/them ◆ **elle partie, j'ai pu travailler** with her gone ou after she had gone I was able to work ◆ **elle, elle n'aurait jamais fait ça** she would never have done that ◆ **elle, renoncer ? ce n'est pas son genre** her give up? it wouldn't be like her; voir aussi **même**

**b** (fonction objet, souvent emphatique) (personne) her; (chose) it; (nation) it, her; (animal) her, it ◆ **elles** them ◆ **il n'admire qu'elle** he only admires her, she's the only one he admires ◆ **je les ai bien vus, elle et lui** I definitely saw both ou the two of them ◆ **la revoir elle ? jamais !** see her again? never!

**c** (emphatique avec qui, que) **c'est elle qui me l'a dit** she was the one who ou that told me ◆ **ce fut elle qui lança le mouvement** she was the one ou it was her that launched the movement ◆ **voilà la pluie, et elle qui est sortie sans manteau !** here comes the rain and to think she has gone out without a coat! ou and there she is out without a coat! ◆ **chasse cette chienne, c'est elle qui m'a mordu** chase that dog away, it's the one that bit me ◆ **c'est elle que j'avais invitée** it was her I had invited ◆ **c'est à elle que je veux parler** it's her I want to speak to, I want to speak to her ◆ **il y a une chouette dans le bois, c'est elle que j'ai entendue cette nuit** there's an owl in the wood – that's what I heard last night

**d** (avec prép) (personne) her; (animal) her, it; (chose) it ◆ **ce livre est à elle** this book belongs to her ou is hers ◆ **ces livres sont à elles** these books belong to them ou are theirs ◆ **c'est à elle de décider** it's up to her to decide, it's her decision ◆ **c'est gentil à elle d'avoir écrit** it was kind of her to write ◆ **un ami à elle** a friend of hers, one of her friends ◆ **elle ne pense qu'à elle** she only thinks of herself ◆ **elle a une maison à elle** she has a house of her own ◆ **ses enfants à elle** her children ◆ **qu'est-ce qu'il ferait sans elle** what on earth would he do without her ◆ **ce poème n'est pas d'elle** this poem is not one of hers ou by her ou not one that she wrote ◆ **il veut une photo d'elle** he wants a photo of her

**e** (dans comparaisons) (sujet) she; (objet) her ◆ **il est plus grand qu'elle/elles** he is taller than she is/they are ou than her/them ◆ **je le connais aussi bien qu'elle** (aussi bien que je la connais) I know him as well as (I know) her; (aussi bien qu'elle le connaît) I know him as well as she does ◆ **ne faites pas comme elle** don't do as ou what she does, don't do like her *

**f** (interrog, emphatique : gén non traduit) **Alice est-elle rentrée ?** is Alice back? ◆ **sa lettre est-elle arrivée ?** has his letter come? ◆ **les infirmières sont-elles bien payées ?** are nurses well paid? ◆ **tu sais, ta tante, elle n'est pas très aimable !** you know, your aunt isn't very nice!

**ellébore** [elebɔʀ] **nm** hellebore

**elle-même**, pl **elles-mêmes** [ɛlmɛm] **pron** → **même**

**ellipse** [elips] → SYN **nf** (Géom) ellipse; (Ling) ellipsis

**ellipsoïdal, e**, mpl **-aux** [elipsɔidal, o] **adj** ellipsoidal

**ellipsoïde** [elipsɔid] **1** **nm** ellipsoid

**2** **adj** (Géom) elliptical

**elliptique** [eliptik] → SYN **adj** (Géom) elliptic(al); (Ling) elliptical

**elliptiquement** [eliptikmɑ̃] **adv** (Ling) elliptically

**élocution** [elɔkysjɔ̃] → SYN **nf** (= débit) delivery; (= clarté) diction ◆ **défaut d'élocution** speech impediment ou defect ◆ **professeur d'élocution** elocution teacher

**élodée** [elɔde] **nf** elodea

**éloge** [elɔʒ] → SYN **nm** **a** (= louange) praise ◆ **couvert d'éloges** showered with praise ◆ **digne d'éloge** praiseworthy, commendable ◆ **faire des éloges à qn** to praise sb; → **tarir**

**b** (= apologie) praise ◆ **faire l'éloge de** to praise, speak (very) highly of ◆ **son éloge n'est plus à faire** I do not need to add to the praise he has already received ◆ **c'est le plus bel éloge à lui faire** it's the highest praise one can give him ◆ **faire son propre éloge** to sing one's own praises, blow one's own trumpet * (Brit) ou horn * (US) ◆ **l'éloge que vous avez fait de cette œuvre** your praise ou commendation of this work

**c** (littér = panégyrique) eulogy ◆ **prononcer l'éloge funèbre de qn** to deliver a funeral oration for sb ◆ **"L'Éloge de la folie"** (Littérat) "In Praise of Folly"

**élogieusement** [elɔʒjøzmɑ̃] **adv** ◆ **parler élogieusement de qn** to speak very highly ou most favourably of

**élogieux, -ieuse** [elɔʒjø, jøz] → SYN **adj** laudatory, eulogistic(al) ◆ **parler de qn/qch en termes élogieux** to speak very highly of sb/sth, speak of sb/sth in the most laudatory terms

**éloigné, e** [elwaɲe] → SYN (ptp de **éloigner**) **adj** **a** (dans l'espace) distant, remote ◆ **est-ce très éloigné de la gare ? – oui, c'est très éloigné** is it very far ou a long way (away) from the station? – yes, it's a long way ◆ **éloigné de 3 km** 3 km away ◆ **le village est trop éloigné pour qu'on puisse y aller à pied** the village is too far away to walk ou isn't within walking distance

**b** (dans le temps) époque, événement, échéance distant (*de* from), remote (*de* from) ◆ **dans un avenir peu éloigné** in the not-too-distant future, in the near future

**c** parent distant; ancêtre remote ◆ **la famille éloignée** distant relatives

**d** **être éloigné de** (= être sans rapport avec) to be far from, be a long way from ◆ **sa version est très éloignée de la vérité** his version is very far from the truth ◆ **un sentiment pas très éloigné de la haine** a feeling not far removed from hatred ◆ **rien n'est plus éloigné de mes pensées** nothing is ou could be further from my thoughts ◆ **je ne suis pas très éloigné de le croire** I almost believe him, I'm not far from believing him ◆ **je suis fort éloigné de ses positions** my point of view is very far removed from his

◆ **tenir éloigné de** to keep away from ◆ **cette conférence m'a tenu éloigné de chez moi** the conference kept me away from home ◆ **se tenir éloigné du feu** to keep away from ou clear of the fire ◆ **se tenir éloigné du danger/des querelles** to steer ou keep clear of danger/of quarrels

**éloignement** [elwaɲmɑ̃] → SYN **nm** **a** (= action d'éloigner) [personne indésirable] taking away, removal; [soupçons] removal, averting; [échéance] putting off, postponement ◆ **leur éloignement de la cour, ordonné par le roi** their having been ordered away ou their banishment from the court by the king

**b** (= action de s'éloigner) [être aimé] estrangement ◆ **son éloignement des affaires** his progressive disinvolvement with business

**c** (= état spatial, temporel) distance ◆ **l'éloignement rapetisse les objets** distance makes objects (look) smaller ◆ **notre éloignement de Paris complique le travail** our being so far from Paris makes the work more complicated ◆ **en amour, l'éloignement rapproche** absence makes the heart grow fonder (Prov) ◆ **le bruit est étouffé par l'éloignement** the noise is muffled by distance ◆ **avec l'éloignement, on juge mieux les événements** it is easier to judge events from a distance

**éloigner** [elwaɲe] → SYN ▸ conjug 1 ◂ **1** **vt** **a** [+ objet] to move away, take away (*de* from) ◆ **éloigne ce coussin du radiateur** move ou take that cushion away from the radiator ◆ **la lentille éloigne les objets** the lens makes objects look further away than they really are

**b** [+ personne] (lit) to take away, remove (*de* from); (= exiler, écarter) to send away (*de* from) ◆ **éloigner les curieux du lieu d'un accident** to move onlookers ou bystanders away from the scene of an accident ◆ **allumer du feu pour éloigner les bêtes sauvages** to light a fire to keep off the wild animals ◆ **éloigner qn de** [+ être aimé, compagnons] to estrange sb from; [+ activité] to take sb away from; [+ tentations, carrière] to take sb away from, remove sb from ◆ **son penchant pour la boisson éloigna de lui ses amis** his drinking lost him his friends ou made his friends drift away from him ◆ **ce chemin nous éloigne du village** this path takes ou leads us away from the village

**c** [+ souvenir, idée] to banish, dismiss; [+ crainte] to remove, dismiss; [+ danger] to ward off, remove; [+ soupçons] to remove, avert (*de* from)

**d** (= espacer) [+ visites] to make less frequent, space out

**2** **s'éloigner** **vpr** **a** [objet, véhicule en mouvement] to move away; [cycliste] to ride away; [orage] to go away, pass; [bruit] to go away, grow fainter ◆ **le village s'éloignait et finit par disparaître dans la brume** the village got further (and further) away ou grew more and more distant and finally disappeared in the mist

**b** [personne] (par prudence) to go away (*de* from); (par pudeur, discrétion) to go away, withdraw (*de* from) ◆ **s'éloigner en courant/en hâte** to run/hurry away ou off ◆ **éloignez-vous, ça risque d'éclater !** move away ou stand back, it might explode! ◆ **ne t'éloigne pas trop** don't go (too) far (away) ◆ **s'éloigner de** [+ être aimé, compagnons] to become estranged from, grow away from; [+ sujet traité] to wander from; [+ position prise] to move away from; [+ devoir] to swerve ou deviate from ◆ **là vous vous éloignez (du sujet)** you're wandering from ou getting off the point ou subject ◆ **je la sentais s'éloigner (de moi)** I felt her growing away from me, I felt her becoming more and more distant ◆ **s'éloigner du droit chemin** to stray ou wander from the straight and narrow ◆ **s'éloigner de la vérité** to wander from the truth

**c** [souvenir, échéance] to grow more (and more) distant ou remote; [danger] to pass, go away; [craintes] to go away

**élongation** [elɔ̃gasjɔ̃] → SYN **nf** **a** (Méd) strained ou pulled muscle ◆ **les élongations font très mal** straining ou pulling a muscle is very painful, a pulled muscle is very painful ◆ **se faire une élongation** to strain ou pull a muscle ◆ **je me suis fait une élongation à la jambe** I've strained ou pulled a muscle in my leg

**b** (Astron) elongation; (Phys) displacement

**élonger** [elɔ̃ʒe] ▸ conjug 3 ◂ **vt** (Naut) [+ câble] to stretch out; (Méd) to strain, pull

**éloquemment** [elɔkamɑ̃] **adv** eloquently

**éloquence** [elɔkɑ̃s] → SYN **nf** eloquence ◆ **avec éloquence** eloquently ◆ **il m'a fallu toute mon éloquence pour la convaincre** I needed all the eloquence I could muster to convince her ◆ **l'éloquence de ces chiffres rend tout commentaire superflu** these figures speak for themselves ou need no comment

**éloquent, e** [elɔkɑ̃, ɑ̃t] → SYN **adj** orateur, discours, geste eloquent ◆ **ces chiffres sont éloquents** these figures speak for themselves ◆ **une étreinte plus éloquente que toute parole** an embrace that spoke louder than any words, an embrace more eloquent ou meaningful than any words ◆ **un silence éloquent** a silence that speaks volumes, a meaningful ou an eloquent silence

**élu, e** [ely] → SYN (ptp de **élire**) **1** **adj** (Rel) chosen; (Pol) elected

**2** **nm,f** **a** (Pol) (= député) elected member, ≈ member of parliament, ≈ M.P. (Brit); (= conseiller) elected representative, councillor ◆ **les nouveaux élus** the newly elected members, the newly elected councillors ◆ **les élus locaux** the local ou town councillors ◆ **les citoyens et leurs élus** the citizens and their elected representatives

**b** (hum = fiancé) **l'élu de son cœur** her beloved ◆ **quelle est l'heureuse élue ?** who's the lucky girl?

**c** (Rel) **les Élus** the Chosen ones, the Elect ◆ **être l'élu de Dieu** to be chosen by God

**élucidation** [elysidasjɔ̃] → SYN **nf** elucidation

**élucider** [elyside] → SYN ▸ conjug 1 ◂ **vt** to clear up, elucidate

**élucubrations** [elykybʀasjɔ̃] **nfpl** (péj) wild imaginings

**élucubrer** [elykybʀe] → SYN ▸ conjug 1 ◂ **vt** (péj) to dream up

**éluder** [elyde] → SYN ▸ conjug 1 ◂ **vt** [+ difficulté] to evade, elude; [+ loi, problème] to evade, dodge

**élusif, -ive** [elyzif, iv] → SYN **adj** (frm) elusive

**élution** [elysjɔ̃] **nf** elution

**éluvial, e**, mpl **-iaux** [elyvjal, jo] **adj** eluvial

**éluvion** [elyvjɔ̃] **nf** eluvium

**Élysée** [elize] **nm** (Myth) ◆ **l'Élysée** the Elysium ◆ **(le palais de) l'Élysée** the Élysée palace *(official residence of the French President)*; → **champ**[1]

**élyséen, -enne** [elizeɛ̃, ɛn] **adj** (Myth) Elysian; (Pol française) of the Élysée palace

**élytre** [elitʀ] **nm** wing case, elytron (SPÉC)

**elzévir** [ɛlzeviʀ] **nm** Elzevir

**elzévirien, -ienne** [ɛlzeviʀjɛ̃, jɛn] **adj** Elzevirian

**émaciation** [emasjasjɔ̃] → SYN **nf** emaciation

**émacié, e** [emasje] → SYN (ptp de **émacier**) **adj** corps, visage emaciated, wasted; personne emaciated

**émacier** [emasje] ▸ conjug 7 ◂ 1 **vt** to emaciate
2 **s'émacier vpr** to become emaciated ou wasted

**émail, pl -aux** [emaj, o] → SYN **nm** (= substance) enamel; (= objet) piece of enamel, enamel; (Hér) colour ◆ **en** ou **d'émail** enamel(led) ◆ **cendrier en émaux** enamelled ashtray ◆ **peinture sur émail** enamel painting ◆ **faire des émaux** to do enamel work

**émaillage** [emajaʒ] **nm** enamelling

**émaillé, e** [emaje] (ptp de **émailler**) **adj** **a** (lit) enamelled
**b** **émaillé de** (= parsemé de) [+ étoiles] spangled ou studded with; [+ fautes, citations] peppered ou dotted with ◆ **voyage émaillé d'incidents** journey punctuated by unforeseen incidents

**émailler** [emaje] → SYN ▸ conjug 1 ◂ **vt** **a** (lit) to enamel
**b** (= parsemer) [étoiles] to stud, spangle ◆ **émailler un texte de citations/d'erreurs** to pepper a text with quotations/errors

**émaillerie** [emajʀi] **nf** enamelwork

**émailleur, -euse** [emajœʀ, øz] **nm,f** enameller, enamellist

**émanation** [emanasjɔ̃] → SYN **nf** **a** **émanations** (= odeurs) smells, emanations ◆ **émanations fétides** fetid emanations ◆ **émanations volcaniques** volatiles ◆ **émanations toxiques** toxic fumes
**b** (= produit) product ◆ **le pouvoir est l'émanation du peuple** power issues from the people, power is a product of the will of the people
**c** (Phys) emanation; (Rel) procession

**émancipateur, -trice** [emɑ̃sipatœʀ, tʀis] → SYN 1 **adj** liberating, emancipatory
2 **nm,f** liberator, emancipator

**émancipation** [emɑ̃sipasjɔ̃] → SYN **nf** (Jur) emancipation; [colonie, femme] liberation, emancipation

**émancipé, e** [emɑ̃sipe] (ptp de **émanciper**) **adj** emancipated, liberated

**émanciper** [emɑ̃sipe] → SYN ▸ conjug 1 ◂ 1 **vt** (Jur) to emancipate; [+ femme] to emancipate, liberate; [+ esprit] to liberate, (set) free
2 **s'émanciper vpr** [femme] to become emancipated ou liberated, liberate o.s.; [esprit, art] to become liberated, liberate ou free itself

**émaner** [emane] → SYN ▸ conjug 1 ◂ **émaner de vt indir** (Pol, Rel) [pouvoir] to issue from; [ordres, note] to come from, be issued by; [chaleur, lumière, odeur] to emanate ou issue ou come from; [charme] to emanate from

**émargement** [emaʀʒəmɑ̃] → SYN **nm** **a** (NonC) signing; (= annotation) annotating ◆ **feuille d'émargement** (= feuille de paye) paysheet; (= feuille de présence) attendance sheet
**b** (= signature) signature; (= annotation) annotation

**émarger** [emaʀʒe] → SYN ▸ conjug 3 ◂ 1 **vt** **a** (frm) (= signer) to sign; (= mettre ses initiales) to initial
**b** (= annoter) to annotate
**c** (Typo) to trim
2 **vi** **a** († = toucher son salaire) to draw one's salary ◆ **à combien émarge-t-il par mois ?** what is his monthly salary?
**b** (= recevoir) **émarger d'une certaine somme à un budget** to receive a certain sum out of a budget

**émasculation** [emaskylasjɔ̃] → SYN **nf** (lit, fig) emasculation

**émasculer** [emaskyle] → SYN ▸ conjug 1 ◂ **vt** (lit, fig) to emasculate

**emballage** [ɑ̃balaʒ] → SYN **nm** **a** (= action d'emballer) (dans un carton) packing(-up), packaging; (dans du papier) wrapping(-up)
**b** (Comm) (= boîte, carton) package, packaging (NonC); (= papier) wrapping (NonC) ◆ **carton d'emballage, emballage carton** cardboard packaging ◆ **emballage perdu** throwaway packaging ◆ **produit sous emballage (plastique)** plastic-wrapped product

**emballagiste** [ɑ̃balaʒist] **nmf** (= concepteur) packaging designer; (= fabricant) packaging maker

**emballant, e*** [ɑ̃balɑ̃, ɑ̃t] **adj** (gén au nég) thrilling ◆ **ce n'est pas un film/un projet très emballant** it's not a very inspiring film/project

**emballement** [ɑ̃balmɑ̃] → SYN **nm** **a** * (= enthousiasme) flight of enthusiasm; (= colère) flash of anger ◆ **méfiez-vous de ses emballements** (= passade) beware of his (sudden) crazes *
**b** [moteur] racing; [cheval] bolting
**c** (Écon) **cela a provoqué l'emballement du dollar/de l'économie** it caused the dollar/the economy to race out of control

**emballer** [ɑ̃bale] → SYN ▸ conjug 1 ◂ 1 **vt** **a** (= empaqueter) (dans un carton, de la toile) to pack (up); (dans du papier) to wrap (up) ◆ **emballé sous vide** vacuum-packed ◆ **emballez, c'est pesé !** * (fig) it's a deal! *
**b** (‡ = arrêter) to run in *, to nick ‡ (Brit)
**c** [+ moteur] to race
**d** (* = enthousiasmer) [idée, film] to thrill to bits * ◆ **je n'ai pas été très emballé par ce film** the film didn't do much for me *, I didn't go a bundle on the film * (Brit)
**e** (‡ = séduire) [+ personne] to pick up *, get off with *
2 **s'emballer vpr** **a** * [personne] (enthousiasme) to get ou be carried away *, get worked up *; (colère) to fly off the handle *
**b** [moteur] to race; [cheval] to bolt ◆ **cheval emballé** runaway ou bolting horse
**c** [économie, monnaie] to race out of control

**emballeur, -euse** [ɑ̃balœʀ, øz] → SYN **nm,f** packer

**embarcadère** [ɑ̃baʀkadɛʀ] → SYN **nm** landing stage, pier

**embarcation** [ɑ̃baʀkasjɔ̃] → SYN **nf** (small) boat, (small) craft **pl inv**

**embardée** [ɑ̃baʀde] → SYN **nf** (Aut) swerve; (Naut) yaw ◆ **faire une embardée** (Aut) to swerve; (Naut) to yaw

**embargo** [ɑ̃baʀgo] → SYN **nm** embargo (*à l'encontre de, contre* against) ◆ **embargo économique/commercial/total** economic/trade/total embargo ◆ **embargo pétrolier/militaire** oil/military embargo ◆ **mettre l'embargo sur qch** to impose ou put an embargo on sth, embargo sth ◆ **lever l'embargo (mis sur qch/un pays)** to lift ou raise the embargo (on sb/a country) ◆ **pays/marchandises sous embargo** country/goods (placed) under embargo

**embarquement** [ɑ̃baʀkəmɑ̃] → SYN **nm** [marchandises] loading; [passagers] (en bateau) embarkation, boarding; (en avion, en train) boarding ◆ **vol 134, embarquement porte 9** flight 134 now boarding at gate 9 ◆ **carte d'embarquement** boarding pass ou card ◆ **"L'Embarquement pour Cythère"** (Art) "The Embarkation for Cythère"

**embarquer** [ɑ̃baʀke] → SYN ▸ conjug 1 ◂ 1 **vt** **a** [+ passagers] to embark, take on board ◆ **je l'ai embarqué dans le train** * I saw him onto the train, I put him on the train
**b** [+ cargaison] (en train, gén) to load; (en bateau) to load, ship ◆ **le navire embarque des paquets d'eau** the boat is taking in ou shipping water
**c** ‡ (= emporter) to cart off *, lug off *; (= voler) to pinch *, nick ‡ (Brit); (pour emprisonner) to cart off * ou away * ◆ **se faire embarquer par la police** to get picked up by the police *
**d** (* = entraîner) **embarquer qn dans** to get sb mixed up in ou involved in, involve sb in ◆ **il s'est laissé embarquer dans une sale histoire** he has got (himself) mixed up in ou involved in a nasty bit of business ◆ **une affaire bien/mal embarquée** an affair that has got off to a good/bad start
2 **vi** **a** (= partir en voyage) to embark ◆ **il a embarqué** ou **il s'est embarqué hier pour le Maroc** he sailed for Morocco yesterday
**b** (= monter à bord) to board, go aboard ou on board
**c** (Naut) **le navire embarque, la mer embarque** we are ou the boat is shipping water
3 **s'embarquer vpr** **a** → **2a**
**b** **s'embarquer dans** * [+ aventure, affaire] to embark (up)on, launch into; [+ affaire louche] to get mixed up in ou involved in

**embarras** [ɑ̃baʀa] → SYN **nm** **a** (= ennui) trouble ◆ **cela constitue un embarras supplémentaire** that's yet another problem ◆ **je ne veux pas être un embarras pour vous** I don't want to be a nuisance to you, I don't want to bother you ◆ **causer** ou **faire toutes sortes d'embarras à qn** to give ou cause sb no end * of trouble ou bother ◆ **ne vous mettez pas dans l'embarras pour moi** don't put yourself out ou go to any trouble for me
**b** (= gêne) confusion, embarrassment ◆ **dit-il avec embarras** he said in some confusion ou with (some) embarrassment ◆ **il remarqua mon embarras pour répondre** he noticed that I was at a loss for a reply ou that I was stuck * for a reply
**c** (= situation délicate) predicament, awkward position ◆ **mettre** ou **plonger qn dans l'embarras** to put sb in an awkward position ou on the spot * ◆ **tirer qn d'embarras** to get ou help sb out of an awkward position ou out of a predicament ◆ **être dans l'embarras** (en mauvaise position) to be in a predicament ou an awkward position; (dans un dilemme) to be in a quandary ou in a dilemma
**d** (= gêne financière) **embarras (d'argent** ou **financiers)** financial difficulties, money worries ◆ **être dans l'embarras** to be in financial straits ou difficulties, be short of money
**e** (Méd) **embarras gastrique** upset stomach, stomach upset
**f** († = encombrement) **embarras de circulation** ou **de voitures** (road) congestion (NonC), traffic holdup ◆ **les embarras de Paris** the congestion in the streets of Paris
**g** (= chichis, façons) **faire des embarras** to make a fuss ◆ **c'est un faiseur d'embarras** he's a fusspot *, he's always making a fuss
**h** (Loc) **avoir l'embarras du choix, n'avoir que l'embarras du choix** to be spoilt for choice

**embarrassant, e** [ɑ̃baʀasɑ̃, ɑ̃t] → SYN **adj** **a** situation embarrassing, uncomfortable; problème awkward, thorny ◆ **c'est embarrassant de devoir lui dire** it's embarrassing to have to tell him
**b** paquets cumbersome, awkward ◆ **ce que cet enfant peut être embarrassant !** that child is always in the way!

**embarrassé, e** [ɑ̃baʀase] → SYN (ptp de **embarrasser**) **adj** **a** (= gêné) personne embarrassed, ill-at-ease (attrib); sourire embarrassed, uneasy ◆ **être embarrassé de sa personne** to feel self-conscious ◆ **je serais bien embarrassé de choisir entre les deux** I'd really be at a loss ou I'd be hard put to choose between the two
**b** (= peu clair) explication, phrase muddled, confused
**c** (Méd) **avoir l'estomac embarrassé** to have an upset stomach ◆ **j'ai la langue embarrassée** my tongue is coated
**d** (= encombré) table, corridor cluttered (up) ◆ **j'ai les mains embarrassées** my hands are full ◆ **embarrassée dans sa longue jupe** entangled in her long dress

**embarrasser** [ɑ̃baʀase] → SYN ▸ conjug 1 ◂ 1 **vt** **a** (= encombrer) [paquets] to clutter (up); [vêtements] to hinder, hamper ◆ **enlève ce manteau qui t'embarrasse** take that coat off – you'll be more comfortable without it ◆ **je ne t'embarrasse pas au moins ?** are you sure I'm not bothering you? ou I'm not in your way?
**b** (= désorienter) **embarrasser qn par des questions indiscrètes** to embarrass sb with indiscreet questions ◆ **sa demande m'embarrasse** his request puts me in a predicament ou an awkward position ou on the spot * ◆ **ça m'embarrasse de te le dire mais ...** I don't like to tell you this but ... ◆ **il y a quelque chose qui m'embarrasse là-dedans** there's something about it that bothers ou worries me
**c** (Méd) **embarrasser l'estomac** to lie heavy on the stomach
2 **s'embarrasser vpr** **a** (= s'encombrer) **s'embarrasser de** [+ paquets, compagnon] to burden o.s. with ◆ **il s'embarrasse dans ses explications**

(fig) he gets in a muddle with his explanations, he ties himself in knots* trying to explain things

**b** (= se soucier) to trouble o.s. (*de* about), be troubled (*de* by) ◆ **sans s'embarrasser des détails** without troubling ou worrying about the details ◆ **il ne s'embarrasse pas de scrupules** he doesn't let scruples get in his way

**embase** [ɑ̃bɑz] nf [enclume] base

**embastillement** [ɑ̃bastijmɑ̃] nm (††, hum) imprisonment

**embastiller** [ɑ̃bastije] → SYN ▸ conjug 1 ◂ vt (††, hum) to imprison

**embat(t)re** [ɑ̃batʀ] ▸ conjug 4 ◂ vt [+ roue] to shoe

**embauche** [ɑ̃boʃ] nf (= action d'embaucher) taking on, hiring; (= travail disponible) vacancy ◆ **ils devront recourir à l'embauche cet été** they will have to start taking people on ou hiring new staff this summer ◆ **la surqualification peut être un obstacle à l'embauche** being overqualified can be an obstacle to finding employment ◆ **est-ce qu'il y a de l'embauche ?** are there any vacancies?, are you taking anyone on? ou hiring anyone? ◆ **il n'y a pas d'embauche (chez eux)** they're not hiring, they're not taking anybody on ◆ **bureau d'embauche** employment office ◆ **salaire d'embauche** starting salary ◆ **chercher de l'embauche** to look for work ◆ **aide(s)** ou **prime(s) à l'embauche** employment incentive(s) ◆ **le questionnaire leur est remis à l'embauche** they are given the questionnaire when they start work ou on their first day at work

**embaucher** [ɑ̃boʃe] → SYN ▸ conjug 1 ◂ **1** vt to take on, hire ◆ **il s'est fait embaucher par l'entreprise** he was taken on ou hired by the company ◆ **je t'embauche pour écosser les petits pois** I'll put you to work shelling the peas, you've got yourself a job shelling the peas ◆ **s'embaucher comme peintre** to get o.s. taken on ou hired as a painter ◆ **on embauche** [entreprise] we are recruiting new staff, we have vacancies (for new staff) ◆ **le nouvel embauché** the new recruit ou employee

**2** vi (= commencer le travail) to start work

**embaucheur, -euse** [ɑ̃boʃœʀ, øz] nm,f employment ou labour (Brit) contractor

**embauchoir** [ɑ̃boʃwaʀ] nm shoetree

**embaumé, e** [ɑ̃bome] (ptp de **embaumer**) adj air fragrant, balmy (littér)

**embaumement** [ɑ̃bommɑ̃] nm embalming

**embaumer** [ɑ̃bome] → SYN ▸ conjug 1 ◂ **1** vt **a** [+ cadavre] to embalm

**b** (= parfumer) **le lilas embaumait l'air** the scent of lilac hung heavy in the air

**c** (= avoir l'odeur de) to smell of ◆ **l'air embaumait le lilas** the air was fragrant ou balmy (littér) with the scent of lilac

**2** vi [fleur] to give out a fragrance, be fragrant; [jardin] to be fragrant; [mets] to fill the air with a nice smell; [fromage] to smell strong ◆ **ça n'embaume pas !*** it doesn't smell too sweet!

**embaumeur, -euse** [ɑ̃bomœʀ, øz] → SYN nm,f embalmer

**embellie** [ɑ̃beli] → SYN nf [temps] slight improvement (*de* in); [économie] slight improvement ou upturn (*de* in)

**embellir** [ɑ̃beliʀ] → SYN ▸ conjug 2 ◂ **1** vt [+ personne, jardin] to beautify, make more attractive; [+ ville] to smarten up (Brit), give a face-lift to*; [+ vérité, récit] to embellish

**2** vi [personne] to grow lovelier ou more attractive, grow in beauty (littér)

**embellissement** [ɑ̃belismɑ̃] → SYN nm [récit, vérité] embellishment ◆ **les récents embellissements de la ville** the recent improvements to the town, the recent face-lift the town has been given*

**embellisseur** [ɑ̃belisœʀ] adj m ◆ **shampooing embellisseur** beauty shampoo

**emberlificoter*** [ɑ̃bɛʀlifikɔte] ▸ conjug 1 ◂ **1** vt (= enjôler) to get round*; (= embrouiller) to mix up*, muddle (up); (= duper) to hoodwink*, bamboozle*

**2** **s'emberlificoter** vpr (dans un vêtement) to get tangled ou caught up (*dans* in) ◆ **il s'emberlificote dans ses explications** he gets in a terrible muddle ou he gets himself tied up in knots with his explanations*

**embêtant, e** [ɑ̃bɛtɑ̃, ɑ̃t] → SYN adj (gén) annoying; situation, problème awkward, tricky ◆ **c'est embêtant !** (ennuyeux) what a nuisance!, how annoying!; (alarmant) it's worrying! ◆ **j'ai oublié de lui dire – embêtant !** I forgot to tell him – oh dear!

**embêté, e** [ɑ̃bete] (ptp de **embêter**) adj ◆ **je suis très embêté** (= je ne sais pas quoi faire) I'm in a real state, I just don't know what to do ◆ **elle a eu l'air embêté quand je lui ai demandé ça** she looked embarrassed when I asked her that ◆ **je suis très embêté, je ne pourrai vous donner la réponse que dans trois jours** I'm really sorry, I can't give you an answer for another three days

**embêtement** [ɑ̃bɛtmɑ̃] → SYN nm problem, trouble ◆ **causer des embêtements à qn** to make trouble for sb ◆ **ce chien/four ne m'a causé que des embêtements** this dog/oven has brought me nothing but trouble

**embêter** [ɑ̃bete] → SYN ▸ conjug 1 ◂ **1** vt (= gêner, préoccuper) to bother, worry; (= importuner) to pester, bother; (= irriter) to annoy; (= lasser) to bore

**2** **s'embêter** vpr **a** (= se morfondre) to be bored, be fed up* ◆ **qu'est-ce qu'on s'embête ici !** it's so boring ou such a drag* here!

**b** (= s'embarrasser) to bother o.s. (*à faire* doing) ◆ **ne t'embête pas avec ça** don't bother ou worry about that ◆ **pourquoi s'embêter à le réparer ?** why go to all the trouble ou bother of repairing it?, why bother yourself repairing it? ◆ **il ne s'embête pas !** (= il a de la chance) he does all right for himself!*; (= il ne se gêne pas) he's got a nerve!*

**emblaver** [ɑ̃blave] ▸ conjug 1 ◂ vt to sow *(with a cereal crop)*

**emblavure** [ɑ̃blavyʀ] nf field *(sown with a cereal crop)*

**emblée** [ɑ̃ble] → SYN **d'emblée** loc adv straightaway, right away, at once ◆ **détester qn d'emblée** to detest sb on sight, take an instant dislike to sb

**emblématique** [ɑ̃blematik] → SYN adj (lit) emblematic; (fig) symbolic ◆ **c'est la figure emblématique de l'opposition** he's the figurehead of the opposition

**emblème** [ɑ̃blɛm] → SYN nm (lit) emblem; (fig) symbol, emblem

**embobiner*** [ɑ̃bɔbine] ▸ conjug 1 ◂ vt (= enjôler) to get round*; (= embrouiller) to mix up*, muddle (up); (= duper) to hoodwink*, bamboozle* ◆ **elle sait embobiner son père** she can twist her father round her little finger, she knows how to get round her father

**emboîtable** [ɑ̃bwatabl] adj pièces which fit together

**emboîtage** [ɑ̃bwataʒ] nm [livre] (= action) casing; (= étui) case

**emboîtement** [ɑ̃bwatmɑ̃] → SYN nm fitting, interlocking

**emboîter** [ɑ̃bwate] → SYN ▸ conjug 1 ◂ **1** vt **a** [+ pièces, parties] to fit together, fit into each other; [+ livre] to case ◆ **emboîter qch dans** to fit sth into

**b** **emboîter le pas à qn** (lit) to follow close behind sb ou close on sb's heels; (= imiter) to follow suit

**2** **s'emboîter** vpr [pièces] to fit together, fit into each other ◆ **ces deux pièces s'emboîtent exactement** these two parts fit together exactly ◆ **des chaises qui peuvent s'emboîter pour le rangement** chairs that can be stacked (together) when not in use

**emboîture** [ɑ̃bwatyʀ] nf (Tech) fit

**embolie** [ɑ̃bɔli] → SYN nf embolism ◆ **embolie gazeuse/pulmonaire** air/pulmonary embolism ◆ **faire une embolie** to have an embolism

**embonpoint** [ɑ̃bɔ̃pwɛ̃] → SYN nm stoutness, portliness ◆ **avoir/prendre de l'embonpoint** to be/become rather stout

**embossage** [ɑ̃bɔsaʒ] nm fore and aft mooring

**embosser** [ɑ̃bɔse] ▸ conjug 1 ◂ vt **a** [+ navire] to moor fore and aft

**b** [+ carte] to emboss

**embossure** [ɑ̃bɔsyʀ] nf (= amarre) fore and aft mooring rope (ou line ou cable)

**embouché, e** [ɑ̃buʃe] (ptp de **emboucher**) adj ◆ **mal embouché** (= grossier) foul-mouthed; (= de mauvaise humeur) in a foul mood

**emboucher** [ɑ̃buʃe] ▸ conjug 1 ◂ vt [+ instrument] to raise to one's lips ◆ **emboucher un cheval** to put the bit in a horse's mouth ◆ **emboucher les trompettes de la victoire/du nationalisme** (fig) to launch into triumphalist/nationalist rhetoric

**embouchoir** [ɑ̃buʃwaʀ] nm [canon] barrel clamp

**embouchure** [ɑ̃buʃyʀ] → SYN nf [fleuve] mouth; [mors] mouthpiece; (Mus) mouthpiece, embouchure

**embouquer** [ɑ̃buke] vti ◆ **embouquer (un canal)** to enter a canal

**embourber** [ɑ̃buʀbe] → SYN ▸ conjug 1 ◂ **1** vt ◆ **embourber une voiture** to get a car stuck in the mud

**2** **s'embourber** vpr [voiture] to get stuck in the mud, get bogged down (in the mud) ◆ **notre voiture s'est embourbée dans le marais** our car got stuck in ou got bogged down in the marsh ◆ **s'embourber dans** [+ détails] to get bogged down in; [+ monotonie] to sink into

**embourgeoisement** [ɑ̃buʀʒwazmɑ̃] nm [personne, parti] adoption of middle-class attitudes

**embourgeoiser** [ɑ̃buʀʒwaze] ▸ conjug 1 ◂ **1** **s'embourgeoiser** vpr [parti, personne] to become middle-class, adopt a middle-class outlook; [quartier] to become middle-class

**2** vt [+ personne] to make middle-class (in outlook)

**embourrure** [ɑ̃buʀyʀ] nf hessian *(used for covering chair stuffing)*

**embout** [ɑ̃bu] nm [canne] tip, ferrule; [tuyau] nozzle

**embouteillage** [ɑ̃butɛjaʒ] nm (Aut) traffic jam, (traffic) holdup; († = mise en bouteilles) bottling

**embouteiller** [ɑ̃buteje] → SYN ▸ conjug 1 ◂ vt (Aut) to jam, block; (Téléc) [+ lignes] to block; † [+ vin, lait] to bottle ◆ **les routes sont très embouteillées** the roads are very congested

**emboutir** [ɑ̃butiʀ] → SYN ▸ conjug 2 ◂ vt [+ métal] to stamp; (Aut) to crash ou run into ◆ **avoir une aile emboutie** to have a dented ou damaged wing ◆ **il s'est fait emboutir par une voiture** he was hit by another car

**emboutissage** [ɑ̃butisaʒ] nm [métal] stamping

**emboutisseur, -euse** [ɑ̃butisœʀ, øz] **1** nm,f (= personne) stamper

**2** **emboutisseuse** nf (= machine) stamping press ou machine

**emboutissoir** [ɑ̃butiswaʀ] nm stamping hammer

**embranchement** [ɑ̃bʀɑ̃ʃmɑ̃] → SYN nm **a** [voies, routes, tuyaux] junction ◆ **à l'embranchement des deux routes** where the road forks

**b** (= route) side road, branch road; (Rail = voie) branch line; (= tuyau) branch pipe; (= rivière) embranchment

**c** (Bot, Zool = catégorie) branch

**embrancher** [ɑ̃bʀɑ̃ʃe] → SYN ▸ conjug 1 ◂ **1** vt [+ tuyaux, voies] to join (up) ◆ **embrancher qch sur** to join sth (up) to

**2** **s'embrancher** vpr [tuyaux, voies] to join (up) ◆ **s'embrancher sur** to join (up) to

**embraquer** [ɑ̃bʀake] ▸ conjug 1 ◂ vt cordage to tighten

**embrasement** [ɑ̃bʀɑzmɑ̃] → SYN nm **a** (littér = incendie) fire, conflagration (frm) ◆ **ce qui a provoqué l'embrasement de la maison** what set the house on fire ◆ **l'embrasement du ciel au couchant** the blazing ou fiery sky at sunset ◆ **des embrasements soudains** (lueurs) sudden blazes of light

**b** [pays] unrest ◆ **l'embrasement des esprits** the stirring ou rousing of people's passions

**embraser** [ɑ̃bʀɑze] → SYN ▸ conjug 1 ◂ **1** vt **a** (littér) [+ maison, forêt] to set ablaze, set fire to; [+ ciel] to set aglow ou ablaze; [+ cœur] to kindle, fire

**b** [+ pays] to cause unrest in

2 **s'embraser** **vpr** a (littér) [maison] to blaze up, flare up; [ciel] to flare up, be set ablaze (*de* with); [cœur] to become inflamed, be fired (*de* with)

b [pays] to be thrown into a state of unrest

**embrassade** [ɑ̃bʀasad] → SYN **nf** (gén pl) hugging and kissing (NonC)

**embrasse** [ɑ̃bʀas] → SYN **nf** tieback ◆ **rideaux à embrasses** curtains with tiebacks

**embrassement** [ɑ̃bʀasmɑ̃] **nm** (littér) ⇒ **embrassade**

**embrasser** [ɑ̃bʀase] GRAMMAIRE ACTIVE 21.2 → SYN ▸ conjug 1 ◂

1 **vt** a (= donner un baiser à) to kiss ◆ **embrasser qn à pleine bouche** to kiss sb (full) on the lips ◆ **je t'embrasse** (en fin de lettre) with love; (au téléphone) big kiss

b († ou frm = étreindre) to embrace; ◆ (Prov) **qui trop embrasse mal étreint** you shouldn't bite off more than you can chew → **rime**

c (frm = choisir) [+ doctrine, cause] to embrace, espouse (frm); [+ carrière] to take up, enter upon

d (= couvrir) [+ problèmes, sujets] to encompass, embrace ◆ **il embrassa la plaine du regard** (littér) he surveyed the plain

2 **s'embrasser** **vpr** to kiss (each other)

**embrasure** [ɑ̃bʀɑzyʀ] → SYN **nf** (Constr = créneau) embrasure ◆ **il se tenait dans l'embrasure de la porte/la fenêtre** he stood in the doorway/the window

**embrayage** [ɑ̃bʀɛjaʒ] **nm** a (= mécanisme) clutch

b (= action) engaging ou letting out (Brit) the clutch, clutching (US)

**embrayer** [ɑ̃bʀeje] → SYN ▸ conjug 8 ◂ 1 **vt** (Aut, Tech) to put into gear

2 **vi** (Aut) to engage ou let out (Brit) the clutch, clutch (US) ◆ **embrayer sur** [+ sujet] to switch to

**embrigadement** [ɑ̃bʀigadmɑ̃] → SYN **nm** (= endoctrinement) indoctrination; (= recrutement) recruitment (*dans* into)

**embrigader** [ɑ̃bʀigade] → SYN ▸ conjug 1 ◂ **vt** (péj) (= endoctriner) to indoctrinate; (= recruter) to recruit (*dans* into)

**embringuer** * [ɑ̃bʀɛ̃ge] ▸ conjug 1 ◂ **vt** to mix up, involve ◆ **il s'est laissé embringuer dans une sale histoire** he got (himself) mixed up ou involved in some nasty business

**embrocation** [ɑ̃bʀɔkasjɔ̃] → SYN **nf** embrocation

**embrocher** [ɑ̃bʀɔʃe] → SYN ▸ conjug 1 ◂ **vt** (Culin) (sur broche) to spit, put on a spit; (sur brochette) to skewer ◆ **embrocher qn** (fig : avec une épée) to run sb through ◆ **il m'a embroché avec son parapluie** he ran into me with his umbrella

**embrouillage** [ɑ̃bʀujaʒ] **nm** ⇒ **embrouillement**

**embrouillamini** * [ɑ̃bʀujamini] **nm** muddle, jumble

**embrouille** * [ɑ̃bʀuj] **nf** ◆ **il y a de l'embrouille là-dessous** there's something funny at the bottom of this ◆ **toutes ces embrouilles** all this carry-on * ◆ **il y a eu une embrouille administrative** there was an administrative mix-up *

**embrouillé, e** [ɑ̃bʀuje] → SYN (ptp de **embrouiller**) **adj** style, problème, idées muddled, confused; papiers muddled, mixed-up

**embrouillement** [ɑ̃bʀujmɑ̃] → SYN **nm** muddle ◆ **l'embrouillement de ses explications** his muddled explanations

**embrouiller** [ɑ̃bʀuje] → SYN ▸ conjug 1 ◂ 1 **vt** a [+ fils] to tangle (up), snarl up; [+ affaire, problème] to muddle (up), confuse

b [+ personne] to muddle, confuse, mix up

2 **s'embrouiller** **vpr** a [idées, style, situation] to become muddled ou confused

b [personne] to get in a muddle, become confused ou muddled ◆ **s'embrouiller dans un discours/ses explications** to get in a muddle with a speech/with one's explanations

**embroussaillé, e** [ɑ̃bʀusaje] **adj** chemin overgrown; barbe, sourcils, cheveux bushy, shaggy

**embrumer** [ɑ̃bʀyme] → SYN ▸ conjug 1 ◂ **vt** (littér) to mist over, cloud over (*de* with); (fig) to cloud (*de* with) ◆ **à l'horizon embrumé** on the misty ou hazy horizon ◆ **l'esprit embrumé par l'alcool** his mind fuddled ou clouded with drink

**embruns** [ɑ̃bʀœ̃] **nmpl** sea spray (NonC), spindrift (NonC)

**embryogenèse** [ɑ̃bʀijoʒənɛz] **nf** embryogeny, embryogenesis

**embryogénique** [ɑ̃bʀijoʒenik] **adj** embryogenic

**embryologie** [ɑ̃bʀijɔlɔʒi] **nf** embryology

**embryologique** [ɑ̃bʀijɔlɔʒik] **adj** embryological

**embryologiste** [ɑ̃bʀijɔlɔʒist] **nmf** embryologist

**embryon** [ɑ̃bʀijɔ̃] → SYN **nm** (lit, fig) embryo ◆ **à l'état d'embryon** (fig) in embryo, in an embryonic state ◆ **un embryon de réseau/gouvernement** an embryonic network/government

**embryonnaire** [ɑ̃bʀijɔnɛʀ] → SYN **adj** (Méd) embryonic, embryonal; (fig) embryonic ◆ **à l'état embryonnaire** (fig) in embryo, in an embryonic state

**embryopathie** [ɑ̃bʀijopati] **nf** embryopathy

**embûche** [ɑ̃byʃ] → SYN **nf** pitfall, trap ◆ **semé d'embûches** treacherous, full of pitfalls ou traps

**embuer** [ɑ̃bɥe] ▸ conjug 1 ◂ **vt** to mist (up), mist over ◆ **vitre embuée** misted(-up) window pane ◆ **yeux embués de larmes** eyes misted (over) ou clouded with tears

**embuscade** [ɑ̃byskad] **nf** ambush ◆ **être ou se tenir en embuscade** to lie in ambush ◆ **tendre une embuscade à qn** to set (up) ou lay an ambush for sb ◆ **tomber dans une embuscade** (Mil) to fall into an ambush; (tendue par des brigands) to fall into an ambush, be waylaid

**embusqué, e** [ɑ̃byske] (ptp de **embusquer**) 1 **adj** ◆ **être embusqué** [soldats] to lie ou wait in ambush

2 **nm** (arg Mil) shirker

**embusquer (s')** [ɑ̃byske] ▸ conjug 1 ◂ **vpr** to lie ou wait in ambush

**éméché, e** * [emeʃe] → SYN **adj** tipsy *, merry *

**émécher** [emeʃe] ▸ conjug 6 ◂ **vt** to make tipsy * ou merry *

**émeraude** [em(ə)ʀod] → SYN **nf, adj inv** emerald

**émergence** [emɛʀʒɑ̃s] → SYN **nf** (gén) emergence ◆ **(point d')émergence d'une source** source of a spring

**émergent, e** [emɛʀʒɑ̃, ɑ̃t] **adj** (Géol, Opt, Phys) emergent ◆ **pays émergents** (Écon) emerging countries

**émerger** [emɛʀʒe] → SYN ▸ conjug 3 ◂ **vi** a (= apparaître) [rocher, cime] to emerge, rise up; [vérité, astre] to emerge, come out; [fait, artiste] to emerge ◆ **il émergea de sa chambre** he emerged from his room ◆ **le sommet émergea du brouillard** the summit rose out of ou emerged from the fog

b (* = se réveiller) to surface

c (= faire saillie) [rocher, fait, artiste] to stand out

d (d'une situation difficile) to begin to see light at the end of the tunnel

**émeri** [em(ə)ʀi] **nm** emery ◆ **toile ou papier émeri** emery paper; → **bouché**

**émerillon** [em(ə)ʀijɔ̃] **nm** (Orn) merlin; (Tech) swivel

**émeriser** [em(ə)ʀize] ▸ conjug 1 ◂ **vt** to cover with emery powder

**éméritat** [emeʀita] **nm** emeritus status

**émérite** [emeʀit] → SYN **adj** (= chevronné) highly skilled, outstanding ◆ **professeur émérite** professor emeritus, emeritus professor

**émersion** [emɛʀsjɔ̃] **nf** emersion

**émerveillement** [emɛʀvɛjmɑ̃] → SYN **nm** (= sentiment) wonder; (= vision, sons) wonderful thing, marvel

**émerveiller** [emɛʀveje] → SYN ▸ conjug 1 ◂ 1 **vt** to fill with wonder

2 **s'émerveiller** **vpr** to be filled with wonder ◆ **s'émerveiller de** to marvel at, be filled with wonder at

**émétine** [emetin] **nf** emetin(e)

**émétique** [emetik] → SYN **adj, nm** emetic

**émetteur, -trice** [emetœʀ, tʀis] 1 **adj** a (Radio) transmitting; → **poste**², **station**

b (Fin) issuing (épith) ◆ **banque émettrice** issuing bank

2 **nm** (Radio) transmitter ◆ **émetteur-récepteur** transmitter-receiver, transceiver

3 **nm,f** (Fin) issuer

**émettre** [emɛtʀ] → SYN ▸ conjug 56 ◂ **vt** a [+ lumière] [lampe] to give (out), send out; (Phys) to emit; [+ son, radiation, liquide] to give out, send out, emit; [+ odeur] to give off

b (Radio, TV) to transmit; [+ avion, bateau] to send out ◆ **son bateau n'émet plus** he's no longer sending out signals ◆ **émettre sur ondes courtes** to broadcast ou transmit on shortwave

c (Fin) [+ monnaie, actions] to issue; [+ emprunt] to issue, float; [+ chèque] to draw

d [+ idée, hypothèse, doute] to voice, put forward

**émeu** [emø] **nm** emu

**émeute** [emøt] → SYN **nf** riot ◆ **émeutes** riots, rioting

**émeutier, -ière** [emøtje, jɛʀ] → SYN **nm,f** rioter

**émiettement** [emjɛtmɑ̃] → SYN **nm** [pain, terre] crumbling; [territoire] breaking up, splitting up; [pouvoir, responsabilités] dispersion; [énergie, effort, temps] dissipation; [fortune] frittering away

**émietter** [emjete] → SYN ▸ conjug 1 ◂ 1 **vt** [+ pain, terre] to crumble; [+ territoire] to break up, split up; [+ pouvoir, responsabilités] to disperse; [+ énergie, effort] [+ temps] to dissipate

2 **s'émietter** **vpr** [pain, terre] to crumble; [pouvoir] to disperse; [énergie, existence] to dissipate; [fortune] to be frittered ou whittled away

**émigrant, e** [emigʀɑ̃, ɑ̃t] → SYN **nm,f** emigrant

**émigration** [emigʀasjɔ̃] → SYN **nf** emigration

**émigré, e** [emigʀe] → SYN (ptp de **émigrer**) **nm,f** (Hist) émigré; (Pol) expatriate, émigré ◆ **(travailleur) émigré** migrant worker

**émigrer** [emigʀe] → SYN ▸ conjug 1 ◂ **vi** to emigrate; (Zool) to migrate

**émincé** [emɛ̃se] **nm** (= plat) émincé; (= tranche) sliver, thin slice ◆ **émincé de veau/de foie de veau** émincé of veal/calves' liver

**émincer** [emɛ̃se] ▸ conjug 3 ◂ **vt** to slice thinly, cut into slivers ou thin slices

**éminemment** [eminamɑ̃] → SYN **adv** eminently

**éminence** [eminɑ̃s] → SYN **nf** a [terrain] knoll, hill; (Méd) protuberance

b [qualité, rang] distinction, eminence

c (= cardinal) Eminence ◆ **Son/Votre Éminence** his/your Eminence ◆ **l'éminence grise** (fig) the power behind the throne, the éminence grise

**éminent, e** [eminɑ̃, ɑ̃t] → SYN **adj** distinguished, eminent ◆ **mon éminent collègue** (frm) my learned ou distinguished colleague

**éminentissime** [eminɑ̃tisim] **adj** (hum) most distinguished ou eminent; (Rel) most eminent

**émir** [emiʀ] **nm** emir

**émirat** [emiʀa] **nm** emirate ◆ **les Émirats arabes unis** the United Arab Emirates

**émissaire**[1] [emisɛʀ] → SYN **nm** (= personne) emissary; → **bouc**

**émissaire**[2] [emisɛʀ] 1 **adj** (Anat) [+ veines] emissary

2 **nm** (Tech) overflow

**émissif, -ive** [emisif, iv] **adj** emissive ◆ **pouvoir émissif** emissivity

**émission** [emisjɔ̃] → SYN **nf** a (Phys) [son, lumière, signaux] emission ◆ **source d'émission (de lumière/chaleur)** (emitting) source (of light/heat)

b (Radio, TV) (= transmission de sons, d'images) broadcasting; (= programme) broadcast, programme (Brit), program (US) ◆ **émission télévisée/radiophonique** television/radio programme ou broadcast ◆ **émission (de télévision) par câble** cablecast ◆ **les émissions de la semaine** this week's programmes ◆ **"nos émissions sont terminées"** "that's the end of today's broadcasts ou programmes ou broadcasting"

**c** (Fin) [monnaie, actions, emprunt] issue, flotation; [chèque] drawing ◆ **monopole d'émission** monopoly of issue ◆ **cours d'émission** issue par ◆ **prix d'émission** offering price; → **banque**

**d** [idée, hypothèse] voicing, putting forward

**e** (Physiol) **émission d'urine/de sperme** emission of urine/semen

**f** (Phon) **émission de voix** utterance

**émissole** [emisɔl] **nf** smooth dogfish, smooth hound

**emmagasinage** [ɑ̃magazinaʒ] **nm** storing up, accumulation; [chaleur] storing; [souvenirs, connaissances] amassing, accumulation; (Comm) storing, warehousing

**emmagasiner** [ɑ̃magazine] [→ SYN] ▸ conjug 1 ◂ **vt** (gén = amasser) to store up, accumulate; [+ chaleur] to store; [+ souvenirs, connaissances] to amass, accumulate; (Comm) to store, put into store, warehouse

**emmailloter** [ɑ̃majɔte] [→ SYN] ▸ conjug 1 ◂ **vt** [+ doigt, pied] to bind (up), bandage; [+ enfant] to wrap up

**emmanché, e** †⁑ [ɑ̃mɑ̃ʃe] (ptp de **emmancher**) **nm,f** (= crétin) twit*, jerk*, berk⁑ (Brit)

**emmanchement** [ɑ̃mɑ̃ʃmɑ̃] **nm** [outil] fitting of a handle (*de* to, on, onto)

**emmancher** [ɑ̃mɑ̃ʃe] ▸ conjug 1 ◂ **vt** [+ pelle] to fix ou put a handle on ◆ **emmancher une affaire*** to get a deal going, set up a deal ◆ **l'affaire s'emmanche mal*** things are getting off to a bad start ◆ **l'affaire est bien/mal emmanchée*** the deal has got off to a good/bad start

**emmanchure** [ɑ̃mɑ̃ʃyʀ] **nf** armhole

**Emmaüs** [emays] **n** Emmaus

> **EMMAÜS**
>
> This is the name of a well-known charity founded in 1949 by l'abbé Pierre that provides help for homeless people. It is partly financed by the proceeds of jumble sales organized by a community of volunteers known as "les chiffonniers d'Emmaüs".

**emmêlement** [ɑ̃mɛlmɑ̃] [→ SYN] **nm** (= action) tangling; (= état) tangle, muddle

**emmêler** [ɑ̃mele] [→ SYN] ▸ conjug 1 ◂ [1] **vt** [+ cheveux] to tangle (up), knot; [+ fil] to tangle (up), entangle, muddle up; [+ affaire] to confuse, muddle ◆ **tes cheveux sont tout emmêlés** your hair is all tangled ◆ **tu emmêles tout** (fig) you're getting everything mixed up ou muddled (up) ou confused

[2] **s'emmêler vpr** [corde, cheveux] to tangle, get in a tangle ◆ **s'emmêler les pieds dans le tapis** to get one's feet caught in the carpet ◆ **s'emmêler dans ses explications** to get in a muddle with one's explanations ◆ **s'emmêler les pieds*** ou **crayons*** ou **pinceaux*** ou **pédales*** to get all confused, to get in a right muddle* (Brit) ◆ **tout s'emmêle dans ma tête** everything's muddled up ou confused in my head

**emménagement** [ɑ̃menaʒmɑ̃] [→ SYN] **nm** moving in (NonC) ◆ **au moment de leur emménagement dans la nouvelle maison** when they moved into the new house

**emménager** [ɑ̃menaʒe] [→ SYN] ▸ conjug 3 ◂ **vi** to move in ◆ **emménager dans** to move into

**emménagogue** [ɑ̃menagɔg, emenagɔg] [1] **adj** emmenagogue, emmenagogic

[2] **nm** emmenagogue

**emmener** [ɑ̃m(ə)ne] [→ SYN] ▸ conjug 5 ◂ **vt** **a** [+ personne] (comme otage) to take away; (comme invité, compagnon) to take (along) ◆ **emmener qn au cinéma** to take sb to the cinema ◆ **emmener qn en prison** to take sb (away ou off) to prison ◆ **emmener qn en promenade** ou **faire une promenade** to take sb (off) for a walk ◆ **emmener déjeuner qn** to take sb out to ou for lunch ◆ **voulez-vous que je vous emmène (en voiture) ?** shall I give you ou would you like a lift (Brit) ou ride (US)?

**b** (* = emporter) [+ chose] to take ◆ **tu vas emmener cette grosse valise ?** are you going to take that huge suitcase (with you)?

**c** (Mil, Sport = guider) [+ équipe, troupe] to lead

**emment(h)al** [emɛtal] **nm** Emmenthal (cheese)

**emmerdant, e**⁑ [ɑ̃mɛʀdɑ̃, ɑ̃t] [→ SYN] **adj** **a** (= irritant, gênant) damned ou bloody (Brit) annoying⁑ ◆ **elle n'est pas trop emmerdante** she isn't too much of a pain*

**b** (= ennuyeux) damned ou bloody (Brit) boring⁑ ◆ **qu'est-ce qu'il est emmerdant avec ses histoires** what a damned ou bloody (Brit) bore ou pain (in the neck) he is with his stories⁑

**emmerde**⁑ [ɑ̃mɛʀd] **nf** ⇒ **emmerdement**

**emmerdement**⁑ [ɑ̃mɛʀdəmɑ̃] **nm** hassle* ◆ **quel emmerdement !** what a damned ou bloody (Brit) nuisance!⁑ ◆ **j'ai eu tellement d'emmerdements avec cette voiture** that car has given me so much damned ou bloody (Brit) trouble⁑ ◆ **je n'ai que des emmerdements en ce moment** it's just one damned ou bloody (Brit) hassle after the other at the moment⁑ ◆ **ça risque de m'attirer des emmerdements** it's likely to get me into hot water* ou to land me in the shit*⁑

**emmerder**⁑ [ɑ̃mɛʀde] ▸ conjug 1 ◂ [1] **vt** ◆ **emmerder qn** (= irriter) to bug sb*, get on sb's nerves; (= préoccuper, contrarier) to bug sb*, bother sb; (= lasser) to bore the pants off sb⁑, bore sb stiff* ou to death*; (= mettre dans l'embarras) to get sb into trouble, land sb in it* ◆ **on n'a pas fini d'être emmerdé avec ça** we haven't heard the last of it ◆ **je suis drôlement emmerdé** I'm in deep trouble*, I'm really in the shit*⁑ ◆ **il m'emmerde à la fin, avec ses questions** he really bugs me* ou gets up my nose⁑ (Brit) with his questions ◆ **ça m'emmerde qu'il ne puisse pas venir** it's a damned nuisance⁑ ou a hell of a nuisance⁑ that he can't come ◆ **je les emmerde !** to hell with them!⁑, bugger them!*⁑ (Brit)

[2] **s'emmerder vpr** (= s'ennuyer) to be bored stiff* ou to death*; (= s'embarrasser) to put o.s. out ◆ **ne t'emmerde pas avec ça** don't bother ou worry about that ◆ **je me suis drôlement emmerdé à réparer ce poste !** I really put myself out repairing that damned⁑ radio! ◆ **on ne s'emmerde pas avec eux !** there's never a dull moment with them! ◆ **tu ne t'emmerdes pas !** you've got a damn⁑ nerve ou cheek! ◆ **elle a trois voitures – dis donc, elle ne s'emmerde pas !** she has three cars – (it's) all right for some!*

**emmerdeur, -euse**⁑ [ɑ̃mɛʀdœʀ, øz] [→ SYN] **nm,f** damned nuisance⁑, pain in the neck*

**emmétrope** [ɑ̃metʀɔp, emetʀɔp] [1] **adj** emmetropic

[2] **nmf** emmetropic person

**emmétropie** [ɑ̃metʀɔpi, emetʀɔpi] **nf** emmetropia

**emmieller** [ɑ̃mjele] [→ SYN] ▸ conjug 1 ◂ **vt** **a** [+ tisane] to sweeten with honey

**b** (* = ennuyer) **emmieller qn** to bug sb* ◆ **je suis drôlement emmiellé** I'm in a bit of a fix*, I've run into a spot of bother* (Brit)

**c** (= enjôler) [+ personne] to soft-soap*, cajole

**emmitoufler** [ɑ̃mitufle] [→ SYN] ▸ conjug 1 ◂ **vt** to wrap up (warmly), muffle up ◆ **s'emmitoufler (dans un manteau)** to wrap o.s. up (in a coat)

**emmouscailler*** † [ɑ̃muskaje] ▸ conjug 1 ◂ **vt** ◆ **emmouscailler qn** (= irriter) to bug sb*; (= préoccuper) to bother sb; (= mettre dans l'embarras) to land sb in the soup* ◆ **être bien emmouscaillé** to be in deep trouble* ou in a real mess ◆ **s'emmouscailler à faire qch** to go to the bother of doing sth

**emmurer** [ɑ̃myʀe] [→ SYN] ▸ conjug 1 ◂ **vt** (lit) to wall up, immure (frm) ◆ **emmuré vivant** walled up alive ◆ **s'emmurer dans** [+ silence, sentiment] to retreat into ◆ **emmuré dans ses convictions** entrenched in his convictions

**émoi** [emwa] [→ SYN] **nm** (littér) (= trouble) agitation, emotion; (de joie) excitement; (= tumulte) commotion ◆ **doux émoi** pleasant agitation ◆ **l'affaire a suscité un grand émoi dans le pays** the affair plunged the country into turmoil ◆ **dit-elle non sans émoi** she said with some confusion ◆ **en émoi** cœur in a flutter (attrib); sens agitated, excited ◆ **la rue était en émoi** the street was in turmoil

**émollient, e** [emɔljɑ̃, jɑ̃t] [→ SYN] **adj, nm** emollient

**émoluments** [emɔlymɑ̃] **nmpl** (Admin) [officier ministériel] fees, emoluments (frm); [employé] remuneration, emoluments (frm)

**émonctoire** [emɔ̃ktwaʀ] **nm** emunctory

**émondage** [emɔ̃daʒ] **nm** [arbre] pruning, trimming

**émonder** [emɔ̃de] [→ SYN] ▸ conjug 1 ◂ **vt** [+ arbre] to prune, trim; [+ amandes] to blanch

**émondes** [emɔ̃d] **nfpl** prunings

**émondeur, -euse** [emɔ̃dœʀ, øz] **nm,f** (= personne) pruner

**émondoir** [emɔ̃dwaʀ] **nm** pruning hook

**émorfiler** [emɔʀfile] ▸ conjug 1 ◂ **vt** to remove the wire edge from

**émotif, -ive** [emɔtif, iv] [→ SYN] [1] **adj** personne, choc, réaction emotional; (Ling) emotive ◆ **charge émotive** emotional charge

[2] **nm,f** emotional person ◆ **c'est un émotif** he's very emotional

**émotion** [emosjɔ̃] [→ SYN] **nf** **a** (= sentiment) emotion; (= peur) fright ◆ **ils ont évité l'accident mais l'émotion a été grande** they avoided an accident but it gave them a bad fright ◆ **ce scandale a suscité une vive émotion dans le pays** this scandal has caused a real stir in the country ◆ **pour nous remettre de nos émotions ...** to get over all the excitement ou commotion ... ◆ **pour les amateurs d'émotions fortes** for those who are looking for thrills, for thrill-seekers ◆ **grand moment d'émotion** very ou highly emotional moment ◆ **c'est avec une grande émotion que nous recevons ...** it is with great pleasure that we welcome ...

**b** (= sensibilité) emotion, feeling ◆ **parler avec émotion** to speak with emotion ou feeling, speak feelingly (*de* about) ◆ **se laisser gagner par l'émotion** to get emotional

**émotionnel, -elle** [emosjɔnɛl] **adj** emotional

**émotionner*** [emosjɔne] ▸ conjug 1 ◂ [1] **vt** to upset ◆ **j'en suis encore tout émotionné** it gave me quite a turn*, I'm still upset about it

[2] **s'émotionner vpr** to get worked up*, get upset (*de* about)

**émotivité** [emɔtivite] [→ SYN] **nf** emotionalism

**émotter** [emɔte] ▸ conjug 1 ◂ **vt** to break up the clods in

**émotteuse** [emɔtøz] **nf** rotary harrow

**émouchette** [emuʃɛt] **nf** fly-net

**émoulu, e** [emuly] **adj** → **frais**[1]

**émoussé, e** [emuse] [→ SYN] (ptp de **émousser**) **adj** couteau blunt; goût, sensibilité blunted, dulled

**émousser** [emuse] [→ SYN] ▸ conjug 1 ◂ [1] **vt** [+ couteau] to blunt; [+ appétit] take the edge off; [+ souvenir, désir] to dull

[2] **s'émousser vpr** [intérêt] to wane; [talent] to lose its fine edge

**émoustillant, e*** [emustijɑ̃, ɑ̃t] **adj** présence tantalizing, titillating; propos titillating

**émoustiller*** [emustije] ▸ conjug 1 ◂ **vt** to titillate, tantalize

**émouvant, e** [emuvɑ̃, ɑ̃t] [→ SYN] **adj** (nuance de compassion) moving, touching; (nuance d'admiration) stirring

**émouvoir** [emuvwaʀ] [→ SYN] ▸ conjug 27 ◂ [1] **vt** **a** [+ personne] (gén) to move, stir; (= perturber) to disturb; (= indigner) to rouse (the indignation of); (= effrayer) to disturb, worry, upset ◆ **leur attitude ne l'émut/leurs menaces ne l'émurent pas le moins du monde** their attitude/threats didn't disturb ou worry ou upset him in the slightest ◆ **plus ému qu'il ne voulait l'admettre par ce baiser** more aroused than he wished to admit by this kiss ◆ **leur misère l'émouvait profondément** their wretchedness moved him deeply ou upset him greatly ◆ **émouvoir qn jusqu'aux larmes** to move sb to tears ◆ **se laisser émouvoir par des prières** to be moved by entreaties, let o.s. be swayed by entreaties ◆ **encore tout ému d'avoir frôlé l'accident/de cette rencontre** still very shaken ou greatly upset at having been so close to an accident/over that encounter

**b** (littér) [+ colère] to arouse ◆ **émouvoir la pitié de qn** to move sb to pity, arouse sb's pity

[2] **s'émouvoir vpr** (gén) to be moved, be stirred; (= être perturbé) to be disturbed; (= s'inquiéter) to be ou get worried, be ou get

upset ◆ **il ne s'émeut de rien** nothing upsets him ◆ **dit-il sans s'émouvoir** he said calmly ou impassively ◆ **s'émouvoir à la vue de qch** to be moved at the sight of sth ◆ **le pays entier s'est ému de l'affaire** the affair aroused the indignation of the whole country ◆ **le gouvernement s'en est ému** the government was roused to action

**empailler** [ɑ̃pɑje] → SYN ▸ conjug 1 ◂ vt [+ animal] to stuff; [+ chaise] to bottom (with straw); [+ bouteille] to put in a straw case ou wrapping; [+ semis] to mulch

**empailleur, -euse** [ɑ̃pɑjœʀ, øz] → SYN nm,f [chaise] chair-bottomer; [animal] taxidermist

**empalement** [ɑ̃palmɑ̃] nm impalement

**empaler** [ɑ̃pale] → SYN ▸ conjug 1 ◂ [1] vt (= supplicier) to impale; (= embrocher) to put on a spit
[2] **s'empaler** vpr to impale o.s. (*sur* on)

**empan** [ɑ̃pɑ̃] nm (Hist = mesure) span

**empanaché, e** [ɑ̃panaʃe] adj plumed

**empanner** [ɑ̃pane] ▸ conjug 1 ◂ vi (Naut) to gibe (Brit), jibe (US)

**empaquetage** [ɑ̃paktaʒ] → SYN nm (gén) wrapping (up); (Comm = conditionnement) packing, packaging

**empaqueter** [ɑ̃pakte] → SYN ▸ conjug 4 ◂ vt (gén) to wrap (up); (Comm = conditionner) to pack, package

**empaqueteur, -euse** [ɑ̃pak(ə)tœʀ, øz] nm,f packer

**emparer (s')** [ɑ̃paʀe] → SYN ▸ conjug 1 ◂ vpr **a** **s'emparer de** [+ objet] to seize ou grab (hold of); [+ butin] to seize, grab; [+ otage] to seize; [+ conversation, sujet] to take over; [+ prétexte] to seize (up)on; (Mil) [+ ville, territoire, ennemi, pouvoir] to seize ◆ **s'emparer des moyens de production/d'information** to take over ou seize the means of production/the information networks ◆ **ils se sont emparés du caissier** they grabbed (hold of) the cashier ◆ **s'emparer du ballon** (Rugby) to get possession (of the ball) ◆ **les journaux se sont emparés de l'affaire** the papers picked up the story
**b** **s'emparer de** [jalousie, colère, remords] to take possession of, take ou lay hold of ◆ **cette obsession s'empara de son esprit** his mind was taken over by this obsession ◆ **une grande peur s'empara d'elle** she suddenly became very afraid

**empâté, e** [ɑ̃pɑte] (ptp de **empâter**) adj visage fleshy, bloated; personne, silhouette heavy; langue coated; voix slurred, thick

**empâtement** [ɑ̃pɑtmɑ̃] → SYN nm **a** [personne, silhouette, visage] thickening-out, fattening-out; [traits] thickening
**b** (Peinture) impasto

**empâter** [ɑ̃pɑte] ▸ conjug 1 ◂ [1] vt [+ langue, bouche] to coat, fur (up) (Brit); [+ traits] to thicken, coarsen ◆ **la maladie l'a empâté** his illness has made him put on weight
[2] **s'empâter** vpr [personne, silhouette, visage] to thicken out, fatten out; [traits] to thicken, grow fleshy; [voix] to become thick

**empathie** [ɑ̃pati] → SYN nf empathy

**empathique** [ɑ̃patik] adj empath(et)ic

**empattement** [ɑ̃patmɑ̃] nm (Constr) footing; (Aut) wheelbase; (Typo) serif

**empatter** [ɑ̃pate] ▸ conjug 1 ◂ vt [+ mur] to give footing to

**empaumer** * [ɑ̃pome] ▸ conjug 1 ◂ vt (= duper) to con *, swindle

**empaumure** [ɑ̃pomyʀ] nf [cerf] palm

**empêché, e** [ɑ̃peʃe] → SYN (ptp de **empêcher**) adj **a** (= retenu) detained, held up ◆ **empêché par ses obligations, il n'a pas pu venir** because of his commitments he was prevented from coming
**b** (= embarrassé) **avoir l'air empêché** to look ou seem embarrassed ou ill-at-ease
**c** † **tu es bien empêché de me le dire** you seem at a (complete) loss to know what to tell me ◆ **je serais bien empêché de vous le dire** I'd be hard put (to it) to tell you, I'd be at a loss to know what to tell you

**empêchement** [ɑ̃pɛʃmɑ̃] → SYN nm (= obstacle) (unexpected) obstacle ou difficulty, hitch; (Jur) impediment ◆ **il n'est pas venu, il a eu un empêchement** he couldn't come — something cropped up ◆ **en cas d'empêchement** if there's a hitch, if something crops up

**empêcher** [ɑ̃peʃe] → SYN ▸ conjug 1 ◂ [1] vt **a** [+ chose, action] to prevent, stop ◆ **empêcher que qch (ne) se produise, empêcher qch de se produire** to prevent sth from happening, stop sth happening ◆ **empêcher que qn (ne) fasse qch** to prevent sb from doing sth, stop sb (from) doing sth
**b** **empêcher qn de faire qch** to prevent sb from doing sth, stop sb (from) doing sth ◆ **rien ne nous empêche de partir** there's nothing stopping us (from) going ou preventing us from going ◆ **empêcher qn de sortir/d'entrer** to prevent sb from ou stop sb going out/coming in, keep sb in/out ◆ **s'il veut le faire, on ne peut pas l'en empêcher** ou **l'empêcher** if he wants to do it, we can't prevent him (from doing it) ou stop him (doing it) ◆ **ça ne m'empêche pas de dormir** (lit) it doesn't prevent me from sleeping ou stop me sleeping ou keep me awake; (fig) I don't lose any sleep over it
**c** (LOC) **qu'est-ce qui empêche (qu'on le fasse) ?** what's there to stop us (doing it)? ou to prevent us (from doing it)?, what's stopping us (doing it)? * ◆ **qu'est-ce que ça empêche ?** * what odds * ou difference does that make? ◆ **ça n'empêche rien** * it makes no odds * ou no difference ◆ **(il) n'empêche qu'il a tort** all the same ou be that as it may, he's wrong ◆ **j'ai peut-être tort, n'empêche, il a un certain culot !** * maybe I'm wrong, but all the same ou even so he's got a nerve! *
[2] **s'empêcher** vpr **a** (littér) **s'empêcher de faire qch** to stop o.s. (from) doing sth, refrain from doing sth ◆ **par politesse, il s'empêcha de bâiller** out of politeness he stifled a yawn ou he stopped himself yawning
**b** **il n'a pas pu s'empêcher de rire** he couldn't help laughing, he couldn't stop himself (from) laughing ◆ **je ne peux m'empêcher de penser que ...** I cannot help thinking that ... ◆ **je n'ai pu m'en empêcher** I couldn't help it, I couldn't stop myself

**empêcheur, -euse** [ɑ̃pɛʃœʀ, øz] nm,f ◆ **empêcheur de danser** ou **de tourner en rond** (= trouble-fête) spoilsport; (= gêneur) troublemaker

**empeigne** [ɑ̃pɛɲ] nf [chaussure] upper ◆ **quelle gueule** ou **face d'empeigne !** ‡ (péj) what a jerk ‡ ou a prat ‡ (Brit)!

**empennage** [ɑ̃penaʒ] nm (Aviat) stabilizer, tailplane (Brit); [flèche] (= action) feathering; (= plumes) feathers, fletchings

**empenne** [ɑ̃pɛn] nf [flèche] feathers, fletchings

**empenner** [ɑ̃pene] ▸ conjug 1 ◂ vt [+ flèche] to feather, fledge

**empereur** [ɑ̃pʀœʀ] → SYN nm emperor ◆ **l'empereur à la barbe fleurie** Charlemagne

**empesé, e** [ɑ̃pəze] → SYN (ptp de **empeser**) adj col starched; (péj) personne, air stiff, starchy

**empeser** [ɑ̃pəze] ▸ conjug 5 ◂ vt to starch

**empester** [ɑ̃pɛste] → SYN ▸ conjug 1 ◂ vt (= sentir) [+ odeur, fumée] to stink of, reek of; (= empuantir) [+ pièce] to stink out (*de* with), make stink (*de* of); (littér = empoisonner) to poison, taint (*de* with) ◆ **ça empeste ici** it stinks in here, there's a foul smell in here

**empêtrer (s')** [ɑ̃petʀe] ▸ conjug 1 ◂ vpr ◆ **s'empêtrer dans** (lit) to get tangled up in, get entangled in, get caught up in; [+ mensonges] to get o.s. tangled up in; [+ affaire] to get (o.s.) involved in, get (o.s.) mixed up in ◆ **s'empêtrer dans des explications** to tie o.s. up in knots trying to explain *, get tangled up in one's explanations

**emphase** [ɑ̃fɑz] → SYN nf **a** (= pomposité) bombast, pomposity ◆ **avec emphase** bombastically, pompously ◆ **sans emphase** in a straightforward manner, simply
**b** († = force d'expression) vigour

**emphatique** [ɑ̃fatik] → SYN adj **a** (= grandiloquent) bombastic, pompous
**b** (Ling) emphatic

**emphysémateux, -euse** [ɑ̃fizematø, øz] [1] adj emphysematous
[2] nm,f emphysema sufferer

**emphysème** [ɑ̃fizɛm] nm emphysema

**emphytéose** [ɑ̃fiteoz] nf (Jur) long lease

**emphytéote** [ɑ̃fiteɔt] nmf long leaseholder

**emphytéotique** [ɑ̃fiteɔtik] adj ◆ **bail emphytéotique** long lease

**empiècement** [ɑ̃pjɛsmɑ̃] nm [corsage] yoke

**empierrement** [ɑ̃pjɛʀmɑ̃] nm **a** (= action) [route] metalling (Brit), gravelling (US); [voie de chemin de fer] ballasting; [bassin, cour, fossé] lining with stones
**b** (= pierres) [route] roadbed, road metal (Brit); [chemin de fer] ballast

**empierrer** [ɑ̃pjeʀe] ▸ conjug 1 ◂ vt [+ route] to metal (Brit), gravel (US); [+ voie de chemin de fer] to ballast; [+ bassin, cour, fossé] to line with stones

**empiètement** [ɑ̃pjɛtmɑ̃] → SYN nm (sur territoire, mer, route) encroachment (*sur* on); (sur droits, libertés) infringement (*sur* of), encroachment (*sur* on); (sur des attributions) trespassing (*sur* on)

**empiéter** [ɑ̃pjete] → SYN ▸ conjug 6 ◂ **empiéter sur** vt indir [+ territoire, mer, route] to encroach (up)on; [+ droit, liberté] to infringe, encroach (up)on; [+ domaine, attributions] to encroach (up)on, trespass on ◆ **empiéter sur un couloir** (Athlétisme) to run into a lane

**empiffrer (s')** ‡ [ɑ̃pifʀe] → SYN ▸ conjug 1 ◂ vpr to stuff one's face ‡, stuff o.s. * (*de* with)

**empilable** [ɑ̃pilabl] adj siège stackable

**empilage** [ɑ̃pilaʒ] → SYN , **empilement** [ɑ̃pilmɑ̃] nm (= action) piling up, stacking up; (= pile) pile, stack

**empile** [ɑ̃pil] nf (Pêche) trace, leader

**empiler** [ɑ̃pile] → SYN ▸ conjug 1 ◂ [1] vt **a** (= mettre en pile) to pile (up), stack (up)
**b** (‡ = voler) to rook ‡, do * (Brit) ◆ **se faire empiler** to be had * ou done ‡ (Brit) (*de* out of)
[2] **s'empiler** vpr **a** (= s'amonceler) to be piled up (*sur* on)
**b** (= s'entasser) **s'empiler dans** [+ local, véhicule] to squeeze ou pile into

**empire** [ɑ̃piʀ] → SYN [1] nm **a** (Pol, fig) empire ◆ **empire colonial / industriel / financier** colonial/industrial/financial empire ◆ **pas pour un empire !** not for all the tea in China!, not for all the world! ◆ **premier/second Empire** First/Second Empire ◆ **pendule Empire** Empire clock
**b** (= autorité, emprise) influence, authority ◆ **avoir de l'empire sur** to have influence ou a hold on ou over, hold sway over ◆ **prendre de l'empire sur** to gain influence ou a hold over ◆ **exercer son empire sur** to exert one's authority over, use one's influence on ou over ◆ **empire sur soi-même** self-control
◆ **sous l'empire de** [+ peur, colère] in the grip of; [+ jalousie] possessed by ◆ **sous l'empire de la boisson** under the influence of alcohol
[2] COMP ▷ **l'Empire byzantin** the Byzantine Empire ▷ **l'Empire du Milieu** the Middle Kingdom ▷ **l'Empire romain d'Occident/d'Orient** the Western/Eastern Roman Empire ▷ **l'Empire du Soleil-Levant** the Land of the Rising Sun

**empirer** [ɑ̃piʀe] → SYN ▸ conjug 1 ◂ [1] vi to get worse, deteriorate
[2] vt to make worse, worsen

**empiriocriticisme** [ɑ̃piʀjokʀitisism] nm empirio-criticism

**empirique** [ɑ̃piʀik] → SYN [1] adj (Philos, Phys) empirical; († † Méd) empiric
[2] nm († † Méd) empiric

**empiriquement** [ɑ̃piʀikmɑ̃] adv empirically

**empirisme** [ɑ̃piʀism] → SYN nm empiricism

**empiriste** [ɑ̃piʀist] adj, nmf (Philos, Phys) empiricist; († † Méd) empiric

**emplacement** [ɑ̃plasmɑ̃] → SYN nm (= endroit) place; (= site) site; (pour construire) site, location; [parking] parking space ◆ **à** ou **sur l'emplacement d'une ancienne cité romaine** on the site of an ancient Roman city ◆ **pour indiquer l'emplacement du chemin** to show the location of the path ◆ **emplacement publicitaire** (sur un mur) advertising site ou space (NonC); (dans un journal) advertising space (NonC)

**emplafonner** ‡ [ɑ̃plafɔne] ▸ conjug 1 ◂ vt to slam * ou smash * into ◆ **il s'est fait emplafonner par un camion** a lorry slammed * ou smashed * into his car ou him

**emplâtre** [ɑ̃platʀ] → SYN nm (Méd) plaster; (Aut) patch; (* = personne) (great) lump *, clot * ◆ **ce plat vous fait un emplâtre sur l'estomac** * this kind of food lies heavy on your stomach; → **jambe**

**emplette** † [ɑ̃plɛt] nf purchase ◆ **faire l'emplette de qch** to purchase sth ◆ **faire des** ou **quelques emplettes** to do some shopping, make some purchases

**emplir** [ɑ̃pliʀ] → SYN ▸ conjug 2 ◂ 1 vt († , littér) **a** [+ verre, récipient] to fill (up) (*de* with)
**b** [foule, meubles] to fill
2 **s'emplir** vpr ◆ **s'emplir de** to fill with ◆ **la pièce s'emplissait de lumière/de gens** the room was filling with light/people

**emploi** [ɑ̃plwa] → SYN nm **a** (= usage) use ◆ **je n'en ai pas l'emploi** I have no use for it ◆ **l'emploi qu'il fait de son argent/temps** how he uses his money/time, the use he makes of his money/time ◆ **sans emploi** unused ◆ **emploi du temps** timetable, schedule ◆ **emploi du temps chargé** heavy ou busy timetable, busy schedule; → **double**
**b** (= mode d'utilisation) [appareil, produit] use; [mot, expression] use, usage ◆ **un emploi nouveau de cet appareil** a new use for this piece of equipment ◆ **divers emplois d'un mot** different uses of a word ◆ **c'est un emploi très rare de cette expression** it's a very rare use ou usage of this expression; → **mode**
**c** (= poste, travail) job ◆ **l'emploi** (Écon) employment ◆ **créer de nouveaux emplois** to create new jobs ◆ **être sans emploi** to be unemployed ◆ **la situation de l'emploi** the employment situation ◆ **plein(-)emploi** full employment ◆ **emplois de service** service jobs; → **demande, offre, proximité**
**d** (Théât = rôle) role, part ◆ **avoir le physique** ou **la tête de l'emploi** * to look the part

**employabilité** [ɑ̃plwajabilite] nf [personne] employability

**employable** [ɑ̃plwajabl] adj appareil, produit usable, employable; personne employable

**employé, e** [ɑ̃plwaje] → SYN (ptp de **employer**) nm,f employee ◆ **employé de banque** bank employee ou clerk ◆ **employé de commerce** business employee ◆ **employé de bureau** office worker ou clerk ◆ **employé municipal** council worker ou employee ◆ **employé des postes/des chemins de fer/du gaz** postal/railway (Brit) ou railroad (US)/gas worker ◆ **on a sonné, c'est l'employé du gaz** there's someone at the door – it's the gasman * ◆ **employé de maison** domestic employee ◆ **les employés de cette firme** the staff ou employees of this firm

**employer** [ɑ̃plwaje] → SYN ▸ conjug 8 ◂ 1 vt **a** (= utiliser) to use, employ ◆ **employer toute son énergie à faire qch** to apply ou devote all one's energies to doing sth ◆ **employer son temps à faire qch/à qch** to spend one's time doing sth/on sth ◆ **employer son argent à faire qch/à qch** to spend ou use one's money doing sth/on sth ◆ **bien employer** [+ temps, argent] to put to good use, make good use of; [+ mot, expression] to use properly ou correctly ◆ **mal employer** [+ temps, argent] to misuse; [+ mot, expression] to misuse, use wrongly ou incorrectly ◆ **ce procédé emploie énormément de matières premières** this process uses (up) huge amounts of raw materials
**b** (= faire travailler) [+ main-d'œuvre] to employ ◆ **ils l'emploient comme vendeur/à trier le courrier** they employ him as a salesman/to sort the mail ◆ **il est mal employé à ce poste** he has been given the wrong sort of job ou is not suited to the post ◆ **il est employé par cette société** he is employed by that firm, he is on the staff of that firm
2 **s'employer** vpr ◆ **s'employer à faire qch/à qch** to apply ou devote o.s. to doing sth/to sth ◆ **s'employer pour** † ou **en faveur de** † to go to great lengths ou exert o.s. on behalf of

**employeur, -euse** [ɑ̃plwajœʀ, øz] GRAMMAIRE ACTIVE 19.3 → SYN nm,f employer

**emplumé, e** [ɑ̃plyme] adj feathered, plumed

**empocher** * [ɑ̃pɔʃe] ▸ conjug 1 ◂ vt (= mettre en poche) to pocket; (= obtenir) [+ argent] to pocket; [+ prix] to carry off; [+ médaille] to win

**empoignade** [ɑ̃pwaɲad] → SYN nf (= bagarre) fight; (= altercation) argument, row (Brit)

**empoigne** [ɑ̃pwaɲ] nf → **foire**

**empoigner** [ɑ̃pwaɲe] → SYN ▸ conjug 1 ◂ 1 vt **a** (= saisir) to grasp, grab (hold of)
**b** (= émouvoir) to grip
2 **s'empoigner** * vpr (= se battre) to fight, have a go at one another *

**empointure** [ɑ̃pwɛ̃tyʀ] nf (Naut) peak

**empois** [ɑ̃pwa] nm starch *(for linen etc.)*

**empoisonnant, e** * [ɑ̃pwazɔnɑ̃, ɑt] adj (= irritant) irritating; (= contrariant) annoying, aggravating * ◆ **il est empoisonnant avec ses questions** he's so irritating ou he's such a nuisance ou such a pain * with his questions

**empoisonnement** [ɑ̃pwazɔnmɑ̃] → SYN nm (Méd) poisoning

**empoisonner** [ɑ̃pwazɔne] → SYN ▸ conjug 1 ◂ 1 vt **a** (= intoxiquer, tuer) **empoisonner qn** [assassin] to poison sb; [aliments avariés] to give sb food poisoning ◆ **empoisonné à la strychnine** poisoned with strychnine ◆ **flèches empoisonnées** poisoned arrows ◆ **propos empoisonnés** poisonous words; → **cadeau**
**b** (= altérer) [+ relations, vie politique] to poison; [+ air] to stink out ◆ **elle empoisonne la vie de ses proches** she's making her family's life a misery
**c** (* = ennuyer) **empoisonner qn** [gêneur] to get on sb's nerves; [contretemps] to annoy sb, bug sb * ◆ **il m'empoisonne avec ses jérémiades** he's so irritating ou such a nuisance ou such a pain * with his constant complaints ◆ **il est bien empoisonné maintenant** he's in a real mess now *, he's really in the soup now *
2 **s'empoisonner** vpr **a** (lit) to poison o.s.; (par intoxication alimentaire) to get food poisoning
**b** (* = s'ennuyer) to be bored stiff * ou to death * ◆ **qu'est-ce qu'on s'empoisonne** this is such a drag * ◆ **s'empoisonner (l'existence) à faire qch** (= s'embarrasser) to go to the trouble ou bother of doing sth

**empoisonneur, -euse** [ɑ̃pwazɔnœʀ, øz] → SYN nm,f **a** (lit) poisoner
**b** (* = gêneur) pain in the neck *

**empoissonner** [ɑ̃pwasɔne] ▸ conjug 1 ◂ vt to stock with fish

**emport** [ɑ̃pɔʀ] nm (Aviat) ◆ **capacité d'emport** maximum payload

**emporté, e** [ɑ̃pɔʀte] → SYN (ptp de **emporter**) adj caractère, personne quick-tempered, hot-tempered; ton, air angry

**emportement** [ɑ̃pɔʀtəmɑ̃] → SYN nm fit of anger, rage, anger (NonC) ◆ **avec emportement** angrily ◆ **aimer qn avec emportement** (littér) to love sb passionately, be madly in love with sb

**emporte-pièce** [ɑ̃pɔʀt(ə)pjɛs] nm inv (Tech) punch; (Culin) pastry cutter
◆ **à l'emporte-pièce** déclaration, jugement cut-and-dried

**emporter** [ɑ̃pɔʀte] → SYN ▸ conjug 1 ◂ 1 vt **a** (= prendre comme bagage) [+ vivres, vêtements] to take ◆ **emportez des vêtements chauds** take warm clothes (with you) ◆ **j'emporte de quoi écrire** I'm taking something to write with ◆ **si vous gagnez, vous pouvez l'emporter (avec vous)** if you win, you can take it away (with you) ◆ **plats chauds/boissons à emporter** take-away (Brit) ou take-out (US) hot meals/drinks, hot meals/drinks to go (US) ◆ **emporter un secret dans la tombe** to take ou carry a secret to the grave ◆ **il ne l'emportera pas en** ou **au paradis !** he'll soon be smiling on the other side of his face!
**b** (= enlever) [+ objet inutile] to take away, remove; [+ prisonniers] to take away; [+ blessés] to carry ou take away; (* = dérober) to take ◆ **emportez ces papiers/vêtements, nous n'en avons plus besoin** take those papers/clothes away, we don't need them any more ◆ **ils ont emporté l'argenterie !** they've made off with * ou taken the silver!; → **diable**
**c** (= entraîner) [courant, vent] to sweep along, carry along; [navire, train] to carry along; [imagination, colère] to carry away; [enthousiasme] to carry away ou along, sweep along ◆ **le courant emportait leur embarcation** the current swept ou carried their boat along ◆ **emporté par son élan** carried ou borne along by his own momentum ◆ **emporté par son imagination/enthousiasme** carried away by his imagination/enthusiasm ◆ **se laisser emporter par la colère** to lose one's temper ◆ **le train qui m'emportait vers de nouveaux horizons** the train which carried ou bore me away towards new horizons
**d** (= arracher) [+ jambe, bras] to take off; [+ cheminée, toit] to blow away ou off; [+ pont, berge] to wash away, carry away; (euph = tuer) [maladie] to carry off ◆ **l'obus lui a emporté le bras gauche** the shell blew off ou took off his left arm ◆ **pont emporté par le torrent** bridge swept ou carried away by the flood ◆ **la vague a emporté trois passagers** the wave washed ou swept three passengers overboard ◆ **ça emporte la bouche** ou **la gueule** ‡ it takes the roof of your mouth off *
**e** (= gagner) [+ prix] to carry off; (Mil) [+ position] to take, win ◆ **emporter la décision** to carry ou win the day ◆ **emporter l'adhésion de qn** to win sb over
**f** **l'emporter (sur)** [personne] to gain ou get the upper hand (over); [solution, méthode] to prevail (over) ◆ **il a fini par l'emporter** he finally gained ou got the upper hand, he finally came out on top ◆ **il va l'emporter sur son adversaire** he's going to get the better of his opponent ◆ **la modération/cette solution finit par l'emporter** moderation/this solution prevailed in the end ou finally won the day ◆ **cette méthode l'emporte sur l'autre** this method has the edge on the other one ou is more satisfactory than the other one ◆ **cette voiture l'emporte sur ses concurrents sur tous les plans** this car outperforms its competitors on every score ◆ **il l'emporte sur ses concurrents en adresse** he outmatches his opponents in skill, his opponents can't match ou rival him for skill
2 **s'emporter** vpr **a** (= s'irriter) to lose one's temper (*contre* with), blow up * (*contre* at)
**b** (= s'emballer) [cheval] to bolt ◆ **faire (s')emporter son cheval** to make one's horse bolt

**empoté, e** * [ɑ̃pɔte] → SYN 1 adj awkward, clumsy
2 nm,f (péj) awkward lump *

**empoter** [ɑ̃pɔte] ▸ conjug 1 ◂ vt (Agr) to pot

**empourprer** [ɑ̃puʀpʀe] ▸ conjug 1 ◂ 1 vt [+ visage, ciel] to turn crimson
2 **s'empourprer** vpr [visage] to flush, turn crimson; [ciel] to turn crimson

**empoussiérer** [ɑ̃pusjeʀe] ▸ conjug 6 ◂ vt to cover with dust, make dusty

**empreindre** [ɑ̃pʀɛ̃dʀ] → SYN ▸ conjug 52 ◂ (littér)
1 vt (= imprimer) to imprint; (fig) (= marquer) to stamp; (= nuancer) to tinge (*de* with)
2 **s'empreindre** vpr ◆ **s'empreindre de** [+ mélancolie] to be tinged with

**empreint, e**[1] [ɑ̃pʀɛ̃, ɛ̃t] → SYN (ptp de **empreindre**) **empreint de** adj [+ regret, jalousie] tinged with ◆ **empreint de mystère/poésie** with a certain mysterious/poetic quality ◆ **d'un ton empreint de gravité** in a somewhat solemn voice; [+ bonté, autorité] marked ou stamped with; [+ menaces] fraught ou heavy with

**empreinte**[2] [ɑ̃pʀɛ̃t] → SYN nf **a** (lit, gén) imprint, impression; [animal] track ◆ **empreinte (de pas)** footprint ◆ **empreintes (digitales)** (finger)prints ◆ **empreinte génétique** genetic fingerprint ◆ **empreinte vocale** voiceprint ◆ **prendre l'empreinte d'une dent** to take an impression of a tooth ◆ **relever** ou **prendre des empreintes digitales** to take fingerprints
**b** (= influence) stamp, mark ◆ **laisser une empreinte indélébile sur qn** to make a lasting impression on sb ◆ **son œuvre laissera son empreinte dans ce siècle** his work will leave its mark on this century

**empressé, e** [ɑ̃pʀese] → SYN (ptp de **s'empresser**) adj **a** (= prévenant) infirmière, serveur attentive; aide willing; (gén péj) admirateur, prétendant assiduous, overattentive; subordonné overanxious to please (attrib), overzealous ◆ **faire l'empressé (auprès d'une femme)** to be overattentive (towards a woman)
**b** (littér = marquant de la hâte) eager ◆ **empressé à faire qch** eager ou anxious to do sth

**empressement** [ɑ̃pʀɛsmɑ̃] → SYN nm **a** (= prévenance) [infirmière, serveur] attentiveness; [aide] willingness; (gén péj) [admirateur, prétendant] overzealousness, overattentiveness; [subordonné] overzealousness ◆ **son empressement auprès des femmes** the way he fusses around women, his overattentiveness towards women ◆ **il me servait avec empressement** he waited upon me attentively

**b** (= hâte) eagerness, anxiousness ◆ **son empressement à partir me paraît suspect** his eagerness ou anxiousness to leave seems suspicious to me ◆ **il montrait peu d'empressement à ...** he seemed in no hurry to ..., he was obviously not anxious to ... ◆ **il s'exécuta avec empressement** he complied eagerly

**empresser (s')** [ɑ̃pʀese] → SYN ▸ conjug 1 ◂ vpr **a** (= s'affairer) to bustle about; (péj) to fuss about ou around, bustle about ou around ◆ **s'empresser auprès** ou **autour de** [+ blessé, invité] to surround with attentions; [+ femme courtisée] to dance attendance upon, fuss around ◆ **ils s'empressèrent autour de la victime** they rushed to help ou assist the victim ◆ **ils s'empressaient auprès de l'actrice** they surrounded the actress with attentions

**b** (= se hâter) **s'empresser de faire qch** to hasten to do sth

**emprésurer** [ɑ̃pʀezyʀe] ▸ conjug 1 ◂ vt to add rennet to

**emprise** [ɑ̃pʀiz] → SYN nf **a** (= influence) hold, ascendancy (*sur* over) ◆ **avoir beaucoup d'emprise sur qn** to hold sway over sb

♦ **sous l'emprise de** ◆ **sous l'emprise de la colère** in the grip of anger, gripped by anger ◆ **sous l'emprise de l'alcool/de la drogue** under the influence of alcohol/of drugs

**b** (Jur = mainmise) expropriation

**emprisonnement** [ɑ̃pʀizɔnmɑ̃] → SYN nm imprisonment ◆ **condamné à 10 ans d'emprisonnement** sentenced to 10 years in prison, given a 10-year prison sentence

**emprisonner** [ɑ̃pʀizɔne] → SYN ▸ conjug 1 ◂ vt **a** (en prison) to imprison, put in prison ou jail, jail; (dans une chambre, un couvent) to shut up, imprison

**b** [vêtement] to confine; [doctrine, milieu] to trap ◆ **ce corset lui emprisonne la taille** this corset grips her too tightly around the waist ◆ **emprisonner qn dans un système/un raisonnement** to trap sb within a system/by a piece of reasoning ◆ **emprisonné dans ses habitudes/la routine** imprisoned within ou a prisoner of his habits/routine

**emprunt** [ɑ̃pʀœ̃] → SYN nm **a** (= action d'emprunter) [argent, objet] borrowing ◆ **ce n'était pas un vol, mais seulement un emprunt** it wasn't really stealing, only borrowing ◆ **recourir à l'emprunt** (Fin) to resort to borrowing ou to a loan

**b** (= demande, somme) loan ◆ **ses emprunts successifs l'ont mis en difficulté** successive borrowing has ou his successive loans have put him in difficulty ◆ **emprunt d'État/public** government/public loan ◆ **emprunt du Trésor (américain)** (American ou US) Treasury bond ◆ **emprunt à 5 %** loan at 5% (interest) ◆ **emprunts russes** Soviet loans ◆ **faire un emprunt d'un million à une banque** to take out a loan of one million from a bank, borrow a million from a bank ◆ **faire un emprunt pour payer sa voiture** to borrow money ou take out a loan to pay for one's car

**c** (Littérat, Ling) borrowing; (= terme) loan word, borrowed word, borrowing ◆ **c'est un emprunt à l'anglais** it's a loan word ou borrowing from English

**d d'emprunt** nom, autorité assumed; matériel borrowed

**emprunté, e** [ɑ̃pʀœ̃te] → SYN (ptp de **emprunter**) adj **a** (= gauche) air, personne ill-at-ease (attrib), self-conscious, awkward

**b** (= artificiel) gloire, éclat sham, feigned

**emprunter** [ɑ̃pʀœ̃te] → SYN ▸ conjug 1 ◂ vt **a** [+ argent, objet] to borrow (*à* from)

**b** [+ mot, expression] (directement) to borrow, take (*à* from); (par dérivation) to derive, take (*à* from); [+ nom, autorité] to assume, take on; [+ idée] to borrow, take (*à* from) ◆ **cette pièce emprunte son sujet à l'actualité** this play is based on a topical subject ◆ **métaphores empruntées à la musique** metaphors derived from music ◆ **mot emprunté à l'anglais** loan word from English

**c** [+ escalier, route] to take; [+ itinéraire] to follow ◆ **"empruntez le passage souterrain"** "use the underpass" ◆ **les trains n'empruntent plus cette ligne** trains don't run on this line any more

**emprunteur, -euse** [ɑ̃pʀœ̃tœʀ, øz] → SYN nm,f borrower

**empuantir** [ɑ̃pɥɑ̃tiʀ] → SYN ▸ conjug 2 ◂ vt to stink out (*de* with)

**empyème** [ɑ̃pjɛm] nm empyema

**empyrée** [ɑ̃piʀe] → SYN nm empyrean

**EMT** † [əɛmte] nf (abrév de **éducation manuelle et technique**) → **éducation**

**ému, e** [emy] → SYN (ptp de **émouvoir**) adj personne (compassion) moved; (gratitude) touched; (joie) excited; (timidité, peur) nervous, agitated; air filled with emotion; voix emotional, trembling with emotion; souvenirs tender, touching ◆ **ému jusqu'aux larmes** moved to tears (*devant* by) ◆ **très ému lors de la remise des prix** very excited ou agitated at the prize giving ◆ **encore tout ému, il la remercia** still quite overcome ou still (feeling) very touched, he thanked her ◆ **dit-il d'une voix émue** he said with emotion ◆ **trop ému pour les remercier/leur annoncer la nouvelle** too overcome to thank them/announce the news to them

**émulateur** [emylatœʀ] nm (Ordin) emulator

**émulation** [emylasjɔ̃] → SYN nf (gén, Ordin) emulation ◆ **esprit d'émulation** spirit of competition, competitive spirit

**émule** [emyl] → SYN nmf (littér) (= imitateur) emulator; (= égal) equal ◆ **ce fripon et ses émules** (péj) this scoundrel and his like ◆ **être l'émule de qn** to emulate sb ◆ **il fait des émules** people emulate him

**émuler** [emyle] ▸ conjug 1 ◂ vt (Ordin) to emulate

**émulseur** [emylsœʀ] nm emulsifier

**émulsif, -ive** [emylsif, iv] **1** adj (Pharm) emulsive; (Chim) emulsifying

**2** nm emulsifier

**émulsifiable** [emylsifjabl] adj emulsifiable

**émulsifiant, e** [emylsifjɑ̃, jɑ̃t] **1** adj emulsifying

**2** nm emulsifier

**émulsine** [emylsin] nf emulsin

**émulsion** [emylsjɔ̃] nf emulsion

**émulsionner** [emylsjɔne] ▸ conjug 1 ◂ vt to emulsify

**EN** (abrév de **Éducation nationale**) → **éducation**

## en[1] [ɑ̃]

préposition

Lorsque **en** se trouve dans des expressions figées telles que **avoir confiance en qn, se mettre en tête de, couper qch en dés** etc, reportez-vous à l'autre mot.

**a** dans l'espace (lieu où l'on est) in; (lieu où l'on va) to ◆ **vivre en France/Normandie** to live in France/Normandy ◆ **aller** ou **partir en Angleterre/Normandie** to go to England/Normandy ◆ **il habite en banlieue/ville** he lives in the suburbs/the town ◆ **être en ville** to be in town ◆ **aller en ville** to go (in)to town ◆ **les objets en vitrine** the items in the window MAIS ◑ **il voyage en Grèce/Corse** he's travelling around Greece/Corsica

**b en** + pronom personnel ◆ **en lui-même, il n'y croit pas** deep down ou in his heart of hearts he doesn't believe it ◆ **je me disais en moi-même que ...** I was thinking to myself that ... ◆ **ce que j'aime en lui, c'est son courage** what I like about him is his courage ◆ **on voit en lui un futur champion du monde** they see him as a future world champion

**c** dans le temps in ◆ **en semaine** in ou during the week ◆ **en soirée** in the evening ◆ **en automne/été/mars/2000** in autumn/summer/March/2000 ◆ **il peut le faire en 3 jours** he can do it in 3 days ◆ **en 6 ans je lui ai parlé deux fois** in (all of) 6 years I've spoken to him twice; → **de**[1]

**d** avec moyen de transport **en taxi/train/avion** by taxi/train ou rail/air ◆ **faire une promenade en bateau/voiture** to go for a trip in a boat/car, go for a boat-/car-trip ◆ **ils y sont allés en voiture** they went by car ◆ **ils y sont allés en Rolls-Royce** they went in a Rolls-Royce ◆ **ils sont arrivés en voiture** they arrived in a car ◆ **je suis malade en bateau/en voiture** I get seasick/carsick ◆ **il y est allé en pousse-pousse** he went there in a ou by rickshaw

Notez que l'anglais emploie souvent un verbe spécifique :

◆ **aller à Londres en avion** to fly to London ◆ **ils ont remonté le fleuve en pirogue** they canoed up the river, they rowed up the river in a canoe

**e** = habillé de in ◆ **être en noir/blanc** to be (dressed) in black/white, be wearing black/white ◆ **elle est arrivée en manteau de fourrure** she arrived wearing ou in a fur coat ◆ **la femme en manteau de fourrure** the woman in the fur coat ou with a fur coat on ◆ **il était en chemise/pyjama** he was wearing a shirt/wearing pyjamas ◆ **être en chaussettes** to be in one's stockinged feet MAIS ◑ **elle était en bergère** she was disguised ou dressed as a shepherdess

**f** description, présentation in ◆ **en cercle/rang** in a circle/row ◆ **enregistré en stéréo** recorded in stereo ◆ **ils y vont en groupe** they are going in a group ◆ **l'œuvre de Proust en six volumes** Proust's works in six volumes ◆ **une pièce en trois actes** a three-act play, a play in three acts ◆ **ça se vend en boîtes de douze** they are sold in boxes of twelve ◆ **c'est écrit en anglais/vers/prose/lettres d'or** it's written in English/verse/prose/gold letters ◆ **image en trois dimensions** 3-D image, image in 3-D

♦ **en** + adjectif ◆ **nous avons le même article en vert** we have the same item in green

♦ **en** + comparatif ◆ **c'est son frère en mieux** he's like his brother, only better ◆ **c'est son père en plus jeune/petit** he's just like his father only younger/smaller, he's a younger/smaller version of his father ◆ **je veux la même valise en plus grand** I want the same suitcase only bigger ou only in a bigger size

**g** = composé de, fait de **le plat est en or/argent** the dish is made of gold/silver ◆ **l'escalier sera en marbre** the staircase will be (in ou made of) marble ◆ **en quoi est-ce** ou **c'est fait ?, c'est en quoi ?** * what's it made of?

Notez qu'en anglais le substantif est souvent utilisé en apposition comme adjectif :

◆ **une bague en or/argent** a gold/silver ring ◆ **une table en acajou** a mahogany table ◆ **une jupe en soie imprimée** a printed silk skirt, a skirt made (out) of printed silk

**h** transformation into ◆ **se changer en** to change into ◆ **convertir/transformer qch en** to convert/transform sth into ◆ **traduire en italien** to translate into Italian ◆ **casser qch en morceaux** to break sth in(to) pieces

**i** = comme **agir en tyran/lâche** to act like a tyrant/coward ◆ **c'est en expert qu'il en a parlé** he spoke as an expert ◆ **en bon politicien (qu'il est), il ...** good politician that he is, he ..., being the skilled politician he is, he ... ◆ **je le lui ai donné en cadeau/souvenir** I gave it to him as a present/souvenir

**j** = concernant **en politique/art/musique** in politics/art/music ◆ **en affaires, il faut de l'audace** you have to take risks in business ◆ **je n'y connais rien en informatique** I don't know anything about computers ◆ **ce que je préfère en musique, c'est ...** what I like best in the way of music is ... ◆ **être bon** ou **fort en géographie** to be good at geography ◆ **diplôme en droit/histoire** law/history degree

**k** mesure in ◆ **mesurer en mètres** to measure in metres ◆ **compter en euros** to count in euros ◆ **ce tissu se fait en 140 (cm)** this material comes in 140 cm width ◆ **nous avons ce manteau en trois tailles** we have this coat in three sizes

**l en** + participe présent

(manière) ◆ **il me regarda en fronçant les sourcils** he looked at me with a frown ◆ **"je ne sais pas", dit-il en haussant les épaules** "I don't know" he said with a shrug ◆ **endormir un enfant en le berçant/chantant** to rock/sing a child to sleep

Avec un verbe de mouvement ou d'énonciation, l'anglais préférera souvent un verbe suivi éventuellement d'une préposition :

◆ **monter/entrer en courant** to run up/in ◆ **sortir en rampant/boitant** to crawl/limp out ◆ **dire qch en murmurant/criant** to murmur/shout sth

> Là où le français emploie **en** suivi d'un verbe au participe présent pour exprimer la simultanéité, l'anglais utilise une proposition temporelle ou une forme en **ing** :

◆ **fermez la porte en sortant** shut the door as ou when you go out ◆ **elle est arrivée en chantant** she was singing when she arrived ◆ **j'ai écrit une lettre (tout) en vous attendant** I wrote a letter while I was waiting for you ◆ **il s'est endormi en lisant le journal** he fell asleep (while) reading the newspaper, he fell asleep over the newspaper ◆ **il s'est coupé en essayant d'ouvrir une boîte** he cut himself trying to open a tin ◆ **en apprenant la nouvelle, elle s'est évanouie** she fainted when she heard the news ◆ **il a buté en montant dans l'autobus** he tripped as he got onto ou getting onto the bus MAIS ◑ **il a fait une folie en achetant cette bague** it was very extravagant of him to buy this ring

(nuance causale) by ◆ **en disant cela, il s'est fait des ennemis** he made enemies by saying that ◆ **en refusant de coopérer, vous risquez de tout perdre** by refusing to cooperate, you risk losing everything

**m** **en être à**

(= avoir atteint) ◆ **en être à la page 9** to be at page 9, have reached page 9 ◆ **où en est-il de ou dans ses études ?** how far has he got with his studies?, what point has he reached in his studies? ◆ **il en est à sa troisième année de médecine** he has reached his third year in medicine ◆ **l'affaire en est là** that's how the matter stands, that's as far as it's got ◆ **je ne sais plus où j'en suis** (fig) I don't know whether I am coming or going

(= se voir réduit à) ◆ **j'en suis à me demander si** I'm beginning to wonder if, I've come to wonder if, I've got to wondering if* ◆ **il en est à mendier** he has come down to ou stooped to begging, he has been reduced to begging

**en²** [ɑ̃] pron **a** (lieu) **quand va-t-il à Nice ? – il en revient** when is he off to Nice? – he's just (come) back ◆ **elle était tombée dans une crevasse, on a eu du mal à l'en sortir** she had fallen into a crevasse and they had difficulty ou trouble (in) getting her out (of it) ◆ **le bénéfice qu'il en a tiré** the profit he got out of it ou from it ◆ **il faut en tirer une conclusion** we must draw a conclusion (from it) ◆ **où en sommes-nous ?** (livre, leçon) where have we got (up) to?, where are we?; (situation) where do we stand?

**b** (cause, agent, instrument) **je suis si inquiet que je n'en dors pas** I can't sleep for worrying, I am so worried that I can't sleep ◆ **il saisit sa canne et l'en frappa** he seized his stick and struck her with it ◆ **ce n'est pas moi qui en perdrai le sommeil** I won't lose any sleep over it ◆ **quelle histoire ! nous en avons beaucoup ri** what a business! we had a good laugh over ou about it ◆ **en mourir** (maladie) to die of it; (blessure) to die because of it ou as a result of it ◆ **elle en est aimée** she is loved by him

**c** (complément de vb, d'adj, de n) **rendez-moi mon stylo, j'en ai besoin** give me back my pen – I need it ◆ **qu'est-ce que tu en feras ?** what will you do with it (ou them)? ◆ **c'est une bonne classe, les professeurs en sont contents** they are a good class and the teachers are pleased with them ◆ **elle, mentir ? elle en est incapable** she couldn't lie if she tried ◆ **elle a réussi et elle n'en est pas peu fière** she has been successful and she is more than a little proud of herself ou of it ◆ **il ne fume plus, il en a perdu l'habitude** he doesn't smoke any more – he has got out of ou has lost the habit ◆ **sa décision m'inquiète car j'en connais tous les dangers** her decision worries me because I am aware of all the dangers ou of all its possible dangers ◆ **je t'en donne/offre 5 €** I'll give/offer you €5 for it

**d** (quantitatif, indéf) of it, of them *(souvent omis)* ◆ **si vous aimez les pommes, prenez-en plusieurs** if you like apples, take several ◆ **il avait bien des lettres à écrire mais il n'en a pas écrit la moitié/beaucoup** he had a lot of letters to write but he hasn't written half of them/many (of them) ◆ **le vin est bon mais il n'y en a pas beaucoup** the wine is good but there isn't much (of it) ◆ **si j'en avais** if I had any ◆ **voulez-vous du pain/des pommes ? il y en a encore** would you like some bread/some apples? we have still got some (left) ◆ **il n'y en a plus** (pain) there isn't any left, there's none left; (pommes) there aren't any left, there are none left ◆ **si vous cherchez un crayon, vous en trouverez des douzaines/un dans le tiroir** if you are looking for a pencil you will find dozens (of them)/one in the drawer ◆ **élevé dans le village, j'en connaissais tous les habitants** having been brought up in the village I knew all its inhabitants ◆ **a-t-elle des poupées ? – oui, elle en a deux/trop/de belles** has she any dolls? – yes, she has two/too many/some lovely ones ◆ **nous avons du vin, j'en ai acheté une bouteille hier** we have some wine, I bought a bottle yesterday ◆ **des souris ici ? nous n'en avons jamais vu** mice here? we've never seen any ◆ **il en aime une autre** he loves another (littér), he loves somebody else

**e** (renforcement : non traduit) **il s'en souviendra de cette réception** he'll certainly remember that party ◆ **je n'en vois pas, moi, de places libres** well (I must say), I don't see any empty seats ◆ **tu en as eu de beaux jouets à Noël !** well you did get some lovely toys ou what lovely toys you got for Christmas!; → **accroire, aussi, entendre, venir** etc

**ENA** [ena] nf (abrév de **École nationale d'administration**) → **école**

**enamouré, e** [enamuʀe] (ptp de **s'enamourer**) adj regard adoring

**enamourer (s')** †† [enamuʀe] → SYN [ɑ̃namuʀe] ▸ conjug 1 ◂ vpr ◆ **s'enamourer de** to become enamoured of

**énanthème** [enɑ̃tɛm] nm enanthema

**énantiomorphe** [enɑ̃tjɔmɔʀf] adj enantiomorphic

**énantiotrope** [enɑ̃tjɔtʀɔp] adj enantiotropic

**énarchie** [enaʀʃi] nf *power of the énarques*

**énarque** [enaʀk] → SYN nmf énarque *(student or former student of the École nationale d'administration)*

**énarthrose** [enaʀtʀoz] nf socket joint

**en-avant** [ɑ̃navɑ̃] nm inv (Rugby) forward pass, knock on

**en-but** [ɑby(t)] nm inv (Rugby) in-goal area

**encablure** [ɑ̃kablyʀ] nf cable's length ◆ **à 3 encablures de ...** 3 cables' length away from ...

**encadré** [ɑ̃kadʀe] (ptp de **encadrer**) nm box

**encadrement** [ɑ̃kadʀəmɑ̃] → SYN nm **a** (NonC) [tableau] framing ◆ **"tous travaux d'encadrement"** "all framing (work) undertaken"

**b** (NonC) [étudiants, débutants, recrues] training, supervision

**c** (= embrasure) [porte, fenêtre] frame ◆ **il se tenait dans l'encadrement de la porte** he stood in the doorway

**d** (= cadre) frame ◆ **cet encadrement conviendrait mieux au sujet** this frame would be more appropriate to the subject

**e** (Admin) (= instructeurs) training personnel; (= cadres) managerial staff

**f** (Écon) **encadrement du crédit** credit restriction

**encadrer** [ɑ̃kadʀe] → SYN ▸ conjug 1 ◂ **1** vt **a** [+ tableau] to frame ◆ **c'est à encadrer !** (iro) that's priceless!, that's one to remember!

**b** (= instruire) [+ étudiants, débutants, recrues] to train (and supervise); (= contrôler) [+ enfant] to take in hand; [+ équipe sportive, employés] to manage; (Écon) [+ crédit] to restrict; [+ prix, loyers] to control

**c** (= entourer) [+ cour, plaine, visage] to frame, surround; [+ prisonnier] to surround; (par deux personnes) to flank ◆ **les collines qui encadrent la plaine** the hills surrounding the plain ◆ **encadré de ses gardes du corps** surrounded by his bodyguards ◆ **l'accusé, encadré de deux gendarmes** the accused, flanked by two policemen

**d** (*, gén nég = supporter) **je ne peux pas l'encadrer** I can't stick* ou stand* him

**e** (Mil) [+ objectif] to straddle

**f** (* = heurter) [+ véhicule, maison] to smash into ◆ **il s'est fait encadrer*** someone smashed into his car

**2** **s'encadrer** vpr **a** (= apparaître) [visage, silhouette] to appear

**b** * (en voiture) to crash one's car (*dans* into)

**encadreur, -euse** [ɑ̃kadʀœʀ, øz] nm,f (picture) framer

**encager** [ɑ̃kaʒe] ▸ conjug 3 ◂ vt [+ animal, oiseau] to cage (up); (fig) [+ personne] to cage in, cage up

**encagoulé, e** [ɑ̃kagule] adj moine cowled; pénitent hooded, cowled; bandit, visage hooded, masked

**encaissable** [ɑ̃kɛsabl] adj cashable, encashable (Brit)

**encaisse** [ɑ̃kɛs] nf cash in hand, cash balance ◆ **encaisse métallique** gold and silver reserves ◆ **encaisse or** gold reserves

**encaissé, e** [ɑ̃kese] → SYN (ptp de **encaisser**) adj vallée deep, steep-sided; rivière hemmed in by steep banks ou hills; route hemmed in by steep hills

**encaissement** [ɑ̃kɛsmɑ̃] → SYN nm **a** [argent, loyer] collection, receipt; [facture] receipt of payment (*de* for); [chèque] cashing; [effet de commerce] collection

**b** [vallée] depth, steep-sidedness ◆ **l'encaissement de la route/rivière faisait que le pont ne voyait jamais le soleil** the steep hills hemming in the road/river stopped the sun from ever reaching the bridge

**encaisser** [ɑ̃kese] → SYN ▸ conjug 1 ◂ vt **a** [+ argent, loyer] to collect, receive; [+ facture] to receive payment for; [+ chèque] to cash; [+ effet de commerce] to collect

**b** * [+ coups, affront, défaite] to take ◆ **savoir encaisser** [boxeur] to be able to take a lot of beating ou punishment; (fig : dans la vie) to know how to roll with the punches ◆ **qu'est-ce qu'il a encaissé !** (coups) what a hammering he got!*, what a beating he took!; (injures, réprimande) what a hammering he got!*, he certainly got what for!* ◆ **qu'est-ce qu'on encaisse avec ces cahots !** we're taking a real hammering on these bumps!*

**c** (*, gén nég = supporter) **je ne peux pas encaisser ce type** I can't stand* that guy ◆ **il n'a pas encaissé cette décision** he couldn't stomach* the decision ◆ **il n'a pas encaissé cette remarque** he didn't appreciate that remark one little bit*

**d** (Tech) [+ route, fleuve, voie ferrée] to embank ◆ **les montagnes qui encaissent la vallée** the mountains on either side of the valley ◆ **la route s'encaisse entre les collines** the road is hemmed in by the hills

**e** [+ objets] to pack in(to) boxes; [+ plantes] to plant in boxes ou tubs

**encaisseur** [ɑ̃kɛsœʀ] → SYN nm collector *(of debts etc)*

**encalminé, e** [ɑ̃kalmine] → SYN adj navire becalmed

**encan** [ɑ̃kɑ̃] → SYN nm ◆ **mettre ou vendre à l'encan** to sell off by auction

**encanaillement** [ɑ̃kanajmɑ̃] nm mixing with the riffraff

**encanailler (s')** [ɑ̃kanaje] → SYN ▸ conjug 1 ◂ vpr (hum) to mix with the riffraff, slum it* ◆ **son style/langage s'encanaille** his style/language is becoming vulgar

**encapsuler** [ɑ̃kapsyle] ▸ conjug 1 ◂ vt (Tech) to encapsulate

**encapuchonner** [ɑ̃kapyʃɔne] ▸ conjug 1 ◂ vt ◆ **encapuchonner un enfant** to put a child's hood up ◆ **la tête encapuchonnée** hooded ◆ **un groupe de bambins encapuchonnés** a group of toddlers snug in their hoods

**encaquer** [ɑ̃kake] → SYN ▸ conjug 1 ◂ vt [+ harengs] to put into a barrel (ou barrels)

**encart** [ɑ̃kaʀ] nm (Typo) insert, inset ◆ **encart publicitaire** publicity ou advertising insert

**encarté, e** [ɑ̃kaʀte] adj (Pol) militant card-carrying (épith) ◆ **être encarté à un parti** to be a card-carrying member of a party

**encarter** [ɑ̃kaʀte] → SYN ▸ conjug 1 ◂ vt (Typo) to insert, inset

**encarteuse** [ɑ̃kaʀtøz] nf inserter, insetter

**en-cas** [ɑ̃ka] → SYN nm inv (= nourriture) snack

**encaserner** [ɑ̃kazɛʀne] ▸ conjug 1 ◂ vt to quarter ou lodge in barracks

**encastelure** [ɑ̃kastəlyʀ] nf (Vét) navicular disease

**encastrable** [ɑ̃kastʀabl] adj four, lave-vaisselle slot-in (Brit) (épith), ready to be installed (US) (attrib)

**encastré, e** [ɑ̃kastʀe] (ptp de **encastrer**) adj four, placard built-in ◆ **spot encastré dans le plafond** recessed spotlight ◆ **baignoire encastrée (dans le sol)** sunken bath ◆ **une église encastrée entre deux gratte-ciel** a church hemmed ou boxed in between two skyscrapers ◆ **de gros blocs encastrés dans la neige/le sol** great blocks sunk in ou embedded in the snow/ground

**encastrement** [ɑ̃kastʀəmɑ̃] nm [interrupteur] flush fitting; [armoire, rayonnage] recessed fitting

**encastrer** [ɑ̃kastʀe] → SYN ▸ conjug 1 ◂ vt (dans un mur) to embed (*dans* in(to)), sink (*dans* into); [+ interrupteur] to fit flush (*dans* with); [+ rayonnages, armoire] to recess (*dans* into), fit (*dans* into); (dans un boîtier) [+ pièce] to fit (*dans* into) ◆ **tous les boutons sont encastrés dans le mur** all the switches are flush with the wall ◆ **l'aquarium est encastré dans le mur** the aquarium is built into the wall ◆ **la voiture s'est encastrée sous le train** the car jammed itself underneath the train ◆ **ces pièces s'encastrent l'une dans l'autre/dans le boîtier** these parts fit exactly into each other/into the case

**encaustique** [ɑ̃kostik] nf wax polish

**encaustiquer** [ɑ̃kostike] → SYN ▸ conjug 1 ◂ vt to polish, wax

**encaver** [ɑ̃kave] ▸ conjug 1 ◂ vt [+ vin] to put in a cellar

**enceindre** [ɑ̃sɛ̃dʀ] → SYN ▸ conjug 52 ◂ vt (gén ptp) to encircle, surround (*de* with) ◆ **enceint de** encircled ou surrounded by

**enceinte**[1] [ɑ̃sɛ̃t] → SYN adj f pregnant, expecting* (attrib) ◆ **tomber/se retrouver enceinte** to get ou become/find o.s. pregnant ◆ **femme enceinte** pregnant woman, expectant mother ◆ **enceinte de cinq mois** five months pregnant ◆ **j'étais enceinte de Paul** (= Paul était le bébé) I was pregnant with ou was expecting Paul; (= Paul était le père) I was pregnant by Paul ◆ **il l'a mise enceinte** he got ou made her pregnant ◆ **enceinte jusqu'aux yeux*** very pregnant*

**enceinte**[2] [ɑ̃sɛ̃t] → SYN nf **a** (= mur) wall; (= palissade) enclosure, fence ◆ **une enceinte de fossés défendait la place** the position was surrounded by defensive ditches ou was defended by surrounding ditches ◆ **mur d'enceinte** outer walls
**b** (= espace clos) enclosure; [couvent] precinct ◆ **dans l'enceinte de la ville** within ou inside the town ◆ **dans l'enceinte du tribunal** in(side) the court room ◆ **dans l'enceinte de cet établissement** within ou in(side) this establishment ◆ **enceinte militaire** military area ou zone ◆ **enceinte de confinement** (Phys) protective shield
**c** **enceinte (acoustique)** speaker

**encens** [ɑ̃sɑ̃] → SYN nm incense ◆ **l'encens des louanges/de leur flatterie** the heady wine of praise/of their flattery

**encensement** [ɑ̃sɑ̃smɑ̃] nm **a** (Rel) incensing
**b** (= louanges) praising (NonC) to the skies

**encenser** [ɑ̃sɑ̃se] → SYN ▸ conjug 1 ◂ vt **a** (Rel) to incense
**b** (= louanger) to heap ou shower praise (up)on, praise to the skies

**encenseur, -euse** [ɑ̃sɑ̃sœʀ, øz] → SYN nm,f (Rel) thurifer, censer-bearer; (fig, †) flatterer

**encensoir** [ɑ̃sɑ̃swaʀ] nm censer, thurible ◆ **manier l'encensoir** (péj) to pour out flattery, heap on the praise ◆ **coups d'encensoir** (fig) excessive flattery

**encépagement** [ɑ̃sepaʒmɑ̃] nm vineyard's vines

**encéphale** [ɑ̃sefal] → SYN nm encephalon

**encéphaline** [ɑ̃sefalin] nf encephalin

**encéphalique** [ɑ̃sefalik] adj encephalic

**encéphalite** [ɑ̃sefalit] nf encephalitis

**encéphalogramme** [ɑ̃sefalɔgʀam] nm encephalogram

**encéphalographie** [ɑ̃sefalɔgʀafi] nf encephalography

**encéphalomyélite** [ɑ̃sefalomjelit] nf encephalomyelitis

**encéphalopathie** [ɑ̃sefalɔpati] nf encephalopathy ◆ **encéphalopathie bovine spongiforme** BSE, bovine spongiform encephalopathy (SPÉC)

**encerclement** [ɑ̃sɛʀkləmɑ̃] → SYN nm (par des murs) surrounding, encircling; (par l'armée, la police) surrounding

**encercler** [ɑ̃sɛʀkle] → SYN ▸ conjug 1 ◂ vt [murs] to surround, encircle; [armée, police] to surround

**enchaîné** [ɑ̃ʃene] nm (Ciné) change; → **fondu**

**enchaînement** [ɑ̃ʃɛnmɑ̃] → SYN nm **a** (= suite logique) [épisodes, preuves] linking ◆ **l'enchaînement de la violence** the spiral of violence
**b** [scènes, séquences] (= action) linking; (= résultat) link
**c** (= série) [circonstances] sequence, series, string ◆ **enchaînement d'événements** chain ou series ou string ou sequence of events
**d** (Danse) enchaînement ◆ **faire un enchaînement** (Gym) to do a sequence of movements ◆ **un bel enchaînement** a fluid sequence of movements ◆ **enchaînement des accords** (Mus) chord progression

**enchaîner** [ɑ̃ʃene] → SYN ▸ conjug 1 ◂ **1** vt **a** (= lier) [+ animal] to chain up; [+ prisonnier] to put in chains, chain up ◆ **enchaîner qn à un arbre** to chain sb to a tree ◆ **enchaînés l'un à l'autre** chained together
**b** (littér) [secret, souvenir, sentiment] to bind ◆ **l'amour enchaîne les cœurs** love binds hearts (together) ◆ **ses souvenirs l'enchaînaient à ce lieu** his memories tied ou bound ou chained him to this place
**c** (= asservir) [+ peuple] to enslave; [+ presse] to muzzle, gag ◆ **enchaîner la liberté** to put freedom in chains
**d** (= assembler) [+ faits, épisodes, séquences] to connect, link (together ou up); [+ paragraphes, pensées, mots] to link (together ou up), string together ◆ **incapable d'enchaîner deux pensées** incapable of stringing two thoughts together ◆ **elle enchaînait réunion sur réunion** she had meeting after meeting ou one meeting after another ◆ **enchaîner (la scène suivante)** (Ciné) to change to ou move on to the next scene ◆ **on va enchaîner les dernières scènes** (Ciné) we'll carry on with the last scenes, we'll go on to the last scenes
**2** vi (Ciné, Théât) to move on ou carry on (Brit) (to the next scene) ◆ **sans laisser à Anne le temps de répondre, Paul enchaîna : "d'abord ..."** without giving Anne the time to reply, Paul went on ou continued: "first ..." ◆ **on enchaîne, enchaînons** (Théât) let's keep going ou carry on; (Ciné) let's keep rolling; (*: dans un débat) let's go on ou carry on, let's continue
**3** **s'enchaîner** vpr [épisodes, séquences] to follow on from each other, be linked (together); [preuves, faits] to be linked (together) ◆ **tout s'enchaîne** it's all linked ou connected, it all ties up ◆ **paragraphes/raisonnements qui s'enchaînent bien** well-linked paragraphs/pieces of reasoning

**enchanté, e** [ɑ̃ʃɑ̃te] GRAMMAIRE ACTIVE 11.3 → SYN (ptp de **enchanter**) adj **a** (= ravi) enchanted (*de* by), delighted (*de* with) ◆ **enchanté (de vous connaître)** how do you do?, (I'm) very pleased to meet you
**b** (= magique) forêt, demeure enchanted

**enchantement** [ɑ̃ʃɑ̃tmɑ̃] → SYN nm **a** (= action) enchantment; (= effet) (magic) spell, enchantment ◆ **comme par enchantement** as if by magic
**b** (= ravissement) delight, enchantment ◆ **ce spectacle fut un enchantement** it was an enchanting ou a delightful sight ◆ **être dans l'enchantement** to be enchanted ou delighted

**enchanter** [ɑ̃ʃɑ̃te] → SYN ▸ conjug 1 ◂ **1** vt **a** (= ensorceler) to enchant, bewitch
**b** (= ravir) to enchant, delight ◆ **ça ne m'enchante pas beaucoup** I'm not exactly taken with it, it doesn't exactly thrill me
**2** **s'enchanter** vpr (littér) to rejoice (*de* at)

**enchanteur, -teresse** [ɑ̃ʃɑ̃tœʀ, tʀɛs] → SYN **1** adj enchanting, bewitching
**2** nm (= sorcier) enchanter; (fig) charmer
**3** **enchanteresse** nf enchantress

**enchâssement** [ɑ̃ʃɑsmɑ̃] nm **a** [pierre] setting (*dans* in)
**b** (Ling) embedding

**enchâsser** [ɑ̃ʃɑse] → SYN ▸ conjug 1 ◂ **1** vt (gén) to set (*dans* in); (Ling) to embed ◆ **enchâsser une citation dans un texte** (littér) to insert a quotation into a text
**2** **s'enchâsser** vpr (l'un dans l'autre) to fit exactly together ◆ **s'enchâsser dans** to fit exactly into

**enchausser** [ɑ̃ʃose] ▸ conjug 1 ◂ vt (Agr) to mulch

**enchemiser** [ɑ̃ʃ(ə)mize] ▸ conjug 1 ◂ vt [+ projectile] to jacket; [+ livre] to cover, jacket

**enchère** [ɑ̃ʃɛʀ] → SYN **1** nf **a** (Comm = offre) bid ◆ **faire une enchère** to bid, make a bid ◆ **faire monter les enchères** (lit) to raise ou push up the bidding; (fig) to raise ou up the stakes ou the ante ◆ **les deux entreprises le veulent mais il laisse monter les enchères** the two companies want him but he's waiting for the highest possible bid
**b** (Cartes) bid ◆ **le système des enchères** the bidding system
**2** **enchères** nfpl (Comm) ◆ **mettre qch aux enchères (publiques)** to put sth up for auction ◆ **le tableau a été mis aux enchères** the picture was put up for auction ou went under the hammer ◆ **vendre aux enchères** to sell by auction ◆ **acheté aux enchères** bought at an auction (sale); → **vente**

**enchérir** [ɑ̃ʃeʀiʀ] → SYN ▸ conjug 2 ◂ vi **a** (Comm) **enchérir sur une offre** to make a higher bid ◆ **enchérir sur qn** to bid higher than sb, make a higher bid than sb ◆ **enchérir sur (l'offre d') une somme** to go higher than ou go above ou go over an amount
**b** (fig) **enchérir sur** to go further than, go beyond, go one better than
**c** († = augmenter) to become more expensive

**enchérissement** † [ɑ̃ʃeʀismɑ̃] nm ⇒ **renchérissement**

**enchérisseur, -euse** [ɑ̃ʃeʀisœʀ, øz] nm,f bidder

**enchevaucher** [ɑ̃ʃ(ə)voʃe] ▸ conjug 1 ◂ vt (Tech) to overlap

**enchevauchure** [ɑ̃ʃ(ə)voʃyʀ] nf (Tech) overlap

**enchevêtrement** [ɑ̃ʃ(ə)vɛtʀəmɑ̃] → SYN nm [ficelles, branches] entanglement; [situation] confusion ◆ **l'enchevêtrement de ses idées** the confusion ou muddle his ideas were in ◆ **un enchevêtrement de branches barrait la route** a tangle of branches blocked the way

**enchevêtrer** [ɑ̃ʃ(ə)vetʀe] → SYN ▸ conjug 1 ◂ **1** vt [+ ficelle] to tangle (up), entangle, muddle up; [+ idées, intrigue] to confuse, muddle
**2** **s'enchevêtrer** vpr **a** [ficelles] to get in a tangle, become entangled, tangle; [branches] to become entangled ◆ **s'enchevêtrer dans des cordes** to get caught up ou tangled up in ropes
**b** [situations, paroles] to become confused ou muddled ◆ **mots qui s'enchevêtrent les uns dans les autres** words that run into each other ◆ **s'enchevêtrer dans ses explications** to tie o.s. up in knots* explaining (something), get tangled up in one's explanations

**enchifrené, e** † [ɑ̃ʃifʀəne] → SYN adj nez blocked up

**enclave** [ɑ̃klav] → SYN nf (lit, fig) enclave

**enclavement** [ɑ̃klavmɑ̃] nm (= action) enclosing, hemming in ◆ **l'enclavement de la région par les montagnes** (= état) the way the region is enclosed by ou hemmed-in by mountains ◆ **cette province souffre de son enclavement** this province suffers from its isolation ou from its hemmed-in position

**enclaver** [ɑ̃klave] → SYN ▸ conjug 1 ◂ vt **a** (= entourer) to enclose, hem in ◆ **terrain complètement enclavé dans un grand domaine** piece of land completely enclosed within ou hemmed in by a large property ◆ **pays enclavé** landlocked country
**b** (= encastrer) **enclaver l'un dans l'autre** to fit together, interlock ◆ **enclaver dans** to fit into
**c** (= insérer) **enclaver entre** to insert between

**enclenche** [ɑ̃klɑ̃ʃ] nf (Tech) slot

**enclenchement** [ɑ̃klɑ̃ʃmɑ̃] nm **a** (Tech) (= action) engaging; (= état) engagement; (= dispositif) interlock
**b** (= début) start ◆ **l'enclenchement du processus de paix** the start of the peace process ◆ **cela a provoqué l'enclenchement d'une spirale déflationniste** this has set off a deflationary spiral

**enclencher** [ɑ̃klɑ̃ʃe] [→ SYN] ▸ conjug 1 ◂ **1** vt [+ mécanisme] to engage; [+ affaire, processus] to get under way, set in motion ◆ **j'ai laissé une vitesse enclenchée** (Aut) I left the car in gear ◆ **l'affaire est enclenchée** things are under way
**2 s'enclencher** vpr [mécanisme] to engage; [processus] to get under way

**enclin, e** [ɑ̃klɛ̃, in] [→ SYN] adj ◆ **enclin à qch/à faire qch** inclined ou prone to sth/to do sth

**encliquetage** [ɑ̃klik(ə)taʒ] nm ratchet

**encliqueter** [ɑ̃klik(ə)te] ▸ conjug 4 ◂ vt mécanisme to stop with a ratchet

**enclitique** [ɑ̃klitik] nm enclitic

**enclore** [ɑ̃klɔʀ] [→ SYN] ▸ conjug 45 ◂ vt to enclose, shut in ◆ **enclore qch d'une haie/d'une palissade/d'un mur** to hedge/fence/wall sth in

**enclos** [ɑ̃klo] [→ SYN] nm (= terrain, clôture) enclosure; [chevaux] paddock; [moutons] pen, fold

**enclouer** [ɑ̃klue] ▸ conjug 1 ◂ vt (Méd) to pin together; cheval to injure while shoeing

**enclume** [ɑ̃klym] [→ SYN] nf anvil; (Aut) engine block; (Anat) anvil (bone), incus (SPÉC)

**encoche** [ɑ̃kɔʃ] [→ SYN] nf (gén) notch; [flèche] nock ◆ **faire une encoche à** ou **sur qch** to notch sth, make a notch in sth

**encocher** [ɑ̃kɔʃe] [→ SYN] ▸ conjug 1 ◂ vt (Tech) to notch; [+ flèche] to nock

**encodage** [ɑ̃kɔdaʒ] [→ SYN] nm encoding

**encoder** [ɑ̃kɔde] [→ SYN] ▸ conjug 1 ◂ vt to encode

**encodeur** [ɑ̃kɔdœʀ] [→ SYN] nm encoder

**encoignure** [ɑ̃kɔɲyʀ] [→ SYN] nf **a** (= coin) corner
**b** (= meuble) corner cupboard

**encoller** [ɑ̃kɔle] ▸ conjug 1 ◂ vt to paste

**encolleur, -euse** [ɑ̃kɔlœʀ, øz] **1** nm,f sizer
**2 encolleuse** nf sizing machine

**encolure** [ɑ̃kɔlyʀ] [→ SYN] nf [cheval, personne, robe] neck; (Comm = tour de cou) collar size ◆ **battre d'une encolure** (Équitation) to beat by a neck

**encombrant, e** [ɑ̃kɔ̃bʀɑ̃, ɑ̃t] [→ SYN] adj paquet cumbersome, unwieldy, bulky; présence burdensome, inhibiting ◆ **cet enfant est très encombrant** this child is a real nuisance

**encombre** [ɑ̃kɔ̃bʀ] [→ SYN] **sans encombre** loc adv without mishap ou incident

**encombré, e** [ɑ̃kɔ̃bʀe] (ptp de **encombrer**) adj **a** pièce cluttered (up); passage obstructed; lignes téléphoniques jammed, overloaded; profession overcrowded; marché glutted ◆ **table encombrée de papiers** table cluttered ou littered with papers ◆ **les bras encombrés de paquets** his arms laden with parcels ◆ **j'ai les bronches encombrées** my chest is congested ◆ **le parking est très encombré** the car park is very full
**b** (= embouteillé) espace aérien, route congested

**encombrement** [ɑ̃kɔ̃bʀəmɑ̃] GRAMMAIRE ACTIVE 27.5 [→ SYN] nm **a** (= obstruction) [bronches] congestion ◆ **à cause de l'encombrement des lignes téléphoniques** because the telephone lines are jammed ou overloaded ◆ **l'encombrement du couloir rendait le passage malaisé** all the clutter in the corridor made it difficult to get through ◆ **un encombrement de vieux meubles** a clutter ou jumble of old furniture
**b** (= embouteillage) traffic jam, congestion (NonC) ◆ **être pris dans un encombrement** to be stuck in a traffic jam
**c** (= volume) bulk; (= taille) size; [ordinateur] footprint ◆ **objet de faible encombrement** compact ou small object ◆ **l'encombrement au sol de la tente est de 10 m²** the surface area of this tent is 10m² ◆ **l'encombrement sur le disque/de la mémoire** (Ordin) the amount of space used on the disk/in the memory

**encombrer** [ɑ̃kɔ̃bʀe] [→ SYN] ▸ conjug 1 ◂ **1** vt **a** [+ pièce] to clutter (up) (*de* with); [+ couloir] to obstruct (*de* with); [+ rue] to congest; [+ lignes téléphoniques] to jam; [+ marché] to glut (*de* with) ◆ **ces fichiers encombrent le disque** (Ordin) these files are using up too much space on the disk ◆ **encombrer le passage** to block the way, be in the way ◆ **toutes ces informations inutiles encombrent ma mémoire** my mind is cluttered (up) with all this useless information
**b** personne **il m'encombre plus qu'il ne m'aide** he's more of a hindrance than a help (to me) ◆ **je ne veux pas vous encombrer** (être à votre charge) I don't want to be a burden to you; (empiéter sur votre espace) I don't want to get in your way ◆ **ces boîtes m'encombrent** (je les porte) I'm loaded down with these boxes; (elles gênent le passage) these boxes are in my way
**2 s'encombrer** vpr ◆ **s'encombrer de** [+ paquets] to load o.s. down with; [+ enfants] to burden ou saddle * o.s. with ◆ **il ne s'encombre pas de scrupules** he's not overburdened with scruples, he's quite unscrupulous

**encontre** [ɑ̃kɔ̃tʀ] [→ SYN] **1 à l'encontre de** loc prép (= contre) against, counter to; (= au contraire de) contrary to ◆ **aller à l'encontre de** [+ décision, faits] to go against, run counter to ◆ **je n'irai pas à l'encontre de ce qu'il veut/fait** I won't go against his wishes/what he does ◆ **cela va à l'encontre du but recherché** it's counterproductive, it defeats the purpose ◆ **action qui va à l'encontre du but recherché** self-defeating ou counterproductive action ◆ **à l'encontre de ce qu'il dit, mon opinion est que ...** contrary to what he says, my opinion is that ...
**2 à l'encontre** loc adv in opposition, against it ◆ **je n'irai pas à l'encontre** I won't go against it

**encor** [ɑ̃kɔʀ] adv (††, Poésie) ⇒ **encore**

**encorbellement** [ɑ̃kɔʀbɛlmɑ̃] [→ SYN] nm (Archit) corbelled construction ◆ **fenêtre en encorbellement** oriel window ◆ **balcon en encorbellement** corbelled balcony

**encorder** [ɑ̃kɔʀde] ▸ conjug 1 ◂ **1** vt to rope up
**2 s'encorder** vpr to rope up ◆ **les alpinistes s'encordent** the climbers are roping themselves together ou are roping up

**encore** [ɑ̃kɔʀ] [→ SYN] adv **a** (= toujours) still ◆ **il restait encore quelques personnes** there were still a few people left ◆ **il en était encore au brouillon** he was still working on the draft ◆ **tu en es encore là !** (péj) haven't you got beyond ou past that yet! ◆ **il n'est encore qu'en première année/que caporal** he's still only in the first year/a corporal ◆ **il n'est encore que 8 heures** it's (still) only 8 o'clock ◆ **le malfaiteur court encore** the criminal is still at large
**b pas encore, non encore** not yet ◆ **il n'est pas encore prêt** he's not ready yet, he's not yet ready ◆ **ça ne s'était pas encore vu, ça ne s'était encore jamais vu** it had never happened before ◆ **il reste une question non encore résolue** there remains one issue (that is) not yet resolved, there remains one issue still unresolved
**c** (= pas plus tard que) only ◆ **encore ce matin** ou **ce matin encore, il semblait bien portant** only this morning he seemed quite well ◆ **il me le disait encore hier** ou **hier encore** he was saying that to me only yesterday
**d** (= de nouveau) again ◆ **encore une fois** (once) again, once more, one more time ◆ **encore une fois, je n'affirme rien** but there again, I'm not absolutely positive about it ◆ **encore une fois non !** how many times do I have to tell you – no! ◆ **ça s'est encore défait** it has come undone (yet) again ◆ **il a encore laissé la porte ouverte** he has left the door open (yet) again ◆ **elle a encore acheté un nouveau chapeau** she has bought yet another new hat ◆ **encore vous !** (not) you again! ◆ **quoi encore ?, qu'y a-t-il encore ?** what's the matter with you this time?, what is it this time ou now?
**e** (= de plus, en plus) more ◆ **encore un !** yet another!, one more! ◆ **encore un rhume** (yet) another cold ◆ **encore une tasse ?** another cup? ◆ **vous prendrez bien encore quelque chose ?** ou **quelque chose encore ?** surely you'll have something more? ou something else? ◆ **encore un peu de thé ?** a little more tea?, (any) more tea? ◆ **encore quelques gâteaux ?** (some ou any) more cakes? ◆ **j'en veux encore** I want some more ◆ **encore un mot, avant de terminer** (just) one more word before I finish ◆ **que te faut-il encore ?** what else ou more do you want? ◆ **qu'est-ce que j'oublie encore ?** what else have I forgotten? ◆ **qui y avait-il encore ?** who else was there? ◆ **pendant encore deux jours** for another two days, for two more days ◆ **il y a encore quelques jours avant de partir** there are a few (more) days to go before we leave ◆ **encore un fou du volant !** (yet) another roadhog! ◆ **en voilà encore deux** here are two more ou another two ◆ **mais encore ?** is that all?, what else?
**f** (avec compar) even ◆ **il fait encore plus froid qu'hier** it's even ou still colder than yesterday ◆ **il fait encore moins chaud qu'hier** it's even cooler than it was yesterday ◆ **il est encore plus grand que moi** he is even taller than I am ◆ **ils veulent l'agrandir encore (plus)** they want to make it even ou still larger, they want to enlarge it even further ◆ **encore pire, pire encore** even ou still worse, worse and worse ◆ **encore autant** as much again (*que* as)
**g** (= aussi) too, also, as well ◆ **tu le bats non seulement en force, mais encore en intelligence** not only are you stronger than he is but you are more intelligent too ou as well
**h** (valeur restrictive) even then, even at that ◆ **encore ne sait-il pas tout** even then he doesn't know everything, and he doesn't even know everything (at that) ◆ **il en est sûrement capable, encore faut-il le faire** he's obviously capable, but whether he does it or not is another matter ◆ **encore une chance** ou **encore heureux qu'il ne se soit pas plaint au patron** (still) at least he didn't complain to the boss, let's think ourselves lucky that he didn't complain to the boss ◆ **on t'en donnera peut-être 10 €, et encore** they might give you €10 for it, if that ◆ **c'est passable, et encore !** it's passable but only just! ◆ **et encore, ça n'a pas été sans mal** and even that wasn't easy ◆ **si encore** if only ◆ **si encore je savais où ça se trouve, j'irais bien** if only I knew where it was, I would willingly go
◆ **encore que** (littér = quoique) even though ◆ **encore que je n'en sache rien** though I don't really know

**encorner** [ɑ̃kɔʀne] ▸ conjug 1 ◂ vt to gore

**encornet** [ɑ̃kɔʀnɛ] [→ SYN] nm squid

**encourageant, e** [ɑ̃kuʀaʒɑ̃, ɑ̃t] [→ SYN] adj encouraging

**encouragement** [ɑ̃kuʀaʒmɑ̃] [→ SYN] nm **a** (= soutien) encouragement ◆ **message/mot d'encouragement** message/word of encouragement ◆ **il est arrivé sur scène sous les encouragements du public** he came on stage to shouts of encouragement from ou to the cheers of the audience
**b** (Pol, Écon = avantage financier) encouragement, incentive ◆ **mesures d'encouragement** incentive measures ◆ **multiplier les encouragements à l'épargne** to offer more incentives for people to save

**encourager** [ɑ̃kuʀaʒe] [→ SYN] ▸ conjug 3 ◂ vt **a** (gén) to encourage (*à faire* to do); [+ équipe] to cheer ◆ **encourager qn au meurtre** to encourage sb to commit murder, incite sb to murder ◆ **encourager qn du geste et de la voix** to cheer sb on ◆ **encouragé par ses camarades, il a joué un vilain tour au professeur** egged on ou encouraged by his classmates, he played a nasty trick on the teacher
**b** (Pol, Écon) [+ emploi, investissement, production] to encourage

**encourir** [ɑ̃kuʀiʀ] [→ SYN] ▸ conjug 11 ◂ vt [+ amende, frais] to incur; [+ mépris, reproche, punition] to bring upon o.s., incur

**encours, en-cours** [ɑ̃kuʀ] nm inv (= effets) outstanding discounted bills; (= dettes) outstanding debt

**encrage** [ɑ̃kʀaʒ] nm inking

**encrassement** [ɑ̃kʀasmɑ̃] [→ SYN] nm [arme] fouling (up); [cheminée, bougie de moteur] sooting up; [piston, poêle, tuyau, machine] clogging (up), fouling up

**encrasser** [ɑ̃kʀase] [→ SYN] ▸ conjug 1 ◂ **1** vt **a** [+ arme] to foul (up); [+ cheminée, bougie de moteur] to soot up; [+ piston, poêle, tuyau, machine] to clog (up), foul up
**b** (= salir) to make filthy, (make) dirty ◆ **ongles encrassés de cambouis** nails encrusted ou filthy with engine grease

2 **s'encrasser** vpr (gén) to get dirty; [arme] to foul (up); [cheminée, bougie de moteur] to soot up; [piston, poêle, tuyau, machine] to clog (up), foul up; [filtre] to clog up

**encre** [ɑ̃kʀ] 1 nf a (pour écrire) ink ◆ **écrire à l'encre** to write in ink ◆ **d'un noir d'encre** as black as ink, ink(y) black ◆ **de sa plus belle encre** (littér) in his best style; → **bouteille, couler, sang**

b (Zool) ink ◆ **calmars à l'encre** (Culin) squid cooked in ink

2 COMP ▷ **encre blanche** white ink ▷ **encre de Chine** Indian ink (Brit), India ink (US) ▷ **encre d'imprimerie** printing ink ▷ **encre sympathique** invisible ink

**encrer** [ɑ̃kʀe] → SYN ▸ conjug 1 ◂ vt to ink

**encreur** [ɑ̃kʀœʀ] 1 adj m rouleau, tampon inking

2 nm inker

**encrier** [ɑ̃kʀije] nm (= bouteille) inkpot (Brit), ink bottle (US); (décoratif) inkstand; (encastré) inkwell

**encroûté, e** * [ɑ̃kʀute] → SYN (ptp de **encroûter**) adj ◆ **être encroûté** to stagnate, be in a rut ◆ **quel encroûté tu fais !** you're really stagnating!, you're really in a rut!

**encroûtement** [ɑ̃kʀutmɑ̃] → SYN nm a [personne] getting into a rut ◆ **essayons de le tirer de son encroûtement** let's try and get him out of his rut

b [objet] encrusting, crusting over

**encroûter** [ɑ̃kʀute] ▸ conjug 1 ◂ 1 vt (= entartrer) to encrust, crust over

2 **s'encroûter** vpr a * [personne] to stagnate, get into a rut ◆ **s'encroûter dans** [+ habitudes, préjugés] to become entrenched in ◆ **s'encroûter dans la vie de province** to get into the rut of provincial life

b [objet] to crust over, form a crust

**enculé** *** [ɑ̃kyle] nm dickhead ***, sod *** (Brit), bugger *** (Brit)

**enculer** *** [ɑ̃kyle] ▸ conjug 1 ◂ vt to bugger *** (Brit), ream *** (US) ◆ **va te faire enculer !** fuck off! *** ◆ **ils enculent les mouches** (fig) they're nit-picking *

**encyclique** [ɑ̃siklik] → SYN adj, nf ◆ **(lettre) encyclique** encyclical

**encyclopédie** [ɑ̃siklɔpedi] → SYN nf encyclopedia, encyclopaedia (Brit)

**encyclopédique** [ɑ̃siklɔpedik] adj encyclopedic, encyclopaedic (Brit)

**encyclopédiste** [ɑ̃siklɔpedist] nmf (Hist) encyclopedist, encyclopaedist (Brit)

**endémie** [ɑ̃demi] nf endemic disease

**endémique** [ɑ̃demik] → SYN adj (Méd, fig) endemic

**endenté, e** [ɑ̃dɑ̃te] adj (Hér) indented

**endenter** [ɑ̃dɑ̃te] ▸ conjug 1 ◂ vt roue to tooth; (= assembler) to mesh (together)

**endetté, e** [ɑ̃dete] (ptp de **endetter**) adj in debt (attrib) ◆ **l'entreprise est endettée à hauteur de 3 millions d'euros** the company has a debt amounting to 3 million euros ◆ **très endetté** heavily ou deep in debt ◆ **l'un des pays les plus endettés** one of the biggest ou largest debtor countries ◆ **(très) endetté envers qn** (frm) (greatly) indebted to sb

**endettement** [ɑ̃dɛtmɑ̃] nm (= dette) debt ◆ **notre endettement extérieur** our foreign debt ◆ **causer l'endettement d'une l'entreprise** to put a company in debt ◆ **le fort endettement des ménages** the high level of household debt ◆ **notre endettement envers la banque** our indebtedness to the bank

**endetter** [ɑ̃dete] → SYN ▸ conjug 1 ◂ 1 vt to put into debt

2 **s'endetter** vpr [particulier, entreprise] to get into debt ◆ **s'endetter sur dix ans** to take out a loan over ten years ou a ten-year loan

**endeuiller** [ɑ̃dœje] → SYN ▸ conjug 1 ◂ vt [+ personne, pays] (= toucher par une mort) to plunge into mourning; (= attrister) to plunge into grief; [+ épreuve sportive, manifestation] to cast a pall over; (littér) [+ paysage] to make (look) dismal, give a dismal aspect to

**endiablé, e** [ɑ̃djɑble] → SYN adj danse, rythme boisterous, furious; course furious, wild; personne boisterous

**endiguer** [ɑ̃dige] → SYN ▸ conjug 1 ◂ vt a [+ fleuve] to dyke (up)

b (fig) [+ foule, invasion] to hold back, contain; [+ révolte] to check, contain; [+ sentiments, progrès] to check, hold back; [+ inflation, chômage] to curb

**endimanché, e** [ɑ̃dimɑ̃ʃe] → SYN (ptp de **s'endimancher**) adj personne (all done up) in one's Sunday best; style fancy, florid ◆ **il a l'air endimanché** (péj) he's terribly overdressed

**endimancher (s')** [ɑ̃dimɑ̃ʃe] ▸ conjug 1 ◂ vpr to put on one's Sunday best

**endive** [ɑ̃div] → SYN nf chicory (Brit) (NonC), endive (US) ◆ **cinq endives** five pieces ou heads of chicory (Brit), five endives (US) ◆ **espèce d'endive !** * you idiot!

**endoblaste** [ɑ̃dɔblast] nm endoblast

**endocarde** [ɑ̃dɔkaʀd] nm endocardium

**endocardite** [ɑ̃dɔkaʀdit] nf endocarditis

**endocarpe** [ɑ̃dɔkaʀp] nm endocarp

**endocrine** [ɑ̃dɔkʀin] adj ◆ **glande endocrine** endocrine (gland)

**endocrinien, -ienne** [ɑ̃dɔkʀinjɛ̃, jɛn] adj endocrinal, endocrinous

**endocrinologie** [ɑ̃dɔkʀinɔlɔʒi] nf endocrinology

**endocrinologue** [ɑ̃dɔkʀinɔlɔg], **endocrinologiste** [ɑ̃dɔkʀinɔlɔʒist] nmf endocrinologist

**endoctrinement** [ɑ̃dɔktʀinmɑ̃] → SYN nm indoctrination

**endoctriner** [ɑ̃dɔktʀine] → SYN ▸ conjug 1 ◂ vt to indoctrinate

**endoderme** [ɑ̃dɔdɛʀm] nm endoderm

**endodermique** [ɑ̃dɔdɛʀmik] adj endodermal, endodermic

**endogame** [ɑ̃dɔgam] adj endogamous, endogamic

**endogamie** [ɑ̃dɔgami] → SYN nf endogamy

**endogène** [ɑ̃dɔʒɛn] adj endogenous

**endolori, e** [ɑ̃dɔlɔʀi] → SYN adj painful, aching, sore

**endolorissement** [ɑ̃dɔlɔʀismɑ̃] nm pain, aching

**endomètre** [ɑ̃dɔmɛtʀ] nm endometrium

**endométriose** [ɑ̃dɔmetʀijoz] nf endometriosis

**endométrite** [ɑ̃dɔmetʀit] nf endometritis

**endommagement** [ɑ̃dɔmaʒmɑ̃] → SYN nm damaging

**endommager** [ɑ̃dɔmaʒe] → SYN ▸ conjug 3 ◂ vt to damage

**endomorphine** [ɑ̃dɔmɔʀfin] nf ⇒ **endorphine**

**endomorphisme** [ɑ̃dɔmɔʀfism] nm endomorphism

**endoparasite** [ɑ̃dopaʀazit] nm endoparasite

**endoplasme** [ɑ̃dɔplasm] nm endoplasm

**endoréique** [ɑ̃dɔʀeik] adj endor(h)eic

**endoréisme** [ɑ̃dɔʀeism] nm endor(h)eism

**endormant, e** [ɑ̃dɔʀmɑ̃, ɑ̃t] → SYN adj (deadly) boring, deadly dull, deadly *

**endormeur, -euse** [ɑ̃dɔʀmœʀ, øz] nm,f (péj = trompeur) beguiler

**endormi, e** [ɑ̃dɔʀmi] → SYN (ptp de **endormir**) adj

a (lit) personne sleeping, asleep (attrib)

b (fig) (= apathique) sluggish, languid; (= engourdi) numb; (= assoupi) passion dormant; facultés dulled; ville, rue sleepy, drowsy ◆ **j'ai la main tout endormie** my hand has gone to sleep ou is completely numb ◆ **à moitié endormi** half asleep ◆ **quel endormi !** what a sleepyhead!

**endormir** [ɑ̃dɔʀmiʀ] → SYN ▸ conjug 16 ◂ 1 vt a [somnifère, discours] to put ou send to sleep; (en berçant) to send ou lull to sleep ◆ **elle chantait pour l'endormir** she used to sing him to sleep

b (* = ennuyer) to send to sleep *, bore stiff *

c (= anesthésier) to put to sleep, put under *, anaesthetize; (= hypnotiser) to hypnotise, put under *

d (= dissiper) [+ douleur] to deaden; [+ soupçons] to allay, lull

e (= tromper) to beguile ◆ **se laisser endormir par des promesses** to let o.s. be beguiled by promises

2 **s'endormir** vpr a [personne] to go to sleep, fall asleep, drop off to sleep

b (= se relâcher) to let up, slacken off ◆ **ce n'est pas le moment de nous endormir** now is not the time to slow up ou slacken off ◆ **allons, ne vous endormez pas !** come on, don't go to sleep on the job! *; → **laurier**

c [rue, ville] to fall asleep; [passion, douleur] to subside, die down; [facultés] to go to sleep *

d (euph = mourir) to go to sleep, pass away

**endormissement** [ɑ̃dɔʀmismɑ̃] nm ◆ **médicament qui facilite l'endormissement** medicine which helps one to sleep, sleep-inducing medicine ◆ **au moment de l'endormissement** as one falls asleep

**endorphine** [ɑ̃dɔʀfin] nf endorphin

**endos** [ɑ̃do] → SYN nm endorsement

**endoscope** [ɑ̃dɔskɔp] nm endoscope

**endoscopie** [ɑ̃dɔskɔpi] nf endoscopy

**endoscopique** [ɑ̃dɔskɔpik] adj endoscopic

**endosmose** [ɑ̃dɔsmoz] nf endosmosis

**endossable** [ɑ̃dosabl] adj (Fin) endorsable

**endossataire** [ɑ̃dosatɛʀ] nmf endorsee

**endossement** [ɑ̃dosmɑ̃] nm endorsement ◆ **endossement en blanc** blank ou general endorsement

**endosser** [ɑ̃dose] → SYN ▸ conjug 1 ◂ vt a (= revêtir) [+ vêtement] to put on ◆ **endosser l'uniforme/la soutane** (fig) to enter the army/the Church

b (= assumer) [+ responsabilité] to take, shoulder (de for) ◆ **il a voulu me faire endosser son erreur** he wanted me to take ou shoulder the responsibility for his mistake

c (Fin) to endorse

**endosseur** [ɑ̃dosœʀ] nm endorser

**endothélial, e,** mpl **-iaux** [ɑ̃dɔteljal, jo] adj endothelial

**endothélium** [ɑ̃dɔteljɔm] nm endothelium

**endothermique** [ɑ̃dotɛʀmik] adj endothermic

**endotoxine** [ɑ̃dotɔksin] nf endotoxin

**endroit** [ɑ̃dʀwa] → SYN nm a (= localité, partie du corps) place, spot; (= lieu de rangement, partie d'objet) place ◆ **un endroit idéal pour le pique-nique/une usine** an ideal spot ou place for a picnic/a factory ◆ **je l'ai mis au même endroit** I put it in the same place ◆ **manteau usé à plusieurs endroits** coat worn in several places, coat with several worn patches ◆ **à ou en quel endroit ?** where(abouts)?, where exactly? ◆ **les gens de l'endroit** the local people, the locals *; → **petit**

b [livre, récit] passage, part ◆ **à quel endroit du récit t'es-tu arrêté ?** what part of the story did you stop at? ◆ **il arrêta sa lecture à cet endroit** he stopped reading at that point

c (LOC) **à l'endroit où** (lieu) (at the place) where; (dans un livre, un film) at the part ou bit where ◆ **de/vers l'endroit où** from/to (the place) where ◆ **en quelque endroit que ce soit** wherever it may be ◆ **en plusieurs endroits** in several places ◆ **par endroits** in places ◆ **au bon endroit** in ou at the right place; (littér)

◆ **à l'endroit de** (= à l'égard de) towards ◆ **ses sentiments à mon endroit** his feelings about me

d (= bon côté) right side ◆ **faites les diminutions sur l'endroit** (Tricot) decrease on the knit row

◆ **à l'endroit** vêtement the right way round; objet posé the right way round; (verticalement) the right way up ◆ **remets tes chaussettes à l'endroit** put your socks on the right way out ◆ **une maille à l'endroit, une maille à l'envers** (Tricot) knit one – purl one, one plain – one purl ◆ **tout à l'endroit** (Tricot) knit every row

**enduction** [ɑ̃dyksjɔ̃] nf [textile] coating

**enduire** [ɑ̃dɥiʀ] → SYN ▸ conjug 38 ◂ vt a [+ personne, appareil] **enduire une surface de** [+ peinture, vernis, colle] to coat a surface with; [+ huile, boue] to coat ou smear a surface with ◆ **enduire ses cheveux de brillantine** to grease one's hair with brilliantine, plaster brilliantine on one's hair ◆ **surface enduite d'une substance visqueuse** surface coated ou smeared with a sticky substance ◆ **s'enduire de crème** to cover o.s. with cream

**b** [substance] to coat ◆ **la colle qui enduit le papier** the glue coating the paper

**enduit** [ɑ̃dɥi] → SYN nm (pour recouvrir, lisser) coating; (pour boucher) filler

**endurable** [ɑ̃dyʀabl] adj endurable, bearable

**endurance** [ɑ̃dyʀɑ̃s] → SYN nf (moral) endurance; (physique) stamina, endurance ◆ **coureur qui a de l'endurance** runner with stamina ou staying power

**endurant, e** [ɑ̃dyʀɑ̃, ɑ̃t] → SYN adj tough, hardy ◆ **peu** ou **pas très endurant** † (= patient) not very patient (*avec* with)

**endurci, e** [ɑ̃dyʀsi] → SYN (ptp de **endurcir**) adj cœur hardened; personne hardened, hard-hearted ◆ **criminel endurci** hardened criminal ◆ **célibataire endurci** confirmed bachelor

**endurcir** [ɑ̃dyʀsiʀ] → SYN ▸ conjug 2 ◂ **1** vt (physiquement) to toughen; (psychologiquement) to harden

**2** **s'endurcir** vpr (physiquement) to become tough; (moralement) to harden, become hardened ◆ **s'endurcir à la douleur** to become hardened ou inured to pain

**endurcissement** [ɑ̃dyʀsismɑ̃] → SYN nm **a** (= action) [corps] toughening; [âme] hardening

**b** (= état) [corps] toughness; [âme] hardness ◆ **endurcissement à la douleur** resistance to pain

**endurer** [ɑ̃dyʀe] → SYN ▸ conjug 1 ◂ vt to endure, bear ◆ **endurer de faire qch** to bear to do sth ◆ **il fait froid, on endure un pull** it's cold, you need a pullover

**enduro** [ɑ̃dyʀo] nm enduro, trial

**endymion** [ɑ̃dimjɔ̃] nm bluebell

**Énée** [ene] nm Aeneas

**Énéide** [eneid] nf ◆ **l'Énéide** the Aeneid

**énergéticien, -ienne** [enɛʀʒetisjɛ̃, jɛn] nm,f energetics specialist

**énergétique** [enɛʀʒetik] **1** adj **a** (Écon, Phys) besoins, politique, ressources energy (épith) ◆ **nos dépenses énergétiques** our fuel ou energy bill

**b** (Physiol) aliment energy-giving, energizing; valeur energy (épith) ◆ **aliment très énergétique** high-energy food ◆ **dépense énergétique** energy expenditure

**2** nf energetics sg

**énergie** [enɛʀʒi] → SYN **1** nf **a** (= force physique) energy ◆ **dépenser beaucoup d'énergie à faire qch** to expend ou use up a great deal of energy doing sth ◆ **j'ai besoin de toute mon énergie** I need all my energy ◆ **nettoyer/frotter avec énergie** to clean/rub energetically ◆ **être** ou **se sentir sans énergie** to be ou feel lacking in energy, be ou feel unenergetic ◆ **avec l'énergie du désespoir** with the strength born of despair

**b** (= fermeté, ressort moral) spirit, vigour (Brit), vigor (US) ◆ **protester/refuser avec énergie** to protest/refuse energetically ou vigorously ou forcefully ◆ **mobiliser toutes les énergies d'un pays** to mobilize all a country's resources ◆ **l'énergie de son style/d'un terme** (littér) the vigour ou energy of his style/of a term

**c** (Écon, Phys) energy; (Tech) power, energy ◆ **réaction qui libère de l'énergie** reaction that releases energy ◆ **l'énergie fournie par le moteur** the power supplied by the motor ◆ **consommation d'énergie** [moteur, véhicule] power consumption; [industrie, pays] energy consumption ◆ **source d'énergie** source of energy

**2** COMP ▷ **énergie atomique** atomic energy ▷ **énergie cinétique** kinetic energy ▷ **les énergies douces** alternative energy ▷ **énergie électrique** electrical power ou energy ▷ **énergie éolienne** wind power ou energy ▷ **les énergies fossiles** fossil fuels ▷ **énergie mécanique** mechanical power ou energy ▷ **énergies nouvelles** new energy sources ▷ **énergie nucléaire** nuclear power ou energy ▷ **énergie potentielle** potential energy ▷ **énergie psychique** psychic energy ▷ **énergies renouvelables** renewable energy sources ▷ **énergie solaire** solar energy ou power ▷ **les énergies de substitution** substitute fuels ▷ **énergie thermique** thermal energy ▷ **énergie vitale** vital energy ou force

**énergique** [enɛʀʒik] → SYN adj **a** (physiquement) personne energetic; mouvement, geste, effort vigorous, energetic

**b** (moralement) personne, style, voix vigorous, energetic; refus, protestation, intervention forceful, vigorous; mesures drastic, stringent; punition severe, harsh; médicament powerful, strong

**énergiquement** [enɛʀʒikmɑ̃] adv agir, parler energetically; refuser emphatically; condamner vigorously

**énergisant, e** [enɛʀʒizɑ̃, ɑ̃t] **1** adj energizing ◆ **boisson énergisante** energy drink

**2** nm energizer, tonic

**énergumène** [enɛʀgymɛn] → SYN nmf (gén) bizarre individual; (= fou) maniac ◆ **qu'est-ce que c'est que cet énergumène ?** who's that nutcase? *

**énervant, e** [enɛʀvɑ̃, ɑ̃t] → SYN adj (= agaçant) irritating, annoying

**énervation** [enɛʀvasjɔ̃] nf (Méd) enervation

**énervé, e** [enɛʀve] → SYN (ptp de **énerver**) adj (= agacé) irritated, annoyed; (= agité) nervous, edgy * (Brit)

**énervement** [enɛʀvəmɑ̃] → SYN nm (= agacement) irritation, annoyance; (= agitation) nervousness, edginess * (Brit) ◆ **après les énervements du départ** after the upsets of the departure

**énerver** [enɛʀve] → SYN ▸ conjug 1 ◂ **1** vt ◆ **énerver qn** (= agiter) to overexcite sb; (= agacer) to irritate sb, annoy sb, get on sb's nerves * ◆ **ça m'énerve** it really gets on my nerves * ◆ **le vin blanc énerve** white wine is bad for your nerves

**2** **s'énerver** vpr to get excited *, get worked up * ◆ **ne t'énerve pas !** * don't get all worked up! *, take it easy! ◆ **ne t'énerve pas pour cela** don't let it get to you *

**enfaîteau**, pl **enfaîteaux** [ɑ̃feto] nm ridge tile

**enfaîtement** [ɑ̃fɛtmɑ̃] nm ridge piece

**enfaîter** [ɑ̃fete] ▸ conjug 1 ◂ vt to cover with ridge tiles (ou pieces)

**enfance** [ɑ̃fɑ̃s] → SYN nf **a** (= jeunesse) childhood; [garçon] boyhood; [fille] girlhood; (fig = début) infancy ◆ **petite enfance** infancy ◆ **science encore dans son enfance** science still in its infancy ◆ **c'est l'enfance de l'art** it's child's play ou kid's stuff *; → **retomber**

**b** (= enfants) children pl ◆ **la naïveté de l'enfance** the naivety of children ou of childhood ◆ **l'enfance déshéritée** deprived children

**enfant** [ɑ̃fɑ̃] → SYN **1** nmf **a** (gén) child; (= garçon) (little) boy; (= fille) (little) girl ◆ **quand il était enfant** when he was a child, as a child ◆ **il se souvenait que, tout enfant, il avait une fois ...** he remembered that, while still ou only a child, he had once ... ◆ **c'est un grand enfant** (fig) he's such a child, he's a big kid * ◆ **il est resté très enfant** he has remained very childlike ◆ **faire l'enfant** to behave childishly, behave like a child ◆ **ne faites pas l'enfant** don't be (so) childish, stop behaving like a child; → **bon[1], bonne[2], jardin**

**b** (= descendant) child ◆ **sans enfant** childless ◆ **M. Leblanc, décédé sans enfant** Mr Leblanc who died childless ou without issue (frm) ◆ **faire un enfant à une femme** * to get a woman pregnant ◆ **faire un enfant dans le dos à qn** * (fig) to do the dirty on sb * ◆ **ce livre est son enfant** (fig) this book is his baby; → **attendre**

**c** (= originaire) **c'est un enfant du pays/de la ville** he's a native of these parts/of the town ◆ **enfant de l'Auvergne/de Paris** child of the Auvergne/of Paris ◆ **un enfant du peuple** a (true) child of the people

**d** (* = adulte) **les enfants !** folks *, guys * ◆ **bonne nouvelle, les enfants !** good news, folks! * ou guys! *

**2** COMP ▷ **enfant de l'amour** love child ▷ **enfant de la balle** child of the theatre (ou circus etc) ▷ **enfant bleu** (Méd) blue baby ▷ **enfant de chœur** (Rel) altar boy ◆ **il me prend pour un enfant de chœur !** * (ingénu) he thinks I'm still wet behind the ears! * ◆ **ce n'est pas un enfant de chœur !** * he's no angel! * ▷ **enfant gâté** spoilt child ◆ **c'était l'enfant gâté du service** he was the blue-eyed boy of the department ▷ **l'Enfant Jésus** (Rel) the baby Jesus ▷ **enfants de Marie** (Rel) children of Mary ◆ **c'est une enfant de Marie** (lit) she's in the children of Mary; * : (ingénue) she's a real innocent ◆ **ce n'est pas une enfant de Marie !** she's no cherub! *, she's no innocent! ▷ **enfant naturel** natural child ▷ **enfant prodige** child prodigy ▷ **enfant prodigue** (Bible, fig) prodigal son ▷ **enfant terrible** (lit) unruly child; (fig) enfant terrible ▷ **enfant de troupe** child reared by the army ▷ **enfant trouvé** foundling ▷ **enfant unique** only child ◆ **famille à enfant unique** one-child family, family with one child

**enfantement** [ɑ̃fɑ̃tmɑ̃] → SYN nm († , Bible = accouchement) childbirth; (littér, fig) [œuvre] giving birth (*de* to)

**enfanter** [ɑ̃fɑ̃te] → SYN ▸ conjug 1 ◂ **1** vt († , Bible = mettre au monde) to give birth to, bring forth (littér) (Bible); (littér, fig = élaborer) to give birth to (littér)

**2** vi to give birth, be delivered (littér) (Bible)

**enfantillage** [ɑ̃fɑ̃tijaʒ] → SYN nm childishness (NonC) ◆ **se livrer à des enfantillages** to do childish things, behave childishly ◆ **c'est de l'enfantillage** you're just being childish ◆ **arrête ces enfantillages !** don't be so childish!

**enfantin, e** [ɑ̃fɑ̃tɛ̃, in] → SYN adj (= typique de l'enfance) joie, naïveté, confiance childlike, childish; (= puéril) attitude, réaction childish, infantile ◆ **c'est enfantin** (facile) it's simple, it's child's play *, it's dead easy * (Brit) ◆ **rire/jeu enfantin** (propre à l'enfant) child's laugh/game ◆ **ses amours enfantines** his childhood loves; → **classe, langage**

**enfariné, e** [ɑ̃faʀine] adj (lit) dredged with flour; (fig = poudré) powdered ◆ **arriver la gueule enfarinée** * ou **le bec enfariné** * to breeze in *

**enfer** [ɑ̃fɛʀ] → SYN **1** nm **a** (Rel) **l'enfer** hell, Hell ◆ **les Enfers** (Myth) Hell, the Underworld ◆ (Prov) **l'enfer est pavé de bonnes intentions** the road to hell is paved with good intentions (Prov)

**b** (fig) hell ◆ **cette usine est un enfer** this factory is (absolute) hell ◆ **cette vie est un enfer** it's a hellish life ◆ **l'enfer de l'alcoolisme** the hellish world of alcoholism ◆ **vivre un véritable enfer** to go through a living hell

**c** [bibliothèque] forbidden books department

**d** **d'enfer** bruit, vision hellish, infernal; vie, rythme hellish ◆ **feu d'enfer** raging fire ◆ **jouer un jeu d'enfer** to play for very high stakes ◆ **chevaucher à un train d'enfer** to ride hell (Brit) ou hellbent (US) for leather * ◆ **rouler à un train d'enfer** to tear along at breakneck speed ◆ **la pièce est menée à un rythme d'enfer** the play goes along at a furious pace ◆ **c'est d'enfer !** it's magic! * ◆ **sa copine est d'enfer** * his girlfriend is a real stunner *

**2** excl ◆ **enfer et damnation !** * hell and damnation! *

**enfermement** [ɑ̃fɛʀməmɑ̃] nm (lit) confinement ◆ **son enfermement dans le silence** (fig) (volontaire) his retreat into silence; (involontaire) his silent isolation

**enfermer** [ɑ̃fɛʀme] → SYN ▸ conjug 1 ◂ **1** vt **a** (= mettre sous clé) [+ enfant puni, témoin gênant] to shut up, lock up; (par erreur) to lock in; [+ prisonnier] to shut up ou away, lock up; * [+ aliéné] to lock up *; [+ objet précieux] to lock away ou up; [+ animaux] to shut up (*dans* in) ◆ **enfermer qch dans** [+ coffre] to lock sth away ou up in; [+ boîte, sac] to shut sth up ou away in ◆ **il est bon à enfermer** * he ought to be locked up * ou certified *, he's certifiable * ◆ **ils ont dû l'enfermer à clé** they had to lock him in ◆ **ne reste pas enfermé par ce beau temps** don't stay indoors ou inside in this lovely weather

**b** (fig = emprisonner) to imprison; (dans un dilemme) to trap ◆ **l'école enferme la créativité dans un carcan de conventions** school traps ou imprisons ou confines creativity in a straitjacket of convention ◆ **enfermer le savoir dans des livres inaccessibles** to shut ou lock knowledge away in inaccessible books

**c** (littér = contenir, entourer) to enclose, shut in ◆ **les collines qui enfermaient le vallon** the hills that shut in ou enclosed the valley

**d** (Sport) [+ concurrent] to hem ou box in

**2** **s'enfermer** vpr **a** (lit) to shut o.s. up ou in ◆ **il s'est enfermé dans sa chambre** he shut himself away ou up in his room ◆ **zut, je me**

**suis enfermé !** (à l'intérieur) damn, I've locked myself in!; (à l'extérieur) damn, I've locked myself out! ◆ **il s'est enfermé à clé dans son bureau** he has locked himself (away) in his office ◆ **ils se sont enfermés dans le bureau pour discuter** they have closeted themselves in the office ou shut themselves away in the office to have a discussion ◆ **elle s'enferme toute la journée** she stays shut up indoors all day long

b (fig) **s'enfermer dans** [+ mutisme] to retreat into; [+ rôle, attitude] to stick to ◆ **s'enfermer dans sa décision** to keep ou stick stubbornly ou rigidly to one's decision ◆ **s'enfermer dans un système** to lock o.s. into a rigid pattern of behaviour

**enferrer (s')** [ɑ̃fere] ▸ conjug 1 ◂ vpr a (= s'embrouiller) to tie o.s. up in knots * ◆ **s'enferrer dans ses contradictions/ses mensonges** to tie ou tangle o.s. up in one's own contradictions/one's lies, ensnare o.s. in the mesh of one's own contradictions/lies ◆ **s'enferrer dans une analyse/une explication** to tie o.s. up in knots * trying to make an analysis/trying to explain ◆ **il s'enferre de plus en plus** he's getting himself in more and more of a mess ou into deeper and deeper water

b (= s'empaler) to spike o.s. (*sur* on)

**enfeu** [ɑ̃fø] nm funereal recess

**enfichable** [ɑ̃fiʃabl] adj (Élec) plug-in (épith)

**enficher** [ɑ̃fiʃe] ▸ conjug 1 ◂ vt (Élec) to plug in

**enfiévré, e** [ɑ̃fjevʀe] (ptp de **enfiévrer**) adj atmosphère feverish; paroles impassioned

**enfiévrer** [ɑ̃fjevʀe] → SYN ▸ conjug 6 ◂ vt a [+ imagination] to fire, stir up; [+ esprits] to rouse; [+ assistance] to inflame, rouse

b [+ malade] to make feverish; [+ visage, joues] to inflame

**enfilade** [ɑ̃filad] → SYN nf (= série) ◆ **une enfilade de** maisons a row ou string of; colonnes, couloirs a row ou series of ◆ **pièces/couloirs en enfilade** series of linked rooms/corridors ◆ **maisons en enfilade** houses in a row ◆ **prendre en enfilade** (Mil) to rake, enfilade (SPÉC) ◆ **prendre les rues en enfilade** [conducteur] to go from one street to the next ◆ **tir d'enfilade** (Mil) raking, enfilading (SPÉC)

**enfiler** [ɑ̃file] → SYN ▸ conjug 1 ◂ 1 vt a [+ aiguille] to thread; [+ perles] to string, thread ◆ **on n'est pas là pour enfiler des perles** * let's get on with it *, let's get down to it * ou to business ◆ **enfiler des anneaux sur une tringle** to slip rings onto a rod

b (* = passer) [+ vêtement] to slip on, put on

c (* = fourrer) **enfiler qch dans qch** to stick * ou shove * sth into sth

d (= s'engager dans) [+ ruelle, chemin] to take; [+ corridor] to enter, take ◆ **il tourna à gauche et enfila la rue de la Gare** he turned left into Rue de la Gare, he turned left and took the Rue de la Gare

e (**: sexuellement) to screw **, shag ** (Brit)

2 **s'enfiler** vpr a (= s'engager dans) **s'enfiler dans** [+ escalier, couloir, ruelle] to disappear into

b (** = consommer) [+ verre de vin] to knock back **, down *; [+ nourriture] to wolf down *; [+ corvée] to land o.s. with *, get lumbered with * ou landed with *

**enfileur, -euse** [ɑ̃filœʀ, øz] nm,f [aiguille] threader; [perles] stringer, threader

**enfin** [ɑ̃fɛ̃] GRAMMAIRE ACTIVE 26.2, 26.5 → SYN adv a (= à la fin, finalement) at last, finally ◆ **il y est enfin arrivé** he has finally succeeded, he has succeeded at last ◆ **quand va-t-il enfin y arriver ?** when on earth is he going to manage it? ◆ **enfin, après bien des efforts, ils y arrivèrent** eventually, after much effort, they managed it, after much effort they finally ou eventually managed it ◆ **enfin seuls !** alone at last! ◆ **enfin, ils se sont décidés !** they've made up their minds at last! ◆ **enfin ça va commencer !** at long last it's going to begin!

b (= en dernier lieu) lastly, finally ◆ **on y trouvait des noisetiers, des framboisiers, enfin des champignons de toutes sortes** there were hazel trees, raspberry bushes and all kinds of mushrooms as well ◆ **enfin, je voudrais te remercier pour ...** finally, I'd like to thank you for ... ◆ **... ensuite des manuels et des ouvrages de référence, enfin et surtout, des dictionnaires** ... and next manuals and reference works, and last but not least ou and last but by no means least, dictionaries

c (= en conclusion) in short, in a word ◆ **rien n'était prêt, enfin (bref), la vraie pagaille !** nothing was ready – in actual fact, it was absolute chaos! ou it was absolute chaos, in fact!

d (restrictif = disons, ou plutôt) well ◆ **elle était assez grosse, enfin, potelée** she was rather fat, well, chubby ◆ **pas exactement, enfin, dans un sens, oui** not exactly, well – in a way, yes

e (= somme toute) after all ◆ **c'est un élève qui, enfin, n'est pas bête** he's not a stupid pupil after all ◆ **c'est une méthode qui, enfin, a fait ses preuves** it's a well-tried method after all

f (= toutefois) still ◆ **enfin, si ça vous plaît/si vous le voulez, prenez-le** still, if you like it/if you want it, take it ◆ **moi je veux bien, enfin ... !** I don't mind, but ...! ou still ...!

g (valeur exclamative) **enfin ! que veux-tu y faire !** anyway ou still, what can you do! ◆ **enfin, tu aurais pu le faire !** all the same ou even so, you could have done it! ◆ **(mais) enfin ! je viens de te le dire !** but I've just told you!, (but) for goodness sake *, I've just told you! ◆ **enfin ! un grand garçon comme toi !** oh, come on, a big boy like you! ◆ **c'est son père, enfin !** he is his father, after all!

h **mais enfin** but ◆ **j'irai, mais enfin ce ne sera pas de gaieté de cœur** I'll go, but not willingly ◆ **car enfin** because ou since (after all)

**enflammé, e** [ɑ̃flame] → SYN (ptp de **enflammer**) adj a allumette, torche burning, blazing, ablaze (attrib); ciel ablaze (attrib), blazing, flaming

b visage, yeux blazing, ablaze (attrib); caractère fiery, ardent, passionate; esprit afire (attrib), burning, on fire (attrib); paroles inflamed, fiery, ardent; déclaration impassioned, passionate, ardent

c plaie inflamed

**enflammer** [ɑ̃flame] → SYN ▸ conjug 1 ◂ 1 vt a (= mettre le feu à) [+ bois] to set on fire, set fire to; [+ allumette] to strike; (fig littér) [+ ciel] to set ablaze

b (= exciter) [+ visage, regard] to set ablaze; [+ colère, désir, foule] to inflame; [+ imagination] to fire, kindle; [+ esprit] to set on fire

c [+ plaie] to inflame

2 **s'enflammer** vpr a (= prendre feu) to catch fire, ignite ◆ **le bois sec s'enflamme bien** dry wood catches fire ou ignites ou kindles easily

b [visage, regard] to blaze; [sentiment, désir] to flare up; [imagination] to be fired; [orateur] to become inflamed ou impassioned ◆ **s'enflammer (de colère)** to flare up (in anger)

**enflé, e** [ɑ̃fle] → SYN (ptp de **enfler**) 1 adj membre swollen; style bombastic, turgid

2 nm,f (** = imbécile) jerk *, twit * (Brit), clot * (Brit)

**enfler** [ɑ̃fle] → SYN ▸ conjug 1 ◂ 1 vt a [+ membre] to cause to swell (up), make swell (up); (littér) [+ voiles] to fill, swell; (littér) [+ fleuve] to (cause to) swell; [+ voix] to raise; [+ addition, facture] to inflate ◆ **enfler son style** to adopt a bombastic ou turgid style

b (** = voler) **enfler qn** to diddle * ou do * sb (*de* out of) ◆ **se faire enfler de 10 F** * to be done out of 10 francs *

2 vi (lit) [membre] to become swollen, swell (up); (* = prendre du poids) to fill out

3 **s'enfler** vpr a [voix] to rise; [style] to become bombastic ou turgid; [son] to swell

b (littér) [fleuve] to swell, become swollen; [vagues] to surge, swell; [voiles] to fill (out), swell (out)

**enfleurage** [ɑ̃flœʀaʒ] nm enfleurage

**enfleurer** [ɑ̃flœʀe] ▸ conjug 1 ◂ vt to treat with enfleurage

**enflure** [ɑ̃flyʀ] → SYN nf a (Méd) swelling

b [style] turgidity

c (** = imbécile) jerk *, twit *, clot * (Brit)

**enfoiré, e** ** [ɑ̃fwaʀe] → SYN nm,f stupid jerk *, silly sod ** (Brit)

**enfoncé, e** [ɑ̃fɔ̃se] → SYN (ptp de **enfoncer**) adj yeux deep-set; recoin deep ◆ **il avait la tête enfoncée dans les épaules** his head was sunk between his shoulders

**enfoncement** [ɑ̃fɔ̃smɑ̃] → SYN nm a (= action d'enfoncer) [pieu] driving in; [porte] breaking down ou open; [lignes ennemies] breaking through ◆ **il souffre d'un enfoncement de la cage thoracique/de la boîte crânienne** (Méd) he has crushed ribs/a fractured skull

b (= action de s'enfoncer) [sol] giving way; [fondations] sinking ◆ **cet enfoncement progressif dans le vice/la misère** this gradual slide into vice/poverty

c (= recoin) [mur] recess, nook ◆ **dissimulé dans un enfoncement de la muraille** hidden in a recess ou nook in the wall ◆ **chalet enfoui dans un enfoncement du vallon** chalet tucked away in a corner of the valley

**enfoncer** [ɑ̃fɔ̃se] → SYN ▸ conjug 3 ◂ 1 vt a (= faire pénétrer) [+ pieu, clou] to drive (well) in; [+ épingle, punaise] to stick (well) in, push (well) in ◆ **enfoncer un pieu dans** to drive a stake in(to) ◆ **enfoncer une épingle dans** to stick ou push a pin in(to) ◆ **enfoncer un couteau dans** to thrust ou plunge a knife into ◆ **enfoncer qch à coups de marteau** to hammer sth in, knock sth in with a hammer ◆ **enfoncer le clou** (fig) to hammer it in, drive the point home

b (= mettre) **enfoncer les mains dans ses poches** to thrust ou dig one's hands (deep) into one's pockets ◆ **enfoncer son chapeau jusqu'aux yeux** to ram ou pull one's hat (right) down over one's eyes ◆ **il lui enfonça sa canne dans les côtes** he prodded ou poked ou stuck him in the ribs with his walking stick ◆ **qui a bien pu lui enfoncer ça dans le crâne ?** ou **la tête ?** who on earth put that idea into his head? ◆ **ça les a enfoncés davantage dans les frais** it involved them in even greater expense

c (= défoncer) [+ porte] to break open ou down; [+ véhicule] to smash in; [+ lignes ennemies] to break through ◆ **enfoncer le plancher** to make the floor give way ou cave in, cause the floor to give way ou cave in ◆ **le choc lui a enfoncé les côtes** the blow smashed his rib cage ou his ribs ◆ **il a eu les côtes enfoncées** he had his ribs broken, his ribs were broken ou smashed ◆ **le devant de sa voiture a été enfoncé** the front of his car has been smashed ou bashed * in ◆ **enfoncer une porte ouverte** ou **des portes ouvertes** (fig) to state the obvious ◆ **c'est enfoncer une porte ouverte que d'affirmer ...** it's stating the obvious to say ...

d * (= battre) to beat hollow *, hammer *; (= surpasser) to lick * ◆ **ils se sont fait enfoncer !** they got beaten hollow! *, they got hammered! * ◆ **il les enfonce tous** he's got them all licked * ◆ **enfoncer son complice** (causer la perte de) to put all the blame on one's accomplice ◆ **enfoncer un candidat** to destroy a candidate

2 vi a (= pénétrer) to sink in ◆ **attention, on enfonce ici** careful, you'll sink in here ◆ **on enfonçait dans la neige jusqu'aux cuisses** we sank up to our thighs in the snow

b (= céder) [sol] to yield, give way ◆ **ça enfonce sous le poids du corps** it yields beneath the weight of the body

3 **s'enfoncer** vpr a [lame, projectile] **s'enfoncer dans** to plunge ou sink into ◆ **l'éclat d'obus s'enfonça dans le mur** the shell fragment embedded itself in the wall

b (= disparaître) (dans l'eau, la vase etc) to sink (*dans* into, in) ◆ **s'enfoncer dans** [+ forêt, rue, brume] to disappear into; [+ fauteuil, coussins] to sink deep into, sink back in(to); [+ misère] to sink into, be plunged into; [+ vice, rêverie] to plunge into, sink into ◆ **chemin qui s'enfonce dans les bois** path which disappears into the woods ◆ **je le regardais s'enfoncer, impuissant à le secourir** I watched him sinking (in), powerless to help him ◆ **s'enfoncer sous les couvertures** to bury o.s. under ou snuggle down under the covers ◆ **il s'est enfoncé jusqu'au cou dans une sale histoire** he's up to his neck in a nasty bit of business ◆ **à mentir, tu ne fais que t'enfoncer davantage** by lying, you're just getting yourself into deeper and deeper water ou into more and more of a mess

c (= céder) to give way ◆ **le sol s'enfonce sous nos pas** the ground is giving way ou caving in beneath us ◆ **les coussins s'enfoncèrent sous son poids** the cushions sank under his weight

**d** (= faire pénétrer) **s'enfoncer une arête dans la gorge** to get a bone stuck in one's throat ◆ **s'enfoncer une aiguille dans la main** to stick ou run a needle into one's hand ◆ **enfoncez-vous bien ça dans le crâne** * now get this firmly into your head

**enfonceur, -euse** [ɑ̃fɔ̃sœʀ, øz] **nm,f** (hum) ◆ **c'est un enfonceur de porte(s) ouverte(s)** he's always stating the obvious

**enfouir** [ɑ̃fwiʀ] → SYN ▸ conjug 2 ◂ **1** **vt** (gén) to bury (*dans* in) ◆ **il l'a enfoui dans sa poche** he tucked it (away) in his pocket ◆ **chalet enfoui dans la neige** chalet buried beneath the snow ◆ **la photo était enfouie sous des livres** the photo was buried under ou beneath a pile of books

**2** **s'enfouir** **vpr** ◆ **s'enfouir dans/sous** to bury o.s. (ou itself) in/under ◆ **s'enfouir sous les draps** to bury o.s. ou burrow beneath the covers

**enfouissement** [ɑ̃fwismɑ̃] → SYN **nm** burying ◆ **site d'enfouissement de déchets industriels** landfill site for industrial waste

**enfourchement** [ɑ̃fuʀʃəmɑ̃] **nm** (Constr) forked mortise and tenon joint

**enfourcher** [ɑ̃fuʀʃe] → SYN ▸ conjug 1 ◂ **vt** [+ cheval, bicyclette] to mount, get on ◆ **enfourcher son dada** to get on one's hobby-horse

**enfourner** [ɑ̃fuʀne] → SYN ▸ conjug 1 ◂ **1** **vt** **a** [+ plat] to put in the oven; [+ poterie] to put in the kiln

**b** (* = avaler) to guzzle down, gulp down, wolf down

**c** (* = enfoncer) **enfourner qch dans qch** to shove * ou stuff * sth into sth

**2** **s'enfourner** **vpr** ◆ **s'enfourner dans** [personne] to dive into; [foule] to rush into

**enfreindre** [ɑ̃fʀɛ̃dʀ] → SYN ▸ conjug 52 ◂ **vt** (frm) to infringe, break

**enfuir (s')** [ɑ̃fɥiʀ] → SYN ▸ conjug 17 ◂ **vpr** (= se sauver) to run away, run off, flee (*chez, dans* to); (= s'échapper) to run away, escape (*de* from); (littér) [temps, souffrance] to fly away (littér), flee (littér)

**enfumage** [ɑ̃fymaʒ] **nm** [ruche] smoking out

**enfumer** [ɑ̃fyme] ▸ conjug 1 ◂ **vt** [+ pièce] to fill with smoke; [+ personne, renard, ruche] to smoke out ◆ **atmosphère/pièce enfumée** smoky atmosphere/room ◆ **tu nous enfumes avec ta cigarette** you're smoking us out

**enfutailler** [ɑ̃fytaje], **enfûter** [ɑ̃fyte] ▸ conjug 1 ◂ **vt** to cask

**engagé, e** [ɑ̃gaʒe] (ptp de **engager**) **1** **adj** **a** écrivain, littérature (politically) committed ◆ **non engagé** (Pol) uncommitted

**b** (Archit) colonne engaged

**c** match hard-fought

**2** **nm** **a** (= soldat) enlisted man ◆ **engagé volontaire** volunteer

**b** (Sport) (= coureur) entrant, competitor; (= cheval) runner

**engageant, e** [ɑ̃gaʒɑ̃, ɑ̃t] → SYN **adj** air, sourire engaging, winning, appealing; proposition attractive, appealing, tempting; repas, gâteau tempting, inviting ◆ **elle a eu des paroles engageantes** what she said sounded most appealing

**engagement** [ɑ̃gaʒmɑ̃] → SYN **nm** **a** (= promesse) commitment, promise; (= accord) agreement, undertaking ◆ **sans engagement de votre part** without obligation ou commitment on your part ◆ **signer un engagement** to sign an undertaking ou agreement ◆ **prendre l'engagement de** to make a commitment to, undertake to ◆ **manquer à ses engagements** to fail to honour one's commitments, fail to keep one's promises ◆ **faire face à/tenir** ou **honorer ses engagements** to fulfil/honour one's commitments ou promises

**b** (= embauche) [ouvrier] taking on, engaging; (= recrutement) [soldats] enlistment ◆ **lettre d'engagement** letter of appointment

**c** (Théât = contrat) engagement; (Sport = inscription pour un match, un combat) entry ◆ **artiste sans engagement** out-of-work actor

**d** (Fin) [capitaux] investing; [dépenses] incurring ◆ **engagements financiers** financial commitments ou liabilities ◆ **cela a nécessité l'engagement de nouveaux frais** this incurred further expenses ◆ **faire face à ses engagements (financiers)** to meet one's (financial) commitments

**e** (= amorce) [débat, négociations] opening, start

**f** (Sport) (= coup d'envoi) kick-off; (Boxe) attack; (Escrime) engagement; (Ping-Pong) service

**g** (Mil) [combat] engaging; [troupes fraîches] throwing in, engaging ◆ **tué dans un engagement** killed in an engagement

**h** (= prise de position) commitment (*dans* to) ◆ **engagement personnel/politique/militaire** personal/political/military commitment ◆ **politique de non-engagement** policy of non-commitment

**i** (= mise en gage) [montre] pawning

**j** (= encouragement) encouragement ◆ **c'est un engagement à persévérer** it encourages one to persevere

**k** (= introduction) [clé] introduction, insertion (*dans* in, into); [voiture] entry (*dans* into)

**l** (Méd) [fœtus] engagement

**engager** [ɑ̃gaʒe] GRAMMAIRE ACTIVE 6.3, 25.6 → SYN ▸ conjug 3 ◂

**1** **vt** **a** (= lier) to bind, commit ◆ **nos promesses nous engagent** we are bound to honour our promises, we are bound by our promises ◆ **ça l'engagerait trop** that would commit him too far ◆ **ça n'engage à rien** it doesn't commit you to anything ◆ **engager sa parole** ou **son honneur** to give ou pledge one's word (of honour)

**b** (= embaucher) [+ ouvrier] to take on, hire; [+ artiste] to engage ◆ **je vous engage (à mon service)** you've got the job, you're hired

**c** (= entraîner) to involve ◆ **ça l'a engagé dans de gros frais/dans une affaire louche** it involved him in great expense/in a shady deal ◆ **le pays est engagé dans une politique d'inflation** the country is pursuing an inflationary policy

**d** (= encourager) **engager qn à faire qch** to urge ou encourage sb to do sth ◆ **je vous engage à la circonspection** I advise you to be very cautious

**e** (= introduire) to insert (*dans* in, into); (Naut) [+ ancre] to foul ◆ **il engagea sa clé dans la serrure** he fitted ou inserted his key into the lock ◆ **engager sa voiture dans une ruelle** to enter a lane, drive into a lane ◆ **c'était à lui de passer puisqu'il était engagé** (Aut) it was up to him to go since he had already pulled out ◆ **engager le fer** (Escrime) to engage, cross blades

**f** (= amorcer) [+ discussion] to open, start (up); [+ négociations] to enter into; [+ procédure, poursuites] to institute (*contre* against) ◆ **engager la conversation** to engage in conversation, start up a conversation (*avec* with) ◆ **l'affaire semble bien/mal engagée** things seem to have got off to a good/bad start ◆ **engager le combat contre l'ennemi** to engage the enemy, join battle with the enemy †

**g** (= mettre en gage) to pawn, put in pawn; (= investir) to invest, lay out ◆ **les frais engagés** the expenses incurred

**h** (Sport) [+ concurrents] to enter ◆ **15 chevaux sont engagés dans cette course** 15 horses are running in this race ◆ **engager la partie** to begin the match ◆ **la partie est bien engagée** the match is well under way

**i** (Mil) [+ recrues] to enlist; [+ troupes fraîches] to throw in, bring in, engage ◆ **engager toutes ses forces dans la bataille** to throw all one's troops into the battle

**2** **s'engager** **vpr** **a** (= promettre) to commit o.s. ◆ **s'engager à faire qch** to commit o.s. to doing sth, undertake ou promise to do sth ◆ **il n'a pas voulu s'engager trop** he didn't want to commit himself (too far) ou to stick his neck out too far * ◆ **sais-tu à quoi tu t'engages ?** do you know what you're letting yourself in for? ou what you're committing yourself to?

**b** (= s'embaucher) to take a job (*chez* with) ◆ **il s'est engagé comme garçon de courses** he took a job as an errand boy, he got himself taken on as an errand boy

**c** **s'engager dans** [+ frais] to incur; [+ discussion, pourparlers] to enter into; [+ affaire, entreprise] to become involved in ◆ **le pays s'engage dans une politique dangereuse** the country is embarking on a dangerous policy ou is steering a dangerous course

**d** (= s'emboîter) **s'engager dans** to engage into, fit into ◆ **s'engager dans** (= pénétrer) [véhicule] to enter, turn into; [piéton] to take, turn into ◆ **s'engager sur la chaussée** to step (out) onto the road ◆ **la voiture s'engagea sous le pont** the car drove under the bridge ◆ **j'avais la priorité puisque je m'étais engagé (dans la rue)** I had (the) right of way since I had already pulled out (into the street)

**e** (= s'amorcer) [pourparlers] to begin, start (up), get under way ◆ **une conversation s'engagea entre eux** they struck up a conversation

**f** (Sport) to enter (one's name) (*dans* for)

**g** (Mil) [recrues] to enlist ◆ **s'engager dans l'armée de l'air** to join the air force ◆ **le combat s'engagea avec vigueur** the fight began briskly ◆ **s'engager dans la bataille** to join in the fighting

**h** (Littérat, Pol = prendre position) to commit o.s.

**engainer** [ɑ̃gene] ▸ conjug 1 ◂ **vt** poignard to sheathe

**engazonnement** [ɑ̃gazɔnmɑ̃] **nm** (= recouvrement) turfing; (= ensemencement) planting with grass

**engazonner** [ɑ̃gazɔne] ▸ conjug 1 ◂ **vt** (= recouvrir) to turf; (= ensemencer) to plant with grass

**engeance** † [ɑ̃ʒɑ̃s] **nf** (péj) mob, crew ◆ **quelle engeance !** they're such a pain! *

**engelure** [ɑ̃ʒ(ə)lyʀ] → SYN **nf** chilblain

**engendrement** [ɑ̃ʒɑ̃dʀəmɑ̃] **nm** [enfant] begetting, fathering

**engendrer** [ɑ̃ʒɑ̃dʀe] → SYN ▸ conjug 1 ◂ **vt** **a** (frm) [+ enfant] to beget, father

**b** (Ling, Math, Phys) to generate

**c** [+ colère, dispute] to breed, create; [+ malheurs] to breed, create, engender (frm) ◆ **ils n'engendrent pas la mélancolie** they're (always) a good laugh *

**engin** [ɑ̃ʒɛ̃] → SYN **1** **nm** (= machine) machine; (= outil) instrument, tool; (Aut) heavy vehicle; (Aviat) aircraft; (* = objet) contraption *, gadget; (= bombe) bomb, device ◆ **"attention : sortie d'engins"** "heavy plant crossing", "beware – lorries turning" (Brit)

**2** COMP ▷ **engin balistique** ballistic missile ▷ **engin blindé** armoured vehicle ▷ **engin explosif** explosive device ▷ **engins de guerre** † engines of war † (aussi littér) ▷ **engin spatial** space vehicle ▷ **engins (spéciaux)** missiles ▷ **engin de terrassement** earth-mover

**englober** [ɑ̃glɔbe] → SYN ▸ conjug 1 ◂ **vt** (= inclure) to include, encompass (*dans* in); (= annexer) to take in, incorporate

**engloutir** [ɑ̃glutiʀ] → SYN ▸ conjug 2 ◂ **1** **vt** [+ nourriture] to gobble up, gulp ou wolf down; [+ navire] to engulf, swallow up; [+ fortune] [personne] to squander; [dépenses] to eat ou swallow up ◆ **qu'est-ce qu'il peut engloutir !** * it's amazing what he puts away! * ◆ **la ville a été engloutie par un tremblement de terre** the town was swallowed up ou engulfed by an earthquake

**2** **s'engloutir** **vpr** [navire] to be engulfed

**engloutissement** [ɑ̃glutismɑ̃] → SYN **nm** [nourriture] gobbling up; [navire] engulfing; [fortune] squandering

**engluage** [ɑ̃glyaʒ], **engluement** [ɑ̃glymɑ̃] **nm** [oiseau, arbre] liming

**engluer** [ɑ̃glye] → SYN ▸ conjug 1 ◂ **1** **vt** [+ arbre, oiseau] to lime

**2** **s'engluer** **vpr** [oiseau] to get caught ou stuck in (bird) lime ◆ **s'engluer les doigts** to get one's fingers sticky ◆ **s'engluer dans ses problèmes/une situation** to get bogged down in one's problems/a situation

**engobe** [ɑ̃gɔb] **nm** (= enduit) slip

**engober** [ɑ̃gɔbe] ▸ conjug 1 ◂ **vt** to cover with slip

**engommer** [ɑ̃gɔme] ▸ conjug 1 ◂ **vt** to gum

**engoncer** [ɑ̃gɔ̃se] ▸ conjug 3 ◂ **vt** to restrict, cramp ◆ **ce manteau l'engonce** he looks cramped in that coat, that coat restricts his movements ◆ **engoncé dans ses vêtements** (looking) cramped in his clothes ◆ **le cou engoncé dans un gros col** his neck (stiffly) encased in a big collar ◆ **engoncé dans cette petite vie bourgeoise** cooped up in this petty middle-class life

**engorgement** [ɑ̃gɔʀʒəmɑ̃] [→ SYN] **nm** [tuyau] obstruction, clogging, blocking (*de* of); (Méd) engorgement; (Comm) glut (*de* in)

**engorger** [ɑ̃gɔʀʒe] [→ SYN] ► conjug 3 ◄ [1] **vt** [+ tuyau] to obstruct, clog, block; (Méd) to engorge; (Comm) to glut, saturate
[2] **s'engorger vpr** [tuyau] to become blocked; [route] to get congested; (Comm) [marché] to become glutted ou saturated

**engouement** [ɑ̃gumɑ̃] [→ SYN] **nm** (pour qn) infatuation, fancy (*pour* for); (pour qch) fad, craze (*pour* for) ◆ **engouement passager** passing fancy, brief craze

**engouer (s')** [ɑ̃gwe] [→ SYN] ► conjug 1 ◄ **vpr** ◆ **s'engouer de** ou **pour qch** to develop a passion for sth ◆ **s'engouer de qn** to become infatuated with sb

**engouffrer** [ɑ̃gufʀe] [→ SYN] ► conjug 1 ◄ [1] **vt** [+ charbon] to shovel (*dans* into); * [+ fortune] to swallow up, devour; * [+ nourriture] to gobble up, gulp down, wolf down ◆ **qu'est-ce qu'il peut engouffrer !** * it's amazing what he puts away! *
[2] **s'engouffrer vpr** [vent] to rush, sweep; [flot, foule] to surge, rush; [personne] to rush, dive; [navire] to sink (*dans* into)

**engoulevent** [ɑ̃gul(ə)vɑ̃] **nm** ◆ **engoulevent (d'Europe)** nightjar, goatsucker (US) ◆ **engoulevent (d'Amérique)** nighthawk

**engourdi, e** [ɑ̃guʀdi] [→ SYN] (ptp de **engourdir**) **adj** membre numb; esprit dull, dulled

**engourdir** [ɑ̃guʀdiʀ] [→ SYN] ► conjug 2 ◄ [1] **vt** a [+ membres] to numb, make numb ◆ **être engourdi par le froid** [+ membre] to be numb with cold; [+ animal] to be sluggish with the cold ◆ **j'ai la main engourdie** my hand is numb ou has gone to sleep ou gone dead
b [+ esprit] to dull, blunt; [+ douleur] to deaden, dull ◆ **la chaleur et le vin l'engourdissaient** the heat and the wine were making him sleepy ou drowsy
[2] **s'engourdir vpr** [corps] to become ou go numb; [bras, jambe] to become ou go numb, go to sleep, go dead; [esprit] to grow dull ou sluggish

**engourdissement** [ɑ̃guʀdismɑ̃] [→ SYN] **nm** a (= état) [membre, corps] numbness; [esprit] (= torpeur) sleepiness, drowsiness; (= affaiblissement) dullness
b (= action) [membre] numbing; [esprit] dulling

**engrais** [ɑ̃gʀɛ] [→ SYN] **nm** a (chimique) fertilizer; (animal) manure ◆ **engrais vert** green manure ◆ **engrais azoté** nitrogen fertilizer
b (= engraissement) **mettre un animal à l'engrais** to fatten up an animal

**engraissement** [ɑ̃gʀɛsmɑ̃], **engraissage** [ɑ̃gʀɛsaʒ] **nm** [bœufs] fattening (up); [volailles] cramming

**engraisser** [ɑ̃gʀese] [→ SYN] ► conjug 1 ◄ [1] **vt** [+ animal] to fatten (up); [+ terre] to manure, fertilize; * [+ personne] to fatten up ◆ **quel pique-assiette, c'est nous qui devons l'engraisser** * we seem to be expected to feed this scrounger * ou provide for this scrounger * ◆ **engraisser l'État** * to enrich the state
[2] **vi** * [personne] to get fat(ter), put on weight
[3] **s'engraisser vpr** ◆ **l'État s'engraisse sur le dos du contribuable** the state grows fat at the taxpayer's expense

**engraisseur** [ɑ̃gʀɛsœʀ] **nm** [animaux] fattener

**engramme** [ɑ̃gʀam] **nm** engram

**engrangement** [ɑ̃gʀɑ̃ʒmɑ̃] **nm** [foin] gathering in, garnering (littér)

**engranger** [ɑ̃gʀɑ̃ʒe] [→ SYN] ► conjug 3 ◄ **vt** [+ foin, moisson] to gather ou get in, garner (littér); [+ bénéfices] to reap, rake in *; [+ connaissances] to amass, store (up)

**engrenage** [ɑ̃gʀənaʒ] [→ SYN] **nm** gears, gearing; [événements] chain ◆ **engrenage à chevrons** double helical gearing ◆ **quand on est pris dans l'engrenage** (fig) when one is caught up in the system ◆ **l'engrenage de la violence** the spiral of violence; → **doigt**

**engrener** [ɑ̃gʀəne] ► conjug 5 ◄ [1] **vt** a [+ roues dentées] to engage; (fig) [+ personne] to catch up (*dans* in), draw (*dans* into) ◆ **engrener l'affaire** (fig) to set things in motion
b (= remplir de grain) to feed ou fill with grain
[2] **s'engrener vpr** [roues dentées] to mesh (*dans* with), gear (*dans* into)

**engrois** [ɑ̃gʀwa] **nm** (Tech) wedge

**engrosser** ⁑ [ɑ̃gʀose] ► conjug 1 ◄ **vt** ◆ **engrosser qn** to knock sb up *⁑, get sb pregnant ◆ **se faire engrosser** to get (o.s.) knocked up *⁑, get (o.s.) pregnant (*par* by)

**engueulade** ⁑ [ɑ̃gœlad] **nf** (= dispute) row, slanging match * (Brit); (= réprimande) bawling out ⁑, rocket ⁑ (Brit) ◆ **passer une engueulade à qn** to bawl sb out ⁑, give sb a rocket ⁑ (Brit) ◆ **avoir une engueulade avec qn** to have a screaming match ou a row ou slanging match * (Brit) with sb ◆ **lettre d'engueulade** stinking letter ⁑

**engueuler** ⁑ [ɑ̃gœle] ► conjug 1 ◄ [1] **vt** ◆ **engueuler qn** to bawl sb out ⁑, give sb a rocket ⁑ (Brit) ◆ **se faire engueuler** to get bawled out ⁑, get a rocket ⁑ (Brit); → **poisson**
[2] **s'engueuler vpr** to have a row ou slanging match * (Brit) (*avec* with)

**enguirlander** [ɑ̃giʀlɑ̃de] [→ SYN] ► conjug 1 ◄ **vt** a (* = disputer) **enguirlander qn** to give sb a telling-off * ou ticking-off * (Brit), tear sb off a strip ⁑ (Brit) ◆ **se faire enguirlander** to get a telling-off * ou ticking-off * (Brit), get torn off a strip ⁑ (Brit)
b (= orner) to garland

**enhardir** [ɑ̃aʀdiʀ] [→ SYN] ► conjug 2 ◄ [1] **vt** to make bolder ◆ **enhardi par** emboldened by
[2] **s'enhardir vpr** to become ou get bolder ◆ **s'enhardir (jusqu')à dire** to make so bold as to say, be bold enough to say

**enharmonie** [ɑ̃naʀmɔni] **nf** (= genre) enharmonic music; (= rapport) enharmonic interval

**enharmonique** [ɑ̃naʀmɔnik] **adj** enharmonic

**enherber** [ɑ̃nɛʀbe] ► conjug 1 ◄ **vt** to (plant with) grass

**énième** [ɛnjɛm] **adj** ⇒ **n-ième**

**énigmatique** [enigmatik] [→ SYN] **adj** enigmatic

**énigmatiquement** [enigmatikmɑ̃] **adv** enigmatically

**énigme** [enigm] [→ SYN] **nf** (= mystère) enigma, riddle; (= jeu) riddle, puzzle ◆ **tu es une énigme pour moi** you are an enigma to ou for me ◆ **trouver la clé** ou **le mot de l'énigme** to find the key ou clue to the puzzle ou riddle ◆ **parler par énigmes** to speak in riddles

**enivrant, e** [ɑ̃nivʀɑ̃, ɑ̃t] [→ SYN] **adj** parfum, vin, succès heady, intoxicating; beauté intoxicating; vitesse intoxicating, dizzying

**enivrement** [ɑ̃nivʀəmɑ̃] [→ SYN] **nm** († = ivresse) intoxication; (fig = exaltation) exhilaration ◆ **l'enivrement du succès** the intoxication of success

**enivrer** [ɑ̃nivʀe] [→ SYN] ► conjug 1 ◄ [1] **vt** (lit) to intoxicate, make drunk; (fig) to intoxicate ◆ **le parfum m'enivrait** I was intoxicated by the perfume
[2] **s'enivrer vpr** (lit) to get drunk (*de* on), become intoxicated (*de* with); (fig) to become intoxicated (*de* with) ◆ **il passe son temps à s'enivrer** he spends all his time getting drunk ◆ **s'enivrer de mots** to get drunk on words ◆ **enivré de succès** intoxicated with ou by success

**enjambée** [ɑ̃ʒɑ̃be] [→ SYN] **nf** stride ◆ **d'une enjambée** in a stride ◆ **faire de grandes enjambées** to stride out, take big ou long strides ◆ **il allait à grandes enjambées vers ...** he was striding (along) towards ...

**enjambement** [ɑ̃ʒɑ̃bmɑ̃] [→ SYN] **nm** (Littérat) enjambement; (Bio) crossing-over

**enjamber** [ɑ̃ʒɑ̃be] [→ SYN] ► conjug 1 ◄ **vt** [+ obstacle] to stride ou step over; [+ fossé] to step ou stride across; [pont] to span, straddle, stretch across ◆ **il enjamba la rampe et s'assit dessus** he sat down astride the banister

**enjeu**, pl **enjeux** [ɑ̃ʒø] [→ SYN] **nm** [pari, guerre] stake, stakes (*de* in) ◆ **quel est l'enjeu de la bataille ?** what is at stake in the battle?, what are the battle stakes?

**enjoindre** [ɑ̃ʒwɛ̃dʀ] [→ SYN] ► conjug 49 ◄ **vt** (frm) ◆ **enjoindre à qn de faire** to enjoin ou charge sb to do (frm)

**enjôlement** [ɑ̃ʒolmɑ̃] **nm** bewitching

**enjôler** [ɑ̃ʒole] [→ SYN] ► conjug 1 ◄ **vt** (= ensorceler) to bewitch; (= amadouer) to get round ◆ **elle a si bien su l'enjôler qu'il a accepté** she coaxed ou wheedled ou cajoled him into accepting it

**enjôleur, -euse** [ɑ̃ʒolœʀ, øz] [→ SYN] [1] **adj** sourire, paroles coaxing, wheedling, winning
[2] **nm,f** (= charmeur) coaxer, wheedler; (= escroc) twister
[3] **enjôleuse nf** (= séductrice) wily woman

**enjolivement** [ɑ̃ʒɔlivmɑ̃] [→ SYN] **nm** a (= action) [objet] embellishment; [réalité, récit] embroidering, embellishment
b (= ornement) embellishment, adornment ◆ **les enjolivements apportés aux faits par le narrateur** the narrator's embellishment of the facts

**enjoliver** [ɑ̃ʒɔlive] [→ SYN] ► conjug 1 ◄ **vt** [+ objet] to embellish; [+ réalité, récit] to embroider, embellish

**enjoliveur** [ɑ̃ʒɔlivœʀ] **nm** (Aut) hub cap

**enjolivure** [ɑ̃ʒɔlivyʀ] **nf** ⇒ **enjolivement**

**enjoué, e** [ɑ̃ʒwe] [→ SYN] **adj** cheerful ◆ **d'un ton enjoué** cheerfully, in a cheerful way

**enjouement** [ɑ̃ʒumɑ̃] [→ SYN] **nm** cheerfulness

**enjuguer** [ɑ̃ʒyge] ► conjug 1 ◄ **vt** (Agr) to yoke

**enképhaline** [ɑ̃kefalin] **nf** enkephalin

**enkystement** [ɑ̃kistəmɑ̃] **nm** encystment

**enkyster (s')** [ɑ̃kiste] ► conjug 1 ◄ **vpr** to encyst

**enlacement** [ɑ̃lasmɑ̃] [→ SYN] **nm** (= étreinte) embrace; (= enchevêtrement) intertwining, interlacing

**enlacer** [ɑ̃lase] [→ SYN] ► conjug 3 ◄ [1] **vt** a (= étreindre) to embrace, clasp, hug ◆ **le danseur enlaça sa cavalière** the dancer put his arm round his partner's waist
b (= enchevêtrer) [+ fils] to intertwine, interlace
c (= entourer) [lianes] to wind round, enlace, entwine
[2] **s'enlacer vpr** a [amants] to embrace, hug each other; [lutteurs] to take hold of each other, clasp each other ◆ **amoureux enlacés** lovers clasped in each other's arms ou clasped in a fond embrace
b (= s'entrecroiser) to intertwine, interlace ◆ **fils inextricablement enlacés** hopelessly tangled threads
c [lianes] **s'enlacer autour de** to twine round, wind round

**enlaidir** [ɑ̃ ledir] [→ SYN] ► conjug 2 ◄ [1] **vt** [+ personne] to make look ugly; [+ paysage] to deface, ruin ◆ **cette coiffure l'enlaidit** that hair style makes her look very plain ou rather ugly
[2] **vi** [personne] to become ugly
[3] **s'enlaidir vpr** to make o.s. look ugly

**enlaidissement** [ɑ̃ledismɑ̃] **nm** ◆ **l'enlaidissement du paysage** the way the countryside is being defaced ou ruined

**enlevé, e** [ɑ̃l(ə)ve] (ptp de **enlever**) **adj** récit spirited; scène, morceau de musique played with spirit ou brio; → **trot**

**enlèvement** [ɑ̃lɛvmɑ̃] [→ SYN] **nm** a [personne] kidnapping, abduction ◆ **enlèvement de bébé** babysnatching ◆ **"l'Enlèvement des Sabines"** (Art) "the Rape of the Sabine Women" ◆ **"L'Enlèvement au Sérail "** (Mus) "The Abduction from the Seraglio"
b [meuble, objet] removal, taking ou carrying away; [tache] removal; [organe] removal; [ordures] collection, clearing (away); [bagages, marchandises] collection; [voiture en infraction] towing away
c (Mil) [position] capture, taking

**enlever** [ɑ̃l(ə)ve] [→ SYN] ► conjug 5 ◄ [1] **vt** a (gén) to remove; [+ couvercle] to remove, lift (off); [+ meuble] to remove, take away; [+ étiquette, housse] to remove, take off; [+ tache] to remove; (en frottant ou lavant etc) to brush ou wash etc out ou off; [+ tapis] to take up, remove; [+ lustre, tableau] to take down; [+ peau de fruit] to take off, peel off, remove; [+ mauvaises herbes] to clear, remove; [+ organe] to remove, take out ◆ **se faire enlever une dent** to have a tooth out ou pulled (US) ◆ **enlève tes mains de tes poches/de là** take your hands out of your pockets/off there, remove your hands from your pockets/from there ◆ **enlever le couvert** to clear the table ◆ **enlève tes coudes de la table** take your elbows off the table
b [+ vêtements] to take off, remove ◆ **il enleva son chapeau pour dire bonjour** he raised his hat in greeting ◆ **j'enlève ma robe pour mettre quelque chose de plus confortable** I'll just slip out of this dress into some-

thing more comfortable, I'll just take off this dress and put on something more comfortable

**c** **enlever à qn** [+ courage] to rob sb of; [+ espoir] to deprive sb of, rob sb of; [+ objet, argent] to take (away) from sb ◆ **on lui a enlevé son commandement** he was relieved of his command ◆ **on lui a enlevé la garde de l'enfant** the child was taken ou removed from his care ◆ **ça lui enlèvera peut-être le goût de recommencer** perhaps that'll cure him of trying that again, perhaps that'll make him think twice before he does it again ◆ **ça n'enlève rien à son mérite** that doesn't in any way detract from his worth ◆ **pour vous enlever tout scrupule** in order to dispel your misgivings ◆ **enlève-toi cette idée de la tête** get that idea out of your head

**d** (= emporter) [+ objet, meuble] to take away, carry away, remove; [+ ordures] to collect, clear (away); [+ voiture en infraction] to tow away ◆ **il a fait enlever ses vieux meubles** he had his old furniture taken away ◆ **il fut enlevé dans les airs** he was borne (up) ou lifted (up) into the air ◆ **il a été enlevé par un mal foudroyant** (frm) he was borne off by a sudden illness ◆ **la mort nous l'a enlevé** (littér) death has snatched ou taken him from us

**e** (= kidnapper) to kidnap, abduct ◆ **se faire enlever par son amant** to elope with one's lover, be carried off by one's lover ◆ **je vous enlève votre femme pour quelques instants** (hum) I'll just steal ou borrow your wife for a moment (if I may) (hum)

**f** (= remporter) [+ siège d'élu, victoire] to win; [+ titre de champion] to win, take; (Mil) [+ position] to capture, take ◆ **il a facilement enlevé la course** he won the race easily ◆ **elle enlève tous les suffrages** she wins everyone's sympathies, she wins everyone over ◆ **enlever la décision** to carry the day ◆ **enlever une affaire** (tractation) to pull off a deal; (commande) to get ou secure an order; (marchandise) to carry off ou get away with a bargain ◆ **ça a été vite enlevé** (marchandise) it sold ou went quickly, it was snapped up; (*: travail) it was done in no time ou in a jiffy*

**g** (Mus) [+ morceau, mouvement] to play with spirit ou brio

**h** (Sport) [+ cheval] to urge on

**i** (= enthousiasmer) [+ public] to fill with enthusiasm

**2** **s'enlever** vpr **a** [tache] to come out, come off; (en brossant ou lavant etc) to brush ou wash etc out ou off; [peinture, peau, écorce] to peel off, come off ◆ **enlève-toi de là** * get out of the way*, mind out of the way!* (Brit) ◆ **comment est-ce que ça s'enlève ?** [étiquette, housse] how do you remove it ou take it off?; [vêtement] how do you get out of it ou take it off?

**b** (Sport) **le cheval s'enlève sur l'obstacle** (= sauter) the horse takes off to clear the obstacle

**c** († = se vendre) to sell

**enliasser** [ɑ̃ljase] ▸ conjug 1 ◂ vt [+ billets, papiers] to bundle, wad

**enlier** [ɑ̃lje] ▸ conjug 7 ◂ vt [+ briques] to bond

**enlisement** [ɑ̃lizmɑ̃] nm ◆ **causer l'enlisement d'un bateau** to cause a ship to get stuck in the mud (ou sand etc)

**enliser** [ɑ̃lize] → SYN ▸ conjug 1 ◂ **1** vt ◆ **enliser sa voiture** to get one's car stuck in the mud (ou sand etc)

**2** **s'enliser** vpr **a** (dans le sable) to sink (*dans* into), get stuck (*dans* in)

**b** (dans les détails) to get bogged down (*dans* in) ◆ **s'enliser (dans la monotonie)** to sink into ou get bogged down in a monotonous routine ◆ **en mentant, tu t'enlises davantage** you're getting in deeper and deeper (water) with your lies

**enluminer** [ɑ̃lymine] → SYN ▸ conjug 1 ◂ vt [+ manuscrit] to illuminate

**enlumineur, -euse** [ɑ̃lyminœʀ, øz] → SYN nm,f illuminator

**enluminure** [ɑ̃lyminyʀ] → SYN nf illumination

**ennéade** [enead] → SYN nf ennead

**ennéagonal, e,** mpl **-aux** [eneagɔnal, o] adj nonagonal

**ennéagone** [eneagɔn] **1** adj nonagonal
**2** nm nonagon

**enneigé, e** [ɑ̃neʒe] adj pente, montagne snowy, snow-covered; sommet snow-capped; maison snowbound, snowed up (attrib); col, route blocked by snow, snowed up (attrib), snowbound

**enneigement** [ɑ̃nɛʒmɑ̃] nm snow coverage ◆ **à cause du faible enneigement** because of the poor snow coverage ◆ **bulletin d'enneigement** snow report ◆ **conditions d'enneigement** snow conditions

**ennemi, e** [ɛn(ə)mi] → SYN **1** adj (Mil) enemy (épith); (= hostile) hostile ◆ **en pays ennemi** in enemy territory

**2** nm,f **a** (= adversaire) enemy, foe † (aussi littér) ◆ **se faire des ennemis** to make enemies (for o.s.) ◆ **se faire un ennemi de qn** to make an enemy of sb ◆ **passer à l'ennemi** to go over to the enemy ◆ **ennemi public numéro un** public enemy number one

**b** **être ennemi de qch** to be opposed to sth, be against sth ◆ **être ennemi de la poésie/de la musique** to be strongly averse to poetry/music ◆ **la hâte est l'ennemie de la précision** speed and accuracy don't mix ou don't go together, more haste less speed (Prov); → **mieux**

**ennoblir** [ɑ̃nɔbliʀ] → SYN ▸ conjug 2 ◂ vt (moralement) to ennoble

**ennoblissement** [ɑ̃nɔblismɑ̃] → SYN nm (moral) ennoblement

**ennuager (s')** [ɑ̃nɥaʒe] ▸ conjug 3 ◂ vpr (littér) [ciel] to cloud over ◆ **ennuagé** cloudy, clouded

**ennui** [ɑ̃nɥi] → SYN nm **a** (= désœuvrement) boredom; (littér = spleen) ennui (littér), world-weariness; (= monotonie) tedium, tediousness ◆ **écouter avec ennui** to listen wearily ◆ **c'est à mourir d'ennui** it's enough to bore you to tears ou death* ou to bore you stiff*

**b** (= tracas) trouble, worry, problem ◆ **avoir des ennuis** to have problems, be in difficulty ◆ **il a eu des ennuis avec la police** he's been in trouble with the police ◆ **avoir des ennuis de santé** to be troubled with bad health, have problems with one's health ◆ **ennuis d'argent** money worries ◆ **elle a des tas d'ennuis** she has a great many worries, she has more than her share of troubles ◆ **faire** ou **créer** ou **causer des ennuis à qn** to make trouble for sb ◆ **ça peut lui attirer des ennuis** that could get him into trouble ou hot water* ◆ **j'ai eu un ennui avec mon vélo** I had some trouble ou bother with my bike, something went wrong with my bike ◆ **si ça vous cause le moindre ennui** if it is in any way inconvenient to you ◆ **l'ennui, c'est que ...** the trouble ou the hitch is that ...

**c** (littér, †† = peine) grief

**ennuyant, e** [ɑ̃nɥijɑ̃, ɑ̃t] adj († , Can) ⇒ **ennuyeux**

**ennuyé, e** [ɑ̃nɥije] → SYN (ptp de **ennuyer**) adj (= préoccupé) worried, bothered (*de* about); (= contrarié) annoyed, put out (*de* at, about)

**ennuyer** [ɑ̃nɥije] GRAMMAIRE ACTIVE 9.1 → SYN ▸ conjug 8 ◂

**1** vt **a** (= lasser) to bore, weary ◆ **ce spectacle m'a profondément ennuyé** I was thoroughly bored by the show ◆ **cela (vous) ennuie à force** it palls (on you) ou it gets boring in the long run

**b** (= préoccuper) to worry; (= importuner) to bother, put out ◆ **il y a quelque chose qui m'ennuie là-dedans** there's something that worries ou bothers me about it ◆ **ça m'ennuierait beaucoup de te voir fâché** I should be really upset to see you cross ◆ **ça m'ennuie de te le dire, mais ...** I'm sorry to have to tell you but ..., I hate to say it but ... ◆ **ça m'ennuierait beaucoup d'y aller** it would really put me out to go ◆ **si cela ne vous ennuie pas trop** if it wouldn't put you to any trouble ou inconvenience, if you wouldn't mind ◆ **je ne voudrais pas vous ennuyer** I don't want to put you to any trouble ou inconvenience, I don't want to bother you ou put you out ◆ **ça m'ennuie, ce que tu me demandes de faire** what you're asking me to do is rather awkward ou a nuisance

**c** (= irriter) **ennuyer qn** to annoy sb, get on sb's nerves ◆ **tu m'ennuies avec tes jérémiades** I'm tired of your constant complaints, you're getting on my nerves with your constant complaints

**2** **s'ennuyer** vpr **a** (= se morfondre) to be bored (*de, à* with) ◆ **il s'ennuie à faire un travail monotone** he's getting bored doing a humdrum job ◆ **s'ennuyer à mourir** to be bored to tears ou to death*, be bored stiff* ◆ **on ne s'ennuie jamais avec lui** there's never a dull moment when he's around

**b** **s'ennuyer de qn** to miss sb

**ennuyeux, -euse** [ɑ̃nɥijø, øz] → SYN adj **a** (= lassant) personne, spectacle, livre boring, tedious; travail boring, tedious, wearisome ◆ **ennuyeux comme la pluie** deadly dull, dull as ditchwater (Brit)

**b** (= qui importune) annoying, tiresome; (= préoccupant) worrying ◆ **ce qui t'arrive est bien ennuyeux** this is a very annoying ou tiresome thing to happen to you

**énoncé** [enɔ̃se] → SYN nm **a** (= termes) [sujet scolaire] wording; [problème] terms; [loi] terms, wording ◆ **pendant l'énoncé du sujet** while the subject is being read out

**b** (Ling) utterance

**énoncer** [enɔ̃se] → SYN ▸ conjug 3 ◂ vt [+ idée] to express; [+ faits, conditions] to state, set out, set forth ◆ **pour m'énoncer plus clairement** († , littér) to express myself more clearly, to put it more clearly; → **concevoir**

**énonciatif, -ive** [enɔ̃sjatif, iv] adj (Ling) phrase enunciative

**énonciation** [enɔ̃sjasjɔ̃] → SYN nf [faits] statement; (Ling) enunciation

**enorgueillir** [ɑ̃nɔʀgœjiʀ] → SYN ▸ conjug 2 ◂ **1** vt to make proud

**2** **s'enorgueillir** vpr ◆ **s'enorgueillir de** (= être fier de) to pride o.s. on, boast about; (= avoir) to boast ◆ **la ville s'enorgueillit de deux opéras** the town boasts two opera houses

**énorme** [enɔʀm] → SYN adj enormous, tremendous, huge; (Mét) mer phenomenal ◆ **mensonge énorme** enormous ou whopping* lie, whopper* ◆ **ça lui a fait un bien énorme** it's done him a great deal ou a world ou a power* (Brit) of good ◆ **il a accepté, c'est déjà énorme** he has accepted and that's quite something ◆ **c'est un type énorme !*** he's a terrific* ou a tremendous* ou a great* guy!

**énormément** [enɔʀmemɑ̃] → SYN adv (= beaucoup) enormously, tremendously, hugely ◆ **ça m'a énormément amusé** I was greatly ou hugely amused by it ◆ **ça m'a énormément déçu** it greatly disappointed me, I was tremendously ou greatly disappointed by it ◆ **il boit énormément** he drinks a tremendous ou an enormous ou a huge ou a terrific* amount

◆ **énormément de** [argent, eau, bruit] a tremendous ou an enormous ou a huge amount of, a great deal of ◆ **énormément de gens** a great many people

**énormité** [enɔʀmite] → SYN nf **a** [poids, somme] hugeness; [demande, injustice] enormity

**b** (= propos inconvenant) outrageous remark; (= erreur) big blunder, howler*

**énostose** [enɔstoz] nf enostosis

**énouer** [enwe] ▸ conjug 1 ◂ vt [+ tissu] to burl

**enquérir (s')** [ɑ̃keʀiʀ] → SYN ▸ conjug 21 ◂ vpr to inquire, enquire, ask (*de* about) ◆ **s'enquérir (de la santé) de qn** to ask ou inquire after sb ou after sb's health ◆ **je m'en suis enquis à la mairie** I inquired at the town hall about it ◆ **je m'en suis enquis auprès de lui** I asked him about it

**enquête** [ɑ̃kɛt] → SYN nf (gén, Jur) inquiry, enquiry; (après un décès) inquest; (Police) investigation; (Comm, Sociol = sondage) survey, (opinion) poll ◆ **ouvrir une enquête** (Jur) to set up ou open an inquiry ◆ **faire une enquête** (Police) to make an investigation, make investigations, investigate; (Comm, Sociol) to do ou conduct a survey (*sur* on) ◆ **mener** ou **conduire une enquête** (Police) to be in charge of ou lead an investigation ◆ **j'ai fait** ou **mené ma petite enquête** I've done a little investigating (myself), I've done a little private investigation ◆ **enquête administrative** public inquiry *(into planning proposals etc.)* ◆ **enquête parlementaire** parliamentary inquiry *(by parliamentary committee)* ◆ **enquête statistique** statistical survey ◆ **enquête préliminaire** preliminary inquiry ◆ **commission d'enquête** commission of inquiry ◆ **"notre grande enquête"** (Presse) "our big investigation ou survey ou inquiry"

**enquêter** [ɑ̃kete] → SYN ▸ conjug 1 ◂ **vi** (Jur) to hold an inquiry (*sur* on); (Police) to investigate; (Comm, Sociol) to conduct a survey (*sur* on) ◆ **ils vont enquêter sur l'origine de ces fonds** they'll investigate the origin of these funds ou carry out an investigation into the origin of these funds

**enquêteur** [ɑ̃kɛtœʀ] → SYN **nm** a (Police) officer in charge of ou leading the investigation ◆ **les enquêteurs poursuivent leurs recherches** the police are continuing their investigations ◆ **les enquêteurs sont aidés par la population du village** the police are being helped in their inquiries ou investigations by the villagers ◆ **un des enquêteurs a été abattu** one of the officers involved in the investigation was shot dead
b (Comm, Sociol) investigator; (pour sondages) pollster, interviewer ◆ **des enquêteurs sont venus dans le village** some people doing ou conducting a survey came to the village

**enquêteuse** [ɑ̃kɛtøz] **nf** (Police) officer in charge of ou leading an investigation; (Sociol) ⇒ **enquêtrice**

**enquêtrice** [ɑ̃kɛtʀis] **nf** (Comm, Sociol) investigator; (pour sondages) pollster, interviewer; voir aussi **enquêteur**

**enquiquinant, e** * [ɑ̃kikinɑ̃, ɑ̃t] **adj** (= qui importune) annoying, irritating; (= préoccupant) worrying; (= lassant) boring

**enquiquinement** * [ɑ̃kikinmɑ̃] **nm** ◆ **quel enquiquinement !** what a darned ou flipping (Brit) nuisance! * ◆ **j'ai eu tellement d'enquiquinements avec cette voiture** I had so many darned ou flipping (Brit) problems with that car *

**enquiquiner** * [ɑ̃kikine] ▸ conjug 1 ◂ 1 **vt** (= importuner) to annoy, bother; (= préoccuper) to worry; (= lasser) to bore
2 **s'enquiquiner** **vpr** (= se morfondre) to be fed up *, be bored ◆ **s'enquiquiner à faire** (= se donner du mal) to go to a heck of a lot of trouble to do *, put o.s. out to do ◆ **ne t'enquiquine pas avec ça** don't bother (yourself) with that

**enquiquineur, -euse** * [ɑ̃kikinœʀ, øz] **nm,f** pest *, pain in the neck *

**enracinement** [ɑ̃ʀasinmɑ̃] → SYN **nm** a [idée, arbre] taking root
b [immigrant] settling

**enraciner** [ɑ̃ʀasine] → SYN ▸ conjug 1 ◂ 1 **vt** [+ arbre] to root; [+ idée] to fix, cause to take root ◆ **solidement enraciné** [+ préjugé] deep-rooted, firmly ou deeply entrenched; [+ famille] firmly rooted ou fixed; [+ arbre] well-rooted
2 **s'enraciner** **vpr** [arbre, préjugé] to take root; [importun] to settle o.s. down; [immigrant] to put down roots, settle

**enragé, e** [ɑ̃ʀaʒe] → SYN (ptp de **enrager**) **adj** a (* = passionné) chasseur, joueur keen ◆ **être enragé de** to be mad * ou crazy about *, be mad keen on * (Brit) ◆ **un enragé de la voiture** a car fanatic
b (= en colère) furious ◆ **les enragés de Mai 68** the rebels of May '68
c (Vét) rabid; → **vache**

**enrageant, e** [ɑ̃ʀaʒɑ̃, ɑ̃t] **adj** annoying, infuriating ◆ **c'est vraiment enrageant de devoir partir si tôt** it's a real pain * ou it's really annoying having to leave so early

**enrager** [ɑ̃ʀaʒe] → SYN ▸ conjug 3 ◂ **vi** a **faire enrager qn** * (= taquiner) to tease sb; (= importuner) to pester sb
b (frm) to be furious, be in a rage ◆ **j'enrage d'avoir fait cette erreur** I'm furious at having made this mistake ◆ **il enrageait dans son coin** he was fretting and fuming

**enraiement** [ɑ̃ʀɛmɑ̃] **nm** ⇒ **enrayement**

**enrayage** [ɑ̃ʀɛjaʒ] **nm** [machine, arme] jamming

**enrayement** [ɑ̃ʀɛjmɑ̃] **nm** [maladie, évolution] checking; [chômage, inflation] checking, curbing

**enrayer** [ɑ̃ʀeje] → SYN ▸ conjug 8 ◂ 1 **vt** a [+ maladie, évolution] to check; [+ chômage, inflation] to check, curb; [+ machine, arme] to jam
b [+ roue] to spoke
2 **s'enrayer** **vpr** [machine, arme] to jam

**enrayure** [ɑ̃ʀejyʀ] **nf** (Agr) first furrow

**enrégimenter** [ɑ̃ʀeʒimɑ̃te] → SYN ▸ conjug 1 ◂ **vt** a (péj : dans un parti) to enlist, enrol ◆ **se laisser enrégimenter dans** [+ parti] to let o.s. be dragooned into
b († Mil) to enlist

**enregistrable** [ɑ̃ʀ(ə)ʒistʀabl] **adj** CD, disquette recordable

**enregistrement** [ɑ̃ʀ(ə)ʒistʀəmɑ̃] → SYN **nm** a [fait, son, souvenir] recording
b (= disque, bande) recording ◆ **enregistrement vidéo/magnétique** video/tape recording
c (Jur) [acte] registration ◆ **l'Enregistrement** the Registration Department *(for legal transactions)* ◆ **droits** ou **frais d'enregistrement** registration fees
d (Transport) **enregistrement des bagages** (à l'aéroport) check-in; (à la gare) registration of luggage ◆ **se présenter à l'enregistrement** to go to the check-in desk ◆ **comptoir d'enregistrement** check-in desk

**enregistrer** [ɑ̃ʀ(ə)ʒistʀe] → SYN ▸ conjug 1 ◂ **vt** a (sur bande) to record, tape; (sur CD, en studio) to record; (sur magnétoscope) to record, video(-tape) ◆ **vous écoutez un message enregistré** (Téléc) this is a recorded message
b (Jur) [+ acte, demande] to register; (Comm) [+ commande] to enter, book
c (Fin, Comm) [+ profit, perte] to show ◆ **nous avons enregistré de bonnes ventes** we've had good sales ◆ **ils ont enregistré un bénéfice de 5 millions** they showed a profit of 5 million ◆ **le PIB a enregistré une hausse de 12%** the GDP has shown ou recorded an increase of 12%
d (= constater) **on enregistre une progression de l'épidémie** the epidemic is spreading ◆ **on enregistre une amélioration de la situation** we have seen ou there has been an improvement in the situation ◆ **la plus forte hausse enregistrée** the biggest rise recorded ou on record
e (= mémoriser) [+ information] to take in ◆ **d'accord, j'enregistre** * ou **c'est enregistré** * all right, I'll make ou I've made a mental note of it ou I'll bear it in mind
f (Transport) **(faire) enregistrer ses bagages** (à l'aéroport) to check in (one's luggage); (à la gare) to register one's luggage

**enregistreur, -euse** [ɑ̃ʀ(ə)ʒistʀœʀ, øz] → SYN
1 **adj** appareil recording; → **caisse**
2 **nm** (= instrument) recorder, recording device ◆ **enregistreur de vol** flight recorder ◆ **enregistreur de temps** time recorder

**enrésiner** [ɑ̃ʀezine] ▸ conjug 1 ◂ **vt** to plant with conifers

**enrhumé, e** [ɑ̃ʀyme] → SYN (ptp de **enrhumer**) **adj** ◆ **être enrhumé** to have a cold ◆ **je suis un peu/très enrhumé** I have a bit of a cold/a terrible ou bad cold

**enrhumer** [ɑ̃ʀyme] ▸ conjug 1 ◂ 1 **vt** to give a cold to
2 **s'enrhumer** **vpr** to catch a cold

**enrichi, e** [ɑ̃ʀiʃi] (ptp de **enrichir**) **adj** a (péj) nouveau riche
b pain enriched; lessive improved (*de* with) ◆ **shampooing formule enrichie** enriched formula shampoo; → **uranium**

**enrichir** [ɑ̃ʀiʃiʀ] → SYN ▸ conjug 2 ◂ 1 **vt** [+ œuvre, esprit, langue, collection] to enrich; [+ catalogue] to expand; (financièrement) to make rich
2 **s'enrichir** **vpr** (financièrement) to get ou grow rich; [esprit] to grow richer (*de* in); [collection] to be enriched (*de* with) ◆ **leur collection s'enrichit d'année en année** their collection is becoming richer from year to year

**enrichissant, e** [ɑ̃ʀiʃisɑ̃, ɑ̃t] → SYN **adj** enriching

**enrichissement** [ɑ̃ʀiʃismɑ̃] → SYN **nm** enrichment (NonC)

**enrobage** [ɑ̃ʀɔbaʒ], **enrobement** [ɑ̃ʀɔbmɑ̃] **nm** coating

**enrobé, e** [ɑ̃ʀɔbe] (ptp de **enrober**) **adj** (= empâté) personne plump

**enrober** [ɑ̃ʀɔbe] → SYN ▸ conjug 1 ◂ **vt** [+ bonbon] to coat (*de* with); [+ paroles] to wrap up (*de* in)

**enrobeuse** [ɑ̃ʀɔbøz] **nf** coating machine

**enrochement** [ɑ̃ʀɔʃmɑ̃] **nm** rip-rap

**enrocher** [ɑ̃ʀɔʃe] ▸ conjug 1 ◂ **vt** to build on rip-rap

**enrôlé** [ɑ̃ʀole] **nm** recruit

**enrôlement** [ɑ̃ʀolmɑ̃] → SYN **nm** (Mil) enlistment; (dans un parti) enrolment, signing up

**enrôler** **vt**, **s'enrôler** **vpr** [ɑ̃ʀole] → SYN ▸ conjug 1 ◂ (Mil) to enlist; (dans un parti) to enrol, sign up

**enroué, e** [ɑ̃ʀwe] → SYN (ptp de **enrouer**) **adj** ◆ **être enroué** to be hoarse, have a hoarse ou husky voice ◆ **j'ai la voix enrouée** my voice is hoarse ou husky

**enrouement** [ɑ̃ʀumɑ̃] → SYN **nm** hoarseness, huskiness

**enrouer** [ɑ̃ʀwe] ▸ conjug 1 ◂ 1 **vt** [froid, cris] to make hoarse
2 **s'enrouer** **vpr** (par le froid) to go hoarse ou husky; (en criant) to make o.s. hoarse ◆ **s'enrouer à force de chanter** to sing o.s. hoarse

**enroulement** [ɑ̃ʀulmɑ̃] → SYN **nm** a (NonC) [tapis] rolling up; [cheveux] coiling; [corde, ruban, fil] winding (*sur, autour de* round); [bobine] winding
b (Archit, Art) volute, scroll, whorl
c (Élec) coil

**enrouler** [ɑ̃ʀule] → SYN ▸ conjug 1 ◂ 1 **vt** [+ tapis] to roll up; [+ cheveux] to coil; [+ corde, ruban, fil] to wind (*sur, autour de* round); [+ bobine] to wind ◆ **enrouler une feuille autour de/dans** to roll a sheet of paper round/up in
2 **s'enrouler** **vpr** [serpent] to coil up; [film, fil] to wind ◆ **s'enrouler dans une couverture** to wrap ou roll o.s. up in a blanket

**enrouleur, -euse** [ɑ̃ʀulœʀ, øz] 1 **adj** mécanisme, cylindre winding
2 **nm** [tuyau d'arrosage] drum ◆ **(galet) enrouleur** idle pulley, idler ◆ **enrouleur (automatique) de cordon** automatic flex rewind ◆ **laisse à enrouleur** retractable lead; → **ceinture**

**enrubanner** [ɑ̃ʀybane] ▸ conjug 1 ◂ **vt** to decorate ou trim with ribbon(s); (en attachant) to tie up ou do up with (a) ribbon

**ENS** [eɛnɛs] **nf** (abrév de **École normale supérieure**) → **école**

**ensablement** [ɑ̃sɑbləmɑ̃] **nm** a [port] silting-up; [tuyau] choking ou blocking (with sand); [bateau] stranding; [voiture] getting stuck (in the sand)
b (= tas de sable) (formé par le vent) (sand) dune; (formé par l'eau) sandbank

**ensabler** [ɑ̃sɑble] → SYN ▸ conjug 1 ◂ 1 **vt** [+ port] to silt up, sand up; [+ tuyau] to choke ou block with sand; [+ bateau] to strand (on a sandbank); [+ voiture] to get stuck (in the sand)
2 **s'ensabler** **vpr** [port] to silt up; [bateau, voiture] to get stuck in the sand ◆ **je m'étais ensablé jusqu'aux essieux** my car had sunk into the sand up to the axles

**ensacher** [ɑ̃saʃe] ▸ conjug 1 ◂ **vt** to bag, pack (into bags)

**ensanglanter** [ɑ̃sɑ̃glɑ̃te] ▸ conjug 1 ◂ **vt** [+ visage] to cover with blood; [+ vêtement] to soak with blood ◆ **manche ensanglantée** blood-soaked sleeve ◆ **ensanglanter un pays** to bathe a country in blood ◆ **l'accident qui a ensanglanté la course** the accident which cast a tragic shadow over the race ◆ **l'attentat qui a ensanglanté la visite du président** the terrorist attack which brought an element of bloodshed to the president's visit

**enseignant, e** [ɑ̃sɛɲɑ̃, ɑ̃t] → SYN 1 **adj** teaching; → **corps**
2 **nm,f** teacher ◆ **enseignant-chercheur** teacher and researcher ◆ **poste d'enseignant** teaching position ou post ou job ◆ **les enseignants de l'école** the teaching staff ou the teachers at the school

**enseigne** [ɑ̃sɛɲ] → SYN 1 **nf** a (Comm) (shop) sign ◆ **enseigne lumineuse** neon sign ◆ **"à l'enseigne du Lion Noir"** (restaurant) "the Black Lion" ◆ **loger à l'enseigne du Lion Noir** †† to put up at (the sign of) the Black Lion †
b (Mil, Naut) ensign ◆ **(défiler) enseignes déployées** (to march) with colours flying
c (littér) **à telle(s) enseigne(s) que ...** so much so that ...
2 **nm** a (Hist) ensign

**b** **enseigne de vaisseau** (de 1re classe) lieutenant; (de 2e classe) sub-lieutenant (Brit), ensign (US)

**enseignement** [ɑ̃sɛɲ(ə)mɑ̃] → SYN nm **a** (= cours, leçons) education, instruction ◆ **recevoir un enseignement dans une discipline** to receive instruction in a subject ◆ **enseignement assisté par ordinateur** computer-aided instruction ◆ **enseignement général** general education ◆ **enseignement obligatoire** compulsory education ◆ **enseignement musical** musical education ◆ **enseignement agricole** agricultural training ◆ **enseignement des langues** language teaching ◆ **enseignement ménager** home economics sg ◆ **enseignement mixte** coeducation ◆ **enseignement par correspondance** correspondence courses ◆ **enseignement à distance** distance learning ◆ **enseignement professionnel** professional ou vocational training ◆ **enseignement programmé** programmed learning ◆ **enseignement spécialisé** special education ou schooling ◆ **enseignement technique** technical education, industrial arts (US)

**b** (= système scolaire) education ◆ **l'enseignement en France** (the system of) education in France ◆ **enseignement primaire** ou **du premier degré/secondaire** ou **du second degré** primary/secondary education ◆ **enseignement supérieur/universitaire** higher/university education ◆ **enseignement libre/privé/public** denominational/private/state education ◆ **l'enseignement public et gratuit** free public education → ÉDUCATION NATIONALE

**c** (= art d'enseigner) teaching ◆ **enseignement moderne** modern (methods of) teaching

**d** (= carrière) **l'enseignement** the teaching profession, teaching ◆ **entrer dans l'enseignement** to enter the teaching profession, go into teaching ◆ **être dans l'enseignement** to be a teacher, be a member of the teaching profession

**e** (= leçon donnée par l'expérience) teaching, lesson ◆ **on peut en tirer plusieurs enseignements** it has taught us several things, we can draw several lessons from it ◆ **les enseignements du Christ** the teachings of Christ

**enseigner** [ɑ̃seɲe] → SYN ▸ conjug 1 ◂ vt to teach ◆ **enseigner qch à qn** to teach sb sth ◆ **enseigner à qn à faire qch** to teach sb (how) to do sth

**ensellé, e** [ɑ̃sele] adj cheval sway-backed

**ensellement** [ɑ̃sɛlmɑ̃] nm (Géol) col, saddle

**ensellure** [ɑ̃selyʀ] nf (Méd) hollow back (NonC), lordosis (SPÉC); [cheval] sway-back

**ensemble[1]** [ɑ̃sɑ̃bl] → SYN adv **a** (= l'un avec l'autre) together ◆ **ils sont partis ensemble** they left together ◆ **tous ensemble** all together

**b** (= simultanément) (deux personnes) together, both at once; (plusieurs) together, at the same time ◆ **ils ont répondu ensemble** (deux) they both answered together ou at once; (plusieurs) they all answered together ou at the same time, they answered all together

**c** (littér = à la fois) **tout ensemble** (deux) both, at once; (plus de deux) at (one and) the same time ◆ **il était tout ensemble triste et joyeux** he was both ou at once sad and happy

**d** **aller ensemble** [objets] to go together; [idées] to go together ou hand in hand ◆ **aller bien ensemble** [couple] to be well-matched; [escrocs] to make a pretty ou a fine pair; (plus de deux) to make a fine bunch ◆ **l'armoire et la table ne vont pas (bien) ensemble** ou **vont mal ensemble** the wardrobe and the table don't go (very well) together

**e** [personnes] **être bien ensemble** to get along ou on (Brit) well (together) ◆ **ils sont mal ensemble** they don't get along ou on (Brit) (well) (together)

**ensemble[2]** [ɑ̃sɑ̃bl] → SYN nm **a** (= totalité) whole ◆ **former un ensemble harmonieux** to form a harmonious whole ◆ **l'ensemble du personnel** the entire ou whole staff ◆ **on reconnaît cette substance à l'ensemble de ses propriétés** you can identify this substance from all its various properties

**b** (= groupement) [personnes] set, group, body; [objets, poèmes] set, collection; [faits] set, series; [meubles] suite; [lois] body, corpus ◆ **tout un ensemble de choses** a whole combination of things ◆ **bel ensemble architectural** fine architectural grouping ◆ **ensemble immobilier de 500 logements** residential complex with 500 housing units ◆ **grand ensemble** high-rise estate

**c** (Mus) ensemble ◆ **ensemble instrumental/vocal** instrumental/vocal ensemble

**d** (Math) set ◆ **ensemble vide** empty set ◆ **théorie des ensembles** set theory

**e** (Couture) outfit, suit, ensemble ◆ **ensemble de ville** town suit ◆ **ensemble de voyage** travelling outfit ◆ **ensemble de plage** beach ensemble ou outfit ◆ **ensemble pantalon** trouser suit, pantsuit

**f** (LOC) **les spectateurs dans leur ensemble** the audience as a whole ◆ **examiner la question dans son ensemble** to examine the question in its entirety ou as a whole ◆ **avec ensemble** répondre as one man, with one accord ◆ **dans l'ensemble** on the whole, in the main, by and large ◆ **dans l'ensemble nous sommes d'accord** basically we agree ◆ **d'ensemble** vue, étude overall, comprehensive, general; impression overall, general ◆ **mouvement d'ensemble** ensemble movement

**ensemblier** [ɑ̃sɑ̃blije] → SYN nm (= décorateur) interior designer; (Ciné) assistant (set) designer; (= entreprise) factory design consultancy

**ensemencement** [ɑ̃s(ə)mɑ̃smɑ̃] → SYN nm sowing

**ensemencer** [ɑ̃s(ə)mɑ̃se] → SYN ▸ conjug 3 ◂ vt (Agr) to sow (*de, en* with); (Bio) to culture

**enserrer** [ɑ̃seʀe] → SYN ▸ conjug 1 ◂ vt [vêtement] to hug tightly; (dans ses bras) to hold, clasp ◆ **vallée enserrée par des montagnes** valley shut in ou hemmed in by mountains

**ensevelir** [ɑ̃səv(ə)liʀ] → SYN ▸ conjug 2 ◂ vt (frm = enterrer) to bury; (d'un linceul) to shroud (*de* in); [+ peine, honte] to hide, bury; [avalanche, décombres] to bury ◆ **enseveli sous la neige/la lave** buried beneath the snow/lava

**ensevelissement** [ɑ̃səv(ə)lismɑ̃] → SYN nm (gén) burying; (dans un linceul) shrouding

**ENSI** [ɛnsi] nf (abrév de **École nationale supérieure d'ingénieurs**) → **école**

**ensiforme** [ɑ̃sifɔʀm] adj (Bio) ensiform

**ensilage** [ɑ̃silaʒ] nm ensilage

**ensiler** [ɑ̃sile] ▸ conjug 1 ◂ vt to ensilage, ensile

**en-soi** [ɑ̃swa] nm (Philos) en-soi

**ensoleillé, e** [ɑ̃sɔleje] (ptp de **ensoleiller**) adj sunny

**ensoleillement** [ɑ̃sɔlɛjmɑ̃] nm (= durée) period ou hours of sunshine ◆ **l'ensoleillement est meilleur sur le versant est** there is more sun(shine) on the eastern side

**ensoleiller** [ɑ̃sɔleje] → SYN ▸ conjug 1 ◂ vt (lit) to fill with ou bathe in sunshine ou sunlight; (fig) to brighten, light up

**ensommeillé, e** [ɑ̃sɔmeje] adj sleepy, drowsy ◆ **il a les yeux ensommeillés** he is heavy-eyed with sleep, he is drowsy- ou sleepy-eyed

**ensorcelant, e** [ɑ̃sɔʀsəlɑ̃, ɑ̃t] → SYN adj regard, sourire bewitching; personne bewitching, captivating; paroles, roman, œuvre, rythme, musique spellbinding

**ensorceler** [ɑ̃sɔʀsəle] → SYN ▸ conjug 4 ◂ vt (lit, fig) to bewitch, put ou cast a spell on ou over

**ensorceleur, -euse** [ɑ̃sɔʀsəlœʀ, øz] → SYN **1** adj bewitching, spellbinding

**2** nm (lit) sorcerer, enchanter; (fig) charmer

**3** **ensorceleuse** nf (lit) witch, enchantress, sorceress; (fig = femme) enchantress; (hum = enfant) charmer

**ensorcellement** [ɑ̃sɔʀsɛlmɑ̃] → SYN nm (= action) bewitching, bewitchment; (= charme) charm, enchantment

**ensouple** [ɑ̃supl] nf (Tex) beam, roller

**ensuite** [ɑ̃sɥit] GRAMMAIRE ACTIVE 26.2 → SYN adv (= puis) then, next; (= par la suite) afterwards, later ◆ **il nous dit ensuite que ...** then ou next he said that ... ◆ **d'accord mais ensuite ?** all right but what now? ou what next? ou then what? ◆ **il se mit à crier, ensuite de quoi il claqua la porte** he started shouting, after which ou and after that he slammed the door ◆ **je le reçois d'abord et je vous verrai ensuite** I'll meet him first and I'll see you after ou afterwards

**ensuivre (s')** [ɑ̃sɥivʀ] → SYN ▸ conjug 40 ◂ vpr to follow, ensue ◆ **il s'ensuit que** it follows that ◆ **et tout ce qui s'ensuit** and all that goes with it ◆ **torturé jusqu'à ce que mort s'ensuive** tortured to death

**ensuqué, e*** [ɑ̃syke] adj droopy

**entablement** [ɑ̃tabləmɑ̃] → SYN nm entablature

**entacher** [ɑ̃taʃe] → SYN ▸ conjug 1 ◂ vt [+ honneur] to soil, sully, taint; [+ joie] to taint, blemish ◆ **entaché de nullité** (Jur) null and void ◆ **entaché d'erreurs** spoilt ou marred by mistakes

**entaille** [ɑ̃taj] → SYN nf **a** (sur le corps) (gén) cut; (profonde) gash; (petite) nick ◆ **se faire une entaille** to cut o.s.

**b** (sur un objet) notch; (allongée) groove; (dans une falaise) gash

**entailler** [ɑ̃taje] → SYN ▸ conjug 1 ◂ vt [+ corps] (gén) to cut; (profondément) to gash; (légèrement) to nick; [+ objet] to notch ◆ **carrière qui entaille la colline** quarry which cuts a gash in the hill ◆ **s'entailler la main** to cut ou gash one's hand

**entame** [ɑ̃tam] nf (= tranche) first slice; (Cartes) first card

**entamer** [ɑ̃tame] ▸ conjug 1 ◂ vt **a** [+ pain, jambon] to start (on); [+ tonneau] to broach, tap; [+ bouteille, boîte, sac] to start, open; [+ tissu] to cut into; [+ patrimoine] to make a hole in, dip into ◆ **mes économies sont bien entamées** it has made a big dent ou hole in my savings ◆ **la boîte est à peine entamée** the box has hardly been touched

**b** (= inciser) [+ chair, tissu] to cut (into); [+ métal] to cut ou bite into

**c** (= amorcer) [+ journée, livre] to start; [+ travail] to start on; [+ négociations, discussion] to start, open; [+ poursuites] to institute, initiate ◆ **la journée est déjà bien entamée** we are already well into the day, the day is already quite far advanced

**d** (= ébranler) [+ résistance] to wear down, break down; [+ conviction] to shake, weaken; [+ optimisme, moral] to wear down

**e** (= salir) [+ réputation] to damage, harm, cast a slur on

**f** (Cartes = commencer) **entamer la partie** to open the game ◆ **c'est à toi d'entamer** it's you to lead ◆ **entamer d'un pique** (enchères) to open (with) one spade; (partie) to lead a spade

**entartrage** [ɑ̃taʀtʀaʒ] nm [chaudière, tuyau, bouilloire] scaling, furring-up (Brit); [dents] scaling

**entartrer** [ɑ̃taʀtʀe] ▸ conjug 1 ◂ **1** vt [+ chaudière, tuyau, bouilloire] to scale, fur up (Brit); [+ dents] to scale

**2** **s'entartrer** vpr [chaudière, tuyau, bouilloire] to scale, fur up (Brit); [dents] to get covered in tartar

**entassement** [ɑ̃tasmɑ̃] → SYN nm **a** (= action) [objets] piling up, heaping up; [personnes] cramming in, packing together

**b** (= tas) pile, heap

**entasser** [ɑ̃tase] → SYN ▸ conjug 1 ◂ **1** vt **a** (= amonceler) [+ objets, arguments] to pile up, heap up (*sur* onto)

**b** (= tasser) [+ personnes, objets] to cram, pack (*dans* into)

**2** **s'entasser** vpr (= s'amonceler) [déchets, erreurs] to pile up; [personnes] to cram, pack (*dans* into) ◆ **ils s'entassent à 10 dans cette pièce** there are 10 of them crammed ou packed into that room ◆ **s'entasser sur la plage** to pack onto the beach

**ente** [ɑ̃t] → SYN nf (Agr) graft ◆ **prune d'ente** *kind of plum used to make prunes*

**entéléchie** [ɑ̃teleʃi] nf entelechy

**entendant, e** [ɑ̃tɑ̃dɑ̃, ɑ̃t] nm,f hearing person

**entendement** [ɑ̃tɑ̃dmɑ̃] → SYN nm (Philos) understanding ◆ **cela dépasse l'entendement** that's beyond all understanding ou comprehension ◆ **perdre l'entendement** (frm) to lose one's reason

**entendeur** [ɑ̃tɑ̃dœʀ] nm ◆ **à bon entendeur, salut** a word to the wise is enough

**entendre** [ɑ̃tɑ̃dʀ] → SYN ▸ conjug 41 ◂ **1** vt **a** (= percevoir) [+ voix, bruit] to hear ◆ **il entendit du bruit** he heard a noise ◆ **il entend mal de l'oreille droite** he can't hear very well with his right ear ◆ **il ne l'entend pas de cette oreille** (fig) he's not prepared to accept that ◆ **il entendit parler quelqu'un** he heard somebody speak ◆ **j'entendais quelqu'un parler** ou

**parler quelqu'un** I heard ou could hear somebody talking ◆ **faire entendre un son** to make a sound ◆ **elle fit entendre sa voix mélodieuse, sa voix mélodieuse se fit entendre** her sweet voice was heard ◆ **faire entendre sa voix** ou **se faire entendre dans un débat** to make oneself heard in a debate ◆ **qu'est-ce que j'entends ?** what did you say?, am I hearing right? ◆ **tu vas être sage, tu entends !** (menace) you're to be good, do you hear (me)! ◆ **ce qu'il faut entendre tout de même !** * really – the things you hear! ou the things people say! ◆ **il vaut mieux entendre ça que d'être sourd !** * really, the things you hear! *; → **voler**[1]

**b** (par ouï-dire) **entendre parler de qn/qch** to hear of ou about sb/sth ◆ **j'en ai vaguement entendu parler** I did vaguely hear something about ou of it ◆ **on n'entend plus parler de lui** you don't hear anything of him these days, you never hear of him any more ◆ **il ne veut pas en entendre parler** (fig) he won't hear of it ◆ **entendre dire que ...** to hear it said that ... ◆ **d'après ce que j'ai entendu dire** from what I have heard, by all accounts ◆ **on entend dire que ...** it is said ou rumoured that ..., rumour has it that ... ◆ **on entend dire des choses étranges** there are strange rumours going about ◆ **je l'ai entendu dire que ...** I heard him say that ...

**c** (= écouter) to hear, listen to ◆ **le patron a entendu les syndicats pendant une heure** the boss listened to ou heard the unions for an hour ◆ **j'ai entendu son discours jusqu'au bout** I listened right to the end of his speech ◆ **entendre les témoins** (Jur) to hear the witnesses ◆ **à l'entendre, c'est lui qui a tout fait** to hear him talk ou to listen to him you'd think he had done everything ◆ **il ne veut rien entendre** he doesn't want to hear ou know about it, he just won't listen ◆ **il raconte à qui veut l'entendre que c'est lui qui l'a quittée** he tells anyone who'll listen that he's the one who left her ◆ **si ça continue, il va m'entendre !** (menace) if he doesn't stop I'll give him a piece of my mind!; → **messe, raison**

**d** (frm = comprendre) to understand ◆ **oui, j'entends bien, mais ...** yes, I fully ou quite understand but ... ◆ **je vous entends** I see what you mean, now I understand (you) ◆ **il n'entend rien à la musique** he doesn't know the first thing ou he doesn't have the first idea about music ◆ **il n'entend pas la plaisanterie** † he can't take a joke, he doesn't know how to take a joke ◆ **laisser entendre à qn que ..., donner à entendre à qn que ...** (= faire comprendre) to give sb to understand that ...; (= donner l'impression que ...) to let it be understood that ..., give sb the impression that ...; → **malice, pire**

**e** (frm avec infin = vouloir) to intend, mean ◆ **j'entends bien y aller** I certainly intend ou mean to go ◆ **faites comme vous l'entendez** do as you see fit ou think best ◆ **j'entends être obéi** ou **qu'on m'obéisse** I intend ou mean to be obeyed, I will be obeyed ◆ **j'entends ne pas céder, je n'entends pas céder** I have no intention of giving in

**f** (= vouloir dire) to mean ◆ **qu'entendez-vous par là ?** what do you mean by that? ◆ **entendez-vous par là que ... ?** are you trying to say that ...?, do you mean that ...?

**2** **s'entendre** vpr **a** (soi-même) **je me suis entendu à la radio** I heard myself on the radio ◆ **tu ne t'entends pas !** you don't know what you're saying!

**b** (= être d'accord, s'accorder) to agree ◆ **ils se sont entendus sur plusieurs points** they have agreed on several points ◆ **hier tu m'as dit le contraire, il faudrait s'entendre !** yesterday you told me exactly the opposite, make up your mind!

**c** (= sympathiser) to get on ◆ **ils ne s'entendent pas** they don't get along ou on (Brit) (together ou with each other) ◆ **ils s'entendent à merveille** they get along ou on (Brit) extremely well (together ou with each other), they get on like a house on fire (Brit); → **larron**

**d** (= s'y connaître) **s'y entendre pour** ou **s'entendre à** (frm) **faire qch** to be very good at doing sth ◆ **il s'y entend !** he knows what he's doing!, he knows his onions! * (Brit) ou stuff! *

**e** (= se comprendre) **quand je dis magnifique, je m'entends, disons que c'est très joli** when I say it's magnificent, what I really mean is that it's very attractive ◆ **il le fera, moyennant finances, (cela) s'entend** he will do it – for a fee, of course ou naturally ◆ **entendons-nous bien !** let's be quite clear about ou on this, let's make quite sure we understand one another ◆ **ça peut s'entendre différemment suivant les contextes** that can be taken to mean different things depending on the context

**f** (= être entendu) **le bruit s'entendait depuis la route** the noise could be heard ou was audible from the road ◆ **cette expression ne s'entend plus guère** (fig) that phrase is hardly ever used ou heard nowadays, you hardly ever hear that phrase nowadays ◆ **on ne s'entend plus ici** you can't hear yourself think in here

**entendu, e** [ɑ̃tɑ̃dy] → SYN (ptp de **entendre**) adj **a** (= convenu) agreed ◆ **étant entendu que** it being understood ou agreed that, since ◆ **il est bien entendu que vous n'en dites rien** of course it's understood ou it must be understood that you make no mention of it ◆ **c'est (bien) entendu, n'est-ce pas ?** that's (all) agreed, isn't it? ◆ **(c'est) entendu !** right!, agreed!, right-oh! * (Brit)

◆ **bien entendu** (= évidemment) of course ◆ **(comme de) bien entendu, tu dormais !** as I might have known ou expected (you to be), you were asleep!

**b** (concessif) all right, granted, so we all agree ◆ **c'est entendu** ou **c'est une affaire entendue, il t'a poussé** all right, so he pushed you

**c** (= complice) sourire, air knowing ◆ **d'un air entendu** with a knowing look, knowingly

**d** (†† = habile) competent

**enténébrer** [ɑ̃tenebʀe] → SYN ▸ conjug 6 ◂ vt (littér) [+ salle] to make dark ou gloomy; [+ vie, voyage] to cast a shadow over

**entente** [ɑ̃tɑ̃t] → SYN nf **a** (= amitié) harmony, understanding; (= alliance) understanding ◆ **politique d'entente avec un pays** policy of friendship with a country ◆ **l'Entente cordiale** the Entente Cordiale ◆ **la Triple Entente** the Triple Alliance ◆ **vivre en bonne entente** to live in harmony ou harmoniously ◆ **vivre en bonne entente avec les voisins** to be on good terms with the neighbours

**b** (= accord) agreement, understanding; (Écon = cartel) combine ◆ **ententes illicites** illegal agreements ou arrangements ◆ **faire une demande d'entente préalable** *to request the Social Security to agree to help with costs before one is treated*

**c** (= connaissance) grasp, understanding; (= habileté) skill; → **double**

**enter** [ɑ̃te] → SYN ▸ conjug 1 ◂ vt (Agr) to graft

**entéralgie** [ɑ̃teʀalʒi] nf enteralgia

**entérinement** [ɑ̃teʀinmɑ̃] nm ratification, confirmation

**entériner** [ɑ̃teʀine] → SYN ▸ conjug 1 ◂ vt to ratify, confirm

**entérique** [ɑ̃teʀik] adj enteric, enteral

**entérite** [ɑ̃teʀit] → SYN nf enteritis

**entérobactérie** [ɑ̃teʀɔbakteʀi] nf enterobacterium

**entérocolite** [ɑ̃teʀokɔlit] nf enterocolitis

**entérocoque** [ɑ̃teʀokɔk] nm streptococcus faecalis *(present in the intestine)*

**entérokinase** [ɑ̃teʀokinɑz] nf enterokinase

**enterrement** [ɑ̃tɛʀmɑ̃] → SYN nm **a** (= action) [mort] burial; [espoir] end, death

**b** (= cérémonie) funeral, burial (service); (= convoi) funeral procession ◆ **enterrement civil/religieux** non-religious/religious burial (service) ou funeral ◆ **faire** ou **avoir une tête** ou **mine d'enterrement** * to look down in the mouth *, look gloomy ou glum ◆ **il a eu un enterrement de première classe** (hum) [politicien, cadre] he was shunted off into the wings

**enterrer** [ɑ̃teʀe] → SYN ▸ conjug 1 ◂ vt **a** (= inhumer) to bury, inter (frm) ◆ **hier il a enterré sa mère** yesterday he attended his mother's burial ou funeral ◆ **on l'enterre ce matin** he is being buried this morning ◆ **tu nous enterreras tous !** you'll outlive us all! ◆ **s'enterrer dans un trou perdu** to bury o.s. in the sticks ou in the back of beyond (Brit)

**b** (= enfouir) [+ os, trésor] to bury

**c** (= oublier) [+ projet] to lay aside, forget about; [+ scandale] to hush up; [+ espoir] to forget about ◆ **enterrons cette querelle** (let's) let bygones be bygones ◆ **c'est une querelle enterrée depuis longtemps** that quarrel has long since been (dead and) buried ◆ **enterrer son passé** to put one's past behind one ◆ **enterrer sa vie de garçon** to have ou throw a stag party (before one's wedding)

**entêtant, e** [ɑ̃tɛtɑ̃, ɑ̃t] → SYN adj vin, parfum heady (épith), which goes to the head

**en-tête**, pl **en-têtes** [ɑ̃tɛt] nm heading; (Ordin) header ◆ **papier à lettres à en-tête** headed notepaper

**entêté, e** [ɑ̃tete] → SYN (ptp de **entêter**) **1** adj stubborn, pigheaded *

**2** nm,f mule, stubborn individual ◆ **quel entêté tu fais !** you're so stubborn!

**entêtement** [ɑ̃tɛtmɑ̃] → SYN nm (= obstination) stubbornness, pigheadedness *; (= persévérance) doggedness

**entêter** [ɑ̃tete] → SYN ▸ conjug 1 ◂ **1** vt [vin, parfum] to go to the head of ◆ **ce parfum entête** this perfume goes to your head

**2** **s'entêter** vpr to persist (*dans qch* in sth; *à faire qch* in doing sth)

**enthalpie** [ɑ̃talpi] nf enthalpy, heat content, total heat

**enthousiasmant, e** [ɑ̃tuzjasmɑ̃, ɑ̃t] → SYN adj spectacle, livre, idée exciting, exhilarating

**enthousiasme** [ɑ̃tuzjasm] GRAMMAIRE ACTIVE 13.2 → SYN nm enthusiasm ◆ **avec enthousiasme** enthusiastically, with enthusiasm ◆ **avoir des enthousiasmes soudains** to have sudden fits of enthusiasm ou sudden crazes

**enthousiasmer** [ɑ̃tuzjasme] GRAMMAIRE ACTIVE 7.3 → SYN ▸ conjug 1 ◂

**1** vt to fill with enthusiasm

**2** **s'enthousiasmer** vpr to be ou get enthusiastic (*pour* about, over) ◆ **il s'enthousiasma tout de suite pour ...** he was immediately enthusiastic about ou over ..., he was immediately filled with enthusiasm for ... ◆ **c'est quelqu'un qui s'enthousiasme facilement** he's easily carried away (*pour* by)

**enthousiaste** [ɑ̃tuzjast] → SYN **1** adj enthusiastic (*de* about, over)

**2** nmf enthusiast

**enthymème** [ɑ̃timɛm] nm enthymeme

**entichement** [ɑ̃tiʃmɑ̃] → SYN nm (pour une personne) infatuation (*pour, de* for, with); (pour une chose) passion, craze (*de, pour* for)

**enticher (s')** [ɑ̃tiʃe] → SYN ▸ conjug 1 ◂ vpr (frm, péj) ◆ **s'enticher de** [+ personne] to become infatuated ou besotted (Brit) with; [+ activité, théorie] to get completely hooked * on ◆ **il est entiché de vieux livres** he has a passion for old books

**entier, -ière** [ɑ̃tje, jɛʀ] → SYN **1** adj **a** (= total) quantité, prix whole, full; surface, endroit, année whole, entire ◆ **boire une bouteille entière** to drink a whole ou full ou an entire bottle ◆ **payer place entière** (Théât) to pay the full price; (Rail) to pay the full fare ou price ◆ **une heure entière** a whole hour ◆ **des heures entières** for hours (on end ou together) ◆ **dans le monde entier** in the whole ou entire world, in the whole of the world, throughout the world ◆ **dans la France entière** throughout France, in the whole of France; → **nombre**

◆ **tout entier** entirely, completely ◆ **se donner tout entier à une tâche** to devote o.s. wholeheartedly ou entirely ou wholly to a task ◆ **il était tout entier à son travail** he was completely wrapped up in ou engrossed in his work

**b** (= intact) objet, vertu intact; (Vét = non châtré) entire ◆ **aucune assiette n'était entière** there wasn't one unbroken plate ◆ **la question reste entière** the question still remains unresolved ◆ **c'est un miracle qu'il en soit sorti entier** it's a miracle he escaped unscathed ou in one piece

**c** (= absolu) liberté, confiance absolute, complete ◆ **mon accord plein et entier** my full ou entire (and) wholehearted agreement ◆ **donner entière satisfaction** to give complete satisfaction

**d** (= sans demi-mesure) personne, caractère uncompromising; opinion strong

**e** (Culin) → **lait**

2 nm (Math) whole, integer; (Ordin) integer ◆ **deux demis font un entier** two halves make a whole ◆ **la nation dans son entier** the nation as a whole, the entire nation

◆ **en entier** totally, in its entirety ◆ **occupé en entier par des bureaux** totally occupied by offices, occupied in its entirety by offices ◆ **boire une bouteille en entier** to drink a whole ou a full ou an entire bottle ◆ **lire/voir qch en entier** to read/see the whole of sth, read/watch sth right through

**entièrement** [ɑ̃tjɛʀmɑ̃] → SYN adv entirely, completely, wholly ◆ **je suis entièrement d'accord avec vous** I fully ou entirely agree with you ◆ **la ville a été entièrement détruite** the town was wholly ou entirely destroyed

**entièreté** [ɑ̃tjɛʀte] nf entirety

**entité** [ɑ̃tite] → SYN nf entity

**entoilage** [ɑ̃twalaʒ] nm [estampe] mounting on canvas; [vêtement] stiffening (with canvas); (= toile) canvas

**entoiler** [ɑ̃twale] ▸ conjug 1 ◂ vt [+ estampe] to mount on canvas; [+ vêtement] to stiffen (with canvas)

**entoir** [ɑ̃twaʀ] nm grafting knife

**entôler*** [ɑ̃tole] ▸ conjug 1 ◂ vt to con*, fleece* (*de* of), do* (Brit) (*de* out of)

**entomologie** [ɑ̃tɔmɔlɔʒi] nf entomology

**entomologique** [ɑ̃tɔmɔlɔʒik] adj entomological

**entomologiste** [ɑ̃tɔmɔlɔʒist] nmf entomologist

**entomophage** [ɑ̃tɔmɔfaʒ] adj entomophagous

**entomophile** [ɑ̃tɔmɔfil] adj entomophilous

**entonnage** [ɑ̃tɔnaʒ] nm, **entonnaison** [ɑ̃tɔnɛzɔ̃] nf, **entonnement** [ɑ̃tɔnmɑ̃] nm casking, barrelling

**entonner** [ɑ̃tɔne] → SYN ▸ conjug 1 ◂ vt ◆ **entonner une chanson** to break into song, strike up a song, start singing ◆ **entonner des louanges au sujet de qn** to start singing sb's praises ◆ **entonner un psaume** to strike up a psalm, start singing a psalm

**entonnoir** [ɑ̃tɔnwaʀ] → SYN nm (Culin) funnel; (Géog) swallow hole, doline; (= trou) [obus] shell-hole; [bombe] crater ◆ **en entonnoir** forme, conduit funnel-shaped

**entorse** [ɑ̃tɔʀs] → SYN nf a (Méd) sprain ◆ **se faire une entorse au poignet** to sprain one's wrist

b [loi] infringement (*à* of) ◆ **faire une entorse à** [+ vérité] to twist; [+ habitudes, régime] to break ◆ **faire une entorse au règlement** to bend ou stretch the rules

**entortillement** [ɑ̃tɔʀtijmɑ̃] nm (= action) twisting, winding, twining; (= état) entwinement

**entortiller** [ɑ̃tɔʀtije] → SYN ▸ conjug 1 ◂ 1 vt a [+ ruban] to twist, twine, wind; [+ bonbons] to wrap (up)

b * (= enjôler) to get round, wheedle, cajole; (= embrouiller) to mix up, muddle (up); (= duper) to hoodwink*

2 **s'entortiller** vpr [liane] to twist, wind, twine ◆ **s'entortiller dans ses réponses** to tie o.s. in knots* with one's answers ◆ **s'entortiller dans les couvertures** (volontairement) to wrap ou roll o.s. up in the blankets; (involontairement) to get caught up ou tangled up ou entangled in the blankets

**entour** [ɑ̃tuʀ] nm (littér) ◆ **les entours de qch** the surroundings of sth ◆ **à l'entour de qch** around sth

**entourage** [ɑ̃tuʀaʒ] → SYN nm a (= famille) family circle; (= compagnie) (gén) set, circle; [roi, président] entourage ◆ **les gens de son entourage/dans l'entourage du président** people around him/around the president

b (= bordure) [fenêtre] frame, surround (Brit); [massif floral] border, surround (Brit)

**entouré, e** [ɑ̃tuʀe] (ptp de **entourer**) adj a (= admiré) popular ◆ **cette jeune femme est très entourée** this young woman is the centre of attraction ◆ **pendant cette épreuve il était très entouré** during this difficult time many people rallied around (him) ◆ **c'est un titre très entouré** (Bourse) everyone's rallying around that stock

b (= encerclé) **entouré de** surrounded with ou by

**entourer** [ɑ̃tuʀe] → SYN ▸ conjug 1 ◂ 1 vt a (= mettre autour) **entourer de** to surround with ◆ **entourer un champ d'une clôture** to put a fence round a field, surround a field with a fence ◆ **il entoura ses épaules d'un châle** he put ou wrapped a shawl (a)round her shoulders ◆ **entourer qn de ses bras** to put one's arms (a)round sb

b (= être autour) (gén) to surround; [cadre] to frame, surround; [couverture, écharpe] to be round; [soldats] to surround, encircle ◆ **le monde qui nous entoure** the world around ou about us, the world that surrounds us

c (= soutenir) [+ personne souffrante] to rally round ◆ **entourer qn de son affection** to surround sb with love

2 **s'entourer** vpr ◆ **s'entourer de** [+ amis, gardes du corps, luxe] to surround o.s. with ◆ **s'entourer de mystère** to surround o.s. with ou shroud o.s. in mystery ◆ **s'entourer de précautions** to take elaborate precautions ◆ **nous voulons nous entourer de toutes les garanties** we wish to have ou avail ourselves of all possible guarantees

**entourloupe*** [ɑ̃tuʀlup], **entourloupette*** [ɑ̃tuʀlupɛt] nf mean ou rotten* trick ◆ **faire une entourloupe à qn** to play a (rotten* ou mean) trick on sb

**entournure** [ɑ̃tuʀnyʀ] nf armhole; → **gêné**

**entracte** [ɑ̃tʀakt] → SYN nm a (= pause) (Théât) interval, interlude, intermission (US); (Ciné) interval, intermission; (fig = interruption) interlude, break

b (Théât = divertissement) entr'acte, interlude

**entraide** [ɑ̃tʀɛd] → SYN nf mutual aid ◆ **entraide judiciaire internationale** international judicial cooperation ◆ **service d'entraide** (Admin) support service

**entraider (s')** [ɑ̃tʀede] → SYN ▸ conjug 1 ◂ vpr to help one another ou each other

**entrailles** [ɑ̃tʀɑj] → SYN nfpl a [animaux] entrails, guts

b (littér) [personne] entrails; (= ventre maternel) womb ◆ **sans entrailles** (fig) heartless, unfeeling ◆ **la faim le mordait aux entrailles** hunger gnawed at him ou at his guts ◆ **spectacle qui vous prend aux entrailles** ou **qui vous remue les entrailles** sight that shakes your very soul ou shakes you to the core

c (littér) [édifice, terre] bowels, depths

**entrain** [ɑ̃tʀɛ̃] → SYN nm [personne] spirit, drive; [réunion] spirit, liveliness, go ◆ **avec entrain** répondre, travailler enthusiastically; manger with gusto, heartily ◆ **sans entrain** travailler half-heartedly, unenthusiastically ◆ **être plein d'entrain, avoir de l'entrain** to have plenty of ou be full of drive ou go* ◆ **ça manque d'entrain** (soirée) it's dragging, it's not exactly lively, it's a bit dead*

**entraînant, e** [ɑ̃tʀɛnɑ̃, ɑ̃t] → SYN adj paroles, musique stirring, rousing; rythme brisk, lively

**entraînement** [ɑ̃tʀɛnmɑ̃] → SYN nm a (= action) [roue, bielle] driving; [athlète] training, coaching; [cheval] training ◆ **entraînement à chaîne** chain drive ◆ **effet d'entraînement** (Écon) ratchet effect

b (= impulsion, force) [passions] (driving) force, impetus; [habitude] force ◆ **des entraînements dangereux** dangerous impulses

c (Sport = préparation, exercice) training (NonC) ◆ **deux heures d'entraînement chaque matin** two hours of training every morning ◆ **course/terrain d'entraînement** training race/ground ◆ **manquer d'entraînement** to be out of training ◆ **il a de l'entraînement** he's highly trained ◆ **il est à l'entraînement** he's in a training session, he's training ◆ **il est à l'entraînement de rugby** he's at rugby practice ◆ **il s'est blessé à l'entraînement** he hurt himself at ou while training ou during a training session ◆ **j'ai de l'entraînement !** (hum) I've had lots of practice!

**entraîner** [ɑ̃tʀene] → SYN ▸ conjug 1 ◂ 1 vt a (lit) (= charrier) [+ épave, objets arrachés] to carry ou drag along; (Tech = mouvoir) [+ machine] to drive; (= tirer) [+ wagons] to pull ◆ **le courant les entraîna vers les rapides** the current carried ou dragged ou swept them along towards the rapids ◆ **le poids de ses habits l'entraîna vers le fond** the weight of his clothes dragged him (down) towards the bottom ◆ **il entraîna son camarade dans sa chute** he pulled ou dragged his friend down in his fall

b (= emmener) [+ personne] to take (off) (*vers* towards) ◆ **il m'entraîna vers la sortie/dans un coin** he dragged ou took me (off) towards the exit/into a corner ◆ **il les entraîna à sa suite vers ...** he took them (along ou off) with him towards ...

c (= influencer) to lead ◆ **entraîner qn à voler qch** to get sb to steal sth ◆ **entraîner ses camarades à boire/dans la débauche** to lead one's friends into drinking/bad ways ◆ **se laisser entraîner par ses camarades** to let o.s. be led by one's friends ◆ **cela l'a entraîné à de grosses dépenses** that meant great expense for him, that led him into great expense

d (= causer) to bring about, lead to; (= impliquer) to entail, mean ◆ **ceci a entraîné des compressions budgétaires** this has brought about ou led to budgetary restraints ◆ **si je vous comprends bien, ceci entraîne la perte de nos avantages** if I understand you, this will mean ou will entail the loss of our advantages

e (= emporter) [rythme] to carry along; [passion, enthousiasme] to carry away ◆ **son enthousiasme l'a entraîné trop loin** his enthusiasm carried him too far ◆ **se laisser entraîner (par ses passions)** to (let o.s.) get ou be carried away (by one's passions)

f (= préparer) [+ athlète] to train, coach; [+ cheval] to train (*à* for)

2 **s'entraîner** vpr a (Sport) to train ◆ **où est-il ? – il s'entraîne au stade** where is he? – he's (doing some) training at the stadium ◆ **s'entraîner à la course/pour le championnat** to get in training ou to train for running/for the championship ◆ **s'entraîner à faire un certain mouvement** to practise a certain movement, work on a certain movement

b (gén) **s'entraîner à faire qch** to train o.s. to do sth ◆ **s'entraîner à la discussion/à l'art de la discussion** to train o.s. for discussion/in the art of discussion ◆ **il s'entraîne à parler en public** he is training himself to speak in public

**entraîneur** [ɑ̃tʀɛnœʀ] → SYN nm [cheval] trainer; [équipe, coureur, boxeur] coach, trainer ◆ **un entraîneur d'hommes** (littér) a leader of men

**entraîneuse** [ɑ̃tʀɛnøz] → SYN nf [bar] hostess; (Sport) coach, trainer

**entrait** [ɑ̃tʀɛ] → SYN nm tie beam

**entrant, e** [ɑ̃tʀɑ̃, ɑ̃t] nm,f (gén pl) ◆ **les entrants** the people coming (ou going) in

**entrapercevoir** [ɑ̃tʀapɛʀsəvwaʀ] ▸ conjug 28 ◂ vt to catch a (brief) glimpse of

**entrave** [ɑ̃tʀav] → SYN nf a (= obstacle) hindrance (*à* to) ◆ **entrave à la circulation** hindrance to traffic ◆ **entrave à la liberté d'expression** constraint upon ou obstacle to freedom of expression ◆ **sans entrave** liberté, bonheur total ◆ **vivre sans entraves** to lead an unfettered existence

b [animal] hobble, fetter, shackle ◆ **entraves** [prisonnier] chains, fetters (littér) ◆ **se débarrasser des entraves de la rime** (littér) to free o.s. from the shackles ou fetters of rhyme (littér)

**entravé, e** [ɑ̃tʀave] (ptp de **entraver**) adj voyelle checked ◆ **jupe entravée** pencil skirt

**entraver** [ɑ̃tʀave] → SYN ▸ conjug 1 ◂ vt a (= gêner) [+ circulation] to hold up; [+ mouvements] to hamper, hinder; [+ action, plans, processus] to hinder, hamper, impede ◆ **ses pas entravés par les chaînes/sa jupe** her steps hampered ou hindered by the chains/her skirt ◆ **entraver la carrière de qn** to hinder sb in his career

b [+ animal] to hobble, shackle, fetter; [+ prisonnier] to chain (up), fetter (littér)

c (* = comprendre) to get* ◆ **je n'y entrave que couic** ou **que dalle** I just don't get it*, I don't twig (it) at all* (Brit)

**entre** [ɑ̃tʀ] → SYN prép a (= à mi-chemin de, dans l'intervalle de) [+ objets, dates, opinions] between ◆ **entre le vert et le jaune** between green and yellow ◆ **entre la vie et la mort** between life and death ◆ **entre ciel et terre** between heaven and earth ◆ **vous l'aimez saignant, à point ou entre les deux ?** do you like it rare, medium or between the two? ou or in-between? ◆ **la vérité est entre les deux** the truth is somewhere between the two ou somewhere in between; → **lire**[1]

**b** (= entouré par) [+ murs] within, between; [+ montagnes] among, between ◆ **enfermé entre quatre murs** (fig) shut in ◆ **encaissé entre les hautes parois** enclosed between the high walls

**c** (= au milieu de, parmi) [+ objets épars, personnes] among, amongst ◆ **il aperçut un objet brillant entre les pierres** he saw an object shining among(st) the stones ◆ **choisir entre plusieurs choses** to choose from among ou between several things ◆ **il hésita entre plusieurs routes** he hesitated between several roads ◆ **je le compte entre mes amis** (frm) I number him among my friends ◆ **l'un d'entre eux** one of them ◆ **plusieurs d'entre nous** several of us, several of our number (frm) ◆ **intelligent entre tous** supremely intelligent ◆ **problème difficile entre tous** inordinately ou particularly difficult problem ◆ **cette heure entre toutes** this (hour) of all hours ◆ **je le reconnaîtrais entre tous** I would know ou recognize him anywhere ◆ **c'est le meilleur entre tous mes amis** he's the best friend I have ◆ **il l'a partagé entre tous ses amis** he shared it out among all his friends

◆ **entre autres** ◆ **lui, entre autres, n'est pas d'accord** he, for one ou among others, doesn't agree ◆ **entre autres (choses)** among other things ◆ **entre autres (personnes)** among others

**d** (= dans) in, into ◆ **j'ai eu ce livre entre les mains** I had that book in my (very) hands ◆ **prendre entre ses bras** to take in one's arms ◆ **ma vie est entre vos mains** my life is ou lies in your hands ◆ **tomber entre les mains de l'ennemi/d'escrocs** to fall into the hands of the enemy/of crooks

**e** (= à travers) through, between ◆ **je l'ai aperçu entre les branches** I saw it through ou between the branches

**f** (indiquant une relation) (deux choses) between; (plus de deux) among ◆ **rapports entre deux personnes/choses** relationship between two people/things ◆ **nous sommes entre nous** ou **entre amis** we're all friends here, we're among friends ◆ **entre nous** between you and me, between ourselves ◆ **entre nous c'est à la vie, à la mort** we are ou shall be friends for life ◆ **entre eux 4** among the 4 of them ◆ **qu'y a-t-il exactement entre eux ?** what exactly is there between them? ◆ **il n'y a rien de commun entre eux** they have nothing in common ou no common ground ◆ **ils se marient entre eux** they intermarry ◆ **ils préfèrent rester entre eux** they prefer to keep (themselves) to themselves ou to be on their own ◆ **ils se sont entendus entre eux** they reached a mutual agreement ◆ **entendez-vous entre vous** sort it out among yourselves ◆ **ils se sont disputés entre eux** they have quarrelled (with each other ou with one another) ◆ **laissons-les se battre entre eux** let's leave them to fight it out (between ou among themselves) ◆ **on ne va pas se battre entre nous** we're not going to fight (among ourselves)

**entrebâillement** [ɑ̃tʀəbɑjmɑ̃] nm ◆ **dans/par l'entrebâillement de la porte** in/through the half-open door

**entrebâiller** [ɑ̃tʀəbɑje] → SYN ▸ conjug 1 ◂ vt to half-open ◆ **la porte est entrebâillée** the door is ajar ou half-open

**entrebâilleur** [ɑ̃tʀəbɑjœʀ] nm door chain

**entrechat** [ɑ̃tʀəʃa] → SYN nm (Danse) entrechat; (hum = saut) leap, spring ◆ **faire des entrechats** (Danse) to do entrechats; (hum) to leap about

**entrechoquement** [ɑ̃tʀəʃɔkmɑ̃] nm (gén) knocking, banging; [verres] clinking; [dents] chattering; [épées] clashing

**entrechoquer** [ɑ̃tʀəʃɔke] → SYN ▸ conjug 1 ◂ **1** vt (gén) to knock ou bang together; [+ verres] to clink ou chink (together)

**2** **s'entrechoquer** vpr (gén) to knock ou bang together; [verres] to clink ou chink (together); [dents] to chatter; [épées] to clash ou clang together; [idées, mots] to jostle together

**entrecôte** [ɑ̃tʀəkot] nf entrecôte steak, rib steak

**entrecouper** [ɑ̃tʀəkupe] → SYN ▸ conjug 1 ◂ **1** vt ◆ **entrecouper de** [+ citations] to intersperse ou pepper with; [+ rires, sarcasmes] to interrupt with; [+ haltes] to interrupt with, break with ◆ **voix entrecoupée de sanglots** voice broken with sobs ◆ **parler d'une voix entrecoupée** to speak in a broken voice, have a catch in one's voice as one speaks

**2** **s'entrecouper** vpr [lignes] to intersect, cut across each other

**entrecroisement** [ɑ̃tʀəkʀwazmɑ̃] nm [fils, branches] intertwining; [lignes, routes] intersecting

**entrecroiser** vt, **s'entrecroiser** vpr [ɑ̃tʀəkʀwaze] → SYN ▸ conjug 1 ◂ [fils, branches] to intertwine; [lignes, routes] to intersect

**entre-déchirer (s')** [ɑ̃tʀədeʃiʀe] ▸ conjug 1 ◂ vpr (littér) to tear one another ou each other to pieces

**entre(-)détruire (s')** [ɑ̃tʀədetʀɥiʀ] ▸ conjug 38 ◂ vpr to destroy each other

**entre-deux** [ɑ̃tʀədø] nm inv **a** (= intervalle) intervening period, period in between

**b** (Sport) jump ball

**c** (Couture) **entre-deux de dentelle** lace insert

**entre-deux-guerres** [ɑ̃tʀədøgɛʀ] nm inv ◆ **l'entre-deux-guerres** the interwar years ou period ◆ **pendant l'entre-deux-guerres** between the wars, in ou during the interwar years ou period

**entre-dévorer (s')** [ɑ̃tʀədevɔʀe] ▸ conjug 1 ◂ vpr (littér) to tear one another ou each other to pieces

**entrée** [ɑ̃tʀe] → SYN **1** nf **a** (= arrivée) [personne] (gén) entry, entrance; (dans pays, ville) entry; [véhicule, bateau, armée occupante] entry ◆ **à son entrée, tous se sont tus** as he came ou walked in ou entered, everybody fell silent ◆ **à son entrée dans le salon** as he came ou walked into ou entered the lounge ◆ **elle a fait une entrée remarquée** she made quite an entrance, she made a dramatic entrance ◆ **faire son entrée dans le salon** to enter the lounge ◆ **l'entrée en gare du train** the train's entry into the station ◆ **l'entrée au port du navire** the ship's entry into the port ◆ **entrée illégale dans un pays** illegal entry into a country

**b** (Théât) **faire son entrée** to make one's entry ou entrance ◆ **rater son entrée** (sur scène) to miss one's entrance; (première réplique) to miss one's cue

**c** (= accès) entry, admission (*de, dans* to) ◆ **"entrée"** (sur pancarte) "way in" ◆ **"entrée libre"** (dans boutique) "come in and look round"; (dans musée) "admission free" ◆ **"entrée interdite"** "no admittance", "no entry" ◆ **"entrée interdite à tout véhicule"** "vehicles prohibited" ◆ **l'entrée est gratuite/payante** there is no admission charge/there is an admission charge ◆ **on lui a refusé l'entrée de l'amphithéâtre** he was refused admission ou entrance ou entry to the lecture hall

**d** (Comm) [marchandises] entry; (Fin) [capital] inflow ◆ **droits d'entrée** import duties

**e** (dans un domaine, un milieu) entry; (dans un club) entry, admission ◆ **l'entrée de la Finlande dans l'Union européenne** Finland's entry into ou admission to the European Union ◆ **se voir refuser son entrée dans un club/une école** to be refused admission ou entry to a club/school, be rejected by a club/school ◆ **l'entrée des jeunes dans la vie active est souvent difficile** young people often find it difficult to enter the job market ◆ **ce parti a fait une entrée fracassante sur la scène politique** this party burst onto the political scene ◆ **ce produit/l'entreprise a fait une entrée discrète sur le marché** the product/company has crept onto the market ◆ **il a fait une entrée discrète au gouvernement** he entered the government unobtrusively ◆ **faire son entrée dans le monde** † [débutante] to come out †, make one's début in society; → **concours, examen**

**f** (= billet) ticket ◆ **j'ai pris 2 entrées** I got 2 tickets ◆ **billet d'entrée** entrance ticket ◆ **les entrées couvriront tous les frais** the receipts ou takings will cover all expenses ◆ **ils ont fait 10 000 entrées** they sold 10,000 tickets

**g** (= porte, portail) entry, entrance; [tunnel, port, grotte] entry, entrance, mouth ◆ **entrée principale** main entrance

**h** (= vestibule) entrance (hall)

**i** (Tech) [fluide, air] entry

**j** (= début) outset; (Mus = motif) entry ◆ **à l'entrée de l'hiver/de la belle saison** as winter/the warm weather set (ou sets etc ) in, at the onset ou beginning of winter/the warm weather ◆ **produit d'entrée de gamme** entry-level product

◆ **d'entrée de jeu** from the outset

**k** (Culin) (= mets) first course, starter (Brit); (sur menu) entrée (Brit), appetizer (US)

**l** (Comm, Stat) entry; (Lexicographie = mot) headword (Brit), entry word (US) ◆ **tableau à double entrée** double-entry table

**m** (Ordin) input ◆ **entrée-sortie** input-output

**2** **entrées** nfpl ◆ **avoir ses entrées auprès de qn** to have free ou easy access to sb ◆ **il a ses entrées au gouvernement** he has privileged access to government ministers

**3** COMP ▷ **entrée d'air** (Tech) air inlet ▷ **entrée des artistes** stage door ▷ **entrée de service** [hôtel] service ou tradesmen's entrance; [villa] tradesmen's entrance

**entre-égorger (s')** [ɑ̃tʀegɔʀʒe] ▸ conjug 3 ◂ vpr to cut each other's ou one another's throats

**entrefaites** [ɑ̃tʀəfɛt] **sur ces entrefaites** loc adv (= à ce moment-là) at that moment, at this juncture

**entrefer** [ɑ̃tʀəfɛʀ] nm air-gap

**entrefilet** [ɑ̃tʀəfilɛ] → SYN nm (= petit article) paragraph

**entregent** [ɑ̃tʀəʒɑ̃] → SYN nm savoir-faire ◆ **avoir de l'entregent** to have a good manner with people

**entrejambe** [ɑ̃tʀəʒɑ̃b] nm (Couture, euph) crotch

**entrelacement** [ɑ̃tʀəlasmɑ̃] → SYN nm (= action, état) intertwining, interlacing ◆ **un entrelacement de branches** a network ou crisscross of branches

**entrelacer** vt, **s'entrelacer** vpr [ɑ̃tʀəlase] → SYN ▸ conjug 3 ◂ to intertwine, interlace ◆ **lettres entrelacées** intertwined ou interlaced letters ◆ **intrigues entrelacées** intertwined ou interwoven plots ◆ **voluptueusement entrelacés** locked in a sensual embrace ◆ **écran à balayage entrelacé/non entrelacé** (Ordin) screen with interleaved ou interlaced scanning/non-interleaved ou non-interlaced scanning

**entrelacs** [ɑ̃tʀəla] nm (Archit) interlacing (NonC); (Peinture) interlace (NonC)

**entrelardé, e** [ɑ̃tʀəlaʀde] (ptp de **entrelarder**) adj (= gras) viande streaked with fat

**entrelarder** [ɑ̃tʀəlaʀde] → SYN ▸ conjug 1 ◂ vt (Culin) to lard ◆ **entrelarder de citations** to (inter)lard ou intersperse with quotations

**entremêlement** [ɑ̃tʀəmɛlmɑ̃] nm [choses] (inter)mingling, intermixing; [branches] entanglement; [idées] intermingling

**entremêler** [ɑ̃tʀəmele] → SYN ▸ conjug 1 ◂ **1** vt **a** [+ choses] to (inter)mingle, intermix ◆ **entremêler des scènes tragiques et des scènes comiques** to (inter)mingle ou intermix tragic and comic scenes

**b** (= truffer de) **entremêler un récit de** to intersperse ou pepper a tale with

**2** **s'entremêler** vpr [branches, cheveux] to become entangled (*à* with); [idées] to become intermingled

**entremets** [ɑ̃tʀəmɛ] → SYN nm dessert *(made with cream)*

**entremetteur** [ɑ̃tʀəmetœʀ] → SYN nm **a** (péj) (gén) go-between; (= proxénète) procurer, go-between

**b** (= intermédiaire) mediator, go-between

**entremetteuse** [ɑ̃tʀəmɛtøz] → SYN nf (péj) (gén) go-between; (= proxénète) procuress, go-between

**entremettre (s')** [ɑ̃tʀəmɛtʀ] → SYN ▸ conjug 56 ◂ vpr **a** (dans une querelle) to act as mediator, mediate, intervene (*dans* in); (péj) to interfere (*dans* in)

**b** (= intercéder) to intercede (*auprès de* with)

**entremise** [ɑ̃tʀəmiz] → SYN nf intervention ◆ **offrir son entremise** to offer to act as mediator ou to mediate ◆ **grâce à son entremise** thanks to his intervention ◆ **apprendre qch par l'entremise de qn** to hear about sth through sb

**entre-nœud**, pl **entre-nœuds** [ɑ̃tʀənø] nm (Bot) internode

**entrepont** [ɑ̃tʀəpɔ̃] nm (Naut) steerage ◆ **dans l'entrepont** in steerage

**entreposage** [ɑ̃tʀəpozaʒ] nm storing, storage

**entreposer** [ɑ̃tʀəpoze] → SYN ▸ conjug 1 ◂ vt (gén) to store, put into storage; (en douane) to put in a bonded warehouse

**entreposeur** [ɑ̃tʀəpozœʀ] nm (gén) storage operator; (Douane) bonder

**entrepositaire** [ɑ̃tʀəpozitɛʀ] nmf (gén) owner of stored goods; (Douane) owner of bonded goods

**entrepôt** [ɑ̃tʀəpo] → SYN nm (gén) warehouse; (Douane) bonded warehouse; (= ville, port) entrepôt

**entreprenant, e** [ɑ̃tʀəpʀənɑ̃, ɑ̃t] → SYN adj (gén) enterprising; (sexuellement) forward

**entreprendre** [ɑ̃tʀəpʀɑ̃dʀ] → SYN ▸ conjug 58 ◂ vt **a** (= commencer) to begin ou start (upon); [+ travail, démarche] to set about; [+ voyage] to set out (up)on; [+ procès] to start up
**b** (= se lancer dans) [+ voyage, travail, recherches] to undertake, embark upon, launch upon ◆ **entreprendre de faire qch** to undertake to do sth ◆ **la peur d'entreprendre** the fear of undertaking things
**c** [+ personne] († = courtiser) to woo †, court †; (pour raconter une histoire) to buttonhole, collar *; (pour poser des questions) to tackle ◆ **il m'entreprit sur le sujet de ...** he tackled me on the question of ...

**entrepreneur, -euse** [ɑ̃tʀəpʀənœʀ, øz] → SYN nm,f **a** (= patron) businessman; (en menuiserie etc ) contractor ◆ **entrepreneur (en** ou **de bâtiment)** building contractor ◆ **entrepreneur de travaux publics** civil engineering contractor ◆ **entrepreneur de transports** haulage contractor (Brit), trucking firm (US) ◆ **entrepreneur de pompes funèbres** undertaker, funeral director (Brit), mortician (US)
**b** (= brasseur d'affaires) entrepreneur

**entrepreneurial, e,** mpl **-iaux** [ɑ̃ntʀəpʀənøʀjal, jo] adj entrepreneurial

**entreprise** [ɑ̃tʀəpʀiz] GRAMMAIRE ACTIVE 19.1 → SYN nf **a** (= firme) firm, company ◆ **la grande entreprise se porte mieux en France** big companies ou firms are doing better in France ◆ **entreprise agricole/familiale** farming/family business ◆ **entreprise de construction** building firm ◆ **entreprise de camionnage** ou **de transport** haulage firm (Brit), trucker (US) ◆ **entreprise de déménagement** removal (Brit) ou moving (US) firm ◆ **entreprise de pompes funèbres** undertaker's (Brit), funeral director's (Brit), funeral parlor (US) ◆ **entreprise publique** state-owned company ◆ **entreprise de service public** public utility ◆ **entreprise de travaux publics** civil engineering firm; → **chef[1], concentration**
**b** (= secteur d'activité) **l'entreprise** business ◆ **le monde de l'entreprise** the business world
**c** (= dessein) undertaking, venture, enterprise ◆ **se livrer à une entreprise de démoralisation** to set out to demoralize sb; → **esprit, libre**
**d** (hum: envers une femme) **entreprises** advances

**entrer** [ɑ̃tʀe] → SYN ▸ conjug 1 ◂ **1** vi (avec aux être) **a** (lit, gén) (vu du dehors) to go in, enter; (vu du dedans) to come in, enter; (à pied) to walk in; (en voiture) to drive in; [véhicule] to drive in, go ou come in, enter ◆ **entrer dans** [+ pièce, jardin] to go ou come into, enter; [+ voiture] to get in(to); [+ région, pays] [voyageurs] to go ou come into, enter; [armée] to enter ◆ **entrez !** come in! ◆ **entre donc !** come on in! ◆ **qu'il entre !** tell him to come in, show him in ◆ **entrons voir** let's go in and see ◆ **je ne fais qu'entrer et sortir** I can't stop ◆ **les gens entraient et sortaient** people were going ou coming in and out ◆ **c'est à gauche en entrant** it's on the left as you go in ◆ **il entra discrètement** he came in ou entered discreetly, he slipped in ◆ **entrer en gare/au port** to come into ou enter the station/harbour ◆ **entrer chez qn** to come (ou go) into sb's house ◆ **je suis entré chez eux en passant** I called in ou dropped in at their house ◆ **je suis entré chez le fleuriste** I went to ou I called in at the florist's ◆ **entrer en courant** to run in, come running in ◆ **entrer en boitant** to limp in, come limping in, come in limping ◆ **entrer en scène** (lit) to come (ou go) on (to the stage); (fig) to come on ou enter the scene ◆ **"entrent trois gardes"** (Théât) "enter three guards" ◆ **ils sont entrés par la porte de la cave/par la fenêtre** they got in ou entered by the cellar door/the window ◆ **entrer sans payer** to get in without paying ◆ **entrez sans frapper** come ou go ou walk straight in (without knocking)
**b** (Comm) [marchandises, devises] to enter ◆ **tout ce qui entre (dans le pays) est soumis à une taxe** everything entering (the country) is subject to duty ◆ **entrer dans un fichier/système** (Ordin) (légalement) to enter a file/system; (illégalement) to hack into a file/system
**c** (= s'enfoncer) **la boule est entrée dans le trou** the ball went into the hole ◆ **le tenon entre dans la mortaise** the tenon fits into the mortice ◆ **la balle est entrée dans le poumon gauche/le montant de la porte** the bullet went into ou lodged itself in the left lung/the doorframe ◆ **son coude m'entrait dans les côtes** his elbow was digging into my ribs ◆ **l'eau entre (à l'intérieur) par le toit** the water gets ou comes in through the roof ◆ **l'air/la lumière entre dans la pièce** air/light comes into ou enters the room ◆ **pour que l'air/la lumière puisse entrer** to allow air/light to enter ou get in ◆ **le vent entre de partout** the wind blows in everywhere ◆ **entrer dans l'eau** [baigneur] to get into the water; (en marchant) to wade into the water; [embarcation] to enter the water ◆ **entrer dans le bain** to get into the bath ◆ **entrer dans le brouillard** [randonneurs, avion] to enter ou hit * fog ◆ **la rage/jalousie est entrée dans son cœur** his heart filled with rage/jealousy ◆ **l'argent entre dans les caisses** money is coming in ◆ **à force d'explications ça finira par entrer** * explain it for long enough and it'll sink in ◆ **alors ces maths, ça entre ?** * are you getting the hang of maths then? *; → **beurre**
**d** (= tenir) **ça n'entre pas dans la boîte** it won't go ou fit into the box ◆ **ça n'entre pas** it won't go ou fit in ◆ **nous n'entrerons jamais tous dans ta voiture** we're never all going to get ou fit into your car ◆ **il faut que je perde 3 kg pour entrer dans cette robe** I'll have to lose 3 kilos if I want to get ou fit into this dress
**e** (= devenir membre de) **entrer dans** [+ club, parti, entreprise] to join; [+ groupe] to go ou come into; [+ métier] to go into ◆ **entrer dans l'Union européenne** to join the European Union ◆ **entrer dans la magistrature** to become a magistrate, enter the magistracy ◆ **entrer dans l'armée** to join the army ◆ **entrer dans les affaires** to go into business ◆ **entrer à l'hôpital/en maison de retraite** to go into hospital/a retirement home ◆ **entrer en religion** to become a monk (ou a nun) ◆ **on l'a fait entrer comme serveur/livreur** he's been found a job as ou they got him taken on as a waiter/delivery boy ◆ **elle entre en dernière année** (Scol) she's just going into her final year ◆ **entrer à l'université/au lycée** to go to university ou college/secondary school ◆ **entrer au service de qn** to enter sb's service ◆ **entrer dans l'histoire** to go down in history; → **jeu, légende, scène, usage**
**f** (= heurter) **entrer dans** [+ arbre, poteau] to go ou crash into
**g** (= être une composante de) **entrer dans** [+ catégorie] to fall into, come into; [+ mélange] to go into ◆ **les substances qui entrent dans ce mélange** the substances which go into ou make up this mixture ◆ **on pourrait faire entrer ceci dans la catégorie suivante** one might put this into the following category ◆ **tous ces frais entrent dans le prix de revient** all these costs (go to) make up the cost price ◆ **il y entre un peu de jalousie** a bit of jealousy comes into it ◆ **votre avis est entré pour beaucoup dans sa décision** your opinion counted for a good deal in his decision ◆ **ça n'entre pas dans mes intentions** I don't have any intention of doing so; → **ligne[1]**
**h** (= partager) **entrer dans** [+ vues, peines de qn] to share ◆ **entrer dans les sentiments de qn** (frm) to share sb's ou enter into sb's feelings, sympathize with sb; → **peau**
**i** (fig = commencer) **entrer dans** [+ phase, période] to enter (into) ◆ **entrer dans une profonde rêverie/une colère noire** to go (off) into a deep daydream/a towering rage ◆ **entrer dans la vie active, entrer dans le monde du travail** to begin one's working life ◆ **entrer dans la cinquantaine** to turn fifty; → **danse**
**j** (= commencer à être) **entrer en effervescence** to reach a state of effervescence (frm), begin to effervesce ◆ **entrer en ébullition** to reach boiling point, begin to boil ◆ **entrer en guerre** to go to war (*contre* against) → **contact, fonction, relation, vigueur**
**k** (fig = aborder) **entrer dans** [+ sujet, discussion] to enter into ◆ **il s'agit d'entrer véritablement dans la discussion** one must enter into the discussion properly ◆ **sans entrer dans les détails/ces considérations** without going into details/these considerations ◆ **il entra dans des considérations futiles** he went off into some futile considerations; → **vif**
**l** **laisser entrer** [+ visiteur, intrus] to let in; [+ lumière, air] to let in, allow in; (involontairement) [+ eau, air, poussière] to let in ◆ **ne laisse entrer personne** don't let anybody in ◆ **laisser entrer qn dans** [+ pièce] to let sb into; [+ pays] to let sb into ou enter, allow sb into ou to enter ◆ **on l'a laissé entrer au parti/club/dans l'armée** they've let him into ou let him join the party/club/army
**m** **faire entrer** (= introduire) [+ invité, visiteur, client] to show in; [+ pièce, tenon, objet à emballer] to fit in; (en fraude) [+ marchandises, immigrants] to smuggle in, take ou bring in; [+ accusé, témoin] to bring in, call ◆ **faire entrer la voiture dans le garage** to get the car into the garage ◆ **faire entrer une clé dans la serrure** to insert ou fit a key in the lock ◆ **il m'a fait entrer dans leur club/au jury** (m'a persuadé) he had me join ou got me to join their club/the panel; (a fait jouer son influence) he got me into their club/onto the panel, he helped me join their club/the panel; (m'a contraint) he made me join their club/the panel ◆ **il me fit entrer dans la cellule** he showed me into the cell ◆ **faire entrer qch de force dans un emballage** to force ou stuff sth into a package
**2** vt (avec aux avoir ; plus gén : faire entrer) **a** [+ marchandises] (par la douane) to take ou bring in, import; (en contrebande) to take ou bring in, smuggle in
**b** (= faire pénétrer) **entrer les bras dans les manches** to put one's arms into the sleeves
**c** (= faire s'ajuster) [+ pièce] to make fit (*dans qch* in sth) ◆ **comment allez-vous entrer cette armoire dans la chambre ?** how are you going to get that wardrobe into the bedroom?
**d** (Ordin) [+ données] to key in

**entre-rail,** pl **entre-rails** [ɑ̃tʀəʀaj] nm (Rail) gauge

**entre(-)regarder (s')** [ɑ̃tʀəʀ(ə)gaʀde] ▸ conjug 1 ◂ vpr to look at each other

**entresol** [ɑ̃tʀəsɔl] → SYN nm entresol, mezzanine *(between ground floor and first floor)*

**entre-temps** [ɑ̃tʀətɑ̃] → SYN **1** adv meanwhile, (in the) meantime
**2** nm ◆ **dans l'entre-temps** meanwhile, (in the) meantime

**entretenir** [ɑ̃tʀət(ə)niʀ] → SYN ▸ conjug 22 ◂ **1** vt **a** (= conserver en bon état) [+ propriété, bâtiment] to maintain, see to the upkeep of, look after; [+ vêtement] to look after; [+ route, machine] to maintain ◆ **entretenir un jardin** to look after ou see to the upkeep of a garden ◆ **ce meuble s'entretient facilement** it's easy to look after this piece of furniture ◆ **maison difficile à entretenir** house which is difficult to keep
**b** (= faire vivre) [+ famille] to support, keep, maintain; [+ maîtresse] to keep, support; [+ armée] to keep, maintain; [+ troupe de théâtre] to support ◆ **se faire entretenir par qn** to be kept ou supported by sb
**c** (= faire durer) [+ souvenir] to keep alive; [+ amitié] to keep alive, keep going; [+ haine] to fuel ◆ **j'entretiens de grands espoirs** I have high hopes ◆ **entretenir l'inquiétude de qn** to keep sb feeling uneasy, keep sb in a state of anxiety ◆ **entretenir des rapports suivis avec qn** to be in constant contact with sb ◆ **entretenir une correspondance suivie avec qn** to keep up a regular correspondence with sb, correspond regularly with sb ◆ **entretenir l'illusion que ...** to maintain the illusion that ... ◆ **l'air marin entretient une perpétuelle humidité** the sea air maintains a constant state of humidity ◆ **entretenir le feu** to keep the fire going ou burning ◆ **il m'a entretenu dans l'erreur** he didn't disabuse me (of it) ◆ **j'entretiens des craintes à son sujet** I am somewhat anxious about him ◆ **entretenir sa forme** to keep o.s. in (good) shape, keep (o.s.) fit

d (frm = converser) **entretenir qn** to converse with ou speak to sb ◆ **il m'a entretenu pendant une heure** we conversed for an hour, he conversed with me for an hour ◆ **il a entretenu l'auditoire de ses voyages** he addressed the audience ou spoke to the audience about his travels

2 **s'entretenir** vpr a (= converser) **s'entretenir avec qn** to converse with ou speak to sb (*de* about) ◆ **ils s'entretenaient à voix basse** they were conversing in hushed tones

b (= pourvoir à ses besoins) to support o.s., be self-supporting ◆ **il s'entretient tout seul maintenant** he is completely self-supporting now, he supports himself entirely on his own now

c (= prendre soin de soi) **s'entretenir (en bonne forme)** to keep o.s. in (good) shape, keep (o.s.) fit

**entretenu, e** [ɑ̃tʀət(ə)ny] (ptp de **entretenir**) adj personne kept (épith) ◆ **jardin bien/mal entretenu** well-/badly-kept garden, well-/badly-tended garden ◆ **maison bien entretenue** (propre et rangée) well-kept house; (en bon état) house in a good state of repair, well-maintained house ◆ **maison mal entretenue** (sale et mal rangée) badly-kept house; (en mauvais état) house in a bad state of repair, badly-maintained house

**entretien** [ɑ̃tʀətjɛ̃] GRAMMAIRE ACTIVE 19.3, 19.5 → SYN nm a (= conservation) [jardin, maison] upkeep; [route] maintenance, upkeep; [machine] maintenance ◆ **cher à l'entretien** expensive to maintain ◆ **d'un entretien facile** vêtement easy to look after; surface easy to clean; voiture, appareil easy to maintain ◆ **visite d'entretien** service ◆ **agent d'entretien** cleaning operative ◆ **l'entretien, le service d'entretien** (maintenance) the maintenance services; (nettoiement) the cleaning service; → **produit**

b (= aide à la subsistance) [famille, étudiant] keep, support; [armée, corps de ballet] maintenance, keep ◆ **pourvoir à l'entretien de** [+ famille] to keep, support, maintain; [+ armée] to keep, maintain

c (= conversation) conversation; (= entrevue) interview; (= discussion) discussion ◆ **entretien(s)** (Pol) talks, discussions ◆ **entretien télévisé** televised interview ◆ **entretien téléphonique** telephone conversation ◆ **entretien d'embauche** job interview ◆ **passer un entretien** to have an interview ◆ **nous aurons un entretien à Francfort avec nos collègues** we shall be having discussions in Frankfurt with our colleagues ◆ **il est en entretien** (gén) he's seeing someone, he's with someone; (avec un candidat) he's interviewing

**entretoise** [ɑ̃tʀətwaz] → SYN nf [charpente] diagonal ou angle brace, cross strut ou tie; [machine] cross arm

**entretoisement** [ɑ̃tʀətwazmɑ̃] nm (cross-)bracing, (cross-)strutting, (cross-)tying

**entretoiser** [ɑ̃tʀətwaze] ▸ conjug 1 ◂ vt to (cross-)brace, (cross-)strut, (cross-)tie

**entre(-)tuer (s')** [ɑ̃tʀətɥe] ▸ conjug 1 ◂ vpr to kill one another ou each other

**entrevoie** [ɑ̃tʀəvwa] nf (Rail) space between tracks

**entrevoir** [ɑ̃tʀəvwaʀ] → SYN ▸ conjug 30 ◂ vt a (= voir indistinctement) to make out; (= pressentir) [+ objections, solutions, complications] to foresee, anticipate; [+ amélioration] to glimpse ◆ **je commence à entrevoir la vérité** I'm beginning to see the truth, I'm beginning to have an inkling of the truth ◆ **entrevoir la lumière au bout du tunnel** (lit, fig) to see (the) light at the end of the tunnel

b (= apercevoir brièvement) (gén) to catch a glimpse of, catch sight of; [+ visiteur] to see briefly ◆ **vous n'avez fait qu'entrevoir les difficultés** you have only half seen the difficulties

**entrevue** [ɑ̃tʀəvy] → SYN nf (= discussion) meeting; (= audience) interview; (Pol) talks, discussions, meeting ◆ **se présenter à ou pour une entrevue** to come for ou to an interview

**entrisme** [ɑ̃tʀism] nm entryism

**entriste** [ɑ̃tʀist] adj, nmf entryist

**entropie** [ɑ̃tʀɔpi] nf entropy

**entropion** [ɑ̃tʀɔpjɔ̃] nm entropion

**entroque** [ɑ̃tʀɔk] nm entrochus

**entrouvert, e** [ɑ̃tʀuvɛʀ, ɛʀt] (ptp de **entrouvrir**) adj (gén) half-open; fenêtre, porte ajar (attrib), half-open ◆ **ses lèvres entrouvertes** her parted lips

**entrouvrir** [ɑ̃tʀuvʀiʀ] ▸ conjug 18 ◂ 1 vt to half-open

2 **s'entrouvrir** vpr (gén) to half-open; [lèvres] to part

**entuber**‡ [ɑ̃tybe] ▸ conjug 1 ◂ vt (= duper) to con‡, do* (Brit) ◆ **se faire entuber** to be conned‡ ou be done* (Brit) ◆ **il m'a entubé de 10 €** he did ou diddled* me out of €10

**enturbanné, e** [ɑ̃tyʀbane] adj turbaned

**enture** [ɑ̃tyʀ] nf [greffe] cleft; (= cheville) peg; [pièces de bois] joint

**énucléation** [enykleasjɔ̃] nf (Méd) enucleation; [fruit] pitting, stoning (Brit)

**énucléer** [enyklee] ▸ conjug 1 ◂ vt (Méd) to enucleate; [+ fruit] to pit, stone

**énumératif, -ive** [enymeʀatif, iv] adj enumerative

**énumération** [enymeʀasjɔ̃] → SYN nf enumeration, listing

**énumérer** [enymeʀe] → SYN ▸ conjug 6 ◂ vt to enumerate, list

**énurésie** [enyʀezi] nf enuresis

**énurétique** [enyʀetik] 1 adj enuretic

2 nmf enuretic person

**env.** (abrév de **environ**) approx.

**envahir** [ɑ̃vaiʀ] → SYN ▸ conjug 2 ◂ vt a (Mil, gén) to invade, overrun; [douleur, sentiment] to overcome, sweep through ◆ **le sommeil l'envahissait** he was overcome by sleep, sleep was creeping ou stealing over him ◆ **le jardin est envahi par les orties** the garden is overrun ou overgrown with nettles ◆ **la foule envahit la place** the crowd swarmed ou swept into the square ◆ **cette mode a déjà envahi le pays** this fashion has already swept across the country ou taken the country by storm ◆ **leurs produits envahissent notre marché** our market is becoming flooded ou overrun with their products

b (gén hum) **envahir qn** (= déranger) to invade sb's privacy, intrude on sb's privacy

**envahissant, e** [ɑ̃vaisɑ̃, ɑ̃t] → SYN adj personne, présence intrusive; enfant demanding; passion all-consuming; odeur, goût strong, pervasive

**envahissement** [ɑ̃vaismɑ̃] → SYN nm invasion

**envahisseur** [ɑ̃vaisœʀ] → SYN 1 adj m invading

2 nm invader

**envasement** [ɑ̃vazmɑ̃] nm [port] silting up

**envaser** [ɑ̃vaze] ▸ conjug 1 ◂ 1 vt [+ port] to silt up

2 **s'envaser** vpr [port] to silt up; [bateau] to stick in the mud; [épave] to sink in(to) the mud

**enveloppant, e** [ɑ̃v(ə)lɔpɑ̃, ɑ̃t] → SYN adj enveloping (épith); (Mil) surrounding (épith), encircling (épith) ◆ **mouvement enveloppant** encircling movement

**enveloppe** [ɑ̃v(ə)lɔp] → SYN nf a (= pli postal) envelope ◆ **enveloppe gommée/autocollante** ou **auto-adhésive** stick-down/self-seal envelope ◆ **enveloppe rembourrée** ou **matelassée** padded bag ◆ **enveloppe à fenêtre** window envelope ◆ **sous enveloppe** envoyer under cover ◆ **mettre une lettre sous enveloppe** to put a letter in an envelope

b (= emballage) (gén) covering; (en papier, toile) wrapping; (= gaine) [graine] husk; [organe] covering membrane; [pneu] cover, casing; [dirigeable] envelope; [chaudière] lagging, jacket ◆ **dans une enveloppe de métal** in a metal casing

c (= apparence) outward appearance, exterior ◆ **un cœur d'or sous une rude enveloppe** a heart of gold beneath a rough exterior

d (littér = corps) **il a quitté son enveloppe mortelle** he has shuffled off ou shed his mortal coil (littér)

e (Math) envelope

f (= somme d'argent) sum of money; (= crédits) budget ◆ **toucher une enveloppe** (pot-de-vin) to get a bribe; (gratification) to get a bonus; (départ en retraite) to get a golden handshake ◆ **enveloppe de départ** gratuity ◆ **enveloppe budgétaire** budget ◆ **l'enveloppe de la recherche** the research budget ◆ **le projet a reçu une enveloppe de 10 millions** the project was budgeted at 10 million

**enveloppement** [ɑ̃v(ə)lɔpmɑ̃] nm a (Méd) (= action) packing; (= emplâtre) pack ◆ **enveloppement d'algues** seaweed wrap

b (Mil) [ennemi] surrounding, encirclement ◆ **manœuvre d'enveloppement** pincer ou encircling movement

**envelopper** [ɑ̃v(ə)lɔpe] → SYN ▸ conjug 1 ◂ 1 vt a [+ objet, enfant] to wrap (up) ◆ **voulez-vous que je vous l'enveloppe ?** shall I wrap it up for you? ◆ **elle est assez enveloppée** (hum) she's well-padded* ◆ **c'était très bien enveloppé*** (propos) it was phrased nicely

b (= voiler) [+ pensée, parole] to veil

c (gén littér = entourer) [brume] to envelop, shroud ◆ **le silence enveloppe la ville** the town is wrapped ou shrouded in silence ◆ **la lumière enveloppe la campagne** the countryside is bathed in light ◆ **événement enveloppé de mystère** event shrouded ou veiled in mystery ◆ **envelopper qn du regard** to gaze at sb ◆ **il l'enveloppa d'un regard tendre** he gave her a long loving look ◆ **il enveloppa la plaine du regard** he took in the plain with his gaze, his eyes swept the plain ◆ **envelopper qn de son affection** to envelop sb in one's affection, surround sb with one's affection ◆ **envelopper dans sa réprobation** † to include in one's disapproval

d (Mil) [+ ennemi] to surround, encircle

2 **s'envelopper** vpr (dans une couverture, un châle) to wrap o.s. (*dans* in) ◆ **il s'enveloppa dans une cape** he wrapped ou swathed himself in a cape ◆ **il s'enveloppa dans sa dignité** (hum) he assumed an air of dignity

**envenimement** [ɑ̃v(ə)nimmɑ̃] nm [plaie] poisoning; [querelle] embittering; [situation] worsening

**envenimer** [ɑ̃v(ə)nime] → SYN ▸ conjug 1 ◂ 1 vt [+ plaie] to make septic, poison; [+ querelle] to inflame, fan the flames of; [+ situation] to inflame, aggravate

2 **s'envenimer** vpr [plaie] to go septic, fester; [querelle, situation] to grow more bitter ou acrimonious

**envergure** [ɑ̃vɛʀgyʀ] → SYN nf a [oiseau, avion] wingspan; [voile] breadth

b [personne] calibre; [entreprise] scale, scope; [intelligence] scope, range ◆ **prendre de l'envergure** [entreprise, projet] to expand ◆ **ce projet manque d'envergure** this project is not far-reaching enough ◆ **personnage sans envergure** insignificant figure ◆ **il a l'envergure d'un chef d'État** he has the calibre ou stature of a head of state ◆ **d'envergure, de grande envergure** entreprise large-scale (épith); auteur, politicien of great stature; projet, réforme far-reaching; opération large-scale (épith), ambitious ◆ **projet d'envergure européenne** project of European dimensions

**envers¹** [ɑ̃vɛʀ] → SYN prép towards, to ◆ **cruel/traître envers qn** cruel/a traitor to sb ◆ **envers et contre tous** ou **tout** in the face of ou despite all opposition ◆ **son attitude envers moi** his attitude towards ou to me ◆ **son dédain envers les biens matériels** his disdain for ou of material possessions ◆ **sa patience envers elle** his patience with her

**envers²** [ɑ̃vɛʀ] → SYN nm [étoffe] wrong side; [vêtement] wrong side, inside; [papier] back; [médaille] reverse (side); [feuille d'arbre] underside; [peau d'animal] inside ◆ **sur l'envers** (Tricot) on the wrong side ◆ **l'envers et l'endroit** the wrong (side) and the right side ◆ **quand on connaît l'envers du décor** ou **du tableau** (fig) when you know what is going on underneath it all, when you know the other side of the picture

◆ **à l'envers** (verticalement) upside down, wrong side up; (dans l'ordre inverse) backwards ◆ **mettre sa chemise à l'envers** (devant derrière) to put one's shirt on back to front; (dedans dehors) to put one's shirt on inside out ◆ **il a mis la maison à l'envers*** he turned the house upside down ou inside out ◆ **tout marche** ou **va à l'envers** everything is haywire ou is upside down ou is going wrong ◆ **faire qch à l'envers** (fig) (à rebours) to do sth the wrong way round; (mal) to do sth all wrong ◆ **elle avait la tête à l'envers** (fig) her mind was in a whirl; → **maille, monde**

**envi** [ɑ̃vi] → SYN **à l'envi** loc adv (littér) répéter over and over again ◆ **ils dénoncent ces abus à l'envi** they ceaselessly condemn these abuses ◆ **je pourrais multiplier les exemples à l'envi** I could reel off a whole string of examples

**enviable** [ɑ̃vjabl] → SYN adj enviable ◆ **peu enviable** unenviable

**envie** [ɑ̃vi] GRAMMAIRE ACTIVE 8.4 → SYN nf **a** (= désir) desire (*de qch* for sth); (plus fort) craving, longing (*de qch* for sth) ◆ **cette envie de changement lui passa vite** he soon lost this desire ou longing for change ◆ **avoir envie de qch/qn** to want sth/sb ◆ **j'ai envie de ce livre** I want ou would like that book ◆ **je n'ai pas envie de lui** I don't want him ◆ **avoir une envie de chocolat** to have a craving ou longing for chocolate ◆ **avoir des envies de vacances** to feel like a holiday ◆ **j'ai des envies de meurtre** I could kill somebody, I feel like killing somebody ◆ **des envies de femme enceinte** pregnant woman's cravings ◆ **elle a des envies de femme enceinte** (fig) she has sudden cravings ◆ **ce gâteau me fait envie** I like the look of that cake, I fancy (Brit) that cake ◆ **si ça te fait envie** if you like, if you feel like it ◆ **je vais lui faire passer l'envie de recommencer** * I'll make sure he won't feel like doing that again in a hurry ◆ **l'envie l'a pris de** ou **il lui a pris l'envie d'y aller** he suddenly felt like ou fancied (Brit) going there, he suddenly felt the urge to go there
**b** **avoir envie de faire qch** to want to do sth, feel like doing sth ◆ **j'ai envie d'y aller** I feel like going, I would like to go ◆ **je n'ai aucune envie de le revoir** I have absolutely no desire to see him again ◆ **avoir bien/presque envie de faire qch** to have a good ou great mind/half a mind to do sth ◆ **avoir envie de rire** to feel like laughing ◆ **avoir envie de vomir** to feel sick, feel like vomiting ◆ **cela lui a donné (l')envie de rire** it made him want to laugh ◆ **j'ai envie qu'il s'en aille** I would like him to go away, I wish he would go away; → **mourir**
**c** (euph) **avoir envie** * to need the toilet ou the loo * (Brit) ◆ **être pris d'une envie pressante** to have a sudden urge to go to the toilet, be taken short * (Brit); → **pisser**
**d** (= convoitise) envy ◆ **mon bonheur lui fait envie** he envies my happiness, my happiness makes him envious (of me) ◆ **ça fait envie** it makes you envious ◆ **regarder qch avec (un œil d')envie, jeter des regards d'envie sur qch** to look enviously at sth, cast envious eyes ou glances at sth ◆ **digne d'envie** enviable ◆ (Prov) **il vaut mieux faire envie que pitié** (gén) it's better to be envied than pitied; (pour personne grosse) it's better to be a bit on the plump side than too thin
**e** (Anat) (sur la peau) birthmark; (autour des ongles) hangnail

**envier** [ɑ̃vje] → SYN ▸ conjug 7 ◂ vt [+ personne, bonheur] to envy, be envious of ◆ **je vous envie votre maison** I envy you your house, I wish I had a house like yours ◆ **je vous envie (de pouvoir le faire)** I envy you ou I'm envious of you (being able to do it) ◆ **ce pays n'a rien à envier au nôtre** (il est mieux) that country has no cause to be jealous of us; (il est aussi mauvais) that country is just as badly off as we are, there's nothing to choose between that country and ours

**envieusement** [ɑ̃vjøzmɑ̃] adv enviously

**envieux, -ieuse** [ɑ̃vjø, jøz] → SYN [1] adj envious ◆ **être envieux de** to be envious of, envy
[2] nm,f envious person ◆ **faire des envieux** to excite ou arouse envy

**enviné, e** [ɑ̃vine] adj smelling of wine

**environ** [ɑ̃viʀɔ̃] → SYN [1] adv about, or thereabouts, or so ◆ **c'est à 100 km environ d'ici** it's about 100 km from here, it's 100 km or so from here ◆ **il était environ 3 heures** it was about 3 o'clock, it was 3 o'clock or thereabouts
[2] **les environs** nmpl [ville] surroundings; (= la banlieue) outskirts ◆ **les environs sont superbes** the surrounding area is gorgeous
◆ **dans les environs, aux environs** in the vicinity ou neighbourhood ◆ **qu'y a-t-il à voir dans les environs ?** what is there to see around here?
◆ **aux environs de** ◆ **il habite aux environs de Lille** he lives in the Lille area ◆ **aux environs de 3 heures** 3 o'clock or thereabouts, some time around 3 o'clock, (round) about (Brit) 3 o'clock ◆ **aux environs de 1 000 €** in the region of €1,000

**environnant, e** [ɑ̃viʀɔnɑ̃, ɑ̃t] → SYN adj surrounding

**environnement** [ɑ̃viʀɔnmɑ̃] → SYN nm (gén, Écol, Ordin) environment ◆ **environnement économique/international/fiscal** economic/international/tax environment ◆ **environnement familial** family background

**environnemental, e,** pl **-aux** [ɑ̃viʀɔnmɑ̃tal, o] adj environmental

**environnementaliste** [ɑ̃viʀɔnmɑ̃talist(ə)] nmf environmentalist

**environner** [ɑ̃viʀɔne] → SYN ▸ conjug 1 ◂ vt to surround, encircle ◆ **s'environner d'experts** to surround o.s. with experts

**envisageable** [ɑ̃vizaʒabl] → SYN adj conceivable

**envisager** [ɑ̃vizaʒe] GRAMMAIRE ACTIVE 8.3, 26.3 → SYN ▸ conjug 3 ◂ vt **a** (= considérer) to view, envisage, contemplate ◆ **il envisage l'avenir de manière pessimiste** he views ou contemplates the future with pessimism, he has a pessimistic view of the future
**b** (= prévoir) to envisage, consider ◆ **envisager de faire** to be thinking of doing, consider ou contemplate doing ◆ **nous envisageons des transformations** we are thinking of ou envisaging changes ◆ **nous n'avions pas envisagé cela** we hadn't envisaged that ◆ **on ne peut raisonnablement envisager qu'il accepte** he cannot reasonably be expected to accept

**envoi** [ɑ̃vwa] → SYN nm **a** (NonC) [colis, lettre] sending (off); [vœux, amitiés, message radio] sending; (Comm) [marchandises] dispatching, sending off; (par bateau) shipment; [argent] sending, remittance ◆ **faire un envoi de vivres** to send (a consignment of) supplies ◆ **faire un envoi de fonds** to remit cash ◆ **envoi contre remboursement** cash on delivery ◆ **l'envoi des couleurs** the hoisting of the colours ◆ **coup d'envoi** (Sport) kick-off; [festival] start, opening; [série d'événements] start, beginning ◆ **le spectacle qui donnera le coup d'envoi du festival** the show which will kick off * ou open the festival
**b** (= colis) parcel ◆ **envoi de bouteilles** consignment of bottles ◆ **"envoi en nombre"** "mass mailing"
**c** (Littérat) envoi

**envoiler (s')** [ɑ̃vwale] ▸ conjug 1 ◂ vpr [pièce de métal] to warp

**envol** [ɑ̃vɔl] → SYN nm [oiseau] taking flight ou wing; [avion] takeoff; [âme, pensée] flight ◆ **prendre son envol** [oiseau] to take flight ou wing; [avion] to take off; [pensée] to soar, take off

**envolée** [ɑ̃vɔle] → SYN nf **a** (dans un discours, un texte) flight ◆ **envolée oratoire/poétique** flight of oratory/poetry ◆ **dans une belle envolée lyrique, il a décrit les vertus du système** he waxed lyrical about the virtues of the system
**b** (= augmentation) [chômage, prix, monnaie] surge (*de* in) ◆ **l'envolée de leur parti dans les sondages** their party's dramatic ou meteoric rise in the polls
**c** [oiseaux] flight

**envoler (s')** [ɑ̃vɔle] → SYN ▸ conjug 1 ◂ vpr **a** [oiseau] to fly away; [avion] to take off ◆ **je m'envole pour Tokyo dans deux heures** my flight leaves ou I take off for Tokyo in two hours
**b** (= être emporté) [chapeau] to blow off, be blown off; [fumée, feuille, papiers] to blow away
**c** (= passer) [temps] to fly (past ou by); [espoirs] to vanish (into thin air); (* = disparaître) [portefeuille, personne] to disappear ou vanish (into thin air)
**d** (= augmenter) [prix, cours, chômage] to soar ◆ **il s'est envolé dans les sondages** his popularity rating has soared in the opinion polls

**envoûtant, e** [ɑ̃vutɑ̃, ɑ̃t] → SYN adj entrancing, bewitching, spellbinding

**envoûtement** [ɑ̃vutmɑ̃] → SYN nm bewitchment

**envoûter** [ɑ̃vute] → SYN ▸ conjug 1 ◂ vt to bewitch, cast a spell on ◆ **être envoûté par qn** to be under sb's spell

**envoûteur** [ɑ̃vutœʀ] → SYN nm sorcerer

**envoûteuse** [ɑ̃vutøz] → SYN nf witch, sorceress

**envoyé, e** [ɑ̃vwaje] → SYN (ptp de **envoyer**) [1] adj remarque, réponse ◆ **(bien) envoyé** well-aimed, sharp ◆ **ça, c'est envoyé !** well said!, well done!
[2] nm,f (gén) messenger; (Pol) envoy; (Presse) correspondent ◆ **notre envoyé spécial** (Presse) our special correspondent ◆ **un envoyé du ministère** a government official ◆ **vous êtes l'envoyé du ciel !** you're heaven-sent!

**envoyer** [ɑ̃vwaje] GRAMMAIRE ACTIVE 20.1, 21.1 → SYN ▸ conjug 8 ◂
[1] vt **a** (= expédier) [+ colis, lettre] to send (off); [+ vœux, amitiés, message radio] to send; (Comm) [+ marchandises] to dispatch, send off; (par bateau) to ship; [+ argent] to send, remit (Admin) ◆ **envoyer sa démission** to send in one's resignation ◆ **envoyer sa candidature** to send in one's ou an application ◆ **n'envoyez pas d'argent par la poste** do not send money by post ◆ **envoie-moi un mot** drop me a line *
**b** [+ personne] (gén) to send; (en vacances, en courses) to send (off) (*chez, auprès de* to); (en mission) [+ émissaire, troupes] to dispatch, send out; (de médecin à médecin) to refer ◆ **envoie David à l'épicerie/aux nouvelles** send David to the grocer's/to see if there's any news ◆ **ils l'avaient envoyé chez sa grand-mère pour les vacances** they had sent him (off) to his grandmother's for the holidays ◆ **envoyer qn à la mort** (fig) to send sb to their death; → **monde**
**c** (= lancer) [+ objet] to throw, fling; (avec force) to hurl; [+ obus] to fire; [+ signaux] to send (out); (Sport) [+ ballon] to send ◆ **envoyer des baisers à qn** to blow sb kisses ◆ **envoyer des sourires à qn** to smile at sb ◆ **envoyer des coups de pied/poing à qn** to kick/punch sb ◆ **ne m'envoie pas ta fumée dans les yeux** don't blow (your) smoke in(to) my eyes ◆ **il le lui a envoyé dans les dents** ‡ ou **les gencives** ‡ he really let him have it! * ◆ **envoyer le ballon au fond des filets** (Ftbl) to put ou send the ball into the back of the net ◆ **envoyer qn à terre** ou **au tapis** to knock sb down, knock sb to the ground, floor sb ◆ **envoyer un homme sur la Lune** to send a man to the moon ◆ **envoyer par le fond** (Naut) to send down ou to the bottom
**d** (Mil) **envoyer les couleurs** to run up ou hoist the colours
**e** (Loc) **envoyer chercher qn/qch** to send for sb/sth ◆ **envoyer promener qn** * ou **balader qn** *, **envoyer qn coucher** *, **envoyer qn sur les roses** * to send sb packing *, send sb about their business ◆ **envoyer valser** ou **dinguer qch** * to send sth flying * ◆ **il a tout envoyé promener** * he chucked the whole thing in ◆ **il ne le lui a pas envoyé dire** * he gave it to him straight *, he told him straight to his face
[2] **s'envoyer** ‡ vpr (= subir, prendre) [+ corvée] to get stuck * ou landed * with; [+ bouteille] to knock back *; [+ nourriture] to scoff * ◆ **je m'enverrais des gifles** * I could kick myself * ◆ **s'envoyer une fille/un mec** to have it off (Brit) ou get off (US) with a girl/a guy ‡, make it with a girl/a guy ‡ ◆ **s'envoyer en l'air** to have it off ‡ (Brit), get some ‡ (US)

**envoyeur, -euse** [ɑ̃vwajœʀ, øz] nm,f sender; → **retour**

**enzootie** [ɑ̃zɔɔti, ɑzooti] nf enzootic (disease)

**enzymatique** [ɑ̃zimatik] adj enzymatic, enzymic

**enzyme** [ɑ̃zim] nm ou f enzyme ◆ **enzyme de restriction** restriction enzyme

**enzymologie** [ɑ̃zimɔlɔʒi] nf enzymology

**éocène** [eɔsɛn] [1] adj Eocene
[2] nm ◆ **l'éocène** the Eocene

**Éole** [eɔl] nm Aeolus

**éolien, -ienne** [eɔljɛ̃, jɛn] [1] adj wind (épith), aeolian (littér); → **énergie, harpe**
[2] **éolienne** nf windmill, windpump

**éolithe** [eɔlit] nm eolith

**éon** [eɔ̃] nm (Hist, Philos) Aeon

**EOR** [eoɛʀ] nm (abrév de **élève officier de réserve**) → **élève**

**éosine** [eozin] nf eosin

**éosinophile** [eozinɔfil] [1] adj eosinophilic, eosinophilous
[2] nmf eosinophil(e)

**éosinophilie** [eozinɔfili] nf eosinophilia

**épacte** [epakt] nf epact

**épagneul, e** [epaɲœl] nm,f spaniel ◆ **épagneul breton** Brittany spaniel

**épais, -aisse** [epɛ, ɛs] → SYN 1 adj a (gén) chevelure, peinture thick; neige thick, deep; barbe bushy, thick; silence deep; personne, corps thickset; nuit pitch-black ◆ **cloison épaisse de 5 cm** partition 5 cm thick ◆ **j'ai la langue épaisse** my tongue is coated ou furred up (Brit) ◆ **au plus épais de la forêt** in the depths of the forest ◆ **tu n'es pas bien épais** you're not exactly fat

b (péj = inhabile) esprit dull; personne dense, thick(headed); mensonge, plaisanterie clumsy

2 adv ◆ **semer épais** to sow thick ou thickly ◆ **il n'y en a pas épais !** * there's not much of it!

**épaisseur** [epɛsœʀ] → SYN nf a (gén) thickness; [neige, silence] depth ◆ **la neige a un mètre d'épaisseur** there is a metre of snow, the snow is a metre deep ◆ **creuser une niche dans l'épaisseur d'un mur** to hollow out a niche in a wall

b (= couche) layer, thickness ◆ **prenez deux épaisseurs de tissu** take two thicknesses ou a double thickness of material ◆ **plier une couverture en double épaisseur** to fold a blanket double

c (= richesse) [œuvre] substance, depth; [personne] depth ◆ **ce personnage manque d'épaisseur** this character lacks depth ou is rather flat

**épaissir** [epesiʀ] → SYN ▸ conjug 2 ◂ 1 vt [+ substance] to thicken; [+ mystère] to deepen ◆ **l'air était épaissi par les fumées** the air was thick with smoke ◆ **l'âge lui épaissit les traits** his features are becoming coarse with age ◆ **ce manteau m'épaissit beaucoup** this coat makes me look much broader ou fatter

2 vi to get thicker, thicken ◆ **il a beaucoup épaissi** he has filled out a lot

3 **s'épaissir** vpr [substance, brouillard] to thicken, get thicker; [chevelure, feuillage] to get thicker; [ténèbres] to deepen ◆ **sa taille s'épaissit** his waist is getting thicker, he's getting stouter around the waist ◆ **le mystère s'épaissit** the mystery deepens, the plot thickens

**épaississant, e** [epesisɑ̃, ɑ̃t] 1 adj thickening

2 nm thickener

**épaississement** [epesismɑ̃] → SYN nm thickening

**épaississeur** [epesisœʀ] nm thickener

**épamprer** [epɑ̃pʀe] ▸ conjug 1 ◂ vt [+ vigne] to thin out

**épanchement** [epɑ̃ʃmɑ̃] → SYN nm [sang] effusion; [sentiments] outpouring ◆ **avoir un épanchement de synovie** (Méd) to have water on the knee

**épancher** [epɑ̃ʃe] → SYN ▸ conjug 1 ◂ 1 vt [+ sentiments] (irrités) to give vent to, vent; (tendres) to pour forth

2 **s'épancher** vpr [personne] to open one's heart, pour out one's feelings (*auprès de* to); [sang] to pour out

**épandage** [epɑ̃daʒ] nm (Agr) manure spreading, manuring; → **champ**

**épandeur** [epɑ̃dœʀ] nm [engrais, fumier] spreader

**épandre** [epɑ̃dʀ] → SYN ▸ conjug 41 ◂ 1 vt (†, littér) [+ liquide, tendresse] to pour forth (littér); (Agr) [+ fumier] to spread

2 **s'épandre** vpr (littér) to spread

**épanoui, e** [epanwi] → SYN (ptp de **épanouir**) adj fleur in full bloom (attrib); visage, sourire radiant, beaming (épith); personne totally fulfilled (attrib) ◆ **c'est quelqu'un de très épanoui** he's very much at one with himself ou with the world

**épanouir** [epanwiʀ] → SYN ▸ conjug 2 ◂ 1 vt (littér) [+ fleur] to open out; [+ branches, pétales] to open ou spread out; [+ visage] to light up ◆ **la maternité l'a épanouie** she really blossomed when she became a mother

2 **s'épanouir** vpr [fleur] to bloom, come out, open up ou out; [visage] to light up; [personne] to blossom, bloom; [vase] to open out, curve outwards ◆ **à cette nouvelle il s'épanouit** his face lit up at the news ◆ **s'épanouir dans sa profession** to find one's profession very fulfilling

**épanouissant, e** [epanwisɑ̃, ɑ̃t] adj totally fulfilling

**épanouissement** [epanwismɑ̃] → SYN nm [fleur] blooming, coming out, opening up ou out; [visage] lighting up; [personne] blossoming, blooming ◆ **c'est une industrie en plein épanouissement** it's a booming industry

**épar** [epaʀ] nm [porte] cross-bar

**éparchie** [epaʀʃi] nf eparchy

**épargnant, e** [epaʀɲɑ̃, ɑ̃t] nm,f saver, investor ◆ **petits épargnants** small savers ou investors

**épargne** [epaʀɲ] → SYN nf (= somme) savings ◆ **l'épargne** (= action d'épargner) saving ◆ **épargne de temps/d'argent** saving of time/money ◆ **épargne forcée/longue/liquide** forced/long-term/liquid savings ◆ **épargne-logement** home-buyers' savings scheme ◆ **épargne-retraite** retirement savings scheme; → **caisse, compte, plan**[1]

**épargner** [epaʀɲe] → SYN ▸ conjug 1 ◂ vt a (= économiser) [+ argent, nourriture, temps, forces] to save ◆ **épargner 10 € sur une somme** to save €10 out of a sum ◆ **épargner sur la nourriture** to save ou make a saving on food ◆ **ils n'ont pas épargné le poivre !** * they haven't stinted ou skimped on the pepper! ◆ **épargner pour ses vieux jours** to save (up) for one's old age, put something aside for one's old age ◆ **je n'épargnerai rien pour le faire** I'll spare nothing to get it done ◆ **il n'a pas épargné sa peine** he spared no effort (*pour* to)

b (= éviter) **épargner qch à qn** to spare sb sth ◆ **je vous épargne les détails** I'll spare you the details ◆ **pour t'épargner des explications inutiles** to save giving you ou to spare you useless explanations ◆ **pour m'épargner la peine de venir** to save ou spare myself the bother of coming

c (= ménager) [+ ennemi] to spare ◆ **l'épidémie a épargné cette région** that region was spared the epidemic

**éparpillement** [epaʀpijmɑ̃] → SYN nm (= action) [objets] scattering; [troupes] dispersal; [points de vente] distribution, scattering; [efforts, talent] dissipation; (= état) [troupes, succursales] dispersal ◆ **l'éparpillement des maisons rendait les communications très difficiles** the fact that the houses were so scattered made communications difficult

**éparpiller** [epaʀpije] → SYN ▸ conjug 1 ◂ 1 vt [+ objets, cendres] to scatter; [+ troupes] to disperse; [+ points de vente] to distribute, scatter; [+ efforts, talent] to dissipate

2 **s'éparpiller** vpr a [feuilles, foule] to scatter ◆ **maisons qui s'éparpillent dans la campagne** houses dotted about the countryside

b [personne] **il s'éparpille beaucoup trop** he spreads himself too thin ◆ **tu t'es trop éparpillé dans tes lectures/recherches** you've spread yourself too thin in your reading/research

**épars, e** [epaʀ, aʀs] → SYN adj (littér) scattered

**épart** [epaʀ] nm ⇒ **épar**

**éparvin** [epaʀvɛ̃], **épervin** [epɛʀvɛ̃] nm bony spavin

**épatant, e** * [epatɑ̃, ɑ̃t] → SYN adj splendid *

**épate** * [epat] nf (péj) ◆ **l'épate** showing off * ◆ **faire de l'épate** to show off *

**épaté, e** [epate] → SYN (ptp de **épater**) adj vase flat-bottomed; nez flat

**épatement** [epatmɑ̃] → SYN nm a [nez] flatness

b (* = surprise) amazement

**épater** [epate] → SYN ▸ conjug 1 ◂ 1 vt * (= étonner) to amaze, stagger *; (= impressionner) to impress ◆ **pour épater le bourgeois** to shake ou shock middle-class attitudes ◆ **ça t'épate, hein !** how about that! *, what do you think of that!; → **galerie**

2 **s'épater** vpr [objet, colonne] to spread out

**épaufrer** [epofʀe] ▸ conjug 1 ◂ vt (= érafler) to scratch, graze; (= écorner) to spall

**épaufrure** [epofʀyʀ] nf spall

**épaulard** [epolaʀ] nm killer whale

**épaule** [epol] nf (Anat, Culin) shoulder ◆ **large d'épaules** broad-shouldered ◆ **épaule d'agneau** shoulder of lamb ◆ **donner un coup d'épaule à qn** to knock ou bump sb with one's shoulder ◆ **tout repose sur vos épaules** everything rests on your shoulders ◆ **il n'ont pas les épaules assez larges** ou **solides** (fig) (financièrement) they are not in a strong enough financial position; → **hausser, tête**

**épaulé-jeté**, pl **épaulés-jetés** [epoleʒ(ə)te] nm clean-and-jerk ◆ **il soulève 150 kg à l'épaulé-jeté** he can do a clean-and-jerk using 150 kg

**épaulement** [epolmɑ̃] → SYN nm (= mur) retaining wall; (= rempart) breastwork, epaulement; (Géol) escarpment

**épauler** [epole] → SYN ▸ conjug 1 ◂ vt a [+ personne] to back up, support ◆ **il faut s'épauler dans la vie** people must help ou support each other in life ◆ **il a été bien épaulé par son frère** his brother gave him a lot of help ou support

b [+ fusil] to raise (to the shoulder) ◆ **il épaula puis tira** he took aim ou he raised his rifle and fired

c (Tech) [+ mur] to support, retain

d (Couture) [+ vêtement] to add shoulder pads to

**épaulette** [epolɛt] nf (Mil) epaulette; (= bretelle) shoulder strap; (= rembourrage d'un vêtement) shoulder pad

**épaulière** [epoljɛʀ] nf [armure] shoulder piece

**épave** [epav] → SYN nf a (= navire, voiture) wreck; (= débris) piece of wreckage, wreckage (NonC); (= déchets) flotsam (and jetsam) (NonC)

b (Jur = objet perdu) derelict

c (= restes) ruins; (= loque humaine) human wreck

**épaviste** [epavist] nmf scrap merchant (Brit) ou dealer

**épée** [epe] → SYN nf a (= arme) sword; (Escrime) épée ◆ **épée de Damoclès** Sword of Damocles ◆ **l'épée nue** ou **à la main** with drawn sword ◆ **c'est un coup d'épée dans l'eau** it's a complete waste of time; → **cape, noblesse, rein**

b (= escrimeur) swordsman; (= escrimeuse) swordswoman

**épeiche** [epɛʃ] nf great spotted woodpecker

**épeichette** [epɛʃɛt] nf lesser-spotted woodpecker

**épeire** [epɛʀ] nf garden spider

**épéisme** [epeism] nm épée fencing

**épéiste** [epeist] nmf épéeist

**épeler** [ep(ə)le] → SYN ▸ conjug 4 ou 5 ◂ vt [+ mot] to spell; [+ texte] to spell out

**épépiner** [epepine] vt to deseed, seed ◆ **raisins épépinés** seedless grapes

**éperdu, e** [epɛʀdy] → SYN adj a personne distraught, overcome ◆ **éperdu de douleur/de terreur** distraught ou frantic ou out of one's mind with grief/terror ◆ **éperdu de joie** overcome ou beside o.s. with joy

b gratitude boundless; regard wild, distraught; amour passionate; fuite headlong, frantic ◆ **désir/besoin éperdu de bonheur** frantic desire for/need of happiness

**éperdument** [epɛʀdymɑ̃] → SYN adv crier, travailler frantically, desperately; aimer passionately, madly ◆ **je m'en moque éperdument** I couldn't care less

**éperlan** [epɛʀlɑ̃] nm (Zool) smelt

**éperon** [ep(ə)ʀɔ̃] → SYN nm [cavalier, coq, montagne] spur; (Naut) [galère] ram; [pont] cutwater ◆ **éperon rocheux** rocky outcrop ou spur

**éperonner** [ep(ə)ʀɔne] → SYN ▸ conjug 1 ◂ vt [+ cheval] to spur (on); [+ navire] to ram; [+ personne] to spur on

**épervier** [epɛʀvje] → SYN nm a (Orn) sparrowhawk

b (= filet) cast(ing) net

**éphèbe** [efɛb] → SYN nm (Hist) ephebe; (iro, péj) beautiful young man

**éphémère** [efemɛʀ] → SYN 1 adj bonheur, succès fleeting, short-lived, ephemeral (frm); moment fleeting; mouvement, règne, publication short-lived ◆ **le caractère éphémère de la gloire** the transient nature of fame ◆ **éphémère ministre, il ...** having made a brief appearance as a minister, he ...

2 nm mayfly, ephemera (SPÉC)

**éphéméride** [efemeʀid] → SYN nf a (= calendrier) block calendar, tear-off calendar

b (Astron) **éphémérides** (= tables) ephemeris sg

**Éphèse** [efɛz] n Ephesus

**épi** [epi] nm **a** [blé, maïs] ear; [fleur] spike; [cheveux] tuft ◆ **les blés sont en épis** the corn is in the ear
**b** (= jetée) breakwater, groyne, groin
**c** (Aut) **être garé en épi** to be parked at an angle to the kerb
**d** **épi de faîtage** finial

**épice** [epis] → SYN nf spice ◆ **quatre épices** allspice; → **pain**

**épicé, e** [epise] → SYN (ptp de **épicer**) adj viande, plat highly spiced, spicy; goût spicy; histoire spicy, juicy*

**épicéa** [episea] nm spruce

**épicentre** [episɑ̃tʀ] nm epicentre

**épicer** [epise] → SYN ► conjug 3 ◄ vt [+ mets] to spice; [+ histoire] to add spice to

**épicerie** [episʀi] → SYN nf (= magasin) grocery, grocer's (shop (Brit) ou store (US)); (= nourriture) groceries; (= métier) grocery trade ◆ **rayon épicerie** grocery stand ou counter ◆ **aller à l'épicerie** to go to the grocer's ou grocery ◆ **épicerie fine** ≃ delicatessen

**épicier, -ière** [episje, jɛʀ] → SYN nm,f (gén) grocer; (en fruits et légumes) greengrocer (Brit), grocer (US); (péj) ◆ **d'épicier** idées, mentalité small-town (épith), parochial

**Épicure** [epikyʀ] nm Epicurus

**épicurien, -ienne** [epikyʀjɛ̃, jɛn] → SYN adj, nm,f (= gourmet) epicurean; (Philos) Epicurean

**épicurisme** [epikyʀism] → SYN nm epicureanism

**Épidaure** [epidɔʀ] n Epidaurus

**épidémie** [epidemi] → SYN nf epidemic ◆ **épidémie de grippe** flu epidemic

**épidémiologie** [epidemjɔlɔʒi] nf epidemiology

**épidémiologique** [epidemjɔlɔʒik] adj epidemiological

**épidémique** [epidemik] → SYN adj (lit) epidemic; (fig) contagious, catching (attrib)

**épiderme** [epidɛʀm] → SYN nm epidermis (SPÉC), skin ◆ **elle a l'épiderme délicat** she has delicate skin

**épidermique** [epidɛʀmik] adj **a** (Anat) skin (épith), epidermal (SPÉC), epidermic (SPÉC) ◆ **blessure épidermique** (surface) scratch, skin wound
**b** (fig) réaction instinctive, visceral ◆ **je le déteste, c'est épidermique** I hate him, I just can't help it

**épididyme** [epididim] nm epididymis

**épier** [epje] → SYN ► conjug 7 ◄ vt [+ personne] to spy on; [+ geste] to watch closely; [+ bruit] to listen out for; [+ occasion] to be on the look-out for, look (out) for, watch for

**épierrer** [epjeʀe] ► conjug 1 ◄ vt [+ champ] to remove stones from

**épierreuse** [epjeʀøz] nf stone remover

**épieu** [epjø] → SYN nm spear

**épigastre** [epigastʀ] nm epigastrium

**épigastrique** [epigastʀik] adj epigastric, epigastrial

**épigé, e** [epiʒe] adj epigeal, epigean, epigeous

**épigenèse** [epiʒənɛz], **épigénèse** [epiʒenɛz] nf (Bio) epigenesis

**épigénie** [epiʒeni] nf (Minér) epigenesis

**épiglotte** [epiglɔt] nf epiglottis

**épigone** [epigɔn] nm (Littérat) epigone

**épigrammatique** [epigʀamatik] adj epigrammatic

**épigramme** [epigʀam] → SYN nf epigram

**épigraphe** [epigʀaf] → SYN nf epigraph ◆ **mettre un vers en épigraphe** to use a line as an epigraph

**épigraphie** [epigʀafi] nf epigraphy

**épigraphique** [epigʀafik] adj epigraphic

**épigraphiste** [epigʀafist] nmf epigraphist, epigrapher

**épigyne** [epiʒin] adj epigynous

**épilateur** [epilatœʀ] nm hair remover

**épilation** [epilasjɔ̃] nf removal of (unwanted) hair; [sourcils] plucking ◆ **épilation à la cire** waxing ◆ **épilation électrique** hair removal by electrolysis

**épilatoire** [epilatwaʀ] adj depilatory, hair-removing (épith)

**épilepsie** [epilɛpsi] → SYN nf epilepsy

**épileptiforme** [epilɛptifɔʀm] adj epileptiform, epileptoid

**épileptique** [epilɛptik] adj, nmf epileptic

**épiler** [epile] → SYN ► conjug 1 ◄ **1** vt [+ jambes] to remove the hair from; [+ sourcils] to pluck ◆ **se faire épiler les aisselles** to have one's underarm hair removed
**2** **s'épiler** vpr ◆ **elle s'épilait les jambes** she was removing the hair(s) from her legs ◆ **s'épiler les jambes à la cire** to wax one's legs ◆ **s'épiler les sourcils** to pluck one's eyebrows

**épilogue** [epilɔg] → SYN nm (Littérat) epilogue; (fig) conclusion, dénouement

**épiloguer** [epilɔge] → SYN ► conjug 1 ◄ vi (parfois péj) to hold forth (*sur* on), go on* (*sur* about), expatiate (frm) (*sur* upon)

**épinard** [epinaʀ] nm (Bot) spinach ◆ **épinards** (Culin) spinach (NonC); → **beurre**

**épine** [epin] → SYN nf **a** [buisson, rose] thorn, prickle; [hérisson, oursin] spine, prickle; [porc-épic] quill ◆ **épine dorsale** backbone ◆ **vous m'enlevez une belle épine du pied** you have got me out of a spot*
**b** (= arbre) thorn bush ◆ **épine blanche** hawthorn ◆ **épine noire** blackthorn

**épinette** [epinɛt] → SYN nf **a** (Mus) spinet
**b** (Can) spruce ◆ **épinette blanche/noire** white/black spruce ◆ **épinette rouge** tamarack, hackmatack
**c** (Agr) coop

**épineux, -euse** [epinø, øz] → SYN **1** adj plante thorny, prickly; problème thorny, tricky, ticklish; situation tricky, ticklish, sensitive; caractère prickly, touchy
**2** nm prickly shrub ou bush

**épinglage** [epɛ̃glaʒ] nm pinning

**épingle** [epɛ̃gl] → SYN nf pin ◆ **épingle à chapeau** hatpin ◆ **épingle à cheveux** hairpin ◆ **virage en épingle à cheveux** hairpin bend (Brit) ou curve (US) ◆ **épingle de cravate** tie clip, tiepin ◆ **épingle à linge** clothes peg (Brit) ou pin (US) ◆ **épingle de nourrice** ou **de sûreté** safety pin; (grand modèle) nappy (Brit) ou diaper (US) pin ◆ **tirer son épingle du jeu** (= bien manœuvrer) to play one's game well; (= s'en sortir à temps) to extricate o.s.; → **monter**[2], **quatre**

**épingler** [epɛ̃gle] → SYN ► conjug 1 ◄ vt **a** (= attacher) to pin (on) (*à*, *sur* to) ◆ **épingler ses cheveux** to pin up one's hair ◆ **épingler une robe** (Couture) to pin up a dress
**b** (* = arrêter) to nab*, nick‡ (Brit) ◆ **se faire épingler** to get nabbed* ou nicked‡ (Brit)
**c** (= dénoncer) to slam*, criticize (severely) ◆ **il a épinglé le gouvernement** he laid into* ou slammed* the government, he took a swipe at the government

**épinglerie** [epɛ̃glәʀi] nf (= usine) pin factory; (= industrie) pin industry

**épinglette** [epɛ̃glɛt] nf lapel badge

**épinglier** [epɛ̃glije] nm pin case

**épinière** [epinjɛʀ] adj f → **moelle**

**épinoche** [epinɔʃ] nf stickleback

**épinochette** [epinɔʃɛt] nf ten-spined stickleback

**Épiphanie** [epifani] nf ◆ **l'Épiphanie** Epiphany, Twelfth Night ◆ **à l'Épiphanie** at Epiphany, on ou at Twelfth Night

**épiphénomène** [epifenɔmɛn] nm epiphenomenon

**épiphénoménisme** [epifenɔmenism] nm epiphenomenalism

**épiphonème** [epifɔnɛm] nm epiphonema

**épiphylle** [epifil] adj epiphyllous

**épiphyse** [epifiz] nf epiphysis

**épiphyte** [epifit] **1** adj epiphytic(al), epiphytal
**2** nm epiphyte

**épiphytie** [epifiti] nf epiphytotic disease

**épiploon** [epiplɔɔ̃] nm (Anat) omentum

**épique** [epik] → SYN adj (lit, fig) epic; (hum) epic, dramatic

**Épire** [epiʀ] nf Epirus

**épirogenèse** [epiʀɔʒənɛz] nf ep(e)irogeny, epeirogenesis

**épirogénique** [epiʀɔʒenik] adj epeirogen(et)ic, epirogenetic

**épiscopal, e,** mpl **-aux** [episkɔpal, o] adj episcopal ◆ **palais épiscopal** Bishop's ou episcopal palace

**épiscopalien, -ienne** [episkɔpaljɛ̃, jɛn] adj episcopalian ◆ **l'Église épiscopalienne** the Episcopal Church

**épiscopalisme** [episkɔpalism] nm episcopal(ian)ism

**épiscopat** [episkɔpa] nm episcopate, episcopacy

**épiscope** [episkɔp] nm episcope (Brit), opaque projector (US)

**épisiotomie** [epizjɔtɔmi] nf episiotomy

**épisode** [epizɔd] → SYN nm episode ◆ **roman/film à épisodes** serial, serialized novel/film ◆ **épisode dépressif/infectieux** (Méd) depressive/infectious phase

**épisodique** [epizɔdik] → SYN adj **a** (= occasionnel) événement occasional; rôle fleeting, transitory ◆ **de façon épisodique** occasionally ◆ **nous avons eu une relation épisodique pendant deux ans** we had an on-off relationship for two years ◆ **faire des apparitions épisodiques** to show up from time to time ou once in a while
**b** (= secondaire) événement minor, of secondary importance; personnage minor, secondary

**épisodiquement** [epizɔdikmɑ̃] adv occasionally

**épisome** [epizom] nm episome

**épispadias** [epispadjas] nm epispadias

**épisser** [epise] → SYN ► conjug 1 ◄ vt to splice

**épissoir** [episwaʀ] nm marlin(e) spike, splicing fid

**épissure** [episyʀ] nf splice ◆ **on a dû faire une épissure** we had to splice the two bits together

**épistasie** [epistazi] nf epistasis, hypostasis

**épistaxis** [epistaksis] → SYN nf nosebleed, epistaxis (SPÉC)

**épistémè** [episteme, episteme] nf episteme

**épistémologie** [epistemɔlɔʒi] nf (Philos) epistemology; (Sci) epistemics sg

**épistémologique** [epistemɔlɔʒik] adj epistemological

**épistémologiste** [epistemɔlɔʒist], **épistémologue** [epistemɔlɔg] nmf epistemologist

**épistolaire** [epistɔlɛʀ] adj style epistolary ◆ **être en relations épistolaires avec qn** to correspond with sb, be in correspondence with sb

**épistolier, -ière** [epistɔlje, jɛʀ] → SYN nm,f (littér) letter writer

**épistyle** [epistil] nm epistyle

**épitaphe** [epitaf] → SYN nf epitaph

**épithalame** [epitalam] nm epithalamium, epithalamion

**épithélial, e,** mpl **-iaux** [epiteljal, jo] adj epithelial

**épithélioma** [epiteljɔma] nm epithelioma

**épithélium** [epiteljɔm] nm épithelium

**épithète** [epitɛt] → SYN nf **a** (Gram) attribute ◆ **adjectif épithète** attributive adjective
**b** (= qualificatif) epithet

**épitoge** [epitɔʒ] nf (= écharpe) sash; (Antiq) *garment worn over a toga*

**épitomé** [epitɔme] → SYN nm epitome

**épître** [epitʀ] → SYN nf epistle

**épizootie** [epizɔɔti, epizooti] nf epizootic (disease)

**épizootique** [epizɔɔtik, epizootik] → SYN adj epizootic

**éploré, e** [eplɔʀe] → SYN adj (littér) visage bathed in tears; personne tearful, weeping, in tears (attrib); voix tearful

**éployer** [eplwaje] → SYN ► conjug 8 ◄ vt (littér) ailes to spread

**épluchage** [eplyʃaʒ] nm **a** [fruits, légumes, crevettes] peeling; [salade, radis] cleaning
**b** [journaux, comptes] dissection

**épluche-légumes** [eplyʃlegym] nm inv (potato) peeler

**éplucher** [eplyʃe] → SYN ▸ conjug 1 ◂ vt **a** [+ fruits, légumes, crevettes] to peel; [+ salade, radis] to clean
**b** [+ journaux, comptes] to go over with a fine-tooth comb, dissect

**épluchette** [eplyʃɛt] nf (Can) corn-husking bee ou party

**éplucheur, -euse** [eplyʃœʀ, øz] [1] adj, nm ◆ (couteau) éplucheur (potato) peeler
[2] nm,f (= personne) peeler; (péj) faultfinder
[3] **éplucheuse** nf (= machine) potato-peeler

**épluchure** [eplyʃyʀ] → SYN nf ◆ **épluchure de pomme de terre** etc piece of potato etc peeling ◆ **épluchures** peelings

**EPO** [əpeo] nm (abrév de **érythropoïétine**) EPO

**épode** [epɔd] nf epode

**époi** [epwa] nm [cerf] tine

**épointer** [epwɛ̃te] ▸ conjug 1 ◂ vt [+ aiguille] to blunt ◆ **crayon épointé** blunt pencil

**éponge** [epɔ̃ʒ] nf **a** (Zool, gén) sponge ◆ **passer un coup d'éponge sur qch** to give sth a (quick) sponge, wipe sth with a sponge ◆ **passons l'éponge !** (fig) let's let bygones be bygones!, let's forget all about it! ◆ **passons l'éponge sur cette vieille querelle !** let's forget all about that old quarrel!, let's put that old quarrel behind us! ◆ **jeter l'éponge** (Boxe, fig) to throw in the sponge ou towel ◆ **éponge métallique** scouring pad, scourer ◆ **éponge végétale** loofah (Brit), luffa (US); → **boire**
**b** (Tex) **(tissu) éponge** (terry) towelling
**c** (* = ivrogne) drunk*, drunkard
**d** (Tech) **éponge de platine** platinum sponge

**éponger** [epɔ̃ʒe] → SYN ▸ conjug 3 ◂ vt [+ liquide] to mop ou sponge up; [+ plancher, visage] to mop; [+ dette] to soak up, absorb ◆ **s'éponger le front** to mop one's brow

**épontille** [epɔ̃tij] nf (Naut) pillar

**éponyme** [epɔnim] [1] adj (frm) eponymous (frm) ◆ **le héros éponyme de la pièce** the play's eponymous hero ◆ **la chanson éponyme de l'album** the title track of the album
[2] nm eponym

**épopée** [epɔpe] → SYN nf (lit, fig) epic

**époque** [epɔk] → SYN nf **a** (gén) time ◆ **les chansons de l'époque** the songs of the time ou day ◆ **j'étais jeune à l'époque** I was young at the time ◆ **à cette époque(-là)** at that time ◆ **à l'époque où nous sommes** in this day and age ◆ **être de son époque** to be in tune with one's time ◆ **quelle époque !** what times these are! ◆ **nous vivons une drôle d'époque** these are strange times we're living in ◆ **l'accordéon, les bals populaires, toute une époque !** accordions, open-air dances - a bygone era!
**b** (Hist) age, era, epoch ◆ **chaque époque a ses problèmes** every era has its problems ◆ **l'époque révolutionnaire** the revolutionary era ou age ou epoch ◆ **à l'époque des Grecs** at the time of ou in the age of the Greeks ◆ **la Belle Époque** the Belle Époque, ≃ the Edwardian era ◆ **cette invention a fait époque** it was an epoch-making invention ◆ **il s'est trompé d'époque** he was born in the wrong century ◆ **à toutes les époques** in every era ◆ **documents d'époque** contemporary (historical) documents ◆ **sur instruments d'époque** (Mus) on period ou authentic instruments
**c** (Géol) period ◆ **à l'époque glaciaire** in the ice age
**d** (Art = style) period ◆ **tableaux de la même époque** pictures of ou from the same period ◆ **meubles d'époque** antique ou period furniture ◆ **ce vase n'est pas d'époque** this vase isn't a genuine antique

**épouiller** [epuje] ▸ conjug 1 ◂ vt to delouse

**époumoner (s')** [epumɔne] → SYN ▸ conjug 1 ◂ vpr (lit, fig) to shout o.s. hoarse ◆ **il s'époumonait à chanter** he was singing himself hoarse

**épousailles** [epuzɑj] → SYN nfpl († ou hum) nuptials † (aussi hum)

**épouse** [epuz] → SYN nf wife, spouse (frm ou hum) ◆ **voulez-vous prendre pour épouse Jeanne Dumont ?** do you take Jeanne Dumont to be your lawful wedded wife?

**épousée** [epuze] → SYN nf († ou dial) bride

**épouser** [epuze] → SYN ▸ conjug 1 ◂ [1] vt **a** [+ personne] to marry, wed †; [+ idée] to embrace, espouse (frm); [+ cause] to espouse (frm), take up ◆ **épouser une grosse fortune** to marry into money
**b** [vêtement] to mould, hug; [route, tracé] to follow; (étroitement) to hug ◆ **cette robe épouse parfaitement les formes du corps** this dress moulds the curves of the body perfectly
[2] **s'épouser** vpr (littér) [personnes] to marry, wed (littér)

**époussetage** [epustaʒ] nm dusting

**épousseter** [epuste] → SYN ▸ conjug 4 ◂ vt (= nettoyer) to dust; (= enlever) to dust ou flick off

**époustouflant, e*** [epustuflɑ̃, ɑ̃t] → SYN adj staggering, amazing

**époustoufler*** [epustufle] ▸ conjug 1 ◂ vt to stagger, flabbergast

**époutir** [eputiʀ] ▸ conjug 2 ◂ vt (Tex) to burl

**épouvantable** [epuvɑ̃tabl] → SYN adj (gén) terrible, dreadful; (= très choquant) appalling ◆ **il a un caractère épouvantable** he has a foul temper

**épouvantablement** [epuvɑ̃tabləmɑ̃] adv terribly, dreadfully

**épouvantail** [epuvɑ̃taj] → SYN nm **a** (à oiseaux) scarecrow
**b** (= spectre) spectre ◆ **l'épouvantail de la guerre/du chômage** the spectre of war/unemployment ◆ **ils se servaient du communisme comme d'un épouvantail** they were raising the bogeyman of communism
**c** (péj = personne) scruff* ◆ **j'ai l'air d'un épouvantail dans cette robe** I look a fright (Brit) ou like a scarecrow in this dress

**épouvante** [epuvɑ̃t] → SYN nf terror, (great) fear ◆ **saisi d'épouvante** terror-stricken ◆ **il voyait arriver ce moment avec épouvante** he saw with dread the moment approaching ◆ **roman/film d'épouvante** horror story/film

**épouvanter** [epuvɑ̃te] → SYN ▸ conjug 1 ◂ vt to terrify, appal, frighten ◆ **s'épouvanter de qch** to be appalled ou horrified by sth

**époux** [epu] → SYN nm husband, spouse (frm ou hum) ◆ **les époux** the (married) couple, the husband and wife ◆ **les époux Durand** the Durands, Mr and Mrs Durand ◆ **voulez-vous prendre pour époux Jean Legrand ?** do you take Jean Legrand to be your lawful wedded husband?

**époxy** [epɔksi] adj inv epoxy

**époxyde** [epɔksid] nm epoxide

**épreintes** [epʀɛ̃t] → SYN nfpl (Méd) tenesmus sg

**éprendre (s')** [epʀɑ̃dʀ] → SYN ▸ conjug 58 ◂ vpr (littér) ◆ **s'éprendre de** to fall in love with, become enamoured of (littér)

**épreuve** [epʀœv] → SYN nf **a** (= essai) test ◆ **épreuve de résistance** strength test ◆ **épreuve de résistance au choc/à la chaleur** impact/heat test ◆ **épreuve de force** trial of strength, confrontation ◆ **épreuve de vérité** litmus ou acid test (fig) ◆ **faire l'épreuve d'un métal** to test a metal; → **rude**
**b** (= malheur) ordeal, trial, hardship ◆ **subir de rudes épreuves** to suffer great hardships, undergo great trials ou ordeals ◆ **savoir réagir dans l'épreuve** to cope well in the face of adversity
**c** (Scol) test ◆ **corriger les épreuves d'un examen** to mark the examination papers ◆ **épreuve orale** oral test ◆ **épreuve écrite** written test ou paper
**d** (Sport) event ◆ **épreuve de sélection** heat ◆ **épreuve contre la montre** time trial ◆ **épreuves sur piste** track events ◆ **épreuve d'endurance** [personne] test of endurance, endurance test; (Aut) endurance test
**e** (Typo) proof ◆ **premières/secondes épreuves** first/second proofs ◆ **corriger les épreuves d'un livre** to proofread a book, correct the proofs of a book
**f** (Photo) print; (= gravure) proof ◆ **épreuve (par) contact** contact print ◆ **épreuves (de tournage)** (Ciné) rushes
**g** (Hist: initiatique) ordeal ◆ **épreuve du feu** ordeal by fire
**h** (LOC)
◆ **à l'épreuve** ◆ **mettre à l'épreuve** to put to the test ◆ **mise à l'épreuve** (Jur) ≃ probation
◆ **à l'épreuve de** ◆ **gilet à l'épreuve des balles** bulletproof vest ◆ **à l'épreuve du feu** fireproof ◆ **résister à l'épreuve du temps** to stand the test of time
◆ **à toute épreuve** amitié, foi staunch; mur solid as a rock ◆ **il a un courage à toute épreuve** he has unfailing courage, his courage is equal to anything

**épris, e** [epʀi, iz] → SYN (ptp de **s'éprendre**) adj (frm) (d'une personne) smitten (*de* with), enamoured (littér) (*de* of), in love (*de* with) ◆ **être épris de justice/liberté** to have a great love of justice/liberty ◆ **épris d'histoire** enamoured of history

**EPROM** [epʀɔm] nf (abrév de **Erasable Programmable Read Only Memory**) EPROM

**éprouvant, e** [epʀuvɑ̃, ɑ̃t] → SYN adj travail, climat trying, testing ◆ **éprouvant pour les nerfs** nerve-racking

**éprouvé, e** [epʀuve] → SYN (ptp de **éprouver**) adj (= sûr) moyen, remède well-tried, proven; spécialiste, qualités (well-)proven; ami staunch, true, steadfast

**éprouver** [epʀuve] → SYN ▸ conjug 1 ◂ vt **a** (= ressentir) [+ sensation, sentiment] to feel, experience
**b** (= subir) [+ perte] to suffer, sustain; [+ difficultés] to meet with, experience
**c** (= tester) [+ métal] to test; [+ personne] to put to the test, test
**d** (frm = affliger) to afflict, distress ◆ **très éprouvé par la maladie** sorely afflicted by illness (frm) ◆ **la ville a été durement éprouvée pendant la guerre** the city suffered greatly during the war

**éprouvette** [epʀuvɛt] nf test tube; → **bébé**

**EPS** [əpeɛs] nf (abrév de **éducation physique et sportive**) PE, PT

**epsilon** [ɛpsilɔn] nm epsilon

**epsomite** [ɛpsɔmit] nf Epsom salts

**épucer** [epyse] ▸ conjug 3 ◂ vt to rid of fleas

**épuisable** [epɥizabl] adj exhaustible

**épuisant, e** [epɥizɑ̃, ɑ̃t] → SYN adj exhausting

**épuisé, e** [epɥize] → SYN (ptp de **épuiser**) adj personne, cheval, corps exhausted, worn-out; (Comm) article sold out (attrib); stocks exhausted (attrib); livre out of print ◆ **épuisé de fatigue** exhausted, tired out, worn-out

**épuisement** [epɥizmɑ̃] → SYN nm (gén) exhaustion ◆ **devant l'épuisement de ses finances** seeing that his money had run out ◆ **jusqu'à épuisement des stocks** while stocks last ◆ **jusqu'à l'épuisement du filon** until the seam is (ou was) worked out ◆ **faire marcher qn jusqu'à (l')épuisement** to make sb walk till he drops (with exhaustion) ◆ **dans un grand état d'épuisement** in a completely ou an utterly exhausted state, in a state of complete ou utter exhaustion

**épuiser** [epɥize] → SYN ▸ conjug 1 ◂ [1] vt [+ personne] to exhaust, tire out, wear out; [+ terre, sujet] to exhaust; [+ réserves, munitions] to use up, exhaust; [+ filon] to exhaust, work out; [+ patience] to wear out, exhaust
[2] **s'épuiser** vpr [réserves] to run out; [source] to dry up; [personne] to exhaust o.s., wear o.s. out, tire o.s. out (*à faire qch* doing sth) ◆ **les stocks s'étaient épuisés** the stocks had run out ◆ **ses forces s'épuisent peu à peu** his strength is gradually failing ◆ **je m'épuise à vous le répéter** I'm sick and tired of telling you

**épuisette** [epɥizɛt] → SYN nf (Pêche) landing net; (à crevettes) shrimping net

**épulide** [epylid], **épulie** [epyli], **épulis** [epylis] nf epulis

**épulpeur** [epylpœʀ] nm pulp extractor

**épurateur** [epyʀatœʀ] nm (Tech) purifier

**épuration** [epyʀasjɔ̃] → SYN nf [eau, huile] purification; [langue, goût, style] refinement, refining; (Pol) purge ◆ **station d'épuration des eaux** water purification plant

**épure** [epyʀ] → SYN nf working drawing

**épurer** [epyʀe] → SYN ▸ conjug 1 ◂ vt [+ eau, huile] to purify; [+ langue, goût, style] to refine; (Pol) to purge

**épurge** [epyʀʒ] nf caper spurge

**épyornis** [epjɔʀnis] nm ⇒ **æpyornis**

**équanimité** [ekwanimite] → SYN nf (frm) equanimity

**équarrir** [ekaʀiʀ] → SYN ▸ conjug 2 ◂ vt **a** [+ pierre, tronc] to square (off) ◆ **poutre mal équarrie** rough-hewn beam
**b** [+ animal] to cut up

**équarrissage** [ekaʀisaʒ] nm **a** [pierre, tronc] squaring (off)
**b** [animal] quartering, cutting up ◆ **envoyer un animal à l'équarrissage** to send an animal to the abattoir

**équarrisseur** [ekaʀisœʀ] nm (gén) renderer; [chevaux] knacker (Brit)

**équarrissoir** [ekaʀiswaʀ] nm (= couteau) knacker's knife; (= lieu) knacker's yard

**Équateur** [ekwatœʀ] nm (= pays) ◆ **(la république de l') Équateur** (the Republic of) Ecuador

**équateur** [ekwatœʀ] nm equator ◆ **sous l'équateur** at ou on the equator

**équation** [ekwasjɔ̃] nf **a** (Math) equation ◆ **équation du premier/second degré** simple/quadratic equation ◆ **mettre en équation** to put in an equation
**b** (fig) equation ◆ **l'équation politique** the political equation ◆ **équation personnelle** (Psych) personal equation

**équatorial, e,** mpl **-iaux** [ekwatɔʀjal, jo] **1** adj equatorial
**2** nm (Astron) equatorial (telescope)

**équatorien, -ienne** [ekwatɔʀjɛ̃, jɛn] **1** adj Ecuadorian, Ecuadoran
**2** **Équatorien(ne)** nm,f Ecuadorian, Ecuadoran

**équerre** [ekɛʀ] → SYN nf (pour tracer) (set) square; (de soutien) brace ◆ **double équerre** T-square ◆ **en équerre** at right angles ◆ **ce tableau n'est pas d'équerre** this picture isn't straight ou level

**équestre** [ekɛstʀ] adj statue, activités equestrian ◆ **centre équestre** riding school ◆ **le sport équestre** equestrian sport, horse-riding

**équeuter** [ekøte] ▸ conjug 1 ◂ vt [+ cerises] to remove the stalk from, pull the stalk off; [+ fraises] to hull

**équi(-)** [ekɥi] préf equi(-) ◆ **équi possible** equally possible

**équiangle** [ekɥiɑ̃gl] adj equiangular

**équidé** [ekide] nm member of the horse family ◆ **les équidés** the Equidae (SPÉC)

**équidistance** [ekɥidistɑ̃s] nf equidistance ◆ **à équidistance de Paris et de Dijon** half-way between Paris and Dijon

**équidistant, e** [ekɥidistɑ̃, ɑ̃t] adj equidistant (*de* between)

**équilatéral, e,** mpl **-aux** [ekɥilateʀal, o] adj (lit) equilateral ◆ **ça m'est complètement équilatéral** †* I don't give a damn*

**équilatère** [ekɥilatɛʀ] adj ◆ **hyperbole équilatère** equilateral hyperbola

**équilibrage** [ekilibʀaʒ] nm (Aut) [roues] balancing

**équilibrant, e** [ekilibʀɑ̃, ɑ̃t] adj stabilizing (épith) ◆ **shampooing équilibrant** shampoo which restores the hair's natural balance

**équilibration** [ekilibʀasjɔ̃] nf balancing, equilibration

**équilibre** [ekilibʀ] → SYN nm **a** (gén) [corps, objet] balance, equilibrium ◆ **perdre/garder l'équilibre** to lose/keep one's balance ◆ **avoir le sens de l'équilibre** to have a (good) sense of balance ◆ **équilibre stable/instable** stable/unstable equilibrium ◆ **exercice/tour d'équilibre** balancing exercise/act
◆ **en équilibre** ◆ **se tenir** ou **être en équilibre (sur)** [personne] to balance (on); [objet] to be balanced (on) ◆ **mettre qch en équilibre** to balance sth (*sur* on) ◆ **en équilibre instable sur le bord du verre** precariously balanced on the edge of the glass
**b** (Psych) **équilibre (mental)** (mental) equilibrium, (mental) stability ◆ **il manque d'équilibre** he's rather unstable
**c** (= harmonie) [couple] harmony; [activités] balance, equilibrium ◆ **préserver les grands équilibres économiques** to keep the economy on a sound footing
**d** (Écon, Pol) balance; [course aux armements] parity ◆ **équilibre budgétaire/économique** balance in the budget/economy ◆ **budget en équilibre** balanced budget ◆ **atteindre l'équilibre financier** to break even (financially) ◆ **équilibre des pouvoirs** balance of power ◆ **équilibre politique** political balance ◆ **l'équilibre du monde** the world balance of power ◆ **équilibre de la terreur** balance of terror
**e** (Sci) equilibrium ◆ **solution en équilibre** (Chim) balanced solution
**f** (Archit, Mus, Peinture) balance

**équilibré, e** [ekilibʀe] → SYN (ptp de **équilibrer**) adj personne stable, well-balanced, levelheaded; régime alimentaire (well-)balanced; esprit well-balanced; vie well-regulated, regular ◆ **mal équilibré** unstable, unbalanced

**équilibrer** [ekilibʀe] → SYN ▸ conjug 1 ◂ vt **a** (= contrebalancer) [+ forces, poids, poussée] to counterbalance ◆ **les avantages et les inconvénients s'équilibrent** the advantages and the disadvantages counterbalance each other ou cancel each other out
**b** (= mettre en équilibre) [+ balance] to equilibrate, balance; [+ charge, embarcation, avion, roues] to balance; (Archit, Art) to balance
**c** (= harmoniser) [+ emploi du temps, budget, pouvoirs] to balance ◆ **équilibrer qn** (fig) to restore sb's mental equilibrium

**équilibreur** [ekilibʀœʀ] nm (Aviat) stabilizer

**équilibriste** [ekilibʀist] → SYN nmf (= funambule) tightrope walker

**équille** [ekij] nf sand eel

**équimolaire** [ekɥimɔlɛʀ] adj equimolar

**équimoléculaire** [ekɥimɔlekylɛʀ] adj equimolecular

**équimultiple** [ekɥimyltipl] nm equimultiple

**équin, e** [ekɛ̃, in] adj (gén) equine ◆ **pied bot équin** (Méd) talipes equinus

**équinisme** [ekinism] nm (Méd) talipes equinus

**équinoxe** [ekinɔks] nm equinox ◆ **marée d'équinoxe** equinoctial tide ◆ **équinoxe de printemps/d'automne** spring/autumn equinox

**équinoxial, e,** mpl **-iaux** [ekinɔksjal, jo] adj equinoctial

**équipage** [ekipaʒ] → SYN nm **a** (Aviat) (air) crew; (Naut) crew; → **homme, rôle**
**b** (* = attirail) gear * (NonC)
**c** † [seigneur, chevaux] equipage † ◆ **équipage à deux/à quatre chevaux** carriage and pair/and four ◆ **en grand équipage** in state, in grand ou great style
**d** (Tech) equipment (NonC), gear (NonC)

**équipartition** [ekipaʀtisjɔ̃] nf equipartition

**équipe** [ekip] → SYN nf **a** (Sport) team; [rameurs] crew ◆ **jeu** ou **sport d'équipe** team game ◆ **jouer en** ou **par équipes** to play in teams ◆ **il joue en équipe de France** he plays for the French team; → **esprit**
**b** (= groupe) team ◆ **équipe de chercheurs** research team, team of researchers ◆ **équipe de secours** ou **de sauveteurs** ou **de sauvetage** rescue party ou squad ou team ◆ **équipe pédagogique** teaching staff ◆ **l'équipe de jour/de 8 heures** (Ind) the day/8 o'clock shift ◆ **travailler en** ou **par équipes** to work in teams; (sur un chantier) to work in gangs; (Ind) to work in shifts ◆ **on travaille en équipe** we work as a team ◆ **faire équipe avec** to team up with; → **chef**[1]
**c** (* = bande) team; (péj) bunch*, crew* ◆ **c'est la fine équipe** they're a right bunch*

**équipée** [ekipe] → SYN nf [prisonnier] escape, flight; [aventurier] undertaking, venture; [promeneur, écolier] jaunt ◆ **aller là-bas, c'est tout une équipée** it's quite a palaver getting there ◆ **la folle équipée des terroristes** the mad dash of the terrorists

**équipement** [ekipmɑ̃] → SYN nm **a** (= matériel) equipment ◆ **l'équipement complet du skieur** a complete set of skiing equipment
**b** (= aménagement) **équipement électrique** electrical fittings ◆ **équipement hôtelier** hotel facilities ou amenities ◆ **équipement industriel** industrial plant ◆ **équipements collectifs** (Admin) community facilities ou amenities ◆ **prime** ou **subvention d'équipement** equipment grant
**c** (= action) equipping ◆ **assurer l'équipement de qch** to equip sth

**équipementier** [ekipmɑ̃tje] nm components manufacturer ◆ **équipementier automobile** car ou auto (US) parts manufacturer

**équiper** [ekipe] → SYN ▸ conjug 1 ◂ **1** vt [+ troupe] to equip (*de* with); [+ local] to equip, fit out (*de* with); [+ usine] to tool up; [+ ville, pays] to equip, provide (*de* with); [+ sportif] to equip, fit out, kit out (Brit) (*de* with) ◆ **cuisine tout équipée** fully equipped kitchen ◆ **équiper une machine d'un dispositif de sécurité** to fit a machine with a safety device
**2** **s'équiper** vpr [usine] to tool up; [personne] to equip o.s. (*de, en* with); [sportif] to equip o.s., kit o.s. out (Brit), get o.s. kitted out (Brit) ◆ **l'école s'équipe en micro-ordinateurs** the school is acquiring some computers

**équipier, -ière** [ekipje, jɛʀ] → SYN nm,f (Sport) team member; (= rameur) crew member

**équipollence** [ekɥipɔlɑ̃s] nf equipollence

**équipollent, e** [ekɥipɔlɑ̃, ɑ̃t] adj equipollent

**équipotentiel, -ielle** [ekɥipɔtɑ̃sjɛl] adj equipotential

**équiprobable** [ekɥipʀɔbabl] adj equiprobable

**équisétinées** [ekɥisetine] nfpl ◆ **les équisétinées** equisetums, the Equiseta (SPÉC)

**équitable** [ekitabl] → SYN adj partage, jugement equitable, fair; personne impartial, fair (-minded)

**équitablement** [ekitabləmɑ̃] adv equitably, fairly

**équitant, e** [ekitɑ̃, ɑ̃t] adj equitant

**équitation** [ekitasjɔ̃] → SYN nf (horse-)riding, equitation (frm) ◆ **faire de l'équitation** to go horse-riding ◆ **école d'équitation** riding school

**équité** [ekite] → SYN nf equity ◆ **avec équité** equitably, fairly

**équivalence** [ekivalɑ̃s] → SYN nf (gén) equivalence ◆ **diplômes étrangers admis en équivalence** (Univ) recognized foreign diplomas ◆ **demande d'équivalence** *request for an equivalent rating of one's degree* ◆ **j'ai eu ma licence par équivalence** I obtained my degree by being granted an equivalent rating of my qualifications ou by transfer of credits

**équivalent, e** [ekivalɑ̃, ɑ̃t] GRAMMAIRE ACTIVE 5.4 → SYN
**1** adj equivalent (*à* to) ◆ **ces solutions sont équivalentes** these solutions are equivalent ◆ **à prix équivalent, ce produit est meilleur** for the same ou equivalent price this is the better product
**2** nm (= chose semblable, mot) equivalent (*de* of) ◆ **vous ne trouverez l'équivalent nulle part** you won't find the ou its like ou equivalent anywhere ◆ **équivalent pétrole** fuel oil equivalent

**équivaloir** [ekivalwaʀ] → SYN ▸ conjug 29 ◂ **1** vi (lit) [quantité] to be equivalent (*à* to); [effet] to be equivalent (*à* to), amount (*à* to) ◆ **ça équivaut à dire que ...** it amounts to ou is equivalent ou tantamount to saying that ...
**2** **s'équivaloir** vpr to be the same ◆ **ça s'équivaut** it amounts to the same thing

**équivoque** [ekivɔk] → SYN **1** adj (= ambigu) equivocal, ambiguous; (= louche) dubious, questionable
**2** nf (= ambiguïté) equivocation, ambiguity; (= incertitude) doubt; (= malentendu) misunderstanding ◆ **conduite sans équivoque** unequivocal ou unambiguous behaviour ◆ **pour lever l'équivoque** to remove any doubt (on the matter)

**équivoquer** [ekivɔke] ▸ conjug 1 ◂ vi to equivocate

**érable** [eʀabl] nm maple (tree) ◆ **érable du Canada** ou **à sucre** silver maple

**érablière** [eʀablijɛʀ] nf maple grove

**éradication** [eʀadikasjɔ̃] nf eradication

**éradiquer** [eʀadike] ▸ conjug 1 ◂ vt to eradicate

**éraflement** [eʀafləmɑ̃] nm scratching

**érafler** [eʀafle] → SYN ▸ conjug 1 ◂ vt [+ peau, genou] to scratch, graze; [+ surface] to scratch, scrape

**éraflure** [eʀaflyʀ] → SYN nf (sur peau) scratch, graze; (sur objet) scratch, scrape (mark)

**éraillé, e** [eʀaje] → SYN (ptp de **érailler**) adj voix rasping, hoarse, croaking (épith)

**éraillement** [eʀajmɑ̃] nm [voix] hoarseness

**érailler** [eʀaje] ▸ conjug 1 ◂ vt [+ voix] to make hoarse; (= rayer) [+ surface] to scratch ◆ **s'érailler la voix** to ruin one's voice

**Érasme** [eʀasm] nm ◆ **Érasme (de Rotterdam)** Erasmus

**erbine** [ɛʀbin] nf erbia

**erbium** [ɛʀbjɔm] nm erbium

**ère** [ɛʀ] → SYN nf era ◆ **400 avant notre ère** 400 B.C. ◆ **en l'an 1600 de notre ère** in the year of our Lord 1600, in the year 1600 A.D. ◆ **l'ère chrétienne** the Christian era ◆ **ère secondaire/tertiaire** secondary/tertiary era ◆ **les ères géologiques** the geological eras ◆ **une ère nouvelle commence** it's the beginning ou dawn of a new era ◆ **l'ère Mitterrand/Thatcher** the Mitterrand/Thatcher era ◆ **l'ère atomique/glaciaire/spatiale** the atomic/ice/space age

**érecteur** [eʀɛktœʀ] adj m, nm ◆ **(muscle) érecteur** erector

**érectile** [eʀɛktil] adj erectile

**érectilité** [eʀɛktilite] nf erectility

**érection** [eʀɛksjɔ̃] → SYN nf **a** [monument] erection, raising; (fig) establishment, setting-up **b** (Physiol) erection ◆ **avoir une érection** to have an erection

**éreintage** [eʀɛ̃taʒ] nm (= critique) savage attack (*de* on), slating * (Brit), panning *

**éreintant, e** [eʀɛ̃tɑ̃, ɑ̃t] → SYN adj travail exhausting, backbreaking

**éreintement** [eʀɛ̃tmɑ̃] nm (= épuisement) exhaustion; (= critique) savage attack (*de* on), panning *, slating * (Brit)

**éreinter** [eʀɛ̃te] → SYN ► conjug 1 ◄ vt **a** (= épuiser) [+ animal] to exhaust; * [+ personne] to shatter *, wear out ◆ **être éreinté** to be shattered * ou all in * ou worn out ◆ **s'éreinter à faire qch** to wear o.s. out doing sth **b** (= critiquer) [+ auteur, œuvre] to pull to pieces, pan *, slate * (Brit)

**érémiste** [eʀemist] nmf *person receiving welfare payment*, ≃ person on income support (Brit), ≃ person on welfare (US)

**érémitique** [eʀemitik] adj hermetic(al) ◆ **vie érémitique** hermetic(al) life, life of a hermit

**érésipèle** [eʀezipɛl] nm ⇒ **érysipèle**

**éréthisme** [eʀetism] → SYN nm (Méd) erethism

**éreuthophobie** [eʀøtɔfɔbi] nf ereuthophobia

**Erevan** [əʀəvɑ̃] n Yerevan

**erg** [ɛʀg] nm (Géog, Phys) erg

**ergastoplasme** [ɛʀgastɔplasm] nm endoplasmic reticulum, ergastoplasm

**ergastule** [ɛʀgastyl] → SYN nm (Antiq) underground prison

**ergatif, -ive** [ɛʀgatif, iv] adj, nm (Gram) ergative

**ergographie** [ɛʀgɔgʀafi] nm ergograph

**ergol** [ɛʀgɔl] nm propellant

**ergologie** [ɛʀgɔlɔʒi] nf ergology

**ergométrique** [ɛʀgɔmetʀik] adj ergometric

**ergonome** [ɛʀgɔnɔm] nmf ergonomist

**ergonomie** [ɛʀgɔnɔmi] nf ergonomics sg

**ergonomique** [ɛʀgɔnɔmik] adj ergonomic(al)

**ergonomiste** [ɛʀgɔnɔmist] nmf ergonomist

**ergot** [ɛʀgo] → SYN nm **a** [coq] spur; [chien] dewclaw ◆ **monter** ou **se dresser sur ses ergots** (fig) to get one's hackles up **b** [blé] ergot **c** (Tech) lug

**ergotage** [ɛʀgɔtaʒ] → SYN nm quibbling (NonC), cavilling (NonC), petty argument

**ergotamine** [ɛʀgɔtamin] nf ergotamine

**ergoté, e** [ɛʀgɔte] adj oiseau spurred; blé ergoted

**ergoter** [ɛʀgɔte] → SYN ► conjug 1 ◄ vi to quibble (*sur* about), cavil (*sur* at)

**ergoteur, -euse** [ɛʀgɔtœʀ, øz] → SYN nm,f quibbler, hairsplitter

**ergothérapeute** [ɛʀgoteʀapøt] nmf occupational therapist

**ergothérapie** [ɛʀgoteʀapi] nf occupational therapy

**ergotisme** [ɛʀgɔtism] nm ergotism, Saint Anthony's fire

**éricacées** [eʀikase] nfpl ◆ **les éricacées** ericaceous plants, the Ericaceae (SPÉC)

**Éridan** [eʀidɑ̃] n Eridanus

**Érié** [eʀje] n ◆ **le lac Érié** Lake Erie

**ériger** [eʀiʒe] → SYN ► conjug 3 ◄ vt (frm) [+ monument, bâtiment] to erect; [+ société] to set up, establish ◆ **ériger le dogmatisme en vertu** to make a virtue of dogmatism ◆ **ériger un criminel en héros** to set a criminal up as a hero ◆ **il s'érige en maître/juge** he sets himself up as a master/judge

**érigéron** [eʀiʒeʀɔ̃] nm fleabane

**érigne** [eʀiɲ] nf (Chirurgie) tenaculum

**Érinyes** [eʀini] nfpl ◆ **les Érinyes** the Erinyes

**éristale** [eʀistal] nm drone-fly

**ermitage** [ɛʀmitaʒ] → SYN nm (d'ermite) hermitage; (fig) retreat

**ermite** [ɛʀmit] → SYN nm hermit

**éroder** [eʀɔde] → SYN ► conjug 1 ◄ vt to erode

**érogène** [eʀɔʒɛn] adj erogenous

**Éros** [eʀos] nm (Myth) Eros ◆ **l'éros** (Psych) Eros

**érosif, -ive** [eʀozif, iv] adj erosive

**érosion** [eʀozjɔ̃] → SYN nf (lit, fig) erosion ◆ **érosion monétaire** (monetary) depreciation

**érotique** [eʀɔtik] → SYN adj erotic

**érotiquement** [eʀɔtikmɑ̃] adv erotically

**érotisation** [eʀɔtizasjɔ̃] nf eroticization

**érotiser** [eʀɔtize] ► conjug 1 ◄ vt to eroticize

**érotisme** [eʀɔtism] → SYN nm eroticism

**érotologie** [eʀɔtɔlɔʒi] nf erotology

**érotologique** [eʀɔtɔlɔʒik] adj erotological

**érotologue** [eʀɔtɔlɔg] nmf erotologist

**érotomane** [eʀɔtɔman] nmf erotomaniac

**érotomanie** [eʀɔtɔmani] nf erotomania

**erpétologie** [ɛʀpetɔlɔʒi] nf herpetology

**erpétologique** [ɛʀpetɔlɔʒik] adj herpetological

**erpétologiste** [ɛʀpetɔlɔʒist] nmf herpetologist

**errance** [ɛʀɑ̃s] → SYN nf (littér) wandering, roaming

**errant, e** [ɛʀɑ̃, ɑ̃t] → SYN adj (gén) wandering ◆ **chien errant** stray dog; → **chevalier, juif**

**errata** [eʀata] nm pl errata

**erratique** [eʀatik] → SYN adj (Géol, Méd) erratic

**erratum** [eʀatɔm], pl **errata** [eʀata] nm erratum

**erre** [ɛʀ] → SYN nf **a** (Naut) headway *(made after the engines have stopped)* ◆ **se laisser glisser sur son erre, courir sur son erre** (fig) to drift along **b** (Vénerie) **erres** tracks

**errements** [ɛʀmɑ̃] → SYN nmpl (littér) erring ways, bad habits

**errer** [eʀe] → SYN ► conjug 1 ◄ vi (littér) **a** [voyageur] to wander, roam; [regard] to rove, roam, wander (*sur* over); [pensée] to wander, stray ◆ **un sourire errait sur ses lèvres** (littér) a smile played on his lips **b** (= se tromper) to err

**erreur** [eʀœʀ] GRAMMAIRE ACTIVE 18.2, 18.4 → SYN nf **a** (gén) mistake, error; (Stat) error ◆ **erreur matérielle** technical error ◆ **erreur d'écriture** clerical error ◆ **erreur de calcul** mistake in calculation, miscalculation ◆ **faire une erreur de date** to make a mistake in ou be mistaken about the date ◆ **erreur d'impression, erreur typographique** misprint, typographical error ◆ **erreur de sens** wrong meaning ◆ **erreur de traduction** mistranslation ◆ **erreur (de) tactique** tactical error ◆ **erreur de jugement** error of judgment **b** (LOC) **par suite d'une erreur** due to an error ou a mistake ◆ **sauf erreur** unless I'm (very much) mistaken ◆ **sauf erreur ou omission** errors and omissions excepted ◆ **par erreur** by mistake ◆ **cherchez l'erreur !** (hum) spot the deliberate mistake! ◆ **erreur profonde !, grave erreur !** not at all!, absolutely not! ◆ **commettre** ou **faire une erreur, tomber dans l'erreur** to make a mistake ou an error (*sur* about) ◆ **faire erreur, être dans l'erreur** to be wrong ou mistaken ◆ **vous faites erreur** (Téléc) you've got the wrong number ◆ **il y a erreur** there's been a mistake ou there's some mistake ◆ **il n'y a pas d'erreur (possible)** there's no mistake! ◆ **ce serait une erreur de croire que ...** it would be a mistake ou be wrong to think that ..., you would be mistaken in thinking that ... ◆ **il n'a pas droit à l'erreur** he's got to get it right ◆ **l'erreur est humaine** to err is human ◆ **il y a erreur sur la personne** you've etc got the wrong person **c** (= dérèglements) **erreurs** errors, lapses ◆ **erreurs de jeunesse** youthful indiscretions ◆ **retomber dans les erreurs du passé** to lapse (back) into bad habits **d** (Jur) **erreur judiciaire** miscarriage of justice

**erroné, e** [eʀɔne] → SYN adj erroneous

**erronément** [eʀɔnemɑ̃] adv erroneously

**ersatz** [ɛʀzats] → SYN nm (lit, fig) ersatz, substitute ◆ **ersatz de café** ersatz coffee

**erse**[1] [ɛʀs] nm, adj (Ling) Erse

**erse**[2] [ɛʀs] → SYN nf (Naut) grommet

**érubescence** [eʀybesɑ̃s] → SYN nf erubescence

**érubescent, e** [eʀybesɑ̃, ɑ̃t] adj erubescent

**éruciforme** [eʀysifɔʀm] adj eruciform

**érucique** [eʀysik] adj ◆ **acide érucique** erucic acid

**éructation** [eʀyktasjɔ̃] → SYN nf (frm) eructation (frm)

**éructer** [eʀykte] → SYN ► conjug 1 ◄ vi (frm) to eructate (frm)

**érudit, e** [eʀydi, it] → SYN **1** adj erudite, learned, scholarly **2** nm,f erudite ou learned person, scholar

**érudition** [eʀydisjɔ̃] → SYN nf erudition, scholarship

**éruptif, -ive** [eʀyptif, iv] adj eruptive

**éruption** [eʀypsjɔ̃] → SYN nf **a** (Géol) eruption ◆ **éruption (solaire)** solar flare ◆ **volcan en éruption** erupting volcano ◆ **entrer en éruption** to erupt **b** (Méd) **éruption de boutons** outbreak of spots ◆ **éruption cutanée** skin rash, skin eruption **c** (= manifestation) **éruption de violence** outbreak ou outburst of violence

**érysipélateux, -euse** [eʀizipelatø, øz] adj erysipelatous

**érysipèle** [eʀizipɛl] nm erysipelas

**érythème** [eʀitɛm] nm rash ◆ **érythème fessier** nappy (Brit) ou diaper (US) rash ◆ **érythème solaire** sunburn

**Érythrée** [eʀitʀe] nf Eritrea

**érythrine** [eʀitʀin] nf (Bot) erythrina; (Chim) erythrine

**érythroblaste** [eʀitʀɔblast] nm erythroblast

**érythroblastose** [eʀitʀɔblastoz] nf erythroblastosis

**érythrocyte** [eʀitʀɔsit] nm erythrocyte

**érythromycine** [eʀitʀɔmisin] nf erythromycin

**érythropoïèse** [eʀitʀopɔjɛz] nf erythropoiesis

**érythropoïétine** [eʀitʀopɔjetin] nf erythropoietin

**érythrosine** [eʀitʀozin] nf erythrosine

**ès** [ɛs] prép ◆ **licencié ès lettres/sciences** ≃ Bachelor of Arts/Science ◆ **docteur ès lettres** ≃ Ph.D. ◆ **ès qualités** agir, être invité in one's official capacity ◆ **membre ès qualités** ex officio member

**Ésaü** [ezay] nm Esau

**esbigner (s')** * † [ɛsbiɲe] ► conjug 1 ◄ vpr to skedaddle *, clear off *

**esbroufe** * [ɛsbʀuf] nf ◆ **faire de l'esbroufe** to show off ◆ **il essaie de nous la faire à l'esbroufe** he's shooting us a line *, he's bluffing

**esbroufer** * [ɛsbʀufe] ► conjug 1 ◄ vt ◆ **esbroufer qn** to shoot sb a line *

**esbroufeur, -euse** * [ɛsbʀufœʀ, øz] nm,f big talker *

**escabeau,** pl **escabeaux** [ɛskabo] → SYN nm (= tabouret) (wooden) stool; (= échelle) stepladder, pair of steps (Brit) ◆ **tu me prêtes ton escabeau ?** can I borrow your stepladder? ou your steps (Brit)?

**escadre** [ɛskadʀ] nf (Naut) squadron ◆ **escadre (aérienne)** wing

**escadrille** [ɛskadʀij] nf flight, ≃ squadron ◆ **escadrille de chasse** fighter squadron

**escadron** [ɛskadʀɔ̃] → SYN nm (Mil) squadron; (= bande) bunch *, crowd ◆ **escadron de gen-**

**darmerie** platoon of gendarmes ◆ **escadron de la mort** death squad

**escagasser** * [ɛskagase] ▸ conjug 1 ◂ vt (terme du Midi) (= assommer) to knock senseless, stun; (= ennuyer, agacer) to bore to death * ◆ **ils l'ont escagassé d'un grand coup sur la tête** they landed him a blow to the head that knocked him senseless ◆ **tu m'escagasses avec tes questions** you're boring me to death * ou you're being a real pain * with your questions

**escalade** [ɛskalad] → SYN nf **a** (= action) [montagne, rocher] climbing; [mur] climbing, scaling; (Hist) [forteresse] scaling ◆ **partir faire l'escalade d'une montagne** to set off to climb a mountain
**b** (Sport) **l'escalade** (rock) climbing ◆ **escalade libre** free climbing ◆ **escalade artificielle** aid ou peg ou artificial climbing ◆ **une belle escalade** a beautiful climb ◆ **faire de l'escalade** to go (rock) climbing
**c** (= aggravation) escalation ◆ **on craint une escalade de la violence en France** an escalation of violence is feared in France ◆ **pour éviter l'escalade** to stop things getting out of control

**escalader** [ɛskalade] → SYN ▸ conjug 1 ◂ vt [+ montagne, rocher] to climb; [+ mur] to climb, scale; (Hist) [+ forteresse] to scale

**escalator** [ɛskalatɔʀ] nm escalator

**escale** [ɛskal] → SYN nf **a** (= endroit) (Naut) port of call; (Aviat) stop ◆ **faire escale à** (Naut) to call at, put in at; (Aviat) to stop over at
**b** (= temps d'arrêt) (Naut) call; (Aviat) stop(over); (brève) touchdown ◆ **vol sans escale** nonstop flight ◆ **faire une escale à Marseille** (Naut) to put in at Marseilles; (Aviat) to stop (over) at Marseilles ◆ **escale technique** (Aviat) refuelling stop

**escalier** [ɛskalje] → SYN **1** nm (= marches) stairs; (à l'extérieur) stairs, steps; (= cage) staircase, stairway ◆ **assis dans l'escalier** sitting on the stairs ◆ **grand escalier** main staircase ◆ **escalier en colimaçon** spiral staircase ◆ **montée en escalier** (Ski) sidestepping (NonC) ◆ **il m'a fait des escaliers dans les cheveux** * he's cut my hair all unevenly; → **esprit**
**2** COMP ▷ **escalier d'honneur** grand staircase ▷ **escalier mécanique** ou **roulant** escalator ▷ **escalier de secours** fire escape ▷ **escalier de service** [maison] backstairs, servants' stairs; [hôtel] service stairs

**escalope** [ɛskalɔp] nf escalope

**escamotable** [ɛskamɔtabl] adj train d'atterrissage, antenne retractable; lit, siège collapsible, foldaway (épith); escalier foldaway (épith)

**escamotage** [ɛskamɔtaʒ] → SYN nm **a** [cartes] conjuring away
**b** [difficulté] evading, getting ou skirting round; [question] dodging, evading; [mot] skipping
**c** * [portefeuille] filching *, pinching *
**d** [train d'atterrissage] retraction

**escamoter** [ɛskamɔte] → SYN ▸ conjug 1 ◂ vt **a** (= faire disparaître) [+ cartes etc ] to conjure away
**b** [+ difficulté] to evade, get round, skirt round; [+ question] to dodge, evade; [+ mot, repas] to skip
**c** ( * = voler) [+ portefeuille] to filch *, pinch *
**d** [+ train d'atterrissage] to retract

**escamoteur, -euse** † [ɛskamɔtœʀ, øz] → SYN nm,f (= prestidigitateur) conjurer

**escampette** * [ɛskɑ̃pɛt] nf → **poudre**

**escapade** [ɛskapad] → SYN nf ◆ **faire une escapade** [écolier] to run away ou off, do a bunk ‡ (Brit) ◆ **on a fait une petite escapade ce week-end** we went for a little trip this weekend ◆ **escapade de trois jours** (Tourisme) three-day break

**escape** [ɛskap] nf (= partie inférieure) apophyge, hypophyge; (= fût) shaft

**escarbille** [ɛskaʀbij] → SYN nf bit of grit

**escarboucle** [ɛskaʀbukl] nf (= pierre) carbuncle

**escarcelle** [ɛskaʀsɛl] → SYN nf ( †† = portefeuille) moneybag ◆ **tomber dans l'escarcelle de qn** (hum) [argent, prime] to wind up in sb's pocket; [entreprise] to get caught in sb's net

**escargot** [ɛskaʀgo] → SYN nm (Zool) snail; ( * = lambin) slowcoach * (Brit), slowpoke * (US) ◆ **avancer comme un escargot** ou **à une allure d'escargot** to go at a snail's pace ◆ **escargot de mer** whelk ◆ **opération escargot** (= manifestation) go-slow (Brit), slow-down (US)

**escargotière** [ɛskaʀgɔtjɛʀ] → SYN nf (= parc) snail farm; (= plat) snail-dish

**escarmouche** [ɛskaʀmuʃ] → SYN nf (lit, fig) skirmish

**escarpe** [ɛskaʀp] → SYN nf escarp

**escarpé, e** [ɛskaʀpe] → SYN adj steep

**escarpement** [ɛskaʀpəmɑ̃] → SYN nm (= côte) steep slope, escarpment (SPÉC); (= raideur) steepness ◆ **escarpement de faille** (Géol) fault scarp

**escarpin** [ɛskaʀpɛ̃] → SYN nm low-fronted shoe, court shoe (Brit), pump (US)

**escarpolette** † [ɛskaʀpɔlɛt] nf (= balançoire) swing; (Alpinisme) etrier (Brit), stirrup (US)

**escarre** [ɛskaʀ] nf bedsore, decubitus ulcer (SPÉC)

**escarrification** [ɛskaʀifikasjɔ̃] nf formation of a bedsore ou a decubitus ulcer (SPÉC)

**Escaut** [ɛsko] nm ◆ **l'Escaut** the Scheldt

**eschatologie** [ɛskatɔlɔʒi] nf eschatology

**esche** [ɛʃ] → SYN nf bait

**escher** [eʃe] ▸ conjug 1 ◂ vt to bait

**Eschyle** [eʃil] nm Aeschylus

**escient** [esjɑ̃] → SYN nm ◆ **à bon escient** advisedly ◆ **à mauvais escient** ill-advisedly

**esclaffer (s')** [ɛsklafe] → SYN ▸ conjug 1 ◂ vpr to burst out laughing, guffaw

**esclandre** [ɛsklɑ̃dʀ] → SYN nm (= scandale) scene; (public) scandal ◆ **faire** ou **causer un esclandre** (scandale) to make a scene; (public) to cause ou create a scandal

**esclavage** [ɛsklavaʒ] → SYN nm slavery, bondage (littér) ◆ **réduire en esclavage** to enslave ◆ **tomber en esclavage** to become enslaved ◆ **c'est de l'esclavage !** (fig) it's sheer slavery!

**esclavagisme** [ɛsklavaʒism] nm proslavery

**esclavagiste** [ɛsklavaʒist] **1** adj proslavery (épith) ◆ **États esclavagistes** slave states
**2** nmf person in favour of slavery; (fig) slave driver

**esclave** [ɛsklav] → SYN nmf slave (*de qn/qch* to sb/sth) ◆ **vie d'esclave** slave's life, life of slavery ◆ **être esclave de la mode/d'une habitude** to be a slave of fashion/to habit ◆ **devenir l'esclave de qn** to become enslaved to sb ◆ **se rendre esclave de qch** to become a slave to sth

**escogriffe** [ɛskɔgʀif] → SYN nm ◆ **(grand) escogriffe** (great) beanpole *, string bean * (US)

**escomptable** [ɛskɔ̃tabl] adj (Banque) discountable

**escompte** [ɛskɔ̃t] → SYN nm (Banque) discount ◆ **présenter à l'escompte** to tender ou remit for discount ◆ **présenter une traite à l'escompte** to have a bill discounted

**escompter** [ɛskɔ̃te] → SYN ▸ conjug 1 ◂ vt (Banque) to discount; (fig) to expect ◆ **escompter faire qch** to expect to do sth, reckon ou count on doing sth

**escompteur** [ɛskɔ̃tœʀ] nm discounter

**escopette** † [ɛskɔpɛt] nf blunderbuss

**escorte** [ɛskɔʀt] → SYN nf (gén, Mil, Naut) escort; (= suite) escort, retinue ◆ **(toute) une escorte de** (fig) a whole train ou suite of ◆ **sous bonne escorte** under escort ◆ **faire escorte à** to escort

**escorter** [ɛskɔʀte] → SYN ▸ conjug 1 ◂ vt to escort ◆ **il est toujours escorté de jolies femmes** he's always surrounded by pretty women

**escorteur** [ɛskɔʀtœʀ] nm ◆ **(navire) escorteur** escort (ship)

**escouade** [ɛskwad] → SYN nf (Mil) squad; [ouvriers] gang, squad; (= groupe de gens) group, squad

**escourgeon** [ɛskuʀʒɔ̃] nm winter barley

**escrime** [ɛskʀim] nf fencing ◆ **faire de l'escrime** to fence

**escrimer (s')** * [ɛskʀime] → SYN ▸ conjug 1 ◂ vpr ◆ **s'escrimer à faire qch** to wear ou knock * o.s. out doing sth ◆ **s'escrimer sur qch** to struggle away at sth

**escrimeur, -euse** [ɛskʀimœʀ, øz] nm,f (Sport) fencer

**escroc** [ɛskʀo] → SYN nm crook, swindler, con man *

**escroquer** [ɛskʀɔke] → SYN ▸ conjug 1 ◂ vt to swindle, con * ◆ **escroquer qn de qch** to swindle sb out of sth, swindle ou con * sth out of sb ◆ **se faire escroquer par qn** to be swindled ou conned * by sb

**escroquerie** [ɛskʀɔkʀi] → SYN nf (gén) swindle, swindling (NonC); (Jur) fraud ◆ **être victime d'une escroquerie** (gén) to be swindled; (Jur) to be a victim of fraud ◆ **8 € pour un café, c'est de l'escroquerie** €8 for a coffee, that's a rip-off * ou that's daylight (Brit) ou highway (US) robbery ◆ **escroquerie intellectuelle** intellectual fraud

**escudo** [ɛskydo] nm escudo

**Esculape** [ɛskylap] nm Aesculapius

**esculine** [ɛskylin] nf esculin

**ésérine** [ezeʀin] nf physostigmin(e), eserine

**esgourde** † ‡ [ɛsguʀd] nf ear, lug * (Brit) ◆ **ouvre bien tes esgourdes** pin back your lugholes * (Brit), listen up

**Ésope** [ezɔp] nm Aesop

**ésotérique** [ezɔteʀik] → SYN adj esoteric

**ésotérisme** [ezɔteʀism] → SYN nm esotericism

**espace[1]** [ɛspas] → SYN nm **a** (Art, Philos, Phys, Typo, gén) space ◆ **espace-temps** space-time ◆ **avoir assez d'espace pour bouger/vivre** to have enough room to move/live ◆ **manquer d'espace** to lack space, be short of space ou room, be cramped for space ◆ **espaces verts** parks ◆ **l'Espace économique européen** the European Economic Area ◆ **espace disque** (Ordin) disk space ◆ **la musique est pour moi un espace de liberté** music is an area in which I can express myself freely ◆ **espace vital** (Pol) lebensraum; (fig) personal space
**b** (= intervalle) space ◆ **espace de temps** space of time ◆ **espace parcouru** distance covered, interval (of time) ◆ **laisser de l'espace** to leave some space ◆ **laisser un espace** to leave a space ou gap (*entre* between)
◆ **en l'espace de** ◆ **en l'espace de trois minutes** within (the space of) three minutes ◆ **en l'espace d'un instant** in no time at all

**espace[2]** [ɛspas] nf (Typo) (= tige) quad; (= blanc) space

**espacé, e** [ɛspase] → SYN (ptp de **espacer**) adj arbres, objets spaced (out) ◆ **elle a mis des bibelots sur l'étagère, bien espacés** she placed ornaments on the shelves, setting them neatly apart ◆ **des crises assez régulièrement espacées** attacks occurring at fairly regular intervals ◆ **ses visites sont très espacées ces temps-ci** his visits are few and far between these days ◆ **réunions espacées de huit à dix jours** meetings taking place every eight to ten days

**espacement** [ɛspasmɑ̃] → SYN nm (= action) spacing out; (= résultat) spacing ◆ **devant l'espacement de ses visites** in view of the growing infrequency of his visits

**espacer** [ɛspase] → SYN ▸ conjug 3 ◂ **1** vt [+ objets] to space out; [+ visites] to space out, make less frequent
**2** **s'espacer** vpr [visites, symptômes] to become less frequent

**espadon** [ɛspadɔ̃] nm swordfish

**espadrille** [ɛspadʀij] → SYN nf espadrille

**Espagne** [ɛspaɲ] nf Spain; → **château, grand**

**espagnol, e** [ɛspaɲɔl] → SYN **1** adj Spanish
**2** nm **a** (Ling) Spanish
**b** **Espagnol** Spanish man, Spaniard ◆ **les Espagnols** the Spanish, the Spaniards
**3** **Espagnole** nf Spanish woman, Spaniard

**espagnolette** [ɛspaɲɔlɛt] → SYN nf (window) catch ◆ **fenêtre fermée à l'espagnolette** *window resting on the catch*

**espalier** [ɛspalje] → SYN nm (Agr) espalier; (Sport) wall bars ◆ **arbre en espalier** espaliered tree

**espar** [ɛspaʀ] nm (Naut) spar

**espèce** [ɛspɛs] → SYN nf **a** (Bio) species ◆ **espèces** species ◆ **espèce humaine** human race ◆ **espèce animale/végétale** animal/plant species; → **propagation**
**b** (= sorte) sort, kind, type ◆ **de toute espèce** of all kinds ou sorts ou types ◆ **ça n'a aucune espèce d'importance** that is of absolutely no importance ou not of the slightest impor-

tance ◆ **c'est une espèce de boîte** it's a kind ou sort of box ◆ **un voyou de la pire espèce** a hoodlum of the worst kind ou sort; → **cas**

**c** (*, péj) **une** ou **un espèce d'excentrique est venu** some eccentric turned up ◆ **qu'est-ce que c'est que cette** ou **cet espèce de crétin ?** who's this stupid twit? ou idiot? ◆ **espèce de maladroit !** you clumsy oaf! * ou clot! * (Brit)

**d** (Fin) **espèces** cash ◆ **versement en espèces** payment in cash ou in specie (SPÉC) ◆ **en espèces sonnantes et trébuchantes** († , hum) in coin of the realm (hum)

**e** (Philos, Rel) species ◆ **les Saintes Espèces** the Eucharistic ou sacred species; → **communier**

**f** (frm) **en l'espèce** in the case in point ◆ **sous les espèces de** in the form of

**espérance** [ɛspeʀɑ̃s] → SYN nf **a** (= espoir) hope, expectation(s) ◆ **l'espérance** (Rel, gén) hope ◆ **au delà de toute espérance** beyond all expectations ◆ **ça a dépassé toutes nos espérances** it was far more than we'd hoped for ◆ **contre toute espérance** against all expectations ou hope, contrary to expectation(s) ◆ **espérances trompeuses** false hopes ◆ **donner de grandes espérances** to be very promising, show great promise ◆ **avoir de grandes espérances** to have great prospects ◆ **bâtir** ou **fonder des espérances sur** to build ou found one's hopes on ◆ **mettre son espérance** ou **ses espérances en** ou **dans** to pin one's hopes on

**b** (= sujet d'espoir) hope ◆ **c'est là toute mon espérance** that is my greatest hope, it's what I hope for most ◆ **vous êtes toute mon espérance** you are my only hope

**c** (Sociol) **espérance de vie** life expectancy, expectation of life

**d** († ou hum = héritage) **espérances** expectations ◆ **il a de belles espérances du côté de sa tante** he has great expectations of an inheritance from his aunt ◆ **"Les Grandes Espérances"** (Littérat) "Great Expectations"

**espérantiste** [ɛspeʀɑ̃tist] adj, nmf Esperantist

**espéranto** [ɛspeʀɑ̃to] nm Esperanto

**espérer** [ɛspeʀe] GRAMMAIRE ACTIVE 4, 8.2 → SYN ▸ conjug 6 ◂

**1** vt (= souhaiter) [+ succès, récompense, aide] to hope for ◆ **espérer réussir** to hope to succeed ◆ **espérer que** to hope that ◆ **nous ne vous espérions plus** we'd given up (all) hope of seeing you, we'd given up on you ◆ **je n'en espérais pas tant** I wasn't hoping ou I hadn't dared to hope for as much ◆ **viendra-t-il ? – je l'espère (bien)** ou **j'espère (bien)** will he come? – I (certainly) hope so ◆ **ceci (nous) laisse** ou **fait espérer un succès rapide** this gives us hope ou makes us hopeful of quick success ◆ **n'espérez pas qu'il change d'avis** there is no point in hoping he'll change his mind ◆ **j'espère bien n'avoir rien oublié** I hope I haven't forgotten anything ◆ (Prov) **il n'est pas nécessaire d'espérer pour entreprendre ni de réussir pour persévérer** success is not everything (Prov)

**2** vi (= avoir confiance) to have faith ◆ **il faut espérer** you must have faith ◆ **espérer en** [+ Dieu, honnêteté de qn, bienfaiteur] to have faith in, trust in

**esperluette** [ɛspɛʀlɥɛt] nf ampersand

**espiègle** [ɛspjɛgl] → SYN **1** adj enfant mischievous, impish; air roguish, mischievous

**2** nmf imp, monkey *

**espièglerie** [ɛspjɛgləʀi] → SYN nf **a** (= caractère) [enfant] mischievousness, impishness; [air] roguishness, mischievousness

**b** (= tour) piece of mischief, prank

**espingole** [ɛspɛ̃gɔl] → SYN nf blunderbuss

**espion, -ionne** [ɛspjɔ̃, jɔn] → SYN nm,f spy

**espionite** [ɛspjɔnit] nf spy mania

**espionnage** [ɛspjɔnaʒ] → SYN nm espionage, spying ◆ **film/roman d'espionnage** spy film/ novel ou thriller ◆ **espionnage industriel** industrial espionage

**espionner** [ɛspjɔne] → SYN ▸ conjug 1 ◂ vt [+ personne, actions] to spy (up)on, keep a close watch on ◆ **espionner pour le compte de qn** to spy for sb

**espionnite** [ɛspjɔnit] nf ⇒ **espionite**

**esplanade** [ɛsplanad] → SYN nf esplanade

**espoir** [ɛspwaʀ] → SYN nm **a** (= espérance) hope ◆ **espoirs chimériques** wild hopes ◆ **dans l'espoir de vous voir bientôt** hoping to see you soon, in the hope of seeing you soon ◆ **avoir l'espoir/le ferme espoir que** to be hopeful/very hopeful that ◆ **il n'y a plus d'espoir** all hope is lost ou there's no longer any hope ◆ **avoir bon espoir de faire/que** to have great hopes of doing/that, be confident of doing/that ◆ **reprendre espoir** to (begin to) feel hopeful again, take heart once more ◆ **sans espoir** amour, situation hopeless ◆ **aimer sans espoir** to love without hope ◆ **l'espoir fait vivre** (gén) hope keeps us going; (hum) there's always hope ◆ **tous les espoirs sont permis** there's no limit to what we can hope for; → **lueur, rayon**

**b** (= personne) hope ◆ **vous êtes mon dernier espoir** you are my last hope ◆ **les jeunes espoirs du ski/de la chanson** the young hopefuls of the skiing/singing world ◆ **un des grands espoirs de la boxe française** one of the great hopes in French boxing, one of France's great boxing hopes

**espressivo** [ɛspʀesivo] adj, adv espressivo

**esprit** [ɛspʀi] **1** nm **a** (gén, = pensée) mind ◆ **l'esprit humain** the mind of man, the human mind ou intellect ◆ **se reporter en esprit** ou **par l'esprit à** to cast one's mind back to ◆ **avoir l'esprit large/étroit** to be broad-/narrow-minded ◆ **avoir l'esprit vif/lent** to be quick-/slow-witted ◆ **vivacité/lenteur d'esprit** quickness/slowness of wit ou mind ◆ **avoir l'esprit clair** to have a clear head ou mind ◆ **avoir l'esprit mal tourné** to have a dirty mind, have that sort of mind (Brit) ◆ **il a l'esprit ailleurs** his mind is elsewhere ou on other things ◆ **où ai-je l'esprit ?** what am I thinking of? ◆ **j'ai l'esprit plus libre maintenant** my mind is freer now ◆ **il n'a pas l'esprit à ce qu'il fait** his mind is not on what he's doing ◆ **je n'ai pas l'esprit à rire** I'm not in the mood for laughing ◆ **dans mon esprit ça voulait dire ...** to my mind it meant ... ◆ **l'esprit est fort** ou **prompt, mais la chair est faible** (hum) the spirit is willing but the flesh is weak ◆ **il m'est venu à l'esprit que ...** it crossed my mind that ..., it occurred to me that ... ◆ (Prov) **un esprit sain dans un corps sain** a healthy ou sound mind in a healthy body; → **aventure, disposition, état, faible**

**b** (= humour) wit ◆ **avoir de l'esprit** to be witty ◆ **faire de l'esprit** to try to be witty ou funny ◆ **manquer d'esprit** to lack sparkle ou wit; → **femme, mot, trait**

**c** (= être humain) **son pouvoir sur les esprits/jeunes esprits** his power over people's minds/young minds ◆ **il joue les esprits forts** he claims to be a rational man ◆ **c'est un esprit subtil** he is a shrewd man, he has a shrewd mind ◆ **un des plus grands esprits du siècle** one of the greatest minds of the century ◆ **bel esprit** wit ◆ **faire le bel esprit** to show off one's wit ◆ **les grands** ou **beaux esprits se rencontrent** great minds think alike

**d** (Rel, Spiritisme) spirit ◆ **esprit, es-tu là ?** is (there) anybody there? ◆ **je ne suis pas un pur esprit** I'm flesh and blood (and I have to eat)

**e** [loi, époque, texte] spirit ◆ **"De l'esprit des lois"** (Littérat) "The Spirit of Laws"

**f** (= aptitude) **avoir l'esprit mathématique/ d'analyse/d'entreprise** to have a mathematical/an analytical/an enterprising mind ◆ **avoir l'esprit critique** to be critical, have a critical mind ◆ **avoir l'esprit de critique** to like criticizing for its own sake ◆ **avoir l'esprit de synthèse** to have a global approach ◆ **avoir le bon esprit de** to have enough sense to, have the (good) sense to

**g** (= attitude) spirit ◆ **l'esprit de cette classe** ou **qui règne dans cette classe** the (general) attitude of this class ◆ **esprit de révolte/ sacrifice** spirit of rebellion/sacrifice ◆ **dans un esprit de conciliation** in a spirit of conciliation ◆ **comprenez l'esprit dans lequel je le dis** you must understand the spirit in which I say it ◆ **avoir mauvais esprit** to be negative about things ◆ **faire du mauvais esprit** to make snide remarks

**h** (Ling) **esprit doux/rude** smooth/rough breathing

**2** COMP ▷ **esprits animaux** († Méd) animal spirits ▷ **esprit de caste** class consciousness ▷ **esprits chagrins** (péj) faultfinders ◆ **il y aura toujours des esprits chagrins pour critiquer** there'll always be miserable people who'll find fault ▷ **esprit de chapelle** cliquishness ▷ **esprit de clan** clannishness ▷ **esprit de clocher** parochialism ◆ **avoir l'esprit de clocher** to have a small-town mentality ▷ **esprit de compétition** competitive spirit ▷ **esprit de contradiction** argumentativeness ◆ **il a l'esprit de contradiction** he likes to contradict people just for the sake of it ▷ **esprit de corps** esprit de corps ▷ **esprit d'équipe** team spirit ▷ **esprit d'escalier: tu as l'esprit d'escalier** you never think of an answer until it's too late ▷ **esprit de famille** family feeling; (péj) clannishness ▷ **esprit frappeur** poltergeist ▷ **esprit malin** ou **du mal** evil spirit ▷ **l'Esprit saint** (Rel) the Holy Spirit ou Ghost ▷ **esprit de suite** consistency *(of thought)* ▷ **esprit de système** methodical ou systematic mind

**esprit-de-bois** [ɛspʀidbwa] nm wood alcohol

**esprit-de-sel** [ɛspʀidsɛl] nm spirits of salt

**esprit-de-vin** [ɛspʀidvɛ̃] nm spirits of wine

**esquif** [ɛskif] → SYN nm (littér) boat ◆ **frêle esquif** frail barque (littér)

**esquille** [ɛskij] nf splinter (of bone)

**esquimau, -aude,** mpl **esquimaux** [ɛskimo, od]

**1** adj Eskimo ◆ **chien esquimau** husky

**2** nm **a** (Ling) Eskimo

**b** (® = glace) choc-ice (Brit), ice-cream bar (US)

**3** **Esquimau(de)** nm,f Eskimo

**esquimautage** [ɛskimotaʒ] nm (Kayak) (Eskimo) roll

**esquintant, e** * [ɛskɛ̃tɑ̃, ɑ̃t] adj exhausting

**esquinter** * [ɛskɛ̃te] ▸ conjug 1 ◂ **1** vt **a** (= abîmer) [+ objet] to mess up *; [+ yeux] to do in *, ruin; [+ santé] to ruin; [+ adversaire] to beat up, bash up *; [+ voiture] to smash up ◆ **se faire esquinter par une voiture** [automobiliste] to have ou get one's car bashed * ou smashed into by another; [cycliste, piéton] to get badly bashed up * by a car ◆ **aile esquintée** (Aut) damaged ou dented wing ◆ **vieux râteau tout esquinté** battered old rake

**b** (= critiquer) [+ film, livre] to pull to pieces, pan *, slate * (Brit)

**2** **s'esquinter** vpr (= se fatiguer) to tire ou knock * o.s. out; (= se blesser) to hurt o.s. ◆ **s'esquinter le bras** to hurt one's arm ◆ **s'esquinter à travailler** to work o.s. to death, work o.s. into the ground ◆ **s'esquinter à étudier** to wear o.s. out studying, work o.s. into the ground studying ◆ **s'esquinter les yeux (à lire)** to strain one's eyes (reading)

**esquisse** [ɛskis] → SYN nf (Peinture) sketch; [projet] outline, sketch; [geste, sourire] beginnings, suggestion

**esquisser** [ɛskise] → SYN ▸ conjug 1 ◂ vt (Peinture) to sketch (out); [+ projet] to outline, sketch ◆ **esquisser un geste** to make a slight ou vague gesture, half-make a gesture ◆ **esquisser un pas de danse** to have a quick dance, have a quick twirl * ◆ **un sourire à peine esquissé** the ghost of a smile, the faintest of smiles ◆ **un certain progrès commence à s'esquisser** one can begin to detect some progress

**esquive** [ɛskiv] → SYN nf (Boxe) dodge; (en politique) evasion, sidestepping (NonC) ◆ **il est passé maître dans l'art de l'esquive** he's a past master in the art of sidestepping ou dodging his opponents (ou the issue)

**esquiver** [ɛskive] → SYN ▸ conjug 1 ◂ **1** vt [+ coup, question] to dodge, evade; [+ personne] to elude, evade; [+ obligation] to shirk, dodge; [+ difficulté] to evade, get round, skirt round

**2** **s'esquiver** vpr to slip ou sneak away

**essai** [esɛ] → SYN nm **a** (= mise à l'épreuve) [produit] testing; [voiture] trying out, testing ◆ **faire l'essai de** [+ produit] to try out; [+ nouvelle voiture] to test drive, try (out) ◆ **apprentissage par essais et erreurs** learning by trial and error; → **banc, bout**

**b** (= test) test ◆ **essais nucléaires** nuclear tests ◆ **essais** (Aut, Aviat = tests techniques) trials ◆ **essais de résistance** resistance tests ◆ **essais** (Course automobile) practice

**c** (= tentative) attempt, try; (Sport) attempt ◆ **coup d'essai** first attempt ◆ **faire plusieurs essais** to have several tries, make ou have several attempts ◆ **faire des essais infructueux** to make fruitless attempts ◆ **où en sont tes essais de plantations ?** how are your efforts at growing things ou your attempts at gardening progressing? ◆ **ce n'est pas mal pour un premier essai** that's not bad for a first try ou attempt ou go ◆ **se livrer à des forages d'essai** [compagnie pétrolière] to test drill

◆ **à l'essai** ◆ **être à l'essai** [personne] to be on trial ◆ **c'est à l'essai** [procédé] it's being tried out ou tested ◆ **prendre qn à l'essai** to take sb on for a trial period ou on a trial basis ◆ **mettre à l'essai** to test (out), put to the test

**d** (Rugby) try ◆ **marquer un essai** to score a try

**e** (Littérat) essay

**f** (Tech) [or, argent] assay

**essaim** [esɛ̃] → SYN nm (lit, fig) swarm ◆ **essaim de jeunes filles** bevy ou gaggle of girls

**essaimage** [esɛmaʒ] nm [abeilles] swarming; [famille] scattering; [firme] (= développement) spreading, expansion; (= séparation) hiving off

**essaimer** [eseme] → SYN vi [abeilles] to swarm; [famille] to scatter; [firme] (= se développer) to spread, expand; (= se séparer) to hive off

**essart** [esaʀ] nm cleared land

**essartage** [esaʀtaʒ], **essartement** [esaʀt(ə)mɑ̃] nm (Agr) clearing *(by grubbing* ou *by using the slash-and-burn method)*

**essarter** [esaʀte] → SYN ▸ conjug 1 ◂ vt champ to clear *(by grubbing* ou *by using the slash-and-burn method)*

**essayage** [esɛjaʒ] nm (Couture) fitting, trying on; → **cabine, salon**

**essayer** [eseje] → SYN ▸ conjug 8 ◂ **1** vt **a** (= mettre à l'épreuve) [+ produit] to test (out), try (out); [+ médicament, vaccin] to try out; [+ voiture] to test ◆ **venez essayer notre nouveau modèle** come and test drive ou try (out) our new model ◆ **essayer sa force/son talent** to try ou test one's strength/skill

**b** (= utiliser pour la première fois) [+ voiture, produit] to try (out) ◆ **avez-vous essayé le nouveau boucher ?** * have you tried the new butcher('s)?; → **adopter**

**c** [+ vêtement] to try on ◆ **il faut que je vous l'essaie** I must try it on you

**d** (= tenter) [+ méthode] to try ◆ **essayer de faire** to try ou attempt to do ◆ **as-tu essayé les petites annonces ?** have you tried the classified ads? ◆ **essaie de le faire** try to do it, try and do it ◆ **il a essayé de s'échapper** he attempted ou tried to run away ◆ **je vais essayer** I'll try, I'll have a go ou a try ou a shot (at it) ◆ **essaie un coup** * have a crack at it *, have a bash (at it) * ◆ **essaie un peu pour voir** (si tu y arrives) have a try ou a go and see; (* si tu l'oses) just you try! *, just let me see you try it! ◆ **n'essaie pas de ruser avec moi** don't try being clever with me, don't try it on with me * (Brit)

**e** (Tech) [+ or, argent] to assay

**2** **s'essayer** vpr ◆ **s'essayer à qch/à faire** to try one's hand at sth/at doing, have a go at sth/at doing

**essayeur, -euse** [esɛjœʀ, øz] nm,f (Couture) fitter; (Tech) assayer

**essayiste** [esejist] nmf essayist

**esse** [ɛs] → SYN nf (= crochet) hook; (= goupille) linchpin; [violon] sound-hole

**ESSEC** [esɛk] nf (abrév de **École supérieure des sciences économiques et commerciales**) *grande école for management and business students*

**essence** [esɑ̃s] → SYN nf **a** (= carburant) petrol (Brit), gas(oline) (US); (= solvant) spirit ◆ **essence minérale** mineral oil ◆ **essence ordinaire** two-star petrol (Brit), regular gas (US) ◆ **essence sans plomb** unleaded petrol (Brit), unleaded gas (US) ◆ **essence de térébenthine** turpentine ◆ **à essence** petrol-driven (Brit), gasoline-powered (US) ◆ **prendre** ou **faire** * **de l'essence** to get petrol (Brit) ou gas (US), fill up with petrol (Brit) ou gas (US); → **distributeur, panne**[1]

**b** (= extrait) [plantes] essential oil, essence; [aliments] essence ◆ **essence de vanille/de violette/de café** vanilla/violet/coffee essence ◆ **essence de citron/de rose** lemon/rose oil ◆ **essence de lavande** lavender essence ou oil

**c** (= fondement) [conversation, question, doctrine] gist, essence; [livre] gist; (Philos) essence; (littér) ◆ **par essence** in essence, essentially

**d** (= espèce) [arbres] species ◆ **essence à feuilles persistantes** evergreen species ◆ **se croire d'une essence supérieure** (littér) to think of o.s. as a superior being ou as of a superior species

**essentialisme** [esɑ̃sjalism] nm essentialism

**essentialiste** [esɑ̃sjalist] adj essentialist

**essentiel, -elle** [esɑ̃sjɛl] GRAMMAIRE ACTIVE 10.1, 26.2 → SYN

**1** adj **a** (= indispensable) essential ◆ **ces formalités sont essentielles** these formalities are essential (*à* to; *pour* for)

**b** (= de base) essential, basic, main (épith) ◆ **essentiel à** essential to; → **huile**

**2** nm **a** **l'essentiel** (= objets nécessaires) the basic essentials; (= points principaux) the essentials, the essential ou basic points ◆ **c'est l'essentiel** that's the main thing ◆ **l'essentiel est de ...** the main ou important thing is to ...

**b** **l'essentiel de** [+ conversation] the main part of; [+ fortune] the best ou main part of, the bulk of ◆ **l'essentiel de ce qu'il dit** most of what he says ◆ **l'essentiel de leur temps** the best part of their time

**essentiellement** [esɑ̃sjɛlmɑ̃] → SYN adv (gén) basically, essentially, mainly; (= en majorité) essentially, mainly; (Philos) essentially ◆ **c'est essentiellement grâce à .../dû à ...** it is basically ou essentially thanks to .../due to ...

**esseulé, e** [esœle] → SYN adj (littér) forsaken (littér), forlorn (littér)

**essieu**, pl **essieux** [esjø] → SYN nm axle(-tree)

**essor** [esɔʀ] → SYN nm (frm = envol) [oiseau, imagination] flight; (= croissance) [entreprise, pays] rapid development ou expansion; [art, civilisation] blossoming ◆ **entreprise en plein essor** firm in full expansion ◆ **prendre son essor** [oiseau] to soar up into the sky; [société] to develop ou expand rapidly ◆ **le cinéma connaît un nouvel essor** the cinema is enjoying a new boom

**essorage** [esɔʀaʒ] nm (avec essoreuse à rouleaux) wringing; (à la main) wringing out; (par la force centrifuge) spin-drying ◆ **mettre sur la position "essorage"** to put on "spin" ◆ **essorage court/doux** ou **léger** short/gentle spin

**essorer** [esɔʀe] → SYN ▸ conjug 1 ◂ vt **a** (avec essoreuse à rouleaux) to wring; (à la main) to wring out; (par la force centrifuge) to spin-dry

**b** (Hér) **oiseau essoré** soaring bird

**essoreuse** [esɔʀøz] nf (à rouleaux) wringer, mangle; (à tambour) spin-dryer ◆ **essoreuse à salade** salad spinner

**essoriller** [esɔʀije] ▸ conjug 1 ◂ vt [+ chien] to crop

**essoucher** [esuʃe] ▸ conjug 1 ◂ vt to stump

**essoufflement** [esufləmɑ̃] → SYN nm breathlessness (NonC), shortness of breath (NonC); [mouvement] running out of steam

**essouffler** [esufle] → SYN ▸ conjug 1 ◂ **1** vt to make breathless, wind ◆ **il était essoufflé** he was out of breath ou winded ou puffed * (Brit)

**2** **s'essouffler** vpr [coureur] to get out of breath, get puffed * (Brit); [roman, travail] to tail off, fall off; [romancier] to exhaust o.s. ou one's talent, dry up *; [reprise économique, mouvement de grève] to run out of steam

**essuie** [esɥi] nm (Belg) (pour les mains) hand towel; (= serviette de bain) bath towel; (= torchon) cloth

**essuie-glace**, pl **essuie-glaces** [esɥiglas] nm windscreen (Brit) ou windshield (US) wiper ◆ **essuie-glace arrière** rear windscreen wiper ◆ **essuie-glace à balayage intermittent** intermittent wiper

**essuie-mains** [esɥimɛ̃] → SYN nm inv hand towel

**essuie-meuble(s)**, pl **essuie-meubles** [esɥimœbl] nm duster

**essuie-phare(s)**, pl **essuie-phares** [esɥifaʀ] nm headlight ou headlamp wiper

**essuie-pieds** [esɥipje] nm inv doormat

**essuie-tout** [esɥitu] nm inv kitchen paper (Brit), paper towels (US), Scott towels ® (US)

**essuie-verre(s)**, pl **essuie-verres** [esɥivɛʀ] nm glass cloth

**essuyage** [esɥijaʒ] nm [objet mouillé, assiettes] wiping, drying; [sol, surface mouillée] wiping, mopping; [tableau noir] cleaning, wiping; [surface poussiéreuse] dusting; [liquide] wiping up, mopping up

**essuyer** [esɥije] → SYN ▸ conjug 8 ◂ **1** vt **a** (= nettoyer) [+ objet mouillé, assiettes] to wipe, dry; [+ sol, surface mouillée] to wipe, mop; [+ tableau noir] to clean, wipe; [+ surface poussiéreuse] to dust; [+ liquide] to wipe up, mop up ◆ **essuie-toi les pieds** ou **essuie tes pieds avant d'entrer** wipe your feet before you come in ◆ **essuyer la vaisselle** to dry the dishes, do the drying-up (Brit) ◆ **le tableau est mal essuyé** the blackboard hasn't been cleaned ou wiped properly ◆ **nous avons essuyé les plâtres** * we had all the initial problems to put up with

**b** (= subir) [+ pertes, reproches, échec, insultes] to endure; [+ refus] to meet with; [+ tempête] to weather, ride out ◆ **essuyer le feu de l'ennemi** to come under enemy fire ◆ **essuyer un coup de feu** to be shot at

**2** **s'essuyer** vpr [personne] to dry o.s. ◆ **s'essuyer les mains** to wipe one's hands (dry), dry one's hands ◆ **s'essuyer la bouche** to wipe one's mouth ◆ **s'essuyer le torse/les pieds après un bain** to dry one's body/feet after a bath

**essuyeur, -euse** [esɥijœʀ, øz] nm,f (= personne) wiper

**est** [ɛst] → SYN **1** nm **a** (= point cardinal) east ◆ **le vent d'est** the east wind ◆ **un vent d'est** an east(erly) wind, an easterly (Naut) ◆ **le vent tourne/est à l'est** the wind is veering east(wards) ou towards the east/is blowing from the east ◆ **regarder vers l'est** to look east(wards) ou towards the east ◆ **le soleil se lève à l'est** the sun rises in the east ◆ **à l'est de** east of, to the east of ◆ **la maison est exposée plein est** the house faces ou looks due east ◆ **d'est en ouest** from east to west ◆ **"À l'est d'Éden"** (Ciné) "East of Eden"

**b** (= régions orientales) east ◆ **l'Est** (Pol) the East ◆ **la France de l'Est, l'est (de la France)** the East (of France) ◆ **les pays/le bloc de l'Est** the Eastern countries/bloc ◆ **l'Europe de l'Est** Eastern Europe

**2** adj inv région, partie eastern; entrée, paroi east; versant, côte east(ern); côté east(ward); direction eastward, easterly; → **longitude**

**estacade** [ɛstakad] → SYN nf landing stage

**estafette** [ɛstafɛt] → SYN nf (Mil) courier; (= camionnette) van

**estafilade** [ɛstafilad] → SYN nf gash, slash

**est-allemand, e**, mpl **est-allemands** [ɛstalmɑ̃, ɑ̃d] (Hist) **1** adj East German

**2** **Est-Allemand(e)** nm,f East German

**estaminet** † [ɛstaminɛ] nm tavern; (péj) pot-house † (péj), (low) dive (péj)

**estampage** [ɛstɑ̃paʒ] nm **a** († * = escroquerie) fleecing, swindling ◆ **c'est de l'estampage** it's a plain swindle

**b** (Tech) stamping

**estampe** [ɛstɑ̃p] → SYN nf (= image) engraving, print; (= outil) stamp ◆ **estampe japonaise** Japanese print ◆ **venez voir mes estampes japonaises** (euph, hum) you must let me show you my etchings (hum)

**estamper** [ɛstɑ̃pe] → SYN ▸ conjug 1 ◂ vt **a** († * = voler) to fleece, swindle ◆ **se faire estamper** to be fleeced ou swindled

**b** (Tech) to stamp

**estampeur, -euse** [ɛstɑ̃pœʀ, øz] nm,f **a** * swindler, shark *

**b** (Tech) stamper

**estampillage** [ɛstɑ̃pijaʒ] nm stamping, marking

**estampille** [ɛstɑ̃pij] → SYN nf stamp

**estampiller** [ɛstɑ̃pije] → SYN ▸ conjug 1 ◂ vt to stamp

**estancia** [ɛstɑ̃sja] nf estancia

**estarie** [ɛstaʀi] → SYN nf (Naut) lay-days

**ester**[1] [ɛste] → SYN vi ◆ **ester en justice** [plaignant] to go to court; [accusé] to appear

**ester**[2] [ɛstɛʀ] nm (Chim) ester ◆ **ester de colza** rape methyl ester

**estérase** [ɛsteʀaz] nf esterase

**estérification** [ɛsteʀifikasjɔ̃] nf esterification

**estérifier** [ɛsteʀifje] ▸ conjug 7 ◂ vt to esterify

**esthésie** [ɛstezi] nf aesthesia, esthesia (US)

**esthète** [ɛstɛt] [→ SYN] nmf aesthete (Brit), esthete (US)

**esthéticien, -ienne** [ɛstetisjɛ̃, jɛn] [→ SYN] nm,f (de salon de beauté) beautician; (Art) aesthetician (Brit), esthetician (US)

**esthétique** [ɛstetik] [→ SYN] **1** adj jugement, sentiment aesthetic (Brit), esthetic (US); pose, carrosserie attractive ◆ **sens esthétique** aesthetic sense ◆ **ce bâtiment n'a rien d'esthétique** there is nothing attractive about this building, this building has no attractive features; → **chirurgie, soin**
**2** nf [visage, pose] aesthetic (Brit) ou esthetic (US) quality, attractiveness ◆ **l'esthétique** (= discipline) aesthetics sg, esthetics (US) sg ◆ **l'esthétique industrielle** industrial design ◆ **juste pour l'esthétique** just for overall effect

**esthétiquement** [ɛstetikmɑ̃] adv aesthetically (Brit), esthetically (US)

**esthétisant, e** [ɛstetizɑ̃, ɑ̃t] adj (péj) caractère, film mannered

**esthétiser** [ɛstetize] ▸ conjug 1 ◂ **1** vi to favour aestheticism
**2** vt to make more aesthetic

**esthétisme** [ɛstetism] nm aestheticism (Brit), estheticism (US)

**estimable** [ɛstimabl] [→ SYN] adj **a** (frm = digne d'estime) estimable (frm), worthy (frm), respectable; (assez bon) honest, sound
**b** (= déterminable) assessable, calculable ◆ **ces dégâts sont difficilement estimables** it is difficult to assess the extent of this damage

**estimatif, -ive** [ɛstimatif, iv] adj coût, valeur estimated, appraised ◆ **état estimatif** estimated statement

**estimation** [ɛstimasjɔ̃] [→ SYN] nf **a** (= évaluation) [objet] appraisal, valuation; [dégâts, prix] assessment, estimation; [distance, quantité] estimation, reckoning; [propriété] valuation, assessment
**b** (= chiffre donné) estimate, estimation ◆ **d'après mes estimations** according to my estimations ou reckonings ◆ **estimation des coûts** cost estimate
**c** (= sondage d'opinion, prévision) **estimations** projections

**estime** [ɛstim] GRAMMAIRE ACTIVE 13.4 [→ SYN] nf **a** (= considération) esteem, respect, regard ◆ **jouir d'une grande estime** to be highly respected ou regarded, be held in high esteem ou regard ◆ **il a baissé dans mon estime** he has gone down in my estimation ou in my esteem ◆ **ce succès mérite l'estime de tous** this success deserves the respect of everyone ◆ **avoir de l'estime pour** to have (a) great esteem ou respect ou great regard for ◆ **tenir en piètre estime** to have little regard ou respect for; → **succès**
**b** **naviguer à l'estime** (Naut) to sail by dead reckoning; (fig) to sail in the dark ◆ **calculer à l'estime** to make a rough estimate

**estimer** [ɛstime] [→ SYN] ▸ conjug 1 ◂ vt **a** (= expertiser) [+ objet, propriété] to appraise, value, assess; [+ dégâts] to assess, estimate, evaluate (à at) ◆ **faire estimer un bijou** to have a piece of jewellery valued ou appraised ◆ **cette bague est estimée à 3 000 €** this ring is valued at €3,000
**b** (= calculer approximativement) [+ prix] to assess, estimate, evaluate (à at); [+ distance, quantité] to estimate, reckon ◆ **les pertes sont estimées à 2 000 morts** 2,000 people are estimated to have died, an estimated 2,000 people have died, the number of those dead is estimated at ou put at 2,000 ◆ **j'estime sa vitesse à 80 km/h** I reckon his speed to be 80 km/h, I would put his speed at 80 km/h
**c** (= respecter) [+ personne] to esteem, hold in esteem ou high esteem ou regard, respect ◆ **estimé de tous** respected ou esteemed ou highly regarded by everyone ◆ **notre estimé collègue** our esteemed colleague ◆ **savoir se faire estimer** to know how to win people's respect ou regard ou esteem
**d** (= faire cas de) [+ qualité] to appreciate ◆ **j'estime beaucoup sa loyauté** I greatly value his loyalty ◆ **c'est un plat très estimé** this dish is considered a great delicacy
**e** (= considérer) **estimer que ...** to consider ou judge ou reckon that ... ◆ **j'estime qu'il est de mon devoir de ...** I consider it ou judge it ou deem it † (to be) my duty to ... ◆ **il estime que vous avez tort de faire cela** he considers it wrong for you to do that ◆ **il estime avoir raison** he considers he is right ou in the right ◆ **nous estimons nécessaire de dire/que** we consider it ou judge it ou deem it † necessary to say/that ◆ **estimer inutile de faire** to see no point in doing, consider it pointless to do ◆ **s'estimer heureux d'avoir/que** to consider o.s. fortunate to have/that

**estivage** [ɛstivaʒ] nm *summering of cattle on mountain pastures*

**estival, e,** mpl **-aux** [ɛstival, o] adj (lit) summer (épith); (= agréable) temps, température summery ◆ **station estivale** summer resort ◆ **la période estivale** the summer season ou months

**estivant, e** [ɛstivɑ̃, ɑ̃t] [→ SYN] nm,f holiday-maker (Brit), vacationer (US), summer visitor

**estivation** [ɛstivasjɔ̃] nf aestivation (Brit), estivation (US)

**estive** [ɛstiv] nf (Agr) summer pasture

**est-nord-est** [ɛstnɔʀɛst] adj inv, nm inv east-north-east

**estoc** [ɛstɔk] [→ SYN] nm → **frapper**

**estocade** [ɛstɔkad] [→ SYN] nf (Tauromachie) death-blow, final thrust ◆ **donner l'estocade à un taureau** to deal a bull the death-blow ◆ **donner l'estocade à une personne/un projet** to give ou deal the finishing blow to a person/a plan

**estomac** [ɛstɔma] [→ SYN] nm **a** (= organe) stomach ◆ **avoir mal à l'estomac** to have (a) stomach ache ou tummy ache* ◆ **partir l'estomac creux** ou **vide** to set off on an empty stomach ◆ **avoir l'estomac plein** ou **bien rempli** to be full (up), have eaten one's fill ◆ **j'ai l'estomac dans les talons** I'm starving ou famished ◆ **avoir un estomac d'autruche** to have a cast-iron stomach ◆ **prendre de l'estomac*** to develop a paunch; → **aigreur, creux, rester**
**b** ‡ **avoir de l'estomac** (= avoir du culot) to have a nerve; (= avoir du courage) to have guts* ◆ **il la lui a fait à l'estomac** he bluffed him

**estomaquer*** [ɛstɔmake] ▸ conjug 1 ◂ vt to flabbergast, stagger

**estompage** [ɛstɔ̃paʒ] nm [dessin] stumping, shading off; [contours, souvenirs] blurring, dimming, softening

**estompe** [ɛstɔ̃p] nf (Art) stump

**estompé, e** [ɛstɔ̃pe] (ptp de **estomper**) adj (= voilé) couleurs, image blurred, soft

**estomper** [ɛstɔ̃pe] [→ SYN] ▸ conjug 1 ◂ **1** vt (Art) [+ dessin] to stump (SPÉC), shade off *(with a stump)*; (= voiler) [+ contours, souvenir] to blur, dim, soften
**2** **s'estomper** vpr [contours, souvenir] to fade; [différences] to become less marked ◆ **la côte s'estompait dans la brume** the coastline became blurred ou hazy ou indistinct in the mist

**Estonie** [ɛstɔni] nf Estonia

**estonien, -ienne** [ɛstɔnjɛ̃, jɛn] [→ SYN] **1** adj Estonian
**2** nm (Ling) Estonian
**3** **Estonien(ne)** nm,f Estonian

**estoquer** [ɛstɔke] [→ SYN] ▸ conjug 1 ◂ vt [+ taureau] to deal the death-blow to

**estouffade** [ɛstufad] nf (Culin) ◆ **estouffade de bœuf** ≃ beef stew ◆ **c'est de l'estouffade** (fig) it's very stodgy

**estourbir*** [ɛstuʀbiʀ] ▸ conjug 2 ◂ vt (= assommer) to stun; (= tuer) to do in‡, bump off‡

**estrade** [ɛstʀad] [→ SYN] nf platform

**estradiol** [ɛstʀadjɔl] nm ⇒ **œstradiol**

**estradiot** [ɛstʀadjo] nm (Hist) (e)stradiot

**estragon** [ɛstʀagɔ̃] nm tarragon

**estramaçon** [ɛstʀamasɔ̃] nm double-edged sword

**estran** [ɛstʀɑ̃] [→ SYN] nm foreshore

**estrapade** [ɛstʀapad] [→ SYN] nf strappado

**estrapasser** [ɛstʀapɑse] ▸ conjug 1 ◂ vt [+ cheval] to exhaust

**estrogène** [ɛstʀɔʒɛn] nm → **œstrogène**

**estrone** [ɛstʀɔn] nf ⇒ **œstrone**

**estrope** [ɛstʀɔp] [→ SYN] nf strop

**estropié, e** [ɛstʀɔpje] [→ SYN] (ptp de **estropier**) nm,f cripple, maimed person

**estropier** [ɛstʀɔpje] [→ SYN] ▸ conjug 7 ◂ vt **a** [+ personne] to cripple, disable, maim
**b** [+ texte, citation] to twist, distort, mangle; [+ nom] to mutilate, mangle; [+ langue étrangère, morceau de musique] to mangle, murder

**est-sud-est** [ɛstsydɛst] adj inv, nm inv east-south-east

**estuaire** [ɛstɥɛʀ] [→ SYN] nm estuary; (en Écosse) firth ◆ **l'estuaire de la Seine** the Seine estuary

**estuarien, -ienne** [ɛstɥaʀjɛ̃, jɛn] adj estuarial

**estudiantin, e** [ɛstydjɑ̃tɛ̃, in] adj student (épith)

**esturgeon** [ɛstyʀʒɔ̃] nm sturgeon

**et** [e] conj **a** (lie des termes) and ◆ **c'est vert et rouge** it's green and red ◆ **pour piano et orchestre** for piano and orchestra ◆ **je n'ai rien vu, et toi ?** I didn't see anything, did you? ou what about you? ◆ **j'aime beaucoup ça, et vous ?** I'm very fond of that, aren't you? ou what about you?, I like that very much — do you? ◆ **je n'aime pas ça et lui non plus** I don't like that and nor does he ou and he doesn't either ◆ **Chantal y alla, et Madeleine** (littér) Chantal went, as did Madeleine ◆ **une belle et grande maison** a beautiful, big house ◆ **il y a mensonge et mensonge** (littér) there are lies and lies, there's lying and lying ◆ **je suis né à Genève et mes parents aussi** I was born in Geneva and so were my parents, I was born in Geneva, as were my parents
**b** (lie des propositions) and ◆ **j'ai payé et je suis parti** I paid and left ◆ **il est travailleur et ne boit pas** he works hard and (he) doesn't drink ◆ **lui et moi nous nous entendons bien** he and I get along well ◆ **et lui et vous l'avez dit** he and you have both said so, both he and you have said so ◆ **2 et 2 font 4** 2 and 2 make 4 ◆ **il ne peut et ne doit pas y aller** he cannot and must not go ◆ **il a ri et ri/pleuré et pleuré** (répétition) he laughed and laughed/cried and cried ◆ **je ne l'approuve pas et ne l'approuverai jamais** I don't approve of it and (I) never shall ou will ◆ **plus j'en mange et plus j'en ai envie** the more of it I eat the more I want
**c** (valeur emphatique) **et alors/ensuite/après ?** and so/then/afterwards? ◆ **et alors ?** (= peu importe) so (what)?* ◆ **et moi alors ?** (and) what about me then? ◆ **et puis** and then ◆ **et puis (après) ?*** so (what)?* ◆ **et moi, je peux venir ?** can I come too? ◆ **et vous osez revenir ?** (indignation) and you dare (to) come back? ◆ **et lui alors qu'est-ce qu'il va dire ?** what's he going to say? ◆ **et ces livres que tu devais me prêter ?** what about these books (then) ou and what's happened to these books that you were supposed to lend me? ◆ **et vous, vous y allez ?** and what about you, are you going? ◆ **et si nous y allions aussi ?** what about (us) going as well?, why don't we go too? ◆ **et voilà !** and there you are! ◆ **et voilà que le voisin revient ...** and then the next-door neighbour comes back ... ◆ **et alors eux, voyant cela, ils sont partis** (and) so, seeing that, they left ◆ **et lui de sourire/se fâcher** (littér) whereupon he smiled/grew angry ◆ **et d'un il est paresseux, et de deux il est menteur** for one thing he's lazy, and for another thing he's a liar
**d** **vingt/trente et un** twenty-/thirty-one ◆ **à midi/deux heures et quart** at (a) quarter past twelve/two ◆ **le vingt et unième** the twenty-first; → **mille**[1]

**ETA** [əta] nf (abrév de **Euzkadi Ta Azkatasuna**) ETA

**êta** [ɛta] nm eta

**étable** [etabl] [→ SYN] nf cowshed

**établi** [etabli] nm (work) bench

**établir** [etabliʀ] [→ SYN] ▸ conjug 2 ◂ **1** vt **a** (= installer dans un lieu) [+ immeuble] to put up, erect; [+ usine] to set up; [+ liaisons, communications] to establish, set up; [+ empire] to build, found ◆ **établir son domicile** ou **sa demeure à** to set up house in, make one's home in ◆ **l'ennemi a établi son camp/son quartier général dans le village** the enemy has pitched camp/has set up its headquarters in the village

**b** (= instaurer) [+ usage] to establish, institute; [+ gouvernement] to form, set up; [+ impôt] to introduce, bring in; [+ règlement] to lay down, establish; [+ normes] to establish

**c** (= donner un emploi à) to set up, establish ◆ **établir un fonctionnaire dans une charge** to set a civil servant up in a position ◆ **il a cinq enfants à établir** he has five children to set up in life ◆ **il a établi son fils médecin** he has set his son up ou established his son in medical practice

**d** (= asseoir) [+ démonstration] to base (*sur* on); [+ réputation] to found, base (*sur* on); [+ droits] to establish; [+ fortune] to found (*sur* on) ◆ **établir son pouvoir sur la force** to found ou base one's power on force

**e** (= faire régner) [+ autorité, paix] to establish (*sur* over) ◆ **établir son pouvoir sur un pays** to get control of a country, establish control over a country

**f** (= dresser) [+ liste, devis] to draw up, make out; [+ programme] to arrange; [+ facture, chèque] to make out; [+ plans] to draw up, draft; [+ prix] to fix, work out

**g** (= montrer) [+ fait, comparaison] to establish ◆ **établir l'innocence de qn** to establish sb's innocence ◆ **il est établi que ...** it's an established fact that ...

**h** (= nouer) [+ relations] to establish ◆ **ils ont établi une amitié solide** they have established a firm friendship

**i** (Sport) **établir un record** to set (up) ou establish a record

**2** **s'établir** vpr **a** (= s'installer dans un lieu) [jeune couple] to settle ◆ **une usine s'est établie dans le village** a factory has been set up ou they've set up a factory in the village ◆ **l'ennemi s'est établi sur la colline** the enemy has taken up position on the hill

**b** (= s'instaurer) **l'usage s'est établi de ...** it has become customary to ...

**c** (= prendre un emploi) **s'établir boulanger** to set o.s. up as a baker ◆ **il s'est établi médecin** he has established himself ou set himself up in medical practice ◆ **s'établir à son compte** to set up one's own business

**d** (= régner) [pouvoir, régime] to become established ◆ **son pouvoir s'est établi sur le pays** his rule has become (firmly) established throughout the country ◆ **un grand silence s'établit, il s'établit un grand silence** there was a great silence, a great silence fell ◆ **un consensus a fini par s'établir** a consensus was eventually reached

**e** (= se nouer) [amitié, contacts] to develop, be established ◆ **une amitié solide s'est établie entre eux** a firm friendship has developed ou has been established between them

**établissement** [etablismɑ̃] → SYN nm **a** (= bâtiment) establishment; (= société) establishment, firm, company; (= institution) institution ◆ **établissement (scolaire)** school ◆ **établissement hospitalier** hospital ◆ **établissement pénitentiaire** prison ◆ **établissement religieux** religious institution ◆ **établissement bancaire** bank ◆ **avec les compliments des établissements Minot** with the compliments of Minot and Co.

**b** (= mise en place) [immeuble] putting up, erecting; [empire] building, founding; [programme] arranging; [relations, autorité, paix] establishing (*sur* over); [fortune] founding (*sur* on); [réputation] founding, basing; [usine, liaisons, communications] setting up, establishing; [impôt] introduction, bringing in; [usage] establishing, institution; [gouvernement] setting up, forming; [règlement] laying down, establishing, institution; [droits] establishing; [liste] drawing up, making out; [facture, chèque] making out; [plans] drawing up, drafting; [prix] fixing, working out; [fait, comparaison] establishing; personne (dans un emploi) setting up, establishing; (dans un lieu) settling; [pouvoir, régime] establishment; [amitié, contacts] development, establishment

**c** (= colonie) settlement

**étage** [etaʒ] → SYN nm **a** [bâtiment] floor, storey (Brit), story (US) ◆ **au premier étage** (en France) on the first floor (Brit), on the second floor (US); (au Canada) on the ground floor (Brit), on the first floor (US) ◆ **maison à** ou **de deux étages** three-storeyed (Brit) ou -storied (US) house, house with three floors ◆ **monter à l'étage** to go upstairs ◆ **monter à l'étage supérieur** to go to the next floor up ◆ **il grimpa trois étages** he went up ou walked up three floors ou flights ◆ **les trois étages de la tour Eiffel** the three levels of the Eiffel Tower ◆ **étage noble** piano nobile *(second floor)*

**b** [fusée] stage; [mine] level; [jardin] terrace, level; [gâteau] tier ◆ **étages de végétation** (Géog) levels of vegetation ◆ **étage de pression** (Tech) pressure stage

**c** **de bas étage** († = humble) lowborn; (péj = médiocre) poor, second-rate ◆ **ce sont des trafiquants de bas étage** they are low-level ou common dealers

**étagement** [etaʒmɑ̃] nm [vignobles] terracing

**étager** [etaʒe] → SYN ▸ conjug 3 ◂ **1** vt [+ objets] to set out in tiered rows, lay out in tiers

**2** **s'étager** vpr [jardins, maisons] to rise in tiers ou terraces ◆ **la foule s'étage sur les gradins** the crowd is gathered on the terraces ou the steps ◆ **vignobles étagés sur la colline** vines in terraced rows on the hillside

**étagère** [etaʒɛʀ] → SYN nf (= tablette, rayon) shelf ◆ **étagères** (= meuble) shelves

**étai** [etɛ] → SYN nm (= support) stay, prop, strut; (Naut = cordage) stay

**étaiement** [etɛmɑ̃] nm ⇒ **étayage**

**étain** [etɛ̃] nm (Min) tin; (Orfèvrerie) (= matière) pewter; (= objet) piece of pewterware, pewterware (NonC) ◆ **pot en** ou **d'étain** pewter pot; → **papier**

**étal**, pl **étals** [etal] → SYN nm [boucherie, marché] stall

**étalage** [etalaʒ] → SYN nm **a** (Comm) (= action) display, displaying; (= devanture) shop window, show window, display window; (= tréteaux) stall, stand; (= articles exposés) display ◆ **présentation de l'étalage** window dressing ◆ **disposer l'étalage** to dress the window, do the window display ◆ **chemise qui a fait l'étalage** shop-soiled shirt ◆ **droit d'étalage** stallage; → **vol[2]**

**b** (= déploiement) [luxe, connaissances] display, show ◆ **faire étalage de** [+ luxe, savoir] to flaunt, show off, parade; [+ malheurs] to make a show of

**c** (Métal) **étalages** bosh

**d** (Tex) roving

**étalager** [etalaʒe] ▸ conjug 3 ◂ vt (Comm) to display

**étalagiste** [etalaʒist] nmf (= décorateur) window dresser; († = marchand) stallkeeper

**étale** [etal] → SYN **1** adj mer slack; vent, situation steady ◆ **navire étale** becalmed ship

**2** nf [mer] slack (water)

**étalement** [etalmɑ̃] → SYN nm **a** [papiers, objets] spreading (*sur* over); [journal, tissu] spreading out (*sur* on); (Comm) [marchandise] displaying, laying out, spreading out (*sur* on)

**b** [beurre] spreading (*sur* on); [peinture, crème solaire] application

**c** [paiements] spreading, staggering (*sur* over); [vacances] staggering (*sur* over); [travaux, opération] spreading (*sur* over)

**étaler[1]** [etale] → SYN ▸ conjug 1 ◂ **1** vt **a** (= déployer) [+ papiers, objets] to spread (*sur* over); [+ journal, tissu] to spread out (*sur* on); (Comm) [+ marchandise] to display, lay out, spread out (*sur* on) ◆ **étaler son jeu** ou **ses cartes** (Cartes) to display ou lay down one's hand ou one's cards

**b** (= étendre) [+ beurre, colle] to spread (*sur* on); [+ peinture] to apply, put on; [+ crème solaire] to apply, smooth on; (Culin) [+ pâte] to roll out ◆ **une peinture qui s'étale bien** paint that is easy to apply

**c** (= répartir) [+ paiements] to spread, stagger (*sur* over); [+ vacances] to stagger (*sur* over); [+ travaux, opération] to spread (*sur* over) ◆ **étalez vos envois** (Poste) space out your consignments ◆ **les vacances/paiements s'étalent sur quatre mois** holidays/payments are staggered ou spread over a period of four months

**d** [+ luxe, savoir, richesse] to parade, flaunt, show off; [+ malheurs] to make a show of; [+ secrets] to give away, disclose ◆ **il faut toujours qu'il étale sa science** he doesn't miss an opportunity to display his knowledge ◆ **il aime à en étaler** * he likes to cause a stir

**e** (* = frapper) to floor, lay out ◆ **se faire étaler à un examen** to flunk * an exam ◆ **on s'est fait étaler** (Sport) we got a real hammering *

**2** **s'étaler** vpr **a** [plaine, cultures] to stretch out, spread out ◆ **le titre s'étale sur trois colonnes** the headline is spread ou splashed across three columns

**b** [richesse, vanité] to be flaunted; [vaniteux] to flaunt o.s. ◆ **son ignominie s'étale au grand jour** his ignominy is plain for all to see

**c** (= se vautrer) **s'étaler sur un divan** to sprawl ou lounge on a divan ◆ **étalé sur le tapis** sprawling on ou stretched out on the carpet ◆ **tu t'étales ! je n'ai plus de place sur la table !** stop spreading yourself, you're not leaving me any room

**d** (* = tomber) **s'étaler (par terre)** to fall flat on the ground, come a cropper * (Brit) ◆ **attention, tu vas t'étaler !** look out, you're going to fall flat on your face! *

**e** (* = échouer) **s'étaler à un examen/en chimie** to flunk * an exam/one's chemistry exam

**étaler[2]** [etale] ▸ conjug 1 ◂ **1** vt (Naut) ◆ **étaler la marée** to ride out the tide

**2** vi [mer, marée] to become slack

**étaleuse** [etaløz] nf spreader

**étalon[1]** [etalɔ̃] → SYN nm (= cheval) stallion

**étalon[2]** [etalɔ̃] → SYN nm (= mesure) (Comm, Fin) standard; (fig) yardstick ◆ **kilogramme/balance étalon** standard kilogram/scales ◆ **étalon-or** (Écon) gold standard ◆ **c'est devenu l'étalon de la beauté** it has become the yardstick by which we measure beauty ◆ **copie étalon** (Ciné) master print; → **mètre**

**étalonnage** [etalɔnaʒ], **étalonnement** [etalɔnmɑ̃] nm **a** (= graduation) calibration

**b** (= vérification) standardization

**étalonner** [etalɔne] → SYN ▸ conjug 1 ◂ vt **a** (= graduer) to calibrate

**b** (= vérifier) to standardize

**c** [+ test] to set the standards for

**étamage** [etamaʒ] nm → **étamer** tinning, tinplating, silvering

**étambot** [etɑ̃bo] → SYN nm stern-post

**étamer** [etame] ▸ conjug 1 ◂ vt (gén) to tin, tinplate; [+ glace] to silver ◆ **cuivre étamé** tinned copper

**étameur** [etamœʀ] nm tinsmith

**étamine** [etamin] nf (Bot) stamen; (= tissu) muslin; (pour laitage) cheesecloth, butter muslin (Brit)

**étampe** [etɑ̃p] nf (= matrice) stamp, die

**étamper** [etɑ̃pe] ▸ conjug 1 ◂ vt to stamp

**étamperche** [etɑ̃pɛʀʃ] nf scaffold pole ou standard

**étampeur, -euse** [etɑ̃pœʀ, øz] nm,f (Tech) stamper

**étamure** [etamyʀ] nf (= couche) [métal] layer of tin; [miroir] layer of silver

**étanche** [etɑ̃ʃ] → SYN adj vêtements, chaussures waterproof; montre waterproof, water-resistant; bateau, compartiment watertight; cuve leakproof; toit, mur impervious, impermeable; (fig) watertight ◆ **étanche à l'air** airtight ◆ **enduit étanche** sealant; → **cloison**

**étanchéité** [etɑ̃ʃeite] nf (à l'eau) [bateau, compartiment] watertightness ◆ **pour assurer son étanchéité** [vêtement, montre] to make sure it is waterproof ◆ **tester l'étanchéité d'une montre** to test how waterproof ou water-resistant a watch is ◆ **étanchéité (à l'air)** airtightness

**étancher** [etɑ̃ʃe] → SYN ▸ conjug 1 ◂ vt **a** [+ sang] to staunch, stem; (littér) [+ larmes] to dry, stem; (littér) [+ soif] to quench, slake; (Naut) [+ voie d'eau] to stop (up)

**b** (= rendre étanche) to make watertight; [+ écoulement, source] to dam up, stem

**étançon** [etɑ̃sɔ̃] → SYN nm (Tech) stanchion, shore, prop

**étançonner** [etɑ̃sɔne] → SYN ▸ conjug 1 ◂ vt to shore up, prop up

**étang** [etɑ̃] → SYN nm pond; (grand) lake

**étant** [etɑ̃] nm (Philos) being

**étape** [etap] → SYN nf **a** (= trajet) (gén, Sport) stage, leg; (= lieu d'arrêt) (gén) stop, stopping place; (Sport) stopover point, staging point ◆ **faire étape à** to stop off at, break the journey at (Brit) ◆ **par petites étapes** in easy stages ◆ **étape de ravitaillement** staging post ◆ **ville-étape** (Cyclisme) stopover town ◆ **Valence est une ville-étape entre Lyon et Nice** Valence is a stopping-off point ou place between Lyons and Nice

**b** (= phase) stage; (= palier) stage, step ◆ **les étapes de sa vie** the various stages of his life; → **brûler**

**étarquer** [etaʀke] ▸ conjug 1 ◂ vt (Naut) to hoist home

**étasunien, -ienne** [etazynjɛ̃, jɛn] **1** adj of ou from the United States, American

**2** **Étasunien(ne)** nm,f American

**état** [eta] → SYN **1** nm **a** (= condition physique) state, condition ◆ **dans un tel état d'épuisement** in such a state of exhaustion ◆ **bon état général** good general state of health ◆ **état (de santé)** health ◆ **en état d'ivresse** ou **d'ébriété** under the influence (of alcohol) ◆ **il n'est pas en état de le faire** he's in no condition ou (fit) state to do it ◆ **dans quel état es-tu ! tu saignes !** what a state you're in! you're bleeding! ◆ **être dans un triste état** to be in a sad ou sorry state

**b** (= condition psychique) state ◆ **être dans un grand état de nervosité** to be in a state of extreme nervousness, be extremely nervous ◆ **il ne faut pas te mettre dans un état pareil** ou **des états pareils** you mustn't get yourself into such a state ◆ **être dans tous ses états** to be beside o.s. (with anger ou anxiety etc ), be all worked up*, be in a terrible state ◆ **ça l'a mis dans tous ses états** that got him all worked up* ou into a terrible state ◆ **il n'était pas dans son état normal** he wasn't his usual ou normal self ◆ **être dans un état second** to be in a trance, be spaced out* ◆ **je ne suis pas en état de le recevoir** I'm in no fit state to receive him

**c** [chose abstraite] state; (Chim) [corps] state ◆ **état liquide/solide/gazeux** liquid/solid/gaseous state ◆ **dans l'état actuel de nos connaissances** in the present state of our knowledge, as our knowledge stands at (the) present ◆ **dans l'état actuel des choses** as things stand at present ◆ **réduit à l'état de cendres** reduced to cinders ◆ **quel est l'état de la question ?** how do things stand?

**d** [objet, article d'occasion] condition, state ◆ **en bon/mauvais état** in good/poor ou bad condition ◆ **en état** in (working) order ◆ **en état de naviguer** sea-worthy ◆ **en (parfait) état de marche** in (perfect) working order ◆ **remettre en état** [+ voiture] to repair, do up*; [+ maison] to renovate, do up* ◆ **tenir en état** [+ voiture] to maintain in good order, keep in good repair; [+ maison] to keep in good repair, look after ◆ **sucre/pétrole à l'état brut** sugar/oil in its raw ou unrefined ou crude state ◆ **à l'état (de) neuf** as good as new ◆ **remettre qch en l'état** to put sth back ou leave sth as it was

**e** (= nation) **État** state ◆ **un État de droit** a constitutional state ◆ **être un État dans l'État** to be a law unto itself ◆ **les États pontificaux** ou **de l'Église** the Papal States ◆ **coup d'État** coup (d'État) ◆ **l'État-patron** the state as an employer ◆ **l'État-providence** the welfare state; → **affaire, chef**[1]

**f** † (= métier) profession, trade; (= statut social) station ◆ **l'état militaire** the military profession ◆ **boucher/tailleur de son état** a butcher/tailor by trade ◆ **donner un état à qn** to set sb up in a trade ◆ **honteux de son état** ashamed of his station in life †

**g** (= registre, comptes) statement, account; (= inventaire) inventory ◆ **faire un état des recettes** to draw up a statement ou an account of the takings ◆ **état appréciatif** evaluation, estimation ◆ **état vérifié des comptes** audited statement of accounts

**h** (LOC) **faire état de** [+ ses services] to instance; [+ craintes, intentions] to state; [+ conversation, rumeur] to report ◆ **en tout état de cause** anyway, in any case ◆ **c'est un état de fait** it is an established ou irrefutable fact ◆ **dans un état intéressant** (hum) in an interesting condition, in the family way* ◆ **à l'état latent** in a latent state ◆ **en état de péché (mortel)** (Rel) in a state of (mortal) sin

**2** COMP ▷ **état d'alerte** (Mil) state of alert ▷ **état d'âme** mood, frame of mind ◆ **avoir des états d'âme** (scrupules) to have scruples ou qualms; (hésitation) to have uncertainties ▷ **état d'apesanteur** weightlessness ◆ **être en état d'apesanteur** to be weightless ◆ **expérience en état d'apesanteur** experiment carried out under conditions of weightlessness ▷ **état de choc: être en état de choc** to be in (a state of) shock ▷ **état de choses** state of affairs, situation ▷ **(le bureau de) l'état civil** the registry office (Brit), the Public Records Office (US) ▷ **état de conscience** (Psych) state of consciousness ▷ **état de crise** state of crisis ▷ **état d'esprit** frame ou state of mind ▷ **les états** ou **États généraux** (Hist) the States General ◆ **réunir les États généraux de l'université/de la santé** (fig) to organize a convention on university/health issues ▷ **état de grâce** (Rel) state of grace ◆ **en état de grâce** (fig) inspired ▷ **état de guerre** state of war ▷ **état des lieux** inventory of fixtures ▷ **l'état de nature** the natural state ▷ **états de service** service record ▷ **état de siège** state of siege ▷ **état d'urgence** state of emergency ◆ **décréter l'état d'urgence** to declare a state of emergency ▷ **état de veille** waking state

**étatique** [etatik] adj structure, monopole, intervention state (épith) ◆ **système étatique** system of state control

**étatisation** [etatizasjɔ̃] → SYN nf (= doctrine) state control ◆ **étatisation d'une entreprise** placing of a concern under direct state control, takeover of a concern by the state

**étatiser** [etatize] → SYN ▸ conjug 1 ◂ vt to establish state control over, put ou bring under state control ◆ **économie/entreprise étatisée** state-controlled economy/firm

**étatisme** [etatism] → SYN nm state socialism, state ou government control

**étatiste** [etatist] **1** adj système, doctrine of state control

**2** nmf partisan of state control, state socialist

**état-major**, pl **états-majors** [etamaʒɔʀ] → SYN nm **a** (Mil) (= officiers) staff; (= bureaux) staff headquarters ◆ **officier d'état-major** staff officer; → **chef**[1]

**b** [parti politique] administrative staff; [entreprise] top ou senior management

**État-nation**, pl **États-nations** [etanasjɔ̃] nm nation-state

**états-unien, -ienne**, mpl **états-uniens** [eta zynjɛ̃, jɛn] ⇒ **étasunien, -ienne**

**États-Unis** [etazyni] nmpl ◆ **les États-Unis (d'Amérique)** the United States (of America) ◆ **les États-Unis d'Europe** the United States of Europe

**étau**, pl **étaux** [eto] → SYN nm (Tech) vice ◆ **étau limeur** shaper ◆ **l'étau se resserre (autour des coupables)** the noose is tightening (around the guilty men) ◆ **se trouver pris (comme) dans un étau** to find o.s. caught in a stranglehold ◆ **j'ai la tête comme dans un étau** I feel like my head's in a vice

**étayage** [etɛjaʒ], **étayement** [etɛjmɑ̃] nm **a** [mur] propping up, shoring up

**b** [théorie] support(ing), backing up

**c** [régime, société] support(ing), propping up

**étayer** [eteje] → SYN ▸ conjug 8 ◂ vt **a** [+ mur] to prop up, shore up

**b** [+ théorie] to support, back up

**c** [+ régime, société] to support, prop up

**etc** [ɛtseteʀa] loc (abrév de **et cætera**) etc

**et cætera, et cetera** [ɛtseteʀa] loc etcetera, and so on (and so forth)

**été** [ete] → SYN nm summer(time) ◆ **été de la Saint-Martin, été indien, été des Indiens** (Can) Indian summer ◆ **été comme hiver** summer and winter alike ◆ **en été** in (the) summer(time) ◆ **jour d'été** summer's day ◆ **mois d'été** summer month ◆ **résidence d'été** summer residence

**éteignoir** [etɛɲwaʀ] → SYN nm **a** [bougie] extinguisher

**b** († = rabat-joie) wet blanket, killjoy

**éteindre** [etɛ̃dʀ] GRAMMAIRE ACTIVE 24.4 → SYN ▸ conjug 52 ◂

**1** vt **a** [+ incendie, poêle] to put out, extinguish; [+ bougie] to blow out, snuff out, extinguish; [+ cigarette] to stub out, put out, extinguish

**b** [+ gaz, lampe] to switch off, put out, turn off; [+ électricité, chauffage, radio] to turn off, switch off ◆ **éteins dans la cuisine** put the kitchen light(s) out, switch out ou off the light(s) in the kitchen

**c** [+ pièce, endroit] to put out ou turn off the lights in ◆ **sa fenêtre était éteinte** his window was dark, there was no light at ou in his window

**d** [+ colère] to subdue, quell; [+ amour, envie] to kill; [+ soif] to quench, slake

**e** [+ dette] to extinguish

**2** **s'éteindre** vpr **a** [cigarette, feu, gaz] to go out ◆ **la fenêtre s'est éteinte** the light at the window went out, the window went dark

**b** [agonisant] to pass away, die ◆ **famille qui s'est éteinte** family which has died out

**c** [colère] to abate, evaporate; [amour, envie] to die, fade

**éteint, e** [etɛ̃, ɛ̃t] → SYN (ptp de **éteindre**) adj couleur faded; race, volcan extinct; regard dull, lacklustre; voix feeble, faint, dying; (* = épuisé) exhausted, tired out ◆ **chaux éteinte** slaked lime ◆ **c'est un homme éteint maintenant** his spirit is broken now, he's a broken man now

**étemperche** [etɑ̃pɛʀʃ] nf ⇒ **étamperche**

**étendage** [etɑ̃daʒ] nm [linge] hanging out ◆ **dix mètres d'étendage** ten metres of clothes line

**étendard** [etɑ̃daʀ] → SYN nm **a** (= drapeau, fig) standard ◆ **brandir** ou **lever l'étendard de la révolte** to raise the standard of revolt

**b** (Bot) standard, vexillum (SPÉC)

**étendoir** [etɑ̃dwaʀ] nm (= corde) clothes ou washing line; (sur pied) clotheshorse

**étendre** [etɑ̃dʀ] → SYN ▸ conjug 41 ◂ **1** vt **a** (= étaler) [+ journal, tissu] to spread out, open out; [+ tapis] to roll out; [+ beurre] to spread; [+ pâte] to roll out; [+ bras, jambes, blessé] to stretch out; [+ ailes] to spread; (Ling) [+ sens] to stretch, extend ◆ **étendre le linge** (sur un fil) to hang out the washing ◆ **veux-tu étendre le bras pour me passer ...** would you mind reaching out and passing me ...

**b** * [+ adversaire] (= frapper) to floor, lay out; (= vaincre) to thrash*, knock out; [+ candidat] (Scol) to fail, clobber*; (Pol) to hammer* ◆ **se faire étendre** [adversaire] to be laid out cold, be flattened*; [candidat] (Scol) to flunk it*; (Pol) to be hammered* ◆ **il s'est fait étendre en anglais** he flunked* his English exam

**c** (= agrandir) [+ pouvoirs] to extend (*sur* over); [+ fortune] to increase; [+ connaissances, cercle d'amis, recherches] to broaden ◆ **étendre ses activités** [firme] to expand ◆ **étendre son action à d'autres domaines** to extend ou widen one's action to other fields ◆ **étendre une idée à une autre** to extend one idea to (cover) another, apply one idea to another

**d** (= diluer) [+ vin] to dilute; [+ sauce] to thin (*de* with) ◆ **étendu d'eau** watered down

**2** **s'étendre** vpr **a** (= s'allonger) to stretch out (*sur* on); (= se reposer) to lie down, have a lie down (Brit); (en expliquant) to elaborate ◆ **s'étendre sur son lit** to stretch out ou lie down on one's bed ◆ **s'étendre sur un sujet** to elaborate on ou enlarge on a subject ◆ **ne nous étendons pas là-dessus** let's not dwell on that

**b** (= occuper un espace, une période) [côte, forêt] to stretch (out), extend; [cortège] to stretch (out) (*jusqu'à* as far as, to); [vacances, travaux] to stretch, extend (*sur* over) ◆ **la plaine s'étendait à perte de vue** the plain stretched (away) as far as the eye could see

**c** (= augmenter) [brouillard, épidémie] to spread; [parti politique] to expand; [ville] to spread, expand; [pouvoirs, domaine, fortune] to increase, expand; [cercle d'amis] to expand, widen; [recherches] to broaden in scope; [connaissances, vocabulaire] to increase, widen

**d** (= s'appliquer) [loi, avis] to apply (*à* to) ◆ **sa bonté s'étend à tous** his kindness extends to everyone ◆ **cette mesure s'étend à tous les citoyens** this measure applies ou is applicable to ou covers all citizens ◆ **la domination romaine s'est étendue sur tout le monde méditerranéen** Roman rule spread ou expanded throughout the Mediterranean world

**e** (= s'étaler) [substance] to spread ◆ **cette peinture s'étend facilement** this paint goes on ou spreads easily

**étendu, e**[1] [etɑ̃dy] → SYN (ptp de **étendre**) adj **a** (= vaste) ville sprawling (épith), spread out (attrib); domaine extensive, large; connaissances, pouvoirs extensive, wide, wide-ranging; vue wide, extensive; vocabulaire wide, large, extensive; sens d'un mot broad (épith), wide; dégâts extensive, widespread; famille extended

**b** (= allongé) personne, jambes stretched out ◆ **étendu sur l'herbe** lying ou stretched out on the grass ◆ **étendu les bras en croix** spreadeagled ◆ **le cadavre, étendu sur le sol** the corpse, stretched (out) on the ground

**étendue**[2] [etɑ̃dy] nf **a** (= surface) area, expanse ◆ **pays d'une grande étendue** country with a large surface area ou which covers a large area ◆ **sur une étendue de 16 km** over an expanse ou area of 16 km ◆ **sur toute l'étendue de la province** throughout the whole province, throughout the length and breadth of the province ◆ **grande étendue de sable** large stretch ou expanse of sand ◆ **surpris par l'étendue de ce territoire** amazed at the sheer size ou extent of the territory

**b** (= durée) [vie] duration, length ◆ **sur une étendue de trois ans** over a period of three years

**c** (= importance) [pouvoir, dégâts] extent; [connaissances, recherches] range, scope, extent ◆ **pouvoir/culture d'une grande étendue** wide ou wide-ranging ou extensive power/culture ◆ **devant l'étendue du désastre** faced with the scale of the disaster

**d** (Mus) [voix] compass, range; [instrument] range

**e** (Philos) [matière] extension, extent

**Étéocle** [eteɔkl] nm Eteocles

**éternel, -elle** [etɛʀnɛl] → SYN [1] adj **a** (Philos, Rel) eternal ◆ **je ne suis pas éternel !** I won't live forever! ◆ **la vie éternelle** eternal ou everlasting life

**b** (= sans fin) eternal, everlasting, endless ◆ **ma reconnaissance sera éternelle** I'll be eternally grateful to you; → **neige**

**c** (= perpétuel) perpetual, eternal ◆ **c'est un éternel insatisfait** he's never happy with anything, he's perpetually ou eternally dissatisfied ◆ **c'est l'éternel problème de ...** it's the eternal problem of ...

**d** ( * = inamovible : avant n) inevitable ◆ **il était là, son éternel chapeau sur la tête** there he was, wearing the same old hat

[2] nm **a** (Rel) **l'Éternel** the Eternal, the Everlasting; (Bible) the Lord ◆ **grand joueur devant l'Éternel** (hum) inveterate gambler

**b** **l'éternel féminin** the eternal feminine ou woman

**éternellement** [etɛʀnɛlmɑ̃] → SYN adv (gén, Rel) eternally; attendre, durer, rester forever ◆ **éternellement jeune** forever young

**éterniser** [etɛʀnize] → SYN ▸ conjug 1 ◂ [1] vt **a** [+ débats, supplice, situation] to drag out, draw out

**b** (littér) [+ nom, mémoire] to immortalize, perpetuate

[2] **s'éterniser** vpr [situation, débat, attente] to drag on, go on and on; [visiteur] to stay ou linger too long, linger on ◆ **le jury s'éternise** the jury is taking ages ◆ **on ne peut pas s'éterniser ici** we can't stay here for ever ◆ **ne nous éternisons pas sur ce sujet** let's not dwell forever on that subject

**éternité** [etɛʀnite] → SYN nf eternity ◆ **cela fait une éternité** ou **des éternités que je ne l'avais rencontré** it's ages ou donkey's years* (Brit) since I'd met him, I hadn't met him in ages ◆ **il y a des éternités que tu m'as promis cela** you promised me that ages ago, it's ages since you promised me that ◆ **ça a duré une éternité** it lasted for ages ◆ **ça va durer une éternité** it'll take forever ◆ **de toute éternité** from the beginning of time, from time immemorial ◆ **pour l'éternité** for all eternity, eternally

**éternuement** [etɛʀnymɑ̃] → SYN nm sneeze

**éternuer** [etɛʀnɥe] ▸ conjug 1 ◂ vi to sneeze

**étésien** [etezjɛ̃] adj m vent etesian

**étêtage** [etɛtaʒ], **étêtement** [etɛtmɑ̃] nm [arbre] pollarding, polling; [clou, poisson] cutting the head off

**étêter** [etete] → SYN ▸ conjug 1 ◂ vt [+ arbre] to pollard, poll; [+ clou, poisson] to cut the head off

**éteule** [etœl] → SYN nf (Agr) stubble

**éthane** [etan] nm ethane

**éthanol** [etanɔl] nm ethanol

**éther** [etɛʀ] → SYN nm (Chim) ether

**éthéré, e** [eteʀe] → SYN adj (Chim, littér) ethereal

**éthérifier** [eteʀifje] ▸ conjug 7 ◂ vt to etherify

**éthérisme** [eteʀism] nm ether intoxication

**Ethernet** [etɛʀnɛt] nm Ethernet

**éthéromane** [eteʀɔman] nmf ether addict

**éthéromanie** [eteʀɔmani] nf addiction to ether

**Éthiopie** [etjɔpi] nf Ethiopia

**éthiopien, -ienne** [etjɔpjɛ̃, jɛn] [1] adj Ethiopian

[2] **Éthiopien(ne)** nm,f Ethiopian

**éthique** [etik] → SYN [1] adj ethical

[2] nf (Philos) ethics sg; (= code moral) moral code, code of ethics

**ethmoïdal, e,** mpl **-aux** [ɛtmɔidal, o] adj ethmoid(al)

**ethmoïde** [ɛtmɔid] nm ethmoid

**ethnarchie** [ɛtnaʀʃi] nf ethnarchy

**ethnarque** [ɛtnaʀk] nm ethnarch

**ethniciser** [ɛtnisize] ▸ conjug 1 ◂ vt to make ethnic

**ethnicité** [ɛtnisite] nf ethnicity

**ethnie** [ɛtni] → SYN nf ethnic group

**ethnique** [ɛtnik] → SYN adj ethnic ◆ **minorité ethnique** ethnic minority ◆ **nettoyage** ou **purification ethnique** ethnic cleansing

**ethnocentrisme** [ɛtnosɑ̃tʀism] nm ethnocentrism

**ethnocide** [ɛtnɔsid] nm genocide of an ethnic group

**ethnographe** [ɛtnɔgʀaf] nmf ethnographer

**ethnographie** [ɛtnɔgʀafi] → SYN nf ethnography

**ethnographique** [ɛtnɔgʀafik] adj ethnographic(al)

**ethnolinguistique** [ɛtnolɛ̃gɥistik] nf ethnolinguistics sg

**ethnologie** [ɛtnɔlɔʒi] nf ethnology

**ethnologique** [ɛtnɔlɔʒik] adj ethnologic(al)

**ethnologue** [ɛtnɔlɔg] nmf ethnologist

**ethnomusicologie** [ɛtnomyzikɔlɔʒi] nf ethnomusicology

**ethnomusicologue** [ɛtnɔmyzikɔlɔg] nmf ethnomusicologist

**ethnopsychologie** [ɛtnopsikɔlɔʒi] nf psychological anthropology

**éthogramme** [etɔgʀam] nm ethogram

**éthologie** [etɔlɔʒi] nf ethology

**éthologique** [etɔlɔʒik] adj ethological

**éthologiste** [etɔlɔʒist] nmf ethologist

**éthologue** [etɔlɔg] nmf ethologist

**éthyle** [etil] nm ethyl

**éthylène** [etilɛn] nm ethylene

**éthylique** [etilik] → SYN [1] adj coma alcoholic; délire alcohol-induced ◆ **alcool éthylique** ethyl alcohol ◆ **gastrite éthylique** alcoholic gastritis

[2] nmf alcoholic

**éthylisme** [etilism] nm alcoholism ◆ **crise d'éthylisme** alcoholic fit

**éthylomètre** [etilɔmɛtʀ] nm ⇒ **éthylotest**

**éthylotest** [etilɔtɛst] nm Breathalyser ® (Brit), Breathalyzer ® (US)

**étiage** [etjaʒ] nm (= baisse) low water (NonC) *(of a river)*; (= niveau) low-water level; (= marque) low-water mark

**étincelage** [etɛ̃s(ə)laʒ] nm (Méd) fulguration; (Tech) spark erosion

**étincelant, e** [etɛ̃s(ə)lɑ̃, ɑ̃t] → SYN adj **a** lame, métal gleaming; étoile glittering, twinkling; diamant sparkling, glittering ◆ **étincelant de propreté** sparkling clean

**b** yeux (de colère) flashing; (de joie) shining

**c** conversation scintillating, brilliant ◆ **il a été étincelant** he was brilliant

**étinceler** [etɛ̃s(ə)le] → SYN ▸ conjug 4 ◂ vi **a** [lame, métal] to gleam; [étoile] to glitter, twinkle; [diamant] to sparkle, glitter ◆ **la mer étincelle au soleil** the sea is sparkling ou glittering in the sun ◆ **étinceler de mille feux** (littér) [soleil, nuit, bague] to glitter with a myriad lights (littér)

**b** [yeux] **étinceler de colère** to glitter ou flash with anger ◆ **étinceler de joie** to sparkle ou shine with joy

**c** [conversation, esprit, intelligence] to sparkle; [beauté] to sparkle, shine

**étincelle** [etɛ̃sɛl] → SYN nf **a** (= parcelle incandescente) spark ◆ **étincelle électrique** electric spark ◆ **jeter des étincelles** to throw out sparks ◆ **c'est l'étincelle qui a mis le feu aux poudres** (fig) it was this which sparked off ou touched off the incident ◆ **faire des étincelles** * (= se distinguer) to scintillate, shine ◆ **ça va faire des étincelles** * (= exploser) sparks will fly

**b** [lame, regard] flash, glitter ◆ **jeter** ou **lancer des étincelles** [diamant, regard] to flash

**c** [raison, intelligence] gleam, flicker, glimmer ◆ **étincelle de génie** spark ou flash of genius

**étincellement** [etɛ̃sɛlmɑ̃] nm **a** [lame] gleam (NonC); [étoile] glitter (NonC), twinkling (NonC); [diamant] sparkle (NonC), glitter (NonC)

**b** [yeux] (de colère) flashing (NonC); (de joie) sparkle (NonC), shining (NonC)

**étiolement** [etjɔlmɑ̃] → SYN nm **a** [plante] blanching, etiolation (SPÉC)

**b** [personne, intelligence] decline

**étioler** [etjɔle] → SYN ▸ conjug 1 ◂ [1] vt **a** [+ plante] to blanch, etiolate (SPÉC)

**b** [+ personne] to weaken, make sickly

[2] **s'étioler** vpr **a** [plante] to wilt

**b** [personne] to languish, decline; [intelligence] to decline

**étiologie** [etjɔlɔʒi] nf etiology

**étiologique** [etjɔlɔʒik] adj etiological

**étiopathe** [etjopat] nmf ≃ osteopath

**étiopathie** [etjopati] nf ≃ osteopathy

**étique** [etik] → SYN adj skinny, bony

**étiquetage** [etik(ə)taʒ] nm [paquet] labelling; [prix] marking, labelling

**étiqueter** [etik(ə)te] → SYN ▸ conjug 4 ◂ vt [+ paquet] to label; [+ prix] to mark, label; [+ personne] to label, classify (*comme* as) ◆ **il étiquette toujours les gens** he's always putting people in little boxes, he's always pigeonholing people (Brit)

**étiqueteur, -euse** [etik(ə)tœʀ, øz] [1] nm,f labeller

[2] **étiqueteuse** nf labelling machine

**étiquette** [etikɛt] → SYN nf **a** (sur paquet, Ordin) label; (de prix) price tag ◆ **étiquette autocollante** self-stick ou self-adhesive ou stick-on label ◆ **étiquette politique** political label ◆ **les sans étiquette** (Pol) the independents ◆ **mettre une étiquette à qn** (fig) to label sb, stick a label on sb, pigeonhole sb (Brit)

**b** (= protocole) **l'étiquette** etiquette

**étirable** [etiʀabl] adj → **film**

**étirage** [etiʀaʒ] nm [métal, verre] drawing out

**étirement** [etiʀmɑ̃] → SYN nm stretching ◆ **exercice d'étirement** stretching exercise ◆ **faire des étirements** to do stretching exercises ou stretches

**étirer** [etiʀe] → SYN ▸ conjug 1 ◂ [1] vt [+ peaux] to stretch; [+ métal, verre] to draw (out) ◆ **étirer ses membres** to stretch one's limbs

[2] **s'étirer** vpr [personne] to stretch; [vêtement] to stretch; [convoi] to stretch out; [route] to stretch out ou away

**étireur, -euse** [etiʀœʀ, øz] [1] nm,f [peaux] stretcher; [métal, verre] drawer

[2] **étireuse** nf [peaux] stretcher; [métal] drawing machine

**Etna** [ɛtna] nm ◆ **l'Etna** Etna, Mount Etna

**étoffe** [etɔf] → SYN nf **a** (Tex) material, fabric; [livre] material, stuff

**b** (fig) **avoir l'étoffe de** to have the makings of, be cut out to be ◆ **avoir l'étoffe d'un héros** to be of the stuff heroes are made of, have the makings of a hero ◆ **il a de l'étoffe**

[personne] he has a strong personality; [roman] it's really meaty ◆ **manquer d'étoffe** [personne] to lack personality; [roman] to lack substance

**étoffé, e** [etɔfe] → SYN (ptp de **étoffer**) adj personne fleshy; discours meaty; catalogue, bibliothèque, palmarès substantial; équipe beefed up*, strengthened ◆ **carnet de commandes bien étoffé** full order book ◆ **le volume des échanges est resté très étoffé** (Bourse) trading continued heavy ◆ **dans un marché étoffé de 404 600 titres** in a market buoyed up ou bolstered by 404 600 bonds

**étoffer** [etɔfe] → SYN ▸ conjug 1 ◂ [1] vt [+ style] to enrich; [+ discours, personnage] to fill out, flesh out; [+ équipe] to beef up*, strengthen (*de* with); [+ carnet de commandes] to fill out ◆ **étoffer ses sourcils au crayon** to fill out one's eyebrows with eyebrow pencil

[2] **s'étoffer** vpr [personne] to fill out, to thicken, get thicker; [carnet de commandes] to fill up

**étoile** [etwal] → SYN [1] nf a (Astron) star ◆ **étoile filante** shooting star ◆ **étoile polaire** pole star, north star ◆ **étoile du berger** ou **du soir** evening star ◆ **étoile du matin** morning star, daystar ◆ **étoile de David** star of David ◆ **étoile double/à neutrons** double/neutron star ◆ **étoile jaune** (Hist) yellow star ◆ **semé d'étoiles** starry, star-studded ◆ **sans étoile** starless ◆ **à la clarté des étoiles** by starlight ◆ **dormir** ou **coucher à la belle étoile** to sleep out in the open, sleep under the stars

b (= dessin, objet) star; (= fêlure) crack ◆ **général à deux étoiles** two-star general ◆ **trois étoiles** cognac, restaurant three-star (épith) ◆ **un trois étoiles** (= restaurant) a three-star restaurant; (= hôtel) a three-star hotel ◆ **moteur en étoile** radial engine

c (Ciné, Danse) star ◆ **étoile du cinéma** film star, movie star (US) ◆ **étoile de la danse** dancing star ◆ **étoile montante** rising ou up-and-coming star ◆ **"Une étoile est née"** (Ciné) "A Star is Born"

d (= destinée) **avoir foi en son étoile** to trust one's lucky star, trust to one's luck ◆ **être né sous une bonne/mauvaise étoile** to be born under a lucky/an unlucky star ◆ **son étoile a pâli** his star has faded

[2] COMP ▷ **étoile d'argent** (Bot) edelweiss ▷ **étoile de mer** starfish

**étoiler** [etwale] ▸ conjug 1 ◂ vt a (= parsemer) to stud (*de* with) ◆ **nuit étoilée** starry ou starlit night ◆ **ciel étoilé** starry ou star-studded sky

b (= fêler) (gén) to crack; [+ pare-brise] to craze

**étole** [etɔl] nf (Rel, gén) stole

**étonnamment** [etɔnamɑ̃] adv surprisingly, amazingly, astonishingly

**étonnant, e** [etɔnɑ̃, ɑ̃t] → SYN [1] adj a (= surprenant) surprising, amazing, astonishing ◆ **rien d'étonnant à cela, cela n'a rien d'étonnant** no wonder, there's nothing (so) surprising about that ◆ **vous êtes étonnant** you're incredible ou amazing, you're the absolute limit*

b (= remarquable) personne amazing, fantastic, incredible

[2] nm ◆ **l'étonnant est que** the astonishing ou amazing thing ou fact is that, what's astonishing ou amazing is that

**étonné, e** [etɔne] → SYN (ptp de **étonner**) adj surprised ◆ **il a pris un air étonné** ou **a fait l'étonné quand je lui ai dit** he acted surprised when I told him ◆ **je ne serais pas autrement étonné** I wouldn't be that surprised ◆ **j'ai été très étonné de l'apprendre** I was really surprised ou I was amazed to hear that ◆ **sous les yeux étonnés du public** before the astonished gaze of the audience ◆ **il a été le premier étonné de sa réussite/de réussir** nobody was more surprised than he was at his success/to have succeeded

**étonnement** [etɔnmɑ̃] → SYN nm surprise, amazement, astonishment

**étonner** [etɔne] → SYN ▸ conjug 1 ◂ [1] vt to surprise, amaze, astonish ◆ **ça m'étonne que ...** I am surprised that ..., it surprises me that ... ◆ **ça ne m'étonne pas** I'm not surprised, I don't wonder, it doesn't surprise me (*que* that) ◆ **vous serez étonnés du résultat** you'll be surprised by ou at the result ◆ **ça m'étonnerait** I should be very surprised ◆ **tu m'étonnes !*** (iro) you don't say!* (iro)

[2] **s'étonner** vpr to be amazed, wonder, marvel (*de qch* at sth; *de voir* at seeing) ◆ **je m'étonne que ...** I am surprised that ..., it surprises me that ... ◆ **il ne faut pas s'étonner si** it's hardly surprising that

**étouffant, e** [etufɑ̃, ɑ̃t] → SYN adj stifling

**étouffe-chrétien*** [etufkʀetjɛ̃] nm inv ◆ **c'est de l'étouffe-chrétien** ou **un étouffe-chrétien** it's stodgy

**étouffée** [etufe] **à l'étouffée** [1] loc adv ◆ **cuire à l'étouffée** poisson, légumes, viande to steam

[2] loc adj poisson, légumes, viande steamed

**étouffement** [etufmɑ̃] → SYN nm a (= mort) suffocation ◆ **tuer qn par étouffement** to kill sb by suffocating ou smothering him ◆ **mourir d'étouffement** to die of suffocation

b (Méd) **sensation d'étouffement** feeling of suffocation ou breathlessness ◆ **avoir des étouffements** to have fits of breathlessness

c (= action) [scandale] hushing-up; [rumeurs] suppression, stifling; [révolte] quelling, suppression; [scrupules] stifling, overcoming

d [pas] muffling

**étouffer** [etufe] → SYN ▸ conjug 1 ◂ [1] vt a [assassin] to suffocate, smother; [chaleur, atmosphère] to suffocate, stifle; [sanglots, colère, aliment] to choke; (fig) to stifle, suffocate ◆ **mourir étouffé** to die of suffocation, suffocate to death ◆ **étouffer qn de baisers** to smother sb with kisses ◆ **les scrupules ne l'étouffent pas** he isn't hampered ou overburdened by scruples, he doesn't let scruples cramp his style ◆ **ce n'est pas la politesse qui l'étouffe !*** politeness is not his forte! ou his strong suit! ◆ **ça l'étoufferait de dire merci** it would kill him to say thank you ◆ **plantes qui étouffent les autres** plants which choke ou smother others

b [+ bruit] to muffle, deaden; [+ bâillement] to stifle, smother, suppress; [+ sanglots, cris] to smother, choke back, stifle ◆ **étouffer un juron** to stop o.s. swearing ◆ **rires étouffés** suppressed ou smothered laughter ◆ **dit-il d'une voix étouffée** he said in a low ou hushed tone ◆ **voix étouffées** (discrètes) subdued voices; (confuses) muffled voices

c [+ scandale, affaire] to hush up, keep quiet; [+ rumeurs, scrupules, sentiments] to smother, suppress, stifle; [+ révolte] to put down, quell, suppress

d [+ flammes] to smother, extinguish, quench (littér) ◆ **étouffer un feu** to put out ou smother a fire

[2] vi (= mourir étouffé) to die of suffocation, suffocate to death; (= être mal à l'aise) to feel stifled, suffocate ◆ **étouffer de colère/de rire** to choke with anger/with laughter ◆ **étouffer de chaleur** to be stifled, be overcome with the heat ◆ **on étouffe dans cette pièce** it's stifling in here, the heat is suffocating ou overpowering in here

[3] **s'étouffer** vpr (gén) to suffocate ◆ **s'étouffer en mangeant** to choke on something

**étouffoir** [etufwaʀ] nm (Mus) damper ◆ **quel étouffoir ici !*** it's very stuffy in here!

**étoupe** [etup] nf (de lin, chanvre) tow; (de cordages) oakum

**étoupille** [etupij] nf (= amorce) fuse

**étourderie** [etuʀdəʀi] → SYN nf (= caractère) absent-mindedness ◆ **(faute d')étourderie** (= bévue) careless mistake ou blunder ◆ **agir par étourderie** to act without thinking ou carelessly

**étourdi, e** [etuʀdi] → SYN (ptp de **étourdir**) [1] adj personne, action scatterbrained, absent-minded

[2] nm,f scatterbrain ◆ **agir en étourdi** to act without thinking ou carelessly

**étourdiment** [etuʀdimɑ̃] adv carelessly, rashly

**étourdir** [etuʀdiʀ] → SYN ▸ conjug 2 ◂ [1] vt a (= assommer) to stun, daze

b **étourdir qn** [bruit] to deafen sb; [succès, parfum, vin] to go to sb's head ◆ **l'altitude m'étourdit** heights make me dizzy ou giddy, I've no head for heights (Brit) ◆ **ce vacarme m'étourdit** this row is deafening ◆ **ce mouvement m'étourdit** this movement makes my head spin ou makes me feel quite dizzy

[2] **s'étourdir** vpr ◆ **il s'étourdit par la boisson** he drowns his sorrows in drink ◆ **il s'étourdit par les plaisirs** he tries to forget ou to deaden his sorrows by living a life of pleasure ◆ **il s'étourdit pour oublier** he keeps up a whirl of activity to forget ◆ **s'étourdir de paroles** to get drunk on words, be carried away by the sound of one's own voice

**étourdissant, e** [etuʀdisɑ̃, ɑ̃t] → SYN adj bruit deafening, earsplitting; succès staggering, stunning; beauté stunning ◆ **à un rythme étourdissant** at a tremendous ou breakneck pace ◆ **étourdissant de beauté** stunningly beautiful

**étourdissement** [etuʀdismɑ̃] → SYN nm a (= syncope) blackout; (= vertige) dizzy spell, fit of giddiness ◆ **ça me donne des étourdissements** it makes me feel dizzy, it makes my head swim* ou spin

b (littér = surprise) surprise

c (littér = griserie) exhilaration, intoxication

**étourneau**, pl **étourneaux** [etuʀno] → SYN nm a (Orn) starling

b (* = distrait) scatterbrain, featherbrain (Brit), birdbrain (US)

**étrange** [etʀɑ̃ʒ] → SYN [1] adj strange, odd, peculiar ◆ **et chose étrange** strangely ou funnily enough, the odd thing is ◆ **aussi étrange que cela puisse paraître** strange as it may seem ◆ **cela n'a rien d'étrange** there is nothing strange about ou in that

[2] nm ◆ **l'étrange** the bizarre ◆ **l'étrange dans tout cela, c'est que ...** the odd ou strange ou funny thing is that ...

**étrangement** [etʀɑ̃ʒmɑ̃] adv (= bizarrement) strangely, oddly, peculiarly; (= étonnamment) surprisingly, amazingly ◆ **ressembler étrangement à** to be surprisingly ou amazingly ou suspiciously like

**étranger, -ère** [etʀɑ̃ʒe, ɛʀ] → SYN [1] adj a (= d'un autre pays) foreign; (Pol) politique, affaires foreign ◆ **être étranger au pays** to be a foreigner ◆ **visiteurs étrangers** foreign visitors, visitors from abroad

b (= d'un autre groupe) strange, unknown (*à* to) ◆ **être étranger à un groupe** not to belong to a group, be an outsider ◆ **il est étranger à notre famille** he is not a relative of ours, he is not a member of our family ◆ **"entrée interdite à toute personne étrangère à l'établissement** ou **au service"** "no entry for unauthorized persons", "no unauthorized entry"

c (= inconnu) nom, usage, milieu strange, unfamiliar (*à* to); idée strange, odd ◆ **son nom/son visage ne m'est pas étranger** his name/face is not unknown ou not unfamiliar to me ◆ **cette personne/technique lui est étrangère** this person/technique is unfamiliar ou unknown to him, he is unfamiliar ou unacquainted with this person/technique ◆ **ce sentiment ne lui est pas étranger** this feeling is not unknown to him; → **corps**

d (= extérieur) donnée, fait extraneous (*à* to) ◆ **étranger au sujet** irrelevant (to the subject), beside the point ◆ **il est étranger au complot** he is not involved ou mixed up in the plot, he has nothing to do with the plot

[2] nm,f a (d'un autre pays) foreigner; (péj, Admin) alien ◆ **une étrangère** a foreign lady ou woman ◆ **c'est une étrangère** she's a foreigner

b (= inconnu) stranger; (à un groupe) outsider, stranger

[3] nm (= pays) ◆ **l'étranger** foreign countries, foreign parts ◆ **vivre/voyager à l'étranger** to live/travel abroad ◆ **rédacteur pour l'étranger** foreign editor ◆ **nouvelles de l'étranger** (Journalisme) news from abroad ◆ **"L'Étranger"** (Littérat) "The Outsider"

**étrangeté** [etʀɑ̃ʒte] → SYN nf (= caractère) [conduite] strangeness, oddness; (= fait ou événement bizarre) odd ou strange fact (ou event etc)

**étranglé, e** [etʀɑ̃gle] → SYN (ptp de **étrangler**) adj a voix tight, strangled ◆ **elle a poussé un petit cri étranglé** she let out a strangled little cry

b (= resserré) **taille étranglée** tightly constricted waist

**étranglement** [etʀɑ̃gləmɑ̃] → SYN nm a [victime] strangulation; (Hist = supplice) garotting; [presse, libertés] stifling

b [vallée] neck; [rue] bottleneck, narrowing; [taille, tuyau] constriction

c [voix] strain, tightness

d (Méd) strangulation

**e** (Sport) stranglehold ◆ **faire un étranglement à qn** to get sb in a stranglehold

**étrangler** [etʀɑ̃gle] [→ SYN] ▸ conjug 1 ◂ [1] vt **a** (= tuer) [+ personne] to strangle, choke, throttle; [+ poulet] to wring the neck of; (Hist = supplicier) to garotte ◆ **mourir étranglé (par son écharpe)** to be strangled (by one's scarf) ◆ **cette cravate m'étrangle** this tie is choking ou throttling me; → **hernie**

**b** [rage] to choke ◆ **la fureur l'étranglait** he was choking with rage ◆ **voix étranglée par l'émotion** voice choking ou strained ou tight with emotion

**c** [+ presse, libertés] to stifle ◆ **taxes qui étranglent les commerçants** taxes which cripple shopkeepers

**d** (= resserrer) to squeeze (tightly)

[2] **s'étrangler** vpr **a** [personne] to strangle o.s. ◆ **elle s'est étranglée accidentellement** she was strangled accidentally, she accidentally strangled herself ◆ **s'étrangler de rire/colère** to choke with laughter/anger ◆ **s'étrangler en mangeant** to choke on something

**b** [voix, sanglots] to catch in one's throat ◆ **un cri s'étrangla dans sa gorge** a cry caught ou died in his throat

**c** [rue, couloir] to narrow (down), make a bottleneck

**étrangleur, -euse** [etʀɑ̃glœʀ, øz] [1] adj m ◆ **collier étrangleur** choke chain

[2] nm,f strangler

**étrangloir** [etʀɑ̃glwaʀ] nm (Naut) compressor

**étrave** [etʀav] [→ SYN] nf (Naut) stem

## être [ɛtʀ]

▸ conjug 61 ◂ [→ SYN]

[1] VERBE COPULE
[2] VERBE AUXILIAIRE
[3] VERBE INTRANSITIF
[4] VERBE IMPERSONNEL
[5] NOM MASCULIN

Pour les expressions figées telles que **être sur le point de, être en colère, étant donné que, il est de règle de** etc, reportez-vous au nom ou au verbe; pour les expressions telles que **c'est à relire, être en robe, en être à, être pour faire qch** etc, reportez-vous à la préposition.

### [1] VERBE COPULE

**a** [pour qualifier] to be ◆ **le ciel est bleu** the sky is blue ◆ **elle veut être médecin** she wants to be a doctor ◆ **soyez sages !** be good! ◆ **tu n'es qu'un enfant** you are only a child ◆ **si j'étais vous, je lui parlerais** if I were you I'd speak to her ◆ **il est tout pour elle** he's everything to her, he means the world to her ◆ **il n'est plus rien pour moi** he doesn't mean anything to me any more [MAIS] ◑ **nous sommes dix à vouloir partir** ten of us want to go

**b** [pour indiquer la date] **nous sommes** ou **on est le 12 janvier** it's the 12th of January ◆ **on était en juillet** it was (in) July ◆ **quel jour sommes-nous ?** (date) what's the date today?, what's today's date?; (jour) what day is it (today)?

**c** [appartenance, participation à une activité]

◆ **être de** ◆ **nous sommes de la même religion** we are of the same faith ◆ **être de la fête/de l'expédition** to take part in the celebration/in the expedition ◆ **être de noce/de baptême** to be at a wedding/christening ◆ **je ne serai pas du voyage** I won't be going ◆ **elle est des nôtres** (= elle vient avec nous) she's coming with us; (= elle appartient à notre groupe, à la même communauté d'esprit) she's one of us ◆ **je ne pourrai pas être des vôtres jeudi** I won't be able to come on Thursday ◆ **serez-vous des nôtres demain ?** will you be coming tomorrow?

◆ **en être** ◆ **vous en êtes ?** are you taking part? ◆ **il y avait une conférence, et bien sûr elle en était** there was a conference, and of course she was there ◆ **il en est*, c'en est une*** (péj = homosexuel) he's one of them* (péj)

### [2] VERBE AUXILIAIRE

**a** **être** se traduit par **have** pour former les temps composés de verbes intransitifs ou pronominaux ; ne pas oublier toutefois qu'un passé composé peut être rendu par un prétérit en anglais :

◆ **est-il déjà passé ?** has he been already? ◆ **nous étions montés** we had gone upstairs ◆ **il est passé hier** he came yesterday ◆ **elle serait tombée** she would ou might have fallen ◆ **il s'est assis** he sat down ◆ **ils s'étaient écrit** they had written to each other

**b** **être** se traduit par **be** pour former le passif ; notez l'emploi du present perfect pour rendre certains présents français :

◆ **être donné/fabriqué par ...** to be given/made by ... ◆ **il est soutenu par son patron** he is backed up by his boss ◆ **l'eau est changée tous les jours** the water is changed every day ◆ **il a été blessé dans un accident** he was injured in an accident ◆ **elle n'a pas été invitée** she hasn't been invited ◆ **le contrat est signé** the contract has been signed ◆ **la maison est vendue** the house has been sold

### [3] VERBE INTRANSITIF

**a** [= exister] to be ◆ **je pense, donc je suis** I think, therefore I am ◆ **elle n'est plus** she is no more ◆ **le temps n'est plus où ...** the time is past when ... ◆ **que la lumière soit** let there be light ◆ **un menteur s'il en est** a liar if ever there was one [MAIS] ◑ **le meilleur homme qui soit** the kindest man imaginable

**b** [= se trouver] to be ◆ **il est maintenant à Lille/au Japon** he is now in Lille/in Japan ◆ **le village est à 10 km d'ici** the village is 10 km from here ◆ **les verres étaient dans le placard** the glasses were in the cupboard ◆ **où étais-tu ?** where were you? [MAIS] ◑ **je suis à la page 25** I've got to ou reached page 25, I'm up to page 25

**c** La tournure familière **avoir été** signifiant **être allé** est rendue par **be** sauf lorsque l'on a un prétérit en anglais ; dans ce cas, on utilise **go** :

◆ **il n'avait jamais été à Londres** he'd never been to London ◆ **as-tu déjà été à l'étranger ? – oui j'ai été en Italie l'an dernier** have you ever been abroad? – yes I went to Italy last year ◆ **elle a été lui téléphoner** (elle est partie) she's gone to phone him; (elle est revenue) she's been to phone him ◆ **elle a été lui téléphoner à 3 heures** she went to phone him at 3 o'clock ◆ **il a été dire que c'était de ma faute** he went and said that it was my fault

**d** [littér] **il s'en fut la voir** he went to see her ◆ **elle s'en fut, furieuse** she left in a terrible rage

### [4] VERBE IMPERSONNEL

**a** **il est** + adjectif ◆ **il est étrange que ...** it's odd that ... ◆ **il fut facile de le convaincre** it was easy to convince him ◆ **il serait très agréable de voyager** it would be very nice to travel

**b** [pour dire l'heure] **quelle heure est-il ?** what time is it? ◆ **il est 10 heures** it's 10 o'clock ◆ **il n'était pas encore 8 heures quand il est arrivé** it wasn't (even) 8 o'clock when he arrived ◆ **il n'était pas encore 10 heures que la place était pleine de monde** it wasn't (even) 10 o'clock and the square was already full of people

**c** [littér = il y a]

◆ **il est** + nom singulier there is;

◆ **il est** + nom pluriel there are

◆ **il est un pays où ...** there is a country where ... ◆ **il est des gens qui ...** there are people who ... [MAIS] ◑ **il n'est pas un jour sans que ...** not a single day passes without ... ◑ **il était une fois ...** once upon a time there was ...

**d** **c'est, ce sont** + nom ou pronom ◆ **c'est le médecin** (en désignant) he's ou that's the doctor; (au téléphone, à la porte) it's the doctor ◆ **c'est la plus intelligente de la classe** she's the most intelligent girl in the class ◆ **c'est la camionnette du boucher** it's ou that's the butcher's van ◆ **c'est une voiture rapide** it's a fast car ◆ **ce sont des mannequins/de bons souvenirs** they are models/happy memories ◆ **je vais acheter des pêches, ce n'est pas cher en ce moment** I am going to buy some peaches – they're quite cheap just now

Notez l'emploi possible d'un auxiliaire en anglais pour traduire les propositions tronquées. Pour la forme **qui est-ce qui**, reportez-vous à **qui** :

◆ **qui a crié ? – c'est lui** who shouted? – he did ou it was him ◆ **qui le fera ? – c'est moi** who'll do it? – I will

**e** **c'est** + adjectif it is ◆ **c'est impossible** it's impossible ◆ **c'était bruyant/formidable** it was noisy/wonderful ◆ **c'est vrai** it's ou that's true ◆ **ça c'est vrai !** that's true ◆ **c'est vrai que ...** it's true that ...

**f** Pour traduire des tournures emphatiques mettant en relief un sujet ou un complément, on peut employer soit un pronom suivi d'une relative, soit l'accent tonique :

◆ **c'est ... qui** ◆ **c'est le vent qui a emporté la toiture** it was the wind that blew the roof off ◆ **c'est eux*** ou **ce sont eux** ou **c'étaient eux qui mentaient** they are the ones who ou it's they who were lying ◆ **c'est toi qui le dis !** that's what YOU say! ◆ **c'est lui qui me l'a dit** he's the one who told me, he told me ◆ **c'est elle qui a voulu** SHE wanted it

◆ **c'est ... que** ◆ **c'est une bonne voiture que vous avez là** that's a good car you've got there ◆ **c'est ici que je l'ai trouvé** this is where I found it ◆ **c'était elle que je voulais rencontrer** she was the one I wanted to meet ◆ **ne partez pas, c'est à vous que je veux parler** don't go, it's you I want to talk to ◆ **c'est moi qu'on attendait** I was the one they were waiting for, it was me they were waiting for

Notez que l'anglais n'emploie pas de tournure avec le sujet réel antéposé :

◆ **un hôtel pas cher, c'est difficile à trouver** it's not easy to find a cheap hotel, a cheap hotel isn't easy to find ◆ **voler, c'est quelque chose que je ne ferai jamais** stealing is something I'll never do

◆ **c'est que** (pour expliquer) ◆ **quand il écrit, c'est qu'il a besoin d'argent** when he writes, it's because he needs money ◆ **c'est qu'elle n'entend rien, la pauvre !** but the poor woman can't hear a thing!, but she can't hear, poor woman! ◆ **c'est que je le connais bien !** I know him so well! ◆ **c'est qu'elle n'a pas d'argent** it's because ou just that she has no money; (exclamatif) but she has no money!

◆ **ce n'est pas que** ◆ **ce n'est pas qu'il soit beau !** it's not that he's good-looking! ◆ **ce n'est pas qu'elle soit bête, mais elle est paresseuse** it's not that she's stupid, she's just lazy

**g** La forme interrogative **est-ce que** est rendue en anglais par l'auxiliaire suivi du pronom :

◆ **est-ce que tu m'entends ?** can you hear me? ◆ **est-ce que c'est/c'était vrai ?** is/was it true? ◆ **est-ce que vous saviez ?** did you know? ◆ **est-ce que c'est toi qui l'as battu ?** was it you who beat him? ◆ **quand est-ce que ce sera réparé ?** when will it be fixed? ◆ **où est-ce que tu l'as mis ?** where have you put it?

**h** La forme interrogative **n'est-ce pas**, qui demande une confirmation, est rendue en anglais par l'auxiliaire suivi du pronom ; cette tournure est négative si la proposition est affirmative et inversement :

◆ **vous viendrez, n'est-ce pas ?** you will come, won't you?, you are coming, aren't you? ◆ **n'est-ce pas qu'il a promis ?** he did promise, didn't he? ◆ **il fait beau, n'est-ce pas ?** it's a lovely day, isn't it? ◆ **elle n'est pas partie, n'est-ce pas ?** she hasn't left, has she?

Notez les traductions possibles de la valeur intensive de **n'est-ce pas** :

◆ **le problème, n'est-ce pas, reste entier** you see the problem still hasn't been solved ◆ **ce n'est pas moi, n'est-ce pas, qui vais lui dire** I'm certainly not going to tell him ◆ **mais moi, n'est-ce pas, je ne suis qu'un raté** but I'm just a failure, aren't I?

**i** [pour exprimer la supposition] **si ce n'était** were it not for, if it were not for, but for ◆ **n'était son orgueil** (littér) were it not for ou but for his pride, if it were not for his pride ◆ **ne serait-ce que pour quelques jours** if (it were) only for a few days ◆ **ne serait-ce que pour nous ennuyer** if only to annoy us

### [5] NOM MASCULIN

**a** [gén] being ◆ **être humain/animé/vivant** human/animate/living being

**b** [= individu] person ◆ **les êtres qui nous sont chers** our loved ones, those who are dear to us ◆ **un être cher** a loved one ◆ **c'était un être merveilleux** he was a wonderful person
**c** [= âme] **il l'aimait de tout son être** he loved her with all his heart ◆ **au plus profond de notre être** deep down in our hearts ◆ **tout son être se révoltait** his whole being rebelled
**d** [Philos] **l'être** being ◆ **"L'Être et le Néant"** (Littérat) "Being and Nothingness" ◆ **l'Être suprême** the Supreme Being

**étreindre** [etʀɛ̃dʀ] → SYN ▸ conjug 52 ◂ **vt** **a** (frm) (dans ses bras) [+ ami] to embrace, hug, clasp in one's arms; [+ ennemi] to seize, grasp; (avec les mains) to clutch, grip, grasp ◆ **les deux amis s'étreignirent** the two friends embraced each other; → **embrasser**
**b** [douleur] to grip

**étreinte** [etʀɛ̃t] → SYN **nf** (frm) [ami] embrace, hug; [ennemi] stranglehold, grip; [main, douleur] clutch, grip, grasp ◆ **l'armée resserre son étreinte autour de ...** the army is tightening its grip round ...

**étrenner** [etʀene] ▸ conjug 1 ◂ 1 **vt** to use (ou wear etc) for the first time
2 **vi** († * = écoper) to catch it *, cop it ‡ (Brit), get it *

**étrennes** [etʀɛn] **nfpl** (à un enfant) New Year's gift, Christmas present; (au facteur etc) ≈ Christmas box ◆ **que veux-tu pour tes étrennes ?** what would you like for Christmas? ou as a Christmas present? ◆ **donner ses étrennes à la femme de ménage** to give a Christmas box to the cleaning lady

**étrésillon** [etʀezijɔ̃] → SYN **nm** brace, strut, prop

**étrésillonner** [etʀezijɔne] ▸ conjug 1 ◂ **vt** to brace, strut, prop

**étrier** [etʀije] → SYN **nm** (Équitation, Constr, Méd) stirrup; (Anat) stirrup bone, stapes (SPÉC); (Alpinisme) étrier (Brit), stirrup (US) ◆ **boire le coup de l'étrier** * (gén) to have one for the road *; [cavalier] to have a stirrup cup; → **pied, vider**

**étrille** [etʀij] → SYN **nf** (= brosse) currycomb; (= crabe) velvet swimming crab

**étriller** [etʀije] → SYN ▸ conjug 1 ◂ **vt** **a** [+ cheval] to curry(-comb)
**b** († , hum = rosser) to trounce †; (* = escroquer) to con *, swindle

**étripage** [etʀipaʒ] **nm** gutting

**étriper** [etʀipe] → SYN ▸ conjug 1 ◂ 1 **vt** [+ lapin] to disembowel, gut; [+ volaille] to draw; [+ poisson] to gut; * [+ adversaire] to cut open, hack about (Brit)
2 **s'étriper** * **vpr** to make mincemeat of each other *, tear each other's guts out ‡

**étriqué, e** [etʀike] → SYN (ptp de **étriquer**) **adj** habit tight; esprit narrow; vie narrow, cramped ◆ **il fait tout étriqué dans son manteau** he looks cramped in his coat, his coat looks too small for him

**étriquer** [etʀike] → SYN ▸ conjug 1 ◂ **vt** ◆ **ce vêtement l'étrique** this garment is too tight-fitting for him

**étrive** [etʀiv] **nf** (Naut) throat seizing

**étrivière** [etʀivjɛʀ] → SYN **nf** stirrup leather

**étroit, e** [etʀwa, wat] → SYN 1 **adj** **a** rue, fenêtre, ruban narrow; espace narrow, cramped, confined; vêtement, chaussure tight ◆ **nous avons une marge de manœuvre très étroite** we have very little room for manoeuvre ◆ **être étroit des hanches** ou **du bassin** to have narrow hips
**b** (= borné) vues narrow, limited ◆ **être étroit d'esprit** to be narrow-minded
**c** (= intime) amitié close (épith); liens close (épith), intimate (épith) ◆ **en collaboration étroite avec ...** in close collaboration with ...
**d** (= strict) surveillance close (épith), strict (épith); coordination, subordination strict (épith)
**e** (Ling) acception narrow (épith), strict (épith), restricted ◆ **au sens étroit du terme** in the narrow ou strict sense of the term
**f** (= serré) nœud, étreinte tight
2 **à l'étroit** **loc adv** cramped ◆ **vivre** ou **être logé à l'étroit** to live in cramped ou confined conditions ◆ **être à l'étroit dans ses vêtements** to be wearing clothes that are too small, be bursting out of one's clothes ◆ **il se sent un peu à l'étroit** (dans un département, un parti) he feels a bit cramped

**étroitement** [etʀwatmɑ̃] **adv** lier, unir closely; obéir strictly; surveiller closely, strictly; tenir tightly ◆ **être étroitement logé** to live in cramped ou confined conditions

**étroitesse** [etʀwatɛs] → SYN **nf** **a** [rue, fenêtre, espace, hanches] narrowness ◆ **à cause de l'étroitesse de ce logement** because of the cramped accommodation here
**b** [vues] narrowness ◆ **étroitesse (d'esprit)** narrow-mindedness

**étron** [etʀɔ̃] → SYN **nm** (hum) (piece of) excrement, turd *‡

**Étrurie** [etʀyʀi] **nf** Etruria

**étrusque** [etʀysk] 1 **adj** Etruscan
2 **nm** (Ling) Etruscan
3 **Étrusque** **nmf** Etruscan

**étude** [etyd] → SYN **nf** **a** (= action) (gén) study ◆ **l'étude d'un instrument** (Mus) the study of an instrument, learning to play an instrument ◆ **ce projet est à l'étude** this project is under consideration ou is being studied ◆ **mettre un projet à l'étude, procéder à l'étude d'un projet** to investigate ou go into ou study a project ◆ **avoir le goût de l'étude** to like study ou studying ◆ **une étude gratuite de vos besoins** a free assessment of your needs ◆ **voyage/frais d'étude** study trip/costs ◆ **étude de marché** (Écon) market research (NonC) ◆ **étude de cas** case study ◆ **étude complémentaire** (Fin) follow-up study; → **bureau**
**b** (Scol, Univ) **études** studies ◆ **études secondaires/supérieures** secondary/higher education ◆ **faire ses études à Paris** to study in Paris, be educated in Paris ◆ **travailler pour payer ses études** to work to pay for one's education ◆ **faire des études de droit** to study law ◆ **quand je faisais mes études** when I was studying
**c** (= ouvrage) study; (Écon, Sci) paper, study; (Littérat) study, essay ◆ **études de fleurs** (Art) studies of flowers ◆ **études pour piano** (Mus) studies ou études for (the) piano
**d** (Scol) (**salle d')étude** study ou prep room, private study room (Brit), study hall (US) ◆ **l'étude (du soir)** preparation, prep * (Brit) ◆ **étude surveillée** (supervised) study period (Brit), study hall (US) ◆ **être en étude** to have a study period ◆ **mettre des élèves en étude** to leave pupils to study on their own
**e** (Jur) (= bureau) office; (= charge, clientèle) practice

**étudiant, e** [etydjɑ̃, jɑ̃t] → SYN 1 **adj** vie, problèmes, allures student (épith)
2 **nm,f** student ◆ **étudiant en médecine/en lettres** medical/arts student ◆ **étudiant de première année** first-year student ou undergraduate, fresher (Brit), freshman (US) ◆ **étudiant de troisième cycle** post-graduate (student)

**étudié, e** [etydje] → SYN (ptp de **étudier**) **adj** **a** (= calculé) jeu de scène studied; coupe, conception carefully designed; prix competitive, keen (épith) (Brit) ◆ **à des prix très étudiés** at the lowest possible ou the keenest (Brit) prices ◆ **maison d'une conception très étudiée** very carefully ou thoughtfully designed house
**b** (= affecté) allure studied; sentiments affected, assumed

**étudier** [etydje] GRAMMAIRE ACTIVE 26.2 → SYN ▸ conjug 7 ◂
1 **vt** **a** (= apprendre) [+ matière] (gén) to study; (Univ) to study, read (Brit); [+ instrument] to study, learn to play; (Scol) [+ leçon] to learn; [+ texte, auteur] to study ◆ **s'amuser au lieu d'étudier** to have a good time instead of studying
**b** (= examiner) [+ projet, possibilités] to study, examine, go into; [+ dossier, cas] to study, examine ◆ **étudier une proposition sous tous ses aspects** to study a proposal from every angle ◆ **étudier qch de près** to study sth closely, make a close study of sth, take a close look at sth
**c** (= observer) [+ terrain, adversaire] to study, observe closely; [+ visage] to study, examine ◆ **je sentais qu'il m'étudiait constamment** I sensed that he was observing me all the time
**d** (= concevoir) [+ procédé, dispositif] to devise; [+ machine, coupe] to design ◆ **c'est étudié pour** * that's what it's for
**e** (= calculer) [+ gestes, ton, effets] to study, calculate
2 **s'étudier** **vpr** (= s'analyser) to analyse o.s., be introspective; (= se regarder) to study o.s. ou one's appearance ◆ **les deux adversaires s'étudiaient** the two opponents studied ou observed each other closely

**étui** [etɥi] → SYN **nm** [violon, cigares] case; [parapluie] cover; [revolver] holster ◆ **étui à lunettes** spectacle ou glasses case

**étuve** [etyv] → SYN **nf** (= bains) steamroom; (de désinfection) sterilizer; (= incubateur) incubator ◆ **quelle étuve !** (fig) it's like a sauna in here!

**étuvée** [etyve] **à l'étuvée** 1 **loc adv** ◆ **cuire à l'étuvée** [+ poisson, légumes, viande] to braise
2 **loc adj** poisson, légumes, viande braised

**étuver** [etyve] → SYN ▸ conjug 1 ◂ **vt** **a** [+ poisson, légumes] to steam; [+ viande] to braise
**b** (= stériliser) to sterilize

**étuveur** [etyvœʀ] **nm** **étuveuse** [etyvøz] **nf** steamer

**étymologie** [etimɔlɔʒi] → SYN **nf** etymology

**étymologique** [etimɔlɔʒik] **adj** etymological

**étymologiquement** [etimɔlɔʒikmɑ̃] **adv** etymologically

**étymologiste** [etimɔlɔʒist] **nmf** etymologist

**étymon** [etimɔ̃] **nm** etymon

**eu, e** [y] **ptp de avoir**

**E.-U.(A.)** (abrév de **États-Unis (d'Amérique)**) US(A)

**eubactéries** [øbakteʀi] **nfpl** eubacteria

**eubage** [øbaʒ] **nm** Celtic priest

**eucalyptol** [økaliptɔl] **nm** eucalyptol, cineol(e)

**eucalyptus** [økaliptys] **nm** eucalyptus

**eucharistie** [økaʀisti] → SYN **nf** ◆ **l'Eucharistie** ◆ **l'eucharistie** the Eucharist

**eucharistique** [økaʀistik] **adj** eucharistic

**Euclide** [øklid] **nm** Euclid

**euclidien, -ienne** [øklidjɛ̃, jɛn] **adj** Euclidean

**eucologe** [økɔlɔʒ] **nm** euchology

**eudémis** [ødemis] **nm** eudemis moth

**eudémonisme** [ødemɔnism] **nm** eudaemonism (Brit), eudemonism (US)

**eudiomètre** [ødjɔmɛtʀ] **nm** eudiometer

**eudiométrie** [ødjɔmetʀi] **nf** eudiometry

**eudiométrique** [ødjɔmetʀik] **adj** eudiometric(al)

**eudiste** [ødist] **nm** Eudist father

**eugénique** [øʒenik] 1 **nf** eugenics sg
2 **adj** eugenic

**eugénisme** [øʒenism] **nm** eugenics sg

**eugéniste** [øʒenist] **nmf** eugenist

**eugénol** [øʒenɔl] **nm** eugenol

**euglène** [øglɛn] **nf** euglena

**euh** [ø] **excl** er

**eunuque** [ønyk] → SYN **nm** eunuch

**eupatoire** [øpatwaʀ] **nf** ◆ **eupatoire à feuilles de chanvre** hemp agrimony

**eupeptique** [øpɛptik] **adj** eupeptic

**euphémique** [øfemik] **adj** euphemistic(al)

**euphémiquement** [øfemikmɑ̃] **adv** euphemistically

**euphémisme** [øfemism] → SYN **nm** euphemism

**euphonie** [øfɔni] **nf** euphony

**euphonique** [øfɔnik] **adj** euphonious, euphonic

**euphoniquement** [øfɔnikmɑ̃] **adv** euphoniously, euphonically

**euphonium** [øfɔnjɔm] **nm** euphonium

**euphorbe** [øfɔʀb] **nf** euphorbia, spurge

**euphorie** [øfɔʀi] → SYN **nf** euphoria

**euphorique** [øfɔʀik] → SYN **adj** euphoric

**euphorisant, e** [øfɔʀizɑ̃, ɑ̃t] 1 **adj** nouvelle exhilarating
2 **nm** ◆ **(médicament) euphorisant** antidepressant, pep pill *

**euphoriser** [øfɔʀize] ▸ conjug 1 ◂ vt to make exhilarated

**Euphrate** [øfʀat] nm ◆ **l'Euphrate** the Euphrates

**euphuisme** [øfɥism] → SYN nm euphuism

**eurafricain, e** [øʀafʀikɛ̃, ɛn] 1 adj Eurafrican 2 **Eurafricain(e)** nm,f Eurafrican

**eurasiatique** [øʀazjatik] 1 adj Eurasian 2 **Eurasiatique** nmf Eurasian

**Eurasie** [øʀazi] nf Eurasia

**eurasien, -ienne** [øʀazjɛ̃, jɛn] 1 adj Eurasian 2 **Eurasien(ne)** nm,f Eurasian

**EURATOM** [øʀatɔm] (abrév de **European Atomic Energy Commission**) EURATOM

**eurêka** [øʀeka] excl eureka!

**Euripide** [øʀipid] nm Euripides

**euristique** [øʀistik] adj, nf ⇒ **heuristique**

**euro** [øʀo] nm (= monnaie) euro

**euro-américain, e,** pl **euro-américains** [øʀoameʀikɛ̃, ɛn] adj Euro-American ◆ **alliance de défense euro-américaine** Euro-American defence alliance

**eurocentrisme** [øʀosɑ̃tʀism] nm (péj) Eurocentrism ◆ **nous sommes accusés d'eurocentrisme** we are accused of being Eurocentric ou of Eurocentrism

**eurochèque** [øʀɔʃɛk] nm Eurocheque

**eurocommunisme** [øʀɔkɔmynism] nm Eurocommunism

**Eurocorps** [øʀɔkɔʀ] nm ◆ **l'Eurocorps** the Eurocorps

**eurocrate** [øʀɔkʀat] nmf Eurocrat

**eurocratie** [øʀɔkʀasi] nf Eurocracy

**eurodéputé** [øʀodepyte] nm Euro-MP

**eurodevise** [øʀɔdəviz] nf Eurocurrency

**eurodollar** [øʀodɔlaʀ] nm Eurodollar

**eurofranc** [øʀofʀɑ̃] nm (Fin) eurofranc

**Euroland** [øʀolɑ̃d] nm Euroland

**euromissile** [øʀomisil] nm European missile

**euro-obligations** [øʀoɔbligasjɔ̃] nf Euro-bond

**Europe** [øʀɔp] nf Europe ◆ **l'Europe centrale/occidentale** central/Western Europe ◆ **l'Europe de l'est** Eastern Europe ◆ **l'Europe des quinze** the fifteen countries of the European Union ◆ **l'Europe politique** political union in Europe ◆ **l'Europe verte** European agriculture ◆ **il faut construire l'Europe sociale** we must strive to build a Europe with a common social policy

**européanisation** [øʀɔpeanizasjɔ̃] nf Europeanization

**européaniser** [øʀɔpeanize] ▸ conjug 1 ◂ 1 vt to Europeanize 2 **s'européaniser** vpr to become Europeanized

**européanisme** [øʀɔpeanism] nm Europeanism

**européen, -enne** [øʀɔpeɛ̃, ɛn] 1 adj European ◆ **les (élections) européennes** the European elections 2 **Européen(ne)** nm,f (Géog) European; (= partisan de l'Union européenne) European, pro-European

**europëisme** [øʀɔpeism] nm ⇒ **européanisme**

**europessimisme** [øʀopesimism] nm Europessimism

**europhile** [øʀofil] adj, nmf Europhile

**euroscepticisme** [øʀosɛptisism] nm Euroscepticism

**eurosceptique** [øʀosɛptik] 1 adj Eurosceptic(al) 2 nmf Eurosceptic

**Eurostar** ® [øʀɔstaʀ] nm Eurostar ® ◆ **voyager en Eurostar** to travel by Eurostar

**Eurotunnel** [øʀɔtynɛl] nm Eurotunnel, the Channel Tunnel, the Chunnel *

**Eurovision** [øʀɔvizjɔ̃] nf Eurovision

**Eurydice** [øʀidis] nf Eurydice

**euryhalin, e** [øʀialɛ̃, in] adj euryhaline

**eurythmie** [øʀitmi] → SYN nf (Mus) eurhythmy; (Méd) eurhythmia

**eurythmique** [øʀitmik] adj eurhythmic(al), eurythmic(al)

**Eustache** [østaʃ] nm Eustace; → **trompe**

**eustasie** [østazi] nf eustasy

**eustatique** [østatik] adj eustatic

**eustatisme** [østatism] nm eustasy

**eutectique** [øtɛktik] adj eutectic

**eutexie** [øtɛksi] nf ◆ **point d'eutexie** eutectic

**euthanasie** [øtanazi] nf euthanasia

**euthanasique** [øtanazik] adj euthanasia (épith)

**eutrophisation** [øtʀɔfizasjɔ̃] nf eutrophication

**eux** [ø] pron pers a (sujet) they ◆ **si j'étais eux** if I were ou was them, if I were they (frm) ◆ **nous y allons, eux non** ou **pas eux** we are going but they aren't ou they're not ou not them ◆ **eux mentir ? ce n'est pas possible** them tell a lie? I can't believe it ◆ **ce sont eux qui répondront** they are the ones who will reply, they'll reply ◆ **eux ils n'ont rien à dire** they've got nothing to say ◆ **ils l'ont bien fait, eux** they did it all right ◆ **eux, pauvres innocents, ne l'ont jamais su** they, poor fools, never knew; → **même**
b (objet) them ◆ **il n'obéit qu'à eux** they are the only ones he obeys, he'll only obey them ◆ **les aider, eux ? jamais !** help them? never!
c (avec prép) **à eux tout seuls, ils ont tout acheté** they bought everything all on their own ◆ **cette maison est-elle à eux ?** does this house belong to them?, is this house theirs? ◆ **ils ont cette grande maison pour eux seuls** they have this big house all to themselves ◆ **ils ne pensent qu'à eux, ces égoïstes** these selfish people only think of themselves

**eux-mêmes** [ømɛm] pron → **même**

**E.V.** † [əve] (abrév de **en ville**) by hand

**évacuant, e** [evakɥɑ̃, ɑ̃t] adj, nm evacuant

**évacuateur, -trice** [evakɥatœʀ, tʀis] 1 adj evacuation (épith) 2 nm sluice

**évacuation** [evakɥasjɔ̃] → SYN nf [pays, personnes] evacuation; [liquide] draining; (Méd) evacuation ◆ **procéder à l'évacuation de** to evacuate

**évacué, e** [evakɥe] (ptp de **évacuer**) nm,f evacuee

**évacuer** [evakɥe] → SYN ▸ conjug 1 ◂ vt [+ pays, ville, population] to evacuate; [+ salle, maison] to evacuate, clear; (Méd) to evacuate, discharge; [+ liquide] to drain (off); * [+ problème] to dispose of ◆ **faire évacuer** [+ salle, bâtiment] to clear

**évadé, e** [evade] → SYN (ptp de **s'évader**) nm,f escapee, escaped prisoner

**évader (s')** [evade] → SYN ▸ conjug 1 ◂ vpr a [prisonnier] to escape (*de* from) ◆ **faire évader qn** to help sb (to) escape
b (pour se distraire) **s'évader de la réalité** to escape from reality ◆ **la musique me permet de m'évader** music is an escape for me ◆ **j'ai besoin de m'évader** (= partir) I need to get away from it all

**évagination** [evaʒinasjɔ̃] nf evagination

**évaluable** [evalɥabl] adj assessable ◆ **difficilement évaluable** difficult to assess ou evaluate

**évaluateur, -trice** [evalɥatœʀ, tʀis] nm,f (Can) evaluator

**évaluation** [evalɥasjɔ̃] → SYN nf a (= expertise) [maison, bijou] appraisal, evaluation, assessment, valuation; [dégâts, prix] assessment, evaluation
b (approximative) [fortune, nombre, distance] estimation, assessment
c (= appréciation) [besoins, risques, conséquences] assessment
d [élève] assessment ◆ **entretien d'évaluation** (en entreprise) [employé] appraisal

**évaluer** [evalɥe] → SYN ▸ conjug 1 ◂ vt a (= expertiser) [+ maison, bijou] to appraise, evaluate, assess, value (*à* at); [+ dégâts, prix] to assess, evaluate (*à* at) ◆ **faire évaluer qch par un expert** to have sth valued ou appraised by an expert
b (= juger approximativement) [+ fortune, nombre, distance] to estimate, assess (*à* at) ◆ **on évalue à 60 000 le nombre des réfugiés** there are an estimated 60,000 refugees, the number of refugees is estimated at ou put at 60,000
c (= apprécier) [+ risques, besoins, conséquences] to assess ◆ **bien/mal évaluer qch** to be correct/mistaken in one's assessment of sth ◆ **j'ai mal évalué la distance** I misjudged the distance
d [+ élève, employé] to assess

**évanescence** [evanesɑ̃s] nf evanescence

**évanescent, e** [evanesɑ̃, ɑ̃t] → SYN adj (littér) evanescent

**évangéliaire** [evɑ̃ʒeljɛʀ] nm evangelistary

**évangélique** [evɑ̃ʒelik] adj evangelic(al)

**évangélisateur, -trice** [evɑ̃ʒelizatœʀ, tʀis] 1 adj evangelistic 2 nm,f evangelist

**évangélisation** [evɑ̃ʒelizasjɔ̃] → SYN nf evangelization

**évangéliser** [evɑ̃ʒelize] → SYN ▸ conjug 1 ◂ vt to evangelize

**évangélisme** [evɑ̃ʒelism] nm evangelicalism, evangelism

**évangéliste** [evɑ̃ʒelist] nm evangelist; (Bible) Evangelist

**évangile** [evɑ̃ʒil] → SYN nm a (Rel) **l'Évangile** the Gospel ◆ **l'Évangile selon saint Jean** the Gospel according to St John ◆ **l'évangile du jour** the gospel for the day, the day's reading from the gospel ◆ **les Évangiles synoptiques** the synoptic Gospels
b (fig) gospel ◆ **c'est parole d'évangile** it's (the) gospel truth, it's gospel

**évanoui, e** [evanwi] (ptp de **s'évanouir**) adj blessé unconscious ◆ **tomber évanoui** to faint, pass out

**évanouir (s')** [evanwiʀ] → SYN ▸ conjug 2 ◂ vpr [personne] to faint (*de* from), pass out (*de* with), black out *; [rêves, apparition, craintes] to vanish, disappear

**évanouissement** [evanwismɑ̃] → SYN nm a (= syncope) fainting fit, blackout
b [rêves, apparition, craintes] disappearance, fading

**évaporable** [evapɔʀabl] adj (lit) evaporable

**évaporateur** [evapɔʀatœʀ] nm evaporator

**évaporation** [evapɔʀasjɔ̃] → SYN nf evaporation

**évaporatoire** [evapɔʀatwaʀ] adj evaporative

**évaporé, e** [evapɔʀe] → SYN (ptp de **évaporer**) 1 adj (péj) personne giddy, scatterbrained, featherbrained (Brit) 2 nm,f scatterbrain, featherbrain (Brit), birdbrain

**évaporer** [evapɔʀe] → SYN ▸ conjug 1 ◂ 1 vti ◆ **(faire) évaporer** to evaporate 2 **s'évaporer** vpr (lit) to evaporate; (* = disparaître) to vanish ou disappear (into thin air)

**évapotranspiration** [evapotʀɑ̃spiʀasjɔ̃] nf evapotranspiration

**évasé, e** [evɑze] (ptp de **évaser**) adj vallée, conduit which widens ou opens out; manches, jupe, pantalon flared ◆ **verre à bords évasés** glass with a curving ou bell-shaped rim

**évasement** [evɑzmɑ̃] → SYN nm [passage, tuyau] opening out; [manche, jupe] flare ◆ **à cause de l'évasement de la vallée** because of the way the valley opens out

**évaser** [evɑze] → SYN ▸ conjug 1 ◂ 1 vt [+ tuyau, ouverture] to widen, open out; [+ manche, jupe] to flare 2 **s'évaser** vpr [passage, tuyau] to open out; [manche, jupe] to flare

**évasif, -ive** [evazif, iv] → SYN adj evasive

**évasion** [evazjɔ̃] → SYN 1 nf a [prisonnier] escape (*de* from)
b (= divertissement) **l'évasion** escape; (= tendance) escapism ◆ **littérature d'évasion** escapist literature ◆ **besoin d'évasion** need to escape ◆ **rechercher l'évasion dans la drogue** to seek escape in drugs
2 COMP ▷ **évasion des capitaux** flight of capital ▷ **évasion fiscale** tax evasion

**évasivement** [evazivmɑ̃] adv evasively

**Ève** [ɛv] nf Eve; (hum) ◆ **en tenue d'Ève** in the altogether *, in one's birthday suit; → **connaître**

**évêché** [eveʃe] → SYN nm (= région) bishopric; (= palais) bishop's palace; (= ville) cathedral town

**évection** [evɛksjɔ̃] nf evection

**éveil** [evɛj] → SYN nm (littér) [dormeur, intelligence] awakening; [amour] awakening, dawning; [soupçons, jalousie] arousing ◆ **être en éveil** [personne] to be on the alert ou on the qui vive; [sens] to be alert ou wide awake, be aroused ◆ **donner l'éveil** to raise the alarm ou alert ◆ **mettre qn en éveil, donner l'éveil à qn** to alert ou arouse sb's suspicions, put sb on his guard ◆ **activités d'éveil** (Scol) early-learning activities

**éveillé, e** [eveje] → SYN (ptp de **éveiller**) adj (= alerte) enfant, esprit, air alert, sharp, bright; (= à l'état de veille) (wide-)awake ◆ **tenir qn éveillé** to keep sb awake ◆ **rêve** ou **songe éveillé** daydream

**éveiller** [eveje] → SYN ▸ conjug 1 ◂ 1 vt a (littér) (= réveiller) to awaken, waken

b (= faire naître) [+ curiosité, sentiment, souvenirs] to arouse, awaken; [+ passion] to kindle, arouse ◆ **pour ne pas éveiller l'attention** so as not to attract attention ◆ **sans éveiller les soupçons** without arousing suspicion

c (= développer) [+ esprit] to stimulate ◆ **éveiller l'intelligence de l'enfant** to awaken the child's intelligence

2 **s'éveiller** vpr a (= se réveiller) (lit) to wake up, awaken, waken; (fig) [ville, nature] to come to life, wake (up)

b (= naître) [sentiment, curiosité, soupçons] to be aroused; [amour] to dawn, be aroused ou born

c (= se développer) [intelligence, esprit] to develop

d (littér = ressentir) **s'éveiller à** [+ amour] to awaken to

**événement, évènement** [evɛnmɑ̃] → SYN nm

a (gén) event ◆ **semaine chargée en événements** eventful week, action-packed week ◆ **l'événement de la semaine** the main story ou news of the week ◆ **faire** ou **créer l'événement** [personne, film] to make a splash, be big news ◆ **c'est un véritable événement quand il dit merci** (hum) it's quite an event ou occasion when he says thank you ◆ **les événements de mai 68** the events of May 1968 ◆ **les événements d'Algérie** *the Algerian war of independence* ◆ **livre(-)/film(-)événement** blockbuster; → **dépasser, heureux, tournure**

b (Ordin) event

**événementiel, -ielle** [evɛnmɑ̃sjɛl] adj factual ◆ **histoire événementielle** factual history

**évent** [evɑ̃] nm [baleine] blowhole, spout (hole), spiracle (SPÉC)

**éventail** [evɑ̃taj] → SYN nm a (= instrument) fan ◆ **en éventail** objet fan-shaped; plusieurs objets fanned out ◆ **se déployer en éventail** (Mil) to fan out; → **doigt, voûte**

b (= gamme) [produits, prix, mesures] range ◆ **éventail des salaires** salary range, wage range ou spread (US) ◆ **l'éventail politique** the political spectrum ◆ **il y a tout un éventail/un large éventail de possibilités** there is a whole range/a wide range of possibilities

**éventaire** [evɑ̃tɛʀ] → SYN nm (= corbeille) tray, basket; (= étalage) stall, stand

**éventé, e** [evɑ̃te] → SYN (ptp de **éventer**) adj a (= exposé au vent) windy ◆ **rue très éventée** very windy ou exposed street

b parfum, vin stale, musty; bière stale, flat

c (= connu) well-known ◆ **c'est un truc* éventé** it's a well-known ou a rather obvious trick ◆ **le secret est éventé** the secret is out

**éventer** [evɑ̃te] → SYN ▸ conjug 1 ◂ 1 vt a (= rafraîchir) to air; (avec un éventail) to fan

b (= découvrir) [+ secret, complot] to discover, lay open

2 **s'éventer** vpr a [bière] to go flat; [vin, parfum] to go stale ou musty

b (avec éventail) to fan o.s. ◆ **s'éventer avec un journal** to fan o.s. with a newspaper

**éventration** [evɑ̃tʀasjɔ̃] nf (Méd) rupture

**éventrer** [evɑ̃tʀe] ▸ conjug 1 ◂ 1 vt a (avec un couteau) to disembowel; (d'un coup de corne) to gore

b [+ boîte, sac] to tear open; [+ muraille, coffre] to smash open; [+ matelas] to rip open

2 **s'éventrer** vpr [boîte, sac] to burst open; [personne] to rip one's stomach open ◆ **le bateau s'est éventré sur les rochers** the ship's hull was ripped open on the rocks

**éventreur** [evɑ̃tʀœʀ] nm ripper ◆ **Jack l'Éventreur** Jack the Ripper

**éventualité** [evɑ̃tɥalite] → SYN nf a (= hypothèse) possibility ◆ **dans cette éventualité** if this happens, should that arise ◆ **dans l'éventualité d'un refus de sa part** should he refuse, in the event of his refusal

b (= circonstance) eventuality, contingency, possibility ◆ **pour parer à toute éventualité** to guard against all eventualities

**éventuel, -elle** [evɑ̃tɥɛl] → SYN adj départ, refus possible; client, revenu potential ◆ **l'achat éventuel d'un ordinateur** the possibility of buying a computer

**éventuellement** [evɑ̃tɥɛlmɑ̃] → SYN adv possibly ◆ **éventuellement, nous pourrions ...** we could possibly ou perhaps ... ◆ **éventuellement je prendrai ma voiture** if necessary I'll take my car

**évêque** [evɛk] → SYN nm bishop ◆ **évêque suffragant** suffragan (bishop)

**Everest** [ev(ə)ʀɛst] nm ◆ **le mont Everest** ◆ **l'Everest** Mount Everest

**éversion** [evɛʀsjɔ̃] nf (Méd) eversion

**évertuer (s')** [evɛʀtɥe] → SYN ▸ conjug 1 ◂ vpr (= s'efforcer de) ◆ **s'évertuer à faire** to strive to do, do one's utmost to do ◆ **j'ai eu beau m'évertuer à lui expliquer ...** no matter how hard I tried to explain to him ...

**évhémérisme** [evemeʀism] nm euhemerism

**éviction** [eviksjɔ̃] → SYN nf (Jur) eviction; [rival] ousting, supplanting ◆ **procéder à l'éviction de** [+ locataires] to evict ◆ **éviction scolaire** *temporary suspension from school of a child with an infectious illness*

**évidage** [evidaʒ], **évidement** [evidmɑ̃] nm hollowing-out, scooping-out

**évidemment** [evidamɑ̃] → SYN adv (= bien sûr) of course, obviously; (frm = d'une manière certaine) obviously ◆ **bien évidemment** of course

**évidence** [evidɑ̃s] GRAMMAIRE ACTIVE 26.1, 26.6 → SYN

1 nf a (= caractère) obviousness, evidence ◆ **c'est l'évidence même !** it's quite ou perfectly evident ou patently obvious! ◆ **se rendre à l'évidence** to bow ou yield to facts ou to the evidence, face facts ou the evidence ◆ **nier l'évidence** to deny the obvious ou the facts

b (= fait) obvious fact ◆ **trois évidences se dégagent de ce discours** this speech brings three obvious facts to light ◆ **c'est une évidence que de dire** it's stating the obvious to say

c (Loc)

◆ **en évidence** ◆ **(être) en évidence** [personne] (to be) conspicuous ou in evidence; [objet] (to be) conspicuous ou in evidence, (be) in a conspicuous ou prominent position ◆ **mettre en évidence** [+ personne] to bring to the fore; [+ fait] (= souligner) to bring to the fore, give prominence to, underscore; (= révéler) to reveal; [+ objet] to put in a prominent ou conspicuous position ◆ **se mettre en évidence** to make o.s. conspicuous, make one's presence felt ◆ **la lettre était bien en évidence** the letter was (lying) there for all to see

◆ **de toute évidence** quite obviously ou evidently

**évident, e** [evidɑ̃, ɑ̃t] → SYN adj obvious, evident, self-evident ◆ **il est évident que** it is obvious ou evident that, it is plain for all to see that ◆ **ce n'est pas évident !*** it's not that easy ou simple!

**évider** [evide] → SYN ▸ conjug 1 ◂ vt to hollow out, scoop out; [+ pomme] to core

**évidoir** [evidwaʀ] nm scooper

**évidure** [evidyʀ] nf hollow, scoop

**évier** [evje] nm sink ◆ **évier (à) un bac/deux bacs** single/double sink

**évincement** [evɛ̃smɑ̃] nm [rival] ousting, supplanting

**évincer** [evɛ̃se] → SYN ▸ conjug 3 ◂ vt [+ concurrent] to oust, supplant; (Jur) [+ locataire] to evict

**éviscération** [eviseʀasjɔ̃] → SYN nf evisceration

**éviscérer** [eviseʀe] ▸ conjug 6 ◂ vt to eviscerate

**évitable** [evitabl] adj avoidable ◆ **difficilement évitable** hard to avoid

**évitage** [evitaʒ] nm (Naut) (= mouvement) swinging; (= espace) swinging room

**évitement** [evitmɑ̃] nm [risque, véhicule] avoidance ◆ **voie d'évitement** (Transport) loop line ◆ **gare d'évitement** station with a loop line ◆ **manœuvre d'évitement** (Aut, Aviat) evasive action ◆ **réaction** ou **comportement d'évitement** (Bio, Psych) avoidance behaviour

**éviter** [evite] GRAMMAIRE ACTIVE 2.2, 2.3 → SYN ▸ conjug 1 ◂

1 vt a [+ coup, projectile] to avoid, dodge; [+ obstacle, danger, maladie, situation] to avoid, steer clear of; [+ gêneur, créancier] to avoid, keep clear of, evade; [+ regard] to avoid, evade ◆ **éviter qu'une situation n'empire** to prevent a situation from getting worse, avoid a deterioration in a situation ◆ **éviter d'être repéré** to escape detection, avoid being detected

b [+ erreur, méthode] to avoid ◆ **éviter de faire qch** to avoid doing sth ◆ **éviter le sel** to avoid ou keep off salt ◆ **on lui a conseillé d'éviter la marche** he has been advised to avoid walking ou advised against walking ◆ **évite de m'interrompre/de dire des bêtises** try not to interrupt me/say anything stupid

c **éviter qch à qn** to spare ou save sb sth ◆ **ça lui a évité d'avoir à se déplacer** that spared ou saved him the bother ou trouble of going

2 vi (Naut) to swing

3 **s'éviter** vpr a (= se fuir) to avoid each other ou one another ◆ **ils s'évitaient depuis quelque temps** they had been avoiding each other ou keeping clear of each other for some time

b **s'éviter qch** to avoid sth ◆ **je voudrais m'éviter le trajet** I'd rather not have to make the trip, I'd like to save myself the trip ◆ **s'éviter toute fatigue** to spare o.s. any fatigue, save o.s. from getting at all tired

**évocateur, -trice** [evɔkatœʀ, tʀis] → SYN adj evocative, suggestive (*de* of)

**évocation** [evɔkasjɔ̃] → SYN nf a [souvenirs, faits] evocation, recalling; [scène, idée] conjuring-up, evocation ◆ **ces évocations la faisaient s'attendrir** she became more tender as she recalled these memories ◆ **la simple évocation de cette question** the mere mention of this issue ◆ **pouvoir** ou **puissance d'évocation d'un mot** evocative ou suggestive power of a word

b (littér) [démons] evocation, calling-up, conjuring-up

**évocatoire** [evɔkatwaʀ] adj (littér) evocative

**évolué, e** [evɔlɥe] → SYN (ptp de **évoluer**) adj peuple, civilisation (highly) developed, advanced; personne broad-minded, enlightened; espèce animale evolved; procédé, industrie, technologie advanced; (Ordin) langage high-level ◆ **jeune fille évoluée** (hum) liberated young woman

**évoluer** [evɔlɥe] → SYN ▸ conjug 1 ◂ vi a (= changer) [civilisation, idées, marché, situation, technique] to evolve, develop; [personne, goûts] to change; [maladie, tumeur] to develop; [espèce] to evolve ◆ **la situation évolue/n'évolue pas dans le bon sens** the situation is/isn't moving in the right direction ◆ **voyons comment les choses vont évoluer** let's wait and see how things develop ◆ **faire évoluer** [+ situation, société] to bring about some change in; [+ réglementation] to make changes to; (Ordin) [+ matériel] to upgrade

b (professionnellement) [personne] to advance

c (= se mouvoir) [danseur] to move about; [avion] to fly around, wheel about; [bateau à voile] to sail around; [troupes] to manoeuvre (Brit), maneuvre (US) ◆ **le monde dans lequel il évolue** the world in which he moves

**évolutif, -ive** [evɔlytif, iv] adj (gén, Bio) evolutionary, evolutional; (Méd) progressive; poste with potential (for advancement ou promotion); → **ski**

**évolution** [evɔlysjɔ̃] → SYN 1 nf a (= changement) [civilisation, idées, situation, technique] evolution, development; [goûts] change; [maladie, tumeur] development; [espèce] evolution ◆ **il faut tenir compte de l'évolution du marché/des prix** market/price trends have to be taken into account ◆ **évolution positive** (gén) positive development; (économique) improvement ◆ **théorie de l'évolution** (Bio) theory of evolution

**b** (professionnelle) **évolution de carrière** career advancement

**2 évolutions** nfpl (= mouvements) movements ◆ **il regardait les évolutions du danseur/de l'avion** he watched the dancer as he moved about gracefully/the plane as it wheeled ou circled overhead ◆ **les évolutions des troupes** troop manoeuvres (Brit) ou maneuvers (US)

**évolutionnisme** [evɔlysjɔnism] → SYN nm evolutionism

**évolutionniste** [evɔlysjɔnist] **1** adj evolutionary

**2** nmf evolutionist

**évolutivité** [evɔlytivite] nf (Méd) [maladie] progressive nature ◆ **pour évaluer l'évolutivité du cancer** to assess to what extent the cancer is likely to progress ou develop

**évoquer** [evɔke] → SYN ► conjug 1 ◄ vt **a** (= remémorer) [+ souvenirs] to recall, call up, evoke; [+ fait, événement] to evoke, recall; [+ mémoire d'un défunt] to recall

**b** (= faire penser à) [+ scène, idée] to call to mind, evoke, conjure up ◆ **ça évoque mon enfance** it reminds me of my childhood

**c** (= effleurer) [+ problème, sujet] to touch on, bring up

**d** (littér = invoquer) [+ démons] to evoke, call up, conjure up

**e** (Jur) to transfer to a higher court

**evzone** [ɛvzɔn] [ɛvzon] nm evzone

**ex.** (abrév de **exemple**) eg, e.g.

**ex** * [ɛks] nmf ex *

**ex-** [ɛks] préf ex- ◆ **l'ex-URSS** former soviet Union

**ex abrupto** [ɛksabʀypto] loc adv abruptly

**exacerbation** [ɛgzasɛʀbasjɔ̃] → SYN nf [tensions] exacerbation; [concurrence] intensification ◆ **pour éviter l'exacerbation nationaliste** to prevent the heightening ou exacerbation of nationalist tensions

**exacerber** [ɛgzasɛʀbe] → SYN ► conjug 1 ◄ **1** vt [+ douleur] to aggravate, exacerbate; [+ émotion, passion] to intensify, heighten; [+ problème, tensions] to exacerbate; [concurrence] to intensify ◆ **sensibilité exacerbée** heightened sensibility

**2 s'exacerber** vpr [concurrence, passion] to become more intense, intensify; [tensions] to increase, be heightened; [polémique] to become more intense

**exact, e** [ɛgza(kt), ɛgzakt(ə)] → SYN adj **a** (= fidèle) reproduction, compte rendu exact, accurate ◆ **réplique exacte** exact ou faithful replica ◆ **c'est l'exacte vérité** that's the absolute truth

**b** (= correct) définition, raisonnement correct, exact; réponse, calcul correct, right ◆ **ce n'est pas le terme exact** that's not the right word ◆ **est-il exact que ... ?** is it right ou correct ou true that ...? ◆ **ce n'est pas tout à fait exact** that's not quite right ou accurate, that's not altogether correct ◆ **exact !** absolutely!, exactly!

**c** (= précis) dimension, nombre, valeur exact, precise; donnée accurate, precise, correct; pendule accurate, right ◆ **l'heure exacte** the right ou exact ou correct time ◆ **la nature exacte de son travail** the precise nature of his work; → **science**

**d** (= ponctuel) punctual, on time ◆ **c'est quelqu'un de très exact d'habitude** he's usually on time ou very punctual ◆ **être exact à un rendez-vous** to arrive at an appointment on time, arrive punctually for an appointment

**e** (littér) discipline exact, rigorous, strict; obéissance rigorous, strict, scrupulous

**exactement** [ɛgzaktəmɑ̃] GRAMMAIRE ACTIVE 13.1, 13.2 adv **a** (gén) exactly ◆ **c'est à 57 km exactement** it's exactly ou precisely 57 km away ◆ **au troisième top, il sera exactement huit heures** at the third stroke, it will be eight o'clock precisely ◆ **c'est exactement ce que je pensais** that's exactly ou just ou precisely what I was thinking ◆ **ce n'est pas exactement un expert** (hum) he's not exactly an expert

**b** (= tout à fait) exactly ◆ **oui, exactement !** yes, exactly! ou precisely!

**exaction** [ɛgzaksjɔ̃] → SYN **1** nf (littér = extorsion) exaction

**2 exactions** nfpl (= abus de pouvoir) abuses (of power); (= violences) acts of violence, violent acts

**exactitude** [ɛgzaktityd] → SYN nf **a** (= fidélité) [reproduction, compte rendu] exactness, exactitude (frm), accuracy

**b** (= justesse) [définition, raisonnement] correctness, exactness; [réponse, calcul] correctness ◆ **je ne mets pas en doute l'exactitude de vos informations** I'm not saying your information is wrong

**c** (= précision) [dimension, nombre, valeur] exactness, precision; [donnée] accuracy, precision, correctness; [pendule] accuracy

**d** (= ponctualité) punctuality ◆ (Prov) **l'exactitude est la politesse des rois** punctuality is the essence of courtesy

**e** (littér = minutie) exactitude

**ex æquo** [ɛgzeko] **1** adj inv (Scol, Sport) placed equal (attrib) ◆ **ils sont ex æquo** they tied

**2** nm inv ◆ **les ex æquo** those who are (ou were) placed equal ◆ **il y a deux ex æquo pour la deuxième place** there is a tie for second place

**3** adv ◆ **être (classé) premier ex æquo** to be placed first equal ou joint first, tie for first place

**exagération** [ɛgzaʒeʀasjɔ̃] → SYN nf (gén) exaggeration ◆ **on peut dire sans exagération que ...** one can say without any exaggeration ou without exaggerating that ... ◆ **il est sévère sans exagération** he's severe without taking it to extremes ◆ **on lui a reproché des exagérations dans sa biographie** he has been accused of exaggerating in his biography

**exagéré, e** [ɛgzaʒeʀe] → SYN (ptp de **exagérer**) adj (= excessif) dépenses, optimisme excessive; (= surfait, amplifié) commentaires exaggerated ◆ **donner une importance exagérée à** to exaggerate the importance of ◆ **je suis peut-être d'un optimisme exagéré** maybe I'm being overly optimistic ◆ **venir se plaindre après ça, c'est un peu exagéré** it was too much ou a bit much * (Brit) to come and complain after all that ◆ **il serait exagéré de dire** it would be an exaggeration ou an overstatement to say, it would be going too far to say ◆ **la polémique a pris des proportions exagérées** the controversy has been blown out of all proportion

**exagérément** [ɛgzaʒeʀemɑ̃] → SYN adv cher excessively; optimiste, méfiant, simpliste overly, excessively

**exagérer** [ɛgzaʒeʀe] GRAMMAIRE ACTIVE 26.1, 26.6 → SYN ► conjug 6 ◄

**1** vt (gén) to exaggerate ◆ **on a beaucoup exagéré leur rôle** their role has been hugely exaggerated ◆ **sans exagérer, ça a duré trois heures** without any exaggeration ou I'm not exaggerating, it lasted three hours ◆ **quand même il exagère !** really he goes too far ou oversteps the mark! ◆ **500 € pour ça ? – ils exagèrent !** €500 for that? — they must be joking! ou that's a bit steep! ◆ **n'exagérons rien !** let's not exaggerate! ◆ **joue le personnage plus passionné, mais sans exagérer** make the character more passionate but don't overdo it

**2 s'exagérer** vpr [+ difficultés] to exaggerate; [+ plaisirs, avantages] to exaggerate, overrate

**exaltant, e** [ɛgzaltɑ̃, ɑ̃t] adj vie, aventure exciting, thrilling

**exaltation** [ɛgzaltasjɔ̃] → SYN nf **a** (= surexcitation) intense excitement; (joyeuse) elation; (Psych) overexcitement ◆ **exaltation mystique** exaltation

**b** (littér = glorification) extolling, praising, exalting

**c** (Rel) **exaltation de la Sainte Croix** Exaltation of the Cross

**exalté, e** [ɛgzalte] (ptp de **exalter**) **1** adj imagination wild, vivid; esprit excited

**2** nm,f (= impétueux) hothead; (= fanatique) fanatic

**exalter** [ɛgzalte] → SYN ► conjug 1 ◄ **1** vt **a** (= surexciter) [+ esprit, imagination] to fire ◆ **exalté par cette nouvelle** (très excité) excited by ou keyed up with excitement over this piece of news; (euphorique) elated ou overjoyed by ou at this piece of news

**b** (= glorifier) to extol, praise, exalt

**2 s'exalter** vpr to get excited, get carried away

**exam** * [ɛgzam] nm (abrév de **examen**) exam

**examen** [ɛgzamɛ̃] GRAMMAIRE ACTIVE 26.2 → SYN

**1** nm **a** (= action d'étudier, d'analyser) (gén) examination; [question, demande, cas, projet de loi] examination, consideration; [possibilité] examination, investigation ◆ **l'examen détaillé** ou **minutieux du rapport ...** detailed ou close examination of the report ... ◆ **la question est à l'examen** the matter is under consideration ◆ **son argument ne résiste pas à l'examen** his argument doesn't stand up to scrutiny ◆ **procéder à l'examen de** [+ demande, question] to consider, look into; [+ ordre du jour] to go through ◆ **le livre vous sera envoyé en examen gratuit** (Comm) the book will be sent to you on approval

**b** (Jur) **mettre qn en examen** to indict sb (*pour* for) ◆ **mise en examen** indictment ◆ **il a demandé la mise en examen de Luc Dufour** he asked that Luc Dufour be indicted

**c** (Méd) **examen (médical)** [patient] (medical) examination; (= analyse de sang etc ) (medical) test ◆ **l'examen clinique** clinical examination ◆ **se faire faire des examens** to have some tests done ◆ **subir un examen médical complet** to undergo ou have a complete ou thorough checkup, have a thorough medical examination

**d** (Scol) exam, examination ◆ **examen écrit/oral** written/oral examination ◆ **passer un examen** to take ou sit (Brit) an exam; → **rattrapage**

**2** COMP ▷ **examen blanc** (Scol) mock exam (Brit), practice test (US) ▷ **examen de conscience** self-examination; (Rel) examination of conscience ◆ **faire son examen de conscience** to examine one's conscience, take stock of o.s. ▷ **examen de passage** (Scol) end-of-year exam (Brit), final exam (US); (fig) ultimate test ◆ **il a réussi son examen de passage** he has proved himself, he has passed the ultimate test ▷ **examen prénuptial** (Méd) pre-marital examination ▷ **examen de santé** (medical) check-up ▷ **examen spécial d'entrée à l'université** university entrance examination ▷ **examen spectroscopique** (Sci) spectroscopic examination ▷ **examen de la vue** (Méd) eye ou sight test ◆ **passer un examen de la vue** to have one's eyes tested

**examinateur, -trice** [ɛgzaminatœʀ, tʀis] nm,f examiner ◆ **examinateur extérieur/à l'oral** external/oral examiner

**examiner** [ɛgzamine] GRAMMAIRE ACTIVE 26.1, 26.2 → SYN ► conjug 1 ◄

**1** vt **a** (= analyser) [+ document, faits, situation] to examine, take a look at; [+ possibilité] to examine, investigate; [+ question, demande, cas] to consider, look into; [+ comptes, dossier] to examine, go through; [+ projet de loi] to discuss ◆ **examiner qch dans le** ou **en détail** to examine sth in detail ◆ **examiner qch de près** to look closely at sth, take a close look at sth ◆ **examiner qch de plus près** to take a closer look at sth

**b** (= regarder) [+ objet, personne, visage] to examine; [+ ciel, horizon] to scan; [+ appartement, pièce] to look over, have a (close) look round (Brit) ◆ **examiner les lieux** to look over the place, have a look round (Brit) ◆ **examiner qn de la tête aux pieds** to look sb up and down (contemptuously)

**c** (Méd) [+ malade] to examine ◆ **se faire examiner par un spécialiste** to be examined by a specialist

**2 s'examiner** vpr [personne] to examine o.s. ◆ **s'examiner devant la glace** to examine o.s. in the mirror ◆ **ils s'examinaient à la dérobée** they were looking at each other furtively

**exanthématique** [ɛgzɑ̃tematik] adj exanthematic

**exanthème** [ɛgzɑ̃tɛm] nm exanthem

**exarchat** [ɛgzaʀka] nm exarchate, exarchy

**exarque** [ɛgzaʀk] nm exarch

**exaspérant, e** [ɛgzaspeʀɑ̃, ɑ̃t] → SYN adj exasperating

**exaspération** [ɛgzaspeʀasjɔ̃] → SYN nf exasperation

**exaspérer** [ɛgzaspeʀe] → SYN ► conjug 6 ◄ vt **a** (= irriter) to exasperate

**b** (littér = aviver) [+ douleur] to exacerbate, aggravate; [+ émotion, désir] to exacerbate

**exaucement** [ɛgzosmɑ̃] [→ SYN] nm [vœu] fulfilment, granting; [prière] granting

**exaucer** [ɛgzose] [→ SYN] ▸ conjug 3 ◂ vt [+ vœu] to fulfil, grant; (Rel) [+ prière] to grant, answer ◆ **exaucer qn** to grant sb's wish, answer sb's prayer

**ex cathedra** [ɛkskatedʀa] adv ex cathedra

**excavateur** [ɛkskavatœʀ] nm (= machine) excavator, mechanical digger (Brit), steam shovel (US)

**excavation** [ɛkskavasjɔ̃] [→ SYN] nf (= trou) excavation ◆ **excavation naturelle** natural hollow (ou cave etc ); (= creusement) excavation

**excavatrice** [ɛkskavatʀis] nf ⇒ **excavateur**

**excaver** [ɛkskave] ▸ conjug 1 ◂ vt to excavate

**excédant, e** [ɛksedɑ̃, ɑ̃t] adj (= énervant) exasperating, infuriating

**excédent** [ɛksedɑ̃] [→ SYN] nm surplus (*sur* over) ◆ **excédent de la balance des paiements** balance of payments surplus ◆ **excédent budgétaire/commercial** budget/trade surplus ◆ **excédent (du commerce) extérieur** foreign trade surplus, external surplus ◆ **excédent de trésorerie** cash surplus ◆ **excédent de poids/bagages** excess weight/luggage ou baggage ◆ **il y a 2 kg d'excédent** ou **en excédent** it's 2 kg over (weight) ◆ **budget en excédent** surplus budget ◆ **payer 30 € d'excédent** to pay €30 excess charge; → **recette**

**excédentaire** [ɛksedɑ̃tɛʀ] adj production excess (épith), surplus (épith) ◆ **budget excédentaire** surplus budget ◆ **la production est excédentaire** production is over target ◆ **ils ont une balance commerciale excédentaire** they have an active trade balance

**excéder** [ɛksede] [→ SYN] ▸ conjug 6 ◂ vt **a** (= dépasser) [+ longueur, temps, prix] to exceed, be greater than ◆ **le prix excédait (de beaucoup) ses moyens** the price was (way ou far) beyond ou far exceeded his means ◆ **les avantages excèdent les inconvénients** the advantages outweigh the disadvantages ◆ **l'apprentissage n'excède pas trois ans** the apprenticeship doesn't last more than three years ou lasts no more than ou does not exceed three years

**b** (= outrepasser) [+ pouvoir, droits] to overstep, exceed, go beyond; [+ forces] to overtax

**c** (gén pass = accabler) to exhaust, weigh down, weary ◆ **excédé de fatigue** overcome by tiredness, exhausted, tired out ◆ **excédé de travail** overworked

**d** (gén pass = agacer) to exasperate, irritate, infuriate ◆ **je suis excédé** I'm furious ◆ **tu m'excèdes avec tes jérémiades !** your whining irritates me!, you exasperate me with your moaning!

**excellemment** [ɛkselamɑ̃] [→ SYN] adv (littér) excellently

**excellence** [ɛkselɑ̃s] [→ SYN] nf **a** (littér) excellence ◆ **il est le poète surréaliste par excellence** he is the surrealist poet par excellence ◆ **il aime la musique par excellence** he loves music above all else

**b** **Son Excellence** His (ou Her) Excellency ◆ **merci (Votre) Excellence** thank you, Your Excellency

**excellent, e** [ɛkselɑ̃, ɑ̃t] [→ SYN] adj excellent

**exceller** [ɛksele] [→ SYN] ▸ conjug 1 ◂ vi to excel (*dans* ou *en qch* at ou in sth; *à faire* in doing)

**excentration** [ɛksɑ̃tʀasjɔ̃] nf (Tech) throwing off-centre

**excentré, e** [ɛksɑ̃tʀe] adj **a** quartier, région outlying (épith) ◆ **le magasin est trop excentré pour fidéliser une clientèle** the shop is (located) too far out (of town) to attract regular customers

**b** (Tech) pièce off-centre (Brit), off-center (US)

**excentrer** [ɛksɑ̃tʀe] ▸ conjug 1 ◂ vt **a** (Tech) to throw off-centre

**b** [+ usine] to locate away from the town centre

**excentricité** [ɛksɑ̃tʀisite] [→ SYN] nf (gén, Math, Astron) eccentricity; [quartier] outlying location

**excentrique** [ɛksɑ̃tʀik] [→ SYN] [1] adj personne (Math) cercle eccentric; quartier outlying (épith)

[2] nmf eccentric, crank (péj)

**excentriquement** [ɛksɑ̃tʀikmɑ̃] adv (gén) eccentrically

**excepté, e** [ɛksɛpte] [→ SYN] (ptp de **excepter**) [1] adj ◆ **il n'a plus de famille sa mère exceptée** he has no family left apart from ou aside from (US) ou except his mother, excluding his mother he has no family left

[2] prép except, but for, apart from, aside from (US) ◆ **excepté quand** except ou apart from when ◆ **excepté que** except that ◆ **tous excepté sa mère** everyone but his mother, everyone except for ou aside from (US) his mother

**excepter** [ɛksɛpte] [→ SYN] ▸ conjug 1 ◂ vt to except (*de* from), make an exception of ◆ **sans excepter personne** without excluding anyone, no one excepted

**exception** [ɛksɛpsjɔ̃] [→ SYN] nf **a** (= dérogation) exception ◆ **à quelques exceptions près** with a few exceptions ◆ **c'est l'exception qui confirme la règle** it's the exception which proves the rule

◆ **d'exception** tribunal special; régime, mesure special, exceptional

**b** (Jur) objection, plea ◆ **exception péremptoire** ≈ demurrer

**c** (Loc) **faire une exception à** [+ règle] to make an exception to ◆ **faire exception (à la règle)** to be an exception (to the rule) ◆ **faire exception de** to make an exception of

◆ **exception faite de, à l'exception de** except for, apart from, aside from (US), with the exception of

◆ **sans exception** without exception

◆ **sauf exception** allowing for exceptions

**exceptionnel, -elle** [ɛksɛpsjɔnɛl] [→ SYN] [1] adj (= rare) exceptional ◆ **offre exceptionnelle** (Comm) special offer, special (US) ◆ **fait exceptionnel, il a accepté** he accepted for once ◆ **d'un talent exceptionnel** exceptionally talented; → **élément**

[2] nm ◆ **l'exceptionnel** the exceptional

**exceptionnellement** [ɛksɛpsjɔnɛlmɑ̃] [→ SYN] adv **a** (= à titre d'exception) **ils se sont réunis exceptionnellement un dimanche** contrary to their general practice ou in this particular instance they met on a Sunday ◆ **le magasin sera exceptionnellement ouvert dimanche** the store will open on Sunday just for this week ou for this week only ◆ **exceptionnellement, je vous recevrai lundi** just this once I will see you on Monday

**b** difficile, élevé, fort exceptionally

**excès** [ɛksɛ] [→ SYN] [1] nm **a** (= surplus) [argent] excess, surplus; [marchandises, produits] glut, surplus ◆ **il y a un excès d'acide** (= il en reste) there is some acid left over ou some excess acid; (= il y en a trop) there is too much acid ◆ **excès de cholestérol dans le sang** excess of cholesterol in the blood ◆ **excès de précautions** excessive care ou precautions ◆ **excès de zèle** overzealousness; → **pécher**

**b** (gén, Méd, Pol = abus) excess ◆ **des excès de langage** extreme ou immoderate language ◆ **tomber dans l'excès** to go to extremes ◆ **tomber dans l'excès inverse** to go to the opposite extreme ◆ **excès de boisson** overindulgence in drink, intemperance ◆ **des excès de table** overindulgence at (the) table, surfeit of (good) food ◆ **faire des excès de table** to overindulge, eat too much ◆ **se laisser aller à des excès** to go overboard * ◆ **je me suis trompé, par excès de confiance en moi/d'optimisme** I made a mistake by being over-confident/over-optimistic

**c** (Loc) **il est sévère, mais sans excès** he's strict, but not excessively so ◆ (Prov) **l'excès en tout est un défaut** everything in moderation

◆ **(jusqu')à l'excès** to excess, excessively, inordinately ◆ **généreux à l'excès** inordinately generous, overgenerous, generous to a fault

◆ **avec excès** to excess, excessively ◆ **il fait tout avec excès** he does everything to excess, he is excessive in everything he does ◆ **boire avec excès** to drink to excess ou excessively ◆ **dépenser avec excès** to be excessive in one's spending

[2] COMP ▷ **excès de pouvoir** (Jur) abuse of power, actions ultra vires (SPÉC) ▷ **excès de vitesse** (Aut) breaking ou exceeding the speed limit, speeding ◆ **coupable de plusieurs excès de vitesse** guilty of having broken ou of exceeding the speed limit on several occasions

**excessif, -ive** [ɛksesif, iv] [→ SYN] adj **a** [+ colère, enthousiasme, prix] excessive; [+ fierté] excessive, inordinate ◆ **des horaires de travail excessifs** excessively long working hours ◆ **300 €, c'est excessif !** €300, that's far too much! ◆ **50 €, ce n'est vraiment pas excessif !** €50 isn't what you'd call expensive!

**b** [+ personne] **elle est excessive (en tout)** she's a woman of extremes, she takes everything to extremes ou too far

**excessivement** [ɛksesivmɑ̃] [→ SYN] adv (gén) excessively; cher, fier excessively, inordinately ◆ **excessivement difficile/grave** extremely difficult/serious

**exciper** [ɛksipe] [→ SYN] ▸ conjug 1 ◂ **exciper de** vt indir (frm) [+ bonne foi, précédent] to plead

**excipient** [ɛksipjɑ̃] nm excipient

**exciser** [ɛksize] ▸ conjug 1 ◂ vt to excise

**excision** [ɛksizjɔ̃] [→ SYN] nf excision

**excitabilité** [ɛksitabilite] [→ SYN] nf (Bio) excitability

**excitable** [ɛksitabl] [→ SYN] adj excitable, easily excited

**excitant, e** [ɛksitɑ̃, ɑ̃t] [→ SYN] [1] adj **a** (= enthousiasmant) idée, livre, projet exciting ◆ **ce n'est pas très excitant !** it's not very exciting!

**b** (= stimulant) effet, substance stimulating

**c** (sexuellement) arousing, sexy

[2] nm stimulant

**excitation** [ɛksitasjɔ̃] [→ SYN] nf **a** (= enthousiasme, nervosité) excitement ◆ **dans un état de grande excitation** in a state of great excitement

**b** (= désir) **excitation (sexuelle)** (sexual) excitement ou arousal

**c** (Méd) [nerf, muscle] excitation, stimulation; (Élec) [électro-aimant] excitation

**d** (Jur = incitation) **excitation à** incitement to ◆ **excitation des mineurs à la débauche** incitement of minors to immoral behaviour

**excitatrice** [ɛksitatʀis] nf (Élec) exciter

**excité, e** [ɛksite] [→ SYN] (ptp de **exciter**) [1] adj **a** (* = enthousiasmé) excited ◆ **il ne semblait pas très excité à l'idée de me revoir** * he didn't seem too thrilled at the idea of ou too wild * about seeing me again; → **puce**

**b** (= nerveux) animal restless; enfant hyped-up *, overexcited ◆ **des soldats, très excités, ont commencé à tirer** some of the soldiers were very jumpy * and started to shoot

**c** (* = irrité) worked-up

**d** (sexuellement) excited

[2] nm,f * (= impétueux) hothead; (= fanatique) fanatic ◆ **une poignée d'excités** a bunch of hotheads ◆ **ne fais pas attention, c'est un excité** don't take any notice, he gets carried away

**exciter** [ɛksite] [→ SYN] ▸ conjug 1 ◂ [1] vt **a** (= provoquer) [+ intérêt, désir] to (a)rouse; [+ curiosité] to rouse, excite; [+ imagination] to stimulate, fire, stir; [+ appétit] to whet, stimulate ◆ **tous ses sens étaient excités** all his senses were aroused

**b** (= aviver) [+ colère, douleur, ardeur] to intensify, increase ◆ **cela ne fit qu'exciter sa colère** that only increased ou intensified his anger, that only made him even more angry

**c** (= enthousiasmer) [+ personne] to thrill ◆ **ça m'excite guère d'y aller** I'm not exactly thrilled at the thought of going

**d** (= rendre nerveux) **exciter un animal/un enfant** to get an animal/a child excited ◆ **le vent les excite** the wind makes them restless ◆ **le café, ça m'excite trop** coffee makes me too nervous ou hyper *

**e** (sexuellement) to arouse ou excite (sexually)

**f** (* = irriter) [situation, réunion] to get worked-up ◆ **il commence à m'exciter** he's getting on my nerves

**g** (= encourager) to urge on, spur on ◆ **excitant ses chiens de la voix** urging on ou spurring on his dogs with shouts, shouting to urge on his dogs ◆ **exciter qn contre qn** to set sb against sb

**h** (= inciter) **exciter à** to exhort to, incite to, urge to ◆ **exciter qn à faire qch** to push sb into doing sth, provoke *ou* urge sb to do sth ◆ **exciter des soldats au combat** to incite *ou* exhort soldiers to combat *ou* battle

**i** (Méd) [+ nerf, muscle] to stimulate, excite; (Élec, Phys) [+ électro-aimant, noyau] to excite

**2** **s'exciter** vpr **a** * (= s'enthousiasmer) to get excited (*sur, à propos de* about, over), get carried away; (= devenir nerveux) to get worked up*, get in a flap*; (= se fâcher) to get angry *ou* annoyed, get hot under the collar* ◆ **pas la peine de t'exciter (bêtement)** it's no use getting hot under the collar*

**b** (sexuellement) to become (sexually) excited, be (sexually) aroused

**exclamatif, -ive** [ɛksklamatif, iv] adj exclamatory

**exclamation** [ɛksklamasjɔ̃] → SYN nf exclamation; → **point**[1]

**exclamer (s')** [ɛksklame] → SYN ▸ conjug 1 ◂ vpr to exclaim ◆ **"dommage !" s'exclama-t-il** "what a pity!", he exclaimed ◆ **s'exclamer de colère/d'admiration** (littér) to exclaim *ou* cry out in anger/admiration ◆ **s'exclamer sur qch** (littér = protester) to shout *ou* make a fuss about sth

**exclu, e** [ɛkskly] → SYN **1** adj **a** (= non accepté) personne excluded ◆ **se sentir exclu de la société** to feel excluded from society

**b** (= excepté) **tous les jours, mardi exclu** every day, except Tuesday

**c** (= hors de question) **c'est tout à fait exclu** it's completely out of the question ◆ **aucune hypothèse n'est exclue** no possibility has been ruled out ◆ **il n'est pas exclu que ...** it is not impossible that ... ◆ **une défaite n'est pas exclue** defeat cannot be ruled out

**2** nm,f ◆ **les exclus (de la société)** victims of social exclusion ◆ **les exclus de la croissance économique** those left out of the economic boom

**exclure** [ɛksklyʀ] → SYN ▸ conjug 35 ◂ **1** vt **a** (= chasser) (d'un parti, d'une équipe) to expel; (d'un club) to expel, ban; (temporairement) to suspend; (d'une école) to expel, exclude; (temporairement) to suspend, exclude; (d'une université) to expel, send down (Brit) (*de* from)

**b** (= écarter) [+ solution] to exclude, rule out; [+ hypothèse] to dismiss, rule out ◆ **exclure qch de son régime** to cut sth out of one's diet

**c** (= être incompatible avec) [fait] to preclude

**2** **s'exclure** vpr ◆ **s'exclure mutuellement** [idées] to be mutually exclusive; [actions, mesures] to be (mutually) incompatible

**exclusif, -ive**[1] [ɛksklyzif, iv] → SYN adj **a** privilège exclusive (épith) ◆ **à l'usage/au profit exclusif de** for the sole use/benefit of ◆ **pour mon usage exclusif** for my use alone ◆ **dans le but exclusif de faire ...** with the sole *ou* exclusive aim of doing ...

**b** (Comm) droits, distributeur sole (épith), exclusive (épith); représentant sole (épith); photo, reportage, fabrication exclusive (épith)

**c** (Math, Logique) exclusive ◆ **le ou exclusif** the exclusive or

**d** (dans ses sentiments) **il lui porte un amour exclusif** he loves her to the exclusion of all others, he loves her alone ◆ **elle est exclusive en amour** she's a one-man woman ◆ **il a un caractère (trop) exclusif** he's (too) exclusive in his relationships ◆ **très exclusif dans ses amitiés** very selective *ou* exclusive in his friendships ◆ **très exclusif dans ses goûts** very selective in his tastes

**exclusion** [ɛksklyzjɔ̃] → SYN nf **a** (= expulsion) [parti, équipe, club] expulsion; (temporaire) suspension; [école] expulsion, exclusion; (temporaire) suspension, exclusion (*de* from) ◆ **principe d'exclusion de Pauli** Pauli exclusion principle; → **zone**

◆ **à l'exclusion de** (= en écartant) to the exclusion of; (= sauf) with the exclusion *ou* exception of ◆ **aimer les pommes à l'exclusion de tous les autres fruits** to love apples to the exclusion of all other fruit ◆ **il peut manger de tous les fruits à l'exclusion des pommes** he can eat any fruit excluding apples *ou* with the exclusion *ou* exception of apples

**b** (= marginalisation) **l'exclusion (sociale)** social exclusion ◆ **personne en voie d'exclusion** person who is in danger of becoming a social outcast

**exclusive**[2] [ɛksklyziv] → SYN nf (frm) bar, debarment ◆ **tous sans exclusive** with none debarred ◆ **frapper qn d'exclusive, prononcer l'exclusive contre qn** to debar sb

**exclusivement** [ɛksklyzivmɑ̃] → SYN adv **a** (= seulement) exclusively, solely ◆ **exclusivement réservé au personnel** reserved for staff only

**b** (= non inclus) **du 10 au 15 du mois exclusivement** from the 10th to the 15th exclusive

**c** (littér = de manière entière ou absolue) exclusively

**exclusivisme** [ɛksklyzivism] nm exclusiveness

**exclusivité** [ɛksklyzivite] → SYN nf **a** (Comm) exclusive rights ◆ **avoir l'exclusivité de la couverture d'un événement** to have (the) exclusive coverage of an event ◆ **avoir l'exclusivité de la distribution de qch** to have exclusive distribution rights to sth ◆ **il n'en a pas l'exclusivité** (fig) he's not the only one to have it, he hasn't (got) a monopoly on it* ◆ **contrat d'exclusivité** exclusive contract

◆ **en** + **exclusivité** ◆ **en exclusivité dans notre journal** exclusive to our paper ◆ **films en première exclusivité** new releases ◆ **ce film passe en exclusivité à** this film is showing only *ou* exclusively at

**b** (= reportage) (gén) exclusive; (à sensation) scoop ◆ **c'est une exclusivité de notre maison** it's made (*ou* sold) exclusively by our company, it's exclusive to our company

**c** [sentiment] **l'exclusivité en amour est rare** it is rare for somebody to love one person alone

**excommunication** [ɛkskɔmynikasjɔ̃] → SYN nf excommunication

**excommunier** [ɛkskɔmynje] → SYN ▸ conjug 7 ◂ vt to excommunicate

**excoriation** [ɛkskɔʀjasjɔ̃] nf excoriation

**excorier** [ɛkskɔʀje] ▸ conjug 7 ◂ vt to excoriate

**excrément** [ɛkskʀemɑ̃] → SYN nm excrement (NonC) ◆ **excréments** excrement, faeces

**excrémenteux, -euse** [ɛkskʀemɑ̃tø, øz], **excrémentiel, -elle** [ɛkskʀemɑ̃sjɛl] adj excremental, excrementitious

**excréter** [ɛkskʀete] → SYN ▸ conjug 6 ◂ vt to excrete

**excréteur, -trice** [ɛkskʀetœʀ, tʀis] adj excretory

**excrétion** [ɛkskʀesjɔ̃] → SYN nf excretion ◆ **excrétions** excreta

**excrétoire** [ɛkskʀetwaʀ] adj ⇒ **excréteur**

**excroissance** [ɛkskʀwasɑ̃s] → SYN nf (Méd) excrescence, outgrowth; (fig) outgrowth, development

**excursion** [ɛkskyʀsjɔ̃] → SYN nf (en car) excursion, (sightseeing) trip; (en voiture) drive; (à vélo) ride; (à pied) walk, hike ◆ **excursion en mer** boat trip ◆ **excursion de trois jours** three-day tour *ou* (sightseeing) trip ◆ **partir en excursion** *ou* **faire une excursion** (en car) to go on an excursion *ou* a trip; (en voiture) to go for a drive; (à vélo) to go for a ride; (à pied) to go on a walk *ou* hike, go walking *ou* hiking

**excursionner** [ɛkskyʀsjɔne] ▸ conjug 1 ◂ vi to go on an excursion *ou* trip

**excursionniste** [ɛkskyʀsjɔnist] nmf (en car) (day) tripper (Brit), traveler (US); (à pied) hiker, walker

**excusable** [ɛkskyzabl] → SYN adj acte excusable, forgivable ◆ **il n'est pas excusable** what he did is unforgivable

**excuse** [ɛkskyz] GRAMMAIRE ACTIVE 18.1, 18.2 → SYN nf **a** (= prétexte) excuse ◆ **bonne/mauvaise excuse** good/poor *ou* lame excuse ◆ **sans excuse** inexcusable ◆ **il a pris pour excuse qu'il avait à travailler** he made *ou* gave the excuse that he had work to do, he used his work as an excuse ◆ **excuses légales** (Jur) lawful *ou* legal excuses ◆ **la belle excuse !** (iro) that's a fine excuse! (iro); → **mot**

**b** **excuses** (= regrets) apology ◆ **faire des excuses, présenter ses excuses** to apologize, offer one's apologies (*à* to) ◆ **je vous dois des excuses** I owe you an apology ◆ **exiger des excuses** to demand an apology ◆ **mille excuses** do forgive me, I'm so sorry ◆ **faites excuse** (* *ou* hum) excuse me, 'scuse me*

**c** (Tarot) excuse

**excuser** [ɛkskyze] GRAMMAIRE ACTIVE 18.1 → SYN ▸ conjug 1 ◂

**1** vt **a** (= pardonner) [+ personne, faute] to excuse, forgive ◆ **veuillez excuser mon retard** please excuse my being late *ou* my lateness, I do apologize for being late ◆ **je vous prie de l'excuser** please excuse *ou* forgive him ◆ **veuillez m'excuser** (frm), **je vous prie de m'excuser** I beg your pardon, please forgive me (*pour avoir fait* for having done) ◆ **excusez-moi** excuse me, I'm sorry ◆ **je m'excuse** * (I'm) sorry ◆ **excusez-moi de vous le dire mais ...** excuse *ou* forgive *ou* pardon my saying so but ... ◆ **excusez-moi de ne pas venir** excuse my not coming, I'm sorry I can't come ◆ **vous êtes tout excusé** please don't apologize, you are quite forgiven ◆ **excusez-moi, vous avez l'heure s'il vous plaît ?** excuse me, have you got the time please? ◆ **ils ont invité 500 personnes, excusez du peu !** * they invited 500 people if you please!* ◆ **vous invitez 500 personnes ? excusez du peu !** * you're inviting 500 people? is that all? (iro)

**b** (= justifier) to excuse ◆ **cette explication n'excuse rien** this explanation is no excuse

**c** (= dispenser) to excuse ◆ **il a demandé à être excusé pour la réunion de demain** he asked to be excused from tomorrow's meeting ◆ **se faire excuser** to ask to be excused ◆ **"M. Dupont : (absent) excusé"** "Mr Dupont has sent an apology", "apologies for absence received from Mr Dupont"

**2** **s'excuser** vpr to apologize (*de qch* for sth) ◆ **(aller) s'excuser auprès de qn** to apologize to sb ◆ (Prov) **qui s'excuse s'accuse** apologizing is a way of admitting one's guilt

**exécrable** [ɛgzekʀabl] → SYN adj atrocious, execrable

**exécrablement** [ɛgzekʀabləmɑ̃] adv atrociously, execrably

**exécration** [ɛgzekʀasjɔ̃] → SYN nf **a** (littér = haine) execration, loathing ◆ **avoir qch en exécration** to hold sth in abhorrence

**b** († † = imprécation) curse

**exécrer** [ɛgzekʀe] → SYN ▸ conjug 6 ◂ vt to loathe, abhor, execrate

**exécutable** [ɛgzekytabl] → SYN adj tâche possible, manageable; projet workable, feasible; (Ordin) fichier executable

**exécutant, e** [ɛgzekytɑ̃, ɑ̃t] → SYN nm,f (Mus) performer, executant; (péj = agent) underling ◆ **il n'est qu'un exécutant** he just carries out (his) orders, he's just an underling

**exécuter** [ɛgzekyte] → SYN ▸ conjug 1 ◂ **1** vt **a** (= accomplir) [+ plan, ordre, mouvements] to execute, carry out; [+ projet, mission] to execute, carry out, accomplish; [+ promesse] to fulfil, carry out; [+ travail] to do, execute; [+ tâche] to execute, discharge, perform ◆ **travail exécuté à la hâte** work done in a hurry ◆ **il a fait exécuter des travaux dans sa maison** he had some work done on his house

**b** (= réaliser) [+ objet] to make; [+ tableau] to paint, execute

**c** (= préparer) [+ ordonnance] to make up; [+ commande] to fulfil, carry out ◆ **faire exécuter une ordonnance** to have a prescription made up

**d** (Mus) [+ morceau] to perform, play ◆ **brillamment exécuté** brilliantly executed *ou* played

**e** (= tuer) to execute

**f** (= vaincre) to trounce; (= critiquer) to demolish

**g** (Jur) [+ traité, loi, décret] to enforce; [+ contrat] to perform; [+ débiteur] to distrain upon

**h** (Ordin) [+ programme] to run; [+ instruction] to carry out

**2** **s'exécuter** vpr (en s'excusant) to comply; (en payant) to pay up ◆ **je lui demandai de s'excuser et il finit par s'exécuter** I asked him to apologize and finally he complied *ou* did ◆ **au moment de l'addition, il s'exécuta de mauvaise grâce** when the time came to settle the bill he paid up with bad grace

**exécuteur, -trice** [ɛgzekytœʀ, tʀis] → SYN **1** nm,f [arrêt, décret] enforcer

**2** nm (Hist) ◆ **exécuteur (des hautes œuvres)** executioner ◆ **exécuteur des basses œuvres** (péj = homme de main) henchman ◆ **exécuteur (testamentaire)** (Jur) (= homme) executor; (= femme) executrix

**exécutif, -ive** [ɛgzekytif, iv] 1 adj ◆ **pouvoir exécutif** executive power
2 nm ◆ **l'exécutif** the executive

**exécution** [ɛgzekysjɔ̃] → SYN nf a (= accomplissement) [plan, ordre, mouvement] execution; [projet, mission] execution, accomplishment; [promesse] fulfilment; [travail, tâche] execution ◆ **l'exécution des travaux a été ralentie** the work has been slowed down ou delayed ◆ **exécution !** get on with it! ◆ **mettre à exécution** [+ projet, idées, menaces] to carry out ◆ **mise à exécution** [loi] implementation, enforcement ◆ **pour empêcher la mise à exécution de cette menace** to prevent the threat from being carried out; → **voie**
b (= réalisation) [objet] production; [tableau] execution
c (= préparation) [commande] fulfilment, carrying out; [ordonnance] making up
d (Mus) [morceau] performance ◆ **d'une exécution difficile** difficult to play
e (= mise à mort) execution ◆ **exécution capitale/sommaire** capital/summary execution
f (Jur) [traité, loi, décret] enforcement; [contrat] performance ◆ **en exécution de la loi** in compliance ou accordance with the law
g (Ordin) [programme] running; [instruction] carrying out

**exécutoire** [ɛgzekytwaʀ] adj (Jur) executory, enforceable ◆ **mesure exécutoire pour chaque partie contractante** measure binding on each contracting party

**exèdre** [ɛgzɛdʀ] nf exedra

**exégèse** [ɛgzeʒɛz] → SYN nf exegesis ◆ **faire l'exégèse d'un discours politique** to analyse a political speech

**exégète** [ɛgzeʒɛt] → SYN nm exegete

**exemplaire** [ɛgzɑ̃plɛʀ] → SYN 1 adj mère model (épith), exemplary; punition exemplary ◆ **infliger une punition exemplaire à qn** to make an example of sb (by punishing him)
2 nm a [livre, formulaire] copy ◆ **en deux exemplaires** in duplicate ◆ **en trois exemplaires** in triplicate ◆ **25 exemplaires de cet avion ont été vendus** 25 aeroplanes of this type have been sold; → **tirer**
b (= échantillon) specimen, example

**exemplairement** [ɛgzɑ̃plɛʀmɑ̃] adv exemplarily

**exemplarité** [ɛgzɑ̃plaʀite] nf exemplary nature

**exemple** [ɛgzɑ̃pl] GRAMMAIRE ACTIVE 26.1, 26.5
→ SYN nm a (= modèle) example ◆ **l'exemple de leur faillite/de sa sœur lui sera bien utile** their failure/his sister will be a useful example for him ◆ **il est l'exemple de la vertu/l'honnêteté** he sets an example of virtue/honesty, he is a model of virtue/honesty ◆ **citer qn/qch en exemple** to quote sb/sth as an example ◆ **donner l'exemple de l'honnêteté/de ce qu'il faut faire** to give ou set an example of honesty/of what to do ◆ **donner l'exemple** to set an example ◆ **suivre l'exemple de qn** to follow sb's example ◆ **prendre exemple sur qn** to take sb as a model ◆ **servir d'exemple à qn** to serve as an example to sb ◆ **à l'exemple de son père** just like his father, following in his father's footsteps ◆ **faire un exemple de qn** (punir) to make an example of sb ◆ **il faut absolument faire un exemple** we must make an example of somebody ◆ **il faut les punir pour l'exemple** they must be punished as an example ou as a deterrent to others
◆ **par exemple** (explicatif) for example ou instance ◆ **(ça) par exemple !** (surprise) well I never!, my word!; (indignation) honestly!, well really!; → **prêcher**
b (= cas, spécimen) example ◆ **un bel exemple du gothique flamboyant** a fine example of flamboyant gothic ◆ **exemple typique** typical example ◆ **le seul exemple que je connaisse** the only example ou instance I know of ou am aware of ◆ **être d'une bêtise/avarice sans exemple** to be of unparalleled stupidity/meanness ◆ **il en existe plusieurs : exemple, le rat musqué** there are several, for example ou for instance the muskrat
c [dictionnaire] example, illustrative phrase

**exemplification** [ɛgzɑ̃plifikasjɔ̃] nf exemplification

**exemplifier** [ɛgzɑ̃plifje] ▸ conjug 1 ◂ vt to exemplify

**exempt, e** [ɛgzɑ̃, ɑ̃(p)t] → SYN 1 adj a (= dispensé de) **exempt de** [+ service militaire, corvée, impôts] exempt from ◆ **exempt de taxes** tax-free, duty-free ◆ **exempt de TVA** zero-rated for VAT
b (= dépourvu de) **exempt de** [+ vent, dangers, arrogance, erreurs] free from ◆ **entreprise exempte de dangers** danger-free undertaking, undertaking free from all danger ◆ **d'un ton qui n'était pas exempt d'humour** in a voice which was not without humour, with the faintest tinge of humour in his voice
2 nm (Hist : Mil, Police) exempt

**exempté** [ɛgzɑ̃(p)te] nm (Mil) *man who is exempt from military service*

**exempter** [ɛgzɑ̃(p)te] → SYN ▸ conjug 1 ◂ vt a (= dispenser) to exempt (*de* from)
b (= préserver de) **exempter qn de** [+ soucis] to save sb from

**exemption** [ɛgzɑ̃psjɔ̃] → SYN nf exemption

**exerçant, e** [ɛgzɛʀsɑ̃, ɑ̃t] adj ◆ **médecin exerçant** practising doctor

**exercé, e** [ɛgzɛʀse] → SYN (ptp de **exercer**) adj œil, oreille keen, trained; personne experienced

**exercer** [ɛgzɛʀse] → SYN ▸ conjug 3 ◂ 1 vt a (= pratiquer) [+ métier] to have; [+ fonction] to fulfil, exercise; [+ talents] to exercise; (littér) [+ charité, hospitalité] to exercise, practise ◆ **dans le métier que j'exerce** [médecin, avocat] in my profession ou job ◆ **il exerce encore** he's still practising ou in practice
b [+ droit, pouvoir] to exercise (*sur* over); [+ contrôle, influence] to exert, exercise (*sur* over); [+ représailles] to take (*sur* on); [+ poussée, pression] to exert (*sur* on) ◆ **exercer des pressions sur qn** to bring pressure to bear on sb, exert pressure on sb ◆ **exercer ses sarcasmes contre qn** to use one's sarcasm on sb, make sb the butt of one's sarcasm ◆ **les forces qui s'exercent sur le levier** the force exerted on ou brought to bear on the lever ◆ **exercer des poursuites contre qn** to bring an action against sb
c (= aguerrir) [+ corps, esprit, mémoire, voix] to train, exercise (*à* to, for) ◆ **exercer des élèves à lire** ou **à la lecture** to get pupils to practise their reading ◆ **exercer un chien à rapporter le journal** to train a dog to bring back the newspaper
d (= éprouver) [+ sagacité, habileté] to tax; [+ patience] to try, tax
2 **s'exercer** vpr [pianiste, sportif] to practise ◆ **s'exercer à** [+ technique, mouvement] to practise ◆ **s'exercer à la patience** to train o.s. to be patient ◆ **s'exercer à faire qch** to train o.s. to do sth

**exercice** [ɛgzɛʀsis] → SYN 1 nm a (= pratique) [métier] practice; [droit] exercising; [facultés] exercise ◆ **l'exercice du pouvoir** the exercise of power ◆ **après 40 ans d'exercice** after 40 years in practice ◆ **condamné pour exercice illégal de la médecine** sentenced for practising medicine illegally ou for the illegal practice of medicine ◆ **dans l'exercice de ses fonctions** in the exercise ou execution ou discharge of his duties
◆ **en exercice** ◆ **être en exercice** [médecin] to be in practice; [juge, fonctionnaire] to be in ou hold office ◆ **juge en exercice** sitting judge ◆ **président en exercice** serving chairman ◆ **entrer en exercice** to take up ou assume one's duties
b (= activité physique) **l'exercice (physique)** (physical) exercise ◆ **prendre** † ou **faire de l'exercice** to take some exercise
c (Mil) **l'exercice** exercises, drill ◆ **aller à l'exercice** to go on exercises ◆ **faire l'exercice** to drill, be at drill
d (Mus, Scol, Sport = travail d'entraînement) exercise ◆ **exercice pour piano** piano exercise ◆ **exercice de prononciation** pronunciation exercise ou drill ◆ **exercice d'application** practise ou application exercise ◆ **exercices au sol** (Gym) floor exercises ◆ **exercice d'évacuation** fire drill ◆ **l'interview est un exercice difficile** interviewing is a difficult business; → **cahier**
e (Admin, Fin = période) year ◆ **l'exercice 1996** the 1996 fiscal ou tax year
2 COMP ▷ **exercices d'assouplissement** limbering up exercises, bending and stretching exercises ▷ **exercice budgétaire** budgetary year ▷ **exercice comptable** accounting year ▷ **exercice du culte** religious worship ▷ **exercice fiscal** fiscal ou tax year ▷ **exercice de style** (Littérat) stylistic composition; (fig) exercise in style ▷ **exercices de tir** (Mil) shooting drill ou practice

**exerciseur** [ɛgzɛʀsizœʀ] nm (gén) exercise machine; (pour poitrine) chest expander

**exérèse** [ɛgzeʀɛz] nf (Méd) exeresis

**exergue** [ɛgzɛʀg] → SYN nm [texte] ◆ **porter qch en exergue** to bear sth as an epigraph ◆ **cette médaille porte en exergue l'inscription ...** (lit) this medal is inscribed below ... ◆ **mettre en exergue** (= mettre en évidence) [+ idée, phrase] to bring out, underline ◆ **mettre une citation en exergue à un chapitre** to head a chapter with a quotation, put in a quotation as (an) epigraph to a chapter ◆ **mettre un proverbe en exergue à un tableau** to inscribe a painting with a proverb

**exfoliant, e** [ɛksfɔljɑ̃, jɑ̃t] adj exfoliating (épith)

**exfoliation** [ɛksfɔljasjɔ̃] nf exfoliation

**exfolier** [ɛksfɔlje] ▸ conjug 7 ◂ 1 vt [+ peau] to exfoliate
2 **exfolier (s')** vpr [peau, os, roche, bois] to exfoliate

**exhalaison** [ɛgzalɛzɔ̃] → SYN nf (littér) (désagréable) exhalation; (agréable) fragrance, exhalation

**exhalation** [ɛgzalasjɔ̃] nf (Physiol) exhalation

**exhaler** [ɛgzale] → SYN ▸ conjug 1 ◂ 1 vt (littér) a [+ odeur, vapeur] to exhale, give off
b [+ soupir] to breathe; [+ plainte] to utter, give forth (littér); [+ joie, douleur] to give vent ou expression to
c (Physiol = souffler) to exhale
2 **s'exhaler** vpr [odeur] to rise (up) (*de* from) ◆ **un soupir s'exhala de ses lèvres** a sigh rose from his lips

**exhaussement** [ɛgzosmɑ̃] → SYN nm raising

**exhausser** [ɛgzose] → SYN ▸ conjug 1 ◂ vt [+ construction] to raise (up) ◆ **exhausser une maison d'un étage** to add a floor to a house

**exhausteur** [ɛgzostœʀ] nm ◆ **exhausteur de goût** ou **de saveur** flavour enhancer

**exhaustif, -ive** [ɛgzostif, iv] → SYN adj exhaustive

**exhaustion** [ɛgzostjɔ̃] nf (Logique) exhaustion

**exhaustivement** [ɛgzostivmɑ̃] adv exhaustively

**exhaustivité** [ɛgzostivite] nf exhaustiveness

**exhiber** [ɛgzibe] → SYN ▸ conjug 1 ◂ 1 vt a (frm) (= produire) [+ document, passeport] to present, show, produce
b (= montrer au public) [+ animal] to show, exhibit
c (péj) [+ partie du corps] to show off, display; [+ savoir, richesse, diplômes] to display, show off, flaunt
2 **s'exhiber** vpr a (péj) (= parader) to show o.s. off (in public), parade around
b [exhibitionniste] to expose o.s.

**exhibition** [ɛgzibisjɔ̃] → SYN nf a (Sport) **match (d')exhibition** exhibition match
b [partie du corps] showing off
c [animal] exhibiting, showing; (= concours) show
d (= comportement) outrageous behaviour (NonC)
e (frm) [document, passeport] presentation, production

**exhibitionnisme** [ɛgzibisjɔnism] nm exhibitionism

**exhibitionniste** [ɛgzibisjɔnist] nmf exhibitionist ◆ **il est un peu exhibitionniste** he's a bit of an exhibitionist

**exhortation** [ɛgzɔʀtasjɔ̃] → SYN nf exhortation

**exhorter** [ɛgzɔʀte] → SYN ▸ conjug 1 ◂ vt to exhort (*à faire* to do; *à qch* to sth), urge (*à faire* to do)

**exhumation** [ɛgzymasjɔ̃] nf [corps] exhumation; [ruines, vestiges] excavation; [faits, vieux livres] unearthing, digging up ou out; [souvenirs] recollection, recalling

**exhumer** [ɛgzyme] → SYN ▸ conjug 1 ◂ vt [+ corps] to exhume; [+ ruines, vestiges] to excavate; [+ faits, vieux livres] to unearth, dig up ou out; [+ souvenirs] to recall

**exigeant, e** [ɛgziʒɑ̃, ɑ̃t] → SYN adj client, hôte particular (attrib), demanding, hard to please (attrib); enfant, amant demanding, hard to please (attrib); parents, patron, travail, amour demanding, exacting ◆ **je ne suis pas exigeant*, donnez-moi 10 €** I'm not asking for much – give me €10 ◆ **il est très exigeant envers lui-même** he sets very high standards for himself

**exigence** [ɛgziʒɑ̃s] → SYN nf **a** (= caractère) [client] particularity; [maître] strictness ◆ **il est d'une exigence insupportable** he's impossibly demanding ou particular ◆ **son exigence de rigueur** his requirement ou demand for accuracy ◆ **exigence morale** high moral standards

**b** (gén pl = revendication, condition) demand, requirement ◆ **produit satisfaisant à toutes les exigences** product which meets all requirements ◆ **les exigences du marché** the demands of the market ◆ **exigences (salariales)** salary expectations

**exiger** [ɛgziʒe] GRAMMAIRE ACTIVE 8.4, 10.1, 10.3 → SYN ▸ conjug 3 ◂ vt **a** (= réclamer) to demand, require (*qch de qn* sth of ou from sb), insist on (*qch de qn* sth from sb) ◆ **j'exige de le faire** I insist on doing it ◆ **j'exige que vous le fassiez** I insist on your doing it, I demand ou insist that you do it ◆ **j'exige (de vous) des excuses** I demand an apology (from you), I insist on an apology (from you) ◆ **la loi l'exige** the law requires ou demands it ◆ **des titres universitaires sont exigés pour ce poste** university degrees are required ou needed ou are a requirement for this post ◆ **trop exiger de ses forces** to overtax one's strength

**b** (= nécessiter) to require, call for ◆ **cette plante exige beaucoup d'eau** this plant needs ou requires a lot of water

**exigibilité** [ɛgziʒibilite] nf [dette] payability ◆ **exigibilités** current liabilities

**exigible** [ɛgziʒibl] adj dette payable, due for payment ◆ **exigible le 15 mai** payable ou due on May 15

**exigu, -uë** [ɛgzigy] → SYN adj lieu cramped, exiguous (littér); ressources scanty, meagre, exiguous (littér); délais short; (Écon) marché limited

**exiguïté** [ɛgzigɥite] → SYN nf [lieu] crampedness, exiguity (littér); [ressources] scantiness, meagreness, exiguity (littér); [délais] shortness; (Écon) [marché] limited size

**exil** [ɛgzil] → SYN nm exile ◆ **exil volontaire** voluntary ou self-imposed exile ◆ **deux années d'exil** two years in ou of exile ◆ **lieu d'exil** place of exile ◆ **en exil** personne in exile (attrib), exiled; vivre in exile ◆ **envoyer qn en exil** to send sb into exile, exile sb

**exilé, e** [ɛgzile] → SYN (ptp de **exiler**) nm,f exile (*de* from) ◆ **exilé politique/volontaire** political/voluntary exile

**exiler** [ɛgzile] → SYN ▸ conjug 1 ◂ **1** vt **a** (Pol) to exile

**b** (littér) to banish ◆ **se sentir exilé (loin de)** to feel like an outcast ou exile (far from) ◆ **une note exilée en bas de page** a note tucked away at the bottom of the page

**2** **s'exiler** vpr **a** (Pol) to go into exile

**b** (fig) **s'exiler à la campagne** to bury o.s. in the country ◆ **s'exiler en Australie** to exile o.s. to Australia, take o.s. off to Australia ◆ **s'exiler loin du monde** to cut o.s. off from the world

**exinscrit, e** [ɛgzɛ̃skʀi, it] adj escribed

**existant, e** [ɛgzistɑ̃, ɑ̃t] → SYN **1** adj coutume, loi, prix existing

**2** nm ◆ **l'existant** (= stock) the existing stock; (= circonstances) the existing circumstances

**existence** [ɛgzistɑ̃s] → SYN nf **a** (Philos, Rel = présence) existence

**b** (= vie quotidienne) existence, life ◆ **dans l'existence** in life ◆ **cette coutume a plusieurs siècles d'existence** this custom has existed ou has been in existence for several centuries; → **moyen**

**existentialisme** [ɛgzistɑ̃sjalism] nm existentialism

**existentialiste** [ɛgzistɑ̃sjalist] adj, nmf existentialist

**existentiel, -ielle** [ɛgzistɑ̃sjɛl] adj existential

**exister** [ɛgziste] → SYN ▸ conjug 1 ◂ **1** vi **a** (= vivre) to exist ◆ **il se contente d'exister** (péj) he is content with just getting by ou just existing

**b** (= être réel) to exist, be ◆ **pour lui, la peur n'existe pas** there is no such thing as fear ou fear doesn't exist as far as he is concerned ◆ **quoi que vous pensiez, le bonheur ça existe** whatever you may say, there is such a thing as happiness

**c** (= se trouver) to be, be found ◆ **la vie existe-t-elle sur Mars ?** is there life on Mars? ◆ **produit qui existe en magasin** product (to be) found in shops ◆ **ce modèle existe-t-il en rose ?** is this model available in pink? ◆ **le costume régional n'existe plus guère** regional dress is scarcely ever (to be) found ou seen these days ◆ **les bateaux à aubes n'existent plus/existent encore** paddle steamers no longer/still exist ◆ **il existe encore une copie** there is still one copy extant ou in existence ◆ **pourquoi monter à pied ? les ascenseurs ça existe !** why walk up? there are lifts, you know! ou lifts have been invented! ◆ **si Hélène/la machine à café n'existait pas, il faudrait l'inventer !** (hum) if Hélène/the coffee machine didn't exist, we would have to invent her/it!

**2** vb impers (= il y a) ◆ **il existe** (avec sg) there is; (avec pl) there are ◆ **il n'existe pas de meilleur exemple** there is no better example ◆ **il existe des bégonias de plusieurs couleurs** begonias come ou are found in several colours

**exit** [ɛgzit] vi, nm (Théât) exit ◆ **exit le directeur** (hum) out goes the manager, exit the manager ◆ **exit les pauses-café** (hum) no more coffee breaks, that's the end of the coffee breaks

**ex-libris** [ɛkslibʀis] nm inv ex-libris

**ex nihilo** [ɛksniilo] adv ex nihilo

**exobiologie** [ɛgzobjɔlɔʒi] nf exobiology

**exobiologiste** [ɛgzobjɔlɔʒist] nmf exobiologist

**exocet** [ɛgzɔsɛ] nm **a** (= poisson) flying fish

**b** ® (= missile) exocet ®

**exocrine** [ɛgzɔkʀin] adj exocrine

**exode** [ɛgzɔd] → SYN nm (lit, fig) exodus ◆ **l'exode** (Hist) *the flight of civilians from the north of France during the German invasion in 1940* ◆ **l'Exode** (Bible) the Exodus ◆ **(le livre de) l'Exode** (the Book of) Exodus ◆ **exode rural** drift from the land, rural exodus ◆ **exode des cerveaux** brain drain ◆ **exode des capitaux** flight ou outflow of capital

**exogame** [ɛgzɔgam] adj exogamous, exogamic

**exogamie** [ɛgzɔgami] nf exogamy

**exogène** [ɛgzɔʒɛn] adj exogenous

**exon** [ɛgzɔ̃] nm exon

**exonder (s')** [ɛgzɔ̃de] ▸ conjug 1 ◂ vpr (Géol) to emerge

**exonération** [ɛgzɔneʀasjɔ̃] → SYN nf (Fin) exemption (*de* from) ◆ **exonération fiscale** ou **d'impôt** tax exemption

**exonérer** [ɛgzɔneʀe] → SYN ▸ conjug 6 ◂ vt (Fin) to exempt (*de* from) ◆ **placement à 3,5% exonéré d'impôts** investment at 3.5% free of tax ◆ **les plus-values seront fiscalement exonérées** capital gains will be tax-exempt ou will be exempted from tax

**exophtalmie** [ɛgzɔftalmi] nf exophthalmos, (ocular) proptosis

**exophtalmique** [ɛgzɔftalmik] **1** adj exophthalmic

**2** nmf person suffering from exophthalmos ou (ocular) proptosis

**exorbitant, e** [ɛgzɔʀbitɑ̃, ɑ̃t] → SYN adj prix, demande, prétention exorbitant, inordinate, outrageous

**exorbité, e** [ɛgzɔʀbite] adj yeux bulging (*de* with)

**exorcisation** [ɛgzɔʀsizasjɔ̃] nf exorcizing

**exorciser** [ɛgzɔʀsize] → SYN ▸ conjug 1 ◂ vt to exorcize

**exorciseur** [ɛgzɔʀsizœʀ] nm exorcizer

**exorcisme** [ɛgzɔʀsism] → SYN nm exorcism

**exorciste** [ɛgzɔʀsist] → SYN nm exorcist

**exorde** [ɛgzɔʀd] → SYN nm introduction, exordium (SPÉC)

**exoréique** [ɛgzɔʀeik] adj exor(h)eic

**exoréisme** [ɛgzɔʀeism] nm exor(h)eism

**exosmose** [ɛgzɔsmoz] nf exosmosis

**exosphère** [ɛgzɔsfɛʀ] nf exosphere

**exosquelette** [ɛgzoskəlɛt] nm exoskeleton

**exostose** [ɛgzɔstoz] nf exostosis

**exotérique** [ɛgzɔteʀik] adj exoteric

**exothermique** [ɛgzotɛʀmik] adj exothermic, exothermal

**exotique** [ɛgzɔtik] → SYN adj pays, plante exotic

**exotisme** [ɛgzɔtism] nm exoticism ◆ **aimer l'exotisme** to love all that is exotic

**exotoxine** [ɛgzotɔksin] nf exotoxin

**expansé, e** [ɛkspɑ̃se] adj expanded

**expansibilité** [ɛkspɑ̃sibilite] nf expansibility

**expansible** [ɛkspɑ̃sibl] → SYN adj expansible

**expansif, -ive** [ɛkspɑ̃sif, iv] → SYN adj **a** (de caractère) expansive, out-going ◆ **il s'est montré peu expansif** he was not very forthcoming ou communicative

**b** (Phys) expansionary

**expansion** [ɛkspɑ̃sjɔ̃] → SYN nf **a** (= extension) expansion ◆ **l'expansion d'une doctrine** the spreading of a doctrine ◆ **économie en pleine expansion** booming ou fast-expanding economy ◆ **univers en expansion** expanding universe

**b** (= effusion) expansiveness (NonC), effusiveness (NonC) ◆ **avec de grandes expansions** expansively, effusively

**expansionnisme** [ɛkspɑ̃sjɔnism] nm expansionism

**expansionniste** [ɛkspɑ̃sjɔnist] **1** adj (Écon, Math, Phys) expansionary; (Pol : péj) expansionist

**2** nmf (Pol) expansionist

**expansivité** [ɛkspɑ̃sivite] nf expansiveness

**expatriation** [ɛkspatʀijasjɔ̃] → SYN nf expatriation

**expatrié, e** [ɛkspatʀije] → SYN (ptp de **expatrier**) nm,f expatriate

**expatrier** [ɛkspatʀije] → SYN ▸ conjug 7 ◂ **1** vt to expatriate

**2** **s'expatrier** vpr to expatriate o.s., leave one's country

**expectant, e** [ɛkspɛktɑ̃, ɑ̃t] adj (littér) expectant

**expectative** [ɛkspɛktativ] → SYN nf (= incertitude) state of uncertainty; (= attente prudente) cautious approach ◆ **être** ou **rester dans l'expectative** (incertitude) to be still waiting ou hanging on (to hear ou see etc) ; (attente prudente) to hold back, wait and see

**expectorant, e** [ɛkspɛktɔʀɑ̃, ɑ̃t] adj, nm expectorant

**expectoration** [ɛkspɛktɔʀasjɔ̃] → SYN nf expectoration

**expectorer** [ɛkspɛktɔʀe] → SYN ▸ conjug 1 ◂ vti to expectorate

**expédient, e** [ɛkspedjɑ̃, jɑ̃t] → SYN **1** adj (frm) expedient

**2** nm expedient, makeshift ◆ **vivre d'expédients** [personne] to live by one's wits; [pays] to resort to short-term measures

**expédier** [ɛkspedje] GRAMMAIRE ACTIVE 20.3 → SYN ▸ conjug 7 ◂ vt **a** [+ lettre, paquet] to send, dispatch ◆ **expédier par la poste** to send through the post ou mail ◆ **expédier par le train** to send by rail ou train ◆ **expédier par bateau** [+ lettres, colis] to send surface mail; [+ matières premières] to ship, send by sea ◆ **je l'ai expédié en vacances chez sa grand-mère*** I sent ou packed* him off to his grandmother's for the holidays; → **monde**

**b** * [+ client, visiteur] to dismiss ◆ **expédier une affaire** to dispose of ou dispatch a matter, get a matter over with ◆ **expédier son déjeuner en cinq minutes** to polish off* one's lunch in five minutes

**c** (Admin) **expédier les affaires courantes** to dispose of ou dispatch day-to-day matters

**expéditeur, -trice** [ɛkspeditœʀ, tʀis] → SYN **1** adj dispatching, forwarding

**2** nm,f [courrier] sender, addresser, addressor; [marchandises] consignor, shipper; → **retour**

**expéditif, -ive** [ɛkspeditif, iv] → SYN adj personne quick, expeditious; méthode, solution expeditious; justice, licenciement, procès summary

**expédition** [ɛkspedisjɔ̃] → SYN nf a (= action) [lettre, vivres, renforts] dispatch; [colis] dispatch, shipping; (par bateau) shipping ◆ **notre service expédition** our shipping department

b (= paquet) consignment, shipment; (par bateau) shipment

c (Mil, Sport, Sci) expedition ◆ **expédition de police** police raid ◆ **quelle expédition !** (fig) what an expedition!, what a palaver!

d (Admin) **l'expédition des affaires courantes** the dispatching of day-to-day matters

e (Jur = copie) exemplified copy

**expéditionnaire** [ɛkspedisjɔnɛʀ] → SYN 1 adj (Mil) expeditionary

2 nmf (Comm) forwarding agent; (Admin) copyist

**expéditivement** [ɛkspeditivmɑ̃] adv expeditiously

**expérience** [ɛkspeʀjɑ̃s] GRAMMAIRE ACTIVE 19.2 → SYN nf a (= pratique) experience ◆ **avoir de l'expérience** to have experience, be experienced (*en* in) ◆ **avoir l'expérience du monde** (frm) to have experience of the world, know the ways of the world ◆ **sans expérience** inexperienced ◆ **il est sans expérience de la vie** he has no experience of life ◆ **savoir par expérience** to know by ou from experience ◆ **il a une longue expérience de l'enseignement** he has a lot of teaching experience

b (= aventure humaine) experience ◆ **expérience amoureuse** ou **sexuelle** sexual experience ◆ **tente l'expérience, tu verras bien** try it and see ◆ **faire l'expérience de qch** to experience sth ◆ **ils ont fait une expérience de vie communautaire** they experimented with communal living

c (= essai scientifique) experiment ◆ **vérité/fait d'expérience** experimental truth/fact ◆ **faire une expérience sur un cobaye** to do ou carry out an experiment on a guinea-pig

**expérimental, e,** mpl **-aux** [ɛkspeʀimɑ̃tal, o] adj experimental ◆ **à titre expérimental** on a trial ou an experimental basis

**expérimentalement** [ɛkspeʀimɑ̃talmɑ̃] adv experimentally

**expérimentateur, -trice** [ɛkspeʀimɑ̃tatœʀ, tʀis] nm,f (gén) experimenter; (Sci) bench scientist

**expérimentation** [ɛkspeʀimɑ̃tasjɔ̃] → SYN nf experimentation ◆ **expérimentation animale** (= pratique) animal experimentation; (= expériences, tests) animal experiments

**expérimenté, e** [ɛkspeʀimɑ̃te] → SYN (ptp de **expérimenter**) adj experienced (*en, dans* in)

**expérimenter** [ɛkspeʀimɑ̃te] → SYN ▸ conjug 1 ◂ vt [+ appareil] to test; [+ remède] to experiment with, try out; [+ méthode] to test out, try out ◆ **expérimenter en laboratoire** to experiment ou do experiments in a laboratory

**expert, e** [ɛkspɛʀ, ɛʀt] → SYN 1 adj personne expert, skilled (*en* in; *à* at); mains expert ◆ **être expert en la matière** to be skilled ou (an) expert in the subject

2 nm (= connaisseur) expert (*en* in, at), connoisseur (*en* in, of); (= spécialiste) expert; (d'assurances après dégâts) assessor; (d'objet de valeur) valuer, assessor; (Naut) surveyor ◆ **médecin(-)expert** medical expert ◆ **géomètre(-)expert** ≈ chartered surveyor

**expert-comptable** [ɛkspɛʀkɔ̃tabl], **experte-comptable** [ɛkspɛʀtkɔ̃tabl], mpl **experts-comptables** nm,f chartered accountant (Brit), certified public accountant (US)

**expertise** [ɛkspɛʀtiz] → SYN nf a (= évaluation) [bijou] valuation; [dégâts] assessment ◆ **expertise d'avarie** damage survey ◆ **expertise comptable** chartered accountancy (Brit) ◆ **expertise psychiatrique** psychiatric examination ◆ **(rapport d')expertise** valuer's ou assessor's ou expert's report

b (= compétence) expertise ◆ **notre expertise technique dans ce domaine** our technical expertise in this field

**expertiser** [ɛkspɛʀtize] → SYN ▸ conjug 1 ◂ vt [+ bijou] to value, evaluate; [+ dégâts] to assess, evaluate ◆ **faire expertiser un diamant** to have a diamond valued

**expiable** [ɛkspjabl] adj expiable

**expiateur, -trice** [ɛkspjatœʀ, tʀis] adj expiatory

**expiation** [ɛkspjasjɔ̃] → SYN nf expiation (*de* of), atonement (*de* for) ◆ **en expiation de ses crimes** in expiation of ou atonement for his crimes

**expiatoire** [ɛkspjatwaʀ] → SYN adj expiatory

**expier** [ɛkspje] → SYN ▸ conjug 7 ◂ vt [+ péchés, crime] to expiate, atone for ◆ **expier une imprudence** (fig) to pay for an imprudent act

**expirant, e** [ɛkspiʀɑ̃, ɑ̃t] adj dying

**expirateur, -trice** [ɛkspiʀatœʀ, tʀis] adj expiratory ◆ **(muscles) expirateurs** expiratory muscles

**expiration** [ɛkspiʀasjɔ̃] → SYN nf a (= terme) expiration, expiry (Brit) ◆ **venir à expiration** to expire ◆ **à l'expiration du délai** when the deadline expires

b (= respiration) expiration, exhalation ◆ **une profonde expiration** a complete exhalation

**expirer** [ɛkspiʀe] → SYN ▸ conjug 1 ◂ 1 vt [+ air] to breathe out, exhale, expire (SPÉC)

2 vi a [délai, passeport] to expire ◆ **le contrat/la carte expire le 5 mai** the contract/the card expires on May 5th

b (frm = mourir) to expire

c (= respirer) to exhale, breathe out ◆ **expirez lentement !** breathe out slowly!

**explant** [ɛksplɑ̃] nm explant

**explétif, -ive** [ɛkspletif, iv] → SYN 1 adj expletive, expletory ◆ **le ne explétif** "ne" used as an expletive

2 nm expletive

**explicable** [ɛksplikabl] → SYN adj explicable, explainable ◆ **difficilement explicable** difficult to explain

**explicatif, -ive** [ɛksplikatif, iv] adj explanatory, explicative ◆ **proposition relative explicative** (Gram) non-restrictive relative clause

**explication** [ɛksplikasjɔ̃] GRAMMAIRE ACTIVE 26.4 → SYN nf a [méthode, phénomène] explanation (*de* of) ◆ **explications** (= marche à suivre) instructions

b (= justification) explanation (*de* for) ◆ **votre conduite demande des explications** your conduct requires some explanation ◆ **j'exige des explications** I demand an explanation

c (= discussion) discussion; (= dispute) argument; (= bagarre) fight ◆ **j'ai eu une petite explication avec lui** I had a bit of an argument with him

d (Scol) [auteur, passage] commentary (*de* on), analysis (*de* of) ◆ **explication de texte** critical analysis ou appreciation of a text, textual analysis

**explicitation** [ɛksplisitasjɔ̃] nf [symbole] making explicit, explaining, clarifying ◆ **faire un effort d'explicitation** to try to explain in more detail

**explicite** [ɛksplisit] → SYN adj clause, terme explicit ◆ **il n'a pas été très explicite sur ce point** he wasn't very clear on that point

**explicitement** [ɛksplisitmɑ̃] adv explicitly

**expliciter** [ɛksplisite] → SYN ▸ conjug 1 ◂ vt [+ clause] to make explicit; [+ pensée] to explain, clarify

**expliquer** [ɛksplike] → SYN ▸ conjug 1 ◂ 1 vt a (= faire comprendre) to explain ◆ **il m'a expliqué comment faire** he told me ou explained to me how to do it ◆ **je lui ai expliqué qu'il avait tort** I pointed out to him ou explained to him that he was wrong ◆ **explique-moi comment/pourquoi** explain how/why, tell me how/why ◆ **il m'a expliqué le pourquoi du comment** he explained to me the how and the why of it

b (= rendre compte de) to account for, explain ◆ **cela explique qu'il ne soit pas venu** that explains why he didn't come, that accounts for his not coming

c (Scol) [+ texte] to comment on, criticize, analyse ◆ **expliquer un passage de Flaubert** to give a critical analysis ou a critical appreciation ou a critical interpretation of a passage from Flaubert

2 **s'expliquer** vpr a (= donner des précisions) to explain o.s., make o.s. clear ◆ **je m'explique** let me explain, let me make myself clear ◆ **le président s'explique** the president gives his reasons ◆ **s'expliquer sur ses projets** to talk about ou explain one's plans ◆ **s'expliquer devant qn** to justify o.s. to sb, explain one's actions to sb

b (= comprendre) to understand ◆ **je ne m'explique pas bien qu'il soit parti** I can't see ou understand ou it isn't at all clear to me why he should have left

c (= être compréhensible) **son retard s'explique par le mauvais temps** his lateness is explained by the bad weather, the bad weather accounts for ou explains his lateness ◆ **leur attitude s'explique : ils n'ont pas reçu notre lettre** that explains their attitude: they didn't get our letter ◆ **tout s'explique !** it's all clear now!, I see it all now!

d (= parler clairement) **s'expliquer bien/mal** to express o.s. well/badly ◆ **je me suis peut-être mal expliqué** perhaps I have expressed myself badly, perhaps I didn't make myself (quite) clear

e **s'expliquer avec qn** (= discuter) to have a talk with sb; (= se disputer, se battre) to have it out with sb * ◆ **va t'expliquer avec lui** go and sort it out with him ◆ **après s'être longuement expliqués ils sont tombés d'accord** after having discussed the matter ou after having talked the matter over for a long time they finally reached an agreement ◆ **ils sont allés s'expliquer dehors** * they went to fight it out outside ou to finish it off outside ◆ **s'expliquer à coups de fusil** to shoot it out

**exploit** [ɛksplwa] → SYN nm exploit, feat, achievement ◆ **quel exploit !** what a feat! ou an achievement! ◆ **exploits amoureux** amorous exploits ◆ **exploit sportif** sporting achievement ou feat ◆ **il a réussi l'exploit d'arriver le premier** he came first, which was quite an achievement ◆ **exploit d'huissier** writ

**exploitable** [ɛksplwatabl] adj (gén) exploitable

**exploitant, e** [ɛksplwatɑ̃, ɑ̃t] → SYN nm,f a (= fermier) **exploitant (agricole)** farmer ◆ **petit exploitant (agricole)** small farmer, smallholder (Brit) ◆ **exploitant forestier** forestry developer

b (Ciné) (= propriétaire) cinema owner; (= gérant) cinema manager

**exploitation** [ɛksplwatasjɔ̃] → SYN nf a (= action) [mine, sol] working, exploitation; [entreprise] running, operating ◆ **mettre en exploitation** [+ domaine, ressources] to exploit, develop ◆ **frais/méthodes d'exploitation** running ou operating costs/methods ◆ **satellite en exploitation** working satellite ◆ **copie d'exploitation** (Ciné) release print; → **visa**

b (= entreprise) **exploitation familiale** family business ◆ **exploitation (agricole)** farm ◆ **petite exploitation (agricole)** small farm, smallholding (Brit) ◆ **exploitation vinicole** vineyard ◆ **exploitation commerciale/industrielle** business/industrial concern ◆ **exploitation minière** mine ◆ **exploitation forestière** commercial forest

c [idée, situation, renseignement] exploiting, using ◆ **la libre exploitation de l'information** the free use of information

d (= abus) exploitation ◆ **l'exploitation de l'homme par l'homme** man's exploitation of man ou of his fellow man ◆ **l'exploitation sexuelle des enfants** sexual exploitation of children

**exploité, e** [ɛksplwate] (ptp de **exploiter**) 1 adj personne exploited ◆ **terres non exploitées** unfarmed land ◆ **richesses non exploitées** unexploited ou untapped riches ◆ **un créneau peu exploité** a niche in the market that has not been fully tapped ou exploited

2 nm,f exploited person

**exploiter** [ɛksplwate] → SYN ▸ conjug 1 ◂ vt a [+ mine] to work, exploit; [+ sol, terres] to farm, work; [+ entreprise] to run, operate; [+ ligne aérienne, réseau] to operate; [+ brevet] to use; [+ ressources] to exploit

b [+ idée, situation] to exploit, make the most of; [+ don] to make use of; [+ personne, bonté, crédulité] to exploit; [+ avantage] to capitalize on, exploit ◆ **ils exploitent la xénophobie à des fins politiques** they're capitalizing on ou exploiting xenophobia for political ends

**exploiteur, -euse** [ɛksplwatœʀ, øz] → SYN nm,f exploiter

**explorateur, -trice** [ɛksplɔʀatœʀ, tʀis] → SYN nm,f (= personne) explorer

**exploration** [ɛksplɔʀasjɔ̃] → SYN nf (gén) exploration; [possibilité, problème] investigation, examination, exploration; (Méd) exploration ◆ **exploration spatiale** space exploration

**exploratoire** [ɛksplɔʀatwaʀ] → SYN adj exploratory

**explorer** [ɛksplɔʀe] → SYN ▸ conjug 1 ◂ vt (gén) to explore; [+ possibilité, problème] to investigate, examine, explore; (Méd) to explore

**exploser** [ɛksploze] → SYN ▸ conjug 1 ◂ vi **a** [bombe, chaudière] to explode, blow up; [gaz] to explode ◆ **j'ai cru que ma tête allait exploser** I thought my head was going to explode ou burst ◆ **faire exploser** [+ bombe] to explode, detonate; [+ bâtiment] to blow up; [+ monopole, système, coalition] to break up; [+ contraintes] to sweep away

**b** [sentiments] **exploser (de colère)** to blow up, explode (with anger) ◆ **laisser exploser sa colère** to give vent to one's anger ◆ **exploser de joie** to go wild with joy

**c** (= augmenter) [chômage, demande, production, prix] to soar, rocket; [marché] to boom

**d** (* = abîmer) [+ objet] to smash up ◆ **il s'est explosé le genou** he did his knee in * ◆ **je vais lui exploser la gueule** ** I'm going to smash his face in **

**exploseur** [ɛksplozœʀ] nm detonator

**explosibilité** [ɛksplozibilite] nf explosiveness

**explosible** [ɛksplozibl] adj mélange explosive

**explosif, -ive** [ɛksplozif, iv] → SYN **1** adj charge, situation explosive ◆ **dossier explosif** highly sensitive file

**2** nm explosive

**explosion** [ɛksplozjɔ̃] → SYN nf **a** [bombe, gaz, chaudière] explosion; → **moteur**[1]

**b** [joie, violence] outburst, explosion; [dépenses, nombre] explosion, dramatic rise (*de* in) ◆ **explosion de colère** angry outburst, explosion of anger ◆ **explosion démographique** population explosion ◆ **explosion sociale** outburst ou explosion of social unrest

**expo** * [ɛkspo] nf abrév de **exposition**

**exponentiel, -ielle** [ɛkspɔnɑ̃sjɛl] adj exponential

**export** [ɛkspɔʀ] nm (abrév de **exportation**) export ◆ **se lancer dans l'export** to go into exports ◆ **les bénéfices réalisés à l'export** profits earned on exports

**exportable** [ɛkspɔʀtabl] adj exportable

**exportateur, -trice** [ɛkspɔʀtatœʀ, tʀis] → SYN **1** adj export (épith), exporting ◆ **pays exportateur** exporting country ◆ **être exportateur de** to export, be an exporter of

**2** nm,f exporter ◆ **exportateur de pétrole** oil exporter

**exportation** [ɛkspɔʀtasjɔ̃] → SYN nf (= action) export, exportation; (= produit) export ◆ **faire de l'exportation** to be in the export business ◆ **produit d'exportation** export product

**exporter** [ɛkspɔʀte] → SYN ▸ conjug 1 ◂ vt (Comm, Ordin) to export ◆ **notre mode s'exporte bien/mal** our fashions are popular/not very popular abroad

**exposant, e** [ɛkspozɑ̃, ɑ̃t] **1** nm,f [foire, salon] exhibitor

**2** nm (Math) exponent ◆ **chiffre en exposant** superscript number

**exposé** [ɛkspoze] → SYN nm (= action) account, statement, exposition (frm); (= conférence) talk; (Scol) (oral) presentation; (écrit) (written) paper ◆ **faire un exposé oral sur** to give a presentation on ◆ **faire un exposé de la situation** to give an account ou overview of the situation ◆ **exposé des motifs** (Jur) preamble *(in bill, stating grounds for its adoption)*

**exposer** [ɛkspoze] → SYN ▸ conjug 1 ◂ **1** vt **a** (= exhiber) [+ marchandises] to put on display, display; [+ tableaux] to exhibit, show ◆ **ce peintre expose dans cette galerie** that painter shows ou exhibits at that gallery ◆ **exposé en vitrine** on display ◆ **les œuvres exposées** the works on show ◆ **son corps est exposé dans l'église** (frm) he is lying in state in the church

**b** (= expliquer) [+ faits, raisons] to set out, state; [+ griefs] to air; [+ idées, théories] to expound, set out; [+ situation] to explain

**c** (= mettre en danger) [+ personne] to expose (*à* to); [+ vie, réputation] to risk ◆ **c'est une personnalité très exposée** his position makes him an easy target for criticism ◆ **sa conduite l'expose à des reproches** his behaviour lays him open to censure

**d** (= orienter, présenter) to expose; (Photo) to expose ◆ **exposer au soleil/aux regards** to expose to sunlight/to view ◆ **maison exposée au sud** house facing (due) south, house with a southern aspect ◆ **maison bien exposée** house with a good aspect ◆ **endroit très exposé** (au vent, à l'ennemi) very exposed place

**e** (Littérat) [+ action] to set out; (Mus) [+ thème] to introduce

**f** (Hist) [+ enfant] to expose

**2** **s'exposer** vpr to expose o.s. ◆ **s'exposer à** [+ danger, reproches, poursuites] to expose o.s. to, lay o.s. open to ◆ **s'exposer au soleil** to expose o.s. to the sun

**exposition** [ɛkspozisjɔ̃] → SYN nf **a** [marchandises] display; [faits, raisons, situation, idées] exposition; [condamné, enfant] exposure; (au danger, à la chaleur) exposure (*à* to) ◆ **grande exposition de blanc** (Comm) special linen week ou event

**b** (= foire, salon) exhibition, show ◆ **l'Exposition universelle** the World Fair ◆ **faire une exposition** [visiteur] to go to an exhibition; [artiste] to put on an exhibition

**c** (Photo) exposure

**d** (Littérat, Mus) exposition ◆ **scène d'exposition** expository ou introductory scene

**e** (= orientation) [maison] aspect

**exposition-vente**, pl **expositions-ventes** [ɛkspozisjɔ̃vɑ̃t] nf [artisanat, art] show *(with goods on display for sale)*

**expo-vente** *, pl **expos-ventes** [ɛkspovɑ̃t] nf abrév de **exposition-vente**

**exprès**[1] [ɛkspʀɛ] GRAMMAIRE ACTIVE 18.4 → SYN adv (= spécialement) specially; (= intentionnellement) on purpose, deliberately, intentionally ◆ **venir (tout) exprès pour** to come specially to ◆ **il l'a fait exprès** he did it on purpose ou deliberately ou intentionally ◆ **il ne l'a pas fait exprès** he didn't do it on purpose, he didn't mean to do it ◆ **c'est fait exprès** it's meant to be like that, it's deliberate ◆ **comme par un fait exprès** almost as if it was meant to happen

**exprès**[2], **-esse** [ɛkspʀɛs] → SYN **1** adj interdiction, ordre formal, express; (Jur) clause express

**2** nm, adj inv ◆ **(lettre/colis) exprès** express (Brit) ou special delivery (US) letter/parcel ◆ **(messager) exprès** † express messenger ◆ **envoyer qch en exprès** to send sth by express post (Brit) ou special delivery (US), send sth express (Brit)

**express** [ɛkspʀɛs] adj, nm **a** **(train) express** fast train

**b** (= café) espresso (coffee)

**expressément** [ɛkspʀesemɑ̃] → SYN adv (= formellement) dire, interdire expressly; (= spécialement) fait, conçu specially ◆ **il ne l'a pas dit expressément** he didn't say it in so many words

**expressif, -ive** [ɛkspʀesif, iv] → SYN adj geste, regard expressive, meaningful; physionomie expressive; langage expressive, vivid; silence eloquent

**expression** [ɛkspʀesjɔ̃] → SYN nf **a** (gén) expression ◆ **au-delà de toute expression** beyond (all) expression, inexpressible ◆ **visage plein d'expression/sans expression** expressive/expressionless face ◆ **jouer avec beaucoup d'expression** to play with great feeling ou expression ◆ **expression corporelle** music and movement ◆ **journal d'expression française/anglaise** French/English-language newspaper; → **agréer, liberté, moyen, réduire**

**b** (Math = formule) expression; (Gram = locution) phrase, expression ◆ **expression figée** set ou fixed expression, set phrase ◆ **expression toute faite** stock phrase ◆ **expression nominale** nominal ◆ **réduit à sa plus simple expression** reduced to its simplest terms ou expression

**expressionnisme** [ɛkspʀesjɔnism] nm expressionism

**expressionniste** [ɛkspʀesjɔnist] **1** adj expressionist (épith), expressionistic

**2** nmf expressionist

**expressivement** [ɛkspʀesivmɑ̃] adv expressively

**expressivité** [ɛkspʀesivite] nf expressiveness

**expresso** [ɛkspʀeso] nm (= café) espresso ◆ **machine/cafetière (à) expresso** espresso machine/coffee maker

**exprimable** [ɛkspʀimabl] adj expressible

**exprimer** [ɛkspʀime] → SYN ▸ conjug 1 ◂ **1** vt **a** (= signifier) to express; [+ pensée] to express, give expression ou utterance to (frm); [+ opinion] to voice, express ◆ **mots qui expriment un sens** words which express ou convey a meaning ◆ **regards qui expriment la colère** looks which express ou indicate anger ◆ **œuvre qui exprime parfaitement l'artiste** work which expresses the artist completely

**b** (Écon, Math) to express ◆ **somme exprimée en euros** sum expressed in euros ◆ **le signe + exprime l'addition** the sign + indicates ou stands for addition

**c** (littér) [+ jus] to press ou squeeze out

**2** **s'exprimer** vpr to express o.s. ◆ **s'exprimer par gestes** to use gestures to express o.s. ◆ **je me suis peut-être mal exprimé** perhaps I have expressed myself badly, I may not have made myself clear ◆ **si je peux m'exprimer ainsi** if I may put it like that ◆ **il faut permettre au talent de s'exprimer** talent must be allowed free expression ou to express itself ◆ **la joie s'exprima sur son visage** (his) joy showed in his expression, his face expressed his joy

**expropriation** [ɛkspʀɔpʀijasjɔ̃] → SYN nf (= action) expropriation, compulsory purchase (Brit); (= arrêté) expropriation order, compulsory purchase order (Brit)

**exproprier** [ɛkspʀɔpʀije] → SYN ▸ conjug 7 ◂ vt [+ propriété] to expropriate, place a compulsory purchase order on (Brit) ◆ **ils ont été expropriés** their property has been expropriated, they have had a compulsory purchase order made on their property

**expulsable** [ɛkspylsabl] adj locataire liable to be evicted; immigré clandestin liable to be deported

**expulser** [ɛkspylse] → SYN ▸ conjug 1 ◂ vt **a** (gén) [+ élève] to expel (*de* from); [+ étranger] to deport, expel (*de* from); [+ locataire] to evict (*de* from), throw out (*de* of); (Sport) [+ joueur] to send off; [+ manifestant] to eject (*de* from), throw out, turn out (*de* of)

**b** (Anat) [+ déchets] to evacuate, excrete; [+ placenta] to deliver

**expulsif, -ive** [ɛkspylsif, iv] adj expulsive

**expulsion** [ɛkspylsjɔ̃] → SYN nf **a** (gén) [élève] expulsion (*de* from); [étranger] deportation, expulsion (*de* from); [locataire] eviction (*de* from); [joueur] sending off; [manifestant] ejection (*de* from)

**b** (Anat) [déchets] evacuation, excretion; [placenta] delivery

**expurgation** [ɛkspyʀgasjɔ̃] nf expurgation, bowdlerization

**expurger** [ɛkspyʀʒe] → SYN ▸ conjug 3 ◂ vt to expurgate, bowdlerize ◆ **version expurgée** sanitized ou expurgated ou bowdlerized version

**exquis, -ise** [ɛkski, iz] → SYN adj plat, choix, politesse exquisite; personne, temps delightful; (Méd) douleur exquisite

**exquisément** [ɛkskizemɑ̃] adv (littér) exquisitely

**exquisité** [ɛkskizite] nf (littér) exquisiteness

**exsangue** [ɛksɑ̃g] → SYN adj visage, lèvres bloodless; littérature anaemic ◆ **les guerres ont laissé le pays exsangue** wars have bled the country white

**exsanguino-transfusion**, pl **exsanguino-transfusions** [ɛksɑ̃ginotʀɑ̃sfyzjɔ̃] nf exchange transfusion

**exstrophie** [ɛkstʀɔfi] nf exstrophy

**exsudat** [ɛksyda] nm (Méd, Bot) exudation, exudate

**exsudation** [ɛksydasjɔ̃] nf (frm) exudation (frm)

**exsuder** [ɛksyde] → SYN vti (frm, lit) to exude ◆ **son visage exsude la joie** his face radiates joy

**extase** [ɛkstɑz] → SYN nf (Rel) ecstasy; (sexuelle) climax; (fig) ecstasy, rapture ◆ **il est en extase devant sa fille** he is rapturous about his daughter, he goes into raptures over his daughter ◆ **tomber/rester en extase devant un tableau** to go into ecstasies at/stand in ecstasy before a painting

**extasié, e** [ɛkstɑzje] (ptp de **s'extasier**) adj ecstatic, enraptured

**extasier (s')** [ɛkstɑzje] → SYN ▸ conjug 7 ◂ vpr to go into ecstasies ou raptures (*devant, sur* over)

**extatique** [ɛkstatik] adj ecstatic, enraptured

**extemporané, e** [ɛkstɑ̃pɔʀane] adj (Méd) extemporaneous

**extenseur** [ɛkstɑ̃sœʀ] → SYN 1 adj ◆ **(muscle) extenseur** extensor

2 nm (Sport) chest expander

**extensibilité** [ɛkstɑ̃sibilite] nf extensibility

**extensible** [ɛkstɑ̃sibl] → SYN adj matière extensible; définition extendable ◆ **le budget de l'État n'est pas extensible à l'infini** the state budget is not inexhaustible

**extensif, -ive** [ɛkstɑ̃sif, iv] adj (Agr) culture extensive; sens wide, extensive

**extension** [ɛkstɑ̃sjɔ̃] → SYN nf a (= étirement) [ressort] stretching; [membre] (gén) stretching, extension; (Méd) traction ◆ **le ressort atteint son extension maximum** the spring is fully stretched ou is stretched to its maximum ◆ **être en extension** [personne] to be stretching; [bras] to be stretched out ou extended

b (= augmentation) [épidémie, grève, incendie] extension, spreading; [commerce, domaine] expansion; [pouvoirs] extension, expansion ◆ **prendre de l'extension** [épidémie] to spread; [entreprise] to expand

c (= élargissement) [loi, mesure, sens d'un mot] extension (*à* to); (Logique) extension ◆ **par extension (de sens)** by extension

d (Ordin) extension; → **carte**

**extensionalité** [ɛkstɑ̃sjɔnalite] nf extensionality

**extensionnel, -elle** [ɛkstɑ̃sjɔnɛl] adj extensional

**extensomètre** [ɛkstɑ̃sɔmɛtʀ] nm extensometer, extensimeter

**exténuant, e** [ɛkstenɥɑ̃, ɑ̃t] → SYN adj exhausting

**exténuation** [ɛkstenɥasjɔ̃] nf exhaustion, fatigue

**exténuer** [ɛkstenɥe] → SYN ▸ conjug 1 ◂ 1 vt to exhaust, tire out

2 **s'exténuer** vpr to exhaust o.s., tire o.s. out (*à faire qch* doing sth)

**extérieur, e** [ɛksteʀjœʀ] → SYN 1 adj a (à un lieu) paroi outer, outside, exterior; escalier, W.-C. outside; quartier, cour, boulevard outer; bruit external, outside; décoration exterior, outside; collaborateur outside ◆ **apparence extérieure** [personne] outward appearance; [maison] outside

b (à l'individu) monde, influences external, outside; activité, intérêt outside; réalité external ◆ **manifestation extérieure de colère** outward show ou display of anger

c (= étranger) commerce, vente external, foreign; politique, nouvelles foreign

d (= superficiel) amabilité surface (épith), superficial ◆ **sa gaieté est toute extérieure** his gaiety is all on the surface ou all an outward display

e (= sans relation avec) **être extérieur à une question** to be external to ou outside a question, be beyond the scope of a question ◆ **c'est tout à fait extérieur à moi** it has nothing to do with me, it doesn't concern me in the least ◆ **rester extérieur à un conflit** to stay ou keep out of a conflict ◆ **"interdit à toute personne extérieure à l'usine/au chantier"** "factory employees/site workers only", "no entry for unauthorized personnel"

f (Géom) angle exterior

2 nm a [objet, maison] outside, exterior; [piste, circuit] outside ◆ **il l'a débordé par l'extérieur** [joueur] he overtook him on the outside ◆ **juger qch de l'extérieur** (d'après son apparence) to judge sth by appearances; (en tant que profane) to judge sth from the outside

◆ **à l'extérieur** (= au dehors) outside ◆ **travailler à l'extérieur** (hors de chez soi) to work outside the home ◆ **il a été recruté à l'extérieur** (de l'entreprise) he was recruited from outside ◆ **téléphoner à l'extérieur** to make an outside ou external call ◆ **jouer à l'extérieur** to play an away match, play away ◆ **c'est à l'extérieur (de la ville)** it's outside (the town)

b **l'extérieur** (gén) the outside world; (= pays étrangers) foreign countries ◆ **vendre beaucoup à l'extérieur** to sell a lot abroad ou to foreign countries ◆ **nouvelles de l'extérieur** news from abroad

c (frm = apparence) exterior, (outward) appearance

3 **extérieurs** nmpl (Ciné) location shots ◆ **tourner en extérieurs** to shoot on location

**extérieurement** [ɛksteʀjœʀmɑ̃] adv a (= du dehors) on the outside, externally

b (= en apparence) on the surface, outwardly

**extériorisation** [ɛksteʀjɔʀizasjɔ̃] nf [sentiment] display, outward expression; (Psych) externalization, exteriorization

**extérioriser** [ɛksteʀjɔʀize] → SYN ▸ conjug 1 ◂ 1 vt [+ sentiment] to show, express; (Psych) to exteriorize, externalize

2 **s'extérioriser** vpr [personne] to express o.s.; [sentiment] to be expressed

**extériorité** [ɛksteʀjɔʀite] nf (Philos) exteriority

**exterminateur, -trice** [ɛkstɛʀminatœʀ, tʀis] 1 adj exterminating; → **ange**

2 nm,f exterminator

**extermination** [ɛkstɛʀminasjɔ̃] → SYN nf extermination; → **camp**

**exterminer** [ɛkstɛʀmine] → SYN ▸ conjug 1 ◂ vt (lit, fig) to exterminate, wipe out

**externalisation** [ɛkstɛʀnalizasjɔ̃] nf [activité, service] outsourcing

**externaliser** [ɛkstɛʀnalize] ▸ conjug 1 ◂ vt [+ activité, service] to outsource

**externat** [ɛkstɛʀna] nm (Scol) day school ◆ **faire son externat à** (Méd) to be a non-resident student ou an extern (US) at

**externe** [ɛkstɛʀn] → SYN 1 adj surface external, outer; angle exterior; candidature, recrutement, croissance external

2 nmf (= élève) day pupil ◆ **externe (des hôpitaux)** non-resident student at a teaching hospital, extern (US)

**extéroceptif, -ive** [ɛksteʀosɛptif, iv] adj exteroceptive

**exterritorialité** [ɛksteʀitɔʀjalite] nf exterritoriality

**extincteur, -trice** [ɛkstɛ̃ktœʀ, tʀis] 1 adj extinguishing

2 nm (fire) extinguisher

**extinction** [ɛkstɛ̃ksjɔ̃] → SYN nf [incendie, lumières] extinction, extinguishing, putting out; [peuple] extinction, dying out; [dette, droit] extinguishment ◆ **extinction de voix** loss of voice, aphonia (SPÉC) ◆ **avoir une extinction de voix** to lose one's voice ◆ **avant l'extinction des feux** (Mil, fig) before lights out ◆ **espèce en voie d'extinction** endangered species

**extirpateur** [ɛkstiʀpatœʀ] nm extirpator

**extirpation** [ɛkstiʀpasjɔ̃] → SYN nf (littér) [abus, vice] eradication; (Chir) extirpation; [plante] uprooting, pulling up

**extirper** [ɛkstiʀpe] → SYN ▸ conjug 1 ◂ 1 vt (littér) [+ abus, vice] to eradicate, root out; (Chir) to extirpate; [+ herbes] to uproot, pull up ◆ **elle a extirpé un chéquier de son sac** * she rooted around in her handbag and pulled out a chequebook ◆ **impossible de lui extirper une parole !** * it's impossible to drag ou get a word out of him! ◆ **extirper qn de son lit** * to drag ou haul sb out of bed

2 **s'extirper** vpr ◆ **s'extirper de son manteau** to extricate o.s. from one's coat ◆ **s'extirper du lit** to drag o.s. out of bed

**extorquer** [ɛkstɔʀke] → SYN ▸ conjug 1 ◂ vt [+ argent] to extort; [+ aveu, promesse] to extract, extort (*à qn* from sb) ◆ **ils lui ont extorqué une signature** they forced a signature out of him

**extorqueur, -euse** [ɛkstɔʀkœʀ, øz] nm,f extortioner

**extorsion** [ɛkstɔʀsjɔ̃] → SYN nf extortion ◆ **extorsion de fonds** extortion of money

**extra** [ɛkstʀa] → SYN 1 nm (= serveur) catering assistant; (= gâterie) (special) treat ◆ **s'offrir un extra** to give o.s. a treat, treat o.s. to something special

2 adj inv (Comm = supérieur) fromage, vin first-rate, extra-special; tissu top-quality; (* = excellent) film, personne, week-end fantastic, terrific *, great * ◆ **de qualité extra** of the finest ou best quality

**extraconjugal, e,** mpl **-aux** [ɛkstʀakɔ̃ʒygal, o] adj extramarital

**extracorporel, -elle** [ɛkstʀakɔʀpɔʀɛl] adj extracorporeal ◆ **circulation extracorporelle** cardiopulmonary by-pass

**extracteur** [ɛkstʀaktœʀ] nm extractor

**extractible** [ɛkstʀaktibl] adj (gén) extractable; autoradio removable

**extractif, -ive** [ɛkstʀaktif, iv] adj industrie extractive, mining

**extraction** [ɛkstʀaksjɔ̃] → SYN nf a [pétrole] extraction; [charbon] mining; [marbre] quarrying

b (Math, Méd) extraction

c († = origine) extraction (frm) ◆ **de haute/basse extraction** of high/low birth

**extrader** [ɛkstʀade] → SYN ▸ conjug 1 ◂ vt to extradite

**extradition** [ɛkstʀadisjɔ̃] → SYN nf extradition

**extrados** [ɛkstʀado] nm (Archit) extrados; (Anat) upper surface (*of a wing*)

**extrafin, e, extra-fin, e** [ɛkstʀafɛ̃, fin] adj haricots, petits pois super-fine; aiguille extra fine

**extrafort, extra-fort, e** [ɛkstʀafɔʀ, fɔʀt] 1 adj carton, moutarde extra-strong

2 nm (Couture) binding

**extragalactique** [ɛkstʀagalaktik] adj extragalactic

**extraire** [ɛkstʀɛʀ] → SYN ▸ conjug 50 ◂ 1 vt a [+ minerai, pétrole] to extract; [+ charbon] to mine; [+ marbre] to quarry

b [+ gaz, jus] to extract; (en pressant) to squeeze out; (en tordant) to wring out

c [+ dent] to extract, pull out; [+ clou] to pull out; [+ racine carrée] to extract; [+ balle] to extract, remove (*de* from)

d **extraire de** [+ placard, poche] to take ou bring out of; [+ avalanche, prison] to rescue from, get out of ◆ **passage extrait d'un livre** passage taken from a book

2 **s'extraire** vpr ◆ **s'extraire de son manteau** to extricate o.s. from one's coat ◆ **s'extraire de sa voiture** to climb out of one's car

**extrait** [ɛkstʀɛ] → SYN nm a [discours, journal] extract; [auteur, film, livre] extract, excerpt; [chanson] excerpt ◆ **extrait de naissance/baptême** birth/baptismal certificate ◆ **extrait de compte** abstract of accounts ◆ **un court extrait de l'émission** a clip from the programme

b [plante] essence ◆ **extrait de viande** meat extract

**extrajudiciaire** [ɛkstʀaʒydisjɛʀ] adj (Jur) exécution extrajudicial

**extralégal, e,** mpl **-aux** [ɛkstʀalegal, o] adj extra-legal

**extralinguistique** [ɛkstʀalɛ̃gɥistik] adj extralinguistic

**extra-lucide, extralucide** [ɛkstʀalysid] adj, nmf clairvoyant

**extra-marital, e,** mpl **-aux** [ɛkstʀamaʀital, o] adj extra-marital

**extra-muros** [ɛkstʀamyʀos] 1 adj inv extramural ◆ **un campus extra-muros** a campus outside town ◆ **Paris extra-muros** outer Paris

2 adv outside the town

**extranéité** [ɛkstʀaneite] nf (Jur) alien status, foreign origin

**extraordinaire** [ɛkstʀaɔʀdinɛʀ] → SYN adj a (= étrange) costume, événement, opinions extraordinary ◆ **l'extraordinaire, c'est que ...** the extraordinary thing is that ...

b (= exceptionnel) beauté, force extraordinary, exceptional, outstanding; succès resounding ◆ **ce roman n'est pas extraordinaire** this isn't a particularly great novel, this novel isn't up to much * (Brit)

c (Pol) assemblée, mesures, moyens extraordinary, special; → **ambassadeur**

**d** **si par extraordinaire** if by some unlikely chance ◆ **quand par extraordinaire** on those rare occasions when

**extraordinairement** [ɛkstʀaɔʀdinɛʀmɑ̃] adv (= exceptionnellement) extraordinarily, exceptionally; (= d'une manière étrange) extraordinarily

**extraparlementaire** [ɛkstʀapaʀləmɑ̃tɛʀ] adj extra-parliamentary

**extraplat, e** [ɛkstʀapla, at] adj télévision, montre, calculatrice slimline ◆ **télévision à écran extraplat** flat screen television

**extrapolable** [ɛkstʀapɔlabl] adj which can be extrapolated

**extrapolation** [ɛkstʀapɔlasjɔ̃] → SYN nf extrapolation

**extrapoler** [ɛkstʀapɔle] → SYN ▸ conjug 1 ◂ vti to extrapolate (*à partir de* from)

**extrascolaire** [ɛkstʀaskɔlɛʀ] adj activités extracurricular

**extrasensible** [ɛkstʀasɑ̃sibl] adj extrasensible (frm), that cannot be perceived by the senses

**extrasensoriel, -ielle** [ɛkstʀasɑ̃sɔʀjɛl] adj perception extrasensory

**extrasystole** [ɛkstʀasistɔl] nf extrasystole

**extraterrestre** [ɛkstʀatɛʀɛstʀ] 1 adj extraterrestrial

2 nmf extra-terrestrial, alien

**extraterritorial, e,** mpl **-iaux** [ɛkstʀatɛʀitɔʀjal, jo] adj extraterritorial

**extraterritorialité** [ɛkstʀatɛʀitɔʀjalite] nf extraterritoriality

**extra-utérin, e,** mpl **extra-utérins** [ɛkstʀaytɛʀɛ̃, in] adj extrauterine ◆ **grossesse extra-utérine** ectopic pregnancy

**extravagance** [ɛkstʀavagɑ̃s] → SYN nf **a** (= caractère) [costume, conduite] eccentricity, extravagance

**b** (= acte) eccentric ou extravagant behaviour (NonC) ◆ **dire des extravagances** to talk wildly ou extravagantly

**extravagant, e** [ɛkstʀavagɑ̃, ɑ̃t] → SYN adj idée, théorie extravagant, wild, crazy; prix outrageous, excessive

**extravaser (s')** [ɛkstʀavɑze] → SYN ▸ conjug 1 ◂ vpr to extravasate

**extraversion** [ɛkstʀavɛʀsjɔ̃] nf extroversion

**extraverti, e** [ɛkstʀavɛʀti] adj, nm,f extrovert

**extrême** [ɛkstʀɛm] → SYN 1 adj **a** (le plus éloigné) extreme, furthest ◆ **à l'extrême bout de la table** at the far ou furthest end of the table, at the very end of the table ◆ **dans son extrême jeunesse** in his very young days, in his earliest youth ◆ **à l'extrême opposé** at the opposite extreme ◆ **l'extrême droite/gauche** (Pol) the far right/left

**b** (le plus intense) extreme, utmost ◆ **dans la misère extrême** in extreme ou the utmost poverty ◆ **c'est avec un plaisir extrême que** it is with the greatest ou the utmost pleasure that ◆ **il m'a reçu avec une extrême amabilité** he received me in the friendliest possible way ou with the utmost kindness ◆ **il fait une chaleur extrême** it is extremely hot ◆ **d'une pâleur/difficulté extrême** extremely pale/difficult; → **rigueur, urgence**

**c** (après n = excessif, radical) théories, moyens extreme ◆ **ça l'a conduit à des mesures extrêmes** that drove him into taking drastic ou extreme steps ◆ **il a un caractère extrême** he tends to go to extremes, he is an extremist by nature

2 nm extreme ◆ **les extrêmes se touchent** extremes meet ◆ **passer d'un extrême à l'autre** to go from one extreme to the other ou to another

◆ **(jusqu')à l'extrême** in the extreme, to an extreme degree ◆ **cela lui répugnait à l'extrême** he was extremely loath to do it ◆ **noircir une situation à l'extrême** to paint the blackest possible picture of a situation ◆ **scrupuleux à l'extrême** scrupulous to a fault

**extrêmement** [ɛkstʀɛmmɑ̃] → SYN adv extremely, exceedingly

**extrême-onction,** pl **extrêmes-onctions** [ɛkstʀɛmɔ̃ksjɔ̃] → SYN nf Extreme Unction

**Extrême-Orient** [ɛkstʀɛmɔʀjɑ̃] nm inv Far East

**extrême-oriental, e,** mpl **extrême-orientaux** [ɛkstʀɛmɔʀjɑ̃tal, o] 1 adj far eastern, oriental

2 **Extrême-Oriental(e)** nm,f person from the Far East

**extrémisme** [ɛkstʀemism] → SYN nm extremism

**extrémiste** [ɛkstʀemist] → SYN adj, nmf extremist

**extrémité** [ɛkstʀemite] → SYN nf **a** (= bout) (gén) end; [aiguille] point; [objet mince] tip; [village, île] extremity, limit; [péninsule] head

**b** (frm = situation critique) plight, straits ◆ **être dans la pénible extrémité de devoir** to be in the unfortunate necessity of having to ◆ **réduit à la dernière extrémité** in the most dire plight ou straits ◆ **être à toute extrémité, être à la dernière extrémité** to be on the point of death

**c** (frm = action excessive) extremes, extreme lengths ◆ **se porter à une extrémité** ou **à des extrémités** to go to extremes ◆ **pousser qn à une extrémité** ou **à des extrémités** to push ou drive sb to extremes ou into taking extreme action ◆ **se livrer à des extrémités (sur qn)** to assault sb ◆ **d'une extrémité dans l'autre** from one extreme to another

**d** (= pieds et mains) **extrémités** extremities

**extremum** [ɛkstʀemɔm] nm (Math) extreme

**extrinsèque** [ɛkstʀɛ̃sɛk] → SYN adj extrinsic

**extrinsèquement** [ɛkstʀɛ̃sɛkmɑ̃] adv extrinsically

**extrorse** [ɛkstʀɔʀs] adj extrorse, extrorsal

**extruder** [ɛkstʀyde] ▸ conjug 1 ◂ vt to extrude

**extrudeuse** [ɛkstʀydøz] nf (= machine) extruder

**extrusion** [ɛkstʀyzjɔ̃] → SYN nf extrusion

**exubérance** [ɛgzybeʀɑ̃s] → SYN nf (= caractère) exuberance (NonC); (= action) exuberant behaviour (NonC) (ou talk (NonC) etc ) ◆ **parler avec exubérance** to speak exuberantly

**exubérant, e** [ɛgzybeʀɑ̃, ɑ̃t] → SYN adj (gén) exuberant

**exulcération** [ɛgzylseʀasjɔ̃] → SYN nf (Méd) erosion

**exultation** [ɛgzyltasjɔ̃] → SYN nf exultation

**exulter** [ɛgzylte] → SYN ▸ conjug 1 ◂ vi to exult

**exutoire** [ɛgzytwaʀ] → SYN nm (Tech) outlet; (= dérivatif) outlet (*à* for)

**exuvie** [ɛgzyvi] nf exuviae *(pl)*

**ex-voto** [ɛksvɔto] → SYN nm inv thanksgiving ou commemorative plaque

**eye-liner,** pl **eye-liners** [ajlajnœʀ] nm eyeliner

**eyra** [ɛʀa] nm eyra

**Ézéchiel** [ezekjɛl] nm Ezekiel ◆ **(le livre d') Ézéchiel** (the Book of) Ezekiel

**F**[1], **f** [ɛf] nm (= lettre) F, f ◆ **un F2** (= appartement) a 2-roomed flat (Brit) ou apartment (surtout US)

**F**[2] **a** (abrév de **franc**) F, fr
**b** (abrév de **Fahrenheit**) F
**c** (abrév de **frère**)

**fa** [fa] nm inv (Mus) F; (en chantant la gamme) fa; → **clé**

**FAB** [ɛfabe] (abrév de **franco à bord**) FOB

**fabacées** [fabase] nfpl ◆ **les fabacées** fabaceous plants, the Fabaceae (SPÉC)

**fable** [fɑbl] → SYN nf (= genre) fable; (= légende) fable, legend; (= mensonge) tale, story ◆ **quelle fable va-t-il inventer ?** what yarn will he spin? ◆ **cette rumeur est une pure fable** this rumour is completely unfounded ou untrue ◆ **être la fable de toute la ville** † to be the laughing stock of the whole town

**fabliau**, pl **fabliaux** [fɑblijo] nm fabliau

**fablier** [fɑblije] nm book of fables

**fabricant, e** [fabʀikɑ̃, ɑ̃t] → SYN nm,f manufacturer ◆ **un gros fabricant d'ordinateurs** a big computer manufacturer ◆ **fabricant de pneus** tyre-maker (Brit), tire-maker (US)

**fabricateur, -trice** [fabʀikatœʀ, tʀis] nm,f [fausse monnaie, faux papiers] counterfeiter, forger; [fausses nouvelles] fabricator

**fabrication** [fabʀikasjɔ̃] → SYN nf **a** (industrielle) manufacture, manufacturing; (artisanale, personnelle) making ◆ **la fabrication industrielle/en série** factory ou industrial/mass production ◆ **fabrication par lots** batch production ◆ **de fabrication française** made in France, French-made ◆ **de fabrication étrangère** foreign-made ◆ **de fabrication locale** made locally ◆ **c'est une fabrication maison** * it's home-made ◆ **de bonne fabrication** well-made, of good ou high-quality workmanship ◆ **fabrication assistée par ordinateur** computer-aided manufacturing ◆ **une robe de sa fabrication** a dress of her own making, a dress she made herself; → **artisanal, défaut, procédé** etc
**b** [faux] forging; [fausses nouvelles] fabricating, making up ◆ **fabrication de fausse monnaie** counterfeiting ou forging money

**fabrique** [fabʀik] → SYN nf **a** (= établissement) factory ◆ **fabrique de gants** glove factory ◆ **fabrique de papier** paper mill; → **marque, prix**
**b** (littér = facture) workmanship ◆ **de bonne fabrique** well-made, of good ou high-quality workmanship
**c** (Rel) **la fabrique** the fabric

**fabriquer** [fabʀike] → SYN ▸ conjug 1 ◂ vt **a** (industriellement) to manufacture; (de façon artisanale, chez soi) to make; [+ cellules, anticorps] to make, produce; [+ faux document] to forge; [+ fausses nouvelles, fausses preuves] to fabricate, make up; [+ incident, histoire] to invent, make up ◆ **fabriquer de la fausse monnaie** to counterfeit ou forge money ◆ **fabriquer en série** to mass-produce ◆ **fabriquer industriellement** to manufacture, produce industrially ◆ **fabriquer de façon artisanale** to handcraft, make ou produce on a small scale ◆ **c'est une histoire fabriquée de toutes pièces** this story is made up from start to finish ou is a complete fabrication ◆ **il s'est fabriqué un personnage de prophète** he created ou invented a prophet-like character for himself ◆ **il s'est fabriqué un poste de radio/une cabane** he built ou made himself a radio set/a shed
**b** (* = faire) to do ◆ **qu'est-ce qu'il fabrique ?** what (on earth) is he doing? ou is he up to? * ◆ **quelquefois, je me demande ce que je fabrique ici !** sometimes I wonder what on earth I'm doing here!

**fabulateur, -trice** [fabylatœʀ, tʀis] → SYN **1** adj ◆ **faculté fabulatrice** faculty for fantasizing ◆ **tendance fabulatrice** tendency to fabricate ou spin stories
**2** nm,f storyteller

**fabulation** [fabylasjɔ̃] → SYN nf (= fait d'imaginer) fantasizing; (= fait de mentir) storytelling; (= fable) tale, fable; (= mensonge) story, yarn, tale

**fabuler** [fabyle] → SYN ▸ conjug 1 ◂ vi make up ou invent stories

**fabuleusement** [fabyløzmɑ̃] adv fabulously, fantastically

**fabuleux, -euse** [fabylø, øz] → SYN adj **a** (littér) (= des temps anciens, de la mythologie) mythical, legendary; (= de la légende, du merveilleux) fabulous
**b** (= prodigieux) richesse, exploits, vitesse fabulous, fantastic

**fabuliste** [fabylist] nm writer of fables ou tales

**FAC** [fak] nm (abrév de **franc d'avaries communes**) FGA

**fac** * [fak] nf (abrév de **faculté**) → **faculté a**

**façade** [fasad] → SYN nf **a** (= devant de maison) (gén) façade, front, frontage; (Archéol) façade; (= côté de maison) side; [magasin] front, frontage ◆ **façade latérale** side wall ◆ **façade ouest** west side ou wall ◆ **la façade arrière de la maison** the back of the house ◆ **les façades des magasins** the shop fronts ◆ **3 pièces en façade** 3 rooms at ou facing the front ◆ **sur la façade atlantique** (Mét) along the Atlantic shoreline
**b** (= apparence) façade, appearance; (= couverture) cover ◆ **façade de respectabilité/de vertu** façade ou outward show ou appearance of respectability/virtue ◆ **ce n'est qu'une façade** it's just a front ou façade, it's a mere façade ou pretence ◆ **de façade** luxe apparent; optimisme fake ◆ **maintenir une unité de façade** to preserve an appearance ou outward show of unity ◆ **pour la façade** for the sake of appearances, for appearances' sake ◆ **ce restaurant est une façade qui cache un tripot clandestin** this restaurant is a cover for an illegal dive *
**c** (‡ = visage) **se refaire la façade** (= se maquiller) to redo one's face *; (= se faire faire un lifting) to have a face-lift ◆ **il va te démolir la façade** he's going to smash your face in ‡

**face** [fas] → SYN **1** nf **a** (frm, Méd = visage) face ◆ **les blessés de la face** people with facial injuries ◆ **tomber face contre terre** to fall flat on the ground ou flat on one's face ◆ **se prosterner face contre terre** to prostrate o.s. with one's face to the ground ◆ **face de rat/de singe** ‡ rat/monkey face ‡ ◆ **sauver/perdre la face** to save/lose face ◆ **opération destinée à sauver la face** face-saving move; → **voiler**[1]
**b** (= côté) [objet, organe] side; [médaille, pièce de monnaie] front, obverse; (Math) [cube, figure] side, face; (Alpinisme) face, wall ◆ **face A/B** [disque] A-/B-side ◆ **la face interne des cuisses** the inner thighs ◆ **la face cachée de la lune** the dark side of the moon ◆ **examiner un objet/une question sous** ou **sur toutes ses faces** to examine an object/a problem from all sides ◆ **question à double face** two-sided question ◆ **la pièce est tombée sur face** ou **côté face** the coin fell face up ◆ **face !** (jeu de pile ou face) heads!; → **pile**
**c** (= aspect) face ◆ **la face changeante des choses** the changing face of things ◆ **changer la face du monde** to change the face of the world ◆ **le monde a changé de face** (the face of) the world has changed
**d** (littér = surface) **la face de la terre** ou **du globe** the face of the earth ◆ **la face de l'océan** the surface of the ocean
**e** (LOC)
♦ **faire face** to face up to things ◆ **faire face à** [+ lieu, objet, personne] to face, be opposite; [+ épreuve, adversaire, obligation] to face (up to); [+ dette, engagement] to meet ◆ **se faire face** [maisons] to be facing ou opposite each other; [adversaires] to be face to face ◆ **il a dû faire face à des dépenses élevées** he has been faced with ou he has had to face considerable expense
♦ **face à** facing ◆ **il se dressa face à l'ennemi** he positioned himself facing the enemy ◆ **face à ces problèmes, il se sentait impuissant** faced with ou in the face of such problems, he felt helpless
♦ **face à face** lieux, objets opposite ou facing each other; personnes, animaux face to face, facing each other ◆ **face à face avec** [+ lieu, objet] opposite, facing; [+ personne, animal] face to face with ◆ **face à face avec une difficulté** faced with ou up against a difficulty
♦ **à la face de** ◆ **il éclata de rire à la face de son professeur** he laughed in his teacher's face ◆ **proclamer à la face de l'univers** ou **du monde** to proclaim to the whole world ou to the world at large
♦ **en face**
(= de l'autre côté de la rue) across the street, opposite, over the road ◆ **j'habite en face** I live across the street ou over the road ou opposite ◆ **la maison d'en face** the house across the street ou over the road ou opposite ◆ **le trottoir d'en face** the opposite pavement ◆ **la dame d'en face** the lady (from) across the street ou (from) over the road, the lady opposite
(= directement, ouvertement) ◆ **regarder qn (bien) en face** to look sb (straight) in the face ◆ **je**

**lui ai dit en face ce que je pensais d'elle** I told her to her face what I thought of her ◆ **regarder la mort en face** to look death in the face ◆ **il faut voir les choses en face** one must see things as they are, one must face facts ◆ **avoir le soleil en face** to have the sun in one's eyes

◆ **en face de** (= en vis-à-vis de) opposite; (= en présence de) in front of ◆ **au banquet, on les a mis l'un en face de l'autre** ou **en face l'un de l'autre** they were placed opposite each other ou facing each other at the banquet ◆ **les deux ennemis étaient maintenant l'un en face de l'autre** the two enemies now stood facing each other ou were now face to face ◆ **il n'ose rien dire en face de son patron** he daren't say anything in front of his boss ◆ **ne te mets pas en face de moi/de ma lumière** don't stand in my way/in my light ◆ **se trouver en face d'un danger/problème** to be confronted ou faced with a danger/problem ◆ **en face de cela** (fig) on the other hand

◆ **de face** portrait fullface; nu, portrait en pied full-frontal; attaque (full-)frontal; place (au théâtre) in the centre (Brit) ou center (US) ◆ **un personnage/cheval de face** the front view of a person/horse ◆ **avoir une vue de face sur qch** to have a front view of sth ◆ **voir qn de face** to see sb face on ◆ **vu/filmé de face** seen/filmed from the front ◆ **attaquer de face** to make a (full-)frontal attack on, attack from the front ◆ **avoir le vent de face** to have the wind in one's face

**face-à-face** [fasafas] **nm inv** (= rencontre) (face-to-face) meeting ou encounter; (= rivalité) showdown; (= conflit) confrontation ◆ **face-à-face télévisé** one-to-one ou face-to-face TV debate ◆ **le face-à-face Bordeaux-Nantes** (Sport) the encounter between Bordeaux and Nantes

**face-à-main**, pl **faces-à-main** [fasamɛ̃] **nm** lorgnette

**facétie** [fasesi] → SYN **nf** (= drôlerie) joke; (= farce) prank, trick ◆ **faire des facéties** to play pranks ou tricks ◆ **dire des facéties** to crack jokes

**facétieusement** [fasesjøzmɑ̃] **adv** mischievously

**facétieux, -ieuse** [fasesjø, jøz] → SYN **adj** personne, caractère mischievous

**facette** [fasɛt] **nf** (lit, fig) facet ◆ **à facettes** pierre faceted; caractère, personnage multi-faceted, many-sided; histoire, réalité multifaceted ◆ **yeux à facettes** compound eyes ◆ **étudier un problème sous toutes ses facettes** to examine a problem from every angle

**facetter** [fasete] ▸ conjug 1 ◂ **vt** to facet

**fâché, e** [fɑʃe] → SYN (ptp de **fâcher**) **adj** **a** (= en colère) angry, cross (surtout Brit) (*contre* with) ◆ **elle a l'air fâché(e)** she looks angry ou cross (surtout Brit) ◆ **tu n'es pas fâché, au moins ?** you're not angry ou cross (surtout Brit), are you?

**b** (= brouillé) **ils sont fâchés** they have fallen out ◆ **elle est fâchée avec moi** she has fallen out with me ◆ **nous sommes fâchés à mort** we can't stand the sight of each other, we are mortal enemies ◆ **il est fâché avec les chiffres** (hum) he's hopeless with numbers ◆ **il est fâché avec l'orthographe** (hum) he can't spell to save his life ◆ **il est fâché avec son peigne** (hum) his hair has never seen a comb

**c** (= contrarié) sorry (*de qch* about sth) ◆ **je suis fâché de ne pas pouvoir vous aider** (frm) I'm sorry that I can't help you ◆ **je ne suis pas fâché d'avoir fini ce travail** I'm not sorry to have finished this job ◆ **je ne serais pas fâché que vous me laissiez tranquille** (hum) I wouldn't mind being left alone ou in peace, I wouldn't object to a bit of peace and quiet

**fâcher** [fɑʃe] → SYN ▸ conjug 1 ◂ **1** **vt** **a** (= mettre en colère) to anger, make angry, vex ◆ **tu ne réussiras qu'à le fâcher davantage** you will only make him more angry ou angrier

**b** (frm = contrarier) to grieve (frm), distress ◆ **cette triste nouvelle me fâche beaucoup** this sad news grieves me (frm) ou greatly distresses me

**2** **se fâcher** **vpr** **a** (= se mettre en colère) to get angry ou cross (surtout Brit), lose one's temper ◆ **se fâcher contre qn/pour** ou **au sujet de qch** to get angry ou annoyed with sb/about ou over sth ◆ **va au lit ou je me fâche !** go to bed or I'll get angry! ◆ **si tu continues, je vais me fâcher tout rouge** * (hum) if you go on like that, I'll get really angry ou cross (surtout Brit)

**b** (= se brouiller) to quarrel, fall out (*avec* with)

**fâcherie** [fɑʃʀi] → SYN **nf** (= brouille) quarrel

**fâcheusement** [fɑʃøzmɑ̃] **adv** survenir (most) unfortunately ou awkwardly ◆ **fâcheusement surpris** (most) unpleasantly surprised

**fâcheux, -euse** [fɑʃø, øz] → SYN **1** **adj** exemple, décision, coïncidence, situation unfortunate, regrettable ◆ **il est fâcheux qu'il ait cru devoir s'abstenir** it's unfortunate ou a pity that he felt it necessary to abstain ◆ **le fâcheux dans tout ça c'est que ...** the unfortunate ou annoying ou tiresome thing about it (all) is that ...

**2** **nm,f** (littér = importun) bore

**facho** * [faʃo] **adj, nmf** (abrév de **fasciste**) (péj) fascist ◆ **il est un peu facho** he's a bit of a fascist

**facial, e**, mpl **facials** ou **-iaux** [fasjal, jo] **adj** facial; → **angle**

**faciès** [fasjɛs] → SYN **nm** **a** (= visage) features; (Ethnol, Méd) facies; → **délit**

**b** (Bot, Géog) facies

**facile** [fasil] → SYN **1** **adj** **a** (= aisé) travail, problème, succès, proie easy ◆ **un livre facile à lire** an easy book to read ◆ **c'est** ou **il est facile de ...** it's easy to ... ◆ **facile d'emploi, facile à utiliser** easy to use ◆ **facile d'accès, d'accès facile** easy to reach ou get to, of easy access ◆ **avoir la vie facile** to have an easy life ◆ **ils ne lui rendent pas la vie facile** they don't make life easy for him ◆ **c'est facile à dire !** that's easy to say! ◆ **plus facile à dire qu'à faire** easier said than done ◆ **c'est trop facile de s'indigner** it's too easy to get indignant ◆ **ce n'est pas si facile** it's not as simple as that ◆ **facile comme tout** * ou **comme bonjour** * (as) easy as pie *, dead easy *

**b** (= spontané) **avoir la parole facile** (= parler aisément) to be a fluent ou an articulate speaker; (= parler volontiers) to have a ready tongue ou the gift of the gab * ◆ **il a la plume facile** (= écrire aisément) he has an eloquent pen; (= être toujours prêt à écrire) he finds it easy to write, writing comes easily to him ◆ **avoir la larme facile** to be quick to cry, be easily moved to tears ◆ **il a l'argent facile** * he's very casual about money, money just slips through his fingers ◆ **l'argent facile** easy money ◆ **avoir la gâchette facile** to be trigger-happy ◆ **il a le couteau facile** he's all too quick to use his knife, he's very ready with his knife

**c** (péj = superficiel) **effet/ironie facile** facile effect/irony ◆ **littérature facile** cheap literature

**d** caractère easy-going ◆ **il est d'humeur facile** he's easy-going ◆ **il est facile à vivre/contenter** he's easy to get along with ou on with (Brit)/to please ◆ **il n'est pas facile tous les jours** he's not always easy to get along with ou on with (Brit) ◆ **il n'est pas facile en affaires** he's a tough businessman, he drives a hard bargain ◆ **ce n'est pas un adversaire facile** he's a formidable adversary ◆ **c'est un bébé très facile** he's a very easy baby

**e** (péj) femme loose (épith) ◆ **une fille facile** a woman of easy virtue

**2** **adv** * (= facilement) easily; (= au moins) at least, easily ◆ **il y est arrivé facile** he managed it easily ◆ **il fait du 200 km/h facile** he's doing at least 200 km/h ◆ **elle a 50 ans facile** she's at least ou easily 50

**facilement** [fasilmɑ̃] **adv** (gén) easily ◆ **médicament facilement toléré par l'organisme** medicine easily ou readily tolerated by the body ◆ **il se fâche facilement** he loses his temper easily, he's quick to lose his temper, he's quick-tempered ◆ **on met facilement 10 jours** * it takes 10 days easily ou at least 10 days

**facilitation** [fasilitasjɔ̃] **nf** [tâche] facilitation

**facilité** [fasilite] → SYN **nf** **a** (= simplicité) [devoir, problème, travail] easiness ◆ **aimer la facilité** to like things that are easy ou simple ◆ **tâche d'une grande facilité** extremely easy ou straightforward task ◆ **d'une grande facilité d'emploi** outil very easy to use; logiciel very user-friendly

**b** (= aisance) [succès, victoire] ease; [expression, style] fluency, ease ◆ **il a choisi la facilité en ne venant pas** he took the easy way out by not coming ◆ **réussir qch avec facilité** to manage sth with ease ou easily ◆ **la facilité avec laquelle il a appris le piano** the ease with which he learnt the piano ◆ **il travaille avec facilité** he works with ease ◆ **il s'exprime avec facilité** ou **avec une grande facilité de parole** he expresses himself with (great) fluency ou ease ou fluently; → **solution**

**c** (= aptitude) ability, aptitude ◆ **cet élève a beaucoup de facilité** this pupil has great ability ou aptitude ◆ **il a beaucoup de facilité pour les langues** he has a great aptitude ou facility for languages

**d** (gén pl = possibilité) facility ◆ **avoir la facilité/toutes (les) facilités de** ou **pour faire qch** to have the/every opportunity to do sth ou of doing sth ◆ **facilités de transport** transport facilities ◆ **facilités d'accès à un lieu/à des services** easy access ou ease of access to a place/services ◆ **facilités de crédit** credit facilities ou terms ◆ **facilités de paiement** easy terms ◆ **consentir des facilités de caisse** to grant an overdraft facility

**e** (= tendance) tendency ◆ **il a une certaine facilité à se mettre en colère** he has a tendency to lose his temper

**f** (littér = complaisance) readiness ◆ **il a une grande facilité à croire ce que l'on raconte/à se plier à une règle** he has a great tendency ou is very ready to believe what people tell him/to comply with the rules

**faciliter** [fasilite] → SYN ▸ conjug 1 ◂ **vt** (gén) to make easier, facilitate ◆ **ça ne va pas faciliter les choses** that's not going to make matters ou things (any) easier, that's not going to ease matters ◆ **pour lui faciliter sa mission/la tâche** to make his mission/work easier, make the mission/work easier for him

**façon** [fasɔ̃] → SYN **1** **nf** **a** (= manière) way, manner ◆ **voilà la façon dont il procède** this is how ou the way he does it ◆ **il s'y prend de** ou **d'une façon curieuse** he has a strange way of going about things ◆ **de quelle façon est-ce arrivé ?** how did it happen? ◆ **il faut le faire de la façon suivante** you must do it in the following way ou as follows ◆ **je le ferai à ma façon** I shall do it my own way ◆ **il raconte l'histoire à sa façon** he tells the story in his own way ◆ **à la façon de** like ◆ **à la façon d'un enfant** like a child, as a child would do ◆ **sa façon d'agir/de répondre** the way he behaves/answers, his way of behaving/answering ◆ **c'est une façon de parler** it's (just) a figure of speech ◆ **je vais lui dire ma façon de penser** (point de vue) I'll tell him what I think about it ou how I feel about it; (colère) I'll give him a piece of my mind, I'll tell him what I think about it ◆ **c'est une façon de voir (les choses)** it's one way of seeing things ou of looking at things ◆ (Prov) **la façon de donner vaut mieux que ce qu'on donne** it's the thought that counts

**b** (LOC) **rosser qn de (la) belle façon** †† to give sb a sound thrashing ◆ **d'une certaine façon, c'est vrai** it is true in a way ou in some ways ◆ **de cette façon, tu n'auras rien à payer** that way, you won't have to pay anything ◆ **d'une façon ou d'une autre** somehow or other, one way or another ◆ **en aucune façon** in no way ◆ **de quelque façon qu'il s'y prenne** however ou no matter how he goes about it ◆ **et sans plus de façons** and without further ado

◆ **de ma/sa** etc **façon** ◆ **je vais lui jouer un tour de ma façon** I'm going to play a trick of my own on him ◆ **un poème de ma façon** a poem written by me ◆ **un plat de ma façon** a dish of my own making ou made by me

◆ **d'une façon générale** generally speaking, as a general rule

◆ **de la même façon** in the same way ◆ **il a réagi de la même façon que l'an dernier** he reacted (in the same way) as he did last year ◆ **il n'a pas réagi de la même façon que son frère** he didn't react in the same way as his brother, his reaction was different from his brother's

◆ **de toute(s) façon(s)** in any case, at any rate, anyway

♦ **de façon à** ◆ **de façon à ne pas le déranger** so as not to disturb him ◆ **de façon à ce qu'il puisse regarder**
♦ **de (telle) façon que ...** in such a way that ... ◆ **de (telle) façon qu'il puisse regarder** so that he can see
♦ **sans façon** ◆ **accepter sans façon** to accept without fuss ◆ **il est sans façon** he's unaffected ◆ **merci, sans façon** no thanks, really ou honestly ◆ **repas sans façon** simple ou unpretentious meal

c (Couture) [robe] cut, making-up (Brit) ◆ **payer la façon** to pay for the tailoring ou making-up (Brit) ◆ **le travail à façon** tailoring, dressmaking ◆ **travailler à façon** to (hand) tailor ou make up (Brit) customers' own material ◆ **tailleur à façon** bespoke tailor (Brit), custom tailor (US) ◆ **vêtements à façon** tailor-made garments, bespoke garments (Brit)

d (= imitation) **veste façon daim/cuir** jacket in imitation suede/leather ◆ **châle façon cachemire** cashmere-style shawl ◆ **bijoux façon antique** old-fashioned ou antique style jewellery ◆ **gigot façon chevreuil** leg of lamb cooked like ou done like venison

e (Agr) tillage ◆ **donner une façon à la terre** to till the land

f (Artisanat) (= fabrication) making, crafting; (= facture) workmanship, craftmanship ◆ **payer la façon** to pay for the workmanship

g († = genre) **une façon de maître d'hôtel** a head waiter of sorts ◆ **une façon de roman** a novel of sorts

2 **façons** nfpl manners, behaviour (Brit), behavior (US) ◆ **ses façons me déplaisent profondément** I find his manners extremely unpleasant, I don't like his behaviour at all ◆ **en voilà des façons !** what a way to behave!, that's no way to behave! ◆ **faire des façons** (minauderies) to put on airs and graces; (chichis) to make a fuss

**faconde** [fakɔ̃d] → SYN nf (littér) loquaciousness ◆ **avoir de la faconde** to be very loquacious ◆ **quelle faconde !** what a talker!, he's (ou she's) got the gift of the gab! *

**façonnage** [fasɔnaʒ] nm a [argile, métal] shaping, fashioning; [tronc d'arbre, bloc de pierre] hewing, shaping

b [pièce, clé] (industriel) manufacturing; (artisanal) making, crafting; [chapeau, robe, statuette] fashioning, making

c (Imprim) forwarding

**façonné, e** [fasɔne] (ptp de **façonner**) adj ◆ **étoffe façonnée** figured fabric

**façonnement** [fasɔnmɑ̃] nm [esprits, caractère] moulding (Brit), molding (US), shaping, forming

**façonner** [fasɔne] → SYN ▸ conjug 1 ◂ vt a [+ argile, métal] to shape, fashion; [+ tronc d'arbre, bloc de pierre] to hew, shape; [+ terre] to till

b [+ pièce, clé] (industriellement) to manufacture; (artisanalement) to make, craft; [+ chapeau, robe, statuette] to fashion, make

c [+ caractère, personne] to mould (Brit), mold (US), shape, form ◆ **l'éducation puritaine qui a façonné son enfance** the puritanical upbringing that shaped his childhood

**façonnier, -ière** [fasɔnje, jɛʀ] → SYN adj (= maniéré) affected, over-refined ◆ **elle est façonnière** she puts on airs and graces, she's affected

**fac-similé,** pl **fac-similés** [faksimile] → SYN nm facsimile

**factage** [faktaʒ] nm (= transport) cartage, forwarding ◆ **entreprise de factage** parcel delivery company, transport company ◆ **frais de factage** cartage, delivery charge, carriage

**facteur** [faktœʀ] → SYN nm a (Poste) postman (Brit), mailman (US); → **factrice**

b (= élément, Math) factor (*de, dans* in) ◆ **le facteur chance/prix/humain** the chance/price/human factor ◆ **facteur de risque** risk factor ◆ **facteur de croissance** (Méd) growth factor ◆ **le libre-échange a été un facteur de croissance** (Écon) free trade has been a factor in economic growth ◆ **facteur commun** (Math, gén) common factor ◆ **mettre en facteurs** to factorize ◆ **mise en facteurs** factorization ◆ **facteur Rhésus** Rhesus ou Rh factor

c (= fabricant) **facteur de pianos** piano maker ◆ **facteur d'orgues** organ builder

**factice** [faktis] → SYN 1 adj marbre, beauté artificial; cuir, bijou imitation (épith), artificial; barbe false; bouteilles, articles exposés dummy (épith); enthousiasme, amabilité false, feigned, sham ◆ **tout semblait factice, le marbre du sol et la civilité des employés** everything seemed phoney * ou artificial, from the marble floor to the politeness of the employees

2 nm (= objet) dummy

**factieux, -ieuse** [faksjø, jøz] → SYN 1 adj factious, seditious

2 nm,f seditionary

**faction** [faksjɔ̃] → SYN nf a (= groupe factieux) faction

b (= garde) [sentinelle] sentry duty, guard duty; [soldat] guard duty; [personne qui attend] long watch ◆ **être de** ou **en faction** [soldat] to be on guard (duty), stand guard; [sentinelle] to be on guard (duty) ou (sentry) duty, stand guard; [personne qui attend] to keep ou stand watch ◆ **mettre qn de faction** to put sb on guard (duty)

c (Ind) (eight hour) shift

**factionnaire** [faksjɔnɛʀ] → SYN 1 nm (= sentinelle, garde) sentry ou guard (on duty)

2 nmf (Ind) shift worker

**factitif, -ive** [faktitif, iv] adj (Ling) factitive, causative

**factoriel, -ielle** [faktɔʀjɛl] 1 adj (Math) factorial ◆ **analyse factorielle** factor analysis

2 **factorielle** nf (Math) factorial

**factoring** [faktɔʀiŋ] → SYN nm factoring

**factorisation** [faktɔʀizasjɔ̃] nf factorization

**factoriser** [faktɔʀize] ▸ conjug 1 ◂ vt to factorize

**factotum** [faktɔtɔm] → SYN nm (= homme à tout faire) odd-job man, general handyman, (general) factotum (hum); (péj = larbin) gofer *, (general) dogsbody (Brit) (péj)

**factrice** [faktʀis] nf (Poste) postwoman (Brit), mailwoman (US)

**factuel, -elle** [faktɥɛl] adj factual

**factum** [faktɔm] → SYN nm (littér) lampoon

**facturation** [faktyʀasjɔ̃] nf (= opération) invoicing, billing; (= bureau) invoice office ◆ **facturation détaillée** itemized billing

**facture** [faktyʀ] GRAMMAIRE ACTIVE 20.5 → SYN nf a (= note) (gén) bill; (Comm) invoice ◆ **facture d'électricité/de téléphone** electricity/(tele)phone bill ◆ **notre facture pétrolière/énergétique** (Écon) the nation's oil/energy bill ◆ **fausse facture** false invoice ◆ **l'affaire des fausses factures** (Pol) *scandal involving the use of false invoices to fund French political parties* ◆ **établir une facture** to make out a bill ou an invoice ◆ **qui va payer la facture ?** (fig) who will foot the bill?; → **pro forma**

b (= manière, style) [objet] workmanship, craftmanship; [roman, symphonie] construction; [artiste] technique ◆ **roman de facture classique/originale** classic/original novel ◆ **meubles de bonne/belle facture** well-made/beautifully made furniture, furniture of good/beautiful workmanship

c [instrument de musique] making

**facturer** [faktyʀe] → SYN ▸ conjug 1 ◂ vt (= établir une facture pour) to invoice; (= compter) to charge (for), put on the bill, include in the bill ◆ **facturer qch 200 € (à qn)** to charge ou bill (sb) €200 for sth ◆ **facturer l'emballage** to charge for the packing, include the packing in the bill

**facturette** [faktyʀɛt] nf credit card slip

**facturier** [faktyʀje] → SYN nm (= registre) invoice register; (= employé) invoice clerk

**facturière** [faktyʀjɛʀ] nf (= employée) invoice clerk; (= machine) invoicing machine, biller (US)

**facule** [fakyl] nf facula

**facultatif, -ive** [fakyltatif, iv] → SYN adj travail, cours optional; halte, arrêt request (épith) ◆ **matière facultative** optional subject, elective (subject) (US)

**facultativement** [fakyltativmɑ̃] adv optionally

**faculté** [fakylte] → SYN nf a (Univ) faculty ◆ **la faculté des Lettres/de Médecine** the Faculty of Arts/Medicine, the Arts/Medical Faculty (Brit), the School ou College of Arts/Medicine (US) ◆ **Faculté des Arts/Sciences** (Can) Faculty of Arts/Science ◆ **Faculté des études supérieures** (au Québec) graduate and postgraduate studies ◆ **quand j'étais en faculté** ou **à la faculté** when I was at university ou college ou school (US) ◆ **professeur de faculté** university professor ◆ **la Faculté me défend le tabac** (hum) I'm not allowed to smoke on doctor's orders

b (= don) faculty; (= pouvoir) power; (= propriété) property ◆ **avoir une grande faculté de concentration** to have great powers of concentration ou a great faculty for concentration ◆ **avoir la faculté de marcher/de la préhension** to have the ability to walk/grasp, have the power of walking/grasping ◆ **facultés** (= aptitudes intellectuelles) faculties ◆ **ce problème dépasse mes facultés** this problem is beyond my powers ◆ **jouir de** ou **avoir toutes ses facultés** to be in full possession of one's faculties, have all one's faculties

c (= droit) right, option; (= possibilité) power, freedom, possibility ◆ **le propriétaire a la faculté de vendre son bien** the owner has the right to sell ou the option of selling his property ◆ **je te laisse la faculté de choisir** I'll give you the freedom to choose ou the possibility ou option of choosing ◆ **le Premier ministre a la faculté de révoquer certains fonctionnaires** (frm) the Prime Minister has the faculty ou power of dismissing certain civil servants ◆ **l'acheteur aura la faculté de décider** the buyer shall have the option to decide

**fada** * [fada] 1 adj (= fou) cracked *, crackers * (attrib), barmy * (Brit)

2 nm crackpot *

**fadaise** [fadɛz] → SYN nf (littér : gén pl) (= bagatelle) trifle ◆ **dire des fadaises** (= platitude) to mouth insipid ou empty phrases

**fadasse** [fadas] adj (péj) plat, boisson tasteless, insipid; couleur, style, propos wishy-washy, insipid

**fade** [fad] → SYN adj soupe, cuisine tasteless, insipid; goût insipid, bland; lumière, teinte dull; compliment, plaisanterie tame, insipid; décor, visage, individu, conversation, style dull, insipid; politesses, amabilité insipid ◆ **l'odeur fade du sang** the sickly smell of blood ◆ **des cheveux d'un blond fade** dull blond hair

**fadé, e** † ‡ [fade] adj (iro) first-class, priceless ◆ **il est drôlement fadé** he's a prize specimen *

**fader (se)** ‡ [fade] ▸ conjug 1 ◂ vpr [+ corvée, personne] to get landed with *, get lumbered with * (Brit)

**fadeur** [fadœʀ] → SYN nf a [soupe, cuisine] tastelessness, insipidness; [goût] insipidness, blandness; [lumière, teinte] dullness; [compliment, plaisanterie, conversation, style] dullness, insipidness; [politesses, amabilité] insipidness; [odeur] sickliness

b († = platitude) **fadeurs** sweet nothings, bland compliments ◆ **dire des fadeurs à une dame** to say sweet nothings to ou pay bland compliments to a lady

**fading** [fadiŋ] → SYN nm (Radio) fading

**fado** [fado] nm fado

**faf** * [faf] adj, nmf (abrév de **fasciste**) (péj) fascist

**fafiots** ‡ † [fafjo] nmpl (= billets) (bank)notes

**fagot** [fago] → SYN nm bundle of sticks ou firewood; → **derrière, sentir**

**fagoter** [fagɔte] → SYN ▸ conjug 1 ◂ 1 vt (péj = accoutrer) [+ enfant] to dress up, rig out * (Brit) ◆ **il est drôlement fagoté** (déguisé) he's wearing the strangest getup * ou rig-out * (Brit); (mal habillé) he's really oddly dressed

2 **se fagoter** vpr to dress o.s., rig o.s. out * (Brit) (*en* as a)

**Fahrenheit** [faʀɛnajt] adj, nm Fahrenheit ◆ **32 degrés Fahrenheit** 32 degrees Fahrenheit

**faiblard, e** * [fɛblaʀ, aʀd] 1 adj (péj) (en classe) weak, on the slow ou weak side (attrib); (physiquement) (rather) weakly; argument, démonstration feeble, weak, on the weak side (attrib)

2 nm,f weakling

**faible** [fɛbl] GRAMMAIRE ACTIVE 7.2 → SYN

1 adj a (physiquement) weak; monnaie weak, soft ◆ **je me sens encore très faible sur mes jambes** I still feel very shaky on my legs ◆ **avoir le cœur faible** to have a weak heart; → **économiquement, sexe**

b (moralement) weak ◆ **il est faible de caractère** he has a weak character ◆ **il est trop faible avec elle/ses élèves** he's too soft with her/with his pupils

c (en importance) rendement, revenu, demande low, poor; marge small; débit slow; quantité small, slight; écart, différence slight, small; espoir faint, slight, slender; avantage slight ◆ **il a de faibles chances de s'en tirer** (optimiste) he has a slight chance of pulling through; (pessimiste) his chances of pulling through are slight ou slim ◆ **à une vitesse plus faible** more slowly ◆ **à une faible hauteur** low down, not very high up ◆ **à une faible profondeur** not far below the surface ◆ **à une faible majorité** (Pol) by a narrow ou slight majority ◆ **pays à faible natalité** country with a low birth rate

d (en qualité) élève weak; expression, devoir, style weak, poor; raisonnement, argument weak, poor, feeble ◆ **il est faible en français** he's weak ou poor at ou in French ◆ **le côté faible de ce raisonnement** the weak side of this argument; → **esprit, point**[1]**, temps**[1]

e (en intensité) pouls, voix weak, faint, feeble; lumière dim, weak, faint; bruit, odeur faint, slight; résistance, protestation mild, weak; vent light, faint ◆ **vent faible à modéré** wind light to moderate ◆ **faible en alcool** low in alcohol ◆ **à faible teneur en sucre/cuivre** with a low sugar/copper content ◆ **c'est un escroc, et le terme est faible** he's a crook, and that's putting it mildly ou and that's an understatement ◆ **vous n'avez qu'une faible idée de sa puissance** you have only a slight ou faint idea of his power

f (Ling) conjugaison, verbe weak

2 nm a (= personne) weak person ◆ **les faibles et les opprimés** the weak ou feeble and the oppressed ◆ **un faible d'esprit** a feeble-minded person ◆ **c'est un faible, elle en fait ce qu'elle veut** he's a weakling – she does what she wants with him

b († = déficience) weak point ◆ **le faible de ce livre, ce sont les dialogues** the dialogues are the weak point in this book

c (= penchant) weakness ◆ **il a un faible pour le chocolat** he has a weakness for chocolate ◆ **il a un faible pour sa fille** he has a soft spot for his daughter

**faiblement** [fɛbləmɑ̃] → SYN adv a (= avec peine) weakly ◆ **la demande reprend faiblement** demand is picking up slightly

b (= peu) éclairer dimly; augmenter slightly ◆ **faiblement alcoolisé/gazéifié** slightly alcoholic/gaseous ◆ **faiblement éclairé** dimly ou poorly lit ◆ **zones faiblement peuplées** sparsely populated areas

**faiblesse** [fɛblɛs] → SYN nf a (physique) weakness ◆ **sa faiblesse de constitution** his weak ou frail constitution ◆ **il a une faiblesse dans le bras gauche** he has a weakness in his left arm

b (morale) weakness ◆ **sa faiblesse de caractère** his weak character, his weakness of character ◆ **avoir la faiblesse d'accepter** to be weak enough to accept ◆ **sa faiblesse à l'égard de son frère** his softness ou weakness towards his brother ◆ **chacun a ses petites faiblesses** we all have our little foibles ou weaknesses ou failings

c (= niveau peu élevé) **la faiblesse de la demande** the low level of demand ◆ **la faiblesse du revenu par habitant** the low per capita income

d (Bourse) [monnaie, cours, marché] weakness

e (= médiocrité) [argument, raisonnement] feebleness, weakness; [œuvre] weakness ◆ **sa faiblesse en anglais est un vrai problème** the fact that he's so weak in English is a real problem

f (= défaut) weak point, weakness ◆ **le film/l'intrigue présente quelques faiblesses** the film/the plot has several weak points ou weaknesses

**faiblir** [fɛbliʀ] → SYN ▸ conjug 2 ◂ vi a [malade, branche] to get weaker, weaken; [cœur, vue, intelligence] to fail; [forces, courage] to fail, flag, give out; [influence] to wane, fall off; [résolution, autorité] to weaken ◆ **elle a faibli à la vue du sang/à sa vue** she felt weak ou faint when she saw the blood/when she saw him ◆ **il a faibli devant leurs prières** he weakened ou relented in the face of their pleas ◆ **pièce qui faiblit au 3e acte** play that falls off ou weakens in the 3rd act ◆ **la première ligne a faibli sous le choc** the front line weakened under the impact ◆ **ce n'est pas le moment de faiblir !** don't give up now!

b [voix] to weaken, get weaker ou fainter; [bruit, protestation] to die down; [lumière] to dim, get dimmer ou fainter; [pouls] to weaken, get weaker; [vent] to drop, abate; [rendement] to slacken (off); [intensité, espoir] to diminish, decrease; [résistance, demande] to weaken, slacken; [chances] to weaken, run out ◆ **l'écart faiblit entre eux** the gap is closing ou narrowing between them

**faïence** [fajɑ̃s] → SYN nf (= substance) (glazed) earthenware; (= objets) crockery (NonC), earthenware (NonC); (= vase, objet) piece of earthenware, earthenware (NonC) ◆ **assiette en/carreau de faïence** earthenware plate/tile ◆ **faïence fine** china ◆ **faïence de Delft** delft, delftware; → **chien**

**faïencerie** [fajɑ̃sʀi] nf earthenware factory

**faïencier, -ière** [fajɑ̃sje, jɛʀ] 1 adj earthenware (épith)

2 nm,f (= fabricant) earthenware maker; (= marchand) earthenware seller

**faignant, e** [fɛɲɑ̃, ɑ̃t] adj, nm,f ⇒ **fainéant, e**

**faille**[1] [faj] → SYN nf (Géol) fault; (fig = point faible) flaw, weakness; (= cassure) rift ◆ **il y a une faille dans votre raisonnement** there's a flaw in your argument ◆ **ce qui a causé une faille dans leur amitié ...** what caused a rift in their friendship ... ou a rift between them ... ◆ **sans faille** fidélité, soutien unfailing, unwavering; organisation faultless, impeccable; volonté, détermination unfailing; → **ligne**[1]

**faille**[2] [faj] → **falloir**

**faille**[3] [faj] nf (Tex) faille

**failler (se)** [faje] ▸ conjug 1 ◂ vpr (Géol) to fault

**failli**[1] [faji] (ptp de **faillir**)

**failli**[2]**, e** [faji] adj, nm,f (Comm) bankrupt ◆ **failli concordataire/réhabilité** certified/discharged bankrupt

**faillibilité** [fajibilite] nf fallibility

**faillible** [fajibl] → SYN adj fallible

**faillir** [fajiʀ] → SYN vi a (= manquer) **j'ai failli tomber/réussir** I almost ou very nearly fell/succeeded, I all but fell/succeeded ◆ **il a failli se faire écraser** he almost ou very nearly got run over, he narrowly missed getting run over ◆ **j'ai failli attendre** (iro) I hope you didn't rush on my account (iro)

b (frm) **faillir à** (= manquer à) [+ engagement, mission] to fail in; [+ promesse, parole] to fail to keep ◆ **il a failli/n'a pas failli à la tradition** he broke with/kept with ou to tradition ◆ **il n'a pas failli à sa parole** he was true to ou kept his word ◆ **le cœur lui faillit** † his heart missed a beat ◆ **le cœur** ou **le courage lui faillit** † his courage failed him ◆ **il résista jusqu'au bout sans faillir** he resisted unfailingly ou unflinchingly to the end ◆ **ne pas faillir à sa réputation** to live up to one's reputation

c (†† = fauter) to lapse

**faillite** [fajit] → SYN 1 nf a (Comm) bankruptcy

b (= échec) [espoir, tentative, méthode] collapse, failure ◆ **la faillite du gouvernement en matière économique** the government's failure on the economic front

c (LOC) **en faillite** entreprise bankrupt ◆ **être en faillite** to be bankrupt ◆ **faire faillite** (Comm) to go bankrupt; (fig) to collapse ◆ **faire une faillite de 800 000 €** to go bankrupt with debts of €800,000 ◆ **déclarer/mettre qn en faillite** to declare ou adjudge/make sb bankrupt ◆ **se déclarer en faillite** to file (a petition) for bankruptcy

2 COMP ▷ **faillite frauduleuse** fraudulent bankruptcy ▷ **faillite personnelle** personal bankruptcy ▷ **faillite simple** bankruptcy

**faim** [fɛ̃] → SYN nf a (= envie de manger) hunger ◆ **avoir (très** ou **grand** †) **faim** to be (very) hungry ◆ **j'ai une faim de loup** ou **une de ces faims** * I'm ravenous ou famished ou starving * ◆ **je n'ai plus faim** (après un repas) I'm (quite) full; (plus envie de manger) I'm not hungry any more ◆ **manger sans faim** (sans besoin réel) to eat for the sake of eating; (sans appétit) to pick at one's food, toy with one's food ◆ **manger à sa faim** to eat one's fill ◆ **ça m'a donné faim** it made me hungry ◆ **il fait faim** * we're hungry ◆ **la faim dans le monde** world hunger ◆ (Prov) **la faim fait sortir** ou **chasse le loup du bois** hunger will drive him out; → **crever, mourir** etc

b (= besoin) hunger ◆ **avoir faim de** [+ honneur, tendresse, justice] to hunger for, crave (for) ◆ **sa faim de richesses** his hunger ou yearning for wealth ◆ **son discours a laissé les journalistes sur leur faim** his speech left the journalists hungry for more ou unsatisfied; → **rester**

**faîne** [fɛn] → SYN nf beechnut ◆ **faînes (tombées)** beechmast (NonC)

**fainéant, e** [fɛneɑ̃, ɑ̃t] → SYN 1 adj lazy, idle, bone idle *; → **roi**

2 nm,f idler, loafer, lazybones *

**fainéanter** [fɛneɑ̃te] → SYN ▸ conjug 1 ◂ vi to idle ou loaf about

**fainéantise** [fɛneɑ̃tiz] nf laziness, idleness

## faire [fɛʀ]

▸ conjug 60 ◂ → SYN

| | |
|---|---|
| 1 VERBE TRANSITIF | 4 VERBE SUBSTITUT |
| 2 VERBE INTRANSITIF | 5 VERBE AUXILIAIRE |
| 3 VERBE IMPERSONNEL | 6 VERBE PRONOMINAL |

Lorsque **faire** est suivi d'un nom dans une expression figée telle que **faire une faute, faire une promesse, se faire des idées** etc, cherchez sous le nom.

### 1 VERBE TRANSITIF

a Lorsque **faire** est utilisé pour parler d'une activité non précisée, ou qu'il remplace un verbe plus spécifique, il se traduit par **do** :

◆ **que fais-tu ce soir ?** what are you doing tonight? ◆ **j'ai beaucoup/je n'ai rien à faire** I have a lot/nothing to do ◆ **ils sont en retard, qu'est-ce qu'ils peuvent bien faire ?** they're late – what on earth are they doing? ou what are they up to? * ◆ **que voulez-vous qu'on y fasse ?** what do you expect us to do (about it)? ◆ **faire ses chaussures/l'argenterie/la chambre** to do one's shoes/the silver/the bedroom

b Lorsque **faire** veut dire **créer, être l'auteur de**, il se traduit souvent par **make** ou par un verbe plus spécifique ; cherchez sous le nom :

◆ **faire un film** to make ou do a film ◆ **faire un tableau** to do a painting, paint a picture ◆ **faire un plan** to make ou draw a map ◆ **fais-moi un joli chat** (dessin) do a nice cat for me; (pâte à modeler) make a nice cat for me

c = fabriquer, produire [+ meuble, voiture] to make; [+ mur, nid] to make, build; [+ maison] to build; [+ blé, betteraves] to grow ◆ **ils font du mouton** * they raise sheep ◆ **cette école fait de bons ingénieurs** the school turns out good engineers

d Culin

Dans le sens de **préparer, confectionner, faire** peut se traduire par **do** de façon assez vague, mais **make** est beaucoup plus courant :

◆ **faire de la confiture/du vin/un cocktail** to make jam/wine/a cocktail ◆ **elle fait du lapin ce soir** she's doing rabbit tonight ◆ **je vais faire quelques pommes de terre** I'll do a few potatoes

e Sport [+ football, tennis, rugby] to play; [+ sport de combat] to do; → **natation, ski** etc

f Scol [+ matière, roman, auteur] to do ◆ **faire l'école hôtelière** to go to a catering school

g Mus (= jouer) to play; (= s'entraîner) to practise ◆ **faire du piano/du violon** to play the piano/the violin ◆ **va faire ton piano** * go and practise your piano

h Méd [+ diabète, tension] to have ◆ **il m'a encore fait une otite** he's gone and got another ear infection *

i = parcourir, visiter to do ◆ **faire 10 km** to do ou cover 10 km ◆ **faire 100 km/h** to do

100 km/h ◆ **faire Rome/la Grèce en trois jours** to do Rome/Greece in three days ◆ **on a fait Lyon-Paris en cinq heures** we did Lyons to Paris in five hours

**j** [= chercher dans] **j'ai fait tous les placards/toutes les pièces, je ne l'ai pas trouvé** I looked in all the cupboards/in every room but I didn't find it ◆ **il a fait toute la ville pour en trouver** he's been all over town looking for some ◆ **j'ai fait toutes les librairies mais sans succès** I went round all the bookshops but I didn't have any luck

**k** [= vendre] **faire l'épicerie** to sell groceries ◆ **nous ne faisons pas les boutons/cette marque** we don't do ou stock ou carry (US) buttons/that make ◆ **je vous fais ce fauteuil (à) 90 €** I'll let you have this armchair for €90

**l** [= mesurer, peser, coûter] **la cuisine fait 6 mètres de large** the kitchen is 6 metres wide ◆ **il fait 23 degrés** it is 23 degrees ◆ **ce rôti fait bien 3 kg** this joint weighs ou is a good 3 kg ◆ **ça fait encore loin jusqu'à Paris** it's still a long way to Paris ◆ **combien fait cette chaise ?** how much is this chair? ◆ **cette table fera un bon prix** this table will go for ou will fetch a high price ◆ **ça nous fera 1 000 €** (dépense) it will cost us €1,000; (gain) it will give ou bring us €1,000

**m** [dans un calcul] to make ◆ **24 en tout, ce qui en fait 2 chacun** 24 altogether, which makes 2 each ◆ **deux et deux font quatre** two and two make four ◆ **cela fait combien en tout ?** how much does that make altogether?

**n** [Gram] **"canal" fait "canaux" au pluriel** the plural of "canal" is "canaux" ◆ **qu'est-ce ça fait au subjonctif ?** what's the subjunctive?

**o** [= imiter] **il a fait celui qui ne comprenait pas** he pretended not to understand ◆ **ne fais pas l'enfant/l'idiot** don't be so childish/so stupid ◆ **il fait bien le train** he does a really good imitation of a train

**p** [= faire fonction de, servir de] [personne] to be; (Théât) to play; [objet] to be used as, serve as ◆ **tu fais l'arbitre ?** will you be referee? ◆ **il fait le fantôme dans "Hamlet"** he plays the ghost in "Hamlet" ◆ **une vieille malle faisait table basse** an old trunk was being used as a coffee table ◆ **la cuisine fait salle à manger** the kitchen doubles as ou is used as ou serves as a dining room [MAIS] ◑ **cette branche fera une bonne canne** this branch will make a nice walking stick ◑ **cet hôtel fait aussi restaurant** the hotel has its own restaurant ◑ **cette montre fait aussi boussole** this watch doubles as a compass

**q** [= être, constituer] **quel imbécile je fais !** what a fool I am! ◆ **ils font un beau couple** they make such a lovely couple ◆ **il veut faire médecin** he wants to be a doctor ◆ **il fera un bon musicien** he'll make a good musician

**r** [= avoir la forme de, ressembler à] to look like ◆ **ça fait comme une cloche** it looks a bit like a bell

**s** [= représenter] to make out ◆ **on le fait plus riche qu'il n'est** he's made out ou people make him out to be richer than he is

**t** [= dire] to say ◆ **"vraiment ?" fit-il** "really?", he said ◆ **il fit un "ah" de surprise** "ah", he said, surprised ◆ **le chat fait miaou** the cat goes ou says miaow

**u** [= agir sur] **qu'est-ce qu'on lui fait à l'hôpital ?** what's he gone into hospital for? ◆ **qu'est-ce que tu as fait à ton frère ?** what have you been doing to your brother? ◆ **ils ne peuvent rien me faire** they can't do anything to me ◆ **on ne me la fait pas à moi !** * I wasn't born yesterday!

**v** [= constituer] to make ◆ **cela fait la richesse du pays** that's what makes the country rich ◆ **c'est ce qui fait tout son charme** that's what makes him so charming

**w** [= importer] **qu'est-ce que cela peut bien te faire ?** what's it to you? ◆ **qu'est-ce que ça fait ?** so what? * ◆ **la mort de son père ne lui a rien fait** he was completely unaffected by his father's death ◆ **cela ne vous ferait rien de sortir ?** would you mind leaving the room?;

◆ **faire + de** + complément
(= utiliser) to do with ◆ **qu'as-tu fait de ta vie ?** what have you done with your life? ◆ **je ne sais pas quoi faire de mon temps libre** I don't know what to do with my spare time
(= oublier, laisser quelque part) (à la forme interrogative directe ou indirecte) to do with ◆ **qu'avez-vous fait de votre sac/de vos enfants ?** what have you done with your bag/your children? ◆ **qu'ai-je bien pu faire de mes lunettes ?** what on earth have I done with my glasses?
(= transformer) ◆ **la vie a fait de lui un aigri** life has made him a bitter man ◆ **il a fait d'une grange une demeure agréable** he has turned ou made a barn into a comfortable home ◆ **il veut en faire un avocat** he wants to make a lawyer of him

◆ **ne faire que**
(constamment) ◆ **il ne fait que se plaindre** he's always ou forever complaining ◆ **il ne fait que bavarder** he won't stop chattering, he does nothing but chatter
(seulement) ◆ **je ne fais que dire la vérité** I'm only telling the truth ◆ **je ne fais que passer** I'm just passing
(récemment) ◆ **je ne fais que d'arriver** I've only just come

◆ **n'avoir que faire de** ◆ **je n'ai que faire de vos conseils !** I don't need your advice! ◆ **je n'ai que faire de gens comme lui !** I have no use for people like him!

### 2 VERBE INTRANSITIF

**a** [= agir, procéder] **faire vite** to act quickly ◆ **faites vite !** be quick (about it)! ◆ **faites comme chez vous** (aussi hum) make yourself at home

**b** [= durer] **ce chapeau (me) fera encore un hiver** this hat will do ou last me another winter

**c** [= paraître] to look ◆ **ce vase fait bien sur la table** the vase looks nice on the table ◆ **faire vieux/jeune** [personne] to look old/young (for one's age) ◆ **elle fait très femme** she looks very grown-up

**d** [* : besoins naturels] [personne] to go; [animal] to do its business ◆ **as-tu fait ce matin ?** have you been this morning?

### 3 VERBE IMPERSONNEL

> Lorsque **faire** est suivi d'une expression de temps et exprime une durée écoulée, on utilise généralement **since** ou **for** ; **for** se construit avec le present perfect ou le pluperfect :

◆ **cela fait deux ans/très longtemps que je ne l'ai pas vu** it's two years/a very long time since I last saw him, I haven't seen him for two years/for a very long time ◆ **ça fait trois ans qu'il est parti** it's three years since he left, he's been gone (for) three years

◆ **ce qui fait que ..., ça fait que ...** (= ce qui implique que) that means ... ◆ **ça fait que nous devons partir** that ou which means we have to go ◆ **et ça fait qu'il est arrivé en retard** and that meant he arrived late

### 4 VERBE SUBSTITUT

to do ◆ **il travaille mieux que je ne fais** he works better than I do ◆ **as-tu payé la note ? – non, c'est lui qui l'a fait** did you pay the bill? – no, he did ◆ **puis-je téléphoner ? – faites, je vous en prie** could I use the phone? – (yes) please do ou (yes) by all means ◆ **n'en faites rien !** (please) don't! ◆ **je n'en ferai rien !** I'll do nothing of the sort!

### 5 VERBE AUXILIAIRE

◆ **faire** + infinitif

**a** [= provoquer un acte, une situation] to make ◆ **l'idée m'a fait sourire** the thought made me smile ◆ **ça m'a fait pleurer** it made me cry ◆ **ma mère me faisait manger des épinards quand j'étais petit** my mother made me eat spinach when I was little ◆ **il lui a fait boire du whisky** (pour la remonter) he got her to drink some whisky, he made her drink some whisky; (pour qu'elle goûte) he gave her some whisky to drink [MAIS] ◑ **ce genre de musique me fait dormir** that kind of music puts me to sleep ◑ **j'ai fait démarrer la voiture** I got the car going ou started

**b** [= aider] to help ◆ **faire traverser la rue à un aveugle** to help a blind man across the road ◆ **je lui ai fait faire ses devoirs** I helped him with his homework [MAIS] ◑ **faire manger un patient** to feed a patient

**c** [= laisser volontairement] **faire entrer qn** (qn que l'on attendait) to let sb in; (qn que l'on n'attendait pas) to ask sb in ◆ **faire venir** [+ employé] to send for; [+ médecin] to call ◆ **faire entrer/sortir le chien** to let the dog in/out ◆ **faites entrer le patient** ask the patient to come in

**d**

> Lorsque **faire** signifie **laisser involontairement**, sa traduction dépend étroitement du contexte ; reportez-vous au second verbe :

◆ **il a fait déborder le lait** he let the milk boil over ◆ **elle a fait s'échapper le chien** she let the dog out ◆ **il a fait glisser son frère** he (accidentally) made his brother slip over ◆ **elle a fait tomber une tasse** she dropped a cup

**e** [= donner une tâche à exécuter] **faire faire qch par qn** to have sth done (ou made) by sb ◆ **faire faire qch à qn** (gén) to get sb to do (ou to make) sth, have sb do (ou make) sth (surtout US); (en le forçant) to make sb do sth ◆ **(se) faire faire une robe** to have a dress made ◆ **faire réparer une voiture/une montre** to have a car/a watch repaired ◆ **faire faire la vaisselle à qn** to get sb to do ou have sb do (surtout US) the dishes ◆ **elle a fait lire les enfants** she made the children read, she got the children to read ◆ **il m'a fait ouvrir le coffre-fort** he made me open the safe

### 6 se faire VERBE PRONOMINAL

**a** [pour soi] **il se fait la cuisine** he cooks for himself ◆ **il s'est fait beaucoup d'amis/d'ennemis** he has made himself a great many friends/enemies ◆ **on s'est fait un restaurant/un film** * we went to a restaurant/the cinema

**b** [* = gagner] to make ◆ **il se fait 7 000 € par mois** he makes €7,000 a month

**c** [= mûrir, évoluer] [fromage] to ripen, mature; [vin] to mature ◆ **il s'est fait tout seul** [personne] he's a self-made man

**d** [= être accompli] **les choses finissent toujours par se faire** things always get done in the end ◆ **rien ne se fera sans son aide** nothing will get done without his help ◆ **si ça doit se faire, ça se fera sans moi** if it's going to happen, it'll happen without me

**e** [= convenir] **ça se fait d'offrir des fleurs à un homme ?** is it done ou OK to give flowers to a man? ◆ **cela ne se fait pas** it's not done ◆ **mais tu sais, ça se fait de vivre ensemble sans être marié !** people do live together without being married, you know!

**f** [= être courant, à la mode] **les jupes longues se font beaucoup cette année** long skirts are in this year ou are being worn a lot this year ◆ **ça se fait encore ce style-là ?** are people still wearing that style? ◆ **ça se fait de plus en plus, ces chaussures** more and more people are wearing these shoes

**g** [sexuellement] **se faire qn** ⁑ to have sb ⁑

**h** [⁑ = agresser] to get * ◆ **un jour, je me le ferai !** I'll get him one of these days *

**i** [* = cambrioler] [+ banque, bijouterie] to do *

**j** [= se passer] (gén avec subjonctif) **il peut/il pourrait se faire qu'il pleuve** it may/it might (well) rain ◆ **comment se fait-il qu'il soit absent ?, comment ça se fait qu'il est absent ?** * how come he's not here? *;

◆ **se faire** + adjectif
(= devenir involontairement) to get, become ◆ **se faire vieux** to be getting old ◆ **il se faisait tard** it was getting late ◆ **il se fit violent** he became violent
(= devenir volontairement) ◆ **se faire beau** to make o.s. beautiful ◆ **il se fit menaçant** he became threatening ◆ **elle se fit implorante** she started pleading ◆ **sa voix se fit plus douce** his voice became softer
(= faire semblant d'être) to make o.s. out to be ◆ **il se fait plus bête qu'il n'est** he makes himself out to be more stupid than he really is;

◆ **se faire** + infinitif

> Lorsque cette tournure implique un ordre, elle se traduit généralement par **have** + verbe ; lorsqu'elle implique une demande polie, elle se traduit par **ask** ou **get** + verbe :

◆ **il se faisait apporter le journal tous les matins** he had the paper brought to him every morning ◆ **il s'est fait ouvrir par le voisin** he got his neighbour to let him in ◆ **elle s'est fait apporter un sandwich** she got somebody to bring her a sandwich ◆ **fais-toi expliquer le règlement** ask someone to explain the rules to you

Notez les différentes traductions possibles et en particulier l'emploi de la forme passive en anglais lorsque **se faire** + infinitif exprime une action subie par quelqu'un ; reportez-vous à l'autre verbe :

◆ **il s'est fait frapper par deux jeunes** he was hit by two youths, two youths hit him ◆ **elle s'est fait renvoyer** she was sacked ◆ **tu vas te faire gronder** you'll get yourself into trouble, you'll get yourself told off *

♦ **se faire à** (= s'habituer à) to get ou become used to ◆ **il ne peut pas se faire au climat** he can't get used to the climate

♦ **(il) faut se le/la/les faire!** ** ◆ **(il) faut se le faire !** [+ travail] it's a hell of a chore! *, it's really heavy going! **; [+ personne] he's a real pain in the neck! *

♦ **s'en faire** (= s'angoisser) to worry ◆ **il ne s'en fait pas** he doesn't worry; (= a du culot) he's got a nerve! ◆ **je viens de m'acheter un bateau – dis donc, tu t'en fais pas toi !** I've just bought a boat – you lucky devil! *

**faire-part** [fɛʀpaʀ] → SYN nm inv announcement (of birth ou marriage ou death) ◆ **faire-part de mariage** wedding announcement; (avec carton d'invitation) wedding invitation

**faire-valoir** [fɛʀvalwaʀ] nm inv **a** (Agr) farming, working (of land) ◆ **faire-valoir direct/indirect** farming by the owner/tenant
**b** (= personne) foil; (dans une comédie) stooge ◆ **son mari lui sert de faire-valoir** her husband serves as a foil to her

**fair-play** [fɛʀplɛ] → SYN 1 nm inv fair play
2 adj inv ◆ **être fair-play** to play fair ◆ **c'est un joueur fair-play** he plays fair

**faisabilité** [fəzabilite] → SYN nf feasibility ◆ **étude de faisabilité** feasibility study

**faisable** [fəzabl] GRAMMAIRE ACTIVE 12.2 → SYN adj feasible ◆ **est-ce faisable en deux jours ?** can it be done in two days? ◆ **est-ce faisable à pied ?** can it be done on foot?

**faisan** [fəzɑ̃] → SYN nm **a** (= oiseau) (gén) pheasant; (mâle) cock pheasant ◆ **faisan doré** golden pheasant
**b** († = escroc) shark

**faisandage** [fəzɑ̃daʒ] nm [gibier] hanging

**faisandé, e** [fəzɑ̃de] → SYN (ptp de **faisander**) adj
**a** (Culin) gibier well hung; (désagréablement) high **je n'aime pas le faisandé** I don't like high game ◆ **viande trop faisandée** meat which has hung for too long
**b** (péj †) littérature, société corrupt, decadent; milieu crooked

**faisandeau,** pl **faisandeaux** [fəzɑ̃do] nm young pheasant

**faisander** [fəzɑ̃de] ▸ conjug 1 ◂ 1 vti (Culin) ◆ **(faire** ou **laisser) faisander** to hang
2 **se faisander** vpr to become high

**faisanderie** [fəzɑ̃dʀi] nf pheasantry

**faisane** [fəzan] nf, adj f ◆ **(poule) faisane** hen pheasant

**faisanneau** [fəzano] nm young pheasant

**faisceau,** pl **faisceaux** [fɛso] → SYN 1 nm **a** (= fagot) bundle ◆ **faisceau de preuves** (= réseau) body of evidence ◆ **faisceau de faits/raisons** range of facts/reasons ◆ **nouer en faisceaux** to tie into bundles
**b** (Mil) **faisceaux (d'armes)** stack (of arms) ◆ **mettre en faisceaux** [fusils] to stack ◆ **former/rompre les faisceaux** to stack/unstack arms
**c** (Phys) beam
**d** (Antiq, Hist) **faisceaux** (= emblème) fasces
2 COMP ▹ **faisceau d'électrons** ou **électronique** electron beam ▹ **faisceau hertzien** electro-magnetic wave ▹ **faisceau laser** laser beam ▹ **faisceau lumineux** ou **de lumière** beam of light ▹ **faisceau musculaire** fasciculus ou fascicule of muscle fibres ▹ **faisceau nerveux** fasciculus ou fascicule of nerve fibres ▹ **faisceau de particules** particle beam

**faiseur, -euse** [fəzœʀ, øz] → SYN 1 nm,f ◆ **faiseur de** † [+ monuments, meubles] maker of; (hum, péj) [+ romans, tableaux, opéras] producer of
2 nm († péj) (= hâbleur) show-off; (= escroc) shark ◆ **(bon) faiseur** (frm = tailleur) good tailor
3 COMP ▹ **faiseuse d'anges** backstreet abortionist ▹ **faiseur de bons mots** punster, wag ▹ **faiseur d'embarras** fusspot (Brit), fussbudget (US) ▹ **faiseur d'intrigues** (péj) schemer ▹ **faiseur de littérature** (péj) scribbler ▹ **faiseur de marché** (Bourse) market maker ▹ **faiseur de mariages** matchmaker ▹ **faiseur de miracles** miracle-worker ▹ **faiseur de phrases** (péj) speechifier ▹ **faiseur de vers** (péj) poetaster (péj), versifier

**faisselle** [fɛsɛl] → SYN nf (= passoire) cheese strainer; (= fromage) fromage frais *(packed in its own strainer)*

**fait¹** [fɛ] GRAMMAIRE ACTIVE 17.1, 26.6 → SYN
1 nm **a** (= événement) event, occurrence; (= donnée) fact; (= phénomène) phenomenon ◆ **il s'agit d'un fait courant/rare** this is a common/rare occurrence ou event ◆ **aucun fait nouveau n'est survenu** no new facts have come to light, there have been no new developments ◆ **il me faut des faits concrets** I must have facts ou concrete evidence ◆ **reconnaissez-vous les faits ?** (Jur) do you accept the facts? ◆ **les faits qui lui sont reprochés** (Jur) the charges (brought) against him ◆ **ces faits remontent à 3 ans** these events go back 3 years ◆ **il s'est produit un fait curieux** a strange thing has happened ◆ **s'incliner devant les faits** to bow to (the) facts; → **erreur, incriminer**
**b** (= acte) **le fait de manger/bouger** the fact of eating/moving, eating/moving ◆ **être puni pour fait d'insoumission** (Jur, Mil) to be punished for (an act of) insubordination; → **haut**
**c** (= cause) **c'est le fait du hasard** it's the work of fate ◆ **c'est le fait de son inexpérience** it's because of ou owing to his inexperience, it comes of his inexperience ◆ **par le fait** in fact ◆ **par ce fait** by this very fact ◆ **par le fait même que/de** by the very fact that/of ◆ **par le (simple) fait de** by the simple fact of ◆ **par le fait même de son obstination** because of ou by his very obstinacy, by the very fact of his obstinacy
**d** (Loc) **le fait est que** the fact is that ◆ **le fait que** the fact that ◆ **les faits sont là** ou **sont têtus** there's no denying the facts, the facts speak for themselves ◆ **le fait est là** that's the fact of the matter ◆ **être le fait de** (= être typique de) to be typical ou characteristic of; (= être le résultat de) to be the result of ◆ **de son (propre) fait** through ou by his (own) doing ◆ **c'est un fait** that's a fact ◆ **c'est un fait que** it's a fact that ◆ **dire son fait à qn** to tell sb what's what, talk straight to sb, give sb a piece of one's mind ◆ **prendre fait et cause pour qn** to fight for sb's cause, take up the cudgels for sb, take sides with sb ◆ **de ce fait** therefore, for this reason ◆ **du fait de sa démission/qu'il a démissionné** on account of ou as a result of his resignation/his having resigned

♦ **au fait** (= à propos) by the way ◆ **au fait !** (= à l'essentiel) come to the point! ◆ **aller droit/en venir au fait** to go straight/get to the point ◆ **au fait de** (= au courant) conversant ou acquainted with, informed of ◆ **mettre qn au fait (d'une affaire)** to acquaint ou familiarize sb with the facts (of a matter), inform sb of the facts (of a matter)

♦ **de fait** gouvernement, dictature de facto; (= en fait) in fact ◆ **il est de fait que** it is a fact that

♦ **en fait** in (actual) fact, in point of fact, as a matter of fact

♦ **en fait de** (= en guise de) by way of; (= en matière de) as regards, in the way of ◆ **en fait de repas on a eu droit à un sandwich** we were allowed a sandwich by way of a meal ◆ **en fait de spécialiste, c'est plutôt un charlatan !** as for being a specialist ...– charlatan more like! *

2 COMP ▹ **fait accompli** fait accompli ◆ **mettre qn devant le fait accompli, pratiquer avec qn la politique du fait accompli** to present sb with a fait accompli ▹ **fait d'armes** feat of arms ▹ **fait divers** (= nouvelle) (short) news item; (= événement insignifiant) trivial event ◆ **"faits divers"** (= rubrique) "(news) in brief" ▹ **faits et gestes** actions, doings ◆ **épier les moindres faits et gestes de qn** to watch sb's every move ▹ **faits de guerre** acts of war ▹ **fait de langue** fait de langue, language event ▹ **fait de parole** fait de parole, speech event ▹ **le fait du prince** the government fiat ◆ **c'est le fait du prince** there's no going against authority ▹ **faits de résistance** acts of resistance

**fait², faite** [fɛ, fɛt] → SYN (ptp de **faire**) adj **a** **être fait pour** to be made ou meant for ◆ **voitures faites pour la course** cars (specially) made ou designed ou conceived for racing ◆ **ces chaussures ne sont pas faites pour la marche** these are not proper walking shoes, these shoes are not suitable ou designed for walking in ◆ **c'est fait pour** * that's what it's for ◆ **ce que tu lui as dit l'a énervé – c'était fait pour** * what you said annoyed him – it was meant to ◆ **cela n'est pas fait pour lui plaire** this is not going to ou is not likely to please him ◆ **ce discours n'est pas fait pour le rassurer** this is not the kind of speech to reassure him, this sort of speech isn't likely to reassure him ◆ **il est fait pour être médecin** he's got the makings of a doctor ◆ **il n'est pas fait pour être professeur** he's not cut out to be a teacher ◆ **ils sont faits l'un pour l'autre** they are made for each other
**b** (= fini) **c'en est fait de notre vie calme** that's the end of our quiet life, it's goodbye to peace and quiet ◆ **c'en est fait de moi** I'm done for *, I've had it * ◆ **c'est toujours ça de fait** that's one job done, that's one thing out of the way
**c** (= constitué) **bien fait** femme shapely; homme well-built ◆ **avoir la jambe/main bien faite** to have shapely ou nice legs/pretty ou nice hands ◆ **le monde est ainsi fait** that's the way of the world ◆ **les gens sont ainsi faits que** people are such that ◆ **comment est-il fait ?** what is he like?, what does he look like? ◆ **regarde comme tu es fait !** * look at the state of you! *, what a sight you are!
**d** (= mûr) personne mature; fromage ripe ◆ **fromage fait à cœur** fully ripened cheese
**e** (= maquillé) made-up ◆ **avoir les yeux faits** to have one's eyes made up ◆ **avoir les ongles faits** to have painted nails
**f** **tout fait** objet, idée, solution ready-made ◆ **vêtements tout faits** ready-made ou ready-to-wear clothes; → **expression, phrase**
**g** (Loc) **il est fait (comme un rat)** * he's in for it now *, he's cornered ◆ **c'est bien fait pour toi !** it serves you right!, you asked for it! * ◆ **c'est bien fait (pour eux) !** it serves them right! ◆ **ce n'est ni fait ni à faire** it's a botched job *; → **vite**

**faîtage** [fɛtaʒ] → SYN nm (= poutre) ridgepole; (= couverture) roofing; (littér = toit) roof

**fait-diversier,** pl **faits-diversiers** [fɛdivɛʀsje] nm general news writer

**faîte** [fɛt] → SYN nm **a** (= poutre) ridgepole
**b** (= sommet) [montagne] summit; [arbre] top; [maison] rooftop ◆ **faîte du toit** rooftop; → **ligne¹**
**c** (= summum) **faîte de la gloire** pinnacle ou height of glory ◆ **parvenu au faîte des honneurs** having attained the highest honours

**faîteau** [fɛto] nm ridge ornament

**faîtière** [fɛtjɛʀ] → SYN adj f, nf ◆ **(tuile) faîtière** ridge tile ◆ **lucarne faîtière** skylight

**faitout** nm, **fait-tout** nm inv [fɛtu] → SYN stewpot

**faix** [fɛ] → SYN nm († ou littér) burden ◆ **sous le faix** under the weight ou burden (*de* of)

**fakir** [fakiʀ] → SYN nm (Rel) fakir; (Music-Hall) wizard

**fakirisme** [fakiʀism] nm (Rel) practice of a fakir ◆ **c'est du fakirisme !** (fig) (divination) it's prophecy!; (pouvoir magique) it's wizardry!

**falaise** [falɛz] → SYN nf cliff

**falbalas** [falbala] nmpl frills and flounces, furbelows; (péj) frippery (NonC) (péj), furbelows (péj)

**falciforme** [falsifɔʀm] adj falcate, falciform ◆ **anémie falciforme** sickle-cell anaemia

**falconiformes** [falkɔnifɔʀm] nmpl ◆ **les falconiformes** falconiform birds, the Falconiformes (SPÉC)

**faldistoire** [faldistwaʀ] nm faldstool

**Falkland(s)** [fɔlklɑd] npl ◆ **les (îles) Falkland(s)** the Falkland Islands, the Falklands ◆ **la guerre des Falkland(s)** the Falklands war

**fallacieusement** [fa(l)lasjøzmɑ̃] → SYN adv promettre deceptively

**fallacieux, -ieuse** [fa(l)lasjø, jøz] → SYN **adj** promesse, apparence, appellation deceptive; arguments, raisonnement fallacious; espoir illusory, delusive

## falloir [falwaʀ]

► conjug 29 ◄

→ SYN GRAMMAIRE ACTIVE 10.1, 10.2

1 VERBE IMPERSONNEL
2 VERBE PRONOMINAL

### 1 VERBE IMPERSONNEL

**a** besoin, nécessité

> Lorsque **falloir** exprime un besoin ou une nécessité, il se traduit généralement par **need** ; il a alors pour sujet la personne, exprimée ou non en français, qui a besoin de quelque chose ; si l'on ne veut ou ne peut pas mentionner cette personne en anglais, **falloir** se traduit le plus souvent par **take** :

♦ **falloir** + nom ou pronom ♦ **il va falloir 10 000 €** we're going to need €10,000 ♦ **il faut du temps/de l'argent pour faire cela** it takes time/money to do that, you need time/money to do that ♦ **faut-il aussi de l'ail ?** do we need ou want garlic as well? ♦ **c'est juste ce qu'il faut** (outil etc ) that's just what we need ou want; (en quantité) that's just the right amount ♦ **c'est plus qu'il n'en faut** that's more than we need ♦ **trois mètres de tissu ? – oui, il faudra au moins ça** three metres of material? – yes, we'll need ou want at least that much ♦ **trois heures ? – oh oui, il faut bien ça** three hours? – yes, it'll take at least that long ♦ **il n'en faut pas beaucoup pour qu'il se mette à pleurer** it doesn't take much to make him cry ♦ **il lui faut quelqu'un pour l'aider** he needs somebody to help him ♦ **une bonne fessée, voilà ce qu'il lui faut !** what he needs ou wants is a good hiding! ♦ **il ne me faut pas plus de dix minutes pour y aller** it won't take me more than ten minutes to get there ♦ **et avec ça, vous faut-il autre chose ?** (is there) anything else? ♦ **s'il le faut** if necessary, if need be ♦ **il vous le faut pour quand ?** when do you need it for? ♦ **il t'en faut combien ?** how many (ou much) do you need? MAIS ◑ **il a fait ce qu'il fallait pour la rendre heureuse/pour l'énerver** he did just the right thing to make her happy/to annoy her ◑ **il me faudrait trois steaks, s'il vous plaît** I'd like three steaks, please ◑ **il me le faut absolument** ou **à tout prix** I absolutely must have it, I've absolutely got to have it;

♦ **falloir** + infinitif ♦ **faut-il réserver à l'avance ?** do you have to ou need to book in advance?, is it necessary to book in advance? ♦ **il vous faut tourner à gauche ici** you need ou want to turn left here ♦ **il faudrait avoir plus de temps** we need more time ♦ **il faut bien vivre/manger** you have to live/eat

**b** obligation

> Lorsque **falloir** exprime une obligation, il se traduit généralement par **have to** ou la forme plus familière **have got to** lorsqu'il s'agit de contraintes extérieures. Le verbe **must** a généralement une valeur plus impérative ; attention, **must** étant un verbe défectif, on utilise **have to** aux temps où il se ne conjugue pas :

♦ **tu pars déjà ? – il le faut** are you leaving already? – I have to ou I've got to ♦ **je le ferai s'il le faut** I'll do it if I have to ou if I must ♦ **il a bien fallu !** I (ou we etc ) had to!;

♦ **falloir** + infinitif ♦ **il va falloir le faire** we'll have to do it, it'll have to be done ♦ **il faut opérer** they're (ou we're etc ) going to have to operate ♦ **il m'a fallu obéir** I had to do as I was told ♦ **que vous fallait-il faire ?** (frm) what did you have to do? ♦ **c'est dans le règlement, il faut le faire** those are the rules, you must do it ♦ **à l'époque, il fallait porter l'uniforme** in those days you had to wear a uniform ♦ **que faut-il leur dire ?** what should I (ou we etc ) tell them?;

♦ **falloir que** + subjonctif ♦ **il va falloir qu'il parte bientôt** he'll have to go soon ♦ **allez, il faut que je parte !** right, I must go! ♦ **il faut que tu y ailles, c'était ce qu'on avait prévu** you have to go ou you must go, that was the arrangement ♦ **il faudra bien que tu me le dises un jour** you'll have to tell me some time

**c** suggestion, conseil, exhortation

> Lorsque **falloir** est utilisé pour exprimer une suggestion, un conseil ou une exhortation au présent, il se traduit souvent par **must** ; au passé, au conditionnel ou dans une phrase négative, il se traduit généralement par **should** ou **ought to** :

♦ **il faut voir ce spectacle** you must see this show ♦ **il faut m'excuser, je ne savais pas** you must excuse me, I didn't know ♦ **il faut que vous veniez nous voir à Toulouse !** you must come and see us in Toulouse! ♦ **il faut vous dire que ...** I must ou I have to tell you that ... ♦ **il faut éviter de tirer des conclusions hâtives** it's important to ou we must avoid jumping to conclusions ♦ **dans pareil cas, il faut surtout rester calme** in cases like these, it's very important to stay calm ou you must above all stay calm ♦ **des fleurs ! il ne fallait pas !** flowers! you shouldn't have! ♦ **il fallait me le dire** you ought to ou should have told me ♦ **il ne fallait pas faire ça, c'est tout** you shouldn't have done it and that's all there is to it ♦ **il aurait fallu lui téléphoner** you (ou we etc ) should have phoned him MAIS ◑ **il s'est mis en colère – il faut le comprendre** he got angry – that's understandable ◑ **il faudrait que tu viennes m'aider** I'm going to need your help ◑ **faudrait pas qu'il essaie** * he'd better not try *

**d** probabilité, hypothèse

> Lorsque **falloir** exprime une probabilité, une hypothèse, il se traduit généralement par **must** dans les phrases affirmatives ; **must** étant défectif, on utilise **have to** aux temps où il ne se conjugue pas :

♦ **falloir** + infinitif ♦ **il faut être fou pour parler comme ça** you (ou he etc ) must be mad to talk like that ♦ **il fallait être désespéré pour faire ça** they must have been desperate to do something like that MAIS ◑ **il ne faut pas être intelligent pour dire ça** that's a pretty stupid thing to say ◑ **faut-il donc être bête!** some people are so ou really stupid! ◑ **faut (pas) être gonflé!** * it takes some nerve! *;

♦ **falloir que** + subjonctif ♦ **il faut que tu te sois trompé** you must have made a mistake ♦ **faut-il qu'il soit bête !** he must be so ou really stupid!

**e** dans des exclamatives (exprimant l'admiration ou l'agacement) **il faut entendre ce qu'ils disent sur elle !** you should hear the sort of things they say about her! ♦ **il faut l'entendre chanter !** you should hear him sing! ♦ **faut dire qu'il est culotté** * you've got to ou you must admit he's got a nerve ♦ **(il) faut le faire !** (admiratif) that takes some doing!; * (péj) that takes some beating! ♦ **ce qu'il faut entendre !** the things you hear! ♦ **quand faut y aller faut y aller !** * a man's gotta do what a man's gotta do! *

**f** fatalité

♦ **falloir que** + subjonctif ♦ **il a fallu qu'elle l'apprenne** she WOULD have to hear about it ♦ **il a fallu qu'il arrive à ce moment-là** of course, he had to arrive just then ♦ **il fallait bien que ça arrive** it was bound to happen ♦ **il faut toujours qu'elle se trouve des excuses** she always has to find some excuse ♦ **faut-il toujours que tu te plaignes ?** do you always have to complain?

**g** LOC **elle a ce qu'il faut** * (hum) she's got what it takes * ♦ **il faut ce qu'il faut** * you've got to do things properly ♦ **il faut de tout pour faire un monde** it takes all sorts to make a world

♦ **il faut/fallait/faudrait voir** ♦ **il faut voir !** (réserve) we'll have to see! ♦ **elle danse superbement, il faut (la) voir !** you should see her dance, it's wonderful! ♦ **(il) faut le voir pour le croire** it has to be seen to be believed ♦ **faudrait voir à voir !** * come on! *, come off it! * ♦ **(il) faudrait voir à faire/ne pas faire ...** * you'd better make sure you do/don't do ... ♦ **son travail est fait faut voir (comme) !** * ou **(il) faut voir comment !** * you should see what a job he's made of it! ♦ **il faut voir comment tu t'y prends, aussi !** look at how you're going about it though! ♦ **il faut voir comment il s'habille !** you should see the way he dresses! ♦ **(il) faudrait voir à ne pas nous ennuyer !** * you'd better see you don't cause us any trouble! *

### 2 s'en falloir VERBE PRONOMINAL

♦ **s'en falloir de** ♦ **j'ai raté le train, il s'en est fallu de 5 minutes** I missed the train by 5 minutes ♦ **il ne s'en fallait que de 10 € pour qu'il ait la somme** he was only ou just €10 short of the full amount ♦ **il s'en est fallu de peu (pour) que ça (n')arrive** it came very close to happening, it very nearly happened ♦ **elle ne l'a pas injurié, mais il s'en est fallu de peu** she very nearly insulted him

♦ **loin s'en faut!, tant s'en faut!, il s'en faut (de beaucoup)!** far from it! ♦ **il s'en faut de beaucoup qu'il soit heureux** he is far from being happy, he is by no means happy

♦ **peu s'en faut** ♦ **il a fini, ou peu s'en faut** he has as good as finished, he has just about finished ♦ **ça m'a coûté 500 F ou peu s'en faut** it cost me the best part of € 500, it cost me very nearly €500 ♦ **peu s'en est fallu (pour) qu'il pleure** he almost wept, he very nearly wept

**falot**[1] [falo] → SYN **nm** **a** (= lanterne) lantern **b** (arg Mil = tribunal militaire) court martial

**falot**[2], **e** [falo, ɔt] → SYN **adj** personne colourless (Brit), colorless (US); lumière wan, pale

**falsifiable** [falsifjabl] **adj** document, papiers d'identité, signature forgeable; écriture that can be copied easily

**falsificateur, -trice** [falsifikatœʀ, tʀis] → SYN **nm,f** [document, signature] forger ♦ **les falsificateurs de l'histoire** those who distort history, the distorters of history

**falsification** [falsifikasjɔ̃] → SYN **nf** [comptes, faits, document] falsification; [signature] forgery, forging; [aliment] doctoring, adulteration

**falsifier** [falsifje] → SYN ► conjug 7 ◄ **vt** [+ comptes, faits, document] to falsify; [+ signature] to forge; [+ aliment] to doctor, adulterate

**falzar** ‡ [falzaʀ] **nm** bags * (Brit), (pair of) trousers, (pair of) pants (US)

**famé, e** [fame] **mal famé loc adj** disreputable

**famélique** [famelik] → SYN **adj** scrawny, scraggy, rawboned

**fameusement** * [famøzmɑ̃] → SYN **adv** (= très) remarkably, really ♦ **c'est fameusement bon** it's remarkably ou really good

**fameux, -euse** [famø, øz] → SYN **adj** **a** (* : après n = de qualité) mets, vin first-rate, first-class **b** **pas fameux** * mets, travail, temps not too good, not so great *; roman, auteur no great shakes *, not up to much * (Brit) ♦ **et le temps pour demain ? – pas fameux** and tomorrow's weather? – not all that good ou not up to much * (Brit) ♦ **il n'est pas fameux en latin** he's not too good ou not all that good at Latin **c** (avant n : intensif) real ♦ **c'est un fameux trajet/problème/travail** it's quite a ou one hell of a * journey/problem/piece of work ♦ **c'est une fameuse erreur/raclée** it's quite a ou it's a real mistake/thrashing ♦ **un fameux salaud** ‡ a downright ou an out-and-out ou a real bastard *‡ ♦ **une fameuse assiettée** a huge ou great plateful ♦ **c'est un fameux gaillard** (bien bâti) he's a strapping fellow; (chaud lapin) he's one for the ladies, he's a bit of a lad * (Brit) **d** (avant n = bon) idée, voiture first-rate, great *, fine ♦ **c'est une fameuse aubaine** it's a real ou great stroke of luck ♦ **il a fait un fameux travail** he's done a first-class ou first-rate ou fine job ♦ **elle était fameuse, ton idée !** what a bright ou great * idea you had! **e** (* : avant n = fonction de référence) famous ♦ **quel est le nom de cette fameuse rue ?** what's the name of that (famous) street? ♦ **ah, c'est ce fameux Paul dont tu m'as tant parlé** so this is the famous Paul you've told me so much about ♦ **c'est ça, sa fameuse honnêteté** so this is his much-vaunted honesty **f** (après n = célèbre) famous (*pour, par* for)

**familial, e,** mpl **-iaux** [familjal, jo] → SYN **1** **adj** problème family (épith), domestic (épith); liens, vie, entreprise, ambiance family (épith); boîte, paquet family-size(d); modèle de voiture family (épith); → **aide, allocation**

2 **familiale** nf (family) estate car (Brit), station wagon (US)

**familiarisation** [familjaʀizasjɔ̃] nf familiarization

**familiariser** [familjaʀize] → SYN ▸ conjug 1 ◂ 1 vt ◆ **familiariser qn avec** to familiarize sb with, get sb used to
2 **se familiariser** vpr to familiarize o.s. ◆ **se familiariser avec** [+ lieu, personne, méthode, langue] to familiarize o.s. with, get to know, become acquainted with; [+ bruit, danger] to get used ou accustomed to ◆ **ses pieds, peu familiarisés avec le sol rocailleux** his feet, unused ou unaccustomed to the stony ground

**familiarité** [familjaʀite] → SYN nf a (= bonhomie) familiarity; (= désinvolture) offhandedness, (over)familiarity
b (= privautés) **familiarités** familiarities ◆ **cessez ces familiarités** stop these familiarities, stop taking liberties
c (= habitude) **familiarité avec** [+ langue, auteur, méthode] familiarity with
d (= atmosphère amicale) informality ◆ **dans la familiarité de** (littér) on familiar terms with

**familier, -ière** [familje, jɛʀ] → SYN 1 adj a (= bien connu) problème, spectacle, objet familiar ◆ **sa voix/cette technique m'est familière** I'm familiar with his voice/this technique, his voice/this technique is familiar ou well-known to me ◆ **la langue anglaise lui est devenue familière** he has become (thoroughly) familiar with ou at home with the English language
b (= routinier) tâche familiar ◆ **cette attitude lui est familière** this is a typical attitude of his ◆ **le mensonge lui était devenu familier** lying had become quite a habit of his ou had become almost second nature to him
c (= amical) entretien, atmosphère informal, friendly, casual
d (= désinvolte) personne (over)familiar; surnom familiar; ton, remarque (over)familiar, offhand; attitude, manières offhand ◆ **il devient vite familier** he soon gets too familiar ◆ **(trop) familier avec ses supérieurs/ses clients/les femmes** overfamiliar with his superiors/his customers/women
e (= non recherché) mot informal, colloquial; style, registre informal, conversational, colloquial ◆ **expression familière** colloquialism, colloquial phrase ou expression
f divinités household (épith); → **démon**
2 nm [club, théâtre] regular visitor (*de* to) ◆ **le crime a été commis par un familier (de la maison)** the crime was committed by a very good friend of the household ou by a regular visitor to the house

**familièrement** [familjɛʀmɑ̃] adv (= amicalement) s'entretenir informally; (= cavalièrement) se conduire familiarly; (= sans recherche) s'exprimer informally, colloquially ◆ **comme on dit familièrement** as you say colloquially ou in conversation ◆ **le ficus elastica, familièrement appelé caoutchouc** ficus elastica, commonly known as the rubber plant ◆ **il te parle un peu (trop) familièrement** he's being a bit too familiar with you

**familistère** [familistɛʀ] nm cooperative, coop *

**famille** [famij] → SYN nf a (gén) family ◆ **famille éloignée/proche** distant/close family ou relations ou relatives ◆ **avez-vous de la famille à Londres ?** do you have any family ou relations ou relatives in London? ◆ **on a prévenu la famille** the relatives ou the next of kin (Admin) have been informed ◆ **famille d'accueil** host family ◆ **famille nombreuse** large family ◆ **la famille étendue/nucléaire** the extended/nuclear family ◆ **elle promenait (toute) sa petite famille** * she was taking her (entire) brood * for a walk ◆ **comment va la petite famille ?** how are the little ones? ◆ **entrer dans une famille** to become part of a family ◆ **leur mariage a consacré son entrée dans la famille** their marriage made him an official member of the family ◆ **elle fait partie de la famille, elle est de la famille** she is part ou one of the family ◆ **c'est une famille de musiciens** they're a family of musicians; → **monoparental**
b [plantes, langues] family ◆ **la famille des cuivres** the brass family ◆ **famille de mots** word family ◆ **famille de produits** family of products, product family ◆ **ils sont de la même famille politique** they're of the same political persuasion
c (LOC) **de bonne famille** from a good family ou background ◆ **il est sans famille** he has no family ◆ **un (petit) bridge des familles** * a quiet ou cosy little game of bridge ◆ **il est très famille** * he's very family-oriented, he's a real family man ◆ **de famille** possessions, réunion, dîner family (épith) ◆ **tableau de famille** (= peinture) family portrait; (= spectacle) family scene; (légué par les ancêtres) family heirloom ◆ **c'est de famille, ça tient de famille** it runs in the family
◆ **en famille** (= avec la famille) with the family; (= comme une famille) as a family ◆ **tout se passe en famille** it's all kept in the family ◆ **il vaut mieux régler ce problème en famille** it's best to sort this problem out within the family ◆ **passer ses vacances en famille** to spend one's holidays with the family

**famine** [famin] → SYN nf (= épidémie) famine, starvation (NonC) ◆ **nous allons à la famine** we are heading for starvation, we are going to starve ◆ **crier famine** to complain that the wolf is at the door; → **salaire**

**fan** * [fan] nm,f (= admirateur) fan

**fana** * [fana] (abrév de **fanatique**) 1 adj crazy * (*de* about), mad keen * (Brit) (*de* on)
2 nmf fanatic ◆ **fana de ski/de varappe** skiing/rock-climbing fanatic ◆ **fana d'informatique/de cinéma** computer/cinema buff * ◆ **fana d'écologie** eco-freak *

**fanage** [fanaʒ] nm tossing, turning, tedding

**fanal**, pl **-aux** [fanal, o] → SYN nm (= feu) [train] headlight, headlamp; [mât] lantern; (= phare) beacon, lantern; (= lanterne à main) lantern, lamp

**fanatique** [fanatik] → SYN 1 adj fanatical (*de* about)
2 nmf (gén, Sport) fanatic; (Pol, Rel) fanatic, zealot ◆ **fanatique du ski/du football/des échecs** skiing/football/chess fanatic

**fanatiquement** [fanatikmɑ̃] adv fanatically

**fanatisation** [fanatizasjɔ̃] nf rousing to fanaticism, fanaticization (frm)

**fanatiser** [fanatize] → SYN ▸ conjug 1 ◂ vt to rouse to fanaticism, fanaticize (frm)

**fanatisme** [fanatism] → SYN nm fanaticism

**fan-club**, pl **fan-clubs** [fanklœb] nm [vedette] fan club ◆ **il fait partie de mon fan-club** (hum) he's one of my fans

**fandango** [fɑ̃dɑ̃go] nm fandango

**fane** [fan] nf (surtout pl) [légume] top ◆ **fanes de carottes/radis** carrot/radish tops ◆ **fanes de haricots/pommes de terre** bean/potato haulms

**fané, e** [fane] → SYN (ptp de **faner**) adj fleur, bouquet withered, wilted; couleur, teint, beauté, étoffe faded

**faner** [fane] → SYN ▸ conjug 1 ◂ 1 vi (littér) to make hay
2 vt a [+ herbe] to toss, turn, ted ◆ **on fane (l'herbe) après la fauchaison** the tossing ou turning of the hay ou the tedding is done after the mowing
b (littér) [+ couleur, beauté] to fade ◆ **femme que l'âge a fanée** woman whose looks have faded
3 **se faner** vpr [plante] to fade, wither, wilt; [peau] to wither; [teint, beauté, couleur] to fade

**faneur, -euse** [fanœʀ, øz] 1 nm,f (= ouvrier) haymaker
2 **faneuse** nf (= machine) tedder

**fanfare** [fɑ̃faʀ] → SYN nf a (= orchestre) brass band ◆ **la fanfare du régiment** the regimental band
b (= musique) fanfare ◆ **fanfare de clairons** fanfare of bugles ◆ **fanfare de trompettes** flourish ou fanfare of trumpets ◆ **des fanfares éclatèrent** there was the sound of fanfares
◆ **en fanfare** réveil, départ clamorous, tumultuous; réveiller, partir noisily, with a great commotion ◆ **il est arrivé en fanfare** (avec bruit) he came in noisily ou with a great commotion; (fièrement) he came in triumphantly ◆ **annoncer en fanfare** [+ nouvelle, réforme] to blazon ou trumpet forth, publicize widely
c **reliure à la fanfare** ornate bonding

**fanfaron, -onne** [fɑ̃faʀɔ̃, ɔn] → SYN 1 adj personne, attitude boastful; air, propos bragging, boastful ◆ **il avait un petit air fanfaron** he was quite full of himself, he looked very pleased with himself
2 nm,f braggart ◆ **faire le fanfaron** to brag, boast, go around bragging ou boasting

**fanfaronnade** [fɑ̃faʀɔnad] → SYN nf bragging (NonC), boasting (NonC), boast ◆ **arrête tes fanfaronnades** stop boasting

**fanfaronner** [fɑ̃faʀɔne] → SYN ▸ conjug 1 ◂ vi to brag, boast

**fanfreluche** [fɑ̃fʀəlyʃ] → SYN nf (sur rideau, ameublement) trimming ◆ **robe ornée de fanfreluches** dress trimmed with frills and flounces

**fange** [fɑ̃ʒ] → SYN nf (littér) mire (littér); → **traîner, vautrer**

**fangeux, -euse** [fɑ̃ʒø, øz] → SYN adj (littér) miry (littér)

**fangothérapie** [fɑ̃goteʀapi] nf fangotherapy

**fanion** [fanjɔ̃] → SYN nm [vélo, club, bateau] pennant; (Rugby) flag; (Ski) pennant ◆ **fanion de commandement** (Mil) commanding officer's pennant

**fanon** [fanɔ̃] → SYN nm a [baleine] plate of whalebone ou baleen; (= matière) whalebone (NonC)
b [cheval] fetlock
c [bœuf] dewlap; [dindon] wattle
d [mitre] lappet

**fantaisie** [fɑ̃tezi] → SYN nf a (= caprice) whim ◆ **elle se plie à toutes ses fantaisies, elle lui passe toutes ses fantaisies** she gives in to his every whim ◆ **s'offrir une fantaisie en allant** ou **s'offrir la fantaisie d'aller au restaurant** to give o.s. a treat by having a meal out ou by eating out ◆ **je me suis payé une petite fantaisie** (bibelot, bijou, gadget) I bought myself a little present
b (= extravagance) extravagance ◆ **ces fantaisies vestimentaires** such extravagance ou extravagances of dress
c (littér = bon plaisir) **il agit selon** ou **il n'en fait qu'à sa fantaisie** he does as the fancy takes him ◆ **il lui a pris la fantaisie de ...** he took it into his head to ... ◆ **à votre fantaisie** as it may please you
d (= imagination) fancy, imagination ◆ **être plein de fantaisie** to be full of imagination ou very fanciful ou imaginative ◆ **manquer de fantaisie** [vie] to be monotonous ou uneventful; [personne] to be lacking in imagination ou be unimaginative ◆ **c'est de la fantaisie pure** that is sheer ou pure fantasy ou fancy ou imagination
e (en adj) **boucles d'oreilles (de) fantaisie** (originales) fancy ou novelty earrings; (imitation) imitation gold (ou silver etc ) earrings ◆ **bijoux (de) fantaisie** costume jewellery ◆ **rideaux fantaisie** fancy curtains ◆ **boutons fantaisie** fancy ou novelty buttons ◆ **pain de fantaisie** fancy bread ◆ **kirsch fantaisie** kirsch-flavoured brandy
f (= œuvre) (Littérat) fantasy; (Mus) fantasia

**fantaisiste** [fɑ̃tezist] → SYN 1 adj a nouvelle, explication fanciful, whimsical; horaires unpredictable
b personne (= farceur) whimsical; (= capricieux) fanciful; (= peu sérieux) unreliable; (= bizarre) eccentric, unorthodox
2 nmf a (Théât) variety artist ou entertainer
b (= original) eccentric, oddball *

**fantasia** [fɑ̃tazja] nf fantasia

**fantasmagorie** [fɑ̃tasmagɔʀi] → SYN nf phantasmagoria

**fantasmagorique** [fɑ̃tasmagɔʀik] → SYN adj phantasmagorical

**fantasmatique** [fɑ̃tasmatik] adj rêve, vision fantastical

**fantasme** [fɑ̃tasm] → SYN nm fantasy ◆ **il vit dans ses fantasmes** he lives in a fantasy world

**fantasmer** [fɑ̃tasme] → SYN ▸ conjug 1 ◂ 1 vi to fantasize (*sur* about)
2 vt to fantasize about

**fantasque** [fɑ̃task] → SYN adj (littér) personne, humeur whimsical, capricious; chose weird, fantastic

**fantassin** [fɑ̃tasɛ̃] → SYN nm foot soldier, infantryman ◆ **2 000 fantassins** 2,000 foot ou infantry

**fantastique** [fɑ̃tastik] → SYN 1 adj a (= étrange) atmosphère weird, eerie; rêve weird, fantastic ◆ **conte fantastique** tale of fantasy ou of the supernatural ◆ **roman fantastique** (gén) fantasy; (= romantique) Gothic novel ◆ **film fantastique** fantasy film ◆ **le cinéma fantastique** science fiction, horror and fantasy films
b * (= excellent) fantastic *, terrific *, great *; (= énorme, incroyable) fantastic *, incredible
2 nm ◆ **le fantastique** the fantastic, the uncanny; (Littérat) (gén) fantasy, the fantastic; (romantique) Gothic literature; (Ciné) science fiction, horror and fantasy

**fantastiquement** [fɑ̃tastikmɑ̃] adv fantastically

**fantoche** [fɑ̃tɔʃ] → SYN nm, adj puppet ◆ **gouvernement fantoche** puppet government

**fantomatique** [fɑ̃tomatik] → SYN adj ghostly

**fantôme** [fɑ̃tom] → SYN 1 nm (= spectre) ghost, phantom ◆ **les fantômes du passé** ghosts from the past ◆ **ce n'est plus qu'un fantôme** (= personne amaigrie) he's a shadow of his former self
2 adj société dummy, bogus ◆ **salarié fantôme** ghost employee ou worker ◆ **bateau fantôme** ghost ou phantom ship ◆ **train/ville fantôme** ghost train/town ◆ **étudiants fantômes** *students who do not attend classes* ◆ **membre fantôme** (Méd) phantom limb ◆ **image fantôme** (Phys) ghost ◆ **cabinet/gouvernement fantôme** (Pol) shadow cabinet/government; → **vaisseau**

**fanton** [fɑ̃tɔ̃] nm ⇒ **fenton**

**fanzine** [fɑ̃zin] nm fanzine

**FAO** [ɛfao] nf a (abrév de **fabrication assistée par ordinateur**) CAM
b (abrév de **Food and Agriculture Organization**) FAO

**faon** [fɑ̃] → SYN nm (Zool) fawn

**faquin** †† [fakɛ̃] nm wretch, rascal

**far** [faʀ] → SYN nm ◆ **far (breton)** custard flan with prunes ◆ **far aux poires** custard flan with pears

**farad** [faʀad] nm farad

**faraday** [faʀadɛ] nm faraday

**faradique** [faʀadik] adj farad(a)ic

**faramineux, -euse** * [faʀaminø, øz] → SYN adj bêtise, inconscience staggering *, fantastic *, mind-boggling *; prix astronomical *, sky-high * (attrib) ◆ **toi et tes idées faramineuses !** you and your brilliant ideas!

**farandole** [faʀɑ̃dɔl] → SYN nf (= danse) farandole ◆ **la farandole des desserts** a selection of desserts

**faraud, e** † [faʀo, od] → SYN 1 adj boastful ◆ **tu n'es plus si faraud** you are no longer quite so boastful ou full of yourself ou pleased with yourself
2 nm,f braggart ◆ **faire le faraud** to brag, boast

**farce[1]** [faʀs] → SYN nf a (= tour) practical joke, prank, hoax ◆ **faire une farce à qn** to play a practical joke ou a prank on sb ◆ **farces (et) attrapes** (= objets) (assorted) tricks ◆ **magasin de farces-attrapes** joke (and novelty) shop
b (fig, Théât) farce ◆ **grosse farce** slapstick comedy ◆ **ce procès est une farce** this trial is a farce; → **dindon**

**farce[2]** [faʀs] → SYN nf (Culin) (gén) stuffing; (à la viande) forcemeat

**farceur, -euse** [faʀsœʀ, øz] → SYN 1 nm,f (= facétieux) (en actes) practical joker, prankster; (en paroles) joker, wag; (péj = fumiste) clown (péj) ◆ **sacré farceur !** you're (ou he's etc ) a sly ou crafty one!
2 adj (= espiègle) mischievous ◆ **il est très farceur** he likes playing tricks ou practical jokes

**farcin** [faʀsɛ̃] nm farcy

**farcir** [faʀsiʀ] → SYN ▸ conjug 2 ◂ 1 vt a (Culin) to stuff ◆ **tomates farcies** stuffed tomatoes
b (fig) **farci de fautes** crammed ou littered with mistakes ◆ **j'en ai la tête farcie** I've had about as much as I can take
2 **se farcir** vpr a (péj) **se farcir la mémoire** ou **la tête de** to fill one's head with
b ‡ [+ lessive, travail, personne] to get stuck ou landed with *; [+ bouteille] to knock back *, polish off *; [+ gâteaux] to gobble down *, guzzle *, scoff * (Brit) ◆ **se farcir une fille/un mec** *‡ to make it with ‡ a girl/a guy, have it off with ‡ (Brit) a girl/a guy ◆ **il faudra se farcir ton cousin pendant 3 jours** we'll have to put up with your cousin for 3 days ◆ **il faut se le farcir !** [+ importun] he's a real pain (in the neck)! *; [+ livre] it's really heavy going! ◆ **je me suis farci le voyage à pied** I bloody well ‡ walked the whole way

**fard** [faʀ] → SYN nm (= maquillage) make-up; († = poudre) rouge †, paint ◆ **fard (gras)** [acteur] greasepaint ◆ **fard à joues** blusher ◆ **fard à paupières** eye shadow ◆ **sans fard** parler openly; élégance unpretentious, simple; → **piquer**

**fardage[1]** [faʀdaʒ] nm [bilan, marchandise] dressing-up

**fardage[2]** [faʀdaʒ] nm (Naut = plan de bois) top-hammer

**farde[1]** [faʀde] nf (Comm) bale of coffee *(weighing 185 kg)*

**farde[2]** [faʀde] nf (Belg) (= chemise, dossier) file; (= liasse) bundle, wad

**fardé, e** [faʀde] (ptp de **farder**) adj personne wearing make-up ◆ **elle est trop fardée** she's wearing too much make-up ◆ **elle avait les paupières/joues fardées** she was wearing eye-shadow/blusher ◆ **elle avait les lèvres fardées** she was wearing lipstick

**fardeau**, pl **fardeaux** [faʀdo] → SYN nm (lit) load, burden (littér); (fig) burden ◆ **sous le fardeau de** under the weight ou burden of ◆ **il a traîné** ou **porté ce fardeau toute sa vie** he carried ou bore this burden all his life

**farder[1]** [faʀde] → SYN ▸ conjug 1 ◂ 1 vt a (Théât) [+ acteur] to make up; †† [+ visage] to rouge †, paint
b [+ bilan, marchandise] to dress up; (littér) [+ vérité] to disguise, mask, veil
2 **se farder** vpr (= se maquiller) to make (o.s.) up; († = se poudrer) to paint one's face †; [acteur] to make up

**farder[2]** [faʀde] ▸ conjug 1 ◂ vi [voile] to set well

**fardoches** [faʀdɔʃ] nfpl (Can) underwood, brushwood, scrub

**farfadet** [faʀfadɛ] → SYN nm sprite, elf

**farfelu, e** * [faʀfəly] → SYN 1 adj idée, projet hare-brained; personne, conduite eccentric, scatty * (Brit)
2 nm,f eccentric

**farfouiller** * [faʀfuje] ▸ conjug 1 ◂ vi to rummage about (*dans* in)

**fargues** [faʀg] nfpl (Naut) gunwhale, gunnel

**faribole** [faʀibɔl] → SYN nf (littér) (piece of) nonsense ◆ **conter des fariboles** to talk nonsense ou twaddle (Brit) ◆ **fariboles (que tout cela) !** (stuff and) nonsense!, fiddlesticks! † *, poppycock! † *

**farigoule** [faʀigul] → SYN nf thyme

**farinacé, e** [faʀinase] adj farinaceous

**farine** [faʀin] → SYN 1 nf [blé] flour ◆ **de (la) même farine** (littér) of the same ilk; → **fleur, rouler**
2 COMP ▷ **farines animales** bone meal ▷ **farine d'avoine** oatmeal ▷ **farine de blé** ⇒ **farine de froment** ▷ **farine complète** wheatmeal ou whole wheat ou wholemeal (Brit) flour ▷ **farine de froment** wheat flour ▷ **farine à gâteaux** cake flour ▷ **farine de gruau** fine wheat flour ▷ **farine lactée** baby cereal ▷ **farine de lin** linseed meal ▷ **farine de maïs** cornflour (Brit), cornstarch (US) ▷ **farine de manioc** cassava, manioc flour ▷ **farine de moutarde** mustard powder ▷ **farine de poisson** fish meal ▷ **farine de riz** rice flour ▷ **farine de sarrasin** buckwheat flour ▷ **farine de seigle** rye flour ▷ **farine tamisée** sifted flour

**fariner** [faʀine] ▸ conjug 1 ◂ vt to flour ◆ **moule beurré et fariné** buttered and floured tin (Brit) ou pan (US)

**farineux, -euse** [faʀinø, øz] 1 adj consistance, aspect, goût floury, chalky; chocolat powdery, chalky; fromage chalky; pomme de terre floury; pomme dry, mushy
2 nm starchy food, starch ◆ **les farineux** starchy foods, starches

**farlouse** [faʀluz] nf meadow pipit

**farniente** [faʀnjɛnte] → SYN nm idle life, idleness ◆ **faire du farniente sur la plage** to lounge ou laze on the beach

**farouche[1]** [faʀuʃ] → SYN adj a (= timide) personne, animal shy, timid; (= peu sociable) voisin unsociable ◆ **ces daims ne sont pas farouches** these deer are not a bit shy ou timid ou are quite tame ◆ **c'est une femme peu farouche** she's not backwards in coming forwards, she's no shrinking violet
b (= acharné) opposition, attachement, adversaire fierce; volonté unshakeable, inflexible; énergie irrepressible; partisan, défenseur staunch; haine, ennemi bitter; (= hostile) regard fierce, hostile
c (= indompté) savage, wild

**farouche[2]** [faʀuʃ] nm (Bot) crimson ou carnation clover

**farouchement** [faʀuʃmɑ̃] adv fiercely ◆ **nier farouchement qch** to deny sth fiercely ou vehemently

**farrago** [faʀago] nm (Agr) mixed fodder

**farsi** [faʀsi] nm Farsi

**fart** [faʀt] → SYN nm (ski) wax ◆ **fart de montée** climbing wax

**fartage** [faʀtaʒ] nm [skis] waxing

**farter** [faʀte] ▸ conjug 1 ◂ vt [+ skis] to wax

**Far-West, Far West** [faʀwɛst] nm inv ◆ **le Far-West** the Wild West

**fasce** [fas] nf (Hér) fess(e), fascia

**fascé, e** [fase] adj (Hér) fessey

**fascia** [fasja] nm (Anat) fascia

**fasciation** [fasjasjɔ̃] nf (Bot) fasciation

**fascicule** [fasikyl] → SYN nm part, instalment, fascicule (SPÉC) ◆ **ce livre est vendu avec un fascicule d'exercices** this book is sold with a manual of exercises ◆ **fascicule de mobilisation** (Mil) instructions for mobilization

**fasciculé, e** [fasikyle] adj fascicled

**fascié, e** [fasje] adj fasciate(d)

**fascinant, e** [fasinɑ̃, ɑ̃t] → SYN adj (gén) fascinating; beauté bewitching, fascinating

**fascination** [fasinasjɔ̃] → SYN nf fascination ◆ **exercer une grande fascination** to exert (a) great fascination (*sur* on, over), have (a) great fascination (*sur* for)

**fascine** [fasin] → SYN nf (= fagot) faggot *(of brushwood)*; (Constr) fascine

**fasciner[1]** [fasine] → SYN ▸ conjug 1 ◂ vt (gén) to fascinate; (= soumettre à son charme) to bewitch ◆ **se laisser fasciner par des promesses** to allow o.s. to be bewitched by promises ◆ **être fasciné par le pouvoir** to be fascinated ou mesmerized by power

**fasciner[2]** [fasine] ▸ conjug 1 ◂ vt (Constr) to line with fascines

**fascisant, e** [faʃizɑ̃, ɑ̃t] adj fascistic

**fascisation** [faʃizasjɔ̃] nf fascistization

**fasciser** [faʃize] ▸ conjug 1 ◂ vt to make fascis-t(ic)

**fascisme** [faʃism] → SYN nm fascism

**fasciste** [faʃist] → SYN adj, nmf fascist

**faseyer** [faseje, fazeje] ▸ conjug 1 ◂ vi [voile] to shiver

**faste[1]** [fast] → SYN nm splendour (Brit), splendor (US), pomp ◆ **sans faste** cérémonie simple, low-key; célébrer quietly, simply

**faste[2]** [fast] → SYN adj (littér) année, période (= de chance) lucky; (= prospère) prosperous ◆ **jour faste** lucky day

**fastes** [fast] → SYN nmpl (= annales) annals

**fast-food**, pl **fast-foods** [fastfud] → SYN nm (= restaurant) fast-food restaurant; (= restauration) fast food

**fastidieusement** [fastidjøzmɑ̃] adv tediously, tiresomely, boringly

**fastidieux, -ieuse** [fastidjø, jøz] → SYN adj tedious, tiresome, boring

**fastigié, e** [fastiʒje] adj (Bot) fastigiate(d)

**fastoche** ‡ [fastɔʃ] adj dead easy * ◆ **c'est vachement fastoche !** it's dead easy * ou a cinch! ‡

**fastueusement** [fastɥøzmɑ̃] adv sumptuously, luxuriously ◆ **recevoir qn fastueusement** (pour dîner) to entertain sb lavishly; (à son arrivée) to give sb a lavish reception

**fastueux, -euse** [fastɥø, øz] → SYN adj sumptuous, luxurious ◆ **réception fastueuse** lavish reception ◆ **mener une vie fastueuse** to lead a sumptuous ou luxurious existence, live a life of great luxury

**fat** † [fa(t), fat] 1 adj conceited, smug, complacent

2 nm conceited ou smug ou complacent person

**fatal, e,** mpl **fatals** [fatal] → SYN adj a (= funeste) accident, issue fatal; coup fatal, deadly ◆ **erreur fatale !** fatal error ou mistake! ◆ **être fatal à qn** [chute, accident] to kill sb; [erreur, bêtise] to prove fatal ou disastrous for ou to sb

b (= inévitable) inevitable ◆ **c'était fatal** it was inevitable, it was bound to happen ◆ **il était fatal qu'elle le fasse** she was bound ou fated to do it, it was inevitable that she should do it

c (= marqué par le destin) instant, heure fatal, fateful; → **femme**

**fatalement** [fatalmɑ̃] → SYN adv (= inévitablement) inevitably ◆ **fatalement, il est tombé !** inevitably, he fell! ◆ **au début, ce fut fatalement mauvais** at the beginning, it was inevitably ou unavoidably bad ◆ **ça devait fatalement arriver** it was bound ou fated to happen

**fatalisme** [fatalism] → SYN nm fatalism

**fataliste** [fatalist] 1 adj fatalistic

2 nmf fatalist

**fatalité** [fatalite] → SYN nf a (= destin) fate, fatality (littér) ◆ **être poursuivi par la fatalité** to be pursued by fate ◆ **c'est la fatalité** it's fate

b (= nécessité) **le chômage est-il une fatalité ?** is unemployment inevitable? ◆ **par quelle fatalité se sont-ils rencontrés ?** by what terrible ou unfortunate coincidence did they meet?

c (= caractère inévitable) inevitability ◆ **la fatalité de la mort/de cet événement** the inevitability of death/this event

**fatidique** [fatidik] → SYN adj (= lourd de conséquences) décision, paroles, date fateful; (= crucial) moment fatal, fateful

**fatigabilité** [fatigabilite] nf [personne] fatigability

**fatigable** [fatigabl] adj fatigable

**fatigant, e** [fatigɑ̃, ɑ̃t] → SYN adj (= épuisant) tiring; (= agaçant) personne annoying, tiresome, tedious; conversation tiresome, tedious ◆ **c'est fatigant pour la vue** it's tiring ou a strain on the eyes ◆ **c'est fatigant pour le cœur** it's a strain on the heart ◆ **tu es vraiment fatigant avec tes questions** you really are annoying ou tiresome ou a nuisance with your questions ◆ **c'est fatigant de devoir toujours tout répéter** it's annoying ou tiresome ou a nuisance to have to repeat everything all the time

**fatigue** [fatig] → SYN nf a [personne] (gén) tiredness, fatigue; (Méd) fatigue ◆ **tomber** ou **être mort de fatigue** (fig) to be dead tired*, be exhausted ◆ **il a voulu nous épargner cette fatigue** he wanted to save ou spare us the strain ◆ **dans un état d'extrême** ou **de grande fatigue** in a state of utter exhaustion ◆ **se remettre des fatigues du voyage** to get over the strain ou the tiring effects of the journey ◆ **pour se reposer de la fatigue du voyage** to rest after a tiring journey ◆ **cette fatigue dans le bras gauche** this weakness in the left arm ◆ **fatigue oculaire** ou **visuelle** eyestrain; → **recru**

b (Tech) fatigue ◆ **la fatigue des métaux** metal fatigue

**fatigué, e** [fatige] → SYN (ptp de **fatiguer**) adj a personne, voix tired, weary; traits, membres tired; cœur strained, overworked; cerveau overtaxed, overworked; estomac, foie upset ◆ **il a les bras fatigués** his arms are tired ◆ **j'ai les yeux fatigués** my eyes are tired ou strained ◆ **fatigué par le voyage** travel-worn, travel-weary, tired ou weary from ou after travelling ◆ **il est né fatigué** (péj) he's bone-lazy ou bone-idle (Brit)

b **fatigué de** [+ jérémiades, voiture, personne] tired of ◆ **fatigué de la vie** tired of life ou living

c poutre, joint, moteur, habits worn

**fatiguer** [fatige] → SYN ▸ conjug 1 ◂ 1 vt a (physiquement) **fatiguer qn** [maladie, effort, études] to make sb tired ou weary, tire sb; [professeur, patron] to overwork sb ◆ **ces efforts fatiguent, à la longue** all this effort tires ou wears you out in the end ◆ **ça fatigue les yeux/le cœur/l'organisme** it is ou puts a strain on the eyes/heart/whole body ◆ **se fatiguer les yeux/le cœur** to strain one's eyes/heart

b [+ cheval] [effort] to tire, put a strain on; [propriétaire] to overwork; [+ moteur] [effort] to put (a) strain on, strain; [+ poutre, pièce] to put (a) strain on; [+ chaussures, vêtement] to wear out; [+ sol] to exhaust, impoverish

c (= agacer) to annoy; (= lasser) to wear out ◆ **tu commences à me fatiguer** you're beginning to annoy me ◆ **il vous fatigue avec ses sermons** he wears you out ou he becomes a bit wearisome with his sermons

d [+ salade] to toss

2 vi [moteur] to labour (Brit), labor (US), strain; [poutre, pièce, joint] to become strained, show (signs of) strain; [personne] to tire, grow tired ou weary ◆ **je commence à fatiguer** I'm starting to get tired

3 **se fatiguer** vpr a (physiquement) to get tired ◆ **se fatiguer à faire qch** to tire o.s. out doing sth ◆ **il ne s'est pas trop fatigué** (iro) he didn't overdo it, he didn't kill himself*

b (= se lasser de) **se fatiguer de qch/de faire** to get tired ou weary of sth/of doing

c (= s'évertuer à) **se fatiguer à répéter/expliquer** to wear o.s. out repeating /explaining ◆ **ne te fatigue pas** ou **pas la peine de te fatiguer, il est borné*** he's just dim so don't waste your time ou your breath

**fatma** [fatma] nf *North African woman servant*

**fatras** [fatʀa] → SYN nm [choses] jumble; [idées] jumble, hotchpotch (Brit), hodgepodge (US)

**fatrasie** [fatʀazi] nf *nonsensical poem of the Middle Ages*

**fatuité** [fatɥite] → SYN nf self-complacency, self-conceit, smugness

**fatwa** [fatwa] nf fatwa ◆ **prononcer une fatwa contre qn** to declare ou issue a fatwa against sb

**faubert** [fobɛʀ] nm (Naut = balai) swab

**faubourg** [fobuʀ] → SYN nm (inner) suburb ◆ **avoir l'accent des faubourgs** to have a working-class Paris accent

**faubourien, -ienne** [fobuʀjɛ̃, jɛn] adj accent, manières working-class Paris

**fauchage** [foʃaʒ] nm [blé] reaping; [champs, prés] mowing; [herbe] (avec une faux) scything, mowing, cutting; (mécanique) mowing, cutting

**fauchaison** [foʃɛzɔ̃] nf a (= époque) [pré] mowing (time), reaping (time); [blés] reaping (time)

b (= action) ⇒ **fauchage**

**fauche** [foʃ] → SYN nf a (* = vol) thieving ◆ **il y a beaucoup de fauche** a lot of thieving goes on ◆ **lutter contre la fauche dans les supermarchés** to combat shoplifting ou thieving in supermarkets

b †† ⇒ **fauchaison**

**fauché, e*** [foʃe] → SYN (ptp de **faucher**) adj (= sans argent) (flat ou dead) broke* (attrib), hard up*, stony-broke* (Brit) (attrib) ◆ **il est fauché comme les blés** he hasn't got a penny to his name, he hasn't got a bean* (Brit) ou a brass farthing (Brit) ◆ **c'est un éternel fauché** he's permanently broke*, he never has a penny ◆ **avec toi, on n'est pas fauché !** (iro) you're a dead loss!*, you're a fat lot of good!* (Brit)

**faucher** [foʃe] → SYN ▸ conjug 1 ◂ 1 vt a [+ blé] to reap; [+ champs, prés] to mow, reap; [+ herbe] (avec une faux) to scythe, mow, cut; (mécaniquement) to mow, cut

b (= abattre) [vent] to flatten; [véhicule] to knock over ou down, mow down; [tir] to mow down; [explosion] to flatten, blow over; (Ftbl) to bring down ◆ **la mort l'a fauché en pleine jeunesse** he was cut down in his prime ◆ **ils ont été fauchés par un obus de mortier** they were blown up by a shell ◆ **avoir une jambe fauchée par un train** to have a leg cut off ou taken off by a train

c (* = voler) to swipe*, pinch* (Brit), nick* (Brit) ◆ **elle fauche dans les magasins** she pinches* things from shops

2 vi [cheval] to dish

**fauchet** [foʃɛ] → SYN nm (wooden) hay rake

**fauchette** [foʃɛt] nf billhook *(for trimming bushes)*

**faucheur, -euse** [foʃœʀ, øz] 1 nm,f (= personne) mower, reaper

2 nm ⇒ **faucheux**

3 **faucheuse** nf (= machine) reaper, mower ◆ **la Faucheuse** (littér = mort) the (Grim) Reaper

**faucheux** [foʃø] nm harvestman (Brit), harvest spider, daddy-longlegs (US)

**faucille** [fosij] → SYN nf sickle ◆ **la faucille et le marteau** the hammer and sickle

**faucon** [fokɔ̃] → SYN nm (lit) falcon, hawk; (fig Pol) hawk ◆ **faucon crécerelle** kestrel ◆ **faucon pèlerin** peregrine falcon ◆ **chasser au faucon** to hawk ◆ **chasse au faucon** hawking

**fauconneau,** pl **fauconneaux** [fokɔno] nm young falcon ou hawk

**fauconnerie** [fokɔnʀi] nf (= art) falconry; (= chasse) hawking, falconry; (= lieu) hawk house

**fauconnier** [fokɔnje] nm falconer, hawker

**faufil** [fofil] nm tacking ou basting thread

**faufilage** [fofilaʒ] nm tacking, basting

**faufiler** [fofile] → SYN ▸ conjug 1 ◂ 1 vt to tack, baste

2 **se faufiler** vpr ◆ **se faufiler dans** to worm ou inch ou edge one's way into ◆ **se faufiler entre** to dodge in and out of, thread one's way through ◆ **se faufiler parmi la foule** to worm ou inch ou thread one's way through the crowd, slip through the crowd ◆ **se faufiler entre les** ou **au milieu des voitures** to nip ou dodge in and out of the traffic, thread one's way through the traffic ◆ **il se faufila à l'intérieur/au dehors** he wormed ou inched ou edged his way in/out

**faune**[1] [fon] → SYN nm (Myth) faun

**faune**[2] [fon] → SYN nf (Zool) wildlife, fauna; (péj = personnes) bunch, crowd ◆ **la faune et la flore** the flora and fauna ◆ **la faune marine** marine fauna ou animal life

**faunesque** [fonɛsk] adj faunlike

**faunesse** [fonɛs] nf fauness

**faussaire** [fosɛʀ] → SYN nmf forger

**fausse** [fos] adj f → **faux**[2]

**faussement** [fosmɑ̃] adv accuser wrongly, wrongfully; croire wrongly, erroneously, falsely ◆ **faussement modeste** falsely modest ◆ **faussement intéressé** pretending to be interested ◆ **d'un ton faussement indifférent** in a tone of feigned indifference, in a deceptively detached tone of voice

**fausser** [fose] → SYN ▸ conjug 1 ◂ vt a [+ calcul, statistique, fait] to distort, alter; [+ réalité, pensée] to distort, pervert; [+ sens d'un mot] to distort; [+ esprit] to unsettle, disturb; [+ jugement] to distort

◆ **fausser compagnie à qn** to give sb the slip, slip ou sneak away from sb ◆ **vous nous avez de nouveau faussé compagnie hier soir** you gave us the slip again last night, you sneaked ou slipped off again last night

b [+ clé] to bend; [+ serrure] to break; [+ poulie, manivelle, charnière] to buckle, bend; [+ essieu, volant, hélice, lame] to warp, buckle, bend ◆ **soudain il se troubla, sa voix se faussa** suddenly he became flustered and his voice became strained

**fausset**[1] [fosɛ] → SYN nm falsetto (voice) ◆ **d'une voix de fausset** in a falsetto voice

**fausset**[2] [fosɛ] → SYN nm [tonneau] spigot

**fausseté** [foste] → SYN nf a [idée, accusation, dogme] falseness, falsity

b [caractère, personne] duplicity, deceitfulness

c († = propos mensonger) falsity †, falsehood

**Faust** [fost] nm Faust

**faustien, -ienne** [fostjɛ̃, jɛn] adj Faustian, of Faust

**faut** [fo] → **falloir**

**faute** [fot] GRAMMAIRE ACTIVE 17.1, 18.2 → SYN

1 nf a (= erreur) mistake, error ◆ **faire** ou **commettre une faute** to make a mistake ou an error ◆ **faute de grammaire** grammatical

mistake ou error ◆ **faute de ponctuation** mistake in punctuation, error of punctuation ◆ **faute de prononciation** mispronunciation ◆ **faire des fautes de prononciation** to mispronounce words ◆ **dictée sans faute** error-free dictation

**b** (= mauvaise action) misdeed; (Jur) offence; († = péché de chair) lapse (from virtue), sin (of the flesh) ◆ **commettre une faute** (gén) to commit a misdeed ou misdemeanour; († = péché de chair) to sin ◆ **une faute contre** ou **envers la religion** a sin ou transgression against religion

**c** (Sport) foul; (Tennis) fault ◆ **le joueur a fait une faute** the player committed a foul ◆ **faire une faute sur qn** to foul sb ◆ **faire une faute de filet** (Volley) to make contact with the net ◆ **faire une faute de main** to handle the ball ◆ **faute personnelle** (Basket) personal foul ◆ **faute de pied** (Tennis) foot fault ◆ **faire une faute de pied** to foot-fault ◆ **faire une double faute (de service)** (Tennis) to serve a double fault, double-fault ◆ **faute !** (pour un joueur) foul!; (pour la balle) fault! ◆ **la balle est faute** (Tennis) the ball was out; → **parcours, sans-faute**

**d** (= responsabilité) fault ◆ **par la faute de Richard/sa faute** because of Richard/him ◆ **c'est (de) la faute de** ou **à* Richard/(de) sa faute** it's Richard's fault/his fault ◆ **la faute lui en revient** the fault lies with him ◆ **à qui la faute ?** whose fault is it?, who is to blame? ◆ **c'est la faute à pas de chance*** it's just bad ou hard luck

**e** (Loc) (Prov) **faute avouée est à demi** ou **à moitié pardonnée** a sin confessed is a sin half pardoned ◆ **il ne se fait pas faute de faire** (littér) he doesn't shy from ou at doing, he doesn't fail to do ◆ **il ne se fit pas faute d'en parler** (littér) he didn't miss a chance to talk about it

◆ **en faute** ◆ **être/se sentir en faute** to be/feel at fault ou in the wrong ◆ **prendre qn en faute** to catch sb out

◆ **faute de** for ou through lack of ◆ **faute d'argent** for want of ou through lack of money ◆ **faute de temps** for ou through lack of time ◆ **faute de mieux** for lack of ou want of anything better ◆ **faute de quoi** failing which, otherwise ◆ **relâché faute de preuves** released for ou through lack of evidence ◆ **faute de réponse sous huitaine** failing a reply within a week, if we receive no reply within a week ◆ **faute d'avis contraire** unless otherwise informed ◆ **faute d'y être allé, je ...** since I didn't go, I ... ◆ **je n'y suis pas arrivé, mais ce n'est pas faute d'avoir essayé** I didn't manage to do it but it wasn't for want ou lack of trying ◆ **le combat cessa faute de combattants** the battle died down, there being nobody left to carry on the fight ◆ (Prov) **faute de grives, on mange des merles** you have to cut your coat according to your cloth; (Prov) beggars can't be choosers (Prov)

**2** COMP ▷ **faute d'accord** (Ling) mistake in (the) agreement ▷ **faute de calcul** miscalculation, error in calculation ▷ **faute de carres** (Ski) edging mistake ▷ **faute civile** (Jur) civil wrong ▷ **faute de conduite** (Aut) (= erreur) driving error; (= infraction) driving offence ▷ **faute d'étourderie** ⇒ **faute d'inattention** ▷ **faute de français** grammatical mistake *(in French)* ▷ **faute de frappe** typing error ▷ **faute de goût** error of taste ▷ **faute grave** (professionnelle) gross misconduct (NonC) ▷ **faute d'impression** misprint ▷ **faute d'inattention** careless ou thoughtless mistake ▷ **faute d'orthographe** spelling mistake ▷ **faute pénale** (Jur) criminal offence ▷ **faute professionnelle** professional misconduct (NonC) ▷ **faute de service** (Admin) act of (administrative) negligence

**fauter** † [fote] ▸ conjug 1 ◂ vi [femme] to sin

**fauteuil** [fotœj] [→ SYN] **1** nm (gén) armchair; (avec dos rembourré, moderne) easy chair, armchair; [président] chair; [théâtre, académicien] seat ◆ **occuper le fauteuil** (= siéger comme président) to be in the chair ◆ **il s'est installé dans le fauteuil de la présidence/du maire** he became chairman/mayor ◆ **il est arrivé dans un fauteuil*** he romped home*, he walked it* (Brit)

**2** COMP ▷ **fauteuil de balcon** (Théât) balcony seat, seat in the dress circle ◆ **fauteuils de balcon** (= région de la salle) dress circle ▷ **fauteuil à bascule** rocking chair ▷ **fauteuil club** (big) leather armchair ▷ **fauteuil crapaud** squat armchair ▷ **fauteuil de dentiste** dentist's chair ▷ **fauteuil de jardin** garden chair ▷ **fauteuil d'orchestre** (Théât) seat in the front ou orchestra stalls (Brit) ou the orchestra (US) ◆ **fauteuils d'orchestre** (= région de la salle) front ou orchestra stalls (Brit), orchestra (US) ▷ **fauteuil à oreillettes** winged chair ▷ **fauteuil pivotant** swivel chair ▷ **fauteuil pliant** folding chair ▷ **fauteuil roulant** wheelchair ▷ **fauteuil tournant** ⇒ **fauteuil pivotant** → **voltaire**

**fauteur** [fotœʀ] [→ SYN] nm ◆ **fauteur de troubles** ou **de désordre** troublemaker, mischief-maker, rabble-rouser ◆ **fauteur de guerre** warmonger

**fautif, -ive** [fotif, iv] [→ SYN] **1** adj **a** conducteur at fault (attrib), in the wrong (attrib); élève, enfant guilty ◆ **il se sentait fautif** he felt he was at fault ou in the wrong, he felt guilty

**b** texte, liste, calcul faulty, incorrect; citation incorrect, inaccurate; (littér) mémoire poor, faulty

**2** nm,f ◆ **c'est moi le fautif** I'm the one to blame ou the guilty one ou the culprit

**fautivement** [fotivmɑ̃] adv by mistake, in error

**fauve** [fov] [→ SYN] **1** adj **a** tissu, couleur tawny, fawn(-coloured (Brit) ou -colored (US)); (littér) odeur musky; → **bête**

**b** (Art) **période fauve** Fauvist period

**2** nm **a** (= animal) wildcat ◆ **la chasse aux fauves** big-game hunting ◆ **les (grands) fauves** the big cats ◆ **ça sent le fauve ici*** there's a strong smell of B.O. in here*, it really stinks (of sweat) here*

**b** (= couleur) fawn

**c** (Art) Fauvist, painter of the Fauvist school ◆ **les Fauves** the Fauvists ou Fauves

**fauverie** [fovʀi] nf big-cat house

**fauvette** [fovɛt] [→ SYN] nf warbler ◆ **fauvette d'hiver** ou **des haies** hedge sparrow, dunnock ◆ **fauvette des marais** sedge warbler ◆ **fauvette des roseaux** reed warbler

**fauvisme** [fovism] nm Fauvism

**faux**[1] [fo] [→ SYN] nf (Agr) scythe; (Anat) falx

**faux**[2], **fausse** [fo, fos] GRAMMAIRE ACTIVE 26.6 [→ SYN]

**1** adj **a** (= imité) argent, billet forged, fake; marbre, bijoux, meuble (= en toc) imitation (épith); (pour duper) false, fake; documents, signature false, fake, forged; tableau fake ◆ **fausse pièce** forged ou fake coin, dud* ◆ **une fausse carte** a trick card ◆ **faux papiers** false papers, forged identity papers ◆ **fausse monnaie** forged currency ◆ **fausse perle** artificial ou imitation pearl ◆ **c'est du faux Renaissance** it's mock-Renaissance ◆ **il peint des faux Picasso** he does Picasso forgeries; → **facture**

**b** (= postiche) dent, nez false

**c** (= simulé) bonhomie, colère, désespoir, modestie feigned ◆ **un faux air de prude** an air of false modesty ◆ **fausse dévotion** false piety

**d** (= mensonger) déclaration, promesse, prétexte false, spurious (frm) ◆ **c'est faux** it's wrong ou untrue

**e** (= prétendu) médecin, policier, étudiant bogus; écrivain sham (épith) ◆ **un faux intellectuel/savant** a pseudo-intellectual/-scientist ◆ **faux chômeur** false claimant

**f** (= fourbe) personne, attitude false, deceitful; regard deceitful

**g** (= inexact) calcul, numéro, rue wrong; idée wrong, mistaken; affirmation, faits wrong, untrue; instrument de mesure inaccurate, faulty; instrument de musique, voix out of tune; raisonnement, vers faulty ◆ **c'est faux** [résultat] that's wrong; [fait] that's wrong ou untrue ◆ **il est faux (de dire) qu'il y soit allé** it's wrong ou incorrect to say that he went, it's not true (to say) that he went ◆ **dire quelque chose de faux** to say something (that's) wrong ou untrue ◆ **faire fausse route** (lit) to go the wrong way, take the wrong road; (fig) to be on the wrong track ◆ **faire un faux pas** (lit) to trip (over), stumble; (fig) to make a foolish mistake; (par manque de tact) to make a faux pas ◆ **avoir tout faux*** (gén = avoir tort) to get it all wrong; (à un examen) to get everything wrong

**h** (= non fondé) espoir, rumeur, soupçons, principe false ◆ **avoir de fausses craintes** to have groundless ou ill-founded fears

**i** (= gênant, ambigu) position, situation, atmosphère awkward, false

**2** nm **a** (= mensonge, Philos) **le faux** falsehood ◆ **plaider** ou **prêcher le faux pour savoir le vrai** to tell a lie (in order) to get at the truth

**b** (= contrefaçon) forgery; (= tableau, meuble, document) fake, forgery ◆ **faire un faux** to do a forgery ◆ **pour faux et usage de faux** for forgery and the use of forgeries ◆ **faux en écriture** false entry; → **inscrire**

**3** adv **a** chanter, jouer out of tune, off key; → **sonner**

**b** (Loc) **tomber à faux** to come at the wrong moment ◆ **accuser qn à faux** to accuse sb unjustly ou wrongly; → **porter**

**4** COMP ▷ **faux acacia** locust tree, false acacia ▷ **fausse alerte** false alarm ▷ **faux ami** (= traître) false friend; (Ling) false friend, faux ami, deceptive cognate ▷ **faux bond: faire faux bond à qn** to let sb down, leave sb in the lurch ▷ **faux bourdon** (= insecte) drone ▷ **faux bruit** false rumour ▷ **faux chignon** hairpiece ▷ **faux col** [chemise] detachable collar; [bière] head ▷ **fausses côtes** false ribs ▷ **fausse couche** miscarriage ◆ **faire une fausse couche** to have a miscarriage, miscarry ▷ **faux cul**** (= homme) two-faced bastard**; (= femme) two-faced bitch** ▷ **faux départ** (lit, fig) false start ▷ **faux derche** ⇒ **faux-cul** ▷ **faux dévot, fausse dévote** nm,f pharisee ▷ **faux ébénier** laburnum ▷ **fausse fenêtre** blind window ▷ **fausse fourrure** fake ou fun fur ▷ **faux frais** pl extras, incidental expenses ▷ **faux frère** false friend ▷ **faux jeton*** two-faced person ▷ **fausse joie** vain joy ▷ **faux jour: il y a un faux jour** there's a reflection that makes it difficult to see properly ◆ **sous un faux jour** in a false light ▷ **faux mouvement** awkward movement ◆ **j'ai fait un faux mouvement et maintenant j'ai un torticolis** I turned round too quickly and now I've got a crick in my neck ▷ **faux nom** false ou assumed name ▷ **fausse note** (Mus) wrong note; (fig) sour note ◆ **sans une fausse note** (fig) without a sour note, smoothly ▷ **fausse nouvelle** false report ▷ **faux ongles** false nails ▷ **faux ourlet** false hem ▷ **fausse piste** (lit, fig) wrong track ▷ **faux plafond** false ceiling ▷ **faux plat** (= montée) slight incline; (= creux) dip (in the road) ▷ **faux pli** crease ▷ **fausse porte** false door ▷ **faux problème** non-problem, non-issue ▷ **fausse pudeur** false modesty ▷ **faux seins** falsies* ▷ **faux serment** false oath ▷ **fausse sortie** (Théât) sham exit ◆ **il a fait une fausse sortie** (fig) he made a pretence of leaving ▷ **faux témoignage** (= déposition mensongère) false evidence (NonC); (= délit) perjury ▷ **faux témoin** lying witness

**faux-bourdon**, pl **faux-bourdons** [foburdɔ̃] nm (Mus) faux bourdon

**faux-filet**, pl **faux-filets** [fofilɛ] nm sirloin

**faux-fuyant**, pl **faux-fuyants** [fofɥijɑ̃] [→ SYN] nm prevarication, evasion, equivocation ◆ **assez de faux-fuyants** stop dodging ou evading the issue, stop hedging ou prevaricating ◆ **user de faux-fuyants** to equivocate, prevaricate, evade the issue ◆ **dire qch sans faux-fuyants** to say sth without beating about the bush

**faux-monnayeur**, pl **faux-monnayeurs** [fomɔnɛjœʀ] nm forger, counterfeiter

**faux(-)pont**, pl **faux(-)ponts** [fopɔ̃] nm (Naut) orlop deck

**faux-semblant**, pl **faux-semblants** [fosɑ̃blɑ̃] [→ SYN] nm sham, pretence ◆ **user de faux-semblants** to put up a pretence

**faux(-)sens** [fosɑ̃s] nm inv mistranslation

**faux(-)titre**, pl **faux(-)titres** [fotitʀ] nm half-title, bastard title

**favela** [favela] [→ SYN] nf favela

**faverole** [favʀɔl] nf ⇒ **féverole**

**faveur**[1] [favœʀ] GRAMMAIRE ACTIVE 26.2 [→ SYN] nf **a** (frm = gentillesse) favour (Brit), favor (US) ◆ **faites-moi la faveur de ...** would you be so kind as to ... ◆ **fais-moi une faveur** do me a favour ◆ **obtenir qch par faveur** to get sth as a favour ◆ **par faveur spéciale (de la direction)** by special favour (of the management)

**b** (= considération) favour (Brit), favor (US) ◆ **avoir la faveur du ministre** (littér, hum) to be in favour with the minister ◆ **gagner/perdre la faveur du public** to win/lose public favour, find favour/fall out of favour with the public ◆ **être en faveur** (littér) to be in favour (*auprès de qn* with sb)

**c** (littér, hum) **faveurs** favours (Brit), favors (US) ◆ **elle lui a refusé ses faveurs** she refused him her favours ◆ **elle lui a accordé ses dernières faveurs** she bestowed her (ultimate) favours upon him (littér) (aussi hum)

**d** (LOC) **de faveur** prix, taux preferential, special ◆ **billet de faveur** complimentary ticket ◆ **régime** ou **traitement de faveur** preferential treatment ◆ **avoir un tour de faveur** to go in ahead of one's turn

◆ **à la faveur de** thanks to, owing to ◆ **à la faveur de la nuit** under cover of darkness ou the night

◆ **en faveur de** (= à cause de) in consideration of, on account of; (= au profit de) in favour of, for; (= dans un but charitable) in aid of, on behalf of, for ◆ **en ma/sa faveur** in my/his (ou her) favour

**faveur²** [favœʀ] → SYN nf (= ruban) ribbon, favour (Brit), favor (US)

**favisme** [favism] nm favism

**favorable** [favɔʀabl] GRAMMAIRE ACTIVE 13.2 → SYN adj **a** moment, occasion right, favourable (Brit), favorable (US); terrain, position, vent favourable (Brit), favorable (US) ◆ **par temps favorable** in favourable weather ◆ **avoir un préjugé favorable envers** to be biased in favour of, be favourably disposed towards ◆ **jouir d'un préjugé favorable** to be favourably thought of ◆ **recevoir un accueil favorable** to meet with a favourable reception ◆ **se montrer sous un jour favorable** to show o.s. in a favourable light ◆ **prêter une oreille favorable à** to lend a sympathetic ou kindly ear to ◆ **voir qch d'un œil favorable** to view sth favourably ou with a favourable eye ◆ **le change nous est favorable** the exchange rate is in our favour

**b être favorable à** [personne] to be favourable to

**favorablement** [favɔʀabləmɑ̃] adv favourably (Brit), favorably (US)

**favori, -ite** [favɔʀi, it] GRAMMAIRE ACTIVE 7.3 → SYN

**1** adj favourite (Brit), favorite (US)

**2** nm **a** (= préféré, gagnant probable) favourite ◆ **le favori des jeunes** the favourite with ou of young people ◆ **ils sont partis favoris** (Sport) they started off favourites ◆ **c'est le grand favori de la course** he's the firm favourite for the race

**b** (Hist) king's favourite (Brit) ou favorite (US)

**3 favoris** nmpl side whiskers, sideburns, sideboards (Brit)

**4 favorite** nf (gén) favourite (Brit), favorite (US); (Hist) king's favourite ou mistress

**favorisant, e** [favɔʀizɑ̃, ɑ̃t] adj (Méd) ◆ **facteurs favorisants** predisposing factors

**favoriser** [favɔʀize] → SYN ▸ conjug 1 ◂ vt **a** (= avantager, encourager) [+ candidat, ambitions, commerce, parti] to favour (Brit), favor (US) ◆ **les événements l'ont favorisé** events favoured him ou were to his advantage ◆ **la fortune le favorise** fortune favours him ◆ **les classes les plus favorisées** the most fortunate ou favoured classes

**b** (= faciliter) to further, favour (Brit), favor (US) ◆ **ceci a favorisé la rébellion/sa fuite** this furthered ou favoured the rebellion/his escape ◆ **ces facteurs favorisent l'apparition du cancer** these factors contribute to the development of cancer

**favorite** [favɔʀit] → SYN nf → **favori**

**favoritisme** [favɔʀitism] → SYN nm favouritism (Brit), favoritism (US) ◆ **faire du favoritisme** to show favouritism

**favus** [favys] nm favus

**fax** [faks] nm (= machine) fax (machine); (= document) fax ◆ **envoyer par fax** to send by fax, fax ◆ **fax-modem** fax modem

**faxer** [fakse] ▸ conjug 1 ◂ vt to fax

**fayot** [fajo] → SYN nm **a** (* Culin) bean

**b** (* péj = lèche-bottes) bootlicker, crawler *, brown-nose * (US)

**fayo(t)tage** * [fajɔtaʒ] nm (péj) bootlicking, crawling *, brown-nosing * (US)

**fayo(t)ter** * [fajɔte] ▸ conjug 1 ◂ vi (péj = faire du zèle) to crawl *, suck up *, brown-nose * (US)

**fazenda** [fazɛnda] → SYN nf fazenda

**FB** (abrév de **franc belge**) → **franc**

**FBI** [ɛfbiaj] nm (abrév de **Federal Bureau of Investigation**) FBI

**Fco** abrév de **franco**

**féal, e,** mpl **-aux** [feal, o] → SYN **1** adj †† loyal, trusty

**2** nm,f (littér, hum) loyal supporter

**fébrifuge** [febʀifyʒ] → SYN adj, nm febrifuge, antipyretic

**fébrile** [febʀil] → SYN adj (lit, fig) feverish, febrile (frm)

**fébrilement** [febʀilmɑ̃] adv s'activer, attendre feverishly

**fébrilité** [febʀilite] → SYN nf feverishness

**fécal, e,** mpl **-aux** [fekal, o] adj faecal ◆ **matières fécales** faeces

**fécalome** [fekalom] nm fecalith, scatoma

**fèces** [fɛs] → SYN nfpl faeces

**fécond, e** [fekɔ̃, ɔ̃d] → SYN adj **a** (= non stérile) femelle, fleur fertile

**b** (= prolifique) auteur prolific

**c** (= fertile) sujet, idée fruitful; esprit creative, fertile; (littér) terre fruitful, rich, fecund (littér) ◆ **journées fécondes en mésaventures/événements** days rich in ou abounding in mishaps/events

**fécondabilité** [fekɔ̃dabilite] nf fertility

**fécondable** [fekɔ̃dabl(ə)] adj ovule capable of being fertilized; femme, femelle capable of becoming pregnant

**fécondateur, -trice** [fekɔ̃datœʀ, tʀis] adj (littér) fertilizing

**fécondation** [fekɔ̃dasjɔ̃] → SYN nf [femme] impregnation; [animal] insemination, fertilization; [fleur] pollination, fertilization ◆ **fécondation in vitro** in vitro fertilization ◆ **fécondation in vitro et transfert d'embryon** zygote intra-fallopian transfer

**féconder** [fekɔ̃de] → SYN ▸ conjug 1 ◂ vt [+ femme] to make pregnant, impregnate; [+ animal] to inseminate, fertilize; [+ fleur] to pollinate, fertilize; (littér) [+ terre] to make fruitful; (littér) [+ esprit] to enrich

**fécondité** [fekɔ̃dite] → SYN nf (lit) fertility, fecundity (littér); (fig) [terre, sujet, idée] fruitfulness, richness, fecundity (littér) ◆ **les pays à forte/faible fécondité** countries with a high/low fertility rate

**fécule** [fekyl] nf starch ◆ **fécule (de pommes de terre)** potato flour

**féculence** [fekylɑ̃s] nf starchiness

**féculent, e** [fekylɑ̃, ɑ̃t] **1** adj starchy

**2** nm starchy food, starch

**féculer** [fekyle] ▸ conjug 1 ◂ vt to extract the starch from

**FED** [ɛfədə] nm (abrév de **Fonds européen de développement**) EDF

**fedayin** [fedajin] nm (surtout au pl) fedayee

**fédéral, e,** mpl **-aux** [fedeʀal, o] adj federal

**fédéraliser** [fedeʀalize] ▸ conjug 1 ◂ vt to federalize

**fédéralisme** [fedeʀalism] nm federalism

**fédéraliste** [fedeʀalist] adj, nmf federalist

**fédérateur, -trice** [fedeʀatœʀ, tʀis] → SYN **1** adj federative

**2** nm,f unifier

**fédératif, -ive** [fedeʀatif, iv] adj federative

**fédération** [fedeʀasjɔ̃] → SYN nf federation ◆ **fédération syndicale** trade union ◆ **Fédération syndicale mondiale** World Federation of Trade Unions ◆ **la Fédération de Russie** the Russian Federation

**fédéré, e** [fedeʀe] → SYN (ptp de **fédérer**) adj federate

**fédérer** [fedeʀe] → SYN ▸ conjug 6 ◂ vt to federate

**fée** [fe] → SYN nf fairy ◆ **une vraie fée du logis** (hum) a real homebody ◆ **la fée Carabosse** the wicked fairy; → **conte, doigt**

**feed-back** [fidbak] → SYN nm inv feedback

**feeder** [fidœʀ] → SYN nm (Tech) feeder

**feeling** [filiŋ] nm feeling ◆ **faire qch au feeling** to do sth intuitively

**féerie** [fe(e)ʀi] → SYN nf **a** (Ciné, Théât) extravaganza, spectacular *(incorporating features from pantomime)*

**b** (littér = vision enchanteresse) **la féerie des soirées d'été/d'un ballet** the enchantment of summer evenings/of a ballet ◆ **la féerie à jamais perdue de l'enfance** the irretrievable fairy-tale world of childhood

**féerique** [fe(e)ʀik] → SYN adj magical

**feignant, e** [fɛɲɑ̃, ɑ̃t] adj, nm,f ⇒ **fainéant, e**

**feindre** [fɛ̃dʀ] → SYN ▸ conjug 52 ◂ **1** vt (= simuler) [+ enthousiasme, ignorance, innocence] to feign ◆ **feindre la colère** to pretend to be angry, feign anger ◆ **feindre d'être/de faire** to pretend to be/do ◆ **il feint de ne pas comprendre** he pretends not to understand ◆ **feindre de dormir** to feign sleep, pretend to be asleep

**2** vi (frm) to dissemble, dissimulate ◆ **inutile de feindre (avec moi)** no use pretending (with me)

**feint, e¹** [fɛ̃, fɛ̃t] → SYN (ptp de **feindre**) adj **a** émotion, maladie feigned, affected ◆ **non feint** plaisir, larmes genuine

**b** (Archit) arcade, fenêtre, porte false

**feinte²** [fɛ̃t] → SYN nf **a** (= manœuvre) (gén) dummy move; (Ftbl, Rugby) dummy (Brit), fake (US); (Boxe, Escrime) feint ◆ **faire une feinte** (Rugby) to dummy (Brit), fake (US) ◆ **feinte de passe** (Rugby) dummy (Brit) ou fake (US) pass ◆ **feinte de corps** dodge

**b** (littér) (= ruse) sham (NonC), pretence ◆ **agir/parler sans feinte** to act/speak without dissimulation

**feinter** [fɛ̃te] → SYN ▸ conjug 1 ◂ **1** vt **a** (Ftbl, Rugby) to dummy (Brit) ou fake (US) (one's way past); (Boxe, Escrime) to feint at

**b** (* = duper) to trick, fool, take in ◆ **j'ai été feinté** I've been had * ou taken in

**2** vi (Escrime) to feint

**feinteur, -euse** [fɛ̃tœʀ, øz] nm,f (Sport) ◆ **c'est un bon feinteur** he dummies (Brit) ou fakes (US) well

**feldspath** [fɛldspat] nm fel(d)spar

**feldspathique** [fɛldspatik] adj fel(d)spathic

**fêlé, e** [fele] → SYN (ptp de **fêler**) **1** adj **a** assiette, voix cracked

**b** (* = fou) **être fêlé** [personne] to have a screw loose * ◆ **elle est complètement fêlée** she's completely nuts * ou cracked * ◆ **il a le cerveau fêlé** ou **la tête fêlée** he's cracked * ou crackers *

**2** nm,f (* = personne) crackpot *, nutcase *

**fêler** [fele] → SYN ▸ conjug 1 ◂ **1** vt to crack

**2 se fêler** vpr to crack ◆ **se fêler le bras** to crack a bone in one's arm

**félibre** [felibʀ] → SYN nm Félibre

**félibrige** [felibʀiʒ] nm Félibrige

**félicitations** [felisitasjɔ̃] GRAMMAIRE ACTIVE 23.6, 24 nfpl congratulations (*pour* on) ◆ **félicitations !** congratulations! ◆ **faire ses félicitations à qn pour** to congratulate sb on ◆ **avec les félicitations du jury** (Scol, Univ) highly commended, summa cum laude

**félicité** [felisite] → SYN nf (littér, Rel) bliss (NonC)

**féliciter** [felisite] GRAMMAIRE ACTIVE 13.4, 23.6 → SYN ▸ conjug 1 ◂

**1** vt to congratulate (*qn de* ou *sur qch* sb on sth) ◆ **je vous félicite !** (iro) congratulations! (iro), well done! (iro) ◆ **eh bien je ne vous félicite pas** you don't get any praise for that

**2 se féliciter** vpr to congratulate o.s. (*de* on), be very glad ou pleased (*de* about) ◆ **je n'y suis pas allé et je m'en félicite** I didn't go and I'm glad ou very pleased I didn't ◆ **il se félicitait d'avoir refusé d'y aller** he was congratulating himself on having refused to go

**félidé** [felide] nm feline, felid (SPÉC) ◆ **les félidés** the Felidae (SPÉC)

**félin, e** [felɛ̃, in] → SYN **1** adj race feline; allure, grâce feline, catlike

[2] nm feline ◆ **les félins** felines, the cat family ◆ **les grands félins** the big cats

**félinité** [felinite] nf felineness, felinity

**fellag(h)a** [felaga, fɛllaga] nm (Hist) partisan of the independence of North Africa

**fellah** [fela] nm fellah

**fellation** [felasjɔ̃] nf fellatio(n)

**fellinien, -ienne** [felinjɛ̃, jɛn] adj fantaisie Felliniesque ◆ **des femmes à la silhouette fellinienne** full-bodied ou buxom women

**félon, -onne** [felɔ̃, ɔn] [→ SYN] (frm) [1] adj perfidious (frm), disloyal, treacherous

[2] nm (aussi hum) traitor

[3] **félonne** nf (aussi hum) traitress

**félonie** [felɔni] [→ SYN] nf (frm) (= caractère) perfidy (frm), disloyalty; (= acte) act of treachery, perfidy

**felouque** [fəluk] nf felucca

**fêlure** [felyʀ] [→ SYN] nf (lit, fig) crack; (affective) rift

**femelle** [fəmɛl] [1] adj (Bot, Tech, Zool) female ◆ **panthère femelle** she-panther, female panther ◆ **merle femelle** hen-blackbird, female blackbird ◆ **éléphant femelle** cow-elephant, female elephant

[2] nf (Zool) female; (* péj = femme) female * (péj)

**féminin, e** [feminɛ̃, in] [1] adj (gén, Ling) feminine; hormone, population, sexe female; silhouette womanly; mode, magazine, épreuve sportive, équipe women's ◆ **elle est peu féminine** she's not very feminine ◆ **elle est déjà très féminine** she's already quite a young woman ◆ **il a des traits assez féminins** he has rather feminine features ◆ **premier rôle féminin** female lead ◆ **ses conquêtes féminines** his conquests; → **éternel, intuition, rime** etc

[2] nm (Ling) feminine ◆ **au féminin** in the feminine ◆ **ce mot est du féminin** this word is feminine

**féminisant, e** [feminizɑ̃, ɑ̃t] adj feminizing

**féminisation** [feminizasjɔ̃] nf feminization

**féminiser** [feminize] [→ SYN] ▸ conjug 1 ◂ [1] vt (Bio) to feminize; (Ling) to make feminine, put in the feminine; (= rendre efféminé) to make effeminate ◆ **féminiser une profession** to increase the number of women in a profession ◆ **profession féminisée** largely female profession ◆ **c'est un secteur féminisé à 80%** women make up 80% of the workforce in this sector

[2] **se féminiser** vpr (Bio) to feminize; (= devenir efféminé) to become effeminate ◆ **la profession se féminise** an increasing number of women are entering the profession

**féminisme** [feminism] nm (Sociol) feminism

**féministe** [feminist] adj, nmf feminist

**féminité** [feminite] nf femininity

**féminitude** [feminityd] nf femininity

**femme** [fam] [→ SYN] [1] nf **a** (= individu) woman ◆ **la femme** (= espèce) woman ◆ **une jeune femme** a young woman ◆ **c'est la femme de sa vie** she is his one true love ou the love of his life ◆ **elle n'est pas femme à faire ceci** she's not the type (of woman) to do that ◆ **ce que femme veut ...** what a woman wants ... ◆ **les femmes et les enfants d'abord !** women and children first! ◆ **une femme-enfant** a childlike woman ◆ (Prov) **souvent femme varie (bien fol est qui s'y fie)** woman is fickle ◆ **"Femmes amoureuses"** (Littérat) "Women in Love" ◆ **"Les Femmes savantes"** (Littérat) "The Blue-Stockings"

**b** (= épouse) wife ◆ **prendre qn pour femme** † to take sb as one's wife † ◆ **chercher/prendre femme** † to seek/take a wife †

**c** (profession) **femme médecin** woman ou lady doctor ◆ **professeur femme** woman ou female teacher

**d** (Jur) **la femme Dupuis** Mrs Dupuis

[2] adj inv ◆ **être/devenir femme** (nubile) to have reached ou attained/reach ou attain womanhood; (n'être plus vierge) to be/become a woman ◆ **être très femme** (féminine) to be very much a woman, be very womanly

[3] COMP ▷ **femme d'affaires** businesswoman ▷ **femme auteur** authoress ▷ **femme battue** battered woman ▷ **femme de chambre** (dans un hôtel) chambermaid; (de qn) (lady's) maid ▷ **femme de charge** † housekeeper ▷ **femme entretenue** († péj) kept woman ▷ **femme d'esprit** woman of wit and learning ▷ **femme fatale** femme fatale ▷ **la femme au foyer** the housewife, the woman (who stays) at home ▷ **femme galante** † loose woman, courtesan ▷ **femme d'intérieur** housewife ◆ **être femme d'intérieur** to take pride in one's home, be houseproud (Brit) ▷ **femme de lettres** woman of letters ▷ **femme de mauvaise vie** † loose woman ▷ **femme de ménage** domestic help, cleaning lady ▷ **femme du monde** society woman ▷ **femme de service** (nettoyage) cleaner; (cantine) dinner lady ▷ **femme soldat** woman soldier ▷ **femme de tête** strong-minded intellectual woman; → **vertu**

**femmelette** [famlɛt] nf (péj) (= homme) weakling; (= femme) frail female

**femme-objet**, pl **femmes-objets** [famɔbʒɛ] nf (woman as a) sex object ◆ **elle refuse d'être une femme-objet** she refuses to be treated as a sex object

**fémoral, e**, mpl **-aux** [femɔʀal, o] adj femoral

**fémur** [femyʀ] nm thighbone, femur (SPÉC); → **col**

**FEN** [fɛn] nf (abrév de **Fédération de l'éducation nationale**) *confederation of teachers' unions*

**fenaison** [fənɛzɔ̃] nf (= époque) haymaking time; (= action) haymaking

**fendant** [fɑ̃dɑ̃] nm Swiss white wine *(from the Valais region)*

**fendard**[1] * [fɑ̃daʀ] nm (pair of) trousers, (pair of) pants (US)

**fendard**[2], **e** * [fɑ̃daʀ, aʀd] adj hilarious ◆ **ce film est vraiment fendard** that film's a real scream *

**fendart** * [fɑ̃daʀ] nm ⇒ **fendard**[1]

**fendillé, e** [fɑ̃dije] (ptp de **fendiller**) adj glace, plâtre, porcelaine, terre, vernis crazed; bois sprung; lèvres, peau chapped

**fendillement** [fɑ̃dijmɑ̃] nm [glace, plâtre, porcelaine, terre, vernis] crazing; [bois] springing; [lèvres, peau] chapping

**fendiller** [fɑ̃dije] [→ SYN] ▸ conjug 1 ◂ [1] vt [+ glace, plâtre, porcelaine, terre, vernis] to craze; [+ bois] to spring; [+ lèvres, peau] to chap

[2] **se fendiller** vpr [glace, plâtre, porcelaine, terre, vernis] to craze (over); [bois] to spring; [lèvres, peau] to chap

**fendoir** [fɑ̃dwaʀ] nm chopper, cleaver

**fendre** [fɑ̃dʀ] [→ SYN] ▸ conjug 41 ◂ [1] vt **a** [personne] (= couper en deux) [+ bûche, ardoise] to split; [+ tissu] to slit, slash ◆ **fendre du bois** to chop wood ◆ **il lui a fendu le crâne** he split his skull open

**b** [éléments, cataclysme, accident] [+ rochers] to cleave; [+ mur, plâtre, meuble] to crack ◆ **cette chute lui a fendu le crâne** the fall cracked ou split his skull open; → **geler**

**c** (= pénétrer) to cut ou slice through, cleave through (littér) ◆ **fendre les flots/l'air** to cleave through (littér) the waves/air ◆ **le soc fend la terre** the ploughshare cuts through the earth ◆ **fendre la foule** to push ou cleave (littér) one's way through the crowd

**d** (Habillement) [+ jupe] to put a slit in; [+ veste] to put a vent in; [+ manche] to put a slash in

**e** (LOC) **ce récit me fend le cœur** ou **l'âme** this story breaks my heart ou makes my heart bleed ◆ **spectacle à vous fendre le cœur** heartrending ou heartbreaking sight ◆ **soupirs à fendre l'âme** heartrending ou heartbreaking sighs

[2] **se fendre** vpr **a** (= se fissurer) to crack

**b** [+ partie du corps] **il s'est fendu le crâne** he has cracked his skull open ◆ **se fendre la lèvre** to cut one's lip ◆ **se fendre la pipe** * ou **la pêche** * ou **la poire** * ou **la gueule** ** (= rire) to laugh one's head off, split one's sides *; (= s'amuser) to have a good laugh

**c** (Escrime) to lunge

**d** * **se fendre de** [+ somme] to shell out *; [+ bouteille, cadeau] to lash out on * ◆ **il ne s'est pas fendu !** he didn't exactly break himself! *

**fendu, e** [fɑ̃dy] (ptp de **fendre**) adj **a** crâne cracked; lèvre cut; manche slashed; veste with a vent; jupe slit ◆ **la bouche fendue jusqu'aux oreilles** grinning from ear to ear

**b** (* = hilare) **j'étais fendu** I fell about (laughing) *, I cracked up *

**fenestrage** [fənɛstʀaʒ] nm ⇒ **fenêtrage**

**fenestration** [fənɛstʀasjɔ̃] nf (Archit, Méd) fenestration

**fenestron** [fənɛstʀɔ̃] nm tail fan

**fenêtrage** [fənɛtʀaʒ] nm (Archit) windows, fenestration (SPÉC)

**fenêtre** [f(ə)nɛtʀ] [→ SYN] nf **a** (Archit) window ◆ **regarder/sauter par la fenêtre** to look out of ou through/jump out of the window ◆ **se mettre à la fenêtre** (se diriger vers) to go to the window; (s'asseoir) to sit by the window ◆ **coin fenêtre** window seat, seat by the window ◆ **fenêtre à guillotine** sash window ◆ **fenêtre à battants/à meneaux** casement/mullioned window ◆ **fenêtre à croisillons** lattice window ◆ **fenêtre en saillie** bow window, bay window ◆ **fenêtre à tabatière** skylight ◆ **"Fenêtre sur cour"** (Ciné) "Rear Window" ◆ **fenêtre d'observation** (Ciné) port, (projectionist's) window ◆ **c'est une fenêtre ouverte sur ...** (fig) it's a window on ...; → **faux**

**b** [enveloppe] window; [formulaire] space

**c** (Ordin) window ◆ **fenêtre de dialogue** dialogue box ◆ **fenêtre d'aide/d'édition** help/text-editing window

**d** (Anat : dans l'oreille) fenestra

**e** (Espace) **fenêtre de lancement** launch window ◆ **fenêtre météo** (Naut) weather window

**fenêtrer** [fənetʀe] ▸ conjug 1 ◂ vt (Archit) to make windows in

**fenil** [fəni(l)] [→ SYN] nm hayloft

**fennec** [fenɛk] [→ SYN] nm fennec

**fenouil** [fənuj] [→ SYN] nm fennel

**fente** [fɑ̃t] [→ SYN] nf **a** [mur, terre, rocher] crack, fissure, cleft; [bois] crack, split

**b** [volet, palissade] slit; [boîte à lettres] slot, opening; [tirelire] slit, slot; [tête d'une vis] groove, slot; [jupe] slit; [veste] vent; [pèlerine, cape] slit, armhole; (Anat) fissure

**c** (Escrime) lunge

**fenton** [fɑ̃tɔ̃] nm metal peg ou pin

**fenugrec** [fənygʀɛk] nm fenugreek

**féodal, e**, mpl **-aux** [feɔdal, o] [→ SYN] [1] adj feudal

[2] nm feudal lord

**féodaliser** [feɔdalize] ▸ conjug 1 ◂ vt to feudalize

**féodalisme** [feɔdalism] nm feudalism

**féodalité** [feɔdalite] [→ SYN] nf (Hist) feudal system, feudalism

**fer** [fɛʀ] [→ SYN] [1] nm **a** (= métal) iron ◆ **de fer** (lit, fig) iron (épith) ◆ **volonté de fer** will of iron, iron will ◆ **croire qch dur comme fer** * to believe sth firmly, be absolutely convinced of sth; → **âge, chemin, fil** etc

**b** (= barre, poutre) iron girder ◆ **fer en T/U** T/U girder

**c** (= embout) [cheval] shoe; [chaussure] steel tip; [club de golf] iron; [flèche, lance] head, point; [rabot] blade, iron ◆ **mettre un fer à un cheval** to shoe a horse ◆ **avoir plusieurs fers au feu** to have several irons in the fire; → **plaie, quatre**

**d** (= outil) (pour repasser) iron; [relieur] blocking stamp ◆ **donner un coup de fer à qch** to run the iron over sth, give sth an iron; (plus soigneusement) to press sth

**e** (fig = arme) **engager/croiser le fer** (Escrime) to engage/cross swords ◆ **par le fer et par le feu** by fire and by sword

**f** († † = chaînes) **fers** chains, fetters, irons ◆ **mettre un prisonnier aux fers** to clap a prisoner in irons ◆ **être dans les fers** (littér) to be in chains ou irons

**g** **fers** † † (Méd) forceps

[2] COMP ▷ **fer à béton** (Constr) steel reinforcement bar ▷ **fer à cheval** (lit, fig) horseshoe ◆ **en fer à cheval** table, bâtiment horseshoe-shaped, U-shaped ◆ **disposer qch en fer à cheval** to arrange sth in a U-shape ▷ **fer doux** soft iron ▷ **fer forgé** wrought iron ▷ **fer à friser** curling tongs ▷ **fer à gaufrer** goffering iron ▷ **fer de lance** (fig) spearhead ▷ **fer à repasser** (électrique) (electric) iron; (ancien modèle) (flat) iron; (* : pour cartes bancaires) credit-card machine; → **nager** ▷ **fer rouge** brand, branding iron ◆ **marquer au fer rouge** to brand ▷ **fer à souder** soldering iron ▷ **fer à vapeur** steam iron

**féra** [feʀa] **nf** (Zool) féra, ferra

**fer-blanc**, pl **fers-blancs** [fɛʀblɑ̃] **nm** tin(plate) ◆ **une boîte en** ou **de fer-blanc** a (tin) can

**ferblanterie** [fɛʀblɑ̃tʀi] **nf** (= métier) tinplate making; (= produit) tinware; (= commerce) tin trade; (= boutique) ironmonger's (shop) (Brit), hardware store (US)

**ferblantier** [fɛʀblɑ̃tje] **nm** (= fabricant) tinsmith; (= vendeur) ironmonger (Brit), hardware dealer (US) ◆ **ouvrier ferblantier** tinplate worker

**féria** [feʀja] **nf** feria *(Spanish and Southern French festival)*

**férie** [feʀi] → SYN **nf** feria

**férié, e** [feʀje] → SYN **adj** ◆ **jour férié** public holiday, official holiday ◆ **le lundi suivant est férié** the following Monday is a holiday

**férir** [feʀiʀ] **sans coup férir loc adv** without meeting ou encountering any opposition

**ferler** [fɛʀle] ▸ conjug 1 ◂ **vt** (Naut) to furl

**fermage** [fɛʀmaʒ] → SYN **nm** (= procédé) tenant farming; (= loyer) (farm) rent

**fermant, e** [fɛʀmɑ̃, ɑ̃t] **adj** meuble closing, closable

**ferme[1]** [fɛʀm] → SYN **1** **adj** **a** chair, fruit firm; sol firm, solid ◆ **cette viande est un peu ferme** this meat is a bit tough ◆ **pour des cuisses plus fermes** to tone up the thigh muscles; → **terre**

**b** (= assuré) main, écriture steady, firm; voix firm; style, exécution, trait confident, assured; marché, cours steady ◆ **être ferme sur ses jambes** to be steady on one's legs ou feet ◆ **marcher d'un pas ferme** to walk with a firm stride ou step ◆ **rester ferme dans l'adversité** to remain steadfast in adversity

**c** (= déterminé) personne, ton firm; décision, résolution, prise de position firm, definite ◆ **avec la ferme intention de faire qch** with the firm intention of doing sth

**d** (Comm = irrévocable) achat, vente firm; acheteur, vendeur firm, definite ◆ **prix fermes et définitifs** (Bourse) firm prices ◆ **ces prix sont fermes** these prices are binding ◆ **"prix : 200 000 € ferme"** "price: €200,000 (not negotiable)"

**2** **adv** **a** (* : intensif) travailler, cogner hard ◆ **boire ferme** to drink hard, be a hard drinker ◆ **discuter ferme** to discuss vigorously ◆ **s'ennuyer ferme** to be bored stiff*; → **tenir**

**b** (Comm) acheter, vendre definitely

**c** (Jur) **condamné à sept ans (de prison) ferme** sentenced to seven years imprisonment without remission

**ferme[2]** [fɛʀm] → SYN **nf** **a** (= domaine) farm; (= habitation) farmhouse ◆ **ferme collective** collective farm ◆ **ferme d'élevage** cattle (-breeding) farm ◆ **ferme marine** fish farm; → **cour, fille, valet**

**b** (Jur = contrat) farm lease; (Hist = perception) farming *(of taxes)* ◆ **donner à ferme** [+ terres] to let, farm out ◆ **prendre à ferme** [+ terres] to farm (on lease)

**ferme[3]** [fɛʀm] → SYN **nf** (Constr) roof timbers, truss

**ferme[4]** [fɛʀm] **excl** ◆ **la ferme !*** shut up!*, shut your mouth!*, pipe down!*; voir aussi **fermer**

**fermé, e** [fɛʀme] (ptp de **fermer**) **adj** **a** porte, magasin, valise shut, closed; col, route closed; espace closed-in; voiture locked; angle narrow; voyelle close(d), high; syllabe closed; série, ensemble closed; robinet off (attrib); chemise fastened, done up (attrib) ◆ **la porte est fermée à clé** the door is locked ◆ **la station est fermée au public** the station is closed to the public ◆ **pratiquer un jeu fermé** (Ftbl) to play a tight game

**b** milieu, club exclusive, select ◆ **cette carrière lui est fermée** this career is not open to him ou is closed to him ◆ **économie fermée** closed economy

**c** visage, air inscrutable, impenetrable; caractère, personne uncommunicative

**d** **être fermé à** [+ sentiment, qualité] to be impervious to ou untouched by ou closed to; [+ science, art] to have no interest in

**fermement** [fɛʀməmɑ̃] **adv** (lit, fig) firmly

**ferment** [fɛʀmɑ̃] → SYN **nm** (= micro-organisme) ferment, fermenting agent, leaven (NonC); (fig) ferment (NonC) ◆ **ferment lactique** starter culture

**fermentation** [fɛʀmɑ̃tasjɔ̃] → SYN **nf** fermentation ◆ **devant la fermentation des esprits** (fig) with feelings running so high ◆ **en fermentation** (lit) fermenting; (fig) in a ferment

**fermenté, e** [fɛʀmɑ̃te] (ptp de **fermenter**) **adj** aliment, boisson fermented ◆ **bière non fermentée** unfermented beer ◆ **cidre très peu fermenté** barely fermented cider

**fermenter** [fɛʀmɑ̃te] → SYN ▸ conjug 1 ◂ **vi** (lit) to ferment, work; (fig littér) [esprits] to be in a ferment ◆ **faire fermenter** (lit) to ferment

**fermentescible** [fɛʀmɑ̃tesibl] **adj** fermentescible

**fermenteur** [fɛʀmɑ̃tœʀ] **nm** fermentor

**fermer** [fɛʀme] → SYN ▸ conjug 1 ◂ **1** **vt** **a** [+ porte, fenêtre, tiroir, paquet] to close, shut; [+ rideaux] to draw, close; [+ store] to pull down, close; [+ magasin, café, musée] (le soir) to shut, close; (pour cause de vacances) to shut (up), close ◆ **fermer à clé** [+ porte] to lock; [+ chambre] to lock (up) ◆ **fermer au verrou** to bolt ◆ **il ferma violemment la porte** he slammed the door (shut) ◆ **fermer (la porte) à double tour** to double-lock the door ◆ **fermer la porte au nez de qn** to shut ou slam the door in sb's face ◆ **fermer sa porte** ou **sa maison à qn** (fig) to close one's door to sb ◆ **maintenant, toutes les portes lui sont fermées** all doors are closed to him now ◆ **fermer la porte aux abus** to close the door to abuses ◆ **va fermer** go and close ou shut the door ◆ **on ferme !** (it's) closing time!, we're closing! ◆ **on ferme en juillet** we close in July, we're closed ou shut in July ◆ **on ferme un jour par semaine** we close ou shut one day a week, we are closed ou shut one day a week; → **parenthèse**

**b** [+ yeux, bouche, paupières] to close, shut ◆ **la ferme***, **ferme-la*** shut ou belt up* ◆ **je n'ai pas fermé l'œil de la nuit** I didn't get a wink of sleep ou I didn't sleep a wink all night ◆ **fermer les yeux** (fig) to turn a blind eye, look the other way ◆ **fermer les yeux sur** [+ misère, scandale] to close ou shut one's eyes to; [+ abus, fraude, défaut] to turn a blind eye to ◆ **fermer son cœur à la pitié** to close one's heart to pity

**c** [+ canif, livre, éventail] to close, shut; [+ lettre] to close; [+ parapluie] to close, shut; [+ main, poing] to close; [+ manteau, gilet] to do up, fasten

**d** (= boucher) [+ chemin, passage] to block, bar; [+ accès] to shut off, close off ◆ **des montagnes fermaient l'horizon** mountains blocked off the horizon ◆ **le champ était fermé par une haie** the field had a hedge round it ◆ **fermer le jeu** (Sport) to tighten up play

**e** (= interdire l'accès de) [+ frontière, col, route] to close; [+ aéroport] to close (down), shut (down)

**f** (= cesser l'exploitation de) [+ magasin, restaurant, école] to close (down), shut (down) ◆ **fermer boutique** to close down, shut up shop ◆ **obliger qn à fermer (boutique)** to put sb out of business ◆ **ils ont dû fermer pour raisons financières** they had to close down ou cease trading because of financial difficulties

**g** (= arrêter) [+ liste, souscription, compte en banque, débat] to close ◆ **fermer la marche** to bring up the rear ◆ **fermer le cortège** to bring up the rear of the procession

**h** [+ gaz, électricité, radio] to turn off, switch off; [+ eau, robinet] to turn off; [+ lumière] to turn off ou out, switch off; [+ vanne] to close

**2** **vi** **a** [fenêtre, porte, boîte] to close, shut ◆ **cette porte/boîte ferme mal** this door/box doesn't close ou shut properly ◆ **ce robinet ferme mal** this tap doesn't turn off properly

**b** [magasin] (le soir) to close, shut; (définitivement, pour les vacances) to close down, shut down ◆ **ça ferme à 7 heures** they close ou shut at 7 o'clock

**3** **se fermer** **vpr** **a** [porte, fenêtre, livre] to close, shut; [fleur, coquillage] to close (up); [blessure] to close (up); [paupières, yeux] to close, shut ◆ **ça se ferme par devant** it does up ou fastens at the front ◆ **l'avenir se fermait devant lui** the future was closing before him ◆ **quand on essaie de lui expliquer ça, son esprit se ferme** when you try to explain it to him he closes his mind to it ◆ **son cœur se fermait à la vue de cette misère** he refused to be moved ou touched by the sight of this poverty ◆ **son visage se ferma** his face became expressionless ◆ **pays qui se ferme aux produits étrangers** country which closes its markets to foreign products

**b** [personne] **se fermer à la pitié/l'amour** to close one's heart ou mind to pity/love ◆ **il se ferme tout de suite** he just clams up* ou closes up

**fermeté** [fɛʀməte] → SYN **nf** **a** [chair, fruit, sol] firmness

**b** (= assurance) [main, écriture] steadiness, firmness; [voix] firmness; [style, exécution, trait] confidence, assurance

**c** (= détermination) firmness ◆ **avec fermeté** firmly, resolutely

**d** (= autorité) firmness ◆ **il manque de fermeté avec son fils** he's not firm enough with his son ◆ **elle lui a parlé avec beaucoup de fermeté** she spoke to him very firmly

**e** (Bourse) firmness

**fermette** [fɛʀmɛt] **nf** (small) farmhouse

**fermeture** [fɛʀmətyʀ] → SYN **nf** **a** [porte] **la fermeture est automatique** the doors close automatically ◆ **"ne pas gêner la fermeture des portes"** "do not obstruct the doors (when closing)"

**b** [magasin, musée, aéroport, route] closing ◆ **les jours de fermeture du magasin** the days when the shop is closed ◆ **fermeture annuelle** (gén) annual closure; (sur la devanture) closed for the holidays ◆ **à (l'heure de) la fermeture** at closing time ◆ **"fermeture pour (cause de) travaux"** "closed for repairs (ou redecoration ou refurbishment etc)" ◆ **faire la fermeture** (Comm) to close ◆ **on a fait la fermeture** (clients d'un bar) we stayed until closing time ◆ **la fermeture de la chasse** the end of the hunting season

**c** (= cessation d'activité) [magasin, restaurant, école] closing down, closure ◆ **fermeture définitive** permanent closure

**d** (Comptab) closing

**e** (= mécanisme) [coffre-fort] catch, latch; [vêtement] fastener, fastening; [sac] fastener, catch, clasp ◆ **fermeture à glissière, fermeture éclair** ® zip (fastener) (Brit), zipper (US)

**fermi** [fɛʀmi] **nm** fermi

**fermier, -ière** [fɛʀmje, jɛʀ] → SYN **1** **adj** ◆ **poulet fermier** ≈ free-range chicken, ≈ farm chicken ◆ **beurre fermier** dairy butter ◆ **fromage fermier** farmhouse cheese

**2** **nm** **a** (= cultivateur) (gén) farmer; (= locataire) tenant farmer

**b** (Hist) **fermier général** farmer general

**3** **fermière** **nf** farmer's wife; (indépendante) (woman) farmer

**fermion** [fɛʀmjɔ̃] **nm** fermion

**fermium** [fɛʀmjɔm] **nm** fermium

**fermoir** [fɛʀmwaʀ] → SYN **nm** [livre, collier, sac] clasp

**féroce** [feʀɔs] → SYN **adj** animal, regard, personne ferocious, fierce; répression, critique fierce, savage; envie savage, raging; appétit ferocious, ravenous; concurrence fierce, harsh, cut-throat ◆ **une satire féroce de la société** a ferocious social satire ◆ **avec une joie féroce** with savage joy; → **bête**

**férocement** [feʀɔsmɑ̃] **adv** ferociously ◆ **un marché férocement compétitif** a ferociously competitive market

**férocité** [feʀɔsite] → SYN **nf** [animal, regard, personne] ferocity, ferociousness, fierceness; [répression, critique] fierceness, savagery; [satire, appétit] ferociousness; [concurrence] fierceness

**Féroé** [feʀɔe] **n** ◆ **les îles Féroé** the Fa(e)roe Islands

**féroïen, -ienne** [feʀɔjɛ̃, jɛn] **1** **adj** Fa(e)roese

**2** **Féroïen(ne)** **nm,f** Fa(e)roese

**3** **nm** (Ling) Fa(e)roese

**ferrage** [feʀaʒ] → SYN **nm** [cheval] shoeing

**ferraillage** [feʀɑjaʒ] **nm** (Constr) (iron) framework

**ferraille** [feʀɑj] → SYN **nf** **a** (= déchets de fer) scrap (iron), old iron ◆ **tas de ferraille** scrap heap ◆ **bruit de ferraille** clanking ou rattling noise ◆ **mettre une voiture à la ferraille** to scrap a car, send a car for scrap ◆ **bon à**

**mettre à la ferraille** ≈ good ou fit for the scrap heap ◆ **la voiture n'était plus qu'un amas de ferraille** the car was no more than a heap of twisted metal

**b** (* = monnaie) small ou loose change

**ferrailler** [feʀɑje] → SYN ▸ conjug 1 ◂ vi (lit) to clash swords ◆ **ferrailler contre** [+ injustice, préjugés] to fight against ◆ **ferrailler avec qn** (= se disputer) to cross swords with sb

**ferrailleur** [feʀɑjœʀ] → SYN nm **a** (= marchand de ferraille) scrap (metal) merchant

**b** († † péj) swashbuckler

**Ferrare** [fɛʀaʀ] nf Ferrara

**ferrate** [feʀat] nm ferrate

**ferratier** [feʀatje] nm blacksmith's hand hammer

**ferré, e** [feʀe] → SYN (ptp de **ferrer**) adj **a** canne, bâton steel-tipped; chaussure hobnailed; lacet tagged; cheval shod; roue steel-rimmed ◆ **à bout ferré** canne, bâton with a steel ou metal tip, steel-tipped; → **voie**

**b** (* = calé) clued up * (*en, sur* about) ◆ **être ferré sur un sujet** to be well up * in a subject ou hot * at a subject, know a subject inside out

**ferrement** [fɛʀmɑ̃] → SYN nm **a** (= garniture) iron fitment

**b** ⇒ **ferrage**

**ferrer** [feʀe] → SYN ▸ conjug 1 ◂ vt **a** [+ cheval] to shoe; [+ roue] to rim with steel; [+ chaussure] to nail; [+ lacet] to tag; [+ bâton] to tip, fit a metal tip to; [+ porte] to fit with iron corners

**b** [+ poisson] to strike

**ferret** [feʀɛ] → SYN nm **a** [lacet] (metal) tag

**b** (Minér) **ferret d'Espagne** red haematite

**ferretier** [fɛʀtje] nm ⇒ **ferratier**

**ferreur** [feʀœʀ] nm blacksmith, farrier

**ferreux, -euse** [feʀø, øz] adj ferrous

**ferricyanure** [feʀisjanyʀ] nm ferricyanide

**ferrique** [feʀik] adj ferric

**ferrite** [feʀit] nf ferrite

**ferro-** [fɛʀɔ] préf (Chim, Phys) ferro-

**ferro-alliage**, pl **ferro-alliages** [fɛʀɔaljaʒ] nm iron alloy

**ferrociment** [feʀosimɑ̃] nm ferroconcrete, reinforced concrete

**ferrocyanure** [feʀosjanyʀ] nm ferrocyanide

**ferroélectricité** [feʀoelɛktʀisite] nf ferroelectricity

**ferromagnétique** [feʀomaɲetik] adj ferromagnetic

**ferromagnétisme** [feʀomaɲetism] nm ferromagnetism

**ferronickel** [feʀonikɛl] nm ferronickel

**ferronnerie** [feʀɔnʀi] nf (= atelier) ironworks; (= métier) ironwork; (= objets) ironwork, ironware ◆ **faire de la ferronnerie d'art** to be a craftsman in wrought iron ◆ **grille en ferronnerie** wrought-iron gate ◆ **c'est un beau travail de ferronnerie** that's a fine piece of wrought iron work

**ferronnier** [feʀɔnje] → SYN nm (= artisan) craftsman in (wrought) iron; (= commerçant) ironware merchant ◆ **ferronnier d'art** craftsman in wrought iron

**ferronnière** [feʀɔnjɛʀ] → SYN nf (= parure) frontlet, frontal

**ferrotypie** [feʀotipi] nf ferrotype, tintype

**ferroutage** [fɛʀʀutaʒ] nm (Rail) piggyback

**ferrouter** [fɛʀʀute] ▸ conjug 1 ◂ vt (Rail) to piggyback

**ferroviaire** [feʀɔvjɛʀ] adj réseau, trafic railway (épith) (Brit), railroad (épith) (US), rail (épith); transport rail (épith)

**ferrugineux, -euse** [feʀyʒinø, øz] adj roche ferruginous, iron-bearing; eau, source chalybeate, iron-bearing

**ferrure** [feʀyʀ] → SYN nf **a** (= charnière) (ornamental) hinge ◆ **ferrures** [porte] (door) fittings

**b** [cheval] shoeing

**ferry**, pl **ferries** [feʀi] nm abrév de **ferry-boat**

**ferry-boat**, pl **ferry-boats** [feʀibot] → SYN nm [voitures] (car) ferry; [trains] (train) ferry

**fertile** [fɛʀtil] → SYN adj sol, région fertile, fruitful, productive; esprit, imagination fertile ◆ **affaire fertile en rebondissements** affair which triggers off ou which spawns a whole series of new developments ◆ **journée fertile en événements/en émotions** eventful/emotion-packed day

**fertilisable** [fɛʀtilizabl] adj fertilizable

**fertilisant, e** [fɛʀtilizɑ̃, ɑ̃t] adj fertilizing

**fertilisation** [fɛʀtilizasjɔ̃] → SYN nf fertilization

**fertiliser** [fɛʀtilize] → SYN ▸ conjug 1 ◂ vt to fertilize

**fertilité** [fɛʀtilite] → SYN nf (lit, fig) fertility

**féru, e** [feʀy] → SYN adj (frm) ◆ **être féru de** to be very interested in ou keen on (Brit)

**férule** [feʀyl] → SYN nf (Hist Scol) ferula ◆ **être sous la férule de qn** (fig) to be under sb's (firm ou iron) rule

**fervent, e** [fɛʀvɑ̃, ɑ̃t] → SYN **1** adj fervent, ardent

**2** nm,f devotee ◆ **fervent de musique** music lover, devotee of music

**ferveur** [fɛʀvœʀ] → SYN nf fervour (Brit), fervor (US), ardour (Brit), ardor (US) ◆ **avec ferveur** fervently, ardently

**Fès** [fɛz] n Fez

**fesse** [fɛs] → SYN nf **a** (Anat) buttock ◆ **les fesses** the buttocks, the bottom, the backside * ◆ **coup de pied aux fesses** * kick up the backside * ou in the pants * ◆ **gare à tes fesses** * watch out or you'll get spanked ◆ **le bébé a les fesses rouges** the baby's got a bit of nappy (Brit) ou diaper (US) rash ◆ **on a les flics aux fesses** * the cops are on our tail * ◆ **où je pose mes fesses ?** * where can I park myself? *; → **pousser, serrer**

**b** (⁑ = sexe) **il y a de la fesse dans ce film** there's a lot of bare flesh ou there are a lot of tits and bums ⁑ in that film ◆ **magazine de fesses** girlie ou porn magazine * ◆ **histoire de fesses** dirty story

**fessée** [fese] → SYN nf spanking, smack on the bottom ◆ **je vais te donner une fessée** I'm going to smack your bottom

**fesse-mathieu** † †, pl **fesse-mathieux** [fɛsmatjø] nm skinflint

**fesser** [fese] → SYN ▸ conjug 1 ◂ vt to give a spanking to, spank

**fessier, -ière** [fesje, jɛʀ] → SYN **1** adj muscles buttock (épith), gluteal (SPÉC); poche back

**2** nm (Anat) gluteus (SPÉC); ⁑ behind, backside *, ass *⁑ (US)

**fessu, e** * [fesy] → SYN adj with a big bottom (attrib), big-bottomed

**festif, -ive** [fɛstif, iv] adj festive

**festin** [fɛstɛ̃] → SYN nm feast ◆ **c'était un vrai festin** it was a real feast ◆ **c'est un festin de Balthazar** it's a feast fit for kings

**festival**, pl **festivals** [fɛstival] → SYN nm (Mus, Théât) festival ◆ **ce fut un vrai festival (de talents) !** what a brilliant display (of talent) it was!

**festivalier, -ière** [fɛstivalje, jɛʀ] nm,f festival-goer

**festivités** [fɛstivite] nfpl (gén) festivities; (* = repas joyeux) festivities, merrymaking ◆ **les festivités du couronnement** the coronation festivities ou celebrations

**festoiement** [fɛstwamɑ̃] nm feasting

**feston** [fɛstɔ̃] → SYN nm (= guirlande, Archit) festoon; (Couture) scallop ◆ **à feston** scalloped; → **point²**

**festonner** [fɛstɔne] → SYN ▸ conjug 1 ◂ vt [+ façade] to festoon; [+ robe] to scallop

**festoyer** [fɛstwaje] → SYN ▸ conjug 8 ◂ vi to feast

**feta** [feta] nf feta (cheese)

**fêtard, e** * [fɛtaʀ, aʀd] → SYN nm,f (péj) reveller ◆ **réveillé par une bande de fêtards** woken up by a band of merrymakers ou revellers

**fête** [fɛt] GRAMMAIRE ACTIVE 23.2 → SYN

**1** nf **a** (= commémoration) (religieuse) feast; (civile) holiday ◆ **la Toussaint est la fête de tous les saints** All Saints' Day is the feast of all the saints ◆ **le 11 novembre est la fête de la Victoire** November 11th is the day we celebrate the Victory (in the First World War) ◆ **Noël est la fête des enfants** Christmas is for children

**b** (= jour du prénom) name day, saint's day ◆ **la fête de la Saint-Jean** Saint John's day ◆ **souhaiter sa** ou **bonne fête à qn** to wish sb a happy name day

**c** (= congé) holiday ◆ **les fêtes (de fin d'année)** the (Christmas and New Year) celebrations ou holidays ◆ **demain c'est fête** tomorrow is a holiday

**d** (= foire) fair; (= kermesse) fête, fair; (= exposition, salon) festival, show ◆ **fête paroissiale/communale** parish/local fête ou fair ◆ **fête de la bière/du jambon** beer/ham festival ◆ **fête de l'aviation** air show ◆ **fête de la moisson** harvest festival ◆ **fête de la vendange** festival of the grape harvest ◆ **c'est la fête au village** the fair is on in the village ◆ **la fête de la ville a lieu le premier dimanche de mai** the town festival takes place on the first Sunday in May; → **comité, jour** etc

**e** (= réception) party ◆ **donner une fête** to give ou throw a party ◆ **faire une fête (pour son anniversaire** etc **)** to have a (birthday etc ) party ◆ **les fêtes en l'honneur d'un souverain étranger** the celebrations in honour of a foreign monarch ◆ **fêtes galantes** (Art) scenes of gallantry, fêtes galantes

**f** (= allégresse collective) **la fête** celebration ◆ **c'est la fête !** everyone's celebrating!, everyone's in a festive mood! ◆ **c'est la fête chez nos voisins** our neighbours are celebrating ◆ **toute la ville était en fête** the whole town was celebrating ◆ **la foule en fête** the festive crowd ◆ **air/atmosphère de fête** festive air/atmosphere

**g** (LOC) **hier il était à la fête** he had a field day yesterday, it was his day yesterday ◆ **je n'étais pas à la fête** it was no picnic (for me) *, I was feeling pretty uncomfortable ◆ **il n'avait jamais été à pareille fête** he'd never had such a fine time, he was having the time of his life ◆ **être de la fête** to be one of the party ◆ **ça va être ta fête** ⁑ you've got it coming to you *, you're going to get it in the neck ⁑ ◆ **faire sa fête à qn** ⁑ to bash sb up ⁑ ◆ **faire la fête** * to live it up *, have a wild time ◆ **faire fête à qn** to give sb a warm welcome ou reception ◆ **le chien fit fête à son maître** the dog made a fuss of its master ◆ **elle se faisait une fête d'y aller/de cette rencontre** she was really looking forward to going/to this meeting ◆ **ce n'est pas tous les jours fête** it's not everyday that we have an excuse to celebrate

**2** COMP ▹ **fête carillonnée** great feast day ▹ **fête de charité** charity bazaar ou fair ▹ **fête de famille** family celebration ▹ **fête fixe** fixed festival ▹ **fête foraine** fun fair ▹ **la fête du Grand Pardon** the Day of Atonement ▹ **fête légale** public holiday ▹ **la fête des Mères** Mother's Day, Mothering Sunday (Brit) ▹ **fête mobile** movable feast ▹ **la fête des Morts** All Souls' Day ▹ **fête nationale** (gén) national holiday; (en France) Bastille Day; (aux États-Unis) Independence Day; (au Canada) Confederation Day; (en Irlande) St Patrick's Day ▹ **la fête des Pères** Father's Day ▹ **la fête des Rois** Twelfth Night ▹ **la fête du travail** Labour Day ▹ **fête de village** village fête

**FÊTES LÉGALES**

Holidays to which employees are entitled in addition to their paid leave in France are as follows:

**Religious holidays:** Christmas Day, New Year's Day, Easter Monday, Ascension Day, Pentecost, Assumption (15th August) and All Saints' Day (1st November).

**Other holidays:** 1st May ("la fête du travail"), 8th May (commemorating the end of the Second World War), 14th July (Bastille Day) and 11th November (Armistice Day).

When a holiday falls on a Tuesday or a Thursday, many people take an extra day off to fill in the gap before or after the weekend. Doing this is called "faire le pont".

**Fête-Dieu**, pl **Fêtes-Dieu** [fɛtdjø] nf ◆ **la Fête-Dieu** Corpus Christi

**fêter** [fete] GRAMMAIRE ACTIVE 25.2 → SYN ▸ conjug 1 ◂ vt [+ anniversaire, victoire] to celebrate; [+ personne] to fête ◆ **il faut fêter cela !** this calls for a celebration!

**fétiche** [fetiʃ] → SYN **nm** (lit) fetish; (fig = mascotte) mascot ◆ **son acteur fétiche** his favourite actor ◆ **film fétiche** cult film

**féticheur** [fetiʃœʀ] **nm** (= prêtre) fetish-priest, fetishe(e)r; (= initié) fetish-man

**fétichisme** [fetiʃism] → SYN **nm** fetishism

**fétichiste** [fetiʃist] → SYN **adj, nmf** fetishist

**fétide** [fetid] → SYN **adj** fetid

**fétidité** [fetidite] **nf** fetidness

**fétu** [fety] → SYN **nm** ◆ **fétu (de paille)** wisp of straw ◆ **emporté comme un fétu (de paille)** avion, pont swept away as if it were weightless; personne swept along helplessly

**fétuque** [fetyk] → SYN **nf** ou **m** fescue (grass)

## feu¹ [fø]

→ SYN GRAMMAIRE ACTIVE 9.1

1 NOM MASCULIN
2 ADJECTIF INVARIABLE
3 COMPOSÉS

### 1 NOM MASCULIN

**a** = source de chaleur fire ◆ **feu de bois/tourbe** wood/peat fire ◆ **allumer/faire un feu** to light/make a fire ◆ **faire du feu** to have ou make a fire ◆ **jeter qch au feu** to throw sth on the fire ◆ **un feu d'enfer brûlait dans la cheminée** a fire blazed brightly ou a hot fire blazed in the fireplace ◆ **sur un feu de braises** on glowing embers ◆ **avez-vous du feu ?** (pour un fumeur) have you got a light? ◆ **donner du feu à qn** to give sb a light ◆ **le feu éternel** (Rel) eternal fire (and damnation) ◆ **l'épreuve du feu** (Hist) ordeal by fire ◆ **une soirée du feu de Dieu** * a fantastic evening ◆ **avoir le feu au derrière** * ou **aux fesses** * ou **au cul** *‡ (= être pressé) to be in a hell of a hurry *; (sexuellement) to be really horny ‡ ◆ **faire feu des quatre fers** (littér) [cheval] to run like lightning, make the sparks fly; [personne] to go all out, pull out all the stops * ◆ **faire feu de tout bois** to use all available means ou all the means at one's disposal ◆ **jeter** ou **lancer feu et flammes** to breathe fire and fury, be in a towering rage ◆ **pousser les feux** (Naut) to stoke the boiler ◆ **il faut pousser les feux pour réduire les inégalités sociales** we must speed up the process of reducing social inequalities; → **coin, long**

**b** = incendie fire ◆ **mettre le feu à qch** (lit) to set fire to sth, set sth on fire ◆ **l'assassinat a mis le feu au pays** the assassination has plunged the country into chaos ou turmoil ◆ **ça a mis le feu aux poudres** it sparked things off ◆ **prendre feu** [maison, forêt] to catch fire ◆ **il prend feu facilement dans la discussion** he easily gets carried away in arguments ◆ **le feu a pris dans la grange** fire has broken out in the barn ◆ **au feu !** fire! ◆ **il y a le feu** there's a fire ◆ **il y a le feu au grenier !** the attic's on fire! ◆ **il n'y a pas le feu (au lac) !** * there's no panic! *

◆ **à feu et à sang** ◆ **mettre une ville à feu et à sang** to put a town to fire and sword ◆ **la région est à feu et à sang** the region is being torn apart ou laid waste by war

◆ **en feu** on fire (attrib) ◆ **devant la maison en feu** in front of the burning house ◆ **le piment m'a mis la bouche en feu** the chilli made my mouth burn ◆ **il avait les joues en feu** his cheeks were on fire

**c** Culin = brûleur burner; (= plaque électrique) burner, ring (Brit) ◆ **cuisinière à trois feux** stove with three burners ou rings (Brit) ◆ **faire cuire à feu doux/vif** (sur brûleur ou plaque) to cook over ou on a low/high heat; (au four) to cook in a low/hot oven ◆ **plat qui va au feu** ou **sur le feu** fireproof dish ◆ **mettre qch/être sur le feu** to put sth/be on the stove ◆ **sur le feu** (= en préparation) in the pipeline

◆ **à petit feu** cuire gently; empoisonner slowly (but surely) ◆ **tuer** ou **faire mourir qn à petit feu** to kill sb by inches

**d** **mettre à feu** [+ fusée] to fire off; [+ charge explosive, bombe] to set off, trigger; [+ moteur] to fire

◆ **mise à feu** [fusée, moteur] firing; [explosif, bombe] setting off, triggering ◆ **au moment de la mise à feu de la fusée** at blast-off

**e** = sensation de brûlure, de chaleur **j'ai le feu aux joues** my cheeks are burning ◆ **le feu lui monta au visage** the blood rushed to his face ◆ **le feu du rasoir** shaving rash, razor burn ◆ **le bébé a des feux de dents** the baby's cutting a tooth ou teething

**f** = ardeur fire ◆ **plein de feu** full of fire ◆ **parler avec feu** to speak passionately ◆ **un tempérament de feu** a fiery temperament ◆ **avoir du feu dans les veines** to have fire in one's blood ◆ **avoir le feu sacré** to burn with zeal ◆ **dans le feu de l'action/de la discussion** in the heat of (the) action/the discussion

◆ **tout feu tout flamme** wildly enthusiastic, burning with enthusiasm

**g** Mil = tir fire; (= combat) action ◆ **faire feu** to fire ◆ **feu !** fire! ◆ **feu à volonté !** fire at will! ◆ **sous le feu de l'ennemi** under enemy fire ◆ **feu nourri/rasant/roulant** sustained/grazing/running fire ◆ **un feu roulant de questions** a barrage of questions ◆ **des feux croisés** crossfire ◆ **être pris entre deux feux** (lit, fig) to be caught in the crossfire ◆ **aller au feu** to go to the firing line ◆ **tué au feu** killed in action; → **arme, baptême**

**h** **coup de feu**

(d'une arme) (gun)shot ◆ **il a reçu un coup de feu** he has been shot ◆ **faire le coup de feu avec qn** to fight alongside sb

(fig = précipitation, bousculade) ◆ **c'est le coup de feu** it's all go *

(Culin) ◆ **ma pizza a eu un coup de feu** my pizza's a bit burnt

**i** = revolver (arg Crime) gun, shooter *, rod ‡ (US)

**j** = signal lumineux (Aut, Aviat, Naut) light ◆ **le feu était (au) rouge** the lights were (on) red ◆ **s'arrêter aux feux** to stop at the lights ◆ **naviguer/rouler tous feux éteints** to sail/drive without lights ◆ **les feux de la côte** the lights of the shore

**k** = éclairage light ◆ **les feux de la rampe** the footlights ◆ **"Les Feux de la rampe"** (Ciné) "Limelight" ◆ **pleins feux sur ...** spotlight on ... ◆ **être sous le feu des projecteurs** (lit) to be in the glare of the spotlights; (fig) to be in the limelight ◆ **les feux de l'actualité sont braqués sur eux** they are under ou in the full glare of the media spotlight

**l** littér = éclat **les feux d'une pierre précieuse** the fire of a precious stone ◆ **les diamants jetaient mille feux** the diamonds were sparkling ◆ **le feu de son regard** his fiery gaze

**m** littér = lumière **les feux de la nuit** the lights in the night ◆ **les feux du couchant** the fiery glow of sunset ◆ **les feux de la ville** the lights of the town ◆ **les feux de l'été** (= chaleur) the summer heat

**n** †† = maison hearth †, homestead ◆ **un hameau de 15 feux** a hamlet of 15 homesteads

◆ **sans feu ni lieu** (littér) with neither hearth nor home †

### 2 ADJECTIF INVARIABLE

flame-coloured ◆ **rouge feu** flame red ◆ **chien noir et feu** black and tan dog

### 3 COMPOSÉS

▷ **feu antibrouillard** fog light ou lamp
▷ **feu arrière** tail light, rear light (Brit)
▷ **feu d'artifice** firework display, fireworks ◆ **un beau feu d'artifice** beautiful fireworks ◆ **le texte est un feu d'artifice d'images et de métaphores** the text is a virtuoso display of imagery and metaphor ▷ **feu de Bengale** Bengal light ▷ **feu de brouillard** ⇒ **feu antibrouillard** ▷ **feu de brousse** bush fire ▷ **feu de camp** campfire ▷ **feu de cheminée** (= flambée) fire; (= incendie) chimney fire ▷ **feu clignotant** flashing light ▷ **feux de croisement** dipped headlights (Brit), low beams (US) ▷ **feux de détresse** hazard (warning) lights ▷ **feu follet** (lit, fig) will-o'-the-wisp ▷ **feu de forêt** forest fire ▷ **feu grégeois** Greek fire ▷ **feu de joie** bonfire ▷ **feu orange** amber light (Brit), yellow light (US) ▷ **feu de paille** (fig) flash in the pan ▷ **feu de plancher** * (= pantalon) high-riders *, clam-diggers * ▷ **feu de position** sidelight ▷ **feux de recul** reversing lights (Brit), back-up lights (US) ▷ **feu rouge** (= couleur) red light; (= objet) traffic light ◆ **tournez au prochain feu rouge** turn at the next set of traffic lights ▷ **feux de route** headlamps ou headlights on full beam ▷ **feux de la Saint-Jean** *bonfires lit to celebrate the summer solstice* ▷ **feux de signalisation** traffic lights ▷ **feux de stationnement** parking lights ▷ **feu de stop** stop ou brake light ▷ **feux tricolores** traffic lights ▷ **feu vert** green light ◆ **donner le feu vert à qn/qch** (fig) to give sb/sth the green light ou the go-ahead

**feu², e** [fø] **adj** (inv devant art ou adj poss) ◆ **feu ma tante, ma feue tante** (frm) my late aunt

**feudiste** [fødist] **nmf** feudalist

**feuil** [fœj] **nm** [peinture, vernis] thin coat

**feuillage** [fœjaʒ] → SYN **nm** (sur l'arbre) foliage (NonC); (coupé) greenery (NonC) ◆ **les oiseaux gazouillaient dans le feuillage** ou **les feuillages** the birds were twittering among the leaves ou the foliage

**feuillagiste** [fœjaʒist] **nmf** artificial greenery maker

**feuillaison** [fœjɛzɔ̃] → SYN **nf** leafing, foliation (SPÉC) ◆ **à l'époque de la feuillaison** when the trees come into leaf

**feuillant, -ine** [fœjɑ̃, ɑ̃tin] **nm,f** Feuillant

**feuillard** [fœjaʀ] **nm** ◆ **feuillard de fer** iron strap ◆ **feuillard de châtaignier/saule** chestnut/willow hoop-pole

**feuille** [fœj] → SYN 1 **nf** **a** [arbre, plante] leaf; (littér = pétale) petal ◆ **feuille de laurier** bay leaf ◆ **à feuilles caduques/persistantes** deciduous/evergreen; → **trèfle, trembler**

**b** [papier, plastique, bois, ardoise, acier] sheet ◆ **les feuilles d'un cahier** the leaves of an exercise book ◆ **or en feuilles** gold leaf ◆ **doré à la feuille d'or** gilded with gold leaf ◆ **bonnes feuilles** (Imprim) advance sheets ◆ **alimentation feuille à feuille** sheet feed ◆ **une feuille d'aluminium** (Culin) (a sheet of) aluminium foil

**c** (= bulletin) slip; (= formulaire) form; (= journal) paper ◆ **feuille à scandales** * scandal sheet ◆ **feuille d'appel** (Scol) daily register (sheet) (Brit), attendance sheet (US)

**d** (Ordin) **feuille de programmation** work ou coding sheet ◆ **feuille de style** style sheet ◆ **feuille de calcul** spread sheet

**e** ( * = oreille) ear, lug * (Brit) ◆ **dur de la feuille** hard of hearing

2 COMP ▷ **feuille de chêne** (Bot) oak-leaf; (Mil) general's insignia ▷ **feuille de chou** (péj = journal) rag ▷ **feuille de garde** endpaper ▷ **feuille d'impôt** tax form ou slip ▷ **feuille d'impression** folded sheet ▷ **feuille de maladie** *form given by doctor to patient for forwarding to the Social Security* ▷ **feuille morte** dead leaf ◆ **descendre en feuille morte** (Aviat) to do the falling leaf ▷ **feuille de paye** ou **paie** pay slip ▷ **feuille de présence** attendance sheet ▷ **feuille de route** (Mil) travel warrant ▷ **feuille de soins** ⇒ **feuille de maladie** ▷ **feuille de température** temperature chart ▷ **feuilles de thé** tea leaves ▷ **feuille de vigne** (Bot, Culin) vine leaf; (Sculp) fig leaf ▷ **feuille volante** loose sheet; → **oreille**

**feuillée** [fœje] **nf** (littér) foliage

**feuille-morte** [fœjmɔʀt] **adj inv** (= couleur) russet

**feuiller** [fœje] ▸ conjug 1 ◂ **vt** [+ planche] to rebate, rabbet

**feuilleret** [fœjʀɛ] → SYN **nm** rabbet-plane

**feuillet** [fœjɛ] → SYN **nm** **a** [cahier, livre] leaf, page; [bois] layer ◆ **feuillets embryonnaires** (Bio) germ layers

**b** [ruminants] omasum, manyplies

**feuilleté, e** [fœjte] (ptp de **feuilleter**) 1 **adj** roche foliated; verre, pare-brise laminated

2 **nm** (= pâtisserie) ≈ Danish pastry ◆ **feuilleté au jambon/aux amandes** ham/almond pastry

**feuilleter** [fœjte] → SYN ▸ conjug 4 ◂ **vt** **a** [+ pages, livre] to leaf ou flick ou flip through; (fig = lire rapidement) to leaf ou skim ou glance through

**b** (Culin) [+ pâte] to turn and roll

**feuilletis** [fœjti] **nm** [diamant] girdle

**feuilleton** [fœjtɔ̃] → SYN **nm** **a** (Presse, Radio, TV) serial ◆ **feuilleton télévisé** television serial; (populaire et de longue durée) soap (opera)

◆ **publié en feuilleton** serialized ◆ **ses amours, c'est un véritable feuilleton** his love life is like a soap opera
b (= papier fort) cardstock

**feuilletoniste** [fœjtɔnist] nmf serial writer

**feuillette** [fœjɛt] nf cask, barrel *(containing 114-140 litres)*

**feuillu, e** [fœjy] → SYN 1 adj leafy
2 nm broad-leaved tree

**feuillure** [fœjyʀ] → SYN nf rebate, rabbet

**feulement** [følmɑ̃] → SYN nm growl

**feuler** [føle] → SYN ▸ conjug 1 ◂ vi to growl

**feutrage** [føtʀaʒ] nm felting

**feutre** [føtʀ] → SYN nm (Tex) felt; (= chapeau) felt hat, trilby (Brit), fedora (US); (= stylo) felt-tip (pen), felt pen

**feutré, e** [føtʀe] → SYN (ptp de **feutrer**) adj a étoffe, surface felt-like, felt (épith); lainage matted
b (fig) atmosphère, bruit muffled ◆ **marcher à pas feutrés** to walk with a muffled tread, pad along ou about ◆ **elle descendit l'escalier à pas feutrés** she crept down the stairs

**feutrer** [føtʀe] → SYN ▸ conjug 1 ◂ 1 vt to line with felt, felt; [+ lainage] to mat; (fig = amortir) to muffle
2 vi to felt
3 **se feutrer** vpr to felt, mat ◆ **mon pull-over s'est feutré** my pullover has gone all matted ou has felted

**feutrine** [føtʀin] nf (lightweight) felt

**fève** [fɛv] nf a (Bot) broad bean ◆ **fève de cacao** cocoa bean
b [galette] charm *(hidden in cake for Twelfth Night)* → LES ROIS
c (* : Can) bean ◆ **fèves jaunes** wax beans ◆ **fèves vertes** string ou French beans ◆ **fèves au lard** pork and beans

**féverole** [fevʀɔl] nf horse bean

**févier** [fevje] nm honey locust

**février** [fevʀije] nm February; pour loc voir **septembre**

**fez** [fɛz] nm fez

**FF** a (abrév de **franc français**) FF
b (abrév de **frères**) bros

**FFI** [ɛfɛfi] nfpl (abrév de **Forces françaises de l'intérieur**) → **force**

**FFL** [ɛfɛfɛl] nfpl (abrév de **Forces françaises libres**) → **force**

**Fg** abrév de **faubourg**

**fi** [fi] → SYN excl († †, hum) bah!, pooh! ◆ **faire fi de** [+ loi, conventions, conseils] to flout; [+ danger] to snap one's fingers at

**fiabiliser** [fjabilize] ▸ conjug 1 ◂ vt [+ machine] to make (more) reliable; [+ méthode] to make (more) accurate ou reliable

**fiabilité** [fjabilite] → SYN nf [chiffres] accuracy, reliability; [personnel] reliability, dependability; [machine] reliability

**fiable** [fjabl] → SYN adj chiffres, méthode accurate, reliable; personnel reliable, dependable; machine reliable

**fiacre** [fjakʀ] → SYN nm (hackney) cab ou carriage, hackney

**fiançailles** [fjɑ̃saj] GRAMMAIRE ACTIVE 24.2 → SYN nfpl engagement, betrothal (littér) ◆ **ils m'ont invité à leurs fiançailles** they invited me to their engagement party

**fiancé, e** [fjɑ̃se] GRAMMAIRE ACTIVE 24.2 → SYN (ptp de **fiancer**)
1 adj engaged
2 nm (= homme) fiancé ◆ **les fiancés** (= couple) the engaged couple
3 **fiancée** nf fiancée

**fiancer** [fjɑ̃se] → SYN ▸ conjug 3 ◂ 1 vt to betroth (littér) (*avec, à* to)
2 **se fiancer** vpr to become ou get engaged ou betrothed (littér) (*avec, à* to)

**fiasco** [fjasko] → SYN nm fiasco ◆ **être un fiasco** to be a fiasco ◆ **faire (un) fiasco** [personne] to fail miserably; [négociations, projet] to end in a fiasco

**fiasque** [fjask] → SYN nf wine flask

**fiat** [fjat] nm (Psych) fiat

**fibranne** [fibʀan] nf bonded fibre

**fibre** [fibʀ] → SYN nf a (lit : gén) fibre (Brit), fiber (US) ◆ **dans le sens des fibres** with the grain ◆ **fibre de bois/carbone** wood/carbon fibre ◆ **fibres musculaires** muscle fibres ◆ **fibres nerveuses** nerve fibres ◆ **fibre de verre** fibreglass (Brit), fiberglass (US), Fiberglas ® (US) ◆ **fibre optique** (= câble) optical fibre; (= procédé) fibre optics ◆ **câble en fibres optiques** fibre-optic cable ◆ **riche en fibres (alimentaires)** high in (dietary) fibre
b (fig = âme) **avoir la fibre maternelle/militaire** to be a born mother/soldier ◆ **faire vibrer la fibre patriotique** to play on ou stir patriotic feelings

**fibreux, -euse** [fibʀø, øz] → SYN adj texture fibrous; viande stringy

**fibrillaire** [fibʀijɛʀ, fibʀi(l)lɛʀ] adj fibril(l)ar

**fibrillation** [fibʀijasjɔ̃] nf fibrillation

**fibrille** [fibʀij] nf fibril, fibrilla

**fibrine** [fibʀin] nf fibrin

**fibrineux, -euse** [fibʀinø, øz] adj fibrinous

**fibrinogène** [fibʀinɔʒɛn] nm fibrinogen

**fibrinolyse** [fibʀinɔliz] nf fibrinolysis

**fibrinolytique** [fibʀinɔlitik] adj fibrinolytic

**fibroblaste** [fibʀɔblast] nm fibroblast

**fibrociment ®** [fibʀosimɑ̃] nm fibrocement

**fibroïne** [fibʀɔin] nf fibroin

**fibromateux, -euse** [fibʀɔmatø, øz] adj fibromatous

**fibromatose** [fibʀɔmatoz] nf fibromatosis

**fibrome** [fibʀom] → SYN nm fibroid, fibroma

**fibromyome** [fibʀomjom] nm fibromyoma

**fibroscope** [fibʀɔskɔp] nm fibrescope (Brit), fiberscope (US)

**fibroscopie** [fibʀɔskɔpi] nf *endoscopy produced by fibroscope*

**fibrose** [fibʀoz] nf fibrosis

**fibule** [fibyl] → SYN nf (= broche) fibula

**ficaire** [fikɛʀ] nf lesser celandine, pilewort

**ficelage** [fis(ə)laʒ] nm (= action) tying (up); (= liens) string

**ficeler** [fis(ə)le] → SYN ▸ conjug 4 ◂ vt a [+ paquet, rôti, prisonnier] to tie up ◆ **ficelé comme un saucisson** tied up in a bundle
b ( * = habiller) to get up *, rig out * (Brit) ◆ **ta mère t'a drôlement ficelé !** that's some get-up * ou rig-out * (Brit) your mother has put you in! ◆ **c'est bien ficelé** [scénario, film] it's well put together

**ficelle** [fisɛl] → SYN nf a (= matière) string; (= morceau) piece ou length of string; (= pain) stick (of French bread); (arg Mil) stripe *(of officer)*
b (LOC) **tirer les ficelles** to pull the strings ◆ **connaître les ficelles du métier** to know the tricks of the trade, know the ropes ◆ **la ficelle est un peu grosse** you can see right through it

**fichage** [fiʃaʒ] nm ◆ **le fichage de la population** filing ou recording information on the population

**fiche[1]** [fiʃ] → SYN nf a (= carte) (index) card; (= feuille) sheet, slip; (= formulaire) form ◆ **fiche client** customer card ◆ **fiche d'état civil** *record of civil status,* ≃ birth and marriage certificate ◆ **fiche d'inscription** enrolment form ◆ **fiche perforée** perforated card ◆ **fiche cartonnée** index card ◆ **fiche de paye** ou **de paie** pay slip ◆ **fiche de police** police record ◆ **fiche technique** specification sheet ◆ **mettre en fiche** to index ◆ **fiche-cuisine/-tricot** [magazine] (pull-out) recipe/knitting pattern card; → **signalétique**
b (= cheville) pin, peg; (Élec) (= broche) pin; (= prise) plug

**fiche[2]** * [fiʃ] vb → **ficher[2]**

**ficher[1]** [fiʃe] → SYN ▸ conjug 1 ◂ vt a (= mettre en fiche) [+ renseignements] to file; [+ suspects] to put on file ◆ **tous les meneurs sont fichés à la police** the police have files on all subversives
b (= enfoncer) to stick in, drive in ◆ **ficher qch en terre** to drive sth into the ground ◆ **j'ai une arête fichée dans le gosier** I've got a fishbone stuck in my throat, a fishbone has got stuck in my throat

**ficher[2]** * [fiʃe] → SYN ▸ conjug 1 ◂ ptp courant **fichu**
1 vt a (= faire) to do ◆ **qu'est-ce qu'il fiche, il est déjà 8 heures** what on earth ou what the heck * is he doing ou is he up to * – it's already 8 o'clock ◆ **qu'est-ce que tu as fichu aujourd'hui ?** what have you been up to * ou what have you done today? ◆ **il n'a rien fichu de la journée** he hasn't done a thing ou a stroke (Brit) all day * ◆ **(pour) ce que j'en ai à fiche, de leurs histoires** I couldn't care less about what they're up to *
b (= donner) to give ◆ **ficher une trempe à qn** to give sb a slap in the face ◆ **ça me fiche la trouille** it gives me the jitters * ou the willies * ◆ **cette odeur/musique me fiche la migraine** that smell/music is giving me a damn ‡ ou blinking * (Brit) headache ◆ **fiche-moi la paix !** leave me alone! ◆ **eux, faire ça ? je t'en fiche !** you think they'd do that? not a hope! * ou you'll be lucky! * ◆ **ça va nous ficher la poisse** that'll bring us bad luck ou put a jinx * on us ◆ **je vous fiche mon billet que ...** I bet you anything (you like) ou my bottom dollar * that ... ◆ **qui est-ce qui m'a fichu un idiot pareil !** how stupid can you get! *, of all the blinking (Brit) idiots! *
c (= mettre) to put ◆ **fiche-le dans le tiroir** stick * ou bung * (Brit) it in the drawer ◆ **ficher qn à la porte** to chuck * ou kick * sb out ◆ **se faire ficher** ou **fiche à la porte** to get o.s. chucked * ou kicked * out, get the push * ou the sack * ◆ **ficher qch par la fenêtre/à la corbeille** to chuck * sth out of the window/in the wastebasket ◆ **ce médicament me fiche à plat** this medicine knocks me right out * ou knocks me for six * ◆ **il a fiché le vase par terre** (qui était posé) he knocked the vase off; (qu'il avait dans les mains) he dropped the vase ◆ **ça fiche tout par terre** (fig) that mucks * ou messes everything up ◆ **ficher qn dedans** (= emprisonner) to put sb inside *; (= faire se tromper) to get sb all confused ◆ **ça m'a fichu en colère** that made me really ou hopping mad *; → **air[2]**
d **ficher le camp** to clear off *, shove off ‡, push off * ◆ **fiche-moi le camp !** clear off! *, push off! *
2 **se ficher** vpr a (= se mettre) **attention, tu vas te ficher ce truc dans l'œil** careful, you're going to stick that thing in your eye ◆ **se ficher qch dans le crâne** to get sth into one's head ou noddle * ◆ **je me suis fichu dedans** I (really) boobed ‡ ◆ **se ficher par terre** to go sprawling, come a cropper * (Brit) ◆ **il s'est fichu en l'air avec sa voiture** he smashed himself up * in his car
b **se ficher de qn** (= rire de) to make fun of sb; (= raconter des histoires à) to pull sb's leg ◆ **se ficher de qch** to make fun of sth ◆ **se ficher de qn/de qch/de faire qch** (= être indifférent) not to give a darn about sb/about sth/about doing sth *, not to care two hoots about sb/about sth/about doing sth * ◆ **laisse-le tomber, tu vois bien qu'il se fiche de toi** drop him – it's perfectly obvious that he's leading you on * ou he couldn't care less about you ◆ **ils se fichent de nous, 8 € pour une bière !** what (on earth) do they take us for ou they really must think we're idiots, €8 for a beer! ◆ **il se fiche de nous, c'est la troisième fois qu'il se décommande** he's giving us the runaround * ou really messing us about * (Brit) – that's the third time he has cancelled his appointment ◆ **il se fiche du monde !** he's the absolute limit! * ◆ **là, ils ne se sont vraiment pas fichus de nous** they really did us proud! ◆ **je m'en fiche pas mal !** I couldn't care less!, I don't give a damn! * ◆ **il s'en fiche comme de sa première chemise** ou **comme de l'an quarante** he couldn't care two hoots * (about it), what the heck does he care! *
c ‡ **va te faire fiche !** get lost! *, go to blazes! *, take a running jump! * ◆ **j'ai essayé, mais je t'en fiche** ou **va te faire fiche ! ça n'a pas marché** I did try but blow me * (Brit), it didn't work, I did try but I'll be darned * (US) if it worked

**fichier** [fiʃje] → SYN nm (gén, Ordin) file; [bibliothèque] catalogue (Brit), catalog (US) ◆ **fichier d'adresses** mailing list ◆ **fichier ASCII** ASCII file ◆ **fichier (des) clients** customer file ◆ **fichier (informatisé)** data file ◆ **fichier de travail** (Ordin) scratch ou work file ◆ **fichier système** system file ◆ **fichier (de) texte** text file

**fichiste** † [fiʃist(ə)] → SYN nmf filing clerk

**fichtre** * † [fiʃtʀ] excl (étonnement, admiration) gosh! *, by Jove! † * ◆ **fichtre non !** gosh * ou goodness, no!

**fichtrement** * † [fiʃtʀəmɑ̃] adv darned *, dashed * (Brit) ◆ **ça a coûté fichtrement cher** it was darned ou dashed (Brit) expensive *

**fichu**[1] [fiʃy] → SYN nm (head)scarf; (Hist : couvrant le corsage) fichu

**fichu**[2], **e** * [fiʃy] → SYN (ptp de **ficher**[2]) adj **a** (avant n) (= sale) métier, idée wretched *, lousy *; (= mauvais) rotten *, lousy *, foul *; (= sacré) one heck of a *, a heck of a * ◆ **avec ce fichu temps on ne peut rien faire** with this lousy * ou wretched * weather we can't do a thing ◆ **il fait un fichu temps** what rotten * ou lousy * ou foul * weather ◆ **il a un fichu caractère** he's got a rotten * ou lousy * temper, he's a nasty piece of work * ◆ **il y a une fichue différence** there's one heck of a ou a heck of a difference *

**b** (après n = perdu, détruit) malade, vêtement done for *; appareil done for *, bust * ◆ **il/ce veston est fichu** he/this jacket has had it * ou is done for * ◆ **avec ce temps, le pique-nique est fichu** with weather like this, we've had it for the picnic *

**c** (= habillé) got up *, rigged out * (Brit) ◆ **regarde comme il est fichu !** look at the way he's got up! * ou rigged out! * (Brit) ◆ **fichu comme l'as de pique** looking like a scarecrow

**d** (= bâti, conçu) **elle est bien fichue** she's well put together *, she's got a nice body ◆ **cet appareil/ce livre est bien fichu** this is a clever little gadget/book ◆ **cet appareil/ce livre est mal fichu** this gadget/book is hopeless ou useless ◆ **il est tout mal fichu** he's a fright ◆ **comment c'est fichu ce truc ?** how does this thing work?

**e** **être mal fichu** ou **pas bien fichu** [malade] to feel rotten *, be under the weather * ou out of sorts *; (euph) [femme] to have the curse *, be on the rag ✱ (US)

**f** (= capable) **il est fichu d'y aller, tel que je le connais** knowing him he's quite capable of going ◆ **il n'est (même) pas fichu de réparer ça** he can't even mend the darned thing *

**fictif, -ive** [fiktif, iv] → SYN adj **a** (= imaginaire) personnage, exemple fictitious, imaginary ◆ **naturellement, tout ceci est fictif** of course this is all fictitious ou imagined ou imaginary

**b** (= faux) nom, adresse fictitious, false; emploi fictitious; promesse, sentiment false; concurrence artificial

**c** (Fin) prêt, actifs, contrat fictitious ◆ **valeur fictive** monnaie face value

**fiction** [fiksjɔ̃] → SYN nf **a** (= imagination) fiction, imagination ◆ **cette perspective est encore du domaine de la fiction** this prospect still belongs in the realms of fiction ◆ **livre de fiction** work of fiction

**b** (= fait imaginé) invention; (= situation imaginaire) fiction; (= roman) (work of) fiction, fictional work; (= film de télévision) TV drama; (= mythe) illusion, myth ◆ **heureusement, ce que je vous décris est une fiction** fortunately all that I've been telling you is imaginary

**fictivement** [fiktivmɑ̃] adv in fiction

**ficus** [fikys] nm ficus

**fidéicommis** [fideikɔmi] nm (= régime) trust; (= fonction) trusteeship

**fidéicommissaire** [fideikɔmisɛʀ] nm trustee

**fidéisme** [fideism] nm fideism

**fidéiste** [fideist] **1** adj fideistic

**2** nmf fideist

**fidèle** [fidɛl] → SYN **1** adj **a** (= loyal) (gén) faithful, loyal; époux faithful ◆ **fidèle serviteur/épée** trusty ou loyal servant/sword ◆ **demeurer fidèle au poste** (lit, fig) to be loyal ou faithful to one's post ◆ **rester fidèle à** [+ personne] to remain faithful ou true to; [+ promesse] to be ou remain faithful to, keep; [+ principe, idée] to remain true ou faithful to, stand by; [+ habitude, mode] to keep to; [+ marque, produit] to remain loyal to, stay ou stick * with ◆ **être fidèle à soi-même** to be true to o.s. ◆ **fidèle à lui-même** ou **à son habitude, il est arrivé en retard** true to form ou true to character he arrived late

**b** (= habituel) lecteur, client regular, faithful ◆ **nous informons nos fidèles clients que ...** we wish to inform our customers that ...

**c** (= exact) historien, narrateur, son, reproduction faithful; souvenir, récit, portrait, traduction faithful, accurate; mémoire, appareil, montre accurate, reliable ◆ **sa description est fidèle à la réalité** his description is a true ou an accurate picture of the situation

**2** nmf **a** (Rel) believer ◆ **les fidèles** (= croyants) the faithful; (= assemblée) the congregation

**b** (= client) regular (customer); (= lecteur) regular (reader) ◆ **je suis un fidèle de votre émission depuis 10 ans** I have been a regular listener to (ou viewer of) your programme for 10 years

**c** (= adepte) [doctrine, mode, écrivain] follower, devotee

**fidèlement** [fidɛlmɑ̃] adv **a** (= loyalement) faithfully, loyally

**b** (= régulièrement) faithfully, regularly ◆ **j'écoute fidèlement vos émissions depuis 10 ans** I have been listening to your programmes regularly ou I have been a regular listener to your programmes for the past 10 years

**c** (= scrupuleusement) faithfully

**d** (= conformément à la réalité) faithfully, accurately ◆ **combat fidèlement décrit dans un livre** fight which is accurately described in a book

**fidélisation** [fidelizasjɔ̃] nf ◆ **fidélisation de la clientèle** development of customer loyalty

**fidéliser** [fidelize] ▸ conjug 1 ◂ vt ◆ **fidéliser sa clientèle/son personnel** to establish ou develop customer/staff loyalty ◆ **fidéliser un public** to build up a loyal audience

**fidélité** [fidelite] → SYN nf **a** (= loyauté) (gén) faithfulness, loyalty; [conjoint, lecteur, client] faithfulness; (à un produit, un parti) loyalty, fidelity ◆ **la fidélité (conjugale)** fidelity; → **carte, jurer**

**b** (= exactitude) [historien, narrateur, son, reproduction] faithfulness; [souvenir, récit, portrait, traduction] faithfulness, accuracy; [mémoire, appareil, montre] accuracy, reliability

**Fidji** [fidʒi] nfpl ◆ **les (îles) Fidji** Fiji, the Fiji Islands

**fidjien, -ienne** [fidʒjɛ̃, jɛn] **1** adj Fiji, Fijian

**2** **Fidjien(ne)** nm,f Fiji, Fijian

**fiduciaire** [fidysjɛʀ] **1** adj fiduciary ◆ **circulation fiduciaire** fiduciary circulation ◆ **héritier fiduciaire** heir, trustee ◆ **monnaie fiduciaire** fiat ou paper money ◆ **société fiduciaire** trust company

**2** nm (Jur) trustee

**fiducie** [fidysi] nf trust ◆ **société de fiducie** trust company

**fief** [fjɛf] → SYN nm (Hist) fief; (fig = zone d'influence) [firme, organisation] preserve; [parti, secte] stronghold; (hum = domaine) private kingdom ◆ **fief (électoral)** electoral stronghold ◆ **ce bureau est son fief** (hum) this office is his kingdom

**fieffé, e** [fjefe] → SYN adj menteur arrant

**fiel** [fjɛl] → SYN nm (lit) gall ◆ **propos pleins de fiel** words filled with venom ou gall

**field** [fjɛld] nm ⇒ **fjeld**

**fielleux, -euse** [fjelø, øz] → SYN adj venomous, spiteful

**fiente** [fjɑ̃t] → SYN nf [oiseau] droppings

**fienter** [fjɑ̃te] ▸ conjug 1 ◂ vi to make ou leave droppings

**fier, fière** [fjɛʀ] → SYN adj **a** (= arrogant) proud ◆ **fier comme Artaban** ou **comme un coq** ou **comme un paon** (as) proud as a peacock ◆ **trop fier pour accepter** too proud to accept ◆ **faire le fier** (= être méprisant) to be aloof, give o.s. airs; (= faire le brave) to be full of o.s. ◆ **c'est quelqu'un de pas fier** * he's not stuck-up * ◆ **devant le danger, il n'était plus si fier** when he found himself faced with danger, he wasn't so full of himself any more; → **fier-à-bras**

**b** (littér = noble) âme, démarche proud, noble ◆ **avoir fière allure** to cut a fine figure, cut a dash

**c** **fier de qch/de faire qch** proud of sth/to do sth ◆ **elle est fière de sa beauté** she's proud of her beauty ◆ **toute fière de sortir avec son papa** as proud as could be to be going out with her daddy ◆ **il n'y a pas de quoi être fier** there's nothing to feel proud about ou to be proud of ou to boast about ◆ **je n'étais pas fier de moi** I didn't feel very proud of myself, I felt pretty small * ◆ **elle est fière qu'il ait réussi** she's proud he has succeeded ◆ **il n'était pas peu fier** he was really proud

**d** (intensif : avant n) **fier imbécile** first-class ou prize * idiot ◆ **fière canaille** out-and-out ou downright scoundrel ◆ **il a un fier toupet** he has the devil of a nerve * ou cheek * (Brit) ◆ **je te dois une fière chandelle** I'm terribly indebted to you

**e** (littér = fougueux) cheval mettlesome ◆ **le fier Aquilon** the harsh ou chill north wind

**fier (se)** [fje] → SYN ▸ conjug 7 ◂ vpr **a** (loyauté) **se fier à** [+ allié, promesses, discrétion] to trust ◆ **on ne peut pas se fier à lui** you can't trust him, he's not to be trusted, he can't be trusted ◆ **ne vous fiez pas à ce qu'il dit** don't go by ou trust what he says ◆ **il a l'air calme mais il ne faut pas s'y fier** he looks calm but that's nothing to go by

**b** (fiabilité) **se fier à** [+ appareil, collaborateur, instinct, mémoire] to trust, rely on; [+ destin, hasard] to trust to ◆ **ne te fie pas à ta mémoire, prends des notes** don't trust to memory, make notes

**fier-à-bras**, pl **fiers-à-bras** [fjɛʀabʀɑ] → SYN nm braggart

**fièrement** [fjɛʀmɑ̃] adv (= dignement) proudly; († = extrêmement) devilishly * †

**fiérot, e** * [fjeʀo, ɔt] adj cocky * ◆ **faire le fiérot** to show off * ◆ **tout fiérot (d'avoir gagné/de son succès)** as pleased as Punch (about winning/about ou at his success)

**fierté** [fjɛʀte] → SYN nf (gén) pride; (péj = arrogance) pride, haughtiness ◆ **tirer fierté de** to get a sense of pride from ◆ **sa fierté est d'avoir réussi tout seul** he takes pride in having succeeded all on his own ◆ **son jardin est sa fierté** his garden is his pride and joy ◆ **je n'ai pas accepté son aide, j'ai ma fierté !** I didn't accept his help — I have my pride!

**fiesta** * [fjɛsta] nf rave-up * ◆ **faire la** ou **une fiesta** to have a rave-up *

**fieu** [fjø] nm († ou dial) son, lad

**fièvre** [fjɛvʀ] → SYN nf **a** (= température) fever, temperature ◆ **accès de fièvre** bout of fever ◆ **avoir (de) la fièvre/beaucoup de fièvre** to have ou run a temperature/a high temperature ◆ **avoir 39 de fièvre** to have a temperature of 104(°F) ou 39(°C) ◆ **une fièvre de cheval** * a raging fever ◆ **il a les yeux brillants de fièvre** his eyes are bright with fever; → **bouton**

**b** (= maladie) fever ◆ **fièvre jaune/typhoïde** yellow/typhoid fever ◆ **fièvre hémorragique** haemorrhagic fever ◆ **fièvre aphteuse** foot-and-mouth disease ◆ **fièvre quarte** †† quartan fever ou ague ◆ **avoir les fièvres** † to have marsh fever ◆ **fièvre acheteuse** (hum) compulsive shopping

**c** (= agitation) fever, excitement ◆ **parler avec fièvre** to speak excitedly ◆ **dans la fièvre du départ** in the heat of departure, in the excitement of going away ◆ **la fièvre de l'or/des élections** gold/election fever ◆ **pays saisi par la fièvre du nationalisme** country caught in the grip of nationalist fervour

**d** (= envie) fever ◆ **être pris d'une fièvre d'écrire** to be seized with a frenzied ou feverish urge to write

**fiévreusement** [fjevʀøzmɑ̃] adv feverishly, excitedly

**fiévreux, -euse** [fjevʀø, øz] → SYN adj (Méd, fig) feverish

**FIFA** [fifa] nf (abrév de **Fédération internationale de football association**) FIFA

**fifille** * † [fifij] nf (terme affectueux) ◆ **viens par ici, fifille** come here, my little girl ou sweetheart ◆ **fifille à sa maman** (péj) mummy's (Brit) ou mommy's (US) little girl

**fifre** [fifʀ] → SYN nm (= instrument) fife; (= joueur) fife player

**fifrelin** † [fifʀəlɛ̃] nm ◆ **ça ne vaut pas un fifrelin** it's not worth a brass farthing (Brit) ou nickel (US)

**fifty-fifty** * [fiftififti] loc adv ◆ **faire fifty-fifty** to go fifty-fifty *, go Dutch * ◆ **on partage, fifty-fifty ?** shall we go fifty-fifty * ou Dutch *?

**figaro** † [figaʀo] nm (hum) barber

**figé, e** [fiʒe] → SYN (ptp de **figer**) **adj** style stilted; manières stiff, constrained; société, mœurs rigid, ossified; attitude, sourire set, fixed; forme, expression set ◆ **être figé dans des structures anciennes** to be set rigidly in outdated structures

**figement** [fiʒmɑ̃] **nm** [huile, sauce] congealing; [sang] clotting, coagulation, congealing

**figer** [fiʒe] → SYN ▸ conjug 3 ◂ 1 **vt** [+ huile, sauce] to congeal; [+ sang] to clot, coagulate, congeal ◆ **le cri le figea sur place** the scream froze ou rooted him to the spot ◆ **figé par la peur** terror-stricken ◆ **histoire à vous figer le sang** bloodcurdling story, story to make one's blood run cold ◆ **des corps figés par la mort** rigid corpses

2 **vi** [sauce, huile] to congeal; [sang] to clot, coagulate, congeal

3 **se figer vpr** [sauce, huile] to congeal; [sang] to clot, coagulate, congeal; [sourire, regard] to freeze; [visage] to stiffen, freeze ◆ **il se figea au garde-à-vous** he stood rigidly to attention ◆ **son sang se figea dans ses veines** his blood froze in his veins

**fignolage** * [fiɲɔlaʒ] **nm** touching up, polishing ◆ **on a pratiquement terminé, le reste c'est du fignolage** just a few more finishing touches and we'll be done

**fignoler** * [fiɲɔle] ▸ conjug 1 ◂ **vt** (= soigner) to polish up, put the finishing touches to ◆ **c'est du travail fignolé** that's a really neat job

**fignoleur, -euse** [fiɲɔlœʀ, øz] **nm,f** meticulous worker, perfectionist

**figue** [fig] → SYN **nf** (Bot) fig ◆ **figue de Barbarie** prickly pear ◆ **figue de mer** (edible) sea squirt

**figuier** [figje] **nm** fig tree ◆ **figuier de Barbarie** prickly pear ◆ **figuier banian** banyan tree

**figuline** [figylin] **nf** (= vase) figuline

**figurant, e** [figyʀɑ̃, ɑ̃t] → SYN **nm,f** (Ciné) extra; (Théât) walk-on, supernumerary; (fig) (= pantin) puppet, cipher; (= complice) stooge ◆ **avoir un rôle de figurant** (dans un comité, une conférence) to play a minor part, be a mere onlooker; (dans un crime) to be a stooge; (Ciné) to be an extra; (Théât) to have a walk-on part

**figuratif, -ive** [figyʀatif, iv] 1 **adj** a (Art) representational, figurative

b plan, écriture figurative

2 **nm,f** representational ou figurative artist

**figuration** [figyʀasjɔ̃] → SYN **nf** a (Théât) (= métier) playing walk-on parts; (= rôle) walk-on (part); (= figurants) walk-on actors; (Ciné) (= métier) working as an extra; (= rôle) extra part; (= figurants) extras ◆ **faire de la figuration** (Théât) to do walk-on parts; (Ciné) to work as an extra

b (= représentation) representation

**figurativement** [figyʀativmɑ̃] **adv** diagrammatically

**figure** [figyʀ] → SYN 1 **nf** a (= visage) face; (= mine) face, countenance (frm) ◆ **sa figure s'allongea** his face fell ◆ **elle lui a jeté** ou **lancé ses lettres à la figure** she threw his letters in his face ◆ **il lui a jeté** ou **lancé à la figure qu'elle en était incapable** he told her to her face that she wasn't up to it; → **casser**

b (= personnage) figure ◆ **figure équestre** equestrian figure ◆ **les grandes figures de l'histoire** the great figures of history ◆ **les figures** (Cartes) the court ou face cards

c (= image) illustration, picture; (Danse, Ling, Patinage) figure; (Math = tracé) diagram, figure ◆ **figure géométrique** geometrical figure ◆ **faire une figure** to draw a diagram

d (LOC) **faire figure de favori** to be generally thought of ou be looked on as the favourite ◆ **faire figure d'idiot** to look a fool ◆ **faire figure dans le monde** †† to cut a figure in society † ◆ **faire bonne figure** to put up a good show ◆ **faire pâle figure** to pale into insignificance (*à côté de* beside, next to) ◆ **faire triste** ou **piètre figure** to cut a sorry figure, look a sorry sight ◆ **il n'a plus figure humaine** he is disfigured beyond recognition ◆ **prendre figure** [construction, projet] to take shape

2 COMP ▷ **figure de ballet** balletic figure ▷ **figure chorégraphique** choreographic figure ▷ **figures imposées** (Patinage) compulsory figures ◆ **ça fait partie des figures imposées** (fig) it's part of the compulsory ritual ▷ **figures libres** (Patinage) freestyle (skating) ▷ **figure mélodique** figure ▷ **figure de proue** (Naut) figurehead; (fig = chef) key figure, figurehead ▷ **figure de rhétorique** rhetorical figure ▷ **figure de style** stylistic device

**figuré, e** [figyʀe] → SYN (ptp de **figurer**) **adj** langage, style, sens figurative; prononciation symbolized; plan, représentation diagrammatic; (Archit) figured ◆ **mot employé au figuré** word used figuratively ou in the figurative ◆ **au propre comme au figuré** both literally and figuratively, in the literal as well as the figurative sense

**figurément** [figyʀemɑ̃] **adv** figuratively, metaphorically

**figurer** [figyʀe] → SYN ▸ conjug 1 ◂ 1 **vt** to represent ◆ **le peintre l'avait figuré sous les traits de Zeus** the painter had shown ou represented him in the guise of Zeus ◆ **la scène figure un palais** the scene is a palace ◆ **la balance figure la justice** scales are the symbol of justice

2 **vi** a (= être mentionné) to appear ◆ **mon frère figure parmi les gagnants** my brother is listed among the winners ou is in the list of winners ◆ **son nom figure en bonne place/ne figure pas parmi les gagnants** his name is high up among/does not appear among the winners ◆ **figurer sur une liste/dans l'annuaire** to appear on a list/in the directory ◆ **cet article ne figure plus sur votre catalogue** this item is no longer featured ou listed in your catalogue

b (Théât) to have a walk-on part; (Ciné) to be an extra

3 **se figurer vpr** to imagine ◆ **figurez-vous une grande maison** picture ou imagine a big house ◆ **si tu te figures que tu vas gagner ...** if you think ou imagine you're going to win ... ◆ **figurez-vous que j'allais justement vous téléphoner** it so happens I was just about to phone you ◆ **je ne tiens pas à y aller, figure-toi !** believe it or not, I've no particular desire to go! ◆ **tu ne peux pas te figurer comme il est bête** you wouldn't believe ou you can't imagine how stupid he is

**figurine** [figyʀin] → SYN **nf** figurine

**figuriste** [figyʀist] **nmf** maker of plaster figures

**fil** [fil] → SYN 1 **nm** a (= brin) [coton, nylon] thread; [laine] yarn; [cuivre, acier] wire; [haricot, marionnette] string; [araignée] thread; [appareil électrique] cord ◆ **haricots pleins de fils/sans fils** stringy/stringless beans ◆ **fil de trame/de chaîne** weft/warp yarn ◆ **tu as tiré un fil à ton manteau** you have pulled a thread in your coat ◆ **j'ai tiré un fil à mon collant** I've laddered my tights (Brit), my hose have a run in them (US) ◆ **il suffit de tirer un fil et on découvre l'ampleur du scandale** (fig) you only have to scratch the surface to see the true scale of the scandal ◆ **n'avoir plus un fil de sec** to be soaked through ◆ **fil (à linge)** (washing ou clothes) line ◆ **fil (à pêche)** (fishing) line

b (= téléphone) **j'ai ta mère au bout du fil** I have your mother on the line ou phone

◆ **coup de fil** * (phone) call ◆ **donner** ou **passer un coup de fil à qn** * to give sb a ring ou call ou buzz *, call ou phone ou ring (Brit) sb (up) ◆ **il faut que je passe un coup de fil** * I've got to make a phone call

c (Tex = matière) linen ◆ **chemise de fil** linen shirt ◆ **chaussettes pur fil (d'Écosse)** lisle socks

d (= sens) [bois, viande] grain ◆ **couper dans le sens du fil** to cut with the grain ◆ **dans le sens contraire du fil** against the grain; → **droit²**

e (= tranchant) edge ◆ **donner du fil à un rasoir** to sharpen a razor ◆ **être sur le fil du rasoir** to be on the razor's edge ou on a razor-edge ◆ **"Le Fil du rasoir"** (Littérat) "The Razor's Edge" ◆ **passer un prisonnier au fil de l'épée** to put a prisoner to the sword

f (= cours) [discours, pensée] thread ◆ **suivre/interrompre le fil d'un discours/de ses pensées** to follow/interrupt the thread of a speech/of one's thoughts ◆ **tu m'as interrompu et j'ai perdu le fil** you've interrupted me and I've lost the thread ◆ **au fil des jours/des ans** with the passing days/years, as the days/years go (ou went) by ◆ **raconter sa vie au fil de ses souvenirs** to reminisce about one's life ◆ **suivre le fil de l'eau** to follow the current ◆ **le bateau/papier s'en allait au fil de l'eau** the boat/paper was drifting away with the stream ou current

g (LOC) **maigre** ou **mince comme un fil** (as) thin as a rake ◆ **donner du fil à retordre à qn** to make life difficult for sb ◆ **avoir un fil à la patte** * to be tied down ◆ **ne tenir qu'à un fil** to hang by a thread ◆ **de fil en aiguille** one thing leading to another, gradually

2 COMP ▷ **fil d'Ariane** (Myth) Ariadne's thread; (fig) vital lead ▷ **fil conducteur** [enquête] vital lead; [récit] main theme ou thread ▷ **fil à coudre** (sewing) thread ▷ **fil à couper le beurre** cheesewire ▷ **fil dentaire** dental floss ▷ **fil électrique** electric wire ▷ **fil de fer** wire ◆ **avoir les jambes comme des fils de fer** (fig) to have legs like matchsticks ▷ **fil de fer barbelé** barbed wire ▷ **fil à plomb** plumbline ▷ **fil rouge: le fil rouge de ses émissions** the common theme linking his programmes ▷ **fil de soie dentaire** ⇒ **fil dentaire** ▷ **fil à souder** soldering wire ▷ **fil de terre** earth wire (Brit), ground wire (US) ▷ **fils de la vierge** gossamer (NonC), gossamer threads; → **inventer**

**fil-à-fil** [filafil] **nm inv** (= tissu) pepper-and-salt (fabric)

**filage** [filaʒ] **nm** [laine] spinning; (Ciné) ghost image; (Théât) run-through

**filaire¹** [filɛʀ] **nf** (Zool) filaria

**filaire²** [filɛʀ] **adj** (Mil) telegraphic

**filament** [filamɑ̃] → SYN **nm** (Bio, Élec) filament; [glu, bave] strand, thread

**filamenteux, -euse** [filamɑ̃tø, øz] **adj** filamentous

**filandière** [filɑ̃djɛʀ] **nf** (hand-)spinner

**filandreux, -euse** [filɑ̃dʀø, øz] → SYN **adj** viande, légume stringy; discours, explication long-winded

**filant, e** [filɑ̃, ɑ̃t] **adj** liquide free-flowing; (Culin) runny; (Méd) pouls very weak; → **étoile**

**filao** [filao] **nm** beefwood

**filariose** [filaʀjoz] **nf** filariasis

**filasse** [filas] → SYN 1 **nf** tow ◆ **filasse de chanvre/lin** hemp/flax tow

2 **adj inv** ◆ **cheveux (blond) filasse** tow-coloured hair ◆ **aux cheveux (blond) filasse** tow-haired, tow-headed

**filateur** [filatœʀ] **nm** mill owner

**filature** [filatyʀ] **nf** a (Tex) (= action) spinning; (= usine) mill

b (= surveillance) shadowing (NonC), tailing * (NonC) ◆ **prendre qn en filature** to shadow ou tail * sb

**fildeféristé, fil-de-fériste,** pl **fil-de-féristes** [fildəfeʀist] **nmf** high-wire artist

**file** [fil] → SYN **nf** [personnes, objets] line ◆ **file (d'attente)** queue (Brit), line (US) ◆ **file de voitures** (en stationnement) line of cars; (roulant) line ou stream of cars ◆ **se mettre sur ou prendre la file de gauche** (Aut) to move into the left-hand lane ◆ **se garer en double file** to double-park ◆ **il est en double file** he's double-parked ◆ **prendre la file** to join the queue (Brit) ou the line (US)

◆ **à la file, en file** ◆ **se mettre à la file** to join the queue (Brit) ou the line (US) ◆ **se mettre en file** to line up ◆ **marcher à la file** ou **en file** to walk in line ◆ **entrer/sortir en file** ou **à la file** to file in/out ◆ **en file indienne** in single file ◆ **chanter plusieurs chansons à la file** to sing several songs in a row ou in succession ou one after the other

**filé** [file] (ptp de **filer**) **nm** (Tex) thread, yarn ◆ **filé d'or/d'argent** golden/silver thread

**filer** [file] → SYN ▸ conjug 1 ◂ 1 **vt** a [+ laine, coton, acier, verre] to spin; [araignée, chenille] to spin ◆ **filer un mauvais coton** (au physique) to be in a bad way; (au moral) to get into bad ways ◆ **verre/sucre filé** spun glass/sugar

b (= prolonger) [+ image, métaphore] to spin out, extend; [+ son, note] to draw out ◆ **filer le parfait amour** to spin out love's sweet dream ◆ **filer une pièce de théâtre** to run through a play

c (Police = suivre) to shadow, tail * ◆ **filer le train à qn** * to be hard ou close on sb's heels ◆ **j'ai quitté la salle et il m'a filé le train** * I left the room and he followed after me

d (Naut) [+ amarre] to veer out ◆ **navire qui file 20 nœuds** ship doing 20 knots

**e** (* = donner) **filer qch à qn** to give sth to sb, give sb sth ◆ **il m'a filé son rhume** he's given me his cold ◆ **filer un coup de poing à qn** to punch sb, give sb a punch ◆ **file-toi un coup de peigne** run a comb through your hair

**f** (= démailler) [+ bas, collant] to get a run in, ladder (Brit)

**2** vi **a** [liquide] to run, trickle; [fromage fondu] to go stringy; [sirop] to thread; [lampe, flamme] to smoke ◆ **il faisait filer du sable entre ses doigts** he was running ou trickling sand through his fingers

**b** (* = courir, passer) [personne] to fly, dash; [temps] to fly (by) ◆ **filer bon train/comme le vent/à toute allure** to go at a fair speed/like the wind/at top speed ◆ **il fila comme une flèche devant nous** he darted ou zoomed* straight past us ◆ **filer à la poste/voir qn** to dash to the post office/to see sb

**c** (* = s'en aller) to go off ◆ **le voleur avait déjà filé** the thief had already made off* ◆ **il faut que je file** I must dash ou fly* ◆ **file dans ta chambre** off to your room with you ◆ **allez, file, garnement !** clear off, you little pest!* ◆ **filer à l'anglaise** to run off ou away, take French leave (Brit) ◆ **filer entre les doigts de qn** [poisson] to slip between sb's fingers; [voleur, argent] to slip through sb's fingers ◆ **les billets de 100 F, ça file vite** 100 franc notes disappear in no time ◆ **filer doux** to toe the line

**d** (= se démailler) [maille] to run; [bas, collant] to run, ladder (Brit) ◆ **mon collant a filé** I've got a run ou ladder in my tights (Brit), my hose have a run in them (US)

**e** [monnaie] to slide, slip ◆ **laisser filer le dollar** to let the dollar slide

**filet** [filɛ] → SYN nm **a** (= petite quantité) [eau, sang] dribble, trickle; [fumée] wisp; [lumière] (thin) shaft; (= trait) thin line ◆ **il avait un filet de voix** he had a reedy voice ◆ **mettez un filet de vinaigre** add a drop ou a dash of vinegar ◆ **arrosez d'un filet d'huile d'olive** drizzle with olive oil

**b** [poisson] fillet; [viande] fillet (Brit) ou filet (US) steak ◆ **donnez-moi un rôti dans le filet** I'd like some fillet (Brit) ou filet (US) of beef ◆ **filet mignon** (pork) tenderloin ◆ **filet américain** (Belg) steak tartare

**c** (= nervure) [langue] frenum; [pas de vis] thread; (Typo) rule; (Archit) fillet, list(el) ◆ **filets nerveux** nerve endings

**d** (Pêche, Sport) net ◆ **filet (à provisions)** string bag ◆ **filet (à bagages)** (luggage) rack ◆ **filet à crevettes/à papillons/à cheveux** shrimping/butterfly/hair net ◆ **filet à poissons** ou **de pêche** fishing net, fishnet (US) ◆ **filet dérivant** drift net ◆ **envoyer la balle au fond des filets** (Ftbl) to send the ball into the back of the net ◆ **filet !** (Tennis) let! ◆ **envoyer la balle dans le filet** (Tennis) to put the ball into the net, net the ball ◆ **monter au filet** (Tennis) to go up to the net ◆ **il a dû monter au filet pour défendre son projet** (fig) he had to stick his neck out to defend his proposal ◆ **travailler sans filet** [acrobates] to perform without a safety net; (fig) to be out on one's own ◆ **tendre un filet** [chasseur] to set a snare; [police] to set a trap ◆ **le filet se resserre** the net is closing in ou tightening ◆ **coup de filet** (fig) haul ◆ **attirer qn dans ses filets** (fig) to ensnare sb

**filetage** [filtaʒ] nm (= action) thread cutting, threading; [pas de vis] thread

**fileté** [filte] nm *type of cotton fabric*

**fileter** [filte] ▸ conjug 5 ◂ vt **a** [+ vis, tuyau] to thread; (= étirer) [+ métal] to draw ◆ **tissu violet fileté d'or** purple cloth shot through with gold threads

**b** (Culin) [+ poisson] to fillet

**fileur, -euse** [filœʀ, øz] nm,f spinner

**filial, e**[1], mpl **-iaux** [filjal, jo] adj filial

**filiale**[2] [filjal] nf (Comm) ◆ **(société) filiale** subsidiary (company) ◆ **filiale commune** joint venture ◆ **filiale à 100%** wholly-owned subsidiary ◆ **filiale de distribution/vente** distribution/sales subsidiary

**filialisation** [filjalizasjɔ̃] nf [activité] transfer to a subsidiary

**filialiser** [filjalize] ▸ conjug 1 ◂ vt [+ activité] to transfer to a subsidiary

**filiation** [filjasjɔ̃] → SYN nf [personnes] filiation; [idées, mots] relation ◆ **être issu de qn par filiation directe** to be a direct descendant of sb

**filière** [filjɛʀ] → SYN nf **a** (= succession d'étapes) [carrière] path; [administration] channels, procedures ◆ **la filière administrative** the administrative procedures ou channels ◆ **passer par** ou **suivre la filière pour devenir directeur** to work one's way up to become a director ◆ **il a suivi la filière classique pour devenir professeur** he followed the classic route into teaching ◆ **de nouvelles filières sont offertes aux jeunes ingénieurs** new paths are open to young engineers

**b** (Scol, Univ = domaine d'études spécifique) course, subjects ◆ **filières technologiques/scientifiques/artistiques** technology/science/arts courses ◆ **nouvelles filières** new subjects ◆ **suivre une filière courte/longue** to do a short/long course

**c** (= réseau) network ◆ **les policiers ont réussi à remonter toute la filière** the police have managed to trace the network right through to the man at the top ◆ **de nouvelles filières pour le passage de la drogue** new channels for drug trafficking

**d** (Écon = secteur d'activité) industry ◆ **filière bois/pêche/agroalimentaire** timber/fishing/food-processing industry ◆ **ce pays a choisi la filière nucléaire** this country chose the nuclear(-power) option ou opted to use nuclear power

**e** (Phys Nucl) **filière à eau légère/à eau pressurisée** light-water/pressurized water reactor technology

**f** (Tech) (pour étirer) drawplate; (pour fileter) screwing die

**g** (Zool) [araignée, chenille] spinneret

**filiforme** [filifɔʀm] → SYN adj antenne, patte threadlike, filiform (SPÉC); jambes long and slender; corps lanky; (Méd) pouls thready

**filigrane** [filigʀan] nm [papier, billet] watermark; [objet] filigree

◆ **en filigrane** (lit) as a watermark ◆ **ce projet apparaît** ou **est inscrit en filigrane dans le texte** this project is hinted at in the text ◆ **sa haine apparaissait en filigrane dans ses paroles** there was veiled hatred in his words ◆ **cette possibilité est inscrite en filigrane dans la loi** this possibility is implicit in the law

**filigraner** [filigʀane] ▸ conjug 1 ◂ vt [+ papier, billet] to watermark; [+ objet] to filigree

**filin** [filɛ̃] → SYN nm rope

**filipendule** [filipɑ̃dyl] nf meadowsweet

**fille** [fij] → SYN **1** nf **a** (dans une famille) daughter ◆ **la fille de la maison** the daughter of the house ◆ **la fille Martin** (souvent péj) the Martin girl ◆ **la peur, fille de la lâcheté** (littér) fear, the daughter of cowardice ◆ **oui, ma fille** (Rel) yes, my child ◆ **c'est bien la fille de son père/de sa mère** she's very much her father's/her mother's daughter, she's just like her father/her mother; → **jouer**

**b** (= enfant) girl; (= femme) woman; († = vierge) maid † ◆ **c'est une grande/petite fille** she's a big/little girl ◆ **elle est belle fille** she's a good-looking girl ◆ **c'est une bonne** ou **brave fille** she's a nice girl ou a good sort ◆ **tu es si naïve, ma pauvre fille !** poor dear, you're so naïve! ◆ **elle n'est pas fille à se laisser faire** she's not the type to let herself ou the type of girl who lets herself be messed about ◆ **être encore/rester fille** † to be still/stay unmarried ◆ **mourir fille** † to die an old maid; → **jeune, vieux**

**c** († = servante) **fille de ferme** farm girl ◆ **fille d'auberge/de cuisine** serving/kitchen maid ◆ **ma fille** †† my girl

**d** († péj = prostituée) whore ◆ **fille en carte** registered prostitute

**2** COMP ▷ **fille d'Ève** daughter of Eve ▷ **fille d'honneur** (Hist) maid of honour ▷ **fille de joie** prostitute ▷ **fille publique** streetwalker ▷ **fille des rues** streetwalker ▷ **fille de salle** (restaurant) waitress; (hôpital) ward orderly ▷ **fille à soldats** (péj) † soldiers' whore ▷ **fille soumise** † registered prostitute

**fille-mère** †, pl **filles-mères** [fijmɛʀ] nf (péj) unmarried mother

**filler** [filɛʀ] nm filler

**fillette** [fijɛt] nf **a** (= petite fille) (little) girl ◆ **rayon fillettes** girls' department ◆ **elle chausse du 42 fillette** * (hum) her feet are like boats*

**b** (= bouteille) ≃ (half-)bottle

**filleul** [fijœl] nm godson, godchild ◆ **filleul de guerre** adoptive son (in wartime)

**filleule** [fijœl] nf goddaughter, godchild

**film** [film] → SYN **1** nm **a** (Ciné) (= pellicule) film; (= œuvre) film, movie (surtout US) ◆ **le film fantastique/d'avant-garde** (genre) fantasy/avant-garde films ◆ **le grand film** † the feature (film) ◆ **repasser le film des événements de la journée** (fig) to go over the sequence of the day's events ◆ **il n'a rien compris au film** * (fig) he didn't get it at all; → **métrage**

**b** (= mince couche) film ◆ **film alimentaire** ou **étirable** (transparent) Clingfilm ® (Brit), clingwrap (Brit), Saran Wrap ® (US) ◆ **film plastique de congélation** freezer film

**2** COMP ▷ **film d'animation** animated film ▷ **film d'archives** archive film ▷ **film biographique** biopic ▷ **film documentaire** documentary (film) ▷ **film d'épouvante** ⇒ **film d'horreur** ▷ **film de guerre** war film ▷ **film d'horreur** horror film ▷ **film muet** silent film ▷ **film noir** film noir ▷ **film parlant** talking film, talkie* ▷ **film policier** detective film ▷ **film publicitaire** (= publicité) advertising film; (= film promotionnel) promotional film ▷ **film à sketches** film made up of sketches; → **action, aventure, espionnage**

**filmage** [filmaʒ] nm [personne, paysage] filming; [film, scène] filming, shooting

**filmer** [filme] → SYN ▸ conjug 1 ◂ vt [+ personne, paysage] to film; [+ film, scène] to film, shoot ◆ **théâtre filmé** film drama

**filmique** [filmik] adj film (épith), cinematic ◆ **l'œuvre filmique de Renoir** Renoir's film work

**filmographie** [filmɔgʀafi] nf filmography

**filmologie** [filmɔlɔʒi] nf film studies

**filmothèque** [filmɔtɛk] nf microfilm library

**filocher** [filɔʃe] ▸ conjug 1 ◂ vt (arg Police) to shadow, tail*

**filoguidé, e** [filogide] adj wire-guided

**filon** [filɔ̃] → SYN nm (Minér) vein, seam, lode ◆ **trouver le filon** * to strike it lucky ou rich ◆ **il exploite ce filon depuis des années** he's worked that seam for years ◆ **on n'a pas fait de recherches sur ce sujet, c'est un filon qu'il faudrait exploiter** no research has been done on that subject – it's a line worth developing ◆ **nous tenons un bon filon** we're on to a good thing ou something good, we've struck it rich ◆ **c'est un bon filon** * [métier] it's a cushy number*; [secteur lucratif] there's a lot of money to be made in it

**filou** [filu] → SYN nm (= escroc) crook, swindler; (= enfant espiègle) rascal

**filouter** * [filute] ▸ conjug 1 ◂ **1** vt [+ personne] to cheat, do* (Brit), diddle* (Brit); [+ argent, objets] to snaffle*, filch* ◆ **il m'a filouté (de) 10 F** he's cheated ou diddled (Brit) me out of 10 francs*

**2** vi (= tricher) to cheat ◆ **il est difficile de filouter avec le fisc** it's hard to cheat ou diddle (Brit) the taxman*

**filouterie** [filutʀi] → SYN nf fraud (NonC), swindling (NonC)

**fils** [fis] → SYN **1** nm son ◆ **le fils de la maison** the son of the house ◆ **M. Martin fils** young Mr Martin ◆ **Martin fils** (Comm) Mr Martin junior ◆ **Martin et Fils** (Comm) Martin and Son (ou Sons) ◆ **le fils Martin** the Martin boy ◆ **elle est venue avec ses deux fils** she came with her two sons ou boys ◆ **c'est bien le fils de son père** he's very much his father's son, he's just like his father ◆ **les fils de la France/de Charlemagne** (frm) the sons of France/of Charlemagne ◆ **être le fils de ses œuvres** (frm) to be a self-made man ◆ **oui, mon fils** (Rel) yes, my son ◆ **le Fils de l'homme/de Dieu** (Rel) the Son of Man/of God

**2** COMP ▷ **fils de famille** young man of means ou with money ▷ **fils de garce** ** †, **fils de pute** ** son of a bitch! ** ▷ **fils spirituel** spiritual son; → **papa**

**filtrage** [filtʀaʒ] → SYN nm [liquide] filtering; (Élec) filtration; [nouvelles, spectateurs] screening

**filtrant, e** [filtʀɑ̃, ɑ̃t] adj substance filtering (épith); verre filter (épith) ◆ **virus filtrant** filterable virus ◆ **le pouvoir filtrant de ces lunettes de soleil** the way these sunglasses filter sunlight

**filtrat** [filtʀa] nm filtrate

**filtration** [filtʀasjɔ̃] nf [liquide] filtering, filtration

**filtre** [filtʀ] → SYN nm (gén) filter; [cigarette] filter tip ◆ **filtre à café** coffee filter ◆ **papier-filtre** filter paper ◆ **cigarette à bout filtre** filter-tipped cigarette ◆ **"avec ou sans filtre ?"** "tipped or plain?" ◆ **filtre à air/huile/essence** air/oil/fuel filter ◆ **filtre anti-UV** UV filter ◆ **filtre solaire** sunscreen

**filtre-presse,** pl **filtres-presses** [filtʀəpʀɛs] nm filter press

**filtrer** [filtʀe] → SYN ▸ conjug 1 ◂ **1** vt [+ liquide, lumière, son] to filter; [+ nouvelles, spectateurs, appels téléphoniques] to screen

**2** vi [liquide] to filter (through), seep through; [lumière, son] to filter through; [information] to leak out, filter through ◆ **rien n'a filtré de leur conversation** none of their conversation got out

**fin¹, fine¹** [fɛ̃, fin] → SYN **1** adj **a** (= mince) tranche, couche, papier, tissu thin; cheveux, sable, poudre, papier de verre fine; pointe, pinceau fine; bec d'oiseau thin, pointed; lame sharp, keen; écriture small; taille, doigt, jambe slender, slim ◆ **plume fine** fine-nibbed pen ◆ **petits pois fins/très fins** high-quality/top-quality garden peas ◆ **une petite pluie fine** a fine drizzle; → **peigne, sel**

**b** (= raffiné, supérieur) lingerie, porcelaine, travail fine, delicate; traits, visage, or, pierres fine; silhouette, membres neat, shapely; produits, aliments high-class, top-quality; mets choice, exquisite; chaussures fine-leather ◆ **faire un repas fin** to have a gourmet meal ◆ **vins fins** fine wines ◆ **perles fines** real pearls ◆ **fine fleur de froment** finest wheat flour ◆ **la fine fleur de l'armée française** the pride ou flower of the French army ◆ **le fin du fin** the last word ou the ultimate (*de* in) → **épicerie, partie²**

**c** (= très sensible) vue, ouïe sharp, keen; goût, odorat fine, discriminating ◆ **avoir l'oreille** ou **l'ouïe fine** to have a keen ear, have keen hearing; → **nez**

**d** (= subtil) personne astute; esprit, observation shrewd, sharp; allusion, nuance subtle; sourire wise, shrewd ◆ **faire des plaisanteries fines sur qch** to joke wittily about sth ◆ **il n'est pas très fin** he's not very bright ◆ **ce n'est pas très fin de sa part** that's not very clever of him ◆ **comme c'est fin !** (iro) (that's) very clever! (iro) ◆ **c'est fin ce que tu as fait !** (iro) that was clever of you! (iro) ◆ **il se croit plus fin que les autres** he thinks he's smarter than everybody else ◆ **bien fin qui pourrait le dire !** who knows! ◆ **tu as l'air fin !** you look a right idiot! * ◆ **jouer au plus fin avec qn** to try to outsmart sb

**e** (avant n = habile) expert ◆ **fin connaisseur** connoisseur ◆ **fine cuisinière** skilled cook ◆ **fin gourmet, fine bouche** ou **gueule** * gourmet ◆ **fine lame** expert swordsman ◆ **fin stratège** expert strategist ◆ **fin tireur** crack shot

**f** (avant n : intensif) **au fin fond de la campagne** right in the heart of the country, in the depths of the country ◆ **au fin fond du tiroir** right at the back of the drawer ◆ **du fin fond de ma mémoire** from the depths ou recesses of my memory ◆ **savoir le fin mot de l'histoire** to know the real story

**2** adv moudre, tailler finely; (Billard) fine ◆ **écrire fin** to write small ◆ **fin prêt** quite ou all ready ◆ **fin soûl** dead ou blind drunk *

**3** COMP ▷ **fines herbes** (sweet) herbs, fines herbes ▷ **fin limier** (keen) sleuth ▷ **fine mouche, fin renard** sharp customer; voir aussi **1e**

**fin²** [fɛ̃] GRAMMAIRE ACTIVE 26.4 → SYN

**1** nf **a** (gén) end; [année, réunion] end, close; [compétition] end, finish, close ◆ **"Fin"** [film, roman] "The End" ◆ **vers** ou **sur la fin** towards the end ◆ **le quatrième en partant de** ou **en commençant par la fin** the fourth from the end, the last but three (Brit) ◆ **fin juin, à la fin (de) juin** at the end of June ◆ **fin courant** (Comm) at the end of the current month ◆ **jusqu'à la fin** to the very end ◆ **jusqu'à la fin des temps** ou **des siècles** until the end of time ◆ **la fin du monde** the end of the world ◆ **avoir des fins de mois difficiles** to have difficulty making ends meet ◆ **en fin de semaine** towards ou at the end of the week ◆ **on n'en verra jamais la fin** we'll never see the end of this ◆ **à la fin il a réussi à se décider** he eventually managed ou in the end he managed to make up his mind ◆ **tu m'ennuies, à la fin !** * you're beginning to get on my nerves! ◆ **en fin d'après-midi** towards the end of the afternoon, in the late afternoon ◆ **en fin de liste** at the end of the list ◆ **en fin de compte** (= tout bien considéré) when all is said and done, in the end, at the end of the day; (= en conclusion) in the end, finally ◆ **sans fin** discussion, guerre, histoire endless, never-ending; errer, tourner endlessly ◆ **arriver en fin de course** [vis] to screw home; [piston] to complete its stroke; [batterie] to wear out; * [personne] to be worn out, come to the end of the road ◆ **en fin de séance** (Bourse) at the close ◆ **un chômeur en fin de droits, un fin de droits** * *an unemployed person no longer entitled to benefit* ◆ **prendre fin** [réunion] to come to an end; [contrat] to terminate, expire (*le* on) ◆ **être sur sa fin, toucher à** ou **tirer à sa fin** to be coming to an end, be drawing to a close ◆ **on arrive à la fin du spectacle** we're getting near the end of the show ◆ **mettre fin à** to put an end to, end ◆ **mettre fin à ses jours** to put an end to one's life ◆ **mener qch à bonne fin** to bring sth to a successful conclusion, carry sth off successfully ◆ **faire une fin** † (= se marier) to settle down; → **début, mot** etc

**b** (= ruine) end ◆ **c'est la fin de tous mes espoirs** that's the end of all my hopes ◆ **c'est la fin de tout !** * ou **des haricots !** * that's the last straw!

**c** (= mort) end, death ◆ **avoir une fin tragique** to die a tragic death, meet a tragic end ◆ **il a eu une belle fin** he had a fine end ◆ **la fin approche** the end is near

**d** (= but) end, aim, purpose; (Philos) end ◆ **fin en soi** end in itself ◆ **il est arrivé** ou **parvenu à ses fins** he achieved his aim ou ends ◆ **à cette fin** to this end, with this end ou aim in view ◆ **à quelle fin faites-vous cela ?** what is your purpose ou aim in doing that? ◆ **c'est à plusieurs fins** it has a variety of uses ◆ **à seule fin de faire** for the sole purpose of doing ◆ **à toutes fins utiles** (frm) for your information ◆ **aux fins de la présente loi** (Jur) for the purposes of this Act ◆ (Prov) **la fin justifie les moyens** the end justifies the means

**2** COMP ▷ **fin d'exercice** (Comptab) end of the financial year ▷ **fin de race** (péj) adj inv degenerate nm,f degenerate aristocrat ▷ **fin de section** [autobus] stage limit, fare stage ▷ **fin de semaine** (Can) weekend ▷ **fin de série** (Comm) end-of-line stock (NonC) ▷ **fin de siècle** (péj) adj inv decadent, fin de siècle; → **non-recevoir**

**final, e¹,** mpl **finals** ou **-aux** [final, o] → SYN adj **a** (= terminal) final ◆ **la scène finale** the final ou last scene; → **point¹**

**b** (= marquant la finalité : Ling, Philos) final ◆ **proposition finale** (Ling) purpose ou final clause ◆ **au** ou **en final** in the end

**finale²** [final] → SYN nf **a** (Sport) final ◆ **quart de finale** quarterfinal ◆ **demi-finale** semifinal ◆ **huitième/seizième de finale** third/second round *(in a six-round tournament)*

**b** (= syllabe) final ou last syllable; (= voyelle) final ou last vowel

**finale³** [final] nm (Mus) finale

**finalement** [finalmɑ̃] → SYN adv (gén) in the end, finally ◆ **ce n'est pas si mal finalement** (= après tout) it's not so bad after all ◆ **finalement je ne suis pas plus avancé** in the end ou finally I'm no further on

**finalisation** [finalizasjɔ̃] nf [accord, contrat] finalization ◆ **un protocole en voie de finalisation** a protocol in the process of being finalized

**finaliser** [finalize] ▸ conjug 1 ◂ vt **a** (= achever) to finalize

**b** (= orienter) to target

**finalisme** [finalism] nm finalism

**finaliste** [finalist] **1** adj (Philos) finalist

**2** nmf (Philos, Sport) finalist

**finalité** [finalite] → SYN nf (= but) end, aim; (= fonction) purpose, function

**finance** [finɑ̃s] → SYN nf **a** (Pol = recettes et dépenses) **finances** finances ◆ **les Finances** (= administration) the Ministry of Finance, ≃ the Treasury, ≃ the Exchequer (Brit), ≃ the Treasury Department (US) ◆ **il est aux Finances** (employé) he works at the Ministry of Finance; (ministre) he is Minister of Finance ◆ **finances publiques** public funds ◆ **l'état de mes finances** * the state of my finances, my financial state ◆ **les** ou **mes finances sont à sec** * I'm right out of funds *; → **loi, ministre**

**b** (Fin) finance ◆ **la (haute) finance** (= activité) (high) finance; (= personnes) (top) financiers ◆ **le monde de la finance** the financial world ◆ **il est dans la finance** he's in banking ou finance; → **moyennant**

**financement** [finɑ̃smɑ̃] → SYN nm financing ◆ **plan de financement** financial plan ◆ **financement à court/long terme** short-/long-term financing ◆ **financement-relais** bridge ou interim financing ◆ **financement à taux fixe** fixed-rate financing ◆ **financement par emprunt** debt financing

**financer** [finɑ̃se] → SYN ▸ conjug 3 ◂ **1** vt to finance, back, put up the money for

**2** vi * to fork out *

**financier, -ière** [finɑ̃sje, jɛʀ] → SYN **1** adj **a** (Fin) financial ◆ **soucis financiers** money ou financial worries; → **place**

**b** (Culin) **(sauce) financière** sauce financière

**2** nm (Fin) financier; (Culin) *almond sponge finger*

**financièrement** [finɑ̃sjɛʀmɑ̃] adv financially

**finasser** * [finase] ▸ conjug 1 ◂ vi to use trickery ◆ **inutile de finasser avec moi !** there's no point trying to use your tricks on me!

**finasserie** * [finasʀi] nf trick, dodge *, ruse

**finasseur, -euse** [finasœʀ, øz], **finassier -ière** [finasje, jɛʀ] nm,f trickster, dodger *

**finaud, e** [fino, od] → SYN **1** adj wily

**2** nm,f ◆ **c'est un petit finaud** he's a crafty one *, there are no flies on him *, he's nobody's fool

**finauderie** [finodʀi] → SYN nf (= caractère) wiliness, guile; (= action) wile, dodge * (Brit)

**fine²** [fin] → SYN nf **a** (= alcool) liqueur brandy ◆ **fine Champagne** fine champagne cognac

**b** (= huître) **fine de claire** green oyster → HUÎTRES

**finement** [finmɑ̃] → SYN adv ciselé, brodé finely, delicately; faire remarquer subtly; agir, manœuvrer cleverly, shrewdly

**fines** [fin] → SYN nfpl (Tech) slack

**finesse** [finɛs] → SYN **1** nf **a** (= minceur) [cheveux, poudre, pointe] fineness; [lame] keenness, sharpness; [écriture] smallness; [taille] slenderness, slimness; [couche, papier] thinness

**b** (= raffinement) [broderie, porcelaine, travail, traits] delicacy, fineness; [aliments, mets] delicacy, choiceness ◆ **son visage est d'une grande finesse** he has very refined ou delicate features

**c** (= sensibilité) [sens] sharpness, sensitivity; [vue, odorat, goût, ouïe] sharpness, keenness

**d** (= subtilité) [personne] sensitivity; [esprit, observation, allusion] subtlety

**2** **finesses** nfpl [langue, art] niceties, finer points; [affaire] ins and outs ◆ **il connaît toutes les finesses** he knows all the ins and outs

**finette** [finɛt] nf brushed cotton

**fini, e** [fini] → SYN (ptp de **finir**) **1** adj **a** (= terminé) finished, over ◆ **tout est fini entre nous** it's all over between us, we're finished, we're through * ◆ **finie la rigolade !** * the party * ou the fun is over! ◆ **(c'est) fini de rire maintenant** the fun ou joke is over now ◆ **ça n'est pas un peu fini ce bruit** * **?** will you stop that noise!

**b** ( * = fichu) acteur, homme politique, chose finished ◆ **il est fini** he's finished, he's a has-been *

**c** (= usiné, raffiné) finished ◆ **costume bien/mal fini** well-/badly-finished suit

**d** (péj = complet) menteur, escroc, salaud out-and-out, downright; ivrogne, bon à rien absolute, complete

**e** (Math, Philos, Ling) finite ◆ **grammaire à états finis** finite state grammar

**2** nm [ouvrage] finish ◆ **ça manque de fini** it needs a few finishing touches

**finir** [finiʀ] → SYN ▸ conjug 2 ◂ **1** vt **a** (= achever) [+ travail, études, parcours] to finish, complete; (= clôturer) [+ discours, affaire] to finish, end, conclude ◆ **finis ton travail** ou **de travailler**

**avant de partir** finish your work before you leave ◆ **il a fini ses jours à Paris** he ended his days in Paris ◆ **finir son verre** to finish one's glass, drink up ◆ **finis ton pain !** finish your bread!, eat up your bread! ◆ **il finira (d'user) sa veste en jardinant** he can wear out his old jacket (doing the) gardening ◆ **il a fini son temps** [soldat, prisonnier] he has done ou served his time

**b** (= arrêter) to stop (*de faire* doing) ◆ **finissez donc !** do stop it! ◆ **finissez de vous plaindre !** stop complaining! ◆ **vous n'avez pas fini de vous chamailler ?** haven't you quite finished squabbling? ◆ **tu as fini de m'embêter ?** have you quite finished?

**c** (= parachever) [+ œuvre d'art, meuble, mécanisme] to put the finishing touches to

**2** vi **a** (= se terminer) to finish, end ◆ **le cours finit à deux heures** the class finishes ou ends at two ◆ **les vacances finissent demain** the holidays end ou are over tomorrow ◆ **la réunion/le jour finissait** the meeting/the day was drawing to a close ◆ **le sentier finit ici** the path ends ou comes to an end here ◆ **il est temps que cela finisse** it is time it (was) stopped ◆ **ce film finit bien** this film has a happy ending ◆ **tout cela va mal finir** it will all end in disaster ◆ **et pour finir** and finally

♦ **finir en qch** to end in sth ◆ **ça finit en pointe/en chemin de terre** it ends in a point/in a dirt track ◆ **mots finissant en** ou **par -ble** words ending in ou with -ble

**b** [personne] to finish up, end up ◆ **il finira mal** he will come to a bad end ◆ **il a fini directeur/en prison** he ended up as (a) director/in prison ◆ **finir dans la misère** to end one's days in poverty, end up in poverty ◆ **finir troisième/cinquième** (Sport) finish third/fifth

**c** (= mourir) to die ◆ **il a fini dans un accident de voiture** he died in a car accident

**d** **finir par une dispute/un concert** to end in an argument/with a concert ◆ **ils vont finir par avoir des ennuis** they'll end up getting into trouble ◆ **il a fini par se décider** he finally ou eventually made up his mind, he made up his mind in the end ◆ **tu finis par m'ennuyer** you're beginning to annoy me ◆ **ça finira bien par s'arranger** it'll work out all right in the end ou eventually

**e** **en finir avec qch/qn** to have ou be done with sth/sb ◆ **il faut en finir avec cette situation** we'll have to put an end to this situation ◆ **nous en aurons bientôt fini** we'll soon be finished with it, we'll soon have it over and done with ◆ **quand en auras-tu fini avec tes jérémiades ?** when will you ever stop moaning? ◆ **je vais lui parler pour qu'on en finisse** I'll talk to him so that we can get the matter settled ◆ **qui n'en finit pas, à n'en plus finir** route, discours, discussion never-ending, endless ◆ **elle n'en finit pas de se préparer** she takes ages to get ready ◆ **on n'en aurait jamais fini de raconter ses bêtises** you could go on for ever talking about the stupid things he's done ◆ **il a des jambes qui n'en finissent pas** he's all legs *

**finish** [finiʃ] nm (Sport) finish ◆ **combat au finish** fight to the finish ◆ **il a du finish** ou **un bon finish** he has good finish

**finissage** [finisaʒ] → SYN nm (Couture, Tech) finishing

**finissant, e** [finisɑ̃, ɑ̃t] adj règne, siècle that is (ou was) drawing to an end; pouvoir, monarchie declining ◆ **la lumière du jour finissant** the dusky light ◆ **le calme de l'été finissant** the calm at the end of the summer, the end-of-summer calm

**finisseur, -euse** [finisœʀ, øz] nm,f **a** (Couture, Tech) finisher

**b** (Sport) good ou strong finisher

**finition** [finisjɔ̃] → SYN nf (= action) finishing; (= résultat) finish ◆ **la finition est parfaite** the finish is perfect ◆ **faire les finitions** (Couture) to finish off; (Tricot) to sew up ◆ **travaux de finition** (Constr) finishing off

**finitude** [finityd] → SYN nf finiteness

**finlandais, e** [fɛ̃lɑ̃dɛ, ɛz] **1** adj Finnish

**2** nm (Ling) Finnish

**3** **Finlandais(e)** nm,f Finn

**Finlande** [fɛ̃lɑ̃d] nf Finland

**finlandisation** [fɛ̃lɑ̃dizasjɔ̃] nf Finlandization

**finn** [fin] nm Finn dinghy

**finnois, e** [finwa, waz] **1** adj Finnish

**2** nm (Ling) Finnish

**3** **Finnois(e)** nm,f Finn

**finno-ougrien, -ienne** [finougʀijɛ̃, ijɛn] adj, nm (Ling) Finno-Ugric, Finno-Ugrian

**fiole** [fjɔl] → SYN nf (= flacon) phial, flask; (* = tête) face, mug *

**fiord** [fjɔʀ(d)] nm ⇒ **fjord**

**fioriture** [fjɔʀityʀ] → SYN nf [dessin] flourish; (Mus) fioritura ◆ **fioritures de style** flourishes ou embellishments of style ◆ **sans fioritures** plain, unadorned, unembellished; répondre in no uncertain terms

**fioul** [fjul] nm ⇒ **fuel**

**firmament** [fiʀmamɑ̃] → SYN nm (littér) firmament (littér) ◆ **au firmament de** (fig) at the height of

**firme** [fiʀm] → SYN nf firm

**FIS** [fis] nm (abrév de **Front islamique de** ou **du Salut**) FIS

**fisc** [fisk] → SYN nm tax department, ≃ Inland Revenue (Brit), Internal Revenue Service (US) ◆ **agent du fisc** official of the tax department, ≃ Inland Revenue official (Brit), ≃ collector of the Internal Revenue Service (US) ◆ **avoir des ennuis avec le fisc** to have problems with the taxman *, have tax problems

**fiscal, e,** mpl **-aux** [fiskal, o] adj (gén) fiscal; abattement, avantage tax (épith) ◆ **l'année fiscale** the tax ou fiscal year ◆ **politique fiscale** tax ou fiscal policy; → **abri, fraude, paradis**

**fiscalement** [fiskalmɑ̃] adv fiscally

**fiscalisation** [fiskalizasjɔ̃] nf [revenus] making subject to tax; [prestation sociale] funding by taxation

**fiscaliser** [fiskalize] ▸ conjug 1 ◂ vt [+ revenus] to make subject to tax; [+ prestation sociale] to fund by taxation

**fiscaliste** [fiskalist] nmf tax consultant ou adviser ou expert ◆ **avocat fiscaliste** tax lawyer

**fiscalité** [fiskalite] nf (= système) tax system; (= impôts) taxation, taxes

**fish-eye,** pl **fish-eyes** [fiʃaj, fiʃajz] nm fish-eye lens

**fissa** * [fisa] adv ◆ **faire fissa** to get a move on *

**fissible** [fisibl] adj fissile, fissionable

**fissile** [fisil] → SYN adj (Géol) tending to split; (Phys) fissile, fissionable

**fission** [fisjɔ̃] → SYN nf fission ◆ **fission de l'atome** atomic fission, splitting of the atom

**fissuration** [fisyʀasjɔ̃] nf fissuring, cracking, splitting

**fissure** [fisyʀ] → SYN nf (lit) crack, fissure; (fig) crack; (Anat) fissure

**fissurer** [fisyʀe] → SYN ▸ conjug 1 ◂ **1** vt to crack, fissure; (fig) to split

**2** **se fissurer** vpr to crack, fissure

**fiston** * [fistɔ̃] nm son ◆ **dis-moi, fiston** tell me, son ou sonny *

**fistulaire** [fistylɛʀ] adj fistular

**fistule** [fistyl] nf fistula

**fistuleux, -euse** [fistylø, øz] adj fistulous

**fistuline** [fistylin] nf beefsteak fungus

**fitness** [fitnɛs] nm (Sport) fitness ◆ **centre de fitness** fitness centre ou club ◆ **salle de fitness** gym

**FIV** [ɛfive] nf (abrév de **fécondation in vitro**) IVF

**five o'clock** † [fajvɔklɔk] nm (hum) (afternoon) tea

**FIVETE, Fivete** [fivɛt] nf (abrév de **fécondation in vitro et transfert d'embryon**) ZIFT

**fixage** [fiksaʒ] nm (Art, Photo, Tex, Fin) fixing

**fixateur** [fiksatœʀ] nm (Art) fixative; (Coiffure) (= laque) hair spray; (= crème) hair cream; (avant la mise en plis) setting lotion; (Photo) fixer

**fixatif** [fiksatif] nm fixative; (Can = laque) hair spray

**fixation** [fiksasjɔ̃] → SYN nf **a** (Chim, Psych, Zool) fixation; (Photo) fixing ◆ **faire une fixation sur qch** (Psych) to have a fixation about sth

**b** (= attache) fastening ◆ **fixations (de sécurité)** (Ski) (safety) bindings ◆ **fixations de randonnée** (Ski) touring bindings

**c** [peuple] settling

**d** [salaires, date] fixing

**fixe** [fiks] → SYN **1** adj **a** (= immobile) point, panneau fixed; personnel permanent; emploi permanent, steady; regard vacant, fixed ◆ **regarder qn les yeux fixes** to gaze ou look fixedly ou intently at sb ◆ **fixe !** (commandement) eyes front!; → **barre**

**b** (= prédéterminé) revenu fixed; jour, date fixed, set ◆ **à heure fixe** at set times; → **prix**

**c** (= inaltérable) couleur fast, permanent ◆ **encre bleu fixe** permanent blue ink; → **beau, idée**

**2** nm **a** (= salaire) basic ou fixed salary

**b** (arg Drogue) fix ◆ **se faire un fixe** to get a fix

**fixe-chaussette,** pl **fixe-chaussettes** [fiksəʃosɛt] nm garter, suspender (Brit)

**fixement** [fiksəmɑ̃] → SYN adv regarder fixedly

**fixer** [fikse] → SYN ▸ conjug 1 ◂ **1** vt **a** (= attacher) to fix, fasten (*à, sur* to) ◆ **fixer qch dans sa mémoire** to fix sth firmly in one's memory

**b** (= décider) [+ date] to set, arrange, fix ◆ **fixer la date/l'heure d'un rendez-vous** to set ou arrange ou fix the date/the time for a meeting ◆ **mon choix s'est fixé sur celui-ci** I settled ou decided on this one ◆ **je ne suis pas encore fixé sur ce que je ferai** I haven't made up my mind what to do yet, I haven't got any fixed plans in mind yet ◆ **avez-vous fixé le jour de votre départ ?** have you decided what day you are leaving (on)? ◆ **à l'heure fixée** at the agreed ou appointed time ◆ **au jour fixé** on the appointed day

**c** [+ regard, attention] to fix ◆ **fixer les yeux sur qn/qch, fixer qn/qch du regard** to stare at sb/sth ◆ **il la fixa longuement** he stared at her, he looked hard at her ◆ **mon regard se fixa sur lui** I fixed my gaze on him ◆ **tous les regards étaient fixés sur lui** all eyes were on him ◆ **fixer son attention sur** to focus ou fix one's attention on

**d** (= déterminer) [+ prix, impôt, délai] to set, fix; [+ règle, principe] to lay down, determine; [+ idées] to clarify, sort out; [+ conditions] to lay down, set ◆ **les droits et les devoirs fixés par la loi** the rights and responsibilities laid down ou determined by law ◆ **fixer ses idées sur le papier** to set one's ideas down on paper ◆ **mot fixé par l'usage** word fixed by usage ◆ **l'orthographe s'est fixée** the spelling became fixed

**e** (= renseigner) **fixer qn sur qch** * to put sb in the picture about sth *, enlighten sb as to sth ◆ **être fixé sur le compte de qn** to be wise to sb *, have sb weighed up * (Brit) ◆ **alors, tu es fixé maintenant ?** * have you got the picture now? *

**f** (= stabiliser) **fixer qn** to make sb settle (down) ◆ **seul le mariage pourra le fixer** marriage is the only thing that will make him settle down

**g** (Photo) to fix

**2** **se fixer** vpr **a** (= s'installer) to settle ◆ **il s'est fixé à Lyon** he settled in Lyon

**b** (= s'assigner) **se fixer un objectif** to set o.s. a target ◆ **je me suis fixé fin mai pour terminer** I've decided the end of May is my deadline

**fixette** * [fiksɛt] nf obsession (*sur* with), fixation (*sur* on)

**fixing** [fiksiŋ] nm (Fin) fixing

**fixisme** [fiksism] nm creationism

**fixiste** [fiksist] adj creationist

**fixité** [fiksite] → SYN nf [opinions] fixedness; [regard] fixedness, steadiness

**fjeld** [fjɛld] nm fjeld, field

**fjord** [fjɔʀ(d)] nm fiord, fjord

**Fl** (abrév de **florin**) fl

**flac** [flak] excl splash! ◆ **faire (un) flac** to splash

**flaccidité** [flaksidite] → SYN nf flabbiness, flaccidity

**flacherie** [flaʃʀi] nf (Vét) flacherie, flaccidity

**flacon** [flakɔ̃] → SYN nm (small) bottle; (Chim) flask ◆ **flacon à parfum** perfume bottle

**flafla** * [flafla] nm ◆ **faire des flaflas** to show off ◆ **sans flafla** without fuss (and bother)

**flagada** * [flagada] adj inv ◆ **être flagada** to be washed-out *

**flagellaire** [flaʒelɛʀ, flaʒɛllɛʀ] adj flagellar

**flagellateur, -trice** [flaʒelatœʀ, tʀis] nm,f flogger, scourger, flagellator

**flagellation** [flaʒelasjɔ̃] → SYN nf (gén) flogging; (Rel) flagellation, scourging; (= pratique sexuelle) flagellation

**flagelle** [flaʒɛl] nm flagellum

**flagellé, e** [flaʒele] (ptp de **flageller**) adj, nm (Zool) flagellate ◆ **les flagellés** flagellates, Mastigophora, Flagellata

**flageller** [flaʒele] → SYN ▸ conjug 1 ◂ vt (gén) to flog; (Rel) to flagellate, scourge; (fig) to flay ◆ **flageller le vice** to castigate vice

**flageolant, e** [flaʒɔlɑ̃, ɑ̃t] → SYN adj shaky, trembling

**flageoler** [flaʒɔle] → SYN ▸ conjug 1 ◂ vi ◆ **il flageolait (sur ses jambes)** ◆ **ses jambes flageolaient** (de faiblesse, de fatigue) his legs were giving way, his legs were trembling ou shaking; (de peur) he was quaking at the knees, his legs were trembling ou shaking

**flageolet** [flaʒɔlɛ] → SYN nm a (Mus) flageolet b (Bot) flageolet, dwarf kidney bean

**flagorner** [flagɔʀne] → SYN ▸ conjug 1 ◂ vt (frm, hum) to toady to, fawn upon

**flagornerie** [flagɔʀnəʀi] → SYN nf (frm, hum) toadying (NonC), fawning (NonC), sycophancy (NonC)

**flagorneur, -euse** [flagɔʀnœʀ, øz] → SYN (frm, hum) 1 adj toadying, fawning, sycophantic 2 nm,f toady, sycophant

**flagrance** [flagʀɑ̃s] → SYN nf (Jur) blatancy, flagrance

**flagrant, e** [flagʀɑ̃, ɑ̃t] → SYN adj mensonge blatant; erreur, injustice flagrant, blatant, glaring ◆ **prendre qn en flagrant délit** to catch sb red-handed ou in the act ou in flagrante delicto (SPÉC) ◆ **pris en flagrant délit de mensonge** caught lying

**flair** [flɛʀ] → SYN nm [chien] sense of smell, nose; [personne] intuition, sixth sense ◆ **avoir du flair** [chien] to have a good nose; [personne] to have intuition ou a sixth sense ◆ **pour les investissements, il a du flair** he has a (good) nose for investments

**flairer** [fleʀe] → SYN ▸ conjug 1 ◂ vt a (= humer) to smell (at), sniff (at); (Chasse) to scent b (= deviner) to sense ◆ **il a tout de suite flairé que quelque chose n'allait pas** he immediately sensed that something wasn't right ◆ **flairer quelque chose de louche** to smell a rat ◆ **flairer le danger** to sense ou scent danger ◆ **flairer le vent** to see which way the wind is blowing, read the wind

**flamand, e** [flamɑ̃, ɑ̃d] 1 adj Flemish 2 nm a (Ling) Flemish b **Flamand** Fleming, Flemish man ◆ **les Flamands** the Flemish 3 **Flamande** nf Fleming, Flemish woman

**flamant** [flamɑ̃] → SYN nm flamingo ◆ **flamant rose** (pink) flamingo

**flambage** [flɑ̃baʒ] nm a [volaille] singeing; [instrument] sterilizing *(in a flame)* b (Tech) buckling

**flambant, e** [flɑ̃bɑ̃, ɑ̃t] → SYN adj (= qui brûle) burning; (* = superbe) great * ◆ **flambant neuf** brand new

**flambart** * †, **flambard** * † [flɑ̃baʀ] nm swankpot * ◆ **faire le** ou **son flambart** to swank *

**flambe** [flɑ̃b] nf (= épée) kris

**flambé, e**[1] * [flɑ̃be] → SYN (ptp de **flamber**) adj personne finished ◆ **il est flambé !** he's had it! * ◆ **l'affaire est flambée !** it's all over! *

**flambeau**, pl **flambeaux** [flɑ̃bo] → SYN nm a (= torche) (flaming) torch ◆ **aux flambeaux** dîner, défiler by torchlight ◆ **marche aux flambeaux** torchlight ou torchlit procession; → **retraite** b (fig) torch ◆ **passer le flambeau à qn** to pass on ou hand on the torch to sb ◆ **reprendre le flambeau** to take up the torch c (= chandelier) candlestick

**flambée**[2] [flɑ̃be] → SYN nf a (= feu) blazing fire ◆ **faire une flambée dans la cheminée** to make ou light a fire in the fireplace b [violence] outburst; [cours, prix] explosion ◆ **flambée de colère** angry outburst, flare-up ◆ **la flambée de la Bourse** the sudden rise in the stock exchange

**flambement** [flɑ̃bmɑ̃] nm (Tech) buckling

**flamber** [flɑ̃be] → SYN ▸ conjug 1 ◂ 1 vi a [bois] to burn; [feu, incendie] to blaze ◆ **la maison a flambé en quelques minutes** in a few minutes the house was burnt to the ground b * [joueur] to gamble huge sums, play for high stakes c [cours, prix, Bourse] to shoot up, rocket d (* = crâner) to show off 2 vt a (Culin) to flambé ◆ **bananes flambées** bananas flambé b [+ volaille, cheveux] to singe; [+ aiguille, instrument de chirurgie] to sterilize *(in a flame)*

**flambeur, -euse** * [flɑ̃bœʀ, øz] nm,f big-time gambler

**flamboiement** [flɑ̃bwamɑ̃] → SYN nm [flammes] blaze, blazing; [lumière] blaze; [yeux] flash, gleam ◆ **dans un flamboiement de couleurs** in a blaze of colour

**flamboyant, e** [flɑ̃bwajɑ̃, ɑ̃t] → SYN 1 adj a feu, lumière, ciel, soleil blazing; yeux flashing, blazing; couleur flaming; regard fiery; épée, armure gleaming, flashing b (Archit) flamboyant 2 nm a (Archit) flamboyant style b (Bot) flamboyant, royal poinciana

**flamboyer** [flɑ̃bwaje] → SYN ▸ conjug 8 ◂ vi [flamme, soleil, ciel] to blaze; [yeux] to flash, blaze; [couleur] to flame; [épée, armure] to gleam, flash

**flamenco** [flamɛnko] **flamenca** [flamɛnka] 1 adj fête, chants flamenco ◆ **guitare flamenca** ou **flamenco** flamenco guitar 2 nm flamenco

**flamiche** [flamiʃ] nf leek pie

**flamingant, e** [flamɛ̃gɑ̃, ɑ̃t] 1 adj Flemish-speaking 2 **Flamingant(e)** nm,f Flemish speaker; (Pol) Flemish nationalist

**flamme** [flɑm] → SYN nf a (lit) flame ◆ **être en flammes, être la proie des flammes** to be ablaze ou on fire ou in flames ◆ **dévoré par les flammes** consumed by fire ou the flames ◆ **la flamme olympique** the Olympic flame ◆ **les flammes de l'enfer** the flames ou fires of hell ◆ **descendre (qch/qn) en flammes** * to shoot (sth/sb) down in flames b (= ardeur) fire, fervour (Brit), fervor (US) ◆ **discours plein de flamme** passionate ou fiery speech ◆ **jeune homme plein de flamme** young man full of fire c (= éclat) fire, brilliance ◆ **la flamme de ses yeux** ou **de son regard** his flashing ou blazing eyes d (littér ou hum = amour) love, ardour (Brit), ardor (US) ◆ **il lui a déclaré sa flamme** he declared his undying love to her e (= drapeau) pennant, pennon f (Poste) postal logo

**flammé, e** [flame] adj céramique flambé

**flammèche** [flamɛʃ] nf (flying) spark

**flan** [flɑ̃] → SYN nm a (Culin) custard tart b (Tech) [imprimeur] flong; [monnaie] blank, flan; [disque] mould c * **c'est du flan !** it's a load of hooey! *; → **rond**

**flanc** [flɑ̃] → SYN nm a [personne] side; [animal] side, flank ◆ **l'enfant qu'elle portait dans son flanc** († , littér) the child she was carrying in her womb ◆ **être couché sur le flanc** to be lying on one's side ◆ **tirer au flanc** * to shirk, skive * (Brit) ◆ **être sur le flanc** (= malade) to be laid up; (= fatigué) to be all in * ◆ **cette grippe m'a mis sur le flanc** this flu has really knocked me out *; → **battre** b [navire] side; [armée, bastion, écu] flank; [montagne] slope, side ◆ **à flanc de coteau** ou **de colline** on the hillside ◆ **prendre de flanc** (fig, Naut) to catch broadside on; (Mil) to attack on the flank; → **prêter**

**flanc-garde**, pl **flancs-gardes** [flɑ̃gaʀd] nf flank guard

**flancher** * [flɑ̃ʃe] ▸ conjug 1 ◂ vi [cœur] to give out, pack up * (Brit); [troupes] to give way ◆ **sa mémoire a flanché** his memory failed him ◆ **c'est le moral qui a flanché** he lost his nerve ◆ **il a flanché en math** he fell down ou came down in maths ◆ **sans flancher** without flinching ◆ **ce n'est pas le moment de flancher** this is no time for weakness

**flanchet** [flɑ̃ʃɛ] nm (Boucherie) flank

**Flandre** [flɑ̃dʀ] nf ◆ **la Flandre** ◆ **les Flandres** Flanders

**flandrin** [flɑ̃dʀɛ̃] → SYN nm († †, péj) ◆ **grand flandrin** great gangling fellow

**flanelle** [flanɛl] nf (Tex) flannel ◆ **flanelle de coton** cotton flannel ◆ **pantalon de flanelle grise** grey flannel trousers, grey flannels

**flâner** [flɑne] → SYN ▸ conjug 1 ◂ vi to stroll; (péj) to hang about, lounge about ◆ **va chercher du pain, et sans flâner !** go and get some bread, and don't hang about! ou and be quick about it!

**flânerie** [flɑnʀi] → SYN nf stroll ◆ **perdre son temps en flâneries** (péj) to waste one's time lounging about

**flâneur, -euse** [flɑnœʀ, øz] → SYN 1 adj idle 2 nm,f stroller; (péj) idler, loafer

**flanquement** [flɑ̃kmɑ̃] nm (= ouvrage défensif) flanking

**flanquer**[1] [flɑ̃ke] → SYN ▸ conjug 1 ◂ vt to flank ◆ **la boutique qui flanque la maison** the shop adjoining ou flanking the house ◆ **flanqué de ses gardes du corps** flanked by his bodyguards ◆ **il est toujours flanqué de sa mère** (péj) he always has his mother in tow *

**flanquer**[2] * [flɑ̃ke] → SYN ▸ conjug 1 ◂ 1 vt a (= jeter) **flanquer qch par terre** (lit) to fling sth to the ground; (fig) to knock sth on the head *, put paid to sth (Brit) ◆ **flanquer qn par terre** to fling sb to the ground ◆ **flanquer qn à la porte** to chuck sb out *; (= licencier) to fire sb, sack sb * (Brit), give sb the sack * (Brit) ◆ **flanquer tout en l'air** to chuck * ou pack it all in * (Brit) b (= donner) **flanquer une gifle à qn** give sb a slap ou a clout * (Brit) ◆ **flanquer la trouille à qn** to give sb a scare, put the wind up sb * (Brit) 2 **se flanquer** vpr ◆ **se flanquer par terre** to fall flat on one's face

**flapi, e** * [flapi] → SYN adj washed-out *

**flaque** [flak] → SYN nf ◆ **flaque de sang/d'huile** pool of blood/oil ◆ **flaque d'eau** (petite) puddle; (grande) pool of water

**flash**, pl **flashs** ou **flashes** [flaʃ] → SYN nm a (Photo) flash ◆ **au flash** using a flash, with a flash ◆ **flash anti-yeux rouges** flash with a red-eye reduction feature b (Radio, TV) **flash (d'informations)** newsflash ◆ **flash publicitaire** (Radio) commercial break c **avoir un flash** (arg Drogue) to be on a high *; (= se souvenir) to have a flashback

**flash-back**, pl **flash-back** ou **flashs-back** ou **flashes-back** [flaʃbak] → SYN nm flashback

**flasher** * [flaʃe] ▸ conjug 1 ◂ vi ◆ **j'ai flashé pour** ou **sur cette robe** I fell in love with this dress ◆ **à chaque fois que je le vois, je flashe** ou **il me fait flasher** every time I see him I go weak at the knees ou my heart skips a beat

**flashmètre** [flaʃmɛtʀ] nm flash meter

**flasque**[1] [flask] → SYN adj peau flaccid, flabby; (fig) personne spineless, spiritless; style limp

**flasque**[2] [flask] → SYN nf (= bouteille) flask

**flatté, e** [flate] (ptp de **flatter**) adj portrait flattering

**flatter** [flate] → SYN ▸ conjug 1 ◂ 1 vt a (= flagorner) to flatter ◆ **flatter servilement** ou **bassement qn** to fawn on sb, toady to sb ◆ **cette photo la flatte** this photo flatters her ◆ **sans vous flatter** without meaning to flatter you b (= faire plaisir) [compliment, décoration] to flatter, gratify ◆ **je suis très flatté de cet honneur** I am most flattered by this honour ◆ **cela le flatte dans son orgueil, cela flatte son orgueil** it flatters his pride c (frm = favoriser) [+ manie, goûts] to pander to; [+ vice, passion] to encourage d (littér = tromper) **flatter qn d'un espoir** to hold out false hopes to sb e (frm = charmer) [+ oreille, regard] to delight, be pleasing to; [+ goût] to flatter ◆ **flatter le palais** to delight the taste buds f (frm = caresser) to stroke 2 **se flatter** vpr (frm) a (= prétendre) **se flatter de faire qch** to claim ou profess to be able to do sth ◆ **il se flatte de tout comprendre** he professes to understand everything ◆ **je**

**me flatte d'avoir quelque influence sur lui** I like to think that I have some influence over him ◆ **je me flatte de m'y connaître un peu en informatique** I flatter myself that I know a little about computers

**b** (= s'enorgueillir) **se flatter de qch** to pride o.s. on sth ◆ **elle se flatte de son succès** she prides herself on her success ◆ **et je m'en flatte !** and I'm proud of it!

**c** (= se leurrer) to delude o.s. ◆ **se flatter d'un vain espoir** to cherish a forlorn hope ◆ **s'il croit réussir, il se flatte !** if he thinks he can succeed, he's deluding himself!

**flatterie** [flatʀi] [→ SYN] nf flattery (NonC) ◆ **vile flatterie** (littér, hum) base flattery

**flatteur, -euse** [flatœʀ, øz] [→ SYN] **1** adj flattering ◆ **comparaison flatteuse** flattering comparison ◆ **faire un tableau flatteur de la situation** to paint a rosy picture of the situation ◆ **ce n'est pas flatteur !** that's not very flattering!

**2** nm,f flatterer ◆ **vil flatteur** (littér, hum) base flatterer

**flatteusement** [flatøzmɑ̃] adv flatteringly

**flatulence** [flatylɑ̃s] [→ SYN] nf wind, flatulence

**flatulent, e** [flatylɑ̃, ɑ̃t] [→ SYN] adj flatulent

**flatuosité** [flatɥozite] [→ SYN] nf (Méd) flatus (SPÉC) ◆ **avoir des flatuosités** to have wind

**flavescent, e** [flavesɑ̃, ɑ̃t] adj flavescent

**flaveur** [flavœʀ] nf (littér) flavour

**flavine** [flavin] nf flavin(e)

**fléau,** pl **fléaux** [fleo] [→ SYN] nm **a** (= calamité) scourge, curse ◆ **le chômage est un véritable fléau social** unemployment is the scourge of society ◆ **quel fléau, ce type !** * that guy's such a pest! *

**b** [balance] beam; (Agr) flail

**fléchage** [fleʃaʒ] nm signposting *(with arrows)*

**flèche**[1] [flɛʃ] [→ SYN] **1** nf **a** (= arme) arrow; (Ordin) arrow ◆ **flèche en caoutchouc** rubber-tipped dart ◆ **les flèches de l'Amour** ou **de Cupidon** Cupid's darts ou arrows ◆ **monter en flèche** [avion] to soar; [prix] to soar, rocket ◆ **il monte en flèche** [chanteur] he's on the up and up, he's rocketing to fame ◆ **les prix sont montés en flèche** prices have soared ou shot up ou rocketed ◆ **la montée en flèche des prix** the surge in prices ◆ **partir comme une flèche** to set off like a shot ◆ **il est passé devant nous comme une flèche** he shot past us ◆ **ce n'est pas une flèche !** * he's no Einstein! * ◆ **se trouver en flèche** ou **prendre une position en flèche dans un débat** to take up an extreme position in a debate ◆ **leur équipe se trouve en flèche dans la recherche génétique** their team is at the cutting edge of genetic research

**b** (= critique) **diriger ses flèches contre qn** to direct one's shafts against sb ◆ **la flèche du Parthe** (Hist) the Parthian shot ◆ **c'était la flèche du Parthe** (fig) it was his parting shot ◆ **faire flèche de tout bois** to use all available means

**c** (= direction) (direction) arrow, pointer

**d** [église] spire; [grue] jib; [mât] pole; [affût, canon] trail; [balance] pointer, needle; [charrue] beam; [attelage] pole ◆ **atteler en flèche** to drive tandem ◆ **cheval de flèche** lead horse

**2** COMP ▷ **flèche lumineuse** (sur l'écran) arrow; (= torche) arrow pointer

**flèche**[2] [flɛʃ] nf (Culin) flitch

**fléché, e** [fleʃe] (ptp de **flécher**) adj ◆ **parcours fléché** arrowed course, course marked ou signposted with arrows ◆ **croix fléchée** crosslet; → **mot**

**flécher** [fleʃe] [→ SYN] ▸ conjug 1 ◂ vt to mark (with arrows) ◆ **ils ont fléché le parcours** they marked the route (out) with arrows, they put arrows along the route

**fléchette** [fleʃɛt] nf dart ◆ **jouer aux fléchettes** to play darts

**fléchi, e** [fleʃi] (ptp de **fléchir**) adj **a** (= plié) bras, jambe, genou bent, flexed; corps bent ◆ **avec les jambes légèrement fléchies** with the legs slightly bent ou flexed

**b** (Ling) inflected

**fléchir** [fleʃiʀ] [→ SYN] ▸ conjug 2 ◂ **1** vt **a** (= plier) to bend; (Méd) [+ articulation] to flex ◆ **fléchir le genou devant qn** to go down on one knee in front of sb

**b** (= faire céder) [+ personne] to sway; [+ colère] to soothe ◆ **il s'est laissé fléchir** he let himself be swayed

**2** vi **a** (= plier) (gén) to bend; [planches] to sag, bend; [poutre, genoux] to sag ◆ **ses jambes** ou **ses genoux fléchirent** his legs gave way

**b** (= faiblir) [armée] to give ground, yield; [volonté] to weaken ◆ **sans fléchir** with unflinching determination

**c** (= diminuer) [attention] to flag; [recettes, talent, nombre] to fall off; [cours de Bourse] to ease, drop; [monnaie] to weaken, drop ◆ **la courbe de l'inflation fléchit** there is a downturn in inflation ◆ **les pétrolières ont fléchi en début de séance** (Bourse) oils were down ou dropped slightly in early trading

**d** (= céder) to yield, soften ◆ **il fléchit devant leurs prières** he yielded to their entreaties

**e** (Ling) **forme fléchie** inflected form

**fléchissement** [fleʃismɑ̃] [→ SYN] nm **a** objet, membre bending; (Méd) [articulation] flexing

**b** [armée] yielding; [volonté] weakening

**c** [attention] flagging; [recettes, talent, nombre] falling off; [cours de Bourse] easing off (*de* of), drop (*de* in); [monnaie] weakening, dropping (*de* of); [natalité, exportations] drop (*de* in)

**fléchisseur** [fleʃisœʀ] adj m, nm (Anat) ◆ **(muscle) fléchisseur** flexor

**flegmatique** [flɛgmatik] [→ SYN] adj phlegmatic

**flegmatiquement** [flɛgmatikmɑ̃] adv phlegmatically

**flegme** [flɛgm] [→ SYN] nm composure, phlegm ◆ **il perdit son flegme** he lost his composure ou cool * ◆ **le flegme britannique** (hum) the British stiff upper lip

**flegmon** [flɛgmɔ̃] nm abscess, phlegmon (SPÉC)

**flein** [flɛ̃] nm chip basket

**flémingite** * [flemɛ̃ʒit] nf (hum) bone idleness ◆ **il a une flémingite aiguë** he's suffering from acute inertia (hum)

**flemmard, e** * [flemaʀ, aʀd] [→ SYN] **1** adj workshy, bone-idle * (Brit)

**2** nm,f idler, lazybones

**flemmarder** * [flemaʀde] ▸ conjug 1 ◂ vi to loaf about, lounge about

**flemmardise** * [flemaʀdiz] nf laziness, idleness

**flemme** * [flɛm] nf laziness ◆ **j'ai la flemme de le faire** I can't be bothered ◆ **tirer sa flemme** to idle around, loaf about

**fléole** [fleɔl] nf ◆ **fléole des prés** timothy

**flet** [flɛ] nm flounder

**flétan** [fletɑ̃] nm halibut

**flétri, e** [fletʀi] [→ SYN] (ptp de **flétrir**[1]) adj feuille, fleur withered, wilted; peau, visage withered; beauté faded

**flétrir**[1] [fletʀiʀ] [→ SYN] ▸ conjug 2 ◂ **1** vt (= faner) to wither, fade ◆ **l'âge a flétri son visage** his face is wizened with age

**2 se flétrir** vpr [fleur] to wither, wilt; [beauté] to fade; [peau, visage] to become wizened; [cœur] to wither

**flétrir**[2] [fletʀiʀ] [→ SYN] ▸ conjug 2 ◂ vt **a** (= stigmatiser) [+ personne, conduite] to condemn; [+ réputation] to blacken

**b** (Hist) to brand

**flétrissement** [fletʀismɑ̃] [→ SYN] nm [fleur] withering, wilting; [peau] withering; [beauté] fading

**flétrissure**[1] [fletʀisyʀ] nf [fleur, peau] withering; [teint] fading

**flétrissure**[2] [fletʀisyʀ] nf **a** [réputation, honneur] stain, blemish (*à* on)

**b** (Hist) brand

**fleur** [flœʀ] [→ SYN] **1** nf **a** (Bot) flower; [arbre] blossom ◆ **en fleur(s)** plante in bloom, in flower; arbre in blossom, in flower ◆ **papier à fleurs** flowered ou flower-patterned ou flowery paper ◆ **assiette à fleurs** flower-patterned ou flowery plate ◆ **chapeau à fleurs** flowery hat ◆ **"ni fleurs ni couronnes"** "no flowers by request"

**b** [cuir] grain side ◆ **cuir pleine fleur** finest quality leather

**c** (= le meilleur) **la fleur de** the flower of ◆ **à** ou **dans la fleur de l'âge** in the prime of life, in one's prime ◆ **perdre sa fleur** (†, hum) to lose one's honour † (aussi hum); → **fin**[1]

**d** (LOC) **comme une fleur** * (= sans effort) without trying; (= sans prévenir) unexpectedly ◆ **il est arrivé le premier comme une fleur** he romped home ◆ **à fleur de terre** just above the ground ◆ **un écueil à fleur d'eau** a reef just above the water ou which just breaks the surface of the water ◆ **j'ai les nerfs à fleur de peau** I'm all on edge, my nerves are all on edge ◆ **il a une sensibilité à fleur de peau** he's very touchy ◆ **avoir les yeux à fleur de tête** to have protruding eyes ◆ **faire une fleur à qn** * to do sb a favour ou a good turn ◆ **lancer des fleurs à qn, couvrir qn de fleurs** (fig) to shower praise on sb ◆ **s'envoyer des fleurs** (réfléchi) to pat o.s. on the back *; (réciproque) to pat each other on the back * ◆ **fleur bleue** (hum) naïvely sentimental ◆ **il est resté fleur bleue en vieillissant** even in his old age he is still a bit of a romantic ◆ **ils sont partis la fleur au fusil** they went to battle full of innocent enthusiasm

**2** COMP ▷ **fleurs des champs** wild flowers ▷ **fleur de farine** fine wheat flour ▷ **fleurs de givre** frost patterns ▷ **fleur de lis** (Hér) fleur-de-lis ▷ **fleur(s) d'oranger** orange blossom ▷ **fleur(s) de pommier** apple blossom ▷ **fleurs de rhétorique** flowers of rhetoric ▷ **fleur de sel** *best quality unrefined salt* ▷ **fleur de soufre** flowers of sulphur (Brit) ou sulfur (US)

**fleurage** [flœʀaʒ] nm fine bran

**fleuraison** [flœʀɛzɔ̃] nf ⇒ **floraison**

**fleurdelisé, e** [flœʀdəlize] **1** adj decorated with fleurs-de-lis ◆ **croix fleurdelisée** fleurettée ou fleurty cross

**2** nm (Can) ◆ **le fleurdelisé** the Quebec flag

**fleurer** [flœʀe] [→ SYN] ▸ conjug 1 ◂ vt (littér) to have the scent of, smell of ◆ **ça fleure bon le pain grillé** there's a lovely smell of toast ◆ **fleurer bon la lavande** to smell (sweetly) of lavender ◆ **sa musique fleure bon l'exotisme** his music has an exotic feel to it

**fleuret** [flœʀɛ] [→ SYN] nm (= épée) foil ◆ **propos à fleurets mouchetés** discussion full of barbed remarks

**fleurette** † [flœʀɛt] [→ SYN] nf (hum) floweret; → **conter, crème**

**fleurettiste** [flœʀɛtist] nmf foilsman m, foilswoman f

**fleuri, e** [flœʀi] (ptp de **fleurir**) adj **a** fleur in bloom; branche in blossom; jardin, pré in flower ou bloom; tissu, papier flowered, flowery; appartement, table decorated ou decked with flowers ◆ **à la boutonnière fleurie** (avec une fleur) wearing ou sporting a flower in his buttonhole; (avec une décoration) wearing a decoration on his lapel ◆ **"Annecy, ville fleurie"** "Annecy, town in bloom"

**b** teint florid; style flowery, florid ◆ **barbe fleurie** (hum) flowing white beard

**c** croûte de fromage mouldy

**fleurir** [flœʀiʀ] [→ SYN] ▸ conjug 2 ◂ **1** vi **a** [arbre] to blossom, (come into) flower; [fleur] to flower, (come into) bloom; (littér) [qualité, sentiment] to blossom (littér) ◆ **un sourire fleurit sur ses lèvres** a smile appeared on his lips

**b** (imparfait **florissait**) [commerce, arts] to flourish, prosper, thrive

**2** vt [+ salon] to decorate ou deck with flowers ◆ **fleurir une tombe/un mort** to put flowers on a grave/on sb's grave ◆ **fleurir sa boutonnière** to put a flower in one's buttonhole ◆ **un ruban fleurissait (à) sa boutonnière** he was wearing a decoration on his lapel ◆ **fleurissez-vous, mesdames, fleurissez-vous !** † treat yourselves to some flowers, ladies!, buy yourselves a buttonhole (Brit) ou boutonnière (US), ladies!

**fleuriste** [flœʀist] [→ SYN] nmf (= personne) florist; (= boutique) florist's (shop), flower shop ◆ **fleuriste artificiel** (= fabricant) artificial-flower maker; (= vendeur) artificial-flower seller

**fleuron** [flœʀɔ̃] [→ SYN] nm [couronne] floweret; [bâtiment] finial; (Bot) floret; [collection] jewel; (Écon) flagship ◆ **c'est le plus beau fleuron de ma collection** it's the jewel of my collection ◆ **l'un des fleurons de l'industrie française** a flagship French industry

**fleuronné, e** [flœʀɔne] adj diadème jewelled

**fleuve** [flœv] [→ SYN] **1** nm (lit) river *(flowing into the sea)* ◆ **fleuve de boue/de lave** river of mud/of lava ◆ **le fleuve Jaune** the Yellow

River ♦ **fleuve de larmes** flood of tears ♦ **fleuve de sang** river of blood ♦ **sa vie n'a pas été un long fleuve tranquille** (hum) his life hasn't been a bed of roses

2 adj inv discours, film marathon (épith)

**flexibiliser** [flɛksibilize] ▸ conjug 1 ◂ vt [+ méthode, horaires] to make more flexible

**flexibilité** [flɛksibilite] → SYN nf flexibility ♦ **la flexibilité de l'emploi** flexibility in employment

**flexible** [flɛksibl] → SYN 1 adj métal flexible, pliable, pliant; branche, roseau pliable, pliant; caractère (= accommodant) flexible, adaptable; (= malléable) pliant, pliable ♦ **taux de change flexible** floating exchange rate ♦ **atelier** ou **usine flexible** flexible manufacturing system, FMS; → **horaire**

2 nm (= câble) flexible coupling; (= tuyau) flexible tubing ou hose

**flexion** [flɛksjɔ̃] → SYN nf a (= courbure) [ressort, lame d'acier] flexion, bending; [poutre, pièce] bending, sagging ♦ **résistance à la flexion** bending strength

b [membre, articulation] flexing (NonC), bending (NonC); (Ski) knee-bend ♦ **faire plusieurs flexions du bras/du corps** to flex the arm/bend the body several times

c (Ling) inflection, inflexion ♦ **langue à flexion** inflecting ou inflected language

**flexionnel, -elle** [flɛksjɔnɛl] adj désinence inflexional, inflectional, inflected ♦ **langue flexionnelle** inflecting ou inflected language

**flexographie** [flɛksɔɡʀafi] nf flexography

**flexueux, -euse** [flɛksɥø, øz] → SYN adj flexuous, flexuose

**flexuosité** [flɛksɥozite] → SYN nf flexuosity

**flexure** [flɛksyʀ] nf flexure

**flibuste** [flibyst] nf (= piraterie) freebooting, buccaneering; (= pirates) freebooters, buccaneers

**flibustier** [flibystje] → SYN nm (= pirate) freebooter, buccaneer; († = escroc) swindler, crook

**flic** * [flik] nm cop *, policeman ♦ **les flics** the cops *, the police

**flicage** ⁑ [flikaʒ] nm [quartier] heavy policing ♦ **le flicage des ouvriers par la direction** the way the management keeps tabs on the workers

**flicaille** ⁑ [flikaj] nf ♦ **la flicaille** the fuzz ⁑, the pigs ⁑, the filth ⁑ (Brit)

**flicard** ⁑ [flikaʀ] nm cop *, pig ⁑

**flic flac** [flikflak] nm, excl plop, splash ♦ **le flic flac des vagues** the lap(ping) of the waves ♦ **ses chaussures faisaient flic flac dans la boue** his shoes went splash splash through the mud

**flingue** ⁑ [flɛ̃g] nm gun, rifle

**flinguer** ⁑ [flɛ̃ge] ▸ conjug 1 ◂ vt a (= tuer) [+ personne] to gun down, put a bullet in, shoot up * (US) ♦ **il y a de quoi se flinguer !** it's enough to make you want to shoot yourself!

b (= détruire) [+ appareil] to bust ⁑; [+ voiture] to smash (up) ⁑, total * (US)

c (= critiquer) to shoot down in flames * (Brit), shoot down * (US)

**flingueur** ⁑ [flɛ̃gœʀ] nm (= tueur à gages) hitman *, contract killer ♦ **c'est un flingueur** (= il a la gâchette facile) he's trigger-happy *

**flingueuse** ⁑ [flɛ̃gøz] nf contract killer

**flint(-glass)** [flint(glas)] nm flint glass

**flip**[1] * [flip] nm (arg Drogue) (fit of) depression ♦ **un jour de flip** a day on a downer *

**flip**[2] [flip] nm ♦ **porto flip** egg flip *(with port)*

**flippant, e** ⁑ [flipɑ̃, ɑ̃t] adj situation, film grim *, depressing; personne depressing

**flipper**[1] [flipœʀ] nm (= billard électrique) pinball machine ♦ **jouer au flipper** to play pinball

**flipper**[2] * [flipe] ▸ conjug 1 ◂ vi (fig, Drogue) to freak out *; (= être déprimé) to feel down * ♦ **son examen la fait flipper** she's freaking out * at the thought of her exam

**fliqué, e** ⁑ [flike] adj endroit full of ou crawling with cops * ♦ **le coin est très fliqué** the place is full of ou crawling with cops *

**fliquer** ⁑ [flike] ▸ conjug 1 ◂ vt a [police] [+ quartier] to bring the cops * into

b [+ personne] to keep under close surveillance ♦ **ma mère n'arrête pas de me fliquer** my mother watches my every move ou has always got her beady eye on me

**flirt** [flœʀt] → SYN nm a (= action) flirting (NonC); (= amourette) flirtation, brief romance; (= rapprochement) flirtation ♦ **avoir un flirt avec qn** to have a brief romance with sb

b (= amoureux) boyfriend (ou girlfriend) ♦ **un de mes anciens flirts** an old flame of mine

**flirter** [flœʀte] → SYN ▸ conjug 1 ◂ vi to flirt ♦ **flirter avec qn** (= fréquenter) to go around with sb ♦ **flirter avec** (fig) [+ idée, parti] to flirt with

**flirteur, -euse** † [flœʀtœʀ, øz] 1 adj flirtatious ♦ **il est très flirteur** he's a real flirt

2 nm,f flirt

**FLN** [ɛfɛlɛn] nm (abrév de **Front de libération nationale**) FLN

**FLNC** [ɛfɛlɛnse] nm (abrév de **Front de libération nationale de la Corse**) → **front**

**floc** [flɔk] nm, excl plop, splash ♦ **faire floc** to splash, (go) plop

**flocage** [flɔkaʒ] nm a (Tex) flocking

b (Tech) **flocage à l'amiante** asbestos fireproofing

**flocon** [flɔkɔ̃] nm [écume] fleck; [laine] flock ♦ **flocon de neige** snowflake ♦ **flocons d'avoine** oatflakes, rolled oats ♦ **flocons de maïs** cornflakes ♦ **la neige tombe à gros flocons** the snow is falling in big flakes ♦ **purée en flocons** instant mashed potato

**floconner** [flɔkɔne] ▸ conjug 1 ◂ vi to flake

**floconneux, -euse** [flɔkɔnø, øz] adj nuage, étoffe fluffy; écume, substance, liquide frothy

**floculation** [flɔkylasjɔ̃] nf flocculation

**floculer** [flɔkyle] ▸ conjug 1 ◂ vi to flocculate

**flonflons** [flɔ̃flɔ̃] nmpl (gén) oompah, oom-pah-pah ♦ **les flonflons de la musique foraine** the pom-pom of the fairground music

**flop** * [flɔp] nm flop * ♦ **sa tournée a fait un flop** his tour was a real flop *

**flopée** * [flɔpe] nf ♦ **une flopée de** loads of *, masses of ♦ **il y a une flopée** ou **des flopées de touristes** there are loads * ou masses of tourists ♦ **elle a une flopée d'enfants** she's got loads * of children

**floqué, e** [flɔke] adj moquette, papier, tissu flock (épith), flocked ♦ **plafond floqué à l'amiante** ceiling insulated with asbestos

**floraison** [flɔʀɛzɔ̃] → SYN nf a (lit) (= épanouissement) flowering, blossoming; (= époque) flowering time ♦ **rosiers qui ont plusieurs floraisons** rosebushes which have several flowerings ou which flower several times a year

b [talents] flowering, blossoming; [affiches, articles] rash, crop

**floral, e,** mpl **-aux** [flɔʀal, o] adj a (gén) flower (épith) ♦ **art floral** flower arranging ♦ **composition florale** flower arrangement ♦ **exposition florale** flower show ♦ **parc floral** flower garden

b (Bot) enveloppe, organes floral

**floralies** [flɔʀali] nfpl flower show

**flore** [flɔʀ] → SYN nf (= plantes) flora; (= livre) plant guide ♦ **flore intestinale** intestinal flora

**floréal** [flɔʀeal] nm Floreal *(eighth month in the French Republican calendar)*

**Florence** [flɔʀɑ̃s] n (= ville) Florence

**florentin, e** [flɔʀɑ̃tɛ̃, in] 1 adj Florentine

2 nm (Ling) Florentine dialect

3 **Florentin(e)** nm,f Florentine

**florès** [flɔʀɛs] → SYN nm (littér, hum) ♦ **faire florès** [personne] to shine, enjoy great success; [théorie] to be in vogue

**floribondité** [flɔʀibɔ̃dite] nf floriferous quality

**floricole** [flɔʀikɔl] adj (Zool) living on flowers

**floriculture** [flɔʀikyltyʀ] nf flower-growing, floriculture (SPÉC)

**Floride** [flɔʀid] nf Florida

**florifère** [flɔʀifɛʀ] adj (= qui a des fleurs) flower-bearing ♦ **cette variété est très florifère** this variety produces a lot of flowers ou flowers abundantly

**florilège** [flɔʀilɛʒ] → SYN nm anthology

**florin** [flɔʀɛ̃] nm florin

**florissant, e** [flɔʀisɑ̃, ɑ̃t] → SYN adj pays, économie, théorie flourishing; santé, teint blooming

**flot** [flo] → SYN nm a (littér) **flots** [lac, mer] waves ♦ **les flots** the waves ♦ **voguer sur les flots bleus** to sail the ocean blue

b (= grande quantité) [lumière, boue, sang, véhicules] stream; [paroles, informations, images] stream, flood; [souvenirs, larmes, lettres] flood ♦ **un flot** ou **des flots de rubans/dentelle** a cascade of ribbons/lace ♦ **les flots de sa chevelure** her flowing locks ou mane (littér)

c (= marée) **le flot** the floodtide, the incoming tide

d (LOC)

♦ **à flot** ♦ **être à flot** [bateau] to be afloat; [entreprise] to be on an even keel; [personne] to have one's head above water ♦ **remettre à flot** [+ bateau] to refloat; [+ entreprise] to bring back onto an even keel ♦ **ces mesures devraient permettre la remise à flot de l'économie** these measures should help get the economy back onto an even keel ♦ **classes de remise à flot** (Scol) remedial classes ♦ **mettre à flot** (lit, fig) to launch ♦ **la mise à flot d'un bateau** the launching of a ship

♦ **à (grands) flots** in streams ou torrents ♦ **le vin coulait à flots** the wine flowed like water ♦ **l'argent coule à flots** there's plenty of money around ♦ **la lumière entre à flots** light is streaming in ou flooding in ou pouring in

**flottabilité** [flɔtabilite] nf buoyancy

**flottable** [flɔtabl] adj bois, objet buoyant; rivière floatable

**flottage** [flɔtaʒ] → SYN nm floating *(of logs down a river)*

**flottaison** [flɔtɛzɔ̃] nf a (Naut) **(ligne de) flottaison** waterline ♦ **flottaison en charge** load line, Plimsoll line

b (Fin) flotation, floatation

**flottant, e** [flɔtɑ̃, ɑ̃t] → SYN 1 adj a bois, glace, mine floating; brume drifting; (Ordin) virgule floating; → **île**

b cheveux, cape flowing; vêtement loose

c capitaux, taux de change, dette floating; effectifs fluctuating ♦ **électorat flottant** floating voters

d caractère, esprit irresolute, vacillating ♦ **rester flottant** to be unable to make up one's mind (*devant* when faced with)

e côte, rein floating

2 nm a (= short) shorts ♦ **son flottant est usé** his shorts are worn out ♦ **deux flottants** two pairs of shorts

b (Fin) float

**flottation** [flɔtasjɔ̃] nf (Tech) (froth) flotation, floatation

**flotte** [flɔt] → SYN nf a (Aviat, Naut) fleet ♦ **flotte aérienne** air fleet ♦ **flotte de guerre** naval fleet ♦ **flotte marchande** ou **de commerce** merchant fleet

b * (= pluie) rain; (= eau) water ♦ **son café, c'est de la flotte** (péj) his coffee's like dishwater

c (= flotteur) float

**flottement** [flɔtmɑ̃] → SYN nm a (= hésitation) wavering, hesitation ♦ **on observa un certain flottement dans la foule** the crowd seemed to hesitate ♦ **il y a eu un flottement électoral important** there was strong evidence ou a strong element of indecision among voters

b (Mil : dans les rangs) swaying, sway

c (= relâchement) (dans une œuvre, copie) vagueness, imprecision; (dans le travail) unevenness (*dans* in) ♦ **le flottement de son esprit/imagination** his wandering mind/roving imagination

d (= ondulation) [fanion] fluttering ♦ **le flottement du drapeau dans le vent** the fluttering ou flapping of the flag in the wind

e (Fin) floating

**flotter** [flɔte] → SYN ▸ conjug 1 ◂ 1 vi a (sur l'eau) to float ♦ **faire flotter qch sur l'eau** to float sth on the water

b [brume] to drift, hang; [parfum] to hang; [cheveux] to stream (out); [drapeau] to fly; [fanion] to flutter ♦ **flotter au vent** [cape, écharpe] to flap ou flutter in the wind ♦ **un drapeau flottait sur le bâtiment** a flag was flying over ou from the building

**c** (= être trop grand) [vêtement] to hang loose ◆ **il flotte dans ses vêtements** his clothes are too big for him

**d** (littér = errer) [pensée, imagination] to wander, rove ◆ **un sourire flottait sur ses lèvres** a smile hovered on ou played about his lips

**e** (= hésiter) to waver, hesitate

**f** (Fin) [devise] to float ◆ **faire flotter** to float

**2** vb impers ( * = pleuvoir) to rain

**3** vt [+ bois] to float (down a waterway)

**flotteur** [flɔtœʀ] → SYN nm [filet, hydravion, carburateur, trimaran] float; [chasse d'eau] ballcock (Brit), floater (US)

**flottille** [flɔtij] nf [bateaux] flotilla; [avions] squadron

**flou, e** [flu] → SYN **1** adj **a** dessin, trait blurred; image, contour hazy, vague; photo blurred, fuzzy, out of focus; couleur soft

**b** robe loose(-fitting); coiffure soft

**c** idée, pensée, théorie woolly, vague; (Ordin) logique fuzzy

**2** nm [photo, tableau] fuzziness; [couleur] softness; [robe] looseness; [contours] haziness ◆ **le flou de son esprit** the vagueness of his mind ◆ **le flou artistique** (lit) soft focus ◆ **c'est le flou artistique** (fig) it's all very vague ◆ **flou juridique** vagueness of the law ◆ **sur ses intentions, il est resté dans le flou** he remained vague about his intentions

**flouer** * [flue] ▸ conjug 1 ◂ vt (= duper) to swindle, diddle * (Brit) ◆ **se faire flouer** to be had *

**flouse** ‡ †, **flouze** ‡ † [fluz] nm (= argent) bread ‡, dough ‡, lolly ‡

**flouve** [fluv] nf sweet vernal grass

**fluage** [flyaʒ] nm (Tech) creep

**fluctuant, e** [flyktɥɑ̃, ɑ̃t] → SYN adj prix, monnaie fluctuating; humeur changing

**fluctuation** [flyktɥasjɔ̃] → SYN nf [prix] fluctuation; [opinion publique] swing, fluctuation (*de* in) ◆ **fluctuations du marché** market fluctuations

**fluctuer** [flyktɥe] → SYN ▸ conjug 1 ◂ vi to fluctuate

**fluer** [flye] → SYN ▸ conjug 1 ◂ vi (littér) to flow

**fluet, -ette** [flyɛ, ɛt] → SYN adj corps slight, slender; personne slightly built, slender; taille, membre, doigt slender, slim; voix thin, reedy, piping

**fluide** [flɥid] → SYN **1** adj liquide, substance fluid; style, mouvement fluid, flowing; ligne, silhouette, robe flowing; (Écon) main-d'œuvre flexible ◆ **la circulation est fluide** the traffic is moving freely ◆ **la situation politique reste fluide** the political situation remains fluid

**2** nm **a** (= gaz, liquide) fluid ◆ **fluide de refroidissement** coolant

**b** (= pouvoir) (mysterious) power ◆ **il a du fluide, il a un fluide magnétique** he has mysterious powers

**fluidifiant, e** [flɥidifjɑ̃, jɑ̃t] adj fluidifying

**fluidification** [flɥidifikasjɔ̃] → SYN nf fluidification, fluxing

**fluidifier** [flɥidifje] → SYN ▸ conjug 7 ◂ vt to fluidify, flux

**fluidique** [flɥidik] **1** adj fluidic

**2** nf fluidics sg

**fluidité** [flɥidite] → SYN nf [liquide, style] fluidity; [ligne, silhouette] flow; [circulation] free flow; (Écon) [main-d'œuvre] flexibility

**fluo** * [flyo] adj inv (abrév de **fluorescent**) fluorescent ◆ **vert/rose fluo** fluorescent green/pink

**fluor** [flyɔʀ] nm fluorine ◆ **dentifrice au fluor** fluoride toothpaste

**fluoration** [flyɔʀasjɔ̃] nf fluorination

**fluoré, e** [flyɔʀe] adj dentifrice fluoride (épith); eau fluoridated

**fluorescéine** [flyɔʀesein] nf fluorescein

**fluorescence** [flyɔʀesɑ̃s] → SYN nf fluorescence

**fluorescent, e** [flyɔʀesɑ̃, ɑ̃t] adj fluorescent ◆ **écran/tube fluorescent** fluorescent screen/lamp

**fluorhydrique** [flyɔʀidʀik] adj ◆ **acide fluorhydrique** hydrofluoric acid

**fluorine** [flyɔʀin] nf fluorspar, fluorite, calcium fluoride

**fluorose** [flyɔʀoz] nf fluorosis

**fluorure** [flyɔʀyʀ] nm fluoride

**fluotournage** [flyotuʀnaʒ] nm rotary extrusion

**flush** [flœʃ] → SYN nm (Cartes) flush

**flûte** [flyt] → SYN **1** nf **a** (= instrument) flute ◆ **petite flûte** piccolo ◆ **"La Flûte enchantée"** (Mus) "The Magic Flute"

**b** (= verre) flute (glass) ◆ **une flûte de champagne** a flute of champagne

**c** (= pain) baguette, French stick (Brit)

**d** (= jambes) **flûtes** * legs, pins * (Brit), gams * (US) ◆ **se tirer les flûtes** † ‡ to leg it *, scarper *; → **jouer**

**e** (Hist = navire) store ship

**2** excl * drat! *

**3** COMP ▷ **flûte basse** bass flute ▷ **flûte à bec** recorder ▷ **flûte à champagne** champagne flute ▷ **flûte de Pan** panpipes ▷ **flûte traversière** flute

**flûté, e** [flyte] adj voix fluty

**flûteau**, pl **flûteaux** [flyto], **flûtiau**, pl **flûtiaux** [flytjo] nm (= flûte) penny whistle, reed pipe; (= mirliton) kazoo

**flûtiste** [flytist] nmf flautist, flutist (US)

**fluvial, e**, mpl **-iaux** [flyvjal, jo] adj eaux, pêche, navigation river (épith); érosion fluvial (épith)

**fluviatile** [flyvjatil] adj fluvial, fluviatile

**fluvioglaciaire** [flyvjoglasjɛʀ] adj fluvioglacial

**fluviomètre** [flyvjɔmɛtʀ] nm fluviometer

**fluviométrique** [flyvjɔmetʀik] adj fluviometric

**flux** [fly] → SYN nm **a** (= grande quantité) [argent, paroles] flood; [récriminations] spate; [personnes] influx ◆ **flux de capitaux** (Écon) capital flow ◆ **flux monétaire** flow of money ◆ **flux de trésorerie** cash flow ◆ **travailler en flux tendus** (Comm) to use just-in-time methods

**b** (= marée) **le flux** the floodtide, the incoming tide ◆ **le flux et le reflux** the ebb and flow

**c** (Phys) flux, flow ◆ **flux électrique/magnétique/lumineux** electric/magnetic/luminous flux

**d** (Méd) **flux de sang** flow of blood ◆ **flux menstruel** menstrual flow

**fluxion** [flyksjɔ̃] → SYN nf (Méd) swelling, inflammation; (dentaire) gumboil ◆ **fluxion de poitrine** pneumonia

**fluxmètre** [flymɛtʀ] nm fluxmeter

**flysch** [fliʃ] nm Flysch

**FM** [ɛfɛm] **1** nm (abrév de **fusil-mitrailleur**) MG

**2** nf (abrév de **fréquence modulée**) FM

**FMI** [ɛfɛmi] nm (abrév de **Fonds monétaire international**) IMF

**FN** [ɛfɛn] nm (abrév de **Front national**) → **front**

**FNE** [ɛfɛnə] nm (abrév de **Fonds national de l'emploi**) → **fonds**

**FNSEA** [ɛfɛnɛsəa] nf (abrév de **Fédération nationale des syndicats d'exploitants agricoles**) *French farmers' union*

**FO** [ɛfo] nf (abrév de **Force ouvrière**) *French trade union*

**FOB** [ɛfobe] adj inv f.o.b., FOB

**foc** [fɔk] → SYN nm jib ◆ **grand/petit foc** outer/inner jib ◆ **foc d'artimon** mizzen-topmast staysail

**focal, e**, mpl **-aux** [fɔkal, o] **1** adj focal ◆ **point focal** focal point

**2** **focale** nf (Géom, Opt) focal distance ou length

**focalisation** [fɔkalizasjɔ̃] nf focus (*sur* on) ◆ **les raisons de la focalisation de l'opinion publique sur le chômage** the reasons why public attention is focused on unemployment

**focaliser** [fɔkalize] → SYN ▸ conjug 1 ◂ **1** vt (fig, Phys) to focus (*sur* on)

**2** **se focaliser** vpr [personne] to focus; [attention] to be focused (*sur* on)

**foehn** [føn] nm **a** (Mét) foehn

**b** (Helv) hairdryer

**foène, foëne** [fwɛn] nf pronged harpoon, fishgig

**fœtal, e**, mpl **-aux** [fetal, o] adj foetal, fetal

**fœticide** [fetisid] nm f(o)eticide

**fœtoscopie** [fetɔskɔpi] nf fetoscopy

**fœtus** [fetys] → SYN nm foetus, fetus

**fofolle** [fɔfɔl] adj f → **foufou**

**foi** [fwa] → SYN nf **a** (= croyance) faith ◆ **avoir la foi** to have faith ◆ **perdre la foi** to lose one's faith ◆ **il faut avoir la foi !** * you've got to be (really) dedicated! ◆ **il n'y a que la foi qui sauve !** faith is a marvellous thing! ◆ **la foi transporte** ou **fait bouger les montagnes** faith can move mountains ◆ **la foi du charbonnier** blind faith ◆ **sans foi ni loi** fearing neither God nor man; → **article, profession**

**b** (= confiance) faith, trust ◆ **avoir foi en Dieu** to have faith ou trust in God ◆ **avoir foi en qn/qch/l'avenir** to have faith in sb/sth/the future ◆ **digne de foi** témoin reliable, trustworthy; témoignage reliable; → **ajouter**

**c** (= assurance) word ◆ **respecter la foi jurée** to honour one's word ◆ **foi d'honnête homme !** on my word as a gentleman!, on my word of honour! ◆ **cette lettre en fait foi** this letter proves it ◆ **les deux textes feront foi** (Jur) both texts shall be deemed authentic ◆ **sous la foi du serment** under ou on oath ◆ **sur la foi de vagues rumeurs** on the strength of vague rumours ◆ **sur la foi des témoins** on the word ou testimony of witnesses ◆ **en foi de quoi j'ai décidé ...** (gén) on the strength of which I have decided ...; (Jur) in witness whereof I have decided ... ◆ **être de bonne foi** to be sincere ou honest ◆ **c'était de bonne foi** it was done (ou said etc ) in good faith ◆ **faire qch en toute bonne foi** to do sth in all good faith ◆ **en toute bonne foi je l'ignore** honestly I don't know ◆ **la mauvaise foi** (gén) dishonesty; (Philos) bad faith, mauvaise foi ◆ **tu es de mauvaise foi** you're being dishonest; → **cachet**

**d** **ma foi ...** well ... ◆ **ma foi, c'est comme ça, mon vieux** * well, that's how it is, old man ◆ **ça, ma foi, je n'en sais rien** well, I don't know anything about that ◆ **c'est ma foi vrai que ...** well it's certainly ou undeniably true that ...

**foie** [fwa] nm liver ◆ **foie de veau/de volaille** calves'/chicken liver ◆ **foie gras** foie gras ◆ **avoir mal au foie** to have a stomach ache ◆ **avoir une crise de foie** to have a bad stomach upset ◆ **avoir les foies** ‡ to be scared to death *

**foie-de-bœuf**, pl **foies-de-bœuf** [fwadbœf] nm beefsteak fungus

**foil** [fɔjl] nm (Naut) (hydro)foil

**foin¹** [fwɛ̃] → SYN nm hay ◆ **faire les foins** to make hay ◆ **à l'époque des foins** in the haymaking season ◆ **foin d'artichaut** choke ◆ **faire du foin** * (= faire un scandale) to kick up a fuss; (= faire du bruit) to make a row ou racket; → **rhume**

**foin²** [fwɛ̃] excl (††, hum) ◆ **foin des soucis d'argent/des créanciers !** a plague on money worries/on creditors!, the devil take money worries/creditors!

**foire** [fwaʀ] → SYN nf **a** (= marché) fair; (= exposition commerciale) trade fair; (= fête foraine) (fun) fair ◆ **foire agricole** agricultural show ◆ **foire aux bestiaux** cattle fair ou market ◆ **foire exposition** exposition, expo; → **larron**

**b** (LOC) **avoir la foire** † ‡ to have the runs * ou trots * ◆ **faire la foire** * to whoop it up * ◆ **il aime faire la foire** he's a party animal *, he loves partying * ◆ **c'est la foire ici !, c'est une vraie foire !** * it's bedlam in here! * ◆ **foire d'empoigne** free-for-all

**foirer** [fwaʀe] → SYN ▸ conjug 1 ◂ **1** vi * [vis] to slip; [obus] to fail to go off; ‡ [projet] to fall through, bomb * (US) ◆ **il a tout fait foirer** he ballsed (Brit) ou balled (US) everything up ‡

**2** vt ( ‡ = rater) to flunk * ◆ **j'ai foiré l'histoire** I flunked history *

**foireux, -euse** ‡ [fwaʀø, øz] → SYN adj († = peureux) yellow(-bellied) *, chicken * (attrib); (= raté) idée, projet useless ◆ **ce projet/film est foireux** this project/film is a washout *

**fois** [fwa] → SYN nf **a** (gén) time ◆ **une fois** once ◆ **deux fois** twice ◆ **trois fois** three times ◆ **une fois, deux fois, trois fois, adjugé !** (aux enchères) going, going, gone! ◆ **pour la toute première fois** for the very first time ◆ **quand je l'ai vu pour la première/dernière fois** when I first/last saw him, the first/last time I saw him ◆ **cette fois-ci/-là** this/that time ◆ **c'est bon** ou **ça va pour cette fois** I'll let you off this time ou (just) this once ◆ **plusieurs fois** several times, a number of times ◆ **peu de fois** on few occasions ◆ **bien des fois, maintes (et maintes) fois** many a time, many times ◆ **autant de fois que** as often as, as many times as ◆ **y regarder à deux** ou **à plusieurs fois**

**avant d'acheter qch** to think twice ou very hard before buying sth ◆ **s'y prendre à** ou **en deux/plusieurs fois pour faire qch** to take two/several attempts ou goes to do sth ◆ **payer en plusieurs fois** to pay in several instalments ◆ **frapper qn par deux/trois fois** to hit sb twice/three times ◆ **je suis trois fois grand-père** I am a grandfather three times over ◆ **vous avez mille fois raison** you're absolutely right; → **autre, cent[1], encore** etc

**b** (dans un calcul) **une fois** once ◆ **deux fois** twice, two times ◆ **trois/quatre fois** three/four times ◆ **une fois tous les deux jours** once every two days, every other ou second day ◆ **trois fois par an, trois fois l'an** † three times a year ◆ **neuf fois sur dix** nine times out of ten ◆ **quatre fois plus d'eau/de voitures** four times as much water/as many cars ◆ **quatre fois moins d'eau** four times less water, a quarter as much water ◆ **quatre fois moins de voitures** four times fewer cars, a quarter as many cars ◆ **3 fois 5 (font 15)** (Math) 3 times 5 (is ou makes 15) ◆ **il avait trois fois rien** (argent) he had hardly any money; (blessure) there was hardly a scratch on him ◆ **et encore merci ! – oh, c'est trois fois rien !** and thanks again! – oh, please don't mention it!

**c** **une fois** once ◆ **il était une fois ..., il y avait une fois ...** once upon a time there was ... ◆ **pour une fois !** for once! ◆ **en une fois** at ou in one go ◆ **une (bonne) fois pour toutes** once and for all ◆ **il faudrait qu'il pleuve une bonne fois** what's needed is a good downpour ◆ **une fois (qu'il sera) parti** once he has left ◆ **une fois qu'il n'était pas là** once ou on one occasion when he wasn't there ◆ **viens une fois ici** (Belg) just come over here ◆ (Prov) **une fois n'est pas coutume** just the once won't hurt

**d** (LOC)

◆ **à la fois** at once, at the same time ◆ **ne répondez pas tous à la fois** don't all answer at once ◆ **il était à la fois grand et gros** he was both tall and fat ◆ **il était à la fois grand, gros et fort** he was tall, fat and strong ◆ **faire deux choses à la fois** to do two things at once ou at the same time

◆ **des fois** * (= parfois) sometimes ◆ **des fois, il est très méchant** he can be very nasty at times, sometimes he's pretty nasty ◆ **si des fois vous le rencontrez** if you should happen ou chance to meet him ◆ **non mais, des fois !** (scandalisé) do you mind!; (en plaisantant) you must be joking! ◆ **non mais des fois, pour qui te prends-tu ?** look here, who do you think you are! ◆ **des fois que** (just) in case ◆ **attendons, des fois qu'il viendrait** let's wait in case he comes ◆ **allons-y, des fois qu'il resterait des places** let's go – there may be some seats left

**foison** [fwazɔ̃] → SYN **nf** ◆ **il y a du poisson/des légumes à foison** there is an abundance of fish/of vegetables, there is fish/there are vegetables in plenty ◆ **il y en avait à foison au marché** there was plenty of it (ou there were plenty of them) at the market

**foisonnant, e** [fwazɔnɑ̃, ɑ̃t] → SYN **adj** végétation luxuriant, lush; documentation abundant, lavish ◆ **un roman foisonnant** a novel crowded with incident

**foisonnement** [fwazɔnmɑ̃] → SYN **nm** **a** (= épanouissement) burgeoning; (= abondance) profusion, abundance

**b** [chaux] expansion

**foisonner** [fwazɔne] → SYN ▸ conjug 1 ◂ **vi** **a** [idées, erreurs] to abound, proliferate; [gibier] to abound ◆ **pays qui foisonne de** ou **en matières premières** country which abounds in raw materials ◆ **pays qui foisonne de** ou **en talents** country which has a profusion ou an abundance of talented people ou which is teeming with talented people ◆ **texte foisonnant d'idées/de fautes** text teeming with ideas/with mistakes

**b** [chaux] to expand

**fol** [fɔl] **adj m** → **fou**

**folâtre** [fɔlɑtʀ] → SYN **adj** enfant playful, frolicsome; jeux lively; caractère lively, sprightly ◆ **il n'est pas d'humeur folâtre** (frm, hum) he's not in a very playful mood

**folâtrer** [fɔlɑtʀe] → SYN ▸ conjug 1 ◂ **vi** [enfants] to frolic, romp; [chiots, poulains] to gambol, frolic, frisk ◆ **au lieu de folâtrer tu ferais mieux de travailler** you should do some work instead of fooling around

**folâtrerie** [fɔlɑtʀəʀi] **nf** (littér) (NonC = caractère) playfulness; (= action) frolicking (NonC), romping (NonC), gambolling (NonC)

**foldingue** * [fɔldɛ̃g] **1** **adj** personne nuts *, crazy *; soirée, musique wild ◆ **tu es complètement foldingue !** you're nuts! * ou crazy! *

**2** **nmf** nutcase * ◆ **les foldingues de l'informatique** computer fanatics ou freaks *

**foliacé, e** [fɔljase] **adj** foliated, foliaceous

**foliaire** [fɔljɛʀ] **adj** foliar

**foliation** [fɔljasjɔ̃] **nf** (= développement) foliation, leafing; (= disposition) leaf arrangement

**folichon, -onne** * [fɔliʃɔ̃, ɔn] → SYN **adj** (gén nég) pleasant, interesting, exciting ◆ **aller à ce dîner, ça n'a rien de folichon** going to this dinner won't be much fun ou won't be very exciting ◆ **la vie n'est pas toujours folichonne avec lui** life's not always fun with him

**folie** [fɔli] → SYN **nf** **a** (= maladie) madness, insanity, lunacy ◆ **il a un petit grain de folie** * there's something eccentric about him ◆ **folie furieuse** (Méd) raving madness ◆ **c'est de la folie douce** ou **pure** ou **furieuse** it's utter ou sheer madness ou lunacy ◆ **folie meurtrière** killing frenzy ◆ **c'était un coup de folie** it was a moment's madness ◆ **avoir la folie des grandeurs** to have delusions of grandeur ◆ **il a la folie des timbres-poste** he's mad * ou crazy * about stamps ◆ **aimer qn à la folie** to be madly in love with sb, love sb to distraction ◆ **il a eu la folie de refuser** he was mad enough ou crazy enough to refuse ◆ **c'est folie d'y aller** it would be pure folly to go there ◆ **sortir en mer par un temps pareil, c'est de la folie !** it's sheer madness going out to sea in weather like that!

◆ **en folie** public wild ◆ **les soldats en folie ont tout saccagé** the soldiers went mad and ransacked the place ◆ **un monde en folie** a world gone mad

**b** (= bêtise, erreur, dépense) extravagance ◆ **il a fait des folies dans sa jeunesse** he had his fling ou a really wild time in his youth ◆ **des folies de jeunesse** youthful indiscretions ◆ **ils ont fait une folie en achetant cette voiture** they were mad ou crazy to buy that car ◆ **vous avez fait des folies en achetant ce cadeau** you have been far too extravagant in buying this present ◆ **il ferait des folies pour elle** he would do anything for her ◆ **il ferait des folies pour la revoir** he'd give anything to see her again ◆ **je ferais des folies pour un morceau de fromage** (hum) I'd give ou do anything for a piece of cheese ◆ **une nouvelle folie de sa part** (dépense) another of his extravagances; (projet) another of his hare-brained schemes ◆ **tu as fait des folies de ton corps cette nuit ?** (hum) you had a hot night last night?

**c** (Hist Archit) folly

**folié, e** [fɔlje] **adj** foliate

**folingue** * [fɔlɛ̃g] **adj** nuts *, crazy *

**folio** [fɔljo] **nm** folio

**foliole** [fɔljɔl] **nf** (Bot) leaflet

**folioter** [fɔljɔte] → SYN ▸ conjug 1 ◂ **vt** to folio

**folioteur, -euse** [fɔljɔtœʀ, øz] **nm,f** foliating machine

**folique** [fɔlik] **adj** ◆ **acide folique** folic acid

**folk** [fɔlk] **1** **nm** folk music

**2** **adj** ◆ **chanteur/musique folk** folk singer/music

**3** **COMP** ▷ **folk song** folk music

**folklo** * [fɔlklo] **adj** (abrév de **folklorique**) (= excentrique) weird, outlandish ◆ **c'est un peu folklo chez lui** his house (ou apartment etc ) is a bit weird ◆ **cette soirée, c'était folklo** it was a really way-out * ou whacky * party

**folklore** [fɔlklɔʀ] → SYN **nm** folklore ◆ **c'est du folklore !** * (péj) (ridicule, dépassé) it's all terribly quaint ◆ **le folklore habituel des visites princières** (péj) the usual razzmatazz of royal visits

**folklorique** [fɔlklɔʀik] **adj** **a** chant, costume folk (épith)

**b** ( * = excentrique) personne, tenue, ambiance weird, outlandish ◆ **la réunion a été assez folklorique** the meeting was pretty bizarre

**folkloriser** [fɔlklɔʀize] ▸ conjug 1 ◂ **vt** [+ coutume, langue] to treat as folklore

**folle** [fɔl] **adj f, nf** → **fou**

**follement** [fɔlmɑ̃] → SYN **adv** **a** espérer, dépenser madly ◆ **follement amoureux** madly in love, head over heels in love ◆ **il se lança follement à leur poursuite** he dashed after them in mad pursuit ◆ **avant de te lancer follement dans cette aventure** before rushing headlong into ou jumping feet first into this business

**b** (= énormément) drôle, intéressant madly, wildly ◆ **on s'est follement amusé** we had a fantastic time * ◆ **il désire follement lui parler** he's dying * to speak to her, he desperately wants to speak to her

**follet, -ette** [fɔlɛ, ɛt] → SYN **adj** (= étourdi) scatterbrained; → **feu[1], poil**

**folliculaire** [fɔlikylɛʀ] → SYN **adj** follicular

**follicule** [fɔlikyl] **nm** follicle

**folliculine** [fɔlikylin] **nf** oestrone

**folliculite** [fɔlikylit] **nf** folliculitis

**fomentateur, -trice** [fɔmɑ̃tatœʀ, tʀis] → SYN **nm,f** troublemaker, agitator

**fomentation** [fɔmɑ̃tasjɔ̃] → SYN **nf** fomenting, fomentation

**fomenter** [fɔmɑ̃te] → SYN ▸ conjug 1 ◂ **vt** (lit, fig) to foment, stir up

**fomenteur, -euse** [fɔmɑ̃tœʀ, øz] **nm,f** troublemaker, agitator, fomenter

**fonçage** [fɔ̃saʒ] **nm** [tonneau] bottoming; [puits] sinking, boring

**foncé, e** [fɔ̃se] → SYN (ptp de **foncer[2]**) **adj** couleur (gén) dark; (tons pastels) deep ◆ **à la peau foncée** dark-skinned

**foncement** [fɔ̃smɑ̃] **nm** ⇒ **fonçage**

**foncer[1]** [fɔ̃se] → SYN ▸ conjug 3 ◂ **vi** **a** ( * = aller à vive allure) [conducteur, voiture] to tear * ou belt * (Brit) along; [coureur] to charge * ou tear * along; (dans un travail) to get a move on * ◆ **maintenant, il faut que je fonce** I must dash ou fly * now ◆ **fonce le chercher** go and fetch him straight away (Brit) ou right away (US) ◆ **il a foncé chez le directeur** he rushed off to see the manager ◆ **allez, fonce !** come on, hurry up!

**b** * (= être dynamique) to have drive; (= aller de l'avant) to go for it *

**c** (= se précipiter) to charge (*vers* at; *dans* into) ◆ **foncer sur** ou **vers l'ennemi/l'obstacle** to charge at ou make a rush at the enemy/the obstacle ◆ **le camion a foncé sur moi** the truck drove straight at me ◆ **foncer sur un objet** (lit, fig) to make straight for ou make a beeline for an object ◆ **foncer dans la foule** [taureau, police] to charge into the crowd; [camion] to plough into the crowd ◆ **foncer (tête baissée) dans la porte/dans le piège** to walk straight into the door/straight ou headlong into the trap ◆ **foncer dans le brouillard** (fig) to forge ahead regardless ou in the dark ◆ **la police a foncé dans le tas** * the police charged (into the crowd)

**foncer[2]** [fɔ̃se] ▸ conjug 3 ◂ **1** **vt** [+ couleur] to make darker

**2** **vi** [liquide, couleur, cheveux] to turn ou go darker

**foncer[3]** [fɔ̃se] ▸ conjug 3 ◂ **vt** [+ tonneau] to bottom; [+ puits] to sink, bore; (Culin) [+ moule] to line

**fonceur, -euse** * [fɔ̃sœʀ, øz] → SYN **nm,f** go-getter * ◆ **c'est un fonceur** he's a go-getter *, he's got tremendous drive

**foncier, -ière** [fɔ̃sje, jɛʀ] → SYN **1** **adj** **a** impôt property (épith), land (épith); noblesse, propriété landed (épith); problème, politique (relating to) land ownership ◆ **propriétaire foncier** property owner ◆ **revenus fonciers** income from property

**b** qualité, différence fundamental, basic ◆ **la malhonnêteté foncière de ces pratiques** the fundamental ou basic dishonesty of these practices ◆ **être d'une foncière malhonnêteté** to be fundamentally dishonest

**2** **nm** ◆ **le foncier** real estate

**foncièrement** [fɔ̃sjɛʀmɑ̃] → SYN **adv** fundamentally, basically

**fonction** [fɔ̃ksjɔ̃] → SYN **nf** **a** (= métier) post, office ◆ **fonctions** (= tâches) office, duties ◆ **entrer en fonction(s), prendre ses fonctions** [employé] to take up one's post; [maire, président] to come into ou take office, take up one's post ◆ **depuis son entrée en fonction(s)** ou **sa prise de fonction(s)** since he came into ou took office ◆ **ça n'entre pas dans mes fonctions** it's not part of my duties ◆ **de par ses fonctions** by virtue of his office ◆ **être en fonction** to be in office ◆ **la fonction publique** the civil service ◆ **logement de fonction** (gén) company accommodation; [concierge, fonctionnaire] on-site accommodation *(with low or free rent)* ◆ **avoir une voiture de fonction** (gén) to have a car that goes with one's job; (firme privée) to have a company car; → **démettre, exercice**

**b** (= rôle) (gén, Gram, Ordin) function ◆ **fonction biologique** biological function ◆ **remplir une fonction** to fulfil a function ◆ **cet organe a pour fonction de ..., la fonction de cet organe est de ...** the function of this organ is to ... ◆ **avoir** ou **faire fonction de sujet** (Gram) to function ou act as a subject ◆ **la fonction crée l'organe** (hum) necessity is the mother of invention (Prov)

**c** (Math) **fonction (algébrique)** (algebraic) function ◆ **fonction acide** (Chim) acid(ic) function ◆ **être fonction de** (Math) to be a function of

**d** (Loc) **faire fonction de directeur/d'ambassadeur** to act as manager/as ambassador ◆ **il n'y a pas de porte, ce rideau en fait fonction** there is no door but this curtain serves the purpose ou does instead ◆ **sa réussite est fonction de son travail** his success depends on how well he works

◆ **en fonction de** according to ◆ **salaire en fonction des diplômes** salary according to ou commensurate with qualifications

> **FONCTION PUBLIQUE**
>
> The term **la fonction publique** has great cultural significance in France, and covers a much broader range of activities than the English term 'civil service'. There are almost three million "fonctionnaires" (also known as "agents de l'État") in France. They include teachers, social services staff, post office workers and employees of the French rail service.
>
> Recruitment for jobs in the **fonction publique** is by competitive examination, and successful candidates gain the official status of "titulaire". Because this status theoretically guarantees total job security, "fonctionnaires" are sometimes stereotyped as being unfairly privileged compared to private sector employees. → CONCOURS

**fonctionnaire** [fɔ̃ksjɔnɛʀ] → SYN nmf (gén) state employee; (dans l'administration) [ministère] government official, civil servant; [municipalité] local government officer ou official ◆ **haut fonctionnaire** high-ranking ou top-ranking civil servant, senior official ◆ **petit fonctionnaire** minor (public) official ◆ **les fonctionnaires de l'enseignement** state-employed teachers ◆ **fonctionnaire de (la) police** police officer, officer of the law ◆ **il a une mentalité de fonctionnaire** (péj) he has the mentality of a petty bureaucrat ◆ **c'est un vrai fonctionnaire** he's a petty bureaucrat ou a real jobsworth * (Brit)

**fonctionnalisme** [fɔ̃ksjɔnalism] nm functionalism

**fonctionnaliste** [fɔ̃ksjɔnalist] adj, nmf functionalist

**fonctionnalité** [fɔ̃ksjɔnalite] nf (gén) practicality; (Ordin) functionality

**fonctionnariat** [fɔ̃ksjɔnaʀja] nm state employee status

**fonctionnarisation** [fɔ̃ksjɔnaʀizasjɔ̃] nf ◆ **la fonctionnarisation de la médecine** the state takeover of medicine ◆ **le gouvernement propose la fonctionnarisation des médecins** the government proposes taking doctors into the public service ou making doctors employees of the state

**fonctionnariser** [fɔ̃ksjɔnaʀize] ▸ conjug 1 ◂ vt ◆ **fonctionnariser qn** to make sb an employee of the state; (dans l'administration) to take sb into the public service ◆ **fonctionnariser un service** to take over a service (to be run by the state)

**fonctionnarisme** [fɔ̃ksjɔnaʀism] nm (péj) officialdom ◆ **c'est le règne du fonctionnarisme** bureaucracy rules, officialdom has taken over

**fonctionnel, -elle** [fɔ̃ksjɔnɛl] → SYN **1** adj functional ◆ **mot fonctionnel** (Ling) function word

**2** nm staff manager ◆ **les fonctionnels et les opérationnels** managers and operatives, staff and line

**fonctionnellement** [fɔ̃ksjɔnɛlmɑ̃] adv functionally

**fonctionnement** [fɔ̃ksjɔnmɑ̃] nm [appareil] functioning; [entreprise, institution] operation, running; (Méd) [organisme] functioning ◆ **expliquer le fonctionnement d'un moteur** to explain how a motor works ◆ **en parfait fonctionnement** in perfect working order ◆ **pour assurer le (bon) fonctionnement de l'appareil** to keep the machine in (good) working order ◆ **pour assurer le (bon) fonctionnement du service** to ensure the smooth running of the department ◆ **panne due au mauvais fonctionnement du carburateur** breakdown due to a fault ou a malfunction in the carburettor ◆ **pendant le fonctionnement de l'appareil** while the machine is in operation ou is running ◆ **budget de fonctionnement** operating budget ◆ **dépenses** ou **frais de fonctionnement** running costs ◆ **fonctionnement en réseau** (Ordin) networking

**fonctionner** [fɔ̃ksjɔne] → SYN ▸ conjug 1 ◂ vi [mécanisme, machine] to work, function; [entreprise] to function, operate; * [personne] to function, operate ◆ **faire fonctionner** [+ machine] to operate ◆ **je n'ai jamais vraiment compris comment il fonctionne** * I've never really understood what makes him tick * ◆ **notre téléphone/télévision fonctionne mal** there's something wrong with our phone/television, our phone/television isn't working properly ◆ **le courrier fonctionne mal** the mail isn't reliable ◆ **ça ne fonctionne pas** it's out of order, it's not working ◆ **sais-tu faire fonctionner la machine à laver ?** do you know how to work the washing machine? ◆ **fonctionner au gaz/à l'énergie solaire/sur piles** to be gas-powered/solar-powered/battery-operated, run on gas/on solar power/on batteries ◆ **je fonctionne au café** * coffee keeps me going

**fond** [fɔ̃] → SYN **1** nm **a** [récipient, vallée] bottom; [armoire] back; [jardin] bottom, far end; [pièce] far end, back; [utérus] fundus ◆ **le fond** (Min) the (coal) face ◆ **travailler au fond** (Min) to work at ou on the (coal) face ◆ **être/tomber au fond de l'eau** to be at/fall to the bottom of the water ◆ **le fond de la gorge** the back of the throat ◆ **les mots lui sont restés au fond de la gorge** the words stuck in his throat ◆ **envoyer un navire par le fond** to send a ship to the bottom ◆ **y a-t-il beaucoup de fond ?** is it very deep? ◆ **l'épave repose par 10 mètres de fond** the wreck is lying 10 metres down ◆ **les grands fonds** the ocean depths ◆ **à fond de cale** (Naut) (down) in the hold; (* fig = vite) at top speed ◆ **au fond du couloir** at the far end of the corridor ◆ **au fond de la boutique** at the back of the shop ◆ **ancré au fond de la baie** anchored at the (far) end of the bay ◆ **village perdu au fond de la province** village in the depths ou heart of the country ◆ **venir du fond des âges** [dynastie, réflexe, sagesse] to be age-old ◆ **sans fond** (lit, fig) bottomless; → **double, fin¹**

**b** (= tréfonds) **le fond de son cœur est pur** deep down his heart is pure ◆ **savoir lire au fond des cœurs** to be able to see deep (down) into people's hearts ◆ **merci du fond du cœur** I thank you from the bottom of my heart ◆ **il pensait au fond de son cœur** ou **de lui(-même) que ...** deep down he thought that ..., in his heart of hearts he thought that ... ◆ **vous avez deviné/je vais vous dire le fond de ma pensée** you have guessed/I shall tell you what I really think ou what my feelings really are ◆ **regarder qn au fond des yeux** to look deep into sb's eyes ◆ **il a un bon fond, il n'a pas un mauvais fond** he's basically a good person, he's a good person at heart ou bottom ◆ **il y a chez lui un fond d'honnêteté/de méchanceté** there's a streak of honesty/of maliciousness in him ◆ **il y a un fond de vérité dans ce qu'il dit** there's an element of truth in what he says ◆ **toucher le fond** (lit) to touch the bottom; (fig) [personne] to hit rock bottom; [récession, productivité] to bottom out ◆ **toucher le fond de la douleur/misère** to be in ou plumb the depths of sorrow/misery

**c** (= essentiel) [affaire, question, débat] heart ◆ **c'est là le fond du problème** that's the heart ou root ou core of the problem ◆ **aller au fond du problème** to get to the heart ou root of the problem ◆ **aller au fond des choses** to do things thoroughly ◆ **il faut aller jusqu'au fond de cette histoire** we must get to the root of this business ◆ **débat de fond** fundamental discussion ◆ **problème de fond** basic ou fundamental problem ◆ **ouvrage de fond** basic work ◆ **article de fond** (Presse) feature article

**d** (= contenu) content ◆ **le fond et la forme** content and form ◆ **le fond de l'affaire** (Jur) the substance of the case

**e** (= arrière-plan) [tableau, situation] background ◆ **fond sonore** ou **musical** background music ◆ **blanc sur fond noir** white on a black background ◆ **avec cette sombre perspective pour fond** with this gloomy prospect in the background; → **bruit, toile**

**f** (= petite quantité) drop ◆ **versez-m'en juste un fond (de verre)** pour me just a drop ◆ **ils ont vidé les fonds de bouteilles** they emptied what was left in the bottles ou the dregs from the bottles ◆ **il va falloir racler** ou **gratter les fonds de tiroirs** we'll have to scrape together what we can

**g** (= lie) sediment, deposit

**h** (Sport) **le fond** long-distance running ◆ **de fond** course, coureur long-distance (épith); → **ski**

**i** [chapeau] crown; [pantalon] seat ◆ **c'est là que j'ai usé mes fonds de culotte** that's where I spent my early school years

**j** (Loc) **le fond de l'air est frais** it's a bit chilly, there's a nip in the air

◆ **à fond** ◆ **étudier une question à fond** to study a question thoroughly ou in depth ◆ **il est soutenu à fond par ses amis** his friends back him up all the way ◆ **visser un boulon à fond** to screw a bolt (right) home ◆ **respirer à fond** to breathe deeply ◆ **à fond de train, à fond la caisse** *, **à fond les manettes** * at top speed

◆ **au fond, dans le fond** (= sous les apparences) basically, at bottom; (= en fait) basically, really, in fact ◆ **il n'est pas méchant au fond** he's not a bad sort at heart ◆ **il fait semblant d'être désolé, mais dans le fond il est bien content** he makes out he's upset but he's quite pleased really ou but deep down he's quite pleased ◆ **dans le fond** ou **au fond, ça ne change pas grand-chose** basically, it makes no great difference, it makes no great difference really ◆ **ce n'est pas si stupide, au fond** it's not such a bad idea after all

◆ **de fond en comble** fouiller from top to bottom; détruire completely, utterly ◆ **ce retard bouleverse mes plans de fond en comble** this delay throws my plans right out, this delay completely overturns my plans

**2** COMP ▷ **fond d'artichaut** artichoke heart ▷ **fond de court** (Tennis) ◆ **jeu/joueur de fond de court** baseline game/player ▷ **fond de magasin** (= invendus) leftover stock ▷ **les fonds marins** the sea bed ▷ **fond d'œil** fundus ◆ **faire un fond d'œil à qn** to look into the back of sb's eye, perform a funduscopy on sb (Spéc) ▷ **fond de portefeuille** (Bourse) portfolio base ▷ **fond de robe** slip ▷ **fond de tarte** (= pâte) pastry base; (= crème) custard base ▷ **fond de teint** foundation (cream)

**fondamental, e,** mpl **-aux** [fɔ̃damɑ̃tal, o] GRAMMAIRE ACTIVE 26.2 → SYN

**1** adj (= essentiel) question, recherche, changement fundamental, basic; vocabulaire basic; couleurs primary; (= foncier) égoïsme, incompréhension basic, inherent, fundamental ◆ **son fondamental, note fondamentale** fundamental (note) ◆ **matière fondamentale** (Scol) basic subject, core subject (Brit)

**2** **fondamentale** nf (Mus) root, fundamental (note)

**3** **fondamentaux** nmpl (= principes, bases) fundamentals

**fondamentalement** [fɔ̃damɑ̃talmɑ̃] → SYN adv vrai, faux inherently, fundamentally; modifier, opposer radically, fundamentally ◆ **fondamentalement méchant/généreux** basically ou fundamentally malicious/generous ◆ **cela vient fondamentalement d'un manque d'organisation** that arises from a basic ou an underlying lack of organization

**fondamentalisme** [fɔ̃damɑ̃talism] nm fundamentalism

**fondamentaliste** [fɔ̃damɑ̃talist] adj, nmf fundamentalist

**fondant, e** [fɔ̃dɑ̃, ɑ̃t] 1 adj neige thawing, melting; fruit luscious; viande tender, melt-in-the-mouth (épith) ◆ **température de la glace fondante** temperature of melting ice ◆ **bonbon fondant** fondant ◆ **chocolat fondant** high-quality plain chocolate
2 nm (Chim) flux; (= bonbon, Culin) fondant ◆ **fondant au chocolat** (= gâteau) chocolate fondant cake

**fondateur, -trice** [fɔ̃datœʀ, tʀis] → SYN 1 adj mythe, texte, idée founding ◆ **les Pères Fondateurs** The Founding Fathers
2 nm,f founder; (Jur, Fin) [société] incorporator

**fondation** [fɔ̃dasjɔ̃] → SYN nf (= action, institut) foundation ◆ **fondations** (Constr) foundations

**fondé, e** [fɔ̃de] (ptp de **fonder**) 1 adj a crainte, réclamation well-founded, justified ◆ **bien fondé** well-founded, fully justified ◆ **mal fondé** ill-founded, groundless ◆ **ce qu'il dit n'est pas fondé** there are no grounds ou there is no justification for what he says ◆ **fondé sur des ouï-dire** based on hearsay
b **être fondé à faire/croire/dire qch** to have good reason to do/believe/say sth, have (good) grounds for doing/believing/saying sth
2 nm ◆ **fondé (de pouvoir)** (Jur) authorized representative; (= cadre bancaire) senior banking executive

**fondement** [fɔ̃dmɑ̃] → SYN nm a (= base) foundation ◆ **fondement d'une action en justice** cause of action ◆ **sans fondement** without foundation, unfounded, groundless ◆ **jeter les fondements de qch** to lay the foundations of sth
b (hum = derrière) posterior (hum), backside; (= fond de pantalon) trouser seat

**fonder** [fɔ̃de] → SYN ▸ conjug 1 ◂ 1 vt a (= créer) [+ ville, parti, prix littéraire] to found; [+ commerce] to set up; [+ famille] to start ◆ **fonder un foyer** to set up home and start a family ◆ **"maison fondée en 1850"** (Comm) "Established 1850"
b (= baser) to base, found (*sur* on) ◆ **fonder sa richesse sur qch** to build one's wealth on sth ◆ **fonder une théorie sur qch** to base a theory on sth ◆ **fonder tous ses espoirs sur qch/qn** to place ou pin all one's hopes on sth/sb
c (= justifier) [+ réclamation] to justify
2 **se fonder** vpr ◆ **se fonder sur** [personne] to go by, go on, base o.s. on; [théorie, décision] to be based on ◆ **sur quoi vous fondez-vous pour l'affirmer ?** what grounds do you have for saying this?

**fonderie** [fɔ̃dʀi] → SYN nf a (= usine d'extraction) smelting works; (= atelier de moulage) foundry
b (= action) founding, casting

**fondeur, -euse** [fɔ̃dœʀ, øz] 1 nm,f (Ski) cross-country skier
2 nm (Métal) (= industriel) foundry owner; (= ouvrier) foundry worker

**fondeuse** [fɔ̃døz] nf casting machine

**fondoir** [fɔ̃dwaʀ] nm tallow melter

**fondre** [fɔ̃dʀ] → SYN ▸ conjug 41 ◂ 1 vt a (= liquéfier) [+ substance] to melt; [+ argenterie, objet de bronze] to melt down; [+ minerai] to smelt; [+ neige] to melt, thaw
b (= diminuer, attendrir) [+ dureté, résolution] to melt
c (= couler) [+ cloche, statue] to cast, found
d (= réunir) to combine, fuse together, merge (*en* into)
e (Peinture) [+ couleur, ton] to merge, blend
2 vi a (à la chaleur) (gén) to melt; [neige] to melt, thaw; (dans l'eau) to dissolve ◆ **faire fondre** [+ beurre] to melt; [+ graisse] to render down; [+ sel, sucre] to dissolve; [+ neige] to melt, thaw ◆ **ça fond dans la bouche** it melts in your mouth
b [colère, résolution] to melt away; [provisions, réserves] to vanish ◆ **fondre comme neige au soleil** to melt away ◆ **l'argent fond entre ses mains** money runs through his fingers, he spends money like water ◆ **cela fit fondre sa colère** at that his anger melted away ◆ **fondre en larmes** to dissolve ou burst into tears
c (* = maigrir) to slim down ◆ **j'ai fondu de 5 kg** I've lost 5kg
d (* = s'attendrir) to melt ◆ **j'ai fondu** my heart melted, I melted ◆ **son sourire me fait fondre, je fonds devant son sourire** his smile makes me melt ou makes me go weak at the knees
e (= s'abattre) **fondre sur qn** [vautour, ennemi] to swoop down on sb; [malheurs] to sweep down on sb
3 **se fondre** vpr a (= se réunir) [cortèges, courants] to merge (*en* into)
b (= disparaître) **se fondre dans la nuit/brume** to fade (away) ou merge into the night/mist ◆ **se fondre dans la masse** ou **foule** [personne] to melt into the crowd ◆ **ce détail se fond dans la masse** this detail is lost among the rest ◆ **se fondre dans le décor** [personne] to melt into the background; [appareil, objet] to blend in with the decor

**fondrière** [fɔ̃dʀijɛʀ] → SYN nf pothole

**fonds** [fɔ̃] → SYN nm a (Comm) **fonds de commerce** (lit) business; (fig = source de revenus) moneymaker ◆ **il possède le fonds mais pas les murs** he owns the business but not the property ◆ **vendre son fonds** to sell up ◆ **fonds de terre** land (NonC)
b (= ressources) [musée, bibliothèque] collection ◆ **ce pays a un fonds folklorique très riche** this country has a rich folk heritage ◆ **fonds de secours/de solidarité/d'amortissement** relief/solidarity/sinking fund ◆ **fonds de garantie** guarantee fund ◆ **Fonds national de l'emploi** *French state fund to provide retraining and redundancy payments for the unemployed* ◆ **Fonds européen de coopération monétaire** European Monetary Cooperation Fund ◆ **Fonds européen de développement** European Development Fund ◆ **Fonds social européen** European Social Fund ◆ **le Fonds monétaire international** the International Monetary Fund
c (= organisme) **fonds commun de placement** investment ou mutual fund ◆ **fonds de développement économique et social** fund for economic and social development ◆ **fonds de pension** pension fund ◆ **fonds de prévoyance** contingency fund ou reserve ◆ **fonds régulateur** buffer fund ◆ **fonds de stabilisation des changes** (currency) stabilization fund, Foreign Exchange Equalization Account (Brit)
d (Fin : souvent pl) (= argent) money; (= capital) funds, capital; (pour une dépense précise) funds ◆ **pour transporter les fonds** to transport the money ◆ **investir des fonds importants dans qch** to invest large sums of money ou a large amount of capital in sth ◆ **réunir les fonds nécessaires à un achat** to raise the necessary funds for a purchase ◆ **mise de fonds** capital outlay ◆ **faire une mise de fonds** to lay out capital ◆ **mise de fonds initiale** initial (capital) outlay ◆ **ne pas être/être en fonds** to be out of/be in funds ◆ **je lui ai prêté de l'argent, ça a été à fonds perdus** I lent him some money, but I never saw it again ou but I never got it back ◆ **fonds de caisse** cash in hand ◆ **fonds de roulement** (gén) working capital; [syndic] contingency fund ◆ **fonds bloqués** frozen assets ◆ **fonds disponibles** liquid assets ◆ **fonds d'État** government securities ◆ **fonds propres** shareholders' equity, stockholders' equity (US), equity capital ◆ **fonds publics** (Bourse) government stock ou securities; (= recettes de l'État) public funds ou money ◆ **fonds secrets** secret funds; → **appel, bailleur, détournement**

**fondu, e** [fɔ̃dy] → SYN (ptp de **fondre**) 1 adj a (= liquide) beurre melted; métal molten ◆ **neige fondue** slush; → **fromage**
b (Métal) **statue de bronze fondu** (= moulé) cast bronze statue
c (= flou, estompé) contours blurred, hazy; couleurs blending
d (* = fou) nuts *, loopy * ◆ **t'es complètement fondu !** you're nuts! *, you're off your rocker! ‡
2 nm,f * ◆ **c'est un fondu de jazz/télévision** (= fanatique) he's a jazz/television freak *
3 nm a (Peinture) [couleurs] blend ◆ **le fondu de ce tableau me plaît** I like the way the colours blend in this picture
b (Ciné) **fondu (enchaîné)** dissolve, fade in-fade out ◆ **fermeture en fondu, fondu en fermeture** fade-out ◆ **ouverture en fondu, fondu en ouverture** fade-in ◆ **faire un fondu au noir** to fade to black
4 **fondue** nf (Culin) ◆ **fondue (savoyarde)** (cheese) fondue ◆ **fondue bourguignonne** fondue bourguignonne, meat fondue ◆ **fondue de poireaux/tomates** leek/tomato fondue

**fongible** [fɔ̃ʒibl] → SYN adj fungible

**fongicide** [fɔ̃ʒisid] 1 adj fungicidal
2 nm fungicide

**fongiforme** [fɔ̃ʒifɔʀm] adj fungiform

**fongique** [fɔ̃ʒik] adj fungic

**fongistatique** [fɔ̃ʒistatik] 1 adj fungistatic
2 nm fungistat

**fongosité** [fɔ̃gozite] nf fungosity

**fongueux, -euse** [fɔ̃gø, øz] adj (Méd) fungous, fungoid

**fongus** [fɔ̃gys] nm (Bot, Méd) fungus

**fontaine** [fɔ̃tɛn] → SYN nf (ornementale) fountain; (naturelle) spring; (murale) fountain; (= distributeur d'eau potable) (à jet d'eau) drinking fountain; (avec gobelets) water dispenser ◆ **cette petite, c'est une vraie fontaine** * (hum) she's a real little crybaby ◆ (Prov) **il ne faut pas dire fontaine je ne boirai pas de ton eau** never say never, you never know; → **jouvence**

**fontainier** [fɔ̃tenje] nm hydraulic engineer

**fontanelle** [fɔ̃tanɛl] nf fontanel(le)

**fonte** [fɔ̃t] → SYN nf a (= action) [substance] melting; [argenterie, objet de bronze] melting down; [minerai] smelting; [neige] melting, thawing; [cloche, statue] casting, founding ◆ **à la fonte des neiges** when the thaw comes, when the snow melts ou thaws
b (= métal) cast iron ◆ **fonte brute** pig-iron ◆ **en fonte** tuyau, radiateur cast-iron (épith)
c (Typo) fount
d (Agr) **fonte des semis** damping off

**fontes** [fɔ̃t] nfpl holsters *(on saddle)*

**fontis** [fɔ̃ti] nm (Géol) subsidence

**fonts** [fɔ̃] nmpl ◆ **fonts baptismaux** (baptismal) font ◆ **tenir un enfant sur les fonts baptismaux** to be godfather (ou godmother) to a child

**foot** * [fut] nm abrév de **football**

**football** [futbol] → SYN nm football (Brit), soccer ◆ **football américain** American football (Brit), football (US) ◆ **jouer au football** to play football; → **ballon**

**footballeur, -euse** [futbolœʀ, øz] nm,f footballer (Brit), football (Brit) ou soccer player

**footballistique** [futbolistik] adj soccer (épith), football (épith) (Brit)

**footeux, -euse** * [futø, øz] nm,f (= joueur) football ou soccer player; (= amateur) football ou soccer enthusiast

**footing** [futiŋ] nm jogging (NonC) ◆ **faire du footing** to go jogging ◆ **faire un (petit) footing** to go for a (little) jog

**for** [fɔʀ] nm ◆ **dans** ou **en mon for intérieur** in my heart of hearts, deep down inside

**forage** [fɔʀaʒ] → SYN nm [roche, paroi] drilling, boring; [puits] sinking, boring ◆ **effectuer plusieurs forages** to drill several bare holes ◆ **se livrer à des forages d'exploration** to test-drill ◆ **faire des forages de prospection pétrolière** to prospect for oil, wildcat (US)

**forain, e** [fɔʀɛ̃, ɛn] → SYN 1 adj fairground (épith), carnival (US) (épith); → **baraque, fête**
2 nm (= acteur) (fairground) entertainer ◆ **(marchand) forain** (= commerçant) stallholder ◆ **les forains** (fête foraine) fairground people, carnies * (US)

**foramen** [fɔʀamɛn] nm (Anat) foramen

**foraminé, e** [fɔʀamine] adj foraminal

**foraminifère** [fɔʀaminifɛʀ] nm (Zool) foraminifer

**forban** [fɔʀbɑ̃] → SYN nm (Hist = pirate) pirate; (fig = escroc) shark, crook

**forçage** [fɔʀsaʒ] nm (Agr) forcing

**forçat** [fɔʀsa] → SYN nm (= bagnard) convict; (= galérien, fig) galley slave ◆ **travailler comme un forçat** to work like a slave ◆ **c'est une vie de forçat** it's sheer slavery

**force** [fɔʀs] GRAMMAIRE ACTIVE 16.4 → SYN

1 nf **a** (= vigueur) strength ◆ **avoir de la force** to be strong ◆ **avoir de la force dans les bras** to have strong arms ◆ **je n'ai plus la force de parler** I have no strength left to talk ◆ **il ne connaît pas sa force** he doesn't know his own strength ◆ **à la force du poignet** grimper using only one's arms; obtenir qch, réussir by the sweat of one's brow ◆ **cet effort l'avait laissé sans force** the effort had left him completely drained ◆ **c'est une force de la nature** he's a real Goliath ◆ **dans la force de l'âge** in the prime of life ◆ **force morale/intellectuelle** moral/intellectual strength ◆ **c'est ce qui fait sa force** that is where his great strength lies ◆ **bracelet** ou **poignet de force** (leather) wristband; → **bout, union**

**b** (= violence) force ◆ **recourir/céder à la force** to resort to/give in to force ◆ **employer la force brutale** ou **brute** to use brute force ◆ **la force prime le droit** might is right

**c** (= ressources physiques) **forces** strength ◆ **reprendre des forces** to get one's strength back, regain one's strength ◆ **ses forces l'ont trahi** his strength failed ou deserted him ◆ **c'est au-dessus de mes forces** it's too much for me, it's beyond me ◆ **frapper de toutes ses forces** to hit as hard as one can ou with all one's might ◆ **désirer qch de toutes ses forces** to want sth with all one's heart

**d** [coup, vent] force; [argument] strength, force; [sentiment, alcool, médicament] strength ◆ **vent de force 4** force 4 wind ◆ **dans toute la force du terme** in the fullest ou strongest sense of the word ◆ **la force de l'évidence** the weight of evidence ◆ **la force de l'habitude** force of habit ◆ **par la force des choses** (gén) by force of circumstance; (= nécessairement) inevitably ◆ **les forces naturelles** ou **de la nature** the forces of nature ◆ **les forces aveugles du destin** the blind forces of fate ◆ **les forces vives du pays** the lifeblood of the country ◆ **avoir force de loi** to have force of law; → **cas, idée-force, ligne**[1]

**e** (Mil) strength ◆ **forces** forces ◆ **notre force navale** our naval strength ◆ **les forces de l'opposition** (Pol) the opposition forces ◆ **d'importantes forces de police** large contingents ou numbers of police ◆ **armée d'une force de 10 000 hommes** army with a strength of 10,000 men

**f** (= valeur) **les deux joueurs sont de la même force** the two players are evenly ou well matched ◆ **ces deux cartes sont de la même force** these two cards have the same value ◆ **il est de première force au bridge** he's a first-class bridge player, he's first-rate at bridge ◆ **il est de force à le faire** he's equal to it, he's up to (doing) it * ◆ **tu n'es pas de force à lutter avec lui** you're no match for him ◆ **à forces égales, à égalité de forces** on equal terms

**g** (Phys) force ◆ **force de gravité** force of gravity ◆ **force centripète/centrifuge** centripetal/centrifugal force

**h** (Typo) [corps, caractère] size

**i** (Tech) **forces** shears

**j** (Loc) **force nous est/lui est d'accepter** we have/he has no choice but to accept, we are/he is forced to accept ◆ **force m'est de reconnaître que ...** I am forced ou obliged to recognize that ... ◆ **affirmer avec force** to insist, state firmly ◆ **insister avec force sur un point** to emphasize a point strongly ◆ **vouloir à toute force** to want absolutely ou at all costs ◆ **faire force de rames** (Naut) to ply the oars ◆ **faire force de voiles** (Naut) to cram on sail

◆ **à force** ◆ **à force de chercher on va bien trouver** if we keep on looking we'll end up finding it ◆ **à force de gentillesse** by dint of kindness ◆ **à force, tu vas le casser** you'll end up breaking it

◆ **de force, par force** ◆ **faire entrer qch de force dans qch** to cram ou force sth into sth ◆ **faire entrer qn de force** ou **par la force dans qch** to force sb into sth ◆ **obtenir qch par force** to get sth by ou through force ◆ **enlever qch de force à qn** to remove sth forcibly from sb, take sth from sb by force ◆ **entrer de force chez qn** to force one's way into ou force an entry into sb's house ◆ **être en position de force** to be in a position of strength ◆ **coup de force** takeover by force

◆ **en force** ◆ **attaquer/arriver** ou **venir en force** to attack/arrive in force ◆ **la montée en force du chômage** the dramatic rise in unemployment ◆ **passer un obstacle en force** (Sport) to get past an obstacle by sheer effort; → **tour**[2]

2 adv († hum) many, a goodly number of (hum) ◆ **boire force bouteilles** to drink a goodly number of bottles ◆ **avec force remerciements** with profuse thanks

3 COMP ▷ **force d'âme** fortitude, moral strength ▷ **la force armée** the army, the military ▷ **les forces armées** the armed forces ▷ **force de caractère** strength of character ▷ **force contre-électromotrice** back electromotive force ▷ **force de dissuasion** deterrent power ▷ **les Forces françaises de l'intérieur** *Resistance forces operating within France during World War II* ▷ **les Forces françaises libres** the Free French (Forces ou Army) ▷ **force de frappe** strike force ▷ **force d'inertie** force of inertia ▷ **force d'interposition** intervention force ▷ **forces d'intervention** (Mil, Police) rapid deployment force ▷ **forces de maintien de la paix** peace-keeping force(s) ▷ **force nucléaire stratégique** strategic nuclear force ▷ **les forces de l'ordre** the police ▷ **la force publique** the police ▷ **force de vente** sales force

**forcé, e** [fɔʀse] → SYN (ptp de **forcer**) adj **a** (= imposé) cours, mariage forced; (= poussé) comparaison forced ◆ **atterrissage forcé** forced ou emergency landing ◆ **prendre un bain forcé** to take an unintended dip ◆ **conséquence forcée** inevitable consequence; → **marche**[1], **travail**[1]

**b** (= feint) rire, sourire forced; amabilité affected, put-on

**c** (= évident) **c'est forcé** * there's no way round it, it's inevitable ◆ **je suis malade – c'est forcé, tu as mangé trop de chocolat !** I'm ill – of course you are, you've eaten too much chocolate! ◆ **c'est forcé que tu sois en retard** it's obvious you're going to be late

**forcement** [fɔʀsəmɑ̃] nm forcing

**forcément** [fɔʀsemɑ̃] → SYN adv inevitably ◆ **ça devait forcément arriver** it was bound to happen, it was inevitable ◆ **il le savait forcément, puisqu'on le lui a dit** he obviously knew, because he'd been told ◆ **il est enrhumé – forcément, il ne se couvre pas** he's got a cold – of course he has, he doesn't dress warmly enough ◆ **c'est voué à l'échec – pas forcément** it's bound to fail – not necessarily

**forcené, e** [fɔʀsəne] → SYN 1 adj (= fou) deranged, out of one's wits (attrib) ou mind (attrib); (= acharné) ardeur, travail frenzied; (= fanatique) joueur, travailleur frenzied; partisan, critique fanatical

2 nm,f maniac ◆ **travailler comme un forcené** to work like a maniac * ◆ **forcené du travail** (hum) workaholic * ◆ **les forcenés du vélo/de la canne à pêche** (hum) cycling/angling fanatics

**forceps** [fɔʀsɛps] → SYN nm pair of forceps, forceps pl ◆ **accouchement au forceps** forceps delivery

**forcer** [fɔʀse] → SYN ▸ conjug 3 ◂ 1 vt **a** (= contraindre) to force, compel ◆ **forcer qn à faire qch** to force sb to do sth, make sb do sth ◆ **il est forcé de garder le lit** he is forced to stay in bed ◆ **il a essayé de me forcer la main** he tried to force my hand ◆ **forcer qn au silence/à des démarches/à la démission** to force sb to keep silent/to take action/to resign

**b** (= faire céder) [+ coffre, serrure, barrage] to force; [+ porte, tiroir] to force (open); [+ blocus] to run; [+ ville] to take by force ◆ **forcer le passage** to force one's way through ◆ **forcer la porte** to force one's way in ◆ **forcer la porte de qn** to force one's way into sb's home ◆ **forcer la consigne** to bypass orders ◆ **sa conduite force le respect/l'admiration** his behaviour commands respect/admiration ◆ **il a réussi à forcer la décision** he managed to settle ou decide the outcome

**c** (= traquer) [+ cerf, lièvre] to run ou hunt down; [+ ennemi] to track down ◆ **la police a forcé les bandits dans leur repaire** the police tracked the gangsters down to their hideout

**d** (= pousser) [+ cheval] to override; [+ fruits, plantes] to force; [+ talent, voix] to strain; [+ allure] to increase; [+ destin] to tempt, brave ◆ **votre interprétation force le sens du texte** your interpretation stretches the meaning of the text ◆ **forcer sa nature** (timidité) to overcome one's shyness; (volonté) to force o.s. ◆ **forcer le pas** to quicken one's pace ◆ **il a forcé la dose** * ou **la note** * he overdid it ◆ **forcer le trait** (= exagérer) to exaggerate

2 vi to overdo it ◆ **j'ai voulu forcer, et je me suis claqué un muscle** I overdid it and pulled a muscle ◆ **il a gagné sans forcer** * he had no trouble winning, he won easily ◆ **ne force pas, tu vas casser la corde** don't force it or you'll break the rope ◆ **arrête de tirer, tu vois bien que ça force** stop pulling, can't you see it's jammed? ◆ **forcer sur ses rames** to strain at the oars ◆ **il force un peu trop sur l'alcool** * once he starts drinking he doesn't know when to stop ◆ **il avait un peu trop forcé sur l'alcool** * he'd had a few too many *

3 **se forcer** vpr to force o.s., make an effort (*pour faire* to do) ◆ **il se force à travailler** he forces himself to work, he makes himself work ◆ **elle se force pour manger** she forces herself to eat

**forcerie** [fɔʀsəʀi] → SYN nf hothouse, forcing house

**forces** [fɔʀs] nmpl (= ciseaux) shears

**forcing** [fɔʀsiŋ] nm (gén, Boxe) pressure (*auprès de* with) ◆ **faire le forcing** to pile on the pressure ◆ **on a dû faire le forcing pour avoir le contrat** we had to put on a lot of pressure ou we really had to push to get the contract ◆ **on a dû faire le forcing pour combler notre retard** we had to pull out all the stops to make up the time ◆ **négociations menées au forcing** negotiations conducted under pressure

**forcipressure** [fɔʀsipʀesyʀ] nf forcipressure

**forcir** [fɔʀsiʀ] → SYN ▸ conjug 2 ◂ vi [personne] to broaden out; [vent] to strengthen

**forclore** [fɔʀklɔʀ] ▸ conjug 45 ◂ vt (Jur) to debar ◆ **il s'est laissé forclore** he didn't make his claim within the prescribed time limit

**forclusion** [fɔʀklyzjɔ̃] → SYN nf (Jur) debarment

**forer** [fɔʀe] → SYN ▸ conjug 1 ◂ vt [+ roche, paroi] to drill, bore; [+ puits] to drill, sink, bore

**forestage** [fɔʀɛstaʒ] nm, **foresterie** [fɔʀɛstəʀi] nf forestry

**forestier, -ière** [fɔʀɛstje, jɛʀ] → SYN 1 adj région, végétation, chemin forest (épith) ◆ **exploitation forestière** (= activité) forestry, lumbering; (= lieu) forestry site ◆ **perdreau (à la) forestière** (Culin) partridge (cooked) with mushrooms; → **garde**[2]

2 nm forester

**foret** [fɔʀɛ] → SYN nm (= outil) drill

**forêt** [fɔʀɛ] → SYN nf (lit, fig) forest ◆ **forêt vierge** virgin forest ◆ **forêt pluviale** rain forest ◆ **forêt tropicale** tropical (rain) forest ◆ **forêt domaniale** national ou state-owned forest ◆ **forêt-galerie** gallery forest; → **arbre, eau**

**forêt-noire**, pl **forêts-noires** [fɔʀɛnwaʀ] nf **a** (Culin) Black Forest gâteau

**b** **la Forêt-Noire** (Géog) the Black Forest

**foreur** [fɔʀœʀ] nm [roche, paroi] driller, borer; [puits] driller, sinker, borer

**foreuse** [fɔʀøz] nf drill

**forfaire** [fɔʀfɛʀ] → SYN ▸ conjug 60 ◂ vi (frm) ◆ **forfaire à qch** to be false to sth, betray sth ◆ **forfaire à l'honneur** to forsake honour

**forfait** [fɔʀfɛ] → SYN nm **a** (Comm) (= prix fixe) fixed ou set price; (= prix tout compris) all-inclusive price; (= ensemble de prestations) package ◆ **travailler au** ou **à forfait** to work for a flat rate ou a fixed sum ◆ **notre nouveau forfait-vacances** our new package tour ou holiday (Brit) ◆ **forfait avion-hôtel** flight and hotel package ◆ **forfait hôtelier** hotel package ◆ **forfait-skieur(s)** ski-pass ◆ **être au (régime du) forfait** (impôts) to be taxed on estimated income

**b** (Sport = abandon) withdrawal ◆ **gagner par forfait** to win by default ◆ **déclarer forfait** (Sport) to withdraw; (fig) to give up

**c** (littér = crime) crime

**forfaitaire** [fɔʀfɛtɛʀ] → SYN adj (= fixe) fixed, set; (= tout compris) inclusive ◆ **montant forfaitaire** lump ou fixed sum ◆ **indemnité forfaitaire** inclusive payment, lump sum payment ◆ **prix forfaitaire** fixed ou set price

**forfaitairement** [fɔʀfɛtɛʀmɑ̃] adv payer, évaluer on an inclusive basis, inclusively

**forfaitiste** [fɔʀfɛtist] nmf package-holiday agent

**forfaiture** [fɔʀfɛtyʀ] nf (Jur) abuse of authority; (Hist) felony; (littér = crime) act of treachery

**forfanterie** [fɔʀfɑ̃tʀi] → SYN nf (= caractère) boastfulness; (= acte) bragging (NonC)

**forficule** [fɔʀfikyl] nm *type of earwig*, forficula (SPÉC)

**forge** [fɔʀʒ] → SYN nf (= atelier) forge, smithy; (= fourneau) forge ◆ **forges** † (= fonderie) ironworks; → **maître**

**forgeage** [fɔʀʒaʒ] nm forging

**forger** [fɔʀʒe] → SYN ▸ conjug 3 ◂ 1 vt **a** [+ métal] to forge; (littér) ◆ **forger des liens** to forge links ◆ **forger les fers** ou **les chaînes de qn** to enslave ou enchain sb ◆ (Prov) **c'est en forgeant qu'on devient forgeron** practice makes perfect (Prov); → **fer**

**b** (= aguerrir) [+ caractère] to form, mould

**c** (= inventer) [+ mot] to coin; [+ exemple, prétexte] to make up; [+ histoire, mensonge, plan] to concoct ◆ **cette histoire est forgée de toutes pièces** this story is a complete fabrication

2 **se forger** vpr ◆ **il s'est forgé une réputation d'homme sévère** he has won ou earned himself the reputation of being a stern man ◆ **se forger un idéal** to create an ideal for o.s. ◆ **se forger des illusions** to build up illusions

**forgeron** [fɔʀʒəʀɔ̃] → SYN nm blacksmith, smith; → **forger**

**forgeur, -euse** [fɔʀʒœʀ, øz] nm,f forger

**forint** [fɔʀint] nm forint

**forjeter** [fɔʀʒəte] → SYN ▸ conjug 4 ◂ vi [mur, bâtiment] to project, jut out

**forlancer** [fɔʀlɑ̃se] ▸ conjug 3 ◂ vt (Chasse) to drive out

**forligner** [fɔʀliɲe] → SYN ▸ conjug 1 ◂ vi [noble] to fall from rank

**forlonger** [fɔʀlɔ̃ʒe] ▸ conjug 3 ◂ vt (Vénerie) to outdistance

**formage** [fɔʀmaʒ] nm forming

**formaldéhyde** [fɔʀmaldeid] nm formaldehyde

**formalisable** [fɔʀmalizabl] adj which can be formalized

**formalisation** [fɔʀmalizasjɔ̃] → SYN nf formalization

**formaliser** [fɔʀmalize] → SYN ▸ conjug 1 ◂ 1 vt to formalize

2 **se formaliser** vpr to take offence (*de* at)

**formalisme** [fɔʀmalism] → SYN nm **a** (péj) formality ◆ **pas de formalisme ici** we don't stand on ceremony here ◆ **s'encombrer de formalisme** to weigh o.s. down with formalities

**b** (Art, Philos, Math) formalism

**formaliste** [fɔʀmalist] → SYN 1 adj **a** (péj) formalistic

**b** (Art, Philos) formalist

2 nmf formalist

**formalité** [fɔʀmalite] → SYN nf (Admin) formality ◆ **les formalités à accomplir** ou **à remplir** the necessary procedures, the procedures involved ◆ **pas de formalités entre nous, appelle-moi Maud** no need to be formal, call me Maud ◆ **ce n'est qu'une formalité** (fig) it's a mere formality ◆ **sans autre formalité** (fig) without any more ou further ado

**formant** [fɔʀmɑ̃] nm (Ling, Phon) formant

**format** [fɔʀma] → SYN nm [livre] format, size; [papier, objet] size; (Ordin) format ◆ **papier format A4** A4 paper ◆ **format portrait** ou **à la française** (Ordin) portrait ◆ **format paysage** ou **à l'italienne** landscape ◆ **format de données** (Ordin) data format ◆ **photo (en) petit format** small format print ◆ **enveloppe grand format** large envelope ◆ **les petits/grands formats** (livres) small/large (format) books ◆ **il aime les blondes et préfère les petits formats** (fig, hum) he likes blondes, preferably of the petite variety; → **poche**

**formatage** [fɔʀmataʒ] nm formatting

**formater** [fɔʀmate] ▸ conjug 1 ◂ vt (Ordin) to format

**formateur, -trice** [fɔʀmatœʀ, tʀis] 1 adj élément, expérience formative; stage training

2 nm,f trainer

**formatif, -ive** [fɔʀmatif, iv] 1 adj langue inflected, flexional; préfixe formative

2 **formative** nf (Ling) formative

**formation** [fɔʀmasjɔ̃] → SYN nf **a** (= développement) [gouvernement, croûte, fruits] formation, forming ◆ **à (l'époque de) la formation** [fruit] when forming; [enfant] at puberty ◆ **en voie** ou **en cours de formation** being formed, in the process of formation ◆ **la formation des mots** word formation ◆ **la formation du caractère** the forming ou moulding of character

**b** (= apprentissage) training; (= stage, cours) training course ◆ **il a reçu une formation littéraire** he received a literary education ◆ **formation des maîtres, formation pédagogique** teacher training, teacher education (US) ◆ **sa formation d'ingénieur** his training as an engineer ◆ **je suis juriste de formation** I trained as a lawyer ◆ **formation professionnelle** vocational training ◆ **formation permanente** continuing education ◆ **formation continue (au sein de l'entreprise)** (in-house) training ◆ **formation alternée** ou **en alternance** [salarié] ≃ block-release training; [élève en apprentissage] *school course combined with work experience* ◆ **formation courte/longue** short/long training course ◆ **stage de formation accélérée** intensive (training) course, crash course ◆ **centre de formation** training centre ◆ **suivre une formation en informatique** to do a computer (training) course; → **tas**

**c** (gén, Mil = groupe) formation ◆ **voler en formation** to fly in formation ◆ **formation serrée** close formation ◆ **formation musicale** music group ◆ **formation politique** political grouping ou formation

**forme** [fɔʀm] → SYN 1 nf **a** (= contour, apparence) form, shape ◆ **cet objet est de forme ronde/carrée** this object is round/square (in shape) ◆ **en forme de poire/cloche** pear-/bell-shaped ◆ **elle a des formes gracieuses** she has a graceful figure ◆ **elle prend des formes** she's filling out ◆ **vêtement qui moule les formes** clinging ou figure-hugging garment ◆ **une forme apparut dans la nuit** a form ou figure ou shape appeared out of the darkness ◆ **n'avoir plus forme humaine** to be unrecognizable ◆ **sans forme** chapeau shapeless; pensée formless ◆ **prendre la forme d'un rectangle** to take the form ou shape of a rectangle ◆ **prendre la forme d'un entretien** to take the form of an interview ◆ **prendre forme** [statue, projet] to take shape ◆ **sous forme de comprimés** in tablet form ◆ **sous la forme d'un vieillard** in the guise of ou as an old man ◆ **sous toutes ses formes** in all its forms

**b** (= genre) [civilisation, gouvernement] form ◆ **forme d'énergie** form of energy ◆ **forme de vie** (= présence effective) form of life, life form; (= coutumes) way of life ◆ **une forme de pensée différente de la nôtre** a way of thinking different from our own ◆ **les animaux ont-ils une forme d'intelligence ?** do animals have a form of intelligence?

**c** (Art, Jur, Littérat, Philos) form ◆ **soigner la forme** to be careful about form ◆ **mettre en forme** [+ texte] to finalize the presentation ou layout of; [+ idées] to formulate ◆ **poème à forme fixe** fixed-form poem ◆ **poème en forme d'acrostiche** poem forming an acrostic ◆ **de pure forme** aide, soutien token (épith), nominal ◆ **remarques de pure forme** purely formal remarks ◆ **pour la forme** as a matter of form, for form's sake ◆ **en bonne (et due) forme** in due form ◆ **faites une réclamation en forme** put in a formal request ◆ **sans autre forme de procès** without further ado; → **fond, vice**

**d** (Ling) form ◆ **mettre à la forme passive** to put in the passive ◆ **forme contractée** contracted form ◆ **forme de base** base form

**e** (= moule) mould; (Typo) forme (Brit), form (US); [cordonnier] last; [couturier] (dress) form; (= partie de chapeau) crown ◆ **mise en forme** (Typo) imposition

**f** (gén, Sport) **forme (physique)** form, fitness ◆ **être en (pleine** ou **grande) forme, tenir la forme** * (gén) to be in (great) form, be in ou on top form; (physiquement) to be very fit ◆ **il n'est pas en forme, il n'a pas la forme** * (gén) he's not on form, he's off form; (physiquement) he's not very fit, he's unfit ◆ **baisse de forme** loss of form ◆ **retrouver la forme** to get back into shape, get fit again ◆ **ce n'est pas la grande forme** * I'm (ou he's etc) not feeling too good * ◆ **centre de remise en forme** ≃ health spa; → **péter**

**g** (Mus) **forme sonate** sonata form

**h** (Naut) **forme de radoub** ou **sèche** dry ou graving dock

2 **formes** nfpl (= convenances) proprieties, conventions ◆ **respecter les formes** to respect the proprieties ou conventions ◆ **refuser en y mettant des formes** to decline as tactfully as possible ◆ **faire une demande dans les formes** to make a request in the correct form

**formé, e** [fɔʀme] → SYN (ptp de **former**) adj **a** jeune fille pubescent; fruit, épi formed ◆ **cette jeune fille est formée maintenant** this girl is fully developed now

**b** goût, jugement (well-)developed ◆ **son jugement n'est pas encore formé** his judgment is as yet unformed

**formel, -elle** [fɔʀmɛl] → SYN adj **a** (= catégorique) definite, positive ◆ **dans l'intention formelle de refuser** with the definite intention of refusing ◆ **il a l'obligation formelle de le faire** he is obliged to do so ◆ **interdiction formelle d'en parler à quiconque** you mustn't talk about this to anyone ◆ **je suis formel !** I'm absolutely sure!

**b** (Art, Philos) formal

**c** (= extérieur) politesse formal

**formellement** [fɔʀmɛlmɑ̃] → SYN adv **a** (= catégoriquement) démentir, contester categorically; identifier positively; interdire strictly

**b** (= officiellement) demander formally; condamner officially

**c** (Art, Philos) formally

**former** [fɔʀme] → SYN ▸ conjug 1 ◂ 1 vt **a** [+ gouvernement] to form; [+ entreprise, équipe] to set up; [+ liens d'amitié] to form, create; [+ croûte, dépôt] to form ◆ **il s'est formé des liens entre nous** bonds have formed ou been created between us ◆ **le cône que forme la révolution d'un triangle** the cone formed by the revolution of a triangle

**b** [+ collection] to form, build up; [+ convoi] to form; [+ forme verbale] to form, make up ◆ **former correctement ses phrases** to form proper sentences ◆ **phrase bien formée** well-formed sentence ◆ **phrase mal formée** ill-formed sentence ◆ **le train n'est pas encore formé** they haven't made up the train yet

**c** (= être le composant de) to make up, form ◆ **article formé de trois paragraphes** article made up of ou consisting of three paragraphs ◆ **ceci forme un tout** this forms a whole ◆ **ils forment un beau couple** they make a nice couple

**d** (= dessiner) to make, form ◆ **ça forme un rond** it makes ou forms a circle ◆ **la route forme des lacets** the road winds ◆ **il forme bien/mal ses lettres** he forms his letters well/badly

**e** (= éduquer) [+ soldats, ingénieurs] to train; [+ intelligence, caractère, goût] to form, develop ◆ **les voyages forment la jeunesse** travel broadens the mind ◆ **le personnel est peu formé** the staff is relatively untrained

**f** **former l'idée** ou **le projet de faire qch** to form ou have the idea of doing sth ◆ **nous formons des vœux pour votre réussite** we wish you every success

2 **se former** vpr **a** (= se rassembler) to form, gather ◆ **des nuages se forment à l'horizon** clouds are forming ou gathering on the horizon ◆ **se former en cortège** to form a procession ◆ **il s'est formé un attroupement** a crowd gathered ou formed ◆ **l'armée se forma en carré** ou **forma le carré** the army took up a square formation

**b** [dépôt, croûte] to form

**c** (= apprendre un métier) to train o.s.; (= éduquer son goût, son caractère) to educate o.s.

**d** (= se développer) [goût, caractère, intelligence] to form, develop; [fruit] to form ◆ **les fruits commencent à se former sur l'arbre** the fruit is beginning to form on the tree

**formeret** [fɔʀməʀɛ] nm formeret

**formiate** [fɔʀmjat] nm formate

**Formica** ® [fɔʀmika] nm Formica ® ◆ **table en Formica** Formica table

**formidable** [fɔʀmidabl] → SYN adj **a** (= très important) coup, obstacle, bruit tremendous
**b** (* = très bien) fantastic *, great *
**c** (* = incroyable) incredible ◆ **c'est tout de même formidable qu'on ne me dise jamais rien !** it's a bit much * that nobody ever tells me anything! ◆ **il est formidable : il convoque une réunion et il est en retard !** he's marvellous (iro) ou incredible – he calls a meeting and then he's late!
**d** (littér = effrayant) fearsome

**formidablement** [fɔʀmidabləmɑ̃] adv (= très bien) fantastically * ◆ **on s'est formidablement amusé** we had a fantastic time * ◆ **comment ça a marché ? – formidablement !** how did it go? – great! * ou fantastic! *

**formique** [fɔʀmik] adj formic

**formol** [fɔʀmɔl] nm formalin, formol

**formoler** [fɔʀmɔle] ► conjug 1 ◄ vt to treat with formalin ou formol

**formosan, e** [fɔʀmozɑ̃, an] **1** adj Formosan
**2** **Formosan(e)** nm,f Formosan

**Formose** [fɔʀmoz] nf Formosa

**formulable** [fɔʀmylabl] adj which can be formulated ◆ **difficilement formulable** difficult to formulate

**formulaire** [fɔʀmylɛʀ] nm **a** (à remplir) form ◆ **formulaire de demande** application form ◆ **formulaire E111** form E111
**b** [pharmaciens, notaires] formulary

**formulation** [fɔʀmylasjɔ̃] → SYN nf [plainte, requête] formulation, wording; [sentiment] formulation, expression; [ordonnance, acte notarié] drawing up; (Chim, Math) formulation ◆ **changer la formulation d'une demande** to change the way an application is formulated, change the wording of an application

**formule** [fɔʀmyl] → SYN nf **a** (Chim, Math) formula ◆ **formule dentaire** dentition, dental formula
**b** (= expression) phrase, expression; (magique, prescrite par l'étiquette) formula ◆ **formule heureuse** happy turn of phrase ◆ **formule de politesse** polite phrase; (en fin de lettre) letter ending ◆ **formule publicitaire** advertising slogan ◆ **formule toute faite** ready-made phrase ◆ **formule incantatoire** incantation; → **consacré**
**c** (= méthode) system, way ◆ **formule de paiement** method of payment ◆ **formule de vacances** holiday programme ou schedule ◆ **trouver la bonne formule** to hit on ou find the right formula ◆ **c'est la formule idéale pour des vacances avec de jeunes enfants** it's the ideal solution for going on holiday with young children ◆ **formule à 89 F** (dans un restaurant) 89 franc menu ◆ **ils proposent différentes formules de location/de crédit** they offer several different rental/credit options
**d** (= formulaire) form ◆ **formule de chèque/de télégramme** cheque/telegram form
**e** (Aut) **la formule 1/2/3** Formula One/Two/Three ◆ **une (voiture de) formule 1** a Formula-One car

**formuler** [fɔʀmyle] → SYN ► conjug 1 ◄ vt [+ plainte, requête] to set out, word, formulate (frm); [+ critiques, sentiment] to express; [+ ordonnance, acte notarié] to draw up; (Chim, Math) to formulate ◆ **il a mal formulé sa question** he didn't word ou phrase his question very well

**formyle** [fɔʀmil] nm formyl

**fornicateur, -trice** [fɔʀnikatœʀ, tʀis] nm,f (littér, hum) fornicator

**fornication** [fɔʀnikasjɔ̃] → SYN nf (littér, hum) fornication

**forniquer** [fɔʀnike] → SYN ► conjug 1 ◄ vi (littér, hum) to fornicate

**FORPRONU, Forpronu** [fɔʀpʀɔny] nf (abrév de **Force de protection des Nations unies**) ◆ **la FORPRONU** Unprofor

**fors** †† [fɔʀ] prép save, except

**forsythia** [fɔʀsisja] nm forsythia

## fort¹, e¹ [fɔʀ, fɔʀt]

→ SYN

**1** ADJECTIF
**2** ADVERBE

**1** ADJECTIF

**a** = puissant personne, État, lunettes, monnaie strong ◆ **il est fort comme un bœuf** ou **un Turc** he's as strong as an ox ou a horse ◆ **il est de forte constitution** he has a strong constitution ◆ **le dollar est une monnaie forte** the dollar is a strong ou hard currency ◆ **la dame est plus forte que le valet** (Cartes) the queen is higher than the jack ◆ **c'est plus fort que moi** I can't help it ◆ **il est fort en gueule** * he's loud-mouthed * ou a loudmouth *; → **partie**

◆ **fort de** ◆ **une armée forte de 20 000 hommes** an army 20,000 strong ◆ **une équipe forte de 15 personnes** a team of 15 people ◆ **fort de leur soutien/de cette garantie** armed with their support/with this guarantee ◆ **fort de son expérience, il ...** wiser for this experience, he ... ◆ **être fort de son bon droit** to be confident of one's rights

**b** euph = gros personne stout, large; hanches broad, wide, large; poitrine large, ample; nez big ◆ **il s'habille au rayon (pour) hommes forts** he gets his clothes from the outsize department ◆ **elle est un peu forte des hanches** she has rather wide ou broad ou large hips, she's a bit broad in the beam *

**c** = solide, résistant carton strong, stout; colle strong; → **château, place**

**d** = intense lumière, rythme, battements strong; bruit, voix loud; sentiments strong, intense; dégoût, crainte great; impression great, strong; colère, douleur, chaleur great, intense; fièvre high ◆ **une forte grippe** a bad bout of flu ◆ **une œuvre forte** a powerful work ◆ **il y a quelques moments forts dans son film** there are some powerful scenes in his film ◆ **au sens fort du terme** in the strongest sense of the term ◆ **génie ? le terme est un peu fort !** a genius? I wouldn't go so far as to say that!; → **envie, temps¹**

**e** = marqué pente pronounced, steep; accent strong, marked, pronounced; goût, odeur, moutarde, café strong

**f** = violent secousse, coup hard; houle, pluies heavy; vent strong, high ◆ **mer forte/très forte** (Mét Naut) rough/very rough sea

**g** = excessif **c'est trop fort !** that's too much!, that's going too far! ◆ **c'est un peu fort (de café)** * that's a bit much *, that's going a bit (too) far * ◆ **génie ! le mot est un peu fort** genius is a bit strong a word ◆ **elle est forte celle-là !** *, **c'est plus fort que de jouer au bouchon !** *, that beats everything! *, that takes the biscuit! * (Brit) ◆ **et le plus fort** ou **et ce qu'il y a de plus fort, c'est que ...** and the best (part) of it is that ...

**h** = important somme large, great; hausse, baisse, différence big, great; dose, augmentation large, big; consommation high ◆ **vin fort en alcool** strong wine, wine with a high alcohol content; → **prix**

**i** = courageux, obstiné personne strong ◆ **être fort dans l'adversité** to be strong ou to stand firm in (the face of) adversity ◆ **âme forte** steadfast soul ◆ **esprit fort** † freethinker ◆ **c'est une forte tête** he (ou she) is a rebel

**j** = doué good (en, à at), able ◆ **il est fort en histoire/aux échecs** he's good at history/at chess ◆ **il est très fort !** he's very good (at it)! ◆ **être fort sur un sujet** to be well up on * ou good at a subject ◆ **il a trouvé plus fort que lui** he has (more than) found ou met his match ◆ **quand il s'agit de critiquer, il est fort !** he can criticize all right!, he's very good at criticizing! ◆ **ce n'est pas très fort (de sa part)** * that's not very clever ou bright of him ◆ **c'est trop fort pour moi** it's beyond me; → **point¹**

**k** Ling consonne forte hard consonant ◆ **forme forte** strong form; → **verbe**

**2** ADVERBE

**a** = intensément lancer, serrer, souffler hard ◆ **frapper fort** (bruit) to knock loudly; (force) to knock ou hit hard ◆ **sentir fort** to have a strong smell, smell strong ◆ **respirez bien fort** breathe deeply, take a deep breath ◆ **son cœur battait très fort** his heart was pounding ou was beating hard ◆ **le feu marche trop fort** the fire is burning too fast ◆ **tu y vas un peu fort tout de même** * even so, you're overdoing it a bit * ou going a bit far * ◆ **tu as fait fort !** * that was a bit much! * ◆ **comment vont les affaires ? – ça ne va pas fort** * how is business? – it's not going too well

**b** = bruyamment parler, crier loudly, loud ◆ **parlez plus fort** speak up ou louder ◆ **mets la radio moins/plus fort** turn the radio down/up

**c** littér = beaucoup greatly ◆ **cela me déplaît fort** that displeases me greatly ou a great deal ◆ **j'en doute fort** I very much doubt it ◆ **il y tient fort** he sets great store by it ◆ **j'ai fort à faire avec lui** I have a hard job with him, I've got my work cut out with him

**d** frm = très simple, différent, rare, ancien extremely, very; aimable most; mécontent, intéressant most, highly ◆ **il est fort apprécié de ses chefs** he is highly regarded by his bosses ◆ **il est fort inquiet** he is very ou most anxious ◆ **c'est fort bon** it is very ou exceedingly good, it is most excellent ◆ **il y avait fort peu de monde** there were very few people; → **aise**

◆ **fort bien**
dessiné, dit, conservé extremely well ◆ **tu sais fort bien que ...** you know very well ou full well that ... ◆ **nous avons été fort bien accueillis** we were made most welcome ◆ **je peux fort bien le faire moi-même/m'en passer** I can quite easily do it myself/do without it
(excl) ◆ **fort bien !** very good!, excellent! ◆ **tu refuses ? fort bien, tu l'auras voulu** you refuse? very well, on your own head be it

**e** **se faire fort de** ◆ **nos champions se font fort de gagner** our champions are confident they will win ou confident of winning ◆ **je me fais fort de le réparer** I'm (quite) sure I can mend it, I can mend it, don't worry ou you'll see

**fort²** [fɔʀ] **1** nm **a** (= forteresse) fort
**b** (= personne) **le fort l'emporte toujours contre le faible** the strong will always win against the weak ◆ **un fort en thème** (péj Scol) an egghead *, a swot * (Brit); → **raison**
**c** (= spécialité) strong point, forte ◆ **l'amabilité n'est pas son fort** kindness is not his strong point ou his forte
**2** **au fort de** loc prép (littér) [+ été] at the height of; [+ hiver] in the depths of ◆ **au plus fort du combat** (lieu) in the thick of the battle; (intensité) when the battle was at its most intense, at the height of the battle
**3** COMP ▷ **fort des Halles** market porter

**Fort-de-France** [fɔʀdəfʀɑ̃s] n Fort-de-France

**forte²** [fɔʀte] adv (Mus) forte

**fortement** [fɔʀtəmɑ̃] → SYN adv conseiller strongly; tenir fast, tight(ly); frapper hard; serrer hard, tight(ly) ◆ **il est fortement probable que ...** it is highly ou most probable that ... ◆ **fortement marqué/attiré** strongly marked/attracted ◆ **il en est fortement question** it is being seriously considered ◆ **j'espère fortement que vous le pourrez** I very much hope that you will be able to ◆ **boiter fortement** to have a pronounced limp, limp badly ◆ **il est fortement intéressé par l'affaire** he is highly ou most interested in the matter

**forte-piano**, pl **forte-pianos** [fɔʀtepjano] **1** adv, nm inv (= indication) forte-piano
**2** nm (= instrument) fortepiano

**forteresse** [fɔʀtəʀɛs] → SYN nf (lit) fortress, stronghold; (fig) stronghold ◆ **forteresse volante** flying fortress

**fortiche** * [fɔʀtiʃ] adj personne terrific *, great * (en at)

**fortifiant, e** [fɔʀtifjɑ̃, jɑ̃t] → SYN **1** adj médicament, boisson fortifying; air invigorating, bracing; (littér) exemple, lecture uplifting
**2** nm (Pharm) tonic

**fortification** [fɔʀtifikasjɔ̃] → SYN nf fortification

**fortifier** [fɔʀtifje] → SYN ► conjug 7 ◄ **1** vt [+ corps, âme] to strengthen, fortify; [+ position, opinion, impression] to strengthen; [+ ville] to fortify ◆ **l'air marin fortifie** (the) sea air is invigorating ou bracing ◆ **cela m'a fortifié dans mes résolutions** that strengthened my resolve

**2** **se fortifier** vpr (Mil) to fortify itself; [opinion, amitié, position] to grow stronger, be strengthened; [santé] to grow more robust

**fortin** [fɔʀtɛ̃] → SYN nm (small) fort

**fortiori** [fɔʀsjɔʀi] → **a fortiori**

**fortissimo** [fɔʀtisimo] adv, nm inv fortissimo

**fortran** [fɔʀtʀɑ̃] nm Fortran, FORTRAN

**fortuit, e** [fɔʀtɥi, it] → SYN adj événement, circonstance, remarque, rencontre fortuitous, chance (épith); coïncidence fortuitous; découverte fortuitous, chance (épith), accidental

**fortuitement** [fɔʀtɥitmɑ̃] → SYN adv fortuitously, by chance

**fortune** [fɔʀtyn] → SYN nf **a** (= richesse) fortune ◆ **situation de fortune** financial situation ◆ **ça vaut** ou **coûte une (petite) fortune** it costs a fortune ◆ **cet homme est l'une des plus grosses fortunes de la région** that man has one of the largest fortunes ou that man is one of the wealthiest in the area ◆ **avoir de la fortune** to be independently wealthy ◆ **faire fortune** to make one's fortune (*dans* in) ◆ **le mot a fait fortune** the word has really become popular ou has really caught on; → **impôt, revers**

**b** (= chance) luck (NonC), fortune (NonC); (= destinée) fortune ◆ **chercher fortune** to seek one's fortune ◆ **connaître des fortunes diverses** (sujet pluriel) to enjoy varying fortunes; (sujet singulier) to have varying luck ◆ **il a eu la (bonne) fortune de le rencontrer** he was fortunate enough to meet him, he had the good fortune to meet him ◆ **ayant eu la mauvaise fortune de le rencontrer** having had the misfortune ou the ill-fortune to meet him ◆ **faire contre mauvaise fortune bon cœur** to make the best of it ◆ **venez dîner à la fortune du pot** come to dinner and take pot luck with us ◆ **fortunes de mer** (Jur, Naut) sea risks, perils of the sea ◆ (Prov) **la fortune sourit aux audacieux** fortune favours the brave ◆ **de fortune** abri, embarcation, réparation, moyen makeshift; installation makeshift, rough-and-ready; compagnon chance (épith) ◆ **mât/gouvernail de fortune** jury mast/rudder

**c** (Naut) **fortune (carrée)** crossjack

**fortuné, e** [fɔʀtyne] → SYN adj (= riche) wealthy, well-off; (littér = heureux) fortunate

**forum** [fɔʀɔm] → SYN nm (= place, colloque) forum ◆ **forum de discussion** (Internet) chat room ◆ **participer à un forum de discussion** to chat

**forure** [fɔʀyʀ] nf bore(hole)

**fosse** [fos] → SYN **1** nf (= trou) pit; (= tombe) grave; (Sport : pour le saut) (sand)pit; (Anat) fossa

**2** COMP ▷ **fosse d'aisances** cesspool ▷ **fosse commune** common ou communal grave ▷ **fosse à fumier** manure pit ▷ **fosse aux lions** (lit, fig) lions' den ▷ **fosse marine** ocean trench ▷ **fosses nasales** nasal fossae ▷ **fosse d'orchestre** orchestra pit ▷ **fosse aux ours** bear pit ▷ **fosse à purin** slurry pit ▷ **fosse septique** septic tank

**fossé** [fose] → SYN nm **a** (lit) ditch ◆ **fossé d'irrigation** irrigation channel ou ditch ◆ **fossé antichar** anti-tank ditch

**b** (fig) gulf, gap ◆ **un fossé les sépare** a gulf lies between them ◆ **fossé culturel** cultural gap ◆ **le fossé des** ou **entre les générations** the generation gap

**fossette** [fosɛt] nf dimple

**fossile** [fosil] → SYN **1** nm (lit, fig) fossil

**2** adj fossil (épith), fossilized; → **rayonnement**

**fossilifère** [fosilifɛʀ] adj fossiliferous

**fossilisation** [fosilizasjɔ̃] nf fossilization

**fossiliser** [fosilize] ▸ conjug 1 ◂ (lit, fig) **1** vt to fossilize

**2** **se fossiliser** vpr to fossilize, become fossilized

**fossoir** [foswaʀ] nm (= houe) hoe; (= charrue) vineyard plough

**fossoyeur** [foswajœʀ] → SYN nm gravedigger; (fig) destroyer

**fou, folle** [fu, fɔl] → SYN (m : devant voyelle ou h muet **fol**) **1** adj **a** (Méd) mad, insane; (gén) mad, crazy ◆ **fou à lier, fou furieux** raving mad ◆ **il est devenu subitement fou** he suddenly went mad ou crazy ◆ **ça l'a rendu fou** (lit, fig) it drove him mad ou crazy ◆ **c'est à devenir fou** it's enough to drive you mad ou crazy ◆ **fou de colère/de désir/de chagrin** out of one's mind with anger/with desire/with grief ◆ **fou de joie** delirious ou out of one's mind with joy ◆ **fou d'amour (pour), amoureux fou (de)** madly in love (with) ◆ **elle est folle de lui/de ce musicien** she's mad * ou crazy * about him/about that musician ◆ **tu es complètement fou de refuser** you're completely mad ou absolutely crazy to refuse ◆ **y aller ? (je ne suis) pas si fou !** go there?, I'm not that crazy! ◆ **pas folle, la guêpe** * he's (ou she's) no fool! ◆ **elle est folle de son corps** * (hum) she's sex-mad *

**b** (= insensé) terreur, rage, course mad, wild; amour, joie, espoir mad, insane; idée, désir, tentative, dépense mad, insane, crazy; audace insane; imagination wild, insane; regard, gestes wild, crazed ◆ **avoir le fou rire** to have the giggles ◆ **prix fous sur les chemises** (Comm) shirts at give-away prices ◆ **folle jeunesse** († , hum) wild youth ◆ **folle enchère** irresponsible bid

**c** ( * = énorme) courage, énergie, succès fantastic *, terrific, tremendous; peur terrific, tremendous ◆ **j'ai un mal de tête fou** I've got a splitting headache *, my head's killing me * ◆ **j'ai une envie folle de chocolat/d'y aller** I'm dying for some chocolate/to go ◆ **j'ai eu un mal fou pour venir** I had a terrific ou terrible job * getting here ◆ **tu as mis un temps fou** it took you ages * ◆ **gagner/dépenser un argent fou** to earn/spend loads of money * ◆ **payer un prix fou** to pay a ridiculous ou an astronomical price ◆ **rouler à une vitesse folle** to drive at a tremendous speed ◆ **il y a un monde fou** it's really crowded ◆ **c'est fou ce qu'il y a comme monde** it's incredible how many people there are ◆ **c'est fou ce qu'on s'amuse !** we're having such a great ou fantastic time! * ◆ **c'est fou ce qu'il a changé** it's incredible ou unbelievable how much he has changed

**d** (= déréglé) boussole, aiguille erratic; camion, cheval runaway (épith); mèche de cheveux stray, unruly ◆ **elle a les cheveux fous** her hair's all over the place ◆ **folle avoine** wild oats; → **herbe, patte**

**2** nm **a** (Méd, fig) madman, lunatic ◆ **courir comme un fou** to run like a madman ou lunatic ◆ **travailler comme un fou** to work like mad * ou crazy * ◆ **arrêtez de faire les fous** stop messing ou fooling about * ◆ **ce jeune fou** this young lunatic ◆ **espèce de vieux fou** you silly old fool; → **histoire, maison, plus**

**b** ( * = fanatique) fanatic ◆ **c'est un fou de jazz/tennis** he's a jazz/tennis fanatic

**c** (Échecs) bishop

**d** (Hist = bouffon) jester, fool ◆ **le fou du roi** the king's fool, the court jester

**e** (Zool) **fou (de Bassan)** gannet

**3** **folle** nf **a** (Méd, fig) madwoman, lunatic ◆ **cette vieille folle** that old madwoman, that mad old woman ◆ **la folle du logis** (littér) the imagination

**b** ( ‡ péj = homosexuel) **(grande) folle** queen ‡

**foucade** [fukad] → SYN nf (littér) caprice, whim, passing fancy; (= emportement) outburst

**foudre**[1] [fudʀ] → SYN **1** nf (Mét) lightning; (Myth) thunderbolt ◆ **frappé par la foudre** struck by lightning ◆ **la foudre est tombée sur la maison** the house was struck by lightning ◆ **comme la foudre, avec la rapidité de la foudre** like lightning, as quick as a flash ◆ **ce fut le coup de foudre** it was love at first sight ◆ **j'ai eu le coup de foudre pour Julie** I fell head over heels in love with Julie ◆ **elle a eu le coup de foudre pour l'Écosse** she fell in love with Scotland

**2** nfpl (= colère) ◆ **foudres** (Rel) anathema sg ◆ **il s'est attiré les foudres de l'opposition** he provoked an angry response from the opposition

**foudre**[2] [fudʀ] nm († , hum) ◆ **foudre de guerre** outstanding ou great leader (in war) ◆ **ce n'est pas un foudre de guerre** he's no firebrand ◆ **foudre d'éloquence** brilliant orator

**foudre**[3] [fudʀ] → SYN nm (= tonneau) tun

**foudroiement** [fudʀwamɑ̃] nm striking (by lightning)

**foudroyant, e** [fudʀwajɑ̃, ɑ̃t] → SYN adj progrès, vitesse, attaque lightning (épith); poison, maladie violent (épith); mort instant; succès stunning (épith) ◆ **une nouvelle foudroyante** a devastating piece of news ◆ **il lui lança un regard foudroyant** he looked daggers at him

**foudroyer** [fudʀwaje] → SYN ▸ conjug 8 ◂ vt [foudre] to strike; [coup de feu, maladie, malheur] to strike down ◆ **il a été foudroyé** he was struck by lightning ◆ **la décharge électrique la foudroya** the electric shock killed her ◆ **cette nouvelle le foudroya** he was thunderstruck by the news ◆ **foudroyer qn du regard** to look daggers at sb, glare at sb ◆ **dans le champ il y avait un arbre foudroyé** in the field was a tree that had been struck by lightning

**fouet** [fwɛ] → SYN nm **a** (= cravache) whip; (Culin = batteur) whisk ◆ **donner le fouet à qn** to give sb a whipping ou flogging ◆ **coup de fouet** (lit) lash; (fig) boost ◆ **donner un coup de fouet à l'économie** to stimulate the economy, give the economy a boost, kick-start the economy ◆ **le café/la douche froide lui a donné un coup de fouet** the coffee/the cold shower perked him up; → **plein**

**b** (Zool) [aile, queue] tip

**fouettard** [fwetaʀ] adj → **père**

**fouetté, e** [fwete] (ptp de **fouetter**) **1** adj ◆ **crème fouettée** whipped cream

**2** nm (Danse) fouetté

**fouettement** [fwɛtmɑ̃] → SYN nm [pluie] lashing

**fouetter** [fwete] → SYN ▸ conjug 1 ◂ **1** vt **a** [+ personne] to whip, flog; [+ cheval] to whip; (Culin) [+ crème] to whip; [+ blanc d'œuf] to whisk ◆ **la pluie fouettait les vitres** the rain lashed against the window panes ◆ **le vent le fouettait au visage** the wind whipped his face ◆ **fouette cocher !** (hum) don't spare the horses! (hum); → **chat**

**b** (= stimuler) [+ imagination] to fire; [+ désir] to whip up ◆ **l'air frais fouette le sang** fresh air is a real tonic

**2** vi **a** **la pluie fouettait contre les vitres** the rain lashed against the window panes

**b** ( ‡ = avoir peur) to be scared stiff * ou to death *

**c** ( ‡ = puer) to reek, stink ◆ **ça fouette ici !** there's one hell of a stench ou stink in here! ‡

**foufou, fofolle** * [fufu, fɔfɔl] adj crazy, scatty * (Brit)

**foufoune** ‡ [fufun], **foufounette** ‡ [fufunɛt] nf pussy *‡, fanny *‡ (Brit)

**fougasse** [fugas] → SYN nf (= galette) wheat pancake; (= pain brioché) ≃ brioche

**fouger** [fuʒe] ▸ conjug 3 ◂ vi [sanglier] to rout, root

**fougeraie** [fuʒʀɛ] nf fern field

**fougère** [fuʒɛʀ] → SYN nf fern ◆ **fougère arborescente** tree fern ◆ **fougère aigle** bracken ◆ **clairière envahie de fougère(s)** clearing overgrown with bracken

**fougue**[1] [fug] → SYN nf [personne] spirit; [discours, attaque] fieriness ◆ **plein de fougue** orateur, réponse fiery; cheval mettlesome, fiery ◆ **la fougue de la jeunesse** the hotheadedness of youth ◆ **avec fougue** spiritedly

**fougue**[2] [fug] nf (Naut) topgallant (mast)

**fougueusement** [fugøzmɑ̃] adv spiritedly ◆ **se ruer fougueusement sur qn** to hurl o.s. impetuously at sb

**fougueux, -euse** [fugø, øz] → SYN adj réponse, tempérament, orateur fiery; jeunesse hotheaded, fiery; cheval mettlesome, fiery; attaque spirited

**fouille** [fuj] → SYN nf **a** [personne] searching, frisking; [maison, bagages] search, searching ◆ **fouille corporelle** body search

**b** (Archéol) **fouilles** excavation(s), dig * ◆ **faire des fouilles** to carry out excavations

**c** (Constr) (= action) excavation; (= lieu) excavation (site)

**d** ( ‡ = poche) pocket ◆ **s'en mettre plein les fouilles** (= gagner de l'argent) to make a packet *

**fouillé, e** [fuje] (ptp de **fouiller**) adj analyse, étude detailed, in-depth (épith), thorough ◆ **fronton très fouillé** finely detailed pediment

**fouille-merde** ** [fujmɛʀd] **nmf inv** muckraker, shit-stirrer ***

**fouiller** [fuje] → SYN ▸ conjug 1 ◂ 1 **vt** [+ pièce, mémoire] to search; [+ personne] to search, frisk; [+ poches] to search, go *ou* rummage through; [+ région, bois] to search, scour, comb; [+ question] to go (deeply) into; [+ sol] to dig; [+ terrain] to excavate, dig up; [+ bas-relief] to undercut ◆ **on a fouillé mes bagages à la frontières** my bags were searched at the border ◆ **il fouillait l'horizon avec ses jumelles** he scanned *ou* searched the horizon with his binoculars ◆ **il fouilla l'obscurité des yeux** he peered into the darkness ◆ **il le fouilla du regard** he gave him a searching look ◆ **étude/analyse très fouillée** very detailed study/analysis ◆ **rinceaux très fouillés** finely detailed mouldings

2 **vi** ◆ **fouiller dans** [+ tiroir, armoire] to rummage in, dig about in; [+ poches, bagages] to go *ou* rummage through; [+ mémoire] to delve into, search ◆ **qui a fouillé dans mes affaires ?** who's been rummaging about in my things? ◆ **fouiller dans les archives** to delve into the files ◆ **fouiller dans le passé de qn** to delve into sb's past

3 **se fouiller vpr** to go through one's pockets ◆ **tu peux toujours te fouiller !** ** no way! *, nothing doing! *

**fouilleur, -euse** [fujœʀ, øz] 1 **nm,f** **a** (Archéol) digger

**b** (Police) searcher, frisker *

2 **fouilleuse nf** (Agr) subsoil plough (Brit) *ou* plow (US)

**fouillis** [fuji] → SYN **nm** [papiers, objets] jumble, muddle; [branchages] tangle; [idées] jumble, hotchpotch (Brit), hodgepodge (US) ◆ **faire du fouillis** (dans une pièce) [personne] to make a mess; [objets] to look a mess, look messy ◆ **sa chambre est en fouillis** his room is a dreadful mess ◆ **il régnait un fouillis indescriptible** everything was in an indescribable mess ◆ **il est très fouillis** * he's very untidy ◆ **un exposé fouillis** * a muddled account

**fouinard, e** * [fwinaʀ, aʀd] **adj, nm,f** ⇒ **fouineur, -euse**

**fouine** [fwin] **nf** (Zool) stone marten ◆ **c'est une vraie fouine** (fig) he's a real snoop(er) * (péj) ◆ **visage** *ou* **tête de fouine** weasel face

**fouiner** [fwine] → SYN ▸ conjug 1 ◂ **vi** (péj) to nose around *ou* about ◆ **je n'aime pas qu'on fouine dans mes affaires** I don't like people nosing *ou* ferreting about in my things ◆ **il est toujours à fouiner partout** he's always poking his nose into things

**fouineur, -euse** [fwinœʀ, øz] (péj) 1 **adj** prying, nosey *

2 **nm,f** nosey parker *, snoop(er) *

**fouir** [fwiʀ] → SYN ▸ conjug 2 ◂ **vt** to dig

**fouisseur, -euse** [fwisœʀ, øz] 1 **adj** burrowing, fossorial (SPÉC)

2 **nm** burrower, fossorial animal (SPÉC)

**foulage** [fulaʒ] **nm** [raisin] pressing; [drap] fulling; [cuir] tanning

**foulant, e** * [fulɑ̃, ɑ̃t] **adj** ◆ **ce n'est pas trop foulant** it won't kill you (*ou* him *etc*) *; → **pompe¹**

**foulard** [fulaʀ] → SYN **nm** **a** (= écharpe) (carré) (head)scarf; (long) scarf ◆ **foulard islamique** chador

**b** (= tissu) foulard

**foule** [ful] → SYN **nf** **a** (gén) crowd; (péj = populace) mob ◆ **la foule** (= le peuple) the masses ◆ **une foule hurlante** a howling mob ◆ **la foule et l'élite** the masses and the élite ◆ **la foule des badauds** the crowd of onlookers; → **psychologie**

**b** (LOC) **il y avait foule à la réunion** there were lots of people at the meeting ◆ **il n'y avait pas foule !** there was hardly anyone there! ◆ **une foule de** [+ livres, questions] masses * *ou* loads * of ◆ **il y avait une foule de gens** there was a crowd *ou* there were crowds of people ◆ **une foule de gens pensent que c'est faux** lots *ou* masses * of people think it's wrong ◆ **j'ai une foule de choses à te dire** I've got loads * *ou* masses * (of things) to tell you ◆ **ils vinrent en foule à l'exposition** they flocked to the exhibition ◆ **les idées me venaient en foule** my head was teeming with ideas

**foulée** [fule] → SYN **nf** [cheval, coureur] stride; [animal sauvage] spoor ◆ **suivre qn dans la foulée, être dans la foulée de qn** (Sport) to follow (close) on sb's heels ◆ **courir à petites foulées** (Sport) to jog *ou* trot along ◆ **dans la foulée je vais repeindre le couloir** I'll paint the corridor while I'm at it

**fouler** [fule] → SYN ▸ conjug 1 ◂ 1 **vt** [+ raisins] to press; [+ drap] to full; [+ cuir] to tan ◆ **fouler le sol de sa patrie** (littér) to walk upon *ou* tread (upon) native soil ◆ **fouler aux pieds quelque chose de sacré** to trample something sacred underfoot, trample on something sacred

2 **se fouler vpr** **a** **se fouler la cheville/le poignet** to sprain one's ankle/one's wrist

**b** (* = travailler dur) **il ne se foule pas beaucoup, il ne se foule pas la rate** he doesn't exactly overtax himself *ou* strain himself ◆ **ils ne se sont pas foulés !** they didn't exactly go to a lot of trouble!

**foulerie** [fulʀi] **nf** (= atelier) [draps] fulling shop; [cuirs] tanning shop; (= machine) [draps] fulling machine; [cuirs] tanning machine

**fouleur, -euse** [fulœʀ, øz] **nm,f** [drap] fuller; [cuir] tanner

**fouloir** [fulwaʀ] **nm** [drap] fulling mill; [cuir] tanning drum

**foulon** [fulɔ̃] **nm** → **terre**

**foulque** [fulk] **nf** coot

**foultitude** * [fultityd] **nf** ◆ **une foultitude de** heaps of *, loads of *, masses of * ◆ **j'ai une foultitude de choses à faire** I've got a thousand and one things *ou* heaps * *ou* masses * of things to do

**foulure** [fulyʀ] → SYN **nf** sprain

**four** [fuʀ] → SYN 1 **nm** **a** [boulangerie, cuisinière] oven; [potier] kiln; [usine] furnace ◆ **four à céramique/à émaux** pottery/enamelling kiln ◆ **cuire au four** [+ gâteau] to bake; [+ viande] to roast ◆ **plat allant au four** ovenproof *ou* fireproof dish ◆ **poisson cuit au four** baked fish ◆ **il a ouvert la bouche comme un four** * he opened his great cavern of a mouth ◆ **je ne peux pas être au four et au moulin** I can't be in two places at once; → **banal², noir**

**b** (Théât) flop, fiasco ◆ **cette pièce est** *ou* **a fait un four** the play is a complete flop

**c** (= gâteau) **(petit) four** small pastry, petit four ◆ **petits fours frais** miniature pastries ◆ **petits fours salés** savoury appetizers *(bite-size pizzas, quiches etc.)*

2 **COMP** ▷ **four à air pulsé** fan(-assisted) oven ▷ **four à chaux** lime kiln ▷ **four crématoire** [crématorium] crematorium *ou* crematory (furnace) ◆ **les fours crématoires** (Hist) the ovens *(in Nazi concentration camps)* ▷ **four électrique** (gén) electric oven; (Ind) electric furnace ▷ **four à pain** baker's oven ▷ **four solaire** solar furnace; → **micro-onde**

**fourbe** [fuʀb] → SYN **adj** personne, caractère, air, regard deceitful, treacherous ◆ **c'est un fourbe** he's deceitful *ou* treacherous

**fourberie** [fuʀbəʀi] → SYN **nf** (littér) (= nature) deceitfulness, treachery; (= acte, geste) deceit, treachery ◆ **à cause de ses fourberies** because of his treachery *ou* deceit ◆ **"Les Fourberies de Scapin"** (Littérat) "The Cheats of Scapin"

**fourbi** * [fuʀbi] **nm** (= attirail) gear * (NonC), clobber ** (NonC) (Brit); (= fouillis) mess ◆ **canne à pêche, hameçons et tout le fourbi** fishing rod, hooks and all the rest of the gear ◆ **partir en vacances avec le bébé, ça va en faire du** *ou* **un fourbi** going on holiday with the baby will mean taking a whole heap of gear * with us

**fourbir** [fuʀbiʀ] → SYN ▸ conjug 2 ◂ **vt** [+ arme] to polish, furbish ◆ **fourbir ses armes** (fig) to prepare for battle, get ready for the fray

**fourbissage** [fuʀbisaʒ] **nm** polishing, furbishing

**fourbisseur** [fuʀbisœʀ] **nm** furbisher

**fourbu, e** [fuʀby] → SYN **adj** exhausted

**fourbure** [fuʀbyʀ] **nf** founder, laminitis (SPÉC)

**fourche** [fuʀʃ] → SYN **nf** **a** (pour le foin) pitchfork; (pour bêcher) fork

**b** [arbre, chemin, bicyclette] fork; [pantalon, jambes] crotch; [cheveu] split end ◆ **la route faisait une fourche** the road forked

**c** (Hist) **les Fourches Caudines** the Caudine Forks ◆ **passer sous les fourches Caudines** (fig) to admit defeat

**d** (Belg = temps libre) break

**fourchée** [fuʀʃe] **nf** pitchforkful

**fourcher** [fuʀʃe] ▸ conjug 1 ◂ **vi** [arbre, chemin] † to fork ◆ **avoir les cheveux qui fourchent** to have split ends ◆ **ma langue a fourché** it was a slip of the tongue

**fourchette** [fuʀʃɛt] → SYN **nf** **a** (pour manger) fork ◆ **fourchette à gâteaux/à huîtres** pastry/oyster fork ◆ **manger avec la fourchette d'Adam** (hum) to eat with one's fingers ◆ **il a une bonne fourchette** *ou* **un bon coup de fourchette** he has a hearty appetite, he's a good *ou* hearty eater

**b** [oiseau] wishbone; [cheval] frog; (Aut) selector fork; (Tech) fork ◆ **fourchette vulvaire** (Anat) fourchette ◆ **fourchette sternale** (Anat) suprasternal notch

**c** (Stat) margin ◆ **la fourchette se rétrécit** the margin is narrowing ◆ **fourchette d'âge** age bracket ◆ **fourchette d'imposition** tax bracket *ou* band ◆ **fourchette de prix** price range

**d** (Échecs) fork ◆ **prendre la dame en fourchette** (Cartes) to finesse the queen

**fourchu, e** [fuʀʃy] → SYN **adj** arbre, chemin forked; menton jutting (épith) ◆ **animal au pied fourchu** cloven-hoofed animal ◆ **elle a les cheveux fourchus** she's got split ends; → **langue**

**fourgon** [fuʀgɔ̃] → SYN **nm** (= wagon) wag(g)on; (= camion) (large) van, lorry (Brit); (= diligence) coach, carriage; (= tisonnier) poker ◆ **fourgon à bagages** luggage van ◆ **fourgon à bestiaux** cattle truck ◆ **fourgon blindé** armoured van ◆ **fourgon cellulaire** prison *ou* police van (Brit), patrol wagon (US) ◆ **fourgon de déménagement** removal (Brit) *ou* moving (US) van ◆ **fourgon funéraire** *ou* **mortuaire** hearse ◆ **fourgon de munitions** munitions wagon ◆ **fourgon postal** mail van ◆ **fourgon de queue** rear brake van ◆ **fourgon de vivres** (Mil) supply wagon

**fourgonner** [fuʀgɔne] → SYN ▸ conjug 1 ◂ 1 **vt** [+ poêle, feu] to poke, rake

2 **vi** (* : parmi des objets) to rummage about, poke about ◆ **je l'entendais qui fourgonnait dans la cuisine/dans le placard** I heard him rummaging *ou* poking about in the kitchen/in the cupboard

**fourgonnette** [fuʀgɔnɛt] **nf** (small) van, delivery van

**fourgue** [fuʀg] (arg Crime) 1 **nm** (= personne) fence *

2 **nf** (= trafic) fencing *; (= marchandise) fenced goods *

**fourguer** * [fuʀge] ▸ conjug 1 ◂ **vt** (= vendre) [+ mauvaise marchandise] to flog * (*à* to), unload * (*à* onto); (= donner) to unload (*à* onto) ◆ **il m'a fourgué aux flics** * (= dénoncer) he squealed on me to the cops *

**fouriérisme** [fuʀjeʀism] **nm** Fourierism

**fouriériste** [fuʀjeʀist] 1 **adj** Fourieristic

2 **nmf** Fourierist, Fourierite

**fourme** [fuʀm] **nf** *type of French blue-veined cheese*

**fourmi** [fuʀmi] **nf** **a** (Zool) ant; (= personne affairée) beaver ◆ **fourmi noire/rouge/volante** black/red/flying ant ◆ **fourmi maçonne** builder *ou* worker ant ◆ **avoir des fourmis dans les jambes** to have pins and needles in one's legs ◆ **vus de si haut les gens ont l'air de fourmis** seen from so high up the people look like ants ◆ **elle s'affaire comme une fourmi** she bustles about as busy as a bee; → **travail¹**

**b** (arg Drogue) small-time runner, mule (arg)

**fourmilier** [fuʀmilje] **nm** anteater

**fourmilière** [fuʀmiljɛʀ] → SYN **nf** (= monticule) ant-hill; (= nid) ants' nest; (fig) hive of activity ◆ **cette ville/ce bureau est une (vraie) fourmilière** this town/this office is a hive of activity

**fourmilion** [fuʀmiljɔ̃] **nm** antlion, doodlebug (US)

**fourmillant, e** [fuʀmijɑ̃, jɑ̃t] → SYN **adj** foule milling, swarming; cité teeming

**fourmillement** [fuʀmijmɑ̃] → SYN **nm** **a** [insectes, personnes] swarming ◆ **le fourmillement de la rue** the swarming *ou* milling crowds in the street ◆ **un fourmillement d'insectes** a mass of swarming insects ◆ **un fourmillement d'idées** a welter of ideas

**b** (gén pl) **fourmillements** (= picotement) pins and needles

**fourmiller** [fuʀmije] [→ SYN] ▸ conjug 1 ◂ vi [insectes, personnes] to swarm ◆ **dissertation où fourmillent les erreurs** essay riddled with mistakes ◆ **fourmiller de** [+ insectes, personnes] to be swarming ou crawling ou teeming with; [+ idées, erreurs] to be teeming with

**fournaise** [fuʀnɛz] [→ SYN] nf (= feu) blaze, blazing fire; (= endroit surchauffé) furnace, oven

**fourneau**, pl **fourneaux** [fuʀno] [→ SYN] nm **a** († = cuisinière, poêle) stove ◆ **être aux fourneaux** to do the cooking

**b** [forge, chaufferie] furnace; [pipe] bowl ◆ **fourneau de mine** blast hole; → **haut**

**fournée** [fuʀne] [→ SYN] nf (lit, fig) batch

**fourni, e** [fuʀni] [→ SYN] (ptp de **fournir**) adj herbe luxuriant, lush; cheveux thick, abundant; barbe, sourcils bushy, thick ◆ **chevelure peu fournie** sparse ou thin head of hair ◆ **carte bien fournie** extensive menu ◆ **boutique bien fournie** well-stocked shop

**fournier** [fuʀnje] nm ovenbird

**fournil** [fuʀni] [→ SYN] nm bakery, bakehouse

**fourniment** * [fuʀnimɑ̃] nm gear * (NonC), clobber ⁑ (NonC) (Brit) ◆ **il va falloir emporter tout un fourniment** we'll have to take a whole heap of gear * ou stuff *

**fournir** [fuʀniʀ] [→ SYN] ▸ conjug 2 ◂ [1] vt **a** (= approvisionner) [+ client, restaurant] to supply ◆ **fournir qn en viande/légumes** to supply sb with meat/vegetables

**b** (= procurer) [+ matériel, main-d'œuvre] to supply, provide; [+ preuves, secours] to supply, furnish; [+ renseignements] to supply, provide, furnish; [+ pièce d'identité] to produce; [+ prétexte, exemple] to give, supply ◆ **fournir qch à qn** to supply ou provide sb with sth ◆ **fournir à qn l'occasion/les moyens de faire qch** to provide sb with the opportunity of doing sth/the means to do sth ◆ **fournir du travail à qn** to provide sb with work ◆ **fournir le vivre et le couvert** to provide board and lodging

**c** (= produire) [+ effort] to put in; [+ prestation] to give; [+ récolte] to supply ◆ **fournir un gros effort** to put in a lot of effort, make a great deal of effort

**d** (Cartes) **fournir (une carte)** to follow suit ◆ **fournir à cœur** to follow suit in hearts

[2] **fournir à** † vt indir [+ besoins] to provide for; [+ dépense, frais] to defray ◆ **ses parents fournissent à son entretien** his parents give him his keep ou provide for his maintenance

[3] **se fournir** vpr to provide o.s. (*de* with) ◆ **se fournir en** ou **de charbon** to get (in) supplies of coal ◆ **je me fournis toujours chez le même épicier** I always buy ou get my groceries from the same place, I always shop at the same grocer's

**fournisseur** [fuʀnisœʀ] [→ SYN] nm (Comm, Ind) supplier; (= détaillant) retailer, stockist (Brit) ◆ **fournisseur exclusif** sole supplier ◆ **fournisseur de viande/papier** supplier ou purveyor (frm) of meat/paper, meat/paper supplier ◆ **fournisseur d'accès** (Internet) access ou service provider ◆ **les pays fournisseurs de la France** countries that supply France (with goods ou imports) ◆ **les fournisseurs de l'armée** army contractors ◆ **chez votre fournisseur habituel** at your local retailer('s) ou stockist('s) (Brit) ◆ **nos fournisseurs manquent de matière première** our suppliers are out of raw materials

**fourniture** [fuʀnityʀ] [→ SYN] nf **a** (= action) [matériel, marchandises] supply(ing), provision

**b** (= objet) **fournitures (de bureau)** office supplies, stationery ◆ **fournitures scolaires** school stationery

**fourrage** [fuʀaʒ] [→ SYN] nm (Agr) fodder, forage ◆ **fourrage vert** silage

**fourrager**[1] [fuʀaʒe] [→ SYN] ▸ conjug 3 ◂ **fourrager dans** vt indir [+ papiers, tiroir] to rummage through, dig about in

**fourrager**[2], **-ère**[1] [fuʀaʒe, ɛʀ] adj ◆ **plante/betterave/culture fourragère** fodder plant/beet/crop ◆ **céréales fourragères** feed grains

**fourragère**[2] [fuʀaʒɛʀ] nf **a** (Mil) fourragère

**b** (= champ) fodder ou forage field; (= charrette) haywagon

**fourre** [fuʀ] nf (Helv) (= taie) pillowcase, pillowslip; [édredon] cover; (= chemise cartonnée ou plastifiée) folder; [livre] (dust) jacket ou cover; [disque] sleeve, jacket (US)

**fourré**[1] [fuʀe] [→ SYN] nm thicket ◆ **se cacher dans les fourrés** to hide in the bushes

**fourré**[2], **e** [fuʀe] (ptp de **fourrer**) adj bonbon, chocolat filled; manteau, gants fur-lined; (= molletonné) fleecy-lined ◆ **fourré d'hermine** ermine-lined ◆ **chocolats fourrés** chocolate creams ◆ **gâteau fourré à la crème** cream (-filled) cake ◆ **tablette de chocolat fourré à la crème** bar of cream-filled chocolate ◆ **coup fourré** (fig) underhand trick

**fourreau**, pl **fourreaux** [fuʀo] [→ SYN] nm **a** [épée] sheath, scabbard; [parapluie] cover ◆ **mettre au/tirer du fourreau son épée** to sheathe/unsheathe one's sword

**b** (robe) **fourreau** sheath dress

**fourrer** [fuʀe] [→ SYN] ▸ conjug 1 ◂ [1] vt **a** * (= enfoncer) to stick *, shove *, stuff *; (= mettre) to stick * ◆ **où ai-je bien pu le fourrer ?** where on earth ou the heck * did I put it? ◆ **fourrer ses mains dans ses poches** to stuff * ou stick * ou shove * one's hands in one's pockets ◆ **fourrer qch dans un sac** to stuff * ou shove * sth into a bag ◆ **qui t'a fourré ça dans le crâne ?** who put that (idea) into your head? ◆ **fourrer son nez partout/dans les affaires des autres** to poke ou stick * one's nose into everything/into other people's business ◆ **fourrer qn dans le pétrin** to land sb in the soup * ou in it * (Brit) ◆ **fourrer qn en prison** to stick sb in prison *

**b** [+ gâteau] to fill; [+ manteau] to line (with fur)

[2] **se fourrer** * vpr **a** **se fourrer une idée dans la tête** to get an idea into one's head ◆ **il s'est fourré dans la tête que …** he has got it into his head that …

**b** **se fourrer dans un coin** to go into a corner ◆ **se fourrer sous la table** to get under the table ◆ **où a-t-il encore été se fourrer ?** where has he got to now? ◆ **il ne savait plus où se fourrer** he didn't know where to put himself ◆ **tu es toujours fourré dans mes pattes !** you're always getting under my feet! ◆ **il est toujours fourré chez eux** he's always round at their place ◆ **son ballon est allé se fourrer dans la niche du chien** his ball ended up in ou landed in the dog kennel; → **doigt, guêpier**

**fourre-tout** [fuʀtu] [→ SYN] nm inv (= pièce) junk room; (= placard) junk cupboard; (= sac) holdall ◆ **sa chambre est un vrai fourre-tout** his bedroom is an absolute dump * ou tip * (Brit) ◆ **sa dissertation/son livre est un vrai fourre-tout** (péj) his essay/his book is a real hotchpotch (Brit) ou hodgepodge (US) of ideas ◆ **un discours/une loi fourre-tout** a ragbag of a speech/law

**fourreur** [fuʀœʀ] nm furrier

**fourrier** [fuʀje] nm (Hist Mil) (pour le logement) harbinger; (pour les vivres) quartermaster; (fig) (littér) forerunner, harbinger (littér); → **sergent**[1]

**fourrière** [fuʀjɛʀ] nf (gén, Aut) pound; [chiens] dog pound ◆ **emmener une voiture à la fourrière** to tow away a car, impound a car

**fourrure** [fuʀyʀ] [→ SYN] nf (= pelage) coat; (= matériau, manteau) fur

**fourvoiement** [fuʀvwamɑ̃] [→ SYN] nm (littér) mistake

**fourvoyer** [fuʀvwaje] [→ SYN] ▸ conjug 8 ◂ [1] vt ◆ **fourvoyer qn** [personne] to get sb lost, mislead sb; [mauvais renseignement] to mislead sb; [mauvais exemple] to lead sb astray

[2] **se fourvoyer** vpr (= s'égarer) to lose one's way; (= se tromper) to go astray ◆ **se fourvoyer dans un quartier inconnu** to stray into an unknown district (by mistake) ◆ **dans quelle aventure s'est-il encore fourvoyé ?** what has he got involved in now? ◆ **il s'est complètement fourvoyé en faisant son problème** he has gone completely wrong ou completely off the track with his problem

**foutaise** ⁑ [futɛz] nf ◆ **(des) foutaises !, (c'est de la) foutaise !** (that's) bullshit! ⁂, that's crap! ⁂ ◆ **dire des foutaises** to talk bullshit ⁂ ou crap ⁂ ◆ **se disputer pour une foutaise** ou **des foutaises** to quarrel over nothing

**foutoir** ⁑ [futwaʀ] nm damned ⁑ ou bloody ⁑ (Brit) shambles sg ◆ **sa chambre est un vrai foutoir** his bedroom is a pigsty ou a dump * ou a bloody shambles ⁑ (Brit)

**foutre**[1] ⁑ [futʀ] [→ SYN] [1] vt **a** (= faire) to do ◆ **qu'est-ce qu'il fout, il est déjà 8 heures** what the hell ⁑ is he doing ou up to – it's already 8 o'clock ◆ **il n'a rien foutu de la journée** he hasn't done a damned ⁑ ou bloody ⁑ (Brit) thing all day, he's done damn all ⁑ ou bugger all ⁂ (Brit) today ◆ **j'en n'ai rien à foutre de leurs histoires** I don't give a damn ⁑ about what they're up to ◆ **qu'est-ce que ça peut me foutre ?, qu'est-ce que j'en ai à foutre ?** what the hell do I care? ⁑

**b** (= donner) **foutre une raclée à qn** to beat the hell out of sb ⁑ ◆ **foutre une gifle à qn** to belt sb one * ◆ **ça me fout la trouille** it gives me the willies * ou creeps * ◆ **fous-moi la paix !** lay off! ⁑, bugger off! ⁂ (Brit) ◆ **je croyais qu'il avait compris mais je t'en fous !** I thought he'd understood but he damn well hadn't! ⁑ ◆ **qu'est-ce qui m'a foutu un idiot pareil !** of all the flaming idiots! * ◆ **je t'en foutrai des amis comme ça !** who the hell needs friends like that? ⁑ ◆ **je t'en foutrai, moi, du champagne !** I'll give you goddam ⁑ ou bloody ⁑ (Brit) champagne!

**c** (= mettre) **fous-le là/dans ta poche** shove * it in here/in your pocket ◆ **c'est lui qui a foutu le feu** he was the one who set fire to the place ◆ **foutre qn à la porte** to give sb the boot *, kick sb out * ◆ **il a foutu le vase par terre** (qui était posé) he knocked the vase off, he sent the vase flying * (Brit); (qu'il avait dans les mains) he dropped the vase ◆ **ça fout tout par terre** that screws ⁂ ou buggers ⁂ (Brit) everything up ◆ **ça l'a foutu en rogne** that made him as mad as hell ⁑ ◆ **ça la fout mal** it looks pretty bad *; → **bordel, merde**

**d** **foutre le camp** [personne] to split *, bugger off ⁂ (Brit); [bouton, rimmel, vis] to come off ◆ **fous-moi le camp !** get lost! ⁑, bugger off! ⁂ (Brit), sod off! ⁂ (Brit) ◆ **tout fout le camp** everything's falling apart ou going to hell ⁑

[2] **se foutre** vpr **a** (= se mettre) **je me suis foutu dedans** I really screwed up ⁂ ◆ **tu vas te foutre par terre** you're going to fall flat on your face ◆ **se foutre dans une sale affaire** to get mixed up in a messy business ◆ **ils se sont foutu sur la gueule** they beat (the) hell out of each other ⁑

**b** (= se moquer) **se foutre de qn/qch** to take the mickey * ou piss ⁂ (Brit) out of sb/sth; (= être indifférent) not to give a damn about sb/sth ⁑ ◆ **se foutre de qn** (= dépasser les bornes) to mess * ou muck * (Brit) sb about ◆ **25 € pour ça, ils se foutent de nous** ou **du monde** €25 for that! – what the hell do they take us for! ⁑ ◆ **ça, je m'en fous pas mal** I couldn't give a damn ⁑ about that ◆ **je me fous qu'il parte** ou **qu'il reste** I couldn't give a damn ⁑ whether he goes or stays ◆ **tu te fous de ma gueule ?** (= tu te moques de moi) are you making fun of me?, are you taking the piss? ⁂ (Brit); (= tu me fais marcher) are you putting me on? * ◆ **quelle belle bague ! il s'est pas foutu de toi !** what a beautiful ring! he really treats you right! * ◆ **du champagne et du caviar ! elle ne s'est pas foutue de nous !** champagne and caviar! she's really done us proud!

**c** ⁂ **va te faire foutre !** fuck off! ⁂, fuck you! ⁂, bugger off! ⁂ (Brit), get stuffed! ⁑ (Brit) ◆ **je lui ai bien demandé, mais va te faire foutre : il n'a jamais voulu** I did ask him but no fucking ⁂ way would he do it

**d** **se foutre à faire qch** to start to do sth ◆ **il s'est foutu à chialer** he started to blubber *

**foutre**[2] † ⁂ [futʀ] excl, adv damnation! ⁑, bloody hell! ⁑ (Brit) ◆ **je n'en sais foutre rien !** I haven't got a fucking ⁂ clue!

**foutre**[3] † ⁂ [futʀ] nm come ⁑, spunk ⁂ (Brit)

**foutrement** ⁑ [futʀəmɑ̃] adv damn ⁑, bloody ⁑ (Brit) ◆ **il s'est foutrement bien défendu** he stood up for himself damn well ⁑ ou bloody well ⁑ (Brit)

**foutriquet** † * [futʀikɛ] nm (péj) nobody, little runt *

**foutu, e** ⁑ [futy] [→ SYN] (ptp de **foutre**) adj **a** (avant n : intensif) objet, appareil, personne damned ⁑, bloody ⁑ (Brit); (= mauvais) temps, pays, travail damned awful ⁑, bloody awful (Brit) ⁑ ◆ **il a**

**un foutu caractère** he's got one hell of a temper *

**b** (après n) malade, vêtement done for * (attrib); appareil bust *, buggered * (Brit) ◆ **il est foutu** he's had it * ◆ **c'est foutu pour mon avancement** there ou bang * goes my promotion

**c** (= habillé) got up *, rigged out *

**d** (= bâti, conçu) **bien/mal foutu** appareil, émission, documentaire well-/badly-made; manuel well-/badly-written ◆ **montre-moi comment c'est foutu** show me what it looks like ◆ **elle est bien foutue** she's well put together *, she's got a nice body

**e** (= malade) **être mal** ou **pas bien foutu** to feel lousy *, feel bloody * (Brit) awful

**f** (= capable) **il est foutu de le faire** he's quite likely ou liable to go and do it ◆ **il est même pas foutu de réparer ça** he can't even mend the damned thing *

**fovéa** [fɔvea] nf fovea

**fovéal, e,** mpl **-aux** [fɔveal, o] adj foveal

**fox(-terrier),** pl **fox(-terriers)** [fɔks(tɛʀje)] nm fox terrier

**fox(-trot)** [fɔks(tʀɔt)] nm inv foxtrot

**foxé, e** [fɔkse] adj foxy

**fox-hound,** pl **fox-hounds** [fɔksaund] nm foxhound

**foyer** [fwaje] → SYN nm **a** (frm) (= maison) home; (= famille) family ◆ **foyer uni** close ou united family ◆ **les joies du foyer** the joys of family life ◆ **revenir au foyer** to come back home ◆ **un jeune foyer** a young couple ◆ **foyer fiscal** *household (as defined for tax purposes);* → **femme, fonder, renvoyer**

**b** [locomotive, chaudière] firebox; (= âtre) hearth, fireplace; (= dalle) hearth(stone)

**c** (= résidence) [vieillards, soldats] home; [jeunes] hostel; [étudiants] hostel, hall ◆ **foyer éducatif** special (residential) school ◆ **foyer socio-éducatif** community home ◆ **foyer d'étudiants** students' hall (of residence) ou hostel

**d** (= lieu de réunion) [jeunes, retraités] club; (Théât) foyer ◆ **foyer des artistes** greenroom ◆ **foyer des jeunes** youth club

**e** (Math, Opt, Phys) focus ◆ **à foyer variable** variable-focus (épith) ◆ **verres à double foyer** bifocal lenses

**f foyer de** [+ incendie] seat of, centre of; [+ lumière, infection] source of; [+ agitation] centre of ◆ **foyer d'extrémistes** centre of extremist activities

**FP** (abrév de **franchise postale**) → **franchise**

**FR3** † [ɛfɛʀtʀwa] (abrév de **France Régions 3**) *former name of the third French television channel (now called France 3)*

**frac** [fʀak] → SYN nm tails, tail coat ◆ **être en frac** to be in tails, be wearing a tail coat

**fracas** [fʀaka] → SYN nm [objet qui tombe] crash; [train, tonnerre, vagues] roar; [bataille] din ◆ **tomber avec fracas** to fall with a crash, come crashing down ◆ **la nouvelle a été annoncée à grand fracas** the news was announced amid a blaze of publicity ◆ **démissionner avec fracas** to resign dramatically ◆ **ils ont quitté la conférence avec fracas** they stormed out of the conference; → **perte**

**fracassant, e** [fʀakasɑ̃, ɑ̃t] → SYN adj bruit thunderous, deafening; nouvelle shattering, staggering, sensational; déclaration sensational; succès resounding, thundering (épith)

**fracasser** [fʀakase] → SYN ▸ conjug 1 ◂ [1] vt [+ objet, mâchoire, épaule] to smash, shatter; [+ porte] to smash (down), shatter ◆ **il est fracassé** * (= saoul) he's pissed *; (= drogué) he's stoned *

[2] **se fracasser** vpr ◆ **se fracasser contre** ou **sur qch** [vagues] to crash against sth; [bateau, véhicule] to be smashed (to pieces) against sth ◆ **la voiture est allée se fracasser contre l'arbre** the car smashed ou crashed into the tree

**fractal, e** [fʀaktal] [1] adj fractal

[2] **fractale** nf fractal

**fraction** [fʀaksjɔ̃] → SYN nf (Math) fraction; [groupe, somme, terrain] part ◆ **en une fraction de seconde** in a fraction of a second, in a split second ◆ **par fraction de 3 jours/de 10 unités** for every 3-day period/10 units ◆ **une fraction importante du groupe** a large proportion of the group

**fractionnaire** [fʀaksjɔnɛʀ] adj nombre fractional ◆ **livre fractionnaire** (Comm) day book

**fractionné, e** [fʀaksjɔne] (ptp de **fractionner**) adj (Chim) distillation, cristallisation fractional; groupe de personnes fragmented ◆ **mon emploi du temps est trop fractionné** my timetable is too disjointed ou fragmented ◆ **paiement fractionné** payment in instalments (Brit) ou installments, installment payment (US)

**fractionnel, -elle** [fʀaksjɔnɛl] adj attitude, menées divisive

**fractionnement** [fʀaksjɔnmɑ̃] → SYN nm splitting up, division ◆ **fractionnement d'actions** (Bourse) stock splitting

**fractionner** [fʀaksjɔne] → SYN ▸ conjug 1 ◂ [1] vt [+ groupe, somme, travail] to divide (up), split up

[2] **se fractionner** vpr [groupe] to split up, divide

**fractionnisme** [fʀaksjɔnism] nm fractionalism

**fractionniste** [fʀaksjɔnist] [1] adj factional

[2] nmf factionalist

**fracture** [fʀaktyʀ] → SYN nf **a** (Géol, Méd) fracture ◆ **fracture du crâne** fractured skull ◆ **fracture ouverte** open fracture ◆ **fractures multiples** multiple fractures ◆ **fracture en bois vert** greenwood fracture

**b** (fig, Pol) split (*entre* between) ◆ **la fracture sociale** the gap between the haves and the have-nots

**fracturer** [fʀaktyʀe] → SYN ▸ conjug 1 ◂ vt (Géol, Méd) to fracture; [+ serrure] to break (open); [+ coffre-fort, porte] to break open ◆ **il s'est fracturé la jambe** he's fractured his leg

**fragile** [fʀaʒil] → SYN adj corps, vase fragile, delicate; organe, peau, tissu delicate; cheveux brittle; santé fragile, delicate, frail; surface, revêtement easily damaged; construction, économie, preuve, argument flimsy, frail; équilibre delicate, shaky; bonheur, paix frail, flimsy, fragile; gloire fragile; pouvoir, prospérité fragile, flimsy ◆ **"attention fragile"** (sur étiquette) "fragile, handle with care" ◆ **ne soyez pas trop brusque, elle est encore fragile** (physiquement, affectivement) don't be too rough with her – she's still (feeling) rather fragile ou delicate ◆ **fragile comme du verre** as delicate as porcelain ou china ◆ **avoir l'estomac fragile, être fragile de l'estomac** to have a weak stomach ◆ **être de constitution fragile** to have a weak constitution

**fragilisation** [fʀaʒilizasjɔ̃] nf [position, gouvernement, secteur] weakening ◆ **cela entraîne la fragilisation des familles** this puts a great strain on the family unit ◆ **c'est un facteur de fragilisation de l'entreprise** this is a factor that might undermine the company ou that might lead to the weakening of the company

**fragiliser** [fʀaʒilize] → SYN ▸ conjug 1 ◂ vt [+ position, secteur] to weaken; [+ régime politique] to undermine, weaken ◆ **des familles fragilisées par la récession** families made vulnerable by the recession

**fragilité** [fʀaʒilite] → SYN nf [corps, vase] fragility; [organe, peau] delicacy; [cheveux] brittleness; [santé] fragility, delicacy, frailty; [construction, économie, preuve, argument] flimsiness, frailty; [bonheur, paix] frailty, flimsiness, fragility; [gloire] fragility; [pouvoir, prospérité] fragility, flimsiness

**fragment** [fʀagmɑ̃] → SYN nm **a** [vase, roche, papier] fragment, bit, piece; [os, vitre] fragment, splinter, bit

**b** [conversation] bit, snatch; [chanson] snatch; [lettre] bit, part; [roman] (= bribe) fragment; (= extrait) passage, extract

**fragmentaire** [fʀagmɑ̃tɛʀ] → SYN adj connaissances sketchy, patchy, fragmentary; étude, exposé sketchy, fragmentary; effort, travail sketchy, fragmented ◆ **nous avons une vue très fragmentaire des choses** we have only a sketchy ou an incomplete picture of the situation

**fragmentation** [fʀagmɑ̃tasjɔ̃] → SYN nf [matière] breaking up, fragmentation; [État, terrain] fragmentation, splitting up, breaking up; [étude, travail, livre, somme] splitting up, division; → **bombe**

**fragmenter** [fʀagmɑ̃te] → SYN ▸ conjug 1 ◂ [1] vt [+ matière] to break up, fragment; [+ État, terrain] to fragment, split up, break up; [+ étude, travail, livre, somme] to split up, divide (up) ◆ **avoir une vision fragmentée du monde** to have a fragmented view of the world ◆ **ce travail est trop fragmenté** this work is too fragmented

[2] **se fragmenter** vpr [roches] to fragment, break up

**fragon** [fʀagɔ̃] nm (Bot) butcher's-broom

**fragrance** [fʀagʀɑ̃s] → SYN nf (littér) fragrance

**fragrant, e** [fʀagʀɑ̃, ɑ̃t] → SYN adj (littér) fragrant

**frai[1]** [fʀɛ] → SYN nm (= œufs) spawn; (= alevins) fry; (= époque) spawning season; (ponte) spawning

**fraîche** [fʀɛʃ] adj, nf → **frais[1]**

**fraîchement** [fʀɛʃmɑ̃] adv **a** (= récemment) freshly, newly ◆ **fraîchement arrivé** newly ou just arrived ◆ **fruit fraîchement cueilli** freshly picked fruit ◆ **amitié fraîchement nouée** newly-formed friendship

**b** (= froidement) accueillir coolly ◆ **comment ça va ? – fraîchement !** * how are you? – a bit chilly! *

**fraîcheur** [fʀɛʃœʀ] → SYN nf **a** [boisson] coolness; [pièce] (agréable) coolness; (trop froid) chilliness ◆ **la fraîcheur du soir/de la nuit** the cool of the evening/of the night ◆ **chercher un peu de fraîcheur** to look for a cool spot ou place ◆ **ce déodorant procure une agréable sensation de fraîcheur** this deodorant leaves you feeling pleasantly cool

**b** [accueil] coolness, chilliness

**c** [âme] purity; [sentiment, jeunesse, teint] freshness; [couleurs] freshness, crispness

**d** [aliment] freshness ◆ **de première fraîcheur** very fresh

**fraîchin** [fʀɛʃɛ̃] nm [poisson] smell of fresh fish; [marée] smell of the sea

**fraîchir** [fʀeʃiʀ] ▸ conjug 2 ◂ vi [temps, température] to get cooler; [vent] to freshen

**frais[1], fraîche** [fʀɛ, fʀɛʃ] → SYN [1] adj **a** (= légèrement froid) eau, endroit cool; vent cool, fresh ◆ **vent frais** (Mét Naut) strong breeze

**b** (= sans cordialité) accueil chilly, cool

**c** (= sain, éclatant) couleur fresh, clear, crisp; joues, teint fresh; parfum fresh; haleine fresh, sweet; voix clear; joie, âme, histoire d'amour pure ◆ **ses vêtements ne sont plus très frais** his clothes don't look very fresh ◆ **un peu d'air frais** a breath of ou a little fresh air

**d** (= récent) plaie fresh; traces, souvenir recent, fresh; peinture wet, fresh; nouvelles recent ◆ **l'encre est encore fraîche** the ink is still wet; → **date**

**e** (opposé à sec, en conserve) poisson, légumes, lait, pâtes fresh; œuf fresh, new-laid; pain new, fresh; → **chair**

**f** (= jeune, reposé) troupes fresh ◆ **frais et dispos** fresh (as a daisy) ◆ **frais comme un gardon** bright as a button ◆ **je ne suis pas très frais ce matin** I'm feeling a bit seedy this morning ◆ **fraîche comme une rose** ou **la rosée** as fresh as a daisy ◆ **elle est encore très fraîche pour son âge** she's very young-looking for her age

**g** (Comm) **argent frais** (disponible) ready cash; (à investir) fresh money

**h** (* = en difficulté) **eh bien, on est frais !** ou **nous voilà frais !** well, we're in a fine mess now! *

[2] adv **a il fait frais** (agréable) it's cool; (froid) it's chilly ◆ **en été, il faut boire frais** in summer you need cool ou cold drinks ◆ **"servir frais"** "serve cold ou chilled"

**b** (= récemment) newly ◆ **herbe frais** ou **fraîche coupée** newly ou freshly cut grass ◆ **frais émoulu de l'université** fresh from ou newly graduated from university ◆ **frais débarqué de sa province** fresh ou newly up from the country ◆ **habillé/rasé de frais** freshly changed/shaven

[3] nm **a** (= fraîcheur) **prendre le frais** to take a breath of fresh air ◆ **mettre (qch) au frais** (lit) to put (sth) in a cool place ◆ **mettre qn au frais** * (fig) to put sb in the cooler * ◆ **le linge sent le frais** the linen smells lovely and fresh

**b** (Mét, Naut) **joli** ou **bon frais** strong breeze ◆ **grand frais** near gale

**c** (Comm) **le frais** fresh produce

[4] **fraîche** nf ◆ **(sortir) à la fraîche** (to go out) in the cool of evening

**frais[2]** [fʀɛ] → SYN [1] nmpl **a** (gén = débours) expenses, costs; (facturés) charges; (Admin

(= droits) charges, fee(s) ◆ **tous frais compris** inclusive of all costs ◆ **voyage d'affaires tous frais payés** business trip with all expenses paid ◆ **tous frais payés** (Comm) after costs ◆ **faire de grands frais** to go to great expense ◆ **ça m'a fait beaucoup de frais** it cost me a great deal of money ◆ **avoir de gros frais** to have heavy outgoings; → **arrêter, faux**[2]

**b** (Loc) **se mettre en frais** (lit) to go to great expense ◆ **se mettre en frais pour qn/pour recevoir qn** to put o.s. out for sb/to entertain sb ◆ **faire les frais de la conversation** (parler) to keep the conversation going; (en être le sujet) to be the (main) topic of conversation ◆ **nous ne voulons pas faire les frais de cette erreur** we do not want to have to pay for this mistake ◆ **rentrer dans** ou **faire ses frais** to recover one's expenses ◆ **j'ai essayé d'être aimable mais j'en ai été pour mes frais** I tried to be friendly but I might just as well have spared myself the trouble ◆ **aux frais de la maison** at the firm's expense ◆ **à ses frais** at one's own expense ◆ **aux frais de la princesse** * (de l'État) at the taxpayer's expense; (de l'entreprise) at the firm's expense; (= gratuitement) with all expenses paid ◆ **à grands frais** at great expense ◆ **il se l'est procuré à grands frais** he acquired it at great expense, he paid a great deal for it ◆ **il se l'est procuré à moindre(s) frais** it didn't cost him a lot, he paid very little for it ◆ **à peu de frais** cheaply ◆ **il s'en est tiré à peu de frais** he got off lightly

[2] COMP ▷ **frais d'agence** agency fees ▷ **frais d'avocats** solicitors' ou legal fees ▷ **frais bancaires** banking charges ▷ **frais de démarrage** start-up costs ▷ **frais de déplacement** travelling expenses ou costs ▷ **frais divers** miscellaneous expenses, sundries ▷ **frais d'encaissement** collection charges ▷ **frais d'enregistrement** registration fee(s) ▷ **frais d'entretien** [jardin, maison] (cost of) upkeep; [machine, équipement] maintenance costs ▷ **frais d'envoi, frais d'expédition** forwarding charges ▷ **frais d'exploitation** running costs ▷ **frais financiers** (gén) interest charges; [crédit] loan charges ▷ **frais fixes** fixed ou standing charges ou expenses ou costs ▷ **frais de fonctionnement** running ou upkeep costs ▷ **frais de garde** [enfant] childminding fees ou costs; [malade] nursing fees; (Fin) management charges ▷ **frais généraux** overheads (Brit), overhead (US) ▷ **frais de gestion** (= charges) running costs; (= prix d'un service) management fees; (Fin) management charges ▷ **frais d'hébergement** accommodation costs ou expenses ou fees ▷ **frais d'hospitalisation** hospital fees ou expenses ▷ **frais d'hôtel** hotel expenses ▷ **frais d'inscription** registration fees ▷ **frais de justice** (legal) costs ▷ **frais de logement** accommodation expenses ou costs ▷ **frais de main-d'œuvre** labour costs ▷ **frais de manutention** handling charges ▷ **frais médicaux** medical costs ou expenses ou fees ▷ **frais de notaire** legal fees ▷ **frais de personnel** staff(ing) costs ▷ **frais de port et d'emballage** postage and packing ▷ **frais de premier établissement** start-up costs, organization expenses ▷ **frais professionnels** business expenses ▷ **frais réels** (Impôts) allowable expenses ▷ **frais de représentation** entertainment expenses ▷ **frais de scolarité** (à l'école, au lycée) school fees (Brit), tuition (fees) (US); (pour un étudiant) tuition (fees) ▷ **frais de timbre** stamp charges ▷ **frais de transport** transportation costs; → **étude, installation**

**fraisage** [fʀɛzaʒ] nm (pour agrandir) reaming; (pour mettre une vis) countersinking; (pour usiner) milling

**fraise** [fʀɛz] [1] nf **a** (= fruit) strawberry ◆ **fraise des bois** wild strawberry; → **sucrer**

**b** (Tech) (pour agrandir un trou) reamer; (pour trou de vis) countersink (bit); [métallurgiste] milling-cutter; [dentiste] drill

**c** (Boucherie) **fraise de veau/de porc** calf's/pig's caul

**d** (Hist = col) ruff, fraise; (Zool = caroncule) wattle

**e** (Méd) strawberry mark

**f** (* = visage) face; → **ramener**

[2] adj inv couleur strawberry pink

**fraiser**[1] [fʀeze] ▸ conjug 1 ◂ vt (= agrandir) to ream; (pour mettre une vis) to countersink; (= usiner) to mill ◆ **à tête fraisée** countersunk

**fraiser**[2] [fʀeze] ▸ conjug 1 ◂ vt (Culin) to work, knead

**fraiseraie** [fʀɛzʀɛ] nf strawberry field

**fraiseur** [fʀɛzœʀ] nm milling-machine operator

**fraiseuse** [fʀɛzøz] [→ SYN] nf **a** (= machine) milling machine

**b** (= ouvrière) (woman) milling-machine operator

**fraisiculteur, -trice** [fʀɛzikyltœʀ, tʀis] nm,f strawberry grower

**fraisier** [fʀezje] nm **a** (Bot) strawberry plant

**b** (Culin) strawberry gateau

**fraisière** [fʀɛzjɛʀ] nf strawberry field

**fraisiériste** [fʀezjeʀist] nmf strawberry grower

**fraisil** [fʀezil] nm (Tech) clinker

**fraisure** [fʀezyʀ] nf countersink, countersunk hole

**framboise** [fʀɑ̃bwaz] nf (= fruit) raspberry; (= liqueur) raspberry liqueur

**framboiser** [fʀɑ̃bwaze] ▸ conjug 1 ◂ vt to give a raspberry flavour to

**framboisier** [fʀɑ̃bwazje] nm **a** (Bot) raspberry bush ◆ **framboisiers** raspberry canes ou bushes

**b** (Culin) raspberry gateau

**franc**[1], **franche** [fʀɑ̃, fʀɑ̃ʃ] [→ SYN] [1] adj **a** (= loyal) personne frank, straightforward; réponse frank, straight(forward), plain; regard, entretien frank, candid; rire hearty; gaieté open; entrevue frank, candid ◆ **pour être franc avec vous** to be frank with you ◆ **franc comme l'or, franc du collier** straight as a die; → **jouer**

**b** (= net) situation clear-cut, unequivocal; différence clear(-cut); cassure clean; hostilité, répugnance unequivocal; couleur clear, pure ◆ **accord franc et massif** overwhelming ou unequivocal acceptance ◆ **5 jours francs** (Jur) 5 clear days

**c** (péj = total) imbécile utter, downright, absolute; canaille downright, out-and-out, absolute; ingratitude downright, sheer ◆ **c'est une franche comédie/grossièreté** it's downright ou utterly hilarious/rude, it's sheer comedy/rudeness

**d** (= libre) zone, ville, port free ◆ **boutique franche** duty-free shop ◆ **franc de** (Comm) free of ◆ **(livré) franc de port** marchandises carriage-paid; paquet post-free, postage paid ◆ **franc d'avaries communes/particulières** free of general/particular average; → **corps, coudée, coup**

**e** (Agr) **(arbre) franc (de pied)** cultivar ◆ **greffer sur franc** to graft onto a cultivar

[2] adv ◆ **à vous parler franc** to be frank with you ◆ **je vous le dis tout franc** I'm being frank ou candid with you

**franc**[2] [fʀɑ̃] nm (= monnaie) franc ◆ **ancien/nouveau franc** old/new franc ◆ **franc lourd** revalued franc ◆ **franc constant** constant ou inflation-adjusted franc ◆ **franc courant** franc at the current rate ◆ **franc belge/français/suisse** Belgian/French/Swiss franc ◆ **franc CFA** CFA franc *(unit of currency used in certain African states)* ◆ **le franc fort** the strong franc ◆ **demander/obtenir le franc symbolique** to demand/obtain token damages ◆ **racheter une entreprise pour le** ou **un franc symbolique** to buy up a company for a nominal ou token sum ◆ **ça coûte/il gagne trois francs six sous** it costs/he earns peanuts * ou next to nothing

**franc**[3], **franque** [fʀɑ̃, fʀɑ̃k] [1] adj Frankish

[2] **Franc** nm Frank

[3] **Franque** nf Frank

**français, e** [fʀɑ̃sɛ, ɛz] [→ SYN] [1] adj French

[2] adv ◆ **acheter français** to buy French (products) ◆ **boire/rouler français** to buy French wine/cars

[3] nm **a** (Ling) French ◆ **tu ne comprends pas le français ?** * ≃ don't you understand (plain) English? ◆ **c'est une faute de français** ≃ it's a grammatical mistake ◆ **qu'essaies-tu de me dire, en bon français ?** what are you trying to tell me, in plain English?

**b** **Français** Frenchman ◆ **les Français** (= gens) the French, French people; (= hommes) Frenchmen ◆ **le Français moyen** the average Frenchman, the man in the street

[4] **française** nf **a** **Française** Frenchwoman

**b** **à la française** démocratie, socialisme, capitalisme French-style, à la française; humour French; → **jardin**

**franc-bord**, pl **francs-bords** [fʀɑ̃bɔʀ] nm (Naut) freeboard

**franc-bourgeois**, pl **francs-bourgeois** [fʀɑ̃buʀʒwa] nm freeman

**franc-comtois, e**, npl **francs-comtois** [fʀɑ̃kɔ̃twa, az] [1] adj of ou from Franche-Comté

[2] **Franc-Comtois(e)** nm,f inhabitant ou native of Franche-Comté

**France** [fʀɑ̃s] nf France ◆ **histoire/équipe/ambassade de France** French history/team/embassy ◆ **le roi de France** the King of France ◆ **la France libre** (Hist) free France ◆ **France2/3** (TV) *state-owned channels on French television*; → **profond, vieux**

**FRANCE TÉLÉVISION**

There are two state-owned television channels in France: France 2 (still often known by its former name of "Antenne 2"), and France 3, a regionally-based channel formerly known as "FR3". Broadly speaking, France 2 is a general-interest and light entertainment channel, while France 3 offers more cultural and educational viewing.

**Francfort** [fʀɑ̃kfɔʀ] n Frankfurt ◆ **Francfort-sur-le-Main** Frankfurt am Main; → **saucisse**

**Franche-Comté** [fʀɑ̃ʃkɔ̃te] nf Franche-Comté

**franchement** [fʀɑ̃ʃmɑ̃] adv **a** (= honnêtement) parler, répondre frankly; agir openly ◆ **pour vous parler franchement** to be frank (with you) ◆ **avouez franchement que ...** you've got to admit that ... ◆ **franchement ! j'en ai assez !** quite frankly, I've had enough! ◆ **il y a des gens, franchement !** really! ou honestly! some people! ◆ **franchement non** frankly no

**b** (= sans hésiter) entrer, frapper boldly ◆ **il entra franchement** he strode in, he walked straight ou boldly in ◆ **appuyez-vous franchement sur moi** put all your weight on me, lean hard on me ◆ **allez-y franchement** (explication) get straight to the point, say it straight out; (manœuvre) go right ahead

**c** (= sans ambiguïté) clearly; (= nettement) definitely ◆ **je lui ai posé la question franchement** I put the question to him straight ◆ **dis-moi franchement ce que tu veux** tell me straight out ou clearly what you want ◆ **c'est franchement rouge** it's clearly ou quite obviously red ◆ **c'est franchement au-dessous de la moyenne** it's well below average

**d** (intensif = tout à fait) mauvais, laid utterly, downright, really; bon really; impossible downright, utterly; irréparable completely, absolutely ◆ **ça m'a franchement dégoûté** it really ou utterly disgusted me ◆ **ça s'est franchement mal passé** it went really badly ◆ **on s'est franchement bien amusé** we really ou thoroughly enjoyed ourselves ◆ **c'est franchement trop (cher)** it's far too expensive

**franchir** [fʀɑ̃ʃiʀ] [→ SYN] ▸ conjug 2 ◂ vt [+ obstacle] to clear, get over; [+ fossé] to clear, jump over; [+ rue, rivière, ligne d'arrivée] to cross; [+ seuil] to cross, step across; [+ porte] to go through; [+ distance] to cover; [+ mur du son] to break (through); [+ difficulté] to get over, surmount; [+ borne, limite] to overstep, go beyond ◆ **franchir les mers** (littér) to cross the sea ◆ **franchir le Rubicon** to cross the Rubicon ◆ **il lui reste 10 mètres à franchir** he still has 10 metres to go ◆ **franchir le cap de la soixantaine** to turn sixty ◆ **le pays vient de franchir un cap important** the country has just passed an important milestone ◆ **ne pas réussir à franchir la barre de ...** [chiffres, vote] to be ou fall short of ... ◆ **sa renommée a franchi les frontières** his fame has spread far and wide ◆ **l'historien, franchissant quelques siècles ...** the historian, passing over a few centuries ...

**franchisage** [fʀɑ̃ʃizaʒ] nm franchising

**franchise** [fʀɑ̃ʃiz] [→ SYN] nf **a** [personne, réponse] frankness, straightforwardness, candour (Brit), candor (US); [regard] candour (Brit), candor (US), openness ◆ **en toute franchise** quite frankly

**b** (= exemption) (gén) exemption; (Hist) [ville] franchise ◆ **franchise fiscale** tax exemption ◆ **franchise (douanière)** exemption from (customs) duties ◆ **colis en franchise** duty-free parcel ◆ **importer qch en franchise** to import sth duty-free ◆ **"franchise postale"** ≃ official paid ◆ **franchise de bagages** baggage allowance

**c** (Assurances) excess (Brit), deductible (US)

**d** (Comm) franchise ◆ **agent/magasin en franchise** franchised dealer/shop (Brit) ou store (US)

**franchisé, e** [fʀɑ̃ʃize] **1** adj ◆ **boutique franchisée** franchised outlet

**2** nm,f franchisee

**franchiser** [fʀɑ̃ʃize] ▸ conjug 1 ◂ vt to franchise

**franchiseur** [fʀɑ̃ʃizœʀ] nm franchisor

**franchissable** [fʀɑ̃ʃisabl] → SYN adj surmountable

**franchissement** [fʀɑ̃ʃismɑ̃] → SYN nm [obstacle] clearing; [rivière, seuil] crossing; [limite] overstepping

**franchouillard, e** * [fʀɑ̃ʃujaʀ, aʀd] (péj) **1** adj typically French

**2** nm typically narrow-minded Frenchman

**3** **franchouillarde** nf typically narrow-minded French woman

**francien** [fʀɑ̃sjɛ̃] nm (Ling) Francien dialect

**francilien, -ienne** [fʀɑ̃siljɛ̃, jɛn] **1** adj from ou of the Île-de-France

**2** **Francilien(ne)** nm,f inhabitant of the Île-de-France

**3** **Francilienne** nf ◆ **la Francilienne** (= autoroute) *motorway that encircles the Parisian region*

**francique** [fʀɑ̃sik] nm Frankish

**francisation** [fʀɑ̃sizasjɔ̃] nf (Ling) gallicizing, Frenchifying; (Naut) [navire] registration as French

**franciscain, e** [fʀɑ̃siskɛ̃, ɛn] adj, nm,f Franciscan

**franciser** [fʀɑ̃size] ▸ conjug 1 ◂ vt (Ling) to gallicize, Frenchify; (Naut) to register as French ◆ **il a francisé son nom** he made his name sound more French, he Frenchified his name

**francisque** [fʀɑ̃sisk] nf francisc

**francité** [fʀɑ̃site] nf Frenchness

**francium** [fʀɑ̃sjɔm] nm francium

**franc-jeu** [fʀɑ̃ʒø] nm (Sport) fair-play ◆ **jouer franc-jeu** (fig) to play fair

**franc-maçon, -onne,** mpl **francs-maçons,** fpl **franc-maçonnes** [fʀɑ̃masɔ̃, ɔn] → SYN **1** nm,f freemason

**2** adj ◆ **loge franc-maçonne** masonic lodge, freemasons' lodge ◆ **la solidarité franc-maçonne** freemason solidarity

**franc-maçonnerie,** pl **franc-maçonneries** [fʀɑ̃masɔnʀi] nf freemasonry

**franco** [fʀɑ̃ko] → SYN adv (Comm) ◆ **franco (de port)** marchandise carriage-paid; colis postage paid ◆ **franco de port et d'emballage** free of charge ◆ **franco à bord/sur wagon** free on board/on rail ◆ **franco (le) long du bord** free alongside ship ◆ **franco (le long du) quai** free alongside quay ◆ **y aller franco** * (explication) to go straight to the point, come straight out with it *; (coup, manœuvre) to go right ahead

**franco-** [fʀɑ̃ko] préf Franco- ◆ **les relations franco-britanniques** Franco-British relations ◆ **le sommet franco-allemand** the Franco-German summit

**franco-canadien, -ienne** [fʀɑ̃kokanadjɛ̃, jɛn] adj, nm,f French Canadian

**franco-français, e** [fʀɑ̃kofʀɑ̃sɛ, ɛz] adj purely French; (péj) typically French

**François** [fʀɑ̃swa] nm Francis ◆ **saint François d'Assise** Saint Francis of Assisi

**francolin** [fʀɑ̃kɔlɛ̃] nm francolin

**francophile** [fʀɑ̃kɔfil] adj, nmf francophile

**francophilie** [fʀɑ̃kɔfili] nf francophilia

**francophobe** [fʀɑ̃kɔfɔb] adj, nmf francophobe

**francophobie** [fʀɑ̃kɔfɔbi] nf francophobia

**francophone** [fʀɑ̃kɔfɔn] **1** adj French-speaking; (Can) primarily French-speaking

**2** nmf (native) French speaker; (Can) Francophone (Can)

**francophonie** [fʀɑ̃kɔfɔni] nf French-speaking world

**franco-provençal, e,** mpl **-aux** [fʀɑ̃kopʀɔvɑ̃sal, o] **1** adj Franco-Provencal

**2** nm Franco-Provencal dialects

**franco-québécois** [fʀɑ̃kɔkebekwa] nm (Ling) Quebec French

**franc-parler** [fʀɑ̃paʀle] nm inv outspokenness ◆ **avoir son franc-parler** to speak one's mind, be outspoken

**franc-quartier,** pl **francs-quartiers** [fʀɑ̃kaʀtje] nm (Hér) quarter

**franc-tireur,** pl **francs-tireurs** [fʀɑ̃tiʀœʀ] → SYN nm **a** (Mil) (= combattant) irregular, franc tireur; (= tireur isolé) sniper

**b** (fig) maverick ◆ **un franc-tireur de la politique** a maverick politician ◆ **faire qch/agir en franc-tireur** to do sth/act independently ou off one's own bat (Brit)

**frange** [fʀɑ̃ʒ] → SYN nf **a** [tissu] fringe; [cheveux] fringe (Brit), bangs (US) ◆ **une frange de lumière** a band of light ◆ **franges d'interférence** interference fringes ◆ **franges synoviales** synovial folds ou fringes

**b** (= limite) [conscience, sommeil] threshold

**c** (= minorité) fringe (group) ◆ **toute une frange de la population** a whole swathe ou chunk of the population

**frangeant** [fʀɑ̃ʒɑ̃] adj m récif fringing

**franger** [fʀɑ̃ʒe] → SYN ▸ conjug 3 ◂ vt (gén ptp) to fringe (*de* with)

**frangin** * [fʀɑ̃ʒɛ̃] nm brother

**frangine** * [fʀɑ̃ʒin] nf sister

**frangipane** [fʀɑ̃ʒipan] nf (Culin) almond paste, frangipane ◆ **gâteau fourré à la frangipane** frangipane (pastry)

**frangipanier** [fʀɑ̃ʒipanje] nm frangipani (tree)

**franglais** [fʀɑ̃glɛ] nm Franglais

**franque** [fʀɑ̃k] adj, nf → **franc**[3]

**franquette** * [fʀɑ̃kɛt] → SYN **à la bonne franquette** loc adv inviter informally; recevoir without any fuss ◆ **venez déjeuner, ce sera à la bonne franquette** come and have lunch with us – it'll be a simple meal ou it won't be anything special ◆ **on a dîné à la bonne franquette** we had an informal ou a potluck (US) dinner

**franquisme** [fʀɑ̃kism] nm Francoism

**franquiste** [fʀɑ̃kist] **1** adj pro-Franco

**2** nmf Franco supporter

**fransquillon** [fʀɑ̃skijɔ̃] nm (Belg péj) French Belgian

**frap(p)adingue** * [fʀapadɛ̃g] **1** adj nutty *, loopy *

**2** nmf nutcase *

**frappant, e** [fʀapɑ̃, ɑ̃t] → SYN adj striking; → **argument**

**frappe** [fʀap] → SYN nf **a** [monnaie, médaille] (= action) striking; (= empreinte) stamp, impression

**b** [dactylo, pianiste] touch; [machine à écrire] (= souplesse) touch; (= impression) typeface ◆ **la lettre est à la frappe** the letter is being typed (out) ◆ **c'est la première frappe** it's the top copy; → **faute, vitesse**

**c** (péj = voyou) **petite frappe** young hoodlum ou thug

**d** (Sport) [boxeur] punch; [footballeur] kick; [joueur de tennis] stroke ◆ **il a une bonne frappe de balle** [footballeur] he kicks the ball well, he has a good kick; [joueur de tennis] he strikes ou hits the ball well

**e** (Mil) (military) strike ◆ **frappe aérienne** airstrike ◆ **frappe en second** second strike; → **chirurgical, force**

**frappé, e** [fʀape] → SYN (ptp de **frapper**) adj **a** (= saisi) struck ◆ **frappé de panique** panic-stricken ◆ **frappé de stupeur** thunderstruck ◆ **j'ai été (très) frappé d'entendre/de voir que ...** I was (quite) amazed to hear/to see that ...

**b** velours embossed; → **coin**

**c** champagne, café iced ◆ **boire un vin bien frappé** to drink a wine well chilled

**d** ( * = fou) touched * (attrib), crazy *

**frappement** [fʀapmɑ̃] nm striking

**frapper** [fʀape] → SYN ▸ conjug 1 ◂ **1** vt **a** (= cogner) [+ personne, surface] (avec le poing, un projectile) to hit, strike; (avec un couteau) to stab, strike; [+ cordes, clavier] to strike ◆ **frapper qn à coups de poing/de pied** to punch/kick sb ◆ **frapper le sol du pied** to stamp (one's foot) on the ground ◆ **frapper d'estoc et de taille** (Hist) to cut and thrust ◆ **frapper les trois coups** (Théât) to give ou sound the three knocks *(to announce the start of a performance)* ◆ **la pluie/la lumière frappait le mur** the rain lashed (against)/the light fell on the wall ◆ **frapper un grand coup** (fig) to pull out all the stops ◆ **frappé à mort** fatally ou mortally wounded

**b** [maladie] to strike (down); [coïncidence, détail] to strike ◆ **frappé par le malheur** stricken by misfortune ◆ **ce deuil le frappe cruellement** this bereavement is a cruel blow to him ◆ **il a frappé tout le monde par son énergie, son énergie a frappé tout le monde** everybody was struck by his energy ◆ **cela l'a frappé de stupeur** he was thunderstruck ou dumbfounded at this ◆ **cette découverte le frappa de panique/d'horreur** he was panic-/horror-stricken at this discovery, this discovery filled him with panic/horror ◆ **frapper l'imagination** to catch ou fire the imagination ◆ **ce qui (me) frappe** what strikes me ◆ **ce qui a frappé mon regard/mon oreille** what caught my eye/reached my ears

**c** [mesures, impôts] to hit ◆ **cet impôt frappe lourdement les petits commerçants** this tax is hitting small businesses hard ◆ **frapper qn d'une amende/d'un impôt** to impose a fine/a tax on sb ◆ **la loi doit frapper les coupables** the law must punish the guilty ◆ **ils ont frappé le tabac d'un impôt supplémentaire** they have put ou slammed * an extra tax on tobacco ◆ **contrat/jugement frappé de nullité** contract/judgment declared null and void

**d** [+ monnaie, médaille] to strike

**e** (= glacer) [+ champagne, vin] to put on ice, chill; [+ café] to ice

**2** vi to strike (*sur* on; *contre* against) ◆ **frapper du poing sur la table** to bang one's fist on the table ◆ **frapper sur la table avec une règle** to tap the table with a ruler; (plus fort) to bang on the table with a ruler ◆ **frapper dans ses mains** to clap one's hands ◆ **frapper du pied** to stamp (one's foot) ◆ **frapper à la porte** (lit, fig) to knock on ou at the door ◆ **on a frappé** there was a knock at the door ◆ **frappez avant d'entrer** knock before you go in ou enter ◆ **frapper à toutes les portes** to try every door ◆ **frapper dur** ou **fort** ou **sec** * to hit hard ◆ **frapper fort** (fig) (pour impressionner) to pull out all the stops; → **entrer**

**3** **se frapper** vpr **a** **se frapper la poitrine** to beat one's breast ◆ **se frapper le front** to tap one's forehead

**b** ( * = se tracasser) to get (o.s.) worked up, get (o.s.) into a state *

**frappeur, -euse** [fʀapœʀ, øz] **1** adj ◆ **esprit frappeur** poltergeist

**2** nm,f [monnaie] striker

**frasil** [fʀazi(l)] nm (Can) frazil (Can)

**frasque** [fʀask] → SYN nf (gén pl) escapade ◆ **faire des frasques** to get up to mischief ◆ **frasques de jeunesse** youthful indiscretions

**fraternel, -elle** [fʀatɛʀnɛl] → SYN adj brotherly, fraternal ◆ **amour fraternel** brotherly love ◆ **tendre une main fraternelle à qn** (fig) to hold out the hand of friendship to sb

**fraternellement** [fʀatɛʀnɛlmɑ̃] adv in a brotherly way, fraternally

**fraternisation** [fʀatɛʀnizasjɔ̃] nf fraternization, fraternizing ◆ **élan de fraternisation** surge of brotherly feeling

**fraterniser** [fʀatɛʀnize] → SYN ▸ conjug 1 ◂ vi [pays, personnes] to fraternize (*avec* with)

**fraternité** [fʀatɛʀnite] → SYN nf **a** (= amitié) brotherhood (NonC), fraternity (NonC) ◆ **fraternité d'esprit** kinship ou brotherhood of spirit; → **liberté**

**b** (Rel) fraternity, brotherhood

**fratricide** [fʀatʀisid] **1** adj fratricidal

**2** nmf fratricide

**3** nm (= crime) fratricide

**fratrie** [fʀatʀi] nf sibship (SPÉC) ◆ **il est le deuxième enfant d'une fratrie de huit** he is the second child in a family of eight, he is the second of eight siblings

**fraude** [fʀod] → SYN nf (gén) fraud (NonC); (à un examen) cheating ◆ **en fraude** fabriquer, vendre fraudulently; lire, fumer secretly ◆ **passer qch/faire passer qn en fraude** to smuggle sth/sb in ◆ **fraude électorale** electoral fraud, ballot rigging ◆ **fraude fiscale** tax evasion

**frauder** [fʀode] → SYN ▸ conjug 1 ◂ 1 vt to defraud, cheat ◆ **frauder le fisc** to evade taxation

2 vi (gén, Scol) to cheat ◆ **frauder sur la quantité/qualité** to cheat over the quantity/quality ◆ **frauder sur le poids** to cheat on the weight ◆ **il fraude souvent dans l'autobus** he often takes the bus without paying

**fraudeur, -euse** [fʀodœʀ, øz] → SYN nm,f (gén) person guilty of fraud; (à la douane) smuggler; (envers le fisc) tax evader; (dans le métro) fare dodger ◆ **les fraudeurs seront sanctionnés** (Scol) cheating ou candidates who cheat will be punished ◆ **il est fraudeur** he has a tendency to cheat

**frauduleusement** [fʀodyløzmɑ̃] adv fraudulently

**frauduleux, -euse** [fʀodylø, øz] → SYN adj pratiques, concurrence fraudulent ◆ **sans intention frauduleuse de ma part** with no fraudulent intention ou no intention of cheating on my part

**fraxinelle** [fʀaksinɛl] nf gas plant, fraxinella (SPÉC)

**frayement** [fʀɛjmɑ̃] nm (Vét) gall

**frayer** [fʀeje] → SYN ▸ conjug 8 ◂ 1 vt a [+ chemin] to open up, clear ◆ **frayer le passage à qn** to clear the way for sb ◆ **frayer la voie** (fig) to pave the way

b (Vénerie) to rub; (Vét) to gall

2 **se frayer** vpr ◆ **se frayer un passage (dans la foule)** to force ou elbow one's way through (the crowd) ◆ **se frayer un chemin dans la jungle** to cut a path through the jungle ◆ **se frayer un chemin vers les honneurs** to work one's way up to fame

3 vi a [poisson] to spawn

b (fig) **frayer avec** [+ personne] to mix ou associate ou rub shoulders with; [+ jeune fille] to go out with

**frayère** [fʀɛjɛʀ] nf redd, spawning bed

**frayeur** [fʀɛjœʀ] → SYN nf fright ◆ **tu m'as fait une de ces frayeurs !** you gave me a dreadful fright! ◆ **cri/geste de frayeur** cry/gesture of fear ◆ **se remettre de ses frayeurs** to recover from one's fright

**fredaine** [fʀədɛn] → SYN nf mischief (NonC), escapade, prank ◆ **faire des fredaines** to be up to mischief

**Frédéric** [fʀedeʀik] nm Frederick ◆ **Frédéric le Grand** Frederick the Great

**fredonnement** [fʀədɔnmɑ̃] nm humming

**fredonner** [fʀədɔne] → SYN ▸ conjug 1 ◂ vt to hum ◆ **elle fredonnait dans la cuisine** she was humming (away) (to herself) in the kitchen

**free-jazz** [fʀidʒɑz] nm inv free jazz

**free-lance,** pl **free-lances** [fʀilɑ̃s] 1 adj inv freelance

2 nmf freelance(r) ◆ **travailler en free-lance** to work freelance, do freelance work

**free-martin,** pl **free-martins** [fʀimaʀtɛ̃] nm freemartin

**freesia** [fʀezja] nm freesia

**Freetown** [fʀitaun] n Freetown

**freezer** [fʀizœʀ] nm freezing ou ice-making compartment, freezer

**frégate** [fʀegat] nf (Hist, Mil, Naut) frigate; (Zool) frigate bird; → **capitaine**

**frégater** [fʀegate] ▸ conjug 1 ◂ vt [+ bateau] to streamline

**frein** [fʀɛ̃] → SYN 1 nm a (gén, fig) brake ◆ **frein avant/arrière** front/rear brake ◆ **mets le frein** put the brake on ◆ **mettre un frein à** [+ inflation, colère, ambitions] to put a brake on, curb, check ◆ **sans frein** imagination, curiosité unbridled, unchecked ◆ **coup de frein** (lit) brake; (fig) brake, curb ◆ **"coup de frein sur les salaires"** (titre de presse) "pay curb" ◆ **donner un coup de frein** to brake ◆ **donner un coup de frein à** [+ dépenses, inflation] to put a brake on, curb, check; [+ importations] to stem ◆ **c'est un frein à l'expansion** it acts as a brake on expansion; → **bloquer, ronger**

b (Anat) fraenum (Brit), frenum (US)

c [cheval] bit

2 COMP ▷ **frein aérodynamique, frein à air comprimé** air brake ▷ **frein à disques** disc brake ▷ **frein à mâchoire** ⇒ **frein à tambour** ▷ **frein à main** handbrake ▷ **frein moteur** engine braking ◆ **"utilisez votre frein moteur"** "engage low gear" ▷ **frein à pied** footbrake ▷ **frein à tambour** drum brake

**freinage** [fʀɛnaʒ] → SYN nm (Aut) braking; [expansion, dépenses, inflation] curbing ◆ **dispositif de freinage** braking system ◆ **traces de freinage** tyre marks *(caused by braking)* ◆ **un bon freinage** good braking

**freiner** [fʀene] → SYN ▸ conjug 1 ◂ 1 vt [+ véhicule] to pull up, slow down; [+ progression, coureur] to slow down, hold up; [+ progrès, évolution] to put a brake on, check; [+ expansion, dépenses, inflation] to put a brake on, curb, check; [+ importations] to stem; [+ chômage] to curb, check; [+ enthousiasme, joie] to check, put a damper on ◆ **il faut que je me freine** I have to cut down (*dans* on)

2 vi (Aut) to brake; (à ski, en patins) to slow down ◆ **freiner à bloc** ou **à mort** * to jam ou slam on the brakes ◆ **freiner des quatre fers** (lit, fig) to jam ou slam on the brakes

**freinte** [fʀɛ̃t] nf (Comm) loss of weight

**frelatage** [fʀəlataʒ] nm [vin, aliment] adulteration

**frelaté, e** [fʀəlate] (ptp de **frelater**) adj a aliment, huile, vin, drogue adulterated

b (péj = malsain) [+ atmosphère] false; mode de vie degenerate ◆ **un milieu frelaté** a dubious ou slightly corrupt milieu

**frelater** [fʀəlate] → SYN ▸ conjug 1 ◂ vt [+ vin, aliment] to adulterate

**frêle** [fʀɛl] → SYN adj tige, charpente flimsy, frail, fragile; personne, corps frail, fragile; voix thin, frail ◆ **de frêles espérances** (littér) frail ou flimsy hopes

**frelon** [fʀəlɔ̃] nm hornet

**freluquet** [fʀəlykɛ] → SYN nm (péj) whippersnapper

**frémir** [fʀemiʀ] → SYN ▸ conjug 2 ◂ vi a (de peur) to quake, tremble, shudder; (d'horreur) to shudder, shiver; (de fièvre, froid) to shiver; (de colère) to shake, tremble, quiver; (d'impatience, de plaisir, d'espoir) to quiver, tremble (*de* with) ◆ **ça me fait frémir** it makes me shudder ◆ **il frémit de tout son être** his whole being quivered ou trembled ◆ **histoire à vous faire frémir** spine-chilling tale

b [lèvres, feuillage] to tremble, quiver; [narine, aile, corde] to quiver; [eau chaude] to simmer

**frémissant, e** [fʀemisɑ̃, ɑ̃t] → SYN adj (de peur) quaking, trembling, shuddering; (d'horreur) shuddering, shivering; (de fièvre, froid) shivering; (de colère) shaking, trembling, quivering; (d'impatience, de plaisir, d'espoir) quivering, trembling ◆ **une voix frémissante de colère** a voice shaking ou trembling ou quivering with anger ◆ **eau frémissante** simmering water ◆ **sensibilité frémissante** quivering sensitivity ◆ **naseaux frémissants** quivering ou flaring nostrils

**frémissement** [fʀemismɑ̃] → SYN nm a [corps] trembling; [lèvres, narines] quivering, trembling; (de fièvre, de froid) shivering; (de peur, de colère, d'impatience, de plaisir, d'espoir) trembling ◆ **un long frémissement parcourut son corps** a shiver ran the length of his body ◆ **un frémissement parcourut la salle** a quiver ran through the room

b [feuillage] trembling (NonC), quivering (NonC); [aile, corde] quivering (NonC); [eau chaude] simmering (NonC)

c (= reprise) **un frémissement de l'économie** signs of economic recovery ◆ **des frémissements dans l'opinion publique** signs of renewed public interest ◆ **il y a eu un frémissement des valeurs françaises** French securities perked up a little

**frênaie** [fʀɛnɛ] nf ash(tree) grove

**french cancan** [fʀɛnʃkɑ̃kɑ̃] nm (French) cancan

**frenchy** * [fʀɛnʃi], pl **frenchies** nm Frenchie

**frêne** [fʀɛn] nm (= arbre) ash (tree); (= bois) ash

**frénésie** [fʀenezi] → SYN nf frenzy ◆ **avec frénésie** travailler, applaudir frenetically, furiously

**frénétique** [fʀenetik] → SYN adj applaudissements, rythme frenzied, frenetic; passion frenzied, wild; activité frantic

**frénétiquement** [fʀenetikmɑ̃] adv travailler, applaudir frenetically, furiously

**Fréon ®** [fʀeɔ̃] nm Freon ®

**fréquemment** [fʀekamɑ̃] → SYN adv frequently, often

**fréquence** [fʀekɑ̃s] → SYN nf a (gén) frequency ◆ **la fréquence des accidents a diminué** accidents have become less frequent ◆ **fréquence cardiaque** (Méd) heart rate ◆ **fréquence d'achat** purchase rate

b (Phys, Élec) frequency ◆ **haute/basse fréquence** high/low frequency ◆ **fréquence radio** radio frequency ou band ◆ **fréquence sonore** sound frequency ◆ **fréquence d'horloge** (Ordin) clock rate; → **modulation**

**fréquencemètre** [fʀekɑ̃smɛtʀ] nm frequency meter

**fréquent, e** [fʀekɑ̃, ɑ̃t] → SYN adj frequent ◆ **c'est le cas le plus fréquent** this is more often the case ◆ **il est fréquent de voir ...** it is not uncommon to see ... ◆ **il est peu fréquent qu'un président tienne ce discours** a president rarely makes such statements

**fréquentable** [fʀekɑ̃tabl] → SYN adj ◆ **sont-ils fréquentables ?** are they the sort of people one can associate with?

**fréquentatif, -ive** [fʀekɑ̃tatif, iv] adj frequentative

**fréquentation** [fʀekɑ̃tasjɔ̃] → SYN nf a (= action) **la fréquentation des églises/écoles** church/school attendance ◆ **la fréquentation des salles de cinéma augmente** the number of people going to the cinema is rising, more and more people are going to the cinema ◆ **la fréquentation de ces gens** associating ou frequent contact with these people ◆ **la fréquentation des auteurs classiques** acquaintance with classical authors

b (gén pl = relation) company (NonC), associate ◆ **fréquentations douteuses** dubious company ou associates ◆ **il a de mauvaises fréquentations** he's mixing with the wrong kind ou sort of people, he's in with a bad crowd ◆ **ce n'est pas une fréquentation pour toi** you shouldn't go around with people like that

**fréquenté, e** [fʀekɑ̃te] → SYN (ptp de **fréquenter**) adj lieu, établissement busy ◆ **très fréquenté** very busy, much frequented ◆ **c'est un établissement bien/mal fréquenté** the right/wrong kind of people go there

**fréquenter** [fʀekɑ̃te] → SYN ▸ conjug 1 ◂ 1 vt a [+ lieu] to frequent ◆ **il fréquente plus les cafés que les cours** he's in cafés more often than at lectures

b [+ voisins] to do things with; (littér) [+ auteurs classiques] to keep company with ◆ **fréquenter la bonne société** to move in fashionable circles ◆ **il les fréquente peu** he doesn't see them very often

c († = courtiser) to go around with

2 **se fréquenter** vpr ◆ **nous nous fréquentons beaucoup** we see quite a lot of each other, we see each other quite often ou frequently ◆ **ces jeunes gens se fréquentent depuis un an** † those young people have been going around together for a year now ◆ **il commence à fréquenter** he's beginning to go out with ou date (US) girls

**fréquentiel, -ielle** [fʀekɑ̃sjɛl] adj frequency (épith)

**frère** [fʀɛʀ] → SYN nm a (gén, fig) brother ◆ **partager en frères** to share like brothers ◆ **alors, vieux frère !** * well, old pal! * ou mate! * (Brit) ou buddy! * (US) ◆ **j'ai trouvé le frère de ce vase** * I found a vase to match this one ◆ **frères d'armes** brothers in arms ◆ **partis/peuples frères** sister parties/countries ◆ **frères de sang** blood-brothers ◆ **ils sont devenus (des) frères ennemis** they've become rivals ◆ **Dupont & Frères** (entreprise) Dupont & Bros; → **faux**[2]

b (Rel) (gén) brother; (= moine) brother, friar ◆ **les hommes sont tous frères** all men are brothers ◆ **mes (bien chers) frères** (Rel) (dearly beloved) brethren ◆ **frère lai** lay brother ◆ **frère mendiant** mendicant friar ◆ **frère Antoine** Brother Antoine, Friar Antoine ◆ **les frères maçons** ou **trois-points** * the

Freemasons ◆ **on l'a mis en pension chez les frères** he has been sent to a Catholic boarding school

**frérot** * [fʀeʀo] nm kid brother *, little brother ◆ **salut frérot !** hello little brother!

**frésia** [fʀezja] nm freesia

**fresque** [fʀɛsk] → SYN nf (Art) fresco; (Littérat) portrait; (fig = description) panorama ◆ **peindre à fresque** to paint in fresco ◆ **ce film est une fresque historique** the film is a sweeping historical epic

**fresquiste** [fʀɛskist] nmf fresco painter

**fressure** [fʀesyʀ] → SYN nf (= abats) pluck

**fret** [fʀɛ(t)] → SYN nm (= prix) (Aviat, Naut) freight(age); (Aut) carriage; (= cargaison) (Aviat, Naut) freight, cargo; (Aut) load ◆ **fret d'aller** outward freight ◆ **fret de retour** inward ou home ou return freight ◆ **fret aérien** air freight ◆ **prendre à fret** to charter

**fréter** [fʀete] → SYN ▸ conjug 6 ◂ vt (gén = prendre à fret) to charter; (Naut = donner à fret) to freight

**fréteur** [fʀetœʀ] nm (Naut) owner ◆ **fréteur et affréteur** owner and charterer

**frétillant, e** [fʀetijɑ̃, ɑ̃t] → SYN adj poisson wriggling; personne lively ◆ **frétillant d'impatience** fidgeting ou quivering with impatience

**frétillement** [fʀetijmɑ̃] nm [poisson] wriggling (NonC) ◆ **frétillement d'impatience** quiver of impatience

**frétiller** [fʀetije] → SYN ▸ conjug 1 ◂ vi [poisson] to wriggle; [personne] to wriggle, fidget ◆ **le chien frétillait de la queue** the dog was wagging its tail ◆ **frétiller d'impatience** to fidget ou quiver with impatience ◆ **frétiller de joie** to be quivering ou quiver with joy ◆ **elle frétille de l'arrière-train** (hum, péj) she's wiggling her bottom (hum)

**fretin** [fʀətɛ̃] → SYN nm (= poissons) fry; (= personnes, choses négligeables) small fry; → **menu²**

**frette¹** [fʀɛt] nf (Mus) fret; (Tech) reinforcing band

**frette²** [fʀɛt] nf (Hér) fret; (Archit) fret(work)

**fretter** [fʀete] ▸ conjug 1 ◂ vt [+ canon, moyeu] to put a reinforcing band on

**freudien, -ienne** [fʀødjɛ̃, jɛn] adj, nm,f Freudian

**freudisme** [fʀødism] nm Freudianism

**freux** [fʀø] nm (Orn) rook

**friabilité** [fʀijabilite] nf [roche, sol] crumbly nature, flakiness, friability (SPÉC)

**friable** [fʀijabl] → SYN adj roche, sol crumbly, flaky, friable (SPÉC); (Culin) pâte crumbly

**friand, e** [fʀijɑ̃, ɑ̃d] → SYN 1 adj ◆ **friand de** [+ lait, miel, bonbons] partial to, fond of; [+ compliments] fond of

2 nm (= pâté) (minced) meat pie ≃ sausage roll (Brit); (sucré) small almond cake ◆ **friand au fromage** cheese puff

**friandise** [fʀijɑ̃diz] → SYN nf titbit, delicacy, sweetmeat † ◆ **friandises** (= bonbons) sweets (Brit), candy (NonC) (US)

**fric** * [fʀik] nm (= argent) money, cash * ◆ **il a du fric** he's loaded * ◆ **elle se fait beaucoup de fric** she makes a packet * ◆ **je n'ai plus de fric** (temporairement) I'm out of cash *; (définitivement) I'm broke *

**fricandeau**, pl **fricandeaux** [fʀikɑ̃do] nm fricandeau

**fricassée** [fʀikase] → SYN nf fricassee ◆ **fricassée de poulet** chicken fricassee ◆ **faire cuire en fricassée** to fricassee

**fricasser** [fʀikase] → SYN ▸ conjug 1 ◂ vt to fricassee

**fricative** [fʀikativ] adj f, nf fricative

**fric-frac** † *, pl **fric-frac(s)** [fʀikfʀak] nm break-in

**friche** [fʀiʃ] → SYN nf fallow land (NonC) ◆ **en friche** (lit) (lying) fallow ◆ **être en friche** (Agr) to lie fallow; [talent, intelligence] to go to waste; [économie, pays] to be neglected ◆ **laisser qch en friche** (Agr) to let sth lie fallow; [talent, intelligence] to let sth go to waste; [économie, pays] to neglect ◆ **le projet est resté en friche pendant 5 ans** the project has been shelved ou has been on ice for 5 years ◆ **friche industrielle** industrial wasteland

**frichti** * [fʀiʃti], **fricot** † * [fʀiko] nm food, grub * (NonC) ◆ **préparer son frichti** to do the cooking

**fricoter** * [fʀikɔte] ▸ conjug 1 ◂ 1 vt (lit, fig) to cook up * ◆ **qu'est-ce qu'il fricote ?** what's he cooking up? *, what's he up to? *

2 vi (= trafiquer) to get involved in some shady business ◆ **fricoter avec qn** (= s'associer) to have dealings with sb; (= avoir une liaison) to sleep with sb

**fricoteur, -euse** * [fʀikɔtœʀ, øz] nm,f crook

**friction** [fʀiksjɔ̃] → SYN nf a (Phys, Tech, Ling) friction; (= massage) rub, rubdown; (chez le coiffeur) scalp massage ◆ **voiture à friction** (Jeux) friction car

b (= conflit) friction ◆ **point de friction** (lit, fig) point of friction ◆ **les taux d'intérêt, éternel point de friction entre ces deux pays** interest rates, an eternal bone of contention between the two countries

**frictionnel, -elle** [fʀiksjɔnɛl] adj frictional ◆ **chômage frictionnel** frictional unemployment

**frictionner** [fʀiksjɔne] → SYN ▸ conjug 1 ◂ vt to rub ◆ **se frictionner après un bain** to rub o.s. down after a bath

**fridolin** † ‡ [fʀidɔlɛ̃] nm (injurieux = Allemand) Fritz ‡ (injurieux), Jerry ‡ (injurieux)

**frigidaire** ® [fʀiʒidɛʀ] nm refrigerator, fridge

**frigidarium** [fʀiʒidaʀjɔm] nm frigidarium

**frigide** [fʀiʒid] → SYN adj frigid

**frigidité** [fʀiʒidite] → SYN nf frigidity

**frigo** * [fʀigo] nm fridge, refrigerator

**frigorifier** [fʀigɔʀifje] → SYN ▸ conjug 7 ◂ vt (lit) to refrigerate; (fig = pétrifier) to petrify, freeze to the spot ◆ **être frigorifié** * (= avoir froid) to be frozen stiff

**frigorifique** [fʀigɔʀifik] → SYN adj mélange refrigerating (épith); camion, wagon refrigerator (épith); → **armoire**

**frigoriste** [fʀigɔʀist] nmf refrigeration engineer

**frileusement** [fʀiløzmɑ̃] adv ◆ **frileusement serrés l'un contre l'autre** huddled close together to keep warm ou against the cold ◆ **frileusement enfouis sous les couvertures** huddled under the blankets to keep warm

**frileux, -euse** [fʀilø, øz] → SYN adj a personne sensitive to (the) cold; geste, posture shivery ◆ **il est très frileux** he feels the cold easily, he is very sensitive to (the) cold ◆ **elle se couvrit de son châle d'un geste frileux** with a shiver she pulled her shawl around her

b (= trop prudent) boursier overcautious; marché nervous

**frilosité** [fʀilozite] nf a [personne] sensitivity to the cold

b [boursier] overcautiousness; [marché] nervousness

**frimaire** [fʀimɛʀ] nm Frimaire *(third month in the French Republican calendar)*

**frimas** [fʀimɑ] → SYN nmpl (littér) wintry weather

**frime** * [fʀim] nf ◆ **c'est de la frime** it's all put on * ◆ **c'est pour la frime** it's all ou just for show ◆ **taper la frime** to show off

**frimer** * [fʀime] ▸ conjug 1 ◂ vi to show off *

**frimeur, -euse** * [fʀimœʀ, øz] nm,f show-off * ◆ **il est très frimeur** he's a real show-off *

**frimousse** [fʀimus] → SYN nf (sweet) little face

**fringale** * [fʀɛ̃gal] nf (= faim) raging hunger ◆ **une fringale de** (= désir) a craving for ◆ **j'ai la fringale** I'm ravenous * ou famished * ou starving *

**fringant, e** [fʀɛ̃gɑ̃, ɑ̃t] → SYN adj cheval frisky, high-spirited; personne, allure dashing

**fringue** * [fʀɛ̃g] nf garment ◆ **je me suis acheté une fringue** I bought myself something to wear ◆ **des fringues** clothes, togs *, threads * (US) ◆ **elle a toujours de belles fringues** she always has such great clothes * ou such fantastic gear *

**fringué, e** * [fʀɛ̃ge] (ptp de (**se**) **fringuer**) adj dressed, done up * ◆ **bien/mal fringué** well-/badly-dressed ◆ **vise un peu comme elle est fringuée !** look what she's got on!, look what she's done up in! *

**fringuer** * [fʀɛ̃ge] ▸ conjug 1 ◂ 1 **se fringuer** vpr (= s'habiller) to get dressed; (= s'habiller élégamment) to doll (o.s.) up *, do o.s. up * ◆ **il ne sait pas se fringuer** he's got no dress sense

2 vt to dress

**fripe** * [fʀip] 1 nf ◆ **la fripe** (= commerce) the clothing trade, the rag trade * (Brit); (d'occasion) the secondhand clothes business

2 **fripes** nfpl (= vêtements) clothes; (d'occasion) secondhand clothes

**friper** [fʀipe] → SYN ▸ conjug 1 ◂ vt to crumple (up), crush ◆ **ça se fripe facilement** it crumples ou crushes easily ◆ **des habits tout fripés** badly crumpled ou rumpled clothes ◆ **visage tout fripé** crumpled face

**friperie** [fʀipʀi] → SYN nf (= boutique) secondhand clothes shop (Brit) ou store (US)

**fripier, -ière** [fʀipje, jɛʀ] → SYN nm,f secondhand clothes dealer

**fripon, -onne** [fʀipɔ̃, ɔn] → SYN 1 adj air, allure, yeux mischievous, cheeky (Brit); nez saucy, pert

2 nm,f († = gredin) knave †, rascally fellow †; (* : nuance affectueuse) rascal, rogue ◆ **petit fripon !** you little rascal!

**friponnerie** [fʀipɔnʀi] → SYN nf (= acte) mischief (NonC), prank ◆ **les friponneries de ce gamin** the mischief this little imp gets up to

**fripouille** [fʀipuj] → SYN nf (péj) rogue, scoundrel ◆ **petite fripouille !** * (nuance affectueuse) you little devil! *

**fripouillerie** [fʀipujʀi] → SYN nf roguishness

**friqué, e** ‡ [fʀike] adj loaded *, filthy rich * ◆ **je ne suis pas très friqué en ce moment** I'm not exactly loaded * at the moment, I'm a bit hard-up * at the moment

**friquet** [fʀikɛ] → SYN nm tree sparrow

**frire** [fʀiʀ] → SYN 1 vt (Culin) to fry; (en friteuse, sur feu vif) to deep-fry; → **pâte, poêle**

2 vi ◆ **(faire) frire** to fry; (en friteuse, sur feu vif) to deep-fry ◆ **on frit sur la plage** * it's baking (hot) * on the beach

**frisant, e** [fʀizɑ̃, ɑ̃t] adj lumière low-angled

**frisbee** ® [fʀizbi] nm Frisbee ®

**frise** [fʀiz] → SYN nf (Archit, Art) frieze; (Théât) border; → **cheval**

**frisé, e** [fʀize] → SYN (ptp de **friser**) 1 adj cheveux (very) curly; personne, animal curly-haired ◆ **il est tout frisé** he has very curly hair ◆ **frisé comme un mouton** curly-headed ou -haired, frizzy-haired; → **chou¹**

2 nm (‡ injurieux = Allemand) Fritz ‡ (injurieux), Jerry ‡ (injurieux)

3 **frisée** nf (= chicorée) curly endive

**friselis** [fʀizli] nm slight trembling (NonC)

**friser** [fʀize] → SYN ▸ conjug 1 ◂ 1 vt a [+ cheveux] to curl; [+ moustache] to twirl ◆ **friser qn** to curl sb's hair; → **fer**

b (= frôler) [+ surface] to graze, skim; [+ catastrophe, mort] to be within a hair's breadth of, be within an ace of; [+ insolence, ridicule] to border on, verge on ◆ **friser la soixantaine** to be getting on for sixty, be close to sixty

2 vi [cheveux] to curl, be curly; [personne] to have curly hair ◆ **faire friser ses cheveux** to make one's hair go curly; (chez le coiffeur) to have one's hair curled

3 **se friser** vpr to curl one's hair ◆ **se faire friser** (par un coiffeur) to have one's hair curled

**frisette** [fʀizɛt] → SYN nf a (= cheveux) little curl, little ringlet

b (= lambris) panel ◆ **frisette de pin** pine panel

**frisolée** [fʀizɔle] nf potato leaf curl, potato crinkle

**frison¹** [fʀizɔ̃] nm a (= mèche) little curl ou ringlet *(around face or neck)*

b (= copeaux) **frisons** wood shavings *(used for packing)*

**frison², -onne** [fʀizɔ̃, ɔn] 1 adj Frisian, Friesian

2 nm (Ling) Frisian, Friesian

3 **Frison(ne)** nm,f Frisian, Friesian

4 **frisonne** nf ◆ **(vache) frisonne** Frisian, Friesian (cow)

**frisottant, e** [fʀizɔtɑ̃, ɑ̃t] adj frizzy, tightly curled

**frisotter** [fʀizɔte] ▸ conjug 1 ◂ [1] vt to crimp, frizz

[2] vi to frizz ◆ **ses cheveux frisottent quand il pleut** his hair goes all frizzy when it rains

**frisottis** [fʀizɔti] nm little curl, little ringlet

**frisquet, -ette** * [fʀiskɛ, ɛt] adj vent chilly ◆ **il fait frisquet** it's chilly, there's a chill ou nip in the air

**frisson** [fʀisɔ̃] [→ SYN] nm [froid, fièvre] shiver; [répulsion, peur] shudder, shiver; [volupté] thrill, shiver, quiver ◆ **elle fut prise** ou **saisie d'un frisson** a sudden shiver ran through her ◆ **la fièvre me donne des frissons** this fever is making me shiver ou is giving me the shivers * ◆ **ça me donne le frisson** it gives me the creeps * ou the shivers *, it makes me shudder ◆ **le frisson des herbes sous le vent** the quivering of the grass in the wind ◆ **ça a été le grand frisson** (hum) (gén) it was a real thrill *; (sexuel) the earth moved

**frissonnement** [fʀisɔnmɑ̃] [→ SYN] nm **a** (de peur) quaking, trembling, shuddering; (d'horreur) shuddering, shivering; (de fièvre, de froid) shivering; (de volupté, de désir) quivering, trembling ◆ **un long frissonnement parcourut son corps** a shiver ran the length of his body

**b** [feuillage] quivering, trembling, rustling; [lac] rippling

**frissonner** [fʀisɔne] [→ SYN] ▸ conjug 1 ◂ vi **a** (de peur) to quake, tremble, shudder; (d'horreur) to shudder, shiver; (de fièvre, froid) to shiver; (de volupté, désir) to quiver, tremble (*de* with) ◆ **le vent le fit frissonner** the wind made him shiver

**b** [feuillage] to quiver, tremble, rustle; [lac] to ripple

**frit, e**[1] [fʀi, fʀit] (ptp de **frire**) adj (Culin) fried ◆ **ils sont frits** ‡ (= fichu, perdu) they've had it *, their goose is cooked *, their number's up *

**frite**[2] [fʀit] nf **a** (Culin : gén pl) **(pommes) frites** French fries, chips (Brit), fries (surtout US)

**b** (‡ = forme) **avoir la frite** to be feeling great *, be full of beans * (Brit) ◆ **en ce moment, elle n'a pas la frite** she's a bit down * at the moment ◆ **ça va te donner la frite** that'll perk you up ou put the wind back in your sails *

**c** (* = tape) **faire une frite à qn** to slap sb on the bottom

**friter (se)** ‡ [fʀite] ▸ conjug 1 ◂ vpr [personnes] (= se disputer) to have a row; (= se battre) to have a set-to * ou scrap * ◆ **il adore provoquer et se friter** he loves provoking people and getting into scraps *

**friterie** [fʀitʀi] nf (= boutique) ≃ chip shop (Brit), ≃ hamburger stand (US)

**friteuse** [fʀitøz] nf deep fryer, chip pan (Brit) ◆ **friteuse électrique** electric fryer

**fritillaire** [fʀitilɛʀ] adj fritillary

**fritons** [fʀitɔ̃] nmpl pork (ou goose) scratchings

**frittage** [fʀitaʒ] nm (Tech) fritting

**fritte** [fʀit] nf (Tech) frit

**fritter** [fʀite] ▸ conjug 1 ◂ vt (Tech) to frit

**friture** [fʀityʀ] [→ SYN] nf **a** (Culin) (= méthode) frying; (= graisse) (deep) fat *(for frying)*; (= poisson, mets) fried fish (NonC ou pl) ◆ **(petite) friture** small fish ◆ **friture de goujons** (dish of) fried gudgeon

**b** * (Radio) crackle, crackling (NonC) ◆ **il y a de la friture sur la ligne** (Téléc) there's interference on the line, the line is a bit crackly

**fritz** ‡ [fʀits] nm inv (injurieux = Allemand) Fritz ‡ (injurieux), Jerry ‡ (injurieux)

**frivole** [fʀivɔl] [→ SYN] adj personne frivolous; occupation, argument frivolous, trivial

**frivolement** [fʀivɔlmɑ̃] adv frivolously

**frivolité** [fʀivɔlite] [→ SYN] nf **a** [personne] frivolity, frivolousness; [occupation, argument] frivolousness, triviality

**b** **frivolités** † (= articles) fancy goods

**froc** [fʀɔk] nm **a** (Rel) frock, habit ◆ **porter le froc** to be a monk, wear the habit of a monk ◆ **jeter le froc aux orties** to leave the priesthood

**b** (* = pantalon) (pair of) trousers, (pair of) pants (US)

**c** (* : LOC) **faire dans son froc** to be shitting *‡ ou wetting ‡ o.s. ◆ **baisser son froc** to take it lying down * ◆ **ils baissent leur froc devant le chef** they just lie down and take it from the boss *

**froid, e** [fʀwa, fʀwad] [→ SYN] [1] adj personne, repas, décor, couleur, moteur cold; manières, accueil cold, chilly; détermination, calcul cold, cool ◆ **colère froide** cold ou controlled anger ◆ **il fait assez froid** it's rather cold ◆ **d'un ton froid** coldly ◆ **ça me laisse froid** it leaves me cold ◆ **garder la tête froide** to keep cool, keep a cool head ◆ **froid comme le marbre** as cold as marble ◆ **à table ! ça va être froid** come and get it! it's getting cold; → **battre, sueur** etc

[2] nm **a** **le froid** (gén) the cold; (= industrie) refrigeration ◆ **j'ai froid** I'm cold ◆ **j'ai froid aux pieds** my feet are cold ◆ **il fait froid/un froid de canard** * ou **de loup** * it's cold/freezing cold ou perishing * ◆ **ça me donne froid** it makes me (feel) cold ◆ **ça me fait froid dans le dos** (lit) it gives me a cold back, it makes my back cold; (fig) it sends shivers down my spine ◆ **prendre** ou **attraper (un coup de) froid** to catch cold ou a chill ◆ **vague** ou **coup de froid** cold spell ◆ **les grands froids** the cold of winter ◆ **n'avoir pas froid aux yeux** [homme d'affaires, aventurier] to be venturesome ou adventurous; [enfant] to have plenty of pluck; → **craindre, jeter, mourir**

◆ **à froid** ◆ **laminer à froid** to cold-roll ◆ **souder à froid** to cold-weld ◆ **"laver** ou **lavage à froid"** "wash in cold water" ◆ **démarrer à froid** to start (from) cold ◆ **démarrage à froid** cold start ou starting (US) ◆ **opérer à froid** (Méd) to perform cold surgery; (fig) to let things cool down before acting ◆ **parler à froid de qch** (fig) to speak coldly ou coolly of sth ◆ **prendre** ou **cueillir qn à froid** * (fig) to catch sb unawares ou off guard

**b** (= brouille) coolness (NonC) ◆ **malgré le froid qu'il y avait entre eux** despite the coolness that existed between them ◆ **nous sommes en froid** things are a bit strained between us

**froidement** [fʀwadmɑ̃] adv accueillir, remercier coldly, coolly; calculer, réfléchir coolly; tuer cold-bloodedly, in cold blood ◆ **il me reçut froidement** I got a cold ou chilly reception (from him), he greeted me coldly ◆ **meurtre accompli froidement** cold-blooded murder ◆ **comment vas-tu ? – froidement !** (hum) how are you? – cold!

**froideur** [fʀwadœʀ] nf [personne, sentiments] coldness; [manières, accueil] coldness, chilliness ◆ **recevoir qn avec froideur** to give sb a cold ou chilly ou cool reception, greet sb coldly ◆ **contempler qch avec froideur** to contemplate sth coldly ou coolly ◆ **la froideur de son cœur** (littér) her coldness of heart

**froidure** † [fʀwadyʀ] nf cold

**froissable** [fʀwasabl] adj easily crumpled ou creased

**froissant, e** [fʀwasɑ̃, ɑ̃t] adj remarque hurtful, offensive

**froissement** [fʀwasmɑ̃] nm **a** [tissu] crumpling, creasing

**b** (= bruit) rustle, rustling (NonC) ◆ **des froissements soyeux** the sound of rustling silk

**c** (Méd) **froissement (d'un muscle)** (muscular) strain

**d** (littér = vexation) **froissement (d'amour-propre)** blow to sb's pride

**froisser** [fʀwase] [→ SYN] ▸ conjug 1 ◂ [1] vt **a** [+ tissu] to crumple, crease; [+ habit] to crumple, rumple, crease; [+ papier] to screw up, crumple; [+ herbe] to crush ◆ **il froissa la lettre et la jeta** he screwed up the letter and threw it away

**b** [+ personne] to hurt, offend ◆ **ça l'a froissé dans son orgueil** that wounded ou hurt his pride

[2] **se froisser** vpr [tissu] to crease, crumple; [personne] to take offence, take umbrage (*de* at) ◆ **se froisser un muscle** (Méd) to strain a muscle

**froissure** [fʀwasyʀ] nf crumple, crease

**frôlement** [fʀolmɑ̃] [→ SYN] nm (= contact) light touch, light contact (NonC); (= bruit) rustle, rustling (NonC) ◆ **le frôlement des corps dans l'obscurité** the light contact of bodies brushing against each other in the darkness

**frôler** [fʀole] [→ SYN] ▸ conjug 1 ◂ [1] vt **a** (= toucher) to brush against; (= passer près de) to skim ◆ **le projectile le frôla** the projectile skimmed past him ◆ **l'automobiliste frôla le réverbère** the driver just missed the lamppost ◆ **le dollar a frôlé la barre des 10 F** the dollar came very close to the 10 franc mark ◆ **frôler la mort/la catastrophe** to come within a hair's breadth ou an ace of death/a catastrophe ◆ **frôler la victoire** to come close to victory ◆ **le thermomètre a frôlé les 40 degrés** temperatures were in the upper 30's

**b** (= confiner à) to verge ou border on ◆ **ça frôle l'indécence** it verges on the indecent

[2] **se frôler** vpr [personnes] to brush against one another ◆ **les deux voitures se sont frôlées** the two cars just missed each other

**fromage** [fʀɔmaʒ] [→ SYN] [1] nm cheese ◆ **biscuit/omelette/soufflé au fromage** cheese biscuit/omelette/soufflé ◆ **nouilles au fromage** pasta with cheese ◆ **trouver un (bon) fromage** * (fig) to find a cushy job * ou cushy number * (Brit), get on the gravy train * (US) ◆ **il en a fait tout un fromage** * he made a great song and dance ou a big fuss about it; → **cloche, plateau, poire**

[2] COMP ▷ **fromage blanc** fromage blanc ▷ **fromage de chèvre** goat's milk cheese ▷ **fromage à la crème** cream cheese ▷ **fromage fermenté** fermented cheese ▷ **fromage fondu** cheese spread ▷ **fromage frais** fromage frais ▷ **fromage gras** full-fat cheese ▷ **fromage maigre** low-fat cheese ▷ **fromage à pâte cuite** cooked cheese ▷ **fromage à pâte dure** hard cheese ▷ **fromage à pâte molle** soft cheese ▷ **fromage à pâte persillée** veined cheese ▷ **fromage râpé** grated cheese ▷ **fromage à tartiner** cheese spread ▷ **fromage de tête** pork brawn, headcheese (US)

**fromager, -ère** [fʀɔmaʒe, ɛʀ] [1] adj industrie, commerce, production cheese (épith) ◆ **association fromagère** cheese producers' association

[2] nm **a** (= fabricant) cheese maker; (= marchand) cheese seller

**b** (Bot) kapok tree

**fromagerie** [fʀɔmaʒʀi] [→ SYN] nf cheese dairy

**fromegi** ‡ [fʀɔmʒi] nm cheese

**froment** [fʀɔmɑ̃] [→ SYN] nm wheat

**fromental,** pl **-aux** [fʀɔmɑ̃tal, o] nm false oat

**from(e)ton** ‡ [fʀɔmtɔ̃] nm cheese

**fronce** [fʀɔ̃s] [→ SYN] nf gather ◆ **fronces** gathers, gathering (NonC) ◆ **faire des fronces à une jupe** to gather a skirt ◆ **ça fait des fronces** it's all puckered

**froncement** [fʀɔ̃smɑ̃] [→ SYN] nm ◆ **froncement de sourcils** frown

**froncer** [fʀɔ̃se] [→ SYN] ▸ conjug 3 ◂ vt (Couture) to gather ◆ **froncer les sourcils** to frown, knit one's brows

**froncis** [fʀɔ̃si] nm (= fronces) gathers, gathering; (= barde) gathered strip

**frondaison** [fʀɔ̃dɛzɔ̃] [→ SYN] nf (= feuillage) foliage (NonC)

**fronde**[1] [fʀɔ̃d] [→ SYN] nf (= arme) sling; (= jouet) catapult (Brit), slingshot (US)

**fronde**[2] [fʀɔ̃d] [→ SYN] nf (= révolte) revolt ◆ **esprit/vent de fronde** spirit/wind of revolt ou insurrection ◆ **la Fronde** (Hist) the Fronde

**fronde**[3] [fʀɔ̃d] nf (Bot) frond

**fronder** [fʀɔ̃de] [→ SYN] ▸ conjug 1 ◂ vt (= railler) to lampoon, satirize

**frondeur, -euse** [fʀɔ̃dœʀ, øz] [→ SYN] adj attitude, mentalité recalcitrant, anti-authority, rebellious; propos anti-authority

**front** [fʀɔ̃] [→ SYN] nm **a** (Anat) forehead, brow; (fig = tête) head; (littér = visage) brow (littér), face; (littér) [bâtiment] façade, front ◆ **il peut marcher le front haut** he can hold his head (up) high ◆ **la honte sur son front** (littér) the shame on his brow (littér) ou face ◆ **front de mer** (sea) front; → **courber, frapper**

**b** (Mét, Mil, Pol) front ◆ **aller** ou **monter au front** to go to the front, go into action ◆ **tué au front** killed in action ◆ **le front ennemi** the enemy front ◆ **le Front islamique de** ou **du Salut** the Islamic Salvation Front ◆ **le Front populaire** the Popular Front ◆ **le Front**

**national** the National Front ◆ **le Front de libération nationale de la Corse** the Corsican liberation front ◆ **le front du refus** (fig) organized resistance

**c** (Min) **front (de taille)** (gén) face; [houillère] coalface

**d** (Loc) **attaque de front** frontal attack ◆ **choc de front** head-on crash ◆ **attaquer qn de front** (lit, fig) to attack sb head-on ◆ **se heurter de front** (lit) to collide head-on; (fig) to clash head-on ◆ **marcher (à) trois de front** to walk three abreast ◆ **mener plusieurs tâches de front** to have several tasks in hand ou on the go (at one time) ◆ **aborder de front un problème** to tackle a problem head-on ◆ **il va falloir faire front** you'll (ou we'll etc) have to face up to it ou to things ◆ **faire front à l'ennemi/aux difficultés** to face up ou stand up to the enemy/difficulties ◆ **faire front commun contre qn/qch** to join forces against sb/sth, take a united stand against sb/sth ◆ **avoir le front de faire** (littér) to have the effrontery ou front to do

**frontail** [fʀɔ̃taj] nm browband

**frontal, e,** mpl **-aux** [fʀɔ̃tal, o] **1** adj collision, concurrence head-on; attaque frontal, head-on; (Anat, Géom) frontal ◆ **lave-linge à chargement frontal** front-loader, front-loading washing machine ◆ **choc frontal** (lit) head-on crash ou collision; (fig) head-on clash

**2** nm ◆ **(os) frontal** frontal (bone)

**frontalier, -ière** [fʀɔ̃talje, jɛʀ] **1** adj ville, zone border (épith), frontier (épith) ◆ **travailleurs frontaliers** people who cross the border every day to work

**2** nm,f inhabitant of the border ou frontier zone

**fronteau,** pl **fronteaux** [fʀɔ̃to] nm (= bandeau, bijou) frontal, frontlet; (Archit) frontal

**frontière** [fʀɔ̃tjɛʀ] → SYN **1** nf (Géog, Pol) frontier, border ◆ **à l'intérieur et au-delà de nos frontières** at home and abroad ◆ **frontière naturelle/linguistique** natural/linguistic boundary ◆ **faire reculer les frontières du savoir/d'une science** to push back the frontiers of knowledge/of a science ◆ **à la frontière du rêve et de la réalité** on the borders of dream and reality, on the borderline between dream and reality; → **incident**

**2** adj inv ◆ **ville/zone frontière** frontier ou border town/zone; → **garde**[1], **poste**[2]

**frontispice** [fʀɔ̃tispis] → SYN nm frontispiece

**fronton** [fʀɔ̃tɔ̃] → SYN nm (Archit) pediment; (à la pelote basque) (front) wall

**frottement** [fʀɔtmɑ̃] → SYN nm (= action) rubbing; (= bruit) rubbing (NonC), rubbing noise, scraping (NonC), scraping noise; (Tech = friction) friction ◆ **il y a des frottements entre eux** (= désaccord) there's friction between them

**frotter** [fʀɔte] → SYN ▸ conjug 1 ◂ **1** vt **a** (gén) [+ peau, membre] to rub; [+ cheval] to rub down ◆ **frotte tes mains avec du savon** scrub your hands with soap ◆ **frotter son doigt sur la table** to rub one's finger on the table ◆ **frotter une allumette** to strike a match ◆ **pain frotté d'ail** bread rubbed with garlic

**b** (pour nettoyer) [+ cuivres, meubles] to rub (up), shine; [+ plancher, casserole, linge, pomme de terre] to scrub; [+ chaussures] (pour cirer) to rub (up), shine; (pour enlever la terre) to scrape

**c** (†, hum) **frotter les oreilles à qn** to box sb's ears ◆ **je vais te frotter l'échine** I'm going to beat you black and blue

**2** vi to rub, scrape ◆ **la porte frotte (contre le plancher)** the door is rubbing ou scraping (against the floor)

**3 se frotter** vpr **a** (= se laver) to rub o.s. ◆ **se frotter les mains** (lit, fig) to rub one's hands

**b se frotter à** (= fréquenter) ◆ **se frotter à la bonne société** to rub shoulders with high society ◆ **se frotter à qn** (= attaquer) to cross swords with sb ◆ **il vaut mieux ne pas s'y frotter** I wouldn't cross swords with him ◆ (Prov) **qui s'y frotte s'y pique** if you cross swords with him you do so at your peril

**frottis** [fʀɔti] nm (Méd) smear; (Art) scumble ◆ **se faire faire un frottis (cervico-)vaginal** to have a cervical ou Pap (US) smear

**frottoir** [fʀɔtwaʀ] nm (à allumettes) friction strip; (pour le parquet) (long-handled) brush

**frouer** [fʀue] ▸ conjug 1 ◂ vi to call *(like the owl ou the jay)*

**froufrou** [fʀufʀu] nm **a** (= bruit) rustle, rustling (NonC), swish (NonC) ◆ **faire froufrou** to rustle, swish

**b** (= dentelles) **des froufrous** frills

**froufroutant, e** [fʀufʀutɑ̃, ɑ̃t] adj rustling, swishing

**froufroutement** [fʀufʀutmɑ̃] nm rustle, rustling (NonC), swish (NonC)

**froufrouter** [fʀufʀute] ▸ conjug 1 ◂ vi to rustle, swish

**froussard, e** * [fʀusaʀ, aʀd] → SYN (péj) **1** adj chicken * (attrib), yellow-bellied * (épith)

**2** nm,f chicken *, coward

**frousse** * [fʀus] nf fright ◆ **avoir la frousse** to be scared (to death) ou scared stiff * ◆ **quand il a sonné j'ai eu la frousse** when he rang I really got a fright ou the wind up * (Brit) ◆ **ça lui a fichu la frousse** that really gave him a fright ou put the wind up him * (Brit)

**fructiculteur, -trice** [fʀytikyltœʀ, tʀis] nm,f fruit farmer

**fructidor** [fʀyktidɔʀ] nm Fructidor *(twelfth month in the French Republican calendar)*

**fructifère** [fʀyktifɛʀ] adj fruit-bearing, fructiferous

**fructification** [fʀyktifikasjɔ̃] nf fructification

**fructifier** [fʀyktifje] → SYN ▸ conjug 7 ◂ vi [arbre] to bear fruit; [terre] to be productive; [idée] to bear fruit; [investissement] to yield a profit ◆ **faire fructifier son argent** to make one's money work for one

**fructose** [fʀyktoz] nm fructose

**fructueusement** [fʀyktɥøzmɑ̃] adv fruitfully, profitably

**fructueux, -euse** [fʀyktɥø, øz] → SYN adj lectures, spéculation fruitful, profitable; collaboration, recherches fruitful; commerce profitable

**frugal, e,** mpl **-aux** [fʀygal, o] → SYN adj frugal

**frugalement** [fʀygalmɑ̃] adv frugally

**frugalité** [fʀygalite] → SYN nf frugality

**frugivore** [fʀyʒivɔʀ] → SYN adj frugivorous

**fruit**[1] [fʀɥi] → SYN **1** nm **a** (gén) fruit (NonC) ◆ **il y a des fruits/trois fruits dans la coupe** there is some fruit/there are three pieces of fruit in the bowl ◆ **passez-moi un fruit** pass me some fruit ou a piece of fruit

**b** (= espèce) fruit ◆ **l'orange et la banane sont des fruits** the orange and the banana are kinds of fruit ou are fruits; → **pâte, salade**

**c** (littér = produit) fruit(s) ◆ **les fruits de la terre/de son travail** the fruits of the earth/of one's work ◆ **c'est le fruit de l'expérience/d'un gros travail** (= résultat) it is the fruit of experience/of much work ◆ **cet enfant est le fruit de leur union** this child is the fruit of their union (littér) ◆ **porter ses fruits** to bear fruit ◆ **avec fruit** fruitfully, profitably, with profit ◆ **sans fruit** fruitlessly, to no avail

**2** COMP ▷ **fruits des bois** fruits of the forest ▷ **fruits confits** candied ou glacé fruits ▷ **fruit défendu** (fig, Bible) forbidden fruit ▷ **fruits déguisés** *prunes ou dates stuffed with marzipan* ▷ **fruits de mer** seafood(s) ▷ **fruit de la passion** passion fruit ▷ **fruits rafraîchis** fresh fruit salad ▷ **fruits rouges** red berries ▷ **fruit sec** (séché) dried fruit (NonC); (fig = raté) failure

**fruit**[2] [fʀɥi] nm [mur] batter ◆ **donner du fruit à** to batter

**fruité, e** [fʀɥite] adj fruity

**fruiterie** [fʀɥitʀi] nf fruit (and vegetable) store, fruiterer's (shop) (Brit)

**fruiticulteur, -trice** [fʀɥitikyltœʀ, tʀis] nm,f fruit farmer

**fruitier, -ière** [fʀɥitje, jɛʀ] → SYN **1** adj fruit (épith)

**2** nm,f (= marchand de fruits) fruit seller, fruiterer (Brit), greengrocer (Brit); (= fromager) cheese maker

**3** nm (= local) fruit shed ou store; (= étagère) shelf *(for displaying fruit)*

**4 fruitière** nf (= fromagerie) cheese dairy *(in Savoy, Jura)*

**frusques** [fʀysk] → SYN nfpl (péj) (= vêtements) gear * (NonC), togs *, clobber ‡ (NonC) (Brit); (= vieux vêtements) rags

**fruste** [fʀyst] → SYN adj art, style crude, unpolished; manières, personne coarse

**frustrant, e** [fʀystʀɑ̃, ɑ̃t] adj frustrating

**frustration** [fʀystʀasjɔ̃] → SYN nf (Psych) frustration

**frustré, e** [fʀystʀe] (ptp de **frustrer**) adj, nm,f (gén, Psych) frustrated ◆ **c'est un frustré** he's frustrated

**frustrer** [fʀystʀe] → SYN ▸ conjug 1 ◂ vt **a** (= priver) **frustrer qn de** [+ satisfaction] to deprive sb of, do sb out of *; (Jur) [+ biens] to defraud sb of ◆ **frustrer qn dans ses espoirs/efforts** to thwart ou frustrate sb's hopes/efforts, thwart sb in his hopes/efforts ◆ **frustrer qn au profit d'un autre** (Jur) to defraud one party by favouring another

**b** (= décevoir) [+ attente, espoir] to thwart, frustrate

**c** (Psych) to frustrate

**frutescent, e** [fʀytesɑ̃, ɑ̃t] adj frutescent, fruticose

**FS** (abrév de **franc suisse**) SF

**FSE** [ɛfɛsə] nm (abrév de **Fonds social européen**) ESF

**fucacées** [fykase] nfpl ◆ **les fucacées** fuci, fucuses, the Fucaceae (SPÉC)

**fuchsia** [fyʃja] adj inv, nm fuchsia ◆ **(rose) fuchsia** fuchsia

**fuchsine** [fyksin] nf fuchsin(e)

**fucus** [fykys] nm wrack, fucus (SPÉC) ◆ **fucus vésiculeux** bladderwrack

**fuel** [fjul] nm (= carburant) fuel oil ◆ **fuel domestique** domestic ou heating oil

**fugace** [fygas] → SYN adj parfum, impression, lueur fleeting; beauté, fraîcheur fleeting, transient; bonheur transient

**fugacité** [fygasite] → SYN nf [parfum, impression, lueur] fleetingness; [beauté, fraîcheur] fleetingness, transience

**fugitif, -ive** [fyʒitif, iv] → SYN **1** adj (= en fuite) esclave, prisonnier fugitive (épith), runaway (épith); (= fugace) vision, forme, impression fleeting; calme momentary; beauté, bonheur fleeting, transient, short-lived; (littér) jours, années fleeting

**2** nm,f fugitive

**fugitivement** [fyʒitivmɑ̃] adv entrevoir fleetingly

**fugue** [fyg] → SYN nf **a** (= fuite) running away (NonC) ◆ **faire une fugue** to run away, abscond (Admin) ◆ **il a fait plusieurs fugues** he ran away several times ◆ **fugue amoureuse** elopement

**b** (Mus) fugue

**fugué, e** [fyge] adj (Mus) fugal

**fuguer** * [fyge] ▸ conjug 1 ◂ vi to run away ou off

**fugueur, -euse** [fygœʀ, øz] nm,f absconder (Admin), runaway ◆ **élève fugueur** pupil who keeps running away

**fuir** [fɥiʀ] → SYN ▸ conjug 17 ◂ **1** vt **a** (= éviter) [+ personne, danger] to avoid, shun; [+ obligation, responsabilité] to evade, shirk ◆ **fuir qn/qch comme la peste** to avoid sb/sth like the plague ◆ **le sommeil/la tranquillité me fuit** sleep/quiet eludes me ◆ **fuir le monde** (littér) to flee society, withdraw from the world ◆ **l'homme se fuit** (littér) man flees from his inner self

**b** (= s'enfuir de) [+ patrie, bourreaux] to flee from, run away from, fly from (littér)

**2** vi **a** (= s'enfuir) [prisonnier] to run away, escape; [troupes] to take flight, flee *(devant from)*; [femme] (avec un amant) to run off; (pour se marier) to elope *(avec with)* ◆ **faire fuir** (= mettre en fuite) to put to flight; (= chasser) to chase off ou away ◆ **laid à faire fuir** repulsively ugly ◆ **fuir devant** [+ danger, obligations] to run away from ◆ **il a fui chez ses parents** he has fled to his parents

**b** (littér = passer rapidement) [esquif] to speed along, glide swiftly along; [heures, saison] to fly by, slip by; [horizon, paysage] to recede ◆ **l'été a fui si rapidement** the summer flew by

**c** (= s'échapper) [gaz] to leak, escape; [liquide] to leak; (= n'être pas étanche) [récipient, robinet] to leak

**fuite** [fɥit] → SYN nf **a** [fugitif] flight, escape; [prisonnier] escape; [amants] flight; (pour se marier) elopement ◆ **fuite des capitaux** flight of capital ◆ **fuite des cerveaux** brain drain

◆ **dans sa fuite** as he ran away ◆ **la fuite des galaxies** the flight of the galaxies ◆ **chercher la fuite dans le sommeil** to seek escape in sleep ◆ **la fuite en avant du gouvernement dans le domaine économique** the government's blind ou headlong pursuit of its economic policy, the government's decision to forge ahead regardless in economic matters ◆ **sa fuite devant toute responsabilité** his evasion of all responsibility ◆ **prendre la fuite** [personne] to run away, take flight; [conducteur, voiture] to drive away ◆ **mettre qn en fuite** to put sb to flight ◆ **les prisonniers sont en fuite** the prisoners are on the run ◆ **renversé par un automobiliste qui a pris la fuite** knocked down by a hit-and-run driver; → **délit**

b (littér = passage rapide) [esquif] swift passage; [temps, heures, saisons] (swift) passage ou passing

c (= perte de liquide) leak, leakage ◆ **fuite de gaz/d'huile** gas/oil leak ◆ **avaries dues à des fuites** damage due to ou caused by leakage

d (= indiscrétion) leak ◆ **il y a eu des fuites à l'examen** some exam questions have been leaked

e (= trou) [récipient, tuyau] leak

f (Art) **point de fuite** vanishing point

**Fuji-Yama** [fuʒijama] nm Mount Fuji, Fujiyama, Fuji-san

**fulgurance** [fylgyʀɑ̃s] → SYN nf (frm) [progrès, processus] lightning ou dazzling speed; [plaisir, douleur] searing intensity

**fulgurant, e** [fylgyʀɑ̃, ɑ̃t] → SYN adj vitesse, progrès lightning (épith), dazzling; succès, carrière dazzling; ascension meteoric; réplique lightning (épith); regard blazing (épith), flashing (épith) ◆ **une douleur fulgurante me traversa le corps** a searing pain flashed ou shot through my body ◆ **une clarté fulgurante illumina le ciel** a blinding flash lit up the sky

**fulguration** [fylgyʀasjɔ̃] → SYN nf (= éclair) flash (of lightning); (= thérapie) fulguration ◆ **il revit son enfance dans une fulguration** childhood memories flashed through his mind

**fulgurer** [fylgyʀe] → SYN ► conjug 1 ◄ vi to flash

**fuligineux, -euse** [fyliʒinø, øz] → SYN adj (littér) couleur, flamme sooty

**fuligule** [fyligyl] nm ◆ **fuligule (morillon)** tufted duck

**full** [ful] nm (Cartes) full house ◆ **full aux as/rois** full house to aces/kings

**full-contact,** pl **full-contacts** [fulkɔ̃takt] nm unarmed combat

**fulmar** [fylmaʀ] nm fulmar

**fulmicoton** [fylmikɔtɔ̃] nm guncotton

**fulminant, e** [fylminɑ̃, ɑ̃t] → SYN adj a personne enraged, livid; lettre, réponse, regard angry and threatening ◆ **fulminant de colère** enraged, livid (with anger)

b (= détonant) mélange explosive ◆ **poudre fulminante** fulminating powder ◆ **capsule fulminante** percussion cap ◆ **sels fulminants** explosive salts *(of fulminic acid)*

**fulminate** [fylminat] nm fulminate

**fulmination** [fylminasjɔ̃] → SYN nf a (= malédictions) **fulminations** fulminations

b (Rel) fulmination

**fulminer** [fylmine] → SYN ► conjug 1 ◄ 1 vt [+ reproches, insultes] to thunder forth; (Rel) to fulminate

2 vi a (= pester) to thunder forth ◆ **fulminer contre** to fulminate ou thunder forth against

b (Chim) to fulminate, detonate

**fulminique** [fylminik] adj ◆ **acide fulminique** fulminic acid

**fumable** [fymabl] adj smok(e)able

**fumage** [fymaʒ] nm (Culin) [saucissons] smoking, curing *(by smoking)*; (Agr) [terre] manuring, dunging

**fumagine** [fymaʒin] nf fumagine

**fumaison** [fymɛzɔ̃] nf (Culin) smoking, curing *(by smoking)*

**fumant, e** [fymɑ̃, ɑ̃t] → SYN adj a (= chaud) cendres, cratère smoking; soupe, corps, naseaux steaming; (Chim) fuming ◆ **un coup fumant** (fig) a master stroke

b (* = en colère) patron fuming* (attrib) ◆ **fumant de colère** fuming with anger*

**fumasse**⁑ [fymas] adj (= en colère) fuming* (attrib)

**fumé, e**[1] [fyme] (ptp de **fumer**) adj jambon, saumon, verre smoked ◆ **verres fumés** (lunettes) tinted lenses ◆ **aimer le fumé** to like smoked food; → **lard**

**fume-cigare,** pl **fume-cigares** [fymsigaʀ] nm cigar holder

**fume-cigarette,** pl **fume-cigarettes** [fymsigaʀɛt] nm cigarette holder

**fumée**[2] [fyme] → SYN nf a [combustion] smoke ◆ **fumée de tabac/de cigarettes** tobacco/cigarette smoke ◆ **la fumée ne vous gêne pas ?** do you mind my smoking? ◆ **sans fumée** combustible smokeless; → **avaler, noir, rideau**

b (= vapeur) [soupe, étang, corps, naseaux] steam ◆ **les fumées de l'alcool** ou **de l'ivresse** the vapours of alcohol

c (Loc) **partir** ou **s'en aller en fumée** to go up in smoke, fizzle out ◆ (Prov) **il n'y a pas de fumée sans feu** there's no smoke without fire (Prov)

**fumer** [fyme] → SYN ► conjug 1 ◄ 1 vi a [volcan, cheminée, cendres, lampe] to smoke; [soupe, étang, corps] to steam; [produit chimique] to emit ou give off fumes, fume

b (* = être en colère) to be fuming* ◆ **il fumait de rage** he was fuming with rage*

c [fumeur] to smoke ◆ **fumer comme un sapeur** ou **un pompier** ou **une locomotive** to smoke like a chimney; → **défense**[1]

2 vt a [+ tabac, hachisch] to smoke ◆ **fumer la cigarette/le cigare/la pipe** to smoke cigarettes/cigars/a pipe ◆ **elle est allée en fumer une dehors*** she went outside to have a cigarette ou a smoke* ◆ **il fumait cigarette sur cigarette** he was chainsmoking

b (Culin) [+ aliments] to smoke, cure *(by smoking)*

c (Agr) [+ sol, terre] to manure

**fumerie** [fymʀi] nf ◆ **fumerie (d'opium)** opium den

**fumerolle** [fymʀɔl] nf (gén pl) (= gaz) smoke and gas *(emanating from a volcano)*; (= fumée) wisp of smoke

**fumet** [fymɛ] → SYN nm [plat, viande] aroma; [vin] bouquet, aroma; (Vénerie) scent

**fumeterre** [fymtɛʀ] nf fumitory

**fumette*** [fymɛt] nf (= drogue) smoke* ◆ **la fumette** (= action) smoking*

**fumeur, -euse** [fymœʀ, øz] nm,f smoker ◆ **(compartiment) fumeurs** (Rail) smoking compartment (Brit) ou car (US), smoker ◆ **fumeur d'opium/de pipe** opium/pipe smoker

**fumeux, -euse** [fymø, øz] → SYN adj a (= confus) idées, explication hazy, woolly; esprit woolly; théoricien woolly-minded

b (avec de la fumée) flamme, clarté smoky; (avec de la vapeur) horizon, plaine hazy, misty

**fumier** [fymje] → SYN nm a (= engrais) dung, manure ◆ **fumier de cheval** horse-dung ou -manure ◆ **tas de fumier** dunghill, dung ou muck ou manure heap

b (⁑ péj = salaud) bastard⁑, shit⁑

**fumigateur** [fymigatœʀ] nm (Agr, Méd = appareil) fumigator

**fumigation** [fymigasjɔ̃] nf fumigation

**fumigatoire** [fymigatwaʀ] adj fumigating, fumigatory

**fumigène** [fymiʒɛn] adj engin, grenade smoke (épith) ◆ **(appareil) fumigène** (Agr) smoke apparatus

**fumiger** [fymiʒe] ► conjug 3 ◄ vt to fumigate

**fumiste** [fymist] → SYN 1 nm (= réparateur, installateur) heating mechanic; (= ramoneur) chimney sweep

2 nmf (* péj = paresseux) shirker, skiver⁑ (Brit)

3 adj attitude (de paresseux) shirking; (de plaisantin) phoney* ◆ **il est un peu fumiste (sur les bords)** he's a bit of a shirker ou skiver⁑ (Brit)

**fumisterie** [fymistəʀi] → SYN nf a (péj) **c'est une** ou **de la fumisterie** it's a fraud ou a con⁑

b (= établissement) (heating mechanic's) workshop; (= métier) stove-building

**fumivore** [fymivɔʀ] adj (= sans fumée) smokeless; (= absorbant la fumée) smoke-absorbing (épith)

**fumoir** [fymwaʀ] nm (= salon) smoking room; (Ind) smokehouse

**fumure** [fymyʀ] → SYN nf manuring; (= substance) manure (NonC)

**fun**[1] * [fœn] 1 adj (= amusant, excitant) fun (épith) ◆ **c'est fun !** it's fun!

2 nm (= amusement) ◆ **le fun** fun ◆ **je suis mannequin, c'est le fun !** I'm a model, it's great fun! ◆ **ils ont tout cassé, juste pour le fun** they smashed up everything, just for the fun ou hell⁑ of it

**fun**[2] [fœn] nm abrév de **funboard**

**Funafuti** [funafuti] n Funafuti

**funambule** [fynɑ̃byl] → SYN nmf tightrope walker, funambulist (spéc)

**funambulesque** [fynɑ̃bylɛsk] → SYN adj (lit) prouesse, art of tightrope walking; (fig = bizarre) idée, organisation fantastic, bizarre

**funboard** [fœnbɔʀd] nm (= planche) short windsurfing board ou sailboard; (= sport) windsurfing

**funèbre** [fynɛbʀ] → SYN adj a (= de l'enterrement) service, marche, oraison funeral (épith); cérémonie, éloge, discours funeral (épith), funerary (épith) ◆ **air funèbre** dirge; → **entrepreneur, pompe**[2]**, veillée**

b (= lugubre) mélodie mournful, doleful; ton, silence, allure lugubrious, funereal; atmosphère, couleur, décor gloomy, dismal

**funérailles** [fyneʀɑj] → SYN nfpl (frm = enterrement) funeral, obsequies (littér)

**funéraire** [fyneʀɛʀ] → SYN adj dalle, monument, urne funeral (épith), funerary (épith) ◆ **pierre funéraire** gravestone ◆ **salon funéraire** (Can) funeral home, funeral parlour (Brit) ou parlor (US)

**funérarium** [fyneʀaʀjɔm] nm funeral home, funeral parlour (Brit) ou parlor (US)

**funeste** [fynɛst] → SYN adj a (= désastreux) erreur disastrous, grievous; conseil, décision disastrous, harmful; influence baleful, baneful, harmful; suite, conséquence dire, disastrous ◆ **le jour funeste où je l'ai rencontré** the fateful ou ill-fated day when I met him ◆ **politique funeste aux intérêts du pays** policy harmful to the country's interests

b (= de mort) pressentiment, vision deathly (épith), of death

c (littér = mortel) accident fatal; coup fatal, lethal, deadly, mortal

**funiculaire** [fynikylɛʀ] → SYN nm funicular (railway)

**funicule** [fynikyl] nm funicle

**funk** [fœnk] 1 adj funk (épith), funky

2 nm funk

**funky** [fœnki] adj funky

**fur** [fyʀ] 1 **au fur et à mesure** loc adv classer, nettoyer as one goes along; dépenser as fast as one earns ◆ **il vaut mieux leur donner leur argent de poche au fur et à mesure qu'en une fois** it's better to give them their pocket money in dribs and drabs * ou as they need it rather than all in one go ◆ **le frigo se vidait au fur et à mesure** the fridge was emptied as fast as it was stocked up ◆ **passe-moi les assiettes au fur et à mesure** pass the plates to me as you go along

2 **au fur et à mesure que** loc conj ◆ **donnez-les-nous au fur et à mesure que vous les recevez** give them to us as (soon as) you receive them ◆ **nous dépensions tout notre argent au fur et à mesure que nous le gagnions** we spent all our money as fast as we earned it

3 **au fur et à mesure de** loc prép ◆ **au fur et à mesure de leur progression** as they advanced, the further they advanced ◆ **prenez-en au fur et à mesure de vos besoins** take some as and when you need them, help yourselves as you find you need them

**furan(n)e** [fyʀan] nm (fur)furan

**furax**⁑ [fyʀaks] adj inv (= furieux) livid* (attrib), hopping mad* (attrib) (Brit)

**furet** [fyʀɛ] nm (= animal) ferret; (= jeu) pass-the-slipper

**fureter** [fyʀ(ə)te] → SYN ► conjug 5 ◄ vi (= regarder) to nose ou ferret about; (= fouiller) to rummage (about)

**fureteur, -euse** [fyʀ(ə)tœʀ, øz] → SYN 1 adj regard, enfant prying, inquisitive
2 nm,f snooper

**fureur** [fyʀœʀ] → SYN nf a (= colère) fury; (= accès de colère) fit of rage ◆ **crise** ou **accès de fureur** fit of rage, furious outburst ◆ **être pris de fureur** to fly into a rage (*contre qn* at sb) ◆ **être/entrer en fureur** to be/become infuriated ou enraged ◆ **être/entrer dans une fureur noire** to be in/go ou fly into a towering rage ◆ **mettre en fureur** to infuriate, enrage ◆ **se mettre dans des fureurs folles** to have mad fits of rage, fly into wild fits of anger
b (= violence) [passion] violence, fury; [combat, attaque] fury, fierceness, furiousness; [tempête, flots, vents] fury
c (= passion) **la fureur du jeu** a passion ou mania for gambling ◆ **il a la fureur de la vitesse/de lire** he has a mania for speed/reading ◆ **la fureur de vivre** the lust ou passion for life ◆ **"La Fureur de vivre"** (Ciné) "Rebel without a Cause"
d (littér = transe) frenzy ◆ **fureur prophétique** prophetic frenzy ◆ **fureur poétique** poetic ecstasy ou frenzy
e (LOC) **avec fureur** (= avec rage) furiously; (= à la folie) wildly, madly, passionately ◆ **faire fureur** to be all the rage

**furfuracé, e** [fyʀfyʀase] adj furfuraceous

**furfural** [fyʀfyʀal] nm furfuraldehyde

**furibard, e** * [fyʀibaʀ, aʀd] adj livid * (attrib), hopping mad * (attrib) (Brit)

**furibond, e** [fyʀibɔ̃, ɔ̃d] adj personne furious, livid * (attrib); colère wild, furious; ton, voix, yeux enraged, furious ◆ **il lui a lancé un regard furibond** he glared at him

**furie** [fyʀi] → SYN nf a (péj = mégère) shrew, termagant; (Myth) Fury
b (= violence) [attaque, combat] fury, fierceness, furiousness; [tempête, flots] fury; [passions] violence, fury
c (= passion) **la furie du jeu** a passion ou mania for gambling
d (= colère) fury
e (LOC) **en furie** personne infuriated, enraged, in a rage (attrib); mer raging; tigre enraged ◆ **mettre qn en furie** to infuriate sb, enrage sb

**furieusement** [fyʀjøzmɑ̃] adv (= avec fureur) attaquer furiously; répondre angrily; (gén hum = extrêmement) ressembler amazingly, tremendously ◆ **j'ai furieusement envie d'une glace à la fraise** I'm simply dying for * ou I've got a terrible craving for a strawberry ice cream

**furieux, -ieuse** [fyʀjø, jøz] → SYN adj a (= violent) combat, résistance furious, fierce; tempête raging, furious, violent ◆ **avoir une furieuse envie de faire qch** to be dying to do sth *; → **folie, fou**
b (= en colère) personne furious (*contre* with, at); ton, geste furious ◆ **taureau furieux** raging bull ◆ **rendre qn furieux** to infuriate ou enrage sb ◆ **le taureau, rendu furieux par la foule** the bull, driven wild by the crowd ◆ **elle est furieuse de n'avoir pas été invitée** she's furious that she wasn't invited ou at not having been invited ◆ **il est furieux que je lui aie menti** he is furious with ou at me for having lied to him
c (gén hum = fort) envie, coup almighty * (épith), tremendous

**furioso** [fyʀjozo] adj (Mus) furioso

**furoncle** [fyʀɔ̃kl] → SYN nm boil, furuncle (SPÉC)

**furonculeux, -euse** [fyʀɔ̃kylø, øz] adj furunculous

**furonculose** [fyʀɔ̃kyloz] nf (recurrent) boils, furunculosis (SPÉC)

**furtif, -ive** [fyʀtif, iv] → SYN adj coup d'œil, geste furtive, stealthy; joie secret; → **avion**

**furtivement** [fyʀtivmɑ̃] → SYN adv furtively, stealthily

**furtivité** [fyʀtivite] nf [avion] stealthiness

**fusain** [fyzɛ̃] nm (= crayon) charcoal (crayon); (= croquis) charcoal (drawing); (= arbrisseau) spindle-tree ◆ **tracé au fusain** charcoal (-drawn), (drawn) in charcoal

**fusainiste** [fyzenist] nmf charcoal artist

**fusant, e** [fyzɑ̃, ɑ̃t] adj ◆ **obus fusant** time shell ◆ **tir fusant** air burst

**fuseau, pl fuseaux** [fyzo] → SYN 1 nm a [fileuse] spindle; [dentellière] bobbin
b (pantalon) **fuseau, fuseaux** stretch ski pants (Brit), stirrup pants (US)
c (Anat, Bio) spindle
d (LOC) **en (forme de) fuseau** colonne spindle-shaped; cuisses, jambes slender ◆ **arbuste taillé en fuseau** shrub shaped into a cone
e **fuseau horaire** time zone ◆ **changer de fuseau horaire** to cross time zones

**fusée** [fyze] → SYN 1 nf a (spatiale) (space) rocket; (missile) rocket, missile ◆ **fusée air-air/sol-air** air-to-air/ground-to-air missile
b [feu d'artifice] rocket; [obus, mine] fuse ◆ **partir comme une fusée** to set off like a rocket, whizz off
c (Tech) [essieu] spindle; (Aut) stub axle; [montre] fusee
2 COMP ▷ **fusée antichar** anti-tank rocket ▷ **fusée de détresse** distress rocket ▷ **fusée éclairante** flare ▷ **fusée à étages** multi-stage rocket ▷ **fusée interplanétaire** (interplanetary) space rocket ▷ **fusée de lancement** launch vehicle

**fusée-engin**, pl **fusées-engins** [fyzeɑ̃ʒɛ̃] nf rocket shell

**fusée-sonde**, pl **fusées-sondes** [fyzesɔ̃d] nf rocket-powered space probe

**fusel** [fyzɛl] nm ◆ **(huile de) fusel** fusel

**fuselage** [fyz(ə)laʒ] nm [avion] fuselage

**fuselé, e** [fyz(ə)le] → SYN adj colonne spindle-shaped; doigts tapering, slender; cuisses, jambes slender

**fuseler** [fyz(ə)le] ▸ conjug 4 ◂ vt (former en fuseau) to taper

**fuser** [fyze] → SYN ▸ conjug 1 ◂ vi a [cris, rires] to burst forth; [questions] to come from all sides; [liquide, vapeur] to gush ou spurt out; [étincelles] to fly (out); [lumière] to stream out ou forth ◆ **les plaisanteries fusaient** the jokes came thick and fast ◆ **les insultes fusaient de toutes parts** insults were flying from all sides
b (Tech) [bougie] to run; [pile] to sweat; [poudre] to burn out

**fusette** [fyzɛt] nf (small) spool

**fusible** [fyzibl] → SYN 1 adj fusible
2 nm (= fil) fuse(-wire); (= fiche) fuse; (fig = personne) fall guy ◆ **les fusibles ont sauté** the fuses have blown

**fusiforme** [fyzifɔʀm] adj spindle-shaped, fusiform (SPÉC)

**fusil** [fyzi] → SYN 1 nm a (= arme) (de guerre, à canon rayé) rifle, gun; (de chasse, à canon lisse) shotgun, gun ◆ **c'est un bon fusil** (fig) he's a good shot ◆ **un groupe de 30 fusils** † (Mil) a group of 30 riflemen ou rifles ◆ **changer son fusil d'épaule** (fig) to have a change of heart ◆ **coup de fusil** gun shot, rifle shot ◆ **c'est le coup de fusil** (fig) the prices are extortionate, you pay through the nose *
b (= allume-gaz) gas lighter; (= instrument à aiguiser) steel
2 COMP ▷ **fusil à air comprimé** airgun ▷ **fusil d'assaut** assault rifle ▷ **fusil automatique** automatic rifle ▷ **fusil à canon rayé** rifle, rifled gun ▷ **fusil à canon scié** sawn-off (Brit) ou sawed-off (US) shotgun ▷ **fusil de chasse** shotgun, hunting gun ▷ **fusil à deux coups** double-barrelled ou twin-barrel rifle ▷ **fusil de guerre** army rifle ▷ **fusil à harpon** harpoon gun ▷ **fusil à lunette** rifle with telescopic sight ▷ **fusil à pompe** pump-action shotgun ▷ **fusil à répétition** repeating rifle ▷ **fusil sous-marin** (underwater) speargun

**fusilier** [fyzilje] nm rifleman, fusilier; (Hist) fusilier ◆ **les fusiliers** (= régiment) the rifles; (Hist) the fusiliers ◆ **fusilier marin** marine

**fusillade** [fyzijad] nf (= bruit) fusillade (frm), gunfire (NonC), shooting (NonC); (= combat) shoot-out, shooting battle; (= exécution) shooting

**fusiller** [fyzije] → SYN ▸ conjug 1 ◂ vt a (= exécuter) to shoot ◆ **fusiller qn du regard** to look daggers at sb
b (* = casser) to bust *
c (* = dépenser) to blow ‡

**fusilleur** [fyzijœʀ] nm member of a firing squad

**fusil-mitrailleur**, pl **fusils-mitrailleurs** [fyzimitʀɑjœʀ] nm machine gun

**fusiniste** [fyzinist] nmf ⇒ **fusainiste**

**fusion** [fyzjɔ̃] → SYN nf a [métal] melting, fusion; [glace] melting, thawing ◆ **en fusion** métal molten ◆ **au moment de l'entrée en fusion** when melting point is reached
b (Bio, Phys) fusion ◆ **fusion nucléaire/chromosomique** nuclear/chromosome fusion
c (= union) [cœurs, esprits, races] fusion; [partis] merging, combining; [systèmes, philosophies] blending, merging, uniting
d (Comm) [sociétés] merger, amalgamation; (Ordin) [fichiers] merging ◆ **fusion absorption** takeover ◆ **fusion acquisition** acquisition and merger

**fusionnel, -elle** [fyzjɔnɛl] adj (Psych) rapport intensely close; amour based on a very close bond ◆ **une relation trop fusionnelle avec la mère** a relationship with the mother that is too close ou too intense

**fusionnement** [fyzjɔnmɑ̃] → SYN nm (Comm) merger, amalgamation; (Pol) merging, combining

**fusionner** [fyzjɔne] → SYN ▸ conjug 1 ◂ vti (Comm) to merge, amalgamate; (Pol) to merge, combine; (Ordin) to merge

**fustanelle** [fystanɛl] nf fustanella

**fustet** [fystɛ] nm young fustic

**fustigation** [fystigasjɔ̃] nf a (littér) [adversaire] flaying; [pratiques, mœurs] censuring, denouncing, denunciation
b (†† = flagellation) birching, thrashing

**fustiger** [fystiʒe] → SYN ▸ conjug 3 ◂ vt a (littér) [+ adversaire] to flay; [+ pratiques, mœurs] to censure, denounce ◆ **ses sketches fustigent la société actuelle** his sketches are a scathing attack on modern society
b (†† = fouetter) to birch, thrash

**fustine** [fystin] nf fustic

**fut** * [fyt] nm (abrév de **futal**) trousers (Brit), pants (US)

**fût** [fy] → SYN nm a [arbre] bole, trunk; [colonne] shaft; [fusil] stock
b (= tonneau) barrel, cask

**futaie** [fytɛ] → SYN nf (= groupe d'arbres) cluster of (tall) trees; (= forêt) forest *(of tall trees)*; (Sylviculture) plantation of trees *(for timber)* ◆ **haute futaie** mature (standing) timber ◆ **arbre de haute futaie** mature tree

**futaille** [fytɑj] → SYN nf (= barrique) barrel, cask

**futaine** [fytɛn] → SYN nf (Tex) fustian

**futal** *, pl **futals** [fytal], **fute** * [fyt] nm trousers (Brit), pants (US)

**futé, e** [fyte] → SYN adj wily, crafty, cunning, sly ◆ **c'est une petite futée** she's a crafty ou sly little minx ◆ **il n'est pas très futé** he's not very bright

**fute-fute** * [fytfyt] adj ◆ **il n'est pas (très) fute-fute** he's not very bright

**futile** [fytil] → SYN adj entreprise, tentative futile, pointless; raison, souci, occupation, propos trifling, trivial, futile; personne, esprit frivolous ◆ **l'univers futile de la mode** the frivolous world of fashion

**futilement** [fytilmɑ̃] adv (= frivolement) frivolously

**futilité** [fytilite] → SYN nf a [entreprise, tentative] futility, pointlessness; [raison, souci, occupation, propos] triviality, futility; [personne, esprit] triviality, frivolousness
b (= propos, action) **futilités** trivialities ◆ **dire des futilités** to talk about trivia ◆ **ils ont passé leur journée à des futilités** they frittered the day away

**futon** [fytɔ̃] nm futon

**futur, e** [fytyʀ] → SYN 1 adj (= prochain) génération, désastres, besoins future (épith) ◆ **dans la vie future** (Rel) in the afterlife, in the hereafter ◆ **futur mari** husband-to-be ◆ **les futurs époux** the bride-and-groom-to-be ◆ **tout pour la future maman** everything for the mother-to-be ◆ **futur collègue/directeur** future colleague/director ◆ **futur client** prospective customer ◆ **futur président/champion** (en herbe) budding ou future president/champion
2 nm a (= avenir) future

**b** (Ling) **le futur (simple)** the future (tense) ◆ **le futur proche** the immediate future ◆ **le futur antérieur** ou **du passé** the future perfect ou anterior

**c** († = fiancé) fiancé, husband-to-be, intended †

**3** **future** nf († = fiancée) fiancée, wife-to-be, intended †

**futurisme** [fytyʀism] **nm** futurism

**futuriste** [fytyʀist] **1** **nmf** futurist
**2** **adj** futuristic

**futurologie** [fytyʀɔlɔʒi] → SYN **nf** futurology

**futurologue** [fytyʀɔlɔg] → SYN **nmf** futurist, futurologist

**fuyant, e** [fɥijɑ̃, ɑ̃t] → SYN **adj** **a** (= insaisissable) regard, air evasive; personne, caractère elusive, evasive
**b** (= en retrait) menton, front receding (épith)
**c** (littér = fugitif) ombre, vision fleeting (épith)
**d** (Art) vues, lignes receding (épith), vanishing (épith); perspective vanishing (épith)

**fuyard, e** [fɥijaʀ, aʀd] → SYN **nm,f** runaway

# G

**G**[1], **g**[1] [ʒe] **nm** (= lettre) G, g ◆ **le G-8** the G8 nations, the Group of Eight ◆ **point G** (Anat) G spot

**G**[2] **a** (abrév de **Giga**) G
**b** (= constante de gravitation) G
**c** (Anat) **point G** G spot

**g**[2] **a** (abrév de **gramme**) g
**b** (Phys = accélération) g

**gaba** [gaba] **nm inv** (abrév de **gamma-aminobutyric acid**) GABA

**gabardine** [gabaʀdin] → SYN **nf** (= tissu) gabardine; (= manteau) gabardine (raincoat)

**gabare** [gabaʀ] **nf** (= allège) (dumb) barge, lighter; (= filet de pêche) seine

**gabarier** [gabaʀje] ▸ conjug 7 ◂ **vt** to gauge

**gabarit** [gabaʀi] → SYN **nm** **a** (= dimension) [objet, véhicule] size
**b** * [personne] (= taille) size, build; (= valeur) calibre (Brit), caliber (US) ◆ **ce n'est pas le petit gabarit !** he's not exactly small!, he's rather on the large side! ◆ **du même gabarit** of the same build ◆ **il n'a pas le gabarit d'un directeur commercial** he hasn't got what it takes ou he isn't of the right calibre to be a sales manager
**c** (Tech = appareil de mesure) gauge, gage (US); (= maquette) template ◆ **gabarit de chargement** (Rail) loading gauge

**gabarre** [gabaʀ] **nf** ⇒ **gabare**

**gabbro** [gabʀo] **nm** gabbro

**gabegie** [gabʒi] → SYN **nf** (péj) (= gâchis) waste *(due to bad management)*; (= désordre) chaos ◆ **c'est une vraie gabegie !** it's a real mess!, it's total chaos!

**gabelle** [gabɛl] **nf** (Hist = impôt) salt tax, gabelle

**gabelou** [gablu] → SYN **nm** (Hist) salt-tax collector; (péj) customs officer

**gabier** [gabje] → SYN **nm** (Naut) topman

**gabion** [gabjɔ̃] **nm** (Chasse) hide (Brit), blind (US)

**gable, gâble** [gɑbl] → SYN **nm** gable

**Gabon** [gabɔ̃] **nm** ◆ **le Gabon** (the) Gabon

**gabonais, e** [gabɔnɛ, ɛz] **1** **adj** Gabonese
**2** **Gabonais(e)** **nm,f** Gabonese

**Gabriel** [gabʀijɛl] **nm** Gabriel

**gâchage** [gɑʃaʒ] → SYN **nm** **a** [plâtre] tempering; [mortier] mixing
**b** [argent, talent, temps] wasting

**gâche** [gɑʃ] **nf** **a** [maçon] (plasterer's) trowel
**b** [serrure] striking plate, strike (plate)

**gâcher** [gɑʃe] → SYN ▸ conjug 1 ◂ **vt** **a** [+ plâtre] to temper; [+ mortier] to mix
**b** [+ argent, temps] to waste, fritter away; [+ nourriture, occasion, talent] to waste; [+ travail] to botch ◆ **gâcher sa vie** to fritter away ou waste one's life ◆ **une vie gâchée** a wasted ou misspent life
**c** (= gâter) (gén) to spoil; [+ jeunesse, séjour, chances] to ruin ◆ **il nous a gâché le** ou **notre plaisir** he spoiled it for us ◆ **je ne veux pas lui gâcher sa joie** I don't want to spoil his happiness ◆ **il gâche le métier** he spoils it for others *(by selling cheap or working for a low salary)*

**gâchette** [gɑʃɛt] **nf** [arme] trigger; [serrure] tumbler ◆ **appuyer** ou **presser sur la gâchette** to pull the trigger ◆ **il a la gâchette facile** he's trigger-happy ◆ **une bonne gâchette** (= tireur) a good shot ◆ **la meilleure gâchette de l'Ouest** the fastest gun in the West

**gâcheur, -euse** [gɑʃœʀ, øz] → SYN **1** **adj** wasteful
**2** **nm,f** **a** [matériel] wasteful person; [argent] spendthrift; [travail] bungler, botcher
**b** (péj = snob) fusspot (Brit), fussbudget (US), fussy person
**3** **nm** (= ouvrier) builder's helper ou mate (Brit) *(who mixes cement or tempers plaster)*

**gâchis** [gɑʃi] → SYN **nm** **a** (= désordre) mess ◆ **tu as fait un beau gâchis !** you've made a real mess of it!
**b** (= gaspillage) [argent, nourriture, sentiments] waste (NonC) ◆ **je ne supporte pas le gâchis** I hate waste ou wastefulness ◆ **quel gâchis !** what a waste!
**c** (Tech) mortar

**gades** [gad] **nmpl** ◆ **les gades** gadids, the Gadidae (SPÉC)

**gadget** [gadʒɛt] → SYN **nm** (= chose) thingummy * (Brit), gizmo * (US); (= jouet, ustensile) gadget; (= procédé, trouvaille) gimmick ◆ **cette loi n'est qu'un gadget** that law is just a token measure

**gadgétiser** [gadʒetize] ▸ conjug 1 ◂ **vt** to equip with gadgets

**gadidés** [gadide] **nmpl** ⇒ **gades**

**gadin** * [gadɛ̃] **nm** ◆ **prendre** ou **ramasser un gadin** to fall flat on one's face, come a cropper * (Brit)

**gadoue** [gadu] → SYN **nf** (= boue) mud, sludge; (= neige) slush; (= engrais) night soil

**GAEC** [gaɛk] **nm** (abrév de **groupement agricole d'exploitation en commun**) → **groupement**

**gaélique** [gaelik] **1** **adj** Gaelic
**2** **nm** (Ling) Gaelic

**gaffe** [gaf] → SYN **nf** **a** (= bévue) blunder, boob * (Brit) ◆ **faire une gaffe** (action) to make a blunder ou a boob * (Brit); (parole) to put one's foot in it *, say the wrong thing, drop a clanger * (Brit)
**b** (= perche) (Naut) boat hook; (Pêche) gaff
**c** **faire gaffe** * (= être attentionné) to pay attention (à to) ◆ **fais gaffe !** watch out!, be careful! ◆ **fais gaffe à toi** watch yourself

**gaffer** [gafe] ▸ conjug 1 ◂ **1** **vi** (bévue) to blunder, boob * (Brit); (paroles) to put one's foot in it *, drop a clanger * (Brit) ◆ **j'ai gaffé ?** have I put my foot in it?, did I say the wrong thing?
**2** **vt** **a** (Naut) to hook; (Pêche) to gaff
**b** († * = regarder) **gaffe un peu la fille !** get a load of her! *

**gaffeur, -euse** [gafœʀ, øz] → SYN **nm,f** blunderer, blundering idiot ◆ **il est drôlement gaffeur !** he's always putting his foot in it! *, he's a blundering idiot!

**gag** [gag] → SYN **nm** (gén, Ciné, Théât) gag ◆ **ce n'est pas un gag** it's not a joke ◆ **le gag, c'est qu'il va falloir s'en servir** the funniest part of it is that we'll have to use it

**gaga** * [gaga] **adj** vieillard gaga *, senile ◆ **sa fille le rend gaga** he's putty in his daughter's hands, his daughter can wind him round her little finger ◆ **être gaga de qn** to be crazy * ou nuts * about sb

**gage** [gaʒ] → SYN **nm** **a** (à un créancier, arbitre) security; (à un prêteur) pledge ◆ **mettre qch en gage (chez le prêteur)** to pawn sth (at the pawnbroker's) ◆ **laisser qch en gage** to leave sth as (a) security; → **prêteur**
**b** (= garantie) guarantee ◆ **sa bonne forme physique est un gage de succès** his fitness will guarantee him success ou assure him of success
**c** (= témoignage) proof (NonC), evidence (NonC) ◆ **donner des gages de sa sincérité/de son talent** to give proof ou evidence of one's sincerity/one's talent ◆ **donner des gages de (sa) bonne volonté** to make several gestures of goodwill ◆ **donner à qn un gage d'amour/de fidélité** to give sb a token of one's love/of one's faithfulness ◆ **en gage de notre amitié/de ma bonne foi** as a token ou in token of our friendship/of my good faith
**d** (Jeux) forfeit ◆ **avoir un gage** to have a forfeit
**e** († = salaire) **gages** wages ◆ **être aux gages de qn** (gén) to be employed by sb; (péj) to be in the pay of sb; → **tueur**

**gager** [gaʒe] → SYN ▸ conjug 3 ◂ **vt** **a** (frm = parier) **gager que** to wager that, bet that ◆ **gageons que ..., je gage que ...** I bet (you) that ...
**b** [+ emprunt] to guarantee

**gageure** [gaʒyʀ] → SYN **nf** **a** (= entreprise difficile) **c'est une véritable gageure que de vouloir tenter seul cette ascension** it's attempting the impossible to try to do this climb alone ◆ **il a réussi la gageure de faire cette ascension tout seul** he achieved the impossible – he managed to do the climb on his own, despite the odds he managed to do the climb on his own
**b** (†† = pari) wager

**gagiste** [gaʒist] **nm** (= prêteur) pledgee

**gagman** [gagman], pl **gagmans** ou **gagmen** [gagmɛn] **nm** gag writer

**gagnable** [gaɲabl] **adj** winnable

**gagnant, e** [gaɲɑ̃, ɑ̃t] → SYN **1** **adj** numéro, combinaison, point winning (épith) ◆ **on donne ce concurrent gagnant** this competitor is the favourite to win ou is expected to win ◆ **il joue** ou **part gagnant dans cette affaire** he's bound to win ou come out on top in this deal ◆ **tu es gagnant** you can't lose (out) ◆ **la partie gagnante** (Jur) the prevailing party

**2** nm,f winner

**gagne** * [gaɲ] nf (Sport) ◆ **la gagne** the will ou drive to win ◆ **ce joueur est venu pour la gagne** this player has come intent on winning

**gagne-pain** * [gaɲpɛ̃] nm inv source of income ◆ **c'est son gagne-pain** it's his bread and butter *

**gagne-petit** [gaɲpəti] → SYN nm inv (= qui gagne peu) low wage earner ◆ **c'est un gagne-petit** (péj) he's just out to make a quick buck

**gagner** [gaɲe] → SYN ▸ conjug 1 ◂ **1** vt **a** (= acquérir par le travail) to earn ◆ **gagner sa vie** to earn one's living (*en faisant* (by) doing) ◆ **elle gagne mal sa vie** she doesn't earn much ◆ **elle gagne bien sa vie** she earns a good living ◆ **elle gagne bien** * she earns good money * ◆ **gagner son pain** to earn one's daily bread ◆ **gagner de l'argent** (par le travail) to earn ou make money; (dans une affaire) to make money ◆ **gagner de quoi vivre** to earn a living ◆ **gagner gros** to make a lot of money ◆ **il ne gagne pas des mille et des cents** * he doesn't exactly earn a fortune ◆ **gagner sa croûte** * ou **son bifteck** * to earn one's crust ou one's bread and butter ◆ **il gagne bien sa croûte dans cet emploi** * he earns a good wage in that job ◆ **j'ai gagné ma journée** (iro) that really made my day (iro)

**b** (= mériter) to earn ◆ **il a bien gagné ses vacances** he's really earned his holiday

**c** (= acquérir par le hasard) [+ prix, somme] to win ◆ **gagner le gros lot** (lit, fig) to hit ou win the jackpot

**d** (= obtenir) [+ réputation] to gain; [+ parts de marché] to win ◆ **avoir tout à gagner et rien à perdre** to have everything to gain and nothing to lose ◆ **vous n'y gagnerez rien** you'll gain nothing by it ◆ **vous n'y gagnerez rien de bon** you'll get nothing out of it ◆ **vous y gagnerez d'être tranquille** at least you'll get some peace and quiet that way ◆ **chercher à gagner du temps** (= aller plus vite) to try to save time; (= temporiser) to play for time, try to gain time ◆ **cela fait gagner beaucoup de temps** it saves a lot ou a great deal of time, it's very time-saving ◆ **gagner de la place** to save space ◆ **c'est toujours ça de gagné !** that's always something! ◆ **c'est toujours 10 € de gagné** at least that's €10 saved ou that's saved us €10 ◆ **en jouant sur l'épaisseur, on peut gagner sur la quantité** by adjusting the thickness, we can gain in quantity ◆ **à sortir par ce temps, vous y gagnerez un bon rhume** you'll get nothing but a bad cold going out in this weather ◆ **je n'y ai gagné que des ennuis** I only made trouble for myself, I only succeeded in making things difficult for myself ◆ **s'il dit oui, c'est gagné** if he says yes, then everything will be all right

**e** (= augmenter de) **gagner dix centimètres** [plante, enfant] to grow ten centimetres ◆ **l'indice CAC 40 gagne 4 points** the CAC 40 index is up 4 points ◆ **il gagne 3 points dans les sondages** he gains 3 points in the opinion polls

**f** (= être vainqueur de) [+ élection, bataille, procès, pari, course] to win; (arg Sport) [+ joueur] to beat ◆ **le match/procès n'est pas gagné** the match/trial hasn't been won yet ◆ **ce n'est pas gagné d'avance** it's far from certain ◆ **gagner haut la main** to win hands down ◆ **gagner qn aux échecs** to beat sb at chess ◆ **gagner qn de vitesse** to catch up on sb

**g** (= se concilier) [+ gardiens, témoins] to win over ◆ **gagner l'estime/le cœur de qn** to win sb's esteem ou regard/heart ◆ **gagner la confiance de qn** to win ou gain sb's confidence ◆ **savoir se gagner des amis/des partisans** to know how to win friends/supporters ◆ **se laisser gagner par les prières de qn** to be won over by sb's prayers ◆ **gagner qn à une cause** to win sb over to a cause ◆ **gagner qn à sa cause** to win sb over

**h** (= envahir) to spread to ◆ **le sommeil les gagnait** sleep was creeping over them ou was gradually overcoming them ◆ **la gangrène gagne la jambe** the gangrene is spreading to his leg ◆ **le froid les gagnait** they were beginning to feel the cold ◆ **le feu gagna rapidement les rues voisines** the fire quickly spread to the neighbouring streets ◆ **l'eau/l'ennemi gagne du terrain** the water/the enemy is gaining ground ◆ **la grève gagne tous les secteurs** the strike is gaining ground in ou is spreading to all sectors

**i** (= atteindre) [+ lieu, frontière, refuge] to reach ◆ **gagner le port** to reach port ◆ **gagner le large** (Naut) to get out into the open sea

**2** vi **a** (= être vainqueur) to win ◆ **gagner aux courses** to win on the horses ou at the races ◆ **il a gagné aux courses hier** he won on the horses ou had a win at the races yesterday ◆ **il gagne sur tous les tableaux** he's winning all the way ou on all fronts ◆ **eh bien, tu as gagné !** (iro) well, you got what you asked for! *

**b** (= trouver un avantage) **vous y gagnez** it's in your interest, it's to your advantage ◆ **vous gagnerez à ce que personne ne le sache** it'll be to your advantage ou it will be better for you if nobody knows about it ◆ **qu'est-ce que j'y gagne ?** what do I get out of it? ou gain from it?, what's in it for me? ◆ **vous gagneriez à partir en groupe** you'd be better off going in a group ◆ **tu aurais gagné à te taire !** you would have done better to keep quiet! ◆ **elle a gagné au change** she ended up better off

**c** (= s'améliorer) **gagner en hauteur** to increase in height ◆ **son style gagne en force ce qu'il perd en élégance** his style gains in vigour what it loses in elegance ◆ **ce vin gagnera à vieillir** this wine will improve with age ◆ **il gagne à être connu** he improves on acquaintance ◆ **ce roman gagne à être relu** this novel gains by a second reading, this novel is better at a second reading

**d** (= s'étendre) [incendie, épidémie] to spread, gain ground ◆ **la mer gagne sur les falaises** the sea is encroaching ou advancing on the cliffs

**gagneur, -euse** [gaɲœʀ, øz] **1** nm,f (= battant) go-getter * ◆ **avoir un tempérament de gagneur** to be a born winner

**2** **gagneuse** ‡ nf (= prostituée) whore ‡, hooker ‡

**gaguesque** * [gagɛsk] adj ◆ **c'est gaguesque, ton histoire !** your story sounds like a bad joke!

**gai, e** [ge] → SYN **1** adj **a** personne, vie cheerful, happy; voix, visage cheerful, happy, cheery; caractère, roman, conversation, musique cheerful ◆ **le gai Paris** gay Paris ◆ **c'est un gai luron** he's a cheery ou happy fellow ◆ **gai comme un pinson** happy as a lark ◆ **tu n'as pas l'air (bien) gai** you don't look too happy

**b** (euph = ivre) merry, tipsy; → **vin**

**c** robe bright; couleur, pièce bright, cheerful ◆ **on va peindre la chambre en jaune pour faire gai** we're going to paint the bedroom yellow to brighten it up

**d** (iro = amusant) **j'ai oublié mon parapluie, c'est gai !** that's great *, I've forgotten my umbrella! (iro) ◆ **ça va être gai, un week-end avec lui !** the weekend's going to be great fun with him around! (iro)

**e** (= homosexuel) gay

**2** nm (= homosexuel) gay

**gaïac** [gajak] nm guaiacum, guaiocum

**gaïacol** [gajakɔl] nm guaiacol

**gaiement** [gemɑ̃] adv **a** (= joyeusement) cheerfully, merrily

**b** (= avec entrain) **allons-y gaiement !** come on then, let's get on with it! ◆ **il va recommencer gaiement à faire les mêmes bêtises** he'll blithely ou gaily start the same old tricks again

**gaieté** [gete] → SYN nf [personne, caractère, roman, conversation] cheerfulness, gaiety; [couleur] brightness ◆ **plein de gaieté** cheerful ◆ **perdre/retrouver sa gaieté** to lose/recover one's good spirits ◆ **ses films sont rarement d'une gaieté folle** his films are not exactly cheerful ◆ **ce n'est pas de gaieté de cœur qu'il accepta** he wasn't exactly happy about accepting, it was with some reluctance that he accepted ◆ **voilà les gaietés de la province** (iro) those are the joys ou delights of living in a provincial town (iro)

**gaillard[1], e[1]** [gajaʀ, aʀd] → SYN **1** adj **a** (= alerte) personne strong; allure lively, springy, sprightly ◆ **vieillard encore gaillard** sprightly ou spry old man

**b** (= grivois) propos bawdy, ribald

**2** nm **a** (= costaud) **(robuste** ou **grand** ou **beau) gaillard** strapping fellow ou lad

**b** (* = type) fellow, guy *, chap * (Brit) ◆ **toi, mon gaillard, je t'ai à l'œil !** I've got my eye on you, chum! * ou mate! * (Brit)

**3** **gaillarde** nf (= femme forte) strapping wench * ou woman ◆ **c'est une sacrée gaillarde !** (= femme hardie) she's quite a woman!

**gaillard[2]** [gajaʀ] → SYN nm (Naut) ◆ **gaillard d'avant** forecastle (head), fo'c'sle ◆ **gaillard d'arrière** quarter-deck

**gaillarde[2]** [gajaʀd] nf (Mus) galliard

**gaillarde[3]** [gajaʀd] nf (Bot) gaillardia

**gaillardement** [gajaʀdəmɑ̃] → SYN adv (= avec bonne humeur) cheerfully; (= sans faiblir) bravely, gallantly ◆ **ils attaquèrent la côte gaillardement** they set off energetically ou stoutly up the hill ◆ **il porte gaillardement sa soixantaine** he's a sprightly ou vigorous sixty-year-old

**gaillardise** [gajaʀdiz] → SYN nf bawdy ou ribald remark

**gaillet** [gajɛ] nm bedstraw

**gaîment** [gemɑ̃] adv ⇒ **gaiement**

**gain** [gɛ̃] → SYN nm **a** (= salaire) (gén) earnings; [ouvrier] earnings, wages, wage ◆ **pour un gain modeste** for a modest wage

**b** (= lucre) **le gain** gain; → **appât**

**c** (= bénéfice) [société] profit; (au jeu) winnings; (à la Bourse) profit ◆ **faire un gain de 2 milliards** to make a profit of 2 billion ◆ **se retirer sur son gain** (au jeu) to pull out with one's winnings intact; (spéculation) to retire on one's profits ou with what one has made

**d** (= économie) saving ◆ **le gain d'argent/de place est énorme** it saves a considerable amount of money/space ◆ **ça permet un gain de temps** it saves time ◆ **ce procédé permet un gain de 50 minutes/d'électricité** this procedure saves 50 minutes/electricity

**e** (= avantage matériel) gain ◆ **gain de productivité** productivity gain ◆ **gain de pouvoir d'achat** increase in purchasing power ◆ **gains territoriaux** territorial gains

**f** (= obtention) [match, bataille, procès] winning; [fortune, voix d'électeurs] gaining ◆ **gain de poids** weight gain ◆ **ce gain de trois sièges leur donne la majorité** winning ou gaining these three seats has given them a majority ◆ **l'action a terminé la séance sur un gain de 2 points** the share was up (by) 2 points at close of trading

**g** (Élec) gain, amplification ◆ **contrôle automatique de gain** automatic gain control

**h** (Loc) **avoir** ou **obtenir gain de cause** (Jur) to win the case; (fig) to be proved right ◆ **on ne voulait pas me rembourser mais j'ai fini par avoir gain de cause** they didn't want to reimburse me but in the end I won my claim ◆ **donner gain de cause à qn** (Jur) to decide in sb's favour; (fig) to pronounce sb right

**gainant, e** [gɛnɑ̃, ɑ̃t] adj collant, culotte body-shaping

**gaine** [gɛn] → SYN nf **a** (Habillement) girdle ◆ **gaine culotte** panty girdle

**b** (= fourreau) (Anat, Bot) sheath; [obus] priming tube ◆ **gaine d'aération** ou **de ventilation** ventilation shaft

**c** (= piédestal) plinth

**gainer** [gene] → SYN ▸ conjug 1 ◂ vt (gén) to cover; [+ fil électrique] to sheathe; [+ voile] to put into a sailbag ◆ **jambes gainées de soie** legs sheathed in silk ◆ **objet gainé de cuir** leather-covered ou -cased object

**gainerie** [gɛnʀi] nf **a** (= commerce) [vêtements] girdle trade; [étuis] sheath trade

**b** (= magasin) [vêtements] girdle shop; [étuis] sheath shop

**gainier, -ière** [genje, jɛʀ] **1** nm (Bot) Judas tree

**2** nm,f [vêtements] girdle merchant; [étuis] sheath merchant

**gaîté** [gete] nf ⇒ **gaieté**

**gal** [gal] nm gal

**gala** [gala] → SYN nm official reception; (pour collecter des fonds) fund-raising reception ◆ **gala de bienfaisance** charity gala ◆ **de gala**

soirée, représentation gala (épith) ◆ **tenue de gala** full evening dress

**Galaad** [galaad] nm Galahad

**galactique** [galaktik] adj galactic

**galactogène** [galaktɔʒɛn] adj galactagogue (SPÉC) ◆ **glande galactogène** milk gland

**galactomètre** [galaktɔmɛtʀ] nm lactometer

**galactophore** [galaktɔfɔʀ] adj ◆ **canal/glande galactophore** milk duct/gland

**galactose** [galaktoz] nm galactose

**Galalithe ®** [galalit] n Galalith ®

**galamment** [galamɑ̃] adv courteously, gallantly ◆ **se conduire galamment** to behave courteously ou gallantly ou in a gentlemanly fashion

**galandage** [galɑ̃daʒ] → SYN nm (brick) partition

**galant, e** [galɑ̃, ɑ̃t] → SYN [1] adj **a** (= courtois) gallant, courteous, gentlemanly ◆ **soyez galant, ouvrez-lui la porte** be a gentleman and open the door for her ◆ **c'est un galant homme** he is a gentleman ◆ **femme galante** († , péj) courtesan

**b** ton, humeur, propos flirtatious, gallant; scène tableau amorous, romantic; conte racy, spicy; poésie amorous, courtly ◆ **en galante compagnie** homme with a lady friend; femme with a gentleman friend ◆ **rendez-vous galant** tryst

[2] nm (††, hum = soupirant) gallant ††, suitor ††, admirer † (aussi hum)

**galanterie** [galɑ̃tʀi] → SYN nf (= courtoisie) gallantry, chivalry; (= propos) gallant remark

**galantine** [galɑ̃tin] → SYN nf galantine

**Galapagos** [galapagɔs] nfpl ◆ **les (îles) Galapagos** the Galapagos (Islands)

**galapiat** † [galapja] nm (= polisson) rapscallion †, scamp

**Galatée** [galate] nf Galatea

**Galates** [galat] nmpl (Bible) Galatians

**galaxie** [galaksi] nf (Astron) galaxy; (fig = monde, domaine) world, universe ◆ **la Galaxie** the Galaxy

**galbe** [galb] → SYN nm [meuble, visage, cuisse] curve ◆ **cuisses d'un galbe parfait** shapely thighs

**galbé, e** [galbe] → SYN (ptp de **galber**) adj meuble with curved outlines; mollet rounded ◆ **bien galbé** corps curvaceous, shapely; objet beautifully shaped

**galber** [galbe] ▸ conjug 1 ◂ vt to shape *(into curves)*, curve

**gale** [gal] → SYN nf **a** (Méd) scabies, itch; (Vét) [chien, chat] mange; [mouton] scab; (Bot) scab ◆ **tu peux boire dans mon verre, je n'ai pas la gale !** * (hum) you can drink out of my glass, you won't catch anything from me! ou I haven't got the plague!

**b** (= personne) nasty character, nasty piece of work * ◆ **il est mauvais** ou **méchant comme la gale** he's a really nasty piece of work *

**galée** [gale] nf (Typo) galley

**galéjade** [galeʒad] → SYN nf tall story

**galéjer** [galeʒe] → SYN ▸ conjug 6 ◂ vi to spin a yarn ◆ **oh, tu galèjes !** that's a tall story!

**galène** [galɛn] nf galena, galenite

**galénique** [galenik] [1] adj galenical

[2] nf ◆ **la galénique** galenical pharmacology

**galénisme** [galenism] nm Galenism

**galéopithèque** [galeɔpitɛk] nm flying lemur, colugo

**galère** [galɛʀ] → SYN nf **a** (Hist = bateau) galley ◆ **galère réale** royal galley ◆ **envoyer/condamner qn aux galères** to send/sentence sb to the galleys ◆ **qu'est-il allé faire dans cette galère ?** why on earth did he have to get involved in that business? ◆ **dans quelle galère me suis-je embarqué !** whatever have I let myself in for?, → **voguer**

**b** ( * = ennui, problème) **quelle galère !, c'est (la) galère !** what a drag * ou pain *! ◆ **rien n'allait dans ma vie, c'était (vraiment) la galère** nothing was going right for me, it was hell * ou it was the pits ⁑ ◆ **j'ai connu des années de galère** I went through some difficult years ou years of hardship ◆ **une journée/un voyage galère** * a hellish * day/trip, a nightmare of a day/trip

**galérer** * [galeʀe] ▸ conjug 1 ◂ vi **a** (= travailler dur) to sweat blood *, slog * (Brit)

**b** (= avoir des difficultés) to have a lot of hassle *, have a hard time of it * ◆ **il a galéré pendant des années avant d'être reconnu** he struggled for years before gaining recognition

**galerie** [galʀi] → SYN [1] nf **a** (= couloir) (gén) gallery; [mine] gallery, level; [fourmilière] gallery; [taupinière] tunnel

**b** (Art) (= magasin) gallery; (= salle de musée) room, gallery; (= collection) collection

**c** (Théât = balcon) circle ◆ **premières/deuxièmes galeries** dress/upper circle ◆ **les troisièmes galeries** the gallery, the gods * (Brit)

**d** (= public) gallery, audience ◆ **il a dit cela pour la galerie** he said that for appearances' sake ◆ **pour épater la galerie** to show off * ou impress people; → **amuser**

**e** (Aut) roof rack; (Archit = balustrade) gallery

[2] COMP ▷ **galerie d'art** art gallery ▷ **la galerie des Glaces** (Archit) the Hall of Mirrors ▷ **galerie marchande** shopping arcade, shopping mall (US) ▷ **galerie de peinture** picture ou art gallery ▷ **galerie de portraits** (Littérat) collection of pen portraits ▷ **galerie de tableaux** ⇒ **galerie de peinture**

**galérien** [galeʀjɛ̃] → SYN nm (Hist) galley slave; (= SDF) homeless person ◆ **travailler comme un galérien** to work like a (galley) slave

**galeriste** [galʀist] nmf gallery owner

**galet** [galɛ] → SYN nm **a** (= pierre) pebble ◆ **galets** shingle, pebbles ◆ **plage de galets** shingle ou shingly beach

**b** (Tech) wheel, roller

**galetas** [galta] → SYN nm (= mansarde) garret; (= taudis) hovel

**galette** [galɛt] → SYN nf **a** (Culin) (= gâteau) *round, flat biscuit*; (Naut) ship's biscuit ◆ **galette (de sarrasin)** (= crêpe) (buckwheat) pancake ◆ **galette de maïs** tortilla ◆ **galette de pommes de terre** potato pancake ◆ **galette des Rois** *cake eaten in France on Twelfth Night*; → **plat[1]** ; → LES ROIS

**b** (Ciné) roll

**c** ( ⁑ = argent) dough ⁑, bread ⁑, lolly ⁑ (Brit) ◆ **il a de la galette** he's loaded ⁑, he's rolling in money *

**galeux, -euse** [galø, øz] → SYN [1] adj **a** personne affected with scabies, scabious (SPÉC); chien mangy; mouton, plante, arbre scabby; plaie caused by scabies ou the itch; éruption scabious ◆ **il m'a traité comme un chien galeux** he treated me like dirt ou as if I was the scum of the earth; → **brebis**

**b** (= sordide) murs peeling, flaking; pièce, quartier squalid, dingy, seedy

[2] nm,f (= personne méprisable) scum ◆ **pour lui je suis un galeux** as far as he's concerned I'm the lowest of the low ou the scum of the earth

**galgal** [galgal] nm galgal

**galhauban** [galobɑ̃] nm backstay

**Galice** [galis] nf Galicia *(in Spain)*

**Galien** [galjɛ̃] nm Galen

**Galilée[1]** [galile] nm Galileo

**Galilée[2]** [galile] nf Galilee ◆ **la mer de Galilée** the Sea of Galilee

**galiléen[1], -enne[1]** [galileɛ̃, ɛn] [1] adj (Géog) Galilean

[2] **Galiléen(ne)** nm,f Galilean

**galiléen[2], -enne[2]** [galileɛ̃, ɛn] adj (Phys, Astron) Galilean ◆ **satellites galiléens** Galilean satellites ou moons

**galimatias** [galimatja] → SYN nm (= propos) gibberish (NonC), twaddle (Brit) (NonC); (= écrit) tedious nonsense (NonC), twaddle (Brit) (NonC)

**galion** [galjɔ̃] nm galleon

**galipette** * [galipɛt] nf (= cabriole) somersault ◆ **galipettes** (hum = ébats) bedroom romps (hum) ◆ **faire des galipettes** (cabrioles) to somersault, do somersaults; (hum : ébats) to have a romp

**galipot** [galipo] nm (= résine) gal(l)ipot

**galipoter** [galipɔte] ▸ conjug 1 ◂ vt to apply gal(l)ipot to

**galle** [gal] → SYN nf gall ◆ **galle du chêne** oak apple; → **noix**

**gallérie** [galeʀi] nf wax moth

**Galles** [gal] nfpl → **pays[1]**, **prince**

**gallican, e** [ga(l)likɑ̃, an] adj, nm,f Gallican

**gallicanisme** [ga(l)likanism] nm Gallicanism

**gallicisme** [ga(l)lisism] nm (= idiotisme) French idiom; (dans une langue étrangère = calque) gallicism

**gallicole** [ga(l)likɔl] adj (= dans les galles) gall-dwelling (épith); (= provoquant des galles) gall-causing (épith)

**gallinacé, e** [galinase] → SYN [1] adj gallinaceous

[2] nm gallinacean

**gallique** [galik] adj gallic

**gallium** [galjɔm] nm gallium

**gallo** [galo] [1] adj Francophone Breton

[2] nm (Ling) *French dialect of Brittany*

[3] nmf Gallo Francophone Breton

**gallois, e** [galwa, waz] [1] adj Welsh

[2] nm **a** (Ling) Welsh

**b** **Gallois** Welshman ◆ **les Gallois** the Welsh

[3] **Galloise** nf Welshwoman

**gallon** [galɔ̃] nm gallon ◆ **gallon canadien** ou **impérial** (Can) Imperial gallon *(4.545 litres)* ◆ **gallon américain** US gallon *(3.785 litres)*

**gallo-romain, e,** mpl **gallo-romains** [ga(l)loʀɔmɛ̃, ɛn] [1] adj Gallo-Roman

[2] **Gallo-Romain(e)** nm,f Gallo-Roman

**gallo-roman, e** [ga(l)loʀɔmɑ̃, an] [1] adj Gallo-Roman(ce)

[2] nm (Ling) Gallo-Roman(ce)

**galoche** [galɔʃ] → SYN nf **a** (= sabot) clog; (= chaussure) *wooden-soled shoe*; → **menton**

**b** (Naut) snatch block

**galon** [galɔ̃] → SYN nm **a** (Couture) braid (NonC), piece of braid; (Mil) stripe ◆ **il a gagné ses galons d'homme d'État/de professeur en faisant ...** he earned ou won his stripes as a statesman/as a teacher doing ... ◆ **prendre du galon** to get promotion (Brit), get a promotion (US), move upstairs *

**b** (Can) measuring tape, tape measure

**galonné, e** [galɔne] (ptp de **galonner**) [1] adj (Mil) manche, uniforme with stripes on

[2] nm (Mil) ◆ **un galonné** * a brass hat *

**galonner** [galɔne] ▸ conjug 1 ◂ vt (Couture) to trim with braid ◆ **robe galonnée d'or** dress trimmed with gold braid

**galop** [galo] → SYN nm **a** (gén) gallop ◆ **galop d'essai** (lit) trial gallop; (fig) trial run ◆ **j'ai fait un galop de quelques minutes** I galloped for a few minutes ◆ **cheval au galop** galloping horse ◆ **prendre le galop, se mettre au galop** to break into a gallop ◆ **mettre son cheval au galop** to put one's horse into a gallop ◆ **partir au galop** [cheval] to set off at a gallop; [personne] to take off like a shot ◆ **nous avons dîné au galop** we bolted down our dinner ◆ **va chercher tes affaires au galop !** go and get your things at (Brit) ou on (US) the double! ou and make it snappy! * ◆ **au petit galop** at a canter ◆ **au grand galop** at full gallop ◆ **au triple galop** partir, arriver at top speed ◆ **elle a rappliqué au triple galop** * she came in like a shot *

**b** (= danse) gallopade

**galopade** [galɔpad] nf (Équitation) hand gallop; (= course précipitée) stampede

**galopant, e** [galɔpɑ̃, ɑ̃t] adj inflation galloping, runaway ◆ **démographie galopante** population explosion; → **phtisie**

**galope** [galɔp] nf [relieur] hatcher

**galoper** [galɔpe] → SYN ▸ conjug 1 ◂ vi [cheval] to gallop; [imagination] to run wild, run riot; [enfant] to run ◆ **galoper ventre à terre** to gallop flat out *, go at full gallop ◆ **les enfants galopent dans les couloirs** the children are charging ou haring * (Brit) along the corridors ◆ **j'ai galopé toute la journée !** * I've been rushing around ou haring * (Brit) around all day! ◆ **faire galoper qn** (= presser qn) to rush sb

**galopin** * [galɔpɛ̃] nm (= polisson) urchin, ragamuffin ◆ **petit galopin !** you little rascal! ou ragamuffin!

**galuchat** [galyʃa] nm shagreen

**galure** * [galyʀ], **galurin** * [galyʀɛ̃] nm (= chapeau) hat, headgear * (NonC)

**galvanique** [galvanik] adj galvanic

**galvanisation** [galvanizasjɔ̃] → SYN nf galvanization

**galvaniser** [galvanize] → SYN ▸ conjug 1 ◂ vt (Tech) to galvanize; (= stimuler) to galvanize (into action)

**galvanisme** [galvanism] nm (Méd) galvanism

**galvano** * [galvano] nm (abrév de **galvanotype**) electro *

**galvanomètre** [galvanɔmɛtʀ] nm galvanometer

**galvanoplastie** [galvanoplasti] nf (= reproduction) electrotyping, galvanoplasty; (= dépôt) electroplating

**galvanoplastique** [galvanoplastik] adj galvanoplastic

**galvanotype** [galvanotip] nm electrotype

**galvanotypie** [galvanotipi] nf electrotyping

**galvaudage** [galvodaʒ] nm [nom, réputation] tarnishing, sullying; [talent] prostituting

**galvaudé, e** [galvode] (ptp de **galvauder**) adj expression trite, hackneyed; mot overused

**galvauder** [galvode] → SYN ▸ conjug 1 ◂ 1 vt [+ réputation, image] to tarnish, sully; [+ nom] to bring into disrepute; [+ talent] to prostitute; [+ expression] to make trite ou hackneyed; [+ mot] to overuse, overwork
2 **se galvauder** vpr (= s'avilir) to demean o.s., lower o.s., compromise o.s.; [expression] to become hackneyed; [mot] to become trivialized (through overuse)

**galvaudeux, -euse** † [galvodø, øz] → SYN nm,f (= vagabond) tramp; (= bon à rien) good-for-nothing

**gamay** [gamɛ] nm gamay

**gambade** [gɑ̃bad] → SYN nf leap, caper ◆ **faire des gambades** [personne, enfant] to leap (about), caper (about), prance about; [animal] to gambol, leap (about), frisk about

**gambader** [gɑ̃bade] → SYN ▸ conjug 1 ◂ vi [animal] to gambol, leap (about), frisk about; [personne, enfant] to leap (about), caper (about), prance about; [esprit] to flit ou jump from one idea to another ◆ **gambader de joie** to jump for joy

**gambas** [gɑ̃bas] nfpl Mediterranean prawns, gambas

**gambe** [gɑ̃b] nf → **viole**

**gamberge** * [gɑ̃bɛʀʒ] nf ◆ **la gamberge** (= réflexion) hard thinking; (= soucis) brooding

**gamberger** * [gɑ̃bɛʀʒe] ▸ conjug 3 ◂ vi (= réfléchir) to think hard; (= se faire du souci) to brood ◆ **ça gamberge là-dedans !** your brain is really working overtime! *

**gambette** [gɑ̃bɛt] 1 nf (* = jambe) leg ◆ **jouer des gambettes** to run away, take to one's heels
2 nm (Zool) redshank

**Gambie** [gɑ̃bi] nf ◆ **la Gambie** (= pays) The Gambia; (= fleuve) the Gambia

**gambien, -ienne** [gɑ̃bjɛ̃, jɛn] 1 adj Gambian
2 **Gambien(ne)** nm,f Gambian

**gambiller** * † [gɑ̃bije] ▸ conjug 1 ◂ vi to dance, jig *

**gambit** [gɑ̃bi] nm (Échecs) gambit

**gambusie** [gɑ̃byzi] nf gambusia

**gamelan** [gamlɑ̃] nm gamelan

**gamelle** [gamɛl] → SYN nf [soldat] mess tin (Brit) ou kit (US); [ouvrier, campeur] billy-can, billy; [chien] bowl; (hum = assiette) dish, plate ◆ **(se) ramasser** ou **(se) prendre une gamelle** * to fall flat on one's face, come a cropper * (Brit)

**gamète** [gamɛt] → SYN nm gamete

**gamétogenèse** [gametoʒənɛz] nf gametogenesis, gamatogeny

**gamétophyte** [gametofit] nm gametophyte

**gamin, e** [gamɛ̃, in] → SYN 1 adj (= espiègle) mischievous, playful; (= puéril) childish
2 nm,f (* = enfant) kid * ◆ **quand j'étais gamin** when I was a kid * ◆ **gamin des rues/de Paris** street/Paris urchin

**gaminerie** [gaminʀi] → SYN nf (= espièglerie) playfulness (NonC); (= puérilité) childishness (NonC); (= farce) prank ◆ **faire des gamineries** to play (mischievous) pranks, be childish ◆ **arrête tes gamineries** stop being so childish

**gamma** [ga(m)ma] nm gamma; → **rayon**

**gammaglobulines** [ga(m)maglɔbylin] nfpl gamma globulins

**gammagraphie** [ga(m)magʀafi] nf (Méd) scintigraphy; (Tech) gamma-ray spectroscopy

**gammare** [gamaʀ] nm water flea

**gamme** [gam] → SYN nf a (= série) [couleurs, articles] range; [sentiments] gamut, range ◆ **toute la gamme** * the whole lot ◆ **produit d'entrée/de milieu de gamme** bottom-of-the-range/middle-of-the-range product ◆ **haut/bas de gamme** upmarket/downmarket, top-of-the-range/bottom-of-the-range ◆ **voiture haut/bas de gamme** car at the top/lower end of the range, upmarket/downmarket car ◆ **le très haut de gamme en chaînes hi-fi** the very top of the range in sound systems
b (Mus) scale ◆ **faire des gammes** to practise scales; (fig) to practise ◆ **gamme chromatique/ascendante/descendante** chromatic/rising/falling scale

**gammée** [game] adj f → **croix**

**gamopétale** [gamopetal] adj gamopetalous

**gamosépale** [gamosepal] adj gamosepalous

**ganache** [ganaʃ] → SYN nf a * † (vieille) **ganache** (= imbécile) (old) fool, (old) duffer *
b [cheval] lower jaw
c (Culin) ganache

**Gand** [gɑ̃] n Ghent

**gandin** † [gɑ̃dɛ̃] → SYN nm (péj) dandy

**gandoura** [gɑ̃duʀa] nf gandurah, gandoura

**Ganesha** [ganeʃa] nm Ganesa

**gang** [gɑ̃g] → SYN nm gang *(of crooks)*

**ganga** [gɑ̃ga] nm sandgrouse

**Gange** [gɑ̃ʒ] nm ◆ **le Gange** the Ganges

**gangétique** [gɑ̃ʒetik] adj gangetic

**ganglion** [gɑ̃glijɔ̃] → SYN nm ganglion ◆ **ganglion lymphatique** lymph node ◆ **il a des ganglions** he has swollen glands

**ganglionnaire** [gɑ̃glijɔnɛʀ] adj ganglionic

**gangrène** [gɑ̃gʀɛn] → SYN nf a (Méd) gangrene ◆ **avoir la gangrène** to have gangrene
b (= corruption) corruption, canker (fig) ◆ **la gangrène de la corruption** the cancer ou blight of corruption

**gangrener** [gɑ̃gʀəne] → SYN, **gangréner** [gɑ̃gʀene] ▸ conjug 5 ◂ vt a (Méd) to gangrene ◆ **blessure qui se gangrène** wound which is going gangrenous ◆ **membre gangrené** gangrenous limb
b (= corrompre) to blight ◆ **société gangrenée** society in decay ◆ **la corruption gangrène tout le système** corruption is eating away at ou poisoning the entire system

**gangreneux, -euse** [gɑ̃gʀənø, øz], **gangréneux, -euse** [gɑ̃gʀenø, øz] adj gangrenous

**gangster** [gɑ̃gstɛʀ] → SYN nm (= criminel) gangster, mobster (US); (péj = escroc) shark, swindler, crook

**gangstérisme** [gɑ̃gsteʀism] nm gangsterism

**gangue** [gɑ̃g] → SYN nf [minerai, pierre] gangue; (= carcan) strait jacket ◆ **gangue de boue** coating ou layer of mud

**gangué, e** [gɑ̃ge] adj (littér) covered in gangue

**ganja** [gɑ̃dʒa] nf ganja

**ganoïde** [ganɔid] adj ganoid

**ganse** [gɑ̃s] → SYN nf (Habillement) braid (NonC)

**ganser** [gɑ̃se] ▸ conjug 1 ◂ vt to braid ◆ **veste gansée de noir** jacket with black braiding

**gant** [gɑ̃] → SYN 1 nm a (gén) glove ◆ **gants de caoutchouc** rubber gloves
b (LOC) **remettre les gants** * to take up boxing again ◆ **cette robe lui va comme un gant** that dress fits her like a glove ◆ **ton idée/ce rôle lui va comme un gant** your idea/this role suits him down to the ground ◆ **je ne vais pas prendre des gants avec lui** I'm not going to pull my punches with him ◆ **tu ferais mieux de prendre des gants avec lui** you'd better handle him with kid gloves ◆ **il va falloir prendre des gants pour lui annoncer la nouvelle** we'll have to break the news to him gently ◆ **jeter/relever le gant** (lit, fig) to throw down/take up the gauntlet; → **main, retourner**
2 COMP ▷ **gants de boxe** boxing gloves ▷ **gants de chirurgien** surgical gloves ▷ **gant de crin** massage glove ▷ **gant de cuisine** oven glove ▷ **gant de jardinage** gardening glove ▷ **gant de toilette** ≃ facecloth (Brit), ≃ (face) flannel (Brit), ≃ wash cloth (US)

**gantelet** [gɑ̃t(ə)lɛ] nm (Mil, Sport) gauntlet; (Tech) hand leather

**ganter** [gɑ̃te] ▸ conjug 1 ◂ 1 vt [+ main, personne] to fit with gloves, put gloves on ◆ **ganté de cuir** wearing leather gloves ◆ **main gantée de cuir** leather-gloved hand
2 vi ◆ **ganter du 7** to take (a) size 7 in gloves
3 **se ganter** vpr to put on one's gloves

**ganterie** [gɑ̃tʀi] nf (= usine) glove factory; (= magasin) glove shop; (= commerce) glove trade; (= industrie) glove-making industry

**gantier, -ière** [gɑ̃tje, jɛʀ] nm,f glover

**gap** [gap] → SYN nm (Écon, Tech) gap

**garage** [gaʀaʒ] → SYN 1 nm garage ◆ **as-tu mis la voiture au garage ?** have you put the car in the garage? ou away?
2 COMP ▷ **garage d'autobus** bus depot ou garage ▷ **garage d'avions** hangar ▷ **garage de** ou **à bicyclettes** bicycle shed ▷ **garage de canots** boathouse; → **voie**

**garagiste** [gaʀaʒist] nmf (= propriétaire) garage owner; (= mécanicien) garage mechanic ◆ **le garagiste m'a dit que ...** the man at the garage ou the mechanic told me that ... ◆ **emmener sa voiture chez le garagiste** to take one's car to the garage

**garance** [gaʀɑ̃s] 1 nf (= plante, teinture) madder
2 adj inv madder(-coloured)

**garancer** [gaʀɑ̃se] ▸ conjug 3 ◂ vt to dye with madder

**garancière** [gaʀɑ̃sjɛʀ] nf madder field

**garant, e** [gaʀɑ̃, ɑ̃t] → SYN 1 nm,f (gén) (= personne, état) guarantor (*de* for); (= chose) guarantee (*de* of) ◆ **servir de garant à qn** [personne] to stand surety for sb, act as guarantor for sb; [honneur, parole] to be sb's guarantee ◆ **être** ou **se porter garant de qch** (Jur) to be answerable ou responsible for sth; (gén) (= assurer) to vouch for sth, guarantee sth
2 nm (Naut) fall

**garanti, e**[1] [gaʀɑ̃ti] (ptp de **garantir**) adj guaranteed ◆ **garanti étanche/trois ans** guaranteed waterproof/for three years ◆ **garanti pièces et main-d'œuvre** guaranteed for parts and labour ◆ **garanti pure laine** warranted ou guaranteed pure wool ◆ **c'est garanti pour cinq ans** it carries a five-year guarantee, it is guaranteed for five years ◆ **il va refuser, c'est garanti (sur facture)** * he'll refuse – it's for sure ou it's a cert * (Brit), you can bet your life he'll refuse * ◆ **c'est la migraine garantie** * you're bound to get ou it's a surefire way of getting * a headache

**garantie**[2] [gaʀɑ̃ti] → SYN 1 nf a (Comm) guarantee ◆ **sous garantie** under guarantee; → **bon**[2], **contrat**
b (= assurance) guarantee, guaranty (SPÉC); (= gage) security, surety; (= protection) safeguard ◆ **ils nous ont donné leur garantie que ...** they gave us their guarantee that ... ◆ **si on a la garantie qu'ils se conduiront bien** if we have a guarantee ou a firm undertaking (Brit) that they'll behave ◆ **servir de garantie** [bijoux] to act as a surety ou security ou guarantee; [otages] to be used as a security; [honneur] to be a guarantee ◆ **donner des garanties** to give guarantees ◆ **il faut prendre des garanties** we have to find sureties ou get guarantees ◆ **cette entreprise présente toutes les garanties de sérieux** there is every indication that the firm is reliable ◆ **c'est une garantie de succès** it's a guarantee of success ◆ **c'est une garantie contre le chômage/l'inflation** it's a safeguard against unemployment/inflation
c (= caution) **donner sa garantie à** to guarantee, stand security ou surety for, be guarantor for
d [police d'assurance] cover (NonC)
e (LOC) **je vous dis ça, mais c'est sans garantie** I can't vouch for what I'm telling you, I can't guarantee that what I'm telling you is right ◆ **j'essaierai de le faire pour jeudi mais sans garantie** I'll try and get it done for Thursday but I can't guarantee it ou I'm not making any promises ◆ **ils ont bien**

voulu essayer de le faire, sans garantie de succès they were quite willing to try and do it, but they couldn't guarantee success

2 COMP ▷ **garantie constitutionnelle** constitutional guarantee ▷ **garantie de l'emploi** job security ▷ **garantie d'exécution** performance bond ▷ **garanties individuelles** guarantees of individual liberties ▷ **garantie d'intérêt** guaranteed interest ▷ **garantie de paiement** guarantee of payment

**garantir** [gaʀɑ̃tiʀ] GRAMMAIRE ACTIVE 15.1 → SYN ▸ conjug 2 ◂ vt **a** (gén = assurer) to guarantee; [+ emprunt] to guarantee, secure ◆ **garantir que** to assure ou guarantee that ◆ **se garantir contre** [+ vol, incendie, risque] to insure ou cover o.s. against ◆ **je te garantis que ça ne se passera pas comme ça !** * I can assure you things won't turn out like that! ◆ **le poulet sera tendre, le boucher me l'a garanti** the chicken will be tender – the butcher assured me it would be ◆ **je te garantis le fait** I can vouch for the fact

**b** (= protéger) **garantir qch de** to protect sth from ◆ **se garantir les yeux (du soleil)** to protect one's eyes (from the sun) ◆ **se garantir contre la pollution/dévaluation** to guard against pollution/currency devaluation

**garce** * [gaʀs] nf (péj) (= méchante) bitch **; (= dévergondée) slut *, tart * (Brit) ◆ **qu'est-ce que tu es garce !** you're such a bitch! ** ◆ **garce de tondeuse !** damned * ou bloody * (Brit) mower!

**garcette** [gaʀsɛt] nf (Naut = cordage) gasket

**garçon** [gaʀsɔ̃] → SYN 1 nm **a** (= enfant, fils) boy ◆ **tu es un grand garçon maintenant** you're a big boy now ◆ **traiter qn comme un petit garçon** to treat sb like a child ou a little boy ◆ **à côté d'eux, on est des petits garçons** compared with them we're only beginners ◆ **cette fille est un garçon manqué** ou **un vrai garçon** this girl is a real tomboy

**b** (= jeune homme) young man ◆ **il est beau** ou **joli garçon** he's good looking, he's a good-looking guy * ou young man ◆ **eh bien mon garçon ...** (hum) well my boy ... ◆ **c'est un brave garçon** he's a good sort ou a nice fellow ◆ **ce garçon ira loin** that young man will go far; → **mauvais**

**c** (= commis) (shop) assistant ◆ **garçon boulanger/boucher** baker's/butcher's assistant; (= jeune homme) baker's/butcher's boy ◆ **garçon coiffeur** hairdresser's assistant ou junior

**d** (= serveur) waiter

**e** († = célibataire) bachelor ◆ **être/rester garçon** to be/remain single ou a bachelor ◆ **vivre en garçon** to lead a bachelor's life; → **enterrer, vie, vieux**

2 COMP ▷ **garçon d'ascenseur** lift (Brit) ou elevator (US) attendant; (= jeune homme) lift (Brit) ou elevator (US) boy ▷ **garçon de bureau** † office assistant; (= jeune homme) office boy ▷ **garçon de cabine** cabin boy ▷ **garçon de café** waiter ▷ **garçon de courses** messenger; (= jeune homme) errand boy ▷ **garçon d'écurie** stable boy ou lad (Brit) ▷ **garçon d'étage** boots sg (Brit), bellhop (US) ▷ **garçon de ferme** farm hand ▷ **garçon d'honneur** best man ▷ **garçon de laboratoire** laboratory assistant ▷ **garçon livreur** delivery man; (= jeune homme) delivery boy ▷ **garçon de recettes** bank messenger ▷ **garçon de salle** waiter

**garçonne** [gaʀsɔn] **à la garçonne** loc adj, loc adv ◆ **coupe** ou **coiffure à la garçonne** urchin cut ◆ **être coiffée à la garçonne** to have an urchin cut

**garçonnet** [gaʀsɔnɛ] nm small boy ◆ **taille garçonnet** boy's size ◆ **rayon garçonnet** boys' department

**garçonnier, -ière**[1] [gaʀsɔnje, jɛʀ] → SYN adj fille tomboyish ◆ **une fille à l'allure garçonnière** a tomboyish-looking girl ◆ **c'est un jeu trop garçonnier pour elle** it's too much of a boy's game for her

**garçonnière**[2] [gaʀsɔnjɛʀ] → SYN nf bachelor flat (Brit) ou apartment (US)

**Garde** [gaʀd] n ◆ **le lac de Garde** Lake Garda

**garde**[1] [gaʀd] → SYN 1 nf **a** (= surveillance) **on lui avait confié la garde des bagages/des prisonniers** he had been put in charge of the luggage/the prisoners, he had been given the job of looking after ou of guarding the luggage/the prisoners ◆ **il s'est chargé de la garde des bagages/des prisonniers** he undertook to look after ou to guard ou to keep an eye on the luggage/the prisoners ◆ **la garde des frontières est assurée par ...** the task ou job of guarding the frontiers is carried out by ... ◆ **confier qch/qn à la garde de qn** to entrust sth/sb to sb's care, leave sth/sb in sb's care ◆ **prendre en garde** [+ enfant, animal] to take into one's care, look after ◆ **ils nous ont laissé leur enfant en garde** they left their child in our care ◆ **Dieu vous ait en sa (sainte) garde** (may) God be with you ◆ **être sous la garde de la police** to be under police guard ◆ **être/mettre qn sous bonne garde** to be/put sb under guard

**b** (Jur : après divorce) custody ◆ **elle a eu la garde des enfants** she got ou was given (the) custody of the children ◆ **garde alternée/conjointe** alternating/joint custody

**c** (= veille) [soldat] guard duty; [infirmière] ward duty; [médecin] duty period ◆ **sa garde a duré douze heures** (soldat) he was on guard duty for 12 hours; (médecin, infirmier) he was on duty for 12 hours ◆ **assurer 15 gardes par mois** [médecin] to be on call ou on duty 15 times a month ◆ **(être) de garde** [infirmière, sentinelle] (to be) on duty; [médecin, pharmacien] (to be) on call ou on duty ◆ **pharmacie de garde** duty chemist (Brit) ou pharmacist (US) ◆ **quel est le médecin de garde ?** who is the doctor on call?; → **chien, monter**[1]**, poste**[2]

**d** (= conservation) **être de bonne garde** [aliment, boisson] to keep well ◆ **vin de garde** wine for laying down, wine that will benefit from being kept

**e** (= groupe, escorte) guard ◆ **garde rapprochée** [président] personal bodyguard ◆ **garde descendante/montante** old/relief guard; → **corps, relever** etc

**f** (= infirmière) nurse ◆ **garde de jour/de nuit** day/night nurse

**g** (Boxe, Escrime) guard ◆ **gardes** (Escrime) positions ◆ **en garde !** on guard! ◆ **se mettre en garde** to take one's guard ◆ **avoir/tenir la garde haute** to have/keep one's guard up ◆ **fermer/ouvrir sa garde** to close/open one's guard ◆ **baisser sa garde** (lit) to lower one's guard; (fig) to drop one's guard

**h** [épée] hilt, guard ◆ **jusqu'à la garde** (lit) (up) to the hilt

**i** (Typo) **(page de) garde** flyleaf

**j** [serrure] **gardes** wards

**k** (Aut) **garde au sol** ground clearance ◆ **garde au toit** headroom ◆ **laisser une garde suffisante à la pédale** to allow enough play on the pedal ◆ **garde d'embrayage** clutch linkage ou pedal play

**l** (Cartes) **avoir la garde à cœur** to have a stop (Brit) ou covering card (US) in hearts

**m** (LOC) **être/se mettre/se tenir sur ses gardes** to be/put o.s./stay on one's guard ◆ **n'avoir garde de faire** (littér) to take good care not to do, make sure one doesn't do ◆ **faire bonne garde** to keep a close watch

◆ **en garde** ◆ **mettre qn en garde** to put sb on his guard, warn sb (*contre* against) ◆ **mise en garde** warning

◆ **prendre garde** ◆ **prendre garde de** ou **à ne pas faire** to be careful ou take care not to do ◆ **prenez garde de (ne pas) tomber** be careful ou take care you don't fall ou not to fall, mind you don't fall (Brit) ◆ **prends garde !** (exhortation) watch out!; (menace) watch it! * ◆ **prends garde à toi** watch yourself, take care ◆ **prends garde aux voitures** be careful of ou watch out for ou mind the cars ◆ **sans prendre garde au danger** without considering ou heeding the danger ◆ **sans y prendre garde** without realizing it

2 COMP ▷ **garde d'enfants** (= personne) child minder (Brit), day-care worker (US); (= activité) child minding (Brit), day care (US) ▷ **garde d'honneur** guard of honour ▷ **garde impériale** Imperial Guard ▷ **garde judiciaire** legal surveillance *(of impounded property)* ▷ **garde juridique** legal liability ▷ **garde mobile** anti-riot police ▷ **garde municipale** *municipal guard* ▷ **garde pontificale** Papal Guard ▷ **garde républicaine** Republican Guard ▷ **garde à vue** ≃ police custody ◆ **être mis** ou **placé en garde à vue** ≃ to be kept in police custody, ≃ be held for questioning

**garde**[2] [gaʀd] → SYN 1 nm **a** [locaux, prisonnier] guard; [domaine, château] warden (Brit), keeper (US); [jardin public] keeper

**b** (Mil = soldat) guardsman; (Hist) guard, guardsman; (= sentinelle) guard

2 COMP ▷ **garde champêtre** rural policeman ▷ **garde du corps** bodyguard ▷ **garde forestier** ≃ forest warden (Brit), ≃ (park) ranger (US), forester ▷ **garde impérial** imperial guard ou guardsman ▷ **garde maritime** coastguard ▷ **garde mobile** member of the anti-riot police ▷ **garde municipal** municipal guard ou guardsman ▷ **garde pontifical** papal guard ou guardsman ▷ **garde républicain** Republican guard ou guardsman, member of the Republican Guard ▷ **garde rouge** Red Guard ▷ **Garde des Sceaux** French Minister of Justice, ≃ Lord Chancellor (Brit), Attorney General (US); (Hist) ≃ Keeper of the Seals ; voir aussi **garder**

**gardé, e** [gaʀde] (ptp de **garder**) adj ◆ **passage à niveau gardé/non gardé** manned/unmanned level crossing ◆ **cabane gardée/non gardée** (Alpinisme) hut with/without resident warden; → **chasse**[1]**, proportion**

**garde-à-vous** [gaʀdavu] nm inv (Mil) (= action) standing to attention (NonC); (= cri) order to stand to attention ◆ **garde-à-vous fixe !** attention! ◆ **ils exécutèrent des garde-à-vous impeccables** they stood to attention faultlessly ◆ **rester/se mettre au garde-à-vous** (Mil, fig) to stand at/stand to attention

**garde-barrière,** pl **gardes-barrières** [gaʀd(ə)baʀjɛʀ] nmf level-crossing keeper

**garde-boue** [gaʀdəbu] nm inv mudguard (Brit), fender (US)

**garde-chasse,** pl **gardes-chasse(s)** [gaʀdəʃas] nm gamekeeper

**garde-chiourme,** pl **gardes-chiourme** [gaʀdəʃjuʀm] nm (Hist) warder *(of galley slaves)*; (fig) martinet

**garde-corps** [gaʀdəkɔʀ] → SYN nm inv (Naut) lifeline, manrope; (= rambarde) (en fer) railing; (en pierre) parapet

**garde-côte,** pl **garde-côtes** [gaʀdəkot] nm (= navire) (Mil) coastguard ship; (= vedette garde-pêche) fisheries protection launch ou craft; (= personne) coastguard

**garde-feu,** pl **garde-feu(x)** [gaʀdəfø] → SYN nm fireguard

**garde-fou,** pl **garde-fous** [gaʀdəfu] nm (en fer) railing; (en pierre) parapet; (fig) safeguard

**garde-frein,** pl **gardes-frein(s)** [gaʀdəfʀɛ̃] nm guard, brakeman

**garde-frontière,** pl **gardes-frontières** [gaʀd(ə)fʀɔ̃tjɛʀ] nmf border guard

**garde-magasin,** pl **gardes-magasins** [gaʀd(ə)magazɛ̃] nm (Mil) ≃ quartermaster; (= magasinier) warehouseman

**garde-malade,** pl **gardes-malades** [gaʀd(ə)malad] → SYN nmf home nurse

**garde-manger** [gaʀd(ə)mɑ̃ʒe] nm inv (= armoire) meat safe (Brit), cooler (US); (= pièce) pantry, larder

**garde-meuble,** pl **garde-meubles** [gaʀdəmœbl] nm storehouse, furniture depository (Brit) ◆ **mettre une armoire au garde-meuble** to put a wardrobe in storage ou in store (Brit)

**garde-mite,** pl **gardes-mites** [gaʀdəmit] nm ≃ quartermaster

**gardénal** ® [gaʀdenal] nm phenobarbitone (Brit), phenobarbital (US), Luminal ®

**gardénia** [gaʀdenja] nm gardenia

**garde-pêche** [gaʀdəpɛʃ] 1 nm (= personne) water bailiff (Brit), fish (and game) warden (US)

2 nm inv (= frégate) fisheries protection vessel ◆ **vedette garde-pêche** fisheries protection launch ou craft

**garde-port,** pl **gardes-ports** [gaʀdəpɔʀ] nm wharf master, harbour master

**garder** [gaʀde] → SYN ▸ conjug 1 ◂ 1 vt **a** (= surveiller) [+ enfants, magasin] to look after, mind; [+ bestiaux] to look after, guard; [+ bagages] to look after, watch over; [+ trésor, prisonnier] to guard, watch over; (= défendre) [+ frontière, passage, porte] to guard ◆ **le chien garde la maison** the dog guards the house ◆ **garder des enfants** (métier) to be a child minder (Brit) ou day-care worker (US) ◆ **garde ma valise pendant que j'achète un livre** look after ou keep an eye on my suitcase while I buy a book ◆ **on n'a pas gardé les cochons ensemble !** * you've got a nerve(, we hardly know each other)! * ◆ **toutes les issues sont gardées** all the exits are guarded, a watch is being kept on all the exits ◆ **une statue gardait l'entrée** a statue stood at the entrance ou guarded the entrance

**b** (= ne pas quitter) **garder la chambre** to stay in ou keep to one's room ◆ **garder le lit** to stay in bed ◆ **un rhume lui a fait garder la chambre** he stayed in his room because of his cold, his cold kept him at home ou in his room

**c** [+ denrées, marchandises, papiers] to keep ◆ **gardez la monnaie** keep the change ◆ **ces fleurs ne gardent pas leur parfum** these flowers lose their scent ◆ **il garde tout** he holds on to everything, he never throws anything out ◆ **il ne peut rien garder** (gén) he can't keep anything; (= il vomit) he can't keep anything down

**d** (= conserver sur soi) [+ vêtement] to keep on ◆ **gardez donc votre chapeau** do keep your hat on

**e** (= retenir) [+ personne, employé, client] to keep; [police] to detain ◆ **garder qn à vue** (Jur) ≃ to keep sb in custody ◆ **garder qn à déjeuner** to have sb stay for lunch ◆ **garder un élève en retenue** to keep a pupil in, keep a pupil in detention ◆ **il m'a gardé une heure au téléphone** he kept me on the phone for an hour

**f** (= mettre de côté) to keep, put aside ou to one side; (= réserver) [+ place] (pendant absence) to keep (*à, pour* for); (avant l'arrivée d'une personne) to save, keep (*à, pour* for) ◆ **je lui ai gardé une côtelette pour ce soir** I've kept ou saved a chop for him for tonight ◆ **j'ai gardé de la soupe pour demain** I've kept ou saved ou I've put aside some soup for tomorrow ◆ **garder le meilleur pour la fin** to keep the best till the end ◆ **garder une poire pour la soif** to keep ou save something for a rainy day; → **chien, dent**

**g** (= maintenir) to keep ◆ **garder les yeux baissés/la tête haute** to keep one's eyes down/one's head up ◆ **garder un chien enfermé/en laisse** to keep a dog shut in/on a leash

**h** (= ne pas révéler) to keep ◆ **garder le secret** to keep the secret ◆ **garder ses pensées pour soi** to keep one's thoughts to oneself ◆ **gardez cela pour vous** keep it to yourself, keep it under your hat * ◆ **gardez vos réflexions** ou **remarques pour vous** keep your comments to yourself

**i** (= conserver) [+ souplesse, élasticité, fraîcheur] to keep, retain; [+ jeunesse, droits, facultés] to retain; [+ habitudes, apparences] to keep up; [+ emploi] to keep ◆ **il a gardé toutes ses facultés** ou **toute sa tête** he still has all his faculties, he's still in full possession of his faculties ◆ **garder le jeûne** to observe ou keep the fast ◆ **garder son calme** to keep ou remain calm ◆ **garder la tête froide** to keep a cool head, keep one's head ◆ **garder ses distances** to keep one's distance ◆ **garder un bon souvenir de qch** to have happy memories of sth ◆ **garder sa raison** to keep one's sanity ◆ **garder le silence** to keep silent ou silence ◆ **garder l'espoir** to keep hoping ◆ **garder l'anonymat** to remain anonymous ◆ **garder la ligne** to keep one's figure ◆ **garder rancune à qn** to bear sb a grudge ◆ **j'ai eu du mal à garder mon sérieux** I had a job keeping ou to keep a straight face ◆ **garder les idées claires** to keep a clear head

**j** (= protéger) **garder qn de l'erreur/de ses amis** to save sb from error/from his friends ◆ **ça vous gardera du froid** it'll protect you from the cold ◆ **Dieu** ou **le Ciel vous garde** God be with you ◆ **la châsse qui garde ces reliques** the shrine which houses these relics

**2** **se garder** vpr **a** [denrées] to keep ◆ **ça se garde bien** it keeps well

**b** **se garder de qch** (= se défier de) to beware of ou be wary of sth; (= se protéger de) to protect o.s. from sth, guard against sth ◆ **gardez-vous de décisions trop promptes/de vos amis** beware ou be wary of hasty decisions/of your own friends ◆ **se garder de faire qch** to be careful not to do sth ◆ **elle s'est bien gardée de le prévenir** she was very careful not to tell him, she carefully avoided telling him ◆ **vous allez lui parler ? – je m'en garderai bien !** are you going to speak to him? – that's one thing I won't do! ou that's the last thing I'd do!

**garderie** [gaʀdəʀi] nf **a** **garderie (d'enfants)** (jeunes enfants) day nursery (Brit), day-care center (US); (Scol) ≃ after-school club (Brit), ≃ after-school center (US) *(child-minding service operating outside school hours while parents are working)*

**b** (= étendue de bois) *forest ranger's appointed area*

**garde-robe**, pl **garde-robes** [gaʀdəʀɔb] → SYN nf (= habits) wardrobe ◆ **il faut que je renouvelle ma garde-robe** I need a whole new wardrobe

**gardeur, -euse** [gaʀdœʀ, øz] nm, f ◆ **gardeur de troupeaux** herdsman ◆ **gardeur de vaches** cowherd ◆ **gardeur de chèvres** goatherd ◆ **gardeur de cochons** swineherd

**garde-voie**, pl **gardes-voies** [gaʀdəvwa] nm (Rail) line guard

**gardian** [gaʀdjɑ̃] nm herdsman *(in the Camargue)*

**gardien, -ienne** [gaʀdjɛ̃, jɛn] → SYN **1** nm,f **a** [prisonnier] guard; [propriété, château] warden (Brit), keeper (US); [usine, locaux] guard; [hôtel] attendant; [cimetière] caretaker, keeper; [jardin public, zoo] keeper; [réserve naturelle] warden; [bovins] cowherd

**b** (= défenseur) guardian, protector ◆ **la constitution, gardienne des libertés** the constitution, protector ou guardian of freedom ◆ **gardien du temple** (fig) keeper of the flame ◆ **les gardiens de l'ordre public** the keepers of public order; → **ange**

**2** COMP ▷ **gardien de but** goalkeeper, goalie * ▷ **gardienne (d'enfants)** child minder (Brit), day-care worker (US) ▷ **gardien d'immeuble** caretaker *(of a block of flats)* (Brit), (apartment house) manager (US) ▷ **gardien de musée** museum attendant ▷ **gardien de nuit** night watchman ▷ **gardien de la paix** policeman, (police) constable, patrolman (US) ▷ **gardien de phare** lighthouse keeper ▷ **gardien (de prison)** prison officer ou warder (Brit) ou guard (US) ▷ **gardienne (de prison)** prison officer ou wardress (Brit) ou guard (US)

**gardiennage** [gaʀdjenaʒ] nm [immeuble] caretaking; [locaux] guarding; [port] security ◆ **gardiennage électronique** electronic surveillance ◆ **société de gardiennage et de surveillance** security company

**gardon** [gaʀdɔ̃] nm roach; → **frais[1]**

**gare[1]** [gaʀ] → SYN **1** nf (Rail) station ◆ **gare d'arrivée/de départ** station of arrival/of departure ◆ **gare de marchandises/de voyageurs** goods (Brit) ou freight (US)/passenger station ◆ **le train entre/est en gare** the train is coming in/is in ◆ **l'express de Dijon entre en gare sur la voie 6** the express from Dijon is now approaching platform 6 ◆ **littérature/roman de gare** (péj) pulp literature/novel; → **chef[1]**

**2** COMP ▷ **gare fluviale** canal ou river basin ▷ **gare de fret** cargo terminal ▷ **gare maritime** harbour station ▷ **gare routière** [camions] haulage depot; [autocars] coach (Brit) ou bus (US) station ▷ **gare de triage** marshalling yard

**gare[2]** * [gaʀ] → SYN excl (= attention) ◆ **gare à toi !, gare à tes fesses !** ⁑ (just) watch it! * ◆ **gare à toi ou à tes fesses** ⁑ **si tu recommences !** you'll be in for it if you do that again! * ◆ **gare au premier qui bouge !** whoever makes the first move will be in trouble!, the first one to move will be for it! * (Brit) ◆ **et fais ce que je dis, sinon gare !** and do what I say, or else! * ◆ **gare à ne pas recommencer !** just make sure you don't do it again! ◆ **la porte est basse, gare à ta tête** it's a low door so (be) careful you don't bang your head ou mind (Brit) (you don't bang) your head ◆ **gare aux conséquences/à ce type** beware of the consequences/of him; → **crier**

**garenne** [gaʀɛn] **1** nf rabbit warren; → **lapin**

**2** nm wild rabbit

**garer** [gaʀe] → SYN ▸ conjug 1 ◂ **1** vt [+ véhicule] to park; [+ train] to put into a siding; [+ embarcation] to dock; [+ récolte] to (put into) store

**2** **se garer** vpr **a** [automobiliste] to park

**b** (= se ranger de côté) [véhicule, automobiliste] to draw into the side, pull over; [piéton] to move aside, get out of the way

**c** (* = éviter) **se garer de qch/qn** to avoid sth/sb, steer clear of sth/sb

**Gargantua** [gaʀgɑ̃tɥa] nm Gargantua ◆ **c'est un Gargantua** he has a gargantuan ou gigantic appetite

**gargantuesque** [gaʀgɑ̃tɥɛsk] → SYN adj appétit, repas gargantuan, gigantic

**gargariser (se)** [gaʀgaʀize] → SYN ▸ conjug 1 ◂ vpr to gargle ◆ **se gargariser de** (péj = se vanter de) to crow over ou about ◆ **se gargariser de grands mots** to revel in big words

**gargarisme** [gaʀgaʀism] nm gargle ◆ **se faire un gargarisme** to gargle

**gargote** [gaʀgɔt] → SYN nf (péj) cheap restaurant ou eating-house, greasy spoon *, greasy Joe's * (Brit)

**gargotier, -ière** [gaʀgɔtje, jɛʀ] nm,f (= aubergiste) owner of a greasy spoon *

**gargouille** [gaʀguj] nf (Archit) gargoyle; (Constr) waterspout

**gargouillement** [gaʀgujmɑ̃] → SYN nm ⇒ **gargouillis**

**gargouiller** [gaʀguje] ▸ conjug 1 ◂ vi [eau] to gurgle; [intestin] to rumble

**gargouillis** [gaʀguji] nm (gén pl) [eau] gurgling (NonC); [intestin] rumbling (NonC) ◆ **faire des gargouillis** [eau] to gurgle; [intestin] to rumble

**gargoulette** [gaʀgulɛt] → SYN nf (= vase) earthenware water jug

**garibaldien, -ienne** [gaʀibaldjɛ̃, jɛn] **1** adj Garibaldian

**2** nm Garibaldian ◆ **les garibaldiens** (Mil) Garibaldi's soldiers

**garnement** [gaʀnəmɑ̃] → SYN nm (= gamin) (young) imp; (= adolescent) tearaway (Brit), hellion (US) ◆ **petit garnement !** you little rascal!

**garni, e** [gaʀni] → SYN (ptp de **garnir**) **1** adj **a** (= rempli) **bien garni** réfrigérateur, bibliothèque well-stocked; bourse well-lined; [+ portefeuille] well-filled, well-lined ◆ **il a encore une chevelure bien garnie** he has still got a good head of hair

**b** plat, viande (de légumes) served with vegetables; (de frites) served with French fries ou chips (Brit) ◆ **cette entrecôte est bien garnie** there's a generous helping of French fries ou chips (Brit) with this steak; → **bouquet[1], choucroute**

**c** († = meublé) chambre furnished

**2** nm † furnished accommodation ou rooms *(for renting)*

**garniérite** [gaʀnjeʀit] nf garnierite

**garnir** [gaʀniʀ] → SYN ▸ conjug 2 ◂ **1** vt **a** (= protéger, équiper) **garnir de** to fit out with ◆ **garnir une porte d'acier** to fit ou reinforce a door with steel plate ◆ **garnir une canne d'un embout** to put a tip on the end of a walking stick ◆ **garnir une muraille de canons** to range cannons along a wall ◆ **garnir une boîte de tissu** to line a box with material ◆ **garnir un mur de pointes** to arm a wall with spikes, set spikes along a wall ◆ **mur garni de canons/pointes** wall bristling with cannons/spikes

**b** [chose] (= couvrir) **l'acier qui garnit la porte** the steel plate covering the door ◆ **les canons qui garnissent la muraille** the cannons lining the wall ou ranged along the wall ◆ **des pointes garnissent le mur** there are spikes set in the wall ◆ **le cuir qui garnit la poignée** the leather covering the handle ◆ **coffret garni de velours** casket lined with velvet, velvet-lined casket

**c** (= approvisionner) [+ boîte, caisse] to fill (*de* with); [+ réfrigérateur] to stock (*de* with); [+ chaudière] to stoke (*de* with); [+ hameçon] to bait (*de* with) ◆ **le cuisinier garnissait les plats de charcuterie** the cook was setting out ou putting (slices of) cold meat on the plates ◆ **garnir de livres une bibliothèque** to stock ou fill (the shelves of) a library with books ◆ **garnir les remparts** (Mil) to garrison the ramparts

**d** (= remplir) [+ boîte] to fill; (= recouvrir) [+ surface, rayon] to cover, fill ◆ **une foule dense garnissait les trottoirs** a dense crowd covered ou packed the pavements ◆ **les chocolats qui garnissaient la boîte** the chocolates which filled the box ◆ **boîte garnie de chocolats** box full of chocolates ◆ **plats garnis de tranches de viande** plates filled with ou full of slices of meat

**c** [+ siège] (= canner) to cane; (= rembourrer) to pad

**f** (= enjoliver) [+ vêtement] to trim; [+ étagère] to decorate; [+ aliment] to garnish (*de* with) ◆ **garnir une jupe d'un volant** to trim a skirt with a frill ◆ **garnir une table de fleurs** to decorate a table with flowers ◆ **les bibelots qui garnissent la cheminée** the trinkets which decorate the mantelpiece ◆ **des plats joliment garnis de charcuterie** plates nicely laid out with cold meat ◆ **des côtelettes garnies de cresson/de mayonnaise** chops garnished with cress/with mayonnaise

**2** **se garnir** vpr [salle, pièce] to fill up (*de* with) ◆ **la salle commençait à se garnir** the room was beginning to fill up

**garnison** [gaʀnizɔ̃] → SYN nf (= troupes) garrison ◆ **(ville de) garnison** garrison town ◆ **vie de garnison** garrison life ◆ **être en garnison à, tenir garnison à** to be stationed ou garrisoned at

**garnissage** [gaʀnisaʒ] → SYN nm [couette] (de plumes) feather stuffing; (de fibres synthétiques) stuffing

**garniture** [gaʀnityʀ] → SYN **1** nf **a** (= décoration) [robe, chapeau] trimming (NonC); [table] set of table linen; [coffret] lining ◆ **garniture intérieure** (Aut) upholstery, interior trim

**b** (Culin) (= légumes) vegetables; (= sauce à vol-au-vent) filling ◆ **servi avec garniture** served with vegetables, vegetables included ◆ **pour la garniture, vous avez des carottes ou des pois** you have a choice of carrots or peas as a vegetable

**c** (Typo) furniture

**d** (Tech = protection) [chaudière] lagging (NonC); [boîte] covering (NonC) ◆ **avec garniture de caoutchouc/cuir** with rubber/leather fittings ou fitments ◆ **garniture d'embrayage/de frein** clutch/brake lining ◆ **changer les garnitures de freins** to reline the brakes, change the brake linings

**2** COMP ▷ **garniture de cheminée** mantelpiece ornaments ▷ **garniture de foyer** (set of) fire irons ▷ **garniture de lit** (set of) bed linen ▷ **garniture périodique** sanitary towel (Brit) ou napkin (US) ▷ **garniture de toilette** toilet set

**Garonne** [gaʀɔn] nf ◆ **la Garonne** the Garonne

**garou** [gaʀu] nm (Bot) spurge flax

**garrigue** [gaʀig] → SYN nf garrigue, scrubland

**garrot** [gaʀo] → SYN nm [cheval] withers; (Méd) tourniquet; (= supplice) garrotte ◆ **poser un garrot** to apply a tourniquet (*à qn* to sb)

**garrotter** [gaʀɔte] → SYN ▸ conjug 1 ◂ vt (= attacher) to tie up; († = censurer) [+ presse] to gag

**gars*** [gɑ] nm **a** (= enfant, ~ fils) boy, lad (Brit) ◆ **les petits gars du quartier** the local youths ◆ **dis-moi mon gars** tell me son ou sonny*

**b** (= type) guy*, bloke* (Brit) ◆ **un drôle de gars** an odd guy ou customer* ◆ **allons-y, les gars !** come on, guys* ou lads* (Brit)!

**Gascogne** [gaskɔɲ] nf Gascony; → **golfe**

**gascon, -onne** [gaskɔ̃, ɔn] → SYN **1** adj Gascon

**2** nm (Ling) Gascon

**3** **Gascon(ne)** nm,f Gascon; → **promesse**

**gasconnade** [gaskɔnad] → SYN nf (littér = vantardise) boasting (NonC), bragging (NonC)

**gasconnisme** [gaskɔnism] nm Gascon word (or phrase)

**gasoil, gas-oil** [gazwal, gɑzɔjl] → SYN nm diesel oil

**gaspacho** [gaspatʃo] → SYN nm gazpacho

**gaspillage** [gaspijaʒ] → SYN nm (= action) wasting; (= résultat) waste ◆ **quel gaspillage !** what a waste! ◆ **un immense gaspillage des ressources naturelles** an enormous waste of natural resources

**gaspiller** [gaspije] → SYN ▸ conjug 1 ◂ vt [+ eau, nourriture, temps, ressources] to waste; [+ fortune, argent, dons, talent] to waste, squander ◆ **il gaspille inutilement ses forces/son énergie** he's wasting his strength/energy ◆ **qu'est-ce que tu gaspilles !** you're so wasteful!

**gaspilleur, -euse** [gaspijœʀ, øz] → SYN **1** adj wasteful

**2** nm,f [eau, nourriture, temps, dons] waster; [fortune] squanderer ◆ **quel gaspilleur** he's so wasteful

**gastéropode** [gasteʀɔpɔd] → SYN nm gastropod, gasteropod ◆ **gastéropodes** Gastropoda (SPÉC)

**gastralgie** [gastʀalʒi] nf stomach pains, gastralgia (SPÉC)

**gastralgique** [gastʀalʒik] adj gastralgic

**gastrectomie** [gastʀɛktɔmi] nf gastrectomy

**gastrine** [gastʀin] nf gastrin

**gastrique** [gastʀik] → SYN adj gastric; → **embarras**

**gastrite** [gastʀit] → SYN nf gastritis

**gastro-duodénal, e,** mpl **-aux** [gastʀodɥɔdenal, o] adj gastro-duodenal

**gastroentérite** [gastʀoɑ̃teʀit] nf gastroenteritis (NonC)

**gastroentérologie** [gastʀoɑ̃teʀɔlɔʒi] nf gastroenterology

**gastroentérologue** [gastʀoɑ̃teʀɔlɔg] nmf gastroenterologist

**gastro-intestinal, e,** mpl **-aux** [gastʀoɛ̃tɛstinal, o] adj gastrointestinal

**gastronome** [gastʀɔnɔm] → SYN nmf gourmet, gastronome

**gastronomie** [gastʀɔnɔmi] → SYN nf gastronomy

**gastronomique** [gastʀɔnɔmik] → SYN adj gastronomic; → **menu[1]**, **restaurant**

**gastroscope** [gastʀɔskɔp] nm gastroscope

**gastroscopie** [gastʀɔskɔpi] nf gastroscopy

**gastrotomie** [gastʀɔtɔmi] nf gastrotomy

**gastrula** [gastʀyla] nf gastrula

**gastrulation** [gastʀylasjɔ̃] nf gastrulation

**gâté, e** [gɑte] → SYN (ptp de **gâter**) adj enfant, fruit spoilt ◆ **dent gâtée** bad tooth ◆ **avoir les dents gâtées** to have bad teeth

**gâteau,** pl **gâteaux** [gɑto] → SYN **1** nm **a** (= pâtisserie) cake; (au restaurant) gateau; (Helv = tarte) tart ◆ **gâteau d'anniversaire/aux amandes** birthday/almond cake ◆ **gâteaux (à) apéritif** (small) savoury biscuits, appetizers ◆ **gâteaux secs** biscuits (Brit), cookies (US) ◆ **gâteau de semoule/de riz** semolina/rice pudding; → **petit**

**b** (* = butin, héritage) loot‡ ◆ **se partager le gâteau** to share out the loot‡ ◆ **vouloir sa part du gâteau** to want one's share of the loot‡ ou a fair share of the cake ou a piece of the pie* (US)

**c** **c'est du gâteau*** it's a piece of cake* ou a doddle* (Brit), it's a snap* (US) ◆ **pour lui, c'est du gâteau*** it's a piece of cake for him*, that's pie* to him (US) ◆ **c'est pas du gâteau*** it's no picnic*

**d** (de plâtre) cake ◆ **gâteau de miel** ou **de cire** honeycomb

**2** adj inv (* = indulgent) soft ◆ **c'est un papa gâteau** he's a real softie* of a dad

**gâter** [gɑte] → SYN ▸ conjug 1 ◂ **1** vt **a** (= abîmer) [+ paysage, visage, plaisir, goût] to ruin, spoil; [+ esprit, jugement] to have a harmful effect on ◆ **la chaleur a gâté la viande** the heat has made the meat go bad ou go off (Brit) ◆ **tu vas te gâter les dents** you'll ruin your teeth ◆ **et, ce qui ne gâte rien, elle est jolie** and she's pretty to boot, and she's pretty, which is an added bonus ou is even better

**b** (= choyer) [+ enfant] to spoil ◆ **nous avons été gâtés cette année, il a fait très beau** we've been really lucky ou we've been spoilt this year – the weather has been lovely ◆ **il pleut, on est gâté !** (iro) just our luck! – it's raining! ◆ **il n'est pas gâté par la nature** he hasn't been blessed by nature ◆ **la vie ne l'a pas gâté** life hasn't been very kind to him

**2** **se gâter** vpr [viande] to go bad, go off (Brit); [fruit] to go bad; [temps] to change (for the worse), take a turn for the worse; [ambiance, relations] to take a turn for the worse ◆ **le temps va se gâter** the weather's going to change for the worse ou going to break ◆ **ça commence** ou **les choses commencent à se gâter (entre eux)** things are beginning to go wrong (between them) ◆ **mon père vient de rentrer, ça va se gâter !** my father has just come in and there's going to be trouble! ou things are going to turn nasty!

**gâterie** [gɑtʀi] → SYN nf little treat ◆ **je me suis payé une petite gâterie** (objet) I've treated myself to a little something, I've bought myself a little present; (sucrerie) I've bought myself a little treat

**gâte-sauce,** pl **gâte-sauces** [gɑtsos] nm (= apprenti) kitchen boy; (péj) bad cook

**gâteux, -euse*** [gɑtø, øz] → SYN **1** adj (= sénile) vieillard senile, gaga*, doddering ◆ **il l'aime tellement qu'il en est gâteux** he's really quite besotted with her, he's dotty* (Brit) about her ◆ **son petit-fils l'a rendu gâteux** he's gone soft* over his grandson

**2** nm ◆ **(vieux) gâteux** (= sénile) dotard, doddering old man; (péj = radoteur, imbécile) silly old duffer*

**3** nf ◆ **(vieille) gâteuse** (= sénile) doddering old woman; (péj) silly old bag* ou woman

**gâtifier*** [gɑtifje] ▸ conjug 1 ◂ vi to go soft in the head*

**gâtisme** [gɑtism] → SYN nm [vieillard] senility; [personne stupide] idiocy, stupidity

**GATT** [gat] nm (abrév de **General Agreement on Tariffs and Trade**) GATT

**gatte** [gat] nf manger

**gattilier** [gatilje] nm chaste tree

**gauche[1]** [goʃ] → SYN **1** adj (après nom) bras, chaussure, côté, rive left ◆ **du côté gauche** on the left(-hand) side ◆ **habiter au troisième gauche** to live on the third floor on the left; → **arme, lever, main, marier**

**2** nm (Boxe) (= coup) left ◆ **direct du gauche** (= poing) straight left ◆ **crochet du gauche** left hook

**3** nf **a** (= côté) **la gauche** the left (side), the left-hand side ◆ **à gauche** on the left; (direction) to the left ◆ **à ma/sa gauche** on my/his left, on my/his left-hand side ◆ **le tiroir/chemin de gauche** the left-hand drawer/path ◆ **rouler à gauche** ou **sur la gauche** to drive on the left ◆ **de gauche à droite** from left to right ◆ **mettre de l'argent à gauche †*** to put money aside (on the quiet); pour autres loc voir **droit[1]**

**b** (Pol) **la gauche** the left ◆ **la gauche caviar** champagne socialists ◆ **la gauche plurielle** *generic name for the French Left, which is made up of various different parties* ◆ **les gauches** the parties of the left ◆ **homme de gauche** man of the left, left-winger ◆ **candidat/idées de gauche** left-wing candidate/ideas ◆ **elle est très à gauche** she's very left-wing

**gauche[2]** [goʃ] → SYN adj **a** (= maladroit) personne, style, geste awkward, clumsy; (= emprunté) air, manière awkward, gauche

**b** (= tordu) planche, règle warped; (Math = courbe) surface skew

**gauchement** [goʃmɑ̃] adv clumsily, awkwardly

**gaucher, -ère** [goʃe, ɛʀ] **1** adj left-handed

**2** nm,f left-handed person; (Sport) left-hander ◆ **gaucher contrarié** *left-handed person forced to use his right hand*

**gaucherie** [goʃʀi] → SYN nf [allure] awkwardness (NonC); [action, expression] clumsiness (NonC); (= acte) awkward ou clumsy behaviour (NonC); (Méd) sinistral tendency ◆ **une gaucherie de style** a clumsy turn of phrase

**gauchir** [goʃiʀ] → SYN ▸ conjug 2 ◂ **1** vt **a** (Aviat, Menuiserie) to warp

**b** [+ idée, fait] to distort, misrepresent; [+ esprit] to warp

**c** (Pol) **gauchir sa position** to swing further to the left ◆ **elle a gauchi son discours** she's become more left-wing in what she says

**2** vi **se gauchir** vpr (= se déformer) to warp

**gauchisant, e** [goʃizɑ̃, ɑ̃t] adj auteur with left-wing ou leftist tendencies; théorie with a left-wing ou leftish bias

**gauchisme** [goʃism] nm leftism

**gauchissement** [goʃismɑ̃] → SYN nm **a** (Aviat, Menuiserie) warping

**b** [idée, fait] distortion, misrepresentation; [esprit] warping

**gauchiste** [goʃist] → SYN **1** adj leftist (épith)

**2** nmf leftist

**gaucho[1]** * [goʃo] (Pol) [1] **adj** left-wing (épith) [2] **nmf** lefty *, left-winger

**gaucho[2]** [go(t)ʃo] **nm** (= gardien de troupeaux) gaucho

**gaude** [god] **nf** (Bot) dyer's rocket, weld

**gaudriole** * [godʀijɔl] **nf** **a** (= débauche) **il aime la gaudriole** he likes a bit of slap and tickle *
**b** (= propos) broad ou blue * joke

**gaufrage** [gofʀaʒ] **nm** [papier, cuir] (en relief) embossing (NonC); (en creux) figuring (NonC); [tissu] goffering (NonC)

**gaufre** [gofʀ] **nf** (Culin) waffle; (en cire) honeycomb; → **moule[1]**

**gaufrer** [gofʀe] → SYN ▸ conjug 1 ◂ **vt** [+ papier, cuir] (en relief) to emboss; (en creux) to figure; [+ tissu] to goffer ◆ **papier gaufré** embossed paper; → **fer**

**gaufrerie** [gofʀəʀi] **nf** (Can) waffle shop

**gaufrette** [gofʀɛt] **nf** wafer

**gaufreur, -euse** [gofʀœʀ, øz] **nm,f** [papier, cuir] (en relief) embosser; (en creux) figurer; [tissu] gofferer

**gaufrier** [gofʀije] **nm** waffle iron

**gaufroir** [gofʀwaʀ] **nm** [papier, cuir] (en relief) embossing press; (en creux) figurer; [tissu] goffer

**gaufrure** [gofʀyʀ] **nf** [papier, cuir] (en relief) embossing (NonC), embossed design; (en creux) figuring (NonC); [papier] goffering (NonC)

**gaulage** [golaʒ] **nm** [arbre] beating; [fruits] bringing down, shaking down

**Gaule** [gol] **nf** Gaul

**gaule** [gol] → SYN **nf** (= perche) (long) pole; (Pêche) fishing rod

**gauler** [gole] → SYN ▸ conjug 1 ◂ **vt** [+ arbre] to beat *(using a long pole to bring down the fruit or nuts)*; [+ fruits, noix] to bring down, shake down *(with a pole)* ◆ **se faire gauler** * to get caught; (par la police) to get nabbed * ou nicked * (Brit)

**gaullien, -ienne** [goljɛ̃, jɛn] **adj** de Gaullian

**gaullisme** [golism] **nm** Gaullism

**gaulliste** [golist] **adj, nmf** Gaullist

**gaulois, e** [golwa, waz] → SYN [1] **adj** **a** (= de Gaule) Gallic; (hum = français) French
**b** (= grivois) bawdy ◆ **esprit gaulois** (broad ou bawdy) Gallic humour
[2] **nm** (Ling) Gaulish
[3] **Gaulois(e)** **nm,f** Gaul; → **moustache**
[4] **gauloise, Gauloise** ® **nf** (= cigarette) Gauloise

**gauloisement** [golwazmɑ̃] **adv** bawdily

**gauloiserie** [golwazʀi] → SYN **nf** (= propos) broad ou bawdy story (ou joke); (= caractère grivois) bawdiness

**gaulthérie** [golteʀi] **nf** gaultheria

**gaur** [gɔʀ] → SYN **nm** gaur

**gauss** [gos] **nm** (Phys) gauss

**gausser (se)** [gose] → SYN ▸ conjug 1 ◂ **vpr** (littér) (= se moquer) to laugh (and make fun), mock ◆ **vous vous gaussez !** you jest! ◆ **se gausser de** to deride, make mock of (littér), poke fun at

**gavage** [gavaʒ] **nm** (Agr) force-feeding; (Méd) forced feeding, gavage

**gave** [gav] → SYN **nm** mountain stream *(in the Pyrenees)*

**gaver** [gave] → SYN ▸ conjug 1 ◂ [1] **vt** [+ animal] to force-feed; [+ personne] to fill up (*de* with) ◆ **je suis gavé !** I'm full (up)!, I'm full to bursting! * ◆ **on les gave de connaissances inutiles** they cram their heads with useless knowledge ◆ **on nous gave de séries télévisées/de publicité** we're fed a non-stop diet of television serials/of advertisements
[2] **se gaver** **vpr** ◆ **se gaver de** [+ nourriture] to stuff o.s. with, gorge o.s. on; [+ romans] to devour ◆ **il se gave de films** he's a real film buff * ou addict ◆ **si tu te gaves maintenant, tu ne pourras plus rien manger au moment du dîner** if you go stuffing yourself * ou filling yourself up now, you won't be able to eat anything at dinner time

**gaveur, -euse** [gavœʀ, øz] [1] **nm,f** (= personne) force-feeder
[2] **gaveuse** **nf** (= machine) automatic force-feeder

**gavial** [gavjal] → SYN **nm** gavial, g(h)arial

**gavotte** [gavɔt] **nf** gavotte

**gavroche** [gavʀɔʃ] → SYN **nm** street urchin *(in Paris)*

**gay** * [gɛ] **adj, nm** gay

**gayal** [gajal] **nm** gayal

**gaz** [gɑz] → SYN [1] **nm inv** **a** (Chim) gas; [boisson] fizz ◆ **le gaz (domestique)** (domestic) gas (NonC) ◆ **les gaz** (Mil) gas ◆ **l'employé du gaz** the gasman ◆ **se chauffer au gaz** to have gas(-fired) heating ◆ **s'éclairer au gaz** to have ou use gas lighting ◆ **faire la cuisine au gaz** to cook with gas ◆ **vous avez le gaz ?** do you have gas?, are you on gas? (Brit) ◆ **il s'est suicidé au gaz** he gassed himself ◆ **suicide au gaz** (suicide by) gassing ◆ **mettre les gaz** * (Aut) to put one's foot down * (Brit), step on the gas * (US); (Aviat) to throttle up ◆ **rouler (à) pleins gaz** * to drive flat out * ◆ **remettre les gaz** (Aviat) to pull ou nose up ◆ **on prend une bière mais vite fait sur le gaz** * let's have a beer but a quick one * ou a quickie *; → **bec, chambre, eau**
**b** (euph = pet) wind (NonC) ◆ **avoir des gaz** to have wind
[2] **COMP** ▷ **gaz d'admission** (Aut) air-fuel mixture ▷ **gaz asphyxiant** poison gas ▷ **gaz en bouteille** bottled gas ▷ **gaz carbonique** carbon dioxide ▷ **gaz de combat** poison gas *(for use in warfare)* ▷ **gaz d'échappement** exhaust gas ▷ **gaz d'éclairage** † ⇒ **gaz de ville** ▷ **gaz hilarant** laughing gas ▷ **gaz des houillères** firedamp (NonC) ▷ **gaz lacrymogène** teargas ▷ **gaz des marais** marsh gas ▷ **gaz moutarde** (Mil) mustard gas ▷ **gaz naturel** natural gas ▷ **gaz neurotoxique** nerve gas ▷ **gaz parfait** perfect ou ideal gas ▷ **gaz pauvre** producer ou poor gas ▷ **gaz de pétrole liquéfié** liquid petroleum gas ▷ **gaz poivre** pepper gas ▷ **gaz propulseur** propellant ▷ **gaz rare** rare gas ▷ **gaz sulfureux** sulphur dioxide ▷ **gaz de ville** town gas

**Gaza** [gaza] **n** ◆ **la bande** ou **le territoire de Gaza** the Gaza Strip

**gazage** [gɑzaʒ] **nm** (Mil, Tex) gassing

**gaze** [gɑz] → SYN **nf** gauze ◆ **compresse de gaze** gauze (compress) ◆ **robe de gaze** gauze dress

**gazé, e** [gɑze] (ptp de **gazer**) [1] **adj** (Mil) gassed
[2] **nm,f** gas victim ◆ **les gazés de 14-18** the (poison) gas victims of the 1914-18 war

**gazéification** [gɑzeifikasjɔ̃] **nf** (Chim) gasification; [eau minérale] aeration

**gazéifier** [gɑzeifje] → SYN ▸ conjug 7 ◂ **vt** (Chim) to gasify; [+ eau minérale] to aerate ◆ **eau minérale gazéifiée** sparkling mineral water

**gazelle** [gazɛl] **nf** gazelle ◆ **c'est une vraie gazelle !** she's so graceful and lithe!; → **corne**

**gazer** [gɑze] → SYN ▸ conjug 1 ◂ [1] **vi** ( * = aller, marcher) ◆ **ça gaze ?** (affaires, santé) how's things? *, how goes it? *; (travail) how goes it? *, how's it going? * ◆ **ça gaze avec ta belle-mère ?** how's it going with your mother-in-law?, are you getting on OK with your mother-in-law? * ◆ **ça a/ça n'a pas gazé ?** did it/didn't it go OK? * ◆ **ça ne gaze pas fort** (santé) I'm not feeling so ou too great *; (affaires) things aren't going too well ◆ **il y a quelque chose qui ne gaze pas** there's something slightly fishy about it, there's something wrong somewhere
[2] **vt** (Mil, Tex) to gas

**gazetier, -ière** [gɑz(ə)tje, jɛʀ] → SYN **nm,f** ( †† ou hum) journalist

**gazette** [gazɛt] → SYN **nf** ( ††, hum, littér) newspaper ◆ **c'est dans la gazette locale** (hum) it's in the local rag ◆ **c'est une vraie gazette** he's a mine of information about the latest (local) gossip ◆ **faire la gazette** to give a rundown * (*de* on)

**gazeux, -euse** [gɑzø, øz] → SYN **adj** (Chim) gaseous ◆ **boisson gazeuse** fizzy drink (Brit), soda (US), pop (US); → **eau**

**gazier, -ière** [gɑzje, jɛʀ] [1] **adj** gas (épith)
[2] **nm** (= employé) gasman; († ‡ = type) guy *, geezer ‡ (Brit)

**gazinière** [gɑzinjɛʀ] **nf** gas cooker

**gazoduc** [gɑzodyk] **nm** gas main, gas pipeline

**gazogène** [gɑzɔʒɛn] **nm** gas generator

**gazole** [gɑzɔl] **nm** diesel oil

**gazoline** [gɑzɔlin] **nf** gasoline, gasolene

**gazomètre** [gɑzɔmɛtʀ] **nm** gasholder, gasometer

**gazon** [gɑzɔ̃] → SYN **nm** (= pelouse) lawn ◆ **le gazon** (= herbe) turf (NonC), grass (NonC) ◆ **motte de gazon** turf, sod ◆ **gazon anglais** (pelouse) well-kept lawn

**gazonnant, e** [gɑzɔnɑ̃, ɑ̃t] **adj** ◆ **plantes gazonnantes** lawn plants

**gazonné, e** [gɑzɔne] (ptp de **gazonner**) **adj** grassy

**gazonnement** [gɑzɔnmɑ̃] **nm** planting with grass, turfing

**gazonner** [gɑzɔne] ▸ conjug 1 ◂ **vt** [+ talus, terrain] to plant with grass, turf

**gazouillant, e** [gazujɑ̃, ɑ̃t] **adj** [oiseau] chirping, warbling; [ruisseau] babbling; [bébé] gurgling, babbling

**gazouillement** [gazujmɑ̃] → SYN **nm** [oiseau] chirping (NonC); [ruisseau] babbling (NonC); [bébé] gurgling (NonC) ◆ **j'entendais le gazouillement des oiseaux/du bébé** I could hear the birds chirping/the baby gurgling ◆ **bercé par le gazouillement du ruisseau** lulled by the babbling brook

**gazouiller** [gazuje] → SYN ▸ conjug 1 ◂ **vi** [oiseau] to chirp, warble; [ruisseau] to babble; [bébé] to babble, gurgle

**gazouilleur, -euse** [gazujœʀ, øz] **adj** oiseau chirping, warbling; ruisseau babbling; bébé babbling, gurgling

**gazouillis** [gazuji] → SYN **nm** [oiseau] chirping, warbling; [ruisseau] babbling; [bébé] babbling, gurgling

**GB** [ʒebe] (abrév de **Grande-Bretagne**) GB

**gdb** * [ʒedebe] **nf** (abrév de **gueule de bois**) ◆ **avoir la gdb** to have a hangover

**GDF** [ʒedeɛf] **nm** (abrév de **Gaz de France**) *French gas company*

**geai** [ʒɛ] → SYN **nm** jay

**géant, e** [ʒeɑ̃, ɑ̃t] → SYN [1] **adj** objet gigantic; animal, plante gigantic, giant (épith); paquet, carton giant-size (épith), giant (épith); étoile, écran giant (épith) ◆ **c'est géant !** * it's great! * ou magic! *
[2] **nm** (= homme, firme) giant; (Pol) giant power ◆ **les géants de la route** the great cycling champions; → **pas[1]**
[3] **géante** **nf** (= femme) giantess; (= étoile) giant star ◆ **géante rouge** red giant

**géantiste** [ʒeɑ̃tist] **nmf** giant slalom skier ou specialist ou racer

**gecko** [ʒeko] **nm** gecko

**géhenne** [ʒeɛn] → SYN **nf** (Bible = enfer) Gehenna

**geignard, e** * [ʒɛɲaʀ, aʀd] → SYN [1] **adj** personne moaning; voix whingeing, whining; musique whining
[2] **nm,f** moaner

**geignement** [ʒɛɲmɑ̃] **nm** moaning (NonC)

**geindre** [ʒɛ̃dʀ] → SYN ▸ conjug 52 ◂ **vi** **a** (= gémir) to groan, moan (*de* with)
**b** ( * = pleurnicher) to moan ◆ **il geint tout le temps** he never stops moaning ou complaining
**c** (littér) [vent, instrument de musique] to moan; [parquet] to creak ◆ **le vent faisait geindre les peupliers/le gréement** the poplars/the rigging groaned ou moaned in the wind

**geisha** [gɛʃa] **nf** geisha (girl)

**gel** [ʒɛl] → SYN **nm** **a** (= temps) frost ◆ **un jour de gel** one frosty day ◆ **plantes tuées par le gel** plants killed by (the) frost
**b** (= glace) frost ◆ **"craint le gel"** "keep away from extreme cold"
**c** [crédits, licenciements] freeze ◆ **gel des terres** set-aside ◆ **protester contre le gel des salaires** to protest against the wage freeze ◆ **ils réclament le gel du programme nucléaire** they are calling for a freeze on the nuclear programme
**d** (= substance) gel ◆ **gel (de) douche** shower gel ◆ **gel coiffant** ou **structurant** hair (styling) gel

**gélatine** [ʒelatin] **nf** gelatine

**gélatiné, e** [ʒelatine] adj gelatinized

**gélatineux, -euse** [ʒelatinø, øz] adj jelly-like, gelatinous

**gélatiniforme** [ʒelatinifɔʀm] adj gelatinoid

**gélatinobromure** [ʒelatinobʀɔmyʀ] nm gelatino-bromide

**gélatinochlorure** [ʒelatinoklɔʀyʀ] nm gelatino-chloride

**gelé, e¹** [ʒ(ə)le] → SYN (ptp de **geler**) adj **a** eau, rivière frozen, iced-over; sol, tuyau frozen

**b** membre frostbitten; plante nipped ou damaged by frost ◆ **ils sont morts gelés** they froze to death, they died of exposure

**c** (= très froid) eau ice-cold ◆ **j'ai les mains gelées** my hands are frozen ou freezing ◆ **je suis gelé** I'm frozen (stiff) ou freezing

**d** crédits, prix, projet frozen; négociations suspended

**e** (= sans enthousiasme) public cold, unresponsive

**gelée²** [ʒ(ə)le] → SYN nf **a** (= gel) frost ◆ **gelée blanche** white frost, hoarfrost

**b** (Culin) [fruits, viande, volaille] jelly ◆ **poulet/œuf en gelée** chicken/egg in aspic ou jelly ◆ **gelée de framboises** raspberry jelly (Brit) ou Jell-O ® (US) ou jello (US) ◆ **gelée royale** royal jelly

**geler** [ʒ(ə)le] → SYN ▸ conjug 5 ◂ **1** vt **a** [+ eau, rivière] to freeze (over); [+ buée] to turn to ice; [+ sol, tuyau] to freeze

**b** (= endommager) **le froid a gelé les bourgeons** the buds were nipped ou damaged by frost ◆ **le froid lui a gelé les mains** he got frostbite in both hands

**c** [+ prix, crédits, salaires, projet] to freeze; [+ terres] to set aside; [+ négociations] to suspend

**d** (= mettre mal à l'aise) [+ assistance] to chill, send a chill through

**2 se geler** * vpr (= avoir froid) to freeze ◆ **on se gèle ici** we're ou it's freezing here ◆ **on se les gèle**‡ it's damned‡ ou bloody‡ (Brit) freezing, it's brass monkey weather‡ (Brit) ◆ **vous allez vous geler, à l'attendre** you'll get frozen stiff waiting for him

**3** vi **a** [eau, lac] to freeze (over), ice over; [sol, linge, conduit] to freeze; [récoltes] to be attacked ou blighted ou nipped by frost; [doigt, membre] to be freezing, be frozen ◆ **les salades ont gelé sur pied** the lettuces have frozen on their stalks

**b** (= avoir froid) to be frozen, be freezing ◆ **on gèle ici** we're ou it's freezing here

**c** (dans un jeu) **je chauffe ? – non, tu gèles** am I getting warmer? — no, you're freezing

**4** vb impers ◆ **il gèle** it's freezing ◆ **il a gelé dur** ou **à pierre fendre** (littér) it froze hard, there was a hard frost ◆ **il a gelé blanc** there was a white icy frost

**gélif, -ive** [ʒelif, iv] adj arbre, roche *likely to crack in the frost*; terre *susceptible to frost heave*

**gélifiant** [ʒelifjɑ̃] nm gelling agent

**gélification** [ʒelifikasjɔ̃] nf gelling

**gélifier** [ʒelifje] ▸ conjug 7 ◂ **1** vt ◆ **gélifier qch** to make sth gel

**2 se gélifier** vpr to gel

**gélinotte** [ʒelinɔt] nf ◆ **gélinotte (des bois)** hazel grouse, hazel hen ◆ **gélinotte d'Écosse** red grouse ◆ **gélinotte blanche** willow grouse

**gélivure** [ʒelivyʀ] nf frost crack ou cleft ◆ **arbre avec gélivures** frost-split tree

**gélose** [ʒeloz] nf agar-agar

**gélule** [ʒelyl] nf (Pharm) capsule

**gelure** [ʒ(ə)lyʀ] nf (Méd) frostbite (NonC)

**Gémeaux** [ʒemo] nmpl (Astron) Gemini ◆ **il est (du signe des) Gémeaux** he's (a) Gemini

**gémellaire** [ʒemelɛʀ] adj twin (épith)

**gémellipare** [ʒemelipaʀ, ʒemɛllipaʀ] adj gemelliparous †

**gémelliparité** [ʒemelipaʀite] nf twin pregnancy

**gémellité** [ʒemelite, ʒemɛllite] nf twinship ◆ **taux de gémellité** incidence of twin births ◆ **les cas de vraie/fausse gémellité** cases of identical twin/non-identical twin births

**gémination** [ʒeminasjɔ̃] → SYN nf gemination

**géminé, e** [ʒemine] → SYN **1** adj (Ling) consonne geminate; (Archit) twin (épith), gemeled (SPÉC); (Bio) geminate

**2 géminée** nf (Ling) geminate

**géminer** [ʒemine] → SYN ▸ conjug 1 ◂ vt to geminate

**gémir** [ʒemiʀ] → SYN ▸ conjug 2 ◂ vi **a** (= geindre) to groan, moan (*de* with) ◆ **gémir sur son sort** to bemoan one's fate ◆ **gémir sous l'oppression** (littér) to groan under oppression

**b** (= grincer) [ressort, gonds, plancher] to creak; [vent] to moan ◆ **les gonds de la porte gémissaient horriblement** the door hinges made a terrible creaking noise

**c** [colombe] to coo

**gémissant, e** [ʒemisɑ̃, ɑ̃t] → SYN adj voix groaning, moaning; gonds, plancher creaking

**gémissement** [ʒemismɑ̃] → SYN nm [voix] groan, moan; (prolongé) groaning (NonC), moaning (NonC); [meuble] creaking (NonC); [vent] moaning (NonC); [colombe] cooing

**gemmage** [ʒemaʒ] nm tapping *(of pine trees)*

**gemmail, pl -aux** [ʒemaj, o] nm non-leaded stained glass

**gemmation** [ʒemasjɔ̃] nf gemmation

**gemme** [ʒɛm] → SYN nf **a** (Minér) gem(stone); → **sel**

**b** (= résine de pin) (pine) resin

**gemmé, e** [ʒeme] adj (littér) gemmed, studded with precious stones

**gemmer** [ʒeme] ▸ conjug 1 ◂ vt to tap *(pine trees)*

**gemmeur, -euse** [ʒemœʀ, øz] nm,f tapper *(of pine trees)*

**gemmifère** [ʒemifɛʀ] adj (Minér) containing gem(stone)s; (Agr) resiniferous

**gemmologie** [ʒemɔlɔʒi] nf gem(m)ology

**gemmule** [ʒemyl] nf gemmule

**gémonies** [ʒemɔni] → SYN nfpl (littér) ◆ **vouer** ou **traîner qn/qch aux gémonies** to subject sb/sth to ou hold sb/sth up to public obloquy

**gênant, e** [ʒɛnɑ̃, ɑ̃t] → SYN adj **a** (= irritant) **tu es/c'est vraiment gênant** you're/it's a real nuisance ◆ **ce n'est pas gênant** it's OK, it doesn't matter

**b** (= embarrassant) situation, moment, témoin awkward, embarrassing; révélations, regard, présence embarrassing; meuble, talons awkward; handicap bothersome

**gencive** [ʒɑ̃siv] nf (Anat) gum ◆ **il a pris un coup dans les gencives*** he got a sock on the jaw* ou a kick in the teeth* ◆ **prends ça dans les gencives !*** take that! ◆ **il faut voir ce qu'elle lui a envoyé dans les gencives !*** you should have heard the way she let fly at him! ◆ **je lui ai envoyé dans les gencives que ...** I told him to his face that ...

**gendarme** [ʒɑ̃daʀm] → SYN nm **a** (= policier) policeman, police officer; (en France) gendarme; (Hist, Mil) horseman; (= soldat) soldier, man-at-arms ◆ **faire le gendarme** to play the role of policeman ◆ **sa femme est un vrai gendarme** (hum) his wife's a real battle-axe* ◆ **jouer aux gendarmes et aux voleurs** to play cops and robbers ◆ **gendarme mobile** member of the anti-riot police ◆ **le gendarme de la Bourse** the French stock exchange watchdog; → **chapeau, peur**

**b** (Zool = punaise) fire bug; (Alpinisme) gendarme (SPÉC), pinnacle

**c** († * = hareng) bloater (Brit), salt herring (US)

**d** (Aut) **gendarme couché** speed bump, sleeping policeman (Brit)

**gendarmer (se)** [ʒɑ̃daʀme] → SYN ▸ conjug 1 ◂ vpr ◆ **il faut se gendarmer pour qu'elle aille se coucher/pour la faire manger** you really have to take quite a strong line (with her) ou you really have to lay down the law to get her to go to bed/to get her to eat

**gendarmerie** [ʒɑ̃daʀməʀi] → SYN nf (= police) police force, constabulary *(in countryside and small towns)*; (en France) Gendarmerie; (= bureaux) police station *(in countryside and small town)*; (= caserne) gendarmes' ou Gendarmerie barracks, police barracks; (Hist, Mil = cavalerie) heavy cavalry ou horse; (= garde royale) royal guard ◆ **gendarmerie mobile** anti-riot police ◆ **la gendarmerie nationale** the national Gendarmerie ◆ **gendarmerie maritime** coastguard

**gendre** [ʒɑ̃dʀ] → SYN nm son-in-law

**gêne** [ʒɛn] → SYN nf **a** (= malaise physique) discomfort ◆ **gêne respiratoire** breathing ou respiratory problems ◆ **il ressentait une certaine gêne à respirer** he experienced some ou a certain difficulty in breathing

**b** (= désagrément, dérangement) trouble, bother ◆ **je ne voudrais vous causer aucune gêne** I wouldn't like to put you to any trouble ou bother, I wouldn't want to be a nuisance; (péj) some people only think of their own comfort ◆ **"nous vous prions de bien vouloir excuser la gêne occasionnée durant les travaux"** "we apologize to customers for any inconvenience caused during the renovations" ◆ (Prov) **où il y a de la gêne, il n'y a pas de plaisir** comfort comes first, there's no sense in being uncomfortable

**c** (= manque d'argent) financial difficulties ou straits ◆ **vivre dans la gêne/dans une grande gêne** to be in financial difficulties ou straits/in great financial difficulties ou dire (financial) straits

**d** (= confusion, trouble) embarrassment ◆ **un moment de gêne** a moment of embarrassment ◆ **j'éprouve de la gêne devant lui** I feel embarrassed ou self-conscious in his presence ◆ **il éprouva de la gêne à lui avouer cela** he felt embarrassed admitting ou to admit that to her

**gêné, e** [ʒene] → SYN (ptp de **gêner**) adj **a** (= à court d'argent) short (of money) (attrib) ◆ **être gêné aux entournures*** to be short of money ou hard up*

**b** (= embarrassé) personne, sourire, air embarrassed, self-conscious; silence uncomfortable, embarrassed, awkward ◆ **j'étais gêné !** I was (so) embarrassed!, I felt (so) awkward! ou uncomfortable! ◆ **il n'est pas gêné !** he's got a nerve!* ◆ **ce sont les plus gênés qui s'en vont !** (hum) if you want to leave, no one's stopping you!

**c** (physiquement) uncomfortable ◆ **êtes-vous gêné pour respirer ?** do you have trouble (in) breathing? ◆ **je suis gênée dans cette robe** I'm uncomfortable in this dress

**gène** [ʒɛn] nm gene ◆ **gène dominant/récessif** dominant/recessive gene

**généalogie** [ʒenealɔʒi] → SYN nf [famille] ancestry, genealogy; [animaux] pedigree; (Bio) [espèces] genealogy; (= sujet d'études) genealogy ◆ **faire** ou **dresser la généalogie de qn** to trace sb's ancestry ou genealogy

**généalogique** [ʒenealɔʒik] adj genealogical; → **arbre**

**généalogiste** [ʒenealɔʒist] nmf genealogist

**génépi** [ʒenepi] nm (= plante) wormwood, absinthe; (= liqueur) absinth(e)

**gêner** [ʒene] → SYN ▸ conjug 1 ◂ **1** vt **a** (physiquement) [fumée, bruit] to bother; [vêtement étroit, obstacle] to hamper ◆ **cela vous gêne-t-il si je fume ?** do you mind if I smoke?, does it bother you if I smoke? ◆ **gêner le passage** to be in the way ◆ **ça me gêne** ou **c'est gênant pour respirer/pour écrire** it hampers my breathing/hampers me when I write ◆ **le bruit me gêne pour travailler** noise bothers me ou disturbs me when I'm trying to work ◆ **son complet le gêne aux entournures*** his suit is uncomfortable ou constricting ◆ **ces papiers me gênent** these papers are in my way ◆ **ces travaux gênent la circulation** these roadworks are disrupting the (flow of) traffic

**b** (= déranger) [+ personne] to bother, put out; [+ projet] to hamper, hinder ◆ **je crains de gêner** I am afraid to bother people ou put people out, I'm afraid of being a nuisance ◆ **je ne voudrais pas (vous) gêner** I don't want to bother you ou put you out ou be in the way ◆ **j'espère que ça ne vous gêne pas d'y aller** I hope it won't inconvenience you ou put you out to go ◆ **cela vous gênerait de ne pas fumer ?** would you mind not smoking? ◆ **ce qui me gêne (dans cette histoire), c'est que ...** what bothers me (in this business) is that ... ◆ **et alors, ça te gêne ?*** so what?*, what's it to you?*

**c** (financièrement) to put in financial difficulties ◆ **ces dépenses vont les gêner considérablement** ou **vont les gêner aux entournures*** these expenses are really going to put them in financial difficulties ou make things tight for them ou make them hard up*

**d** (= mettre mal à l'aise) to make feel ill-at-ease ou uncomfortable ◆ **ça me gêne de vous dire ça mais ...** I hate to tell you but ... ◆ **ça me gêne de me déshabiller chez le médecin** I find it embarrassing to get undressed at the doctor's ◆ **sa présence me gêne** I feel uncomfortable when he's around, his presence ou he makes me feel uncomfortable ◆ **son regard la gênait** his glance made her feel ill-at-ease ou uncomfortable ◆ **cela le gêne qu'on fasse tout le travail pour lui** it embarrasses him to have all the work done for him, he feels awkward about having all the work done for him

[2] **se gêner** vpr **a** (= se contraindre) to put o.s. out ◆ **ne vous gênez pas pour moi** don't mind me, don't put yourself out for me ◆ **ne vous gênez pas !** (iro) do you mind! ◆ **il ne faut pas vous gêner avec moi** don't stand on ceremony with me ◆ **non mais ! je vais me gêner !** why shouldn't I! ◆ **il y en a qui ne se gênent pas !** some people just don't care! ◆ **il ne s'est pas gêné pour le lui dire** he told him straight out, he made no bones about telling him

**b** (dans un lieu) **on se gêne à trois dans ce bureau** this office is too small for the three of us

**général¹, e,** mpl **-aux** [ʒeneʀal, o] → SYN [1] adj **a** (= d'ensemble) vue general; (= vague) idée general ◆ **un tableau général de la situation** a general ou an overall picture of the situation ◆ **remarques d'ordre très général** comments of a very general nature ◆ **se lancer dans des considérations générales sur le temps** to venture some general remarks about the weather ◆ **d'une façon** ou **manière générale** in general, generally; (précédant une affirmation) generally ou broadly speaking; → **règle**

**b** (= total, global) assemblée, grève general ◆ **dans l'intérêt général** (= commun) in the general ou common interest ◆ **cette opinion est devenue générale** this is now a widely shared ou generally held opinion ◆ **devenir général** [crise, peur] to become widespread ◆ **la mêlée devint générale** the fight turned into a free-for-all ◆ **à l'indignation/la surprise générale** to everyone's indignation/surprise ◆ **à la demande générale** in response to popular demand; → **concours, état, médecine**

**c** (Admin = principal) general (épith); → **directeur, fermier, président, secrétaire**

[2] nm (Philos) ◆ **le général** the general ◆ **aller du général au particulier** to go from the general to the particular

[3] **en général** loc adv (= habituellement) usually, generally, in general; (= de façon générale) generally, in general ◆ **je parle en général** I'm speaking in general terms ou generally

[4] **générale** nf **a** (Théât) **(répétition) générale** dress rehearsal

**b** (Mil) **battre** ou **sonner la générale** to call to arms

**général², e,** mpl **-aux** [ʒeneʀal, o] [1] nm (Mil) general ◆ **oui mon général** yes sir ou general

[2] **générale** nf (= épouse) general's wife; → **Madame**

[3] COMP ▷ **général d'armée** general; (Aviat) air chief marshal (Brit), general (US) ▷ **général de brigade** brigadier (Brit), brigadier general (US) ▷ **général de brigade aérienne** air commodore (Brit), brigadier general (US) ▷ **général en chef** general-in-chief, general-in-command ▷ **général de corps aérien** air marshal (Brit), lieutenant general (US) ▷ **général de corps d'armée** lieutenant-general ▷ **général de division** major general ▷ **général de division aérienne** air vice marshal (Brit), major general (US)

**généralement** [ʒeneʀalmɑ̃] GRAMMAIRE ACTIVE 26.1 → SYN adv generally ◆ **il est généralement chez lui après 8 heures** he's generally ou usually at home after 8 o'clock ◆ **coutume assez généralement répandue** fairly widespread custom ◆ **plus généralement, ce genre de phénomène s'accompagne de ...** more generally ou commonly ou usually, this type of phenomenon is accompanied by ...

**généralisable** [ʒeneʀalizabl] adj mesure, observation which can be applied generally

**généralisateur, -trice** [ʒeneʀalizatœʀ, tʀis] adj ◆ **tendance généralisatrice** tendency to generalize ou towards generalization ◆ **il a un esprit généralisateur** he is given to generalizing

**généralisation** [ʒeneʀalizasjɔ̃] → SYN nf **a** (= extension) [infection, corruption, pratique] spread ◆ **la généralisation du cancer** the spread of the cancer ◆ **il y a un risque de généralisation du conflit** there's a risk that the conflict might become widespread

**b** (= énoncé) generalization ◆ **généralisations hâtives/abusives** sweeping/excessive generalizations

**généraliser** [ʒeneʀalize] → SYN ▸ conjug 1 ◂ [1] vt **a** (= étendre) [+ méthode] to put ou bring into general ou widespread use ◆ **généraliser l'usage d'un produit** to bring a product into general use

**b** (= globaliser) to generalize ◆ **il ne faut pas généraliser** we mustn't generalize

[2] **se généraliser** vpr [infection] to spread, become generalized; [corruption] to become widespread; [conflit] to spread; [procédé] to become widespread, come into general use ◆ **l'usage du produit s'est généralisé** the use of this product has become widespread, this product has come into general use ◆ **crise généralisée** general crisis ◆ **il a un cancer généralisé** the cancer has spread throughout his whole body ◆ **infection généralisée** systemic infection

**généralissime** [ʒeneʀalisim] nm generalissimo

**généraliste** [ʒeneʀalist] → SYN [1] adj radio, télévision general-interest (épith); formation general; ingénieur non-specialized

[2] nm ◆ **(médecin) généraliste** general ou family practitioner, G.P. (Brit)

**généralité** [ʒeneʀalite] → SYN [1] nf **a** (= presque totalité) majority ◆ **ce n'est pas une généralité** that's not the case in general ◆ **dans la généralité des cas** in the majority of cases, in most cases

**b** (= caractère général) [affirmation] general nature

[2] **généralités** nfpl (= introduction) general points; (péj = banalités) general remarks, generalities

**générateur, -trice** [ʒeneʀatœʀ, tʀis] → SYN [1] adj force generating; fonction generative, generating ◆ **facteur générateur de désordres** factor which creates disruption ◆ **secteur générateur d'emplois** job-generating sector ◆ **activité génératrice de profits** profit-making activity, activity that generates profit

[2] nm (Tech) generator ◆ **générateur électrique/de particules/de programme** electric/particle/program generator ◆ **générateur de vapeur** steam boiler

[3] **génératrice** nf **a** (Élec) generator

**b** (Math) generating line, generatrix

**génératif, -ive** [ʒeneʀatif, iv] adj (Ling) generative ◆ **grammaire générative** generative grammar

**génération** [ʒeneʀasjɔ̃] → SYN nf generation ◆ **depuis des générations** for generations ◆ **la génération actuelle/montante** the present-day/rising generation ◆ **la jeune génération** the younger generation ◆ **génération spontanée** spontaneous generation ◆ **ordinateur/immigré de la deuxième/troisième génération** second-/third-generation computer/immigrant

**générer** [ʒeneʀe] ▸ conjug 6 ◂ vt [+ froid, emplois, chômage] to generate; (Ling, Math, Ordin) to generate

**généreusement** [ʒeneʀøzmɑ̃] adv generously ◆ **accueilli généreusement** warmly welcomed

**généreux, -euse** [ʒeneʀø, øz] → SYN adj **a** (= large) personne, pourboire, part de nourriture generous ◆ **être généreux de son temps** to be generous with one's time ◆ **c'est très généreux de sa part** it's very generous of him ◆ **se montrer généreux envers qn** to be generous with sb ◆ **faire le généreux** to act generous *

**b** (= noble, désintéressé) acte, caractère generous; âme, sentiment, idée generous, noble; adversaire generous, magnanimous

**c** (= riche) sol productive, fertile

**d** vin generous, full-bodied

**e** poitrine ample ◆ **formes généreuses** generous curves

**générique** [ʒeneʀik] → SYN [1] adj generic; produit unbranded, no-name (épith); médicament generic ◆ **terme générique** (Ling) generic term

[2] nm (Ciné) credit titles, credits, cast (and credits) (US) ◆ **être au générique** to feature ou be in the credits

**générosité** [ʒeneʀozite] → SYN nf **a** (= libéralité) [pourboire, personne] generosity ◆ **avec générosité** generously

**b** (= noblesse) [acte, caractère] generosity; [âme, sentiment] nobility; [adversaire] generosity, magnanimity ◆ **avoir la générosité de** to be generous enough to, have the generosity to

**c** (= largesses) **générosités** kindnesses

**Gênes** [ʒɛn] n Genoa

**genèse** [ʒənɛz] → SYN nf (= élaboration) genesis ◆ **(le livre de) la Genèse** (the Book of) Genesis

**génésiaque** [ʒenezjak] adj Genesitic

**génésique** [ʒenezik] → SYN adj (de la reproduction) reproductive

**genet** [ʒ(ə)nɛ] → SYN nm (= cheval) jennet

**genêt** [ʒ(ə)nɛ] → SYN nm (= plante) broom

**généthliaque** [ʒenetlijak] adj (Astrol) horoscopic, genethliac †

**généticien, -ienne** [ʒenetisjɛ̃, jɛn] nm,f geneticist

**genêtière** [ʒ(ə)nɛtjɛʀ] nf broom grove

**génétique** [ʒenetik] → SYN [1] adj genetic ◆ **carte génétique** genetic ou gene map ◆ **affection d'origine génétique** genetically-transmitted disease; → **manipulation**

[2] nf genetics sg ◆ **génétique des populations** population genetics

**génétiquement** [ʒenetikmɑ̃] adv genetically

**genette** [ʒ(ə)nɛt] → SYN nf genet(t)e

**gêneur, -euse** [ʒɛnœʀ, øz] → SYN nm,f (= importun) intruder ◆ **supprimer un gêneur** (= représentant un obstacle) to do away with a person who is ou stands in one's way

**Genève** [ʒ(ə)nɛv] n Geneva

**genevois, e** [ʒən(ə)vwa, waz] [1] adj Genevan

[2] **Genevois(e)** nm,f Genevan

**genévrier** [ʒənevʀije] nm juniper

**Gengis Khan** [ʒɛ̃ʒiskɑ̃] nm Genghis Khan

**génial, e,** mpl **-iaux** [ʒenjal, jo] → SYN adj **a** (= inspiré) écrivain of genius; plan, idée, invention inspired ◆ **plan d'une conception géniale** inspired idea, brilliantly thought out idea

**b** (* = formidable) atmosphère, soirée fantastic *, great *; personne great *; plan brilliant *, great * ◆ **c'est génial !** that's great! * ou fantastic! * ◆ **physiquement, il n'est pas génial mais ...** he's not up to much physically but ... ◆ **ce n'est pas génial !** (idée) that's not very clever!; (film) it's not brilliant! *

**génialement** [ʒenjalmɑ̃] adv with genius, brilliantly

**génie** [ʒeni] → SYN [1] nm **a** (= aptitude supérieure) genius ◆ **avoir du génie** to have genius ◆ **éclair** ou **trait de génie** stroke of genius ◆ **de génie** découverte brilliant ◆ **homme de génie** man of genius ◆ **idée de génie** brainwave, brilliant idea

**b** (= personne) genius ◆ **ce n'est pas un génie !** he's no genius! ◆ **génie méconnu** unrecognized genius

**c** (= talent) genius ◆ **avoir le génie des affaires** to have a genius for business ◆ **avoir le génie du mal** to have an evil bent ◆ **il a le génie de** ou **pour dire ce qu'il ne faut pas** he has a genius for saying the wrong thing

**d** (= spécificité) genius (frm) ◆ **le génie de la langue française** the genius of the French language

**e** (= allégorie, être mythique) spirit; [contes arabes] genie ◆ **le génie de la liberté** the spirit of liberty ◆ **le génie de la lampe** the genie of the lamp ◆ **génie des airs/des eaux** spirit of the air/waters ◆ **être le bon/mauvais génie de qn** to be sb's good/evil genius ◆ **génie tutélaire** guardian angel ou spirit ◆ **le Génie de la Bastille** the Genius of Liberty

**f** (Mil) **le génie** ≃ the Engineers ◆ **soldat du génie** sapper, engineer ◆ **faire son service dans le génie** to do one's service in the Engineers

**g** (= technique) engineering ◆ **génie atomique/chimique/électronique** atomic/chemical/electronic engineering

2 COMP ▷ **génie civil** (branche) civil engineering; (corps) civil engineers ▷ **génie génétique** genetic engineering ▷ **génie industriel** industrial engineering ▷ **génie informatique** computer engineering ▷ **génie logiciel** software engineering ▷ **génie maritime** (branche) marine engineering; (corps) marine engineers *(under state command)* ▷ **génie mécanique** mechanical engineering ▷ **génie militaire** (branche) military engineering; (corps) ≈ Engineers ▷ **génie rural** agricultural engineering; → **ingénieur**

**genièvre** [ʒənjɛvʀ] nm (= boisson) Dutch gin, Hollands (gin) (Brit), genever (Brit); (= arbre) juniper; (= fruit) juniper berry ◆ **grains de genièvre** juniper berries

**genièvrerie** [ʒənjɛvʀəʀi] nf gin distillery

**génique** [ʒenik] adj gene (épith) ◆ **thérapie génique** gene therapy

**génisse** [ʒenis] [→ SYN] nf heifer

**génital, e,** mpl **-aux** [ʒenital, o] [→ SYN] adj genital ◆ **organes génitaux, parties génitales** genitals, genital organs, genitalia

**géniteur, -trice** [ʒenitœʀ, tʀis] [→ SYN] 1 nm,f (hum = parent) parent

2 nm (Zool = reproducteur) sire

**génitif** [ʒenitif] nm genitive (case) ◆ **au génitif** in the genitive ◆ **génitif absolu** genitive absolute

**génito-urinaire,** pl **génito-urinaires** [ʒenitoyʀinɛʀ] adj genito-urinary

**génocidaire** [ʒenɔsidɛʀ] adj genocidal

**génocide** [ʒenɔsid] nm genocide

**génois, e** [ʒenwa, waz] 1 adj Genoese

2 **Génois(e)** nm,f Genoese

3 nm (Naut) genoa (jib)

4 **génoise** nf (Culin) sponge cake; (Archit) *eaves consisting of decorative tiles*

**génome** [ʒenom] nm genom(e) ◆ **génome humain** human genome

**génomique** [ʒenomik] adj genomic

**génotype** [ʒenotip] nm genotype

**génotypique** [ʒenotipik] adj genotypic(al)

**genou,** pl **genoux** [ʒ(ə)nu] [→ SYN] nm a (Anat, Habillement, Zool) knee ◆ **avoir les genoux cagneux** ou **rentrants** to be knock-kneed ◆ **mes genoux se dérobèrent sous moi** my legs gave way under me ◆ **des jeans troués aux genoux** jeans with holes at the knees, jeans that are out at the knees ◆ **dans la vase jusqu'aux genoux** up to one's knees ou knee-deep in mud

b (= cuisses) **genoux** lap ◆ **avoir/prendre qn sur ses genoux** to have/take sb on one's knee ou lap ◆ **écrire sur ses genoux** to write on one's lap

c (Loc) **il me donna un coup de genou dans le ventre** he kneed me in the stomach ◆ **il me donna un coup de genou pour me réveiller** he nudged me with his knee to wake me up ◆ **faire du genou à qn** * to play footsie with sb * ◆ **tomber aux genoux de qn** to fall at sb's feet, go down on one's knees to sb ◆ **fléchir** ou **plier** ou **ployer le genou devant qn** (littér) to bend the knee to sb ◆ **mettre (un) genou à terre** to go down on one knee

◆ **à genoux** ◆ **il était à genoux** he was kneeling, he was on his knees ◆ **être à genoux devant qn** (fig) to idolize ou worship sb ◆ **se mettre à genoux** to kneel down, go down on one's knees ◆ **se mettre à genoux devant qn** (fig) to go down on one's knees to sb ◆ **c'est à se mettre à genoux !** * it's out of this world! * ◆ **tomber/se jeter à genoux** to fall/throw o.s. to one's knees ◆ **demander qch à (deux) genoux** to ask for sth on bended knee, go down on one's knees for sth ◆ **je te demande pardon à genoux** I beg you to forgive me

◆ **sur les genoux** * ◆ **être sur les genoux** [personne] to be ready to drop; [pays] to be on its knees * ◆ **ça m'a mis sur les genoux** it wore me out

d (Tech) ball and socket joint

**genouillère** [ʒ(ə)nujɛʀ] nf (Méd) knee support; (Sport) kneepad, kneecap

**genre** [ʒɑ̃ʀ] GRAMMAIRE ACTIVE 7.3 [→ SYN] nm a (= espèce) kind, type, sort ◆ **genre de vie** lifestyle, way of life ◆ **elle n'est pas du genre à se laisser faire** she's not the type ou kind ou sort to let people push her around ◆ **ce n'est pas son genre de ne pas répondre** it's not like him not to answer ◆ **donner des augmentations, ce n'est pas leur genre** it's not their style to give pay rises ◆ **c'est bien son genre !** that's just like him! ◆ **tu vois le genre !** you know the type ou sort! ◆ **les rousses, ce n'est pas mon genre** redheads aren't my type ◆ **c'est le genre grognon** * he's the grumpy sort * ◆ **un type (du) genre homme d'affaires** * a businessman type ◆ **une maison genre chalet** * a chalet-style house ◆ **il n'est pas mal dans son genre** he's quite attractive in his own way ◆ **ce qui se fait de mieux dans le genre** the best of its kind ◆ **réparations en tout genre** ou **en tous genres** all kinds of repairs ou repair work undertaken ◆ **quelque chose de ce genre** ou **du même genre** something of the kind, that sort of thing ◆ **des remarques de ce genre** remarks ou comments like that ou of that nature ◆ **il a écrit un genre de roman** he wrote a novel of sorts ou a sort of novel ◆ **plaisanterie d'un genre douteux** doubtful joke ◆ **dans le genre film d'action ce n'est pas mal** as action films go, it's not bad; → **unique**

b (= allure) appearance ◆ **avoir bon/mauvais genre** to look respectable/disreputable ◆ **je n'aime pas son genre** I don't like his style ◆ **il a un drôle de genre** he's a bit weird ◆ **avoir le genre bohème/artiste** to be a bohemian/an arty type ◆ **avoir un genre prétentieux** to have a pretentious manner ◆ **faire du genre** to stand on ceremony ◆ **c'est un genre qu'il se donne** it's (just) something ou an air he puts on ◆ **il aime se donner un genre** he likes to stand out ou to be a bit different ◆ **ce n'est pas le genre de la maison** * that's just not the way we (ou they etc ) do things

c (Art, Littérat, Mus) genre ◆ **tableau de genre** (Peinture) genre painting ◆ **œuvre dans le genre ancien/italien** work in the old/Italian style ou genre ◆ **ses tableaux/romans sont d'un genre un peu particulier** the style of his paintings/novels is slightly unusual

d (Gram) gender ◆ **s'accorder en genre** to agree in gender

e (Philos, Sci) genus ◆ **le genre humain** mankind, the human race

**gens**[1] [ʒɑ̃] [→ SYN] 1 nmpl a (gén) people ◆ **il faut savoir prendre les gens** you've got to know how to handle people ◆ **les gens sont fous !** people are crazy (at times)! ◆ **les gens de la ville** townspeople, townsfolk ◆ **les gens du pays** ou **du coin** * the local people, the locals * ◆ **ce ne sont pas gens à raconter des histoires** they're not the kind ou type ou sort of people to tell stories ◆ **"Gens de Dublin"** (Littérat) "Dubliners"; → **droit**[3], **jeune, monde**

b (Loc, avec accord féminin de l'adjectif antéposé) **ce sont de petites gens** they are people of modest means ◆ **vieilles/braves gens** old/good people ou folk * ◆ **honnêtes gens** honest people ◆ **écoutez bonnes gens** (hum) harken, ye people (hum)

c († , hum = serviteurs) servants ◆ **il appela ses gens** he called his servants

2 COMP ▷ **gens d'armes** (Hist) men-at-arms † ▷ **les gens d'Église** the clergy ▷ **gens d'épée** (Hist) soldiers *(of the aristocracy)* ▷ **gens de lettres** men of letters ▷ **les gens de loi** † the legal profession ▷ **gens de maison** domestic servants ▷ **gens de mer** sailors, seafarers ▷ **les gens de robe** (Hist) the legal profession ▷ **gens de service** ⇒ **gens de maison** ▷ **les gens de théâtre** the acting profession, theatrical people ▷ **les gens du voyage** (= gitans) travellers

**gens**[2] [ʒɛ̃s] [→ SYN] nf (Antiq) gens

**gent** [ʒɑ̃(t)] nf ( †† ou hum) race, tribe ◆ **la gent canine** the canine race ◆ **la gent féminine** the fair sex ◆ **la gent masculine** the male ou masculine sex

**gentamicine, gentamycine** [ʒɑ̃tamisin] nf gentamicin

**gentiane** [ʒɑ̃sjan] nf gentian

**gentil, -ille** [ʒɑ̃ti, ij] GRAMMAIRE ACTIVE 22, 25.4 [→ SYN]

1 adj a (= aimable) kind, nice (*avec, pour* to) ◆ **il a toujours un mot gentil pour chacun** he always has a kind word for everyone ou to say to everyone ◆ **vous serez gentil de me le rendre** would you mind giving it back to me ◆ **c'est gentil à toi** ou **de ta part de ...** it's very kind ou nice ou good of you to ... ◆ **tu es gentil tout plein** * you're so sweet ◆ **tout ça, c'est bien gentil mais ...** that's (all) very nice ou well but ... ◆ **elle est bien gentille avec ses histoires mais ...** what she has to say is all very well ou nice but ... ◆ **sois gentil, va me le chercher** be a dear and go and get it for me

b (= sage) good ◆ **il n'a pas été gentil** he hasn't been a good boy ◆ **sois gentil, je reviens bientôt** be good, I'll be back soon

c (= gracieux) visage, endroit nice, pleasant ◆ **une gentille petite robe/fille** a nice little dress/girl ◆ **c'est gentil comme tout chez vous** you've got a lovely little place ◆ **c'est gentil sans plus** it's OK but it's nothing special

d (= rondelet) somme tidy, fair

2 nm (Hist, Rel) gentile

**gentilé** [ʒɑ̃tile] nm gentilic

**gentilhomme** [ʒɑ̃tijɔm] [→ SYN] , pl **gentilshommes** [ʒɑ̃tizɔm] nm (Hist, fig) gentleman ◆ **gentilhomme campagnard** country squire

**gentilhommière** [ʒɑ̃tijɔmjɛʀ] [→ SYN] nf (small) country seat, (small) manor house

**gentilité** [ʒɑ̃tilite] nf Gentile peoples

**gentillesse** [ʒɑ̃tijɛs] [→ SYN] nf a (= amabilité) kindness ◆ **être d'une grande gentillesse** to be very kind (*avec qn* to sb) ◆ **me ferez-vous** ou **auriez-vous la gentillesse de faire ...** would you be so kind as to do ou kind enough to do ...

b (= faveur) favour (Brit), favor (US), kindness ◆ **remercier qn de toutes ses gentillesses** to thank sb for all his kindness(es) ◆ **une gentillesse en vaut une autre** one good turn deserves another ◆ **il me disait des gentillesses** he said kind ou nice things to me ◆ **il a dit beaucoup de gentillesses à mon sujet** (iro) he didn't have a kind word to say about me

**gentillet, -ette** [ʒɑ̃tijɛ, ɛt] adj ◆ **c'est gentillet** (= mignon) appartement it's a nice little place; (péj = insignifiant) film, roman it's nice enough (but it's nothing special)

**gentiment** [ʒɑ̃timɑ̃] adv (= aimablement) kindly; (= gracieusement) nicely; (= doucement) gently ◆ **ils jouaient gentiment** they were playing nicely ou like good children ◆ **on m'a gentiment fait comprendre que ...** (iro) they made it quite clear to me that ...

**gentleman** [ʒɑ̃tləman], pl **gentlemen** [dʒɛntləmɛn] nm gentleman ◆ **gentleman-farmer** gentleman-farmer

**gentleman-farmer,** pl **gentlemans-farmers** ou **gentlemen-farmers** [ʒɑ̃tləmanfaʀmœʀ, dʒɛntləmanfaʀmœʀ] nm gentleman-farmer

**gentleman's agreement** [dʒɛntləmansagʀimɛnt], **gentlemen's agreement** [dʒɛntləmɛnsagʀimɛnt] nm gentleman's ou gentlemen's agreement

**gentlemen's agreement** [dʒɛntləmɛnsagʀimɛnt], **gentleman's agreement** [dʒɛntləmansagʀimɛnt] nm gentleman's ou gentlemen's agreement

**génuflexion** [ʒenyflɛksjɔ̃] [→ SYN] nf (Rel) genuflexion ◆ **faire une génuflexion** to make a genuflexion, genuflect

**géo** * [ʒeo] nf abrév de **géographie**

**géobiologie** [ʒeobjolɔʒi] nf geobiology

**géocentrique** [ʒeosɑ̃tʀik] adj geocentric

**géocentrisme** [ʒeosɑ̃tʀism] nm geocentrism

**géochimie** [ʒeoʃimi] nf geochemistry

**géochimique** [ʒeoʃimik] adj geochemical

**géochimiste** [ʒeoʃimist] nmf geochemist

**géochronologie** [ʒeokʀɔnɔlɔʒi] nf geochronology

**géode** [ʒeɔd] nf (Minér) geode; (= bâtiment) geodesic dome; (Méd) punched-out lesion

**géodésie** [ʒeɔdezi] nf geodesy

**géodésique** [ʒeɔdezik] 1 adj geodesic ◆ **point géodésique** triangulation point ◆ **ligne géodésique** geodesic line

2 nf geodesic

**géodynamique** [ʒeodinamik] 1 adj geodynamic

2 nf geodynamics sg

**géographe** [ʒeɔgʀaf] nmf geographer

**géographie** [ʒeɔgʀafi] nf geography ◆ **géographie humaine/économique/physique** human/economic/physical geography

**géographique** [ʒeɔgʀafik] adj geographic(al); → **dictionnaire**

**géographiquement** [ʒeɔgʀafikmɑ̃] adv geographically

**géoïde** [ʒeɔid] nm geoid

**geôle** [ʒol] → SYN nf (littér) jail, gaol (Brit)

**geôlier, -ière** [ʒolje, jɛʀ] → SYN nm,f (littér) jailer, gaoler (Brit)

**géologie** [ʒeɔlɔʒi] nf geology

**géologique** [ʒeɔlɔʒik] adj geological

**géologue** [ʒeɔlɔg] nmf geologist

**géomagnétique** [ʒeomaɲetik] adj geomagnetic

**géomagnétisme** [ʒeomaɲetism] nm geomagnetism

**géomancie** [ʒeɔmɑ̃si] nf geomancy

**géomancien, -ienne** [ʒeɔmɑ̃sjɛ̃, jɛn] nm,f geomancer

**géométral, e,** mpl **-aux** [ʒeɔmetʀal, o] adj plane *(not in perspective)*

**géomètre** [ʒeɔmɛtʀ] → SYN nm **a** (= arpenteur) surveyor
**b** (= phalène) emerald, geometrid (SPÉC)

**géométrie** [ʒeɔmetʀi] nf (= science) geometry; (= livre) geometry book ◆ **géométrie descriptive/plane/analytique** descriptive/plane/analytical geometry ◆ **géométrie dans l'espace** solid geometry ◆ **géométrie euclidienne** Euclidean geometry
◆ **à géométrie variable** (Aviat) swing-wing; politique which changes with the wind ◆ **c'est une justice à géométrie variable** it's one rule for one and one rule for another

**géométrique** [ʒeɔmetʀik] → SYN adj geometric(al); → **lieu**[1], **progression**

**géométriquement** [ʒeɔmetʀikmɑ̃] adv geometrically

**géomorphologie** [ʒeomɔʀfɔlɔʒi] nf geomorphology

**géophage** [ʒeɔfaʒ] **1** adj geophagous
**2** nmf geophagist

**géophagie** [ʒeɔfaʒi] nf geophagy

**géophile** [ʒeɔfil] nm (= arthropode) *type of millipede,* geophilus carcophagus (SPÉC)

**géophone** [ʒeɔfɔn] nm geophone

**géophysicien, -ienne** [ʒeofizisjɛ̃, jɛn] nm,f geophysicist

**géophysique** [ʒeofizik] **1** adj geophysical
**2** nf geophysics sg

**géopoliticien, -ienne** [ʒeopɔlitisjɛ̃, jɛn] nm,f geopolitician

**géopolitique** [ʒeopɔlitik] **1** adj geopolitical
**2** nf geopolitics sg

**Georges** [ʒɔʀʒ] nm George

**Georgetown** [ʒɔʀʒtaun] n Georgetown

**georgette** [ʒɔʀʒɛt] nf → **crêpe**[2]

**Géorgie** [ʒeɔʀʒi] nf Georgia ◆ **Géorgie du Sud** South Georgia

**géorgien, -ienne** [ʒeɔʀʒjɛ̃, jɛn] **1** adj Georgian
**2** nm (Ling) Georgian
**3** **Géorgien(ne)** nm,f Georgian

**géorgique** [ʒeɔʀʒik] adj (Hist Littérat) georgic

**géosciences** [ʒeosjɑ̃s] nfpl geosciences

**géostationnaire** [ʒeostasjɔnɛʀ] adj geostationary

**géostratégie** [ʒeostʀateʒi] nf geostrategy

**géostratégique** [ʒeostʀateʒik] adj geostrategic

**géosynchrone** [ʒeosɛ̃kʀɔn] adj geosynchronous

**géosynclinal,** pl **-aux** [ʒeosɛ̃klinal, o] nm geosyncline

**géotechnique** [ʒeotɛknik] **1** adj geotechnic
**2** nf geotechnics sg

**géothermie** [ʒeotɛʀmi] nf geothermal science

**géothermique** [ʒeotɛʀmik] adj geothermal

**géotropisme** [ʒeotʀɔpism] nm geotropism

**géotrupe** [ʒeɔtʀyp] nm dor(beetle)

**géphyrien** [ʒefiʀjɛ̃] nm ◆ **les géphyriens** the Gephyrea (SPÉC)

**gérable** [ʒeʀabl] adj manageable ◆ **difficilement gérable** hard to handle

**gérance** [ʒeʀɑ̃s] → SYN nf [commerce, immeuble] management ◆ **il assure la gérance d'une usine** he manages a factory ◆ **au cours de sa gérance** while he was manager ◆ **prendre un commerce en gérance** to take over the management of a business ◆ **il a mis son commerce en gérance** he has appointed a manager for his business ◆ **être en gérance libre** [entreprise] to be run by a manager ◆ **gérance salariée** salaried management

**géranium** [ʒeʀanjɔm] nm geranium ◆ **géranium-lierre** ivy(-leaved) geranium

**gérant** [ʒeʀɑ̃] → SYN nm [usine, café, magasin, banque] manager; [immeuble] managing agent, factor (Écos); [journal] managing editor ◆ **gérant de portefeuilles** portfolio manager

**gérante** [ʒeʀɑ̃t] nf [usine, café, magasin, banque] manageress; [immeuble] managing agent; [journal] managing editor

**gerbage** [ʒɛʀbaʒ] nm **a** (Agr) binding, sheaving
**b** (Tech) [tonneaux] stacking, piling ◆ **"gerbage interdit"** "do not stack"

**gerbe** [ʒɛʀb] → SYN nf [blé] sheaf; [osier] bundle; [fleurs] spray; [étincelles] shower, burst; [écume] shower, flurry ◆ **déposer une gerbe sur une tombe** to place a spray of flowers on a grave ◆ **gerbe d'eau** spray ou shower of water ◆ **gerbe de flammes** ou **de feu** jet ou burst of flame

**gerber** [ʒɛʀbe] ▸ conjug 1 ◂ **1** vt **a** (Agr) to bind into sheaves, sheave
**b** (Tech) [+ tonneaux] to stack, pile
**2** vi (* = vomir) to throw up*, puke (up)* ◆ **il me fait gerber, ce mec** that guy makes me want to throw up*

**gerbera** [ʒɛʀbeʀa] nm gerbera

**gerbeur** [ʒɛʀbœʀ] nm stacking ou pallet truck

**gerbier** [ʒɛʀbje] → SYN nm (= meule) stack

**gerbille** [ʒɛʀbij] nf gerbil

**gerboise** [ʒɛʀbwaz] nf jerboa

**gerce** [ʒɛʀs] nf [bois] shake, crack, fissure

**gercer** [ʒɛʀse] → SYN ▸ conjug 3 ◂ **1** vt [+ peau, lèvres] to chap, crack; [+ sol] to crack ◆ **avoir les lèvres toutes gercées** to have badly chapped lips ◆ **j'ai les mains gercées** my hands are all cracked
**2** vi **se gercer** vpr [peau, lèvres] to chap, crack; [sol] to crack

**gerçure** [ʒɛʀsyʀ] → SYN nf (gén) (small) crack ◆ **pour éviter les gerçures** to avoid chapping

**gérer** [ʒeʀe] → SYN ▸ conjug 6 ◂ vt [+ entreprise, projet] to manage, run; [+ pays] to run; [+ carrière, budget, temps, données, biens, fortune] to manage ◆ **il gère bien ses affaires** he manages his affairs well ◆ **il a mal géré son affaire** he has mismanaged his business, he has managed his business badly ◆ **gérer la crise** (Pol) to handle ou control the crisis

**gerfaut** [ʒɛʀfo] nm gyrfalcon

**gériatre** [ʒeʀjatʀ] nmf geriatrician

**gériatrie** [ʒeʀjatʀi] nf geriatrics sg

**gériatrique** [ʒeʀjatʀik] adj geriatric

**germain, e** [ʒɛʀmɛ̃, ɛn] → SYN **1** adj **a** → **cousin**[1]
**b** (Hist) German
**2** nm,f (Hist) ◆ **Germain(e)** German

**germandrée** [ʒɛʀmɑ̃dʀe] nf germander

**Germanie** [ʒɛʀmani] nf (Hist) Germania

**germanique** [ʒɛʀmanik] **1** adj Germanic
**2** nm (Ling) Germanic
**3** **Germanique** nmf Germanic

**germanisant, e** [ʒɛʀmanizɑ̃, ɑ̃t] nm,f ⇒ **germaniste**

**germanisation** [ʒɛʀmanizasjɔ̃] nf germanization

**germaniser** [ʒɛʀmanize] ▸ conjug 1 ◂ vt to germanize

**germanisme** [ʒɛʀmanism] nm (Ling) germanism

**germaniste** [ʒɛʀmanist] nmf German scholar, germanist

**germanium** [ʒɛʀmanjɔm] nm germanium

**germanophile** [ʒɛʀmanɔfil] adj, nmf germanophil(e)

**germanophilie** [ʒɛʀmanɔfili] nf germanophilia

**germanophobe** [ʒɛʀmanɔfɔb] **1** adj germanophobic
**2** nmf germanophobe

**germanophobie** [ʒɛʀmanɔfɔbi] nf germanophobia

**germanophone** [ʒɛʀmanɔfɔn] **1** adj personne German-speaking; littérature German-language (épith), in German (attrib)
**2** nmf German speaker

**germe** [ʒɛʀm] → SYN nm **a** (Bio) [embryon, graine] germ; [œuf] germinal disc; [pomme de terre] eye ◆ **germes de blé** wheatgerm (NonC) ◆ **germes de soja** (soya) bean sprouts ◆ **germe dentaire** tooth bud; → **porteur**
**b** (= source) [maladie, erreur, vie] seed ◆ **germe d'une idée** germ of an idea ◆ **avoir** ou **contenir en germe** to contain in embryo, contain the seeds of ◆ **l'idée était en germe depuis longtemps** the idea had existed in embryo for a long time
**c** (Méd = microbe) germ ◆ **germes pathogènes** pathogenic bacteria

**germen** [ʒɛʀmɛn] nm germen

**germer** [ʒɛʀme] → SYN ▸ conjug 1 ◂ vi [bulbe, graine] to sprout, germinate; [idée] to form, germinate (frm) ◆ **pommes de terre germées** sprouting potatoes ◆ **l'idée a commencé à germer dans ma tête** the idea began to form in my mind

**germicide** [ʒɛʀmisid] **1** adj germicidal
**2** nm germicide

**germinal**[1]**, e,** mpl **-aux** [ʒɛʀminal, o] adj germinal

**germinal**[2] [ʒɛʀminal] nm Germinal *(seventh month in the French Republican calendar)*

**germinateur, -trice** [ʒɛʀminatœʀ, tʀis] adj germinative

**germinatif, -ive** [ʒɛʀminatif, iv] adj germinal

**germination** [ʒɛʀminasjɔ̃] nf (Bot, fig) germination

**germoir** [ʒɛʀmwaʀ] nm (Agr) seed tray; [brasserie] maltings sg

**germon** [ʒɛʀmɔ̃] → SYN nm albacore, fin tuna ou tunny (Brit)

**gérondif** [ʒeʀɔ̃dif] nm (latin) (avec être) gerundive; (complément de nom) gerund; (français) gerund

**gérontisme** [ʒeʀɔ̃tism] nm premature ag(e)ing

**gérontocratie** [ʒeʀɔ̃tɔkʀasi] nf gerontocracy

**gérontocratique** [ʒeʀɔ̃tɔkʀatik] adj gerontocratic

**gérontologie** [ʒeʀɔ̃tɔlɔʒi] nf gerontology

**gérontologique** [ʒeʀɔ̃tɔlɔʒik] adj gerontological

**gérontologiste** [ʒeʀɔ̃tɔlɔʒist], **gérontologue** [ʒeʀɔ̃tɔlɔg] nmf gerontologist

**gérontophile** [ʒeʀɔ̃tɔfil] nmf gerontophile, gerontophiliac

**gérontophilie** [ʒeʀɔ̃tɔfili] nf gerontophilia

**gésier** [ʒezje] nm gizzard

**gésine** [ʒezin] → SYN nf ◆ **être en gésine** † (= accoucher) to be in labour (Brit) ou labor (US)

**gésir** [ʒeziʀ] → SYN vi [personne] to be lying (down), lie (down); [arbres, objets] to lie ◆ **il gisait sur le sol** he was lying ou lay on the ground ◆ **là gît le problème** therein lies the problem ◆ **c'est là que gît le lièvre** (fig) there's the rub

**gesse** [ʒɛs] → SYN nf vetch

**gestaltisme** [gɛʃtaltism] nm Gestalt (psychology)

**gestaltiste** [gɛʃtaltist] **1** adj Gestalt (épith)
**2** nmf Gestaltist

**gestalt-thérapie** [gɛʃtaltteʀapi] nf Gestalt psychotherapy

**gestation** [ʒɛstasjɔ̃] → SYN nf gestation ◆ **en gestation** (lit) in gestation ◆ **être en gestation** [roman, projet] to be in preparation, be in the pipeline

**geste[1]** [ʒɛst] → SYN **nm** **a** (= mouvement) gesture ◆ **geste d'approbation/d'effroi** gesture of approval/of terror ◆ **geste maladroit** ou **malheureux** clumsy gesture ou movement ◆ **pas un geste ou je tire !** one move and I'll shoot! ◆ **quelle précision dans le geste de l'horloger** what precision there is in every move of the watchmaker's hand ◆ **le geste du service** (Tennis) the service action ◆ **il parlait en faisant de grands gestes** he waved his hands about as he spoke ◆ **il refusa d'un geste** he made a gesture of refusal, he gestured his refusal ◆ **il le fit entrer d'un geste** he motioned ou gestured ou waved to him to come in ◆ **il lui indiqua la porte d'un geste** with a gesture he showed him the door ◆ **faire un geste de la main** to gesture with one's hand, give a wave (of one's hand) ◆ **s'exprimer par gestes** to use one's hands to express o.s. ◆ **il ne fit pas un geste pour l'aider** (fig) he didn't lift a finger ou make a move to help him ◆ **tu n'as qu'un geste à faire pour qu'il revienne** (fig) just say the word ou you only have to say the word and he'll come back ◆ **avoir le geste large** (fig) to be generous; → **fait[1]**, **joindre**

**b** (= action) gesture, act ◆ **geste de défi/de conciliation** gesture of defiance/of reconciliation ◆ **geste politique** political gesture ◆ **beau geste** noble gesture ou deed ◆ **dans un geste de désespoir** in sheer despair, out of sheer desperation ◆ **faire un (petit) geste** to make a (small) gesture

**geste[2]** [ʒɛst] **nf** (Littérat) gest(e); → **chanson**

**gesticulant, e** [ʒɛstikylɑ̃, ɑ̃t] **adj** gesticulating

**gesticulation** [ʒɛstikylasjɔ̃] **nf** gesticulation, gesticulating (NonC)

**gesticuler** [ʒɛstikyle] → SYN ▸ conjug 1 ◂ **vi** to gesticulate

**gestion** [ʒɛstjɔ̃] → SYN **nf** [entreprise, projet] management, running; [pays] running; [biens, carrière, temps, déchets] management ◆ **mauvaise gestion** mismanagement, bad management ◆ **gestion administrative** administration, administrative management ◆ **gestion de portefeuilles** portfolio management ◆ **gestion des stocks** stock (Brit) ou inventory (US) control ◆ **gestion des ressources humaines** human resources management ◆ **gestion de fichiers/mémoire/base de données** file/memory/database management ◆ **gestion de la production assistée par ordinateur** computer-assisted production management ◆ **la gestion quotidienne de l'entreprise** the day-to-day running of the company ◆ **la gestion des affaires publiques** the conduct of public affairs

**gestionnaire** [ʒɛstjɔnɛʀ] → SYN **1** **adj** administrative, management (épith)

**2** **nmf** administrator ◆ **gestionnaire de portefeuilles** portfolio manager

**3** **nm** (Ordin) manager ◆ **gestionnaire de base de données/de fichiers/de programmes** database/file/program manager ◆ **gestionnaire de mémoire/de réseau** memory/network manager ◆ **gestionnaire d'écran** screen monitor ◆ **gestionnaire d'impression** print monitor ou manager ◆ **gestionnaire de périphériques** device driver

**gestualité** [ʒɛstɥalite] **nf** body movements

**gestuel, -elle** [ʒɛstɥɛl] **1** **adj** gestural

**2** **gestuelle** **nf** body movements

**Gethsemani** [ʒetsəmani] **n** Gethsemane

**getter** [getɛʀ] **nm** getter

**geyser** [ʒezɛʀ] **nm** geyser

**Ghana** [gana] **nm** Ghana

**ghanéen, -enne** [ganeɛ̃, ɛn] **1** **adj** Ghanaian

**2** **Ghanéen(ne)** **nm,f** Ghanaian

**ghetto** [geto] **nm** (lit, fig) ghetto ◆ **cité-ghetto** inner-city ghetto ◆ **banlieue-ghetto** run-down suburban area

**ghettoïsation** [getoizasjɔ̃] **nf** ghettoization

**ghilde** [gild] **nf** ⇒ **guilde**

**GI** [dʒiaj] **nm** (abrév de **Government Issue**) (= soldat américain) GI

**giaour** [ʒjauʀ] **nm** giaour

**gibbérelline** [ʒibeʀelin] **nf** gibberellin

**gibbeux, -euse** [ʒibø, øz] → SYN **adj** (Astron, littér) gibbous, gibbose

**gibbon** [ʒibɔ̃] **nm** gibbon

**gibbosité** [ʒibozite] → SYN **nf** (Astron, Méd, littér) hump, gibbosity (SPÉC)

**gibecière** [ʒib(ə)sjɛʀ] → SYN **nf** (gén) (leather) shoulder bag; [chasseur] gamebag; † [écolier] satchel

**gibelin** [ʒiblɛ̃] **nm** (Hist) Ghibelline

**gibelotte** [ʒiblɔt] **nf** *fricassee of game in wine*

**giberne** [ʒibɛʀn] → SYN **nf** cartridge pouch

**gibet** [ʒibɛ] → SYN **nm** gibbet, gallows ◆ **condamner qn au gibet** (Hist) to condemn sb to death by hanging, condemn sb to the gallows

**gibier** [ʒibje] → SYN **nm** **a** (Chasse) game ◆ **gros/menu gibier** big/small game ◆ **gibier d'eau** waterfowl ◆ **gibier à poil** game animals ◆ **gibier à plume** game birds

**b** (= personne) prey ◆ **les policiers attendaient leur gibier** the policemen awaited their prey ◆ **gibier de potence** gallows bird ◆ **le gros gibier** big game

**giboulée** [ʒibule] → SYN **nf** (sudden) shower, sudden downpour ◆ **giboulée de mars** ≃ April shower

**giboyeux, -euse** [ʒibwajø, øz] **adj** pays, forêt abounding in game, well-stocked with game

**Gibraltar** [ʒibʀaltaʀ] **nm** Gibraltar

**gibus** [ʒibys] → SYN **nm** opera hat

**GIC** [ʒeise] **nm** (abrév de **grand invalide civil**) ◆ **macaron GIC** disabled sticker; → **invalide**

**giclée** [ʒikle] **nf** spurt, squirt

**gicler** [ʒikle] → SYN ▸ conjug 1 ◂ **vi** **a** (= jaillir) to spurt, squirt ◆ **faire gicler de l'eau d'un robinet** to squirt water from a tap ◆ **le véhicule a fait gicler de l'eau à son passage** the vehicle sent up a spray of water as it went past

**b** (‡ = être expulsé) [+ personne] to be given the bum's rush‡, get the boot‡; [+ objet] to be tossed (out) ou chucked* (out)

**gicleur** [ʒiklœʀ] **nm** (Aut) jet ◆ **gicleur de ralenti** idle, slow-running jet (Brit)

**GIE** [ʒeiə] **nm** (abrév de **groupement d'intérêt économique**) → **groupement**

**gifle** [ʒifl] → SYN **nf** (lit) slap (in the face), smack (on the face); (fig) slap in the face ◆ **donner** ou **filer*** ou **flanquer*** ou **allonger*** **une gifle à qn** to slap sb in the face, give sb a slap in the face

**gifler** [ʒifle] → SYN ▸ conjug 1 ◂ **vt** to slap (in the face) ◆ **gifler qn** to slap ou smack sb's face, slap sb in the face ◆ **visage giflé par la grêle** face lashed by (the) hail

**GIFT** [gift] **nm** (abrév de **Gametes Intra-Fallopian Transfer**) GIFT

**GIG** [ʒeiʒe] **nm** (abrév de **grand invalide de guerre**) → **invalide**

**giga...** [ʒiga] **préf** giga... ◆ **gigaoctet** gigabyte ◆ **gigawatt** gigawatt

**gigantesque** [ʒigɑ̃tɛsk] → SYN **adj** taille, objet, entreprise gigantic, huge; bêtise immense

**gigantisme** [ʒigɑ̃tism] **nm** (Méd) gigantism; (= grandeur) gigantic size ou proportions ◆ **ville/entreprise atteinte de gigantisme** city/firm that suffers from overexpansion on a gigantic scale

**gigantomachie** [ʒigɑ̃tɔmaʃi] **nf** gigantomachy

**GIGN** [ʒeiʒeɛn] **nm** (abrév de **Groupe d'intervention de la Gendarmerie nationale**) *special task force of the Gendarmerie,* ≃ SAS (Brit), ≃ SWAT (US)

**gigogne** [ʒigɔɲ] **adj** → **lit, poupée, table**

**gigolette** [ʒigɔlɛt] → SYN **nf** (Culin) ◆ **gigolette de canard/de dinde** leg of duck/of turkey

**gigolo** * [ʒigɔlo] **nm** gigolo

**gigot** [ʒigo] **nm** ◆ **gigot de mouton/d'agneau** leg of mutton/lamb ◆ **gigot de chevreuil** haunch of venison ◆ **une tranche de gigot** a slice off the leg of mutton ou lamb etc , a slice off the joint ◆ **elle a de bons gigots** * she has nice sturdy legs; → **manche[1]**

**gigoter** * [ʒigɔte] ▸ conjug 1 ◂ **vi** to wriggle (about)

**gigoteuse** [ʒigɔtøz] **nf** sleeper, Babygro ® (Brit)

**gigue** [ʒig] → SYN **nf** (Mus) gigue; (= danse) jig ◆ **gigues** * (= jambes) legs ◆ **grande gigue** (péj = fille) bean-pole * (Brit), string bean * (US) ◆ **gigue de chevreuil** haunch of venison

**gilde** [gild] **nf** ⇒ **guilde**

**gilet** [ʒilɛ] **nm** (de complet) waistcoat (Brit), vest (US); (= cardigan) cardigan ◆ **gilet (de corps** ou **de peau)** vest (Brit), undershirt (US) ◆ **gilet pare-balles** bulletproof jacket, flak jacket * ◆ **gilet de sauvetage** (gén) life jacket; (Aviat) life vest; → **pleurer**

**giletier, -ière** [ʒil(ə)tje, jɛʀ] **nm,f** waistcoat (Brit) ou vest (US) maker

**gin** [dʒin] **nm** gin ◆ **gin tonic** gin and tonic

**gindre** [ʒɛ̃dʀ] **nm** kneader, baker's assistant

**gin-fizz** [dʒinfiz] **nm inv** gin-fizz

**gingembre** [ʒɛ̃ʒɑ̃bʀ] **nm** ginger ◆ **racine de gingembre** root ginger (NonC), ginger root (NonC)

**gingival, e,** mpl **-aux** [ʒɛ̃ʒival, o] **adj** gingival ◆ **pâte gingivale** gum ointment

**gingivite** [ʒɛ̃ʒivit] **nf** inflammation of the gums, gingivitis (SPÉC)

**ginkgo** [ʒiŋko] **nm** gingko

**gin-rami, gin-rummy** [dʒinʀami] **nm** gin rummy

**ginseng** [ʒinsɛŋ] **nm** ginseng

**giorno (à)** [adʒɔʀno, aʒjɔʀno] **loc adv** ◆ **éclairé à giorno** sunlit

**girafe** [ʒiʀaf] **nf** (Zool) giraffe; (péj = personne) beanpole * (Brit), string bean * (US); (Ciné) boom; → **peigner**

**girafeau** [ʒiʀafo], **girafon** [ʒiʀafɔ̃] **nm** baby giraffe

**girandole** [ʒiʀɑ̃dɔl] → SYN **nf** (= chandelier) candelabra, girandole; (= feu d'artifice, guirlande lumineuse) girandole

**girasol** [ʒiʀasɔl] **nm** girasol

**giration** [ʒiʀasjɔ̃] → SYN **nf** gyration

**giratoire** [ʒiʀatwaʀ] → SYN **adj** gyrating, gyratory; → **sens**

**giravion** [ʒiʀavjɔ̃] **nm** gyroplane

**girelle** [ʒiʀɛl] → SYN **nf** rainbow wrasse

**girl** [gœʀl] → SYN **nf** chorus girl

**girodyne** [ʒiʀodin] **nm** autogiro

**girofle** [ʒiʀɔfl] **nm** clove; → **clou**

**giroflée** [ʒiʀɔfle] → SYN **nf** wallflower, gillyflower; (vivace) stock ◆ **giroflée à cinq feuilles** * (= gifle) slap in the face

**giroflier** [ʒiʀɔflije] **nm** clove tree

**girolle** [ʒiʀɔl] → SYN **nf** chanterelle

**giron** [ʒiʀɔ̃] → SYN **nm** **a** (= genoux) lap; (= sein) bosom ◆ **rentrer dans le giron de l'Église** (fig) to return to the fold, return to the bosom of the Church ◆ **enfant élevé dans le giron maternel** child reared in the bosom of his family

**b** (Hér) giron

**c** (Archit) stair's width

**Gironde** [ʒiʀɔ̃d] **nf** ◆ **la Gironde** the Gironde

**gironde** †* [ʒiʀɔ̃, ɔ̃d] **adjf** buxom, well-padded *

**girondin, e** [ʒiʀɔ̃dɛ̃, in] **1** **adj** (Géog) from the Gironde; (Hist) Girondist

**2** **nm,f** (Géog) inhabitant ou native of the Gironde

**3** **nm** (Hist) Girondist

**gironné, e** [ʒiʀɔne] **adj** **a** (Hér) gironny, gyronny

**b** (Tech) **marche gironnée** newel-step

**girouette** [ʒiʀwɛt] → SYN **nf** weather vane ou cock ◆ **c'est une vraie girouette** (fig) he changes (his mind) with the weather, he changes his mind depending on which way the wind is blowing

**gisait, gisaient** [ʒizɛ] → **gésir**

**gisant, e** [ʒizɑ̃, ɑ̃t] **1** **adj** lying

**2** **nm** (Art) recumbent statue *(on tomb)*

**gisement** [ʒizmɑ̃] → SYN **nm** **a** (Minér) deposit ◆ **gisement de pétrole** oilfield ◆ **gisement houiller** coal seam

**b** [clientèle] pool ◆ **gisement d'emplois** source of jobs ou employment ◆ **gisement d'informations** mine of information

**c** (Naut) bearing

**gisent** [ʒiz], **gît** [ʒi] → **gésir**

**gitan, e** [ʒitɑ̃, an] → SYN 1 adj gipsy (épith)
2 **Gitan(e)** nm,f gipsy
3 **gitane, Gitane ®** nf (= cigarette) Gitane *(cigarette)*

**gîte**[1] [ʒit] → SYN nm a (= abri) shelter; († = maison) home; (Tourisme) gîte, self-catering cottage ou flat ◆ **rentrer au gîte** to return home ◆ **ils lui donnent le gîte et le couvert** they give him room and board ou board and lodging (Brit) ◆ **gîte d'étape** (pour randonneurs) lodge ◆ **gîte rural** (country) gîte, self-catering cottage (in the country)
b (Chasse) [lièvre] form
c (Boucherie) **gîte (à la noix)** topside (Brit), bottom round (US) ◆ **gîte-gîte** shin (Brit), shank (US)
d (Minér) deposit

**gîte**[2] [ʒit] nf (Naut = emplacement d'épave) bed *(of a sunken ship)* ◆ **donner de la gîte** to list, heel

**gîter** [ʒite] → SYN ▸ conjug 1 ◂ vi (littér) to lodge; (Naut) (= pencher) to list, heel; (= être échoué) to be aground

**giton** [ʒitɔ̃] → SYN nm (littér) catamite

**givrage** [ʒivʀaʒ] nm (Aviat) icing

**givrant, e** [ʒivʀɑ̃, ɑ̃t] adj → **brouillard**

**givre** [ʒivʀ] → SYN nm a (= gelée blanche) (hoar) frost, rime (SPÉC); → **fleur**
b (Chim) crystallization

**givré, e** [ʒivʀe] (ptp de **givrer**) adj a arbre covered in frost; fenêtre, hélice iced-up; verre frosted ◆ **orange givrée** orange sorbet served in the (orange) skin
b * (= ivre) plastered‡; (= fou) cracked*, nuts*, bonkers‡ (Brit) ◆ **devenir complètement givré** to go completely off one's head ou rocker‡

**givrer** vt, **se givrer** vpr [ʒivʀe] → SYN ▸ conjug 1 ◂ [pare-brise, aile d'avion] to ice up

**givreux, -euse** [ʒivʀø, øz] adj speckled with white

**givrure** [ʒivʀyʀ] nf white speckle

**glabelle** [glabɛl] nf glabella

**glabre** [glɑbʀ] → SYN adj (= imberbe) hairless; (= rasé) clean-shaven; (Bot) glabrous

**glaçage** [glasaʒ] nm [viande, papier, étoffe] glazing; [gâteau] (au sucre) icing; (au blanc d'œuf) glazing

**glaçant, e** [glasɑ̃, ɑ̃t] adj attitude, accueil, ton frosty, chilly; humour icy

**glace**[1] [glas] → SYN 1 nf a (= eau congelée) ice (NonC) ◆ **glace pilée** crushed ice ◆ **sports de glace** ice sports ◆ **briser** ou **rompre la glace** (lit, fig) to break the ice; → **compartiment, hockey, saint** etc
b **de glace** (= insensible, peu chaleureux) accueil icy, frosty; expression, visage stony, frosty ◆ **rester de glace** to remain unmoved
c (Culin) (= dessert) ice cream; (pour pâtisserie = glaçage) royal icing, frosting (US) ◆ **glace à l'eau** water ice (Brit), sherbet (US) ◆ **glace à la crème** dairy ice cream ◆ **glace à la vanille/au café** vanilla/coffee ice cream ◆ **glace (à l')italienne** soft ice cream; → **sucre**
2 **glaces** nfpl (Géog) ice sheet(s), ice field(s) ◆ **glaces flottantes** drift ice, ice floe(s) ◆ **canal bloqué par les glaces** canal blocked with ice ou with ice floes ◆ **bateau pris dans les glaces** icebound ship

**glace**[2] [glas] → SYN nf a (= miroir) mirror ◆ **glace à main** hand mirror; → **armoire, tain**
b (= verre) plate glass (NonC); (= plaque) sheet of (plate) glass ◆ **la glace d'une vitrine** the glass of a shop window
c [véhicule] (= vitre) window
d (Bijouterie) white speckle

**glacé, e** [glase] → SYN (ptp de **glacer**) adj neige, lac frozen; vent, eau, chambre icy, freezing; boisson icy, ice-cold; cuir, tissu glazed; fruit glacé; accueil, attitude, sourire frosty, chilly ◆ **je suis glacé** I'm frozen (stiff), I'm chilled to the bone ◆ **j'ai les mains glacées** my hands are frozen ou freezing ◆ **à servir glacé** to be served iced ou ice-cold ◆ **café/chocolat glacé** iced coffee/chocolate; → **crème, marron**[1], **papier**

**glacer** [glase] → SYN ▸ conjug 3 ◂ 1 vt a [+ liquide] (= geler) to freeze; (= rafraîchir) to chill, ice ◆ **mettre des boissons à glacer** to put some drinks to chill
b [+ personne, membres] to make freezing, freeze ◆ **ce vent glace les oreilles** your ears freeze with this wind ◆ **ce vent vous glace** it's a freezing ou perishing (Brit) (cold) wind, this wind chills you to the bone
c **glacer qn** (= intimider) to turn sb cold, chill sb; (= paralyser) to make sb's blood run cold ◆ **cela l'a glacé d'horreur** ou **d'épouvante** he was frozen with terror at this ◆ **glacer le sang de qn** to make sb's blood run cold, chill sb's blood ◆ **cette réponse lui glaça le cœur** (littér) this reply turned his heart to ice ◆ **son attitude vous glace** he has a chilling way about him
d [+ viande, papier, étoffe] to glaze; [+ gâteau] (au sucre) to ice; (au blanc d'œuf) to glaze
2 **se glacer** vpr [eau] to freeze ◆ **mon sang se glaça dans mes veines** my blood ran cold ou my blood froze in my veins ◆ **son sourire/son expression se glaça** his smile/expression froze

**glacerie** [glasʀi] nf (= commerce) mirror trade; (= industrie) mirror industry; (= usine) mirror factory

**glaceur** [glasœʀ] nm [viande, papier, étoffe] glazer

**glaceuse**[1] [glasøz] nf glazing machine

**glaceux, -euse**[2] [glasø, øz] adj speckled with white

**glaciaire** [glasjɛʀ] 1 adj période, calotte ice (épith); relief, régime, vallée, érosion glacial
2 nm ◆ **le glaciaire** the glacial, the ice age

**glacial, e,** mpl **glacials** ou **glaciaux** [glasjal, jo] → SYN adj a froid icy, freezing (épith); nuit, pluie, vent icy, freezing (cold); → **océan**
b accueil, silence, regard frosty, icy ◆ **c'est quelqu'un de glacial** he's a real cold fish, he's a real iceberg ◆ **"non", dit-elle d'un ton glacial** "no", she said frostily ou icily

**glaciation** [glasjasjɔ̃] nf glaciation

**glacier** [glasje] → SYN nm a (Géog) glacier
b (= fabricant) ice-cream maker; (= vendeur) ice-cream man; → **pâtissier**

**glacière** [glasjɛʀ] → SYN nf icebox, cool box ◆ **c'est une vraie glacière ici !** it's like a fridge ou an icebox here!

**glaciériste** [glasjeʀist] nmf ice climber

**glaciologie** [glasjɔlɔʒi] nf glaciology

**glaciologique** [glasjɔlɔʒik] adj glaciological

**glaciologue** [glasjɔlɔg] nmf glaciologist

**glacis** [glasi] → SYN nm a (Art) glaze
b (Archit) weathering; (Géog, Mil) glacis

**glaçon** [glasɔ̃] nm [rivière] block of ice; [toit] icicle; [boisson] ice cube; (péj = personne) cold fish ◆ **avec ou sans glaçon ?** (boisson) with or without ice? ◆ **mes pieds sont comme des glaçons** my feet are like blocks of ice

**glaçure** [glasyʀ] nf (Tech) glaze

**gladiateur** [gladjatœʀ] → SYN nm gladiator

**glagla** * [glagla] **à glagla** loc excl it's freezing!

**glagolitique** [glagɔlitik] adj Glagolitic

**glaïeul** [glajœl] nm gladiola, gladiolus

**glaire** [glɛʀ] → SYN nf [œuf] white; (Méd) phlegm ◆ **glaire cervicale** cervical mucus

**glairer** [gleʀe] ▸ conjug 1 ◂ vt to glair

**glaireux, -euse** [glɛʀø, øz] adj slimy

**glairure** [gleʀyʀ] nf glair

**glaise** [glɛz] → SYN nf clay; → **terre**

**glaiser** [gleze] ▸ conjug 1 ◂ vt (= enduire) to coat with clay; (= amender) to add clay to

**glaiseux, -euse** [glɛzø, øz] adj clayey

**glaisière** [glɛzjɛʀ] nf clay pit

**glaive** [glɛv] → SYN nm two-edged sword ◆ **le glaive de la justice** (littér) the sword of justice ◆ **le glaive et la balance** the sword and the scales

**glamour** [glamuʀ] 1 adj personne, tenue glamorous; émission glitzy*, glossy
2 nm ◆ **le glamour** glamour

**glanage** [glanaʒ] nm gleaning

**gland** [glɑ̃] nm (Bot) acorn; (Anat) glans; (= ornement) tassel ◆ **quel gland !** *‡ (= imbécile) what a prick!*‡

**glande** [glɑ̃d] nf gland ◆ **avoir des glandes** (Méd) to have swollen glands ◆ **avoir les glandes**‡ (= être en colère) to be really ou hopping (Brit) mad*; (= être anxieux) to be all wound-up*

**glandée** [glɑ̃de] nf acorn harvest

**glander**‡ [glɑ̃de] ▸ conjug 1 ◂ vi (= traînailler) to fart around*‡ (Brit), footle about* (Brit), screw around‡ (US); (= attendre) to hang around*, kick one's heels* (Brit) ◆ **j'en ai rien à glander** I don't give ou care a damn‡ ◆ **qu'est-ce que tu glandes ?** what the hell are you doing?‡

**glandeur, -euse**‡ [glɑ̃dœʀ, øz] nm,f layabout*, shirker ◆ **c'est un vrai glandeur** he's a lazy bastard*‡ ou slob‡

**glandouiller**‡ [glɑ̃duje] ▸ conjug 1 ◂ vi ⇒ **glander**

**glandulaire** [glɑ̃dylɛʀ] adj glandular

**glanduleux, -euse** [glɑ̃dylø, øz] adj glandulous

**glane** [glan] nf a (= glanage) gleaning
b (= chapelet) **glane d'oignons/d'aïl** string of onions/of garlic

**glaner** [glane] → SYN ▸ conjug 1 ◂ vt (lit, fig) to glean

**glaneur, -euse** [glanœʀ, øz] nm,f gleaner

**glapir** [glapiʀ] → SYN ▸ conjug 2 ◂ 1 vi [renard, chien] to yap, yelp; (péj) [personne] to yelp, squeal
2 vt [+ insultes] to scream

**glapissant, e** [glapisɑ̃, ɑ̃t] → SYN adj renard, chien yapping, yelping; personne yelping, squealing

**glapissement** [glapismɑ̃] → SYN nm [renard, chien] yapping, yelping; (péj) [personne] yelping, squealing

**glaréole** [glaʀeɔl] nf pratincole

**glas** [glɑ] nm knell (NonC), toll (NonC) ◆ **on sonne le glas** the bell is tolling, they are tolling the knell ou bell ◆ **sonner le glas de** (fig) to toll ou sound the knell of ◆ **"Pour qui sonne le glas"** (Littérat) "For Whom the Bell Tolls"

**glasnost** [glasnɔst] nf (Hist) glasnost ◆ **le parti est en train de faire sa glasnost** the party is pursuing a policy of glasnost ou openness

**glaucomateux, -euse** [glokomatø, øz] adj glaucomatous

**glaucome** [glokom] nm glaucoma

**glauque** [glok] → SYN adj a (= vert-bleu) blue-green
b (*, péj = louche) quartier, hôtel shabby; atmosphère murky; individu shifty, shady
c (= lugubre) dreary

**glaviot**‡ [glavjo] nm gob of spit‡

**glavioter**‡ [glavjɔte] ▸ conjug 1 ◂ vi to spit, gob‡ (Brit)

**glèbe** [glɛb] → SYN nf (Hist, littér) glebe

**gléchome, glécome** [glekom] nm ground ivy

**glène**[1] [glɛn] nf (Anat) socket

**glène**[2] [glɛn] nf (Naut) coil

**gléner** [glene] ▸ conjug 1 ◂ vt to coil

**glénoïde** [glenɔid] adj glenoid

**glial, e,** mpl **-aux** [glijal, o] adj glial

**glie** [gli] nf glia

**gliome** [glijom] nm glioma

**glissade** [glisad] → SYN nf a (par jeu) slide; (= chute) slip; (= dérapage) skid ◆ **glissade sur l'aile** (Aviat) sideslip ◆ **il fit une glissade mortelle** he slipped and was fatally injured ◆ **faire des glissades sur la glace** to slide on the ice ◆ **la glissade du dollar** the slide of the dollar
b (Danse) glissade

**glissage** [glisaʒ] nm sledging *(of wood)*

**glissant, e** [glisɑ̃, ɑ̃t] → SYN adj sol, savon, poisson slippery; (Fin) taux rolling ◆ **sur un mois glissant** over a period of thirty days; → **terrain**

**glisse** [glis] nf (Ski) glide ◆ **sports de glisse** *sports which involve sliding or gliding (eg skiing, surfing, skating)*

**glissé, e** [glise] (ptp de **glisser**) adj, nm ◆ **(pas) glissé** glissé

**glissement** [glismɑ̃] → SYN nm [porte, rideau, pièce] sliding; [bateau] gliding; (Ski, Phon) glide; [prix] slide ◆ **glissement électoral (à gauche)** electoral swing ou move (to the left) ◆ **glissement de sens** shift in meaning ◆ **glissement de terrain** landslide, landslip ◆ **le récent glissement de la Bourse** the recent downturn in the stock exchange

**glisser** [glise] [→ SYN] ▸ conjug 1 ◂ 1 vi **a** (= avancer) to slide along; [voilier, nuages, patineurs] to glide along; [fer à repasser] to slide along ◆ **le bateau glissait sur les eaux** the boat glided over the water ◆ **avec ce fart, on glisse bien** (Ski) you slide ou glide easily with this wax, this wax slides ou glides easily ◆ **il fit glisser le fauteuil sur le sol** he slid the armchair across the floor

**b** (= tomber) to slide ◆ **ils glissèrent le long de la pente dans le ravin** they slid down the slope into the gully ◆ **il se laissa glisser le long du mur** he slid down the wall ◆ **une larme glissa le long de sa joue** a tear trickled ou slid down his cheek ◆ **d'un geste maladroit il fit glisser le paquet dans le ravin** with a clumsy movement he sent the parcel sliding down into the gully ◆ **il fit glisser l'argent dans sa poche** he slipped the money into his pocket

**c** (péj = dériver) to slip ◆ **le pays glisse vers l'anarchie** the country is slipping ou sliding into anarchy ◆ **le pays glisse vers la droite** the country is moving ou swinging towards the right ◆ **il glisse dans la délinquance** he's slipping into crime

**d** (= déraper) [personne, objet] to slip; [véhicule, pneus] to skid ◆ **il a glissé sur la glace et il est tombé** he slipped on the ice and fell ◆ **son pied a glissé** his foot slipped

**e** (= être glissant) [parquet] to be slippery ◆ **attention, ça glisse** be careful, it's slippery (underfoot)

**f** (= coulisser) [tiroir, rideau] to slide; [curseur, anneau] to slide (along) ◆ **ces tiroirs ne glissent pas bien** these drawers don't slide (in and out) easily

**g** (= s'échapper) **glisser de la table/de la poêle** to slide off the table/out of the frying pan ◆ **glisser des mains** to slip out of one's hands ◆ **le voleur leur a glissé entre les mains** the thief slipped (right) through their fingers

**h** (= effleurer) **glisser sur** [+ sujet] to skate over ◆ **ses doigts glissaient sur les touches** his fingers slipped over the keys ◆ **les reproches glissent sur lui (comme l'eau sur les plumes d'un canard)** criticism is like water off a duck's back to him ◆ **glissons !** let's not dwell on that! ◆ **la balle glissa sur le blindage** the bullet glanced off the armour plating ◆ **son regard glissa d'un objet à l'autre** he glanced from one object to another, his eyes slipped from one object to another ◆ (Prov) **glissez, mortels, n'appuyez pas !** enough said!

2 vt (= introduire) ◆ **glisser qch sous/dans qch** to slip ou slide sth under/into sth ◆ **glisser une lettre sous la porte** to slip ou slide a letter under the door ◆ **il me glissa un billet dans la main** he slipped a note into my hand ◆ **glisser un mot à l'oreille de qn** to whisper a word in sb's ear ◆ **il glisse toujours des proverbes dans sa conversation** he's always slipping proverbs into his conversation ◆ **il me glissa un regard en coulisse** he gave me a sidelong glance ◆ **il me glissa que ...** he whispered to me that ...

3 **se glisser** vpr **a** [personne, animal] **se glisser quelque part** to slip somewhere ◆ **le chien s'est glissé sous le lit/derrière l'armoire** the dog crept under the bed/behind the cupboard ◆ **se glisser dans les draps** to slip between the sheets ◆ **le voleur a réussi à se glisser dans la maison** the thief managed to sneak ou slip into the house ◆ **il a réussi à se glisser jusqu'au premier rang** he managed to edge ou worm his way to the front ou to slip through to the front

**b** **se glisser dans** [erreur, sentiment] to creep into ◆ **l'inquiétude/le soupçon se glissa en lui/dans son cœur** anxiety/suspicion stole over him/into his heart ◆ **une erreur s'est glissée dans le texte** a mistake has slipped ou crept into the text

**glisseur** [glisœʀ, øz] nm (Math) sliding vector

**glissière** [glisjɛʀ] [→ SYN] nf slide ou sliding channel; (Aut) [siège] runner ◆ **porte/panneau à glissière** sliding door/panel ◆ **glissière de sécurité** (sur une route) crash barrier; → **fermeture**

**glissoir** [gliswaʀ] nm (= dévaloir) timber chute

**glissoire** [gliswaʀ] nf (= piste) slide *(on ice or snow)*

**global, e,** mpl **-aux** [glɔbal, o] [→ SYN] adj somme total (épith); résultat, résumé, idée overall (épith); perspective, vue global (épith), overall (épith), comprehensive ◆ **méthode globale** word recognition method *(to teach reading)*

**globalement** [glɔbalmɑ̃] [→ SYN] adv (= en bloc) globally; (= pris dans son ensemble) taken as a whole ◆ **considérer un problème globalement** to consider a problem from every angle ◆ **globalement nous sommes tous d'accord** overall ou by and large we are in agreement ◆ **les résultats sont globalement encourageants** the overall results are encouraging

**globalisant, e** [glɔbalizɑ̃, ɑ̃t], **globalisateur, -trice** [glɔbalizatœʀ, tʀis] adj vision all-embracing

**globalisation** [glɔbalizasjɔ̃] nf (Écon) globalization

**globaliser** [glɔbalize] [→ SYN] ▸ conjug 1 ◂ 1 vt **a** (= mondialiser) [+ conflit, problème] to globalize, spread worldwide

**b** (= appréhender dans leur ensemble) [+ problèmes, raisons] to consider from an overall ou a global perspective, consider in their entirety

2 vi (= généraliser) to generalize ◆ **les médias ont trop tendance à globaliser** the media tend to make sweeping generalizations

3 **se globaliser** vpr [économie, marché] to become globalized ou global

**globalisme** [glɔbalism] nm holism

**globalité** [glɔbalite] nf global nature ◆ **regardons le problème dans sa globalité** let us look at the problem from every angle

**globe** [glɔb] [→ SYN] nm **a** (= sphère, monde) globe ◆ **globe oculaire** eyeball ◆ **le globe terrestre** the globe, the earth ◆ **faire le tour du globe** to go around the world ◆ **le conflit pourrait s'étendre à tout le globe** the conflict could spread worldwide

**b** (pour recouvrir) glass cover, globe ◆ **mettre qn/qch sous globe** (fig) to keep sb/sth in a glass case, keep sb/sth in cotton wool (Brit)

**globe-trotter,** pl **globe-trotters** [glɔbtʀɔtœʀ] [→ SYN] nm globe-trotter

**globigérine** [glɔbiʒeʀin] nf globigerina

**globine** [glɔbin] nf globin

**globulaire** [glɔbylɛʀ] 1 adj (= sphérique) global; (Physiol) corpuscular; → **numération**

2 nf (Bot) *type of scabious,* globularia vulgaris

**globule** [glɔbyl] [→ SYN] nm (gén, Chim) globule; (Physiol) corpuscle ◆ **globules rouges/blancs** red/white corpuscles ◆ **globule polaire** polar body

**globuleux, -euse** [glɔbylø, øz] adj forme globular; œil protruding

**globuline** [glɔbylin] nf globulin

**glockenspiel** [glɔkœnʃpil] nm glockenspiel

**gloire** [glwaʀ] [→ SYN] nf **a** (= renommée) glory, fame; [vedette] stardom, fame ◆ **gloire littéraire** literary fame ◆ **être au sommet de la gloire** to be at the height of one's fame ◆ **il s'est couvert de gloire** he covered himself in glory ◆ **elle a eu son heure de gloire** she has had her hour of glory ◆ **(faire qch) pour la gloire** (to do sth) for the glory of it ◆ **faire la gloire de qn/qch** to make sb/sth famous ◆ **ce n'est pas la gloire*** it's nothing to write home about*

**b** (= distinction) **sa plus grande gloire a été de faire ...** his greatest distinction ou his greatest claim to fame was to do ... ◆ **s'attribuer toute la gloire de qch** to give o.s. all the credit for sth, take all the glory for sth ◆ **se faire** ou **tirer gloire de qch** to revel ou glory in sth

**c** (littér, Rel = éclat) glory ◆ **la gloire de Rome/de Dieu** the glory of Rome/of God ◆ **le trône/le séjour de gloire** the throne/the Kingdom of Glory

**d** (= louange) glory, praise ◆ **gloire à Dieu** glory to God, praise be to God ◆ **gloire à tous ceux qui ont donné leur vie** glory to all those who gave their lives ◆ **disons-le à sa gloire** it must be said in praise of him ◆ **poème/chant à la gloire de qn/qch** poem/song in praise of sb/sth ◆ **célébrer** ou **chanter la gloire de qn/qch** to sing the praises of sb/sth; → **rendre**

**e** (personne = célébrité) celebrity ◆ **toutes les gloires de la région étaient là** (hum) all the worthies (hum) ou notables of the region were there ◆ **cette pièce est la gloire du musée** this piece is the pride of the museum

**f** (Art = auréole) glory ◆ **Christ en gloire** Christ in majesty

**glome** [glom] nm glome

**gloméris** [glɔmeʀis] nm glomeris

**glomérulaire** [glɔmeʀylɛʀ] adj (Bot) glomerulate; (Anat) glomerular

**glomérule** [glɔmeʀyl] nm (Bot) glomerule; (Anat) glomerulus

**gloria**[1] [glɔʀja] nm inv (Rel) Gloria

**gloria**[2] † [glɔʀja] nm (= boisson) laced coffee, spiked coffee (US)

**gloriette** [glɔʀjɛt] [→ SYN] nf **a** (= pavillon) gazebo

**b** (= volière) aviary

**glorieusement** [glɔʀjøzmɑ̃] adv gloriously

**glorieux, -ieuse** [glɔʀjø, jøz] [→ SYN] adj exploit, mort, personne, passé glorious; air, ton triumphant ◆ **tout glorieux de sa richesse/de pouvoir dire ...** (littér, péj) glorying in ou priding himself on his wealth/on being able to say ... ◆ **tes résultats ne sont pas très glorieux*** your results aren't too great* ◆ **ce n'est pas très glorieux !** it's nothing to be proud of! ◆ **les Trois Glorieuses** (Hist) Les Trois Glorieuses *(the three-day July revolution of 1830)* ◆ **les Trente Glorieuses** (Hist) *the thirty-year boom period after World War II*

**glorificateur, -trice** [glɔʀifikatœʀ, tʀis] 1 adj glorifying

2 nm,f glorifier

**glorification** [glɔʀifikasjɔ̃] [→ SYN] nf glorification

**glorifier** [glɔʀifje] [→ SYN] ▸ conjug 7 ◂ 1 vt to glorify, extol ◆ **glorifier Dieu** to glorify God

2 **se glorifier** vpr ◆ **se glorifier de** to glory in, take great pride in

**gloriole** [glɔʀjɔl] [→ SYN] nf misplaced vanity, vainglory (littér) ◆ **faire qch par gloriole** to do sth out of (misplaced) vanity ou out of vainglory (littér)

**glose** [gloz] [→ SYN] nf (= annotation, commentaire) gloss

**gloser** [gloze] [→ SYN] ▸ conjug 1 ◂ 1 vt to annotate, gloss

2 vi to ramble on (*sur* about)

**glossaire** [glɔsɛʀ] [→ SYN] nm glossary

**glossateur** [glɔsatœʀ] nm glosser

**glossématique** [glɔsematik] nf glossematics sg

**glossine** [glɔsin] nf glossina

**glossite** [glɔsit] nf glossitis

**glossolalie** [glɔsɔlali] nf glossolalia

**glossopharyngien, -ienne** [glɔsofaʀɛ̃ʒjɛ̃, jɛn] adj glossopharyngeal

**glossotomie** [glɔsɔtɔmi] nf glossotomy

**glottal, e,** mpl **-aux** [glɔtal, o] adj glottal

**glotte** [glɔt] nf glottis ◆ **coup de glotte** glottal stop

**glottique** [glɔtik] adj glottal

**glouglou** [gluglu] nm **a** [eau] gurgling, glug-glug ◆ **faire glouglou** to gurgle, go glug-glug

**b** [dindon] gobbling, gobble-gobble ◆ **faire glouglou** to gobble, go gobble-gobble

**glouglouter** [gluglute] ▸ conjug 1 ◂ vi [eau] to gurgle; [dindon] to gobble

**gloussant, e** [glusɑ̃, ɑ̃t] adj rire chuckling

**gloussement** [glusmɑ̃] nm [poule] clucking; (péj) [personne] chuckle ◆ **pousser des gloussements de satisfaction** to chuckle with satisfaction

**glousser** [gluse] ▸ conjug 1 ◂ vi [poule] to cluck; (péj) [personne] to chuckle

**glouton, -onne** [glutɔ̃, ɔn] [→ SYN] 1 adj personne gluttonous, greedy; appétit voracious

2 nm,f glutton

3 nm (Zool) wolverine

**gloutonnement** [glutɔnmɑ̃] [→ SYN] adv manger gluttonously, greedily; lire voraciously ◆ **avalant gloutonnement son repas** wolfing (down) his meal, gulping his meal down

**gloutonnerie** [glutɔnʀi] → SYN nf gluttony, greed

**gloxinia** [glɔksinja] nm gloxinia

**glu** [gly] nf (pour prendre les oiseaux) birdlime ◆ **prendre les oiseaux à la glu** to lime birds ◆ **on dirait de la glu, c'est comme de la glu** it's like glue ◆ **quelle glu, ce type !** * (= personne) the guy's such a leech! *

**gluant, e** [glyɑ̃, ɑ̃t] → SYN adj substance sticky, gummy; (= répugnant) personne slimy

**gluau** [glyo] nm (= branche) birdlime-twig

**glucagon** [glykagɔ̃] nm glucagon

**glucide** [glysid] nm carbohydrate

**glucidique** [glysidik] adj carbohydrate (épith)

**glucomètre** [glykɔmɛtʀ] nm saccharometer

**glucose** [glykoz] nm glucose

**glucosé, e** [glykoze] adj eau, sérum containing glucose

**glucoserie** [glykozʀi] nf **a** (= industrie) glucose industry
**b** (= usine) glucose factory

**glucoside** [glykozid] nm glucoside

**glume** [glym] → SYN nf glume

**glumelle** [glymɛl] nf glumella

**gluon** [glyɔ̃] nm gluon

**glutamate** [glytamat] nm glutamate

**glutamine** [glytamin] nf glutamine

**glutamique** [glytamik] adj ◆ **acide glutamique** glutam(in)ic acid

**gluten** [glytɛn] nm gluten

**glutineux, -euse** [glytinø, øz] → SYN adj aliment glutinous

**glycémie** [glisemi] nf glycaemia (Brit), glycemia (US)

**glycéride** [gliseʀid] nf glyceride

**glycérie** [gliseʀi] nf sweet-grass

**glycérine** [gliseʀin] nf glycerin(e), glycerol (SPÉC)

**glycériné, e** [gliseʀine] adj ◆ **joint glycériné** glycerin(e)-coated joint ◆ **savon glycériné** glycerin(e) soap

**glycérique** [gliseʀik] adj ◆ **acide glycérique** glyceric acid

**glycérol** [gliseʀɔl] nm glycerin(e), glycerol (SPÉC)

**glycérophtalique** [gliseʀoftalik] adj peinture oil-based

**glycine** [glisin] nf **a** (= plante) wisteria, wistaria
**b** (= acide) glycine

**glycocolle** [glikokɔl] nm glycine

**glycogène** [glikɔʒɛn] nm glycogen

**glycogenèse** [glikoʒənɛz] nf glycogenesis

**glycogénique** [glikoʒenik] adj glycogenetic

**glycogénogenèse** [glikoʒenoʒənɛz] nf synthesis of glycogen

**glycol** [glikɔl] nm glycol

**glycolipide** [glikolipid] nm glycolipid

**glycolyse** [glikɔliz] nf glycolysis

**glycolytique** [glikolitik] adj glycolytic

**glycoprotéine** [glikopʀɔtein] nf glycoprotein, glucoprotein

**glycoprotéique** [glikopʀɔteik] adj glycoproteinic

**glycosurie** [glikozyʀi] nf glycosuria, glucosuria

**glycosurique** [glikozyʀik] adj glycosuric, glucosuric

**glyphe** [glif] → SYN nm glyph

**glyptique** [gliptik] nf glyptics sg

**glyptodon** [gliptɔdɔ̃], **glyptodonte** [gliptɔdɔ̃t] nm glyptodont

**glyptographie** [gliptɔgʀafi] nf glyptography

**glyptothèque** [gliptɔtɛk] nf sculpture museum

**GMT** [ʒeɛmte] (abrév de **Greenwich Mean Time**) GMT ◆ **à 15 heures GMT** at fifteen (hundred) hours GMT

**gnangnan** * [ɲɑ̃ɲɑ̃] [1] adj inv film, roman silly; histoire d'amour soppy * ◆ **qu'est-ce qu'il est gnangnan !** he's such a drip! *
[2] nmf drip *

**gneiss** [gnɛs] nm gneiss

**gneissique** [gnesik] adj gneissic, gneissoid

**gnète** [gnɛt] nf gnetum

**gniard** ⁑ [ɲaʀ] nm brat *

**gniôle** * [ɲol] nf ⇒ **gnôle**

**gniouf** ⁑ [ɲuf] nm ⇒ **gnouf**

**GNL** [ʒeɛnɛl] nm (abrév de **gaz naturel liquéfié**) LNG

**gnocchi** [ɲɔki] nm gnocchi (NonC)

**gnognote** * [ɲɔɲɔt] nf ◆ **c'est de la gnognote !** it's rubbish! ◆ **c'est pas de la gnognote !** that's really something! * ◆ **100 € ? c'est de la gnognote pour lui** €100? that's nothing ou peanuts * to him

**gnôle** * [ɲol] nf (= eau-de-vie) hooch * ◆ **un petit verre de gnôle** a snifter *, a dram *

**gnome** [gnom] → SYN nm gnome

**gnomique** [gnɔmik] → SYN adj gnomic

**gnomon** [gnɔmɔ̃] nm gnomon

**gnomonique** [gnɔmɔnik] [1] adj gnomonic
[2] nf gnomon making

**gnon** * [ɲɔ̃] nm (= coup) blow, bash *; (= marque) dent, bump ◆ **prendre un gnon** [personne] to get bashed * ou walloped *; [voiture] to get bashed * ou dented

**gnose** [gnoz] → SYN nf gnosis

**gnoséologie** [gnozeɔlɔʒi] nf gnosiology, gnoseology

**gnoséologique** [gnozeɔlɔʒik] adj gnosiological, gnoseological

**gnosticisme** [gnɔstisism] nm gnosticism

**gnostique** [gnɔstik] → SYN adj, nmf gnostic

**gnou** [gnu] nm gnu, wildebeest

**gnouf** [ɲuf] nm (arg Crime) clink ⁑, nick ⁑ (Brit) ◆ **au gnouf** in the clink ⁑ ou nick ⁑ (Brit)

**GO** (abrév de **grandes ondes**) LW

**Go** (abrév de **gigaoctet**) Gb

**go** [go] [1] nm ◆ **(jeu de) go** go
[2] **tout de go** loc adv ◆ **dire qch tout de go** to say sth straight out ◆ **il est entré tout de go** he went straight in

**goal** [gol] nm goalkeeper, goalie *

**goal-average**, pl **goal-averages** [golaveʀaʒ] nm (Sport) goal difference ◆ **ils l'emportent au goal-average** they win on goal difference

**gobelet** [gɔblɛ] → SYN nm [enfant, pique-nique] beaker; (en étain, verre, argent) tumbler; [dés] cup ◆ **gobelet en plastique/papier** plastic/paper cup

**gobeleterie** [gɔblɛtʀi] nf (= industrie) glassware industry

**gobeletier, -ière** [gɔbletje, jɛʀ] nm,f (= fabricant) glassware maker; (= vendeur) glassware seller

**Gobelins** [gɔb(ə)lɛ̃] nmpl ◆ **la manufacture des Gobelins** the Gobelins tapestry workshop ◆ **tapisserie des Gobelins** Gobelin tapestry

**gobe-mouche**, pl **gobe-mouches** [gɔbmuʃ] nm **a** (Orn) flycatcher ◆ **gobe-mouche gris** spotted flycatcher
**b** († = crédule) gullible person ◆ **c'est un gobe-mouche** he'd swallow anything

**gober** [gɔbe] → SYN ▸ conjug 1 ◂ vt [+ huître, œuf] to swallow (whole); * [+ mensonge, histoire] to swallow hook, line and sinker ◆ **je ne peux pas le gober** * I can't stand him ◆ **ne reste pas là à gober les mouches** don't just stand there gawping ◆ **il te ferait gober n'importe quoi** * he'd have you believe anything

**goberger (se)** * [gɔbɛʀʒe] → SYN ▸ conjug 3 ◂ vpr (= faire bonne chère) to indulge o.s.; (= prendre ses aises) to pamper o.s.

**gobeur, -euse** * [gɔbœʀ, øz] → SYN nm,f (= idiot) sucker ⁑

**gobie** [gɔbi] nm goby

**godailler** [gɔdɑje] ▸ conjug 1 ◂ vi ⇒ **goder**

**godasse** * [gɔdas] nf shoe

**Godefroi** [gɔdfʀwa] nm ◆ **Godefroi de Bouillon** Godefroy de Bouillon

**godelureau** †, pl **godelureaux** [gɔd(ə)lyʀo] nm (young) dandy; (péj) ladies' man

**godemiché** [gɔdmiʃe] nm dildo

**goder** [gɔde] → SYN ▸ conjug 1 ◂ vi [vêtement] to pucker, be puckered; [papier peint] to have bubbles ou bulges in it ◆ **sa jupe godait de partout** her skirt was all puckered

**godet** [gɔdɛ] → SYN nm **a** (gén = récipient) jar, pot; (à peinture) pot ◆ **viens boire un godet avec nous** * come and have a drink ou a jar * (Brit) with us
**b** (Couture) gore ◆ **jupe à godets** gored skirt
**c** (Tech) bucket

**godiche** * [gɔdiʃ] → SYN adj lumpish, oafish ◆ **quelle godiche, ce garçon !** what an awkward lump ou what a clumsy oaf that boy is!

**godille** [gɔdij] → SYN nf **a** (Sport) scull; (Ski) wedeln ◆ **descendre en godille** to wedeln
**b** (péj) **à la godille** * système crummy *, ropey * (Brit); jambe, bras bad, dicky * (Brit)

**godiller** [gɔdije] ▸ conjug 1 ◂ vi (Sport) to scull; (Ski) to wedeln, use the wedeln technique

**godilleur, -euse** [gɔdijœʀ, øz] nm,f (Sport) sculler; (Ski) wedelner

**godillot** * [gɔdijo] nm (= chaussure) clodhopper *, clumpy shoe; († , péj : Pol) unquestioning ou ardent supporter

**godiveau** [gɔdivo] → SYN nm *boiled meatball*

**godron** [gɔdʀɔ̃] → SYN nm (= ornement) gadroon, godroon

**godronner** [gɔdʀɔne] ▸ conjug 1 ◂ vt (= orner de godrons) to decorate with gadroons ou godroons

**goéland** [gɔelɑ̃] nm seagull, gull ◆ **goéland cendré** common gull ◆ **goéland argenté** herring gull

**goélette** [gɔelɛt] nf schooner

**goémon** [gɔemɔ̃] → SYN nm wrack

**goétie** [gɔesi] nf (Antiq) goety

**goglu** [gɔgly] nm (Can) bobolink, ricebird

**gogo¹** * [gogo] → SYN nm (= personne crédule) sucker *, mug ⁑ ◆ **c'est bon pour les gogos** it's a con ⁑, it's a mug's game ⁑ (Brit)

**gogo²** * [gogo] → SYN **à gogo** loc adv (= en abondance) galore ◆ **on avait du vin à gogo** we had wine galore ◆ **des fraises, il y en a à gogo** there are plenty of ou loads of strawberries

**gogol** ⁑ [gogɔl] nm idiot

**goguenard, e** [gɔg(ə)naʀ, aʀd] → SYN adj mocking

**goguenardise** [gɔg(ə)naʀdiz] → SYN nf mocking

**goguenots** ⁑ [gɔg(ə)no], **gogues** ⁑ [gɔg] nmpl (= toilettes) bog ⁑ (Brit), loo * (Brit), john ⁑ (US)

**goguette** * [gɔgɛt] nf ◆ **des touristes en goguette** tourists out for a good time

**goinfre** * [gwɛ̃fʀ] adj, nm ◆ **il est goinfre, c'est un goinfre** he's a greedy pig * ou a greedy guts * (Brit) ◆ **arrête de manger comme un goinfre** stop making a pig of yourself *

**goinfrer (se)** [gwɛ̃fʀe] ▸ conjug 1 ◂ vpr (gén) to stuff o.s. *; (manger salement) to make a pig of o.s. * ◆ **se goinfrer de gâteaux** to pig * ou gorge o.s. on cakes

**goinfrerie** [gwɛ̃fʀəʀi] → SYN nf piggery *, piggishness *

**goitre** [gwatʀ] → SYN nm goitre ◆ **goitre exophtalmique** Graves' disease, exophtalmic goitre

**goitreux, -euse** [gwatʀø, øz] [1] adj goitrous
[2] nm,f person suffering from goitre

**golden** [gɔldɛn] nf inv Golden Delicious

**gold point** [gɔldpɔjnt] nm gold ou specie point

**golem** [gɔlɛm] nm golem

**golf** [gɔlf] nm (= sport) golf; (= terrain) golf course ou links ◆ **golf miniature** miniature golf ◆ **culottes** ou **pantalon de golf** plus fours ◆ **jouer au** ou **faire du golf** to play golf ◆ **faire un golf** to play a round ou game of golf; → **joueur**

**golfe** [gɔlf] → SYN nm gulf; (petit) bay ◆ **le golfe de Bengale/de Gascogne** the Bay of Bengal/of Biscay ◆ **le golfe du Lion/du Mexique** the Gulf of Lions/of Mexico ◆ **le golfe**

**Persique** the Persian Gulf ◆ **les États du Golfe** the Gulf States; → **guerre**

**golfeur, -euse** [gɔlfœʀ, øz] nm,f golfer

**golfique** [gɔlfik] adj golf (épith)

**Golgotha** [gɔlgɔta] nm ◆ **le Golgotha** Golgotha

**Goliath** [gɔljat] nm Goliath ◆ **c'était David contre Goliath** it was David versus Goliath

**golmotte** [gɔlmɔt] nf (= amanite) amanita; (= lépiote) parasol mushroom

**gombo** [gɔ̃bo] nm gumbo, gombo, okra

**gomina ®** [gɔmina] nf hair cream, Brylcreem ®

**gominer (se)** [gɔmine] ▸ conjug 1 ◂ vpr to put hair cream on, Brylcreem ® ◆ **cheveux gominés** slicked-back hair, hair slicked back with Brylcreem ®

**gommage** [gɔmaʒ] nm **a** (= exfoliation) exfoliation ◆ **se faire un gommage** (visage) to use a facial scrub; (corps) to use a body scrub
**b** [mot, trait] rubbing-out, erasing; [ride, souvenir, différence] erasing; [aspérités] smoothing out
**c** (= encollage) gumming

**gommant, e** [gɔmɑ̃, ɑ̃t] adj crème exfoliating ◆ **soin gommant** (gén) body scrub; (pour le visage) facial scrub

**gomme** [gɔm] **1** nf (= substance) gum; (Méd) gumma; (Bot) gummosis; (pour effacer) rubber (Brit), eraser (US) ◆ **mettre la gomme** * [conducteur] to give it full throttle *, step on the gas * (US); [ouvrier] to work flat out * ◆ **à la gomme** * outil, système, idée pathetic *, crummy *; renseignement useless, hopeless; → **boule**
**2** COMP ▷ **gomme adragante** tragacanth ▷ **gomme arabique** gum arabic ▷ **gomme à encre** ink rubber (Brit) ou eraser (US) ▷ **gomme laque** lac ▷ **gomme à mâcher** chewing gum

**gommé, e** [gɔme] adj (ptp de **gommer**) enveloppe, papier gummed

**gomme-gutte**, pl **gommes-guttes** [gɔmgyt] nf gamboge, cambogia

**gommer** [gɔme] [→ SYN] ▸ conjug 1 ◂ vt **a** [+ mot, trait] to rub out, erase; [+ souvenir] to erase; [+ ride] to smooth away, erase; [+ différence] to smooth ou iron out, erase; [+ fatigue] to take away; [+ aspérités] to smooth out
**b** (= encoller) to gum ◆ **gommé** enveloppe, papier gummed
**c** [+ peau] to exfoliate

**gomme-résine**, pl **gommes-résines** [gɔmʀezin] nf gum resin

**gommette** [gɔmɛt] nf coloured sticky label

**gommeux, -euse** [gɔmø, øz] [→ SYN] **1** adj arbre gum-yielding (épith); substance sticky, gummy; lésion gummatous
**2** nm († * = jeune prétentieux) pretentious (young) dandy

**gommier** [gɔmje] nm gum tree

**gommose** [gɔmoz] nf gummosis

**Gomorrhe** [gɔmɔʀ] n Gomorrah; → **Sodome**

**gon** [gɔ̃] nm (unité de mesure) grade

**gonade** [gɔnad] nf gonad

**gonadique** [gɔnadik] adj gonad(i)al, gonadic

**gonadostimuline** [gɔnadostimylin] nf gonadotrop(h)in

**gonadotrope** [gɔnadɔtʀɔp] adj gonadotropic

**gonadotrophine** [gɔnadotʀɔfin], **gonadotropine** [gɔnadotʀɔpin] nf gonadotropin

**gond** [gɔ̃] [→ SYN] nm hinge ◆ **sortir de ses gonds** (lit) to come off its hinges; (fig) to fly off the handle ◆ **jeter** ou **mettre qn hors de ses gonds** to make sb wild with rage ◆ **tourner sur ses gonds** [porte] to turn on its hinges

**gondolage** [gɔ̃dɔlaʒ] nm ⇒ **gondolement**

**gondole** [gɔ̃dɔl] nf (= bateau) gondola; [supermarché] (supermarket) shelf, gondola ◆ **tête de gondole** end display

**gondolement** [gɔ̃dɔlmɑ̃] nm [papier] crinkling; [planche] warping; [tôle] buckling

**gondoler** [gɔ̃dɔle] [→ SYN] ▸ conjug 1 ◂ **1** vi [papier] to crinkle, go crinkly; [planche] to warp; [tôle] to buckle ◆ **du papier peint tout gondolé** wallpaper that is all crinkled ou crinkly ◆ **le disque est complètement gondolé** the record is all ou completely warped
**2** **se gondoler** vpr **a** [papier] to crinkle; [planche] to warp; [tôle] to buckle
**b** (* = rire) to split one's sides laughing *, crease up *

**gondolier, -ière** [gɔ̃dɔlje, jɛʀ] nm,f (= batelier) gondolier; (dans un supermarché) shelf stocker

**gonfalon** [gɔ̃falɔ̃] [→ SYN] nm gonfalon

**gonfalonier** [gɔ̃falɔnje] nm gonfalonier

**gonflable** [gɔ̃flabl] adj ballon, matelas, piscine inflatable ◆ **coussin** ou **sac gonflable** (Aut) air bag; → **poupée**

**gonflage** [gɔ̃flaʒ] nm inflating (NonC), inflation (NonC) ◆ **vérifier le gonflage des pneus** to check the air in the tyres (Brit) ou tires (US)

**gonflant, e** [gɔ̃flɑ̃, ɑ̃t] **1** adj **a** coiffure bouffant
**b** (‡ = irritant) damned ‡ ou bloody ‡ (Brit) irritating ◆ **il est gonflant avec ses histoires** he's a real pain (in the neck) * the way he goes on
**2** nm ◆ **donner du gonflant à ses cheveux** to give one's hair body

**gonflé, e** [gɔ̃fle] [→ SYN] (ptp de **gonfler**) adj **a** yeux, visage, pieds, chevilles puffy, swollen; ventre (par la maladie) distended, swollen; (par un repas) blown-out, bloated ◆ **il a les joues bien gonflées** he has chubby ou plump cheeks ◆ **je me sens un peu gonflé** I feel a bit bloated
**b** * **il est gonflé !** (= courageux) he's got some nerve! *; (= impertinent) he's got a nerve! * ou a cheek! * (Brit) ◆ **être gonflé à bloc** to be raring to go *

**gonflement** [gɔ̃fləmɑ̃] [→ SYN] nm [ballon, pneu] inflation; [visage, ventre] swelling; [prix, résultats] inflation; [effectifs] (= augmentation) swelling; (= exagération) exaggeration ◆ **le gonflement de son estomac m'inquiétait** his swollen stomach worried me ◆ **le gonflement de la masse monétaire** the increase in the money supply ◆ **le gonflement de la dette publique** the expansion of ou the increase in the public debt

**gonfler** [gɔ̃fle] [→ SYN] ▸ conjug 1 ◂ **1** vt **a** [+ pneu, ballon] (avec une pompe) to pump up, inflate; (en soufflant) to blow up, inflate; [+ aérostat] to inflate; [+ joues, narines] to puff out; [+ poumons] to fill (*de* with) ◆ **les pluies ont gonflé la rivière** the rain has swollen the river ou caused the river to swell ◆ **le vent gonfle les voiles** the wind fills (out) ou swells the sails ◆ **un paquet gonflait sa poche** his pocket was bulging with a package ◆ **un soupir gonflait sa poitrine** he heaved a great sigh ◆ **éponge gonflée d'eau** sponge swollen with water ◆ **la bière me gonfle** ou **me fait gonfler l'estomac** beer blows out my stomach, beer makes me feel bloated ou makes my stomach bloated ◆ **il avait les yeux gonflés par le manque de sommeil** his eyes were puffy ou swollen with lack of sleep
**b** (= dilater) to swell ◆ **ses succès l'ont gonflé d'orgueil** his successes have made his head swell ou made him puffed up (with pride) ◆ **l'orgueil gonfle son cœur** his heart is swollen with pride ◆ **l'espoir/le chagrin lui gonflait le cœur** his heart was swelling ou bursting with hope/was heavy with sorrow ◆ **cœur gonflé de joie/d'indignation** heart bursting with joy/indignation ◆ **il nous les gonfle !** ‡ he's a pain in the neck * ou butt! ‡ (surtout US)
**c** (= grossir) [+ prix, résultat] to inflate; [+ effectif] (= augmenter) to swell; (= exagérer) to exaggerate; [+ moteur] to soup up * ◆ **on a gonflé l'importance de l'incident** the incident has been blown up out of (all) proportion, they have exaggerated the importance of the incident ◆ **chiffres gonflés** inflated ou exaggerated figures
**2** vi (= enfler) [genou, cheville] to swell (up); [bois] to swell; (Culin) [pâte] to rise ◆ **faire gonfler le riz/les lentilles** to leave the rice/lentils to swell, soak the rice/lentils ◆ **faire gonfler ses cheveux** to give one's hair (some) body
**3** **se gonfler** vpr **a** [rivière] to swell; [poitrine] to swell, expand; [voiles] to swell, fill (out)
**b** **se gonfler (d'orgueil)** to be puffed up (with pride), be bloated with pride ◆ **son cœur se gonfle de tristesse/d'espoir** his heart is heavy (with sorrow)/is bursting with hope

**gonflette** * [gɔ̃flɛt] nf (péj) body building (exercises) ◆ **faire de la gonflette** (Sport) to pump iron *; (fig = exagérer) to exaggerate, lay it on thick *

**gonfleur** [gɔ̃flœʀ] nm air pump

**gong** [gɔ̃(g)] nm (Mus) gong; (Boxe) bell; → **sauver**

**gongorisme** [gɔ̃gɔʀism] [→ SYN] nm Gongorism

**goniomètre** [gɔnjɔmɛtʀ] nm goniometer

**goniométrie** [gɔnjɔmetʀi] nf goniometry

**goniométrique** [gɔnjɔmetʀik] adj goniometric(al)

**gonnelle** [gɔnɛl] nf gunnel, butterfish

**gonochorique** [gɔnɔkɔʀik] adj gonochorismal, gonochoristic

**gonochorisme** [gɔnɔkɔʀism] nm gonochorism

**gonococcie** [gɔnɔkɔksi] [→ SYN] nf gonorrhoea (Brit), gonorrhea (US)

**gonocoque** [gɔnɔkɔk] nm gonococcus

**gonozoïde** [gɔnozɔid] nm gonozoid

**gonzesse** ‡ [gɔ̃zɛs] nf (péj) bird ‡ (Brit), chick ‡ (US) ◆ **c'est une vraie gonzesse** (péj : efféminé) he's a real sissy *

**gord** [gɔʀ] [→ SYN] nm stake net

**gordien** [gɔʀdjɛ̃] adj m → **nœud**

**gore** [gɔʀ] **1** adj film, livre gory
**2** nm gore

**goret** [gɔʀɛ] [→ SYN] nm piglet ◆ **petit goret !** (à un enfant) you dirty little pig! *, you mucky (little) pup! * (Brit)

**Gore-Tex ®** [gɔʀtɛks] nm Gore-Tex ®

**gorfou** [gɔʀfu] nm rockhopper

**gorge** [gɔʀʒ] [→ SYN] nf **a** [personne] (= cou, gosier) throat; (littér = seins) breast, bosom (littér); [oiseau] (= poitrine) breast; (= gosier) throat ◆ **rire à pleine gorge** ou **à gorge déployée** to roar with laughter, laugh heartily ◆ **chanter à pleine gorge** ou **à gorge déployée** to sing at the top of one's voice; → **chat, couteau** etc
**b** (= vallée, défilé) gorge ◆ **les gorges du Tarn** the gorges of the Tarn
**c** (= rainure) [moulure, poulie] groove; [serrure] tumbler
**d** (Loc) **prendre qn à la gorge** [créancier] to put a gun to sb's head; [agresseur] to grab sb by the throat; [fumée, odeur] to catch ou get in sb's throat; [peur] to grip sb by the throat ◆ **tenir qn à la gorge** (lit) to hold sb by the throat; (fig = avoir à sa merci) to have a stranglehold on sb, have sb by the throat ◆ **l'os lui est resté dans la** ou **en travers de la gorge** the bone (got) stuck in his throat ◆ **ça lui est resté dans la** ou **en travers de la gorge** (fig) (= il n'a pas aimé) he found it hard to take ou swallow; (= il n'a pas osé le dire) it ou the words stuck in his throat ◆ **faire des gorges chaudes de qch** to laugh sth to scorn ◆ **je lui enfoncerai** ou **ferai rentrer ses mots dans la gorge** I'll make him eat his words ◆ **faire rendre gorge à qn** to force sb to give back ill-gotten gains

**gorge-de-pigeon** [gɔʀʒ(ə)dəpiʒɔ̃] adj inv dapple-grey

**gorgée** [gɔʀʒe] [→ SYN] nf mouthful ◆ **boire à petites gorgées** to take little sips ◆ **boire à grandes gorgées** to drink in gulps ◆ **boire son vin à grandes/petites gorgées** to gulp down/sip one's wine ◆ **vider un verre d'une seule gorgée** to empty a glass in one gulp, down a glass in one *

**gorger** [gɔʀʒe] [→ SYN] ▸ conjug 3 ◂ **1** vt (gén) to fill (*de* with); [+ animal] to force-feed ◆ **gorger qn de pâtisseries** to fill sb up ou stuff * sb with cakes ◆ **terre/éponge gorgée d'eau** earth/sponge saturated with ou full of water ◆ **fruits gorgés de soleil** sun-kissed fruit
**2** **se gorger** vpr ◆ **se gorger de nourriture** to gorge o.s., stuff o.s. * (with food) ◆ **se gorger de gâteaux** to gorge o.s. on ou with cakes ◆ **éponge qui se gorge d'eau** sponge which soaks up water

**gorgerin** [gɔʀʒəʀɛ̃] nm (Archit) necking, gorgerin

**gorget** [gɔʀʒɛ] [→ SYN] nm (= rabot) grooving plane

**Gorgone** [gɔʀgɔn] nf (Myth) Gorgon ◆ **gorgone** (Zool) gorgonia

**gorgone** [gɔʀgɔn] nf (Zool) gorgonia

**gorgonzola** [gɔʀgɔ̃zɔla] nm Gorgonzola

**gorille** [gɔʀij] nm (Zool) gorilla; (* = garde du corps) bodyguard, heavy *

**Gorki** [gɔʀki] nm Gorky

**gosette** [gozɛt] nf (Belg Culin) turnover

**gosier** [gozje] → SYN nm (Anat) throat; (* = gorge) throat, gullet ◆ **crier à plein gosier** to shout at the top of one's voice, shout one's head off ◆ **chanter à plein gosier** to sing at the top of one's voice ◆ **avoir le gosier sec** * to be parched * ◆ **ça m'est resté en travers du gosier** * (lit) it (got) stuck in my throat; (fig) I found it hard to take, it stuck in my craw * (US); → **humecter**

**gospel** [gɔspɛl] → SYN nm gospel (music)

**gosse** * [gɔs] nmf kid * ◆ **sale gosse** little brat * ◆ **elle est restée très gosse** she's still a kid at heart * ◆ **gosse des rues** street urchin ◆ **gosse de riche(s)** (péj) (spoilt) rich kid ou brat * ◆ **il est beau gosse** * he's a good-looker *

**Goth** [gɔt] nmf Goth

**gotha** [gɔta] nm (= aristocratie) high society ◆ **le gotha de la finance/de la publicité** (fig) the financial/advertising bigwigs *

**gothique** [gɔtik] → SYN [1] adj architecture, style Gothic ◆ **écriture gothique** Gothic script
[2] nm ◆ **le gothique** the Gothic ◆ **le gothique flamboyant/perpendiculaire** Flamboyant/Perpendicular Gothic

**gotique** [gɔtik] nm (Ling) Gothic

**gouache** [gwaʃ] nf (= matière) gouache, poster paint; (= tableau) gouache

**gouacher** [gwaʃe] ▸ conjug 1 ◂ vt [+ dessin, aquarelle] to touch up with gouache ou poster paint

**gouaille** [gwɑj] → SYN nf cheeky ou cocky * humour

**gouaillerie** [gwɑjʀi] → SYN nf cheekiness, cockiness *

**gouailleur, -euse** [gwɑjœʀ, øz] → SYN adj cheeky, cocky *

**gouape** * [gwap] nf thug

**gouda** [guda] nm Gouda

**Goudjerate** [gudʒeʀat] nm ⇒ **Guj(a)rât**

**goudron** [gudʀɔ̃] → SYN nm tar ◆ **goudron de houille** coal tar ◆ **goudron végétal** ou **de bois** wood tar ◆ **"goudrons : 15 mg"** (sur un paquet de cigarettes) ≃ 15 mg tar

**goudronnage** [gudʀɔnaʒ] nm tarring

**goudronner** [gudʀɔne] → SYN ▸ conjug 1 ◂ vt [+ route, toile] to tar

**goudronneur** [gudʀɔnœʀ] nm tar worker

**goudronneuse**[1] [gudʀɔnøz] nf tarring machine

**goudronneux, -euse** [gudʀɔnø, øz] adj tarry

**gouet** [gwɛ] → SYN nm (Bot) arum lily

**gouffre** [gufʀ] → SYN nm (Géog) abyss, gulf, chasm ◆ **le gouffre du Maelström** the Maelstrom ◆ **un gouffre nous sépare** there's a gulf between us ◆ **le gouffre de l'oubli** the depths of oblivion ◆ **c'est un gouffre d'ignorance/de bêtise** he's abysmally ignorant/utterly stupid ◆ **c'est un gouffre (financier)** it just swallows up money, it's a bottomless pit ◆ **nous sommes au bord du gouffre** we are on the brink of the abyss

**gouge** [guʒ] → SYN nf gouge

**gouger** [guʒe] ▸ conjug 3 ◂ vt to gouge

**gougère** [guʒɛʀ] nf *puff pastry filled with cheese*

**gougnafier** * [guɲafje] nm bungling idiot *

**gouine** ⁑ [gwin] nf dyke ⁑

**goujat, e** [guʒa, at] [1] adj boorish, churlish
[2] nm boor, churl

**goujaterie** [guʒatʀi] → SYN nf boorishness

**goujon** [guʒɔ̃] nm (= poisson) gudgeon; (Tech = cheville) pin

**goujonner** [guʒɔne] ▸ conjug 1 ◂ vt (Tech) to pin, bolt

**goujonnette** [guʒɔnɛt] nf small fish fillet

**goujonnière** [guʒɔnjɛʀ] adj f ◆ **perche goujonnière** ruff(e), pope

**goulache, goulasch** [gulaʃ] nm ou f goulash

**goulafre** * [gulafʀ] adj, nmf (Belg) ◆ **il est goulafre, c'est un goulafre** he's a greedy pig *

**goulag** [gulag] nm Gulag

**goule** [gul] nf ghoul

**goulée** [gule] → SYN nf [liquide] gulp; [solide] big mouthful ◆ **prendre une goulée d'air frais** (gorgée) to take in a lungful of fresh air; (* : bol d'air) to get some fresh air

**goulet** [gulɛ] → SYN nm (Naut) narrows, bottleneck *(at entrance of harbour)*; (Géog) gully ◆ **goulet d'étranglement** bottleneck

**gouleyant, e** [gulɛjɑ̃, ɑ̃t] adj lively

**goulot** [gulo] nm [bouteille] neck ◆ **boire au goulot** to drink straight from the bottle ◆ **goulot d'étranglement** bottleneck

**goulotte** [gulɔt] → SYN nf (Archit) channel; (Tech) chute, inclined channel

**goulu, e** [guly] → SYN [1] adj personne greedy, gluttonous; regards greedy
[2] nm,f glutton

**goulûment** [gulymɑ̃] adv greedily, gluttonously

**goum** † [gum] nm *Moroccan unit in the French army*

**goumier** [gumje] nm (Hist) *Moroccan soldier in the French army*

**goupil** †† [gupi(l)] nm fox

**goupille** [gupij] → SYN nf (Tech) pin

**goupillé, e** * [gupije] (ptp de **goupiller**) adj (= arrangé) ◆ **bien/mal goupillé** machine, plan, procédé well/badly thought out ◆ **comment est-ce goupillé, ce mécanisme ?** how does this thing work?

**goupiller** [gupije] → SYN ▸ conjug 1 ◂ [1] vt [a] (* = combiner) to fix * ◆ **il a bien goupillé son affaire** he did alright for himself there *
[b] (Tech) to pin
[2] **se goupiller** * vpr (= s'arranger) ◆ **comment est-ce que ça se goupille pour demain ?** what's the setup ou gen (Brit) ou dope (US) for tomorrow? * ◆ **ça s'est bien/mal goupillé, notre plan** our plan came off * (all right)/didn't come off * ◆ **ça se goupille plutôt mal, cette histoire de déménagement** this removal business is a bit of a shambles * ou cock-up ⁑

**goupillon** [gupijɔ̃] → SYN nm (Rel) (holy water) sprinkler, aspergillum; (à bouteille) bottle brush; → **sabre**

**gourance** ⁑ [guʀɑ̃s], **gourante** ⁑ [guʀɑ̃t] nf cock-up ⁑, boob * (Brit) ◆ **faire une gourance** to make a cock-up ⁑ ou a boob * (Brit), goof up ⁑ (US)

**gourbi** [guʀbi] → SYN nm (arabe) shack; (* = taudis) slum

**gourd, e**[1] [guʀ, guʀd] → SYN adj (par le froid) numb (with cold); (= maladroit, mal à l'aise) awkward

**gourde**[2] [guʀd] → SYN [1] nf [a] (Bot) gourd; [eau, alcool] flask ◆ **boire à la gourde** to drink straight from the flask
[b] (* = empoté) dope *, clot * (Brit), dumbbell * (US)
[2] adj * (= bête) dopey *, gormless * (Brit); (= maladroit) clumsy

**gourde**[3] [guʀd] nf (Fin) gourde

**gourdin** [guʀdɛ̃] → SYN nm club, bludgeon ◆ **assommer qn à coups de gourdin** to club ou bludgeon sb

**gourer (se)** ⁑ [guʀe] → SYN ▸ conjug 1 ◂ vpr to boob * (Brit), goof up ⁑ (US) ◆ **se gourer de jour** to get the day wrong ◆ **je me suis gouré de numéro de téléphone** I dialled the wrong number ◆ **on s'est gouré de rue** we went to the wrong street ◆ **je me suis gouré dans mes calculs** I made a cock-up in ⁑ ou I goofed up ⁑ (US) my calculations

**gourgandine** †† * [guʀgɑ̃din] nf hussy † *

**gourmand, e** [guʀmɑ̃, ɑ̃d] → SYN [1] adj (lit, fig) personne greedy ◆ **il est gourmand comme un chat** he likes good food but he's fussy about what he eats ◆ **je suis très gourmand** (gén) I'm very fond of my food; (pour les sucreries) I've got a sweet tooth ◆ **être gourmand de** [+ sucreries] to be fond of, be partial to; [+ nouveautés] to be avid for ◆ **jeter un œil gourmand sur qch** to eye sth greedily ◆ **cette voiture est (très) gourmande** this car's a gas-guzzler, this car's heavy on petrol (Brit) ou gas (US) ◆ **branche gourmande** (Agr) sucker
[2] nm,f gourmand (frm) ◆ **c'est une gourmande** she's very fond of her food; (pour les sucreries) she's got a sweet tooth ◆ **tu n'es qu'un gourmand !** (enfant) you greedy thing!
[3] nm (Agr) sucker

**gourmander** [guʀmɑ̃de] → SYN ▸ conjug 1 ◂ vt (littér) to rebuke, berate (littér)

**gourmandise** [guʀmɑ̃diz] → SYN [1] nf (gén) fondness of food; (péj) greed, greediness; (Rel = péché) gluttony ◆ **elle regardait le gâteau avec gourmandise** she eyed the cake greedily
[2] **gourmandises** nfpl delicacies, sweetmeats †

**gourme** [guʀm] → SYN nf († : Méd) impetigo; (Zool) strangles sg ◆ **jeter sa gourme** to sow one's wild oats

**gourmé, e** [guʀme] → SYN adj (littér) starchy, stiff

**gourmet** [guʀmɛ] → SYN nm gourmet, epicure; → **fin**[1]

**gourmette** [guʀmɛt] → SYN nf [cheval] curb chain; [poignet] chain bracelet

**gourou** [guʀu] → SYN nm guru

**gousse** [gus] → SYN nf [vanille, petits pois] pod ◆ **gousse d'ail** clove of garlic

**gousset** [gusɛ] → SYN nm [gilet, pantalon] fob; [slip] gusset; (Tech = pièce d'assemblage) gusset; → **montre**[1]

**goût** [gu] → SYN nm [a] (= sens) taste ◆ **amer au goût** bitter to the taste
[b] (= saveur) taste ◆ **cela a un goût de moisi** it tastes mouldy ◆ **ça a bon/mauvais goût** it tastes good/nasty, it has a nice/bad taste ◆ **la soupe a un goût** the soup tastes funny ou has a funny taste ◆ **plat sans goût** tasteless ou flavourless dish ◆ **ça a un goût de fraise** it tastes of strawberries ◆ **yaourt goût vanille** vanilla-flavoured yoghurt ◆ **donner du goût à qch** [épice, condiment] to add (a bit of) flavour to sth ◆ **la vie n'a plus de goût pour lui** he no longer has any taste for life, he has lost his taste for life ◆ **ses souvenirs ont un goût amer** he has bitter memories ◆ **cette rétrospective a un goût de nostalgie** this retrospective has a nostalgic feel ou flavour ◆ **ça a un goût de revenez-y** * it makes you want seconds, it's very more-ish * (Brit)
[c] (= jugement) taste ◆ **(bon) goût** (good) taste ◆ **avoir du/manquer de goût** to have/lack taste ◆ **avoir un goût vulgaire** to have vulgar tastes ◆ **le goût ne s'apprend pas** taste is something you're born with ◆ **faire qch sans/avec goût** to do something tastelessly/tastefully ◆ **elle s'habille avec beaucoup de goût** she has very good taste in clothes, she has very good dress sense ◆ **homme/femme de goût** man/woman of taste; → **faute**
[d] vêtement, ameublement **de bon goût** tasteful, in good taste (attrib) ◆ **de mauvais goût** tasteless, in bad ou poor taste (attrib) ◆ **c'est une plaisanterie de mauvais goût** this joke is in bad taste ◆ **il serait de mauvais goût/d'un goût douteux de faire** it would be in bad ou poor/doubtful taste to do ◆ **il serait de bon goût d'y aller/qu'il se mette à travailler** (hum) it mightn't be a bad idea to go/if he started doing some work
[e] (= penchant) taste, liking *(de, pour* for) ◆ **salez à votre goût** salt (according) to taste ◆ **il a peu de goût pour ce genre de travail** this sort of work is not to his taste ou liking ou is not his cup of tea * ◆ **il n'a aucun goût pour les sciences** science subjects don't appeal to him ◆ **il a le goût de l'ordre** he likes order ◆ **il a le goût du risque** he likes taking risks ◆ **faire qch par goût** to do sth from inclination ou because one has a taste for it ◆ **prendre goût à qch** to get ou acquire a taste for sth, get to like sth ◆ **elle a repris goût à la vie/la danse** she has started to enjoy life/dancing again ◆ **il n'avait goût à rien** he didn't feel like doing anything ◆ **à mon/son goût** for my/his liking ou taste(s) ◆ **ce n'est pas du goût de chacun** it's not to everybody's taste ◆ **ses déclarations n'ont pas été du goût de ses alliés politiques** what he said didn't go down well with his political allies, his political allies didn't like the sound of what he said ◆ **cela m'a mis en goût** that gave me a taste for it ◆ **est-ce à votre**

goût ? is it to your taste? ◆ **c'est tout à fait à mon goût** this is very much to my taste ◆ **il la trouve à son goût** she suits his taste ◆ **faire passer le goût du pain à qn** * to wipe the smile off sb's face; (= tuer) to do sb in *, bump sb off *; → **chacun**

**f** (= tendances) **goûts** tastes ◆ **avoir des goûts de luxe/modestes** to have expensive/simple tastes ◆ (Prov) **des goûts et des couleurs (on ne discute pas)** there's no accounting for taste(s) ◆ (Prov) **tous les goûts sont dans la nature** it takes all sorts to make a world

**g** (= style) style ◆ **dans le goût classique/de X** in the classical style/the style of X ◆ **ou quelque chose dans ce goût-là** * or something of that sort ◆ **au goût du jour** in keeping with the style of the day ou with current tastes ◆ **il s'est mis au goût du jour** he has brought himself into line with current tastes ◆ **chanson remise au goût du jour** song brought up to date

**goûter[1]** [gute] → SYN ▸ conjug 1 ◂ **1** vt **a** [+ aliment] to taste ◆ **goûte-le, pour voir si c'est assez salé** taste it and see if there's enough salt

**b** [+ repos, spectacle] to enjoy, savour (Brit), savor (US)

**c** (littér) [+ écrivain, œuvre, plaisanterie] to appreciate ◆ **il ne goûte pas l'art abstrait** he doesn't appreciate abstract art, abstract art isn't to his taste

**d** (Belg) [aliment] to taste of

**2** **goûter à** vt indir [+ aliment, plaisir] to taste, sample; [+ indépendance, liberté] to taste ◆ **il y a à peine goûté** he's hardly touched it ◆ **voulez-vous goûter à mon gâteau ?** would you like to try ou sample my cake? ◆ **goûtez-y** [+ vin] have a sip ou taste, taste it; [+ plat] have a taste, taste it

**3** **goûter de** vt indir (= faire l'expérience de) to have a taste of, taste ◆ **il a goûté de la vie militaire/de la prison** he has had a taste of army/prison life, he has tasted army/prison life

**4** vi **a** (= faire une collation) to have tea (Brit), have an afterschool snack (US) ◆ **emporter à goûter** to take an afterschool snack ◆ **inviter des enfants à goûter** to ask children to tea (Brit), invite children for a snack (US)

**b** (Belg) [aliment] to taste good

**goûter[2]** [gute] → SYN nm [enfants] (afterschool) snack; [adultes] afternoon tea ◆ **donner un goûter d'enfants** to give ou have a children's (tea) party (Brit), invite children for a snack (US) ◆ **l'heure du goûter** (afternoon) snack time

**goûteur, -euse** [gutœʀ, øz] nm,f ◆ **goûteur d'eau/de vin** water/wine taster

**goûteux, -euse** [gutø, øz] adj vin, viande flavoursome (Brit), flavorful (US)

**goutte** [gut] → SYN **1** nf **a** (lit, fig) drop ◆ **goutte de rosée** dewdrop ◆ **goutte de sueur** bead of sweat ◆ **suer à grosses gouttes** to be streaming with sweat ◆ **pleuvoir à grosses gouttes** to rain heavily ◆ **il est tombé quelques gouttes** there were a few spots ou drops of rain ◆ **du lait ? – une goutte** milk? – just a drop ◆ **il n'y en a plus une goutte** there's not a drop left ◆ **tomber goutte à goutte** to drip

**b** (Pharm) **gouttes** drops ◆ **gouttes pour les yeux/le nez** eye/nose drops

**c** ( * = eau-de-vie) brandy

**d** ( ††, hum) **je n'y vois/entends goutte** (= rien) I see/hear not a thing † (aussi hum)

**e** (Méd) gout

**f** (LOC) **ne pas avoir une goutte de sang dans les veines** not to have an ounce of character ◆ **avoir la goutte au nez** to have a dripping ou runny nose ◆ **passer entre les gouttes** (pluie) to run between the drops; (fig) to come through without a scratch

**2** COMP ▷ **goutte d'eau** drop of water; (Bijouterie) drop, droplet ◆ **c'est une goutte d'eau dans la mer** it's a drop in the ocean (Brit) ou in the bucket (US) ◆ **c'est la goutte (d'eau) qui fait déborder le vase** it's the last straw, it's the straw that breaks the camel's back; → **ressembler**

**goutte-à-goutte** [gutagut] nm inv (Méd) drip (Brit), IV (US) ◆ **alimenter qn au goutte-à-goutte** to put sb on a drip (Brit) ou on an IV (US), drip-feed sb (Brit)

**gouttelette** [gut(ə)lɛt] nf droplet

**goutter** [gute] ▸ conjug 1 ◂ vi to drip (*de* from)

**gouttereau** [gutʀo] adj m ◆ **mur gouttereau** wall bearing a gutter

**goutteux, -euse** [gutø, øz] → SYN adj (Méd) gouty

**gouttière** [gutjɛʀ] → SYN nf (horizontale) gutter; (verticale) drainpipe; (Aut) rain gutter; (Méd) (plaster) cast; (Anat : sur os) groove; → **chat**

**gouvernable** [guvɛʀnabl] adj governable ◆ **difficilement gouvernable** difficult to govern

**gouvernail** [guvɛʀnaj] → SYN nm (= pale) rudder; (= barre) helm, tiller ◆ **gouvernail de direction** rudder ◆ **gouvernail de profondeur** elevator ◆ **tenir le gouvernail** (fig) to be at the helm

**gouvernant, e[1]** [guvɛʀnɑ̃, ɑ̃t] → SYN **1** adj parti, classe ruling (épith), governing (épith)

**2** nmpl (Pol) ◆ **les gouvernants** the rulers, those in power ◆ **les gouvernés et les gouvernants** the citizens and those who govern them

**gouvernante[2]** [guvɛʀnɑ̃t] nf (= institutrice) governess; (= dame de compagnie) housekeeper

**gouverne** [guvɛʀn] → SYN nf **a** (frm) **pour ta gouverne** for your guidance

**b** (Naut = pilotage) steering

**c** (Aviat = surface) control surface ◆ **gouverne de profondeur** (= dispositif) elevator ◆ **gouverne latérale** aileron

**gouverné** [guvɛʀne] nm (gén pl) citizen

**gouvernement** [guvɛʀnəmɑ̃] → SYN nm (= administration, régime) government; (= cabinet) Cabinet, Government ◆ **former un gouvernement** to set up ou form a government ◆ **soutenir le gouvernement** to back the government ◆ **il est au gouvernement** he's a member of ou he's in the government ◆ **les gens du gouvernement** members of the government ◆ **sous un gouvernement socialiste** under socialist rule ou government ◆ **ça a eu lieu sous le gouvernement de Thatcher** it happened during the Thatcher government ou during Thatcher's government ◆ **gouvernement de cohabitation** cohabitation government

**gouvernemental, e,** mpl **-aux** [guvɛʀnəmɑ̃tal, o] adj député of the governing party; organe, politique government (épith), governmental (épith); journal pro-government; troupes government (épith) ◆ **le parti gouvernemental** the governing ou ruling party, the party in office ◆ **l'équipe gouvernementale** the government

**gouverner** [guvɛʀne] → SYN ▸ conjug 1 ◂ **1** vt **a** (Pol) to govern, rule ◆ **le parti qui gouverne** the party in office, the governing ou ruling party ◆ **droit des peuples à se gouverner (eux-mêmes)** right of peoples to self-government

**b** (littér) [+ passions] to control ◆ **savoir gouverner son cœur** to have control over one's heart ◆ **se laisser gouverner par l'ambition/par qn** to let o.s. be ruled ou governed by ambition/by sb ◆ **il sait fort bien se gouverner** he is well able to control himself ◆ **l'intérêt gouverne le monde** self-interest rules the world

**c** (Naut) to steer, helm ◆ **gouverner vers tribord** to steer to(wards) starboard

**d** (Gram) to govern, take

**2** vi (Naut) to steer ◆ **le bateau gouverne bien/mal** the boat steers well/badly ◆ **gouverner sur son ancre/sa bouée** to steer towards one's anchor/one's buoy

**gouverneur** [guvɛʀnœʀ] → SYN nm **a** (Admin, Pol) governor ◆ **le Gouverneur de la Banque de France** the Governor of the Bank of France ◆ **gouverneur militaire** military governor ◆ **gouverneur général** (Can) governor general

**b** (Hist = précepteur) tutor

**gouzi-gouzi** * [guziguzi] nm inv tickle ◆ **faire des gouzi-gouzi à qn** to tickle sb

**goy** [gɔj] → SYN **1** adj goyish

**2** nmf goy

**goyave** [gɔjav] nf (= fruit) guava

**goyavier** [gɔjavje] nm (= arbre) guava

**GPAO** [ʒepeao] nf (abrév de **gestion de la production assistée par ordinateur**) → **gestion**

**GPL** [ʒepeɛl] nm (abrév de **gaz de pétrole liquéfié**) LPG

**GPS** [ʒepeɛs] nm (abrév de **global positioning system**) ◆ **(système) GPS** GPS (system)

**GQG** [ʒekyʒe] nm (abrév de **Grand Quartier Général**) GHQ

**GR** [ʒeɛʀ] nm (abrév de **sentier de) grande randonnée**) ◆ **emprunter un GR** to take an official hiking trail; → **randonnée**

**Graal** [gʀal] nm Grail ◆ **la quête du Graal** the quest for the Holy Grail

**grabat** [gʀaba] → SYN nm pallet, mean bed

**grabataire** [gʀabatɛʀ] → SYN **1** adj bedridden

**2** nmf bedridden invalid

**graben** [gʀabɛn] → SYN nm graben

**grabuge** * [gʀabyʒ] nm ◆ **il va y avoir du grabuge** there'll be ructions * (Brit) ou a ruckus * (US) ou a rumpus * ◆ **faire du grabuge** to create havoc

**grâce** [gʀɑs] GRAMMAIRE ACTIVE 17.1 → SYN nf **a** (= charme) [personne, geste] grace; [chose, paysage] charm ◆ **plein de grâce** graceful ◆ **visage sans grâce** plain face ◆ **avec grâce** danser gracefully; s'exprimer elegantly ◆ **faire des grâces** to put on airs (and graces)

**b** (= faveur) favour (Brit), favor (US) ◆ **demander une grâce à qn** to ask a favour of sb ◆ **accorder une grâce à qn** to grant sb a favour ◆ **trouver grâce auprès de** ou **aux yeux de qn** to find favour with sb ◆ **il nous a fait la grâce d'accepter** (frm, hum) he did us the honour of accepting ◆ **elle nous a fait la grâce de sa présence** ou **d'être présente** she graced ou honoured us with her presence ◆ **être en grâce** to be in favour ◆ **rentrer en grâce** to come back into favour ◆ **être dans les bonnes grâces de qn** to be in favour with sb, be in sb's good graces ou good books * ◆ **chercher/gagner les bonnes grâces de qn** to seek/gain sb's favour ◆ **délai de grâce** days of grace ◆ **donner à qn une semaine de grâce** to give sb a week's grace

**c** (LOC) **bonne/mauvaise grâce** good/bad grace ◆ **faire qch de** ou **avec bonne/mauvaise grâce** to do sth with (a) good/bad grace, do sth willingly/grudgingly ◆ **il y a mis de la mauvaise grâce** he did it very reluctantly ◆ **il a eu la bonne grâce de reconnaître ...** he had the good grace to admit ... ◆ **il aurait mauvaise grâce à refuser** it would be bad form ou in bad taste for him to refuse

**d** (= miséricorde) mercy; (Jur) pardon ◆ **grâce royale/présidentielle** royal/presidential pardon ◆ **demander** ou **crier grâce** to beg ou cry for mercy ◆ **demander grâce pour qn** to appeal for clemency on sb's behalf ◆ **grâce !** (have) mercy! ◆ **de grâce, laissez-le dormir** for pity's sake ou for goodness' sake, let him sleep ◆ **je vous fais grâce des détails/du reste** I'll spare you the details/the rest ◆ **donner/recevoir le coup de grâce** to give/receive the coup de grâce ou deathblow; → **droit[3], recours**

**e** (= reconnaissance) **dire les grâces** to give thanks *(after a meal)*

◆ **grâce à** ◆ **grâce à qn/qch** thanks to sb/sth ◆ **grâce à Dieu !** thank God!, thank goodness!; → **action, jour, rendre**

**f** (Rel) grace ◆ **à la grâce de Dieu !** it's in God's hands! ◆ **nous réussirons par la grâce de Dieu** with God's blessing we shall succeed ◆ **grâce efficace/suffisante/vivifiante** efficacious/sufficient/life-giving grace; → **an, état**

**g** (= don, inspiration) gift ◆ **avoir la grâce** to have a gift ◆ **il a été touché par la grâce** he has been inspired ◆ **c'est la grâce que nous lui souhaitons** that is what we wish for him

**h** (= déesse) **les trois Grâces** the three Graces

**i** (= titre) **Sa Grâce ...** (homme) His Grace ...; (femme) Her Grace ...

**gracier** [gʀasje] → SYN ▸ conjug 7 ◂ vt to grant a pardon to, pardon ◆ **il a été gracié par le président** he was granted a presidential pardon

**gracieusement** [gʀasjøzmɑ̃] adv (= élégamment) gracefully; (= aimablement) amiably, kindly; (= gratuitement) free of charge ◆ **ceci vous est gracieusement offert par la société Leblanc** Messrs Leblanc offer you this with their compliments, please accept this with the compliments of Messrs Leblanc ◆ **documents gracieusement prêtés par l'Institut Pasteur** documentation kindly loaned by the Pasteur Institute

**gracieuseté** [gʀasjøzte] [→ SYN] nf (littér) (= amabilité) amiability; (= geste élégant) graceful gesture; (= cadeau) free gift ◆ **je vous remercie de vos gracieusetés** (iro) so kind of you to say so (iro)

**gracieux, -ieuse** [gʀasjø, jøz] [→ SYN] adj a (= élégant) gestes, silhouette, personne graceful
b (= aimable) sourire, abord, personne amiable, kindly; enfant amiable ◆ **notre gracieuse souveraine** (frm) our gracious sovereign (frm)
c (frm = gratuit) aide, service gratuitous (frm); → **recours, titre**

**gracile** [gʀasil] [→ SYN] adj personne, corps, tige slender; cou slender, swanlike

**gracilité** [gʀasilite] [→ SYN] nf slenderness

**gracioso** [gʀasjozo] adv (Mus) grazioso

**Gracques** [gʀak] nmpl ◆ **les Gracques** the Gracchi

**gradateur** [gʀadatœʀ] nm dimmer switch

**gradation** [gʀadasjɔ̃] [→ SYN] nf gradation ◆ **par gradation** gradually

**grade** [gʀad] [→ SYN] nm a (Admin, Mil) rank ◆ **monter en grade** to be promoted ◆ **en prendre pour son grade** * to be hauled over the coals, get a proper dressing-down *
b (= titre) (Univ) degree ◆ **grade de licencié** (first) degree, bachelor's degree
c (Math) grade
d (Tech) [huile] grade

**gradé, e** [gʀade] [→ SYN] nm,f (Mil) (gén) officer; (= subalterne) N.C.O., non-commissioned officer; (Police) officer, ≃ (police) sergeant (Brit)

**grader** [gʀadœʀ] [→ SYN] nm (= niveleuse) grader

**gradient** [gʀadjɑ̃] nm gradient

**gradin** [gʀadɛ̃] [→ SYN] nm (Théât) tier; [stade] step (of the terracing); (Agr) terrace ◆ **les gradins** [stade] the terraces ◆ **dans les gradins** on the terraces ◆ **en gradins** terraced ◆ **la colline s'élevait/descendait en gradins** the hill went up/down in steps ou terraces

**gradualisme** [gʀadɥalism] nm gradualism

**gradualiste** [gʀadɥalist] adj gradualist(ic)

**graduat** [gʀadɥa] nm (Belg) *non-university degree awarded for technical or administrative studies*

**graduation** [gʀadɥasjɔ̃] nf [instrument] graduation

**gradué, e** [gʀadɥe] (ptp de **graduer**) adj exercices graded; règle, thermomètre graduated ◆ **verre/pot gradué** measuring glass/jug

**graduel, -elle** [gʀadɥɛl] [→ SYN] 1 adj progression, amélioration, augmentation gradual; difficultés progressive
2 nm (Rel) gradual

**graduellement** [gʀadɥɛlmɑ̃] [→ SYN] adv gradually

**graduer** [gʀadɥe] [→ SYN] ▸ conjug 1 ◂ vt [+ exercices] to increase in difficulty; [+ difficultés, efforts] to step up ou increase gradually; [+ règle, thermomètre] to graduate

**gradus** [gʀadys] nm gradus

**graffiter** [gʀafite] ▸ conjug 1 ◂ vt to write graffiti on

**graffiteur, -euse** [gʀafitœʀ, øz] nm,f (gén) graffitist; (= artiste) graffiti artist

**graffiti**, pl **graffiti(s)** [gʀafiti] nm graffiti (NonC) ◆ **un graffiti** a piece of graffiti

**graille** ‡ [gʀaj] nf grub ‡, nosh ‡ (Brit), chow ‡ (US) ◆ **à la graille !** come and get it! *, grub's up! * (Brit)

**grailler** [gʀaje] [→ SYN] ▸ conjug 1 ◂ vi a (‡ = manger) to nosh ‡ (Brit), chow down ‡ (US)
b [corneille] to caw
c (= parler) to speak in a throaty ou hoarse voice

**graillon¹** [gʀajɔ̃] [→ SYN] nm (péj = déchet) bit of burnt fat ◆ **ça sent le graillon** there's a smell of burnt fat

**graillon²** ‡ [gʀajɔ̃] [→ SYN] nm (= crachat) lump of gob ‡ (Brit), gob of spit ‡

**graillonner** * [gʀɑjɔne] [→ SYN] ▸ conjug 1 ◂ vi (= tousser) to cough; (= parler) to speak in a throaty ou hoarse voice

**grain** [gʀɛ̃] [→ SYN] 1 nm a [blé, riz, maïs, sel] grain ◆ **le(s) grain(s)** (= céréales) (the) grain ◆ **grain d'orge** grain of barley, barleycorn ◆ **donner du grain aux poules** to give grain to the chickens ◆ **alcool** ou **eau-de-vie de grain(s)** grain alcohol ◆ **le bon grain** (Rel) the good seed ◆ **cela leur a donné du grain à moudre** (matière à réflexion) it gave them food for thought, it gave them something to chew over; (travail) it kept them occupied ou busy for a while ◆ **mettre son grain de sel** * to put ou stick one's oar in * (Brit), to put in one's two cents * (US); → **poulet, séparer**
b [café] bean ◆ **café en grains** coffee beans, unground coffee ◆ **grain de raisin** grape ◆ **grain de cassis** blackcurrant ◆ **grain de poivre** peppercorn ◆ **poivre en grains** whole pepper, peppercorns ◆ **moutarde en grains** whole grain mustard
c [collier, chapelet] bead; (Méd = petite pilule) pellet
d (= particule) [sable, farine, pollen] grain; [poussière] speck ◆ **grain de sable** (fig) blip *, glitch * ◆ **il suffit d'un grain de sable pour tout bloquer** one blip * ou glitch * is enough to bring everything grinding to a halt
e **un grain de** (= un peu de) [+ fantaisie] a touch of; [+ bon sens] a grain ou an ounce of ◆ **il n'y a pas un grain de vérité dans ce qu'il dit** there's not a grain ou scrap of truth in what he says ◆ **il a un (petit) grain** * he's a bit touched *, he's not quite all there * ◆ **il faut parfois un petit grain de folie** it sometimes helps to have a touch of madness ou to be a bit eccentric
f (= texture) [peau] texture; (Photo) grain ◆ **à grain fin** bois, roche fine-grained ◆ **à gros grains** coarse-grained ◆ **travailler dans le sens du grain** to work with the grain
g (= averse brusque) heavy shower; (Naut = bourrasque) squall ◆ **essuyer un grain** to run into a squall; → **veiller**
h (†† = poids) grain; (Can) grain *(0.0647 gramme)*
2 COMP ▷ **grain de beauté** mole, beauty spot ▷ **grain de plomb** leadshot (NonC)

**graine** [gʀɛn] [→ SYN] nf (Agr) seed ◆ **graines de radis** radish seeds ◆ **graine de paradis** cardamom, cardamon ◆ **graines germées** sprouting seeds ◆ **graines pour oiseaux** birdseed (NonC) ◆ **monter en graine** [plante] to go ou run to seed, bolt; (hum) [enfant] to shoot up ◆ **tu vois ce qu'a fait ton frère, prends-en de la graine** * you've seen what your brother has done so take a leaf out of his book * ◆ **c'est de la graine de voleur** he has the makings of a thief ◆ **la petite graine** (hum) the precious seed (hum), sperm; → **casser, mauvais**

**grainer** [gʀene] ▸ conjug 1 ◂ vt, vi ⇒ **grener**

**graineterie** [gʀɛntʀi] nf (= commerce) seed trade; (= magasin) seed shop, seed merchant's (shop)

**grainetier, -ière** [gʀɛntje, jɛʀ] nm,f seed merchant; (= homme) seedsman

**grainier, -ière** [gʀenje, jɛʀ] 1 nm,f seed seller
2 nm seed storage room

**graissage** [gʀɛsaʒ] [→ SYN] nm [machine] greasing, lubricating ◆ **faire faire un graissage complet de sa voiture** to take one's car in for a complete lubricating job

**graisse** [gʀɛs] [→ SYN] 1 nf a [animal, personne] fat; (Culin) fat; [viande cuite] dripping (Brit), drippings (US); (= lubrifiant) grease ◆ **graisse(s) végétale(s)/animale(s)** animal/vegetable fat ◆ **prendre de la graisse** [animal] to put on fat; → **bourrelet**
b (Typo) weight
2 COMP ▷ **graisse de baleine** (whale) blubber ▷ **graisse de phoque** seal blubber ▷ **graisse de porc** lard ▷ **graisse à traire** milking grease

**graisser** [gʀese] [→ SYN] ▸ conjug 1 ◂ 1 vt (= lubrifier) (gén) to grease; [+ chaussures] to wax; (= salir) to get grease on, make greasy; (= donner un aspect gras à) [+ cheveux, peau] to make greasy ◆ **cette lotion ne graisse pas** this lotion is non-greasy ◆ **graisser la patte à qn** * to grease ou oil sb's palm *
2 vi [cheveux] to get greasy

**graisseur** [gʀɛsœʀ] nm (= objet) lubricator ◆ **dispositif graisseur** lubricating ou greasing device ◆ **(pistolet) graisseur** grease gun

**graisseux, -euse** [gʀɛsø, øz] [→ SYN] adj main, objet greasy; papiers grease-stained, greasy; nourriture greasy, fatty; bourrelet fatty, of fat; tissu, tumeur fatty

**gram** [gʀam] nm inv Gram's method ou stain

**gramen** [gʀamɛn] nm (= herbe) lawn grass; (= gazon) lawn

**graminacée** [gʀaminase] nf ⇒ **graminée**

**graminée** [gʀamine] [→ SYN] nf ◆ **une graminée** a grass ◆ **les graminées** grasses, graminae (SPÉC)

**grammaire** [gʀa(m)mɛʀ] [→ SYN] nf (= science, livre) grammar ◆ **faute de grammaire** grammatical mistake ◆ **règle de grammaire** grammatical rule, rule of grammar ◆ **exercice/livre de grammaire** grammar exercise/book ◆ **grammaire des cas** case grammar ◆ **grammaire (de structure) syntagmatique** phrase structure grammar ◆ **grammaire de surface** surface grammar

**grammairien, -ienne** [gʀa(m)mɛʀjɛ̃, jɛn] [→ SYN] nm,f grammarian

**grammatical, e**, mpl **-aux** [gʀamatikal, o] adj (gén) grammatical ◆ **exercice grammatical** grammar exercise ◆ **phrase grammaticale** well-formed ou grammatical sentence; → **analyse**

**grammaticalement** [gʀamatikalmɑ̃] adv grammatically

**grammaticalisation** [gʀamatikalizasjɔ̃] nf grammaticalization

**grammaticaliser** [gʀamatikalize] ▸ conjug 1 ◂ vt to grammaticalize

**grammaticalité** [gʀamatikalite] nf grammaticality

**gramme** [gʀam] nm gram(me) ◆ **je n'ai pas pris/perdu un gramme** (de mon poids) I haven't put on/lost an ounce ◆ **il n'a pas un gramme de jugeote** he hasn't an ounce of commonsense

**gramophone** ® † [gʀamɔfɔn] nm gramophone †

**grand, e** [gʀɑ̃, gʀɑ̃d] [→ SYN] 1 adj a (= de haute taille) personne, verre tall; arbre, échelle high, big, tall
b (= plus âgé, adulte) **son grand frère** his older ou elder ou big * brother ◆ **il a un petit garçon et deux grandes filles** he has a little boy and two older ou grown-up daughters ◆ **ils ont deux grands enfants** they have two grown-up children ◆ **quand il sera grand** [enfant] when he grows up, when he's grown-up; [chiot] when it's big, when it's fully grown ◆ **il est assez grand pour savoir** he's big enough ou old enough to know ◆ **tu es grand/grande maintenant** you're a big boy/girl now
c (en dimensions) (gén) big, large; hauteur, largeur great; bras, distance, voyage, enjambées long; avenue, marge wide ◆ **aussi/plus grand que nature** as large as/larger than life ◆ **ouvrir de grands yeux** to open one's eyes wide ◆ **ouvrir la fenêtre/la bouche toute grande** to open the window/one's mouth wide ◆ **l'amour avec un grand A** love with a capital L ◆ **"La Grande Évasion"** (Ciné) "The Great Escape"
d (en nombre, en quantité) vitesse, poids, valeur, puissance great; nombre, quantité large, great; famille large, big; foule large, great, big; dépense great; fortune great, large ◆ **la grande majorité des gens** the great ou vast majority of people ◆ **une grande partie de ce qu'il a** a great ou large proportion of what he has
e (= intense, violent) bruit, cri loud; froid severe, intense; chaleur intense; vent strong, high; effort, danger, plaisir, déception great; pauvreté great, dire (épith); soupir deep, big ◆ **l'incendie a causé de grands dégâts** the fire has caused extensive damage ou a great deal of damage ◆ **avec un grand rire** with a loud ou big laugh ◆ **grand chagrin** deep ou great sorrow ◆ **à ma grande surprise/honte** much to my surprise/shame, to my great surprise/shame

**f** (= riche, puissant) pays, firme, banquier, industriel leading, big ◆ **les grands trusts** the big trusts ◆ **un grand personnage** an important person; → **train**

**g** (= important) aventure, progrès, intelligence great; différence, appétit, succès great, big; ville, travail big ◆ **je t'annonce une grande nouvelle !** I've got some great news! ◆ **le grand moment approche** the big ou great moment is coming ◆ **c'est un grand jour/honneur pour nous** this is a great day/honour for us

**h** (= principal) main ◆ **c'est la grande nouvelle du jour** it's the main news of the day ◆ **les grands points de son discours** the main points of his speech ◆ **les grands fleuves du globe** the major ou main ou great rivers of the world ◆ **la grande difficulté consiste à ...** the main ou major difficulty lies in ...

**i** (intensif) travailleur great, hard; collectionneur great, keen; buveur heavy, hard; mangeur big; fumeur heavy; ami, rêveur great, big; menteur big ◆ **c'est un grand ennemi du bruit** he can't stand ou abide noise ◆ **un grand amateur de musique** a great music lover ◆ **grand lâche/sot !** you big coward/fool! ◆ **grande jeunesse** extreme youth ◆ **un grand mois/quart d'heure** a good month/quarter of an hour ◆ **rester un grand moment** to stay a good while ◆ **un grand kilomètre** a good kilometre ◆ **un grand verre d'eau** a large glass of water ◆ **un grand panier de champignons** a full basket of mushrooms ◆ **les grands malades** the very ill ou sick ◆ **un grand invalide** a seriously disabled person

**j** (= remarquable) champion, œuvre, savant, civilisation great ◆ **un grand vin/homme** a great wine/man ◆ **une grande année** a vintage ou great year ◆ **le grand Molière** the great Molière ◆ **c'est du grand jazz** * it's jazz at its best ◆ **une grande figure de l'Histoire** a major historical figure

**k** (= de gala) réception, dîner grand ◆ **en grande cérémonie/pompe** with great ceremony/pomp

**l** (= noble) âme noble, great; pensée, principe high, lofty ◆ **se montrer grand (et généreux)** to be big-hearted ou magnanimous

**m** (= exagéré) **faire de grandes phrases** to trot out high-flown sentences ◆ **tous ces grands discours** all these high-flown speeches ◆ **faire de grands gestes** to wave one's arms about; → **cheval, mot**

**n** (= beaucoup de) **cela te fera (le plus) grand bien** it'll do you a great deal of ou the world of good ◆ **j'en pense le plus grand bien** I think most highly of him ◆ **grand bien vous fasse !** much good may it do you! ◆ **il n'y a pas grand danger** there's no great danger ◆ **cela lui fera grand tort** it'll do him a lot of harm

2 **adv** **a** (en taille) **ces sandales chaussent grand** these sandals are big-fitting (Brit) ou run large (US) ◆ **ce n'est pas une maquette, il l'a réalisé en grand** it's not a model, he made it full scale

**b** (= largement) **ouvrir (en) grand** [+ porte] to open wide; [+ robinet] to turn full on ◆ **la fenêtre était grand(e) ouverte** the window was wide open ◆ **voir grand** to think big ◆ **il a vu trop grand** he was over-ambitious ◆ **dix bouteilles ? tu as vu grand !** ten bottles? you don't do things by halves! ◆ **il fait toujours les choses en grand** he always does things on a large scale

3 **nm** **a** (Scol) older ou bigger boy, senior boy ou pupil ◆ **jeu pour petits et grands** game for old and young alike ou for the young and the not-so-young ◆ **il va à l'école tout seul comme un grand** he goes to school on his own like a big boy

**b** (terme d'affection) **mon grand** son, my lad (Brit)

**c** (= personne puissante) **les grands de ce monde** men in high places ◆ **les quatre Grands** (Pol) the Big Four ◆ **les cinq grands de l'électronique** the five big ou major electronics companies ◆ **Pierre/Alexandre/Frédéric le Grand** Peter/Alexander/Frederick the Great

4 **grande** **nf** **a** (Scol) older ou bigger girl, senior girl ou pupil ◆ **elle parle comme une grande** she talks like a big girl

**b** (terme d'affection) **ma grande** (my) dear

### GRANDES ÉCOLES

The **grandes écoles** are competitive-entrance higher education establishments where engineering, business administration and other subjects are taught to a very high standard. The most prestigious include "l'École Polytechnique" (engineering), the three "Écoles normales supérieures" (humanities), "l'ENA" (the civil service college), and "HEC" (business administration).

Pupils prepare for entrance to the **grandes écoles** after their "baccalauréat" in two years of "classes préparatoires" (nicknamed "hypokhâgne" and "khâgne" for humanities and "hypotaupe" and "taupe" for science).

→ CLASSES PRÉPARATOIRES; CONCOURS; ÉCOLE NATIONALE D'ADMINISTRATION

5 **COMP** ▷ **la grande Bleue** ou **bleue** the Med *, the Mediterranean ▷ **grand d'Espagne** Spanish grandee ▷ **le grand huit** † [fête foraine] the scenic railway † ▷ **grand œuvre** (= réalisation très importante) great work ◆ **le Grand Œuvre** (Alchimie) the Great Work ▷ **le Grand Orient** the Grand Lodge of France ▷ **grande personne** grown-up ▷ **la grande vie** the good life ◆ **mener la grande vie** to live in style, live the good life

**grand-angle,** pl **grands-angles** [gʀɑ̃tɑ̃gl, gʀɑ̃zɑ̃gl], **grand-angulaire,** pl **grands-angulaires** [gʀɑ̃tɑ̃gylɛʀ, gʀɑ̃zɑ̃gylɛʀ] **nm** wide-angle lens ◆ **faire une photo au grand-angle** to take a picture with a wide-angle lens, take a wide-angle shot

**grand-chose** [gʀɑ̃ʃoz] 1 **pron indéf** ◆ **pas grand-chose** not much ◆ **on ne sait pas grand-chose à son sujet** we don't know very much about him ◆ **cela ne vaut pas grand-chose** it's not worth much, it's not up to much * (Brit), it's no great shakes * ◆ **es-tu blessé ? – ce n'est pas grand-chose** are you hurt? – it's nothing much ◆ **il n'y a plus grand-chose dans ce magasin** there isn't much ou there's nothing much left in this shop ◆ **il n'y a pas grand-chose à dire** there's not a lot to say, there's nothing much to say ◆ **il n'en sortira pas grand-chose de bon** not much good will come (out) of this, I can't see much good coming (out) of this ◆ **sans changer grand-chose au plan** without altering the plan much

2 **nmf inv** (péj) ◆ **c'est un pas grand-chose** he's a good-for-nothing

**grand-croix,** pl **grands-croix** [gʀɑ̃kʀwa] 1 **nm** holder of the Grand Cross

2 **nf inv** Grand Cross *(of the Légion d'honneur)*

**grand-duc,** pl **grands-ducs** [gʀɑ̃dyk] **nm** **a** (= personne) grand duke; → **tournée**[2]

**b** (= hibou) eagle owl

**grand-ducal, e,** mpl **-aux** [gʀɑ̃dykal, o] **adj** (= du grand-duc) grand-ducal; (= du grand-duché de Luxembourg) of Luxembourg

**grand-duché,** pl **grands-duchés** [gʀɑ̃dyʃe] **nm** grand duchy ◆ **le grand-duché de Luxembourg** the grand duchy of Luxembourg

**Grande-Bretagne** [gʀɑ̃dbʀətaɲ] **nf** ◆ **la Grande-Bretagne** Great Britain

**grande-duchesse,** pl **grandes-duchesses** [gʀɑ̃ddyʃɛs] **nf** grand duchess

**grandement** [gʀɑ̃dmɑ̃] → SYN **adv** **a** (= tout à fait) **se tromper grandement** to be greatly mistaken ◆ **avoir grandement raison/tort** to be absolutely right/wrong

**b** (= largement) aider, contribuer a great deal, greatly ◆ **il a grandement le temps** he has plenty of time ◆ **il y en a grandement assez** there's plenty of it ou easily enough (of it) ◆ **être grandement logé** to have plenty of room ou ample room (in one's house) ◆ **nous ne sommes pas grandement logés** we haven't got (very) much room ◆ **je lui suis grandement reconnaissant** I'm deeply ou extremely grateful to him ◆ **il est grandement temps de partir** it's high time we went

**c** (= généreusement) agir nobly ◆ **faire les choses grandement** to do things lavishly ou in grand style

**grandesse** [gʀɑ̃dɛs] **nf** Spanish grandeeship

**grandeur** [gʀɑ̃dœʀ] → SYN 1 **nf** **a** (= dimension) size ◆ **c'est de la grandeur d'un crayon** it's the size of ou as big as a pencil ◆ **ils sont de la même grandeur** they are the same size ◆ **grandeur nature** statue life-size (épith); expérience in real conditions ◆ **en vraie grandeur** maquette full-size (épith), full-scale (épith); → **haut, ordre**[1]

**b** (= importance) [œuvre, sacrifice, amour] greatness ◆ **avoir des idées de grandeur** to have delusions of grandeur; → **délire**

**c** (= dignité) greatness; (= magnanimité) magnanimity ◆ **faire preuve de grandeur** to show magnanimity ◆ **la grandeur humaine** the greatness of man ◆ **grandeur d'âme** generosity of spirit

**d** (= gloire) greatness ◆ **grandeur et décadence de** rise and fall of ◆ **politique de grandeur** politics of national grandeur

**e** (Astron) magnitude; (Math) ◆ **grandeur variable** variable magnitude ◆ **de première grandeur** étoile of first magnitude; (fig) of the first order

**f** († = titre) **Sa Grandeur l'évêque de Lyon** (the) Lord Bishop of Lyons ◆ **oui, Votre Grandeur** yes, my Lord

2 **nfpl** (= honneurs) ◆ **grandeurs** glory; → **folie**

**Grand-Guignol** [gʀɑ̃giɲɔl] **nm** Grand Guignol ◆ **c'est du Grand-Guignol** (fig) it's all blood and thunder

**grand-guignolesque,** pl **grand-guignolesques** [gʀɑ̃giɲɔlɛsk] → SYN **adj** situation, événement, pièce de théâtre gruesome, bloodcurdling

**grandiloquence** [gʀɑ̃dilɔkɑ̃s] → SYN **nf** grandiloquence, bombast

**grandiloquent, e** [gʀɑ̃dilɔkɑ̃, ɑ̃t] → SYN **adj** grandiloquent, bombastic

**grandiose** [gʀɑ̃djoz] → SYN **adj** œuvre, spectacle, paysage imposing, grandiose ◆ **le grandiose d'un paysage** the grandeur of a landscape

**grandir** [gʀɑ̃diʀ] → SYN ▸ conjug 2 ◂ 1 **vi** **a** [plante, enfant] to grow; [ombre portée] to grow (bigger) ◆ **il a grandi de 10 cm** he has grown 10 cm ◆ **je le trouve grandi** he has grown since I last saw him ◆ **en grandissant tu verras que ...** as you grow up you'll see that ... ◆ **il a grandi dans mon estime** he's gone up in my estimation, he has grown ou risen in my esteem ◆ **enfant grandi trop vite** lanky ou gangling child

**b** [sentiment, influence, foule] to increase, grow; [bruit] to grow (louder), increase; [firme] to grow, expand ◆ **l'obscurité grandissait** (the) darkness thickened, it grew darker and darker ◆ **son pouvoir va grandissant** his power grows ever greater ou constantly increases ◆ **grandir en sagesse** to grow ou increase in wisdom

2 **vt** **a** (= faire paraître grand) [microscope] to magnify ◆ **grandir les dangers/difficultés** to exaggerate the dangers/difficulties ◆ **ces chaussures te grandissent** those shoes make you (look) taller ◆ **il se grandit en se mettant sur la pointe des pieds** he made himself taller by standing on tiptoe

**b** (= rendre prestigieux) **cette épreuve l'a grandi** this ordeal has made him grow in stature ◆ **il sort grandi de cette épreuve** he has come out of this ordeal with increased stature ◆ **la France n'en est pas sortie grandie** it did little for France's reputation

**grandissant, e** [gʀɑ̃disɑ̃, ɑ̃t] **adj** foule, bruit, sentiment growing ◆ **nombre/pouvoir (sans cesse) grandissant** (ever-)growing ou (ever-)increasing number/power

**grandissement** † [gʀɑ̃dismɑ̃] **nm** (Opt) magnification

**grandissime** [gʀɑ̃disim] **adj** (hum = très grand) tremendous

**grand-livre,** pl **grands-livres** [gʀɑ̃livʀ] **nm** († Comm) ledger

**grand-maman,** pl **grands-mamans** [gʀɑ̃mamɑ̃] **nf** granny *, grandma

**grand-mère,** pl **grands-mères** [gʀɑ̃mɛʀ] → SYN **nf** (= aïeule) grandmother; ( * = vieille dame) (old) granny *

**grand-messe,** pl **grands-messes** [gʀɑ̃mɛs] **nf** (Rel) high mass; (Pol) powwow *, ritual gathering ◆ **grand-messe médiatique** media jamboree ◆ **la grand-messe cathodique** ou **du journal de 20 heures** the 8 o'clock TV news ritual

**grand-oncle,** pl **grands-oncles** [gʀɑ̃tɔ̃kl, gʀɑ̃zɔ̃kl] nm great-uncle

**grand-papa,** pl **grands-papas** [gʀɑ̃papa] nm grandpa, grandad *

**grand-peine** [gʀɑ̃pɛn] **à grand-peine** loc adv with great difficulty

**grand-père,** pl **grands-pères** [gʀɑ̃pɛʀ] → SYN nm (= aïeul) grandfather; ( * = vieux monsieur) old man ◆ **avance, grand-père !** * (péj) get a move on, grandad! *

**grand-route,** pl **grand-routes** [gʀɑ̃ʀut] nf main road

**grand-rue,** pl **grand-rues** [gʀɑ̃ʀy] nf ◆ **la grand-rue** the high street (Brit), the main street (US)

**grands-parents** [gʀɑ̃paʀɑ̃] → SYN nmpl grandparents

**grand-tante,** pl **grands-tantes** [gʀɑ̃tɑ̃t] nf great-aunt

**grand-vergue,** pl **grands-vergues** [gʀɑ̃vɛʀg] nf main yard

**grand-voile,** pl **grands-voiles** [gʀɑ̃vwal] nf mainsail

**grange** [gʀɑ̃ʒ] → SYN nf barn

**grangée** [gʀɑ̃ʒe] nf barnful

**granit(e)** [gʀanit] nm granite

**granité, e** [gʀanite] → SYN 1 adj granite-like (épith) ◆ **papier granité** grained paper
2 nm (= tissu) pebbleweave (cloth); (= glace) granita *(Italian ice cream)*

**graniter** [gʀanite] ▸ conjug 1 ◂ vt to give a granite look to

**graniteux, -euse** [gʀanitø, øz] adj (Minér) granitic

**granitique** [gʀanitik] adj (Minér) granite (épith), granitic

**granito** [gʀanito] nm terrazzo

**granitoïde** [gʀanitɔid] adj granitoid

**granivore** [gʀanivɔʀ] 1 adj grain-eating, granivorous (SPÉC)
2 nm grain-eater, granivore (SPÉC)

**granny smith** [gʀanismis] nf inv Granny Smith (apple)

**granulaire** [gʀanylɛʀ] adj (Sci) granular

**granulat** [gʀanyla] → SYN nm aggregate

**granulation** [gʀanylasjɔ̃] nf a (= grain) grainy effect ◆ **granulations** granular ou grainy surface ◆ **granulations cytoplasmiques** cytoplasmic granules
b (Tech = action) granulation
c (Photo) graininess

**granule** [gʀanyl] nm granule; (Pharm) small pill ◆ **granule homéopathique** homeopathic pill

**granulé, e** [gʀanyle] → SYN (ptp de **granuler**) 1 adj surface granular
2 nm granule

**granuler** [gʀanyle] ▸ conjug 1 ◂ vt [+ métal, poudre] to granulate

**granuleux, -euse** [gʀanylø, øz] adj (gén) granular; peau grainy

**granulie** [gʀanyli] nf granulitis

**granulite** [gʀanylit] nf granulite

**granulocyte** [gʀanylɔsit] nm granulocyte

**granulome** [gʀanylom] nm granuloma

**granulométrie** [gʀanylometʀi] nf granulometry

**granulométrique** [gʀanylometʀik] adj granulometric

**grape(-)fruit,** pl **grape(-)fruits** [gʀɛpfʀut] nm grapefruit

**graphe** [gʀaf] nm (Écon, Math) graph

**graphème** [gʀafɛm] nm grapheme

**grapheur** [gʀafœʀ] nm graphics application package, graphics software (NonC)

**graphie** [gʀafi] → SYN nf written form ◆ **il y a plusieurs graphies pour ce mot** there are several written forms of this word ou several ways of spelling this word ◆ **graphie phonétique** phonetic spelling

**graphiose** [gʀafjoz] nf elm disease

**graphique** [gʀafik] → SYN 1 adj (gén) graphic; (Ordin) application, écran graphics (épith); environnement graphic; interface graphical ◆ **l'industrie graphique** the computer graphics industry
2 nm (= courbe) graph, chart ◆ **graphique en barres** ou **à colonnes** ou **à tuyaux d'orgue** bar chart ou graph ◆ **graphique à secteurs** pie chart

**graphiquement** [gʀafikmɑ̃] adv graphically

**graphisme** [gʀafism] nm a (= technique) (Design) graphics sg; (Art) graphic arts
b (= style) [peintre, dessinateur] style of drawing
c (= écriture individuelle) hand, handwriting; (= alphabet) script

**graphiste** [gʀafist] nmf graphic designer

**graphitage** [gʀafitaʒ] nm graphitization

**graphite** [gʀafit] → SYN nm graphite

**graphiter** [gʀafite] ▸ conjug 1 ◂ vt to graphitize ◆ **lubrifiant graphité** graphitic lubricant

**graphiteux, -euse** [gʀafitø, øz] adj graphitic

**graphitique** [gʀafitik] adj ⇒ **graphiteux**

**graphologie** [gʀafɔlɔʒi] nf graphology

**graphologique** [gʀafɔlɔʒik] adj of handwriting, graphological

**graphologue** [gʀafɔlɔg] nmf graphologist

**graphomane** [gʀafɔman] nmf graphomaniac

**graphomanie** [gʀafɔmani] nf graphomania

**graphomètre** [gʀafɔmɛtʀ] nm graphometer

**grappa** [gʀapa] nf grappa

**grappe** [gʀap] → SYN nf [fleurs] cluster; [groseilles] bunch ◆ **grappe de raisin** bunch of grapes ◆ **en** ou **par grappes** in clusters ◆ **grappes humaines** clusters of people ◆ **les grappes de la cytise** the laburnum flowers

**grappillage** [gʀapijaʒ] nm a [grains] gathering; [fruits, fleurs] picking, gathering; (après la vendange) gleaning
b [idées] lifting; [argent] fiddling * ◆ **ses grappillages se montaient à quelques centaines de francs** his pickings amounted to several hundred francs ◆ **pour limiter les grappillages** to reduce fiddling *

**grappiller** [gʀapije] → SYN ▸ conjug 1 ◂ 1 vi (après la vendange) to glean ◆ **arrête de grappiller, prends la grappe** (= picorer) stop picking at it and take the whole bunch ◆ **elle ne mange pas, elle grappille** she doesn't eat, she just nibbles
2 vt a [+ grains] to gather; [+ fruits, fleurs] to pick, gather
b [+ connaissances, nouvelles] to pick up; [+ renseignements, informations] to glean; [+ idées] to lift; [+ objets] to pick up (here and there) ◆ **grappiller quelques sous** to fiddle * ou pick up a little extra on the side ◆ **réussir à grappiller quelques voix/sièges** to manage to pick up a few votes/seats ◆ **il a beaucoup grappillé chez d'autres auteurs** (péj) he's lifted a lot from other authors

**grappillon** [gʀapijɔ̃] nm small bunch of grapes

**grappin** [gʀapɛ̃] → SYN nm [bateau] grapnel; [grue] grab (Brit), drag (US) ◆ **mettre le grappin sur qn** * to grab sb, collar sb * ◆ **elle lui a mis le grappin dessus** * (pour l'épouser) she's got her claws into him * ◆ **mettre le grappin sur qch** * to get one's claws on ou into sth *

**gras, grasse** [gʀɑ, gʀɑs] → SYN 1 adj a substance, aliment, bouillon fatty; huître fat ◆ **fromage gras** full fat cheese ◆ **crème grasse pour la peau** rich moisturizing cream; → **chou[1], corps, matière**
b (= gros) personne, animal, visage, main fat; bébé podgy (Brit), pudgy (US); volaille plump ◆ **être gras comme un chanoine** ou **un moine** †, **être gras à lard** † to be as round as a barrel ◆ **être gras du bide** * (péj) to have a bit of a belly * ou of a corporation * (Brit); (par excès de boisson) to have a beer-gut * ou a beer-belly * ◆ **un gras du bide** * (péj) a fat slob ‡; → **vache, veau**
c (= graisseux, huileux) mains, cheveux, surface greasy; pavé, rocher slimy; boue, sol sticky, slimy; → **houille**
d (= épais) trait, contour thick; → **caractère, crayon, plante[1]**
e toux loose, phlegmy; voix, rire throaty
f (= vulgaire) mot, plaisanterie coarse, crude
g (= abondant) pâturage rich, luxuriant; récompense fat * (épith) ◆ **la paye n'est pas grasse** the pay is rather meagre, it's not much of a salary ◆ **j'ai touché 50 €, ce n'est pas gras** * I earned €50, which is hardly a fortune ◆ **il n'y a pas gras à manger** * there's not much to eat
h (LOC) **faire la grasse matinée** to have a lie in, sleep in
2 nm a (Culin) fat; [baleine] blubber; (Théât) greasepaint ◆ **j'ai les mains couvertes de gras** my hands are covered in grease
b (= partie charnue) **le gras de** [jambe, bras] the fleshy part of
c (Typo) **c'est imprimé en (caractères) gras** it's printed in bold (type)
d ( * = profit) profit
3 adv a **manger gras** to eat fatty foods ◆ **faire gras** (Rel) to eat meat
b **il tousse gras** he has a loose ou phlegmy cough ◆ **parler/rire gras** * to speak/laugh coarsely

**gras-double,** pl **gras-doubles** [gʀɑdubl] nm (Culin) tripe

**grassement** [gʀɑsmɑ̃] → SYN adv a rétribuer generously, handsomely ◆ **vivre grassement** (péj) to live off the fat of the land ◆ **grassement payé** highly ou well paid
b parler, rire coarsely

**grasserie** [gʀɑsʀi] nf grasserie

**grasset** [gʀɑsɛ] nm stifle (joint)

**grasseyant, e** [gʀasɛjɑ̃, ɑ̃t] adj voix guttural

**grasseyement** [gʀasɛjmɑ̃] nm guttural pronunciation

**grasseyer** [gʀaseje] → SYN ▸ conjug 1 ◂ vi to have a guttural pronunciation; (Ling) to use a fricative ou uvular (Parisian) R

**grassouillet, -ette** * [gʀasujɛ, ɛt] adj podgy (Brit), pudgy (US), plump

**grateron** [gʀatʀɔ̃] nm bedstraw

**gratifiant, e** [gʀatifjɑ̃, jɑ̃t] adj expérience, travail rewarding, gratifying

**gratification** [gʀatifikasjɔ̃] → SYN nf a (Admin = prime) bonus ◆ **gratification de fin d'année** Christmas bonus (Brit)
b (Psych = satisfaction) gratification

**gratifier** [gʀatifje] → SYN ▸ conjug 7 ◂ vt ◆ **gratifier qn de** [+ récompense, avantage] to present sb with; [+ sourire, bonjour] to favour (Brit) ou favor (US) ou grace sb with; (iro) [+ amende] to present sb with; (iro) [+ punition] to give sb ◆ **il nous gratifia d'un long sermon** he favoured ou honoured us with a long sermon ◆ **se sentir gratifié** (Psych) to feel gratified

**gratin** [gʀatɛ̃] → SYN nm a (Culin) (= plat) cheese(-topped) dish, gratin; (= croûte) cheese topping, gratin ◆ **gratin de pommes de terre** potatoes au gratin ◆ **chou-fleur au gratin** cauliflower cheese ◆ **gratin dauphinois** gratin Dauphinois
b (= haute société) **le gratin** * the upper crust *, the swells * (US) ◆ **tout le gratin de la ville était là** everybody who's anybody was there, all the nobs * (Brit) ou swells * (US) of the town were there

**gratiné, e** [gʀatine] → SYN (ptp de **gratiner**) 1 adj a (Culin) au gratin
b ( * : intensif) épreuve, amende (really) stiff; aventures, plaisanterie (really) wild ◆ **il m'a passé une engueulade gratinée** ‡ he gave me a heck of a telling-off *, he didn't half give me a telling-off * (Brit) ◆ **c'est un examen gratiné** it's a tough * ou stiff exam ◆ **comme film érotique, c'est plutôt gratiné** as erotic films go, it's pretty hot stuff * ou spicy ◆ **comme imbécile il est gratiné** he's a prize idiot
2 **gratinée** nf French onion soup

**gratiner** [gʀatine] ▸ conjug 1 ◂ 1 vt (Culin) [+ pommes de terre] to cook au gratin
2 vi (= dorer) to brown, turn golden

**gratiole** [gʀasjɔl] nf gratiola

**gratis** * [gʀatis] → SYN 1 adj free
2 adv free, for nothing

**gratitude** [gʀatityd] → SYN nf gratitude, gratefulness

**gratos** ‡ [gʀatos] adj, adv ⇒ **gratis**

**gratouiller** * [gʀatuje] ▸ conjug 1 ◂ vt a (= démanger) **gratouiller qn** to make sb itch

**b** **gratouiller sa guitare** to strum on one's guitar

**grattage** [gʀataʒ] nm **a** [surface] (avec un ongle, une pointe) scratching; (avec un outil) scraping ◆ **j'ai gagné au grattage** I won on the scratch cards

**b** (pour enlever) [tache] scratching off; [inscription] scratching out; [boue, papier peint] scraping off ◆ **après un grattage à la toile émeri** after rubbing with emery cloth

**gratte** [gʀat] → SYN nf **a** ( * = petit bénéfice illicite) pickings ◆ **faire de la gratte** to make a bit on the side *

**b** ( * = guitare) guitar

**gratte-ciel,** pl **gratte-ciel(s)** [gʀatsjɛl] → SYN nm skyscraper

**gratte-cul,** pl **gratte-culs** [gʀatky] nm (Bot) rose hip

**gratte-dos** [gʀatdo] nm inv backscratcher

**grattement** [gʀatmɑ̃] nm scratching

**gratte-papier,** pl **gratte-papier(s)** [gʀatpapje] → SYN nm (péj) penpusher (Brit), pencil pusher (US)

**gratte-pieds** [gʀatpje] nm inv shoe-scraper

**gratter** [gʀate] → SYN ▸ conjug 1 ◂ **1** vt **a** [+ surface] (avec un ongle, une pointe) to scratch; (avec un outil) to scrape; [+ guitare] to strum; [+ allumette] to strike ◆ **gratte-moi le dos** scratch my back for me ◆ **pour gagner, il suffit de gratter le ticket** to win you just have to scratch the card

**b** (= enlever) [+ tache] to scratch off; [+ inscription] to scratch out; [+ boue, papier peint] to scrape off ◆ **si on gratte un peu (le vernis) on se rend compte qu'il n'est pas très cultivé** if you scratch the surface you'll find he's not very educated

**c** (= irriter) **ce drap me gratte** this sheet's really scratchy ◆ **ça (me) gratte** I've got an itch ◆ **la laine me gratte** wool makes me itch ◆ **il y a quelque chose qui me gratte la gorge** I've got a tickly throat, my throat's tickly ◆ **vin qui gratte la gorge** rough wine; → **poil**

**d** ( * = grappiller) **gratter quelques francs** to fiddle a few pounds * (Brit), pick up a little extra on the side ◆ **il n'y a pas grand-chose à gratter** there's not much to be made on that; → **fond**

**e** * (Sport = dépasser) to overtake ◆ **on s'est fait gratter par nos concurrents** (Écon) we were overtaken by our competitors

**2** vi **a** [plume] to scratch; [drap] to be scratchy ◆ **ça gratte !** it's really itchy!

**b** ( * = économiser) to scrimp and save ◆ **il gratte sur tout** he skimps on everything

**c** ( * = travailler) to slave away *, slog away * (Brit)

**d** ( * = écrire) to scribble

**e** (= frapper) **gratter à la porte** to scratch at the door

**3** **se gratter** vpr to scratch (o.s.) ◆ **se gratter la tête** to scratch one's head ◆ **tu peux toujours te gratter !** * you can whistle for it! *

**gratteron** [gʀatʀɔ̃] nm ⇒ **grateron**

**gratteur, -euse** [gʀatœʀ, øz] nm,f [guitare] strummer ◆ **gratteur de papier** (péj) penpusher (Brit), pencil pusher (US)

**grattoir** [gʀatwaʀ] → SYN nm scraper

**grattons** [gʀatɔ̃] nmpl (Culin) ≃ pork scratchings

**grattouiller** [gʀatuje] vt ⇒ **gratouiller**

**gratuiciel** [gʀatɥisjɛl] nm (Can) freeware

**gratuit, e** [gʀatɥi, ɥit] → SYN adj **a** (= non payant) free ◆ **entrée gratuite** admission free ◆ **appel gratuit au ...** call free on ..., ring Freefone (Brit) ..., call toll-free on (US) ... ◆ **journal gratuit** free sheet ◆ **le premier exemplaire est gratuit** the first copy is free, no charge is made for the first copy ◆ **à titre gratuit** (frm) free of charge; → **crédit, enseignement**

**b** (= non motivé) supposition, affirmation unwarranted; accusation unfounded, groundless; cruauté, insulte, violence gratuitous, wanton; geste gratuitous, unmotivated; meurtre motiveless, wanton ◆ **c'est une hypothèse purement gratuite** it's pure speculation; → **acte**

**c** (littér = désintéressé) disinterested

**gratuité** [gʀatɥite] nf **a** (= caractère non payant) **grâce à la gratuité de l'éducation/des soins médicaux** thanks to free education/medical care

**b** [supposition, affirmation] unwarranted nature; [cruauté, insulte] wantonness; [geste] gratuitousness, unmotivated nature

**c** (littér) [geste] disinterestedness

**gratuitement** [gʀatɥitmɑ̃] → SYN adv **a** (= gratis) entrer, participer, soigner free (of charge)

**b** (= sans raison) détruire wantonly, gratuitously; agir gratuitously, without motivation ◆ **supposer gratuitement que ...** to make the unwarranted supposition that ...

**gravatier** [gʀavatje] nm rubble remover

**gravats** [gʀavɑ] → SYN nmpl (Constr) rubble

**grave** [gʀav] → SYN **1** adj **a** (= solennel) air, ton, personne grave, solemn; assemblée solemn

**b** (= important) raison, opération, problème, avertissement, responsabilité serious ◆ **s'il n'en reste plus, ce n'est pas grave !** if there's none left, it doesn't matter!

**c** (= alarmant) maladie, situation, accident, nouvelle, blessure, menace serious; danger serious, grave ◆ **l'heure est grave** it is a serious moment ◆ **il a de très graves ennuis** he has very serious problems ◆ **c'est très grave ce que vous m'annoncez là** what you've told me is most alarming ◆ **il n'y a rien de grave** it's nothing serious

**d** (= bas) note low; son, voix deep, low-pitched; → **accent**

**e** ( * : péj) **il est vraiment grave** he's the pits * ◆ **t'es grave** you're a case *

**2** nm (Ling) grave (accent); (Mus) low register ◆ **"grave-aigu"** (Radio) "bass-treble" ◆ **appareil qui vibre dans les graves** (Radio) set that vibrates at the bass tones ◆ **les graves et les aigus** (Mus) (the) low and high notes, the low and high registers

**graveleux, -euse** [gʀav(ə)lø, øz] → SYN adj **a** (= grivois) smutty

**b** terre gravelly; fruit gritty

**gravelle** †† [gʀavɛl] nf (Méd) gravel †

**gravelure** [gʀavlyʀ] nf smut (NonC)

**gravement** [gʀavmɑ̃] → SYN adv **a** parler, regarder gravely, solemnly

**b** (= de manière alarmante) blesser, offenser seriously ◆ **être gravement compromis** to be seriously compromised ◆ **être gravement menacé** to be under a serious threat ◆ **être gravement coupable** to be seriously involved in an offence ou crime ◆ **être gravement malade** to be gravely ou seriously ill

**graver** [gʀave] → SYN ▸ conjug 1 ◂ vt **a** [+ signe, inscription] (sur métal, papier) to engrave; (sur pierre, bois) to carve, engrave ◆ **graver à l'eau-forte** to etch ◆ **c'est à jamais gravé dans sa mémoire** it's imprinted ou engraved forever on his memory ◆ **c'est gravé sur son front** (fig) it's written all over his face

**b** [+ médaille, monnaie] to engrave

**c** [+ disque, CD] to cut

**d** (= imprimer) to print ◆ **faire graver des cartes de visite** to get some visiting cards printed

**graveur, -euse** [gʀavœʀ, øz] → SYN **1** nm,f (sur pierre, métal, papier) engraver; (sur bois) (wood) engraver, woodcutter ◆ **graveur à l'eau-forte** etcher

**2** nm (= machine) [disque] embossed groove recorder ◆ **graveur de CD (ROM)** CD writer ou recorder

**gravide** [gʀavid] → SYN adj animal, utérus gravid (SPÉC) ◆ **truie gravide** sow in pig

**gravidique** [gʀavidik] adj gravidic

**gravidité** [gʀavidite] nf gravidity, gravidness (SPÉC)

**gravier** [gʀavje] → SYN nm (= caillou) (little) stone, bit of gravel (Géol = revêtement) gravel (NonC) ◆ **allée de** ou **en gravier** gravel ou gravelled path ◆ **recouvrir une allée de gravier(s)** to gravel a path

**gravière** [gʀavjɛʀ] nf gravel pit

**gravifique** [gʀavifik] adj (Phys) gravity (épith)

**gravillon** [gʀavijɔ̃] nm **a** (= petit caillou) bit of grit ou gravel

**b** (= revêtement) **du gravillon, des gravillons** gravel, loose chippings (Brit)

**gravillonner** [gʀavijɔne] ▸ conjug 1 ◂ vt to gravel ◆ **gravillonner une route** to gravel a road, put loose chippings (Brit) on a road

**gravimétrie** [gʀavimetʀi] nf gravimetry

**gravimétrique** [gʀavimetʀik] adj gravimetric(al)

**gravir** [gʀaviʀ] → SYN ▸ conjug 2 ◂ vt [+ montagne] to climb (up); [+ escalier] to climb ◆ **gravir péniblement une côte** to struggle up a slope ◆ **gravir les échelons de la hiérarchie** to climb the rungs of the (hierarchical) ladder

**gravissime** [gʀavisim] adj extremely ou most serious

**gravitation** [gʀavitasjɔ̃] → SYN nf gravitation

**gravitationnel, -elle** [gʀavitasjɔnɛl] adj gravitational ◆ **la force gravitationnelle** the force of gravity

**gravité** [gʀavite] → SYN nf **a** [air, ton, personne] gravity, solemnity; [assemblée] solemnity ◆ **plein de gravité** very solemn

**b** [erreur, problème, maladie, situation, danger, moment] seriousness, gravity; [accident, blessure, menace] seriousness ◆ **c'est un accident sans gravité** it was a minor accident, it wasn't a serious accident ◆ **cela n'a** ou **ne présente aucun caractère de gravité** it's not at all serious

**c** [note] lowness; [son, voix] deepness

**d** (Phys, Rail) gravity ◆ **les lois de la gravité** the laws of gravity; → **centre, force**

**graviter** [gʀavite] → SYN ▸ conjug 1 ◂ vi **a** (= tourner) [astre] to revolve (*autour de* round, about); [personne] to hover, revolve (*autour de* round) ◆ **cette planète gravite autour du soleil** this planet revolves around ou orbits the sun ◆ **il gravite dans les milieux diplomatiques** he moves in diplomatic circles ◆ **pays satellite qui gravite dans l'orbite d'une grande puissance** country that is the satellite of a major power

**b** (= tendre vers) **graviter vers** [astre] to gravitate towards

**gravois** † [gʀavwa] nmpl ⇒ **gravats**

**gravure** [gʀavyʀ] → SYN **1** nf **a** [signe, inscription, médaille, monnaie] engraving

**b** [disque] cutting

**c** (= estampe) engraving

**d** (= reproduction) (dans une revue) plate; (au mur) print, engraving

**2** COMP ▷ **gravure sur bois** (= technique) woodcutting, wood engraving; (= dessin) woodcut, wood engraving ▷ **gravure en creux** intaglio engraving ▷ **gravure sur cuivre** copperplate (engraving) ▷ **gravure directe** hand-cutting ▷ **gravure à l'eau-forte** etching ▷ **gravure sur métaux** metal engraving ▷ **gravure de mode** fashion plate ▷ **gravure sur pierre** stone carving ▷ **gravure à la pointe sèche** dry-point engraving ▷ **gravure en relief** embossing ▷ **gravure en taille douce** line-engraving

**gray** [gʀɛ] nm (= unité de mesure) gray

**gré** [gʀe] → SYN nm

◆ **à mon/votre** etc **gré** (goût) to my/your etc liking ou taste; (désir) as I/you etc like ou please ou wish; (choix) as I/you etc like ou prefer ou please ◆ **c'est trop moderne, à mon gré** (avis) it's too modern for my liking ou to my mind ◆ **c'est à votre gré ?** is it to your liking? ou taste? ◆ **agir** ou **(en) faire à son gré** to do as one likes ou pleases ou wishes ◆ **venez à votre gré ce soir ou demain** come tonight or tomorrow, as you like ou prefer ou please ◆ **on a fait pour le mieux, au gré des uns et des autres** we did our best to take everyone's wishes into account

◆ **au gré de** ◆ **flottant au gré de l'eau** drifting wherever the water carries (ou carried) it, drifting (along) on ou with the current ◆ **volant au gré du vent** chevelure flying in the wind; plume, feuille carried along by the wind; planeur gliding wherever the wind carries (ou carried) it ◆ **au gré des événements** décider, agir according to how ou the way things go ou develop ◆ **ballotté au gré des événements** tossed about by events ◆ **il décorait sa chambre au gré de sa fantaisie** he decorated his room as the fancy took him ◆ **son humeur change au gré des saisons** his mood changes with ou according to the seasons

◆ **bon gré mal gré** whether you (ou they etc ) like it or not, willy-nilly

◆ **de gré à gré** by mutual agreement

◆ **contre le gré de qn** against sb's will

♦ **de gré ou de force** ♦ **il le fera de gré ou de force** he'll do it whether he likes it or not, he'll do it willy-nilly
♦ **de bon gré** willingly
♦ **de mauvais gré** reluctantly, grudgingly
♦ **de son/ton** etc **plein gré** of one's/your etc own free will, of one's/your etc own accord

**grèbe** [gʀɛb] nm grebe ♦ **grèbe huppé** great-crested grebe ♦ **grèbe castagneux** dabchick, little grebe

**grec, grecque** [gʀɛk] 1 adj île, personne, langue Greek; habit, architecture, vase Grecian, Greek; profil, traits Grecian; → **renvoyer**
2 nm (Ling) Greek
3 **Grec(que)** nm,f Greek
4 **grecque** nf (= décoration) (Greek) fret ♦ **champignons à la grecque** (Culin) mushrooms à la grecque

**Grèce** [gʀɛs] nf Greece

**gréciser** [gʀesize] ▸ conjug 1 ◂ vt to Graecize (Brit), Grecize (US)

**grécité** [gʀesite] nf Greekness

**gréco-** [gʀeko] préf Greek(-) ♦ **gréco-catholique** Greek Catholic ♦ **gréco-macédonien** Greek Macedonian ♦ **gréco-turc** Greek-Turkish, greco-turkish

**gréco-bouddhique** [gʀekobudik] adj Graeco-Buddhist (Brit), Greco-Buddhist (US)

**gréco-latin, e,** mpl **gréco-latins** [gʀekolatɛ̃, in] adj Graeco-Latin (Brit), Greco-Latin (US)

**gréco-romain, e,** mpl **gréco-romains** [gʀeko ʀɔmɛ̃, ɛn] adj Graeco-Roman (Brit), Greco-Roman (US)

**gredin** † [gʀədɛ̃] nm (= coquin) scoundrel †, rascal

**gréement** [gʀemɑ̃] → SYN nm (Naut) (= équipement) rigging; (= disposition) rig ♦ **le voilier a un gréement de cotre/ketch** the yacht is cutter-rigged/ketch-rigged ♦ **les vieux gréements** (= voiliers) tall ships, old sailing ships

**green** [gʀin] nm (Golf) green

**gréer** [gʀee] ▸ conjug 1 ◂ vt (Naut) to rig

**greffage** [gʀefaʒ] nm (Bot) grafting

**greffe**[1] [gʀɛf] → SYN nf a (Méd) [organe] transplant; [tissu] graft ♦ **greffe du cœur/rein** heart/kidney transplant ♦ **on lui a fait une greffe de la cornée** he was given a corneal transplant ♦ **la greffe a pris** (lit) the graft has taken; (fig) things have turned out fine
b (Bot) (= action) grafting; (= pousse) graft

**greffe**[2] [gʀɛf] → SYN nm (Jur) Clerk's Office

**greffé, e** [gʀefe] (ptp de **greffer**) nm,f ♦ **greffé (du cœur)** (récent) heart transplant patient; (ancien) person who has had a heart transplant

**greffer** [gʀefe] → SYN ▸ conjug 1 ◂ 1 vt a (Méd) [+ organe] to transplant; [+ tissu] to graft ♦ **on lui a greffé un rein** he was given a kidney transplant
b (Bot) to graft
2 **se greffer** vpr ♦ **se greffer sur** [problèmes] to come on top of

**greffier, -ière** [gʀefje, jɛʀ] → SYN 1 nm,f (Jur) clerk (of the court)
2 nm (* † = chat) malkin †

**greffoir** [gʀefwaʀ] nm budding knife

**greffon** [gʀefɔ̃] nm a (Méd) (= organe) transplant, transplanted organ; (= tissu) graft ♦ **greffon de rein** transplanted kidney
b (Bot) graft

**grégaire** [gʀegɛʀ] → SYN adj (Zool) gregarious ♦ **instinct grégaire** (péj) herd instinct ♦ **avoir l'instinct grégaire** (péj) to go with the crowd, be easily led; (= aimer la société) to like socialising, be the sociable type

**grégarine** [gʀegaʀin] nf gregarine

**grégarisme** [gʀegaʀism] nm gregariousness

**grège** [gʀɛʒ] 1 adj soie raw; (couleur) dove-coloured, greyish-beige
2 nm raw silk

**grégeois** [gʀeʒwa] adj m → **feu**[1]

**grégorien, -ienne** [gʀegɔʀjɛ̃, jɛn] 1 adj Gregorian
2 nm ♦ **(chant) grégorien** Gregorian chant, plainsong

**grêle**[1] [gʀɛl] → SYN adj jambes, silhouette, tige spindly; personne lanky; son, voix shrill; → **intestin**[1]

**grêle**[2] [gʀɛl] → SYN nf hail ♦ **averse de grêle** hail storm ♦ **grêle de coups/de pierres** hail ou shower of blows/stones

**grêlé, e** [gʀele] → SYN (ptp de **grêler**) adj visage pockmarked; région damaged by hail

**grêler** [gʀele] ▸ conjug 1 ◂ 1 vb impers ♦ **il grêle** it is hailing
2 vt ♦ **la tempête a grêlé les vignes** the hail storm has damaged the vines

**grelin** [gʀəlɛ̃] nm hawser

**grêlon** [gʀɛlɔ̃] → SYN nm hailstone

**grelot** [gʀəlo] → SYN nm (little spherical) bell ♦ **avoir les grelots** * to be shaking in one's shoes *

**grelottant, e** [gʀəlɔtɑ̃, ɑ̃t] adj personne shivering

**grelottement** [gʀəlɔtmɑ̃] nm (= tremblement) shivering; (= tintement) jingling

**grelotter** [gʀəlɔte] → SYN ▸ conjug 1 ◂ vi a (= trembler) to shiver (de with) ♦ **grelotter de froid/de fièvre/peur** to shiver with cold/fever/fear
b (= tinter) to jingle

**greluche** ‡ [gʀəlyʃ] nf (péj = fille) bird ‡ (Brit), chick ‡ (US)

**grémil** [gʀemil] nm gromwell

**grémille** [gʀemij] nf ruff(e), pope

**grenadage** [gʀənadaʒ] nm (Mil) grenade attack

**Grenade** [gʀənad] 1 n (= ville) Granada
2 nf (= État) Grenada

**grenade** [gʀənad] nf a (Bot) pomegranate
b (= explosif) grenade ♦ **grenade à fusil/main** rifle/hand grenade ♦ **grenade lacrymogène/fumigène** teargas/smoke grenade ♦ **grenade sous-marine** depth charge
c (= insigne) badge *(on soldier's uniform etc)*

**grenadeur** [gʀənadœʀ] nm depth-charge launcher

**grenadier** [gʀənadje] → SYN nm a (Bot) pomegranate tree
b (Mil) grenadier ♦ **c'est un vrai grenadier** homme he's a real giant; femme she's a real Amazon

**grenadille** [gʀənadij] nf granadilla

**grenadin**[1] [gʀənadɛ̃] nm a (Bot) grenadin(e)
b (Culin) **grenadin de veau** (small) veal medallion

**grenadin**[2], **e**[1] [gʀənadɛ̃, in] 1 adj Grenadian
2 **Grenadin(e)** nm,f Grenadian

**grenadine**[2] [gʀənadin] nf (= sirop) grenadine

**grenaillage** [gʀənɑjaʒ] nm shot-blasting

**grenaille** [gʀənɑj] nf ♦ **de la grenaille** (= projectiles) shot; (pour poules) middlings ♦ **grenaille de plomb** lead shot ♦ **grenaille de fer** iron filings

**grenailler** [gʀənɑje] ▸ conjug 1 ◂ vt [+ plomb] to make into shot

**grenaison** [gʀənɛzɔ̃] nf seeding

**grenat** [gʀəna] → SYN 1 nm garnet
2 adj inv dark red, garnet-coloured (Brit) ou -colored (US)

**grené, e** [gʀəne] (ptp de **grener**) 1 adj cuir, peau grainy; dessin stippled
2 nm [gravure, peau] grain

**greneler** [gʀɛnle] ▸ conjug 4 ◂ vt [+ cuir, papier] to grain

**grener** [gʀəne] ▸ conjug 5 ◂ 1 vt [+ sel, sucre] to granulate, grain; [+ métal, glace] to grain
2 vi (Agr) [plante] to seed

**grènetis** [gʀɛnti] nm milling

**greneur, -euse** [gʀənœʀ, øz] nm,f grainer

**grenier** [gʀənje] → SYN nm attic; (pour conserver le grain) loft ♦ **grenier à blé** (lit) corn loft (Brit), wheat loft (US); (fig) granary ♦ **grenier à foin** hayloft ♦ **grenier à sel** salt storehouse

**grenouillage** [gʀənujaʒ] → SYN nm (Pol péj) shady dealings, jiggery-pokery (Brit)

**grenouille** [gʀənuj] → SYN nf frog ♦ **grenouille de bénitier** (péj) churchy old man (ou woman) (péj), Holy Joe * (Brit) (péj) ♦ **manger** ou **bouffer la grenouille** * to make off with the takings ♦ **avoir des grenouilles dans le ventre** * to have a rumbling stomach

**grenouiller** * [gʀənuje] ▸ conjug 1 ◂ vi (péj) to indulge in ou be involved in shady dealings

**grenouillère** [gʀənujɛʀ] nf (= pyjama) sleepsuit

**grenouillette** [gʀənujɛt] nf a (Bot) frog-bit
b (Méd) ranula

**grenu, e** [gʀəny] → SYN adj peau coarse-grained; cuir, papier grained; roche granular

**grenure** [gʀənyʀ] nf graining

**grès** [gʀɛ] nm a (Géol) sandstone
b (Poterie) stoneware ♦ **cruche/pot de grès** stoneware pitcher/pot

**gréser** [gʀeze] ▸ conjug 6 ◂ vt to polish with sandstone

**gréseux, -euse** [gʀezø, øz] adj sandstone (épith)

**grésière** [gʀezjɛʀ] nf sandstone quarry

**grésil** [gʀezil] → SYN nm (Mét) (fine) hail

**grésillement** [gʀezijmɑ̃] → SYN nm a [beurre, friture] sizzling, sputtering; [poste de radio, téléphone] crackling
b [grillon] chirruping, chirping

**grésiller**[1] [gʀezije] → SYN ▸ conjug 1 ◂ vi a [beurre, friture] to sizzle, sputter; [poste de radio, téléphone] to crackle
b [grillon] to chirrup, chirp

**grésiller**[2] [gʀezije] → SYN ▸ conjug 1 ◂ vb impers ♦ **il grésille** fine hail is falling, it's hailing

**grésoir** [gʀezwaʀ] nm polisher

**gressin** [gʀesɛ̃] nm (small) bread stick

**grève** [gʀɛv] → SYN 1 nf a (= arrêt du travail) strike ♦ **se mettre en grève** to go on strike, strike, take strike ou industrial action ♦ **être en grève, faire grève** to be on strike, be striking ♦ **usine en grève** striking factory ♦ **grève des cheminots/des transports** train/transport strike; → **briseur, droit**[3], **piquet**
b (= rivage) [mer] shore, strand (littér); [rivière] bank, strand (littér) ♦ **la place de Grève** (Hist) the Place de Grève
2 COMP ▹ **grève d'avertissement** warning strike ▹ **grève de la faim** hunger strike ♦ **faire la grève de la faim** to go (ou be) on hunger strike ▹ **grève générale** general ou all-out strike ▹ **grève illimitée** indefinite strike ▹ **grève de l'impôt** non-payment of taxes ▹ **grève partielle** partial strike ▹ **grève patronale** lockout ▹ **grève perlée** ≃ go-slow (Brit), ≃ slowdown (strike) (US) ♦ **faire une grève perlée** ≃ to go slow (Brit), slowdown (US) ▹ **grève de protestation** protest strike ▹ **grève sauvage** wildcat strike ▹ **grève de solidarité** sympathy strike ♦ **faire une grève de solidarité** to strike ou come out (Brit) in sympathy ▹ **grève surprise** lightning strike ▹ **grève sur le tas** sit-down strike ▹ **grève totale** all-out strike ▹ **grève tournante** strike by rota (Brit), staggered strike (US) ▹ **grève du zèle** ≃ work-to-rule ♦ **faire la grève du zèle** to work to rule

**grever** [gʀəve] → SYN ▸ conjug 5 ◂ vt [+ budget] to put a strain on; [+ économie, pays] to burden ♦ **la hausse des prix grève sérieusement le budget des ménages** the rise in prices puts a serious strain on family budgets ♦ **grevé d'impôts** weighed down with ou crippled by taxes ♦ **maison grevée d'hypothèques** house mortgaged down to the last brick

**gréviste** [gʀevist] 1 adj mouvement strike (épith)
2 nmf striker ♦ **les employés grévistes** the striking employees ♦ **gréviste de la faim** hunger striker

**gribiche** [gʀibiʃ] adj ♦ **sauce gribiche** *vinaigrette sauce with chopped boiled eggs, gherkins, capers and herbs*

**gribouillage** [gʀibujaʒ] → SYN nm (= écriture) scrawl (NonC), scribble; (= dessin) doodle, doodling (NonC)

**gribouille** † [gʀibuj] nm short-sighted idiot, rash fool ♦ **politique de gribouille** short-sighted policy

**gribouiller** [gʀibuje] → SYN ▸ conjug 1 ◂ 1 vt (= écrire) to scribble, scrawl; (= dessiner) to scrawl
2 vi (= dessiner) to doodle

**gribouilleur, -euse** [gʀibujœʀ, øz] nm,f (péj) (= écrivain) scribbler; (= dessinateur) doodler

**gribouillis** [gʀibuji] nm ⇒ **gribouillage**

**grièche** [gʀijɛʃ] adj → **pie-grièche**

**grief** [gʀijɛf] → SYN nm grievance ◆ **faire grief à qn de qch** to hold sth against sb ◆ **ils me font grief d'être parti** ou **de mon départ** they reproach me ou they hold it against me for having left

**grièvement** [gʀijɛvmɑ̃] → SYN adv ◆ **grièvement blessé** (very) seriously injured

**griffade** [gʀifad] nf scratch

**griffe** [gʀif] → SYN nf **a** [mammifère, oiseau] claw ◆ **le chat fait ses griffes** the cat is sharpening its claws ◆ **sortir** ou **montrer/rentrer ses griffes** (lit, fig) to show/draw in one's claws ◆ **elle l'attendait, toutes griffes dehors** she was waiting, ready to pounce on him ◆ **tomber sous la griffe/arracher qn des griffes d'un ennemi** to fall into/snatch sb from the clutches of an enemy ◆ **les griffes de la mort** the jaws of death ◆ **coup de griffe** (lit) scratch; (fig) dig ◆ **donner un coup de griffe à qn** (lit) to scratch sb; (plus fort) to claw sb; (fig) to have a dig at sb ◆ **main en griffes** (Méd) ape hand

**b** (= signature) signature; (= tampon) signature stamp; (= étiquette de couturier) maker's label *(inside garment)*; (fig = empreinte) [auteur, peintre] stamp ◆ **l'employé a mis sa griffe sur le document** the clerk stamped his signature on the document

**c** (Bijouterie) claw

**d** (Bot) [asperge] crown

**e** (Mus) **griffe à musique** musical staff tracer

**griffé, e** [gʀife] adj accessoire, vêtement designer (épith), with a designer label ◆ **tous ses tailleurs sont griffés** all her suits have designer labels

**griffer** [gʀife] → SYN ▸ conjug 1 ◂ vt **a** [chat] to scratch; (avec force) to claw; [ronces] to scratch ◆ **elle lui griffa le visage** she clawed ou scratched his face

**b** (Haute Couture) to put one's name to

**griffon** [gʀifɔ̃] → SYN nm (= chien) griffon; (= vautour) griffon vulture; (Myth) griffin

**griffonnage** [gʀifɔnaʒ] → SYN nm (= écriture) scribble; (= dessin) hasty sketch

**griffonner** [gʀifɔne] → SYN ▸ conjug 1 ◂ 1 vt (= écrire) to scribble, jot down; (= dessiner) to sketch hastily

2 vi (= écrire) to scribble; (= dessiner) to sketch hastily

**griffu, e** [gʀify] adj (lit, péj) ◆ **pattes** ou **mains griffues** claws

**griffure** [gʀifyʀ] → SYN nf scratch, claw mark

**grigne** [gʀiɲ] nf (Tech) (= couleur) golden colour; (= fente) cut *(made in bread dough)*

**grigner** [gʀiɲe] → SYN ▸ conjug 1 ◂ vi to pucker, be puckered

**grignotage** [gʀiɲɔtaʒ] nm [personne] snacking (NonC); [salaires, espaces verts, majorité] (gradual) erosion, eroding, whittling away

**grignotement** [gʀiɲɔtmɑ̃] → SYN nm [souris] nibbling, gnawing

**grignoter** [gʀiɲɔte] → SYN ▸ conjug 1 ◂ 1 vt **a** [personne] to nibble (at); [souris] to nibble (at), gnaw (at)

**b** (= réduire) [+ salaires, espaces verts, libertés] to eat away (at), erode gradually, whittle away; [+ héritage] to eat away (at); (= obtenir) [+ avantage, droits] to win gradually ◆ **grignoter du terrain** to gradually gain ground ◆ **il a grignoté son adversaire** * he gradually made up on ou gained ground on his opponent ◆ **il n'y a rien à grignoter dans cette affaire** there's nothing much to be gained in that business

2 vi (= manger peu) to nibble (at one's food), pick at one's food ◆ **grignoter entre les repas** to snack between meals

**grignoteuse** [gʀiɲɔtøz] nf (Tech) nibbler

**grigou** * [gʀigu] nm (= avare) penny-pincher *, skinflint

**grigri, gri-gri,** pl **gris-gris** [gʀigʀi] nm (gén) charm; [indigène] grigri

**gril** [gʀil] → SYN nm **a** (Culin) steak pan, grill pan ◆ **saint Laurent a subi le supplice du gril** Saint Laurence was roasted alive ◆ **être sur le gril** * to be on tenterhooks, be like a cat on hot bricks (Brit) ou on a hot tin roof (US) ◆ **faire cuire au gril** to grill

**b** (Anat) **gril costal** rib cage

**grill** [gʀil] nm → **grill-room**

**grillade** [gʀijad] → SYN nf (= viande) grill; (= morceau de porc) pork steak ◆ **grillade d'agneau/de thon** grilled lamb/tuna

**grillage**[1] [gʀijaʒ] nm **a** (Culin) [pain, amandes] toasting; [poisson, viande] grilling; [café, châtaignes] roasting

**b** (Tech) [minerai] roasting; [coton] singeing

**grillage**[2] [gʀijaʒ] nm (= treillis métallique) wire netting (NonC); (très fin) wire mesh (NonC); (= clôture) wire fencing (NonC) ◆ **entouré d'un grillage** surrounded by a wire fence

**grillager** [gʀijaʒe] ▸ conjug 3 ◂ vt (avec un treillis métallique) to put wire netting on; (très fin) to put wire mesh on; (= clôturer) to put wire fencing around ◆ **à travers la fenêtre grillagée on voyait le jardin** through the wire mesh covering ou over the window we could see the garden ◆ **un enclos grillagé** an area fenced off with wire netting

**grille** [gʀij] → SYN nf **a** [parc] (= clôture) railings; (= portail) (metal) gate; [magasin] shutter

**b** (= claire-voie) [cellule, fenêtre] bars; [comptoir, parloir] grille; [château-fort] portcullis; [égout, trou] (metal) grate, (metal) grating; [radiateur de voiture] grille, grid; [poêle à charbon] grate

**c** (= répartition) [salaires, tarifs] scale; [programmes de radio] schedule; [horaires] grid, schedule

**d** (= codage) (cipher ou code) grid ◆ **grille de mots croisés** crossword puzzle (grid) ◆ **grille de loto** loto card ◆ **appliquer une grille de lecture freudienne à un roman** to interpret a novel from a Freudian perspective

**e** (Élec) grid

**f** (Sport Aut) **grille de départ** starting grid

**grillé, e** * [gʀije] (ptp de **griller**) adj (= discrédité) ◆ **tu es grillé !** you're finished! ◆ **il est grillé** (gén) his name is mud *, he's finished; [espion] his cover's been blown * ◆ **je suis grillé avec Gilles/chez cet éditeur** my name is mud * with Gilles/at that publisher's

**grille-pain** [gʀijpɛ̃] nm inv toaster

**griller** [gʀije] → SYN ▸ conjug 1 ◂ 1 vt **a** (Culin) [+ pain, amandes] to toast; [+ poisson, viande] to grill; [+ café, châtaignes] to roast

**b** [+ visage, corps] to burn ◆ **se griller les pieds devant le feu** to toast one's feet in front of the fire ◆ **se griller au soleil** to roast in the sun

**c** [+ plantes, cultures] to scorch

**d** [+ fusible, lampe] (court-circuit) to blow; (trop de courant) to burn out; [+ moteur] to burn out ◆ **une ampoule grillée** a dud bulb

**e** ( * = fumer) **griller une cigarette** ◆ **en griller une** to have a smoke *

**f** ( * = dépasser) **griller qn à l'arrivée** to pip sb at the post * (Brit), beat sb (out) by a nose (US) ◆ **se faire griller** to be outstripped

**g** ( * = discréditer) **elle m'a grillé auprès de lui** I've got no chance with him thanks to her

**h** ( * = ne pas respecter) **griller un feu rouge** to go through a red light, jump the lights * (Brit), run a stoplight (US) ◆ **griller un arrêt** [autobus] to miss out ou go past a stop ◆ **griller les étapes** to go too far too fast

**i** (Tech) [+ minerai] to roast

2 vi **a** (Culin) **faire griller** [+ pain] to toast; [+ viande] to grill; [+ café] to roast ◆ **on a mis les steaks à griller** we've put the steaks on to grill ou on the grill

**b** * **on grille ici !** [personne] we're ou it's roasting ou boiling in here! * ◆ **ils ont grillé dans l'incendie** they were roasted alive in the fire ◆ **griller (d'impatience** ou **d'envie) de faire qch** to be burning ou itching to do sth ◆ **griller de curiosité** to be burning with curiosity

**grillon** [gʀijɔ̃] → SYN nm cricket

**grill-room** [gʀilʀum] → SYN nm ≃ steakhouse

**grimaçant, e** [gʀimasɑ̃, ɑ̃t] → SYN adj visage, bouche (de douleur, de colère) twisted, grimacing; (sourire figé) grinning unpleasantly ou sardonically

**grimace** [gʀimas] → SYN nf **a** (de douleur) grimace; (pour faire rire, effrayer) grimace, (funny) face ◆ **l'enfant me fit une grimace** the child made a face at me ◆ **s'amuser à faire des grimaces** to make ou pull (funny) faces, grimace ◆ **il eut** ou **fit une grimace de dégoût/de douleur** he gave a grimace of disgust/pain, he grimaced with disgust/pain, his face twisted with disgust/pain ◆ **avec une grimace de dégoût/de douleur** with a disgusted/pained expression ◆ **il eut** ou **fit une grimace** he pulled a wry face, he grimaced ◆ **il a fait la grimace quand il a appris la décision** he pulled a long face when he learned of the decision; → **apprendre, soupe**

**b** (= hypocrisies) **grimaces** posturings ◆ **toutes leurs grimaces me dégoûtent** I find their posturings ou hypocritical façade quite sickening

**c** (= faux pli) pucker ◆ **faire une grimace** to pucker

**grimacer** [gʀimase] → SYN ▸ conjug 3 ◂ 1 vi **a** (par contorsion) **grimacer (de douleur)** to grimace with pain, wince ◆ **grimacer (de dégoût)** to pull a wry face (in disgust) ◆ **grimacer (sous l'effort)** to grimace ou screw one's face up (with the effort) ◆ **le soleil le faisait grimacer** the sun made him screw his face up ◆ **à l'annonce de la nouvelle il grimaça** he pulled a wry face ou he grimaced when he heard the news

**b** (= sourire) [personne] to grin unpleasantly ou sardonically; [portrait] to wear a fixed grin

**c** [vêtement] to pucker

2 vt (littér) ◆ **grimacer un sourire** to force ou manage a smile

**grimacier, -ière** [gʀimasje, jɛʀ] → SYN adj (= affecté) affected; (= hypocrite) hypocritical

**grimage** [gʀimaʒ] → SYN nm (Théât) (= action) making up; (= résultat) (stage) make-up

**grimer** [gʀime] → SYN ▸ conjug 1 ◂ 1 vt (Théât = maquiller) to make up ◆ **on l'a grimé en vieille dame** he was made up as an old lady

2 **se grimer** vpr to make (o.s.) up

**grimoire** [gʀimwaʀ] → SYN nm **a** (inintelligible) piece of mumbo jumbo; (illisible) illegible scrawl (NonC), unreadable scribble

**b** (= livre de magie) **(vieux) grimoire** book of magic spells

**grimpant, e** [gʀɛ̃pɑ̃, ɑ̃t] adj ◆ **plante grimpante** climbing plant, climber ◆ **rosier grimpant** climbing rose, rambling rose

**grimpe** * [gʀɛ̃p] nf rock-climbing

**grimpée** [gʀɛ̃pe] nf (= montée) (steep) climb

**grimper** [gʀɛ̃pe] → SYN ▸ conjug 1 ◂ 1 vi **a** [personne, animal] to climb (up); (avec difficulté) to clamber up; (dans la société) to climb ◆ **grimper aux rideaux** [chat] to climb up the curtains ◆ **ça le fait grimper aux rideaux** * (de colère) it drives him up the wall *; (sexuellement) it makes him horny ** ou randy (Brit) * ◆ **grimper aux arbres** to climb trees ◆ **grimper à l'échelle** to climb (up) the ladder ◆ **grimper à la corde** to shin up ou climb a rope, pull o.s. up a rope ◆ **grimper sur** ou **dans un arbre** to climb up ou into a tree ◆ **grimper le long de la gouttière** to shin up ou climb up the drain pipe ◆ **grimper dans un taxi** * to jump ou leap into a taxi ◆ **allez, grimpe !** (dans une voiture) come on, get in! ◆ **grimpé sur la table/le toit** having climbed ou clambered onto the table/roof

**b** [route, plante] to climb ◆ **ça grimpe dur !** it's a hard ou stiff ou steep climb!

**c** * [fièvre] to soar; [prix] to rocket, soar ◆ **il grimpe dans les sondages** he's soaring in the polls

2 vt [+ montagne, côte] to climb (up), go up ◆ **grimper l'escalier** to climb (up) the stairs ◆ **grimper un étage** to climb up a ou one floor

3 nm (Athlétisme) (rope-)climbing (NonC)

**grimpereau,** pl **grimpereaux** [gʀɛ̃pʀo] nm ◆ **grimpereau (des bois)** tree creeper ◆ **grimpereau (des jardins)** short-toed tree creeper

**grimpette** * [gʀɛ̃pɛt] nf (steep little) climb

**grimpeur, -euse** [gʀɛ̃pœʀ, øz] → SYN 1 adj, nm ◆ **(oiseaux) grimpeurs** climbing ou scansorial (SPÉC) birds, scansores (SPÉC)

2 nm,f (= varappeur) (rock-)climber; (= cycliste) hill specialist, climber ◆ **c'est un bon/mauvais grimpeur** (cycliste) he's good/bad on hills, he's a good/bad climber

**grinçant, e** [gʀɛ̃sɑ̃, ɑ̃t] adj comédie darkly humorous; charnière, essieux grating; porte creaking ◆ **ironie grinçante** dark irony

**grincement** [gʀɛ̃smɑ̃] → SYN nm [objet métallique] grating; [plancher, porte, ressort, sommier] creaking; [freins] squealing; [plume] scratching; [craie] squeaking ◆ **il ne l'a pas accepté sans grincements de dents** he accepted it only with much gnashing of teeth

**grincer** [gʀɛ̃se] → SYN ▸ conjug 3 ◂ vi a [objet métallique] to grate; [plancher, porte, ressort, sommier] to creak; [freins] to squeal; [plume] to scratch; [craie] to squeak
b **grincer des dents (de colère)** to grind ou gnash one's teeth (in anger) ◆ **ce bruit vous fait grincer les dents** that noise really sets your teeth on edge

**grincheux, -euse** [gʀɛ̃ʃø, øz] → SYN 1 adj (= acariâtre) grumpy ◆ **humeur grincheuse** grumpiness
2 nm,f grumpy person, misery

**gringalet** [gʀɛ̃galɛ] → SYN 1 adj m (péj = chétif) puny
2 nm (péj) ◆ **(petit) gringalet** puny little thing, (little) runt

**gringe** [gʀɛ̃ʒ] adj (Helv) grumpy

**gringo** [gʀingo] adj, nmf (péj) gringo

**gringue** * [gʀɛ̃g] nm ◆ **faire du gringue à qn** to chat sb up

**griot** [gʀijo] nm griot

**griotte** [gʀijɔt] nf (= cerise) Morello cherry; (Géol) griotte

**grip** [gʀip] nm (= revêtement) grip

**grippage** [gʀipaʒ] nm (Tech) jamming ◆ **pour éviter le grippage de l'économie** to prevent the economy seizing up

**grippal, e,** mpl **-aux** [gʀipal, o] adj flu (épith), influenzal (SPÉC) ◆ **médicament pour état grippal** anti-flu drug

**grippe** [gʀip] → SYN nf flu, influenza (frm) ◆ **avoir la grippe** to have (the) flu, have influenza ◆ **il a une petite grippe** he's got a touch of flu ◆ **grippe intestinale** gastric flu ◆ **prendre qn/qch en grippe** to take a sudden dislike to sb/sth

**grippé, e** [gʀipe] adj (Méd) ◆ **il est grippé** he's got (the) flu ◆ **rentrer grippé** to go home with (the) flu ◆ **les grippés** people with ou suffering from flu

**gripper** [gʀipe] → SYN ▸ conjug 1 ◂ 1 vt (Tech) to jam
2 vi (= se bloquer) [moteur] to jam, seize up; (= se froncer) [tissu] to bunch up
3 **se gripper** vpr [moteur] to jam, seize up ◆ **le système judiciaire se grippe** the court system is seizing up

**grippe-sou** *, pl **grippe-sous** [gʀipsu] nm (= avare) penny-pincher *, skinflint

**gris, e** [gʀi, gʀiz] → SYN 1 adj a couleur, temps grey (Brit), gray (US) ◆ **gris acier/anthracite/ardoise/fer/perle/souris** steel/anthracite/slate/iron/pearl/squirrel grey ◆ **gris-bleu/-vert** blue-/green-grey ◆ **cheval gris pommelé** dapple-grey horse ◆ **gris de poussière** grey with dust, dusty ◆ **aux cheveux gris** grey-haired ◆ **il fait gris** it's a grey ou dull day; → **ambre, éminence, matière**
b (= morne) vie colourless (Brit), colorless (US), dull; pensées grey (Brit), gray (US)
c (= éméché) tipsy *
d (LOC) **faire grise mine** to pull a long face ◆ **faire grise mine à qn** to give sb a cool reception
2 nm a (= couleur) grey (Brit), gray (US)
b (= tabac) shag
c (Équitation) grey (Brit) ou gray (US) (horse)

**grisaille** [gʀizaj] → SYN nf a [vie] colourlessness (Brit), colorlessness (US), dullness; [ciel, temps, paysage] greyness (Brit), grayness (US)
b (Art) grisaille ◆ **peindre qch en grisaille** to paint sth in grisaille

**grisant, e** [gʀizɑ̃, ɑ̃t] → SYN adj (= stimulant) exhilarating; (= enivrant) intoxicating

**grisâtre** [gʀizɑtʀ] adj greyish (Brit), grayish (US)

**grisbi** [gʀizbi] nm (arg Crime) loot ‡

**grisé** [gʀize] nm grey (Brit) ou gray (US) tint ◆ **zone en grisé** shaded area

**griser** [gʀize] → SYN ▸ conjug 1 ◂ 1 vt [alcool] to intoxicate, make tipsy; [air, vitesse, parfum] to intoxicate ◆ **ce vin l'avait grisé** the wine had gone to his head ou made him tipsy * ◆ **l'air de la montagne grise** the mountain air goes to your head (like wine) ◆ **se laisser griser par le succès/des promesses** to let success/promises go to one's head ◆ **se laisser griser par l'ambition** to be carried away by ambition
2 **se griser** vpr [buveur] to get tipsy * (*avec, de* on) ◆ **se griser de** [+ air, vitesse] to get drunk on; [+ émotion, paroles] to allow o.s. to be intoxicated by ou carried away by

**griserie** [gʀizʀi] → SYN nf (lit, fig) intoxication

**griset** [gʀizɛ] → SYN nm a (Zool) cow ou six-gilled shark
b (Bot) *type of mushroom*

**grisette** [gʀizɛt] → SYN nf (Hist) grisette

**gris-gris** [gʀigʀi] nm ⇒ **grigri**

**grison**[1] †† [gʀizɔ̃] → SYN nm (= âne) ass

**grison**[2], **-onne** [gʀizɔ̃, ɔn] 1 adj of Graubünden
2 nm (Ling) Romansh of Graubünden
3 **Grison(ne)** nm,f native ou inhabitant of Graubünden
4 **les Grisons** mpl the Graubwinden ◆ **canton des Grisons** canton of Graubünden ◆ **viande des Grisons** (Culin) *dried beef served in thin slices*

**grisonnant, e** [gʀizɔnɑ̃, ɑ̃t] → SYN adj greying (Brit), graying (US) ◆ **il avait les tempes grisonnantes** he was greying ou going grey at the temples ◆ **la cinquantaine grisonnante, il ...** a greying fifty-year-old, he ...

**grisonnement** [gʀizɔnmɑ̃] nm greying (Brit), graying (US)

**grisonner** [gʀizɔne] ▸ conjug 1 ◂ vi to be greying (Brit) ou graying (US), be going grey (Brit) ou gray (US)

**grisou** [gʀizu] nm firedamp ◆ **coup de grisou** firedamp explosion

**grisoumètre** [gʀizumɛtʀ] nm firedamp detector

**grisouteux, -euse** [gʀizutø, øz] adj full of firedamp (attrib)

**grive** [gʀiv] → SYN nf (Orn) thrush ◆ **grive musicienne** song thrush; → **faute**

**grivelé, e** [gʀiv(ə)le] adj speckled

**grivèlerie** [gʀivɛlʀi] → SYN nf (Jur) *offence of ordering food or drink in a restaurant and being unable to pay for it*

**grivelure** [gʀiv(ə)lyʀ] nf speckle

**griveton** * [gʀivtɔ̃] nm soldier

**grivois, e** [gʀivwa, waz] → SYN adj saucy

**grivoiserie** [gʀivwazʀi] → SYN nf (= mot) saucy expression; (= attitude) sauciness; (= histoire) saucy story

**grizzli, grizzly** [gʀizli] nm grizzly bear

**grœnendael** [gʀɔ(n)ɛndal] nm Groenendael (sheepdog)

**Groenland** [gʀɔɛnlɑ̃d] nm Greenland

**groenlandais, e** [gʀɔɛnlɑ̃dɛ, ɛz] 1 adj of ou from Greenland, Greenland (épith)
2 **Groenlandais(e)** nm,f Greenlander

**grog** [gʀɔg] nm ≈ (hot) toddy *(usually made with rum)*

**groggy** * [gʀɔgi] adj inv (Boxe) groggy ◆ **être groggy** (d'émotion) to be in a daze; (de fatigue) to be completely washed out

**grognard** [gʀɔɲaʀ] → SYN nm (Hist) soldier of the old guard of Napoleon I

**grognasse** ‡ [gʀɔɲas] nf (péj) old bag ‡

**grognasser** * [gʀɔɲase] ▸ conjug 1 ◂ vi to grumble ou moan on (and on)

**grogne** * [gʀɔɲ] nf ◆ **la grogne des syndicats** the rumbling ou simmering discontent in the unions ◆ **face à la grogne sociale** faced with rumbling ou simmering social discontent ◆ **la grogne monte chez les étudiants** students are grumbling more and more ou are showing more and more signs of discontent

**grognement** [gʀɔɲmɑ̃] nm [personne] grunt; [cochon] grunting (NonC), grunt; [sanglier] snorting (NonC), snort; [ours, chien] growling (NonC), growl ◆ **il m'a répondu par un grognement** he growled at me in reply

**grogner** [gʀɔɲe] → SYN ▸ conjug 1 ◂ 1 vi [personne] to grumble, moan * (*contre* at); [cochon] to grunt; [sanglier] to snort; [ours, chien] to growl ◆ **les syndicats grognent** there are rumblings of discontent among the unions
2 vt [+ insultes] to growl, grunt

**grognon, -onne** [gʀɔɲɔ̃, ɔn] → SYN adj air, expression, vieillard grumpy, gruff; attitude surly; enfant grouchy ◆ **elle est grognon** ou **grognonne !, quelle grognon(ne) !** what a grumbler! ou moaner! *

**groin** [gʀwɛ̃] → SYN nm [animal] snout; (péj) [personne] ugly ou hideous face

**groisil** [gʀwazi(l)] nm cullet

**grolle** ‡ [gʀɔl] nf shoe

**grommeler** [gʀɔm(ə)le] → SYN ▸ conjug 4 ◂ 1 vi [personne] to mutter (to o.s.), grumble to o.s.; [sanglier] to snort
2 vt [+ insultes] to mutter

**grommellement** [gʀɔmɛlmɑ̃] → SYN nm muttering, indistinct grumbling

**grondement** [gʀɔ̃dmɑ̃] → SYN nm [canon, train, orage] rumbling (NonC); [torrent] roar, roaring (NonC); [chien] growl, growling (NonC); [foule] (angry) muttering; [moteur] roar ◆ **le grondement de la colère/de l'émeute** the rumbling of mounting anger/of the threatening riot ◆ **le train passa devant nous dans un grondement de tonnerre** the train thundered past us

**gronder** [gʀɔ̃de] → SYN ▸ conjug 1 ◂ 1 vt (= réprimander) [+ enfant] to tell off, scold ◆ **je vais me faire gronder si je rentre tard** I'll get told off if I get in late ◆ **il faut que je vous gronde d'avoir fait ce cadeau** (amicalement) you're very naughty to have bought this present, I should scold you for buying this present
2 vi a [canon, train, orage] to rumble; [torrent, moteur] to roar; [chien] to growl; [foule] to mutter (angrily)
b [émeute] to be brewing ◆ **la colère gronde chez les infirmières** nursing staff are getting increasingly angry
c (littér = grommeler) to mutter

**gronderie** [gʀɔ̃dʀi] nf scolding

**grondeur, -euse** [gʀɔ̃dœʀ, øz] → SYN adj ton, humeur, personne grumbling; vent, torrent rumbling ◆ **d'une voix grondeuse** in a grumbling voice

**grondin** [gʀɔ̃dɛ̃] → SYN nm gurnard

**groom** [gʀum] → SYN nm (= employé) bellboy, bellhop (US); [porte] door closer ◆ **je ne suis pas ton groom** I'm not your servant

**gros, grosse**[1] [gʀo, gʀos] → SYN

1 ADJECTIF
2 NOM MASCULIN
3 NOM FÉMININ
4 ADVERBE
5 COMPOSÉS

1 ADJECTIF

a dimension (gén) big, large; lèvres, corde thick; chaussures big, heavy; personne fat; ventre, bébé fat, big; pull, manteau thick, heavy ◆ **le gros bout** the thick end ◆ **il pleut à grosses gouttes** it's raining heavily ◆ **c'est gros comme une tête d'épingle/mon petit doigt** it's the size of ou it's no bigger than a pinhead/my little finger ◆ **être gros comme une vache** ou **une baleine** to be as fat as butter ◆ **être gros comme une barrique** ou **une tour** to be as fat as a pig ◆ **des tomates grosses comme le poing** tomatoes as big as your fist ◆ **un mensonge gros comme une maison** * a gigantic lie, a whopper * ◆ **je l'ai vu venir gros comme une maison** * I could see it coming a mile off *

b = important travail big; problème, ennui, erreur big, serious; somme large, substantial; entreprise big, large; soulagement, progrès great; dégâts extensive, serious; (= violent) averse heavy; fièvre high; rhume heavy, bad ◆ **une grosse affaire** a large business, a big concern ◆ **les grosses chaleurs** the height of summer, the hot season ◆ **les gros consommateurs d'énergie** big energy consumers ◆ **un gros mensonge** a terrible lie, a whopper * ◆ **c'est un gros morceau** * (fig) (= travail) it's a big job; (= livre) it's a huge book; (= obstacle) it's a big hurdle (to clear) ou a big obstacle (to get over) ◆ **il a un gros**

**appétit** he has a big appetite ◆ **la grosse industrie** heavy industry ◆ **acheter par** ou **en grosses quantités** to buy in bulk, bulk-buy (Brit)

**c** [= houleux] mer heavy; (Mét) rough ◆ **la rivière est grosse** (= gonflé) the river is swollen

**d** [= sonore] voix booming (épith); soupir big, deep; → **rire**

**e** [= riche et important] big ◆ **un gros industriel/banquier** a big industrialist/banker

**f** [intensif] **un gros buveur** a heavy drinker ◆ **un gros mangeur** a big eater ◆ **un gros kilo/quart d'heure** a good kilo/quarter of an hour ◆ **tu es un gros paresseux** * you're such a lazybones ◆ **gros nigaud !** * you big ninny! *

**g** [= rude] drap, laine, vêtement coarse; traits du visage thick, heavy ◆ **le gros travail** the heavy work ◆ **son gros bon sens est réconfortant** his down-to-earth ou plain commonsense is a comfort ◆ **il aime les grosses plaisanteries** he likes obvious ou unsubtle ou inane jokes ◆ **oser nous dire ça, c'est vraiment un peu gros** how dare he say that to us, it's a bit thick * ou a bit much *

**h** [† = enceinte] pregnant ◆ **grosse de 6 mois** 6 months' pregnant

**i** [LOC] **avoir les yeux gros de larmes** to have eyes filled ou brimming with tears ◆ **regard gros de menaces** threatening ou menacing look, look full of menace ◆ **l'incident est gros de conséquences** the incident is fraught with consequences ◆ **jouer gros jeu** to play for big ou high stakes ◆ **faire les gros yeux (à un enfant)** to glower (at a child) ◆ **faire la grosse voix** * to speak gruffly ou sternly ◆ **c'est une grosse tête** * he's brainy *, he's a brainbox * ◆ **avoir la grosse tête** * (fig) to be big-headed ◆ **faire une grosse tête à qn** * to bash sb up *, smash sb's face in * ◆ **il me disait des "Monsieur" gros comme le bras** he was falling over himself to be polite to me and kept calling me "sir"

[2] NOM MASCULIN

**a** [= personne corpulente] fat man ◆ **un petit gros** * a fat little man ◆ **mon gros** * old thing *; → **pêche**[2]

**b** [= personne importante] **les gros** the rich and powerful, the big fish *

**c** [= principal] **le gros du travail est fait** the bulk of ou the main part of the work is done ◆ **le gros des troupes** (lit) the main body of the army; (fig) the great majority ◆ **le gros de l'arbre** the main part of the tree ◆ **le gros de l'orage est passé** the worst of the storm is over ◆ **faites le plus gros d'abord** do the main things ou the essentials first

**d** [= milieu] **au gros de l'hiver** in the depths of winter ◆ **au gros de l'été/de la saison** at the height of summer/of the season

**e** [Comm] **le (commerce de) gros** the wholesale business ◆ **il fait le gros et le détail** he deals in ou trades in both wholesale and retail ◆ **maison/prix/marché de gros** wholesale firm/prices/market

**f** **en gros**
(= en grosses lettres) ◆ **c'est écrit en gros** it's written in big ou large letters

(Comm) ◆ **papetier en gros** wholesale stationer ◆ **commande en gros** bulk order ◆ **acheter/vendre en gros** to buy/sell wholesale; → **marchand**

(= dans les grandes lignes) ◆ **évaluer en gros la distance/le prix** to make a rough ou broad estimate of the distance/the price ◆ **dites-moi, en gros, ce qui s'est passé** tell me roughly ou broadly what happened

[3] **grosse** NOM FÉMININ

[= personne] fat woman ◆ **ma grosse** * old girl *, old thing * (Brit) ◆ **c'est une bonne grosse** * (péj) she's a good-natured * → aussi **grosse**[2]

[4] ADVERBE

◆ **écrire gros** to write big, write in large letters ◆ **il risque gros** he's risking a lot ou a great deal ◆ **ça peut nous coûter gros** it could cost us a lot ou a great deal ◆ **je donnerais gros pour ...** I'd give a lot ou a great deal to ... ◆ **il y a gros à parier que ...** it's a safe bet that ... ◆ **en avoir gros sur le cœur** ou **sur la patate** * to be upset ou peeved *

[5] COMPOSÉS

▷ **gros bétail** cattle ▷ **gros bonnet** * bigwig *, big shot * ▷ **gros bras** * muscleman ◆ **jouer les gros bras** * to play ou act the he-man * ▷ **grosse caisse** (Mus) big ou bass drum ▷ **grosse cavalerie** * heavy stuff * ▷ **grosse-gorge** * nf (Can) goitre ▷ **grosse légume** * ⇒ **gros bonnet** ▷ **gros mot** swear-word ◆ **il dit des gros mots** he uses bad language, he swears ▷ **gros œuvre** (Archit) shell *(of a building)* ▷ **gros plan** (Photo) close-up ◆ **une prise de vue en gros plan** a shot in close-up, a close-up shot ◆ **gros plan sur ...** (= émission) programme devoted to ou all about ... ▷ **gros poisson** * ⇒ **gros bonnet** ▷ **(avion) gros porteur** jumbo jet ▷ **gros rouge** * rough (red) wine, (red) plonk * (Brit), Mountain Red (wine) (US) ▷ **gros sel** cooking salt ▷ **gros temps** rough weather ◆ **par gros temps** in rough weather ou conditions; → **gibier, intestin, lot** etc

**gros-bec**, pl **gros-becs** [gʀobɛk] nm (Orn) hawfinch

**groschen** [gʀɔʃɛn] nm groschen

**gros-cul** *, pl **gros-culs** [gʀoky] nm juggernaut (Brit), eighteen-wheeler * (US)

**groseille** [gʀozɛj] [1] nf ◆ **groseille (rouge)** red currant ◆ **groseille (blanche)** white currant ◆ **groseille à maquereau** gooseberry
[2] adj inv (cherry-)red

**groseillier** [gʀozeje] nm currant bush ◆ **groseillier rouge/blanc** red/white currant bush ◆ **groseillier à maquereau** gooseberry bush

**gros-grain**, pl **gros-grains** [gʀogʀɛ̃] nm (Tex) petersham

**Gros-Jean** [gʀoʒɑ̃] nm inv ◆ **il s'est retrouvé Gros-Jean comme devant** † * he found himself back where he started ou back at square one (Brit)

**grosse**[2] [gʀos] [→ SYN] nf (Jur) engrossment; (Comm) gross

**grossesse** [gʀosɛs] [→ SYN] nf pregnancy ◆ **grossesse nerveuse** false pregnancy, phantom pregnancy ◆ **grossesse gémellaire/extra-utérine/à risque** twin/extrauterine/high-risk pregnancy; → **robe**

**grosseur** [gʀosœʀ] [→ SYN] nf **a** [objet] size; [fil, bâton] thickness; [personne] weight, fatness ◆ **être d'une grosseur maladive** to be unhealthily fat ◆ **as-tu remarqué sa grosseur ?** have you noticed how fat he is?
**b** (= tumeur) lump

**grossier, -ière** [gʀosje, jɛʀ] [→ SYN] adj **a** matière, tissu coarse; aliment unrefined; ornement, instrument crude
**b** (= sommaire) travail superficially done, roughly done; imitation crude, poor; dessin rough; solution, réparation rough-and-ready; estimation rough ◆ **avoir une idée grossière des faits** to have a rough idea of the facts
**c** (= lourd) manières unrefined, crude; esprit, être unrefined; traits du visage coarse, thick; ruse crude; plaisanterie unsubtle, inane; erreur stupid, gross (épith); ignorance crass (épith)
**d** (= bas, matériel) plaisirs, jouissances base
**e** (= insolent) personne rude
**f** (= vulgaire) plaisanterie, geste, mots, propos coarse; personne coarse, uncouth ◆ **il s'est montré très grossier envers eux** he was very rude to them ◆ **grossier personnage !** uncouth individual! ◆ **il est grossier avec les femmes** he is coarse ou uncouth in his dealings with women

**grossièrement** [gʀosjɛʀmɑ̃] [→ SYN] adv **a** (= de manière sommaire) exécuter, réparer, dessiner roughly, superficially; façonner, imiter crudely; hacher roughly, coarsely ◆ **pouvez-vous me dire grossièrement combien ça va coûter ?** can you tell me roughly how much that will cost?
**b** (= de manière vulgaire) coarsely; (= insolemment) rudely
**c** (= lourdement) **se tromper grossièrement** to be grossly mistaken, make a gross error

**grossièreté** [gʀosjɛʀte] [→ SYN] nf **a** (= insolence) rudeness
**b** (= vulgarité) [personne] coarseness, uncouthness; [plaisanterie, geste] coarseness ◆ **dire des grossièretés** to use coarse language ◆ **une grossièreté** a rude ou coarse remark
**c** (= rusticité) [fabrication] crudeness; [travail, exécution] superficiality; [étoffe] coarseness
**d** (littér = manque de finesse) [personne] lack of refinement; [traits] coarseness ◆ **la grossièreté de ses manières** his unrefined ou crude manners

**grossir** [gʀosiʀ] [→ SYN] ▸ conjug 2 ◂ [1] vi [personne] (signe de déficience) to get fat(ter), put on weight; (signe de santé) to put on weight; [fruit] to swell, grow; [rivière] to swell; [tumeur] to swell, get bigger; [foule] to grow (larger), swell; [somme, économies] to grow, get bigger; [rumeur, nouvelle] to spread; [bruit] to get louder, grow (louder), swell ◆ **l'avion grossissait dans le ciel** the plane grew larger ou bigger in the sky ◆ **grossir des cuisses/des hanches** to put on weight on the thighs/the hips ◆ **j'ai grossi de trois kilos** I've put on three kilos
[2] vt **a** (= faire paraître plus gros) [+ personne] to make look fatter ◆ **ce genre de vêtement (vous) grossit** clothing of this sort makes one look fatter
**b** [microscope] to magnify; [lentille, lunettes] to enlarge, magnify; [imagination] [+ dangers, importance] to magnify, exaggerate
**c** (= exagérer volontairement) [+ fait, événement] to exaggerate ◆ **ils ont grossi l'affaire à des fins politiques** they've exaggerated ou blown up the issue for political reasons
**d** [+ cours d'eau] to swell; [+ voix] to raise
**e** [+ somme] to increase, add to; [+ foule] to swell ◆ **grossir les rangs/le nombre de** to add to ou swell the ranks/the numbers of

**grossissant, e** [gʀosisɑ̃, ɑ̃t] adj **a** lentille, verre magnifying, enlarging
**b** foule, bruit swelling, growing

**grossissement** [gʀosismɑ̃] [→ SYN] nm **a** [tumeur] swelling, enlarging
**b** (= pouvoir grossissant) [microscope] magnification, (magnifying) power ◆ **grossissement de 200 fois** magnification ou magnifying power of 200 times ◆ **ceci peut être observé à un faible/fort grossissement** this can be seen with a low-power/high-power lens
**c** [objet] magnification, magnifying; (= exagération) [dangers] magnification, exaggeration; [faits] exaggeration

**grossiste** [gʀosist] nmf wholesaler, wholesale dealer

**grosso modo** [gʀosomɔdo] adv **a** (= en gros) more or less, roughly ◆ **grosso modo, cela veut dire que ...** roughly speaking, it means that ... ◆ **dis-moi grosso modo de quoi il s'agit** tell me roughly what it's all about
**b** (= tant bien que mal) after a fashion

**grotesque** [gʀɔtɛsk] [→ SYN] [1] adj **a** (= ridicule) personnage, accoutrement, allure ludicrous, ridiculous; idée, histoire grotesque ◆ **c'est d'un grotesque incroyable** it's absolutely ludicrous ou ridiculous
**b** (Art) grotesque
[2] nm (Littérat) ◆ **le grotesque** the grotesque
[3] nf (Art) grotesque

**grotesquement** [gʀɔtɛskəmɑ̃] adv grotesquely

**grotte** [gʀɔt] [→ SYN] nf (naturelle) cave; (artificielle) grotto ◆ **grotte préhistorique** prehistoric cave

**grouillant, e** [gʀujɑ̃, ɑ̃t] [→ SYN] adj foule, masse milling, swarming ◆ **grouillant de** [+ touristes, insectes] swarming ou teeming ou crawling with; [+ policiers] bristling ou swarming with ◆ **boulevard/café grouillant (de monde)** street/café swarming ou teeming ou crawling with people, bustling street/café

**grouillement** [gʀujmɑ̃] [→ SYN] nm [foule, touristes] milling, swarming; [vers, insectes] swarming

**grouiller** [gʀuje] [→ SYN] ▸ conjug 1 ◂ [1] vi [foule, touristes] to mill about; [café, rue] to be swarming ou teeming ou bustling with people ◆ **grouiller de** [+ touristes, insectes] to be swarming ou teeming ou crawling with
[2] **se grouiller** * vpr to get a move on * ◆ **grouille-toi ou on va rater le train !** get your skates on * ou get a move on * or we'll miss the train! ◆ **se grouiller pour arriver à l'heure** to hurry so as not to be late

**grouillot** [gʀujo] nm messenger (boy)

**groupage** [gʀupaʒ] [→ SYN] nm **a** (Comm) [colis] bulking

**b** (Méd) **groupage sanguin** blood grouping ou typing ◆ **groupage tissulaire** tissue typing

**groupe** [gʀup] [→ SYN] [1] nm **a** (Art, Écon, Math, Pol, Sociol) group ◆ **groupe de communication/de distribution/industriel** communications/distribution/industrial group ◆ **le groupe de la majorité** the deputies ou MPs (Brit) ou Congressmen (US) of the majority party ◆ **psychologie de groupe** group psychology

**b** [personnes] group; [touristes] party, group; [musiciens] band, group ◆ **groupe de rock** rock group ou band ◆ **des groupes se formaient dans la rue** groups (of people) ou knots of people were forming in the street ◆ **par groupes de trois ou quatre** in groups of three or four, in threes or fours ◆ **travailler/marcher en groupe** to work/walk in ou as a group ◆ **travail/billet de groupe** group work/ticket

**c** [club] group ◆ **le groupe des Sept (pays les plus industrialisés)** (Écon) the Group of Seven (most industrialized countries) ◆ **"le groupe des Cinq"** (Mus) "the Five" ◆ **"le groupe des Six"** (Mus) "Les Six"

**d** [objets] **groupe de maisons** cluster ou group of houses ◆ **groupe d'arbres** clump ou cluster ou group of trees

**e** (Ling) group, cluster ◆ **groupe nominal/verbal** noun/verb phrase, nominal/verbal group ◆ **groupe consonantique** consonant cluster

[2] COMP ▷ **groupe d'âge** age group ▷ **groupe armé** armed group ▷ **groupe de combat** fighter group ▷ **groupe électrogène** generating set, generator ▷ **groupe hospitalier** hospital complex ▷ **groupe d'intervention de la Gendarmerie nationale** crack force of the Gendarmerie ▷ **groupe de mots** word group, phrase ▷ **groupe parlementaire** parliamentary group ▷ **le groupe de la Pléiade** the (group of the) Pleiad ▷ **groupe de presse** (gén) publishing conglomerate; (spécialisé dans la presse) press group ▷ **groupe de pression** pressure group, ginger group (Brit), special interest group (US) ▷ **groupe sanguin** blood group ▷ **groupe de saut** [parachutistes] stick ▷ **groupe scolaire** school complex ▷ **groupe de tête** (Sport) (group of) leaders; (Scol) top pupils (in the class); (Écon) (group of) leading firms ▷ **groupe tissulaire** tissue type ▷ **groupe de travail** working party

**groupement** [gʀupmɑ̃] [→ SYN] nm **a** (= action) [personnes, objets, faits] grouping ◆ **groupement de mots par catégories** grouping words by categories

**b** (= groupe) group; (= organisation) organization ◆ **groupement révolutionnaire** band of revolutionaries, revolutionary band ◆ **groupement tactique** (Mil) task force ◆ **groupement d'achats** (commercial) bulk-buying organization ◆ **groupement de gendarmerie** squad of Gendarmes ◆ **groupement professionnel** professional organization ◆ **groupement d'intérêt économique** economic interest group ◆ **groupement agricole d'exploitation en commun** farmers' economic interest group

**c** (Chim) group

**grouper** [gʀupe] [→ SYN] ▸ conjug 1 ◂ [1] vt **a** [+ personnes, objets, faits] to group (together); (Comm) [+ colis] to bulk; [+ efforts] [+ ressources, moyens] to pool ◆ **grouper des colis par destination** to bulk parcels according to their destination

**b** (Sport) [+ genoux] to tuck; → **saut**

[2] **se grouper** vpr [foule] to gather; (= se coaliser) to form a group ◆ **groupez-vous par trois** get into threes ou into groups of three ◆ **restez groupés** keep together, stay in a group ◆ **les consommateurs doivent se grouper pour se défendre** consumers must band together to defend their interests ◆ **se grouper en associations** to form associations ◆ **on s'est groupé pour lui acheter un cadeau** we all got together ou chipped in * to buy him a present ◆ **se grouper autour d'un chef** (fig) to rally round a leader ◆ **le village groupé autour de l'église** the village clustered round the church

**groupie** [gʀupi] nmf [chanteur] groupie; * [parti] (party) faithful

**groupuscule** [gʀupyskyl] nm (Pol péj) small group

**grouse** [gʀuz] nf grouse

**Groznyï** [gʀɔzni] n Grozny

**GRS** [ʒeɛʀɛs] nf abrév de **gymnastique rythmique et sportive**

**gruau**[1] [gʀyo] nm (= graine) hulled grain, groats ◆ **pain de gruau** fine wheaten bread

**gruau**[2] [gʀyo] nm (Zool) baby crane

**grue** [gʀy] [→ SYN] nf **a** (Tech, TV) crane ◆ **grue flottante** floating crane ◆ **grue de levage** wrecking crane

**b** (Orn) **grue (cendrée)** crane ◆ **grue couronnée** crowned crane; → **pied**

**c** (‡ péj = prostituée) hooker ‡ (péj), tart ‡ (Brit) (péj)

**gruge** ‡ [gʀyʒ] nf (= escroquerie) ◆ **il y a eu de la gruge** we or they got ripped off *

**gruger** [gʀyʒe] [→ SYN] ▸ conjug 3 ◂ vt **a** (frm = duper) to dupe; (= escroquer) to swindle ◆ **se faire gruger** (= se faire duper) to be duped, be had *; (= se faire escroquer) to be swindled

**b** (Can) to nibble

**grume** [gʀym] nf (= écorce) bark *(left on timber)* ◆ **bois de** ou **en grume** undressed timber, rough lumber (US)

**grumeau**, pl **grumeaux** [gʀymo] [→ SYN] nm [sel, sauce] lump ◆ **la sauce fait des grumeaux** the sauce is going lumpy ◆ **pâte pleine de grumeaux** lumpy dough

**grumeler (se)** [gʀym(ə)le] ▸ conjug 5 ◂ vpr [sauce] to go lumpy; [lait] to curdle

**grumeleux, -euse** [gʀym(ə)lø, øz] [→ SYN] adj sauce lumpy; lait curdled; fruit gritty; peau bumpy, lumpy

**grumelure** [gʀym(ə)lyʀ] nf (Tech = défaut) pipe

**grunge** [gʀœnʒ] [1] adj musique, mouvement grunge (épith)

[2] nm (Mus) grunge (music)

**gruon** [gʀyɔ̃] nm ⇒ **gruau**[2]

**gruppetto** [gʀupeto], pl **gruppetti** [gʀupeti] nm (Mus) gruppetto, turn

**grutier, -ière** [gʀytje, jɛʀ] nm,f crane driver ou operator

**gruyère** [gʀyjɛʀ] [→ SYN] nm gruyère (cheese) (Brit), Swiss (cheese) (US)

**gryphée** [gʀife] nf ◆ **les gryphées** the Gryphaea

**GSM** [ʒeɛsɛm] nm (abrév de **Global System for Mobile Communication**) GSM ◆ **réseau GSM** GSM network

**guacamole** [gwakamɔle] nm (Culin) guacamole

**Guadeloupe** [gwadlup] nf Guadeloupe

**guadeloupéen, -enne** [gwadlupeɛ̃, ɛn] [1] adj Guadelupian

[2] **Guadeloupéen(ne)** nm,f inhabitant ou native of Guadeloupe

**guai, guais** [gɛ] [→ SYN] adj m shotten

**Guam** [gwam] nm Guam

**guanaco** [gwanako] nm guanaco

**guanine** [gwanin] nf guanine

**guano** [gwano] nm [oiseau] guano; [poisson] manure

**guarani** [gwaʀani] [1] adj Guarani (épith)

[2] nm (Ling) Guarani; (= monnaie) guarani

[3] **Guarani** nmf Guarani

**Guatemala** [gwatemala] nm Guatemala

**guatémaltèque** [gwatemaltɛk] [1] adj Guatemalan

[2] **Guatémaltèque** nmf Guatemalan

**Guayaquil** [gwajakil] n Guayaquil

**gué** [ge] [→ SYN] nm ford ◆ **passer (une rivière) à gué** to ford a river

**guéable** [geabl] adj fordable

**guède** [gɛd] nf (Bot) woad, pastel; (= couleur) woad

**guéer** [gee] ▸ conjug 1 ◂ vt to ford

**guéguerre** * [gegɛʀ] nf squabble ◆ **c'est la guéguerre entre les représentants** the representatives are squabbling amongst themselves

**guelfe** [gɛlf] [1] adj Guelphic

[2] nmf Guelph

**guelte** [gɛlt] [→ SYN] nf (Comm) commission

**guenille** [gənij] [→ SYN] nf (piece of) rag ◆ **guenilles** (old) rags ◆ **en guenilles** in rags (and tatters)

**guenon** [gənɔ̃] [→ SYN] nf (Zool) female monkey; (péj = laideron) fright, (ugly) hag

**guépard** [gepaʀ] nm cheetah ◆ **"Le Guépard"** (Ciné) "The Leopard"

**guêpe** [gɛp] [→ SYN] nf wasp; → **fou, taille**[1]

**guêpier** [gepje] [→ SYN] nm **a** (Zool) bee-eater

**b** (= piège) trap; (= nid) wasp's nest ◆ **se fourrer dans un guêpier** * to land o.s. in the soup * ou in it * (Brit)

**guêpière** [gɛpjɛʀ] nf basque

**guère** [gɛʀ] [→ SYN] adv **a** (avec adj ou adv) (= pas très, pas beaucoup) hardly, scarcely ◆ **elle ne va guère mieux** she's hardly any better ◆ **comment vas-tu, aujourd'hui ? – guère mieux !** how are you feeling today? – much the same! ◆ **il n'est guère poli** he's not very polite ◆ **le chef, guère satisfait de cela, ...** the boss, little ou hardly satisfied with that, ... ◆ **il n'y a guère plus de 2 km** there is barely ou scarcely more than 2 km to go ◆ **ça ne fera guère moins de 25 €** it won't be (very) much less than €25

**b** (avec vb) **ne ... guère** (= pas beaucoup) not much ou really; (= pas souvent) hardly ou scarcely ever; (= pas longtemps) not (very) long ◆ **il n'a guère d'argent/le temps** he has hardly any money/time ◆ **je n'aime guère qu'on me questionne** I don't much like ou really care for being questioned ◆ **il n'en reste plus guère** there's hardly any left ◆ **cela ne te va guère** it doesn't really suit you ◆ **ce n'est plus guère à la mode** it's hardly fashionable at all nowadays ◆ **il ne vient guère nous voir** he hardly ou scarcely ever comes to see us ◆ **cela ne durera guère** it won't last (for) very long ◆ **il ne tardera guère** he won't be (very) long now ◆ **l'aimez-vous ? – guère** (frm) do you like it? – not (very) much ou not really ou not particularly

**c** **guère** + **de/que** ◆ **il n'y a guère de monde** there's hardly ou scarcely anybody there ◆ **il n'y a guère que lui qui ...** he's about the only one who ..., there's hardly ou scarcely anyone but he who ...

**guéret** [geʀɛ] [→ SYN] nm tillage (NonC)

**guéridon** [geʀidɔ̃] [→ SYN] nm pedestal table

**guérilla** [geʀija] [→ SYN] nf guerrilla war ou warfare (NonC) ◆ **guérilla urbaine** urban guerrilla warfare

**guérillero, guérilléro** [geʀijeʀo] [→ SYN] nm guerrilla

**guérir** [geʀiʀ] [→ SYN] ▸ conjug 2 ◂ [1] vt (= soigner) [+ malade] to cure, make better; [+ maladie] to cure; [+ membre, blessure] to heal ◆ **je ne peux pas le guérir de ses mauvaises habitudes** I can't cure ou break him of his bad habits

[2] vi **a** (= aller mieux) [malade, maladie] to get better, be cured; [blessure] to heal, mend ◆ **sa main guérie était encore faible** his hand although healed was still weak ◆ **il est guéri (de son angine)** he is cured (of his throat infection) ◆ **dépenser de telles sommes, j'en suis guéri !** you won't catch me spending money like that again!, that's the last time I spend money like that!

**b** [chagrin, passion] to heal

[3] **se guérir** vpr [malade, maladie] to get better, be cured ◆ **se guérir d'une habitude** to cure ou break o.s. of a habit ◆ **se guérir par les plantes** to cure o.s. by taking herbs, cure o.s. with herbs ◆ **se guérir d'un amour malheureux** to get over ou recover from an unhappy love affair

**guérison** [geʀizɔ̃] [→ SYN] nf [malade] recovery; [maladie] curing (NonC); [membre, plaie] healing (NonC) ◆ **sa guérison a été rapide** he made a rapid recovery ◆ **guérison par la foi** faith healing; → **voie**

**guérissable** [geʀisabl] [→ SYN] adj malade, maladie curable ◆ **sa jambe/blessure est guérissable** his leg/injury can be healed

**guérisseur, -euse** [geʀisœʀ, øz] [→ SYN] nm,f healer; (péj) quack (doctor) (péj)

**guérite** [geʀit] [→ SYN] nf **a** (Mil) sentry box

**b** (sur chantier) workman's hut; (servant de bureau) site office

**Guernesey** [gɛʀn(ə)zɛ] nf Guernsey

**guernesiais, e** [gɛʀnəzjɛ, ɛz] [1] adj of ou from Guernsey, Guernsey (épith)
[2] **Guernesiais(e)** nm,f inhabitant ou native of Guernsey

**guerre** [gɛʀ] [→ SYN] [1] nf [a] (= conflit) war ◆ **de guerre** correspondant, criminel war (épith) ◆ **guerre civile/sainte/atomique** civil/holy/atomic war ◆ **guerre de religion/de libération** war of religion/of liberation ◆ **la guerre scolaire** *ongoing debate on church schooling versus state schooling* ◆ **la Grande Guerre** the Great War (Brit), World War I ◆ **la Première Guerre mondiale** the First World War, World War I ◆ **la Seconde** ou **Deuxième Guerre mondiale** the Second World War, World War II ◆ **entre eux c'est la guerre (ouverte)** it's open war between them ◆ **"La Guerre de Troie n'aura pas lieu"** (Littérat) "Tiger at the Gates" ◆ **"Guerre et Paix"** (Littérat) "War and Peace"
[b] (= technique) warfare ◆ **la guerre atomique/psychologique/chimique** atomic/psychological/chemical warfare
[c] (Loc) **de guerre lasse elle finit par accepter** she grew tired of resisting and finally accepted ◆ **à la guerre comme à la guerre** we'll just have to make the best of things ◆ **c'est de bonne guerre** that's fair enough ◆ **faire la guerre à** (Mil) to wage war on ou against ◆ **soldat qui a fait la guerre** soldier who was in the war ◆ **ton chapeau a fait la guerre** * your hat has been in the wars * (Brit) ou through the war (US) ◆ **elle lui fait la guerre pour qu'il s'habille mieux** she is constantly battling with him to get him to dress better ◆ **faire la guerre aux abus/à l'injustice** to wage war against ou on abuses/injustice
◆ **en guerre** (lit, fig) at war (*avec, contre* with, against) ◆ **dans les pays en guerre** in the warring countries, in the countries at war ◆ **partir en guerre contre** (Mil) to go to war against, wage war on; (fig) to wage war on; → **entrer**
[2] COMP ▷ **guerre bactériologique** bacteriological warfare ▷ **guerre biologique** biological warfare ▷ **la guerre des Boers** the Boer war ▷ **la guerre de Cent Ans** the Hundred Years' War ▷ **guerre de conquête** war of conquest ▷ **la guerre des Deux-Roses** the Wars of the Roses ▷ **guerre éclair** blitzkrieg, lightning war (US) ▷ **guerre économique** economic warfare ▷ **guerre électronique** electronic warfare ▷ **guerre d'embuscade** guerrilla warfare ▷ **la guerre des étoiles** Star Wars ▷ **guerre d'extermination** war of extermination ▷ **guerre froide** cold war ▷ **la guerre du Golfe** the Gulf War ▷ **la guerre du Mexique** the Mexican War ▷ **guerre mondiale** world war ▷ **guerre de mouvement** war of movement ▷ **guerre des nerfs** war of nerves ▷ **guerre nucléaire** nuclear war ▷ **guerre des ondes** battle for the airwaves ▷ **guerre à outrance** all-out war ▷ **la guerre des pierres** the Palestinian uprising ▷ **guerre planétaire** global war ▷ **guerre de position** war of position ▷ **guerre presse-bouton** push-button war ▷ **les guerres puniques** the Punic Wars ▷ **la guerre de quarante** the Second World War ▷ **la guerre de quatorze** the 1914-18 war ▷ **la guerre de Sécession** the American Civil War ▷ **guerre de succession** war of succession ▷ **guerre totale** total warfare, all-out war ▷ **guerre de tranchées** trench warfare ▷ **la guerre de Trente Ans** the Thirty Years War ▷ **la guerre de Troie** the Trojan War ▷ **guerre d'usure** war of attrition

**guerrier, -ière** [gɛʀje, jɛʀ] [→ SYN] [1] adj nation, air warlike; danse, chants, exploits war (épith)
[2] nm,f warrior

**guerroyer** [gɛʀwaje] [→ SYN] ▸ conjug 8 ◂ vi (littér) to wage war (*contre* against, on)

**guet** [gɛ] [→ SYN] nm [a] **faire le guet** to be on (the) watch ou lookout ◆ **avoir l'œil au guet** (littér) to keep one's eyes open ou peeled * ◆ **avoir l'oreille au guet** (littér) to keep one's ears open
[b] (Hist = patrouille) watch

**guet-apens**, pl **guets-apens** [gɛtapɑ̃] [→ SYN] nm (= embuscade) ambush, ambuscade (frm); (fig) trap ◆ **attirer qn dans un guet-apens** (lit) to lure sb into an ambush; (fig) to lure sb into a trap ◆ **tomber dans un guet-apens** (lit) to be caught in an ambush; (fig) to fall into a trap

**guêtre** [gɛtʀ] [→ SYN] nf gaiter; → **traîner**

**guêtré, e** [getʀe] adj (hum, Hist) wearing gaiters ou spats

**guetter** [gete] [→ SYN] ▸ conjug 1 ◂ vt [a] (= épier) [+ victime, ennemi] to watch (intently); [+ porte] to watch
[b] (= attendre) [+ réaction, signal, occasion] to watch out for, be on the lookout for; [+ personne] to watch (out) for; (hostilement) to lie in wait for; [+ proie] to lie in wait for ◆ **guetter le passage/l'arrivée de qn** to watch (out) for sb (to pass by)/(to come) ◆ **guetter la sonnerie du téléphone** to be waiting for the telephone to ring ◆ **guetter le pas de qn** to listen out for sb ◆ **ses fans guettent la sortie de son nouvel album** his fans are eagerly waiting for his new album
[c] (= menacer) [danger] to threaten ◆ **la crise cardiaque/la faillite le guette** he's heading for a heart attack/bankruptcy ◆ **c'est le sort qui nous guette tous** it's the fate that's in store for all of us ou that's liable to befall all of us

**guetteur** [getœʀ] [→ SYN] nm (Mil, Naut) lookout; (Hist) watch

**gueulante** ‡ [gœlɑ̃t] nf ◆ **pousser une** ou **sa gueulante** (colère) to kick up a stink *; (douleur) to give an almighty yell *

**gueulard, e** [gœlaʀ, aʀd] [→ SYN] [1] adj [a] (‡ = braillard) personne loud-mouthed; air, musique noisy
[b] (‡ = criard) couleur, vêtement gaudy, garish
[c] (* = gourmand) **être gueulard** to love one's food
[2] nm,f [a] (‡ = braillard) loudmouth
[b] (* = gourmand) **c'est un gueulard** he really loves his food
[3] nm (Tech) throat

**gueule** [gœl] [→ SYN] [1] nf [a] (‡ = bouche) mouth ◆ **(ferme) ta gueule !** shut your trap! ‡ ou face! ‡ ◆ **ça vous emporte** ou **brûle la gueule** it takes the roof off your mouth ◆ **il dépense beaucoup d'argent pour la gueule** he spends a lot on feeding his face * ◆ **s'en mettre plein la gueule** to stuff o.s. ou one's face * ◆ **tu peux crever la gueule ouverte** you can go to hell for all I care ‡ ◆ **il nous laisserait bien crever la gueule ouverte** he wouldn't give a damn what happened to us ‡ ◆ **donner un coup de gueule** * to shout one's head off * ◆ **il est connu pour ses coups de gueule** * he's well known for being a loudmouth ◆ **bourré** * ou **rempli jusqu'à la gueule** crammed to the gills ‡, jam-packed; → **fin¹**
[b] (* = figure) face ◆ **il a une bonne/sale gueule** I like/I don't like the look of him ◆ **avoir une bonne/sale gueule** [aliment] to look nice/horrible ◆ **avoir la gueule de l'emploi** to look the part ◆ **faire la gueule** to sulk ◆ **faire la gueule à qn** to be in a huff * with sb ◆ **faire une gueule d'enterrement** to look really miserable ◆ **il a fait une sale gueule quand il a appris la nouvelle** ‡ he didn't half pull a face when he heard the news * ◆ **bien fait pour sa gueule !** ‡ bully for him! ‡ ◆ **un fort en gueule, une grande gueule** a loudmouth ◆ **cette bagnole a de la gueule** that's a great-looking car! *, that's some car! * ◆ **cette maison a une drôle de gueule** that's a weird-looking house ◆ **les vêtements achetés en boutique ont plus de gueule** boutique clothes look much nicer ou better ◆ **gueule de raie** ‡ fish-face ‡ ◆ **gueule d'empeigne** ‡ (péj) shithead *‡, → **casser, foutre, soûler**
[c] [animal] mouth ◆ **se jeter** ou **se mettre dans la gueule du loup** to throw o.s. into the lion's jaws
[d] (= ouverture) [four] mouth; [canon] muzzle
[2] COMP ▷ **gueule d'amour** * lover boy * ▷ **gueule de bois** * hangover ◆ **avoir la gueule de bois** to have a hangover, be feeling the effects of the night before * ▷ **gueule cassée** *war veteran with severe facial injuries* ▷ **gueule noire** miner

**gueule-de-loup**, pl **gueules-de-loup** [gœldəlu] nf (Bot) snapdragon

**gueulement** ‡ [gœlmɑ̃] nm (= cri) bawl ◆ **pousser des gueulements** (douleur) to yell one's head off *; (colère) to kick up a stink *

**gueuler** ‡ [gœle] ▸ conjug 1 ◂ [1] vi [a] [chien] to bark like mad *; [personne] (= crier) to shout; (= parler fort) to bawl, bellow; (= chanter fort) to bawl; (= hurler de douleur) to howl, yell (one's head off *); (= protester) to kick up a stink * ◆ **gueuler après qn** to bawl sb out * ◆ **ça va gueuler** all hell will break loose ‡, there'll be one hell of a row ‡
[b] [poste de radio] to blast out, blare out ◆ **faire gueuler sa télé** to turn one's TV up full blast *
[2] vt [+ ordres] to bawl (out), bellow (out); [+ chanson] to bawl

**gueules** [gœl] nm (Hér) gules

**gueuleton** * [gœltɔ̃] nm blow-out * (Brit), chow-down ‡ (US) ◆ **faire un gueuleton** to have a blow-out * (Brit) ou a chow-down ‡ (US)

**gueuletonner** * [gœltɔne] ▸ conjug 1 ◂ vi to have a blow-out * (Brit) ou a chow-down ‡ (US)

**gueuse** [gøz] nf [a] (†, littér) (= mendiante) beggarwoman; (= coquine) rascally wench; → **courir**
[b] [fonte] pig
[c] (= bière) **gueuse(-lambic)** gueuse beer

**gueux** [gø] [→ SYN] nm (†, littér) (= mendiant) beggar; (= coquin) rogue, villain

**gugusse** [gygys] nm (= clown) ≃ Coco the clown; (* = type) guy *, bloke * (Brit); (* = personne ridicule) twit *

**gui** [gi] nm [a] (Bot) mistletoe ◆ **s'embrasser sous le gui** to kiss under the mistletoe
[b] (Naut) boom

**guibol(l)e** * [gibɔl] nf (= jambe) leg

**guiche** [giʃ] nf (= accroche-cœur) kiss curl

**guichet** [giʃɛ] [→ SYN] nm [a] (= comptoir individuel) window ◆ **guichet(s)** (= bureau) [banque, poste] counter; [théâtre] box office, ticket office; [gare] ticket office, booking office (Brit) ◆ **adressez-vous au guichet d'à côté** inquire at the next window ◆ **renseignez-vous au(x) guichet(s)** [banque, poste] go and ask at the counter; [théâtre, gare] go and ask at the ticket office ◆ **"guichet fermé"** (à la poste, à la banque) "position closed" ◆ **on joue à guichets fermés** the performance is fully booked ou is booked out (Brit) ◆ **guichet automatique (de banque)** cash dispenser, ATM
[b] [porte, mur] wicket, hatch; (grillagé) grille

**guichetier, -ière** [giʃ(ə)tje, jɛʀ] [→ SYN] nm,f [banque] counter clerk

**guidage** [gidaʒ] nm (Min, Tech) (= mécanisme) guides; (= action) guidance

**guidance** [gidɑ̃s] nf (Psych) guidance

**guide** [gid] [→ SYN] [1] nm [a] (= idée, sentiment) guide ◆ **l'ambition est son seul guide** ambition is his only guide
[b] (= livre) guide(book) ◆ **guide pratique/touristique/gastronomique** practical/tourist/restaurant guide ◆ **guide de voyage** travel guide
[c] (Tech = glissière) guide ◆ **guide de courroie** belt-guide
[2] nmf (= personne) guide ◆ **guide (de montagne)** (mountain) guide ◆ **"n'oubliez pas le guide"** "please remember the guide" ◆ **"suivez le guide !"** "this way, please!" ◆ **guide-conférencier** lecturing guide ◆ **guide-interprète** tour guide and interpreter
[3] **guides** nfpl (= rênes) reins
[4] nf (= éclaireuse) ≃ (girl) guide (Brit), ≃ girl scout (US)

**guide-âne**, pl **guide-ânes** [gidɑn] nm (= papier réglé) line rule

**guide-fil**, pl **guide-fils** [gidfil] nm thread-guide

**guider** [gide] [→ SYN] ▸ conjug 1 ◂ vt (= conduire) [+ voyageur, embarcation, cheval] to guide; (moralement) to guide ◆ **l'ambition le guide** he is guided by (his) ambition, ambition is his guide ◆ **organisme qui guide les étudiants durant leur première année** organization that provides guidance for first-year students ◆ **il m'a guidé dans mes recherches** he guided me through ou in my research ◆ **se laissant guider par son instinct** letting himself be guided by (his) instinct, letting (his) instinct be his guide ◆ **se guidant sur les étoiles/leur exemple** guided by the stars/their example, using the stars/their example as a guide ◆ **missile guidé par infrarouge** heat-seeking missile ◆ **bombe guidée au** ou **par laser** laser-guided bomb; → **visite**

**guiderope** [gidʀɔp] nm dragrope, dragline, guide rope

**guidon** [gidɔ̃] → SYN nm a [vélo] handlebars
b (= drapeau) guidon
c [mire] foresight, bead

**guigne**[1] [giɲ] nf (= cerise) *type of cherry* ◆ **il s'en soucie comme d'une guigne** he doesn't care a fig about it

**guigne**[2] * [giɲ] → SYN nf (= malchance) rotten luck * ◆ **avoir la guigne** to be jinxed * ◆ **porter la guigne à qn** to put a jinx on sb * ◆ **quelle guigne !** what rotten luck! *

**guigner** [giɲe] → SYN ▸ conjug 1 ◂ vt [+ personne] to eye surreptitiously; [+ héritage, place] to have one's eye on, eye

**guignette** [giɲɛt] → SYN nf (Naut) caulking-iron

**guignier** [giɲje] nm *type of cherry tree*

**guignol** [giɲɔl] → SYN nm a (Théât) (= marionnette) *popular French glove puppet*; (= spectacle) puppet show, ≈ Punch and Judy show ◆ **aller au guignol** to go to a puppet show ◆ **c'est du guignol !** it's a real farce!
b (péj = personne) clown ◆ **arrête de faire le guignol !** stop clowning about!, stop acting the clown!

**guignolet** [giɲɔlɛ] nm cherry liqueur

**guignon** [giɲɔ̃] nm ⇒ **guigne**[2]

**guilde** [gild] → SYN nf (Hist) guild; (Comm) club

**guili-guili** * [giligili] nm tickle tickle * ◆ **faire guili-guili à qn** to tickle sb

**Guillaume** [gijom] nm William ◆ **Guillaume le Roux** William Rufus ◆ **Guillaume Tell** William Tell ◆ **Guillaume d'Orange** William of Orange ◆ **Guillaume le Conquérant** William the Conqueror

**guillaume** [gijom] nm rabbet plane

**guilledou** [gij(ə)du] nm → **courir**

**guillemet** [gijmɛ] nm quotation mark, inverted comma (Brit) ◆ **ouvrez les guillemets** quote, open quotation marks ou inverted commas (Brit) ◆ **fermez les guillemets** unquote, close quotation marks ou inverted commas (Brit) ◆ **sa digne épouse, entre guillemets** his noble spouse, quote unquote ou in inverted commas (Brit) ◆ **mettre un mot entre guillemets** to put a word in quotation marks ou quotes ou inverted commas (Brit)

**guillemot** [gijmo] nm guillemot

**guilleret, -ette** [gijʀɛ, ɛt] → SYN adj a (= enjoué) personne, air perky, bright ◆ **être tout guilleret** to be full of beans *
b (= leste) propos saucy

**guilloche** [gijɔʃ] nf burin, graver *(used for guilloche)*

**guilloché, e** [gijɔʃe] (ptp de **guillocher**) adj ornamented with guilloche

**guillocher** [gijɔʃe] ▸ conjug 1 ◂ vt to ornament with guilloche

**guillotine** [gijɔtin] → SYN nf guillotine; → **fenêtre**

**guillotiner** [gijɔtine] → SYN ▸ conjug 1 ◂ vt to guillotine

**guillotineur** [gijɔtinœʀ] nm guillotiner

**guimauve** [gimov] nf (Bot) marsh mallow; (Culin) marshmallow ◆ **c'est de la guimauve** (péj) (mou) it's jelly; (sentimental) it's mush *, it's schmaltzy * ◆ **chanson (à la) guimauve** mushy * ou schmaltzy * ou soppy * (Brit) song

**guimbarde** [gɛ̃baʀd] → SYN nf (Mus) Jew's harp ◆ **(vieille) guimbarde** * (= voiture) jalopy, old banger * (Brit), old crock * (Brit)

**guimpe** [gɛ̃p] → SYN nf (Rel) wimple; (= corsage) chemisette (Brit), dickey (US)

**guincher** * [gɛ̃ʃe] ▸ conjug 1 ◂ vi (= danser) to dance

**guindage** [gɛ̃daʒ] nm [mât] raising

**guindant** [gɛ̃dɑ̃] nm [voile] hoist

**guindé, e** [gɛ̃de] → SYN (ptp de **guinder**) adj personne, air stiff, starchy, uptight *; style stilted ◆ **il est guindé dans ses vêtements** his clothes are too tight for him

**guindeau** [gɛ̃do] nm windlass

**guinder** [gɛ̃de] → SYN ▸ conjug 1 ◂ 1 vt a [+ style] to make stilted ◆ **guinder qn** [vêtements] to make sb look stiff and starchy
b (= hisser) [+ mât, charge] to raise
2 **se guinder** vpr [personne] to become starchy; [style] to become stilted

**guinderesse** [gɛ̃dʀɛs] → SYN nf mast rope

**Guinée** [gine] nf Guinea

**Guinée-Bissau** [ginebiso] nf Guinea-Bissau

**Guinée-Équatoriale** [gineekwatɔʀjal] nf Equatorial Guinea

**guinéen, -enne** [gineɛ̃, ɛn] 1 adj Guinean
2 **Guinéen(ne)** nm,f native of Guinea, Guinean

**guingois** * [gɛ̃gwa] → SYN adv (= de travers) ◆ **de guingois** askew, skew-whiff * (Brit) ◆ **le tableau est (tout) de guingois** the picture is askew ou skew-whiff * ou lop-sided ◆ **il se tient tout de guingois sur sa chaise** he's sitting lop-sidedly ou skew-whiff * in his chair ◆ **marcher de guingois** to walk lop-sidedly ◆ **tout va de guingois** everything's going haywire *

**guinguette** [gɛ̃gɛt] → SYN nf *open-air café or dance hall*

**guiper** [gipe] ▸ conjug 1 ◂ vt (Élec) to sheathe; (Tex) to twist a thread around

**guipoir** [gipwaʀ] nm twist machine

**guipure** [gipyʀ] → SYN nf guipure

**guirlande** [giʀlɑ̃d] → SYN nf [fleurs] garland ◆ **guirlande de Noël** tinsel garland ◆ **guirlande de papier** paper chain ◆ **guirlande électrique** string of Christmas lights ou fairy lights (Brit)

**guise** [giz] GRAMMAIRE ACTIVE 26.1 → SYN nf ◆ **n'en faire qu'à sa guise** to do as one pleases ou likes ◆ **à ta guise !** as you wish! ou please! ou like!
◆ **en guise de** by way of ◆ **en guise de remerciement** by way of thanks ◆ **en guise de chapeau il portait un pot de fleurs** he was wearing a flowerpot by way of a hat ou for a hat

**guitare** [gitaʀ] → SYN nf guitar ◆ **guitare hawaïenne/électrique** Hawaiian/electric guitar ◆ **guitare basse/acoustique** ou **sèche/classique** bass/acoustic/classical guitar ◆ **à la guitare, Joe** on guitar, Joe

**guitariste** [gitaʀist] nmf guitarist, guitar player

**guitoune** * [gitun] nf tent

**Guj(a)rât** [gudʒ(a)ʀat] nm Gujarat

**gulden** [gyldɛn] nm guilder, gulden

**Gulf Stream** [gœlfstʀim] nm Gulf Stream

**gunite** [gynit] → SYN nf gunite

**günz** [gynz] nm ◆ **le günz** the Günz

**guppy** [gypi] nm guppy

**guru** [guʀu] nm ⇒ **gourou**

**gus** * [gys] nm (= type) guy *, bloke * (Brit)

**gustatif, -ive** [gystatif, iv] adj gustative, gustatory; → **nerf, papille**

**gustation** [gystasjɔ̃] nf gustation

**gutta-percha**, pl **guttas-perchas** [gytapɛʀka] nf gutta-percha

**guttural, e**, mpl **-aux** [gytyʀal, o] → SYN 1 adj langue, son, consonne guttural; voix guttural, throaty
2 **gutturale** nf (Phon) guttural

**Guyana** [gɥijana] nm Guyana

**guyanais, e** [gɥijanɛ, ɛz] 1 adj Guyanese
2 **Guyanais(e)** nm,f Guyanese

**Guyane** [gɥijan] nf Guiana ◆ **Guyane française** French Guiana ◆ **Guyane hollandaise** Dutch Guyana ◆ **Guyane britannique** (British) Guyana

**guyot**[1] [gɥijo] nf (= fruit) guyot pear; (= volcan) guyot

**guyot**[2] [gɥijo] nm (= volcan) guyot

**gym** * [ʒim] nf (abrév de **gymnastique**) (gén) gym; (Scol) PE ◆ **je vais à la gym** I go to the gym ◆ **faire de la gym** (sport) to do gym; (chez soi) to do exercises

**gymkhana** [ʒimkana] nm rally ◆ **gymkhana motocycliste** motorcycle scramble ◆ **il faut faire du gymkhana pour arriver à la fenêtre !** it's like an obstacle course to get to the window!

**gymnase** [ʒimnɑz] → SYN nm (Sport) gymnasium, gym; (Helv = lycée) secondary school (Brit), high school (US)

**gymnaste** [ʒimnast] → SYN nmf gymnast

**gymnastique** [ʒimnastik] → SYN 1 nf a (= sport) gymnastics sg; (Scol) physical education, gymnastics sg ◆ **de gymnastique** professeur, instrument physical education (épith), PE (épith) ◆ **faire de la gymnastique** (sport) to do gymnastics; (chez soi) to do exercises; → **pas**[1]
b (fig) gymnastics sg ◆ **gymnastique intellectuelle** ou **de l'esprit** mental gymnastics sg ◆ **c'est toute une gymnastique pour attraper ce que l'on veut dans ce placard** it's a real juggling act ou you have to stand on your head to find what you want in this cupboard
2 COMP ▷ **gymnastique acrobatique** acrobatics sg ▷ **gymnastique aquatique** aquaerobics sg ▷ **gymnastique chinoise** t'ai chi (ch'uan) ▷ **gymnastique corrective** remedial gymnastics ▷ **gymnastique douce** ≈ Callanetics ® ▷ **gymnastique oculaire** eye exercises ▷ **gymnastique orthopédique** orthopaedic (Brit) ou orthopedic (US) exercises ▷ **gymnastique respiratoire** breathing exercises ▷ **gymnastique rythmique** eurhythmics sg ▷ **gymnastique rythmique et sportive** rhythmic gymnastics ▷ **gymnastique au sol** floor gymnastics ▷ **gymnastique suédoise** † callisthenics †

**gymnique** [ʒimnik] 1 adj gymnastic
2 nf gymnastics sg

**gymnocarpe** [ʒimnokaʀp] adj gymnocarpous

**gymnosperme** [ʒimnospɛʀm] 1 adj gymnospermous
2 nf gymnosperm ◆ **les gymnospermes** gymnosperms, the Gymnospermae (SPÉC)

**gymnote** [ʒimnɔt] nm electric eel

**gynandromorphisme** [ʒinɑ̃dʀomɔʀfism] nm gynandromorphism, gynandromorphy

**gynécée** [ʒinese] → SYN nm a (Hist) gynaeceum; (fig) den of females
b (Bot) gynoecium, gynecium (US)

**gynéco** * [ʒineko] 1 adj (abrév de **gynécologique**)
2 nmf (abrév de **gynécologue**)
3 nf (abrév de **gynécologie**)

**gynécologie** [ʒinekɔlɔʒi] nf gynaecology (Brit), gynecology (US)

**gynécologique** [ʒinekɔlɔʒik] adj gynaecological (Brit), gynecological (US)

**gynécologue** [ʒinekɔlɔg] → SYN nmf gynaecologist (Brit), gynecologist (US) ◆ **gynécologue obstétricien** obstetrician, ob-gyn * (US)

**gynécomastie** [ʒinekomasti] nf gynaecomastia (Brit), gynecomastia (US)

**gynogenèse** [ʒinoʒənɛz] nf gynogenesis

**gypaète** [ʒipaɛt] → SYN nm bearded vulture, lammergeyer

**gypse** [ʒips] → SYN nm gypsum

**gypseux, -euse** [ʒipsø, øz] adj gypseous

**gypsophile** [ʒipsɔfil] nf gypsophila

**gyrin** [ʒiʀɛ̃] nm whirligig beetle

**gyrocompas** [ʒiʀokɔ̃pɑ] nm gyrocompass

**gyromètre** [ʒiʀɔmɛtʀ] nm gyrometer

**gyrophare** [ʒiʀofaʀ] nm revolving ou flashing light *(on vehicle)*

**gyroscope** [ʒiʀɔskɔp] nm gyroscope

**gyroscopique** [ʒiʀɔskɔpik] adj gyroscopic

**gyrostat** [ʒiʀɔsta] nm gyrostat

**H¹, h** [aʃ] nm (= lettre) H, h ◆ **h aspiré** aspirate h ◆ **h muet** silent ou mute h ◆ **(à l')heure H** (at) zero hour; → **bombe**

**H²** [aʃ] nm **a** (abrév de **hydrogène**) H
**b** (abrév de **hachisch**) H *

**ha¹** ['a] excl oh! ◆ **ha, ha !** (= rire) ha-ha!

**ha²** (abrév de **hectare**) ha

**habanera** ['abaneʀa] nf (= danse) habanera

**habeas corpus** [abeaskɔʀpys] nm inv ◆ **l'habeas corpus** habeas corpus

**habile** [abil] → SYN adj **a** mains, ouvrier, peintre, politicien skilful (Brit), skillful (US), skilled; écrivain clever ◆ **il est habile de ses mains** he's good ou clever with his hands ◆ **être habile à (faire) qch** to be clever ou skilful ou good at (doing) sth
**b** film, intrigue, raisonnement, argument clever; manœuvre clever, deft ◆ **ce n'était pas bien habile de sa part** that wasn't very clever of him ◆ **un habile trucage vidéo** a clever video effect
**c** (Jur) fit (*à* to)

**habilement** [abilmɑ̃] adv manier un instrument skilfully (Brit), skillfully (US); manœuvrer skilfully (Brit), skillfully (US), cleverly; profiter, répondre, dissimuler cleverly ◆ **il fit habilement remarquer que ...** he cleverly pointed out that ... ◆ **il gère habilement sa carrière** he manages his career with skill

**habileté** [abilte] → SYN nf **a** [ouvrier, peintre, politicien] skill (*à faire* at doing) ◆ **habileté manuelle** manual dexterity ou skill ◆ **son habileté à travailler le bois** his woodworking skills ◆ **faire preuve d'une grande habileté politique/technique** to show considerable political/technical skill
**b** [tactique, démarche] skilfulness (Brit), skillfulness (US), cleverness; [manœuvre] cleverness, deftness
**c** (Jur) ⇒ **habilité**

**habilitation** [abilitasjɔ̃] → SYN nf (Jur) capacitation ◆ **habilitation (à diriger des recherches)** (Univ) authorization ou accreditation to supervise research

**habilité** [abilite] nf (Jur) fitness

**habiliter** [abilite] → SYN ▸ conjug 1 ◂ vt (Jur) to capacitate; (Univ) to authorize, accredit ◆ **être habilité à faire qch** (Jur, Pol) to be empowered to do sth; (gén) to be entitled ou authorized to do sth ◆ **représentant dûment habilité** duly authorized officer

**habillable** [abijabl] adj **a il n'est pas facilement habillable** personne it's hard to find clothes for him
**b** machine à laver etc *which can be adapted to a fitted kitchen*

**habillage** [abijaʒ] → SYN nm **a** [acteur, poupée] dressing
**b** [montre] assembly; [bouteille] labelling and sealing; [marchandise] packaging and presentation; [machine] casing; [chaudière] lagging; [peaux] dressing ◆ **habillage intérieur** (Aut) interior trim
**c** (= présentation) **habillage de bilan** window dressing *(of a balance sheet)* ◆ **ces contrats ne sont que l'habillage juridique de primes occultes** these contracts are just a front for secret bonus payments ◆ **le nouvel habillage de la chaîne devrait plaire** (TV) the channel's new format ou new look should go down well

**habillé, e** [abije] → SYN (ptp de **habiller**) adj **a** (= chic) robe smart, dressy; chaussures dress (épith), smart ◆ **soirée habillée** formal occasion ◆ **trop habillé** costume too dressy; personne overdressed
**b** (= vêtu) personne dressed ◆ **chaudement habillé** warmly dressed ◆ **bien/mal habillé** well/badly dressed ◆ **habillé de noir/d'un costume** dressed in ou wearing black/a suit ◆ **elle était habillée en Chanel** she was wearing Chanel clothes ou a Chanel outfit ◆ **se coucher tout habillé** to go to bed fully dressed ou with all one's clothes on

**habillement** [abijmɑ̃] → SYN nm (= action) dressing, clothing; (= toilette, costume) clothes, dress (NonC), outfit; (Mil = uniforme) outfit; (= profession) clothing trade, rag trade * (Brit), garment industry (US)

**habiller** [abije] → SYN ▸ conjug 1 ◂ **1** vt **a** [+ poupée, enfant] (= vêtir) to dress (*de* in); (= déguiser) to dress up (*en* as) ◆ **cette robe vous habille bien** that dress really suits you ou looks good on you ◆ **un rien l'habille** she looks good in anything, she can wear anything
**b** (= fournir en vêtements) to clothe; (Mil) [+ recrues] to provide with uniforms ◆ **Mlle Lenoir est habillée par Givenchy** (Couture) Miss Lenoir buys ou gets all her clothes from Givenchy's; (dans un générique) Miss Lenoir's wardrobe ou clothes by Givenchy
**c** (= recouvrir, envelopper) [+ mur, fauteuil, livre] to cover (*de* with); [+ bouteille] to label and seal; [+ marchandise] to package; [+ machine, radiateur] to encase (*de* in); [+ chaudière] to lag (*de* with) ◆ **habiller un fauteuil d'une housse** to put a loose cover on an armchair ◆ **tableau de bord habillé de bois** wooden dashboard ◆ **il faut habiller ce coin de la pièce** we must put something in ou do something with this corner of the room
**d** (Hort) [+ arbre] to trim (for planting)
**e** (Typo) [+ image] to set the text around
**f** (Tech) [+ montre] to assemble; [+ peaux, carcasse] to dress
**g** (= enjoliver) [+ réalité, vérité] to adorn ◆ **ils ont habillé le bilan** they did some financial window-dressing
**2 s'habiller** vpr **a** (= mettre ses habits) to dress (o.s.), get dressed; (= se déguiser) to dress up (*en* as) ◆ **aider qn à s'habiller** to help sb on with their clothes, help sb get dressed ◆ **s'habiller chaudement** to dress warmly ◆ **elle s'habille trop jeune/vieux** she wears clothes that are too young/old for her ◆ **elle s'habille long/court** she wears long/short skirts, she wears her skirts long/short ◆ **s'habiller en Arlequin** to dress up as Harlequin ◆ **faut-il s'habiller pour la réception ?** do we have to dress (up) for the reception? ◆ **comment t'habilles-tu ce soir ?** what are you wearing tonight? ◆ **elle ne sait pas s'habiller** she has no clothes sense ou dress sense
**b** (Couture) **s'habiller chez un tailleur** to buy ou get one's clothes from a tailor ◆ **s'habiller sur mesure** to have one's clothes made to measure

**habilleur, -euse** [abijœʀ, øz] → SYN **1** nm (Tech) [peaux] dresser
**2** nm,f (Ciné, Théât) dresser

**habit** [abi] → SYN **1** nm **a habits** clothes ◆ **mettre/ôter ses habits** to put on/take off one's clothes ou things ◆ **habits de travail/de deuil** working/mourning clothes ◆ **il portait ses habits du dimanche** he was wearing his Sunday best ou Sunday clothes ◆ **il était encore en habits de voyage** he was still in his travelling clothes ou in the clothes he'd worn for the journey; → **brosse**
**b** (= costume) dress (NonC), outfit ◆ **habit d'arlequin** Harlequin suit ou costume ◆ (Prov) **l'habit ne fait pas le moine** appearances are sometimes deceptive, one shouldn't judge by appearances
**c** (= jaquette) morning coat; (= queue-de-pie) tail coat, tails ◆ **en habit (de soirée)** wearing tails, in evening dress ◆ **l'habit est de rigueur** formal ou evening dress must be worn
**d** (Rel) habit ◆ **prendre l'habit** [homme] to take (holy) orders, take the cloth; [femme] to take the veil ◆ **quitter l'habit** [homme] to leave the priesthood; [femme] to leave the Church ◆ **lors de sa prise d'habit** [homme] when he took (holy) orders ou the cloth; [femme] when she took the veil
**2** COMP ▷ **habit de cheval** riding habit ▷ **habit de cour** court dress (NonC) ▷ **habit ecclésiastique** clerical dress (NonC) ◆ **porter l'habit ecclésiastique** (= être prêtre) to be a cleric ▷ **habit de gala** formal ou evening dress (NonC) ▷ **habit de lumière** bullfighter's costume ▷ **habit militaire** military dress (NonC) ▷ **habit religieux** (monk's) habit ▷ **habit de soirée** ⇒ **habit de gala** ▷ **habit vert** *green coat of member of the Académie française*

**habitabilité** [abitabilite] → SYN nf [maison] habitability, fitness for habitation; [voiture, ascenseur] capacity

**habitable** [abitabl] → SYN adj (in)habitable ◆ **35 m² habitables** ou **de surface habitable** 35 m² living space ◆ **la maison n'est pas encore habitable** the house isn't fit to live in yet ou isn't habitable yet ◆ **habitable début mai** ready for occupation in early May

**habitacle** [abitakl] → SYN nm **a** (Naut) binnacle; (Aviat) cockpit; (Aut) passenger compartment ou cell; [véhicule spatial] cabin
**b** (Rel, littér) dwelling place (littér), abode (littér)

**habitant, e** [abitɑ̃, ɑ̃t] → SYN nm,f **a** [maison] occupant, occupier; [ville, pays] inhabitant ◆ **ville de 3 millions d'habitants** town of 3 million inhabitants ◆ **les habitants du**

**village/du pays** the people who live in the village/country, the inhabitants of the village/country ◆ **être** ou **loger chez l'habitant** [touristes] to stay with local people in their own homes; [soldats] to be billeted on ou with the local population ◆ **les habitants des bois** (littér) the denizens (littér) of the wood

b (Can) (* = fermier) farmer; (péj = rustre) country bumpkin

**habitat** [abita] → SYN nm (Bot, Zool) habitat; (= conditions de logement) housing ou living conditions; (= mode de peuplement) settlement ◆ **habitat rural/sédentaire/dispersé** rural/fixed/scattered settlement ◆ **habitat individuel/collectif** detached/group housing ◆ **des animaux dans leur habitat naturel** animals in their natural habitat

**habitation** [abitasjɔ̃] → SYN nf a (= fait de résider) living, dwelling (littér) ◆ **locaux à usage d'habitation** dwellings ◆ **conditions d'habitation** housing ou living conditions ◆ **impropre à l'habitation** unfit for human habitation, uninhabitable

b (= domicile) residence, home, dwelling place (littér) ◆ **la caravane qui lui sert d'habitation** the caravan that serves as his home ◆ **changer d'habitation** to change one's (place of) residence

c (= bâtiment) house ◆ **des habitations modernes** modern housing ou houses ◆ **groupe d'habitations** housing development ou estate (Brit) ◆ **habitation à loyer modéré** (= appartement) ≃ council flat (Brit), ≃ public housing unit (US); (= immeuble) ≃ (block of) council flats (Brit), ≃ housing project (US)

**habité, e** [abite] → SYN (ptp de **habiter**) adj château, maison lived-in, occupied; planète, région inhabited; vol, engin, station orbitale manned

**habiter** [abite] → SYN ▸ conjug 1 ◂ 1 vt a [+ maison, appartement] to live in, occupy; [+ ville, région] to live in; [+ planète] to live on ◆ **cette région a longtemps été habitée par les Celtes** for a long time, this region was inhabited by the Celts ◆ **cette maison est-elle habitée ?** does anyone live in this house?, is this house occupied?

b (= obséder) [sentiment] to haunt ◆ **habité d'idées sombres** haunted by gloomy thoughts ◆ **habité par la jalousie/la peur** filled with jealousy/fear, in the grip of jealousy/fear

2 vi to live (*en, dans* in) ◆ **habiter à la campagne/chez des amis/en ville** to live in the country/with friends/in town ◆ **il habite (au) 17 (de la) rue Leblanc** he lives at number 17 rue Leblanc

**habituation** [abitɥasjɔ̃] nf a (Psych) habituation

b (fait de s'habituer) **habituation à** growing ou getting accustomed to

**habitude** [abityd] → SYN nf a (= accoutumance) habit ◆ **avoir/prendre l'habitude de faire qch** to be/get used to doing sth ◆ **avoir pour habitude de faire qch** to be in the habit of doing sth ◆ **prendre de mauvaises habitudes** to pick up ou get into bad habits ◆ **perdre une habitude** to get out of a habit ◆ **faire perdre une habitude à qn** to break sb of a habit ◆ **avoir une longue habitude de qch** to have long experience of sth ◆ **ce n'est pas dans ses habitudes de faire cela** he doesn't usually do that, he doesn't make a habit of (doing) that ◆ **j'ai l'habitude !** I'm used to it! ◆ **je n'ai pas l'habitude de me répéter** I'm not in the habit of repeating myself ◆ **je n'ai pas l'habitude de cette voiture/de ces méthodes** I'm not used to this car/to these methods ◆ **elle a une grande habitude des enfants** she's used to (dealing with) children ◆ (Prov) **l'habitude est une seconde nature** habit is second nature ◆ **avoir ses habitudes dans un restaurant** to be a regular customer ou an habitué at a restaurant ◆ **il a ses petites habitudes** he has his own little ways ou his own little routine; → **esclave, question** ◆ **par habitude** out of habit, from force of habit ◆ **selon** ou **suivant** ou **comme à son habitude** as he usually does, as is his wont (frm)

◆ **d'habitude** usually, as a rule ◆ **c'est meilleur que d'habitude** it's better than usual ◆ **comme d'habitude** as usual

b (= coutume) **habitudes** customs ◆ **les habitudes d'un pays** the customs of a country ◆ **il a des habitudes de bourgeois** he has a middle-class way of life

**habitué, e** [abitɥe] → SYN (ptp de **habituer**) nm,f [maison, musée, bibliothèque] regular visitor, habitué(e); [café, hôtel] regular (customer), habitué(e) ◆ **les habitués du festival** (= visiteurs) regular visitors to the festival; (= artistes) regular performers at the festival ◆ **ce metteur en scène est un habitué du festival de Cannes** this director makes regular appearances at ou is regularly featured at the Cannes film festival ◆ **c'est un habitué des lieux** (gén) he knows his way round; (= client) he's a regular (customer) ◆ **c'est un habitué du chèque sans provision** (hum) he's a master of the rubber cheque* (Brit) ou check* (US) ◆ **c'est un habitué des podiums** (Sport) he knows what winning is all about

**habituel, -elle** [abitɥɛl] → SYN adj comportement usual, customary, habitual; réjouissances, formule de politesse customary, usual; fournisseur usual ◆ **d'un geste qui lui était habituel** with his usual gesture, with that typical gesture of his ◆ **c'est l'histoire habituelle** it's the usual story

**habituellement** [abitɥɛlmɑ̃] → SYN adv usually, generally, as a rule

**habituer** [abitɥe] → SYN ▸ conjug 1 ◂ 1 vt ◆ **habituer qn à qch/à faire qch** (= accoutumer) to accustom sb to sth/to doing sth, get sb used to sth/to doing sth; (= apprendre) to teach sb sth/to do sth ◆ **on m'a habitué à obéir** I've been taught to obey ◆ **être habitué à qch/à faire qch** to be used ou accustomed to sth/to doing sth

2 **s'habituer** vpr ◆ **s'habituer à qch/à faire qch** to get ou become ou grow used ou accustomed to sth/to doing sth ◆ **je ne m'y habituerai jamais** I'll never get used to it

**habitus** [abitys] nm habitus

**hâblerie** ['ɑblәʀi] → SYN nf (= manière d'être) bragging, boasting; (= propos) boast, big talk* (NonC)

**hâbleur, -euse** ['ɑblœʀ, øz] → SYN 1 adj bragging, boasting, boastful

2 nm,f braggart, boaster

**Habsbourg** ['apsbuʀ] nmf Hapsburg

**hach** ['aʃ] nm ⇒ **hasch**

**hachage** ['aʃaʒ] nm (au couteau) chopping; (avec un appareil) mincing (Brit), grinding (US)

**hache** ['aʃ] → SYN nf axe, ax (US) ◆ **hache d'armes** battle-axe ◆ **hache du bourreau** executioner's axe ◆ **hache à main** hatchet ◆ **hache de guerre** (gén) hatchet, axe; [indien] tomahawk ◆ **périr sous la hache** to have one's head chopped off ◆ **déterrer/enterrer la hache de guerre** to take up/bury the hatchet ◆ **casser qch/tuer qn à coups de hache** to smash sth/kill sb with an axe ◆ **abattre un arbre à coups de hache** to chop a tree down ◆ **visage taillé à la hache** ou **à coups de hache** angular ou roughly-hewn face ◆ **mettre la hache dans les dépenses** (Can) to cut expenses drastically

**haché, e** ['aʃe] → SYN (ptp de **hacher**) 1 adj a viande minced (Brit), ground (US) ◆ **bifteck haché** minced beef ou steak (Brit), (beef ou steak) mince (Brit), ground beef (US), hamburger (US)

b style jerky; phrases jerky, broken

2 nm mince (Brit), minced meat (Brit), ground beef (US)

**hache-légumes** ['aʃlegym] nm inv vegetable-chopper

**hachement** ['aʃmɑ̃] nm ⇒ **hachage**

**hachémite** ['aʃemit] 1 adj Hashemite

2 **Hachémite** nmf Hashemite

**hache-paille** ['aʃpɑj] nm inv chaff-cutter

**hacher** ['aʃe] → SYN ▸ conjug 1 ◂ vt a (= couper) (au couteau) to chop; (avec un appareil) to mince (Brit), grind (US) ◆ **hacher menu** to chop finely, mince ◆ **il a été haché menu comme chair à pâté** they made mincemeat of him ◆ **je me ferais hacher menu plutôt que d'accepter** I'd die rather than accept

b (= entrecouper) [+ discours, phrases] to break up; → **haché**

c (Art) to hatch

d (Tech) [+ planche] to cut

**hachereau,** pl **hachereaux** ['aʃʀo] nm (= hachette) hatchet; (= cognée) small felling axe

**hachette** ['aʃɛt] nf hatchet

**hache-viande** ['aʃvjɑ̃d] nm inv (meat-)mincer (Brit), grinder (US)

**hachich** ['aʃiʃ] → SYN nm ⇒ **hachisch**

**hachis** ['aʃi] → SYN nm [légumes] chopped vegetables; [viande] mince (Brit), minced meat (Brit), hamburger (US), ground meat (US); (= farce) forcemeat (NonC) ◆ **hachis de porc** pork mince ◆ **hachis Parmentier** ≃ shepherd's ou cottage pie (Brit)

**hachisch** ['aʃiʃ] nm hashish

**hachoir** ['aʃwaʀ] → SYN nm (= couteau) [viande] chopper, cleaver; [légumes] chopper; (= planche) chopping board; (= appareil) (meat-)mincer (Brit), grinder (US)

**hachure** ['aʃyʀ] → SYN nf (Art) hatching (NonC), hachure; (Cartographie) hachure

**hachurer** ['aʃyʀe] → SYN ▸ conjug 1 ◂ vt (Art) to hatch; (Cartographie) to hachure

**hacienda** [asjɛnda] → SYN nf hacienda

**hacker** [akœʀ] nm (computer) hacker

**HAD** [aʃade] nf (abrév de **hospitalisation à domicile**) → **hospitalisation**

**hadal, e,** mpl **-aux** [adal, o] adj hadal

**haddock** ['adɔk] nm smoked haddock

**Hadès** [adɛs] nm Hades

**hadith** ['adit] nm Hadith

**Hadj** [adʒ] nm hajj, hadj

**hadji** ['adʒi] nm haj(j)i, hadji

**Hadrien** [adʀijɛ̃] nm Hadrian

**hadron** [adʀɔ̃] nm hadron

**Haendel** ['ɛndɛl] nm Handel

**hagard, e** ['agaʀ, aʀd] → SYN adj yeux wild; visage, air, gestes distraught, frantic, wild

**haggis** ['agis] nm haggis

**hagiographe** [aʒjɔgʀaf] nmf hagiographer

**hagiographie** [aʒjɔgʀafi] → SYN nf hagiography

**hagiographique** [aʒjɔgʀafik] adj hagiographic(al)

**haie** ['ɛ] → SYN nf a (= clôture) hedge ◆ **haie d'aubépines** hawthorn hedge ◆ **haie vive** quickset hedge

b (Sport = obstacle) [coureur] hurdle; [chevaux] fence ◆ **course de haies** (coureur) hurdles (race); (chevaux) steeplechase ◆ **110 mètres haies** 110 metres hurdles

c (= rangée) [spectateurs, policiers] line, row ◆ **faire une haie d'honneur** to form a guard of honour ◆ **faire la haie** to form a line

**haïk** ['aik] nm hai(c)k

**haïku** ['ajku] ['aiku] nm haiku, hokku

**haillon** ['ɑjɔ̃] → SYN nm rag ◆ **en haillons** in rags ou tatters

**haillonneux, -euse** ['ɑjɔnø, øz] → SYN adj (littér) in rags, in tatters, tattered and torn

**Hainaut** ['ɛno] nm ◆ **le Hainaut** Hainaut, Hainault

**haine** ['ɛn] → SYN nf hatred (*de, pour* of, for) ◆ **cris/regards de haine** cries/looks of hatred ou hate ◆ **incitation à la haine raciale** incitement to racial hatred ◆ **prendre qn en haine** to take a violent dislike ou a strong aversion to sb ◆ **avoir de la haine pour** to feel hatred for, be filled with hate ou hatred for ◆ **par haine de** out of ou through hatred of ◆ **avoir la haine*** to be full of hatred ou aggro* (Brit)

**haineusement** ['ɛnøzmɑ̃] adv dire, regarder with hatred

**haineux, -euse** ['ɛnø, øz] → SYN adj propos, personne full of hatred ◆ **regard haineux** look of hate ou hatred

**haïr** ['aiʀ] → SYN ▸ conjug 10 ◂ vt to hate, detest ◆ **elle me hait de l'avoir trompée** she hates me for having deceived her ◆ **je hais ses manières affectées** I can't stand ou I hate ou I loathe his affected ways ◆ **je hais d'être dérangé** I hate being ou to be disturbed ◆ **ils se haïssent cordialement** they cordially detest one another

**haire** ['ɛʀ] → SYN nf (= chemise) hair shirt

**haïssable** ['aisabl] → SYN adj detestable, hateful

**Haïti** [aiti] nm Haiti

**haïtien, -ienne** [aisjɛ̃, jɛn] 1 adj Haitian

2 **Haïtien(ne)** nm,f Haitian

**halage** [ˈalaʒ] → SYN nm (Naut) towing; (Can) timber hauling ◆ **chemin de halage** towpath ◆ **cheval de halage** towhorse

**halal** [ˈalal] adj inv hal(l)al

**halbran** [ˈalbʀɑ̃] nm young wild duck

**hâle** [ˈɑl] nm (sun)tan

**hâlé, e** [ˈɑle] → SYN (ptp de **hâler**) adj (sun)tanned

**haleine** [alɛn] → SYN nf **a** (= souffle) breath; (= respiration) breathing (NonC) ◆ **avoir l'haleine courte** to be short of breath ou short-winded ◆ **retenir son haleine** to hold one's breath ◆ **être hors d'haleine** to be out of breath, be breathless ◆ **perdre haleine** to lose one's breath, get out of breath ◆ **rire à perdre haleine** to laugh until one's sides ache ou until one is out of breath ◆ **reprendre haleine** (lit) to get one's breath back; (fig) to get one's breath back, take a breather ◆ **d'une seule haleine** dire in one breath, in the same breath; faire (all) at one go ◆ **il respirait d'une haleine régulière** his breathing was regular; → **courir**
**b** (= air expiré) breath ◆ **avoir l'haleine fraîche** to have fresh breath ◆ **avoir mauvaise haleine** ou **l'haleine forte** to have bad breath ◆ **j'ai senti à son haleine qu'il avait bu** I could smell drink on his breath, I could tell from his breath that he'd been drinking
**c** (Loc) **tenir qn en haleine** (attention) to hold sb spellbound ou breathless; (incertitude) to keep sb in suspense ou on tenterhooks ◆ **travail de longue haleine** long-term job

**halener** [alɔne, alene] → SYN ▸ conjug 5 ◂ vt to scent

**haler** [ˈale] → SYN ▸ conjug 1 ◂ vt [+ corde, ancre] to haul in; [+ bateau] to tow

**hâler** [ˈɑle] → SYN ▸ conjug 1 ◂ vt to (sun)tan

**haletant, e** [ˈal(ə)tɑ̃, ɑ̃t] → SYN adj personne (= essoufflé) panting, gasping for breath (attrib), out of breath (attrib); (= assoiffé, effrayé) panting (*de* with); (= curieux) breathless (*de* with); animal panting; poitrine heaving; voix breathless; roman policier suspenseful ◆ **sa respiration était haletante** he was panting, his breath came in gasps

**halètement** [ˈalɛtmɑ̃] → SYN nm [personne] (par manque d'air) panting (NonC), gasping for breath (NonC); (de soif, d'émotion) panting (NonC); [chien] panting (NonC); [moteur] puffing (NonC)

**haleter** [ˈal(ə)te] → SYN ▸ conjug 5 ◂ vi [personne] (= manquer d'air) to pant, gasp for breath; (de soif, d'émotion) to pant (*de* with); [chien] to pant; [moteur, locomotive] to puff ◆ **son auditoire haletait** his audience listened with bated breath

**haleur, -euse** [ˈalœʀ, øz] **1** nm (= remorqueur) tug (boat)
**2** nm,f (= personne) (boat) hauler

**half-track**, pl **half-tracks** [ˈalftʀak] nm half-track

**halieutique** [aljøtik] **1** adj halieutic(al)
**2** nf halieutics sg

**haliotide** [aljɔtid] nf ormer, abalone, ear shell

**haliple** [alipl] nm haliplus

**hall** [ˈol] → SYN nm [immeuble] hall; [hôtel] foyer, lobby, hall; [cinéma, théâtre] foyer; [gare, lycée, université] concourse ◆ **hall d'arrivée** (Aviat) arrivals lounge ou hall ◆ **hall des départs** (Aviat) departure lounge ◆ **hall d'entrée** entrance hall ◆ **hall d'accueil** reception hall ◆ **hall d'exposition** exhibition hall ◆ **c'est un vrai hall de gare !** it's like Piccadilly Circus (Brit) ou Grand Central Station (US) (here)!

**hallal** [ˈalal] adj inv ⇒ **halal**

**hallali** [alali] nm (Chasse) (= mise à mort) kill; (= sonnerie) mort ◆ **sonner l'hallali** (lit) to blow the mort; (fig) to go in for the kill

**halle** [ˈal] → SYN **1** nf **a** (= marché) (covered) market; (= grande salle) hall ◆ **halle au blé** corn exchange ou market ◆ **halle aux vins** wine market
**b** (Belg) **halle de gymnastique** (= gymnase) gymnasium, gym
**2** **halles** nfpl (covered) market; (alimentation en gros) central food market; → **fort²**

**hallebarde** [ˈalbaʀd] → SYN nf halberd ◆ **il pleut ou tombe des hallebardes** * it's bucketing (down) *, it's raining cats and dogs *

**hallebardier** [ˈalbaʀdje] nm halberdier

**hallier** [ˈalje] → SYN nm thicket, brush (NonC), brushwood (NonC)

**Halloween** [alɔwin] nf (Can) Hallowe'en

**hallstattien, -ienne** [ˈalstatjɛ̃, jɛn] adj Hallstatt(ian)

**hallucinant, e** [a(l)lysinɑ̃, ɑ̃t] → SYN adj histoire, image, spectacle, ressemblance staggering *, incredible

**hallucination** [a(l)lysinasjɔ̃] → SYN nf hallucination ◆ **hallucinations auditives/olfactives/visuelles** auditory/olfactory/visual hallucinations ◆ **hallucination collective** group hallucination ◆ **avoir des hallucinations** to hallucinate ◆ **tu as des hallucinations !** * you must be seeing things!

**hallucinatoire** [a(l)lysinatwaʀ] adj hallucinatory

**halluciné, e** [a(l)lysine] → SYN (ptp de **halluciner**) **1** adj malade suffering from hallucinations; yeux, regard haunted
**2** nm,f (Méd) person suffering from hallucinations; (* = fou, exalté) lunatic *

**halluciner** [a(l)lysine] → SYN ▸ conjug 1 ◂ vi (Méd) to hallucinate ◆ **j'hallucine !** * I must be seeing things!

**hallucinogène** [a(l)lysinɔʒɛn] **1** adj drogue hallucinogenic, mind-expanding; → **champignon**
**2** nm hallucinogen, hallucinant

**hallucinose** [a(l)lysinoz] nf hallucinosis

**halo** [ˈalo] → SYN nm (Astron, Tech = auréole) halo; (Photo) fogging, halation ◆ **halo de lumière** halo of light ◆ **halo de gloire** cloud of glory ◆ **halo de mystère** aura of mystery

**halogénation** [alɔʒenasjɔ̃] nf halogenation

**halogène** [alɔʒɛn] **1** adj (gén) halogenous; lampe halogen (épith)
**2** nm (Chim) halogen; (= lampe) halogen lamp

**halogéner** [alɔʒene] ▸ conjug 6 ◂ vt to halogenate

**halogénure** [alɔʒenyʀ] nf halid(e)

**halon** ® [alɔ̃] nm halon

**halophile** [alɔfil] adj halophilic

**halophyte** [alɔfit] nf halophyte

**halte** [ˈalt] → SYN nf **a** (= pause, repos) stop, break; (= répit) pause ◆ **faire halte** to (make a) stop (*à* in)
**b** (= endroit) stopping place; (Rail) halt
**c** (Loc) **halte !** (gén) stop!; (Mil) halt! ◆ **"halte au feu !"** "no fires!" ◆ **halte aux essais nucléaires !** no more atomic tests! ◆ **dire halte à un conflit** to call for a stop ou an end to a conflict ◆ **halte-là !** (Mil) halt! who goes there?; (fig) just a moment!, hold on!

**halte-garderie**, pl **haltes-garderies** [alt(ə)gaʀdəʀi] nf crèche, ≃ day nursery

**haltère** [altɛʀ] nm **a** (Sport) (à boules) dumbbell; (à disques) barbell ◆ **faire des haltères** to do weight lifting; → **poids**
**b** [insecte] halter(e), balancer

**haltérophile** [alteʀɔfil] nmf weight lifter

**haltérophilie** [alteʀɔfili] nf weight lifting ◆ **faire de l'haltérophilie** to do weight lifting

**halva** [ˈalva] nm halva(h), halavah

**hamac** [ˈamak] nm hammock ◆ **accrocher ou suspendre un hamac** to sling a hammock

**hamada** [ˈamada] nf ham(m)ada

**hamadryade** [amadʀijad] nf (Myth) hamadryad

**hamadryas** [amadʀijɑs] nm hamadryas

**hamamélis** [amamelis] nm witch hazel

**Hambourg** [ˈɑ̃buʀ] n Hamburg

**hamburger** [ˈɑ̃buʀgœʀ] nm hamburger

**hameau**, pl **hameaux** [ˈamo] → SYN nm hamlet

**hameçon** [amsɔ̃] → SYN nm (fish) hook; → **mordre**

**hameçonner** [amsɔne] ▸ conjug 1 ◂ vt (= garnir d'hameçons) to affix hooks to; (= prendre à l'hameçon) to hook

**hammam** [ˈamam] nm (= établissement) hammam; (dans complexe sportif) steam room, hammam

**hammerless** [ˈamɛʀlɛs] nm hammerless firearm

**hampe¹** [ˈɑ̃p] → SYN nf [drapeau] pole; [lance] shaft; [lettre] (vers le bas) downstroke; (vers le haut) upstroke; (Bot) scape

**hampe²** [ˈɑ̃p] nf [cerf] breast; [bœuf] flank

**hamster** [ˈamstɛʀ] nm hamster

**han** [ˈɑ̃] excl oof! ◆ **il poussa un han et souleva la malle** he gave a grunt as he lifted the trunk

**hanche** [ˈɑ̃ʃ] → SYN nf **a** [personne] hip; [cheval] haunch; [insecte] coxa ◆ **balancer ou rouler des hanches** to wiggle one's hips ◆ **les mains sur les hanches, il ...** arms akimbo ou with his hands on his hips, he ...; → **tour²**
**b** (Naut) quarter

**hanchement** [ˈɑ̃ʃmɑ̃] nm sticking one's hip out

**hancher** [ˈɑ̃ʃe] vi to stick one's hip out

**hand** * [ˈɑ̃d] nm abrév de **hand(-)ball**

**hand(-)ball** [ˈɑ̃dbal] nm handball

**handballeur, -euse** [ˈɑ̃dbalœʀ, øz] nm,f handball player

**Händel** [ˈɛndɛl] nm ⇒ **Haendel**

**handicap** [ˈɑ̃dikap] → SYN nm (lit, fig) handicap ◆ **avoir un sérieux handicap** to be seriously handicapped ou disadvantaged (*sur qn* in relation to sb)

**handicapant, e** [ˈɑ̃dikapɑ̃, ɑ̃t] adj maladie crippling, disabling ◆ **c'est assez handicapant** (= gênant) it's a bit of a handicap ◆ **la fiscalité ne doit pas être handicapante pour la croissance** taxation mustn't handicap ou cramp economic growth

**handicapé, e** [ˈɑ̃dikape] (ptp de **handicaper**) **1** adj disabled, handicapped ◆ **très handicapé** severely handicapped
**2** nm,f disabled ou handicapped person ◆ **handicapé mental/physique** mentally/physically handicapped person ◆ **handicapé moteur** person with motor disability

**handicaper** [ˈɑ̃dikape] → SYN ▸ conjug 1 ◂ vt (lit, fig) to handicap

**handicapeur** [ˈɑ̃dikapœʀ] nm (Courses) handicapper

**handisport** [ˈɑ̃dispɔʀ] adj tennis, basket-ball wheelchair (épith); natation for the disabled ◆ **Jeux olympiques handisports** Paralympics

**hangar** [ˈɑ̃gaʀ] → SYN nm [matériel, machines] shed; [fourrage] barn; [marchandises] warehouse, shed; [avions] hangar ◆ **hangar à bateaux** boathouse

**hanneton** [ˈan(ə)tɔ̃] nm cockchafer, may bug ou beetle; → **piqué**

**hannetonnage** [ˈan(ə)tɔnaʒ] nf extermination of cockchafers ou maybugs

**hannetonner** [ˈan(ə)tɔne] ▸ conjug 1 ◂ vi to exterminate cockchafers ou maybugs

**Hannibal** [anibal] nm Hannibal

**Hanoi, Hanoï** [anɔj] n Hanoi

**Hanoukka** [anuka] nf Chanukah, Hanukkah

**Hanovre** [ˈanɔvʀ] n Hanover

**hanovrien, -ienne** [ˈanɔvʀjɛ̃, jɛn] **1** adj Hanoverian
**2** **Hanovrien(ne)** nm,f Hanoverian

**Hanse** [ˈɑ̃s] nf (Hist) ◆ **la Hanse** Hanse

**hanséatique** [ɑ̃seatik] adj Hanseatic ◆ **la ligue hanséatique** the Hanseatic League

**hanter** [ˈɑ̃te] → SYN ▸ conjug 1 ◂ vt [fantôme, personne, souvenir] to haunt ◆ **hanter les mauvais lieux** to haunt places of ill repute ◆ **maison hantée** haunted house ◆ **cette question hante les esprits** this question is preying on people's minds

**hantise** [ˈɑ̃tiz] → SYN nf obsessive fear ◆ **avoir la hantise de la maladie** to be haunted by a fear of illness, have an obsessive fear of illness ◆ **vivre dans la hantise du chômage/de l'échec** to live in dread of unemployment/failure ◆ **c'est ma hantise !** I never stop worrying about it!

**haoussa** [ˈausa] **1** adj Hausa
**2** nm (Ling) Hausa
**3** **Haoussa** nmf Hausa ◆ **les Haoussas** the Hausa

**hapax** [apaks] nm nonce word, hapax legomenon

**haploïde** [aplɔid] adj haploid(ic)

**haplologie** [aplɔlɔʒi] nf haplology

**happening** [ˈap(ə)niŋ] [→ SYN] nm (Art, Théât) happening

**happer** [ˈape] [→ SYN] ► conjug 1 ◄ vt (avec la gueule, le bec) to snap up; (avec la main) to snatch, grab ◆ **il le happa au passage** he grabbed him as he went past ◆ **il a eu le bras happé par une machine** he got his arm caught in a piece of machinery ◆ **être happé par une voiture** to be hit by a car ◆ **happé par l'abîme** dragged down into the abyss ◆ **ils ont été happés dans un engrenage d'emprunts** they got caught up in a spiral of debt

**happy end,** pl **happy ends** [ˈapiɛnd] [→ SYN] nm happy ending

**happy few** [ˈapifju] nmpl ◆ **les happy few** the privileged ou select few

**haptène** [ˈaptɛn] nm hapten(e)

**haptonomie** [aptɔnɔmi] nf *communication with a foetus through sensory stimulation*

**haquenée** [ˈak(ə)ne] [→ SYN] nf hackney

**haquet** [ˈakɛ] [→ SYN] nm dray

**hara-kiri,** pl **hara-kiris** [ˈaʀakiʀi] [→ SYN] nm hara-kiri, hari-kiri ◆ **(se) faire hara-kiri** to commit hara-kiri

**harangue** [ˈaʀɑ̃g] [→ SYN] nf harangue

**haranguer** [ˈaʀɑ̃ge] [→ SYN] ► conjug 1 ◄ vt to harangue, hold forth to ou at

**harangueur, -euse** [ˈaʀɑ̃gœʀ, øz] [→ SYN] nm,f mob orator, haranguer (frm)

**Harare** [ˈaʀaʀe] n Harare

**haras** [ˈaʀɑ] [→ SYN] nm stud farm

**harassant, e** [ˈaʀasɑ̃, ɑ̃t] [→ SYN] adj exhausting, wearing

**harassé, e** [ˈaʀase] [→ SYN] (ptp de **harasser**) adj exhausted, tired out, worn out ◆ **harassé de travail** overwhelmed with work

**harassement** [ˈaʀasmɑ̃] nm exhaustion

**harasser** [ˈaʀase] [→ SYN] ► conjug 1 ◄ vt to exhaust

**harcelant, e** [ˈaʀsəlɑ̃, ɑ̃t] [→ SYN] adj créancier harassing (épith), pestering (épith), badgering (épith)

**harcèlement** [ˈaʀsɛlmɑ̃] [→ SYN] nm [personne] harassment ◆ **harcèlement sexuel/policier** sexual/police harassment ◆ **opérations** ou **guerre de harcèlement** (Mil) guerrilla warfare ◆ **il faut mener une guerre de harcèlement contre les dealers** we must keep hounding the drug dealers

**harceler** [ˈaʀsəle] [→ SYN] ► conjug 5 ◄ vt **a** [+ personne] (de critiques, d'attaques) to harass, plague (*de* with); (de questions, de réclamations) to plague, pester (*de* with) ◆ **harceler qn pour obtenir qch** to pester sb for sth ◆ **elle a été harcelée de coups de téléphone anonymes** she has been plagued by anonymous phone calls

**b** (Mil) [+ ennemi] to harass, harry

**c** [+ animal] to worry; [+ gibier] to hunt down, harry

**harceleur** [ˈaʀsəlœʀ] nm harasser; (qui suit qn) stalker

**hard** * [ˈaʀd] **1** nm **a** (Mus) hard rock

**b** (= pornographie) hard porn *

**c** (Ordin) hardware

**2** adj **a** film, revue porno *, hard-core; scène hard-core

**b** (= difficile) hard

**harde[1]** [ˈaʀd] [→ SYN] nf [cerfs] herd

**harde[2]** [ˈaʀd] [→ SYN] nf (Chasse) (= lien) leash; (= chiens) set of hounds

**harder** [ˈaʀde] [→ SYN] ► conjug 1 ◄ vt to leash

**hardes** [ˈaʀd] [→ SYN] nfpl (littér, péj) (= vieux habits) old clothes, rags

**hardi, e** [ˈaʀdi] [→ SYN] adj **a** (= audacieux) initiative, personne, comparaison, métaphore bold, daring

**b** (= provocant) décolleté daring; fille bold, brazen; plaisanterie daring, audacious; † mensonge brazen, barefaced (épith)

**c** (LOC) **hardi les gars !** go to it, lads! (Brit), come on lads! (Brit) ou you guys! (US) ◆ **et hardi petit !** † * **les voilà qui poussent la voiture** and heave-ho! there they are pushing the car

**hardiesse** [ˈaʀdjɛs] [→ SYN] nf **a** (littér = audace) boldness, daring ◆ **avoir la hardiesse de** to be bold ou daring enough to ◆ **montrer une grande hardiesse** to show great boldness ou daring

**b** (= effronterie) [personne] audacity, effrontery, impudence; [livre, plaisanterie] audacity ◆ **la hardiesse de son décolleté choqua tout le monde** everyone was shocked by her daring neckline

**c** (= originalité) [style, tableau, conception] boldness

**d** (= libertés) **hardiesses** [livre, pamphlet] bold statements; [domestique, soupirant] liberties ◆ **hardiesses de langage/de style** bold language/turns of phrase

**hardiment** [ˈaʀdimɑ̃] adv **a** (= audacieusement) innover boldly, daringly ◆ **ne vous engagez pas trop hardiment** don't commit yourself rashly

**b** (= effrontément) brazenly ◆ **elle le dévisagea hardiment** she stared at him brazenly

**hard-top,** pl **hard-tops** [ˈaʀdtɔp] nm hardtop

**hardware** [ˈaʀdwɛʀ] [→ SYN] nm hardware

**harem** [ˈaʀɛm] [→ SYN] nm harem ◆ **entouré d'un véritable harem** (hum) surrounded by a bevy of girls

**hareng** [ˈaʀɑ̃] [→ SYN] nm herring ◆ **hareng saur** smoked herring, kipper, bloater ◆ **hareng mariné** marinated herring; → **sec, serré**

**harengaison** [ˈaʀɑ̃gɛzɔ̃] nf (= pêche) herring fishing; (= saison) herring season

**harengère** † [ˈaʀɑ̃ʒɛʀ] nf (péj) fishwife (péj)

**harenguet** [ˈaʀɑ̃gɛ] nm sprat

**harenguier** [ˈaʀɑ̃gje] nm (= bateau) herring boat; (= pêcheur) herring fisherman

**haret** [ˈaʀɛ] [→ SYN] adj, nm ◆ **(chat) haret** cat gone wild

**harfang** [ˈaʀfɑ̃] [→ SYN] nm snowy owl

**hargne** [ˈaʀɲ] [→ SYN] nf (= colère) spiteful anger; (= ténacité) fierce determination ◆ **j'étais dans une telle hargne !** I was so angry! ou mad! * ◆ **avec hargne** (= avec colère) spitefully

**hargneusement** [ˈaʀɲøzmɑ̃] adv répondre bad-temperedly; aboyer ferociously

**hargneux, -euse** [ˈaʀɲø, øz] [→ SYN] adj **a** personne, caractère bad-tempered, cantankerous; animal vicious, fierce ◆ **un petit chien hargneux** a snappy little dog

**b** sportif aggressive

**haricot** [ˈaʀiko] [→ SYN] nm **a** (Bot) bean ◆ **haricot beurre** *type of yellow French bean* wax bean (US) ◆ **haricot blanc** haricot bean ◆ **haricot d'Espagne** scarlet runner ◆ **haricot grimpant** ou **à rame** runner bean ◆ **haricot rouge** red kidney bean ◆ **haricot vert** French bean ◆ **haricot sec** dried bean ◆ **haricots à écosser** fresh beans *(for shelling)*; → **courir, fin[2]**

**b** (Culin) **haricot de mouton** lamb and bean stew, mutton stew

**c** (= cuvette) kidney tray

**d** (LOC) **pour des haricots** † for next to nothing

**haridelle** [ˈaʀidɛl] [→ SYN] nf (péj = cheval) nag, jade

**harissa** [ˈaʀisa] [aʀisa] nf harissa *(hot chilli sauce)*

**harki** [ˈaʀki] [→ SYN] nm *Algerian soldier loyal to the French during the Algerian War of Independence*

**harle** [ˈaʀl] nm ◆ **harle bièvre** goosander ◆ **harle huppé** red-breasted merganser

**harmattan** [aʀmatɑ̃] nm harmattan

**harmonica** [aʀmɔnika] nm harmonica, mouth organ

**harmoniciste** [aʀmɔnisist] nmf harmonica player

**harmonie** [aʀmɔni] [→ SYN] nf (Littérat, Mus, gén) harmony; (= section de l'orchestre) wind section; (= fanfare) wind band ◆ **harmonies** (Mus) harmonies ◆ **harmonie imitative** (Littérat) onomatopoeia ◆ **être en harmonie avec** to be in harmony ou in keeping with ◆ **vivre en bonne harmonie** to live together harmoniously ou in harmony; → **table**

**harmonieusement** [aʀmɔnjøzmɑ̃] adv harmoniously

**harmonieux, -ieuse** [aʀmɔnjø, jøz] [→ SYN] adj (gén) harmonious ◆ **couleurs harmonieuses** well-matched ou harmonizing colours ◆ **un couple harmonieux** a well-matched couple

**harmonique** [aʀmɔnik] **1** adj (gén, Math, Mus) harmonic

**2** nm (Mus) harmonic

**harmonisation** [aʀmɔnizasjɔ̃] [→ SYN] nf [couleurs] matching, harmonization; [politiques, règlements] harmonization, standardization ◆ **harmonisation vocalique** vowel harmony

**harmoniser** [aʀmɔnize] [→ SYN] ► conjug 1 ◄ **1** vt [+ couleurs] to match, harmonize (*avec* with); [+ politiques, règlements] to harmonize, standardize ◆ **il faut harmoniser nos règlements avec les normes européennes** we must bring our rules into line with European regulations ◆ **il faut harmoniser la notation** (Univ) we have to make sure that grading is done consistently

**2** **s'harmoniser** vpr [couleurs] to match, harmonize (*avec* with); [politiques] to be harmonized ou standardized

**harmoniste** [aʀmɔnist] nmf (Rel, Mus) harmonist; [orgue] organ tuner

**harmonium** [aʀmɔnjɔm] nm harmonium

**harnachement** [ˈaʀnaʃmɑ̃] [→ SYN] nm **a** (= action) [cheval, bébé, cascadeur] harnessing

**b** (= objets) [cheval de trait] harness; [cheval de monte] tack, saddlery; * [campeur, photographe] gear *

**harnacher** [ˈaʀnaʃe] [→ SYN] ► conjug 1 ◄ **1** vt [+ cheval de trait, alpiniste] to harness; [+ cheval de monte] to put the bridle and saddle on ◆ **il était drôlement harnaché** * (péj) he was wearing the strangest gear * ou rig-out * (Brit) ou get-up *

**2** **se harnacher** vpr [alpiniste, parachutiste] to put one's harness on; * [campeur] to put one's gear on *, rig o.s. out *

**harnais** [ˈaʀnɛ] [→ SYN], **harnois** †† [ˈaʀnwa] nm [cheval de trait, bébé, alpiniste] harness; [cheval de monte] tack, saddlery ◆ **harnais (de sécurité)** (safety) harness ◆ **harnais d'engrenage** train of gear wheels ◆ **blanchi sous le harnais** (fig) worn down by hard work

**haro** [ˈaʀo] [→ SYN] excl († † Jur) harrow!, haro! ◆ **crier haro sur qn/qch** (littér) to inveigh ou rail against sb/sth

**harpagon** [aʀpagɔ̃] [→ SYN] nm skinflint, Scrooge

**harpail** [ˈaʀpaj] [→ SYN] nm [biches, cerfs] herd

**harpe[1]** [ˈaʀp] [→ SYN] nf (Mus) harp ◆ **harpe éolienne** aeolian ou wind harp ◆ **harpe celtique/irlandaise** Celtic/Irish harp

**harpe[2]** [ˈaʀp] [→ SYN] nf (Constr) toothing stone

**harpie** [ˈaʀpi] [→ SYN] nf (Myth, péj) harpy; (Zool) harpy eagle

**harpiste** [ˈaʀpist] nmf harpist

**harpon** [ˈaʀpɔ̃] [→ SYN] nm (Pêche) harpoon; (Constr) toothing stone; → **fusil, pêche[2]**

**harponnage** [ˈaʀpɔnaʒ], **harponnement** [ˈaʀpɔnmɑ̃] nm harpooning

**harponner** [ˈaʀpɔne] [→ SYN] ► conjug 1 ◄ vt [+ baleine] to harpoon; * [+ malfaiteur] to collar *, nab *; * [+ passant, voisin] to waylay, buttonhole *

**harponneur** [ˈaʀpɔnœʀ] nm harpooner

**hasard** [ˈazaʀ] [→ SYN] nm **a** (= événement fortuit) **un hasard heureux/malheureux** a stroke ou piece of luck/bad luck, a stroke of good fortune/misfortune ◆ **quel hasard de vous rencontrer ici !** what a coincidence meeting you here!, fancy meeting you here! * ◆ **c'est un vrai** ou **pur hasard que je sois libre** it's quite by chance ou it's a pure coincidence that I'm free ◆ **par un curieux hasard** by a curious coincidence ◆ **on l'a retrouvé par le plus grand des hasards** it was quite by chance ou it was a piece of sheer luck that they found him ◆ **les hasards de la vie/de la carrière** the fortunes of life/one's career

**b** (= destin) **le hasard** chance, fate, luck; (Stat) chance ◆ **les caprices du hasard** the whims of fate ◆ **le hasard fait bien les choses !** what a stroke of luck! ◆ **faire la part du hasard** (événements futurs) to allow for chance (to play its part); (événements passés) to admit that chance had a hand in it ◆ **le hasard a voulu qu'il soit absent** as luck would have it he wasn't there ◆ **c'est ça le hasard !** * that's the luck of the draw! * ◆ **c'est un fait du hasard** it's a matter of chance ◆ **les lois du hasard** the laws of fate; → **jeu**

**c** (= risques) **hasards** hazards ◆ **les hasards de la guerre** the hazards of war

**d** (LOC)

◆ **au hasard** aller aimlessly; agir haphazardly, in a haphazard way; tirer, choisir at random ◆ **j'ai répondu au hasard** I gave an answer off the top of my head* ◆ **voici des exemples au hasard** here are some random examples ou some examples taken at random ◆ **il a acheté ces livres au hasard des ventes/de ses voyages** he bought these books just as he happened to see them in the sales/on his trips ◆ **faire confiance** ou **s'en remettre au hasard** to trust to luck ◆ **il ne laisse jamais rien au hasard** he never leaves anything to chance

◆ **à tout hasard** (= en cas de besoin) just in case; (= espérant trouver ce qu'on cherche) (just) on the off chance ◆ **on avait emporté une tente à tout hasard** we had taken a tent just in case ◆ **je suis entré à tout hasard** I looked in on the off chance

◆ **par hasard** by chance, by accident ◆ **je passais par hasard** I happened to be passing by ◆ **tu n'aurais pas par hasard 20 € à me prêter ?** you wouldn't by any chance have ou you wouldn't happen to have €20 to lend me? ◆ **voudrais-tu par hasard m'apprendre mon métier ?** you wouldn't be trying to teach me my job by any chance? ◆ **comme par hasard !** what a coincidence! ◆ **il est arrivé comme par hasard au moment où on débouchait les bouteilles** he turned up as if by chance as we were opening the bottles ◆ **comme par hasard, il était absent** (iro) he just happened to be away (iro) ◆ **si par hasard tu le vois** if you happen to see him, if by chance you should see him

**hasarder** [ˈazaʀde] → SYN ▸ conjug 1 ◂ **1** vt [+ vie, réputation] to risk; [+ remarque, hypothèse, démarche] to hazard, venture; [+ argent] to gamble, risk

**2** **se hasarder** vpr ◆ **se hasarder dans un endroit dangereux** to venture into a dangerous place ◆ **se hasarder à faire** to risk doing, venture to do ◆ **à votre place je ne m'y hasarderais pas** if I were you I wouldn't risk it

**hasardeux, -euse** [ˈazaʀdø, øz] → SYN adj entreprise hazardous, risky; hypothèse dangerous, rash ◆ **il serait bien hasardeux de** it would be dangerous ou risky to

**has been*** [ˈazbin] → SYN nm inv (péj) has-been*

**hasch*** [ˈaʃ] nm hash*, pot*, grass*

**haschisch** [ˈaʃiʃ] → SYN nm ⇒ **hachisch**

**hase** [ˈɑz] → SYN nf doe *(female hare)*

**hassidim** [ˈasidim] nmpl Chas(s)idim, Has(s)idim

**hassidique** [asidik] adj Hassidic

**hassidisme** [ˈasidism] nm Chas(s)idism, Has(s)idism

**hastaire** [astɛʀ] → SYN nm spearman

**hasté, e** [aste] adj hastate

**hâte** [ˈɑt] → SYN nf (= empressement) haste; (= impatience) impatience ◆ **à la hâte** hurriedly, hastily ◆ **en (grande** ou **toute) hâte** as fast as you (ou we etc) can, posthaste, with all possible speed ◆ **elle est montée/descendue en toute hâte** she hurried up/down the stairs ◆ **mettre de la hâte à faire qch** to do sth speedily ou in a hurry ou hurriedly ◆ **avoir hâte de faire** to be eager ou anxious to do ◆ **je n'ai qu'une hâte, c'est d'avoir terminé ce travail** I can't wait to get this work finished ◆ **sans hâte** unhurriedly

**hâter** [ˈɑte] → SYN ▸ conjug 1 ◂ **1** vt [+ fin, développement] to hasten; [+ départ] to bring forward, hasten; [+ fruit] to bring on, force ◆ **hâter le pas** to quicken ou hasten one's pace ou step

**2** **se hâter** vpr to hurry, hasten ◆ **se hâter de faire** to hurry ou hasten ou make haste to do ◆ **hâtez-vous** hurry up ◆ **je me hâte de dire que** I hasten to say that ◆ **hâte-toi lentement** more haste, less speed (Prov) ◆ **ne nous hâtons pas de juger** let's not be in a hurry to judge ou too hasty in our judgments

**hâtif, -ive** [ˈɑtif, iv] → SYN adj développement precocious; fruit, saison early; travail hurried; décision, jugement hasty ◆ **ne tirons pas de conclusions hâtives** let's not rush to conclusions

**hâtivement** [ˈɑtivmɑ̃] adv hurriedly, hastily ◆ **dire qch un peu/trop hâtivement** to say sth rather/too hastily

**hauban** [ˈobɑ̃] → SYN nm (Naut) shroud; [pont] stay ◆ **pont à haubans** cable-stayed bridge

**haubanage** [ˈobanaʒ] nm **a** (= action) propping ou shoring up with shrouds

**b** (= haubans) shrouds

**haubaner** [ˈobane] ▸ conjug 1 ◂ vt [+ mât] to prop ou shore up with shrouds

**haubert** [ˈobɛʀ] nm (Hist) coat of mail, hauberk

**hausse** [ˈos] → SYN nf **a** [prix, niveau, température] rise, increase (*de* in); (Bourse) rise (*de* in) ◆ **hausse de salaire** (pay) rise (Brit) ou raise (US) ◆ **être en hausse** [monnaie, prix] to be going up ou rising; [actions, marchandises] to be going up (in price) ◆ **marché à la hausse** (Bourse) bull(ish) market ◆ **tendance à la hausse** bullish ou upward trend ◆ **sa cote est** ou **ses actions sont en hausse** (fig) things are looking up for him, his popularity is increasing ◆ **une hausse à la pompe** (essence) a rise in pump prices ◆ **revoir** ou **réviser à la hausse** [+ prévisions, chiffres, objectif] to revise upwards, scale up

**b** [fusil] backsight adjuster

**haussement** [ˈosmɑ̃] → SYN nm ◆ **haussement d'épaules** shrug ◆ **il eut un haussement d'épaules** he shrugged (his shoulders) ◆ **elle eut un haussement des sourcils** she raised her eyebrows

**hausser** [ˈose] → SYN ▸ conjug 1 ◂ **1** vt **a** (= élever) [+ barre, niveau, sourcil, ton, voix] to raise; [+ prix] to raise, increase ◆ **hausser les épaules** to shrug (one's shoulders)

**b** [+ mur] to heighten, raise; [+ maison] to heighten, make higher ◆ **hausser une maison d'un étage** to add another floor to a house

**2** **se hausser** vpr ◆ **se hausser sur la pointe des pieds** to stand up on tiptoe ◆ **se hausser au niveau de qn** to raise o.s. up to sb's level ◆ **se hausser du col** to show off

**haussier, -ière**[1] [ˈosje, jɛʀ] **1** adj (Bourse) marché bullish, bull (épith); prix, cours rising ◆ **tendance haussière** bullish trend

**2** nm (Bourse) bull

**haussière**[2] [ˈosjɛʀ] nf (Naut) hawser

**haussmannien, -ienne** [osmanjɛ̃, jɛn] adj immeuble, façade Haussmann (épith) *(reflecting the opulent style of architecture typical of the period in the 1850s and 1860s when Paris was redeveloped by Baron Haussmann)*

## haut, e [ˈo, ˈot]

→ SYN

| | |
|---|---|
| 1 ADJECTIF | 4 NOM FÉMININ |
| 2 NOM MASCULIN | 5 ADVERBE |
| 3 NOM MASCULIN PLURIEL | 6 COMPOSÉS |

**1** ADJECTIF

**a** = de taille élevée mur, montagne high; herbe, arbre, édifice tall, high ◆ **une haute silhouette** a tall figure ◆ **de haute taille** tall ◆ **un chien haut sur pattes** a long-legged dog ◆ **il a le front haut** he has a high forehead ◆ **haut comme trois pommes*** knee-high to a grasshopper* ◆ **un mur haut de 3 mètres** a wall 3 metres high ◆ **pièce haute de plafond** room with a high ceiling

**b** = situé en altitude plafond, branche, nuage, plateau high ◆ **le soleil était déjà haut dans le ciel** the sun was already high up in the sky ◆ **le plus haut étage** the top floor ◆ **dans les plus hautes branches de l'arbre** in the topmost branches of the tree; → **montagne, ville**

**c** = de niveau élevé prix, température, rendement high; (Élec) fréquence, voltage high ◆ **c'est (la) marée haute, la mer est haute** it's high tide, the tide is in ◆ **à marée haute** at high tide ◆ **pendant les hautes eaux (du fleuve)** while the river is high, during high water

**d** Mus = aigu note, ton high, high-pitched

**e** = fort, bruyant **son mari est si gentil – jamais un mot plus haut que l'autre !** her husband is so nice – never an angry word! ◆ **pousser** ou **jeter les** ou **des hauts cris** to make a terrible fuss; → **verbe, voix**

**f** dans une hiérarchie = supérieur (gén avant n) qualité, rang, précision high; âme, pensée lofty, noble ◆ **avoir une haute idée** ou **opinion de soi-même** to have a high ou an exalted opinion of o.s. ◆ **c'est du plus haut comique** it's highly amusing ou comical, it's excruciatingly funny ◆ **haut en couleur** (= rougeaud) with a high colour ou a ruddy complexion; (= coloré, pittoresque) colourful ◆ **athlète/cadre de haut niveau** top athlete/executive ◆ **discussions au plus haut niveau** top-level discussions ◆ **hauts faits** (hum) heroic deeds ◆ **les hautes cartes** the high cards, the picture cards ◆ **la haute cuisine/couture/coiffure** haute cuisine/couture/coiffure ◆ **les hautes mathématiques** higher mathematics ◆ **haut personnage** high-ranking person ◆ **les hautes parties contractantes** (Jur) the high contracting parties; → **lutte**

**g** = ancien **dans la plus haute antiquité** in earliest antiquity ◆ **le haut Moyen Âge** the Early Middle Ages ◆ **le haut Empire** the Early (Roman) Empire ◆ **le haut allemand** (Ling) Old High German

**h** Géog **le Haut Rhin** the Upper Rhine ◆ **la Haute Normandie** Upper Normandy ◆ **la Haute-Égypte** Upper Egypt ◆ **les hautes terres** the highlands ◆ **le Haut Canada** (Hist Can) Upper Canada

**2** NOM MASCULIN

**a** = hauteur **le mur a 3 mètres de haut** the wall is 3 metres high ◆ **combien fait-il de haut ?** how high is it?

**b** = partie haute [arbre, colline, armoire] top ◆ **au haut de l'arbre** at the top of the tree, high up in the tree ◆ **la colonne est évasée dans le haut** the column gets wider at the top ◆ **le haut du visage** the top part of the face ◆ **"haut"** (sur un colis) "top", "this way up", "this side up" ◆ **tenir le haut du pavé** (fig) to take pride of place

**c** = vêtement top

**d** expressions figées

◆ **au plus haut** ◆ **être au plus haut** (dans les sondages) [personne] to be riding high; [cote, popularité] to be at its peak ◆ **le prix de l'or est au plus haut** the price of gold has reached a peak ou maximum

◆ **de haut**

(= avec détachement) ◆ **voir les choses de haut** to take a detached view of things

(= avec mépris) ◆ **prendre qch de (très) haut** to react (most) indignantly to sth ◆ **le prendre de haut avec** ou **à l'égard de qn, prendre** ou **traiter qn de haut** to look down on sb, treat sb disdainfully; → **regarder, tomber**

◆ **de haut en bas** s'ouvrir from the top downwards ◆ **regarder qn de haut en bas** to look sb up and down ◆ **frapper de haut en bas** to strike downwards ◆ **couvert de graffitis de haut en bas** covered in graffiti from top to bottom ◆ **ça se lit de haut en bas** it reads vertically (starting at the top) ◆ **lissez le papier peint de haut en bas** smooth the wallpaper, starting at the top and working down; → **bas**[1]

◆ **d'en haut** ◆ **les chambres d'en haut** the upstairs bedrooms ◆ **ceux** ou **les gens d'en haut** (socialement) people at the top ◆ **un signe d'en haut** (Rel) a sign from on high ◆ **vu d'en haut** seen from above ◆ **des ordres qui viennent d'en haut** orders from on high ou from above

◆ **du haut** ◆ **les pièces du haut** the upstairs rooms ◆ **les voisins du haut** the neighbours ou people upstairs ◆ **l'étagère/le tiroir du haut** the top shelf/drawer ◆ **les dents du haut** the top teeth

◆ **du haut de** ◆ **du haut d'un arbre** from the top of a tree ◆ **tomber du haut du 5e étage** to fall from the 5th floor ◆ **parler du haut d'une tribune/d'un balcon** to speak from a platform/a balcony ◆ **il me dévisageait, du haut de son mètre cinquante** (hum) he looked down on me, which was quite something as he was all of five feet tall ◆ **il me regarda du haut de sa grandeur** he looked down his nose at me

◆ **du haut en bas** couvrir, fouiller from top to bottom ◆ **du haut en bas de la hiérarchie/société** at all levels of the hierarchy/of society

◆ **en haut** (= au sommet) at the top; (dans un immeuble) upstairs ◆ **il habite en haut/tout en haut** he lives upstairs/right at the top ◆ **écris l'adresse en haut à gauche** write the address in the top left-hand corner ◆ **manteau boutonné jusqu'en haut** coat buttoned right up ou (right) up to the top ◆ **les voleurs sont passés par en haut** the burglars came in from upstairs ou got in upstairs ◆ **en haut de** [+ immeuble, escalier, côte, écran] at the top of ◆ **en haut de l'échelle sociale** high up the social ladder

3 **hauts** NOM MASCULIN PLURIEL

a [= périodes fastes] **des hauts et des bas** ups and downs ◆ **il a connu des hauts et des bas** he's had his ups and downs ◆ **elle gagne plus ou moins sa vie, il y a des hauts et des bas** she makes a reasonable living but it's a bit up and down

b [Géog] **les Hauts de Meuse/de Seine** the upper reaches of the Meuse/Seine ◆ **"Les Hauts de Hurlevent"** (Littérat) "Wuthering Heights"

c [Naut] topside

4 **haute** NOM FÉMININ

◆ **(les gens de) la haute** * the upper crust *, the toffs ‡ (Brit), the swells † *

5 ADVERBE

a [monter, sauter, voler] high ◆ **mettez vos livres plus haut** put your books higher up ◆ **c'est lui qui saute le plus haut** he can jump the highest ◆ **haut les mains !** hands up!, stick 'em up! ‡ ◆ **haut les cœurs !** take heart!

b [= fort] parler loudly ◆ **lire/penser tout haut** to read/think aloud ou out loud ◆ **mettez la radio plus haut** turn up the radio ◆ **j'ose le dire bien haut** I'm not afraid of saying it out loud ◆ **parle plus haut !** speak up! ◆ **il a déclaré haut et fort que ...** he stated very clearly that ...

c [Mus = dans les aigus] **monter haut** to hit the top notes ◆ **chanter trop haut** to sing sharp ◆ **le haut** the high registers

d [sur le plan social] **des gens haut placés** people in high places ◆ **arriver très haut** to reach a high position ◆ **viser haut** to aim high

e [= en arrière, dans le temps] **aussi haut qu'on peut remonter** as far back as we can go ◆ **"voir plus haut"** "see above" ◆ **comme je l'ai dit plus haut** as I said above ou previously

6 COMPOSÉS

▷ **haut commandement** high command ▷ **le Haut Commissariat (de l'ONU) pour les réfugiés** the UN High Commission for Refugees ▷ **Haute Cour** high court *(for impeachment of French President or Ministers)* ▷ **haute école** (Équitation) haute école ◆ **c'est de la haute école** (fig) it's very advanced (stuff *) ▷ **haut fourneau** blast ou smelting furnace; (= usine) steel factory ▷ **haut lieu**: **un haut lieu de la culture/musique** a Mecca for culture/music ◆ **en haut lieu** in high places ▷ **haute trahison** high treason ▷ **haut vol, haute volée de haut vol de haute volée** personne high-flying; opération, activité far-reaching ◆ **un industriel/athlète de haute volée** a top-flight industrialist/athlete ◆ **un escroc de haut vol** a big-time swindler ◆ **une escroquerie de haut vol** a major swindle

**hautain**[1], **e** ['otɛ̃, ɛn] → SYN adj personne haughty; air, manière haughty, lofty

**hautain**[2] ['otɛ̃] nm ⇒ **hautin**

**hautainement** ['otɛnmɑ̃] adv haughtily, loftily

**hautbois** ['obwɑ] nm (= instrument) oboe; (= instrumentiste) oboist, oboe player ◆ **hautbois d'amour** oboe d'amore

**hautboïste** ['obɔist] nmf oboist, oboe player

**haut-commissaire,** pl **hauts-commissaires** ['okɔmisɛʀ] nm high commissioner (à for) ◆ **haut-commissaire des Nations unies pour les réfugiés** United Nations High Commissioner for Refugees

**haut-commissariat,** pl **hauts-commissariats** ['okɔmisaʀja] nm (= ministère) high commission (à of); (= grade) high commissionership

**haut-de-chausse(s),** pl **hauts-de-chausse(s)** ['od(ə)ʃos] nm (Hist) (knee) breeches, trunk hose

**haut-de-forme,** pl **hauts-de-forme** ['od(ə)fɔʀm] → SYN nm top hat

**haute-contre,** pl **hautes-contre** ['otkɔ̃tʀ] 1 adj, nm counter tenor

2 nf counter tenor, alto

**haute-fidélité,** pl **hautes-fidélités** ['otfidelite] 1 adj chaîne, son high-fidelity

2 nf high-fidelity

**hautement** ['otmɑ̃] → SYN adv (= extrêmement) highly; (= ouvertement) openly ◆ **hautement qualifié** personnel highly qualified

**hauteur** ['otœʀ] GRAMMAIRE ACTIVE 15.4, 16.4 → SYN nf a (= élévation verticale) [tour, montagne, astre, personne] height; [son] pitch; (Aut) [châssis] ground clearance ◆ **il se redressa de toute sa hauteur** he drew himself up to his full height ◆ **d'une hauteur de 4 mètres** (dimension) 4 metres high; (d'un point élevé) from a height of 4 metres ◆ **hauteur maximum** ou **libre 3 mètres** (Aut) headroom 3 metres ◆ **pièce de 3 mètres de hauteur sous plafond** room whose ceiling height is 3 metres ◆ **tomber de toute sa hauteur** [personne] to fall headlong ou flat, measure one's length (Brit); [armoire] to come crashing down ◆ **perdre de la hauteur** to lose height ◆ **prendre de la hauteur** (lit) to climb, gain height; (fig) to distance o.s. ◆ **hauteur de vues** ability to distance o.s. ◆ **à hauteur d'appui** at leaning height ◆ **à hauteur des yeux** at eye level ◆ **à hauteur d'homme** at the right height ou level for a man; → **saut**

b (Géom) perpendicular height; (ligne) perpendicular; (Astron) altitude

c (plan horizontal) **arriver à la hauteur de qn** to draw level with sb ◆ **la procession arrivait à sa hauteur** the procession was drawing level with him ◆ **nous habitons à la hauteur de la mairie** we live up by the town hall ◆ **arriver à la hauteur d'un cap** (Naut) to come abreast of a cape ◆ **un accident à la hauteur de Tours** an accident near Tours ou in the vicinity of ou neighbourhood of Tours

d (Loc) **être à la hauteur de la situation** to be equal to the situation ◆ **il s'est vraiment montré à la hauteur** * he proved he was up to it * ◆ **ne pas se sentir à la hauteur** * not to feel up to it *, not to feel equal to the task

e (= colline) height, hill ◆ **gagner les hauteurs** to make for the heights ou hills

f (= noblesse) loftiness, nobility ◆ **la hauteur de ses sentiments** his noble ou lofty sentiments, the loftiness ou nobility of his sentiments

g (= arrogance) haughtiness, loftiness ◆ **parler avec hauteur** to speak haughtily ou loftily

h (Écon) **à (la) hauteur de 2 000 €** up to €2,000

**Haute-Volta** ['otvɔlta] nf Upper Volta

**haut-fond,** pl **hauts-fonds** ['ofɔ̃] → SYN nm shallow, shoal

**hautin** ['otɛ̃] nm climbing vine

**Haut-Karabakh** ['okaʀabak] n Nagorno Karabakh

**haut-le-cœur** ['ol(ə)kœʀ] → SYN nm inv retch, heave ◆ **avoir un haut-le-cœur** to retch, heave

**haut-le-corps** ['ol(ə)kɔʀ] → SYN nm inv (sudden) start, jump ◆ **avoir un haut-le-corps** to start, jump

**haut-parleur,** pl **haut-parleurs** ['opaʀlœʀ] → SYN nm (loud)speaker ◆ **haut-parleur aigu** tweeter ◆ **haut-parleur grave** woofer ◆ **une voiture haut-parleur** a loudspeaker car

**haut-relief,** pl **hauts-reliefs** ['oʀəljɛf] nm high relief

**hauturier, -ière** ['otyʀje, jɛʀ] adj ◆ **navigation hauturière** ocean navigation ◆ **pêche hauturière** deep-sea fishing ◆ **pilote hauturier** deep-sea pilot

**havage** ['avaʒ] nm (mechanical) cutting

**havanais, e** ['avanɛ, ɛz] 1 adj of ou from Havana

2 **Havanais(e)** nm,f inhabitant ou native of Havana

**havane** ['avan] 1 nm (= tabac) Havana tobacco; (= cigare) Havana cigar

2 adj inv (couleur) tobacco brown

3 **Havane** nf ◆ **la Havane** Havana

**hâve** ['ɑv] → SYN adj (= émacié) gaunt, haggard; (= pâle) wan

**haveneau,** pl **haveneaux** ['av(ə)no], **havenet** ['av(əʀɔ)nɛ] nm shrimping net

**haver** ['ave] ▸ conjug 1 ◂ vt (Tech) to cut *(mechanically)*

**haveur** ['avœʀ] nm (Tech) cutter

**haveuse** ['avøz] nf coal cutter

**havre** ['avʀ] → SYN nm († ou littér) haven ◆ **havre de paix** haven of peace

**havresac** ['ɑvʀəsak] → SYN nm haversack, knapsack

**Hawaï, Hawaii** [awai] n Hawaii ◆ **les îles Hawaï** the Hawaiian Islands

**hawaïen, -ïenne** [awajɛ̃, jɛn] 1 adj Hawaiian

2 nm (Ling) Hawaiian

3 **Hawaïen(ne)** nm,f Hawaiian

**Haye** ['ɛ] nf ◆ **La Haye** The Hague

**hayon** ['ɛjɔ̃] → SYN nm [camion, charrette] tailboard ◆ **hayon (arrière)** [voiture] hatchback, tailgate ◆ **modèle avec hayon arrière** hatchback (model) ◆ **hayon élévateur** [camion] forklift

**HCR** ['aʃseʀ] nm (abrév de **Haut Commissariat des Nations Unies pour les réfugiés**) UNHCR

**hé** ['e] excl (pour appeler) hey!; (pour renforcer) well ◆ **hé ! hé !** well, well!, ha-ha! ◆ **hé non !** not a bit of it!

**heaume** ['om] → SYN nm (Hist) helmet

**heaumier, -ière** ['omje, jɛʀ] nm,f helmet maker, heaumer

**heavy metal** [evimetal] nm (Mus) heavy metal

**hebdo** * [ɛbdo] nm abrév de **hebdomadaire**

**hebdomadaire** [ɛbdɔmadɛʀ] adj, nm weekly ◆ **hebdomadaire d'actualité** news weekly; → **repos**

**hebdomadairement** [ɛbdɔmadɛʀmɑ̃] adv weekly

**hebdomadier, -ière** [ɛbdɔmadje, jɛʀ] nm,f hebdomadary

**hébéphrénie** [ebefʀeni] nf hebephrenia

**hébéphrénique** [ebefʀenik] 1 adj hebephrenic

2 nmf person suffering from hebephrenia

**hébergement** [ebɛʀʒəmɑ̃] → SYN nm a (= lieu) housing, accommodation; (pendant un séjour) accommodation ◆ **le prix comprend l'hébergement** the price includes accommodation ◆ **hébergement d'urgence** emergency housing ou accommodation

b (= action d'héberger) [ami] putting up; [réfugiés] taking in; [évadé] harbouring; → **centre**

**héberger** [ebɛʀʒe] → SYN ▸ conjug 3 ◂ vt a (= loger) [+ touristes] to accommodate; [+ ami] to put up ◆ **pouvez-vous nous héberger ?** can you put us up? ◆ **il est hébergé par un ami** he's staying with a friend

b (= accueillir) [+ réfugiés] to take in; [+ évadé] to harbour ◆ **les sinistrés ont été hébergés chez des voisins** the victims were taken in ou given shelter by neighbours ◆ **le musée va héberger une collection de meubles** the museum will house a collection of furniture

**hébertisme** [ebɛʀtism] nm *method of physical education based on outdoor exercise*

**hébété, e** [ebete] → SYN (ptp de **hébéter**) adj a (= étourdi) regard, air, personne dazed ◆ **être hébété de fatigue/de douleur** to be numbed with fatigue/pain ◆ **hébété par l'alcool** in a drunken stupor

b ( * = stupide) regard, air dumb *, vacant

**hébétement** [ebɛtmɑ̃] nm stupor

**hébéter** [ebete] → SYN ▸ conjug 6 ◂ vt [alcool] to stupefy, besot (Brit); [lecture, télévision] to daze, numb; [fatigue, douleur] to numb

**hébétude** [ebetyd] → SYN nf (littér) stupor; (Méd) hebetude

**hébraïque** [ebʀaik] → SYN adj Hebrew (épith), Hebraic

**hébraïsant, e** [ebʀaizɑ̃, ɑ̃t] 1 adj Hebraistical

2 nm,f Hebraist, Hebrew scholar

**hébraïser** [ebʀaize] ▸ conjug 1 ◂ vt to assimilate into Jewish culture

**hébraïsme** [ebʀaism] nm Hebraism

**hébraïste** [ebʀaist] nmf ⇒ **hébraïsant**

**hébreu,** pl **hébreux** [ebʀø] 1 adj m Hebrew

2 nm (Ling) Hebrew ◆ **pour moi, c'est de l'hébreu** * it's all Greek ou double Dutch (Brit) to me! *

3 **Hébreu** nm Hebrew

**Hébrides** [ebʀid] nfpl ◆ **les (îles) Hébrides** the Hebrides

**HEC** [ˈaʃese] nf (abrév de **(École des) Hautes études commerciales**) *top French business school* → GRANDES ÉCOLES

**hécatombe** [ekatɔ̃b] → SYN nf (= tuerie) slaughter; (à un examen) (wholesale) slaughter ou massacre ◆ **quelle hécatombe sur les routes ce week-end !** it was absolute carnage on the roads this week-end! ◆ **faire une hécatombe de** to slaughter

**hectare** [ɛktaʀ] nm hectare

**hectique** [ɛktik] adj (Méd) hectic

**hecto...** [ɛkto] préf hecto...

**hectogramme** [ɛktɔgʀam] nm hectogram(me)

**hectolitre** [ɛktɔlitʀ] nm hectolitre ◆ **3 millions d'hectolitres** 300 million litres

**hectomètre** [ɛktɔmɛtʀ] nm hectometre

**hectométrique** [ɛktɔmetʀik] adj hectometre (épith)

**hectopascal** [ɛktopaskal] nm millibar

**Hector** [ˈɛktɔʀ] nm Hector

**hectowatt** [ɛktɔwat] nm hectowatt, 100 watts

**Hécube** [ˈekyb] nf Hecuba

**hédonisme** [edɔnism] → SYN nm hedonism

**hédoniste** [edɔnist] [1] adj hedonist(ic)
[2] nmf hedonist

**hédonistique** [edɔnistik] adj ⇒ **hédoniste**

**hégélianisme** [egeljanism] nm Hegelianism

**hégélien, -ienne** [egeljɛ̃, jɛn] adj, nm,f Hegelian

**hégémonie** [eʒemɔni] → SYN nf hegemony

**hégémonique** [eʒemɔnik] adj hegemonic

**hégémonisme** [eʒemɔnism] nm [pays] hegemonism

**hégire** [eʒiʀ] nf ◆ **l'hégire** the Hegira

**hein** * [ˈɛ̃] excl (de surprise, pour faire répéter) eh? *, what? ◆ **qu'est-ce que tu feras, hein ?** what are you going to do (then), eh? * ◆ **tu veux partir, hein, tu veux t'en aller ?** you want to go, is that it, you want to leave? ◆ **ça suffit, hein !** that's enough, O.K.? * ou all right? * ◆ **hein que je te l'ai dit ?** didn't I tell you so?, I told you so, didn't I? ◆ **arrête hein !** stop it, will you!

**hélas** [elas] excl alas! ◆ **hélas non !** I'm afraid not!, unfortunately not ◆ **hélas oui !** I'm afraid so!, yes, unfortunately ◆ **hélas, trois fois hélas !** alas, what a shame! ◆ **mais hélas, ils n'ont pas pu en profiter** but unfortunately ou sadly they were not able to reap the benefits of it

**Hélène** [elɛn] nf Helen, Helena ◆ **Hélène de Troie** Helen of Troy

**hélépole** [elepɔl] nf helepole

**héler** [ˈele] → SYN ▸ conjug 6 ◂ vt [+ navire, taxi] to hail; [+ personne] to call, hail

**hélianthe** [eljɑ̃t] nm helianthus, sunflower

**hélianthème** [eljɑ̃tɛm] nm rockrose, sunrose, helianthemum (SPÉC)

**hélianthine** [eljɑ̃tin] nf helianthine, methyl orange

**héliaque** [eljak] adj heliacal

**héliaste** [eljast] nm heliast

**hélice** [elis] nf (Tech) propeller, screw (-propeller); (Archit, Géom) helix ◆ **escalier en hélice** spiral staircase ◆ **hélice double** double helix

**héliciculteur, -trice** [elisikyltœʀ, tʀis] nm,f snail farmer

**héliciculture** [elisikyltyʀ] nf snail farming

**hélico** * [eliko] nm (abrév de **hélicoptère**) chopper *, copter *

**hélicoïdal, e,** mpl **-aux** [elikɔidal, o] adj (gén) helical; (Bot, Math) helicoid

**hélicoïde** [elikɔid] adj, nm helicoid

**hélicon** [elikɔ̃] nm helicon

**hélicoptère** [elikɔptɛʀ] → SYN nm helicopter ◆ **hélicoptère d'attaque** attack helicopter ◆ **hélicoptère de combat** helicopter gunship ◆ **transporter en hélicoptère** to transport by helicopter, helicopter ◆ **amener/évacuer par hélicoptère** to take in/out by helicopter, helicopter in/out ◆ **plateforme pour hélicoptères** helipad

**héligare** [eligaʀ] nf helicopter station

**hélio** * [eljo] nf abrév de **héliogravure**

**héliocentrique** [eljɔsɑ̃tʀik] adj heliocentric

**héliocentrisme** [eljɔsɑ̃tʀism] nm heliocentricism

**héliographe** [eljɔgʀaf] nm heliograph

**héliographie** [eljɔgʀafi] nf (Astron, Typo) heliography

**héliograveur, -euse** [eljogʀavœʀ, øz] nm,f photogravure ou heliogravure worker

**héliogravure** [eljogʀavyʀ] nf heliogravure

**héliomarin, e** [eljomaʀɛ̃, in] adj cure of sun and sea-air ◆ **établissement héliomarin** seaside sanatorium *(specializing in heliotherapy)*

**héliomètre** [eljɔmɛtʀ] nm heliometer

**hélion** [eljɔ̃] nm helium nucleus

**héliostat** [eljɔsta] nm heliostat

**héliothérapie** [eljoteʀapi] nf heliotherapy

**héliotrope** [eljɔtʀɔp] nm (Bot, Minér) heliotrope

**héliotropine** [eljɔtʀɔpin] nf heliotropin

**héliport** [elipɔʀ] nm heliport

**héliportage** [elipɔʀtaʒ] nm helicopter transport

**héliporté, e** [elipɔʀte] adj troupes helicopter-borne; évacuation, opération helicopter (épith)

**héliski** [eliski] nm heli-skiing

**hélistation** [elistasjɔ̃] nf helipad

**hélitreuillage** [elitʀœjaʒ] nm winching up into a helicopter

**hélitreuiller** [elitʀœje] ▸ conjug 1 ◂ vt to winch up into a helicopter

**hélium** [eljɔm] nm helium

**hélix** [eliks] nm (Anat, Zool) helix

**hellébore** [elebɔʀ] nm ⇒ **ellébore**

**hellène** [elɛn] [1] adj Hellenic
[2] **Hellène** nmf Hellene

**hellénique** [elenik] adj (gén) Greek; (Antiq) Hellenic

**hellénisant, e** [elenizɑ̃, ɑ̃t] adj, nm,f ◆ **(juif) hellénisant** Hellenist, Hellenistic Jew ◆ **(savant) hellénisant** Hellenist, Hellenic scholar

**hellénisation** [elenizasjɔ̃] nf Hellenization

**helléniser** [elenize] ▸ conjug 1 ◂ vt to Hellenize

**hellénisme** [elenism] nm Hellenism

**helléniste** [elenist] nmf ⇒ **hellénisant**

**hellénistique** [elenistik] adj Hellenistic

**hellénophone** [elenofɔn] [1] adj Greek-speaking
[2] nmf Greek speaker

**hello** * [ˈello] excl hello, hullo, hi *

**helminthe** [ɛlmɛ̃t] nm helminth

**helminthiase** [ɛlmɛ̃tjaz] nf helminthiasis

**helminthique** [ɛlmɛ̃tik] adj helminthic

**helminthologie** [ɛlmɛ̃tɔlɔʒi] nf helminthology

**hélodée** [elɔde] nf ⇒ **élodée**

**Helsinki** [ɛlzinki] n Helsinki

**helvelle** [ɛlvɛl] nf helvella

**helvète** [ɛlvɛt] [1] adj Helvetian
[2] **Helvète** nmf Helvetian

**Helvétie** [ɛlvesi] nf Helvetia

**helvétique** [ɛlvetik] adj Swiss, Helvetian

**helvétisme** [ɛlvetism] nm (Ling) Swiss idiom

**hem** [ˈɛm] excl (a)hem!, h'm!

**hémarthrose** [emaʀtʀoz] nf haemarthrosis (Brit), hemarthrosis (US)

**hématémèse** [ematemɛz] nf haematemesis (Brit), hematemesis (US)

**hématie** [emasi] nf red (blood) corpuscle

**hématine** [ematin] nf haematin (Brit), hematin (US)

**hématique** [ematik] adj haematic (Brit), hematic (US)

**hématite** [ematit] nf h(a)ematite

**hématocrite** [ematokʀit] nm **a** (= centrifugeuse) haematocrit (Brit), hematocrit (US)
**b** (= examen) haematocrit (Brit), hematocrit (US), packed cell volume

**hématologie** [ematɔlɔʒi] nf haematology (Brit), hematology (US)

**hématologique** [ematɔlɔʒik] adj haematological (Brit), hematological (US)

**hématologiste** [ematɔlɔʒist], **hématologue** [ematɔlɔg] nmf haematologist (Brit), hematologist (US)

**hématome** [ematom] → SYN nm bruise, haematoma (Brit) (SPÉC), hematoma (US) (SPÉC)

**hématopoïèse** [ematopɔjɛz] nf hæmatopoiesis, hæmatosis, hæmatogenesis

**hématopoïétique** [ematopɔjetik] adj haematopoietic (Brit), hematopoietic (US)

**hématose** [ematoz] nf haematosis (Brit), hematosis (US)

**hématurie** [ematyʀi] nf haematuria (Brit), hematuria (US)

**hème** [ɛm] nm haem (Brit), heme (US)

**héméralope** [emeʀalɔp] [1] adj night-blind, nyctalopic (SPÉC)
[2] nmf person suffering from night-blindness ou nyctalopia (SPÉC)

**héméralopie** [emeʀalɔpi] nf night-blindness, nyctalopia (SPÉC)

**hémérocalle** [emeʀɔkal] nf hemerocallis

**hémicrânie** [emikʀani] nf hemicrania

**hémicycle** [emisikl] → SYN nm semicircle, hemicycle; (= salle) amphitheatre ◆ **l'hémicycle (de l'Assemblée nationale)** the benches of the French National Assembly, ≃ the benches of the Commons (Brit) ou House of Representatives (US)

**hémièdre** [emiɛdʀ] adj hemihedral

**hémiédrie** [emiedʀi] nf hemihedrism, hemihedry

**hémiédrique** [emiedʀik] adj ⇒ **hémièdre**

**hémine** [emin] nf (Méd) haemin (Brit), hemin (US)

**hémione** [emjɔn] nm kiang

**hémiplégie** [emipleʒi] → SYN nf paralysis of one side, hemiplegia (SPÉC)

**hémiplégique** [emipleʒik] [1] adj paralyzed on one side, hemiplegic (SPÉC)
[2] nmf person paralyzed on one side, hemiplegic (SPÉC)

**hémiptères** [emiptɛʀ] nmpl ◆ **les hémiptères** hemipteroid insects, the Hemiptera (SPÉC)

**hémisphère** [emisfɛʀ] → SYN nm (gén, Anat, Géog) hemisphere ◆ **hémisphère sud** ou **austral/nord** ou **boréal** southern/northern hemisphere ◆ **hémisphères cérébraux** cerebral hemispheres

**hémisphérique** [emisfeʀik] adj hemispheric(al)

**hémistiche** [emistiʃ] → SYN nm hemistich

**hémitropie** [emitʀɔpi] nf hemitropism

**hémochromatose** [emokʀomatoz] nf haemochromatosis (Brit), hemochromatosis (US)

**hémoculture** [emokyltyʀ] nf haemoculture (Brit), hemoculture (US)

**hémocyanine** [emosjanin] nf haemocyanin (Brit), hemocyanin (US)

**hémodialyse** [emodjaliz] nf haemodialysis (Brit), hemodialysis (US) ◆ **séance d'hémodialyse** session of haemodialysis (Brit) ou hemodialysis (US) treatment

**hémodynamique** [emodinamik] adj haemodynamic (Brit), hemodynamic (US)

**hémoglobine** [emɔglɔbin] nf haemoglobin (Brit), hemoglobin (US) ◆ **dans ce film, l'hémoglobine coule à flots** * this film is full of blood and gore

**hémoglobinopathie** [emɔglɔbinɔpati] nf haemoglobinopathy (Brit), hemoglobinopathy (US)

**hémogramme** [emɔgʀam] nm haemogram (Brit), hemogram (US)

**hémolymphe** [emolɛ̃f] nf haemolymph (Brit), hemolymph (US)

**hémolyse** [emɔliz] nf haemolysis (Brit), hemolysis (US)

**hémolysine** [emɔlizin] nf haemolysin (Brit), hemolysin (US)

**hémolytique** [emɔlitik] adj haemolytic (Brit), hemolytic (US)

**hémopathie** [emɔpati] nf haemopathy (Brit), hemopathy (US)

**hémophile** [emɔfil] 1 adj haemophilic (Brit), hemophilic (US)
2 nmf haemophiliac (Brit), hemophiliac (US)

**hémophilie** [emɔfili] nf haemophilia (Brit), hemophilia (US)

**hémoptysie** [emɔptizi] nf haemoptysis (Brit), hemoptysis (US)

**hémorragie** [emɔʀaʒi] → SYN nf a (Méd) bleeding (NonC), haemorrhage (Brit), hemorrhage (US) ◆ **hémorragie cérébrale** brain ou cerebral haemorrhage ◆ **hémorragie interne** internal bleeding (NonC) ou haemorrhage ◆ **il a eu ou a fait une hémorragie interne** he suffered internal bleeding
b (= fuite) [capitaux] massive outflow ou drain; [cadres, talents] mass exodus (*de* of) ◆ **pour stopper l'hémorragie financière** to stem the massive outflow of money ◆ **l'hémorragie démographique ou de population** the population drain

**hémorragique** [emɔʀaʒik] adj haemorrhagic (Brit), hemorrhagic (US)

**hémorroïdal, e,** mpl **-aux** [emɔʀɔidal, o] adj (Méd) haemorrhoidal (Brit), hemorrhoidal (US); (Anat) artère anorectal

**hémorroïde** [emɔʀɔid] nf (gén pl) haemorrhoid (Brit), hemorrhoid (US), pile ◆ **avoir des hémorroïdes** to have haemorrhoids ou piles

**hémostase** [emɔstaz] nf haemostasis (Brit), hemostasis (US)

**hémostatique** [emɔstatik] adj, nm haemostatic (Brit), hemostatic (US); → **crayon**

**hendécasyllabe** [ɛ̃dekasi(l)lab] 1 adj hendecasyllabic
2 nm hendecasyllable

**hendiadyin** [ɛ̃djadin], **hendiadys** [ɛ̃djadis] nm hendiadys

**henné** ['ene] nm henna ◆ **se faire un henné** to henna one's hair ◆ **cheveux teints au henné** hennaed hair

**hennin** ['enɛ̃] nm (Hist = bonnet) hennin ◆ **hennin à deux cornes** horned headdress

**hennir** ['eniʀ] ▸ conjug 2 ◂ vi to neigh, whinny; (péj) to bray

**hennissant, e** ['enisɑ̃, ɑ̃t] adj cheval neighing (épith), whinnying (épith); (péj) braying (épith)

**hennissement** ['enismɑ̃] nm [cheval] neigh, whinny; (péj) [personne] braying (NonC)

**Henri** [ɑ̃ʀi] nm Henry

**henry** [ɑ̃ʀi] nm henry

**hep** ['ɛp] excl hey!

**héparine** [epaʀin] nf heparin

**hépatalgie** [epatalʒi] nf hepatalgia

**hépatique** [epatik] 1 adj (Méd) hepatic
2 nmf person suffering from a liver complaint
3 nf (Bot) liverwort, hepatic (SPÉC) ◆ **les hépatiques** the Hepaticae (SPÉC)

**hépatisation** [epatizasjɔ̃] nf hepatization

**hépatite** [epatit] nf hepatitis ◆ **hépatite virale** viral hepatitis ◆ **hépatite A/B/C** hepatitis A/B/C ◆ **hépatite chronique/aiguë** chronic/acute hepatitis

**hépatocèle** [epatɔsɛl] nf hepatocele

**hépatocyte** [epatɔsit] nm hepatocyte

**hépatologie** [epatɔlɔʒi] nf hepatology

**hépatomégalie** [epatomegali] nf hepatomegaly

**Héphaïstos** [efaistos] nm Hephaestus, Hephaistos

**heptaèdre** [ɛptaɛdʀ(ə)] nm heptahedron

**heptaédrique** [ɛptaedʀik] adj heptahedral

**heptagonal, e,** mpl **-aux** [ɛptagɔnal, o] adj heptagonal

**heptagone** [ɛptagɔn] nm heptagon

**heptamètre** [ɛptamɛtʀ] 1 adj heptametrical
2 nm heptameter

**heptane** [ɛptan] nm heptane

**heptarchie** [ɛptaʀʃi] nf heptarchy

**heptasyllabe** [ɛptasi(l)lab] 1 adj heptasyllabic
2 nm heptasyllable

**heptathlon** [ɛptatlɔ̃] nm heptathlon

**heptathlonien, -ienne** [ɛptatlɔnjɛ̃, jɛn] nm,f heptathlete

**Héra** [eʀa] nf Hera

**Héraclite** [eʀaklit] nm Heraclitus

**héraldique** [eʀaldik] 1 adj heraldic
2 nf heraldry

**héraldiste** [eʀaldist] nmf heraldist, expert on heraldry

**héraut** ['eʀo] → SYN nm a (Hist) **héraut (d'armes)** herald
b (littér) herald, harbinger (littér)

**herbacé, e** [ɛʀbase] adj herbaceous

**herbage** [ɛʀbaʒ] → SYN nm (= herbe) pasture, pasturage; (= pré) pasture

**herbagement** [ɛʀbaʒ(ə)mɑ̃] nm [bétail] putting out to graze

**herbager, -ère** [ɛʀbaʒe, ɛʀ] 1 adj paysage grassy; région with lot of grazing land
2 nm,f grazier

**herbe** [ɛʀb] → SYN 1 nf a (= plante) grass (NonC); (= espèce) grass ◆ **arracher une herbe** to pull up a blade of grass ◆ **terrain en herbe** field under grass ◆ **herbes folles** wild grasses ◆ **jardin envahi par les herbes** weed-infested garden, garden overrun with weeds ◆ **dans les hautes herbes** in the long ou tall grass ◆ **faire de l'herbe pour les lapins** to cut grass for rabbits ◆ **couper l'herbe sous le pied de qn** (fig) to cut the ground ou pull the rug out from under sb's feet; → **déjeuner, mauvais**
b (Culin, Méd) herb ◆ **herbes médicinales/aromatiques/potagères** medicinal/aromatic/pot herbs ◆ **omelette/porc aux herbes** omelette/pork with herbs; → **fin¹**
c (* = drogue) grass *, pot *
d **en herbe** blé in the blade (attrib); écrivain, chimiste budding
2 COMP ▷ **herbe au chantre** sisymbrium, hedge mustard ▷ **herbe à chat** ou **aux chats** catmint, catnip ▷ **herbes de Provence** herbes de Provence, ≃ mixed herbs

**herbeux, -euse** [ɛʀbø, øz] → SYN adj grassy

**herbicide** [ɛʀbisid] 1 adj herbicidal
2 nm weed-killer, herbicide

**herbier** [ɛʀbje] nm (= collection) herbarium; (= planches) set of illustrations of plants; (= banc d'algues) seagrass bed

**herbivore** [ɛʀbivɔʀ] → SYN 1 adj herbivorous
2 nm herbivore

**herborisation** [ɛʀbɔʀizasjɔ̃] nf (= action) collection of plants

**herboriser** [ɛʀbɔʀize] ▸ conjug 1 ◂ vi to collect plants, botanize

**herboriste** [ɛʀbɔʀist] nmf herbalist

**herboristerie** [ɛʀbɔʀistəʀi] nf (= commerce) herb trade; (= magasin) herbalist('s shop)

**herbu, e** [ɛʀby] 1 adj grassy
2 **herbue** nf grazing land

**herchage** ['ɛʀʃaʒ] nm (Min) hauling

**hercher** ['ɛʀʃe] ▸ conjug 1 ◂ vi (Min) to haul

**hercheur, -euse** ['ɛʀʃœʀ, øz] nm,f (Min) hauler

**Hercule** [ɛʀkyl] nm (Myth) Hercules ◆ **c'est un Hercule** he's a real Hercules ◆ **hercule de foire** strongman; → **travail**

**herculéen, -enne** [ɛʀkyleɛ̃, ɛn] adj Herculean

**hercynien, -ienne** [ɛʀsinjɛ̃, jɛn] adj Hercynian

**herd-book,** pl **herd-books** ['œʀdbuk] nm herd-book

**hère¹** ['ɛʀ] → SYN nm (frm) ◆ **pauvre hère** poor ou miserable wretch

**hère²** ['ɛʀ] nm (Zool) young stag

**héréditaire** [eʀeditɛʀ] → SYN adj hereditary ◆ **c'est héréditaire** (hum) it runs in the family

**héréditairement** [eʀeditɛʀmɑ̃] adv hereditarily ◆ **caractère héréditairement transmissible d'une maladie** (Méd) hereditary nature of an illness

**hérédité** [eʀedite] → SYN nf a (Bio) heredity (NonC) ◆ **il a une lourde hérédité** ou **une hérédité chargée** his family has a history of mental (ou physical) illness ◆ **une hérédité catholique/royaliste** (culturelle) a Catholic/Royalist heritage
b (Jur) (= droit) right of inheritance; (= caractère héréditaire) hereditary nature

**hérésiarque** [eʀezjaʀk] nm heresiarch

**hérésie** [eʀezi] → SYN nf (Rel) heresy; (fig) sacrilege, heresy ◆ **servir du vin rouge avec le poisson est une véritable hérésie !** (hum) it's absolute sacrilege to serve red wine with fish!

**hérétique** [eʀetik] → SYN 1 adj heretical
2 nmf heretic

**hérissé, e** ['eʀise] → SYN (ptp de **hérisser**) adj a (= dressé) poils, cheveux standing on end, bristling; barbe bristly
b (= garni) **tête hérissée de cheveux roux** head bristling with red hair ◆ **hérissé de poils** bristling with hairs ◆ **hérissé d'épines/de clous** spiked with thorns/nails ◆ **toits hérissés d'antennes** roofs bristling with aerials ◆ **traduction hérissée de difficultés** translation riddled with difficulties
c (= garni de pointes) cactus, tige prickly

**hérisser** ['eʀise] → SYN ▸ conjug 1 ◂ 1 vt a [animal] **le chat hérisse ses poils** the cat bristles its coat ou makes its coat bristle ◆ **le porc-épic hérisse ses piquants** the porcupine bristles its spines ou makes its spines bristle ◆ **l'oiseau hérisse ses plumes** the bird ruffles its feathers
b [vent, froid] **le vent hérisse ses cheveux** the wind makes his hair stand on end
c (= armer) **hérisser une planche de clous** to spike a plank with nails ◆ **hérisser une muraille de créneaux** to top ou crown a wall with battlements ◆ **hérisser un mur** to roughcast a wall ◆ **il avait hérissé la dictée de pièges** he had put a good sprinkling of tricky points into the dictation
d (= garnir) **des clous hérissent la planche** the plank is spiked with nails ◆ **les créneaux qui hérissent la muraille** the battlements crowning the wall ◆ **de nombreuses difficultés hérissent le texte** numerous difficulties are scattered through the text
e (= mettre en colère) **hérisser qn** to put ou get sb's back up *, make sb's hackles rise ◆ **il y a une chose qui me hérisse (les poils *), c'est le mensonge** there's one thing that gets my back up * and that's lying
2 **se hérisser** vpr a [poils, cheveux] to stand on end, bristle ◆ **ses poils se sont hérissés quand il a entendu ça** his hackles rose when he heard that
b [animal] to bristle ◆ **le chat se hérissa** the cat's fur stood on end ou bristled, the cat bristled
c (= se fâcher) to bristle, get one's back up * ◆ **il se hérisse facilement** it's easy to get his back up *

**hérisson** ['eʀisɔ̃] → SYN nm a (Zool) hedgehog ◆ **hérisson de mer** sea urchin ◆ **c'est un vrai hérisson** (péj) he's very prickly
b [ramoneur] (chimney sweep's) brush, flue brush; (= égouttoir) draining rack (*for bottles*); (= herse) beater
c (Constr) foundation block
d (Mil) **tactique des hérissons** hedgehog

**hérissonne** ['eʀisɔn] nf a (= hérisson femelle) female hedgehog
b (= chenille) hairy caterpillar

**hérissonner** ['eʀisɔne] ▸ conjug 1 ◂ vt [+ mur] to roughcast

**héritabilité** [eʀitabilite] nf heritability

**héritage** [eʀitaʒ] → SYN nm a (= action) inheritance
b [argent, biens] inheritance, legacy; [coutumes, système] heritage, legacy ◆ **faire un héritage** to come into an inheritance ◆ **laisser qch en héritage à qn** to leave sth to sb, bequeath sth to sb ◆ **l'héritage du passé** the heritage ou legacy of the past ◆ **un tel déficit est un lourd héritage** a deficit like that is a heavy burden to inherit

**hériter** [eʀite] → SYN ▸ conjug 1 ◂ vt, **hériter de** vt indir [+ maison, tradition, culture, qualités] to inherit; (hum) [+ punition] to get ◆ **hériter d'une fortune** to come into ou inherit a fortune ◆ **hériter de son oncle** to inherit ou come into one's uncle's property ◆ **il a hérité de la maison de son oncle** he inherited his uncle's house ◆ **qui hériterait ?** who would benefit from the will?, who would inherit? ◆ **impatient d'hériter, il ...** eager to come into ou to gain his inheritance, he ... ◆ **et maintenant un bateau ? ils ont hérité !** (hum) and now they've got a boat? they must have won the lottery ou the pools (Brit)! ◆ **il a hérité d'un vieux chapeau** he has fallen heir to ou he has inherited an old hat ◆ **il a hérité d'un rhume** he's picked up a cold ◆ **ils ont hérité d'une situation catastrophique** they inherited a disastrous situation

**héritier** [eʀitje] → SYN nm heir ◆ **héritier naturel** heir-at-law ◆ **héritier testamentaire** legatee ◆ **héritier légitime** legitimate heir ◆ **héritier présomptif de la couronne** heir apparent (to the throne) ◆ **héritier d'une grande fortune/d'une longue tradition** heir to a large fortune/a long tradition ◆ **elle lui a donné un héritier** (hum) she gave him an heir ou a son and heir

**héritière** [eʀitjɛʀ] nf heiress

**hermaphrodisme** [ɛʀmafʀɔdism] nm hermaphroditism

**hermaphrodite** [ɛʀmafʀɔdit] → SYN 1 adj hermaphrodite, hermaphroditic(al)
2 nm hermaphrodite

**herméneutique** [ɛʀmenøtik] → SYN 1 adj hermeneutic
2 nf hermeneutics sg

**Hermès** [ɛʀmɛs] nm Hermes

**hermès** [ɛʀmɛs] nm (Art) Hermes ◆ **buste en hermès** herm

**hermétique** [ɛʀmetik] → SYN adj a (= étanche) récipient (à l'air) airtight; (à l'eau) watertight ◆ **cela assure une fermeture hermétique de la porte** this makes sure that the door closes tightly ou that the door is a tight fit
b (= impénétrable) secret impenetrable ◆ **visage hermétique** closed ou impenetrable expression ◆ **être hermétique à** to be impervious to ◆ **il est hermétique à ce genre de peinture** this kind of painting is a closed book to him
c (= obscur) écrivain, livre abstruse, obscure
d (Alchimie, Littérat) Hermetic

**hermétiquement** [ɛʀmetikmɑ̃] → SYN adv a fermer, joindre tightly, hermetically ◆ **emballage hermétiquement fermé** hermetically sealed package ◆ **pièce hermétiquement close** sealed(-up) room
b s'exprimer abstrusely, obscurely

**hermétisme** [ɛʀmetism] → SYN nm (péj = obscurité) abstruseness, obscurity; (Alchimie, Littérat) hermetism

**hermétiste** [ɛʀmetist] nmf hermetist

**hermine** [ɛʀmin] → SYN nf a (Zool) (brune) stoat; (blanche) ermine
b (= fourrure, Hér) ermine

**herminette** [ɛʀminɛt] nf adze

**Hermione** [ɛʀmjɔn] nf Hermione

**herniaire** [ˈɛʀnjɛʀ] adj hernial; → **bandage**

**hernie** [ˈɛʀni] → SYN nf (Méd) hernia, rupture; [pneu] bulge ◆ **hernie discale** herniated (SPÉC) ou slipped disc ◆ **hernie étranglée** strangulated hernia

**hernié, e** [ˈɛʀnje] adj organe herniated

**héro** * [eʀo] nf (abrév de **héroïne** 2) heroin, smack ‡

**Hérode** [eʀɔd] nm Herod; → **vieux**

**Hérodiade** [eʀɔdjad] nf Herodias

**Hérodote** [eʀɔdɔt] nm Herodotus

**héroïcomique** [eʀɔikɔmik] adj mock-heroic

**héroïne**[1] [eʀɔin] → SYN nf (= femme) heroine

**héroïne**[2] [eʀɔin] → SYN nf (= drogue) heroin

**héroïnomane** [eʀɔinɔman] 1 adj addicted to heroin, heroin-addicted (épith)
2 nmf heroin addict

**héroïnomanie** [eʀɔinɔmani] nf heroin addiction

**héroïque** [eʀɔik] → SYN adj heroic ◆ **l'époque héroïque** the pioneering days ◆ **les temps héroïques** the heroic age

**héroïquement** [eʀɔikmɑ̃] adv heroically

**héroïsme** [eʀɔism] → SYN nm heroism ◆ **manger ça, c'est de l'héroïsme !** * eating that is nothing short of heroic! ou of heroism!

**héron** [ˈeʀɔ̃] → SYN nm heron ◆ **héron cendré** grey heron

**héronneau**, pl **héronneaux** [ˈeʀɔno] nm baby heron

**héronnière** [ˈeʀɔnjɛʀ] nf (lieu de nidification) heron's nesting place

**héros** [ˈeʀo] → SYN nm hero ◆ **mourir en héros** to die the death of a hero ou a hero's death ◆ **ils ont été accueillis en héros** they were given a hero's welcome ◆ **héros national** national hero ◆ **héros de la Résistance** hero of the (French) Resistance ◆ **le héros du jour** the hero of the day

**herpès** [ɛʀpɛs] nm (gén) herpes ◆ **herpès génital** genital herpes ◆ **avoir de l'herpès** (autour de la bouche) to have a cold sore

**herpétique** [ɛʀpetik] adj herpetic

**herpétologie** [ɛʀpetɔlɔʒi] nf ⇒ **erpétologie**

**hersage** [ˈɛʀsaʒ] nm (Agr) harrowing

**herse** [ˈɛʀs] → SYN nf (Agr) harrow; [château] portcullis; (Théât) batten; (Rel) hearse

**herser** [ˈɛʀse] → SYN ▸ conjug 1 ◂ vt (Agr) to harrow

**herseur, -euse** [ˈɛʀsœʀ, øz] 1 adj ◆ **rouleau herseur** disc harrow
2 nm,f harrower
3 **herseuse** nf (= machine) (mechanical) harrow

**hertz** [ɛʀts] nm hertz

**hertzien, -ienne** [ɛʀtsjɛ̃, jɛn] adj ondes Hertzian; chaîne, diffusion, télévision terrestrial ◆ **réseau hertzien** (TV) terrestrial network; (Radio) radio-relay network

**hésitant, e** [ezitɑ̃, ɑ̃t] → SYN adj personne, début hesitant; caractère wavering, hesitant; voix, pas hesitant, faltering

**hésitation** [ezitasjɔ̃] → SYN nf hesitation ◆ **marquer une hésitation** ou **un temps d'hésitation** to hesitate ◆ **j'accepte sans hésitation** I accept without hesitation ou unhesitatingly ◆ **après bien des hésitations** after much hesitation ◆ **il eut un moment d'hésitation et répondit ...** he hesitated for a moment and replied ..., after a moment's hesitation he replied ... ◆ **je n'ai plus d'hésitations** I shall hesitate no longer ◆ **ses hésitations continuelles** his continual hesitations ou dithering

**hésiter** [ezite] GRAMMAIRE ACTIVE 9.2 → SYN ▸ conjug 1 ◂ vi a (= balancer) to hesitate ◆ **tu y vas ? – j'hésite** are you going? – I'm in two minds about it ou I'm not sure ◆ **il n'y a pas à hésiter** you don't need to think twice about it ◆ **sans hésiter** without hesitating, unhesitatingly ◆ **hésiter à faire** to hesitate to do, be unsure whether to do ◆ **j'hésite à vous déranger** I don't want to disturb you ◆ **il hésitait sur la route à prendre** he hesitated as to which road to take, he dithered over which road to take (Brit) ◆ **hésiter sur une date** to hesitate over a date ◆ **hésiter entre plusieurs possibilités** to hesitate ou waver between several possibilities
b (= s'arrêter) to hesitate ◆ **hésiter dans ses réponses** to be hesitant in one's replies ◆ **hésiter en récitant sa leçon** to recite one's lesson falteringly ou hesitantly ◆ **hésiter devant l'obstacle** to falter ou hesitate before an obstacle

**Hespérides** [ɛspeʀid] nfpl ◆ **les Hespérides** the Hesperides

**Hestia** [ɛstja] nf Hestia

**hétaïre** [etaiʀ] → SYN nf (= prostituée) courtesan; (Antiq) hetaera

**hétéro** * [eteʀo] adj, nmf (abrév de **hétérosexuel**) hetero * (épith), straight *

**hétérocerque** [eteʀɔsɛʀk] adj heterocercal

**hétérochromosome** [eteʀokʀomozom] nm sex chromosome, heterochromosome

**hétéroclite** [eteʀɔklit] → SYN adj (= disparate) ensemble, roman, bâtiment heterogeneous; objets sundry, ill-assorted ◆ **pièce meublée de façon hétéroclite** room filled with a miscellaneous ou an ill-assorted collection of furniture

**hétérocycle** [eteʀɔsikl] nm heterocycle

**hétérocyclique** [eteʀɔsiklik] adj heterocyclic

**hétérodoxe** [eteʀɔdɔks] → SYN adj heterodox

**hétérodoxie** [eteʀɔdɔksi] nf heterodoxy

**hétérodyne** [eteʀɔdin] 1 adj heterodyne
2 nf heterodyne oscillator

**hétérogamie** [eteʀɔgami] nf heterogamy

**hétérogène** [eteʀɔʒɛn] → SYN adj heterogeneous ◆ **c'est un groupe très hétérogène** it's a very mixed ou heterogeneous group

**hétérogénéité** [eteʀɔʒeneite] → SYN nf heterogeneousness

**hétérogreffe** [eteʀogʀɛf] nf [organe] heterotransplant; [tissu] heterograft

**hétéromorphe** [eteʀɔmɔʀf] adj heteromorphic

**hétéromorphisme** [eteʀɔmɔʀfism] nm heteromorphism

**hétéronome** [eteʀɔnɔm] adj heteronomous

**hétéronomie** [eteʀɔnɔmi] nf heteronomy

**hétéroplastie** [eteʀɔplasti] nf heteroplasty

**hétéroplastique** [eteʀɔplastik] adj heteroplastic

**hétéroprotéine** [eteʀopʀɔtein] nf conjugate(d) protein

**hétéroptères** [eteʀɔptɛʀ] nmpl ◆ **les hétéroptères** true bugs, the Heteroptera (SPÉC)

**hétérosexualité** [eteʀosɛksɥalite] nf heterosexuality

**hétérosexuel, -elle** [eteʀosɛksɥɛl] adj, nm,f heterosexual

**hétéroside** [eteʀozid] nm heteroside

**hétérotrophe** [eteʀɔtʀɔf] 1 adj heterotrophic
2 nm heterotroph

**hétérozygote** [eteʀozigɔt] 1 adj heterozygous
2 nmf heterozygote

**hetman** [ɛtmɑ̃, ɛtman] nm hetman

**hêtraie** [ˈɛtʀɛ] nf beech grove

**hêtre** [ˈɛtʀ] → SYN nm (= arbre) beech (tree); (= bois) beech (wood) ◆ **hêtre pourpre/pleureur** copper/weeping beech

**heu** [ˈø] excl (doute) h'm!, hem!; (hésitation) um!, er!

**heur** †† [œʀ] nm good fortune ◆ **je n'ai pas eu l'heur de lui plaire** (littér, iro) I did not have the good fortune to please him, I was not fortunate enough to please him

## heure [œʀ]

→ SYN nom féminin

a = mesure de durée hour ◆ **les heures passaient vite/lentement** the hours went by quickly/slowly ◆ **l'heure tourne** time passes ◆ **j'ai attendu une bonne heure/une petite heure** I waited (for) a good hour/just under an hour ◆ **j'ai attendu 2 heures d'horloge** I waited 2 solid hours ◆ **il a parlé des heures** he spoke for hours ◆ **heure (de cours)** (Scol) class, ≈ period (Brit) ◆ **j'ai deux heures de français aujourd'hui** ≈ I've two periods of French today ◆ **pendant les heures de classe/de bureau** during school/office ou business hours ◆ **gagner/coûter 15 € de l'heure** to earn/cost €15 an hour ou per hour ◆ **1 heure/3 heures de travail** 1 hour's/3 hours' work ◆ **cela représente 400 heures de travail** ou **400 heures-homme** it represents 400 hours of work ou 400 man-hours ◆ **il me faut 12 heures-machine** I need 12 hours' computer time ◆ **faire beaucoup d'heures** to put in long hours ◆ **lutter pour la semaine de 30 heures (de travail)** to campaign for a 30-hour (working) week ◆ **24 heures sur 24** round the clock, 24 hours a day ◆ **ce sera fait dans les 24 heures/48 heures** it'll be done within 24 hours/48 hours; → **réception, supplémentaire**

◆ **à l'heure** ◆ **être payé à l'heure** [travail] to be paid by the hour; [personne] to be paid by the hour, get an hourly rate ◆ **faire du 100 (km) à l'heure** (Aut) to do 100 km an hour ou per hour

b = mesure de distance hour ◆ **c'est à plus d'une heure de Paris** it's more than an hour (away) from Paris ou more than an hour's run from Paris ◆ **c'est à 2 heures de route** it's 2 hours (away) by road ◆ **il y a 2 heures de route** ou **voiture/train** it's a 2-hour drive/train journey, it takes 2 hours by car/train (to get there)

c = division de la journée **savoir l'heure** to know what time it is, know the time ◆ **quelle**

**heure est-il ?** what time is it? ◆ **quelle heure as-tu ?** what time do you make it? ◆ **avez-vous l'heure ?** have you got the time? ◆ **tu as vu l'heure (qu'il est) ?** do you realize what time it is? ◆ **il est 6 heures/6 heures 10/6 heures moins 10/6 heures et demie** it is 6 (o'clock)/10 past ou after (US) 6/10 to ou of (US) 6/half past ou after (US) 6 ◆ **10 heures du matin/du soir** 10 (o'clock) in the morning/at night, 10 a.m./p.m. ◆ **à 16 heures 30** at 4.30 p.m., at 16.30 (Admin) ◆ **il est 8 heures passées** ou **sonnées** it's gone 8 ◆ **à 4 heures pile** * ou **sonnant(es)** ou **tapant(es)** * ou **pétant(es)** * at exactly 4 (o'clock), at dead on 4 (o'clock) * (Brit), at 4 (o'clock) on the dot * ◆ **à 4 heures juste(s)** at 4 sharp ◆ **je prendrai le train de 6 heures** I'll take the 6 o'clock train ◆ **les bus passent à l'heure/à l'heure et à la demie** the buses come on the hour/on the hour and on the half hour ◆ **à une heure avancée (de la nuit)** late at night ◆ **jusqu'à une heure avancée (de la nuit)** late ou well into the night ◆ **ils ont joué aux échecs jusqu'à pas** * ou **point** * (hum) **d'heure** they played chess into the early hours ◆ **se coucher à pas** * **d'heure** to stay up till all hours ◆ **demain, à la première heure** (fig) tomorrow at first light ◆ **de la première heure** allié, partisan from the very beginning ◆ **les ouvriers de la onzième** ou **dernière heure** people who turn up when the work is almost finished ◆ **collaborateur/candidat de la dernière heure** last-minute helper/candidate; → **demander**

◆ **de bonne heure** (dans la journée) early; (dans la vie) early in life; → **lever**

◆ **d'heure en heure** with each passing hour, hour by hour ◆ **le pays entier suit le sauvetage d'heure en heure** the whole country is following every minute of the rescue operation ◆ **son inquiétude grandissait d'heure en heure** hour by hour ou as the hours went by he grew more (and more) anxious, he grew hourly more anxious

◆ **d'une heure à l'autre** (= incessamment) ◆ **nous l'attendons d'une heure à l'autre** we are expecting him any time (now) ◆ **la situation évolue d'une heure à l'autre** (= rapidement) the situation changes from one moment to the next

**d** [= moment fixé] time ◆ **c'est l'heure !** (de rendre un devoir) time's up! ◆ **c'est l'heure de rentrer/d'aller au lit !** it's time to go home!/for bed! ◆ **avant l'heure** before time, ahead of time, early ◆ **un homme vieilli avant l'heure** a man grown old before his time ◆ **un cubiste avant l'heure** a cubist before the term was ever invented ◆ **après l'heure** late ◆ **venez quand vous voulez, je n'ai pas d'heure** come when you like, I have no fixed timetable ou schedule, come when you like, any time suits me ◆ **heure de Greenwich** Greenwich mean time ◆ **heure légale/locale** standard/local time ◆ **il est midi, heure locale/heure de Paris** it's noon, local time/Paris time ◆ **nous venons de passer à l'heure d'hiver** we have just put the clocks back ◆ **heure d'été, heure avancée** (Can) daylight saving(s) time, (British) summer time (Brit) ◆ **passer à l'heure d'été** to go over ou change to summer time ◆ **l'heure militaire** the right ou exact time ◆ **l'heure c'est l'heure, avant l'heure ce n'est pas l'heure, après l'heure ce n'est plus l'heure** * a minute late is a minute too late ◆ **il n'y a pas d'heure pour les braves** (hum) any time is a good time; → **laitier**

◆ **à l'heure** ◆ **arriver/être à l'heure** [personne, train] to arrive/be on time ◆ **ma montre/l'horloge est toujours à l'heure** my watch/the clock is always right ou keeps good time ◆ **ma montre n'est pas à l'heure** my watch is wrong ◆ **mettre sa montre à l'heure** to set ou put one's watch right; → **remettre**

**e** [= moment] time, moment ◆ **je n'ai pas une heure à moi** I haven't a moment to myself ◆ **l'heure est venue** ou **a sonné** (frm) the time has come ◆ **nous avons passé ensemble des heures merveilleuses** we spent many happy hours together ◆ **l'heure du déjeuner** lunchtime, time for lunch ◆ **elle fait ses courses pendant son heure de table** she does her shopping during the ou her lunch hour ◆ **l'heure d'aller se coucher** bedtime, time for bed ◆ **l'heure du biberon** (baby's) feeding time ◆ **à l'heure** ou **aux heures des repas** at mealtime(s) ◆ **l'heure des mamans** (en maternelle) home time ◆ **à heures fixes** at fixed times ◆ **heures d'ouverture/de fermeture** opening/closing times ◆ **l'heure de la sortie** [écoliers, ouvriers] time to go home ◆ **travailler/rester jusqu'à l'heure de la sortie** to work/stay until it is time to go home ◆ **les problèmes de l'heure** the problems of the moment ◆ **l'heure est grave** it is a grave moment ◆ **à l'heure qu'il est, à cette heure** at this moment in time, at present ◆ **à l'heure qu'il est, nous ignorons encore ...** at present we still don't know ... ◆ **à l'heure qu'il est, il devrait être rentré** he should be home by now ◆ **selon les informations dont nous disposons à cette heure ...** according to the latest information ... ◆ **l'heure est à la concertation** it is now time for consultation and dialogue, dialogue is now the order of the day ◆ **l'heure n'est pas à la rigolade** * this is no time for laughing ou for jokes ◆ **"Paris à l'heure écossaise"** "Paris goes Scottish"; → **actuel, creux, H**

◆ **à l'heure de** ◆ **à l'heure du danger** in times of danger ◆ **à l'heure de notre mort** at the hour of our death ◆ **la France à l'heure de l'ordinateur** (fig) France in the computer age ◆ **il faut mettre nos universités à l'heure de l'Europe** our universities have got to start thinking in terms of Europe ou start thinking European

◆ **à toute heure** at any time (of the day) ◆ **repas chauds à toute heure** hot meals all day ◆ **à toute heure du jour et de la nuit** at every hour of the day and night

◆ **pour l'heure** for the time being ◆ **pour l'heure, rien n'est décidé** nothing has been decided as yet ou for the time being

◆ **sur l'heure** (littér) at once ◆ **il décommanda sur l'heure tous ses rendez-vous** he immediately cancelled all his meetings

**f** [LOC]

◆ adjectif possessif + **heure** ◆ **il est poète/aimable à ses heures** he writes poetry/he can be quite pleasant when the fancy takes him ou when the mood is on him ou when he feels like it ◆ **ce doit être Paul – c'est son heure** it must be Paul – it's his (usual) time ◆ **votre heure sera la mienne** name ou say a time ◆ **elle a eu son heure de gloire/de célébrité** she has had her hour of glory/fame ◆ **il aura son heure** (de gloire etc ) his hour ou time will come ◆ **il attend son heure** he is biding his time ou waiting for the right moment ◆ **son heure viendra/est venue** (de mourir) his time will come/has come ◆ **sa dernière heure a sonné** his time has come ou is up

◆ **à la bonne heure !** * (= très bien) that's fine!; (iro) that's a fine idea! (iro)

**g** [Rel] **heures canoniales** canonical hours ◆ **Grandes/Petites heures** night/daylight offices; → **livre**[1]

**heureusement** [øʀøzmɑ̃] [→ SYN] **adv** **a** (= par bonheur) fortunately, luckily ◆ **heureusement, il n'y avait personne** fortunately, there was no one there

**b** (= tant mieux) **heureusement pour lui !** fortunately ou luckily for him! ◆ **il est parti, heureusement !, heureusement qu'il est parti** * thank goodness he's gone

**c** (= judicieusement) happily ◆ **mot heureusement choisi** well ou felicitously (frm) chosen word ◆ **phrase heureusement tournée** cleverly turned sentence

**d** (= favorablement) successfully ◆ **l'entreprise fut heureusement menée à terme** the task was successfully completed ◆ **tout s'est heureusement terminé** it all turned out well in the end

**heureux, -euse** [øʀø, øz] **GRAMMAIRE ACTIVE 3, 11.1, 11.3, 24.1, 24.2, 25.4** [→ SYN] **adj** **a** (gén après n = rempli de bonheur) personne, souvenir, vie happy ◆ **il a tout pour être heureux** he has everything he needs to be happy ou to make him happy ◆ **ils vécurent heureux** (dans un conte) they lived happily ever after ◆ **heureux comme un poisson dans l'eau** ou **comme un roi** ou **comme un pape** happy as Larry * (Brit) ou a sandboy (Brit) ou a clam (US) ◆ **heureux celui qui ... !** happy is he who ...! ◆ **heureux les simples d'esprit** (Bible) blessed are the poor in spirit ◆ **ces jouets vont faire des heureux !** these toys will make some children very happy! ◆ **ne jette pas tes vieux livres, ça pourrait faire des heureux** don't throw away your old books, some people might be glad of them ou glad to have them; → **bon**[1]

**b** (= satisfait) happy, pleased ◆ **je suis très heureux d'apprendre la nouvelle** I am very glad ou happy ou pleased to hear the news ◆ **M. et Mme Durand sont heureux de vous annoncer ...** Mr and Mrs Durand are happy ou pleased to announce ... ◆ **je suis heureux de ce résultat** I am pleased ou happy with this result ◆ **je suis heureux de cette rencontre** I am pleased ou glad about this meeting ◆ **il sera trop heureux de vous aider** he'll be only too glad ou happy ou pleased to help you ◆ **heureux de vous revoir** nice ou good ou pleased to see you again ◆ **alors, heureuse ?** (hum) how was it for you? (hum)

**c** (gén avant n = qui a de la chance) personne fortunate, lucky ◆ **heureux au jeu/en amour** lucky at cards/in love ◆ **heureux au jeu, malheureux en amour** lucky at cards, unlucky in love ◆ **c'est heureux (pour lui) que** it is fortunate ou lucky (for him) that ◆ **il accepte de venir – c'est encore heureux !** he's willing to come – it's just as well! ou I should think so too! ◆ **encore heureux que je m'en sois souvenu !** it's just as well ou it's lucky ou it's a good thing that I remembered!; → **élu, main**

**d** (gén avant n = optimiste, agréable) disposition, caractère happy, cheerful; → **nature**

**e** (= judicieux) décision, choix fortunate, happy; formule, expression, effet, mélange happy, felicitous (frm) ◆ **un heureux mariage de styles** a successful combination of styles

**f** (= favorable) présage propitious, happy; résultat, issue happy ◆ **par un heureux hasard** by a fortunate coincidence ◆ **attendre un heureux événement** to be expecting a happy event

**heuristique** [øʀistik] [→ SYN] **1** **adj** heuristic

**2** **nf** heuristics sg

**heurt** ['œʀ] [→ SYN] **nm** **a** (= choc) [voitures] collision; [objets] bump

**b** (= conflit) clash ◆ **il y a eu des heurts entre la police et les manifestants** there were clashes between the police and the demonstrators ◆ **sans heurt(s)** se passer smoothly ◆ **la réforme ne se fera pas sans heurts** the reform will not have a smooth passage ◆ **leur amitié ne va pas sans quelques heurts** their friendship has its ups and downs ou goes through occasional rough patches

**heurté, e** ['œʀte] [→ SYN] (ptp de **heurter**) **adj** couleurs clashing; style, jeu, carrière jerky, uneven; discours jerky, halting

**heurter** ['œʀte] [→ SYN] ▸ conjug 1 ◂ **1** **vt** **a** (= cogner) [+ objet] to strike, hit; [+ personne] to collide with; [+ voiture] to bump into; (= bousculer) to jostle ◆ **heurter qch du coude/du pied** to strike ou hit sth with one's elbow/foot ◆ **la voiture a heurté un arbre** the car ran into ou struck a tree

**b** (= choquer) [+ personne, préjugés] to offend; [+ théorie, bon goût, bon sens, tradition] to go against, run counter to; [+ amour-propre] to upset; [+ opinions] to conflict ou clash with ◆ **heurter qn de front** to clash head-on with sb

**2** **vi** ◆ **heurter à** to knock at ou on ◆ **heurter contre qch** [personne] to stumble against sth; [objet] to knock ou bang against sth

**3** **se heurter** **vpr** **a** (= s'entrechoquer) [passants, voitures] to collide (with each other); [objets] to hit one another ◆ **ses idées se heurtaient dans sa tête** his head was a jumble of ideas, ideas jostled about in his head

**b** (= s'opposer) [personnes, opinions, couleurs] to clash (with each other)

**c** (= cogner contre) **se heurter à** ou **contre qn/qch** to collide with sb/sth ◆ **se heurter à un refus** to meet with ou come up against a refusal ◆ **se heurter à un problème** to come up against a problem

**heurtoir** ['œʀtwaʀ] [→ SYN] **nm** [porte] (door) knocker; (Tech = butoir) stop; (Rail) buffer

**hévéa** [evea] **nm** hevea

**hexacoralliaires** [ɛgzakɔʀaljɛʀ] **nmpl** ◆ **les hexacoralliaires** zoantharians, the Zoantharia (SPÉC), the Hexacorallia (SPÉC)

**hexacorde** [ɛgzakɔʀd] **nm** hexachord

**hexadécimal, e,** mpl **-aux** [ɛgzadesimal, o] **adj** hexadecimal

**hexaèdre** [ɛgzaɛdʀ] 1 adj hexahedral
2 nm hexahedron

**hexaédrique** [ɛgzaedʀik] adj hexahedral

**hexafluorure** [ɛgzaflyɔʀyʀ] nm hexafluoride

**hexagonal, e,** mpl **-aux** [ɛgzagɔnal, o] adj a (Géom) hexagonal
b (= français) politique, frontière national; (péj) conception chauvinistic

**hexagone** [ɛgzagɔn] nm a (Géom) hexagon
b **l'Hexagone** (metropolitan) France

**hexamètre** [ɛgzamɛtʀ] 1 adj hexameter (épith), hexametric(al)
2 nm hexameter

**hexapode** [ɛgzapɔd] adj, nm hexapod

**hexose** [ɛgzoz] nm hexose

**Hezbollah** [ɛzbɔla] nm ◆ **le Hezbollah** Hezbollah

**HF** (abrév de **haute fréquence**) HF, h.f.

**hi** ['i, hi] excl ◆ **hi hi !** (rire) ha ha!, tee-hee!; (pleur) boohoo!

**hiatal, e,** mpl **-aux** ['jatal, o] adj hiatal, hiatus (épith) ◆ **hernie hiatale** hiatus hernia

**hiatus** ['jatys] → SYN nm (Anat, Ling) hiatus; (= incompatibilité) gap, discrepancy (*entre* between)

**hibernal, e,** mpl **-aux** [ibɛʀnal, o] → SYN adj winter (épith), hibernal (frm)

**hibernant, e** [ibɛʀnɑ̃, ɑ̃t] adj hibernating (épith)

**hibernation** [ibɛʀnasjɔ̃] nf hibernation ◆ **hibernation artificielle** (Méd) induced hypothermia

**hiberner** [ibɛʀne] ▸ conjug 1 ◂ vi to hibernate

**hibiscus** [ibiskys] nm hibiscus

**hibou,** pl **hiboux** ['ibu] → SYN nm owl ◆ **(vieux) hibou** * (péj) crusty old bird * ou beggar * ou devil *

**hic** * ['ik] nm ◆ **c'est là le hic** that's the snag ou the trouble ◆ **il y a un hic** there's a snag ou slight problem

**hic et nunc** ['ikɛtnɔ̃k] loc adv immediately, at once, there and then

**hickory** ['ikɔʀi] nm hickory

**hidalgo** [idalgo] nm hidalgo ◆ **un bel hidalgo** (hum) a dark dashing Spaniard (ou Italian etc)

**hideur** ['idœʀ] → SYN nf (littér) hideousness (NonC)

**hideusement** ['idøzmɑ̃] adv hideously

**hideux, -euse** ['idø, øz] → SYN adj hideous

**hièble** [jɛbl] nf danewort

**hiémal, e,** mpl **-aux** [jemal, o] → SYN adj hiemal

**hier** [jɛʀ] adv yesterday ◆ **hier (au) soir** yesterday evening, last night ou evening ◆ **toute la matinée d'hier** all yesterday morning ◆ **toute la journée d'hier** all day yesterday ◆ **il avait tout hier pour se décider** he had all (day) yesterday to make up his mind ◆ **je m'en souviens comme si c'était hier** I remember it as if it was ou were yesterday; → **dater, naître**

**hiérarchie** ['jeʀaʀʃi] → SYN nf hierarchy; (= supérieurs) superiors

**hiérarchique** ['jeʀaʀʃik] adj hierarchic(al) ◆ **chef** ou **supérieur hiérarchique** superior, senior in rank ou in the hierarchy; → **voie**

**hiérarchiquement** ['jeʀaʀʃikmɑ̃] adv hierarchically

**hiérarchisation** ['jeʀaʀʃizasjɔ̃] nf (= action) organization into a hierarchy; (= organisation) hierarchical organization ◆ **la hiérarchisation des tâches** the prioritization of tasks

**hiérarchiser** ['jeʀaʀʃize] → SYN ▸ conjug 1 ◂ vt [+ structure] to organize into a hierarchy; [+ tâches] to prioritize ◆ **institution/société hiérarchisée** hierarchical institution/society ◆ **hiérarchisons ces questions** let's sort out these questions in order of priority

**hiérarque** ['jeʀaʀk] nm (Pol, Rel) hierarch

**hiératique** ['jeʀatik] → SYN adj hieratic

**hiératisme** ['jeʀatism] → SYN nm hieratic quality

**hiérodule** ['jeʀɔdyl] nm hierodule

**hiéroglyphe** ['jeʀɔglif] → SYN nm hieroglyph(ic) ◆ **hiéroglyphes** (= plusieurs symboles) hieroglyph(ic)s; (= système d'écriture, aussi péj) hieroglyphics

**hiéroglyphique** ['jeʀɔglifik] adj hieroglyphic(al)

**hiéronymite** ['jeʀɔnimit] nm Hieronymite

**hiérophante** ['jeʀɔfɑ̃t] nm hierophant

**hi-fi** ['ifi] adj inv, nf inv (abrév de **high fidelity**) hi-fi

**high-tech** ['ajtɛk] adj inv, nm inv (abrév de **high technology**) hi-tech, high-tech

**hi-han** ['iɑ̃] excl heehaw!

**hi-hi** [hihi] excl (rire) tee-hee!, hee-hee!; (pleurs) boo hoo!, sniff-sniff!

**hilaire** ['ilɛʀ] adj hilar

**hilarant, e** [ilaʀɑ̃, ɑ̃t] → SYN adj aventure hilarious, side-splitting; → **gaz**

**hilare** [ilaʀ] → SYN adj personne smiling; visage beaming, smiling

**hilarité** [ilaʀite] → SYN nf hilarity, mirth ◆ **provoquer** ou **déclencher l'hilarité générale** to cause great mirth

**hile** ['il] nm (Anat, Bot) hilum

**hilote** [ilɔt] nm ⇒ **ilote**

**Himalaya** [imalaja] nm ◆ **l'Himalaya** the Himalayas ◆ **escalader un sommet de l'Himalaya** to climb one of the Himalayan peaks ou one of the peaks in the Himalayas

**himalayen, -yenne** [imalajɛ̃, jɛn] adj Himalayan

**himation** [imatjɔn] → SYN nm himation

**hindi** [indi] nm (Ling) Hindi

**hindou, e** [ɛ̃du] 1 adj coutumes, dialecte Hindu, Hindoo; † nationalité Indian
2 **Hindou(e)** nm,f (= croyant) Hindu, Hindoo; († = citoyen) Indian

**hindouisme** [ɛ̃duism] nm Hinduism, Hindooism

**hindouiste** [ɛ̃duist] adj, nmf Hindu, Hindoo

**Hindou Kouch** [ɛ̃dukuʃ] nm Hindu Kush

**Hindoustan** [ɛ̃dustɑ̃] nm Hindustan

**hindoustani** [ɛ̃dustani] nm Hindustani

**hinterland** [intɛʀlɑ̃d] nm hinterland

**hip** ['ip] excl ◆ **hip hip hip hourra !** hip hip hurray! ou hurrah!

**hip(-)hop** [ipɔp] nm (Mus) hip-hop

**hipparchie** [ipaʀʃi] nf hipparchy

**hipparion** [ipaʀjɔ̃] nm hipparion

**hipparque** [ipaʀk] nm hipparch

**hippie** ['ipi] → SYN adj, nmf hippy

**hippique** [ipik] adj horse (épith), equestrian ◆ **chronique hippique** racing news sg ◆ **le sport hippique** equestrian sport

**hippisme** [ipism] nm (horse) riding, equestrianism

**hippo** * [ipo] nm (abrév de **hippopotame**) hippo *

**hippocampe** [ipɔkɑ̃p] nm (Anat, Myth) hippocampus; (= poisson) sea horse

**Hippocrate** [ipɔkʀat] nm Hippocrates; → **serment**

**hippocratique** [ipɔkʀatik] adj Hippocratic

**hippocratisme** [ipɔkʀatism] nm (Méd) (= doctrine) Hippocratism ◆ **hippocratisme digital** Hippocratic ou clubbed fingers

**hippodrome** [ipodʀom] → SYN nm (= champ de courses) racecourse (Brit), racetrack (US); (Antiq) hippodrome

**hippogriffe** [ipogʀif] nm hippogriff, hippogryph

**hippologie** [ipɔlɔʒi] nf hippology

**hippologique** [ipɔlɔʒik] adj hippological

**Hippolyte** [ipɔlit] nm Hippolytus

**hippomobile** [ipomɔbil] adj horse-drawn

**hippophagie** [ipɔfaʒi] nf hippophagy

**hippophagique** [ipɔfaʒik] adj ◆ **boucherie hippophagique** horse(meat) butcher's

**hippopotame** [ipɔpɔtam] nm hippopotamus, hippo * ◆ **c'est un vrai hippopotame** * he (ou she) is like an elephant * ou a hippo *

**hippopotamesque** [ipɔpɔtamɛsk] adj hippopotamus-like (épith)

**hippotechnie** [ipotɛkni] nf horse breeding and training

**hippurique** [ipyʀik] adj ◆ **acide hippurique** hippuric acid

**hippy,** pl **hippies** ['ipi] adj, nmf ⇒ **hippie**

**hircin, e** [iʀsɛ̃, in] adj hircine

**hirondeau,** pl **hirondeaux** [iʀɔ̃do] nm baby swallow

**hirondelle** [iʀɔ̃dɛl] → SYN nf a (Zool) swallow ◆ **hirondelle de fenêtre/de rivage** house/sand martin ◆ **hirondelle de cheminée** barn swallow ◆ **hirondelle de mer** tern ◆ (Prov) **une hirondelle ne fait pas le printemps** one swallow doesn't make a summer (Prov); → **nid**
b († * = policier) (bicycle-riding) policeman

**Hiroshima** ['iʀɔʃima] n Hiroshima

**hirsute** [iʀsyt] → SYN adj a (= ébouriffé) tête tousled; personne shaggy-haired; barbe shaggy ◆ **un individu hirsute** a shaggy-haired ou hirsute individual
b (Méd) hirsute

**hirsutisme** [iʀsytism] → SYN nm (Méd) hirsutism

**hirudine** [iʀydin] nf hirudin

**hirudinées** [iʀydine] nfpl ◆ **les hirudinées** hirudineans, the Hirudineae (SPÉC)

**hispanique** [ispanik] adj Hispanic

**hispanisant, e** [ispanizɑ̃, ɑ̃t] nm,f (= spécialiste) hispanist; (= étudiant) Spanish scholar

**hispanisme** [ispanism] nm hispanicism

**hispaniste** [ispanist] nmf ⇒ **hispanisant**

**hispano-américain, e,** mpl **hispano-américains** [ispanoameʀikɛ̃, ɛn] 1 adj Spanish-American
2 nm (Ling) Latin American Spanish
3 **Hispano-Américain(e)** nm,f Spanish-American, Hispanic (US)

**hispano-arabe,** mpl **hispano-arabes** [ispano aʀab], **hispano-mauresque,** mpl **hispano-mauresques** [ispanomɔʀɛsk] adj Hispano-Moresque

**hispanophone** [ispanɔfɔn] 1 adj Spanish-speaking; littérature Spanish-language (épith), in Spanish (attrib)
2 nmf Spanish speaker

**hispide** [ispid] adj hispid

**hisse** ['is] **oh hisse** loc excl heave ho!

**hisser** ['ise] → SYN ▸ conjug 1 ◂ 1 vt (Naut) to hoist; (= soulever) [+ objet] to hoist, haul up, heave up; [+ personne] to haul up, heave up ◆ **hisser les couleurs** to run up ou hoist the colours ◆ **hissez les voiles !** up sails! ◆ **hisser qn au pouvoir** to hoist sb into a position of power
2 **se hisser** vpr to heave o.s. up, haul o.s. up ◆ **se hisser sur un toit** to heave ou haul o.s. (up) onto a roof ◆ **se hisser sur la pointe des pieds** to stand up ou raise o.s. on tiptoe ◆ **se hisser à la première place/au pouvoir** to work one's way up to first place/a position of power

**histamine** [istamin] nf histamine

**histaminique** [istaminik] adj histaminic

**histidine** [istidin] nf histidine

**histiocyte** [istjɔsit] nm histiocyte

**histochimie** [istoʃimi] nf histochemistry

**histocompatibilité** [istokɔ̃patibilite] nf histocompatibility

**histogénèse** [istɔʒenɛz] nf histogenesis

**histogramme** [istɔgʀam] nm histogram

**histoire** [istwaʀ] → SYN 1 nf a (= science, événements) **l'histoire** history ◆ **l'histoire jugera** posterity will be the judge ◆ **laisser son nom dans l'histoire** to find one's place in history ◆ **tout cela, c'est de l'histoire ancienne** * all that's ancient history * ◆ **histoire naturelle** † natural history ◆ **l'histoire de France** French history, the history of France ◆ **l'histoire de l'art/de la littérature** art/literary history ◆ **l'histoire des sciences** the history of science ◆ **l'Histoire sainte** Biblical ou sacred history ◆ **la petite histoire** the footnotes of history ◆ **pour la petite histoire** anecdotally
b (= déroulement de faits) history ◆ **son histoire familiale** his family history ◆ **raconter l'histoire de sa vie** to tell one's life story ou the story of one's life

**c** (Scol) (= leçon) history (lesson); († = livre) history book

**d** (= récit, conte) story ◆ **c'est toute une histoire** it's a long story ◆ **une histoire vraie** a true story ◆ **histoire de pêche/de revenants** fishing/ghost story ◆ **histoire d'amour** love story ◆ **histoire drôle** funny story, joke ◆ **histoire cochonne** * **ou de cul** ** dirty story ◆ **histoire de corps de garde** (péj) barrack-room ou guardroom ou locker-room joke ◆ **histoire marseillaise** tall story ou tale, fisherman's tale (Brit) ◆ **histoire à dormir debout** cock-and-bull story, tall story ◆ **histoire de fous** shaggy-dog story ◆ **c'est une histoire de fous !** it's absolutely crazy! ◆ **"Histoires extraordinaires"** (Littérat) "Tales of the Grotesque and Arabesque" ◆ **qu'est-ce que c'est que cette histoire ?** what on earth is all this about?, just what is all this about? ◆ **le plus beau** ou **curieux de l'histoire c'est que** the best part ou strangest part of it is that ◆ **l'histoire veut qu'il ait dit ...** the story goes that he said ...

**e** (* = mensonge) story, fib * ◆ **tout ça, ce sont des histoires** that's just a lot of fibs *, you've (ou they etc ) made all that up ◆ **tu me racontes des histoires** you're pulling my leg, come off it! *

**f** (* = affaire, incident) business ◆ **c'est une drôle d'histoire** it's a funny business ◆ **il vient de lui arriver une curieuse histoire/une drôle d'histoire** something odd/funny has just happened to him ◆ **ils se sont disputés pour une histoire d'argent/de femme** they had a fight over money/about a woman ◆ **se mettre dans une sale histoire, se mettre une sale histoire sur le dos** to get mixed up in some nasty business ◆ **sa nomination va faire toute une histoire** his appointment will cause a lot of fuss ou a great to-do, there will be quite a fuss ou to-do over his appointment ◆ **c'est toujours la même histoire !** it's always the same old story! ◆ **ça, c'est une autre histoire !** that's (quite) another story! ◆ **j'ai pu avoir une place mais ça a été toute une histoire** I managed to get a seat but it was a real struggle ◆ **sans histoires** personne ordinary; vie, enfance uneventful; se dérouler uneventfully

**g** * (= relation amoureuse) (love) affair; (= dispute) falling-out ◆ **pourquoi ne se parlent-ils pas ? – il y a une histoire entre eux** why aren't they on speaking terms? – they fell out over something

**h** (= chichis) fuss, to-do, carry-on * (Brit) ◆ **quelle histoire pour si peu !** what a to-do ou fuss ou carry-on * (Brit) over so little! ◆ **faire un tas d'histoires** to make a whole lot of fuss ou a great to-do ◆ **au lit, et pas d'histoires !** off to bed, and I don't want any fuss! ◆ **il fait ce qu'on lui demande sans faire d'histoires** he does what he is told without (making) a fuss

**i** * (Loc) **histoire de faire** just to do ◆ **histoire de prendre l'air** just for a breath of (fresh) air ◆ **histoire de rire** just for a laugh *, just for fun ◆ **il a essayé, histoire de voir/de faire quelque chose** he had a go just to see what it was like/just for something to do

**2** **histoires** * nfpl (= ennuis) trouble ◆ **faire** ou **chercher des histoires à qn** to make trouble for sb ◆ **cela ne peut lui attirer** ou **lui valoir que des histoires** that's bound to get him into trouble, that will cause him nothing but trouble ◆ **je ne veux pas d'histoires avec la police/les voisins** I don't want any trouble with the police/the neighbours

**histologie** [istɔlɔʒi] → SYN nf histology

**histologique** [istɔlɔʒik] adj histological

**histolyse** [istɔliz] nf histolysis

**histone** [istɔn] nf histone

**histoplasmose** [istoplasmoz] nf histoplasmosis

**historicisme** [istɔʀisism] nm historicism

**historicité** [istɔʀisite] nf historicity

**historié, e** [istɔʀje] adj (Art) historiated

**historien, -ienne** [istɔʀjɛ̃, jɛn] → SYN nm,f (= savant) historian; (= étudiant) history student, historian

**historiette** [istɔʀjɛt] → SYN nf little story, anecdote

**historiographe** [istɔʀjɔgʀaf] nmf historiographer

**historiographie** [istɔʀjɔgʀafi] nf historiography

**historiographique** [istɔʀjɔgʀafik] adj tradition, courant, connaissance historiographical

**historique** [istɔʀik] → SYN **1** adj étude, vérité, roman, temps historical; personnage, événement, monument historic; (= mémorable) historic ◆ **c'est une journée historique pour notre équipe** it's a red letter day ou a historic day for our team

**2** nm history ◆ **faire l'historique de** [+ problème, institution] to trace the history of

**historiquement** [istɔʀikmɑ̃] adv historically

**histrion** [istʀijɔ̃] → SYN nm **a** (Hist Théât) (wandering) minstrel, strolling player

**b** (péj = comédien) ham (actor)

**hit** * [it] nm hit *

**hitlérien, -ienne** [itleʀjɛ̃, jɛn] → SYN adj, nm,f Hitlerian, Hitlerite

**hitlérisme** [itleʀism] → SYN nm Hitlerism

**hit-parade**, pl **hit-parades** ['itpaʀad] → SYN nm (Mus) ◆ **le hit-parade** the charts ◆ **premier/bien placé au hit-parade** number one/high up in the charts ◆ **être en tête du hit-parade** to be at the top of the charts ◆ **figurer au hit-parade du chômage** to be in the list of countries with high unemployment ◆ **être bien placé au hit-parade des hommes politiques** to be one of the most popular politicians

**hittite** ['itit] **1** adj Hittite

**2** **Hittite** nmf Hittite

**HIV** [aʃive] nm (abrév de **human immunodeficiency virus**) HIV ◆ **virus HIV** HIV virus

**hiver** [ivɛʀ] nm winter ◆ **il fait un temps d'hiver** it's like winter, it's wintry weather ◆ **hiver nucléaire** nuclear winter ◆ **à l'hiver de sa vie** (littér) in the twilight of his (ou her) life

**hivernage** [ivɛʀnaʒ] nm **a** [bateau, caravane, bétail] wintering

**b** (Mét) rainy season

**c** (Agr) (= labour) winter ploughing; (= fourrage) winter fodder

**hivernal, e**, mpl **-aux** [ivɛʀnal, o] → SYN **1** adj (lit = de l'hiver) brouillard, pluies winter (épith), hibernal (frm); (fig = comme en hiver) atmosphère, température, temps wintry (épith) ◆ **il faisait une température hivernale** it was as cold as (in) winter, it was like winter

**2** **hivernale** nf (Alpinisme) winter ascent

**hivernant, e** [ivɛʀnɑ̃, ɑ̃t] → SYN nm,f winter visitor ou holiday-maker (Brit)

**hiverner** [ivɛʀne] ▸ conjug 1 ◂ **1** vi to winter

**2** vt [+ bétail] to winter; [+ terre] to plough before winter

**HLA** [aʃɛla] adj (abrév de **human leucocyte antigens**) HLA ◆ **système HLA** HLA system

**HLM** [aʃɛlɛm] nm ou nf (abrév de **habitation à loyer modéré**) ◆ **cité HLM** council housing estate (Brit), public housing project (US); → **habitation**

**ho** ['o] excl (appel) hey (there)!; (surprise, indignation) oh!

**hobby**, pl **hobbies** ['ɔbi] → SYN nm hobby

**hobereau**, pl **hobereaux** ['ɔbʀo] → SYN nm (= oiseau) hobby; (péj = seigneur) local (country) squire

**hocco** ['ɔko] nm curassow

**hochement** ['ɔʃmɑ̃] nm ◆ **hochement de tête** (affirmatif) nod (of the head); (négatif) shake (of the head)

**hochequeue** ['ɔʃkø] nm wagtail

**hocher** ['ɔʃe] → SYN ▸ conjug 1 ◂ vt ◆ **hocher la tête** (affirmativement) to nod (one's head); (négativement) to shake one's head

**hochet** ['ɔʃɛ] → SYN nm [bébé] rattle; (= chose futile) toy

**Hô Chi Minh-Ville** [oʃiminvil] n Ho Chi Minh City

**hockey** ['ɔkɛ] nm hockey ◆ **faire du hockey** to play hockey ◆ **hockey sur glace** ice hockey, hockey (US) ◆ **hockey sur gazon** hockey (Brit), field hockey (US)

**hockeyeur, -euse** ['ɔkɛjœʀ, øz] nm,f hockey player

**Hodgkin** [ɔdʒkin] n (Méd) ◆ **maladie de Hodgkin** Hodgkin's disease

**hoirie** †† [waʀi] nf inheritance; → **avancement**

**Hokkaido** [ɔkaido] n Hokkaido

**holà** ['ɔla] **1** excl (pour attirer l'attention) hello!; (pour protester) hang on a minute!

**2** nm ◆ **mettre le holà à qch** to put a stop ou an end to sth

**holding** ['ɔldiŋ] → SYN nm ou f holding company

**hold-up** ['ɔldœp] → SYN nm inv hold-up ◆ **faire un hold-up** to stage a hold-up ◆ **condamné pour le hold-up d'une banque** sentenced for having held up a bank ou for a bank hold-up

**holisme** ['ɔlism] nm holism

**holiste** ['ɔlist], **holistique** [ɔlistik] adj holistic

**hollandais, e** ['ɔ(l)lɑ̃dɛ, ɛz] → SYN **1** adj Dutch; → **sauce**

**2** nm **a** (Ling) Dutch

**b** **Hollandais** Dutchman ◆ **les Hollandais** the Dutch

**3** **hollandaise** nf **a** (= vache) Friesian (Brit), Holstein (US)

**b** **Hollandaise** (= femme) Dutchwoman

**Hollande** ['ɔ(l)lɑ̃d] nf Holland

**hollande** ['ɔ(l)lɑ̃d] **1** nf (= toile) holland; (= porcelaine) Dutch porcelain

**2** nm (= fromage) Dutch cheese; (= papier) Holland

**Hollywood** ['ɔliwud] n Hollywood

**hollywoodien, -ienne** ['ɔliwudjɛ̃, jɛn] adj Hollywood (épith)

**holocauste** [ɔlokost] → SYN nm **a** (Rel, fig = sacrifice) sacrifice, holocaust, burnt offering ◆ **l'Holocauste** (Hist) the Holocaust ◆ **offrir qch en holocauste** to offer sth up in sacrifice ◆ **s'offrir en holocauste** (littér) to make a total sacrifice of one's life

**b** (= victime) sacrifice

**holocène** [ɔlɔsɛn] **1** adj Holocene

**2** nm ◆ **l'holocène** the Holocene (period)

**hologramme** [ɔlɔgʀam] nm hologram

**holographe** [ɔlɔgʀaf] adj holograph (épith)

**holographie** [ɔlɔgʀafi] nf holography

**holographier** [ɔlɔgʀafje] ▸ conjug 7 ◂ vt to make a hologram of

**holographique** [ɔlɔgʀafik] adj holographic(al)

**holophrastique** ['ɔlɔfʀastik] adj holophrastic

**holoprotéine** [ɔlopʀɔtein] nf simple protein

**holoside** [ɔlozid] nm holoside

**holothurie** [ɔlɔtyʀi] → SYN nf holothurian

**homard** ['ɔmaʀ] nm lobster ◆ **homard à l'armoricaine/à l'américaine/thermidor** lobster à l'armoricaine/à l'américaine/thermidor

**homarderie** ['ɔmaʀd(ə)ʀi] nf lobster bed

**home** ['om] → SYN nm ◆ **home d'enfants** children's home

**homélie** [ɔmeli] → SYN nf homily

**homéomorphe** [ɔmeɔmɔʀf] adj homeomorphic

**homéomorphisme** [ɔmeɔmɔʀfism] nm homeomorphism

**homéopathe** [ɔmeɔpat] nmf homoeopath(ist), homeopath(ist) ◆ **médecin homéopathe** hom(o)eopathic doctor

**homéopathie** [ɔmeɔpati] nf hom(o)eopathy ◆ **se soigner à l'homéopathie** to take hom(o)eopathic medicine

**homéopathique** [ɔmeɔpatik] adj homoeopathic ◆ **à dose homéopathique** (hum) in small doses

**homéostasie** [ɔmeɔstazi] nf homeostasis

**homéostat** [ɔmeɔsta] nm automatically controlled machine

**homéostatique** [ɔmeɔstatik] adj homeostatic

**homéotherme** [ɔmeɔtɛʀm] **1** adj homoiothermic, homothermal

**2** nm homoiothermic ou homothermal animal

**Homère** [ɔmɛʀ] nm Homer

**homérique** [ɔmeʀik] → SYN adj Homeric; → **rire**

**homespun** ['omspœn] nm homespun

**home-trainer**, pl **home-trainers** ['omtʀɛnœʀ] nm exercise bike

**homicide** [ɔmisid] [→ SYN] 1 adj (†, littér) homicidal

2 nmf (littér = criminel) homicide (littér), murderer (ou murderess)

3 nm (Jur = crime) murder, homicide (US) ◆ **homicide volontaire** murder, voluntary manslaughter, first-degree murder (US) ◆ **homicide involontaire** ou **par imprudence** manslaughter, second-degree murder (US)

**hominidé** [ɔminide] [→ SYN] nm hominid ◆ **les hominidés** the Hominidae

**hominien** [ɔminjɛ̃] nm hominoid

**hominoïdes** [ɔminɔid] nmpl ◆ **les hominoïdes** hominoids, the Homonoidae (SPÉC)

**hommage** [ɔmaʒ] [→ SYN] 1 nm a (= marque d'estime) tribute ◆ **rendre hommage à qn/au talent de qn** to pay homage ou tribute to sb/to sb's talent ◆ **rendre hommage à Dieu** to pay homage to God ◆ **rendre un dernier hommage à qn** to pay one's last respects to sb ◆ **recevoir l'hommage d'un admirateur** to accept the tribute paid by an admirer ◆ **discours en hommage aux victimes de la guerre** speech paying homage ou tribute to the victims of the war

b (= don) **acceptez ceci comme un hommage** ou **en hommage de ma gratitude** please accept this as a mark ou token of my gratitude ◆ **faire hommage d'un livre** to give a presentation copy of a book ◆ **hommage de l'auteur/de l'éditeur** with the author's/publisher's compliments

c (Hist) homage ◆ **hommage lige** liege homage

2 **hommages** nmpl (frm) (= civilités) respects ◆ **mes hommages, Madame** my humble respects, madam ◆ **présenter ses hommages à une dame** to pay one's respects to a lady ◆ **présentez mes hommages à votre femme** give my regards to your wife

**hommasse** [ɔmas] [→ SYN] adj mannish

**homme** [ɔm] [→ SYN] 1 nm a (= espèce) **l'homme** man, mankind ◆ **les premiers hommes** early man ◆ **hommes fossiles** fossil men

b (= individu) man ◆ **approche si tu es un homme !** come on if you're man enough ou if you dare! ◆ **l'enfant devient homme** the child grows into ou becomes a man ◆ **vêtements d'homme** men's clothes ◆ **montre/veste d'homme** man's watch/jacket ◆ **métier d'homme** male profession ◆ **rayon hommes** (Comm) men's ou menswear department ◆ **voilà votre homme** (que vous cherchez) there's the man you're looking for; (qu'il vous faut) that's the man for you ◆ **je suis votre homme !** I'm your man! ◆ **elle a rencontré l'homme de sa vie** she's found Mr Right ou the man for her ◆ **c'est l'homme de ma vie** he's the man of my life ◆ **c'est l'homme du jour** he's the man of the moment ou hour ◆ **c'est l'homme de la situation** he's the right man for the job ◆ **l'homme fort du régime** the strongman of the régime ◆ **heure-/journée-/mois- etc homme** (unité) man-hour/-day/-month etc ; → **abominable, âge, mémoire**[1]

c (* = mari, compagnon) man ◆ **son homme** her man* ◆ **voilà mon homme** here comes that man of mine*

d (LOC) **parler d'homme à homme** to speak man to man, have a man-to-man talk ◆ **il n'est pas homme à mentir** he's not one to lie ou a man to lie ◆ **comme un seul homme** as one man ◆ **il a trouvé son homme** (un égal) he has found his match ◆ **un homme à la mer !** (Naut) man overboard! ◆ (Prov) **un homme averti en vaut deux** forewarned is forearmed (Prov) ◆ (Prov) **l'homme propose, Dieu dispose** man proposes, God disposes (Prov) ◆ (Prov) **l'homme est un loup pour l'homme** brother will turn on brother (Prov), it's a dog-eat-dog world (Prov)

2 COMP ▷ **homme d'action** man of action ▷ **homme d'affaires** businessman ▷ **homme d'armes** †† man-at-arms † ▷ **homme de barre** helmsman ▷ **homme de bien** † good man ▷ **les hommes en blanc** (= psychiatres) men in white coats; (= médecins) doctors ▷ **homme des cavernes** cave man ▷ **l'homme de Cro-Magnon** Cro-Magnon man ▷ **homme d'Église** man of the Church ▷ **homme d'équipage** member of a ship's crew ◆ **navire avec 30 hommes d'équipage** ship with a crew of 30 (men) ▷ **homme d'esprit** man of wit ▷ **homme d'État** statesman ▷ **homme à femmes** womanizer, ladies' man ▷ **homme au foyer** househusband ▷ **homme de lettres** man of letters ▷ **homme lige** liege man ▷ **homme de loi** man of law, lawyer ▷ **homme de main** hired man, henchman ▷ **homme de ménage** (male) domestic help ▷ **homme du monde** man about town, socialite ◆ **c'est un parfait homme du monde** he's a real gentleman ▷ **l'homme de Neandertal** Neanderthal man ▷ **l'homme en noir** (= arbitre) the referee ▷ **homme de paille** man of straw *(used as a front)* ▷ **homme de peine** workhand ▷ **homme de plume** man of letters, writer ▷ **homme politique** politician ▷ **homme de quart** man ou sailor on watch ▷ **homme de robe** †† legal man, lawyer ▷ **l'homme de la rue** the man in the street ▷ **homme de science** man of science ▷ **homme à tout faire** odd-job man ▷ **homme(-)tronc** (= présentateur TV) announcer ▷ **homme de troupe** (Mil) private ▷ **homme de vigie** lookout

**homme-grenouille**, pl **hommes-grenouilles** [ɔmgʀənuj] nm frogman

**homme-orchestre**, pl **hommes-orchestres** [ɔmɔʀkɛstʀ] nm (Mus) one-man band; (fig) one-man band, man of many parts ◆ **c'est l'homme-orchestre de l'entreprise** he's the man who looks after everything in the company

**homme-sandwich**, pl **hommes-sandwichs** [ɔmsɑ̃dwitʃ] nm sandwich man

**homo** * [omo] nm (abrév de **homosexuel**) gay

**homocentre** [ɔmɔsɑ̃tʀ] nm common centre

**homocentrique** [ɔmɔsɑ̃tʀik] adj homocentric

**homocerque** [ɔmɔsɛʀk] adj homocercal

**homochromie** [ɔmɔkʀɔmi] nf cryptic coloration

**homocinétique** [omosinetik] adj uniform velocity (épith)

**homogène** [ɔmɔʒɛn] [→ SYN] adj (gén) homogeneous ◆ **pour obtenir une pâte homogène** to obtain a mixture of an even consistency ◆ **c'est une classe homogène** they are all about the same level ou standard in that class ◆ **texte peu homogène** text that lacks consistency

**homogénéifier** [ɔmɔʒeneifje] ▸ conjug 7 ◂ vt ⇒ **homogénéiser**

**homogénéisateur, -trice** [ɔmɔʒeneizatœʀ, tʀis] 1 adj homogenizing (épith)

2 nm homogenizer

**homogénéisation** [ɔmɔʒeneizasjɔ̃] nf homogenization

**homogénéiser** [ɔmɔʒeneize] ▸ conjug 1 ◂ vt to homogenize ◆ **lait homogénéisé** homogenized milk

**homogénéité** [ɔmɔʒeneite] [→ SYN] nf homogeneity, homogeneousness ◆ **manquer d'homogénéité** [texte] to lack consistency

**homographe** [ɔmɔgʀaf] 1 adj homographic

2 nm homograph

**homographie** [ɔmɔgʀafi] nf (Géom, Ling) homography

**homographique** [ɔmɔgʀafik] adj (Géom) homographic

**homogreffe** [omogʀɛf] nf [organe] homotransplant; [tissu] homograft

**homologation** [ɔmɔlɔgasjɔ̃] [→ SYN] nf (Sport) ratification; (Jur) approval, sanction; (Admin) authorization, approval ◆ **homologation de testament** probate of will

**homologie** [ɔmɔlɔʒi] nf (Sci) homology; (gén) equivalence

**homologue** [ɔmɔlɔg] [→ SYN] 1 adj (Sci) homologous; (gén) equivalent, homologous (*de* to)

2 nm (Chim) homologue; (= personne) counterpart, opposite number ◆ **son homologue en Grande-Bretagne** his British counterpart, his opposite number in Britain

**homologuer** [ɔmɔlɔge] [→ SYN] ▸ conjug 1 ◂ vt (Sport) to ratify; (Jur) to approve, sanction; [+ testament] to grant probate of (Brit), probate (US); (Admin) [+ appareil, établissement] to approve ◆ **tarif homologué** approved ou sanctioned rate ◆ **record homologué** official record ◆ **le record n'a pas pu être homologué** the record could not be made official

**homoncule** [ɔmɔ̃kyl] [→ SYN] nm ⇒ **homuncule**

**homonyme** [ɔmɔnim] 1 adj homonymous

2 nm (Ling) homonym; (= personne) namesake

**homonymie** [ɔmɔnimi] nf homonymy

**homonymique** [ɔmɔnimik] adj homonymic

**homophile** [ɔmɔfil] adj, nm homophile

**homophobe** [ɔmɔfɔb] 1 adj personne homophobic

2 nmf homophobe

**homophobie** [ɔmɔfɔbi] nf homophobia

**homophone** [ɔmɔfɔn] 1 adj (Ling) homophonous; (Mus) homophonic

2 nm homophone

**homophonie** [ɔmɔfɔni] nf homophony

**homosexualité** [ɔmɔsɛksɥalite] [→ SYN] nf homosexuality

**homosexuel, -elle** [ɔmɔsɛksɥɛl] [→ SYN] adj, nm,f homosexual

**homosphère** [ɔmɔsfɛʀ] nf homogeneous atmosphere

**homothermie** [ɔmɔtɛʀmi] nf homoiothermy, homothermy

**homothétie** [ɔmɔtesi] nf homothety

**homothétique** [ɔmɔtetik] adj homothetic

**homozygote** [omozigɔt] 1 adj homozygous

2 nmf homozygote

**homuncule** [ɔmɔ̃kyl] nm homunculus

**Honduras** [ˈɔ̃dyʀas] nm ◆ **le Honduras** Honduras ◆ **le Honduras britannique** British Honduras

**hondurien, -ienne** [ˈɔ̃dyʀjɛ̃, jɛn] 1 adj Honduran

2 **Hondurien(ne)** nm,f Honduran

**Hongkong, Hong-Kong** [ˈɔ̃gkɔ̃g] n Hong Kong

**hongkongais, e** [ˈɔ̃gkɔ̃gɛ, ɛz] 1 adj Hongkongese

2 **Hongkongais(e)** nm,f Hongkongese

**hongre** [ˈɔ̃gʀ] [→ SYN] 1 adj gelded

2 nm gelding

**hongrer** [ˈɔ̃gʀe] ▸ conjug 1 ◂ vt to geld

**Hongrie** [ˈɔ̃gʀi] nf Hungary

**hongrois, e** [ˈɔ̃gʀwa, waz] 1 adj Hungarian

2 nm (Ling) Hungarian

3 **Hongrois(e)** nm,f Hungarian

**hongroyage** [ˈɔ̃gʀwajaʒ] nm tanning with alum and salt

**hongroyer** [ˈɔ̃gʀwaje] ▸ conjug 8 ◂ vt to tan with alum and salt

**honnête** [ɔnɛt] [→ SYN] 1 adj a (= intègre) personne honest, decent; conduite decent; procédés, intentions honest ◆ **ce sont d'honnêtes gens** they are decent people ou folk* ◆ **des procédés peu honnêtes** dishonest practices; → **poli**

b († = vertueux) femme respectable

c (= correct) marché fair; prix, résultats reasonable, fair; repas reasonable ◆ **ce livre est honnête** this book isn't bad ou is reasonable ◆ **rester dans une honnête moyenne** to maintain a fair average ◆ **un vin honnête** an honest little wine

d (= franc) honest, frank ◆ **sois honnête, tu aimerais bien le renvoyer** be honest, you'd love to sack him

2 COMP ▷ **honnête homme** (Hist) gentleman, man of breeding

**honnêtement** [ɔnɛtmɑ̃] adv a (= avec intégrité) agir fairly, decently; gérer honestly ◆ **gagner honnêtement sa vie** to make an honest living

b (= correctement) reasonably ◆ **c'est honnêtement payé** it's reasonably paid, you get a fair ou reasonable wage for it ◆ **il s'en sort honnêtement** he's managing fairly well ou reasonably well ◆ **il gagne honnêtement sa vie** he makes a decent living

c (= franchement) honestly, frankly ◆ **il a honnêtement reconnu son erreur** he frankly admitted his error ◆ **honnêtement, vous le saviez bien !** come on, you knew! ◆ **honnêtement, qu'en penses-tu ?** be honest, what do you think?

**honnêteté** [ɔnɛtte] → SYN nf **a** (= intégrité) [personne] honesty, decency; [conduite] decency; [procédés, intentions] honesty ◆ **honnêteté intellectuelle** intellectual honesty ◆ **avec une honnêteté scrupuleuse** with scrupulous honesty

**b** (= franchise) honesty ◆ **en toute honnêteté, je ne le crois pas** in all honesty ou to be perfectly frank, I don't believe it ◆ **il a l'honnêteté de reconnaître que ...** he is honest enough to admit that ...

**c** († = vertu) [femme] respectability

**honneur** [ɔnœʀ] → SYN **1** nm **a** (= réputation) honour (Brit), honor (US) ◆ **l'honneur est sauf** our (ou their etc) honour is intact ou safe ◆ **mon honneur est en jeu** my honour is at stake ◆ **l'honneur m'oblige à le faire** I am in honour bound to do it ◆ **mettre son** ou **un point d'honneur à faire qch** to make it a point of honour to do sth ◆ **jurer** ou **déclarer sur l'honneur** to give one's word; (par écrit) to make a sworn statement ◆ **homme/femme d'honneur** man/woman of honour, man/woman with a sense of honour ◆ **bandit d'honneur** outlaw *(because of a blood feud)*; → **dette, manquer, parole** etc

**b** (= mérite) credit ◆ **avec honneur** creditably ◆ **il s'en est tiré * avec honneur** he made quite a creditable job of it ◆ **c'est tout à son honneur** it does him (great) credit ou is much to his credit ◆ **c'est à lui que revient l'honneur d'avoir inventé ...** the credit is his for having invented ... ◆ **être l'honneur de sa profession** to be a credit ou an honour to one's profession ◆ **cette décision vous fait honneur** this decision does you credit ou is to your credit ◆ **c'est trop d'honneur que vous me faites** you're giving me too much credit; → **tour**[2]

**c** (= privilège, faveur) honour ◆ **faire (à qn) l'honneur de venir** to do sb the honour of coming ◆ **me ferez-vous l'honneur de danser avec moi ?** may I have the pleasure of this dance? ◆ **avoir l'honneur de** to have the honour of ◆ **j'ai eu l'honneur de recevoir sa visite** he honoured me with a visit ◆ **je suis ravi de vous rencontrer – tout l'honneur est pour moi** delighted to meet you – the pleasure is (all) mine ou it is my pleasure ◆ **qui commence à jouer ? – à toi l'honneur** who is it to start? – it's you (to start) ◆ **j'ai l'honneur de solliciter ...** (formule épistolaire) I am writing to ask ... ◆ **j'ai l'honneur de vous informer que** I am writing to inform you that, I beg to inform you that (frm) ◆ **garde/invité** ou **hôte d'honneur** guard/guest of honour ◆ **président/membre d'honneur** honorary president/member; → **baroud, champ, citoyen** etc

**d** (Cartes) honour

**e** (= titre) **votre Honneur** Your Honour

**f** (Loc) **honneur aux vainqueurs !** hail the victors!, honour to the conquerors! ◆ **honneur aux dames** ladies first ◆ **à toi** ou **vous l'honneur** after you ◆ **être à l'honneur** [personne] to have the place of honour; [mode, style] to be to the fore, be much in evidence ◆ **être en honneur** [coutume] to be the done thing; [style, mode] to be in favour ◆ **remettre en honneur** to reintroduce ◆ **en l'honneur de nos hôtes/de cet événement** in honour of our guests/of this event ◆ **à qui ai-je l'honneur ?** to whom do I have the honour of speaking? ◆ **que me vaut l'honneur de votre visite ?** to what do I owe the honour of your visit? ◆ **en quel honneur toutes ces fleurs ? *** (iro) what are all these flowers in aid of? * ◆ **en quel honneur t'appelle-t-il "mon bijou" ?** (iro) what gives him the right to call you "my love"? ◆ **faire honneur à** [+ engagements, signature] to honour; [+ traite] to honour, meet; [+ sa famille] to be a credit ou an honour to; [+ repas] to do justice to ◆ **il a fini la partie pour l'honneur** he gallantly finished the game (for its own sake); → **bras**

**2** **honneurs** nmpl (= marques de distinction) honours ◆ **aimer/mépriser les honneurs** to be fond of/despise honours ◆ **couvert d'honneurs** covered in honours ◆ **avec tous les honneurs dus à son rang** with all the honours due to his rank ◆ **honneurs militaires** military honours ◆ **se rendre avec les honneurs de la guerre** (Mil) to be granted the honours of war; (fig) to suffer an honourable defeat ◆ **faire les honneurs de la maison à qn** to (do the honours and) show sb round the house ◆ **avoir les honneurs de la première page** to make the front page ◆ **avoir les honneurs de la cimaise** to have one's works exhibited ◆ **rendre les derniers honneurs à qn** to pay one's last respects to sb

**honnir** [ˈɔniʀ] → SYN ▸ conjug 2 ◂ vt (frm) to hold in contempt ◆ **honni soit qui mal y pense** honi soit qui mal y pense

**Honolulu** [ɔnɔlyly] n Honolulu

**honorabilité** [ɔnɔʀabilite] → SYN nf [personne, sentiments] worthiness ◆ **soucieux d'honorabilité** anxious to be thought honourable

**honorable** [ɔnɔʀabl] → SYN adj **a** (= respectable) personne, but, sentiment honourable (Brit), honorable (US), worthy ◆ **l'honorable compagnie** this worthy company (frm) (aussi hum) ◆ **mon honorable collègue** (frm, iro) my honourable ou esteemed colleague (frm) (aussi iro) ◆ **à cet âge honorable** at this grand old age ◆ **une défaite honorable** an honourable defeat

**b** (= suffisant) salaire, résultats decent, respectable; → **amende**

**honorablement** [ɔnɔʀabləmɑ̃] adv **a** (= de façon respectable) honourably (Brit), honorably (US) ◆ **honorablement connu dans le quartier** known and respected in the district

**b** (= convenablement) decently ◆ **il gagne honorablement sa vie** he makes a decent living ◆ **l'équipe s'est comportée honorablement** (Sport) the team put up a decent ou creditable performance

**honoraire** [ɔnɔʀɛʀ] → SYN **1** adj membre, président honorary ◆ **professeur honoraire** professor emeritus, emeritus professor

**2** **honoraires** nmpl [médecin, avocat] fees

**honorariat** [ɔnɔʀaʀja] nm honorary status

**honorer** [ɔnɔʀe] → SYN ▸ conjug 1 ◂ **1** vt **a** (= glorifier) [+ savant, Dieu] to honour (Brit), honor (US) ◆ **honorer la mémoire de qn** to honour the memory of sb

**b** (littér = estimer) to hold in high regard ou esteem ◆ **je l'honore à l'égal de ...** I have the same regard ou esteem for him as I do for ... ◆ **mon honoré collègue** my esteemed ou respected colleague

**c** (= gratifier) **honorer qn de qch** to honour sb with sth ◆ **il m'honorait de son amitié/de sa présence** he honoured me with his friendship/his presence ◆ **il ne m'a pas honoré d'un regard** (iro) he did not honour me with so much as a glance (iro), he did not (even) deign to look at me ◆ **je suis très honoré** I am highly ou greatly honoured

**d** (= faire honneur à) to do credit to, be a credit to ◆ **cette franchise l'honore** this frankness does him credit ◆ **il honore sa profession/son pays** he's a credit ou an honour to his profession/country

**e** [+ chèque, signature, promesse] to honour; [+ traite] to honour, meet; [+ médecin, notaire] to settle one's account with ◆ **votre honorée du ...** † (= lettre) yours of the ...

**f** († ou hum) **honorer sa femme** to fulfil one's conjugal duties (hum)

**2** **s'honorer** vpr ◆ **s'honorer de** to pride o.s. (up)on, take pride in

**honorifique** [ɔnɔʀifik] → SYN adj fonction honorary, ceremonial (US) ◆ **à titre honorifique** on an honorary basis

**honoris causa** [ɔnɔʀiskoza] adj ◆ **il a été nommé docteur honoris causa** he has been awarded an honorary doctorate ◆ **docteur honoris causa de l'université de Harvard** honorary doctor of the University of Harvard

**Honshu** [ɔnʃu] nf Honshu

**honte** [ˈɔ̃t] → SYN nf **a** (= déshonneur, humiliation) disgrace, shame ◆ **couvrir qn de honte** to bring disgrace ou shame on sb, disgrace sb ◆ **quelle honte** ou **c'est une honte pour la famille !** what a disgrace to the family!, he brings shame upon the family! ◆ **faire** ou **être la honte de la famille/profession** to be the disgrace of one's family/profession ◆ **honte à celui qui ...** (littér) shame upon him who ... (littér) ◆ **honte à toi !** shame on you! ◆ **il n'y a aucune honte à être ...** there's no shame ou disgrace in being ... ◆ **c'est une honte !** that's disgraceful! ou a disgrace! ◆ **c'est la honte ! *** it's pathetic! * ◆ **j'avais la honte ! *** I felt so pathetic! *

**b** (= sentiment de confusion, gêne) shame ◆ **à ma (grande) honte** to my (great) shame ◆ **sans honte** shamelessly ◆ **sans fausse honte** quite openly ◆ **avoir honte (de qch/de faire)** to be ou feel ashamed (of sth/of doing) ◆ **tu devrais avoir honte !** you should be ashamed (of yourself)! ◆ **pleurer/rougir de honte** to weep for/blush with shame ◆ **mourir de honte** to die of shame ◆ **elle n'a aucune honte** † she is utterly shameless, she has no shame ◆ **avoir toute honte bue** (frm) to be beyond shame ◆ **tu me fais honte !** you're an embarrassment!, you make me feel so ashamed! ◆ **faire honte à qn de sa lenteur** to make sb (feel) ashamed of how slow they are ◆ **il leur fait honte par sa rapidité** he's so fast he puts them to shame; → **court**[1]

**honteusement** [ˈɔ̃tøzmɑ̃] adv **a** (= scandaleusement) (gén) shamefully; exploiter shamelessly

**b** (= avec confusion) cacher in shame

**honteux, -euse** [ˈɔ̃tø, øz] → SYN adj **a** (= déshonorant) shameful; (= scandaleux) disgraceful, shameful ◆ **c'est honteux !** it's a disgrace!, it's disgraceful! ou shameful! ◆ **il n'y a rien de honteux à cela** that's nothing to be ashamed of, there's nothing shameful about that; → **maladie**

**b** (= confus) ashamed (*de* of) ◆ **d'un air honteux** shamefacedly ◆ **bourgeois/nationaliste honteux** (= cachant ses opinions) closet bourgeois/nationalist

**c** (Anat) nerf, artère pudendal

**hooligan** [ˈuligan] nm hooligan

**hooliganisme** [ˈuliganism] nm hooliganism

**hop** [ˈɔp] excl ◆ **hop (là) !** (pour faire sauter) hup!; (pour faire partir) off you go!; (après un geste maladroit) (w)oops!

**hopi** [ˈɔpi] **1** adj village, indien Hopi

**2** **Hopi** nmf Hopi ◆ **les Hopis** the Hopis, the Hopi Indians

**hôpital, pl -aux** [ɔpital, o] → SYN nm hospital ◆ **être à l'hôpital** [patient] to be in hospital (Brit), be in the hospital (US); [médecin, visiteur] to be at the hospital ◆ **aller à l'hôpital** to go to hospital ◆ **entrer à l'hôpital** to go into hospital ◆ **hôpital militaire/psychiatrique** military/psychiatric hospital ◆ **hôpital de jour** day (Brit) ou outpatient (US) hospital ◆ **hôpital de semaine** short-stay ward ou hospital ◆ **bateau-/navire-hôpital** hospital boat/ship ◆ **hôpital pour enfants** children's hospital ◆ **l'hôpital public** (institution) state-run hospitals, ≃ NHS ou National Health (Service) hospitals (Brit) ◆ **c'est l'hôpital qui se moque de la charité** it's the pot calling the kettle black

**hoplite** [ɔplit] nm hoplite

**hoquet** [ˈɔkɛ] → SYN nm [personne] hiccup ◆ **hoquets** [machine, véhicule] spluttering (NonC) ◆ **avoir le hoquet** to have (the) hiccups ◆ **il a eu un hoquet de dégoût/peur** he gulped with distaste/fear ◆ **malgré quelques hoquets, les négociations continuent** (= dysfonctionnements) despite a few hiccups ou the occasional glitch *, the negotiations are continuing

**hoqueter** [ˈɔk(ə)te] ▸ conjug 4 ◂ vi [personne] (= avoir le hoquet) to hiccup; (= pleurer) to gasp; [machine, véhicule] to splutter

**hoqueton** [ˈɔk(ə)tɔ̃] → SYN nm (Hist = veste) acton

**Horace** [ɔʀas] nm Horatio; (= le poète) Horace

**horaire** [ɔʀɛʀ] → SYN **1** adj **a** débit, salaire, moyenne, coût hourly ◆ **vitesse horaire** speed per hour

**b** (Astron) horary; → **décalage, fuseau, tranche**

**2** nm **a** [personnel] schedule, working hours; [élèves] timetable ◆ **quand on est directeur, on n'a pas d'horaire** when you are a manager, you don't have any set working hours ◆ **je ne suis tenu à aucun horaire** I can keep my own hours, I'm not tied down to a fixed schedule ◆ **horaires de travail/bureau** working/office hours ◆ **avoir des horaires flexibles** ou **variables** ou **à la carte** to have flexible working hours, work flexitime (Brit) ou flextime (US)

**b** [bus, train] timetable; [bateau, vols] schedule, timetable ◆ **horaires de train** train times ◆ **le train est en avance/en retard sur l'horaire prévu** the train is ahead of/behind schedule ◆ **il a 20 minutes de retard sur l'horaire prévu** [car, train] it's running 20 minutes late; [avion] it's 20 minutes late ou behind schedule ◆ **l'horaire** ou **les horaires de diffusion** (Radio, TV) the broadcasting schedule ◆ **ce n'est pas un bon horaire de diffusion pour cette émission** it's not a good time-slot for this programme

**horde** [ˈɔʀd] → SYN **nf** horde

**hordéine** [ɔʀdein] **nf** hordein

**horion** [ˈɔʀjɔ̃] → SYN **nm** († ou hum) (gén pl) blow, punch ◆ **échanger des horions avec la police** to exchange blows with the police

**horizon** [ɔʀizɔ̃] → SYN **nm** **a** (Astron, Art) horizon ◆ **la ligne d'horizon** the horizon ◆ **horizon artificiel** artificial horizon ◆ **un bateau sur** ou **à l'horizon** a boat on the horizon ou skyline ◆ **disparaître à l'horizon** to disappear below the horizon ◆ **personne à l'horizon ? on y va !** nobody around ou in sight? – let's go then! ◆ **se pointer** ou **se profiler** ou **poindre à l'horizon** (lit, fig) to loom on the horizon
**b** (= paysage) landscape, view ◆ **on découvre un vaste horizon/un horizon de collines** you come upon a vast panorama/a hilly landscape ◆ **changer d'horizon** to have a change of scenery ou scene ◆ **ce village était tout son horizon** this village was his whole world ou the only world he knew ◆ **voyager vers de nouveaux horizons** to make for new horizons ◆ **venir d'horizons divers** to come ou hail (frm) from different backgrounds
**c** (= avenir, perspective) horizon ◆ **ça lui a ouvert de nouveaux horizons** it opened (up) new horizons ou vistas for him ◆ **l'horizon économique du pays** the country's economic prospects ◆ **faire des prévisions pour l'horizon 2020** to make forecasts for (the year) 2020 ◆ **à l'horizon 2020** by (the year) 2020; → **tour**[2]

**horizontal, e,** mpl **-aux** [ɔʀizɔ̃tal, o] → SYN **1** **adj** (gén, Écon) horizontal ◆ **être en position horizontale** to be lying down flat ◆ **elle/il prend facilement la position horizontale** * she/he is an easy lay ‡
**2** **horizontale** **nf** (gén, Géom) horizontal ◆ **placer qch à l'horizontale** to put sth horizontal ou in a horizontal position ◆ **tendez vos bras à l'horizontale** stretch your arms out in front of you

**horizontalement** [ɔʀizɔ̃talmɑ̃] → SYN **adv** (gén) horizontally; (dans mots croisés) across

**horizontalité** [ɔʀizɔ̃talite] **nf** horizontality, horizontalness

**horloge** [ɔʀlɔʒ] → SYN **nf** (gén, Ordin) clock ◆ **avec une régularité d'horloge** as regular as clockwork ◆ **avec la précision d'une horloge** with clockwork precision ◆ **il est 2 heures à l'horloge** it's 2 o'clock by ou according to the clock ◆ **l'horloge parlante** the speaking clock (Brit), Time (US) ◆ **horloge astronomique/atomique** astronomical/atomic clock ◆ **horloge normande** ou **de parquet** grandfather clock ◆ **horloge interne/biologique** internal/biological clock; → **heure**

**horloger, -ère** [ɔʀlɔʒe, ɛʀ] **1** **adj** industrie watch-making (épith), clock-making (épith)
**2** **nm,f** (gén) watchmaker; (spécialement d'horloges) clockmaker ◆ **horloger bijoutier** jeweller *(specializing in clocks and watches)* ◆ **le grand horloger** (littér) the Creator

**horlogerie** [ɔʀlɔʒʀi] **nf** (= fabrication) (gén) watch-making; [horloges] clock-making; (= objets) time-pieces; (= magasin) watchmaker's (shop), clockmaker's (shop); (= technique, science) horology ◆ **horlogerie bijouterie** jeweller's shop *(specializing in clocks and watches)* ◆ **pièces d'horlogerie** clock components; → **mouvement**

**hormis** [ˈɔʀmi] → SYN **prép** (frm) except for, apart from ◆ **personne hormis ses fils** nobody except for ou apart from his sons, nobody but ou save (frm) his sons

**hormonal, e,** mpl **-aux** [ɔʀmɔnal, o] **adj** traitement hormonal, hormone (épith); contraception, déséquilibre hormonal

**hormone** [ɔʀmɔn] **nf** hormone ◆ **hormone de croissance/sexuelle** growth/sex hormone ◆ **poulet/veau aux hormones** * hormone-fed ou hormone-treated chicken/veal

**hormoner** * [ɔʀmɔne] ▸ conjug 1 ◂ **vt** to inject with hormones

**hormonothérapie** [ɔʀmɔnoteʀapi] **nf** hormone therapy

**hornblende** [ˈɔʀnblɛ̃d] **nf** hornblende

**horodaté, e** [ɔʀɔdate] **adj** stationnement pay and display (épith); ticket stamped with the hour and date (attrib)

**horodateur** [ɔʀɔdatœʀ] → SYN **nm** [parking] ticket machine, pay-and-display ticket machine (Brit)

**horokilométrique** [ɔʀɔkilɔmetʀik] **adj** ◆ **compteur horokilométrique** counter in kilometres per hour

**horoscope** [ɔʀɔskɔp] → SYN **nm** horoscope ◆ **faire l'horoscope de qn** to cast ou do sb's horoscope ◆ **regarder/lire son horoscope** to consult/read one's horoscope ou stars *

**horreur** [ɔʀœʀ] → SYN **nf** **a** (= effroi, répulsion) horror ◆ **il était devenu pour elle un objet d'horreur** he had become an object of horror to her ◆ **frappé** ou **saisi d'horreur** horror-stricken, horror-struck ◆ **vision d'horreur** horrific ou horrendous ou horrifying sight ◆ **l'horreur d'agir/du risque qui le caractérise** the horror of acting/taking risks which is typical of him ◆ **son horreur de la lâcheté** his horror ou loathing of cowardice ◆ **je me suis aperçu avec horreur que ...** to my horror I realized that ...
**b** (= laideur) [crime, guerre] horror ◆ **l'esclavage dans toute son horreur** slavery in all its horror
**c** (= chose) **les horreurs de la guerre** the horrors of war ◆ **ce film/travail est une horreur** this film/piece of work is terrible ou awful ou dreadful ◆ **c'est une horreur** [tableau] it's hideous ou ghastly *; [personne laide] he's (ou she's) hideous; [personne méchante] he's (ou she's) ghastly * ◆ **quelle horreur !** how dreadful! ou awful!; → **film, musée**
**d** ( * = actes, propos) **horreurs** dreadful ou terrible things ◆ **débiter des horreurs sur qn** to say dreadful ou terrible things about sb
**e** (LOC) **cet individu me fait horreur** that fellow disgusts me ◆ **le mensonge me fait horreur** I loathe ou detest lying, I have a horror of lying ◆ **la viande me fait horreur** I can't stand ou bear meat, I loathe ou detest meat ◆ **avoir qch/qn en horreur** to loathe ou detest sth/sb ◆ **j'ai ce genre de livre en horreur** I loathe ou detest this type of book, I have a horror of this type of book ◆ **prendre qch/qn en horreur** to come to loathe ou detest sth/sb ◆ **avoir horreur de qch/de faire qch** to loathe ou detest sth/doing sth

**horrible** [ɔʀibl] → SYN **adj** (= effrayant) crime, accident, blessure horrible; (= extrême) chaleur, peur terrible, dreadful; (= laid) chapeau, personne, tableau horrible, hideous; (= mauvais) temps terrible, ghastly *, dreadful; travail terrible, dreadful; (= méchant) personne, propos horrible, awful ◆ **il a été horrible avec moi** he was horrible to me

**horriblement** [ɔʀibləmɑ̃] **adv** (= de façon effrayante) horribly; (= extrêmement) horribly, terribly, dreadfully

**horrifiant, e** [ɔʀifjɑ̃, jɑ̃t] → SYN **adj** horrifying

**horrifier** [ɔʀifje] → SYN ▸ conjug 7 ◂ **vt** to horrify ◆ **horrifié par la dépense** horrified at the expense

**horrifique** [ɔʀifik] **adj** (hum) blood-curdling, horrific

**horripilant, e** [ɔʀipilɑ̃, ɑ̃t] **adj** trying, exasperating

**horripilation** [ɔʀipilasjɔ̃] → SYN **nf** horripilation

**horripiler** [ɔʀipile] → SYN ▸ conjug 1 ◂ **vt** ◆ **horripiler qn** to try sb's patience, exasperate sb

**hors** [ˈɔʀ] → SYN **1** **prép** (= excepté) except (for), apart from, save (littér), but ◆ **hors que** (littér) save that (littér) ◆ **Arles hors les murs** the outer parts of Arles *(beyond the city walls)*
**2** **hors de** **loc prép** **a** (position) outside, out of, away from; (changement de lieu) out of ◆ **vivre hors de la ville** to live out of town ou outside the town ◆ **vivre hors de son pays** to live away from ou outside one's own country ◆ **le choc l'a projeté hors de la voiture** the impact threw him out of the car ◆ **il est plus agréable d'habiter hors du centre** it is more pleasant to live away from ou outside the centre ◆ **vivre hors de son temps/la réalité** to live in a different age/in a dream world ◆ **hors du temps** personnage, univers timeless ◆ **hors d'ici !** get out of here! ◆ (Prov) **hors de l'Église, point de salut** without the Church there is no salvation ◆ **hors de l'Europe, point de salut** (hum) without Europe there can be no salvation ou there is no hope
**b** (LOC) **il est hors d'affaire** he is out of the wood (Brit) ou woods (US), he's over the worst ◆ **mettre qn hors d'état de nuire** to render sb harmless ◆ **être hors de soi** to be beside o.s. (with anger) ◆ **cette remarque l'a mise hors d'elle** she was beside herself when she heard the remark; → **atteinte, commun, portée** etc
**3** COMP ▷ **hors antenne** off the air ▷ **hors jeu** joueur offside; ballon out of play; (Tennis) out (of play); (fig) out of the running ◆ **mettre qn hors jeu** (Sport) to put sb offside; (fig) to put sb out of the running ◆ **se mettre hors jeu** to rule ou put o.s. out of the running ▷ **hors ligne** ⇒ **hors pair** ▷ **hors pair** outstanding, unparalleled, matchless ▷ **hors tout: longueur/largeur hors tout** overall length/width; → **circuit, course, service** etc

**hors-bord** [ˈɔʀbɔʀ] **nm inv** (= moteur) outboard motor; (= bateau) speedboat *(with outboard motor)*

**hors-cote** [ˈɔʀkɔt] **nm inv** over-the-counter market, unofficial market, off-board market (US)

**hors-d'œuvre** [ˈɔʀdœvʀ] → SYN **nm inv** (Culin) hors d'œuvre ◆ **hors-d'œuvre variés** assorted cold meats and salads ◆ **son discours n'était qu'un hors-d'œuvre** (fig) his speech was just a taste of things to come

**horse-power** [ˈɔʀspɔwœʀ] **nm inv** horsepower

**hors-jeu** [ˈɔʀʒø] **nm inv** offside ◆ **être en position de hors-jeu** to be offside; → **hors**

**hors-la-loi** [ˈɔʀlalwa] → SYN **nmf inv** outlaw

**hors-piste** [ˈɔʀpist] **1** **adv, adj inv** off-piste
**2** **nm inv** off-piste skiing ◆ **faire du hors-piste** to ski off piste

**hors-série** [ˈɔʀseʀi] **nm inv** (= magazine) special edition

**horst** [ˈɔʀst] **nm** (Géog, Géol) horst

**hors-texte** [ˈɔʀtɛkst] **nm inv** (= gravure) plate

**hortensia** [ɔʀtɑ̃sja] **nm** hydrangea

**horticole** [ɔʀtikɔl] **adj** horticultural

**horticulteur, -trice** [ɔʀtikyltœʀ, tʀis] **nm,f** horticulturist

**horticulture** [ɔʀtikyltyʀ] → SYN **nf** horticulture

**hortillonnage** [ɔʀtijɔnaʒ] **nm** (= marais) *marsh used for vegetable farming*

**Horus** [ɔʀys] **nm** Horus

**hosanna** [oza(n)na] **nm** hosanna

**hospice** [ɔspis] → SYN **nm** **a** (= hôpital) home ◆ **hospice de vieillards** old people's home ◆ **mourir à l'hospice** to die in the poorhouse
**b** [monastère] hospice

**hospitalier, -ière** [ɔspitalje, jɛʀ] → SYN **1** **adj**
**a** service, personnel, médecine hospital (épith) ◆ **centre** ou **établissement hospitalier** hospital
**b** (= accueillant) hospitable
**2** **nm,f** **a** (= religieux) **(frère) hospitalier, (sœur) hospitalière** hospitaller
**b** (= infirmier) nurse ◆ **les hospitaliers** hospital staff

**hospitalisation** [ɔspitalizasjɔ̃] **nf** hospitalization ◆ **hospitalisation à domicile** home (medical) care

**hospitaliser** [ɔspitalize] ▸ conjug 1 ◂ **vt** to hospitalize, send to hospital ◆ **malade hospitalisé** in-patient ◆ **10% des malades hospitalisés** 10% of hospital patients ou cases ◆ **être hospitalisé** to be admitted to hospital, be hospitalized ◆ **elle a été hospitalisée d'urgence** she was rushed to hospital

**hospitalisme** [ɔspitalism] **nm** hospitalism

**hospitalité** [ɔspitalite] → SYN **nf** hospitality ◆ **donner l'hospitalité à qn** to give ou offer sb hospitality ◆ **avoir le sens de l'hospitalité** to be hospitable

**hospitalo-universitaire,** mpl **hospitalo-universitaires** [ɔspitaloynivɛʀsitɛʀ] **adj** ◆ **centre hospitalo-universitaire** teaching hospital

**hospodar** [ɔspɔdaʀ] **nm** hospodar

**hostellerie** † [ɔstɛlʀi] **nf** hostelry †

**hostie** [ɔsti] → SYN **nf** (Rel) host; († † = victime) sacrificial victim

**hostile** [ɔstil] → SYN **adj** hostile (à to)

**hostilement** [ɔstilmɑ̃] **adv** hostilely

**hostilité** [ɔstilite] → SYN **nf** hostility (*à, envers* to, towards) ◆ **ouvrir/reprendre les hostilités** to open/re-open hostilities

**hosto** * [ɔsto] **nm** hospital

**hot** ['ɔt] 1 **adj inv** jazz hot

2 **nm inv** hot jazz

**hot(-)dog,** pl **hot(-)dogs** ['ɔtdɔg] **nm** hot dog

**hôte** [ot] → SYN 1 **nm** (= maître de maison) host; († = aubergiste) landlord, host; (Bio) host; (Ordin) host computer ◆ **les hôtes du bois/du marais** (littér) the denizens (littér) of the wood/marsh; → **chambre, table**

2 **nmf** (= invité) guest; (= client) patron; (= locataire) occupant ◆ **un hôte de marque** a distinguished guest ◆ **hôte payant** paying guest

**hôtel** [otɛl] → SYN 1 **nm** hotel ◆ **vivre/coucher à l'hôtel** to live/sleep in a hotel ◆ **aller** ou **descendre à l'hôtel** to put up at a hotel; → **maître, rat**

2 COMP ▷ **hôtel des impôts** tax office ▷ **hôtel meublé** (cheap) residential hotel ▷ **l'hôtel de la Monnaie** ≈ the Mint ▷ **hôtel particulier** town house, (private) mansion ▷ **hôtel de passe** hotel used by prostitutes ▷ **hôtel de police** police station ▷ **hôtel de tourisme** tourist hotel ▷ **hôtel des ventes** saleroom, salesroom (US) ▷ **hôtel de ville** town hall

**hôtel-Dieu,** pl **hôtels-Dieu** [otɛldjø] **nm** general hospital

**hôtelier, -ière** [otəlje, jɛʀ] → SYN 1 **adj** chaîne, complexe, industrie, profession hotel (épith); → **école**

2 **nm,f** hotelier, hotel-keeper ◆ **hôtelier restaurateur** hotel-and-restaurant owner

**hôtellerie** [otɛlʀi] **nf** (= auberge) inn, hostelry †; [abbaye] guest quarters, hospice †; (= profession) hotel business; (= matière enseignée) hotel management ◆ **hôtellerie de plein air** camping and caravanning

**hôtel-restaurant,** pl **hôtels-restaurants** [otɛlʀɛstɔʀɑ̃] **nm** hotel (with public restaurant)

**hôtesse** [otɛs] **nf** (= maîtresse de maison) hostess; († = aubergiste) landlady ◆ **hôtesse (de l'air)** stewardess, air hostess (Brit), flight attendant ◆ **hôtesse (d'accueil)** [hôtel, bureau] receptionist; [exposition, colloque] hostess

**hotte** ['ɔt] → SYN **nf** (= panier) basket (*carried on the back*); [cheminée, laboratoire] hood ◆ **hotte aspirante** ou **filtrante** [cuisine] extractor ou cooker (Brit) ou range (US) hood ◆ **la hotte du Père Noël** Santa Claus's sack

**hottentot, e** ['ɔtɑ̃to, ɔt] 1 **adj** Hottentot

2 **Hottentot(e) nm,f** Hottentot

**hou** ['u] **excl** boo!

**houache** ['waʃ], **houaiche** ['wɛʃ] **nf** (Naut) wake

**houblon** ['ublɔ̃] **nm** (= plante) hop; (= ingrédient de la bière) hops

**houblonnage** ['ublɔnaʒ] **nm** [bière] hopping

**houblonner** ['ublɔne] ▸ conjug 1 ◂ **vt** [+ bière] to hop

**houblonnier, -ière** ['ublɔnje, jɛʀ] 1 **adj** industrie hop (épith); région hop-growing (épith)

2 **nm,f** hop grower

3 **houblonnière nf** hopfield

**houdan** ['udɑ̃] **nf** Houdan

**houe** ['u] → SYN **nf** hoe

**houille** ['uj] → SYN **nf** coal ◆ **houille blanche** hydroelectric power ◆ **houille bleue** wave and tidal power ◆ **houille grasse/maigre** bituminous/lean coal

**houiller, -ère** ['uje, jɛʀ] 1 **adj** bassin, industrie coal (épith); terrain coal-bearing

2 **houillère nf** coalmine

**houka** ['uka] **nm** hooka(h)

**houle** ['ul] → SYN **nf** swell ◆ **une forte houle** a heavy swell

**houlette** ['ulɛt] → SYN **nf** [pâtre, évêque] crook; [jardinier] trowel, spud ◆ **sous la houlette de** under the leadership of

**houleux, -euse** ['ulø, øz] → SYN **adj** mer stormy; séance stormy, turbulent; salle, foule tumultuous, turbulent

**houligan** ['uligan] **nm** ⇒ **hooligan**

**houliganisme** ['uliganism] **nm** ⇒ **hooliganisme**

**houlque** ['ulk] **nf** velvet grass

**houp** ['up] **excl** ⇒ **hop**

**houppe** ['up] → SYN **nf** [plumes, cheveux] tuft; [fils] tassel ◆ **houppe à poudrer** powder puff

**houppelande** ['uplɑ̃d] → SYN **nf** (loose-fitting) greatcoat

**houpper** ['upe] → SYN ▸ conjug 1 ◂ **vt** to tassel

**houppette** ['upɛt] **nf** powder puff

**houque** ['uk] **nf** ⇒ **houlque**

**houri** ['uʀi] → SYN **nf** houri

**hourque** ['uʀk] → SYN **nf** (Naut) hooker

**hourra** ['uʀa] **excl** hurrah! ◆ **pousser des hourras** to cheer, shout hurrah ◆ **salué par des hourras** greeted by cheers; → **hip**

**hourvari** ['uʀvaʀi] → SYN **nm** (littér = tapage) hullabaloo *, row, racket

**house (music)** [aus(mjuzik)] **nf** house (music)

**houspiller** ['uspije] → SYN ▸ conjug 1 ◂ **vt** (= réprimander) to scold, tell off, tick off * (Brit); († = malmener) to hustle

**houssaie** ['usɛ] **nf** holly grove

**housse** ['us] → SYN **nf** (gén) cover; [meubles] (pour protéger temporairement) dust cover; (pour recouvrir à neuf) loose cover; (en tissu élastique) stretch cover ◆ **housse de couette** quilt cover ◆ **housse (penderie)** [habits] hanging wardrobe

**housser** ['use] ▸ conjug 1 ◂ **vt** [+ fauteuil etc] to cover

**houssière** ['usjɛʀ] **nf** ⇒ **houssaie**

**houx** ['u] **nm** holly

**hovercraft** [ovœʀkʀaft] → SYN **nm** hovercraft

**hoverport** [ovœʀpɔʀ] **nm** hoverport

**hoyau,** pl **hoyaux** ['ɔjo; 'wajo] → SYN **nm** mattock

**HP** * [aʃpe] **nm** (abrév de **hôpital psychiatrique**) → **hôpital**

**HS** [aʃɛs] 1 **adj inv** a * : (abrév de **hors service**) appareil kaput *, bust * (attrib); personne (par fatigue) beat * (attrib), shattered * (attrib) (Brit); (par maladie) out of it * (attrib)

b (Tourisme) (abrév de **haute saison**) → **saison**

2 **nf** (abrév de **heure supplémentaire**) → **supplémentaire**

**HT** (abrév de **hors taxe(s)**) → **taxe**

**HTML** [aʃteɛmɛl] **nm** (abrév de **Hypertext Markup Language**) HTML

**huard, huart** ['ɥaʀ] **nm** (Can = oiseau) diver (Brit), loon (US)

**hub** ['œb] **nm** (Aviat, Ordin) hub

**hublot** ['yblo] → SYN **nm** [bateau] porthole; [avion, machine à laver] window ◆ **hublots** * (= lunettes) specs *

**huche** ['yʃ] → SYN **nf** (= coffre) chest; (= pétrin) dough ou kneading trough ◆ **huche à pain** bread bin

**Hudson** [ydsɔn] **nm** ◆ **l'Hudson** Hudson River ◆ **la baie d'Hudson** Hudson Bay

**hue** ['y] **excl** ◆ **hue (cocotte) !** gee up! ◆ **ils tirent tous à hue et à dia** they are all pulling in opposite directions

**huée** ['ɥe] → SYN **nf** (Chasse) hallooing ◆ **huées** (de dérision) boos, booing (NonC) ◆ **sous les huées de la foule** to the boos of the crowd ◆ **il est sorti de scène sous les huées du public** he was booed off the stage

**huer** ['ɥe] → SYN ▸ conjug 1 ◂ 1 **vt** (Chasse) to hallo; (par dérision) to boo

2 **vi** [chouette] to hoot

**huerta** ['wɛʀta, 'ɥɛʀta] **nf** huerta

**hugolien, -ienne** [ygɔljɛ̃, jɛn] **adj** of Victor Hugo

**huguenot, e** ['yg(ə)no, ɔt] → SYN **adj, nm,f** Huguenot

**Hugues** ['yg] **nm** Hugh ◆ **Hugues Capet** Hugh ou Hughes Capet

**huilage** [ɥilaʒ] **nm** oiling, lubrication

**huile** [ɥil] → SYN 1 **nf** a (= liquide) oil; (Tech = pétrole) petroleum, crude (oil) ◆ **cuit à l'huile** (Culin) cooked in oil ◆ **sardines/thon à l'huile** sardines/tuna in oil ◆ **vérifier le niveau d'huile** (Aut) to check the oil ◆ **jeter** ou **verser de l'huile sur le feu** to add fuel to the flames ou fire ◆ **mettre de l'huile dans les rouages** to oil the wheels ◆ **mer d'huile** glassy sea ◆ **roman qui sent l'huile** (littér) *novel where the author's work really shows*; → **lampe, saint, tache**

b (* = notabilité) bigwig *, big noise *, big shot * ◆ **les huiles** the top brass *, the big shots *

c (Peinture) (= tableau) oil painting; (= technique) oil painting, oils ◆ **peint à l'huile** painted in oils; → **peinture**

2 COMP ▷ **huile d'amandes douces** sweet almond oil ▷ **huile d'arachide** groundnut (Brit) ou peanut (US) oil ▷ **huile de bain** bath oil ▷ **huile de colza** rapeseed ou colza oil ▷ **huile de coude** * elbow grease * ▷ **huile essentielle** essential oil ▷ **huile de foie de morue** cod-liver oil ▷ **huile de friture** cooking ou frying oil ▷ **huile de graissage** lubricating oil ▷ **huile de lin** linseed oil ▷ **huile de maïs** corn oil ▷ **huile de noix** walnut oil ▷ **huile d'olive** olive oil ▷ **huile de paraffine** liquid paraffin ▷ **huile de ricin** castor oil ▷ **huile de sésame** sesame oil ▷ **huile de soja** soya oil ▷ **huile solaire** (sun)tan oil ▷ **huile de table** salad oil ▷ **huile de tournesol** sunflower oil ▷ **huile végétale** vegetable oil ▷ **huile de vidange** (gén) lubricating oil; (usagée) waste oil ▷ **huile vierge** virgin olive oil

**huiler** [ɥile] → SYN ▸ conjug 1 ◂ **vt** [+ machine, serrure] to oil, lubricate; [+ récipient] to oil ◆ **papier huilé** oil-paper ◆ **cuir huilé** oiled leather ◆ **la mécanique est bien/parfaitement huilée** (fig) it's a well-oiled/perfectly smooth-running machine ◆ **équipe bien huilée** slick team

**huilerie** [ɥilʀi] **nf** (= usine) oil factory; (= commerce) oil trade; (= moulin) oil-mill

**huileux, -euse** [ɥilø, øz] → SYN **adj** liquide, matière oily; aspect, surface oily, greasy

**huilier** [ɥilje] **nm** (oil and vinegar) cruet, oil and vinegar bottle

**huis** [ɥi] **nm** †† door ◆ **à huis clos** (Jur) in camera ◆ **ordonner le huis clos** (Jur) to order proceedings to be held in camera ◆ **les négociations se poursuivent à huis clos** the talks are continuing behind closed doors ◆ **"Huis Clos"** (Littérat) "In Camera" (Brit), "No Exit" (US)

**huisserie** [ɥisʀi] **nf** [porte] doorframe; [fenêtre] window frame

**huissier** [ɥisje] → SYN **nm** a (= appariteur) usher

b (Jur) **huissier (de justice)** ≈ bailiff

> **HUISSIER**
>
> Although in some respects the role of **huissiers** is similar to that of bailiffs, their activities are not identical. The main function of a **huissier** is to carry out decisions made in the courts, for example evictions for non-payment of rent and seizure of goods following bankruptcy proceedings. Unlike bailiffs, **huissiers** can also be called upon to witness the signature of important documents, and to ensure that public competitions are judged fairly.

**huit** ['ɥi(t)] 1 **adj inv** eight; pour autres loc voir **six**

2 **nm inv** eight; (en patinage) figure of eight; (en aviron) eight ◆ **lundi en huit** a week on (Brit) ou from (US) Monday, Monday week * (Brit); → **grand**

3 COMP ▷ **huit jours** (= une semaine) a week ◆ **dans huit jours** in a week, in a week's time (Brit) ◆ **donner ses huit jours à un domestique** † to give a servant a week's notice

**huitain** ['ɥitɛ̃] **nm** (= poème) octet, octave

**huitaine** ['ɥitɛn] **nf** eight or so, about eight ◆ **dans une huitaine (de jours)** in a week or so ◆ **son cas a été remis à huitaine** (Jur) the hearing has been postponed or deferred for one week ◆ **sans réponse sous huitaine** if no reply is received within seven days

**huitante** ['ɥitɑ̃t] **adj inv** (Helv) eighty

**huitantième** ['ɥitɑ̃tjɛm] **adj** (Helv) eightieth

**huitième** ['ɥitjɛm] 1 **adj, nmf** eighth ◆ **la huitième merveille du monde** the eighth wonder of the world; pour autres loc voir **sixième**

2 **nf** (Scol) *penultimate class of primary school*, fifth grade (US)

3 **nmpl** (Sport) ◆ **huitièmes de finale** second round in a five-round knock-out competition ◆ **être en huitièmes de finale** to be in the last sixteen

**huitièmement** [ɥitjɛmmɑ̃] adv eighthly

**huître** [ɥitʀ] [→ SYN] nf oyster ◆ **huître perlière** pearl oyster ◆ **huître plate** Belon oyster ◆ **banc d'huîtres** oyster bed ◆ **couteau à huîtres** oyster knife ◆ **se (re)fermer comme une huître** to clam up

**huit-reflets** [ˈɥiʀ(ə)flɛ] nm inv silk top hat

**huîtrier, -ière** [ɥitʀije, ijɛʀ] [1] adj industrie oyster (épith)
[2] nm (= oiseau) oyster catcher
[3] **huîtrière** nf (= banc) oyster bed; (= établissement) oyster farm

**hula-ho(o)p** [ulaɔp] nm Hula Hoop ®

**hulotte** [ˈylɔt] [→ SYN] nf tawny owl

**hululement** [ˈylylmɑ̃] nm hooting, screeching

**hululer** [ˈylyle] ▸ conjug 1 ◂ vi to hoot, screech

**hum** [ˈœm] excl hem!, h'm!

**humain, e** [ymɛ̃, ɛn] [→ SYN] [1] adj (gén) human; (= compatissant, compréhensif) humane ◆ **justice/espèce/condition humaine** human justice/race/condition ◆ **il n'avait plus figure humaine** he was disfigured beyond recognition ◆ **se montrer humain** to show humanity, act humanely (*envers* towards) ◆ **il s'est sauvé – c'est humain** he ran away – it's only human; → **respect, science, voix** etc
[2] nm **a** (Philos) **l'humain** the human element
**b** (= être humain) human (being) ◆ **les humains** humans, human beings

**humainement** [ymɛnmɑ̃] [→ SYN] adv (= avec bonté) humanely; (= par l'homme) humanly ◆ **ce n'est pas humainement possible** it's not humanly possible ◆ **humainement, on ne peut pas le renvoyer** it would be heartless to dismiss him ◆ **une situation humainement intolérable** an unbearable situation for people to be in ◆ **la restructuration a été humainement douloureuse** the human cost of the restructuring was high, the restructuring was painful in human terms

**humanisation** [ymanizasjɔ̃] [→ SYN] nf humanization

**humaniser** [ymanize] [→ SYN] ▸ conjug 1 ◂ [1] vt [+ doctrine] to humanize; [+ conditions] to make more humane, humanize
[2] **s'humaniser** vpr [personne] to become more human; [architecture] to become less forbidding ou impersonal

**humanisme** [ymanism] [→ SYN] nm humanism

**humaniste** [ymanist] [→ SYN] [1] adj humanist, humanistic
[2] nmf humanist

**humanitaire** [ymanitɛʀ] [→ SYN] adj intervention, convoi humanitarian ◆ **aide/action humanitaire** humanitarian aid/relief ◆ **association humanitaire** humanitarian (aid) organization

**humanitarisme** [ymanitaʀism] nm (péj) unrealistic humanitarianism

**humanitariste** [ymanitaʀist] [1] adj (péj) unrealistically humanitarian
[2] nmf unrealistic humanitarian

**humanité** [ymanite] [→ SYN] [1] nf **a** (= le genre humain) **l'humanité** humanity, mankind
**b** (= bonté) humaneness, humanity ◆ **geste d'humanité** humane gesture
**c** (Philos, Rel) humanity
[2] **humanités** nfpl († Scol) classics, humanities ◆ **faire ses humanités** to study ou read (Brit) classics

**humanoïde** [ymanɔid] adj, nm humanoid

**humble** [œbl(ə)] [→ SYN] adj (= modeste, pauvre) humble; (= obscur) humble, lowly ◆ **d'humble naissance** of humble ou lowly birth ou origins ◆ **à mon humble avis** in my humble opinion ◆ **"je suis votre humble serviteur"** † "I am your humble servant" †

**humblement** [œbləmɑ̃] adv humbly

**humecter** [ymɛkte] [→ SYN] ▸ conjug 1 ◂ vt [+ linge, herbe] to dampen; [+ front] to moisten, dampen ◆ **la sueur humectait ses tempes** his brow was damp with sweat ◆ **l'herbe humectée de rosée** the dewy ou dew-damp grass ◆ **s'humecter les lèvres** to moisten one's lips ◆ **ses yeux s'humectèrent** his eyes grew moist (with tears), tears welled in his eyes ◆ **s'humecter le gosier** * to wet one's whistle *

**humecteur** [ymɛktœʀ] nm [étoffe, papier] dampener

**humer** [ˈyme] [→ SYN] ▸ conjug 1 ◂ vt [+ plat] to smell; [+ air, parfum] to inhale, breathe in

**huméral, e,** mpl **-aux** [ymeʀal, o] adj humeral

**humérus** [ymeʀys] nm humerus

**humeur** [ymœʀ] [→ SYN] nf **a** (= disposition momentanée) mood, humour ◆ **selon son humeur** ou **l'humeur du moment** according to the mood he was in ◆ **se sentir d'humeur à travailler** to feel in the mood for working ou for work ou to work ◆ **de quelle humeur est-il aujourd'hui ?** what kind of mood is he in today? ◆ **mettre/être de bonne humeur** to put/be in a good mood ou humour, put/be in good spirits ◆ **travailler dans la bonne humeur** to work contentedly ◆ **la bonne humeur régnait dans la maison** contentment reigned in the house ◆ **roman/film plein de bonne humeur** good-humoured novel/film, novel/film full of good humour ◆ **être de mauvaise humeur** to be in a bad mood ◆ **il est d'une humeur massacrante** ou **de chien** he's in a rotten * ou foul temper ou mood ◆ **humeur noire** black mood; → **saute**
**b** (= tempérament) temper, temperament ◆ **d'humeur changeante** ou **inégale** moody ◆ **d'humeur égale** even-tempered, equable (frm) ◆ **être d'humeur** ou **avoir l'humeur batailleuse** to be fiery-tempered ◆ **être d'humeur maussade** to be sullen, be a sullen type ◆ **il y a incompatibilité d'humeur entre eux** they are temperamentally unsuited ou incompatible
**c** (= irritation) bad temper, ill humour ◆ **passer son humeur sur qn** to take out ou vent one's bad temper ou ill humour on sb ◆ **accès** ou **mouvement d'humeur** fit of (bad) temper ou ill humour ◆ **geste d'humeur** bad-tempered gesture ◆ **agir par humeur** to act in a fit of (bad) temper ou ill humour ◆ **dire qch avec humeur** to say sth ill-humouredly ou testily (littér)
**d** (Méd) secretion ◆ **humeur aqueuse/vitreuse** ou **vitrée de l'œil** aqueous/vitreous humour of the eye ◆ **les humeurs** †† the humours †

**humide** [ymid] [→ SYN] adj mains, front, terre moist, damp; torchon, habits, mur, poudre, herbe damp; local, climat, région, chaleur humid; (= plutôt froid) damp; tunnel, cave dank, damp; saison, route wet ◆ **yeux humides d'émotion** eyes moist with emotion ◆ **il lui lança un regard humide** he looked at her with moist eyes ◆ **temps lourd et humide** muggy weather ◆ **temps froid et humide** cold wet weather

**humidificateur** [ymidifikatœʀ] nm [air] humidifier

**humidification** [ymidifikasjɔ̃] nf humidification

**humidifier** [ymidifje] [→ SYN] ▸ conjug 7 ◂ vt [+ air] to humidify; [+ terre] to moisten; [+ linge] to moisten, dampen

**humidifuge** [ymidifyʒ] adj humidity-absorbing (épith)

**humidité** [ymidite] [→ SYN] nf [air, climat] humidity; (plutôt froide) dampness; [sol, mur] dampness; [tunnel, cave] dankness, dampness ◆ **humidité (atmosphérique)** humidity (of the atmosphere) ◆ **humidité absolue/relative** (Phys) absolute/relative humidity ◆ **air saturé d'humidité** air saturated with moisture ◆ **dégâts causés par l'humidité** damage caused by (the) damp ◆ **traces d'humidité sur le mur** traces of moisture ou of damp on the wall ◆ **taches d'humidité** damp patches, patches of damp ◆ **"craint l'humidité", "à protéger de l'humidité"** (sur emballage) "to be kept dry", "keep in a dry place"

**humiliant, e** [ymiljɑ̃, jɑ̃t] [→ SYN] adj humiliating

**humiliation** [ymiljasjɔ̃] [→ SYN] nf (gén) humiliation; (Rel) humbling (NonC)

**humilier** [ymilje] [→ SYN] ▸ conjug 7 ◂ vt (= rabaisser) to humiliate; (††, Rel = rendre humble) to humble ◆ **s'humilier devant** to humble o.s. before

**humilité** [ymilite] [→ SYN] nf (= modestie) humility, humbleness ◆ **ton d'humilité** humble tone ◆ **en toute humilité** with all humility

**humoral, e,** mpl **-aux** [ymɔʀal, o] adj humoral

**humorisme** [ymɔʀism] nm humoral medicine

**humoriste** [ymɔʀist] [→ SYN] [1] adj écrivain humorous
[2] nmf humorist

**humoristique** [ymɔʀistik] [→ SYN] adj humorous; → **dessin**

**humour** [ymuʀ] [→ SYN] nm humour ◆ **humour noir** black humour ◆ **humour à froid** deadpan humour ◆ **l'humour anglais** ou **britannique** British humour ◆ **manquer d'humour** to have no sense of humour ◆ **avoir de l'humour/beaucoup d'humour** to have a sense of humour/a good ou great sense of humour ◆ **faire de l'humour** to try to be funny

**humus** [ymys] [→ SYN] nm humus

**Hun** [ˈœ̃] nm (Hist) Hun

**hune** [ˈyn] nf top ◆ **mât de hune** topmast ◆ **grande hune** maintop

**hunier** [ˈynje] nm topsail ◆ **grand hunier** main topsail

**huppe** [ˈyp] [→ SYN] nf (= oiseau) hoopoe; (= crête) crest

**huppé, e** [ˈype] [→ SYN] adj **a** (Orn) crested
**b** (* = riche) posh *, swanky *

**hurdler** [ˈœʀdlœʀ] nm hurdler

**hure** [ˈyʀ] [→ SYN] nf (= tête) head; (= pâté) pork brawn ◆ **hure de sanglier** boar's head

**hurlant, e** [ˈyʀlɑ̃, ɑ̃t] adj foule howling; enfant yelling; sirène wailing; couleurs clashing

**hurlement** [ˈyʀləmɑ̃] [→ SYN] nm **a** [loup, chien] howl, howling (NonC); [personne] yell, howl ◆ **pousser des hurlements** (de rage) to howl with rage; (de douleur) to howl with pain; (de joie) to whoop for ou with joy ◆ **des hurlements de rire** screams ou gales of laughter
**b** [vent] howling (NonC); [sirènes] wailing (NonC); [pneus, freins] screeching (NonC), screech, squealing (NonC), squeal

**hurler** [ˈyʀle] [→ SYN] ▸ conjug 1 ◂ [1] vi **a** (= crier) [personne] (de peur) to shriek, scream; (de douleur) to scream, yell (out), howl; (de rage) to roar, bellow; [foule] to roar, yell (*de* with, in) ◆ **hurler de rire** * to roar ou bellow with laughter ◆ **il hurlait comme si on l'égorgeait** he was screaming like a stuck pig ◆ **elle hurlait après les enfants** she was yelling at the children ◆ **cette réforme va faire hurler l'opposition** this reform will enrage the opposition
**b** (= vociférer) to yell
**c** [chien, vent] to howl; [freins] to screech, squeal; [sirène] to wail; [radio] to blare ◆ **faire hurler sa télé** to have the TV on full blast * ◆ **hurler à la lune** ou **à la mort** to bay at the moon ◆ **hurler avec les loups** (fig) to follow the pack ou crowd
**d** [couleurs] to clash ◆ **ce tableau jaune sur le mur vert, ça hurle !** that yellow picture really clashes with the green wall
[2] vt [+ injures, slogans] to yell, roar; [+ ordres] to bellow, yell ◆ **il hurlait son désespoir** he gave vent to his despair ◆ **"jamais !" hurla-t-il** "never!" he cried

**hurleur, -euse** [ˈyʀlœʀ, øz] [1] adj (= braillard) personne yelling (épith)
[2] nm ◆ **(singe) hurleur** howler (monkey)

**hurluberlu, e** [yʀlybɛʀly] [→ SYN] nm,f crank

**huron, -onne** [ˈyʀɔ̃, ɔn] [1] adj Huron ◆ **le lac Huron** Lake Huron
[2] nm (Ling) Huron
[3] **Huron(ne)** nm,f Huron

**hurrah** [ˈuʀa, huʀa] excl ⇒ **hourra**

**hurricane** [ˈyʀikan] nm hurricane

**husky,** pl **huskies** [ˈœski] nm husky

**hussard** [ˈysaʀ] nm hussar

**hussarde** [ˈysaʀd] **à la hussarde** loc adv in a rough and ready way

**hussite** [ˈysit] nm Hussite

**hutte** [ˈyt] [→ SYN] nf hut

**hutu** [ˈutu] [1] adj Hutu
[2] **Hutu** nmf Hutu ◆ **les Hutus** the Hutus

**hyacinthe** [jasɛ̃t] [→ SYN] nf (= pierre) hyacinth, jacinth; († = fleur) hyacinth

**hyades** [jad] nfpl Hyad(e)s

**hyalin, e** [jalɛ̃, in] [→ SYN] adj hyalin

**hyalite** [jalit] nf **a** (Minér) hyalite
**b** (Méd) hyalitis

**hyaloïde** [jalɔid] adj hyaloid

**hybridation** [ibʀidasjɔ̃] → SYN nf hybridization

**hybride** [ibʀid] → SYN adj, nm hybrid

**hybrider** [ibʀide] → SYN ► conjug 1 ◄ vt to hybridize

**hybridisme** [ibʀidism] nm hybridism

**hybridité** [ibʀidite] nf hybridity

**hybridome** [ibʀidom] nm hybridoma

**hydarthrose** [idaʀtʀoz] nf hydrarthrosis

**hydatide** [idatid] nf hydatid

**hydatique** [idatik] adj hydatid (épith)

**hydne** [idn] nm hydnum

**hydracide** [idʀasid] nm hydracid

**hydramnios** [idʀamnjos] nm hydramnios

**hydrant** [idʀɑ̃] nm **hydrante** [idʀɑ̃t] nf (Helv) fire hydrant

**hydrargyre** [idʀaʀʒiʀ] nm hydrargyrum

**hydrargyrisme** [idʀaʀʒiʀism] nm hydrargyria, hydrargyrism

**hydratable** [idʀatabl] adj which can be hydrated

**hydratant, e** [idʀatɑ̃, ɑ̃t] 1 adj moisturizing
2 nm moisturizer

**hydratation** [idʀatasjɔ̃] nf (Chim, Méd) hydration; [peau] moisturizing

**hydrate** [idʀat] nm hydrate ◆ **hydrate de carbone** carbohydrate

**hydrater** [idʀate] → SYN ► conjug 1 ◄ 1 vt (gén) to hydrate; [+ peau] to moisturize
2 **s'hydrater** vpr (Chim) to hydrate; (= boire) to take lots of fluids

**hydraulicien, -ienne** [idʀolisjɛ̃, jɛn] nmf hydraulics specialist

**hydraulique** [idʀolik] 1 adj circuit, énergie, frein, presse, travaux hydraulic ◆ **station hydraulique** waterworks sg
2 nf hydraulics sg

**hydravion** [idʀavjɔ̃] nm seaplane, hydroplane

**hydrazine** [idʀazin] nf hydrazine

**hydre** [idʀ(ə)] → SYN nf a (Myth) **l'hydre de Lerne** the Lernean Hydra ◆ **on voit resurgir l'hydre du racisme** racism is rearing ou raising its ugly head again
b (Zool) hydra ◆ **hydre d'eau douce** freshwater hydra

**hydrique** [idʀik] adj water (épith) ◆ **ressources hydriques** water resources ◆ **diète hydrique** (Méd) liquid diet

**hydrocarbonate** [idʀokaʀbɔnat] nm hydrocarbonate

**hydrocarboné, e** [idʀokaʀbɔne] adj (Chim) hydrocarbonic

**hydrocarbure** [idʀokaʀbyʀ] nm hydrocarbon ◆ **hydrocarbures saturés/insaturés** saturated/unsaturated hydrocarbons

**hydrocèle** [idʀɔsɛl] nf hydrocele

**hydrocéphale** [idʀɔsefal] 1 adj hydrocephalic, hydrocephalous
2 nmf person suffering from hydrocephalus

**hydrocéphalie** [idʀɔsefali] nf hydrocephalus

**hydrocoralliaire** [idʀokɔʀaljɛʀ] nm hydrocoralline

**hydrocortisone** [idʀokɔʀtizɔn] nf hydrocortisone

**hydrocotyle** [idʀɔkɔtil] nf marsh pennywort

**hydrocraquage** [idʀokʀakaʒ] nm hydrocracking

**hydrocution** [idʀɔkysjɔ̃] nf (Méd) immersion syncope

**hydrodynamique** [idʀodinamik] 1 adj hydrodynamic
2 nf hydrodynamics sg

**hydro(-)électricité** [idʀoelɛktʀisite] nf hydroelectricity

**hydro(-)électrique** [idʀoelɛktʀik] adj hydroelectric

**hydrofoil** [idʀofɔjl] nm hydrofoil *(boat)*

**hydrofuge** [idʀɔfyʒ] adj peinture water-repellent

**hydrofuger** [idʀɔfyʒe] ► conjug 3 ◄ vt to waterproof

**hydrogénation** [idʀɔʒenasjɔ̃] nf hydrogenation

**hydrogéné, e** [idʀɔʒene] adj hydrogenated, hydrogenized

**hydrogène** [idʀɔʒɛn] nm hydrogen ◆ **hydrogène lourd** heavy hydrogen; → **bombe**

**hydrogéner** [idʀɔʒene] ► conjug 6 ◄ vt to hydrogenate, hydrogenize

**hydroglisseur** [idʀoglisœʀ] nm hydroplane, jet-foil

**hydrographe** [idʀɔgʀaf] nm hydrographer

**hydrographie** [idʀɔgʀafi] → SYN nf hydrography

**hydrographique** [idʀɔgʀafik] adj hydrographic(al)

**hydrolase** [idʀɔlɑz] nf hydrolase

**hydrolat** [idʀɔla] nm hydrol

**hydrolithe** [idʀɔlit] nf calcium hybride, hydrolith

**hydrologie** [idʀɔlɔʒi] nf hydrology

**hydrologique** [idʀɔlɔʒik] adj hydrologic(al)

**hydrologiste** [idʀɔlɔʒist], **hydrologue** [idʀɔlɔg] nmf hydrologist

**hydrolysable** [idʀɔlizabl] adj hydrolysable

**hydrolyse** [idʀɔliz] nf hydrolysis

**hydrolyser** [idʀɔlize] ► conjug 1 ◄ vt to hydrolize

**hydromécanique** [idʀomekanik] adj hydromechanic

**hydromel** [idʀɔmɛl] nm mead

**hydromètre** [idʀɔmɛtʀ] 1 nm (Tech) hydrometer
2 nf (Zool) hydrometrid

**hydrométrie** [idʀɔmetʀi] nf hydrometry

**hydrométrique** [idʀɔmetʀik] adj hydrometric(al)

**hydronéphrose** [idʀonefʀoz] nf hydronephrosis

**hydrophile** [idʀɔfil] 1 adj lentilles cornéennes hydrophilic; → **coton**
2 nm (Zool) great silver beetle

**hydrophobe** [idʀɔfɔb] adj, nmf hydrophobic

**hydrophobie** [idʀɔfɔbi] nf hydrophobia

**hydrophone** [idʀɔfɔn] nm hydrophone

**hydropique** [idʀɔpik] 1 adj dropsical, hydropic(al)
2 nmf person suffering from dropsy

**hydropisie** [idʀɔpizi] nf dropsy

**hydropneumatique** [idʀopnømatik] adj hydropneumatic

**hydroponique** [idʀɔpɔnik] adj hydroponic ◆ **culture hydroponique** hydroponics sg, hydroponic gardening ou farming

**hydroptère** [idʀɔptɛʀ] nm hydrofoil *(boat)*

**hydropulseur** [idʀopylsœʀ] nm [dentiste] water sprayer

**hydroquinone** [idʀokinɔn] nf hydroquinone, hydroquinol

**hydrosilicate** [idʀosilikat] nm hydrosilicate

**hydrosoluble** [idʀosɔlybl] adj water-soluble

**hydrosphère** [idʀɔsfɛʀ] nf hydrosphere

**hydrostatique** [idʀɔstatik] 1 adj hydrostatic
2 nf hydrostatics sg

**hydrothérapeute** [idʀoteʀapøt] nmf hydrotherapist

**hydrothérapie** [idʀoteʀapi] → SYN nf (= traitement) hydrotherapy; (= science) hydrotherapeutics sg ◆ **soins d'hydrothérapie** hydrotherapy treatments, water cures

**hydrothérapique** [idʀoteʀapik] adj traitement hydrotherapy (épith); science hydrotherapeutic

**hydrothermal, e,** mpl **-aux** [idʀotɛʀmal, o] adj hydrothermal

**hydrothorax** [idʀotɔʀaks] nm hydrothorax

**hydrotimètre** [idʀɔtimɛtʀ] nm hydrotimeter

**hydrotimétrie** [idʀɔtimetʀi] nf hydrotimetry

**hydroxyde** [idʀɔksid] nm hydroxide

**hydroxylamine** [idʀɔksilamin] nf hydroxylamine

**hydroxyle** [idʀɔksil] nm hydroxyl

**hydrozoaires** [idʀozɔɛʀ] nmpl ◆ **les hydrozoaires** hydrozoans, the Hydrozoa (SPÉC)

**hydrure** [idʀyʀ] nm hydride

**hyène** [jɛn] nf hyena

**hygiaphone ®** [iʒjafɔn] nm Hygiaphone ® *(grill for speaking through at ticket counters etc)*

**hygiène** [iʒjɛn] → SYN nf hygiene; (= science) hygienics sg, hygiene; (Scol) health education ◆ **ça manque d'hygiène** it's not very hygienic ◆ **hygiène corporelle** personal hygiene ◆ **hygiène intime** [femme] personal hygiene ◆ **hygiène mentale/publique** mental/public health ◆ **hygiène du travail** industrial hygiene ◆ **hygiène alimentaire** food hygiene ◆ **pour une meilleure hygiène de vie** for a healthier life ◆ **il suffit d'avoir de l'hygiène** you just need to be careful about hygiene ◆ **n'avoir aucune hygiène** to have no sense of hygiene

**hygiénique** [iʒjenik] → SYN adj hygienic ◆ **promenade hygiénique** constitutional (walk); → **papier, seau, serviette**

**hygiéniquement** [iʒjenikmɑ̃] → SYN adv hygienically

**hygiéniste** [iʒjenist] nmf hygienist

**hygroma** [igʀɔma] nm hygroma

**hygromètre** [igʀɔmɛtʀ] nm hygrometer ◆ **hygromètre à cheveu** hair hygrometer

**hygrométrie** [igʀɔmetʀi] nf hygrometry

**hygrométrique** [igʀɔmetʀik] adj hygrometric

**hygrophile** [igʀɔfil] adj hygrophilous

**hygroscope** [igʀɔskɔp] nm hygroscope

**hygroscopique** [igʀɔskɔpik] adj hygroscopic

**hygrostat** [igʀɔsta] nm hygrostat

**hymen** [imɛn] → SYN nm (littér = mariage) marriage; (Anat) hymen

**hyménée** [imene] nm (littér) marriage

**hyménium** [imenjɔm] nm hymenium

**hyménomycètes** [imenomisɛt] nmpl ◆ **les hyménomycètes** the Hymenochaete (SPÉC)

**hyménoptère** [imenɔptɛʀ] nm hymenopteran ◆ **les hyménoptères** Hymenoptera

**hymne** [imn] → SYN nm (Littérat, Rel) hymn ◆ **son discours était un hymne à la liberté** his speech was a hymn to liberty ◆ **hymne national** national anthem ◆ **"Hymne à la joie"** (Mus) "Ode to Joy"

**hyoïde** [jɔid] adj, nm ◆ (os) **hyoïde** hyoid (bone)

**hyoïdien, -ienne** [jɔidjɛ̃, jɛn] adj hyoid(al), hyoidean

**hypallage** [ipa(l)laʒ] nf hypallage

**hyper(-)...** [ipɛʀ] préf a (gén) hyper(-)...
b (*: + adj = très) really ◆ **hyper sympa*** really ou dead* nice ◆ **hyper riche** mega* rich ◆ **hyper important** really ou very important

**hyper*** [ipɛʀ] nm abrév de **hypermarché**

**hyperacidité** [ipɛʀasidite] nf hyperacidity

**hyperacousie** [ipɛʀakuzi] nf hyperacusis, hyperacusia

**hyperactif, -ive** [ipɛʀaktif, iv] adj hyperactive

**hyperactivité** [ipɛʀaktivite] nf hyperactivity

**hyperalgésie** [ipɛʀalʒezi] nf hyperalg(es)ia

**hyperalgésique** [ipɛʀalʒezik] adj hyperalg(es)ic

**hyperalgie** [ipɛʀalʒi] nf hyperalg(es)ia

**hyperalgique** [ipɛʀalʒik] adj hyperalg(es)ic

**hyperbare** [ipɛʀbaʀ] adj hyperbaric

**hyperbate** [ipɛʀbat] nf hyperbaton

**hyperbole** [ipɛʀbɔl] → SYN nf (Math) hyperbola; (Littérat) hyperbole

**hyperbolique** [ipɛʀbɔlik] → SYN adj (Math, Littérat) hyperbolic

**hyperboliquement** [ipɛʀbɔlikmɑ̃] → SYN adv hyperbolically

**hyperboloïde** [ipɛʀbɔlɔid] 1 adj hyperboloidal
2 nm hyperboloid

**hyperboréen, -enne** [ipɛʀbɔʀeɛ̃, ɛn] → SYN adj hyperborean

**hypercalcémie** [ipɛʀkalsemi] **nf** hypercalcaemia (Brit), hypercalcemia (US)

**hyperchlorhydrie** [ipɛʀklɔʀidʀi] **nf** hyperchlorhydria

**hypercholestérolémie** [ipɛʀkɔlɛsteʀɔlemi] **nf** hypercholesterolaemia (Brit), hypercholesterolemia (US)

**hypercholestérolémique** [ipɛʀkɔlɛsteʀɔlemik] **1** **adj** hypercholesterolaemic (Brit), hypercholesterolemic (US)
**2** **nmf** person suffering from hypercholesterolaemia

**hyperchrome** [ipɛʀkʀom] **adj** hyperchromic ◆ **anémie hyperchrome** (Méd) hyperchromic anaemia

**hyperchromie** [ipɛʀkʀɔmi] **nf** hyperchromia

**hypercorrect, e** [ipɛʀkɔʀɛkt] **adj** (Ling) hypercorrect

**hypercorrection** [ipɛʀkɔʀɛksjɔ̃] **nf** (Ling) hypercorrection

**hyperdulie** [ipɛʀdyli] **nf** hyperdulia

**hyperémie** [ipeʀemi] **nf** hyperaemia (Brit), hyperemia (US)

**hyperémotif, -ive** [ipeʀemɔtif, iv] **adj** excessively emotive

**hyperémotivité** [ipeʀemɔtivite] **nf** excess emotionality

**hyperespace** [ipɛʀɛspas] **nm** hyperspace

**hyperesthésie** [ipɛʀɛstezi] → SYN **nf** hyperaesthesia (Brit), hyperesthesia (US)

**hyperfocal, e,** mpl **-aux** [ipɛʀfɔkal, o] **adj** hyperfocal

**hyperfréquence** [ipɛʀfʀekɑ̃s] **nf** very ou ultra high frequency

**hyperglycémie** [ipɛʀglisemi] **nf** hyperglycaemia (Brit), hyperglycemia (US)

**hyperinflation** [ipɛʀɛ̃flasjɔ̃] **nf** hyperinflation

**hyperkaliémie** [ipɛʀkaljemi] **nf** hyperkalaemia (Brit), hyperkalemia (US)

**hyperkinétique** [ipɛʀkinetik] **adj** hyperkinetic

**hyperlien** [ipɛʀljɛ̃] **nm** (Ordin) hyperlink

**hyperlipémie** [ipɛʀlipemi], **hyperlipidémie** [ipɛʀlipidemi] **nf** hyperlipidaemia (Brit), hyperlipidemia (US)

**hypermarché** [ipɛʀmaʀʃe] → SYN **nm** hypermarket, superstore

**hypermédia** [ipɛʀmedja] **adj, nm** hypermedia

**hypermètre** [ipɛʀmɛtʀ] **adj** hypermetric

**hypermétrope** [ipɛʀmetʀɔp] **1** **adj** long-sighted, far-sighted (US), hypermetropic (SPÉC)
**2** **nmf** long-sighted ou far-sighted (US) ou hypermetropic (SPÉC) person

**hypermétropie** [ipɛʀmetʀɔpi] **nf** long-sightedness, far-sightedness (US), hypermetropia (SPÉC)

**hypermnésie** [ipɛʀmnezi] **nf** hypermnesia

**hypernerveux, -euse** [ipɛʀnɛʀvø, øz] **adj** very highly strung (Brit), very high strung (US)

**hypernervosité** [ipɛʀnɛʀvozite] **nf** extreme nervous tension

**hypéron** [ipeʀɔ̃] **nm** hyperon

**hyperonyme** [ipeʀɔnim] **nm** superordinate

**hyperplasie** [ipɛʀplazi] **nf** hyperplasia

**hyperréalisme** [ipɛʀʀealism] **nm** hyperrealism

**hyperréaliste** [ipɛʀʀealist] **adj, nmf** hyperrealist

**hypersécrétion** [ipɛʀsekʀesjɔ̃] **nf** hypersecretion

**hypersensibilité** [ipɛʀsɑ̃sibilite] **nf** hypersensitivity, hypersensitiveness ◆ **hypersensibilité immédiate/retardée** (Méd) immediate/delayed hypersensitivity

**hypersensible** [ipɛʀsɑ̃sibl] **adj** hypersensitive

**hypersomniaque** [ipɛʀsɔmnjak] **adj, nmf** hypersomniac

**hypersomnie** [ipɛʀsɔmni] **nf** hypersomnia

**hypersonique** [ipɛʀsɔnik] **adj** hypersonic

**hypersustentateur, -trice** [ipɛʀsystɑ̃tatœʀ, tʀis] **adj** ◆ **système hypersustentateur** system of flaps

**hypersustentation** [ipɛʀsystɑ̃tasjɔ̃] **nf** increased lift

**hypertendu, e** [ipɛʀtɑ̃dy] **1** **adj** suffering from high blood pressure ou from hypertension (SPÉC)
**2** **nm,f** hypertensive

**hypertensif** [ipɛʀtɑ̃sif] **nm** hypertensor

**hypertension** [ipɛʀtɑ̃sjɔ̃] **nf** ◆ **hypertension (artérielle)** high blood pressure, hypertension (SPÉC) ◆ **faire de l'hypertension** to suffer from ou have high blood pressure

**hypertexte** [ipɛʀtɛkst] **nm** (Ordin) hypertext ◆ **lien hypertexte** hypertext link ◆ **navigation en (mode) hypertexte** browsing hypertext

**hypertextuel, -elle** [ipɛʀtɛkstyɛl] **adj** hypertext

**hyperthermie** [ipɛʀtɛʀmi] **nf** hyperthermia ◆ **traiter qn par hyperthermie** to give sb hyperthermia treatment

**hyperthyroïdie** [ipɛʀtiʀɔidi] **nf** hyperthyroidism

**hypertonie** [ipɛʀtɔni] **nf** (Chim, Méd) hypertonicity

**hypertonique** [ipɛʀtɔnik] **adj** (Méd) hypertonic

**hypertrophie** [ipɛʀtʀɔfi] → SYN **nf** (Méd) hypertrophy; [ville, secteur] overdevelopment

**hypertrophié, e** [ipɛʀtʀɔfje] **adj** muscle hypertrophied, abnormally enlarged; administration, bureaucratie, secteur overdeveloped, hypertrophied

**hypertrophier** [ipɛʀtʀɔfje] ▸ conjug 7 ◂ **1** **vt** to hypertrophy
**2** **s'hypertrophier** **vpr** (Méd) to hypertrophy; [ville, secteur] to become overdeveloped

**hypertrophique** [ipɛʀtʀɔfik] **adj** hypertrophic

**hypervitaminose** [ipɛʀvitaminoz] **nf** hypervitaminosis

**hyphe** [if] **nm** hypha

**hypnagogique** [ipnagɔʒik] **adj** hypnagogic

**hypne** [ipn] **nf** plume moss, hypnum (SPÉC)

**hypnoïde** [ipnɔid] **adj** hypnoid

**hypnose** [ipnoz] → SYN **nf** hypnosis ◆ **sous hypnose, en état d'hypnose** under hypnosis

**hypnotique** [ipnɔtik] → SYN **adj** (lit) hypnotic; (fig) hypnotic, mesmeric, mesmerizing

**hypnotiser** [ipnɔtize] → SYN ▸ conjug 1 ◂ **vt** (lit) to hypnotize; (fig) to hypnotize, mesmerize

**hypnotiseur** [ipnɔtizœʀ] → SYN **nm** hypnotist

**hypnotisme** [ipnɔtism] **nm** hypnotism

**hypo...** [ipɔ] **préf** hypo...

**hypoacousie** [ipoakuzi] **nf** hypoacusis, hypoacusia

**hypoalgésie** [ipoalʒezi] **nf** hypoalgesia

**hypoallergénique** [ipoalɛʀʒenik], **hypoallergique** [ipoalɛʀʒik] **adj** hypoallergenic

**hypocagne** [ipokaɲ] **nf** ⇒ **hypokhâgne**

**hypocalcémie** [ipokalsemi] **nf** hypocalcaemia (Brit), hypocalcemia (US)

**hypocalorique** [ipokalɔʀik] **adj** aliment, régime low-calorie (épith)

**hypocauste** [ipokost] **nm** hypocaust

**hypocentre** [iposɑ̃tʀ] **nm** hypocentre

**hypochloreux** [ipoklɔʀø] **adj m** ◆ **acide hypochloreux** hypochlorous acid

**hypochlorhydrie** [ipoklɔʀidʀi] **nf** hypochlorhydria

**hypochlorite** [ipoklɔʀit] **nm** hypochlorite

**hypochrome** [ipokʀom] **adj** hypochromic ◆ **anémie hypochrome** (Méd) hypochromic anaemia

**hypochromie** [ipɔkʀɔmi] **nf** hypochromia

**hypocondre** [ipɔkɔ̃dʀ] **nm** (Anat) hypochondrium

**hypocondriaque** [ipɔkɔ̃dʀijak] → SYN **adj, nm,f** (Méd) hypochondriac

**hypocondrie** [ipɔkɔ̃dʀi] → SYN **nf** hypochondria

**hypocoristique** [ipɔkɔʀistik] **adj, nm** hypocoristic

**hypocras** [ipɔkʀɑs] **nm** hippocras

**hypocrisie** [ipɔkʀizi] → SYN **nf** hypocrisy

**hypocrite** [ipɔkʀit] → SYN **1** **adj** hypocritical
**2** **nmf** hypocrite

**hypocritement** [ipɔkʀitmɑ̃] **adv** hypocritically

**hypocycloïde** [iposiklɔid] **nf** hypocycloid

**hypoderme** [ipɔdɛʀm] **nm** (Anat) hypodermis ◆ **les hypodermes** (Zool) the Hypoderma (SPÉC)

**hypodermique** [ipɔdɛʀmik] **adj** hypodermic

**hypodermose** [ipɔdɛʀmoz] **nf** hypodermosis

**hypofertile** [ipofɛʀtil] **adj** personne suffering from low fertility

**hypofertilité** [ipofɛʀtilite] **nf** [personne] low fertility

**hypogastre** [ipɔgastʀ] **nm** hypogastrium

**hypogastrique** [ipɔgastʀik] **adj** hypogastric

**hypogé, e**[1] [ipɔʒe] **adj** (Bot, Zool) hypogeal, hypogeous

**hypogée**[2] [ipɔʒe] → SYN **nm** (Archéol) hypogeum

**hypoglycémie** [ipoglisemi] **nf** hypoglycaemia (Brit), hypoglycemia (US) ◆ **avoir** ou **faire une crise d'hypoglycémie** to suffer an attack of hypoglycaemia

**hypoglycémique** [ipoglisemik] **1** **adj** hypoglycaemic (Brit), hypoglycemic (US) ◆ **évanouissement/coma hypoglycémique** fainting fit/coma brought on by an attack of hypoglycaemia
**2** **nmf** person suffering from hypoglycaemia

**hypogyne** [ipɔʒin] **adj** hypogynous

**hypokaliémie** [ipokaljemi] **nf** hypokalaemia (Brit), hypokalemia (US)

**hypokhâgne** [ipokaɲ] **nf** *first year of two-year preparatory course for the arts section of the École normale supérieure*; → GRANDES ÉCOLES; CLASSES PRÉPARATOIRES; CONCOURS

**hyponyme** [ipɔnim] **nm** hyponym

**hypophosphite** [ipofɔsfit] **nm** hypophosphite

**hypophosphoreux, -euse** [ipofɔsfɔʀø, øz] **adj** ◆ **acide hypophosphoreux** hypophosphorous acid

**hypophosphorique** [ipofɔsfɔʀik] **adj** ◆ **acide hypophosphorique** hypophosphoric acid

**hypophysaire** [ipɔfizɛʀ] **adj** pituitary, hypophyseal (SPÉC) ◆ **glande/hormone hypophysaire** pituitary gland/hormone ◆ **nanisme d'origine hypophysaire** dwarfism caused by pituitary growth hormone deficiency

**hypophyse** [ipɔfiz] **nf** pituitary gland, hypophysis (SPÉC)

**hyposcenium** [iposenjɔm] **nm** (= mur) hyposcenium

**hyposécrétion** [iposekʀesjɔ̃] **nf** hyposecretion

**hyposodé, e** [iposɔde] **adj** low-salt (épith), low in salt (attrib)

**hypostase** [ipɔstɑz] **nf** (Méd, Rel) hypostasis

**hypostatique** [ipɔstatik] **adj** hypostatic

**hypostyle** [ipɔstil] **adj** hypostyle

**hypotaupe** [ipotop] **nf** *first year of two-year preparatory course for the science section of the Grandes Écoles*

**hypotendu, e** [ipotɑ̃dy] **1** **adj** suffering from low blood pressure ou from hypotension (SPÉC)
**2** **nm,f** hypotensive

**hypotenseur** [ipotɑ̃sœʀ] **1** **adj** antihypertensive
**2** **nm** antihypertensive medicine

**hypotensif, -ive** [ipotɑ̃sif, iv] **adj** hypotensive

**hypotension** [ipotɑ̃sjɔ̃] **nf** low blood pressure, hypotension (SPÉC)

**hypoténuse** [ipɔtenyz] **nf** hypotenuse

**hypothalamique** [ipɔtalamik] **adj** hypothalamic

**hypothalamus** [ipɔtalamys] **nm** hypothalamus

**hypothécable** [ipɔtekabl] **adj** mortgageable

**hypothécaire** [ipɔtekɛʀ] **adj** (gén) hypothecary; marché, prêt mortgage (épith) ◆ **garantie hypothécaire** mortgage security

**hypothénar** [ipɔtenaʀ] **nm** hypothenar

**hypothèque** [ipɔtɛk] → SYN **nf** **a** (Jur) mortgage ◆ **prendre une hypothèque sur l'avenir** to mortgage the future

**b** (= obstacle) obstacle ♦ **lever l'hypothèque** (Pol) to take away the obstacle

**hypothéquer** [ipɔteke] → SYN ▸ conjug 6 ◂ **vt** [+ maison] to mortgage; [+ créance] to secure (by mortgage); [+ avenir] to mortgage

**hypothermie** [ipɔtɛʀmi] **nf** hypothermia

**hypothèse** [ipɔtɛz] → SYN **nf** (gén) hypothesis, assumption; (Sci) hypothesis ♦ **émettre l'hypothèse que** (gén) to suggest the possibility that; (Sci) to theorize that ♦ **prenons comme hypothèse que** let's assume ou suppose that ♦ **l'hypothèse du suicide n'a pas été écartée** the possibility of suicide has not been ruled out ♦ **en toute hypothèse** in any case ou event, no matter what happens ♦ **dans l'hypothèse où ...** in the event that ... ♦ **dans l'hypothèse de leur victoire** in the event of their winning, should they win, supposing they win ♦ **dans la meilleure/pire des hypothèses** at best/worst ♦ **je le pense mais ce n'est qu'une hypothèse** I think so but it's only a hypothesis ou I'm just hypothesizing ♦ **en être réduit aux hypothèses** to be reduced to speculation ou guessing ♦ **hypothèse d'école** purely hypothetical case ♦ **hypothèse de travail** working hypothesis

**hypothéticodéductif, -ive** [ipɔtetikodedyktif, iv] **adj** hypothetico-deductive

**hypothétique** [ipɔtetik] → SYN **adj** hypothetical ♦ **cas hypothétique** (Jur) moot case

**hypothétiquement** [ipɔtetikmɑ̃] **adv** hypothetically

**hypothyroïdie** [ipotiʀɔidi] **nf** hypothyroidism

**hypotonie** [ipɔtɔni] **nf** (Chim, Méd) hypotonicity

**hypotonique** [ipɔtɔnik] **adj** (Chim) hypotonic

**hypotrophie** [ipɔtʀɔfi] **nf** hypotrophy

**hypovitaminose** [ipovitaminoz] **nf** hypovitaminosis

**hypoxémie** [ipɔksemi] **nf** (Méd, Physiol) hypoxaemia (Brit), hypoxemia (US)

**hypoxie** [ipɔksi] **nf** hypoxia ♦ **entraînement en hypoxie** (Sport) altitude training

**hypsomètre** [ipsɔmɛtʀ] **nm** (Phys) hypsometer

**hypsométrie** [ipsɔmetʀi] **nf** (= mesure) hypsometry; (= représentation) hypsography

**hypsométrique** [ipsɔmetʀik] **adj** hypsometric(al)

**hysope** [izɔp] **nf** hyssop

**hystérectomie** [isteʀɛktɔmi] **nf** hysterectomy

**hystérésis** [isteʀezis] **nf** hysteresis

**hystérie** [isteʀi] → SYN **nf** (Méd) hysteria ♦ **hystérie collective** mass hysteria ♦ **c'était l'hystérie dans le public** the audience went wild ou crazy ♦ **faire** ou **avoir une crise d'hystérie** (Méd) to have an attack of hysteria, have a fit of hysterics; (excitation) to become hysterical

**hystériforme** [isteʀifɔʀm] **adj** hysteriform

**hystérique** [isteʀik] → SYN **1** **adj** hysterical
**2** **nmf** (Méd) hysteric ♦ **c'est un hystérique** (péj) he's the hysterical sort

**hystériser** [isteʀize] ▸ conjug 1 ◂ **vt** to send into hysterics

**hystéro** * [isteʀo] **nf** abrév de **hystérographie**

**hystérographie** [isteʀɔgʀafi] **nf** hysterography

**hystérosalpingographie** [isteʀɔsalpɛ̃gogʀafi] **nf** hysterosalpingography

**hystérotomie** [isteʀɔtɔmi] **nf** hysterotomy

**Hz** (abrév de **hertz**) Hz

# I

**I, i** [i] nm (= lettre) I, i; → **droit**[2], **point**[1]

**IA** [ia] nf (abrév de **intelligence artificielle**) AI

**IAC** [iase] nf (abrév de **insémination artificielle entre conjoints**) AIH

**IAD** [iade] nf (abrév de **insémination artificielle avec donneur**) DI ◆ **enfant né d'IAD** ou **par IAD** DI baby, baby conceived by DI

**iambe** [jɑ̃b] [→ SYN] nm (Littérat) (= pied) iambus, iambic; (= vers, poème) iambic

**iambique** [jɑ̃bik] adj iambic

**IAO** [iao] nf (abrév de **ingénierie assistée par ordinateur**) CAE

**iatrogène** [jatʀɔʒɛn], **iatrogénique** [jatʀɔʒenik] adj iatrogenic

**ibère** [ibɛʀ] [→ SYN] [1] adj Iberian
[2] **Ibère** nmf Iberian

**ibérique** [ibeʀik] [1] adj Iberian; → **péninsule**
[2] **Ibérique** nmf Iberian

**ibéris** [ibeʀis] nm iberis

**ibid** [ibid], **ibidem** [ibidɛm] adv ibid, ibidem

**ibis** [ibis] [→ SYN] nm ibis

**Ibiza** [ibiza] nf Ibiza

**Icare** [ikaʀ] nm Icarus

**icarien, -ienne** [ikaʀjɛ̃, jɛn] adj Icarian ◆ **mer icarienne** Icarian Sea ◆ **jeux icariens** Risley acts

**ICBM** [isebeɛm] nm inv (abrév de **intercontinental ballistic missile**) ICBM.

**iceberg** [ajsbɛʀg] nm iceberg ◆ **la partie immergée** ou **cachée de l'iceberg** (lit) the invisible part of the iceberg; (fig) the hidden aspects of the problem ◆ **la partie visible de l'iceberg** (lit, fig) the tip of the iceberg

**icelui** [isəlɥi], **icelle** [isɛl], mpl **iceux** [isø], fpl **icelles** [isɛl] pron (††, hum, Jur) ⇒ **celui-ci, celle-ci, ceux-ci, celles-ci** → **celui**

**ichneumon** [iknømɔ̃] nm ichneumon fly ou wasp

**ichtyol ®** [iktjɔl] nm Ichtyol ®

**ichtyologie** [iktjɔlɔʒi] nf ichthyology

**ichtyologique** [iktjɔlɔʒik] adj ichthyologic(al)

**ichtyologiste** [iktjɔlɔʒist] nmf ichthyologist

**ichtyophage** [iktjɔfaʒ] adj ichthyophagous

**ichtyornis** [iktjɔʀnis] nm ichthyornis

**ichtyosaure** [iktjozɔʀ] nm ichthyosaur

**ichtyose** [iktjoz] nf fishskin disease, ichthyosis (SPÉC)

**ici** [isi] [→ SYN] adv **a** (dans l'espace) here ◆ **ici !** (à un chien) here! ◆ **loin/près d'ici** far from/near here ◆ **il y a 10 km d'ici à Paris** it's 10 km from here to Paris ◆ **c'est à 10 minutes d'ici** it's 10 minutes away (from here) ◆ **passez par ici** come this way ◆ **par ici s'il vous plaît** this way please ◆ **par ici** (= dans le coin) around here ◆ **par ici, Mesdames, par ici les belles laitues !** (au marché) this way, ladies, lovely lettuces this way! ou over here! ◆ **par ici la sortie** this way out ◆ **ici même** on this very spot, in this very place ◆ **c'est ici que ...** this is the place where ..., it is here that ... ◆ **ici on est un peu isolé** we're a bit cut off (out) here ◆ **le bus vient jusqu'ici** the bus comes as far as this ou this far; → **soupe**

**b** (dans le temps) **d'ici demain/la fin de la semaine** by tomorrow/the end of the week ◆ **d'ici peu** before (very) long, shortly ◆ **d'ici là** before then, in the meantime ◆ **jusqu'ici** (up) until now; (dans le passé) (up) until then ◆ **d'ici (à ce) qu'il se retrouve en prison, ça ne va pas être long** it won't be long before he lands up in jail (again) ◆ **d'ici (à ce) qu'il accepte, ça risque de faire long** it might be (quite) some time before he says yes ◆ **le projet lui plaît, mais d'ici à ce qu'il accepte !** he likes the plan, but there's a difference between just liking it and actually agreeing to it! ◆ **d'ici à l'an 2050** by the year 2050

**c** (LOC) **ils sont d'ici/ne sont pas d'ici** they are/aren't local ou from around here ◆ **les gens d'ici** the local people ◆ **je vois ça d'ici !** * I can just see that! ◆ **tu vois d'ici la situation/sa tête !** * you can (just) imagine the situation/the look on his face! ◆ **vous êtes ici chez vous** please make yourself (quite) at home ◆ **ici présent** here present ◆ **"ici Chantal Barry"** (au téléphone) "Chantal Barry speaking ou here"; (à la radio) "this is Chantal Barry" ◆ **ici et là** here and there ◆ **ici comme ailleurs** ou **partout** here as anywhere else

**ici-bas** [isibɑ] adv (Rel, hum) here below ◆ **les choses d'ici-bas** things of this world ou of this life ◆ **la vie (d')ici-bas** life here below

**icone** [ikon] nm icon, ikon

**icône** [ikon] nf (Art) icon

**iconicité** [ikɔnisite] nf iconicity

**iconique** [ikɔnik] adj iconic(al)

**iconoclasme** [ikɔnɔklasm] nm iconoclasm

**iconoclaste** [ikɔnɔklast] [→ SYN] [1] adj iconoclastic
[2] nmf iconoclast

**iconographe** [ikɔnɔgʀaf] nmf iconographer

**iconographie** [ikɔnɔgʀafi] [→ SYN] nf (= étude) iconography; (= images) (collection of) illustrations

**iconographique** [ikɔnɔgʀafik] adj iconographic(al)

**iconolâtre** [ikɔnɔlɑtʀ] [→ SYN] nmf iconolater

**iconolâtrie** [ikɔnɔlɑtʀi] nf iconolatry

**iconologie** [ikɔnɔlɔʒi] nf iconology

**iconologiste** [ikɔnɔlɔʒist], **iconologue** [ikɔnɔlɔg] nmf iconologist

**iconoscope** [ikɔnɔskɔp] nm iconoscope

**iconostase** [ikɔnɔstɑz] nf iconostas(is)

**icosaédral, e,** mpl **-aux** [ikozaedʀal, o] adj icosahedral

**icosaèdre** [ikozaɛdʀ] nm icosahedron

**ictère** [iktɛʀ] [→ SYN] nm icterus

**ictérique** [ikteʀik] [1] adj icteric
[2] nmf person suffering from icterus

**ictus** [iktys] [→ SYN] nm (Littérat, Méd) ictus

**id** (abrév de **idem**) ditto, idem

**Idaho** [idao] nm Idaho

**ide** [id] [→ SYN] nm ide

**idéal, e,** mpl **-als** ou **-aux** [ideal, o] [→ SYN] [1] adj (= imaginaire) ideal; (= rêvé, parfait) maison, vacances ideal

[2] nm **a** (= modèle, aspiration) ideal; (= valeurs morales) ideals ◆ **l'idéal démocratique** the democratic ideal ◆ **il n'a pas d'idéal** he has no ideals

**b** (= le mieux) **l'idéal serait qu'elle l'épouse** the ideal thing ou solution would be for her to marry him, it would be ideal if she were to marry him ou if she married him ◆ **ce n'est pas l'idéal** it's not ideal ◆ **dans l'idéal c'est ce qu'il faudrait faire** ideally that's what we should do

**idéalement** [idealmɑ̃] adv ideally

**idéalisateur, -trice** [idealizatœʀ, tʀis] [1] adj idealizing
[2] nm,f idealizer

**idéalisation** [idealizasjɔ̃] [→ SYN] nf idealization

**idéaliser** [idealize] [→ SYN] ► conjug 1 ◄ vt to idealize

**idéalisme** [idealism] [→ SYN] nm idealism

**idéaliste** [idealist] [→ SYN] [1] adj (gén) idealistic; (Philos) idealist
[2] nmf idealist

**idéalité** [idealite] nf ideality, idealness

**idéation** [ideasjɔ̃] [→ SYN] nf ideation

**idée** [ide] GRAMMAIRE ACTIVE 1, 6.2, 26.1, 26.3, 26.5 [→ SYN]

[1] nf **a** (= concept) idea ◆ **l'idée de nombre/de beauté** the idea of number/of beauty ◆ **l'idée que les enfants se font du monde** the idea ou concept children have of the world ◆ **c'est lui qui a eu le premier l'idée d'un moteur à réaction** it was he who first thought of ou conceived the idea of the jet engine, he was the first to hit upon the idea of the jet engine

**b** (= pensée) idea ◆ **il a eu l'idée** ou **l'idée lui est venue de faire** he had the idea ou hit upon the idea of doing ◆ **l'idée ne lui viendrait jamais de nous aider** it would never occur to him to help us, he would never think of helping us ◆ **ça m'a donné l'idée qu'il ne viendrait pas** that made me think that he wouldn't come ◆ **à l'idée de faire qch/de qch** at the idea ou thought of doing sth/of sth ◆ **tout est dans l'idée qu'on s'en fait** it's all in the mind ◆ **avoir une idée derrière la tête** to have something at the back of one's mind ◆ **ça va lui remettre les idées en place !** that'll teach him! ◆ **idée directrice** driving principle; → **changer, haut, ordre**[1]

**c** (= illusion) idea ◆ **tu te fais des idées** you're imagining things ◆ **ne te fais pas des idées** don't get ideas into your head ◆ **ça pourrait**

**lui donner des idées** it might give him ideas ou put ideas into his head ◆ **quelle idée !** the (very) idea!, what an idea! ◆ **il a de ces idées !** the ideas he has!, the things he thinks up!

**d** (= suggestion) idea ◆ **quelle bonne idée !** what a good idea! ◆ **quelques idées pour votre jardin** a few ideas ou suggestions for your garden ◆ **de nouvelles idées-vacances/-rangement** some new holiday/storage tips ou hints ◆ **idée-cadeau** gift idea ◆ **idée-recette** recipe idea

**e** (= vague notion) idea ◆ **donner à qn/se faire une idée des difficultés** to give sb/get an ou some idea of the difficulties ◆ **avez-vous une idée ou la moindre idée de l'heure/de son âge ?** have you got any idea of the time/of his age? ◆ **je n'en ai pas la moindre idée** I haven't the faintest ou least ou slightest idea ◆ **vous n'avez pas idée de sa bêtise** you've no idea how stupid he is ◆ **on n'a pas idée (de faire des choses pareilles) !** * it's incredible (doing things like that)! ◆ **j'ai (comme une) idée qu'il n'acceptera pas** I (somehow) have an idea ou a feeling ou I have a sort of feeling that he won't accept ◆ **j'ai mon idée ou ma petite idée sur la question** I have my own ideas on the subject

**f** (= opinion) **idées** ideas, views ◆ **idées politiques/religieuses** political/religious ideas ou views ◆ **avoir des idées avancées** to have progressive ideas ◆ **ce n'est pas dans ses idées** he doesn't hold with these views ◆ **avoir des idées larges/étroites** to be broad-minded/narrow-minded ◆ **avoir les idées courtes** (péj) to have limited ideas

**g** (= goût, conception personnelle) ideas ◆ **juger selon ou à son idée** to judge in accordance with one's own ideas ◆ **agir selon ou à son idée** to act ou do as one sees fit ◆ **il n'en fait qu'à son idée** he just does as he likes ◆ **pour être décorateur il faut de l'idée ou un peu d'idée** to be a decorator you have to have some imagination ou a few ideas ◆ **il y a de l'idée** * (dessin, projet) there's something in it; (décoration intérieure) it's got (a certain) something

**h** (= esprit) **avoir dans l'idée que** to have an idea that, have it in one's mind that ◆ **il a dans l'idée de partir au Mexique** he's thinking of going to Mexico ◆ **ça m'est sorti de l'idée** it went clean * ou right out of my mind ou head ◆ **cela ne lui viendrait jamais à l'idée** it would never occur to him ou enter his head ◆ **on ne m'ôtera pas de l'idée qu'il a menti** you won't get me to believe that he didn't lie ◆ **il s'est mis dans l'idée de ...** he took ou got it into his head to ...

**2** COMP ▷ **idée fixe** idée fixe, obsession ▷ **idée de génie, idée lumineuse** brilliant idea, brainwave ▷ **idées noires** black ou gloomy thoughts ◆ **il a souvent des idées noires** he suffers from depression ▷ **idée reçue** generally accepted idea, received idea

**idée-force**, pl **idées-forces** [idefɔʀs] nf key idea

**idéel, -elle** [ideɛl] → SYN adj ideal

**idem** [idɛm] → SYN adv ditto, idem ◆ **il a mauvais caractère et son frère idem** * he's bad-tempered and so is his brother ou and his brother's the same ◆ **une bière – idem pour moi** * a beer – (the) same for me

**identifiable** [idɑ̃tifjabl] → SYN adj identifiable

**identificateur, -trice** [idɑ̃tifikatœʀ, tʀis] **1** adj identifying (épith), identity (épith)

**2** nm **a** (à la morgue) morgue employee

**b** (Ling, Ordin) identifier

**identification** [idɑ̃tifikasjɔ̃] → SYN nf identification (à, *avec* with)

**identifier** [idɑ̃tifje] → SYN ▸ conjug 7 ◂ **1** vt (= reconnaître) to identify ◆ **identifier qch/qn à ou avec ou et** (= assimiler à) to identify sth/sb with

**2 s'identifier** vpr ◆ **s'identifier à** (= se mettre dans la peau de) [+ personnage, héros] to identify with; (= être l'équivalent de) to identify o.s. with, become identified with

**identique** [idɑ̃tik] → SYN adj identical (à to) ◆ **elle reste toujours identique à elle-même** she never changes, she's always the same ◆ **cette maison a été refaite à l'identique** the house was rebuilt exactly as it was

**identiquement** [idɑ̃tikmɑ̃] adv identically

**identitaire** [idɑ̃titɛʀ] adj ◆ **crise identitaire** [individu] identity crisis; [pays] crisis surrounding issues of national ou ethnic identity ◆ **quête identitaire** search for identity ◆ **sentiment identitaire** sense of identity ◆ **les revendications identitaires des multiples ethnies** the various ethnic groups' demands for recognition

**identité** [idɑ̃tite] → SYN nf **a** (= similarité) identity, similarity; (Psych : = égalité) identity ◆ **une identité de goûts les rapprocha** (their) similar tastes brought them together ◆ **identité (remarquable)** (Math) identity

**b** (Admin) identity ◆ **identité culturelle** cultural identity ◆ **identité d'emprunt** assumed ou borrowed identity ◆ **vérification/papiers d'identité** identity check/papers ◆ **l'Identité judiciaire** ≃ the Criminal Records Office; → **carte, pièce**

**idéogramme** [ideɔgʀam] → SYN nm ideogram

**idéographie** [ideɔgʀafi] nf ideography

**idéographique** [ideɔgʀafik] adj ideographic(al)

**idéologie** [ideɔlɔʒi] → SYN nf ideology

**idéologique** [ideɔlɔʒik] adj ideological

**idéologue** [ideɔlɔg] → SYN nmf ideologist

**idéomoteur, -trice** [ideomɔtœʀ, tʀis] adj ideomotor

**ides** [id] nfpl (Antiq) ides ◆ **les ides de mars** the ides of March

**id est** [idɛst] loc conj id est

**idiolecte** [idjɔlɛkt] nm idiolect

**idiomatique** [idjɔmatik] adj idiomatic ◆ **expression idiomatique** idiom, idiomatic expression

**idiome** [idjom] → SYN nm (Ling) idiom

**idiosyncrasie** [idjosɛ̃kʀazi] → SYN nf idiosyncrasy

**idiot, e** [idjo, idjɔt] → SYN **1** adj action, personne, histoire, erreur idiotic, stupid; accident stupid; († : Méd) idiotic ◆ **dis-le moi, je ne veux pas mourir idiot** * tell me, I don't want to go to my grave without knowing ou I don't want to die in ignorance

**2** nm,f (gén) idiot, fool; († : Méd) idiot ◆ **ne fais pas l'idiot** * (= n'agis pas bêtement) don't be an idiot ou a fool; (= ne simule pas la bêtise) stop acting stupid * ◆ **l'idiot du village** the village idiot ◆ **"L'Idiot"** (Littérat) "The Idiot"

**idiotement** [idjɔtmɑ̃] adv idiotically, stupidly, foolishly

**idiotie** [idjɔsi] → SYN nf **a** [action, personne] idiocy, stupidity; (Méd) idiocy

**b** (= action) idiotic ou stupid ou foolish thing to do; (= parole) idiotic ou stupid ou foolish thing to say; (= livre, film) trash (NonC), rubbish (NonC) (Brit) ◆ **ne va pas voir cette idiotie ou de telles idioties** don't go and see such trash ou rubbish (Brit) ◆ **et ne dis/fais pas d'idioties** and don't say/do anything stupid ou idiotic

**idiotisme** [idjɔtism] → SYN nm idiom, idiomatic phrase

**idoine** [idwan] → SYN adj (Jur, hum = approprié) appropriate, fitting

**idolâtre** [idɔlɑtʀ] → SYN **1** adj (Rel) idolatrous (*de* of); (fig) public, foule adulatory

**2** nm (Rel) idolater

**3** nf (Rel) idolatress

**idolâtrer** [idɔlɑtʀe] → SYN ▸ conjug 1 ◂ vt to idolize

**idolâtrie** [idɔlɑtʀi] → SYN nf (Rel, fig) idolatry

**idolâtrique** [idɔlɑtʀik] adj idolatrous

**idole** [idɔl] → SYN nf (= personne, = artiste, Rel) idol ◆ **il est devenu l'idole des jeunes** he's become a teenage idol

**IDS** [ideɛs] nf (abrév de **initiative de défense stratégique**) SDI

**idylle** [idil] → SYN nf (= poème) idyll; (= amour) romance, idyll ◆ **ce n'est plus l'idylle entre les patrons et les syndicats** the honeymoon is over between management and unions

**idyllique** [idilik] → SYN adj idyllic

**i.e.** (abrév de **id est**) i.e.

**Iéna** [jena] n Jena

**Ienisseï** [jenisei] nm Yenisei, Yenisey

**if** [if] nm **a** (= arbre) yew (tree); (= bois) yew

**b** (= égouttoir à bouteilles) draining rack

**IFOP** [ifɔp] nm (abrév de **Institut français d'opinion publique**) *French public opinion research institute,* ≃ MORI

**Ifremer** [ifʀəmɛʀ] nm (abrév de **Institut français de Recherche pour l'exploitation de la mer**) *French institute which researches the exploitation of marine resources*

**IGF** [iʒeɛf] nm (abrév de **impôt sur les grandes fortunes**) → **impôt**

**igloo** [iglu] nm igloo

**IGN** [iʒeɛn] nm (abrév de **Institut géographique national**) → **institut**

**Ignace** [iɲas] nm Ignatius ◆ **saint Ignace de Loyola** (St) Ignatius Loyola

**igname** [iɲam] nf yam

**ignare** [iɲaʀ] → SYN (péj) **1** adj ignorant

**2** nmf ignoramus

**igné, e** [igne, iɲe] adj **a** (littér = ardent) fiery

**b** (Géol) igneous

**ignifugation** [iɲifygasjɔ̃] nf fireproofing

**ignifuge** [iɲifyʒ] → SYN **1** adj produit fireproofing (épith), fire-retardant

**2** nm fireproofing ou fire-retardant material ou substance

**ignifugé, e** [iɲifyʒe] (ptp de **ignifuger**) adj fireproof(ed)

**ignifugeant, e** [iɲifyʒɑ̃, ɑ̃t] **1** adj fireproofing (épith), fire-retardant

**2** nm fireproofing ou fire-retardant material ou substance

**ignifuger** [iɲifyʒe] ▸ conjug 3 ◂ vt to fireproof

**igniponcture, ignipuncture** [iɲipɔ̃ktyʀ] nf ignipuncture

**ignition** [iɲisjɔ̃, ignisjɔ̃] → SYN nf ignition

**ignoble** [iɲɔbl] → SYN adj conduite, personne ignoble, vile, base; crime sordid, hideous; breuvage, nourriture vile, revolting; temps rotten, foul; taudis squalid ◆ **c'est ignoble !** it's appalling! ◆ **il est ignoble !, quel ignoble individu !** he's disgusting! ◆ **il a été ignoble avec moi** he was horrible to me

**ignoblement** [iɲɔbləmɑ̃] adv ignobly, vilely, basely

**ignominie** [iɲɔmini] → SYN nf **a** (= caractère) ignominy; (= acte) ignominious ou disgraceful act ◆ **c'est une ignominie !** it's a disgrace!

**b** (= déshonneur) ignominy, disgrace

**ignominieusement** [iɲɔminjøzmɑ̃] adv ignominiously

**ignominieux, -ieuse** [iɲɔminjø, jøz] → SYN adj ignominious

**ignorance** [iɲɔʀɑ̃s] → SYN nf **a** (= inculture) ignorance ◆ **ignorance de** (= méconnaissance) ignorance of ◆ **tenir qn/être dans l'ignorance de qch** to keep sb/be in ignorance of sth ou in the dark about sth ◆ **dans l'ignorance des résultats** ignorant of the results ◆ **d'une ignorance crasse** * pig ignorant ‡

**b** (= lacune) **de graves ignorances en anglais/en matière juridique** serious gaps in his knowledge of English/of legal matters ◆ **cet ouvrage permet de dissiper des ignorances** this book helps to dispel people's ignorance; → **pécher**

**ignorant, e** [iɲɔʀɑ̃, ɑ̃t] → SYN **1** adj (= ne sachant rien) ignorant (*en* about) ◆ **ignorant de** (= ne connaissant pas) ignorant ou unaware of ◆ **ignorant des usages, il ...** ignorant ou unaware of the customs, he ..., not knowing the customs, he ...

**2** nm,f ignoramus ◆ **quel ignorant tu fais !** what an ignoramus you are! ◆ **ne fais pas l'ignorant** stop pretending you don't know ◆ **parler en ignorant** to speak from ignorance

**ignorantin** [iɲɔʀɑ̃tɛ̃] → SYN adj m, nm (Rel) Ignorantine

**ignoré, e** [iɲɔʀe] → SYN (ptp de **ignorer**) adj travaux, chercheurs, événement unknown ◆ **ignoré de tous** (inconnu) unknown to anybody; (boudé) ignored by all ◆ **vivre ignoré** to live in obscurity

**ignorer** [iɲɔʀe] GRAMMAIRE ACTIVE 6.3, 16.1 → SYN ▸ conjug 1 ◂

1 vt a (= ne pas connaître) [+ incident] to be unaware of, not to know about ou of; [+ fait, artiste] not to know ◆ **j'ignore comment/si …** I don't know how/if … ◆ **vous n'ignorez certainement pas que …/comment …** you (will) doubtless know that …/how …, you're no doubt well aware that …/how … ◆ **je l'ignore** I don't know ◆ **j'ignore la réponse** I don't know the answer ◆ **j'ignore tout de cette affaire** I don't know anything ou I know nothing about this business ◆ **je n'ignorais pas ces problèmes** I was (fully) aware of these problems, I was not unaware of these problems ◆ **j'ignore avoir dit cela** I am not aware of having said that; → **nul**

b (= être indifférent à) [+ personne, remarque, avertissement] to ignore

c (= être sans expérience de) [+ plaisir, guerre, souffrance] not to know, to have had no experience of ◆ **des gosses qui ignorent le savon** (hum) kids who have never seen (a cake of) soap ou who are unaware of the existence of soap ◆ **des joues qui ignorent le rasoir** cheeks that never see a razor

2 **s'ignorer** vpr a (= se méconnaître) **une tendresse qui s'ignore** an unconscious tenderness ◆ **c'est un poète qui s'ignore** he should have been a poet

b (= être indifférents l'un à l'autre) to ignore each other

**IGPN** [iʒepeɛn] nf (abrév de **Inspection générale de la police nationale**) → **inspection**

**IGS** [iʒeɛs] nf (abrév de **Inspection générale des services**) → **inspection**

**iguane** [igwan] → SYN nm iguana

**iguanodon** [igwanɔdɔ̃] nm iguanodon

**ikebana** [ikebana] nm ikebana

**il** [il] pron pers m a (= personne) he; (= bébé, animal) it, he; (= chose) it; (= bateau, nation) she, it ◆ **ils** they ◆ **il était journaliste** he was a journalist ◆ **prends ce fauteuil, il est plus confortable** have this chair – it's more comfortable ◆ **je me méfie de son chien, il mord** I don't trust his dog – it bites ◆ **l'insecte emmagasine la nourriture qu'il trouve** the insect stores the food it finds ◆ **le Japon/le Canada a décidé qu'il n'accepterait pas** Japan/Canada decided she ou they ou it wouldn't accept; → **avoir**

b (interrog emphatique) **Paul est-il rentré ?** is Paul back? ◆ **le courrier est-il arrivé ?** has the mail come? ◆ **les enfants sont-ils bien couverts ?** are the children warmly wrapped up? ◆ **il est si beau cet enfant/cet arbre** this child/tree is so beautiful ◆ **tu sais, ton oncle, il est arrivé*** your uncle has arrived you know

c (impers) it ◆ **il fait beau** it's a fine day ◆ **il y a un enfant/trois enfants** there is a child/are three children ◆ **il est vrai que …** it is true that … ◆ **il faut que je le fasse** I've got to ou I must do it ◆ **"Il était une fois dans l'Ouest"** (Ciné) "Once Upon a Time in the West"; → **fois**

**ilang-ilang**, pl **ilangs-ilangs** [ilɑ̃ilɑ̃] nm ylang-ylang, ilang-ilang

**île** [il] → SYN 1 nf island, isle (littér) ◆ **île corallienne** coral island ◆ **île déserte** desert island ◆ **les Îles** (= Antilles) the (French) West Indies ◆ **l'île de Ré/Bréhat** the île de Ré/Bréhat ◆ **vivre dans une île** to live on an island ◆ **"L'Île au trésor"** (Littérat) "Treasure Island"

2 COMP ▷ **les îles Anglo-Normandes** the Channel Islands ▷ **l'île de Beauté** Corsica ▷ **les îles Britanniques** the British Isles ▷ **l'île de la Cité** the Île de la Cité ▷ **l'île du Diable** Devil's Island ▷ **les îles Féroé** the Faroe Islands ▷ **île flottante** (Culin) île flottante, floating island ▷ **île de glace** (Géog) large ice floe ▷ **les îles ioniennes** the Ionian Islands ▷ **l'île de Man** the Isle of Man ▷ **les îles Marshall** the Marshall Islands ▷ **l'île Maurice** Mauritius ▷ **l'île de Pâques** Easter Island ▷ **les îles Scilly** the Scilly Isles, the Scillies ▷ **les îles Shetland** the Shetland Islands, Shetland ▷ **les îles de la Sonde** the Sunda Islands ▷ **les îles Sorlingues** ⇒ **les îles Scilly** ▷ **les îles Sous-le-Vent** Leeward Islands ▷ **l'île de la Tortue** Tortuga, La Tortue ▷ **l'île de Vancouver** Vancouver Island ▷ **les îles du Vent** the Windward Islands ▷ **les îles Vierges** the Virgin Islands ▷ **l'île de Wight** the Isle of Wight

**iléal, e**, mpl **-aux** [ileal, o] adj ileac

**Île-de-France** [ildəfʀɑ̃s] nf ◆ **l'Île-de-France** the Île-de-France *(Paris and the surrounding departments)*

**iléite** [ileit] → SYN nf ileitis

**iléocæcal, e**, mpl **-aux** [ileosekal, o] adj ileocaecal (Brit), ileocecal (US)

**iléon** [ileɔ̃] nm ileum

**iléus** [ileys] → SYN nm ileus

**Iliade** [iljad] nf ◆ **l'Iliade** the Iliad

**iliaque** [iljak] adj iliac ◆ **os iliaque** hip bone, innominate bone (SPÉC)

**îlien, îlienne** [iljɛ̃, iljɛn] → SYN 1 adj island (épith)

2 nm,f islander

**ilion** [iljɔ̃] nm ilium

**illégal, e**, mpl **-aux** [i(l)legal, o] → SYN adj illegal; (Admin) unlawful; organisation, société illegal, outlawed ◆ **c'est illégal** it's illegal, it's against the law

**illégalement** [i(l)legalmɑ̃] adv illegally; (Admin) unlawfully

**illégalité** [i(l)legalite] → SYN nf [action] illegality; (Admin) unlawfulness; (= acte illégal) illegality ◆ **vivre dans l'illégalité** to live outside the law ◆ **se mettre dans l'illégalité** to break the law

**illégitime** [i(l)leʒitim] → SYN adj a enfant illegitimate

b acte, gouvernement illegitimate, illicit

c optimisme, colère, crainte, soupçon unwarranted, unfounded; prétention, revendication unjustified

**illégitimement** [i(l)leʒitimmɑ̃] adv illegitimately

**illégitimité** [i(l)leʒitimite] → SYN nf illegitimacy

**illettré, e** [i(l)letʀe] → SYN adj, nm,f illiterate ◆ **les illettrés** illiterates, illiterate people

**illettrisme** [i(l)letʀism] nm illiteracy ◆ **campagne contre l'illettrisme** literacy campaign

**illicite** [i(l)lisit] → SYN adj illicit

**illicitement** [i(l)lisitmɑ̃] adv illicitly

**illico*** [i(l)liko] adv (= tout de suite) ◆ **illico (presto)** right away, at once, pronto*, straightaway (surtout Brit)

**illimité, e** [i(l)limite] → SYN adj moyen, domaine, ressource unlimited, limitless; confiance boundless, unbounded, limitless; congé, durée indefinite, unlimited

**Illinois** [ilinwa] nm Illinois

**illisibilité** [i(l)lizibilite] nf illegibility

**illisible** [i(l)lizibl] → SYN adj (= indéchiffrable) illegible, unreadable; (= mauvais) unreadable

**illogique** [i(l)lɔʒik] → SYN adj illogical

**illogiquement** [i(l)lɔʒikmɑ̃] adv illogically

**illogisme** [i(l)lɔʒism] → SYN nm illogicality

**illumination** [i(l)lyminasjɔ̃] → SYN nf a (= éclairage) lighting, illumination; (avec des projecteurs) floodlighting

b (= lumières) **illuminations** illuminations, lights ◆ **les illuminations de Noël** the Christmas lights ou illuminations

c (= inspiration) flash of inspiration; (Rel) inspiration

**illuminé, e** [i(l)lymine] → SYN (ptp de **illuminer**)

1 adj (= éclairé) lit up (attrib), illuminated; (avec des projecteurs) floodlit ◆ **il est comme illuminé de l'intérieur** he seems to have a kind of inner light

2 nm,f (péj = visionnaire) visionary, crank (péj)

**illuminer** [i(l)lymine] → SYN ▸ conjug 1 ◂ 1 vt a (= éclairer) to light up, illuminate; (avec des projecteurs) to floodlight

b [joie, foi, colère] to light up; (Rel) [+ prophète, âme] to enlighten, illuminate ◆ **le bonheur illuminait son visage** his face shone ou was aglow with happiness ◆ **un sourire illumina son visage** a smile lit up her face ◆ **ça va illuminer ma journée** that will brighten up my day

2 **s'illuminer** vpr [visage, ciel] to light up (*de* with); [rue, vitrine] to be lit up

**illuminisme** [i(l)lyminism] nm (Rel) illuminism

**illusion** [i(l)lyzjɔ̃] → SYN nf illusion ◆ **illusion d'optique** optical illusion ◆ **ne te fais aucune illusion** don't be under any illusion, don't delude ou kid* yourself ◆ **tu te fais des illusions** you're deluding ou kidding* yourself ◆ **ça lui donne l'illusion de servir à quelque chose** ou **qu'il sert à quelque chose** it gives him the illusion ou it makes him feel that he's doing something useful ◆ **cet imposteur/ce stratagème ne fera pas illusion longtemps** this impostor/tactic won't delude ou fool people for long ◆ **il a perdu ses illusions** he's become disillusioned, he's lost his illusions ◆ **"Les Illusions perdues"** (Littérat) "Lost Illusions"; → **bercer**

**illusionner** [i(l)lyzjɔne] → SYN ▸ conjug 1 ◂ 1 **s'illusionner** vpr to delude o.s. (*sur qch* about sth) ◆ **s'illusionner sur qn** to delude o.s. ou be mistaken about sb

2 vt (= induire en erreur) to delude

**illusionnisme** [i(l)lyzjɔnism] nm conjuring

**illusionniste** [i(l)lyzjɔnist] → SYN nmf conjurer, illusionist

**illusoire** [i(l)lyzwaʀ] → SYN adj (= trompeur) illusory, illusive

**illusoirement** [i(l)lyzwaʀmɑ̃] adv deceptively, illusorily

**illustrateur, -trice** [i(l)lystʀatœʀ, tʀis] → SYN nm,f illustrator ◆ **illustrateur sonore** (TV, Ciné) music arranger

**illustratif, -ive** [i(l)lystʀatif, iv] adj illustrative

**illustration** [i(l)lystʀasjɔ̃] → SYN nf a (= gravure, exemple) illustration; (= iconographie) illustrations ◆ **à l'illustration abondante** copiously illustrated

b (= action, technique) illustration ◆ **l'illustration par l'exemple** illustration by example

**illustre** [i(l)lystʀ] → SYN adj illustrious, renowned ◆ **l'illustre M. Pinot** (frm, iro) the illustrious Mr Pinot ◆ **un illustre inconnu** (hum) a person of obscure repute (hum)

**illustré, e** [i(l)lystʀe] → SYN 1 adj illustrated

2 nm (= journal) comic

**illustrer** [i(l)lystʀe] GRAMMAIRE ACTIVE 26.5 → SYN ▸ conjug 1 ◂

1 vt a (avec images, notes) to illustrate (*de* with) ◆ **ça illustre bien son caractère** that's a good example of what he's like

b (littér = rendre célèbre) to bring fame to, render illustrious (littér)

2 **s'illustrer** vpr [personne] to win fame ou renown, become famous (*par, dans* through)

**illustrissime** [i(l)lystʀisim] adj (hum ou ††) most illustrious

**illuvial, e**, mpl **-iaux** [i(l)lyvjal, jo] adj illuvial

**illuviation** [i(l)lyvjasjɔ̃] → SYN nf illuviation

**illuvium** [i(l)lyvjɔm] nm illuvium

**ILM** [iɛlɛm] nm (abrév de **immeuble à loyer moyen** ou **modéré**) → **immeuble**

**îlot** [ilo] → SYN nm a (= île) small island, islet

b (= petite zone) island ◆ **îlot de fraîcheur/de verdure** oasis ou island of coolness/of greenery ◆ **îlot de résistance/prospérité** pocket of resistance/prosperity

c (= groupe d'habitations) (housing) block ◆ **îlot insalubre** condemned housing block

d (Comm) gondola

e (dans une rue) **îlot directionnel** traffic island

f (Anat) **îlots de Langerhans** islets of Langerhans

**îlotage** [ilɔtaʒ] → SYN nm community policing

**ilote** [ilɔt] → SYN nmf (Hist) Helot; (littér) slave, serf

**îlotier** [ilɔtje] nm ≈ community policeman

**ilotisme** [ilɔtism] → SYN nm (Hist) Helotism; (fig) slavery, serfdom

**image** [imaʒ] → SYN 1 nf a (= dessin) picture; (Scol) *picture given to pupils as a reward for good work* ◆ **les images d'un film** the frames of a film ◆ **l'image et le son** (Audiov) picture and sound ◆ **l'image est nette/floue** (Ciné, TV) the picture is clear/fuzzy ◆ **popularisé par l'image** popularized by the camera ◆ **en images** on film, in pictures ◆ **apparaître à l'image** (TV) to appear on screen; → **chasseur, livre¹, sage**

**b** image de (= représentation) picture of; (= ressemblance) image of ◆ **l'image du père** the father figure ◆ **une image fidèle de la France** an accurate picture of France ◆ **ils présentent l'image du bonheur** they are the picture of happiness ◆ **fait à l'image de** made in the image of ◆ **Dieu créa l'homme à son image** God created man in his own image ◆ **donner une image saisissante de la situation** to paint a vivid picture of the situation

**c** (= métaphore) image ◆ **les images chez Blake** Blake's imagery ◆ **s'exprimer par images** to express o.s. in images

**d** (= reflet) (gén) reflection, image; (Phys) image ◆ **regarder son image dans l'eau** to gaze at one's reflection in the water ◆ **image réelle/virtuelle** real/virtual image

**e** (= vision mentale) image, picture; (= réputation) image ◆ **image visuelle/auditive** visual/auditory image ◆ **image de soi** self-image ◆ **se faire une image fausse/idéalisée de qch** to have a false/an idealized picture of sth ◆ **le pays veut améliorer/soigner son image à l'étranger** the country wants to improve/enhance its image abroad

**2** COMP ▷ **l'image animée: les images animées** (gén) moving pictures; (Ordin) animated graphics ▷ **images d'archives** library pictures ▷ **image d'Épinal** (lit) *popular 18th/19th century print depicting traditional scenes of French life* ◆ **cette réunion familiale était une touchante image d'Épinal** (fig) the family reunion was a touching scene of traditional family life ▷ **image fixe** (Ciné) still (frame); (Ordin) still image ▷ **image de marque** [produit] brand image; [parti, firme, politicien] public image ▷ **image pieuse** holy picture ▷ **image radar** radar image ▷ **image satellite** satellite picture ▷ **image de synthèse** computer-generated image ou picture ◆ **images de synthèse** (domaine) computer graphics; (animées) computer animation

> **IMAGES D'ÉPINAL**
>
> Distinctive prints depicting a variety of scenes in a realistic but stereotypical manner were produced in the town of Épinal, in the Vosges, in the early nineteenth century. The prints became so popular that the term **image d'Épinal** has passed into the language, and is now used to refer to any form of stereotypical representation.

**imagé, e** [imaʒe] → SYN (ptp de **imager**) adj poème, texte full of imagery (attrib); (euph) langage colourful

**imager** [imaʒe] → SYN ▸ conjug 3 ◂ vt [+ style, langage] to embellish with images

**imagerie** [imaʒʀi] nf (Hist = commerce) coloured-print trade; (= images, gravures) prints ◆ **l'imagerie romantique** (Littérat) romantic imagery ◆ **l'imagerie médicale** medical imaging ◆ **imagerie par résonance magnétique/par ultrasons** magnetic resonance/ultrasound imaging

**imagier** [imaʒje] → SYN nm (Hist) (= peintre) painter of popular pictures; (= sculpteur) sculptor of figurines; (= imprimeur) coloured-print maker; (= vendeur) print seller

**imaginable** [imaʒinabl] → SYN adj conceivable, imaginable ◆ **difficilement imaginable** hard to imagine ◆ **un tel comportement n'était pas imaginable il y a 50 ans** such behaviour was inconceivable 50 years ago; → **possible**

**imaginaire** [imaʒinɛʀ] → SYN **1** adj (= fictif) imaginary; monde make-believe, imaginary ◆ **ces persécutés/incompris imaginaires** these people who (falsely) believe they are ou believe themselves persecuted/misunderstood; → **malade, nombre**

**2** nm ◆ **l'imaginaire** the imagination ◆ **dans l'imaginaire de Joyce** in Joyce's imaginative world ou universe

**imaginal, e,** mpl **-aux** [imaʒinal, o] adj imaginal

**imaginatif, -ive** [imaʒinatif, iv] → SYN adj imaginative ◆ **c'est un grand imaginatif** he has a vivid imagination

**imagination** [imaʒinasjɔ̃] → SYN nf (= faculté) imagination; (= chimère, rêve) imagination (NonC), fancy ◆ **tout ce qu'il avait vécu en imagination** everything he had experienced in his imagination ◆ **ce sont de pures imaginations** that's sheer imagination, those are pure fancies ◆ **monstres sortis tout droit de son imagination** monsters straight out of his imagination ◆ **avoir de l'imagination** to be imaginative, have a good imagination ◆ **avoir trop d'imagination** to imagine things ◆ **une imagination débordante** a lively ou vivid imagination ◆ **avec un peu d'imagination ...** with a little imagination ... ◆ **l'imagination au pouvoir !** (slogan) power to the imagination!

**imaginer** [imaʒine] GRAMMAIRE ACTIVE 6.2 → SYN ▸ conjug 1 ◂

**1** vt **a** (= se représenter, supposer) to imagine ◆ **imaginer que** to imagine that ◆ **tu imagines la scène !** you can imagine ou picture the scene! ◆ **on imagine mal leurs conditions de travail** their working conditions are hard to imagine ◆ **je l'imaginais plus vieux** I imagined him to be older, I pictured him as being older ◆ **qu'allez-vous imaginer là ?** what on earth are you thinking of? ◆ **et tu vas t'y opposer, j'imagine ?** (ton de défi) and I imagine ou suppose you're going to oppose it?

**b** (= inventer) [+ système, plan] to devise, dream up ◆ **qu'est-il encore allé imaginer ?** * now what has he dreamed up? ou thought up? ◆ **il a imaginé d'ouvrir un magasin** he has taken it into his head to open up a shop, he has dreamed up the idea of opening a shop

**2** **s'imaginer** vpr **a** (= se figurer) to imagine ◆ **imagine-toi une île paradisiaque** imagine ou picture an island paradise ◆ **je me l'imaginais plus jeune** I imagined him to be younger, I pictured him as being younger ◆ **comme on peut se l'imaginer ...** as you can (well) imagine ... ◆ **imagine-toi que je n'ai pas que ça à faire !** look, I've got other things to do!

**b** (= se voir) to imagine o.s., picture o.s. ◆ **s'imaginer à 60 ans/en vacances** to imagine ou picture o.s. at 60/on holiday

**c** (= croire à tort que) **s'imaginer que** to imagine ou think that ◆ **il s'imaginait pouvoir faire cela** he imagined ou thought he could do that ◆ **si tu t'imagines que je vais te laisser faire !** don't think I'm going to let you get away with that!

**imago** [imago] nf (Bio, Psych) imago

**imam** [imam] → SYN nm ima(u)m

**imamat** [imama] nm imamate

**IMAO** [imao] nm inv (abrév de **inhibiteur de la monoamine oxydase**) MAO inhibitor

**imbattable** [ɛ̃batabl] → SYN adj prix, personne, record unbeatable ◆ **il est imbattable aux échecs** he is unbeatable at chess

**imbécile** [ɛ̃besil] → SYN **1** adj (= stupide) stupid, idiotic; († : Méd) imbecilic (SPÉC), idiotic

**2** nmf **a** (= idiot) idiot, imbecile ◆ **faire l'imbécile** * to act ou play the fool ◆ **ne fais pas l'imbécile** * (= n'agis pas bêtement) don't be an idiot * ou a fool; (= ne simule pas la bêtise) stop acting stupid * ◆ **le premier imbécile venu te le dira** any fool will tell you ◆ **c'est un imbécile heureux** he's living in a fool's paradise ◆ **les imbéciles heureux** the blissfully ignorant

**b** († : Méd) imbecile, idiot

**imbécillité** [ɛ̃besilite] → SYN nf **a** [action, personne] idiocy; († : Méd) imbecility, idiocy

**b** (= action) idiotic ou stupid ou imbecile thing to do; (= propos) idiotic ou stupid ou imbecile thing to say; (= film, livre) trash (NonC), rubbish (NonC) (Brit) ◆ **tu racontes des imbécillités** you're talking nonsense ou rubbish (Brit) ◆ **ne va pas voir de telles imbécillités** don't go and see such trash ou rubbish (Brit)

**imberbe** [ɛ̃bɛʀb] → SYN adj personne beardless, smooth-cheeked; visage beardless

**imbiber** [ɛ̃bibe] → SYN ▸ conjug 1 ◂ **1** vt (= imprégner) ◆ **imbiber un tampon/une compresse de** to soak ou moisten ou impregnate a pad/compress with ◆ **imbibé d'eau** [+ chaussures, étoffe] saturated (with water), soaked; [+ terre] saturated, waterlogged ◆ **gâteau imbibé de rhum** cake soaked in rum ◆ **être imbibé** * (= ivre) to be sloshed *; (= alcoolique) to be a lush *

**2** **s'imbiber** vpr ◆ **s'imbiber de** to become saturated ou soaked with

**imbibition** [ɛ̃bibisjɔ̃] → SYN nf (= action) soaking; (Chim, Phys) imbibition

**imbit(t)able** *** [ɛ̃bitabl] adj **a** (= difficile à comprendre) fucking *** hard to understand ◆ **cette équation est imbit(t)able** I don't understand this fucking *** equation

**b** (= insupportable) **il est imbit(t)able** he's a fucking pain in the arse *** (Brit) ou ass *** (US)

**imbrication** [ɛ̃bʀikasjɔ̃] → SYN nf [problèmes, souvenirs, parcelles] interweaving; [plaques, tuiles] overlapping, imbrication (SPÉC)

**imbriqué, e** [ɛ̃bʀike] (ptp de **imbriquer**) adj plaques, tuiles overlapping, imbricate(d) (SPÉC); problèmes interwoven, interlinked; récits, souvenirs interwoven; économies, politiques interlinked ◆ **les deux cultures sont étroitement imbriquées l'une dans l'autre** the two cultures are inextricably interlinked ou deeply enmeshed

**imbriquer** [ɛ̃bʀike] → SYN ▸ conjug 1 ◂ **1** **s'imbriquer** vpr [problèmes, affaires] to be linked ou interwoven; [plaques] to overlap (each other), imbricate (SPÉC) ◆ **ça s'imbrique l'un dans l'autre** [cubes] they fit into each other; [problèmes] they are linked ou interwoven ◆ **ce nouveau problème est venu s'imbriquer dans une situation déjà compliquée** this new problem has arisen to complicate an already complex situation

**2** vt [+ cubes] to fit into each other; [+ plaques] to overlap

**imbroglio** [ɛ̃bʀɔljo] → SYN nm (Théât, gén) imbroglio

**imbrûlé, e** [ɛ̃bʀyle] adj gaz unburnt

**imbu, e** [ɛ̃by] → SYN adj ◆ **imbu de lui-même** ou **de sa personne** pompous, full of himself, full of self-importance ◆ **un peuple imbu de préjugés** a people steeped in prejudice

**imbuvable** [ɛ̃byvabl] → SYN adj boisson undrinkable; (* = mauvais) personne unbearable, insufferable; film, livre unbearably awful *

**IME** [iɛmə] nm (abrév de **Institut monétaire européen**) EMI

**imidazole** [imidazɔl] nm imidazole

**imitable** [imitabl] → SYN adj which can be imitated, imitable ◆ **facilement imitable** easy to imitate, easily imitated

**imitateur, -trice** [imitatœʀ, tʀis] → SYN **1** adj imitative

**2** nm,f imitator; (Théât) [voix, personne] impersonator; [bruits] imitator

**imitatif, -ive** [imitatif, iv] adj imitative

**imitation** [imitasjɔ̃] → SYN nf **a** (= reproduction) [bruit] imitation; (= parodie) [personnage célèbre] imitation, impersonation; [voix, geste] imitation, mimicry; (= sketch) impression, imitation, impersonation ◆ **avoir le don d'imitation** to have a gift for imitating people ou for mimicry ◆ **à l'imitation de** in imitation of

**b** [héros, style] imitation, copying

**c** (= contrefaçon) [document, signature] forgery

**d** (= copie) [bijou, fourrure] imitation; [meuble, tableau] copy, reproduction ◆ **c'est en imitation cuir** it's imitation leather

**e** (Mus) imitation

**imiter** [imite] → SYN ▸ conjug 1 ◂ vt **a** [+ bruit] to imitate; [+ personnage célèbre] to imitate, impersonate, take off * (Brit); [+ voix, geste, accent] to imitate, mimic

**b** (= prendre pour modèle) [+ héros, style, écrivain] to imitate, copy

**c** [+ document, signature] to forge

**d** (= faire comme) **il se leva et tout le monde l'imita** he got up and everybody did likewise ou followed suit

**e** (= avoir l'aspect de) [matière, revêtement] to look like ◆ **un lino qui imite le marbre** lino made to look like marble, marble-effect lino

**immaculé, e** [imakyle] → SYN adj linge, surface spotless, immaculate; blancheur immaculate; réputation spotless, unsullied, immaculate ◆ **d'un blanc immaculé** spotlessly white ◆ **l'Immaculée Conception** (Rel) the Immaculate Conception

**immanence** [imanɑ̃s] → SYN nf immanence

**immanent, e** [imanɑ̃, ɑ̃t] → SYN adj immanent (à in) → **justice**

**immanentisme** [imanɑ̃tism] → SYN nm immanentism

**immangeable** [ɛ̃mɑ̃ʒabl] [→ SYN] adj uneatable, inedible

**immanquable** [ɛ̃mɑ̃kabl] [→ SYN] adj cible, but impossible to miss (attrib) ◆ **c'était immanquable !** it had to happen!, it was bound to happen!, it was inevitable!

**immanquablement** [ɛ̃mɑ̃kabləmɑ̃] [→ SYN] adv inevitably, without fail

**immarcescible, immarcessible** [imaʀsesibl] [→ SYN] adj (Bot) immarcescible; (fig littér) undying

**immatérialisme** [i(m)mateʀjalism] [→ SYN] nm immaterialism

**immatérialiste** [i(m)mateʀjalist] nmf immaterialist

**immatérialité** [i(m)mateʀjalite] [→ SYN] nf immateriality

**immatériel, -elle** [i(m)mateʀjɛl] [→ SYN] adj légèreté, minceur, plaisir ethereal; (Philos) immaterial

**immatriculation** [imatʀikylasjɔ̃] [→ SYN] nf (gén) registration (à with); (Helv = inscription à l'université) enrolment (Brit), enrollment (US), registration; → **numéro, plaque**

**IMMATRICULATION**

The last two digits on vehicle number plates in France refer to the code number of the département where they were registered (cars registered in the Dordogne bear the number 24, for example).

**immatriculer** [imatʀikyle] [→ SYN] ▸ conjug 1 ◂ vt [+ véhicule, personne] to register ◆ **faire immatriculer** [+ véhicule] to register ◆ **se faire immatriculer** to register (à with) ◆ **voiture immatriculée dans le Vaucluse** car with a Vaucluse registration number (Brit) ou with a Vaucluse license plate (US) ◆ **une voiture immatriculée CM 75** a car with CM 75 on its number plate (Brit) ou its license plate (US) ◆ **s'immatriculer (à l'université)** (Helv) to enrol at university, register (as a student)

**immature** [imatyʀ] [→ SYN] adj immature

**immaturité** [imatyʀite] [→ SYN] nf (littér) immaturity

**immédiat, e** [imedja, jat] [→ SYN] [1] adj immediate; soulagement immediate, instant (épith) ◆ **en contact immédiat avec le mur** in direct contact with the wall ◆ **dans l'avenir immédiat** in the immediate future ◆ **la mort fut immédiate** death was instantaneous

[2] nm ◆ **dans l'immédiat** for the time being, for the moment

**immédiatement** [imedjatmɑ̃] [→ SYN] adv immediately, at once, directly ◆ **immédiatement après** immediately after, straight after

**immédiateté** [imedjatte] nf (Philos) immediacy

**immelmann** [imɛlman] nm Immelmann (turn)

**immémorial, e,** mpl **-iaux** [i(m)memɔʀjal, jo] [→ SYN] adj age-old ◆ **depuis des temps immémoriaux** (littér), **de temps immémorial** from time immemorial

**immense** [i(m)mɑ̃s] [→ SYN] adj [a] océan, espace, horizon, désert boundless, vast, immense; foule, fortune, pays vast, immense, huge; personne (très grand) gigantic, extremely tall; avenir, bonté, sagesse boundless; influence, avantage, succès, talent immense, tremendous, huge; chagrin immense ◆ **l'immense majorité des électeurs** the overwhelming majority of voters ◆ **dans l'immense majorité des cas** in the vast majority of cases

[b] (= talentueux) **c'est un immense acteur/écrivain** he's a hugely talented actor/writer

**immensément** [i(m)mɑ̃semɑ̃] adv immensely, tremendously

**immensité** [i(m)mɑ̃site] [→ SYN] nf [océan, espace, horizon, désert] immensity; [fortune, pays] vastness ◆ **le regard perdu dans l'immensité** (littér) gazing into infinity

**immergé, e** [imɛʀʒe] (ptp de **immerger**) adj terres submerged; plantes immerged; (Élec) câble laid under water ◆ **immergé par 100 mètres de fond** lying 100 metres down ◆ **rochers immergés** submerged ou underwater rocks, rocks under water ◆ **la partie immergée de la balise** the part of the buoy which is under water ou which is submerged ◆ **immergé dans ses problèmes** engrossed in ou taken up with his own problems ◆ **économie immergée** black ou underground economy; → **iceberg**

**immerger** [imɛʀʒe] [→ SYN] ▸ conjug 3 ◂ [1] vt [+ objet] to immerse, submerge; [+ fondations] to build under water; [+ déchets] to dump at sea, dispose of at sea; [+ câble] to lay under water; [+ corps] to bury at sea; (Rel) [+ catéchumène] to immerse

[2] **s'immerger** vpr [sous-marin] to dive, submerge ◆ **s'immerger dans un travail** to immerse o.s. in a piece of work

**immérité, e** [imeʀite] [→ SYN] adj undeserved, unmerited

**immersif, -ive** [imɛʀsif, iv] adj immersive

**immersion** [imɛʀsjɔ̃] [→ SYN] nf [a] [objet] immersion, submersion; [fondations] building under water; [déchets] dumping ou disposal at sea; [câble] laying under water; [corps] burying at sea ◆ **baptême par immersion** baptism by immersion ◆ **par immersion totale dans la langue** by immersing oneself totally in the language

[b] [sous-marin] diving, submersion

[c] (Astron) immersion, ingress

**immettable** [ɛ̃metabl] [→ SYN] adj vêtement unwearable

**immeuble** [imœbl] [→ SYN] [1] nm [a] (= bâtiment) building; (à usage d'habitation) block of flats (Brit), apartment building (US) ◆ **immeuble de cinq/trente étages** five-/thirty-floor building

[b] (Jur) real estate (NonC)

[2] adj (Jur) biens real, immovable

[3] COMP ▷ **immeuble de bureaux** office block (Brit) ou building (US) ▷ **immeuble d'habitation** residential block, apartment building (US) ▷ **immeuble à loyer moyen, immeuble à loyer modéré** ≈ block of council flats (Brit), ≈ low-rent building (US) ▷ **immeuble de rapport** residential property (for renting), investment property ▷ **immeuble à usage locatif** block of rented flats (Brit), rental apartment building (US); → **copropriété**

**immigrant, e** [imigʀɑ̃, ɑ̃t] adj, nm,f immigrant

**immigration** [imigʀasjɔ̃] [→ SYN] nf immigration ◆ **(les services de) l'immigration** the immigration department ◆ **immigration clandestine** illegal immigration

**immigré, e** [imigʀe] [→ SYN] (ptp de **immigrer**) adj, nm,f immigrant ◆ **immigré de la deuxième génération** second-generation immigrant ◆ **immigré clandestin** illegal immigrant

**immigrer** [imigʀe] ▸ conjug 1 ◂ vi to immigrate (à, *dans* into)

**imminence** [iminɑ̃s] [→ SYN] nf imminence

**imminent, e** [iminɑ̃, ɑ̃t] [→ SYN] adj danger, crise, départ imminent, impending (épith)

**immiscer (s')** [imise] [→ SYN] ▸ conjug 3 ◂ vpr ◆ **s'immiscer dans** to interfere in ou with

**immixtion** [imiksjɔ̃] [→ SYN] nf interference (*dans* in, with)

**immobile** [i(m)mɔbil] [→ SYN] adj [a] personne, eau, air, arbre motionless, still; visage immobile; pièce de machine fixed ◆ **regard immobile** fixed stare ◆ **rester immobile** to stay ou keep still

[b] (littér) dogme immovable; institutions unchanging, permanent

**immobilier, -ière** [imɔbilje, jɛʀ] [→ SYN] [1] adj vente, crise property (épith); succession in real estate (attrib) ◆ **marché immobilier** property market ◆ **biens immobiliers** real estate, real property (Brit) ◆ **la situation immobilière est satisfaisante** the property situation is satisfactory; → **agence, société**

[2] nm ◆ **l'immobilier** (Comm) the property business, the real-estate business; (Jur) real estate immovables

**immobilisation** [imɔbilizasjɔ̃] [→ SYN] nf [a] [membre blessé, circulation] immobilization; [centrale nucléaire] shutdown ◆ **cela a entraîné l'immobilisation totale de la circulation** that brought the traffic to a complete standstill, that brought about the complete immobilization of traffic ◆ **attendez l'immobilisation complète du train/de l'appareil** wait until the train is completely stationary/the aircraft has come to a complete standstill ou halt ou stop ◆ **la réparation nécessite l'immobilisation de la voiture/l'avion** the car will have to be taken off the road/the plane will have to be grounded to be repaired

[b] (Jur) [bien] conversion into an immovable

[c] (Fin) [capitaux] immobilization, tying up ◆ **immobilisations** fixed assets

[d] (Sport) hold

**immobiliser** [imɔbilize] [→ SYN] ▸ conjug 1 ◂ [1] vt [+ troupes, membre blessé] to immobilize; [+ circulation, affaires] to bring to a standstill, immobilize; [+ machine, véhicule] (= stopper) to stop, bring to a halt ou standstill; (= empêcher de fonctionner) to immobilize; (Aut : avec un sabot) to clamp; (Jur) [+ biens] to convert into immovables; (Fin) to immobilize, tie up ◆ **ça l'immobilise à son domicile** it keeps him housebound ◆ **avions immobilisés par la neige** aeroplanes grounded by snow ◆ **la peur l'immobilisa** he was paralyzed with fear, he was rooted to the spot with fear

[2] **s'immobiliser** vpr [personne] to stop, stand still; [machine, véhicule, échanges commerciaux] to come to a halt ou a standstill

**immobilisme** [imɔbilism] [→ SYN] nm [gouvernement, entreprise] failure to act ◆ **faire de/être partisan de l'immobilisme** to try to maintain/support the status quo

**immobiliste** [imɔbilist] adj politique designed to maintain the status quo ◆ **c'est un immobiliste** he is a supporter of the status quo, he is opposed to progress

**immobilité** [imɔbilite] [→ SYN] nf [personne, foule, eau, arbre] stillness, motionlessness; [visage] immobility; [regard] fixedness; [institutions] unchanging nature, permanence ◆ **le médecin lui a ordonné l'immobilité complète** the doctor ordered him not to move (at all) ◆ **immobilité forcée** forced immobility ◆ **immobilité politique** lack of political change, political inertia

**immodération** [imɔdeʀasjɔ̃] [→ SYN] nf immoderation

**immodéré, e** [imɔdeʀe] [→ SYN] adj immoderate, inordinate

**immodérément** [imɔdeʀemɑ̃] adv immoderately, inordinately

**immodeste** [imɔdɛst] [→ SYN] adj immodest

**immodestie** [imɔdɛsti] [→ SYN] nf immodesty

**immolation** [imɔlasjɔ̃] [→ SYN] nf (Rel) immolation ◆ **immolation (par le feu)** (= suicide) self-immolation

**immoler** [imɔle] [→ SYN] ▸ conjug 1 ◂ [1] vt (= sacrifier) to immolate (littér), sacrifice (à to); (littér = massacrer) to slay (littér) ◆ **il a été immolé sur l'autel des intérêts nationaux** he was sacrificed on the altar of national interest

[2] **s'immoler** vpr to sacrifice o.s. (à to) ◆ **s'immoler par le feu** to set fire to o.s., immolate o.s.

**immonde** [i(m)mɔ̃d] [→ SYN] adj taudis squalid; langage, action, personne base, vile; crime sordid, hideous; (* = laid) ugly, hideous; (Rel) unclean ◆ **il est immonde !** he's disgusting!

**immondices** [i(m)mɔ̃dis] nfpl (= ordures) refuse (NonC) ◆ **commettre/proférer des immondices** (littér) to do/say unspeakable things

**immoral, e,** mpl **-aux** [i(m)mɔʀal, o] [→ SYN] adj immoral

**immoralisme** [i(m)mɔʀalism] [→ SYN] nm immoralism

**immoraliste** [i(m)mɔʀalist] adj, nmf immoralist

**immoralité** [i(m)mɔʀalite] [→ SYN] nf immorality

**immortalisation** [imɔʀtalizasjɔ̃] nf [personne] immortalization

**immortaliser** [imɔʀtalize] [→ SYN] ▸ conjug 1 ◂ [1] vt to immortalize

[2] **s'immortaliser** vpr to win immortality, win eternal fame (*par* thanks to)

**immortalité** [imɔʀtalite] [→ SYN] nf immortality

**immortel, -elle** [imɔʀtɛl] [→ SYN] [1] adj immortal

[2] **Immortel(le)** nm,f *member of the Académie française*

[3] **immortelle** nf (= fleur) everlasting flower

**immotivé, e** [i(m)mɔtive] [→ SYN] adj action, crime unmotivated; réclamation, crainte groundless

**immuabilité** [imɥabilite] nf ⇒ **immutabilité**

**immuable** [imɥabl] [→ SYN] adj lois, passion unchanging, immutable; paysage, routine unchanging; sourire unchanging, perpetual

◆ **il est resté immuable dans ses convictions** he remained unchanged in his convictions ◆ **vêtu de son immuable complet à carreaux** wearing that eternal checked suit of his

**immuablement** [imɥabləmɑ̃] **adv** fonctionner, se passer immutably; triste, grognon perpetually ◆ **ciel immuablement bleu** permanently ou perpetually blue sky

**immun, e** [imœ̃, yn] **adj** immune ◆ **réponse/réaction immune** immune response/reaction

**immunisant, e** [imynizɑ̃, ɑ̃t] **adj** immunizing (épith)

**immunisation** [imynizasjɔ̃] → SYN **nf** immunization

**immuniser** [imynize] → SYN ▸ conjug 1 ◂ **vt** (Méd) to immunize (*contre* against) ◆ **je suis immunisé** (fig) it no longer has any effect on me ◆ **être immunisé contre les tentations** to be immune to temptation ◆ **ça l'immunisera contre le désir de recommencer** this'll stop him ever ou this'll cure him of ever wanting to do it again ◆ **il s'est immunisé contre leurs critiques** he's become immune ou impervious to their criticism

**immunitaire** [imynitɛʀ] **adj** immune; défenses immunological; réactions immune

**immunité** [imynite] → SYN **nf** (Bio, Jur) immunity ◆ **immunité diplomatique/parlementaire** diplomatic/parliamentary immunity ◆ **immunité fiscale** immunity from taxation, tax immunity ◆ **immunité cellulaire** cell-mediated immunity; → **levée**

**immunochimie** [imynoʃimi] **nf** immunochemistry

**immunocompétence** [imynokɔ̃petɑ̃s] **nf** immunocompetence

**immunocompétent, e** [imynokɔ̃petɑ̃, ɑ̃t] **adj** immunocompetent

**immunodéficience** [imynodefisjɑ̃s] **nf** immunodeficiency; → **syndrome, virus**

**immunodéficitaire** [imynodefisitɛʀ] **adj** immunodeficient

**immunodépresseur** [imynodepʀesœʀ] **adj, nm** immunosuppressant, immunodepressant

**immunodépressif, -ive** [imynodepʀesif, iv] **adj** immunosuppressive, immunodepressive

**immunodépression** [imynodepʀesjɔ̃] **nf** immunosuppression, immunodepression

**immunodéprimé, e** [imynodepʀime] **adj** immunosuppressed, immunocompromised

**immunofluorescence** [imynoflyɔʀesɑ̃s] **nf** immunofluorescence

**immunogène** [imynɔʒɛn] **adj** immunogenic

**immunoglobuline** [imynoglɔbylin] **nf** immunoglobulin

**immunologie** [imynɔlɔʒi] **nf** immunology

**immunologique** [imynɔlɔʒik] **adj** immunological

**immunologiste** [imynɔlɔʒist] **nmf** immunologist

**immunostimulant, e** [imynostimylɑ̃, ɑ̃t] [1] **adj** substance, traitement that stimulates the immune system

[2] **nm** immunostimulant

**immunosuppresseur** [imynosypʀesœʀ] **nm** immunosuppressive drug, immunosuppressant (drug)

**immunothérapie** [imynoteʀapi] **nf** immunotherapy

**immunotolérance** [imynotɔleʀɑ̃s] **nf** immunological tolerance

**immunotolérant, e** [imynotɔleʀɑ̃, ɑ̃t] **adj** immunologically tolerant

**immutabilité** [i(m)mytabilite] → SYN **nf** immutability

**impact** [ɛ̃pakt] → SYN **nm** [a] (= heurt) impact (*sur* on) ◆ **mur criblé d'impacts de balles** (= trace de heurt) wall riddled with bullet holes; → **point**[1]

[b] (= effet) impact (*sur* on) ◆ **l'argument a de l'impact** the argument has some impact ◆ **étude d'impact** (Admin, Écon) impact study

**impair, e** [ɛ̃pɛʀ] → SYN [1] **adj** nombre odd, uneven; jour odd; page odd-numbered; vers irregular *(with uneven number of syllables)*; organe unpaired ◆ **côté impair d'une rue** *side of the street where the buildings have odd numbers*

[2] **nm** [a] (= gaffe) blunder, faux pas ◆ **commettre un impair** to (make a) blunder, make a faux pas

[b] (Casino) **miser sur l'impair** to put one's money on the impair ou odd numbers ◆ **"impair et manque"** "impair et manque"

**impala** [impala] → SYN **nm** impala

**impalpable** [ɛ̃palpabl] → SYN **adj** (= très fin) cendre, poussière extremely fine; (= immatériel) barrière, frontière intangible, impalpable

**impaludation** [ɛ̃palydasjɔ̃] **nf** infection with malaria

**impaludé, e** [ɛ̃palyde] **adj** malade suffering from malaria; région malaria-infected

**impanation** [ɛ̃panasjɔ̃] → SYN **nf** impanation

**imparable** [ɛ̃paʀabl] → SYN **adj** [a] coup, tir unstoppable

[b] argument, riposte unanswerable; logique unanswerable, implacable

**impardonnable** [ɛ̃paʀdɔnabl] → SYN **adj** faute unforgivable, unpardonable ◆ **vous êtes impardonnable (d'avoir fait cela)** you cannot be forgiven (for doing that), it's unforgivable of you (to have done that)

**imparfait, e** [ɛ̃paʀfɛ, ɛt] → SYN [1] **adj** (gén) imperfect

[2] **nm** (Ling) imperfect tense ◆ **à l'imparfait** in the imperfect (tense)

**imparfaitement** [ɛ̃paʀfɛtmɑ̃] → SYN **adv** imperfectly ◆ **connaître imparfaitement qch** to have an imperfect knowledge of sth

**imparidigité, e** [ɛ̃paʀidiʒite] **adj** imparidigitate

**imparipenné, e** [ɛ̃paʀipene] **adj** imparipinnate

**imparisyllabique** [ɛ̃paʀisi(l)labik] **adj, nm** imparisyllabic

**imparité** [ɛ̃paʀite] **nf** [nombre] unevenness

**impartial, e,** mpl **-iaux** [ɛ̃paʀsjal, jo] → SYN **adj** impartial, unbiased, unprejudiced

**impartialement** [ɛ̃paʀsjalmɑ̃] **adv** impartially, without bias ou prejudice

**impartialité** [ɛ̃paʀsjalite] → SYN **nf** impartiality ◆ **en toute impartialité** from a completely impartial standpoint ◆ **faire preuve d'impartialité dans ses jugements** to show impartiality in one's judgements

**impartir** [ɛ̃paʀtiʀ] → SYN ▸ conjug 2 ◂ **vt** ◆ (littér) (= attribuer à) **impartir des devoirs/une mission à qn** to assign duties/a mission to sb ◆ **impartir des pouvoirs à** to invest powers in ◆ **impartir un délai à** (Jur) to grant an extension to ◆ **dans les délais impartis** within the time allowed ◆ **le temps qui vous était imparti est écoulé** (Jeux) your time is up ◆ **les dons que Dieu nous a impartis** the gifts God has bestowed upon us ou has endowed us with ou has imparted to us

**impasse** [ɛ̃pɑs] → SYN **nf** [a] (= cul-de-sac) dead end, cul-de-sac; (sur panneau) no through road

[b] (= situation sans issue) impasse ◆ **être dans l'impasse** [négociations] to have reached an impasse, have reached deadlock; [personne] to be at a dead end; [relation] to have reached a dead end ◆ **pour sortir les négociations de l'impasse** to break the deadlock in the negotiations ◆ **notre pays doit sortir de l'impasse** our country must get out of the rut it's in

[c] (Scol, Univ) **j'ai fait 3 impasses en géographie** I skipped over ou missed out (Brit) 3 topics in my geography revision ◆ **faire l'impasse sur qch** to choose to overlook sth

[d] (Cartes) finesse ◆ **faire une impasse** to (make a) finesse ◆ **faire l'impasse au roi** to finesse against the king

[e] (Fin) **impasse budgétaire** budget deficit

**impassibilité** [ɛ̃pasibilite] → SYN **nf** impassiveness, impassivity

**impassible** [ɛ̃pasibl] → SYN **adj** impassive

**impassiblement** [ɛ̃pasibləmɑ̃] **adv** impassively

**impatiemment** [ɛ̃pasjamɑ̃] **adv** impatiently

**impatience** [ɛ̃pasjɑ̃s] → SYN **nf** impatience ◆ **signes d'impatience** signs of impatience ◆ **il était dans l'impatience de la revoir** he was impatient to see her again, he couldn't wait to see her again ◆ **il répliqua avec impatience que ...** he replied impatiently that ... ◆ **avoir des impatiences dans les jambes** † to have the fidgets *

**impatiens** [ɛ̃pasjɑ̃s] **nf** (Bot) Busy Lizzie, impatiens (SPÉC)

**impatient, e** [ɛ̃pasjɑ̃, jɑ̃t] → SYN [1] **adj** personne, geste, attente impatient ◆ **impatient de faire** impatient ou eager to do ◆ **je suis si impatient de vous revoir** I'm longing to see you again, I just can't wait to see you again *, I'm really looking forward to seeing you again ◆ **quel impatient !** what an impatient character!

[2] **impatiente nf** ⇒ **impatiens**

**impatienter** [ɛ̃pasjɑ̃te] → SYN ▸ conjug 1 ◂ [1] **vt** to irritate, annoy

[2] **s'impatienter vpr** to grow ou get impatient, lose patience (*contre qn* with sb; *contre* ou *de qch* at sth)

**impatroniser** [ɛ̃patʀɔnize] → SYN ▸ conjug 1 ◂ [1] **vt** [+ règlement] to impose

[2] **s'impatroniser vpr** to impose one's authority

**impavide** [ɛ̃pavid] → SYN **adj** (littér) unruffled, impassive, cool ◆ **impavide devant le danger** cool ou unruffled in the face of danger

**impayable** * [ɛ̃pɛjabl] **adj** (= drôle) priceless * ◆ **il est impayable !** he's priceless! *, he's a scream! *

**impayé, e** [ɛ̃peje] [1] **adj** unpaid

[2] **impayés nmpl** outstanding payments

**impeachment** [impitʃmɛnt] **nm** (US Pol) impeachment

**impec** * [ɛ̃pɛk] **adj** abrév de **impeccable**

**impeccable** [ɛ̃pekabl] → SYN **adj** [a] (= parfait) travail, style, technique, service impeccable, perfect, faultless; employé perfect; diction impeccable ◆ **parler un français impeccable** to speak impeccable French ◆ **(c'est) impeccable !** * great! *, brilliant! * ◆ **ça va ? – impeccable !** is it OK? – it's fine!

[b] (= net) personne impeccable, impeccably dressed; coiffure impeccable, immaculate; appartement, voiture spotless, spotlessly clean, impeccable

**impeccablement** [ɛ̃pekabləmɑ̃] **adv** coiffé, habillé, maquillé, repassé impeccably, immaculately; rangé, coupé, entretenu beautifully ◆ **une robe impeccablement finie** a beautifully finished dress

**impécunieux, -ieuse** [ɛ̃pekynjø, jøz] → SYN **adj** (littér) impecunious

**impécuniosité** [ɛ̃pekynjozite] → SYN **nf** (littér) impecuniousness

**impédance** [ɛ̃pedɑ̃s] **nf** (Élec) impedance

**impedimenta** [ɛ̃pedimɛ̃ta] **nmpl** (Mil, fig) impedimenta

**impénétrabilité** [ɛ̃penetʀabilite] **nf** [a] [forêt, secteur] impenetrability

[b] [mystère, desseins] unfathomableness, impenetrability

[c] [personnage, caractère] inscrutability, impenetrability; [visage] inscrutability, impenetrability

**impénétrable** [ɛ̃penetʀabl] → SYN **adj** [a] (= inaccessible) forêt impenetrable (*à* to, by) ◆ **un secteur quasi impénétrable pour les Européens** a market sector almost impossible for Europeans to break into

[b] (= insondable) mystère, desseins unfathomable, impenetrable; → **voie**

[c] (= énigmatique) personnage, caractère, visage inscrutable, impenetrable; air inscrutable

**impénitence** [ɛ̃penitɑ̃s] → SYN **nf** unrepentance, impenitence

**impénitent, e** [ɛ̃penitɑ̃, ɑ̃t] → SYN **adj** unrepentant, impenitent ◆ **fumeur impénitent** unrepentant smoker

**impensable** [ɛ̃pɑ̃sabl] GRAMMAIRE ACTIVE 12.2 → SYN **adj** événement hypothétique unthinkable; événement arrivé unbelievable

**imper** * [ɛ̃pɛʀ] **nm** (abrév de **imperméable**) raincoat

**impératif, -ive** [ɛ̃peʀatif, iv] → SYN [1] **adj** (= obligatoire, urgent) besoin, consigne urgent, imperative; (= impérieux) geste, ton imperative, imperious, commanding; (Jur) loi mandatory ◆ **il est impératif de .../que ...** it is absolutely essential ou it is imperative to .../that ...

[2] nm **a** (Ling) imperative mood ◆ **à l'impératif** in the imperative (mood)

**b** (= prescription) [fonction, charge] requirement; [mode] demand; (= nécessité) [situation] necessity; (Mil) imperative ◆ **des impératifs d'horaire nous obligent à ...** we are obliged by the demands ou constraints of our timetable to ... ◆ **impératif catégorique** (Philos) categorical imperative; (fig) essential requirement

**impérativement** [ɛ̃peʀativmɑ̃] adv imperatively ◆ **je le veux impérativement pour demain** it is imperative that I have it for tomorrow, I absolutely must have it for tomorrow

**impératrice** [ɛ̃peʀatʀis] nf empress

**imperceptibilité** [ɛ̃pɛʀsɛptibilite] nf imperceptibility

**imperceptible** [ɛ̃pɛʀsɛptibl] → SYN adj **a** (= non perceptible) son, détail, nuance imperceptible (*à* to)

**b** (= à peine perceptible) son, sourire faint, imperceptible; détail, changement, nuance minute, imperceptible

**imperceptiblement** [ɛ̃pɛʀsɛptibləmɑ̃] adv imperceptibly

**imperfectible** [ɛ̃pɛʀfɛktibl] → SYN adj which cannot be perfected, unperfectible

**imperfectif, -ive** [ɛ̃pɛʀfɛktif, iv] [1] adj imperfective, continuous

[2] nm imperfective

**imperfection** [ɛ̃pɛʀfɛksjɔ̃] → SYN nf (= caractère imparfait) imperfection; (= défaut) [personne, caractère] shortcoming, imperfection, defect; [ouvrage, dispositif, mécanisme] imperfection, defect; [peau] blemish

**imperforation** [ɛ̃pɛʀfɔʀasjɔ̃] nf imperforation

**impérial, e,** mpl **-iaux** [ɛ̃peʀjal, jo] → SYN [1] adj imperial

[2] **impériale** nf **a** [autobus] top ou upper deck ◆ **autobus à impériale** ≃ double-decker (bus) ◆ **monter à l'impériale** to go upstairs ou on top

**b** (= barbe) imperial

**c** (Jeux) **(série) impériale** royal flush

**impérialement** [ɛ̃peʀjalmɑ̃] adv imperially

**impérialisme** [ɛ̃peʀjalism] → SYN nm imperialism

**impérialiste** [ɛ̃peʀjalist] [1] adj imperialist(ic)

[2] nmf imperialist

**impérieusement** [ɛ̃peʀjøzmɑ̃] adv imperiously ◆ **avoir impérieusement besoin de qch** to need sth urgently, have urgent need of sth

**impérieux, -ieuse** [ɛ̃peʀjø, jøz] → SYN adj (= autoritaire) personne, ton, caractère imperious; (= pressant) besoin, nécessité urgent, pressing; obligation pressing

**impérissable** [ɛ̃peʀisabl] → SYN adj œuvre imperishable; souvenir, gloire undying (épith), imperishable; monument, valeur permanent, lasting (épith)

**impéritie** [ɛ̃peʀisi] → SYN nf (littér = incompétence) incompetence

**imperium** [ɛ̃peʀjɔm] nm (Hist) imperium; (fig) dominion (*sur* over)

**imperméabilisation** [ɛ̃pɛʀmeabilizasjɔ̃] nf waterproofing

**imperméabiliser** [ɛ̃pɛʀmeabilize] ▸ conjug 1 ◂ vt to waterproof ◆ **tissu imperméabilisé** waterproofed material

**imperméabilité** [ɛ̃pɛʀmeabilite] → SYN nf **a** [terrain] impermeability; [tissu] waterproof qualities, impermeability

**b** (littér = insensibilité) **imperméabilité à** imperviousness to

**imperméable** [ɛ̃pɛʀmeabl] → SYN [1] adj **a** terrain, roches impermeable; revêtement, tissu waterproof; frontière impenetrable ◆ **imperméable à l'eau** waterproof ◆ **imperméable à l'air** airtight

**b** (= insensible) **imperméable à** impervious to

[2] nm (= manteau) raincoat

**impersonnalité** [ɛ̃pɛʀsɔnalite] → SYN nf impersonality; (Ling) impersonal form

**impersonnel, -elle** [ɛ̃pɛʀsɔnɛl] → SYN [1] adj (gén, Ling) impersonal

[2] nm (Ling) impersonal verb

**impersonnellement** [ɛ̃pɛʀsɔnɛlmɑ̃] adv impersonally

**impertinemment** [ɛ̃pɛʀtinamɑ̃] adv impertinently

**impertinence** [ɛ̃pɛʀtinɑ̃s] → SYN nf (= caractère) impertinence; (= propos) impertinent remark, impertinence ◆ **répondre avec impertinence** to reply impertinently ou cheekily ◆ **arrête tes impertinences !** that's enough impertinence!, that's enough of your impertinent remarks!

**impertinent, e** [ɛ̃pɛʀtinɑ̃, ɑ̃t] → SYN adj impertinent, cheeky ◆ **c'est un petit impertinent !** he's so impertinent!

**imperturbabilité** [ɛ̃pɛʀtyʀbabilite] → SYN nf imperturbability

**imperturbable** [ɛ̃pɛʀtyʀbabl] → SYN adj sang-froid, gaieté, sérieux unshakeable; personne, caractère imperturbable ◆ **rester imperturbable** to remain unruffled

**imperturbablement** [ɛ̃pɛʀtyʀbabləmɑ̃] adv imperturbably ◆ **il écouta imperturbablement** he listened imperturbably ou unperturbed ou unruffled

**impesanteur** [ɛ̃pəzɑ̃tœʀ] nf weightlessness

**impétigo** [ɛ̃petigo] nm impetigo

**impétrant, e** [ɛ̃petʀɑ̃, ɑ̃t] → SYN nm,f (Jur) applicant; (Univ) recipient *(of a qualification)*

**impétueusement** [ɛ̃petɥøzmɑ̃] adv (littér) impetuously

**impétueux, -euse** [ɛ̃petɥø, øz] → SYN adj (littér = fougueux) caractère, jeunesse impetuous, hotheaded; orateur fiery; rythme impetuous; torrent, vent raging

**impétuosité** [ɛ̃petɥozite] → SYN nf (littér) [rythme, personne] impetuousness, impetuosity ◆ **méfiez-vous de l'impétuosité des torrents de montagne** beware of raging mountain streams

**impie** [ɛ̃pi] → SYN [1] adj acte, parole impious, ungodly, irreligious

[2] nmf ungodly ou irreligious person

**impiété** [ɛ̃pjete] → SYN nf († ou littér) (= caractère) impiety, ungodliness, irreligiousness; (= parole, acte) impiety

**impitoyable** [ɛ̃pitwajabl] → SYN adj merciless, pitiless, ruthless (*envers* towards) ◆ **dans l'univers impitoyable du show-biz** in the cut-throat world of showbiz

**impitoyablement** [ɛ̃pitwajabləmɑ̃] adv mercilessly, pitilessly, ruthlessly

**implacabilité** [ɛ̃plakabilite] → SYN nf implacability

**implacable** [ɛ̃plakabl] adj (= impitoyable) implacable

**implacablement** [ɛ̃plakabləmɑ̃] adv implacably, relentlessly

**implant** [ɛ̃plɑ̃] → SYN nm (Méd) implant ◆ **implant capillaire** hair graft ◆ **implant dentaire** implant

**implantation** [ɛ̃plɑ̃tasjɔ̃] → SYN nf **a** [usage, mode] introduction; [immigrants] settlement; [usine, industrie] setting up; [idée, préjugé] implantation

**b** (= présence) **nous bénéficions d'une solide implantation à l'étranger** [entreprise] we have a number of offices abroad ◆ **nous avons su renforcer notre implantation locale** we have reinforced our presence locally ◆ **la forte implantation du parti dans la région** the party's strong presence in the region

**c** (Méd) [organe, prothèse, embryon] implantation

**d** (= disposition) [dents] arrangement ◆ **l'implantation des cheveux** the way the hair grows

**implanter** [ɛ̃plɑ̃te] → SYN ▸ conjug 1 ◂ [1] vt **a** (= introduire) [+ usage, mode] to introduce ◆ **implanter un produit sur le marché** to establish a product on the market

**b** (= établir) [+ usine, industrie] to set up, establish; [+ idée, préjugé] to implant ◆ **une société implantée dans la région depuis plusieurs générations** a company that has been established in the area for generations ◆ **la gauche est fortement implantée ici** the left is well-established here

**c** (Méd) [+ organe, prothèse, embryon] to implant

[2] **s'implanter** vpr [usine, industrie] to be set up ou established; [immigrants] to settle; [parti politique] to establish itself, become established ◆ **le parti est solidement implanté dans cette région** the party is well-established in this region

**implémentation** [ɛ̃plemɑ̃tasjɔ̃] nf (Ordin) implementation

**implémenter** [ɛ̃plemɑ̃te] ▸ conjug 1 ◂ vt (Ordin) to implement

**implication** [ɛ̃plikasjɔ̃] → SYN [1] nf **a** (= relation logique) implication

**b** **implication dans** (= mise en cause) implication in; (= participation à) implication ou involvement in

[2] **implications** nfpl (= conséquences, répercussions) implications

**implicite** [ɛ̃plisit] → SYN adj condition, foi, volonté implicit ◆ **connaissance implicite** (Ling) tacit knowledge

**implicitement** [ɛ̃plisitmɑ̃] adv implicitly

**impliquer** [ɛ̃plike] → SYN ▸ conjug 1 ◂ [1] vt **a** (= supposer) to imply (*que* that)

**b** (= nécessiter) to entail, involve

**c** **impliquer qn dans** (= mettre en cause) to implicate sb in; (= mêler à) to implicate ou involve sb in

[2] **s'impliquer** vpr ◆ **s'impliquer dans son travail/un projet** to get involved in one's work/a project ◆ **s'impliquer beaucoup dans qch** to put a lot into sth, get heavily ou deeply involved in sth

**implorant, e** [ɛ̃plɔʀɑ̃, ɑ̃t] → SYN adj imploring, beseeching ◆ **il me regarda d'un air implorant** he looked at me imploringly ou beseechingly

**imploration** [ɛ̃plɔʀasjɔ̃] → SYN nf entreaty

**implorer** [ɛ̃plɔʀe] → SYN ▸ conjug 1 ◂ vt (= supplier) [+ personne, Dieu] to implore, beseech (frm); (= demander) [+ faveur, aide] to implore ◆ **implorer la clémence de qn** to beg sb for mercy ◆ **implorer le pardon de qn** to beg sb's forgiveness ◆ **implorer qn de faire** to implore ou beseech ou entreat sb to do

**imploser** [ɛ̃ploze] ▸ conjug 1 ◂ vi to implode

**implosif, -ive** [ɛ̃plozif, iv] adj implosive

**implosion** [ɛ̃plozjɔ̃] nf implosion

**impluvium** [ɛ̃plyvjɔm] → SYN nm impluvium

**impoli, e** [ɛ̃pɔli] → SYN adj impolite, rude (*envers* to)

**impoliment** [ɛ̃pɔlimɑ̃] adv impolitely, rudely

**impolitesse** [ɛ̃pɔlitɛs] → SYN nf (= attitude) impoliteness, rudeness; (= remarque) impolite ou rude remark; (= acte) impolite thing to do, impolite action ◆ **répondre avec impolitesse** to answer impolitely ou rudely ◆ **c'est une impolitesse de faire** it is impolite ou rude to do

**impolitique** [ɛ̃pɔlitik] adj impolitic

**impondérabilité** [ɛ̃pɔ̃deʀabilite] nf imponderability

**impondérable** [ɛ̃pɔ̃deʀabl] → SYN [1] adj imponderable

[2] nm imponderable, unknown (quantity)

**impopulaire** [ɛ̃pɔpylɛʀ] → SYN adj unpopular (*auprès de* with)

**impopularité** [ɛ̃pɔpylaʀite] → SYN nf unpopularity

**import** [ɛ̃pɔʀ] nm (abrév de **importation**) import

**importable** [ɛ̃pɔʀtabl] adj (Écon) importable; vêtement unwearable

**importance** [ɛ̃pɔʀtɑ̃s] → SYN nf **a** [problème, affaire, personne] importance; [événement, fait] importance, significance ◆ **avoir de l'importance** [personne, question] to be important, be of importance ◆ **ça a beaucoup d'importance pour moi** it's very important to me, it matters a great deal to me ◆ **accorder** ou **attacher de l'importance à qch** to give ou lend importance to sth ◆ **accorder beaucoup/peu d'importance à qch** to attach a lot of/little importance to sth ◆ **sans importance** personne unimportant; problème, incident, détail unimportant, insignificant ◆ **c'est sans importance, ça n'a pas d'importance** it doesn't matter, it's of no importance ou consequence ◆ **(et alors,) quelle importance ?** (so) does it really matter? ◆ **de peu d'importance**

événement, fait of little importance; détail trifling, minor; retard slight ◆ **d'une certaine importance** problème, événement fairly ou rather important ◆ **de la plus haute importance, de (la) première importance** problème, affaire, document of paramount ou of the highest importance; événement momentous

**b** (= taille) [somme, effectifs, entreprise] size; (= ampleur) [dégâts, désastre, retard] extent ◆ **d'une certaine importance** entreprise sizeable; dégâts considerable, extensive

**c** (LOC) **prendre de l'importance** [question] to gain in importance, become more important; [firme] to increase in size; [personne] to become more important ◆ **se donner de l'importance** (péj) to act important ou in a self-important way ◆ **l'affaire est d'importance** (frm) this is no trivial matter, this is a matter of some seriousness ◆ **tancer/rosser qn d'importance** (littér) to give sb a thorough dressing-down/trouncing (littér)

**important, e** [ɛ̃pɔʀtɑ̃, ɑ̃t] GRAMMAIRE ACTIVE 1.1, 26.1 26.6 → SYN

**1** adj **a** personnage, question, rôle important; événement, fait important, significant ◆ **peu important** of little ou of no great importance, of little significance ◆ **rien d'important** nothing important ou of importance ◆ **quelqu'un d'important** somebody important

**b** (quantitativement) somme large, considerable, substantial; différence big; retard considerable; dégâts extensive, considerable ◆ **la présence d'un important service d'ordre** the presence of a considerable number ou a large contingent of police

**c** (péj) airs (self-)important; personnage self-important

**2** nm ◆ **l'important est de ...** the important thing is to ... ◆ **ce n'est pas le plus important** that's not what's most important

**3** nm,f (péj) ◆ **faire l'important(e)** to act important ou in a self-important way

**importateur, -trice** [ɛ̃pɔʀtatœʀ, tʀis] → SYN **1** adj importing ◆ **pays importateur de blé** wheat-importing country

**2** nm,f importer

**importation** [ɛ̃pɔʀtasjɔ̃] → SYN nf **a** (Comm) [marchandises] importing, importation ◆ **produits/articles d'importation** imported products/items

**b** [animal, plante, maladie] introduction ◆ **cette marque est d'importation récente** this brand is a recent import

**c** (= produit) import

**importer[1]** [ɛ̃pɔʀte] → SYN ▸ conjug 1 ◂ vt to import; [+ coutumes, danses] to import, introduce (*de* from)

**importer[2]** [ɛ̃pɔʀte] GRAMMAIRE ACTIVE 7.5 → SYN ▸ conjug 1 ◂ vi **a** (= être important) to matter ◆ **les conventions importent peu à ces gens-là** conventions don't matter much ou aren't very important ou matter little to those people ◆ **ce qui importe, c'est d'agir vite** the important thing is ou what matters is to act quickly ◆ **que lui importe le malheur des autres ?** what does he care about other people's unhappiness?, what does other people's unhappiness matter to him? ◆ **il importe de faire** (frm) it is important to do ◆ **il importe qu'elle connaisse les risques** (frm) it is important that she knows ou should know the risks

**b** **peu importe** ou **qu'importe** (littér) **qu'il soit absent** what does it matter if he is absent?, it matters little that he is absent (frm) ◆ **peu importe le temps, nous sortirons** we'll go out whatever the weather ou no matter what the weather is like ◆ **peu m'importe** (= je n'ai pas de préférence) I don't mind; (= je m'en moque) I don't care ◆ **que m'importe !** what do I care?, I don't care! ◆ **achetez des pêches ou des poires, peu importe** buy peaches or pears – it doesn't matter which ◆ **quel fauteuil veux-tu ? – oh, n'importe** which chair will you have? – it doesn't matter ou I don't mind ou any one will do ◆ **il ne veut pas ? qu'importe !** doesn't he want to? what does it matter? ou it doesn't matter! ◆ **les maisons sont chères, n'importe, elles se vendent !** houses are expensive, but no matter ou but never mind, they still sell ◆ (Prov) **qu'importe le flacon pourvu qu'on ait l'ivresse !** never mind the bottle, let's just drink it!

**c** **n'importe comment** anyhow ◆ **il a fait cela n'importe comment !** he did it any old how* (Brit) ou any which way* (US) ◆ **n'importe comment, il part ce soir** anyway, he's leaving tonight, he's leaving tonight in any case ou anyhow ◆ **n'importe lequel d'entre nous** any (one) of us ◆ **n'importe où** anywhere ◆ **attention, n'allez pas vous promener n'importe où** be careful, don't go walking just anywhere ◆ **n'importe quand** anytime ◆ **entrez dans n'importe quelle boutique** go into any shop ◆ **n'importe quel docteur vous dira la même chose** any doctor will tell you the same thing ◆ **venez à n'importe quelle heure** come (at) any time ◆ **il cherche un emploi, mais pas n'importe lequel** he's looking for a job, but not just any job ◆ **n'importe qui** anybody, anyone ◆ **ce n'est pas n'importe qui** he's not just anybody ◆ **n'importe quoi** anything ◆ **il fait/dit n'importe quoi !** he has no idea what he's doing!/saying! ◆ **(c'est) n'importe quoi !*** what nonsense! ou rubbish! (Brit) ◆ **il mange tout et n'importe quoi** he'll eat anything

**import-export,** pl **imports-exports** [ɛ̃pɔʀɛkspɔʀ] nm import-export ◆ **société d'import-export** import-export company ◆ **entreprise d'import-export de vins** import-export company dealing in wine ◆ **faire de l'import-export** to be in the import-export business

**importun, e** [ɛ̃pɔʀtœ̃, yn] → SYN **1** adj (frm) curiosité, présence, pensée, plainte troublesome, importunate (frm); arrivée, visite inopportune, ill-timed; personne importunate (frm) ◆ **je ne veux pas être importun** (déranger) I don't wish to disturb you ou to intrude; (irriter) I don't wish to be importunate (frm) ou a nuisance ◆ **se rendre importun par** to make o.s. objectionable by

**2** nm,f (= gêneur) irksome individual; (= visiteur) intruder

**importunément** [ɛ̃pɔʀtynemɑ̃] adv (frm) (= de façon irritante) importunately (frm); (= à un mauvais moment) inopportunely

**importuner** [ɛ̃pɔʀtyne] → SYN ▸ conjug 1 ◂ vt (frm) [représentant, mendiant] to importune (frm), bother; [insecte, bruit] to trouble, bother; [interruptions, remarques] to bother ◆ **je ne veux pas vous importuner** I don't wish to put you to any trouble ou to bother you

**importunité** [ɛ̃pɔʀtynite] → SYN nf (frm) [démarche, demande] importunity (frm) ◆ **importunités** (= sollicitations) importunities

**imposable** [ɛ̃pozabl] → SYN adj personne, revenu taxable

**imposant, e** [ɛ̃pozɑ̃, ɑ̃t] → SYN adj (= majestueux) personnage, stature imposing; allure stately; (= impressionnant) bâtiment imposing; (= considérable) majorité, mise en scène, foule imposing, impressive ◆ **une imposante matrone** (= gros) a woman with an imposing figure ◆ **la présence d'un imposant service d'ordre** the presence of an imposing number ou a large contingent of police

**imposé, e** [ɛ̃poze] → SYN (ptp de **imposer**) **1** adj (Fin) personne, revenu taxable; (Sport) exercices, figures compulsory ◆ **prix imposé** (Comm) set price ◆ **tarif imposé** set rate

**2** nm (Sport = exercice) compulsory exercice

**3** nm,f (= contribuable) taxpayer

**imposer** [ɛ̃poze] → SYN ▸ conjug 1 ◂ **1** vt **a** (= prescrire) [+ tâche, date] to set; [+ règle, conditions] to impose, lay down; [+ punition, taxe] to impose (*à* on); [+ prix] to set, fix ◆ **imposer ses idées/sa présence à qn** to impose ou force one's ideas/one's company on sb ◆ **imposer des conditions à qch** to impose ou place conditions on sth ◆ **imposer un travail/une date à qn** to set sb a piece of work/a date ◆ **imposer un régime à qn** to put sb on a diet ◆ **la décision leur a été imposée par les événements** the decision was forced ou imposed (up)on them by events ◆ **il nous a imposé son candidat** he has imposed his candidate on us ◆ **on lui a imposé le silence** silence has been imposed upon him; → **loi**

**b** (= faire connaître) **imposer son nom** [candidat] to come to the fore; [artiste] to make o.s. known, compel recognition; [firme] to establish itself, become an established name ◆ **il impose/sa conduite impose le respect** he commands/his behaviour compels respect

**c** (Fin = taxer) [+ marchandise, revenu, salariés] to tax ◆ **imposer insuffisamment** to undertax

**d** (Typo) to impose

**e** (Rel) **imposer les mains** to lay on hands

**f** **en imposer à qn** to impress sb ◆ **il en impose** he's an imposing individual ◆ **sa présence/son intelligence en impose** his presence/his intelligence is imposing ◆ **ne vous en laissez pas imposer par ses grands airs** don't let yourself be impressed by his haughty manner

**2** **s'imposer** vpr **a** (= être nécessaire) [décision, action] to be essential ou vital ou imperative ◆ **dans ce cas, le repos s'impose** in this case rest is essential ou vital ou imperative ◆ **c'est la solution qui s'impose** it's the obvious solution ◆ **ces mesures ne s'imposaient pas** these measures were unnecessary ◆ **quand on est à Paris une visite au Louvre s'impose** when in Paris, a visit to the Louvre is imperative ou is a must*

**b** (= se contraindre à) **s'imposer une tâche** to set o.s. a task ◆ **il s'est imposé un trop gros effort** he put himself under too much strain ◆ **s'imposer de faire** to make it a rule to do

**c** (= montrer sa supériorité) to assert o.s.; (= avoir une personnalité forte) to be assertive ◆ **impose-toi !** assert yourself! ◆ **s'imposer par ses qualités** to stand out ou to compel recognition because of one's qualities ◆ **il s'est imposé dans sa branche** he has made a name for himself in his branch ◆ **il s'est imposé comme le seul susceptible d'avoir le prix** he emerged ou he established himself as the only one likely to get the prize ◆ **le skieur s'est imposé dans le slalom géant** the skier dominated the giant slalom event ◆ **le joueur canadien s'est imposé face au russe** the Canadian player outplayed the Russian

**d** (= imposer sa présence à) **s'imposer à qn** to impose (o.s.) upon sb ◆ **je ne voudrais pas m'imposer** I don't want to impose ◆ **le soleil s'imposera peu à peu sur tout le pays** gradually sunshine will spread across the whole country

**imposeur** [ɛ̃pozœʀ] nm (Typo) imposer

**imposition** [ɛ̃pozisjɔ̃] → SYN nf (Fin) taxation; (Typo) imposition ◆ **l'imposition des mains** (Rel) the laying on of hands ◆ **double imposition** (Fin) double taxation

**impossibilité** [ɛ̃pɔsibilite] GRAMMAIRE ACTIVE 16.4 → SYN nf impossibility ◆ **l'impossibilité de réaliser ce plan** the impossibility of carrying out this plan ◆ **en cas d'impossibilité** should it prove impossible ◆ **y a-t-il impossibilité à ce qu'il vienne ?** is it impossible for him to come? ◆ **être dans l'impossibilité de faire qch** to be unable to do sth ◆ **l'impossibilité dans laquelle il se trouvait de ...** the fact that he was unable to ..., the fact that he found it impossible to ... ◆ **se heurter à des impossibilités** to come up against insuperable obstacles

**impossible** [ɛ̃pɔsibl] GRAMMAIRE ACTIVE 12.3, 16.3, 26.1, 26.6 → SYN

**1** adj **a** (= irréalisable, improbable) impossible ◆ **impossible à faire** impossible to do ◆ **il est impossible de .../que ...** it is impossible to .../that ... ◆ **il est impossible qu'il soit déjà arrivé** he cannot possibly have arrived yet ◆ **il m'est impossible de le faire** it's impossible for me to do it, I can't possibly do it ◆ **pouvez-vous venir lundi ? – non, cela m'est impossible** can you come on Monday? – no, I can't ou no, it's impossible ◆ **ce n'est pas impossible, ça n'a rien d'impossible** (= ça peut arriver) it may well happen; (= ça peut être le cas) it may well be the case ◆ **est-ce qu'il va partir ? – ce n'est pas impossible** is he going to leave? – he may well ◆ (Prov) **impossible n'est pas français** there's no such word as "can't"; → **vaillant**

**b** (= pénible, difficile) enfant, situation impossible ◆ **rendre l'existence impossible à qn** to make sb's life impossible ou a misery ◆ **elle a des horaires impossibles** she has impossible ou terrible hours ◆ **il mène une vie impossible** he leads an incredible life

**c** (= invraisemblable) nom, titre ridiculous, impossible ◆ **se lever à des heures impossibles** to get up at an impossible ou a ridiculous time ou hour ◆ **il lui arrive toujours des histoires impossibles** impossible things are always happening to him

**2** nm **a** **l'impossible** the impossible ◆ **demander/tenter l'impossible** to ask for/

attempt the impossible ♦ **je ferai l'impossible (pour venir)** I'll do my utmost (to come) ♦ (Prov) **à l'impossible nul n'est tenu** no one can be expected to do the impossible

**b** **par impossible** by some miracle, by some remote chance ♦ **si par impossible je terminais premier ...** if by some miracle ou some remote chance I were to finish first ...

**imposte** [ɛ̃pɔst] → SYN **nf** **a** (Archit = moulure) impost

**b** (= fenêtre) fanlight (Brit), transom (window) (US)

**imposteur** [ɛ̃pɔstœʀ] → SYN **nm** impostor

**imposture** [ɛ̃pɔstyʀ] → SYN **nf** imposture, deception ♦ **c'est une imposture !** it's all a sham!

**impôt** [ɛ̃po] → SYN **1** **nm** (= taxe) tax ♦ **payer l'impôt** to pay tax ou taxes ♦ **les impôts** (gén) taxes; (= service local) the tax office; (= service national) the Inland Revenue (Brit), the Internal Revenue Service (US) ♦ **les impôts me réclament 10 000 €** the taxman* wants €10,000 from me ♦ **payer des impôts** to pay tax ♦ **je paye plus de 10 000 € d'impôts** I pay more than €10,000 (in) tax ♦ **frapper d'un impôt** to put a tax on ♦ **impôt direct/indirect/déguisé** direct/indirect/hidden tax ♦ **impôt retenu à la source** tax deducted at source ♦ **bénéfices avant impôt** pre-tax profits ♦ **faire un bénéfice de 10 000 € avant impôt** to make a profit of €10,000 before tax; → **assiette, déclaration, feuille** etc

**2** COMP ▷ **impôt sur les bénéfices** tax on profits, ≈ corporation tax ▷ **impôt sur le chiffre d'affaires** tax on turnover ▷ **impôt foncier** ≈ land tax ▷ **impôt (de solidarité) sur la fortune, impôt sur les grandes fortunes** † wealth tax ▷ **impôts locaux** local taxes, ≈ council tax (Brit) ▷ **impôt sur les plus-values** ≈ capital gains tax ▷ **impôt sur le revenu (des personnes physiques)** income tax ▷ **impôt sur le transfert des capitaux** capital transfer tax ▷ **impôt du sang** (†, littér) blood tribute ▷ **impôt sécheresse** *tax levied to help farmers in case of drought* ▷ **impôt sur les sociétés** corporate tax

> **IMPÔTS**
>
> The main forms of taxation in France are income tax ("l'impôt sur le revenu"), value-added tax on consumer goods ("TVA"), local taxes funding public amenities ("les impôts locaux", which include "la taxe d'habitation" and "la taxe foncière") and two kinds of company tax ("la taxe professionnelle" and "l'impôt sur les sociétés").
>
> Income tax for a given year is payable the following year and is calculated from information supplied in the "déclaration d'impôts". It can either be paid in three instalments (the first two, known as "tiers provisionnels", are estimates based on the previous year's tax, while the third makes up the actual tax due), or in monthly instalments (an option known as "mensualisation"). Late payment incurs a 10% penalty known as a "majoration".

**impotence** [ɛ̃pɔtɑ̃s] → SYN **nf** (Méd) infirmity; (fig) impotence

**impotent, e** [ɛ̃pɔtɑ̃, ɑ̃t] → SYN **1** **adj** disabled, crippled ♦ **l'accident l'a rendu impotent** the accident has disabled ou crippled him

**2** **nm,f** disabled person, cripple

**impraticable** [ɛ̃pʀatikabl] → SYN **adj** idée impracticable, unworkable; tâche impracticable; (Sport) terrain unfit for play, unplayable; route, piste impassable ♦ **impraticable pour les** ou **aux véhicules à moteur** unfit ou unsuitable for motor vehicles, impassable to motor vehicles

**imprécateur, -trice** [ɛ̃pʀekatœʀ, tʀis] **nm,f** (littér) doomsayer, prophet of doom

**imprécation** [ɛ̃pʀekasjɔ̃] → SYN **nf** imprecation, curse ♦ **se répandre en** ou **lancer des imprécations contre** to inveigh against

**imprécatoire** [ɛ̃pʀekatwaʀ] **adj** (littér) imprecatory (littér)

**imprécis, e** [ɛ̃pʀesi, iz] → SYN **adj** **a** souvenir, idée vague; contours vague, indistinct ♦ **les causes du décès restent encore imprécises** the cause of death remains unclear

**b** estimation, plan, chiffre, résultat imprecise; tir inaccurate

**imprécision** [ɛ̃pʀesizjɔ̃] → SYN **nf** **a** [souvenir, idée] vagueness

**b** [estimation, plan, chiffre, résultat] imprecision, lack of precision; [tir] inaccuracy ♦ **ce texte comporte de nombreuses imprécisions** there are a number of inaccuracies in the text

**imprédictible** [ɛ̃pʀediktibl] **adj** impredictable

**imprégnation** [ɛ̃pʀeɲasjɔ̃] → SYN **nf** **a** [tissu, matière] impregnation; [pièce, air] permeation ♦ **taux d'imprégnation alcoolique** blood alcohol level, level of alcohol in the blood

**b** (= assimilation) [esprit] imbuing, impregnation ♦ **pour apprendre une langue, rien ne vaut une lente imprégnation** to learn a language there's nothing like gradually immersing oneself in it

**imprégner** [ɛ̃pʀeɲe] → SYN ▸ conjug 6 ◂ **1** **vt** **a** [+ tissu, matière] (de liquide) to impregnate, soak (*de* with); (d'une odeur, de fumée) to impregnate (*de* with); [+ pièce, air] to permeate, fill (*de* with) ♦ **cette odeur imprégnait toute la rue** the smell filled the whole street ♦ **maison imprégnée de lumière** house flooded with light ♦ **un endroit imprégné d'histoire** a place steeped in history

**b** [+ esprit] to imbue, impregnate (*de* with) ♦ **l'amertume qui imprégnait ses paroles** the bitterness which pervaded his words ♦ **imprégné des préjugés de sa caste** imbued with ou steeped in the prejudices of his class

**2** **s'imprégner** **vpr** ♦ **s'imprégner de** [tissu, substance] (de liquide) to become impregnated ou soaked with; (d'une odeur, de fumée) to become impregnated with; [pièce, air] to become permeated ou filled with; [esprits, élèves] to become imbued with, absorb ♦ **séjourner à l'étranger pour s'imprégner de la langue étrangère** to live abroad to immerse o.s. in ou to absorb the foreign language ♦ **s'imprégner d'alcool** to soak up alcohol

**imprenable** [ɛ̃pʀənabl] → SYN **adj** forteresse impregnable ♦ **vue imprenable** unrestricted view

**impréparation** [ɛ̃pʀepaʀasjɔ̃] **nf** lack of preparation

**imprésario** [ɛ̃pʀesaʀjo] **nm** [acteur, chanteur] manager; [troupe de théâtre, ballet] impresario, manager

**imprescriptibilité** [ɛ̃pʀɛskʀiptibilite] **nf** ♦ **l'imprescriptibilité des crimes contre l'humanité** *the non-applicability of statutory limitation to crimes against humanity*

**imprescriptible** [ɛ̃pʀɛskʀiptibl] → SYN **adj** crime to which the statute of limitations does not apply; droit inalienable

**impression** [ɛ̃pʀesjɔ̃] GRAMMAIRE ACTIVE 6.2, 18.4 → SYN **nf** **a** (= sensation physique) feeling, impression; (= sentiment, réaction) impression ♦ **se fier à sa première impression** to trust one's first impressions ♦ **ils échangèrent leurs impressions (de voyage)** they exchanged their impressions (of the trip) ♦ **quelles sont vos impressions sur la réunion ?** what was your impression ou what did you think of the meeting? ♦ **l'impression que j'ai de lui** my impression of him, the impression I have of him ♦ **ça m'a fait peu d'impression/une grosse impression** that made little/a great impression upon me ♦ **ça m'a fait une drôle d'impression de la revoir** it was really strange seeing her again ♦ **faire bonne/mauvaise/forte impression** to make ou create a good/bad/strong impression ♦ **avoir l'impression que ...** to have a feeling that ..., get ou have the impression that ♦ **j'ai comme l'impression qu'il ne me dit pas toute la vérité*** I have a feeling ou a hunch* that he's not telling me the whole truth ♦ **créer/donner une impression de ...** to create/give an impression of ... ♦ **il ne me donne** ou **fait pas l'impression d'(être) un menteur** I don't get the impression that he's a liar, he doesn't give me the impression of being a liar ♦ **faire impression** [film, orateur] to make an impression, have an impact

**b** [livre, tissu, motif] printing ♦ **impression en couleur** colour printing ♦ **impression laser** (= action) laser printing; (= feuille imprimée) laser print ou copy ♦ **"impression écran"** (Ordin) "print screen" ♦ **ce livre en est à sa 3^e^ impression** this book is at its 3rd impression ou printing ♦ **le livre est à l'impression** the book is being printed ♦ **l'impression de ce livre est soignée** this book is beautifully printed; → **faute**

**c** (= motif) pattern ♦ **tissu à impressions florales** floral pattern(ed) fabric, fabric with a floral pattern

**d** (Peinture) **(couche d')impression** undercoat

**impressionnabilité** [ɛ̃pʀesjɔnabilite] → SYN **nf** (= émotivité) impressionability, impressionableness

**impressionnable** [ɛ̃pʀesjɔnabl] → SYN **adj** personne impressionable

**impressionnant, e** [ɛ̃pʀesjɔnɑ̃, ɑ̃t] → SYN **adj** (= imposant) somme, spectacle, monument impressive; (= bouleversant) scène, accident upsetting ♦ **elle était impressionnante de calme** her calmness was impressive

**impressionner** [ɛ̃pʀesjɔne] → SYN ▸ conjug 1 ◂ **vt** **a** (= frapper) to impress; (= bouleverser) to upset ♦ **ne te laisse pas impressionner** don't let yourself be overawed ♦ **cela risque d'impressionner les enfants** this may upset children ♦ **tu ne m'impressionnes pas !** you don't scare me!, I'm not afraid of you!

**b** (Opt) [+ rétine] to act on; (Photo) [+ pellicule] [image, sujet] to show up on; [photographe] to expose ♦ **la pellicule n'a pas été impressionnée** the film hasn't been exposed

**impressionnisme** [ɛ̃pʀesjɔnism] **nm** impressionism

**impressionniste** [ɛ̃pʀesjɔnist] **1** **adj** impressionistic; (Art, Mus) impressionist

**2** **nmf** impressionist

**imprévisibilité** [ɛ̃pʀevizibilite] → SYN **nf** unpredictability

**imprévisible** [ɛ̃pʀevizibl] → SYN **adj** unforeseeable, unpredictable ♦ **elle est assez imprévisible dans ses réactions** her reactions are quite unpredictable

**imprévision** [ɛ̃pʀevizjɔ̃] → SYN **nf** (littér) lack of foresight

**imprévoyance** [ɛ̃pʀevwajɑ̃s] → SYN **nf** (= insouciance) lack of foresight; (en matière d'argent) improvidence

**imprévoyant, e** [ɛ̃pʀevwajɑ̃, ɑ̃t] → SYN **adj** (= insouciant) lacking (in) foresight; (en matière d'argent) improvident

**imprévu, e** [ɛ̃pʀevy] → SYN **1** **adj** événement, succès, réaction unforeseen, unexpected; courage, geste unexpected; dépenses unforeseen ♦ **de manière imprévue** unexpectedly

**2** **nm** **a** **l'imprévu** the unexpected, the unforeseen ♦ **j'aime l'imprévu** I like the unexpected ♦ **un peu d'imprévu** an element of surprise ou of the unexpected ou of the unforeseen ♦ **vacances pleines d'imprévu** holidays full of surprises ♦ **en cas d'imprévu** if anything unexpected ou unforeseen crops up ♦ **sauf imprévu** barring any unexpected ou unforeseen circumstances, unless anything unexpected ou unforeseen crops up

**b** (= incident) unexpected ou unforeseen event ♦ **il y a un imprévu** something unexpected ou unforeseen has cropped up ♦ **tous ces imprévus nous ont retardés** all these unexpected ou unforeseen events have delayed us

**imprimable** [ɛ̃pʀimabl] **adj** printable

**imprimant, e** [ɛ̃pʀimɑ̃, ɑ̃t] **1** **adj** printing (épith)

**2** **imprimante** **nf** printer ♦ **imprimante matricielle/ligne par ligne/à jet d'encre** dot-matrix/line/ink-jet printer ♦ **imprimante à marguerite/laser/feuille à feuille** daisywheel/laser/sheet-fed printer

**imprimatur** [ɛ̃pʀimatyʀ] → SYN **nm inv** imprimatur

**imprimé, e** [ɛ̃pʀime] → SYN (ptp de **imprimer**) **1** **adj** tissu, feuille printed

**2** **nm** **a** (= formulaire) printed form ♦ **"imprimés"** (Poste) "printed matter" ♦ **envoyer qch au tarif imprimés** to send sth at the printed paper rate ♦ **catalogue/section des imprimés** catalogue/department of printed books ♦ **imprimé publicitaire** advertising leaflet

**b** (= tissu) **l'imprimé** printed material ou fabrics, prints ♦ **imprimé à fleur** floral print (fabric ou material) ♦ **l'imprimé et l'uni** printed and plain fabrics ou material

**imprimer** [ɛ̃pʀime] → SYN ▸ conjug 1 ◂ **1** **vt** **a** [+ livre, foulard, billets de banque, dessin] to print

**b** (= apposer) [+ visa, cachet] to stamp (*sur, dans* on, in)

**c** (= marquer) [+ rides, traces, marque] to imprint (*dans* in, on) ◆ **une scène imprimée dans sa mémoire** a scene imprinted on his memory

**d** (= publier) [+ texte, ouvrage] to publish; [+ auteur] to publish the work of ◆ **la joie de se voir imprimé** the joy of seeing o.s. ou one's work in print

**e** (= communiquer) [+ impulsion] to transmit (*à* to) ◆ **la pédale imprime un mouvement à la roue** the movement of the pedal causes the wheel to turn ◆ **imprimer une direction à** to give a direction to

**f** (Peinture) [+ surface] to prime

2 vi * ◆ **je n'ai pas imprimé** (= retenir) it didn't sink in ou register

**imprimerie** [ɛ̃pʀimʀi] → SYN nf (= firme, usine) printing works; (= atelier) printing house; (= section) printery; (pour enfants) printing outfit ou kit ◆ **l'imprimerie** (= technique) printing ◆ **l'Imprimerie nationale** ≃ HMSO (Brit), ≃ the Government Printing Office (US) ◆ **écrire en caractères** ou **lettres d'imprimerie** to write in block capitals ou letters

**imprimeur** [ɛ̃pʀimœʀ] nm printer ◆ **imprimeur-éditeur** printer and publisher ◆ **imprimeur-libraire** printer and bookseller

**impro** * [ɛ̃pʀo] nf abrév de **improvisation**

**improbabilité** [ɛ̃pʀɔbabilite] → SYN nf unlikelihood, improbability

**improbable** [ɛ̃pʀɔbabl] → SYN adj unlikely, improbable

**improbité** [ɛ̃pʀɔbite] → SYN nf (littér) lack of integrity

**improductif, -ive** [ɛ̃pʀɔdyktif, iv] → SYN 1 adj travail, terrain unproductive, non-productive; capitaux non-productive

2 nm,f *inactive member of society*

**improductivité** [ɛ̃pʀɔdyktivite] → SYN nf unproductiveness, lack of productivity

**impromptu, e** [ɛ̃pʀɔ̃pty] → SYN 1 adj (= improvisé) départ sudden (épith); visite surprise (épith); repas, exposé impromptu (épith) ◆ **faire un discours impromptu sur un sujet** to speak off the cuff ou make an impromptu speech on a subject, extemporize on a subject

2 nm (Littérat, Mus) impromptu

3 adv (= à l'improviste) arriver impromptu; (= sans préparation) répondre off the cuff, impromptu ◆ **il arriva impromptu, un soir de juin** he arrived (quite) out of the blue one evening in June

**imprononçable** [ɛ̃pʀɔnɔ̃sabl] → SYN adj unpronounceable

**impropre** [ɛ̃pʀɔpʀ] → SYN adj **a** terme inappropriate

**b** **impropre à** outil, personne unsuitable for, unsuited to ◆ **eau impropre à la consommation** water unfit for (human) consumption

**improprement** [ɛ̃pʀɔpʀəmɑ̃] → SYN adv appeler, qualifier incorrectly, improperly

**impropriété** [ɛ̃pʀɔpʀijete] → SYN nf [forme] incorrectness, inaccuracy ◆ **impropriété (de langage)** (language) error, mistake

**improuvable** [ɛ̃pʀuvabl] adj unprovable

**improvisateur, -trice** [ɛ̃pʀɔvizatœʀ, tʀis] nm,f improviser

**improvisation** [ɛ̃pʀɔvizasjɔ̃] → SYN nf improvisation ◆ **faire une improvisation** to improvise ◆ **improvisation collective** (Jazz) jam session ◆ **j'adore l'improvisation** I love doing things on the spur of the moment

**improvisé, e** [ɛ̃pʀɔvize] (ptp de **improviser**) adj (= de fortune) réforme, table improvised, makeshift; solution makeshift, ad hoc; cuisinier, infirmier acting, temporary; équipe scratch (épith); (= impromptu) [+ conférence de presse, pique-nique, représentation] impromptu, improvised; discours off-the-cuff (épith), improvised; excuse improvised, invented ◆ **avec des moyens improvisés** with whatever means are available ou to hand

**improviser** [ɛ̃pʀɔvize] → SYN ▸ conjug 1 ◂ 1 vt [+ discours, réunion, pique-nique] to improvise; [+ excuse] to improvise, invent

2 vi [organisateur] to improvise; [musicien] to extemporize, improvise; [acteur, orateur] to improvise, extemporize, ad-lib *

3 **s'improviser** vpr **a** [secours, réunion] to be improvised

**b** **s'improviser cuisinier/infirmière** to act as cook/nurse ◆ **on ne s'improvise pas menuisier, être menuisier, ça ne s'improvise pas** you don't just suddenly become a carpenter, you don't become a carpenter just like that

**improviste** [ɛ̃pʀɔvist] → SYN **à l'improviste** loc adv unexpectedly, without warning ◆ **je lui ai fait une visite à l'improviste** I dropped in on him unexpectedly ou without warning ◆ **prendre qn à l'improviste** to catch sb unawares

**imprudemment** [ɛ̃pʀydamɑ̃] adv circuler, naviguer carelessly; parler unwisely, imprudently ◆ **un inconnu qu'il avait imprudemment suivi** a stranger whom he had foolishly ou imprudently ou unwisely followed

**imprudence** [ɛ̃pʀydɑ̃s] → SYN nf **a** [conducteur, geste, action] carelessness

**b** [remarque] imprudence, foolishness; [projet] foolishness, foolhardiness ◆ **il a eu l'imprudence de mentionner ce projet** he was foolish ou unwise ou imprudent enough to mention the project ◆ **blessures par imprudence** (Jur) injuries through negligence; → **homicide**

**c** (= étourderie, maladresse) **commettre une imprudence** to do something foolish ou imprudent ◆ **(ne fais) pas d'imprudences** don't do anything foolish

**imprudent, e** [ɛ̃pʀydɑ̃, ɑ̃t] → SYN 1 adj **a** conducteur, geste, action careless

**b** remarque imprudent, unwise, foolish; projet foolish, foolhardy; politique rash ◆ **il est imprudent de se baigner tout de suite après un repas** it's unwise to swim straight after a meal ◆ **je vous trouve bien imprudent de ne pas porter de casque** I think it's rather unwise ou foolish of you not to wear a helmet

2 nm,f careless person ◆ **c'est un imprudent** he's very careless ◆ **les imprudents !** how careless of them!

**impubère** [ɛ̃pybɛʀ] → SYN 1 adj prepubescent

2 nmf (Jur) ≃ minor

**impubliable** [ɛ̃pyblijabl] → SYN adj unpublishable

**impudemment** [ɛ̃pydamɑ̃] adv (frm) (= effrontément) impudently; (= cyniquement) brazenly, shamelessly

**impudence** [ɛ̃pydɑ̃s] → SYN nf (frm) **a** (= effronterie) impudence; (= cynisme) brazenness, shamelessness ◆ **quelle impudence !** what impudence! ◆ **il a eu l'impudence d'exiger des excuses !** he had the effrontery to demand an apology!

**b** (= acte) impudent action; (= parole) impudent remark ◆ **je ne tolérerai pas ses impudences** I won't put up with ou tolerate his impudent behaviour ou his impudence

**impudent, e** [ɛ̃pydɑ̃, ɑ̃t] → SYN (frm) 1 adj (= insolent) impudent; (= cynique) brazen, shameless

2 nm,f impudent person ◆ **petite impudente !** impudent little girl!

**impudeur** [ɛ̃pydœʀ] → SYN nf immodesty, shamelessness

**impudicité** [ɛ̃pydisite] → SYN nf immodesty, shamelessness

**impudique** [ɛ̃pydik] → SYN adj personne immodest, shameless; regard, pose, décolleté immodest; propos shameless

**impudiquement** [ɛ̃pydikmɑ̃] adv immodestly, shamelessly

**impuissance** [ɛ̃pɥisɑ̃s] → SYN nf **a** (= faiblesse) powerlessness, helplessness ◆ **impuissance à faire** powerlessness ou incapacity to do ◆ **réduire qn à l'impuissance** to render sb powerless

**b** (sexuelle) impotence

**impuissant, e** [ɛ̃pɥisɑ̃, ɑ̃t] → SYN 1 adj **a** personne powerless, helpless ◆ **impuissant à faire** powerless to do, incapable of doing

**b** (sexuellement) impotent

2 nm impotent man

**impulser** [ɛ̃pylse] → SYN ▸ conjug 1 ◂ vt (Écon) [+ secteur] to boost, stimulate; [+ politique, mouvement revendicatif] to boost, give impetus to, spur ◆ **il est là pour écouter, impulser** he's there to listen and to get things moving ou to make things happen

**impulsif, -ive** [ɛ̃pylsif, iv] → SYN 1 adj impulsive

2 nm,f impulsive person

**impulsion** [ɛ̃pylsjɔ̃] → SYN nf **a** (mécanique) impulse; (électrique) impulse, pulse ◆ **radar à impulsions** pulse(-modulated) radar ◆ **impulsions nerveuses** nerve impulses

**b** (= élan) impetus ◆ **l'impulsion donnée à l'économie** the boost ou impetus given to the economy ◆ **sous l'impulsion de leurs chefs/des circonstances** spurred on by their leaders/by circumstances ◆ **réforme entreprise sous l'impulsion de l'Irlande** reform undertaken at Ireland's instigation ◆ **sous l'impulsion de la colère** driven ou impelled by anger, under the impulse of anger

**c** (= mouvement, instinct) impulse ◆ **cédant à des impulsions morbides** yielding to morbid impulses; → **achat**

**impulsivement** [ɛ̃pylsivmɑ̃] adv impulsively

**impulsivité** [ɛ̃pylsivite] → SYN nf impulsiveness

**impunément** [ɛ̃pynemɑ̃] adv with impunity ◆ **on ne se moque pas impunément de lui** you can't make fun of him and (expect to) get away with it, one can't make fun of him with impunity

**impuni, e** [ɛ̃pyni] adj unpunished

**impunité** [ɛ̃pynite] → SYN nf impunity ◆ **en toute impunité** with complete impunity ◆ **ils déplorent l'impunité dont jouissent certains** they deplore the way people get off scot-free ou go unpunished

**impur, e** [ɛ̃pyʀ] → SYN adj **a** (= altéré) liquide, air impure; race mixed; (Rel) animal unclean

**b** (= immoral) geste, pensée, personne impure

**impureté** [ɛ̃pyʀte] → SYN nf (gén) impurity ◆ **vivre dans l'impureté** to live in a state of impurity ◆ **impuretés** impurities

**imputabilité** [ɛ̃pytabilite] → SYN nf (Jur) imputability

**imputable** [ɛ̃pytabl] → SYN adj **a** faute, accident **imputable à** imputable to, ascribable to, attributable to

**b** (Fin) **imputable sur** chargeable to

**imputation** [ɛ̃pytasjɔ̃] → SYN nf **a** (= accusation) imputation (frm), charge

**b** (Fin) **imputation à** ou **sur** [somme] charging to

**imputer** [ɛ̃pyte] → SYN ▸ conjug 1 ◂ vt **a** (= attribuer à) **imputer à** to impute to, attribute to, ascribe to

**b** (Fin) **imputer à** ou **sur** to charge to

**imputrescibilité** [ɛ̃pytʀesibilite] nf rotproof nature, imputrescibility (SPÉC)

**imputrescible** [ɛ̃pytʀesibl] → SYN adj rotproof, imputrescible (SPÉC)

**in** † * [in] adj trendy *, in *

**INA** [ina] nm (abrév de **Institut national de l'audiovisuel**) → **institut**

**inabordable** [inabɔʀdabl] → SYN adj personne unapproachable; lieu inaccessible; prix prohibitive, exorbitant ◆ **les fruits sont inabordables** fruit is terribly expensive

**inabouti, e** [inabuti] adj projet, tentative abortive

**inabrogeable** [inabʀɔʒabl] → SYN adj (Jur) unrepealable

**in absentia** [inapsɑ̃sja] loc adv in absentia

**in abstracto** [inapstʀakto] loc adv in the abstract

**inaccentué, e** [inaksɑ̃tɥe] adj unstressed, unaccented, unaccentuated

**inacceptable** [inaksɛptabl] → SYN adj offre, plan, conduite, propos unacceptable ◆ **c'est inacceptable** it's unacceptable

**inaccessibilité** [inaksesibilite] → SYN nf inaccessibility

**inaccessible** [inaksesibl] → SYN adj **a** montagne, personne, but inaccessible; endroit out-of-the-way (épith), inaccessible; objet inaccessible, out of reach (attrib)

**b** texte (= obscur) obscure; (= incompréhensible) incomprehensible (*à* to)

**c** (= insensible à) **inaccessible à** impervious to

**inaccompli, e** [inakɔ̃pli] → SYN adj (littér) vœux unfulfilled; tâche unaccomplished

**inaccomplissement** [inakɔ̃plismɑ̃] → SYN nm (littér) [vœux] non-fulfilment; [tâche] non-execution

**inaccoutumé, e** [inakutyme] → SYN **adj** unusual ◆ **inaccoutumé à** (littér) unaccustomed to, unused to

**inachevé, e** [inaʃ(ə)ve] → SYN **adj** unfinished, uncompleted ◆ **une impression d'inachevé** a feeling of incompleteness ou incompletion

**inachèvement** [inaʃɛvmɑ̃] → SYN **nm** incompleteness, incompletion

**inactif, -ive** [inaktif, iv] → SYN **1 adj a** vie, personne, capitaux, machine inactive, idle; (Bourse) marché slack; population non-working; volcan inactive, dormant
**b** (= inefficace) remède ineffective, ineffectual
**2 nmpl** ◆ **les inactifs** the non-working ou inactive population, those not in active employment

**inaction** [inaksjɔ̃] → SYN **nf** (= oisiveté) inactivity, idleness

**inactivation** [inaktivasjɔ̃] **nf** (Méd) inactivation ◆ **inactivation virale** viral inactivation

**inactiver** [inaktive] ▸ conjug 1 ◂ **vt** [+ gène, hormone, virus] to inactivate ◆ **produits inactivés** inactivated blood products ◆ **vaccin inactivé** inactivated vaccine

**inactivité** [inaktivite] **nf** (= non-activité) inactivity ◆ **être en inactivité** (Admin, Mil) to be out of active service

**inactuel, -elle** [inaktɥɛl] → SYN **adj** irrelevant to the present day

**inadaptable** [inadaptabl] **adj** roman impossible to adapt

**inadaptation** [inadaptasjɔ̃] → SYN **nf** maladjustment ◆ **inadaptation à** failure to adjust to ou adapt to ◆ **inadaptation d'un enfant à la vie scolaire** a child's inability to cope with school life

**inadapté, e** [inadapte] → SYN **1 adj** personne, enfance maladjusted; outil, moyens unsuitable (*à* for) ◆ **inadapté à** not adapted ou adjusted to ◆ **un genre de vie complètement inadapté à ses ressources** a way of life quite unsuited to his resources ◆ **enfant inadapté (à la vie scolaire)** maladjusted child, child with (school) behavioural problems
**2 nm,f** (péj = adulte) misfit; (Admin, Psych) maladjusted person ◆ **les inadaptés (sociaux)** (social) misfits

**inadéquat, e** [inadekwa(t), kwat] → SYN **adj** inadequate

**inadéquation** [inadekwasjɔ̃] → SYN **nf** inadequacy

**inadmissibilité** [inadmisibilite] **nf** (Jur) inadmissibility

**inadmissible** [inadmisibl] → SYN **adj a** comportement, négligence inadmissible, intolerable; propos unacceptable; situation unacceptable, intolerable ◆ **il est inadmissible de .../que ...** it is unacceptable to .../that ...
**b** (Jur) témoignage, preuve inadmissible

**inadvertance** [inadvɛʀtɑ̃s] → SYN **nf** oversight ◆ **par inadvertance** inadvertently, by mistake

**inaliénabilité** [inaljenabilite] → SYN **nf** inalienability

**inaliénable** [inaljenabl] → SYN **adj** inalienable

**inaltérabilité** [inalteʀabilite] → SYN **nf a** [métal, substance] stability; [couleur] (au lavage) fastness; (à la lumière) fade-resistance; [vernis, encre] permanence ◆ **inaltérabilité à l'air** stability in air, ability to resist exposure to the air ◆ **inaltérabilité à la chaleur** heat-resistance, ability to withstand heat ◆ **l'inaltérabilité du ciel** (littér) the unvarying blue(ness) of the sky
**b** [sentiment] unchanging ou unfailing ou unshakeable nature; [principes, espoirs] steadfastness ◆ **l'inaltérabilité de son calme** his unchanging ou unshakeable calm(ness)

**inaltérable** [inalteʀabl] → SYN **adj a** métal, substance stable; couleur (au lavage) fast; (à la lumière) fade-resistant; vernis, encre permanent; ciel, cycle unchanging ◆ **inaltérable à l'air** unaffected by exposure to the air ◆ **inaltérable à la chaleur** heat-resistant
**b** sentiments unchanging, unfailing, unshakeable; bonne santé unfailing; principes, espoir steadfast, unshakeable, unfailing ◆ **il a fait preuve d'une inaltérable patience** he was unfailingly patient ◆ **d'une humeur inaltérable** even-tempered

**inaltéré, e** [inalteʀe] → SYN **adj** unchanged, unaltered

**inamical, e,** mpl **-aux** [inamikal, o] → SYN **adj** unfriendly

**inamissible** [inamisibl] → SYN **adj** inamissable ◆ **grâce inamissible** inamissable grace

**inamovibilité** [inamɔvibilite] → SYN **nf** (Jur) [fonction] permanence; [juge, fonctionnaire] irremovability

**inamovible** [inamɔvibl] → SYN **adj a** (Jur) juge, fonctionnaire irremovable; fonction, emploi from which one is irremovable
**b** (= fixe) plaque, panneau, capuche fixed ◆ **cette partie est inamovible** this part is fixed ou cannot be removed
**c** (hum) casquette, sourire eternal ◆ **il travaille toujours chez eux ? il est vraiment inamovible** is he still with them? – he's a permanent fixture ou he's part of the furniture (hum)

**inanalysable** [inanalizabl] **adj** unanalysable (Brit), unanalyzable (US)

**inanimé, e** [inanime] → SYN **adj** matière inanimate; personne, corps (= évanoui) unconscious, senseless; (= mort) lifeless; (Ling) inanimate ◆ **tomber inanimé** to fall senseless to the ground, fall to the ground unconscious

**inanité** [inanite] → SYN **nf** [conversation] inanity; [querelle, efforts] futility, pointlessness; [espoirs] vanity, futility ◆ **dire des inanités** to come out with a lot of inane comments

**inanition** [inanisjɔ̃] → SYN **nf** exhaustion through lack of nourishment ◆ **tomber/mourir d'inanition** to faint with/die of hunger

**inapaisable** [inapɛzabl] → SYN **adj** (littér) colère, chagrin, désir unappeasable; soif unquenchable

**inapaisé, e** [inapeze] → SYN **adj** (littér) colère, chagrin, désir unappeased; soif unquenched

**inaperçu, e** [inapɛʀsy] → SYN **adj** unnoticed ◆ **passer inaperçu** to pass ou go unnoticed ◆ **le geste ne passa pas inaperçu** the gesture did not go unnoticed ou unremarked

**inapparent, e** [inapaʀɑ̃, ɑ̃t] **adj** maladie with no visible symptoms; tumeur invisible; motif hidden

**inappétence** [inapetɑ̃s] → SYN **nf** (= manque d'appétit) lack of appetite, inappetence (frm); (littér = manque de désir) lack of desire, inappetence (frm)

**inapplicable** [inaplikabl] → SYN **adj** loi unenforceable ◆ **dans ce cas, la règle est inapplicable** in this case, the rule cannot be applied ou is inapplicable (*à* to)

**inapplication** [inaplikasjɔ̃] → SYN **nf a** [élève] lack of application
**b** [loi] non-application, non-enforcement

**inappliqué, e** [inaplike] → SYN **adj** méthode not applied (attrib); loi, règlement, traité not enforced (attrib)

**inappréciable** [inapʀesjabl] → SYN **adj a** (= précieux) aide, service invaluable; avantage, bonheur inestimable
**b** (= difficilement décelable) nuance, différence inappreciable, imperceptible

**inapprivoisable** [inapʀivwazabl] **adj** untameable

**inapproprié, e** [inapʀɔpʀije] **adj** terme, mesure, équipement inappropriate

**inapte** [inapt] → SYN **adj** (= incapable) incapable ◆ **inapte aux affaires/à certains travaux** unsuited to ou unfitted for business/certain kinds of work ◆ **un accident l'a rendu inapte au travail** an accident has made him unfit for work ◆ **inapte à faire** incapable of doing ◆ **inapte (au service)** (Mil) unfit (for military service)

**inaptitude** [inaptityd] → SYN **nf** (mentale) inaptitude, incapacity; (physique) unfitness (*à qch* for sth; *à faire qch* for doing sth) ◆ **inaptitude (au service)** (Mil) unfitness (for military service)

**inarticulé, e** [inaʀtikyle] → SYN **adj** mots, cris inarticulate

**inassimilable** [inasimilabl] → SYN **adj** notions, substance, immigrants that cannot be assimilated

**inassimilé, e** [inasimile] **adj** notions, immigrants, substance unassimilated

**inassouvi, e** [inasuvi] → SYN **adj** haine, colère, désir unappeased; faim unsatisfied, unappeased; (lit, fig) soif unquenched ◆ **vengeance inassouvie** unappeased desire for revenge, unsated lust for revenge (littér) ◆ **soif inassouvie de puissance** unappeased ou unquenched lust for power

**inassouvissement** [inasuvismɑ̃] → SYN **nm** ◆ **l'inassouvissement de sa faim/son désir** (action) the failure to appease his hunger/quench his desire; (résultat) his unappeased hunger/desire

**inattaquable** [inatakabl] → SYN **adj** poste, position unassailable; preuve irrefutable; argument unassailable, irrefutable; conduite, réputation irreproachable, unimpeachable; personne (par sa qualité) beyond reproach (attrib); (par sa position) unassailable; métal corrosion-proof, rustproof

**inatteignable** [inatɛɲabl] **adj** objet, idéal, objectif unattainable

**inattendu, e** [inatɑ̃dy] → SYN **1 adj** événement, réaction unexpected, unforeseen; visiteur, remarque unexpected
**2 nm** ◆ **l'inattendu** the unexpected, the unforeseen ◆ **l'inattendu d'une remarque** the unexpectedness of a remark

**inattentif, -ive** [inatɑ̃tif, iv] → SYN **adj** inattentive ◆ **inattentif à** (= ne prêtant pas attention à) inattentive to; (= se souciant peu de) dangers, détails matériels heedless of, unmindful of

**inattention** [inatɑ̃sjɔ̃] → SYN **nf a** (= distraction) lack of attention, inattention ◆ **(instant d')inattention** moment's inattention, momentary lapse of concentration ◆ **(faute d')inattention** careless mistake
**b** (littér = manque d'intérêt) **inattention à** [+ convenances, détails matériels] lack of concern for

**inaudible** [inodibl] → SYN **adj** (= non ou peu audible) inaudible; (péj = mauvais) unbearable

**inaugural, e,** mpl **-aux** [inogyʀal, o] **adj** séance, cérémonie inaugural; vol, voyage maiden (épith) ◆ **discours inaugural** [député] maiden ou inaugural speech; (lors d'une inauguration) inaugural speech; (lors d'un congrès) opening ou inaugural speech

**inauguration** [inogyʀasjɔ̃] → SYN **nf a** (= action) [monument, plaque] unveiling; [route, bâtiment] inauguration, opening; [manifestation, exposition] opening ◆ **cérémonie/discours d'inauguration** inaugural ceremony/lecture ou speech
**b** (= cérémonie) [monument, plaque] unveiling ceremony; [route, bâtiment, exposition] opening ceremony

**inaugurer** [inogyʀe] → SYN ▸ conjug 1 ◂ **vt a** [+ monument, plaque] to unveil; [+ route, bâtiment] to inaugurate, open; [+ manifestation, exposition] to open ◆ **inaugurer les chrysanthèmes** * to be a mere figurehead
**b** (= commencer) [+ politique, période] to inaugurate; [+ procédé] to pioneer ◆ **nous inaugurions une période de paix** we were entering a time of peace ◆ **inaugurer la saison** [spectacle] to open ou begin the season
**c** (= étrenner) [+ raquette, bureau, chapeau] to christen *

**inauthenticité** [inotɑ̃tisite] → SYN **nf** inauthenticity

**inauthentique** [inotɑ̃tik] → SYN **adj** document, fait not authentic (attrib); (Philos) existence unauthentic

**inavouable** [inavwabl] → SYN **adj** procédé, motifs, mœurs shameful, too shameful to mention (attrib); bénéfices undisclosable

**inavoué, e** [inavwe] **adj** crime unconfessed; sentiments unconfessed, unavowed

**in-bord** [inbɔʀ(d)] **1 adj inv** moteur inboard (épith)
**2 nm inv** inboard motorboat

**INC** [iɛnse] **nm** (abrév de **Institut national de la consommation**) ≃ CA (Brit), ≃ CPSC (US)

**inca** [ɛ̃ka] **1 adj** Inca
**2 Inca nmf** Inca

**incalculable** [ɛ̃kalkylabl] → SYN **adj** (gén) incalculable ◆ **un nombre incalculable de** countless numbers of, an incalculable number of

**incandescence** [ɛ̃kɑ̃desɑ̃s] → SYN **nf** incandescence ◆ **en incandescence** white-hot, incandescent ◆ **porter qch à incandescence** to heat sth white-hot ou to incandescence; → **lampe, manchon**

**incandescent, e** [ɛ̃kɑ̃desɑ̃, ɑ̃t] → SYN **adj** substance, filament incandescent, white-hot; lave glowing; métal white-hot

**incantation** [ɛ̃kɑ̃tasjɔ̃] → SYN **nf** incantation

**incantatoire** [ɛ̃kɑ̃tatwaʀ] **adj** incantatory; → **formule**

**incapable** [ɛ̃kapabl] GRAMMAIRE ACTIVE 16.4 → SYN

1 **adj** a (= inapte) incapable, incompetent, useless *

b **incapable de faire** (incompétence, impossibilité morale) incapable of doing; (impossibilité physique) unable to do, incapable of doing ◆ **j'étais incapable de bouger** I was unable to move, I was incapable of movement ou of moving ◆ **elle est incapable de mentir** she's incapable of lying, she can't tell a lie

c **incapable d'amour** incapable of loving, unable to love ◆ **incapable de malhonnêteté** incapable of dishonesty ou of being dishonest ◆ **incapable du moindre effort** unable to make the least effort, incapable of making the least effort

d (Jur) incapable, (legally) incompetent

2 **nmf** a (= incompétent) incompetent ◆ **c'est un incapable** he's useless * ou incapable, he's an incompetent

b (Jur) incapable ou (legally) incompetent person

**incapacitant, e** [ɛ̃kapasitɑ̃, ɑ̃t] → SYN 1 **adj** incapacitating (épith)

2 **nm** incapacitant

**incapacité** [ɛ̃kapasite] → SYN **nf** a (= incompétence) incompetence, incapability

b (= impossibilité) **incapacité de faire** incapacity ou inability to do ◆ **être dans l'incapacité de faire** to be unable to do, be incapable of doing

c (= invalidité) disablement, disability ◆ **incapacité totale/partielle/permanente** total/partial/permanent disablement ou disability ◆ **incapacité de travail** industrial disablement ou disability

d (Jur) incapacity, (legal) incompetence ◆ **incapacité de jouissance** incapacity *(by exclusion from a right)* ◆ **incapacité d'exercice** incapacity *(by restriction of a right)* ◆ **incapacité civile** civil incapacity

**incarcération** [ɛ̃kaʀseʀasjɔ̃] → SYN **nf** incarceration, imprisonment

**incarcérer** [ɛ̃kaʀseʀe] → SYN ▸ conjug 6 ◂ **vt** to incarcerate, imprison ◆ **il y est incarcéré depuis deux ans** he has been incarcerated ou held there for the past two years

**incarnadin, e** [ɛ̃kaʀnadɛ̃, in] → SYN **adj, nm** incarnadine

**incarnat, e** [ɛ̃kaʀna, at] 1 **adj** teint rosy, pink; teinture crimson

2 **nm** [teint, joues] rosy hue, rosiness; [tissu] crimson tint

**incarnation** [ɛ̃kaʀnasjɔ̃] → SYN **nf** a (Myth, Rel) incarnation

b (= image, personnification) **être l'incarnation de** to be the incarnation ou embodiment of

**incarné, e** [ɛ̃kaʀne] (ptp de **incarner**) **adj** a (Rel) incarnate

b (= personnifié) incarnate, personified ◆ **c'est la méchanceté incarnée** he is wickedness incarnate ou personified, he is the embodiment of wickedness

c ongle ingrown

**incarner** [ɛ̃kaʀne] → SYN ▸ conjug 1 ◂ 1 **vt** a (Rel) to incarnate

b (= représenter) [personne] to embody, personify, incarnate; [œuvre] to embody; (Théât) [acteur] to play

2 **s'incarner vpr** a (Rel) **s'incarner dans** to become ou be incarnate in

b (= être représenté par) **s'incarner dans** ou **en** to be embodied in ◆ **tous nos espoirs s'incarnent en vous** you embody all our hopes, you are the embodiment of all our hopes

c [ongle] to become ingrown

**incartade** [ɛ̃kaʀtad] → SYN **nf** a (= écart de conduite) prank, escapade ◆ **ils étaient punis à la moindre incartade** they were punished for the slightest prank ◆ **faire une incartade** to go on an escapade

b (Équitation = écart) swerve ◆ **faire une incartade** to shy

**incasique** [ɛ̃kazik] **adj** Inca (épith)

**incassable** [ɛ̃kɑsabl] → SYN **adj** unbreakable

**incendiaire** [ɛ̃sɑ̃djɛʀ] → SYN 1 **nmf** fire-raiser, arsonist

2 **adj** balle, bombe incendiary; discours, article inflammatory, incendiary; lettre d'amour, œillade passionate; → **blond**

**incendie** [ɛ̃sɑ̃di] → SYN 1 **nm** a (= sinistre) fire, blaze, conflagration (littér) ◆ **un incendie s'est déclaré dans ...** a fire broke out in ...; → **assurance, foyer, pompe¹**

b (littér) **l'incendie du couchant** the blaze of the sunset, the fiery glow of the sunset ◆ **l'incendie de la révolte/de la passion** the fire of revolt/of passion

2 COMP ▷ **incendie criminel** arson (NonC), case of arson ▷ **incendie de forêt** forest fire ▷ **incendie volontaire** arson

**incendié, e** [ɛ̃sɑ̃dje] (ptp de **incendier**) **adj** bâtiment, voiture gutted (by fire), burned-out; village destroyed by fire

**incendier** [ɛ̃sɑ̃dje] → SYN ▸ conjug 7 ◂ **vt** a (= mettre le feu à) to set fire to, set on fire, set alight; (= brûler complètement) [+ bâtiment] to burn down; [+ voiture] to burn; [+ ville, récolte, forêt] to burn (to ashes)

b [+ imagination] to fire; [+ bouche, gorge] to burn, set on fire ◆ **la fièvre lui incendiait le visage** (sensation) fever made his face burn; (apparence) his cheeks were burning ou glowing with fever ◆ **le soleil incendie le couchant** (littér) the setting sun sets the sky ablaze

c (* = réprimander) **incendier qn** to give sb a stiff telling-off * ou a rocket * (Brit) ◆ **tu vas te faire incendier** you're in for it *, you'll get a rocket * (Brit) ◆ **elle l'a incendié du regard** she looked daggers at him, she shot him a baleful look

**incertain, e** [ɛ̃sɛʀtɛ̃, ɛn] → SYN 1 **adj** a personne uncertain, unsure (*de qch* about ou as to sth) ◆ **incertain de savoir la vérité, il ...** uncertain ou unsure as to whether he knew the truth, he ... ◆ **encore incertain sur la conduite à suivre** still undecided ou uncertain about which course to follow

b démarche uncertain, hesitant

c temps uncertain, unsettled; contour indistinct, blurred; lumière dim, vague

d avenir uncertain; résultat, entreprise, origine uncertain, doubtful; date, durée uncertain, unspecified; fait uncertain, doubtful

2 **nm** (Fin) ◆ **l'incertain** the exchange rate

**incertitude** [ɛ̃sɛʀtityd] GRAMMAIRE ACTIVE 16.1 → SYN

1 **nf** a [personne, résultat, fait] uncertainty ◆ **être dans l'incertitude** to be in a state of uncertainty, feel uncertain ◆ **être dans l'incertitude sur ce qu'on doit faire** to be uncertain as to the best course to follow

b (Math, Phys) uncertainty ◆ **principe d'incertitude** uncertainty principle

2 **incertitudes nfpl** (= hésitations) doubts, uncertainties; (= impondérables) [avenir, entreprise] uncertainties

**incessamment** [ɛ̃sesamɑ̃] → SYN **adv** (= sans délai) (very) shortly ◆ **il doit arriver incessamment** he'll be here any minute now ou very shortly ◆ **incessamment sous peu** (hum) any second now

**incessant, e** [ɛ̃sesɑ̃, ɑ̃t] → SYN **adj** efforts, activité ceaseless, incessant, unremitting; pluie, bruit, réclamations, coups de téléphone incessant, unceasing

**incessibilité** [ɛ̃sesibilite] → SYN **nf** non-transferability

**incessible** [ɛ̃sesibl] → SYN **adj** non-transferable

**inceste** [ɛ̃sɛst] → SYN **nm** incest

**incestueux, -euse** [ɛ̃sɛstɥø, øz] → SYN 1 **adj** relations, personne incestuous; enfant born of incest

2 **nm,f** (Jur) person guilty of incest

**inchangé, e** [ɛ̃ʃɑ̃ʒe] **adj** unchanged, unaltered ◆ **la situation/son expression reste inchangée** the situation/his expression remains unchanged ou the same ou unaltered

**inchangeable** [ɛ̃ʃɑ̃ʒabl] **adj** unchangeable

**inchantable** [ɛ̃ʃɑ̃tabl] → SYN **adj** unsingable

**inchauffable** [ɛ̃ʃofabl] **adj** impossible to heat (attrib)

**inchavirable** [ɛ̃ʃaviʀabl] **adj** uncapsizable, self-righting

**inchoatif, -ive** [ɛ̃kɔatif, iv] 1 **adj** inchoative, inceptive

2 **nm** inceptive

**incidemment** [ɛ̃sidamɑ̃] → SYN **adv** (gén) in passing; (= à propos) by the way, incidentally

**incidence** [ɛ̃sidɑ̃s] → SYN **nf** (= conséquence) effect; (Écon, Phys), incidence ◆ **avoir une incidence sur** to affect, have an effect (up)on ◆ **cette réforme est sans incidence directe sur l'emploi** this reform will have no direct impact on employment ◆ **incidence et prévalence** (Méd) incidence and prevalence; → **angle**

**incident, e** [ɛ̃sidɑ̃, ɑ̃t] → SYN 1 **adj** (frm, Jur = accessoire) incidental; (Phys) incident ◆ **il a évoqué ce fait de façon incidente** he mentioned this fact in passing ◆ **je désirerais poser une question incidente** I'd like to ask a question in connection with this matter, I'd like to interpose a question

2 **nm** (gén) incident; (Jur) point of law ◆ **la vie n'est qu'une succession d'incidents** life is just a series of minor incidents ◆ **incident imprévu** unexpected incident, unforeseen event ◆ **c'est un incident sans gravité** ou **sans importance** this incident is of no importance ◆ **l'incident est clos** that's the end of the matter ◆ **voyage sans incident(s)** uneventful journey ◆ **se dérouler sans incident(s)** to go off without incident ou smoothly

3 **incidente nf** (Ling) ◆ **(proposition) incidente** parenthesis, parenthetical clause

4 COMP ▷ **incident cardiaque** slight heart attack ▷ **incident diplomatique** diplomatic incident ▷ **incident de frontière** border incident ▷ **incident de paiement** (Fin) default in payment, nonpayment ▷ **incident de parcours** (gén) (minor ou slight) setback, hitch; (santé) (minor ou slight) setback ▷ **incident technique** (lit, hum) technical hitch

**incinérateur** [ɛ̃sineʀatœʀ] → SYN **nm** incinerator ◆ **incinérateur à ordures** refuse incinerator

**incinération** [ɛ̃sineʀasjɔ̃] → SYN **nf** [ordures, cadavre] incineration; (au crématorium) cremation ◆ **four d'incinération d'ordures ménagères** incinerator for household waste; → **usine**

**incinérer** [ɛ̃sineʀe] → SYN ▸ conjug 6 ◂ **vt** [+ ordures, cadavre] to incinerate; (au crématorium) to cremate ◆ **se faire incinérer** to be cremated

**incipit** [ɛ̃sipit] **nm inv** incipit

**incirconcis** [ɛ̃siʀkɔ̃si, iz] → SYN 1 **adj m** uncircumcised

2 **nm** uncircumcised male

**incise** [ɛ̃siz] **nf** (dans un discours) aside (Mus) phrase ◆ **(proposition) incise** (Ling) interpolated clause

**inciser** [ɛ̃size] → SYN ▸ conjug 1 ◂ **vt** [+ écorce, arbre] to incise, make an incision in; [+ peau] to incise; [+ abcès] to lance

**incisif, -ive** [ɛ̃sizif, iv] → SYN 1 **adj** ton, style, réponse cutting, incisive; regard piercing ◆ **il était très incisif dans ses questions** he was very incisive in his questioning, his questions were very incisive

2 **incisive nf** (= dent) incisor ◆ **incisive supérieure/inférieure** upper/lower incisor

**incision** [ɛ̃sizjɔ̃] → SYN **nf** a (= action) [écorce, arbre] incising; [peau] incision; [abcès] lancing

b (= entaille) incision ◆ **pratiquer une incision dans** to make an incision in, incise

**incisure** [ɛ̃sizyʀ] → SYN **nf** (Bot) incisure

**incitant, e** [ɛ̃sitɑ̃, ɑ̃t] 1 **adj** stimulating

2 **nm** stimulant

**incitateur, -trice** [ɛ̃sitatœʀ, tʀis] → SYN **nm,f** instigator

**incitatif, -ive** [ɛ̃sitatif, iv] **adj** ◆ **mesure incitative** incentive (*à* to) ◆ **aide incitative** incentive aid ◆ **prix incitatif** attractive price

**incitation** [ɛ̃sitasjɔ̃] **nf** (au meurtre, à la révolte) incitement (*à* to); (à l'effort, au travail) incentive (*à* to; *à faire* to do); (à la débauche, à la violence) incitement ◆ **incitation à la haine raciale** incitement to racial hatred ◆ **incitation financière/fiscale** financial/tax incentive

**inciter** [ɛ̃site] → SYN ▸ conjug 1 ◂ **inciter à vt indir** ◆ **inciter qn à faire qch** to encourage sb to do sth ◆ **cela m'incite à la méfiance** that prompts me to be on my guard, that puts me on my guard ◆ **cela les incite à la violence/la révolte** that incites them to violence/revolt ◆ **ça n'incite pas au travail** it doesn't (exactly) encourage one to work, it's no incentive to work

**incivil, e** [ɛ̃sivil] → SYN adj (frm) uncivil, rude

**incivilité** [ɛ̃sivilite] → SYN nf (frm) [attitude, ton] incivility, rudeness; (= propos impoli) uncivil ou rude remark ◆ **ce serait commettre une incivilité que de ...** it would be uncivil to ...

**incivisme** [ɛ̃sivism] nm lack of civic ou public spirit

**inclassable** [ɛ̃klasabl] → SYN adj which cannot be categorized, unclassifiable

**inclémence** [ɛ̃klemɑ̃s] → SYN nf inclemency

**inclément, e** [ɛ̃klemɑ̃, ɑ̃t] → SYN adj inclement

**inclinable** [ɛ̃klinabl] adj dossier de siège reclining; lampe adjustable; toit d'une voiture tilting

**inclinaison** [ɛ̃klinɛzɔ̃] → SYN [1] nf **a** (= déclivité) [plan, pente] incline; [route, voie ferrée] incline, gradient; [toit] slope, slant, pitch; [barre, tuyau] slope, slant ◆ **toit à faible/forte inclinaison** gently-sloping/steeply-sloping roof

**b** (= aspect) [mur] lean; [mât, tour] lean, tilt; [chapeau] slant, tilt; [appareil, tête] tilt; [navire] list ◆ **régler l'inclinaison d'un siège** to adjust the angle of a seat

**c** (Géom) [droite, surface] angle; (Astron) inclination; → **angle**

[2] COMP ▷ **inclinaison magnétique** (Phys) magnetic declination

**inclination** [ɛ̃klinasjɔ̃] → SYN nf **a** (= penchant) inclination ◆ **suivre son inclination** to follow one's (own) inclination ◆ **son inclination naturelle au bonheur** his natural inclination ou tendency towards happiness ◆ **inclinations altruistes** altruistic tendencies ◆ **une certaine inclination à mentir** a certain inclination ou tendency ou propensity to tell lies ◆ **avoir de l'inclination pour la littérature** to have a strong liking ou a penchant for literature ◆ **inclination pour qn** † liking for sb

**b** (= mouvement) **inclination de (la) tête** (= acquiescement) nod; (= salut) inclination of the head ◆ **inclination (du buste)** bow

**incliné, e** [ɛ̃kline] → SYN (ptp de **incliner**) adj **a** (= en pente raide) toit steep, sloping

**b** (= penché) tour, mur leaning; mât, table d'architecte at an angle, sloping; récipient, dossier de siège tilted; (Géol) inclined ◆ **orbite inclinée à 51 degrés** orbit inclined at 51 degrees; → **plan**[1]

**c** (= enclin) **incliné à** inclined to

**incliner** [ɛ̃kline] → SYN ▸ conjug 1 ◂ [1] vt **a** (= pencher) [+ appareil, mât, bouteille, dossier de siège] to tilt; (littér = courber) [+ arbre] to bend (over); (= donner de l'inclinaison à) [+ toit, surface] to slope ◆ **le vent incline le navire** the wind heels the boat over ◆ **incliner la tête** ou **le front** (pour saluer) to give a slight bow, incline one's head; (pour acquiescer) to nod (one's head), incline one's head ◆ **incliner la tête de côté** to tilt ou incline one's head on one side ◆ **incliner le buste** (saluer) to bow, give a bow ◆ **inclinez le corps plus en avant** lean ou bend forward more

**b** (littér) **incliner qn à l'indulgence** to encourage sb to be indulgent ◆ **ceci m'incline à penser que** that makes me inclined to think that, that leads me to believe that

[2] vi **a** **incliner à** (= tendre à) to tend towards; (= pencher pour) to be ou feel inclined towards ◆ **il incline à l'autoritarisme/à l'indulgence** he tends towards authoritarianism/indulgence, he tends to be authoritarian/indulgent ◆ **il inclinait à la clémence/sévérité** he felt inclined to be merciful/severe, he inclined towards clemency/severity ◆ **incliner à penser/croire que ...** to be inclined to think/believe that ... ◆ **j'incline à accepter cette offre** I'm inclined to accept this offer

**b** (littér) [mur] to lean; [arbre] to bend ◆ **la colline inclinait doucement vers la mer** the hill sloped gently (down) towards the sea

**c** (= modifier sa direction) **incliner vers** to veer (over) towards ou to

[3] **s'incliner** vpr **a** (= se courber) to bow (*devant* before) ◆ **s'incliner jusqu'à terre** to bow to the ground

**b** (= rendre hommage à) **s'incliner devant qn** ou **devant la supériorité de qn** to bow before sb's superiority ◆ **devant un tel homme, on ne peut que s'incliner** one can only bow (down) before such a man ◆ **il est venu s'incliner devant la dépouille mortelle du président** he came to pay his last respects at the coffin of the president

**c** (= céder) **s'incliner devant l'autorité/la volonté de qn** to yield ou bow to sb's authority/wishes ◆ **s'incliner devant un ordre** to accept an order ◆ **puisque vous me l'ordonnez, je n'ai plus qu'à m'incliner** since you order me to do it, I can only accept it and obey

**d** (= s'avouer battu) to admit defeat, give in ◆ **le boxeur s'inclina (devant son adversaire) à la 3**[e] **reprise** the boxer admitted defeat in the 3rd round ◆ **Marseille s'est incliné devant Saint-Étienne (par) 2 buts à 3** Marseilles lost to Saint-Étienne by 2 goals to 3

**e** [arbre] to bend over; [mur] to lean; [navire] to heel (over); [chemin, colline] to slope; [toit] to be sloping ◆ **le soleil s'incline à l'horizon** the sun is sinking (down) towards the horizon

**inclinomètre** [ɛ̃klinɔmɛtʀ] nm inclinometer

**inclure** [ɛ̃klyʀ] → SYN ▸ conjug 35 ◂ vt **a** (= insérer) [+ clause] to insert (*dans* in); [+ nom] to include (*dans* in); (= joindre à un envoi) [+ billet, chèque] to enclose (*dans* in)

**b** (= contenir) to include ◆ **ce récit en inclut un autre** this is a story within a story

**inclus, e** [ɛ̃kly, yz] → SYN (ptp de **inclure**) adj **a** (= joint à un envoi) enclosed

**b** (= compris) frais included ◆ **eux inclus** including them ◆ **jusqu'au 10 mars inclus** until March 10th inclusive, up to and including March 10th ◆ **jusqu'au 3**[e] **chapitre inclus** up to and including the 3rd chapter ◆ **les frais sont inclus dans la note** the bill is inclusive of expenses, expenses are included in the bill

**c** (Math) **inclus dans** ensemble included in ◆ **A est inclus dans B** A is the subset of B

**d** (Bot) étamines included ◆ **dent incluse** (Méd) impacted tooth

**inclusif, -ive** [ɛ̃klyzif, iv] adj (Gram, Logique) inclusive

**inclusion** [ɛ̃klyzjɔ̃] → SYN nf **a** (gén, Math) inclusion (*dans* in)

**b** (Méd) [dent] impaction

**c** (= élément inclus) inclusion ◆ **cette pierre présente des inclusions de tourmaline** the stone contains streaks of tourmaline ou has tourmaline inclusions (frm)

**d** (= objet de décoration) *ornament set in acrylic*

**inclusivement** [ɛ̃klyzivmɑ̃] → SYN adv ◆ **jusqu'au 16**[e] **siècle inclusivement** up to and including the 16th century ◆ **jusqu'au 1**[er] **janvier inclusivement** until January 1st inclusive, up to and including January 1st

**incoagulable** [ɛ̃kɔagylabl] adj nonclotting, noncoagulating

**incoercibilité** [ɛ̃kɔɛʀsibilite] nf uncontrollability, irrepressibility

**incoercible** [ɛ̃kɔɛʀsibl] → SYN adj toux uncontrollable; besoin, désir, rire uncontrollable, irrepressible

**incognito** [ɛ̃kɔɲito] → SYN [1] adv incognito

[2] nm ◆ **garder l'incognito, rester dans l'incognito** to remain incognito ◆ **l'incognito lui plaisait** he liked being incognito ◆ **l'incognito dont il s'entourait** the secrecy with which he surrounded himself

**incohérence** [ɛ̃kɔeʀɑ̃s] → SYN nf **a** (= caractère illogique) [geste, propos, texte] incoherence; [comportement, politique] inconsistency

**b** (= propos, acte) inconsistency

**incohérent, e** [ɛ̃kɔeʀɑ̃, ɑ̃t] → SYN adj **a** geste, propos, texte incoherent; comportement, politique inconsistent

**b** (Phys) lumière, vibration incoherent

**incollable** [ɛ̃kɔlabl] → SYN adj **a** (= qui ne colle pas) **riz incollable** non-stick rice

**b** (* = imbattable) unbeatable ◆ **il est incollable** [candidat] he's got all the answers, you can't catch him out * (Brit)

**incolore** [ɛ̃kɔlɔʀ] → SYN adj liquide, style colourless; verre, vernis clear; cirage neutral ◆ **incolore, inodore et sans saveur** personne without an ounce of personality; film (totally) bland

**incomber** [ɛ̃kɔ̃be] → SYN ▸ conjug 1 ◂ **incomber à** vt indir (frm) [devoirs, responsabilité] to be incumbent (up)on; [frais, réparations, travail] to be the responsibility of ◆ **il m'incombe de faire cela** (gén) it falls to me to do it, it is incumbent upon me to do it; (responsabilité morale) the onus is on me to do it ◆ **ces frais leur incombent entièrement** these costs are to be paid by them in full ou are entirely their responsibility

**incombustibilité** [ɛ̃kɔ̃bystibilite] nf incombustibility

**incombustible** [ɛ̃kɔ̃bystibl] → SYN adj incombustible

**incommensurabilité** [ɛ̃kɔmɑ̃syʀabilite] nf incommensurability

**incommensurable** [ɛ̃kɔmɑ̃syʀabl] → SYN adj **a** (= immense) (gén) immeasurable; bêtise, haine boundless

**b** (= sans commune mesure : Math, littér) incommensurable (*avec* with)

**incommensurablement** [ɛ̃kɔmɑ̃syʀabləmɑ̃] adv immeasurably

**incommodant, e** [ɛ̃kɔmɔdɑ̃, ɑ̃t] → SYN adj odeur unpleasant, offensive; bruit annoying, unpleasant; chaleur uncomfortable

**incommode** [ɛ̃kɔmɔd] → SYN adj **a** (= peu pratique) pièce, appartement inconvenient; heure awkward, inconvenient; meuble, outil impractical

**b** (= inconfortable) siège uncomfortable; position, situation awkward, uncomfortable

**incommodément** [ɛ̃kɔmɔdemɑ̃] → SYN adv installé, assis awkwardly, uncomfortably; logé inconveniently; situé inconveniently, awkwardly

**incommoder** [ɛ̃kɔmɔde] → SYN ▸ conjug 1 ◂ vt ◆ **incommoder qn** [bruit] to disturb ou bother sb; [odeur, chaleur] to bother sb; [comportement] to make sb feel ill at ease ou uncomfortable ◆ **être incommodé par** to be bothered by ◆ **se sentir incommodé** to feel indisposed ou unwell

**incommodité** [ɛ̃kɔmɔdite] → SYN nf **a** [pièce, appartement] inconvenience; [heure] awkwardness; [système, outil] impracticability, awkwardness

**b** [position, situation] awkwardness ◆ **l'incommodité des sièges** the fact that the seating is so uncomfortable, the uncomfortable seats

**c** (= inconvénient) inconvenience

**incommunicabilité** [ɛ̃kɔmynikabilite] nf incommunicability

**incommunicable** [ɛ̃kɔmynikabl] → SYN adj incommunicable

**incommutabilité** [ɛ̃kɔmytabilite] → SYN nf inalienability

**incommutable** [ɛ̃kɔmytabl] → SYN adj inalienable

**incomparable** [ɛ̃kɔ̃paʀabl] → SYN adj (= remarquable) incomparable, matchless; (= dissemblable) not comparable ◆ **est-ce plus confortable ? – c'est incomparable !** is it more comfortable? – there's no comparison!

**incomparablement** [ɛ̃kɔ̃paʀabləmɑ̃] → SYN adv ◆ **incomparablement plus/mieux** incomparably more/better ◆ **chanter incomparablement** to sing exceptionally well

**incompatibilité** [ɛ̃kɔ̃patibilite] → SYN nf (gén, Sci) incompatibility ◆ **incompatibilité d'humeur** (Jur) (mutual) incompatibility ◆ **il y a incompatibilité d'humeur entre les membres de cette équipe** the members of this team are (temperamentally) incompatible ◆ **incompatibilité médicamenteuse** incompatibility of medications

**incompatible** [ɛ̃kɔ̃patibl] → SYN adj incompatible (*avec* with)

**incompétence** [ɛ̃kɔ̃petɑ̃s] → SYN nf (= incapacité) incompetence; (= ignorance) lack of knowledge; (Jur) incompetence ◆ **il reconnaît volontiers son incompétence en musique** he freely admits to his lack of knowledge of music ou that he knows nothing about music ◆ **il a atteint son seuil d'incompétence** he's reached his level of incompetence

**incompétent, e** [ɛ̃kɔ̃petɑ̃, ɑ̃t] → SYN [1] adj (= incapable) incompetent; (= ignorant) ignorant, inexpert; (Jur) incompetent ◆ **en ce qui concerne la musique je suis incompétent** as far as music goes I'm not competent ou I'm incompetent to judge

[2] nm,f incompetent

**incomplet, -ète** [ɛ̃kɔ̃plɛ, ɛt] → SYN adj incomplete

**incomplètement** [ɛ̃kɔ̃plɛtmɑ̃] → SYN adv renseigné incompletely; rétabli, guéri not completely

**incomplétude** [ɛ̃kɔ̃pletyd] → SYN nf (littér = insatisfaction) non-fulfilment

**incompréhensibilité** [ɛ̃kɔ̃pʀeɑ̃sibilite] nf incomprehensibility

**incompréhensible** [ɛ̃kɔ̃pʀeɑ̃sibl] → SYN adj (gén) incomprehensible

**incompréhensif, -ive** [ɛ̃kɔ̃pʀeɑ̃sif, iv] → SYN adj unsympathetic ◆ **il s'est montré totalement incompréhensif** he (just) refused to understand, he was totally unsympathetic ◆ **des parents totalement incompréhensifs** parents who show a total lack of understanding

**incompréhension** [ɛ̃kɔ̃pʀeɑ̃sjɔ̃] → SYN nf (= méconnaissance) lack of understanding (*envers* of); (= refus de comprendre) unwillingness to understand ◆ **leur incompréhension du texte** their failure to understand the text ◆ **cet article témoigne d'une incompréhension totale du problème** the article shows a total lack of understanding of the problem ◆ **incompréhension mutuelle** mutual incomprehension

**incompressibilité** [ɛ̃kɔ̃pʀesibilite] nf (Phys) incompressibility ◆ **l'incompressibilité du budget** the irreducibility of the budget

**incompressible** [ɛ̃kɔ̃pʀesibl] → SYN adj (Phys) incompressible; (Jur) peine to be served in full ◆ **nos dépenses sont incompressibles** our expenses cannot be reduced ou cut down

**incompris, e** [ɛ̃kɔ̃pʀi, iz] → SYN adj misunderstood ◆ **il fut un grand incompris à son époque** he was never understood by his contemporaries

**inconcevable** [ɛ̃kɔ̃s(ə)vabl] GRAMMAIRE ACTIVE 16.3 → SYN adj (gén) inconceivable ◆ **avec un toupet inconcevable** with unbelievable ou incredible nerve

**inconcevablement** [ɛ̃kɔ̃s(ə)vabləmɑ̃] adv inconceivably, incredibly

**inconciliable** [ɛ̃kɔ̃siljabl] → SYN adj, nm irreconcilable, incompatible (*avec* with) ◆ **concilier l'inconciliable** to reconcile the irreconcilable

**inconditionnalité** [ɛ̃kɔ̃disjɔnalite] nf unreservedness, whole-heartedness ◆ **l'inconditionnalité de son soutien au gouvernement** his wholehearted ou unreserved support for the government

**inconditionné, e** [ɛ̃kɔ̃disjɔne] adj unconditioned

**inconditionnel, -elle** [ɛ̃kɔ̃disjɔnɛl] → SYN **1** adj **a** (= sans condition) acceptation, ordre, soumission unconditional ◆ **libération inconditionnelle** unconditional release

**b** (= absolu) appui wholehearted, unconditional, unreserved; partisan, foi unquestioning

**2** nm,f [homme politique, doctrine] unquestioning ou ardent supporter; [écrivain, chanteur] ardent admirer ◆ **les inconditionnels des sports d'hiver** winter sports enthusiasts ou fanatics ◆ **c'est un inconditionnel de l'informatique** he absolutely loves computers

**inconditionnellement** [ɛ̃kɔ̃disjɔnɛlmɑ̃] adv soutenir, admirer whole-heartedly; accepter unconditionally, without conditions

**inconduite** [ɛ̃kɔ̃dɥit] → SYN nf (= débauche) loose living (NonC)

**inconfort** [ɛ̃kɔ̃fɔʀ] → SYN nm [logement] lack of comfort, discomfort; [situation, position] unpleasantness ◆ **l'inconfort lui importait peu** discomfort didn't matter to him in the least ◆ **vivre dans l'inconfort** to live in uncomfortable surroundings

**inconfortable** [ɛ̃kɔ̃fɔʀtabl] → SYN adj **a** (= sans confort) maison, meuble uncomfortable; position uncomfortable, awkward

**b** (= gênant) situation awkward

**inconfortablement** [ɛ̃kɔ̃fɔʀtabləmɑ̃] adv uncomfortably

**incongru, e** [ɛ̃kɔ̃gʀy] → SYN adj **a** (= déplacé) attitude, bruit unseemly; remarque incongruous, ill-placed, ill-chosen

**b** (= bizarre, inattendu) objet incongruous; personnage outlandish; situation strange, weird

**c** (= propos) unseemly ou ill-chosen ou ill-placed remark; (= acte) unseemly action, unseemly behaviour (NonC)

**incongruité** [ɛ̃kɔ̃gʀyite] → SYN nf **a** (= caractère déplacé) impropriety, unseemliness; [propos] incongruity, inappropriateness

**b** (= bizarrerie) [situation] strangeness

**incongrûment** [ɛ̃kɔ̃gʀymɑ̃] adv agir, parler in an unseemly way

**inconjugable** [ɛ̃kɔ̃ʒygabl] adj verbe which cannot be conjugated

**inconnaissable** [ɛ̃kɔnɛsabl] → SYN **1** adj unknowable

**2** nm ◆ **l'inconnaissable** the unknowable

**inconnu, e** [ɛ̃kɔny] → SYN **1** adj destination, fait unknown; odeur, sensation new, unknown; ville, personne unknown, strange (*de* to) ◆ **son visage m'était inconnu** his face was new ou unfamiliar to me, I didn't know his face ◆ **une joie inconnue l'envahit** he was seized with a strange joy ou a joy that was (quite) new to him ◆ **on se sent très seul en pays inconnu** one feels very lonely in a strange country ou in a foreign country ou in strange surroundings ◆ **s'en aller vers des contrées inconnues** to set off in search of unknown ou unexplored ou uncharted lands ◆ **inconnu à cette adresse** not known at this address ◆ **il est inconnu au bataillon** * no one's ever heard of him; → **père, soldat**

**2** nm,f stranger, unknown person ◆ **pour moi, ce peintre-là, c'est un inconnu** I don't know this painter, this painter is unknown to me ◆ **le coupable n'était pas un inconnu pour la police** the culprit was known ou was not unknown ou was no stranger to the police ◆ **ne parle pas à des inconnus** don't talk to strangers; → **illustre**

**3** nm ◆ **l'inconnu** (= ce qu'on ignore) the unknown

**4** **inconnue** nf (= élément inconnu) unknown factor ou quantity, unknown; (Math) unknown ◆ **dans cette entreprise, il y a beaucoup d'inconnues** there are lots of unknowns ou unknown factors in this venture ◆ **l'avenir du service reste la grande inconnue** a big question mark hangs over the future of the department ◆ **son attitude demeure la grande inconnue** it's anybody's guess what line he'll take

**inconsciemment** [ɛ̃kɔ̃sjamɑ̃] → SYN adv (= involontairement) unconsciously, unwittingly; (= à la légère) thoughtlessly, recklessly, rashly

**inconscience** [ɛ̃kɔ̃sjɑ̃s] → SYN nf **a** (physique) unconsciousness ◆ **sombrer dans l'inconscience** to lose consciousness, sink into unconsciousness

**b** (morale) thoughtlessness, recklessness, rashness ◆ **c'est de l'inconscience !** that's sheer madness! ou stupidity!

**c** [événements extérieurs] unawareness

**inconscient, e** [ɛ̃kɔ̃sjɑ̃, jɑ̃t] → SYN **1** adj (= évanoui) unconscious; (= échappant à la conscience) sentiment subconscious; (= machinal) mouvement unconscious, automatic; (= irréfléchi) décision, action, personne thoughtless, reckless, rash; *: (= fou) mad *, crazy ◆ **inconscient de** événements extérieurs unaware of, not aware of; conséquence, danger unaware of, not aware of, oblivious to

**2** nm (Psych) ◆ **l'inconscient** the subconscious, the unconscious ◆ **l'inconscient collectif** the collective unconscious

**3** nm,f reckless person ◆ **c'est un inconscient !** he must be mad!

**inconséquence** [ɛ̃kɔ̃sekɑ̃s] → SYN nf (= manque de logique) inconsistency, inconsequence (NonC); (= légèreté) thoughtlessness (NonC), fecklessness (NonC)

**inconséquent, e** [ɛ̃kɔ̃sekɑ̃, ɑ̃t] → SYN adj (= illogique) comportement, personne inconsistent, inconsequent; (= irréfléchi) démarche, décision, personne thoughtless

**inconsidéré, e** [ɛ̃kɔ̃sideʀe] → SYN adj action rash, reckless; promesse rash; démarche ill-considered; propos ill-considered, thoughtless ◆ **l'usage inconsidéré d'engrais** the indiscriminate use of fertilizers ◆ **il fait des dépenses inconsidérées** he's extravagant, he throws money around ◆ **prendre des risques inconsidérés** to take unnecessary risks

**inconsidérément** [ɛ̃kɔ̃sideʀemɑ̃] → SYN adv thoughtlessly, rashly, without thinking

**inconsistance** [ɛ̃kɔ̃sistɑ̃s] → SYN nf **a** [preuve, idée, espoir] flimsiness; [politique, argumentation, intrigue, personnage] flimsiness, weakness; [personne] colourlessness (Brit), colorlessness (US); [caractère] weakness

**b** [crème] runniness; [bouillie, soupe] watery ou thin consistency

**inconsistant, e** [ɛ̃kɔ̃sistɑ̃, ɑ̃t] → SYN adj **a** preuve, idée, espoir flimsy; politique, argumentation, intrigue, personnage flimsy, weak; personne colourless (Brit), colorless (US); caractère weak

**b** crème runny; bouillie, soupe watery, thin

**inconsolable** [ɛ̃kɔ̃sɔlabl] → SYN adj personne disconsolate, inconsolable; chagrin inconsolable

**inconsolé, e** [ɛ̃kɔ̃sɔle] adj personne disconsolate; chagrin unconsoled

**inconsommable** [ɛ̃kɔ̃sɔmabl] → SYN adj unfit for consumption (attrib)

**inconstance** [ɛ̃kɔ̃stɑ̃s] → SYN nf **a** (= instabilité) fickleness

**b** (littér) **inconstances** (dans le comportement) inconsistencies; (en amour) infidelities, inconstancies (frm)

**inconstant, e** [ɛ̃kɔ̃stɑ̃, ɑ̃t] → SYN adj fickle

**inconstitutionnalité** [ɛ̃kɔ̃stitysjɔnalite] → SYN nf unconstitutionality

**inconstitutionnel, -elle** [ɛ̃kɔ̃stitysjɔnɛl] → SYN adj unconstitutional

**inconstructible** [ɛ̃kɔ̃stʀyktibl] adj zone, terrain *unsuitable for (building) development*

**incontestabilité** [ɛ̃kɔ̃tɛstabilite] → SYN nf incontestability

**incontestable** [ɛ̃kɔ̃tɛstabl] GRAMMAIRE ACTIVE 15.1 → SYN adj (= indiscutable) incontestable, unquestionable, indisputable ◆ **il a réussi, c'est incontestable** he's succeeded, there is no doubt about that, it's undeniable that he has succeeded ◆ **il est incontestable qu'elle est la meilleure** she is incontestably ou indisputably ou unquestionably the best

**incontestablement** [ɛ̃kɔ̃tɛstabləmɑ̃] → SYN adv incontestably, unquestionably, indisputably ◆ **c'est prouvé ? – incontestablement** is it proved? – beyond any shadow of (a) doubt

**incontesté, e** [ɛ̃kɔ̃tɛste] → SYN adj autorité, principe, fait uncontested, undisputed ◆ **le chef/maître incontesté** the undisputed chief/master ◆ **le gagnant incontesté** the undisputed ou outright winner

**incontinence** [ɛ̃kɔ̃tinɑ̃s] → SYN **1** nf (Méd) incontinence ◆ **incontinence urinaire** incontinence, enuresis (SPÉC) ◆ **incontinence nocturne** bedwetting, enuresis (SPÉC)

**2** COMP ▷ **incontinence de langage** lack of restraint in speech ▷ **incontinence verbale** verbal diarrhoea *, garrulousness

**incontinent**[1], **e** [ɛ̃kɔ̃tinɑ̃, ɑ̃t] → SYN **1** adj (Méd) personne incontinent, enuretic (SPÉC); vessie weak

**2** nm,f person suffering from incontinence ou enuresis (SPÉC)

**incontinent**[2] † [ɛ̃kɔ̃tinɑ̃] → SYN adv (littér = sur-le-champ) forthwith † (littér)

**incontournable** [ɛ̃kɔ̃tuʀnabl] → SYN adj réalité, fait inescapable; date, délai imperative; argument, problème, artiste that can't be ignored; personnage, interlocuteur key (épith); œuvre d'art major (épith) ◆ **c'est un livre incontournable** the book is essential reading ◆ **ce produit est désormais incontournable** this product has become indispensable ◆ **trois personnalités étaient invitées, dont l'incontournable Éliane Hotin** (hum) three celebrities were invited, including the inevitable Éliane Hotin

**incontrôlable** [ɛ̃kɔ̃tʀolabl] → SYN adj **a** (= non vérifiable) unverifiable, unable to be checked

**b** (= irrépressible) personne, colère uncontrollable

**incontrôlé, e** [ɛ̃kɔ̃tʀole] adj **a** (= non réprimé) uncontrolled

**b** (= non vérifié) nouvelle, information unverified

**inconvenance** [ɛ̃kɔ̃v(ə)nɑ̃s] → SYN nf **a** (= caractère) impropriety, unseemliness

**b** (= acte) impropriety, indecorous ou unseemly behaviour (NonC); (= remarque) impropriety, indecorous ou unseemly language (NonC)

**inconvenant, e** [ɛ̃kɔ̃v(ə)nɑ̃, ɑ̃t] → SYN adj comportement, parole improper, indecorous, unseemly; question improper; personne ill-mannered ◆ **il serait inconvenant d'insister** it wouldn't be right to keep asking

**inconvénient** [ɛ̃kɔ̃venjɑ̃] GRAMMAIRE ACTIVE 9.1, 9.2, 26.3, 26.4 → SYN nm **a** (= désavantage) [situation, plan] disadvantage, drawback, inconvenience ◆ **les avantages et les inconvénients** the advantages and disadvantages (*de* of)
**b** **inconvénients** (= conséquences fâcheuses) [situation] (unpleasant) consequences, drawbacks
**c** (= risque) risk ◆ **n'y a-t-il pas d'inconvénient à mettre ce plat en faïence au four ?** is it (really) safe to put this earthenware plate in the oven? ◆ **peut-on sans inconvénient prendre ces deux médicaments ensemble ?** can one safely take ou is there any danger in taking these two medicines together?
**d** (= obstacle) drawback ◆ **l'inconvénient c'est que je ne serai pas là** the snag ou the annoying thing ou the one drawback is that I won't be there ◆ **il n'y a qu'un inconvénient, c'est le prix !** there's only one drawback and that's the price ◆ **pouvez-vous sans inconvénient vous libérer jeudi ?** would it be convenient for you to get away on Thursday?, will you be able to get away on Thursday without any difficulty? ◆ **voyez-vous un inconvénient** ou **y a-t-il un inconvénient à ce que je parte ce soir ?** have you ou is there any objection to my leaving this evening? ◆ **si vous n'y voyez pas d'inconvénient ...** if you have no objections ...

**inconvertibilité** [ɛ̃kɔ̃vɛʀtibilite] nf (Fin) inconvertibility

**inconvertible** [ɛ̃kɔ̃vɛʀtibl] → SYN adj (Fin) inconvertible

**incoordination** [ɛ̃kɔɔʀdinasjɔ̃] nf [idées, opération] lack of coordination; (Méd) incoordination, lack of coordination

**incorporable** [ɛ̃kɔʀpɔʀabl] adj incorporable (*dans* in, into)

**incorporalité** [ɛ̃kɔʀpɔʀalite] → SYN nf incorporeality

**incorporation** [ɛ̃kɔʀpɔʀasjɔ̃] → SYN nf **a** (= mélange) [substance, aliment] mixing, blending
**b** (= réunion) [territoire] incorporation; (= intégration) [chapitre] incorporation, insertion, integration
**c** (Mil) (= appel) enlistment (*à* into); (= affectation) posting; → **report, sursis**
**d** (Psych) incorporation

**incorporel, -elle** [ɛ̃kɔʀpɔʀɛl] → SYN adj (= immatériel) incorporeal; (Fin) intangible

**incorporer** [ɛ̃kɔʀpɔʀe] → SYN ▸ conjug 1 ◂ vt **a** (= mélanger) [+ substance, aliment] to mix (*à, avec* with, into), blend (*à, avec* with)
**b** (= intégrer) [+ territoire] to incorporate (*dans, à* into); [+ chapitre] to incorporate (*dans* in, into), insert (*dans* in); [+ personne] to incorporate, integrate (*dans, à* into) ◆ **il a très bien su s'incorporer à notre groupe** he fitted into our group very well ◆ **appareil photo avec flash incorporé** camera with built-in flash
**c** (Mil = appeler) to recruit ◆ **incorporer qn dans** (= affecter) to enrol ou enlist sb into ◆ **on l'a incorporé dans l'infanterie** he was recruited ou drafted into the infantry

**incorrect, e** [ɛ̃kɔʀɛkt] → SYN adj **a** (= inadéquat) terme incorrect; réglage, interprétation faulty; solution incorrect, wrong
**b** (= impoli) paroles, manières improper, impolite; tenue incorrect, indecent; personne rude, impolite ◆ **il s'est montré très incorrect** he was very rude ou impolite; → **politiquement**
**c** (= déloyal) personne, procédé shabby ◆ **être incorrect avec qn** to treat sb shabbily

**incorrectement** [ɛ̃kɔʀɛktəmɑ̃] → SYN adv prononcer, parler incorrectly; interpréter wrongly; se conduire (= impoliment) discourteously, impolitely; (= indélicatement) shabbily

**incorrection** [ɛ̃kɔʀɛksjɔ̃] → SYN nf **a** (= impropriété) [terme] impropriety; (= inconvenance) [tenue, personne, langage] impropriety, incorrectness; (= déloyauté) [procédés, concurrent] dishonesty, underhand nature
**b** (= terme impropre) impropriety; (= action inconvenante) incorrect ou improper ou impolite behaviour (NonC); (= remarque inconvenante) impolite ou improper remark

**incorrigible** [ɛ̃kɔʀiʒibl] → SYN adj enfant, distraction incorrigible ◆ **cet enfant est incorrigible !** this child is incorrigible!, this child will never learn! ◆ **être d'une incorrigible paresse** to be incorrigibly lazy

**incorrigiblement** [ɛ̃kɔʀiʒibləmɑ̃] adv incorrigibly

**incorruptibilité** [ɛ̃kɔʀyptibilite] → SYN nf incorruptibility

**incorruptible** [ɛ̃kɔʀyptibl] → SYN [1] adj incorruptible
[2] nmf incorruptible person ◆ **c'est un incorruptible** he's incorruptible

**incorruptiblement** [ɛ̃kɔʀyptibləmɑ̃] adv incorruptibly

**incoterms** [ɛ̃kotɛʀm] nmpl (abrév de **International Commercial Terms**) incoterms

**incrédule** [ɛ̃kʀedyl] → SYN [1] adj **a** (= sceptique) incredulous ◆ **d'un air incrédule** incredulously
**b** (Rel) unbelieving
[2] nmf (Rel) unbeliever, non-believer

**incrédulité** [ɛ̃kʀedylite] → SYN nf **a** (= scepticisme) incredulity ◆ **avec incrédulité** incredulously
**b** (Rel) unbelief, lack of belief

**incréé, e** [ɛ̃kʀee] → SYN adj uncreated

**incrément** [ɛ̃kʀemɑ̃] → SYN nm (Ordin) increment

**incrémentation** [ɛ̃kʀemɑ̃tasjɔ̃] nf (Ordin) incrementation

**incrémenter** [ɛ̃kʀemɑ̃te] ▸ conjug 1 ◂ vt (Ordin, Math) to increment

**incrémentiel, -elle** [ɛ̃kʀemɑ̃sjɛl] adj (Ordin) incremental

**increvable** [ɛ̃kʀəvabl] → SYN adj **a** ballon which cannot be burst, unburstable; pneu unpuncturable, puncture-proof
**b** * (= infatigable) animal, travailleur tireless; (= indestructible) moteur, chaussures indestructible, which will never wear out

**incriminer** [ɛ̃kʀimine] → SYN ▸ conjug 1 ◂ vt (= mettre en cause) [+ personne] to incriminate, accuse; [+ action, conduite] to bring under attack; [+ honnêteté, bonne foi] to call into question ◆ **il cherche à m'incriminer dans cette affaire** he's trying to incriminate ou implicate me in this business ◆ **après avoir analysé la clause incriminée du contrat ...** after having analysed the offending clause ou the clause in question ou at issue in the contract ... ◆ **au moment des faits incriminés** at the time of the crime, when the crime was committed

**incristallisable** [ɛ̃kʀistalizabl] adj which cannot crystallize

**incrochetable** [ɛ̃kʀɔʃ(ə)tabl] adj serrure burglar-proof, which cannot be picked

**incroyable** [ɛ̃kʀwajabl] → SYN [1] adj (= invraisemblable) incredible, unbelievable; (= inouï) incredible, amazing ◆ **incroyable mais vrai** incredible ou unbelievable but true ◆ **c'est incroyable ce qu'il fait chaud** it's unbelievably ou incredibly hot ◆ **il est incroyable d'arrogance** he's incredibly ou unbelievably arrogant ◆ **il est incroyable, ce type !** * that guy's unreal! * ou something else! *
[2] nm **a** **l'incroyable** the unbelievable
**b** (Hist = dandy) dandy

**incroyablement** [ɛ̃kʀwajabləmɑ̃] adv (= étonnamment) incredibly, unbelievably, amazingly

**incroyance** [ɛ̃kʀwajɑ̃s] → SYN nf (Rel) unbelief ◆ **il affirme son incroyance** he declares himself to be a non-believer

**incroyant, e** [ɛ̃kʀwajɑ̃, ɑ̃t] → SYN [1] adj unbelieving
[2] nm,f unbeliever, non-believer

**incrustant, e** [ɛ̃kʀystɑ̃, ɑ̃t] → SYN adj incrustant

**incrustation** [ɛ̃kʀystasjɔ̃] → SYN nf **a** (Art) (= technique) inlaying; (= ornement) inlay; (dans un corsage, une nappe) inset, insert ◆ **des incrustations d'ivoire** inlaid ivory work, ivory inlays ◆ **table à incrustations d'ivoire/d'ébène** table inlaid with ivory/ebony
**b** (TV) superimposition, overlay
**c** (= croûte) (dans un récipient) fur (Brit), residue (US); (dans une chaudière) scale; (sur une roche) incrustation ◆ **pour empêcher l'incrustation** to prevent the formation of scale, to prevent furring (Brit)

**incruste** * [ɛ̃kʀyst] nf ◆ **taper l'incruste** to be a hanger-on * (péj) ◆ **c'est un champion de l'incruste** once he's made himself at home in a place it's impossible to get rid of him ou to shake him off

**incruster** [ɛ̃kʀyste] → SYN ▸ conjug 1 ◂ [1] vt **a** (Art) **incruster qch dans** (= insérer) to inlay sth into ◆ **incruster qch de** (= décorer) to inlay sth with ◆ **incrusté de** inlaid with
**b** (TV) [+ nom, numéro] to superimpose, overlay
**c** [+ chaudière] to coat with scale, scale up; [+ récipient] to fur up (Brit), become coated with residue (US)
[2] **s'incruster** vpr **a** [corps étranger, caillou] **s'incruster dans** to become embedded in ◆ **l'ivoire s'incruste dans l'ébène** (travail de marqueterie) the ivory is inlaid in ebony
**b** ( * = ne plus partir) [invité] to take root ◆ **il va s'incruster chez nous** he'll get himself settled down in our house and we'll never move him ◆ **la crise s'incruste** the recession is deepening
**c** [radiateur, conduite] to become incrusted (*de* with), fur up (Brit)
**d** (TV) [nom, numéro] to be superimposed

**incubateur, -trice** [ɛ̃kybatœʀ, tʀis] → SYN [1] adj incubating
[2] nm incubator

**incubation** [ɛ̃kybasjɔ̃] → SYN nf [œuf, maladie] incubation ◆ **période d'incubation** incubation period ◆ **incubation artificielle** artificial incubation ◆ **une incubation de 21 jours** 3 weeks' incubation, an incubation period of 3 weeks

**incube** [ɛ̃kyb] → SYN nm incubus

**incuber** [ɛ̃kybe] → SYN ▸ conjug 1 ◂ vt to hatch, incubate

**inculpation** [ɛ̃kylpasjɔ̃] → SYN nf (= chef d'accusation) charge (*de* of); († = mise en examen) charging, indictment ◆ **sous l'inculpation de** on a charge of ◆ **notifier à qn son inculpation** to inform sb of the charge against him

**inculpé, e** [ɛ̃kylpe] → SYN (ptp de **inculper**) nm,f ◆ **l'inculpé** † the accused ◆ **les deux inculpés** the two accused, the two men accused

**inculper** [ɛ̃kylpe] → SYN ▸ conjug 1 ◂ vt to charge (*de* with), accuse (*de* of), indict (*de* for)

**inculquer** [ɛ̃kylke] → SYN ▸ conjug 1 ◂ **inculquer à** vt indir ◆ **inculquer qch à qn** [+ principes, politesse, notions] to inculcate sth in sb, instil (Brit) ou instill (US) sth into sb

**inculte** [ɛ̃kylt] → SYN adj terre uncultivated; esprit, personne uneducated; chevelure, barbe unkempt

**incultivable** [ɛ̃kyltivabl] → SYN adj unfarmable, unworkable

**inculture** [ɛ̃kyltyʀ] → SYN nf [personne] lack of education

**incunable** [ɛ̃kynabl] [1] adj incunabular
[2] nm incunabulum ◆ **les incunables** incunabula

**incurabilité** [ɛ̃kyʀabilite] nf incurability, incurableness

**incurable** [ɛ̃kyʀabl] → SYN [1] adj **a** (Méd) incurable ◆ **les malades incurables** the incurably ill
**b** bêtise, ignorance incurable (épith), hopeless (épith) ◆ **son incurable optimisme** (hum) his incurable optimism
[2] nmf (Méd) incurable

**incurablement** [ɛ̃kyʀabləmɑ̃] adv (Méd) incurably; (= incorrigiblement) hopelessly, incurably

**incurie** [ɛ̃kyʀi] → SYN nf (frm = négligence) negligence

**incurieux, -euse** [ɛ̃kyʀjø, jøz] adj incurious

**incuriosité** [ɛ̃kyʀjozite] → SYN nf (littér) incuriosity

**incursion** [ɛ̃kyʀsjɔ̃] → SYN nf (Mil) incursion, foray (*en, dans* into); (fig) foray ◆ **faire une incursion dans** to make an incursion ou a foray into

**incurvé, e** [ɛ̃kyʀve] → SYN (ptp de **incurver**) adj curved

**incurver** [ɛ̃kyʀve] → SYN ▸ conjug 1 ◂ [1] vt [+ pied de chaise, fer forgé] to form ou bend into a curve, curve
[2] **s'incurver** vpr **a** [barre] to bend, curve; [poutre] to sag
**b** [ligne, profil, route] to curve

**incuse** [ɛ̃kyz] adj f, nf incuse

**indatable** [ɛ̃databl] adj undatable

**Inde**[1] [ɛ̃d] nf India ◆ **les Indes** the Indies ◆ **les Indes occidentales** †† (= Antilles) the West Indies ◆ **les Indes orientales** †† (= Indonésie) the East Indies; → **cochon**

**inde**[2] [ɛ̃d] nm (= couleur) indigo (blue)

**indéboulonnable** * [ɛ̃debulɔnabl] adj personne unbudgeable *, impossible to budge ◆ **il est absolument indéboulonnable** they just can't get rid of him *

**indébrouillable** [ɛ̃debʀujabl] → SYN adj affaire almost impossible to sort out (attrib)

**indécelable** [ɛ̃des(ə)labl] adj produit, poison undetectable; effet indiscernible; accident, erreur undetectable, indiscernible

**indécemment** [ɛ̃desamɑ̃] adv indecently

**indécence** [ɛ̃desɑ̃s] → SYN nf **a** (= impudicité) [posture, tenue, geste] indecency; [chanson] obscenity

**b** [luxe] obscenity

**c** (= acte) act of indecency, indecency; (= propos) obscenity

**indécent, e** [ɛ̃desɑ̃, ɑ̃t] → SYN adj **a** posture, tenue, geste indecent; chanson obscene, dirty * ◆ **habille-toi, tu es indécent !** get dressed, you're indecent! ou you're not decent!

**b** luxe obscene; succès disgusting ◆ **avoir une chance indécente** to be disgustingly lucky ◆ **il serait indécent de demander plus** it wouldn't be proper to ask for more

**indéchiffrable** [ɛ̃deʃifʀabl] → SYN adj (= impossible à déchiffrer) code indecipherable; (= illisible) texte, partition indecipherable; (= incompréhensible) traité, énigme incomprehensible; (= impénétrable) personne, regard inscrutable

**indéchirable** [ɛ̃deʃiʀabl] → SYN adj tear-proof

**indécidable** [ɛ̃desidabl] → SYN adj (Math) undecidable

**indécis, e** [ɛ̃desi, iz] → SYN **1** adj **a** personne (par nature) indecisive; (temporairement) undecided ◆ **indécis sur** ou **devant** ou **quant à** undecided ou uncertain about

**b** (= incertain) temps, paix unsettled; bataille indecisive; problème undecided, unsettled; victoire undecided ◆ **le résultat est encore indécis** the result is as yet undecided

**c** (= vague) réponse, sourire vague; pensée undefined, vague; forme, contour indecisive, indistinct

**2** nm,f (gén) indecisive person; (Sondages) don't know; (dans une élection) floating voter

**indécision** [ɛ̃desizjɔ̃] → SYN nf (chronique) indecisiveness; (temporaire) indecision, uncertainty (*sur* about) ◆ **je suis dans l'indécision quant à nos projets pour l'été** I'm uncertain ou undecided about our plans for the summer

**indéclinable** [ɛ̃deklinabl] adj indeclinable

**indécodable** [ɛ̃dekɔdabl] adj texte, expression undecodable, that cannot be decoded

**indécollable** [ɛ̃dekɔlabl] → SYN adj objet that won't come unstuck ou come off

**indécomposable** [ɛ̃dekɔ̃pozabl] adj (gén) that cannot be broken down (*en* into)

**indécrottable** * [ɛ̃dekʀɔtabl] adj (= borné) dumb *, hopelessly thick * (Brit) ◆ **c'est un paresseux indécrottable** (= incorrigible) he's hopelessly lazy

**indéfectibilité** [ɛ̃defɛktibilite] → SYN nf (frm) indestructibility

**indéfectible** [ɛ̃defɛktibl] → SYN adj foi, confiance indestructible, unshakeable; soutien, attachement unfailing

**indéfectiblement** [ɛ̃defɛktibləmɑ̃] adv unfailingly

**indéfendable** [ɛ̃defɑ̃dabl] GRAMMAIRE ACTIVE 26.3 → SYN adj (lit, fig) indefensible

**indéfini, e** [ɛ̃defini] → SYN adj (= vague) sentiment undefined; (= indéterminé) quantité, durée indeterminate, indefinite; (Ling) indefinite

**indéfiniment** [ɛ̃definimɑ̃] adv indefinitely ◆ **je ne peux pas attendre indéfiniment** I can't wait forever

**indéfinissable** [ɛ̃definisabl] → SYN adj mot, charme, saveur indefinable

**indéformable** [ɛ̃defɔʀmabl] → SYN adj that will keep its shape

**indéfrisable** † [ɛ̃defʀizabl] nf perm, permanent (US)

**indéhiscence** [ɛ̃deisɑ̃s] nf indehiscence

**indéhiscent, e** [ɛ̃deisɑ̃, ɑ̃t] adj indehiscent

**indélébile** [ɛ̃delebil] → SYN adj (lit, fig) indelible

**indélicat, e** [ɛ̃delika, at] → SYN adj **a** (= grossier) indelicate, tactless

**b** (= malhonnête) employé dishonest; procédé dishonest, underhand

**indélicatement** [ɛ̃delikatmɑ̃] adv **a** (= grossièrement) agir, parler indelicately, tactlessly

**b** (= malhonnêtement) se conduire dishonestly

**indélicatesse** [ɛ̃delikatɛs] → SYN nf **a** (= impolitesse) indelicacy, tactlessness (NonC); (= malhonnêteté) dishonesty (NonC)

**b** (= acte malhonnête) indiscretion ◆ **commettre des indélicatesses** to commit indiscretions

**indémaillable** [ɛ̃demɑjabl] → SYN adj run-resistant, run-proof, ladderproof (Brit) ◆ **en indémaillable** vêtement in run-resistant ou run-proof material; jersey, bas run-resistant, run-proof

**indemne** [ɛ̃dɛmn] → SYN adj (= sain et sauf) unharmed, unhurt, unscathed ◆ **il est sorti indemne de l'accident** he came out of the accident unharmed ou unscathed

**indemnisable** [ɛ̃dɛmnizabl] adj personne entitled to compensation (attrib); dommage indemnifiable

**indemnisation** [ɛ̃dɛmnizasjɔ̃] → SYN nf (= action) indemnification; (= somme) indemnity, compensation ◆ **l'indemnisation a été fixée à 250 €** the indemnity ou compensation was fixed at €250 ◆ **250 € d'indemnisation** €250 compensation

**indemniser** [ɛ̃dɛmnize] → SYN ▸ conjug 1 ◂ vt (= dédommager) (d'une perte) to compensate (*de* for); (de frais) to indemnify, reimburse (*de* for) ◆ **se faire indemniser** to get indemnification ou compensation, get reimbursed ◆ **indemniser qn en argent** to pay sb compensation in cash ◆ **les victimes seront indemnisées** the victims will get ou receive compensation ◆ **vous serez indemnisés de tous vos frais de déplacement** all your travelling expenses will be reimbursed

**indemnitaire** [ɛ̃dɛmnitɛʀ] → SYN adj compensational, compensatory ◆ **régime indemnitaire du personnel** *employees' allowance scheme*

**indemnité** [ɛ̃dɛmnite] → SYN **1** nf (= dédommagement) [perte] compensation (NonC), indemnity; [frais] allowance

**2** COMP ▷ **indemnité de chômage** unemployment benefit ▷ **indemnité compensatoire** (gén) compensatory allowance; (pour agriculteurs) deficiency payment ▷ **indemnité de départ** severance pay ▷ **indemnité de fonction** (gén Admin) *allowance paid to a civil servant*; (payée à un élu) attendance allowance ▷ **indemnité de guerre** war indemnity ▷ **indemnités journalières** daily allowance *(of sickness benefit)* ▷ **indemnité (légale) de licenciement** redundancy payment ou money ▷ **indemnité de logement** housing allowance ▷ **indemnité parlementaire** *député's salary* ▷ **indemnité de résidence** weighting allowance ▷ **indemnité de rupture de contrat** (contract) termination penalty ▷ **indemnité de transfert** (Ftbl) (pour le club) transfer fee; (pour le joueur) signing-on fee ▷ **indemnité de transport** travel allowance ▷ **indemnité de vie chère** cost of living allowance

**indémodable** [ɛ̃demɔdabl] adj vêtement, mobilier, livre classic, that will never go out of fashion

**indémontrable** [ɛ̃demɔ̃tʀabl] → SYN adj indemonstrable, unprovable

**indéniable** [ɛ̃denjabl] GRAMMAIRE ACTIVE 26.1, 26.6 → SYN adj undeniable, indisputable, unquestionable ◆ **vous avez grossi, c'est indéniable** there's no doubt that ou it's undeniable that you've put on weight

**indéniablement** [ɛ̃denjabləmɑ̃] GRAMMAIRE ACTIVE 26.6 adv undeniably, indisputably, unquestionably

**indénombrable** [ɛ̃denɔ̃bʀabl] adj countless, innumerable

**indentation** [ɛ̃dɑ̃tasjɔ̃] → SYN nf indentation

**indépassable** [ɛ̃depɑsabl] → SYN adj limite impassable

**indépendamment** [ɛ̃depɑ̃damɑ̃] → SYN adv **a** (= abstraction faite de) **indépendamment de** irrespective ou regardless of

**b** (= outre) **indépendamment de** apart from, over and above

**c** (= de façon indépendante) independently (*de* of)

**indépendance** [ɛ̃depɑ̃dɑ̃s] → SYN nf (gén) independence (*de, par rapport à* from) ◆ **indépendance d'esprit** independence of mind ◆ **guerre/proclamation d'indépendance** war/proclamation of independence ◆ **à 15 ans, il voulait son indépendance** at 15, he wanted to be independent

**indépendant, e** [ɛ̃depɑ̃dɑ̃, ɑ̃t] → SYN **1** adj **a** (gén, Pol) independent (*de* of) ◆ **pour des causes** ou **raisons indépendantes de notre volonté** for reasons beyond ou outside our control ◆ **de façon indépendante** independently

**b** (= séparé) bâtiment separate ◆ **"à louer : chambre indépendante"** "to let: self-contained room – own key"

**c** travail freelance (épith) ◆ **travailleur indépendant** (non salarié) freelance worker, freelancer; (qui est son propre patron) self-employed worker

**2** nm,f **a** (= non salarié) freelance worker, freelancer; (= petit patron) self-employed worker ◆ **travailler en indépendant** (= être non salarié) to work freelance; (= être son propre patron) to be self-employed

**b** (Pol) independent

**3** **indépendante** nf (Gram) independent clause

**indépendantisme** [ɛ̃depɑ̃dɑ̃tism] nm separatism

**indépendantiste** [ɛ̃depɑ̃dɑ̃tist] → SYN **1** adj mouvement independence (épith); organisation, forces separatist; parti separatist, independence (épith) ◆ **combattant indépendantiste** freedom fighter ◆ **le leader indépendantiste** the leader of the independence movement

**2** nmf member of an independence movement

**indéracinable** [ɛ̃deʀasinabl] → SYN adj préjugé deep-rooted, deep-seated; sentiment ineradicable; optimisme unshakeable ◆ **il est indéracinable** (gén) he's a permanent fixture; [élu] he can't be unseated

**indéréglable** [ɛ̃deʀeglabl] → SYN adj foolproof, totally reliable

**Indes** [ɛ̃d] npl → **Inde**

**indescriptible** [ɛ̃dɛskʀiptibl] → SYN adj indescribable

**indésirable** [ɛ̃deziʀabl] → SYN **1** adj personne, conséquence undesirable ◆ **effets indésirables** [médicament] side-effects

**2** nmf undesirable

**indestructibilité** [ɛ̃dɛstʀyktibilite] → SYN nf indestructibility

**indestructible** [ɛ̃dɛstʀyktibl] → SYN adj objet, bâtiment, matériau, sentiment indestructible; marque, impression indelible

**indestructiblement** [ɛ̃dɛstʀyktibləmɑ̃] adv indestructibly

**indétectable** [ɛ̃detɛktabl] adj undetectable

**indéterminable** [ɛ̃detɛʀminabl] → SYN adj indeterminable

**indétermination** [ɛ̃detɛʀminasjɔ̃] → SYN nf **a** (= imprécision) vagueness

**b** (= irrésolution) (chronique) indecisiveness; (temporaire) indecision, uncertainty

**c** (Math) indetermination

**indéterminé, e** [ɛ̃detɛʀmine] → SYN adj **a** (= non précisé) date, cause, nature unspecified; forme, longueur, quantité indeterminate ◆ **pour des raisons indéterminées** for reasons which were not specified ◆ **à une date encore indéterminée** at a date to be specified ou as yet unspecified ou as yet undecided

**b** (= imprécis) impression, sentiment vague; contours, goût indeterminable, vague

**c** (= irrésolu) undecided ◆ **je suis encore indéterminé sur ce que je vais faire** I'm still undecided ou uncertain about what I'm going to do

**d** (Math) indeterminate

**indéterminisme** [ɛ̃detɛʀminism] → SYN nm indeterminism

**indéterministe** [ɛ̃detɛʀminist] nmf indeterminist

**indétrônable** [ɛ̃detʀonabl] adj (Pol) unassailable, impossible to topple; (Sport) champion invincible

**index** [ɛ̃dɛks] → SYN nm **a** (= doigt) forefinger, index finger; (= repère) [instrument] pointer; (= aiguille) [cadran] needle, pointer; (= liste alphabétique) index; (Ordin) index

**b** (Rel) **l'Index** the Index ◆ **mettre qn/qch à l'index** (fig) to blacklist sb/sth

**indexation** [ɛ̃dɛksasjɔ̃] → SYN nf (Écon) indexing, indexation; (Ordin) indexing ◆ **indexation sur le coût de la vie** cost-of-living indexation ou adjustment

**indexé, e** [ɛ̃dɛkse] (ptp de **indexer**) adj prix indexed (*sur* to); prêt index-linked ◆ **salaire indexé sur l'inflation** salary index-linked to inflation

**indexer** [ɛ̃dɛkse] → SYN ▸ conjug 1 ◂ vt **a** (Écon) to index (*sur* to)

**b** [+ document, mot] to index

**c** (Ordin) to index

**Indiana** [ɛ̃djana] nm Indiana

**Indianapolis** [indjanapɔlis] n Indianapolis

**indianisme** [ɛ̃djanism] nm (Ling) Indian word (ou expression)

**indianiste** [ɛ̃djanist] nmf specialist of India

**indic** * [ɛ̃dik] nm (abrév de **indicateur**) (arg Police) grass (arg), informer, (copper's) nark (arg) (Brit), fink ‡ (US)

**indican** [ɛ̃dikɑ̃] nm indican

**indicateur, -trice** [ɛ̃dikatœʀ, tʀis] → SYN **1** adj → **panneau, poteau**

**2** nm,f ◆ **indicateur (de police)** (police) informer

**3** nm **a** (= guide) guide; (= horaire) timetable

**b** (Tech = compteur, cadran) gauge, indicator

**c** (Chim) **indicateur (coloré)** (= substance) indicator

**d** (Ling) **indicateur (de sens)** (semantic) indicator

**e** (Zool) honey guide

**4** COMP ▷ **indicateur d'altitude** altimeter ▷ **indicateur des chemins de fer** railway timetable ▷ **indicateur de conjoncture** ⇒ **indicateur économique** ▷ **indicateur de direction** (Naut) direction finder; [voitures] (direction) indicator ▷ **indicateur économique** economic indicator ▷ **indicateur de niveau de carburant** fuel ou petrol (Brit) gauge ▷ **indicateur de niveau d'eau** water(-level) gauge ▷ **indicateur de pression** pressure gauge ▷ **indicateur des rues** street directory ▷ **indicateurs sociaux** social indicators ▷ **indicateur de tendance** (Bourse) economic indicator ▷ **indicateur de vitesse** (Aut) speedometer; (Aviat) airspeed indicator

**indicatif, -ive** [ɛ̃dikatif, iv] GRAMMAIRE ACTIVE 27.1 → SYN

**1** adj indicative (*de* of); (Ling) indicative; → **titre**

**2** nm **a** (Radio = mélodie) theme ou signature tune

**b** (Télex) answer-back code ◆ **indicatif (d'appel)** [poste émetteur] call sign ◆ **indicatif téléphonique** code, dialling code (Brit) ◆ **indicatif départemental** area code

**c** (Ling) **l'indicatif** the indicative ◆ **à l'indicatif** in the indicative

**indication** [ɛ̃dikasjɔ̃] → SYN **1** nf **a** (= renseignement) piece of information, information (NonC) ◆ **qui vous a donné cette indication ?** who gave you that (piece of) information?, who told you that?

**b** (= mention) **quelle indication porte la pancarte ?** what does the notice say?, what has the notice got on it? ◆ **sans indication de date/de prix** with no indication of the date/of the price, without a date stamp/price label ◆ **les indications du compteur** the reading on the meter

**c** (= notification) [prix, danger, mode d'emploi] indication ◆ **l'indication du virage dangereux a permis d'éviter les accidents** signposting the dangerous bend has prevented accidents ◆ **l'indication d'une date est impérative** a date stamp must be shown, the date must be indicated ◆ **l'indication de l'heure vous sera fournie ultérieurement** you will be given the time ou informed ou notified of the time later ◆ **rendre obligatoire l'indication des prix** to make it compulsory to mark ou show prices

**d** (= indice) indication (*de* of) ◆ **c'est une indication suffisante de sa culpabilité** that's a good enough indication of his guilt

**e** (= directive) instruction, direction ◆ **sauf indication contraire** unless otherwise stated ou indicated ◆ **sur son indication** on his instruction

**2** COMP ▷ **indication d'origine** (Comm) place of origin ▷ **indications scéniques** stage directions ▷ **indications (thérapeutiques)** [remède, traitement] indications

**indice** [ɛ̃dis] → SYN **1** nm **a** (= signe) indication, sign ◆ **être l'indice de** to be an indication ou a sign of ◆ **il n'y avait pas le moindre indice de leur passage** there was no sign ou evidence ou indication that they had been there

**b** (= élément d'information) clue; (Jur = preuve) piece of evidence ◆ **rechercher des indices du crime** to look for clues about the crime

**c** (Math) suffix; (= degré de racine) index; (Bourse, Écon, Opt, Phys) index; [fonctionnaire] rating, grading ◆ **"a" indice 2** (Math) a (suffix) two ◆ **l'indice Dow Jones/Footsie** the Dow Jones/Footsie index

**2** COMP ▷ **indice du coût de la vie** cost of living index ▷ **indice de croissance** growth index ▷ **indice d'écoute** audience rating ◆ **avoir un excellent indice d'écoute** to have a high rating, get good ratings ▷ **l'indice INSEE** ≃ the retail price index ▷ **indice d'octane** octane rating ▷ **indice de pollution (atmosphérique)** air quality index ▷ **indice des prix** price index ▷ **indice (de protection)** [crème solaire] protection factor; (Phys) ▷ **indice de réfraction** refractive index ▷ **indice thérapeutique** therapeutic index ▷ **indice de traitement** (Admin) salary grading

**indiciaire** [ɛ̃disjɛʀ] adj traitement grade-related ◆ **classement indiciaire d'un fonctionnaire** grading of a civil servant

**indicible** [ɛ̃disibl] → SYN adj joie, peur inexpressible; souffrance unspeakable; beauté indescribable

**indiciblement** [ɛ̃disibləmɑ̃] adv inexpressibly, unspeakably

**indiciel, -elle** [ɛ̃disjɛl] adj (Écon) indexed

**indiction** [ɛ̃diksjɔ̃] → SYN nf indiction

**indien, -ienne** [ɛ̃djɛ̃, jɛn] **1** adj Indian; → **chanvre, file, océan**

**2** **Indien(ne)** nm,f (d'Inde) Indian; (d'Amérique) American Indian, Native American

**3** **indienne** nf **a** (Hist = tissu) printed calico

**b** (= nage) overarm sidestroke ◆ **nager l'indienne** to swim sidestroke

**indifféremment** [ɛ̃difeʀamɑ̃] → SYN adv **a** (= sans faire de distinction) indiscriminately, equally ◆ **fonctionner indifféremment au gaz ou à l'électricité** to run on either gas or electricity, run equally well on gas or electricity ◆ **manger de tout indifféremment** to eat indiscriminately, eat (just) anything ◆ **il lit indifféremment de la poésie et des romans policiers** he's equally happy to read poetry or detective novels, he's just at home reading poetry as reading detective novels

**b** (littér = avec indifférence) indifferently

**indifférence** [ɛ̃difeʀɑ̃s] → SYN nf **a** (= désintérêt) indifference (*à l'égard de, pour* to, towards), lack of concern (*à l'égard de* for) ◆ **avec indifférence** indifferently ◆ **il les a regardés se battre en feignant l'indifférence** he watched them fight with an air of indifference ◆ **il a été renvoyé dans l'indifférence générale** nobody showed the slightest interest when he was dismissed ◆ **être d'une indifférence totale** to be totally indifferent

**b** (= froideur) indifference (*envers* to, towards)

**indifférenciable** [ɛ̃difeʀɑ̃sjabl] adj indistinguishable

**indifférenciation** [ɛ̃difeʀɑ̃sjasjɔ̃] nf lack of differentiation

**indifférencié, e** [ɛ̃difeʀɑ̃sje] → SYN adj (Bio, Sci) undifferentiated

**indifférent, e** [ɛ̃difeʀɑ̃, ɑ̃t] GRAMMAIRE ACTIVE 7.5 → SYN

**1** adj **a** (= sans importance) indifferent ◆ **elle m'est/ne m'est pas indifférente** I am/am not indifferent to her ◆ **son sort m'est indifférent** his fate is of no interest to me ou is a matter of indifference to me ◆ **il m'est indifférent de partir ou de rester** it is indifferent ou immaterial to me ou it doesn't matter to me whether I go or stay ◆ **parler de choses indifférentes** to talk of this and that ◆ **"quartier indifférent"** (dans une annonce) "any area ou neighborhood (US)" ◆ **"âge indifférent"** "any age"

**b** (= peu intéressé) spectateur indifferent (*à* to, towards), unconcerned (*à* about) ◆ **ça le laisse indifférent** it doesn't touch him in the least, he is quite unconcerned about it ◆ **leur souffrance ne peut laisser personne indifférent** it's impossible to remain indifferent to ou to be unmoved by their suffering ◆ **son charme ne peut laisser personne indifférent** no-one is immune ou impervious to his charm

**c** (Sci) indifferent

**2** nm,f indifferent person

**indifférentisme** [ɛ̃difeʀɑ̃tism] → SYN nm indifferentism

**indifférer** [ɛ̃difeʀe] → SYN ▸ conjug 6 ◂ vt ◆ **ceci/son opinion m'indiffère totalement** I'm quite indifferent to that/his opinion, I couldn't care less about that/his opinion

**indigénat** [ɛ̃diʒena] nm *administrative system applying to indigenous populations of French colonies before 1945*

**indigence** [ɛ̃diʒɑ̃s] → SYN nf **a** (= misère) poverty, destitution, indigence (frm) ◆ **tomber/être dans l'indigence** to become/be destitute ◆ **l'indigence de moyens dont souffre le pays** the country's dire lack of resources

**b** (= médiocrité) [scénario] mediocrity ◆ **indigence intellectuelle** intellectual poverty ◆ **l'indigence du débat intellectuel dans ce pays** the low level of intellectual debate in this country ◆ **indigence d'idées** dearth ou paucity of ideas

**indigène** [ɛ̃diʒɛn] → SYN **1** nmf (= autochtone) native; (hum) (= personne du pays) local

**2** adj **a** (= autochtone) coutume native; population native, indigenous; (Bot, Zool = non importé) indigenous, native

**b** (= local) main-d'œuvre, population local

**indigéniste** [ɛ̃diʒenist] adj *supporting indigenous populations in Latin America*

**indigent, e** [ɛ̃diʒɑ̃, ɑ̃t] → SYN **1** adj **a** (matériellement) personne destitute, poverty-stricken, indigent (frm)

**b** (intellectuellement) film, roman poor; imagination, spectacle, architecture mediocre

**c** végétation poor, sparse

**2** nm,f pauper ◆ **les indigents** the destitute, the poor, the indigent (frm)

**indigeste** [ɛ̃diʒɛst] → SYN adj (lit, fig) indigestible, difficult to digest (attrib)

**indigestion** [ɛ̃diʒɛstjɔ̃] → SYN nf **a** (Méd) attack of indigestion, indigestion (NonC) ◆ **il a eu une indigestion de pâtisseries** he gave himself ou he got indigestion from eating too many cakes

**b** (fig) **j'ai une indigestion de films policiers** I've been OD'ing * on detective films ou I've been watching too many detective films ◆ **j'en ai une indigestion, de toutes ces histoires** * I'm sick (and tired) of all these complications *, I'm fed up with all these complications * ◆ **il nous répétait les mêmes conseils, jusqu'à l'indigestion** he repeated the same advice to us ad nauseam

**indigète** [ɛ̃diʒɛt] → SYN adj ◆ **dieu indigète** indigete

**indignation** [ɛ̃diɲasjɔ̃] → SYN nf indignation ◆ **avec indignation** indignantly ◆ **à ma grande indignation** to my great indignation ◆ **devant l'indignation générale, il changea d'avis** faced with a mood of general indignation, he changed his mind

**indigne** [ɛ̃diɲ] → SYN adj **a** (= pas digne de) **indigne de** [+ amitié, confiance, personne] unworthy of, not worthy of ◆ **il est indigne de vivre** he doesn't deserve to live, he's not fit to live ◆ **ce livre est indigne de figurer dans ma bibliothèque** this book is not worthy of a place in my library ◆ **c'est indigne de vous** [travail, emploi] it's beneath you; [conduite, attitude] it's unworthy of you ◆ **empêcher les débats d'idées est indigne d'un démocrate** a democrat worthy of the name doesn't try to stifle intellectual debate

**b** (= abject) acte shameful, disgraceful; mère, époux unworthy; fils ungrateful ◆ **il a eu une attitude indigne** he behaved disgracefully ◆ **c'est un père indigne** he's not fit to be a father

**indigné, e** [ɛ̃diɲe] → SYN (ptp de **indigner**) adj indignant (*par* at)

**indignement** [ɛ̃diɲmɑ̃] adv shamefully

**indigner** [ɛ̃diɲe] → SYN ▸ conjug 1 ◂ **1** vt ◆ **indigner qn** to make sb indignant

**2** **s'indigner** vpr (= se fâcher) to become *ou* get indignant *ou* annoyed (*de* about, at; *contre* with, about, at) ◆ **s'indigner que/de, être indigné que/de** (= être écœuré) to be indignant that/about *ou* at ◆ **je l'écoutais s'indigner contre les spéculateurs** I listened to him waxing indignant *ou* going on* *ou* sounding off* indignantly about speculators ◆ **je m'indigne de penser/voir que ...** it makes me indignant *ou* it fills me with indignation *ou* it infuriates me to think/see that ...

**indignité** [ɛ̃diɲite] → SYN nf **a** (= caractère) [personne] unworthiness; [conduite] baseness, shamefulness

**b** (= acte) shameful act ◆ **c'est une indignité !** it's a disgrace!, it's shameful!

**indigo** [ɛ̃digo] **1** nm (= matière, couleur) indigo

**2** adj inv indigo (blue)

**indigotier** [ɛ̃digɔtje] nm (Bot) indigo (plant)

**indiqué, e** [ɛ̃dike] (ptp de **indiquer**) adj **a** (= conseillé) advisable ◆ **ce n'est pas très indiqué** it's not really advisable, it's really not the best thing to do

**b** (= adéquat) **prenons ça, c'est tout indiqué** let's take that – it's just the thing *ou* it's just what we need ◆ **pour ce travail M. Legrand est tout indiqué** Mr Legrand is the obvious choice *ou* is just the man we need for that job ◆ **c'est le moyen indiqué** it's the best *ou* right way to do it ◆ **c'était un sujet tout indiqué** it was obviously an appropriate *ou* a suitable subject

**c** (= prescrit) médicament, traitement appropriate ◆ **le traitement indiqué dans ce cas est ...** the appropriate *ou* correct *ou* prescribed treatment in this case is ... ◆ **ce remède est particulièrement indiqué dans les cas graves** this drug is particularly appropriate *ou* suitable for serious cases

**indiquer** [ɛ̃dike] → SYN ▸ conjug 1 ◂ vt **a** (= désigner) to point out, indicate ◆ **indiquer qch/qn du doigt** to point sth/sb out (*à qn* to sb), point to sth/sb ◆ **indiquer qch de la main/de la tête** to indicate sth with one's hand/with a nod ◆ **il m'indiqua du regard le coupable** his glance *ou* look directed me towards the culprit ◆ **indiquer le chemin à qn** to give directions to sb, show sb the way ◆ **indiquer la réception/les toilettes à qn** to direct sb to *ou* show sb the way to the reception desk/the toilets

**b** (= montrer) [flèche, voyant, écriteau] to show, indicate ◆ **indiquer l'heure** [montre] to give *ou* show *ou* tell the time ◆ **la petite aiguille indique les heures** the small hand shows *ou* marks the hours ◆ **l'horloge indiquait 2 heures** the clock said *ou* showed it was 2 o'clock ◆ **qu'indique la pancarte ?** what does the sign say?

**c** (= recommander) [+ livre, hôtel, médecin] to recommend

**d** (= dire) [personne] [+ heure, solution] to tell; [+ dangers, désavantages] to point out, show ◆ **il m'indiqua le mode d'emploi/comment le réparer** he told me how to use it/how to fix it

**e** (= fixer) [+ heure, date, rendez-vous] to give, name ◆ **à l'heure indiquée, je ...** at the time indicated *ou* stated, I ..., at the agreed *ou* appointed time, I ... ◆ **à la date indiquée** on the given *ou* agreed day ◆ **au lieu indiqué** at the given *ou* agreed place

**f** (= faire figurer) [étiquette, plan, cartographe] to show; [table, index] to give, show ◆ **est-ce indiqué sur la facture/dans l'annuaire ?** is it given *ou* mentioned on the invoice/in the directory? ◆ **il a sommairement indiqué les fenêtres sur le plan** he quickly marked *ou* drew in the windows on the plan ◆ **quelques traits pour indiquer les spectateurs/ombres** a few strokes to give an impression of spectators/shadows ◆ **quelques croquis pour indiquer le jeu de scène** a few sketches to give a rough idea of the action

**g** (= dénoter) to indicate, point to ◆ **tout indique que les prix vont augmenter** everything indicates that prices are going to rise, everything points to a forthcoming rise in prices ◆ **cela indique une certaine négligence/hésitation de sa part** that shows *ou* points to a certain carelessness/hesitation on his part

**indirect, e** [ɛ̃dirɛkt] → SYN adj (gén) indirect; (Jur) ligne, héritier collateral ◆ **d'une manière indirecte** in a roundabout *ou* an indirect way ◆ **apprendre qch de manière indirecte** to hear of sth in a roundabout way; → **discours, éclairage, impôt**

**indirectement** [ɛ̃dirɛktəmɑ̃] adv (gén) indirectly; (= de façon détournée) faire savoir, apprendre in a roundabout way

**indiscernable** [ɛ̃disɛrnabl] → SYN adj indiscernible, imperceptible

**indiscipline** [ɛ̃disiplin] → SYN nf (= insubordination) indiscipline, lack of discipline ◆ **faire preuve d'indiscipline** to behave in an undisciplined *ou* unruly manner

**indiscipliné, e** [ɛ̃disipline] → SYN adj troupes, écolier undisciplined; cheveux unmanageable, unruly

**indiscret, -ète** [ɛ̃diskrɛ, ɛt] → SYN adj **a** (= trop curieux) personne inquisitive; question indiscreet; regard, yeux inquisitive, prying ◆ **à l'abri des regards indiscrets/des oreilles indiscrètes** away from prying *ou* inquisitive eyes/from eavesdroppers ◆ **serait-ce indiscret de vous demander ... ?** would it be indiscreet to ask you ...? ◆ **mettre des documents à l'abri des indiscrets** to put documents out of the reach of inquisitive people

**b** (= bavard) personne indiscreet ◆ **ne confiez rien aux indiscrets** don't confide in people who can't keep secrets

**indiscrètement** [ɛ̃diskrɛtmɑ̃] → SYN adv demander inquisitively; regarder indiscreetly

**indiscrétion** [ɛ̃diskresjɔ̃] → SYN nf **a** (= curiosité) [question] indiscreetness, indiscretion; [personne, regard] inquisitiveness ◆ **excusez mon indiscrétion, mais quel âge avez-vous ?** I hope you don't mind me *ou* my asking, but how old are you? ◆ **elle pousse l'indiscrétion jusqu'à lire mon courrier** she's so inquisitive she even reads my mail ◆ **sans indiscrétion, peut-on savoir si ... ?** without wanting to be *ou* without being indiscreet, may we ask whether ...? ◆ **sans indiscrétion, combien l'avez-vous payé ?** would you mind if I asked how much you paid for it?

**b** (= tendance à trop parler) indiscretion ◆ **il est d'une telle indiscrétion !** he's so indiscreet!

**c** (= parole) indiscreet word *ou* remark, indiscretion; (= action) indiscreet act, indiscretion ◆ **commettre une indiscrétion** to commit an indiscretion ◆ **les indiscrétions de la presse à scandale** tabloid revelations

**indiscutable** [ɛ̃diskytabl] → SYN adj indisputable, unquestionable

**indiscutablement** [ɛ̃diskytabləmɑ̃] GRAMMAIRE ACTIVE 26.6 → SYN adv indisputably, unquestionably

**indiscuté, e** [ɛ̃diskyte] → SYN adj undisputed

**indispensable** [ɛ̃dispɑ̃sabl] GRAMMAIRE ACTIVE 10.1 → SYN

**1** adj essential ◆ **cette lecture est indispensable** it's essential reading ◆ **ces outils/précautions sont indispensables** these tools/precautions are essential ◆ **ce collaborateur m'est indispensable** this collaborator is indispensable to me, I can't do without this collaborator ◆ **tu veux que je vienne ? – ce n'est pas indispensable** do you want me to come? – it's not necessary *ou* there's no need ◆ **il est indispensable que/de faire** it is essential *ou* absolutely necessary *ou* vital that/to do ◆ **je crois qu'il est indispensable qu'ils y aillent** I think it's vital *ou* essential that they (should) go ◆ **emporter les vêtements indispensables (pour le voyage)** to take the clothes which are essential *ou* indispensable (for the journey) ◆ **prendre les précautions indispensables** to take the necessary precautions ◆ **crédits/travaux indispensables à la construction d'un bâtiment** funds/work essential *ou* vital for the construction of a building ◆ **l'eau est un élément indispensable à la vie** water is essential to life ◆ **savoir se rendre indispensable** to make o.s. indispensable

**2** nm ◆ **nous n'avions que l'indispensable** we only had what was absolutely essential *ou* necessary *ou* indispensable ◆ **faire l'indispensable d'abord** to do what is essential *ou* absolutely necessary first ◆ **l'indispensable est de ...** it's absolutely necessary *ou* essential to ...

**indisponibilité** [ɛ̃dispɔnibilite] → SYN nf unavailability

**indisponible** [ɛ̃dispɔnibl] → SYN adj (gén) not available (attrib), unavailable; (Jur) unavailable

**indisposé, e** [ɛ̃dispoze] → SYN (ptp de **indisposer**) adj (= fatigué, malade) indisposed, unwell; (euph) femme indisposed

**indisposer** [ɛ̃dispoze] → SYN ▸ conjug 1 ◂ vt (= rendre malade) [aliment, chaleur] to upset, indispose; (= mécontenter) [personne, remarque] to antagonize ◆ **il a des allures qui m'indisposent** his way of behaving irritates me *ou* puts me off him* (Brit) ◆ **il indispose tout le monde (contre lui)** he antagonizes everybody ◆ **tout l'indispose !** anything annoys him!, he takes a dislike to everything! ◆ **cette scène trop violente risque d'indisposer les spectateurs** audiences are likely to find this very violent scene disturbing

**indisposition** [ɛ̃dispozisjɔ̃] → SYN nf (= malaise) (slight) indisposition, upset; (euph = règles) period

**indissociable** [ɛ̃disɔsjabl] → SYN adj éléments, problèmes indissociable (*de* from) ◆ **être un élément indissociable de qch** to be an integral part of sth

**indissociablement** [ɛ̃disɔsjabləmɑ̃] adv inextricably

**indissolubilité** [ɛ̃disɔlybilite] → SYN nf indissolubility

**indissoluble** [ɛ̃disɔlybl] → SYN adj indissoluble

**indissolublement** [ɛ̃disɔlybləmɑ̃] adv indissolubly ◆ **indissolublement liés** indissolubly *ou* inextricably linked

**indistinct, e** [ɛ̃distɛ̃(kt), ɛkt] → SYN adj forme, idée, souvenir indistinct, vague; rumeur, murmure indistinct, confused; lumière faint; couleurs vague ◆ **des voix indistinctes** a confused murmur of voices

**indistinctement** [ɛ̃distɛ̃ktəmɑ̃] → SYN adv **a** (= confusément) indistinctly, vaguely ◆ **des bruits provenaient indistinctement du jardin** I could hear confused noises coming from the garden

**b** (= ensemble) indiscriminately ◆ **tuant indistinctement femmes et enfants** killing women and children indiscriminately *ou* without distinction

**c** (= indifféremment) **cette cuisinière marche indistinctement au gaz ou à l'électricité** this cooker runs either on gas or on electricity *ou* runs equally well on gas or on electricity ◆ **il se méfie indistinctement de la gauche et de la droite** he has an equal mistrust of the left wing and the right wing

**indium** [ɛ̃djɔm] nm indium

**individu** [ɛ̃dividy] → SYN nm **a** (= unité) (gén, Bio) individual ◆ **le conflit entre l'individu et la société** the conflict between the individual and society

**b** (hum = corps) **dans la partie la plus charnue de son individu** in the fleshiest part of his anatomy

**c** (péj = homme) fellow, individual, character ◆ **un individu l'aborda** someone came up to him ◆ **il aperçut un drôle d'individu/un individu louche** he noticed an odd-looking/a shady-looking character *ou* individual

**individualisation** [ɛ̃dividɥalizasjɔ̃] → SYN nf individualization, personalization ◆ **individualisation des salaires** wage negotiation on an individual basis ◆ **individualisation de l'enseignement** tailoring education to suit individual *ou* particular needs ◆ **l'individualisation d'une peine** (Jur) *sentencing according to the characteristics of the offender*

**individualisé, e** [ɛ̃dividɥalize] (ptp de **individualiser**) adj caractères, groupe distinctive; objet personnel, voiture personalized, customized; formation, programme individualized, personalized ◆ **groupe fortement individualisé** highly distinctive group, group with a distinctive identity ◆ **des solutions individualisées selon les besoins** solutions which are tailored to suit individual ou particular requirements

**individualiser** [ɛ̃dividɥalize] → SYN ▸ conjug 1 ◂ 1 vt a (= personnaliser) [+ objet personnel, voiture] to personalize, customize; [+ solutions, horaire, enseignement] to tailor to suit individual ou particular needs; (Jur) [+ peine] to match with the characteristics of the offender
b (= caractériser) to individualize
2 **s'individualiser** vpr [personne] to acquire an identity of one's own, become more individual; [groupe, région] to acquire an identity of its own

**individualisme** [ɛ̃dividɥalism] → SYN nm individualism

**individualiste** [ɛ̃dividɥalist] → SYN 1 adj individualistic
2 nmf individualist

**individualité** [ɛ̃dividɥalite] → SYN nf (= caractère individuel) (gén) individuality; (= personne) individual; (= personnalité) personality

**individuation** [ɛ̃dividɥasjɔ̃] → SYN nf individuation

**individuel, -elle** [ɛ̃dividɥɛl] → SYN adj a (= propre à l'individu) (gén) individual; responsabilité, défaut, contrôle, livret personal, individual; ordinateur personal; caractères distinctive, individual; maison detached ◆ **propriété individuelle** personal ou private property ◆ **liberté individuelle** personal freedom, freedom of the individual ◆ **chambre individuelle** (dans un hôtel) single room ◆ **voyager en individuel** to travel alone ◆ **parler à titre individuel** to speak in a personal capacity
b (= isolé) fait individual, isolated; sachet individual ◆ **les cas individuels seront examinés** individual cases ou each individual case will be examined
c (Sport) individual ◆ **épreuve individuelle** individual event

**individuellement** [ɛ̃dividɥɛlmɑ̃] → SYN adv individually

**indivis, e** [ɛ̃divi, iz] → SYN adj (Jur) propriété, succession undivided, joint (épith); propriétaires joint (épith) ◆ **par indivis** posséder jointly

**indivisaire** [ɛ̃divizɛʀ] → SYN nmf (Jur) tenant in common

**indivisément** [ɛ̃divizemɑ̃] → SYN adv (Jur) jointly

**indivisibilité** [ɛ̃divizibilite] → SYN nf indivisibility

**indivisible** [ɛ̃divizibl] → SYN adj indivisible

**indivisiblement** [ɛ̃divizibləmɑ̃] adv indivisibly

**indivision** [ɛ̃divizjɔ̃] → SYN nf (Jur) joint possession ou ownership ◆ **propriété en indivision** jointly-held property ◆ **posséder qch en indivision** to own sth jointly

**in-dix-huit** [indizɥit] 1 adj inv eighteenmo (épith), octodecimo (épith)
2 nm inv eighteenmo, octodecimo

**Indochine** [ɛ̃dɔʃin] nf Indo-China

**indochinois, e** [ɛ̃dɔʃinwa, waz] 1 adj Indo-Chinese
2 **Indochinois(e)** nm,f Indo-Chinese

**indocile** [ɛ̃dɔsil] → SYN adj enfant unruly; mémoire intractable

**indocilité** [ɛ̃dɔsilite] → SYN nf [enfant] unruliness; [mémoire] intractability

**indo-européen, -enne** [ɛ̃doøʀɔpeɛ̃, ɛn] 1 adj Indo-European
2 nm (Ling) Indo-European
3 **Indo-Européen(ne)** nm,f Indo-European

**indo-gangétique** [ɛ̃dogɑ̃ʒetik] adj Indo-Gangetic

**indole** [ɛ̃dɔl] nm indole

**indolemment** [ɛ̃dɔlamɑ̃] adv indolently

**indolence** [ɛ̃dɔlɑ̃s] → SYN nf [élève] idleness, indolence; [pouvoirs publics] apathy, lethargy; [geste, regard] indolence, languidness

**indolent, e** [ɛ̃dɔlɑ̃, ɑ̃t] → SYN adj élève idle, indolent; pouvoirs publics apathetic, lethargic; air, geste, regard indolent, languid

**indolore** [ɛ̃dɔlɔʀ] → SYN adj painless

**indomptable** [ɛ̃dɔ̃(p)tabl] → SYN adj animal, adversaire, peuple (hum) personne untameable; cheval untameable, which cannot be broken ou mastered; enfant unmanageable, uncontrollable; caractère, courage, volonté indomitable, invincible; passion, haine ungovernable, invincible, uncontrollable

**indompté, e** [ɛ̃dɔ̃(p)te] → SYN adj enfant, animal, peuple untamed, wild; cheval unbroken, untamed; courage undaunted; énergie unharnessed, untamed; passion ungoverned, unsuppressed

**Indonésie** [ɛ̃dɔnezi] nf Indonesia

**indonésien, -ienne** [ɛ̃dɔnezjɛ̃, jɛn] 1 adj Indonesian
2 nm (Ling) Indonesian
3 **Indonésien(ne)** nm,f Indonesian

**indophénol** [ɛ̃dofenɔl] nm indophenol

**indou, e** [ɛ̃du] adj, nm,f ⇒ **hindou**

**in-douze** [induz] adj inv, nm inv duodecimo, twelvemo

**Indra** [indʀa] nm Indra

**indri** [ɛ̃dʀi] nm indri(s)

**indu, e** [ɛ̃dy] → SYN 1 adj a (= qui n'est pas dû) somme, charges not owed, unowed; avantage unwarranted, unjustified
b (hum, littér = déraisonnable) undue ◆ **sans optimisme indu** without undue optimism ◆ **à une heure indue** at an ou some ungodly hour
2 nm (Fin) unowed sum

**indubitable** [ɛ̃dybitabl] → SYN adj preuve indubitable, undoubted ◆ **c'est indubitable** there is no doubt about it, it's beyond doubt, it's indubitable ◆ **il est indubitable qu'il a tort** he is undoubtedly wrong, there's no doubt (that) he's wrong

**indubitablement** [ɛ̃dybitabləmɑ̃] adv (= assurément) undoubtedly, indubitably ◆ **vous vous êtes indubitablement trompé** you have undoubtedly made a mistake

**inductance** [ɛ̃dyktɑ̃s] nf inductance

**inducteur, -trice** [ɛ̃dyktœʀ, tʀis] 1 adj (gén, Phys) inductive
2 nm (Chim, Phys) inductor

**inductif, -ive** [ɛ̃dyktif, iv] → SYN adj (gén, Phys) inductive

**induction** [ɛ̃dyksjɔ̃] → SYN nf (gén, Bio, Élec, Phys) induction ◆ **raisonnement par induction** reasoning by induction ◆ **induction magnétique** magnetic induction

**induire** [ɛ̃dɥiʀ] → SYN ▸ conjug 38 ◂ vt a **induire qn en erreur** to mislead sb, lead sb astray
b († = inciter) **induire qn à** [+ péché, gourmandise] to lead sb into ◆ **induire qn à faire** to induce sb to do
c (= inférer) to infer, induce (*de* from) ◆ **j'en induis que** I infer from this that
d (= occasionner) to lead to, result in
e (Élec) to induce

**induit, e** [ɛ̃dɥi, it] 1 adj (= résultant) avantage, risque resulting; ventes related; effet induit side-effect ◆ **emplois induits** (Écon) spinoff jobs
2 nm (Élec) armature

**indulgence** [ɛ̃dylʒɑ̃s] → SYN nf a (= bienveillance) [parent, critique, commentaire] indulgence; [juge, examinateur] leniency ◆ **une erreur qui a rencontré l'indulgence du jury** a mistake for which the jury made allowances ou which the jury was prepared to overlook ou be lenient about ◆ **il a demandé l'indulgence des jurés** he asked the jury to make allowances ou to show leniency towards his client ◆ **faire preuve d'indulgence envers** ou **à l'égard de** [parent] to be indulgent with; [juge, examinateur] to be lenient with; [critique] to be kind to ◆ **avec indulgence** leniently ◆ **d'une indulgence excessive** overindulgent ◆ **sans indulgence** juge, jugement stern; portrait, critique brutally frank; punir without leniency; critiquer with brutal frankness ◆ **regard plein d'indulgence** indulgent look
b (Rel) indulgence

**indulgent, e** [ɛ̃dylʒɑ̃, ɑ̃t] → SYN adj parent indulgent, lenient; juge, examinateur lenient (*envers* towards); critique, commentaire, regard indulgent ◆ **15, c'est une note trop indulgente** 15 is (far) too lenient ou generous a mark ◆ **se montrer indulgent** [juge] to show leniency; [examinateur, parent] to be lenient

**induline** [ɛ̃dylin] nf indulin(e)

**indult** [ɛ̃dylt] → SYN nm (Rel) indult

**indûment** [ɛ̃dymɑ̃] adv protester unduly; détenir without due cause ou reason, wrongfully ◆ **s'ingérer indûment dans les affaires de qn** to interfere unnecessarily in sb's business

**induration** [ɛ̃dyʀasjɔ̃] nf induration (SPÉC), hardening

**induré, e** [ɛ̃dyʀe] (ptp de **indurer**) adj indurate (SPÉC), hardened

**indurer** [ɛ̃dyʀe] ▸ conjug 1 ◂ 1 vt to indurate (SPÉC), harden
2 **s'indurer** vpr to indurate (SPÉC), become indurate (SPÉC), harden

**Indus** [ɛ̃dys] nm ◆ **l'Indus** the Indus

**indusie** [ɛ̃dyzi] nf (Bot) indusium

**industrialisation** [ɛ̃dystʀijalizasjɔ̃] nf industrialization

**industrialisé, e** [ɛ̃dystʀijalize] (ptp de **industrialiser**) adj pays, monde industrialized ◆ **région fortement industrialisée** heavily industrialized area ◆ **région faiblement industrialisée** area without much industry ou with a low level of industry

**industrialiser** [ɛ̃dystʀijalize] → SYN ▸ conjug 1 ◂ 1 vt to industrialize
2 **s'industrialiser** vpr to become industrialized

**industrialisme** [ɛ̃dystʀijalism] nm industrialism

**industrialiste** [ɛ̃dystʀijalist] adj politique which favours ou encourages industrialization

**industrie** [ɛ̃dystʀi] → SYN 1 nf a (= activité, secteur, branche) industry ◆ **industrie légère/lourde** light/heavy industry ◆ **la grande industrie** big industry ◆ **industrie naissante** infant industry ◆ **doter un pays d'une industrie** to provide a country with an industrial structure; → **ministère, pointe**
b (= entreprise) industry, industrial concern ◆ **petites et moyennes industries** small businesses; → **capitaine**
c (littér, †) (= ingéniosité) ingenuity; (= ruse) cunning
d (= activité) **il exerçait sa coupable industrie** (littér, hum) he plied his evil trade; → **chevalier**
2 COMP ▷ **industrie aéronautique** aviation industry ▷ **industrie alimentaire** food (processing) industry ▷ **industrie automobile** car ou automobile (US) industry ▷ **industrie chimique** chemical industry ▷ **l'industrie cinématographique** ou **du cinéma** the film industry ▷ **l'industrie hôtelière** the hotel industry ▷ **industries de la langue** language industries ▷ **industries du livre** book-related industries ▷ **industrie de** ou **du luxe** luxury goods industry ▷ **industrie manufacturière** manufacturing industry ▷ **l'industrie du multimédia** the multimedia industry ▷ **industrie pharmaceutique** pharmaceutical ou drug industry ▷ **industrie de précision** precision tool industry ▷ **l'industrie du spectacle** the entertainment business, show business ▷ **industrie de transformation** processing industry

**industriel, -elle** [ɛ̃dystʀijɛl] → SYN 1 adj industrial ◆ **aliments industriels** factory feedstuffs ◆ **pain industriel** factory-baked bread ◆ **équipement à usage industriel** heavy-duty equipment ◆ **élevage industriel** (= système) factory farming; (= ferme) factory farm; → **quantité, zone**
2 nm (= fabricant) industrialist, manufacturer ◆ **les industriels du textile/de l'automobile** textile/car ou automobile (US) manufacturers

**industriellement** [ɛ̃dystʀijɛlmɑ̃] adv industrially ◆ **poulets élevés industriellement** factory-farmed chickens

**industrieux, -ieuse** [ɛ̃dystʀijø, ijøz] → SYN adj (littér = besogneux) industrious

**inébranlable** [inebʀɑ̃labl] → SYN adj a adversaire, interlocuteur steadfast, unwavering; personne, foi, résolution unshakeable, steadfast, unwavering; certitude unshakeable, unwavering; principes, conviction steadfast ◆ **il était inébranlable dans sa conviction que …** he was steadfast ou unshakeable ou unwavering in his belief that …
b objet pesant solid; objet encastré immovable, solidly ou firmly fixed

**inébranlablement** [inebʀɑ̃labləmɑ̃] adv unshakeably

**inécoutable** [inekutabl] → SYN adj musique unbearable

**inécouté, e** [inekute] adj unheeded

**inédit, e** [inedi, it] → SYN **1** adj **a** (= non publié) texte, auteur (previously ou hitherto) unpublished ♦ **ce film est inédit en France** this film has never been released ou distributed in France
**b** (= nouveau) méthode, trouvaille novel, new, original; spectacle new
**2** nm (= texte) (previously ou hitherto) unpublished material (NonC) ou work ♦ **c'est de l'inédit !** (hum) that's never happened before!

**inéducable** [inedykabl] adj ineducable

**ineffable** [inefabl] → SYN adj ineffable

**ineffablement** [inefabləmɑ̃] adv ineffably

**ineffaçable** [inefasabl] → SYN adj indelible, ineffaceable

**ineffaçablement** [inefasabləmɑ̃] adv indelibly, ineffaceably

**inefficace** [inefikas] → SYN adj remède, mesure, traitement ineffective; employé, machine inefficient

**inefficacement** [inefikasmɑ̃] adv (= sans succès) ineffectively; (= de manière incompétente) inefficiently

**inefficacité** [inefikasite] nf [remède, mesure] ineffectiveness; [machine, employé] inefficiency ♦ **d'une totale inefficacité** remède, mesure totally ineffective; employé, machine totally inefficient

**inégal, e,** mpl **-aux** [inegal, o] → SYN adj **a** (= différent) unequal ♦ **d'inégale grosseur** of unequal size ♦ **de force inégale** of unequal strength ♦ **les hommes sont inégaux** all men are not equal
**b** (= irrégulier) sol, pas, mouvement uneven; pouls irregular, uneven; artiste, sportif erratic; œuvre, jeu uneven; étalement, répartition uneven; humeur, caractère uneven, changeable; conduite changeable ♦ **d'intérêt inégal** of varying ou mixed interest ♦ **de qualité inégale** of varying quality
**c** (= disproportionné) lutte, partage unequal

**inégalable** [inegalabl] → SYN adj incomparable, matchless

**inégalé, e** [inegale] → SYN adj record unequalled, unbeaten; charme, beauté unrivalled

**inégalement** [inegalmɑ̃] adv (= différemment, injustement) unequally; (= irrégulièrement) unevenly ♦ **livre inégalement apprécié** book which met (ou meets) with varying approval

**inégalitaire** [inegalitɛʀ] adj société, système unequal, inegalitarian (frm); traitement, loi unequal

**inégalité** [inegalite] → SYN nf **a** (= différence) [hauteurs, volumes] difference (*de* between); [sommes, parts] difference, disparity (*de* between) ♦ **inégalité des chances** inequality of opportunity ♦ **l'inégalité de l'offre et de la demande** the difference ou disparity between supply and demand ♦ **l'inégalité de traitement entre hommes et femmes** the unequal treatment of men and women ♦ **les inégalités sociales** social inequalities ♦ **inégalités de revenus** disparities in income
**b** (Math) inequality
**c** (= injustice) inequality
**d** (= irrégularité) [sol, pas, rythme, répartition] unevenness; [humeur, caractère] unevenness, changeability ♦ **inégalités de terrain** unevenness of the ground, bumps in the ground ♦ **inégalités d'humeur** moodiness

**inélégamment** [inelegamɑ̃] adv inelegantly

**inélégance** [inelegɑ̃s] → SYN nf **a** [geste, toilette, silhouette] inelegance; [allure] inelegance, ungainliness
**b** [procédé] discourtesy

**inélégant, e** [inelegɑ̃, ɑ̃t] → SYN adj **a** (= disgracieux) geste, toilette, silhouette inelegant; allure inelegant, ungainly
**b** (= indélicat) procédé discourteous ♦ **c'était très inélégant de sa part** it was very discourteous of him

**inéligibilité** [inelizibilite] nf (Pol) ineligibility

**inéligible** [inelizibl] adj (Pol) ineligible

**inéluctabilité** [inelyktabilite] nf inescapability, ineluctability (frm)

**inéluctable** [inelyktabl] GRAMMAIRE ACTIVE 26.4 → SYN adj, nm inescapable, ineluctable (frm)

**inéluctablement** [inelyktabləmɑ̃] adv inescapably, ineluctably (frm)

**inémotivité** [inemɔtivite] nf unemotionalism

**inemployable** [inɑ̃plwajabl] → SYN adj procédé unusable; personnel unemployable

**inemployé, e** [inɑ̃plwaje] → SYN adj (= inutilisé) outil, argent unused; talent, capacités untapped; (= gâché) dévouement, énergie unchannelled, unused

**inénarrable** [inenaʀabl] → SYN adj **a** (= désopilant) incident, scène hilarious, priceless *, too funny for words (attrib); vêtement, démarche incredibly funny, priceless * ♦ **son inénarrable mari** her incredible husband *
**b** (= incroyable) péripéties, aventure incredible

**inentamé, e** [inɑ̃tame] → SYN adj réserve d'essence, d'argent intact (attrib); victuailles intact (attrib), untouched; bouteille unopened; énergie, moral (as yet) intact (attrib)

**inenvisageable** [inɑ̃vizaʒabl] adj which cannot be considered, unthinkable

**inéprouvé, e** [inepʀuve] → SYN adj méthode, vertu, procédé untested, untried, not yet put to the test (attrib); émotion not yet experienced (attrib)

**inepte** [inɛpt] → SYN adj personne inept, useless *, hopeless *; histoire, raisonnement inept

**ineptie** [inɛpsi] → SYN nf **a** (= caractère) ineptitude
**b** (= acte, propos) ineptitude; (= idée, œuvre) nonsense (NonC), rubbish (Brit) (NonC) ♦ **dire des inepties** to talk nonsense ♦ **ce qu'il a fait est une ineptie** what he did was utterly stupid

**inépuisable** [inepɥizabl] → SYN adj inexhaustible ♦ **il est inépuisable sur ce sujet** he could talk for ever on that subject ♦ **source inépuisable de conflits** unending ou abiding source of conflict

**inépuisablement** [inepɥizabləmɑ̃] adv inexhaustibly

**inépuisé, e** [inepɥize] → SYN adj (littér) not (yet) exhausted

**inéquation** [inekwasjɔ̃] nf inequation

**inéquitable** [inekitabl] → SYN adj inequitable

**inerme** [inɛʀm] adj inerm

**inerte** [inɛʀt] → SYN adj (= immobile) corps, membre lifeless, inert; visage expressionless; (= sans réaction) personne passive, inert; esprit, élève apathetic; (Sci) inert ♦ **ne reste pas inerte sur ta chaise** don't just sit there

**inertie** [inɛʀsi] → SYN nf [personne] inertia, passivity, apathy; [service administratif] apathy, inertia; [élève] apathy; (Phys) inertia ♦ **navigation par inertie** (Aviat) inertial guidance ou navigation; → **force**

**inertiel, -ielle** [inɛʀsjɛl] adj inertial

**inescomptable** [inɛskɔ̃tabl] adj (Fin) undiscountable

**inescompté, e** [inɛskɔ̃te] adj unexpected, unhoped-for

**inespéré, e** [inɛspeʀe] → SYN adj unexpected, unhoped-for

**inesthétique** [inɛstetik] → SYN adj pylône, usine, cicatrice unsightly; démarche, posture ungainly

**inestimable** [inɛstimabl] → SYN adj aide inestimable, invaluable; valeur priceless, incalculable, inestimable; dommages incalculable

**inétendu, e** [inetɑ̃dy] adj unextended

**inévitable** [inevitabl] → SYN **1** adj obstacle, accident unavoidable; (= fatal) résultat inevitable, inescapable; (hum) chapeau, cigare inevitable ♦ **c'était inévitable !** it was inevitable!, it was bound to happen!, it had to happen!
**2** nm ♦ **l'inévitable** the inevitable

**inévitablement** [inevitabləmɑ̃] GRAMMAIRE ACTIVE 15.1 adv inevitably

**inexact, e** [inɛgza(kt), akt] GRAMMAIRE ACTIVE 26.6 → SYN adj **a** (= faux) renseignement, calcul, traduction, historien inaccurate, inexact ♦ **non, c'est inexact** no, that's not correct ou that's wrong
**b** (= sans ponctualité) unpunctual ♦ **être inexact à un rendez-vous** to be late for an appointment

**inexactement** [inɛgzaktəmɑ̃] adv traduire, relater inaccurately, incorrectly

**inexactitude** [inɛgzaktityd] → SYN nf **a** (= manque de précision) inaccuracy
**b** (= erreur) inaccuracy
**c** (= manque de ponctualité) unpunctuality (NonC)

**inexaucé, e** [inɛgzose] adj prière (as yet) unanswered; vœu (as yet) unfulfilled

**inexcitabilité** [inɛksitabilite] nf (Physiol) unexcitability

**inexcitable** [inɛksitabl] adj (Physiol) unexcitable

**inexcusable** [inɛkskyzabl] → SYN adj faute, action inexcusable, unforgivable ♦ **vous êtes inexcusable (d'avoir fait cela)** you had no excuse (for doing that), it was inexcusable ou unforgivable of you (to have done that)

**inexcusablement** [inɛkskyzabləmɑ̃] adv inexcusably, unforgivably

**inexécutable** [inɛgzekytabl] → SYN adj projet, travail impractical, impracticable; musique unplayable; ordre which cannot be carried out ou executed

**inexécution** [inɛgzekysjɔ̃] → SYN nf [contrat, obligation] nonfulfilment

**inexercé, e** [inɛgzɛʀse] → SYN adj soldats inexperienced, untrained; oreille unpractised, untrained

**inexigibilité** [inɛgziʒibilite] → SYN nf ♦ **l'inexigibilité de la dette** the fact that the debt is not due

**inexigible** [inɛgziʒibl] → SYN adj dette not due

**inexistant, e** [inɛgzistɑ̃, ɑ̃t] → SYN adj (= absent) service d'ordre, réseau téléphonique, aide nonexistent; (= imaginaire) difficultés imaginary, nonexistent ♦ **quant à son mari, il est inexistant** (péj) as for her husband, he's a (complete) nonentity ou cipher

**inexistence** [inɛgzistɑ̃s] → SYN nf nonexistence

**inexorabilité** [inɛgzɔʀabilite] → SYN nf [destin, vieillesse] inexorability; [juge, arrêt, loi] inflexibility, inexorability (littér)

**inexorable** [inɛgzɔʀabl] → SYN adj **a** (= implacable) destin, vieillesse inexorable ♦ **l'inexorable montée de la violence** (= inévitable) the inexorable rise of violence
**b** (= impitoyable) arrêt, loi inflexible, inexorable (littér); juge unyielding, inflexible, inexorable (littér) ♦ **il fut inexorable à leurs prières** he was unmoved by their entreaties

**inexorablement** [inɛgzɔʀabləmɑ̃] adv inexorably

**inexpérience** [inɛkspeʀjɑ̃s] → SYN nf inexperience, lack of experience

**inexpérimenté, e** [inɛkspeʀimɑ̃te] → SYN adj personne inexperienced; mouvements, gestes inexpert; arme, produit untested

**inexpert, e** [inɛkspɛʀ, ɛʀt] adj inexpert

**inexpiable** [inɛkspjabl] → SYN adj inexpiable

**inexpié, e** [inɛkspje] adj unexpiated

**inexplicable** [inɛksplikabl(ə)] → SYN adj, nm inexplicable

**inexplicablement** [inɛksplikabləmɑ̃] adv inexplicably

**inexpliqué, e** [inɛksplike] adj unexplained

**inexploitable** [inɛksplwatabl] → SYN adj (gén) unexploitable; filon unworkable

**inexploité, e** [inɛksplwate] → SYN adj (gén) unexploited; talent, ressources untapped

**inexplorable** [inɛksplɔʀabl] adj unexplorable

**inexploré, e** [inɛksplɔʀe] → SYN adj unexplored

**inexplosible** [inɛksplozibl] adj non-explosive

**inexpressif, -ive** [inɛkspʀesif, iv] → SYN adj visage, regard expressionless, inexpressive, blank; style, mots inexpressive

**inexpressivité** [inɛkspʀesivite] nf inexpressiveness, expressionlessness

**inexprimable** [inɛkspʀimabl] → SYN adj, nm inexpressible

**inexprimé, e** [inɛkspʀime] → SYN adj sentiment unexpressed; reproches, doutes unspoken

**inexpugnable** [inɛkspygnabl] → SYN adj citadelle impregnable, unassailable

**inextensible** [inɛkstɑ̃sibl] → SYN adj matériau that does not stretch, unstretchable; étoffe non-stretch

**in extenso** [inɛkstɛ̃so] → SYN 1 loc adv écrire, publier, lire in full, in extenso (frm)
2 loc adj texte, discours full (épith)

**inextinguible** [inɛkstɛ̃gibl] → SYN adj (littér) passion, feu inextinguishable; haine undying; besoin, soif unquenchable; rire uncontrollable

**inextirpable** [inɛkstirpabl] → SYN adj (lit) deep-rooted; (fig) ineradicable, inextirpable

**in extremis** [inɛkstremis] → SYN 1 loc adv sauver, arriver at the last minute
2 loc adj sauvetage, succès last-minute (épith) ◆ **faire un mariage/testament in extremis** to marry/make a will on one's deathbed

**inextricable** [inɛkstrikabl] → SYN adj inextricable

**inextricablement** [inɛkstrikabləmɑ̃] adv inextricably

**infaillibilité** [ɛ̃fajibilite] → SYN nf (gén, Rel) infallibility

**infaillible** [ɛ̃fajibl] → SYN adj méthode, remède, personne infallible; instinct unerring, infallible ◆ **nul n'est infaillible** no one is infallible

**infailliblement** [ɛ̃fajibləmɑ̃] → SYN adv (= à coup sûr) inevitably, without fail; (= sans erreur) infallibly

**infaisable** [ɛ̃fəzabl] → SYN adj impossible, impracticable, not feasible (attrib) ◆ **ce n'est pas infaisable** it's not impossible, it's (just about) feasible ◆ **pourquoi serait-ce infaisable en France ?** why couldn't this be done in France?

**infalsifiable** [ɛ̃falsifjabl] → SYN adj document impossible to forge

**infamant, e** [ɛ̃famɑ̃, ɑ̃t] → SYN adj acte infamous, ignominious; accusation libellous; propos defamatory; terme derogatory ◆ **peine infamante** (Jur) *sentence involving exile or deprivation of civil rights*

**infâme** [ɛ̃fɑm] → SYN adj (gén) vile, loathsome; métier, action, trahison unspeakable, vile, loathsome; traître infamous, vile; complaisance, servilité shameful, vile; entremetteur, spéculateur despicable; nourriture, odeur, taudis revolting, vile, disgusting

**infamie** [ɛ̃fami] → SYN nf a (= honte) infamy ◆ **couvert d'infamie** disgraced
b (= caractère infâme) [personne, acte] infamy
c (= insulte) vile abuse (NonC); (= action infâme) infamous ou vile ou loathsome deed; (= ragot) slanderous gossip (NonC) ◆ **c'est une infamie** it's absolutely scandalous, it's an absolute scandal ◆ **dire des infamies sur le compte de qn** to make slanderous remarks about sb

**infant** [ɛ̃fɑ̃] nm infante

**infante** [ɛ̃fɑ̃t] nf infanta

**infanterie** [ɛ̃fɑ̃tri] → SYN nf infantry ◆ **avec une infanterie de 2 000 hommes** with 2,000 foot, with an infantry of 2,000 men ◆ **infanterie légère/lourde** ou **de ligne** light/heavy infantry ◆ **infanterie de marine** marines ◆ **d'infanterie** régiment infantry (épith)

**infanticide** [ɛ̃fɑ̃tisid] → SYN 1 adj infanticidal
2 nmf (= personne) infanticide, child-killer
3 nm (= acte) infanticide

**infantile** [ɛ̃fɑ̃til] → SYN adj maladie infantile; médecine, clinique child (épith); (= puéril) infantile, childish, babyish; → **mortalité**

**infantilisant, e** [ɛ̃fɑ̃tilizɑ̃, ɑ̃t] adj émission, livre infantile, childish

**infantilisation** [ɛ̃fɑ̃tilizasjɔ̃] nf ◆ **l'infantilisation des personnes âgées/du public** treating old people/the public like children

**infantiliser** [ɛ̃fɑ̃tilize] → SYN ▸ conjug 1 ◂ vt to make into a child (ou children), infantilize

**infantilisme** [ɛ̃fɑ̃tilism] → SYN nm (Méd, Psych) infantilism; (= puérilité) infantile ou childish ou babyish behaviour ◆ **c'est de l'infantilisme !** how childish!

**infarctus** [ɛ̃farktys] nm (Méd) infarction (SPÉC), infarct (SPÉC) ◆ **infarctus du myocarde** coronary thrombosis, myocardial infarction (SPÉC) ◆ **infarctus pulmonaire** pulmonary infarction (SPÉC) ◆ **il a eu** ou **fait trois infarctus** he has had three coronaries

**infatigable** [ɛ̃fatigabl] → SYN adj personne indefatigable, tireless, untiring; zèle tireless

**infatigablement** [ɛ̃fatigabləmɑ̃] adv indefatigably, tirelessly, untiringly

**infatuation** [ɛ̃fatɥasjɔ̃] → SYN nf (frm = vanité) self-conceit, self-importance

**infatué, e** [ɛ̃fatɥe] → SYN (ptp de **s'infatuer**) adj air, personne conceited, vain ◆ **être infatué de son importance** to be full of one's own importance ◆ **être infatué de son physique** to be vain ou conceited about one's looks ◆ **infatué de sa personne** ou **de lui-même** full of himself ou of self-conceit, self-important

**infatuer (s')** [ɛ̃fatɥe] → SYN ▸ conjug 1 ◂ vpr a (= s'engouer de) **s'infatuer de** [+ personne, choses] to become infatuated with
b (= tirer vanité de) **s'infatuer de son importance** to become full of one's own importance ◆ **s'infatuer de son physique** to become vain ou conceited about one's looks ◆ **s'infatuer (de soi-même)** to become full of o.s. ou of self-conceit

**inféconde, e** [ɛ̃fekɔ̃, ɔ̃d] → SYN adj terre, femme, animal barren, sterile, infertile; œuf infertile; esprit infertile, sterile

**infécondité** [ɛ̃fekɔ̃dite] → SYN nf [terre, femme, animal] barrenness, sterility, infertility; [esprit] infertility, sterility

**infect, e** [ɛ̃fɛkt] → SYN adj goût, nourriture, vin, attitude revolting; conduite, personne obnoxious; temps filthy, foul, rotten; taudis, chambre squalid; livre, film (= très mauvais) rotten*, appalling; (= scandaleux) revolting ◆ **odeur infecte** stench, vile ou foul smell ◆ **il a été infect avec moi** he was horrible to me

**infectant, e** [ɛ̃fɛktɑ̃, ɑ̃t] adj (Méd) agent infective; contact, piqûre causing infection

**infecter** [ɛ̃fɛkte] → SYN ▸ conjug 1 ◂ 1 vt (gén) [+ atmosphère, eau] to contaminate; (Méd) [+ personne, plaie] to infect; (fig littér) to poison, infect ◆ **cellules infectées par un virus** virus-infected cells
2 **s'infecter** vpr [plaie] to become infected, turn septic

**infectieux, -ieuse** [ɛ̃fɛksjø, jøz] → SYN adj (Méd) infectious

**infection** [ɛ̃fɛksjɔ̃] → SYN nf (Méd) infection; (= puanteur) stench ◆ **infection généralisée** systemic infection ◆ **infection microbienne/virale** bacterial/viral infection ◆ **quelle infection !, c'est une infection !** what a stench!

**inféodation** [ɛ̃feɔdasjɔ̃] → SYN nf (Pol) allegiance (à to); (Hist) infeudation, enfeoffment

**inféoder** [ɛ̃feɔde] → SYN ▸ conjug 1 ◂ 1 vt (Hist) to enfeoff
2 **s'inféoder** vpr ◆ **s'inféoder à** to give one's allegiance to, pledge allegiance ou o.s. to ◆ **être inféodé à** to be subservient to, be the vassal of

**infère** [ɛ̃fɛr] adj (Bot) inferior

**inférence** [ɛ̃ferɑ̃s] → SYN nf inference

**inférer** [ɛ̃fere] → SYN ▸ conjug 6 ◂ vt to infer, gather (*de* from) ◆ **j'infère de ceci que ..., j'en infère que ...** I infer ou gather from this that ..., this leads me to conclude that ...

**inférieur, e** [ɛ̃ferjœr] GRAMMAIRE ACTIVE 5.3 → SYN
1 adj a (dans l'espace) (gén) lower; mâchoire, lèvre lower, bottom; planètes inferior ◆ **la partie inférieure de l'objet** the bottom part of the object ◆ **le feu a pris dans les étages inférieurs** fire broke out on the lower floors ◆ **descendez à l'étage inférieur** go down to the next floor ou the floor below, go to the next floor down ◆ **le cours inférieur d'un fleuve** the lower course ou stretches of a river
b (dans une hiérarchie) classes sociales, animaux, végétaux lower ◆ **à l'échelon inférieur** on the next rung down ◆ **d'un rang inférieur** of a lower rank, lower in rank
c qualité inferior, poorer; vitesse lower; nombre smaller, lower; quantité smaller; intelligence, esprit inferior ◆ **forces inférieures en nombre** forces inferior ou smaller in number(s)
d **inférieur à** nombre less ou lower ou smaller than, below; somme smaller ou less than; production inferior to, less ou lower than ◆ **note inférieure à 20** mark below 20 ou less than 20 ◆ **intelligence/qualité inférieure à la moyenne** below average ou lower than average intelligence/quality ◆ **travail d'un niveau inférieur à ...** work of a lower standard than ..., work below the standard of ... ◆ **roman/auteur inférieur à un autre** novel/author inferior to another ◆ **tu ne lui es inférieur en rien** you're in no way inferior to him ◆ **être hiérarchiquement inférieur à qn** to be lower (down) than sb ou be below sb in the hierarchy ◆ **il est inférieur à sa tâche** (fig) he isn't equal to his task, he isn't up to the job
2 nm,f inferior

**inférieurement** [ɛ̃ferjœrmɑ̃] adv (= moins bien) less well ◆ **inférieurement équipé** armée, laboratoire, bateau less well-equipped

**infériorisation** [ɛ̃ferjɔrizasjɔ̃] → SYN nf (= sous-estimation) underestimating ◆ **l'infériorisation des malades** making patients feel inferior

**inférioriser** [ɛ̃ferjɔrize] → SYN ▸ conjug 1 ◂ vt (= sous-estimer) to underestimate; (= complexer) to make feel inferior

**infériorité** [ɛ̃ferjɔrite] → SYN nf inferiority ◆ **en état** ou **position d'infériorité** in an inferior position, in a position of inferiority; → **comparatif, complexe**

**infermentescible** [ɛ̃fɛrmɑ̃tesibl] → SYN adj which cannot be fermented

**infernal, e,** mpl **-aux** [ɛ̃fɛrnal, o] → SYN adj a (= intolérable) bruit, allure, chaleur, cadence infernal; enfant impossible ◆ **c'est infernal !** it's unbearable!, it's sheer hell! ◆ **les disputes/images se succèdent à un rythme infernal** the arguments/images come thick and fast
b (= satanique) caractère, personne, complot diabolical, infernal, devilish
c (= effrayant) vision, supplice diabolical; spirale, engrenage vicious ◆ **cycle infernal** vicious circle; → **machine**
d (Myth) divinité infernal

**inférovarié, e** [ɛ̃ferɔvarje] adj (Bot) having an inferior ovary

**infertile** [ɛ̃fɛrtil] → SYN adj (lit, fig) infertile

**infertilité** [ɛ̃fɛrtilite] nf (lit, fig) infertility

**infestation** [ɛ̃fɛstasjɔ̃] → SYN nf (Méd) infestation

**infester** [ɛ̃fɛste] → SYN ▸ conjug 1 ◂ vt (gén) to infest, overrun; (Méd) to infest ◆ **infesté de moustiques** infested with mosquitoes, mosquito-infested ou -ridden ◆ **infesté de souris/pirates** infested with ou overrun with ou by mice/pirates

**infeutrable** [ɛ̃føtrabl] adj textile which does not mat ou felt

**infibulation** [ɛ̃fibylasjɔ̃] nf infibulation

**infichu, e*** [ɛ̃fiʃy] adj ◆ **infichu de faire qch** totally incapable of doing sth ◆ **je suis infichu de me rappeler où je l'ai mis** I can't remember where the hell I put it*

**infidèle** [ɛ̃fidɛl] → SYN 1 adj a ami unfaithful, disloyal (*à qn* to sb); époux unfaithful (*à qn* to sb) ◆ **être infidèle à sa promesse** (littér) to be untrue to one's promise
b récit, traduction, traducteur unfaithful, inaccurate; mémoire unreliable
c (Rel) infidel
2 nmf (Rel) infidel

**infidèlement** [ɛ̃fidɛlmɑ̃] adv traduire, raconter unfaithfully, inaccurately

**infidélité** [ɛ̃fidelite] → SYN nf a (= inconstance) [ami] disloyalty, unfaithfulness; [époux] infidelity, unfaithfulness (*à* to) ◆ **infidélité à une promesse** (littér) being untrue to a promise (littér)
b (= acte déloyal) [époux] infidelity ◆ **elle lui pardonna ses infidélités** she forgave him his infidelities ◆ **faire une infidélité à qn** to be unfaithful to sb ◆ **il a fait bien des infidélités à sa femme** he has been unfaithful ou guilty of infidelity to his wife on many occasions ◆ **faire des infidélités à son boucher/éditeur** (hum) to be unfaithful to ou forsake one's butcher/publisher
c (= manque d'exactitude) [description, historien] inaccuracy; [mémoire] unreliability
d (= erreur) [description, traducteur] inaccuracy ◆ **on trouve beaucoup d'infidélités dans cette traduction** we find many inaccuracies in this translation

**infiltrat** [ɛ̃filtra] nm (Méd) infiltrate

**infiltration** [ɛ̃filtʀasjɔ̃] → SYN **nf** **a** [liquide] percolation, infiltration; (dans le sol) seepage; [hommes, idées] infiltration ◆ **il y a une infiltration ou des infiltrations dans la cave** there are leaks in the cellar, water is leaking into the cellar

**b** (Méd = accumulation dans un tissu) infiltration; (= piqûre) injection ◆ **se faire faire des infiltrations** to have injections

**infiltrer** [ɛ̃filtʀe] ► conjug 1 ◄ **1** **vt** (= noyauter) [+ groupe, réseau] to infiltrate

**2** **s'infiltrer vpr** [liquide] to percolate (through), seep in, infiltrate; [lumière] to filter through; [hommes, idées] to infiltrate ◆ **s'infiltrer dans** [personne] to infiltrate; [idées] to filter into, infiltrate (into); [liquide] to percolate (through), seep through, infiltrate; [lumière] to filter into ◆ **s'infiltrer dans un groupe/chez l'ennemi** to infiltrate a group/the enemy

**infime** [ɛ̃fim] → SYN **adj** (= minuscule) tiny, minute, minuscule; (= inférieur) lowly, inferior ◆ **une infime minorité** a tiny minority

**in fine** [infine] **loc adv** ultimately

**infini, e** [ɛ̃fini] → SYN **1** **adj** **a** (Math, Philos, Rel) infinite

**b** (= sans limites) espace infinite, boundless; patience, bonté infinite, unlimited, boundless; douleur immense; prudence, soin, bêtise infinite, immeasurable; quantité infinite, unlimited ◆ **avec d'infinies précautions** with infinite ou endless precautions

**c** (= interminable) luttes, propos interminable, never-ending ◆ **un temps infini me parut s'écouler** an eternity seemed to pass

**2** **nm** ◆ **l'infini** (Philos) the infinite; (Math, Photo) infinity ◆ **faire la mise au point à ou sur l'infini** (Photo) to focus to infinity ◆ **l'infini des cieux** heaven's immensity, the infinity of heaven

◆ **à l'infini** discourir ad infinitum, endlessly; multiplier to infinity; se diversifier, faire varier infinitely ◆ **les champs s'étendaient à l'infini** the fields stretched away endlessly into the distance ◆ **droite prolongée à l'infini** straight line tending towards infinity

**infiniment** [ɛ̃finimɑ̃] → SYN **adv** **a** (= immensément) infinitely

**b** (sens affaibli = beaucoup) infinitely ◆ **infiniment long/grand** immensely ou infinitely long/large ◆ **je vous suis infiniment reconnaissant** I am immensely ou extremely ou infinitely grateful (to you) ◆ **je regrette infiniment** I'm extremely sorry ◆ **ça me plaît infiniment** I like it immensely, there's nothing I like more ◆ **infiniment meilleur/plus intelligent** infinitely better/more intelligent ◆ **avec infiniment de soin/de tendresse** with infinite ou with the utmost care/tenderness

**c** **l'infiniment grand** the infinitely great ◆ **l'infiniment petit** the infinitesimal

**infinité** [ɛ̃finite] → SYN **nf** (littér) infinity ◆ **une infinité de** (= quantité infinie) an infinite number of

**infinitésimal, e**, mpl **-aux** [ɛ̃finitezimal, o] → SYN **adj** (gén, Math) infinitesimal

**infinitif, -ive** [ɛ̃finitif, iv] **adj, nm** infinitive ◆ **infinitif de narration** historic infinitive ◆ **à l'infinitif** in the infinitive

**infinitude** [ɛ̃finityd] → SYN **nf** infiniteness, infinitude

**infirmatif, -ive** [ɛ̃fiʀmatif, iv] **adj** (Jur) invalidating ◆ **infirmatif de** invalidating, annulling, quashing

**infirmation** [ɛ̃fiʀmasjɔ̃] → SYN **nf** (Jur) invalidation, annulment, quashing (*de* of)

**infirme** [ɛ̃fiʀm] → SYN **1** **adj** personne crippled, disabled; (avec l'âge) infirm ◆ **l'accident l'avait rendu infirme** the accident had left him crippled ou disabled ◆ **il est infirme du bras droit** he's crippled in his right arm, he has a crippled ou disabled right arm ◆ **être infirme de naissance** to be disabled from birth, be born disabled

**2** **nmf** cripple, disabled person ◆ **les infirmes** the crippled ou disabled ◆ **infirme mental/moteur** mentally/physically handicapped ou disabled person ◆ **infirme du travail** industrially disabled person ◆ **infirme de guerre** disabled veteran, war cripple (Brit)

**infirmer** [ɛ̃fiʀme] → SYN ► conjug 1 ◄ **vt** (= démentir) to invalidate; (Jur) [+ décision, jugement] to invalidate, annul, quash

**infirmerie** [ɛ̃fiʀməʀi] → SYN **nf** (gén) infirmary; [école] sickroom, infirmary, sick bay (Brit); (Univ) health centre; [navire] sick bay

**infirmier, -ière** [ɛ̃fiʀmje, jɛʀ] → SYN **1** **adj** nursing (épith) ◆ **personnel infirmier** nursing staff ◆ **élève infirmier** student nurse

**2** **nm** (male) nurse ◆ **infirmier en chef** charge nurse (Brit), head nurse (US)

**3** **infirmière nf** (gén) nurse; [internat] matron (Brit), nurse (US) ◆ **infirmière chef** (nursing) sister (Brit), charge nurse (Brit), head nurse (US) ◆ **infirmière diplômée** registered nurse ◆ **infirmière diplômée d'État** ≃ state registered nurse ◆ **infirmière-major** (Mil) matron ◆ **infirmière visiteuse** visiting nurse, ≃ district nurse (Brit)

**infirmité** [ɛ̃fiʀmite] → SYN **nf** **a** (= invalidité) disability ◆ **infirmité motrice cérébrale** physical disability ◆ **les infirmités de la vieillesse** the infirmities of old age

**b** († = imperfection) weakness, failing

**infixe** [ɛ̃fiks] **nm** (Ling) infix

**inflammabilité** [ɛ̃flamabilite] **nf** inflammability, inflammableness, flammability

**inflammable** [ɛ̃flamabl] → SYN **adj** inflammable, flammable

**inflammation** [ɛ̃flamasjɔ̃] → SYN **nf** (Méd) inflammation

**inflammatoire** [ɛ̃flamatwaʀ] **adj** (Méd) inflammatory

**inflation** [ɛ̃flasjɔ̃] → SYN **nf** (Écon) inflation ◆ **croissance de 4% hors inflation** 4% growth over and above inflation ◆ **une inflation de projets/candidatures** a marked increase in the number of projects/applications

**inflationniste** [ɛ̃flasjɔnist] **1** **adj** politique, économie inflationist; tendance, risque, pressions inflationary; craintes, menace of inflation

**2** **nmf** inflationist

**infléchi, e** [ɛ̃fleʃi] → SYN (ptp de **infléchir**) **adj** voyelle inflected

**infléchir** [ɛ̃fleʃiʀ] → SYN ► conjug 2 ◄ **1** **vt** **a** (lit) [+ rayon] to inflect, bend

**b** (fig) [+ politique] (légèrement) to change ou shift the emphasis of; (plus nettement) to reorientate; [+ tendance, stratégie, attitude] to modify; [+ position] to soften; [+ décision] to affect ◆ **pour infléchir la courbe du chômage** to bring down unemployment

**2** **s'infléchir vpr** **a** [route] to bend, curve round; [poutre] to sag; [courbe] (vers le bas) to dip, go down; (vers le haut) to climb, go up

**b** [politique] to shift, change emphasis; (= conjoncture) to change ◆ **cette tendance s'infléchit** this trend is becoming less marked

**infléchissement** [ɛ̃fleʃismɑ̃] → SYN **nm** [politique] (léger) (slight) shift (*de* in); (plus marqué) reorientation; [stratégie, attitude] shift (*de* in); [position] softening ◆ **un net infléchissement des ventes** (à la baisse) a sharp drop ou fall in sales; (à la hausse) a sharp ou marked increase in sales

**inflexibilité** [ɛ̃flɛksibilite] → SYN **nf** [caractère, personne] inflexibility, rigidity; [volonté] inflexibility; [règle] inflexibility, rigidity

**inflexible** [ɛ̃flɛksibl] → SYN **adj** caractère, personne inflexible, rigid, unyielding; volonté inflexible; règle inflexible, rigid ◆ **il demeura inflexible dans sa résolution** he remained inflexible ou unyielding ou unbending in his resolve

**inflexiblement** [ɛ̃flɛksibləmɑ̃] **adv** inflexibly

**inflexion** [ɛ̃flɛksjɔ̃] → SYN **nf** **a** [voix] inflexion, modulation ◆ **inflexion vocalique** (Ling) vowel inflexion

**b** (Sci = déviation) [rayon] deflection; [courbe] inflexion

**c** (fig) [politique] reorientation (*de* of)

**infliger** [ɛ̃fliʒe] → SYN ► conjug 3 ◄ **vt** [+ défaite, punition, supplice] to inflict (*à* on); [+ amende, tâche] to impose (*à* on); [+ affront] to deliver (*à* to) ◆ **infliger de lourdes pertes à l'ennemi** to inflict heavy losses on the enemy ◆ **infliger sa présence à qn** to inflict one's presence on o.s. on sb ◆ **infliger un avertissement ou un blâme à qn** (Scol) to give sb an order mark (Brit) ou a bad mark (Brit) ou a demerit point (US) ◆ **infliger un démenti à qn** to give sb the lie ◆ **il s'est infligé volontairement des blessures** he harmed himself deliberately

**inflorescence** [ɛ̃flɔʀesɑ̃s] → SYN **nf** inflorescence

**influençable** [ɛ̃flyɑ̃sabl] → SYN **adj** easily influenced

**influence** [ɛ̃flyɑ̃s] → SYN **nf** influence (*sur* on, upon) ◆ **c'est quelqu'un qui a de l'influence** he's a person of influence, he's an influential person ◆ **avoir beaucoup d'influence sur qn, jouir d'une grande influence auprès de qn** to have ou carry a lot of influence with sb ◆ **avoir une influence bénéfique/néfaste sur** [climat, médicament] to have a beneficial/harmful effect on ◆ **ces fréquentations ont une mauvaise influence sur ses enfants** these friends are a bad influence on her children ◆ **sous l'influence de** under the influence of ◆ **être sous influence** * (de l'alcool, d'une drogue) to be under the influence *; (de qn) to be under somebody's control ou spell ◆ **zone/sphère d'influence** zone/sphere of influence; → **trafic**

**influencer** [ɛ̃flyɑ̃se] → SYN ► conjug 3 ◄ **vt** (gén) to influence; (= agir sur) to act upon ◆ **ne te laisse pas influencer par lui** don't let yourself be influenced by him, don't let him influence you

**influent, e** [ɛ̃flyɑ̃, ɑ̃t] → SYN **adj** influential

**influenza** [ɛ̃flyɑ̃za] → SYN **nf** influenza

**influer** [ɛ̃flye] → SYN ► conjug 1 ◄ **influer sur vt indir** to influence, have an influence on

**influx** [ɛ̃fly] → SYN **nm** **a** (Méd) **influx (nerveux)** (nerve) impulse

**b** (fig = fluide) influx †, inflow †

**info** * [ɛ̃fo] **nf** **a** (abrév de **information**) (Presse, TV) news item, piece of news; (= renseignements) info * (NonC) ◆ **les infos** (Presse, TV) the news

**b** (abrév de **informatique**) (Ordin) computing ◆ **il fait de l'info** (en amateur) he's into computing; (professionnellement) he's in computers

**infographie** ® [ɛ̃fogʀafi] **nf** computer graphics

**infographique** [ɛ̃fogʀafik] **adj** ◆ **document infographique** computer graphic picture ◆ **création infographique** computer graphics sg

**infographiste** [ɛ̃fogʀafist] **nmf** computer graphics artist

**in-folio** [infɔljo] → SYN **adj inv, nm inv** folio

**infomercial, e** [ɛ̃fɔmɛʀsjal] **adj, nm** infomercial

**infondé, e** [ɛ̃fɔ̃de] **adj** critique, crainte, accusation unfounded, groundless; demande unjustified; rumeurs unfounded ◆ **ces rumeurs ne sont peut-être pas totalement infondées** there may be some truth in these rumours, these rumours are perhaps not totally unfounded

**informateur, -trice** [ɛ̃fɔʀmatœʀ, tʀis] → SYN **nm,f** (gén) informant; (Police) informer; (Presse) inside source

**informaticien, -ienne** [ɛ̃fɔʀmatisjɛ̃, jɛn] → SYN **nm,f** (= spécialiste) computer scientist; (= analyste-programmeur) computer analyst ◆ **elle est informaticienne** she's in computers

**informatif, -ive** [ɛ̃fɔʀmatif, iv] **adj** brochure informative ◆ **campagne de publicité informative pour un produit** advertising campaign giving information on a product

**information** [ɛ̃fɔʀmasjɔ̃] **GRAMMAIRE ACTIVE 19.3** → SYN **nf** **a** (= renseignement) piece of information; (Presse, TV = nouvelle) news item, piece of news ◆ **voilà une information intéressante** here's an interesting piece of information ou some interesting information ◆ **recueillir des informations sur** to gather information on ◆ **voici nos informations** here ou this is the news ◆ **informations politiques** political news ◆ **informations télévisées** television news ◆ **écouter/regarder les informations** to listen to/watch the news (bulletins) ◆ **c'était aux informations de 10 heures** it was on the 10 o'clock news ◆ **nous recevons une information de dernière minute** we've just received some last-minute ou late news ◆ **bulletin/flash d'informations** news bulletin/flash ◆ **aller aux informations** to (go and) find out

**b** (= diffusion de renseignements) information ◆ **pour votre information, sachez que ...** for your (own) information you should know that ... ◆ **pour l'information des voyageurs** for the information of travellers ◆ **assurer l'information du public en matière d'impôts** to ensure that the public is informed ou has information on the subject of taxation ◆ **réunion d'information** briefing ◆ **journal d'information** serious newspaper

**c** (Ordin, Sci) **l'information** information ◆ **traitement de l'information** data processing, processing of information ◆ **théorie de l'information** information theory ◆ **information génétique** genetic information

**d** (Jur) **information judiciaire** (judicial) inquiry ◆ **ouvrir une information** to start an initial ou a preliminary investigation ◆ **information contre X** inquiry against person ou persons unknown

**informationnel, -elle** [ɛ̃fɔʀmasjɔnɛl] **adj** système informational ◆ **révolution informationnelle** information revolution ◆ **molécule informationnelle** (Bio) information molecule

**informatique** [ɛ̃fɔʀmatik] → SYN **1** **nf** (= science) computer science, computing; (= techniques) data processing ◆ **informatique de bureau/de gestion** office/commercial computing ◆ **il est dans l'informatique** he's in computers ◆ **l'ère de l'informatique** the computer age

**2** **adj** computer (épith) ◆ **l'industrie informatique** the computer ou computing industry

**informatiquement** [ɛ̃fɔʀmatikmɑ̃] **adv** ◆ **traiter qch informatiquement** to process sth on a computer

**informatisation** [ɛ̃fɔʀmatizasjɔ̃] **nf** computerization

**informatiser** [ɛ̃fɔʀmatize] ▸ conjug 1 ◂ **1** **vt** to computerize

**2** **s'informatiser** **vpr** to become computerized

**informe** [ɛ̃fɔʀm] → SYN **adj** masse, tas shapeless, formless; vêtement shapeless; visage, être misshapen, ill-shaped, ill-formed; projet rough, undefined

**informé** [ɛ̃fɔʀme] **1** **adj** personne well-informed

**2** **nm** ◆ **journaux/milieux bien informés** well-informed ou authoritative newspapers/circles; → **jusque**

**informel, -elle** [ɛ̃fɔʀmɛl] **adj** (gén, Art) informal ◆ **l'économie informelle** the informal ou unofficial economy

**informer** [ɛ̃fɔʀme] → SYN ▸ conjug 1 ◂ **1** **vt** **a** (d'un fait) to inform, tell (*de* of, about); (d'un problème) to inform (*sur* about) ◆ **m'ayant informé de ce fait** having informed ou told me of this fact, having acquainted me with this fact ◆ **nous vous informons que nos bureaux ouvrent à 8 heures** we are pleased to inform you that ou for your information our offices open at 8 a.m. ◆ **s'il vient, vous voudrez bien m'en informer** if he comes, please let me know ou inform me ou tell me ◆ **on vous a mal informé** (faussement) you've been misinformed ou wrongly informed; (imparfaitement) you've been badly informed ou ill-informed ◆ **nous ne sommes pas assez informés** we don't have enough information

**b** (Philos) **les concepts informent la matière** concepts impart ou give form to matter

**2** **vi** (Jur) ◆ **informer sur un crime** to inquire into ou investigate a crime ◆ **informer contre X** to start inquiries against person ou persons unknown

**3** **s'informer** **vpr** (d'un fait) to inquire, find out, ask (*de* about); (dans une matière) to inform o.s. (*sur* about) ◆ **informez-vous s'il est arrivé** find out ou ascertain whether he has arrived ◆ **où puis-je m'informer de l'heure/à ce sujet/si ... ?** where can I inquire ou find out ou ask about the time/about this matter/whether ...? ◆ **s'informer de la santé de qn** to ask after ou inquire after ou about sb's health

**informulé, e** [ɛ̃fɔʀmyle] **adj** unformulated

**infortune** [ɛ̃fɔʀtyn] → SYN **nf** (= revers) misfortune; (= adversité) ill fortune, misfortune ◆ **infortunes conjugales** marital misfortunes ◆ **le récit de ses infortunes** the tale of his woes ou misfortunes ◆ **compagnon/frère/sœur d'infortune** companion/brother/sister in misfortune

**infortuné, e** [ɛ̃fɔʀtyne] → SYN **1** **adj** personne hapless (épith), ill-fated, wretched; démarche, décision ill-fated

**2** **nm,f** (poor) wretch

**infoutu, e** * [ɛ̃futy] **infoutu de** **loc adj** ◆ **infoutu de faire quoi que ce soit** damn * ou bloody (Brit) * incapable of doing anything ◆ **je suis infoutu de m'en souvenir** I can't for the life of me remember *

**infra** [ɛ̃fʀa] **adv** ◆ **voir infra** see below

**infraction** [ɛ̃fʀaksjɔ̃] → SYN **nf** (= délit) offence ◆ **infraction à** [+ loi, règlement, sécurité] breach of ◆ **infraction au code de la route** driving offence ◆ **être en infraction** (Aut) to be committing an offence, be breaking ou in breach of the law ◆ **infraction à la loi** breach ou violation ou infraction of the law ◆ **infraction fiscale** breach of the tax code ◆ **toute infraction sera punie** all offenders will be prosecuted

**infraliminaire** [ɛ̃fʀaliminɛʀ], **infraliminal, e, mpl -aux** [ɛ̃fʀaliminal, o] **adj** subliminal

**infranchissable** [ɛ̃fʀɑ̃ʃisabl] → SYN **adj** (lit) impassable; (fig) insurmountable, insuperable

**infrangible** [ɛ̃fʀɑ̃ʒibl] → SYN **adj** (littér) infrangible (littér)

**infrarouge** [ɛ̃fʀaʀuʒ] **adj, nm** infrared ◆ **missile guidé par infrarouge** heat-seeking missile

**infrason** [ɛ̃fʀasɔ̃] **nm** infrasonic vibration

**infrasonore** [ɛ̃fʀasɔnɔʀ] **adj** infrasonic

**infrastructure** [ɛ̃fʀastʀyktyʀ] → SYN **nf** (Constr) substructure, understructure; (Écon) infrastructure; (Aviat) ground installations ◆ **infrastructure routière/de transports** road/transport infrastructure

**infréquentable** [ɛ̃fʀekɑ̃tabl] → SYN **adj** not to be associated with ◆ **ce sont des gens infréquentables** they're people you just don't associate with ou mix with

**infroissable** [ɛ̃fʀwasabl] → SYN **adj** crease-resistant, non-crease (épith)

**infructueux, -euse** [ɛ̃fʀyktɥø, øz] → SYN **adj** tentative, effort, réunion fruitless, unsuccessful; démarche unsuccessful

**infule** [ɛ̃fyl] → SYN **nf** [prêtre romain] infula

**infumable** [ɛ̃fymabl] **adj** unsmokable

**infundibuliforme** [ɛ̃fɔ̃dibylifɔʀm] **adj** infundibuliform

**infundibulum** [ɛ̃fɔ̃dibylɔm] → SYN **nm** infundibulum

**infus, e** [ɛ̃fy, yz] → SYN **adj** (littér) innate, inborn (*à* in) → **science**

**infuser** [ɛ̃fyze] → SYN ▸ conjug 1 ◂ **1** **vt** (littér) [+ idée, conviction] to instil (*à* into) ◆ **infuser un sang nouveau à qch/à qn** to infuse ou inject ou instil new life into sth/into sb

**2** **vi** ◆ **(faire) infuser** [+ tisane] to infuse; [+ thé] to brew, infuse, steep (US) ◆ **laisser infuser le thé quelques minutes** leave the tea to brew ou infuse a few minutes ◆ **le thé est-il assez infusé ?** has the tea brewed ou infused (long) enough?

**infusibilité** [ɛ̃fyzibilite] **nf** infusibility

**infusible** [ɛ̃fyzibl] **adj** infusible

**infusion** [ɛ̃fyzjɔ̃] → SYN **nf** **a** (= tisane) infusion, herb tea ◆ **infusion de tilleul** lime tea ◆ **boire une infusion** to drink some herb tea ou an infusion ◆ **la verveine se boit en infusion** verbena is drunk as an infusion

**b** (= action) infusion ◆ **préparé par infusion** prepared by infusion

**ingagnable** [ɛ̃gaɲabl] → SYN **adj** unwinnable

**ingambe** [ɛ̃gɑ̃b] → SYN **adj** spry, nimble

**ingénier (s')** [ɛ̃ʒenje] → SYN ▸ conjug 7 ◂ **vpr** ◆ **s'ingénier à faire** to strive (hard) to do, try hard to do ◆ **dès que j'ai rangé, il s'ingénie à tout remettre en désordre** (iro) as soon as I've tidied things up, he goes out of his way ou he contrives to mess them up again

**ingénierie** [ɛ̃ʒeniʀi] **nf** engineering ◆ **ingénierie financière/informatique/génétique** financial/computer/genetic engineering ◆ **ingénierie inverse** reverse engineering ◆ **ingénierie des systèmes** systems engineering

**ingénieriste** [ɛ̃ʒeniʀist] **nmf** engineer

**ingénieur** [ɛ̃ʒenjœʀ] **nm** engineer ◆ **ingénieur chimiste/des mines/agronome** chemical/mining/agricultural engineer ◆ **ingénieur électricien/en génie civil** electrical/civil engineer ◆ **ingénieur système** system(s) engineer ◆ **ingénieur électronicien** electronic engineer ◆ **ingénieur du son** sound engineer ◆ **ingénieur des eaux et forêts** forestry expert ◆ **ingénieur des travaux publics** construction ou civil engineer; → **conseil**

**ingénieusement** [ɛ̃ʒenjøzmɑ̃] **adv** ingeniously, cleverly

**ingénieux, -ieuse** [ɛ̃ʒenjø, jøz] → SYN **adj** ingenious, clever

**ingéniosité** [ɛ̃ʒenjozite] → SYN **nf** ingenuity, cleverness

**ingénu, e** [ɛ̃ʒeny] → SYN **1** **adj** ingenuous, artless, naïve

**2** **nm,f** ingenuous ou artless ou naïve person

**3** **ingénue** **nf** (Théât) ingénue ◆ **jouer les ingénues** to play ingénue roles; (fig) to pretend to be all sweet and innocent

**ingénuité** [ɛ̃ʒenɥite] → SYN **nf** ingenuousness, artlessness, naïvety

**ingénument** [ɛ̃ʒenymɑ̃] **adv** ingenuously, artlessly, naïvely

**ingérable** [ɛ̃ʒeʀabl] **adj** unmanageable

**ingérence** [ɛ̃ʒeʀɑ̃s] → SYN **nf** interference, interfering (NonC), meddling (NonC) (*dans* in) ◆ **le devoir d'ingérence** (Pol) the duty to interfere

**ingérer** [ɛ̃ʒeʀe] → SYN ▸ conjug 6 ◂ **1** **vt** to ingest

**2** **s'ingérer** **vpr** ◆ **s'ingérer dans** to interfere in ou with, meddle in

**ingestion** [ɛ̃ʒɛstjɔ̃] → SYN **nf** ingestion

**ingouvernable** [ɛ̃guvɛʀnabl] **adj** (Pol) ungovernable; (fig) passion, sentiment uncontrollable ◆ **dans la tempête, le voilier était ingouvernable** in the storm it was impossible to steer the yacht

**ingrat, e** [ɛ̃gʀa, at] → SYN **1** **adj** personne ungrateful (*envers* to, towards); tâche, métier, sujet thankless (épith), unrewarding; sol stubborn, barren, sterile; visage unprepossessing, unattractive; contrée bleak, hostile; mémoire unreliable, treacherous; → **âge**

**2** **nm,f** ungrateful person ◆ **tu n'es qu'un ingrat !** how ungrateful of you! ◆ **vous n'aurez pas affaire à un ingrat** I won't forget what you've done (for me)

**ingratitude** [ɛ̃gʀatityd] → SYN **nf** ingratitude, ungratefulness (*envers* to, towards) ◆ **avec ingratitude** ungratefully

**ingrédient** [ɛ̃gʀedjɑ̃] → SYN **nm** [recette, produit] ingredient; [situation, crise] ingredient, component

**inguérissable** [ɛ̃geʀisabl] → SYN **adj** maladie, malade, blessure, paresse incurable; chagrin, amour inconsolable

**inguinal, e, mpl -aux** [ɛ̃gɥinal, o] **adj** inguinal

**ingurgitation** [ɛ̃gyʀʒitasjɔ̃] → SYN **nf** ingurgitation

**ingurgiter** [ɛ̃gyʀʒite] → SYN ▸ conjug 1 ◂ **vt** [+ nourriture] to swallow, ingurgitate (frm); [+ vin] to gulp (down), swill (péj); (fig) to ingest, ingurgitate ◆ **faire ingurgiter de la nourriture/une boisson à qn** to make sb swallow food/a drink, force food/a drink down sb ◆ **faire ingurgiter aux téléspectateurs des émissions insipides** to feed television viewers a diet of dull programmes ◆ **faire ingurgiter des connaissances à qn** to force sb to take in facts, force ou stuff knowledge into sb ◆ **faire ingurgiter des données à un ordinateur** to feed data into a computer ◆ **il a ingurgité le cours en trois jours** it took him three days to take all the coursework in

**inhabile** [inabil] → SYN **adj** (littér) **a** (= peu judicieux) discours, politicien inept; manœuvre inept, clumsy

**b** (= gauche) apprenti unskilful, clumsy; gestes, mains, dessin, travail clumsy, awkward

**c** (Jur) incapable ◆ **inhabile à tester** incapable of making a will

**inhabileté** [inabilte] → SYN **nf** (littér) **a** [politicien, discours] ineptitude; [manœuvre] ineptitude, clumsiness

**b** [apprenti] unskilfulness; [gestes, mains, dessin, travail] clumsiness, awkwardness

**inhabilité** [inabilite] → SYN **nf** (Jur) incapacity (*à* to)

**inhabitable** [inabitabl] → SYN **adj** uninhabitable ◆ **cette maison est inhabitable** it's impossible to live in this house, this house is uninhabitable

**inhabité, e** [inabite] → SYN **adj** région uninhabited; maison uninhabited, unoccupied ◆ **la**

**maison a l'air inhabitée** the house looks uninhabited ou unoccupied ou unlived-in

**inhabituel, -elle** [inabitɥɛl] → SYN adj unusual, unaccustomed

**inhabituellement** [inabitɥɛlmɑ̃] adv unusually

**inhalateur** [inalatœʀ] nm inhaler

**inhalation** [inalasjɔ̃] → SYN nf inhalation ◆ **faire des inhalations** (Méd) to use steam inhalations

**inhaler** [inale] → SYN ▸ conjug 1 ◂ vt (Méd) to inhale; (littér) to inhale, breathe (in)

**inharmonieux, -ieuse** [inaʀmɔnjø, jøz] → SYN adj (littér) inharmonious

**inharmonique** [inaʀmɔnik] adj **a** (Mus) inharmonic

**b** (= inharmonieux) inharmonious

**inhérence** [ineʀɑ̃s] → SYN nf (Philos) inherence

**inhérent, e** [ineʀɑ̃, ɑ̃t] → SYN adj inherent (*à* in, to)

**inhibé, e** [inibe] → SYN (ptp de **inhiber**) **1** adj inhibited

**2** nm,f inhibited person

**inhiber** [inibe] → SYN ▸ conjug 1 ◂ vt (Physiol, Psych) to inhibit

**inhibiteur, -trice** [inibitœʀ, tʀis] **1** adj inhibitory, inhibitive

**2** nm (Chim, Méd) inhibitor

**inhibition** [inibisjɔ̃] → SYN nf (Chim, Physiol, Psych) inhibition

**inhospitalier, -ière** [inɔspitalje, jɛʀ] → SYN adj inhospitable

**inhumain, e** [inymɛ̃, ɛn] → SYN adj inhuman

**inhumainement** [inymɛnmɑ̃] adv (littér) inhumanly

**inhumanité** [inymanite] → SYN nf (littér) inhumanity

**inhumation** [inymasjɔ̃] → SYN nf burial, interment, inhumation (frm)

**inhumer** [inyme] → SYN ▸ conjug 1 ◂ vt to bury, inter; → **permis**

**inimaginable** [inimaʒinabl] → SYN adj, nm unthinkable; (sens affaibli) unimaginable, unbelievable ◆ **l'inimaginable s'est produit** the unthinkable happened

**inimitable** [inimitabl] → SYN adj inimitable

**inimitié** [inimitje] → SYN nf enmity ◆ **avoir de l'inimitié pour** ou **contre qn** to have hostile feelings towards sb

**ininflammable** [inɛ̃flamabl] → SYN adj nonflammable, noninflammable

**inintelligence** [inɛ̃teliʒɑ̃s] → SYN nf [personne, esprit] lack of intelligence, unintelligence ◆ **l'inintelligence du problème** (= incompréhension) the failure to understand the problem, the lack of understanding of the problem

**inintelligent, e** [inɛ̃teliʒɑ̃, ɑ̃t] → SYN adj unintelligent

**inintelligibilité** [inɛ̃teliʒibilite] nf unintelligibility

**inintelligible** [inɛ̃teliʒibl] → SYN adj unintelligible

**inintelligiblement** [inɛ̃teliʒibləmɑ̃] adv unintelligibly

**inintéressant, e** [inɛ̃teʀesɑ̃, ɑ̃t] → SYN adj uninteresting

**ininterrompu, e** [inɛ̃teʀɔ̃py] → SYN adj suite, ligne unbroken; file de voitures unbroken, steady (épith), uninterrupted; flot, vacarme steady (épith), uninterrupted, nonstop; hausse, baisse steady; effort, travail unremitting, continuous, steady (épith) ◆ **12 heures de sommeil ininterrompu** 12 hours' uninterrupted ou unbroken sleep ◆ **30 ans de succès ininterrompu** 30 years of continuous ou unbroken success ◆ **programme de musique ininterrompue** programme of continuous music

**inique** [inik] → SYN adj iniquitous

**iniquité** [inikite] → SYN nf (gén, Rel) iniquity

**initial, e,** mpl **-iaux** [inisjal, jo] → SYN **1** adj initial; → **vitesse**

**2 initiale** nf initial ◆ **mettre ses initiales sur qch** to put one's initials on sth, initial sth

**initialement** [inisjalmɑ̃] → SYN adv initially

**initialisation** [inisjalisasjɔ̃] nf (Ordin) initialization

**initialiser** [inisjalize] ▸ conjug 1 ◂ vt (Ordin) to initialize

**initiateur, -trice** [inisjatœʀ, tʀis] → SYN **1** adj innovatory

**2** nm,f (= maître, précurseur) initiator; [mode, technique] innovator, pioneer; [projet, mouvement artistique] initiator, originator

**initiation** [inisjasjɔ̃] → SYN nf initiation (*à* into) ◆ **initiation à la linguistique** (titre d'ouvrage) introduction to linguistics ◆ **stage d'initiation à l'informatique** introductory ou beginners' course in computing; → **rite**

**initiatique** [inisjatik] → SYN adj rite, cérémonie initiation (épith), initiatory; roman, film rite(s)-of-passage (épith) ◆ **parcours** ou **voyage** ou **quête initiatique** initiatory voyage ou journey ◆ **épreuves initiatiques** initiation rites

**initiative** [inisjativ] → SYN nf (gén, Pol) initiative ◆ **prendre l'initiative d'une action/de faire qch** to take the initiative for an action/in doing sth ◆ **garder l'initiative** to keep the initiative ◆ **avoir de l'initiative** to have initiative ◆ **initiative de paix** peace initiative ◆ **initiative de défense stratégique** Strategic Defense Initiative ◆ **à** ou **sur l'initiative de qn** on sb's initiative ◆ **à l'initiative de la France ...** following France's initiative ... ◆ **conférence à l'initiative des USA** conference initiated by the USA ◆ **de sa propre initiative** on his own initiative; → **droit**[3], **syndicat**

**initié, e** [inisje] → SYN (ptp de **initier**) **1** adj initiated ◆ **le lecteur initié/non initié** the initiated/uninitiated reader

**2** nm,f initiated person, initiate (frm) ◆ **les initiés** the initiated ou initiates (frm); → **délit**

**initier** [inisje] → SYN ▸ conjug 7 ◂ **1** vt **a** [+ personne] to initiate (*à* into) ◆ **initier qn aux joies de la voile** to introduce sb to the joys of sailing

**b** [+ enquête, dialogue, politique] to initiate

**2 s'initier** vpr to become initiated, initiate o.s. (*à* into) ◆ **j'ai besoin d'un peu de temps pour m'initier à l'informatique** I need some time to get to know a bit about computers

**injectable** [ɛ̃ʒɛktabl] adj injectable

**injecté, e** [ɛ̃ʒɛkte] (ptp de **injecter**) adj (Méd, Tech) injected (*de* with); visage congested ◆ **yeux injectés de sang** bloodshot eyes

**injecter** [ɛ̃ʒɛkte] → SYN ▸ conjug 1 ◂ vt (Méd, Tech) to inject ◆ **elle s'est injecté de l'insuline** she injected herself with insulin ◆ **injecter des fonds dans une entreprise** to pump money into a project

**injecteur, -trice** [ɛ̃ʒɛktœʀ, tʀis] **1** adj injection (épith)

**2** nm (Astronautique, Tech) injector

**injection** [ɛ̃ʒɛksjɔ̃] → SYN nf (gén) injection; (Méd : avec une poire) douche ◆ **il s'est fait une injection d'insuline** he injected himself with insulin ◆ **injection d'argent frais** injection of fresh money, new injection of money ◆ **à injection** seringue, tube injection (épith); moteur, système fuel-injection (épith) ◆ **à injection électronique/directe** moteur with electronic/direct fuel injection

**injoignable** [ɛ̃ʒwaɲabl] adj impossible to contact

**injonctif, -ive** [ɛ̃ʒɔ̃ktif, iv] adj injunctive

**injonction** [ɛ̃ʒɔ̃ksjɔ̃] → SYN nf injunction, command, order ◆ **sur son injonction** on his orders ou command ◆ **injonction thérapeutique** (Jur) *probation order which stipulates that the offender complete a drug rehabilitation programme*

**injouable** [ɛ̃ʒwabl] → SYN adj musique unplayable; pièce unperformable; (Sport) coup, match, terrain unplayable

**injure** [ɛ̃ʒyʀ] → SYN nf **a** (= insulte) abuse (NonC), insult ◆ **"salaud" est une injure** "bastard" is a term of abuse ou an insult ◆ **bordée d'injures** stream of abuse ou insults ◆ **l'injure et la diffamation** (Jur) abuse and slander

**b** (littér = affront) **faire injure à qn** to offend sb, affront sb ◆ **il m'a fait l'injure de ne pas venir** he insulted ou affronted me by not coming ◆ **ce serait lui faire injure que de le croire si naïf** it would be insulting to him ou an insult to him to think that he could be so naïve

**c** (littér = dommage) **l'injure des ans/du sort** the injury ou assault of time/of fate (littér)

**injurier** [ɛ̃ʒyʀje] → SYN ▸ conjug 7 ◂ vt to abuse, insult, revile (frm)

**injurieux, -ieuse** [ɛ̃ʒyʀjø, jøz] → SYN adj termes, propos abusive, offensive; attitude, article insulting, offensive (*pour, à l'égard de* to)

**injuste** [ɛ̃ʒyst] → SYN adj (= inéquitable) unjust; (= partial) unfair (*avec, envers* to, towards) ◆ **ne sois pas injuste !** be fair!

**injustement** [ɛ̃ʒystəmɑ̃] adv accuser, punir unfairly ◆ **injustement oublié** unjustly forgotten

**injustice** [ɛ̃ʒystis] → SYN nf **a** (= iniquité) injustice; (= partialité) unfairness ◆ **il a éprouvé un sentiment d'injustice** he felt he had been treated unfairly ◆ **lutter contre l'injustice sociale** to fight against social injustice

**b** (= acte) injustice ◆ **réparer des injustices** to right wrongs ◆ **il a été victime d'une injustice** he was unfairly treated

**injustifiable** [ɛ̃ʒystifjabl] → SYN adj unjustifiable

**injustifié, e** [ɛ̃ʒystifje] GRAMMAIRE ACTIVE 26.3 adj unjustified, unwarranted

**inlandsis** [inlɑ̃dsis] → SYN nm (= calotte glaciaire) icecap

**inlassable** [ɛ̃lɑsabl] → SYN adj personne tireless, untiring; zèle unflagging, tireless; patience inexhaustible

**inlassablement** [ɛ̃lɑsabləmɑ̃] adv répéter tirelessly ◆ **revenir inlassablement** to keep (on) coming back

**inlay** [inlɛ] → SYN nm (Dentisterie) inlay

**inné, e** [i(n)ne] → SYN adj innate, inborn ◆ **idées innées** innate ideas

**innéisme** [i(n)neism] → SYN nm innatism

**innéité** [i(n)neite] nf innateness

**innervation** [inɛʀvasjɔ̃] nf innervation

**innerver** [inɛʀve] ▸ conjug 1 ◂ vt to innervate

**innocemment** [inɔsamɑ̃] → SYN adv innocently

**innocence** [inɔsɑ̃s] → SYN nf (gén) innocence ◆ **l'innocence de ces farces** the innocence ou harmlessness of these pranks ◆ **il l'a fait en toute innocence** he did it in all innocence, he meant no harm (by it) ◆ **tu n'as tout de même pas l'innocence de croire que ...** come on, you're not so naïve as to believe that ...

**innocent, e** [inɔsɑ̃, ɑ̃t] GRAMMAIRE ACTIVE 18.2 → SYN

**1** adj (gén, Jur, Rel) innocent ◆ **être innocent de qch** to be innocent of sth ◆ **remarque/petite farce bien innocente** quite innocent ou harmless remark/little prank ◆ **il est vraiment innocent !** he is a real innocent! ◆ **innocent comme l'enfant** ou **l'agneau qui vient de naître** as innocent as a new-born babe

**2** nm,f **a** (Jur) innocent person

**b** (= candide) innocent (person); (= niais) simpleton ◆ **ne fais pas l'innocent** don't act ou play the innocent (with me), don't come the innocent with me * (Brit) ◆ **quel innocent tu fais !** how innocent can you be?, how innocent you are! ◆ **l'innocent du village** the village simpleton ou idiot ◆ (Prov) **aux innocents les mains pleines** fortune favours the innocent; → **massacre**

**innocenter** [inɔsɑ̃te] → SYN ▸ conjug 1 ◂ vt (Jur = disculper) to clear, prove innocent (*de* of); (= excuser) to excuse, justify

**innocuité** [inɔkɥite] → SYN nf (frm) innocuousness (frm), harmlessness

**innombrable** [i(n)nɔ̃bʀabl] → SYN adj détails, péripéties, variétés innumerable, countless; foule vast

**innomé, e** [i(n)nɔme] adj ⇒ **innommé**

**innommable** [i(n)nɔmabl] → SYN adj conduite, action unspeakable, loathsome, unmentionable; nourriture, ordures foul, vile

**innommé, e** [i(n)nɔme] adj (= non dénommé) unnamed; (= obscur, vague) nameless

**innovant, e** [inɔvɑ̃, ɑ̃t] adj innovative

**innovateur, -trice** [inɔvatœʀ, tʀis] → SYN **1** adj innovatory, innovative

**2** nm,f innovator

**innovation** [inɔvasjɔ̃] → SYN nf innovation

**innover** [inɔve] → SYN ▸ conjug 1 ◂ vi to innovate ◆ **innover en matière de mode/d'art** to break new ground ou innovate in the field of fashion/of art ◆ **ce peintre innove par rapport à ses prédécesseurs** this painter is breaking new ground compared with his predecessors

**inobservable** [inɔpsɛʀvabl] adj unobservable

**inobservance** [inɔpsɛʀvɑ̃s] → SYN nf (littér) inobservance, non-observance

**inobservation** [inɔpsɛʀvasjɔ̃] nf (littér, Jur) non-observance, inobservance

**inobservé, e** [inɔpsɛʀve] adj (littér, Jur) unobserved

**inoccupation** [inɔkypasjɔ̃] nf (littér) inoccupation (littér), inactivity

**inoccupé, e** [inɔkype] → SYN adj **a** (= vide) appartement unoccupied, empty; siège, emplacement, poste vacant, unoccupied, empty
**b** (= oisif) unoccupied, idle

**in-octavo** [inɔktavo] → SYN adj inv, nm inv octavo

**inoculable** [inɔkylabl] adj inoculable

**inoculation** [inɔkylasjɔ̃] → SYN nf (Méd) (volontaire) inoculation; (accidentelle) infection ◆ **l'inoculation (accidentelle) d'un virus/d'une maladie dans l'organisme par blessure** the (accidental) infection of the organism by a virus/by disease as a result of an injury

**inoculer** [inɔkyle] → SYN ▸ conjug 1 ◂ vt **a** (Méd) **inoculer un virus/une maladie à qn** (volontairement) to inoculate sb with a virus/a disease; (accidentellement) to infect sb with a virus/a disease ◆ **inoculer un malade** to inoculate a patient (*contre* against)
**b** (fig = communiquer) **inoculer une passion/son enthousiasme à qn** to infect ou imbue sb with a passion/one's enthusiasm ◆ **inoculer un vice à qn** to pass on a vice to sb

**inodore** [inɔdɔʀ] → SYN adj gaz odourless; fleur scentless; (fig) personne, film, livre insipid; → **incolore**

**inoffensif, -ive** [inɔfɑ̃sif, iv] → SYN adj personne, plaisanterie inoffensive, harmless, innocuous; piqûre, animal, remède harmless, innocuous

**inondable** [inɔ̃dabl] adj liable to flooding

**inondation** [inɔ̃dasjɔ̃] → SYN nf **a** (= débordement d'eaux) flood ◆ **la fuite a provoqué une inondation dans la salle de bains** the leak flooded the bathroom
**b** (= afflux) flood, deluge ◆ **une véritable inondation de produits allégés** a flood of low-fat products

**inonder** [inɔ̃de] → SYN ▸ conjug 1 ◂ vt **a** (= submerger) [+ prés, cave] to flood ◆ **populations inondées** flood victims, victims of flooding ◆ **tu as inondé toute la cuisine*** you've flooded the whole kitchen
**b** (= envahir) [+ marché] to flood, swamp, inundate (*de* with) ◆ **la foule a inondé les rues** the crowd flooded onto the streets ◆ **nous sommes inondés de lettres** we have been inundated with letters, we have received a flood of letters ◆ **inondé de soleil** bathed in sunlight ◆ **inondé de lumière** flooded with light ◆ **la joie inonda son cœur** he was overcome with joy
**c** (= tremper) to soak, drench ◆ **se faire inonder (par la pluie)** to get soaked ou drenched (by the rain) ◆ **je suis inondé** I'm soaked (through) ou drenched ou saturated* ◆ **inonder ses cheveux de parfum** to saturate one's hair with scent ◆ **la sueur/le sang inondait son visage** the sweat/blood was pouring ou streaming down his face ◆ **inondé de larmes** [+ joues] streaming with tears; [+ yeux] full of tears

**inopérable** [inɔpeʀabl] → SYN adj inoperable

**inopérant, e** [inɔpeʀɑ̃, ɑ̃t] → SYN adj ineffectual, ineffective, inoperative

**inopiné, e** [inɔpine] → SYN adj rencontre unexpected ◆ **mort inopinée** sudden death

**inopinément** [inɔpinemɑ̃] → SYN adv unexpectedly

**inopportun, e** [inɔpɔʀtœ̃, yn] → SYN adj demande, remarque ill-timed, inopportune, untimely ◆ **le moment est inopportun** it's not the right ou best moment, it's not the most opportune moment

**inopportunément** [inɔpɔʀtynemɑ̃] → SYN adv inopportunely

**inopportunité** [inɔpɔʀtynite] → SYN nf (littér) inopportuneness, untimeliness

**inopposabilité** [inɔpozabilite] nf (Jur) non-invocability

**inopposable** [inɔpozabl] adj (Jur) non-invocable

**inorganique** [inɔʀganik] adj inorganic

**inorganisable** [inɔʀganizabl] adj unorganizable

**inorganisation** [inɔʀganizasjɔ̃] → SYN nf lack of organization

**inorganisé, e** [inɔʀganize] adj compagnie, industrie unorganized; personne disorganized, unorganized; (Sci) unorganized

**inoubliable** [inublijabl] → SYN adj unforgettable, never to be forgotten

**inouï, e** [inwi] → SYN adj événement, circonstances unprecedented, unheard-of; nouvelle extraordinary, incredible; vitesse, audace, force incredible, unbelievable ◆ **c'est/il est inouï !** it's/he's incredible! ou unbelievable!

**inox** [inɔks] adj, nm (abrév de **inoxydable**) stainless steel ◆ **couteau/évier (en) inox** stainless steel knife/sink

**inoxydable** [inɔksidabl] **1** adj acier, alliage stainless; couteau stainless steel (épith)
**2** nm stainless steel

**in pace, in-pace** [inpase, inpatʃe] nm inv (= cachot) dungeon *(in a convent)*

**in partibus** [inpaʀtibys] loc adj (Rel) in partibus

**in petto** [inpeto] → SYN loc adv ◆ **quel idiot, se dit-il in petto** "what a fool", he thought ou said to himself

**INPI** [iɛnpei] nm (abrév de **Institut national de la propriété industrielle**) → **institut**

**in-plano** [inplano] → SYN **1** adj inv broadside (épith)
**2** nm inv broadside

**input** [input] → SYN nm (Écon, Ordin) input

**inqualifiable** [ɛ̃kalifjabl] → SYN adj conduite, propos unspeakable ◆ **d'une inqualifiable bassesse** unspeakably low

**inquart** [ɛ̃kaʀ] nm quartation

**in-quarto** [inkwaʀto] → SYN adj inv, nm inv quarto

**inquiet, inquiète** [ɛ̃kjɛ, ɛ̃kjɛt] → SYN adj personne (momentanément) worried, anxious; (par nature) anxious; gestes uneasy; attente, regards uneasy, anxious; sommeil uneasy, troubled; (littér) curiosité, amour restless ◆ **je suis inquiet de son absence** I'm worried at his absence, I'm worried ou anxious that he's not here ◆ **je suis inquiet de ne pas le voir** I'm worried ou anxious at not seeing him ◆ **je suis inquiet qu'il ne m'ait pas téléphoné** I'm worried that he hasn't phoned me ◆ **c'est un (éternel) inquiet** he's a (perpetual) worrier

**inquiétant, e** [ɛ̃kjetɑ̃, ɑ̃t] → SYN adj situation, tendance worrying; signe, expérience, phénomène disturbing, disquieting (frm), unsettling; propos, personnage disturbing

**inquiéter** [ɛ̃kjete] → SYN ▸ conjug 6 ◂ **1** vt **a** (= alarmer) to worry, disturb ◆ **la santé de mon fils m'inquiète** I'm worried about my son's health, my son's health worries me ◆ **le champion commence à inquiéter son adversaire** the champion is starting to get his opponent worried ◆ **ils n'ont jamais pu inquiéter leurs adversaires** (Sport) they never presented a real threat to their opponents
**b** (= harceler) [+ ville, pays] to harass ◆ **l'amant de la victime ne fut pas inquiété (par la police)** the victim's lover wasn't troubled ou bothered by the police
**2 s'inquiéter** vpr **a** (= s'alarmer) to worry ◆ **ne t'inquiète pas** don't worry ◆ **il n'y a pas de quoi s'inquiéter** there's nothing to worry about ou get worried about ◆ **t'inquiète !*** (= ça ne te regarde pas) none of your business!*, mind your own business!*, keep your nose out of it!*
**b** (= s'enquérir) **s'inquiéter de** to inquire about ◆ **s'inquiéter de l'heure/de la santé de qn** to inquire what time it is/about sb's health
**c** (= se soucier) **s'inquiéter de** to worry about, trouble (o.s.) about, bother about ◆ **ne t'inquiète pas de ça, je m'en occupe** don't (you) trouble yourself ou worry ou bother about that– I'll see to it ◆ **sans s'inquiéter des circonstances/conséquences** without worrying ou bothering about the circumstances/consequences ◆ **sans s'inquiéter de savoir si ...** without bothering to find out if ... ◆ **je ne m'inquiète pas pour elle, elle se débrouille toujours** I'm not worried about her, she always manages somehow

**inquiétude** [ɛ̃kjetyd] → SYN nf anxiety; (littér = agitation) restlessness ◆ **donner de l'inquiétude ou des inquiétudes à qn** to worry sb, give sb cause for worry ou anxiety ◆ **avoir ou éprouver des inquiétudes au sujet de** to feel anxious ou worried about, feel some anxiety about ◆ **sujet d'inquiétude** cause for concern ◆ **soyez sans inquiétude** have no fear ◆ **fou d'inquiétude** mad with worry

**inquisiteur, -trice** [ɛ̃kizitœʀ, tʀis] → SYN **1** adj inquisitive, prying
**2** nm inquisitor ◆ **le Grand Inquisiteur** (Hist) the Grand Inquisitor

**inquisition** [ɛ̃kizisjɔ̃] → SYN nf **a** (Hist) **l'Inquisition** the Inquisition ◆ **la Sainte Inquisition** the Holy Office
**b** (péj = enquête) inquisition

**inquisitoire** [ɛ̃kizitwaʀ] adj (Jur) ◆ **procédure inquisitoire** proceeding presided over by an interrogating judge

**inquisitorial, e,** mpl **-iaux** [ɛ̃kizitɔʀjal, jo] → SYN adj inquisitorial

**INRA** [inʀa] nm (abrév de **Institut national de la recherche agronomique**) → **institut**

**inracontable** [ɛ̃ʀakɔ̃tabl] → SYN adj (= trop osé) unrepeatable; (= trop compliqué) unrecountable

**inratable*** [ɛ̃ʀatabl] adj ◆ **ce plat est inratable** you can't go wrong with this dish ◆ **cet examen est inratable** you'd have to be an idiot to make a mess* of this exam

**INRI** (abrév de **Iesus Nazarenus Rex Iudaeorum**) INRI

**insaisissabilité** [ɛ̃sezisabilite] nf (Jur) non-distrainability

**insaisissable** [ɛ̃sezisabl] → SYN adj fugitif, ennemi elusive; personnage enigmatic, elusive; nuance, différence imperceptible, indiscernible; (Jur) biens not liable to seizure, non-distrainable

**insalissable** [ɛ̃salisabl] adj dirt-proof

**insalivation** [ɛ̃salivasjɔ̃] nf insalivation

**insalubre** [ɛ̃salybʀ] → SYN adj climat insalubrious, unhealthy; logement, bâtiment unfit for habitation; profession unhealthy

**insalubrité** [ɛ̃salybʀite] nf [climat] insalubrity, unhealthiness; [logement, bâtiment] insalubrity; [profession] unhealthiness ◆ **l'immeuble a été démoli pour insalubrité** the building was demolished because it was unfit for habitation

**insane** [ɛ̃san] → SYN adj (littér = insensé) insane

**insanité** [ɛ̃sanite] → SYN nf (= caractère) insanity, madness; (= acte) insane act; (= propos) insane talk (NonC) ◆ **proférer des insanités** to talk insanely

**insaponifiable** [ɛ̃sapɔnifjabl] adj which cannot be saponified

**insatiabilité** [ɛ̃sasjabilite] → SYN nf insatiability

**insatiable** [ɛ̃sasjabl] → SYN adj insatiable

**insatiablement** [ɛ̃sasjabləmɑ̃] adv insatiably

**insatisfaction** [ɛ̃satisfaksjɔ̃] → SYN nf dissatisfaction

**insatisfaisant, e** [ɛ̃satisfəzɑ̃, ɑ̃t] adj unsatisfactory; (sur devoir scolaire) poor

**insatisfait, e** [ɛ̃satisfɛ, ɛt] → SYN **1** adj personne (= non comblé) unsatisfied; (= mécontent) dissatisfied (*de* with); désir, passion unsatisfied
**2** nm,f ◆ **c'est un éternel insatisfait** he's never satisfied, he's perpetually dissatisfied ◆ **les insatisfaits** the malcontents

**insaturé, e** [ɛ̃satyʀe] adj (Chim) unsaturated

**inscriptible** [ɛ̃skʀiptibl] adj (gén) inscribable; (Ordin) writable

**inscription** [ɛ̃skʀipsjɔ̃] → SYN **1** nf **a** (= texte) inscription ◆ **mur couvert d'inscriptions** wall covered in writing ou inscriptions
**b** (= action) **l'inscription du texte n'est pas comprise dans le prix** the inscription ou engraving of the text is not included in the price ◆ **l'inscription d'une question à l'ordre du jour** putting ou placing a question on the agenda ◆ **cela a nécessité l'inscription de nouvelles dépenses au budget** this necessitated adding further expenditure to the budget

c (= immatriculation) (gén) registration; (Univ) registration, enrolment (Brit), enrollment (US) (à at) ◆ **l'inscription à un parti/club** joining a party/club ◆ **l'inscription des enfants à l'école est obligatoire** it is compulsory to enrol ou register children for school ◆ **il y a déjà 20 inscriptions pour la sortie de jeudi** 20 people have already signed up for Thursday's outing ◆ **les inscriptions (en faculté) seront closes le 30 octobre** the closing date for enrolment ou registration (at the university) is October 30th ◆ **dossier d'inscription** (gén) registration form; (Univ) admission form, ≈ UCAS form (Brit) ◆ **votre inscription sur la liste dépend de ...** the inclusion of your name on the list depends on ... ◆ **faire son inscription** ou **prendre ses inscriptions** † **en faculté** to register ou enrol at university ◆ **les inscriptions sont en baisse de 5%** enrolment ou intake (Brit) is down by 5% ◆ **droits d'inscription** enrolment ou registration fees ◆ **inscription électorale** registration on the electoral roll (Brit), voter registration (US)

d (Math) inscribing

2 COMP ▷ **inscription de faux** (Jur) challenge *(to validity of document)* ▷ **inscription hypothécaire** mortgage registration ▷ **inscription maritime** registration of sailors ◆ **l'Inscription maritime** (= service) the Register of Sailors

**inscrire** [ɛ̃skʀiʀ] → SYN ▸ conjug 39 ◂ 1 vt a (= marquer) [+ nom, date] to note down, write down; (Ftbl) [+ but] to score, notch up ◆ **inscrire des dépenses au budget** to list ou include expenses in the budget ◆ **inscrire une question à l'ordre du jour** to put ou place a question on the agenda ◆ **ce n'est pas inscrit à l'ordre du jour** it isn't (down) on the agenda ◆ **inscrire qch dans la pierre/le marbre** to inscribe ou engrave sth on stone/marble ◆ **c'est demeuré inscrit dans ma mémoire** it has remained inscribed ou etched on my memory ◆ **sa culpabilité est inscrite sur son visage** his guilt is written all over his face ou on his face ◆ **greffier, inscrivez (sous ma dictée)** clerk, take ou note this down ◆ **le temple est inscrit au patrimoine mondial de l'humanité** the temple is listed as a World Heritage site ◆ **son nom est** ou **il est inscrit sur la liste des gagnants** his name is (written) on the list of winners ◆ **il a inscrit une quatrième victoire à son palmarès** he has added a fourth victory to his record

b (= enrôler) [+ client] to put down; [+ soldat] to enlist; [+ étudiant] to register, enrol ◆ **inscrire qn sur une liste d'attente** to put sb down ou put sb's name down on a waiting list ◆ **je ne peux pas vous inscrire avant le 3 août** I can't put you down for an appointment ou I can't give you an appointment before August 3rd ◆ **(faire) inscrire un enfant à l'école** to put a child ou child's name down for school, enrol ou register a child for school ◆ **(faire) inscrire qn à la cantine/pour une vaccination** to register sb at the canteen/for a vaccination

c (Math) to inscribe

2 **s'inscrire** vpr a (= apparaître) **un message s'inscrivit sur l'écran** a message came up ou appeared on the screen ◆ **l'avion ennemi s'inscrivit dans le viseur** the enemy aircraft came up on the viewfinder ◆ **la tour s'inscrivait tout entière dans la fenêtre** the tower was framed in its entirety by the window

b (= s'enrôler) (gén) to register; (sur la liste électorale) to put one's name down (*sur* on); (à l'université) to register, enrol (Brit), enroll (US) (*à* at); (à une épreuve sportive) to put o.s. down, put one's name down, enter (*à* for) ◆ **s'inscrire à un parti/club** to join a party/club ◆ **je me suis inscrit pour des cours du soir** I've enrolled in ou for some evening classes ◆ **s'inscrire au registre du commerce** ≈ to register with the Chamber of Commerce *(for a trade licence)*

c (= s'insérer dans) **ces réformes s'inscrivent dans le cadre de notre nouvelle politique** these reforms lie ou come ou fall within the scope ou framework of our new policy ◆ **cette décision s'inscrit dans le cadre de la lutte contre le chômage** this decision is part of the general struggle against unemployment ◆ **cette mesure s'inscrit dans un ensemble** the measure is part of a package

d (Écon) **s'inscrire en hausse/en baisse** [indice, résultat, dépenses] to be up/down ◆ **l'indice de la Bourse s'inscrivait en baisse de 3 points à la clôture** the share index closed 3 points down

e (Math) to be inscribed (*dans* in)

f (Jur) **s'inscrire en faux** to lodge a challenge ◆ **je m'inscris en faux contre de telles assertions** I strongly deny such assertions

**inscrit, e** [ɛ̃skʀi, it] (ptp de **inscrire**) 1 adj a étudiant registered, enrolled; candidat, électeur registered

b (Math) inscribed

2 nm,f (= membre) registered member; (= étudiant) registered student; (= concurrent) (registered) entrant; (= candidat) registered candidate; (= électeur) registered elector ◆ **inscrit maritime** registered sailor

**inscrivant, e** [ɛ̃skʀivɑ̃, ɑ̃t] nm,f applicant for mortgage registration

**insculper** [ɛ̃skylpe] ▸ conjug 1 ◂ vt to stamp (with a die)

**insécabilité** [ɛ̃sekabilite] → SYN nf indivisibility, undividability

**insécable** [ɛ̃sekabl] → SYN adj indivisible, undividable ◆ **espace insécable** (Typo) hard space

**insectarium** [ɛ̃sɛktaʀjɔm] → SYN nm insectarium

**insecte** [ɛ̃sɛkt] → SYN nm insect

**insecticide** [ɛ̃sɛktisid] 1 nm insecticide

2 adj insecticide (épith), insecticidal

**insectivore** [ɛ̃sɛktivɔʀ] → SYN 1 nm insectivore ◆ **insectivores** insectivores, Insectivorae (SPÉC)

2 adj insectivorous

**insécurité** [ɛ̃sekyʀite] → SYN nf insecurity

**INSEE** [inse] nm (abrév de **Institut national de la statistique et des études économiques**) → **institut**

**in-seize** [insɛz] → SYN 1 adj inv sixteenmo (épith), sextodecimo (épith)

2 nm inv sixteenmo, sextodecimo

**inselberg** [inselbɛʀg] → SYN nm inselberg

**inséminateur, -trice** [ɛ̃seminatœʀ, tʀis] 1 adj inseminating (épith)

2 nm,f inseminator

**insémination** [ɛ̃seminasjɔ̃] → SYN nf insemination ◆ **insémination artificielle** artificial insemination ◆ **insémination artificielle entre conjoints** artificial insemination by husband ◆ **insémination artificielle avec donneur** donor insemination

**inséminer** [ɛ̃semine] → SYN ▸ conjug 1 ◂ vt to inseminate

**insensé, e** [ɛ̃sɑ̃se] → SYN adj a (= fou) projet, action, espoir insane; personne, propos insane, demented; guerre senseless, insane; risques, course, défi mad, insane ◆ **vouloir y aller seul, c'est insensé !** it's insane ou crazy to want to go alone! ◆ **c'est un insensé !** he's demented! ou insane!, he's a madman! ◆ **cela demande un travail insensé !** it takes an incredible ou a ridiculous amount of work!

b (= bizarre) architecture, arabesques weird, extravagant

c (= incroyable) somme enormous, extravagant; embouteillage impossible; personne, soirée crazy

**insensibilisation** [ɛ̃sɑ̃sibilizasjɔ̃] → SYN nf anaesthetization (Brit), anesthetization (US)

**insensibiliser** [ɛ̃sɑ̃sibilize] → SYN ▸ conjug 1 ◂ vt to anaesthetize (Brit), anesthetize (US) ◆ **nous sommes insensibilisés aux atrocités de la guerre** (fig) we've become insensitive ou inured to the atrocities of war

**insensibilité** [ɛ̃sɑ̃sibilite] → SYN nf (morale) insensitivity, insensibility; (physique) numbness ◆ **insensibilité au froid/à la douleur/aux reproches** insensitivity ou insensibility to cold/pain/blame

**insensible** [ɛ̃sɑ̃sibl] → SYN adj a (moralement) insensible, insensitive (*à* to); (physiquement) numb ◆ **insensible au froid/à la douleur/à la poésie** insensitive ou insensible to cold/pain/poetry ◆ **insensible à la critique** impervious ou immune to criticism ◆ **il n'est pas resté insensible à son charme** he was not impervious to her charm

b (= imperceptible) imperceptible, insensible

**insensiblement** [ɛ̃sɑ̃sibləmɑ̃] → SYN adv imperceptibly

**inséparable** [ɛ̃sepaʀabl] → SYN 1 adj inseparable (*de* from) ◆ **ils sont inséparables** they are inseparable

2 nm (Zool) ◆ **inséparables** lovebirds

**inséparablement** [ɛ̃sepaʀabləmɑ̃] adv inseparably

**insérable** [ɛ̃seʀabl] adj insertable (*dans* into)

**insérer** [ɛ̃seʀe] → SYN ▸ conjug 6 ◂ 1 vt [+ feuillet, clause, objet] to insert (*dans* into; *entre* between); [+ annonce] to put, insert (*dans* in) ◆ **ces séquences ont été insérées après coup** (Ciné, TV) these scenes were edited in afterwards

2 **s'insérer** vpr a (= faire partie de) **s'insérer dans** to fit into ◆ **ces changements s'insèrent dans le cadre d'une restructuration de notre entreprise** these changes come within ou lie within ou fit into our overall plan for restructuring the firm

b (= s'introduire dans) **s'insérer dans** to filter into ◆ **le rêve s'insère parfois dans la réalité** sometimes dreams invade reality

c (= être attaché) to be inserted ou attached

**INSERM** [insɛʀm] nm (abrév de **Institut national de la santé et de la recherche médicale**) ≈ MRC (Brit), ≈ NIH (US)

**insermenté** [ɛ̃sɛʀmɑ̃te] adj m non-juring (épith)

**insert** [ɛ̃sɛʀ] → SYN nm (Ciné, Radio, TV) insert, cut-in ◆ **film comportant en insert des images d'archives** film with archive footage edited into it ◆ **insert (de cheminée)** enclosed (glass-fronted) roomheater

**insertion** [ɛ̃sɛʀsjɔ̃] → SYN nf (= action) insertion, inserting; (= résultat) insertion ◆ **(mode d')insertion** (Ordin) insert (mode) ◆ **insertion sociale** social integration ◆ **l'insertion professionnelle des jeunes** the integration of young people into the world of work ◆ **logements d'insertion** *housing for the rehabilitation of homeless or destitute people;* → **revenu**

**insidieusement** [ɛ̃sidjøzmɑ̃] adv insidiously

**insidieux, -ieuse** [ɛ̃sidjø, jøz] → SYN adj maladie, question insidious

**insigne[1]** [ɛ̃siɲ] → SYN adj (= éminent) honneur distinguished; services notable, distinguished; faveur signal (épith), notable; (iro) maladresse, mauvais goût remarkable

**insigne[2]** [ɛ̃siɲ] → SYN nm (= cocarde) badge ◆ **l'insigne de, les insignes de** (frm = emblème) the insignia of ◆ **portant les insignes de sa fonction** wearing the insignia of his office

**insignifiance** [ɛ̃siɲifjɑ̃s] → SYN nf a (= banalité) [personne, visage, œuvre] insignificance

b (= médiocrité) [affaire, somme, propos, détails] insignificance, triviality; [dispute] triviality

**insignifiant, e** [ɛ̃siɲifjɑ̃, jɑ̃t] → SYN adj a (= quelconque) personne, visage, œuvre insignificant

b (= dérisoire) affaire, somme, détail insignificant, trivial, trifling; propos insignificant, trivial; dispute trivial

**insincère** [ɛ̃sɛ̃sɛʀ] → SYN adj (littér) insincere

**insincérité** [ɛ̃sɛ̃seʀite] → SYN nf (littér) insincerity

**insinuant, e** [ɛ̃sinɥɑ̃, ɑ̃t] → SYN adj façons, ton, personne ingratiating

**insinuation** [ɛ̃sinɥasjɔ̃] → SYN nf insinuation, innuendo

**insinuer** [ɛ̃sinɥe] → SYN ▸ conjug 1 ◂ 1 vt to insinuate, imply ◆ **que voulez-vous insinuer ?** what are you insinuating? ou implying? ou suggesting?

2 **s'insinuer** vpr ◆ **s'insinuer dans** [personne] to worm one's way into, insinuate o.s. into; [eau, odeur] to seep ou creep into ◆ **l'humidité s'insinuait partout** the dampness was creeping in everywhere ◆ **les idées qui s'insinuent dans mon esprit** the ideas that steal ou creep into my mind ◆ **ces arrivistes s'insinuent partout** these opportunists worm their way in everywhere ◆ **s'insinuer dans les bonnes grâces de qn** to worm one's way into ou insinuate o.s. into sb's favour

**insipide** [ɛ̃sipid] → SYN adj a plat, boisson insipid, tasteless

b (péj) conversation, style insipid, vapid; écrivain, film, œuvre,## vie insipid

**insipidité** [ɛ̃sipidite] → SYN nf a [plat, boisson] insipidness, insipidity, tastelessness

**b** (péj) [conversation, style] insipidity, vapidity; [écrivain, film, œuvre, vie] insipidity

**insistance** [ɛ̃sistɑ̃s] → SYN nf insistence (*sur qch* on sth; *à faire qch* on doing sth) ◆ **avec insistance** répéter, regarder insistently

**insistant, e** [ɛ̃sistɑ̃, ɑ̃t] → SYN adj insistent

**insister** [ɛ̃siste] → SYN ▸ conjug 1 ◂ vi **a** **insister sur** [+ sujet, détail] to stress, lay stress on; [+ syllabe, note] to accentuate, emphasize, stress ◆ **j'insiste beaucoup sur la ponctualité** I lay great stress upon punctuality ◆ **frottez en insistant (bien) sur les taches** rub hard, paying particular attention to stains ◆ **c'est une affaire louche, enfin n'insistons pas** it's a shady business – however let us not dwell on it ou don't let us keep on about it* ◆ **je préfère ne pas insister là-dessus** I'd rather not dwell on it, I'd rather let the matter drop

**b** (= s'obstiner) to be insistent (*auprès de* with), insist ◆ **il insiste pour vous parler** he is insistent about wanting to talk to you ◆ **comme ça ne l'intéressait pas, je n'ai pas insisté** since it didn't interest him, I didn't push the matter ou I didn't insist ◆ **sonnez encore, insistez, elle est un peu sourde** ring again and keep (on) trying because she's a little deaf ◆ **j'insiste, c'est très important !** I assure you it's very important! ◆ **bon, je n'insiste pas, je m'en vais*** OK, I won't insist – I'll go

**in situ** [insity] adv in situ

**insociable** [ɛ̃sɔsjabl] → SYN adj unsociable

**insolation** [ɛ̃sɔlasjɔ̃] → SYN nf **a** (= malaise) sunstroke (NonC), insolation (SPÉC) ◆ **attraper une insolation** to get sunstroke ◆ **j'ai eu une insolation** I had a touch of sunstroke

**b** (= ensoleillement) (period of) sunshine ◆ **ces stations ont une insolation très faible** these resorts get very little sun(shine) ◆ **une insolation de 1 000 heures par an** 1,000 hours of sunshine a year

**c** (= exposition au soleil) [personne] exposure to the sun; [pellicule] exposure (to the light), insolation (SPÉC)

**insolemment** [ɛ̃sɔlamɑ̃] adv **a** (= effrontément) parler, répondre insolently

**b** (= outrageusement) unashamedly, blatantly, brazenly

**c** (littér = avec arrogance) arrogantly

**insolence** [ɛ̃sɔlɑ̃s] → SYN nf (= impertinence) insolence (NonC); (littér) (= morgue) arrogance; (= remarque) insolent remark ◆ **répondre/rire avec insolence** to reply/laugh insolently ◆ **il a eu l'insolence de la contredire** he was insolent enough to contradict her, he had the temerity to contradict her ◆ **encore une insolence comme celle-ci et je te renvoie** one more insolent remark like that ou any more of your insolence and I'll send you out

**insolent, e** [ɛ̃sɔlɑ̃, ɑ̃t] → SYN adj **a** (= impertinent) personne, attitude, réponse insolent ◆ **tu es un insolent !** don't be so insolent!

**b** (= inouï) luxe, succès unashamed; joie brazen, unashamed ◆ **il a une chance insolente !** he has the luck of the devil!

**c** (littér = arrogant) parvenu, vainqueur arrogant

**insoler** [ɛ̃sɔle] → SYN ▸ conjug 1 ◂ vt to expose to light, insolate (SPÉC)

**insolite** [ɛ̃sɔlit] → SYN **1** adj unusual, out of the ordinary (attrib)

**2** nm ◆ **aimer l'insolite** to like things which are out of the ordinary, to like unusual things

**insolubiliser** [ɛ̃sɔlybilize] ▸ conjug 1 ◂ vt to make insoluble

**insolubilité** [ɛ̃sɔlybilite] nf insolubility

**insoluble** [ɛ̃sɔlybl] → SYN adj insoluble

**insolvabilité** [ɛ̃sɔlvabilite] → SYN nf insolvency

**insolvable** [ɛ̃sɔlvabl] → SYN adj insolvent

**insomniaque** [ɛ̃sɔmnjak] adj, nmf insomniac ◆ **c'est un insomniaque, il est insomniaque** he's an insomniac

**insomnie** [ɛ̃sɔmni] → SYN nf insomnia (NonC) ◆ **nuit d'insomnie** sleepless night ◆ **ses insomnies** his (periods of) insomnia

**insondable** [ɛ̃sɔ̃dabl] → SYN adj gouffre, mystère, douleur unfathomable; stupidité immense, unimaginable

**insonore** [ɛ̃sɔnɔʀ] adj soundproof

**insonorisation** [ɛ̃sɔnɔʀizasjɔ̃] → SYN nf soundproofing

**insonoriser** [ɛ̃sɔnɔʀize] → SYN ▸ conjug 1 ◂ vt to soundproof ◆ **immeuble mal insonorisé** badly soundproofed building

**insonorité** [ɛ̃sɔnɔʀite] nf lack of sonority

**insortable*** [ɛ̃sɔʀtabl] adj ◆ **tu es insortable !** I (ou we etc) can't take you anywhere!*

**insouciance** [ɛ̃susjɑ̃s] → SYN nf (= nonchalance) unconcern, lack of concern; (= manque de prévoyance) heedless ou happy-go-lucky attitude ◆ **vivre dans l'insouciance** to live a carefree life

**insouciant, e** [ɛ̃susjɑ̃, jɑ̃t] → SYN adj (= sans souci) personne, vie, humeur carefree, happy-go-lucky; rire, paroles carefree; (= imprévoyant) heedless, happy-go-lucky ◆ **quel insouciant (tu fais) !** you're such a heedless ou happy-go-lucky person! ◆ **insouciant du danger** heedless of (the) danger

**insoucieux, -ieuse** [ɛ̃susjø, jøz] adj carefree ◆ **insoucieux du lendemain** unconcerned about the future, not caring about what tomorrow may bring

**insoumis, e** [ɛ̃sumi, iz] → SYN **1** adj caractère, enfant rebellious, insubordinate; tribu, peuple, région undefeated, unsubdued ◆ **soldat insoumis** (Mil) draft-dodger

**2** nm (Mil) draft-dodger

**insoumission** [ɛ̃sumisjɔ̃] → SYN nf insubordination, rebelliousness; (Mil) absence without leave

**insoupçonnable** [ɛ̃supsɔnabl] → SYN adj personne above ou beyond suspicion (attrib); cachette impossible to find; desseins unsuspected

**insoupçonné, e** [ɛ̃supsɔne] → SYN adj unsuspected

**insoutenable** [ɛ̃sut(ə)nabl] → SYN adj spectacle, douleur, chaleur, odeur unbearable; théorie untenable ◆ **d'une violence insoutenable** unbearably violent

**inspecter** [ɛ̃spɛkte] → SYN ▸ conjug 1 ◂ vt (= contrôler) to inspect; (= scruter) to inspect, examine

**inspecteur, -trice** [ɛ̃spɛktœʀ, tʀis] → SYN nm,f (gén) inspector ◆ **inspecteur des finances** *auditor at the Treasury (with special responsibility for the inspection of public finances)* ◆ **inspecteur des impôts** ≃ tax inspector ◆ **inspecteur de police (judiciaire)** ≃ detective (Brit), ≃ (police) lieutenant (US) ◆ **inspecteur de police principal** detective chief inspector (Brit), (police) lieutenant (US) ◆ **inspecteur du travail** factory inspector ◆ **inspecteur primaire** primary school inspector ◆ **inspecteur d'Académie** chief education officer ◆ **inspecteur pédagogique régional** ≃ inspector of schools (Brit), ≃ accreditation officer (US) ◆ **inspecteur général de l'instruction publique** ≃ chief inspector of schools ◆ **voilà l'inspecteur des travaux finis !*** (hum ou péj) it's a bit late to start offering your advice!

**inspection** [ɛ̃spɛksjɔ̃] → SYN nf **a** (= examen) inspection ◆ **faire l'inspection de** to inspect ◆ **soumettre qch à une inspection en règle** to give sth a good ou thorough inspection ou going-over*

**b** (= inspectorat) inspectorship; (= inspecteurs) inspectorate ◆ **inspection académique** (= service) school inspectorate, ≃ education authority (Brit) ◆ **inspection (générale) des Finances** *department of the Treasury responsible for auditing public bodies* ◆ **inspection du Travail** ≃ factory inspectorate ◆ **l'Inspection générale des services** (Police) the police monitoring service, ≃ the Police Complaints Board (Brit) ◆ **Inspection générale de la police nationale** police disciplinary body, ≃ Complaints and Discipline Branch (Brit), ≃ Internal Affairs (US)

**inspectorat** [ɛ̃spɛktɔʀa] nm inspectorship

**inspirant, e** [ɛ̃spiʀɑ̃, ɑ̃t] → SYN adj inspiring

**inspirateur, -trice** [ɛ̃spiʀatœʀ, tʀis] → SYN **1** adj idée, force inspiring; (Anat) inspiratory

**2** nm,f (= animateur) inspirer; (= instigateur) instigator ◆ **le poète et son inspiratrice** the poet and the woman who inspires (ou inspired) him

**inspiration** [ɛ̃spiʀasjɔ̃] → SYN nf **a** (divine, poétique) inspiration ◆ **avoir de l'inspiration** to have inspiration, be inspired ◆ **selon l'inspiration du moment** according to the mood of the moment, as the mood takes me (ou you etc) ◆ **Julie fut une source d'inspiration pour lui** Julie was an inspiration to him

**b** (= idée) inspiration, brainwave* ◆ **par une heureuse inspiration** thanks to a flash of inspiration ◆ **j'eus la bonne/mauvaise inspiration de refuser** I had the bright/bad idea of refusing

**c** (= instigation) instigation; (= influence) inspiration ◆ **sous l'inspiration de qn** at sb's instigation, prompted by sb ◆ **tableau d'inspiration religieuse** picture inspired by a religious subject ◆ **mouvement d'inspiration communiste** communist-inspired movement

**d** (= respiration) inspiration

**inspiratoire** [ɛ̃spiʀatwaʀ] adj inspiratory

**inspiré, e** [ɛ̃spiʀe] → SYN (ptp de **inspirer**) adj **a** poète, œuvre, air inspired ◆ **qu'est-ce que c'est que cet inspiré ?** (iro) whoever's this cranky character? ou this weirdo?* (péj)

**b** (* = avisé) **il serait bien inspiré de partir** he'd be well advised ou he'd do well to leave ◆ **j'ai été bien/mal inspiré de refuser** ou **quand j'ai refusé** I was truly inspired/ill inspired when I refused

**c** **inspiré de** inspired by ◆ **mode inspirée des années cinquante** style inspired by the Fifties

**inspirer** [ɛ̃spiʀe] → SYN ▸ conjug 1 ◂ **1** vt **a** [+ poète, prophète] to inspire ◆ **sa passion lui a inspiré ce poème** his passion inspired him to write this poem ◆ **cette idée ne m'inspire pas beaucoup*** I'm not very taken with that idea, I'm not all that keen on this idea* (Brit) ◆ **le sujet de dissertation ne m'a pas vraiment inspiré** I didn't find the essay subject very inspiring

**b** (= susciter) [+ acte, personne] to inspire ◆ **inspirer un sentiment à qn** to inspire sb with a feeling ◆ **inspirer le respect à qn** to command sb's respect ◆ **sa santé m'inspire des inquiétudes** his health gives me cause for concern ◆ **il ne m'inspire pas confiance** he doesn't inspire me with confidence, I don't really trust him ◆ **cela ne m'inspire rien de bon** I don't like the sound (ou look) of it ◆ **toute l'opération était inspirée par un seul homme** the whole operation was inspired by one man ◆ **l'horreur qu'il m'inspire** the horror he fills me with ◆ **sa réaction était inspirée par la crainte** his reaction sprang from fear

**c** (= insuffler) **inspirer de l'air dans qch** to breathe air into sth

**2** vi (= respirer) to breathe in, inspire (SPÉC)

**3** **s'inspirer** vpr ◆ **s'inspirer d'un modèle** [artiste] to draw one's inspiration from a model, be inspired by a model; [mode, tableau, loi] to be inspired by a model

**instabilité** [ɛ̃stabilite] → SYN nf **a** (gén, Sci) instability; [meuble, échafaudage] unsteadiness ◆ **l'instabilité du temps** the unsettled (nature of the) weather

**b** (Psych) [personne, caractère] (emotional) instability

**instable** [ɛ̃stabl] → SYN adj **a** (gén, Sci) unstable; meuble, échafaudage unsteady; temps unsettled; → **équilibre**

**b** (Psych) personne, caractère (emotionally) unstable

**installateur** [ɛ̃stalatœʀ] nm fitter ◆ **installateur en chauffage central** central heating installation engineer ◆ **installateur de cuisine** kitchen fitter

**installation** [ɛ̃stalasjɔ̃] → SYN nf **a** (= mise en service, pose) [électricité, chauffage central, téléphone, eau courante] installation, installing, putting in; [applique] putting in; [rideaux, étagère] putting up; [tente] putting up, pitching ◆ **l'installation du téléphone n'est pas gratuite** there's a charge for installing the telephone ◆ **ils s'occupent aussi de l'installation du mobilier** they also take care of moving the furniture in ou of installing the furniture ◆ **frais/travaux d'installation** installation costs/work

**b** (= aménagement) [pièce, appartement] fitting out; (= meubles) living arrangements, setup* ◆ **ils ont une installation provisoire** they have temporary living arrangements ou a temporary setup* ◆ **qu'est-ce que vous avez comme installation ?** what kind of setup* do you have?

c (= établissement) [artisan, commerçant] setting up; [dentiste, médecin] setting up one's practice; [usine] setting up ♦ **il lui fallait songer à l'installation de son fils** he had to think about setting his son up

d (dans un logement) settling; (= emménagement) settling in ♦ **il voulait fêter son installation** he wanted to celebrate moving in ♦ **leur installation terminée, ils ...** when they had finally settled in, they ... ♦ **ils sont en pleine installation** they're moving in at the moment

e (= équipement) (gén pl) fittings, installations; (= usine) plant (NonC) ♦ **l'installation téléphonique** the phone system ♦ **l'installation électrique est défectueuse** the wiring is faulty ♦ **installation(s) sanitaire(s)/électrique(s)** sanitary/electrical fittings ou installations ♦ **installations sportives** sports facilities ♦ **les installations industrielles d'une région** the industrial installations ou plant of a region ♦ **installations nucléaires** nuclear plant ♦ **installations portuaires** port facilities ♦ **le camping est doté de toutes les installations nécessaires** the campsite has all the necessary facilities

f (Art) installation

**installé, e** [ɛ̃stale] (ptp de **installer**) adj (= aménagé) ♦ **bien/mal installé** appartement well/badly fitted out; atelier, cuisine well/badly equipped ou fitted out ♦ **ils sont très bien installés** they have a comfortable ou nice home ♦ **c'est un homme installé** † he is well-established

**installer** [ɛ̃stale] → SYN ▸ conjug 1 ◂ 1 vt a (= mettre en service) [+ électricité, chauffage central, téléphone, eau courante] to install, put in; [+ usine] to set up ♦ **faire installer le gaz/le téléphone** to have (the) gas/the telephone put in ou installed

b (= placer, poser) [+ rideaux, étagère] to put up; [+ applique] to put in; [+ meuble] to put in, install; [+ tente] to put up, pitch ♦ **où va-t-on installer le lit ?** where shall we put the bed?

c (= aménager) [+ pièce, appartement] to fit out ♦ **ils ont très bien installé leur appartement** they've got their flat (Brit) ou apartment (US) well fitted out ♦ **ils ont installé leur bureau dans le grenier** they've turned the attic into a study, they've made a study in the attic ♦ **comment la cuisine est-elle installée ?** how is the kitchen laid out? ou fitted out?

d (= loger) [+ malade, jeune couple] to get settled, settle ♦ **ils installèrent leurs hôtes dans une aile du château** they installed ou put their guests in a wing of the château

e (= établir) **il a installé son fils dentiste/à son compte** he set his son up as a dentist/in his own business

f (= nommer) [+ fonctionnaire, évêque] to install ♦ **il a été officiellement installé dans ses fonctions** he has been officially installed in his post

g (Ordin) to install

2 **s'installer** vpr a (= s'établir) [artisan, commerçant] to set o.s. up (*comme* as); [dentiste, médecin] to set up one's practice ♦ **s'installer à son compte** to set up on one's own, set up one's own business ♦ **ils se sont installés à la campagne/à Lyon** (= se fixer) they've settled ou they've set up house in the country/in Lyons

b (= se loger) to settle; (= emménager) to settle in ♦ **laisse-leur le temps de s'installer** give them time to settle in ♦ **pendant la guerre, ils s'étaient installés chez des amis** during the war they moved in ou lived with friends ♦ **s'installer dans une maison abandonnée** to set up home in an abandoned house ♦ **ils sont bien installés dans leur nouvelle maison** they have made themselves very comfortable in their new house

c (sur un siège, à un emplacement) to settle down ♦ **s'installer commodément** to settle (down) comfortably ♦ **s'installer par terre/dans un fauteuil** to settle down on the floor/in an armchair ♦ **installe-toi comme il faut** (confortablement) make yourself comfortable; (= tiens-toi bien) sit properly ♦ **installons-nous près de cet arbre** let's sit down near this tree ♦ **partout où il va il s'installe comme chez lui** wherever he goes he makes himself at home ♦ **les forains se sont installés sur un terrain vague** the fairground people have set themselves up on a piece of wasteland ♦ **la fête s'est installée sur la place du marché** the fair has set up ou has been set up in the marketplace

d [grève, maladie] to take hold ♦ **s'installer dans** [personne] [+ inertie] to sink into, be sunk in; [+ malhonnêteté] to entangle o.s. in, get entangled in ♦ **s'installer dans la guerre** to settle into ou become accustomed to a state of war ♦ **le doute s'installa dans mon esprit** I began to have doubts ♦ **la peur s'était installée dans la ville** the town was gripped by fear

**instamment** [ɛ̃stamɑ̃] adv insistently, earnestly ♦ **il demande instamment au gouvernement de prendre une décision** he is urging the government to make a decision

**instance** [ɛ̃stɑ̃s] → SYN nf a (= autorité) authority ♦ **les instances internationales/communautaires** the international/EEC authorities ♦ **la plus haute instance judiciaire du pays** the country's highest judicial body ou legal authorities ♦ **les plus hautes instances du parti** the party leadership ♦ **le conflit devra être tranché par l'instance supérieure** the dispute will have to be resolved by a higher authority ♦ **les instances dirigeantes du football** football's governing bodies

b (Jur) (legal) proceedings ♦ **introduire une instance** to institute (legal) proceedings ♦ **en seconde instance** on appeal; → **juge, tribunal**

c (= prière, insistance) **demander qch avec instance** to ask for something with insistence, to make an earnest request for sth ♦ **instances** entreaties ♦ **sur** ou **devant les instances de ses parents** in the face of his parents' entreaties

d **en instance** (= en cours) ♦ **l'affaire est en instance** the matter is pending ♦ **être en instance de divorce** to be waiting for a divorce ♦ **le train est en instance de départ** the train is on the point of departure ou about to leave ♦ **courrier en instance** mail ready for posting ou due to be dispatched ♦ **en dernière instance** in the final analysis, ultimately

e (Psych) agency

**instant**[1] [ɛ̃stɑ̃] → SYN nm (= moment) moment, instant ♦ **des instants de tendresse** tender moments, moments of tenderness ♦ **j'ai cru (pendant) un instant que** I thought for a moment ou a second ou one instant that ♦ **(attendez) un instant !** wait ou just a moment!, wait one instant! ♦ **l'instant fatal** the final moment ♦ **je n'en doute pas un (seul) instant** I don't doubt it for a (single) moment ♦ **au même instant** at the (very) same moment ou instant ♦ **d'instant en instant** from moment to moment, every moment ♦ **dans un instant** in a moment ou minute ♦ **en un instant** in an instant, in no time (at all) ♦ **par instants** at times

♦ **à l'instant** ♦ **je l'ai vu à l'instant** I've just this instant ou minute ou second seen him ♦ **il faut le faire à l'instant** we must do it this instant ou minute ♦ **on me l'apprend à l'instant (même)** I've just been told, I've just heard about it ♦ **à l'instant (présent)** at this very instant ou moment ou minute ♦ **à l'instant où je vous parle** as I'm speaking to you now, as I speak ♦ **à l'instant (même) où il sortit** just as he went out, (just) at the very moment ou instant he went out

♦ **à chaque instant, à tout instant** (= d'un moment à l'autre) at any moment ou minute; (= tout le temps) all the time, every minute

♦ **dans l'instant** (= immédiatement) there and then, immediately ♦ **il faut vivre dans l'instant** (= le présent) you must live in the present (moment)

♦ **d'un instant à l'autre** any minute now ♦ **ça peut changer d'un instant à l'autre** it can change from one minute to the next

♦ **de tous les instants** surveillance perpetual, constant; dévouement, attention constant

♦ **dès l'instant où/que** ♦ **dès l'instant** où ou **que vous êtes d'accord** (puisque) since you agree ♦ **dès l'instant où je l'ai vu** (dès que) as soon as I saw him, from the moment I saw him

♦ **pour l'instant** for the moment, for the time being

**instant**[2]**, e** [ɛ̃stɑ̃, ɑ̃t] → SYN adj (littér = pressant) insistent, pressing, earnest

**instantané, e** [ɛ̃stɑ̃tane] → SYN 1 adj lait, café, soupe instant (épith); mort, réponse, effet instantaneous; (littér = bref) vision momentary; (Bourse) indicateur immediate

2 nm (Photo) snapshot, snap*; (fig) snapshot

**instantanéité** [ɛ̃stɑ̃taneite] → SYN nf instantaneousness, instantaneity ♦ **cela favorise l'instantanéité de l'accès à l'information** that enables us to have instant access to information

**instantanément** [ɛ̃stɑ̃tanemɑ̃] → SYN adv instantaneously ♦ **pour préparer instantanément un bon café** to make good coffee instantly

**instar** [ɛ̃staʀ] → SYN **à l'instar de** loc adv (frm) (= à l'exemple de) following the example of, after the fashion of; (= comme) like

**instaurateur, -trice** [ɛ̃stɔʀatœʀ, tʀis] → SYN nm,f [pratique] institutor; [méthode] introducer

**instauration** [ɛ̃stɔʀasjɔ̃] → SYN nf [pratique] institution; [régime, dialogue] establishment; [taxe] introduction; [état d'urgence] imposition

**instaurer** [ɛ̃stɔʀe] → SYN ▸ conjug 1 ◂ vt [+ usage, pratique] to institute; [+ paix, régime, dialogue] to establish; [+ méthode, quotas, taxe] to introduce; [+ couvre-feu, état d'urgence] to impose ♦ **la révolution a instauré la république** the revolution established the republic ♦ **le doute s'est instauré dans les esprits** people have begun to have doubts

**instigateur, -trice** [ɛ̃stigatœʀ, tʀis] → SYN nm,f instigator

**instigation** [ɛ̃stigasjɔ̃] → SYN nf instigation ♦ **à l'instigation de qn** at sb's instigation

**instiguer** [ɛ̃stige] → SYN ▸ conjug 1 ◂ vt (Belg) ♦ **instiguer qn à faire qch** to incite ou urge sb to do sth

**instillation** [ɛ̃stilasjɔ̃] nf instillation

**instiller** [ɛ̃stile] → SYN ▸ conjug 1 ◂ vt (littér, Méd) to instil (Brit), instill (US) (*dans* in, into) ♦ **il m'a instillé la passion du jeu** he instilled the love of gambling in ou into me

**instinct** [ɛ̃stɛ̃] → SYN nm (gén) instinct ♦ **instinct maternel** maternal instinct ♦ **instinct de mort** (Psych) death wish ♦ **instinct de vie** will to live ♦ **instinct grégaire** gregarious ou herd instinct ♦ **instinct de conservation** instinct of self-preservation ♦ **il a l'instinct des affaires** he has an instinct for business ♦ **faire qch d'instinct** ou **par instinct** ou **à l'instinct** to do sth instinctively ♦ **d'instinct, il comprit la situation** intuitively ou instinctively he understood the situation ♦ **mon instinct me dit que** (my) instinct tells me that ♦ **céder à ses (mauvais) instincts** to yield to one's (bad) instincts

**instinctif, -ive** [ɛ̃stɛ̃ktif, iv] → SYN adj (gén) instinctive, instinctual ♦ **c'est un instinctif** he (always) acts on instinct

**instinctivement** [ɛ̃stɛ̃ktivmɑ̃] → SYN adv instinctively

**instinctuel, -elle** [ɛ̃stɛ̃ktɥɛl] adj instinctive, instinctual

**instit** * [ɛ̃stit] nmf abrév de **instituteur, -trice**

**instituer** [ɛ̃stitɥe] → SYN ▸ conjug 1 ◂ 1 vt [+ règle, pratique, organisation] to institute; [+ relations commerciales] to establish; [+ impôt] to introduce; [+ évêque] to institute; [+ héritier] to appoint, institute

2 **s'instituer** vpr [relations commerciales] to start up, be (ou become) established

**institut** [ɛ̃stity] → SYN 1 nm institute; (Univ) institute, school (Brit) ♦ **l'Institut (de France)** the Institut de France, ≃ the Royal Society (Brit) ♦ **membre de l'Institut** member of the Institut de France, ≃ Fellow of the Royal Society (Brit) ♦ **institut de beauté** beauty salon ou parlor (US) ♦ **institut de sondage** polling organization

2 COMP ▷ **Institut géographique national** *French geographical institute,* ≃ Ordnance Survey (Brit), ≃ United States Geological Survey (US), ≃ USGS (US) ▷ **Institut du Monde Arabe** *Arab cultural centre in Paris* ▷ **Institut monétaire européen** European Monetary Institute, EMI ▷ **Institut national de l'audiovisuel** *library of radio and television archives* ▷ **Institut national de la consommation** *consumer research organization,* ≃ Consumers' Association (Brit), ≃ Consumer Product Safety Commission (US) ▷ **Institut national de la propriété industrielle** ≃ Patent Office ▷ **Institut national de la recherche agronomique** *national institute for agronomic research* ▷ **Institut**

**national de la santé et de la recherche médicale** *national institute for health and medical research,* ≃ Medical Research Council (Brit), ≃ National Institute of Health (US) ▷ **Institut national de la statistique et des études économiques** *French national institute of economic and statistical information* ▷ **Institut Pasteur** Pasteur Institute ▷ **Institut universitaire de formation des maîtres** *teacher training college* ▷ **Institut universitaire de technologie** ≃ polytechnic (Brit), ≃ technical school or institute (US); → **médico-légal**

**instituteur, -trice** [ɛ̃stitytœʀ, tʀis] → SYN **1** nm,f (primary school) teacher ◆ **instituteur spécialisé** teacher in special school (for the handicapped)
**2** **institutrice** nf (Hist = gouvernante) governess

**institution** [ɛ̃stitysjɔ̃] → SYN **1** nf **a** (= organisme, structure) institution; (= école) private school ◆ **nos institutions sont menacées** (Pol) our institutions are threatened ◆ **ce présentateur est devenu une véritable institution** (iro) this TV presenter has become a national institution ◆ **la mendicité est ici une véritable institution !** (iro) begging is a way of life here!
**b** (= instauration) [pratique] institution; [relations] establishment; [impôt] introduction; [évêque] institution
**2** COMP ▷ **institution d'héritier** (Jur) appointment of an heir ▷ **institution religieuse** (gén) denominational school; (catholique) Catholic school, parochial school (US)

**institutionnalisation** [ɛ̃stitysjɔnalizasjɔ̃] → SYN nf institutionalization

**institutionnaliser** [ɛ̃stitysjɔnalize] → SYN ▸ conjug 1 ◂ **1** vt to institutionalize
**2** **s'institutionnaliser** vpr to become institutionalized

**institutionnel, -elle** [ɛ̃stitysjɔnɛl] → SYN adj institutional

**institutrice** [ɛ̃stitytʀis] nf → **instituteur**

**instructeur** [ɛ̃stʀyktœʀ] → SYN **1** nm instructor
**2** adj ◆ **juge** ou **magistrat instructeur** examining magistrate ◆ **capitaine/sergent instructeur** drill captain/sergeant

**instructif, -ive** [ɛ̃stʀyktif, iv] → SYN adj instructive

**instruction** [ɛ̃stʀyksjɔ̃] → SYN **1** nf **a** (= enseignement) education ◆ **l'instruction que j'ai reçue** the teaching ou education I received ◆ **niveau d'instruction** academic standard ◆ **instruction civique** civics sg ◆ **instruction militaire** army training ◆ **instruction religieuse** religious instruction ou education ou studies ◆ **l'instruction publique** state education
**b** (= culture) education ◆ **avoir de l'instruction** to be well educated ◆ **être sans instruction** to have no education
**c** (Jur) *pretrial investigation of a case* ◆ **ouvrir une instruction** to initiate an investigation into a crime; → **juge**
**d** (Admin = circulaire) directive ◆ **instruction ministérielle/préfectorale** ministerial/prefectural directive
**e** (Ordin) instruction ◆ **instructions d'entrée-sortie** input-output instructions
**2** **instructions** nfpl (= directives) instructions; (= mode d'emploi) instructions, directions ◆ **instructions de lavage** (gén) washing instructions; (= étiquette) care label ◆ **suivre les instructions données sur le paquet** to follow the instructions ou directions given on the packet ◆ **conformément/contrairement à vos instructions** in accordance with/contrary to your instructions

**instruire** [ɛ̃stʀɥiʀ] → SYN ▸ conjug 38 ◂ **1** vt **a** (= former) (gén) to teach, educate; [+ recrue] to train ◆ **instruire qn dans l'art oratoire** to educate ou instruct sb in the art of oratory ◆ **c'est la vie qui m'a instruit** life has educated me, life has been my teacher ◆ **instruire qn par l'exemple** to teach ou educate sb by example ◆ **instruit par son exemple** having learnt from his example ◆ **ces émissions ne visent pas à instruire mais à divertir** these broadcasts are not intended to teach ou educate ou instruct but to entertain
**b** (= informer) **instruire qn de qch** to inform ou advise sb of sth
**c** (Jur) [+ affaire, dossier] to conduct an investigation into ◆ **instruire contre qn** to conduct investigations concerning sb
**2** **s'instruire** vpr (= apprendre) to educate o.s. ◆ **c'est comme ça qu'on s'instruit !** (hum) that's how you learn! ◆ **on s'instruit à tout âge** (hum) it's never too late to learn ◆ **s'instruire de qch** (frm = se renseigner) to obtain information about sth, find out about sth ◆ **s'instruire de qch auprès de qn** to obtain information ou find out from sb about sth

**instruit, e** [ɛ̃stʀɥi, it] → SYN (ptp de **instruire**) adj educated ◆ **peu instruit** uneducated

**instrument** [ɛ̃stʀymɑ̃] → SYN nm **a** (= objet) instrument ◆ **instrument de musique/de chirurgie/de mesure/à vent** musical/surgical/measuring/wind instrument ◆ **instruments aratoires** ploughing implements ◆ **instrument de travail** tool ◆ **les instruments de bord** (Aviat) the controls ◆ **naviguer aux instruments** (Aviat) to fly on instruments
**b** (= moyen) **être l'instrument de qn** to be sb's tool ◆ **le président fut l'instrument de/servit d'instrument à la répression** the president was the instrument ou tool of/served as an ou the instrument of repression ◆ **elle a été l'instrument de cette vengeance** she was ou served as the instrument of this revenge ◆ **elle a été l'instrument privilégié de sa réussite** she was the key ou principal instrument of his success ◆ **instruments de paiement** means of payment ◆ **instruments financiers** financial instruments

**instrumentaire** [ɛ̃stʀymɑ̃tɛʀ] adj ◆ **témoin instrumentaire** witness to an official document

**instrumental, e,** mpl **-aux** [ɛ̃stʀymɑ̃tal, o] **1** adj (Ling, Mus) instrumental
**2** nm (Ling) instrumental

**instrumentaliser** [ɛ̃stʀymɑ̃talize] ▸ conjug 1 ◂ vt [+ chose, événement, personne] to make use of, exploit ◆ **toutes les nations instrumentalisent l'histoire** all countries use ou exploit history for their own ends ◆ **la société instrumentalise l'individu** society turns people into robots

**instrumentalisme** [ɛ̃stʀymɑ̃talism] → SYN nm instrumentalism

**instrumentaliste** [ɛ̃stʀymɑ̃talist] adj, nmf instrumentalist

**instrumentation** [ɛ̃stʀymɑ̃tasjɔ̃] → SYN nf **a** (Mus) instrumentation, orchestration
**b** (Tech) instrumentation

**instrumenter** [ɛ̃stʀymɑ̃te] → SYN ▸ conjug 1 ◂ **1** vi (Jur) to draw up a formal document
**2** vt **a** (Mus) to orchestrate
**b** (Tech) to instrument

**instrumentiste** [ɛ̃stʀymɑ̃tist] → SYN nmf **a** (Mus) instrumentalist
**b** (Chir) theatre nurse

**insu** [ɛ̃sy] → SYN **à l'insu de** loc prép **a** (= en cachette de) **à l'insu de qn** without sb's knowledge, without sb's knowing
**b** (= inconsciemment) **à mon** (ou **ton** etc ) **insu** without my ou me (ou your ou you etc) knowing it ◆ **je souriais à mon insu** I was smiling without knowing it

**insubmersible** [ɛ̃sybmɛʀsibl] adj insubmersible, unsinkable

**insubordination** [ɛ̃sybɔʀdinasjɔ̃] → SYN nf (gén) insubordination, rebelliousness; (Mil) insubordination ◆ **pour fait d'insubordination** for insubordination

**insubordonné, e** [ɛ̃sybɔʀdɔne] → SYN adj (gén) insubordinate, rebellious; (Mil) insubordinate

**insuccès** [ɛ̃syksɛ] → SYN nm failure

**insuffisamment** [ɛ̃syfizamɑ̃] → SYN adv (en quantité) insufficiently; (en qualité, intensité, degré) inadequately ◆ **tu dors insuffisamment** you're not getting adequate ou sufficient sleep ◆ **pièce insuffisamment éclairée** room with insufficient ou inadequate lighting, poorly-lit room

**insuffisance** [ɛ̃syfizɑ̃s] → SYN nf **a** (= médiocrité) inadequacy; (= manque) insufficiency, inadequacy ◆ **l'insuffisance de nos ressources** the inadequacy of our resources, the shortfall in our resources, our inadequate ou insufficient resources ◆ **nous souffrons d'une grande insuffisance de moyens** we are suffering from a great inadequacy ou insufficiency ou shortage of means ◆ **une insuffisance de personnel** a shortage of staff
**b** (= faiblesses) **insuffisances** inadequacies ◆ **avoir des insuffisances en maths** to be weak in ou at maths ◆ **il y a des insuffisances dans son travail** his work is not entirely adequate
**c** (Méd) **insuffisance(s) cardiaque(s)/thyroïdienne(s)** cardiac/thyroid insufficiency (NonC) ◆ **insuffisance rénale/respiratoire** kidney/respiratory failure

**insuffisant, e** [ɛ̃syfizɑ̃, ɑ̃t] → SYN **1** adj **a** (en quantité) insufficient ◆ **ce qu'il nous donne est insuffisant** what he gives us is insufficient ou not enough ◆ **nous travaillons avec un personnel insuffisant** we have insufficient staff ◆ **nous sommes en nombre insuffisant** there aren't enough of us
**b** (en qualité, intensité, degré) inadequate; (Scol : sur une copie) poor
**2** nm (Méd) ◆ **les insuffisants cardiaques/respiratoires** people with cardiac/respiratory insufficiency ◆ **les insuffisants rénaux** people suffering from kidney failure

**insufflateur** [ɛ̃syflatœʀ] nm (Méd) insufflator

**insufflation** [ɛ̃syflasjɔ̃] nf (Méd) insufflation

**insuffler** [ɛ̃syfle] → SYN ▸ conjug 1 ◂ vt **a** (= inspirer, donner) **insuffler le courage/le désir à qn** to inspire sb with courage/with desire, breathe courage/desire into sb ◆ **insuffler la vie à** (Rel) to breathe life into
**b** (Méd) [+ air] to blow, insufflate (SPÉC) (*dans* into) ◆ **se faire insuffler** to be insufflated (SPÉC)

**insulaire** [ɛ̃sylɛʀ] → SYN **1** adj administration, population island (épith); conception, attitude insular
**2** nmf islander

**insularité** [ɛ̃sylaʀite] nf insularity

**insulinase** [ɛ̃sylinaz] nf insulinase

**insuline** [ɛ̃sylin] nf insulin

**insulinodépendance** [ɛ̃sylinɔdepɑ̃dɑ̃s] nf insulin-dependent diabetes

**insulinodépendant, e** [ɛ̃sylinɔdepɑ̃dɑ̃, ɑ̃t] adj diabète, diabétique insulin-dependent

**insulinothérapie** [ɛ̃sylinoteʀapi] nf insulin therapy

**insultant, e** [ɛ̃syltɑ̃, ɑ̃t] → SYN adj insulting (*pour* to)

**insulte** [ɛ̃sylt] → SYN nf (= grossièreté) abuse (NonC), insult; (= affront) insult ◆ **c'est me faire insulte que de ne pas me croire** (frm) you insult me by not believing me ◆ **c'est une insulte** ou **c'est faire insulte à son intelligence** it's an insult ou affront to his intelligence

**insulté, e** [ɛ̃sylte] (ptp de **insulter**) **1** adj insulted
**2** nm (en duel) injured party

**insulter** [ɛ̃sylte] → SYN ▸ conjug 1 ◂ **1** vt (= faire affront à) to insult; (= injurier) to abuse, insult
**2** **insulter à** vt indir (littér) to be an insult to
**3** **s'insulter** vpr to insult one another

**insulteur** [ɛ̃syltœʀ] → SYN nm insulter

**insupportable** [ɛ̃sypɔʀtabl] → SYN adj bruit, personne unbearable, intolerable, insufferable; situation, douleur, spectacle unbearable, intolerable; vie, solitude unbearable

**insupportablement** [ɛ̃sypɔʀtabləmɑ̃] adv unbearably, intolerably, insufferably

**insupporter** [ɛ̃sypɔʀte] → SYN ▸ conjug 1 ◂ vt (hum) ◆ **cela m'insupporte/l'insupporte** I/he can't stand this

**insurgé, e** [ɛ̃syʀʒe] → SYN (ptp de **s'insurger**) adj, nm,f rebel, insurgent

**insurger (s')** [ɛ̃syʀʒe] → SYN ▸ conjug 3 ◂ vpr (lit, fig) to rebel, rise up, revolt (*contre* against)

**insurmontable** [ɛ̃syʀmɔ̃tabl] → SYN adj **a** (= infranchissable) difficulté, obstacle insurmountable, insuperable
**b** (= irrépressible) peur, dégoût unconquerable

**insurpassable** [ɛ̃syʀpasabl] → SYN adj unsurpassable, unsurpassed

**insurrection** [ɛ̃syʀɛksjɔ̃] → SYN nf (lit) insurrection, revolt, uprising; (fig) revolt ◆ **mouvement/foyer d'insurrection** movement/nucleus of revolt

**insurrectionnel, -elle** [ɛ̃syʀɛksjɔnɛl] → SYN adj mouvement, gouvernement, force insurrectionary ◆ **climat insurrectionnel** atmosphere of open rebellion

**intact, e** [ɛ̃takt] → SYN adj objet, réputation, argent intact (attrib) ◆ **le vase est arrivé intact** the vase arrived intact ou in one piece ◆ **le mystère reste intact** the mystery remains unsolved ◆ **son enthousiasme reste intact** he's still as enthusiastic as ever

**intaille** [ɛ̃taj] → SYN nf intaglio

**intangibilité** [ɛ̃tɑ̃ʒibilite] → SYN nf inviolability

**intangible** [ɛ̃tɑ̃ʒibl] → SYN adj (= impalpable) intangible; (= sacré) inviolable

**intarissable** [ɛ̃taʀisabl] → SYN adj (lit, fig) inexhaustible ◆ **il est intarissable** he could talk for ever (*sur* about)

**intarissablement** [ɛ̃taʀisabləmɑ̃] adv inexhaustibly

**intégrable** [ɛ̃tegʀabl] adj that can be integrated

**intégral, e,** mpl **-aux** [ɛ̃tegʀal, o] → SYN 1 adj complete, full ◆ **le remboursement intégral de qch** the repayment in full of sth, the full ou complete repayment of sth ◆ **publier le texte intégral d'un discours** to publish the text of a speech in full ou the complete text of a speech ◆ **version intégrale** (Ciné) uncut version ◆ **texte intégral** (Presse) unabridged version ◆ **"texte intégral"** "unabridged" ◆ **le nu intégral** complete ou total nudity ◆ **bronzage intégral** all-over suntan ◆ **casque intégral** full-face helmet; → **calcul**

2 **intégrale** nf (Math) integral; (Mus) (= série) complete series; (= œuvre) complete works; (= outil) single-purpose tool ◆ **l'intégrale des symphonies de Sibelius** the complete symphonies of Sibelius

**intégralement** [ɛ̃tegʀalmɑ̃] → SYN adv in full, fully ◆ **le concert sera retransmis intégralement** the concert will be broadcast in full

**intégralité** [ɛ̃tegʀalite] → SYN nf whole ◆ **l'intégralité de la somme** the whole of the sum, the whole ou entire ou full sum ou amount ◆ **la somme vous sera remboursée dans son intégralité** the sum will be repaid to you in its entirety ou in toto ou in full ◆ **le match sera retransmis dans son intégralité** the match will be broadcast in full ◆ **l'intégralité de mon salaire** the whole of my salary, my whole ou entire salary

**intégrant, e** [ɛ̃tegʀɑ̃, ɑ̃t] adj → **partie²**

**intégrateur, -trice** [ɛ̃tegʀatœʀ, tʀis] 1 adj ◆ **le rôle intégrateur de l'école** the role of schools in integrating children into society

2 **intégrateur** nm (Ordin) integrator

**intégration** [ɛ̃tegʀasjɔ̃] → SYN nf (gén) integration (*à, dans* into) ◆ **politique d'intégration des immigrés** policy favouring the integration of immigrants ◆ **après son intégration à Polytechnique** (Univ) after getting into ou being admitted to the École polytechnique ◆ **intégration à très grande échelle** (Ordin) very large-scale integration

**intégrationniste** [ɛ̃tegʀasjɔnist] adj, nmf integrationist

**intégré, e** [ɛ̃tegʀe] (ptp de **intégrer**) adj circuit, système integrated; lecteur CD-ROM built-in ◆ **cuisine intégrée** fitted kitchen ◆ **populations bien intégrées** well-assimilated populations

**intègre** [ɛ̃tɛgʀ] → SYN adj upright, honest

**intégrer** [ɛ̃tegʀe] → SYN ▸ conjug 6 ◂ 1 vt a (Math) to integrate

b (= assimiler) [+ idées, personne] to integrate (*à, dans* into)

c (= entrer dans) [+ entreprise, club] to join

2 vi (Univ) ◆ **intégrer à ...** to get into ...

3 **s'intégrer** vpr to become integrated (*à, dans* into) ◆ **bien s'intégrer dans une société** to integrate well into a society ◆ **cette maison s'intègre mal dans le paysage** this house doesn't really fit into the surrounding countryside

**intégrisme** [ɛ̃tegʀism] → SYN nm fundamentalism

**intégriste** [ɛ̃tegʀist] → SYN adj, nmf fundamentalist

**intégrité** [ɛ̃tegʀite] → SYN nf (= totalité) integrity; (= honnêteté) integrity, honesty, uprightness

**intellect** [ɛ̃telɛkt] → SYN nm intellect

**intellection** [ɛ̃telɛksjɔ̃] → SYN nf intellection

**intellectualisation** [ɛ̃telɛktɥalizasjɔ̃] → SYN nf intellectualization

**intellectualiser** [ɛ̃telɛktɥalize] → SYN ▸ conjug 1 ◂ vt to intellectualize

**intellectualisme** [ɛ̃telɛktɥalism] → SYN nm intellectualism

**intellectualiste** [ɛ̃telɛktɥalist] adj, nmf intellectualist

**intellectualité** [ɛ̃telɛktɥalite] nf (littér) intellectuality

**intellectuel, -elle** [ɛ̃telɛktɥɛl] → SYN 1 adj facultés, effort, supériorité mental, intellectual; fatigue mental; personne, mouvement, œuvre, vie intellectual; (péj) highbrow (péj), intellectual ◆ **activité intellectuelle** mental ou intellectual activity, brainwork* ◆ **les travailleurs intellectuels** non-manual workers ◆ **les milieux intellectuels** intellectual circles; → **quotient**

2 nm,f intellectual; (péj) highbrow (péj), intellectual ◆ **les intellectuels de gauche** left-wing intellectuals

**intellectuellement** [ɛ̃telɛktɥɛlmɑ̃] → SYN adv mentally, intellectually ◆ **un enfant intellectuellement très doué** an intellectually gifted child

**intelligemment** [ɛ̃teliʒamɑ̃] adv agir intelligently, cleverly ◆ **les gens consomment plus intelligemment** people are consuming more intelligently ◆ **c'est fait très intelligemment** it's very intelligently ou cleverly done

**intelligence** [ɛ̃teliʒɑ̃s] → SYN 1 nf a (= facultés mentales) intelligence ◆ **personne à l'intelligence vive** person with a sharp ou quick mind ◆ **faire preuve d'intelligence** to show intelligence ◆ **avoir l'intelligence de faire** to have the intelligence ou the wit to do, be intelligent enough to do ◆ **travailler avec intelligence/sans intelligence** to work intelligently/unintelligently ◆ **il met beaucoup d'intelligence dans ce qu'il fait** he applies great intelligence to what he does ◆ **c'est une intelligence exceptionnelle** he has a great intellect ou mind ou brain, he is a person of exceptional intelligence ◆ **les grandes intelligences** great minds ou intellects ◆ **intelligence artificielle** artificial intelligence

b (= compréhension) understanding ◆ **pour l'intelligence du texte** for a clear understanding of the text, in order to understand the text ◆ **avoir l'intelligence des affaires** to have a good grasp ou understanding of business matters, have a good head for business

c (= complicité) secret agreement ◆ **agir d'intelligence avec qn** to act in (secret) agreement with sb ◆ **signe/sourire d'intelligence** sign/smile of complicity ◆ **être d'intelligence avec qn** to have a (secret) understanding ou agreement with sb ◆ **vivre en bonne/mauvaise intelligence avec qn** to be on good/bad terms with sb

2 **intelligences** nfpl (= relations secrètes) secret relations ou contacts ◆ **entretenir des intelligences avec l'ennemi** to have secret dealings with the enemy

**intelligent, e** [ɛ̃teliʒɑ̃, ɑ̃t] → SYN adj a personne intelligent, clever, bright; visage, front, regard, animal intelligent; choix, réponse intelligent, clever ◆ **supérieurement intelligent** of superior intelligence ◆ **c'est intelligent !** (iro) very clever! (iro) ◆ **son livre est intelligent** his book shows intelligence ◆ **armes intelligentes** smart weapons ◆ **ce n'était pas très intelligent de sa part !** that wasn't very clever of him!

b (Ordin) intelligent ◆ **terminal intelligent** intelligent terminal

**intelligentsia** [ɛ̃teliʒɛnsja] → SYN nf ◆ **l'intelligentsia** the intelligentsia

**intelligibilité** [ɛ̃teliʒibilite] → SYN nf intelligibility

**intelligible** [ɛ̃teliʒibl] → SYN adj intelligible ◆ **à haute et intelligible voix** loudly and clearly ◆ **s'exprimer de façon peu intelligible** to express o.s. unintelligibly ou in an unintelligible way ◆ **rendre qch intelligible à qn** to make sth intelligible to sb

**intelligiblement** [ɛ̃teliʒibləmɑ̃] adv intelligibly

**intello*** [ɛ̃telo] adj, nmf (péj) highbrow (péj), intellectual ◆ **c'est l'intello de la famille** he's the brains of the family ◆ **il est du genre intello rive gauche** he's the arty* intellectual type

**intempérance** [ɛ̃tɑ̃peʀɑ̃s] → SYN nf (frm) (= gloutonnerie, ivrognerie) intemperance (frm); (= luxure) overindulgence ◆ **une telle intempérance de langage** such excessive language

**intempérant, e** [ɛ̃tɑ̃peʀɑ̃, ɑ̃t] → SYN adj (frm) (= glouton, ivrogne) intemperate; (= luxurieux) overindulgent

**intempéries** [ɛ̃tɑ̃peʀi] nfpl bad weather ◆ **affronter les intempéries** to brave the (bad) weather

**intempestif, -ive** [ɛ̃tɑ̃pɛstif, iv] → SYN adj untimely ◆ **pas de zèle intempestif !** no misplaced ou excessive zeal!

**intempestivement** [ɛ̃tɑ̃pɛstivmɑ̃] adv at an untimely moment

**intemporalité** [ɛ̃tɑ̃pɔʀalite] → SYN nf (littér) (= atemporalité) timelessness; (= immatérialité) immateriality

**intemporel, -elle** [ɛ̃tɑ̃pɔʀɛl] → SYN adj (littér) (= atemporel) timeless; (= immatériel) immaterial

**intenable** [ɛ̃t(ə)nabl] → SYN adj (= intolérable) chaleur, situation intolerable, unbearable; personne unruly; (= indéfendable) position, théorie untenable

**intendance** [ɛ̃tɑ̃dɑ̃s] → SYN nf (Mil) (= service) Supply Corps; (= bureau) Supplies office; (Scol) (= métier) school management, financial administration; (= bureau) bursar's office; [propriété] (= métier) estate management; (= bureau) estate office; (Hist = province) intendancy ◆ **les problèmes d'intendance** (Mil) the problems of supply; (gén) the day-to-day problems of running a house (ou a company etc) ◆ **l'intendance suivra** (fig) all material support will be provided

**intendant** [ɛ̃tɑ̃dɑ̃] → SYN nm a (Scol) bursar

b (Mil) quartermaster; (= régisseur) steward

c (Hist) intendant

**intendante** [ɛ̃tɑ̃dɑ̃t] nf a (Scol) bursar; (= régisseur) stewardess

b (Rel) Superior

**intense** [ɛ̃tɑ̃s] → SYN adj a lumière, moment, joie, activité, réflexion, match, chagrin intense; froid, douleur severe, intense ◆ **une chemise d'un bleu intense** a vivid blue shirt ◆ **ça demande un travail intense** it requires really hard work

b circulation dense, heavy

**intensément** [ɛ̃tɑ̃semɑ̃] adv intensely

**intensif, -ive** [ɛ̃tɑ̃sif, iv] 1 adj (gén, Agr, Ling) intensive; → **cours, culture**

2 nm (Ling) intensive

**intensification** [ɛ̃tɑ̃sifikasjɔ̃] → SYN nf intensification ◆ **l'intensification du trafic aérien** the increase in air traffic

**intensifier** [ɛ̃tɑ̃sifje] → SYN ▸ conjug 7 ◂ 1 vt [+ coopération, concurrence, production] to intensify; [+ lutte, effort] to intensify, step up

2 **s'intensifier** vpr [combats, bombardements] to intensify; [concurrence] to intensify, become keener ◆ **le froid va s'intensifier** it's going to get colder

**intensité** [ɛ̃tɑ̃site] → SYN nf a [lumière, moment, activité] intensity; [froid, douleur] severity, intensity ◆ **un moment d'une grande intensité** a very intense moment ◆ **intensité dramatique** dramatic intensity

b [circulation] density

c (Ling) **accent d'intensité** stress accent

d (Élec) [courant] strength; (Phys) [force] intensity

**intensivement** [ɛ̃tɑ̃sivmɑ̃] adv intensively

**intenter** [ɛ̃tɑ̃te] → SYN ▸ conjug 1 ◂ vt ◆ **intenter un procès contre** ou **à qn** to take sb to court, start ou institute proceedings against sb ◆ **intenter une action contre** ou **à qn** to bring an action against sb

**intention** [ɛ̃tɑ̃sjɔ̃] GRAMMAIRE ACTIVE 8, 18.1, 18.4 → SYN nf a (gén) intention ◆ **quelles sont vos intentions ?** what are your intentions?, what do you intend to do? ◆ **bonnes intentions** good intentions ◆ **agir dans une bonne intention** to act with good intentions ◆ **elle l'a fait sans mauvaise intention** she didn't mean any harm ◆ **c'est l'intention qui compte** it's the thought that counts ◆ **il n'entre** ou **n'est pas dans ses intentions de démissionner** it's not his intention to resign, he has no intention of resigning ◆ **à cette intention** with this intention, to this end ◆ **avoir l'intention de faire** to intend ou mean to do, have the intention of doing ◆ **avec** ou **dans l'intention de faire** with the intention of doing, with a view to doing ◆ **avec** ou **dans l'intention de tuer** with intent to kill ◆ **intention de vote** (Pol) voting intention ◆ **déclaration d'intention** (Pol) declaration of intent; → **enfer, procès**

**b** **à l'intention de qn** collecte for the benefit of sb, in aid of sb; renseignement for the benefit ou the information of sb; cadeau, prière, messe for sb; fête in sb's honour ◆ **livre/film à l'intention des enfants** book/film aimed at children ◆ **je l'ai acheté à votre intention** I bought it just ou specially for you

**intentionnalité** [ɛ̃tɑ̃sjɔnalite] → SYN nf intentionality

**intentionné, e** [ɛ̃tɑ̃sjɔne] → SYN adj ◆ **bien intentionné** well-meaning, well-intentioned ◆ **mal intentionné** ill-intentioned

**intentionnel, -elle** [ɛ̃tɑ̃sjɔnɛl] → SYN adj intentional, deliberate

**intentionnellement** [ɛ̃tɑ̃sjɔnɛlmɑ̃] → SYN adv intentionally, deliberately

**inter[1]** † [ɛ̃tɛʀ] nm (Téléc) abrév de **interurbain**

**inter[2]** † [ɛ̃tɛʀ] nm (Sport) ◆ **inter gauche/droit** inside-left/-right

**inter(-)...** [ɛ̃tɛʀ] préf inter... ◆ **inter(-)africain** inter-African ◆ **inter(-)américain** inter-American ◆ **inter(-)arabe** inter-Arab

**interactif, -ive** [ɛ̃tɛʀaktif, iv] adj interactive

**interaction** [ɛ̃tɛʀaksjɔ̃] → SYN nf interaction (*entre* between)

**interactivement** [ɛ̃tɛʀaktivmɑ̃] adv (gén, Ordin) interactively

**interactivité** [ɛ̃tɛʀaktivite] nf interactivity

**interagir** [ɛ̃tɛʀaʒiʀ] → SYN ▸ conjug 2 ◂ vi to interact (*avec* with)

**interallemand, e** [ɛ̃tɛʀalmɑ̃, ɑ̃d] adj frontière, relations between the two Germanies

**interallié, e** [ɛ̃tɛʀalje] adj inter-Allied

**interarmées** [ɛ̃tɛʀaʀme] adj inv (Mil) interservice ◆ **forces interarmées combinées** combined joint task forces ◆ **chef d'état-major interarmées** commander of joint task forces

**interarmes** [ɛ̃tɛʀaʀm] adj inv opération combined-arms (épith), interservice (épith)

**interbancaire** [ɛ̃tɛʀbɑ̃kɛʀ] adj relations, marché interbank

**intercalaire** [ɛ̃tɛʀkalɛʀ] → SYN **1** adj ◆ **feuillet intercalaire** inset, insert ◆ **fiche intercalaire** divider ◆ **jour intercalaire** intercalary day

**2** nm (= feuillet) inset, insert; (= fiche) divider

**intercalation** [ɛ̃tɛʀkalasjɔ̃] → SYN nf [mot, exemple] insertion, interpolation; [feuillet] insertion; [jour d'année bissextile] intercalation

**intercaler** [ɛ̃tɛʀkale] → SYN ▸ conjug 1 ◂ **1** vt **a** [+ mot, exemple] to insert, interpolate; [+ feuille] to insert

**b** [+ jour d'année bissextile] to intercalate ◆ **intercaler quelques jours de repos dans un mois de stage** to fit a few days' rest into a month of training ◆ **on a intercalé dans le stage des visites d'usines** the training course was interspersed with ou broken by visits to factories

**2** **s'intercaler** vpr ◆ **s'intercaler entre** to come in between

**intercéder** [ɛ̃tɛʀsede] → SYN ▸ conjug 6 ◂ vi to intercede (*en faveur de* on behalf of; *auprès de* with)

**intercellulaire** [ɛ̃tɛʀselylɛʀ] adj intercellular

**intercensitaire** [ɛ̃tɛʀsɑ̃sitɛʀ] adj intercensal

**intercepter** [ɛ̃tɛʀsɛpte] → SYN ▸ conjug 1 ◂ vt **a** [+ ballon, message, conversation téléphonique, personne] to intercept

**b** [+ lumière, chaleur] to cut ou block off

**intercepteur** [ɛ̃tɛʀsɛptœʀ] → SYN nm interceptor (plane)

**interception** [ɛ̃tɛʀsɛpsjɔ̃] → SYN nf [ballon, message, personne] interception; [lumière, chaleur] cutting ou blocking off ◆ **avion** ou **chasseur d'interception** (Mil) interceptor(-plane)

**intercesseur** [ɛ̃tɛʀsesœʀ] → SYN nm (littér, Rel) intercessor

**intercession** [ɛ̃tɛʀsesjɔ̃] → SYN nf (littér, Rel) intercession

**interchangeabilité** [ɛ̃tɛʀʃɑ̃ʒabilite] → SYN nf interchangeability

**interchangeable** [ɛ̃tɛʀʃɑ̃ʒabl] → SYN adj interchangeable

**intercirculation** [ɛ̃tɛʀsiʀkylasjɔ̃] nf (Rail) connection *(between carriages)*

**interclasse** [ɛ̃tɛʀklas] → SYN nm (Scol) break *(between classes)*

**interclasser** [ɛ̃tɛʀklase] ▸ conjug 1 ◂ vt to collate

**interclasseuse** [ɛ̃tɛʀklasøz] nf collator

**interclubs** [ɛ̃tɛʀklœb] adj inv tournoi interclub

**intercommunal, e,** mpl **-aux** [ɛ̃tɛʀkɔmynal, o] adj décision, stade *shared by several French communes,* ≃ intervillage, ≃ intermunicipal

**intercommunalité** [ɛ̃tɛʀkɔmynalite] nf intermunicipal links

**intercommunautaire** [ɛ̃tɛʀkɔmynotɛʀ] adj intercommunity, intercommunal

**intercommunication** [ɛ̃tɛʀkɔmynikasjɔ̃] nf intercommunication

**interconnectable** [ɛ̃tɛʀkɔnɛktabl] adj which can be interconnected

**interconnecter** [ɛ̃tɛʀkɔnɛkte] ▸ conjug 1 ◂ vt (Élec) to interconnect

**interconnexion** [ɛ̃tɛʀkɔnɛksjɔ̃] nf interconnection

**intercontinental, e,** mpl **-aux** [ɛ̃tɛʀkɔ̃tinɑ̃tal, o] adj intercontinental

**intercostal, e,** mpl **-aux** [ɛ̃tɛʀkɔstal, o] **1** adj intercostal

**2** nmpl intercostal muscles, intercostals

**intercotidal, e,** mpl **-aux** [ɛ̃tɛʀkɔtidal, o] adj (Géog) ◆ **zone intercotidale** intercotidal zone

**intercours** [ɛ̃tɛʀkuʀ] nm (Scol) break *(between classes)*

**interculturel, -elle** [ɛ̃tɛʀkyltyʀɛl] adj cross-cultural, intercultural

**intercurrent, e** [ɛ̃tɛʀkyʀɑ̃, ɑ̃t] → SYN adj intercurrent

**interdépartemental, e,** mpl **-aux** [ɛ̃tɛʀdepaʀtəmɑ̃tal, o] adj *shared by several French departments*

**interdépendance** [ɛ̃tɛʀdepɑ̃dɑ̃s] → SYN nf interdependence

**interdépendant, e** [ɛ̃tɛʀdepɑ̃dɑ̃, ɑ̃t] adj interdependent, mutually dependant

**interdiction** [ɛ̃tɛʀdiksjɔ̃] → SYN **1** nf **a** **interdiction de qch** (= action) banning of sth; (= état) ban on sth ◆ **à cause de l'interdiction faite aux fonctionnaires de cumuler plusieurs emplois** because civil servants are not allowed to hold several positions ◆ **l'interdiction de coller des affiches/de servir de l'alcool** the ban on the posting of bills/the serving of alcohol, the ban on posting bills/serving alcohol ◆ **"interdiction de coller des affiches"** "(post ou stick (Brit)) no bills", "bill-posting ou bill-sticking (Brit) prohibited" ◆ **"interdiction (formelle** ou **absolue) de fumer"** "(strictly) no smoking", "smoking (strictly) prohibited" ◆ **"interdiction de tourner à droite"** "no right turn" ◆ **"interdiction de stationner"** "no parking" ◆ **"interdiction de déposer des ordures"** "no dumping" ◆ **interdiction d'en parler à quiconque/de modifier quoi que ce soit** it is (strictly) forbidden to talk to anyone about it/to alter anything ◆ **malgré l'interdiction d'entrer** despite not being allowed to enter ◆ **renouveler à qn l'interdiction de faire** to reimpose a ban on sb's doing ◆ **interdiction lui a été faite de sortir** he has been forbidden to go out

**b** (= interdit) ban ◆ **enfreindre/lever une interdiction** to break/lift a ban ◆ **il a garé sa voiture malgré le panneau d'interdiction** he parked his car in spite of the no parking sign

**c** (= suspension) [livre, film] banning (*de* of), ban (*de* on); [fonctionnaire] banning from office; [prêtre] interdiction ◆ **interdiction légale** (Jur) *suspension of a convict's civic rights*

**2** COMP ▷ **interdiction de séjour** *order denying former prisoner access to specified places* ◆ **interdiction bancaire** suspension of banking privileges ◆ **interdiction de chéquier** withdrawal of chequebook facilities

**interdigital, e,** mpl **-aux** [ɛ̃tɛʀdiʒital, o] adj interdigital

**interdire** [ɛ̃tɛʀdiʀ] GRAMMAIRE ACTIVE 9.3, 10.4 → SYN ▸ conjug 37 ◂

**1** vt **a** (= prohiber) to forbid; [+ stationnement, circulation] to prohibit, ban ◆ **interdire l'alcool/le tabac à qn** to forbid sb alcohol/tobacco, forbid sb to drink/smoke ◆ **interdire à qn de faire qch** to tell sb not to do sth, forbid sb to do sth, prohibit (frm) sb from doing sth ◆ **elle nous a interdit d'y aller seuls, elle a interdit que nous y allions seuls** she forbade us to go on our own ◆ **on a interdit les camions dans le centre de la ville** lorries have been barred from ou banned from ou prohibited in the centre of the town

**b** (= empêcher) [contretemps, difficulté] to preclude, prevent; [obstacle physique] to block ◆ **son état de santé lui interdit tout travail/effort** his state of health does not allow ou permit him to do any work/to make any effort ◆ **sa maladie ne lui interdit pas le travail** his illness does not prevent him from working ◆ **la gravité de la crise (nous) interdit tout espoir** the gravity of the crisis leaves us no hope ou precludes all hope ◆ **leur attitude interdit toute négociation** their attitude precludes ou prevents any possibility of negotiation ◆ **une porte blindée interdisait le passage** an armoured door blocked ou barred the way

**c** (= frapper d'interdiction) [+ fonctionnaire] to bar from office; [+ prêtre] to suspend; [+ film, réunion, journal] to ban ◆ **on lui a interdit le club** (fig) he has been barred ou banned from the club ◆ **interdire sa porte aux intrus** to bar one's door to intruders

**d** († = interloquer) to dumbfound, take aback, disconcert

**2** **s'interdire** vpr ◆ **s'interdire toute remarque** to refrain ou abstain from making any remark ◆ **nous nous sommes interdit d'intervenir** we have not allowed ourselves to intervene, we have refrained from intervening ◆ **s'interdire la boisson/les cigarettes** to abstain from drink ou drinking/smoking ◆ **il s'interdit d'y penser** he doesn't let himself think about it ou allow himself to think about it ◆ **il s'est interdit toute possibilité de revenir en arrière** he has (deliberately) denied himself ou not allowed himself any chance of going back on his decision

**interdisciplinaire** [ɛ̃tɛʀdisiplinɛʀ] → SYN adj interdisciplinary

**interdisciplinarité** [ɛ̃tɛʀdisiplinaʀite] nf interdisciplinarity

**interdit[1], e** [ɛ̃tɛʀdi, it] GRAMMAIRE ACTIVE 10.4 → SYN (ptp de **interdire**)

**1** adj film, livre banned ◆ **film interdit aux moins de 18 ans** ≃ 18 film (Brit), ≃ NC-17 film (US) ◆ **film interdit aux moins de 13 ans** ≃ PG film, ≃ PG-13 film (US) ◆ **prêtre interdit** interdicted priest ◆ **"passage/stationnement interdit"** "no entry/parking" ◆ **il est strictement interdit de ...** it is strictly forbidden ou prohibited to ... ◆ **(il est) interdit de fumer** no smoking, smoking (is) prohibited ◆ **être interdit bancaire** to have one's banking privileges suspended ◆ **être interdit de chéquier** to have chequebook facilities withdrawn ◆ **interdit de vol** (Aviat) grounded ◆ **interdit de vente** (Comm) banned ◆ **"il est interdit d'interdire"** (slogan) forbidding is forbidden; → **reproduction**

**2** nm (= interdiction) (gén) ban; (Rel) interdict; (social) prohibition ◆ **interdits alimentaires** (Rel) dietary restrictions ◆ **transgresser les interdits** (Psych) to break taboos ◆ **frapper d'interdit** (Comm, Écon) to ban ◆ **lever l'interdit** to lift the ban

**3** COMP ▷ **interdit de séjour** (Jur) *person banned from entering specified areas;* (fig) persona non grata ◆ **la violence est interdite de séjour sur les terrains de sport** violence is unacceptable in sports grounds

**interdit[2], e** [ɛ̃tɛʀdi, it] adj dumbfounded, taken aback (attrib), disconcerted ◆ **la réponse le laissa interdit** the answer took him aback, he was dumbfounded ou disconcerted by ou at the answer

**interentreprises** [ɛ̃tɛʀɑ̃tʀəpʀiz] adj crédit, coopération inter-company (Brit), intercorporate (US)

**intéressant, e** [ɛ̃teʀesɑ̃, ɑ̃t] GRAMMAIRE ACTIVE 26.6 → SYN adj **a** (= captivant) livre, détail, visage interesting ◆ **peu intéressant** (= ennuyeux) conférencier uninteresting, dull ◆ **personnage peu intéressant** (péj) worthless individual ◆ **il faut toujours qu'il cherche à se rendre intéres-**

**sant** ou **qu'il fasse son intéressant** (péj) he always has to draw attention to himself ◆ **elle est dans une situation** ou **position intéressante** † (hum) she is in an interesting condition (hum) ou in the family way *

**b** (= avantageux) offre, affaire attractive, worthwhile; prix favourable, attractive ◆ **ce n'est pas très intéressant pour nous** it's not really worth our while, it's not really worth it for us ◆ **ce serait (financièrement) plus intéressant pour nous de prendre le train** we'd be better off taking the train, it would work out cheaper for us to take the train ◆ **c'est une personne intéressante à connaître** he's someone worth knowing

**intéressé, e** [ɛ̃teʀese] → SYN (ptp de **intéresser**) adj **a** (= qui est en cause) concerned, involved ◆ **les intéressés, les parties intéressées** the interested parties, the parties involved ou concerned ◆ **dans cette affaire, c'est lui le principal** ou **premier intéressé** in this matter, he's the one who's most concerned

**b** (= qui cherche son intérêt personnel) personne self-seeking, self-interested; motif interested ◆ **visite intéressée** visit motivated by self-interest ◆ **rendre un service intéressé** to do a good turn out of self-interest ◆ **ce que je vous propose, c'est très intéressé** my suggestion to you is strongly motivated by self-interest

**intéressement** [ɛ̃teʀɛsmɑ̃] → SYN nm (Écon : = système) profit-sharing (scheme) ◆ **l'intéressement des travailleurs aux bénéfices de l'entreprise** the workers' participation in ou sharing of the firm's profits

**intéresser** [ɛ̃teʀese] → SYN ▸ conjug 1 ◂ **1** vt **a** (= captiver) to interest ◆ **intéresser qn à qch** to interest sb in sth ◆ **cela m'intéresserait de faire** I would be interested to do ou in doing, it would interest me to do ◆ **ça ne m'intéresse pas** I'm not interested, it doesn't interest me ◆ **rien ne l'intéresse** he isn't interested ou he takes no interest in anything ◆ **le film l'a intéressé** he found the film interesting, the film interested him ◆ **ça pourrait vous intéresser** this might interest you ou be of interest to you ◆ **cette question n'intéresse pas (beaucoup) les jeunes** this matter is of no (great) interest to ou doesn't (greatly) interest young people ◆ **il ne sait pas intéresser son public** he doesn't know how to interest his audience ◆ **continue, tu m'intéresses !** (iro) do go on – I find that very interesting ou I'm all ears! * ◆ **tes petites histoires n'intéressent personne** no one cares about your little problems

**b** (= concerner) to affect, concern ◆ **la nouvelle loi intéresse les petits commerçants** the new law affects ou concerns small shopkeepers

**c** (Comm, Fin) **intéresser le personnel de l'usine aux bénéfices** to give the factory employees a share ou an interest in the profits, operate a profit-sharing scheme in the factory ◆ **être intéressé dans une affaire** to have a stake ou a financial interest in a business

**d** (Jeux) **intéresser une partie** to stake money on a game

**2** **s'intéresser** vpr ◆ **s'intéresser à qch/qn** to be interested in sth/sb, take an interest in sth/sb ◆ **il s'intéresse vivement/activement à cette affaire** he is taking a keen/an active interest in this matter ◆ **il ne s'intéresse pas à nos activités** he isn't interested in our activities ◆ **il mérite qu'on s'intéresse à lui** he deserves one's ou people's interest ◆ **il s'intéresse beaucoup à cette jeune fille** he is taking ou showing a great deal of interest in that girl

**intérêt** [ɛ̃teʀɛ] GRAMMAIRE ACTIVE 1.1, 2.2 → SYN nm **a** (= attention) interest ◆ **écouter avec intérêt/(un) grand intérêt** to listen with interest/with great interest ◆ **prendre intérêt à qch** to take an interest in sth ◆ **il a perdu tout intérêt à son travail** he has lost all interest in his work

**b** (= bienveillance) interest ◆ **porter/témoigner de l'intérêt à qn** to take/show an interest in sb

**c** (= originalité) interest ◆ **film dénué d'intérêt** ou **sans aucun intérêt** film devoid of interest ◆ **tout l'intérêt réside dans le dénouement** the most interesting part is the ending, what is most interesting is the ending

**d** (= importance) significance, importance, relevance ◆ **l'intérêt des recherches spatiales** the significance ou importance ou relevance of space research ◆ **après quelques considérations sans intérêt** after a few unimportant ou minor considerations, after considerations of minor interest ou importance ◆ **c'est sans intérêt pour la suite de l'histoire** it's of no relevance ou consequence ou importance for the rest of the story ◆ **une découverte du plus haut intérêt** a discovery of the greatest ou utmost importance ou significance ou relevance ◆ **la nouvelle a perdu beaucoup de son intérêt** the news has lost much of its significance ou interest ◆ **être déclaré d'intérêt public** to be officially recognized as being beneficial to the general public

**e** (= avantage) interest ◆ **ce n'est pas (dans) leur intérêt de le faire** it is not in their interest to do it ◆ **agir dans/contre son intérêt** to act in/against one's own interests ◆ **dans l'intérêt général** in the general interest ◆ **autorisation refusée dans l'intérêt du service** (Admin) permission refused on administrative grounds ou for administrative reasons ◆ **il y trouve son intérêt** he finds it to his (own) advantage, he finds it worth his while ◆ **il sait où est son intérêt** he knows where his interest lies, he knows which side his bread is buttered ◆ **il a (tout) intérêt à accepter** it's in his interest to accept, he'd be well advised to accept, he'd do well to accept ◆ **quel intérêt aurait-il à faire cela ?** why would he want to do that? ◆ **tu aurais plutôt intérêt à te taire !** * you'd be well advised ou you'd do very well to keep quiet! ◆ **est-ce qu'il faut que je lui en parle ? – (il) y a intérêt !** */**t'as pas intérêt !** * should I talk to him about it? – you'd better!/you'd better not! ◆ **y a-t-il un intérêt quelconque à se réunir ?** is there any point at all in getting together?

**f** (Fin) interest ◆ **recevoir 7% d'intérêt** to get 7% interest ◆ **prêt à intérêt élevé** high-interest loan ◆ **prêter à** ou **avec intérêt** to lend at ou with interest ◆ **intérêts simples/composés** simple/compound interest ◆ **intérêts courus** accrued interest; → **taux**

**g** (= recherche d'avantage personnel) self-interest ◆ **agir par intérêt** to act out of self-interest; → **mariage**

**h** **intérêts** interest(s) ◆ **la défense de nos intérêts** the defence of our interests ◆ **il a des intérêts dans l'affaire** (Écon, Fin) he has a stake ou an interest ou a financial interest in the deal

**interétatique** [ɛ̃teʀetatik] adj accord, coopération inter-state (épith)

**interethnique** [ɛ̃teʀɛtnik] adj inter-ethnic

**interface** [ɛ̃tɛʀfas] nf interface ◆ **interface utilisateur/graphique** user/graphical interface ◆ **servir d'interface entre** (fig) to liaise between, act as an interface between

**interfacer** vt, **s'interfacer** vpr [ɛ̃tɛʀfase] ▸ conjug 3 ◂ to interface (*avec* with)

**interfécond, e** [ɛ̃tɛʀfekɔ̃, ɔ̃d] adj interfertile

**interfécondité** [ɛ̃tɛʀfekɔ̃dite] nf interfertility

**interférence** [ɛ̃tɛʀfeʀɑ̃s] nf **a** (Phys) interference

**b** (fig) (= conjonction) conjunction; (= immixtion) [problème] intrusion (*dans* into); [personne, pays] interference (NonC) (*dans* in) ◆ **l'interférence des problèmes économiques et politiques** the conjunction of economic and political problems ◆ **l'interférence des problèmes économiques dans la vie politique** the intrusion of economic problems into political life ◆ **il se produit des interférences entre les deux services** there's interference between the two services

**interférent, e** [ɛ̃tɛʀfeʀɑ̃, ɑ̃t] adj (Phys) interfering

**interférentiel, -ielle** [ɛ̃tɛʀfeʀɑ̃sjɛl] adj (Phys) interferential

**interférer** [ɛ̃tɛʀfeʀe] → SYN ▸ conjug 6 ◂ vi to interfere (*avec* with; *dans* in) ◆ **les deux procédures interfèrent** the two procedures interfere with each other

**interféromètre** [ɛ̃tɛʀfeʀɔmɛtʀ] nm interferometer

**interférométrie** [ɛ̃tɛʀfeʀɔmetʀi] nf interferometry

**interférométrique** [ɛ̃tɛʀfeʀɔmetʀik] adj interferometric

**interféron** [ɛ̃tɛʀfeʀɔ̃] nm interferon ◆ **interféron humain** human interferon

**interfluve** [ɛ̃tɛʀflyv] → SYN nm interfluve

**interfoliage** [ɛ̃tɛʀfɔljaʒ] nm [manuscrit] interleaving

**interfolier** [ɛ̃tɛʀfɔlje] ▸ conjug 7 ◂ vt [+ manuscrit] to interleave

**intergalactique** [ɛ̃tɛʀgalaktik] adj intergalactic

**interglaciaire** [ɛ̃tɛʀglasjɛʀ] adj interglacial

**intergouvernemental, e,** mpl **-aux** [ɛ̃tɛʀguvɛʀnəmɑ̃tal, o] adj intergovernmental ◆ **Affaires intergouvernementales** (au Québec) Intergovernmental Affairs

**intergroupe** [ɛ̃tɛʀgʀup] → SYN nm (Pol) [plusieurs partis] joint committee; [deux partis] bipartisan committee

**intérieur, e** [ɛ̃teʀjœʀ] → SYN **1** adj **a** paroi, escalier inner, interior, inside; cour inner ◆ **mer intérieure** inland sea ◆ **la poche intérieure de son manteau** the inside pocket of his coat ◆ **angle/point intérieur à un cercle** angle/point interior to a circle; → **conduite**

**b** vie, monde, voix inner; sentiment inner, inward; → **for**

**c** politique, dette domestic, internal; marché home (épith), domestic, internal; communication, réseau, navigation inland; (Aviat) vol domestic ◆ **le commerce intérieur** domestic trade ◆ **les affaires intérieures** internal ou domestic affairs

**2** nm **a** [tiroir, piste, champ de course] inside; [maison] inside, interior ◆ **l'intérieur de la maison était lugubre** the house was gloomy inside, the inside ou the interior of the house was gloomy ◆ **l'intérieur de la ville** the inner town ◆ **écrin avec un intérieur de satin** case with a satin lining ◆ **à l'intérieur** inside ◆ **je vous attends à l'intérieur** I'll wait for you inside ◆ **à l'intérieur de la ville** inside the town ◆ **à l'intérieur de l'entreprise** promotion, corruption within the company; stage, formation in-house ◆ **rester à l'intérieur** (gén) to stay inside; (de la maison) to stay inside ou indoors ◆ **vêtement/veste d'intérieur** indoor garment/jacket ◆ **chaussures d'intérieur** indoor ou house shoes ◆ **fermé/vu de l'intérieur** locked/viewed from the inside ◆ **scènes tournées en intérieur** (Ciné) interior scenes, interiors; → **femme**

**b** (fig) **à l'intérieur** [personne] within ◆ **il paraissait calme, mais à l'intérieur les soucis le rongeaient** he appeared to be calm, but inwardly ou inside he was consumed with anxiety

**c** [pays] interior ◆ **l'intérieur (du pays) est montagneux** the interior ou the inland part of the country is mountainous ◆ **les villes de l'intérieur** the inland cities ou towns, the cities ou towns of the interior ◆ **la côte est riante mais l'intérieur est sauvage** the coast is pleasant, but it's wild further inland ou the hinterland is wild ◆ **en allant vers l'intérieur** going inland ◆ **à l'intérieur de nos frontières** within ou inside our frontiers ◆ **les ennemis de l'intérieur** the enemies within (the country) ◆ **le moral de l'intérieur** (Mil) the morale at home, the country's morale; → **ministère, ministre**

**d** (= décor, mobilier) interior ◆ **un intérieur douillet** a cosy interior ◆ **tableau d'intérieur** interior (painting) ◆ **intérieur cuir** (Aut) leather trim

**e** (Ftbl) **intérieur gauche/droit** inside-left/-right

**intérieurement** [ɛ̃teʀjœʀmɑ̃] adv inwardly ◆ **rire intérieurement** to laugh inwardly ou to o.s.

**intérim** [ɛ̃teʀim] → SYN nm **a** (= période) interim period ◆ **il prendra toutes les décisions dans** ou **pendant l'intérim** he will make all the decisions in the interim ◆ **il assure l'intérim en l'absence du directeur** he deputizes for the manager in his absence ou in the interim ◆ **diriger une firme par intérim** to be the interim manager of a company ◆ **président/ministre par intérim** acting ou interim president/minister

**b** (= travail à temps partiel) temporary work, temping ◆ **agence** ou **société d'intérim** temping agency ◆ **faire de l'intérim** to temp

**intérimaire** [ɛ̃teʀimɛʀ] → SYN 1 adj directeur, ministre acting (épith), interim (épith); secrétaire, personnel, fonctions temporary; mesure, solution interim (épith), temporary; (Pol) gouvernement, chef de parti caretaker (épith)
2 nmf temporary worker *(recruited from an employment agency)*; (= secrétaire) temporary secretary, temp, Kelly girl (US); (= fonctionnaire) deputy; (= médecin, prêtre) stand-in, locum (Brit) ◆ **travailler comme intérimaire** to temp

**interindividuel, -elle** [ɛ̃tɛʀɛ̃dividɥɛl] adj interpersonal ◆ **psychologie interindividuelle** psychology of interpersonal relationships

**intériorisation** [ɛ̃teʀjɔʀizasjɔ̃] → SYN nf [conflit, émotion] internalization, interiorization; (Ling) [règles] internalization

**intérioriser** [ɛ̃teʀjɔʀize] → SYN ▸ conjug 1 ◂ vt [+ conflit, émotion] to internalize, interiorize; (Ling) [+ règles] to internalize ◆ **son jeu est très intériorisé** his acting is very introspective

**intériorité** [ɛ̃teʀjɔʀite] nf interiority

**interjectif, -ive** [ɛ̃tɛʀʒɛktif, iv] adj interjectional

**interjection** [ɛ̃tɛʀʒɛksjɔ̃] nf (Ling) interjection; (Jur) lodging of an appeal

**interjeter** [ɛ̃tɛʀʒəte] → SYN ▸ conjug 4 ◂ vt (Jur) ◆ **interjeter appel** to lodge an appeal

**interleukine** [ɛ̃tɛʀløkin] nf interleukin

**interlignage** [ɛ̃tɛʀliɲaʒ] nm (Typo) interline spacing

**interligne** [ɛ̃tɛʀliɲ] 1 nm (= espace) space between the lines; (= annotation) insertion between the lines; (Mus) space ◆ **double interligne** double spacing ◆ **écrire qch dans l'interligne** to write ou insert sth between the lines ou in the space between the lines ◆ **taper un texte en double interligne** to type a text in double spacing
2 nf (Typo) lead

**interligner** [ɛ̃tɛʀliɲe] ▸ conjug 1 ◂ vt (= espacer) to space; (= inscrire) to write between the lines

**interlock** [ɛ̃tɛʀlɔk] nm interlock

**interlocuteur, -trice** [ɛ̃tɛʀlɔkytœʀ, tʀis] → SYN nm,f speaker, interlocutor (frm) ◆ **son/mon interlocuteur** the person he/I was speaking to ◆ **interlocuteur valable** (Pol) valid negotiator ou representative ◆ **les syndicats sont les interlocuteurs privilégiés d'un gouvernement de gauche** the unions have a privileged relationship with a left-wing government ◆ **c'est mon interlocuteur privilégié** he's the person I liaise with

**interlocutoire** [ɛ̃tɛʀlɔkytwaʀ] 1 adj interlocutory
2 nm interlocutory decree

**interlope** [ɛ̃tɛʀlɔp] → SYN adj a (= équivoque) shady
b (= illégal) illicit, unlawful ◆ **navire interlope** *ship carrying illicit merchandise*

**interloqué, e** [ɛ̃tɛʀlɔke] → SYN (ptp de **interloquer**) adj taken aback ◆ **il a eu l'air un peu interloqué** he looked rather taken aback ◆ **tout le monde s'est tu, interloqué** everybody fell into a stunned silence

**interloquer** [ɛ̃tɛʀlɔke] → SYN ▸ conjug 1 ◂ vt to take aback

**interlude** [ɛ̃tɛʀlyd] → SYN nm (Mus, TV) interlude

**intermariage** [ɛ̃tɛʀmaʀjaʒ] nm intermarriage

**intermède** [ɛ̃tɛʀmɛd] nm (= interruption, Théât) interlude

**intermédiaire** [ɛ̃tɛʀmedjɛʀ] → SYN 1 adj niveau, choix, position intermediate, middle (épith), intermediary ◆ **couleur intermédiaire entre** colour halfway between ◆ **trouver/choisir une solution intermédiaire** to find/choose a compromise ◆ **il n'y a pas de solution intermédiaire** there's no half-way house ou no compromise solution ◆ **une date intermédiaire entre le 25 juillet et le 3 août** a date midway between 25th July and 3rd August
2 nm ◆ **sans intermédiaire** vendre, négocier directly ◆ **par l'intermédiaire de qn** through (the intermediary ou agency of) sb ◆ **par l'intermédiaire de la presse** through the medium of the press
3 nmf (= médiateur) intermediary, mediator, go-between; (Comm, Écon) middleman

**intermédiation** [ɛ̃tɛʀmedjasjɔ̃] nf (Fin) (financial) intermediation

**intermétallique** [ɛ̃tɛʀmetalik] adj intermetallic

**intermezzo** [ɛ̃tɛʀmɛdzo] nm intermezzo

**interminable** [ɛ̃tɛʀminabl] → SYN adj conversation, série endless, interminable, never-ending; (hum) jambes, mains extremely long

**interminablement** [ɛ̃tɛʀminabləmɑ̃] adv endlessly, interminably

**interministériel, -elle** [ɛ̃tɛʀministeʀjɛl] adj interdepartmental

**intermission** [ɛ̃tɛʀmisjɔ̃] → SYN nf (Méd) intermission

**intermittence** [ɛ̃tɛʀmitɑ̃s] → SYN nf a **par intermittence** travailler in fits and starts, sporadically, intermittently; pleuvoir on and off, sporadically, intermittently ◆ **le bruit nous parvenait par intermittence** the noise reached our ears at (sporadic) intervals
b (Méd) (entre deux accès) remission; [pouls, cœur] irregularity
c (littér) intermittence, intermittency

**intermittent, e** [ɛ̃tɛʀmitɑ̃, ɑ̃t] → SYN 1 adj fièvre, lumière intermittent; douleur sporadic, intermittent; travail, bruit sporadic, periodic; pouls irregular, intermittent; fontaine, source intermittent ◆ **pluies intermittentes sur le nord** scattered showers in the north
2 nm,f contract worker ◆ **les intermittents du spectacle** *workers in the entertainment industry without steady employment*

**intermoléculaire** [ɛ̃tɛʀmɔlekylɛʀ] adj intermolecular

**intermusculaire** [ɛ̃tɛʀmyskylɛʀ] adj intermuscular

**internat** [ɛ̃tɛʀna] → SYN nm a (Scol) (= établissement) boarding school; (= système) boarding; (= élèves) boarders; → **maître**
b (Méd) (= concours) entrance examination (for hospital work); (= stage) hospital training *(as a doctor)*, period ou time as a houseman (Brit) ou an intern (US), internship (US)

**international, e**, mpl **-aux** [ɛ̃tɛʀnasjɔnal, o] → SYN 1 adj international
2 nm,f (Ftbl, Tennis etc) international player; (Athlétisme) international athlete
3 nm (Écon) ◆ **le tiers du chiffre d'affaires est réalisé à l'international** a third of all sales are on the international market
4 **Internationale** nf (= association) International; (= hymne) Internationale ◆ **l'Internationale ouvrière** the International Working-men's Association
5 **internationaux** nmpl (Sport) internationals ◆ **les internationaux de France (de tennis)** the French Open

**internationalement** [ɛ̃tɛʀnasjɔnalmɑ̃] adv internationally

**internationalisation** [ɛ̃tɛʀnasjɔnalizasjɔ̃] nf internationalization

**internationaliser** [ɛ̃tɛʀnasjɔnalize] ▸ conjug 1 ◂ vt to internationalize

**internationalisme** [ɛ̃tɛʀnasjɔnalism] nm internationalism

**internationaliste** [ɛ̃tɛʀnasjɔnalist] nmf internationalist

**internationalité** [ɛ̃tɛʀnasjɔnalite] nf internationality

**internaute** [ɛ̃tɛʀnot] nmf net surfer, Internet surfer

**interne** [ɛ̃tɛʀn] → SYN 1 adj partie, politique, organe, hémorragie internal; oreille inner; angle interior ◆ **médecine interne** internal medicine
2 nmf a (Scol) boarder ◆ **être interne** to be at boarding school
b (Méd) **interne (des hôpitaux)** house doctor (Brit), houseman (Brit), intern (US) ◆ **interne en médecine** house physician (Brit), intern (US) ◆ **interne en chirurgie** house surgeon (Brit), intern in surgery (US)
c **travail réalisé en interne** work carried out in-house

**interné, e** [ɛ̃tɛʀne] → SYN (ptp de **interner**) nm,f (Pol) internee; (Méd) inmate (of a mental hospital)

**internement** [ɛ̃tɛʀnəmɑ̃] → SYN nm (Pol) internment; (Méd) confinement (to a mental hospital) ◆ **internement abusif** wrongful confinement

**interner** [ɛ̃tɛʀne] → SYN ▸ conjug 1 ◂ vt (Pol) to intern ◆ **interner qn (dans un hôpital psychiatrique)** (Méd) to confine sb to a mental hospital, institutionalize sb (US) ◆ **on devrait l'interner** he ought to be locked up ou certified *, he's certifiable

**Internet** [ɛ̃tɛʀnɛt] nm ◆ **(l')Internet** (the) Internet ◆ **sur Internet** on (the) Internet

**internonce** [ɛ̃tɛʀnɔ̃s] → SYN nm internuncio

**interocéanique** [ɛ̃tɛʀɔseanik] adj interoceanic

**intéroceptif, -ive** [ɛ̃teʀɔsɛptif, iv] → SYN adj interoceptive

**interosseux, -euse** [ɛ̃tɛʀɔsø, øz] adj interosseous

**interparlementaire** [ɛ̃tɛʀpaʀləmɑ̃tɛʀ] adj interparliamentary

**interpellateur, -trice** [ɛ̃tɛʀpelatœʀ, tʀis] → SYN nm,f a (Pol) interpellator, questioner
b (dans un débat) questioner; (= perturbateur) heckler

**interpellation** [ɛ̃tɛʀpelasjɔ̃] → SYN nf a (= appel) hailing (NonC)
b (dans un débat) questioning; (perturbatrice) heckling (NonC); (Pol) interpellation, questioning (NonC)
c (Police) **il y a eu une dizaine d'interpellations** about ten people were taken in for questioning

**interpeller** [ɛ̃tɛʀpəle] → SYN ▸ conjug 1 ◂ vt a (= appeler) to call out to, shout out to, hail; (impoliment) to shout at ◆ **les automobilistes se sont interpellés grossièrement** the motorists shouted insults at each other
b (au cours d'un débat) to question; (en chahutant) to heckle; (Pol) to interpellate, question
c (Police) to take in for questioning
d (= concerner) [problème, situation] to concern, be of concern to ◆ **ça m'interpelle (quelque part)** (hum) I can relate to that *

**interpénétration** [ɛ̃tɛʀpenetʀasjɔ̃] → SYN nf interpenetration

**interpénétrer (s')** [ɛ̃tɛʀpenetʀe] → SYN ▸ conjug 6 ◂ vpr to interpenetrate

**interpersonnel, -elle** [ɛ̃tɛʀpɛʀsɔnɛl] adj interpersonal

**interphase** [ɛ̃tɛʀfɑz] nf interphase

**interphone** [ɛ̃tɛʀfɔn] nm intercom, interphone; [immeuble] entry phone

**interplanétaire** [ɛ̃tɛʀplanetɛʀ] → SYN adj interplanetary

**Interpol** [ɛ̃tɛʀpɔl] nm (abrév de **International Criminal Police Organization**) Interpol

**interpolation** [ɛ̃tɛʀpɔlasjɔ̃] nf interpolation

**interpoler** [ɛ̃tɛʀpɔle] → SYN ▸ conjug 1 ◂ vt to interpolate

**interposé, e** [ɛ̃tɛʀpoze] (ptp de **interposer**) adj ◆ **par personne interposée** through an intermediary ou a third party ◆ **par service interposé** through another department ◆ **par journaux interposés** through the press

**interposer** [ɛ̃tɛʀpoze] ▸ conjug 1 ◂ 1 vt (= intercaler) to interpose (*entre* between)
2 **s'interposer** vpr [personne] to intervene, interpose o.s. (frm) (*dans* in) ◆ **elle s'interposa entre le père et le fils** she intervened between father and son

**interposition** [ɛ̃tɛʀpozisjɔ̃] → SYN nf a (= intercalation) interposition
b (= médiation) intervention ◆ **force d'interposition** (Pol) intervention force
c (Jur) *fraudulent use of a third party's identity*

**interprétable** [ɛ̃tɛʀpʀetabl] → SYN adj interpretable

**interprétariat** [ɛ̃tɛʀpʀetaʀja] nm interpreting ◆ **école d'interprétariat** interpreting school

**interprétatif, -ive** [ɛ̃tɛʀpʀetatif, iv] adj (gén) interpretative ◆ **émettre des réserves interprétatives sur un texte de loi** (Jur) to express reservations about the possible interpretations of a bill ◆ **ce texte requiert un gros travail interprétatif** this text needs a lot of interpreting ◆ **délire interprétatif** (Méd) delusions of reference, referential delusion ◆ **le délire interprétatif de certains critiques** (hum) the tendency of some critics to go overboard in their interpretations

**interprétation** [ɛ̃tɛʀpʀetasjɔ̃] → SYN **nf** **a** (Théât, Ciné) performance; (Mus) interpretation, rendering ◆ **son interprétation de Macbeth** his performance as Macbeth, his interpretation of the role of Macbeth; → **prix**

**b** (= explication) interpretation ◆ **donner une interprétation fausse de qch** to give a false interpretation of sth ◆ **l'interprétation des rêves** the interpretation of dreams ◆ **c'est une erreur d'interprétation** it's an error of ou a mistake in interpretation

**c** (= métier d'interprète) interpreting ◆ **interprétation simultanée** simultaneous translation

**interprète** [ɛ̃tɛʀpʀɛt] → SYN **nmf** **a** [musique] performer, interpreter; [chanson] singer; (Théât) performer ◆ **les interprètes par ordre d'entrée en scène ...** the cast in order of appearance ... ◆ **l'un des plus grands interprètes de Shakespeare** one of the greatest Shakespearean actors ◆ **l'interprète de Phèdre** the actress playing the part of Phèdre ◆ **Paul était l'interprète de cette sonate** Paul played this sonata ◆ **Paul était l'interprète de cette chanson** Paul was the singer of ou sang this song

**b** (= traducteur) interpreter ◆ **interprète de conférence** conference interpreter ◆ **faire l'interprète, servir d'interprète** to act as an interpreter

**c** (= porte-parole) **servir d'interprète à qn/aux idées de qn** to act ou serve as a spokesman for sb/for sb's ideas ◆ **je me ferai votre interprète auprès du ministre** I'll speak to the minister on your behalf

**d** (= exégète) [texte] interpreter, exponent; [rêves, signes] interpreter

**interpréter** [ɛ̃tɛʀpʀete] GRAMMAIRE ACTIVE 26.6 → SYN ▸ conjug 6 ◂ **vt** **a** [+ musique] to perform, play, interpret; [+ chanson] to sing; [+ rôle] to play ◆ **il interprète superbement Hamlet** his (performance of) Hamlet is excellent ◆ **je vais maintenant vous interpréter un nocturne de Chopin** I'm now going to play one of Chopin's nocturnes for you

**b** (= comprendre) to interpret ◆ **comment interpréter son silence ?** what does his silence mean? ◆ **il a mal interprété mes paroles** he misinterpreted my words ◆ **interpréter qch en bien/mal** to take sth the right/wrong way ◆ **son attitude peut s'interpréter de plusieurs façons** there are several ways of interpreting his attitude

**c** (= traduire) to interpret

**d** (Ordin) to interpret ◆ **langage interprété** interpreted language

**interpréteur** [ɛ̃tɛʀpʀetœʀ] **nm** (Ordin) interpreter

**interprofession** [ɛ̃tɛʀpʀɔfesjɔ̃] **nf** (Écon) joint-trade organization

**interprofessionnel, -elle** [ɛ̃tɛʀpʀɔfesjɔnɛl] **adj** réunion interprofessional; → **salaire**

**interracial, e,** mpl **-iaux** [ɛ̃tɛʀʀasjal, jo] **adj** interracial

**interrégional, e,** mpl **-aux** [ɛ̃tɛʀʀeʒjɔnal, o] **adj** interregional

**interrègne** [ɛ̃tɛʀʀɛɲ] → SYN **nm** interregnum

**interro** * [ɛ̃teʀo] **nf** (abrév de **interrogation**) (Scol) test

**interrogateur, -trice** [ɛ̃teʀɔgatœʀ, tʀis] → SYN **1** **adj** air, regard, ton questioning (épith), inquiring (épith) ◆ **d'un air** ou **ton interrogateur** questioningly, inquiringly

**2** **nm,f** (oral) examiner

**3** **nm** (Téléc) ◆ **interrogateur à distance** remote access facility

**interrogatif, -ive** [ɛ̃teʀɔgatif, iv] **1** **adj** air, regard questioning (épith), inquiring (épith); (Ling) interrogative

**2** **nm** interrogative ◆ **mettre à l'interrogatif** to put into the interrogative

**3** **interrogative nf** interrogative clause

**interrogation** [ɛ̃teʀɔgasjɔ̃] → SYN **nf** **a** (= interrogatoire) questioning; (serrée, prolongée) interrogation

**b** [élève] testing, examination ◆ **interrogation (écrite)** short (written) test (Brit), quiz (US) ◆ **interrogation (orale)** oral (test)

**c** (Ordin, Téléc) **système d'interrogation à distance** remote access system

**d** (= question) question ◆ **interrogation directe/indirecte** (Gram) direct/indirect question ◆ **les sourcils levés, en signe d'interrogation** his eyebrows raised questioningly ou inquiringly ◆ **les yeux pleins d'une interrogation muette** his eyes silently questioning; → **point**[1]

**e** (= réflexions) **interrogations** questioning ◆ **ces interrogations continuelles sur la destinée humaine** this continual questioning about human destiny

**f** (= examen) [conscience] examination

**interrogativement** [ɛ̃teʀɔgativmɑ̃] **adv** questioningly, interrogatingly

**interrogatoire** [ɛ̃teʀɔgatwaʀ] **nm** (Police) questioning; (au tribunal) cross-examination, cross-questioning (NonC); (= compte rendu) statement; (fig = série de questions) cross-examination, interrogation ◆ **subir un interrogatoire en règle** to undergo a thorough ou detailed interrogation ◆ **pendant l'interrogatoire, elle s'est évanouie** while being cross-examined, she fainted

**interrogeable** [ɛ̃teʀɔʒabl] **adj** ◆ **répondeur interrogeable à distance** answering machine with a remote access facility ◆ **compte en banque interrogeable par Minitel** *bank account that can be accessed by Minitel*

**interroger** [ɛ̃teʀɔʒe] → SYN ▸ conjug 3 ◂ **1** **vt** **a** (= questionner) to question; (pour obtenir un renseignement) to ask; (Police) to interview, question; (de manière serrée, prolongée) to interrogate (*sur* about); (sondage) to poll ◆ **15% des personnes interrogées** 15% of the people polled ou asked ◆ **interroger qn du regard** to give sb a questioning ou an inquiring look, look questioningly ou inquiringly at sb

**b** (Scol, Univ) **interroger un élève** to test ou examine a pupil (orally) ◆ **interroger par écrit les élèves** to give the pupils a written test ◆ **elle a été interrogée sur un sujet difficile** she was examined ou questioned on a difficult subject

**c** (= examiner) [+ ciel, conscience] to examine; [+ mémoire] to search

**d** [+ base de données] to query ◆ **interroger son répondeur** to check calls on one's answering machine

**2** **s'interroger vpr** (= se poser des questions) (sur un problème) to wonder (*sur* about) ◆ **s'interroger sur la conduite à tenir** to wonder what course to follow

**interrompre** [ɛ̃teʀɔ̃pʀ] → SYN ▸ conjug 41 ◂ **1** **vt** **a** (= arrêter) [+ voyage, circuit électrique] to break, interrupt; [+ conversation] (gén) to interrupt, break off; (pour s'interposer) to break into, cut into; [+ études] to break off, interrupt; [+ émission] to interrupt; [+ négociations, traitement médical] to break off ◆ **il a interrompu la conversation pour téléphoner** he broke off ou interrupted his conversation to telephone ◆ **elle a interrompu sa carrière pour voyager** she took a career break ou she interrupted her career to travel ◆ **le match a été interrompu par la pluie** the match was stopped by rain ◆ **sans interrompre sa lecture** without looking up (from his ou her book) ◆ **interrompre une grossesse** (Méd) to terminate a pregnancy

**b** (= couper la parole à, déranger) **interrompre qn** to interrupt sb ◆ **je ne veux pas qu'on m'interrompe (dans mon travail)** I don't want to be interrupted (in my work) ◆ **je ne veux pas interrompre mais ...** I don't want to cut in ou interrupt but ...

**2** **s'interrompre vpr** [personne, conversation] to break off ◆ **nos émissions s'interrompront à 23 h 50** (TV) we will be going off the air ou closing down (Brit) at 11.50 pm

**interrupteur, -trice** [ɛ̃teʀyptœʀ, tʀis] → SYN **1** **nm** (Élec) switch

**2** **nm,f** interrupter

**interruption** [ɛ̃teʀypsjɔ̃] → SYN **nf** (= action) interruption (*de* of); (= état) break (*de* in), interruption (*de* of, in); [négociations] breaking off (*de* of) ◆ **une interruption de deux heures** a break ou an interruption of two hours ◆ **interruption (volontaire) de grossesse** termination (of pregnancy) ◆ **interruption thérapeutique de grossesse** *termination of pregnancy for medical reasons* ◆ **il y a eu une interruption de courant** there has been a power cut ◆ **après l'interruption des hostilités** after hostilities had ceased ◆ **sans interruption** parler without a break ou an interruption, uninterruptedly, continuously; pleuvoir without stopping, without a break, continuously ◆ **"ouvert sans interruption de 9h à 19h"** "open all day from 9 am to 7 pm" ◆ **réélu sans interruption jusqu'en 1998** re-elected to hold office until 1998 ◆ **un moment d'interruption** a moment's break

**intersaison** [ɛ̃tɛʀsɛzɔ̃] **nf** (Sport) close season; (Tourisme) low season ◆ **à** ou **pendant l'intersaison** (Sport) during the close season; (Tourisme) out of season

**interscolaire** [ɛ̃tɛʀskɔlɛʀ] **adj** inter-schools

**intersecté, e** [ɛ̃tɛʀsɛkte] → SYN **adj** intersected

**intersection** [ɛ̃tɛʀsɛksjɔ̃] → SYN **nf** [lignes] intersection; [routes] intersection, junction; → **point**[1]

**intersession** [ɛ̃tɛʀsesjɔ̃] **nf** (Pol) recess

**intersexualité** [ɛ̃tɛʀsɛksɥalite] **nf** intersexuality

**intersexuel, -elle** [ɛ̃tɛʀsɛksɥɛl] → SYN **adj** intersexual

**intersidéral, e,** mpl **-aux** [ɛ̃tɛʀsideʀal, o] → SYN **adj** intersidereal

**intersigne** [ɛ̃tɛʀsiɲ] → SYN **nm** mysterious sign

**interspécifique** [ɛ̃tɛʀspesifik] **adj** interspecific

**interstellaire** [ɛ̃tɛʀstelɛʀ] **adj** interstellar

**interstice** [ɛ̃tɛʀstis] → SYN **nm** (gén) crack, chink, interstice; [volet, cageot] slit ◆ **à travers les interstices des rideaux** through the cracks ou chinks in the curtains

**interstitiel, -ielle** [ɛ̃tɛʀstisjɛl] **adj** (Anat, Méd) interstitial

**intersubjectif, -ive** [ɛ̃tɛʀsybʒɛktif, iv] **adj** intersubjective

**intersubjectivité** [ɛ̃tɛʀsybʒɛktivite] → SYN **nf** intersubjectivity

**intersyndical, e,** mpl **-aux** [ɛ̃tɛʀsɛ̃dikal, o] **1** **adj** interunion

**2** **intersyndicale nf** interunion association, trade union group (Brit)

**intertextualité** [ɛ̃tɛʀtɛkstɥalite] **nf** intertextuality

**intertextuel, -elle** [ɛ̃tɛʀtɛkstyɛl] **adj** intertextual

**intertidal, e,** mpl **-aux** [ɛ̃tɛʀtidal, o] **adj** intertidal

**intertitre** [ɛ̃tɛʀtitʀ] **nm** (Presse) subheading; (Ciné) title

**intertrigo** [ɛ̃tɛʀtʀigo] → SYN **nm** intertrigo

**intertropical, e,** mpl **-aux** [ɛ̃tɛʀtʀɔpikal, o] **adj** intertropical

**interurbain, e** [ɛ̃tɛʀyʀbɛ̃, ɛn] **1** **adj** **a** relations interurban

**b** (Téléc) long-distance

**2** **nm** ◆ **l'interurbain** the long-distance telephone service, the trunk call service (Brit)

**intervalle** [ɛ̃tɛʀval] → SYN **nm** **a** (= espace) space, distance; (entre 2 mots, 2 lignes) space; (= temps) interval; (Mus) interval; (Math) interval ◆ **intervalle fermé/ouvert** closed/open interval

**b** (Loc) **c'est arrivé à 2 jours/mois d'intervalle** it happened after a space ou an interval of 2 days/months ◆ **ils sont nés à 3 mois d'intervalle** they were born 3 months apart ◆ **à intervalles réguliers/rapprochés** at regular/close intervals ◆ **à intervalles de 5 mètres, à 5 mètres d'intervalle** 5 metres apart ◆ **par intervalles** at intervals ◆ **dans l'intervalle** (temporel) in the meantime, meanwhile; (spatial) in between

**intervenant, e** [ɛ̃tɛʀvənɑ̃, ɑ̃t] → SYN **nm,f** (Jur) intervener; (= conférencier) contributor; (Écon) participant ◆ **intervenant extérieur** outside contributor

**intervenir** [ɛ̃tɛʀvəniʀ] → SYN ▸ conjug 22 ◂ **vi** **a** (= entrer en action) to intervene; (= contribuer) to play a part ◆ **puis-je intervenir ?** (dans une discussion) may I interrupt?, can I say something (here)? ◆ **intervenir auprès de qn pour** to intercede ou intervene with sb (in order) to ◆ **il est intervenu en notre faveur** he interceded ou intervened on our behalf ◆ **intervenir militairement** to intervene militarily ◆ **on a dû faire intervenir l'armée, l'armée a dû intervenir** the army had to intervene, the army had to be brought in ou called in ◆ **les pompiers n'ont pas pu intervenir** the firemen were unable to help

**b** (Méd) to operate

**c** (= survenir) [fait, événement] to take place, occur; [accord] to be reached, be entered into; [décision, mesure] to be taken; [élément nouveau] to arise, come up ◆ **cette mesure intervient au moment où ...** this measure is being taken ou comes at a time when ...

**d** (Jur) to intervene

**intervention** [ɛ̃tɛʀvɑ̃sjɔ̃] → SYN **nf** **a** (gén, Jur) intervention; (= discours) speech ◆ **cela a nécessité l'intervention de la police** the police had to be brought in ou to intervene ◆ **son intervention en notre faveur** his intercession ou intervention on our behalf ◆ **intervention armée** armed intervention ◆ **plusieurs interventions aériennes** several air strikes; → **force**

**b** (Écon, Pol) **intervention de l'État** state intervention ◆ **politique d'intervention** policy of intervention, interventionist policy ◆ **prix d'intervention** intervention price ◆ **beurre d'intervention** (EEC) subsidized butter

**c** (Méd) operation ◆ **intervention chirurgicale** surgical operation

**interventionnisme** [ɛ̃tɛʀvɑ̃sjɔnism] **nm** interventionism

**interventionniste** [ɛ̃tɛʀvɑ̃sjɔnist] **adj, nmf** interventionist

**interversion** [ɛ̃tɛʀvɛʀsjɔ̃] → SYN **nf** inversion ◆ **interversion des rôles** reversal ou inversion of roles

**intervertébral, e,** mpl **-aux** [ɛ̃tɛʀvɛʀtebʀal, o] **adj** intervertebral

**intervertir** [ɛ̃tɛʀvɛʀtiʀ] → SYN ▸ conjug 2 ◂ **vt** to invert ou reverse the order of, invert ◆ **intervertir les rôles** to reverse ou invert roles

**interview** [ɛ̃tɛʀvju] → SYN **nf** (Presse, TV) interview

**interviewé, e** [ɛ̃tɛʀvjuve] (ptp de **interviewer**) **nm,f** (Presse, TV) interviewee

**interviewer**[1] [ɛ̃tɛʀvjuve] → SYN ▸ conjug 1 ◂ **vt** (Presse, TV) to interview

**interviewer**[2] [ɛ̃tɛʀvjuvœʀ] → SYN **nmf** (= journaliste) interviewer

**intervocalique** [ɛ̃tɛʀvɔkalik] **adj** intervocalic

**intestat** [ɛ̃tɛsta] [1] **adj** (Jur) ◆ **mourir intestat** to die intestate

[2] **nmf** intestate

**intestin**[1] [ɛ̃tɛstɛ̃] → SYN **nm** intestine ◆ **intestins** intestines, bowels ◆ **intestin grêle** small intestine ◆ **gros intestin** large intestine ◆ **avoir l'intestin fragile** ou **les intestins fragiles** to have an irritable bowel, have irritable bowel syndrome

**intestin**[2]**, e** [ɛ̃tɛstɛ̃, in] → SYN **adj** lutte, rivalité internecine, internal ◆ **querelles intestines** internecine quarrels ou strife, infighting

**intestinal, e,** mpl **-aux** [ɛ̃tɛstinal, o] → SYN **adj** intestinal; → **grippe**

**inti** [inti] **nm** inti

**Intifada** [intifada] **nf** ◆ **l'Intifada** the Intifada

**intimation** [ɛ̃timasjɔ̃] → SYN **nf** (Jur) (= assignation) summons sg *(before an appeal court)*; (= signification) notification

**intime** [ɛ̃tim] → SYN [1] **adj** **a** (= privé) hygiène personal, intimate; vie private; chagrin, confidences intimate; secret close, intimate; cérémonie, mariage quiet; salon, atmosphère intimate, cosy ◆ **dîner intime** (entre amis) dinner with (old) friends; (entre amoureux) romantic dinner

**b** (= étroit) mélange, relation, rapport intimate; union close; ami close, intimate, bosom (épith) ◆ **être intime avec qn** to be intimate with ou close to sb ◆ **avoir des relations** ou **rapports intimes avec qn** to be on intimate terms with sb, have close relations with sb

**c** (= profond) nature, structure intimate, innermost; sens, sentiment, conviction inner(most), inmost, intimate ◆ **j'ai l'intime conviction que** it is my firm conviction that, I'm thoroughly convinced that

[2] **nmf** close friend ◆ **seuls les intimes sont restés dîner** only those who were close friends stayed to dinner ◆ **Jo pour les intimes** * (hum) Jo to his friends ou buddies * (hum)

**intimé, e** [ɛ̃time] → SYN (ptp de **intimer**) **nm,f** (Jur) respondent, appellee

**intimement** [ɛ̃timmɑ̃] **adj** intimately ◆ **intimement persuadé** deeply ou firmly convinced ◆ **être intimement mêlé à qch** to be closely involved in sth

**intimer** [ɛ̃time] → SYN ▸ conjug 1 ◂ **vt** **a** **intimer à qn (l'ordre) de faire** to order sb to do

**b** (Jur) (= assigner) to summon *(before an appeal court)*; (= signifier) to notify

**intimidable** [ɛ̃timidabl] **adj** easily intimidated

**intimidant, e** [ɛ̃timidɑ̃, ɑ̃t] → SYN **adj** intimidating

**intimidateur, -trice** [ɛ̃timidatœʀ, tʀis] **adj** intimidating

**intimidation** [ɛ̃timidasjɔ̃] → SYN **nf** intimidation ◆ **manœuvre/moyens d'intimidation** device/means of intimidation ◆ **on l'a fait parler en usant d'intimidation** they scared ou frightened him into talking

**intimider** [ɛ̃timide] → SYN ▸ conjug 1 ◂ **vt** to intimidate ◆ **ne te laisse pas intimider par lui** don't let him intimidate you, don't let yourself be intimidated by him

**intimisme** [ɛ̃timism] **nm** (Art, Littérat) intimism (SPÉC)

**intimiste** [ɛ̃timist] → SYN **adj, nmf** (Art, Littérat) intimist (SPÉC) ◆ **un roman/film intimiste** *a novel/film focusing on the private world of people's feelings and relationships* ◆ **un peintre intimiste** a painter who specializes in interior scenes

**intimité** [ɛ̃timite] → SYN **nf** **a** (= vie privée) privacy ◆ **dans l'intimité c'est un homme très simple** in private life, he's a man of simple tastes ◆ **nous serons dans l'intimité** there will only be a few of us ou a few close friends and relatives ◆ **se marier dans l'intimité** to have a quiet wedding ◆ **la cérémonie a eu lieu dans la plus stricte intimité** the ceremony took place in the strictest privacy ◆ **pénétrer dans l'intimité de qn** to be admitted into sb's private life

**b** (= familiarité) intimacy ◆ **dans l'intimité conjugale** in the intimacy of one's married life ◆ **vivre dans l'intimité de qn** to be on very intimate terms with sb

**c** (= confort) [atmosphère, salon] cosiness, intimacy

**d** (littér = profondeur) depths ◆ **dans l'intimité de sa conscience** in the depths of ou innermost recesses of one's conscience

**intitulé** [ɛ̃tityle] → SYN **nm** [livre, loi, jugement] title; [chapitre] heading, title; [sujet de dissertation] wording; [compte en banque] (= type de compte) type; (= coordonnées) name, address and account number

**intituler** [ɛ̃tityle] → SYN ▸ conjug 1 ◂ [1] **vt** to entitle, call

[2] **s'intituler vpr** [livre, chapitre] to be entitled ou called; [personne] to call o.s., give o.s. the title of

**intolérable** [ɛ̃tɔleʀabl] GRAMMAIRE ACTIVE 7.3 → SYN **adj** (gén) intolerable, unbearable; douleur unbearable

**intolérablement** [ɛ̃tɔleʀabləmɑ̃] **adv** intolerably

**intolérance** [ɛ̃tɔleʀɑ̃s] → SYN **nf** intolerance ◆ **intolérance à un médicament, intolérance médicamenteuse** inability to tolerate a drug

**intolérant, e** [ɛ̃tɔleʀɑ̃, ɑ̃t] → SYN **adj** intolerant

**intonation** [ɛ̃tɔnasjɔ̃] → SYN **nf** (Ling, Mus) intonation ◆ **voix aux intonations douces** soft-toned voice

**intouchable** [ɛ̃tuʃabl] → SYN **adj, nmf** untouchable

**intox(e)** * [ɛ̃tɔks] **nf** (abrév de **intoxication**) (Pol) brainwashing, propaganda; (= désinformation) disinformation ◆ **c'est de l'intox(e) !** it's pure propaganda! ◆ **il nous fait de l'intox(e) pour avoir un magnétoscope** he's trying to brainwash us into getting (him) a video recorder

**intoxication** [ɛ̃tɔksikasjɔ̃] → SYN **nf** **a** (= empoisonnement) poisoning (NonC) ◆ **intoxication alimentaire/au plomb** food/lead poisoning (NonC) ◆ **intoxication médicamenteuse** drug intoxication

**b** (Pol) brainwashing, indoctrination

**intoxiqué, e** [ɛ̃tɔksike] (ptp de **intoxiquer**) **nm,f** (par la drogue) drug addict; (par l'alcool) alcoholic

**intoxiquer** [ɛ̃tɔksike] → SYN ▸ conjug 1 ◂ [1] **vt** **a** (= empoisonner) [fumée, pollution] to intoxicate ◆ **être intoxiqué par le tabac/l'alcool/la drogue** to be poisoned by the effects of tobacco/alcohol/drugs ◆ **il y a eu 50 personnes intoxiquées** 50 people were intoxicated

**b** (= corrompre) to brainwash, indoctrinate ◆ **intoxiqué par la publicité** brainwashed by advertisements

[2] **s'intoxiquer vpr** to be poisoned

**intra-atomique,** pl **intra-atomiques** [ɛ̃tʀaatɔmik] **adj** intra-atomic

**intracardiaque** [ɛ̃tʀakaʀdjak] **adj** intracardiac

**intracellulaire** [ɛ̃tʀaselylɛʀ] **adj** intracellular

**intracérébral, e,** mpl **-aux** [ɛ̃tʀaseʀebʀal, o] **adj** intracerebral

**intracommunautaire** [ɛ̃tʀakɔmynotɛʀ] **adj** (Pol) intra-Community (épith) ◆ **50% du commerce de l'UE est intracommunautaire** 50% of EU trade is conducted between member states of the Community

**intracrânien, -ienne** [ɛ̃tʀakʀanjɛ̃, jɛn] **adj** intracranial

**intradermique** [ɛ̃tʀadɛʀmik] **adj** intradermal, intradermic, intracutaneous

**intradermo** * [ɛ̃tʀadɛʀmo] **nf** abrév de **intradermo-réaction**

**intradermo(-)réaction** [ɛ̃tʀadɛʀmoʀeaksjɔ̃] **nf inv** skin test

**intrados** [ɛ̃tʀado] **nm** **a** (Archit) intrados

**b** (Aviat) lower surface *(of a wing)*

**intraduisible** [ɛ̃tʀadɥizibl] → SYN **adj** texte untranslatable; sentiment, idée inexpressible ◆ **il eut une intonation intraduisible** his intonation was impossible to reproduce

**intraitable** [ɛ̃tʀɛtabl] → SYN **adj** uncompromising, inflexible ◆ **il est intraitable sur la discipline** he's a stickler for discipline, he's uncompromising ou inflexible about discipline

**intramoléculaire** [ɛ̃tʀamɔlekylɛʀ] **adj** intramolecular

**intra-muros** [ɛ̃tʀamyʀos] → SYN **adv** ◆ **habiter intra-muros** to live inside the town ◆ **Paris intra-muros** inner Paris

**intramusculaire** [ɛ̃tʀamyskylɛʀ] [1] **adj** intramuscular

[2] **nf** intramuscular injection

**Intranet, intranet** [ɛ̃tʀanɛt] **nm** intranet

**intransigeance** [ɛ̃tʀɑ̃ziʒɑ̃s] → SYN **nf** intransigence ◆ **faire preuve d'intransigeance** to be uncompromising ou intransigent

**intransigeant, e** [ɛ̃tʀɑ̃ziʒɑ̃, ɑ̃t] → SYN **adj** personne, attitude uncompromising, intransigent, inflexible; morale uncompromising ◆ **se montrer intransigeant** ou **adopter une ligne de conduite intransigeante envers qn** to take a hard line with sb ◆ **les intransigeants** the intransigents

**intransitif, -ive** [ɛ̃tʀɑ̃zitif, iv] **adj, nm** intransitive

**intransitivement** [ɛ̃tʀɑ̃zitivmɑ̃] **adv** intransitively

**intransitivité** [ɛ̃tʀɑ̃zitivite] **nf** intransitivity, intransitiveness

**intransmissibilité** [ɛ̃tʀɑ̃smisibilite] → SYN **nf** intransmissibility; (Jur) untransferability, non-transferability

**intransmissible** [ɛ̃tʀɑ̃smisibl] → SYN **adj** intransmissible; (Jur) untransferable, non-transferable

**intransportable** [ɛ̃tʀɑ̃spɔʀtabl] → SYN **adj** objet untransportable; malade who is unfit ou unable to travel

**intrant** [ɛ̃tʀɑ̃] **nm** (Écon) input

**intranucléaire** [ɛ̃tʀanykleɛʀ] **adj** (Bio, Phys) intranuclear

**intra-utérin, e,** mpl **intra-utérins** [ɛ̃tʀayteʀɛ̃, in] **adj** intra-uterine ◆ **vie intra-utérine** life in the womb, intra-uterine life (SPÉC)

**intraveineux, -euse** [ɛ̃tʀavɛnø, øz] [1] **adj** intravenous

[2] **intraveineuse nf** intravenous injection

**in-trente-deux** [intʀɑ̃tdø] → SYN [1] **adj inv** thirty-twomo (épith)

[2] **nm inv** thirty-twomo

**intrépide** [ɛ̃tʀepid] → SYN adj (= courageux) intrepid, dauntless, bold; (= résolu) dauntless; bavard unashamed; menteur barefaced (épith), unashamed

**intrépidement** [ɛ̃tʀepidmɑ̃] adv intrepidly, dauntlessly, boldly

**intrépidité** [ɛ̃tʀepidite] → SYN nf intrepidity, dauntlessness, boldness ◆ **avec intrépidité** intrepidly, dauntlessly, boldly

**intrication** [ɛ̃tʀikasjɔ̃] → SYN nf intrication, intricacy

**intrigant, e** [ɛ̃tʀigɑ̃, ɑ̃t] → SYN 1 adj scheming
2 nm,f schemer, intriguer

**intrigue** [ɛ̃tʀig] → SYN nf (= manœuvre) intrigue, scheme; (Ciné, Littérat, Théât) plot ◆ **intrigue amoureuse** ou **sentimentale** (= liaison) (love) affair

**intriguer** [ɛ̃tʀige] → SYN ▸ conjug 1 ◂ 1 vt to intrigue, puzzle
2 vi to scheme, intrigue

**intrinsèque** [ɛ̃tʀɛ̃sɛk] → SYN adj intrinsic

**intrinsèquement** [ɛ̃tʀɛ̃sɛkmɑ̃] → SYN adv intrinsically

**intriquer (s')** [ɛ̃tʀike] ▸ conjug 1 ◂ vpr (souvent ptp) [facteurs] to be interlinked (*dans* with) ◆ **les deux phénomènes sont étroitement intriqués** the two phenomena are closely interlinked

**introducteur, -trice** [ɛ̃tʀɔdyktœʀ, tʀis] → SYN nm,f (= initiateur) initiator (*à* to)

**introductif, -ive** [ɛ̃tʀɔdyktif, iv] adj a (gén) article, chapitre, discours introductory, opening (épith)
b (Jur) **réquisitoire introductif** opening speech for the prosecution

**introduction** [ɛ̃tʀɔdyksjɔ̃] GRAMMAIRE ACTIVE 26.1 → SYN nf a (= présentation) **paroles/chapitre d'introduction** introductory words/chapter ◆ **en (guise d')introduction** by way of introduction ◆ **introduction, développement et conclusion** [dissertation, exposé] introduction, exposition, conclusion
b (= recommandation) **lettre/mot d'introduction** letter/note of introduction
c [objet] insertion, introduction; [liquide] introduction; [visiteur] admission, introduction
d (= lancement) [mode, idée] launching ◆ **introduction en Bourse** stock market listing ou flotation
e (Jur) [instance] institution
f (Rugby) put-in

**introduire** [ɛ̃tʀɔdɥiʀ] → SYN ▸ conjug 38 ◂ 1 vt a (= faire entrer) [+ objet] to place (*dans* in), insert, introduce (*dans* into); [+ liquide] to introduce (*dans* into); [+ visiteur] to show in ◆ **il introduisit sa clé dans la serrure** he put his key in the lock, he inserted his key into the lock ◆ **on m'introduisit dans le salon/auprès de la maîtresse de maison** I was shown into ou ushered into the lounge/shown in ou ushered in to see the mistress of the house ◆ **introduire la balle en mêlée** (Rugby) to put the ball into the scrum
b (= lancer) [+ mode] to launch, introduce; [+ idées nouvelles] to bring in, introduce; (Ling) [+ mot] to introduce (*dans* into) ◆ **introduire un produit sur le marché** (Écon) to launch a product on the market ◆ **introduire des valeurs en Bourse** to list ou float shares on the stock market
c (= présenter) [+ ami, protégé] to introduce ◆ **il m'a introduit auprès du directeur/dans le groupe** he introduced me to the manager/to the group
d (Jur) [+ instance] to institute
2 **s'introduire** vpr a (= pénétrer) **s'introduire dans un groupe** to work one's way into a group, be ou get o.s. admitted ou accepted into a group ◆ **s'introduire chez qn par effraction** to break into sb's home ◆ **s'introduire dans une pièce** to get into ou enter a room ◆ **l'eau/la fumée s'introduisait partout** the water/smoke was getting in everywhere ◆ **le doute s'introduisit dans son esprit** he began to have doubts
b (= être adopté) [usage, mode, idée] to be introduced (*dans* into)

**introduit, e** [ɛ̃tʀɔdɥi, it] (ptp de **introduire**) adj (frm) ◆ **être bien introduit dans un milieu** to be well connected in a certain milieu ◆ **bien introduit auprès du ministre** on good terms with the minister

**introït** [ɛ̃tʀɔit] nm introit

**introjection** [ɛ̃tʀɔʒɛksjɔ̃] nf introjection

**intromission** [ɛ̃tʀɔmisjɔ̃] → SYN nf intromission

**intron** [ɛ̃tʀɔ̃] nm intron

**intronisation** [ɛ̃tʀɔnizasjɔ̃] → SYN nf [roi, pape] enthronement ◆ **discours d'intronisation** (hum) [président] acceptance speech

**introniser** [ɛ̃tʀɔnize] → SYN ▸ conjug 1 ◂ vt [+ roi, pape] to enthrone; (hum) [+ président] to set up ◆ **il a été intronisé (comme) chef du parti** he was set up as leader of the party

**introrse** [ɛ̃tʀɔʀs] adj introrse

**introspectif, -ive** [ɛ̃tʀɔspɛktif, iv] adj introspective

**introspection** [ɛ̃tʀɔspɛksjɔ̃] → SYN nf introspection

**introuvable** [ɛ̃tʀuvabl] → SYN adj which (ou who) cannot be found ◆ **ma clé est introuvable** I can't find my key anywhere, my key is nowhere to be found ◆ **l'évadé demeure toujours introuvable** the escaped prisoner has still not been found ou discovered, the whereabouts of the escaped prisoner remain unknown ◆ **ces meubles sont introuvables aujourd'hui** furniture like this is unobtainable ou just cannot be found these days ◆ **l'accord reste introuvable entre les deux pays** the two countries are still unable to reach an agreement

**introversion** [ɛ̃tʀɔvɛʀsjɔ̃] → SYN nf introversion

**introverti, e** [ɛ̃tʀɔvɛʀti] → SYN 1 adj introverted
2 nm,f introvert

**intrus, e** [ɛ̃tʀy, yz] → SYN 1 adj intruding, intrusive
2 nm,f intruder ◆ **cherchez l'intrus** (jeu) find the odd one out

**intrusion** [ɛ̃tʀyzjɔ̃] → SYN nf (gén, Géol) intrusion ◆ **intrusion dans les affaires de qn** interference ou intrusion in sb's affairs ◆ **roches d'intrusion** intrusive rocks

**intubation** [ɛ̃tybasjɔ̃] nf (Méd) intubation

**intuber** [ɛ̃tybe] ▸ conjug 1 ◂ vt (Méd) to intubate

**intuitif, -ive** [ɛ̃tɥitif, iv] → SYN 1 adj intuitive
2 nm,f intuitive person ◆ **c'est un intuitif** he's very intuitive

**intuition** [ɛ̃tɥisjɔ̃] → SYN nf intuition ◆ **avoir de l'intuition** to have intuition ◆ **l'intuition féminine** feminine intuition ◆ **elle eut l'intuition que .../de ...** she had an intuition that .../ of ... ◆ **mon intuition me dit que ...** instinct ou my intuition tells me that ...

**intuitionnisme** [ɛ̃tɥisjɔnism] → SYN nm intuition(al)ism

**intuitionniste** [ɛ̃tyisjɔnist] 1 adj intuitionist(ic)
2 nmf intuition(al)ist

**intuitivement** [ɛ̃tɥitivmɑ̃] → SYN adv intuitively

**intumescence** [ɛ̃tymesɑ̃s] → SYN nf intumescence

**intumescent, e** [ɛ̃tymesɑ̃, ɑ̃t] → SYN adj intumescent

**intussusception** [ɛ̃tyssysɛpsjɔ̃] nf intussusception

**inuit, e** [inɥit] 1 adj inv Inuit
2 **Inuit** nmf Inuit

**inuline** [inylin] nf inulin

**inusable** [inyzabl] → SYN adj vêtement hard-wearing

**inusité, e** [inyzite] → SYN adj mot uncommon, not in common use (attrib); méthode no longer in use ◆ **ce mot est pratiquement inusité** this word is practically never used

**inusuel, -elle** [inyzɥɛl] adj (littér) unusual

**in utero** [inyteʀo] adj, adv in utero

**inutile** [inytil] → SYN adj a (= qui ne sert pas) objet useless; effort, parole, démarche pointless ◆ **connaissances inutiles** useless knowledge ◆ **sa voiture lui est inutile maintenant** his car is (of) no use ou is no good ou is useless to him now ◆ **inutile d'insister !** it's useless ou no use ou no good insisting!, there's no point ou it's pointless (insisting)! ◆ **je me sens inutile** I feel so useless ◆ **vous voulez de l'aide ? – non, c'est inutile** do you want some help? – no, there's no need
b (= superflu) paroles, crainte, travail, effort, dépense needless; bagages unnecessary ◆ **évitez toute fatigue inutile** avoid tiring yourself unnecessarily ◆ **inutile de vous dire que je ne suis pas resté** needless to say I didn't stay, I hardly need tell you I didn't stay; → **bouche**

**inutilement** [inytilmɑ̃] → SYN adv needlessly, unnecessarily

**inutilisable** [inytilizabl] → SYN adj unusable

**inutilisé, e** [inytilize] → SYN adj unused

**inutilité** [inytilite] → SYN nf [objet] uselessness; [effort, paroles, travail, démarche] pointlessness

**invagination** [ɛ̃vaʒinasjɔ̃] nf (Bio) invagination ◆ **invagination intestinale** intestinal intussusception

**invaginer (s')** [ɛ̃vaʒine] → SYN ▸ conjug 1 ◂ vpr to invaginate

**invaincu, e** [ɛ̃vɛ̃ky] adj (gén) unconquered, unvanquished, undefeated; (Sport) unbeaten, undefeated

**invalidant, e** [ɛ̃validɑ̃, ɑ̃t] → SYN adj maladie incapacitating, disabling

**invalidation** [ɛ̃validasjɔ̃] → SYN nf [contrat, élection] invalidation; [député] removal (from office)

**invalide** [ɛ̃valid] → SYN 1 nmf disabled person ◆ **grand invalide civil** severely disabled person ◆ **(grand) invalide de guerre** (severely) disabled ex-serviceman ◆ **invalide du travail** industrially disabled person ◆ **l'hôtel des Invalides, les Invalides** the Invalides
2 adj (Méd) disabled; (Jur) invalid

**invalider** [ɛ̃valide] → SYN ▸ conjug 1 ◂ vt (Jur) to invalidate; [+ député] to remove from office; [+ élection] to invalidate; (Méd) to disable

**invalidité** [ɛ̃validite] → SYN nf disablement, disability; → **assurance**

**invar ®** [ɛ̃vaʀ] nm Invar ®

**invariabilité** [ɛ̃vaʀjabilite] → SYN nf invariability

**invariable** [ɛ̃vaʀjabl] → SYN adj (gén, Ling) invariable; (littér) unvarying

**invariablement** [ɛ̃vaʀjabləmɑ̃] → SYN adv invariably

**invariance** [ɛ̃vaʀjɑ̃s] → SYN nf invariance, invariancy

**invariant, e** [ɛ̃vaʀjɑ̃, jɑ̃t] → SYN adj, nm invariant

**invasif, -ive** [ɛ̃vazif, iv] adj (Méd) cancer, tumeur, traitement invasive ◆ **chirurgie non invasive** non-invasive surgery

**invasion** [ɛ̃vazjɔ̃] → SYN nf invasion ◆ **c'est l'invasion !** it's an invasion!

**invective** [ɛ̃vɛktiv] → SYN nf invective ◆ **invectives** abuse, invectives ◆ **se répandre en invectives contre qn** to let loose a torrent ou stream of abuse against sb

**invectiver** [ɛ̃vɛktive] → SYN ▸ conjug 1 ◂ 1 vt to hurl ou shout abuse at ◆ **ils se sont violemment invectivés** they hurled ou shouted violent abuse at each other
2 vi to inveigh, rail (*contre* against)

**invendable** [ɛ̃vɑ̃dabl] → SYN adj (gén) unsaleable; (Comm) unmarketable

**invendu, e** [ɛ̃vɑ̃dy] 1 adj unsold
2 nm (= objet) unsold item; (= magazine) unsold copy ◆ **ce magasin brade ses invendus** this shop is selling off its unsold stock

**inventaire** [ɛ̃vɑ̃tɛʀ] → SYN nm a (gén, Jur) inventory ◆ **faire un inventaire** to make an inventory; → **bénéfice**
b (Comm) (= liste) stocklist (Brit), inventory (US); (= opération) stocktaking (Brit), inventory (US) ◆ **faire un inventaire** (Comm) to take stock, do the stocktaking (Brit) ou inventory (US) ◆ **"fermé pour cause d'inventaire"** "closed for stocktaking (Brit) ou inventory (US)"
c [monuments, souvenirs] survey ◆ **faire l'inventaire de** to assess, make an assessment of ◆ **c'est un inventaire à la Prévert** it's something of a ragbag

**inventer** [ɛ̃vɑ̃te] → SYN ▸ conjug 1 ◂ 1 vt a (= créer, découvrir) (gén) to invent; [+ moyen, procédé] to devise ◆ **il n'a pas inventé la poudre** ou **le fil à couper le beurre** ou **l'eau chaude** he'll never set the world ou the Thames (Brit) on fire, he's no bright spark *

**b** (= imaginer, trouver) [+ jeu] to think up, make up; [+ mot] to make up; [+ excuse, histoire fausse] to invent, make ou think up ◆ **c'est lui qui a inventé le mot** he coined the word ◆ **il ne sait plus quoi inventer pour échapper à l'école** he doesn't know what to think up ou dream up next to get out of school ◆ **ils avaient inventé de faire entrer les lapins dans le salon** they had the bright idea of bringing the rabbits into the drawing room ◆ **je n'invente rien** I'm not making anything up, I'm not inventing a thing ◆ **qu'est-ce que tu vas inventer là !** whatever can you be thinking of!; → **pièce**

**c** (Jur) [+ trésor] to find

**2** **s'inventer** vpr ◆ **ce sont des choses qui ne s'inventent pas** those are things people just don't make up ◆ **s'inventer une famille** to invent a family for o.s. ◆ **tu t'inventes des histoires !** you're imagining things!

**inventeur, -trice** [ɛ̃vɑ̃tœʀ, tʀis] → SYN nm,f inventor; (Jur) finder

**inventif, -ive** [ɛ̃vɑ̃tif, iv] → SYN adj esprit, solution, cuisine inventive; personne resourceful, inventive

**invention** [ɛ̃vɑ̃sjɔ̃] → SYN nf (gén, péj) invention; (= ingéniosité) inventiveness, spirit of invention; (Jur) [trésor] finding ◆ **cette excuse est une pure** ou **de la pure invention** that excuse is a pure invention ou fabrication ◆ **l'histoire est de son invention** the story was made up ou invented by him ou was his own invention ◆ **un cocktail de mon invention** a cocktail of my own creation; → **brevet**

**inventivité** [ɛ̃vɑ̃tivite] → SYN nf [esprit, solution, cuisine] inventiveness; [personne] resourcefulness, inventiveness

**inventorier** [ɛ̃vɑ̃tɔʀje] → SYN ▸ conjug 7 ◂ vt (gén, Jur) to make an inventory of; (Comm) to make a stocklist of

**invérifiable** [ɛ̃veʀifjabl] → SYN adj (gén) unverifiable; chiffres that cannot be checked

**inversable** [ɛ̃vɛʀsabl] adj tasse etc which cannot be knocked over

**inverse** [ɛ̃vɛʀs] → SYN **1** adj (gén) opposite; (Logique, Math) inverse ◆ **arriver en sens inverse** to arrive from the opposite direction ◆ **l'image apparaît en sens inverse dans le miroir** the image is reversed in the mirror ◆ **dans l'ordre inverse** in (the) reverse order ◆ **dans le sens inverse des aiguilles d'une montre** counterclockwise, anticlockwise (Brit)

**2** nm ◆ **l'inverse** (gén) the opposite, the reverse; (Philos) the converse ◆ **tu as fait l'inverse de ce que je t'ai dit** you did the opposite to ou of what I told you ◆ **t'a-t-il attaqué ou l'inverse ?** did he attack you or vice versa?, did he attack you or was it the other way round? ◆ **à l'inverse** conversely ◆ **cela va à l'inverse de nos prévisions** that goes contrary to our plans ◆ **à l'inverse de sa sœur, il est très timide** unlike his sister, he is very shy

**inversé, e** [ɛ̃vɛʀse] → SYN (ptp de **inverser**) adj image reversed; relief inverted

**inversement** [ɛ̃vɛʀsəmɑ̃] → SYN adv (gén) conversely; (Math) inversely ◆ **inversement proportionnel à** inversely proportional to ◆ **... et/ou inversement** ... and/or vice versa

**inverser** [ɛ̃vɛʀse] → SYN ▸ conjug 1 ◂ vt [+ ordre] to reverse, invert; [+ courant électrique] to reverse; [+ rôles] to reverse

**inverseur** [ɛ̃vɛʀsœʀ] nm (Élec, Tech) reverser ◆ **inverseur de poussée** (Aéronautique) thrust reverser

**inversible** [ɛ̃vɛʀsibl] adj (Photo) ◆ **film inversible** reversal film

**inversion** [ɛ̃vɛʀsjɔ̃] → SYN nf **a** (gén, Anat, Ling) inversion; (Élec) reversal ◆ **inversion thermique** (Mét) temperature inversion ◆ **inversion de poussée** (Aéronautique) thrust reversal ◆ **inversion du sucre** (Chim) inversion of sucrose

**b** (Psych) homosexuality, inversion (SPÉC)

**invertébré, e** [ɛ̃vɛʀtebʀe] adj, nm invertebrate ◆ **invertébrés** invertebrates, Invertebrata (SPÉC)

**inverti, e** [ɛ̃vɛʀti] → SYN (ptp de **invertir**) **1** adj (Chim) ◆ **sucre inverti** invert sugar

**2** nm,f † homosexual, invert †

**invertir** † [ɛ̃vɛʀtiʀ] ▸ conjug 2 ◂ vt to invert

**investigateur, -trice** [ɛ̃vɛstigatœʀ, tʀis] → SYN

**1** adj technique investigative; esprit inquiring (épith); regard searching (épith), scrutinizing (épith)

**2** nm,f investigator

**investigation** [ɛ̃vɛstigasjɔ̃] → SYN nf (gén) investigation; (Méd) examination ◆ **investigations** (gén, Police) investigations ◆ **la police poursuit ses investigations** the police are continuing their investigations ◆ **champ d'investigation** [chercheur] field of research ◆ **journalisme d'investigation** investigative journalism

**investir** [ɛ̃vɛstiʀ] → SYN ▸ conjug 2 ◂ **1** vt **a** (Fin) [+ capital] to invest (*dans* in)

**b** [+ fonctionnaire] to induct; [+ évêque] to invest ◆ **investir qn de pouvoirs/droits** to invest ou vest sb with powers/rights, vest powers/rights in sb ◆ **investir qn de sa confiance** to place one's trust in sb

**c** (Mil) [+ ville] to surround, besiege; (Police) to surround, cordon off

**2** **s'investir** vpr ◆ **s'investir dans son travail/une relation** to put a lot into one's work/a relationship ◆ **s'investir beaucoup pour faire qch** to put a lot of effort into doing sth

**investissement** [ɛ̃vɛstismɑ̃] → SYN nm (Écon, Méd, Psych) investment; (Mil) investing; (= efforts) contribution

**investisseur, -euse** [ɛ̃vɛstisœʀ, øz] **1** adj investing (épith)

**2** nm investor ◆ **investisseurs institutionnels** institutional investors

**investiture** [ɛ̃vɛstityʀ] → SYN nf [candidat] nomination; [évêché] investiture ◆ **recevoir l'investiture de son parti** (gén) to be endorsed by one's party; (Pol US) to be nominated by one's party ◆ **discours d'investiture** inaugural speech

**invétéré, e** [ɛ̃veteʀe] → SYN adj fumeur, joueur inveterate, confirmed; menteur out-and-out, downright; habitude inveterate, deep-rooted

**invincibilité** [ɛ̃vɛ̃sibilite] → SYN nf [adversaire, nation] invincibility

**invincible** [ɛ̃vɛ̃sibl] → SYN adj adversaire, nation invincible, unconquerable; courage invincible, indomitable; charme irresistible; difficultés insurmountable, insuperable; argument invincible, unassailable

**invinciblement** [ɛ̃vɛ̃sibləmɑ̃] adv invincibly

**in-vingt-quatre** [invɛ̃tkatʀ] **1** adj inv twenty-fourmo (épith)

**2** nm inv twenty-fourmo

**inviolabilité** [ɛ̃vjɔlabilite] → SYN nf [droit] inviolability; [serrure] impregnability; [parlementaire, diplomate] immunity

**inviolable** [ɛ̃vjɔlabl] → SYN adj droit inviolable; serrure impregnable, burglar-proof; parlementaire, diplomate immune

**inviolé, e** [ɛ̃vjɔle] → SYN adj (gén) unviolated, inviolate (frm); tombe intact; paysage, île unspoilt

**invisibilité** [ɛ̃vizibilite] nf invisibility

**invisible** [ɛ̃vizibl] → SYN **1** adj (= impossible à voir) invisible; (= minuscule) barely visible (*à* to); (Écon) invisible ◆ **invisible à l'œil nu** invisible to the naked eye ◆ **la maison était invisible derrière les arbres** the house was invisible ou couldn't be seen behind the trees ◆ **danger invisible** unseen ou hidden danger ◆ **il est invisible pour l'instant** he can't be seen ou he's unavailable at the moment ◆ **il est invisible depuis deux mois** he hasn't been seen (around) for two months

**2** nm ◆ **l'invisible** the invisible ◆ **invisibles** (Écon) invisibles

**invisiblement** [ɛ̃viziblәmɑ̃] adv invisibly

**invitant, e** [ɛ̃vitɑ̃, ɑ̃t] → SYN adj (littér) inviting ◆ **puissance invitante** (Pol) host country

**invitation** [ɛ̃vitasjɔ̃] GRAMMAIRE ACTIVE 25.1, 25.4 → SYN nf invitation, invite * (*à* to) ◆ **carte** ou **carton d'invitation** invitation card ◆ **lettre d'invitation** letter of invitation ◆ **"sur invitation (uniquement)"** "by invitation only" ◆ **invitation à dîner** invitation to dinner ◆ **faire une invitation à qn** to invite sb, extend an invitation to sb ◆ **venir sans invitation** to come uninvited ou without (an) invitation ◆ **à** ou **sur son invitation** at his invitation ◆ **une invitation à déserter** an (open) invitation to desert ◆ **cet événement est une invitation à réfléchir sur le sens de la vie** this event leads us to reflect on the meaning of life ◆ **ses tableaux sont une invitation au voyage** his paintings make us dream of faraway places

**invite** [ɛ̃vit] nf (littér) invitation ◆ **à son invite** at his invitation

**invité, e** [ɛ̃vite] → SYN (ptp de **inviter**) nm,f guest ◆ **invité de marque** distinguished guest ◆ **invité d'honneur** guest of honour

**inviter** [ɛ̃vite] GRAMMAIRE ACTIVE 25.1, 25.4 → SYN ▸ conjug 1 ◂ vt **a** (= convier) to invite, ask (*à* to) ◆ **inviter qn chez soi/à dîner** to invite ou ask sb to one's house/to ou for dinner ◆ **elle ne l'a pas invité à entrer/monter** she didn't invite ou ask him (to come) in/up ◆ **il s'est invité** he invited himself ◆ **c'est moi qui invite** it's my treat, it's on me *

**b** (= engager) **inviter à** to invite to ◆ **inviter qn à démissionner** to invite sb to resign ◆ **il l'invita de la main à s'approcher** he beckoned ou motioned (to) her to come nearer ◆ **ceci invite à croire que ...** this induces ou leads us to believe that ..., this suggests that ... ◆ **la chaleur invitait au repos** the heat tempted one to rest

**in vitro** [invitʀo] loc adj, loc adv in vitro

**invivable** [ɛ̃vivabl] → SYN adj (gén) unbearable; personne unbearable, obnoxious

**in vivo** [invivo] loc adj, loc adv in vivo

**invocation** [ɛ̃vɔkasjɔ̃] → SYN nf invocation (*à* to)

**invocatoire** [ɛ̃vɔkatwaʀ] adj (littér) invocatory (littér)

**involontaire** [ɛ̃vɔlɔ̃tɛʀ] → SYN adj sourire, mouvement involuntary; peine, insulte unintentional, unwitting; témoin, complice unwitting

**involontairement** [ɛ̃vɔlɔ̃tɛʀmɑ̃] → SYN adv sourire involuntarily; bousculer qn unintentionally, unwittingly ◆ **l'accident dont je fus (bien) involontairement le témoin** the accident to ou of which I was an ou the unintentional witness

**involucre** [ɛ̃vɔlykʀ] nm involucre

**involuté, e** [ɛ̃vɔlyte] adj involute

**involutif, -ive** [ɛ̃vɔlytif, iv] adj (Bio, Math) involute ◆ **(processus) involutif** (Méd) involution

**involution** [ɛ̃vɔlysjɔ̃] nf (Bio, Méd, Math) involution ◆ **involution utérine** (Méd) involution of the uterus

**invoquer** [ɛ̃vɔke] → SYN ▸ conjug 1 ◂ vt **a** (= alléguer) [+ argument] to put forward; [+ témoignage] to call upon; [+ excuse, jeunesse, ignorance] to plead; [+ loi, texte] to cite, refer to ◆ **invoquer les règles de compétence** (Jur) to avail o.s. of the rules of jurisdiction ◆ **les arguments de fait et de droit invoqués** the points of fact and law relied on ◆ **les raisons invoquées** the reasons adduced

**b** (= appeler à l'aide) [+ Dieu] to invoke, call upon ◆ **invoquer le secours de qn** to call upon sb for help ◆ **invoquer la clémence de qn** to beg sb ou appeal to sb for clemency

**invraisemblable** [ɛ̃vʀɛsɑ̃blabl] → SYN adj **a** (= peu plausible) histoire, nouvelle unlikely, improbable; argument implausible

**b** (= inimaginable) insolence, habit incredible ◆ **aussi invraisemblable que cela paraisse** incredible though it may seem ◆ **c'est invraisemblable !** it's incredible!

**invraisemblablement** [ɛ̃vʀɛsɑ̃blabləmɑ̃] adv incredibly

**invraisemblance** [ɛ̃vʀɛsɑ̃blɑ̃s] → SYN nf [fait, nouvelle] unlikelihood (NonC), unlikeliness (NonC), improbability; [argument] implausibility ◆ **plein d'invraisemblances** full of improbabilities ou implausibilities

**invulnérabilité** [ɛ̃vylneʀabilite] → SYN nf invulnerability

**invulnérable** [ɛ̃vylneʀabl] → SYN adj (lit) invulnerable ◆ **invulnérable à** (fig) [+ maladie] immune to; [+ attaque] invulnerable to, impervious to

**Io** [jo] nf Io

**iodate** [jɔdat] nm iodate

**iode** [jɔd] nm iodine; → **phare, teinture**

**iodé, e** [jɔde] adj air, sel iodized ◆ **les huîtres ont un goût iodé** oysters really taste of the sea

**ioder** [jɔde] ▸ conjug 1 ◂ vt to iodize

**iodhydrique** [jɔdidʀik] adj m ◆ **acide iodhydrique** hydriodic acid

**iodique** [jɔdik] adj ◆ **acide iodique** iodic acid

**iodisme** [jɔdism] nm iodism

**iodler** [jɔdle] ▸ conjug 1 ◂ vt ⇒ **jodler**

**iodoforme** [jɔdɔfɔʀm] nm iodoform

**iodure** [jɔdyʀ] nm iodide

**ioduré, e** [jɔdyʀe] adj iodized

**ion** [jɔ̃] nm ion

**Ionie** [jɔni] nf Ionia

**ionien, -ienne** [jɔnjɛ̃, jɛn] 1 adj Ionian ◆ **la mer Ionienne** the Ionian Sea ◆ **les îles Ioniennes** the Ionian Islands
2 nm (Ling) Ionic
3 **Ioniens** nmpl Ionians

**ionique** [jɔnik] 1 adj (Archit) Ionic; (Sci) ionic
2 nm (Archit) ◆ **l'ionique** the Ionic

**ionisant, e** [jɔnizɑ̃, ɑ̃t] adj ionizing

**ionisation** [jɔnizasjɔ̃] nf ionization

**ioniser** [jɔnize] ▸ conjug 1 ◂ vt to ionize

**ionogramme** [jɔnɔgʀam] nm ionogram

**ionone** [jɔnɔn] nf ionone

**ionosphère** [jɔnɔsfɛʀ] nf ionosphere

**ionosphérique** [jɔnɔsfeʀik] adj ionospheric

**iota** [jɔta] nm iota ◆ **je n'y ai pas changé un iota** I didn't change it one iota, I didn't change one ou an iota of it ◆ **il n'a pas bougé d'un iota** (lit, fig) he didn't move an inch, he didn't budge

**iotacisme** [jɔtasism] nm iotacism

**iourte** [juʀt] nf ⇒ **yourte**

**Iowa** [ajɔwa] nm Iowa

**IPC** [ipese] nm (abrév de **indice des prix à la consommation**) CPI

**ipéca** [ipeka] nm ipecacuanha, ipecac (US)

**Iphigénie** [ifiʒeni] nf Iphigenia ◆ **"Iphigénie à Aulis** ou **en Aulide"** (Littérat) "Iphigenia in Aulis" ◆ **"Iphigénie en Tauride"** (Littérat) "Iphigenia in Tauris"

**ipomée** [ipɔme] nf ipomoea

**IPR** [ipeɛʀ] nm (abrév de **inspecteur pédagogique régional**) → **inspecteur**

**ipso facto** [ipsofakto] loc adv ipso facto

**IRA** [iʀa] nf (abrév de **Irish Republican Army**) IRA

**Irak** [iʀak] nm Iraq, Irak

**irakien, -ienne** [iʀakjɛ̃, jɛn] 1 adj Iraqi
2 nm (Ling) Iraqi
3 **Irakien(ne)** nm,f Iraqi

**Iran** [iʀɑ̃] nm Iran

**iranien, -ienne** [iʀanjɛ̃, jɛn] 1 adj Iranian
2 nm (Ling) Iranian
3 **Iranien(ne)** nm,f Iranian

**Iraq** [iʀak] nm ⇒ **Irak**

**iraqien, -ienne** [iʀakjɛ̃, jɛn] adj, nm,f ⇒ **irakien**

**irascibilité** [iʀasibilite] → SYN nf short- ou quick-temperedness, irascibility

**irascible** [iʀasibl] → SYN adj short- ou quick-tempered, irascible

**ire** [iʀ] → SYN nf (littér) ire (littér)

**irénique** [iʀenik] adj irenic(al), eirenic(al)

**irénisme** [iʀenism] nm irenicism

**iridacée** [iʀidase] nf iridaceous plant ◆ **les iridacées** iridaceous plants, the Iridaceae (SPÉC)

**iridacées** [iʀidase] nf pl ◆ **les iridacées** iridaceous plants, the Iridaceae (SPÉC)

**iridectomie** [iʀidɛktɔmi] nf iridectomy

**iridescent, e** [iʀidesɑ̃, ɑ̃t] → SYN adj iridescent

**iridié, e** [iʀidje] adj iridic; → **platine**[1]

**iridien, -ienne** [iʀidjɛ̃, jɛn] adj iridic

**iridium** [iʀidjɔm] nm iridium

**iridologie** [iʀidɔlɔʒi] nf iridology

**iridologue** [iʀidɔlɔg] nmf iridologist

**irien, -ienne** [iʀjɛ̃, jɛn] adj iridic

**iris** [iʀis] nm (Anat, Photo) iris; (Bot) iris, flag ◆ **iris jaune/des marais** yellow/water flag

**irisation** [iʀizasjɔ̃] → SYN nf iridescence, irisation

**irisé, e** [iʀize] → SYN (ptp de **iriser**) adj iridescent

**iriser** [iʀize] → SYN ▸ conjug 1 ◂ 1 vt to make iridescent
2 **s'iriser** vpr to become iridescent

**iritis** [iʀitis] nf iritis

**irlandais, e** [iʀlɑ̃dɛ, ɛz] 1 adj Irish
2 nm a (Ling) Irish
b **Irlandais** Irishman ◆ **les Irlandais** the Irish ◆ **les Irlandais du Nord** the Northern Irish
3 **Irlandaise** nf Irishwoman

**Irlande** [iʀlɑ̃d] nf (= pays) Ireland; (= État) Irish Republic, Republic of Ireland ◆ **l'Irlande du Nord** Northern Ireland, Ulster ◆ **de l'Irlande du Nord** Northern Irish ◆ **Irlande du Sud** Southern Ireland

**IRM** [iɛʀɛm] nf (abrév de **imagerie par résonance magnétique**) MRI ◆ **on m'a fait une IRM** I had an MRI scan

**Iroise** [iʀwaz] n ◆ **la mer d'Iroise** the Iroise ◆ **le pays d'Iroise** the Iroise region *(in Western Brittany)*

**iroko** [iʀɔko] nm iroko

**irone** [iʀɔn] nf irone

**ironie** [iʀɔni] → SYN nf (lit, fig) irony ◆ **par une curieuse ironie du sort** by a strange irony of fate ◆ **ironie grinçante** bitter irony ◆ **il sait manier l'ironie** he is a master of irony ◆ **je le dis sans ironie** I mean what I say

**ironique** [iʀɔnik] → SYN adj ironic(al)

**ironiquement** [iʀɔnikmɑ̃] adv ironically

**ironiser** [iʀɔnize] → SYN ▸ conjug 1 ◂ vi to be ironic(al) (*sur* about) ◆ **ce n'est pas la peine d'ironiser** there's no need to be ironic(al) (about it)

**ironiste** [iʀɔnist] → SYN nmf ironist

**iroquois, e** [iʀɔkwa, waz] 1 adj peuplade Iroquoian; (Hist) Iroquois
2 nm a (Ling) Iroquoian
b (= coiffure) Mohican (haircut) (Brit), Mohawk (US)
3 **Iroquois(e)** nm,f Iroquoian, Iroquois

**IRPP** [iɛʀpepe] nm (abrév de **impôt sur le revenu des personnes physiques**) → **impôt**

**irradiant, e** [iʀadjɑ̃, jɑ̃t] adj douleur radiant

**irradiation** [iʀadjasjɔ̃] → SYN nf (= action) irradiation; (= halo) irradiation; (= rayons) radiation, irradiation; (Méd) radiation

**irradier** [iʀadje] → SYN ▸ conjug 7 ◂ 1 vt (Phys) to irradiate ◆ **les personnes irradiées** the people who were irradiated ou exposed to radiation ◆ **combustible irradié** spent (nuclear) fuel, irradiated fuel ◆ **un sourire irradiait son visage** a smile lit up his face
2 vi [lumière] to radiate, irradiate; [douleur] to radiate; (fig) to radiate

**irraisonné, e** [iʀɛzɔne] → SYN adj irrational

**irrationalisme** [iʀasjɔnalism] → SYN nm irrationalism

**irrationalité** [iʀasjɔnalite] nf irrationality

**irrationnel, -elle** [iʀasjɔnɛl] 1 adj (gén, Math) irrational
2 nm ◆ **l'irrationnel** the irrational

**irrationnellement** [iʀasjɔnɛlmɑ̃] adv irrationally

**irrattrapable** [iʀatʀapabl] → SYN adj bévue irretrievable

**irréalisable** [iʀealizabl] → SYN adj (gén) unrealizable, unachievable; projet impracticable, unworkable ◆ **c'est irréalisable** it's not feasible, it's unworkable

**irréalisé, e** [iʀealize] adj (littér) unrealized, unachieved

**irréalisme** [iʀealism] → SYN nm lack of realism, unrealism

**irréaliste** [iʀealist] adj unrealistic

**irréalité** [iʀealite] → SYN nf unreality

**irrecevabilité** [iʀəs(ə)vabilite] nf a [argument, demande] unacceptability
b (Jur) inadmissibility

**irrecevable** [iʀəs(ə)vabl] → SYN adj a (= inacceptable) argument, demande unacceptable
b (Jur) inadmissible ◆ **témoignage irrecevable** inadmissible evidence ◆ **leur plainte a été jugée irrecevable** their claim was declared inadmissible

**irréconciliable** [iʀekɔ̃siljabl] → SYN adj irreconcilable (*avec* with)

**irrécouvrable** [iʀekuvʀabl] adj irrecoverable

**irrécupérable** [iʀekypeʀabl] → SYN adj (gén) irretrievable; créance irrecoverable; ferraille, meubles unreclaimable; voiture beyond repair (attrib) ◆ **il est irrécupérable** [personne] he's beyond redemption

**irrécusable** [iʀekyzabl] → SYN adj témoin, juge unimpeachable; témoignage, preuve incontestable, indisputable

**irrédentisme** [iʀedɑ̃tism] nm irredentism

**irrédentiste** [iʀedɑ̃tist] adj, nmf irredentist

**irréductibilité** [iʀedyktibilite] → SYN nf a [fait, élément] irreducibility
b (= caractère invincible) [obstacle] insurmountability, invincibility; [volonté] implacability
c (Chim, Math, Méd) irreducibility

**irréductible** [iʀedyktibl] → SYN adj a (= qui ne peut être réduit) fait, élément irreducible
b (= invincible) obstacle insurmountable, invincible; volonté, opposition, ennemi implacable ◆ **les irréductibles du parti** the hard core of the party
c (Chim, Math, Méd) irreducible

**irréductiblement** [iʀedyktibləmɑ̃] adv implacably ◆ **être irréductiblement opposé à une politique** to be in out-and-out opposition to ou be implacably opposed to a policy

**irréel, -elle** [iʀeɛl] → SYN 1 adj unreal
2 nm ◆ **l'irréel** the unreal ◆ **(mode) irréel** (Ling) *mood expressing unreal condition* ◆ **l'irréel du présent/passé** the hypothetical present/past

**irréfléchi, e** [iʀefleʃi] → SYN adj geste, paroles, action thoughtless, unconsidered; personne impulsive; courage, audace reckless, impetuous

**irréflexion** [iʀeflɛksjɔ̃] → SYN nf thoughtlessness

**irréformable** [iʀefɔʀmabl] → SYN adj irreformable

**irréfragable** [iʀefʀagabl] → SYN adj irrefragable

**irréfutabilité** [iʀefytabilite] nf irrefutability

**irréfutable** [iʀefytabl] adj preuve, logique irrefutable; signe undeniable ◆ **de façon irréfutable** irrefutably

**irréfutablement** [iʀefytabləmɑ̃] adv irrefutably

**irréfuté, e** [iʀefyte] adj unrefuted

**irrégularité** [iʀegylaʀite] → SYN nf a (= asymétrie) [façade, traits, forme] irregularity; [écriture] irregularity, unevenness ◆ **les irrégularités du terrain** the unevenness of the ground ◆ **les irrégularités de ses traits** his irregular features
b (= variabilité) [développement, horaire, pouls, respiration] irregularity; [rythme, courant, vitesse] variation; [sommeil, vent] fitfulness; [service, visites, intervalles] irregularity
c (= inégalité) [travail, effort, qualité, résultats] unevenness; [élève, athlète] erratic performance
d (= illégalité) irregularity ◆ **des irrégularités ont été commises lors du scrutin** irregularities occurred during the ballot
e (Ling) [verbe, pluriel] irregularity

**irrégulier, -ière** [iʀegylje, jɛʀ] → SYN 1 adj a (= asymétrique) façade, traits, forme irregular; écriture irregular, uneven; terrain irregular, uneven
b (= variable) développement, horaire irregular; rythme, courant, vitesse irregular, varying (épith); sommeil, pouls, respiration irregular, fitful; service, visites, intervalles irregular; vent fitful
c (= inégal) travail, effort, qualité, résultats uneven; élève, athlète erratic
d (= illégal) opération, situation, procédure irregular; détention illegal; agent, homme d'affaires dubious ◆ **absence irrégulière** (Jur) unauthorized absence ◆ **étranger en situation irrégulière** foreign national whose papers are not in order ◆ **pour éviter de vous mettre en situation irrégulière** to avoid being in breach of the regulations ◆ **il était en séjour irrégulier** he was in the country illegally
e (Ling) verbe, pluriel irregular
f (Mil) irregular
2 nm (Mil : gén pl) irregular

**irrégulièrement** [iʀegyljɛʀmɑ̃] adv (gén) irregularly; (= sporadiquement) sporadically; (= illégalement) illegally ◆ **il ne paie son loyer que très irrégulièrement** he only pays his rent at very irregular intervals ◆ **ceux entrés irrégulièrement dans le pays** those who came into the country illegally

**irréligieux, -ieuse** [iʀeliʒjø, jøz] → SYN adj irreligious

**irréligion** [iʀeliʒjɔ̃] → SYN nf irreligiousness, irreligion

**irréligiosité** [iʀeliʒjɔzite] nf irreligiousness

**irrémédiable** [iʀemedjabl] → SYN adj **a** (= irréparable) dommage, perte irreparable ◆ **essayer d'éviter l'irrémédiable** to try to avoid doing anything that can't be undone

**b** (= incurable) mal, vice incurable, irremediable

**c** (= irréversible) changement, tendance irreversible ◆ **l'irrémédiable montée du chômage** the inexorable rise of unemployment

**irrémédiablement** [iʀemedjabləmɑ̃] adv irreparably, irremediably

**irrémissible** [iʀemisibl] → SYN adj (littér) irremissible

**irrémissiblement** [iʀemisibləmɑ̃] adv (littér) irremissibly

**irremplaçable** [iʀɑ̃plasabl] → SYN adj irreplaceable ◆ (Prov) **nul** ou **personne n'est irremplaçable** everyone is replaceable

**irréparable** [iʀepaʀabl] → SYN adj **a** (= hors d'état) objet irreparable, unmendable, beyond repair (attrib) ◆ **la voiture est irréparable** the car is beyond repair ou is a write-off

**b** (= irrémédiable) dommage, perte, impair irreparable ◆ **pour éviter l'irréparable** to avoid doing something that can't be undone

**irrépréhensible** [iʀepʀeɑ̃sibl] → SYN adj (littér) irreprehensible

**irrépressible** [iʀepʀesibl] → SYN adj irrepressible

**irréprochable** [iʀepʀɔʃabl] → SYN adj technique, travail perfect, impeccable; alibi perfect; moralité, conduite, vie irreproachable, beyond reproach (attrib); tenue impeccable, faultless ◆ **c'est une mère irréprochable** she's the perfect mother

**irréprochablement** [iʀepʀɔʃabləmɑ̃] adv ◆ **irréprochablement pur/propre** impeccably pure/clean

**irrésistible** [iʀezistibl] → SYN adj personne, charme, plaisir, force irresistible; besoin, désir, preuve, logique compelling ◆ **il est (d'un comique) irrésistible !** (amusant) he's hilarious!

**irrésistiblement** [iʀezistibləmɑ̃] adv irresistibly

**irrésolu, e** [iʀezɔly] → SYN adj personne irresolute, indecisive; problème unresolved, unsolved

**irrésolution** [iʀezɔlysjɔ̃] → SYN nf irresolution, irresoluteness, indecisiveness

**irrespect** [iʀɛspɛ] → SYN nm disrespect (*envers, de* for)

**irrespectueusement** [iʀɛspɛktɥøzmɑ̃] adv disrespectfully

**irrespectueux, -euse** [iʀɛspɛktɥø, øz] → SYN adj disrespectful (*envers* to, towards)

**irrespirable** [iʀɛspiʀabl] → SYN adj **a** air (= pénible à respirer) unbreathable; (= dangereux) unsafe, unhealthy

**b** ambiance oppressive, stifling

**irresponsabilité** [iʀɛspɔ̃sabilite] → SYN nf irresponsibility

**irresponsable** [iʀɛspɔ̃sabl] → SYN adj irresponsible (*de* for) ◆ **c'est un irresponsable !** he's (totally) irresponsible! ◆ **notre pays est entre les mains d'irresponsables** this country is in irresponsible hands

**irrétrécissable** [iʀetʀesisabl] adj (sur étiquette, publicité) unshrinkable, nonshrink

**irrévérence** [iʀeveʀɑ̃s] → SYN nf (= caractère) irreverence; (= propos) irreverent word; (= acte) irreverent act

**irrévérencieusement** [iʀeveʀɑ̃sjøzmɑ̃] adv irreverently

**irrévérencieux, -ieuse** [iʀeveʀɑ̃sjø, jøz] → SYN adj irreverent (*envers, à l'égard de* towards)

**irréversibilité** [iʀevɛʀsibilite] → SYN nf irreversibility

**irréversible** [iʀevɛʀsibl] → SYN adj irreversible

**irréversiblement** [iʀevɛʀsibləmɑ̃] adv irreversibly

**irrévocabilité** [iʀevɔkabilite] nf (littér, Jur) irrevocability

**irrévocable** [iʀevɔkabl] adj décision, choix, juge irrevocable; temps, passé beyond ou past recall (attrib), irrevocable ◆ **l'irrévocable** the irrevocable

**irrévocablement** [iʀevɔkabləmɑ̃] adv irrevocably

**irrigable** [iʀigabl] adj irrigable

**irrigation** [iʀigasjɔ̃] → SYN nf (Agr, Méd) irrigation

**irriguer** [iʀige] → SYN ▸ conjug 1 ◂ vt (Agr, Méd) to irrigate

**irritabilité** [iʀitabilite] → SYN nf irritability

**irritable** [iʀitabl] → SYN adj irritable

**irritant, e** [iʀitɑ̃, ɑ̃t] → SYN **1** adj (= agaçant) irritating, annoying, irksome; (Méd) irritant

**2** nm irritant

**irritatif, -ive** [iʀitatif, iv] adj irritative

**irritation** [iʀitasjɔ̃] → SYN nf (= colère) irritation, annoyance; (Méd) irritation

**irrité, e** [iʀite] → SYN (ptp de **irriter**) adj gorge, yeux irritated, inflamed; geste, regard irritated, annoyed, angry ◆ **être irrité contre qn** to be annoyed ou angry with sb

**irriter** [iʀite] → SYN ▸ conjug 1 ◂ **1** vt **a** (= agacer) to irritate, annoy, irk

**b** (= enflammer) [+ œil, peau, blessure] to make inflamed, irritate ◆ **il avait la gorge irritée par la fumée** the smoke irritated his throat

**c** (littér = aviver) [+ désir, curiosité] to arouse

**2** **s'irriter** vpr **a** (= s'agacer) **s'irriter de qch/contre qn** to get annoyed ou angry at sth/with sb, feel irritated at sth/with sb

**b** [œil, peau, blessure] to become inflamed ou irritated

**irruption** [iʀypsjɔ̃] → SYN nf (= entrée subite ou hostile) irruption (NonC); [nouvelles technologies, doctrine] sudden emergence ◆ **pour empêcher l'irruption des manifestants dans le bâtiment** to prevent the demonstrators from storming the building ou bursting into the building ◆ **faire irruption (chez qn)** to burst in (on sb) ◆ **les eaux firent irruption dans les bas quartiers** the waters swept into ou flooded the low-lying parts of the town ◆ **ils ont fait irruption dans le monde musical en 1996** they burst onto the music scene in 1996

**Isaac** [izak] nm Isaac

**Isabelle** [izabɛl] nf Isabel ◆ **Isabelle la Catholique** Isabella the Catholic

**isabelle** [izabɛl] → SYN **1** adj inv light-tan

**2** nm light-tan horse

**Isaïe** [isai] nm Isaiah ◆ **(le livre d')Isaïe** (the Book of) Isaiah

**isallobare** [iza(l)lɔbaʀ] nf isallobar

**isard** [izaʀ] → SYN nm izard

**isatis** [izatis] → SYN nm **a** (Bot) woad, isatis (SPÉC)

**b** (= renard polaire) polar fox; (= renard bleu) blue fox

**isba** [izba] → SYN nf isba

**ISBN** [iɛsbeɛn] adj, nm (abrév de **International Standard Book Number**) ISBN

**ischémie** [iskemi] nf ischaemia (Brit), ischemia (US)

**ischémique** [iskemik] **1** adj ischaemic (Brit), ischemic (US)

**2** nmf person suffering from ischaemia

**ischiatique** [iskjatik] adj ischial, ischiatic

**ischion** [iskjɔ̃] nm ischium

**isentropique** [izɑ̃tʀɔpik] adj isentropic

**Iseu(l)t** [isø] nf Isolde; → **Tristan**

**ISF** [iɛsɛf] nm (abrév de **impôt de solidarité sur la fortune**) → **impôt**

**Ishtar** [iʃtaʀ] nm Ishtar

**isiaque** [izjak] adj Isiac

**Isis** [izis] nf Isis

**Islam** [islam] nm ◆ **l'Islam** Islam

**Islamabad** [islamabad] n Islamabad

**islamique** [islamik] → SYN adj Islamic ◆ **la République islamique de ...** the Islamic Republic of ...

**islamisation** [islamizasjɔ̃] nf Islamization

**islamiser** [islamize] ▸ conjug 1 ◂ vt to Islamize

**islamisme** [islamism] nm Islamism

**islamiste** [islamist] **1** adj Islamic

**2** nmf Islamist

**islandais, e** [islɑ̃dɛ, ɛz] **1** adj Icelandic

**2** nm (Ling) Icelandic

**3** **Islandais(e)** nm,f Icelander

**Islande** [islɑ̃d] nf Iceland

**ismaélien, -ienne** [ismaeljɛ̃, jɛn] nm,f Ismaili, Ismailian

**ismaélisme** [ismaelism], **ismaïlisme** [ismailism] nm Ismailism, Ismaili

**ISO** [izo] nm inv (abrév de **International Standardization Organization**) ◆ **degré/norme/certification ISO** ISO rating/standard/certification

**isobare** [izobaʀ] **1** adj isobaric

**2** nf isobar

**isobathe** [izobat] **1** adj isobathic

**2** nf isobath

**isocèle** [izɔsɛl] adj isosceles

**isochore** [izɔkɔʀ] adj isochoric

**isochromatique** [izɔkʀɔmatik] adj isochromatic

**isochrone** [izɔkʀɔn] → SYN, **isochronique** [izɔkʀɔnik] adj isochronal, isochronous

**isochronisme** [izɔkʀɔnism] nm isochronism

**isoclinal, e,** mpl **-aux** [izoklinal, o] adj isoclinal, isoclinic

**isocline** [izɔklin] **1** adj isoclinal, isoclinic

**2** nf isocline

**isodynamie** [izodinami] nf isodynamic quality

**isodynamique** [izodinamik] adj isodynamic

**isoélectrique** [izoelɛktʀik] adj isoelectric

**isoète** [izɔɛt] nm quillwort

**isogame** [izɔgam] adj isogamous

**isogamie** [izɔgami] nf (Bio) [champignons] isogamy

**isoglosse** [izɔglɔs] **1** adj isoglossal, isoglottic

**2** nf isogloss

**isogone** [izɔgɔn, izogon] adj isogonic, isogonal

**isogreffe** [izogʀɛf] nf [organe] isotransplant; [tissu] isograft

**isohyète** [izɔjɛt] adj ◆ **ligne isohyète** isohyet

**isoionique** [izojɔnik] adj isoionic

**isolable** [izɔlabl] adj isolable ◆ **difficilement isolable** difficult to isolate

**isolant, e** [izɔlɑ̃, ɑ̃t] **1** adj (Constr, Élec) insulating; (= insonorisant) soundproofing, sound-insulating; (Ling) isolating

**2** nm insulator, insulating material ◆ **isolant thermique/électrique** heat/electrical insulator ◆ **isolant phonique** soundproofing material

**isolat** [izɔla] nm (Bio, Chim, Ling) isolate

**isolateur, -trice** [izɔlatœʀ, tʀis] **1** adj écran, gaine insulating

**2** nm (= support) insulator

**isolation** [izɔlasjɔ̃] → SYN nf (Élec) insulation ◆ **isolation phonique** ou **acoustique** soundproofing, sound insulation ◆ **isolation thermique** thermal ou heat insulation

**isolationnisme** [izɔlasjɔnism] nm isolationism

**isolationniste** [izɔlasjɔnist] adj, nmf isolationist

**isolé, e** [izɔle] → SYN (ptp de **isoler**) **1** adj cas, personne, protestation, acte isolated; incident isolated, one-off; lieu isolated, remote; philosophe, tireur, anarchiste lone (épith); (Élec) insulated ◆ **se sentir isolé** to feel isolated ◆ **vivre isolé** to live in isolation ◆ **phrase isolée de son contexte** sentence taken out of context ◆ **quelques voix isolées se sont élevées pour dénoncer ...** a few lone voices have been raised in protest against ...

**2** nm,f (= personne délaissée) lonely person; (= personne qui agit seule) loner ◆ **le problème des isolés** the problem of the lonely ou isolated ◆ **seuls quelques isolés l'ont encou-**

**ragé** only a few isolated individuals encouraged him ◆ **ce dissident n'est plus un isolé** this dissident is no longer out on his own

**isolement** [izɔlmɑ̃] → SYN nm [maison, théoricien, prisonnier, malade, pays] isolation; (Élec) [câble] insulation ◆ **leur pays tente de sortir de son isolement international** their country is trying to break out of its international isolation

**isolément** [izɔlemɑ̃] adv in isolation, individually ◆ **chaque élément pris isolément** each element considered separately ou individually ou in isolation

**isoler** [izɔle] → SYN ▸ conjug 1 ◂ [1] vt a [+ prisonnier] to place in solitary confinement; [+ malade, citation, fait, mot] to isolate (*de* from); [+ lieu] to cut off (*de* from), isolate ◆ **ses opinions l'isolent** his opinions isolate him ◆ **hameau isolé par l'inondation/la neige** village cut off by floods/snow

b (contre le froid, Élec) to insulate; (contre le bruit) to soundproof, insulate

c (Bio, Chim) to isolate

[2] **s'isoler** vpr (dans un coin, pour travailler) to isolate o.s. ◆ **s'isoler du reste du monde** to cut o.s. off ou isolate o.s. from the rest of the world ◆ **pourrait-on s'isoler quelques instants ?** could we go somewhere quiet for a few minutes?

**isoleucine** [izoløsin] nf isoleucine

**isoloir** [izɔlwaʀ] nm polling booth

**isomère** [izɔmɛʀ] [1] adj isomeric

[2] nm isomer

**isomérie** [izɔmeʀi] nf isomerism

**isomérique** [izɔmeʀik] adj isomeric

**isomérisation** [izɔmeʀizasjɔ̃] nf isomerization

**isométrie** [izɔmetʀi] nf isometry

**isométrique** [izɔmetʀik] adj (Math, Sci) isometric

**isomorphe** [izɔmɔʀf] → SYN adj (Chim) isomorphic, isomorphous; (Math, Ling) isomorphic

**isomorphisme** [izɔmɔʀfism] nm isomorphism

**isoniazide** [izɔnjazid, izɔniazid] nf isoniazid

**isopodes** [izɔpɔd] nmpl ◆ **les isopodes** isopods, the Isopoda (SPÉC)

**isoprène** [izɔpʀɛn] nm (Chim) isoprene

**isoprénique** [izɔpʀenik] adj isoprenoid

**isoptères** [izɔptɛʀ] nmpl ◆ **les isoptères** isopterous insects, the Isoptera (SPÉC)

**Isorel** ® [izɔʀɛl] nm hardboard

**isostasie** [izɔstazi] nf isostasy

**isostatique** [izɔstatik] adj isostatic

**isotherme** [izɔtɛʀm] [1] adj isothermal (SPÉC) ◆ **sac isotherme** cool ou insulated bag ◆ **caisse isotherme** ice box ◆ **camion isotherme** refrigerated lorry (Brit) ou truck (US)

[2] nf isotherm

**isotonie** [izɔtɔni] nf isotonicity

**isotonique** [izɔtɔnik] adj isotonic

**isotope** [izɔtɔp] [1] adj isotopic

[2] nm isotope

**isotopie** [izɔtɔpi] nf isotopy

**isotopique** [izɔtɔpik] adj isotopic

**isotron** [izɔtʀɔ̃] nm isotron

**isotrope** [izɔtʀɔp] adj isotropic, isotropous

**isotropie** [izɔtʀɔpi] nf isotropy

**Israël** [isʀaɛl] nm Israel ◆ **l'État d'Israël** the state of Israel

**israélien, -ienne** [isʀaeljɛ̃, jɛn] [1] adj Israeli

[2] **Israélien(ne)** nm,f Israeli

**israélite** [isʀaelit] → SYN [1] adj Jewish

[2] nm (gén) Jew; (Hist) Israelite

[3] nf Jewess; (Hist) Israelite

**ISSN** [iɛsɛsɛn] adj, nm (abrév de **International Standard Serial Number**) ISSN

**issu, e**[1] [isy] → SYN **issu de** loc adj [+ parents] born of ◆ **être issu de** (= résulter de) to stem from; (= être né de) [+ parents] to be born of; [+ milieu familial] to be born into; → **cousin**

**issue**[2] [isy] → SYN nf a (= sortie) exit; [eau, vapeur] outlet ◆ **voie sans issue** (lit, fig) dead end; (panneau) "no through road" ◆ **issue de secours** (lit) emergency exit; (fig) fallback option ◆ **il a su se ménager une issue** he has managed to leave himself a way out

b (= solution) way out, solution ◆ **la seule issue possible** the only way out ◆ **la situation est sans issue** there is no way out of ou no solution to the situation ◆ **un avenir sans issue** a future without prospects ou which leads nowhere ◆ **ils n'ont pas d'autre issue que la soumission** ou **que de se soumettre** there's no option left open to them but to submit, they've no option but to submit

c (= fin) outcome ◆ **heureuse issue** happy outcome ◆ **issue fatale** fatal outcome ◆ **à l'issue de** at the end of

**Istanbul** [istɑ̃bul] n Istanbul

**isthme** [ism] nm (Anat, Géog) isthmus ◆ **l'isthme de Corinthe/de Panama/de Suez** the Isthmus of Corinth/of Panama/of Suez

**isthmique** [ismik] adj isthmian

**Istrie** [istʀi] nf Istria

**italianisant, e** [italjanizɑ̃, ɑ̃t] [1] adj œuvre Italianate; artiste Italianizing (épith)

[2] nm,f (Univ) Italianist; (= artiste) Italianizer

**italianiser** [italjanize] ▸ conjug 1 ◂ vt to Italianize

**italianisme** [italjanism] nm (Ling) Italianism

**Italie** [itali] nf Italy

**italien, -ienne** [italjɛ̃, jɛn] → SYN [1] adj Italian

[2] nm (Ling) Italian

[3] **Italien(ne)** nm,f Italian

[4] **à l'italienne** loc adj cuisine, mobilier, situation politique Italian-style; théâtre *with a proscenium*; (Ordin) format landscape (épith) ◆ **la comédie à l'italienne** the commedia dell'arte

**italique** [italik] [1] nm a (Typo) italics ◆ **mettre un mot en italique** to put a word in italics, italicize a word

b (Hist, Ling) Italic

[2] adj (Typo) italic; (Hist, Ling) Italic

**item** [itɛm] [1] adv (Comm) ditto

[2] nm (Ling, Psych) item

**itératif, -ive** [iteʀatif, iv] → SYN adj (gén, Gram, Ordin) iterative; (Jur) reiterated, repeated

**itération** [iteʀasjɔ̃] → SYN nf iteration

**itérativement** [iteʀativmɑ̃] adv iteratively, repeatedly

**itérer** [iteʀe] ▸ conjug 6 ◂ vt to iterate

**Ithaque** [itak] nf Ithaca

**ithyphallique** [itifalik] adj ithyphallic

**itinéraire** [itineʀɛʀ] → SYN nm (= chemin) route, itinerary; (Alpinisme) route ◆ **son itinéraire philosophique/religieux** his philosophical/religious path ◆ **itinéraire bis** ou **de délestage** alternative route ◆ **faire** ou **tracer un itinéraire** to map out a route ou an itinerary

**itinérant, e** [itineʀɑ̃, ɑ̃t] → SYN adj itinerant, travelling ◆ **vacances itinérantes** (en voiture) touring holiday (Brit) ou vacation (US); (à pied) rambling holiday (Brit) ou vacation (US) ◆ **ambassadeur itinérant** roving ambassador ◆ **troupe itinérante** (band of) strolling players ◆ **exposition itinérante** travelling exhibition ◆ **bibliothèque itinérante** mobile library, bookmobile (US)

**itou** * † [itu] adv likewise ◆ **et moi itou !** (and) me too! *

**IUFM** [iyɛfɛm] nm (abrév de **Institut universitaire de formation des maîtres**) → **institut**

**IUP** [iype] nm (abrév de **Institut universitaire professionnalisé**) → **institut**

**IUT** [iyte] nm (abrév de **Institut universitaire de technologie**) → **institut**

**Ivan** [ivɑ̃] nm Ivan ◆ **Ivan le Terrible** Ivan the Terrible

**IVG** [iveʒe] nf (abrév de **interruption volontaire de grossesse**) → **interruption**

**ivoire** [ivwaʀ] → SYN nm a [éléphant] (= matière, objet) ivory ◆ **en** ou **d'ivoire** ivory (épith) ◆ **ivoire végétal** (Tech) vegetable ivory, ivory nut; → **côte, tour**[1]

b [dent] dentine

**ivoirerie** [ivwaʀʀi] nf (= art) ivory sculpture; (= objets) ivories, ivory sculptures

**ivoirien, -ienne** [ivwaʀjɛ̃, jɛn] [1] adj of ou from the Ivory Coast

[2] **Ivoirien(ne)** nm,f inhabitant ou native of the Ivory Coast

**ivoirier** [ivwaʀje] nm ivory sculptor

**ivraie** [ivʀɛ] → SYN nf (Bot) rye grass; → **séparer**

**ivre** [ivʀ] → SYN adj drunk, intoxicated (frm) ◆ **ivre mort** dead ou blind drunk ◆ **légèrement ivre** slightly drunk, tipsy ◆ **complètement ivre** blind drunk *, completely drunk ◆ **ivre de joie/rage** wild with joy/rage, beside o.s. with joy/rage ◆ **ivre de vengeance** thirsting for revenge

**ivresse** [ivʀɛs] → SYN nf (= ébriété) drunkenness, intoxication ◆ **dans l'ivresse du combat/de la victoire** in the exhilaration of the fight/of victory ◆ **l'ivresse du plaisir** the (wild) ecstasy of pleasure ◆ **l'ivresse de la vitesse** the thrill ou exhilaration of speed ◆ **avec ivresse** rapturously, ecstatically ◆ **instants/heures d'ivresse** moments/hours of rapture ou (wild) ecstasy ◆ **ivresse chimique** drug dependence ◆ **ivresse des profondeurs** (Méd) staggers; → **état**

**ivrogne** [ivʀɔɲ] → SYN [1] nmf drunkard; → **serment**

[2] adj drunken (épith)

**ivrognerie** [ivʀɔɲʀi] → SYN nf drunkenness

**ivrognesse** * [ivʀɔɲɛs] nf lush *

**ixage** [iksaʒ] nm giving an X rating to

**ixer** [ikse] ▸ conjug 1 ◂ vt to give an X rating to

**ixia** [iksja] nf ixia

**ixième** [iksjɛm] adj nth, umpteenth ◆ **je te le dis pour la ixième fois** I'm telling you for the nth ou umpteenth time

**ixode** [iksɔd] → SYN nm (Zool) tick

# J

**J¹, j** [ʒi] nm (= lettre) J, j; → **jour**

**J²** (abrév de **Joule**) J

**j'** [ʒ] → **je**

**jabiru** [ʒabiʁy] nm jabiru, saddlebill

**jable** [ʒabl] nm (= rainure) croze

**jabler** [ʒable] ► conjug 1 ◄ vt to croze

**jablière** [ʒabljɛʁ] nf, **jabloir** [ʒablwaʁ] nm, **jabloire** [ʒablwaʁ] nf (= outil) croze

**jaborandi** [ʒabɔʁɑ̃di] nm jaborandi

**jabot** [ʒabo] → SYN nm **a** [oiseau] crop
**b** (Habillement) jabot

**JAC** [ʒak] nf (abrév de **Jeunesse agricole chrétienne**) *young Christian farmers' association*

**jacaranda** [ʒakaʁɑ̃da] nm jacaranda

**jacassement** [ʒakasmɑ̃] → SYN nm [pie] chatter (NonC); (péj) [personnes] jabber(ing) (NonC), chatter(ing) (NonC)

**jacasser** [ʒakase] → SYN ► conjug 1 ◄ vi [pie] to chatter; (péj) [personne] to jabber, chatter

**jacée** [ʒase] nf brown knapweed

**jachère** [ʒaʃɛʁ] → SYN nf fallow (NonC); (= procédé) practice of fallowing land ◆ **laisser une terre en jachère** to leave a piece of land fallow, let a piece of land lie fallow ◆ **rester en jachère** to lie fallow

**jacinthe** [ʒasɛ̃t] → SYN nf hyacinth ◆ **jacinthe sauvage** ou **des bois** bluebell

**jaciste** [ʒasist] nmf *member of the JAC*

**jack** [(d)ʒak] nm (Téléc, Tex) jack; (Élec) jack plug

**jackpot** [(d)ʒakpɔt] nm (= combinaison) jackpot; (= machine) slot machine ◆ **gagner** ou **ramasser** ou **toucher le jackpot*** to hit the jackpot ◆ **c'est le jackpot assuré !*** you're (ou we're etc) going to make a mint!*

**Jacob** [ʒakɔb] nm Jacob; → **échelle**

**jacobée** [ʒakɔbe] nf ragwort

**jacobin, e** [ʒakɔbɛ̃, in] → SYN [1] adj Jacobinic(al)
[2] nm (Hist) ◆ **Jacobin** Jacobin

**jacobinisme** [ʒakɔbinism] nm Jacobinism

**jacobite** [ʒakɔbit] nm Jacobite

**jacobus** [ʒakɔbys] nm jacobus

**jacquard** [ʒakaʁ] [1] adj pull Jacquard
[2] nm (= métier) Jacquard loom; (= tissu) Jacquard (weave)

**jacquerie** [ʒakʁi] → SYN nf jacquerie

**Jacques** [ʒak] nm James ◆ **faire le Jacques** †* to play ou act the fool, fool about; → **maître**

**jacquet** [ʒakɛ] nm backgammon

**Jacquot** [ʒako] nm (= prénom de perroquet) Polly

**jactance** [ʒaktɑ̃s] → SYN nf **a** (✻ = bavardage) chat ◆ **il a de la jactance !** he's got the gift of the gab!*
**b** (littér = vanité) conceit

**jacter**✻ [ʒakte] ► conjug 1 ◄ vi to jabber, gas*; (arg Police) to talk, sing✻

**jacuzzi ®** [ʒakyzi] nm Jacuzzi ®

**jade** [ʒad] nm (= pierre) jade; (= objet) jade object ou ornament ◆ **de jade** jade (épith)

**jadéite** [ʒadeit] nf jadeite

**jadis** [ʒadis] → SYN [1] adv in times past, formerly, long ago ◆ **mes amis de jadis** my friends of long ago ou of old ◆ **jadis on se promenait dans ces jardins** in olden days ou long ago people used to walk in these gardens
[2] adj ◆ **au temps jadis** in days of old, in days gone by, once upon a time ◆ **du temps jadis** of times gone by, of yesteryear

**Jaffa** [ʒafa] n Jaffa

**jaguar** [ʒagwaʁ] nm (= animal) jaguar

**jaillir** [ʒajiʁ] → SYN ► conjug 2 ◄ vi **a** [liquide, sang] (par à-coups) to spurt out; (abondamment) to gush forth; [larmes] to flow; [geyser] to spout up, gush forth; [vapeur, source] to gush forth; [flammes] to shoot up, spurt out; [étincelles] to fly out; [lumière] to flash on (*de* from, out of) ◆ **faire jaillir des étincelles** to make sparks fly ◆ **un éclair jaillit dans l'obscurité** a flash of lightning split the darkness, lightning flashed in the darkness
**b** (= apparaître, s'élancer) [personne] to spring out; [voiture] to shoot out ◆ **des soldats jaillirent de tous côtés** soldiers sprang out ou leapt out from all sides ◆ **le train jaillit du tunnel** the train shot ou burst out of the tunnel ◆ **des montagnes jaillissaient au-dessus de la plaine** mountains towered above the plain ◆ **des tours qui jaillissent de terre** soaring tower blocks ◆ **des monstres jaillis de son imagination** monsters sprung from his imagination
**c** [cris, rires, réponses] to burst forth ou out
**d** [idée] to spring up; [vérité, solution] to spring (*de* from)

**jaillissant, e** [ʒajisɑ̃, ɑ̃t] adj eau spurting, gushing

**jaillissement** [ʒajismɑ̃] → SYN nm [liquide, vapeur] spurt, gush; [idées] outpouring

**jaïn** [ʒain], **jaïna** [ʒaina] [1] adj Jain, Jainist
[2] nmf Jain(a)

**jaïnisme** [ʒainism] nm Jainism

**jais** [ʒɛ] → SYN nm (Minér) jet ◆ **de** ou **en jais** perles, bijou jet (épith) ◆ **cheveux de jais** jet-black hair; → **noir**

**Jakarta** [dʒakaʁta] n Jakarta

**jalap** [ʒalap] nm jalap, jalop

**jalon** [ʒalɔ̃] → SYN nm **a** (= piquet) ranging-pole; [arpenteur] (surveyor's) staff
**b** (= point de référence) landmark, milestone ◆ **planter** ou **poser les premiers jalons de qch** to prepare the ground for sth, pave the way for sth ◆ **il commence à poser des jalons** he's beginning to prepare the ground

**jalonnement** [ʒalɔnmɑ̃] → SYN nm [route] marking out

**jalonner** [ʒalɔne] → SYN ► conjug 1 ◄ vt **a** (= déterminer le tracé de) [+ route, chemin de fer] to mark out ou off
**b** (= border, s'espacer sur) to line, stretch along ◆ **des champs de fleurs jalonnent la route** fields of flowers line the road
**c** (= marquer) [+ vie] to punctuate ◆ **carrière jalonnée de succès/d'obstacles** career punctuated with successes/with obstacles

**jalousement** [ʒaluzmɑ̃] adv jealously

**jalouser** [ʒaluze] → SYN ► conjug 1 ◄ vt to be jealous of

**jalousie** [ʒaluzi] → SYN nf **a** (entre amants) jealousy; (= envie) jealousy, envy ◆ **jalousies mesquines** petty jealousies ◆ **être malade de jalousie, crever de jalousie*** [amant] to be mad ou sick with jealousy; [envieux] to be green with envy
**b** (= persienne) slatted blind, jalousie

**jaloux, -ouse** [ʒalu, uz] → SYN adj **a** (en amour) jealous ◆ **jaloux comme un tigre** madly jealous ◆ **observer qn d'un œil jaloux** to keep a jealous eye on sb, watch sb jealously ◆ **c'est un jaloux** he's the jealous type, he's a jealous man
**b** (= envieux) jealous, envious ◆ **jaloux de qn/de la réussite de qn** jealous of sb/of sb's success ◆ **faire des jaloux** to make people jealous
**c** (littér = désireux de) **jaloux de** intent upon, eager for ◆ **jaloux de perfection** eager for perfection ◆ **il est très jaloux de son indépendance/ses privilèges** (= qui tient à) he jealously guards his independence/his privileges

**jamaïcain, e, jamaïquain, e** [ʒamaikɛ̃, ɛn] [1] adj Jamaican
[2] **Jamaïcain(e), Jamaïquain(e)** nm,f Jamaican

**Jamaïque** [ʒamaik] nf Jamaica

**jamais** [ʒamɛ] GRAMMAIRE ACTIVE 12.3 → SYN
[1] adv **a** (avec **ne** = à aucun moment) never, not ever ◆ **il n'a jamais avoué** he never confessed ◆ **n'a-t-il jamais avoué ?** did he never confess?, didn't he ever confess? ◆ **il n'a jamais autant travaillé** he's never worked as hard (before), he's never done so much work (before) ◆ **jamais je n'ai vu un homme si égoïste** I've never met ou seen such a selfish man (before), never (before) have I met ou seen such a selfish man ◆ **jamais mère ne fut plus heureuse** there was never a happier mother ◆ **il n'est jamais trop tard** it's never too late ◆ **on ne l'a jamais encore entendu se plaindre** he's never yet been heard to complain ◆ **ne dites jamais plus cela !** never say that again!, don't you ever say that again! ◆ **il ne lui a jamais plus écrit** he's never ou he hasn't (ever) written to her since ◆ **il partit pour ne jamais plus revenir** he left never to return ◆ **nous sommes restés deux ans sans jamais recevoir de nouvelles** we were ou went two years without ever hearing any news, for two years we never (once) heard any news ◆ **je n'ai jamais de ma**

**vie vu un chien aussi laid** never in my life have I ou I have never in my life seen such an ugly dog ◆ **jamais au grand jamais on ne me reprendra à le faire** you'll never ever catch me doing it again ◆ **jamais de la vie je n'y retournerai** I shall never in my life go back there, I shall never ever go back there ◆ **accepterez-vous ? – jamais de la vie !** will you accept? – never! ou not on your life!* ◆ **jamais plus !, plus jamais !** never again! ◆ **c'est ce que vous avez dit – jamais !** that's what you said – never! ou I never did!* ◆ **presque jamais** hardly ou scarcely ever, practically never ◆ **c'est maintenant ou jamais, c'est le moment ou jamais** it's now or never ◆ **c'est le moment ou jamais d'acheter** now is the time to buy, if ever there was a time to buy it's now ◆ **une symphonie jamais jouée/terminée** an unplayed/unfinished symphony ◆ **il ne faut jamais dire jamais** never say never ◆ **jamais deux sans trois !** (choses agréables) good things come ou happen in threes!; (malheurs) bad things come ou happen in threes! ◆ **alors, jamais on ne dit "merci" ?** * didn't anyone ever teach you to say "thank you"?; → **mieux, savoir**

**b** (sans **ne** : intensif) **elle est belle comme jamais** she's more beautiful than ever ◆ **il travaille comme jamais (il n'a travaillé)** he's working harder than ever, he's working as he's never worked before

**c** (sans **ne** = un jour, une fois) ever ◆ **a-t-il jamais avoué ?** did he ever confess? ◆ **si jamais vous passez par Londres venez nous voir** if ever you're passing ou if ever you should pass through London come and see us ◆ **si jamais j'avais un poste pour vous je vous préviendrais** if ever I had ou if I ever had a job for you I'd let you know ◆ **si jamais tu rates le train, reviens** if by (any) chance you miss ou if you (should) happen to miss the train, come back ◆ **si jamais tu recommences, gare !** don't you ever do that again or you'll be in trouble! ◆ **il désespère d'avoir jamais de l'avancement** he despairs of ever getting promotion ou of ever being promoted

**d** (avec **que** : intensif) **je n'ai jamais fait que mon devoir** I've always just done my duty ◆ **il n'a jamais fait que critiquer (les autres)** he's never done anything but criticize (others) ◆ **ça ne fait jamais que deux heures qu'il est parti** it's no more than two hours since he left ◆ **ce n'est jamais qu'un enfant** he is only a child (after all)

**e** (avec comparatif) ever ◆ **les œufs sont plus chers que jamais** eggs are more expensive than ever (before) ◆ **c'est pire que jamais** it's worse than ever ◆ **avez-vous jamais vu ça ?** have you ever seen ou did you ever see such a thing? ◆ **c'est le plus grand que j'aie jamais vu** it's the biggest one I've ever seen ◆ **de telles inondations, c'est du jamais vu** we've never seen such floods

**2 à jamais** loc adv for good, for ever ◆ **leur amitié est à jamais compromise** their friendship will never be the same again

**3 à tout jamais, pour jamais** loc adv for ever (and ever), for evermore ◆ **je renonce à tout jamais à le lui faire comprendre** I've given up ever trying to make him understand it

**jambage** [ʒɑ̃baʒ] nm **a** [lettre] downstroke, descender
**b** (Archit) jamb

**jambe** [ʒɑ̃b] → SYN nf **a** (Anat, Habillement, Zool) leg ◆ **fille aux longues jambes** ou **toute en jambes** girl with long legs, long-legged ou leggy * girl ◆ **remonte ta jambe (de pantalon)** roll up your trouser leg ◆ **jambe de bois/artificielle/articulée** (Méd) wooden/artificial/articulated leg
**b** (Loc) **avoir les jambes comme du coton** ou **en coton** to have legs like jelly ou cotton wool (Brit) ◆ **n'avoir plus de jambes, en avoir plein les jambes** * to be worn out ou on one's knees * ◆ **avoir 20 km dans les jambes** to have walked 20 km ◆ **je n'ai plus mes jambes de vingt ans !** I'm not as quick on my feet as I used to be! ◆ **la peur/l'impatience lui donnait des jambes** fear/impatience lent new strength to his legs ou lent him speed ◆ **ça me fait une belle jambe !** (iro) a fat lot of good that does me! * ◆ **se mettre en jambes** (Sport) to warm up, limber up ◆ **mise en jambes** warming-up exercises ◆ **tirer** ou **traîner la jambe** (par fatigue) to drag one's feet, trudge along; (= boiter) to limp along ◆ **elle ne peut plus (se) tenir sur ses jambes** her legs are giving way under her, she can hardly stand ◆ **prendre ses jambes à son cou** to take to one's heels ◆ **traiter qn/qch par-dessous** ou **par-dessus la jambe** * to treat sb/deal with sth in a casual ou an offhand manner ◆ **faire qch par-dessous** ou **par-dessus la jambe** * to do sth carelessly ou in a slipshod way ◆ **il m'a tenu la jambe pendant des heures** * he kept me hanging about talking for hours * ◆ **tirer dans les jambes de qn** * to make life difficult for sb ◆ **il s'est jeté dans nos jambes** * he got under our feet ◆ **elle est toujours dans mes jambes** * she's always getting in my way, she's always under my feet ◆ **j'en ai eu les jambes coupées !** it knocked me sideways * ou for six * ou for a loop * (US) ◆ **c'est un cautère** ou **un emplâtre sur une jambe de bois** it's no use at all; → **dégourdir, partie²**
**c** (Tech) [compas] leg; (= étai) prop, stay ◆ **jambe de force** (Constr) strut; (Aut) torque rod

**jambette** [ʒɑ̃bɛt] nf (Tech) pointing sill

**jambier, -ière[1]** [ʒɑ̃bje, jɛʀ] adj, nm ◆ (muscle) **jambier** leg muscle

**jambière[2]** [ʒɑ̃bjɛʀ] → SYN nf (gén) legging, gaiter; (Sport) pad; [armure] greave ◆ **jambières** (en laine) leg-warmers

**jambon** [ʒɑ̃bɔ̃] → SYN nm **a** (Culin) ham ◆ **jambon blanc** ou **cuit** ou **de Paris** boiled ou cooked ham ◆ **jambon cru** ou **de pays** cured ham ◆ **jambon de Parme/d'York** Parma/York ham ◆ **jambon à l'os** ham on the bone ◆ **jambon au torchon** top-quality cooked ham ◆ **un jambon-beurre** * a ham sandwich *(made from baguette)*
**b** ( * péj = cuisse) thigh

**jambonneau,** pl **jambonneaux** [ʒɑ̃bɔno] nm knuckle of ham

**jamboree** [ʒɑ̃bɔʀe] nm (Scoutisme) jamboree

**jambose** [ʒɑ̃boz] nf rose apple

**jambosier** [ʒɑ̃bozje] nm rose apple (tree)

**jamerose** [ʒamʀoz] nf ⇒ **jambose**

**jamerosier** [ʒamʀozje] nm ⇒ **jambosier**

**jam-session,** pl **jam-sessions** [dʒamsesjɔ̃] nf jam session

**jan** [ʒɑ̃] nm [trictrac] table

**jangada** [ʒɑ̃gada] nf jangada

**janissaire** [ʒanisɛʀ] nm janissary

**jansénisme** [ʒɑ̃senism] → SYN nm Jansenism; (fig) austere code of morals

**janséniste** [ʒɑ̃senist] → SYN adj, nmf Jansenist

**jante** [ʒɑ̃t] nf [bicyclette, voiture] rim ◆ **jantes (en) alu/en alliage (léger)** (Aut) aluminium (Brit) ou aluminum (US)/alloy wheels

**Janus** [ʒanys] nm Janus ◆ **c'est un Janus** he's two-faced

**janvier** [ʒɑ̃vje] nm January ; pour autres loc voir **septembre**

**Japon** [ʒapɔ̃] nm Japan

**japonais, e** [ʒapɔnɛ, ɛz] → SYN **1** adj Japanese
**2** nm (Ling) Japanese
**3 Japonais(e)** nm,f Japanese

**japonaiserie** [ʒapɔnɛzʀi] nf Japanese curio

**japonisant, e** [ʒapɔnizɑ̃, ɑ̃t] **1** adj décor, style Japanese-inspired
**2** nm,f expert on Japan

**jappement** [ʒapmɑ̃] → SYN nm yap, yelp

**japper** [ʒape] → SYN ▸ conjug 1 ◂ vi to yap, yelp

**jappeur, -euse** [ʒapœʀ, øz] adj yappy, yelping (épith)

**jaquemart** [ʒakmaʀ] nm (clock) jack

**jaquette** [ʒakɛt] → SYN nf **a** [homme] morning coat; [femme] jacket ◆ **il est de la jaquette (flottante)** †‡ he's one of them *, he's a poof‡ (Brit) ou a fag‡ (US)
**b** [livre] (dust) jacket, (dust) cover; [cassette vidéo] (plastic) cover
**c** [dent] crown

**jaquier** [ʒakje] nm jackfruit (tree), jack (tree)

**jardin** [ʒaʀdɛ̃] → SYN **1** nm garden, yard (US) ◆ **rester au** ou **dans le jardin** to stay in the garden ou yard (US) ◆ **faire le jardin** to do the gardening ◆ **siège/table de jardin** garden seat/table ◆ **c'est mon jardin secret** (fig) those are my private secrets; → **côté, cultiver, pierre**
**2** COMP ▷ **jardin d'acclimatation** zoological garden(s) ▷ **jardin d'agrément** ornamental ou pleasure garden ▷ **jardin anglais** ou **à l'anglaise** landscaped garden ▷ **jardin botanique** botanical garden(s) ▷ **jardin de curé** *small enclosed garden* ▷ **jardin d'enfants** kindergarten ▷ **jardin à la française** formal garden ▷ **le jardin des Hespérides** the garden of Hesperides ▷ **jardin d'hiver** [château] winter garden; [maison] conservatory ▷ **jardin japonais** Japanese garden ▷ **le jardin des Oliviers** (Bible) the Garden of Gethsemane ▷ **jardins ouvriers** *small plots of land rented out for gardening,* allotments (Brit) ▷ **jardin potager** vegetable ou kitchen garden ▷ **jardin public** (public) park, public gardens ▷ **jardin de rapport** † market garden ▷ **jardins suspendus** terraced gardens, hanging gardens ◆ **les jardins suspendus de Babylone** the hanging gardens of Babylon ▷ **jardin zoologique** ⇒ **jardin d'acclimatation**

**jardinage** [ʒaʀdinaʒ] → SYN nm (gén) gardening; (Sylviculture) selective harvesting, selection ◆ **faire du jardinage** to garden, do some gardening

**jardiner** [ʒaʀdine] → SYN ▸ conjug 1 ◂ **1** vi to garden, do some gardening
**2** vt [+ forêt] to manage

**jardinerie** [ʒaʀdinʀi] nf garden centre

**jardinet** [ʒaʀdinɛ] nm small garden ◆ **les jardinets des pavillons de banlieue** the small gardens ou the little patches of garden round suburban houses

**jardinier, -ière** [ʒaʀdinje, jɛʀ] → SYN **1** adj garden (épith) ◆ **culture jardinière** horticulture ◆ **plantes jardinières** garden plants
**2** nm,f gardener
**3 jardinière** nf **a** (= caisse à fleurs) window box; (d'intérieur) jardinière
**b** (Culin) **jardinière (de légumes)** mixed vegetables, jardinière
**c** (Scol) **jardinière d'enfants** kindergarten teacher

**jargon[1]** [ʒaʀgɔ̃] → SYN nm **a** (= baragouin) gibberish (NonC), double Dutch * (NonC) (Brit)
**b** (= langue professionnelle) jargon (NonC), lingo * (NonC) ◆ **jargon administratif** officialese (NonC), official jargon ◆ **jargon informatique** computerese * (NonC) ◆ **jargon journalistique** journalese (NonC) ◆ **jargon médical** medical jargon ◆ **jargon de métier** trade jargon ou slang ◆ **jargon du palais** (Jur) legal jargon, legalese (NonC)

**jargon[2]** [ʒaʀgɔ̃] nm (Minér) jargon

**jargonaphasie** [ʒaʀgɔnafazi] nf jargon aphasia

**jargonner** [ʒaʀgɔne] ▸ conjug 1 ◂ vi (= utiliser un jargon) to talk in ou use jargon; (péj) to talk gibberish

**jargonneux, -euse** [ʒaʀgɔnø, øz] adj texte full of jargon

**Jarnac** [ʒaʀnak] n ◆ **coup de Jarnac** stab in the back

**jarre[1]** [ʒaʀ] → SYN nf (earthenware) jar

**jarre[2]** [ʒaʀ] nm [fourrure] overhair, guard hair

**jarret** [ʒaʀɛ] nm **a** (Anat) [homme] back of the knee, ham; [animal] hock ◆ **avoir des jarrets d'acier** to have strong legs
**b** (Culin) **jarret de veau** knuckle ou shin of veal, veal shank (US)

**jarretelle** [ʒaʀtɛl] → SYN nf suspender (Brit), garter (US)

**jarretière** [ʒaʀtjɛʀ] nf garter; → **ordre[1]**

**jars** [ʒaʀ] → SYN nm (Zool) gander

**jas[1]** [ʒa] nm (Naut) anchor stock

**jas[2]** [ʒa] nm (dial) sheepfold

**jaser** [ʒɑze] → SYN ▸ conjug 1 ◂ vi **a** [enfant] to chatter, prattle; [personne] to chat away, chat on *; [oiseau] to chatter, twitter; [jet d'eau, ruisseau] to babble, sing ◆ **on entend jaser la pie/le geai** you can hear the magpie/the jay chattering
**b** (arg Police) to talk, sing‡ ◆ **essayer de faire jaser qn** to try to make sb talk
**c** (= médire) to gossip ◆ **cela va faire jaser les gens** that'll set tongues wagging, that'll set people talking ou gossiping

**jaseur, -euse** [ʒɑzœʀ, øz] → SYN 1 adj enfant chattering (épith), prattling (épith); oiseau chattering (épith), twittering (épith); ruisseau, jet d'eau babbling (épith), singing (épith); personne (= médisant) gossipy, tittle-tattling (épith) (Brit)
2 nm a (= bavard) gasbag *, chatterbox; (= médisant) gossip, tittle-tattle
b (Zool) waxwing

**jasmin** [ʒasmɛ̃] nm (= arbuste) jasmine ◆ **(essence de) jasmin** (= parfum) jasmine (perfume)

**jaspe** [ʒasp] nm (= pierre) jasper; (= objet) jasper ornament ◆ **jaspe sanguin** bloodstone

**jaspé, e** [ʒaspe] → SYN adj mottled, marbled

**jasper** [ʒaspe] ▸ conjug 1 ◂ vt to mottle, marble

**jaspiner** ⁑ [ʒaspine] ▸ conjug 1 ◂ vi to chatter, natter * (Brit)

**jaspure** [ʒaspyʀ] → SYN nf mottling, marbling

**jatte** [ʒat] → SYN nf (shallow) bowl, basin

**jauge** [ʒoʒ] → SYN nf a (= instrument) gauge ◆ **jauge d'essence** petrol gauge ◆ **jauge (de niveau) d'huile** (oil) dipstick
b (= capacité) [réservoir] capacity; [navire] tonnage, burden; (Tex) tension
c (Agr) trench ◆ **mettre en jauge** ≃ to heel in

**jaugeage** [ʒoʒaʒ] nm [navire, réservoir] gauging

**jauger** [ʒoʒe] → SYN ▸ conjug 3 ◂ 1 vt a [+ réservoir] to gauge the capacity of; [+ navire] to measure the tonnage of
b [+ personne] to size up ◆ **il le jaugea du regard** he looked him up and down ◆ **jauger qn d'un coup d'œil** to size sb up at a glance
2 vi to have a capacity of ◆ **navire qui jauge 500 tonneaux** ship with a tonnage of 500, ship of 500 tonnes or tons burden

**jaugeur** [ʒoʒœʀ] nm gauger

**jaumière** [ʒomjɛʀ] nf rudder hole

**jaunasse** * [ʒonas] adj (péj) yellowish, dirty yellow (épith)

**jaunâtre** [ʒonɑtʀ] adj [+ lumière, couleur] yellowish; teint sallow, yellowish

**jaune** [ʒon] → SYN 1 adj couleur, dents yellow; (littér) blés golden ◆ **il a le teint jaune** (mauvaise mine) he looks yellow ou sallow; (basané) he has a sallow complexion ◆ **jaune d'or** golden yellow ◆ **jaune moutarde** mustard yellow ◆ **jaune comme un citron** ou **un coing** as yellow as a lemon ◆ **jaune pipi** * pee-yellow *, piss-yellow ⁑; → **corps, fièvre, nain, péril**
2 nm a (= couleur) yellow
b (Culin) **jaune (d'œuf)** (egg) yolk
c ( * = pastis) pastis
3 nmf a ( ⁂: injurieux) **Jaune** Asian; (= Chinoise) Chink ⁂ (injurieux); (= Japonaise) Jap ⁂ (injurieux), Nip ⁂ (injurieux)
b (péj = non-gréviste) scab ⁑, blackleg (Brit)

**jaunet, -ette** [ʒonɛ, ɛt] 1 adj slightly yellow, yellowish
2 nm †† gold coin

**jaunir** [ʒoniʀ] → SYN ▸ conjug 2 ◂ 1 vt [+ feuillage, vêtements] to turn yellow ◆ **doigts jaunis par la nicotine** nicotine-stained fingers, fingers stained yellow with nicotine ◆ **photos jaunies** yellowed photos
2 vi to yellow, turn ou become yellow

**jaunissant, e** [ʒonisɑ̃, ɑ̃t] adj (littér) papier, feuillage yellowing; blé ripening, yellowing (littér)

**jaunisse** [ʒonis] → SYN nf (Méd) jaundice ◆ **en faire une jaunisse** * (de dépit) to be pretty miffed *; (de jalousie) to be ou turn green with envy ◆ **tu ne vas pas nous en faire une jaunisse !** * you're not going to get all huffy *, are you?

**jaunissement** [ʒonismɑ̃] nm yellowing

**Java** [ʒava] nf Java

**java** [ʒava] → SYN nf (= danse) popular waltz ◆ **faire la java** ⁑ to live it up *, have a rave-up ⁑ (Brit) ◆ **ils ont fait une de ces javas** they had a really wild time * ou a real rave-up ⁑ (Brit)

**javanais, e** [ʒavanɛ, ɛz] 1 adj Javanese
2 nm (Ling) Javanese; (= argot) *slang formed by adding av before each vowel of a word*; (= charabia) gibberish, double Dutch * (Brit)
3 **Javanais(e)** nm,f Javanese

**Javel** [ʒavɛl] nf ◆ **(eau de) Javel** bleach

**javelage** [ʒav(ə)laʒ] nm laying in swathes, swathing

**javeler** [ʒav(ə)le] ▸ conjug 4 ◂ vt to lay in swathes, swathe

**javeleur, -euse** [ʒav(ə)lœʀ, øz] nm,f swather

**javeline** [ʒavlin] → SYN nf javelin

**javelle** [ʒavɛl] nf [céréales] swath ◆ **mettre en javelles** to lay in swaths

**javellisation** [ʒavelizasjɔ̃] nf chlorination

**javelliser** [ʒavelize] ▸ conjug 1 ◂ vt to chlorinate ◆ **cette eau est trop javellisée** there's too much chlorine in this water ◆ **eau très javellisée** heavily chlorinated water

**javelot** [ʒavlo] nm (Mil, Sport) javelin; → **lancement**

**jazz** [dʒɑz] nm jazz ◆ **la musique (de) jazz** jazz (music)

**jazzman** [dʒɑzman], pl **jazzmen** [dʒɑzmɛn] nm jazzman, jazz musician

**jazzy** [dʒɑzi] adj inv musique jazz-style (épith), jazzy; musicien jazz-style (épith) ◆ **une version jazzy de leur chanson** a jazz version of their song

**J.-C.** (abrév de **Jésus-Christ**) **en (l'an) 300 av./apr. J.-C.** in (the year) 300 BC/AD

**je, j'** [ʒ(ə)] 1 pron pers I
2 nm ◆ **le je** (Ling) the I-form, the 1st person singular; (Philos) the I

**Jean** [ʒɑ̃] nm John ◆ **(saint) Jean-Baptiste** (St) John the Baptist ◆ **(saint) Jean de la Croix** St John of the Cross ◆ **Jean sans Terre** John Lackland ◆ **c'est Jean qui rit et Jean qui pleure** one minute he's laughing, the next minute he's crying

**jean** [dʒin] nm (= tissu) denim; (= vêtement) (pair of) jeans, (pair of) denims ◆ **jean (de ou en) velours** cord(uroy) jeans ◆ **blouson en jean vert** green denim jacket ◆ **être en jean(s)** to be wearing jeans

**jean-foutre** * [ʒɑ̃futʀ] nm inv (péj) jackass (péj)

**jean-le-blanc** [ʒɑ̃ləblɑ̃] nm inv short-toed eagle

**Jeanne** [ʒan] nf Jane, Joan, Jean ◆ **Jeanne d'Arc** Joan of Arc ◆ **coiffure à la Jeanne d'Arc** page boy (haircut)

**jeannette** [ʒanɛt] nf a **(croix à la) jeannette** gold cross *(worn around neck)*
b (= planche à repasser) sleeve-board
c (Scoutisme) Brownie (Guide)

**Jeannot** [ʒano] nm Johnny ◆ **Jeannot lapin** bunny (rabbit), Mr Rabbit

**Jeep ®** [(d)ʒip] nf Jeep ®

**Jéhovah** [ʒeova] nm Jehovah; → **témoin**

**jéjunal, e,** mpl **-aux** [ʒeʒynal, o] adj jejunal

**jéjunum** [ʒeʒynɔm] nm jejunum

**je-m'en-fichisme** * [ʒ(ə)mɑ̃fiʃism] nm (I-)couldn't-care-less attitude *

**je-m'en-fichiste** *, pl **je-m'en-fichistes** [ʒ(ə)mɑ̃fiʃist] 1 adj couldn't-care-less * (épith) ◆ **il est trop je-m'en-fichiste** he's got too much of a couldn't-care-less * attitude
2 nmf couldn't-care-less type *

**je-m'en-foutisme** ⁑ [ʒ(ə)mɑ̃futism] nm (I-)couldn't-give-a-damn attitude ⁑

**je-m'en-foutiste** ⁑, pl **je-m'en-foutistes** [ʒ(ə)mɑ̃futist] 1 adj (I-)couldn't-give-a-damn ⁑ (épith)
2 nmf (I-)couldn't-give-a-damn type ⁑

**je-ne-sais-quoi, je ne sais quoi** [ʒən(ə)sɛkwa] nm inv (certain) something ◆ **elle a un je-ne-sais-quoi qui attire** there's (a certain) something about her that's very attractive, she has a certain je-ne-sais-quoi ou a certain indefinable charm ◆ **cette journée avait un je-ne-sais-quoi d'inhabituel** there was something unusual about today

**jenny** [ʒeni] nf spinning jenny

**jérémiades** * [ʒeʀemjad] nfpl moaning, whining

**Jérémie** [ʒeʀemi] nm (= prophète) Jeremiah

**jerez** [xeʀɛs] nm ⇒ **xérès**

**Jéricho** [ʒeʀiko] n Jericho

**jerk** [(d)ʒɛʀk] nm (= danse) jerk

**jerker** [(d)ʒɛʀke] ▸ conjug 1 ◂ vi (= danser) to jerk

**jéroboam** [ʒeʀɔbɔam] nm a (= bouteille) jeroboam *(bottle containing 3 litres)*
b (Bible) **Jéroboam** Jeroboam

**jerricane, jerrycan** [(d)ʒeʀikan] nm jerry can

**Jersey** [ʒɛʀzɛ] nf Jersey

**jersey** [ʒɛʀzɛ] nm a (= vêtement) jersey top (ou garment etc ), sweater, jumper (Brit)
b (= tissu) jersey (cloth) ◆ **jersey de laine/de soie** jersey wool/silk ◆ **point de jersey** stocking stitch ◆ **tricoter un pull en jersey** to knit a jumper in stocking stitch

**jersiais, e** [ʒɛʀzjɛ, jɛz] 1 adj Jersey (épith), of ou from Jersey ◆ **race jersiaise** (Agr) Jersey breed ◆ **(vache) jersiaise** Jersey (cow)
2 **Jersiais(e)** nm,f inhabitant ou native of Jersey

**Jérusalem** [ʒeʀyzalɛm] n Jerusalem ◆ **la Jérusalem nouvelle/céleste** the New/Heavenly Jerusalem

**jésuite** [ʒezɥit] adj, nm (Rel, péj) Jesuit

**jésuitique** [ʒezɥitik] adj (lit, péj) Jesuitical

**jésuitisme** [ʒezɥitism] → SYN nm (lit, péj) Jesuitism, Jesuitry

**jésus** [ʒezy] → SYN nm a **Jésus** (prénom) Jesus ◆ **le petit Jésus** the baby ou infant Jesus ◆ **Jésus-Christ** Jesus Christ ◆ **en 300 avant/après Jésus-Christ** in 300 BC/AD ◆ **doux Jésus !** * sweet Jesus! ⁑
b (= statue) statue of the infant Jesus
c (= terme d'affection) **mon jésus** (my) darling
d (= saucisson) *kind of pork sausage*
e **(papier) jésus** super royal (printing paper) ◆ **(papier) petit jésus** super royal (writing paper)

**jet**[1] [ʒɛ] → SYN 1 nm a (= jaillissement) [eau, gaz, flamme] jet; [sang] spurt, gush; [salive] stream; [pompe] flow ◆ **jet de lumière** beam of light
b [pierre, grenade] (= action) throwing; (= résultat) throw ◆ **à un jet de pierre** a stone's throw away ◆ **un jet de 60 mètres au disque** a 60-metre discus throw ◆ **il a gagné par jet de l'éponge au troisième round** (Boxe) he won because his opponent's corner threw in the towel in the third round; → **arme**
c (Loc) **premier jet** [lettre, livre] first ou rough draft; [dessin] first ou rough sketch ◆ **du premier jet** at the first attempt ◆ **écrire d'un (seul) jet** to write in one go ◆ **à jet continu** in a continuous ou an endless stream
d (Tech = coulage) casting ◆ **couler une pièce d'un seul jet** to produce a piece in a single casting
e (Bot = pousse) main shoot; (= rameau) branch
2 COMP ▷ **jet d'eau** (= fontaine) fountain; (= gerbe) spray; (au bout d'un tuyau) nozzle; (Archit) weathering ▷ **jet à la mer** (Naut) jettison(ing)

**jet**[2] [dʒɛt] → SYN nm (Aviat) jet

**jetable** [ʒ(ə)tabl] adj briquet, mouchoir, rasoir disposable ◆ **(appareil-photo) jetable** disposable camera

**jetage** [ʒ(ə)taʒ] nm nasal discharge; [lapin] snuffle

**jeté, e**[1] [ʒ(ə)te] 1 adj ( ⁑ = fou) mad *, crazy *
2 nm a (Danse) **jeté (simple)** jeté ◆ **jeté battu** grand jeté
b (Sport) jerk
c (Tricot) **jeté (simple)** make one ◆ **faire un jeté** to drop a stitch
3 COMP ▷ **jeté de canapé** throw ▷ **jeté de lit** bedspread ▷ **jeté de table** table runner

**jetée**[2] [ʒ(ə)te] → SYN nf jetty; (grande) pier ◆ **jetée flottante** floating bridge

**jeter** [ʒ(ə)te] → SYN ▸ conjug 4 ◂ 1 vt a (= lancer) to throw; (avec force) to fling, hurl, sling; [+ dés] to throw ◆ **jeter qch à qn** (pour qu'il l'attrape) to throw sth to sb; (agressivement) to throw ou fling ou hurl sth at sb ◆ **jeter qn/qch à l'eau** (de la rive) to throw sb/sth into the water; (d'un bateau) to throw sb/sth overboard ◆ **le navire a été jeté à la côte** (Naut) the ship was driven towards the coast ◆ **elle lui a jeté son cadeau à la figure** ou **à la tête** she threw ou hurled his present at him ◆ **jeter à la mer** ou **par-dessus bord** (Naut) [+ personne] to throw overboard; [+ objet] to throw overboard, jettison ◆ **jeter bas** (littér) [+ statue, gouvernement] to topple ◆ **jeter qn à terre** ou **à bas** [cheval] to throw sb ◆ **il a jeté son camion contre un arbre** he crashed his truck ou lorry (Brit) into a tree, his truck ou lorry (Brit) careered into a tree ◆ **jeter dehors** ou **à la porte** [+ visiteur] to throw out, chuck out‡ (Brit); [+ employé] to fire, sack (Brit) ◆ **jeter qn en prison** to throw ou cast sb into prison ◆ **jeter qch par la fenêtre** to throw sth out of the window ◆ **jeter sa cigarette/un papier par terre** to throw one's cigarette/a piece of paper on the ground ◆ **il a jeté sa serviette/son sac par terre** he threw down his towel/his bag ◆ **les gens qui jettent leurs papiers par terre** people who drop litter ◆ **il a jeté son agresseur par** ou **à terre** he threw his attacker to the ground ◆ **n'en jetez plus (la cour est pleine) !** * (après compliments) don't! ou stop it! you're embarrassing me!; (après injures etc ) cut it out! *, pack it in! * (Brit); → **ancre, bébé, dévolu, rue** etc

**b** (= mettre au rebut) [+ papiers, objets] to throw away ou out; (Cartes) to discard ◆ **jeter qch au panier/à la poubelle/au feu** to throw sth into the wastepaper basket/in the dustbin/in ou on the fire ◆ **jette l'eau sale dans l'évier** pour ou tip the dirty water down the sink ◆ **il n'y a rien à jeter** * (hum) it (ou he etc ) can't be faulted ◆ **se faire jeter**‡ (d'une réunion, entreprise) to get thrown out, get chucked‡ out (Brit) (*de* of); (lors d'une requête, déclaration d'amour) to be sent packing *; → **bon**[1]

**c** (= construire) [+ pont] to throw (*sur* over, across); [+ fondations] to lay ◆ **jeter les bases d'une nouvelle Europe** (fig) to lay the foundations of a new Europe ◆ **jetez la passerelle !** (Naut) set up the gangway!

**d** (= émettre) [+ lueur] to give out, cast, shed; [+ ombre] to cast; [+ son] to let out, give out; [+ cri] to utter, let out ◆ **il en jette, dans son smoking !**‡ he's a knockout * ou he looks a million dollars * in his dinner jacket! ◆ **ce nouveau tapis dans le salon, ça en jette**‡ the new carpet in the sitting room looks really great * ◆ **elle (en) jette, cette voiture !** * that's some car! *; → **feu**[1]

**e** (= mettre rapidement) **jeter des vêtements dans un sac** to sling ou throw some clothes into a bag ◆ **va jeter cette carte à la boîte** go and pop * this card into the postbox ◆ **jeter une veste sur ses épaules** to slip a jacket over ou round one's shoulders ◆ **jeter une idée sur le papier** to jot down an idea

**f** (= plonger) to plunge, throw ◆ **jeter qn dans le désespoir** to plunge sb into despair ◆ **jeter qn dans l'embarras** to throw sb into confusion ◆ **il a jeté son pays dans la guerre** he plunged his country into war

**g** (= répandre) to cast ◆ **jeter l'effroi chez/parmi** to sow alarm and confusion in/among ◆ **jeter le trouble dans les esprits** (= perturber) to disturb ou trouble people; (= rendre perplexe) to sow confusion in people's minds ◆ **sa remarque a jeté un froid** his remark put a damper on things ou cast a chill over the company; → **discrédit, sort**

**h** (= dire) to say (*à* to) ◆ **"dépêche-toi !", me jeta-t-il en passant** "hurry up!", he called out to me as he went by ◆ **jeter des remarques dans la conversation** to throw in ou toss in remarks ◆ **jeter des insultes/menaces** to hurl insults/threats ◆ **je lui ai jeté la vérité/l'accusation à la figure** ou **à la tête** I hurled ou flung the truth/accusation at him ◆ **il lui jeta à la tête qu'il n'était qu'un imbécile** he told him to his face that he was nothing but a fool ◆ **il nous jette à la tête ses relations/ses diplômes** he's always trying to impress us with ou always harping on * to us about the important people he knows/all the qualifications he's got

**i** (mouvement du corps) **jeter les épaules/la tête en avant** to throw ou thrust one's shoulders/one's head forward ◆ **jeter les bras autour du cou de qn** to throw ou fling one's arms round sb's neck ◆ **elle lui jeta un regard plein de mépris** she cast a withering look at him, she looked ou glanced witheringly at him; → **œil**

**2 se jeter** vpr **a** (= s'élancer) **se jeter par la fenêtre/du douzième étage** to throw o.s. out of the window/from the twelfth floor ◆ **se jeter à l'eau** (lit) to launch o.s. ou plunge into the water; (fig) to take the plunge ◆ **se jeter à la tête de qn** to throw o.s. at sb ◆ **se jeter dans les bras/aux pieds de qn** to throw o.s. into sb's arms/at sb's feet ◆ **sa voiture s'est jetée contre un arbre** his car crashed into a tree ◆ **un chien s'est jeté sous mes roues** a dog rushed out under the wheels of my car ◆ **il s'est jeté sous un train** he threw himself under ou in front of a train ◆ **se jeter sur qn** to rush at sb ◆ **se jeter sur sa proie** to swoop down ou pounce on one's prey ◆ **il se jeta sur la nourriture comme un affamé** he fell (up)on the food like a starving man ◆ **se jeter sur** [+ lit] to throw ou fling o.s. onto; [+ téléphone] to rush to; [+ journal, roman] to pounce on; [+ occasion, solution] to jump at ◆ **se jeter dans la politique/les affaires** to launch o.s. into politics/business; → **corps, cou, genou**

**b** (= se déverser) [rivière] to flow (*dans* into) ◆ **le Rhône se jette dans la Méditerranée** the Rhone flows into the Mediterranean

**c** (= se lancer) [+ pierres, ballon] to throw ou hurl at each other ◆ **ils se jetèrent des injures à la tête** they hurled insults at each other

**d** (‡ = boire) **on va s'en jeter un (derrière la cravate)** we'll have a quick one * ◆ **on va s'en jeter un dernier** we'll have one for the road *

**e** (sens passif) **ça se jette** it's disposable, you can throw it away (once you've used it)

**jeteur** [ʒ(ə)tœʀ] nm ◆ **jeteur de sort** wizard

**jeteuse** [ʒ(ə)tøz] nf ◆ **jeteuse de sort** witch

**jeton** [ʒ(ə)tɔ̃] → SYN nm **a** (= pièce) (gén) token; (Jeux) counter; (Roulette) chip ◆ **jeton de téléphone** telephone token ◆ **jeton (de présence)** (= argent) director's fees; (= objet) token ◆ **toucher ses jetons** (= somme) to draw one's fees; → **faux**[2]

**b** ‡ (= coup) bang; (= marque) dent ◆ **ma voiture a pris un jeton** my car was dented ◆ **avoir les jetons** to have the jitters * ou the willies ‡ ◆ **ça lui a fichu les jetons** it gave him the jitters * ou the willies ‡

**jet-set**, pl **jet-sets** [dʒɛtsɛt] → SYN nm ou f, **jet-society** [dʒɛtsɔsajti] nf jet set ◆ **membre de la jet-set** jet setter

**jet-ski** [dʒɛtski] nm jet-ski

**jet-stream**, pl **jet-streams** [dʒɛtstʀim] → SYN nm jet stream

**jeu**, pl **jeux** [ʒø] → SYN **1** nm **a** (= amusement, divertissement) **le jeu** play ◆ **l'enfant s'éduque par le jeu** the child learns through play ◆ **le jeu du soleil sur l'eau** (fig) the play of the sunlight on the water ◆ **c'est un jeu d'enfant** it's child's play, it's a snap * (US) ◆ **il s'est fait un jeu de résoudre ce problème** he made light work of the problem ◆ **par jeu** for fun ◆ **il critiquait tout, comme par jeu** he criticized everything as if it was some kind of game

**b** (gén avec règles) game ◆ **jeu d'intérieur/de plein air** indoor/outdoor game ◆ **jeu d'adresse** game of skill ◆ **jeu de cartes** card game ◆ **le jeu d'échecs/de quilles** the game of chess/of skittles ◆ **jeu à 13/15** (Rugby) rugby league/union ◆ **le jeu de la vérité** the truth game ◆ **quel jeu de cons !**‡ how bloody‡ (Brit) ou goddam‡ (US) stupid! ◆ **c'est le jeu** it's fair (play) ◆ **ce n'est pas de** ou **du jeu** * that's not (playing) fair ◆ **ce n'est qu'un jeu** it's just a game ◆ **ce n'est qu'un jeu de l'esprit** it's just a mental exercise ◆ **le jeu n'en vaut pas la chandelle** the game is not worth the candle ◆ (Prov) **jeux de main(s), jeux de vilain(s) !** stop fooling around or it will end in tears!; → **jouer**

**c** (Sport = partie) game ◆ **il mène (par) 5 jeux à 2** (Tennis) he leads (by) 5 games to 2 ◆ **"jeu, set, et match"** "game, set and match" ◆ **la pluie a ralenti le jeu** the rain slowed down play (in the game) ◆ **faire jeu égal avec qn** to be evenly matched

**d** (Sport = terrain) **jeu de boules** (sur sol nu) *area where boules is played*; (sur gazon) bowling green ◆ **jeu de quilles** skittle alley ◆ **la balle est sortie du jeu** the ball has gone out of play; → **hors**

**e** (Casino) gambling ◆ **il a perdu toute sa fortune au jeu** he has gambled away his entire fortune, he lost his fortune (at) gambling ◆ **"faites vos jeux"** "place your bets" ◆ **les jeux sont faits** (Casino) les jeux sont faits; (fig) the die is cast ◆ **jeux de tirage** lotteries, draws ◆ **jeux de grattage** scratchcard games; → **heureux**

**f** (= ensemble des pions, boîte) game, set ◆ **jeu d'échecs/de boules/de quilles** chess/bowls/skittle set ◆ **jeu de 52 cartes** pack ou deck (US) of 52 cards

**g** (= série complète) [clés, aiguilles] set ◆ **jeu d'orgue(s)** organ stop

**h** (= cartes) hand ◆ **il laisse voir son jeu** he shows his hand ◆ **je n'ai jamais de jeu** I never have a good hand ◆ **le grand jeu** (aux tarots) the major arcana ◆ **sortir le grand jeu** (fig) to pull out all the stops ◆ **il a beau jeu de protester maintenant** it's easy for him to complain now; → **cacher**

**i** (= façon de jouer) (Sport) game; (Mus) technique, (manner of) playing; (Ciné, Théât) acting ◆ **il a un jeu rapide/lent/efficace** (Sport) he plays a fast/a slow/an effective game ◆ **pratiquer un jeu ouvert** (Rugby) to keep the game open ◆ **elle a un jeu saccadé/dur** (Mus) she plays jerkily/harshly, her playing is jerky/harsh

**j** (= fonctionnement) (Admin, Pol etc ) working, interaction, interplay; (Tech) play ◆ **le jeu des pistons** the play of the pistons ◆ **le jeu des alliances/des institutions** the interplay of alliances/of institutions ◆ **le marché est régulé par le jeu de l'offre et de la demande** the market is regulated by (the interplay between) supply and demand ◆ **fausser le jeu de la concurrence** to restrict ou hamper the free play of competition

**k** (= stratégie, manège) game ◆ **j'ai compris son petit jeu !** I know his little game ou what he's up to! ◆ **à quel jeu joues-tu ?** what are you playing at? ◆ **c'est un jeu de dupes** it's a fool's ou mug's * (Brit) game ◆ **entrer** ou **marcher dans le jeu de qn** to go ou play along with sb, play sb's game ◆ **faire** ou **jouer le jeu de qn** to play into sb's hands ◆ **je vois clair** ou **je lis dans son jeu** I know his little game, I know what he's playing at ou what he's up to ◆ **il s'est piqué** ou **pris au jeu** he really got into it *, he got hooked * ◆ **il a été pris à son propre jeu** he was caught out at his own game; → **bascule, double**

**l** (= espace) **donner du jeu à qch** to loosen sth up a bit ◆ **la vis a pris du jeu** the screw has worked loose ◆ **la porte ne ferme pas bien, il y a du jeu** the door isn't a tight fit

**2 en jeu** loc adv **a** (Sport) in play ◆ **mettre** ou **remettre en jeu** to throw in ◆ **mise en jeu** (Tennis) serve; (Hockey) bully-off; (sur glace) face-off ◆ **remise en jeu** throw-in

**b** (= en action) **les forces en jeu** the forces at work ◆ **entrer/mettre en jeu** to come/bring into play ◆ **mise en jeu** [facteur, élément] bringing into play; [mécanisme] activation, bringing into operation

**c** (= en cause) **être en jeu** to be at stake ◆ **les intérêts/les sommes en jeu sont considérables** there are considerable interests/sums of money at stake ◆ **il mettra tout en jeu pour nous aider** he'll risk everything ou stake his all to help us

**3** COMP ▷ **jeu d'arcade** video game ▷ **jeu blanc** (Tennis) love game ▷ **jeux du cirque** (Hist) circus games ▷ **jeu de construction** building ou construction set ▷ **jeu décisif** (Tennis) tie-break, tiebreaker ▷ **jeux d'eau** fountains ▷ **jeu d'écritures** (Comm) dummy entry ▷ **jeu électronique** electronic game ▷ **jeu d'entreprise** business ou management game ▷ **jeu de hasard** game of chance ▷ **jeu de jambes** (Sport) footwork, leg movement ▷ **jeux de lumière** (artificiels) lighting effects; (naturels) play of light (NonC) ▷ **jeu de mains** [pianiste] playing, technique ▷ **jeu de massacre** (à la foire) Aunt Sally; (fig) wholesale massacre ou slaughter ▷ **jeu de mots** play on words (NonC), pun ▷ **jeu de l'oie** ≈ snakes and ladders ▷ **Jeux olympiques** Olympic games, Olympics ◆ **les Jeux olympiques d'hiver** the Winter Olympics ◆ **Jeux olympiques handisports** ou **pour handicapés** Paralympics ▷ **jeu de patience** puzzle ▷ **jeux de physionomie** facial expressions ▷ **jeu de piste** treasure hunt ▷ **jeu radiophonique** radio game ▷ **jeu de rôles** role play ▷ **jeu de scène** (Théât) stage business (NonC) ▷ **jeu des sept erreurs** (game of) spot the difference ▷ **jeu de société** (charades, portrait etc ) parlour game; (Monopoly, Scrabble etc ) board game ▷ **jeux du stade** (Hist) (ancient) Olympic games ▷ **jeu de stratégie** game of strategy ▷ **jeu télévisé** television game; (avec questions) (television) quiz ▷ **jeu vidéo** video game

**jeu-concours**, pl **jeux-concours** [ʒøkɔ̃kuʀ] nm (Presse, Radio, TV) competition; (avec questions) quiz

**jeudi** [ʒødi] nm Thursday ◆ **le jeudi de l'Ascension** Ascension Day; → **saint** ; pour autres loc voir **samedi**

**jeun** [ʒœ̃] → SYN **à jeun** loc adv ◆ **être à jeun** (= n'avoir rien mangé) to have eaten nothing; (= n'avoir rien bu) to have drunk nothing; (= ne pas être ivre) to be sober ◆ **boire à jeun** to drink on an empty stomach ◆ **à prendre à jeun** (Méd) to be taken on an empty stomach ◆ **venez à jeun** don't eat or drink anything before you come

**jeune** [ʒœn] → SYN 1 adj a (en années) young ◆ **homme jeune** young man ◆ **jeune chien** young dog ◆ **mes jeunes années** the years of my youth ◆ **dans mon jeune âge** ou **temps** in my youth, when I was young ◆ **vu son jeune âge** in view of his youth ◆ **il n'est plus tout** ou **très jeune** he's not as young as he used to be, he's not in his first youth ◆ **il est plus jeune que moi de cinq ans** he's five years younger than me, he's five years my junior ◆ **ils font jeune(s)** they look young ◆ **il fait plus jeune que son âge** he doesn't look his age, he looks younger than he is ◆ **cette coiffure la fait paraître plus jeune** that hairstyle makes her look younger

b (après nom) apparence, visage youthful; couleur, vêtement young, which makes one look young ◆ **soyez/restez jeunes !** be/stay young! ou youthful! ◆ **être jeune d'allure** to be young-looking, be youthful in appearance ◆ **être jeune de caractère** ou **d'esprit** (puéril) to have a childish outlook, be immature; (dynamique) to have a young ou youthful outlook ◆ **être jeune de cœur** to be young at heart ◆ **être jeune de corps** to have a youthful figure

c (= récent) industrie, science, vin young

d (= inexpérimenté) raw, inexperienced, green * ◆ **il est encore bien jeune** he's still very inexperienced ◆ **être jeune dans le métier** to be new ou a newcomer to the trade

e (= cadet) junior ◆ **mon jeune frère** my younger brother ◆ **mon plus jeune frère** my youngest brother ◆ **Durand jeune** Durand junior

f (* = insuffisant) short, skimpy ◆ **ça fait jeune, c'est un peu jeune** [temps] it's cutting it a bit short ou fine; [argent] that's not much; [tissu] it's not (going to be) enough; [boisson, nourriture] there's not enough to go round

2 nm a (= personne) youngster, youth, young man ◆ **un petit jeune** a young lad ◆ **les jeunes de maintenant** ou **d'aujourd'hui** young people ou the young ou the youth of today ◆ **club** ou **maison de jeunes** youth club

◆ **donner un coup de jeune à** * [+ bâtiment, local] to give a face-lift to, freshen up; [+ émission] to give a new look to ◆ **ils ont donné un coup de jeune au cinéma australien** they've breathed new life into Australian cinema

b (= animal) young animal

3 nf girl ◆ **une petite jeune** a young girl

4 adv ◆ **s'habiller jeune** to dress young for one's age ◆ **se coiffer jeune** to have a young ou modern hairstyle

5 COMP ▷ **jeune femme** young woman ▷ **jeune fille** girl ▷ **jeune garçon** boy, young lad * ▷ **jeune génération** younger generation ▷ **jeunes gens** (gén) young people; (= garçons) boys ▷ **jeune homme** young man ▷ **jeune loup** (gén) go-getter; (= politicien) young Turk ▷ **jeune marié** bridegroom ◆ **les jeunes mariés** the newlyweds ◆ **un couple de jeunes mariés** a couple of newlyweds ▷ **jeune mariée** bride ▷ **jeune premier** (Ciné,Théât) romantic male lead ◆ **il a un physique** ou **une tête de jeune premier** he has film-star looks ◆ **il veut encore jouer les jeunes premiers** he still thinks he can play young roles ▷ **jeune première** (Ciné, Théât) romantic female lead

**jeûne** [ʒøn] → SYN nm fast ◆ **rompre le jeûne** to break one's fast ◆ **jour de jeûne** fast day ◆ **faire un jeûne de trois jours** to fast for three days

**jeûner** [ʒøne] → SYN ▸ conjug 1 ◂ vi (gén) to go without food; (Rel) to fast ◆ **faire jeûner un malade** to make a sick person go without food ◆ **laisser jeûner ses enfants** to let one's children go hungry

**jeunesse** [ʒœnɛs] → SYN nf a (= période) youth ◆ **la jeunesse du monde** (littér) the dawn of the world ◆ **en pleine jeunesse** in the prime of youth ◆ **dans ma jeunesse** in my youth, in my younger days ◆ **folie/erreur/péché de jeunesse** youthful prank/mistake/indiscretion ◆ **je n'ai pas eu de jeunesse** I didn't have much of a childhood ◆ **en raison de son extrême jeunesse** owing to his extreme youth ◆ **il n'est plus de la première jeunesse** he's not as young as he was ou as he used to be, he's not in the first flush of youth ◆ (Prov) **il faut que jeunesse se passe** youth must have its fling; → **œuvre**

b (= qualité) youth, youthfulness ◆ **jeunesse de cœur** youthfulness of heart ◆ **la jeunesse de son visage/de son corps** his youthful face/figure ◆ **avoir un air de jeunesse** to have a youthful look ◆ **jeunesse d'esprit** youthfulness of mind

c (= personnes jeunes) youth, young people ◆ **la jeunesse dorée** the young jet set ◆ **la jeunesse ouvrière** (the) young workers ◆ **la jeunesse étudiante/des écoles** young people at university/at school ◆ **livres pour la jeunesse** books for the young ou for young people ◆ **la jeunesse est partie devant** the young ones ou the young people have gone on ahead ◆ (Prov) **si jeunesse savait, si vieillesse pouvait** if youth but knew, if old age but could; → **auberge, voyage**

d († * = jeune fille) (young) girl

e (gén pl = groupe) youth ◆ **les jeunesses communistes** the Communist Youth Movement

**jeunet, -ette** * [ʒœnɛ, ɛt] adj (péj) rather young ◆ **il est un peu jeunet pour lire ce roman** he's rather young ou he's a bit on the young side to be reading this novel

**jeûneur, -euse** [ʒønœʀ, øz] nm,f person who fasts ou is fasting

**jeunisme** [ʒœnism] nm ageism *(in favour of or against young people)* ◆ **faire du jeunisme** to discriminate in favour of (or against) young people

**jeunot, -otte** * [ʒœno, ɔt] 1 adj ⇒ **jeunet**

2 nm young fellow *

**jf** a (abrév de **jeune fille**) → **jeune**

b (abrév de **jeune femme**) → **jeune**

**jh** (abrév de **jeune homme**) → **jeune**

**jihad** [ʒi(j)ad] nm ⇒ **djihad**

**jiu-jitsu** [ʒjyʒitsy] → SYN nm jujitsu, jiujitsu

**JO** [ʒio] 1 nmpl (abrév de **Jeux olympiques**) Olympics

2 nm (abrév de **Journal officiel**) → **journal**

**joaillerie** [ʒɔajʀi] nf a (= travail) jewellery (Brit) ou jewelry (US) making; (= commerce) jewellery (Brit) ou jewelry (US) trade ◆ **travailler dans la joaillerie** to work in jewellery ou in the jewel trade

b (= marchandise) jewellery (Brit), jewelry (US)

c (= magasin) jeweller's (Brit) ou jeweler's (US) (shop)

**joaillier, -ière** [ʒɔaje, jɛʀ] → SYN nm,f jeweller

**Job** [ʒɔb] nm (Rel) Job; → **pauvre**

**job** [dʒɔb] 1 nm (* = travail) job ◆ **il a trouvé un petit job pour l'été** he's found a summer job

2 nf (Can) job

**jobard, e** * [ʒɔbaʀ, aʀd] → SYN 1 adj gullible

2 nm,f (= dupe) sucker *, mug * (Brit)

**jobarderie** * [ʒɔbaʀd(ə)ʀi], **jobardise** * [ʒɔbaʀdiz] nf gullibility

**jobiste** [(d)ʒɔbist] nmf (Belg) *student who does part-time jobs*

**jocasse** [ʒɔkas] nf fieldfare

**Jocaste** [ʒɔkast] nf Jocasta

**jockey** [ʒɔkɛ] nm jockey; → **régime**

**Joconde** [ʒɔkɔ̃d] nf ◆ **la Joconde** the Mona Lisa

**jocrisse** † [ʒɔkʀis] nm (= niais) simpleton

**jodhpur(s)** [dʒɔdpyʀ] nm(pl) jodhpurs

**jodler** [jɔdle] ▸ conjug 1 ◂ vt to yodel

**jogger** [dʒɔge] ▸ conjug 1 ◂ vi to jog, go jogging

**joggeur, -euse** [dʒɔgœʀ, øz] nm,f jogger

**jogging** [dʒɔgiŋ] nm (= sport) jogging; (= survêtement) jogging suit, sweatsuit (surtout US) ◆ **faire du jogging** to go jogging ◆ **il faisait son jogging dans le parc** he was jogging in the park ◆ **je fais mon jogging tous les jours** I go for a jog ou I go jogging every day

**johannique** [ʒɔanik] adj Johannine

**johannite** [ʒɔanit] nmf Johannite

**joice** * [ʒwas] adj ⇒ **jouasse** *

**joie** [ʒwa] GRAMMAIRE ACTIVE 24.1 → SYN

1 nf a (= sentiment) joy; (sens diminué) pleasure ◆ **à ma grande joie** to my great joy ou delight ◆ **fou** ou **ivre de joie** wild with joy ◆ **la nouvelle le mit au comble de la joie** he was overjoyed at hearing the news ou to hear the news ◆ **accueillir la nouvelle avec une joie bruyante** to greet the news with great shouts of joy ◆ **ses enfants sont sa plus grande joie** his children are his greatest delight ou joy ◆ **c'était une joie de le regarder** it was a joy ou delight to look at him, he was a joy to look at ◆ **quand aurons-nous la joie de vous revoir ?** when shall we have the pleasure of seeing you again? ◆ **il accepta avec joie** he accepted with delight ◆ **sauter** ou **bondir de joie** to jump for joy ◆ **on travaille dans la joie et la bonne humeur ici** (souvent iro) it's a real joy to work here; → **cœur, feu¹, fille**

b (Loc) **joie de vivre** joie de vivre, joy of life ◆ **être plein de joie de vivre** to be full of joie de vivre ou the joys of life ◆ **cela le mit en joie** he was overjoyed ◆ **ce livre a fait la joie de tous** this book has delighted ou has given great pleasure to everyone ◆ **le clown tomba pour la plus grande joie des enfants** the clown fell over to the (great) delight of the children ◆ **il se faisait une telle joie d'y aller** he was so looking forward to going ◆ **je me ferai une joie de le faire** I shall be delighted ou only too pleased to do it ◆ **c'est pas la joie !** * it's no fun!

2 **joies** nfpl ◆ **les joies de la vie** the joys of life ◆ **les joies du monde** ou **de la terre** (Rel) worldly ou earthly pleasures ou joys ◆ **les joies du mariage** the joys of marriage ◆ **encore une panne, ce sont les joies de la voiture !** (iro) another breakdown, that's one of the joys ou delights of motoring! (iro)

**joignable** [ʒwaɲabl] adj ◆ **être difficilement joignable** to be difficult to reach ou contact ◆ **il est joignable à tous moments** he can be reached at any time

**joindre** [ʒwɛ̃dʀ] GRAMMAIRE ACTIVE 25.2 → SYN ▸ conjug 49 ◂

1 vt a (= mettre ensemble) to join, put together ◆ **joindre deux tables/planches** to put two tables/planks together ◆ **joindre un bout de ficelle à un autre** to join one piece of string to another ◆ **joindre les mains** to put ou bring one's hands together, clasp one's hands ◆ **joindre les talons/les pieds** to put one's heels/one's feet together ◆ **les mains jointes** with his (ou her etc ) hands together

b (= relier) to join, link ◆ **une digue/un câble joint l'île au continent** a dyke/a cable links the island with the mainland

c (= unir) [+ efforts] to combine, join ◆ **joindre l'utile à l'agréable** to combine business with pleasure ◆ **elle joint l'intelligence à la beauté** she combines intelligence and beauty ◆ **joindre le geste à la parole** to act in accordance with what one says, match one's action to one's words ◆ **joindre les deux bouts** * to make (both) ends meet

d (= ajouter) to add, attach (*à* to); (= inclure) [+ timbre, chèque] to enclose (*à* with) ◆ **les avantages joints à ce poste** the advantages attached to this post, the fringe benefits of this post ◆ **carte jointe à un bouquet/cadeau** card attached to a bouquet/a gift ◆ **pièces jointes** [lettre] enclosures

e (= contacter) [+ personne] to get in touch with, contact ◆ **essayez de le joindre par téléphone** try to get in touch with ou try to get hold of ou try to contact him by telephone

2 vi [fenêtre, porte] to shut, close ◆ **ces fenêtres joignent mal** these windows don't shut ou close properly ◆ **est-ce que ça joint bien ?** [planches] does it make a good join?, does it join well?

3 **se joindre** vpr a (= s'unir à) **se joindre à** to join ◆ **se joindre à la procession** to join the procession ◆ **se joindre à la foule** to mingle ou mix with the crowd ◆ **voulez-vous vous joindre à nous ?** would you like to join us? ◆ **se joindre à la discussion** to join in the discussion ◆ **mon mari se joint à moi pour vous**

**exprimer notre sympathie** my husband and I wish to express our sympathy, my husband joins me in offering our sympathy (frm)

**b** [mains] to join

**joint[1]** [ʒwɛ̃] → SYN nm **a** (Anat, Géol, Tech) (= assemblage, articulation) joint; (= ligne de jonction) join; (en ciment) pointing ◆ **joint de cardan** cardan joint ◆ **joint de culasse** cylinder head gasket ◆ **joint d'étanchéité** seal ◆ **joint de robinet** washer

**b** (Loc) **faire le joint** * (en provisions) to last ou hold out; (en argent) to bridge the gap (*jusqu'à* until) ◆ **chercher/trouver le joint** * to look (around) for/find the answer

**joint[2]** * [ʒwɛ̃] → SYN nm (Drogue) joint *, reefer *, spliff * ◆ **se faire** ou **se rouler un joint** to roll (o.s.) a joint * ou a reefer * ou a spliff *

**jointé, e** [ʒwɛ̃te] adj ◆ **cheval court-jointé/long-jointé** short-/long-pasterned horse, horse with short/long pasterns

**jointif, -ive** [ʒwɛ̃tif, iv] adj joined, contiguous; planches butt-jointed ◆ **(cloison) jointive** butt-jointed partition

**jointoiement** [ʒwɛ̃twamɑ̃] nm (Tech) pointing

**jointoyer** [ʒwɛ̃twaje] → SYN ▸ conjug 8 ◂ vt (Tech) to point ◆ **des murs de pierre grossièrement jointoyés** stone walls with rather crudely-finished pointing

**jointure** [ʒwɛ̃tyʀ] nf **a** (Anat) joint ◆ **jointure du genou** knee joint ◆ **à la jointure du poignet** at the wrist (joint) ◆ **faire craquer ses jointures** to crack one's knuckles ◆ **à la jointure de deux os** at the joint between two bones ◆ **jointures** [cheval] fetlock-joints

**b** (Tech) (= assemblage) joint; (= ligne de jonction) join

**joint-venture, joint venture,** pl **joint(-) ventures** [dʒɔjntvɛntʃœʀ] nf joint venture

**jojo** * [ʒoʒo] **1** adj [personne, objet] ◆ **il est pas jojo** he's (ou it's) not much to look at

**2** nm ◆ **affreux jojo** (= enfant) little horror; (= adulte) nasty piece of work *

**jojoba** [ʒɔʒɔba] nm jojoba ◆ **huile de jojoba** jojoba oil

**joker** [(d)ʒɔkɛʀ] nm (Cartes) joker ◆ **(caractère) joker** (Ordin) wild card ◆ **jouer** ou **sortir** ou **utiliser son joker** (lit) to play one's joker; (fig) to play one's trump card

**joli, e** [ʒɔli] → SYN adj **a** enfant, femme pretty, attractive; chanson, objet pretty, nice; pensée, promenade, appartement nice ◆ **d'ici, la vue est très jolie** you get a very nice view from here ◆ **joli comme un cœur** (as) pretty as a picture ◆ **il est joli garçon** he's quite good-looking

**b** (* = non négligeable) revenu, profit nice (épith), good, handsome (épith); résultat nice (épith), good ◆ **ça fait une jolie somme** it's quite a tidy sum ◆ **il a une jolie situation** he has a good position

**c** (iro) **embarquez tout ce joli monde !** take the whole nasty bunch ou crew * away! ◆ **un joli coco** * ou **monsieur** a nasty character, a nasty piece of work *

**d** (Loc) **tout ça c'est bien joli mais ...** that's all very well ou fine but ... ◆ **vous avez fait du joli !** (iro) you've made a fine mess of things! ◆ **tu as encore menti, c'est du joli !** (iro) you've lied again – shame on you! * ◆ **faire le joli cœur** to play the ladykiller ◆ **ce n'était pas joli à voir** it wasn't a pretty sight ◆ **elle est jolie, votre idée !** (iro) that's a great idea! (iro) ◆ **c'est joli de dire du mal des gens !** (iro) that's nice, spreading nasty gossip about people! (iro) ◆ **c'est pas joli-joli !** * (laid) it's not a pretty sight *; (méchant) that wasn't very nice *

**joliesse** [ʒɔljɛs] → SYN nf (littér) [personne] prettiness; [gestes] grace

**joliment** [ʒɔlimɑ̃] adv **a** (= élégamment) décoré, habillé nicely ◆ **il l'a joliment arrangé !** (iro) he sorted him out nicely ou good and proper! *

**b** (* = très, beaucoup) really ◆ **il était joliment content/en retard** he was really glad/late

**Jonas** [ʒɔnas] nm Jonah, Jonas

**jonc** [ʒɔ̃] → SYN nm **a** (= plante) rush, bulrush; (= canne) cane, rattan ◆ **corbeille** ou **panier de jonc** rush basket

**b** (Aut) trim

**c** **jonc (d'or)** (= bracelet) (plain gold) bangle; (= bague) (plain gold) ring

**joncer** [ʒɔ̃se] ▸ conjug 3 ◂ vt [+ siège] to cane

**jonchaie** [ʒɔ̃ʃɛ] → SYN nf reed bed

**jonchée** [ʒɔ̃ʃe] nf swath ◆ **des jonchées de feuilles mortes couvraient la pelouse** dead leaves lay in drifts on ou lay scattered ou strewn over the lawn

**joncher** [ʒɔ̃ʃe] → SYN ▸ conjug 1 ◂ vt [papiers] to litter, be strewn over; [cadavres, détritus, fleurs] to be strewn over ◆ **jonché de** littered ou strewn with

**joncheraie** [ʒɔ̃ʃʀɛ], **jonchère** [ʒɔ̃ʃɛʀ] nf ⇒ **jonchaie**

**jonchets** [ʒɔ̃ʃɛ] nmpl jackstraws, spillikins

**jonction** [ʒɔ̃ksjɔ̃] → SYN nf (= action) joining, junction; (= état) junction; (Élec) junction ◆ **à la jonction des deux routes** at the junction of the two roads, where the two roads meet ◆ **opérer une jonction** (Mil) to effect a junction, link up ◆ **point de jonction** junction, meeting point ◆ **jonction d'instance** (Jur) joinder

**jongler** [ʒɔ̃gle] → SYN ▸ conjug 1 ◂ vi (lit) to juggle (*avec* with) ◆ **jongler avec** [+ dates, emplois du temps, chiffres] to juggle (with); [+ difficultés] to juggle with

**jonglerie** [ʒɔ̃gləʀi] → SYN nf juggling

**jongleur, -euse** [ʒɔ̃glœʀ, øz] → SYN nm,f **a** (gén) juggler

**b** (Hist) jongleur

**jonque** [ʒɔ̃k] nf (Naut) junk

**jonquille** [ʒɔ̃kij] **1** nf daffodil, jonquil

**2** adj inv daffodil yellow

**Jordanie** [ʒɔʀdani] nf Jordan

**jordanien, -ienne** [ʒɔʀdanjɛ̃, jɛn] **1** adj Jordanian

**2** **Jordanien(ne)** nm,f Jordanian

**Joseph** [ʒozɛf] nm Joseph

**Josué** [ʒozɥe] nm Joshua

**jota** [xɔta] nf jota

**jottereau** [ʒɔtʀo] nm (Naut) hound

**jouable** [ʒwabl] adj playable ◆ **ce sera difficile, mais c'est jouable** [projet] it'll be difficult, but it's worth a try ou a go

**joual, e** [ʒwal] adj, nm joual

**joualisant, e** [ʒwalizɑ̃, ɑ̃t] **1** adj joual-speaking (épith)

**2** nm,f joual speaker

**joualiser** [ʒwalize] ▸ conjug 1 ◂ vi to speak joual

**jouasse** ** [ʒwas] adj pleased as Punch *, chuffed * (Brit) ◆ **il n'était pas jouasse !** he wasn't too thrilled!

**joubarbe** [ʒubaʀb] nf houseleek, hen-and-chickens

**joue** [ʒu] → SYN nf **a** (Anat) cheek ◆ **joue contre joue** cheek to cheek ◆ **tendre la joue** to offer one's cheek ◆ **présenter** ou **tendre l'autre joue** to turn the other cheek ◆ **joue de bœuf** (Culin) ox cheek

**b** (Mil) **en joue !** take aim! ◆ **coucher** ou **mettre une cible/qn en joue** to aim at ou take aim at a target/sb ◆ **coucher** ou **mettre en joue un fusil** to take aim with a rifle, aim a rifle ◆ **tenir qn en joue** to keep one's gun trained on sb

**c** (Naut) **joues d'un navire** bows of a ship

**d** fauteuil side panel

**jouée** [ʒwe] → SYN nf (Archit) reveal

## jouer [ʒwe]

▸ conjug 1 ◂ → SYN

**1** VERBE INTRANSITIF
**2** VERBE TRANSITIF INDIRECT
**3** VERBE TRANSITIF
**4** VERBE PRONOMINAL

**1** VERBE INTRANSITIF

**a** [= s'amuser] to play (*avec* with) ◆ **arrête, je ne joue plus** stop it, I'm not playing any more ◆ **faire qch pour jouer** to do sth for fun ◆ **elle jouait avec son crayon/son collier** (= manipuler) she was toying ou fiddling with her pencil/her necklace ◆ **jouer avec les sentiments de qn** to play ou trifle with sb's feelings ◆ **jouer avec sa vie/sa santé** (= mettre en danger) to gamble with one's life/one's health ◆ **jouer avec le feu** (lit, fig) to play with fire ◆ **on ne joue pas avec ces choses-là** (fig) matters like these are not to be treated lightly; → **cour**

◆ **jouer à** ◆ **jouer à la poupée** to play with one's dolls ◆ **jouer au golf/au ping-pong/aux cartes/aux échecs** to play golf/table tennis/cards/chess ◆ **jouer aux soldats/aux cowboys et aux Indiens** to play (at) soldiers/(at) cowboys and Indians ◆ **jouer au docteur (et au malade)** to play (at) doctors and nurses ◆ **jouer à qui sautera le plus loin** to see who can jump the furthest ◆ **jouer au chat et à la souris (avec qn)** to play cat and mouse with sb ◆ **jouer au héros/à l'aristocrate** (fig) to play the hero/the aristocrat ◆ **à quoi joues-tu ?** (fig) what are you playing at? ◆ **n'essaie pas de jouer au plus fin** ou **malin avec moi** don't try to outsmart me ◆ **jouer au con** ** to mess about *, arse around ** (Brit); → **bille**

**b** [= pratiquer un jeu, un sport] **il joue bien/mal (au tennis)** he is a good/poor (tennis) player, he plays (tennis) well/badly ◆ **il a vraiment bien joué** he played an excellent game, he played really well ◆ **jouer contre qn/une équipe** to play (against) sb/a team ◆ **à qui de jouer ?** whose go ou turn is it? ◆ **à vous** (ou **moi** etc ) **de jouer !** (lit, fig) your (ou my etc ) go! ou turn!; (Échecs) your (ou my etc ) move! ◆ **bien joué !** (lit) well played!; (fig) well done! ◆ **jouer petit bras** (Tennis) to play underarm ◆ **jouer serré** to play (it) tight, play a close game ◆ **jouer perdant/gagnant** to play a losing/winning game

**c** [Mus] to play ◆ **l'orchestre joue ce soir à l'opéra** the orchestra is playing at the opera this evening ◆ **ce pianiste joue bien/mal** this pianist plays well/badly

**d** [pour de l'argent] (Casino) to gamble ◆ **jouer pair/impair** to play (on) the even/odd numbers ◆ **jouer aux courses** to bet on the horses ◆ **jouer à la** ou **en Bourse** to speculate ou gamble on the Stock Exchange

**e** [Ciné, Théât, TV] to act ◆ **il joue dans "Hamlet"** he's acting ou he's in "Hamlet" ◆ **il joue au théâtre des Mathurins** he's playing ou acting at the théâtre des Mathurins ◆ **elle joue très bien/mal** she is a very good/bad ou poor actress, she acts very well/badly ◆ **elle a très bien joué Juliette** she gave an excellent performance as Juliet ◆ **la troupe va jouer à Avignon** the company is going to perform in Avignon; → **guichet**

**f** **jouer sur** ◆ **jouer sur les mots** to play with words ◆ **ils ont joué sur votre inquiétude** (= spéculer sur) they took advantage of the fact that you were worried ◆ **jouer sur l'effet de surprise** to use the element of surprise ◆ **il joue sur la fibre nationaliste** he is playing on nationalist feeling ou exploiting nationalist sentiment ◆ **il a réussi en jouant sur les différences de législations** he succeeded by exploiting differences in legislation; → **velours**

**g** [= fonctionner] to work ◆ **la clé joue dans la serrure** the key turns in the lock ◆ **la clé joue mal dans la serrure** the key doesn't fit (in) the lock very well ◆ **faire jouer un ressort** to activate ou trigger a spring ◆ **la barque jouait sur son ancre** the boat bobbed about at anchor

**h** [= joindre mal] [pièce, cheville] to fit loosely, be loose; (= travailler) [bois] to warp

**i** [= bouger] [soleil, lumière] to play ◆ **la lumière jouait au plafond** the light played ou danced on the ceiling

**j** [= intervenir, s'appliquer] to apply (*pour* to) ◆ **l'âge ne joue pas** age doesn't come into it ou is of no consequence ◆ **cet argument joue à plein** this argument is entirely applicable ◆ **cette augmentation joue pour tout le monde** this rise applies to ou covers everybody ◆ **l'augmentation joue depuis le début de l'année** the rise has been operative from ou since the beginning of the year ◆ **ses relations ont joué pour beaucoup dans la décision** his connections counted for a lot in the decision ◆ **cet élément a joué en ma faveur/contre moi** this factor worked in my favour/against me ◆ **le temps joue contre lui** time is against him ou is not on his side ◆ **faire jouer** [+ clause de sauvegarde] to invoke ◆ **les distributeurs font jouer la concurrence** the distributors are playing the competitors off against each other ◆ **il a fait jouer ses appuis politiques pour obtenir ce poste** he made use of his political connections to get this post

[2] **jouer de** VERBE TRANSITIF INDIRECT

**a** [Mus] **jouer d'un instrument/du piano/de la guitare** to play an instrument/the piano/the guitar

**b** [= manier] to make use of, use ◆ **jouer de l'éventail** to play with one's fan ◆ **ils durent jouer du couteau/du revolver pour s'enfuir** they had to use knives/revolvers to get away ◆ **ils jouent trop facilement du couteau** they are too quick with their knives, they use knives too readily ◆ **jouer de la fourchette** (hum) to dig in*, tuck in* (Brit) ◆ **jouer des jambes** * ou **des flûtes** ⁑ (= se servir de) to leg it ⁑, hare off * ◆ **jouer des coudes pour arriver au buffet/pour entrer** to elbow one's way to the buffet/one's way in; → **prunelle**

**c** [= utiliser] to use, make use of ◆ **il sait jouer de l'espace et des couleurs** he knows how to use ou how to make use of space and colour ◆ **jouer de son influence/charme pour obtenir qch** to use ou make use of one's influence/charm to get sth ◆ **il joue de sa maladie pour ne rien faire** he plays on his illness to get out of doing anything

**d** [= être victime de] **jouer de malheur** ou **de malchance** to be dogged by ill luck

[3] VERBE TRANSITIF

**a** [Ciné, Théât] [+ rôle] to play, act; [+ pièce, film] to put on, show ◆ **on joue "Macbeth" ce soir** "Macbeth" is on ou is being played this evening ◆ **elle joue toujours les soubrettes** she always has the maid's part ◆ **jouer la fille de l'air** (fig) to vanish into thin air ◆ **qu'est-ce que tu nous joues, là ?** (hum: reproche) what are you playing at?; → **comédie, rôle**

**b** [= simuler] **jouer les héros/les victimes** to play the hero/the victim ◆ **jouer la surprise/le désespoir** to pretend to be surprised/in despair, affect ou feign surprise/despair ◆ **jouer un double jeu** to play a double game ◆ **il nous l'a joué macho hier** * he gave us the macho routine yesterday *, he put on the macho act yesterday *

**c** **jouer un (mauvais) tour à qn** to play a (dirty) trick on sb ◆ **mes yeux me jouent des tours** my eyes are playing tricks on me ◆ **cela te jouera un mauvais** ou **vilain tour** you'll get your comeuppance *, you'll be sorry for it

**d** [Mus] [+ concerto, valse] to play ◆ **il va jouer du Bach** he is going to play (some) Bach ◆ **il joue très mal Chopin** he plays Chopin very badly

**e** [Jeux, Sport] [+ partie d'échecs, de tennis] to play; [+ carte] to play; [+ pion] to play, move ◆ **il est interdit de jouer le ballon à la main** (Ftbl) it is forbidden to handle the ball ◆ **il préfère jouer le ballon à la main** (Rugby) he prefers to run the ball ◆ **jouez le ballon plutôt que l'adversaire** play the ball, not your opponent ◆ **jouer un coup facile/difficile** (Sport) to play an easy/a difficult shot; (Échecs) to make an easy/a difficult move ◆ **jouer la montre** (fig) to play for time, kill the clock (US) ◆ **il faut jouer le jeu** you've got to play the game ◆ **ils ont refusé de jouer le jeu** they refused to play ball * ou to play the game ◆ **jouer franc jeu** to play fair; → **atout**

**f** [= mettre en jeu] (Casino) [+ argent] to stake, wager; (Courses) [+ argent] to bet, stake (*sur* on); [+ cheval] to back, bet on; (fig) [+ fortune, possessions, réputation] to wager ◆ **jouer gros jeu** ou **un jeu d'enfer** to play for high stakes ◆ **il ne joue que des petites sommes** he only places small bets ou plays for small stakes ◆ **il a joué et perdu une fortune** he gambled away a fortune ◆ **jouer son mandat/son ministère sur qch** (Pol) to stake one's re-election prospects/one's ministerial position on sth ◆ **dans cette histoire, il joue sa tête/sa réputation** (fig) he's risking his neck/his reputation in this affair ◆ **rien n'est encore joué** (= décidé) nothing is settled ou decided yet, there's still everything to play for; → **gros, tout, va-tout**

**g** [Bourse] **jouer les financières/les pétrolières** (= investir dans) to speculate in financials/oil

**h** [frm = tromper] [+ personne] to deceive, dupe

**i** [= opter pour] **jouer la prudence/la sécurité** to be cautious/play safe; → **carte**

[4] **se jouer** VERBE PRONOMINAL

**a** [mutuellement] **ils se jouent des tours** they're playing tricks on each other

**b** [= être joué] **ce jeu se joue à quatre** this is a game for four people, you need four people to play this game ◆ **la pièce se joue au théâtre des Mathurins** the play is on at the théâtre des Mathurins ◆ **le drame s'est joué très rapidement** (fig) the tragedy happened very quickly

**c** [= être décidé] **tout va se jouer demain** everything will be settled ou decided tomorrow ◆ **l'avenir de l'entreprise va se jouer sur cette décision** the future of the company hinges ou depends on this decision ◆ **c'est l'avenir de l'entreprise qui se joue** the future of the company is at stake ◆ **son sort se joue en ce moment** his fate is hanging in the balance at the moment

**d** **se jouer de** (frm)

(= tromper) ◆ **se jouer de qn** to deceive sb, dupe sb

(= se moquer de) ◆ **se jouer des lois/de la justice** to scoff at the law/at justice

(= triompher facilement de) ◆ **se jouer des difficultés** to make light of the difficulties ◆ **il fait tout cela (comme) en se jouant** (ellipt) he makes child's play of it all

**e** **se la jouer** * to show off ◆ **depuis qu'il a eu sa promotion, il se la joue** getting that promotion has really gone to his head *

**jouet** [ʒwɛ] → SYN **nm** **a** [enfant] toy

**b** (= victime) plaything ◆ **il n'était qu'un jouet entre leurs mains** he was just a plaything in their hands ◆ **être le jouet des vagues/des événements/de rivalités politiques** to be at the mercy of the waves/of events/of rivalries between political parties ◆ **être le jouet d'une hallucination** to be the victim of a hallucination

**jouette** [ʒwɛt] **adj** (Belg) playful

**joueur, joueuse** [ʒwœʀ, ʒwøz] → SYN [1] **adj** enfant, animal playful ◆ **il a un tempérament joueur, il est très joueur** [enfant, animal] he loves to play, he's very playful; [parieur] he loves to gamble, he's a keen gambler

[2] **nm,f** (Échecs, Mus, Sport) player; (Jeux) gambler ◆ **joueur de cricket** cricketer ◆ **joueur de golf** golfer ◆ **joueur de cornemuse** (bag)piper ◆ **joueur de cartes** card player ◆ **être beau/mauvais joueur** to be a good/bad loser ◆ **sois beau joueur !** be a sport! ◆ **il faut être beau joueur** it's important to be a good loser

**joufflu, e** [ʒufly] → SYN **adj** personne chubby-cheeked, round-faced; visage chubby

**joug** [ʒu] → SYN **nm** **a** (Agr, fig) yoke ◆ **tomber sous le joug de** to come under the yoke of ◆ **mettre sous le joug** to yoke, put under the yoke

**b** [balance] beam

**c** (Antiq) yoke

**jouir** [ʒwiʀ] → SYN ▸ conjug 2 ◂ [1] **jouir de** **vt indir**

**a** (frm) [+ autorité, réputation, liberté] to enjoy; (Jur) [+ bien] to enjoy the use of ◆ **jouir de toutes ses facultés** to be in full possession of one's faculties ◆ **la région jouit d'un bon climat** the region has ou enjoys a good climate ◆ **cette pièce jouit d'une superbe vue** the room has a magnificent view

**b** (= savourer) [+ vie] to enjoy ◆ **il jouissait de leur embarras évident** he delighted in ou enjoyed their obvious embarrassment

[2] **vi** **a** (* : plaisir sexuel) to have an orgasm, come ⁑ ◆ **ça me fait jouir de les voir s'empoigner** I get a (real) kick out of seeing them at each other's throats *

**b** (* : douleur) to suffer agonies ◆ **on va jouir !** we're going to have a hell of a time! ⁑, we aren't half going to have fun! *

**jouissance** [ʒwisɑ̃s] → SYN **nf** **a** (= volupté) pleasure, enjoyment, delight; (sensuelle) sensual pleasure; (= orgasme) orgasm, climax ◆ **cela lui a procuré une vive jouissance** (frm) this afforded him intense pleasure

**b** (Jur = usage) use, possession; [propriété, bien] use, enjoyment ◆ **avoir la jouissance de certains droits** to enjoy certain rights

**jouisseur, -euse** [ʒwisœʀ, øz] → SYN [1] **adj** sensual

[2] **nm,f** sensualist

**jouissif, -ive** ⁑ [ʒwisif, iv] → SYN **adj** fun, great fun (attrib)

**joujou**, pl **joujoux** [ʒuʒu] **nm** (langage enfantin) toy; (* = revolver) gun ◆ **cette voiture est son nouveau joujou** this car is his new toy ◆ **faire joujou avec** to play with ◆ **il ne faut pas faire joujou avec ça** (fig) that's not a toy

**joule** [ʒul] **nm** joule

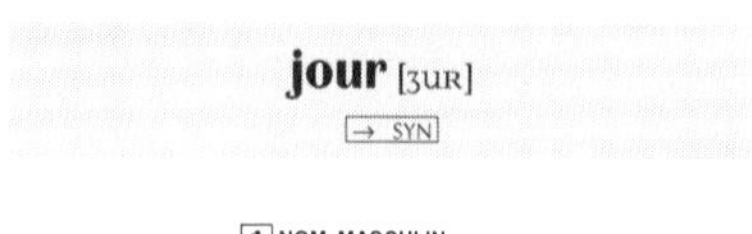

**jour** [ʒuʀ]
→ SYN

[1] NOM MASCULIN
[2] NOM MASCULIN PLURIEL
[3] COMPOSÉS

[1] NOM MASCULIN

**a** [= espace de temps] day ◆ **dans deux jours** in two days' time, in two days ◆ **c'était il y a deux jours** it was two days ago ◆ **(à prendre) trois fois par jour** (to be taken) three times a day ◆ **des poussins d'un jour** day-old chicks ◆ **d'un jour** (fig) célébrité, joie short-lived, fleeting ◆ **c'est à deux jours de marche/de voiture de ...** it's a two-day walk/drive from ... ◆ **faire 30 jours (de prison)** to do 30 days (in jail) * ◆ (Prov) **les jours se suivent et ne se ressemblent pas** time goes by and every day is different, the days go by and each is different from the last; → **compter, huit, quinze**

◆ **au jour le jour** existence, gestion day-to-day (épith) ◆ **taux d'intérêt** ou **loyer de l'argent au jour le jour** (Fin) call-money rate ◆ **vivre au jour le jour** (= sans soucis) to live from day to day; (= pauvrement) to live from hand to mouth ◆ **il gère la situation au jour le jour** he's dealing with the situation on a day-by-day basis

◆ **de jour en jour** day by day, from day to day

◆ **du jour au lendemain** overnight ◆ **ça ne se fera pas du jour au lendemain** it won't happen overnight

◆ **d'un jour à l'autre** (= incessamment) ◆ **on l'attend d'un jour à l'autre** he's expected any day (now) ◆ **il change d'avis d'un jour à l'autre** (= très rapidement) he changes his mind from one day to the next

◆ **jour après jour** day after day, day in day out

◆ **jour par jour** day by day

**b** [= époque précise] day ◆ **quel jour sommes-nous ?** what day is it today? ◆ **ce jour-là** that day ◆ **le jour de Noël/de Pâques** Christmas/Easter Day ◆ **par un jour de pluie/de vent** on a rainy/windy day ◆ **le jour précédent** ou **d'avant** the day before, the previous day ◆ **le jour suivant** ou **d'après** the day after, the next day, the following day ◆ **l'autre jour** the other day ◆ **un jour il lui écrivit** one day he wrote to her ◆ **un beau jour** (passé) one (fine) day; (futur) one of these (fine) days, one (fine) day ◆ **le grand jour approche** the big day ou D-day is drawing nearer ◆ **le jour où tu sauras conduire, tu m'emmèneras** you can take me there the day you learn to drive ◆ **un jour viendra où ...** a day will come when ... ◆ **le jour n'est pas loin où ...** the day is not far off when ... ◆ **premier jour** [vacances, mois etc ] first day; [exposition] opening ou first day ◆ **enveloppe premier jour** (Philat) first day cover ◆ **ils s'aiment comme au premier jour** they're still as much in love as ever ◆ **dès le premier jour** from day one, from the outset ou beginning ◆ **être dans un bon/mauvais jour** to be in a good/bad mood ◆ **il est dans (un de) ses bons jours/ses mauvais jours** he's having a good spell/a bad spell, it's one of his good/his bad days ◆ **décidément c'est mon jour !** (iro) I'm having a real day of it today!, really it's just not my day today! ◆ **il y a des jours avec et des jours sans** there are good days and bad days ◆ **ce n'est vraiment pas le jour !** you've (ou we've etc) picked the wrong day! ◆ **prendre jour avec qn** to fix a day with sb, make a date with sb; → **autre**

◆ **à ce jour** to date ◆ **il n'existe à ce jour aucun traitement efficace** no effective treatment has been found to date ou up to now

◆ **au jour d'aujourd'hui** in this day and age

◆ **du jour** ◆ **un œuf du jour** a new-laid egg, a freshly-laid egg ◆ **les nouvelles du jour** the news of the day, the day's news ◆ **le héros du jour** the hero of the day ou hour ◆ **l'homme du jour** the man of the moment ◆ **la mode du jour** the fashion of the day ◆ **il a remis ces vieilles chansons au goût du jour** he's done modern versions of these old songs; → **cours, ordre, plat**[2]

◆ **du jour où ...** from the day that ... ◆ **du jour où sa femme l'a quitté, il s'est mis à boire** he started drinking the day his wife left him

◆ **jour pour jour** ◆ **il y a deux ans jour pour jour** two years ago to the day

◆ **tous les jours** every day ◆ **cela arrive tous les jours** it happens every day, it's an everyday occurrence ◆ **tous les deux jours** every other day, every two days ◆ **tous les jours que (le bon) Dieu fait** every blessed day ◆ **de tous les jours** everyday (épith), ordinary ◆ **dans la vie de tous les jours** in everyday life ◆ **mon manteau de tous les jours** my everyday ou ordinary coat

◆ **un de ces jours** one of these (fine) days ◆ **à un de ces jours !** see you again sometime!, be seeing you! *

◆ **un jour ou l'autre** sometime or other, sooner or later

**c** **à jour** ◆ **être/mettre/tenir à jour** [+ liste, comptes, notes] to be/bring/keep up to date ◆ **remettre à jour un catalogue** to update a catalogue, bring a catalogue up to date ◆ **ce tarif n'est plus à jour** this price list is out of date ◆ **se mettre à jour dans son travail** to catch up with one's work ◆ **mise à jour** (= action) updating; (= résultat) update ◆ **la mise à jour d'un compte/d'un dossier** the updating of an account/of a file ◆ **la mise à jour d'un dictionnaire** the revision ou updating of a dictionary ◆ **programme de mise à jour** (Ordin) update routine ◆ **il est/n'est pas à jour de sa cotisation** he's up to date with/ behind with his subscription

**d** [= lumière] day(light) ◆ **il fait jour** it's daylight ◆ **demain, il fera jour à 7 h** tomorrow it'll be ou it'll get light at 7 ◆ **un faible jour filtrait à travers les volets** a faint light filtered through the shutters ◆ **le jour entra à flots** daylight streamed ou flooded in ◆ **le jour tombe** ou **baisse** it's getting dark ◆ **avoir le jour dans les yeux** to have the light in one's eyes ◆ **tes deux enfants, c'est le jour et la nuit** your two children are as different as night and day ou chalk and cheese (Brit) ◆ **ça va mieux avec le nouveau produit ? – c'est le jour et la nuit !** is it better with this new product? – there's absolutely no comparison!

**e** [= période où le soleil éclaire] day(time) ◆ **de jour comme de nuit** night and day ◆ **je fais ça le jour** I do it during the day ou in the daytime ◆ **se lever avant le jour** to get up ou rise before dawn ou daybreak ◆ (Prov) **à la Sainte Luce, les jours augmentent** ou **croissent du saut d'une puce** Lucy light, the shortest day and the longest night (Prov); → **grand, lumière, plein**

◆ **au petit jour** at dawn ou daybreak

◆ **de jour** crème, équipe, service day (épith) ◆ **hôpital de jour** (pour traitement) outpatient clinic; (Psych) day hospital; (pour activités) day-care centre ◆ **être de jour** to be on day duty ◆ **il travaille de jour, cette semaine** he's on day shifts ou he's working days this week ◆ **voyager de jour** to travel by day

◆ **jour et nuit** night and day ◆ **ils ont travaillé jour et nuit pour préparer le bateau** they worked day and night ou night and day ou round the clock to get the boat ready

**f** [fig = éclairage] light ◆ **montrer/présenter/voir qch sous un jour favorable/flatteur** to show/ present/see sth in a favourable/flattering light ◆ **jeter un jour nouveau sur** to throw (a) new light on ◆ **se présenter sous un jour favorable** [projet] to look promising ou hopeful; [personne] to show o.s. to advantage ou in a favourable light ◆ **nous voyons le problème sous un autre jour** we can see the problem in a different light ◆ **nous le voyons maintenant sous son véritable jour** now we see him in his true colours ou see what he is really like ◆ **mettre au jour** (= révéler) to bring to light ◆ **se faire jour** (= apparaître) to become clear, come out ◆ **la vérité se fit jour dans mon esprit** the truth dawned on me ou became clear to me; → **faux**[2], **grand**

**g** [= symbole de de la naissance] **donner le jour à** to give birth to, bring into the world ◆ **voir le jour** [enfant] to be born, come into the world; [projet] to see the light, come into being

**h** [= ouverture] [mur] gap, chink; [haie] gap ◆ **clôture à jour** openwork fence

**i** [Couture] **jour simple** openwork, drawn-threadwork ◆ **drap à jours** sheet with an openwork border ◆ **faire des jours dans un drap/dans un mouchoir** to hemstitch a sheet/a handkerchief

**2** **jours** NOM MASCULIN PLURIEL

**a** [= période] time, days ◆ **la fuite des jours** the swift passage of time ◆ **il faut attendre des jours meilleurs** we must wait for better times ou days ◆ **nous avons connu des jours difficiles** we've been through hard times ◆ **nous gardons cela pour les mauvais jours** we're keeping that for a rainy day ou for hard times ◆ **aux beaux jours** in (the) summertime ◆ **il y a encore de beaux jours pour les escrocs** (fig) there are good times ahead for crooks ◆ **ces vedettes ont fait les beaux jours de Broadway** (fig) these stars made Broadway what it was ◆ **comme aux plus beaux jours de la dictature** (iro) just like in the good old days of the dictatorship (iro) ◆ **du Moyen Âge à nos jours** from the Middle Ages right up until today

◆ **ces jours-ci** ◆ **il a fait très beau ces jours-ci** (passé) the weather's been very fine lately ou these last few days ◆ **elle doit arriver ces jours-ci** (futur) she'll be here any day now ◆ **ceux qui veulent prendre l'avion ces jours-ci** (présent) people wanting to fly now ou at this time

◆ **de nos jours** these days, nowadays, in this day and age

**b** [= vie] days, life ◆ **jusqu'à la fin de mes jours** until I die ◆ **finir ses jours à l'hôpital** to end one's days in hospital ◆ **attenter à/mettre fin à ses jours** to make an attempt on/put an end to one's life ◆ **nous gardons cela pour nos vieux jours** we're keeping that for our old age ◆ **sur ses vieux jours, il était devenu sourd** he had gone deaf in his old age; → **couler**

**3** COMPOSÉS

▷ **le jour de l'An** New Year's Day ▷ **jour d'arrêt** (Mil) day of detention ◆ **donner huit jours d'arrêt** to give a week's detention ▷ **jour de congé** day off, holiday ▷ **jour de deuil** day of mourning ▷ **jour férié** public holiday ▷ **jour de fête** feastday, holiday ▷ **le jour J** D-day ▷ **jour de maladie** day off sick ▷ **jour mobile** discretionary holiday *(granted by company, boss etc)* ▷ **le jour des Morts** All Souls' Day ▷ **jour ouvrable** weekday, working day ▷ **jour ouvré** working day ▷ **jour des prix** † (Scol) prize (giving) day ▷ **jour de réception** (Admin) day of opening (to the public); [dame du monde] at home day ◆ **le jour de réception du directeur est le lundi** the director is available to see people on Mondays ▷ **jour de repos** [salarié] day off ◆ **après deux jours de repos, il est reparti** after taking a two-day break, he set off again ▷ **le jour des Rois** Epiphany, Twelfth Night ▷ **le jour du Seigneur** Sunday, the Sabbath † ▷ **jour de sortie** [domestique] day off, day out; [élève] day out ▷ **jour de travail** working day

**Jourdain** [ʒuʀdɛ̃] **nm** (= fleuve) ◆ **le Jourdain** the (river) Jordan

**journal**, pl **-aux** [ʒuʀnal, o] [→ SYN] **1** **nm** **a** (Presse) (news)paper; (= magazine) magazine; (= bulletin) journal ◆ **je suis passé au journal** (= bureaux) I dropped by at the office ou paper ◆ **dans** ou **sur le journal** in the (news)paper ◆ **journal local** local paper ◆ **grand journal** national paper ou daily ◆ **journal du matin/du soir** morning/evening paper; → **papier**

**b** (TV, Radio) news (bulletin) ◆ **le journal de 20 h** the 8 o'clock news

**c** (= recueil) diary, journal ◆ **tenir un** ou **son journal intime** to keep a private ou personal diary

**2** COMP ▷ **journal de bord** (Naut) (ship's) log, log book; (Aviat) flight log; (fig) record ◆ **tenir un journal de bord** to keep a log ▷ **journal électronique** electronic newspaper ▷ **journal d'enfants** ou **pour enfants** children's paper ▷ **journal interne** in-house newsletter ▷ **journal littéraire** literary journal ▷ **journal lumineux** electronic noticeboard ▷ **journal de mode** fashion magazine ▷ **le Journal officiel (de la République française)** *official bulletin giving details of laws and official announcements,* ≃ the Gazette (Brit), ≃ The Congressional Record (US) ▷ **journal parlé** (Radio) radio news ▷ **journal sportif** sports magazine ▷ **journal télévisé** (TV) television news

> **JOURNAUX**
>
> The main French national daily newspapers are Le Monde (centre-left), Libération (centre-left) and Le Figaro (right)."Le Canard Enchaîné" is an influential satirical weekly famous for uncovering political scandals. There is also a thriving regional press, with prominent newspapers published in all the major provincial cities. The best-selling newspaper in the country, Ouest-France, is a regional paper. Although some newspapers are tabloid format, the British and American "tabloid" press has no real equivalent in France.

**journaleux** * [ʒuʀnalø] **nm** (péj) hack (journalist) (péj), journo *

**journalier, -ière** [ʒuʀnalje, jɛʀ] [→ SYN] **1** **adj** (= de chaque jour) travail, trajet, production, pratique daily (épith); (= banal) existence everyday (épith) ◆ **c'est journalier** it happens every day; → **indemnité**

**2** **nm** (Agr) day labourer

**journalisme** [ʒuʀnalism] **nm** (= métier, style) journalism ◆ **faire du journalisme** to be in journalism, be a journalist ◆ **journalisme d'investigation** investigative journalism

**journaliste** [ʒuʀnalist] [→ SYN] **nmf** journalist ◆ **journaliste sportif/parlementaire** sports/ parliamentary correspondent ◆ **journaliste d'investigation** investigative journalist ◆ **journaliste de radio/de télévision** radio/ television reporter ou journalist ◆ **journaliste de (la) presse écrite** newspaper ou print journalist

**journalistique** [ʒuʀnalistik] **adj** journalistic ◆ **style journalistique** journalistic style; (péj) journalese

**journée** [ʒuʀne] [→ SYN] **nf** **a** (= jour) day ◆ **dans** ou **pendant la journée** during the day, in the daytime ◆ **dans la journée d'hier** yesterday, in the course of yesterday ◆ **passer sa journée/toute sa journée à faire qch** to spend the day/one's entire day doing sth ◆ **passer des journées entières à rêver** to daydream for days on end ◆ **une journée d'action dans les transports publics** (= grève) a day of action organized by the public transport unions

**b** [ouvrier] **journée (de travail)** day's work ◆ **journée (de salaire)** day's wages ou pay ◆ **faire de dures journées** to put in a heavy day's work ◆ **faire des journées chez les autres** † to work as a domestic help ou daily help (Brit) ◆ **il se fait de bonnes journées** he gets a good daily wage ◆ **travailler/être payé à la journée** to work/be paid by the day ◆ **faire la journée continue** [bureau, magasin] to remain open over lunch ou all day; [personne] to work over lunch ◆ **journée de 8 heures** 8-hour day ◆ **journée de repos** day off, rest day

**c** (= événement) day ◆ **journées d'émeute** days of rioting ◆ **la journée a été chaude, ce fut une chaude journée** (Mil) it was a hard struggle ou a stiff fight ◆ **journée d'études** (Pol) seminar

**d** (= distance) **à trois journées de voyage/de marche** three days' journey/walk away ◆ **voyager à petites journées** † to travel in short ou easy stages

**journellement** [ʒuʀnɛlmɑ̃] adv (= quotidiennement) daily, every day; (= souvent) all the time

**joute** [ʒut] → SYN nf **a** (Hist Naut) joust, tilt **b** [politiciens] duel, joust ◆ **joutes politiques/électorales** political/pre-election sparring ou jousting ◆ **joute oratoire** (= compétition) debate; (entre avocats, députés) verbal jousting ou sparring (NonC) ◆ **joute d'esprit** battle of wits ◆ **joutes nautiques** water jousting

**jouter** [ʒute] → SYN ▸ conjug 1 ◂ vi (Hist) to joust, tilt; (fig, frm) to joust (*contre* against), spar (*contre* with)

**jouteur** [ʒutœʀ] → SYN nm jouster, tilter

**jouvence** [ʒuvɑ̃s] → SYN nf ◆ **Fontaine de Jouvence** Fountain of Youth ◆ **eau de jouvence** waters of youth; → **bain**

**jouvenceau**, pl **jouvenceaux** [ʒuvɑ̃so] → SYN nm (††, hum) stripling †, youth

**jouvencelle** [ʒuvɑ̃sɛl] nf (††, hum) damsel † (hum)

**jouxter** [ʒukste] → SYN ▸ conjug 1 ◂ vt to adjoin, be next to

**jovial, e**, mpl **-iaux** ou **jovials** [ʒɔvjal, jo] → SYN adj jovial, jolly ◆ **d'humeur joviale** in a jovial mood

**jovialement** [ʒɔvjalmɑ̃] adv jovially

**jovialité** [ʒɔvjalite] → SYN nf joviality, jollity

**jovien, -ienne** [ʒɔvjɛ̃, jɛn] adj Jovian

**joyau**, pl **joyaux** [ʒwajo] → SYN nm (lit, fig) gem, jewel ◆ **les joyaux de la couronne** the crown jewels ◆ **joyau de l'art gothique** jewel ou masterpiece of Gothic art

**joyeusement** [ʒwajøzmɑ̃] adv célébrer merrily, joyfully; accepter gladly; crier joyfully ◆ **ils reprirent joyeusement le travail** they cheerfully went back to work

**joyeusetés** [ʒwajøzte] nfpl (littér ou iro) ◆ **ce sont les joyeusetés de la vie en couple** these are just some of the joys ou pleasures of living together

**joyeux, -euse** [ʒwajø, øz] GRAMMAIRE ACTIVE 23.2, 23.3 → SYN adj **a** personne, groupe cheerful, merry, joyous; repas cheerful; cris merry, joyful; musique joyful, joyous; visage cheerful, joyful; nouvelle joyful ◆ **c'est un joyeux luron** ou **drille** he's a jolly fellow ◆ **être en joyeuse compagnie** to be in merry company ou with a merry group ◆ **mener joyeuse vie** to lead a merry life ◆ **être d'humeur joyeuse** to be in a joyful mood ◆ **ils étaient partis joyeux** they had set out merrily ou in a merry group ◆ **il était tout joyeux à l'idée de partir** he was overjoyed ou (quite) delighted at the idea of going ◆ **c'est joyeux !** * (iro) great! * (iro), brilliant! * (iro) ◆ **ce n'est pas joyeux !** * [film] it's not very funny; [histoire triste] it's no joke! ◆ **le défilé progressait dans un joyeux désordre** the procession went along in an atmosphere of cheerful chaos ◆ **"Les Joyeuses Commères de Windsor"** (Littérat) "The Merry Wives of Windsor" **b** (dans les souhaits) **joyeuses fêtes !** Happy Christmas! (ou New Year)!; (sur carte) Season's Greetings; → **anniversaire, noël**

**JT** [ʒite] nm (abrév de **journal télévisé**) → **journal**

**jubarte** [ʒybaʀt] nf humpback whale

**jubé** [ʒybe] → SYN nm (= clôture) jube, rood-screen; (= galerie) jube, rood-loft

**jubilaire** [ʒybilɛʀ] adj (Rel) jubilee (épith)

**jubilation** [ʒybilasjɔ̃] → SYN nf jubilation, exultation

**jubilatoire** [ʒybilatwaʀ] adj spectacle, livre, expérience, humour exhilarating ◆ **il observait leur dispute avec un enthousiasme quasi jubilatoire** he felt something akin to jubilation as he watched them quarrel

**jubilé** [ʒybile] nm jubilee

**jubiler** * [ʒybile] ▸ conjug 1 ◂ vi to be jubilant, gloat (péj)

**juchée** [ʒyʃe] → SYN nf (pheasant) perch

**jucher** vt, **se jucher** vpr [ʒyʃe] → SYN ▸ conjug 1 ◂ to perch (*sur* on, upon) ◆ **juchée sur les épaules de son père** perched on her father's shoulders ◆ **juchée sur des talons aiguilles** teetering on stiletto heels

**juchoir** [ʒyʃwaʀ] → SYN nm perch

**Juda** [ʒyda] nm Judah

**judaïcité** [ʒydaisite] nf Jewishness

**judaïque** [ʒydaik] adj loi Judaic; religion Jewish

**judaïser** [ʒydaize] ▸ conjug 1 ◂ vt to Judaize

**judaïsme** [ʒydaism] nm Judaism

**judaïté** [ʒydaite] nf Jewishness

**judas** [ʒyda] → SYN nm **a** [porte] spyhole **b** (Bible) **Judas** Judas

**Judée** [ʒyde] nf Judaea, Judea

**judéité** [ʒydeite] nf Jewishness

**judéo-** [ʒydeɔ] préf (dans les mots composés à trait d'union, le préfixe reste invariable) Jewish- ◆ **judéo-catholique** Jewish-Catholic

**judéo-allemand, e** [ʒydeɔalmɑ̃, ɑ̃d] adj German-Jewish

**judéo-arabe** [ʒydeoaʀab] adj, nmf Judeo-Arab, Judaeo-Arab (Brit)

**judéo-chrétien, -ienne** [ʒydeɔkʀetjɛ̃, jɛn] adj, nmf Judeo-Christian, Judaeo-Christian (Brit)

**judéo-christianisme** [ʒydeɔkʀistjanism] nm Judeo-Christianity, Judaeo-Christianity (Brit)

**judicature** [ʒydikatyʀ] nf judicature

**judiciaire** [ʒydisjɛʀ] → SYN **1** adj judicial ◆ **l'autorité judiciaire** (= concept) the judiciary; (= tribunal) judicial authority ◆ **pouvoir judiciaire** judicial power ◆ **poursuites judiciaires** judicial ou legal proceedings ◆ **vente judiciaire** sale by order of the court ◆ **enquête judiciaire** judicial inquiry ◆ **actes judiciaires** judicial documents ◆ **procédure judiciaire** legal procedure ◆ **cette affaire n'a pas eu de suites judiciaires** there were no legal repercussions to this affair ◆ **de source judiciaire française, on apprend que …** from a French legal source we have learned that …; → **casier, erreur, police** etc

**2** nm ◆ **le judiciaire** the judiciary

**judiciairement** [ʒydisjɛʀmɑ̃] adv judicially

**judicieusement** [ʒydisjøzmɑ̃] adv judiciously, wisely

**judicieux, -ieuse** [ʒydisjø, jøz] → SYN adj choix, idée, remarque wise, judicious; conseils wise, sound ◆ **faire un emploi judicieux de son temps** to use one's time wisely ou judiciously, make judicious use of one's time ◆ **il serait plus judicieux de …** it would be wiser to … ◆ **ce choix s'est révélé peu judicieux** it proved (to be) an unfortunate choice, it was an unwise choice

**judo** [ʒydo] → SYN nm judo ◆ **faire du judo** to do judo

**judoka** [ʒydɔka] nmf judoka

**jugal, e**, mpl **-aux** [ʒygal, o] adj jugal

**juge** [ʒyʒ] → SYN **1** nm (Jur, Rel, Sport, fig) judge ◆ **oui, Monsieur le Juge** yes, your Honour ◆ **(madame)/(monsieur) le juge Ledoux** Mrs/Mr Justice Ledoux ◆ **prendre qn pour juge** to ask sb to be (the) judge ◆ **être bon/mauvais juge** to be a good/bad judge (*en matière de* of) ◆ **être à la fois juge et partie** to be both judge and judged ◆ **je te laisse juge** I'll let you decide ◆ **je vous fais juge (de tout ceci)** I'll let you be the judge (of all this) ◆ **se faire juge de ses propres actes/de qch** to be the judge of one's own actions/of sth ◆ **il est seul juge en la matière** he is the only one who can judge ◆ **aller devant le juge** to go before the judge ◆ **le livre des Juges** (Bible) the Book of Judges

**2** COMP ▷ **juge de l'application des peines** *judge responsible for overseeing the terms and conditions of a prisoner's sentence* ▷ **juge aux affaires matrimoniales** divorce court judge ▷ **juge d'arrivée** (Sport) finishing judge ▷ **juge consulaire** *judge in a commercial court* ▷ **juge de faute de pied** (Tennis) foot-fault judge ▷ **juge des** ou **pour enfants** children's judge, ≃ juvenile court judge ▷ **juge de filet** (Tennis) net cord judge ▷ **juge d'instance** justice of the peace, magistrate ▷ **juge d'instruction** examining ou investigating magistrate ▷ **juge de ligne** (Tennis) (gén) line judge, linesman; (pour ligne de fond) foot-fault judge ▷ **juge de paix** † ⇒ **juge d'instance** ◆ **cette épreuve sera le juge de paix** (fig) this test will be the determining factor ou will determine the outcome ▷ **juge de touche** (Rugby) touch judge, linesman; (Ftbl) linesman

**jugé** [ʒyʒe] **au jugé** loc adv (lit, fig) by guesswork ◆ **tirer au jugé** to fire blind ◆ **faire qch au jugé** to do sth by guesswork

**jugeable** [ʒyʒabl] adj (Jur) subject to judgment in court ◆ **difficilement jugeable** (= évaluable) difficult to judge

**juge-arbitre**, pl **juges-arbitres** [ʒyʒaʀbitʀ] nm referee

**juge-commissaire**, pl **juges-commissaires** [ʒyʒkɔmisɛʀ] nm Official Receiver

**jugement** [ʒyʒmɑ̃] → SYN nm **a** (Jur = décision, verdict) [affaire criminelle] sentence; [affaire civile] decision, award ◆ **prononcer** ou **rendre un jugement** to pass sentence ◆ **passer en jugement** to be brought for ou stand trial ◆ **faire passer qn en jugement** to put sb on trial ◆ **jugement par défaut** judgment by default ◆ **jugement déclaratoire** declaratory judgment ◆ **détention sans jugement** detention without trial **b** (= opinion) judgment, opinion ◆ **jugement de valeur** value judgment ◆ **exprimer/formuler un jugement** to express/formulate an opinion ◆ **porter un jugement (sur)** to pass judgment (on) ◆ **s'en remettre au jugement de qn** to defer to sb's judgment ◆ **j'ai peur de son jugement** I'm afraid of what he'll think (of me) **c** (= discernement) judgment ◆ **avoir du/manquer de jugement** to have/lack (good) judgment ◆ **on peut faire confiance à son jugement** you can trust his judgment ◆ **il a une grande sûreté de jugement** he has very sound judgment **d** (Rel) judgment ◆ **le jugement de Dieu** Divine Judgment; (Hist) the Ordeal ◆ **le Jugement dernier** the Last Judgment ◆ **le jour du Jugement dernier** Judgment Day, Doomsday ◆ **le jugement de Salomon** the judgment of Solomon

**jugeote** * [ʒyʒɔt] nf common sense, gumption * (Brit) ◆ **manquer de jugeote** to lack common sense ◆ **il n'a pas deux sous de jugeote** he hasn't got an ounce of common sense, he's got no gumption * (Brit) ◆ **(aie) un peu de jugeote !** use your head! ou loaf! *, wise up! * (surtout US)

**juger[1]** [ʒyʒe] → SYN ▸ conjug 3 ◂ **1** vt **a** (Jur) [+ affaire] to judge, try; [+ accusé] to try ◆ **juger un différend** to arbitrate in a dispute ◆ **le tribunal jugera** the court will decide ◆ **être jugé pour meurtre** to be tried for murder ◆ **le jury a jugé qu'il n'était pas coupable** the jury found him not guilty ◆ **l'affaire doit se juger à l'automne** the case is to come before the court ou is to be heard in the autumn ◆ **l'histoire jugera** history will judge **b** (= décider, statuer) to judge, decide ◆ **à vous de juger (ce qu'il faut faire/si c'est nécessaire)** it's up to you to decide ou to judge (what must be done/whether ou if it's necessary) **c** (= apprécier) [+ livre, film, personne, situation] to judge ◆ **juger qn d'après les résultats** to judge sb on his results ◆ **il ne faut pas juger d'après les apparences** you must not judge from ou go by appearances ◆ **juger qch/qn à sa juste valeur** to judge sth/sb at its/his real value ◆ **juger bien/mal les gens** to be a good/bad judge of character ◆ **jugez combien j'étais surpris** ou **si ma surprise était grande** imagine how surprised I was ou what a surprise I got **d** (= estimer) **juger qch/qn ridicule** to consider ou find ou think sth/sb ridiculous ◆ **juger que** to think ou consider that ◆ **pourquoi est-ce que vous me jugez mal ?** why do you think badly of me?, why do you have such a low opinion of me? ◆ **si vous le jugez bon** if you see fit, if you think it's a good idea ou it's advisable ◆ **juger bon/malhonnête de faire qch** to consider it a good thing ou advisable/dishonest to do sth ◆ **il se jugea perdu** he thought ou considered himself lost ◆ **il se juge capable de le faire** he thinks ou reckons he is capable of doing it ◆ **je n'ai pas jugé utile de le prévenir** I didn't think it was worth telling him (about it)

**2** **juger de** vt indir to appreciate, judge ◆ **si j'en juge par mon expérience** judging by ou if I (can) judge by my experience ◆ **à en juger par …** judging by …, to judge by … ◆ **à en juger par ce résultat, il …** if this result is any indication ou anything to go by, he … ◆ **lui seul peut juger de l'urgence** only he can appreciate the urgency, only he can tell how urgent it is ◆ **autant que je puisse en juger** as far as I can judge ◆ **jugez de ma surprise !** imagine my surprise!

**juger²** [ʒyʒe] nm ⇒ **jugé**

**jugulaire** [ʒygylɛʀ] → SYN 1 adj veines, glandes jugular ◆ **il est jugulaire jugulaire** (†, hum) he's a stickler for the rules
2 nf a (Mil) chin strap
b (Anat) jugular vein

**juguler** [ʒygyle] → SYN ▸ conjug 1 ◂ vt [+ maladie] to arrest, halt; [+ envie, désirs] to suppress, repress; [+ inflation] to curb, stamp out; [+ révolte] to put down, quell, repress

**juif, juive** [ʒɥif, ʒɥiv] → SYN 1 adj Jewish
2 nm Jew ◆ **le Juif errant** (Littérat) the Wandering Jew
3 **juive** nf Jew, Jewish woman

**juillet** [ʒɥijɛ] nm July ◆ **la révolution/monarchie de Juillet** the July revolution/monarchy ; pour autres loc voir **septembre** et **quatorze**

> **LE QUATORZE JUILLET**
>
> Bastille Day, commemorating the fall of the Bastille in 1789, is the most important day of national celebration in France. The festivities actually begin on 13th July, with dances ("bals") organized in the streets of large towns. On the day itself there is a large military parade in Paris in the morning, and firework displays take place throughout France in the evening.

**juilletiste** [ʒɥijetist] nmf July holiday-maker (Brit) ou vacationer (US)

**juin** [ʒɥɛ̃] nm June ; pour autres loc voir **septembre**

**juive** [ʒɥiv] adj f, nf → **juif**

**juiverie** † [ʒɥivʀi] nf (injurieux) ◆ **la juiverie** the Jews, the Jewish people

**jujube** [ʒyʒyb] nm (= fruit, pâte) jujube

**jujubier** [ʒyʒybje] nm jujube (tree)

**juke-box**, pl **juke-boxes** [ʒykbɔks] nm jukebox

**julep** [ʒylɛp] nm julep

**jules** [ʒyl] nm a † (* = amoureux) boyfriend, guy*, bloke* (Brit); (‡ = proxénète) pimp, ponce‡ (Brit)
b († * = vase de nuit) chamberpot, jerry‡ (Brit)
c **Jules** Julius ◆ **Jules César** Julius Caesar

**julien, -ienne** [ʒyljɛ̃, jɛn] 1 adj (Astron) Julian
2 **julienne** nf a (Culin) [légumes] julienne; [poisson] ling
b (Bot) rocket

**jumbo-jet**, pl **jumbo-jets** [dʒœmbodʒɛt] nm jumbo jet

**jumeau, -elle¹**, mpl **jumeaux** [ʒymo, ɛl] → SYN
1 adj frère, sœur twin ◆ **c'est mon frère jumeau** he's my twin (brother) ◆ **fruits jumeaux** double fruits ◆ **maison jumelle** semi-detached house (Brit), duplex (US) ◆ **muscles jumeaux** gastrocnemius sg
2 nm,f a (= personne) twin ◆ **vrais/faux jumeaux** identical/fraternal twins
b (= sosie) double ◆ **c'est mon jumeau/ma jumelle** he's/she's my double ◆ **j'aimerais trouver le jumeau de ce vase** I'd like to find the partner to this vase
3 nm (Culin) clod of beef

**jumelage** [ʒym(ə)laʒ] → SYN nm twinning

**jumelé, e** [ʒym(ə)le] (ptp de **jumeler**) adj colonnes, vergues, mât twin ◆ **roues jumelées** double wheels ◆ **billets jumelés** (Loterie) double series ticket ◆ **villes jumelées** twin towns ◆ **être jumelé avec** [ville] to be twinned with ◆ **pari jumelé** (Courses) dual forecast *(for first and second place in the same race)*

**jumeler** [ʒym(ə)le] → SYN ▸ conjug 4 ◂ vt [+ villes] to twin; [+ efforts] to join; [+ mâts, poutres] to double up, fish (SPÉC)

**jumelle²** [ʒymɛl] → SYN nf a (Opt) **(paire de) jumelles** (pair of) binoculars ◆ **jumelles de spectacle** ou **théâtre** opera glasses ◆ **jumelle marine** binoculars ◆ **observer qch à la jumelle** to look at sth through binoculars
b [mât] fish ◆ **jumelle de ressort** (Aut) shackle; voir aussi **jumeau**

**jument** [ʒymɑ̃] → SYN nf mare

**jumping** [dʒœmpiŋ] nm (gén) jumping; (= concours équestre) show jumping

**jungle** [ʒœ̃gl] nf (lit, fig) jungle ◆ **jungle urbaine** urban jungle; → **loi**

**junior** [ʒynjɔʀ] → SYN 1 adj (Comm, Sport, hum) junior ◆ **Dupont junior** Dupont junior ◆ **équipe junior** junior team ◆ **mode junior** young ou junior fashion ◆ **junior entreprise** *student organization that obtains contract work from businesses whose activities are related to the students' field of study*
2 nmf (Sport) junior

**junk bond**, pl **junk bonds** [(d)ʒœnkbɔ̃d] nm (Fin) junk bond

**junkie** ‡ [dʒœnki] adj, nmf (Drogue) junkie*

**Junon** [ʒynɔ̃] nf Juno

**junonien, -ienne** [ʒynɔnjɛ̃, jɛn] adj Junonian

**junte** [ʒœ̃t] nf junta

**jupe** [ʒyp] → SYN 1 nf (Habillement, Tech) skirt ◆ **jupe plissée/droite** pleated/straight skirt ◆ **jupes** skirts ◆ **il est toujours dans les jupes de sa mère** he's still tied to his mother's apron strings ◆ **il est toujours dans mes jupes** he's always under my feet
2 COMP ▷ **jupe portefeuille** wrap-around skirt

**jupe-culotte**, pl **jupes-culottes** [ʒypkylɔt] nf culottes, divided skirt

**jupette** [ʒypɛt] nf (short) skirt

**Jupiter** [ʒypitɛʀ] nm (Myth) Jupiter, Jove; (Astron) Jupiter; → **cuisse**

**jupitérien, -ienne** [ʒypiteʀjɛ̃, jɛn] adj (Astron) Jovian

**jupon** [ʒypɔ̃] nm a (Habillement) petticoat, underskirt
b († = femme) bit of skirt* ◆ **aimer le jupon** to love anything in a skirt

**juponné, e** [ʒypɔne] adj robe with an underskirt

**juponner** [ʒypɔne] ▸ conjug 1 ◂ vt [+ jupe, robe] to fit with an underskirt

**Jura** [ʒyʀa] nm ◆ **le Jura** (= montagne) the Jura (Mountains); (= région) the Jura

**jurassien, -ienne** [ʒyʀasjɛ̃, jɛn] 1 adj of ou from the Jura, Jura (épith)
2 **Jurassien(ne)** nm,f inhabitant ou native of the Jura

**jurassique** [ʒyʀasik] 1 adj Jurassic
2 nm ◆ **le jurassique** the Jurassic

**juré, e** [ʒyʀe] → SYN (ptp de **jurer**) 1 adj (= qui a prêté serment) sworn ◆ **ennemi juré** sworn enemy ◆ **promis ? – juré, craché !*** do you promise? – cross my heart (and hope to die)!
2 nm juror, juryman ◆ **premier juré** foreman of the jury ◆ **Mesdames et Messieurs les jurés apprécieront** the members of the jury will bear that in mind ◆ **être convoqué comme juré** to be called for jury service ou duty
3 **jurée** nf juror, jurywoman

**jurer** [ʒyʀe] → SYN ▸ conjug 1 ◂ 1 vt a (= promettre) to swear, vow ◆ **jurer fidélité/obéissance/amitié à qn** to swear ou pledge loyalty/obedience/friendship to sb ◆ **jurer la perte de qn** to swear to ruin sb ou bring about sb's downfall ◆ **je jure que je me vengerai** I swear ou vow I'll get my revenge ◆ **faire jurer à qn de garder le secret** to swear ou pledge sb to secrecy ◆ **jure-moi que tu reviendras** swear (to me) you'll come back ◆ **jurer sur la Bible/sur la croix/devant Dieu** to swear on the Bible/on the cross/to God ◆ **jurer sur la tête de ses enfants** ou **de sa mère** to swear by all that one holds dear ou sacred, swear on one's children's ou one's mother's life ◆ **il jurait ses grands dieux qu'il n'avait rien fait** he swore blind* ou by all the gods † that he hadn't done anything ◆ **je vous jure que ce n'est pas facile** I can tell you ou assure you that it isn't easy ◆ **ah ! je vous jure !** honestly! ◆ **il faut de la patience, je vous jure, pour la supporter !** I swear you need a lot of patience to put up with her, you need a lot of patience to put up with her, I can tell you
b (admiration) **on ne jure plus que par lui/par ce nouveau remède** everyone swears by him/by this new medicine
2 **jurer de** vt indir to swear to ◆ **j'en jurerais** I could swear to it, I'd swear to it ◆ (Prov) **il ne faut jurer de rien** you never can tell
3 vi a (= pester) to swear, curse ◆ **jurer après** ou **contre qch/qn** to swear ou curse at sth/sb ◆ **jurer comme un charretier** to swear like a trooper
b [couleurs] to clash (*avec* with); [propos] to jar (*avec* with)
4 **se jurer** vpr a (à soi-même) to vow to o.s., promise o.s. ◆ **il se jura bien que c'était la dernière fois** he vowed it was the last time
b (réciproquement) to pledge (to) each other, swear, vow ◆ **ils se sont juré un amour éternel** they pledged ou vowed ou swore eternal love

**juridiction** [ʒyʀidiksjɔ̃] → SYN nf a (= compétence) jurisdiction ◆ **hors de/sous sa juridiction** beyond/within his jurisdiction ◆ **exercer sa juridiction** to exercise one's jurisdiction ◆ **tombant sous la juridiction de** falling ou coming within the jurisdiction of
b (= tribunal) court(s) of law

**juridictionnel, -elle** [ʒyʀidiksjɔnɛl] adj jurisdictional ◆ **pouvoir juridictionnel** power of jurisdiction ◆ **fonctions juridictionnelles** judicial powers ◆ **aide juridictionnelle** ≈ legal aid

**juridique** [ʒyʀidik] → SYN adj legal, juridical ◆ **études juridiques** law ou legal studies

**juridiquement** [ʒyʀidikmɑ̃] adv juridically, legally

**juridisme** [ʒyʀidism] → SYN nm legalism

**jurisconsulte** [ʒyʀiskɔ̃sylt] → SYN nm jurisconsult

**jurisprudence** [ʒyʀispʀydɑ̃s] → SYN nf (= source de droit) ≈ case law, ≈ jurisprudence; (= décisions) (judicial) precedents ◆ **faire jurisprudence** to set a precedent ◆ **cas qui fait jurisprudence** test case

**jurisprudentiel, -ielle** [ʒyʀispʀydɑ̃sjɛl] adj jurisprudential ◆ **décision jurisprudentielle** *decision taken by a court that sets a legal precedent* ◆ **précédent jurisprudentiel** legal ou judicial precedent ◆ **le droit jurisprudentiel** case law

**juriste** [ʒyʀist] → SYN nmf (= auteur, légiste) jurist ◆ **juriste d'entreprise** corporate lawyer

**juron** [ʒyʀɔ̃] → SYN nm oath, curse, swearword ◆ **dire des jurons** to swear, curse

**jury** [ʒyʀi] → SYN nm a (Jur) jury ◆ **jury populaire** *civilian jury* ◆ **président du jury** foreman of the jury ◆ **membre du jury** member of the jury, juror
b (Art, Sport) panel of judges; (Scol) board of examiners, jury ◆ **jury de thèse** Ph.D. examining board ou committee (US)

**jus** [ʒy] → SYN nm a (= liquide) juice ◆ **jus de fruit** fruit juice ◆ **jus de raisin** grape juice ◆ **jus de viande** juice(s) from the meat, ≈ gravy ◆ **plein de jus** juicy ◆ **jus de la treille*** juice of the vine (hum), wine; → **cuire, mijoter**
b (* = café) coffee ◆ **c'est un jus infâme** it's a foul brew* ◆ **au jus !** coffee's ready!, coffee's up!* ◆ **jus de chaussette** (péj) dishwater (fig)
c (* = courant) juice* ◆ **prendre le jus** ou **un coup de jus** to get a shock
d (* LOC) **jeter/tomber au jus** ou **dans le jus** to throw/fall into the water ou drink* ◆ **au jus !** (en poussant qn) into the water with him!, in he goes!; (en y allant) here I come! ◆ **ça valait le jus !** it was priceless!*
e (arg Mil) **soldat de 1ᵉʳ jus** ≈ lance corporal (Brit) ◆ **soldat de 2ᵉ jus** ≈ private ◆ **c'est du huit au jus** only a week to go (to the end of military service)

**jusant** [ʒyzɑ̃] → SYN nm ebb tide

**jusqu'au-boutisme** [ʒyskobutism] → SYN nm (= politique) hard-line policy; (= attitude) extremist attitude

**jusqu'au-boutiste**, pl **jusqu'au-boutistes** [ʒyskobutist] 1 nmf extremist, hard-liner ◆ **c'est un jusqu'au-boutiste** he takes things to the bitter end, he always goes the whole hog*
2 adj attitude hardline (épith); théorie extremist

**jusque** [ʒysk(ə)] → SYN 1 prép a (lieu) **jusqu'à la, jusqu'au** to, as far as, (right) up to, all the way to ◆ **j'ai couru jusqu'à la maison/l'école** I ran all the ou right the way home/to school ◆ **j'ai marché jusqu'au village** I walked to ou as far as the village ◆ **ils sont montés jusqu'à 2 000 mètres** they climbed up to 2,000 metres ◆ **il s'est avancé jusqu'au bord du précipice** he walked (right) up to the edge of the precipice ◆ **il a rampé jusqu'à nous** he crawled up to us ◆ **il avait de la neige jusqu'aux genoux** he had snow up to his knees, he was knee-deep in snow ◆ **la nouvelle est venue jusqu'à moi** the news has reached me ◆ **il menace d'aller jusqu'au ministre** he's threatening to take it to the minister

**b** (temps) **jusqu'à, jusqu'en** until, till, up to ◆ **jusqu'en mai** until May ◆ **jusqu'à samedi** until Saturday ◆ **du matin jusqu'au soir** from morning till night ◆ **jusqu'à cinq ans il vécut à la campagne** he lived in the country until ou up to the age of five ◆ **les enfants restent dans cette école jusqu'à (l'âge de) dix ans** (the) children stay at this school until they are ten ou until the age of ten ◆ **marchez jusqu'à ce que vous arriviez à la mairie** walk until you reach the town hall, walk as far as the town hall ◆ **rester jusqu'au bout** ou **à la fin** to stay till ou to the end ◆ **de la Révolution jusqu'à nos jours** from the Revolution (up) to the present day

**c** (limite) **jusqu'à 20 kg** up to 20 kg, not exceeding 20 kg ◆ **véhicule transportant jusqu'à 15 personnes** vehicle which can carry up to ou as many as 15 people ◆ **pousser l'indulgence jusqu'à la faiblesse** to carry indulgence to the point of weakness ◆ **aller jusqu'à dire/faire qch** to go so far as to say/do sth ◆ **j'irai jusqu'à 100** I'll go as far as ou up to 100 ◆ **je n'irais pas jusqu'à faire ça** I wouldn't go so far as to do that

**d** (= y compris) even ◆ **il a mangé jusqu'aux arêtes** he ate everything including ou even the bones, he ate the lot (Brit) — bones and all (Brit) ◆ **ils ont regardé jusque sous le lit** they even looked under the bed ◆ **tous jusqu'au dernier l'ont critiqué** every single ou last one of them criticized him

**e** (avec prép ou adv) **accompagner qn jusque chez lui** to take ou accompany sb (right) home ◆ **veux-tu aller jusque chez le boucher pour moi ?** would you go (along) to the butcher's for me? ◆ **jusqu'où ?** how far? ◆ **jusqu'à quand ?** until when?, how long for? ◆ **jusqu'à quand restez-vous ?** how long ou till when are you staying?, when are you staying till? ◆ **jusqu'ici** (temps présent) so far, until now; (au passé) until then; (lieu) up to ou as far as here ◆ **jusque-là** (temps) until then; (lieu) up to there ◆ **j'en ai jusque-là !** I'm sick and tired of it!, I've had about as much as I can take! ou I've had it up to here! ◆ **jusqu'alors, jusques alors** until then ◆ **jusqu'à maintenant, jusqu'à présent** until now, so far ◆ **jusque (très) tard** until (very) late ◆ **jusque vers 9 heures** until about 9 o'clock; → **mettre**

**f** (Loc) **jusqu'au bout** to the (very) end ◆ **jusqu'à concurrence de 25 €** to the amount of €25 ◆ **vrai jusqu'à un certain point** true up to a certain point ◆ **jusqu'au fond** to the (very) bottom ◆ **elle a été touchée jusqu'au fond du cœur** she was deeply touched ◆ **jusqu'à nouvel ordre** (Admin) until further notice ◆ **jusqu'à plus ample informé** until further information is available, pending further information ◆ **tu vois jusqu'à quel point tu t'es trompé** you see how wrong you were ◆ **jusqu'au moment où** until, till ◆ **jusqu'à la gauche** * totally

2 adv ◆ **jusque(s) et y compris** up to and including ◆ **jusqu'à** (= même) even ◆ **j'ai vu jusqu'à des enfants tirer sur des soldats** I even saw children shooting at soldiers ◆ **il n'est pas jusqu'au paysage qui n'ait changé** the very landscape ou even the landscape has changed

3 **jusqu'à ce que, jusqu'à tant que** loc conj until ◆ **sonnez jusqu'à ce que l'on vienne ouvrir** ring until someone answers the door ◆ **il faudra le lui répéter jusqu'à ce** ou **jusqu'à tant qu'il ait compris** you'll have to keep on telling him until he understands

**jusques** [ʒysk(ə)] adv, conj, prép (littér) ⇒ **jusque**

**jusquiame** [ʒyskjam] nf henbane

**jussiée** [ʒysje] nf primrose willow

**justaucorps** [ʒystokɔʀ] nm (Hist) jerkin; [gymnaste] leotard

**juste** [ʒyst] GRAMMAIRE ACTIVE 26.3, 26.6 → SYN

1 adj **a** (= équitable) personne, notation just, fair; sentence, guerre, cause just ◆ **être juste pour** ou **envers** ou **à l'égard de qn** to be fair to sb ◆ **c'est un homme juste** he is a just man ◆ **il faut être juste** one must be fair ◆ **pour être juste envers lui** in fairness to him, to be fair to him ◆ **ce n'est pas juste !** it isn't fair! ◆ **il n'est pas juste de l'accuser** it is unfair to accuse him ◆ **c'est un juste retour des choses** it's poetic justice ◆ **il finira par se faire renvoyer, et ce ne sera qu'un juste retour des choses** he'll end up getting the sack, and it'll serve him right

**b** (= légitime) revendication, vengeance, fierté just; colère righteous, justifiable ◆ **la juste récompense de son travail** the just reward for his work

**c** (= exact) addition, réponse, heure right, exact ◆ **à l'heure juste** right on time, dead on time * ◆ **à 6 heures justes** on the stroke of 6, at 6 o'clock sharp * ◆ **apprécier qch à son juste prix** ou **à sa juste valeur** to appreciate the true worth of sth ◆ **le juste milieu** the happy medium, the golden mean; (Pol) the middle course ou way ◆ **le mot juste** the right word, the mot juste

**d** (= pertinent, vrai) idée, raisonnement sound; remarque, expression apt ◆ **il a dit des choses très justes** he made some pertinent points, he said some very sound things ◆ **très juste !** good point!, quite right! ◆ **c'est juste** that's right, that's a fair point

**e** (= précis, sûr) appareil, montre accurate; esprit sound; balance accurate, true; oreille good

**f** (Mus) note right, true; voix true; instrument in tune (attrib), well-tuned ◆ **il a une voix juste** he has a true voice, he sings in tune ◆ **quinte juste** perfect fifth

**g** (= trop court, étroit) vêtement, chaussure tight; longueur, hauteur on the short side ◆ **1 kg pour six, c'est un peu juste** 1 kg for six people, is barely enough ou is a bit on the short ou skimpy side ◆ **trois heures pour faire cette traduction, c'est juste** three hours to do that translation is barely enough ◆ **elle n'a pas raté son train mais c'était juste** she didn't miss her train but it was a close thing ◆ **mon salaire est trop juste** my salary is inadequate, I don't earn enough ◆ **je suis un peu juste actuellement** * I'm a bit strapped for cash * ou things are a bit tight at the moment ◆ **ses notes sont trop justes** [élève] his marks aren't good enough

**h** (excl) **juste ciel !** † heavens (above)! ◆ **juste Dieu !** † almighty God!, ye Gods!

2 **à juste titre** loc adv justly, rightly ◆ **il en est fier, et à juste titre** he's proud of it and rightly ou understandably so

3 adv **a** (= avec précision) compter, viser accurately; raisonner soundly; deviner rightly, correctly; chanter in tune ◆ **tomber juste** (= deviner) to hit the nail on the head, be (exactly) right; [calculs] to come out right ◆ **division qui tombe juste** division which works out exactly ◆ **juste à temps** arriver just in time ◆ **travailler en juste à temps** (Écon) to use the just-in-time system ou techniques

**b** (= exactement) just, exactly ◆ **juste au-dessus** just above ◆ **juste au coin** just on ou round the corner ◆ **il a dit juste ce qu'il fallait** he said exactly ou just what was needed ◆ **c'est juste le contraire** it's exactly ou just the opposite ◆ **juste au moment où j'entrais** (just) at the very moment when I was coming in ◆ **j'arrive juste** I've only just arrived ◆ **je suis arrivé juste quand/comme il sortait** I arrived just when/as he was leaving ◆ **j'ai juste assez** I have just enough ◆ **3 kg juste** 3 kg exactly

**c** (= seulement) only, just ◆ **j'ai juste à passer un coup de téléphone** I only ou just have to make a telephone call ◆ **il est parti il y a juste un moment** he left just ou only a moment ago

**d** (= pas assez) **(un peu) juste** compter, prévoir not quite enough, too little ◆ **il est arrivé un peu juste** ou **bien juste** he cut it a bit too close ou fine * (Brit), he arrived at the last minute ◆ **il a mesuré trop juste** he didn't allow quite enough

**e** (Loc) **que veut-il au juste ?** what exactly does he want? ou is he after? *, what does he actually want? ◆ **au plus juste prix** at the lowest ou minimum price ◆ **calculer au plus juste** to work things out to the minimum ◆ **comme de juste il pleuvait !** and of course it was raining!

◆ **tout juste** (= seulement) only just; (= à peine) hardly, barely; (= exactement) exactly ◆ **c'est tout juste s'il ne m'a pas frappé** he came this close to hitting me ◆ **son livre vaut tout juste la peine qu'on le lise** his book is barely worth reading ◆ **c'est tout juste passable** it's just ou barely passable

4 nm (Rel) just man ◆ **les justes** (gén) the just; (Rel) the righteous ◆ **avoir la conscience du juste** to have a clear ou an untroubled conscience; → **dormir**

**justement** [ʒystəmɑ̃] adv **a** (= précisément) exactly, just, precisely ◆ **il ne sera pas long, justement, il arrive** he won't be long, in fact he's just coming ◆ **on parlait justement de vous** we were just talking about you ◆ **justement, j'allais le dire** actually, that's what I was going to say

**b** (= à plus forte raison) **puisque vous me l'interdisez ... eh bien, justement je le lui dirai** since you say I mustn't ... just for that I'll tell him ◆ **tu n'étais pas obligé d'accepter – si, justement !** you didn't have to accept — that's the problem, I did have to!

**c** (= avec justesse) remarquer rightly; raisonner soundly ◆ **comme l'a rappelé fort justement Paul** as Paul has quite rightly pointed out

**d** (= à juste titre) justly ◆ **justement puni** justly punished ◆ **justement inquiet/fier** justifiably anxious/proud

**justesse** [ʒystɛs] → SYN 1 nf **a** (= exactitude) [appareil, montre, balance, tir] accuracy, precision; [calcul] accuracy, correctness; [réponse, comparaison, observation] exactness; [coup d'œil, oreille] accuracy

**b** [note, voix, instrument] accuracy

**c** (= pertinence) [idée, raisonnement] soundness; [remarque, expression] aptness, appropriateness ◆ **on est frappé par la justesse de son esprit** one is struck by the soundness of his judgment ou by how sound his judgment is

2 **de justesse** loc adv just, barely ◆ **gagner de justesse** to win by a narrow margin ◆ **rattraper qn/qch de justesse** to catch sb/sth just in time ◆ **j'ai évité l'accident de justesse** I barely ou only just avoided having an accident ◆ **il s'en est tiré de justesse** he got out of it by the skin of his teeth ◆ **il a eu son examen de justesse** he only just passed his exam, he scraped through his exam

**justice** [ʒystis] → SYN nf **a** (= équité) fairness, justice ◆ **en bonne** ou **toute justice** in all fairness ◆ **on lui doit cette justice que ...** it must be said in fairness to him that ... ◆ **ce n'est que justice qu'il soit récompensé** it's only fair that he should have his reward ◆ **il a la justice pour lui** justice is on his side ◆ **traiter qn avec justice** to treat sb justly ou fairly ◆ **justice sociale** social justice

**b** (= fait de juger) justice ◆ **exercer/rendre la justice** to exercise/dispense justice ◆ **passer en justice** to stand trial ◆ **décision de justice** judicial decision ◆ **aller en justice** to go to court ◆ **demander/obtenir justice** to demand/obtain justice ◆ **justice de paix** † court of first instance ◆ **justice immanente** (Rel, Philos) immanent justice ◆ **sans le vouloir, il s'est puni lui-même, il y a une sorte de justice immanente** (fig) there's a sort of poetic justice in the fact that, without meaning to, he punished himself; → **déni, palais, traduire** etc

**c** (= loi) **la justice** the law ◆ **la justice le recherche** he is wanted by the law ◆ **il a eu des démêlés avec la justice** he's had a brush ou he's had dealings with the law ◆ **la justice de notre pays** the law of our country ◆ **c'est du ressort de la justice militaire** it comes under military law

**d** (Loc) **faire justice de qch** (= récuser qch) to refute sth; (= réfuter qch) to disprove sth ◆ **il a pu faire justice des accusations** he was able to refute the accusations ◆ **se faire justice** (= se venger) to take the law into one's own hands, take (one's) revenge; (= se suicider) to take one's own life ◆ **rendre justice à qn** to do sb justice, do justice to sb ◆ **il faut lui rendre cette justice qu'il n'a jamais cherché à nier** he's never tried to deny it, we must grant ou give him that, in fairness to him it must be said that he's never tried to deny it ◆ **on n'a jamais rendu justice à son talent** his talent has never had fair ou due recognition

**justiciable** [ʒystisjabl] 1 adj **a** (Jur) **criminel justiciable de la cour d'assises** criminal subject to trial in a criminal court

**b** (= responsable) **l'homme politique est justiciable de l'opinion publique** politicians are accountable to the public ou are publicly accountable

**c** (= qui nécessite) **situation justiciable de mesures énergiques** situation where strong measures are indicated ou required, situation requiring strong measures

**2** **nmf** (Jur) person subject to trial ◆ **les justiciables** those to be tried

**justicier, -ière** [ʒystisje, jɛʀ] → SYN **nm,f** **a** (gén) upholder of the law, dispenser of justice; (dans les westerns) lawman ◆ **il veut jouer au justicier** he wants to take the law into his own hands

**b** (†† : Jur) dispenser of justice

**justifiable** [ʒystifjabl] → SYN **adj** justifiable ◆ **cela n'est pas justifiable** that is unjustifiable, that can't be justified

**justificateur, -trice** [ʒystifikatœʀ, tʀis] **adj** raison, action justificatory, justifying

**justificatif, -ive** [ʒystifikatif, iv] → SYN **1** **adj** démarche, document supporting, justificatory ◆ **pièce justificative** (officielle) written proof; (= reçu) receipt

**2** **nm** (= pièce officielle) written proof; (= reçu) receipt ◆ **justificatif de domicile** proof of address

**justification** [ʒystifikasjɔ̃] → SYN **nf** **a** (= explication) justification ◆ **cette mesure ne trouve guère de justification économique** there is no economic justification for this measure ◆ **fournir des justifications** to give some justification

**b** (= preuve) proof

**c** (Typo) justification

**justifier** [ʒystifje] → SYN ▸ conjug 7 ◂ **1** **vt** **a** (= légitimer) [+ personne, attitude, action] to justify ◆ **rien ne justifie cette colère** such anger is quite unjustified

**b** (= donner raison) [+ opinion] to justify, bear out, vindicate; [+ espoir, inquiétude] to justify ◆ **ça justifie mon point de vue** it bears out ou vindicates my opinion ◆ **justifier qn d'une erreur** to clear sb of having made a mistake ◆ **craintes parfaitement justifiées** perfectly justified fears

**c** (= prouver) to prove, justify ◆ **pouvez-vous justifier ce que vous affirmez ?** can you justify ou prove your assertions?

**d** (Typo) to justify ◆ **justifier à droite/gauche** to justify right/left, right(-)/left(-)justify

**2** **justifier de** **vt indir** to prove ◆ **justifier de son identité** to prove one's identity ◆ **justifier de son domicile** to show proof of one's address ◆ **cette quittance justifie du paiement** this receipt is evidence ou proof of payment

**3** **se justifier** **vpr** to justify o.s. ◆ **se justifier d'une accusation** to clear o.s. of an accusation

**jute** [ʒyt] **nm** jute; → **toile**

**juter** [ʒyte] → SYN ▸ conjug 1 ◂ **vi** [fruit] to be juicy, drip with juice ◆ **pipe qui jute*** dribbling pipe

**juteux, -euse** [ʒytø, øz] → SYN **1** **adj** fruit juicy; * affaire lucrative

**2** **nm** (arg Mil = adjudant) adjutant

**Juvénal** [ʒyvenal] **nm** Juvenal

**juvénile** [ʒyvenil] → SYN **adj** allure young, youthful ◆ **plein de fougue juvénile** full of youthful enthusiasm

**juvénilité** [ʒyvenilite] → SYN **nf** (littér) youthfulness

**juxtalinéaire** [ʒykstalineɛʀ] **adj** ◆ **traduction juxtalinéaire** line by line translation

**juxtaposable** [ʒykstapozabl] **adj** which can be juxtaposed

**juxtaposer** [ʒykstapoze] → SYN ▸ conjug 1 ◂ **vt** to juxtapose, place side by side ◆ **propositions juxtaposées** juxtaposed clauses

**juxtaposition** [ʒykstapozisjɔ̃] → SYN **nf** juxtaposition

# K

**K[1], k[1]** [ka] nm (= lettre) K, k; (Ordin) K ◆ **K 7** [magnétophone, magnétoscope] cassette, tape

**K[2]** (abrév de **Kelvin**) K

**k[2]** (abrév de **kilo**) k

**kabbale** [kabal] nf ⇒ **cabale**

**kabbaliste** [kabalist] nmf ⇒ **cabaliste**

**kabbalistique** [kabalistik] adj ⇒ **cabalistique**

**kabig** [kabik] nm *type of lightweight duffle coat*

**Kaboul** [kabul] n Kabul

**kabuki** [kabuki] nm Kabuki

**Kabul** [kabul] n ⇒ **Kaboul**

**kabyle** [kabil] → SYN 1 adj Kabyle
2 nm (Ling) Kabyle
3 **Kabyle** nmf Kabyle

**Kabylie** [kabili] nf Kabylia ◆ **Grande/Petite Kabylie** Great/Lesser Kabylia

**kafkaïen, -ïenne** [kafkajɛ̃, jɛn] adj univers Kafkaesque

**kaïnite** [kainit] nf kainite

**kaiser** [kɛzɛʀ, kajzɛʀ] nm Kaiser

**kakatoès** [kakatɔɛs] nm ⇒ **cacatoès**

**kakémono** [kakemɔno] nm kakemono

**kaki** [kaki] → SYN 1 adj inv khaki, olive drab (US)
2 nm inv (= couleur) khaki, olive drab (US)
3 nm (= fruit) persimmon, sharon fruit

**kala-azar** [kalaazaʀ] nm kala-azar

**kalachnikov** [kalaʃnikɔf] nf Kalashnikov

**Kalahari** [kalaaʀi] n ◆ **désert du Kalahari** Kalahari Desert

**kaléidoscope** [kaleidɔskɔp] nm kaleidoscope

**kaléidoscopique** [kaleidɔskɔpik] adj kaleidoscopic

**kali** [kali] nm saltwort, glasswort, kali

**kaliémie** [kaljemi] nf kal(i)emia

**kalmouk** [kalmuk] nm (Ling) Kalmuck, Kalmyk

**kamala** [kamala] nm kamala

**kami** [kami] nm kami

**kamichi** [kamiʃi] nm horned screamer

**kamikaze** [kamikaz] 1 adj (lit, fig) ◆ **opération kamikaze** kamikaze ou suicide mission ◆ **être kamikaze** * [personne] to have a death wish ◆ **ce serait kamikaze !** it would be suicidal ou suicide!
2 nm kamikaze ◆ **c'est un vrai kamikaze au volant** * he drives like a maniac

**Kampala** [kɑ̃pala] n Kampala

**Kampuchea** [kɑ̃putʃea] nm ◆ **Kampuchea (démocratique)** (Democratic) Kampuchea

**kampuchéen, -enne** [kɑ̃putʃeɛ̃, ɛn] 1 adj Kampuchean
2 **Kampuchéen(ne)** nm,f Kampuchean

**kanak, e** [kanak] adj, nm,f ⇒ **canaque**

**kandjar** [kɑ̃dʒaʀ] → SYN nm khanjar

**kangourou** [kɑ̃guʀu] → SYN nm kangaroo ◆ **sac** ou **poche kangourou** baby carrier; → **slip**

**Kansas** [kɑ̃sas] nm Kansas

**kantien, -ienne** [kɑ̃sjɛ̃, jɛn] adj Kantian

**kantisme** [kɑ̃tism] nm Kantianism

**kaoliang** [kaɔljɑ̃(g)] nm kaoliang

**kaolin** [kaɔlɛ̃] nm kaolin(e)

**kaolinisation** [kaɔlinizasjɔ̃] nf kaolinization

**kaon** [kaɔ̃] nm kaon, K-meson

**kapo** [kapo] nm kapo, capo

**kapok** [kapɔk] nm kapok

**kapokier** [kapɔkje] nm kapok tree, silk cotton tree

**Kaposi** [kapozi] n ◆ **(maladie** ou **sarcome** ou **syndrome de) Kaposi** Kaposi's sarcoma ◆ **il a un (début de) Kaposi** he is suffering from (the early stages of) Kaposi's sarcoma

**kappa** [kapa] nm kappa

**kaput** * [kaput] adj personne shattered *, bushed *, dead(-beat) *; machine kaput *

**Karachi** [kaʀaʃi] n Karachi

**karaoké, karaoke** [kaʀaɔke] nm karaoke ◆ **bar (à) karaoké** karaoke bar ◆ **faire un karaoké** to perform in a karaoke bar

**karaté** [kaʀate] nm karate

**karatéka** [kaʀateka] nmf karateka

**karbau** [kaʀbo] nm water buffalo, carabao

**Karcher ®** [kaʀʃɛʀ] nm high-pressure water cleaner

**Karisimbi** [kaʀisimbi] nm Mount Karisimbi

**karité** [kaʀite] nm shea(-tree) ◆ **beurre de karité** shea butter

**karma** [kaʀma] nm karma

**Karnak** [kaʀnak] n Karnak

**karst** [kaʀst] nm karst

**karstique** [kaʀstik] adj karstic

**kart** [kaʀt] nm go-cart, kart

**karting** [kaʀtiŋ] nm go-carting, karting ◆ **faire du karting** to go-cart, go karting

**kascher** [kaʃɛʀ] adj kosher

**kata** [kata] nm kata

**kathakali** [katakali] nm Kathakali

**Katmandou** [katmɑ̃du] n Katmandu

**kava** [kava] nm kava

**kawa** * [kawa] nm (= café) (cup of) coffee

**kayak** [kajak] → SYN nm [esquimau] kayak; [sportif] canoe, kayak; (= sport) canoeing ◆ **faire du kayak** to go canoeing

**kayakiste** [kajakist] nmf kayaker

**kazakh** [kazak] 1 adj kazakh
2 nm (Ling) Kazakh
3 **Kazakh** nmf Kazakh

**Kazakhstan** [kazakstɑ̃] n Kazakhstan

**kebab** [kebab] nm kebab

**keffieh, kéfié** [kefje] nm keffiyeh, kaffiyeh, kufiyah

**kéfié, keffieh** [kefje] nm keffiyeh, kaffiyeh, kufiyah

**kelvin** [kɛlvin] nm kelvin

**kendo** [kɛndo] nm kendo

**kénotron** [kenɔtʀɔ̃] nm kenetron

**kentia** [kɛ̃tja] nm kentia

**Kenya** [kenja] nm Kenya ◆ **le mont Kenya** Mount Kenya

**kényan, -ane** [kenjɑ̃, jan] 1 adj Kenyan
2 **Kényan(e)** nm,f Kenyan

**képi** [kepi] → SYN nm kepi

**kérabau** [keʀabo] nm ⇒ **karbau**

**kératine** [keʀatin] nf keratin

**kératinisation** [keʀatinizasjɔ̃] nf keratinization

**kératiniser** [keʀatinize] ► conjug 1 ◄ 1 vt to keratinize
2 **se kératiniser** vpr to keratinize, become keratinized

**kératite** [keʀatit] nf keratitis

**kératocône** [keʀatokon] nm keratoconus

**kératome** [keʀatom] nm keratoma

**kératoplastie** [keʀatoplasti] nf keratoplasty

**kératose** [keʀatoz] nf keratosis

**kératotomie** [keʀatɔtɔmi] nf keratotomy ◆ **kératotomie radiaire** radial keratotomy

**Kerguelen** [kɛʀgelɛn] nfpl ◆ **les (îles) Kerguelen** the Kerguelen (Islands)

**kerma** [kɛʀma] nm kerma

**kermès** [kɛʀmɛs] nm a (Zool) scale insect
b (Bot) kermes

**kermesse** [kɛʀmɛs] → SYN nf (= fête populaire) fair; (= fête de charité) bazaar, charity fête ◆ **kermesse paroissiale** church fête ou bazaar

**kérogène** [keʀɔʒɛn] nm kerogen

**kérosène** [keʀozɛn] → SYN nm [avion] aviation fuel, kerosene (US); [jet] (jet) fuel; [fusée] (rocket) fuel

**kerrie** [keʀi] nm kerria

**ketch** [kɛtʃ] → SYN nm ketch

**ketchup** [kɛtʃœp] nm ketchup, catsup (US)

**ketmie** [kɛtmi] nf Chinese hibiscus

**keuf** ** [kœf] nm cop *, pig **

**keum** ** [kœm] nm guy *

**kevlar ®** [kɛvlaʀ] nm kevlar ®

**keynésianisme** [kenezjanism] nm Keynesianism, Keynesian economics sg

**keynésien, -ienne** [kenezjɛ̃, jɛn] adj Keynesian

**kF** [kaɛf] nm (abrév de **kilofranc**) ≃ K * ◆ **il gagne 240 kF** ≃ he earns 24 K *

**kg** (abrév de **kilogramme**) kg

**KGB** [kaʒebe] nm (abrév de **Komitet Gosudarstvennoy Bezopasnosti**) KGB

**khâgne** [kaɲ] nf (arg Scol) *second year of a two-year preparatory course for the arts section of the École Normale Supérieure* → CLASSES PRÉPARATOIRES; GRANDES ÉCOLES

**khâgneux, -euse** [kaɲø, øz] nm,f (arg Scol) *student in khâgne*

**khalifat** [kalifa] nm ⇒ **califat**

**khalife** [kalif] nm ⇒ **calife**

**khamsin** [xamsin] nm k(h)amsin, kamseen

**khan** [kɑ̃] → SYN nm khan

**khanat** [kana] nm khanate

**kharidjisme** [kaʀidʒism] nm Khariji philosophy

**kharidjite** [kaʀidʒit] nmf Kharijite

**Khartoum** [kaʀtum] n Khartoum

**khat** [kat] nm k(h)at

**khédival, e,** mpl **-aux** [kedival, o] adj khediv(i)al

**khédivat** [kediva] nm khediv(i)ate

**khédive** [kediv] nm khedive

**khédivial, e,** mpl **-iaux** [kedival, o] adj ⇒ **khédival**

**khi** [ki] nm chi

**khmer, -ère** [kmɛʀ] 1 adj Khmer
2 nm (Ling) Khmer
3 **Khmer** nm Khmer ◆ **les Khmers rouges** the Khmer Rouge

**khôl** [kol] nm kohl

**Khonsou** [kɔnsu] nm Khonsu

**kibboutz** [kibuts] → SYN nm inv kibbutz

**kibboutznik** [kibutsnik] nmf kibbutznik, kibbutz member

**kick** [kik] nm kick-start(er) ◆ **démarrer au kick** [personne] to kick-start one's motorbike ◆ **la moto (se) démarre au kick** you have to kick-start the motorbike

**kidnapper** [kidnape] → SYN ▸ conjug 1 ◂ vt to kidnap, abduct

**kidnappeur, -euse** [kidnapœʀ, øz] nm,f kidnapper, abductor

**kidnapping** [kidnapiŋ] → SYN nm kidnapping, abduction

**kieselguhr** [kizɛlguʀ] nm kieselguhr

**kieselgur** [kizɛlgyʀ] nm ⇒ **kieselguhr**

**kiesérite** [kjezeʀit] nf kieserite

**Kiev** [kjev] n Kiev

**kif**[1] [kif] → SYN nm (= haschich) kif, kef

**kif**[2] * [kif] → SYN nm ◆ **c'est du kif** it's all the same, it makes no odds * (Brit)

**kif(f)er** ‡ [kife] ▸ conjug 1 ◂ 1 vi ◆ **ça me fait kiffer** it turns me on *
2 vt (= apprécier) ◆ **kiffer qch** to get a kick out of sth *

**kif-kif** * [kifkif] adj inv ◆ **c'est kif-kif (bourricot)** it's all the same, it makes no odds * (Brit)

**Kigali** [kigali] n Kigali

**kiki** * [kiki] nm a (= cou) **serrer le kiki à qn** [personne] to throttle sb, grab sb by the throat; [cravate, encolure] to choke sb; → **partir**
b (hum, langage enfantin = pénis) willie * (Brit), peter * (US)

**kikouyou, kikuyu** [kikuju] 1 adj Kikuyu
2 **Kikouyou** nmf Kikuyu ◆ **les Kikouyous** the Kikuyu

**kil** ‡ [kil] nm ◆ **kil de rouge** bottle of cheap (red) wine ou plonk * (Brit)

**kilim** [kilim] nm kilim

**Kilimandjaro** [kilimɑ̃dʒaʀo] nm ◆ **le Kilimandjaro** Mount Kilimanjaro

**killer** [kilœʀ] nm killer

**kilo** [kilo] nm kilo ◆ **en faire des kilos** * to go over the top *

**kilo...** [kilo] préf kilo...

**kilobar** [kilɔbaʀ] nm kilobar

**kilocalorie** [kilokalɔʀi] nf kilocalorie

**kilocycle** [kilosikl] nm kilocycle

**kilofranc** [kilofʀɑ̃] nm thousand francs

**kilogramme** [kilɔgʀam] nm kilogramme

**kilogrammètre** [kilɔgʀammɛtʀ] nm kilogrammeter

**kilohertz** [kiloɛʀts] nm kilohertz

**kilojoule** [kiloʒul] nm kilojoule

**kilométrage** [kilɔmetʀaʒ] nm a [voiture, distance] ≃ mileage ◆ **voiture en** ou **à kilométrage illimité** car with unlimited mileage
b [route] ≃ marking with milestones

**kilomètre** [kilɔmɛtʀ] → SYN nm a (= distance) kilometre (Brit), kilometer (US) ◆ **200 kilomètres à l'heure** ou **kilomètres-heure** 200 kilometres an hour ou per hour ◆ **bouffer du kilomètre** * ≃ to eat up the miles * ◆ **kilomètre-passager** passenger kilometre, ≃ passenger mile ◆ **kilomètre lancé** (Ski) speed-record trial ◆ **d'ici à ce qu'il ne vienne pas, il n'y a pas des kilomètres** * I wouldn't be surprised if he didn't turn up
b (grande quantité) **des kilomètres de** [+ pellicule] rolls and rolls of; [+ tissu] yards and yards of ◆ **ils produisent des émissions au kilomètre** they churn out one programme after another

**kilométrer** [kilɔmetʀe] ▸ conjug 6 ◂ vt [+ route] ≃ to mark with milestones

**kilométrique** [kilɔmetʀik] adj ◆ **distance kilométrique** distance in kilometres (Brit) ou kilometer (US) ◆ **borne kilométrique** ≃ milestone ◆ **indemnité kilométrique** ≃ mileage allowance ◆ **tarif kilométrique** rate per kilometre

**kilo-octet,** pl **kilo-octets** [kiloɔktɛ] nm kilobyte

**kilotonne** [kilotɔn] nf kiloton

**kilowatt** [kilowat] nm kilowatt

**kilowattheure** [kilowatœʀ] nm kilowatt-hour

**kilt** [kilt] nm kilt; (pour femme) pleated ou kilted skirt

**kimberlite** [kɛ̃bɛʀlit] nf kimberlite

**kimono** [kimɔno] nm kimono; → **manche**[1]

**kinase** [kinɑz] nf kinase

**kiné(si)** * [kine(zi)] nmf (abrév de **kinésithérapeute**) physio *

**kinésithérapeute** [kineziteʀapøt] → SYN nmf physiotherapist (Brit), physical therapist (US)

**kinésithérapie** [kineziteʀapi] nf physiotherapy (Brit), physical therapy (US)

**kinesthésie** [kinɛstezi] nf kinaesthesia (Brit), kinesthesia (US)

**kinesthésique** [kinɛstezik] adj kinaesthetic

**king-charles** [kiŋʃaʀl] nm inv King Charles spaniel

**Kingston** [kiŋstɔn] n Kingston

**Kingstown** [kiŋstaun] n Kingstown

**kinkajou** [kɛ̃kaʒu] nm kinkajou, honey bear, potto

**Kinshasa** [kinʃasa] n Kinshasa

**kiosque** [kjɔsk] → SYN nm a [jardin] pavilion, summerhouse ◆ **kiosque à musique** bandstand
b (= étal) kiosk, stall ◆ **kiosque à journaux** newsstand, newspaper kiosk ◆ **en vente en kiosque** on sale at newsstands
c (Téléc) **kiosque télématique** ® *information service provided by Minitel*
d [sous-marin] conning tower; [bateau] wheelhouse

**kiosquier, -ière** [kjɔskje, jɛʀ] nm,f newspaper seller *(at kiosk)*

**kippa** [kipa] nf kippa

**kipper** [kipœʀ] → SYN nm kipper

**kir** [kiʀ] nm kir *(white wine with blackcurrant liqueur)* ◆ **kir royal** kir royal *(champagne with blackcurrant liqueur)*

**kirghiz** [kiʀgiz] 1 adj Kirghiz
2 nm (Ling) Kirghiz
3 **Kirghiz** nmf Kirghiz

**Kirghizistan** [kiʀgizistɑ̃], **Kirghizstan** [kiʀgistɑ̃] nm Kirghizia

**Kiribati** [kiʀibati] n Kiribati

**kirsch** [kiʀʃ] nm kirsch

**kit** [kit] → SYN nm kit ◆ **en kit** in kit form ◆ **kit de test de grossesse** pregnancy testing kit

**kit(s)ch** [kitʃ] adj inv, nm kitsch

**kitchenette** [kitʃ(ə)nɛt] → SYN nf kitchenette

**kiwi** [kiwi] → SYN nm a (= oiseau) kiwi
b (= arbre) kiwi tree; (= fruit) kiwi (fruit), Chinese gooseberry

**klaxon** ® [klaksɔn] → SYN nm (Aut) horn ◆ **coup de klaxon** (fort) hoot; (léger) toot ◆ **donner des coups de klaxon** to hoot (one's horn), sound one's horn

**klaxonner** [klaksɔne] ▸ conjug 1 ◂ 1 vi (gén) to hoot (one's horn), sound one's horn; (doucement) to toot (the horn) ◆ **klaxonne, il ne t'a pas vu** hoot your horn ou give him a toot, he hasn't seen you
2 vt ◆ **klaxonner qn** (gén) to hoot at sb; (doucement) to give sb a toot

**kleb(s)** * [klɛp(s)] nm ⇒ **clebs**

**Kleenex** ® [klinɛks] nm tissue, paper hanky, Kleenex ®

**kleptomane** [klɛptɔman] → SYN adj, nmf kleptomaniac

**kleptomanie** [klɛptɔmani] nf kleptomania

**klystron** [klistʀɔ̃] nm klystron

**km** (abrév de **kilomètre(s)**) km

**km/h** (abrév de **kilomètres/heure**) km/h, kph, ≃ mph

**knickerbockers** [knikɛʀbɔkɛʀs, nikœʀbɔkœʀ] nmpl knickerbockers

**knock-out** [nɔkaut] → SYN 1 adj (Boxe, *) knocked out, out for the count * ◆ **mettre qn knock-out** to knock sb out ◆ **il est complètement knock-out** he's out cold *
2 nm knockout

**knout** [knut] → SYN nm knout

**K.-O.** [kao] (abrév de **knock out**) 1 nm (Boxe) KO ◆ **K.-O. technique** technical knockout ◆ **perdre par K.-O.** to be knocked out ◆ **gagner par K.-O.** to win by a knockout ◆ **mettre K.-O.** to KO *, knock out ◆ **il a été mis K.-O. au 5**[e] **round** he was knocked out in round 5 ◆ **être K.-O.** to be out for the count ◆ **être K.-O debout** [boxeur] to be punch-drunk; (vaincu) to be knocked for six *; (stupéfait) to be stunned
2 adj ( * = fatigué) shattered *, knackered ‡

**Ko** (abrév de **kilo-octet**) kb

**koala** [kɔala] → SYN nm koala (bear)

**kobold** [kɔbɔld] → SYN nm kobold

**koheul** [kɔœl], **kohol** [kɔɔl] nm ⇒ **khôl**

**koinè** [kɔine, kɔinɛ] nf koine

**kola** [kɔla] nm ⇒ **cola**

**kolatier** [kɔlatje] nm ⇒ **colatier**

**kolinski** [kɔlɛ̃ski] nm kolinsky

**kolkhoze** [kɔlkoz] nm kolkhoz, Russian collective farm

**kolkhozien, -ienne** [kɔlkozjɛ̃, jɛn] adj, nm,f kolkhozian

**kommandantur** [kɔmɑ̃dɑ̃tuʀ] nf German military command

**komsomol** [kɔmsɔmɔl] nmf member of the Komsomol

**kopeck** [kɔpɛk] nm kopeck ◆ **je n'ai plus un kopeck** † * I haven't got a penny left

**korê** [kɔʀe, kɔʀɛ] nf kore

**korrigan, e** [kɔʀigɑ̃, an] nm,f Breton goblin

**kosovar** [kosovaʀ] 1 adj Kosovar
2 **Kosovar** nmf Kosovar

**Kosovo** [kosovo] nm Kosovo

**koubba** [kuba] nf kubba

**kouglof** [kuglɔf] nm kugelhopf *(kind of bun)*

**koulak** [kulak] nm kulak

**koulibiac** [kulibjak] nm koulibiaca, coulibiaca

**koumis, koumys** [kumi(s)] nm koumis, kumiss

**Kouriles** [kuʀil] nfpl ◆ **l'archipel des Kouriles** the Kuril Islands

**kouros** [kuʀos] nm kouros

**Koweït** [kɔwɛt] nm Kuwait

**koweïtien, -ienne** [kɔwɛtjɛ̃, jɛn] 1 adj Kuwaiti
2 **Koweïtien(ne)** nm,f Kuwaiti

**kraal** [kʀɑl] nm kraal

**krach** [kʀak] → SYN nm (Bourse) crash ◆ **krach boursier** stock market crash

**kraft** [kʀaft] nm → **papier**

**kraken** [kʀakɛn] nm kraken

**Kremlin** [kʀɛmlɛ̃] nm ◆ **le Kremlin** the Kremlin

**kremlinologie** [kʀɛmlinɔlɔʒi] nf Kremlinology

**kremlinologique** [kʀɛmlinɔlɔʒik] adj Kremlinological

**kremlinologue** [kʀɛmlinɔlɔg] nmf Kremlinologist

**kreutzer** [kʀøtsɛʀ, kʀødzɛʀ] nm kreu(t)zer

**krill** [kʀil] nm krill

**Krishna** [kʀiʃna] nm Krishna

**krypton** [kʀiptɔ̃] nm krypton

**ksar** [ksaʀ], pl **ksour** [ksuʀ] nm North African fortress

**ksi** [ksi] nm xi

**Kuala Lumpur** [kwalalumpuʀ] n Kuala Lumpur

**kufique** [kufik] adj ⇒ **coufique**

**Ku Klux Klan** [kyklyksklã] nm Ku Klux Klan

**kummel** [kymɛl] nm kümmel

**kumquat** [kɔmkwat] nm kumquat

**kung-fu** [kuŋfu] nm inv (= art) kung fu; (= personne) person who practises ou does kung fu

**kurde** [kyʀd] 1 adj Kurdish
2 nm (Ling) Kurdish
3 **Kurde** nmf Kurd

**Kurdistan** [kyʀdistɑ̃] nm Kurdistan

**kuru** [kuʀu] nm kuru

**kvas** [kvɑs] nm kvas(s), quass

**kW** (abrév de **kilowatt**) kW

**kwas** [kvɑs] nm ⇒ **kvas**

**kwashiorkor** [kwaʃjɔʀkɔʀ] nm kwashiorkor

**K-way ®** [kawɛ] nm (lightweight nylon) cagoule

**kWh** (abrév de **kilowattheure**) kWh

**kymographe** [kimɔgʀaf] nm kymograph, cymograph

**kymographie** [kimɔgʀafi] nf kymography, cymography

**kymrique** [kimʀik] 1 adj Cymric, Kymric
2 nm (Ling) Cymric, Kymric

**Kyoto** [kjɔto] n Kyoto, Kioto

**kyrie (eleison)** [kiʀje(eleisɔn)] nm inv (Rel, Mus) Kyrie (eleison)

**kyrielle** [kiʀjɛl] → SYN nf [injures, réclamations] string, stream; [personnes, enfants] crowd, stream; [objets] pile

**kyste** [kist] → SYN nm cyst ◆ **kyste de l'ovaire** ou **ovarien** ovarian cyst

**kystique** [kistik] adj cystic

**kyu** [kju] nm kyu

**Kyushu** [kjuʃu] nf Kyushu, Kiushu

# L

**L, l**[1] [ɛl] **nm** (= lettre) L, l

**l**[2] (abrév de **litre(s)**) l

**l'** [l] → **le**[1], **le**[2]

**la**[1] [la] → **le**[1], **le**[2]

**la**[2] [la] **nm inv** (Mus) A; (en chantant la gamme) lah ◆ **donner le la** (lit) to give an A; (fig) to set the tone ou the fashion

## là [la]

→ SYN

1 ADVERBE
2 LOCUTION ADVERBIALE
3 LOCUTION ADVERBIALE
4 EXCLAMATIF

### 1 ADVERBE

**a** [par opposition à ici] there ◆ **là, on s'occupera bien de vous** you will be well looked after there ◆ **je le vois là, sur la table** I can see it (over) there, on the table ◆ **c'est là que** ou **c'est là où je suis né** that's where I was born; → **çà, fait**[1]

**b** [= ici] here, there ◆ **ne restez pas là au froid** don't stand here ou there in the cold ◆ **n'ayez pas peur, je suis là** don't be afraid, I'm here ◆ **qui est là ?** who's there? ◆ **c'est là ! je reconnais le portail !** there it is! ou here we are! I recognize the gate! ◆ **M. Roche n'est pas là** Mr Roche isn't here ou in ◆ **je suis là pour ça !** that's what I'm here for! ◆ **ce monument est là pour nous rappeler que ...** this monument is here ou exists to remind us that ... ◆ **c'est là qu'il est tombé** that's ou this is where he fell ◆ **là où tu es/d'où tu viens** where you are/come from ◆ **déjà là ?** (are you) here already? ◆ **qu'est-ce que tu fais là ?** (lit) what are you doing here?; (fig) what are you up to? ◆ **la crise est là et bien là** there really is a crisis; → **fait**[1]

**c** [dans le temps] then, at this ou that moment ◆ **c'est là qu'il comprit qu'il était en danger** that was when he realized ou it was then that he realized he was in danger ◆ **ce qu'il propose là n'est pas bête** what he's just suggested isn't a bad idea; → **ici, jusque**

**d** [= dans cette situation] **tout cela pour en arriver** ou **en venir là !** all that effort just for this! ◆ **il faut s'en tenir** ou **en rester là** we'll have to leave it at that ou stop there ◆ **les choses en sont là** that's how things stand at the moment, that's the state of play at present ◆ **ils en sont là** (lit) that's how far they've got, that's the stage they've reached; (péj) that's how low they've sunk ◆ **ils n'en sont pas encore là** they haven't got that far yet ou reached that stage yet; (péj) they haven't reached that stage yet ou come to that yet ◆ **j'en étais là de mes réflexions quand ...** such was my state of mind when ... ◆ **c'est bien là qu'on voit les paresseux !** that's where ou when you see who the lazy ones are! ◆ **il a été courageux là où d'autres auraient eu peur** he was courageous where others would have been afraid; → **loin**

**e** [intensif] **n'allez pas croire là que ...** don't get the idea that ..., don't go thinking that ... ◆ **qu'est-ce que tu me racontes là ?** what (on earth) are you saying to me?

**f** [= en cela, dans cela] **c'est là où** ou **que nous ne sommes plus d'accord** that's where I take issue ou start to disagree with you ◆ **là, ils exagèrent !** now they're really going too far! ◆ **je ne vois là rien d'étonnant** I don't see anything surprising in ou about that ◆ **il y a là quelque chose d'inquiétant** there's something worrying about that ◆ **tout est là** that's the whole question ◆ **c'est là qu'est la difficulté, là est la difficulté** that's where the difficulty lies ◆ **il y a là une contradiction** there's a contradiction in that; → **question**

**g** **ce** ou **cette ...-là** that ... ◆ **ce jour-là** that day ◆ **cet homme-là est détesté par tout le monde** everybody hates that man ◆ **c'est à ce point-là ?** it's as bad as that, is it? ◆ **en ce temps-là** in those days

◆ **ces ...-là** those ... ◆ **ces gens-là** those people; → **ce**[1]

**h** **celui-là, celle-là** (= objet, personne) that one ◆ **je veux celui-là** I want that one ◆ **celui-/celle-là alors !** (irritation) oh, that man/woman!; (surprise) how does he/she do it! ◆ **il est marrant** *, **celui-là !** that guy's such a laugh!

◆ **ceux-là, celles-là** (= objets) those ◆ **certains le croient, Luc est de ceux-là** (= personnes) some people, including Luc, believe it ◆ **celles-là, elles ne risquent rien** THEY're not in any danger; voir aussi **celui**

### 2 de là LOCUTION ADVERBIALE

**a** [dans l'espace] **il est allé à Paris, et de là à Londres** he went to Paris, and from there to London ou and then (from there) on to London ◆ **c'est à 3 km de là** it's 3 km away (from there)

**b** [dans le temps] **à partir de là** from then on, after that ◆ **à quelques jours de là** a few days later ou after(wards)

**c** [conséquence] **il n'a pas travaillé, de là son échec** he didn't work, hence his failure ou which explains why he failed ◆ **de là vient que nous ne le voyons plus** that's why we no longer see him ◆ **de là à dire qu'il ment, il n'y a qu'un pas** there isn't much difference between saying that and saying he's lying, that's tantamount to saying he's a liar ◆ **oui, mais de là à prétendre qu'il a tout fait seul !** there's a big difference between saying that and claiming that he did it all himself!

### 3 par là LOCUTION ADVERBIALE

**a** [dans l'espace] **quelque part par là** (= de ce côté) somewhere around there ou near there ◆ **passez par là** (= par cet endroit) go that way ◆ **c'est par ici ou par là ?** is it this way or that way?

**b** [* = environ] **il doit avoir 20 ans, par là** he must be about 20, he must be 20 or so

**c** [LOC] **que veux-tu dire par là ?** what do you mean by that? ◆ **si tu (y) vas par là ...** if that's what you're saying ...; → **entendre, passer**

### 4 EXCLAMATIF

◆ **fiche-moi la paix, là !** * leave me alone, will you! * ◆ **hé là !** (appel) hey!; (surprise) good grief! ◆ **là, là, du calme !** now, now, calm down! ◆ **il est entré dans une rage, mais là, une de ces rages !** he flew into a rage, and what a rage! ◆ **alors là** ou **oh là, ça ne m'étonne pas** (oh) now, that doesn't surprise me

◆ **oh là là (là là)!** (surprise) oh my goodness!; (consternation) oh dear! (oh dear!) ◆ **oh là là !, ce que j'ai froid !** God *, I'm so cold! ◆ **oh là là ! quel désastre !** oh dear! ou oh no! what a disaster!

**là-bas** [laba] **adv** (over) there, yonder ◆ **là-bas aux USA** over in the USA ◆ **là-bas dans le nord** up (there) in the north ◆ **là-bas dans la plaine** down there in the plain ◆ **Serge a réapparu, tout là-bas** Serge reappeared way over there

**labbe** [lab] **nm** skua ◆ **labbe parasite** Arctic skua

**labdanum** [labdanɔm] **nm** ⇒ **ladanum**

**label** [labɛl] → SYN **nm** (Comm, Ordin) label ◆ **label d'origine** label of origin ◆ **label de qualité** (lit) quality label; (fig) guarantee of quality ◆ **label d'exportation** export label ◆ **label rouge** *quality label for meat* ◆ **label politique** political label ◆ **l'association a accordé son label à 80 projets** the association has given its seal of approval to 80 projects

**labelle** [labɛl] **nm** [corolle] labellum; [coquillage] lip

**labellisation** [labelizasjɔ̃] **nf** [produit] labelling

**labelliser** [labelize] ▸ conjug 1 ◂ **vt** [+ produit] to label, put a label on; [+ projet] to give one's seal of approval to

**labeur** [labœʀ] → SYN **nm** (littér) labour, toil (NonC) ◆ **c'est un dur labeur** it's hard work

**labiacées** [labjase] **nfpl** ◆ **les labiacées** labiate plants, the Labiatae (SPÉC)

**labial, e,** mpl **-iaux** [labjal, jo] 1 **adj** consonne labial; muscle lip (épith), labial (SPÉC)
2 **labiale nf** labial

**labialisation** [labjalizasjɔ̃] **nf** [consonne] labialization; [voyelle] labialization, rounding

**labialiser** [labjalize] ▸ conjug 1 ◂ **vt** [+ consonne] to labialize; [+ voyelle] to labialize, round

**labié, e** [labje] 1 **adj** labiate
2 **nf** labiate ◆ **les labiées** labiates, Labiatae (SPÉC)

**labile** [labil] → SYN **adj** labile

**labilité** [labilite] **nf** lability

**labiodental, e,** mpl **-aux** [labjodɑ̃tal, o] **adj, nf** labiodental

**labium** [labjɔm] **nm** labium

**labo** * [labo] **nm** (abrév de **laboratoire**) lab * ◆ **labo photo** photo lab

**laborantin, e** [labɔʀɑ̃tɛ̃, in] **nm,f** laboratory ou lab * assistant

**laboratoire** [labɔʀatwaʀ] → SYN **nm** (gén) laboratory ◆ **laboratoire spatial/de recherches** space/research laboratory ◆ **laboratoire d'analyses (médicales)** (medical) analysis laboratory ◆ **laboratoire (de) photo** photo laboratory ◆ **laboratoire de langue(s)** language laboratory ◆ **laboratoire d'essai** (lit) testing laboratory; (fig) testing ground ◆ **simulation/essais en laboratoire** laboratory simulation/trials ◆ **produit en laboratoire** produced in a laboratory ou under laboratory conditions

**laborieusement** [labɔʀjøzmɑ̃] **adv** laboriously, with much effort ◆ **gagner laborieusement sa vie** to struggle to earn a living, earn a living by the sweat of one's brow

**laborieux, -ieuse** [labɔʀjø, jøz] → SYN **adj** **a** (= pénible) laborious, painstaking; entreprise, recherches laborious; style, récit laboured, laborious; digestion heavy ◆ **il s'exprimait dans un français laborieux** his French was very laboured ◆ **il a enfin fini, ça a été laborieux !** * he's finished at long last, he made heavy weather of it!

**b** (= travailleur) hard-working, industrious ◆ **les classes laborieuses** the working ou labouring classes ◆ **une vie laborieuse** a life of toil ou hard work

**labour** [labuʀ] → SYN **nm** **a** (avec une charrue) ploughing (Brit), plowing (US); (avec une bêche) digging (over); → **cheval**

**b** (= champ) ploughed (Brit) ou plowed (US) field

**labourable** [labuʀabl] **adj** (avec une charrue) ploughable (Brit), plowable (US); (avec une bêche) soft enough for digging ◆ **terres labourables** arable land

**labourage** [labuʀaʒ] **nm** (avec une charrue) ploughing (Brit), plowing (US); (avec une bêche) digging (over)

**labourer** [labuʀe] → SYN ▸ conjug 1 ◂ **vt** **a** (avec une charrue) to plough (Brit), plow (US); (avec une bêche) to dig (over) ◆ **terre qui se laboure bien** land which ploughs well ou is easy to plough ◆ **labourer le fond** (Naut) [navire] to scrape ou graze the bottom; [ancre] to drag ◆ **terrain labouré par les sabots des chevaux** ground churned ou ploughed up by the horses' hooves

**b** **la balle lui avait labouré la jambe** the bullet had ripped into ou gashed his leg ◆ **labouré de rides** lined ou furrowed with wrinkles ◆ **ce corset me laboure les côtes** this corset is digging into my sides ◆ **se labourer le visage/les mains** to tear at one's face/one's hands ◆ **le chat lui a labouré le visage** the cat scratched his face really badly

**laboureur** [labuʀœʀ] → SYN **nm** ploughman (Brit), plowman (US); (Hist) husbandman

**Labrador** [labʀadɔʀ] **nm** (Géog) Labrador

**labrador**[1] [labʀadɔʀ] **nm** (= chien) Labrador (retriever)

**labrador**[2] [labʀadɔʀ] **nm** (Minér) labradorite

**labradorite** [labʀadɔʀit] **nf** (Minér) labradorite

**labre** [lɑbʀ] **nm** (= poisson) labroid, labrid; [insecte] labrum

**labrit** [labʀi] **nm** Pyrenean sheepdog

**labyrinthe** [labiʀɛ̃t] → SYN **nm** (lit, fig) maze, labyrinth; (Anat) labyrinth

**labyrinthique** [labiʀɛ̃tik] **adj** labyrinthine

**labyrinthodonte** [labiʀɛ̃tɔdɔ̃t] **nm** labyrinthodont

**lac** [lak] → SYN **nm** lake ◆ **lac de montagne** mountain lake ◆ **le lac Léman** ou **de Genève** Lake Geneva ◆ **le lac Majeur** Lake Maggiore ◆ **les lacs écossais** the Scottish lochs ◆ **les Grands Lacs** the Great Lakes ◆ **"le Lac des Cygnes"** (Mus) "Swan Lake" ◆ **être (tombé) dans le lac** * (fig) to have fallen through, have come to nothing

**laçage** [lasaʒ] **nm** lacing(-up)

**lacanien, -ienne** [lakanjɛ̃, jɛn] **adj** (Psych) Lacanian

**laccolithe** [lakɔlit] **nf** laccolith, laccolite

**Lacédémone** [lasedemɔn] **n** Lacedaemonia

**lacédémonien, -ienne** [lasedemɔnjɛ̃, jɛn] **1** **adj** Lacedaemonian

**2** **Lacédémonien(ne)** **nm,f** Lacedaemonian

**lacement** [lasmɑ̃] **nm** ⇒ **laçage**

**lacer** [lase] → SYN ▸ conjug 3 ◂ **vt** [+ chaussure] to tie; [+ corset] to lace up; (Naut) [+ voile] to lace ◆ **lace tes chaussures** ou **tes lacets** do up ou tie your shoelaces ◆ **ça se lace (par) devant** it laces up at the front

**lacération** [laseʀasjɔ̃] → SYN **nf** [vêtement, affiche] ripping up, tearing up; [corps, visage] laceration; [tableau] slashing

**lacérer** [laseʀe] → SYN ▸ conjug 6 ◂ **vt** [+ affiche, papier, vêtement] to tear ou rip up, tear to shreds; [+ tableau] to slash; [+ corps, visage] to lacerate ◆ **il avait été lacéré de coups de couteau** he had been slashed with a knife

**lacerie** [lasʀi] **nf** (en paille) basketry; (en osier) wickerwork

**lacertiens** [lasɛʀtjɛ̃] **nmpl** ◆ **les lacertiens** lacertilian reptiles, the Lacertilia (SPÉC)

**lacet** [lasɛ] → SYN **nm** **a** [chaussure] (shoe)lace; [botte] (boot)lace; [corset] lace ◆ **chaussures à lacets** lace-ups, lace-up shoes ◆ **faire** ou **nouer ses lacets** to do up ou tie one's laces

**b** [route] (sharp) bend, twist ◆ **en lacet(s)** winding, twisty ◆ **la route fait des lacets** ou **monte en lacets** the road twists ou winds steeply upwards

**c** (= piège) snare ◆ **prendre des lièvres au lacet** to trap ou snare hares

**d** (Couture) braid

**laceur, -euse** [lasœʀ, øz] **nm,f** net-maker

**lâchage** * [lɑʃaʒ] **nm** (= abandon) desertion ◆ **écœuré par le lâchage de ses amis** disgusted at the way his friends had deserted him ou run out on him ◆ **ils dénoncent le lâchage du pays par l'ONU** they're denouncing the UN's abandonment of the country

**lâche** [lɑʃ] → SYN **1** **adj** **a** corde, ressort slack; nœud loose; vêtement loose(-fitting); tissu loosely-woven, open-weave (épith)

**b** discipline, morale lax; règlement, canevas loose

**c** (littér) style, expression loose, woolly ◆ **dans ce roman, l'intrigue est un peu lâche** the novel has quite a loose plot

**d** personne, fuite, attitude cowardly; attentat vile, despicable; procédé low ◆ **se montrer lâche** to be a coward ◆ **c'est assez lâche de sa part d'avoir fait ça** it was pretty cowardly of him to do that

**e** (littér = faible) weak, feeble

**2** **nmf** coward

**lâchement** [lɑʃmɑ̃] **adv** **a** (= sans courage) in a cowardly way ◆ **il a lâchement refusé** like a coward, he refused ◆ **il a été lâchement assassiné** he was killed in the most cowardly way

**b** nouer loosely

**lâcher** [lɑʃe] → SYN ▸ conjug 1 ◂ **1** **vt** **a** [+ ceinture] to loosen, let out, slacken ◆ **lâcher la taille d'une jupe** to let a skirt out at the waist ◆ **lâcher du fil** (Pêche) to let out some line

**b** [+ main, proie] to let go of; [+ bombes] to drop, release; [+ pigeon, ballon] to release; [+ chien de garde] to unleash, set loose; [+ frein] to release, let out; [+ amarres] to cast off; (Chasse) [+ chien, faucon] to slip ◆ **lâche-moi !** let go (of me)! ◆ **attention ! tu vas lâcher le verre** careful, you're going to drop the glass! ◆ **le professeur nous a lâchés à 4 heures** * the teacher let us go ou let us out at 4 ◆ **lâcher un chien sur qn** to set a dog on sb ◆ **s'il veut acheter ce tableau, il va falloir qu'il les lâche** * ou **qu'il lâche ses sous** * if he wants this picture, he'll have to part with the cash * ◆ **il les lâche difficilement** * he hates to part with his money

**c** [+ bêtise, juron] to come out with; [+ pet] to let out; † [+ coup de fusil] to fire ◆ **lâcher quelques mots** to say a few words ◆ **voilà le grand mot lâché !** there's the fatal word! ◆ **lâcher un coup de poing à qn** † to deal ou fetch (Brit) sb a blow with one's fist

**d** (* = abandonner) [+ époux] to leave, walk out on; [+ amant] to jilt, drop, chuck ⁎ (Brit); [+ ami] to drop; [+ études, métier] to give up, pack in * (Brit), chuck in * (Brit); [+ avantage] to give up ◆ **lâcher le peloton** to leave the rest of the field behind, build up a good lead (over the rest of the pack) ◆ **ne pas lâcher qn** [poursuivant, créancier] to stick to sb; [importun, représentant] not to leave sb alone; [mal de tête] not to let up on sb *, not to leave sb ◆ **il nous a lâchés en plein milieu du travail** he walked out on us right in the middle of the work ◆ **il ne m'a pas lâché d'une semelle** he stuck close all the time, he stuck to me like a leech ◆ **la communauté internationale nous a lâchés** the international community has abandoned us ◆ **ma voiture m'a lâché** my car gave up on me * ◆ **une bonne occasion, ça ne se lâche pas** ou **il ne faut pas la lâcher** you don't miss ou pass up * an opportunity like that

**e** (LOC) **lâcher prise** (lit) to let go; (fig) to loosen one's grip ◆ **lâcher pied** to fall back, give way ◆ **lâcher la bride** ou **les rênes à un cheval** to give a horse its head ◆ **lâcher la bride à qn** (fig) to give sb more of a free rein ◆ **tu me lâches !** * leave me alone! ◆ **lâche-moi les baskets !** * ou **la grappe !** ⁎ get off my back! *, get off my case! * (US) ◆ **il les lâche avec des élastiques** ⁎ he's as stingy as hell ⁎, he's a tight-fisted so-and-so *; → **lest**

**2** **vi** [corde] to break, give way; [frein] to fail

**3** **se lâcher** * **vpr** (= faire ce qu'on veut) to let o.s. go *; (= parler franchement) to speak one's mind

**4** **nm** ◆ **lâcher de ballons** balloon release

**lâcheté** [lɑʃte] → SYN **nf** **a** (= couardise) cowardice, cowardliness; (= bassesse) lowness ◆ **par lâcheté** through ou out of cowardice ◆ **je trouve ça d'une lâcheté !** that's so cowardly!

**b** (= acte) cowardly act, act of cowardice

**c** (littér = faiblesse) weakness, feebleness

**lâcheur, -euse** * [lɑʃœʀ, øz] **nm,f** unreliable ou fickle so-and-so * ◆ **alors, tu n'es pas venu, lâcheur !** so you didn't come then – you're a dead loss! * ou you old so-and-so! * ◆ **c'est une lâcheuse, ta sœur !** your sister's so unreliable! *

**lacinié, e** [lasinje] **adj** laciniate(d)

**lacis** [lasi] → SYN **nm** [ruelles] maze; [veines] network; [soie] web

**laconique** [lakɔnik] → SYN **adj** personne, réponse laconic; style terse

**laconiquement** [lakɔnikmɑ̃] **adv** laconically, tersely

**laconisme** [lakɔnism] → SYN **nm** terseness

**lacryma-christi** [lakʀimakʀisti] **nm inv** (= vin) lachryma Christi

**lacrymal, e,** mpl **-aux** [lakʀimal, o] **adj** lacrimal (SPÉC), lachrymal (SPÉC), tear (épith)

**lacrymogène** [lakʀimɔʒɛn] **adj** → **gaz, grenade**

**lacs** [lɑ] → SYN **nmpl** (††, littér) snare ◆ **lacs d'amour** lover's ou love knot

**lactaire** [laktɛʀ] **1** **adj** (Anat) lacteal

**2** **nm** (Bot) milk cap

**lactalbumine** [laktalbymin] **nf** lactalbumin

**lactarium** [laktaʀjɔm] **nm** milk bank

**lactase** [laktɑz] **nf** lactase

**lactate** [laktat] **nm** lactate

**lactation** [laktasjɔ̃] **nf** lactation

**lacté, e** [lakte] **adj** sécrétion milky, lacteal (SPÉC); couleur, suc milky; régime milk (épith); → **voie**

**lactescence** [laktesɑ̃s] **nf** lactescence

**lactescent, e** [laktesɑ̃, ɑ̃t] **adj** lactescent

**lactifère** [laktifɛʀ] **adj** lactiferous

**lactique** [laktik] **adj** lactic ◆ **acide lactique** lactic acid

**lactobacille** [laktobasil] **nm** lactobacillus

**lactodensimètre** [laktodɑ̃simɛtʀ] **nm** lactometer, galactometer

**lactoflavine** [laktoflavin] **nf** lactoflavin

**lactogène** [laktɔʒɛn] **adj** lactogenic

**lactose** [laktoz] **nm** lactose

**lactosérum** [laktoseʀɔm] **nm** whey

**lacunaire** [lakynɛʀ] → SYN **adj** (Bio) tissu lacunary, lacunal; documentation incomplete, deficient ◆ **il a des connaissances lacunaires** there are gaps in his knowledge

**lacune** [lakyn] → SYN **nf** **a** [texte, mémoire, connaissances] gap; [manuscrit] lacuna; [loi]

gap, loophole ◆ **les lacunes du système éducatif** the shortcomings of the education system ◆ **elle a de grosses lacunes en histoire** there are big gaps in her knowledge of history ◆ **il y a de sérieuses lacunes dans ce livre** this book has some serious deficiencies ou leaves out ou overlooks some serious points
**b** (Anat, Bot) lacuna

**lacustre** [lakystʀ] adj lake (épith), lakeside (épith) ◆ **cité lacustre** lakeside village (on piles)

**lad** [lad] nm (Équitation) stable-boy, stable-lad

**ladanum** [ladanɔm] nm la(b)danum

**là-dedans** [lad(ə)dɑ̃] adv (lit) inside, in there ◆ **il y a du vrai là-dedans** there's some truth in that ◆ **il n'a rien à voir là-dedans** it's nothing to do with him ◆ **il a voulu mettre de l'argent là-dedans** he wanted to put some money into it ◆ **quand il s'est embarqué là-dedans** when he got involved in that ou in it ◆ **(il) y en a là-dedans !** * (admiratif) you see, I'm (ou he's etc ) not just a pretty face! ◆ **et nous, là-dedans, qu'est-ce qu'on devient ?** * and where do we fit into all this?

**là-dessous** [lad(ə)su] adv underneath, under there, under that ◆ **il y a quelque chose là-dessous** (fig) there's something odd about it ou that, there's more to it than meets the eye

**là-dessus** [lad(ə)sy] adv (= sur cet objet) on that, on there; (= sur ces mots) at that point, thereupon (frm); (= à ce sujet) about that, on that point ◆ **là-dessus, il sortit** with that, he left ◆ **vous pouvez compter là-dessus** you can count on that ◆ **il n'y a aucun doute là-dessus** there's no doubt about it

**ladin** [ladɛ̃] nm Ladin

**ladino** [ladino] nm Ladino

**ladite** [ladit] adj → **ledit**

**Ladoga** [ladɔga] nm ◆ **le lac Ladoga** Lake Ladoga

**ladre** [lɑdʀ] → SYN **1** adj (littér = avare) mean, miserly
**2** nmf (littér) miser

**ladrerie** [lɑdʀəʀi] → SYN nf **a** (littér = avarice) meanness, miserliness
**b** (Hist = hôpital) leper-house

**lady** [ledi] nf (= titre) ◆ **Lady** Lady ◆ **c'est une vraie lady** she's a real lady

**lagomorphes** [lagɔmɔʀf] nmpl ◆ **les lagomorphes** lagomorphs, the Lagomorpha (SPÉC)

**lagon** [lagɔ̃] nm lagoon

**lagopède** [lagɔpɛd] nm ◆ **lagopède d'Écosse** (red) grouse ◆ **lagopède blanc** willow grouse ◆ **lagopède des Alpes** ptarmigan

**Lagos** [lagos] n Lagos

**lagotriche** [lagɔtʀiʃ] nm woolly monkey

**lagunaire** [lagynɛʀ] adj lagoon (épith), of a lagoon

**lagune** [lagyn] → SYN nf lagoon

**là-haut** [lao] adv (gén) up there; (= dessus) up on top; (= à l'étage) upstairs; (= au ciel) on high, in heaven above ◆ **tout là-haut, au sommet de la montagne** way up there, at the top of the mountain ◆ **là-haut dans les nuages** above in the clouds

**lai¹** [lɛ] → SYN nm (Poésie) lay

**lai², e¹** [lɛ] → SYN adj (Rel) lay ◆ **frère lai** lay brother

**laïc** [laik] → SYN adj, nm ⇒ **laïque**

**laïcat** [laika] nm laity

**laîche** [lɛʃ] → SYN nf sedge

**laïcisation** [laisizasjɔ̃] nf secularization, laicization

**laïciser** [laisize] vt [+ institutions] to secularize, laicize

**laïcité** [laisite] → SYN nf (= caractère) secularity; (Pol = système) secularism

**laid, e** [lɛ, lɛd] → SYN adj **a** (physiquement) personne, visage, animal, meuble, dessin ugly; ville, région ugly, unattractive; bâtiment ugly, unsightly ◆ **laid comme un singe** ou **un pou** ou **un crapaud** ou **les sept péchés capitaux** ou **à faire peur** as ugly as sin ◆ **il est très laid de visage** he's got a terribly ugly face
**b** (moralement) action despicable, low; vice ugly, loathsome ◆ **c'est laid, ce que tu as fait** that was a nasty ou disgusting thing to do

**laidement** [lɛdmɑ̃] adv (= sans beauté) in an ugly way; (littér = bassement) despicably

**laideron** [lɛdʀɔ̃] → SYN nm ugly girl ou woman ◆ **c'est un vrai laideron** she's a real ugly duckling

**laideur** [lɛdœʀ] → SYN nf **a** (physique) [personne, visage, animal, meuble, dessin] ugliness; [ville, région] ugliness, unattractiveness; [bâtiment] ugliness, unsightliness ◆ **c'est d'une laideur !** it's so ugly!
**b** (morale) [action] lowness, meanness ◆ **la guerre/l'égoïsme dans toute sa laideur** the full horror of war/of selfishness, war/selfishness in all its ugliness ◆ **les laideurs de la vie** the ugly side of life ◆ **les laideurs de la guerre** the ugliness of war

**laie²** [lɛ] → SYN nf (Zool) wild sow

**laie³** [lɛ] → SYN nf (= sentier) forest track ou path

**lainage** [lɛnaʒ] → SYN nm **a** (= vêtement) woollen ou woolen (US) garment, woolly * ◆ **la production des lainages** the manufacture of woollens ou of woollen goods
**b** (= étoffe) woollen material ou fabric ◆ **beau lainage** fine quality woollen material

**laine** [lɛn] → SYN **1** nf wool ◆ **de laine** vêtement, moquette wool, woollen ◆ **tapis de haute laine** deep ou thick pile wool carpet ◆ **il faut mettre une petite laine** * (= vêtement) you'll need a sweater ◆ **il ne faut pas te laisser tondre** ou **manger la laine sur le dos** you shouldn't let people walk all over you; → **bas²**
**2** COMP ▷ **laine d'acier** steel wool ▷ **laine de bois** wood-wool ▷ **laine à matelas** flock ▷ **laine peignée** [pantalon, veston] worsted wool; [pull] combed wool ▷ **laine de roche** rockwool ▷ **laine à tricoter** knitting wool ▷ **laine de verre** glass wool ▷ **laine vierge** new ou virgin wool

**lainer** [lene] ▸ conjug 1 ◂ vt to nap, teasel

**laineur, -euse** [lɛnœʀ, øz] **1** nm,f (= personne) napper, teaseller
**2** **laineuse** nf (= machine) napper, teaseller

**laineux, -euse** [lɛnø, øz] → SYN adj tissu, plante woolly

**lainier, -ière** [lɛnje, jɛʀ] **1** adj industrie wool(len) (épith)
**2** nm,f (= marchand) wool merchant; (= ouvrier) wool worker

**laïque** [laik] → SYN **1** adj tribunal lay, civil; vie secular; habit ordinary; collège non-religious, secular ◆ **l'enseignement** ou **l'école laïque** (gén) secular education; (en France) state education
**2** nm layman ◆ **les laïques** laymen, the laity
**3** nf laywoman

**lais** [lɛ] nmpl (Jur) foreshore

**laisse** [lɛs] → SYN nf **a** (= attache) leash, lead ◆ **tenir en laisse** [+ chien] to keep on a leash ou lead; (fig) [+ personne] to keep a tight rein on, keep in check
**b** (Géog) foreshore ◆ **laisse de mer** tide mark ◆ **laisse de haute/basse mer** high-/low-water mark
**c** (Poésie) laisse

**laissées** [lese] nfpl wild boar droppings

**laissé-pour-compte, laissée-pour-compte,** mpl **laissés-pour-compte** [lesepuʀkɔ̃t] **1** adj **a** (Comm) (= refusé) rejected, returned; (= invendu) unsold, left over
**b** personne rejected; chose rejected, discarded
**2** nm **a** (Comm) (refusé) reject; (invendu) unsold article ◆ **brader les laissés-pour-compte** to sell off old ou leftover stock cheaply
**b** (= personne) **les laissés-pour-compte de la société** society's rejects ◆ **ce sont les laissés-pour-compte du progrès** these people are the casualties of progress, progress has left these people out in the cold ou on the scrap heap

**laisser** [lese] GRAMMAIRE ACTIVE 9.3 → SYN ▸ conjug 1 ◂

**1** vt **a** (= abandonner) [+ place, fortune, personne, objet] to leave ◆ **laisser sa clé au voisin** to leave one's key with the neighbour, leave the neighbour one's key ◆ **laisse-lui du gâteau** leave him some cake, leave some cake for him ◆ **il m'a laissé ce vase pour 25 €** he let me have this vase for €25 ◆ **laissez, je vais le faire/c'est moi qui paie** leave that, I'll do it/I'm paying ◆ **laisse-moi le temps d'y réfléchir** give me time to think about it ◆ **laisse-moi devant la banque** drop ou leave me at the bank ◆ **il a laissé un bras dans l'accident** he lost an arm in the accident ◆ **il y a laissé sa vie** it cost him his life ◆ **elle l'a laissé de meilleure humeur** she left him in a better mood ◆ **au revoir, je vous laisse** good-bye, I must leave you ◆ **laisse-moi !** leave me alone! ◆ **je l'ai laissé à son travail** (accompagner) I dropped him off at work; (ne plus déranger) I left him to get on with his work

**b** (= faire demeurer) [+ trace, regrets, goût] to leave ◆ **laisser qn indifférent/dans le doute** to leave sb unmoved/in doubt ◆ **laisser qn debout** to keep sb standing (up) ◆ **on lui a laissé ses illusions, on l'a laissé à ses illusions** we didn't disillusion him ◆ **elle m'a laissé une bonne impression** she made a good impression on me ◆ **on l'a laissé dans l'erreur** we didn't tell him that he was mistaken ◆ **il vaut mieux le laisser dans l'ignorance de nos projets** it is best to leave him in the dark ou not to tell him about our plans ◆ **laisser un enfant à ses parents** (gén) to leave a child with his parents; (Jur) to leave a child in the custody of his parents ◆ **vous laissez le village sur votre droite** you go past the village on your right ◆ **laisser la vie à qn** to spare sb's life ◆ **cette opération ne doit pas laisser de séquelles** this operation should leave ou have no aftereffects

**c** (Loc) **laisser la porte ouverte** (lit, fig) to leave the door open ◆ **laisser le meilleur pour la fin** to leave the best till last ◆ **je te laisse à penser combien il était content** you can imagine ou I don't need to tell you how pleased he was; → **champ, désirer, plan¹**

**d** (littér = manquer) **il n'a pas laissé de me le dire** he didn't fail to tell me, he could not refrain from telling me ◆ **cela n'a pas laissé de me surprendre** I couldn't fail to be surprised by ou at that ◆ **cela ne laisse pas d'être vrai** it is true nonetheless

**2** vb aux ◆ **laisser (qn) faire qch** to let sb do sth ◆ **laisse-le partir** let him go ◆ **laisse-le monter/descendre** let him come ou go up/down ◆ **laissez-moi rire !** (iro) don't make me laugh! ◆ **laisser voir** (= révéler) to show, reveal ◆ **il a laissé voir sa déception** he couldn't help showing his disappointment ◆ **laisser voir ses sentiments** to let one's feelings show ◆ **il n'en a rien laissé voir** he showed no sign of it, he gave no inkling of it ◆ **laisse-le faire** (sans l'aider) let him do it himself; (à sa manière) let him do it his own way; (ce qui lui plaît) let him do as he likes ou wants ◆ **il faut laisser faire le temps** we must let things take their course ◆ **laisse faire !** never mind!, don't bother! ◆ **j'ai été attaqué dans la rue et les gens ont laissé faire** I was attacked in the street and people did nothing ou people just stood by ◆ **on ne va pas le laisser faire sans réagir !** we're not going to let him get away with that!; → **courir, penser, tomber**

**3** **se laisser** vpr ◆ **se laisser persuader/exploiter/duper** to let o.s. be persuaded/exploited/fooled ◆ **il s'est laissé attendrir par leur pauvreté** he was moved by their poverty ◆ **il ne faut pas se laisser décourager/abattre** you mustn't let yourself become ou allow yourself to become discouraged/downhearted ◆ **je me suis laissé surprendre par la pluie** I got caught in the rain ◆ **ce petit vin se laisse boire** * this wine goes down well ou nicely ◆ **se laisser aller** to let o.s. go ◆ **se laisser aller à mentir** to stoop to telling lies ◆ **je me suis laissé faire** I let myself be persuaded, I let myself be talked into it ◆ **je n'ai pas l'intention de me laisser faire** I'm not going to let myself be pushed around ◆ **laisse-toi faire !** (à qn que l'on soigne) come on, it won't hurt (you)!; (à qn que l'on habille) let me do it; (en offrant une liqueur etc ) go on, be a devil! * ◆ **laisse-toi faire, je vais te peigner** just let me comb your hair, keep still while I comb your hair ◆ **et tu t'es laissé faire sans protester ?** and you just let them do it without saying anything?; → **conter, dire, vivre**

**laisser-aller** [leseale] → SYN nm inv (gén) casualness, carelessness; [travail, langage, vêtements] sloppiness, carelessness ◆ **il y a beaucoup de laisser-aller dans ce service** things are very lax in this department, this department is very slack

**laisser-faire** [lesefɛʀ] nm inv (Écon) laissez-faire (policy ou economics sg), non-interventionism

**laissez-passer** [lesepɑse] → SYN nm inv (gén) pass; (Douane) transire

**lait** [lɛ] 1 nm a (animal) milk ◆ **lait de vache/de chèvre/d'ânesse** cow's/goat's/ass's milk ◆ **lait concentré sucré/non sucré** condensed/evaporated milk ◆ **lait écrémé** skimmed milk ◆ **lait entier** whole ou full cream (Brit) milk ◆ **lait cru** unpasteurized milk ◆ **mettre qn au lait** to put sb on a milk diet ◆ **boire du (petit) lait** (fig) to lap it up ◆ **cela se boit comme du petit lait** you don't notice you're drinking it ◆ **frère/sœur de lait** foster brother/sister; → **café, chocolat, cochon, dent**

b (végétal) milk ◆ **lait d'amande/de coco/de soja** almond/coconut/soy(a) milk

c (Cosmétique) lotion ◆ **lait de beauté** beauty lotion ◆ **lait démaquillant** cleansing milk ◆ **lait solaire** sun lotion

2 COMP ▷ **lait caillé** curds ▷ **lait de chaux** lime water ▷ **lait de croissance** vitamin-enriched milk *(for babies and young children)* ▷ **lait fraise** strawberry-flavoured milk ▷ **lait maternel** mother's milk, breast milk ▷ **lait maternisé** formula, baby milk (Brit) ▷ **lait en poudre** dried ou powdered milk ▷ **lait de poule** (Culin) eggflip, eggnog ▷ **lait végétal** latex

**laitage** [lɛtaʒ] nm (= produit laitier) dairy product

**laitance** [lɛtɑ̃s] nf soft roe

**laite** [lɛt] nf soft roe

**laité, e** [lete] adj poisson with soft roe

**laiterie** [lɛtʀi] nf (= usine, magasin) dairy; (= industrie) dairy industry

**laiteron** [lɛtʀɔ̃] nm sow-thistle

**laiteux, -euse** [lɛtø, øz] → SYN adj couleur, liquide, peau, huître milky; teint milky(-white), creamy; lumière pearly; chair creamy

**laitier, -ière** [letje, jɛʀ] → SYN 1 adj industrie, produit dairy (épith); production, vache milk (épith), dairy (épith)

2 nm a (= livreur) milkman; (= vendeur) dairyman ◆ **à l'heure du laitier** at the crack of dawn, in the early hours

b (Ind) slag

3 **laitière** nf (= vendeuse) dairywoman; (= livreuse) milkwoman; (= vache) dairy ou milk cow ◆ **une bonne laitière** a good milker ◆ **"La Laitière"** (Art) "The Kitchen-Maid"

**laiton** [lɛtɔ̃] → SYN nm (= alliage) brass; (= fil) brass wire

**laitonner** [lɛtɔne] ▸ conjug 1 ◂ vt [+ métal] to cover with brass; (= couvrir de fils de laiton) to cover with brass wire

**laitue** [lety] nf lettuce ◆ **laitue de mer** sea lettuce

**laïus** * [lajys] nm inv (= discours) long-winded speech; (= verbiage) verbiage (NonC), padding (NonC) ◆ **faire un laïus** to hold forth at great length, give a long-winded speech

**laïusser** * [lajyse] ▸ conjug 1 ◂ vi to expatiate, hold forth, spout * (*sur* on)

**laïusseur, -euse** * [lajysœʀ, øz] nm,f (péj) wind-bag *

**laize** [lɛz] nf (Tex) width

**Laksmi** [laksmi] nf Lakshmi

**lallation** [la(l)lasjɔ̃] → SYN nf (= lambdacisme) lallation; [enfant] lallation, lalling

**lama** [lama] → SYN nm (Zool) llama; (Rel) lama

**lamaïsme** [lamaism] nm Lamaism

**lamaïste** [lamaist] adj, nm,f Lamaist

**lamantin** [lamɑ̃tɛ̃] nm manatee

**lamarckien, -ienne** [lamaʀkjɛ̃, jɛn] adj (Bio) Lamarckian

**lamarckisme** [lamaʀkism] → SYN nm Lamarckism

**lamaserie** [lamazʀi] nf lamasery

**lambada** [lɑ̃bada] nf lambada

**lambda** [lɑ̃bda] 1 nm (= lettre) lambda

2 adj inv (= quelconque) spectateur, lecteur average ◆ **le citoyen lambda** the average citizen, the man in the street

**lambdacisme** [lɑ̃bdasism] nm lambdacism

**lambeau**, pl **lambeaux** [lɑ̃bo] → SYN nm [papier, tissu] scrap ◆ **lambeaux de chair** strips of flesh ◆ **en lambeaux** vêtements in tatters ou rags, tattered; affiche in tatters, tattered ◆ **mettre en lambeaux** to tear to shreds ou bits ◆ **tomber** ou **partir en lambeaux** to fall to pieces ou bits ◆ **lambeaux de conversation** scraps of conversation ◆ **lambeaux du passé** fragments ou remnants of the past

**lambic(k)** [lɑ̃bik] nm *kind of strong Belgian beer*; → **gueuse**

**lambin, e** * [lɑ̃bɛ̃, in] → SYN 1 adj slow ◆ **que tu es lambin !** you're such a dawdler! ou slowcoach * (Brit) ou slowpoke! * (US)

2 nm,f dawdler *, slowcoach * (Brit), slowpoke * (US)

**lambiner** * [lɑ̃bine] ▸ conjug 1 ◂ vi to dawdle

**lambliase** [lɑ̃blijɑz] nf lambliasis

**lambourde** [lɑ̃buʀd] nf (pour parquet) backing strip *(on joists)*; (pour solive) wall-plate

**lambrequin** [lɑ̃bʀəkɛ̃] nm [fenêtre] pelmet, lambrequin; [ciel de lit] valance; (= ornement) lambrequin ◆ **lambrequins** (Hér) lambrequin, mantling

**lambris** [lɑ̃bʀi] nm (en bois) panelling (NonC), wainscoting (NonC); (en marbre) marble wall panels ◆ **sous les lambris dorés des ministères** (fig) in the corridors of power

**lambrisser** [lɑ̃bʀise] ▸ conjug 1 ◂ vt (avec du bois) to panel, wainscot; (avec du marbre) to panel ◆ **lambrissé de pin** pine-panelled

**lambswool** [lɑ̃bswul] nm lamb's wool

**lame** [lam] → SYN 1 nf a [métal, verre] strip; [bois] strip, lath; (Aut) [ressort] leaf; [store] slat; (pour microscope) slide

b [couteau, tondeuse, scie] blade ◆ **visage en lame de couteau** hatchet face

c (fig) (= épée) sword ◆ **une bonne** ou **fine lame** (= escrimeur) good swordsman (ou swordswoman)

d (= vague) wave

e (= partie de la langue) blade

2 COMP ▷ **lame de fond** ground swell (NonC) ▷ **lame de parquet** floorboard, strip of parquet flooring ▷ **lame de rasoir** razor blade

**lamé, e** [lame] → SYN 1 adj lamé (épith) ◆ **robe lamée (d')or** gold lamé dress

2 nm lamé

**lamellaire** [lamelɛʀ] adj lamellar, lamellate

**lamelle** [lamɛl] → SYN nf (de métal, plastique) (small) strip; [persiennes] slat; [champignon] gill; (pour microscope) coverglass ◆ **lamelle de mica** mica flake ◆ **couper en lamelles** [+ légumes] to cut into thin strips ou slices

**lamellé, e** [lamele] → SYN adj lamellated

**lamellé-collé**, pl **lamellés-collés** [lamelekɔle] nm glued laminated timber

**lamellibranche** [lamelibʀɑ̃ʃ] nm bivalve, lamellibranch ◆ **les lamellibranches** lamellibranchia

**lamelliforme** [lamelifɔʀm] adj lamelliform

**lamellirostres** [lameliʀɔstʀ] nmpl ◆ **les lamellirostres** lamellirostral ou lamellirostrate birds

**lamentable** [lamɑ̃tabl] → SYN adj a (= mauvais) conditions, résultat, état, comportement appalling, lamentable, awful; concurrent, spectacle appalling, awful ◆ **cette émission est lamentable !** what a pathetic * programme!

b (= tragique) sort miserable, pitiful; histoire dreadful, appalling

**lamentablement** [lamɑ̃tabləmɑ̃] adv échouer miserably, lamentably ◆ **il se traînait lamentablement dans la maison** he was moping around the house

**lamentation** [lamɑ̃tasjɔ̃] → SYN nf (= cri de désolation) lamentation, wailing (NonC); (péj = jérémiades) moaning (NonC) ◆ **le livre des Lamentations** (Bible) (the Book of) Lamentations; → **mur**

**lamenter (se)** [lamɑ̃te] → SYN ▸ conjug 1 ◂ vpr to moan, lament ◆ **se lamenter sur qch** to moan over sth, bemoan sth ◆ **se lamenter sur son sort** to bemoan ou bewail ou lament one's fate ◆ **arrête de te lamenter sur ton propre sort** stop feeling sorry for yourself ◆ **il se lamente d'avoir échoué** he is bemoaning his failure

**lamento** [lamɛnto] → SYN nm lament

**lamer** [lame] ▸ conjug 1 ◂ vt [+ broderie] to embroider with lamé; (Tech) to spot-face

**lamiacées** [lamjase] nfpl ⇒ **labiées**

**lamie** [lami] → SYN nf (= monstre) lamia; (= requin) porbeagle

**lamier** [lamje] nm dead-nettle

**laminage** [laminaʒ] → SYN nm (Tech) lamination

**laminaire**[1] [laminɛʀ] → SYN nf (Bot) laminaria

**laminaire**[2] [laminɛʀ] → SYN adj (Minér, Phys) laminar

**laminé** [lamine] nm rolled metal

**laminectomie** [laminɛktɔmi] nf laminectomy, rachiotomy

**laminer** [lamine] → SYN ▸ conjug 1 ◂ vt a [+ métal] to laminate ◆ **laminé à chaud/à froid** hot-/cold-rolled

b (= détruire) **ses marges bénéficiaires ont été laminées par les hausses de prix** his profit margins have been eaten away ou eroded by price rises ◆ **les petites formations politiques ont été laminées aux dernières élections** small political groupings were practically wiped out in the last election

**lamineur, -euse** [laminœʀ, øz] 1 adj m ◆ **cylindre lamineur** roller

2 nm,f rolling mill operator

**lamineux, -euse** [laminø, øz] adj laminose

**laminoir** [laminwaʀ] → SYN nm rolling mill ◆ **passer au laminoir** (fig) to steamroller

**lampadaire** [lɑ̃padɛʀ] → SYN nm [intérieur] standard lamp; [rue] street lamp ◆ **(pied de) lampadaire** [intérieur] lamp standard; [rue] lamppost

**lampant** [lɑ̃pɑ̃] adj m → **pétrole**

**lamparo** [lɑ̃paʀo] → SYN nm lamp ◆ **pêche au lamparo** fishing by lamplight *(in the Mediterranean)*

**lampas** [lɑ̃pɑ(s)] → SYN nm lampas

**lampe** [lɑ̃p] → SYN 1 nf lamp, light; (= ampoule) bulb; (Radio) valve ◆ **éclairé par une lampe** lit by lamplight; → **mettre**

2 COMP ▷ **lampe à acétylène** acetylene lamp (Brit) ou torch (US) ▷ **lampe à alcool** spirit lamp ▷ **lampe à arc** arc light ou lamp ▷ **lampe d'architecte** Anglepoise lamp ® ▷ **lampe Berger** ® Berger lamp ® ▷ **lampe à bronzer** sun lamp ▷ **lampe de bureau** desk lamp ou light ▷ **lampe à carbure** carbide lamp ▷ **lampe de chevet** bedside lamp ou light ▷ **lampe électrique** flashlight, torch (Brit) ▷ **lampe à huile** oil lamp ▷ **lampe à incandescence** incandescent lamp ▷ **lampe de lecture** reading lamp ▷ **lampe de mineur** (miner's) safety lamp ▷ **lampe au néon** neon light ▷ **lampe à pétrole** paraffin (Brit) ou kerosene (US) ou oil lamp ▷ **lampe pigeon** (small) oil ou paraffin (Brit) ou kerosene (US) lamp ▷ **lampe de poche** flashlight, torch (Brit) ▷ **lampe à sodium** sodium light ▷ **lampe solaire** sun lamp ▷ **lampe à souder** (lit) blowtorch, blowlamp (Brit); (arg Mil) machine gun ▷ **lampe témoin** (gén) warning light; [magnétoscope etc ] (indicator) light; → **halogène**

**lampée** * [lɑ̃pe] nf gulp, swig * ◆ **boire qch à grandes lampées** to gulp ou swig * sth down

**lamper** * † [lɑ̃pe] ▸ conjug 1 ◂ vt to gulp down, swig (down) *

**lampe-tempête**, pl **lampes-tempête** [lɑ̃ptɑ̃pɛt] nf storm lantern, hurricane lamp

**lampion** [lɑ̃pjɔ̃] → SYN nm Chinese lantern; → **air**[3]

**lampiste** [lɑ̃pist] → SYN nm (lit) light (maintenance) man; (*, hum = subalterne) underling, dogsbody * (Brit) ◆ **c'est toujours la faute du lampiste** * it's always the underling who gets the blame

**lampourde** [lɑ̃puʀd] nf cocklebur

**lamprillon** [lɑ̃pʀijɔ̃] nm (= poisson) river lamprey; (= larve) ammocoetes

**lamproie** [lɑ̃pʀwa] → SYN nf ◆ **lamproie (de mer)** lamprey ◆ **lamproie de rivière** river lamprey, lampern

**lampyre** [lɑ̃piʀ] → SYN nm glow-worm

**Lancastre** [lɑ̃kastʀ(ə)] n Lancaster

**lance** [lɑ̃s] → SYN nf **a** (= arme) spear; [tournoi] lance ◆ **frapper qn d'un coup de lance** to hit sb with one's lance; → **fer, rompre**
**b** (= tuyau) **lance (à eau)** hose ◆ **lance d'arrosage** garden hose ◆ **lance d'incendie** fire hose

**lance-amarre,** pl **lance-amarre(s)** [lɑ̃samaʀ] nm line-throwing device

**lance-balles** [lɑ̃sbal] nm inv ball-throwing machine

**lance-bombes** [lɑ̃sbɔ̃b] nm inv bomb launcher

**lancée** [lɑ̃se] → SYN nf ◆ **être sur sa lancée** to have got started ◆ **continuer sur sa lancée** to keep going ◆ **il a encore travaillé trois heures sur sa lancée** once he was under way ou he'd got going he worked for another three hours ◆ **je peux encore courir deux kilomètres sur ma lancée** now I'm in my stride I can run another two kilometres ◆ **je ne voulais pas t'interrompre sur ta lancée** I didn't want to interrupt you in full flow

**lance-engins** [lɑ̃sɑ̃ʒɛ̃] nm inv missile launcher ◆ **sous-marin nucléaire lance-engins** nuclear missile submarine

**lance-flammes** [lɑ̃sflɑm] nm inv flamethrower

**lance-fusées** [lɑ̃sfyze] nm inv (Mil) rocket launcher; [fusée éclairante] flare gun

**lance-grenades** [lɑ̃sgʀənad] nm inv grenade launcher ◆ **fusil lance-grenades** shoulder-held grenade launcher

**lancement** [lɑ̃smɑ̃] → SYN nm **a** [entreprise] launching, starting up; [campagne] launching; [fusée] launching, launch; [processus] starting (off); [produit] launching; [emprunt] issuing, floating ◆ **lors du lancement du nouveau produit** when the new product was launched ◆ **fenêtre** ou **créneau de lancement** launch window
**b** (Sport) throwing ◆ **lancement du disque/javelot/marteau** throwing the discus/javelin/hammer, discus/javelin/hammer throwing ◆ **lancement du poids** putting the shot, shot put

**lance-missiles** [lɑ̃smisil] nm inv missile launcher ◆ **sous-marin lance-missiles** ballistic missile submarine

**lancéolé, e** [lɑ̃seɔle] adj (Bot) lanceolate; (Archit) lanceted

**lance-pierre,** pl **lance-pierres** [lɑ̃spjɛʀ] nm catapult ◆ **manger avec un lance-pierre** * to grab a quick bite (to eat) * ◆ **payer qn avec un lance-pierre** * to pay sb peanuts *

**lancer[1]** [lɑ̃se] → SYN ► conjug 3 ◄ **1** vt **a** (= jeter) (gén) to throw; (violemment) to hurl, fling; (Sport) [+ disque, marteau, javelot] to throw ◆ **lancer qch à qn** (pour qu'il l'attrape) to throw sth to sb, throw sb sth; (agressivement) to throw sth at sb ◆ **lance-moi mes clés** throw me my keys ◆ **lancer une balle/son chapeau en l'air** to throw ou toss a ball/one's hat into the air ou up in the air ◆ **lancer sa ligne** (Pêche) to cast one's line ◆ **il lança sa voiture dans la foule** he drove his car straight at the crowd ◆ **lancer son chien contre qn** to set one's dog on sb ◆ **lancer ses hommes contre l'ennemi/à l'assaut** (Mil) to launch one's men against the enemy/into the assault ◆ **lance ta jambe en avant** kick your leg up ◆ **lancer un coup de poing** to throw a punch, lash out with one's fist ◆ **lancer un coup de pied** to kick out, lash out with one's foot ◆ **lancer le poids** (Sport) to put the shot ◆ **il lance à 15 mètres** he can throw 15 metres ◆ **lancer un pont sur une rivière** (fig) to throw a bridge across a river ◆ **la cathédrale lance sa flèche de pierre vers le ciel** the stone spire of the cathedral thrusts up into the sky
**b** (= projeter) [+ flèche, obus] to fire; [+ bombe] to drop; [+ torpille] to fire, launch; [+ fumée] to send up ou out; [+ flammes, lave] to throw out ◆ **lancer des éclairs** [bijoux] to sparkle ◆ **ses yeux lançaient des éclairs** (de colère) his eyes blazed ou flashed with anger; → **étincelle**
**c** (= émettre) [+ accusations] to level, hurl; [+ menaces, injures] to hurl; [+ avertissement, proclamation, mandat d'arrêt] to issue, put out; [+ théorie] to put forward, advance; [+ appel] to launch; [+ SOS, signal] to send out; [+ fausse nouvelle, rumeur] to put out; [+ invitation] to send off; [+ hurlement] to give out ◆ **lancer un cri** to cry out ◆ **lancer une plaisanterie** to crack a joke ◆ **elle lui lança un coup d'œil furieux** she flashed ou darted a furious glance at him ◆ **"je refuse" lança-t-il fièrement** "I refuse," he retorted proudly ◆ **"salut" me lança-t-il du fond de la salle** "hello," he called out to me from the far end of the room
**d** (= faire démarrer) [+ fusée, satellite, navire] to launch; [+ affaire, entreprise] to launch, start up; [+ attaque, campagne électorale] to launch; [+ processus] to start (off); [+ emprunt] to issue, float; [+ projet] to launch; (Ordin) [+ programme, recherche, impression] to start ◆ **lancer une souscription** to start a fund ◆ **lancer une discussion** to get a discussion going, start a discussion ◆ **c'est lui qui a lancé l'idée du voyage** he's the one who came up with the idea of the trip ◆ **on a lancé quelques idées** we floated a few ideas ◆ **il a lancé son parti dans une aventure dangereuse** he has launched his party into ou set his party off on a dangerous venture ◆ **ne le lancez pas sur son sujet favori** don't set him off on ou don't let him get launched on his pet subject ◆ **une fois lancé, on ne peut plus l'arrêter !** once he gets the bit between his teeth ou once he gets warmed up there's no stopping him!
**e** (= faire connaître ou adopter) [+ vedette] to launch; [+ produit] to launch, bring out ◆ **lancer une nouvelle mode** to launch ou start a new fashion ◆ **lancer qn dans la politique/les affaires/le monde** to launch sb into politics/in business/in society ◆ **c'est ce film qui l'a lancé** it was this film that launched his career ◆ **il est lancé maintenant** he has made a name for himself ou has made his mark now
**f** (= donner de l'élan) [+ moteur] to open up; [+ voiture] to get up to speed; [+ balançoire] to set going ◆ **lancer un cheval** to give a horse its head ◆ **lancer le balancier d'une horloge** to set the pendulum in a clock going ◆ **la moto était lancée à 140 quand elle l'a heurté** the motorbike had reached ou had got up to a speed of 140 km/h when it hit him ◆ **une fois lancée, la voiture ...** once the car gets up speed ou builds up speed, it ...
**g** (= faire mal à) **ça me lance (dans le bras** etc) I've got shooting pains (in my arm etc )
**2** **se lancer** vpr **a** (mutuellement) [+ balle] to throw to each other; [+ injures, accusations] to hurl at each other, exchange ◆ **ils n'arrêtent pas de se lancer des plaisanteries** they're always cracking jokes together
**b** (= sauter) to leap, jump; (= se précipiter) to dash, rush ◆ **se lancer dans le vide** to leap ou jump into space ◆ **il faut sauter, n'hésite pas, lance-toi !** you've got to jump, don't hesitate, just do it! ou let yourself go! ◆ **se lancer contre un obstacle** to dash ou rush at an obstacle ◆ **se lancer en avant** to dash ou rush ou run forward ◆ **se lancer à l'assaut** to leap to the attack ◆ **se lancer à l'assaut d'une forteresse** to launch an attack on a fortress ◆ **chaque week-end, des milliers de voitures se lancent sur les routes** thousands of cars take to ou pour onto the roads every weekend
**c** (= s'engager) **se lancer à la recherche de qn/qch** to go off in search of sb/sth ◆ **il s'est lancé à la recherche d'un emploi** he started looking for a job ◆ **l'entreprise se lance sur le marché** the company is entering the market ◆ **il construit un bateau – dis donc, il se lance !** * he's building a boat — wow, he's aiming high! ou he's thinking big! * ◆ **elle n'attend que toi ! vas-y, lance-toi !** * it's you she wants! go for it! * ◆ **se lancer dans** [+ aventure] to embark on, set off on; [+ discussion] to launch into, embark on; [+ dépenses] to embark on, take on; [+ métier] to go into, take up; [+ travaux, grève] to embark on, start; [+ passe-temps] to take up; [+ bataille] to pitch into ◆ **se lancer dans la politique/les affaires** to go into politics/business ◆ **se lancer dans la course au pouvoir/à l'audience** to enter the race for power/the ratings battle ◆ **ils se sont lancés dans des opérations financières hasardeuses** they got involved in some risky financial deals ◆ **se lancer dans la lecture d'un roman** to set about ou begin reading a novel ◆ **se lancer dans la production/fabrication de qch** to start producing/manufacturing sth
**d** (* = se faire une réputation) **il cherche à se lancer** he's trying to make a name for himself

**lancer[2]** [lɑ̃se] nm **a** (Sport) throw ◆ **il a droit à trois lancers** he is allowed three attempts ou throws ◆ **lancer annulé** no throw ◆ **lancer franc** (Basket) free throw, charity toss (US) ◆ **lancer de corde** (Alpinisme) lassoing (NonC), lasso ◆ **le lancer du disque/du javelot/du marteau** the discus/javelin/hammer ◆ **le lancer du poids** putting the shot, the shot put
**b** (Pêche) **(pêche au) lancer** casting ◆ **lancer léger** spinning ◆ **lancer lourd** bait-casting

**lance-roquettes** [lɑ̃sʀɔkɛt] nm inv rocket launcher

**lance-satellites** [lɑ̃ssatelit] nm inv satellite launcher

**lance-torpilles** [lɑ̃stɔʀpij] nm inv torpedo tube

**lancette** [lɑ̃sɛt] nf (Archit, Méd) lancet

**lanceur, -euse** [lɑ̃sœʀ, øz] **1** nm,f **a** [disque, javelot, marteau, pierres] thrower; (Cricket) bowler; (Base-ball) pitcher ◆ **lanceur de poids** shot putter
**b** **lanceur de mode** trendsetter ◆ **le lanceur du produit** the company which launched the product
**2** nm (Espace, Mil) launcher ◆ **lanceur d'engins/de satellites** missile/satellite launcher

**lancier** [lɑ̃sje] nm (Mil) lancer ◆ **les lanciers** (= danse) the lancers

**lancinant, e** [lɑ̃sinɑ̃, ɑ̃t] → SYN adj **a** douleur shooting (épith), piercing (épith)
**b** (= obsédant) souvenir haunting; musique insistent, monotonous; problème, question nagging ◆ **ce que tu peux être lancinant à toujours réclamer** * you are a real pain * ou you get on my nerves the way you're always asking for things

**lanciner** [lɑ̃sine] → SYN ► conjug 1 ◄ **1** vi to throb
**2** vt [pensée] to obsess, haunt, plague ◆ **il nous a lancinés pendant trois jours pour aller au cirque** * [enfant] he tormented ou plagued us ou he went on at us * for three days about going to the circus

**lançon** [lɑ̃sɔ̃] → SYN nm sand-eel

**landais, e** [lɑ̃dɛ, ɛz] adj of ou from the Landes region

**landau** [lɑ̃do] → SYN nm (= voiture d'enfant) pram (Brit), baby carriage (US); (= carrosse) landau

**lande** [lɑ̃d] → SYN **1** nf moor, heath
**2** **Landes** nfpl ◆ **les Landes** the Landes (region) *(south-west France)*

**Landern(e)au** [lɑ̃dɛʀno] nm (hum) ◆ **dans le Landerneau littéraire/universitaire** in the literary/academic fraternity

**landgrave** [lɑ̃dgʀav] nm (Hist) landgrave

**landolphia** [lɑ̃dɔlfja] nf landolphia, Congo rubber

**laneret** [lanʀɛ] nm lanneret

**langage** [lɑ̃gaʒ] → SYN **1** nm **a** (Ling, gén) language ◆ **le langage de l'amour/des fleurs** the language of love/of flowers ◆ **en langage administratif/technique** in administrative/technical language ◆ **je n'aime pas que l'on me tienne ce langage** I don't like being spoken to like that ◆ **il m'a tenu un drôle de langage** he said some odd things to me ◆ **quel langage me tenez-vous là ?** what do you mean by that? ◆ **il m'a parlé avec** ou **il m'a tenu le langage de la raison** he spoke to me with the voice of reason ◆ **tenir un double langage** to use double talk ◆ **il a dû changer de langage** he had to change his tune
**b** (Ordin) language ◆ **langage évolué/naturel** high-level/natural language ◆ **langage de haut/bas niveau** high-/low-level language ◆ **langage de programmation** programming language
**2** COMP ▷ **le langage des animaux** the language of animals ▷ **langage argotique** slang ▷ **langage chiffré** cipher, code (language) ▷ **langage courant** everyday language ▷ **langage enfantin** childish ou

children's language; [bébé] baby talk ▷ **langage intérieur** (Philos) inner language ▷ **langage machine** (Ordin) machine language ▷ **langage parlé** spoken language, speech ▷ **langage populaire** popular speech

**langagier, -ière** [lɑ̃gaʒje, jɛʀ] [1] adj linguistic, of language (épith)
[2] nm,f (Can) linguist

**lange** [lɑ̃ʒ] [→ SYN] nm (baby's) flannel blanket ◆ **langes** swaddling clothes ◆ **dans les langes** (fig) in (its) infancy

**langer** [lɑ̃ʒe] ▸ conjug 3 ◂ vt ◆ **langer un bébé** (= lui mettre une couche) to change a baby, change the nappy (Brit) ou diaper (US); (= l'emmailloter) to wrap a baby in swaddling clothes ◆ **table/matelas à langer** changing table/mat

**langoureusement** [lɑ̃guʀøzmɑ̃] adv languorously

**langoureux, -euse** [lɑ̃guʀø, øz] [→ SYN] adj languorous

**langouste** [lɑ̃gust] nf (Zool) spiny ou rock lobster, crayfish, crawfish; (Culin) lobster

**langoustier** [lɑ̃gustje] nm (= filet) crayfish net; (= bateau) fishing boat *(for crayfish)*

**langoustine** [lɑ̃gustin] nf langoustine, Dublin bay prawn

**langue** [lɑ̃g] [→ SYN] [1] nf **a** (Anat) tongue ◆ **langue de bœuf/veau** ox/veal tongue ◆ **avoir la langue blanche** ou **chargée** ou **pâteuse** to have a coated ou furred tongue ◆ **tirer la langue** (au médecin) to stick out ou put out one's tongue (*à qn* for sb); (par impolitesse) to stick out ou put out one's tongue (*à qn* at sb); (= être dans le besoin) to have a rough time of it *; ( * = être frustré) to be green with envy ◆ **il tirait la langue** * (= avoir soif) his tongue was hanging out *, he was dying of thirst * ◆ **coup de langue** lick ◆ **le chien lui a donné un coup de langue** the dog licked him
**b** (= organe de la parole) tongue ◆ **avoir la langue déliée** ou **bien pendue** to be a bit of a gossip, have a ready tongue ◆ **avoir la langue bien affilée** to have a quick ou sharp tongue ◆ **avoir la langue fourchue** (hum) to speak with a forked tongue ◆ **il a la langue trop longue, il ne sait pas tenir sa langue** he can't hold his tongue, he doesn't know when to hold his tongue ◆ **il n'a pas la langue dans sa poche** he's never at a loss for words ◆ **tu as avalé** ou **perdu ta langue ?** has the cat got your tongue?, have you lost your tongue? ◆ **tu as retrouvé ta langue ?** so we're talking again, are we? ◆ **délier** ou **dénouer la langue à qn** to loosen sb's tongue ◆ **donner sa langue au chat** to give in ou up ◆ **j'ai le mot sur (le bout de) la langue** the word is on the tip of my tongue ◆ **il faut tourner sept fois sa langue dans sa bouche avant de parler** you should count to ten before you say anything ◆ **prendre langue avec qn** † to make contact with sb ◆ **les langues vont aller bon train** (hum) tongues will start wagging ou will wag
**c** (= personne) **mauvaise** ou **méchante langue** spiteful ou malicious gossip ◆ **je ne voudrais pas être mauvaise langue mais ...** I don't want to tittle-tattle ou to spread scandal but ... ◆ **les bonnes langues diront que ...** (iro) worthy ou upright folk will say that ...
**d** (Ling) language, tongue (frm) ◆ **la langue française/anglaise** the French/English language ◆ **les gens de langue anglaise/française** English-speaking/French-speaking people ◆ **langue maternelle** mother tongue ◆ **langue mère** parent language ◆ **langue vivante/morte/étrangère** living/dead/foreign language ◆ **langue officielle** official language ◆ **langue écrite/parlée** written/spoken language ◆ **langue source** ou **de départ/cible** ou **d'arrivée** (en traduction) source/target language ◆ **langue vernaculaire** vernacular (language) ◆ **la langue de Shakespeare** (gén) Shakespearian language, the language of Shakespeare; (= l'anglais) English, the language of Shakespeare ◆ **il parle une langue très pure** his use of the language is very pure, his spoken language is very pure ◆ **nous ne parlons pas la même langue** (lit, fig) we don't speak the same language
**e** (Géog) **langue glaciaire** spur of ice ◆ **langue de terre** strip ou spit of land
[2] COMP ▷ **la langue du barreau** legal parlance, the language of the courts ▷ **langue de bois** (péj) waffle *, cant ▷ **la langue diplomatique** the language of diplomacy ▷ **langue de feu** tongue of fire ▷ **la langue journalistique** journalistic language, journalese (péj) ▷ **langue d'oc** langue d'oc ▷ **langue d'oïl** langue d'oïl ▷ **langue populaire** (idiome) popular language; (usage) popular speech ▷ **langue de serpent** (Bot) adder's tongue, ophioglossum (SPÉC) ▷ **langue de spécialité** specialist language ▷ **langue de travail** working language ▷ **langue verte** slang ▷ **langue de vipère** spiteful gossip ◆ **elle a une langue de vipère** she's got a vicious ou venomous tongue

**langué, e** [lɑ̃ge] adj langued

**langue-de-bœuf,** pl **langues-de-bœuf** [lɑ̃gdəbœf] nf (Bot) beefsteak fungus

**langue-de-chat,** pl **langues-de-chat** [lɑ̃gdəʃa] nf (flat) finger biscuit, langue de chat

**languette** [lɑ̃gɛt] nf [bois, cuir] tongue; [papier] (narrow) strip; [orgue] languet(te), languid; [instrument à vent] metal reed; [balance] pointer

**langueur** [lɑ̃gœʀ] [→ SYN] nf [personne] languidness, languor; [style] languidness ◆ **regard plein de langueur** languid ou languishing look; → **maladie**

**languide** [lɑ̃gid] [→ SYN] adj (littér) languid, languishing

**languir** [lɑ̃giʀ] [→ SYN] ▸ conjug 2 ◂ vi **a** (= dépérir) to languish ◆ **languir dans l'oisiveté/d'ennui** to languish in idleness/in boredom ◆ **(se) languir d'amour pour qn** to be languishing with love for sb
**b** [conversation, intrigue] to flag; [affaires] to be slack
**c** (littér = désirer) **languir après qn/qch** to languish for ou pine for sb/sth
**d** (= attendre) to wait, hang around * ◆ **je ne languirai pas longtemps ici** I'm not going to hang around here for long * ◆ **faire languir qn** to keep sb waiting ◆ **ne nous fais pas languir, raconte !** don't keep us in suspense, tell us about it!

**languissamment** [lɑ̃gisamɑ̃] adv (littér) languidly

**languissant, e** [lɑ̃gisɑ̃, ɑ̃t] [→ SYN] adj personne languid, listless; regard languishing (épith); conversation, industrie flagging (épith); récit, action dull; activité économique slack

**lanice** [lanis] adj ◆ **bourre lanice** wool wadding, flock of wool

**lanier** [lanje] nm lanner

**lanière** [lanjɛʀ] [→ SYN] nf [cuir] thong, strap; [étoffe] strip; [fouet] lash; [appareil photo] strap ◆ **sandales à lanières** strappy sandals ◆ **découper qch en lanières** (Culin) to cut sth into strips

**laniste** [lanist] nm (Antiq) lanista

**lanoline** [lanɔlin] nf lanolin

**lansquenet** [lɑ̃skənɛ] nm (Cartes, Hist) lansquenet

**lantanier** [lɑ̃tanje] nm wayfaring tree, lantana

**lanterne** [lɑ̃tɛʀn] [→ SYN] [1] nf (gén) lantern; (électrique) lamp, light; (Hist = réverbère) street lamp; (Archit) lantern ◆ **allumer ses lanternes** † (Aut) to switch on one's (side)lights ◆ **éclairer la lanterne de qn** (fig) to enlighten sb ◆ **les aristocrates à la lanterne !** string up the aristocracy!; → **vessie**
[2] COMP ▷ **lanterne d'Aristote** Aristotle's lantern ▷ **lanterne arrière** † (Aut) rear light ▷ **lanterne de bicyclette** bicycle lamp ▷ **lanterne magique** magic lantern ▷ **lanterne de projection** slide projector ▷ **lanterne rouge** [convoi] rear ou tail light; [maison close] red light ◆ **être la lanterne rouge** (fig = être le dernier) to lag behind ▷ **lanterne sourde** dark lantern ▷ **lanterne vénitienne** paper lantern, Chinese lantern

**lanterneau,** pl **lanterneaux** [lɑ̃tɛʀno] nm [coupole] lantern; [escalier, atelier] skylight

**lanterner** [lɑ̃tɛʀne] [→ SYN] ▸ conjug 1 ◂ vi (= traîner) to dawdle ◆ **sans lanterner** straight away ◆ **faire lanterner qn** to keep sb waiting around ou hanging about (Brit)

**lanternon** [lɑ̃tɛʀnɔ̃] nm ⇒ **lanterneau**

**lanthane** [lɑ̃tan] nm lanthanum

**lanthanides** [lɑ̃tanid] nmpl lanthanide series sg, lanthanides, lanthanons

**lanugineux, -euse** [lanyʒinø, øz] adj lanuginous

**lao** [lao] nm ⇒ **laotien 2**

**Laos** [laɔs] nm Laos

**laotien, -ienne** [laɔsjɛ̃, jɛn] [1] adj Laotian
[2] nm (Ling) Laotian
[3] **Laotien(ne)** nm,f Laotian

**Lao-Tseu** [laɔtsø] nm Lao-tze

**La Palice** [lapalis] n ◆ **c'est une vérité de La Palice** it's stating the obvious, it's a truism ◆ **avant d'être en panne, cette machine marchait – La Palice n'aurait pas dit mieux !** (hum) this machine worked before it broke down – well, that's very observant of you! (hum)

**lapalissade** [lapalisad] [→ SYN] nf statement of the obvious ◆ **c'est une lapalissade de dire que ...** it's stating the obvious to say that ...

**laparoscopie** [lapaʀɔskɔpi] nf laparoscopy

**laparotomie** [lapaʀɔtɔmi] nf laparotomy

**La Paz** [lapaz] n La Paz

**lapement** [lapmɑ̃] nm (= bruit, action) lapping (NonC); (= gorgée) lap

**laper** [lape] [→ SYN] ▸ conjug 1 ◂ [1] vt to lap up
[2] vi to lap

**lapereau,** pl **lapereaux** [lapʀo] nm young rabbit

**lapicide** [lapisid] nmf lapidary engraver

**lapidaire** [lapidɛʀ] [→ SYN] [1] adj **a** musée, inscription lapidary
**b** (= concis) style, formule terse
[2] nm (= artisan) lapidary

**lapidation** [lapidasjɔ̃] nf stoning

**lapider** [lapide] [→ SYN] ▸ conjug 1 ◂ vt (= tuer) to stone (to death); (= attaquer) to stone, throw ou hurl stones at

**lapidification** [lapidifikasjɔ̃] nf lapidification

**lapidifier** [lapidifje] ▸ conjug 7 ◂ vt to lapidify

**lapilli** [lapi(l)li] nmpl lapilli

**lapin** [lapɛ̃] [→ SYN] nm (= animal) rabbit; (= fourrure) rabbit(skin) ◆ **manteau en lapin** rabbitskin coat ◆ **lapin domestique/de garenne** domestic/wild rabbit ◆ **on s'est fait tirer comme des lapins** they were taking potshots at us ◆ **mon petit lapin** (terme d'affection) my lamb, my sweetheart ◆ **coup du lapin** * rabbit punch; (dans un accident de voiture) whiplash ◆ **faire le coup du lapin à qn** * to give sb a rabbit punch ◆ **poser un lapin à qn** * to stand sb up *; → **chaud, courir**

**lapine** [lapin] nf (doe) rabbit ◆ **c'est une vraie lapine** (péj) she has one baby after another

**lapiner** [lapine] ▸ conjug 1 ◂ vi to litter, give birth ◆ **elle n'arrête pas de lapiner** (péj) [femme] she churns out babies one after another (péj)

**lapinière** [lapinjɛʀ] nf rabbit hutch

**lapinisme** * [lapinism] nm (péj) breeding like rabbits

**lapis(-lazuli)** [lapis(lazyli)] nm inv lapis lazuli

**lapon, e** [lapɔ̃, ɔn] [→ SYN] [1] adj Lapp, Lappish
[2] nm (Ling) Lapp, Lappish
[3] **Lapon(e)** nm,f Lapp, Laplander

**Laponie** [lapɔni] nf Lapland

**laps** [laps] [→ SYN] nm ◆ **laps de temps** (gén) period of time ◆ **au bout d'un certain laps de temps** (écoulé) after a certain period ou length of time

**lapsus** [lapsys] [→ SYN] nm (parlé) slip of the tongue; (écrit) slip of the pen ◆ **lapsus révélateur** Freudian slip ◆ **faire un lapsus** to make a slip of the tongue (ou of the pen)

**laquage** [lakaʒ] nm [support] lacquering ◆ **laquage du sang** (Méd) laking of the blood

**laquais** [lakɛ] [→ SYN] nm (= domestique) lackey, footman; (péj = personne servile) lackey (péj), flunkey (péj)

**laque** [lak] [→ SYN] [1] nf (= produit brut) lac, shellac; (= vernis) lacquer; (pour les cheveux) hairspray, (hair) lacquer; (pour les ongles) nail varnish ◆ **laque (brillante)** (= peinture) gloss paint
[2] nm ou f (de Chine) lacquer
[3] nm (= objet d'art) piece of lacquerware

**laqué, e** [lake] (ptp de **laquer**) adj cheveux lacquered; ongles painted; peinture gloss (épith) ◆ **meubles (en) laqué blanc** furniture with a white gloss finish ◆ **murs laqués (de) blanc** walls painted in white gloss ◆ **ses ongles laqués de rouge** her red fingernails; → **canard**

**laquelle** [lakɛl] → **lequel**

**laquer** [lake] → SYN ▸ conjug 1 ◂ vt [+ support] to lacquer ◆ **se laquer les cheveux** to put hairspray ou lacquer on one's hair ◆ **sang laqué** (Méd) laked blood

**laqueur, -euse** [lakœʀ, øz] nm,f lacquerer

**laraire** [laʀɛʀ] nm lararium

**larbin** * [laʀbɛ̃] nm (péj) servant, flunkey (péj) ◆ **je ne suis pas ton larbin !** I'm not your slave!

**larcin** [laʀsɛ̃] → SYN nm (littér) (= vol) theft; (= butin) spoils, booty ◆ **dissimuler son larcin** to hide one's spoils ou what one has stolen

**lard** [laʀ] → SYN nm (= gras) fat *(of pig)*; (= viande) bacon ◆ **lard fumé** ≃ smoked bacon ◆ **lard maigre, petit lard** ≃ streaky bacon *(usually diced or in strips)* ◆ **(se) faire du lard** ‡ to lie back ou sit around doing nothing ◆ **un gros lard** ‡ (fig) a fat lump ‡ ◆ **on ne sait jamais avec lui si c'est du lard ou du cochon** * you never know where you are with him *; → **rentrer, tête**

**larder** [laʀde] → SYN ▸ conjug 1 ◂ vt [+ viande] to lard ◆ **larder qn de coups de couteau** to hack at sb with a knife ◆ **texte lardé de citations** text larded ou crammed with quotations

**lardoire** [laʀdwaʀ] → SYN nm (Culin) larding-needle, larding-pin; ( * = épée) sword, steel

**lardon** [laʀdɔ̃] → SYN nm **a** (= tranche de lard) lardon ◆ **(petits) lardons** (cubes) diced bacon
**b** ( * = enfant) kid *

**lares** [laʀ] nmpl, adj pl ◆ **(dieux) lares** lares

**largable** [laʀgabl] adj releasable

**largage** [laʀgaʒ] → SYN nm [amarres] casting off; [étage de fusée] jettisoning; [module, satellite] release; [parachutiste, bombe, vivres, tracts] dropping ◆ **zone de largage** drop zone ◆ **opération de largage** drop

**large** [laʀʒ] → SYN **1** adj **a** rue, fleuve, lit, couloir, ouverture wide; lame, dos, visage, main, nez, front broad; jupe full; chemise loose-fitting; pantalon baggy ◆ **à cet endroit, le fleuve est le plus large** at this point the river is at its widest ◆ **large de 3 mètres** 3 metres wide ◆ **chapeau à larges bords** broad-brimmed ou wide-brimmed hat ◆ **décrire un large cercle** to describe a big ou wide circle ◆ **ouvrir une large bouche** to open one's mouth wide ◆ **d'un geste large** with a broad ou sweeping gesture ◆ **avec un large sourire** with a broad smile ◆ **ce veston est trop large** this jacket is too big across the shoulders ◆ **être large d'épaules** [personne] to be broad-shouldered; [vêtement] to be big across the shoulders ◆ **être large de dos/de hanches** [personne] to have a broad back/wide hips; [vêtement] to be big across the back/the hips
**b** (= important) concession, amnistie broad, wide; pouvoirs, diffusion wide, extensive; soutien extensive; choix, gamme wide ◆ **une large majorité** a big majority ◆ **retransmettre de larges extraits d'un match** to show extensive extracts of a match ◆ **destiné à un large public** designed for a wide audience ◆ **faire une large part à qch** to give great weight to sth ◆ **dans une large mesure** to a great ou large extent ◆ **il a une large part de responsabilité dans l'affaire** he must take a large share of the responsibility in this matter ◆ **au sens large du terme** in the broad sense of the term
**c** (= généreux) personne generous ◆ **une vie large** a life of ease
**d** (= tolérant) conscience accommodating ◆ **larges vues** liberal views ◆ **il est large d'idées ou d'esprit, il a les idées larges ou l'esprit large** he's very broad-minded
**2** adv ◆ **voir large** to think big ◆ **prends un peu plus d'argent, il vaut mieux prévoir large** take a bit more money, it's better to allow a bit extra ◆ **calculer/mesurer large** to be generous ou allow a bit extra in one's calculations/measurements ◆ **prendre un virage large** (Aut) to take a bend wide ◆ **s'habiller large** to wear loose-fitting styles ◆ **cette marque taille ou habille large** the sizes in this brand tend to be on the large side ◆ **chausser large** to be wide-fitting; → **mener**
**3** nm **a** (= largeur) **une avenue de 8 mètres de large** an avenue 8 metres wide ou 8 metres in width ◆ **acheter une moquette en 2 mètres de large** to buy a carpet in 2 metre widths ◆ **cela se fait en 2 mètres et 4 mètres de large** that comes in 2-metre and 4-metre widths ◆ **être au large** (= avoir de la place) to have plenty of room ou space; († = avoir de l'argent) to be well-provided for, have plenty of money; → **long**
**b** (Naut) **le large** the open sea ◆ **le grand large** the high seas ◆ **se diriger vers/gagner le large** to head for/reach the open sea ◆ **au large de Calais** off Calais ◆ **se tenir au large de qch** (fig) to stay clear of sth ◆ **prendre le large** * (fig) to clear off *, make o.s. scarce, hop it * (Brit) ◆ **ils ont pris le large avec les bijoux** * they made off with the jewels; → **appel, vent**

**largement** [laʀʒəmɑ̃] → SYN adv **a** (= amplement) écarter widely ◆ **largement espacés** arbres, maisons widely spaced, wide apart ◆ **fenêtre largement ouverte** wide open window ◆ **robe largement décolletée** dress with a very open ou very scooped neckline
**b** (= sur une grande échelle) répandre, diffuser widely ◆ **amnistie largement accordée** wide ou widely extended amnesty ◆ **idée largement répandue** widespread ou widely held view ◆ **bénéficier de pouvoirs largement étendus** to hold greatly increased powers
**c** (= de loin, de beaucoup) greatly ◆ **ce succès dépasse largement nos prévisions** this success greatly exceeds our expectations ou is far beyond our expectations ◆ **ce problème dépasse largement ses compétences** this problem is altogether beyond ou is way beyond * his capabilities ◆ **vous débordez largement le sujet** you are going well beyond the limits of the subject ◆ **elle vaut largement son frère** she's every bit as ou at least as good as her brother ◆ **largement battu** (Pol, Sport) heavily defeated
**d** (= grandement) **vous avez largement le temps** you have ample time ou plenty of time ◆ **c'est largement suffisant** that's plenty, that's more than enough ◆ **cela me suffit largement** that's plenty ou ample ou more than enough for me ◆ **il est largement temps de commencer** it's high time we started ◆ **j'ai été largement récompensé de ma patience** my patience has been amply rewarded ◆ **ça vaut largement la peine/la visite** it's well worth the trouble/the visit ◆ **ce film est largement inspiré de mon livre** this film is, to a great extent, inspired by my book
**e** (= généreusement) payer, donner generously ◆ **ils nous ont servis/indemnisés largement** they gave us generous ou ample helpings/compensation ◆ **vivre largement** to live handsomely
**f** (= au moins) easily, at least ◆ **il gagne largement 7 000 € par mois** he earns easily ou at least €7,000 a month ◆ **tu as mis trois heures pour le faire ? – oh oui, largement** you took three hours to do it? – yes, easily ou at least ◆ **il a largement 50 ans** he is well past 50, he is well into his fifties ◆ **c'est à cinq minutes/cinq km d'ici, largement** it's a good 5 minutes/5 km from here

**largesse** [laʀʒɛs] → SYN nf **a** (= caractère) generosity ◆ **avec largesse** generously
**b** (= dons) **largesses** liberalities ◆ **faire des largesses** to make generous gifts

**largeur** [laʀʒœʀ] → SYN nf **a** [rue, fleuve, lit, couloir, ouverture] width; [lame, dos, visage, main, nez, front] breadth; [voie ferrée] gauge ◆ **sur toute la largeur** right across, all the way across ◆ **dans le sens de la largeur** widthways, widthwise ◆ **quelle est la largeur de la fenêtre ?** how wide is the window? ◆ **tissu en grande/petite largeur** double-width/single-width material
**b** [idées] broadness ◆ **largeur d'esprit** broad-mindedness ◆ **largeur de vues** broadness of outlook
**c** ( * : LOC) **dans les grandes largeurs** with a vengeance, well and truly ◆ **il s'est trompé dans les grandes largeurs** he's slipped up with a vengeance, he's boobed this time, and how! * ◆ **cette fois on les a eus dans les grandes largeurs** we had them well and truly this time *, we didn't half put one over on them this time * (Brit)

**larghetto** [laʀgeto] adv, nm larghetto

**largo** [laʀgo] adv, nm largo

**largue** [laʀg] **1** adj cordage slack; vent quartering
**2** nm (= vent) quartering wind ◆ **adopter l'allure du grand largue** to start to sail off the wind ou to sail large

**largué, e** [laʀge] (ptp de **larguer**) adj ◆ **être largué** * to be all at sea ◆ **être un peu largué** to be a bit lost

**larguer** [laʀge] → SYN ▸ conjug 1 ◂ vt **a** (Naut) [+ cordage] to loose, release; [+ voile] to let out, unfurl; [+ amarres] to cast off, slip
**b** [+ parachutiste, bombe, vivres, tracts] to drop; [+ carburant, étage de fusée] to jettison; [+ cabine spatiale, module, satellite] to release
**c** ( * = se débarrasser de) [+ ami] to drop, dump *; [+ amant] to dump *, ditch *; [+ collaborateur] to drop, get rid of, dump *; [+ emploi] to quit *; [+ objet] to chuck out *, get rid of; [+ principes] to jettison, ditch * ◆ **il s'est fait larguer** he was dumped ◆ **larguer un pet** ‡ to fart

**larigot** [laʀigo] nm → **tire-larigot**

**larme** [laʀm] → SYN **1** nf **a** (Physiol) tear ◆ **en larmes** in tears ◆ **larmes de joie/de rage** tears of joy/of rage ◆ **verser des larmes sur qch/qn** to shed tears over sth/sb ◆ **avec des larmes dans la voix** with tears in his voice, with a tearful voice ◆ **avoir les larmes aux yeux** to have tears in one's eyes ◆ **ça lui a fait venir les larmes aux yeux** it brought tears to his eyes ◆ **elle a la larme facile** she is easily moved to tears ◆ **y aller de sa (petite) larme** * to shed a tear, have a little cry ◆ **avoir toujours la larme à l'œil** to be a real crybaby; → **fondre, rire, vallée** etc
**b** ( * = goutte) [vin] drop
**2** COMP ▷ **larmes de crocodile** crocodile tears ▷ **larmes de sang** tears of blood

**larme-de-Job,** pl **larmes-de-Job** [laʀmdədʒɔb] nf Job's-tears sg

**larmier** [laʀmje] nm (Archit) dripstone; [cerf] tearpit; [cheval] temple

**larmoiement** [laʀmwamɑ̃] nm **a** (= pleurnicherie) whimpering (NonC), snivelling (NonC)
**b** (Physiol) watering (of the eyes)

**larmoyant, e** [laʀmwajɑ̃, ɑ̃t] → SYN adj **a** yeux (gén) tearful; (= toujours humides) watery; personne in tears (attrib) ◆ **d'une voix larmoyante, d'un ton larmoyant** in a tearful voice ou tearfully
**b** (péj) récit maudlin; scène tear-jerking ◆ **comédie larmoyante** (Théât) sentimental comedy ◆ **c'est un de ces mélos larmoyants** it's a real tear-jerker

**larmoyer** [laʀmwaje] → SYN ▸ conjug 8 ◂ vi **a** (= pleurnicher) to whimper, snivel
**b** [yeux] to water, run

**larron** [laʀɔ̃] → SYN nm († , Bible) thief ◆ **s'entendre comme larrons en foire** to be as thick as thieves; → **occasion, troisième**

**larsen** [laʀsɛn] nm ◆ **(effet) Larsen** interference ◆ **il y a du larsen dans les micros** there's interference in the mikes *

**larvaire** [laʀvɛʀ] adj (Zool) larval; (fig) embryonic

**larve** [laʀv] → SYN nf (Zool) larva; (= asticot) grub ◆ **larve (humaine)** (péj) worm

**larvé, e** [laʀve] → SYN adj crise, conflit dormant, latent; racisme latent; (Méd) fièvre, maladie larvate (SPÉC)

**larvicide** [laʀvisid] **1** adj larvicidal
**2** nm larvicide

**laryngé, e** [laʀɛ̃ʒe] adj laryngeal

**laryngectomie** [laʀɛ̃ʒɛktɔmi] nf laryngectomy

**laryngectomiser** [laʀɛ̃ʒɛktɔmize] ▸ conjug 1 ◂ vt to perform a laryngectomy on

**laryngien, -ienne** [laʀɛ̃ʒjɛ̃, jɛn] adj ⇒ **laryngé**

**laryngite** [laʀɛ̃ʒit] nf laryngitis (NonC)

**laryngologie** [laʀɛ̃gɔlɔʒi] nf laryngology

**laryngologiste** [laʀɛ̃gɔlɔʒist], **laryngologue** [laʀɛ̃gɔlɔg] nmf throat specialist, laryngologist

**laryngoscope** [laʀɛ̃gɔskɔp] nm laryngoscope

**laryngoscopie** [laʀɛ̃gɔskɔpi] nf laryngoscopy

**laryngotomie** [laʀɛ̃gɔtɔmi] nf laryngotomy

**larynx** [laʀɛ̃ks] nm larynx, voice-box

**las¹, lasse** [lɑ, lɑs] → SYN adj (frm) weary, tired ◆ **las de qn/de faire qch/de vivre** tired ou weary of sb/of doing sth/of life; → **guerre**

**las²** †† [lɑs] excl alas!

**lasagne** [lazaɲ] nf lasagna

**lascar** † * [laskaʀ] nm (= type louche) character; (= malin) rogue; (hum = enfant) terror ◆ **drôle de lascar** (louche) shady character *; (malin) real rogue, smart customer * ◆ **je vous aurai, mes lascars !** (à des adultes) I'll get you yet, you old rogues! *; (à des enfants) I'll get you yet, you little ou young rascals! *

**lascif, -ive** [lasif, iv] → SYN adj lascivious

**lascivement** [lasivmɑ̃] adv lasciviously

**lasciveté** [lasivte] → SYN , **lascivité** [lasivite] nf lasciviousness

**laser** [lazɛʀ] nm laser ◆ **laser de puissance** power laser ◆ **disque/rayon laser** laser disk/beam ◆ **au laser** nettoyer, détruire using a laser ◆ **opération au laser** laser operation

**laserdisc** [lazɛʀdisk] nm laser disk

**Las Palmas** [laspalmas] n Las Palmas

**lassant, e** [lɑsɑ̃, ɑ̃t] adj (frm) wearisome, tiresome

**lasser** [lɑse] → SYN ▸ conjug 1 ◂ 1 vt [+ auditeur, lecteur] to weary, tire ◆ **lasser la patience/bonté de qn** to exhaust sb's patience/goodwill, stretch sb's patience/goodwill too far ◆ **je suis lassée de ses mensonges** I'm tired of his lies ◆ **sourire lassé** weary smile ◆ **lassé de tout** weary of everything

2 **se lasser** vpr ◆ **se lasser de qch/de faire qch** to (grow) weary of sth/of doing sth, tire ou grow tired of sth/of doing sth ◆ **parler sans se lasser** to speak without tiring ou flagging ◆ **on écoute 5 minutes, et puis on se lasse** you listen for 5 minutes and then you get tired of it

**lassis** [lɑsi] nm (= bourre) silk wadding, flock of silk

**lassitude** [lɑsityd] → SYN nf weariness (NonC), lassitude (NonC) (frm) ◆ **avec lassitude** wearily

**lasso** [laso] nm lasso ◆ **prendre au lasso** to lasso

**lastex** ® [lastɛks] nm Lastex ®

**lasting** [lastiŋ] nm (Tex) lasting

**lasure** [lazyʀ] nf tint, stain

**lasuré, e** [lazyʀe] adj tinted, stained

**latanier** [latanje] nm latania

**latence** [latɑ̃s] → SYN nf latency ◆ **temps de latence** (gén) latent period; (Comm) lead time ◆ **période de latence** latency period

**latent, e** [latɑ̃, ɑ̃t] → SYN adj (gén) latent ◆ **à l'état latent** latent, in the latent state

**latéral, e,** mpl **-aux** [lateʀal, o] 1 adj side (épith), lateral (frm)

2 **latérale** nf (Phon) lateral (consonant)

**latéralement** [lateʀalmɑ̃] adv (gén) laterally; être situé on the side; arriver, souffler from the side; diviser sideways

**latéralisation** [lateʀalizasjɔ̃] nf lateralization

**latéralisé, e** [lateʀalize] adj lateralized

**latéralité** [lateʀalite] nf laterality

**latérite** [lateʀit] nf laterite

**latex** [latɛks] nm inv latex; (euph = préservatif) condom, rubber *

**laticifère** [latisifɛʀ] adj laticiferous, lactiferous

**latifundiaire** [latifɔ̃djɛʀ] adj ◆ **propriétaire latifundiaire** owner of a latifundium ◆ **propriété latifundiaire** latifundium

**latifundium** [latifɔ̃djɔm], pl **latifundia** [latifɔ̃dja] nm latifundium

**latin, e** [latɛ̃, in] 1 adj (gén, Rel) Latin ◆ **langues latines** romance ou Latin languages; → **Amérique, quartier, voile¹**

2 nm (Ling) Latin ◆ **latin vulgaire** vulgar Latin ◆ **latin de cuisine** (péj) dog Latin ◆ **j'y ou j'en perds mon latin** I can't make head nor tail of it; → **bas¹**

3 **Latin(e)** nm,f Latin ◆ **les Latins** the Latin people, Latins

**latinisant, e** [latinizɑ̃, ɑ̃t] nm,f (Ling) Latinist; (Rel) Latinizer

**latinisation** [latinizasjɔ̃] nf latinization

**latiniser** [latinize] ▸ conjug 1 ◂ vti to latinize

**latinisme** [latinism] nm latinism

**latiniste** [latinist] nmf (= spécialiste) latinist, Latin scholar; (= enseignant) Latin teacher; (= étudiant) Latin student

**latinité** [latinite] nf (Ling = caractère) latinity ◆ **la latinité** (= civilisation) the Latin world

**latino** * [latino] adj, nmf Latino

**latino-américain, e,** mpl **latino-américains** [latinoameʀikɛ̃, ɛn] 1 adj Latin-American, Hispanic

2 **Latino-Américain(e)** nm,f Latin-American, Hispanic

**latitude** [latityd] → SYN 1 nf a (Astron, Géog) latitude ◆ **Paris est à 48° de latitude Nord** Paris is situated at latitude 48° north

b (= pouvoir, liberté) latitude, scope ◆ **avoir toute latitude pour faire qch** to have a free hand ou have carte blanche to do sth ◆ **laisser/donner toute latitude à qn** to allow/give sb full scope ou a free hand ◆ **on a une certaine latitude** we have some leeway ou latitude ou some freedom of movement

2 **latitudes** nfpl latitudes ◆ **sous toutes les latitudes** in all latitudes, in all parts of the world ◆ **sous nos latitudes** in our part of the world

**latitudinaire** [latitydinɛʀ] → SYN adj, nmf (littér) latitudinarian

**latomies** [latɔmi] → SYN nfpl latomies

**lato sensu** [latosɛ̃sy] loc adv in the broader sense of the word

**latrie** [latʀi] → SYN nf (Rel) latria

**latrines** [latʀin] → SYN nfpl latrines

**lats** [lats] nm (= monnaie) lats

**lattage** [lataʒ] nm lathing

**latte** [lat] → SYN nf (gén) lath; [plancher] board; [fauteuil, sommier] slat ◆ **lattes** * (Ski) boards * ◆ **donner un coup de latte à qn** * to wack sb *

**latté, e** [late] (ptp de **latter**) 1 adj lathed

2 nm blockboard

**latter** [late] ▸ conjug 1 ◂ vt to lath

**lattis** [lati] → SYN nm lathing (NonC), lathwork (NonC)

**laudanum** [lodanɔm] nm laudanum

**laudateur, -trice** [lodatœʀ, tʀis] → SYN nm,f (littér) adulator, laudator (frm)

**laudatif, -ive** [lodatif, iv] → SYN adj laudatory ◆ **parler de qn en termes laudatifs** to speak highly ou in laudatory terms of sb, be full of praise for sb

**laudes** [lod] → SYN nfpl (Rel) lauds

**laure** [lɔʀ] → SYN nf (Rel) laura

**lauréat, e** [lɔʀea, at] → SYN 1 adj (prize-)winning

2 nm,f (prize-)winner, award winner ◆ **les lauréats du prix Nobel** the Nobel prize-winners ◆ **"Le Lauréat"** (Ciné) "The Graduate"

**Laurent** [lɔʀɑ̃] nm Lawrence, Laurence ◆ **Laurent le Magnifique** Lorenzo the Magnificent

**laurier** [lɔʀje] 1 nm (Culin) ◆ **laurier (commun)** bay-tree, (sweet) bay ◆ **feuille de laurier** bayleaf ◆ **mettre du laurier** to put in some bayleaves

2 **lauriers** nmpl laurels ◆ **s'endormir ou se reposer sur ses lauriers** to rest on one's laurels ◆ **être couvert de lauriers** to be showered with praise

**laurier-cerise,** pl **lauriers-cerises** [lɔʀjesəʀiz] nm cherry laurel

**laurier-rose,** pl **lauriers-roses** [lɔʀjeʀoz] nm oleander, rosebay

**laurier-sauce,** pl **lauriers-sauce** [lɔʀjesos] nm (sweet) bay, bay-tree

**laurier-tin,** pl **lauriers-tins** [lɔʀjetɛ̃] nm laurustinus

**Lausanne** [lozan] n Lausanne

**LAV** [ɛlave] nm inv (abrév de **Lymphadenopathy Associated Virus**) LAV

**lavable** [lavabl] adj washable ◆ **lavable en machine** machine-washable ◆ **papier peint lavable (et lessivable)** washable wallpaper

**lavabo** [lavabo] → SYN 1 nm washbasin, bathroom sink (US)

2 **lavabos** nmpl (euph) ◆ **les lavabos** the toilets, the loo * (Brit)

**lavage** [lavaʒ] → SYN 1 nm a [plaie] bathing, cleaning; [corps, cheveux] washing ◆ **lavage d'intestin** intestinal wash ◆ **on lui a fait un lavage d'estomac** he had his stomach pumped

b (= action) [mur, vêtement, voiture] washing (NonC); (= opération) wash ◆ **après le lavage vient le rinçage** after the wash comes the rinse ◆ **pour un meilleur lavage, utilisez ...** for a better wash, use ... ◆ **"lavage à la main"** "hand wash only" ◆ **"lavage en machine"** "machine wash" ◆ **le lavage des sols à la brosse/à l'éponge** scrubbing/sponging (down) floors ◆ **on a dû faire trois lavages** it had to be washed three times, it had to have three washes ◆ **le lavage de la vaisselle** dish-washing, washing-up (Brit) ◆ **ça a rétréci/c'est parti au lavage** it shrunk/came out in the wash ◆ **ton chemisier est au lavage** your blouse is in the wash; → **froid, température**

c (Tech) [gaz, charbon, laine] washing

2 COMP ▷ **lavage de cerveau** brainwashing ◆ **on lui a fait subir un lavage de cerveau** he was brainwashed

**Laval** [laval] n Laval

**lavallière** [lavaljɛʀ] nf floppy necktie, lavallière

**lavande** [lavɑ̃d] → SYN 1 nf lavender ◆ **(eau de) lavande** lavender water

2 adj inv ◆ **(bleu) lavande** lavender (blue)

**lavandière** [lavɑ̃djɛʀ] → SYN nf (= laveuse) washerwoman; (= oiseau) wagtail

**lavandin** [lavɑ̃dɛ̃] nm hybrid lavender

**lavant, e** [lavɑ̃, ɑ̃t] adj cleansing ◆ **machine à laver lavante-séchante** washer-drier

**lavaret** [lavaʀɛ] nm (= poisson) pollan

**lavasse** * [lavas] nf dishwater * ◆ **ce café, c'est de la lavasse ou une vraie lavasse** this coffee tastes like dishwater *

**lave** [lav] nf lava (NonC)

**lavé, e** [lave] (ptp de **laver**) adj couleur watery, washy, washed-out; ciel pale, colourless (Brit), colorless (US); yeux pale ◆ **dessin lavé** (Art) wash drawing

**lave-auto,** pl **lave-autos** [lavoto] nm (Can) car wash

**lave-glace,** pl **lave-glaces** [lavglas] nm windscreen (Brit) ou windshield (US) washer, screen wash(er) (Brit)

**lave-linge** [lavlɛ̃ʒ] nm inv washing machine ◆ **lave-linge séchant** washer-dryer

**lave-mains** [lavmɛ̃] nm inv (small) washbasin (Brit) ou washbowl (US)

**lavement** [lavmɑ̃] → SYN nm (Méd) enema ◆ **lavement baryté** barium enema ◆ **le lavement des pieds** (Bible) the washing of the feet

**laver** [lave] → SYN ▸ conjug 1 ◂ 1 vt a (gén) to wash; [+ mur] to wash (down); [+ plaie] to bathe, cleanse; [+ tache] to wash out ou off; [+ intestin] to wash out ◆ **laver avec une brosse** to scrub (down) ◆ **laver avec une éponge** to wash with a sponge, sponge (down) ◆ **laver au jet** to hose down ◆ **laver à grande eau** [+ sol] to wash down; [+ trottoir, pont de navire] to sluice down; [+ légume] to wash ou rinse thoroughly ◆ **laver la vaisselle** to do ou wash the dishes, wash up (Brit), do the washing-up (Brit) ◆ **il faut laver son linge sale en famille** it doesn't do to wash one's dirty linen in public ◆ **laver la tête à qn** (fig) to haul sb over the coals, give sb a dressing down *; → **machine**

b (en emploi absolu) [personne] to do the washing ◆ **ce savon lave bien** this soap washes well

c [+ affront, injure] to avenge; [+ péchés, honte] to cleanse, wash away ◆ **laver qn d'une accusation/d'un soupçon** to clear sb of an accusation/of suspicion

d (Art) [+ couleur] to dilute; [+ dessin] to wash

2 **se laver** vpr a [personne] to wash, have a wash ◆ **se laver la figure/les mains** to wash one's face/one's hands ◆ **se laver les dents** to clean ou brush one's teeth ◆ **se laver dans un lavabo/une baignoire** to have a stand-up wash/a bath, wash (o.s.) at the basin/in the bath

**b** [vêtement, tissu] **ça se lave en machine** it's machine-washable ◆ **ça se lave à la main** it has to be hand-washed ◆ **ce tissu se lave bien** this material washes well ◆ **le cuir ne se lave pas** leather isn't washable

**c** **se laver de** [+ accusation] to clear o.s. of; [+ affront] to avenge o.s. of ◆ **je m'en lave les mains** (fig) I wash my hands of it

**laverie** [lavʀi] **nf** **a** (pour linge) laundry ◆ **laverie (automatique)** Launderette ® (Brit), Laundromat ® (US)

**b** (Ind) washing ou preparation plant

**lavette** [lavɛt] → SYN **nf** **a** (= chiffon) dish cloth; (= brosse) dish mop; (Belg, Helv = gant de toilette) (face) flannel (Brit), washcloth (US)

**b** (péj = homme) wimp *, drip *

**laveur** [lavœʀ] **nm** (= personne) washer ◆ **laveur de carreaux** ou **de vitres** window cleaner ◆ **laveur de voitures** car cleaner; → **raton**

**laveuse** [lavøz] → SYN **nf** (= personne) ◆ **laveuse (de linge)** washerwoman; (Can = lave-linge) washing machine

**lave-vaisselle** [lavvɛsɛl] **nm inv** dishwasher

**lavis** [lavi] **nm** (= procédé) washing ◆ **(dessin au) lavis** wash drawing ◆ **colorier au lavis** to wash-paint

**lavoir** [lavwaʀ] → SYN **nm** (découvert) washing-place; (= édifice) wash house; (= bac) wash-tub; (Tech) (= machine) washer; (= atelier) washing plant

**lavure** [lavyʀ] **nf** [minerai] washing ◆ **lavures** washings

**Lawrence** [lɔʀɑ̃s] **n** ◆ **Lawrence d'Arabie** Lawrence of Arabia

**laxatif, -ive** [laksatif, iv] → SYN **adj, nm** laxative

**laxisme** [laksism] → SYN **nm** (Rel) latitudinarianism; (= indulgence) laxness, laxity ◆ **le gouvernement est accusé de laxisme à l'égard des syndicats** the government is accused of being too soft ou lax with the trade unions ◆ **après des années de laxisme budgétaire** after years of poor budget management

**laxiste** [laksist] → SYN **1** **adj** (Rel) latitudinarian; (= indulgent) lax

**2** **nmf** (Rel) latitudinarian; (indulgent) lax person

**laxité** [laksite] **nf** laxity, laxness

**layer** [leje] ▸ conjug 8 ◂ **vt** [+ forêt] to blaze a trail ou a path through

**layette** [lɛjɛt] → SYN **nf** baby clothes, layette ◆ **rayon layette** [magasin] babywear department ◆ **couleurs layette** baby ou pastel colours ◆ **bleu/rose layette** baby blue/pink

**layon** [lɛjɔ̃] → SYN **nm** (forest) track ou trail

**Lazare** [lazaʀ] **nm** Lazarus

**lazaret** [lazaʀɛ] → SYN **nm** lazaret

**lazariste** [lazaʀist] **nm** Lazarist

**lazulite** [lazylit] **nf** lazulite

**lazurite** [lazyʀit] **nf** lazurite

**lazzi** [la(d)zi] → SYN **nm** gibe ◆ **être l'objet des lazzi(s) de la foule** to be gibed at ou heckled by the crowd

**LCD** [ɛlsede] **adj** (abrév de **liquid crystal display**) (Ordin) écran LCD

**le**[1] [lə], **la** [la], pl **les** [le] **art déf** (contraction avec **à**, **de** : **au, aux, du, des**) **a** (détermination) the ◆ **le propriétaire de la voiture** the owner of the car ◆ **la femme de l'épicier** the grocer's wife ◆ **les parcs de la ville** the town parks, the parks in the town ◆ **je suis inquiète, les enfants sont en retard** I'm worried because the children are late ◆ **le thé/le café que je viens d'acheter** the tea/the coffee I have just bought ◆ **allons à la gare ensemble** let's go to the station together ◆ **il n'a pas le droit/l'intention de le faire** he has no right to do it/no intention of doing it ◆ **il n'a pas eu la patience/l'intelligence d'attendre** he didn't have the patience/the sense to wait ◆ **il a choisi le tableau le plus original de l'exposition** he chose the most original picture in the exhibition ◆ **le plus petit des deux frères est le plus solide** the smaller of the two brothers is the more robust ou the stronger ◆ **le Paris de Balzac** Balzac's Paris ◆ **l'Angleterre que j'ai connue** the England (that) I knew

**b** (dans le temps) the *(souvent omis)* ◆ **venez le dimanche de Pâques** come on Easter Sunday ◆ **l'hiver dernier/prochain** last/next winter ◆ **l'hiver 1998** the winter of 1998 ◆ **le premier/dernier lundi du mois** the first/last Monday of ou in the month ◆ **il ne travaille pas le samedi** he doesn't work on Saturdays ou on a Saturday ◆ **elle travaille le matin** she works mornings ou in the morning ◆ **vers les cinq heures** at about five o'clock ◆ **il est parti le 5 mai** (à l'oral) he left on the 5th of May ou on May the 5th; (à l'écrit, dans une lettre) he left on May 5th ou 5th May (Brit) ◆ **il n'a pas dormi de la nuit** he didn't sleep a wink all night

**c** (distribution) a, an ◆ **8 € le mètre/le kg/le litre/la pièce** €8 a metre/a kg/a litre/each ou a piece ◆ **60 km à l'heure** 60 km an ou per hour ◆ **deux fois la semaine/l'an** twice a week/a year

**d** (fraction) a, an ◆ **le tiers/quart** a third/quarter ◆ **j'en ai fait à peine la moitié/le dixième** I have barely done (a) half/a tenth of it

**e** (dans les généralisations, les abstractions : gén non traduit) **le hibou vole surtout la nuit** owls fly ou the owl flies mainly at night ◆ **l'enfant n'aime pas** ou **les enfants n'aiment pas l'obscurité** children don't like the dark ◆ **le thé et le café sont chers** tea and coffee are expensive ◆ **j'aime la musique/la poésie/la danse** I like music/poetry/dancing ◆ **le beau/grotesque** the beautiful/grotesque ◆ **les riches** the rich ◆ **aller au concert/au restaurant** to go to a concert/out for a meal

**f** (possession : gén adj poss, parfois art indéf) **elle ouvrit les yeux/la bouche** she opened her eyes/her mouth ◆ **elle est sortie le manteau sur le bras** she went out with her coat over her arm ◆ **la tête baissée, elle pleurait** she hung her head and wept ◆ **assis les jambes pendantes** sitting with one's legs dangling ◆ **j'ai mal à la main droite/au pied** I've got a pain in my right hand/in my foot, my right hand/my foot hurts ◆ **il a la jambe cassée** he's got a broken leg ◆ **croisez les bras** fold your arms ◆ **il a l'air fatigué/le regard malin** he has a tired look/a mischievous look ◆ **il a les cheveux noirs/le cœur brisé** he has black hair/a broken heart ◆ **il a l'air hypocrite** he looks like a hypocrite

**g** (valeur démonstrative) **il ne faut pas agir de la sorte** you must not do that kind of thing ou things like that ◆ **que pensez-vous de la pièce/de l'incident ?** what do you think of the play/of the incident? ◆ **faites attention, les enfants !** be careful children! ◆ **oh le beau chien !** what a lovely dog!, look at that lovely dog!

**le**[2] [l(ə)], **la** [la], pl **les** [le] **pron m,f,pl** **a** (= homme) him; (= femme, bateau) her; (= animal, bébé) it, him, her; (= chose) it ◆ **les** them ◆ **je ne le/la/les connais pas** I don't know him/her/them ◆ **regarde-le/-la/-les** look at him ou it/her ou it/them ◆ **cette écharpe est à vous, je l'ai trouvée par terre** this scarf is yours, I found it on the floor ◆ **voulez-vous ces fraises ? je les ai apportées pour vous** would you like these strawberries? I brought them for you ◆ **le Canada demande aux USA de le soutenir** Canada is asking the USA for its support

**b** (emphatique) **il faut le féliciter ce garçon !** this boy deserves congratulations! ◆ **cette femme-là, je la déteste** I can't bear that woman ◆ **cela vous le savez aussi bien que moi** you know that as well as I do ◆ **vous l'êtes, beau** you really do look nice; → **copier, voici, voilà**

**c** (neutre : souvent non traduit) **vous savez qu'il est malade ? – je l'ai entendu dire** did you know he was ill? – I had heard ◆ **elle n'est pas heureuse, mais elle ne l'a jamais été et elle ne le sera jamais** she is not happy but she never has been and never will be ◆ **pourquoi il n'est pas venu ? – demande-le-lui/je me le demande** why hasn't he come? – ask him/I wonder ◆ **il était ministre, il ne l'est plus** he used to be a minister but he isn't any longer ◆ **il sera puni comme il le mérite** he'll be punished as he deserves

**lé** [le] → SYN **nm** [étoffe] width; [papier peint] length, strip

**LEA** [ɛləa] **nm** (abrév de **langues étrangères appliquées**) modern languages

**leader** [lidœʀ] → SYN **nm** (Pol, Écon, Sport) leader; (Presse) leader, leading article ◆ **produit leader** (Comm) leader, leading product ◆ **leader d'opinion** opinion former, person who shapes public opinion ◆ **cette entreprise est leader sur son marché** this company is the market leader ◆ **notre société est en position de leader dans son secteur** our company holds a leading ou lead position in its sector

**leadership** [lidœʀʃip] → SYN **nm** (Pol) leadership; (Écon) leading position; (= dirigeants) leaders ◆ **ils ont perdu leur leadership technologique** they've lost their leading position in the field of technology ◆ **ils ont pris le leadership dans ce secteur** they have taken the lead in this sector

**leasing** [liziŋ] → SYN **nm** leasing ◆ **acheter qch en leasing** to buy sth leasehold

**lécanore** [lekanɔʀ] **nf** (Bot) manna

**léchage** [leʃaʒ] **nm** (gén) licking ◆ **léchage (de bottes)** * bootlicking *,

**lèche** ‡ [lɛʃ] **nf** bootlicking *, ◆ **faire de la lèche** to be a bootlicker * ◆ **faire de la lèche à qn** to suck up to sb ‡, lick sb's boots *

**lèche-botte** *, pl **lèche-bottes** [lɛʃbɔt] **nmf** bootlicker *,

**lèche-cul** **, pl **lèche-culs** [lɛʃky] → SYN **nmf** arse-licker ** (Brit), ass-kisser ** (US), brown nose ‡ (US)

**lèchefrite** [lɛʃfʀit] **nf** dripping-pan (Brit), broiler (US)

**lécher** [leʃe] → SYN ▸ conjug 6 ◂ **vt** **a** (gén) to lick; [+ assiette] to lick clean ◆ **se lécher les doigts** to lick one's fingers ◆ **lécher la confiture d'une tartine** to lick the jam off a slice of bread; → **ours**

**b** [flammes] to lick; [vagues] to wash against, lap against

**c** ( * = fignoler) to polish up ◆ **article bien léché** polished ou finely honed article ◆ **trop léché** overdone (attrib), overpolished

**d** (Loc) **lécher les bottes de qn** * to suck up to sb ‡, lick sb's boots * ◆ **lécher le cul à** ou **de qn** ** to lick sb's arse ** (Brit), kiss sb's ass ** (US) ◆ **lécher les vitrines** * to go window-shopping ◆ **s'en lécher les doigts/babines** to lick one's lips/chops

**lécheur, -euse** * [leʃœʀ, øz] **nm,f** ◆ **lécheur (de bottes)** bootlicker * ◆ **il est du genre lécheur** he's the bootlicking type *, he's always sucking up to someone ‡

**lèche-vitrines** * [lɛʃvitʀin] **nm inv** window-shopping ◆ **faire du lèche-vitrines** to go window-shopping

**lécithine** [lesitin] **nf** lecithin

**leçon** [l(ə)sɔ̃] → SYN **nf** **a** (Scol) (= cours) lesson, class; (à apprendre) homework (NonC) ◆ **leçon de danse/de français/de piano** dancing/French/piano lesson ◆ **leçons particulières** private lessons ou tuition (Brit) ◆ **faire la leçon** to teach ◆ **elle a bien appris sa leçon** (lit) she's learnt her homework well; (hum) she's learnt her script ou lines well

**b** (= conseil) (piece of) advice ◆ **suivre les leçons de qn** to heed sb's advice, take a lesson from sb ◆ **je n'ai pas de leçon à recevoir de toi** I don't need your advice ◆ **en matière de tact, je pourrais te donner des leçons** I could teach you a thing or two about being tactful ◆ **faire la leçon à qn** (= l'endoctriner) to tell sb what to do; (= le réprimander) to give sb a lecture ◆ **faire des leçons de morale à qn** to sit in judgment on sb ◆ **je n'ai pas besoin de tes leçons de morale** I don't need your moralizing

**c** (= enseignement) [fable, parabole] lesson ◆ **les leçons de l'expérience** the lessons of experience ou that experience teaches ◆ **que cela te serve de leçon** let that be a lesson to you ◆ **cela m'a servi de leçon** that taught me a lesson ◆ **nous avons tiré la leçon de notre échec** we learnt (a lesson) from our failure ◆ **maintenant que notre plan a échoué, il faut en tirer la leçon** now that our plan has failed we should learn from it ◆ **cela lui donnera une leçon** that'll teach him a lesson

**d** [manuscrit, texte] reading

**lecteur, -trice** [lɛktœʀ, tʀis] → SYN **1** **nm,f** **a** (gén) reader ◆ **c'est un grand lecteur de poésie** he reads a lot of poetry ◆ **le nombre de lecteurs de ce journal a doublé** the readership of this paper has doubled ◆ **lecteur-correcteur** proofreader; → **avis**

**b** (Univ) (foreign language) assistant, (foreign) teaching assistant (US)

2 nm a (Audiov) **lecteur de cassettes** cassette deck ou player ◆ **lecteur de disques compacts** ou **lecteur de CD audio** CD player, compact disc player ◆ **lecteur de vidéodisque** video-disc player ◆ **lecteur de son** (reading) head
b (Ordin) **lecteur de cartes à puce** smart-card reader ◆ **lecteur de disquettes/de CD-ROM** disk/CD-ROM drive ◆ **lecteur optique** optical character reader, optical scanner
c (Aut) **lecteur de cartes** map-light

**lectorat** [lɛktɔʀa] nm a (Univ) (teaching) assistantship
b [magazine] readership

**lecture** [lɛktyʀ] → SYN nf a [carte, texte] reading; (= interprétation) reading, interpretation ◆ **la lecture de Proust est difficile** reading Proust is difficult, Proust is difficult to read ◆ **aimer la lecture** to like reading ◆ **d'une lecture facile** easy to read, very readable ◆ **ce livre est d'une lecture agréable** this book makes pleasant reading ◆ **la lecture à haute voix** reading aloud ◆ **faire la lecture à qn** to read to sb ◆ **donner** ou **faire lecture de qch** (frm) to read sth out (*à qn* to sb) ◆ **faire une lecture marxiste de Balzac** to read Balzac from a Marxist perspective ◆ **lecture à vue** (Mus) sight-reading ◆ **méthode de lecture** reading method ◆ **lecture rapide** speed reading ◆ **nous n'avons pas la même lecture des événements** we have a different interpretation of the events; → **cabinet, livre**[1]
b (= livre) reading (NonC), book ◆ **c'est une lecture à recommander** it's recommended reading ou it's a book to be recommended (*à* for) ◆ **apportez-moi de la lecture** bring me something to read ou some reading matter ◆ **lectures pour la jeunesse** books for children ◆ **quelles sont vos lectures favorites ?** what do you like reading best? ◆ **enrichi par ses lectures** enriched by his reading ou by what he has read ◆ **il a de mauvaises lectures** he reads the wrong things
c [projet de loi] reading ◆ **examiner un projet en première lecture** to give a bill its first reading ◆ **le projet a été accepté en seconde lecture** the bill passed its second reading
d (Audiov) [CD, cassette] (= bouton) play ◆ **pendant la lecture de la cassette** while the tape is playing
e [disque dur, CD-ROM] reading ◆ **lecture optique** (= procédé) optical character recognition; (= action) optical scanning ◆ **procédé/tête de lecture-écriture** read-write cycle/head ◆ **en lecture seule** read-only; → **tête**

**lécythe** [lesit] nm lecythus

**Léda** [leda] nf (Myth) Leda

**ledit** [lədi], **ladite** [ladit], pl **lesdit(e)s** [ledi(t)] adj (frm) the aforementioned (frm), the aforesaid (frm), the said (frm)

**légal, e,** mpl **-aux** [legal, o] → SYN adj âge, dispositions, formalité legal; armes, moyens legal, lawful; adresse registered, official ◆ **cours légal d'une monnaie** official rate of exchange of a currency ◆ **monnaie légale** legal tender, official currency ◆ **la durée légale du temps de travail** maximum working hours ◆ **recourir aux moyens légaux contre qn** to take legal action against sb; → **fête, heure, médecine**

**légalement** [legalmɑ̃] → SYN adv legally, lawfully

**légalisation** [legalizasjɔ̃] nf a (= action) legalization
b (= certification) authentication

**légaliser** [legalize] → SYN ▸ conjug 1 ◂ vt a (= rendre légal) to legalize
b (= certifier) to authenticate

**légalisme** [legalism] → SYN nm legalism

**légaliste** [legalist] → SYN 1 adj legalist(ic)
2 nmf legalist

**légalité** [legalite] → SYN nf [régime, acte] legality, lawfulness ◆ **rester dans/sortir de la légalité** (= loi) to remain ou keep within/breach the law ◆ **en toute légalité** quite legally

**légat** [lega] → SYN nm ◆ **légat (du Pape)** (papal) legate

**légataire** [legatɛʀ] → SYN nmf legatee, devisee ◆ **légataire universel** sole legatee

**légation** [legasjɔ̃] → SYN nf (Diplomatie) legation

**legato** [legato] adv, nm legato

**lège** [lɛʒ] adj (Naut) light

**légendaire** [leʒɑ̃dɛʀ] → SYN adj legendary

**légende** [leʒɑ̃d] → SYN nf a (= histoire, mythe) legend ◆ **entrer dans la légende** to go down in legend, become legendary ◆ **entrer vivant dans la légende** to become a legend in one's own lifetime ◆ **de légende** personnage, film, pays legendary
b (= inscription) [médaille] legend; [dessin] caption; [liste, carte] key ◆ **"sans légende"** dessin "no caption"
c (péj = mensonge) tall story

**légender** [leʒɑ̃de] ▸ conjug 1 ◂ vt to caption

**léger, -ère** [leʒe, ɛʀ] → SYN 1 adj a (= de faible poids) objet, repas, gaz, sauce light; (= délicat) parfum, tissu, style light ◆ **arme/industrie légère** light weapon/industry ◆ **construction légère** light ou flimsy (péj) construction ◆ **cuisine légère** low-fat cooking ◆ **léger comme une plume** as light as a feather ◆ **je me sens plus léger** (après un régime, après m'être débarrassé) I feel pounds lighter; (= soulagé) that's a weight off my mind ◆ **je me sens plus léger de 20 €** (hum) I feel €20 poorer ◆ **faire qch l'esprit léger** to do sth with a light heart; → **poids, sommeil**
b (= agile, souple) personne, geste, allure light, nimble ◆ **se sentir léger (comme un oiseau)** to feel as light as a bird ◆ **il partit d'un pas léger** he walked away with a spring in his step ◆ **avec une grâce légère** with easy grace; → **main**
c (= faible) brise gentle, slight; bruit faint; couche thin, light; thé weak; vin light; alcool not very strong; blessure slight, minor; maladie, châtiment, tabac mild; coup, maquillage light; accent slight, faint; augmentation slight ◆ **une légère pointe d'ironie** a touch of irony ◆ **il y a un léger mieux** there's been a slight improvement ◆ **soprano/ténor léger** light soprano/tenor ◆ **il a été condamné à une peine légère** he was given a light sentence; → **blessé**
d (= superficiel) personne thoughtless; preuve, argument lightweight, flimsy; jugement, propos thoughtless, flippant, careless ◆ **se montrer léger dans ses actions** to act thoughtlessly ◆ **pour une thèse, c'est un peu léger** it's rather lightweight ou a bit on the flimsy side for a thesis
e (= frivole) personne, caractère, humeur fickle; propos, plaisanterie ribald, broad; comédie, livre, film light ◆ **femme légère** ou **de mœurs légères** loose woman, woman of easy virtue; → **cuisse, musique**
2 adv ◆ **voyager léger** to travel light ◆ **manger léger** (non gras) to eat low-fat foods, avoid fatty foods; (peu) to eat lightly ◆ **s'habiller léger** to wear light clothes
3 **à la légère** loc adv parler, agir rashly, thoughtlessly, without giving the matter proper consideration ◆ **il prend toujours tout à la légère** he never takes anything seriously, he's very casual about everything

**légèrement** [leʒɛʀmɑ̃] → SYN adv a habillé, armé, maquillé poser lightly ◆ **il a mangé légèrement** he ate a light meal ◆ **s'habiller légèrement** to wear light clothes
b courir lightly, nimbly
c blesser, bouger slightly; parfumé lightly ◆ **légèrement plus grand** slightly bigger ◆ **légèrement surpris** mildly ou slightly surprised ◆ **il boite/louche légèrement** he has a slight limp/squint
d agir rashly, thoughtlessly, without thinking (properly) ◆ **parler légèrement de la mort** to speak flippantly ou lightly of death, speak of death in an offhand ou a flippant way

**légèreté** [leʒɛʀte] → SYN nf a [objet, tissu, style, repas, sauce] lightness
b [démarche] lightness, nimbleness ◆ **légèreté de main** light-handedness ◆ **avec une légèreté d'oiseau** with bird-like grace ◆ **marcher/danser avec légèreté** to walk/dance lightly ou with a light step
c [punition, coup] lightness, mildness; [tabac] mildness; [thé] weakness; [vin] lightness
d (= superficialité) [conduite, personne, propos] thoughtlessness; [preuves, argument] flimsiness ◆ **faire preuve de légèreté** to speak (ou behave) rashly ou thoughtlessly
e (= frivolité) [personne] fickleness, flightiness; [propos] flippancy; [plaisanterie] ribaldry

**leggins, leggings** [leginz] nfpl leggings

**légiférer** [leʒifeʀe] → SYN ▸ conjug 6 ◂ vi (Jur) to legislate, make legislation

**légion** [leʒjɔ̃] → SYN nf (Hist, fig) legion ◆ **légion de gendarmerie** corps of gendarmes ◆ **la Légion (étrangère)** the Foreign Legion ◆ **Légion d'honneur** Legion of Honour ◆ **ils sont légion** they are legion (frm), there are any number of them ◆ **les volontaires ne sont pas légion** volunteers are few and far between

> **LÉGION D'HONNEUR**
>
> Created by Napoleon Bonaparte in 1802, the **Légion d'honneur** is a prestigious order awarded for either civil or military merit. The order is divided into five ranks or "classes": "chevalier", "officier", "commandeur", "grand officier" and "grand-croix" (given here in ascending order). Full regalia worn on official occasions consists of medals and sashes, but on less formal occasions these are replaced by a discreet red ribbon or rosette (according to rank) worn on the lapel.

**légionellose** [leʒjɔneloz] nf legionnaire's ou legionnaires' disease

**légionnaire** [leʒjɔnɛʀ] → SYN 1 nm (Hist) legionary; [Légion étrangère] legionnaire; → **maladie**
2 nmf [Légion d'honneur] holder of the Legion of Honour

**législateur, -trice** [leʒislatœʀ, tʀis] → SYN nm,f (= personne) legislator, lawmaker ◆ **le législateur a prévu ce cas** (= la loi) the law makes provision for this case

**législatif, -ive** [leʒislatif, iv] 1 adj legislative ◆ **les (élections) législatives** the legislative elections ≃ the general election (Brit), ≃ the Congressional elections (US); → ÉLECTIONS
2 nm legislature

**législation** [leʒislasjɔ̃] → SYN nf legislation ◆ **législation fiscale** fiscal ou tax legislation, tax laws ◆ **législation du travail** labour laws, industrial ou job legislation

**législature** [leʒislatyʀ] → SYN nf (Parl) (= durée) term (of office); (= corps) legislature

**légiste** [leʒist] → SYN nm jurist; → **médecin**

**légitimation** [leʒitimasjɔ̃] nf [enfant] legitimization; [pouvoir] recognition, legitimation; (litter) [action, conduite] legitimation

**légitime** [leʒitim] → SYN 1 adj a (= légal) droits, gouvernement legitimate, lawful; union, femme lawful; enfant legitimate; héritier legitimate, rightful ◆ **la légitime défense** self-defence ◆ **j'étais en état de légitime défense** I was acting in self-defence
b (= juste) excuse, intérêt legitimate; colère justifiable, justified; revendication legitimate, rightful; récompense just, legitimate ◆ **rien de plus légitime que ...** nothing could be more justified than ...
2 nf ◆ **ma légitime** †* the missus*, the wife*

**légitimement** [leʒitimmɑ̃] → SYN adv (gén) rightfully; (Jur) legitimately

**légitimer** [leʒitime] → SYN ▸ conjug 1 ◂ vt [+ enfant] to legitimate, legitimize; [+ conduite, action] to legitimate, legitimize, justify; [+ titre] to recognize; [+ pouvoir] to recognize, legitimate

**légitimisme** [leʒitimism] nm (Hist) legitimism

**légitimiste** [leʒitimist] → SYN nmf, adj (Hist) legitimist

**légitimité** [leʒitimite] → SYN nf (gén) legitimacy

**Lego** ® [lego] nm Lego ® ◆ **en Lego** Lego (épith)

**Le Greco** [ləgʀekɔ] nm El Greco

**legs** [lɛg] → SYN nm (Jur) legacy, bequest; (fig) legacy ◆ **faire un legs à qn** to leave sb a legacy ◆ **legs (de biens immobiliers)** devise ◆ **legs (de biens mobiliers)** legacy ◆ **legs (à titre) universel** general legacy

**léguer** [lege] → SYN ▸ conjug 6 ◂ vt (Jur) to bequeath; [+ tradition, vertu, tare] to hand down ou on, pass on ◆ **léguer qch à qn par testament** to bequeath sth to sb (in one's will) ◆ **la mauvaise gestion qu'on nous a léguée** the bad management that we inherited

**légume** [legym] [→ SYN] [1] nm (lit, fig) vegetable ◆ **légumes secs** pulses ◆ **légumes verts** green vegetables, greens *; → **bouillon**
[2] nf (= personne importante) ◆ **grosse légume** * bigwig *, big shot *

**légumier, -ière** [legymje, jɛʀ] [1] adj vegetable (épith)
[2] nm (= plat) vegetable dish; (Belg = commerçant) greengrocer

**légumine** [legymin] nf legumin

**légumineuse** [legyminøz] nf legume, leguminous plant ◆ **les légumineuses** legumes, Leguminosae (SPÉC)

**léiomyome** [lejomjom] nm leiomyoma

**Leipzig** [lɛpzig, lajpsig] n Leipzig

**leishmania** [lɛʃmanja], **leishmanie** [lɛʃmani] nf leishmania

**leishmaniose** [lɛʃmanjoz] nf leishmaniasis, leishmaniosis

**leitmotiv** [lɛtmɔtiv, lajtmɔtif] [→ SYN] nm (lit, fig) leitmotiv, leitmotif

**Léman** [lemɑ̃] nm ◆ **le (lac) Léman** Lake Geneva

**lemmatisation** [lematizasjɔ̃] nf lemmatization

**lemmatiser** [lematize] ▸ conjug 1 ◂ vt to lemmatize

**lemme** [lɛm] nm lemma

**lemming** [lemiŋ] nm lemming

**lemniscate** [lɛmniskat] nf lemniscate

**lémur** [lemyʀ] nm lemur

**lémure** [lemyʀ] [→ SYN] nm (Antiq) lemur ◆ **lémures** lemures

**lémurien** [lemyʀjɛ̃] nm lemur

**lendemain** [lɑ̃dmɛ̃] [→ SYN] [1] nm [a] (= jour suivant) **le lendemain** the next ou following day, the day after ◆ **le lendemain de son arrivée/du mariage** the day after he arrived/after the marriage, the day following his arrival/the marriage ◆ **le lendemain matin/soir** the next ou following morning/evening ◆ **lendemain de fête** day after a holiday ◆ **au lendemain de la guerre/des élections** just after the war/the election ◆ **au lendemain de la défaite/de son mariage** soon after ou in the days following the defeat/his marriage; → **jour, remettre**
[b] (= avenir) **le lendemain** tomorrow, the future ◆ **penser au lendemain** to think of tomorrow ou the future ◆ **bonheur/succès sans lendemain** short-lived happiness/success
[2] **lendemains** nmpl (= conséquences) consequences, repercussions; (= perspectives) prospects, future ◆ **cette affaire a eu de fâcheux lendemains** this business had unfortunate consequences ou repercussions ◆ **des lendemains qui chantent** a brighter ou better future ◆ **ça nous promet de beaux lendemains** the future looks very promising for us ◆ **on peut s'attendre à des lendemains qui déchantent** we can expect bad days ou hard times ahead

**lénifiant, e** [lenifjɑ̃, jɑ̃t] [→ SYN] adj [a] (= apaisant) médicament soothing
[b] propos, discours mollifying, soothing; (péj = amollissant) atmosphère languid, enervating; climat enervating, draining (attrib)

**lénifier** [lenifje] [→ SYN] ▸ conjug 7 ◂ vt (= apaiser) to soothe; (péj = amollir) to enervate

**Lénine** [lenin] nm Lenin

**léninisme** [leninism] nm Leninism

**léniniste** [leninist] adj, nmf Leninist

**lénitif, -ive** [lenitif, iv] adj, nm lenitive

**lent, e**[1] [lɑ̃, lɑ̃t] [→ SYN] adj (gén) slow; poison slow, slow-acting; mort slow, lingering; croissance sluggish, slow ◆ **à l'esprit lent** slow-witted, dim-witted ◆ **il est lent à comprendre** he is slow to understand ou slow on the uptake * ◆ **elle est lente à manger** she's a slow eater, she eats slowly ◆ **marcher d'un pas lent** to walk at a slow pace ou slowly ◆ **"véhicules lents"** "slow-moving vehicles", "crawler lane" (Brit)

**lente**[2] [lɑ̃t] [→ SYN] nf (Zool) nit

**lentement** [lɑ̃tmɑ̃] [→ SYN] adv slowly ◆ **progresser lentement** to make slow progress ◆ **lentement mais sûrement** slowly but surely ◆ (Prov) **qui va lentement va sûrement** slow and steady wins the race (Prov)

**lenteur** [lɑ̃tœʀ] [→ SYN] nf slowness ◆ **avec lenteur** slowly ◆ **lenteur d'esprit** slow-wittedness ◆ **la lenteur de la construction** the slow progress of the building work ◆ **des retards dus à des lenteurs administratives** delays due to slow ou cumbersome administrative procedures

**lenticelle** [lɑ̃tisɛl] nf lenticel

**lenticulaire** [lɑ̃tikylɛʀ] adj lenticular, lentoid

**lenticule** [lɑ̃tikyl] nf water lentil

**lenticulé, e** [lɑ̃tikyle] adj ⇒ **lenticulaire**

**lentiforme** [lɑ̃tifɔʀm] adj lentiform, lentoid

**lentigo** [lɑ̃tigo] nm lentigo

**lentille** [lɑ̃tij] [→ SYN] nf (Bot, Culin) lentil; (Opt) lens ◆ **gros comme une lentille** as big as a small pea ◆ **lentilles (cornéennes ou de contact) dures/souples** hard/soft contact lenses ◆ **lentille micro-cornéenne** microcorneal lens ◆ **lentilles d'eau** duckweed

**lentisque** [lɑ̃tisk] nm mastic tree

**lento** [lɛnto] adv, nm lento

**Léonard** [leɔnaʀ] nm Leonard ◆ **Léonard de Vinci** Leonardo da Vinci

**léonin, e** [leɔnɛ̃, in] [→ SYN] adj (= de lion) leonine; rime Leonine; (= injuste) contrat, partage one-sided

**léonure** [leɔnyʀ] nm motherwort

**léopard** [leɔpaʀ] nm leopard ◆ **manteau de léopard** leopardskin coat ◆ **tenue léopard** (Mil) camouflage (uniform)

**LEP** [lɛp] nm (abrév de **lycée d'enseignement professionnel**) → **lycée**

**lépidodendron** [lepidɔdɛ̃dʀɔ̃] nm Lepidodendron

**lépidolite** [lepidɔlit] nm lepidolite

**lépidoptère** [lepidɔptɛʀ] [1] adj lepidopterous
[2] nm lepidopteran, lepidopterous insect ◆ **les lépidoptères** Lepidoptera

**lépidosirène** [lepidosiʀɛn] nm lepidosiren

**lépidostée** [lepidɔste] nm gar (pike), garfish

**lépiote** [lepjɔt] nf parasol mushroom

**lépisme** [lepism] nm silverfish

**lèpre** [lɛpʀ] [→ SYN] nf (Méd) leprosy; (fig = mal) scourge, plague ◆ **mur rongé de lèpre** flaking ou peeling wall

**lépreux, -euse** [lepʀø, øz] [→ SYN] [1] adj (lit) leprous, suffering from leprosy; mur flaking, peeling; quartier, maison rundown
[2] nm,f (lit, fig) leper

**léprologie** [lepʀɔlɔʒi] nf study of leprosy

**léprologiste** [lepʀɔlɔʒist] nmf leprosy specialist

**léprome** [lepʀom] nm leproma

**léproserie** [lepʀozʀi] [→ SYN] nf leper-house

**leptocéphale** [lɛptɔsefal] nm leptocephalus

**leptoméninges** [lɛptomenɛ̃ʒ] nfpl leptomeninges

**lepton** [lɛptɔ̃] nm lepton

**leptospirose** [lɛptɔspiʀoz] nf leptospirosis

**lequel** [ləkɛl], **laquelle** [lakɛl], pl **lesquel(le)s** [lekɛl] (contraction avec **à**, **de** : **auquel, auxquels, auxquelles, duquel, desquels, desquelles**) [1] pron [a] (relatif) (personne : sujet) who; (personne : objet) whom; (chose) which ◆ **j'ai écrit au directeur de la banque, lequel n'a jamais répondu** I wrote to the bank manager, who has never answered ◆ **la patience avec laquelle il écoute** the patience with which he listens ◆ **le règlement d'après lequel ...** the ruling whereby ... ◆ **la femme à laquelle j'ai acheté mon chien** the woman from whom I bought my dog, the woman (who ou that) I bought my dog from ◆ **c'est un problème auquel je n'avais pas pensé** that's a problem I hadn't thought of ou which hadn't occurred to me ◆ **le pont sur lequel vous êtes passé** the bridge you came over ou over which you came ◆ **le docteur/le traitement sans lequel elle serait morte** the doctor without whom/the treatment without which she would have died ◆ **cette société sur laquelle on dit tant de mal** this society about which so much ill is spoken ◆ **la plupart desquels** (personnes) most of whom; (choses) most of which ◆ **les gens chez lesquels j'ai logé** the people at whose house I stayed, the people I stayed with; → **importer**[2]
[b] (interrogatif) which ◆ **lequel des deux acteurs préférez-vous ?** which of the two actors do you prefer? ◆ **dans lequel de ces hôtels avez-vous logé ?** in which of these hotels did you stay? ◆ **laquelle des sonates de Mozart avez-vous entendue ?** which of Mozart's sonatas ou which Mozart sonata did you hear? ◆ **laquelle des chambres est la sienne ?** which is his room?, which of the rooms is his? ◆ **je ne sais à laquelle des vendeuses m'adresser** I don't know which saleswoman I should speak to ◆ **devinez lesquels de ces tableaux elle aimerait avoir** guess which of these pictures she would like to have ◆ **donnez-moi un melon/deux melons – lequel ?/lesquels ?** give me one melon/two melons – which one?/which ones? ◆ **va voir ma sœur – laquelle ?** go and see my sister – which one?
[2] adj ◆ **son état pourrait empirer, auquel cas je reviendrais** his condition could worsen, in which case I would come back ◆ **il écrivit au ministre, lequel ministre ne répondit jamais** (littér, iro) he wrote to the minister but the latter ou the said minister never replied

**lerch(e)** * [lɛʀʃ] adv ◆ **pas lerch(e)** not much ◆ **il n'y en a pas lerch(e)** there's not much of it

**lérot** [leʀo] [→ SYN] nm lerot, garden dormouse

**les** [le] → **le**[1], **le**[2]

**lesbianisme** [lɛsbjanism] nm lesbianism

**lesbien, -ienne** [lɛsbjɛ̃, jɛn] [1] adj lesbian
[2] **lesbienne** nf lesbian

**lèse-majesté** [lɛzmaʒɛste] nf lese-majesty; → **crime**

**léser** [leze] [→ SYN] ▸ conjug 6 ◂ vt [a] (Jur = frustrer) [+ personne] to wrong; [+ intérêts] to damage ◆ **la partie lésée** the injured party ◆ **léser les droits de qn** to infringe on sb's rights ◆ **je ne voudrais léser personne** I don't want to cheat anyone
[b] (Méd = blesser) [+ organe] to injure

**lésine** [lezin] [→ SYN] nf (littér) miserliness

**lésiner** [lezine] [→ SYN] ▸ conjug 1 ◂ vi to skimp (*sur qch* on sth) ◆ **ne pas lésiner sur les moyens** (gén) to use all the means at one's disposal; (pour mariage, repas) to push the boat out *, pull out all the stops *

**lésinerie** [lezinʀi] nf stinginess (NonC)

**lésion** [lezjɔ̃] [→ SYN] nf (Jur, Méd) lesion ◆ **lésions internes** internal injuries

**lésionnel, -elle** [lezjɔnɛl] adj trouble caused by a lesion; syndrome of a lesion

**Lesotho** [lezɔto] nm Lesotho

**lessivable** [lesivabl] adj papier peint washable

**lessivage** [lesivaʒ] nm (gén) washing; (Chim, Géol) leaching

**lessive** [lesiv] [→ SYN] nf [a] (= produit) (en poudre) washing powder (Brit), (powdered) laundry detergent (US); (liquide) liquid detergent; (Tech = soude) lye
[b] (= lavage) washing (NonC) ◆ **le jeudi est mon jour de lessive** Thursday is washday for me ◆ **faire la lessive** to do the washing ◆ **faire quatre lessives par semaine** to do four washes a week ◆ **mettre une chemise à la lessive** to put a shirt in the wash ou in the laundry ◆ **la grande lessive** (fig) the big cleanup
[c] (= linge) washing (NonC) ◆ **porter sa lessive à la blanchisserie** to take one's washing to the laundry

**lessiver** [lesive] [→ SYN] ▸ conjug 1 ◂ vt [a] [+ mur, plancher, linge] to wash
[b] (Chim, Géol) to leach
[c] (‡ = battre) (au jeu) to clean out *; [+ adversaire] to lick ‡
[d] (* = fatiguer) to tire out, exhaust ◆ **être lessivé** to be dead-beat * ou all-in * ou tired out

**lessiveuse** [lesivøz] [→ SYN] nf boiler *(for washing laundry)*

**lessiviel** [lesivjɛl] adj m ◆ **produit lessiviel** detergent product

**lessivier** [lesivje] nm (= fabricant) detergent manufacturer

**lest** [lɛst] [→ SYN] nm (Naut, Aviat) ballast ◆ **sur son lest** in ballast ◆ **garnir un bateau de lest** to ballast a ship ◆ **jeter ou lâcher du lest** (lit) to dump ballast; (fig) to make concessions

**lestage** [lɛstaʒ] nm ballasting

**leste** [lɛst] → SYN adj **a** personne, animal nimble, agile; démarche light, nimble; → **main**
**b** (= grivois) plaisanterie risqué
**c** (= cavalier) ton, réponse offhand

**lestement** [lɛstəmɑ̃] → SYN adv **a** (= souplement) with great agility, nimbly
**b** (= cavalièrement) traiter offhandedly

**lester** [lɛste] → SYN ▸ conjug 1 ◂ vt **a** (= garnir de lest) to ballast
**b** (* = remplir) [+ portefeuille, poches] to fill, cram ◆ **lester son estomac, se lester (l'estomac)** to fill one's stomach ◆ **lesté d'un repas copieux** weighed down with a heavy meal

**let** [lɛt] nm (Tennis) let ◆ **balle let** let ball ◆ **jouer une balle let, faire un let** to play a let

**létal, e,** mpl **-aux** [letal, o] → SYN adj dose, gène lethal

**létalité** [letalite] nf lethality

**léthargie** [letaʀʒi] → SYN nf (= apathie, Méd) lethargy ◆ **tomber en léthargie** to fall into a state of lethargy

**léthargique** [letaʀʒik] adj lethargic ◆ **état léthargique** lethargic state, state of lethargy

**lette** [lɛt] nm (Ling) Latvian, Lett, Lettish

**letton, -on(n)e** [letɔ̃, ɔn] **1** adj Latvian, Lett, Lettish
**2** nm (Ling) Latvian, Lett, Lettish
**3** **Letton(ne)** nm,f Latvian, Lett

**Lettonie** [lɛtɔni] nf Latvia

**lettrage** [letʀaʒ] nm lettering

**lettre** [lɛtʀ] GRAMMAIRE ACTIVE 21.1 → SYN
**1** nf **a** (= caractère) letter ◆ **mot de six lettres** six-letter word, word of six letters ◆ **écrire un nom en toutes lettres** to write out a name in full ◆ **écrivez la somme en (toutes) lettres** write out the sum in full ◆ **c'est en toutes lettres dans les journaux** it's there in black and white ou it's there for all to read in the newspapers ◆ **c'est en grosses lettres dans les journaux** it's made headlines ◆ **c'est écrit en toutes lettres sur sa figure** it's written all over his face ◆ **c'est à écrire en lettres d'or** it's a momentous event, it's something to celebrate ◆ **inscrit** ou **gravé en lettres de feu** written in letters of fire ◆ **cette lutte est écrite en lettres de sang** this bloody struggle will remain branded ou engraved on people's memories; → **cinq, majuscule, minuscule**
**b** (= missive) letter ◆ **lettres** (= courrier) letters, mail, post ◆ **faire une lettre** to write a letter (à to) ◆ **jeter** ou **mettre une lettre à la boîte** ou **à la poste** to post ou mail (US) a letter ◆ **y avait-il des lettres aujourd'hui ?** were there any letters today?, was there any mail ou post today? ◆ **écris-lui donc une petite lettre** write him a note, drop him a line* ◆ **lettre d'injures** abusive letter ◆ **lettre de condoléances/de félicitations/de réclamation** letter of condolence/of congratulations/of complaint ◆ **lettre d'amour/d'affaires** love/business letter ◆ **lettre de rupture** letter ending a relationship, Dear John letter ◆ **"lettre suit"** "letter follows" ◆ **"La Lettre écarlate"** (Littérat) "The Scarlet Letter" ◆ **"Les Lettres de mon moulin"** (Littérat) "Letters from my Mill" ◆ **"Les Lettres persanes"** (Littérat) "Persian Letters"
**c** (= sens strict) **prendre qch au pied de la lettre** to take sth literally ◆ **suivre la lettre de la loi** to follow the letter of the law ◆ **exécuter des ordres à la lettre** to carry out orders to the letter
**d** (LOC) **rester lettre morte** [remarque, avis, protestation] to go unheeded ◆ **devenir lettre morte** [loi, traité] to become a dead letter ◆ **c'est passé comme une lettre à la poste*** it went off smoothly ou without a hitch ◆ **Anne Lemoine, cette féministe (bien) avant la lettre** Anne Lemoine, a feminist (long) before the term existed ou had been coined
**2** **lettres** nfpl **a** (= littérature) **les (belles) lettres** literature ◆ **femme/homme/gens de lettres** woman/man/men of letters ◆ **le monde des lettres** the literary world ◆ **avoir des lettres** to be well-read
**b** (Scol, Univ) (gén) arts (subjects); (= français) French literature and language ◆ **il est très fort en lettres** he's very good at arts subjects ◆ **il fait des lettres** he's doing an arts degree ◆ **professeur de lettres** teacher of French, French teacher *(in France)* ◆ **lettres classiques** classics sg ◆ **lettres modernes** (= section) French department, department of French (language and literature); (= discipline) French (language and literature); → **faculté, licence**
**3** COMP ▷ **lettre d'accompagnement** covering (Brit) ou cover (US) letter ▷ **lettre de cachet** (Hist) lettre de cachet ▷ **lettre de change** bill of exchange ▷ **lettre de château** thank-you letter ▷ **lettre circulaire** circular ▷ **lettre de complaisance** accommodation bill ▷ **lettres de créance** credentials ▷ **lettre de crédit** letter of credit ▷ **lettre exprès** express letter ▷ **lettre d'intention** letter of intent ▷ **lettres de noblesse** (lit) letters patent of nobility ◆ **donner ses lettres de noblesse à** (fig) to lend credibility to ◆ **gagner ses lettres de noblesse** (fig) to win acclaim, establish one's pedigree ▷ **lettre ouverte** (Presse) open letter ▷ **lettres patentes** letters (of) patent, letters patent of nobility ▷ **lettre de rappel** reminder ▷ **lettre de recommandation** letter of recommendation, reference ▷ **lettre recommandée** (attestant sa remise) recorded delivery letter; (assurant sa valeur) registered letter ▷ **lettre de service** notification of command ▷ **lettres supérieures** (Scol) *first year of two-year preparatory course for the arts section of the École normale supérieure* ▷ **lettre de voiture** consignment note, waybill; → **motivation, relance**

**lettré, e** [letʀe] → SYN **1** adj well-read
**2** nm,f man (ou woman) of letters

**lettre-transfert,** pl **lettres-transferts** [lɛt(ʀə)tʀɑ̃sfɛʀ] nf letterpress

**lettrine** [letʀin] → SYN nf **a** [dictionnaire] headline
**b** [chapitre] dropped initial

**lettrisme** [letʀism] nm lettrism

**lettriste** [letʀist] nmf lettrist

**leu** [lø] nm → **queue**

**leucanie** [løkani] nf leucania

**leucémie** [løsemi] nf leukaemia (Brit), leukemia (US)

**leucémique** [løsemik] **1** adj leukaemic (Brit), leukemic (US)
**2** nmf leukaemia (Brit) ou leukemia (US) sufferer

**leucine** [løsin] nf leucin(e)

**leucite** [løsit] nf (Minér) leucite

**leucocytaire** [løkositɛʀ] adj leucocytic, leukocytic (US)

**leucocyte** [løkɔsit] nm leucocyte, leukocyte (US) ◆ **leucocyte mononucléaire** monocyte ◆ **leucocyte polynucléaire** polymorphonuclear leucocyte

**leucocytose** [løkɔsitoz] nf leucocytosis, leukocytosis (US)

**leucome** [løkom] nm leucoma, leukoma (US)

**leucopénie** [løkɔpeni] nf leucopenia, leukopenia (US)

**leucoplasie** [løkɔplazi] nf leucoplasia, leukoplasia (US)

**leucopoïèse** [løkɔpɔjɛz] nf leucopoiesis, leukopoiesis (US)

**leucopoïétique** [løkɔpɔjetik] adj leucopoietic, leukopoietic (US)

**leucorrhée** [løkɔʀe] nf leucorrhoea

**leucotomie** [løkɔtɔmi] nf leucotomy

**leur** [lœʀ] **1** pron pers them ◆ **je le leur ai dit** I told them ◆ **il leur est facile de le faire** it is easy for them to do it ◆ **elle leur serra la main** she shook their hand, she shook them by the hand ◆ **je leur en ai donné** I gave them some, I gave some to them
**2** adj poss **a** (gén) their ◆ **leur jardin est une vraie forêt vierge** their garden is a real jungle ◆ **leur maladroite de sœur** that clumsy sister of theirs ◆ **ils ont passé tout leur dimanche à travailler** they spent all Sunday working
**b** (littér) theirs, their own ◆ **un leur cousin** a cousin of theirs ◆ **ils ont fait leurs ces idées** they made these ideas their own ◆ **ces terres qui étaient leurs** these estates of theirs ou which were theirs
**3** pron poss ◆ **le leur, la leur, les leurs** theirs ◆ **ces sacs sont les leurs** these bags are theirs, these are their bags ◆ **ils sont partis dans une voiture qui n'était pas la leur** they left in a car which wasn't theirs ou their own ◆ **à la (bonne) leur !** their good health!, here's to them! ; pour autres loc voir **sien**
**4** nm **a** (= énergie, volonté) **ils y ont mis du leur** they pulled their weight, they did their bit*; voir aussi **sien**
**b** **les leurs** (= famille) their family, their (own) folks*; (= partisans) their own people ◆ **nous étions des leurs** we were with them ◆ **l'un des leurs** one of their people

**leurre** [lœʀ] → SYN nm (= illusion) delusion, illusion; (= duperie) deception; (= piège) trap, snare; (Fauconnerie, Pêche) lure; (Chasse, Mil) decoy

**leurrer** [lœʀe] → SYN ▸ conjug 1 ◂ vt (gén) to deceive, delude; (Fauconnerie, Pêche) to lure ◆ **ils nous ont leurrés par des promesses fallacieuses** they deluded us with false promises ◆ **ils se sont laissé leurrer** they let themselves be taken in ou deceived ◆ **ne vous leurrez pas** don't delude yourself ◆ **ne nous leurrons pas sur leurs intentions** we should not delude ourselves about their intentions

**levage** [l(ə)vaʒ] nm (Tech) lifting; (Culin) rising, raising; → **appareil**

**levain** [ləvɛ̃] → SYN nm leaven ◆ **sans levain** unleavened ◆ **pain au levain** leavened bread ◆ **levain de haine/de vengeance** seeds of hate/of vengeance

**levalloisien, -ienne** [ləvalwazjɛ̃, jɛn] adj Levalloisian

**levant** [ləvɑ̃] → SYN **1** adj ◆ **soleil levant** rising sun ◆ **au soleil levant** at sunrise
**2** nm **a** (= est) east ◆ **du levant au couchant** from east to west ◆ **les chambres sont au levant** the bedrooms face east
**b** (= l'Orient) **le Levant** the Levant

**levantin, -ine** † [ləvɑ̃tɛ̃, in] **1** adj Levantine
**2** **Levantin(e)** nm,f Levantine

**levé¹** [l(ə)ve] nm (= plan) survey ◆ **levé de terrain** land survey

**levé², e¹** [l(ə)ve] (ptp de **lever**) **1** adj (= sorti du lit) ◆ **être levé** to be up ◆ **sitôt levé** as soon as he is up ◆ **il n'est pas encore levé** he isn't up yet ◆ **toujours le premier levé** always the first up; → **pierre**
**2** nm (Mus) up-beat

**levée²** [l(ə)ve] → SYN **1** nf **a** [blocus, siège] raising; [séance] closing; [interdiction, punition] lifting ◆ **ils ont voté la levée de son immunité parlementaire** they voted to take away ou to withdraw his parliamentary immunity
**b** (Poste) collection ◆ **la levée du matin est faite** the morning collection has been made, the morning post has gone (Brit) ◆ **dernière levée à 19 heures** last collection (at) 7 p.m.
**c** (Cartes) trick ◆ **faire une levée** to take a trick
**d** [impôts] levying; [armée] raising, levying
**e** (= remblai) levee
**2** COMP ▷ **levée de boucliers** (fig) general outcry, hue and cry ▷ **levée du corps: la levée du corps aura lieu à 10 heures** the funeral will start from the house at 10 o'clock ▷ **levée d'écrou** release (from prison) ▷ **levée de jugement** transcript (of a verdict) ▷ **levée en masse** mass conscription ▷ **levée des scellés** removal of the seals ▷ **levée de terre** levee

**lever¹** [l(ə)ve] → SYN ▸ conjug 5 ◂ **1** vt **a** (= soulever, hausser) [+ poids, objet] to lift; [+ main, bras, vitre] to raise; (à la manivelle) to wind up; [+ tête] to raise, lift up ◆ **levez la main** ou **le doigt** (en classe) put your hand up ◆ **lève ton coude, je veux prendre le papier** lift ou raise your elbow, I want to take the paper away ◆ **lève les pieds quand tu marches** pick your feet up when you walk ◆ **lever les yeux** to lift up ou raise one's eyes, look up (*de* from) ◆ **lever les yeux sur qn** (= le regarder) to look at sb; († = vouloir l'épouser) to set one's heart on marrying sb ◆ **lever le visage vers qn** to look up at sb ◆ **lever un regard suppliant/éploré** vers qn to look up imploringly/tearfully at sb
**b** (= faire cesser, supprimer) [+ blocus] to raise; [+ séance, audience] to close; [+ obstacle, difficulté] to remove; [+ interdiction, sanction, restriction] to lift; [+ ambiguïté] to clear up; [+ immunité parlementaire] to withdraw, take away ◆ **lever les scellés** to remove the seals ◆ **cela a**

levé tous ses scrupules that has removed all his scruples ◆ on lève la séance ? * shall we call it a day?, shall we break up? (US)

c (Fin, Jur) [+ option] to exercise, take up

d (= ramasser) [+ impôts] to levy; [+ armée] to raise, levy; [+ fonds] to raise; (Cartes) [+ pli] to take; [facteur] [+ lettres] to collect

e (Chasse) [+ lapin] to start; [+ perdrix] to flush; ‡ [+ femme] to pick up *; → lièvre

f (= établir) [+ plan] to draw (up); [+ carte] to draw

g (= sortir du lit) [+ enfant, malade] to get up ◆ le matin, pour le faire lever, il faut se fâcher in the morning, you have to get angry before he'll get up ou to get him out of bed

h (= prélever) [+ morceau de viande] to take off, remove ◆ lever les filets d'un poisson to fillet a fish

i (Loc) lever l'ancre (Naut) to weigh anchor; * (fig) to make tracks * ◆ lever les bras au ciel to throw one's arms up in the air ◆ lever les yeux au ciel to raise one's eyes heavenwards ◆ lever le camp (lit) to strike ou break camp; (fig = partir) to clear off * ◆ lever le siège (lit) to lift ou raise the siege; (fig = partir) to clear off * ◆ il lève bien le coude * he enjoys a drink, he drinks a fair bit * ◆ lever la patte [chien] (pour uriner) to cock ou lift its leg; (pour dire bonjour) to give a paw ◆ lever le pied (= disparaître) to vanish; (= ralentir) to slow down ◆ entre Paris et Lyon, il n'a pas levé le pied he didn't take his foot off the accelerator between Paris and Lyons ◆ lever la main sur qn to raise one's hand to sb ◆ lever le rideau (Théât) to raise the curtain ◆ lever le voile to reveal the truth (*sur* about) ◆ lever le masque to unmask o.s. ◆ lever son verre à la santé de qn to raise one's glass to sb, drink (to) sb's health; → main, pied

2 vi a [plante, blé] to come up

b (Culin) to rise ◆ faire lever la pâte leave the dough to rise

3 **se lever** vpr a [rideau, main] to go up ◆ toutes les mains se levèrent every hand went up

b (= se mettre debout) to stand up, get up ◆ se lever de table/de sa chaise to get down from the table/get up from one's chair ◆ le maître les fit se lever the teacher made them stand up ou get up ◆ levez-vous ! stand up!

c (= sortir du lit) to get up ◆ se lever tôt to get up early, rise early ◆ le convalescent commence à se lever the convalescent is beginning to walk about ◆ ce matin, il s'est levé du pied gauche he got out of bed on the wrong side this morning ◆ se lever sur son séant to sit up ◆ il faut se lever de bonne heure pour le convaincre ! * you've got your work cut out for you if you want to persuade him

d [soleil, lune] to rise; [jour] to break ◆ le soleil n'était pas encore levé the sun had not yet risen ou was not yet up

e (Mét) [vent] to get up, rise; [brume] to lift, clear; [mer] to swell ◆ le temps se lève, ça se lève the weather ou it is clearing

f (= se révolter) to rise up

**lever**[2] [ləve] nm a lever de soleil sunrise, sunup * (US) ◆ le lever du jour daybreak, dawn ◆ il partit dès le lever du jour he left at daybreak ou dawn

b (au réveil) prenez trois comprimés au lever take three tablets when you get up ◆ au lever, à son lever (présent) when he gets up; (passé) when he got up ◆ le lever du roi the levee of the king

c (Théât) le lever du rideau (= action de monter le rideau) the raising of the curtain; (= commencement d'une pièce) curtain up ◆ un lever de rideau (= pièce, match) a curtain-raiser ◆ en lever de rideau, nous avons ... as a curtain-raiser ou to start with, we have ...

d ⇒ levé[1]

**lève-tard** [lɛvtaʀ] nmf inv late riser

**lève-tôt** [lɛvto] nmf inv early riser

**lève-vitre**, pl **lève-vitres** [lɛvvitʀ] nm (window) winder ◆ lève-vitre électrique electric window

**Léviathan** [levjatɑ̃] nm (Bible) Leviathan

**levier** [ləvje] → SYN nm lever ◆ levier de commande control lever ◆ levier de changement de vitesse gear lever (Brit), gearshift (US), stick shift * (US) ◆ levier de frein handbrake (lever) ◆ faire levier sur qch to lever sth up (ou off etc) ◆ être aux leviers (de commande) (fig) to be in control ou command ◆ l'argent est un puissant levier money is a powerful lever ◆ capital à faible effet de levier (Fin) low-geared capital

**lévigation** [levigasjɔ̃] nf levigation

**léviger** [leviʒe] ▸ conjug 3 ◂ vt to levigate

**lévitation** [levitasjɔ̃] nf levitation ◆ être en lévitation to be levitating

**lévite** [levit] nm Levite

**léviter** [levite] ▸ conjug 1 ◂ vi to levitate

**Lévitique** [levitik] nm ◆ le Lévitique Leviticus

**lévogyre** [levoʒiʀ] adj laevogyrate, laevogyrous

**levraut** [ləvʀo] nm leveret

**lèvre** [lɛvʀ] → SYN nf a [bouche] lip ◆ le sourire aux lèvres with a smile on one's lips ◆ la cigarette aux lèvres with a cigarette between one's lips ◆ son nom est sur toutes les lèvres his name is on everyone's lips ◆ j'ai les lèvres scellées (fig) my lips are sealed; → bout, pincer, rouge etc

b [plaie] edge; [vulve] lip, labium (SPÉC) ◆ petites/grandes lèvres labia minora/majora (SPÉC)

c (Géog) [faille] side ◆ lèvre soulevée/abaissée upthrow/downthrow side

**levrette** [ləvʀɛt] nf (= femelle) greyhound bitch; (= variété de lévrier) Italian greyhound ◆ en levrette (= position sexuelle) doggie-style, doggie-fashion

**lévrier** [levʀije] → SYN nm greyhound ◆ courses de lévriers greyhound racing ◆ lévrier afghan Afghan (hound) ◆ lévrier irlandais Irish wolfhound ◆ lévrier italien Italian greyhound

**levron, -onne** [ləvʀɔ̃, ɔn] nm,f (= jeune) young greyhound; (= lévrier italien) Italian greyhound

**lévulose** [levyloz] nm l(a)evulose

**levure** [l(ə)vyʀ] → SYN nf (= ferment) yeast ◆ levure de bière brewers' yeast ◆ levure de boulanger ou de boulangerie baker's yeast ◆ levure chimique baking powder

**lexème** [lɛksɛm] nm lexeme

**lexical, e**, mpl **-aux** [lɛksikal, o] adj lexical

**lexicalisation** [lɛksikalizasjɔ̃] nf lexicalization

**lexicalisé, e** [lɛksikalize] adj lexicalized

**lexicographe** [lɛksikɔgʀaf] nmf lexicographer

**lexicographie** [lɛksikɔgʀafi] nf lexicography

**lexicographique** [lɛksikɔgʀafik] adj lexicographical

**lexicologie** [lɛksikɔlɔʒi] nf lexicology

**lexicologique** [lɛksikɔlɔʒik] adj lexicological

**lexicologue** [lɛksikɔlɔg] nmf lexicologist

**lexie** [lɛksi] nf lexical item

**lexique** [lɛksik] → SYN nm a (= glossaire) glossary; (d'une langue ancienne) lexicon

b (= mots d'une langue) lexicon, lexis (SPÉC); (= mots d'une personne) vocabulary, lexicon

**lézard** [lezaʀ] → SYN nm (= animal) lizard; (= peau) lizardskin ◆ lézard vert/des murailles green/wall lizard ◆ sac/gants en lézard lizardskin bag/gloves ◆ faire le lézard (au soleil) * to bask in the sun ◆ y a pas de lézard ! * no problem! *, no prob! *

**lézarde** [lezaʀd] → SYN nf (= fissure) crack

**lézarder**[1] * [lezaʀde] → SYN ▸ conjug 1 ◂ vi to bask in the sun

**lézarder**[2] vt, **se lézarder** vpr [lezaʀde] → SYN ▸ conjug 1 ◂ (= craquer) to crack

**Lhassa** [lasa] n Lhasa, Lassa

**liage** [ljaʒ] nm binding, tying up

**liais** [ljɛ] nm hard limestone

**liaison** [ljɛzɔ̃] → SYN nf a (= fréquentation) liaison (amoureuse) (love) affair, liaison ◆ avoir/rompre une liaison to have/break off an affair ou a love affair ◆ "Les Liaisons dangereuses" (Littérat) "Dangerous Acquaintances"

b (= contact) assurer la liaison entre les différents services to liaise between the different departments ◆ avoir des liaisons avec (péj) to have links ou dealings with ◆ j'espère que nous allons rester en liaison I hope that we shall remain in contact ou in touch ◆ entrer/être en liaison étroite avec qn to get/be in close contact with sb ◆ travailler en liaison étroite avec qn to work closely with ou in close collaboration with sb ◆ en liaison (étroite) avec nos partenaires, nous avons décidé de ... in (close) collaboration with ou after (close) consultation with our partners, we have decided to ... ◆ se tenir en liaison avec l'état-major to keep in contact with headquarters, liaise with headquarters ◆ officier ou agent de liaison liaison officer

c (Radio, Téléc) liaison radio radio contact ◆ les liaisons téléphoniques avec le Japon telephone links with Japan ◆ liaison par satellite/câble satellite/cable link ◆ je suis en liaison avec notre envoyé spécial à Moscou I have our special correspondent on the line from Moscow ◆ liaison de transmission (Ordin) data link

d (= rapport, enchaînement) connection ◆ manque de liaison entre deux idées lack of connection between two ideas ◆ il n'y a aucune liaison entre les deux idées/événements the two ideas/events are unconnected

e (Gram, Phon) liaison ◆ consonne de liaison linking consonant ◆ mot ou terme de liaison link-word ◆ faire la liaison to make a liaison

f (Transport) link ◆ liaison aérienne/routière/ferroviaire/maritime air/road/rail/sea link

g (Culin) (= action) thickening, liaison; (= ingrédients) liaison

h (Mus) (même hauteur) tie; (hauteurs différentes) slur

i (Chim) bond

j (Constr) (= action) bonding; (= mortier) bond

**liaisonner** [ljɛzɔne] ▸ conjug 1 ◂ vt (Constr) to bond

**liane** [ljan] nf creeper, liana

**liant, liante** [ljɑ̃, ljɑ̃t] → SYN 1 adj sociable

2 nm a (littér : en société) sociable disposition ◆ il a du liant he has a sociable disposition ou nature, he is sociable

b (Métal = souplesse) flexibility

c (= substance) binder

**liard** [ljaʀ] nm (Hist) farthing ◆ je n'ai pas un liard † I haven't (got) a farthing †

**lias** [ljɑs] nm (Géol) Lias

**liasique** [ljɑzik] adj (Géol) Liassic

**liasse** [ljas] → SYN nf [billets] wad; [papiers] bundle ◆ mettre des billets en liasses to make (up) wads of notes

**Liban** [libɑ̃] nm ◆ (le) Liban (the) Lebanon

**libanais, e** [libanɛ, ɛz] 1 adj Lebanese

2 **Libanais(e)** nm,f Lebanese

**libanisation** [libanizasjɔ̃] nf (Pol) ◆ la libanisation du pays the fragmentation of the country

**libation** [libasjɔ̃] nf (Antiq) libation ◆ faire de copieuses libations (fig) to indulge in great libations (hum)

**libelle** [libɛl] → SYN nm (= satire) lampoon ◆ faire des libelles contre qn to lampoon sb

**libellé** [libele] → SYN nm (gén) wording; (Fin) description, particulars

**libeller** [libele] → SYN ▸ conjug 1 ◂ vt [+ acte] to draw up; [+ chèque] to make out (*à l'ordre de* to); [+ lettre, demande, réclamation] to word ◆ sa lettre était ainsi libellée so went his letter, his letter was worded thus

**libelliste** [libelist] nm (littér) lampoonist

**libellule** [libelyl] → SYN nf dragonfly

**liber** [libɛʀ] nm (Bot) phloem

**libérable** [libeʀabl] adj militaire dischargeable ◆ permission libérable leave in hand *(allowing early discharge)*

**libéral, e**, mpl **-aux** [libeʀal, o] → SYN 1 adj a (Pol) Liberal

b (Écon) économie, modèle free-market (épith) ◆ travailler en libéral [médecin] to have a private practice; [chauffeur de taxi] to work for oneself; → profession

c (= tolérant) liberal, open-minded

2 nm,f (Pol) Liberal

**libéralement** [libeʀalmɑ̃] → SYN adv liberally

**libéralisation** [libeʀalizasjɔ̃] nf (gén) liberalization ◆ la libéralisation du commerce trade liberalization, the easing of restrictions on trade ◆ libéralisation de l'avortement liberalization of the abortion laws

**libéraliser** [libeʀalize] ▸ conjug 1 ◂ vt (gén) to liberalize ◆ **libéraliser la vente des seringues** to lift restrictions on the sale of syringes

**libéralisme** [libeʀalism] nm (gén) liberalism ◆ **être partisan du libéralisme économique** to be a supporter of economic liberalism ou of free enterprise

**libéralité** [libeʀalite] → SYN nf (littér) (= générosité) liberality; (gén pl = don) generous gift, liberality (frm) ◆ **vivre des libéralités d'un ami** to live off a friend's generosity

**libérateur, -trice** [libeʀatœʀ, tʀis] → SYN 1 adj ◆ **guerre/croisade libératrice** war/crusade of liberation ◆ **rire libérateur** liberating laugh ◆ **expérience libératrice** liberating experience

2 nm,f liberator

**libération** [libeʀasjɔ̃] → SYN nf a [prisonnier, otage] release; [soldat] discharge; [pays, peuple, ville] freeing, liberation ◆ **front/mouvement de libération** liberation front/movement ◆ **la Libération** (Hist) the Liberation ◆ **libération anticipée** early release ◆ **libération conditionnelle** release on parole ◆ **la libération de la femme** Women's Liberation ◆ **libération sexuelle** sexual liberation

b (Fin) **libération de capital** paying up of capital, payment in full of capital ◆ **libération des prix** price deregulation

c (Sci) [énergie, électrons] release; → **vitesse**

**libératoire** [libeʀatwaʀ] adj (Fin) ◆ **paiement libératoire** payment in full discharge ◆ **prélèvement libératoire** levy at source *(on share dividends)*

**libéré, e** [libeʀe] (ptp de **libérer**) adj liberated

**libérer** [libeʀe] → SYN ▸ conjug 6 ◂ 1 vt a [+ prisonnier] to discharge, release (*de* from); [+ otage] to release, set free; [+ soldat] to discharge (*de* from); [+ élèves, employés] to let go; [+ pays, peuple, ville] to free, liberate ◆ **être libéré sur parole** (Jur) to be released on parole; → **caution**

b [+ esprit, personne] (de soucis) to free (*de* from); (d'inhibition) to liberate (*de* from) ◆ **libérer qn de** [+ liens] to release ou free sb from; [+ promesse] to release sb from; [+ dette] to free sb from ◆ **ça m'a libéré de lui dire ce que je pensais** it was a relief to tell him what I was thinking

c [+ appartement] to move out of, vacate; [+ étagère] to clear; [+ tiroir] to empty ◆ **nous libérerons la salle à 11 heures** we'll clear the room at 11 o'clock ◆ **libérer le passage** to free ou unblock the way ◆ **ça a libéré trois postes** it made three jobs available

d (Tech) [+ levier, cran d'arrêt] to release; (Écon) [+ échanges commerciaux] to ease restrictions on; [+ prix] to decontrol; (Méd) [+ intestin] to unblock

e (= soulager) **libérer son cœur/sa conscience** to unburden one's heart/one's conscience ◆ **libérer ses instincts** to give free rein to one's instincts

f (Sci) [+ énergie, électrons, hormones] to release; [+ gaz] to release, give off

2 **se libérer** vpr a [personne] (de ses liens) to free o.s. (*de* from); (d'une promesse) to release o.s. (*de* from); (d'une dette) to clear o.s. (*de* of) ◆ **se libérer d'un rendez-vous** to get out of a meeting ◆ **désolé, jeudi je ne peux pas me libérer** I'm sorry, I'm not free on Thursday ◆ **je n'ai pas pu me libérer plus tôt** I couldn't get away any earlier ◆ **se libérer du joug de l'oppresseur** (= s'affranchir) to free o.s. from the yoke of one's oppressor

b [appartement] to become vacant; [place assise] to become available; [poste] to become vacant ou available

**Libéria** [libeʀja] nm Liberia

**libérien, -ienne** [libeʀjɛ̃, jɛn] 1 adj Liberian

2 **Libérien(ne)** nm,f Liberian

**libériste** [libeʀist] 1 nmf (= sportif) hang-glider

2 adj hang-gliding

**libéro** [libeʀo] nm (Ftbl) libero (SPÉC), ≃ sweeper

**libertaire** [libɛʀtɛʀ] → SYN adj, nmf libertarian

**liberté** [libɛʀte] → SYN 1 nf a (gén, Jur) freedom, liberty ◆ **rendre la liberté à un prisonnier** to free ou release a prisoner, set a prisoner free ◆ **elle a quitté son mari et repris sa liberté** she has left her husband and regained her freedom ou her independence ◆ **sans la liberté de critiquer/de choisir aucune opinion n'a de valeur** without the freedom to criticize/to choose any opinion is valueless ◆ **avoir toute liberté pour agir** to have full liberty ou freedom ou scope to act ◆ **donner à qn toute liberté d'action** to give sb complete freedom of action, give sb a free hand ◆ **agir en toute** ou **pleine liberté** to act with complete freedom, act quite freely

b (LOC) **laisser en liberté** to allow to remain at liberty ◆ **mise en liberté** [prisonnier] discharge, release ◆ **être en liberté** to be free ◆ **animaux en liberté** animals in the wild ou natural state ◆ **les animaux sont en liberté dans le parc** the animals roam free in the park ◆ **le voleur est encore en liberté** the thief is still at large ◆ **remettre en liberté** [+ animal] to set free (again); [+ otage, prisonnier] to release, set free

c (gén, Pol = indépendance) freedom ◆ **liberté de la presse/d'opinion/de conscience** freedom of the press/of thought/of conscience ◆ **liberté individuelle** personal freedom ◆ **liberté d'information/d'expression** freedom of information/of expression ◆ **liberté religieuse** ou **de culte** religious freedom, freedom of worship ◆ **vive la liberté !** long live freedom! ◆ **liberté, égalité, fraternité** liberty, equality, fraternity ◆ **la Statue de la Liberté** the Statue of Liberty ◆ **"La Liberté guidant le peuple"** (Art) "Liberty leading the People"

d (= loisir) **heures/moments de liberté** free hours/moments ◆ **ils ont droit à deux jours de liberté par semaine** they are allowed two free days a week ou two days off each week ◆ **son travail ne lui laisse pas beaucoup de liberté** his work doesn't leave him much free time

e (= absence de retenue, de contrainte) **liberté d'esprit/de jugement** independence of mind/of judgment ◆ **liberté de langage/de mœurs** freedom of language/of morals ◆ **la liberté de ton du ministre a étonné** the fact that the minister expressed himself so openly ou freely surprised people ◆ **la liberté de ton de l'émission a choqué** the frank approach of the programme shocked people ◆ **s'exprimer avec (grande) liberté** to express o.s. (very) freely ◆ **prendre la liberté de faire** to take the liberty of doing ◆ **prendre** ou **se permettre des libertés avec** [+ personne, texte, grammaire, règlement] to take liberties with

f (= droit) **la liberté du travail** the right ou freedom to work ◆ **liberté d'association/de réunion** right of association/to meet ou hold meetings ◆ **libertés individuelles** individual freedoms ou liberties ◆ **libertés syndicales** union rights ◆ **libertés civiles** civil liberties ◆ **libertés des villes** (Hist) borough franchises

2 COMP ▷ **liberté conditionnelle** parole ◆ **être mis en liberté conditionnelle** to be granted parole, be released on parole ◆ **mise en liberté conditionnelle** release on parole ▷ **liberté provisoire** temporary release ◆ **être mis en liberté provisoire** to be released temporarily ▷ **liberté surveillée** release on probation ◆ **être mis en liberté surveillée** to be put on probation

**liberticide** [libɛʀtisid] adj liberticidal

**libertin, e** [libɛʀtɛ̃, in] → SYN 1 adj (= dissolu) personne libertine, dissolute; (= grivois) roman licentious; (Hist = irréligieux) philosophe libertine

2 nm,f (littér = dévergondé) libertine

3 nm (Hist = libre-penseur) libertine, freethinker

**libertinage** [libɛʀtinaʒ] → SYN nm (= débauche) [personne] debauchery, dissoluteness; (= grivoiserie) [roman] licentiousness; (Hist = impiété) libertine outlook ou philosophy

**liberty** ® [libɛʀti] nm inv Liberty fabric ®

**libidinal, e**, mpl **-aux** [libidinal, o] adj libidinal

**libidineux, -euse** [libidinø, øz] → SYN adj (littér, hum) libidinous, lustful

**libido** [libido] → SYN nf libido

**libouret** [libuʀɛ] nm trolling line

**libraire** [libʀɛʀ] → SYN nmf bookseller ◆ **libraire-éditeur** publisher and bookseller ◆ **en vente chez votre libraire** available in all good bookshops

**librairie** [libʀeʀi] → SYN nf a (= magasin) bookshop (Brit), bookstore (US) ◆ **librairie d'art/de livres anciens** art/antiquarian bookshop ◆ **librairie-papeterie** bookseller's and stationer's ◆ **ça ne se vend plus en librairie** it's no longer in the bookshops, the bookshops no longer sell it ◆ **ce livre va bientôt paraître en librairie** this book will soon be on sale (in the shops) ou will soon be available

b **la librairie** (= activité) bookselling (NonC); (= corporation) the book trade

**libration** [libʀasjɔ̃] nf libration

**libre** [libʀ] GRAMMAIRE ACTIVE 25.3 → SYN

1 adj a (= sans contrainte) personne, presse, commerce, prix free; (Sport) figure, programme free ◆ **garder l'esprit** ou **la tête libre** to keep a clear mind ◆ **être libre comme l'air** to be as free as a bird ◆ **être/rester libre** (non marié) to be/remain unattached ◆ **il n'est plus libre (de lui-même)** he is no longer a free agent ◆ **être libre de ses mouvements** to be free to do what one pleases ◆ **avoir la libre disposition de ses biens** to have free disposal of one's property ◆ **la libre circulation des personnes** the free movement of people ◆ **le monde libre** (Pol) the free world; → **vente**

b **libre de** free from ◆ **libre de tout engagement/préjugé** free from any commitment/all prejudice ◆ **libre de faire qch** free to do sth ◆ **libre à vous de poser vos conditions** you are free to ou it's (entirely) up to you to state your conditions ◆ **vous êtes parfaitement libre de refuser l'invitation** you're quite free ou at liberty to refuse the invitation

c (= non occupé) passage, voie clear; taxi for hire; personne, place free; salle free, available; toilettes, vacant ◆ **poste libre** vacancy, vacant position ◆ **"libre de suite"** (appartement à louer) "available immediately"; (appartement à vendre) "with immediate vacant possession" ◆ **la ligne n'est pas libre** (Téléc) the line ou number is busy ou engaged (Brit) ◆ **ça ne sonne pas libre** (Téléc) I'm getting an engaged tone (Brit), there's a busy signal (US) ◆ **est-ce que cette place est libre ?** is this seat free? ou empty? ◆ **heure libre** ou **de libre** * free hour; (Scol) free period ◆ **avoir du temps libre** ou **de libre** * to have some spare ou free time ◆ **avoir des journées libres** to have some free days ◆ **êtes-vous libre ce soir ?** are you free this evening? ◆ **vous ne pouvez pas voir M. Durand, il n'est pas libre aujourd'hui** you can't see Mr Durand, he's not free ou available today ◆ **le jeudi est son jour libre** Thursday is his free day ou his day off ◆ **je vais essayer de me rendre libre pour demain** I'll try to keep tomorrow free; → **air**[1], **champ**

d (Scol = non étatisé) enseignement private and Roman Catholic ◆ **école libre** private ou independent Roman Catholic school → ÉDUCATION NATIONALE

e (= autorisé, non payant) entrée, accès free; → **auditeur, entrée**

f (= non entravé) mouvement, respiration free; traduction, improvisation, adaptation free; pignon, engrenage disengaged ◆ **robe qui laisse le cou libre** dress which leaves the neck bare ou which shows the neck ◆ **robe qui laisse la taille libre** dress which is not tight-fitting round the waist ou which fits loosely at the waist ◆ **avoir les cheveux libres** to have one's hair loose ◆ **le sujet de la dissertation est libre** the subject of this essay is left open; → **main, roue, vers**[2]

g (= sans retenue) personne free ou open in one's behaviour; plaisanteries broad ◆ **tenir des propos assez libres sur la politique du gouvernement** to be fairly plain-spoken ou make fairly candid remarks about the policies of the government ◆ **être très libre avec qn** to be very free with sb ◆ **donner libre cours à sa colère/son indignation** to give free rein ou vent to one's anger/one's indignation

2 COMP ▷ **libre arbitre** free will ◆ **avoir son libre arbitre** to have free will ▷ **libre concurrence, libre entreprise** free enterprise ◆ **un partisan de la libre entreprise** ou **concurrence** a free-marketeer, a supporter of the free-market economy ou of free enterprise ▷ **libre pensée** freethinking ▷ **libre penseur, -euse** freethinker

**libre-échange**, pl **libres-échanges** [libʀeʃɑ̃ʒ] nm free trade

**libre-échangisme** [libʀeʃɑ̃ʒism] nm (doctrine of) free trade

**libre-échangiste,** pl **libres-échangistes** [libʀeʃɑ̃ʒist] 1 adj free-market (épith), free-trade (épith)

2 nmf free-trader

**librement** [libʀəmɑ̃] → SYN adv agir freely ♦ **librement adapté d'une pièce de Molière** freely adapted from a play by Molière

**libre-service,** pl **libres-services** [libʀəsɛʀvis] → SYN nm (= restaurant) self-service restaurant; (= magasin) self-service store ♦ **ce magasin propose un fax et une photocopieuse en libre-service** the shop provides self-service fax and photocopying facilities

**librettiste** [libʀetist] → SYN nmf librettist

**libretto** † [libʀeto], pl **librettos** ou **libretti** [libʀeti] nm libretto

**Libreville** [libʀəvil] n Libreville

**Libye** [libi] nf Libya

**libyen, -enne** [libjɛ̃, ɛn] 1 adj Libyan

2 **Libyen(ne)** nm,f Libyan

**lice**[1] [lis] → SYN nf (Hist) lists ♦ **entrer en lice** (fig) to enter the lists ♦ **les candidats encore en lice** candidates still in contention

**lice**[2] [lis] nf (Tex) heddle ♦ **tapisserie de haute/de basse lice** high/low-warp tapestry

**lice**[3] [lis] → SYN nf (Zool) female hound

**licence** [lisɑ̃s] → SYN nf a (Univ) ≃ (bachelor's) degree **licence ès lettres** Arts degree, ≃ B.A. ♦ **licence ès sciences** Science degree, ≃ B.Sc. ♦ **faire une licence d'anglais** to do a degree in English → DIPLÔMES

b (= autorisation) permit; (Comm, Jur) licence (Brit), license (US); (Sport) membership card ♦ **un produit sous licence** a licensed product ♦ **fabriqué sous licence française** manufactured under French licence ♦ **licence d'exploitation** [logiciel, réseau] licence; [ligne aérienne] operating permit ♦ **licence d'exportation** export licence

c (littér = liberté) **licence (des mœurs)** licentiousness (NonC) ♦ **avoir toute** ou **pleine licence pour faire qch** to have a free hand to do sth ♦ **prendre des licences avec qn** to take liberties with sb ♦ **licence poétique** (Littérat) poetic licence ♦ **une licence orthographique** an accepted alternative spelling

**licencié, e** [lisɑ̃sje] 1 adj (Univ) ♦ **professeur licencié** graduate teacher ♦ **elle est licenciée** she is a graduate

2 nm,f a (Univ) **licencié ès lettres/ès sciences/en droit** arts/science/law graduate, ≃ Bachelor of Arts/of Science/of Law

b (Sport) member

c (Jur) licensee

**licenciement** [lisɑ̃simɑ̃] → SYN nm (pour raisons économiques) redundancy; (pour faute professionnelle) dismissal ♦ **il y a eu des centaines de licenciements pour raisons économiques** hundreds of people were laid off ou made redundant (Brit), there were hundreds of redundancies ♦ **licenciement abusif** unfair dismissal ♦ **licenciement collectif** mass redundancy ou lay-offs ou redundancies (Brit) ♦ **licenciement sec** compulsory redundancy *(without any compensation)* ♦ **lettre de licenciement** letter of dismissal, pink slip* (US); → **indemnité**

**licencier** [lisɑ̃sje] → SYN ► conjug 7 ◄ vt (pour raisons économiques) to lay off, make redundant (Brit); (pour faute) to dismiss ♦ **on licencie beaucoup dans ce secteur** there are a lot of redundancies in this sector

**licencieusement** [lisɑ̃sjøzmɑ̃] adv licentiously

**licencieux, -ieuse** [lisɑ̃sjø, jøz] → SYN adj (littér) licentious

**lichen** [likɛn] nm (Bot, Méd) lichen ♦ **lichen foliacé** foliose lichen ♦ **lichen plan** lichen planus

**licher*** [liʃe] ► conjug 1 ◄ vt (= boire) to drink; (= lécher) to lick

**lichette*** [liʃɛt] nf a (= morceau) **lichette de pain/de fromage** tiny piece of bread/of cheese ♦ **tu en veux une lichette ?** do you want a bit? ♦ **il n'en restait qu'une lichette** there was only a (tiny) taste left

b (Belg = attache) loop

**licier** [lisje] nm heddle setter

**licitation** [lisitasjɔ̃] nf auctioning *(of jointly-owned property)*

**licite** [lisit] → SYN adj lawful, licit

**licitement** [lisitmɑ̃] → SYN adv lawfully, licitly

**liciter** [lisite] ► conjug 1 ◄ vt to auction *(jointly-owned property)*

**licol** † [likɔl] nm halter

**licorne** [likɔʀn] nf unicorn ♦ **licorne de mer** narwhal, sea unicorn

**licou** [liku] nm halter

**licteur** [liktœʀ] nm lictor

**lidar** [lidaʀ] nm (abrév de **Light Detecting And Ranging**) lidar, light radar

**lido** [lido] nm offshore bar

**lie** [li] → SYN 1 nf [vin] sediment, lees ♦ **la lie (de la société)** (péj) the dregs of society; → **boire**

2 COMP ▷ **lie de vin** adj inv wine(-coloured)

**lié, e** [lje] (ptp de **lier**) adj a personne **être très lié à** ou **avec qn** to be very close to sb ♦ **ils sont très liés** they're very close

b (Mus) **note liée** tied note ♦ **morphème lié** (Ling) bound morpheme

**Liechtenstein** [liʃtɛnʃtajn] nm Liechtenstein

**liechtensteinois, e** [liʃtɛnʃtajnwa, waz] 1 adj of Liechtenstein

2 **Liechtensteinois(e)** nm,f inhabitant ou native of Liechtenstein

**lied,** pl **lieder** ou **lieds** [lid, lidœʀ] nm lied

**liégé, e** [ljeʒe] adj cadre decorated with cork

**liège** [ljɛʒ] nm cork ♦ **de** ou **en liège** cork (épith); → **bout**

**liégeois, e** [ljeʒwa, waz] 1 adj of ou from Liège ♦ **café/chocolat liégeois** coffee/chocolate sundae

2 **Liégeois(e)** nm,f inhabitant ou native of Liège

**lien** [ljɛ̃] → SYN nm a (lit, fig = attache) bond ♦ **le prisonnier se libéra de ses liens** the prisoner freed himself from his bonds ♦ **de solides liens de cuir** strong leather straps ♦ **être lié par les liens du serment** to be bound by oath ♦ **un lien très fort l'attache à son pays** he has a very strong bond with his home country

b (= corrélation) link, connection ♦ **il y a un lien entre les deux événements** there's a link ou connection between the two events ♦ **servir de lien entre deux personnes** to act as a link between two people ♦ **idées sans lien** unconnected ou unrelated ideas

c (= relation) tie ♦ **liens affectifs** emotional ties ou bonds ♦ **liens de parenté/de sang** family/blood ties ♦ **avoir un lien de parenté avec qn** to be related to sb ♦ **liens d'amitié** bonds of friendship ♦ **lien qui unit deux personnes** bond which unites two people ♦ **liens du mariage** marriage bonds ou ties ♦ **le lien social** social cohesion

**lier** [lje] → SYN ► conjug 7 ◄ 1 vt a (= attacher) [+ mains, pieds] to bind, tie up; [+ fleurs, bottes de paille] to tie up ♦ **elle lui a lié les pieds et les mains** she bound him hand and foot ♦ **lier de la paille en bottes** to bind ou tie straw into bales ♦ **lier qn à un arbre/une chaise** to tie sb to a tree/a chair ♦ **lier qch avec une ficelle** to tie sth with a piece of string; → **fou, pied**

b (= relier) [+ mots, phrases] to link up, join up ♦ **lier la cause à l'effet** to link cause to effect ♦ **tous ces événements sont étroitement liés** all these events are closely linked ou connected ♦ **cette maison est liée à tout un passé** there is a whole history attached to this house ♦ **tout est lié** everything links up ou ties up ♦ **lier les notes** (Mus) to slur the notes ♦ **lier un passage** to play a passage legato

c (= unir) [+ personnes] to bind, unite ♦ **l'amitié qui nous lie à elle** the friendship which binds us to her ♦ **l'amitié qui les lie** the friendship which unites them ♦ **un goût/mépris commun pour le théâtre les liait** they were united by a common liking/scorn for the theatre

d [contrat] to bind ♦ **lier qn par un serment/une promesse** to bind sb with an oath/a promise

e (Culin) [+ sauce] to thicken ♦ **lier des pierres avec du mortier** (Constr) to bind stones with mortar

f (Loc) **lier amitié/conversation** to strike up a friendship/conversation ♦ **lier la langue à qn** to make sb tongue-tied

2 **se lier** vpr to make friends (*avec qn* with sb) ♦ **se lier d'amitié avec qn** to strike up a friendship with sb ♦ **il ne se lie pas facilement** he doesn't make friends easily ♦ **se lier par un serment** to bind o.s. by an oath

**lierne** [ljɛʀn] nf (Archit) lierne; (Constr) intertie

**lierre** [ljɛʀ] nm ivy ♦ **lierre terrestre** ground ivy

**liesse** [ljɛs] → SYN nf (littér = joie) jubilation ♦ **en liesse** jubilant

**lieu**[1], pl **lieux** [ljø] GRAMMAIRE ACTIVE 15.2, 17.2 → SYN

1 nm a (gén = endroit) place; [événement] scene ♦ **adverbe de lieu** adverb of place ♦ **lieu de pèlerinage/résidence/retraite** place of pilgrimage/residence/retreat ♦ **sur le lieu de travail** in the workplace ♦ **le club est devenu un lieu de vie important dans le quartier** the club has become a major centre of social activity in the area ♦ **il faut maintenir la personne âgée dans son lieu de vie habituel** old people should be allowed to stay in their usual environment ♦ **en quelque lieu qu'il soit** wherever he may be, wherever he is ♦ **en tous lieux** everywhere ♦ **en aucun lieu du monde** nowhere in the world ♦ **cela varie avec le lieu** it varies from place to place ♦ **en lieu sûr** in a safe place; → **haut, nom**

b (avec notion temporelle) **en premier/second lieu** in the first/second place, firstly/secondly ♦ **en dernier lieu** lastly, finally ♦ **ce n'est pas le lieu d'en parler** this isn't the place to speak about it ♦ **en son lieu** in due course; → **temps**[1]

c (Loc) **signer en lieu et place de qn** to sign on behalf of sb

♦ **au lieu de/que** instead of ♦ **tu devrais téléphoner au lieu d'écrire** you should telephone instead of writing ♦ **il devrait se réjouir, au lieu de cela, il se plaint** he should be glad, instead of which he complains ou but instead he complains ♦ **au lieu que nous partions** instead of (us) leaving

♦ **avoir lieu** (= se produire) to take place, occur ♦ **avoir lieu d'être inquiet/de se plaindre** to have (good) grounds for being worried/for complaining, have (good) reason to be worried/to complain ♦ **vos craintes/critiques n'ont pas lieu d'être** your fears/criticisms are groundless

♦ **il y a lieu** ♦ **il y a lieu d'être inquiet** there is cause for anxiety ou good reason to be anxious ♦ **il y a tout lieu de s'étonner** we have every reason to be surprised ♦ **vous appellerez le médecin, s'il y a lieu** send for the doctor if necessary ou if need be

♦ **donner lieu à/de** ♦ **donner lieu à des critiques/désagréments** to give rise to criticism/trouble ♦ **ça donne lieu de craindre le pire** it means we should fear the worst

♦ **tenir lieu de** ♦ **elle lui a tenu lieu de mère** she took the place of his mother ♦ **ce vieux manteau tient lieu de couverture** this old overcoat serves as a blanket ou does instead of a blanket

2 **lieux** nmpl (= locaux) premises ♦ **quitter** ou **vider les lieux** (gén) to get out, leave; (Admin) to vacate the premises ♦ **se rendre sur les lieux du crime** to go to the scene of the crime ♦ **être sur les lieux de l'accident** to be at ou on the scene of the accident ♦ **notre envoyé est sur les lieux** our special correspondent is on the spot ou at the scene; → **état**

3 COMP ▷ **lieux d'aisances** († ou hum) lavatory (Brit), comfort station (US) ▷ **lieu commun** commonplace ▷ **lieu de débauche** († ou hum) den of iniquity ▷ **lieu géométrique** (Math, fig) locus ▷ **lieu de mémoire** ≃ heritage site ▷ **lieu de naissance** (gén) birthplace; (Admin) place of birth ▷ **lieu de passage** (entre régions) crossing point; (entre villes) stopping-off place; (dans un bâtiment) place where people are constantly coming and going ▷ **lieu de perdition** den of iniquity ▷ **lieu de promenade** place ou spot for walking ▷ **lieu public** public place ▷ **lieu de rendez-vous** meeting place ▷ **les Lieux saints** the Holy Places ▷ **lieu de vacances** (gén) place ou spot for one's holidays (Brit) ou vacation (US); (= ville) holiday (Brit) ou vacation (US) resort ♦ **je l'ai appelé sur son lieu de vacances** I phoned him at the place where he was spending his holiday

**lieu²** [ljø] nm (= poisson) ◆ **lieu jaune** pollack, pollock ◆ **lieu noir** saithe, coley, coalfish

**lieu-dit,** pl **lieux-dits** [ljødi] nm locality ◆ **au lieu-dit le Bouc étourdi** at the place known as the Bouc étourdi

**lieue** [ljø] nf (Hist) league ◆ **j'étais à mille lieues de penser à vous** you were far from my mind ◆ **j'étais à cent** ou **mille lieues de penser qu'il viendrait** it never occurred to me ou I never dreamt for a moment that he'd come ◆ **il sent son marin d'une lieue** you can tell he's a sailor a mile off*, the fact that he's a sailor sticks out a mile ◆ **à vingt lieues à la ronde** for miles around; → **botte**

**lieuse** [ljøz] nf (Agr) binder

**lieutenant** [ljøt(ə)nɑ̃] [→ SYN] 1 nm (armée de terre) lieutenant (Brit), first lieutenant (US); (armée de l'air) flying officer (Brit), first lieutenant (US); (marine marchande) (first) mate, first officer; (gén = second) lieutenant, second in command ◆ **oui mon lieutenant !** yes sir! ◆ **l'un de ses lieutenants** (fig) one of his right-hand men

2 COMP ▷ **lieutenant de vaisseau** (marine nationale) lieutenant

**lieutenant-colonel,** pl **lieutenants-colonels** [ljøt(ə)nɑ̃kɔlɔnɛl] nm (armée de terre) lieutenant colonel; (armée de l'air) wing commander (Brit), lieutenant colonel (US)

**lièvre** [ljɛvʀ] [→ SYN] nm (Zool) hare; (Sport) pacemaker ◆ **courir** ou **chasser deux lièvres à la fois** (fig) to try to do ou juggle two things at once ◆ **vous avez levé** ou **soulevé un lièvre** (fig) you've hit on a problem there

**LIFO** [lifo] (abrév de **last in first out**) LIFO

**lift** [lift] nm topspin

**lifter** [lifte] ▸ conjug 1 ◂ 1 vt **a** (Sport) to put topspin on ◆ **balle liftée** ball with topspin ◆ **elle a un jeu très lifté** she uses a lot of topspin

**b** [+ personne, bâtiment, image de marque] to give a face-lift to

2 vi to put topspin on the ball

**liftier, -ière** [liftje, jɛʀ] nm,f lift (Brit) ou elevator (US) attendant

**lifting** [liftiŋ] [→ SYN] nm (lit, fig) face-lift ◆ **se faire faire un lifting** to have a face-lift

**ligament** [ligamɑ̃] [→ SYN] nm ligament

**ligamentaire** [ligamɑ̃tɛʀ] adj ligamentary

**ligamenteux, -euse** [ligamɑ̃tø, øz] adj ligamentous, ligamentary

**ligand** [ligɑ̃] nm (Chim) ligand

**ligase** [ligɑz] nf ligase

**ligature** [ligatyʀ] [→ SYN] nf **a** (Méd) (= opération) ligation (SPÉC), tying; (= lien) ligature ◆ **ligature des trompes** tubal ligation (SPÉC), tying of the Fallopian tubes

**b** (Agr) (= opération) tying up; (= lien) tie

**c** (Typo) ligature

**d** (Mus) ligature, tie

**ligaturer** [ligatyʀe] [→ SYN] ▸ conjug 1 ◂ vt (Méd) to ligature, tie up; (Agr) to tie up ◆ **se faire ligaturer les trompes** to have one's Fallopian tubes tied, have one's tubes tied *

**lige** [liʒ] adj liege ◆ **homme lige** (Hist) liegeman ◆ **être l'homme lige de qn** (fig) to be sb's henchman

**light** [lajt] adj inv (gén) light; boisson, chocolat diet (épith), low-calorie (épith)

**lignage** [liɲaʒ] [→ SYN] nm **a** (= extraction) lineage ◆ **de haut lignage** of noble lineage

**b** (Typo) linage, lineage

## ligne¹ [liɲ]

[→ SYN] GRAMMAIRE ACTIVE 27.4, 27.5, 27.7

1 NOM FÉMININ
2 COMPOSÉS

1 NOM FÉMININ

**a** [= trait, limite] line ◆ **ligne brisée/courbe** broken/curved line ◆ **ligne pointillée** dotted line ◆ **ligne droite** (gén) straight line; (Aut) stretch of straight road ◆ **la dernière ligne droite avant l'arrivée** (lit, fig) the final ou home straight ◆ **courir en ligne droite** to run in a straight line ◆ **la route coupe la forêt en ligne droite** the road cuts right ou straight through the forest ◆ **ça fait 4 km en ligne droite** it's 4 km as the crow flies ◆ **il arrive en droite ligne de son Texas natal** he has come straight from his native Texas ◆ **ligne de départ/d'arrivée** starting/finishing line ◆ **la ligne de fracture au sein de la majorité** the rift dividing the majority ◆ **la ligne des 10/22 mètres** (Rugby) the 10/22 metre line ◆ **les lignes de la main** the lines of the hand ◆ **ligne de vie/de cœur** life/love line ◆ **la ligne des collines dans le lointain** the line of hills in the distance ◆ **passer la ligne (de l'équateur)** to cross the line; → **juge**

**b** [= contour, silhouette] [meuble, voiture] line(s); [personne] figure ◆ **avoir la ligne** to have a slim figure ◆ **garder/perdre la ligne** to keep/lose one's figure ◆ **elle mange peu pour garder la ligne** she doesn't eat much because she's watching her figure ◆ **la ligne lancée par les dernières collections** the look launched by the most recent collections ◆ **voiture aux lignes aérodynamiques** streamlined car, car built on aerodynamic lines

**c** [= règle, orientation] line ◆ **ligne de conduite/d'action** line of conduct/of action ◆ **ligne politique** political line ◆ **la ligne du parti** the party line ◆ **les grandes lignes d'un programme** the broad lines ou outline of a programme ◆ **l'objectif a été fixé dans ses grandes lignes** the objective has been established in broad outline ◆ **à propos de ce problème, les deux présidents sont sur la même ligne** (= ils sont d'accord) the two presidents are in agreement ou are of one mind with regard to this problem ◆ **ce projet s'inscrit dans la droite ligne de la politique européenne** this project is fully ou directly in line with European policy ◆ **son livre est dans la droite ligne du roman américain** his book is in the direct tradition of the American novel

**d** [= suite de personnes, de choses] line; (= rangée) row; (Mil) line; [cocaïne] line ◆ **une ligne d'arbres le long de l'horizon** a line ou row of trees on the horizon ◆ **la ligne d'avants** ou **des avants/d'arrières** ou **des arrières** (Ftbl) the forwards/backs ◆ **la première/deuxième/troisième ligne (de mêlée)** (Rugby) the front/second/back row (of the scrum) ◆ **un première ligne** a man in the front row ◆ **en première ligne** (Mil, fig) on the front line; → **hors**

◆ **en ligne**

(= alignés) ◆ **enfants placés en ligne** children in a line ou lined up ◆ **coureurs en ligne pour le départ** runners lined up for the start ou on the starting line ◆ **mettre des personnes en ligne** to line people up, get people lined up ◆ **se mettre en ligne** to line up, get lined up, get into line; → **cylindre**

(Mil) ◆ **monter en ligne** to go off to war ou to fight

(= en accord) ◆ **ces résultats sont en ligne avec les prévisions** these results are in line ou on target with projections ◆ **pour le chiffre de ventes, nous sommes en ligne** our sales figures are on target; → **f**

**e** [Transport] (Rail) line ◆ **ligne d'autobus** (= service) bus service; (= parcours) bus route ◆ **ligne aérienne** (= compagnie) airline; (= service) (air) service, air link; (= trajet) (air) route ◆ **ligne maritime** shipping line ◆ **ligne de chemin de fer/de métro** railway (Brit) ou railroad (US)/underground (Brit) ou subway (US) line ◆ **les grandes lignes** (Rail) (= voies) main lines; (= services) main-line services ◆ **lignes intérieures/internationales** (Aviat) domestic/international flights ◆ **nous espérons vous revoir prochainement sur nos lignes** we look forward to seeing you on board again soon, we hope that you will fly with us again soon ◆ **la ligne d'autobus passe dans notre rue** the bus (route) goes along our street ◆ **quelle ligne faut-il prendre ?** which train (ou bus) should I take? ◆ **il faut prendre la ligne 12** (en autobus) you have to take the number 12 bus; → **avion, grand, pilote**

**f** [Élec, Téléc, Ordin] line; (= câbles) wires; (TV : composant l'image) line ◆ **la ligne est occupée** the line is engaged (Brit) ou busy (US) ◆ **la ligne a été coupée** we've been cut off ◆ **la ligne passe dans notre jardin** the wires go through our garden ◆ **ligne d'alimentation** (Élec) feeder

◆ **en ligne** (Téléc) ◆ **être en ligne** to be connected ◆ **vous êtes en ligne** you're connected ou through now, I am connecting you now ◆ **je suis encore en ligne** I'm still holding ◆ **M. Lebrun est en ligne** (= il est occupé) Mr Lebrun's line is engaged (Brit) ou busy (US); (= il veut vous parler) I have Mr Lebrun on the line for you

(Ordin) on-line ◆ **services/réseaux en ligne** on-line services/networks

**g** [= texte écrit] line ◆ **écrire quelques lignes** to write a few lines ◆ **donner 100 lignes à faire à un élève** to give a pupil 100 lines to do ◆ **je vous envoie ces quelques lignes** I'm sending you these few lines ou this short note; → **lire¹**

◆ **à la ligne**

(dans une dictée) ◆ **"à la ligne"** "new paragraph", "new line" ◆ **aller à la ligne** to start on the next line, begin a new paragraph

(dans l'édition, la presse) ◆ **rédacteur payé à la ligne** editor paid by the line ◆ **tirer à la ligne** to pad out an article

◆ **en ligne de compte** ◆ **entrer en ligne de compte** to be taken into account ou consideration ◆ **prendre** ou **faire entrer en ligne de compte** to take into account ou consideration ◆ **votre vie privée n'entre pas en ligne de compte** your private life doesn't come ou enter into it

◆ **sur toute la ligne** from start to finish ◆ **il m'a menti sur toute la ligne** he lied to me from start to finish ou from beginning to end ◆ **c'est une réussite sur toute la ligne** it's a success throughout

**h** [Comm] **ligne de produits** (product) line ◆ **notre nouvelle ligne de maquillage** our new range of make-up

**i** [Pêche] (fishing) line

**j** [= série de générations] **ligne directe/collatérale** direct/collateral line ◆ **descendre en ligne directe** ou **en droite ligne de ...** to be a direct descendant of ...

**k** [Belg = raie dans les cheveux] parting

2 COMPOSÉS

▷ **ligne de ballon mort** (Rugby) dead-ball line ▷ **ligne blanche** (Aut) white line ◆ **franchir la ligne blanche** (lit) to cross the white line; (fig) to overstep the mark ▷ **ligne de but** goal line ▷ **ligne continue** (Aut) solid line ▷ **ligne de côté** (Tennis) sideline, tramline (Brit) ▷ **ligne de crédit** credit line, line of credit ▷ **ligne de crête** (gén) ridge; (= ligne de partage des eaux) watershed ▷ **ligne de défense** (gén, Mil) line of defence (Brit) ou defense (US) ◆ **la ligne de défense irlandaise** (Sport) the Irish defenders ou defence (Brit) ou defense (US) ▷ **ligne de démarcation** (gén) boundary; (Mil) line of demarcation, demarcation line ▷ **ligne directrice** (Géom) directrix; (fig) guiding line ▷ **ligne discontinue** (Aut) broken line ▷ **ligne d'eau** (Natation) lane ▷ **ligne de faille** fault line ▷ **ligne de faîte** ⇒ **ligne de crête** ▷ **ligne de feu** line of fire ▷ **ligne de flottaison** water line ▷ **ligne de flottaison en charge** load line, Plimsoll line ▷ **ligne de fond** (Pêche) ledger line; (Basket) end line ◆ **ligne de fond (de court)** (Tennis) baseline ▷ **lignes de force** (Phys) lines of force; [discours, politique] main themes ▷ **ligne de front** (Mil) frontline ▷ **ligne à haute tension** high-voltage line ▷ **ligne d'horizon** skyline ▷ **ligne jaune** (Aut) ⇒ **ligne blanche** ▷ **ligne médiane** (gén, Tennis) centre line; (Ftbl, Rugby etc) halfway line ▷ **ligne de mire** line of sight ◆ **avoir qn dans sa ligne de mire** (fig) to have sb in one's sights ◆ **être dans la ligne de mire de qn** to be in sb's sights ▷ **ligne de partage des eaux** watershed, height of land (US) ▷ **ligne de service** (Tennis) service line ▷ **ligne supplémentaire** (Mus) ledger line ▷ **ligne de tir** ⇒ **ligne de feu** ▷ **ligne de touche** (gén) sideline; (Ftbl, Rugby) touchline; (Basket) boundary line ▷ **ligne de visée** line of sight

**ligne²** [liɲ] nf (Can) line (*3,175 mm*)

**lignée** [liɲe] [→ SYN] nf (= postérité) descendants; (= race, famille) line, lineage ◆ **laisser une nombreuse lignée** to leave a lot of descendants ◆ **le dernier d'une longue lignée** the last of a long line ◆ **de bonne lignée irlandaise** of good Irish stock ou lineage ◆ **dans la lignée des grands romanciers** in the tradition of the great novelists

**ligner** [liɲe] ▸ conjug 1 ◂ vt [+ papier] to line

**lignerolle** [liɲ(ə)ʀɔl] nf (Naut) twine

**ligneux, -euse** [liɲø, øz] adj woody, ligneous (SPÉC)

**lignicole** [liɲikɔl] adj lignicolous, lignicole

**lignification** [liɲifikasjɔ̃] nf lignification

**lignifier (se)** [liɲifje] ▸ conjug 1 ◂ vpr to lignify

**lignine** [liɲin] nf lignin

**lignite** [liɲit] nm lignite, brown coal

**lignomètre** [liɲɔmɛtʀ] nm line gauge

**ligot** [ligo] nm kindling (NonC)

**ligoter** [ligɔte] → SYN ▸ conjug 1 ◂ vt [+ personne] to bind hand and foot ◆ **ligoter qn à un arbre** to tie sb to a tree

**ligue** [lig] → SYN nf league ◆ **la Ligue des droits de l'homme** the League of Human Rights ◆ **la Ligue arabe** the Arab League ◆ **la (Sainte) Ligue** (Rel) the Catholic Holy League

**liguer** [lige] → SYN ▸ conjug 1 ◂ 1 vt to unite (*contre* against) ◆ **être ligué avec** to be in league with

2 **se liguer** vpr to league, form a league (*contre* against) ◆ **tout se ligue contre moi** everything is in league ou is conspiring against me

**ligueur, -euse** [ligœʀ, øz] → SYN nm,f member of a league

**ligule** [ligyl] nf ligule, ligula

**ligulé, e** [ligyle] adj ligulate

**liguliflores** [ligyliflɔʀ] nfpl ◆ **les liguliflores** ligulate flowers

**ligure** [ligyʀ] (Hist) 1 adj Ligurian

2 nm (Ling) Ligurian

3 **Ligure** nmf Ligurian

**Ligurie** [ligyʀi] nf Liguria

**ligurien, -ienne** [ligyʀjɛ̃, jɛn] 1 adj Ligurian

2 nm,f ◆ **Ligurien(ne)** Ligurian

**lilas** [lila] nm, adj inv lilac

**liliacée** [liljase] nf liliaceous plant ◆ **les liliacées** liliaceous plants, the Liliaceae (SPÉC)

**liliacées** [liljase] nfpl ◆ **les liliacées** liliaceous plants, the Liliaceae (SPÉC)

**lilliputien, -ienne** [lilipysjɛ̃, jɛn] → SYN 1 adj Lilliputian

2 **Lilliputien(ne)** nm,f Lilliputian

**Lilongwe** [lilɔ̃gwe] n Lilongwe

**Lima** [lima] n Lima

**limace** [limas] → SYN nf (Zool) slug; (†* = chemise) shirt ◆ **quelle limace !** (= personne) what a sluggard! ou slowcoach! (Brit)* ou slowpoke (US)*; (= train) this train is just crawling along!, what a dreadfully slow train!

**limaçon** [limasɔ̃] → SYN nm (†† = escargot) snail; (Anat) cochlea ◆ **limaçon de Pascal** (Math) limaçon

**limage** [limaʒ] nm filing

**limaille** [limɑj] nf filings ◆ **limaille de fer** iron filings

**liman** [limɑ̃] nm (Géog) liman

**limande** [limɑ̃d] nf (= poisson) dab ◆ **limande-sole** lemon sole ◆ **fausse limande** flatfish; → **plat¹**

**limbe** [lɛ̃b] → SYN 1 nm (Astron, Bot, Math) limb

2 **limbes** nmpl (Rel) limbo ◆ **dans les limbes** (Rel) in limbo ◆ **c'est encore dans les limbes** [projet, science] it's still very much in limbo, it's still up in the air

**limbique** [lɛ̃bik] adj système limbic

**lime** [lim] → SYN nf a (Tech) file ◆ **lime douce** smooth file ◆ **lime à ongles** nail file, fingernail file (US) ◆ **donner un coup de lime à qch** to run a file over sth, give sth a quick file

b (Zool) lima

c (Bot) (= fruit) lime; (= arbre) lime (tree)

**limer** [lime] → SYN ▸ conjug 1 ◂ vt [+ ongles] to file; [+ métal] to file (down); [+ aspérité] to file off ◆ **le prisonnier avait limé un barreau pour s'échapper** the prisoner had filed through a bar to escape

**limerick** [limʀik] nm limerick

**limette** [limɛt] nf (Tahiti) lime

**limettier** [limetje] nm (Tahiti) lime tree

**limicole** [limikɔl] adj limicolous

**limier** [limje] → SYN nm (Zool) bloodhound; (fig) sleuth, detective ◆ **c'est un fin limier** he's a really good sleuth

**liminaire** [liminɛʀ] → SYN adj discours, note introductory

**liminal, e**, mpl **-aux** [liminal, o] adj liminal

**limitatif, -ive** [limitatif, iv] → SYN adj restrictive ◆ **liste limitative/non limitative** closed/open list

**limitation** [limitasjɔ̃] → SYN nf limitation, restriction ◆ **limitation des prix/des naissances** price/birth control ◆ **un accord sur la limitation des armements** an agreement on arms limitation ou control ◆ **sans limitation de durée** without a ou with no time limit ◆ **une limitation de vitesse (à 60 km/h)** a (60 km/h) speed limit ◆ **l'introduction de limitations de vitesse** the introduction of speed restrictions ou limits ◆ **limitation de la circulation automobile** traffic restrictions

**limite** [limit] → SYN 1 nf a [pays, jardin] boundary ◆ **la rivière marque la limite du parc** the river marks the boundary of the park

b [pouvoir, période] limit ◆ **limite d'âge/de poids** age/weight limit ◆ **il connaît ses limites** he knows his limits ◆ **ma patience a des limites !** there's a limit to my patience! ◆ **la tolérance a des limites !** tolerance has its limits! ◆ **la bêtise a des limites !** you can only be so stupid! ◆ **sa joie ne connaissait pas de limites** his joy knew no bounds ◆ **sa colère ne connaît pas de limites** his anger knows no limits ◆ **ce crime atteint les limites de l'horreur** this crime is too horrible to imagine ◆ **il franchit** ou **dépasse les limites !** he's going a bit too far! ◆ **sans limite(s)** patience infinite; pouvoir limitless; joie, confiance boundless ◆ **son ambition est sans limite** his ambition knows no bounds ou limits

c (Math) limit

d (Loc) **tu peux t'inscrire jusqu'à demain dernière limite** you have until tomorrow to register ◆ **avant la limite** (Boxe) inside ou within the distance

◆ **à la + limite** ◆ **à la limite on croirait qu'il le fait exprès** you'd almost think he's doing it on purpose ◆ **à la limite, j'accepterais ces conditions, mais pas plus** if pushed ou if absolutely necessary, I'd accept those conditions, but no more ◆ **à la limite tout roman est réaliste** ultimately ou at a pinch you could say any novel is realistic ◆ **c'est à la limite de l'insolence** it borders ou verges on insolence ◆ **jusqu'à la dernière limite** rester, résister to the bitter end, till the end; se battre to the death ◆ **jusqu'à la limite de ses forces** to the point of exhaustion ◆ **aller** ou **tenir jusqu'à la limite** (Boxe) to go the distance

◆ **dans + limite(s)** ◆ **dans une certaine limite** up to a point, to a certain extent ou degree ◆ **"dans la limite des stocks disponibles"** "while stocks last" ◆ **dans les limites du possible/du sujet** within the limits of what is possible/of the subject ◆ **l'entrée est gratuite dans la limite des places disponibles** admission is free subject to availability ◆ **dans les limites de mes moyens** (aptitude) within my capabilities; (argent) within my means

2 adj a (= extrême) **cas limite** borderline case ◆ **prix limite** upper price limit ◆ **cours limite** (Bourse) limit price ◆ **vitesse/âge limite** maximum speed/age ◆ **hauteur/longueur/charge limite** maximum height/length/load ◆ **heure limite** deadline

b (* = juste) **elle a réussi son examen/à attraper la balle, mais c'était limite** she passed her exam/managed to catch the ball — but only just ◆ **ils ne se sont pas injuriés/battus, mais c'était limite** they didn't actually insult each other/come to blows but they came fairly close ◆ **sa remarque était vraiment limite** she was pushing it with that remark* ◆ **l'acoustique était limite** the acoustics were OK but only just, the acoustics were OK but not brilliant

3 COMP ▷ **limite d'élasticité** elastic limit ▷ **limite de rupture** breaking point

**limité, e** [limite] → SYN (ptp de **limiter**) adj durée, choix, portée limited; nombre limited, restricted ◆ **je n'ai qu'une confiance limitée en ce remède** I only trust this treatment so far ◆ **il est un peu limité*** (intellectuellement) he's not very bright ◆ **comme romancier, il est un peu limité** as a novelist, he's a bit limited; → **société, tirage**

**limiter** [limite] → SYN ▸ conjug 1 ◂ 1 vt a (= restreindre) [+ dépenses, pouvoirs, temps] to limit, restrict (à to) ◆ **ils ont dû liquider leur affaire pour limiter les dégâts** they had to sell up the business to cut ou minimize their losses ◆ **on a réussi à limiter les dégâts en marquant deux buts** we managed to limit the damage by scoring two goals ◆ **nous limiterons notre étude à quelques cas généraux** we'll limit ou restrict our study to a few general cases ◆ **la vitesse est limitée à 50 km/h** the speed limit is 50 km/h

b (= délimiter) [frontière, montagnes] to border ◆ **les collines qui limitent l'horizon** the hills which bound the horizon

2 **se limiter** vpr a [personne] **se limiter à** [+ remarque] to confine o.s. to; [+ consommation] to limit o.s. to ◆ **je me limite à cinq cigarettes par jour** I only allow myself five cigarettes a day, I limit ou restrict myself to five cigarettes a day ◆ **il faut savoir se limiter** you have to know when to stop

b [connaissance, sanctions] **se limiter à** to be limited to

**limiteur** [limitœʀ] nm limiter ◆ **limiteur de vitesse** (Rail) speed controller

**limitrophe** [limitʀɔf] → SYN adj département bordering, adjoining; population border (épith) ◆ **provinces limitrophes de la France** (françaises) border provinces of France; (étrangères) provinces bordering on France

**limnée** [limne] nf great pond snail

**limnologie** [limnɔlɔʒi] nf limnology

**limnologique** [limnɔlɔʒik] adj limnologic(al)

**limogeage** [limɔʒaʒ] → SYN nm dismissal

**limoger** [limɔʒe] → SYN ▸ conjug 3 ◂ vt to dismiss (*de* from)

**limon** [limɔ̃] → SYN nm a (Géog) alluvium; (gén) silt

b [attelage] shaft; (Constr) string-board

**limonade** [limɔnad] → SYN nf a (gazeuse) (fizzy) lemonade (Brit), Seven-Up ® (US), Sprite ® (US)

b († = citronnade) (home-made) lemonade ou lemon drink

**limonadier, -ière** [limɔnadje, jɛʀ] → SYN nm,f a (= fabricant) soft drinks manufacturer

b († = commerçant) café owner

**limonage** [limɔnaʒ] nm liming

**limonaire** [limɔnɛʀ] nm barrel organ, hurdy-gurdy

**limonène** [limɔnɛn] nm limonene

**limoneux, -euse** [limɔnø, øz] adj silt-laden, silty

**limonière** [limɔnjɛʀ] nf (= brancard) shafts

**limonite** [limɔnit] nf limonite

**limoselle** [limozɛl] nf mudwort

**limousin, e¹** [limuzɛ̃, in] 1 adj of ou from Limousin

2 nm a (Ling) Limousin dialect

b (= région) Limousin

3 **Limousin(e)** nm,f inhabitant ou native of Limousin

**limousinage** [limuzinaʒ] nm rubble work

**limousine²** [limuzin] nf (= voiture) limousine; († = pèlerine) cloak

**limpide** [lɛ̃pid] → SYN adj eau, air, ciel, regard clear, limpid; explication clear, crystal-clear (attrib); style lucid, limpid; affaire clear, straightforward; (iro) straightforward ◆ **tu as compris ? – c'était limpide !** (iro) do you get it? — it was crystal-clear! (iro) ou as clear as mud!

**limpidité** [lɛ̃pidite] → SYN nf [eau, air, ciel, regard] clearness, limpidity; [explication] clarity, lucidity; [style] lucidity, limpidity; [affaire] clarity, straightforwardness

**limule** [limyl] nm ou f limulus

**lin** [lɛ̃] nm (= plante, fibre) flax; (= tissu) linen; → **huile, toile**

**linaigrette** [linɛgʀɛt] nf cotton grass

**linaire** [linɛʀ] nf toadflax, butter-and-eggs

**linceul** [lɛ̃sœl] → SYN nm (lit, fig) shroud

**lindane** [lɛ̃dan] nm lindane

**linéaire** [lineɛʀ] [1] adj linear
[2] nm (Comm) shelf space

**linéairement** [lineɛʀmɑ̃] adv linearly

**linéal, e,** mpl **-aux** [lineal, o] adj linear

**linéaments** [lineamɑ̃] nmpl (littér) a [visage] lineaments (littér), features; [forme] lines, outline
b (= ébauche) outline

**linéarisation** [lineaʀizasjɔ̃] nf linearization

**linéarité** [lineaʀite] nf linearity

**linéature** [lineatyʀ] nf (TV) number of scanning lines

**linette** [linɛt] nf linseed, flaxseed

**linge** [lɛ̃ʒ] → SYN [1] nm a (= draps, serviettes) linen; (= sous-vêtements) underwear ◆ **le gros linge** household linen ◆ **le petit linge** small items of linen ◆ **il y avait du beau linge à leur mariage** (fig) all the right people were at their wedding
b (= lessive) **le linge** the washing ◆ **laver/étendre le** ou **son linge** to wash/hang out the ou one's washing; → **laver**
c (= morceau de tissu) cloth ◆ **essuyer qch avec un linge** to wipe sth with a cloth ◆ **blanc** ou **pâle comme un linge** as white as a sheet
d (Helv = serviette de toilette) towel
[2] COMP ▷ **linges d'autel** altar cloths ▷ **linge de corps** underwear ▷ **linge de maison** household linen ▷ **linge de table** table linen ▷ **linge de toilette** bathroom linen

**lingère** [lɛ̃ʒɛʀ] nf (= personne) linen maid; (= meuble) linen cupboard ou closet

**lingerie** [lɛ̃ʒʀi] nf a (= local) linen room
b (= sous-vêtements féminins) (women's) underwear ◆ **lingerie fine** lingerie ◆ **rayon lingerie** lingerie department

**lingette** [lɛ̃ʒɛt] nf towelette

**lingot** [lɛ̃go] nm [métal] ingot; (Typo) slug ◆ **lingot d'or** gold ingot

**lingotière** [lɛ̃gɔtjɛʀ] nf ingot mould

**lingua franca** [liŋgwafʀɑ̃ka] nf (Ling) lingua franca

**lingual, e,** pl **-aux** [lɛ̃gwal, o] adj lingual

**linguatule** [lɛ̃gwatyl] nf tongue-worm

**lingue** [lɛ̃g] nf (= poisson) ling

**linguet** [lɛ̃gɛ] nm (Ciné) capstan idler; (Aut) breaker arm

**linguette** [lɛ̃gɛt] nf lozenge, pastille

**linguiforme** [lɛ̃gɥifɔʀm] adj linguiform

**linguiste** [lɛ̃gɥist] nmf linguist

**linguistique** [lɛ̃gɥistik] → SYN [1] nf linguistics sg
[2] adj (gén) linguistic; barrière, politique language (épith) ◆ **communauté linguistique** speech community

**linguistiquement** [lɛ̃gɥistikmɑ̃] adv linguistically

**linier, -ière**[1] [linje, jɛʀ] adj linen (épith)

**linière**[2] [linjɛʀ] nf flax field

**liniment** [linimɑ̃] → SYN nm liniment

**linkage** [liŋkaʒ] nm linkage

**links** [liŋks] nmpl (Golf) links

**linnéen, -enne** [lineɛ̃, ɛn] adj Linn(a)ean

**lino** * [lino] nm (abrév de **linoléum**) lino

**linogravure** [linogʀavyʀ] nf (= gravure) linocut

**linoléique** [linɔleik] adj ◆ **acide linoléique** linoleic acid

**linoléum** [linɔleɔm] nm linoleum

**linon** [linɔ̃] → SYN nm (= tissu) lawn

**linotte** [linɔt] → SYN nf linnet; → **tête**

**linotype** ® [linɔtip] nf Linotype ®

**linotypie** [linɔtipi] nf Linotype composition

**linotypiste** [linɔtipist] nmf Linotypist

**linsang** [lɛ̃sɑ̃g, linsɑŋ] nm linsang

**linteau,** pl **linteaux** [lɛ̃to] → SYN nm lintel

**linter** [lintɛʀ] nm linter

**lion** [ljɔ̃] nm a (Zool, fig) lion ◆ **lion de mer** sea lion ◆ **tu as mangé** ou **bouffé** ⁑ **du lion !** you're full of beans! *; → **fosse, part**
b (Astron) **le Lion** Leo, the Lion ◆ **il est Lion, il est du (signe du) Lion** he's (a) Leo

**lionceau,** pl **lionceaux** [ljɔ̃so] nm lion cub

**lionne** [ljɔn] nf lioness

**liparis** [lipaʀis] nm (= insecte) tussock moth; (= fleur) fen orchid

**lipase** [lipɑz] nf lipase

**lipide** [lipid] nm lipid

**lipidémie** [lipidemi] nf lipaemia (Brit), lipemia (US)

**lipidique** [lipidik] adj lipid (épith)

**lipochrome** [lipokʀom] nm lipochrome

**lipogenèse** [lipoʒənɛz] nf lipogenesis

**lipogramme** [lipɔgʀam] nm lipogram

**lipoïde** [lipɔid] adj lipoid

**lipolyse** [lipɔliz] nf lipolysis

**lipome** [lipom] nm lipoma

**lipophile** [lipɔfil] adj lipophilic

**lipoprotéine** [lipopʀɔtein] nf lipoprotein

**liposarcome** [liposaʀkom] nm liposarcoma

**liposoluble** [liposɔlybl] adj fat-soluble

**liposome** [lipozom] nm liposome

**liposuccion** [liposy(k)sjɔ̃] nf liposuction

**lipothymie** [lipɔtimi] nf lipothymia, lipothymy

**lipotrope** [lipɔtʀɔp] adj lipotropic

**lipovaccin** [lipovaksɛ̃] nm lipovaccine

**lippe** [lip] → SYN nf (littér) (fleshy) lower lip ◆ **faire la lippe** (= bouder) to sulk; (= faire la moue) to pout; (= faire la grimace) to make ou pull a face

**lippu, e** [lipy] adj thick-lipped

**liquation** [likwasjɔ̃] nf liquation

**liquéfacteur** [likefaktœʀ] nm (Tech) liquefier

**liquéfaction** [likefaksjɔ̃] → SYN nf (Chim) liquefaction

**liquéfiable** [likefjabl] adj liquefiable

**liquéfiant, e** [likefjɑ̃, jɑ̃t] adj (Chim) liquefying; atmosphère, chaleur draining (attrib), exhausting

**liquéfier** [likefje] → SYN ▸ conjug 7 ◂ [1] vt (Chim) to liquefy; ( * = amollir) to drain, exhaust ◆ **je suis liquéfié** * I'm dead beat * ou dog-tired *
[2] **se liquéfier** vpr (lit) to liquefy; ( * = avoir peur, être ému) to turn to jelly; ( * = avoir chaud) to be melting

**liquette** * [likɛt] nf (= chemise d'homme) shirt ◆ **(chemisier) liquette** (woman's) shirt

**liqueur** [likœʀ] → SYN nf (= boisson) liqueur; ( †† = liquide) liquid ◆ **liqueur titrée/de Fehling** (Pharm) standard/Fehling's solution

**liquidambar** [likidɑ̃baʀ] nm liquidambar

**liquidateur, -trice** [likidatœʀ, tʀis] nm,f (Jur) ≈ liquidator, ≈ receiver ◆ **liquidateur judiciaire** ou **de faillite** ≈ official liquidator ◆ **placer une entreprise entre les mains d'un liquidateur** to put a company into the hands of a receiver ou into receivership (Brit)

**liquidatif, -ive** [likidatif, iv] adj ◆ **valeur liquidative** market price ou value

**liquidation** [likidasjɔ̃] → SYN nf a (= règlement légal) [dettes, compte] settlement, payment; [société] liquidation; [biens, stock] selling off, liquidation; [succession] settlement; [problème] elimination ◆ **liquidation judiciaire** compulsory liquidation ◆ **liquidation (judiciaire) personnelle** personal bankruptcy ◆ **mettre une société en liquidation** to put a company into liquidation ou receivership, liquidate a company ◆ **afin de procéder à la liquidation de votre retraite** in order to commence payment of your pension ◆ **"50% de rabais jusqu'à liquidation du stock"** "stock clearance, 50% discount"; → **bilan**
b (= vente) selling (off), sale
c ( ⁑ = meurtre) liquidation, elimination
d (Bourse) **liquidation de fin de mois** (monthly) settlement

**liquide** [likid] → SYN [1] adj corps, son liquid ◆ **la sauce/peinture est trop liquide** the sauce/paint is too runny ou too thin ◆ **argent liquide** cash
[2] nm a (= substance) liquid ◆ **liquide de frein** brake fluid ◆ **liquide de refroidissement** coolant ◆ **liquide vaisselle** * washing-up liquid (Brit), (liquid) dish soap (US) ◆ **liquide amniotique/céphalorachidien** amniotic/cerebrospinal fluid
b (= argent) cash ◆ **je n'ai pas beaucoup de liquide** I haven't much ready money ou ready cash ◆ **payer** ou **régler en liquide** to pay (in) cash ◆ **être payé en liquide** to be paid cash in hand
[3] nf (Ling) liquid

**liquider** [likide] → SYN ▸ conjug 1 ◂ vt a (Fin, Jur) [+ succession, dettes] to settle, pay; [+ compte] to settle, clear; [+ société] to liquidate, wind up; [+ biens, stock] to liquidate, sell off
b (= vendre) to sell (off)
c ( ⁑ = tuer) to liquidate, eliminate
d * (= régler) [+ problème] to get rid of; (= finir) to finish off ◆ **c'est liquidé maintenant** it is all finished ou over now

**liquidien, -ienne** [likidjɛ̃, jɛn] adj liquid (épith)

**liquidité** [likidite] nf (Chim, Jur) liquidity ◆ **liquidités** liquid assets

**liquoreux, -euse** [likɔʀø, øz] → SYN adj vin syrupy

**lire**[1] [liʀ] → SYN ▸ conjug 43 ◂ vt a (= déchiffrer) to read; [+ message enregistré] to listen to ◆ **il sait lire l'heure** he can ou knows how to tell the time ◆ **à sept ans, il ne lit pas encore** ou **il ne sait pas encore lire** he's seven and he still can't read ◆ **lire sur les lèvres** to lip-read ◆ **lire ses notes avant un cours** to read over ou read through ou go over one's notes before a lecture ◆ **lire un discours/un rapport devant une assemblée** to read (out) a speech/a report at a meeting ◆ **il l'a lu dans le journal** he read (about) it in the paper ◆ **chaque soir, elle lit des histoires à ses enfants** every night she reads stories to her children ◆ **à le lire, on croirait que ...** from what he writes ou from reading what he writes one would think that ... ◆ **là où il y a 634, lire** ou **lisez 643** (erratum) for 634 read 643 ◆ **ce roman se lit bien** ou **se laisse lire** the novel is very readable ◆ **ce roman se lit facilement/très vite** the novel makes easy/quick reading ◆ **ce roman mérite d'être lu** ou **est à lire** the novel is worth reading ◆ **lire entre les lignes** to read between the lines ◆ **je lis en lui à livre ouvert** I can read him like an open book; voir aussi **lu**
b (= deviner) to read ◆ **lire dans le cœur de qn** to see into sb's heart ◆ **la peur se lisait** ou **on lisait la peur sur son visage/dans ses yeux** you could see ou read fear in his face/in his eyes, fear showed on his face/in his eyes ◆ **lire l'avenir dans les lignes de la main de qn** to read in sb's palm ◆ **elle m'a lu les lignes de la main** she read my palm, she did a palm-reading for me ◆ **lire l'avenir dans le marc de café** ≈ to read (the future in) tea leaves ◆ **lire dans une boule de cristal** to gaze into a crystal ball ◆ **lire dans le jeu de qn** to see through sb, see what sb is up to
c (formule de lettre) **nous espérons vous lire bientôt** we hope to hear from you soon ◆ **à bientôt de vous lire** hoping to hear from you soon
d (= interpréter) [+ statistiques, événement] to read, interpret

**lire**[2] [liʀ] nf lira

**lis** [lis] nm lily ◆ **blanc comme un lis, d'une blancheur de lis** lily-white; → **fleur**

**Lisbonne** [lisbɔn] n Lisbon

**liserage** [liz(ə)ʀaʒ], **lisérage** [lizeʀaʒ] nm ornamental edging

**liseré** [liz(ə)ʀe], **liséré** [lizeʀe] nm (= bordure) border, edging ◆ **un liseré de ciel bleu** a strip of blue sky

**liserer** [liz(ə)ʀe], **lisérer** [lizeʀe] ▸ conjug 6 ◂ vt to edge with ribbon

**liseron** [lizʀɔ̃] → SYN nm bindweed, convolvulus

**liseur, -euse** [lizœʀ, øz] → SYN [1] nm,f reader
[2] **liseuse** nf (= couvre-livre) book jacket; (= vêtement) bedjacket

**lisibilité** [lizibilite] nf [écriture] legibility; [livre] readability ◆ **d'une parfaite lisibilité** perfectly legible ◆ **le manque de lisibilité des textes officiels** the fact that official documents are so difficult to read ◆ **ils se plaignent d'une mauvaise lisibilité de l'action gouvernementale** they're complaining that the government's policy lacks clarity

**lisible** [lizibl] → SYN adj écriture legible; livre readable, worth reading ◆ **une carte peu lisible** a map that is difficult to read ◆ **ce livre est lisible à plusieurs niveaux** the book can be read on several levels ◆ **leur stratégie est peu lisible** their strategy lacks clarity

**lisiblement** [liziblәmɑ̃] adv legibly

**lisier** [lizje] nm liquid manure

**lisière** [lizjɛʀ] → SYN nf **a** [bois, village] edge ◆ **à la lisière de** ou **en lisière de forêt** on the edge of the forest ◆ **ils sont à la lisière de la légalité** they're only just within the law
**b** (Tex) selvage

**LISP** [lisp] nm (abrév de **List Processing**) LISP

**lissage** [lisaʒ] nm smoothing

**lisse[1]** [lis] → SYN adj peau, surface smooth; cheveux sleek, smooth; pneu bald; (Anat) muscle smooth

**lisse[2]** [lis] → SYN nf (Naut) (= rambarde) handrail; (de la coque) ribband

**lisse[3]** [lis] nf (Tex) ⇒ **lice[2]**

**lisser** [lise] → SYN ▸ conjug 1 ◂ vt [+ cheveux] to smooth (down); [+ moustache] to smooth, stroke; [+ papier, drap froissé] to smooth out; [+ vêtement] to smooth (out) ◆ **l'oiseau lisse ses plumes** ou **se lisse les plumes** the bird is preening itself ou its feathers ◆ **fromage blanc lissé** creamy fromage blanc

**lisseur, -euse** [lisœʀ, øz] nm,f (= personne, machine) smoother

**lissier** [lisje] nm ⇒ **licier**

**lissoir** [liswaʀ] nm [papier, cuir, étoffe] smoother

**listage** [listaʒ] nm (= action) listing; (= liste) list; (Ordin) print-out

**liste[1]** [list] GRAMMAIRE ACTIVE 27.5 → SYN
1 nf **a** (gén) list ◆ **faire** ou **dresser une liste** to make a list, draw up a list ◆ **faire la liste de** to make out ou draw up a list of, list ◆ **s'il fallait faire la liste de tous ses défauts !** if you had to list ou make out a list of all his faults! ◆ **faites-moi la liste des absents** make me out a list of people who are absent ◆ **liste des courses** shopping list ◆ **liste nominative des élèves** class roll ou list
**b** (Pol) [candidats] (list of) candidates ◆ **être inscrit sur les listes électorales** to be on the electoral roll, be registered to vote ◆ **la liste de la gauche** the list of left-wing candidates ◆ **liste unique** (commune) joint list (of candidates); (sans choix) single list (of candidates) ◆ **leurs partis présentent une liste commune** their parties are putting forward a joint list (of candidates); → **scrutin**
2 COMP ▷ **liste d'attente** waiting list ▷ **liste civile** civil list ▷ **liste de contrôle** ⇒ **liste de vérification** ▷ **liste d'envoi** mailing list ▷ **liste de mariage** wedding list ▷ **liste noire** blacklist; (pour élimination) hit list ▷ **liste de publipostage** mailing list ▷ **liste rouge** (Téléc) ◆ **demander à être sur (la) liste rouge** (to ask) to go ex-directory (Brit) ou unlisted (US) ◆ **il est sur liste rouge** he's ex-directory (Brit), he's unlisted (US) ▷ **liste de vérification** check list

**liste[2]** [list] nf [cheval] list

**listel,** pl **listels** ou **-eaux** [listɛl, o] nm (Archit) listel, fillet; [monnaie] rim

**lister** [liste] → SYN ▸ conjug 1 ◂ vt to list

**listeria** [listeʀja] nf inv listeria

**listériose** [listeʀjoz] nf listeriosis

**listing** [listiŋ] nm ⇒ **listage**

**lit** [li] → SYN 1 nm **a** (= meuble) bed; (= structure) bedstead, bed ◆ **lit d'une personne** ou **à une place** single bed ◆ **lit de deux personnes** ou **à deux places** double bed ◆ **lit de fer/de bois** iron/wooden bedstead ◆ **lit d'hôpital/d'hôtel** hospital/hotel bed ◆ **hôpital de 250 lits** hospital with 250 beds ◆ **aller** ou **se mettre au lit** to go to bed ◆ **garder le lit** to stay in bed ◆ **mettre un enfant au lit** to put a child to bed ◆ **être/lire au lit** to be/read in bed ◆ **faire le lit** to make the bed ◆ **faire le lit de** (fig) (= renforcer) to bolster; (= préparer le terrain pour) to pave the way for ◆ (Prov) **comme on fait son lit, on se couche** you've made your bed, now you must lie on it ◆ **faire lit à part** to sleep in separate beds ◆ **le lit n'avait pas été défait** the bed had not been slept in ◆ **au lit les enfants !** bedtime ou off to bed children! ◆ **arracher** ou **sortir** ou **tirer qn du lit** to drag ou haul sb out of bed ◆ **tomber du lit** to be up bright and early; → **saut**
**b** (Jur = mariage) **enfants du premier/deuxième lit** children of the first/second marriage ◆ **enfants d'un autre lit** children of a previous marriage
**c** [rivière] bed ◆ **les pluies ont fait sortir le fleuve de son lit** the river has burst ou overflowed its banks because of the rains
**d** (= couche, épaisseur) bed, layer ◆ **lit d'argile** bed ou layer of clay ◆ **lit de cendres** ou **de braises** bed of hot ashes ◆ **lit de salade** (Culin) bed of lettuce
**e** (Naut) [vent, marée, courant] set
**f** (Constr) **lit de pose** bearing surface
2 COMP ▷ **lit à baldaquin** canopied fourposter bed ▷ **lit bateau** cabin bed ▷ **lit breton** box bed ▷ **lit de camp** campbed ▷ **lit clos** box bed ▷ **lit de coin** bed (standing) against the wall ▷ **lit à colonnes** fourposter bed ▷ **lit conjugal** marriage bed ▷ **lit de douleur** bed of pain ▷ **lit d'enfant** cot ▷ **lit gigogne** pullout ou stowaway bed ▷ **lits jumeaux** twin beds ▷ **lit de justice** bed of justice ▷ **lit de mort** deathbed ▷ **lit nuptial** wedding-bed ▷ **lit de parade**: **sur un lit de parade** lying in state ▷ **lit pliant** folding bed ▷ **lit en portefeuille** apple-pie bed ▷ **lit de repos** couch ▷ **lit de sangle** trestle bed ▷ **lits superposés** bunk beds

**litanie** [litani] → SYN nf (Rel, fig péj) litany

**lit-cage,** pl **lits-cages** [likaʒ] nm (folding metal) bed

**litchi** [litʃi] nm lychee, litchi

**liteau[1]** [lito] nm (pour toiture) batten; (pour tablette) bracket; (dans tissu) stripe

**liteau[2]** [lito] nm [loup] haunt

**litée** [lite] nf (= jeunes animaux) litter

**liter** [lite] ▸ conjug 1 ◂ vt [+ poissons] to layer

**literie** [litʀi] nf bedding

**litham** [litam] nm litham

**litharge** [litaʀʒ] nf (Minér) litharge

**lithiase** [litjɑz] nf lithiasis

**lithine** [litin] nf lithium hydroxide

**lithiné, e** [litine] 1 adj ◆ **eau lithinée** lithia water
2 **lithinés** nmpl lithium salts

**lithinifère** [litinifɛʀ] adj containing lithium

**lithique** [litik] adj lithic

**lithium** [litjɔm] nm lithium

**litho** * [lito] nf (abrév de **lithographie**) litho

**lithodome** [litɔdɔm, litodom] nm lithodomus

**lithographe** [litɔgʀaf] nmf lithographer

**lithographie** [litɔgʀafi] nf (= technique) lithography; (= image) lithograph

**lithographier** [litɔgʀafje] ▸ conjug 7 ◂ vt to lithograph

**lithographique** [litɔgʀafik] adj lithographic

**lithophage** [litɔfaʒ] adj lithophagous

**lithophanie** [litɔfani] nf lithophany

**lithosphère** [litɔsfɛʀ] nf lithosphere

**lithothamnium** [litotamnjɔm] nm lithothamnion

**lithotripteur** [litɔtʀiptœʀ], **lithotriteur** [litɔtʀitœʀ] nm lithotripter

**lithotritie** [litɔtʀisi] nf lithotripsy

**lithuanien, -ienne** [litɥanjɛ̃, jɛn] adj, nm,f ⇒ **lituanien, -ienne**

**litière** [litjɛʀ] → SYN nf (= couche de paille) litter (NonC); (pour cheval) bedding; (Hist = palanquin) litter ◆ **il s'était fait une litière avec de la paille** he had made himself a bed of straw ◆ **litière pour chats** cat litter (Brit), Kitty Litter ® (US) ◆ **faire litière de qch** (littér) to scorn ou spurn sth

**litige** [litiʒ] → SYN nm (gén) dispute; (Jur) lawsuit ◆ **être en litige** (gén) to be in dispute (*avec* with); (Jur) to be at law ou in litigation ◆ **les parties en litige** the litigants, the disputants (US) ◆ **point/objet de litige** point/object of contention

**litigieux, -ieuse** [litiʒjø, jøz] → SYN adj point, question contentious; article, document controversial; facture, frontière disputed ◆ **cas litigieux** contentious issue

**litispendance** [litispɑ̃dɑ̃s] nf (Jur) pendency *(of a case)*

**litorne** [litɔʀn] nf fieldfare

**litote** [litɔt] → SYN nf (gén) understatement; (Littérat) litotes (SPÉC)

**litre** [litʀ] → SYN nm (= mesure) litre (Brit), liter (US); (= récipient) litre (Brit) ou liter (US) bottle

**litron** * [litʀɔ̃] nm ◆ **litron (de vin)** litre (Brit) ou liter (US) of wine

**littéraire** [liteʀɛʀ] → SYN 1 adj (gén) literary; souffrance, passion affected ◆ **faire des études littéraires** to study literature
2 nmf (par don, goût) literary person; (= étudiant) arts student; (= enseignant) arts teacher, teacher of arts subjects

**littérairement** [liteʀɛʀmɑ̃] adv in literary terms

**littéral, e,** mpl **-aux** [liteʀal, o] → SYN adj (littér, Math) literal ◆ **arabe littéral** written Arabic

**littéralement** [liteʀalmɑ̃] → SYN adv (lit, fig) literally

**littéralité** [liteʀalite] nf literality, literalness

**littérarité** [liteʀaʀite] nf literariness

**littérateur** [liteʀatœʀ] → SYN nm man of letters; (péj = écrivain) literary hack

**littérature** [liteʀatyʀ] → SYN nf **a** (= art) literature; (= profession) writing ◆ **faire de la littérature** to go in for writing, write ◆ **tout cela, c'est de la littérature** (péj) it's of trifling importance ◆ **écrire de la littérature alimentaire** to write potboilers ◆ **littérature de colportage** chapbooks
**b** (= manuel) history of literature; (= ensemble d'ouvrages) literature; (= bibliographie) literature ◆ **il existe une abondante littérature sur ce sujet** there's a wealth of literature ou material on this subject

**littoral, e,** mpl **-aux** [litɔʀal, o] → SYN 1 adj coastal, littoral (SPÉC); → **cordon**
2 nm coast, littoral (SPÉC)

**littorine** [litɔʀin] nf peri(winkle)

**Lituanie** [litɥani] nf Lithuania

**lituanien, -ienne** [litɥanjɛ̃, jɛn] 1 adj Lithuanian
2 nm (Ling) Lithuanian
3 **Lituanien(ne)** nm,f Lithuanian

**liturgie** [lityʀʒi] → SYN nf liturgy

**liturgique** [lityʀʒik] adj liturgical

**liturgiste** [lityʀʒist] nmf liturgist

**livarde** [livaʀd] nf sprit

**livarot** [livaʀo] nm Livarot *(creamy Normandy cheese)*

**livèche** [livɛʃ] nf (Bot) lovage

**livedo, livédo** [livedo] nm ou f livedo

**livide** [livid] → SYN adj **a** (= pâle) (par maladie) pallid; (de peur) white
**b** (littér = bleuâtre) livid

**lividité** [lividite] nf lividness

**living** [liviŋ], **living-room,** pl **living-rooms** [liviŋʀum] nm (= pièce) living room; (= meuble) unit

**Livourne** [livuʀn] n Leghorn, Livorno

**livrable** [livʀabl] adj which can be delivered ◆ **cet article est livrable dans les 10 jours/à domicile** this article will be delivered within 10 days/can be delivered to your home

**livraison** [livʀɛzɔ̃] GRAMMAIRE ACTIVE 20.2, 20.3, 20.4
→ SYN nf **a** [marchandise] delivery ◆ **"livraison à domicile"** "we deliver", "home deliveries" ◆ **"payable à la livraison"** "payable on delivery", "cash on delivery", "COD" ◆ **la livraison à domicile est comprise dans le prix** the price includes (the cost of) delivery ◆ **faire une livraison** to make a delivery ◆ **faire la livraison de qch** to deliver sth ◆ **prendre livraison de qch** to take ou receive delivery of sth
**b** [revue] part, instalment

**livre[1]** [livʀ] → SYN 1 nm **a** (= ouvrage) book ◆ **le livre** (= commerce) the book industry, the book trade (Brit) ◆ **livre de géographie** geography book ◆ **livre du maître/de l'élève** teacher's/pupil's textbook ◆ **il a toujours le nez dans les livres, il vit dans les livres** he's always got his nose in a book ◆ **je ne connais l'Australie que par les livres** I only know Australia through ou from books ◆ **ça n'arrive que dans les livres** it only happens in books ◆ **écrire/faire un livre sur** to write/do a book on ◆ **"Le Livre de la jungle"** (Littérat) "The Jungle Book"; → **parler**

**b** (= volume) book ◆ **le livre 2** ou **le second livre de la Genèse** book 2 of Genesis, the second book of Genesis

**2** COMP ▷ **livre blanc** (gén) official report; [gouvernement] white paper ▷ **livre de bord** (Naut) logbook ▷ **livre de caisse** (Comm) cashbook ▷ **livre de chevet** bedside book ▷ **livre de classe** schoolbook, textbook ▷ **les livres de commerce** (Comm) the books, the accounts ▷ **livre de comptes** account(s) book ▷ **livre de cuisine** cookbook, cookery book (Brit) ▷ **livre électronique** E-book ▷ **livre d'enfant** children's book ▷ **livre d'heures** book of hours ▷ **livre d'images** picture book ▷ **livre journal** (Comm) daybook ▷ **livre de lecture** reader, reading book ▷ **livre de messe** missal ▷ **livre d'or** visitors' book ▷ **livre de poche** paperback ▷ **livre de prières** prayer book ▷ **livre scolaire** ⇒ **livre de classe**

**livre²** [livʀ] **nf** **a** (= poids) half a kilo, ≃ pound; (Can) pound

**b** (= monnaie) pound; (Hist française) livre ◆ **livre sterling** pound sterling ◆ **livre égyptienne** Egyptian pound ◆ **livre irlandaise** Irish pound, punt ◆ **ce chapeau coûte 6 livres** this hat costs £6

**livre-cassette,** pl **livres-cassettes** [livʀkasɛt] **nm** talking book, book on cassette ou on tape

**livrée** [livʀe] → SYN **nf** **a** (= uniforme) livery ◆ **en livrée** in livery (attrib), liveried

**b** [animal, oiseau] markings

**livre-jeu,** pl **livres-jeux** [livʀʒø] **nm** activity book

**livrer** [livʀe] → SYN ▸ conjug 1 ◂ **1** **vt** **a** [+ commande, marchandises] to deliver ◆ **se faire livrer qch** to have sth delivered ◆ **livrer qn** to deliver sb's order ◆ **je serai livré demain, ils me livreront demain** they'll do the delivery tomorrow ◆ **nous livrons à domicile** we do home deliveries

**b** (= abandonner : à la police, à l'ennemi) to hand over (à to) ◆ **livrer qn à la mort** to send sb to their death ◆ **livrer qn au bourreau** to deliver sb up ou hand sb over to the executioner ◆ **le pays a été livré au pillage/à l'anarchie** the country was given over to pillage/to anarchy ◆ **être livré à soi-même** to be left to o.s. ou to one's own devices

**c** (= confier) **livrer les secrets de son cœur** to give away the secrets of one's heart ◆ **il m'a livré un peu de lui-même** he opened up to me a little

**d** (Loc) **livrer bataille** to do ou join battle (à with) ◆ **livrer passage à qn** to let sb pass

**2** **se livrer** **vpr** **a** (= se rendre) to give o.s. up, surrender (à to) ◆ **se livrer à la police** to give o.s. up to the police

**b** (= se confier) to open up ◆ **se livrer à un ami** to confide in a friend, open up to a friend ◆ **il ne se livre pas facilement** he doesn't open up easily

**c** (= s'abandonner à) **se livrer à** [+ destin] to abandon o.s. to; [+ plaisir, excès, douleur] to give o.s. over to ◆ **elle s'est livrée à son amant** she gave herself to her lover

**d** (= faire, se consacrer à) **se livrer à** [+ exercice, analyse, expérience] to do; [+ jeu] to play; [+ sport] to practise; [+ recherches] to do, engage in, carry out; [+ enquête] to hold, set up ◆ **se livrer à l'étude** to study, devote o.s. to study ◆ **se livrer à des pratiques répréhensibles** to indulge in illegal practices

**livresque** [livʀɛsk] **adj** connaissances acquired from books, academic ◆ **enseignement purement livresque** purely theoretical ou academic training

**livret** [livʀɛ] → SYN **1** **nm** **a** (Mus) **livret (d'opéra)** (opera) libretto

**b** († = petit livre) booklet; (= catalogue) catalogue; → **compte**

**2** COMP ▷ **livret de caisse d'épargne** (= carnet) (savings) bankbook; (= compte) savings account ▷ **livret de famille** official family record book *(containing registration of births and deaths in a family)* ▷ **livret matricule** (Mil) army file ▷ **livret militaire** military record ▷ **livret scolaire** (= carnet) (school) report book; (= appréciation) (school) report

**livreur** [livʀœʀ] → SYN **nm** delivery man (ou boy)

**livreuse** [livʀøz] **nf** delivery woman (ou girl)

**lixiviation** [liksivjasjɔ̃] **nf** lixiviation

**Ljubljana** [ljubljana] **n** Ljubljana

**llanos** [ljanos] **nmpl** llanos

**loader** [lodœʀ] → SYN **nm** (Tech) loader

**lob** [lɔb] **nm** (Tennis) lob ◆ **faire un lob** to hit a lob

**lobaire** [lɔbɛʀ] **adj** lobar

**lobby,** pl **lobbies** [lɔbi] → SYN **nm** (Pol) lobby

**lobbying** [lɔbiiŋ], **lobbyisme** [lɔbiism] **nm** lobbying

**lobbyiste** [lɔbiist] **nmf** lobbyist

**lobe** [lɔb] **nm** **a** (Anat, Bot) lobe ◆ **lobe de l'oreille** earlobe

**b** (Archit) foil

**lobé, e** [lɔbe] (ptp de **lober**) **adj** (Bot) lobed; (Archit) foiled

**lobectomie** [lɔbɛktɔmi] **nf** lobectomy

**lobélie** [lɔbeli] **nf** lobelia

**lobéline** [lɔbelin] **nf** lobeline

**lober** [lɔbe] ▸ conjug 1 ◂ **1** **vi** (Tennis) to lob

**2** **vt** (Ftbl, Tennis) to lob (over)

**lobotomie** [lɔbɔtɔmi] **nf** lobotomy

**lobotomiser** [lɔbɔtɔmize] ▸ conjug 1 ◂ **vt** to perform a lobotomy on

**lobulaire** [lɔbylɛʀ] **adj** lobular, lobulate

**lobule** [lɔbyl] **nm** lobule

**lobulé, e** [lɔbyle] **adj** lobulated

**lobuleux, -euse** [lɔbylø, øz] **adj** lobulose

**local, e,** mpl **-aux** [lɔkal, o] → SYN **1** **adj** local ◆ **averses locales** scattered ou local showers, rain in places; → **anesthésie, couleur, impôt**

**2** **nm** (= salle) premises ◆ **local (à usage) commercial** commercial premises ◆ **local d'habitation** domestic premises, private (dwelling) house ◆ **local professionnel** business premises ◆ **le club cherche un local** the club is looking for premises ou for a place in which to meet ◆ **il a un local au fond de la cour qui lui sert d'atelier** he's got a place at the far end of the yard which he uses as a workshop

**3** **locaux** **nmpl** (= bureaux) offices, premises ◆ **dans les locaux de la police** on police premises ◆ **les locaux de la société sont au deuxième étage** the company's offices ou premises are on the second floor

**localement** [lɔkalmɑ̃] **adv** (= ici) locally; (= par endroits) in places

**localier** [lɔkalje] **nm** local affairs correspondent

**localisable** [lɔkalizabl] **adj** localizable ◆ **facilement localisable** easy to localize

**localisation** [lɔkalizasjɔ̃] → SYN **nf** (= repérage) localization; (= emplacement) location ◆ **système de localisation par satellite** satellite locating system ◆ **la localisation des investissements est libre** investors are free to invest wherever they wish

**localisé, e** [lɔkalize] (ptp de **localiser**) **adj** conflit, douleur localized; gymnastique, musculation concentrating on one part of the body ◆ **le cancer est resté très localisé** the cancer remained very localized ◆ **la production est très localisée** production is highly localized

**localiser** [lɔkalize] → SYN ▸ conjug 1 ◂ **vt** **a** (= circonscrire) (gén) to localize; [+ épidémie, incendie] to confine ◆ **l'épidémie s'est localisée dans cette région** the epidemic was confined to this area

**b** (= repérer) to locate

**localité** [lɔkalite] → SYN **nf** (= ville) town; (= village) village

**locataire** [lɔkatɛʀ] → SYN **nmf** (gén) tenant; (habitant avec le propriétaire) lodger, roomer (US) ◆ **locataire à bail** lessee, lease-holder ◆ **les locataires de mon terrain** the people who rent land from me, the tenants of my land ◆ **nous sommes locataires de nos bureaux** we rent our office space ◆ **avoir/prendre des locataires** to have/take in tenants ◆ **l'ancien/le nouveau locataire de Matignon** the former/present French Prime Minister

**locatif, -ive** [lɔkatif, iv] **1** **adj** **a** valeur, secteur rental ◆ **local à usage locatif** premises for letting (Brit) ou rent (US) ◆ **risques locatifs** tenant's risks ◆ **réparations locatives** repairs incumbent upon the tenant ◆ **marché locatif** rental ou letting market; → **charge**

**b** (Gram) **préposition locative** preposition of place

**2** **nm** (Gram) locative (case) ◆ **au locatif** in the locative

**location** [lɔkasjɔ̃] → SYN **1** **nf** **a** (par le locataire) [maison, terrain] renting; [matériel, voiture] renting, hire (Brit), hiring (Brit) ◆ **prendre en location** [+ maison] to rent; [+ voiture, matériel] to rent, hire (Brit) ◆ **c'est pour un achat ou pour une location ?** is it to buy or to rent?

**b** (par le propriétaire) [maison, terrain] renting (out), letting (Brit); [matériel, véhicule] renting, hiring (out) (Brit) ◆ **mettre en location** [+ maison] to rent out, let (Brit); [+ véhicule] rent, to hire out (Brit) ◆ **location de voitures** (écriteau) "car rental", "cars for hire" (Brit), "car-hire" (Brit); (métier) car rental, car hiring (Brit) ◆ **"location de voitures sans chauffeur"** "self-drive car rental ou hire (Brit)" ◆ **c'est pour une vente ou pour une location ?** is it to sell or to rent? ou to let? (Brit) ◆ **nous ne faisons pas de location de matériel** we don't rent out ou hire out (Brit) equipment

**c** (= bail) lease ◆ **contrat de location** lease

**d** (= logement) rented accommodation (NonC) ◆ **il a trois locations dans la région** he has got three properties (for letting) in the area ◆ **il a pris une location pour un mois** he has taken ou rented a house ou a flat for a month ◆ **être/habiter en location** to be/live in rented accommodation

**e** (= réservation) [spectacle] reservation, booking (Brit) ◆ **bureau de location** (advance) booking office; (Théât) box office, booking office ◆ **la location des places se fait quinze jours à l'avance** seats must be reserved ou booked two weeks in advance

**2** COMP ▷ **location avec option d'achat** leasing, lease-option agreement ▷ **location saisonnière** holiday let (Brit), vacation ou summer rental (US)

**location-gérance,** pl **locations-gérances** [lɔkasjɔ̃ʒeʀɑ̃s] **nf** ≃ management agreement ◆ **être en location-gérance** [entreprise] to be run by a manager

**location-vente,** pl **locations-ventes** [lɔkasjɔ̃vɑ̃t] **nf** hire purchase (Brit), instalment (Brit) ou installment (US) plan ◆ **acheter un ordinateur en location-vente** to buy a computer on instalments

**loch** [lɔk] → SYN **nm** (Naut = appareil) log; (= lac) loch

**loche** [lɔʃ] **nf** **a** (= poisson) **loche (de rivière)** loach ◆ **loche de mer** rockling

**b** (= limace) grey slug

**lochies** [lɔʃi] **nfpl** lochia sg

**loci** [lɔki] (nmpl de **locus**)

**lockout, lock-out** [lɔkaut] **nm inv** lockout

**lockouter, lock-outer** [lɔkaute] ▸ conjug 1 ◂ **vt** to lock out

**loco** * [lɔko] **nf** (abrév de **locomotive**) loco *

**locomobile** [lɔkɔmɔbil] **nf** locomotive (engine)

**locomoteur, -trice¹** [lɔkɔmɔtœʀ, tʀis] **adj** locomotive ◆ **ataxie locomotrice** locomotor ataxia

**locomotion** [lɔkɔmosjɔ̃] → SYN **nf** locomotion; → **moyen**

**locomotive** [lɔkɔmɔtiv] → SYN **nf** **a** (Rail) locomotive, engine ◆ **locomotive haut le pied** light engine (Brit), wildcat (US)

**b** (= entreprise, secteur, région) driving force, powerhouse; (= coureur) pace-setter, pacemaker ◆ **les exportations sont les locomotives de la croissance** exports are the driving force behind economic growth ◆ **cet élève est la locomotive de la classe** this pupil sets the standard for the rest of the class

**locomotrice²** [lɔkɔmɔtʀis] **nf** motive ou motor unit

**locorégional, e,** mpl **-aux** [lɔkoʀeʒjɔnal, o] **adj** anesthésie regional

**locotracteur** [lɔkotʀaktœʀ] **nm** (= locomotive) shunter

**loculaire** [lɔkylɛʀ], **loculé, e** [lɔkyle], **loculeux, -euse** [lɔkylø, øz] **adj** locular, loculate

**locus** [lɔkys], pl **locus** ou **loci** [lɔki] **nm** (Bio) locus

**locuste** [lɔkyst] nf locust

**locuteur, -trice** [lɔkytœʀ, tʀis] nm,f (Ling) speaker ◆ **locuteur natif** native speaker

**locution** [lɔkysjɔ̃] → SYN nf phrase, locution (SPÉC) ◆ **locution figée** set phrase, idiom ◆ **locution verbale/adverbiale/prépositive** verbal/adverbial/prepositional phrase

**loden** [lɔdɛn] nm (= tissu) loden; (= manteau) loden coat

**lœss** [løs] nm loess

**lof** [lɔf] nm (Naut) windward side ◆ **aller** ou **venir au lof** to luff ◆ **virer lof pour lof** to wear (ship)

**lofer** [lɔfe] ▸ conjug 1 ◂ vi (Naut) to luff

**loft** [lɔft] nm loft *(converted living space)*

**log** [lɔg] nm (abrév de **logarithme**) log

**logarithme** [lɔgaʀitm] nm logarithm

**logarithmique** [lɔgaʀitmik] adj logarithmic

**loge** [lɔʒ] → SYN nf a [concierge, francs-maçons] lodge; † [bûcheron] hut ◆ **la Grande Loge de France** the Grand Lodge of France

b (Théât) [artiste] dressing room; [spectateur] box ◆ **premières loges** boxes in the dress ou grand (Brit) circle ◆ **être aux premières loges** (fig) to have a ringside seat, have a front seat ◆ **secondes loges** boxes in the upper circle

c (= salle de préparation) (individual) exam room

d (Archit) loggia

e (Bot) loculus ◆ **les loges** loculi

**logé, e** [lɔʒe] (ptp de **loger**) adj ◆ **être logé, nourri, blanchi** to have board and lodging ou room and board (US) and one's laundry done ◆ **être bien logé** to be comfortably housed ◆ **les personnes mal logées** people in inadequate housing, people who are poorly housed ◆ **je suis mal logé** I'm not really comfortable where I live ◆ **être logé à la même enseigne** to be in the same boat ◆ **on n'est pas tous logés à la même enseigne** we don't all get treated in the same way

**logeable** [lɔʒabl] → SYN adj (= habitable) habitable, fit to live in (attrib); (= spacieux, bien conçu) roomy

**logement** [lɔʒmɑ̃] → SYN nm a (= hébergement) housing ◆ **le logement était un gros problème en 1950** housing was a big problem in 1950 ◆ **trouver un logement provisoire chez des amis** to find temporary accommodation with friends

b (= appartement) accommodation (NonC), flat (Brit), apartment (US) ◆ **logements collectifs** apartment buildings (US), blocks of flats (Brit) ◆ **logements sociaux** ≃ council houses (ou flats) (Brit), ≃ local authority housing (NonC) (Brit), ≃ housing projects (US) ◆ **il a réussi à trouver un logement** he managed to find somewhere to live; → **fonction**

c (Mil) [troupes] (à la caserne) quartering; (chez l'habitant) billeting ◆ **logements** (à la caserne) quarters; (chez l'habitant) billet

d (Tech) housing

**loger** [lɔʒe] → SYN ▸ conjug 3 ◂ 1 vi a [personne] to live (*dans* in; *chez* with, at) ◆ **loger à l'hôtel/rue Lepic** to live in a hotel/in rue Lepic ◆ **loger chez l'habitant** (Mil) to be billeted on the local inhabitants; [touriste] to stay with the local inhabitants

b [meuble, objet] to belong, go

2 vt a [+ amis] to put up; [+ clients, élèves] to accommodate; [+ objet] to put; [+ soldats] (chez l'habitant) to billet ◆ **on va loger les malles dans le grenier** we're going to put ou store the trunks in the loft

b (= contenir) to accommodate ◆ **hôtel qui peut loger 500 personnes** hotel which can accommodate 500 people ◆ **salle qui loge beaucoup de monde** room which can hold ou accommodate a lot of people

c (= envoyer) **loger une balle dans** to lodge a bullet in ◆ **il s'est logé une balle dans la tête** he shot himself in the head, he put a bullet through his head

3 **se loger** vpr a (= habiter) (gén) to find a house (ou flat etc), find somewhere to live, find accommodation; [touristes] to find accommodation, find somewhere to stay ◆ **il n'a pas trouvé à se loger** he hasn't found anywhere to live ou any accommodation ◆ **il a trouvé à se loger chez un ami** a friend put him up ◆ **la haine se logea dans son cœur** hatred filled his heart

b (= tenir) **crois-tu qu'on va tous pouvoir se loger dans la voiture ?** do you think we'll all be able to fit into the car?

c (= se ficher ou coincer dans) [balle, ballon] **se loger dans/entre** to lodge itself in/between ◆ **le ballon alla se loger entre les barreaux de la fenêtre** the ball lodged itself ou got stuck between the bars of the window ◆ **le chat est allé se loger sur l'armoire** the cat sought refuge on top of the cupboard ◆ **où est-il allé se loger ?** [objet tombé] where has it gone and hidden itself?, where has it got to?

**logeur** [lɔʒœʀ] → SYN nm landlord *(who lets furnished rooms)*

**logeuse** [lɔʒøz] nf landlady

**loggia** [lɔdʒja] nf loggia

**logiciel, -ielle** [lɔʒisjɛl] → SYN 1 adj software (NonC)

2 nm piece of software, software program ou package ◆ **logiciel intégré** integrated software (NonC) ◆ **logiciel d'application** application software (NonC) ou program ◆ **logiciel gratuit** freeware (NonC)

**logicien, -ienne** [lɔʒisjɛ̃, jɛn] nm,f logician

**logicisme** [lɔʒisism] nm (Logique) logicism

**logicopositivisme** [lɔʒikopozitivism] nm logical positivism

**logique** [lɔʒik] GRAMMAIRE ACTIVE 26.4 → SYN

1 nf a (= rationalité) logic ◆ **cela manque un peu de logique** that's not very logical ◆ **c'est dans la logique des choses** it's in the nature of things ◆ **en toute logique** logically

b (= façon de raisonner) logic ◆ **logique déductive** deductive reasoning ◆ **le pays est entré dans une logique de guerre** the country has embarked on a course that will inevitably lead to war ◆ **cet accord répond à une logique de marché** this agreement is in keeping with market principles ou practice

c (= science) **la logique** logic

2 adj logical ◆ **il ne serait pas logique de refuser** it wouldn't make sense to refuse ◆ **tu n'es pas logique** you're not thinking straight ◆ **sois logique avec toi-même** don't contradict yourself ◆ **sa candidature s'inscrit dans la suite logique des choses** it is quite logical that he should become a candidate ◆ **c'est toujours moi qui fais tout, ce n'est pas logique !** * I'm the one who does everything, it's not fair!; → **analyse**

3 COMP ▷ **logique formelle** formal logic ▷ **logique moderne** (Math) modern logic ▷ **logique pure** ⇒ **logique formelle**

**logiquement** [lɔʒikmɑ̃] GRAMMAIRE ACTIVE 26.4 adv (= rationnellement) logically ◆ **logiquement, il devrait faire beau** (= normalement) the weather should be good

**logis** [lɔʒi] → SYN nm (littér) dwelling, abode (littér) ◆ **rentrer au logis** to return to one's abode (littér) ◆ **le logis paternel** the paternal home; → **corps, fée, fou, maréchal**

**logiste** [lɔʒist] nmf *student allowed to sit in a loge for the Prix de Rome*

**logisticien, -ienne** [lɔʒistisjɛ̃, jɛn] nm,f logistician

**logistique** [lɔʒistik] 1 adj logistic

2 nf logistics sg

**logithèque** [lɔʒitɛk] nf software library

**logo** [lɔgo] nm logo

**logogramme** [lɔgɔgʀam] nm logogram

**logographe** [lɔgɔgʀaf] nm logographer

**logographie** [lɔgɔgʀafi] nf logography

**logogriphe** [lɔgɔgʀif] → SYN nm logogriph

**logomachie** [lɔgɔmaʃi] → SYN nf (= verbiage) verbosity

**logomachique** [lɔgɔmaʃik] adj verbose

**logopédie** [lɔgɔpedi] → SYN nf logopaedics sg (Brit), logopedics sg (US)

**logorrhée** [lɔgɔʀe] nf logorrhoea (Brit), logorrhea (US)

**logotype** [lɔgɔtip] nm ⇒ **logo**

**loi** [lwa] → SYN 1 nf a (= concept, justice) **la loi** the law ◆ **la loi du plus fort** the law of the strongest ◆ **c'est la loi de la jungle** it's the law of the jungle ◆ **la loi naturelle** ou **de la nature** natural law ◆ **dicter** ou **imposer sa loi** to lay down the law ◆ **subir la loi de qn** (frm) to be ruled by sb ◆ **se faire une loi de faire qch** (frm) to make a point ou rule of doing sth, make it a rule to do sth ◆ **avoir la loi pour soi** to have the law on one's side ◆ **il n'a pas la loi chez lui !** * he's not master in his own house! ◆ **tu ne feras pas la loi ici !** * you're not going to lay down the law here! ◆ **ce qu'il dit fait loi** his word is law, what he says goes ◆ **c'est la loi et les prophètes** it's taken as gospel ◆ **tomber sous le coup de la loi** [activité, acte] to be an offence ou a criminal offence ◆ **être hors la loi** [personne, organisation, pratique] to be outlawed ◆ **mettre** ou **déclarer hors la loi** to outlaw; → **force, nom**

b (= décret) law, act ◆ **la loi sur l'égalité des chances** the Equal Opportunities Act ◆ **voter une loi** to pass a law ou an act ◆ **les lois de la République** the laws of the Republic

c (= vérité d'expérience) law ◆ **la loi de la chute des corps** the law of gravity ◆ **la loi de Faraday** Faraday's law ◆ **la loi de l'offre et de la demande** the law of supply and demand ◆ **la loi des grands nombres** the law of large numbers ◆ **trois trains ont déraillé ce mois-ci, c'est la loi des séries** three trains have been derailed this month – disasters always seem to happen in a row ou it's one disaster after another

d (= code humain) **les lois de la mode** the dictates of fashion ◆ **les lois de l'honneur** the code of honour ◆ **les lois de l'hospitalité** the laws of hospitality ◆ **la loi du milieu** the law of the underworld ◆ **la loi du silence** the law of silence ◆ **les lois de l'étiquette** the rules of etiquette

2 COMP ▷ **loi de finances** Finance Act ▷ **loi informatique et liberté** ≃ data protection act (Brit) ▷ **loi martiale** martial law ▷ **loi d'orientation** blueprint law ▷ **loi salique** Salic law ▷ **loi du talion** (Hist) lex talionis ◆ **appliquer la loi du talion** (fig) to demand an eye for an eye

**loi-cadre**, pl **lois-cadres** [lwakadʀ] nf framework law

**loin** [lwɛ̃] → SYN 1 adv a (en distance) far, a long way ◆ **est-ce loin ?** is it far? ◆ **ce n'est pas très loin** it's not very far ◆ **c'est assez loin d'ici** it's quite a long way from here ◆ **plus loin** further, farther ◆ **moins loin** not so far ◆ **la gare n'est pas loin du tout** the station is no distance at all ou isn't far at all ◆ **vous nous gênez, mettez-vous plus loin** you're in our way, go and stand (ou sit) somewhere else ◆ **il est loin derrière/devant** he's a long way behind/in front, he's far behind/ahead ◆ **aussi loin que vous alliez, vous ne trouverez pas d'aussi beaux jardins** however far you go ou wherever you go, you won't find such lovely gardens ◆ **nous n'avons pas loin à aller** we don't have far to go ◆ **aller loin** (lit) to go a long way, go far (afield); voir aussi c

◆ **au loin** in the distance, far off ◆ **partir au loin** to go a long way away

◆ **de + loin** from a distance ◆ **de très loin** from a great distance, from afar (littér) ◆ **il voit mal de loin** he can't see distant objects clearly ◆ **d'aussi loin** ou **du plus loin qu'elle le vit, elle courut vers lui** she saw him in the distance and she ran towards him ◆ **de loin en loin brillaient quelques lumières** a few lights shone here and there

b (dans le temps) **le temps est loin où cette banlieue était un village** it's a long time since this suburb was a village ◆ **c'est loin tout cela !, comme c'est loin !** (passé) that was a long time ago!, what a long time ago that was!; (futur) that's a long way in the future!, that's (still) a long way off! ◆ **l'été n'est plus loin maintenant** summer's not far off now, summer's just around the corner ◆ **Noël est encore loin** Christmas is still a long way off ◆ **loin dans le passé** in the remote past, a long time ago ◆ **voir** ou **prévoir loin** to be farsighted, see a long way ou far ahead ◆ **ne pas voir plus loin que le bout de son nez** to see no further than the end of one's nose ◆ **d'aussi loin que je me rappelle** for as long as I can remember ◆ **en remontant loin dans le temps** if you go back a long way in time ◆ **en remontant plus loin encore dans le passé** by looking even further back into the past ◆ **de loin en loin** every now and then, every now and again c (Loc) **d'ici à l'accuser de vol il n'y a pas loin** it's tantamount to an accusation of theft, it's practically an accusation of theft ♦ **il leur doit pas loin de 1 000 F** he owes them little short of ou not far off 1,000 francs ♦ (Prov) **loin des yeux, loin du cœur** out of sight, out of mind (Prov) ♦ (Prov) **il y a loin de la coupe aux lèvres** there's many a slip 'twixt cup and lip (Prov) ♦ **il est doué, il ira loin** he's very gifted, he'll go far (in life) ♦ **tu vas trop loin !** you're going too far! ♦ **on ne va pas loin avec 20 €** €20 doesn't go very far ♦ **j'irais même plus loin** I would go even further ♦ **il faudrait aller** ou **chercher (très) loin pour trouver un si bon médecin** you'd have to look far and wide ou far afield to find such a good doctor ♦ **cette affaire peut mener** ou **aller (très) loin** this matter could have far-reaching consequences ou repercussions

♦ **de + loin** ♦ **il est de (très) loin le meilleur** he is by far the best, he is far and away the best ♦ **le directeur voit ces problèmes de très loin** the manager isn't directly involved in these issues ♦ **suivre de loin les événements** to follow events from a distance

2 **loin de** loc prép a (en distance) far from, a long way from, far away from; (dans le temps) a long way off from ♦ **loin de là** (lieu) far from there; (fig) far from it ♦ **non loin de là** not far from there ♦ **leur maison est loin de toute civilisation** their house is a long way from civilization ♦ **on est encore loin de la vérité/d'un accord** we're still a long way from the truth/from reaching an agreement ♦ **on est loin du compte** (fig) we're far short of the target ♦ **être très loin du sujet** to be way off the subject ♦ **loin de moi/de lui la pensée de vous blâmer !** far be it from me/from him to blame you! ♦ **loin de moi** ou **de nous !** (littér, hum) begone! (littér) (aussi hum) ♦ **elle est loin d'être certaine de réussir** she is far from being certain of success, she is by no means assured of success ♦ **ceci est loin de lui plaire** he's far from pleased with this ♦ **c'est très loin de ce que nous attendions de lui** this is not at all what we expected of him

b (avec nég) **il ne doit pas y avoir loin de 5 km d'ici à la gare** it can't be much less than 5 km from here to the station ♦ **il n'est pas loin de 10 heures** it's getting on for 10 o'clock ♦ **il n'y a pas loin de 5 ans qu'ils sont partis** it's not far off 5 years since they left ♦ **ils ne sont pas loin de le croire coupable** they almost believe him to be guilty

**lointain, e** [lwɛ̃tɛ̃, ɛn] → SYN 1 adj a (dans l'espace) région faraway, distant, remote; musique, horizons, exil distant ♦ **contrées lointaines** (littér) far-off lands (littér)

b (dans le temps) ancêtre, passé distant, remote; avenir distant ♦ **les jours lointains** far-off days

c (= vague) parent, rapport remote, distant; regard faraway; cause indirect, distant; ressemblance remote

2 nm a **au lointain, dans le lointain** in the distance

b (Peinture) background

**lointainement** [lwɛ̃tɛnmɑ̃] adv (= vaguement) remotely, vaguely

**loi-programme**, pl **lois-programmes** [lwapʀɔgʀam] nf *act providing framework for government programme*

**loir** [lwaʀ] → SYN nm dormouse; → **dormir**

**Loire** [lwaʀ] nf ♦ **la Loire** (= fleuve, département) the Loire

**loisible** [lwazibl] → SYN adj (frm) ♦ **s'il vous est loisible de vous libérer quelques instants** if you could possibly spare a few moments ♦ **il vous est tout à fait loisible de refuser** you are perfectly at liberty to refuse

**loisir** [lwaziʀ] → SYN nm a (gén pl = temps libre) leisure (NonC), spare time (NonC) ♦ **pendant mes heures de loisir** in my spare ou free time, in my leisure hours ou time ♦ **que faites-vous pendant vos loisirs ?** what do you do in your spare ou free time?

b (= activités) **loisirs** leisure ou spare-time activities ♦ **quels sont vos loisirs préférés ?** what are your favourite leisure activities?, what do you like doing best in your spare ou free time? ♦ **équipements de loisirs** recreational ou leisure facilities ♦ **la société de loisirs** the leisure society; → **base, parc**

c (Loc frm) **avoir (tout) le loisir de faire qch** to have leisure (frm) ou time to do sth ♦ **je n'ai pas eu le loisir de vous écrire** I have not had the leisure ou time to write to you ♦ **(tout) à loisir** (en prenant son temps) at leisure; (autant que l'on veut) at will, at one's pleasure (frm), as much as one likes ♦ **donner** ou **laisser à qn le loisir de faire** to allow sb (the opportunity) to do

**lolita** * [lɔlita] nf nymphet

**lolo** [lolo] nm a (langage enfantin = lait) milk

b (* = sein) tit *, boob *

**lombaire** [lɔ̃bɛʀ] 1 adj lumbar; → **ponction**

2 nf lumbar vertebra

**lombalgie** [lɔ̃balʒi] nf lumbago

**lombard, e** [lɔ̃baʀ, aʀd] 1 adj Lombard

2 nm (Ling) Lombard dialect

3 **Lombard(e)** nm,f Lombard

**Lombardie** [lɔ̃baʀdi] nf Lombardy

**lombarthrose** [lɔ̃baʀtʀoz] nf lumbar spondylosis

**lombes** [lɔ̃b] nmpl loins

**lombosacré, e** [lɔ̃bosakʀe] adj lumbosacral

**lombostat** [lɔ̃bɔsta] nm lumbar support

**lombric** [lɔ̃bʀik] nm earthworm

**lombricoïde** [lɔ̃bʀikɔid] adj earthworm-like

**Lomé** [lɔme] n Lomé

**lompe** [lɔ̃p] nm ⇒ **lump**

**londonien, -ienne** [lɔ̃dɔnjɛ̃, jɛn] 1 adj London (épith), of London

2 **Londonien(ne)** nm,f Londoner

**Londres** [lɔ̃dʀ] n London

**long, longue** [lɔ̃, lɔ̃g] → SYN 1 adj a (dans l'espace) cheveux, liste, robe long ♦ **un pont long de 30 mètres** a 30-metre bridge, a bridge 30 metres long ♦ **2 cm plus long/trop long** 2 cm longer/too long ♦ **plus long/trop long de 2 cm** longer/too long by 2 cm; → **chaise, culotte**

b (dans le temps) carrière, série, tradition, voyage long; amitié, habitude long-standing ♦ **il est mort des suites d'une longue maladie** he died after a long illness ♦ **version longue** (Ciné) uncut version ♦ **lait longue conservation** longlife milk ♦ **il écouta (pendant) un long moment le bruit** he listened to the noise for a long while ♦ **l'attente fut longue** there was a long ou lengthy wait, I (ou they etc) waited a long time ♦ **les heures lui paraissaient longues** the hours seemed long to him ou seemed to drag by ♦ **faire de longues phrases** to produce long-winded sentences ♦ **avoir une longue habitude de qch/de faire qch** to be long accustomed to sth/to doing sth ♦ **cinq heures, c'est long** five hours is a long time ♦ **ne sois pas trop long** don't be too long ♦ **nous pouvons vous avoir ce livre, mais ce sera long** we can get you the book, but it will take some time ou a long time ♦ **vin long en bouche** wine which lingers long on the palate

c (+ infinitif) **ce travail est long à faire** this work takes a long time ♦ **il fut long à se mettre en route/à s'habiller** he took a long time ou it took him a long time to get started/to get dressed ♦ **la réponse était longue à venir** the reply was a long time coming

d (Culin) sauce thin

e (Loc) **au long cours** voyage ocean (épith); navigation deep-sea (épith), ocean (épith); capitaine seagoing (épith), ocean-going (épith) ♦ **faire long feu** (lit, fig) to fizzle out ♦ **ce pot de confiture n'a pas fait long feu** that jar of jam didn't last long ♦ **il n'a pas fait long feu à la tête du service** he didn't last long as head of department ♦ **préparé de longue main** prepared well ou long beforehand, prepared well in advance ♦ **il est long comme un jour sans pain** he's a real beanpole (Brit) ou string bean (US); → **date, échéance, haleine, terme**

2 adv ♦ **s'habiller long** to wear long clothes ♦ **s'habiller trop long** to wear clothes that are too long ♦ **en savoir long/trop long/plus long** to know a lot/too much/more (*sur* about) ♦ **en dire long** [attitude] to speak volumes; [images] to be eloquent ♦ **regard qui en dit long** meaningful ou eloquent look, look that speaks volumes ♦ **cela en dit long sur ses intentions** that tells us a good deal ou speaks volumes about his intentions ♦ **son silence en dit long** his silence speaks for itself ou speaks volumes ou tells its own story

3 nm a **un bateau de 7 mètres de long** a boat 7 metres long ♦ **en long** lengthways, lengthwise

b (= vêtements) **le long** long skirts (ou dresses) ♦ **la mode est au long cette année** hemlines are down this year

c (Loc) **tomber de tout son long** to fall sprawling (onto the ground), fall headlong ♦ **étendu de tout son long** spread out at full length ♦ **(tout) le long du fleuve/de la route** (all) along the river/the road ♦ **tout le long du jour/de la nuit** all ou the whole day/night long ♦ **tout au long de sa carrière/son récit** throughout his career/his story ♦ **l'eau coule le long du caniveau** the water flows down ou along the gutter ♦ **grimper le long d'un mât** to climb up a mast ♦ **tout du long** (dans le temps) the whole time, all along ♦ **tirer un trait tout du long (de la page)** to draw a line right down the page ♦ **tout au long du parcours** all along the route, the whole way ♦ **de long en large** back and forth, to and fro, up and down ♦ **en long et en large** in great detail, at great length ♦ **je lui ai expliqué en long, en large et en travers** * I explained it to him over and over again ♦ **écrire qch au long** to write sth in full

4 **longue** nf (Ling = voyelle) long vowel; (Poésie = syllabe) long syllable; (Mus = note) long note ♦ **avoir une longue à carreaux** (Cartes) to have a long suit of diamonds

5 **à la longue** loc adv ♦ **à la longue, il s'est calmé** in the end he calmed down ♦ **à la longue, ça a fini par coûter cher** in the long run ou in the end it turned out very expensive ♦ **à la longue ça s'arrangera/ça s'usera** it will sort itself out/it will wear out in time ou eventually

**longane** [lɔ̃gan] nm longan, lungan

**longanimité** [lɔ̃ganimite] → SYN nf (littér) forbearance

**long-courrier**, pl **long-courriers** [lɔ̃kuʀje] 1 adj (Naut) ocean-going (épith); (Aviat) vol, avion long-haul (épith), long-distance (épith)

2 nm (Naut) ocean liner, ocean-going ship; (Aviat) long-haul ou long-distance aircraft

**longe** [lɔ̃ʒ] → SYN nf a (pour attacher) tether; (pour mener) lead

b (Boucherie) loin

**longer** [lɔ̃ʒe] → SYN ► conjug 3 ◄ vt a [bois] to border; [mur, sentier, voie ferrée] to border, run along(side) ♦ **la voie ferrée longe la nationale** the railway line runs along(side) the main road

b [personne] to go along, walk along ou alongside; [voiture, train] to go ou pass along ou alongside ♦ **naviguer en longeant la côte** to sail along ou hug the coast ♦ **longer les murs pour ne pas se faire voir** to keep close to the walls to stay out of sight

**longeron** [lɔ̃ʒʀɔ̃] → SYN nm a [pont] (central) girder

b [châssis] side frame; [fuselage] longeron; [aile] spar

**longévité** [lɔ̃ʒevite] → SYN nf (= longue vie) longevity; (Sociol = durée de vie) life expectancy ♦ **il attribue sa longévité à la pratique de la bicyclette** he attributes his long life ou longevity to cycling ♦ **tables de longévité** life-expectancy tables

**longicorne** [lɔ̃ʒikɔʀn] adj, nm ♦ **(insecte) longicorne** longicorn insect

**longiligne** [lɔ̃ʒiliɲ] adj objet, forme slender; personne tall and slender ♦ **sa silhouette longiligne** her willowy figure

**longitude** [lɔ̃ʒityd] nf longitude ♦ **à** ou **par 50° de longitude ouest/est** at 50° longitude west/east

**longitudinal, e**, mpl **-aux** [lɔ̃ʒitydinal, o] adj section, coupe longitudinal; vallée, poutre, rainure running lengthways ♦ **moteur longitudinal** front-to-back engine

**longitudinalement** [lɔ̃ʒitydinalmɑ̃] adv longitudinally, lengthways

**longrine** [lɔ̃gʀin] → SYN nf (Constr) piece of frame ou long timber

**longtemps** [lɔ̃tɑ̃] → SYN adv a durer, parler, attendre, rester (for) a long time; (dans phrase nég ou interrog) (for) long ♦ **pendant longtemps**

(for) a long time, (for) long ◆ **absent pendant longtemps** absent (for) a long time ◆ **pendant longtemps ils ne sont pas sortis** for a long time ou a long while they didn't go out ◆ **avant longtemps** (= sous peu) before long ◆ **pas avant longtemps** not for a long time ◆ **longtemps avant/après** long before/after ◆ **on ne le verra pas de longtemps** we won't see him for a long time ou for ages ◆ **il ne reviendra pas d'ici longtemps** he won't be back for a long time ou for ages * yet ◆ **il vivra encore longtemps** he'll live (for) a long time yet ◆ **il n'en a plus pour longtemps** (pour finir) it won't be long before he's finished; (avant de mourir) he hasn't got long ◆ **y a-t-il longtemps à attendre ?** is there long to wait?, is there a long wait?, will it take long? ◆ **je n'en ai pas pour longtemps** I won't be long, it won't take me long ◆ **il a mis** ou **été** * **longtemps, ça lui a pris longtemps** it took him a long time, he was a long time over it ou doing it ◆ **il arrivera dans longtemps ?** will it be long before he gets here? ◆ **rester assez longtemps quelque part** (trop) to stay somewhere (for) quite ou rather a long time ou (for) quite a while; (suffisamment) to stay somewhere long enough ◆ **tu es resté si longtemps !** you stayed so long! ou (for) such a long time! ◆ **tu peux le garder aussi longtemps que tu veux** you can keep it as long as you want

**b** (avec **depuis**, **il y a**, **cela fait**, **voilà**) (indiquant une durée) (for) a long time, (for) long; (indiquant une action terminée) a long time ago, long ago ◆ **il habite ici depuis longtemps, il y a** ou **cela fait** ou **voilà longtemps qu'il habite ici** he has been living here (for) a long time ◆ **il n'était pas là depuis longtemps quand je suis arrivé** he hadn't been here (for) long when I arrived ◆ **c'était il y a longtemps/il n'y a pas longtemps** that was a long time ago/not long ago ◆ **j'ai fini depuis longtemps** I finished a long time ago ou long ago ◆ **il y a** ou **cela fait** ou **voilà longtemps que j'ai fini** I finished a long time ago ou ages ago ◆ **je n'y mangeais plus depuis longtemps** I had given up eating there long before then ◆ **ça fait longtemps qu'il n'est plus venu** it's (been) a long time now since he came, he hasn't come for a long time

**longue** [lɔ̃g] adj f, nf → **long**

**longuement** [lɔ̃gmɑ̃] adv (= longtemps) regarder, parler, hésiter for a long time; (= en détail) expliquer, étudier, raconter, interroger at length ◆ **plus longuement** for longer; (= en plus grand détail) at greater length ◆ **le plan avait été longuement médité** the plan had been pondered over at length ◆ **elle a longuement insisté sur le fait que ...** she strongly emphasized the fact that ... ◆ **il m'a remercié longuement** he thanked me profusely ◆ **j'ai écrit longuement sur le sujet** I wrote at length on the subject ◆ **je t'écrirai plus longuement plus tard** I'll write to you more fully later

**longuet, -ette** * [lɔ̃gɛ, ɛt] **1** adj film, discours a bit long (attrib), a bit on the long side * (attrib) ◆ **tu as été longuet !** you took your time! ◆ **il est longuet à manger** he's a bit of a slow eater

**2** nm (= gressin) bread stick

**longueur** [lɔ̃gœʀ] → SYN nf **a** (= espace) length ◆ **mesures/unités de longueur** measures/units of length, linear measures/units ◆ **la pièce fait trois mètres de** ou **en longueur** the room is three metres in length ou three metres long ◆ **la plage s'étend sur une longueur de 7 km** the beach stretches for 7 km ◆ **dans le sens de la longueur** lengthways, lengthwise ◆ **s'étirer en longueur** to stretch out lengthways ◆ **pièce tout en longueur** long, narrow room ◆ **longueur d'onde** (lit, fig) wavelength ◆ **nous ne sommes pas sur la même longueur d'onde** (fig) we're not on the same wavelength

**b** (= durée) length ◆ **à longueur de journée/de semaine/d'année** all day/week/year long ◆ **à longueur de temps** all the time ◆ **traîner** ou **tirer en longueur** to drag on ◆ **tirer les choses en longueur** to drag things out ◆ **attente qui tire** ou **traîne en longueur** long-drawn-out wait

**c** (Courses, Natation) length ◆ **faire des longueurs** [nageur] to do lengths ◆ **l'emporter de plusieurs longueurs** to win by several lengths ◆ **avoir une longueur d'avance (sur qn)** (lit) to be one length ahead (of sb); (fig) to be ahead (of sb) ◆ **prendre deux longueurs d'avance** to go into a two-length lead ◆ **longueur de corde** (Alpinisme) (= passage) pitch; (= distance) rope-length

**d** (= remplissage) **longueurs** overlong passages ◆ **ce film/livre a des longueurs** parts of this film/book are overlong ou seem to drag on

**longue-vue**, pl **longues-vues** [lɔ̃gvy] nf telescope

**looch** [lɔk] → SYN nm linctus

**loofa(h)** [lufa] nm (= plante) luffa, dishcloth gourd; (= éponge) loofa(h), luffa (US)

**look** * [luk] nm (= style, allure) [personne] look, image; [chose] look, style ◆ **soigner son look** to pay great attention to one's look ou one's image ◆ **il a un look d'enfer** he looks dead cool *

**looké, e** * [luke] adj produit sexy *, well-packaged ◆ **la pochette de l'album est lookée sixties** the album cover has got a very sixties look ◆ **je veux pas être looké impeccable** I don't want to look too well-groomed

**looping** [lupiŋ] → SYN nm (Aviat) looping the loop (NonC) ◆ **faire des loopings** to loop the loop

**looser** [luzœʀ] nm ⇒ **loser**

**lope** ‡ [lɔp], **lopette** ‡ [lɔpɛt] nf (péj) queer ‡ (péj), fag ‡ (péj) (surtout US)

**lophobranche** [lɔfɔbʀɑ̃ʃ] nm lophobranch

**lophophore** [lɔfɔfɔʀ] nm (= oiseau, panache) lophophore

**lopin** [lɔpɛ̃] → SYN nm ◆ **lopin (de terre)** patch of land, plot (of land)

**loquace** [lɔkas] → SYN adj talkative, loquacious (frm)

**loquacité** [lɔkasite] → SYN nf talkativeness, loquacity (frm)

**loque** [lɔk] → SYN nf **a** (= vêtements) **loques** rags (and tatters) ◆ **être en loques** to be in rags ◆ **vêtu de loques** dressed in rags ◆ **tomber en loques** to be falling to bits

**b** (péj = personne) **loque (humaine)** wreck ◆ **je suis une vraie loque ce matin** I feel a wreck ou like a wet rag this morning

**loquet** [lɔkɛ] → SYN nm latch

**loqueteau**, pl **loqueteaux** [lɔk(ə)to] nm (small) latch, catch

**loqueteux, -euse** [lɔk(ə)tø, øz] → SYN **1** adj personne ragged, (dressed) in rags ou in tatters; vêtement, livre tattered, ragged

**2** nm,f pauper

**loran** [lɔʀɑ̃] nm loran

**lord-maire**, pl **lords-maires** [lɔʀ(d)mɛʀ] nm Lord Mayor

**lordose** [lɔʀdoz] nf hollow-back (NonC), lordosis (SPÉC)

**lorgner** * [lɔʀɲe] ▸ conjug 1 ◂ **1** vt [+ objet] to peer at, eye; [+ personne] (gén) to eye; (avec concupiscence) to ogle, eye up * (Brit); [+ poste, décoration, héritage, pays] to have one's eye on ◆ **lorgner qch du coin de l'œil** to look ou peer at sth out of the corner of one's eye, cast sidelong glances at sth

**2** vi ◆ **lorgner sur** [+ journal, copie] to sneak a look at; [+ entreprise, marché] to have one's eye on; [+ personne] to ogle, eye up * (Brit) ◆ **ils lorgnent vers l'Amérique pour y trouver des modèles économiques** they are looking towards ou to America for economic models

**lorgnette** [lɔʀɲɛt] → SYN nf opera glasses ◆ **regarder** ou **voir les choses par le petit bout de la lorgnette** (fig) to take a very limited ou narrow view of things

**lorgnon** [lɔʀɲɔ̃] → SYN nm (= face-à-main) lorgnette; (= pince-nez) pince-nez

**lori** [lɔʀi] → SYN nm (= oiseau) lory

**loricaire** [lɔʀikɛʀ] → SYN nm loricarian, loricarioid

**loriot** [lɔʀjo] → SYN nm ◆ **loriot (jaune)** golden oriole

**loris** [lɔʀi] → SYN nm loris

**lorrain, e** [lɔʀɛ̃, ɛn] **1** adj of ou from Lorraine; → **quiche**

**2** nm (Ling) Lorraine dialect

**3** **Lorrain(e)** nm,f inhabitant ou native of Lorraine

**4** **Lorraine** nf (= région) Lorraine

**lorry**, pl **lorries** ou **lorrys** [lɔʀi] → SYN nm (Rail) lorry

**lors** [lɔʀ] → SYN adv ◆ **lors de** (= au moment de) at the time of; (= durant) during ◆ **lors de sa mort** at the time of his death ◆ **elle a annoncé sa démission lors de la réunion** she announced her resignation during the meeting ◆ **lors même que** even though ou if ◆ **pour lors** for the time being, for the moment; → **dès**

**lorsque** [lɔʀsk(ə)] → SYN conj when ◆ **lorsqu'il entra/entrera** when ou as he came/comes in

**losange** [lɔzɑ̃ʒ] → SYN nm diamond, lozenge ◆ **en forme de losange** diamond-shaped ◆ **dallage en losanges** diamond tiling

**losangé, e** [lɔzɑ̃ʒe] adj morceau diamond-shaped; dessin, tissu with a diamond pattern

**loser** * [luzœʀ] nm (péj) loser *

**Lot** [lɔt] nm Lot

**lot** [lo] → SYN nm **a** (Loterie) prize ◆ **le gros lot** the first prize, the jackpot ◆ **lot de consolation** consolation prize

**b** (= portion) share ◆ **lot (de terre)** plot (of land) ◆ **chaque jour apporte son lot de surprises/mauvaises nouvelles** every day brings its share of surprises/bad news

**c** (Comm) [tablettes de chocolat, cassettes] pack; [livres, chiffons] batch; [draps, vaisselle] set; (aux enchères) lot; (Ordin) batch ◆ **vendu par lots de cinq** sold in packs of five ◆ **dans le lot, il n'y avait que deux candidats valables** in the whole batch there were only two worthwhile applicants ◆ **se détacher du lot** [personne, produit] to stand out

**d** (fig, littér = destin) lot (littér), fate ◆ **lot commun** common fate ou lot ou destiny ◆ **lot quotidien** daily ou everyday lot

**loterie** [lɔtʀi] → SYN nf **a** (= jeu) lottery; (dans une kermesse) raffle ◆ **mettre qch en loterie** to put sth up to be raffled ◆ **la Loterie nationale** the French national lottery ou sweepstake ◆ **jouer à la loterie** to buy tickets for the raffle ou lottery ◆ **gagner à la loterie** to win on the raffle ou lottery

**b** (= hasard) lottery ◆ **c'est une vraie loterie** it's (all) the luck of the draw ◆ **la vie est une loterie** life is a game of chance, life is a lottery

**Loth** [lɔt] nm Lot

**loti, e** [lɔti] (ptp de **lotir**) adj ◆ **être bien/mal loti** to be well-/badly off ◆ **il n'est guère mieux loti (que nous)** he's scarcely any better off (than we are) ◆ **on est bien loti avec un chef comme lui !** (iro) with a boss like him who could ask for more? (iro)

**lotier** [lɔtje] nm bird's-foot trefoil

**lotion** [losjɔ̃] nf lotion ◆ **lotion capillaire** hair lotion ◆ **lotion après rasage** after-shave lotion ◆ **lotion avant rasage** preshave lotion

**lotionner** [losjɔne] → SYN ▸ conjug 1 ◂ vt to apply (a) lotion to

**lotir** [lɔtiʀ] → SYN ▸ conjug 2 ◂ vt **a** [+ terrain] (= diviser) to divide into plots; (= vendre) to sell by lots ◆ **terrains à lotir** plots for sale

**b** (Jur) [+ succession] to divide up, share out ◆ **lotir qn de qch** to allot sth to sb, provide sb with sth

**lotissement** [lɔtismɑ̃] → SYN nm **a** (= terrains à bâtir) housing estate ou site; (= terrains bâtis) (housing) development ou estate; (= parcelle) plot, lot

**b** [terrain] (= division) division; (= vente) sale (by lots)

**c** (Jur) [succession] sharing out

**lotisseur, -euse** [lɔtisœʀ, øz] nm,f [terrain] property developer

**loto** [lɔto] nm (= jeu de société) lotto; (= matériel) lotto set; (= loterie à numéros) national lottery ◆ **le loto sportif** ≈ the pools ◆ **gagner au loto** to win the Lottery

**lotte** [lɔt] → SYN nf (de rivière) burbot; (de mer) angler(fish), devilfish, monkfish; (Culin) monkfish

**lotus** [lɔtys] nm lotus ◆ **être/se mettre en position du lotus** to be/sit in the lotus position

**louable** [lwabl] → SYN adj **a** efforts praiseworthy, commendable, laudable

**b** maison rentable ◆ **bureau difficilement louable à cause de sa situation** office that is hard to let (Brit) ou rent (US) because of its location

**louage** [lwaʒ] → SYN nm hiring ◆ **(contrat de) louage** rental contract ◆ **louage de services** work contract

**louange** [lwɑ̃ʒ] → SYN nf praise ◆ **il méprise les louanges** he despises praise ◆ **chanter les louanges de qn** to sing sb's praises ◆ **faire un discours à la louange de qn** to make a speech in praise of sb ◆ **je dois dire, à sa louange, que ...** I must say, to his credit ou in his praise, that ...

**louanger** [lwɑ̃ʒe] → SYN ▸ conjug 3 ◂ vt (littér) to praise, extol, laud (littér)

**louangeur, -euse** [lwɑ̃ʒœʀ, øz] → SYN adj (littér) laudatory, laudative

**loubard, e** * [lubaʀ, aʀd] nm,f hooligan, yob * (Brit)

**louche**[1] [luʃ] → SYN adj affaire, manœuvre, milieu, passé shady; individu shifty, shady, dubious; histoire dubious, fishy *; bar, hôtel seedy; conduite, acte dubious, suspicious, shady; réaction, attitude dubious, suspicious ◆ **j'ai entendu du bruit, c'est louche** I heard a noise, that's funny ou odd ◆ **il y a du louche dans cette affaire** this business is a bit shady ou fishy * ou isn't quite above board

**louche**[2] [luʃ] → SYN nf (= ustensile) ladle; (= quantité) ladleful ◆ **serrer la louche à qn** ⁑ to shake hands with sb, shake sb's hand ◆ **il y en a environ 3 000, à la louche** * there are about 3,000 of them, roughly

**loucher** [luʃe] → SYN ▸ conjug 1 ◂ vi (Méd) to squint, have a squint ◆ **loucher sur** * [+ objet] to eye; [+ personne] to ogle, eye up * (Brit); [+ poste, héritage] to have one's eye on ◆ **ils louchent vers l'Europe pour y trouver des modèles économiques** they are looking towards ou to Europe for economic models

**loucheur, -euse** [luʃœʀ, øz] → SYN nm,f squinter

**louer**[1] [lwe] → SYN ▸ conjug 1 ◂ 1 vt to praise ◆ **louer qn de** ou **pour qch** to praise sb for sth ◆ **on ne peut que le louer d'avoir agi ainsi** he deserves only praise ou one can only praise him for acting in that way ◆ **louons le Seigneur !** (Rel) (let us) praise the Lord! ◆ **Dieu soit loué !** (fig) thank God! ◆ **loué soit le fax !** thank God for fax machines!

2 **se louer** vpr ◆ **se louer de** [+ employé, appareil] to be very happy ou pleased with; [+ action, mesure] to congratulate o.s. on ◆ **se louer d'avoir fait qch** to congratulate o.s. on ou for having done sth ◆ **n'avoir qu'à se louer de** [+ employé, appareil] to have nothing but praise for ◆ **nous n'avons qu'à nous louer de ses services** we have nothing but praise for the service he gives, we have every cause for satisfaction with his services

**louer**[2] [lwe] → SYN ▸ conjug 1 ◂ vt a [propriétaire] [+ maison, chambre] to rent out, let (out) (Brit); [+ voiture, tente, téléviseur] to rent (out), hire out (Brit) ◆ **louer ses services** ou **se louer à un fermier** to hire o.s. (out) to a farmer

b [locataire] [+ maison, chambre] to rent; [+ voiture, tente] to rent, hire (Brit); [+ place] to reserve, book (Brit) ◆ **ils ont loué une maison au bord de la mer** they rented a house by the sea ◆ **à louer** appartement, bureau to let (Brit), for rent (US); véhicule for hire (Brit), for rent (US) ◆ **cette maison doit se louer cher** that house must be expensive to rent

**loueur, -euse** [lwœʀ, øz] nm,f (= entreprise) rental ou hire (Brit) company ◆ **loueur de bateaux/de gîtes** (= personne) person who rents ou hires (Brit) out boats/who rents holiday homes

**louf** * [luf] adj ⇒ **loufoque**

**loufiat** ⁑ [lufja] nm waiter

**loufoque** * [lufɔk] adj personne, humour, film zany * ◆ **comédie loufoque** screwball * comedy

**loufoquerie** * [lufɔkʀi] → SYN nf zaniness *

**louftingue** * [luftɛ̃g] adj ⇒ **loufoque** *

**lougre** [lugʀ] nm (Naut) lugger

**Louis** [lwi] nm Louis

**louis** [lwi] nm ◆ **louis (d'or)** (gold) louis

**louise-bonne,** pl **louises-bonnes** [lwizbɔn] nf louise-bonne pear

**Louisiane** [lwizjan] nf Louisiana

**louis-philippard, e** [lwifilipaʀ, aʀd] adj (péj) of ou relating to the reign of Louis Philippe

**loukoum** [lukum] nm Turkish delight (NonC) ◆ **un loukoum** a piece of Turkish delight

**loulou**[1] [lulu] nm (= chien) spitz ◆ **loulou de Poméranie** Pomeranian dog, Pom *

**loulou**[2] *, **loulout(t)e** * [lulu, lulut] → SYN nm,f a (terme affectueux) darling; (péj) fishy customer *, seedy character

b ⇒ **loubard, e**

**loup** [lu] → SYN 1 nm a (= carnassier) wolf ◆ **mon (gros ou petit) loup** * (my) pet * ou love ◆ **le grand méchant loup** the big bad wolf ◆ (Prov) **les loups ne se mangent pas** ou **ne se dévorent pas entre eux** there is honour among thieves (Prov) ◆ **l'homme est un loup pour l'homme** brother will turn on brother ◆ (Prov) **quand on parle du loup (on en voit la queue)** talk ou speak of the devil ◆ **enfermer** ou **mettre le loup dans la bergerie** to set the fox to mind the geese ◆ **crier au loup** to cry wolf ◆ **voir le loup** (hum) to lose one's virginity; → **gueule, hurler, jeune** etc

b (= poisson) bass

c (= masque) (eye) mask

d (= malfaçon) flaw

2 COMP ▷ **loup de mer** * (= marin) old salt *, old seadog *; (= vêtement) (short-sleeved) jersey

**loupage** * [lupaʒ] nm failure ◆ **après plusieurs loupages** after several failures

**loup-cervier,** pl **loups-cerviers** [lusɛʀvje] nm lynx

**loupe** [lup] → SYN nf a (Opt) magnifying glass ◆ **examiner** ou **regarder qch à la loupe** (lit) to look at sth with ou through a magnifying glass; (fig) to go through sth with a fine-tooth comb, look into ou examine sth in great detail

b (Méd) wen

c [arbre] burr ◆ **table en loupe de noyer** table in burr walnut

**loupé** * [lupe] (ptp de **louper**) nm (= échec) failure; (= défaut) defect, flaw

**louper** * [lupe] ▸ conjug 1 ◂ 1 vt a [+ occasion, train, balle, personne] to miss ◆ **loupé !** missed! ◆ **il n'en loupe pas une !** (iro) he's forever putting his big foot in it! * ◆ **la prochaine fois, je ne te louperai pas !** I'll get you next time!

b [+ travail, gâteau] to mess up *, make a mess of; [+ examen] to flunk * ◆ **louper son entrée** to fluff * ou bungle one's entrance ◆ **il a loupé son coup/son suicide** he bungled ou botched * it/his suicide attempt

2 vi ◆ **je t'ai dit qu'il ferait une erreur, ça n'a pas loupé !** I told you that he'd make a mistake and sure enough he did! ◆ **ça va tout faire louper** that'll muck everything up *

3 **se louper** * vpr a (= rater son suicide) to bungle one's suicide attempt ◆ **tu ne t'es pas loupée !** (accident) that's a nasty cut (ou bruise etc)!

b (= ne pas se rencontrer) **nous nous sommes loupés de peu** we just missed each other

**loup-garou,** pl **loups-garous** [lugaʀu] nm werewolf ◆ **le loup-garou va te manger !** the Bogeyman will get you!

**loupiot, -iotte** * [lupjo, jɔt] nm,f kid *

**loupiote** * [lupjɔt] nf (= lampe) (small) light

**lourd, e**[1] [luʀ, luʀd] → SYN 1 adj a (= de poids élevé) objet, vêtement heavy; armement, artillerie, industrie, métal heavy (épith) ◆ **terrain lourd** heavy ou soft ground ◆ **c'est trop lourd à porter** it's too heavy to carry; → **eau, franc**[2]

b (= désagréablement pesant) silence, sommeil heavy, deep; chagrin deep; parfum, odeur heavy, strong; aliment, vin heavy; repas heavy, big ◆ **yeux lourds de sommeil/fatigue** eyes heavy with sleep/tiredness ◆ **il avait les paupières lourdes** his eyelids were ou felt heavy ◆ **c'est lourd (à digérer)** it's heavy (on the stomach ou the digestion) ◆ **se sentir lourd, avoir l'estomac lourd** to feel bloated ◆ **j'ai** ou **je me sens les jambes lourdes** my legs feel heavy ◆ **j'ai** ou **je me sens la tête lourde** my head feels fuzzy, I feel a bit headachy * ◆ **il a un lourd passé** he's a man with a past; → **hérédité**

c (Mét) ciel, nuage heavy; temps, chaleur sultry, close ◆ **il fait lourd** the weather is close, it's sultry

d (= massif, gauche) construction ponderous (frm), inelegant, monolithic; démarche heavy, cumbersome; mouvement, style heavy, ponderous; plaisanterie unsubtle; compliment clumsy ◆ **marcher d'un pas lourd** to tread heavily, walk with a heavy step ◆ **oiseau au vol lourd** bird with a heavy ou clumsy flight ◆ **avoir l'esprit lourd** to be slow-witted ou dull-witted ◆ **tu es un peu lourd** * (à un plaisantin) you're just not funny

e (= important) dettes, impôts, tâche, responsabilité, charge heavy, weighty; pertes heavy, severe, serious; faute serious, grave; chirurgie extensive ◆ **les tendances lourdes du marché** the broad ou main trends in the market ◆ **de lourdes présomptions pèsent sur lui** suspicion falls heavily on him ◆ **les cas les plus lourds sont gardés à l'hôpital** the most serious ou severe cases are kept in hospital

f (= difficile à gérer) dispositif unwieldy ◆ **35 enfants par classe, c'est trop lourd** 35 children per class is too much ◆ **trois enfants à élever, c'est lourd/trop lourd (pour elle)** bringing up three children is a lot/too much (for her)

g (= chargé) **le silence était lourd de menaces** there was a threatening ou an ominous silence ◆ **décision lourde de conséquences** decision fraught with consequences ◆ **cette défaite est lourde de signification** this defeat is extremely ou highly significant

2 adv * ◆ **il n'y a pas lourd de pain** there isn't much bread ◆ **du bon sens, il n'en a pas lourd !** he hasn't got much common sense ◆ **il n'en sait/n'en fait pas lourd** he doesn't know/do much ◆ **il ne gagne pas lourd** he doesn't earn much ◆ **ça ne fait pas lourd** it doesn't amount to much; → **peser**

**lourdaud, e** * [luʀdo, od] → SYN 1 adj oafish, clumsy

2 nm,f oaf

**lourde**[2] ⁑ [luʀd] nf (= porte) door

**lourdement** [luʀdəmɑ̃] → SYN adv (gén) heavily ◆ **marcher lourdement** to walk with a heavy tread ◆ **se tromper lourdement** to be sadly mistaken, make a big mistake ◆ **insister lourdement sur qch/pour faire qch** to insist strenuously on sth/on doing sth ◆ **s'endetter lourdement** to get heavily into debt

**lourder** ⁑ [luʀde] ▸ conjug 1 ◂ vt to kick out *, boot out ⁑ ◆ **se faire lourder** to get kicked out * ou booted out ⁑

**lourdeur** [luʀdœʀ] → SYN nf a (= pesanteur) [objet, fardeau] heaviness, weight; [bureaucratie, infrastructure] cumbersomeness; [tâche, responsabilité] weight; (Bourse) [marché] slackness, sluggishness ◆ **les lourdeurs administratives/bureaucratiques** administrative/bureaucratic red tape

b [édifice] heaviness, massiveness; [démarche] heaviness; [style, forme] heaviness, ponderousness ◆ **lourdeur d'esprit** dull-wittedness, slow-wittedness ◆ **s'exprimer avec lourdeur** to express o.s. clumsily ou ponderously ◆ **avoir des lourdeurs de tête** to have a fuzzy * head, feel headachy * ◆ **avoir des lourdeurs d'estomac** to have indigestion, feel a bit bloated ◆ **j'ai des lourdeurs dans les jambes** my legs feel heavy ◆ **cette traduction comporte des lourdeurs** this translation is a bit heavy ou awkward in places

c [temps] sultriness, closeness

**lourdingue** * [luʀdɛ̃g] adj plaisanterie predictable; personne oafish, clumsy; construction hefty-looking *; phrase laboured (Brit), labored (US), clumsy

**loustic** * [lustik] nm (= enfant) kid *; (= taquin) villain * (hum); (= type) (funny) guy * ou chap * (Brit) ◆ **faire le loustic** to play the fool, act the goat * (Brit) ◆ **un drôle de loustic** (= type) an oddball *, an oddbod * (Brit); (= enfant) a little villain * (hum) ou rascal

**loutre** [lutʀ] nf (= animal) otter; (= fourrure) otter-skin ◆ **loutre de mer** sea otter

**louve** [luv] → SYN nf a (Zool) she-wolf

b (= levier) lewisson

**louveteau,** pl **louveteaux** [luv(ə)to] nm (Zool) (wolf) cub; (Scoutisme) cub (scout)

**louveter** [luv(ə)te] ▸ conjug 4 ◂ vi [louve] to whelp

**louvoiement** [luvwamɑ̃] → SYN nm a (Naut) tacking (NonC)

b (= tergiversations) hedging (NonC), dithering, shilly-shallying * (Brit) ◆ **assez de louvoiements** stop beating about the bush

**louvoyer** [luvwaje] → SYN ▸ conjug 8 ◂ vi a (Naut) to tack ◆ **louvoyer au plus près** to beat to windward ◆ **il doit louvoyer entre les tendances différentes de son parti** he has to tread a delicate path ou steer a delicate course between the different political currents in his party

b (= tergiverser) to hedge, dither, shilly-shally * (Brit)

**Louvre** [luvʀ] nm ◆ **le (Musée du) Louvre** the Louvre (museum) ◆ **l'École du Louvre** the Ecole du Louvre *(training college for museum curators and guides based at the Louvre)*

**Louxor** [luksɔʀ] n Luxor

**lover** [lɔve] → SYN ▸ conjug 1 ◂ 1 vt to coil

2 **se lover** vpr [serpent] to coil up; [personne] to curl up

**loxodromie** [lɔksɔdʀɔmi] nf (Naut) loxodromics sg, loxodromy

**loxodromique** [lɔksɔdʀɔmik] adj loxodromic(al)

**loyal, e,** mpl **-aux** [lwajal, o] → SYN adj a (= fidèle) sujet, ami loyal, faithful, trusty ◆ **après 50 ans de bons et loyaux services** after 50 years of good and faithful service

b (= honnête) personne, procédé fair, honest; conduite upright, fair; jeu fair, straight * ◆ **se battre à la loyale** * to fight cleanly

**loyalement** [lwajalmɑ̃] adv agir fairly, honestly; servir loyally, faithfully; se battre cleanly ◆ **accepter loyalement une défaite** to take a defeat sportingly ou in good part (Brit)

**loyalisme** [lwajalism] → SYN nm loyalty

**loyaliste** [lwajalist] 1 adj a (= fidèle) loyal

b (Pol) loyalist, Loyalist

2 nmf a (= fidèle) loyal supporter

b (Pol) loyalist, Loyalist

**loyauté** [lwajote] → SYN nf a (= fidélité) loyalty, faithfulness

b (= honnêteté) honesty, fairness; [conduite] fairness, uprightness ◆ **avec loyauté** fairly, honestly

**loyer** [lwaje] → SYN nm rent ◆ **loyer commercial** office rent ◆ **loyer de l'argent** rate of interest, interest rate

**LP** [ɛlpe] nm (abrév de **lycée professionnel**) → **lycée**

**LSD** [ɛlɛsde] nm (abrév de **Lysergsäure Diethylamid**) LSD

**lu, e** [ly] (ptp de **lire**) adj ◆ **lu et approuvé** read and approved ◆ **elle est très lue en Europe** she is widely read in Europe

**Luanda** [luɑ̃da] n Luanda

**lubie** [lybi] → SYN nf (= centre d'intérêt, passetemps) fad; (= idée) hare-brained idea; (= mode) craze, fad ◆ **encore une de ses lubies !** another of his hare-brained ou mad ideas! ◆ **il lui a pris la lubie de ne plus manger de pain** he has taken it into his head not to eat bread any more

**lubricité** [lybʀisite] → SYN nf [personne] lustfulness, lechery; [propos, conduite] lewdness

**lubrifiant, e** [lybʀifjɑ̃, jɑ̃t] → SYN 1 adj lubricating

2 nm lubricant

**lubrification** [lybʀifikasjɔ̃] → SYN nf lubrication

**lubrifier** [lybʀifje] → SYN ▸ conjug 7 ◂ vt to lubricate

**lubrique** [lybʀik] → SYN adj personne lustful, lecherous; propos lewd, libidinous; danse lewd; amour lustful, carnal ◆ **regarder qch d'un œil lubrique** to gaze at sth with a lustful eye

**Luc** [lyk] nm Luke

**lucane** [lykan] nm stag beetle

**lucarne** [lykaʀn] → SYN nf [toit] skylight; (en saillie) dormer window ◆ **envoyer la balle dans la lucarne** (Ftbl) to send the ball into the top corner of the net ◆ **la petite lucarne, les étranges lucarnes** (= télévision) the small screen

**lucernaire** [lysɛʀnɛʀ] nf (Zool) lucernarian

**Lucerne** [lysɛʀn] n Lucerne

**lucide** [lysid] → SYN adj a (= conscient) malade, vieillard lucid; accidenté conscious

b (= perspicace) personne lucid, clear-headed; esprit, analyse, raisonnement lucid, clear ◆ **il a une vision plus lucide des choses** he has a clearer view of things ◆ **le témoin le plus lucide de son temps** the most clear-sighted ou perceptive observer of the times he lived in ◆ **juger qch d'un œil lucide** to judge sth with a lucid ou clear eye

**lucidement** [lysidmɑ̃] adv lucidly, clearly

**lucidité** [lysidite] → SYN nf a [malade, vieillard] lucidity; [accidenté] consciousness ◆ **il a des moments de lucidité** he has moments of lucidity ◆ **un vieillard qui a gardé sa lucidité** an old man who still has the use of his faculties

b (= perspicacité) [personne] lucidity, clear-headedness; [esprit, analyse, raisonnement] lucidity, clearness ◆ **il a analysé la situation avec lucidité** he gave a very clear-headed analysis of the situation

**Lucifer** [lysifɛʀ] nm Lucifer

**lucifuge** [lysifyʒ] 1 adj lucifugous

2 nm licifugous termite

**lucilie** [lysili] nf greenbottle

**lucimètre** [lysimɛtʀ] nm lucimeter, photometer

**luciole** [lysjɔl] nf firefly

**lucite** [lysit] nf polymorphous light eruption

**lucratif, -ive** [lykʀatif, iv] → SYN adj entreprise lucrative, profitable; emploi lucrative, well-paid ◆ **association à but lucratif/non lucratif** profit-making/non-profit-making ou not-for-profit (US) organization

**lucrativement** [lykʀativmɑ̃] adv lucratively

**lucre** [lykʀ] → SYN nm (péj) lucre (péj)

**Lucrèce** [lykʀɛs] 1 nm Lucretius

2 nf Lucretia

**ludiciel** [lydisjɛl] nm computer game ◆ **ludiciels** computer games, game software (NonC)

**ludion** [lydjɔ̃] nm Cartesian diver

**ludique** [lydik] adj playful, ludic (SPÉC) ◆ **activité ludique** (Scol) play activity; (de loisir) recreational activity ◆ **l'informatique ludique** computer games ◆ **il veut une émission plus ludique** he wants the programme to be more entertaining

**ludisme** [lydism] nm play activities

**ludo-éducatif, -ive,** mpl **ludo-éducatifs** [lydoedykatif, iv] adj programme, logiciel edutainment (épith)

**ludothèque** [lydɔtɛk] nf games library

**luette** [lɥɛt] → SYN nf uvula

**lueur** [lɥœʀ] → SYN nf a [flamme] glimmer (NonC); [étoile, lune, lampe] (faint) light; [braises] glow (NonC) ◆ **à la lueur d'une bougie** by candlelight ◆ **les lueurs de la ville** the city lights ◆ **les premières lueurs de l'aube/du jour** the first light of dawn/of day ◆ **les lueurs du couchant** the glow of sunset-

b [désir, colère] gleam; [intelligence] glimmer ◆ **il avait une lueur malicieuse dans le regard** he had a mischievous gleam ou glint in his eye ◆ **pas la moindre lueur d'espoir** not the faintest glimmer of hope

c (gén hum = connaissances) **il a quelques lueurs sur le sujet** he knows a bit about the subject ◆ **peux-tu apporter quelques lueurs sur le fonctionnement de cette machine ?** can you shed some light on the working of this machine?

**luffa** [lufa] nm (= plante) luffa, dishcloth gourd; (= éponge) loofa(h), luffa (US)

**luge** [lyʒ] → SYN nf toboggan, sledge (Brit), sled (US) ◆ **faire de la luge** to toboggan, sledge (Brit), sled (US)

**luger** [lyʒe] ▸ conjug 3 ◂ vi to toboggan, sledge (Brit), sled (US)

**lugeur, -euse** [lyʒœʀ, øz] nm,f tobogganist

**lugubre** [lygybʀ] → SYN adj pensée, ambiance, récit gloomy, dismal, lugubrious (littér); paysage dreary, dismal; maison gloomy; musique, cri mournful ◆ **d'un ton lugubre** in a funereal voice

**lugubrement** [lygybʀəmɑ̃] adv gloomily, dismally, lugubriously

**lui** [lɥi] 1 pron pers (objet indirect) (homme) him; (femme) her; (animal, bébé) it, him, her; (bateau, nation) her, it; (insecte, chose) it ◆ **je le lui ai dit** (à un homme) I told him; (à une femme) I told her ◆ **tu lui as donné de l'eau ?** (à un animal) have you given it (ou him ou her) some water?; (à une plante) have you watered it? ◆ **je ne le lui ai jamais caché** I have never kept it from him (ou her) ◆ **il lui est facile de le faire** it's easy for him (ou her) to do it ◆ **je ne lui connais pas de défauts** he's (ou she's) got no faults that I know of ◆ **je lui ai entendu dire que** I heard him (ou her) say that ◆ **le bateau est plus propre depuis qu'on lui a donné un coup de peinture** the boat is cleaner now they've given her (ou it) a coat of paint

2 pron m a (fonction objet) (personne) him; (animal) him, her, it; (chose) it; (pays, bateau) her, it ◆ **elle n'admire que lui** she only admires him ◆ **à lui, elle n'a pas dit un mot** she never said a word to him ◆ **lui, le revoir ? jamais !** see him again? never! ◆ **c'est lui, je le reconnais** it's him, I recognize him ◆ **je l'ai bien vu, lui !** I saw him all right! *, I definitely saw him! ◆ **si j'étais lui, j'accepterais** if I were him ou he (frm) I would accept; voir aussi **même, non, seul**

b (sujet, gén emphatique) (personne) he; (chose) it; (animal) it, he, she ◆ **elle est vendeuse, lui est maçon** she's a saleswoman and he's a bricklayer ◆ **lui, furieux, a refusé** furious, he refused ◆ **le Japon, lui, serait d'accord** Japan, for its ou her part, would agree ◆ **l'enfant, lui, avait bien vu les bonbons** the child had seen the sweets all right ◆ **qu'est-ce qu'ils ont dit ? – lui, rien** what did they say? – he said nothing ◆ **elle est venue mais pas lui** she came but not him ou but he didn't ◆ **mon frère et lui sont partis ensemble** my brother and he went off together ◆ **lui parti, j'ai pu travailler** with him gone ou after he had gone I was able to work ◆ **lui(, il) n'aurait jamais fait ça, il n'aurait jamais fait ça, lui** he would never have done that ◆ **est-ce qu'il le sait, lui ?, est-ce que lui(, il) le sait ?** does he know about it? ◆ **lui, se marier ? jamais !** him get married? that'll be the day!

c (emphatique avec qui, que) **c'est lui que nous avions invité** it's ou it was him we had invited ◆ **c'est à lui que je veux parler** it's him I want to speak to, I want to speak to him ◆ **il y a un hibou dans le bois, c'est lui que j'ai entendu** there is an owl in the wood – that's what I heard ◆ **c'est lui qui me l'a dit** he told me himself, it was he who told me ◆ **c'est lui qui le dit !** that's his story!, that's what he says! ◆ **ce fut lui qui le premier découvrit ...** (frm) it was he who first discovered ... ◆ **chasse le chien, c'est lui qui m'a mordu** chase that dog away – it's the one that bit me ◆ **de tous les arbres, c'est lui qui a le bois le plus dur** of all the trees it's this one that has the hardest wood ◆ **ils ont trois chats, et lui qui ne voulait pas d'animaux !** they have three cats and to think that he didn't want any animals!

d (dans des comparaisons : sujet) he, him; (objet) him ◆ **elle est plus mince que lui** she is slimmer than he is ou than him ◆ **j'ai mangé plus/moins que lui** I ate more/less than he did ou than him ◆ **ne fais pas comme lui** don't do as he does ou did, don't do the same as he did ◆ **je ne la connais pas aussi bien que lui** (que je le connais) I don't know her as well as (I know) him; (qu'il la connaît) I don't know her as well as he does

**lui-même** [lɥimɛm] pron → **même**

**luire** [lɥiʀ] → SYN ▸ conjug 38 ◂ vi [métal] to shine, gleam; [surface mouillée] to glisten; [reflet intermittent] to glint; [étoile] to twinkle; (en scintillant) to glimmer, shimmer; (en rougeoyant) to glow ◆ **l'herbe/l'étang luisait au soleil du matin** the grass/the pond glistened in the morning sunlight ◆ **yeux qui luisent de colère/d'envie** eyes gleaming with anger/with desire ◆ **le lac luisait sous la lune** the lake shimmered ou glimmered in the moonlight ◆ **l'espoir luit encore** there is still a glimmer of hope

**luisant, e** [lɥizɑ̃, ɑ̃t] → SYN 1 adj métal gleaming, shining; surface mouillée glistening; (reflet intermittent) glinting; (en scintillant) glimmering, shimmering; (en rougeoyant) glowing ◆ **front luisant de sueur** forehead gleaming ou glistening with sweat ◆ **vêtements luisants d'usure** clothes shiny with wear ◆ **yeux luisants de fièvre** eyes bright with fever; → **ver**

2 nm [étoffe] sheen; [pelage] gloss

**lulu** [lyly] **nm** woodlark

**lumachelle** [lymaʃɛl] **nf** lumachella

**lumbago** [lɔ̃bago] **nm** lumbago

**lumen** [lymɛn] **nm** lumen

**lumière** [lymjɛʀ] → SYN **1** **nf** **a** (gén, Phys) light ◆ **la lumière du jour** daylight ◆ **la lumière du soleil l'éblouit** he was dazzled by the sunlight ◆ **à la lumière des étoiles** by the light of the stars, by starlight ◆ **à la lumière artificielle/électrique** by artificial/electric light ◆ **la lumière entrait à flots dans la pièce** daylight streamed into the room ◆ **il n'y a pas beaucoup/ça ne donne guère de lumière** there isn't/it doesn't give much light ◆ **donne-nous de la lumière** switch ou put the light on, will you? ◆ **il y a de la lumière dans sa chambre** there's a light on in his room ◆ **Il dit "que la lumière soit" et la lumière fut** (Bible) He said "let there be light" and there was light ◆ **les lumières de la ville** (gén) the lights of the town; (plus grande) the city lights ◆ **"Les Lumières de la ville"** (Ciné) "City Lights"; → **effet, habit**

**b** (= connaissance) light ◆ **avoir/acquérir quelque lumière sur qch** to have/gain some knowledge of sth, have/gain some insight into sth ◆ **avoir des lumières sur une question** to have some ideas ou some knowledge on a question, know something about a question ◆ **aidez-nous de vos lumières** give us the benefit of your wisdom ou insight

**c** (= personne) light ◆ **il fut une des lumières de son siècle** he was one of the (shining) lights of his age ◆ **le pauvre garçon, ce n'est pas une lumière** the poor boy, he's no Einstein * ou no genius

**d** (Tech) [machine à vapeur] port; [canon] sight ◆ **lumière d'admission/d'échappement** (Aut) inlet/exhaust port ou valve

**e** (Loc) **mettre qch en lumière** to bring sth to light, bring sth out ◆ **jeter une nouvelle lumière sur qch** to throw ou shed new light on sth ◆ **à la lumière des récents événements** in the light of recent events ◆ **faire (toute) la lumière sur qch** to get right to the bottom of sth ◆ **la lumière de la foi/de la raison** the light of faith/of reason ◆ **entrevoir la lumière au bout du tunnel** to see the light at the end of the tunnel; → **siècle**

**2** COMP ▷ **lumière blanche** white light ▷ **lumière cendrée** (Astron) earth-light, earthshine ▷ **lumière noire** black light ▷ **lumière stroboscopique** strobe lighting ▷ **lumière de Wood** ⇒ **lumière noire**

**lumignon** [lymiɲɔ̃] **nm** (= lampe) (small) light; (= bougie) candle-end

**luminaire** [lyminɛʀ] → SYN **nm** (gén) light, lamp; (= cierge) candle ◆ **magasin de luminaires** lighting shop

**luminance** [lyminɑ̃s] **nf** luminance

**luminescence** [lyminesɑ̃s] → SYN **nf** luminescence

**luminescent, e** [lyminesɑ̃, ɑ̃t] → SYN **adj** luminescent

**lumineusement** [lyminøzmɑ̃] **adv** expliquer lucidly, clearly ◆ **son explication était lumineusement claire** his explanation was crystal clear

**lumineux, -euse** [lyminø, øz] → SYN **adj** **a** corps, intensité, cadran, aiguille luminous; fontaine, enseigne illuminated; rayon, faisceau of light ◆ **onde/source lumineuse** light wave/source; → **flèche[1], panneau**

**b** teint, regard radiant; ciel, couleur luminous; pièce, appartement bright, light

**c** (littér = pur, transparent) luminous (littér), lucid; (iro) exposé limpid, brilliant ◆ **j'ai compris, c'est lumineux** I understand, it's as clear as daylight ou it's crystal clear; → **idée**

**luministe** [lyminist] **nmf** luminist

**luminosité** [lyminozite] → SYN **nf** **a** [teint, regard] radiance; [ciel, couleur] luminosity ◆ **il y a beaucoup de luminosité** there's lots of light, it's very bright

**b** (Photo, Sci) luminosity

**lump** [lœp] **nm** lumpfish, lumpsucker; → **œuf**

**lunaire[1]** [lynɛʀ] → SYN **adj** année, cycle, paysage, sol lunar; roche moon (épith); visage moonlike

**lunaire[2]** [lynɛʀ] **nf** (Bot) honesty

**lunaison** [lynɛzɔ̃] **nf** lunar month

**lunapark** [lynapaʀk] **nm** (fun)fair

**lunatique** [lynatik] → SYN **adj** moody

**lunch**, pl **lunch(e)s** [lœntʃ] → SYN **nm** buffet

**lundi** [lœ̃di] **nm** Monday ◆ **le lundi de Pâques/de Pentecôte** Easter/Whit Monday ◆ **ça va ? – (ça va) comme un lundi** how are you? – I've got the Monday blues * ou I'm already longing for the weekend ; pour autres loc voir **samedi**

**lune** [lyn] → SYN **nf** **a** (Astron) moon ◆ **pleine/nouvelle lune** full/new moon ◆ **nuit sans lune** moonless night ◆ **lune rousse** April moon; → **clair, croissant**

**b** (* = derrière) bottom *, backside *

**c** (Zool) **lune de mer** moonfish

**d** (Loc) **lune de miel** (lit, fig) honeymoon ◆ **être dans la lune** to have one's head in the clouds, be in a dream ◆ **tomber de la lune** to have dropped in from another planet ◆ **demander** ou **vouloir la lune** to ask ou cry for the moon ◆ **il décrocherait la lune pour elle** he'd move heaven and earth to please her ◆ **promettre la lune** to promise the moon ou the earth ◆ **elle veut lui faire voir la lune en plein midi** she's trying to pull the wool over his eyes ◆ **il y a (bien) des lunes** † many moons ago; → **face, vieux**

**luné, e** * [lyne] **adj** ◆ **être bien/mal luné** to be in a good/bad mood ◆ **comment est-elle lunée ce matin ?** what sort of (a) mood is she in this morning?

**lunetier, -ière** [lyn(ə)tje, jɛʀ] **1** **adj** industrie spectacle (épith)

**2** **nm,f** (= vendeur) optician; (= fabricant) spectacle ou eyeglasses (US) manufacturer

**lunette** [lynɛt] → SYN **1** **nf** **a** (Astron = télescope) telescope; [fusil] sight(s)

**b** (Archit) lunette

**2** **lunettes** **nfpl** (correctives) glasses, eyeglasses (US), spectacles †; (de protection) goggles, glasses ◆ **mets tes lunettes !** (lit, fig) put your glasses ou specs * on! ◆ **un intello * à lunettes** a bespectacled intellectual

**3** COMP ▷ **lunette d'approche** telescope ▷ **lunette arrière** (Aut) rear window ▷ **lunette astronomique** astronomical telescope ▷ **lunette (des cabinets)** (= cuvette) toilet bowl; (= siège) toilet rim ▷ **lunettes de glacier** snow goggles ▷ **lunette méridienne** meridian circle ▷ **lunettes de natation** swimming goggles ▷ **lunettes noires** dark glasses ▷ **lunettes de plongée** swimming ou diving goggles ▷ **lunettes de ski** ski goggles ▷ **lunettes de soleil** sunglasses ▷ **lunettes de vue** prescription ou corrective glasses

**lunetterie** [lynɛtʀi] **nf** spectacle trade

**lunisolaire** [lynisɔlɛʀ] **adj** lunisolar

**lunule** [lynyl] **nf** [ongle] half-moon, lunula (spéc); (Math) lune

**lupanar** [lypanaʀ] → SYN **nm** (littér) brothel

**lupin** [lypɛ̃] **nm** lupin

**lupulin** [lypylɛ̃] **nm** lupulin

**lupuline** [lypylin] → SYN **nf** (= luzerne) black medick, nonesuch; (= alcaloïde) lupulin(e)

**lupus** [lypys] → SYN **nm** lupus

**lurette** [lyʀɛt] **nf** ◆ **il y a belle lurette de cela** * that was ages ago ou donkey's years * (Brit) ago ◆ **il y a belle lurette que je ne fume plus** * I stopped smoking ages ago, it's ages since I stopped smoking

**lurex** [lyʀɛks] **nm** lurex

**luron** * [lyʀɔ̃] **nm** ◆ **(joyeux** ou **gai) luron** likely lad ◆ **c'est un (sacré) luron** † he's a great one for the girls *, he's quite a lad *

**luronne** * [lyʀɔn] **nf** ◆ **(gaie) luronne** (lively) lass * ◆ **c'est une (sacrée) luronne** † she's a great one for the men *, she's quite a lass *

**Lusaka** [lusaka] **n** Lusaka

**lusin** [lyzɛ̃] **nm** marline, marlin(g)

**lusitanien, -ienne** [lyzitanjɛ̃, jɛn] **1** **adj** Lusitanian

**2** **Lusitanien(ne)** **nm,f** Lusitanian

**lusophone** [lyzɔfɔn] **1** **adj** Portuguese-speaking

**2** **nmf** Portuguese speaker

**lustrage** [lystʀaʒ] **nm** (Tech) [étoffe, peaux, fourrures] lustring; [glace] shining

**lustral, e,** mpl **-aux** [lystʀal, o] **adj** (littér) lustral (littér)

**lustre** [lystʀ] → SYN **nm** **a** [objet, peaux, vernis] shine, lustre (Brit), luster (US); [personne, cérémonie] lustre ◆ **redonner du lustre à une institution** to restore the prestige of an institution

**b** (= luminaire) centre light *(with several bulbs)*; (très élaboré) chandelier

**c** (littér = 5 ans) lustrum (littér) ◆ **depuis des lustres** for ages, for aeons

**lustré, e** [lystʀe] → SYN (ptp de **lustrer**) **adj** cheveux, fourrure, poil glossy; manche usée shiny

**lustrer** [lystʀe] → SYN ▸ conjug 1 ◂ **vt** (Tech) [+ étoffe, peaux, fourrures] to lustre; [+ glace] to shine; (gén = faire briller) to shine, put a shine on; (par l'usure) to make shiny ◆ **le chat lustre son poil** the cat is licking its fur ◆ **la pluie lustrait le feuillage** the rain put a sheen on the leaves ◆ **ce tissu se lustre facilement** this fabric gets shiny very quickly

**lustrerie** [lystʀəʀi] **nf** lighting (appliance) trade

**lustrine** [lystʀin] **nf** (Tex) lustre

**lut** [lyt] → SYN **nm** lute, luting

**Lutèce** [lytɛs] **n** Lutetia

**lutécium** [lytesjɔm] **nm** lutetium, lutecium

**lutéine** [lytein] **nf** lutein

**luter** [lyte] → SYN ▸ conjug 1 ◂ **vt** to lute

**lutétium** [lytesjɔm] **nm** lutetium

**luth** [lyt] → SYN **nm** lute

**Luther** [lytɛʀ] **nm** Luther

**luthéranisme** [lyteʀanism] **nm** Lutheranism

**lutherie** [lytʀi] **nf** (= fabrication) (stringed-)instrument making; (= instruments) (stringed-)instruments

**luthérien, -ienne** [lyteʀjɛ̃, jɛn] → SYN **1** **adj** Lutheran

**2** **Luthérien(ne)** **nm,f** Lutheran

**luthier, -ière** [lytje, jɛʀ] **nm,f** (stringed-)instrument maker

**luthiste** [lytist] **nmf** lutenist, lutanist

**lutin, e** [lytɛ̃, in] → SYN **1** **adj** impish, mischievous

**2** **nm** (= farfadet) (gentil) imp, sprite; (méchant) goblin; (irlandais) leprechaun ◆ **(petit) lutin** (= enfant) (little) imp

**lutiner** [lytine] → SYN ▸ conjug 1 ◂ **vt** to fondle, tickle

**lutrin** [lytʀɛ̃] **nm** (sur pied) lectern; (sur table) book-rest

**lutte** [lyt] → SYN **1** **nf** **a** (gén = combat) struggle, fight (*contre* against) ◆ **luttes politiques** political struggles ◆ **lutte antipollution/contre l'alcoolisme** fight against pollution/against alcoholism ◆ **lutte biologique** biological (pest) control ◆ **lutte contre le crime** crime prevention ◆ **lutte antidrogue** battle ou fight against drugs ◆ **lutte pour la vie** (Bio, fig) struggle for existence ou survival ◆ **lutte entre le bien et le mal** conflict ou struggle between good and evil ◆ **lutte de l'honneur et de l'intérêt** conflict between honour and self-interest ◆ **aimer la lutte** to enjoy a struggle ◆ **engager/abandonner la lutte** to take up/give up the struggle ou fight ◆ **nous sommes engagés dans une lutte inégale** we're fighting an uneven battle, it's an unequal struggle ◆ **après plusieurs années de lutte** after several years of struggling ◆ **gagner** ou **conquérir qch de haute lutte** to win sth after a brave fight ou struggle

**b** (Loc) **entrer/être en lutte (contre qn)** to enter into/be in conflict (with sb) ◆ **en lutte ouverte contre sa famille** in open conflict with his family ◆ **travailleurs en lutte** (en grève) striking workers ◆ **le pays en lutte** (Mil) the country at war ◆ **les partis en lutte** (Pol) the opposing parties

**c** (Sport) wrestling ◆ **lutte libre/gréco-romaine** all-in/Greco-Roman ou Graeco-Roman (Brit) wrestling ◆ **faire de la lutte** to wrestle

**2** COMP ▷ **lutte armée** armed struggle ◆ **en lutte armée** in armed conflict ▷ **lutte des classes** class struggle ou war ▷ **lutte d'influence(s)** struggle for influence ▷ **lutte d'intérêts** conflict ou clash of interests

**lutter** [lyte] → SYN ▸ conjug 1 ◂ vi a (= se battre) to struggle, fight ◆ **lutter contre un adversaire** to struggle ou fight against an opponent ◆ **lutter contre le vent** to fight against ou battle with the wind ◆ **lutter contre l'ignorance/un incendie** to fight ignorance/a fire ◆ **lutter contre l'adversité/le sommeil** to fight off adversity/sleep ◆ **lutter contre la mort** to fight ou struggle for one's life ◆ **lutter pour ses droits/la liberté** to fight for one's rights/freedom ◆ **lutter avec sa conscience** to struggle ou wrestle with one's conscience ◆ **les deux navires luttaient de vitesse** the two ships were racing each other
b (Sport) to wrestle

**lutteur, -euse** [lytœʀ, øz] → SYN nm,f (Sport) wrestler; (fig) fighter

**lux** [lyks] nm lux

**luxation** [lyksasjɔ̃] → SYN nf dislocation, luxation (SPÉC)

**luxe** [lyks] → SYN nm a (= richesse) luxury; [maison, objet] luxuriousness, sumptuousness ◆ **vivre dans le luxe** to live in (the lap of) luxury ◆ **de luxe** produits de luxe (épith); voiture, appartement luxury (épith) ◆ **modèle (de) grand luxe** (Aut) de luxe model ◆ **boutique de luxe** shop selling luxury goods ◆ **deux salles de bains, c'est le** ou **du luxe !** two bathrooms, it's the height of luxury! ou what luxury! ◆ **je me suis acheté un nouveau manteau, ce n'était pas du luxe** I bought myself a new coat, I badly needed one ◆ **j'ai lavé la cuisine, ce n'était pas du luxe !** I washed the kitchen floor, it badly needed it
b (= plaisir coûteux) luxury ◆ **son seul luxe : sa chaîne hi-fi** his only luxury ou indulgence was his stereo system ◆ **il s'est offert** ou **payé le luxe d'aller au casino** he allowed himself the indulgence ou luxury of a trip to the casino ◆ **je ne peux pas me payer** ou **m'offrir le luxe d'être malade/d'aller au restaurant** I can't afford the luxury of being ill/eating out
c (= profusion) [détails] wealth, host; [précautions] host ◆ **il nous l'a décrit avec un luxe de précisions** he described it to us in great ou lavish detail

**Luxembourg** [lyksɑ̃buʀ] nm ◆ **(le grand-duché de) Luxembourg** (the Grand Duchy of) Luxembourg ◆ **le palais du Luxembourg** (Pol) *the seat of the French Senate*

**luxembourgeois, e** [lyksɑ̃buʀʒwa, waz] 1 adj of ou from Luxembourg
2 **Luxembourgeois(e)** nm,f inhabitant ou native of Luxembourg

**luxer** [lykse] → SYN ▸ conjug 1 ◂ vt to dislocate, luxate (SPÉC) ◆ **se luxer un membre** to dislocate a limb ◆ **avoir l'épaule luxée** to have a dislocated shoulder

**luxueusement** [lyksɥøzmɑ̃] adv luxuriously

**luxueux, -euse** [lyksɥø, øz] → SYN adj luxurious

**luxure** [lyksyʀ] → SYN nf lust

**luxuriance** [lyksyʀjɑ̃s] → SYN nf luxuriance

**luxuriant, e** [lyksyʀjɑ̃, jɑ̃t] → SYN adj végétation luxuriant, lush; imagination fertile, luxuriant (littér)

**luxurieux, -ieuse** [lyksyʀjø, jøz] → SYN adj lustful, lascivious

**luzerne** [lyzɛʀn] → SYN nf (cultivée) lucerne, alfalfa; (sauvage) medick (Brit), medic (US)

**luzernière** [lyzɛʀnjɛʀ] nf lucerne ou alfalfa field

**luzule** [lyzyl] nf woodrush

**lycanthrope** [likɑ̃tʀɔp] nmf lycanthrope

**lycanthropie** [likɑ̃tʀɔpi] nf lycanthropy

**lycée** [lise] → SYN nm lycée, ≃ secondary school, ≃ high school (US) ◆ **lycée (technique et) professionnel, lycée d'enseignement professionnel** † *secondary school for vocational training*

> **LYCÉE**
>
> **Lycées** are state secondary schools where pupils study for their "baccalauréat" after leaving the "collège". The **lycée** covers the school years known as "seconde" (15-16 year-olds), "première" (16-17 year-olds) and "terminale" (up to leaving age at 18). The term **lycée professionnel** refers to a **lycée** which provides vocational training as well as the more traditional core subjects. → BAC; COLLÈGE; ÉDUCATION NATIONALE

**lycéen, -éenne** [liseɛ̃, eɛn] → SYN 1 adj journal, manifestation (secondary school ou high school (US)) students' (épith) ◆ **le mouvement lycéen** the (secondary school) students' protest movement
2 nm secondary school ou high-school (US) boy ou student ◆ **lorsque j'étais lycéen** when I was at secondary school ou in high school (US) ◆ **quelques lycéens étaient attablés à la terrasse** some boys from the secondary school were sitting at a table outside the café ◆ **les lycéens sont en grève** secondary school students are on strike
3 **lycéenne** nf secondary school ou high-school (US) girl ou student

**lychee** [litʃi] nm ⇒ **litchi**

**lychnis** [liknis] nm lychnis

**lycope** [likɔp] nm gipsywort

**lycoperdon** [likɔpɛʀdɔ̃] nm puffball

**lycopode** [likɔpɔd] nm lycopod, club moss

**lycose** [likoz] nf wolf ou hunting spider

**Lycra ®** [likʀa] nm Lycra ® ◆ **en Lycra** Lycra (épith)

**lyddite** [lidit] nf lyddite

**lydien, -ienne** [lidjɛ̃, jɛn] adj Lydian

**lymphangite** [lɛ̃fɑ̃ʒit] nf lymphangitis

**lymphatique** [lɛ̃fatik] → SYN adj (Bio) lymphatic; (péj) lethargic, sluggish, lymphatic (frm)

**lymphatisme** [lɛ̃fatism] nm lethargy, sluggishness

**lymphe** [lɛ̃f] → SYN nf lymph

**lymphocytaire** [lɛ̃fɔsitɛʀ] adj lymphocytic

**lymphocyte** [lɛ̃fɔsit] nm lymphocyte ◆ **lymphocyte T4** T4 lymphocyte

**lymphocytopénie** [lɛ̃fɔsitopeni] nf ⇒ **lymphopénie**

**lymphocytose** [lɛ̃fɔsitoz] nf lymphocytosis

**lymphogranulomatose** [lɛ̃fogʀanylomatoz] nf lymphogranulomatosis

**lymphographie** [lɛ̃fɔgʀafi] nf lymphography

**lymphoïde** [lɛ̃fɔid] adj lymphoid

**lymphokine** [lɛ̃fɔkin] nf lymphokine

**lymphome** [lɛ̃fom] nm (Méd) lymphoma

**lymphopénie** [lɛ̃fɔpeni] nf lymphopenia, lymphocytopenia

**lymphosarcome** [lɛ̃fosaʀkom] nm lymphosarcoma

**lynchage** [lɛ̃ʃaʒ] nm (= exécution, pendaison) lynching; (= coups) beating ◆ **il a fait l'objet d'un lynchage médiatique** he was torn to pieces by the media

**lyncher** [lɛ̃ʃe] → SYN ▸ conjug 1 ◂ vt (= tuer, pendre) to lynch; (= malmener) to beat up ◆ **je vais me faire lyncher si je rentre en retard** * they'll lynch ou kill me if I come home late

**lyncheur, -euse** [lɛ̃ʃœʀ, øz] nm,f aggressor; (= bourreau) lyncher

**lynx** [lɛ̃ks] → SYN nm lynx; → **œil**

**Lyon** [ljɔ̃] n Lyon(s)

**lyonnais, e** [ljɔnɛ, ɛz] 1 adj of ou from Lyon(s)
2 nm (= région) ◆ **le Lyonnais** the Lyon(s) region
3 **Lyonnais(e)** nm,f inhabitant ou native of Lyon(s)

**lyophile** [ljɔfil] adj lyophilic

**lyophilisation** [ljɔfilizasjɔ̃] nf lyophilization

**lyophiliser** [ljɔfilize] → SYN ▸ conjug 1 ◂ vt to freeze-dry, lyophilize (SPÉC) ◆ **café lyophilisé** freeze-dried coffee

**lyre** [liʀ] → SYN nf lyre

**lyrique** [liʀik] → SYN 1 adj a (Poésie) lyric
b (Mus, Théât) ouvrage, représentation, répertoire operatic; saison opera (épith); ténor, soprano lyric, operatic ◆ **l'art lyrique** opera ◆ **artiste lyrique** opera singer ◆ **théâtre** ou **scène lyrique** opera house ◆ **comédie/tragédie lyrique** comic/tragic opera ◆ **spectacle lyrique** opera; → **envolée**
c (= exalté) film, style lyrical ◆ **il a été lyrique sur le sujet** he waxed lyrical on the topic
2 nm a (Mus, Théât) **le lyrique** opera
b (= poète) lyric poet

**lyriquement** [liʀikmɑ̃] adv lyrically

**lyrisme** [liʀism] → SYN nm (Littérat, Poésie) lyricism ◆ **s'exprimer avec lyrisme sur** (= exaltation) to wax lyrical about, enthuse over ◆ **film plein de lyrisme** lyrical film

**lys** [lis] nm ⇒ **lis**

**lysat** [liza] nm lysate

**lyse** [liz] nf lysis

**lyser** [lize] ▸ conjug 1 ◂ vt to lyse

**lysergamide** [lizɛʀgamid] nm lysergamide

**lysergide** [lizɛʀʒid] nm lysergide

**lysergique** [lizɛʀʒik] adj ◆ **acide lysergique diéthylamide** lysergic acid diethylamide

**lysine** [lizin] nf (= acide aminé) lysine; (= anticorps) lysin

**lysosome** [lizozom] nm lysosome

**lysozyme** [lizozim] nm lysozyme

**lytique** [litik] adj lytic ◆ **cocktail lytique** lethal cocktail

# M

**M, m¹** [ɛm] nm (= lettre) M, m ◆ **M6** *private television channel broadcasting mainly serials and music programmes*

**M.** (abrév de **Monsieur**) Mr ◆ **M. Dupond** Mr Dupond

**m²** (abrév de **mètre**) m ◆ **m²** (abrév de **mètre carré**) m², sq. m. ◆ **m³** (abrév de **mètre cube**) m³, cu. m.

**m'** [m] → **me**

**MA** [ɛma] nmf (abrév de **maître auxiliaire**) → **maître**

**ma** [ma] adj poss → **mon**

**Maastricht** [mastʀiʃt] n ◆ **le traité/les accords de Maastricht** the Maastricht Treaty/agreement ◆ **répondre aux critères de Maastricht** to meet the Maastricht criteria (for economic and monetary union)

**maastrichtien, -ienne** [mastʀiʃtjɛ̃, jɛn] **1** adj Maastricht (épith)

**2** **Maastrichtien(ne)** nm,f inhabitant ou native of Maastricht

**maboul, e** * † [mabul] → SYN **1** adj crazy *

**2** nm,f loony *, crackpot *

**mac** ‡ [mak] nm (= souteneur) pimp, ponce ‡ (Brit)

**macabre** [makɑbʀ] → SYN adj histoire, découverte macabre, gruesome; goûts, humour macabre, ghoulish; → **danse**

**macache** ‡ † [makaʃ] adv nothing doing! * ◆ **macache ! tu ne l'auras pas** nothing doing! * ou not bloody likely! ‡ (Brit) you're not getting it ◆ **macache (bono) ! il n'a pas voulu** nothing doing! * ou not a chance! * he wouldn't have it

**macadam** [makadam] → SYN nm [pierres] macadam; [goudron] tarmac(adam) ® (Brit), blacktop (US) ◆ **sur le macadam** [rue] on the road; [aéroport] on the tarmac ◆ **sur le macadam parisien** on the streets of Paris

**macadamisage** [makadamizaʒ] → SYN nm, **macadamisation** [makadamizasjɔ̃] nf (= empierrement) macadamization, macadamizing; (= goudronnage) tarmacking

**macadamiser** [makadamize] → SYN ▸ conjug 1 ◂ vt (= empierrer) to macadamize; (= goudronner) to tarmac ◆ **chaussée** ou **route macadamisée** macadamized ou tarmac road

**macaque** [makak] → SYN nm (Zool) macaque ◆ **macaque rhésus** rhesus monkey ◆ **qui est ce (vieux) macaque ?** * (péj) who's that ugly (old) ape? ‡

**macareux** [makaʀø] → SYN nm puffin

**macaron** [makaʀɔ̃] → SYN nm **a** (Culin) macaroon

**b** (= insigne) (round) badge; (= autocollant) (round) sticker; ( * = décoration) medal, gong * ◆ **macaron publicitaire** publicity badge; (sur voiture) advertising sticker

**c** (Coiffure) **macarons** coils, earphones *

**macaroni** [makaʀɔni] → SYN nm **a** (Culin) piece of macaroni ◆ **macaronis** macaroni ◆ **macaroni(s) au gratin** macaroni cheese (Brit), macaroni and cheese (US)

**b** (injurieux) **macaroni, mangeur de macaronis** *‡ (= Italien) Eyeti(e) ‡ (injurieux), wop *‡ (injurieux)

**macaronique** [makaʀɔnik] → SYN adj (Poésie) macaronic

**Maccabées** [makabe] nmpl ◆ **les Maccabées** the Maccabees

**maccarthysme** [makkaʀtism] nm McCarthyism

**maccarthyste** [makkaʀtist] adj, nmf McCarthyist

**macchabée** ‡ [makabe] nm stiff ‡, corpse

**macédoine** [masedwan] → SYN nf **a** (Culin) **macédoine de légumes** diced mixed vegetables, macedoine (of vegetables) ◆ **macédoine de fruits** (gén) fruit salad; (en boîte) fruit cocktail

**b** (Géog) **Macédoine** Macedonia

**macédonien, -ienne** [masedɔnjɛ̃, jɛn] **1** adj Macedonian

**2** **Macédonien(ne)** nm,f Macedonian

**macérateur** [maseʀatœʀ, tʀis] nm macerater

**macération** [maseʀasjɔ̃] → SYN nf **a** (= procédé) maceration, soaking; (= liquide) marinade ◆ **pendant leur macération dans le vinaigre** while they are soaking in vinegar ◆ **arroser la viande avec le cognac de macération** baste the meat with the brandy in which it has been marinated

**b** (Rel = mortification) mortification, scourging (of the flesh) ◆ **s'infliger des macérations** to scourge one's body ou flesh

**macérer** [maseʀe] → SYN ▸ conjug 6 ◂ **1** vt **a** (Culin) to macerate, soak ◆ **cerises macérées dans l'eau de vie** cherries macerated in brandy

**b** (Rel) **macérer sa chair** (= mortifier) to mortify one's the flesh

**2** vi **a** (Culin) **faire** ou **laisser macérer** to macerate, soak

**b** (péj) **macérer dans son ignorance** to wallow in one's ignorance ◆ **laisser macérer qn (dans son jus)** * (= le faire attendre) to let sb stew in his own juice *

**macfarlane** [makfaʀlan] → SYN nm (= manteau) Inverness cape

**Mach** [mak] nm Mach ◆ **voler à Mach 2** to fly at Mach 2 ◆ **nombre de Mach** Mach (number)

**machaon** [makaɔ̃] → SYN nm swallowtail butterfly

**mâche** [mɑʃ] → SYN nf corn salad, lambs' lettuce

**mâchefer** [mɑʃfɛʀ] nm clinker (NonC), cinders

**mâcher** [mɑʃe] → SYN ▸ conjug 1 ◂ vt [personne] to chew; (avec bruit) to munch; [animal] to chomp; (Tech) to chew up ◆ **il faut lui mâcher tout le travail** you have to do half his work for him ou to spoon-feed him * ◆ **il ne mâche pas ses mots** he doesn't mince his words; → **papier**

**machette** [maʃɛt] → SYN nf machete

**Machiavel** [makjavɛl] nm Machiavelli

**machiavélique** [makjavelik] → SYN adj Machiavellian

**machiavélisme** [makjavelism] → SYN nm Machiavell(ian)ism

**mâchicoulis** [mɑʃikuli] → SYN nm machicolation ◆ **à mâchicoulis** machicolated

**machin** * [maʃɛ̃] nm **a** (= chose) (dont le nom échappe) what-d'you-call-it *, thingummyjig * (Brit), thingamajig * (US), whatsit * (Brit); (qu'on n'a jamais vu avant) thing, contraption; (qu'on ne prend pas la peine de nommer) thing ◆ **passe-moi ton machin** give me your thingy * ◆ **les antibiotiques ! il faut te méfier de ces machins-là** antibiotics! you should beware of those things ◆ **espèce de vieux machin !** (péj) doddering old fool! *

**b** (= personne) **Machin (chouette), Machin (chose)** what's-his-name *, what-d'you-call-him *, thingumabob ‡ ◆ **hé ! Machin !** hey (you), what's-your-name! * ◆ **le père/la mère Machin** Mr/Mrs what's-his-/her-name *; voir aussi **Machine**

**machinal, e,** mpl **-aux** [maʃinal, o] → SYN adj (= automatique) mechanical, automatic; (= instinctif) automatic, unconscious

**machinalement** [maʃinalmɑ̃] → SYN adv (= automatiquement) mechanically, automatically; (= instinctivement) unconsciously ◆ **il regarda machinalement sa montre** he looked at his watch without thinking ◆ **j'ai fait ça machinalement** I did it automatically ou without thinking

**machination** [maʃinasjɔ̃] → SYN nf (= complot) plot, conspiracy; (= coup monté) put-up job *, frame-up * ◆ **je suis victime d'une machination** I've been framed * ◆ **être victime d'une machination politique** to be a victim of a political conspiracy ou of political machinations

**Machine** * [maʃin] nf (= personne) what's-her-name *, what-d'you-call-her * ◆ **hé ! Machine !** hey! (you) – what's-your-name! *; voir aussi **machin**

**machine** [maʃin] → SYN **1** nf **a** (Tech) machine; (= locomotive) engine, locomotive; (= avion) plane, machine; ( * = bicyclette, moto) bike *, machine; (= ordinateur) machine ◆ **"La Machine à explorer le temps"** (Littérat) "The Time Machine" ◆ **il n'est qu'une machine à penser** he's nothing more than a sort of thinking machine ◆ **la machine est usée/fatiguée** (= corps) the old body is wearing out/getting tired; → **salle**

**b** (= lave-linge) (washing) machine; (= lessive) washing ◆ **faire une machine/trois machines** to do a load of washing/three loads of washing ◆ **ça va en machine** it's machine-washable ◆ **laver/passer qch en** ou **à la machine** to wash/put sth in the (washing) machine

**c** (= structure) machine; (= processus) machinery ◆ **la machine politique/parlementaire** the political/parliamentary machine ◆ **la machine de l'État** the machinery of state ◆ **la machine humaine** the human body ◆ **la machine administrative** the bureaucratic machine ou machinery ◆ **une grosse machine hollywoodienne** (= film) a Hollywood blockbuster *

**d** (Naut) engine ◆ **faire machine arrière** (lit) to go astern; (fig) to back-pedal; → **salle**

**2** **à la machine** loc adv ◆ **faire qch à la machine** to machine sth, do sth on a machine ◆ **fait à la machine** machine-made, done ou made on a machine ◆ **cousu/tricoté à la machine** machine-sewn/-knitted; → **taper**

**3** COMP ▷ **machine à adresser** addressing machine ▷ **machine à affranchir** franking machine ▷ **machine agricole** agricultural machine ▷ **machine à café** coffee machine ▷ **machine à calculer** calculating machine ▷ **machine à coudre** sewing machine ▷ **machine à écrire** typewriter ▷ **machine de guerre** machine of war, instrument of warfare ▷ **machine infernale** † time bomb, (explosive) device ▷ **machine à laver** washing machine ▷ **machine à laver séchante** washer-dryer ▷ **machine à laver la vaisselle** dishwasher ▷ **machine simple** simple machine ▷ **machine à sous** (de jeu) slot machine, one-armed bandit (Brit), fruit machine (Brit); (= distributeur automatique) slot ou vending machine ▷ **machine à timbrer** ⇒ **machine à affranchir** ▷ **machine à tisser** power loom ▷ **machine à** ou **de traitement de texte** word processor ▷ **machine à tricoter** knitting machine ▷ **machine à vapeur** steam engine ▷ **machine volante** flying machine

**machine-outil,** pl **machines-outils** [maʃinuti] nf machine tool

**machiner** [maʃine] → SYN ▸ conjug 1 ◂ vt [+ trahison] to plot; [+ complot] to hatch ◆ **tout était machiné d'avance** the whole thing was fixed beforehand ou was prearranged, it was all a put-up job * ◆ **c'est lui qui a tout machiné** he engineered the whole thing ◆ **qu'est-ce qu'il est en train de machiner ?** what's he cooking up? * ou hatching? *

**machinerie** [maʃinʀi] nf **a** (= équipement) machinery, plant (NonC)

**b** (= salle) (Naut) engine room; (= atelier) machine room

**machine-transfert,** pl **machines-transferts** [maʃintʀɑ̃sfɛʀ] nf automated machine tool

**machinisme** [maʃinism] → SYN nm mechanization

**machiniste** [maʃinist] → SYN nmf (Théât) scene shifter, stagehand; (Ciné) grip; (Transport) driver ◆ **"faire signe au machiniste"** ≈ request stop

**machisme** [ma(t)ʃism] → SYN nm (= sexisme) male chauvinism

**machiste** [ma(t)ʃist] adj (male) chauvinist

**machmètre** [makmɛtʀ] nm Machmeter

**macho** * [matʃo] **1** adj comportement macho, male chauvinist (épith) ◆ **il est (un peu) macho** he's a (bit of a) male chauvinist *

**2** nm (d'apparence physique) macho man; (sexiste) male chauvinist ◆ **sale macho !** male chauvinist pig! *

**mâchoire** [mɑʃwaʀ] → SYN nf (Anat, Tech, Zool) jaw ◆ **mâchoires de frein** brake shoes; → **bâiller**

**mâchonnement** [mɑʃɔnmɑ̃] → SYN nm chewing; (Méd) bruxism (SPÉC)

**mâchonner** [mɑʃɔne] → SYN ▸ conjug 1 ◂ vt [personne] to chew (at); [cheval] to munch ◆ **mâchonner son crayon** to chew ou bite one's pencil

**mâchouiller** * [mɑʃuje] ▸ conjug 1 ◂ vt to chew (away) at ou on

**mâchurer** [mɑʃyʀe] → SYN ▸ conjug 1 ◂ vt **a** (= salir) [+ papier, habit] to stain (black); [+ visage] to blacken; (Typo) to mackle, blur

**b** (Tech = écraser) to dent

**c** (= mâcher) to chew

**macle¹** [makl] → SYN nf (Bot) water chestnut

**macle²** [makl] nf (= cristal) twin, macle; (Hér) mascle

**maclé, e** [makle] adj cristal twinned, hemitrope

**maçon** [masɔ̃] → SYN nm **a** (gén) builder; (qui travaille la pierre) (stone) mason; (qui pose les briques) bricklayer ◆ **ouvrier** ou **compagnon maçon** builder's mate (Brit) ou helper (US)

**b** ⇒ **franc-maçon**

**maçonnage** [masɔnaʒ] nm **a** (= travail) building; (en briques) bricklaying

**b** (= ouvrage) (en pierres) masonry, stonework; (en briques) brickwork; (= revêtement) facing

**maçonne** [masɔn] adj f → **abeille, fourmi**

**maçonner** [masɔne] → SYN ▸ conjug 1 ◂ vt (= construire) to build; (= consolider) to build up; (= revêtir) to face; (= boucher) (avec briques) to brick up; (avec pierres) to block up (with stone)

**maçonnerie** [masɔnʀi] → SYN nf **a** (= ouvrage) [pierres] masonry, stonework; [briques] brickwork ◆ **maçonnerie de béton** concrete ◆ **maçonnerie en blocage** ou **de moellons** rubble work

**b** (= travail) building; (avec briques) bricklaying ◆ **entrepreneur/entreprise de maçonnerie** building contractor/firm ◆ **grosse maçonnerie** erection of the superstructure ◆ **petite maçonnerie** finishing and interior building

**c** ⇒ **franc-maçonnerie**

**maçonnique** [masɔnik] adj masonic, Masonic

**macoute** [makut] adj (terme d'Haïti) groupe, prison Macoute ◆ **(tonton) macoute** Macoute, member of the Tonton Macoute(s)

**macramé** [makʀame] nm macramé ◆ **en macramé** macramé (épith)

**macre** [makʀ] nf ⇒ **macle¹**

**macreuse** [makʀøz] nf (Culin) shoulder of beef; (Orn) scoter

**macro(-)** [makʀɔ] préf (dans les composés à trait d'union, le préfixe reste invariable) macro(-)

**macrobiote** [makʀɔbjɔt] adj practising macrobiotics

**macrobiotique** [makʀɔbjɔtik] → SYN **1** adj macrobiotic

**2** nf macrobiotics sg

**macrocéphale** [makʀosefal] adj macrocephalic

**macrocéphalie** [makʀosefali] nf macrocephaly, macrocephalia

**macrocosme** [makʀɔkɔsm] → SYN nm macrocosm

**macrocosmique** [makʀɔkɔsmik] adj macrocosmic

**macrocyste** [makʀosist], **macrocystis** [makʀosistis] nm (Bot) macrocystis

**macrocyte** [makʀɔsit] nm macrocyte

**macrodécision** [makʀodesizjɔ̃] nf large-scale decision

**macro-économie** [makʀoekɔnɔmi] nf macroeconomics sg

**macro-économique** [makʀoekɔnɔmik] adj macroeconomic

**macroglobuline** [makʀoglɔbylin] nf macroglobulin

**macroglobulinémie** [makʀoglɔbylinemi] nf macroglobulinaemia (Brit), macroglobulinemia (US)

**macrographie** [makʀɔgʀafi] nf macrography

**macrographique** [makʀɔgʀafik] adj macrographic

**macro-instruction** [makʀoɛ̃stʀyksjɔ̃] nf macro instruction

**macromoléculaire** [makʀomɔlekylɛʀ] adj macromolecular

**macromolécule** [makʀomɔlekyl] nf macromolecule

**macrophage** [makʀɔfaʒ] **1** adj macrophagic

**2** nm macrophage

**macrophotographie** [makʀofɔtɔgʀafi] nf macrophotography

**macropode** [makʀɔpɔd] **1** adj macropodous

**2** nm paradise fish

**macroscélide** [makʀɔselid] nm elephant shrew

**macroscopique** [makʀɔskɔpik] adj macroscopic

**macroséisme** [makʀoseism] nm major earthquake, macroseism (SPÉC)

**macrosporange** [makʀospɔʀɑ̃ʒ] nm megasporangium, macrosporangium

**macrospore** [makʀospɔʀ] nf megaspore, macrospore

**macrostructure** [makʀostʀyktyʀ] nf macrostructure

**macroure** [makʀuʀ] → SYN nm macruran

**macula** [makyla] nf macula

**maculage** [makylaʒ] nm **a** (gén) maculation

**b** (Typo) (= action) offsetting; (= tache) offset, set-off

**macule** [makyl] → SYN nf **a** [encre] smudge, mackle; (Typo) smudge, set-off, blot, mackle

**b** (Astron, Méd) macula

**c** (= papier) rough brown (wrapping) paper; (= feuille intercalaire) interleaf

**maculer** [makyle] → SYN ▸ conjug 1 ◂ vt **a** (= salir) to stain (*de* with) ◆ **chemise maculée de boue/sang** shirt spattered ou covered with mud/blood

**b** (Typo) to mackle, blur

**Madagascar** [madagaskaʀ] n Madagascar ◆ **République démocratique de Madagascar** Malagasy Republic

**Madame** [madam], pl **Mesdames** [medam] nf **a** (s'adressant à qn) **bonjour Madame** (gén) good morning; (nom connu) good morning, Mrs X; (frm) good morning, Madam ◆ **bonjour Mesdames** good morning ◆ **Madame, vous avez oublié quelque chose** excuse me ou Madam (frm) you've forgotten something ◆ **Mesdames** (devant un auditoire) ladies ◆ **Mesdames, Mesdemoiselles, Messieurs** ladies and gentlemen ◆ **Madame la Présidente** [société, assemblée] Madam Chairman; [gouvernement] Madam President ◆ **oui, Madame la Générale/la Marquise** yes Mrs X/Madam ◆ **Madame !** (Scol) please Mrs X!, please Miss! ◆ **et pour (vous) Madame ?** (au restaurant) and for (you) madam? ◆ **Madame est servie** (frm) dinner is served (Madam) ◆ **Madame n'est pas contente !** (iro) her ladyship ou Madam isn't pleased! (iro)

**b** (parlant de qn) **Madame X est malade** Mrs X is ill ◆ **Madame votre mère** † your dear ou good mother ◆ **Madame est sortie** (frm) Madam ou the mistress is not at home ◆ **je vais le dire à Madame** (parlant à un visiteur) I'll inform Madam (frm) ou Mrs X; (parlant à un autre employé de maison) I'll tell Mrs X ou the missus * † ◆ **Madame dit que c'est à elle** the lady says it belongs to her ◆ **Madame la Présidente** (en adresse) Madam Chairman ◆ **veuillez vous occuper de Madame** please attend to this lady('s requirements)

**c** (sur une enveloppe) **Madame X** Mrs X ◆ **Madame veuve X** (Admin) Mrs X, widow of the late John etc X ◆ **Mesdames X** the Mrs X ◆ **Mesdames X et Y** Mrs X and Mrs Y ◆ **Monsieur X et Madame** Mr and Mrs X ◆ **Madame la Maréchale X** Mrs X ◆ **Madame la Marquise de X** the Marchioness of X ◆ **Mesdames les employées de la comptabilité** (the ladies on) the staff of the accounts department

**d** (en-tête de lettre) Dear Madam ◆ **Chère Madame** Dear Mrs X ◆ **Madame, Mademoiselle, Monsieur** (Admin) Dear Sir or Madam ◆ **Madame la Maréchale/Présidente/Duchesse** Dear Madam

**e** (Hist) Madame *(title given to female members of the French royal family)*

**f** (sans majuscule, pl **madames** : souvent péj) lady ◆ **jouer à la madame** to play the fine lady, put on airs and graces ◆ **toutes ces (belles) madames** all these fine ladies ◆ **c'est une petite madame maintenant** she's quite a (grown-up) young lady now

**madapolam** [madapɔlam] → SYN nm madpol(l)am

**made in** [mɛdin] loc adj (Comm) made in ◆ **la machine est made in Germany** the machine is German-made ou made in Germany ◆ **le prestige du made in France** the prestige of French brand names ◆ **des habitudes made in USA** (fig) typically American habits

**Madeleine** [madlɛn] nf Magdalen(e), Madel(e)ine; → **pleurer**

**madeleine** [madlɛn] → SYN nf (Culin) madeleine ◆ **c'est la madeleine de Proust** (fig) it brings back a flood of memories

**Madelon** [madlɔ̃] nf ◆ **la Madelon** *old French song popular during World War I*

**Mademoiselle** [madmwazɛl], pl **Mesdemoiselles** [medmwazɛl] nf **a** (s'adressant à qn) **bonjour**

**Mademoiselle** (gén) good morning; (nom connu : frm) good morning, Miss X ◆ **bonjour Mesdemoiselles** good morning ladies; (jeunes filles) good morning young ladies ◆ **Mademoiselle, vous avez oublié quelque chose** excuse me miss, you've forgotten something ◆ **et pour vous Mademoiselle ?** (au restaurant) and for the young lady?, and for you, miss? ◆ **Mesdemoiselles** (devant un auditoire) ladies ◆ **Mademoiselle n'est pas contente !** her ladyship isn't pleased!

**b** (parlant de qn) **Mademoiselle X est malade** Miss X is ill ◆ **Mademoiselle votre sœur** † your dear sister ◆ **Mademoiselle est sortie** (frm) the young lady (of the house) is out ◆ **je vais le dire à Mademoiselle** I shall tell Miss X ◆ **Mademoiselle dit que c'est à elle** the young lady says it's hers

**c** (sur une enveloppe) **Mademoiselle X** Miss X ◆ **Mesdemoiselles X** the Misses X ◆ **Mesdemoiselles X et Y** Miss X and Miss Y

**d** (en-tête de lettre) Dear Madam ◆ **Chère Mademoiselle** Dear Miss X

**e** (Hist) Mademoiselle *(title given to the nieces of the French King)*

**madère** [madɛʀ] **1** nm Madeira (wine); → **sauce**

**2** **Madère** nf ◆ **(l'île de) Madère** Madeira

**madériser (se)** [madeʀize] ▸ conjug 1 ◂ vpr [eau-de-vie, vin] to maderize

**Madone** [madɔn] nf **a** (Art, Rel) Madonna

**b** (= beauté) **madone** beautiful woman, Madonna-like woman ◆ **elle a un visage de madone** she has the face of a Madonna

**madrague** [madʀag] → SYN nf madrague

**madras** [madʀas] → SYN **1** nm (= étoffe) madras (cotton); (= foulard) (madras) scarf

**2** **Madras** n Madras

**madré, e** [madʀe] → SYN adj **a** (littér = malin) crafty, wily, sly ◆ **c'est une petite madrée !** (hum) she's a crafty ou fly * (Brit) one! (hum)

**b** bois whorled

**madréporaires** [madʀepɔʀɛʀ] nmpl ◆ **les madréporaires** madreporians, the Madrepora (SPÉC)

**madrépore** [madʀepɔʀ] nm madrepore ◆ **les madrépores** madrepores, Madrepora (SPÉC)

**madréporique** [madʀepɔʀik] adj madreporal, madreporic

**Madrid** [madʀid] n Madrid

**madrier** [madʀije] → SYN nm (Constr) beam

**madrigal,** pl **-aux** [madʀigal, o] → SYN nm (Litté-rat, Mus) madrigal; († = propos galant) compliment

**madrigaliste** [madʀigalist] nmf madrigalist

**madrilène** [madʀilɛn] **1** adj of ou from Madrid

**2** **Madrilène** nmf inhabitant ou native of Madrid

**maelström, maelstrom** [malstʀɔm] → SYN nm (lit, fig) maelstrom

**maestoso** [maɛstozo] → SYN adv maestoso

**maestria** [maɛstʀija] → SYN nf (masterly) skill, mastery (*à faire qch* in doing sth) ◆ **avec maestria** brilliantly, in a masterly fashion, with consummate skill

**maestro** [maɛstʀo] → SYN nm (Mus) maestro

**mafflu, e** [mafly] adj (littér) visage, joues round, full; personne chubby(-cheeked ou -faced)

**maf(f)ia** [mafja] nf **a** **la Maf(f)ia** the Maf(f)ia

**b** [bandits, trafiquants] gang, ring ◆ **c'est une vraie maf(f)ia !** what a bunch * ou shower ⁑ (Brit) of crooks! ◆ **maf(f)ia d'anciens élèves** old boy network

**maf(f)ieux, -ieuse** [mafjø, jøz] **1** adj Mafia (épith) ◆ **pratiques maf(f)ieuses** Mafia-like practices

**2** nm,f maf(f)ioso

**maf(f)ioso** [mafjozo], pl **maf(f)iosi** [mafjozi] nm maf(f)ioso

**magasin** [magazɛ̃] → SYN **1** nm **a** (= boutique) shop, store; (= entrepôt) warehouse ◆ **grand magasin** department store ◆ **faire** ou **courir les magasins** to go shopping, go (a)round ou do * the shops ◆ **nous ne l'avons pas en magasin** we haven't got it in stock; → **chaîne**

**b** [fusil, appareil-photo] magazine

**2** COMP ▷ **magasin des accessoires** (Théât) prop room ▷ **magasin d'alimentation** grocery store ▷ **magasin d'armes** armoury ▷ **magasin (d'articles) de sport** sports shop (Brit), sporting goods store (US) ▷ **magasin de confection** (ready-to-wear) dress shop ou tailor's, clothing store (US) ▷ **magasin des décors** (Théât) scene dock ▷ **magasins généraux** (Comm, Jur) bonded warehouse ▷ **magasin à grande surface** supermarket, hypermarket (Brit) ▷ **magasin d'habillement** (Mil) quartermaster's stores ▷ **magasin à succursales (multiples)** chain store ▷ **magasin d'usine** factory shop ou outlet ▷ **magasin de vivres** (Mil) quartermaster's stores

**magasinage** [magazinaʒ] nm **a** (Comm) warehousing ◆ **frais de magasinage** storage costs

**b** (Can) shopping ◆ **faire son magasinage** to do one's shopping

**magasiner** [magazine] → SYN ▸ conjug 1 ◂ vi (Can) to go shopping

**magasinier** [magazinje] nm [usine] storekeeper, storeman; [entrepôt] warehouseman

**magazine** [magazin] → SYN nm **a** (Presse) magazine ◆ **magazine de luxe** glossy * (magazine)

**b** (TV, Radio) magazine (programme (Brit) ou program (US)) ◆ **magazine féminin/pour les jeunes** women's/children's programme ◆ **magazine d'actualités** news magazine ◆ **magazine d'information** current affairs programme

**magdalénien, -ienne** [magdalenjɛ̃, jɛn] **1** adj Magdalenian

**2** nm ◆ **le Magdalénien** the Magdalenian

**mage** [maʒ] → SYN nm (Antiq, fig) magus; (= devin, astrologue) witch ◆ **les (trois) Rois mages** (Rel) the Magi, the (Three) Wise Men, the Three Kings

**Magellan** [maʒelɑ̃] nm Magellan ◆ **le détroit de Magellan** the Strait of Magellan ◆ **les nuages de Magellan** the Magellanic Clouds

**magenta** [maʒɛ̃ta] adj inv, nm magenta

**Maghreb** [magʀɛb] nm ◆ **le Maghreb** the Maghreb, North Africa

**maghrébin, e** [magʀebɛ̃, in] → SYN **1** adj of ou from the Maghreb ou North Africa

**2** **Maghrébin(e)** nm,f North African

**magicien, -ienne** [maʒisjɛ̃, jɛn] → SYN nm,f (= illusionniste) magician, conjuror; (= sorcier) magician; (= sorcière) enchantress; (fig) wizard, magician ◆ **c'est un magicien du verbe** ou **des mots** he's a wizard ou magician with words

**magie** [maʒi] → SYN nf magic ◆ **magie blanche/noire** white/black magic ◆ **la magie du verbe** the magic of words ◆ **comme par magie** like magic, (as if) by magic ◆ **c'est de la magie** it's (like) magic ◆ **faire de la magie** [prestidigitateur] to perform ou do magic tricks

**Maginot** [maʒino] nm ◆ **la ligne Maginot** the Maginot Line

**magique** [maʒik] → SYN adj mot, baguette, pouvoir magic; (= enchanteur) spectacle magical; → **lanterne**

**magiquement** [maʒikmɑ̃] adv magically

**magister** † [maʒistɛʀ] nm (village) schoolmaster; (péj) pedant

**magistère** [maʒistɛʀ] → SYN nm **a** (Univ) *diploma taken over 3 years after completing 2 years at university, usually in vocational subjects,* ≃ master's degree

**b** (Rel) magisterium

**c** (Alchimie) magistery

**magistral, e,** mpl **-aux** [maʒistʀal, o] → SYN adj **a** œuvre masterly, brilliant; réussite, démonstration brilliant, magnificent; adresse masterly ◆ **elle est magistrale dans le rôle de Phèdre** she's brilliant as Phèdre ◆ **son interprétation du concerto fut magistrale** he gave a brilliant performance of the concerto ◆ **de façon magistrale** brilliantly

**b** ton authoritative, masterful ◆ **cours magistral** (Univ) lecture ◆ **enseignement magistral** lecturing

**c** (intensif) victoire, réussite magnificent

**d** (Pharm) magistral

**e** (Tech) **ligne magistrale** magistral line

**magistralement** [maʒistʀalmɑ̃] → SYN adv brilliantly, magnificently ◆ **réussir magistralement qch** to make a brilliant job of sth

**magistrat** [maʒistʀa] → SYN nm (Jur) (gén) magistrate; (= juge) judge ◆ **magistrat du parquet** public prosecutor (Brit), prosecuting ou district attorney (US) ◆ **magistrat du siège** judge ◆ **magistrat municipal** town councillor ◆ **c'est le premier magistrat de France/du département** he holds the highest public office in France/the department ◆ **magistrat militaire** judge advocate

**magistrature** [maʒistʀatyʀ] → SYN nf **a** (Jur) magistracy, magistrature ◆ **la magistrature assise** ou **du siège** the judges, the bench ◆ **la magistrature debout** ou **du parquet** the state prosecutors ◆ **entrer dans la magistrature** to be appointed a judge (ou a state prosecutor)

**b** (Admin, Pol) public office ◆ **la magistrature suprême** the supreme ou highest office

**magma** [magma] → SYN nm (Chim, Géol) magma; (= mélange) jumble, muddle

**magmatique** [magmatik] adj magmatic

**magnanerie** [maɲanʀi] nf (= local) magnanerie, silk-worm breeding establishment; (= sériciculture) silk-worm breeding

**magnanier, -ière** [maɲanje, jɛʀ] nm,f silkworm breeder

**magnanime** [maɲanim] → SYN adj magnanimous ◆ **se montrer magnanime** to show magnanimity

**magnanimement** [maɲanimmɑ̃] adv magnanimously

**magnanimité** [maɲanimite] → SYN nf magnanimity

**magnat** [magna] → SYN nm tycoon, magnate ◆ **magnat de la presse/de la télévision** press/television baron ou lord ou tycoon ◆ **magnat de l'audiovisuel** broadcasting tycoon ◆ **magnat du pétrole** oil tycoon ou magnate

**magner (se)** ⁑ [maɲe] → SYN ▸ conjug 1 ◂ vpr to get a move on *, hurry up ◆ **on a intérêt à se magner** we'd better get cracking * ◆ **magne-toi (le train** ou **le popotin) !** get a move on! *, get moving! * ◆ **magne-toi le cul !** *⁑ shift your arse! ⁑ (Brit) ou ass! ⁑ (US)

**magnésie** [maɲezi] nf magnesia

**magnésien, -ienne** [maɲezjɛ̃, jɛn] adj roche, magma magnesian ◆ **déficit magnésien** magnesium deficiency

**magnésium** [maɲezjɔm] nm magnesium; → **éclair**

**magnétique** [maɲetik] adj (Phys, fig) magnetic; → **bande**[1]

**magnétisable** [maɲetizabl] adj **a** (Phys) magnetizable

**b** (= sujet à l'hypnose) hypnotizable

**magnétisant, e** [maɲetizɑ̃, ɑ̃t] adj magnetizing

**magnétisation** [maɲetizasjɔ̃] → SYN nf **a** (Phys) magnetization

**b** (= hypnose) mesmerization, hypnotization

**magnétiser** [maɲetize] → SYN ▸ conjug 1 ◂ vt **a** (Phys) to magnetize

**b** (= hypnotiser) to mesmerize, hypnotize

**magnétiseur, -euse** [maɲetizœʀ, øz] → SYN nm,f (= hypnotiseur) hypnotizer; (= guérisseur) magnetic healer

**magnétisme** [maɲetism] → SYN nm (= charme, Phys) magnetism; (= hypnotisme) hypnotism, mesmerism ◆ **magnétisme terrestre** terrestrial magnetism ◆ **le magnétisme d'un grand homme** the magnetism ou charisma of a great man

**magnétite** [maɲetit] nf lodestone, magnetite

**magnéto**[1] * [maɲeto] nm abrév de **magnétophone**

**magnéto**[2] [maɲeto] nf (Élec) magneto

**magnétocassette** [maɲetokasɛt] nm cassette player ou recorder

**magnétodynamique** [maɲetodinamik] adj fixed-magnet (épith)

**magnétoélectrique** [maɲetoelɛktʀik] adj magnetoelectric

**magnétohydrodynamique** [maɲetoidʀodinamik] nf magnetohydrodynamics sg

**magnétomètre** [maɲetɔmɛtʀ] nm magnetometer

**magnétomoteur, -trice** [maɲetomɔtœʀ, tʀis] adj force magnetomotive

**magnéton** [maɲetɔ̃] nm magneton

**magnétophone** [maɲetɔfɔn] nm tape recorder ◆ **magnétophone à cassette(s)** cassette recorder ◆ **enregistré au magnétophone** (tape-)recorded, taped

**magnétoscope** [maɲetɔskɔp] nm (= appareil) video (tape ou cassette) recorder, VCR ◆ **enregistrer au magnétoscope** to video(-tape)

**magnétoscoper** [maɲetɔskɔpe] ► conjug 1 ◄ vt to video(-tape)

**magnétosphère** [maɲetɔsfɛʀ] nf magnetosphere

**magnétostriction** [maɲetostʀiksjɔ̃] nf magnetostriction

**magnétron** [maɲetʀɔ̃] nm magnetron

**magnificence** [maɲifisɑ̃s] → SYN nf (littér) **a** (= faste) magnificence, splendour
**b** (= prodigalité) munificence (littér), lavishness

**magnifier** [maɲifje] → SYN ► conjug 7 ◄ vt (littér) (= louer) to magnify (littér), glorify; (= idéaliser) to idealize

**magnifique** [maɲifik] → SYN adj appartement, repas magnificent, sumptuous; cortège splendid, magnificent; cadeau, réception magnificent, lavish; femme, fleur gorgeous, superb; paysage, temps magnificent, gorgeous; projet, situation magnificent, marvellous ◆ **magnifique !** fantastic!, great! * ◆ **il a été magnifique hier soir !** he was magnificent ou fantastic last night! ◆ **Soliman/Laurent le Magnifique** Suleiman/Lorenzo the Magnificent ◆ **"Gatsby le Magnifique"** (Littérat) "The Great Gatsby"

**magnifiquement** [maɲifikmɑ̃] → SYN adv magnificently

**magnitude** [maɲityd] nf (Astron, Géol) magnitude ◆ **séisme de magnitude 7 sur l'échelle de Richter** earthquake measuring 7 ou of magnitude 7 on the Richter scale

**magnolia** [maɲɔlja] → SYN nm magnolia

**magnum** [magnɔm] → SYN nm magnum

**magot** [mago] → SYN nm **a** (= singe) Barbary ape, magot
**b** (= figurine) magot
**c** * (= somme d'argent) pile (of money)*, packet*; (= argent volé) loot; (= économies) savings, nest egg ◆ **ils ont amassé un joli magot** (gén) they've made a nice little pile* ou packet*; (économies) they've got a tidy sum put by ou a nice little nest egg ◆ **où ont-ils caché le magot ?** where did they stash* the loot?

**magouillage*** [magujaʒ] nm, **magouille*** [maguj] nf (péj) scheming (péj) ◆ **c'est le roi de la magouille** he's a born schemer ◆ **ça sent la magouille** there's some funny business* going on ◆ **magouillage électoral** pre-election scheming ◆ **magouilles politiques** political skulduggery ◆ **magouilles financières** financial wheeling and dealing* (NonC), sharp practice* (NonC) (Brit) ◆ **sombre magouille** dirty bit of business

**magouiller*** [maguje] ► conjug 1 ◄ [1] vi (péj) to wheel and deal* ◆ **il a dû magouiller pour avoir le permis de construire** he had to do a bit of wheeling and dealing* to get planning permission
[2] vt ◆ **qu'est-ce qu'il magouille ?** what's he up to?*

**magouilleur, -euse*** [magujœʀ, øz] [1] adj (péj) crafty*
[2] nm,f (péj) schemer (péj), crafty operator* (Brit)

**magret** [magʀɛ] nm ◆ **magret (de canard)** fillet of duck, duck breast

**magyar, e** [magjaʀ] [1] adj Magyar
[2] **Magyar(e)** nm,f Magyar

**Mahabharata** [maabaʀata] nm ◆ **le Mahabharata** the Mahabharata

**mahara(d)jah** [maaʀa(d)ʒa] nm Maharajah

**maharani** [ma(a)ʀani], **maharané** [maaʀane] nf Maharanee

**mahatma** [maatma] nm mahatma

**mahdi** [madi] nm Mahdi

**mahdisme** [madism] nm Mahdism

**mahdiste** [madist] adj, nmf Mahdist

**mah-jong**, pl **mah-jongs** [maʒɔ̃g] nm mah-jong(g)

**Mahomet** [maɔmɛt] nm Mahomet, Mohammed

**mahométan, -ane** † [maɔmetɑ̃, an] → SYN adj Mahometan, Mohammedan

**mahométisme** † [maɔmetism] nm Mohammedanism

**mahonia** [maɔnja] nm mahonia

**mahorais, e** [maɔʀɛ, ɛz] [1] adj of ou from Mayotte
[2] **Mahorais(e)** nm,f inhabitant ou native of Mayotte

**mahous*** [maus] adj ⇒ **maous**

**mai** [mɛ] → SYN nm May ◆ **le joli mois de mai** the merry month of May ; pour autres loc voir **septembre** et **premier**

> **MAI 68**
>
> Widespread unrest in 1968, both in French industry and among students, resulted in huge demonstrations in May and culminated in a general strike. The events were perceived both as a challenge to the established order and a utopian cry for freedom, though the government was not in fact overthrown and order soon returned. The term "soixante-huitard(e)" literally means a person who participated in the events, but used as an adjective it also refers to the kind of anarchistic and utopian ideals expressed by many of the demonstrators. These ideals are also effectively summed up in their best-known slogan, "sous les pavés, la plage" (literally, "under the paving stones there's a beach").

**maïa** [maja] → SYN nm spider crab, maia (SPÉC)

**maie** [mɛ] → SYN nf (= huche) bread box; (pour pétrir) dough trough

**maïeutique** [majøtik] → SYN nf maieutics sg

**maigre** [mɛgʀ] → SYN [1] adj **a** personne thin, skinny (péj); animal thin, scraggy; visage, joue thin, lean; membres thin, scrawny (péj), skinny (péj) ◆ **maigre comme un clou** ou **un coucou** * as thin as a rake ou a lath (Brit) ou a rail (US)
**b** (Culin : après n) bouillon clear; viande lean; fromage low-fat
**c** (Rel) **repas maigre** meal without meat ◆ **faire maigre (le vendredi)** (gén) to abstain from meat (on Fridays); (= manger du poisson) to eat fish (on Fridays) ◆ **le vendredi est un jour maigre** people don't eat meat on Fridays
**d** (= peu important) profit, revenu meagre, small, slim; ration, salaire meagre, poor; ressources, moyens, budget meagre, scanty; résultat poor; exposé, conclusion sketchy, skimpy, slight; espoir, chance slim, slight; public sparse ◆ **comme dîner, c'est un peu maigre** it's a bit of a skimpy ou meagre dinner, it's not much of a dinner ◆ **c'est une maigre consolation** it's small consolation, it's cold comfort
**e** (= peu épais) végétation thin, sparse; récolte, terre poor ◆ **un maigre filet d'eau** a thin trickle of water ◆ **avoir le cheveu maigre** (hum) to be a bit thin on top
**f** (Typo) **caractère maigre** light-faced letter
[2] nmf ◆ **grand/petit maigre** tall/small thin person ◆ **les gros et les maigres** fat people and thin people ◆ **c'est une fausse maigre** she looks deceptively thin
[3] nm **a** (Culin) (= viande) lean meat; (= jus) thin gravy
**b** (Typo) light face ◆ **en maigre** in light face
**c** (= poisson) meagre

**maigrelet, -ette** [mɛgʀəlɛ, ɛt] [1] adj thin, scrawny, skinny ◆ **gamin maigrelet** skinny little kid*
[2] nm ◆ **un petit maigrelet** a skinny little chap ou fellow ou man

**maigrement** [mɛgʀəmɑ̃] adv poorly, meagrely ◆ **être maigrement payé** to be badly ou poorly paid

**maigreur** [mɛgʀœʀ] → SYN nf **a** [personne] thinness, leanness; [animal] thinness, scrawniness, scragginess; [membre] thinness, scrawniness, skinniness ◆ **il est d'une maigreur !** he's so thin! ou skinny! ◆ **d'une maigreur excessive** ou **extrême** extremely thin, emaciated
**b** [végétation] thinness, sparseness; [sol] poverty; [profit] meagreness, smallness, scantiness; [salaire] meagreness, poorness; [réponse, exposé] sketchiness, poverty; [preuve, sujet, auditoire] thinness

**maigrichon, -onne*** [mɛgʀiʃɔ̃, ɔn], **maigriot, -iotte*** [mɛgʀijo, ijɔt] adj ⇒ **maigrelet**

**maigrir** [megʀiʀ] → SYN ► conjug 2 ◄ [1] vi to grow ou get thinner, lose weight ◆ **je l'ai trouvé maigri** I thought he had got thinner ou he was thinner ou he had lost weight ◆ **il a maigri de visage** his face has got thinner ◆ **il a maigri de 5 kg** he has lost 5 kg ◆ **régime pour maigrir** reducing ou slimming (Brit) diet ◆ **se faire maigrir** to diet (to lose weight), slim (Brit) ◆ **faire maigrir qn** to make sb lose weight
[2] vt **a** **maigrir qn** [vêtement] to make sb look slim(mer); [maladie, régime] to make sb lose weight
**b** (Tech) to thin

**mail¹** [maj] → SYN nm **a** (= promenade) mall †, tree-lined walk
**b** (†† = jeu, terrain) (pall-)mall; (= maillet) mall

**mail²** [mɛl] nm (= courrier) e-mail

**mailing** [meliŋ] → SYN nm mailing ◆ **faire un mailing** to do a mailing ou a mailshot (Brit)

**maillage** [mɑjaʒ] nm **a** (Pêche) [filet] meshing
**b** (= quadrillage) **un système ferroviaire au maillage très lâche** a very loose railway network ◆ **le maillage complet du territoire avec des centres de soins** the creation of a network of clinics throughout the country ◆ **le maillage de la région par l'entreprise est insuffisant** the company has not set up enough outlets in the region

**maillant** [mɑjɑ̃] adj m ◆ **filet maillant** gill net

**maille** [mɑj] → SYN nf **a** (Couture) stitch ◆ **maille qui a filé** [tissu, tricot] stitch which has run ◆ **maille filée** [bas] run, ladder (Brit) ◆ **maille (à l')endroit** plain (stitch) ◆ **maille (à l')envers** purl (stitch) ◆ **une maille à l'endroit, une maille à l'envers** knit one, purl one ◆ **tissu à fines mailles** fine-knit material ◆ **la maille** (= tissu) tricot; (= secteur économique) the knitwear industry
**b** [filet] mesh ◆ **passer entre** ou **à travers les mailles (du filet)** (lit, fig) to slip through the net ◆ **à larges/fines mailles** wide/fine mesh (épith)
**c** [armure, grillage] link; → **cotte**
**d** (LOC) **avoir maille à partir avec qn** to get into trouble with sb, have a brush with sb

**maillé, e** [maje] (ptp de **mailler**) adj **a** organisation network-based ◆ **réseau maillé** dense ou closely-knit network ◆ **au niveau transports en commun, la région est maintenant maillée** the area now has an integrated public transport network
**b** oiseau speckled; poisson netted

**maillechort** [majʃɔʀ] nm nickel silver

**mailler** [mɑje] → SYN ► conjug 1 ◄ [1] vt **a** (Naut) [+ chaîne] to shackle; [+ filet] to mesh
**b** [+ région] to create a network in
**c** (Helv = tordre) to twist ◆ **se mailler de rire** to be doubled up ou bent double with laughter
[2] vi **a** [poisson] to get netted
**b** [oiseau] to show speckles

**maillet** [majɛ] → SYN nm mallet

**mailloche** [majɔʃ] nf (Tech) beetle, maul; (Mus) bass drumstick

**maillon** [mɑjɔ̃] → SYN nm **a** (lit, fig = anneau) link ◆ **il n'est qu'un maillon de la chaîne** he's just one link in the chain ◆ **c'est le maillon faible** it's the weak link (in the chain)
**b** (= petite maille) small stitch

**maillot** [majo] → SYN [1] nm **a** (gén) vest; [danseur] leotard; [footballeur] (football) shirt ou jersey; [coureur, basketteur] singlet ◆ **s'épiler le maillot** to do one's bikini line ◆ **maillot jaune** (Cyclisme) yellow jersey *(worn by the leading cyclist in the Tour de France)* ◆ **il est maillot jaune** he's the leader in the Tour (de France)
**b** [bébé] swaddling clothes (Hist), baby's wrap ◆ **enfant** ou **bébé au maillot** † babe in arms

2 COMP ▷ **maillot de bain** [homme] swimming ou bathing (Brit) trunks; [femme] swimming ou bathing (Brit) costume, swimsuit ◆ **maillot de bain une pièce/deux pièces** one-piece/two-piece swimsuit ▷ **maillot de corps** vest (Brit), undershirt (US)

## main [mɛ̃]

→ SYN

1 NOM FÉMININ
2 ADVERBE
3 COMPOSÉS

1 NOM FÉMININ

**a** Anat hand ◆ **donner la main à qn, tenir la main à** ou **de qn** to hold sb's hand ◆ **donne-moi la main pour traverser** give me your hand ou let me hold your hand to cross the street ◆ **ils se tenaient (par) la main** ou **se donnaient la main** they were holding hands ◆ **tu es aussi maladroit que moi, on peut se donner la main** (fig) you're as clumsy as me, we're two of a kind ◆ **il entra le chapeau à la main** he came in with his hat in his hand ◆ **il me salua de la main** he waved to me ◆ **il me fit adieu de la main** he waved goodbye to me ◆ **il m'a pris le plateau des mains** he took the tray from me ◆ **prendre qch des** ou **à deux mains/de la main gauche** to take sth with both hands/with one's left hand ◆ **à main droite/gauche** on the right-/left-hand side ◆ **applaudir/signer des deux mains** (avec enthousiasme) to applaud/sign enthusiastically ◆ **il y a main !** (Ftbl) hands!, hand ball! ◆ **regarde, sans les mains !** look, no hands! ◆ **les mains en l'air !, haut les mains !** hands up!, stick 'em up! * ◆ **j'en mettrais ma main au feu** ou **ma main à couper** I'd stake my life on it ◆ **passer la main dans le dos à qn** (fig) to butter sb up * ◆ **ils se passaient la main dans le dos** they were patting one another on the back ◆ **la main sur le cœur** (hum) déclarer, protester hand on heart ◆ **il va prendre ma main sur la figure !** * he's going to get a smack in the face! ◆ **il lui a mis la main aux fesses** * ou **au panier** * ou **au cul** ** he groped her behind * ◆ **prendre qn par la main** (lit, fig) to take sb by the hand ◆ **tu n'as qu'à te prendre par la main si tu veux que ça soit terminé plus vite** you'll just have to sort things out yourself if you want it finished more quickly ◆ **prends-toi par la main si tu n'es pas content** do it yourself if you're not happy ◆ **mettre la main à la poche** (= payer) to put one's hand in one's pocket

◆ **de la main à la main** payer, verser directly *(without receipt)*

◆ **de main en main** passer, circuler from hand to hand ◆ **cette moto a passé de main en main depuis cinq ans** this motorbike has had a number of owners in the past five years

◆ **en main** ◆ **il se promenait, micro en main** he walked around holding the microphone ou with the microphone in his hand; → **clé, montre**

◆ **(la) main dans la main** (contact physique, collaboration) hand in hand; (complicité) hand in glove

◆ **les mains dans les poches** (lit) with one's hands in one's pockets; (fig = sans rien préparer) unprepared

◆ **la main dans le sac** ◆ **on l'a pris la main dans le sac** he was caught red-handed ou in the act

◆ **sous la main** ◆ **avoir tout sous la main** to have everything to hand ou at hand ou handy ◆ **j'ai pris ce qui m'est tombé sous la main** I took whatever came to hand ◆ **ce papier m'est tombé sous la main** I came across this paper

**b** = instrument de l'action, du choix hand ◆ **être adroit/maladroit de ses mains** to be clever/clumsy with one's hands ◆ **il ne sait rien faire de ses mains** he's no good ou he's useless with his hands ◆ **d'une main experte** with an expert hand ◆ **dans cette affaire, on a cru voir la main de la CIA** the CIA was believed to have had a hand in ou some involvement in this affair ◆ **mettre la dernière main à qch** to put the finishing touches to sth ◆ **il a eu la main heureuse : il a choisi le numéro gagnant** he was lucky — he picked the winning number ◆ **en engageant cet assistant, on a vraiment eu la main heureuse** when we took on that assistant we really picked a winner ◆ **avoir la main légère** (pour toucher, masser) to have a light touch; (pour diriger) to be lenient ◆ **tu as eu la main légère avec le sel** you didn't put enough salt in ◆ **il a la main leste** he's free ou quick with his hands ◆ **laisser les mains libres à qn** to give sb a free hand ou rein ◆ **avoir les mains liées** to have one's hands tied ◆ **ce boucher a toujours la main lourde** this butcher always gives ou cuts you more than you ask for ◆ **le juge a eu la main lourde** the judge gave him (ou her etc ) a stiff sentence ◆ **j'ai eu la main lourde avec le sel** I overdid the salt ◆ **mettre la main à la pâte** to lend a hand, muck in * ◆ **il n'y va pas de main morte** he doesn't pull his punches ◆ **avoir la main verte** to have green fingers (Brit), have a green thumb (US); → **plein, quatre**

◆ **à la main** ◆ **fait à la main** (gén) handmade; artisanat handmade, handcrafted ◆ **écrit à la main** handwritten ◆ **cousu à la main** hand-sewn, hand-stitched

◆ **à main armée** ◆ **vol/attaque à main armée** armed robbery/attack

◆ **à main levée** vote voter on ou by a show of hands; dessin dessiner freehand

◆ **à mains nues** boxer without gloves; combattre with one's bare fists ou hands; combat bare-knuckle, bare-fisted

◆ **à sa** (ou **ma** etc) **main** ◆ **il faudrait être à sa main pour réparer ce robinet** you'd have to be able to get at this tap properly to mend it ◆ **je ne suis pas à ma main** I can't get a proper hold ou grip

◆ **de la main de** ◆ **dessin de la main de Cézanne** drawing by Cézanne ◆ **c'était (écrit) de sa main** it was in his hand(writing) ◆ **une lettre signée de sa main** a personally signed letter, a letter signed in his own hand

◆ **de main de maître** masterfully, expertly

◆ **en sous main** → **sous-main**

**c** = symbole d'autorité, d'aide, de possession hand ◆ **la main de Dieu/du destin** the hand of God/of fate ◆ **il lui faut une main ferme** he needs a firm hand ◆ **une main de fer dans un gant de velours** an iron hand in a velvet glove ◆ **avoir la haute main sur qch** to have supreme control of sth ◆ **trouver une main secourable** to find a helping hand ◆ **donner la main à qn** (= l'aider) to give sb a hand ◆ **se donner la main** (= s'aider) to give one another a helping hand ◆ **tomber aux** ou **dans les mains de l'ennemi** to fall into the hands of the enemy ou into enemy hands ◆ **dans** ou **entre des mains étrangères** in foreign hands ◆ **être en (de) bonnes mains** to be in good hands ◆ **en mains sûres** in safe hands ◆ **en main tierce** (Fin) in escrow ◆ **les mains vides** empty-handed ◆ **faire main basse sur qch** (gén) to help o.s. to sth; (et prendre la fuite) to run off ou make off with sth ◆ **ils font main basse sur nos plus beaux hôtels** they're buying up all our best hotels ◆ **mettre la main sur** [+ objet, livre] to lay (one's) hands on; [+ coupable] to lay hands on, collar * ◆ **je ne peux pas mettre la main sur mon passeport** I can't lay my hands on my passport ◆ **si vous portez la main sur elle, je ...** if you lay a hand on her, I'll ...; → **opération, prêter, tendre**

◆ **coup de main** * (= aide) (helping) hand, help ◆ **donne-moi un coup de main** give me a hand; → **d**

◆ **de première/seconde main** information, témoignage firsthand/secondhand ◆ **acheter une voiture de première main** (Comm) to buy a car secondhand *(which has only had one previous owner)* ◆ **il a obtenu ces renseignements de seconde main** he got this information secondhand ◆ **travailler sur des ouvrages de seconde main** [chercheur] to work from secondary sources

◆ **en main** (= non disponible) ◆ **ce livre est en main** this book is in use ou is out
(= sous contrôle) ◆ **avoir une voiture bien en main** to have the feel of a car ◆ **avoir la situation (bien) en main** to have the situation (well) in hand ou (well) under control ◆ **prendre qn/qch en main** to take sb/sth in hand ◆ **il lui a fallu deux heures pour prendre en main sa nouvelle voiture** it took him a couple of hours to get used to ou to get the feel of his new car ◆ **la prise en main de l'organisation par des professionnels** the takeover of the organization by professionals

◆ **en mains propres** ◆ **il me l'a remis en mains propres** he handed ou gave it to me personally

◆ **entre les mains de** ◆ **être entre les mains de qn** to be in sb's hands ◆ **la décision est entre ses mains** the decision is in his hands ou lies with him ◆ **je l'ai mis entre les mains d'un bon entraîneur** I put him in the hands of a good coach ◆ **ce livre n'est pas à mettre entre toutes les mains** this book is not suitable for the general public

**d** = manière, habileté **se faire la main** to get one's hand in ◆ **garder la main** to keep one's hand in ◆ **perdre la main** to lose one's touch ◆ **on reconnaît la main de l'artiste/de l'auteur** it is easy to recognize the artist's/the writer's touch

◆ **coup de main** (= habileté) knack ◆ **avoir le coup de main (pour faire qch)** to have the knack (of doing sth) ◆ **j'ai dû m'y reprendre à plusieurs fois avant d'avoir le coup de main** I had to try several times before getting the hang of it ou the knack ◆ **pour la mayonnaise, tout est dans le coup de main** there's a knack to making mayonnaise
(= attaque) raid; → **homme**

**e** † = permission d'épouser **demander/obtenir la main d'une jeune fille** to ask for/win a girl's hand (in marriage) ◆ **accorder la main de sa fille à qn** to give sb one's daughter's hand in marriage

**f** Cartes hand ◆ **avoir la main** (= jouer le premier) to lead; (= distribuer les cartes) to deal ◆ **perdre la main** to lose the lead ◆ **passer la main à qn** (lit) to lead to sb ◆ **à 65 ans, il est temps qu'il passe la main** (fig) at 65 it's time he made way for someone else ou stood down ◆ **la main passe !** (Casino) next deal! ◆ **faire la main, être à la main** (Casino) to have the deal

**g** Couture **première main** head seamstress; → **petit**

**h** Comm [papier] ≃ quire *(25 sheets)*

**i** Imprim bulk

**j** par analogie de forme [bananes] hand, bunch

2 ADVERBE

◆ **entièrement fait main** (gén) entirely handmade; (artisanat) entirely handmade ou handcrafted ◆ **cousu main** (lit) hand-sewn, hand-stitched ◆ **c'est du cousu main** * (fig) it's first-rate ou top-quality stuff

3 COMPOSÉS

▷ **la main chaude** (Jeux) hot cockles ▷ **main courante** (= câble) handrail; (Comm) rough book, daybook ◆ **faire établir une main courante** (Police) to notify the police of a complaint ▷ **main de Fatma** hand of Fatima ▷ **mains libres** fonction, kit, téléphone hands-free ▷ **main de ressort** (Aut) dumb iron

**mainate** [mɛnat] → SYN **nm** myna(h) bird

**main-d'œuvre**, pl **mains-d'œuvre** [mɛ̃dœvʀ] **nf** (= travail) labour (Brit), labor (US), manpower; (= personnes) workforce, labour (Brit) ou labor (US) force ◆ **embaucher de la main-d'œuvre** to hire workers ◆ **main-d'œuvre qualifiée** skilled labour ◆ **la main-d'œuvre locale disponible** the local available workforce ou labour force ◆ **industries de main-d'œuvre** labour-intensive industries ◆ **il m'a compté deux heures de main-d'œuvre** he charged me two hours' labour

**main(-)forte** [mɛ̃fɔʀt] **nf inv** → **prêter**

**mainlevée** [mɛ̃l(ə)ve] **nf** (Jur) withdrawal ◆ **mainlevée d'hypothèque** (Fin) release of mortgage

**mainmise** [mɛ̃miz] → SYN **nf** (= prise de contrôle) takeover; (= emprise) grip; (autoritaire) stranglehold ◆ **la mainmise de l'Église sur l'éducation** the Church's stranglehold on education ◆ **avoir la mainmise sur** to have a grip ou a stranglehold on

**mainmorte** [mɛ̃mɔʀt] → SYN **nf** (Jur) mortmain

**maint, mainte** [mɛ̃, mɛ̃t] → SYN **adj** (frm) (a great ou good) many + npl, many a + nsg ◆ **maint exemple** many an example ◆ **maints exemples** many ou numerous examples ◆ **à**

**maintes reprises, (maintes et) maintes fois** time and (time) again, many a time ◆ **en maint endroit** in many places ◆ **en maintes occasions** on numerous ou many occasions

**maintenance** [mɛ̃t(ə)nɑ̃s] → SYN nf maintenance, servicing ◆ **contrat de maintenance** maintenance ou service contract ◆ **assurer la maintenance d'une machine** to service a machine

**maintenant** [mɛ̃t(ə)nɑ̃] GRAMMAIRE ACTIVE 26.2 → SYN adv **a** (= en ce moment) now ◆ **que fait-il maintenant ?** what's he doing now? ◆ **il doit être arrivé maintenant** he must have arrived by now ◆ **maintenant qu'il est grand** now that he's bigger ◆ **à toi maintenant** it's your turn now; → **dès, jusque, partir**[1]
**b** (= à ce moment) now, by now ◆ **ils devaient maintenant chercher à se nourrir** they now had to try and find something to eat ◆ **ils étaient maintenant très fatigués** by now they were very tired ◆ **ils marchaient maintenant depuis deux heures** (by) now they had been walking for two hours
**c** (= actuellement) today, nowadays ◆ **les jeunes de maintenant** young people nowadays ou today
**d** (= ceci dit) now (then) ◆ **maintenant ce que j'en dis, c'est pour ton bien** now (then) what I say is for your own good ◆ **il y a un cadavre, certes, maintenant, y a-t-il un crime ?** we're agreed there's a corpse, now the question is, is there a crime?
**e** (= à partir de ce moment) from now on ◆ **il l'ignorait ? maintenant il le saura** he didn't know that? he will now ou from now on

**maintenir** [mɛ̃t(ə)niʀ] → SYN ► conjug 22 ◄ **1** vt **a** (= soutenir, contenir) [+ édifice] to hold ou keep up, support; [+ cheville, os] to give support to, support ◆ **maintenir qch fixe/en équilibre** to keep ou hold sth in position/balanced ◆ **les oreillers le maintiennent assis** the pillows keep him in a sitting position ou keep him sitting up ◆ **maintenir la tête hors de l'eau** to keep one's head above water ◆ **maintenir les prix** to keep prices steady ou in check
**b** (= garder) (gén) to keep; [+ statu quo, tradition] to maintain, preserve, uphold; [+ décision] to maintain, stand by, uphold; [+ candidature] to maintain ◆ **maintenir qn en vie** to keep sb alive ◆ **maintenir des troupes en Europe** to keep troops in Europe ◆ **maintenir l'ordre/la paix** to keep ou maintain law and order/the peace ◆ **maintenir qn en poste** to keep sb on, keep sb at ou in his job ◆ **pour maintenir les personnes âgées à leur domicile** to enable old people to go on living in their own homes
**c** (= affirmer) to maintain ◆ **je l'ai dit et je le maintiens !** I've said it and I'm sticking to it! ou I'm standing by it! ◆ **maintenir que ...** to maintain ou hold that ...
**2 se maintenir** vpr [temps] to stay fair, hold; [amélioration] to persist; [préjugé] to live on, persist, remain; [malade] to hold one's own ◆ **se maintenir en bonne santé** to keep in good health, manage to keep well ◆ **les prix se maintiennent** prices are keeping ou holding steady ◆ **cet élève devrait se maintenir dans la moyenne** this pupil should be able to keep up with the middle of the class ◆ **comment ça va ? – ça se maintient** * how are you doing? – bearing up * ou so-so * ou not too badly ◆ **se maintenir en équilibre sur un pied/sur une poutre** to balance on one foot/on a beam ◆ **se maintenir au pouvoir** to remain in power ◆ **le candidat s'est maintenu au deuxième tour** (Pol) the candidate stayed through to the second round

**maintien** [mɛ̃tjɛ̃] → SYN nm **a** (= sauvegarde) [tradition] preservation, upholding, maintenance ◆ **assurer le maintien de** [+ tradition] to maintain, preserve, uphold ◆ **le maintien de troupes/de l'ordre** the maintenance of troops/of law and order ◆ **ils veulent le maintien du pouvoir d'achat** they want to keep ou maintain their purchasing power ◆ **qu'est-ce qui a pu justifier le maintien de sa décision/candidature ?** what(ever) were his reasons for standing by his decision/for maintaining his candidature? ◆ **ils souhaitent le maintien des personnes âgées à domicile** they want old people to be looked after ou cared for in their own homes
**b** (= soutien) support ◆ **ce soutien-gorge assure un bon maintien de la poitrine** this bra gives firm support
**c** (= posture) bearing, deportment ◆ **leçon de maintien** lesson in deportment ◆ **professeur de maintien** teacher of deportment

**maire** [mɛʀ] → SYN nm mayor ◆ **passer devant (monsieur) le maire** (hum) to tie the knot *, get married; → **adjoint, écharpe**

> **MAIRE**
>
> Each French "commune" has its **maire**, elected by the "conseil municipal" (or, in Paris, Lyons and Marseille, by the "conseil d'arrondissement"). The "maire" is responsible for organizing council meetings and ensuring that the decisions of the "conseil municipal" are carried out. He or she has a wide range of administrative duties as the chief civic representative of the "commune", including maintaining public order through the municipal police. As a representative of the State, he or she is empowered to perform marriages (which take place in the "salle des mariages" at the "mairie") and is responsible for keeping the local register of births, marriages and deaths.
>
> The **maire** is assisted in his or her functions by one or several "adjoints" (deputies). Note that a "député-maire" is not a deputy mayor but a **maire** who is also a member of parliament.
>
> → CONSEIL; COMMUNE; DÉPUTÉ

**mairesse** † [mɛʀɛs] nf mayoress

**mairie** [meʀi] → SYN nf (= bâtiment) town hall, city hall; (= administration) town council, municipal corporation; (= charge) mayoralty, office of mayor ◆ **la mairie a décidé que ...** the (town) council has decided that ...; → **secrétaire** ; → MAIRE

**mais**[1] [mɛ] GRAMMAIRE ACTIVE 26.3 → SYN
**1** conj **a** (objection, restriction, opposition) but ◆ **ce n'est pas bleu mais (bien) mauve** it isn't blue, it's (definitely) mauve ◆ **non seulement il boit mais (encore** ou **en outre) il bat sa femme** not only does he drink but on top of that ou even worse he beats his wife ◆ **il est peut-être le patron mais tu as quand même des droits** he may be the boss but you've still got your rights ◆ **il est parti ? mais tu m'avais promis qu'il m'attendrait !** he has left? but you promised he'd wait for me!
**b** (renforcement) **je n'ai rien mangé hier, mais vraiment rien** I ate nothing at all yesterday, absolutely nothing ◆ **tu me crois ? – mais oui** ou **bien sûr** ou **certainement** do you believe me? – (but) of course ou of course I do ◆ **mais je te jure que c'est vrai !** but I swear it's true! ◆ **mais si, je veux bien !** but of course I agree!, sure, I agree! ◆ **mais ne te fais pas de soucis !** don't you worry! ◆ **je vous dérange ? – mais pas du tout** am I disturbing you? – not at all ◆ **je croyais qu'il serait content, mais pas du tout !** I thought he'd be happy – but no!
**c** (transition, surprise) **mais qu'arriva-t-il ?** but what happened (then)? ◆ **mais alors qu'est-ce qui est arrivé ?** well then ou for goodness' sake what happened? ◆ **mais dites-moi, c'est intéressant tout ça !** well, well ou well now that's all very interesting! ◆ **mais j'y pense, vous n'avez pas déjeuné** by the way I've just thought, you haven't had any lunch ◆ **mais, vous pleurez** good Lord ou good gracious, you're crying ◆ **mais enfin, tant pis !** well, too bad!
**d** (protestation, indignation) **ah mais ! il verra de quel bois je me chauffe !** I can tell you he'll soon see what I have to say about it! ◆ **non mais (des fois) !** * ou **(alors) !** * hey look here! *, for goodness sake! * ◆ **non mais (des fois) * tu me prends pour un imbécile ?** I ask you! * ou come off it! ‡, do you think I'm a complete idiot? ◆ **mais enfin, tu vas te taire ?** look here, are you going to ou will you shut up? *
**2** nm (sg) objection, snag; (pl) buts ◆ **je ne veux pas de mais** I don't want any buts ◆ **il n'y a pas de mais qui tienne** there's no but about it ◆ **il y a un mais** there's one snag ou objection ◆ **il va y avoir des si et des mais** there are sure to be some ifs and buts

**mais**[2] † [mɛ] adv (littér) ◆ **il n'en pouvait mais** (impuissant) he could do nothing about it; (épuisé) he was exhausted ou worn out

**maïs** [mais] nm (gén) maize (Brit), Indian corn (Brit), corn (US); (en conserve) sweet corn ◆ **maïs en épi** corn on the cob ◆ **papier maïs** corn paper *(used for rolling cigarettes)*; → **farine**

**maïserie** [maisʀi] nf corn-processing factory

**maison** [mɛzɔ̃] → SYN **1** nf **a** (= bâtiment) house; (= immeuble) building; (locatif) block of flats (Brit), apartment building (US) ◆ **maison individuelle** house *(as opposed to apartment)* ◆ **la maison individuelle** (secteur) private housing
**b** (= logement, foyer) home ◆ **être/rester à la maison** to be/stay at home ou in ◆ **rentrer à la maison** to go (back) home ◆ **quitter la maison** to leave home ◆ **tenir la maison de qn** to keep house for sb ◆ **les dépenses de la maison** household expenses ◆ **fait à la maison** home-made ◆ **c'est la maison du bon Dieu** their door is always open; → **linge, maître, train**
**c** (= famille, maisonnée) family ◆ **quelqu'un de la maison m'a dit ...** someone in the family told me ... ◆ **un ami de la maison** a friend of the family ◆ **il n'est pas heureux à la maison** he doesn't have a happy home life ou family life ◆ **nous sommes 7 à la maison** there are 7 of us at home
**d** (= entreprise) firm, company; (= magasin de vente) (grand) store; (petit) shop ◆ **il est dans la maison depuis 15 ans, il a 15 ans de maison** he's been ou he has worked with the firm for 15 years ◆ **la maison n'est pas responsable de ...** the company ou management accepts no responsibility for ... ◆ **c'est offert par la maison** it's on the house ◆ **la maison ne fait pas crédit** no credit (given) ◆ **"la Maison du Cerf-volant"** (= enseigne) "your specialist in kites" ◆ **la grande maison** (arg Police) the police force
**e** (= famille royale) House ◆ **la maison de Hanovre/de Bourbon** the House of Hanover/of Bourbon
**f** (= place de domestiques, domesticité) household ◆ **la maison du Roi/du président de la République** the Royal/Presidential Household ◆ **maison civile/militaire** civil/military household ◆ **gens** † ou **employés de maison** servants, domestic staff
**g** (Astrol) house, mansion; (Rel) house
**2** adj inv **a** gâteau, confiture home-made; personne (* = formé sur place) trained by the firm; (* = travaillant exclusivement pour l'entreprise) in-house (épith) ◆ **pâté maison** (au restaurant) pâté maison, chef's own pâté ◆ **est-ce que c'est fait maison ?** do you make it yourself?
**b** (* : intensif) first-rate ◆ **il y a eu une bagarre (quelque chose de) maison** there was an almighty * ou a stand-up fight ◆ **il avait une bosse maison sur la tête** he had one hell of a bump on his head ‡ ◆ **il s'est fait engueuler ‡ quelque chose (de) maison !** he got one hell of a talking to! *
**3** COMP ▷ **maison d'arrêt** prison ▷ **la Maison Blanche** the White House ▷ **maison bourgeoise** large impressive house ▷ **maison de campagne** house in the country ▷ **maison centrale** prison, (state) penitentiary (US) ▷ **maison close** brothel ▷ **maison de commerce** (commercial) firm ▷ **maison de correction** † (Jur) reformatory † ▷ **maison de couture** couture house ▷ **maison de la culture** (community) arts centre ▷ **la Maison de Dieu** ⇒ **la Maison du Seigneur** ▷ **maison de disques** record company ▷ **maison d'édition** publishing house ▷ **maison d'éducation surveillée** ≃ approved school (Brit), ≃ reform school (US) ▷ **maison familiale** [famille] family home; (= centre de formation) *training centre for young apprentices*; (= lieu de vacances) holiday (Brit) ou vacation (US) centre *(for low-income families)* ▷ **maison de fous** * (lit, fig) ≃ madhouse ▷ **maison de gros** wholesaler's ▷ **maison de jeu** gambling ou gaming club ▷ **maison des jeunes et de la culture** ≃ community arts centre, ≃ youth club and arts centre ▷ **maison de maître** mansion ▷ **maison mère** (Comm) parent company; (Rel) mother house ▷ **maison de passe** *hotel used as a brothel* ▷ **maison de poupée** doll's house ▷ **maison de la presse** ≃ newsagent's (Brit), ≃ newsdealer (US) ▷ **maison de rapport** block of flats for letting (Brit), rental apartment building (US) ▷ **maison**

de redressement † reformatory † ▷ maison religieuse convent ▷ maison de rendez-vous † *house used by lovers as a discreet meeting-place* ▷ maison de repos convalescent home ▷ maison de retraite old people's home ▷ maison de santé (= clinique) nursing home; (= asile) mental home ▷ la Maison du Seigneur the House of God ▷ maison de titres securities firm ou house ▷ maison de tolérance ⇒ maison close

**maisonnée** [mɛzɔne] → SYN nf household, family

**maisonnette** [mɛzɔnɛt] → SYN nf small house

**maistrance** [mɛstʀɑ̃s] nf petty officers

**maître, maîtresse** [mɛtʀ, mɛtʀɛs] → SYN [1] adj
a (= principal) branche main; qualité chief, main, major; atout, carte master (épith); (Ordin) document, ordinateur master (épith) ◆ c'est une œuvre maîtresse it's a major work ◆ c'est la pièce maîtresse de la collection it's the major ou main ou principal piece in the collection ◆ poutre maîtresse main beam ◆ position maîtresse major ou key position ◆ idée maîtresse principal ou governing idea ◆ c'est le maître mot it's the key word ou THE word ◆ en mode maître-esclave (Ordin) in master-slave mode; → pièce

b (avant n : intensif) un maître filou ou fripon an arrant ou out-and-out rascal ◆ c'est une maîtresse femme she's a very capable woman

[2] nm a (gén) master; (Art) master; (Pol = dirigeant) ruler ◆ parler/agir en maître to speak/act authoritatively ◆ ils se sont installés en maîtres dans ce pays they have set themselves up as the ruling power in the country, they have taken command of the country ◆ d'un ton de maître in an authoritative ou a masterful tone ◆ je vais t'apprendre qui est le maître ici ! I'll teach you who's the boss * round here! ou who's in charge round here! ◆ la main/l'œil du maître the hand/the eye of the master ◆ le maître de céans the master of the house ◆ le maître/la maîtresse des lieux the master/the mistress ou lady of the house ◆ seul maître à bord après Dieu (Naut) sole master on board under God ◆ les maîtres du monde the masters of the world ◆ grand maître (Échecs) grandmaster; (Franc-maçonnerie) Grand Master ◆ le grand maître des études celtiques (fig) the greatest authority on Celtic studies; → chauffeur, toile

b (Scol) maître (d'école) teacher, (school) master ◆ maître de piano/d'anglais piano/English teacher

c (= artisan) maître charpentier/maçon master carpenter/builder

d (= titre) Maître *term of address given to lawyers, artists, professors etc.*; (Art) maestro; (dans la marine) petty officer ◆ mon cher Maître Dear Mr ou Professor etc X ◆ Maître X (Jur) Mr X

e (Loc) coup de maître masterstroke ◆ être maître à cœur (Cartes) to have ou hold the master ou best heart ◆ le roi de cœur est maître the king of hearts is master, the king is the master ou best heart ◆ être maître chez soi to be master in one's own home ◆ être son (propre) maître to be one's own master ◆ être maître de refuser/faire to be free to refuse/do ◆ rester maître de soi to retain ou keep one's self-control ◆ être maître de soi to be in control ou have control of o.s. ◆ être/rester maître de la situation to be/remain in control of the situation, have/keep the situation under control ◆ être/rester maître de son véhicule to be/remain in control of one's car ◆ être maître de sa destinée to be the master of one's fate ◆ être/rester maître du pays to be/remain in control of the country ◆ être maître d'un secret to be in possession of a secret ◆ être maître de son sujet to have a mastery of one's subject ◆ se rendre maître de [+ ville, pays] to gain control ou possession of; [+ personne, animal, incendie, situation] to bring ou get under control ◆ il est passé maître dans l'art de mentir he's a past master in the art of lying

[3] maîtresse nf a (= amante) mistress

b (Scol) maîtresse (d'école) teacher, (school)mistress ◆ maîtresse ! (please) Miss!

c (Loc) être/rester/se rendre/passer maîtresse (de) → 2e

[4] COMP ▷ maître d'armes fencing master ▷ maître artisan (gén) master craftsman; (= boulanger) master baker ▷ maître assistant † (Univ) ≃ (senior) lecturer (Brit), ≃ assistant professor (US) ▷ maître auxiliaire non-certified teacher ▷ maître/maîtresse de ballet ballet master/mistress ▷ maître de cérémonies master of ceremonies ▷ maître chanteur (= escroc) blackmailer; (Mus) Meistersinger, mastersinger ◆ "Les Maîtres chanteurs de Nuremberg" (Mus) "The Mastersingers of Nuremberg" ▷ maître de chapelle choirmaster, precentor ▷ maître de conférences nmf (Univ) ≃ (senior) lecturer (Brit), ≃ assistant professor (US) ▷ maître d'équipage boatswain ▷ maître/maîtresse d'études (Scol) master/mistress in charge of homework preparation ▷ maître de forges † ironmaster ▷ maître d'hôtel [maison] butler; [hôtel, restaurant] head waiter, maitre (d'hotel) (US); (Naut) chief steward ◆ pommes de terre maître d'hôtel (Culin) maitre d'hôtel potatoes ▷ maître/maîtresse d'internat house master/mistress ▷ maître Jacques jack-of-all-trades ▷ maître de maison host ▷ maîtresse de maison housewife; (= hôtesse) hostess ▷ maître nageur swimming teacher ou instructor ▷ maître d'œuvre (Constr) project manager ◆ la mairie est maître d'œuvre de ce projet the town council is in charge of the project ▷ maître d'ouvrage (Constr) ≃ owner ▷ maître à penser intellectual guide ou leader ▷ maître queux (Culin) chef ▷ maître des requêtes (Admin) nmf counsel of the Conseil d'État ▷ maître titulaire permanent teacher *(in primary school)*

**maître-autel**, pl **maîtres-autels** [mɛtʀotɛl] nm (Rel) high altar

**maître-chien**, pl **maîtres-chiens** [mɛtʀəʃjɛ̃] nm dog handler

**maîtrisable** [metʀizabl] adj a (= contrôlable) controllable ◆ difficilement ou guère maîtrisable almost uncontrollable, scarcely controllable

b langue, technique which can be mastered

**maîtrise** [metʀiz] → SYN nf a (= sang-froid) maîtrise (de soi) self-control, self-command, self-possession

b (= contrôle) [domaine] mastery, command, control; [budget] control ◆ sa maîtrise du français his command of the French language ◆ avoir la maîtrise de la mer (Mil) to have command ou control ou mastery of the sea(s), control the sea ◆ avoir la maîtrise d'un marché (Comm) to control ou have control of a market ◆ avoir la maîtrise de l'atome to have mastered the atom ◆ pour une plus grande maîtrise des dépenses de santé to ensure better control of health expenditure

c (= habileté) skill, mastery, expertise ◆ faire ou exécuter qch avec maîtrise to do sth with skill ou skilfully

d (Ind) supervisory staff; → agent

e (Rel) (= école) choir school; (= groupe) choir

f (Univ) *research degree*, ≃ master's degree
maîtrise de conférences ≃ senior lectureship; → DIPLÔMES

**maîtriser** [metʀize] → SYN ▸ conjug 1 ◂ [1] vt a (= soumettre) [+ cheval, feu, foule, forcené] to control, bring under control; [+ adversaire] to overcome, overpower; [+ émeute, révolte] to suppress, bring under control; [+ problème, difficulté] to master, overcome; [+ inflation] to curb ◆ nous maîtrisons la situation the situation is under control

b [+ langue, technique] to master ◆ il ne maîtrise pas du tout cette langue he has no command of the language, he has a very poor grasp of the language

c (= contenir) [+ émotion, geste, passion] to control, master, restrain; [+ larmes, rire] to force back, restrain, control ◆ il ne peut plus maîtriser ses nerfs he can no longer control ou contain his temper

[2] se maîtriser vpr to control o.s. ◆ elle ne sait pas se maîtriser she has no self-control

**maïzena** ® [maizena] nf cornflour (Brit), cornstarch (US)

**majesté** [maʒɛste] → SYN nf a (= dignité) majesty; (= splendeur) majesty, grandeur ◆ la majesté divine divine majesty ◆ de ou en majesté (Art) in majesty, enthroned; → lèse-majesté, pluriel

b Votre Majesté Your Majesty ◆ Sa Majesté (= roi) His Majesty; (= reine) Her Majesty

**majestueusement** [maʒɛstɥøzmɑ̃] adv majestically, in a stately way

**majestueux, -euse** [maʒɛstɥø, øz] → SYN adj (= solennel) personne, démarche majestic, stately; (= imposant) taille imposing, impressive; (= beau) fleuve, paysage majestic, magnificent

**majeur, e** [maʒœʀ] → SYN [1] adj a problème, crise (= très important) major; (= le plus important) main, major, greatest ◆ ils ont rencontré une difficulté majeure they came up against a major ou serious difficulty ◆ c'est son œuvre majeure it's his magnum opus ou his greatest work ◆ c'est une œuvre majeure de la littérature irlandaise it's one of the major ou greatest works of Irish literature ◆ sa préoccupation majeure his major ou main ou prime concern ◆ pour des raisons majeures for reasons of the greatest importance ◆ en majeure partie for the most part ◆ la majeure partie de ... the greater ou major part of ..., the bulk of ... ◆ la majeure partie des gens sont restés most of ou the majority of the people have stayed on ◆ le Lac Majeur Lake Maggiore; → cas

b (Jur) of age (attrib) ◆ il sera majeur en l'an 2005 he will come of age in the year 2005 ◆ il n'est pas encore majeur he's still under age ◆ il est majeur et vacciné (hum) he's old enough to look after himself ◆ les électeurs sont majeurs (fig) voters are responsible adults

c (Mus) intervalle, mode major ◆ en sol majeur in G major

d (Logique) terme, prémisse major

e (Rel) ordres majeurs major orders ◆ causes majeures causae majores

f (Cartes) tierce/quarte majeure tierce/quart major

[2] nm,f person who has come of ou who is of age, person who has attained his (ou her) majority, major (SPÉC)

[3] nm middle finger

[4] majeure nf a (Logique) major premise

b (Univ = matière) main subject (Brit), major (US)

c (Écon) major company

**majolique** [maʒɔlik] → SYN nf majolica, maiolica

**major** [maʒɔʀ] [1] nm a (Mil = sous-officier) ≃ warrant officer; (Helv = commandant) major ◆ (médecin) major medical officer, M.O. ◆ major général (Mil) ≃ deputy chief of staff (Brit), ≃ major general (US); (Naut) ≃ rear admiral

b (Univ) être major de promotion ≃ to be ou come first in one's year

[2] nf (Écon) major company

[3] adj inv → état-major, infirmier, sergent[1], tambour

**majorant** [maʒɔʀɑ̃] nm (Math) upper bound

**majoration** [maʒɔʀasjɔ̃] → SYN nf (= hausse) rise, increase (*de* in); (= supplément) surcharge, additional charge; (= surestimation) overvaluation, overestimation ◆ majoration sur une facture surcharge on a bill ◆ majoration pour retard de paiement surcharge ou additional charge for late payment → IMPÔTS

**majordome** [maʒɔʀdɔm] → SYN nm butler, majordomo

**majorer** [maʒɔʀe] → SYN ▸ conjug 1 ◂ vt a (= accroître) [+ impôt, prix] to increase, raise, put up (*de* by); [+ facture] to increase, put a surcharge on; [+ risque] to increase

b (= surestimer) to overestimate

c (= accorder trop d'importance à) to lend ou give too much importance to

**majorette** [maʒɔʀɛt] nf (drum) majorette

**majoritaire** [maʒɔʀitɛʀ] [1] adj actionnaire, groupe, motion majority (épith) ◆ vote majoritaire majority vote ◆ les femmes sont majoritaires dans cette profession women are in the majority in this profession ◆ les socialistes sont majoritaires dans le pays the socialists are the majority ou largest party in the country ◆ ils sont majoritaires à l'assemblée they are the majority party ou in the majority in Parliament ◆ dans ce vote, nous

**serons sûrement majoritaires** we shall certainly have a majority on this vote; → **scrutin**

[2] nmf (Pol) member of the majority party

**majoritairement** [maʒɔʀitɛʀmɑ̃] adv choisir, voter by a majority ◆ **le lectorat est majoritairement féminin** the readership is predominantly female, the majority of the readers are women ◆ **il est celui que, majoritairement, les Français soutiennent** he is the one who most French people support ◆ **le groupe contrôle majoritairement notre société** (Fin) the group has a majority holding in our company

**majorité** [maʒɔʀite] [→ SYN] nf **a** (électorale) majority ◆ **majorité absolue/relative/simple** absolute/relative/simple majority ◆ **majorité qualifiée** ou **renforcée** qualified majority ◆ **élu à une majorité de ...** elected by a majority of ... ◆ **avoir la majorité** to have the majority

**b** (= parti majoritaire) government, party in power ◆ **député de la majorité** member of the governing party ou of the party in power, ≃ government backbencher (Brit), ≃ majority party Representative (US) ◆ **la majorité et l'opposition** the majority party ou the government (Brit) and the opposition

**c** (= majeure partie) majority ◆ **ils détiennent la majorité du capital de l'entreprise** they have a majority holding in the company ◆ **il y a des mécontents, mais ce n'est pas la majorité** there are some dissatisfied people, but they're not in the majority ◆ **la majorité silencieuse** the silent majority ◆ **être en majorité** to be in (the) majority ◆ **la majorité est d'accord** the majority agree ◆ **les hommes dans leur grande majorité** the great majority of mankind ◆ **dans la majorité des cas** in the majority of cases, in most cases ◆ **groupe composé en majorité de ...** group mainly ou mostly composed of ... ◆ **les enseignants sont en majorité des femmes** teachers are, in the majority, women

**d** (Jur) **atteindre sa majorité** to come of age, reach one's majority ◆ **jusqu'à sa majorité** until he comes of age ou reaches his majority ◆ **majorité pénale** legal majority ◆ **atteindre la majorité civile** to reach voting age

**Majorque** [maʒɔʀk] nf Majorca

**majorquin, e** [maʒɔʀkɛ̃, in] [1] adj Majorcan

[2] **Majorquin(e)** nm,f Majorcan

**majuscule** [maʒyskyl] [→ SYN] [1] adj capital; (Typo) upper case ◆ **A majuscule** capital A

[2] nf ◆ **(lettre) majuscule** capital letter; (Typo) upper case letter ◆ **en majuscules d'imprimerie** in block ou capital letters ◆ **écrivez votre nom en majuscules (d'imprimerie)** please print your name in block letters ◆ **mettre une majuscule à qch** (gén) to write sth with a capital; (Typo) to capitalize sth

**makaire** [makɛʀ] nm (= poisson) marlin

**makémono** [makemɔno] [→ SYN], **makimono** [makimɔno] nm makimono

**maki** [maki] [→ SYN] nm ring-tailed lemur

## mal[1] [mal]

[→ SYN]

[1] ADVERBE
[2] ADJECTIF INVARIABLE

### [1] ADVERBE

Lorsque **mal** est suivi d'un participe passé adjectif (ex: **mal logé/loti/connu/aimé/vécu**) chercher aussi sous l'adjectif ou le verbe concerné.

**a** [= de façon défectueuse] entretenu, organisé, réparé badly, poorly ◆ **ce travail est mal fait, c'est du travail mal fait** this is poor ou shoddy work, this work is badly done ◆ **il se nourrit mal** he doesn't eat properly ◆ **il travaille mal** he doesn't do his work properly, his work isn't good ◆ **cette porte ferme mal** this door doesn't shut properly ◆ **j'ai mal dormi** I didn't sleep well, I slept badly ◆ **il parle mal l'anglais** his English isn't good ou is poor ◆ **nous sommes mal nourris/logés à l'hôtel** the food/accommodation is poor ou bad at the hotel ◆ **tout va mal** everything's going wrong; → **tomber**

◆ **de mal en pis** from bad to worse ◆ **son entreprise va de mal en pis** things are going from bad to worse in his company

**b** [= de façon peu judicieuse ou opportune] **mal choisi/inspiré** ill-chosen/-advised ◆ **cette annonce tombe au plus mal** this announcement couldn't have come at a worse moment

**c** [= avec difficulté] with difficulty ◆ **il respire mal** he has difficulty in breathing, he can't breathe properly ◆ **ils vivent très mal avec un seul salaire** they have difficulty living on ou off just one income ◆ **on s'explique** ou **comprend mal pourquoi** it is not easy ou it is difficult to understand why ◆ **nous voyons très mal comment ...** we fail to see how ...

**d** [= de façon répréhensible] se conduire badly, wrongly ◆ **il ne pensait pas mal faire, il ne pensait pas à mal** he didn't think he was doing the wrong thing ou doing wrong ◆ **il ne pense qu'à mal faire** he's always up to no good, he's always thinking up some nasty trick ◆ **tu trouves ça mal qu'il y soit allé ?** do you think it was wrong of him to go?; → **juger, porter, sentir, trouver** etc

**e** **pas mal** (= assez bien) not badly, rather well ◆ **on est pas mal (assis) dans ces fauteuils** these armchairs are quite comfortable ◆ **il ne s'est pas trop mal débrouillé** he managed quite well ◆ **vous (ne) vous en êtes pas mal tirés** you haven't done ou come off badly, you've done rather well ◆ **vous (ne) feriez pas mal de le surveiller** you would be well-advised to keep ou it wouldn't be a bad thing if you kept an eye on him ◆ **ça va ? – pas mal** how are you? – not (too) bad ou pretty good

(= très, beaucoup) déçu, surpris quite, rather ◆ **on a pas mal travaillé aujourd'hui** we've done quite a lot of work today, we've worked pretty hard today ◆ **il est pas mal fatigué** he's rather ou pretty tired ◆ **il a pas mal vieilli** he's aged quite a bit ou quite a lot ◆ **elle a pas mal grossi** she's put on quite a bit ou quite a lot of weight

**f** **pas mal de** (= beaucoup) quite a lot of ◆ **il y a pas mal de temps qu'il est parti** it's quite a time since he left, he's been away for quite a time ◆ **pas mal de gens pensent que ...** quite a lot of people think that ...

### [2] ADJECTIF INVARIABLE

**a** [= contraire à la morale] wrong, bad ◆ **c'est mal de mentir/de voler** it is bad ou wrong to lie/to steal ◆ **(pour elle) il ne peut rien faire de mal** (iro) (in her eyes) he can do no wrong ◆ **c'est mal à lui** (frm) ou **de sa part de dire cela** it's bad ou wrong of him to say this

**b** [= malade] ill ◆ **j'ai été mal toute la matinée** I felt ill all morning ◆ **il est très mal ce soir** he's very ill ou not at all well tonight ◆ **le malade est au plus mal** the patient's condition couldn't be worse ◆ **je me sens mal quand il fait trop chaud** the heat doesn't agree with me ◆ **elle s'est sentie mal** she felt faint ◆ **il est mal dans sa tête** he's not a happy person

◆ **mal en point** personne, voiture in a bad ou sorry state, in a bad way; secteur économique, parti in a bad way

**c** [= mal à l'aise] uncomfortable ◆ **vous devez être mal sur ce banc** you can't be comfortable on that seat, that seat can't be comfortable ou must be uncomfortable; → **aise, peau**

**d** [= en mauvais termes] **être mal avec qn** to be on bad terms with sb, be in sb's bad books* ◆ **les deux cousins sont au plus mal** the two cousins are at daggers drawn ◆ **se mettre mal avec qn** to get on the wrong side of sb, get into sb's bad books*

**e** **pas mal** (= assez bien) not bad, quite ou fairly good ◆ **il n'est pas mal dans le rôle** he's not bad ou quite good in that role ◆ **c'est pas mal (du tout)** it's not bad (at all)

(= assez beau) personne quite good-looking, not bad; maison quite nice, not bad ◆ **tu n'es pas mal sur cette photo** that's quite a good picture of you

## mal[2] [mal]

pl **maux** [→ SYN]

[1] NOM MASCULIN
[2] COMPOSÉS

### [1] NOM MASCULIN

**a** [Philos: opposé au bien] **le mal** evil ◆ **le conflit entre le bien et le mal** the conflict between good and evil ◆ **distinguer le bien du mal** to tell right from wrong, know the difference between right and wrong ◆ **faire le mal pour le mal** to do ou commit evil for its own sake ou for evil's sake ◆ **rendre le mal pour le mal** to return evil for evil

**b** [= souffrance morale, peine] sorrow, pain ◆ **le mal du siècle** (= fléau) the scourge of the age; (littér = mélancolie) world-weariness ◆ **des paroles qui font du mal** words that hurt, hurtful words

**c** [= dommage] harm ◆ **excusez-moi – il n'y a pas de mal** I'm sorry – no harm done ◆ **il n'y a pas grand mal** there's no real harm done ◆ **il n'y a pas de mal à (faire) ça/à ce qu'il fasse** there's no harm in (doing) that/in his ou him doing ◆ **mal lui en a pris !** he's had cause to regret it! ◆ **mal m'en a pris de sortir** going out was a grave mistake (on my part) ◆ **ces médicaments, ça fait plus de mal que de bien** these medicines do more harm than good ◆ **ça fait du mal au commerce** it's not good for business ◆ **vouloir du mal à qn** to wish sb ill ou harm, be ill-disposed towards sb ◆ **je ne lui veux pas de** ou **aucun mal** I don't wish him any harm; → **peur**

◆ **mettre à mal** [+ personne, relations] to harm; [+ principe, politique, processus, système, réputation] to harm, damage

**d** [= travail pénible, difficulté] difficulty ◆ **on n'a rien sans mal** you get nothing without (some) effort ◆ **faire qch sans trop de mal/non sans mal** to do sth without undue difficulty/not without difficulty ◆ **j'ai obtenu son accord/le document, mais non sans mal !** I got him to agree/I got the document, but it wasn't easy! ◆ **il a dû prendre son mal en patience** (= attendre) he had to put up with the delay; (= supporter) he had to grin and bear it

◆ **avoir du mal à faire qch** to have trouble ou difficulty doing sth ◆ **je n'ai eu aucun mal à l'imaginer** I had no difficulty imagining it ◆ **j'ai du mal** (elliptiquement) it's hard for me, I find it hard ou difficult

◆ **donner du mal à qn** to give sb trouble ◆ **ce travail/cet enfant m'a donné du mal/bien du mal** this work/this child gave me some trouble/a lot of trouble ◆ **se donner du mal** to go to a lot of trouble ◆ **se donner du mal pour faire qch** to take trouble ou pains over sth, go to great pains to do sth ◆ **ne vous donnez pas ce mal** don't bother ◆ **se donner un mal de chien pour faire qch*** to bend over backwards ou go to great lengths to do sth

**e** [= ce qui est mauvais] evil, ill ◆ **c'est un mal nécessaire** it's a necessary evil ◆ **accuser qn de tous les maux** to accuse sb of all the evils in the world ◆ **les maux dont souffre notre société** the ills ou evils afflicting our society ◆ **penser/dire du mal de qn/qch** to think/speak ill of sb/sth ◆ **sans penser** ou **songer à mal** without meaning any harm ◆ (Prov) **aux grands maux les grands remèdes** desperate times call for desperate measures; → **moindre**

**f** [= douleur physique] pain, ache; (= maladie) illness, disease, sickness ◆ **le mal s'aggrave** (lit) the disease is getting worse, he (ou she etc) is getting worse; (fig) the situation is deteriorating, things are getting worse ◆ **faire du mal à qn** to harm ou hurt sb ◆ **ne leur faites pas de mal !** don't harm ou hurt them! ◆ **il ne ferait pas de mal à une mouche** he wouldn't hurt ou harm a fly ◆ **prendre mal** † to be taken ill, feel unwell ◆ **mal de tête** headache ◆ **des maux d'estomac** stomach pains

◆ **avoir mal** ◆ **je me suis cogné – tu as mal ?/très mal ?** I bumped myself – does it hurt?/really hurt? ◆ **où avez-vous mal ?** where does it hurt?, where is the pain? ◆ **avoir mal partout** to be aching all over ◆ **avoir mal au cœur** to feel nauseous ou sick (Brit) ◆ **ils ont souvent mal au cœur en voiture** they often get carsick ◆ **avoir mal à la gorge** to have a sore throat ◆ **avoir mal à la tête** to have a headache ou a bad head * ◆ **avoir mal aux dents/aux oreilles** to have toothache/earache ◆ **j'ai mal au pied** my foot hurts ◆ **j'ai mal au dos/à l'estomac** I've got backache/stomach ache ou a pain in my back/stomach, my back/stomach hurts

◆ **faire mal** (physiquement) to hurt; (psychologiquement) to be hurtful ◆ **des critiques qui font mal** hurtful criticism ◆ **500 € de réparations, ça fait mal !** * €500 in repairs, that hurts! ◆ **ça va faire mal !** * (confrontation, match) it's going to be tough! ◆ **le jour où le fisc s'occupera de lui, ça va faire mal !** * the day the taxman catches up with him, he'll be in real trouble! ◆ **ils sortent un nouvel album, ça va faire mal !** * they're bringing out a new album, it's going to be a big hit!

◆ **faire mal à** to hurt ◆ **tu m'as fait mal !** you hurt me! ◆ **mon coude me fait mal** my elbow hurts ◆ **ces chaussures me font mal (au pied)** these shoes hurt ou pinch (my feet) ◆ **il s'est fait mal en tombant** he hurt himself when he fell ◆ **se faire mal au genou** to hurt one's knee ◆ **ça me fait mal au cœur** (= ça me rend malade) it makes me feel sick; (= ça me fait pitié ou de la peine) it breaks my heart; (= ça me révolte) it makes me sick, it's sickening ◆ **ça me ferait mal (au ventre ou aux seins) !** * it would make me sick!, it would really piss me off! ‡

**g** **en mal de** (= en manque de) [+ argent, idées] short of; [+ tendresse, amour] yearning for ◆ **journaliste en mal de copie** journalist short of copy ◆ **être en mal d'inspiration** to be lacking in inspiration, have no inspiration ◆ **association en mal de publicité/reconnaissance** organization craving publicity/recognition

2 COMPOSÉS

▷ **mal de l'air** airsickness ▷ **mal blanc** † whitlow ▷ **mal de l'espace** space sickness ▷ **mal des grands ensembles** *depression resulting from life in a high-rise block* ▷ **le mal joli** † (hum) the pains of (giving) birth ▷ **mal de mer** seasickness ◆ **avoir le mal de mer** to be seasick ▷ **mal des montagnes** mountain sickness ◆ **avoir le mal des montagnes** to have mountain sickness ▷ **le mal du pays** homesickness ◆ **avoir le mal du pays** to feel homesick ▷ **mal de la route** carsickness ▷ **mal des transports** travel ou motion (US) sickness ◆ **pilule contre le mal des transports** travel-sickness pill, anti-motion-sickness pill (US) ▷ **mal de vivre** profound discontentment

**Malabar** [malabaʀ] nm ◆ **le Malabar** ◆ **la côte de Malabar** the Malabar (Coast)

**malabar** * [malabaʀ] nm muscle man *, hefty fellow *

**Malabo** [malabo] n Malabo

**malabsorption** [malapsɔʀpsjɔ̃] nf malabsorption

**Malachie** [malaʃi] nm (Bible) Malachi

**malachite** [malaʃit] nf malachite

**malacologie** [malakɔlɔʒi] nf malacology

**malacostracés** [malakɔstʀase] nmpl ◆ **les malacostracés** malacostracans, the Malacostraca (SPÉC)

**malade** [malad] → SYN 1 adj **a** (= atteint) personne ill, unwell (attrib), sick (surtout US); organe, plante diseased; dent, poitrine bad; jambe, bras bad, gammy * (Brit) (épith) ◆ **être bien/gravement/sérieusement malade** to be really/gravely/seriously ill ◆ **être malade du cœur, avoir le cœur malade** to have heart trouble ou a bad heart ou a heart condition ◆ **être malade des reins** to have kidney trouble ◆ **tomber malade** to fall ill ou sick ◆ **se faire porter malade** to report ou go sick ◆ **faire le malade** to feign ou sham illness ◆ **j'ai été malade** (gén) I was ill; (= j'ai vomi) I was sick ◆ **je me sens (un peu) malade** I feel (a bit) peculiar *, I don't feel very well ◆ **être malade comme un chien** * ou **une bête** * (gén) to be dreadfully ill; (euph = vomir) to be as sick as a dog * ◆ **être malade à crever** ‡ to be dreadfully ill, feel like death (warmed up (Brit) ou warmed over (US)) *

**b** (= fou) mad ◆ **tu n'es pas (un peu) malade ?** ‡ are you out of your mind? ◆ **être malade d'inquiétude** to be sick ou ill with worry ◆ **être malade de jalousie** to be mad ou sick with jealousy ◆ **rien que d'y penser j'en suis malade** *, **ça me rend malade rien que d'y penser** * the very thought of it makes me sick ou ill

**c** (= en mauvais état) objet, pays in a sorry state ◆ **l'entreprise étant malade, ils durent licencier** as the business was failing, they had to lay people off ◆ **le gouvernement est trop malade pour durer jusqu'aux élections** the government is too shaky to last till the elections ◆ **notre économie est bien malade** our economy is in bad shape ou a bad way

2 nmf **a** (Méd) (gén) invalid, sick person; (d'un médecin) patient ◆ **grand malade** seriously ill person ◆ **faux malade** malingerer ◆ **malade imaginaire** hypochondriac ◆ **malade mental** mentally sick ou ill person ◆ **les malades** the sick ◆ **les grands malades** the seriously ou critically ill ◆ **le médecin et ses malades** the doctor and his patients ◆ **"Le Malade imaginaire"** (Littérat) "The Hypochondriac"

**b** ( * = fanatique) **un malade de la moto** a (motor)bike freak ‡ ou fanatic ◆ **un malade de la vitesse** a speed merchant * (Brit) ou demon * (US)

**c** ( * = fou) maniac * ◆ **il conduit comme un malade** he drives like a maniac * ou madman * ◆ **elle frappait comme une malade** she was knocking like mad * ou like a mad woman ◆ **on a bossé comme des malades** we worked like crazy *

**maladie** [maladi] → SYN 1 nf **a** (Méd) illness, disease; [plante, vin] disease ◆ **maladie bénigne** minor ou slight illness, minor complaint ◆ **maladie grave** serious illness ◆ **maladie de cœur/foie** heart/liver complaint ou disease ◆ **ces enfants ont eu une maladie après l'autre** these children have had one sickness ou illness after another ◆ **le cancer est la maladie du siècle** cancer is the disease of this century ◆ **il a fait une petite maladie** * he's been slightly ill, he's had a minor illness ◆ **elle est en maladie** * she's off sick * ◆ **en longue maladie** (off) on extended sick leave ◆ **il en a fait une maladie** * (fig) he got into a terrible state about it, he had a fit * ◆ **tu ne vas pas en faire une maladie !** * don't you get in (such) a state over it!, don't make a song and dance about it! * ◆ **mes rosiers ont la maladie** * my rose bushes are in a bad way *

**b** **la maladie** illness, ill health ◆ **la maladie et la famine dans le monde** disease and famine in the world; → **assurance**

**c** (Vét) **la maladie** distemper

**d** ( * = obsession) mania ◆ **avoir la maladie de la vitesse** to be a speed maniac ◆ **quelle maladie as-tu de toujours intervenir !** what a mania you have for interfering! ◆ **c'est une maladie chez lui** it's a mania with him

2 COMP ▷ **la maladie bleue** the blue disease, cyanosis ▷ **maladie honteuse** † ⇒ **maladie vénérienne** ▷ **maladie infantile** childhood ou infantile disease ou complaint ▷ **maladie de langueur** wasting disease ▷ **maladie du légionnaire** legionnaires' disease ▷ **maladie mentale** mental illness ▷ **maladie mortelle** fatal illness ou disease ▷ **maladie de peau** skin disease ou complaint ▷ **maladie professionnelle** occupational disease ▷ **maladie sexuellement transmissible** sexually transmitted disease, STD ▷ **la maladie du sommeil** sleeping sickness ▷ **maladie du travail** ⇒ **maladie professionnelle** ▷ **maladie tropicale** tropical disease ▷ **maladie vénérienne** venereal disease, VD; → **Alzheimer, Carré, Hodgkin**

**maladif, -ive** [maladif, iv] → SYN adj **a** personne sickly, weak; air, pâleur sickly, unhealthy

**b** obsession, peur pathological ◆ **il est d'une timidité maladive** he's pathologically shy ◆ **il faut qu'il mente, c'est maladif chez lui** he's a pathological liar

**maladivement** [maladivmɑ̃] adv pâle, maigre unhealthily; anxieux, timide pathologically

**maladrerie** † [maladʀəʀi] nf lazaret †, lazar house †

**maladresse** [maladʀɛs] → SYN nf **a** (= gaucherie) [personne, geste, expression] clumsiness, awkwardness; [ouvrage, style, intervention] clumsiness

**b** (= indélicatesse) [personne, remarque] clumsiness, tactlessness ◆ **quelle maladresse !** how tactless!

**c** (= bévue) blunder, gaffe ◆ **maladresses de style** awkward ou clumsy turns of phrase

**maladroit, e** [maladʀwa, wat] → SYN 1 adj **a** (= malhabile) personne, geste, expression clumsy, awkward; ouvrage, style, dessin, intervention, mensonge clumsy ◆ **il est vraiment maladroit de ses mains** he's really useless with his hands

**b** (= indélicat) personne, remarque clumsy, tactless ◆ **ce serait maladroit de lui en parler** it would be tactless ou ill-considered to mention it to him

2 nm,f (= malhabile) clumsy person ou oaf *; (= qui fait tout tomber) butterfingers *; (= indélicat) tactless person, blunderer * ◆ **quel maladroit je fais !** how clumsy of me!

**maladroitement** [maladʀwatmɑ̃] → SYN adv marcher, dessiner clumsily, awkwardly; agir clumsily, tactlessly

**malaga** [malaga] nm (= vin) Malaga (wine); (= raisin) Malaga grape

**mal-aimé, e,** mpl **mal-aimés** [maleme] nm,f unpopular figure ◆ **il est devenu le mal-aimé de la presse** he has become the man the press love to hate, he has become an unpopular figure with the press

**malaire** [malɛʀ] adj malar

**malais, e**[1] [malɛ, ɛz] 1 adj Malay(an)

2 nm (Ling) Malay

3 **Malais(e)** nm,f Malay(an)

**malaise**[2] [malɛz] → SYN nm **a** (gén) feeling of general discomfort ou ill-being; (Méd) feeling of sickness ou faintness, malaise (frm) ◆ **malaise cardiaque** mild heart attack ◆ **être pris d'un malaise, avoir un malaise** to feel faint ou dizzy, come over faint ou dizzy

**b** (= trouble) uneasiness ◆ **éprouver un malaise** to feel uneasy ◆ **le malaise étudiant/politique** student/political unrest ◆ **malaise économique/social** economic/social malaise

**malaisé, e** [maleze] → SYN adj difficult

**malaisément** [malezemɑ̃] → SYN adv with difficulty

**Malaisie** [malɛzi] nf Malaysia

**malaisien, -ienne** [malɛzjɛ̃, jɛn] 1 adj Malaysian

2 **Malaisien(ne)** nm,f Malaysian

**malandre** [malɑ̃dʀ] nf (Vét) mal(l)anders sg, mallenders sg

**malandrin** † [malɑ̃dʀɛ̃] → SYN nm (littér) brigand (littér), bandit

**malappris, e** [malapʀi, iz] → SYN 1 adj ill-mannered, boorish

2 nm ill-mannered lout, boor, yob * (Brit)

**malard** [malaʀ] → SYN nm drake; (sauvage) mallard

**malaria** [malaʀja] → SYN nf malaria (NonC)

**malavisé, e** [malavize] → SYN adj personne, remarque ill-advised, injudicious, unwise

**Malawi** [malawi] nm Malawi

**malawien, -ienne** [malawjɛ̃, jɛn] 1 adj Malawian

2 **Malawien(ne)** nm,f Malawian

**malaxage** [malaksaʒ] nm **a** [argile, pâte] kneading; [muscle] massaging; [beurre] creaming

**b** (= mélange) blending, mixing

**malaxer** [malakse] → SYN ▸ conjug 1 ◂ vt **a** [+ argile, pâte] to knead; [+ muscle] to massage; [+ beurre] to cream

**b** (= mélanger) to blend, mix

**malaxeur** [malaksœʀ] → SYN 1 adj m mixing

2 nm mixer

**malayalam** [malajalam] nm Malayal(a)am

**malayo-polynésien, -ienne,** mpl **malayo-polynésiens** [malɛjopɔlinezjɛ̃, jɛn] adj langue Malayo-Polynesian, Austronesian

**mal-bouffe** ‡ [malbuf] nf ◆ **la mal-bouffe** unhealthy eating

**malchance** [malʃɑ̃s] → SYN nf (= déveine) bad ou ill luck, misfortune; (= mésaventure) misfortune, mishap ◆ **il a eu beaucoup de malchance** he's had a lot of bad luck ◆ **j'ai eu la malchance de ...** I had the misfortune to ..., I was unlucky enough to ... ◆ **par malchance** unfortunately, as ill luck would have it ◆ **il a joué de malchance** (gén) he was out of luck; (de manière répétée) he had one bit of bad luck after another

**malchanceux, -euse** [malʃɑ̃sø, øz] → SYN adj unlucky

**malcommode** [malkɔmɔd] → SYN adj objet, vêtement impractical, unsuitable; horaire awkward, inconvenient; outil, meuble inconvenient, impractical ◆ **ça m'est vraiment très malcommode** it's really most inconvenient for me, it really doesn't suit me at all

**Maldives** [maldiv] nfpl ◆ **les Maldives** the Maldives

**maldonne** [maldɔn] → SYN nf (Cartes) misdeal ◆ **faire (une) maldonne** to misdeal, deal the cards wrongly ◆ **il y a maldonne** (lit) there's been a misdeal, the cards have been dealt wrongly; (fig) there's been a mistake somewhere

**Malé** [male] n Malé

**mâle** [mɑl] → SYN [1] adj **a** (Bio, Tech) male

**b** (= viril) voix, courage manly; style, peinture virile, strong, forceful

[2] nm male ◆ **titre de noblesse transmis par les mâles** noble title handed down through the male line ◆ **c'est un mâle ou une femelle ?** is it a he or a she? *, is it a male or a female? ◆ **c'est un beau mâle** * (hum) he's a real hunk *, he's a fine specimen (of manhood) (hum) ◆ **(éléphant) mâle** bull (elephant) ◆ **(lapin) mâle** buck (rabbit) ◆ **(moineau) mâle** cock (sparrow) ◆ **(ours) mâle** he-bear ◆ **souris mâle** male mouse

**malédiction** [malediksjɔ̃] → SYN [1] nf (Rel = imprécation, adversité) curse, malediction (littér) ◆ **la malédiction divine** the curse of God ◆ **n'écoute pas les malédictions de cette vieille folle** don't listen to the curses of that old fool ◆ **la malédiction pèse sur nous** a curse is hanging over us, we're under a curse ◆ **appeler la malédiction sur qn** to call down curses upon sb

[2] excl († †, hum) curse it! *, damn! * ◆ **malédiction ! j'ai perdu la clé** curse it! * I've lost the key

**maléfice** [malefis] → SYN nm evil spell

**maléfique** [malefik] → SYN adj étoile malefic (littér), unlucky; charme, signe, pouvoir evil, baleful ◆ **les puissances maléfiques** the forces of evil

**malemort** [malmɔʀ] nf († †, littér) cruel death ◆ **mourir de malemort** to die a cruel ou violent death

**malencontreusement** [malɑ̃kɔ̃tʀøzmɑ̃] → SYN adv arriver at the wrong moment, inopportunely, inconveniently; faire tomber inadvertently ◆ **faire malencontreusement remarquer que ...** to make the unfortunate remark that ...

**malencontreux, -euse** [malɑ̃kɔ̃tʀø, øz] → SYN adj **a** (= malheureux) erreur, incident unfortunate; geste awkward; remarque awkward, unfortunate; décision unwise, unfortunate

**b** (= déplacé) allusion inopportune

**c** (= à contretemps) événement untimely

**malentendant, e** [malɑ̃tɑ̃dɑ̃, ɑ̃t] nm,f person who is hard of hearing ◆ **les malentendants** hearing-impaired people, people who are hard of hearing

**malentendu** [malɑ̃tɑ̃dy] → SYN nm misunderstanding

**mal-être** [malɛtʀ] nm inv [personne] malaise, disquiet, ill-being (US); [groupe social] malaise

**malfaçon** [malfasɔ̃] → SYN nf fault, defect *(due to bad workmanship)*

**malfaisant, e** [malfəzɑ̃, ɑ̃t] → SYN adj personne evil, wicked, harmful; influence evil, harmful; animal, théories harmful

**malfaiteur** [malfɛtœʀ] → SYN nm (gén) criminal; (= gangster) gangster; (= voleur) burglar, thief ◆ **dangereux malfaiteur** dangerous criminal

**malformation** [malfɔʀmasjɔ̃] → SYN nf malformation

**malfrat** [malfʀa] → SYN nm (= escroc) crook; (= bandit) thug, gangster

**malgache** [malgaʃ] [1] adj Malagasy, Madagascan

[2] nm (Ling) Malagasy

[3] **Malgache** nmf Malagasy, Madagascan

**malgracieux, -ieuse** [malgʀasjø, jøz] → SYN adj (littér) silhouette ungainly, clumsy; † caractère loutish, boorish

**malgré** [malgʀe] → SYN prép (= en dépit de) in spite of, despite ◆ **malgré son père/l'opposition de son père, il devint avocat** despite his ou in spite of his father/his father's objections he became a barrister ◆ **malgré son intelligence, il n'a pas réussi** in spite of ou for all ou notwithstanding (frm) his undoubted intelligence he hasn't succeeded ◆ **j'ai signé ce contrat malgré moi** (en hésitant) I signed the contract reluctantly ou against my better judgment; (contraint et forcé) I signed the contract against my will ◆ **j'ai fait cela presque malgré moi** I did it almost in spite of myself ◆ **il est devenu célèbre/un sex-symbol malgré lui** he became a reluctant celebrity/sex-symbol, he became famous/a sex-symbol in spite of himself

◆ **malgré tout** (= en dépit de tout) in spite of everything, despite everything; (concession = quand même) all the same, even so, after all ◆ **malgré tout, c'est dangereux** all the same ou after all it's dangerous ◆ **il a continué malgré tout** he went on in spite of ou despite everything ◆ **je le ferai malgré tout** I'll do it all the same ou come what may

◆ **malgré que** (* = bien que) in spite of the fact that, despite the fact that, although ◆ **malgré qu'il en ait** (littér) despite his wishes

**malhabile** [malabil] → SYN adj clumsy, awkward ◆ **malhabile à (faire) qch** unskilful ou bad at (doing) sth

**malhabilement** [malabilmɑ̃] adv clumsily, awkwardly, unskilfully

**malheur** [malœʀ] → SYN nm **a** (= événement pénible) misfortune; (= événement très grave) calamity; (= épreuve) ordeal, hardship; (= accident) accident, mishap ◆ **il a supporté ses malheurs sans se plaindre** he suffered his misfortunes without complaint ◆ **cette famille a eu beaucoup de malheurs** this family has had a lot of misfortune ◆ **un malheur est si vite arrivé** accidents ou mishaps happen so easily ◆ **en cas de malheur** in case anything should go wrong ◆ **cela a été le grand malheur de sa vie** it was the great tragedy of his life ◆ **ce n'est pas un gros malheur !, c'est un petit malheur !** it's not such a calamity! ou tragedy! ou disaster! ◆ (Prov) **un malheur n'arrive jamais seul** troubles never come singly, it never rains but it pours (Prov) ◆ (Prov) **à quelque chose malheur est bon** every cloud has a silver lining (Prov) it's an ill wind that blows nobody any good (Prov)

**b le malheur** (= l'adversité) adversity; (= la malchance) ill luck, misfortune ◆ **dans son malheur** amongst all his misfortune ◆ **ils ont eu le malheur de perdre leur mère** they had the misfortune to lose their mother ◆ **nos voisins sont dans le malheur** our neighbours are going through hard times ◆ (Prov) **le malheur des uns fait le bonheur des autres** it's an ill wind that blows nobody any good (Prov) ◆ **le malheur a voulu qu'un policier le voie** as ill luck would have it a policeman saw him ◆ (Prov) **c'est dans le malheur qu'on connaît ses amis** a friend in need is a friend indeed (Prov), it's in times of trouble that you know who your real friends are

**c** (Loc) **malheur !** oh, lord! *, hell! * ◆ **malheur à l'homme** ou **à celui par qui le scandale arrive** (Bible) woe to that man by whom the offence cometh ◆ **malheur à (celui) qui ...** † woe betide him who ... ◆ **malheur à toi si tu y touches !** woe betide you if you touch it! ◆ **par malheur** unfortunately, as ill luck would have it ◆ **le malheur c'est que ..., il n'y a qu'un malheur, c'est que ...** the trouble ou snag is that ... ◆ **son malheur, c'est qu'il boit** his trouble is that he drinks ◆ **le malheur dans tout cela, c'est qu'elle a perdu tout son argent** the sad thing about it ou the tragedy is that she lost all her money ◆ **faire le malheur de ses parents** to bring sorrow to one's parents, cause one's parents nothing but unhappiness ◆ **faire un malheur** (= avoir un gros succès) [spectacle] to be a big hit; [artiste, joueur] to make a great hit, be all the rage ◆ **s'il continue à m'ennuyer, je fais un malheur** * if he carries on annoying me I'll do something I'll regret ◆ **quel malheur qu'il ne soit pas venu** what a shame ou pity he didn't come ◆ **il a eu le malheur de dire que cela ne lui plaisait pas** he made the big mistake of saying he didn't like it ◆ **pour son malheur** for his sins ◆ **ne parle pas de malheur !** God forbid!

◆ **de malheur** * (= maudit) wretched ◆ **cette pluie de malheur a tout gâché** this wretched rain has spoilt everything

**malheureusement** [maløʀøzmɑ̃] GRAMMAIRE ACTIVE 2.3, 12.2, 20.4, 25.5, 25.6 adv unfortunately

**malheureux, -euse** [maløʀø, øz] → SYN [1] adj **a** (= infortuné) unfortunate ◆ **les malheureuses victimes des bombardements** the unfortunate ou hapless (frm) victims of the bombings

**b** (= regrettable, fâcheux) résultat, jour, geste unfortunate ◆ **pour un mot malheureux** because of an unfortunate remark ◆ **c'est bien malheureux qu'il ne puisse pas venir** it's very unfortunate ou it's a great shame ou it's a great pity that he can't come ◆ **si c'est pas malheureux d'entendre ça !** * it makes you sick to hear that! * ◆ **ah te voilà enfin, c'est pas malheureux !** * oh, there you are at last and about time too! *

**c** (= triste, qui souffre) enfant, vie unhappy, miserable ◆ **on a été très malheureux pendant la guerre** we had a miserable life during the war ◆ **il était très malheureux de ne pouvoir nous aider** he was most distressed ou upset at not being able to help us ◆ **prendre un air malheureux** to look unhappy ou distressed ◆ **rendre qn malheureux** to make sb unhappy ◆ **être malheureux comme les pierres** to be wretchedly unhappy ou utterly wretched

**d** (après n = malchanceux) candidat unsuccessful, unlucky; tentative unsuccessful ◆ **il prit une initiative malheureuse** he took an unfortunate step ◆ **il a été félicité par ses adversaires malheureux** he was congratulated by his defeated opponents ◆ **être malheureux au jeu/en amour** to be unlucky at gambling/in love ◆ **amour malheureux** unhappy love affair; → **heureux, main**

**e** (* : avant n = insignifiant) wretched, miserable ◆ **toute une histoire pour un malheureux billet de 100 F/pour une malheureuse erreur** such a to-do for a wretched ou measly * ou mouldy * 100-franc note/for a miserable mistake ◆ **il y avait deux ou trois malheureux spectateurs** there was a miserable handful of spectators ◆ **sans même un malheureux coup de fil** without so much as a phone call

[2] nm,f (= infortuné) poor wretch ou soul ou devil *; (= indigent) needy person ◆ **il a tout perdu ? le malheureux !** did he lose everything? the poor man! ◆ **un malheureux de plus** another poor devil * ◆ **ne fais pas cela, malheureux !** don't do that, you fool! ◆ **aider les malheureux** (indigents) to help the needy ou those who are badly off ◆ **la malheureuse a agonisé pendant des heures** the poor woman suffered for hours before she died

**malhonnête** [malɔnɛt] → SYN [1] adj **a** (= déloyal) dishonest; (= crapuleux) crooked

**b** († = indécent) rude

[2] nmf (= personne déloyale) dishonest person; (= escroc) crook

**malhonnêtement** [malɔnɛtmɑ̃] adv dishonestly

**malhonnêteté** [malɔnɛtte] → SYN nf **a** (= improbité) dishonesty, crookedness ◆ **faire des malhonnêtetés** to carry on dishonest ou crooked dealings

**b** († = manque de politesse) rudeness ◆ **dire des malhonnêtetés** to make rude remarks, say rude things

**Mali** [mali] nm Mali

**malice** [malis] → SYN nf **a** (= espièglerie) mischievousness ◆ **réponse pleine de malice** mischievous reply ◆ **... dit-il non sans malice** ... he said somewhat mischievously ◆ **boîte/sac à malice** box/bag of tricks

**b** (= méchanceté) malice, spite ◆ **par malice** out of malice ou spite ◆ **elle a dit ça sans malice** she meant no harm by it ◆ **il est sans malice** he is quite guileless ◆ **il n'y voit** ou **entend pas malice** he means no harm by it

**malicieusement** [malisjøzmɑ̃] adv mischievously, roguishly

**malicieux, -ieuse** [malisjø, jøz] → SYN adj personne, remarque mischievous; sourire mischievous, impish ◆ **notre oncle est très malicieux**

our uncle is a great tease ◆ **petit malicieux !** little imp ou monkey!

**malien, -enne** [maljɛ̃, ɛn] 1 adj of ou from Mali, Malian
2 **Malien(ne)** nm,f Malian, inhabitant ou native of Mali

**maligne** [maliɲ] adj f, nf → malin

**malignité** [maliɲite] → SYN nf a (= malveillance) malice, spite
b (Méd) malignancy

**malin** [malɛ̃] → SYN , **maligne** ou **maline** * [maliɲ, malin] 1 adj a (= intelligent) personne, air smart, shrewd, cunning ◆ **sourire malin** cunning ou knowing ou crafty smile ◆ **il est malin comme un singe** [adulte] he's a crafty old devil *; [enfant] he's a crafty little devil * ◆ **bien malin qui le dira !** who can tell! ◆ **il n'est pas bien malin** he isn't very bright ou clever ◆ **c'est malin !** (iro) oh, very clever! (iro) ◆ **si tu te crois malin de faire ça !** I suppose you think that's clever?; → jouer
b ( * = difficile) **ce n'est pourtant pas bien malin** but it isn't so difficult ou tricky ◆ **ce n'est pas plus malin que ça** it's as easy ou simple as that, that's all there is to it
c (= mauvais) influence malignant, baleful, malicious ◆ **prendre un malin plaisir à faire qch** to take (a) malicious pleasure in doing sth ◆ **l'esprit malin** the devil
d (Méd) malignant
2 nm,f ◆ **c'est un (petit) malin** he's a crafty one, he knows a thing or two, there are no flies on him (Brit) ◆ **gros malin !** (iro) you're a bright one! (iro) ◆ **ne fais pas ton** ou **le malin** * don't try to show off ◆ **à malin, malin et demi** there's always someone cleverer than you
3 nm ◆ **le Malin** the Devil

**malines** [malin] nf Mechlin lace, malines sg

**malingre** [malɛ̃gʀ] → SYN adj personne sickly, puny; corps puny

**malinois** [malinwa] → SYN nm police dog, ≃ German Shepherd, ≃ Alsatian (Brit)

**malintentionné, e** [malɛ̃tɑ̃sjɔne] → SYN adj ill-intentioned, malicious, spiteful (*envers* towards)

**malique** [malik] adj ◆ **acide malique** malic acid

**malle** [mal] → SYN nf a (= valise) trunk ◆ **faire sa malle** ou **ses malles** to pack one's trunk ◆ **il est parti avec ça dans ses malles** * (fig) he took it with him ◆ **ils se sont fait la malle** ‡ they've cleared off *, they've done a bunk ‡ (Brit) ou a runner * (Brit) ◆ **on a intérêt à se faire la malle** ‡ we'd better make ourselves scarce *, we'd better scarper * (Brit) ◆ **il a quitté sa famille avec sa malle à quatre nœuds** † he left home with all his worldly possessions tied up in a bundle
b (Aut) **malle (arrière)** boot (Brit), trunk (US)
c (Hist) **la Malle des Indes** the Indian Mail

**malléabiliser** [maleabilize] ▸ conjug 1 ◂ vt to make (more) malleable

**malléabilité** [maleabilite] → SYN nf [métal] malleability; [caractère] malleability, pliability, flexibility

**malléable** [maleabl] → SYN adj métal malleable; caractère malleable, pliable, flexible

**malléolaire** [maleɔlɛʀ] adj malleolar

**malléole** [maleɔl] nf malleolus

**malle-poste**, pl **malles-poste** [malpɔst] nf (Hist = diligence) mail coach

**mallette** [malɛt] → SYN nf a (= valise) (small) suitcase; (= porte-documents) briefcase, attaché case ◆ **mallette de voyage** overnight case, grip
b (Belg = cartable) schoolbag, satchel

**mal-logé, e** [mallɔʒe] nm,f *person living in substandard housing*

**malmener** [malməne] → SYN ▸ conjug 5 ◂ vt (= brutaliser) [+ personne] to manhandle, handle roughly; (Mil, Sport) [+ adversaire] to give a rough time ou handling to ◆ **être malmené par la critique** (fig) to be given a rough ride by the critics

**malnutrition** [malnytʀisjɔ̃] → SYN nf malnutrition

**malodorant, e** [malɔdɔʀɑ̃, ɑ̃t] → SYN adj personne, pièce foul-smelling, malodorous (frm), smelly; haleine bad, foul (Brit)

**malotru, e** [malɔtʀy] → SYN nm,f lout, boor, yob * (Brit)

**malouin, e** [malwɛ̃, in] 1 adj of ou from Saint-Malo
2 **Malouin(e)** nm,f inhabitant ou native of Saint-Malo
3 **Malouines** nfpl ◆ **les (îles) Malouines** the Falkland Islands, the Falklands

**mal-pensant, e**, mpl **mal-pensants** [malpɑ̃sɑ̃, ɑ̃t] 1 adj malicious
2 nm,f malicious person

**malpoli, e** [malpɔli] → SYN adj impolite, discourteous

**malposition** [malpozisjɔ̃] nf malposition

**malpropre** [malpʀɔpʀ] → SYN 1 adj a (= sale) personne, objet dirty, grubby, grimy; travail shoddy, slovenly, sloppy
b (= indécent) allusion, histoire smutty, dirty, unsavoury
c (= indélicat) conduite, personne, action unsavoury, dishonest, despicable
2 nmf (hum) swine ◆ **se faire chasser comme un malpropre** * to be thrown ou kicked * out

**malproprement** [malpʀɔpʀəmɑ̃] adv in a dirty way ◆ **manger malproprement** to be a messy eater

**malpropreté** [malpʀɔpʀəte] → SYN nf a **la malpropreté** dirtiness, grubbiness, griminess
b (= acte) low ou shady ou despicable trick; (= parole) low ou unsavoury remark

**malsain, e** [malsɛ̃, ɛn] → SYN adj a climat, logement unhealthy; travail hazardous to one's health
b influence, littérature, curiosité unhealthy, unwholesome; esprit, mentalité nasty, unhealthy ◆ **il a une relation malsaine avec l'argent** he has an unhealthy relationship with money ◆ **c'est un film malsain** it's a pretty sick film ◆ **le climat malsain qui règne dans certaines entreprises** the unsavoury ou unwholesome atmosphere in some companies ◆ **l'atmosphère devient malsaine au bureau** things are getting a bit unpleasant at work ◆ **tous ces monopoles, c'est malsain pour l'économie** all these monopolies are bad for the economy ◆ **sauvons-nous, ça devient malsain** (dangereux) let's get out of here, things are looking a bit dangerous ou dodgy * (Brit) ◆ **c'est quelqu'un de malsain** he's an unsavoury character

**malséant, e** [malseɑ̃, ɑ̃t] → SYN adj (littér) unseemly, unbecoming, improper

**malsonnant, e** [malsɔnɑ̃, ɑ̃t] adj (littér) propos offensive

**malstrom** [malstʀɔm] nm ⇒ **maelström**

**malt** [malt] nm malt ◆ **whisky pur malt** malt (whisky)

**maltage** [maltaʒ] nm malting

**maltais, e** [maltɛ, ɛz] 1 adj Maltese ◆ **(orange) maltaise** *type of juicy orange*
2 nm (Ling) Maltese
3 **Maltais(e)** nm,f Maltese

**maltase** [maltɑz] nf maltase

**Malte** [malt] nf Malta

**malter** [malte] ▸ conjug 1 ◂ vt to malt

**malterie** [malt(ə)ʀi] nf (= usine) malt factory; (= magasin) malt warehouse; (= commerce) malt trade

**malteur** [maltœʀ] nm malt preparer

**malthusianisme** [maltyzjanism] → SYN nm Malthusianism ◆ **malthusianisme économique** Malthusian economics sg

**malthusien, -ienne** [maltyzjɛ̃, jɛn] 1 adj (Écon, Sociol) Malthusian
2 nm,f Malthusian

**maltose** [maltoz] nm maltose, malt sugar

**maltraitance** [maltʀɛtɑ̃s] nf ◆ **maltraitance d'enfants** ou **à enfants** ill-treatment of children; (sexuelle) child abuse

**maltraitant, e** [maltʀɛtɑ̃, ɑ̃t] adj famille, parent abusive

**maltraiter** [maltʀete] → SYN ▸ conjug 1 ◂ vt a (= brutaliser) to manhandle, handle roughly, ill-treat; [+ enfant] to abuse
b (= mal user de) [+ langue, grammaire] to misuse
c (= critiquer) [+ œuvre, auteur] to give a rough ride to

**malus** [malys] → SYN nm (car insurance) surcharge

**malveillance** [malvɛjɑ̃s] → SYN nf (= méchanceté) spite, malevolence; (= désobligeance) ill will (*pour, envers* towards) ◆ **avoir agi sans malveillance** (Jur) to have acted without malicious intent ◆ **acte de malveillance** spiteful ou malevolent action ◆ **propos dus à la malveillance publique** spiteful ou malicious public rumour ◆ **regarder qn avec malveillance** to look at sb malevolently ◆ **je dis cela sans malveillance à son égard** I say that without wishing to be spiteful to him ◆ **c'est par pure malveillance qu'il a agi ainsi** he did that out of sheer spite ou malevolence

**malveillant, e** [malvɛjɑ̃, ɑ̃t] → SYN adj personne, regard, remarque malevolent, malicious, spiteful

**malvenu, e** [malvəny] → SYN adj (= déplacé) out of place (attrib), out-of-place (épith); (= mal développé) malformed; → venu

**malversation** [malvɛʀsasjɔ̃] → SYN nf (gén pl) embezzlement (NonC), misappropriation of funds

**malvoisie** [malvwazi] nm (= vin) malmsey (wine); (= cépage) malvasia

**malvoyant, e** [malvwajɑ̃, ɑ̃t] nm,f person who is partially sighted ◆ **les malvoyants** the partially sighted

**maman** [mamɑ̃] nf mother, mum * (Brit), mummy * (Brit), mom * (US), mommy * (US); → futur

**mambo** [mɑ̃(m)bo] → SYN nm mambo

**mamelle** [mamɛl] → SYN nf a (Zool) teat; (= pis) udder, dug
b † [femme] breast; (péj) tit ‡; [homme] breast ◆ **à la mamelle** at the breast ◆ **dès la mamelle** (fig) from infancy ◆ **les deux mamelles de ...** (fig) the lifeblood of ...

**mamelon** [mam(ə)lɔ̃] → SYN nm a (Anat) nipple
b (Géog) knoll, hillock

**mamelonné, e** [mam(ə)lɔne] → SYN adj hillocky

**mamelu, e** [mam(ə)ly] adj (péj ou hum) big-breasted, well-endowed (hum)

**mamel(o)uk** [mamluk] nm Mameluke

**mamie¹** [mami] nf (langage enfantin = grand-mère) granny *, gran *

**mamie²** ††, **m'amie** [mami] nf ⇒ **ma mie** → mie²

**mamillaire** [mamilɛʀ] 1 adj mamillary (Brit), mammillary (US)
2 nf (Bot) nipple cactus

**mammaire** [mamɛʀ] adj glande mammary

**mammalien, -ienne** [mamaljɛ̃, jɛn] adj mammalian

**mammalogie** [mamalɔʒi] nf mammalogy

**mammectomie** [mamɛktɔmi] nf mastectomy

**mammifère** [mamifɛʀ] → SYN 1 nm mammal ◆ **les mammifères** mammals
2 adj mammalian

**mammite** [mamit] nf (Méd) mastitis

**mammographie** [mamɔgʀafi] nf mammography

**Mammon** [mamɔ̃] nm Mammon

**mammoplastie** [mamɔplasti] nf mammaplasty

**mammouth** [mamut] nm mammoth

**mammy** [mami] nf ⇒ **mamie¹**

**mamours** * [mamuʀ] nmpl (hum) ◆ **faire des mamours à qn** to caress ou fondle sb ◆ **se faire des mamours** to bill and coo

**mam'selle** *, **mam'zelle** * [mamzɛl] nf abrév de **mademoiselle**

**Man** [mɑ̃] nf ◆ **l'île de Man** the Isle of Man

**mana** [mana] nm mana

**manade** [manad] → SYN nf (en Provence) [taureaux] herd of bulls; [chevaux] herd of horses

**management** [manaʒmɑ̃] → SYN [manadʒmɛnt] nm management

**manager¹** [manadʒɛʀ] → SYN nm (Écon, Sport) manager; (Théât) agent

**manager²** [mana(d)ʒe] → SYN ▸ conjug 3 ◂ vt to manage

**managérial, e,** mpl **-iaux** [manaʒeʀjal, jo] adj pratique managerial ◆ **équipe managériale** management team

**manageur, -euse** [manadʒœʀ, øz] nm,f ⇒ **manager**[1]

**Managua** [managwa] n Managua

**Manama** [manama] n Manama

**manant** [manɑ̃] [→ SYN] nm [a] († , littér) churl †
[b] (Hist) (= villageois) yokel; (= vilain) villein

**Manaus** [manaos] n Manaus, Manáos

**mancenille** [mɑ̃s(ə)nij] nf manchineel fruit

**mancenillier** [mɑ̃s(ə)nije] nm manchineel (tree)

**Manche** [mɑ̃ʃ] nf ◆ **la Manche** (= mer) the English Channel; (= département français) the Manche; (= région d'Espagne) la Mancha ◆ **des deux côtés/de l'autre côté de la Manche** on both sides of/across the Channel

**manche**[1] [mɑ̃ʃ] [→ SYN] [1] nf [a] (Habillement) sleeve ◆ **à manches courtes/longues** short-/long-sleeved ◆ **sans manches** sleeveless ◆ **se mettre en manches** to roll up one's sleeves ◆ **avoir qn dans sa manche** † to be well in with sb * ◆ **relever** ou **retrousser ses manches** (lit, fig) to roll up one's sleeves ◆ **faire la manche** * [mendiant] to beg; [artiste] to perform in the streets, busk (Brit); → **chemise, effet, paire**
[b] (= partie) (gén, Pol, Sport) round; (Bridge) game; (Tennis) set ◆ **manche décisive** tie-break(er) ◆ **on a gagné la première manche** (fig) we've won the first round in the battle
[c] (Aviat) [ballon] neck
[2] COMP ▷ **manche à air** (Aviat) wind sock; (Naut) airshaft ▷ **manche ballon** puff sleeve ▷ **manche à crevés** slashed sleeve ▷ **manche gigot** leg-of-mutton sleeve ▷ **manche kimono** kimono ou loose sleeve ▷ **manche montée** set-in sleeve ▷ **manche raglan** raglan sleeve ▷ **manche trois-quarts** three-quarter sleeve ▷ **manche à vent** airshaft

**manche**[2] [mɑ̃ʃ] [1] nm [a] (gén) handle; (long) shaft; (Mus) neck ◆ **être du côté du manche** * to be on the winning side ◆ **se mettre du côté du manche** * to side with the winner ◆ **jeter le manche après la cognée** to throw in one's hand ◆ **il ne faut pas jeter le manche après la cognée !** don't give up so easily!; → **branler**
[b] ( * = incapable) clumsy fool ou oaf, clot (Brit) ◆ **conduire comme un manche** to be a hopeless ou rotten * driver ◆ **tu t'y prends comme un manche !** you're making a real mess * ou a hash * of it!
[2] COMP ▷ **manche à balai** (gén) broomstick, broomshaft (Brit); (Aviat, Ordin) joystick ▷ **manche à gigot** leg-of-mutton holder ▷ **manche de gigot** knuckle (of a leg-of-mutton)

**mancheron**[1] [mɑ̃ʃʀɔ̃] nm [vêtement] short sleeve

**mancheron**[2] [mɑ̃ʃʀɔ̃] nm [charrue] handle

**manchette** [mɑ̃ʃɛt] [→ SYN] nf [a] [chemise] cuff; (protectrice) oversleeve
[b] (Presse = titre) headline ◆ **mettre en manchette** to headline, put in headlines
[c] (= note) marginal note ◆ **en manchette** in the margin
[d] (= coup) forearm blow

**manchon** [mɑ̃ʃɔ̃] [→ SYN] nm [a] (Habillement) (pour les mains) muff; (= guêtre) snow gaiter; → **chien**
[b] (Tech) **manchon à incandescence** incandescent (gas) mantle
[c] (Culin) conserve of poultry wing
[d] (Tech) [tuyau] coupler
[e] (fabrication du papier) muff

**manchot, e** [mɑ̃ʃo, ɔt] [→ SYN] [1] adj (d'un bras) one-armed; (des deux bras) armless; (d'une main) one-handed; (des deux mains) with no hands, handless ◆ **être manchot du bras droit/gauche** to have the use of only one's left/right arm ◆ **il n'est pas manchot !** * (adroit) he's clever ou he's no fool with his hands!; (courageux) he's no lazybones! *
[2] nm,f (d'un bras) one-armed person; (des deux bras) person with no arms
[3] nm (Orn) penguin ◆ **manchot royal/empereur** king/emperor penguin

**mandala** [mɑ̃dala] nm mandala

**mandale** ‡ [mɑ̃dal] nf biff *, cuff, clout (Brit)

**mandant, e** [mɑ̃dɑ̃, ɑ̃t] [→ SYN] nm,f (Jur) principal ◆ **je parle au nom de mes mandants** (frm: Pol) I speak on behalf of my constituents

**mandarin** [mɑ̃daʀɛ̃] [→ SYN] nm (Hist, péj) mandarin; (Ling) Mandarin (Chinese); (Orn) mandarin duck

**mandarinal, e,** mpl **-aux** [mɑ̃daʀinal, o] adj mandarin

**mandarinat** [mɑ̃daʀina] [→ SYN] nm (Hist) mandarinate; (péj) academic establishment (péj)

**mandarine** [mɑ̃daʀin] [→ SYN] [1] nf mandarin (orange), tangerine
[2] adj inv tangerine

**mandarinier** [mɑ̃daʀinje] nm mandarin (orange) tree

**mandat** [mɑ̃da] [→ SYN] [1] nm [a] (gén, Pol) mandate ◆ **donner à qn mandat de faire** to mandate sb to do, give sb a mandate to do ◆ **obtenir le renouvellement de son mandat** to be re-elected, have one's mandate renewed ◆ **la durée du mandat présidentiel** the president's term of office ◆ **territoires sous mandat** mandated territories, territories under mandate
[b] (Comm) **mandat (postal)** money order, postal order (Brit)
[c] (Jur = procuration) power of attorney, proxy; (Police) warrant
[2] COMP ▷ **mandat d'amener** ≃ summons ▷ **mandat d'arrêt** (Jur) ≃ warrant for arrest ▷ **mandat de comparution** ≃ summons (to appear), ≃ subpoena ▷ **mandat de dépôt** ≃ committal order ◆ **placer qn sous mandat de dépôt** ≃ to place sb under a committal order ▷ **mandat d'expulsion** eviction order ▷ **mandat international** (Fin) international money order ▷ **mandat de perquisition** search warrant

**mandataire** [mɑ̃datɛʀ] [→ SYN] nmf (Jur) proxy, attorney; (= représentant) representative ◆ **je ne suis que son mandataire** I'm only acting as a proxy for him ◆ **mandataire aux Halles** (sales) agent (at the Halles)

**mandat-carte,** pl **mandats-cartes** [mɑ̃dakaʀt] nm (Comm) money ou postal (Brit) order *(in postcard form)*

**mandatement** [mɑ̃datmɑ̃] nm [a] [somme] payment (by money order)
[b] [personne] appointment, commissioning

**mandater** [mɑ̃date] [→ SYN] ▸ conjug 1 ◂ vt [a] (= donner pouvoir à) [+ personne] to appoint, commission; (Pol) [+ député] to give a mandate to, elect
[b] (Fin) **mandater une somme** (= écrire) to write out a money order for a sum; (= payer) to pay a sum by money order

**mandat-lettre,** pl **mandats-lettres** [mɑ̃dalɛtʀ] nm (Comm) money ou postal (Brit) order *(with space for correspondence)*

**mandature** [mɑ̃datyʀ] nf (Pol) term (of office)

**mandchou, e** [mɑ̃tʃu] [1] adj Manchu(rian)
[2] nm (Ling) Manchu
[3] **Mandchou(e)** nm,f Manchu

**Mandchourie** [mɑ̃tʃuʀi] nf Manchuria

**mandement** [mɑ̃dmɑ̃] [→ SYN] nm [a] (Rel) pastoral
[b] (Hist = ordre) mandate, command; (Jur = convocation) subpoena

**mander** [mɑ̃de] [→ SYN] ▸ conjug 1 ◂ vt [a] †† (= ordonner) to command; (= convoquer) to summon
[b] (littér = dire par lettre) **mander qch à qn** to send ou convey the news of sth to sb, inform sb of sth

**mandibulaire** [mɑ̃dibylɛʀ] adj mandibular

**mandibule** [mɑ̃dibyl] [→ SYN] nf mandible ◆ **jouer des mandibules** * to nosh * (Brit), chow down * (US)

**mandoline** [mɑ̃dɔlin] [→ SYN] nf mandolin(e)

**mandoliniste** [mɑ̃dɔlinist] [→ SYN] nmf mandolinist, mandolin-player

**mandorle** [mɑ̃dɔʀl] [→ SYN] nf mandorla, vesica

**mandragore** [mɑ̃dʀagɔʀ] nf mandrake

**mandrill** [mɑ̃dʀil] [→ SYN] nm mandrill

**mandrin** [mɑ̃dʀɛ̃] nm (pour serrer) chuck; (pour percer, emboutir) punch; (pour élargir, égaliser des trous) drift; [tour] mandrel

**manducation** [mɑ̃dykasjɔ̃] [→ SYN] nf manducation

**manécanterie** [manekɑ̃tʀi] [→ SYN] nf (parish) choir school

**manège** [manɛʒ] [→ SYN] nm [a] [fête foraine] fairground attraction ◆ **manège (de chevaux de bois)** merry-go-round, roundabout (Brit), carousel (US); → **tour**[2]
[b] (Équitation = piste, salle) ring, school ◆ **manège couvert** indoor school ◆ **faire du manège** to do exercises in the indoor school
[c] (fig = agissements) game, ploy ◆ **j'ai deviné son petit manège** I guessed what he was up to, I saw through his little game

**mânes** [mɑn] [→ SYN] nmpl (Antiq Rel) manes ◆ **les mânes de ses ancêtres** (littér) the shades of his ancestors (littér)

**maneton** [man(ə)tɔ̃] nm (Aut) clankpin

**manette** [manɛt] [→ SYN] nf lever, tap ◆ **manette des gaz** throttle lever ◆ **manette de jeux** joystick ◆ **être aux manettes** * to be in charge; → **fond**

**manga** [mɑ̃ga] nf manga

**manganate** [mɑ̃ganat] nm manganate

**manganèse** [mɑ̃ganɛz] nm manganese

**manganeux** [mɑ̃ganø] adj m manganous

**manganique** [mɑ̃ganik] adj manganic

**manganite** [mɑ̃ganit] nm manganese dioxide

**mangeable** [mɑ̃ʒabl] [→ SYN] adj (lit, fig) edible, eatable

**mangeaille** [mɑ̃ʒɑj] [→ SYN] nf (péj) (= nourriture mauvaise) pigswill, disgusting food; (= grande quantité de nourriture) mounds of food ◆ **il nous venait des odeurs de mangeaille** we were met by an unappetizing smell of food (cooking)

**mange-disques** [mɑ̃ʒdisk] nm inv slot-in record player *(for singles)*

**mangeoire** [mɑ̃ʒwaʀ] [→ SYN] nf (gén) trough, manger; [oiseaux] feeding dish

**mangeotter** * [mɑ̃ʒɔte] ▸ conjug 1 ◂ vt to nibble

**manger** [mɑ̃ʒe] [→ SYN] ▸ conjug 3 ◂ [1] vt [a] (gén) to eat; [+ soupe] to drink, eat ◆ **manger dans une assiette/dans un bol** to eat off ou from a plate/out of a bowl ◆ **il mange peu** he doesn't eat much ◆ **il ne mange pas** ou **rien en ce moment** he's off his food at present, he is not eating at all at present ◆ **ils ont mangé tout ce qu'elle avait (à la maison)** they ate her out of house and home ◆ **il a mangé tout ce qui restait** he has eaten (up) all that was left ◆ **cela se mange ?** can you eat it?, is it edible? ◆ **ce plat se mange très chaud** this dish should be eaten piping hot ◆ **ils leur ont fait** ou **donné à manger un excellent poisson** they served ou gave them some excellent fish (to eat) ◆ **faire manger qn** to feed sb ◆ **faire manger qch à qn** to give sb sth to eat, make sb eat sth ◆ **donner à manger à un bébé/un animal** to feed a baby/an animal ◆ **manger goulûment** to wolf down one's food, eat greedily ◆ **manger salement** to be a messy eater ◆ **manger comme un cochon** * to eat like a pig * ◆ **finis de manger !, mange !** eat up! ◆ **on mange bien/mal ici** the food is good/bad here ◆ **les enfants ne mangent pas à leur faim à l'école** the children don't get ou are not given enough to eat at school
[b] (= faire un repas) **manger dehors** ou **au restaurant** to eat out, have a meal out ◆ **c'est l'heure de manger** (midi) it's lunchtime; (soir) it's dinnertime ◆ **inviter qn à manger** to invite sb for a meal ◆ **boire en mangeant** to drink with one's meal ◆ **manger sur le pouce** to have a (quick) snack, snatch a bite (to eat); → **carte**
[c] (fig : avec avidité) **manger qn des yeux** to gaze hungrily at sb, devour sb with one's eyes ◆ **manger qn de baisers** to smother sb with kisses ◆ **allez le voir, il ne vous mangera pas** go and see him, he won't eat you ◆ **il va te manger tout cru** he'll have you for breakfast, he'll swallow you whole ◆ **se faire manger par les moustiques** to get eaten alive ou bitten to death by mosquitoes
[d] (= ronger) to eat (away) ◆ **mangé par les mites** ou **aux mites** moth-eaten ◆ **la grille (de fer) est mangée par la rouille** the (iron) railing is eaten away with ou by rust ◆ **le soleil a mangé la couleur** the sun has taken out ou faded the colour

**e** (= faire disparaître, consommer) **toutes ces activités lui mangent son temps** all these activities take up his time ◆ **manger ses mots** to swallow one's words ◆ **les grosses entreprises mangent les petites** the big firms swallow up the smaller ones ◆ **une barbe touffue lui mangeait le visage** his face was half hidden under a bushy beard ◆ **des yeux énormes lui mangeaient le visage** his face seemed to be just two great eyes

**f** (= dilapider) [+ fortune, capital, économies] to go through, squander ◆ **l'entreprise mange de l'argent** the business is eating money ◆ **dans cette affaire il mange de l'argent** he's spending more than he earns ou his outgoings are more than his income in this business

**g** (LOC) **manger la consigne** ou **la commission** to forget one's errand ◆ **manger comme un oiseau** to eat like a bird ◆ **manger le morceau*** (= parler) to spill the beans*, talk, come clean* ◆ **manger son pain blanc le premier** to have it easy at the start ◆ **je ne mange pas de ce pain-là !** I'm having nothing to do with that!, I'm not stooping to anything like that! ◆ **ça ne mange pas de pain !** it doesn't cost much!, you won't have to do much! ◆ **il faut manger pour vivre et non vivre pour manger** one must eat to live and not live to eat ◆ **manger son blé en herbe** to spend one's money in advance ou before one gets it, eat one's seed corn (US) ◆ **manger à tous les râteliers** to cash in* on all sides ◆ **manger la soupe sur la tête de qn*** to tower over sb; ◆ **se manger*** **une porte (dans la figure)** to bash* into a door → **laine, sang, vache** etc

**2** nm food ◆ **préparer le manger des enfants*** to get the children's food ou meal ready ◆ **"ici on peut apporter son manger"*** "customers may consume their own food on the premises" ◆ **à prendre après manger** to be taken after meals ◆ **je rentrerai avant manger** I'll be back before lunch (ou dinner); → **perdre**

**mange-tout** [mɑ̃ʒtu] nm inv ◆ **(pois) mange-tout** mange-tout peas ◆ **(haricots) mange-tout** string beans

**mangeur, -euse** [mɑ̃ʒœʀ, øz] nm,f eater ◆ **être gros** ou **grand/petit mangeur** to be a big/small eater ◆ **c'est un gros mangeur de pain** he eats a lot of bread, he's a big bread-eater* ◆ **mangeur d'hommes** man-eater

**manglier** [mɑ̃glije] nm mangrove tree

**mangoustan** [mɑ̃gustɑ̃] nm mangosteen

**mangouste** [mɑ̃gust] nf (= animal) mongoose; (= fruit) mangosteen

**mangrove** [mɑ̃gʀɔv] nf mangrove swamp

**mangue** [mɑ̃g] nf mango

**manguier** [mɑ̃gje] nm mango(tree)

**maniabilité** [manjabilite] nf [objet] handiness, manageability; [voiture] driveability; [avion, bateau] manoeuvrability ◆ **appareil d'une grande maniabilité** implement which is very easy to handle, very handy implement ◆ **c'est un véhicule d'une étonnante maniabilité** this vehicle is incredibly easy to handle ou drive

**maniable** [manjabl] → SYN adj **a** objet, taille handy, manageable, easy to handle (attrib); véhicule easy to handle ou drive (attrib); avion, bateau easy to manoeuvre (attrib) ◆ **peu maniable** objet awkward, cumbersome; véhicule difficult to handle

**b** (= influençable) électeur easily swayed ou influenced (attrib)

**c** (= accommodant) personne, caractère accommodating, amenable

**d** (Naut) temps good; vent moderate

**maniaco-dépressif, -ive,** mpl **maniaco-dépressifs** [manjakodepʀesif, iv] adj, nm,f manic-depressive

**maniaque** [manjak] → SYN **1** adj personne finicky, fussy, pernickety ◆ **faire qch avec un soin maniaque** to do sth with almost fanatical ou obsessive care

**2** nmf **a** (= fou) maniac, lunatic ◆ **maniaque sexuel** sex maniac

**b** (= fanatique) fanatic, enthusiast ◆ **quel maniaque tu fais !** (= méticuleux) you're so fussy! ◆ **c'est un maniaque de la propreté** he's fanatical about cleanliness, cleanliness is an obsession with him ◆ **c'est un maniaque de l'exactitude** he's fanatical about punctuality, he's a stickler for punctuality ◆ **c'est un maniaque de la voile** he's sailing mad* ou a sailing fanatic

**maniaquerie** [manjakʀi] nf fussiness ◆ **il est d'une maniaquerie !** he's so fussy!

**manichéen, -enne** [manikeɛ̃, ɛn] adj, nm,f Manich(a)ean

**manichéisme** [manikeism] → SYN nm (Philos) Manich(a)eism; (péj) over-simplification ◆ **il fait du manichéisme** (fig) he sees everything in black and white, everything is either good or bad to him

**manichéiste** [manikeist] adj, nm,f ⇒ **manichéen, -enne**

**manicle** [manikl] → SYN nf (= protection) protective glove

**manie** [mani] → SYN nf **a** (= habitude) odd habit ◆ **elle est pleine de (petites) manies** she's got all sorts of funny little ways ou habits ◆ **avoir ses petites manies** to have one's little ways ◆ **mais quelle manie tu as de te manger les ongles !** you've got a terrible habit of biting your nails! ◆ **elle a la manie de tout nettoyer** she's a compulsive ou obsessive cleaner

**b** (= obsession) mania ◆ **manie de la persécution** (Méd) persecution mania ou complex

**maniement** [manimɑ̃] → SYN nm **a** (= manipulation) handling ◆ **d'un maniement difficile** difficult to handle ◆ **le maniement de cet objet est pénible** this object is difficult to handle ◆ **il possède à fond le maniement de la langue** he has a thorough understanding of how to use ou handle the language

**b** (Mil) **maniement d'armes** arms drill (Brit), manual of arms (US)

**manier** [manje] → SYN ▸ conjug 7 ◂ **1** vt [+ objet, langue, foule] to handle; [+ épée, outil] to wield, handle; [+ pâte] to knead; [+ personne] to handle; (péj) to manipulate ◆ **manier l'aviron** to pull ou ply (littér) the oars ◆ **manier de grosses sommes d'argent** to handle large sums of money ◆ **cheval/voiture facile à manier** horse/car which is easy to handle ◆ **il sait manier le pinceau, il manie le pinceau avec adresse** he knows how to handle a brush, he's a painter of some skill ◆ **savoir manier la plume** to be a good writer ◆ **savoir manier l'ironie** to handle irony skilfully

**2** **se manier** vpr ⇒ **se magner**

**manière** [manjɛʀ] → SYN **1** nf **a** (= façon) way ◆ **sa manière d'agir/de parler** the way he behaves/speaks ◆ **il le fera à sa manière** he'll do it (in) his own way ◆ **manière de vivre** way of life ◆ **manière de voir (les choses)** outlook (on things) ◆ **c'est sa manière d'être habituelle** that's just the way he is, that's just how he usually is ◆ **ce n'est pas la bonne manière de s'y prendre** this is not the right ou best way to go about it ◆ **d'une manière efficace** in an efficient way ◆ **de quelle manière as-tu fait cela ?** how did you do that? ◆ **à la manière d'un singe** like a monkey, as a monkey would do

**b** (= savoir-faire) **avec les animaux/les enfants, il a la manière** he's good with animals/children ◆ **c'est un Matisse dernière manière** (Art = style) it's a late Matisse ou an example of Matisse's later work ◆ **dans la manière classique** in the classical style ◆ **à la manière de Racine** in the style of Racine ◆ **robe/examen nouvelle manière** new-style ou new-look dress/exam ◆ **démocrate/directeur nouvelle manière** new-style democrat/director

**c** (Gram) **adverbe/complément de manière** adverb/adjunct of manner

**d** (LOC) **employer la manière forte, user de la manière forte** to use strong-arm methods ou tactics ◆ **il l'a giflé de belle manière !** he gave him a sound ou good slap! ◆ **en manière d'excuse** by way of (an) excuse ◆ **d'une manière générale** generally speaking, as a general rule ◆ **de toute(s) manière(s)** in any case, at any rate, anyway ◆ **de cette manière** (in) this way ◆ **de telle manière que ...** in such a way that ... ◆ **d'une manière ou d'une autre** somehow or other ◆ **d'une certaine manière** in a way, in some ways ◆ **en quelque manière** (frm) in a certain way ◆ **en aucune manière, d'aucune manière** in no way, under no circumstances ◆ **je n'accepterai en aucune manière** I shall not agree on any account ◆ **de manière à faire** so as to do ◆ **de manière (à ce) que nous arrivions à l'heure, de manière à arriver à l'heure** so that we get there on time

**e** († = genre) kind ◆ **une manière de pastiche** a kind of pastiche ◆ **quelle manière d'homme est-ce ?** what kind ou sort of a man is he?, what manner of man is he? †

**2** **manières** nfpl manners ◆ **avoir de bonnes/mauvaises manières** to have good/bad manners ◆ **apprendre les belles manières** to learn good manners ◆ **il n'a pas de manières, il est sans manières** he has no manners ◆ **ce ne sont pas des manières !** that's no way to behave! ◆ **en voilà des manières !** what a way to behave! ◆ **je n'aime pas ces manières !** I don't like this kind of behaviour! ◆ **faire des manières** (minauderies) to be affected, put on airs; (chichis) to make a fuss ◆ **ne fais pas de manières avec nous** you needn't stand on ceremony with us

**maniéré, e** [manjeʀe] → SYN adj **a** (péj = affecté) personne, style, voix affected

**b** (Art) genre mannered ◆ **les tableaux très maniérés de ce peintre** the mannered style of this painter's work

**maniérisme** [manjeʀism] → SYN nm (Art) mannerism

**maniériste** [manjeʀist] **1** adj mannerist(ic)

**2** nmf mannerist

**manieur, -ieuse** [manjœʀ, jøz] nm,f ◆ **manieur d'argent** ou **de fonds** big businessman

**manif*** [manif] nf (abrév de **manifestation**) demo*

**manifestant, e** [manifɛstɑ̃, ɑ̃t] → SYN nm,f demonstrator, protester

**manifestation** [manifɛstasjɔ̃] → SYN nf **a** (Pol) demonstration

**b** (= expression) [opinion, sentiment] expression; [maladie] (= apparition) appearance; (= symptômes) outward sign ou symptom ◆ **manifestation de mauvaise humeur** show of bad temper ◆ **manifestation de joie** demonstration ou expression of joy ◆ **accueillir qn avec de grandes manifestations d'amitié** to greet sb with great demonstrations of friendship

**c** [Dieu] (= vérité) revelation

**d** (= réunion, fête) event ◆ **manifestation artistique/culturelle/sportive** artistic/cultural/sporting event ◆ **le maire assistait à cette sympathique manifestation** the mayor was present at this happy gathering ou on this happy occasion

**manifeste** [manifɛst] → SYN **1** adj vérité, injustice manifest, obvious, evident; sentiment, différence obvious, evident ◆ **erreur manifeste** glaring error ◆ **il est manifeste que ...** it is quite obvious ou evident that ...

**2** nm (Littérat, Pol) manifesto; (Aviat, Naut) manifest

**manifestement** [manifɛstəmɑ̃] → SYN adv manifestly, obviously ◆ **manifestement, ça n'a servi à rien** it was obviously a waste of time ◆ **il est manifestement ivre** he's obviously drunk ◆ **c'est fini ? – manifestement** is it finished? – apparently

**manifester** [manifɛste] → SYN ▸ conjug 1 ◂ **1** vt [+ opinion, intention, sentiment] to show, indicate; [+ courage] to show, demonstrate ◆ **il m'a manifesté son désir de venir** he indicated to me that he wanted to come ◆ **par ce geste, la France tient à nous manifester son amitié** (frm) France intends this gesture as a demonstration ou an indication of her friendship towards us

**2** vi (Pol) to demonstrate, hold a demonstration

**3** **se manifester** vpr **a** (= se révéler) [émotion] to express itself; [difficultés] to emerge, arise; [phénomène] to be apparent ◆ **sa frustration se manifeste par des crises de colère** his frustration expresses ou manifests itself in angry outbursts ◆ **cette maladie se manifeste par l'apparition de boutons** the appearance of a rash is the first symptom of this disease ou indicates the onset of this disease ◆ **la crise se manifeste par l'effondrement des marchés** the crisis is reflected in the collapse of the markets ◆ **la violence se manifeste à différents niveaux de la société** violence occurs at various levels of society ◆ **Dieu s'est manifesté aux hommes** God revealed himself to mankind b (= se présenter) [personne] to appear, turn up; (par écrit, par téléphone) to get in touch ou contact; [bénévole, candidat, témoin] to come forward

c (= intervenir) [élève] to participate (in class) ♦ **il n'a pas eu l'occasion de se manifester dans le débat** he didn't get a chance to make himself heard in the discussion ♦ **il s'est manifesté par une déclaration fracassante** he came to public notice ou he attracted attention with a sensational statement

**manigance** [manigɑ̃s] → SYN nf (gén pl) scheme, trick, ploy ♦ **encore une de ses manigances** another of his little schemes ou tricks ou ploys

**manigancer** [manigɑ̃se] → SYN ▸ conjug 3 ◂ vt to plot, devise ♦ **qu'est-ce qu'il manigance maintenant ?** what's he up to now?, what's his latest little scheme? ♦ **c'est lui qui a tout manigancé** he set the whole thing up*, he engineered it all

**manille[1]** [manij] 1 nm Manila cigar

2 **Manille** n Manila

**manille[2]** [manij] nf a (Cartes) (= jeu) manille; (= dix) ten

b (Tech) shackle

**manillon** [manijɔ̃] nm ace *(in game of manille)*

**manioc** [manjɔk] nm manioc, cassava

**manip** * [manip] nf abrév de **manipulation**

**manipulateur, -trice** [manipylatœʀ, tʀis] → SYN 1 adj a (péj) personne manipulative

b (Tech) **bras manipulateur** manipulator arm

2 nm,f a (= technicien) technician ♦ **manipulateur de laboratoire** laboratory technician ♦ **manipulateur radio** radiographer

b (péj) manipulator

c (= prestidigitateur) conjurer

3 nm (Téléc) key

**manipulation** [manipylasjɔ̃] → SYN nf a (= maniement) handling ♦ **ces produits chimiques sont d'une manipulation délicate** these chemicals should be handled with great care, great care should be taken in handling these chemicals

b (Sci) experiment ♦ **obtenu par manipulation génétique** genetically engineered ♦ **les manipulations génétiques posent des problèmes éthiques** genetic engineering poses ethical problems

c (péj) manipulation (NonC) ♦ **il y a eu des manipulations électorales** there's been some vote-rigging ♦ **pour éviter la manipulation des chiffres** to avoid tampering with the figures

d (= prestidigitation) sleight of hand

e (Méd) [os] manipulation

**manipule** [manipyl] nm (Antiq, Rel) maniple

**manipuler** [manipyle] → SYN ▸ conjug 1 ◂ vt a [+ objet, produit] to handle

b (péj) [+ électeurs, presse, information] to manipulate; [+ statistiques] to massage, doctor ♦ **manipuler une élection** to rig an election ♦ **manipuler les écritures** to rig ou fiddle* (Brit) the accounts, cook the books* (Brit)

**manique** [manik] nf [ouvrier] protective glove; [cuisinier] oven glove

**Manitoba** [manitɔba] nm Manitoba

**manitou** [manitu] nm a **grand manitou*** big shot*, big noise* (Brit) ♦ **le grand manitou de l'entreprise** the big boss* in the company

b (Rel) manitou

**manivelle** [manivɛl] nf (gén) crank; (pour changer une roue) wheel crank; (pour démarrer) crank, starting handle ♦ **faire partir à la manivelle** to crank(-start); → **retour, tour**

**manne** [man] → SYN nf a (Rel) **la manne** manna ♦ **recevoir la manne (céleste)** (la bonne parole) to receive the word from on high

b (= aubaine) godsend, manna ♦ **ça a été pour nous une manne (providentielle** ou **céleste)** that was a godsend for us, it was heaven-sent

c (Bot) manna

d (= panier) large wicker basket

**mannequin** [mankɛ̃] → SYN nm a (= personne) model, mannequin† ♦ **être mannequin chez ...** to model for ...; → **défilé, taille[1]**

b (= objet) [couturière] (tailor's) dummy, mannequin; [vitrine] model, dummy; [peintre] model; (= pantin) stuffed dummy

c (= panier) small (gardener's) basket

**mannite** [manit] nf, **mannitol** [manitɔl] nm mannite, mannitol

**mannose** [manoz] nm mannose

**manœuvrabilité** [manœvʀabilite] nf (gén) manoeuvrability; (Aut) driveability

**manœuvrable** [manœvʀabl] adj (gén) manoeuvrable, easy to handle; voiture easy to handle ou drive

**manœuvre** [manœvʀ] → SYN 1 nf a (= opération) manoeuvre (Brit), maneuver (US), operation ♦ **manœuvre (d'aiguillage)** (Rail) shunting (NonC) (Brit), switching (NonC) (US) ♦ **diriger/surveiller la manœuvre** to control/supervise the operation ou manoeuvre ♦ **faire une manœuvre** (Aut, Naut) to do a manoeuvre ♦ **je ne sais pas faire les manœuvres** (en voiture) I'm not good at parking (ou reversing etc ) ♦ **les manœuvres sont difficiles par gros temps** (Naut) it's difficult to manoeuvre (the boat) in bad weather ♦ **il voulait se garer mais il a manqué sa manœuvre** he tried to park but he got the angle wrong ♦ **fausse manœuvre** (lit) mistake; (fig) wrong ou false move ♦ **une fausse manœuvre et il perd les élections** if he puts one foot wrong ou makes one wrong move he'll lose the election ♦ **faire la manœuvre** (Rail) to shunt

b (Mil) manoeuvre (Brit), maneuver (US) ♦ **champ** ou **terrain de manœuvres** parade ground ♦ **manœuvre d'encerclement** encircling movement ♦ **les grandes manœuvres de printemps** spring army manoeuvres ou exercises ♦ **être en manœuvres, faire des manœuvres** to be on manoeuvres

c (= agissement, combinaison) manoeuvre (Brit), maneuver (US); (= machination, intrigue) manoeuvring, ploy ♦ **il a toute liberté de manœuvre** he has complete freedom of manoeuvre ♦ **manœuvre de diversion** diversionary tactic ♦ **manœuvres électorales** vote-catching ploys ♦ **manœuvres frauduleuses** fraudulent schemes ou devices ♦ **manœuvre d'obstruction** obstructive move ♦ **manœuvre boursière** stockmarket manipulation ♦ **il a été victime d'une manœuvre de l'adversaire** he was caught out by a clever move ou trick on the part of his opponents ♦ **les grandes manœuvres politiques** intense political manoeuvring

d (Naut) **manœuvres dormantes/courantes** (= cordages) standing/running rigging

2 nm (gén) labourer; (en usine) unskilled worker ♦ **c'est un travail de manœuvre** it's unskilled labour ou work ♦ **manœuvre agricole** farm labourer ou hand

**manœuvrer** [manœvʀe] → SYN ▸ conjug 1 ◂ 1 vt a [+ véhicule] to manoeuvre (Brit), maneuver (US); [+ machine] to operate, work

b (= manipuler) [+ personne] to manipulate ♦ **il se laisse manœuvrer par sa femme** he allows himself to be manipulated by his wife

2 vi (gén) to manoeuvre ♦ **il a manœuvré habilement** (fig) he moved ou manoeuvred skilfully

**manœuvrier, -ière** [manœvʀije, ijɛʀ] → SYN 1 adj manoeuvring

2 nm,f (Mil) tactician; (Pol) manoeuvrer

**manoir** [manwaʀ] → SYN nm manor ou country house

**manomètre** [manɔmɛtʀ] → SYN nm gauge, manometer

**manométrie** [manɔmetʀi] nf manometry

**manométrique** [manɔmetʀik] adj manometric

**manostat** [manɔsta] nm manostat

**manouche** * [manuʃ] nmf gipsy

**manouvrier, -ière** † [manuvʀije, ijɛʀ] nm,f (casual) labourer

**manquant, e** [mɑ̃kɑ̃, ɑ̃t] 1 adj missing; → **chaînon**

2 nm,f missing one

**manque** [mɑ̃k] → SYN 1 nm a **manque de** (= pénurie) [+ nourriture, argent] lack of, shortage of, want of; (= faiblesse) [+ intelligence, goût] lack of, want of ♦ **son manque de sérieux au travail** his unreliability at work ♦ **par manque de** through lack ou shortage of, for want of ♦ **quel manque de chance !** ou **de pot !*** ou **de bol !*** what bad ou hard luck! ♦ **manque à gagner** loss of profit ou earnings ♦ **cela représente un sérieux manque à gagner pour les cultivateurs** that means a serious loss of income ou a serious drop in earnings ou income for the farmers ♦ **c'est un manque de respect** it shows a lack of respect *(pour, à l'égard de* for), it's disrespectful *(pour, à l'égard de* to)

b (= vide) gap, emptiness; (Drogue) withdrawal ♦ **je ressens comme un grand manque** it's as if there were a great emptiness inside me ♦ **un manque que rien ne saurait combler** a gap which nothing could fill ♦ **symptômes de manque** withdrawal symptoms ♦ **être en état de manque** to be experiencing withdrawal symptoms

c (Tex) flaw ♦ **il faut faire un raccord (de peinture), il y a des manques** we'll have to touch up the paintwork, there are bare patches

d (Roulette) manque

2 **manques** nmpl (= défauts) [roman] faults, flaws; [personne] failings, shortcomings; [mémoire, connaissances] gaps

3 **à la manque**‡ loc adj (péj) chanteur crummy‡, second-rate ♦ **lui et ses idées à la manque** him and his half-baked* ou crummy‡ ideas

**manqué, e** [mɑ̃ke] → SYN (ptp de **manquer**) adj a essai failed, abortive, missed; photo spoilt; vie wasted; (Tech) pièce faulty ♦ **occasion manquée** lost ou wasted opportunity ♦ **roman manqué** flawed novel ♦ **c'est un écrivain manqué** (vocation ratée) he should have been a writer; → **garçon, rendez-vous**

b (Culin) **(gâteau) manqué** ≃ sponge cake

**manquement** [mɑ̃kmɑ̃] → SYN nm (frm) ♦ **manquement à** [+ discipline, règle] breach of ♦ **manquement au devoir** dereliction of duty ♦ **au moindre manquement** at the slightest lapse ♦ **manquement (à des obligations contractuelles)** (Jur) default

**manquer** [mɑ̃ke] GRAMMAIRE ACTIVE 10.1 → SYN ▸ conjug 1 ◂

1 vt a (= ne pas atteindre, saisir ou rencontrer) [+ but, occasion, personne, train] to miss ♦ **la gare est sur la place, tu ne peux pas la manquer** the station's right on the square, you can't miss it ♦ **manquer une marche** to miss a step ♦ **il l'a manqué qn de peu** (en lui tirant dessus) he missed him by a fraction, he just missed him; (à un rendez-vous) he just missed him ♦ **je l'ai manqué de 5 minutes** I missed him by 5 minutes ♦ **c'est un film/une pièce à ne pas manquer** this film/play is a must*, it's a film/play that's not to be missed ♦ **il ne faut pas manquer ça !** it's not to be missed! ♦ **il n'en manque jamais une !*** (iro) he puts his foot in it every time!* ♦ **vous n'avez rien manqué (en ne venant pas)** you didn't miss anything (by not coming) ♦ **je ne le manquerai pas** (= je vais lui donner une leçon) I won't let him get away with it; → **coche**

b (= ne pas réussir) [+ photo, gâteau] to spoil, make a mess of*, botch*; [+ examen] to fail ♦ **il a manqué sa vie** he has wasted his life; → **coup**

c (= être absent de) (involontairement) to be absent from, miss; (volontairement) to miss, skip ♦ **manquer l'école** to be absent from ou miss school ♦ **il a manqué deux réunions** he missed two meetings

2 vi a (= faire défaut) to be lacking ♦ **l'argent/la nourriture vint à manquer** money/food ran out ou ran short ♦ **les occasions ne manquent pas (de faire)** there is no shortage of ou there are endless opportunities (to do) ♦ **ici, les chats c'est pas ça qui manque*** there's no shortage of cats round here ♦ **les mots manquent pour décrire ...** no words can describe ... ♦ **ce qui lui manque, c'est l'imagination** what he lacks ou what he hasn't got is (the) imagination ♦ **les mots me manquent pour exprimer ...** I can't find the words to express ... ♦ **le temps me manque pour raconter la suite** I don't have (the) time to tell you the rest of the story ♦ **j'irais bien, ce n'est pas l'envie qui me** ou **m'en manque** I would like to go, it's not that I don't want to ♦ **le pied lui manqua** his foot slipped, he missed his footing ♦ **la voix lui manqua** words failed him, he stood speechless ♦ **un carreau manquait à la fenêtre** there was a pane missing in ou from the window ♦ **qu'est-ce qui manque à ton bonheur ?** (hum) is there something not to your liking?, what are you unhappy about? ♦ **il lui manque**

**toujours dix-neuf sous pour faire un franc** (hum) he doesn't have two pennies to rub together

**b** (= être absent) to be absent; (= avoir disparu) to be missing (à from) ◆ **il a souvent manqué l'an dernier** (Scol) he was often absent last year, he missed a lot of school last year ◆ **manquer à l'appel** (lit) to be absent from roll call; (fig) to be missing ◆ **il ne manque pas un bouton de guêtre** (fig) everything's in apple-pie order, there's not a thing out of place

**c** (= être regretté) **il nous manque, sa présence nous manque** we miss him ◆ **la campagne me manque** I miss the country

**d** (= échouer) [expérience] to fail

**e** (= être dans le besoin) **il a toujours peur de manquer** he's always afraid of being hard up *

**f** (= se dérober) **le sol a manqué sous ses pieds** the ground gave (way) beneath his feet

**g** (avec infin = faillir) **il a manqué mourir** he nearly ou almost died ◆ **elle a manqué (de) se faire écraser** she nearly ou almost got run over

**3** **manquer à** vt indir (= ne pas respecter) ◆ **manquer à ses promesses** to go back on one's promises, fail to keep one's word ◆ **manquer à tous les usages** to flout every convention ◆ **il manque à tous ses devoirs** he neglects all his duties ◆ **manquer à son honneur/devoir** to fail in one's honour/duty ◆ **manquer à qn** † (= être impoli) to be disrespectful to sb

**4** **manquer de** vt indir **a** (= être dépourvu de) [+ intelligence, générosité] to lack; [+ argent, main-d'œuvre] to be short of, lack ◆ **ils ne manquent de rien** they want for nothing, they don't want for anything, they lack nothing ◆ **le pays ne manque pas d'un certain charme** the country is not without a certain charm ◆ **on manque d'air ici** there's no air in here, it's stuffy in here ◆ **tu ne manques pas d'audace !** ou **d'air !** * ou **de culot !** * (fig) you've got a ou some nerve! * ◆ **nous manquons de personnel** we're short-staffed, we're short of staff

**b** (formules négatives) **ne manquez pas de le remercier pour moi** don't forget to thank him for me, be sure to thank him for me ◆ **je ne manquerai pas de le lui dire** I'll be sure to tell him ◆ **nous ne manquerons pas de vous en informer** we shall inform you without fail ◆ **il n'a pas manqué de le lui dire** he made sure he told him ◆ **remerciez-la – je n'y manquerai pas** thank her – I won't forget ◆ **on ne peut manquer d'être frappé par ...** one cannot fail to marvel at ..., one cannot help but be struck by ... ◆ **ça ne va pas manquer (d'arriver)** * it's bound to happen ◆ **j'avais prévu qu'il se fâcherait, et ça n'a pas manqué !** I knew he'd be angry and sure enough he was!

**5** vb impers ◆ **il manque un pied à la chaise** there's a leg missing from the chair ◆ **il (nous) manque dix personnes/deux chaises** (= elles ont disparu) there are ten people/two chairs missing; (= on en a besoin) we are ten people/two chairs short, we are short of ten people/two chairs ◆ **il ne manquera pas de gens pour dire ...** there'll be no shortage of people who say ... ◆ **il ne lui manque que de savoir danser** the only thing he can't do is dance ◆ **il ne lui manque que la parole** (en parlant d'un animal) if only he could talk ◆ **il ne manquait plus que ça** that's all we needed, that's the last straw * ◆ **il ne manquerait plus que ça !** that really would be the end! * ◆ **il ne manquerait plus qu'il parte sans elle !** it really would be the end * if he went off without her!

**6** **se manquer** vpr **a** (= rater son suicide) to fail *(in one's attempt to commit suicide)* ◆ **cette fois-ci, il ne s'est pas manqué** he made a good job of it this time

**b** (à un rendez-vous) to miss each other ◆ **ils se sont manqués à la gare** they missed each other at the station

**mansarde** [mɑ̃saʀd] → SYN nf (= pièce) attic, garret

**mansardé, e** [mɑ̃saʀde] adj chambre, étage attic (épith) ◆ **la chambre est mansardée** the room has a sloping ceiling, it's an attic room

**mansion** [mɑ̃sjɔ̃] → SYN nf (Hist) mansion

**mansuétude** [mɑ̃sɥetyd] → SYN nf leniency, indulgence

**manta** [mɑ̃ta] nf (Zool) manta (ray), devilfish, devil ray

**mante** [mɑ̃t] nf **a** (= insecte) mantis; (= poisson) manta (ray) ◆ **mante religieuse** (lit) praying mantis; (fig) man-eater (hum)

**b** († = manteau) (woman's) mantle, cloak

**manteau**, pl **manteaux** [mɑ̃to] → SYN **1** nm **a** (Habillement) coat ◆ **manteau de pluie** raincoat ◆ **manteau trois-quarts** three-quarter-length coat ◆ **sous le manteau** (fig) clandestinely, on the sly

**b** (littér) [neige] mantle, blanket; [ombre, hypocrisie] cloak ◆ **sous le manteau de la nuit** under (the) cover of darkness

**c** [mollusque] mantle

**d** (Hér) mantle, mantling

**e** (Géol) mantle

**2** COMP ▷ **manteau d'Arlequin** proscenium arch ▷ **manteau de cheminée** mantelpiece

**mantelé, e** [mɑ̃t(ə)le] adj saddle-backed

**mantelet** [mɑ̃t(ə)lɛ] nm (Habillement) short cape, mantelet; (Naut) deadlight

**mantille** [mɑ̃tij] → SYN nf mantilla

**mantique** [mɑ̃tik] nf manticism

**mantisse** [mɑ̃tis] nf mantissa

**Mantoue** [mɑ̃tu] n Mantua

**mantra** [mɑ̃tʀa] nm mantra

**manubrium** [manybʀijɔm] nm manubrium

**manucure** [manykyʀ] **1** nmf (= personne) manicurist

**2** nm ou f (= soins) manicure

**manucurer** [manykyʀe] ▸ conjug 1 ◂ vt to manicure ◆ **se faire manucurer** to have a manicure

**manuel, -elle** [manɥɛl] → SYN **1** adj manual ◆ **passer en manuel** (Aviat) to switch over to manual (control); (Photo) to switch to manual; → **travail, travailleur**

**2** nm,f (= travailleur) manual worker ◆ **c'est/ce n'est pas un manuel** (qui a du sens pratique) he's good/he's not very good with his hands

**3** nm (= livre) manual, handbook ◆ **manuel de lecture** reader ◆ **manuel scolaire** textbook ◆ **manuel d'entretien** service manual ◆ **manuel d'utilisation/de l'utilisateur** instruction/user's manual

**manuellement** [manɥɛlmɑ̃] → SYN adv fabriquer by hand, manually; fonctionner manually ◆ **être bon manuellement** to be good with one's hands

**manufacture** [manyfaktyʀ] → SYN nf **a** (= usine) factory ◆ **manufacture d'armes/de porcelaine/de tabac** munitions/porcelain/tobacco factory ◆ **manufacture de tapisserie** tapestry workshop

**b** (= fabrication) manufacture

**manufacturer** [manyfaktyʀe] → SYN ▸ conjug 1 ◂ vt to manufacture; → **produit**

**manufacturier, -ière** [manyfaktyʀje, jɛʀ] → SYN **1** adj manufacturing (épith)

**2** nm † factory owner

**manu militari** [manymilitaʀi] loc adv by (main) force

**manumission** [manymisjɔ̃] nf manumission

**manuscrit, e** [manyskʀi, it] → SYN **1** adj (= écrit à la main) handwritten ◆ **pages manuscrites** manuscript pages

**2** nm manuscript; (dactylographié) manuscript, typescript ◆ **les manuscrits de la mer Morte** the Dead Sea Scrolls

**manutention** [manytɑ̃sjɔ̃] → SYN nf (= opération) handling; (= local) storehouse ◆ **frais de manutention** handling charges ◆ **manutention portuaire** dock work

**manutentionnaire** [manytɑ̃sjɔnɛʀ] → SYN nmf packer

**manutentionner** [manytɑ̃sjɔne] ▸ conjug 1 ◂ vt to handle, pack

**manuterge** [manytɛʀʒ] nm manutergium

**manzanilla** [mɑ̃dzanija] nm ou f manzanilla

**Mao (Tsé-toung)** [mao(tsetuŋ)] nm Mao (Tse Tung)

**maoïsme** [maɔism] nm Maoism

**maoïste** [maɔist] adj, nmf Maoist

**maori, e** [maɔʀi] **1** adj Maori

**2** nm (Ling) Maori

**3** **Maori(e)** nm,f Maori

**maous, -ousse** * [maus] adj personne hefty; animal, objet enormous, colossal, whacking great * (Brit) (épith)

**Mao Zedong** [maɔzedɔŋ] nm Mao Zedong

**mappemonde** [mapmɔ̃d] → SYN nf (= carte) map of the world *(in two hemispheres)*; (= sphère) globe

**Maputo** [maputo] n Maputo

**maquer** ⁑ [make] ▸ conjug 1 ◂ **1** vt (= prostituer) to be a pimp for

**2** **se maquer** vpr ◆ **se maquer** ou **être maqué avec qn** to (go and) live with sb, shack up with sb ⁑ (péj)

**maquereau**[1], pl **maquereaux** [makʀo] → SYN nm (= poisson) mackerel; → **groseille**

**maquereau**[2] ⁑, pl **maquereaux** [makʀo] → SYN nm (= proxénète) pimp, ponce ⁑ (Brit)

**maquerelle** ⁑ [makʀɛl] nf ◆ **(mère) maquerelle** madam *

**maquette** [makɛt] → SYN nf **a** (à échelle réduite) (Archit, Ind) (scale) model; (Art, Théât) model

**b** (grandeur nature) (Ind) mock-up, model; (= livre) dummy

**c** (Peinture = carton) sketch

**d** (Typo) (= mise en page) layout; (= couverture) artwork

**maquetter** [makete] ▸ conjug 1 ◂ vt [+ livre] to dummy; [+ page] to lay out

**maquettisme** [maketism] nm [modèles réduits] model making

**maquettiste** [maketist] nmf [modèles réduits] model maker; [livre] dummy maker

**maquignon** [makiɲɔ̃] → SYN nm (lit) horse dealer; (péj) shady ou crooked dealer

**maquignonnage** [makiɲɔnaʒ] → SYN nm (lit) horse dealing; (fig, péj) underhand dealings, sharp practice (Brit)

**maquignonner** [makiɲɔne] → SYN ▸ conjug 1 ◂ vt (péj) [+ animal] to sell by shady methods; [+ affaire] to rig, fiddle

**maquillage** [makijaʒ] nm **a** (= crème, fard) make-up ◆ **passer du temps à son maquillage** to spend a long time putting on one's make-up ou making up ◆ **trousse de maquillage** make-up bag ◆ **produits de maquillage** make-up

**b** (péj) [voiture] disguising, doing over *; [document, vérité, faits] faking, doctoring; [chiffres, résultats] massaging, fiddling * (Brit)

**maquiller** [makije] → SYN ▸ conjug 1 ◂ **1** vt **a** [+ visage, personne] to make up ◆ **très maquillé** heavily made-up

**b** [+ document, vérité, faits] to fake, doctor; [+ résultats, chiffres] to massage, fiddle * (Brit); [+ voiture] to do over *, disguise ◆ **meurtre maquillé en accident** murder made to look like an accident

**2** **se maquiller** vpr to make up, put on one's make-up ◆ **elle est trop jeune pour se maquiller** she is too young to use make-up ◆ **se maquiller les yeux** to put eye make-up on

**maquilleur** [makijœʀ] nm make-up artist, make-up man

**maquilleuse** [makijøz] nf make-up artist, make-up girl

**maquis** [maki] → SYN nm **a** (Géog) scrub, bush ◆ **le maquis corse** the Corsican scrub ◆ **prendre le maquis** to take to the bush

**b** (fig = labyrinthe) tangle, maze ◆ **le maquis de la procédure** the jungle of legal procedure

**c** (Hist : deuxième Guerre mondiale) maquis ◆ **prendre le maquis** to take to the maquis, go underground

**maquisard** [makizaʀ] → SYN nm maquis, member of the Resistance

**marabout** [maʀabu] → SYN nm **a** (Orn) marabou(t)

**b** (Rel) marabout; (= envoûteur) witch doctor

**marabouter** [maʀabute] ▸ conjug 1 ◂ vt (Afrique) to bewitch, put ou cast a spell on

**maraca** [maʀaka] nf maraca

**Maracaibo** [maʀakaibo] n Maracaibo ◆ **le lac Maracaibo** Lake Maracaibo

**maracuja** [maʀakyʒa] **nm** passion fruit

**maraîchage** [maʀɛʃaʒ] **nm** market gardening (Brit), truck farming (US) ◆ **maraîchage sous verre** glasshouse cultivation

**maraîcher, -ère** [maʀeʃe, ɛʀ] → SYN **1** **nm,f** market gardener (Brit), truck farmer (US)
**2** **adj** ◆ **culture maraîchère** market gardening (NonC) (Brit), truck farming (NonC) (US) ◆ **produits maraîchers** market garden produce (NonC), truck (NonC) (US) ◆ **jardin maraîcher** market garden (Brit), truck farm (US)

**maraîchin, e** [maʀɛʃɛ̃, in] **1** **adj** of ou from the marshland *(of Poitou or Brittany)*
**2** **nm,f** inhabitant of the marshland *(of Poitou or Brittany)*

**marais** [maʀɛ] → SYN **nm** **a** (= terrain) marsh, swamp ◆ **marais salant** (gén) salt marsh; (exploité) saltern; → **gaz**
**b** **le Marais** *historic area in the heart of Paris that contains the old Jewish quarter and many fashionable bars and galleries*

**maranta** [maʀɑ̃ta] **nm** maranta

**marasme** [maʀasm] → SYN **nm** **a** (Écon, Pol) stagnation, slump ◆ **les affaires sont en plein marasme** business is completely stagnant, there is a complete slump in business
**b** (= accablement) dejection, depression
**c** (Méd) marasmus

**marasque** [maʀask] **nf** marasca cherry

**marasquin** [maʀaskɛ̃] **nm** maraschino

**marathon** [maʀatɔ̃] **nm** **a** (Sport, fig) marathon ◆ **marathon de danse** dance marathon ◆ **faire/courir un marathon** to do/run a marathon ◆ **visite-/négociations-marathon** marathon visit/talks
**b** (= ville) **Marathon** Marathon

**marathonien, -ienne** [maʀatɔnjɛ̃, jɛn] **nm,f** marathon runner

**marâtre** [maʀɑtʀ] → SYN **nf** (= mauvaise mère) cruel ou unnatural mother; (†† = belle-mère) stepmother

**maraud, e**[1] †† [maʀo, od] → SYN **nm,f** rascal, rogue

**maraudage** [maʀodaʒ] → SYN **nm** pilfering, thieving *(of poultry, crops etc.)*

**maraude**[2] [maʀod] **nf** **a** (= vol) thieving, pilfering *(of poultry, crops etc.)*, pillaging *(from farms, orchards)*
**b** (Loc) **taxi en maraude** cruising ou prowling taxi, taxi cruising ou prowling for fares ◆ **vagabond en maraude** tramp on the prowl

**marauder** [maʀode] → SYN ▸ conjug 1 ◂ **vi** [personne] to thieve, pilfer; [taxi] to cruise ou prowl for fares

**maraudeur, -euse** [maʀodœʀ, øz] → SYN **1** **nm,f** (= voleur) prowler; (= soldat) marauder
**2** **adj** ◆ **oiseau maraudeur** thieving bird

**marbre** [maʀbʀ] → SYN **nm** **a** (Géol) marble ◆ **de** ou **en marbre** marble ◆ **marbre de Carrare** Carrara marble ◆ **peindre un mur en faux marbre** to marble a wall ◆ **rester de marbre** (fig), **garder un visage de marbre** to remain stony-faced ou impassive ◆ **ça l'a laissé de marbre** it left him cold ◆ **avoir un cœur de marbre** to have a heart of stone ◆ **passer une voiture au marbre** to check a car for structural damage; → **froid**
**b** (= surface) marble top; (= statue) marble (statue)
**c** (Typo) stone, bed ◆ **être sur le marbre** [journal] to be put to bed, be on the stone; [livre] to be at ou in press ◆ **rester sur le marbre** to be excess copy

**marbré, e** [maʀbʀe] → SYN (ptp de **marbrer**) **adj** papier, cuir marbled; peau mottled, blotchy; fromage veined ◆ **(gâteau) marbré** marble cake

**marbrer** [maʀbʀe] ▸ conjug 1 ◂ **vt** (Tech) [+ papier, cuir] to marble; [+ bois, surface] to vein, mottle

**marbrerie** [maʀbʀəʀi] **nf** (= atelier) marble mason's workshop ou yard; (= industrie) marble industry ◆ **travailler dans la marbrerie** to be a marble mason; (funéraire) to be a monumental mason

**marbreur, -euse** [maʀbʀœʀ, øz] **nm,f** marbler

**marbrier, -ière** [maʀbʀije, ijɛʀ] **1** **adj** industrie marble (épith)
**2** **nm** (funéraire) monumental mason
**3** **marbrière** **nf** marble quarry

**marbrure** [maʀbʀyʀ] → SYN **nf** **a** (Tech) [papier, cuir] marbling
**b** [peau] **marbrures** (par le froid) blotches, mottling; (par un coup) marks; [bois, surface] veins, mottling

**Marc** [maʀk] **nm** Mark ◆ **Marc Aurèle** Marcus Aurelius ◆ **Marc-Antoine** Mark Antony

**marc**[1] [maʀ] **nm** (= poids, monnaie) mark ◆ **au marc le franc** (Jur) pro rata, proportionally

**marc**[2] [maʀ] → SYN **nm** [raisin, pomme] marc ◆ **marc (de café)** (coffee) grounds ou dregs ◆ **(eau de vie de) marc** marc brandy; → **lire**

**marcassin** [maʀkasɛ̃] → SYN **nm** young wild boar

**marcassite** [maʀkasit] **nf** marcasite

**marcel** * [maʀsɛl] **nm** (Habillement) vest

**marcescence** [maʀsesɑ̃s] → SYN **nf** marcescence

**marcescent, e** [maʀsesɑ̃, ɑ̃t] → SYN **adj** marcescent

**marchand, e** [maʀʃɑ̃, ɑ̃d] → SYN **1** **adj** valeur market (épith); prix trade (épith); rue shopping (épith) ◆ **navire marchand** merchant ship ◆ **secteur marchand/non marchand** market sector/non-market sector; → **galerie, marine**[2]
**2** **nm,f** **a** (= boutiquier) shopkeeper, tradesman (ou tradeswoman); (sur un marché) stallholder; [vins, fruits, charbon, grains] merchant; [meubles, bestiaux, cycles] dealer ◆ **marchand au détail** retailer ◆ **marchand en gros** wholesaler ◆ **la marchande de chaussures me l'a dit** the woman in the shoe shop ou the shoe shop owner told me ◆ **jouer au marchand** (ou **à la marchande**) to play shop (Brit) ou store (US) ◆ **"Le Marchand de Venise"** (Littérat) "The Merchant of Venice"
**b** (= boutique) shop, store ◆ **rapporte-le chez le marchand** take it back to the shop ou shopkeeper
**3** COMP ▷ **marchand ambulant** hawker, door-to-door salesman, pedlar (Brit), peddler (US) ▷ **marchande d'amour** (hum) lady of pleasure (hum) ▷ **marchand d'art** art dealer ▷ **marchand de biens** property agent ▷ **marchand de canons** (péj) arms dealer ▷ **marchand de couleurs** hardware dealer, ironmonger (Brit) ▷ **marchand de frites** (= boutique) chip shop (Brit), chippy* (Brit) ▷ **marchand de fromages** cheese vendor ou seller, cheesemonger (Brit) ▷ **marchand de fruits** fruit merchant ou vendor ou seller, fruiterer (Brit) ▷ **marchand de glaces** ice cream vendor ▷ **marchand d'illusions** purveyor of illusions, illusionmonger ▷ **marchand de journaux** newsagent (Brit), newsdealer (US) ▷ **marchand de légumes** greengrocer (Brit), produce dealer (US) ▷ **marchand de marrons** chestnut seller ▷ **marchand de meubles** furniture dealer ▷ **marchand de poissons** fish merchant, fishmonger (Brit), fish vendor ou seller (US) ▷ **marchand des quatre saisons** street merchant (selling fresh fruit and vegetables), costermonger (Brit) ▷ **marchand de rêves** dream-merchant ▷ **marchand de sable** (fig) sandman ◆ **le marchand de sable est passé** it's bedtime, the sandman is coming ▷ **marchand de sommeil** (péj) slum landlord, slumlord* (US) ▷ **marchand de soupe** (péj = restaurateur) low-grade restaurant owner, profiteering café owner; (Scol) money-grubbing ou profit-minded headmaster (of a private school) ▷ **marchand de tableaux** art dealer ▷ **marchand de tapis** carpet dealer ◆ **c'est un vrai marchand de tapis** (péj) he drives a really hard bargain, he haggles over everything ◆ **des discussions de marchand de tapis** endless haggling ▷ **les marchands du Temple** (Bible) the moneychangers in the Temple ▷ **marchand de vin** wine merchant, vintner ▷ **marchand de voyages** tour operator

**marchandage** [maʀʃɑ̃daʒ] → SYN **nm** **a** (au marché) bargaining, haggling; (péj : aux élections) bargaining ◆ **je viens si tu promets de m'aider – mais qu'est-ce-que c'est que ce marchandage ?** I'll come if you promise to help me – what's this, blackmail?
**b** (Jur) **le marchandage** *subcontracting of labour*

**marchander** [maʀʃɑ̃de] → SYN ▸ conjug 1 ◂ **vt** **a** [+ objet] to haggle over, bargain over ◆ **savoir marchander** to know how to haggle ◆ **il a l'habitude de marchander** he is used to haggling ou bargaining ◆ **marchander son soutien électoral** to use one's political support as a bargaining chip
**b** (fig) **il ne marchande pas sa peine** he spares no pains, he grudges no effort ◆ **il ne m'a pas marchandé ses compliments** he wasn't sparing of his compliments
**c** (Jur) to subcontract

**marchandeur, -euse** [maʀʃɑ̃dœʀ, øz] **nm,f** **a** [objet, prix] haggler
**b** (Jur) subcontractor (of labour)

**marchandisage** [maʀʃɑ̃dizaʒ] **nm** merchandizing

**marchandise** [maʀʃɑ̃diz] GRAMMAIRE ACTIVE 20.3 → SYN **nf** **a** (= article, unité) commodity ◆ **marchandises** goods, merchandise (NonC), wares † ◆ **marchandises en gros/au détail** wholesale/retail goods ◆ **il a de la bonne marchandise** he has ou sells good stuff
**b** (= cargaison, stock) **la marchandise** the goods, the merchandise ◆ **la marchandise est dans l'entrepôt** the goods are ou the merchandise is in the warehouse ◆ **faire valoir** ou **vanter la marchandise*** to show o.s. off ou to show off one's wares to advantage, make the most of o.s. ou one's wares ◆ **elle étale la marchandise*** she displays her charms (hum), she shows you ou she flaunts all she's got*

**marchandiseur** [maʀʃɑ̃dizœʀ] **nm** merchandizer

**marchante** [maʀʃɑ̃t] **adj f** → **aile**

**marchantia** [maʀʃɑ̃tja], **marchantie** [maʀʃɑ̃ti] **nf** liverwort

**marche**[1] [maʀʃ] → SYN **1** **nf** **a** (= action, Sport) walking ◆ **il fait de la marche** he goes in for walking, he does quite a bit of walking ◆ **poursuivre sa marche** to walk on ◆ **chaussures de marche** walking shoes
**b** (= démarche) walk, step, gait; (= allure, rythme) pace, step ◆ **une marche pesante** a heavy step ou gait ◆ **régler sa marche sur celle de qn** to adjust one's pace ou step to sb else's
**c** (= trajet) walk ◆ **faire une longue marche** to go for a long walk ◆ **la Longue Marche** (Hist) the Long March ◆ **le village est à deux heures/à dix km de marche d'ici** the village is a two-hour walk/a ten-km walk from here ◆ **une marche de 10 km** a 10-km walk
**d** (= mouvement, Mil, Pol) march ◆ **air/chanson de marche** marching tune/song ◆ **fermer la marche** to bring up the rear ◆ **ouvrir la marche** (lit, fig) to lead the way ◆ **faire marche sur** to march upon ◆ **marche victorieuse sur la ville** victorious march on the town ◆ **en avant, marche !** quick march!, forward march!; → **ordre**[1]
**e** (= fonctionnement) [train, voiture] running; [machine] running, working; [navire] sailing; [étoile] course; [horloge] working; [usine, établissement] running, working, functioning ◆ **dans le sens de la marche** facing the engine ◆ **dans le sens contraire de la marche** with one's back to the engine ◆ **en (bon) état de marche** in (good) working order ◆ **régler la marche d'une horloge** to adjust the workings ou movement of a clock ◆ **assurer la bonne marche d'un service** to ensure the smooth running of a service ◆ **marche – arrêt** (Tech) on – off
**f** (= développement) [maladie] progress; [affaire, événements, opérations] course; [histoire, temps, progrès] march ◆ **la marche de l'intrigue** the unfolding ou development of the plot
**g** **en marche** ◆ **armée en marche** marching army ◆ **être en marche** [personnes, soldats] to be on the move; [moteur] to be running; [machine] to be (turned) on ◆ **ne montez pas dans un véhicule en marche** do not board a moving vehicle ◆ **j'ai pris le bus en marche** I jumped onto the bus while it was moving ◆ **se mettre en marche** [personne] to make a move, get moving; [machine] to start ◆ **mettre en marche** [+ moteur, voiture] to start (up); [+ machine] to put on, turn on, set going; [+ pendule] to start (going) ◆ **lire les instructions avant la mise en marche de l'appareil** read the instructions before starting the machine ◆ **remettre en marche** [+ usine, machine] to restart

**b** (Mus) march ◆ **marche funèbre/militaire/nuptiale** funeral ou dead/military/wedding march

**2** COMP ▷ **marche arrière** (Aut) reverse ◆ **entrer/sortir en marche arrière** to reverse in/out, back in/out ◆ **faire marche arrière** (Aut) to reverse; (fig) to back-pedal, backtrack ▷ **marche avant** forward ◆ **en marche avant** in forward gear ▷ **marche forcée** (Mil) forced march ◆ **se rendre vers un lieu à marche(s) forcée(s)** to get to a place by forced marches ◆ **la privatisation à marche forcée des entreprises** the accelerated privatization of companies ◆ **ils avancent à marche forcée sur la voie de la démocratisation** they're on the fast track to democracy ◆ **l'entreprise se modernise à marche forcée** the company is undergoing a rapid modernization programme ▷ **marche à suivre** (= procédure) (correct) procedure (*pour* for); (= mode d'emploi) directions (for use)

**marche[2]** [maʀʃ] → SYN nf [véhicule] step; [escalier] step, stair ◆ **manquer une marche** to miss a step ◆ **attention à la marche** mind (Brit) ou watch (US) the step ◆ **sur les marches** (de l'escalier) on the stairs; (de l'escalier extérieur, de l'escabeau) on the steps ◆ **marche palière** last step before the landing, ≃ top step ◆ **marche dansante** winder

**marche[3]** [maʀʃ] nf (gén pl : Géog, Hist) march ◆ **les marches** the Marches

**marché** [maʀʃe] → SYN **1** nm **a** (= lieu) market; (= ville) trading centre ◆ **marché aux bestiaux/aux fleurs/aux poissons** cattle/flower/fish market ◆ **marché couvert/en plein air** covered/open-air market ◆ **aller au marché, aller faire le marché** to go to (the) market ◆ **aller faire son marché** to go to the market; (plus gén) to go shopping ◆ **le choix est vaste, il faut faire son marché** (fig) there is a vast choice available, you have to shop around ◆ **faire les marchés** [marchand, acheteur] to go round ou do the markets ◆ **boucher qui fait les marchés** butcher who has a market stall ◆ **vendre/acheter au marché** ou **sur les marchés** to buy/sell at the market ◆ **Lyon, le grand marché des soieries** Lyons, the great trading centre for silk goods

**b** (Comm, Écon = débouchés, opérations) market ◆ **marché monétaire** money market ◆ **marché libre** open market ◆ **le marché libre de Rotterdam** (Pétrole) the Rotterdam spot market ◆ **le marché unique européen** the single European market ◆ **marché gris** grey market ◆ **acquérir** ou **trouver de nouveaux marchés (pour)** to find new markets (for) ◆ **lancer/offrir qch sur le marché** to launch/put sth on the market ◆ **le marché de l'immobilier** the real estate market ◆ **le marché du travail** the labour market ◆ **il n'y a pas de marché pour ces produits** there is no market for these goods; → **analyse, étude**

**c** (= transaction, contrat) bargain, transaction, deal ◆ **faire un marché avantageux** to make ou strike a good bargain ◆ **un marché de dupes** a fool's bargain ou deal ◆ **conclure** ou **passer un marché avec qn** to make a deal with sb ◆ **marché conclu !** it's a deal! ◆ **marché ferme** firm deal ◆ **marché de gré à gré** mutual agreement, private contract ◆ **marché public** procurement contract ◆ **mettre le marché en main à qn** to give sb an ultimatum

**d** (Bourse) market ◆ **le marché est animé** the market is lively ◆ **marché des valeurs/des actions** securities/share market ◆ **marché des changes** ou **des devises** foreign exchange market ◆ **marché financier** financial market ◆ **marché obligataire** bond market ◆ **marché au comptant/à terme** ou **à règlement mensuel** spot ou cash/forward market ◆ **marché à terme d'instruments financiers, marché à terme international de France** *French financial futures market,* ≃ LIFFE (Brit) ◆ **second marché** ≃ unlisted securities market

**e** (LOC)

◆ **bon marché** acheter cheap; produit cheap, inexpensive

◆ **meilleur marché** ◆ **c'est meilleur marché** it's better value, it's cheaper

**2** COMP ▷ **Marché commun** Common Market ▷ **marché d'intérêt national** *wholesale market for perishable food and horticultural products* ▷ **marché international du disque et de l'édition musicale** *music industry trade fair* ▷ **marché noir** black market ◆ **faire du marché noir** to buy and sell on the black market ▷ **marché aux puces** flea market

**marchéage** [maʀʃeaʒ] nm marketing

**marché-gare,** pl **marchés-gares** [maʀʃegaʀ] nm *wholesale market to which goods are transported by rail*

**marchepied** [maʀʃəpje] nm (Rail) step; (Aut) running board; (fig) stepping stone ◆ **servir de marchepied à qn** to be sb's stepping stone

**marcher** [maʀʃe] → SYN ▸ conjug 1 ◂ vi **a** (gén) to walk; [soldats] to march ◆ **marcher à grandes enjambées** ou **à grands pas** to stride (along) ◆ **il marche en boitant** he walks with a limp ◆ **marcher en canard** to walk like a duck ◆ **marcher sur les mains/à quatre pattes** to walk on one's hands/on all fours ◆ **on marche sur la tête !** * it's crazy!, there's no rhyme or reason to it! ◆ **venez, on va marcher un peu** come on, let's have a walk ou let's go for a walk ◆ **il marchait sans but** he walked ou wandered (along) aimlessly ◆ **marcher sur des œufs** (fig) to act with caution ◆ **faire marcher un bébé** to get a baby to walk, help a baby walk ◆ **c'est marche ou crève !** ** it's sink or swim!; → **pas[1]**

**b** (= mettre le pied sur, dans) **marcher dans une flaque d'eau** to step in a puddle ◆ **défense de marcher sur les pelouses** keep off the grass ◆ **marcher sur les pieds de qn/sur sa robe** (lit) to stand ou tread on sb's toes/on one's dress ◆ **ne te laisse pas marcher sur les pieds** (fig) don't let anyone tread on your toes ou take advantage of you ◆ **marcher sur qn** (fig) to walk all over sb; → **brisées, côté, trace** etc

**c** (= progresser) **marcher à la conquête de la gloire/vers le succès** to be on the road to fame/to success, step out ou stride towards fame/success ◆ **marcher au supplice** to walk to one's death ou to the stake ◆ **marcher au combat** to march into battle ◆ **marcher sur une ville/un adversaire** (Mil) to advance on ou march against a town/an enemy

**d** (= obéir) to toe the line; ( * = consentir) to agree, play * ◆ **il marche à tous les coups** * (= croire naïvement) he is taken in ou falls for it * every time ◆ **on lui raconte n'importe quoi et il marche** you can tell him anything and he'll swallow it * ◆ **il n'a pas voulu marcher dans la combine** he didn't want to be involved in the affair ◆ **faire marcher qn** (= taquiner) to pull sb's leg; (= tromper) to take sb for a ride *, lead sb up the garden path * ◆ **il sait faire marcher sa grand-mère** he knows how to get round his grandmother ◆ **son père saura le faire marcher (droit)** his father will soon have him toeing the line

**e** (avec véhicule) **le train a/nous avons bien marché jusqu'à Lyon** the train/we made good time as far as Lyon ◆ **nous marchions à 100 à l'heure** we were doing a hundred

**f** (= fonctionner) [appareil] to work; [ruse] to work, come off; [usine] to work (well); [affaires, études] to go (well); [train] to run ◆ **faire marcher** [+ appareil] to work, operate; [+ entreprise] to run ◆ **ça fait marcher les affaires** it's good for business ◆ **ça marche à l'électricité** it works by ou on electricity ◆ **est-ce que le métro marche aujourd'hui ?** is the underground running today? ◆ **ces deux opérations marchent ensemble** these two procedures go ou work together ◆ **les affaires marchent mal** things are going badly, business is bad ◆ **son restaurant marche bien** his restaurant does good business ou does a brisk trade ◆ **le film a bien marché en Europe** the film was a big success in Europe ◆ **il marche au whisky** * whisky keeps him going ◆ **les études, ça marche ?** * how's studying going? ◆ **rien ne marche** nothing's going right, nothing's working ◆ **ça marche !** (dans un restaurant) coming up!; (= c'est d'accord) great!, OK! * ◆ **ça marche pour 8 h/lundi** 8 o'clock/Monday is fine; → **roulette**

**marcheur, -euse** [maʀʃœʀ, øz] → SYN **1** adj oiseau flightless

**2** nm,f (gén) walker; (= manifestant) marcher

**3** **marcheuse** nf (= figurante) walk-on

**Marco Polo** [maʀkɔpɔlo] nm Marco Polo

**marcottage** [maʀkɔtaʒ] nm (Bot) layering

**marcotte** [maʀkɔt] → SYN nf (Bot) layer, runner

**marcotter** [maʀkɔte] ▸ conjug 1 ◂ vt (Bot) to layer

**mardi** [maʀdi] nm Tuesday ◆ **Mardi gras** Shrove ou Pancake * (Brit) Tuesday, Mardi Gras ◆ **elle se croit à mardi gras !** (hum) she's dressed up like a dog's dinner!; pour autres loc voir **samedi**

**mare** [maʀ] → SYN nf **a** (= étang) pond ◆ **mare aux canards** duck pond ◆ **c'est la mare aux grenouilles** (péj) it's a shady milieu ◆ **la mare aux harengs** * the North Atlantic; → **pavé**

**b** (= flaque) pool ◆ **mare de sang/d'huile** pool of blood/of oil

**marécage** [maʀekaʒ] → SYN nm (Géog) marsh, swamp, bog; (péj) quagmire

**marécageux, -euse** [maʀekaʒø, øz] → SYN adj terrain marshy, swampy, boggy; plante marsh (épith)

**maréchal,** pl **-aux** [maʀeʃal, o] nm (armée française) marshal; (armée britannique) field marshal ◆ **maréchal de camp** (Hist) brigadier ◆ **Maréchal de France** Marshal of France ◆ **maréchal des logis** ≃ sergeant ◆ **maréchal des logis-chef** ≃ battery ou squadron sergeant-major; → **bâton**

**maréchalat** [maʀeʃala] nm rank of marshal, marshalcy

**maréchale** [maʀeʃal] nf marshal's wife; → **Madame**

**maréchalerie** [maʀeʃalʀi] nf (= atelier) smithy, blacksmith's (shop); (= métier) blacksmith's trade

**maréchal-ferrant** [maʀeʃalfeʀɑ̃] → SYN , pl **maréchaux-ferrants** [maʀeʃofeʀɑ̃] nm blacksmith, farrier

**maréchaussée** [maʀeʃose] → SYN nf (hum) ◆ **la maréchaussée** the police (force), the boys in blue * (hum); (Hist) the mounted constabulary

**marée** [maʀe] → SYN nf **a** (lit) tide ◆ **marée montante/descendante** flood ou rising/ebb tide ◆ **à (la) marée montante/descendante** when the tide comes in/goes out, when the tide is rising/ebbing ou falling ◆ **(à) marée haute** (at) high tide ou water ◆ **(à) marée basse** (at) low tide ou water ◆ **grande marée** spring tide ◆ **faible** ou **petite marée** neap tide ◆ **marée noire** oil slick ◆ **ça sent la marée** it smells of the sea

**b** (fig) [produits, nouveaux immeubles] flood; [touristes] flood, influx ◆ **marée humaine** great flood ou influx of people

**c** (Comm) **la marée** (= poissons de mer) the fresh catch, the fresh (sea) fish

**marégraphe** [maʀegʀaf] nm marigraph, self-registering tide gauge

**marelle** [maʀɛl] nf (= jeu) hopscotch; (= dessin) (drawing of a) hopscotch game ◆ **jouer à la marelle** to play hopscotch

**marémoteur, -trice** [maʀemɔtœʀ, tʀis] adj (Élec) énergie tidal ◆ **usine marémotrice** tidal power station

**marengo** [maʀɛ̃go] **1** adj inv (Culin) ◆ **poulet/veau (à la) marengo** chicken/veal marengo

**2** nm *black flecked cloth*

**marennes** [maʀɛn] nf Marennes oyster

**mareyage** [maʀɛjaʒ] nm fish trade

**mareyeur, -euse** [maʀɛjœʀ, øz] nm,f wholesale fish merchant

**margarine** [maʀgaʀin] nf margarine, marge * (Brit), oleo * (US)

**margay** [maʀgɛ] nm margay

**marge** [maʀʒ] → SYN **1** nf **a** [feuille] margin ◆ **faire des annotations en marge** to make notes in the margin

**b** (= latitude) **il y a de la marge** (du temps) there's time to spare; (de l'espace) there's plenty of room; (de l'argent) there's enough (money) left over ◆ **c'est une taille 42, j'ai de la marge !** it's size 14, it's easily big enough for me ◆ **donner de la marge à qn** (temps) to give sb a reasonable margin of time; (latitude) to give sb some leeway ou latitude ou scope

◆ **en marge de** ◆ **vivre en marge de la société** to live on the fringe of society ◆ **vivre en marge du monde/des affaires** to live cut off from the world/from business ◆ **activités en marge du festival** fringe activities ◆ **en marge de cette affaire, on peut aussi signaler**

**que ...** in addition, one might also point out that ...

2 COMP ▷ **marge (bénéficiaire)** (profit) margin, mark-up ▷ **marge brute** gross margin ▷ **marge brute d'autofinancement** cash flow ▷ **marge commerciale** gross margin ou profit, trading margin ▷ **marge continentale** (Géog) continental terrace ▷ **marge d'erreur** margin of error ▷ **marge de garantie** (Fin) margin ▷ **marge de liberté** ou **de manœuvre** room for ou to manoeuvre, leeway ◆ **ça ne nous laisse pas une grande marge de manœuvre** it doesn't leave us much room for manoeuvre ▷ **marge de sécurité** safety margin ▷ **marge de tolérance** tolerance

**margelle** [maʀʒɛl] → SYN nf ◆ **margelle (de puits)** coping (of a well)

**marger** [maʀʒe] ▸ conjug 3 ◂ vt [+ machine à écrire, feuille] to set the margins on; (Typo) to feed (in)

**margeur** [maʀʒœʀ] nm [machine à écrire] margin stop

**marginal, e,** mpl **-aux** [maʀʒinal, o] → SYN 1 adj

a (= secondaire) phénomène marginal, minor; activité, rôle marginal, peripheral ◆ **ces réactions/critiques restent marginales** only a minority of people have these reactions/make these criticisms ◆ **l'évasion fiscale reste marginale** tax evasion is still relatively rare ou uncommon

b (Écon, Fin, Stat) coût, taux marginal

c (= non conformiste) unconventional ◆ **groupe marginal** fringe ou marginal group ◆ **l'accroissement d'une population marginale** the increase in the number of people living on the fringes ou margins of society ◆ **les partis politiques plus marginaux** the more marginal political parties

d (= sur le bord) **notes marginales** marginal notes, marginalia pl ◆ **récifs marginaux** fringing reefs

2 nmf (= déshérité) dropout; (= non-conformiste) unconventional figure

**marginalement** [maʀʒinalmɑ̃] adv marginally

**marginalisation** [maʀʒinalizasjɔ̃] nf marginalization ◆ **pour éviter la marginalisation sociale** to prevent people from being marginalized in society ou from becoming marginalized

**marginaliser** [maʀʒinalize] ▸ conjug 1 ◂ 1 vt to marginalize, edge out ◆ **il n'a pas l'intention de se laisser marginaliser** he has no intention of being marginalized ou of being sidelined ou of being left out in the cold ◆ **ils se sentent de plus en plus marginalisés** they feel more and more marginalized

2 **se marginaliser** vpr [personne, pays, parti] to become marginalized

**marginalisme** [maʀʒinalism] nm (Écon) marginalism

**marginalité** [maʀʒinalite] → SYN nf marginality ◆ **vivre/tomber dans la marginalité** to live as/become a dropout

**marginer** [maʀʒine] ▸ conjug 1 ◂ vt to write in the margins of

**margis** [maʀʒi] nm (abrév de **maréchal des logis**) (arg Mil) sarge (arg)

**margouillat** [maʀguja] nm agama, agamid

**margoulette** * [maʀgulɛt] nf ◆ **se casser la margoulette** to fall flat on one's face

**margoulin** [maʀgulɛ̃] → SYN nm (péj) swindler, shark (fig)

**margrave** [maʀgʀav] → SYN nm (Hist) margrave

**margraviat** [maʀgʀavja] nm margraviate

**Marguerite** [maʀgəʀit] nf Margaret

**marguerite** [maʀgəʀit] nf a (Bot) marguerite, (oxeye) daisy; → **effeuiller**

b (Typo) daisywheel

**marguillier** [maʀgije] → SYN nm (Hist) churchwarden

**mari** [maʀi] → SYN nm husband ◆ **son petit mari** her hubby *

**mariable** [maʀjabl] adj marriageable

**mariage** [maʀjaʒ] GRAMMAIRE ACTIVE 24.3 → SYN

1 nm a (= institution, union) marriage; (Rel) matrimony ◆ **50 ans de mariage** 50 years of married life ou of marriage ◆ **ils ont fêté leurs 20 ans de mariage** they celebrated their 20th (wedding) anniversary ◆ **au début de leur mariage** when they were first married, at the beginning of their marriage ◆ **son mariage avec son cousin** her marriage to her cousin ◆ **on parle de mariage entre eux** there is talk of their getting married ◆ **il avait un enfant d'un premier mariage** he had a child from his first marriage ◆ **il l'a demandée en mariage** he asked if he could marry her ◆ **promettre/donner qn en mariage à** to promise/give sb in marriage to ◆ **elle lui a apporté beaucoup d'argent en mariage** she brought him a lot of money when she married him ◆ **faire un riche mariage** to marry into money ◆ **hors mariage** cohabitation outside of marriage; naissance, né out of wedlock; relations sexuelles extramarital ◆ **"Le Mariage de Figaro"** (Littérat) "The Marriage of Figaro"; → **acte, demande**

b (= cérémonie) wedding ◆ **grand mariage** society wedding ◆ **cadeau/faire-part/messe de mariage** wedding present/invitation/service; → **corbeille, liste**[1]; → MAIRE

c [couleurs, parfums, matières] marriage, blend; [entreprises] merger, amalgamation ◆ **c'est le mariage de la carpe et du lapin** (couple) they make an odd couple; (associés) they are strange ou unlikely bedfellows

d (Cartes) **avoir le mariage à cœur** to have ou hold (the) king and queen of hearts ◆ **faire des mariages** to collect kings and queens

2 COMP ▷ **mariage d'amour** love match ◆ **faire un mariage d'amour** to marry for love, make a love match ▷ **mariage d'argent** marriage for money, money match ▷ **mariage blanc** (non consommé) unconsummated marriage; (de convenance) marriage of convenience ▷ **mariage en blanc** white wedding ▷ **mariage civil** civil wedding, registry (office) wedding (Brit) ▷ **mariage de convenance** marriage of convenience ▷ **mariage à l'essai** trial marriage ▷ **mariage d'intérêt** money ou social match ◆ **faire un mariage d'intérêt** to marry for money ▷ **mariage mixte** mixed marriage ▷ **mariage politique** political alliance ▷ **mariage de raison** marriage of convenience ▷ **mariage religieux** church wedding

**marial, e,** mpl **marials** [maʀjal] adj (Rel) culte Marian

**Marianne** [maʀjan] nf (Pol) Marianne *(symbol of the French Republic)*

> **MARIANNE**
>
> **Marianne** is an allegorical figure representing a woman wearing a "bonnet phrygien" (a red woollen conical hat worn by commoners under the "Ancien Régime"). The name **Marianne** was used at the end of the 18th century to refer to the French Republic, and statues and busts began to appear around fifty years later. All "mairies" have a bust of **Marianne** on public view, and she also appears on postage stamps. **Marianne**'s face changes from time to time, Brigitte Bardot and Catherine Deneuve both having been used as models in recent years.

**Mariannes** [maʀjan] nfpl ◆ **les (îles) Mariannes** ◆ **l'archipel des Mariannes** the Mariana Islands ◆ **les Mariannes-du-Nord** the Northern Mariana Islands

**Marie** [maʀi] nf Mary ◆ **Marie Stuart** Mary Stuart, Mary Queen of Scots

**marié, e** [maʀje] (ptp de **marier**) 1 adj married ◆ **non marié** unmarried, single

2 nm (bride) groom ◆ **les mariés** (jour du mariage) the bride and (bride)groom; (après le mariage) the newly-weds; → **jeune, nouveau**

3 **mariée** nf bride ◆ **trouver** ou **se plaindre que la mariée est trop belle** (fig) to object that everything's too good to be true ◆ **couronne/robe/voile de mariée** wedding headdress/dress/veil; → **jeune**

**marie-couche-toi-là** † ** [maʀikuʃtwala] nf inv (péj) slut, tart ** (Brit)

**Marie-Galante** [maʀigalɑ̃t] nf Marie Galante

**marie-jeanne** [maʀiʒan] nf inv (arg Drogue) Mary Jane (arg), pot (arg)

**marie-louise,** pl **maries-louises** [maʀilwiz] nf [assiette] inner surface; [encadrement] inner frame

**Marie-Madeleine** [maʀimad(ə)lɛn] nf Mary Magdalene

**marier** [maʀje] GRAMMAIRE ACTIVE 24.3 → SYN ▸ conjug 7 ◂

1 vt a [maire, prêtre] to marry ◆ **il a marié sa fille à un homme d'affaires** he married his daughter to a businessman ◆ **il a fini par marier sa fille** he finally got his daughter married, he finally married off his daughter ◆ **demain, je marie mon frère** (hum) tomorrow I see my brother (get) married ◆ **nous sommes mariés depuis 15 ans** we have been married for 15 years ◆ **il a encore deux filles à marier** he still has two unmarried daughters, he still has two daughters to marry off ◆ **fille (bonne) à marier** daughter of marriageable age, marriageable daughter ◆ **on n'est pas mariés avec lui !** * (fig) we don't owe him anything!

b [+ couleurs, goûts, parfums, styles] to blend, harmonize; [+ entreprises] to merge, amalgamate

2 **se marier** vpr a [personne] to get married ◆ **se marier à** ou **avec qn** to marry sb, get married to sb ◆ **se marier à la mairie/à l'église** to get married at a registry office/in church ◆ **se marier de la main gauche** † to live as man and wife

b [couleurs, goûts, parfums, styles] to blend, harmonize ◆ **le beige se marie très bien avec le noir** beige goes very well with black

**marie-salope,** pl **maries-salopes** [maʀisalɔp] → SYN nf a (= péniche) hopper (barge)

b (** péj = souillon) slut

**marieur, -ieuse** [maʀjœʀ, jøz] nm,f matchmaker

**marigot** [maʀigo] → SYN nm backwater, cutoff, oxbow lake

**marihuana, marijuana** [maʀiʀwana] nf marijuana

**marimba** [maʀimba] nm marimba

**marin, e**[1] [maʀɛ̃, in] → SYN 1 adj air sea; carte maritime, navigational; faune, flore marine, sea ◆ **bateau (très) marin** seaworthy ship ◆ **missile marin** sea-based missile ◆ **sciences marines** marine science ◆ **costume marin** sailor suit; → **mille**[2], **pied** etc

2 nm sailor ◆ **(simple) marin** (grade) ordinary seaman ◆ **marin pêcheur** fisherman ◆ **marin d'eau douce** landlubber ◆ **un peuple de marins** a seafaring nation, a nation of seafarers ◆ **béret/tricot de marin** sailor's hat/jersey; → **fusilier**

**marina** [maʀina] nf marina

**marinade** [maʀinad] nf a (Culin) marinade ◆ **marinade de viande** meat in (a) marinade, marinaded meat

b (Can) **marinades** pickles

**marine**[2] [maʀin] → SYN 1 nf a (= flotte, administration) navy ◆ **terme de marine** nautical term ◆ **au temps de la marine à voiles** in the days of sailing ships ◆ **marine (de guerre)** navy ◆ **marine marchande** merchant navy; → **lieutenant, officier**[1]

b (= tableau) seascape

2 nm (= soldat) (britannique) Royal Marine; (américain) US Marine ◆ **les marines** the Marines

3 adj inv (couleur) navy (blue); → **bleu**

**mariner** [maʀine] → SYN ▸ conjug 1 ◂ 1 vt (Culin) to marinade, marinate; (dans la saumure) to pickle ◆ **harengs marinés** pickled herrings

2 vi a (Culin) **(faire) mariner** to marinade, marinate

b (* = attendre) to hang about * ◆ **mariner en prison** to stew * in prison ◆ **faire** ou **laisser mariner qn** (à un rendez-vous) to keep sb waiting ou hanging about *; (pour une décision) to let sb stew * (for a bit)

**maringouin** [maʀɛ̃gwɛ̃] → SYN nm (Can) mosquito

**marinier** [maʀinje] → SYN nm bargee (Brit), bargeman (US); → **officier**[1]

**marinière** [maʀinjɛʀ] nf (Habillement) overblouse, smock; → **moule**[2]

**mariol(le)** * [maʀjɔl] nm ◆ **c'est un mariol(le)** (malin) he's a crafty ou sly one; (qui plaisante) he's a bit of a joker ou a waster *;

(incompétent) he's a bungling idiot * ◆ **(ne) fais pas le mariol(le)** stop trying to be clever ou smart *, stop showing off

**marionnette** [maʀjɔnɛt] → SYN nf (lit, fig = pantin) puppet ◆ **marionnettes** (= spectacle) puppet show ◆ **marionnette à fils** marionette ◆ **marionnette à doigt/à gaine** finger/glove puppet ◆ **faire les marionnettes** to move one's hands *(to amuse a baby)*; → **montreur, théâtre**

**marionnettiste** [maʀjɔnetist] nmf puppeteer, puppet-master (ou -mistress)

**marisque** [maʀisk] nf marisca

**mariste** [maʀist] → SYN nmf Marist ◆ **frère/sœur mariste** Marist brother/sister

**marital, e,** mpl **-aux** [maʀital, o] adj (Jur) ◆ **autorisation maritale** husband's permission ou authorization ◆ **la vie maritale** living together, cohabitation

**maritalement** [maʀitalmɑ̃] → SYN adv ◆ **vivre maritalement** to live as husband and wife, cohabit

**maritime** [maʀitim] → SYN adj **a** climat maritime; ville seaboard, coastal, seaside; province seaboard, coastal, maritime; → **gare[1], pin, port[1]**
**b** navigation maritime; commerce, agence shipping; droit shipping, maritime; assurance marine ◆ **une grande puissance maritime** (Pol) a great sea power ◆ **affecté à la navigation maritime** sea-going; → **arsenal**

**maritorne** † [maʀitɔʀn] nf (= souillon) slut, slattern

**marivaudage** [maʀivodaʒ] → SYN nm (littér = badinage) light-hearted gallantries; (Littérat) sophisticated banter in the style of Marivaux

**marivauder** [maʀivode] → SYN ▸ conjug 1 ◂ vi (littér) to engage in lively sophisticated banter; († : Littérat) to write in the style of Marivaux

**marjolaine** [maʀʒɔlɛn] → SYN nf marjoram

**mark** [maʀk] nm (Fin) mark ◆ **le deutsche mark** the Deutsche mark ◆ **le mark allemand/finlandais** the German/Finnish mark

**marketing** [maʀketiŋ] → SYN nm marketing ◆ **marketing direct** direct marketing ◆ **marketing téléphonique** telemarketing, telephone sales ◆ **marketing politique** political marketing

**marli** [maʀli] → SYN nm [assiette] inner border

**marlin** [maʀlɛ̃] nm marlin

**marlou** ‡ [maʀlu] nm (= souteneur) pimp; (= voyou) wide boy ‡ (Brit), punk ‡ (US)

**marmaille** * [maʀmɑj] nf gang ou horde of kids * ou brats * (péj) ◆ **toute la marmaille était là** the whole brood was there

**marmelade** [maʀməlad] → SYN nf (Culin) stewed fruit, compote ◆ **marmelade de pommes/poires** stewed apples/pears, compote of apples/pears ◆ **marmelade d'oranges** (orange) marmalade ◆ **en marmelade** légumes, fruits (= cuits) cooked to a mush; (= crus) reduced to a pulp ◆ **avoir le nez en marmelade** to have one's nose reduced to a pulp ◆ **réduire qn en marmelade** to smash sb to pulp, reduce sb to a pulp

**marmite** [maʀmit] → SYN **1** nf (Culin) (cooking) pot; (arg Mil) heavy shell ◆ **une marmite de soupe** a pot of soup; → **bouillir, nez**
**2** COMP ▷ **marmite (de géants)** (Géog) pothole ▷ **marmite norvégienne** ≃ haybox

**marmiton** [maʀmitɔ̃] → SYN nm kitchen boy

**marmonnement** [maʀmɔnmɑ̃] → SYN nm mumbling, muttering

**marmonner** [maʀmɔne] → SYN ▸ conjug 1 ◂ vti to mumble, mutter ◆ **marmonner dans sa barbe** to mutter into one's beard, mutter to o.s.

**marmoréen, -éenne** [maʀmɔʀeɛ̃, eɛn] → SYN adj (littér) marble (épith), marmoreal (littér)

**marmot** * [maʀmo] nm kid *, brat * (péj); → **croquer**

**marmotte** [maʀmɔt] → SYN nf (Zool) marmot; (fig) sleepyhead, dormouse; (= cerise) *type of bigarreau cherry*; → **dormir**

**marmottement** [maʀmɔtmɑ̃] nm mumbling, muttering

**marmotter** [maʀmɔte] ▸ conjug 1 ◂ vti to mumble, mutter ◆ **qu'est-ce que tu as à marmotter ?** * what are you mumbling (on) about? ou muttering about?

**marmouset** [maʀmuzɛ] → SYN nm **a** (Sculp) quaint ou grotesque figure; († * = enfant) pipsqueak *
**b** (Zool) marmoset

**marnage[1]** [maʀnaʒ] nm (Agr) marling

**marnage[2]** [maʀnaʒ] nm (Naut) tidal range

**marne** [maʀn] nf (Géol) marl, calcareous clay

**marner** [maʀne] → SYN ▸ conjug 1 ◂ **1** vt (Agr) to marl
**2** vi ( * = travailler dur) to slog * ◆ **faire marner qn** to make sb slog *

**marneux, -euse** [maʀnø, øz] adj marly

**marnière** [maʀnjɛʀ] → SYN nf marlpit

**Maroc** [maʀɔk] nm Morocco

**marocain, e** [maʀɔkɛ̃, ɛn] → SYN **1** adj Moroccan
**2 Marocain(e)** nm,f Moroccan

**maronite** [maʀɔnit] adj, nmf Maronite

**maronner** * [maʀɔne] ▸ conjug 1 ◂ vi **a** (= grommeler) to grouse *, moan *
**b** **faire maronner qn** (= faire attendre qn) keep sb hanging about *

**maroquin** [maʀɔkɛ̃] → SYN nm **a** (= cuir) morocco (leather) ◆ **relié en maroquin** morocco-bound
**b** (Pol) (minister's) portfolio ◆ **obtenir un maroquin** to be made a minister

**maroquinerie** [maʀɔkinʀi] nf (= boutique) shop selling fancy ou fine leather goods; (= atelier) tannery; (= métier) fine leather craft; (= préparation) tanning ◆ **(articles de) maroquinerie** fancy ou fine leather goods ◆ **il travaille dans la maroquinerie** [artisan] he does fine leatherwork; [commerçant] he's in the (fine) leather trade

**maroquinier** [maʀɔkinje] nm (= marchand) dealer in fine leather goods; (= fabricant) leather worker ou craftsman

**marotte** [maʀɔt] → SYN nf **a** (= dada) hobby, craze ◆ **c'est sa marotte !** it's his pet craze! ◆ **encore une de ses marottes** another one of his daft ideas * ◆ **le voilà lancé sur sa marotte !** there he goes on his pet subject!
**b** (Hist = poupée) fool's bauble; (Coiffure, Habillement = tête) milliner's ou hairdresser's dummy head

**marouette[1]** [maʀwɛt] nf ⇒ **maroute**

**marouette[2]** [maʀwɛt] nf (Zool) spotted crake

**marouflage** [maʀuflaʒ] nm (= action) mounting; (= toile) backing

**maroufler** [maʀufle] ▸ conjug 1 ◂ vt [+ toile] to mount

**maroute** [maʀut] nf stinking chamomile

**marquage** [maʀkaʒ] nm **a** [linge, marchandises] marking; [animal] branding; [arbre] blazing
**b** (sur la chaussée) road-marking
**c** (Sport) [joueur] marking ◆ **marquage à la culotte** close marking
**d** (Sci) labelling ◆ **marquage radioactif** radioactive tracing

**marquant, e** [maʀkɑ̃, ɑ̃t] → SYN adj personnage, événement outstanding; souvenir vivid ◆ **je n'ai rien vu de très marquant** I didn't see anything very striking ou worth talking about ◆ **le fait le plus marquant** the most significant ou striking fact

**marque** [maʀk] → SYN nf **a** (= repère, trace) mark; (= signe) (lit, fig) mark, sign; (= preuve) token; [livre] bookmark; [linge] name tab ◆ **marques de doigts** fingermarks, fingerprints ◆ **marques de pas** footmarks, footprints ◆ **marques d'une blessure/de coups/de fatigue** marks of a wound/of blows/of fatigue ◆ **il porte encore les marques de son accident** he still bears the scars from his accident ◆ **faites une marque au crayon devant chaque nom** put a pencil mark beside each name, tick each name ◆ **marque de confiance/de respect** sign ou token ou mark of confidence/of respect ◆ **porter la marque du pluriel** to be in the plural (form)
**b** (= estampille) [or, argent] hallmark; [meubles, œuvre d'art] mark; [viande, œufs] stamp ◆ **la marque du génie** the hallmark ou stamp of genius
**c** (Comm) [nourriture, produits chimiques] brand; [automobiles, produits manufacturés] make ◆ **marque de fabrique** ou **de fabrication** ou **du fabricant** trademark, trade name, brand name ◆ **marque d'origine** maker's mark ◆ **marque déposée** registered trademark ou trade name ou brand name ◆ **une grande marque de vin/de voiture** a well-known brand of wine/make of car ◆ **produits de marque** high-class products ◆ **personnage de marque** distinguished person, VIP ◆ **visiteur de marque** important ou distinguished visitor; → **image**
**d** (= insigne) [fonction, grade] badge ◆ **les marques de sa fonction** (frm) the insignia ou regalia of his office
**e** (= décompte de points) **la marque** the score ◆ **tenir la marque** to keep (the) score ◆ **mener à la marque** to lead on the scoresheet, be ahead on goals, be in the lead ◆ **ouvrir la marque** to open the scoring
**f** (Sport = empreinte) marker ◆ **à vos marques ! prêts ! partez !** (athlètes) on your marks! get set! go!; (enfants) ready, steady, go! (Brit), ready, set, go! (US) ◆ **marque !** (Rugby) mark! ◆ **prendre ses marques** (lit) to place one's marker *(for one's run-up)*; (fig) to get one's bearings ◆ **il cherche encore ses marques** (fig) he's trying to find his bearings

**marqué, e** [maʀke] → SYN (ptp de **marquer**) adj **a** (= accentué) marked, pronounced; (Ling) marked
**b** (= signalé) **le prix marqué** the price on the label ◆ **au prix marqué** at the labelled price, at the price shown on the label ◆ **c'est un homme marqué** (fig) he's a marked man ◆ **il est très marqué politiquement** his political leanings are very obvious

**marque-page,** pl **marque-pages** [maʀk(ə)paʒ] nm bookmark

**marquer** [maʀke] → SYN ▸ conjug 1 ◂ **1** vt **a** (par un signe distinctif) [+ objet personnel] to mark *(au nom de qn* with sb's name); [+ animal, criminel] to brand; [+ arbre] to blaze; [+ marchandise] to label, stamp
**b** (= indiquer) [+ limite, position] to mark; (sur une carte) [+ village, accident de terrain] to mark, show, indicate; [thermomètre] to show, register; [balance] to register; [isotope radioactif] to trace ◆ **marquer sa page (avec un signet)** to mark one's page (with a bookmark) ◆ **marquez la longueur voulue d'un trait de crayon** mark off the length required with a pencil ◆ **l'animal marque son territoire** the animal marks its territory ◆ **j'ai marqué ce jour-là d'une pierre blanche/noire** I'll remember it as a red-letter day/black day ◆ **marquez d'une croix l'emplacement du véhicule** mark the position of the vehicle with a cross ◆ **la pendule marque 6 heures** the clock shows ou says 6 o'clock ◆ **des pinces marquent la taille** (Couture) darts emphasize the waist(line) ◆ **robe qui marque la taille** dress which shows off the waistline ◆ **cela marque (bien) que le pays veut la paix** that definitely indicates ou shows that the country wants peace, that's a clear sign that the country wants peace
**c** [+ événement] to mark ◆ **un bombardement a marqué la reprise des hostilités** a bomb attack marked the renewal ou resumption of hostilities ◆ **des réjouissances populaires ont marqué la prise de pouvoir par la junte** the junta's takeover was marked by public celebrations ◆ **pour marquer cette journée on a distribué ...** to mark ou commemorate this day they distributed ...
**d** (= écrire) [+ nom, rendez-vous, renseignement] to write down, note down, make a note of ◆ **marquer les points** ou **les résultats** to keep ou note the score ◆ **on l'a marqué absent** he was marked absent ◆ **j'ai marqué 3 heures sur mon agenda** I've got 3 o'clock (noted) down in my diary ◆ **il a marqué qu'il fallait prévenir les élèves** he noted down that the pupils should be told, he made a note to tell the pupils ◆ **qu'y a-t-il de marqué ?** what does it say?, what's written (on it)?
**e** (= endommager) [+ glace, bois] to mark; (= affecter) [+ personne] to mark ◆ **marquer son époque** (influencer) to put one's mark ou stamp on one's time ◆ **la souffrance l'a marqué** suffering has left its mark on him ◆ **il est marqué par la vie** life has left its mark on him ◆ **visage marqué par la maladie** face marked by illness ◆ **visage marqué par la petite vérole** face pitted ou scarred with smallpox ◆ **la déception se marquait sur son visage** disappointment showed in his face ou was written all over his face

**f** (= manifester, montrer) [+ désapprobation, fidélité, intérêt] to show

**g** (Sport) [+ joueur] to mark; [+ but, essai] to score ◆ **marquer qn de très près** ou **à la culotte** (Sport) to mark sb very closely ou tightly; (fig) to keep close tabs on sb

**h** (LOC) **marquer le coup** * (= fêter un événement) to mark the occasion; (= accuser le coup) to react ◆ **j'ai risqué une allusion, mais il n'a pas marqué le coup** * I made an allusion to it but he showed no reaction ◆ **marquer un point/des points (sur qn)** to score a point/several points (against sb) ◆ **marquer la mesure** to keep the beat ◆ **marquer le pas** (lit) to beat ou mark time; (fig) to mark time ◆ **marquer un temps d'arrêt** to pause momentarily

**2** vi **a** [événement, personnalité] to stand out, be outstanding; [coup] to reach home, tell ◆ **cet incident a marqué dans sa vie** that particular incident stood out in ou had a great impact on his life

**b** [crayon] to write; [tampon] to stamp ◆ **ne pose pas le verre sur ce meuble, ça marque** don't put the glass down on that piece of furniture, it will leave a mark

**marqueté, e** [maʀkəte] [→ SYN] adj bois inlaid

**marqueterie** [maʀkɛtʀi] [→ SYN] nf (= technique) marquetry; (= objet) marquetry, inlaid work; (fig) mosaic ◆ **table en marqueterie** inlaid ou marquetry table

**marqueteur** [maʀkətœʀ] nm inlayer

**marqueur, -euse** [maʀkœʀ, øz] **1** nm,f [bétail] brander; (Sport, Jeux) [points] score-keeper, scorer; (= buteur) scorer

**2** nm **a** (= stylo) felt-tip pen; (indélébile) marker pen

**b** (Méd = substance radioactive) tracer ◆ **marqueur génétique** genetic marker

**c** (= tableau) scoreboard

**d** (Ling) marker ◆ **marqueur syntagmatique** phrase marker

**3** **marqueuse** nf (Comm = appareil) (price) labeller

**marquis** [maʀki] nm marquis, marquess ◆ **petit marquis** (péj) lordling

**marquisat** [maʀkiza] nm marquisate

**marquise** [maʀkiz] nf **a** (= noble) marchioness; → **Madame**

**b** (= auvent) glass canopy ou awning; (= tente de jardin) marquee (Brit), garden tent (US)

**c** **les (îles) Marquises** the Marquesas Islands

**d** (Culin) **marquise au chocolat** chocolate charlotte

**e** (= siège) marquise

**f** (= bague) marquise

**marquoir** [maʀkwaʀ] nm marker

**marraine** [maʀɛn] [→ SYN] nf [enfant] godmother; [navire] christener, namer; (dans un club) sponsor, proposer ◆ **marraine de guerre** *soldier's wartime (woman) penfriend*

**Marrakech** [maʀakɛʃ] n Marrakech, Marrakesh

**marrane** [maʀan] nmf Marrano

**marrant, e** * [maʀɑ̃, ɑ̃t] [→ SYN] adj **a** (= amusant) funny ◆ **c'est un marrant, il est marrant** he's a scream * ou a great laugh * ◆ **ce n'est pas marrant** it's not funny, it's no joke ◆ **il n'est pas marrant** (ennuyeux, triste) he's pretty dreary *, he's not much fun; (sévère) he's pretty grim *; (empoisonnant) he's a pain in the neck * ◆ **tu es marrant toi ! comment vais-je faire sans voiture ?** (iro) don't make me laugh! what am I going to do without a car?

**b** (= étrange) funny, odd

**marre** ‡ [maʀ] adv ◆ **en avoir marre** to be fed up * ou cheesed off ‡ (Brit) (*de* with), be sick * (*de* of) ◆ **j'en ai marre de toi** I've just about had enough of you *, I am fed up with you * ◆ **c'est marre !, il y en a marre !** that's enough!

**marrer (se)** ‡ [maʀe] [→ SYN] ▸ conjug 1 ◂ vpr to laugh, have a good laugh * ◆ **on s'est (bien) marré !** (= on a ri) we had a good laugh! *; (= on s'est bien amusés) we had a great time!; (iro) that was a barrel of laughs! ◆ **il se marrait comme un fou** he was in fits * (of laughter) ou kinks ‡ (Brit) ◆ **on ne se marre pas tous les jours au boulot !** work isn't always fun and games * ou a laugh a minute ◆ **faire marrer qn** to make sb laugh ◆ **tu me fais marrer avec ta démocratie !** you make me laugh with all your talk about democracy!

**marri, e** † [maʀi] [→ SYN] adj (littér = triste) sad, doleful (*de* about); (= désolé) sorry, grieved † (*de* about)

**marron**[1] [maʀɔ̃] [→ SYN] **1** nm **a** (Bot, Culin) chestnut ◆ **marron d'Inde** horse chestnut ◆ **marrons chauds** roast chestnuts ◆ **marron glacé** marron glacé ◆ **tirer les marrons du feu** (= être le bénéficiaire) to reap the benefits; (= être la victime) to be a cat's paw; → **purée**

**b** (= couleur) brown

**c** (‡ = coup) blow, thump, cuff, clout (Brit) ◆ **tu veux un marron ?** do you want a cuff ou a thick ear * (Brit)?

**2** adj inv **a** (= couleur) brown

**b** (‡ = trompé) **être marron** to be had *

**marron**[2], **-onne** [maʀɔ̃, ɔn] [→ SYN] adj (= sans titres) ◆ **médecin marron** quack, unqualified doctor ◆ **notaire/avocat marron** (= sans scrupule) crooked notary/lawyer ◆ **esclave marron** (Hist) runaway ou fugitive slave

**marronnier** [maʀɔnje] nm **a** (Bot) chestnut (tree) ◆ **marronnier (d'Inde)** horse chestnut tree

**b** (arg Presse) chestnut (arg)

**marrube** [maʀyb] [→ SYN] nm horehound ◆ **marrube noir** black horehound

**Mars** [maʀs] nm (Astron, Myth) Mars; → **champ**

**mars** [maʀs] nm (= mois) March ◆ **arriver** ou **venir** ou **tomber comme mars en carême** to come ou happen as sure as night follows day; pour loc voir **septembre**

**marseillais, e** [maʀsɛjɛ, ɛz] [→ SYN] **1** adj of ou from Marseilles; → **histoire**

**2** **Marseillais(e)** nm,f inhabitant ou native of Marseilles

**3** **Marseillaise** nf ◆ **la Marseillaise** the Marseillaise *(French national anthem)*

**Marseille** [maʀsɛj] n Marseilles

**Marshall** [maʀʃal] n ◆ **les îles Marshall** the Marshall Islands

**marshmallow** [maʀʃmalo] nm marshmallow

**marsouin** [maʀswɛ̃] nm (Zool) porpoise; († : Mil) marine

**marsupial, e,** mpl **-iaux** [maʀsypjal, jo] adj, nm marsupial ◆ **poche marsupiale** marsupium

**martagon** [maʀtagɔ̃] nm martagon (lily), Turk's-cap lily

**marte** [maʀt] nf ⇒ **martre**

**marteau,** pl **marteaux** [maʀto] [→ SYN] **1** nm **a** (Menuiserie, Mus, Sport) hammer; [enchères, médecin] hammer; [président, juge] gavel; [horloge] striker; [porte] knocker; [forgeron] (sledge) hammer ◆ **il l'a cassé à coups de marteau** he broke it with a hammer ◆ **donner un coup de marteau sur qch** to hit sth with a hammer ◆ **enfoncer qch à coups de marteau** to hammer sth in, drive sth in with a hammer ◆ **passer sous le marteau du commissaire-priseur** to be put up for auction, go under the (auctioneer's) hammer ◆ **entre le marteau et l'enclume** (fig) between the devil and the deep blue sea ◆ **être marteau** * to be nuts * ou bats * ou cracked *; → **faucille, requin**

**b** (Anat) hammer, malleus (SPÉC)

**2** COMP ▷ **marteau pneumatique** pneumatic drill

**marteau-perforateur,** pl **marteaux-perforateurs** [maʀtopɛʀfɔʀatœʀ] nm hammer drill

**marteau-pilon,** pl **marteaux-pilons** [maʀtopilɔ̃] nm power hammer

**marteau-piolet,** pl **marteaux-piolets** [maʀtopjɔlɛ] nm piton hammer

**marteau-piqueur,** pl **marteaux-piqueurs** [maʀtopikœʀ] nm pneumatic drill

**martel** [maʀtɛl] nm ◆ **se mettre martel en tête** to worry o.s. sick, get all worked up *

**martelage** [maʀtəlaʒ] nm (Métal) hammering, planishing

**martelé, e** [maʀtəle] (ptp de **marteler**) adj ◆ **cuivre martelé** planished ou beaten copper ◆ **notes martelées** (Mus) martelé notes

**martèlement** [maʀtɛlmɑ̃] [→ SYN] nm [bruit, obus] hammering, pounding; [pas] pounding, clanking; [mots] hammering out, rapping out

**marteler** [maʀtəle] [→ SYN] ▸ conjug 5 ◂ vt [marteau, obus, coups de poings] to hammer, pound; [+ objet d'art] to planish, beat; [+ thème, message] to drum out ◆ **marteler ses mots** to hammer out ou rap out one's words ◆ **ce bruit qui me martèle la tête** that noise hammering ou pounding through my head ◆ **ses pas martelaient le sol gelé** his footsteps were pounding on the frozen ground

**marteleur** [maʀtəlœʀ] nm hammerer

**martellement** [maʀtɛlmɑ̃] nm ⇒ **martèlement**

**martensite** [maʀtɛ̃sit] nf martensite

**martensitique** [maʀtɛ̃sitik] adj martensitic

**martial, e,** mpl **-iaux** [maʀsjal, jo] [→ SYN] adj (hum, littér) peuple, discours martial, warlike, soldier-like; allure soldierly, martial ◆ **arts martiaux** martial arts; → **cour, loi**

**martialement** [maʀsjalmɑ̃] adv (hum, littér) martially, in a soldierly manner

**martien, -ienne** [maʀsjɛ̃, jɛn] adj, nm,f Martian

**martin-chasseur,** pl **martins-chasseurs** [maʀtɛ̃ʃasœʀ] nm arboreal kingfisher

**martinet** [maʀtinɛ] [→ SYN] nm **a** (= fouet) small whip *(used on children)*, strap

**b** (= oiseau) swift

**c** (= marteau) tilt hammer

**martingale** [maʀtɛ̃gal] [→ SYN] nf (Habillement) half belt; (Équitation) martingale; (Roulette) (= combinaison) winning formula; (= mise double) doubling-up

**martini** ® [maʀtini] nm (= vermouth) Martini ®; (= cocktail) martini

**martiniquais, e** [maʀtinikɛ, ɛz] **1** adj of ou from Martinique

**2** **Martiniquais(e)** nm,f inhabitant ou native of Martinique

**Martinique** [maʀtinik] nf Martinique

**martin-pêcheur,** pl **martins-pêcheurs** [maʀtɛ̃pɛʃœʀ] nm kingfisher

**martre** [maʀtʀ] nf marten ◆ **martre zibeline** sable

**martyr, e**[1] [maʀtiʀ] [→ SYN] **1** adj soldats, peuple martyred ◆ **enfant martyr** battered child

**2** nm,f martyr (*d'une cause* to a cause) ◆ **ne prends pas ces airs de martyr !** stop acting the martyr!, it's no use putting on that martyred look! ◆ **c'est le martyr de la classe** he's always being bullied by the rest of the class

**martyre**[2] [maʀtiʀ] [→ SYN] nm (Rel) martyrdom; (fig = souffrance) martyrdom, agony ◆ **le martyre de ce peuple** the martyrdom ou suffering of this people ◆ **sa vie fut un long martyre** his life was one long agony ◆ **cette longue attente est un martyre** it's agony waiting so long ◆ **mettre au martyre** to torture

**martyriser** [maʀtiʀize] [→ SYN] ▸ conjug 1 ◂ vt **a** (= faire souffrir) [+ personne, animal] to torture; [+ élève] to bully; [+ enfant, bébé] to batter

**b** (Rel) to martyr

**martyrologe** [maʀtiʀɔlɔʒ] nm martyrology

**marxien, -ienne** [maʀksjɛ̃, jɛn] adj Marxian

**marxisant, e** [maʀksizɑ̃, ɑ̃t] adj leaning towards Marxism

**marxisme** [maʀksism] [→ SYN] nm Marxism ◆ **marxisme-léninisme** Marxism-Leninism

**marxiste** [maʀksist] adj, nmf Marxist ◆ **marxiste-léniniste** Marxist-Leninist

**maryland** [maʀilɑ̃(d)] nm **a** (= tabac) *type of Virginia tobacco*, ≃ virginia

**b** (= État) **le Maryland** Maryland

**mas** [mɑ(s)] nm mas *(house or farm in Provence)*

**mascara** [maskaʀa] nm mascara

**mascarade** [maskaʀad] [→ SYN] nf **a** (péj = tromperie) farce, masquerade ◆ **ce procès est une mascarade** this trial is a farce

**b** (= réjouissance, déguisement) masquerade

**Mascareignes** [maskaʀɛɲ] nfpl ◆ **l'archipel des Mascareignes** the Mascarene Islands

**mascaret** [maskaʀɛ] [→ SYN] nm (tidal) bore

**mascaron** [maskaʀɔ̃] nm (Archit) grotesque figure

**mascarpone** [maskaʀpɔn] nm (Culin) Mascarpone

**Mascate** [maskat] n Muscat

**mascotte** [maskɔt] → SYN nf mascot

**masculin, e** [maskylɛ̃, in] → SYN 1 adj hormone, population, sexe male; mode men's; (péj = hommasse) femme, silhouette mannish, masculine; (Gram) masculine ◆ **voix masculine** [homme] male voice; [femme] masculine voice; (virile) manly voice ◆ **l'équipe masculine** (Sport) the men's team; → **rime**
2 nm (Gram) masculine ◆ **"fer" est (du) masculin** "fer" is masculine

**masculiniser** [maskylinize] → SYN ▸ conjug 1 ◂ vt a **masculiniser qn** to make sb look mannish ou masculine
b (Bio) to make masculine

**masculinité** [maskylinite] → SYN nf masculinity; (= virilité) manliness; [femme] mannishness ◆ **taux de masculinité** (Démographie) male population rate

**maser** [mazɛʀ] nm maser

**Maseru** [mazeʀu] n Maseru

**maskinongé** [maskinɔ̃ʒe] nm (Can = brochet) muskellunge, muskie * (Can), maskinonge

**maso** * [mazo] (abrév de **masochiste**) 1 adj masochistic ◆ **il est complètement maso !** (fig) he's a glutton for punishment!
2 nmf masochist

**masochisme** [mazɔʃism] → SYN nm masochism

**masochiste** [mazɔʃist] 1 adj masochistic
2 nmf masochist

**masque** [mask] → SYN 1 nm a (= objet, Méd, Ordin) mask ◆ **masque de saisie** data entry form ◆ **effet de masque** (Phys) masking effect; → **bas**
b (= expression du visage) mask-like expression ◆ **dès que je lui ai dit ça, ça été le masque** * when I told him his face froze
c (= cosmétique) **masque (de beauté)** face pack ◆ **masque nettoyant** cleansing mask ◆ **se faire un masque** to put on a face pack ou mask
d (= apparence) mask, façade, front ◆ **ce n'est qu'un masque** it's just a mask ou front ou façade ◆ **sous** ou **derrière le masque de la respectabilité** beneath the façade of respectability ◆ **lever** ou **jeter le masque** to unmask o.s., reveal o.s. in one's true colours ◆ **arracher son masque à qn** to unmask sb
e (Hist = personne déguisée) mask, masker
2 COMP ▷ **masque anti-pollution** anti-pollution mask ▷ **masque de carnaval** carnival mask ▷ **masque chirurgical** ou **de chirurgien** surgical mask ▷ **masque funéraire** funeral mask ▷ **masque à gaz** gas mask ▷ **masque de grossesse** chloasma ▷ **masque mortuaire** death mask ▷ **masque à oxygène** oxygen mask ▷ **masque de plongée** diving mask

**masqué, e** [maske] (ptp de **masquer**) adj bandit masked; personne déguisée wearing ou in a mask ◆ **s'avancer masqué** (fig) to hide one's hand ◆ **virage masqué** (Aut) blind corner ou bend; → **bal**

**masquer** [maske] → SYN ▸ conjug 1 ◂ 1 vt (lit, fig = cacher) (gén) to hide, mask, conceal (à *qn* from sb); [+ lumière] to screen, shade; [+ vue] to block out; (Mil) [+ troupes] to screen, mask ◆ **ça masque le goût** it masks the flavour ◆ **ces questions secondaires ont masqué l'essentiel** these questions of secondary importance masked ou obscured the essential point ◆ **avec un mépris à peine masqué** with barely concealed contempt
2 **se masquer** vpr a (= mettre un masque) to put on a mask
b (= se cacher) [sentiment] to be hidden; [personne] to hide, conceal o.s. (*derrière* behind)

**Massachusetts** [masaʃysɛts] nm ◆ **le Massachusetts** Massachusetts

**massacrante** [masakʀɑ̃t] adj f → **humeur**

**massacre** [masakʀ] → SYN nm a (= tuerie) [personnes] slaughter (NonC), massacre; [animaux] slaughter (NonC) ◆ **ce fut un véritable massacre** it was sheer butchery ◆ **échapper au massacre** to escape the massacre ou slaughter ◆ **envoyer des soldats au massacre** to send soldiers to the slaughter ◆ **le massacre des bébés phoques** seal cull(ing) ◆ **massacre écologique** ecological disaster ◆ **le massacre des innocents** (Bible) the massacre of the innocents ◆ **le Massacre de la Saint-Barthélemy** the Saint Bartholomew's Day Massacre ◆ **je vais faire un massacre !** * I'm going to kill somebody!; → **jeu**
b * **quel massacre !, c'est un vrai massacre !** (= sabotage) it's a complete mess!; (= défaite sportive) what a massacre! * ◆ **arrête le massacre !** stop before you do any more damage!
c (* = succès) **faire un massacre** [spectacle, chanteur] to be a roaring success *
d (Chasse) stag's head ou antlers
e (Hér) attire

**massacrer** [masakʀe] → SYN ▸ conjug 1 ◂ vt a (= tuer) [+ personnes] to slaughter, massacre; [+ animaux] to slaughter, butcher ◆ **se massacrer** to massacre ou slaughter one another
b (* = saboter) [+ opéra, pièce] to murder, botch up; [+ travail] to make a mess ou hash * of; (= mal découper, scier) [+ viande, planche] to hack to bits, make a mess of
c (* = vaincre) [+ adversaire] to massacre, slaughter, make mincemeat of * ◆ **il s'est fait massacrer par son adversaire** he was massacred by his opponent, his opponent made mincemeat of him *
d (* = éreinter) [+ œuvre, auteur] to slam *, tear to pieces, slate * (Brit)

**massacreur, -euse** * [masakʀœʀ, øz] → SYN nm,f (= saboteur) bungler, botcher; (= tueur) slaughterer, butcher

**massage** [masaʒ] → SYN nm massage ◆ **massage facial** facial ou face massage ◆ **massage thaïlandais** Thai massage ◆ **faire un massage à qn** to give sb a massage ◆ **faire un massage cardiaque à qn** to give sb cardiac ou heart massage ◆ **salon de massage** massage parlour

**masse** [mas] → SYN 1 nf a (= volume, Phys) mass; (= forme) massive shape ou bulk ◆ **masse d'eau** [lac] body ou expanse of water; [chute] mass of water ◆ **masse de nuages** bank of clouds ◆ **masse d'air** (Mét) air mass ◆ **masse musculaire** muscle mass ◆ **la masse de l'édifice** the massive structure of the building ◆ **pris** ou **taillé dans la masse** carved from the block ◆ **la masse instrumentale/vocale** the massed instruments/voices ◆ **la masse manquante (de l'Univers)** (Astron) the missing ou hidden mass (of the Universe) ◆ **s'écrouler** ou **tomber comme une masse** to slump down ou fall in a heap
b (= foule) **les masses (laborieuses)** the (working) masses, the toiling masses ◆ **les masses populaires** the masses ◆ **les masses paysannes** the agricultural work force; † the peasantry ◆ **la (grande) masse des lecteurs** the (great) majority of readers ◆ **ça plaît à la masse** ou **aux masses** it appeals to the masses ◆ **éducation/psychologie des masses** mass education/psychology, education/psychology of the masses ◆ **culture/manifestation/tourisme/production de masse** mass culture/demonstration/tourism/production; → **fondre, noyer**
c (* = beaucoup) **une masse de, des masses de** masses of, loads of * ◆ **des masses de touristes** crowds ou masses of tourists ◆ **des gens comme lui, je n'en connais pas des masses** I don't know many people like him, you don't meet his sort every day ◆ **tu as aimé ce film ? – pas des masses !** did you like that film? – not all that much! ◆ **il n'y en a pas des masses** [eau, argent] there isn't much; [chaises, spectateurs] there aren't many
d (Élec) earth (Brit), ground (US) ◆ **mettre à la masse** to earth (Brit), ground (US) ◆ **faire masse** to act as an earth (Brit) ou a ground (US) ◆ **être à la masse** * (fou) to be nuts * ou crazy *; (fatigué) to be out of it *
e (= argent) (Mil) fund; (Prison) prisoner's earnings ◆ **masse monétaire** money supply ◆ **masse salariale** wage bill ◆ **masse active** (Jur) assets ◆ **masse passive** liabilities
f (= maillet) sledgehammer; [huissier] mace ◆ **masse d'armes** mace ◆ **ça a été le coup de masse !** (fig) (choc émotif) it was quite a blow!; (prix excessif) it cost a bomb! *
2 **en masse** loc adj, loc adv exécutions, production mass (épith) ◆ **arrivée en masse** mass arrival, arrival en masse ◆ **fabriquer** ou **produire en masse** to mass-produce ◆ **acheter/vendre en masse** to buy/sell in bulk ◆ **manifester/protester en masse** to hold a mass demonstration/protest ◆ **venir en masse** to come en masse ◆ **ils sont venus en masse à son concert** people flocked to his concert, people came in droves to his concert ◆ **il en a en masse** he has masses ou lots ou loads * (of them)

**massé** [mase] nm (Billard) massé (shot) ◆ **faire un massé** to play a massé shot

**masselotte** [mas(ə)lɔt] nf (Aut) lead (for wheel balancing); (en fonderie) feeder

**massepain** [maspɛ̃] nm marzipan

**masser**[1] [mase] → SYN ▸ conjug 1 ◂ 1 vt a (= grouper) [+ gens] to assemble, bring ou gather together; [+ choses] to put ou gather together; [+ troupes] to mass ◆ **les cheveux massés en (un) chignon/derrière la tête** her hair gathered in a chignon/at the back of the head
b (Art) to group
2 **se masser** vpr [foule] to mass, gather, assemble

**masser**[2] [mase] → SYN ▸ conjug 1 ◂ vt a (= frotter) [+ personne] to massage ◆ **se faire masser** to have a massage, be massaged ◆ **masse-moi le dos !** massage ou rub my back!
b (Billard) **masser la bille** to play a massé shot

**massette** [masɛt] nf a (Tech) sledgehammer
b (Bot) bulrush, reed mace

**masseur** [masœʀ] → SYN nm (= personne) masseur; (= machine) massager ◆ **masseur-kinésithérapeute** physiotherapist

**masseuse** [masøz] nf masseuse

**massicot** [masiko] nm (Typo) guillotine; (Chim) massicot

**massicoter** [masikɔte] ▸ conjug 1 ◂ vt [+ papier] to guillotine

**massif, -ive** [masif, iv] → SYN 1 adj a (d'aspect) meuble, bâtiment, porte massive, solid, heavy; personne sturdily built; visage large, heavy ◆ **front massif** massive forehead ◆ **homme de carrure massive** big strong man
b (= pur) **or/argent/chêne massif** solid gold/silver/oak
c (= important) afflux, bombardements, dose, vote massive
d (= de nombreuses personnes) arrestations, licenciements, exode, manifestation mass (épith) ◆ **armes de destruction massive** weapons of mass destruction ◆ **l'arrivée massive des réfugiés** the mass ou massive influx of refugees
e (Ling) **terme massif** mass noun
2 nm a (Géog) **massif (montagneux)** massif ◆ **le Massif central** the Massif Central
b (Bot) [fleurs] clump, bank; [arbres] clump
c (Archit) pillar

**massique** [masik] adj volume mass (épith) ◆ **puissance massique** power-weight ratio ◆ **activité massique** specific activity

**massivement** [masivmɑ̃] adv démissionner, partir, répondre en masse; injecter, administrer in massive doses ◆ **investir massivement** to invest heavily, make huge investments (*dans* in) ◆ **ils ont massivement approuvé le projet** the overwhelming ou massive majority was in favour of the project

**mass(-)media** [masmedja] → SYN nmpl mass media

**massorah** [masɔʀa], **massore** [masɔʀ] nf Masora(h), Massora(h)

**massorète** [masɔʀɛt] nm Mas(s)orete, Masorite

**massue** [masy] → SYN nf club, bludgeon ◆ **massue de gymnastique** (Indian) club ◆ **coup de massue** (lit) blow with a club (ou bludgeon) ◆ **ça a été le coup de massue !** * (très cher) it cost a bomb! *; (choc émotif) it was quite a blow!; → **argument**

**mastaba** [mastaba] nm mastaba(h)

**mastectomie** [mastɛktɔmi] nf ⇒ **mammectomie**

**mastère** [mastɛʀ] nm *diploma awarded by a grande école or university for a year's advanced study or research*

**mastic** [mastik] → SYN 1 nm a [vitrier] putty; [menuisier] filler, mastic
b (Bot) mastic

c (Typo) [caractères, pages] (faulty) transposition

2 adj inv putty-coloured ◆ **imperméable (couleur) mastic** light-coloured ou off-white raincoat

**masticage** [mastikaʒ] nm [vitre] puttying; [fissure] filling

**masticateur, -trice** [mastikatœʀ, tʀis] adj chewing (épith), masticatory

**mastication** [mastikasjɔ̃] → SYN nf chewing, mastication

**masticatoire** [mastikatwaʀ] 1 adj chewing, masticatory

2 nm masticatory

**mastiff** [mastif] nm mastiff

**mastiquer¹** [mastike] → SYN ▸ conjug 1 ◂ vt (= mâcher) to chew, masticate

**mastiquer²** [mastike] ▸ conjug 1 ◂ vt (Tech) [+ vitre] to putty, apply putty to; [+ fissure] to fill, apply filler to ◆ **couteau à mastiquer** putty knife

**mastite** [mastit] nf mastitis

**mastoc** * [mastɔk] adj inv personne hefty *, strapping (épith); chose large and cumbersome ◆ **c'est un (type) mastoc** he's a big hefty guy * ou bloke * (Brit), he's a great strapping fellow * ◆ **une statue mastoc** a great hulking statue

**mastodonte** [mastɔdɔ̃t] nm a (Zool) mastodon

b (hum) (= personne) colossus, mountain of a man (ou woman); (= animal) monster; (= véhicule) great bus (hum) ou tank (hum); (= camion) huge vehicle, juggernaut (Brit); (= firme) mammoth company

**mastoïde** [mastɔid] nf (= os) mastoid

**mastoïdien, -ienne** [mastɔidjɛ̃, jɛn] adj mastoid

**mastoïdite** [mastɔidit] nf mastoiditis

**mastroquet** * † [mastʀɔkɛ] nm (= bar) pub, bar; (= tenancier) publican

**masturbation** [mastyʀbasjɔ̃] → SYN nf masturbation ◆ **c'est de la masturbation intellectuelle** (péj) it's mental masturbation

**masturber** vt, **se masturber** vpr [mastyʀbe] → SYN ▸ conjug 1 ◂ to masturbate

**m'as-tu-vu, e** * [matyvy] → SYN 1 nm,f (pl inv) show-off *, swank * ◆ **il est du genre m'as-tu-vu** he's a real show-off *

2 adj inv mobilier, style showy

**masure** [mɑzyʀ] → SYN nf tumbledown ou dilapidated house, hovel (péj)

**mat¹** [mat] 1 adj inv (Échecs) ◆ **être mat** to be in checkmate ◆ **(tu es) mat !** checkmate! ◆ **faire mat** to checkmate ◆ **il a fait mat en 12 coups** he got checkmate in 12 moves ◆ **tu m'as fait mat en 10 coups** you've (check)mated me in 10 moves

2 nm checkmate; → **échec²**

**mat², e** [mat] → SYN adj (= sans éclat) métal mat(t), dull; couleur mat(t), dull, flat; peinture, papier, photo mat(t) ◆ **bruit mat** dull noise, thud ◆ **avoir la peau mate** ou **le teint mat** to have a dark complexion

**mat'** * [mat] nm (abrév de **matin**) morning ◆ **à deux/six heures du mat'** at two/six in the morning

**mât** [mɑ] → SYN 1 nm a (Naut) mast ◆ **grand mât** mainmast

b (= pylône, poteau) pole, post; (= hampe) flagpole; (Sport) climbing pole

2 COMP ▷ **mât d'artimon** mizzenmast ▷ **mât de charge** derrick, cargo boom ▷ **mât de cocagne** greasy pole ▷ **mât de hune** topmast ▷ **mât de misaine** foremast ▷ **mât de perroquet** topgallant mast

**matador** [matadɔʀ] nm matador, bullfighter

**mataf** [mataf] nm (arg Marine) sailor

**matage** [mataʒ] nm [dorure, verre] matting; [soudure] caulking

**matamore** [matamɔʀ] → SYN nm (= fanfaron) braggart ◆ **jouer les matamores** to swagger

**match** [matʃ] → SYN nm (Sport) match, game (US) ◆ **match aller** first-leg match ◆ **match avancé/en retard** *match that has been brought forward/delayed* ◆ **match retour** return match, second-leg match ◆ **match amical** friendly (match) ◆ **match nul** tie, draw ◆ **ils ont fait match nul** they tied, they drew ◆ **ils ont fait match nul 0 à 0/2 à 2** it was a nil-nil/2-all (Brit) draw, they drew nil-nil/2-all (Brit), they tied at zero all/2-all (US) ◆ **match à l'extérieur** ou **sur terrain adverse** away match ◆ **match à domicile** ou **sur son propre terrain** home match ◆ **faire un match de tennis/volley-ball** to play a tennis/volleyball match; → **disputer**

**maté** [mate] nm maté

**matefaim** [matfɛ̃] nm ≃ pancake

**matelas** [mat(ə)lɑ] → SYN nm a [lit] mattress ◆ **matelas de laine/à ressorts** wool/(interior-)sprung mattress ◆ **matelas de** ou **en mousse** foam mattress ◆ **matelas d'eau** water bed ◆ **matelas pneumatique** (= lit) air bed; (de plage) Lilo ® (Brit), air mattress (US) ◆ **matelas d'air** (Constr) air space ou cavity ◆ **dormir sur un matelas de feuilles mortes** to sleep on a carpet of dead leaves; → **toile**

b (= réserve) [devises] reserve, cushion ◆ **pour préserver son petit matelas de voix** (Pol) to preserve his small majority ◆ **j'ai un matelas de sécurité** I have something to fall back on ◆ **matelas (de billets)** * wad of notes ◆ **il a un joli petit matelas** * he's got a tidy sum put by *

**matelassé, e** [mat(ə)lase] (ptp de **matelasser**) 1 adj veste, jupe, manteau quilted, padded; doublure padded

2 nm quilting

**matelasser** [mat(ə)lase] → SYN ▸ conjug 1 ◂ vt [+ meuble, porte] to pad, upholster; [+ tissu] to quilt; [+ vêtement] (= rembourrer) to pad; (= doubler) to line; (avec tissu matelassé) to quilt

**matelassier, -ière** [mat(ə)lasje, jɛʀ] nm,f mattress maker

**matelassure** [mat(ə)lasyʀ] nf (= rembourrage) padding; (= doublure) quilting, lining

**matelot** [mat(ə)lo] → SYN nm a (gén = marin) sailor, seaman; (dans la marine de guerre) ordinary rating (Brit), seaman recruit (US) ◆ **matelot de première/deuxième/troisième classe** leading/able/ordinary seaman ◆ **matelot breveté** able rating (Brit), seaman apprentice (US)

b (= navire) **matelot d'avant/d'arrière** (next) ship ahead/astern

**matelote** [mat(ə)lɔt] → SYN nf a (= plat) matelote; (= sauce) matelote sauce *(made with wine)* ◆ **matelote d'anguille** eels stewed in wine sauce

b (= danse) hornpipe

**mater¹** [mate] → SYN ▸ conjug 1 ◂ vt a [+ rebelles] to bring to heel, subdue; [+ terroristes] to bring ou get under control; [+ enfant] to take in hand; [+ révolution] to put down, quell, suppress; [+ incendie] to bring under control, check ◆ **je vais les mater !** I'll show them who's boss!

b (Échecs) to put in checkmate, checkmate, mate

**mater²** ‡ [mate] ▸ conjug 1 ◂ vt (= regarder) to eye up *, ogle; (= épier) to spy on ◆ **mate si le prof arrive !** keep an eye out for the teacher coming!

**mater³** [mate] ▸ conjug 1 ◂ vt a (= marteler) [+ métal] to caulk

b ⇒ **matir**

**mater⁴** ‡ [matɛʀ] nf mum * (Brit), mom * (US) ◆ **ma mater** my old woman * ou mum ‡ (Brit) ou mom * (US)

**mâter** [mɑte] ▸ conjug 1 ◂ vt (Naut) to mast

**mater dolorosa** [matɛʀdɔlɔʀoza] nf inv mater dolorosa

**mâtereau** [mɑtʀo] nm (Naut) small mast

**matérialisation** [mateʀjalizasjɔ̃] → SYN nf [projet, promesse, doute] materialization; (Phys) mass energy conversion; (Spiritisme) materialization

**matérialiser** [mateʀjalize] → SYN ▸ conjug 1 ◂ 1 vt a (= concrétiser) [+ projet] to bring about, carry out; [+ promesse, doute] to realize; (= symboliser) [+ vertu, vice] to embody; (Philos) to materialize

b (= signaliser) [+ frontière] to mark ◆ **matérialiser au sol un passage clouté** to mark a pedestrian crossing ◆ **"chaussée non matérialisée"** "unmarked road"

2 **se matérialiser** vpr to materialize

**matérialisme** [mateʀjalism] → SYN nm materialism

**matérialiste** [mateʀjalist] → SYN 1 adj materialistic

2 nmf materialist

**matérialité** [mateʀjalite] → SYN nf materiality

**matériau,** pl **matériaux** [mateʀjo] → SYN nm (Constr) material; (= documents) material (NonC) ◆ **matériaux de récupération** waste material ◆ **matériaux de construction** building materials; → **résistance**

**matériel, -elle** [mateʀjɛl] → SYN 1 adj a monde, preuve, bien-être, confort material ◆ **être matériel** material ou physical being ◆ **dégâts matériels** material damage ◆ **j'ai la preuve matérielle de son crime** I have tangible ou material proof of his crime ◆ **je suis dans l'impossibilité matérielle de le faire** it's materially impossible for me to do it ◆ **je n'ai pas le temps matériel de le faire** I simply don't have the time to do it

b plaisirs, biens, préoccupations worldly

c (= financier) gêne, problèmes financial; (= pratique) organisation, obstacles practical ◆ **aide matérielle** material aid ◆ **de nombreux avantages matériels** a large number of material advantages ◆ **sa vie matérielle est assurée** his material needs are provided for, he is provided for materially

2 nm (Agr, Mil) equipment (NonC), materials; (Tech) equipment (NonC), plant (NonC); (= attirail) gear (NonC), kit (NonC); (= données) material (NonC) ◆ **le matériel** (Ordin) the hardware ◆ **tout son matériel d'artiste** all his artist's materials ou gear * ◆ **matériel de camping/d'enregistrement/de jardinage** camping/recording/gardening equipment ◆ **matériel de bureau/d'imprimerie/de laboratoire** office/printing/laboratory equipment ◆ **matériel de pêche** fishing tackle ◆ **matériel pédagogique** teaching equipment ou aids

3 COMP ▷ **matériel d'exploitation** plant (NonC) ▷ **matériel génétique** genetic material ▷ **matériel de guerre** weaponry (NonC) ▷ **matériel humain** human material, labour force ▷ **matériel roulant** (Rail) rolling stock ▷ **matériel scolaire** (= livres, cahiers) school (reading ou writing) materials; (= pupitres, projecteurs) school equipment

**matériellement** [mateʀjɛlmɑ̃] adv a (= physiquement) se concrétiser, exister physically ◆ **c'est matériellement possible** it can be done, it's feasible ◆ **c'est matériellement impossible** it cannot be done, it's physically impossible

b (= financièrement) aider financially

**maternage** [matɛʀnaʒ] nm (= dorlotement) mothering, babying *, cosseting; (fait de mâcher le travail) spoonfeeding

**maternant, e** [matɛʀnɑ̃, ɑ̃t] adj motherly

**maternel, -elle** [matɛʀnɛl] 1 adj a (= d'une mère) instinct, amour maternal, motherly; (= comme d'une mère) geste, soin motherly; lait mother's (épith)

b (= de la mère) of the mother, maternal ◆ **du côté maternel** (Généalogie) on one's mother's side, on the maternal side ◆ **c'est mon grand-père maternel** he's my grandfather on my mother's side, he's my maternal grandfather ◆ **écoute les conseils maternels !** listen to your mother's advice! ◆ **la protection maternelle et infantile** (Admin) ≃ mother and infant welfare; → **allaitement, lait, langue**

2 **maternelle** nf ◆ **(école) maternelle** nursery school ◆ **il est en** ou **à la maternelle** he's at nursery school

**maternellement** [matɛʀnɛlmɑ̃] adv maternally, like a mother

**materner** [matɛʀne] ▸ conjug 1 ◂ vt (= dorloter) to mother, baby *, cosset; (= mâcher le travail à) to spoonfeed ◆ **se faire materner** (gén) to be babied *; [employé] to be spoonfed

**maternisé** [matɛʀnize] adj m → **lait**

**maternité** [matɛʀnite] → SYN nf a (= bâtiment) maternity hospital ou home

b (Bio) pregnancy ◆ **fatiguée par plusieurs maternités** exhausted by several pregnancies ou from having had several babies

c (= état de mère) motherhood, maternity ◆ **la maternité l'a mûrie** motherhood ou being a mother has made her more mature; → **allocation, congé**

d (Art) *painting of mother and child (ou children)*

**mateur, -euse** ✱ [matœʀ, øz] **nm,f** ogler

**mathématicien, -ienne** [matematisjɛ̃, jɛn] **nm,f** mathematician

**mathématique** [matematik] → SYN **1** **adj** problème, méthode, précision, rigueur mathematical ◆ **c'est mathématique !** * (sûr) it's bound to happen!, it's a dead cert! ✱ (Brit); (logique) it's logical!

**2** **nf** ◆ **mathématique** mathematics sg

**3** **mathématiques** **nfpl** mathematics sg ◆ **mathématiques modernes/pures** modern/pure maths (Brit) ou math (US) ◆ **mathématiques supérieures/spéciales** *first/second year advanced maths class preparing for the Grandes Écoles*

**mathématiquement** [matematikmɑ̃] → SYN **adv** (Math, fig) mathematically ◆ **mathématiquement, il n'a aucune chance** logically he hasn't a hope

**mathématiser** [matematize] ▸ conjug 1 ◂ **vt** to express mathematically

**matheux, -euse** * [matø, øz] **nm,f** (= spécialiste) mathematician, maths (Brit) ou math (US) specialist; (= étudiant) maths (Brit) ou math (US) student ◆ **c'est la matheuse de la famille** she's the mathematician ou maths expert in the family

**Mathieu** [matjø] **nm** Matthew

**math(s)** * [mat] **nfpl** (abrév de **mathématiques**) maths * (Brit), math * (US) ◆ **être en math sup/spé** *to be in the first/second year advanced maths class preparing for the Grandes Écoles*

**Mathusalem** [matyzalɛm] **nm** Methuselah ◆ **ça date de Mathusalem** * [situation] it goes back a long way; (objet) it's as old as the hills

**matière** [matjɛʀ] → SYN **1** **nf** **a** (Philos, Phys) **la matière** matter ◆ **la matière vivante** living matter

**b** (= substances) matter (NonC), material ◆ **matière combustible/inflammable** combustible/inflammable material ◆ **matière organique** organic matter ◆ **matière précieuse** precious substance ◆ **matières (fécales)** faeces (Brit), feces (US) ◆ **le transport de matières dangereuses** the transport of hazardous materials

**c** (= fond, sujet) material, matter; (Scol) subject ◆ **cela lui a fourni la matière de son dernier livre** that gave him the material for his latest book ◆ **il est bon dans toutes les matières** (Scol) he is good at all subjects ◆ **il est très ignorant en la matière** he is completely ignorant on the subject, it's a matter ou subject he knows nothing about ◆ **en la matière, il faudrait demander à un spécialiste** it's better to ask a specialist about that kind of thing ◆ **matière principale** (Univ) main subject (Brit), major (US) ◆ **matière secondaire** (Univ) subsidiary (Brit), second subject (Brit), minor (US) ◆ **entrée en matière** introduction; → **option, table**

**d** (Loc) **en matière poétique/commerciale** where ou as far as poetry/commerce is concerned ◆ **en matière d'art/de jardinage** as regards art/gardening ◆ **donner matière à plaisanter** to give cause for laughter ◆ **il y a là matière à réflexion** this is a matter for serious thought ◆ **ça lui a donné matière à réflexion** it gave him food for thought ◆ **il n'y a pas là matière à rire** this is no laughing matter ◆ **il n'y a pas là matière à se réjouir** this is no matter for rejoicing

**2** COMP ▷ **matière(s) grasse(s)** fat content, fat ◆ **yaourt à 15% de matière grasse** yoghurt with 15% fat content ▷ **matière grise** (lit, fig) grey (Brit) ou gray (US) matter ◆ **faire travailler sa matière grise** to use one's grey matter ▷ **matière imposable** object of taxation ▷ **matière noire** (Astron) dark matter ▷ **matière plastique** plastic ◆ **en matière plastique** plastic (épith) ▷ **matière première** raw material

**MATIF** [matif] **nm** (abrév de **marché à terme d'instruments financiers** ou **marché à terme international de France**) ≃ LIFFE (Brit)

**Matignon** [matiɲɔ̃] **nm** ◆ **(l'hôtel) Matignon** the Hotel Matignon *(the offices of the Prime Minister of the French Republic)* ◆ **les accords Matignon** the Matignon Agreements *(which laid down workers' rights)*

**matin** [matɛ̃] → SYN **1** **nm** **a** (= partie de journée) morning ◆ **par un matin de juin** on a June morning, one June morning ◆ **le 10 au matin, le matin du 10** on the morning of the 10th ◆ **2h du matin** 2 a.m, 2 in the morning ◆ **je suis du matin** (actif dès le matin) I'm a morning person; (de l'équipe du matin) I'm on ou I work mornings ◆ **du matin au soir** from morning till night, morning noon and night ◆ **je ne travaille que le matin** I only work mornings * ou in the morning ◆ **à prendre matin midi et soir** (Méd) to be taken three times a day ◆ **jusqu'au matin** until morning ◆ **de bon** ou **de grand matin** early in the morning ◆ **au petit matin** in the small ou early hours ◆ **nous avons parlé jusqu'au petit matin** we talked into the small ou early hours; → **quatre**

**b** (littér) **au matin de sa vie** in the morning of one's life

**2** **adv** † ◆ **partir/se lever matin** to leave/get up very early ou at daybreak

**mâtin** [mɑtɛ̃] → SYN **1** **nm** **a** († = coquin) cunning devil *, sly dog *

**b** (= chien) (de garde) (big) watchdog; (de chasse) hound

**2** **excl** † by Jove!, my word!

**matinal, e,** mpl **-aux** [matinal, o] → SYN **adj** tâches, toilette morning (épith) ◆ **gelée matinale** early morning frost ◆ **heure matinale** early hour ◆ **être matinal** to be an early riser, get up early ◆ **il est bien matinal aujourd'hui** he's up early today

**mâtine** [mɑtin] **nf** hussy

**mâtiné, e** [mɑtine] → SYN (ptp de **mâtiner**) **adj** animal crossbred ◆ **chien mâtiné** mongrel (dog) ◆ **mâtiné de** (Zool) crossed with; (fig) mixed with ◆ **il parle un français mâtiné d'espagnol** he speaks a mixture of French and Spanish ◆ **il est mâtiné cochon d'Inde** * (péj) he's a bit of a half-breed (péj)

**matinée** [matine] → SYN **nf** **a** (= matin) morning ◆ **je le verrai demain dans la matinée** I'll see him sometime (in the course of) tomorrow morning ◆ **en début/en fin de matinée** at the beginning/at the end of the morning ◆ **après une matinée de chasse** after a morning's hunting; → **gras**

**b** (Ciné, Théât) matinée, afternoon performance ◆ **j'irai en matinée** I'll go to the matinée (performance) ◆ **matinée dansante** tea dance ◆ **matinée enfantine** children's matinée

**mâtiner** [mɑtine] ▸ conjug 1 ◂ **vt** [+ chien] to cross

**matines** [matin] **nfpl** matins

**matir** [matiʀ] ▸ conjug 2 ◂ **vt** [+ verre, argent] to mat(t), dull

**matité** [matite] **nf** [peinture, teint] mat(t) aspect; [son] dullness ◆ **matité pulmonaire** (Méd) flatness

**matois, e** [matwa, waz] → SYN **adj** (littér = rusé) wily, sly, crafty ◆ **c'est un(e) matois(e)** he's ou (she's) a sly character ou a crafty one ou a sly one

**maton, -onne** [matɔ̃, ɔn] → SYN **nm,f** (arg Prison) screw (arg)

**matos** * [matos] **nm** equipment (NonC), gear (NonC)

**matou** [matu] **nm** tomcat, tom

**matraquage** [matʀakaʒ] → SYN **nm** **a** (par la police) beating (up) *(with a truncheon)*

**b** (Presse, Radio) plugging ◆ **le matraquage publicitaire** media hype * ou overkill ◆ **le matraquage idéologique** ideological brainwashing

**matraque** [matʀak] → SYN **nf** [police] baton, truncheon (Brit), billy (club) (US); [malfaiteur] club, cosh (Brit) ◆ **coup de matraque** (lit) blow from ou with a baton ou club ◆ **ça a été le coup de matraque** * (fig) (cher) it cost a bomb *; (inattendu) it was a bolt from the blue

**matraquer** [matʀake] → SYN ▸ conjug 1 ◂ **vt** **a** [police] to beat up *(with a truncheon)*; [malfaiteur] to club, cosh (Brit)

**b** ( * = escroquer) **matraquer le client** to fleece * ou soak ✱ (US) customers ◆ **se faire matraquer** * to get ripped off * ou fleeced * ou done *

**c** (Presse, Radio) [+ chanson, produit, publicité] to plug, hype *; [+ public] to bombard (*de* with)

**matraqueur** [matʀakœʀ] **nm** (arg Sport) dirty player; (= policier, malfaiteur) dirty worker

**matras**[1] [matʀɑ] **nm** (Archéol) quarrel

**matras**[2] [matʀɑ] **nm** (= vase) mat(t)rass

**matriarcal, e,** mpl **-aux** [matʀijaʀkal, o] **adj** matriarchal

**matriarcat** [matʀijaʀka] **nm** matriarchy

**matriarche** [matʀijaʀʃ] **nf** matriarch

**matriçage** [matʀisaʒ] **nm** moulding, die-cutting

**matricaire** [matʀikɛʀ] **nf** mayweed

**matrice** [matʀis] → SYN **nf** **a** (= utérus) womb

**b** (Tech) mould, die; (Ordin, Typo) matrix; [disque] matrix

**c** (Ling, Math) matrix ◆ **matrice réelle/complexe** matrix of real/complex numbers

**d** (Admin) register ◆ **matrice cadastrale** cadastre ◆ **matrice du rôle des contributions** ≃ original of register of taxes

**matricer** [matʀise] ▸ conjug 3 ◂ **vt** to mould, die-cut

**matricide** [matʀisid] **1** **adj** matricidal

**2** **nmf, nm** matricide

**matriciel, -ielle** [matʀisjɛl] **adj** (Math) matrix (épith), done with a matrix; (Admin) pertaining to assessment of taxes ◆ **loyer matriciel** rent assessment *(to serve as basis for calculation of rates or taxes)* ◆ **imprimante matricielle** dot-matrix printer

**matriclan** [matʀiklɑ̃] **nm** matrilineal clan

**matricule** [matʀikyl] → SYN **1** **nm** (Mil) regimental number; (Admin) administrative ou official ou reference number ◆ **dépêche-toi, sinon ça va barder ou mal aller pour ton matricule !** * hurry up or your number'll be up! * ou you'll really get yourself bawled out! ✱

**2** **nf** roll, register

**3** **adj** ◆ **numéro matricule** → **1** ◆ **registre matricule** → **2** → **livret**

**matrilinéaire** [matʀilineɛʀ] **adj** matrilineal

**matrilocal, e,** mpl **-aux** [matʀilɔkal, o] **adj** matrilocal

**matrimonial, e,** mpl **-iaux** [matʀimɔnjal, jo] → SYN **adj** matrimonial, marriage (épith); → **agence, régime**[1]

**matrone** [matʀɔn] → SYN **nf** (péj) (= mère de famille) matronly woman; (= grosse femme) stout woman; (Antiq) *wife of a Roman citizen*

**matronyme** [matʀɔnim] **nm** metronymic, matronymic

**matronymique** [matʀɔnimik] **adj** metronymic, matronymic

**matte** [mat] → SYN **nf** matte

**Matthieu** [matjø] **nm** Matthew

**matthiole** [matjɔl] **nf** stock, gillyflower

**maturation** [matyʀasjɔ̃] → SYN **nf** (Bot, Méd) maturation; [fromage] maturing, ripening; [idée, projet] gestation

**mature** [matyʀ] **adj** personne mature

**mâture** [mɑtyʀ] → SYN **nf** masts ◆ **dans la mâture** aloft

**maturité** [matyʀite] → SYN **nf** **a** (Bio, Bot, fig) maturity ◆ **arriver** ou **parvenir à maturité** [fruit] to become ripe; [plante] to reach maturity; [idée] to come to maturity; [technique] to be perfected; [entreprise, service] to be fully operational; [sportif] to be at one's best ◆ **manquer de maturité** to be immature ◆ **il manque de maturité politique** he's politically immature ◆ **un homme en pleine maturité** a man in his prime ou at the height of his powers ◆ **maturité d'esprit** maturity of mind ◆ **il fait preuve d'une grande maturité** he's very mature ◆ **cet enfant a gagné en maturité** this child has matured

**b** (Helv = baccalauréat) *secondary school examination giving university entrance qualification*, ≃ A-levels (Brit), ≃ high school diploma (US)

**matutinal, e,** mpl **-aux** [matytinal, o] **adj** matutinal

**maubèche** [mobɛʃ] **nf** (Zool) knot

**maudire** [modiʀ] → SYN ▸ conjug 2 ◂ **vt** to curse

**maudit, e** [modi, it] → SYN (ptp de **maudire**) **1** **adj** **a** ( * : avant n) blasted *, damned ✱ ◆ **quel maudit temps !** what lousy * ou filthy weather!

**b** (après n : littér = réprouvé) (ac)cursed *(by God, society)* ◆ **poète/écrivain maudit** (Littérat) accursed poet/writer c (littér) **maudite soit la guerre !, la guerre soit maudite !** cursed be the war! ◆ **maudit soit le jour où ...** cursed be the day on which ..., a curse ou a plague on the day on which ... ◆ **soyez maudit !** curse you!, a plague on you!

2 nm,f damned soul ◆ **les maudits** the damned

3 nm ◆ **le Maudit** the Devil

**maugréer** [mogʀee] → SYN ▸ conjug 1 ◂ vi to grouse, grumble (*contre* about, at)

**maul** [mol] nm (Rugby) maul ◆ **faire un maul** to maul

**maurandie** [mɔʀɑ̃di] nf maurandia

**maure, mauresque** [mɔʀ, mɔʀɛsk] → SYN 1 adj Moorish

2 **Maure** nm Moor

3 **Mauresque** nf Moorish woman

**maurelle** [mɔʀɛl] nf turnsole

**Maurice** [mɔʀis] nm Maurice, Morris; → **île**

**mauricien, -ienne** [mɔʀisjɛ̃, jɛn] 1 adj Mauritian

2 **Mauricien(ne)** nm,f Mauritian

**Mauritanie** [mɔʀitani] nf Mauritania

**mauritanien, -ienne** [mɔʀitanjɛ̃, jɛn] 1 adj Mauritanian

2 **Mauritanien(ne)** nm,f Mauritanian

**mauser** [mozɛʀ] nm Mauser ®

**mausolée** [mozɔle] → SYN nm mausoleum

**maussade** [mosad] → SYN adj personne sullen, glum, morose; ciel, temps, paysage gloomy, sullen; conjoncture bleak; marché sluggish ◆ **d'un air maussade** sullenly, morosely ◆ **être d'humeur maussade** to be sullen

**maussaderie** [mosadʀi] nf sullenness, glumness, moroseness

**mauvais, e** [movɛ, ɛz] → SYN 1 adj a (= défectueux) appareil, instrument bad, faulty; marchandise inferior, shoddy, bad; route bad, in bad repair; santé, vue, digestion, mémoire, roman, film poor, bad ◆ **elle a de mauvais yeux** her eyes are ou her eyesight is bad ◆ **mauvaise excuse** poor ou lame ou feeble excuse ◆ **un mauvais contact** (Élec) a faulty connection ◆ **la balle est mauvaise** (Tennis) the ball is out ◆ **son français est bien mauvais** his French is very bad ou poor

b (= inefficace, incapable) père, élève, acteur, ouvrier poor, bad ◆ **il est mauvais en géographie** he's bad ou weak at geography ◆ (Prov) **les mauvais ouvriers ont toujours de mauvais outils** a bad workman always blames his tools (Prov)

c (= erroné) méthode, moyens, direction, date wrong ◆ **tu as fait le mauvais choix** you made the wrong choice ◆ **il roulait sur le mauvais côté de la route** he was driving on the wrong side of the road ◆ **c'est un (très) mauvais calcul de sa part** he's (badly) misjudged it ou things ◆ **il ne serait pas mauvais de se renseigner** ou **que nous nous renseignions** it wouldn't be a bad idea ou it would be no bad thing if we found out more about this

d (= inapproprié) jour, heure awkward, bad, inconvenient ◆ **il a choisi un mauvais moment** he picked an awkward ou a bad time ◆ **il a choisi le mauvais moment** he picked the wrong time

e (= dangereux, nuisible) maladie, blessure nasty, bad ◆ **il a fait une mauvaise grippe/rougeole** he's had a bad ou nasty attack ou bout of flu/measles ◆ **la mer est mauvaise** the sea is rough ◆ **c'est mauvais pour la santé** it's bad for your health ◆ **il est mauvais de se baigner en eau froide** it's not good for you ou it's not a good idea to bathe in cold water ◆ **vous jugez mauvais qu'il sorte le soir ?** do you think it's a bad thing for him to go out at night?

f (= défavorable) rapport, critique unfavourable, bad; (Scol) bulletin, note bad

g (= désagréable) temps bad, unpleasant, nasty; nourriture, repas bad, poor; odeur bad, unpleasant, offensive; (= pénible) nouvelle, rêve bad ◆ **ce n'est pas mauvais !** it's not bad!, it's quite good! ◆ **la soupe a un mauvais goût** the soup has an unpleasant ou a nasty taste, the soup tastes nasty ◆ **ce n'est qu'un mauvais moment à passer** it's just a bad spell ou patch you've got to get through; → **caractère, gré, volonté**

h (= immoral, nuisible) instincts, action, fréquentations, lectures bad ◆ **il n'a pas un mauvais fond** he's not bad at heart; → **génie**

i (= méchant) sourire, regard nasty, malicious, spiteful; personne, joie malicious, spiteful ◆ **être mauvais comme la gale** * to be a nasty piece of work (fig) ◆ **ce n'est pas un mauvais garçon** he's not a bad boy ◆ **ce n'est pas un mauvais bougre** * ou **le mauvais type** * ou **le mauvais cheval** * he's not a bad guy * ◆ **il est vraiment mauvais aujourd'hui** he's in an evil ou a foul mood today

j (LOC) **quand on l'a renvoyé, il l'a trouvée** ou **eue mauvaise** * when he was dismissed he didn't appreciate it one little bit ou he was very put out about it ou he took it very badly ◆ **il fait mauvais aujourd'hui** the weather's bad today ◆ **il fait mauvais le contredire** it is not advisable to contradict him

2 nm a (= partie) **enlève le mauvais et mange le reste** cut out the bad part and eat the rest ◆ **la presse ne montre que le mauvais** the press only shows the bad side (of things)

b (= personnes) **les mauvais** the wicked; → **bon¹**

3 COMP ▷ **mauvais coucheur** awkward customer ▷ **mauvais coup: recevoir un mauvais coup** to get a nasty blow ◆ **un mauvais coup porté à nos institutions** a blow to ou an attack on our institutions ◆ **faire un mauvais coup** to play a mean ou dirty trick (*à qn* on sb) ▷ **mauvaise graine: c'est de la mauvaise graine** he's (ou she's ou they're) a bad lot (Brit) ou seed (US) ▷ **mauvaise herbe** weed ◆ **enlever** ou **arracher les mauvaises herbes du jardin** to weed the garden ◆ **la mauvaise herbe, ça pousse !** (hum) kids grow like weeds! (hum) ▷ **mauvais lieu** place of ill repute ▷ **mauvais œil: avoir le mauvais œil** to have the evil eye ▷ **mauvais pas: tirer qn/se sortir d'un mauvais pas** to get sb out of/get out of a tight spot ou corner ▷ **mauvais plaisant** hoaxer ▷ **mauvaise plaisanterie** rotten trick ▷ **mauvaise saison** rainy season ▷ **mauvais sort** misfortune, ill fate ▷ **mauvais sujet** bad lot (Brit) ou seed (US) ▷ **mauvaise tête: c'est une mauvaise tête** he's headstrong ◆ **faire la** ou **sa mauvaise tête** (= bouder) to sulk; (= être difficile) to be awkward ou difficult ▷ **mauvais traitement** ill treatment ◆ **subir de mauvais traitements** to be ill-treated ◆ **mauvais traitements à enfants** child abuse, child battering ◆ **faire subir des mauvais traitements à** to ill-treat; → **passe¹**

**mauve** [mov] 1 adj, nm (= couleur) mauve

2 nf (Bot) mallow

**mauvéine** [movein] nf mauveine, mauve dye

**mauviette** [movjɛt] → SYN nf (péj) wimp *, weakling

**mauvis** [movi] nm redwing

**maux** [mo] npl → **mal²**

**max** * [maks] (abrév de **maximum**) 1 adv max * ◆ **à 8 heures max** at 8 o'clock at the latest

2 nm ◆ **il a pris le max, ils lui ont filé le max** (condamné) they threw the book at him *

◆ **un max** dépenser a hell of a lot * ◆ **ça coûte un max** it costs a packet * ◆ **il se fait un max de fric** he makes loads * ou pots * (Brit) of money ◆ **il m'agace un max** he drives me up the wall *

**maxi** [maksi] 1 préf ◆ **maxi ...** maxi ... ◆ **maxi-jupe** maxi-skirt ◆ **maxi-bouteille/-paquet** giant-size bottle/packet

2 adj inv a ( * = maximum) maximum

b (= long) **manteau/jupe maxi** maxi-coat/-skirt ◆ **la mode maxi** the maxi-length fashion

3 nm (= mode) maxi ◆ **elle s'habille en maxi** she wears maxis ◆ **la mode est au maxi** maxis are in (fashion)

4 adv ( * = maximum) (at the) maximum, at the most

**maxillaire** [maksilɛʀ] 1 adj maxillary ◆ **os maxillaire** jawbone

2 nm jawbone, maxilla (SPÉC) ◆ **maxillaire supérieur/inférieur** upper/lower maxilla (SPÉC) ou jawbone

**maxille** [maksil] nf (Zool) maxilla

**maxima** [maksima] → **appel, maximum**

**maximal, e,** mpl **-aux** [maksimal, o] adj maximum, maximal ◆ **il a été condamné à la peine maximale** he was given the maximum sentence ◆ **la température maximale a été de 33 degrés** the top ou maximum temperature was 33°C, there was a high of 33°C

**maximalisation** [maksimalizasjɔ̃] nf maximization

**maximaliser** [maksimalize] ▸ conjug 1 ◂ vt to maximize

**maximalisme** [maksimalism] nm [personne] extremist attitude, extremism

**maximaliste** [maksimalist] → SYN adj maximalist

**maxime** [maksim] → SYN nf maxim

**maximisation** [maksimizasjɔ̃] nf maximization

**maximiser** [maksimize] ▸ conjug 1 ◂ vt to maximize

**maximum, maximum** ou **maxima,** pl **maximum(s)** ou **maxima** [maksimɔm, maksima] → SYN 1 adj maximum ◆ **la température maximum** the maximum ou highest temperature ◆ **j'attends de vous une aide maximum** I expect a maximum of help ou maximum help from you ◆ **j'en ai pour 2 heures maximum** I'll be 2 hours maximum ou at the most ◆ **dans un délai maximum de dix jours** within ten days at the latest

2 nm maximum; (Jur) maximum sentence ◆ **faire le** ou **son maximum** to do one's level best ou one's utmost (*pour* to) ◆ **atteindre son maximum** [production] to reach its maximum, reach an all-time high; [valeur] to reach its highest ou maximum point

◆ **au maximum** at the maximum, at the most ◆ **sa radio était au maximum** his radio was on full ◆ **au maximum de ses capacités** ou **possibilités** employé, sportif stretched to one's limits; usine, chaîne hi-fi at maximum ou full capacity

◆ **un maximum** * (= beaucoup) ◆ **il y a un maximum de frais sur un bateau** boats cost a fortune to run ◆ **il m'a fait payer un maximum** he charged me a fortune ◆ **ça consomme un maximum, ces voitures** these cars are real gas guzzlers *, these cars are really heavy on petrol (Brit)

3 adv at the maximum, at the most ◆ **à six heures maximum** at six o'clock at the latest

**maya** [maja] 1 adj Mayan

2 nm (Ling) Maya(n)

3 **Maya** nmf Maya(n)

**mayday** [mɛde] nm (Naut) Mayday

**maye** [mɛ] → SYN nf oil-press trough

**mayen** [majɛ̃] nm (Helv) summer and autumn pasture

**mayonnaise** [majɔnɛz] nf mayonnaise ◆ **poisson/œufs (à la) mayonnaise** fish/eggs (with ou in) mayonnaise ◆ **la mayonnaise n'a pas pris** (lit) the mayonnaise didn't thicken; (fig) the mix was all wrong ◆ **la mayonnaise prend** (lit) the mayonnaise is thickening; (fig) things are looking good ◆ **faire monter la mayonnaise** (fig) to stir things ou it up *

**Mayotte** [majɔt] nf Mayotte

**mazagran** [mazagʀɑ̃] nm pottery goblet *(for coffee)*

**mazdéen, -enne** [mazdeɛ̃, ɛn] adj Mazdean

**mazdéisme** [mazdeism] nm Mazdaism

**mazette** † [mazɛt] 1 excl (admiration, étonnement) my!, my goodness!

2 nf (= incapable) nonentity

**mazot** [mazo] nm (Helv) ≃ small farmhouse

**mazout** [mazut] → SYN nm heating ou domestic oil ◆ **chaudière/poêle à mazout** oil-fired boiler/stove ◆ **chauffage central au mazout** oil-fired central heating

**mazoutage** [mazutaʒ] nm polluting with oil

**mazouté, e** [mazute] adj mer, plage oil-polluted (épith), polluted with oil (attrib); oiseaux oil-covered (épith), covered in oil (attrib)

**mazurka** [mazyʀka] nf maz(o)urka

**Mbabane** [mbaban] n Mbabane

**MCJ** [ɛmseʒi] nf (abrév de **maladie de Creutzfeldt-Jakob**) CJD

**MCM** [ɛmseɛm] nmpl (abrév de **Montants compensatoires monétaires**) MCA

**Me** (abrév de **Maître**) *barrister's title* ◆ **Me Marlon** ≃ Mr (ou Mrs) Marlon Q.C. (Brit)

**me, m'** [m(ə)] pron pers a (objet direct ou indirect) me ◆ **me voyez-vous ?** can you see me? ◆ **elle m'attend** she is waiting for me ◆ **il me l'a dit** he told me (it), he told me about it ◆ **il m'en a parlé** he spoke to me about it ◆ **il me l'a donné** he gave it to me, he gave it me* (Brit) ◆ **va me fermer cette porte !** (intensif) shut the door, would you!

b (réfléchi) myself ◆ **je ne me vois pas dans ce rôle-là** I can't see myself in that part ◆ **je me regardais dans le miroir** I was looking at myself in the mirror

**mea-culpa** [meakylpa] nm inv, excl my fault!, my mistake! ◆ **faire son mea-culpa** (lit) to say one's mea culpa; (fig) to blame oneself

**méandre** [meɑ̃dʀ] → SYN nm (Art, Géog) meander; [politique] twists and turns; [intrigue] ins and outs ◆ **les méandres de sa pensée** the twists and turns ou ins and outs ou complexities of his thought ◆ **se perdre dans les méandres administratifs/juridiques** to get lost in the maze of the administrative/legal system

**méandrine** [meɑ̃dʀin] nf *type of brain coral*, meandrine (SPÉC)

**méat** [mea] → SYN nm (Anat) meatus; (Bot) lacuna

**méatoscopie** [meatɔskɔpi] nf meatoscopy

**mec** * [mɛk] nm a (= homme) guy *, bloke * (Brit) ◆ **ça va les mecs ?** how's it going guys? * ◆ **ça c'est un mec !** he's a real man! ◆ **c'est des histoires de mecs** it's man talk *

b (= compagnon) **son mec** her man *

**mécanicien, -ienne** [mekanisjɛ̃, jɛn] → SYN [1] adj civilisation mechanistic

[2] nm,f a (Aut) (garage ou motor) mechanic ◆ **ouvrier mécanicien** garage hand ◆ **c'est un bon mécanicien** he's a good mechanic, he's good with cars ou with machines ◆ **ingénieur mécanicien** mechanical engineer

b (Aviat, Naut) engineer ◆ **mécanicien navigant, mécanicien de bord** (Aviat) flight engineer; → **officier**

c (Rail) train ou engine driver (Brit), engineer (US)

d (Dentisterie) **mécanicien dentiste** dental technician ou mechanic (Brit)

**mécanique** [mekanik] → SYN [1] adj a (gén, Tech) mechanical; tapis machine-made; jouet clockwork (épith), wind-up (épith) ◆ **les industries mécaniques** mechanical engineering industries ◆ **avoir des ennuis mécaniques** (Aut) to have engine trouble; (Aviat) to have mechanical problems ◆ **sports mécaniques** motor sports; → **escalier, piano, rasoir**

b (= machinal) geste, réflexe mechanical

c (Philos, Sci) mechanical ◆ **énergie mécanique** mechanical energy ◆ **lois mécaniques** laws of mechanics

[2] nf a (Sci) (mechanical) engineering; (Aut, Tech) mechanics sg ◆ **il fait de la mécanique (sur sa voiture)** he's tinkering with his car ◆ **la mécanique, ça le connaît** * he knows what he's doing in mechanics ◆ **mécanique céleste/ondulatoire** celestial/wave mechanics ◆ **mécanique hydraulique** hydraulics sg ◆ **mécanique des fluides/quantique** quantum/fluid mechanics

b (= mécanisme) **la mécanique d'une horloge** the mechanism of a clock ◆ **cette voiture, c'est de la** ou **une belle mécanique** this car is a fine piece of engineering ◆ **la mécanique est rouillée** ou **usée** * (= corps) the old bones * aren't what they used to be

**mécaniquement** [mekanikmɑ̃] → SYN adv mechanically ◆ **objet fait mécaniquement** machine-made object

**mécanisation** [mekanizasjɔ̃] nf mechanization

**mécaniser** [mekanize] → SYN ▸ conjug 1 ◂ vt to mechanize

**mécanisme** [mekanism] → SYN nm (Bio, Philos, Psych, Tech) mechanism ◆ **les mécanismes économiques/politiques** economic/political mechanisms ◆ **mécanismes psychologiques/biologiques** psychological/biological workings ou mechanisms ◆ **le mécanisme de change(s)** the exchange rate mechanism ◆ **le mécanisme d'une action** the mechanics of an action

**mécaniste** [mekanist] adj mechanistic

**mécano** * [mekano] nm (abrév de **mécanicien**) mechanic, grease monkey * (US)

**mécanographe** [mekanɔgʀaf] nmf comptometer operator, punch card operator

**mécanographie** [mekanɔgʀafi] nf (= procédé) (mechanical) data processing; (= service) comptometer department

**mécanographique** [mekanɔgʀafik] adj classement mechanized, automatic ◆ **service mécanographique** comptometer department, (mechanical) data processing department ◆ **machine mécanographique** calculator

**mécanothérapie** [mekanoteʀapi] nf mechanotherapy

**Meccano** ® [mekano] nm Meccano ®

**mécénat** [mesena] → SYN nm (Art) patronage ◆ **mécénat d'entreprise** corporate sponsorship

**mécène** [mesɛn] → SYN nm a (Art) patron

b **Mécène** (Antiq) Maecenas

**méchage** [meʃaʒ] nm (Tech) sulphuring; (Méd) packing with gauze

**méchamment** [meʃamɑ̃] adv a (= cruellement) rire, agir spitefully, nastily, wickedly

b (* = très) fantastically *, terrifically * ◆ **méchamment bon** fantastically * ou bloody ** (Brit) good ◆ **méchamment abîmé** really badly damaged ◆ **il a été méchamment surpris** he got one hell * ou heck * of a surprise ◆ **ils se sont méchamment disputés** they had a blazing row (surtout Brit) ou a terrible argument ◆ **on est méchamment en retard** we're terribly late

**méchanceté** [meʃɑ̃ste] → SYN nf a (= caractère) [personne, action] nastiness, spitefulness, wickedness ◆ **faire qch par méchanceté** to do sth out of spite ◆ **soit dit sans méchanceté, il n'est pas à la hauteur** I don't want to be nasty, but he's not up to it

b (= action) mean ou nasty action; (= parole) mean ou nasty remark ◆ **méchanceté gratuite** unwarranted piece of unkindness ou spitefulness ◆ **dire des méchancetés à qn** to say nasty things to sb

**méchant, e** [meʃɑ̃, ɑ̃t] → SYN [1] adj a (= malveillant) personne nasty, malicious; enfant naughty; intention malicious ◆ **devenir méchant** to turn ou get nasty ◆ **arrête, tu es méchant** stop it, you're being horrid ou nasty ◆ **il n'est pas méchant, ce n'est pas un méchant homme** he's not such a bad fellow; → **chien**

b (= dangereux, désagréable) **ce n'est pas bien méchant** * [blessure, difficulté, dispute] it's nothing to worry about; [examen] it's not too difficult ◆ **impliqué dans une méchante affaire de pots de vin** mixed up in an unsavoury bribery scandal ◆ **de méchante humeur** in a foul ou rotten mood

c (avant n) († = médiocre, insignifiant) miserable, mediocre ◆ **méchant vers/poète** poor ou second-rate verse/poet ◆ **un méchant morceau de fromage** one miserable ou sorry-looking bit of cheese ◆ **que de bruit pour une méchante clé perdue !** what a fuss over one stupid lost key!

d (avant n) (* = sensationnel) **il a une méchante moto** he's got a fantastic * ou a mean * bike ◆ **un méchant cigare** a hell of a big cigar *, a bloody great cigar * (Brit)

[2] nm,f ◆ **tais-toi, méchant !** be quiet you naughty boy! ◆ **les méchants** (gén) the wicked; (dans un film) the baddies *, the bad guys * ◆ **faire le méchant** * to be difficult, be nasty

**mèche** [mɛʃ] → SYN nf a [bougie, briquet, lampe] wick; [bombe, mine] fuse; [canon] match ◆ **mèche fusante** safety fuse

b [cheveux] tuft of hair, lock; (sur le front) forelock, lock of hair ◆ **mèche postiche, fausse mèche** hairpiece ◆ **mèches folles** straggling locks ou wisps of hair ◆ **mèche rebelle** stray lock (of hair) ◆ **se faire faire des mèches** to have highlights ou streaks put in (one's hair), have one's hair streaked

c (Méd) pack, dressing; [fouet] lash; [perceuse] bit

d (Naut) main piece

e (Tex) rove

f (LOC) **il a éventé** ou **vendu la mèche** he gave the game away *, he let the cat out of the bag * ◆ **allumer la mèche** to light the fuse (fig) ◆ **être de mèche avec qn** * to be in cahoots with sb * ◆ **un employé de la banque devait être de mèche** a bank employee must have been in on it * ◆ **y a pas mèche !** † * nothing doing! *

**mécher** [meʃe] ▸ conjug 6 ◂ vt (Tech) to sulphurize; (Méd) to pack

**méchoui** [meʃwi] nm (= repas) *barbecue of a whole roast sheep*

**mécompte** [mekɔ̃t] → SYN nm (frm) a (= désillusion : gén pl) disappointment

b (= erreur de calcul) miscalculation, miscount

**méconduire (se)** [mekɔ̃dɥiʀ] ▸ conjug 38 ◂ vpr (Belg) to misbehave, behave badly

**méconduite** [mekɔ̃dɥit] nf (Belg) misbehaviour

**méconium** [mekɔnjɔm] nm meconium

**méconnaissable** [mekɔnɛsabl] → SYN adj (= impossible à reconnaître) unrecognizable; (= difficile à reconnaître) hardly recognizable

**méconnaissance** [mekɔnɛsɑ̃s] → SYN nf (= ignorance) lack of knowledge (*de* about), ignorance (*de* of); (littér = mauvais jugement) lack of comprehension, misappreciation (*de* of); (= refus de reconnaître) refusal to take into consideration ◆ **il fait preuve d'une méconnaissance totale de la situation** he knows absolutely nothing about the situation

**méconnaître** [mekɔnɛtʀ] → SYN ▸ conjug 57 ◂ vt (frm) a (= ignorer) [+ faits] to be unaware of, not to know ◆ **je ne méconnais pas que ...** I am fully ou quite aware that ..., I am alive to the fact that ...

b (= mésestimer) [+ situation, problème, personne] to misjudge; [+ mérites] to underrate

c (= ne pas tenir compte de) [+ lois, devoirs] to ignore

**méconnu, e** [mekɔny] → SYN (ptp de **méconnaître**) adj talent, génie unrecognized; musicien, écrivain underrated ◆ **il se prend pour un méconnu** he sees himself as a misunderstood man

**mécontent, e** [mekɔ̃tɑ̃, ɑ̃t] → SYN [1] adj (= insatisfait) discontented, displeased, dissatisfied (*de* with); (= contrarié) annoyed (*de* with, at) ◆ **il a l'air très mécontent** he looks very annoyed ou displeased ◆ **il n'est pas mécontent de cela** he is not altogether dissatisfied ou displeased with it

[2] nm,f malcontent, grumbler * ◆ **les mécontents** (Pol) dissatisfied people, the malcontents ◆ **cette décision va faire des mécontents** this decision is going to make some people very unhappy

**mécontentement** [mekɔ̃tɑ̃tmɑ̃] → SYN nm (Pol) discontent; (= déplaisir) dissatisfaction, displeasure; (= irritation) annoyance ◆ **exprimer** ou **manifester son mécontentement** to express one's dissatisfaction ◆ **motif** ou **sujet de mécontentement** cause for dissatisfaction ◆ **provoquer un vif mécontentement** to cause considerable discontent (*chez* among)

**mécontenter** [mekɔ̃tɑ̃te] → SYN ▸ conjug 1 ◂ vt [personne, décision] to displease, annoy

**Mecque** [mɛk] nf ◆ **La Mecque** (lit) Mecca; (fig) the Mecca ◆ **ces îles sont la Mecque des surfers** these islands are a Mecca for surfers

**mécréant, e** [mekʀeɑ̃, ɑ̃t] → SYN nm,f a († ou hum = non-croyant) non-believer ◆ **tu n'es qu'un mécréant** you're just a heathen

b († péj = bandit) scoundrel, miscreant †

**médaillable** [medajabl] adj sportif likely to win a medal ◆ **les médaillables des Jeux olympiques** the potential medal-winners at the Olympic Games

**médaille** [medaj] GRAMMAIRE ACTIVE 26.3 → SYN nf a (= pièce, décoration) medal; († * = tache) stain, mark ◆ **médaille militaire** military decoration ◆ **médaille pieuse** medal *(of a saint etc.)* ◆ **médaille du travail** long-service medal *(in industry etc.)* ◆ **elle est médaille d'argent** she's got a silver medal, she's a silver medallist; → **profil, revers**

b (= insigne d'identité) [employé] badge; [chien] identification disc, name tag; [volaille] guarantee tag

**médaillé, e** [medaje] (ptp de **médailler**) [1] adj (Admin, Mil) decorated *(with a medal)*; (Sport) holding a medal

[2] nm,f medal-holder ◆ **il est** ou **c'est un médaillé olympique** he is an Olympic medallist, he is the holder of an Olympic medal

**médailler** [medaje] ▸ conjug 1 ◂ vt (Admin, Sport) to award a medal to; (Mil) to decorate, award a medal to ◆ **se médailler** † * (= se tacher) to get a stain ou mark on one's clothing

**médaillier** [medaje] nm (= meuble) medal cabinet; (= collection) medal collection

**médailliste** [medajist] nmf (= amateur) medal collector; (= fabricant) medal maker

**médaillon** [medajɔ̃] → SYN nm (Art) medallion; (= bijou) locket; (Culin) medaillon

**mède** [mɛd] 1 adj of Media
2 **Mède** nmf Mede

**médecin** [med(ə)sɛ̃] → SYN nm doctor, physician (frm) ◆ **femme médecin** woman doctor ◆ **médecin de l'âme** confessor ◆ **médecin de bord** (Naut) ship's doctor ◆ **médecin de campagne** country doctor ◆ **médecin-chef** head doctor ◆ **médecin-conseil** *doctor who advises whether certain forms of medical treatment should be reimbursed by the Sécurité sociale* ◆ **médecin de famille** family practitioner ou doctor ◆ **médecin des hôpitaux** ≃ consultant, ≃ physician ou doctor (Brit) with a hospital appointment ◆ **médecin légiste** forensic scientist ou pathologist, expert in forensic medicine, medical examiner (US) ◆ **médecin généraliste** ou **de médecine générale** general practitioner, G.P. (Brit), family practitioner (US) ◆ **médecin militaire** army medical officer ◆ **médecin scolaire** school doctor, schools medical officer (Brit) (Admin) ◆ **médecin du sport** sports doctor ◆ **médecin traitant** attending physician ◆ **votre médecin traitant** your (usual ou family) doctor ◆ **quel est votre médecin référent ?** who's your G.P. (Brit) ou your family doctor (US)? ◆ **médecin du travail** company doctor ◆ **médecin de ville** doctor *(working in a town)* ◆ **"Le Médecin malgré lui"** (Littérat) "The Doctor in Spite of Himself"

**médecine** [med(ə)sin] → SYN nf a (= science) medicine ◆ **médecine alternative** ou **parallèle** alternative ou complementary medicine ◆ **médecine douce** ou **naturelle** natural medicine ◆ **médecine générale** general medicine ◆ **médecine hospitalière** *medicine practised in hospitals* ◆ **médecine infantile** paediatrics sg (Brit), pediatrics (US) ◆ **médecine légale** forensic medicine ou science ◆ **médecine libérale** *medicine as practised by doctors in private practice* ◆ **médecine opératoire** surgery ◆ **médecine préventive** preventive medicine ◆ **médecine du travail** occupational ou industrial medicine ◆ **médecine du sport** sports medicine ◆ **médecine spécialisée** specialized branches of medicine ◆ **médecine de ville** *medicine as practised in general practices in towns* ◆ **médecine d'urgence** emergency medicine ◆ **faire des études de médecine, faire (sa) médecine** to study ou do medicine ◆ **pratiquer une médecine révolutionnaire** to practise a revolutionary type of medicine ◆ **il exerçait la médecine dans un petit village** he had a (medical) practice ou he was a doctor in a small village; → **docteur, étudiant, faculté**
b († = médicament) medicine

**medecine-ball**, pl **medecine-balls** [medsinbol] nm medicine ball

**Medellín** [medelin] n Medellín

**média** [medja] nm medium ◆ **les médias** the media ◆ **dans les médias** in the media ◆ **un nouveau média** a new medium

**médial, e**, mpl **-aux** [medjal, o] 1 adj medial
2 **médiale** nf median

**médian, e** [medjɑ̃, jan] 1 adj (Math, Stat) median; (Ling) medial
2 **médiane** nf (Math, Stat) median; (Ling) medial sound, mid vowel; → **ligne**[1]

**médiante** [medjɑ̃t] nf (Mus) mediant

**médiastin** [medjastɛ̃] nm mediastinum

**médiat, e** [medja, jat] → SYN adj mediate

**médiateur, -trice** [medjatœʀ, tʀis] → SYN 1 adj (gén, Pol) mediatory, mediating; (Ind) arbitrating
2 nm,f (gén) mediator; (Ind) arbitrator; (Pol) ≃ Ombudsman, ≃ Parliamentary Commissioner (Brit) ◆ **médiateur chimique** (Méd) transmitter substance ◆ **jouer le rôle de médiateur, servir de médiateur** to act as a mediator
3 **médiatrice** nf (Géom) median

**médiathèque** [medjatɛk] nf multimedia library

**médiatico-** [medjatiko] préf ◆ **c'est un événement médiatico-politique** it's both a media and a political event ◆ **une affaire médiatico-judiciaire** a legal case with a lot of media hype ◆ **groupe médiatico-financier** media and finance group

**médiation** [medjasjɔ̃] → SYN nf a (gén, Philos, Pol) mediation; (Ind) arbitration ◆ **offrir sa médiation dans un conflit** (Pol) to offer to mediate in a conflict; (Ind) to offer to arbitrate ou intervene in a dispute ◆ **tenter une médiation entre deux parties** to attempt to mediate between two parties
b (Logique) mediate inference

**médiatique** [medjatik] adj image, couverture, battage media (épith) ◆ **c'est quelqu'un de très médiatique** he comes across really well in the media, he's very media-friendly ◆ **sport très médiatique** sport that lends itself to media coverage ◆ **ce fut une rencontre très médiatique** this meeting got a lot of media attention

**médiatisation** [medjatizasjɔ̃] nf a (= diffusion par les médias) media coverage ◆ **la médiatisation à outrance de ces jeunes chanteurs** the excessive media coverage given to these young singers
b (Hist, Philos) mediatization

**médiatiser** [medjatize] ▸ conjug 1 ◂ vt a (= diffuser par les médias) to give media coverage to ◆ **cet événement a été très médiatisé** the event was given a lot of (media) coverage
b (Hist, Philos) to mediatize

**médiator** [medjatɔʀ] → SYN nm plectrum

**médiatrice** [medjatʀis] adj f, nf → **médiateur**

**médical, e**, mpl **-aux** [medikal, o] → SYN adj medical ◆ **délégué** ou **visiteur médical** medical representative ou rep *; → **examen, visite**

**médicalement** [medikalmɑ̃] adv medically

**médicalisation** [medikalizasjɔ̃] nf a [région, population] provision of medical care for
b [problème, grossesse] medicalization

**médicaliser** [medikalize] ▸ conjug 1 ◂ vt a [+ région, population] to provide with medical care ◆ **c'est une population peu médicalisée** these people have little access to medical care ◆ **la distribution médicalisée de la drogue** the distribution of drugs under medical supervision ◆ **ils sont traités en milieu médicalisé** they receive treatment in a medical environment ◆ **résidence** ou **maison de retraite médicalisée** nursing home ◆ **ils prônent la maîtrise médicalisée des dépenses de santé** they want health expenditure to be supervised by medical professionals ◆ **avion/hélicoptère médicalisé** hospital plane/helicopter
b [+ problème, grossesse] to medicalize

**médicament** [medikamɑ̃] → SYN nm medicine, drug ◆ **prendre des médicaments** to take medicines ou medication ◆ **médicament de confort** ≃ pain-relieving medicine

**médicamenteux, -euse** [medikamɑ̃tø, øz] adj plante, substance medicinal; traitement, intoxication, prescription drug (épith)

**médicastre** † [medikastʀ] nm (hum) charlatan, quack

**médication** [medikasjɔ̃] → SYN nf (medical) treatment, medication

**médicinal, e**, mpl **-aux** [medisinal, o] → SYN adj plante, substance medicinal

**medicine-ball**, pl **medicine-balls** [medisinbol] nm medicine ball

**médicinier** [medisinje] nm officinal

**médico-** [mediko] préf (dans les mots composés à trait d'union, le préfixe reste invariable) ◆ **médico-social** mesure, structure for health care and social welfare ◆ **centre** ou **institut médico-éducatif** ou **médico-pédagogique** special school *(for physically or mentally handicapped children)* ◆ **examen médico-psychologique** medical and psychological examination ◆ **centre médico-psychologique** *psychiatric clinic mainly dealing with prisoners, people who have attempted suicide and drug addicts*

**médico-chirurgical, e**, mpl **-aux** [medikoʃiʀyʀʒikal, o] adj ◆ **centre médico-chirurgical** clinic *(with a surgical unit)* ◆ **personnel/matériel médico-chirurgical** medical and surgical staff/equipment

**médico-légal, e**, mpl **-aux** [medikolegal, o] adj expert forensic ◆ **certificat** ou **rapport médico-légal** forensic report ◆ **expertise médico-légale** forensic analysis ou examination ◆ **institut médico-légal** mortuary *(where autopsies and forensic examinations are carried out)*, medico-legal institute (US)

**médiéval, e**, mpl **-aux** [medjeval, o] adj medieval

**médiévisme** [medjevism] nm medi(a)evalism

**médiéviste** [medjevist] nmf medievalist

**médina** [medina] nf medina

**Médine** [medin] n Medina

**médiocratie** [medjɔkʀasi] nf mediocracy

**médiocre** [medjɔkʀ] → SYN 1 adj travail, roman, élève mediocre, second-rate; (sur copie d'élève) poor; intelligence, qualité poor, mediocre, inferior; résultats, situation économique poor; revenu, salaire meagre, poor; vie, existence mediocre ◆ **il a une situation médiocre** he holds some second-rate position ◆ **il a montré un intérêt médiocre pour ce projet** he showed little or no interest in the project ◆ **génie incompris par les esprits médiocres** genius misunderstood by those with small minds
2 nmf nonentity, second-rater *

**médiocrement** [medjɔkʀəmɑ̃] adv intéressé, intelligent not very, not particularly ◆ **gagner médiocrement sa vie** to earn a poor living ◆ **médiocrement satisfait** barely satisfied, not very well satisfied ◆ **il joue médiocrement du piano** he plays the piano indifferently, he's not very good at (playing) the piano

**médiocrité** [medjɔkʀite] → SYN nf [travail] poor quality, mediocrity; [élève, homme politique] mediocrity; [copie d'élève] poor standard; [revenu, salaire] meagreness, poorness; [intelligence] mediocrity, inferiority; [vie] mediocrity ◆ **étant donné la médiocrité de ses revenus** given the slimness of his resources, seeing how slight ou slim his resources are ◆ **cet homme est une (vraie) médiocrité** this man is a complete mediocrity

**médique** [medik] adj (Antiq) Median

**médire** [mediʀ] → SYN ▸ conjug 37 ◂ vi ◆ **médire de qn** to speak ill of sb; (à tort) to malign sb ◆ **elle est toujours en train de médire** she's always running people down ou saying nasty things about people ◆ **je ne voudrais pas médire mais ...** I don't want to tittle-tattle ou to gossip, but ...

**médisance** [medizɑ̃s] → SYN nf a (= diffamation) malicious gossip (NonC) ◆ **être en butte à la médisance** to be made a target of malicious gossip
b (= propos) piece of scandal ◆ **médisances** scandal (NonC), gossip (NonC) ◆ **ce sont des médisances !** that's just scandal! ou malicious gossip! ◆ **arrête de dire des médisances** stop spreading scandal ou gossip

**médisant, e** [medizɑ̃, ɑ̃t] → SYN 1 adj paroles slanderous; personne malicious ◆ **les gens sont médisants** people say nasty things ◆ **sans vouloir être médisant, il faut reconnaître que ...** I don't want to sound nasty, but we have to admit that ...
2 nm,f scandalmonger, slanderer

**méditatif, -ive** [meditatif, iv] → SYN adj caractère meditative, thoughtful; air musing, thoughtful

**méditation** [meditasjɔ̃] → SYN nf (= pensée) meditation; (= recueillement) meditation (NonC) ◆ **après de longues méditations sur le sujet** after giving the subject much ou deep thought, after lengthy meditation on the subject ◆ **il était plongé dans la méditation** ou **une profonde méditation** he was sunk in deep thought, he was deep in thought

**méditer** [medite] → SYN ▸ conjug 1 ◂ 1 vt [+ pensée] to meditate on, ponder (over); [+ livre, projet, vengeance] to meditate ◆ **méditer de faire qch** to contemplate doing sth, plan to do sth
2 vi to meditate ◆ **méditer sur qch** to ponder ou muse over sth

**Méditerranée** [mediteʀane] nf ◆ **la (mer) Méditerranée** the Mediterranean (Sea)

**méditerranéen, -enne** [mediteʀaneɛ̃, ɛn] 1 adj Mediterranean

2 **Méditerranéen(ne)** nm,f (gén) inhabitant ou native of a Mediterranean country; (en France) (French) Southerner

**médium** [medjɔm] → SYN nm (= spirite, moyen de communication) medium; (Mus) middle register; (Logique) middle term

**médiumnique** [medjɔmnik] adj dons, pouvoir of a medium

**médiumnité** [medjɔmnite] nf powers of a medium, mediumship

**médius** [medjys] nm middle finger

**médoc** [medɔk] nm (= vin) Médoc (wine) ◆ **le Médoc** (= région) the Médoc

**médullaire** [medylɛʀ] adj medullary

**médulleux, -euse** [medylø, øz] adj (Bot) medullary

**médullosurrénale** [medylosyʀenal] nf adrenal glands

**méduse** [medyz] nf a (Zool) jellyfish
b (Myth) **Méduse** Medusa

**méduser** [medyze] → SYN ▸ conjug 1 ◂ vt (gén pass) to dumbfound, stupefy ◆ **je suis resté médusé par ce spectacle** I was rooted to the spot ou dumbfounded by this sight

**meeting** [mitiŋ] → SYN nm (Pol, Sport) meeting ◆ **meeting aérien** ou **d'aviation** air show ou display ◆ **meeting d'athlétisme** athletics meeting

**méfait** [mefɛ] → SYN nm a (= ravages) **méfaits** [temps] ravages; [passion, épidémie] ravages, damaging effects ◆ **les méfaits de l'alcoolisme/de la drogue/du soleil** the damaging ou ill effects of alcohol/of drugs/of the sun
b (= acte) wrongdoing; (hum) misdeed

**méfiance** [mefjɑ̃s] → SYN nf distrust, mistrust, suspicion ◆ **avoir de la méfiance envers qn** to mistrust ou distrust sb ◆ **apaiser/éveiller la méfiance de qn** to allay/arouse sb's suspicion(s) ◆ **regarder qn/qch avec méfiance** to look at sb/sth suspiciously ◆ **être sans méfiance** (= avoir confiance) to be completely trusting; (= ne rien soupçonner) to be quite unsuspecting ◆ **ce projet paraît peu sérieux, méfiance !** this project doesn't seem very worthwhile, we'd better be careful!

**méfiant, e** [mefjɑ̃, jɑ̃t] → SYN adj personne distrustful, mistrustful, suspicious ◆ **air** ou **regard méfiant** distrustful ou mistrustful ou suspicious look, look of distrust ou mistrust ou suspicion

**méfier (se)** [mefje] → SYN ▸ conjug 7 ◂ vpr a (= ne pas avoir confiance) **se méfier de qn/des conseils de qn** to mistrust ou distrust sb/sb's advice ◆ **je me méfie de lui** I mistrust him, I don't trust him, I'm suspicious of him ◆ **méfiez-vous de lui, il faut vous méfier de lui** don't trust him, beware of him ◆ **je ne me méfie pas assez de mes réactions** I should be more wary of my reactions ◆ **méfiez-vous des imitations** ou **des contrefaçons** beware of imitations ◆ **se méfier de qn/qch comme de la peste** to be highly suspicious of sb/sth
b (= faire attention) **se méfier de qch** to be careful about sth ◆ **il faut vous méfier** you must be careful ou watch out ◆ **méfie-toi de cette marche** watch ou mind (Brit) the step, look out for the step * ◆ **méfie-toi, tu vas tomber** look out * ou be careful or you'll fall

**méforme** [mefɔʀm] nf (Sport) lack of fitness ◆ **traverser une période de méforme** to be (temporarily) off form ◆ **être en méforme** to be off form

**méga** [mega] 1 préf a (Sci) mega
b (* : intensif) **méga-concert/événement** mega-concert/-event ◆ **méga-entreprise** huge ou enormous company, mega-company ◆ **méga-dissertation** essay and a half * ◆ **un méga-cigare à la bouche** a whopping great * ou humungous * (US) cigar in his mouth
2 nm (abrév de **méga-octet**) (Ordin) megabyte

**mégacéros** [megaseʀɔs] nm Irish elk, megaceros (SPÉC)

**mégacôlon** [megakolɔ̃] nm megacolon

**mégacycle** [megasikl] nm megacycle

**mégahertz** [megaɛʀts] nm megahertz

**mégalithe** [megalit] nm megalith

**mégalithique** [megalitik] adj megalithic

**mégalo** * [megalo] adj, nmf (abrév de **mégalomaniaque, mégalomane**) personne megalomaniac; projet self-indulgent ◆ **il est complètement mégalo, c'est un mégalo** he thinks he's God

**mégalomane** [megalɔman] → SYN 1 adj personne megalomaniac; projet self-indulgent
2 nmf megalomaniac

**mégalomaniaque** [megalɔmanjak] adj (Méd) megalomaniac; projet self-indulgent ◆ **délire mégalomaniaque** (Méd) megalomaniac delusion

**mégalomanie** [megalɔmani] → SYN nf megalomania

**mégalopole** [megalɔpɔl] nf megalopolis

**Mégalopolis** [megalɔpɔlis] n Megalopolis

**méga-octet**, pl **méga-octets** [megaɔktɛ] nm megabyte

**mégaphone** † [megafɔn] nm (= porte-voix) megaphone

**mégapole** [megapɔl] nf ⇒ **mégalopole**

**mégaptère** [megaptɛʀ] nm humpback whale

**mégarde** [megaʀd] → SYN **par mégarde** loc adv (= accidentellement) accidentally, by accident; (= par erreur) by mistake, inadvertently; (= par négligence) accidentally ◆ **un livre que j'avais emporté par mégarde** a book that I had accidentally ou inadvertently taken away with me

**mégatonne** [megatɔn] nf megaton

**mégère** [meʒɛʀ] → SYN nf (péj = femme) shrew ◆ **"la Mégère apprivoisée"** (Théât) "the Taming of the Shrew"

**mégir** [meʒiʀ] ▸ conjug 2 ◂ vt to taw

**mégis** [meʒi] adj m tawed

**mégisser** [meʒise] ▸ conjug 1 ◂ vt ⇒ **mégir**

**mégisserie** [meʒisʀi] nf (= lieu) tawery

**mégissier** [meʒisje] nm tawer

**mégohm** [megom] nm megohm

**mégot** * [mego] nm [cigarette] cigarette butt ou end, fag end * (Brit); [cigare] stub, butt

**mégotage** * [megɔtaʒ] nm cheeseparing ou miserly attitude

**mégoter** * [megɔte] ▸ conjug 1 ◂ vi to skimp ◆ **le patron mégote sur des détails et dépense des fortunes en repas d'affaires** the boss is cheeseparing over ou skimps over small items and spends a fortune on business lunches ◆ **pour marier leur fille ils n'ont pas mégoté** they really went to town * for ou they spent a small fortune on their daughter's wedding

**méharée** [meaʀe] nf mehari journey

**méhari** [meaʀi] nm dromedary, mehari

**méhariste** [meaʀist] nm camel rider; (Hist) *soldier in the French Camel corps*

**meilleur, e** [mɛjœʀ] → SYN 1 adj a (compar de **bon**) better ◆ **il est meilleur que moi** (plus charitable) he's a better person than I am; (plus doué) he's better than I am (*en* at) ◆ **avoir meilleur goût** [aliment] to taste better ◆ **ce gâteau est (bien) meilleur avec du rhum** this cake tastes ou is (much) better with rum ◆ **il est meilleur chanteur que compositeur** he makes a better singer than (a) composer, he is better at singing than (at) composing ◆ **de meilleure qualité** of better ou higher quality ◆ **meilleur marché** cheaper ◆ **être en meilleure santé** to be better, be in better health ◆ **faire un meilleur temps au deuxième tour** (Sport) to put up ou do a better time on the second lap ◆ **partir de meilleure heure** † to leave earlier ◆ **prendre (une) meilleure tournure** to take a turn for the better ◆ **meilleurs vœux** best wishes ◆ **ce sera pour des jours/des temps meilleurs** that will be for better days/happier times ◆ **il n'y a rien de meilleur** there's nothing better, there's nothing to beat it
b (superl de **bon**) **le meilleur des deux** the better of the two ◆ **la meilleure de toutes** the best of all ◆ **c'est le meilleur des hommes, c'est le meilleur homme du monde** he is the best of men, he's the best man in the world ◆ **les meilleurs spécialistes** the best ou top specialists ◆ **son meilleur ami** his best ou closest friend ◆ **servir les meilleurs mets/vins** to serve the best ou finest dishes/wines ◆ **information tirée des meilleures sources** information from the most reliable sources ◆ **tissu de la meilleure qualité** best quality material ◆ **le meilleur marché** the cheapest ◆ **acheter au meilleur prix** to buy at the lowest price
2 adv ◆ **il fait meilleur qu'hier** it's better ou nicer (weather) than yesterday ◆ **sentir meilleur** to smell better ou nicer
3 nm,f (= personne) ◆ **le meilleur, la meilleure** the best one ◆ **ce sont toujours les meilleurs qui partent les premiers** it's always the best people who die first ◆ **que le meilleur gagne** may the best man win; → **raison**
4 nm (= partie, chose) ◆ **le meilleur** the best ◆ **il a choisi le meilleur** he took the best (one) ◆ **pour le meilleur et pour le pire** for better or for worse ◆ **donner le meilleur de soi-même** to give of one's best ◆ **"Le Meilleur des Mondes"** (Littérat) "Brave New World" ◆ **passer le meilleur de sa vie à faire ...** to spend the best days ou years of one's life doing ... ◆ **prendre le meilleur sur qn** (Sport) to get the better of sb ◆ **garder** ou **réserver le meilleur pour la fin** to keep the best till last ◆ **et le meilleur dans tout ça, c'est qu'il avait raison !** and the best bit about it all was that he was right! ◆ **tu le laisses faire ? mais c'est le meilleur !** † * I can't believe you're letting him do that!
5 **meilleure** * nf ◆ **ça alors, c'est la meilleure !** that's the best one yet! ◆ **j'en passe et des meilleures** and that's not all ◆ **tu connais la meilleure ? il n'est même pas venu !** haven't you heard the best (bit) though? he didn't even come!

**méiose** [mejoz] nf meiosis

**méiotique** [mejotik] adj meiotic

**meistre** [mɛstʀ] nm ⇒ **mestre**

**méjuger** [meʒyʒe] → SYN ▸ conjug 3 ◂ (littér) 1 vt to misjudge
2 **méjuger de** vt indir to underrate, underestimate
3 **se méjuger** vpr to underestimate o.s.

**Mékong** [mekɔ̃g] nm Mekong

**mél** [mɛl] nm e-mail

**mélæna** [melena] nm malaena (Brit), melena (US)

**mélamine** [melamin] nf melamine

**mélaminé, e** [melamine] adj melamine-coated

**mélampyre** [melɑ̃piʀ] nm cow wheat

**mélancolie** [melɑ̃kɔli] → SYN nf melancholy, gloom; (Méd) melancholia ◆ **elle avait des accès de mélancolie** she suffered from bouts of melancholy; → **engendrer**

**mélancolique** [melɑ̃kɔlik] → SYN adj personne, paysage, musique melancholy; (Méd) melancholic

**mélancoliquement** [melɑ̃kɔlikmɑ̃] adv with a melancholy air, melancholically

**Mélanésie** [melanezi] nf Melanesia

**mélanésien, -ienne** [melanezjɛ̃, jɛn] 1 adj Melanesian
2 nm (Ling) Melanesian
3 **Mélanésien(ne)** nm,f Melanesian

**mélange** [melɑ̃ʒ] → SYN nm a (= opération) [produits] mixing; [vins, tabacs] blending ◆ **faire un mélange de** [+ substances] to make a mixture of; [+ idées] to mix up ◆ **quand on boit il ne faut pas faire de mélanges** you shouldn't mix your drinks
b (= résultat) (Chim, Culin, fig) mixture; [vins, tabacs, cafés] blend ◆ **mélange détonant** ou **explosif** (lit) explosive mixture; (fig) explosive combination ou mixture ◆ **mélange réfrigérant** freezing mixture ◆ **mélange pauvre/riche** (Aut) weak/rich mixture ◆ **joie sans mélange** unalloyed ou unadulterated joy ◆ **sans mélange de ...** (littér) free from ..., unadulterated by ... ◆ **mélanges** (Littérat) miscellanies, miscellany

**mélanger** [melɑ̃ʒe] → SYN ▸ conjug 3 ◂ 1 vt a (gén, Chim, Culin) to mix; [+ salade] to toss; [+ couleurs, vins, parfums, tabacs] to blend; [+ cartes] to shuffle ◆ **mélangez le beurre et la farine** mix the butter and flour together ◆ **un public très mélangé** a very varied ou mixed public
b (= confondre) [+ dates, idées] to mix (up), muddle up (surtout Brit), confuse ◆ **tu mélanges tout !** you're getting it all mixed up! ou muddled up! (surtout Brit) ◆ **il ne faut pas mélanger les torchons et les serviettes** (fig) we (ou you etc ) must sort out the sheep from the goats

c (= mettre en désordre) [+ documents] to mix up, muddle up

2 **se mélanger** vpr a [produits, personnes] to mix; [vins] to mix, blend

b (en désordre) **les dates se mélangent dans ma tête** I'm confused about the dates, I've got the dates mixed up ou in a muddle ◆ **se mélanger les pieds** * ou **les pédales** * ou **les pinceaux** * ou **les crayons** * to get mixed up ou into a muddle (surtout Brit)

**mélangeur** [melɑ̃ʒœʀ] nm (= appareil) mixer; (Plomberie) mixer tap (Brit), mixing faucet (US); (Ciné, Radio) mixer

**mélanine** [melanin] nf melanin

**mélanocyte** [melanɔsit] nm melanocyte

**mélanoderme** [melanodɛʀm] adj dark-skinned, melanodermic (SPÉC)

**mélanodermie** [melanodɛʀmi] nf melanoderma

**mélanome** [melanom] nm melanoma

**mélasse** [melas] → SYN nf a (Culin) treacle (Brit), molasses (US)

b (*, péj) (= boue) muck; (= brouillard) murk ◆ **quelle mélasse !** (= problèmes, confusion) what a mess! ◆ **être dans la mélasse** (= avoir des ennuis) to be in the soup *, be in a sticky situation *; (= être dans la misère) to be down and out, be on one's beam ends * (Brit)

**mélatonine** [melatɔnin] nf melatonin

**Melba** [mɛlba] adj inv Melba ◆ **pêche/ananas Melba** peach/pineapple Melba

**melchite** [mɛlkit] nmf Melchite

**mêlé, e**[1] [mele] → SYN (ptp de **mêler**) adj sentiments mixed, mingled; couleurs, tons mingled; monde, société mixed

**méléagrine** [meleagʀin] nf pearl oyster

**mêlée**[2] [mele] nf a (= bataille) mêlée; (hum) fray, kerfuffle * (Brit) ◆ **mêlée générale** free-for-all ◆ **la mêlée devint générale** it developed into a free-for-all, scuffles broke out all round ou on all sides ◆ **se jeter dans la mêlée** (lit, fig) to plunge into the fray ◆ **rester au-dessus de** ou **à l'écart de la mêlée** (fig) to stay ou keep aloof, keep out of the fray

b (Rugby) scrum, scrummage ◆ **faire une mêlée** to go into a scrum ◆ **mêlée ordonnée** set scrum ◆ **mêlée ouverte** ou **spontanée** ruck, loose scrum ◆ **dans la mêlée ouverte** in the loose

**méléna** [melena] nm ⇒ **mélæna**

**mêler** [mele] → SYN ▸ conjug 1 ◂ 1 vt a (= unir, mettre ensemble) [+ substances] to mingle, mix together; [+ races] to mix; (Vét) to cross; (Culin = mélanger) to mix, blend; (= joindre, allier) to combine, mingle ◆ **les deux fleuves mêlent leurs eaux** the two rivers mingle their waters ◆ **elles mêlèrent leurs larmes/leurs soupirs** their tears/their sighs mingled ◆ **vin mêlé d'eau** wine mixed with water

b (= mettre en désordre, embrouiller) [+ papiers, dossiers] to muddle (up), mix up; (= battre) [+ cartes] to shuffle ◆ **mêler la réalité et le rêve** to confuse reality and dream

c (= associer) **mêler à** ou **avec** to mix ou mingle with ◆ **mêler la douceur à la fermeté** to combine gentleness with firmness ◆ **mêler du feuillage à un bouquet** to put some greenery in with a bouquet ◆ **récit mêlé de détails comiques** story interspersed with comic(al) details ◆ **joie mêlée de remords** pleasure mixed with ou tinged with remorse

d (= impliquer) **mêler qn à** [+ affaire suspecte] to involve sb in, get sb mixed up ou involved in; [+ action, négociations] to involve sb in ◆ **j'y ai été mêlé contre mon gré** I was dragged into it against my will, I got mixed up ou involved in it against my will ◆ **il a été mêlé au scandale/à une affaire d'espionnage** he got mixed up in ou got involved in the scandal/in a spy scandal ◆ **mêler qn à la conversation** to bring ou draw sb into the conversation

2 **se mêler** vpr a (= se mélanger) [odeurs, voix] to mingle; [cultures, races] to mix

b **se mêler à** (= se joindre à) to join; (= s'associer à) to mix with; [cris, sentiments] to mingle with ◆ **il se mêla à la foule** he joined the crowd, he mingled with the crowd ◆ **se mêler à une querelle** to get mixed up ou involved in a quarrel ◆ **il ne se mêle jamais aux autres enfants** he never mixes with other children ◆ **il se mêlait à toutes les manifestations** he got involved ou took part in all the demonstrations ◆ **des rires se mêlaient aux applaudissements** there was laughter mingled with the applause ◆ **se mêler à la conversation** to join in the conversation

c **se mêler de** (= s'impliquer dans) to get mixed up ou involved in; (= s'ingérer dans) to meddle with, interfere with ◆ **je ne veux pas me mêler de politique** I don't want to get mixed up in ou involved in politics ◆ **se mêler des affaires des autres** to meddle ou interfere in other people's business ou affairs ◆ **mêle-toi de ce qui te regarde !** ou **de tes affaires !** ou **de tes oignons !** * mind your own business! ◆ **de quoi je me mêle !** * (iro) what business is it of yours?, what's it got to do with you? ◆ **si le mauvais temps s'en mêle, nous n'y arriverons jamais** if the weather turns against us, we'll never make it ◆ **quand la politique/l'amour s'en mêle ...** when politics/love comes into it ... ◆ **se mêler de faire qch** to take it upon o.s. to do sth, make it one's business to do sth ◆ **voilà qu'il se mêle de nous donner des conseils !** who is he to give us advice!, look at him butting in with his advice! ◆ **ne vous mêlez pas d'intervenir !** don't you take it into your head to interfere!, just you keep out of it!

**mêle-tout** [mɛltu] nm inv (Belg) nosy parker *

**mélèze** [melɛz] nm larch

**mélia** [melja] nm ◆ **mélia azedarach** China tree

**mélilot** [melilo] nm melilot, sweet clover

**méli-mélo** *, pl **mélis-mélos** [melimelo] nm [situation] mess, muddle (surtout Brit); [objets] jumble ◆ **cette affaire est un véritable méli-mélo !** what a terrible mess ou muddle this business is! ◆ **méli-mélo de poissons/de légumes** (Culin) assortment of fish/of vegetables

**mélinite** [melinit] nf melinite

**mélioratif, -ive** [meljɔʀatif, iv] 1 adj meliorative

2 nm meliorative term

**mélique** [melik] adj melic

**mélisse** [melis] nf (Bot) (lemon) balm, melissa (SPÉC)

**mélitte** [melit] nf bastard balm

**melkite** [mɛlkit] nmf ⇒ **melchite**

**mellifère** [melifɛʀ] adj melliferous

**mellification** [melifikasjɔ̃] nf mellification

**melliflu, e** [melifly] adj (littér) mellifluous, mellifluent

**mellite** [melit] nm mellitum oxymel

**mélo** * [melo] 1 adj (abrév de **mélodramatique**) film, roman soppy *, sentimental ◆ **feuilleton mélo** (Presse) sentimental serial; (TV) soap (opera)

2 nm (abrév de **mélodrame**)

**mélodie** [melɔdi] → SYN nf a (= motif, chanson) melody, tune ◆ **les mélodies de Debussy** Debussy's melodies ou songs ◆ **une petite mélodie entendue à la radio** a little tune heard on the radio

b (= qualité) melodiousness

**mélodieusement** [melɔdjøzmɑ̃] adv melodiously, tunefully

**mélodieux, -ieuse** [melɔdjø, jøz] → SYN adj melodious, tuneful

**mélodique** [melɔdik] adj melodic

**mélodiste** [melɔdist] nmf melodist ◆ **c'est un excellent mélodiste** he composes fine melodies, he's a very good melodist

**mélodramatique** [melɔdʀamatik] adj (Littérat, péj) melodramatic

**mélodrame** [melɔdʀam] → SYN nm (Littérat, péj) melodrama

**méloé** [melɔe] nm oil beetle

**mélomane** [melɔman] 1 adj music-loving (épith), keen on music (attrib)

2 nmf music lover

**melon** [m(ə)lɔ̃] → SYN 1 nm a (Bot) melon ◆ **melon (cantaloup)** cantaloup(e) ◆ **choper le melon** * (= la grosse tête) to get bigheaded * ◆ **il a le melon * depuis qu'il a eu sa promotion** that promotion has really gone to his head *

b **(chapeau) melon** bowler (hat) (Brit), derby (hat) (US)

2 COMP ▷ **melon d'eau** watermelon ▷ **melon d'Espagne** ≃ honeydew melon

**melonnière** [m(ə)lɔnjɛʀ] nf melon field

**mélopée** [melɔpe] → SYN nf a (gén = chant monotone) monotonous chant, threnody (littér)

b (Hist Mus) recitative

**mélophage** [melɔfaʒ] nm sheep ked ou tick

**membranaire** [mɑ̃bʀanɛʀ] adj membrane (épith)

**membrane** [mɑ̃bʀan] → SYN nf (gén) membrane ◆ **fausse membrane** false membrane; (Anat) [haut-parleur] ◆ **membrane vibrante** vibrating diaphragm diaphragm ◆ **membrane cellulaire** (Bio) plasma ou cell membrane

**membraneux, -euse** [mɑ̃bʀanø, øz] adj membran(e)ous

**membre** [mɑ̃bʀ] → SYN nm a (Anat, Zool) limb ◆ **membre inférieur/supérieur** lower/upper limb ◆ **membre antérieur/postérieur** fore/hind limb ◆ **membre (viril)** male member ou organ

b [famille, groupe, société savante] member; [académie] fellow ◆ **membre fondateur** founder member ◆ **membre actif/perpétuel** active/life member ◆ **membre permanent du Conseil de sécurité** permanent member of the Security Council ◆ **un membre de la société/du public** a member of society/of the public ◆ **les membres du gouvernement** the members of the government ◆ **être membre de** to be a member of ◆ **devenir membre d'un club** to become a member of a club, join a club ◆ **ce club a 300 membres** this club has a membership of 300 ou has 300 members ◆ **pays/États membres (de l'Union européenne)** member countries/states (of the European union)

c (Math) member ◆ **premier/second membre** left-hand/right-hand member

d (Ling) **membre de phrase** (sentence) member

e (Archit) member

f (Naut) timber, rib

**membré, e** [mɑ̃bʀe] adj limbed ◆ **bien/mal membré** strong-/weak-limbed ◆ **bien membré** * homme well-hung *

**membru, e** [mɑ̃bʀy] adj (littér) strong-limbed

**membrure** [mɑ̃bʀyʀ] nf (Anat) limbs, build; (Naut) rib; (collectif) frame ◆ **homme à la membrure puissante** strong-limbed ou powerfully built man

**mémé** * [meme] 1 nf (langage enfantin = grand-mère) gran(ny) *, grandma; (= vieille dame) old lady; (péj) old granny * (péj)

2 adj inv ◆ **ça fait mémé** it looks dowdy ◆ **tu fais mémé avec cette robe** that dress makes you look like an old lady ou makes you look dowdy

**même** [mɛm] GRAMMAIRE ACTIVE 5.4, 26.5 → SYN

1 adj a (avant n = identique) same, identical ◆ **des bijoux de même valeur** jewels of equal ou of the same value ◆ **ils ont la même taille/la même couleur, ils sont de même taille/de même couleur** they are the same size/the same colour ◆ **j'ai exactement la même robe qu'hier** I am wearing the very same dress I wore yesterday ou exactly the same dress as yesterday ◆ **nous sommes du même avis** we are of the same mind ou opinion, we agree ◆ **ils ont la même voiture que nous** they have the same car as we have ou as us * ◆ **que vous veniez ou non, c'est la même chose** it makes no difference ou odds (Brit) whether you come or not ◆ **c'est toujours la même chose !** it's always the same (old story)! ◆ **c'est la même chose** (= c'est équivalent) it amounts to the same (thing), it's six of one and half a dozen of the other * ◆ **arriver en même temps (que)** to arrive at the same time (as) ◆ **en même temps qu'il le faisait, l'autre s'approchait** as ou while he was doing it the other drew nearer

b (après n ou pron = exact, personnifié) very, actual ◆ **ce sont ses paroles mêmes** those are his very ou actual words ◆ **il est la générosité/gentillesse même** he is generosity/

kindness itself, he is the (very) soul of generosity/kindness ◆ **il est la méchanceté/bêtise même** he's wickedness/stupidity itself ◆ **la grande maison, celle-là même que vous avez visitée** the big house, the very one you visited ou precisely the one you visited

**c** **moi-même** myself ◆ **toi-même** yourself ◆ **lui-même** himself ◆ **elle-même** herself ◆ **nous-mêmes** ourselves ◆ **vous-même** yourself ◆ **vous-mêmes** yourselves ◆ **eux-** ou **elles-mêmes** themselves ◆ **un autre soi-même** another self ◆ **on est soi-même conscient de ses propres erreurs** one is aware (oneself) of one's own mistakes ◆ **nous devons y aller nous-mêmes** we must go ourselves ◆ **s'apitoyer sur soi-même** to feel sorry for oneself ◆ **tu n'as aucune confiance en toi-même** you have no confidence in yourself ◆ **c'est lui-même qui l'a dit, il l'a dit lui-même** he said it himself, he himself said it ◆ **au plus profond d'eux-mêmes/de nous-mêmes** in their/our heart of hearts ◆ **elle fait ses habits elle-même** she makes her own clothes, she makes her clothes herself ◆ **c'est ce que je me dis en** ou **à moi-même** that's what I tell myself (inwardly), that's what I think to myself ◆ **elle se disait en elle-même que ...** she thought to herself that ..., she thought privately ou inwardly that ... ◆ **faire qch de soi-même** to do sth on one's own initiative ou off one's own bat * (Brit) ◆ **faire qch (par) soi-même** to do sth (by) oneself

**2** pron indéf (avec le, la, les) ◆ **ce n'est pas le même** it's not the same (one) ◆ **la réaction n'a pas été la même qu'à Paris** the reaction was not the same as in Paris ◆ **elle est bien toujours la même !** she's just the same as ever! ◆ **ce sont toujours les mêmes qui se font prendre** it's always the same ones who catch it * ◆ **c'est le même que j'ai revu plus tard** it was the same man that I saw later on ◆ **les mêmes, trois heures plus tard** (aussi hum) same scene, three hours later; → **pareil, revenir**

**3** adv **a** (gén) even ◆ **ils sont tous sortis, même les enfants** they are all out, even the children ◆ **il n'a même pas** ou **pas même de quoi écrire** he hasn't even got anything to write with ◆ **il est intéressant et même amusant** he's interesting and amusing too ou besides ◆ **elle ne me parle même plus** she no longer even speaks to me, she doesn't even speak to me anymore ◆ **même lui ne sait pas** even he doesn't know ◆ **personne ne sait, même pas lui** nobody knows, not even him ◆ **même si** even if, even though ◆ **c'est vrai, même que je peux le prouver !** * it's true, and what's more I can prove it!

**b** (= précisément) **aujourd'hui même** this very day ◆ **ici même** in this very place, on this very spot ◆ **c'est celui-là même qui ...** he's the very one who ... ◆ **c'est cela même** that's just ou exactly it

**c** (LOC)

♦ **à même** ◆ **boire à même la bouteille** to drink (straight) from the bottle ◆ **coucher à même le sol** to lie on the bare ground ◆ **à même la peau** next to the skin ◆ **être à même de faire** to be able ou to be in a position to do ◆ **je ne suis pas à même de juger** I'm in no position to judge

♦ **de même** ◆ **il fera de même** he'll do the same, he'll do likewise, he'll follow suit ◆ **vous le détestez ? moi de même** you hate him? so do I ou I do too ou me too ou same here * ◆ **de même qu'il nous a dit que ...** just as he told us that ... ◆ **il en est** ou **il en va de même pour moi** it's the same for me, same here *

♦ **quand même, tout de même** (= en dépit de cela) all the same, even so, for all that; (= très) quite, really ◆ **tout de même !, quand même !** (indignation) honestly!, I mean to say! ◆ **quel crétin quand même !** what an absolute idiot!, really, what an idiot! ◆ **merci quand même** (lit, hum) thanks all the same ou just the same ◆ **c'est tout de même** ou **quand même agaçant** all the same it is annoying, it's really most annoying ◆ **il est gentil tout de même** (= tout à fait) he's ever so nice ◆ **elle m'agace ! – elle est gentille tout de même** she irritates me! – she's quite nice really ◆ **tout de même** ou **quand même, il aurait pu nous prévenir** all the same ou even so he might have warned us ◆ **il exagère tout de même !** really, he's going too far! ◆ **il a tout de même réussi à s'échapper** he managed to escape nevertheless ou all the same ◆ **c'est tout de même étonnant** it's quite surprising (*que* that)

**mêmement** [mɛmmɑ̃] adv (frm) likewise

**mémento** [memɛ̃to] → SYN nm (= agenda) appointments book ou diary (Brit), engagement diary (Brit) ou calendar (US); (Scol = aide-mémoire) summary ◆ **mémento des vivants/des morts** (Rel) prayers for the living/the dead

**mémère** * [memɛʀ] nf (langage enfantin = grand-mère) granny *, grandma; (péj = vieille dame) old dear * ◆ **le petit chien à sa mémère** (hum) mummy's little doggy (hum) ◆ **elle fait mémère avec ce chapeau** she looks like an old granny in that hat *

**mémo** * [memo] nm (abrév de **mémorandum**) memo

**mémoire[1]** [memwaʀ] → SYN nf **a** (Psych, Sci) memory ◆ **citer de mémoire** to quote from memory ◆ **de mémoire d'homme** in living memory ◆ **de mémoire de Parisien, on n'avait jamais vu ça !** no one could remember such a thing happening in Paris before ◆ **pour mémoire** (gén) as a matter of interest; (Comm) for the record ◆ **mémoire associative/collective** associative/collective memory ◆ **mémoire auditive/visuelle/olfactive** aural/visual/olfactory memory; → **effort, rafraîchir, trou**

**b** (LOC) **avoir de la mémoire/une très bonne mémoire** to have a good memory/a very good memory ◆ **si j'ai bonne mémoire** if I remember right ou rightly, if my memory serves me right ◆ **il n'a pas de mémoire, il n'a aucune mémoire** he can never remember anything ◆ **avoir la mémoire courte** to have a short memory ◆ **avoir une mémoire d'éléphant** to have a memory like an elephant('s) ◆ **perdre la mémoire** to lose one's memory ◆ **avoir la mémoire des noms** to have a good memory for names ◆ **je n'ai pas la mémoire des dates/visages** I have no memory for dates/faces, I can never remember dates/faces ◆ **garder qch en mémoire** to remember sth ◆ **j'ai gardé (la) mémoire de cette conversation** (frm) I remember ou recall this conversation ◆ **chercher un nom dans sa mémoire** to try to recall a name, rack one's brains to remember a name ◆ **ça y est, ça me revient en mémoire** I remember now, it's coming back to me now ◆ **il me l'a remis en mémoire** he reminded me of it, he brought it back to me ◆ **son nom restera (gravé) dans notre mémoire** his name will remain (engraved) in our memories ◆ **nous avons un devoir de mémoire** it is our duty to remember

**c** (= réputation) memory, good name; (= renommée) memory, fame, renown ◆ **soldat de glorieuse mémoire** soldier of blessed memory ◆ **de sinistre mémoire** of evil memory, remembered with fear ou horror; (hum) fearful, ghastly ◆ **salir la mémoire de qn** to sully the memory of sb ◆ **à la mémoire de** in memory of, to the memory of

**d** (Ordin) memory ◆ **mémoire à bulles** bubble memory ◆ **mémoire cache/externe** cache/external storage ◆ **mémoire vive** RAM, random access memory ◆ **mémoire morte** ROM, read-only memory ◆ **mémoire volatile** volatile memory ◆ **mémoire de masse, mémoire auxiliaire** mass memory ou storage ◆ **mémoire centrale** ou **principale** main memory ◆ **avoir 24 Mo de mémoire centrale** to have 24 Mb of main memory ◆ **mémoire tampon** buffer memory ◆ **capacité de mémoire** storage capacity, memory size ◆ **mettre qch en mémoire** to store sth ◆ **mise en mémoire** storage

**mémoire[2]** [memwaʀ] → SYN **1** nm (= requête) memorandum; (= rapport) report; (= exposé) paper, dissertation (Brit); (= facture) bill; (Jur) statement of case ◆ **mémoire de maîtrise** (Univ) *dissertation done for research degree*, ≈ master's thesis; → DIPLÔMES

**2** **mémoires** nmpl (= souvenirs) memoirs ◆ **tu écris tes mémoires ?** (hum) are you writing your life story? (hum)

**mémorable** [memɔʀabl] → SYN adj memorable, unforgettable

**mémorandum** [memɔʀɑ̃dɔm] → SYN nm (Pol) memorandum; (Comm) order sheet, memorandum; (= carnet) notebook, memo book

**mémorial**, pl **-iaux** [memɔʀjal, jo] → SYN nm (Archit) memorial ◆ **Mémorial** (Littérat) Chronicles

**mémorialiste** [memɔʀjalist] → SYN nmf memorialist, writer of memoirs

**mémoriel, -ielle** [memɔʀjɛl] adj memory (épith)

**mémorisation** [memɔʀizasjɔ̃] nf memorization, memorizing; (Ordin) storage

**mémoriser** [memɔʀize] ▸ conjug 1 ◂ vt to memorize, commit to memory; (Ordin) to store

**menaçant, e** [mənasɑ̃, ɑ̃t] → SYN adj geste, paroles, foule, orage, regard threatening, menacing; nuages ominous, threatening; ciel lowering (épith), threatening, menacing ◆ **sa voix se fit menaçante** his voice took on a threatening ou menacing tone ◆ **elle se fit menaçante** she started to make ou issue threats

**menace** [mənas] → SYN nf **a** (= intimidation) threat ◆ **c'est une menace ?** is that a threat?, are you threatening me? ◆ **il eut un geste de menace** he made a threatening gesture ◆ **il eut des paroles de menace** he made some threats ◆ **il y a des menaces de grève** there's a threat of strike action ◆ **signer sous la menace** to sign under duress ◆ **sous la menace de** under (the) threat of ◆ **sous la menace d'un couteau/d'un pistolet** at knife-point/gunpoint

**b** (= danger) threat ◆ **la menace nucléaire** the nuclear threat ◆ **menace d'épidémie** threat of an epidemic ◆ **être sous la menace d'une expulsion/de sanctions** to be threatened with ou be under threat of expulsion/of sanctions

**c** (Jur) **menaces** intimidation, threats ◆ **recevoir des menaces de mort** to receive death threats ou threats on one's life

**menacer** [mənase] → SYN ▸ conjug 3 ◂ vt **a** (= faire peur à) to threaten, menace (*gén pass*) ◆ **menacer qn de mort/d'un revolver** to threaten sb with death/with a gun ◆ **menacer qn du poing/de sa canne** to shake one's fist/one's stick at sb ◆ **menacer de faire qch** to threaten to do sth

**b** (= mettre en danger) [+ équilibre, projet] to jeopardize ◆ **ses jours sont menacés** his life is threatened ou in danger ◆ **la guerre menaçait le pays** the country was threatened ou menaced by ou with war ◆ **espèces menacées** threatened ou endangered species ◆ **le processus de paix est menacé** the peace process is in jeopardy

**c** (= risquer de survenir) [chômage, grève, guerre] to loom large ◆ **la pluie menace** it looks like rain, it's threatening to rain ◆ **le temps menace** the weather looks threatening ◆ **l'orage menace (d'éclater)** the storm is about to break ou is threatening to break ◆ **chaise qui menace de se casser** chair which is showing signs of ou looks like breaking (Brit) ou looks like it will break ◆ **pluie/discours qui menace de durer** rain/speech which threatens to last some time ◆ **la maison menace ruine** the house is in danger of falling down

**ménade** [menad] nf m(a)enad

**ménage** [menaʒ] → SYN nm **a** (= entretien d'une maison) housekeeping; (= nettoyage) housework ◆ **les soins du ménage** the housework, the household duties ◆ **s'occuper de** ou **tenir son ménage** to look after one's house, keep house ◆ **faire du ménage** to do some housework ou cleaning ◆ **faire le ménage** (= nettoyer) to do the housework; (= licencier) to get rid of the deadwood; (Pol) to get rid of the lame ducks; (Sport) to sort out the opposition ◆ **faire le ménage à fond** to clean the house from top to bottom, do the housework thoroughly ◆ **faire le** ou **du ménage dans ses archives/ses tiroirs** to sort out ou tidy one's files/one's drawers ◆ **faire du ménage dans sa vie** to sort one's life out ◆ **faire des ménages** to work as a cleaning woman ◆ **le grand ménage** (Can) the spring-cleaning; → **femme**

**b** (= couple, communauté familiale) married couple, household; (Écon) household ◆ **ménage sans enfant** childless couple ◆ **ménage à trois** ménage à trois ◆ **jeune/vieux ménage** young/old couple ◆ **cela ne va pas dans le ménage** their marriage is a bit shaky ou isn't really working ◆ **être heureux/malheureux en ménage** to have a happy/an unhappy married life ◆ **se mettre en ménage avec qn** to set up house with sb, move in with sb ◆ **querelles de ménage** domestic quarrels ou rows ◆ **faire bon/mauvais ménage avec qn** to get on well/badly with sb, hit it off/not hit it off with sb * ◆ **notre chat et la perruche font très bon ménage** our cat and the budgie get on (Brit) ou along (US) famously ou like a house on fire *; → **paix, scène**

**c** († = ordinaire) **de ménage** chocolat for ordinary ou everyday consumption; pain homemade

**ménagement** [menaʒmɑ̃] → SYN **1** nm **a** (= douceur) care; (= attention) attention ◆ **traiter qn avec ménagement** to treat sb considerately ou tactfully ◆ **traiter qn sans ménagement** (gén) to show no consideration towards sb; (avec brutalité) to manhandle sb ◆ **il les a congédiés sans ménagement** he dismissed them without further ado ou with scant ceremony ◆ **annoncer qch sans ménagement à qn** to break the news of sth bluntly to sb, tell sb sth bluntly ◆ **il lui annonça la nouvelle avec ménagement** he broke the news to her gently ou cautiously ◆ **elle a besoin de ménagement car elle est encore très faible** she needs care and attention as she's still very weak

**2 ménagements** nmpl (= égards) (respectful) consideration (NonC) ou attentions

**ménager[1], -ère** [menaʒe, ɛʀ] → SYN **1** adj ustensiles, appareils household (épith), domestic (épith) ◆ **travaux ménagers, tâches ménagères** housework, domestic chores ◆ **collège d'enseignement ménager** † school of domestic science; → **art, eau, ordure**

**2 ménagère** nf **a** (= femme d'intérieur) housewife

**b** (= couverts) canteen (of cutlery)

**ménager[2]** [menaʒe] → SYN ▸ conjug 3 ◂ **1** vt **a** (= traiter avec prudence) [+ personne puissante, adversaire] to handle carefully, treat tactfully ou considerately; [+ sentiments] to spare, show consideration for ◆ **elle est très sensible, il faut la ménager** she's very sensitive, you must treat her gently ◆ **ménager les deux parties** to keep both parties happy ◆ **afin de ménager les susceptibilités** so as not to offend people's sensibilities ◆ **ménager la chèvre et le chou** (= rester neutre) to sit on the fence; (= être conciliant) to keep both parties sweet *

**b** (= utiliser avec économie ou modération) [+ appareil] to go easy on; [+ réserves] to use carefully ou sparingly; [+ vêtement] to treat with care; [+ argent, temps] to use carefully, economize; [+ expressions] to moderate, tone down ◆ **c'est un homme qui ménage ses paroles** he's a man of few words ◆ **ménager ses forces** to save ou conserve one's strength ◆ **ménager sa santé** to take great care of one's health, look after o.s. ◆ **il n'a pas ménagé ses efforts** he spared no effort ◆ **nous n'avons rien ménagé pour vous plaire** we've spared no pains to please you ◆ **il ne lui a pas ménagé les louanges** he heaped praise on him

**c** (= préparer) [+ entretien, rencontre] to arrange, organize, bring about; [+ transition] to contrive, bring about ◆ **ménager l'avenir** to prepare for the future ◆ **il nous ménage une surprise** he's got a surprise in store for us ◆ **il sait ménager ses effets** [orateur] he knows how to make the most of his effects

**d** (= disposer, pratiquer) [+ porte, fenêtre] to put in; [+ chemin] to cut ◆ **ménager un espace entre** to make a space between ◆ **ménager une place pour** to make room for

**2 se ménager** vpr **a** (= ne pas abuser de ses forces) to take it easy ◆ **il faut** ou **vous devriez vous ménager un peu** you should take things easy, you should try not to overtax yourself ◆ **l'athlète se ménage pour la finale** the athlete is conserving his energy ou is saving himself for the final

**b** (= se réserver) **se ménager du temps pour se reposer** to set time aside to rest ◆ **se ménager une marge de manœuvre** to leave o.s. room for manoeuvre ◆ **se ménager un passage** to clear a path for o.s. ◆ **se ménager une revanche** to plan one's revenge

**ménagerie** [menaʒʀi] → SYN nf (lit) menagerie; (* fig) zoo

**ménagiste** [menaʒist] nmf (= fabricant) (household-)appliance maker; (= vendeur) (household-)appliance seller

**menchevik** [mɛnʃevik] nmf Menshevik (épith)

**mendélévium** [mɛ̃delevjɔm] nm mendelevium

**mendélien, -ienne** [mɛ̃deljɛ̃, jɛn] adj Mendelian

**mendélisme** [mɛ̃delism] nm Mendel(ian)ism

**mendiant, e** [mɑ̃djɑ̃, jɑ̃t] → SYN nm,f beggar, mendicant † (littér) ◆ **mendiant, (quatre) mendiants** (Culin) mixed dried fruit(s) and nuts *(raisins, hazelnuts, figs, almonds)*; → **frère, ordre[1]**

**mendicité** [mɑ̃disite] → SYN nf begging ◆ **arrêter qn pour mendicité** to arrest sb for begging ◆ **être réduit à la mendicité** to be reduced to beggary ou begging

**mendier** [mɑ̃dje] → SYN ▸ conjug 7 ◂ **1** vt [+ argent, nourriture, caresse, emploi] to beg for ◆ **mendier qch à qn** to beg sb for sth ◆ **mendier des compliments** to fish for compliments

**2** vi to beg

**mendigot** * [mɑ̃digo] nm (péj) beggar

**mendigote** * [mɑ̃digɔt] nf (péj) beggar woman

**mendigoter** * [mɑ̃digɔte] ▸ conjug 1 ◂ vti to beg ◆ **toujours à mendigoter (quelque chose)** always begging (for something)

**mendole** [mɑ̃dɔl] nf picarel

**Mendoza** [mɛndoza] nm Mendoza

**meneau,** pl **meneaux** [məno] nm (horizontal) transom; (vertical) mullion; → **fenêtre**

**menée** [məne] **1** nf **a** (Vénerie) stag's track *(in flight)*

**b** (Helv = amas de neige) snowdrift

**2 menées** nfpl (= machinations) intrigues, manoeuvres, machinations ◆ **déjouer les menées de qn** to foil sb's manoeuvres ou little game * ◆ **menées subversives** subversive activities

**mener** [m(ə)ne] → SYN ▸ conjug 5 ◂ vt **a** (= conduire) [+ personne] to take, lead; (en voiture) to drive, take (*à* to; *dans* into) ◆ **mener un enfant à l'école/chez le médecin** to take a child to school/to see the doctor ◆ **mener la voiture au garage** to take the car to the garage ◆ **mène ton ami à sa chambre** show ou take ou see your friend to his room ◆ **mener promener le chien** to take the dog for a walk ◆ **mener qn en bateau** * to take sb for a ride *, lead sb up the garden path *, have sb on * ◆ **il a bien su mener sa barque** he's managed his career very effectively

**b** [véhicule, personne] to take; [route] to lead, take; [profession, action] to lead, get (*à* to) (*dans* into) ◆ **c'est le chemin qui mène à la mer** this is the path (leading) to the sea ◆ **le car vous mène à Chartres en deux heures** the bus will take ou get you to Chartres in two hours ◆ **cette route vous mène à Chartres** this road will take you to Chartres, you'll get to Chartres on this road ◆ **où mène ce chemin ?** where does this path go ou lead (to)? ◆ **où tout cela va-t-il nous mener ?** where's all this going to get us?, where does all this lead us? ◆ **cela ne (nous) mène à rien** this won't get us anywhere, this will get us nowhere ◆ **le journalisme mène à tout** all roads are open to you in journalism ◆ **de telles infractions pourraient le mener loin** offences such as these could get him into trouble ou into deep water ◆ **mener qn à faire ...** to lead sb to do ...; → **chemin**

**c** (= commander) [+ personne, cortège] to lead; [+ pays] to run, rule; [+ entreprise] to manage, run; [+ navire] to command ◆ **il sait mener les hommes** he knows how to lead men, he is a good leader ◆ **mener qn par le bout du nez** to lead sb by the nose ◆ **il est mené par le bout du nez par sa femme** his wife has got him on a string ◆ **elle se laisse mener par son frère** she lets herself be led by her brother ◆ **l'argent mène le monde** money rules the world, money makes the world go round ◆ **mener le jeu** ou **la danse** to call the tune, say what goes * ◆ **mener les débats** to chair the discussion

**d** (gén, Sport = être en tête) to lead; (emploi absolu) to lead, be in the lead ◆ **il mène (par) 3 jeux à 1** (Tennis) he's leading (by) 3 games to 1 ◆ **la France mène (l'Écosse par 2 buts à 1)** France is in the lead ou is leading (by 2 goals to 1 against Scotland)

**e** (= orienter) [+ vie] to lead, live; [+ négociations, lutte, conversation] to carry on; [+ enquête] to carry out, conduct; [+ affaires] to manage, run; [+ carrière] to handle, manage ◆ **mener les choses rondement** to manage things efficiently ◆ **mener qch à bien** ou **à bonne fin** ou **à terme** to see sth through, carry sth through to a successful conclusion ◆ **il mène deux affaires de front** he runs ou manages two businesses at once ◆ **mener la vie dure à qn** to rule sb with an iron hand, keep a firm hand on sb ◆ **il n'en menait pas large** his heart was in his boots; → **barque, train** etc

**f** (Math) **mener une parallèle à une droite** to draw a line parallel to a straight line

**ménestrel** [menɛstʀɛl] → SYN nm minstrel

**ménétrier** [menetʀije] nm fiddler

**meneur, -euse** [mənœʀ, øz] → SYN nm,f (= chef) (ring) leader; (= agitateur) agitator ◆ **meneur d'hommes** born leader ◆ **meneur de jeu** [spectacles, variétés] master of ceremonies, compere (Brit), emcee (US); [jeux-concours] quizmaster; (Sport) team leader ◆ **meneuse de revue** (Music-hall) captain *(of chorus girls)*

**menhir** [meniʀ] → SYN nm menhir, standing stone

**menin** [menɛ̃] → SYN nm (Hist) (en Espagne) young nobleman; (en France) *young nobleman attached to the Dauphin*

**menine** [menin] nf (Hist) young noblewoman

**méninge** [menɛ̃ʒ] nf (Méd) meninx ◆ **méninges** meninges ◆ **se creuser les méninges** * to rack one's brains ◆ **tu ne t'es pas fatigué les méninges !** * you didn't strain * ou overtax yourself!

**méningé, e** [menɛ̃ʒe] adj meningeal

**méningiome** [menɛ̃ʒjom] nm meningioma

**méningite** [menɛ̃ʒit] → SYN nf meningitis (NonC) ◆ **faire une méningite** to have meningitis ◆ **ce n'est pas lui qui attrapera une méningite !** * he's not one to strain himself! *

**méningitique** [menɛ̃ʒitik] adj meningitic

**méningocoque** [menɛ̃gɔkɔk] nm meningococcus

**méniscal, e,** mpl **-aux** [meniskal, o] adj meniscus (épith)

**méniscite** [menisit] nf meniscitis

**ménisque** [menisk] nm (Anat, Opt, Phys) meniscus; (Bijouterie) *crescent-shaped jewel*

**mennonite** [menɔnit] → SYN adj, nmf Mennonite

**ménopause** [menopoz] → SYN nf menopause ◆ **troubles de la ménopause** menopausal problems

**ménopausée** [menopoze] **1** adj f post-menopausal

**2** nf post-menopausal woman, woman past the menopause

**ménopausique** [menɔpozik] adj troubles menopausal

**menotte** [mənɔt] → SYN **1** nf (langage enfantin) little ou tiny hand, handy (langage enfantin)

**2 menottes** nfpl handcuffs ◆ **il est parti, menottes aux poignets** he left handcuffed ou in handcuffs ◆ **mettre** ou **passer les menottes à qn** to handcuff sb

**mensonge** [mɑ̃sɔ̃ʒ] → SYN nm **a** (= contre-vérité) lie ◆ **faire** ou **dire un mensonge** to tell a lie ◆ **mensonge par omission** lie by omission ◆ **pieux mensonge** white lie ◆ **c'est vrai, ce mensonge ?** (hum) are you sure you're not fibbing? ◆ **tout ça, c'est des mensonges** * it's all a pack of lies; → **détecteur**

**b le mensonge** lying, untruthfulness ◆ **je hais le mensonge** I hate lies ou untruthfulness ◆ **il vit dans le mensonge** he's living a lie

**c** (littér = illusion) illusion

**mensonger, -ère** [mɑ̃sɔ̃ʒe, ɛʀ] → SYN adj (= faux) rapport, nouvelle untrue, false; promesse deceitful, false; (littér = trompeur) bonheur illusory, delusive, deceptive

**mensongèrement** [mɑ̃sɔ̃ʒɛʀmɑ̃] adv untruthfully, falsely, deceitfully

**menstruation** [mɑ̃stʀyasjɔ̃] → SYN nf menstruation

**menstruel, -elle** [mɑ̃stʀyɛl] adj menstrual

**menstrues** [mɑ̃stʀy] nfpl menses

**mensualisation** [mɑ̃sɥalizasjɔ̃] nf [salaires, impôts, factures] monthly payment ◆ **effectuer la mensualisation des salaires** to put workers on monthly salaries, pay salaries monthly ◆ **la mensualisation de l'impôt** the monthly payment of tax → IMPÔTS

**mensualiser** [mɑ̃sɥalize] ▸ conjug 1 ◂ vt [+ salaires, employés, impôts, factures] to pay on a monthly basis ◆ **être mensualisé** [salaire] to be paid monthly ou on a monthly basis; [employé] to be on a monthly salary; [contribuable] to pay income tax monthly

**mensualité** [mɑ̃sɥalite] nf (= traite) monthly payment ou instalment; (= salaire) monthly salary ◆ **payer par mensualités** to pay monthly ou in monthly instalments

**mensuel, -elle** [mɑ̃sɥɛl] 1 adj monthly
2 nm (Presse) monthly (magazine)

**mensuellement** [mɑ̃sɥɛlmɑ̃] adv payer monthly, every month

**mensuration** [mɑ̃syʀasjɔ̃] → SYN nf (= mesure, calcul) mensuration ◆ **mensurations** (= mesures) measurements ◆ **quelles sont ses mensurations ?** [femme] what are her measurements ou vital statistics * (hum)?

**mental, e,** mpl **-aux** [mɑ̃tal, o] → SYN 1 adj maladie, âge, processus mental; → **calcul, malade**
2 nm (= état d'esprit) ◆ **le mental** the mental state

**mentalement** [mɑ̃talmɑ̃] adv mentally ◆ **calculer qch mentalement** to calculate sth ou work sth out in one's head

**mentalité** [mɑ̃talite] → SYN nf mentality ◆ **les mentalités ont changé** people think differently now, (people's) attitudes have changed ◆ **faire changer les mentalités** to change the way people think ◆ **quelle mentalité !, jolie mentalité !** (iro) what an attitude! ◆ **avoir une sale mentalité** * to be a nasty piece of work *

**menterie** † [mɑ̃tʀi] → SYN nf (= mensonge) untruth, falsehood ◆ **ce sont des menteries** (hum) it's all a pack of lies

**menteur, -euse** [mɑ̃tœʀ, øz] → SYN 1 adj proverbe fallacious, false; enfant untruthful, lying ◆ **il est très menteur** he's an awful liar, he's always lying
2 nm,f liar, fibber * ◆ **sale menteur !** * you dirty liar!
3 nm (Cartes) cheat

**menthe** [mɑ̃t] → SYN nf a (Bot) mint ◆ **menthe poivrée** peppermint ◆ **menthe verte** spearmint, garden mint ◆ **à la** ou **de menthe** mint (épith); → **alcool, pastille, thé**
b (= boisson fraîche) peppermint cordial; (= infusion) mint tea ◆ **une menthe à l'eau** a glass of peppermint cordial; → **diabolo**

**menthol** [mɑ̃tɔl] nm menthol

**mentholé, e** [mɑ̃tɔle] adj mentholated, menthol (épith)

**mention** [mɑ̃sjɔ̃] → SYN nf a (= note brève) mention ◆ **faire mention de** to mention, make mention of ◆ **il n'y a pas mention de son nom dans la liste** there's no reference to his name on the list, he isn't mentioned on the list ◆ **faire l'objet d'une mention** to be mentioned
b (= annotation) note, comment ◆ **le paquet est revenu avec la mention "adresse inconnue"** the parcel was returned marked "address unknown" ◆ **"rayer la mention inutile"** (Admin) "delete as appropriate"
c (Scol, Univ) grade ◆ **mention très honorable** [doctorat] (with) distinction ◆ **être reçu avec mention** to pass with distinction ou honours ◆ **être reçu sans mention** to get a pass ◆ **mention passable** ≃ pass, ≃ pass mark (Brit), ≃ passing grade (US), ≃ (grade) C ◆ **mention assez bien** (Scol) ≃ (grade) B; (Univ) ≃ lower second class honours (Brit), ≃ (grade) B (US) ◆ **mention bien** (Scol) ≃ B+ ou A-; (Univ) ≃ upper second class honours (Brit), ≃ cum laude (US) ◆ **mention très bien** (Scol) ≃ A ou A+ ; (Univ) ≃ first class honours (Brit), ≃ magna cum laude (US) ◆ **son film a obtenu une mention spéciale lors du dernier festival** his film received a special award at the last festival
d (Ling) mention

**mentionner** [mɑ̃sjɔne] GRAMMAIRE ACTIVE 26.2 → SYN ▸ conjug 1 ◂ vt to mention ◆ **la personne mentionnée ci-dessus** the above-mentioned person ◆ **l'île n'est pas mentionnée sur la carte** the island doesn't appear on the map

**mentir** [mɑ̃tiʀ] → SYN ▸ conjug 16 ◂ 1 vi a [personne] to lie (à qn to sb; sur about); [photo, apparences] to be deceptive ◆ **tu mens !** you're a liar!, you're lying! ◆ **mentir effrontément** to lie boldly, be a barefaced liar ◆ **je t'ai menti** I lied to you, I told you a lie ◆ **sans mentir** (quite) honestly ◆ **il ment comme il respire** ou **comme un arracheur de dents** he's a compulsive liar, he lies in ou through his teeth * ◆ (Prov) **a beau mentir qui vient de loin** long ways long lies (Prov) ◆ **ne me fais pas mentir !** don't prove me wrong! ◆ **faire mentir le proverbe** to give the lie to the proverb, disprove the proverb
b (littér = manquer à) **mentir à** to betray; (= démentir) to belie ◆ **il ment à sa réputation** he belies ou does not live up to his reputation ◆ **vous en avez menti** († ou hum) you told an untruth
2 **se mentir** vpr [personnes] to lie to each other ◆ **se mentir à soi-même** to fool o.s. ◆ **il se ment à lui-même** he's not being honest with himself, he's fooling himself

**mentisme** [mɑ̃tism] nm mentism

**menton** [mɑ̃tɔ̃] nm (Anat) chin; (Zool) mentum ◆ **menton en galoche** protruding ou jutting chin ◆ **menton fuyant** receding chin, weak chin ◆ **double/triple menton** double/triple chin

**mentonnier, -ière** [mɑ̃tɔnje, jɛʀ] adj mental, genial

**mentonnière** [mɑ̃tɔnjɛʀ] nf [coiffure] (chin) strap; (Hist) [casque] chin piece; (Mus) chin rest; (Méd) chin bandage

**mentor** [mɛ̃tɔʀ] → SYN nm (frm) mentor

**menu**[1] [məny] → SYN nm a (= repas) meal; (= carte) menu ◆ **faites votre menu à l'avance** plan your meal in advance ◆ **quel est le** ou **qu'y a-t-il au menu ?** what's on the menu? ◆ **vous prenez le menu (à prix fixe) ou la carte ?** are you having the set menu or the à la carte (menu)? ◆ **menu du jour** today's menu ◆ **menu dégustation** tasting menu ◆ **menu touristique** set menu ◆ **menu gastronomique** gourmet menu ◆ **menu enfant** children's menu
b (= programme) **quel est le menu de la réunion ?** * what's the agenda for the meeting? ◆ **au menu du festival** in the festival programme (Brit) ou program (US) ◆ **au menu de l'émission, il y a ...** lined up (for you) on the programme (Brit) ou program (US) is ... ◆ **au menu de son voyage officiel, il ...** during his official visit, he ...
c (Ordin) menu ◆ **menu déroulant** pull-down menu

**menu**[2]**, e** [məny] → SYN 1 adj a (= fin) doigt, tige, taille slender, slim; personne slim, slight; pied slender; herbe fine; écriture small, tiny; voix thin ◆ **en menus morceaux** in tiny pieces
b (= peu important) difficultés, incidents, préoccupations minor, petty, trifling ◆ **dire/raconter dans les menus détails** to tell/relate in minute detail ◆ **menus frais** incidental ou minor expenses ◆ **menu fretin** (lit, fig) small fry ◆ **menus larcins** pilferage, pilfering ◆ **menue monnaie** small ou loose change ◆ **menu peuple** humble folk ◆ **Menus Plaisirs** (Hist) (royal) entertainment (NonC) ◆ **se réserver de l'argent pour ses menus plaisirs** to keep some money by for (one's) amusements ◆ **menus propos** small talk (NonC)
c (LOC) **par le menu** in detail ◆ **raconter qch par le menu** to relate sth in great detail ◆ **on fit par le menu la liste des fournitures** they made a detailed list of the supplies
2 adv couper, hacher, piler fine(ly) ◆ **écrire menu** to write small

**menuet** [mənɥɛ] nm minuet

**menuiser** [mənɥize] ▸ conjug 1 ◂ vt [+ bois] to work

**menuiserie** [mənɥizʀi] → SYN nf a (= métier) joinery; (pour le bâtiment) carpentry ◆ **menuiserie d'art** cabinetwork ◆ **spécialiste en menuiserie métallique** specialist in metal fittings *(for doors, windows etc.)* ◆ **faire de la menuiserie** (passe-temps) to do woodwork ou carpentry ou joinery
b (= atelier) joiner's workshop
c (= ouvrage) woodwork (NonC), joinery (NonC), carpentry (NonC)

**menuisier** [mənɥizje] → SYN nm [meubles] joiner; [bâtiment] carpenter ◆ **menuisier d'art** cabinet-maker

**ménure** [menyʀ] nm menura, lyrebird

**ményanthe** [menjɑ̃t] nm buckbean

**Méphistophélès** [mefistɔfelɛs] nm Mephistopheles

**méphistophélique** [mefistɔfelik] adj Mephistophelean

**méphitique** [mefitik] → SYN adj noxious, noisome †, mephitic

**méphitisme** [mefitism] nm sulphurous (air) pollution

**méplat** [mepla] nm (Anat, Archit) plane

**méprendre (se)** [mepʀɑ̃dʀ] → SYN ▸ conjug 58 ◂ vpr (littér) to make a mistake, be mistaken (sur about) ◆ **se méprendre sur qn** to misjudge sb, be mistaken about sb ◆ **se méprendre sur qch** to make a mistake about sth, misunderstand sth ◆ **ils se ressemblent tellement que c'est à s'y méprendre** ou **qu'on pourrait s'y méprendre** they are so alike that you can't tell them apart ou that it's difficult to tell which is which

**mépris** [mepʀi] → SYN nm a (= mésestime) contempt, scorn ◆ **avoir** ou **éprouver du mépris pour qn** to despise sb, feel contempt for sb ◆ **sourire/regard de mépris** scornful ou contemptuous smile/look ◆ **avec mépris** contemptuously, scornfully, with contempt ou scorn
b (= indifférence) **mépris de** ou **pour** [+ argent, gens, honneurs, danger] contempt for, disregard for ◆ **avoir le mépris des convenances/traditions** to have no regard for conventions/traditions ◆ **au mépris du danger/des lois/de l'opinion publique** regardless ou in defiance of danger/the law/public opinion ◆ **au mépris de leur (propre) vie** without giving a single thought to ou without thought for their own lives

**méprisable** [mepʀizabl] → SYN adj contemptible, despicable

**méprisant, e** [mepʀizɑ̃, ɑ̃t] → SYN adj contemptuous, scornful; (= hautain) disdainful

**méprise** [mepʀiz] → SYN nf (= erreur) mistake, error; (= malentendu) misunderstanding ◆ **par méprise** by mistake

**mépriser** [mepʀize] → SYN ▸ conjug 1 ◂ vt [+ personne] to despise, look down on; [+ danger, conseil, offre] to scorn, spurn; [+ vice, faiblesse] to scorn, despise ◆ **mépriser les conventions** to scorn ou spurn convention

**mer** [mɛʀ] → SYN 1 nf a (= océan) sea ◆ **mer fermée** ou **intérieure** inland ou landlocked sea ◆ **mer de glace** glacier ◆ **mer de sable** sea of sand ◆ **naviguer sur une mer d'huile** to sail on a glassy sea ou on a sea as calm as a millpond ◆ **aller à la mer** to go to the seaside ◆ **il a navigué sur toutes les mers** he has sailed the seven seas ◆ **vent/port de mer** sea breeze/harbour ◆ **gens de mer** sailors, seafarers, seafaring men ◆ **coup de mer** heavy swell ◆ **mer calme/peu agitée** (Mét Naut) calm/moderate sea; → **bras, mal**
b (= marée) tide ◆ **la mer est haute** ou **pleine/basse** the tide is high ou in/low ou out ◆ **c'est la haute** ou **pleine/basse mer** it is high/low tide
c (LOC) **en mer** at sea ◆ **en haute** ou **pleine mer** out at sea, on the open sea ◆ **prendre la mer** [personne, bateau] to put out to sea ◆ **mettre une embarcation à la mer** to launch a boat ◆ **bateau qui tient bien la mer** good seagoing boat ◆ **aller/voyager par mer** to go/travel by sea ◆ **ce n'est pas la mer à boire !** * it's no big deal! ◆ **j'avalerais** ou **boirais la mer et les poissons** I could drink gallons (and gallons)
2 COMP ▷ **la mer des Antilles** the Caribbean (Sea) ▷ **la mer d'Aral** the Aral Sea ▷ **la mer d'Azov** the Sea of Azov ▷ **la mer des Caraïbes** the Caribbean (Sea) ▷ **la mer Caspienne** the Caspian Sea ▷ **la mer de Chine** the China Sea ▷ **la mer Égée** the Aegean Sea ▷ **la mer Icarienne** the Icarian Sea ▷ **la mer Ionienne** the Ionian Sea ▷ **la mer d'Irlande** the Irish Sea ▷ **la mer d'Iroise** the Iroise Sea ▷ **la mer de Marmara** the Sea of Marmara ▷ **la mer Morte** the Dead Sea ▷ **la mer Noire** the Black Sea ▷ **la mer du Nord** the North Sea ▷ **la mer d'Oman** the sea of Oman ▷ **la mer Rouge** the Red Sea ▷ **la mer des Sargas-**

**ses** the Sargasso Sea ▷ **les mers du Sud** the South Seas ▷ **la mer Tyrrhénienne** the Tyrrhenian Sea

**mercanti** [mɛʀkɑ̃ti] → SYN nm (péj) profiteer; (= marchand oriental ou africain) bazaar merchant

**mercantile** [mɛʀkɑ̃til] → SYN adj (péj) mercenary, venal

**mercantilisme** [mɛʀkɑ̃tilism] nm (péj) mercenary ou venal attitude; (Écon, Hist) mercantile system, mercantilism

**mercantiliste** [mɛʀkɑ̃tilist] adj, nm mercantilist

**mercaticien, -ienne** [mɛʀkatisjɛ̃, jɛn] nm,f marketer

**mercatique** [mɛʀkatik] nf marketing

**mercenaire** [mɛʀsənɛʀ] → SYN 1 adj soldat mercenary, hired; (péj) attitude, personne mercenary
2 nm (Mil) mercenary ◆ **tous ces mercenaires qui se vendent au plus offrant** (péj) all these mercenary individuals who sell themselves to the highest bidder

**mercerie** [mɛʀsəʀi] nf (= boutique) haberdasher's shop (Brit), notions store (US); (= articles) haberdashery (Brit), notions (US), dry goods (US); (= profession) haberdashery (Brit) ou notions (US) (trade)

**mercerisé** [mɛʀsəʀize] adj ◆ **coton mercerisé** mercerized cotton

**merchandising** [mɛʀʃɑ̃dajziŋ, mɛʀʃɑ̃diziŋ] → SYN nm merchandising

**merci** [mɛʀsi] GRAMMAIRE ACTIVE 21.1, 22, 25.4 → SYN
1 excl a (pour remercier) thank you ◆ **merci bien** thank you, many thanks ◆ **merci beaucoup** thank you very much, thanks a lot* ◆ **merci mille fois** thank you (ever) so much ◆ **merci de** ou **pour votre carte** thank you for your card ◆ **merci d'avoir répondu** thank you for replying ◆ **sans même me dire merci** without even thanking me, without even saying thank you ◆ **merci du compliment !** (iro) thanks for the compliment! ◆ **merci mon chien !*** (iro) thank you too! (iro), don't bother saying thank you! (iro); → **dieu**
b (pour accepter) **du lait ? – (oui) merci** some milk? — (yes) please
c (pour refuser) **Cognac ? – (non) merci** Cognac? — no thank you ◆ **y retourner ? merci (bien) !** go back there? no thank you!
2 nm thank-you ◆ **je n'ai pas eu un merci** I didn't get ou hear a word of thanks ◆ **nous vous devons/nous devons vous dire un grand merci pour ...** we owe you/we must say a big thank-you for ... ◆ **et encore un grand merci pour votre cadeau** and once again thank you so much ou many thanks for your present ◆ **mille mercis** many thanks
3 nf (= pitié) mercy ◆ **crier/implorer merci** to cry/beg for mercy
♦ **sans merci** concurrence merciless, ruthless; guerre, lutte ruthless; combattre ruthlessly
♦ **à merci** ◆ **exploitable à merci** liable to be ruthlessly exploited, open to ruthless exploitation ◆ **réduire à merci** to force into submission ◆ **l'image photo est manipulable à merci** photographic images can be manipulated at will
♦ **à la merci de** ◆ **à la merci de qn** at sb's mercy ◆ **tout le monde est à la merci d'une erreur** anyone can make a mistake ◆ **nous sommes toujours à la merci d'un accident** accidents can happen at any time

**mercier, -ière** [mɛʀsje, jɛʀ] nm,f haberdasher (Brit), notions dealer (US)

**mercredi** [mɛʀkʀədi] 1 nm Wednesday ◆ **mercredi des Cendres** Ash Wednesday; pour autres loc voir **samedi**
2 excl* sugar!*, shoot!* (US)

**mercure** [mɛʀkyʀ] → SYN nm a (Chim) mercury
b (Astron, Myth) **Mercure** Mercury

**mercureux** [mɛʀkyʀø] adj m mercurous

**mercuriale** [mɛʀkyʀjal] → SYN nf a (littér = reproche) reprimand, rebuke
b (Bot) mercury
c (Comm) market price list

**mercuriel, -ielle** [mɛʀkyʀjɛl] adj mercurial

**mercurique** [mɛʀkyʀik] adj mercuric

**mercurochrome** ® [mɛʀkyʀokʀom] nm Mercurochrome ®

**merde** [mɛʀd] → SYN 1 nf** a (= excrément) shit**; (= étron) turd** ◆ **une merde de chien** some dog shit**, a dog turd**
b (= livre, film) crap** ◆ **son dernier bouquin est de la vraie** ou **une vraie merde** his latest book is a load of crap** ◆ **quelle voiture de merde !** what a fucking awful car!**, what a shitty car!** ◆ **quel boulot de merde !** what a crap** ou shitty** job!
c (= ennuis) **quelle merde !** shit!** ◆ **la moto est en panne, quelle merde** ou **c'est la merde !** the bike's broken down, what a bummer!‡ ◆ **on est dans la merde** we're really in the shit**, we're in one hell of a mess‡ ◆ **ils sont venus pour foutre** ** **la merde** they came to cause trouble ◆ **il a mis** ou **foutu** ** **la merde dans mes affaires** he messed up* my things ◆ **mettre** ou **foutre** ** **qn dans la merde** to land sb in the shit** ◆ **il ne m'arrive que des merdes** I've had one godamm‡ problem after another
d (LOC) **je te dis merde !** (insulte) you can go to hell!‡; (bonne chance) good luck!, break a leg!* ◆ **tu le veux, oui ou merde ?** for Christ's sake ou for God's sake, do you want it or not?‡ ◆ **tu as de la merde dans les yeux !** are you blind or what?* ◆ **il ne se prend pas pour de la** ou **une merde** he thinks the sun shines out of his arse** (Brit) ou ass** (US), he thinks his shit doesn't stink** (US)
2 excl‡ (impatience, contrariété) hell!‡, shit!**; (indignation, surprise) shit!**, bloody hell!‡ (Brit) ◆ **merde alors !** damn‡! ◆ **merde pour lui !** to hell with him!‡

**merder** ** [mɛʀde] ▸ conjug 1 ◂ vi [personne] to cock up‡, fuck up** ◆ **t'arrives à le réparer ? – non, ça merde** can you fix it? — no, it's knackered‡ ◆ **le projet a merdé du début à la fin** the project was a bloody** (Brit) ou godamm‡ (US) mess ou shambles from start to finish ◆ **j'ai merdé en anglais/à l'écrit** I fucked up** my English exam/the written paper

**merdeux, -euse** ** [mɛʀdø, øz] → SYN 1 adj shitty** ◆ **il se sent merdeux** he feels shitty**
2 nm,f squirt‡, twerp*

**merdier** ** [mɛʀdje] nm (= situation) fuck-up**, muck-up*; (= désordre) shambles sg ◆ **être dans un beau merdier** to be really in the shit**, be up shit creek (without a paddle)** ◆ **c'est le merdier dans ses dossiers** his files are an absolute shambles

**merdique** ‡ [mɛʀdik] adj film, discours, idée pathetic, moronic, crappy** ◆ **c'était merdique, cette soirée** that party was the pits‡ ou was bloody awful** (Brit)

**merdouille** ‡ [mɛʀduj] nf ⇒ **merde**

**merdouiller** ‡ [mɛʀduje] ▸ conjug 1 ◂ vi ⇒ **merder**

**mère** [mɛʀ] → SYN 1 nf a (= génitrice) mother ◆ **elle est mère de quatre enfants** she is a ou the mother of four (children) ◆ **tu es une mère pour moi** (fig hum) you are like a mother to me ◆ **la France, mère des arts** (littér) France, mother of the arts ◆ **frères par la mère** half-brothers (on the mother's side) ◆ **devenir mère** to become a mother; → **Madame, reine**
b (= femme) **la mère Morand*** (péj) old mother Morand, old Ma Morand (péj) ◆ **allons la petite mère, dépêchez-vous !*** come on missis, hurry up!* ◆ **ma petite mère** (affectueux : à une enfant, un animal) my little pet ou love ◆ **bonjour, mère Martin** (dial) good day to you, Mrs Martin
c (Rel) mother ◆ **(la) Mère Catherine** Mother Catherine ◆ **oui, ma mère** yes, Mother
d (Tech = moule) mould
e (apposition : après n) (= cellule, compagnie) parent ◆ **fichier mère** (Ordin) mother file ◆ **langue mère** (Ling) mother tongue ou language; → **carte, maison**
2 COMP ▷ **Mère abbesse** mother abbess ▷ **mère d'accueil** ⇒ **mère porteuse** ▷ **mère biologique** natural ou biological mother ▷ **mère de famille** mother, housewife ▷ **mère génétique** ⇒ **mère biologique** ▷ **mère patrie** motherland ▷ **mère porteuse** surrogate mother ▷ **mère poule*** mother hen ◆ **c'est une vraie mère poule***, **elle est très mère poule*** she's a real mother hen ▷ **mère de substitution** ⇒ **mère porteuse** ▷ **Mère supérieure** Mother Superior ▷ **mère de vinaigre** mother of vinegar

**mère-grand** †, pl **mères-grand** [mɛʀgʀɑ̃] nf grandma

**merguez** [mɛʀgɛz] nf merguez sausage *(type of spicy sausage from North Africa)*

**mergule** [mɛʀgyl] nm ◆ **mergule (nain)** little auk

**méridien, -ienne** [meʀidjɛ̃, jɛn] 1 adj (Sci) meridian; (littér) meridian (littér), midday (épith)
2 nm (Astron, Géog) meridian ◆ **méridien d'origine** prime meridian ◆ **le méridien de Greenwich** the Greenwich meridian
3 **méridienne** nf a (Astron) meridian line; (Géodésie) line of triangulation points
b (= fauteuil) meridienne
c (littér = sieste) siesta

**méridional, e**, mpl **-aux** [meʀidjɔnal, o] → SYN
1 adj (= du Sud) southern; (= du sud de la France) Southern (French)
2 **Méridional(e)** nm,f (= du Sud) Southerner; (= du sud de la France) Southern Frenchman (ou Frenchwoman), Southerner

**meringue** [məʀɛ̃g] nf meringue

**meringuer** [məʀɛ̃ge] ▸ conjug 1 ◂ vt (gén ptp) to coat ou cover with meringue ◆ **tarte au citron meringuée** lemon meringue pie

**mérinos** [meʀinos] nm merino; → **pisser**

**merise** [məʀiz] nf wild cherry

**merisier** [məʀizje] nm (= arbre) wild cherry (tree); (= bois) cherry (wood)

**mérisme** [meʀism] nm distinctive feature

**méristème** [meʀistɛm] nm meristem

**méritant, e** [meʀitɑ̃, ɑ̃t] → SYN adj deserving

**mérite** [meʀit] → SYN nm a (= vertu intrinsèque) merit; (= respect accordé) credit ◆ **le mérite de cet homme est grand** he is a man of great merit ◆ **il n'en a que plus de mérite** he deserves all the more credit, it's all the more to his credit ◆ **il n'y a aucun mérite à cela** there's no merit in that ◆ **tout le mérite lui revient** all the credit is due to him, he deserves all the credit ◆ **il a le grand mérite d'avoir réussi** it's greatly to his credit that ou his great merit is that he succeeded ◆ **il a au moins le mérite d'être franc** at least he's frank ◆ **cette explication a le mérite de la clarté** this explanation has the virtue of being clear ◆ **elle a bien du mérite de le supporter** she deserves a lot of credit for putting up with him
b (= valeur) merit, worth; (= qualité) quality ◆ **salaire au mérite** merit pay ◆ **promotion au mérite** promotion on merit ◆ **de grand mérite** of great worth ou merit ◆ **ce n'est pas sans mérite** it's not without merit ◆ **si nombreux que soient ses mérites** however many qualities he may have ◆ **son geste n'a eu d'autre mérite que ...** the only good point about ou merit in what he did was that ...
c (= décoration) **l'ordre national du Mérite** the national order of merit *(French decoration)*
d (Rel) **mérite(s) du Christ** merits of Christ

**mériter** [meʀite] → SYN ▸ conjug 1 ◂ vt a [+ louange, châtiment] to deserve, merit ◆ **tu mériterais qu'on t'en fasse autant** you deserve (to get) the same treatment ◆ **cette action mérite des louanges/une punition** this action deserves ou merits ou warrants praise/punishment ◆ **mériter l'estime de qn** to be worthy of ou deserve ou merit sb's esteem ◆ **tu n'as que ce que tu mérites** you've got (just) what you deserved, it serves you right ◆ **il mérite la prison/la corde** he deserves to go to prison/to be hanged ◆ **repos/blâme bien mérité** well-deserved rest/reprimand ◆ **on a les amis qu'on mérite** you have the friends you deserve ◆ **ça se mérite !** you have to earn it!
b (= valoir) to merit, deserve, be worth; (= exiger) to call for, require ◆ **le fait mérite d'être noté** the fact is worth noting, the fact is worthy of note ◆ **ceci mérite réflexion** ou **qu'on y réfléchisse** (exiger) this calls for ou requires careful thought; (valoir) this merits ou deserves careful thought ◆ **ça lui a mérité le respect de tous** this earned him everyone's respect
c **il a bien mérité de la patrie** (frm) he deserves well of his country; (hum) he deserves a medal for that

**méritocratie** [meʀitɔkʀasi] **nf** meritocracy

**méritoire** [meʀitwaʀ] → SYN **adj** meritorious, praiseworthy, commendable

**merlan** [mɛʀlɑ̃] → SYN **nm** **a** (Zool) whiting
**b** († * = coiffeur) barber, hairdresser
**c** (Boucherie) ≈ topside (Brit), ≈ top round (US)

**merle** [mɛʀl] **nm** **a** (Orn) blackbird ◆ **merle à plastron** ring ouzel ◆ **elle cherche le merle blanc** (gén) she's asking for the impossible; (mari) she's looking for her Prince Charming ◆ **vilain merle** (péj) nasty customer
**b** (Can) (American) robin

**merlette** [mɛʀlɛt] **nf** female blackbird, she-blackbird

**merlin** [mɛʀlɛ̃] **nm** **a** [bûcheron] axe; (Boucherie) cleaver
**b** (Naut) marline

**merlot** [mɛʀlo] **nm** (= raisin) merlot, *type of red grape*

**merlu** [mɛʀly] **nm** hake

**merluche** [mɛʀlyʃ] **nf** **a** (Culin) dried cod, stockfish
**b** ⇒ **merlu**

**merluchon** [mɛʀlyʃɔ̃] **nm** small hake

**mérostomes** [meʀɔstɔm] **nmpl** ◆ **les mérostomes** merostomes, the Merostomata (SPÉC)

**mérou** [meʀu] **nm** grouper

**mérovingien, -ienne** [meʀɔvɛ̃ʒjɛ̃, jɛn] **1** **adj** Merovingian
**2** **Mérovingien(ne)** **nm,f** Merovingian

**merrain** [meʀɛ̃] **nm** [cerf] beam

**merveille** [mɛʀvɛj] → SYN **1** **nf** **a** (= chose exceptionnelle) marvel, wonder ◆ **les merveilles de la technique moderne** the wonders ou marvels of modern technology ◆ **cette montre est une merveille de précision** this watch is a marvel of precision ◆ **les merveilles de la nature** the wonders of nature ◆ **cette machine est une (petite) merveille** this machine is a (little) marvel ◆ **regarde ma bague – quelle merveille !** look at my ring – it's beautiful! ◆ **faire merveille** ou **des merveilles** to work wonders ◆ **c'est merveille que vous soyez vivant** it's a wonder ou a marvel that you are alive ◆ **on en dit merveille** ou **des merveilles** people say it's marvellous; → **huitième, sept**
**b** (Culin) fritter
**2** **à merveille** **loc adv** perfectly, wonderfully, marvellously ◆ **cela te va à merveille** it suits you perfectly ou to perfection ◆ **se porter à merveille** to be in excellent health, be in the best of health ◆ **ça s'est passé à merveille** it went off like a dream ou without a single hitch ◆ **ça tombe à merveille** this comes at an ideal moment ou just at the right time

**merveilleusement** [mɛʀvɛjøzmɑ̃] **adv** propre wonderfully, amazingly; interpréter brilliantly ◆ **elle joue merveilleusement bien au tennis** she's a brilliant tennis player ◆ **la maison est merveilleusement située** the house is in a marvellous position ◆ **l'endroit se prête merveilleusement à ce genre de festival** the place is wonderful for this kind of festival

**merveilleux, -euse** [mɛʀvɛjø, øz] → SYN **1** **adj** **a** (= magnifique) paysage, bijoux wonderful
**b** (= sensationnel) nouvelle, événement heureux, personne wonderful, fantastic ◆ **il est merveilleux de dévouement** he's wonderfully devoted
**c** (après n = surnaturel) magic
**2** **nm** ◆ **le merveilleux** the supernatural; (Art, Littérat) the fantastic element
**3** **merveilleuse** **nf** (Hist) fine lady, belle

**mérycisme** [meʀisism] **nm** merycism

**mes** [me] **adj poss** → **mon**

**mesa** [meza] **nf** mesa

**mésalliance** [mezaljɑ̃s] → SYN **nf** misalliance, marriage beneath one's station † ◆ **faire une mésalliance** to marry beneath o.s. ou one's station †

**mésallier (se)** [mezalje] → SYN ▸ **conjug 7** ◂ **vpr** to marry beneath o.s. ou one's station †

**mésange** [mezɑ̃ʒ] **nf** tit(mouse) ◆ **mésange bleue** blue tit ◆ **mésange charbonnière** great tit ◆ **mésange huppée** crested tit ◆ **mésange à longue queue** long-tailed tit ◆ **mésange noire** coal tit

**mésaventure** [mezavɑ̃tyʀ] → SYN **nf** misadventure ◆ **il a connu bien des mésaventures** he's had many misadventures ◆ **après la récente mésaventure survenue à notre navigateur** after our navigator's recent misadventure ou accident

**mescal** [mɛskal] **nm** mescal

**mescaline** [mɛskalin] **nf** mescaline

**mesclun** [mɛsklœ̃] **nm** mixed green salad

**Mesdames** [medam] **nfpl** → **Madame**

**Mesdemoiselles** [medmwazɛl] **nfpl** → **Mademoiselle**

**mésencéphale** [mezɑ̃sefal] **nm** midbrain, mesencephalon (SPÉC)

**mésenchyme** [mezɑ̃ʃim] **nm** mesenchyme

**mésentente** [mezɑ̃tɑ̃t] → SYN **nf** (= désaccord profond) dissension, disagreement; (= incompréhension) misunderstanding ◆ **la mésentente règne dans leur famille** there is constant disagreement in their family ◆ **il y a eu (une) mésentente entre les deux joueurs** (Sport) the two players misread each other ◆ **faire le ménage est une source de mésentente conjugale** housework is a source of marital strife ◆ **mésentente sexuelle** sexual incompatibility

**mésentère** [mezɑ̃tɛʀ] **nm** mesentery

**mésestime** [mezɛstim] → SYN **nf** (littér) [personne] low regard, low esteem ◆ **tenir qn en mésestime** to have little regard for sb, hold sb in low esteem

**mésestimer** [mezɛstime] → SYN ▸ **conjug 1** ◂ **vt** (littér = sous-estimer) [+ difficulté, adversaire] to underestimate, underrate; [+ opinion] to set little store by, have little regard for; [+ personne] to have little regard for, hold in low esteem

**mésintelligence** [mezɛ̃teliʒɑ̃s] → SYN **nf** disagreement (*entre* between), dissension, discord

**mesmérisme** [mɛsmeʀism] **nm** mesmerism

**mésoblaste** [mezɔblast] **nm** [embryon] mesoblast

**mésoblastique** [mezɔblastik] **adj** mesoblastic

**mésocarpe** [mezɔkaʀp] **nm** mesocarp

**mésoderme** [mezɔdɛʀm] **nm** mesoderm, mesoblast

**mésodermique** [mezɔdɛʀmik] **adj** mesodermal, mesodermic

**mésolithique** [mezɔlitik] **1** **adj** Mesolithic
**2** **nm** ◆ **le mésolithique** the Mesolithic

**mésomorphe** [mesɔmɔʀf] **adj** mesomorphic

**méson** [mezɔ̃] **nm** meson

**Mésopotamie** [mezɔpɔtami] **nf** Mesopotamia

**mésopotamien, -ienne** [mezɔpɔtamjɛ̃, jɛn] **1** **adj** Mesopotamian
**2** **Mésopotamien(ne)** **nm,f** Mesopotamian

**mésosphère** [mezɔsfɛʀ] **nf** mesosphere

**mésothérapeute** [mezoteʀapøt] **nmf** *person specialized in treating patients with injections from several small needles*

**mésothérapie** [mezoteʀapi] **nf** mesotherapy *(method of treatment with injections from several small needles)*

**mésothorax** [mezotɔʀaks] **nm** mesothorax

**mésozoïque** [mezɔzɔik] **1** **adj** Mesozoic
**2** **nm** ◆ **le mésozoïque** the Mesozoic (era)

**mesquin, e** [mɛskɛ̃, in] → SYN **adj** (= avare) stingy, mean (Brit); (= vil) mean, petty ◆ **c'est un esprit mesquin** he is a mean-minded ou small-minded ou petty person ◆ **le repas faisait un peu mesquin** the meal was a bit stingy

**mesquinement** [mɛskinmɑ̃] **adv** agir meanly, pettily; distribuer stingily

**mesquinerie** [mɛskinʀi] → SYN **nf** (= bassesse) meanness, pettiness; (= avarice) stinginess, meanness; (= procédé) mean ou petty trick

**mess** [mɛs] → SYN **nm** (Mil) mess

**message** [mesaʒ] GRAMMAIRE ACTIVE 27.3 → SYN **nm** (gén, Jur, Littérat, Tech) message ◆ **message chiffré** coded message, message in code ou cipher ◆ **message publicitaire** ou **commercial** commercial, advertisement ◆ **message téléphoné** telegram *(dictated by telephone)* ◆ **film/chanson à message** film/song with a message ◆ **dans ce livre, l'auteur essaie de faire passer un message** the author tries to put a message across in this book ◆ **j'espère que le message est passé** I hope they've (ou he's etc ) got the message ◆ **j'ai compris le message !** I got the message!

**messager, -ère** [mesaʒe, ɛʀ] → SYN **1** **nm,f** messenger ◆ **messager de bonheur/du printemps** (littér) harbinger of glad tidings/of spring (littér) ◆ **messager de malheur** bearer of bad tidings ou news
**2** **nm** ◆ **messager (de poche)** pager

**messagerie** [mesaʒʀi] → SYN **nf** **a** (Transport) **(service de) messageries** parcel service ◆ **messageries aériennes/maritimes** (= entreprise) air freight/shipping company ◆ **messageries de presse** press distribution service ◆ **les messageries royales** (Hist) the royal mail-coach service
**b** (Ordin, Téléc) **messagerie électronique** electronic mail, e-mail ◆ **messagerie vocale** (Internet) voice mail; → **rose**

**Messaline** [mesalin] **nf** Messal(l)ina

**messe** [mɛs] → SYN **1** **nf** (Mus, Rel) mass ◆ **aller à la messe** to go to mass ◆ **célébrer la messe** to celebrate mass ◆ **entendre la messe** to hear ou attend mass ◆ **la messe est dite** (fig) the die is cast; → **livre¹**
**2** COMP ▷ **messe basse** (Rel) low mass ◆ **messes basses** (péj) muttering, muttered conversation ou talk ◆ **finissez vos messes basses** stop muttering ou whispering together ▷ **messe chantée** sung mass ▷ **messe de minuit** midnight mass ▷ **messe des morts** mass for the dead ▷ **messe noire** black mass

**Messeigneurs** [mesɛɲœʀ] **nmpl** → **Monseigneur**

**messeoir** †† [meswaʀ] ▸ **conjug 26** ◂ **vi** (littér) (moralement) to be unseemly (littér) (*à* for), ill befit (littér); (pour l'allure) to ill become (littér), be unbecoming (littér) (*à* to) ◆ **avec un air qui ne lui messied pas** with a look that is not unbecoming to him ◆ **il vous messiérait de le faire** it would be unseemly for you to do it, it would ill become you to do it

**messianique** [mesjanik] → SYN **adj** messianic

**messianisme** [mesjanism] **nm** (Rel, fig) messianism ◆ **la tendance au messianisme de certains révolutionnaires** the messianic tendencies of certain revolutionaries

**messidor** [mesidɔʀ] **nm** Messidor *(tenth month in the French Republican Calendar)*

**messie** [mesi] → SYN **nm** messiah ◆ **le Messie** the Messiah ◆ **ils l'ont accueilli comme le Messie** they welcomed him like a saviour ou the Messiah; → **attendre**

**Messieurs** [mesjø] **nmpl** → **Monsieur**

**Messine** [mɛsin] **n** Messina

**messire** †† [mesiʀ] **nm** (= noble) my lord; (= bourgeois) Master ◆ **oui messire** yes my lord, yes sir ◆ **messire Jean** my lord John, master John

**mestrance** [mɛstʀɑ̃s] **nf** ⇒ **maistrance**

**mestre** [mɛstʀ] **nm** (Naut) mainmast

**mesurable** [məzyʀabl] → SYN **adj** grandeur, quantité measurable ◆ **difficilement mesurable** hard to measure

**mesure** [m(ə)zyʀ] GRAMMAIRE ACTIVE 16.4, 26.6 → SYN **nf** **a** (= évaluation, dimension) measurement ◆ **appareil de mesure** measuring instrument ou device ◆ **système de mesure** system of measurement ◆ **prendre les mesures de qch** to take the measurements of sth; → **poids**
**b** (= taille) **la mesure de ses forces/sentiments** the measure of his strength/feelings ◆ **monde/ville à la mesure de l'homme** world/town on a human scale ◆ **il est à ma mesure** [travail] it's within my capabilities, I am able to do it; [adversaire] he's a match for me ◆ **trouver un adversaire à sa mesure** to find one's match ◆ **le résultat n'est pas à la mesure de nos espérances** the result is not up to our expectations ◆ **prendre la (juste** ou **pleine) mesure de qn/qch** to size sb/sth up, get the measure of sb/sth ◆ **donner (toute) sa mesure** ou **sa pleine mesure** to show one's worth, show what one is capable of ou made of ◆ **elle a donné toute la mesure de son talent** she showed the (full) extent of her talent

**c** (= unité, récipient, quantité) measure ◆ **mesure de capacité** (pour liquides) liquid measure; (pour poudre, grains) dry measure ◆ **mesure de superficie/volume** square/cubic measure ◆ **mesure de longueur** measure of length ◆ **mesure graduée** measuring jug ◆ **donne-lui deux mesures d'avoine** give it two measures of oats ◆ **faire bonne mesure** to give good measure ◆ **pour faire bonne mesure** (fig) for good measure ◆ **"Mesure pour mesure"** (Littérat) "Measure for Measure"

**d** (= quantité souhaitable) **la juste** ou **bonne mesure** the happy medium ◆ **la mesure est comble** that's the limit ◆ **dépasser** ou **excéder** ou **passer la mesure** to overstep the mark, go too far ◆ **boire outre mesure** to drink immoderately ou to excess ◆ **cela ne me gêne pas outre mesure** that doesn't bother me overmuch, I'm not too bothered

**e** (= modération) moderation ◆ **il n'a pas le sens de la mesure** he has no sense of moderation ◆ **avec mesure** with ou in moderation ◆ **il a beaucoup de mesure** he's very moderate ◆ **se dépenser sans mesure** (= se dévouer) to give one's all; (= se fatiguer) to overtax one's strength ou o.s.

**f** (= disposition, moyen) measure, step ◆ **mesures d'hygiène** health ou hygiene measures ◆ **par mesure d'hygiène** in the interest of hygiene ◆ **mesures sociales** social measures ◆ **mesures de soutien à l'économie** measures to bolster the economy ◆ **mesures de rétorsion** reprisals, retaliatory measures ◆ **prendre des mesures d'urgence** to take emergency action ou measures ◆ **il faut prendre les mesures nécessaires pour ...** the necessary measures ou steps must be taken to ... ◆ **par mesure de restriction** as a restrictive measure

**g** (Mus) (= cadence) time, tempo; (= division) bar; (Poésie) metre ◆ **en mesure** in time ou tempo ◆ **mesure composée/simple/à deux temps/à quatre temps** compound/simple/duple/common ou four-four time ◆ **être/ne pas être en mesure** to be in/out of time ◆ **jouer quelques mesures** to play a few bars ◆ **deux mesures pour rien** two bars for nothing; → **battre**

**h** (Habillement) measure, measurement ◆ **prendre les mesures de qn** to take sb's measurements ◆ **ce costume est-il bien à ma mesure ?** ou **à mes mesures ?** is this suit my size?, will this suit fit me? ◆ **acheter** ou **s'habiller sur mesure** to have one's clothes made to measure ◆ **costume fait à la mesure** ou **sur mesure** made-to-measure suit ◆ **c'est du sur mesure** (lit) it's made to measure, it's tailor-made; (fig) it's tailor-made ◆ **j'ai un emploi du temps/un patron sur mesure** my schedule/boss suits me down to the ground ◆ **c'est un rôle/emploi (fait) sur mesure** it's a role/job that was tailor-made for me (ou him etc)

**i** (Escrime) (fencing) measure

**j** (LOC)

◆ **dans** + **mesure** ◆ **dans la mesure de mes forces** ou **capacités** as far as ou insofar as I am able, to the best of my ability ◆ **dans la mesure de mes moyens** as far as my circumstances permit, as far as I am able ◆ **dans la mesure du possible** as far as possible ◆ **dans la mesure où** inasmuch as, insofar as ◆ **dans une certaine mesure** to some ou to a certain extent ◆ **dans une large mesure** to a large extent, to a great extent

◆ **en mesure de** ◆ **être en mesure de faire qch** (gén) to be able to do sth; (= avoir le droit) to be in a position to do sth

◆ **au fur et à mesure** ◆ **il les pliait et me les passait au fur et à mesure** he folded them and handed them to me one by one ou as he went along

◆ **(au fur et) à mesure que** as ◆ **(au fur et) à mesure que le temps passe** as time goes by

◆ **hors de mesure** out of proportion (*avec* with)

**mesuré, e** [məzyʀe] → SYN (ptp de **mesurer**) adj ton steady; pas measured; personne, attitude, propos moderate ◆ **il est mesuré dans ses paroles/ses actions** he is moderate or temperate in his language/his actions

**mesurer** [məzyʀe] → SYN ▸ conjug 1 ◂ **1** vt **a** [+ chose] to measure; [+ personne] to take the measurements of, measure (up); (par le calcul) [+ distance, pression, volume] to calculate; [+ longueur à couper] to measure off ou out ◆ **il a mesuré 3 cl d'acide** he measured out 3 cl of acid ◆ **il m'a mesuré 3 mètres de tissu** he measured me off ou out 3 metres of fabric ◆ **mesurer les autres à son aune** to judge others by one's own standards

**b** (= évaluer, juger) [+ risque, efficacité] to assess, weigh up; [+ valeur d'une personne] to assess, rate ◆ **vous n'avez pas mesuré la portée de vos actes !** you did not weigh up ou consider the consequences of your actions! ◆ **on n'a pas encore mesuré l'étendue des dégâts** the extent of the damage has not yet been assessed ◆ **mesurer les efforts aux** ou **d'après les résultats (obtenus)** to gauge ou assess the effort expended by ou according to the results (obtained) ◆ **mesurer ses forces avec qn** to pit o.s. against sb, measure one's strength with sb ◆ **mesurer qn du regard** to look sb up and down

**c** (= avoir pour taille) to measure ◆ **cette pièce mesure 3 mètres sur 10** this room measures 3 metres by 10 ◆ **il mesure 1 mètre 80** [personne] he's 1 metre 80 tall; [objet] it's 1 metre 80 long ou high, it measures 1 metre 80

**d** (avec parcimonie) to limit ◆ **elle leur mesure la nourriture** she rations them on food, she limits their food ◆ **le temps nous est mesuré** our time is limited, we have only a limited amount of time

**e** (avec modération) **mesurer ses paroles** (= savoir rester poli) to moderate one's language; (= être prudent) to weigh one's words

**f** (= proportionner) to match (*à, sur* to), gear (*à, sur* to) ◆ **mesurer le travail aux forces de qn** to match ou gear the work to sb's strength ◆ **mesurer le châtiment à l'offense** to make the punishment fit the crime, match the punishment to the crime; → **brebis**

**2** **se mesurer** vpr ◆ **se mesurer à** ou **avec** [+ personne] to pit o.s. against; [+ difficulté] to confront, tackle ◆ **se mesurer des yeux** to weigh ou size each other up

**mesureur** [məzyʀœʀ] **1** nm (= personne) measurer; (= appareil) gauge, measure

**2** adj m ◆ **verre mesureur** measuring cup (ou glass ou jug)

**mésuser** [mezyze] → SYN ▸ conjug 1 ◂ **mésuser de** vt indir (littér) (gén) to misuse ◆ **mésuser de son pouvoir** to abuse one's power

**métabole** [metabɔl] **1** adj metabolous

**2** nm metabolian

**métabolique** [metabɔlik] adj metabolic

**métaboliser** [metabɔlize] ▸ conjug 1 ◂ vt (Physiol) to metabolize

**métabolisme** [metabɔlism] nm metabolism

**métabolite** [metabɔlit] nm metabolite

**métacarpe** [metakaʀp] nm metacarpus

**métacarpien, -ienne** [metakaʀpjɛ̃, jɛn] **1** adj metacarpal

**2** **métacarpiens** nmpl metacarpals, metacarpal bones

**métacentre** [metasɑ̃tʀ] nm metacentre

**métairie** [meteʀi] → SYN nf smallholding, farm (*held on a métayage agreement*)

**métal, pl -aux** [metal, o] → SYN nm **a** (gén, Chim, Fin, Min) metal ◆ **métal blanc** white metal ◆ **le métal jaune** (Fin) gold ◆ **les métaux précieux** precious metals ◆ **en métal argenté/doré** couverts silver-/gold-plated

**b** (littér = matière) metal (littér), stuff

**métalangage** [metalɑ̃gaʒ] nm, **métalangue** [metalɑ̃g] nf metalanguage

**métaldéhyde** [metaldeid] nm ou f metaldehyde

**métalexicographe** [metalɛksikɔgʀaf] nmf metalexicographer

**métalexicographie** [metalɛksikɔgʀafi] nf metalexicography

**métalinguistique** [metalɛ̃gɥistik] **1** adj metalinguistic

**2** nf metalinguistics sg

**métallifère** [metalifɛʀ] adj metalliferous (SPÉC), metal-bearing (épith)

**métallique** [metalik] → SYN adj **a** (gén, Chim) metallic; voix, couleur metallic; objet (= en métal) metal (épith); (= qui ressemble au métal) metallic ◆ **bruit** ou **son métallique** [clés] jangle, clank; [épée] clash

**b** (Fin) → **encaisse, monnaie**

**métallisation** [metalizasjɔ̃] nf [métal] plating; [miroir] silvering

**métallisé, e** [metalize] (ptp de **métalliser**) adj bleu, gris metallic; peinture, couleur metallic, with a metallic finish; miroir silvered; papier metallic, metallized

**métalliser** [metalize] ▸ conjug 1 ◂ vt **a** (= couvrir) [+ surface] to plate, metallize; [+ miroir] to silver

**b** (= donner un aspect métallique à) to give a metallic finish to

**métallo** * [metalo] nm (abrév de **métallurgiste**) steelworker, metalworker

**métallochromie** [metalɔkʀɔmi] nf metallochromy

**métallographie** [metalɔgʀafi] nf metallography

**métallographique** [metalɔgʀafik] adj metallographic

**métalloïde** [metalɔid] nm metalloid

**métallophone** [metalɔfɔn] nm metallophone

**métalloplastique** [metaloplastik] adj copper asbestos (épith)

**métallurgie** [metalyʀʒi] nf (= industrie) metallurgical industry; (= technique, travail) metallurgy

**métallurgique** [metalyʀʒik] adj metallurgic

**métallurgiste** [metalyʀʒist] → SYN nm ◆ **(ouvrier) métallurgiste** steelworker, metalworker ◆ **(industriel) métallurgiste** metallurgist

**métalogique** [metalɔʒik] **1** adj metalogical

**2** nf metalogic

**métamathématique** [metamatematik] nf metamathematics sg

**métamère** [metamɛʀ] **1** adj (Chim) metameric

**2** nm (Zool) metamere

**métamérie** [metameʀi] nf (Chim, Zool) metamerism

**métamorphique** [metamɔʀfik] adj metamorphic, metamorphous

**métamorphiser** [metamɔʀfize] ▸ conjug 1 ◂ vt (Géol) to metamorphose

**métamorphisme** [metamɔʀfism] nm metamorphism

**métamorphose** [metamɔʀfoz] → SYN nf (Bio, Myth) metamorphosis; (fig) (complete) transformation, metamorphosis

**métamorphoser** [metamɔʀfoze] → SYN ▸ conjug 1 ◂ **1** vt (Myth, fig) to transform, metamorphose (*gén pass*) (*en* into) ◆ **son succès l'a métamorphosé** his success has (completely) transformed him ou has made a new man of him

**2** **se métamorphoser** vpr (Bio) to be metamorphosed; (Myth, fig) to be transformed (*en* into)

**métaphore** [metafɔʀ] → SYN nf metaphor ◆ **par métaphore** metaphorically

**métaphorique** [metafɔʀik] → SYN adj metaphorical

**métaphoriquement** [metafɔʀikmɑ̃] adv metaphorically

**métaphosphorique** [metafɔsfɔʀik] adj ◆ **acide métaphosphorique** metaphosphoric acid

**métaphyse** [metafiz] nf metaphysis

**métaphysicien, -ienne** [metafizisjɛ̃, jɛn] **1** adj metaphysical

**2** nm,f metaphysician, metaphysicist

**métaphysique** [metafizik] → SYN **1** adj (Philos) metaphysical; amour spiritual; (péj) argument abstruse, obscure

**2** nf (Philos) metaphysics sg

**métaphysiquement** [metafizikmɑ̃] adv metaphysically

**métaplasie** [metaplazi] nf metaplasia

**métapsychique** [metapsiʃik] → SYN adj psychic ◆ **recherches métapsychiques** psychic(al) research

**métapsychologie** [metapsikɔlɔʒi] nf parapsychology, metapsychology

**métastable** [metastabl] adj metastable

**métastase** [metastɑz] nf metastasis ◆ **former des métastases** to metastasize ◆ **il a des**

métastases he's got secondaries ou secondary cancer ou metastases (SPÉC)

**métastaser** [metastaze] ▸ conjug 1 ◂ vi to metastasize

**métastatique** [metastatik] adj metastatic

**métatarse** [metataʀs] nm metatarsus

**métatarsien, -ienne** [metataʀsjɛ̃, jɛn] 1 adj metatarsal

2 **métatarsiens** nmpl metatarsals, metatarsal bones

**métathèse** [metatɛz] → SYN nf metathesis

**métathorax** [metatɔʀaks] nm metathorax

**métayage** [metɛjaʒ] nm métayage system *(where farmer pays rent in kind)*, sharecropping (US)

**métayer** [meteje] → SYN nm (tenant) farmer *(paying rent in kind)*, sharecropper (tenant) (US)

**métayère** [metɛjɛʀ] nf (= épouse) farmer's ou sharecropper's (US) wife; (= paysanne) (woman) farmer ou sharecropper (US)

**métazoaire** [metazɔɛʀ] nm metazoan ◆ **les métazoaires** metazoans, Metazoa (SPÉC)

**méteil** [metɛj] nm *mixed crop of wheat and rye*

**métempsycose** [metɑ̃psikoz] → SYN nf metempsychosis, transmigration of the soul

**météo** [meteo] 1 adj (abrév de **météorologique**)

2 nf **a** (= science, service) ⇒ **météorologie**

**b** (= bulletin) (weather) forecast, weather report ◆ **la météo est bonne/mauvaise** the weather forecast is good/bad ◆ **la météo marine** the shipping forecast ◆ **présentateur (de la) météo** weather forecaster, weatherman *

**météore** [meteɔʀ] → SYN nm (lit) meteor ◆ **passer comme un météore** (fig) to have a brief but brilliant career

**météorique** [meteɔʀik] adj (Astron) meteoric

**météorisme** [meteɔʀism] nm (Méd) meteorism

**météorite** [meteɔʀit] nm ou f meteorite

**météorologie** [meteɔʀɔlɔʒi] nf (Sci) meteorology ◆ **la météorologie nationale** (= services) the meteorological office, ≃ the Met Office * (Brit), ≃ the Weather Bureau (US)

**météorologique** [meteɔʀɔlɔʒik] adj phénomène, observation meteorological; conditions, carte, prévisions, station weather (épith); → **bulletin**

**météorologiste** [meteɔʀɔlɔʒist], **météorologue** [meteɔʀɔlɔg] nmf meteorologist

**métèque** [metɛk] → SYN nmf **a** (**, injurieux) Mediterranean, wop ** (injurieux)

**b** (Hist) metic

**méthacrylique** [metakʀilik] adj ◆ **acide méthacrylique** methacrylic acid

**méthadone** [metadɔn] nf methadone

**méthane** [metan] nm methane

**méthanier** [metanje] nm (liquefied) gas carrier ou tanker

**méthanol** [metanɔl] nm methanol

**méthémoglobine** [metemɔglɔbin] nf methaemoglobin (Brit), methemoglobin (US)

**méthionine** [metjɔnin] nf methionine

**méthode** [metɔd] → SYN nf **a** (= moyen) method ◆ **de nouvelles méthodes d'enseignement du français** new methods of ou for teaching French, new teaching methods for French ◆ **la méthode douce** the softly-softly approach ◆ **avoir une bonne méthode de travail** to have a good way ou method of working ◆ **avoir sa méthode pour faire qch** to have one's own way of ou method for ou of doing sth ◆ **elle n'a pas vraiment la méthode avec les enfants** she doesn't really know how to handle children, she's not very good with children ◆ **service des méthodes** process planning department

**b** (= ordre) **il a beaucoup de méthode** he's very methodical, he's a man of method ◆ **il n'a aucune méthode** he's not in the least methodical, he has no (idea of) method ◆ **faire qch avec/sans méthode** to do sth methodically ou in a methodical way/unmethodically

**c** (= livre) manual, tutor ◆ **méthode de piano** piano manual ou tutor ◆ **méthode de latin** Latin primer

**méthodique** [metɔdik] → SYN adj methodical

**méthodiquement** [metɔdikmɑ̃] adv methodically

**méthodisme** [metɔdism] nm Methodism

**méthodiste** [metɔdist] adj, nmf Methodist

**méthodologie** [metɔdɔlɔʒi] nf methodology

**méthodologique** [metɔdɔlɔʒik] adj methodological

**méthyle** [metil] nm methyl

**méthylène** [metilɛn] nm (Comm) methyl alcohol; (Chim) methylene; → **bleu**

**méthylique** [metilik] adj methyl

**méticuleusement** [metikyløzmɑ̃] adv meticulously

**méticuleux, -euse** [metikylø, øz] → SYN adj soin meticulous, scrupulous; personne meticulous ◆ **d'une propreté méticuleuse** endroit, objets spotlessly ou scrupulously clean

**méticulosité** [metikylozite] nf meticulousness

**métier** [metje] → SYN nm **a** (= travail) job; (Admin) occupation; (commercial) trade; (artisanal) craft; (intellectuel) profession ◆ **métier manuel** manual job ◆ **donner un métier à son fils** to have one's son learn a job (ou trade ou craft ou profession) ◆ **enseigner son métier à son fils** to teach one's son one's trade ◆ **il a fait tous les métiers** he's tried his hand at everything, he's done all sorts of jobs ◆ **après tout ils font leur métier** they are only doing their job (after all) ◆ **les métiers du livre/de la communication** the publishing/communications industry ◆ **prendre le métier des armes** to become a soldier, join the army; → **corps, gâcher**

**b** (= technique) (acquired) skill; (= expérience) experience ◆ **avoir du métier** to have practical experience ◆ **manquer de métier** to be lacking in practical experience ◆ **avoir deux ans de métier** to have two years' experience, have been in the job (ou trade ou profession) for two years

**c** (LOC) **homme de métier** expert, professional, specialist ◆ **il est plombier de son métier** he is a plumber by trade ◆ **le plus vieux métier du monde** (euph) the oldest profession (in the world) ◆ **il est du métier** he is in the trade ◆ **il connaît son métier** he knows his job, he's good at his job ◆ **je connais mon métier !** I know what I'm doing! ◆ **tu ne vas pas m'apprendre mon métier !** you're not going to teach me my job! ◆ **ce n'est pas mon métier** it's not my job ◆ **quel métier !** * what a job! ◆ **c'est le métier qui rentre** * (hum) it's just learning the hard way ◆ **chacun son métier (et les vaches seront bien gardées)** you should stick to what you know

**d** (Tech = machine) loom ◆ **métier à tisser** (weaving) loom ◆ **métier à filer** spinning frame ◆ **métier à broder** embroidery frame ◆ **remettre qch sur le métier** (littér) to make some improvements to sth ◆ **vingt fois sur le métier remettez votre ouvrage** you should keep going back to your work and improving it

**métis, -isse** [metis] → SYN 1 adj personne mixed-race (épith), of mixed race (attrib); animal crossbred; chien crossbred, mongrel; plante hybrid; tissu, toile made of cotton and linen

2 nm,f (= personne) person of mixed race; (= animal) crossbreed; (= chien) crossbreed, mongrel; (= plante) hybrid

3 nm (Tex) ◆ **toile/drap de métis** linen-cotton mix ou blend fabric/sheet

**métissage** [metisaʒ] → SYN nm [gens] interbreeding; [animaux] crossbreeding, crossing; [plantes] crossing

**métisser** [metise] ▸ conjug 1 ◂ vt [+ plantes, animaux] to crossbreed, cross ◆ **population très métissée** population with a lot of mixed blood

**métonymie** [metɔnimi] nf metonymy

**métonymique** [metɔnimik] adj metonymical

**métope** [metɔp] nf metope

**métrage** [metʀaʒ] → SYN nm **a** (Couture) length ◆ **grand/petit métrage** long/short length ◆ **quel métrage vous faut-il ?** how many yards ou metres do you need?

**b** (= mesure) measurement, measuring (in metres) ◆ **procéder au métrage de qch** to measure sth out

**c** (Ciné) footage, length ◆ **court métrage** short (film), one-reeler (US) ◆ **(film) long métrage** feature(-length) film ◆ **moyen métrage** medium-length film

**métré** [metʀe] → SYN nm (= métier) quantity surveying; (= mesure) measurement; (= devis) bill of quantities

**mètre** [mɛtʀ] → SYN nm **a** (Math) metre (Brit), meter (US) ◆ **mètre carré/cube** square/cubic metre ◆ **vendre qch au mètre linéaire** to sell sth by the metre

**b** (= instrument) (metre (Brit) ou meter (US)) rule ◆ **mètre étalon** standard metre ◆ **mètre pliant** folding rule ◆ **mètre à ruban** tape measure, measuring tape

**c** (Athlétisme) **le 100/400 mètres** the 100/400 metres (Brit) ou meters (US), the 100-/400-metre (Brit) ou -meter (US) race

**d** (Ftbl, Rugby) **les 22/50 mètres** the 22 metre (Brit) ou meter (US)/halfway line

**e** (Littérat) metre (Brit), meter (US)

**métrer** [metʀe] → SYN ▸ conjug 6 ◂ vt (Tech) to measure (in metres); [vérificateur] to survey

**métreur, -euse** [metʀœʀ, øz] 1 nm,f ◆ **métreur (vérificateur)** quantity surveyor

2 **métreuse** nf (Ciné) footage counter

**métricien, -ienne** [metʀisjɛ̃, jɛn] nm,f metrist

**métrique** [metʀik] 1 adj (Littérat) metrical, metric; (Mus) metrical; (Math) système, tonne metric ◆ **géométrie métrique** metrical geometry

2 nf (Littérat) metrics sg; (Math) metric theory

**métro** [metʀo] 1 nm (= système) underground (Brit), subway (US); (= station) (gén) underground (Brit) ou subway (US) station; (à Paris) metro station ◆ **métro aérien** elevated railway, el * (US) ◆ **le métro de Paris** the Paris metro ◆ **le métro de Londres** the London underground, the tube ◆ **j'irai en métro** I'll go by underground ◆ **le premier métro** the first ou milk train ◆ **le dernier métro** the last train ◆ **c'est métro, boulot, dodo** * it's the same old routine day in day out, it's work work work ◆ **il a toujours un métro de retard** * he's always one step behind

2 nmf (* : terme des îles) *person from metropolitan France*

**métrologie** [metʀɔlɔʒi] nf (Sci) metrology

**métrologique** [metʀɔlɔʒik] adj metrological

**métrologiste** [metʀɔlɔʒist] nmf metrologist

**métronome** [metʀɔnɔm] nm metronome ◆ **avec la régularité d'un métronome** with clockwork regularity, like clockwork

**métronomique** [metʀɔnɔmik] adj mouvement metronomic ◆ **avec une régularité métronomique** with clockwork ou metronomic regularity

**métropole** [metʀɔpɔl] → SYN nf **a** (= ville) metropolis ◆ **métropole régionale** large regional centre ◆ **la Métropole** (metropolitan) France ◆ **quand est prévu votre retour en métropole ?** when do you go back home? ou back to the home country? ◆ **en métropole comme à l'étranger** at home and abroad

**b** (Rel) metropolis

**métropolitain, e** [metʀɔpɔlitɛ̃, ɛn] 1 adj (Admin, Rel) metropolitan ◆ **la France métropolitaine** metropolitan France ◆ **troupes métropolitaines** home troops

2 nm **a** (Rel) metropolitan

**b** († = métro) underground (Brit), subway (US)

**métropolite** [metʀɔpɔlit] nm metropolitan, metropolite

**métrorragie** [metʀɔʀaʒi] nf metrorrhagia

**mets** [mɛ] → SYN nm (Culin) dish

**mettable** [metabl] → SYN adj (gén nég) wearable, decent ◆ **ça n'est pas mettable** this is not fit to wear ou to be worn ◆ **je n'ai rien de mettable** I've got nothing (decent) to wear ou nothing that's wearable ◆ **ce costume est encore mettable** you can still wear that suit, that suit is still decent ou wearable

**metteur** [metœʀ] nm (Bijouterie) ◆ **metteur en œuvre** mounter ◆ **metteur en ondes** (Radio) producer ◆ **metteur en pages** (Typo) layout ou make-up artist ◆ **metteur au point** (Tech) adjuster ◆ **metteur en scène** (Théât, Ciné) director

## mettre [mɛtʀ]

▸ conjug 56 ◂ → SYN

1 VERBE TRANSITIF
2 VERBE PRONOMINAL

### 1 VERBE TRANSITIF

Lorsque **mettre** s'emploie dans des expressions telles que **mettre qch en place, mettre qn au pas/au régime** etc, cherchez sous le nom.

**a** = placer to put (*dans* in, into; *sur* on); (fig = classer) to rank, rate ◆ **mettre une assiette/carte sur une autre** to put one ou a plate/card on top of another ◆ **où mets-tu tes verres ?** where do you keep your glasses?, where are your glasses kept? ◆ **elle lui mit la main sur l'épaule** she put ou laid her hand on his shoulder ◆ **elle met son travail avant sa famille** she puts her work before her family ◆ **je mets Molière parmi les plus grands écrivains** I rank ou rate Molière among the greatest writers ◆ **mettre qch debout** to stand sth up ◆ **mettre qn sur son séant/sur ses pieds** to sit/stand sb up ◆ **mettre qch à** ou **par terre** to put sth down (on the ground) ◆ **mettre qch à l'ombre/au frais** to put sth in the shade/in a cool place ◆ **mettre qch à plat** to lay sth down (flat) ◆ **mettre qch droit** to put ou set sth straight ou to rights, straighten sth out ou up ◆ **mettre qn au** ou **dans le train** to put sb on the train ◆ **mettez-moi à la gare, s'il vous plaît** * take me to ou drop me at the station please ◆ **elle a mis la tête à la fenêtre** she put ou stuck her head out of the window ◆ **mettez les mains en l'air** put your hands up, put your hands in the air ◆ **mets le chat dehors** ou **à la porte** put the cat out

**b** = ajouter **mettre du sucre dans son thé** to put sugar in one's tea ◆ **mettre une pièce à un drap** to put a patch in ou on a sheet, patch a sheet ◆ **mettre une idée dans la tête de qn** to put an idea into sb's head ◆ **ne mets pas d'encre sur la nappe** don't get ink on the tablecloth

**c** = placer dans une situation **mettre un enfant à l'école** to send a child to school ◆ **mettre qn au régime** to put sb on a diet ◆ **mettre qn dans la nécessité** ou **l'obligation de faire** to oblige ou compel sb to do ◆ **mettre au désespoir** to throw into despair ◆ **cela m'a mis dans une situation difficile** that has put me in ou got me into a difficult position ◆ **on l'a mis** * **à la manutention/aux réclamations** he was put in the packing/complaints department ◆ **mettre qn au pas** to bring sb into line, make sb toe the line

**d** = revêtir [+ vêtements, lunettes] to put on ◆ **mettre une robe/du maquillage** to put on a dress/some make-up ◆ **depuis qu'il fait chaud je ne mets plus mon gilet** since it has got warmer I've stopped wearing ou I've left off my cardigan ◆ **elle n'a plus rien à mettre sur elle** she's got nothing (left) to wear ◆ **mets-lui son chapeau et on sort** put his hat on (for him) and we'll go ◆ **il avait mis un manteau** he was wearing a coat, he had a coat on ◆ **elle avait mis du bleu** she was wearing blue, she was dressed in blue

**e** = consacrer **j'ai mis 2 heures à le faire** I took 2 hours to do it ou 2 hours over it, I spent 2 hours on ou over it ou 2 hours doing it ◆ **le train met 3 heures** it takes 3 hours by train, the train takes 3 hours ◆ **mettre toute son énergie à faire** to put all one's effort ou energy into doing ◆ **mettre tous ses espoirs dans** to pin all one's hopes on ◆ **mettre beaucoup de soin à faire** to take great care in doing, take great pains to do ◆ **mettre de l'ardeur à faire qch** to do sth eagerly ou with great eagerness ◆ **il y a mis le temps !** he's taken his time (about it)!, he's taken an age ou long enough!; → **cœur**

**f** = faire fonctionner **mettre la radio/le chauffage** to put ou switch ou turn the radio/the heating on ◆ **mettre les informations** to put ou turn the news on ◆ **mettre le réveil (à 7 heures)** to set the alarm (for 7 o'clock) ◆ **mettre le réveil à l'heure** to put the alarm clock right ◆ **mettre le verrou** to bolt ou lock the door ◆ **mets France Inter/la 2ème chaîne** put on France Inter/channel 2 ◆ **mettre une machine en route** to start up a machine

**g** = installer [+ eau] to lay on; [+ placards] to put in, build, install; [+ étagères] to put up ou in, build; [+ moquette] to fit, lay; [+ rideaux] to put up ◆ **mettre du papier peint** to hang some wallpaper ◆ **mettre de la peinture** to put on a coat of paint

**h** **mettre qch à** + infinitif ◆ **mettre qch à cuire/à chauffer** to put sth on to cook/heat ◆ **mettre du linge à sécher** (à l'intérieur) to put ou hang washing up to dry; (à l'extérieur) to put ou hang washing out to dry

**i** = écrire **mettre en anglais/au pluriel** to put into English/the plural ◆ **mettre à l'infinitif/au futur** to put in(to) the infinitive/the future tense ◆ **mettre des vers en musique** to set verse to music ◆ **mettre sa signature (à)** to put ou append one's signature (to) ◆ **mettre un mot à qn** * to drop a line to sb ◆ **mettez bien clairement que ...** put (down) quite clearly that ... ◆ **il met qu'il est bien arrivé** he says in his letter ou writes that he arrived safely

**j** = dépenser **mettre de l'argent sur un cheval** to put money on a horse ◆ **mettre de l'argent dans une affaire** to put money into a business ◆ **combien avez-vous mis pour cette table ?** how much did you pay for that table? ◆ **mettre de l'argent sur son compte** to put money into one's account ◆ **je suis prêt à mettre 100 (euro)** I'm willing to give ou I don't mind giving €100 ◆ **si on veut du beau il faut y mettre le prix** if you want something nice you have to pay the price ou pay for it; → **caisse**

**k** = lancer **mettre la balle dans le filet** to put the ball into the net ◆ **mettre une balle à la peau de qn** * to put a bullet in sb * ◆ **mettre son poing dans** ou **sur la figure de qn** to punch sb in the face, give sb a punch in the face

**l** = supposer **mettons que je me suis** ou **sois trompé** let's say ou (just) suppose ou assume I've got it wrong ◆ **nous arriverons vers 10 heures, mettons, et après ?** say we arrive about 10 o'clock, then what?, we'll arrive about 10 o'clock, say, then what?

**m** LOC **mettre les bouts** ou **les voiles** *, **les mettre** ⁑ to clear off *, beat it *, scarper ⁑ (Brit) ◆ **qu'est-ce qu'ils nous ont mis !** * (bagarre, match) they gave us a real hammering! * ◆ **va te faire mettre !** ⁑⁑ fuck off! ⁑⁑, bugger off! ⁑⁑ (Brit)

### 2 se mettre VERBE PRONOMINAL

**a** = se placer [objet] to go ◆ **mets-toi là** (debout) (go and) stand there; (assis) (go and) sit there ◆ **se mettre au piano/dans un fauteuil** to sit down at the piano/in an armchair ◆ **se mettre au chaud/à l'ombre** to come ou go into the warmth/into the shade ◆ **elle ne savait plus où se mettre** (fig) she didn't know where to look, she didn't know where to put herself ou what to do with herself ◆ **il s'est mis dans une situation délicate** he's put himself in ou got himself into an awkward situation ◆ **se mettre autour (de)** to gather round ◆ **ces verres se mettent dans le placard** these glasses go in the cupboard ◆ **l'infection s'y est mise** it has become infected ◆ **les vers s'y sont mis** the maggots have got at it ◆ **il y a un bout de métal qui s'est mis dans l'engrenage** a piece of metal has got caught in the works; → **poil, rang, table, vert**

**b** météo **se mettre au froid/au chaud/à la pluie** to turn cold/warm/wet ◆ **on dirait que ça se met à la pluie** it looks like rain, it looks as though it's turning to rain

**c** = s'habiller **se mettre en robe/en short, se mettre une robe/un short** to put on a dress/a pair of shorts ◆ **se mettre en bras de chemise** to take off one's jacket ◆ **se mettre nu** to strip (off ou naked), take (all) one's clothes off ◆ **comment je me mets ?** what (sort of thing) should I wear? ◆ **elle s'était mise très simplement** she was dressed very simply ◆ **elle s'était mise en robe du soir** she was wearing ou she had on an evening dress ◆ **se mettre une veste/du maquillage** to put on a jacket/some make-up ◆ **elle n'a plus rien à se mettre** she's got nothing (left) to wear

**d** = s'ajouter **se mettre une idée dans la tête** to get an idea into one's head ◆ **il s'est mis de l'encre sur les doigts** he's got ink on his fingers ◆ **il s'en est mis partout** he's covered in it, he's got it all over him

**e** = commencer

◆ **se mettre à** + nom ◆ **se mettre au régime** to go on a diet ◆ **se mettre au travail** to set to work, get down to work, set about one's work ◆ **se mettre à une traduction** to start ou set about (doing) a translation ◆ **se mettre à la peinture** to take up painting, take to painting ◆ **se mettre au latin** to take up Latin ◆ **il s'est bien mis à l'anglais** he's really taken to English

◆ **se mettre à** + infinitif ◆ **se mettre à rire/à manger** to start laughing/eating, start ou begin to laugh/eat ◆ **se mettre à traduire** to start to translate, start translating, set about translating ◆ **se mettre à boire** to take to drink ou the bottle * ◆ **voilà qu'il se met à pleuvoir !** and now it's beginning ou starting to rain!, and now it's coming on to (Brit) rain! ◆ **il est temps de s'y mettre** it's (high) time we got down to it ou got on with it ◆ **qu'est-ce que tu es énervant quand tu t'y mets !** * you can be a real pain when you get going! * ou once you get started! *

**f** = se grouper **ils se sont mis à plusieurs/deux pour pousser la voiture** several of them/the two of them joined forces to push the car ◆ **se mettre avec qn** (= faire équipe) to team up with sb; (= prendre parti) to side with sb; (*: en ménage) to move in with sb *, shack up ⁑ (péj) with sb ◆ **se mettre bien/mal avec qn** to get on the right/wrong side of sb ◆ **se mettre d'un parti/d'une société** to join a party/a society; → **partie²**

**g** LOC **on s'en est mis jusque-là** ou **plein la lampe** * we had a real blow-out ⁑ ◆ **qu'est-ce qu'ils se sont mis !** * (bagarre) they really laid into each other! * ou had a go at each other! *, they didn't half (Brit) lay into each other! * ou have a go at each other! *

**meublant, e** [mœblɑ̃, ɑ̃t] **adj** papier, étoffe decorative, effective ◆ **ce papier est très meublant** this paper finishes off the room nicely, this paper really makes * the room; → **meuble**

**meuble** [mœbl] → SYN **1** **nm** **a** (= objet) piece of furniture ◆ **les meubles** the furniture (NonC) ◆ **meuble de rangement** cupboard, storage unit ◆ **meuble hi-fi** hi-fi unit ◆ **faire la liste des meubles** to make a list ou an inventory of the furniture, list each item of furniture ◆ **nous sommes dans nos meubles** we have our own home ◆ **il fait partie des meubles** (péj, hum) he's part of the furniture; → **sauver**

**b** (= ameublement) **le meuble** furniture

**c** (Jur) movable ◆ **meubles meublants** furniture, movables ◆ **en fait de meubles possession vaut titre** possession is nine tenths ou points of the law

**d** (Hér) charge

**2** **adj** terre, sol loose, soft; roche soft, crumbly; → **bien**

**meublé, e** [mœble] → SYN (ptp de **meubler**) **1** **adj** furnished ◆ **non meublé** unfurnished

**2** **nm** (= pièce) furnished room; (= appartement) furnished apartment ou flat (Brit) ◆ **être** ou **habiter en meublé** to be ou live in furnished accommodation

**meubler** [mœble] → SYN ▸ conjug 1 ◂ **1** **vt** [+ pièce, appartement] to furnish (*de* with); [+ pensée, mémoire, loisirs] to fill (*de* with); [+ dissertation] to fill out, pad out (*de* with) ◆ **meubler la conversation** to keep the conversation going ◆ **une table et une chaise meublaient la pièce** the room was furnished with a table and a chair ◆ **étoffe/papier qui meuble bien** decorative ou effective material/paper

**2** **se meubler** **vpr** to buy ou get (some) furniture, furnish one's home ◆ **ils se sont meublés dans ce magasin/pour pas cher** they got ou bought their furniture from this shop/for a very reasonable price

**meuf** ⁑ [mœf] **nf** (= femme) woman, bird *, broad ⁑ (US)

**meuglement** [møgləmɑ̃] **nm** mooing (NonC), lowing † (NonC)

**meugler** [møgle] → SYN ▸ conjug 1 ◂ **vi** to moo, low †

**meuh** [mø] **excl, nm** moo ◆ **faire meuh** to moo

**meulage** [mølaʒ] **nm** grinding

**meule**[1] [møl] → SYN nf **a** (à moudre) millstone; (à polir) buff wheel; (Dentisterie) wheel ◆ **meule (à aiguiser)** grindstone ◆ **meule courante** ou **traînante** upper (mill)stone
**b** (Culin) **meule (de gruyère)** round of gruyère
**c** (* = motocyclette) bike, hog * (US)

**meule**[2] [møl] → SYN nf (Agr) stack, rick; (= champignonnière) mushroom bed ◆ **meule de foin** haystack, hayrick ◆ **meule de paille** stack ou rick of straw ◆ **mettre en meules** to stack, rick

**meuler** [møle] → SYN ▸ conjug 1 ◂ vt (Tech, Dentisterie) to grind down

**meulière** [møljɛʀ] nf ◆ **(pierre) meulière** millstone, buhrstone

**meunerie** [mønʀi] → SYN nf (= industrie) flour trade; (= métier) milling

**meunier, -ière** [mønje, jɛʀ] → SYN **1** adj milling
**2** nm miller
**3** **meunière** nf miller's wife ◆ **sole/truite meunière** (Culin) sole/trout meunière

**meurette** [mœʀɛt] nf red wine sauce ◆ **œufs en meurette** eggs in red wine sauce

**meurtre** [mœʀtʀ] → SYN nm murder ◆ **au meurtre !** murder! ◆ **crier au meurtre** (fig) to scream blue murder

**meurtrier, -ière** [mœʀtʀije, ijɛʀ] → SYN **1** adj intention, fureur murderous; arme deadly, lethal; combat deadly; épidémie fatal; † personne murderous ◆ **week-end meurtrier** weekend of carnage on the roads ◆ **cette route est meurtrière** this road is lethal ou a deathtrap ◆ **le bombardement a été particulièrement meurtrier** the bombing claimed very many lives ◆ **c'est le séisme le plus meurtrier depuis 1995** it's the worst ou deadliest earthquake since 1995
**2** nm murderer
**3** **meurtrière** nf **a** (= criminelle) murderess
**b** (Archit) arrow slit, loophole

**meurtrir** [mœʀtʀiʀ] → SYN ▸ conjug 2 ◂ vt **a** [+ chair, fruit] to bruise ◆ **être tout meurtri** to be covered in bruises, be black and blue all over
**b** (littér) [+ personne, âme] to wound, bruise (littér)

**meurtrissure** [mœʀtʀisyʀ] → SYN nf **a** [chair, fruit] bruise
**b** (littér) [âme] scar, bruise ◆ **les meurtrissures laissées par la vie/le chagrin** the scars ou bruises left by life/sorrow

**meute** [møt] → SYN nf (Chasse, péj) pack ◆ **lâcher la meute sur** to set the pack on ◆ **une meute de journalistes** a pack of journalists

**mévente** [mevɑ̃t] → SYN nf (Écon) slump ou drop in sales; († = vente à perte) selling at a loss ◆ **une période de mévente** a slump, a period of poor sales

**mexicain, e** [mɛksikɛ̃, ɛn] **1** adj Mexican
**2** **Mexicain(e)** nm,f Mexican

**Mexico** [mɛksiko] n Mexico City

**Mexique** [mɛksik] nm ◆ **le Mexique** Mexico

**mézail** [mezaj] nm mesail

**mézigue** * [mezig] pron pers me, yours truly * ◆ **c'est pour mézigue** it's for yours truly *

**mezzanine** [mɛdzanin] → SYN nf (Archit) (= étage) mezzanine (floor); (= fenêtre) mezzanine window; (Théât) mezzanine

**mezza-voce** [mɛdzavɔtʃe] adv (Mus) mezza voce; (littér) in an undertone

**mezzo** [mɛdzo] **1** nm mezzo (voice)
**2** nf mezzo

**mezzo-soprano**, pl **mezzo-sopranos** [mɛdzosɔpʀano] **1** nm mezzo-soprano (voice)
**2** nf mezzo-soprano

**mezzo-tinto** [mɛdzotinto] nm inv mezzotint

**MF** **a** (abrév de **modulation de fréquence**) FM
**b** (abrév de **millions de francs**) → **million**

**mg** (abrév de **milligramme**) mg

**Mgr** (abrév de **Monseigneur**) Mgr

**mi** [mi] → SYN nm (Mus) E; (en chantant la gamme) mi, me

**mi-** [mi] préf (le préfixe reste invariable dans les mots composés à trait d'union) half, mid- ◆ **la mi-janvier** the middle of January, mid-January ◆ **à mi-cuisson ajoutez le vin** add the wine half way through cooking ◆ **pièce mi-salle à manger mi-salon** living-dining room, dining-cum-living room (Brit) ◆ **mi-riant mi-pleurant** half-laughing half-crying, halfway between laughing and crying

**MIAGE** [mjaʒ] nf (abrév de **maîtrise d'informatique appliquée à la gestion des entreprises**) *master's degree in business data processing*

**miam-miam** * [mjammjam] excl (langage enfantin) yum-yum! *, yummy! * ◆ **faire miam-miam** to eat

**miaou** [mjau] excl, nm miaow ◆ **faire miaou** to miaow

**miasme** [mjasm] → SYN nm (gén pl) miasma ◆ **miasmes** putrid fumes, miasmas

**miaulement** [mjolmɑ̃] nm mewing, meowing

**miauler** [mjole] ▸ conjug 1 ◂ vi to mew, meow

**miauleur, -euse** [mjolœʀ, øz] adj mewing (épith)

**mi-bas** [miba] nm inv (pour homme) knee-length sock; (pour femme) pop sock (Brit), knee-high (US)

**mica** [mika] nm (= roche) mica; (pour vitre, isolant) Muscovy glass, white mica

**micacé, e** [mikase] adj couleur mica-tinted; substance mica-bearing, micaceous

**mi-carême** [mikaʀɛm] nf ◆ **la mi-carême** the third Thursday in Lent

**micaschiste** [mikaʃist] nm mica-schist

**micellaire** [misɛlɛʀ] adj micellar

**micelle** [misɛl] → SYN nf micell(e), micella

**miche** [miʃ] **1** nf [pain] round loaf, cob loaf (Brit)
**2** **miches** * nfpl (= fesses) bum * (Brit), butt * (surtout US)

**Michel-Ange** [mikɛlɑ̃ʒ] nm Michelangelo

**micheline** [miʃlin] nf railcar

**mi-chemin** [miʃ(ə)mɛ̃] **à mi-chemin** loc adv ◆ **je l'ai rencontré à mi-chemin** I met him halfway there ◆ **la poste est à mi-chemin** the post office is halfway there, the post office is halfway ou midway between the two ◆ **à mi-chemin de la gare** halfway to the station ◆ **ces reportages sont à mi-chemin de la fiction et du réel** these reports are a mixture of fiction and truth ou are half fiction half truth ◆ **à mi-chemin entre …** (lit, fig) halfway ou midway between …

**micheton** † [miʃtɔ̃] nm (arg Crime) punter * (Brit), John * (US)

**Michigan** [miʃigɑ̃] nm Michigan ◆ **le lac Michigan** Lake Michigan

**mi-clos, e** [miklo, kloz] adj half-closed ◆ **les yeux mi-clos** with half-closed eyes, with one's eyes half-closed

**micmac** * [mikmak] nm (péj) (= intrigue) funny business *; (= confusion) mix-up ◆ **je devine leur petit micmac** I can guess their little game * ou what they're playing at * ◆ **tu parles d'un micmac pour aller jusqu'à chez elle !** it's such a hassle getting to her place!

**micocoulier** [mikɔkulje] nm nettle tree, European hackberry

**mi-combat** [mikɔ̃ba] **à mi-combat** loc adv halfway through the match

**mi-corps** [mikɔʀ] **à mi-corps** loc adv up to ou down to the waist ◆ **plongé à mi-corps dans l'eau glacée** waist-deep in the icy water

**mi-côte** [mikot] **à mi-côte** loc adv halfway up (ou down) the hill

**mi-course** [mikuʀs] **à mi-course** loc adv (Sport) halfway through the race, at the halfway mark ◆ **piston bloqué à mi-course** piston jammed at half-stroke

**micro** [mikʀo] **1** nm **a** (abrév de **microphone**) microphone, mike *; ◆ (Radio, TV) **dites-le au micro** ou **devant le micro** say it in front of the mike * ◆ **parlez dans le micro** speak into the microphone ◆ **ils l'ont dit au micro** (dans un aéroport, une gare) they announced it over the intercom ou PA system ◆ **il était au micro de France Inter** he was on France Inter
**b** abrév de **micro-ordinateur**
**2** nf abrév de **micro-informatique**

**micro…** [mikʀo] préf micro… ◆ **microcurie** microcurie ◆ **microséisme** microseism

**microalgue** [mikʀoalg] nf microalga

**microampère** [mikʀoɑ̃pɛʀ] nm microamp

**microanalyse** [mikʀoanaliz] nf microanalysis

**microbalance** [mikʀobalɑ̃s] nf microbalance

**microbe** [mikʀɔb] → SYN nm **a** (Méd) germ, bug *, microbe (SPÉC)
**b** (* péj) pipsqueak *, little runt * (péj)

**microbien, -ienne** [mikʀɔbjɛ̃, jɛn] adj culture microbial, microbic; infection bacterial ◆ **maladie microbienne** bacterial disease

**microbille, micro-bille,** pl **micro-billes** [mikʀobij] nf [abrasif] micro-granule, micro particle

**microbiologie** [mikʀobjɔlɔʒi] nf microbiology

**microbiologique** [mikʀobjɔlɔʒik] adj microbiological

**microbiologiste** [mikʀobjɔlɔʒist] nmf microbiologist

**microbus** [mikʀobys] nm minibus

**microcalorimètre** [mikʀokalɔʀimɛtʀ] nm microcalorimeter

**microcalorimétrie** [mikʀokalɔʀimetʀi] nf microcalorimetry

**microcassette** [mikʀokasɛt] nf microcassette

**microcéphale** [mikʀosefal] adj, nmf microcephalic

**microchimie** [mikʀoʃimi] nf microchemistry

**microchirurgie** [mikʀoʃiʀyʀʒi] nf microsurgery

**microcircuit** [mikʀosiʀkɥi] nm microcircuit

**microclimat** [mikʀoklima] nm microclimate

**microcoque** [mikʀɔkɔk] nm micrococcus

**microcosme** [mikʀɔkɔsm] nm microcosm

**microcosmique** [mikʀɔkɔsmik] adj microcosmic

**microcoupure** [mikʀokupyʀ] nf (Ordin) power dip

**micro-cravate,** pl **micros-cravates** [mikʀokʀavat] nm clip-on microphone ou mike *

**microculture** [mikʀokyltyʀ] nf (Bio) microculture

**microdissection** [mikʀodisɛksjɔ̃] nf microdissection

**microéconomie** [mikʀoekɔnɔmi] nf microeconomics sg

**microéconomique** [mikʀoekɔnɔmik] adj microeconomic

**microédition** [mikʀoedisjɔ̃] nf desktop publishing, DTP

**microélectronique** [mikʀoelɛktʀɔnik] nf microelectronics sg

**micro-entreprise,** pl **micro-entreprises** [mikʀoɑ̃tʀəpʀiz] nf micro-business

**microfibre** [mikʀofibʀ] nf microfibre ◆ **tissu/fil microfibre** microfibre fabric/thread ◆ **en microfibres** microfibre (épith)

**microfiche** [mikʀofiʃ] nf microfiche

**microfilm** [mikʀofilm] nm microfilm

**microfilmer** [mikʀofilme] ▸ conjug 1 ◂ vt to microfilm

**microflore** [mikʀoflɔʀ] nf microflora

**microforme** [mikʀofɔʀm] nf microform

**micrographie** [mikʀɔgʀafi] nf micrography

**micrographique** [mikʀɔgʀafik] adj micrographic

**micro-informatique** [mikʀoɛ̃fɔʀmatik] nf microcomputing

**microlit(h)e** [mikʀɔlit] nm (= outil) microlith

**micromécanique** [mikʀomekanik] nf micromechanics sg

**micromètre** [mikʀɔmɛtʀ] nm micrometer

**micrométrie** [mikʀɔmetʀi] nf micrometry

**micrométrique** [mikʀɔmetʀik] adj micrometric(al)

**micron** [mikʀɔ̃] nm micron

**Micronésie** [mikʀonezi] nf Micronesia

**micronésien, -ienne** [mikʀɔnezjɛ̃, jɛn] 1 adj Micronesian
2 **Micronésien(ne)** nm,f Micronesian

**micro-onde,** pl **micro-ondes** [mikʀoɔ̃d] 1 nf microwave
2 nm ◆ **(four à) micro-ondes** microwave (oven)

**micro-ordinateur,** pl **micro-ordinateurs** [mikʀoɔʀdinatœʀ] nm microcomputer

**micro-organisme,** pl **micro-organismes** [mikʀoɔʀganism] nm microorganism

**microphage** [mikʀɔfaʒ] nm microphagous animal

**microphone** [mikʀɔfɔn] → SYN nm microphone

**microphonique** [mikʀɔfɔnik] adj microphonic

**microphotographie** [mikʀofɔtɔgʀafi] nf (= procédé) photomicrography; (= image) photomicrograph

**microphysique** [mikʀofizik] nf microphysics sg

**micropilule** [mikʀopilyl] nf minipill

**microprocesseur** [mikʀopʀɔsesœʀ] nm microprocessor

**microprogrammation** [mikʀopʀɔgʀamasjɔ̃] nf microprogramming

**micropyle** [mikʀɔpil] nm micropyle

**microscope** [mikʀɔskɔp] → SYN nm microscope ◆ **examiner qch au microscope** (lit) to examine sth ou look at sth under a microscope; (fig) to put sth under the microscope ◆ **microscope électronique** electron microscope ◆ **microscope (électronique) à balayage (par transmission)** scanning electron microscope

**microscopie** [mikʀɔskɔpi] nf microscopy

**microscopique** [mikʀɔskɔpik] → SYN adj microscopic

**microseconde** [mikʀos(ə)gɔ̃d] nf microsecond

**microsillon** [mikʀosijɔ̃] nm (= sillon) microgroove ◆ **(disque) microsillon** LP, microgroove record

**microsociologie** [mikʀosɔsjɔlɔʒi] nf microsociology

**microsonde** [mikʀosɔ̃d] nf microprobe

**microsporange** [mikʀospɔʀɑ̃ʒ] nm microsporangium

**microspore** [mikʀospɔʀ] nf microspore

**microstructure** [mikʀostʀyktyʀ] nf microstructure

**microtome** [mikʀotom, mikʀɔtɔm] nm microtome

**microtracteur** [mikʀotʀaktœʀ] nm small tractor

**micro-trottoir,** pl **micros-trottoirs** [mikʀotʀɔtwaʀ] nm ◆ **faire un micro-trottoir** to interview people in the street, do a vox pop * (Brit)

**microtubule** [mikʀotybyl] nm microtubule

**miction** [miksjɔ̃] nf micturition

**mi-cuisse(s)** [mikɥis] **à mi-cuisses** loc adv ◆ **ses bottes lui arrivaient à mi-cuisses** his boots came up to his thighs ou over his knees ◆ **l'eau leur arrivait à mi-cuisses** they were thigh-deep in water, they were up to their thighs in water

**MIDEM** [midɛm] nm (abrév de **marché international du disque et de l'édition musicale**) → **marché**

**midi** [midi] → SYN 1 nm a (= heure) midday, 12 (o'clock), noon ◆ **midi dix** 10 past 12 ◆ **de midi à 2 heures** from 12 ou (12) noon to 2 ◆ **entre midi et 2 heures** between 12 ou (12) noon and 2 ◆ **hier à midi** yesterday at 12 o'clock ou at noon ou at midday ◆ **pour le ravoir, c'est midi (sonné)** †* there isn't a hope ou you haven't a hope of getting it back; → **chacun, chercher, coup**
b (= période du déjeuner) lunchtime, lunch hour; (= mi-journée) midday, middle of the day ◆ **à/pendant midi** at/during lunchtime, at/during the lunch hour ◆ **demain midi** tomorrow lunchtime ◆ **tous les midis** every lunchtime ou lunch hour ◆ **que faire ce midi ?** what shall we do at lunchtime? ou midday?, what shall we do this lunch hour? ◆ **le repas de midi** the midday meal, lunch ◆ **qu'est-ce que tu as eu à midi ?** what did you have for lunch? ◆ **à midi on va au restaurant** we're going to a restaurant for lunch ◆ **en plein midi** (= à l'heure du déjeuner) (right) in the middle of the day, at midday; (= en plein zénith) at the height of noon, at high noon ◆ **ça s'est passé en plein midi** it happened right in the middle of the day; → **démon**
c (Géog = sud) south ◆ **exposé au** ou **en plein midi** facing due south ◆ **le midi de la France, le Midi** the South of France, the Midi; → **accent**
2 adj inv chaîne hi-fi, slip, jupe midi

**midinette** [midinɛt] → SYN nf (= jeune fille) young girl; († = vendeuse) shopgirl *(in the dress industry)*; († = ouvrière) dressmaker's apprentice ◆ **elle a des goûts de midinette** (péj) she has the tastes of a sixteen-year-old schoolgirl

**mi-distance** [midistɑ̃s] **à mi-distance (entre)** loc prép halfway ou midway (between) ◆ **à mi-distance de Vienne et de Prague** halfway ou midway between Vienna and Prague

**midship** [midʃip] nm (Naut) midshipman, middy *

**mie**[1] [mi] nf soft part *(of bread)*, (Culin) bread with crusts removed ◆ **il a mangé la croûte et laissé la mie** he's eaten the crust and left the soft part ou the inside (of the bread) ◆ **faire une farce avec de la mie de pain** to make stuffing with fresh white breadcrumbs; → **pain**

**mie**[2] †† [mi] nf (littér = bien-aimée) lady-love †, beloved (littér)

**mie**[3] †† [mi] adv not ◆ **ne le croyez mie** believe it not †

**miel** [mjɛl] 1 nm honey ◆ **bonbon/boisson au miel** honey sweet (Brit) ou candy (US)/drink ◆ **être tout miel** [personne] to be all sweetness and light ◆ **miel rosat** rose honey ◆ **faire son miel de qch** (fig) to turn sth to one's advantage; → **gâteau, lune**
2 excl (euph) * sugar! *

**miellat** [mjela] nm honeydew

**miellé, e**[1] [mjele] adj (littér) honeyed

**miellée**[2] [mjele] nf (Bot) honeydew

**mielleusement** [mjɛløzmɑ̃] adv (péj) unctuously

**mielleux, -euse** [mjelø, øz] → SYN adj (péj) personne unctuous, syrupy, smooth-tongued; paroles honeyed, smooth; ton honeyed, sugary; sourire sugary, sickly sweet; († ou littér) saveur sickly sweet

**mien, mienne** [mjɛ̃, mjɛn] 1 pron poss ◆ **le mien, la mienne, les miens, les miennes** mine ◆ **ce sac n'est pas le mien** this bag is not mine, this is not my bag ◆ **ton prix/ton jour sera le mien** name your price/the day ◆ **vos fils sont sages comparés aux miens** your sons are well-behaved compared to mine ou my own
2 **miens** nmpl ◆ **les miens** (= ma famille) my family, my (own) folks *; (= mon peuple) my people
3 adj poss († ou littér) ◆ **un mien cousin** a cousin of mine ◆ **je fais miennes vos observations** I agree wholeheartedly (with you); → **sien**

**miette** [mjɛt] → SYN nf [pain, gâteau] crumb ◆ **miettes de crabe/de thon** (Culin) flaked crab/tuna ◆ **il ne perdait pas une miette de la conversation/du spectacle** he didn't miss a scrap of the conversation/the show ◆ **les miettes de sa fortune** the remnants of his fortune ◆ **je n'en prendrai qu'une miette** I'll just have a tiny bit ou a sliver ◆ **il n'en a pas laissé une miette** (repas) he didn't leave a scrap; (fortune) he didn't leave a penny (Brit) ou one red cent (US) ◆ **en miettes** verre in bits ou pieces; gâteau in pieces; bonheur in pieces ou shreds ◆ **leur voiture est en miettes** there's nothing left of their car, their car was totaled * (US) ◆ **mettre** ou **réduire qch en miettes** to break ou smash sth to bits ou to smithereens

**mieux** [mjø] → SYN (compar, superl de **bien**) 1 adv
a (gén) better ◆ **aller** ou **se porter mieux** to be better ◆ **il ne s'est jamais mieux porté** he's never been ou felt better in his life ◆ **plus il s'entraîne, mieux il joue** the more he practises the better he plays ◆ **elle joue mieux que lui** she plays better than he does ◆ **c'est (un peu/beaucoup) mieux expliqué** it's (slightly/much) better explained ◆ **il n'écrit pas mieux qu'il ne parle** he writes no better than he speaks ◆ **s'attendre à mieux** to expect better ◆ **espérer mieux** to hope for better (things) ◆ **il peut faire mieux** he can do ou is capable of better ◆ **tu ferais mieux de te taire** you'd better shut up *; → **reculer, tant, valoir** etc
b **le mieux, la mieux, les mieux** (de plusieurs) (the) best; (de deux) (the) better ◆ **je passe par les rues les mieux éclairées** I take the better lit streets ◆ **c'est ici qu'il dort le mieux** he sleeps best here, this is where he sleeps best ◆ **tout va le mieux du monde** everything's going beautifully ◆ **tout est pour le mieux dans le meilleur des mondes** everything is for the best in the best of all possible worlds ◆ **une école des mieux conçues/équipées** one of the best planned/best equipped schools ◆ **un dîner des mieux réussis** a most ou highly successful dinner ◆ **j'ai fait le mieux** ou **du mieux que j'ai pu** I did my (level ou very) best, I did the best I could ◆ **des deux, elle est la mieux habillée** she is the better dressed of the two
c (Loc) **mieux que jamais** better than ever ◆ **mieux vaut trop de travail que pas assez** too much work is better than not enough ◆ **il va de mieux en mieux** he's getting better and better ◆ **de mieux en mieux ! maintenant il s'est mis à boire** (iro) that's great ou terrific (iro), now he has taken to the bottle * ◆ **il nous a écrit, mieux, il est venu nous voir** he wrote to us, and better still he came to see us ◆ **à qui mieux mieux** (gén) each one more so than the other; crier each one louder than the other; frapper each one harder than the other ◆ (Prov) **mieux vaut tard que jamais** better late than never (Prov) ◆ (Prov) **mieux vaut prévenir que guérir** prevention is better than cure (Prov)
2 adj inv a (= plus satisfaisant) better ◆ **le mieux, la mieux, les mieux** (de plusieurs) (the) best; (de deux) (the) better ◆ **c'est la mieux de nos secrétaires** * (de toutes) she is the best of our secretaries, she's our best secretary; (de deux) she's the better of our secretaries ◆ **il est mieux qu'à son arrivée** he's improved since he (first) came, he's better than when he (first) came ◆ **c'est beaucoup mieux ainsi** it's (much) better this way ◆ **le mieux serait de ...** the best (thing ou plan) would be to ... ◆ **c'est ce qu'il pourrait faire de mieux** it's the best thing he could do
b (= en meilleure santé) better; (= plus à l'aise) better, more comfortable ◆ **le mieux, la mieux, les mieux** (the) best, (the) most comfortable ◆ **être mieux/le mieux du monde** to be better/in perfect health ◆ **je le trouve mieux aujourd'hui** I think he is looking better ou he seems better today ◆ **ils seraient mieux à la campagne qu'à la ville** they would be better (off) in the country than in (the) town ◆ **c'est à l'ombre qu'elle sera le mieux** she'll be more comfortable in the shade; → **sentir**
c (= plus beau) better looking, more attractive ◆ **le mieux, la mieux, les mieux** (de plusieurs) (the) best looking, (the) most attractive; (de deux) (the) better looking, (the) more attractive ◆ **elle est mieux les cheveux longs** she looks better with her hair long ou with long hair, long hair suits her better ◆ **c'est avec les cheveux courts qu'elle est le mieux** she looks best with her hair short ou with short hair, short hair suits her best ◆ **il est mieux que son frère** he's better looking than his brother
d (Loc) **c'est ce qui se fait de mieux** it's the best there is ou one can get ◆ **tu n'as rien de mieux à faire que (de) traîner dans les rues ?** haven't you got anything better to do than hang around the streets? ◆ **c'est son frère, en mieux** he's (just) like his brother only better looking ◆ **ce n'est pas mal, mais il y a mieux** it's not bad, but I've seen better ◆ **qui mieux est** even better, better still; → **changer, faute**
3 **au mieux** loc adv (gén) at best ◆ **en mettant les choses au mieux** at (the very) best ◆ **tout se passe au mieux avec nos collègues** we get on extremely well with our colleagues ◆ **utiliser au mieux les ressources/le temps** to make best use of (one's) resources/time ◆ **pour apprécier au mieux les charmes de la ville** to best appreciate ou enjoy the

charms of the town ◆ **il sera là au mieux à midi** he'll be there by midday at the earliest ◆ **faites au mieux** do what you think best ou whatever is best ◆ **être au mieux avec qn** to be on the best of terms with sb ◆ **acheter/vendre au mieux** (Fin) to buy/sell at the best price

**4** **au mieux de** loc prép ◆ **au mieux de sa forme** in peak condition ◆ **au mieux de nos intérêts** in our best interests

**5** nm **a** (= ce qui est préférable) **le mieux** best ◆ **le mieux serait d'accepter** the best thing to do would be to accept ◆ **j'ai fait pour le mieux** I did what I thought best ◆ **tout allait pour le mieux avant qu'il n'arrive** everything was perfectly fine before he came ◆ (Prov) **le mieux est l'ennemi du bien** (it's better to) let well alone ◆ **partez tout de suite, c'est le mieux** it's best (that) you leave immediately, the best thing would be for you to leave immediately

**b** (avec adj poss) **faire de son mieux** to do one's (level ou very) best, do the best one can ◆ **aider qn de son mieux** to do one's best to help sb, help sb the best one can ou to the best of one's ability ◆ **j'ai essayé de répondre de mon mieux aux questions** I tried to answer the questions to the best of my ability

**c** (= amélioration, progrès) improvement ◆ **il y a un mieux** ou **du mieux** there's (been) some improvement

**mieux-disant,** pl **mieux-disants** [mjødizɑ̃] nm (Fin) lowest bidder ou tenderer ◆ **le mieux-disant culturel** (fig) *striving for excellence in cultural matters*

**mieux-être** [mjøzɛtʀ] nm inv (gén) greater welfare; (matériel) improved standard of living ◆ **ils ressentent un mieux-être psychologique** they feel better in themselves

**mieux-vivre** [mjøvivʀ] nm inv improved standard of living

**mièvre** [mjɛvʀ] → SYN adj paroles, musique, roman soppy; tableau pretty-pretty *; sourire mawkish; charme vapid ◆ **elle est un peu mièvre** she's a bit colourless (Brit) ou colorless (US) ou insipid

**mièvrerie** [mjɛvʀəʀi] → SYN nf [paroles, musique] sentimentality, soppiness; [tableau] pretty-prettiness *; [sourire] mawkishness; [charme] vapidity; [personne] colourlessness (Brit), colorlessness (US), insipidness; (= propos) insipid ou sentimental talk (NonC) ◆ **il faut éviter de tomber dans la mièvrerie** we must avoid getting all sentimental ◆ **ses chansons sont d'une mièvrerie affligeante** his songs are incredibly soppy

**mi-figue mi-raisin** [mifigmiʀɛzɛ̃] adj inv sourire wry; remarque half-humorous, wry ◆ **on leur fit un accueil mi-figue mi-raisin** they received a mixed reception

**mi-fin** [mifɛ̃] adj m petits pois medium

**migmatite** [migmatit] nf migmatite

**mignard, e** [miɲaʀ, aʀd] → SYN adj style mannered, precious; décor pretty-pretty *, overornate; musique pretty-pretty *, overdelicate; manières precious, dainty, simpering (péj)

**mignardise** [miɲaʀdiz] → SYN nf **a** [tableau, poème, style] preciousness; [décor] ornateness; [manières] preciousness (péj), daintiness, affectation (péj)

**b** (= fleur) **de la mignardise, des œillets mignardise** pinks

**mignon, -onne** [miɲɔ̃, ɔn] → SYN **1** adj (= joli) enfant sweet, cute; femme sweet(-looking), pretty; homme cute; bras, pied, geste dainty, cute; (= gentil, aimable) nice, sweet ◆ **donne-le-moi, tu seras mignonne** * give it to me, there's a dear * ou love * (Brit), be a dear * and give it to me ◆ **c'est mignon chez vous** you've got a nice little place; → **péché**

**2** nm,f (little) darling, poppet * (Brit), cutie * (US) ◆ **mon mignon, ma mignonne** sweetheart, pet *

**3** nm **a** (Hist = favori) minion

**b** (Boucherie) **(filet) mignon** fillet (Brit) ou filet (US) mignon

**mignonnet, -ette** [miɲɔnɛ, ɛt] **1** adj enfant, objet sweet, cute * ◆ **c'est mignonnet chez eux** they've got a cute little place *

**2** **mignonnette** nf **a** (= bouteille) miniature

**b** (Bot) (= œillet) wild pink; (= saxifrage) Pyrenean saxifrage

**c** (= poivre) coarse-ground pepper

**d** (= gravier) fine gravel

**migraine** [migʀɛn] → SYN nf (gén) headache; (Méd) migraine ◆ **j'ai la migraine** I've got a bad headache, my head aches

**migraineux, -euse** [migʀɛnø, øz] **1** adj migrainous

**2** nm,f person suffering from migraine

**migrant, e** [migʀɑ̃, ɑ̃t] adj, nm,f migrant

**migrateur, -trice** [migʀatœʀ, tʀis] **1** adj migratory

**2** nm migrant, migratory bird

**migration** [migʀasjɔ̃] → SYN nf (gén) migration; (Rel) transmigration ◆ **oiseau en migration** migrating bird

**migratoire** [migʀatwaʀ] adj migratory

**migrer** [migʀe] ► conjug 1 ◄ vi to migrate (*vers* to)

**mi-hauteur** [mihotœʀ] **à mi-hauteur** loc adv halfway up (ou down) ◆ **des carreaux s'élevaient à mi-hauteur du mur** the lower half of the wall was covered with tiles

**mihrab** [miʀab] nm mihrab

**mi-jambe(s)** [miʒɑ̃b] **à mi-jambe(s)** loc adv up (ou down) to the knees ◆ **l'eau leur arrivait à mi-jambes** they were knee-deep in water, they were up to their knees in water

**mijaurée** [miʒɔʀe] → SYN nf pretentious ou affected woman ou girl ◆ **faire la mijaurée** to give o.s. airs (and graces) ◆ **regarde-moi cette mijaurée !** just look at her with her airs and graces! ◆ **petite mijaurée !** little madam!

**mijoter** [miʒɔte] → SYN ► conjug 1 ◄ **1** vt **a** (= cuire) [+ plat, soupe] to simmer; (= préparer avec soin) to cook ou prepare lovingly ◆ **plat mijoté** dish which has been slow-cooked ou simmered ◆ **il lui mijote des petits plats** he cooks (up) ou concocts tempting ou tasty dishes for her

**b** (* = tramer) to cook up * ◆ **mijoter un complot** to hatch a plot ◆ **il mijote un mauvais coup** he's cooking up * ou plotting some mischief ◆ **qu'est-ce qu'il peut bien mijoter ?** what's he up to? *, what's he cooking up? * ◆ **il se mijote quelque chose** something's brewing ou cooking *

**2** vi [plat, soupe] to simmer; [complot] to be brewing ◆ **laissez** ou **faites mijoter 20 mn** (leave to) simmer for 20 mins ◆ **laisser qn mijoter (dans son jus)** * to leave sb to stew *, let sb stew in his own juice *

**mijoteuse ®** [miʒɔtøz] nf slow cooker

**mikado** [mikado] nm (= jeu) jackstraws sg, spillikins sg ◆ **jouer au mikado** to play jackstraws, have a game of jackstraws

**mil[1]** [mil] nm (dans une date) a ou one thousand

**mil[2]** [mij, mil] nm ⇒ **millet**

**milady** [miledi] nf (titled English) lady ◆ **oui milady** yes my lady

**milan** [milɑ̃] nm (Orn) kite

**milanais, e** [milanɛ, ɛz] **1** adj Milanese ◆ **escalope (à la) milanaise** escalope milanaise

**2** **Milanais(e)** nm,f Milanese

**mildiou** [mildju] nm (Agr) mildew

**mildiousé, e** [mildjuze] adj (Agr) mildewed

**mile** [majl] nm mile *(1 609 m)*

**milice** [milis] → SYN nf **a** (= corps paramilitaire) militia ◆ **la Milice** (Hist de France) the Milice *(collaborationist militia during the German occupation)*

**b** (Belg) (= armée) army; (= service militaire) military service

**milicien** [milisjɛ̃] nm (gén) militiaman; (Belg) conscript (Brit), draftee (US)

**milicienne** [milisjɛn] nf woman serving in the militia

**milieu,** pl **milieux** [miljø] → SYN **1** nm **a** (= centre) middle ◆ **casser/couper/scier qch en son milieu** ou **par le milieu** to break/cut/saw sth down ou through the middle ◆ **le bouton/la porte du milieu** the middle ou centre knob/door ◆ **je prends celui du milieu** I'll take the one in the middle ou the middle one ◆ **tenir le milieu de la chaussée** to keep to the middle of the road ◆ **milieu de terrain** (Ftbl) midfield player ◆ **le milieu du terrain** (Ftbl) the midfield ◆ **il est venu vers le milieu de l'après-midi/la matinée** he came towards the middle of the afternoon/the morning, he came about mid-afternoon/mid-morning ◆ **vers/depuis le milieu du 15ème siècle** towards/since the mid-15th century, towards/since the mid-1400s; → **empire**

**b** (= état intermédiaire) middle course ou way ◆ **il n'y a pas de milieu (entre)** there is no middle course ou way (between) ◆ **avec lui, il n'y a pas de milieu** there's no in-between with him ◆ **le juste milieu** the happy medium, the golden mean ◆ **un juste milieu** a happy medium ◆ **il est innocent ou coupable, il n'y a pas de milieu** he is either innocent or guilty, he can't be both ◆ **tenir le milieu** to steer a middle course

**c** (Bio, Géog) environment; (Chim, Phys) medium ◆ **milieu physique/géographique/humain** physical/geographical/human environment ◆ **milieu de culture** culture medium ◆ **les animaux dans leur milieu naturel** animals in their natural surroundings ou environment ou habitat

**d** (= entourage social, moral) milieu, environment; (= groupe restreint) set, circle; (= provenance) background ◆ **le milieu familial** (gén) the family circle; (Sociol) the home ou family background, the home environment ◆ **s'adapter à un nouveau milieu** to adapt to a different milieu ou environment ◆ **il ne se sent pas dans son milieu** he feels out of place, he doesn't feel at home ◆ **elle se sent** ou **est dans son milieu chez nous** she feels (quite) at home with us ◆ **de quel milieu sort-il ?** what is his (social) background? ◆ **les milieux littéraires/financiers** literary/financial circles ◆ **dans les milieux autorisés/bien informés** in official/well-informed circles ◆ **c'est un milieu très fermé** it is a very closed circle ou exclusive set

**e** (Crime) **le milieu** the underworld ◆ **les gens du milieu** (people of) the underworld ◆ **membre du milieu** gangster, mobster

**2** **au milieu** loc adv in the middle

**3** **au milieu de** loc prép (= au centre de) in the middle of; (= parmi) amid, among, in the midst of, amidst (littér) ◆ **il est là au milieu de ce groupe** he's over there in the middle of that group ◆ **au milieu de toutes ces difficultés/aventures** in the middle ou midst of ou amidst all these difficulties/adventures ◆ **au milieu de son affolement** in the middle ou midst of his panic ◆ **elle n'est heureuse qu'au milieu de sa famille/de ses enfants** she's only happy when she's among ou surrounded by her family/her children ou with her family/her children around her ◆ **au milieu de la journée** in the middle of the day ◆ **au milieu de la nuit** in the middle of the night ◆ **comment travailler au milieu de ce vacarme ?** how can anyone work in this din? ◆ **au milieu de la descente** halfway down (the hill) ◆ **au milieu de la page** in the middle of the page, halfway down the page ◆ **au milieu/en plein milieu de l'hiver** in mid-winter/the depth of winter ◆ **au milieu de l'été** in mid-summer, at the height of summer ◆ **au beau milieu de, en plein milieu de** right ou bang * ou slap bang * in the middle of, in the very middle of ◆ **il est parti au beau milieu de la réception** he left right in the middle of the party

**militaire** [militɛʀ] → SYN **1** adj military, army (épith); → **attaché, service**

**2** nm serviceman, soldier ◆ **il est militaire** he's in the forces ou services, he's a soldier ◆ **militaire de carrière** professional ou career soldier ◆ **les militaires sont au pouvoir** the army ou the military are in power

**militairement** [militɛʀmɑ̃] adv saluer in military fashion ou style ◆ **la ville a été occupée militairement** the town was occupied by the army ◆ **occuper militairement une ville** to (send in the army to) occupy a town

**militant, e** [militɑ̃, ɑ̃t] → SYN adj, nm,f activist, militant ◆ **militant de base** rank and file ou grassroots militant ◆ **militant pour les droits de l'homme** human rights activist ou campaigner

**militantisme** [militɑ̃tism] nm (political) activism, militancy

**militarisation** [militaʀizasjɔ̃] nf militarization

**militariser** [militarize] ▸ conjug 1 ◂ 1 vt to militarize
2 **se militariser** vpr to become militarized

**militarisme** [militarism] → SYN nm militarism

**militariste** [militarist] 1 adj militaristic
2 nmf militarist

**militer** [milite] → SYN ▸ conjug 1 ◂ vi a [personne] to be a militant ou an activist ◆ **il milite au parti communiste** he is a communist party militant, he is a militant in the communist party ◆ **militer pour les droits de l'homme** to campaign for human rights
b [arguments, raisons] **militer en faveur de** ou **pour** to militate in favour of, argue for ◆ **militer contre** to militate ou tell against

**milk-shake**, pl **milk-shakes** [milkʃɛk] nm milk shake

**millage** [milaʒ] nm (Can) mileage

**mille**[1] [mil] → SYN 1 adj inv a (= nombre) a ou one thousand ◆ **mille un** a ou one thousand and one ◆ **trois mille** three thousand ◆ **deux mille neuf cents** two thousand nine hundred ◆ **page mille** page one thousand ◆ **l'an mille** (dans les dates) the year one thousand
b (= nombreux) **mille regrets** I'm terribly sorry ◆ **je lui ai dit mille fois** I've told him a thousand times ◆ **tu as mille fois raison** you're absolutely right ◆ **c'est mille fois trop grand** it's far too big ◆ **mille excuses** ou **pardons** I'm (ou we're) terribly sorry ◆ **le vase s'est cassé/était en mille morceaux** the vase smashed into smithereens/was in smithereens
c (Loc) **mille et un problèmes/exemples** a thousand and one problems/examples ◆ **"Les contes des Mille et Une Nuits"** (Littérat) "The Thousand and One Nights", "(Tales from) the Arabian Nights" ◆ **dans un décor des Mille et Une Nuits** in a setting like something from the Arabian Nights ◆ **je vous le donne en mille** * you'll never guess ◆ **mille sabords !** * (hum) blistering barnacles! *
2 nm inv a (Comm, Math) a ou one thousand ◆ **cinq pour mille d'alcool** five parts of alcohol to a thousand ◆ **cinq enfants sur mille** five children out of ou in every thousand ◆ **vendre qch au mille** to sell sth by the thousand ◆ **deux mille de boulons** two thousand bolts ◆ **l'ouvrage en est à son centième mille** the book has sold 100,000 copies; → **gagner**
b (Sport) [cible] bull's-eye, bull (Brit) ◆ **mettre** ou **taper (en plein) dans le mille** (lit) to hit the bull's-eye ou bull (Brit); (fig) to score a bull's-eye, be bang on target * ◆ **tu as mis dans le mille en lui faisant ce cadeau** you were bang on target * with the present you gave him

**mille**[2] [mil] nm a **mille (marin)** nautical mile
b (Can) mile *(1 609 m)*

**millefeuille**[1] [milfœj] nm (Culin) mille feuilles, ≃ cream ou vanilla slice (Brit), ≃ napoleon (US)

**millefeuille**[2] [milfœj] nf (Bot) milfoil, yarrow

**millénaire** [milenɛʀ] → SYN 1 adj (lit) thousand-year-old (épith), millenial; (= très vieux) ancient, very old ◆ **monument millénaire** thousand-year-old monument ◆ **des rites plusieurs fois millénaires** rites several thousand years old, age-old rites
2 nm (= période) millennium, a thousand years; (= anniversaire) thousandth anniversary, millennium ◆ **nous entrons dans le troisième millénaire** we're beginning the third millenium

**millénarisme** [milenaʀism] nm millenarianism

**millénariste** [milenaʀist] adj, nmf millenarian

**millénium** [milenjɔm] nm millennium

**mille-pattes** [milpat] nm inv centipede, millipede

**millepertuis, mille-pertuis** [milpɛʀtɥi] nm St-John's-wort

**millépore** [mi(l)lepɔʀ] nm millepore

**mille-raies** [milʀɛ] nm inv (= tissu) finely-striped material ◆ **velours mille-raies** needlecord

**millésime** [milezim] nm (= date, Admin, Fin) year, date; [vin] year, vintage ◆ **vin d'un bon millésime** vintage wine ◆ **quel est le millésime de ce vin ?** what is the vintage ou year of this wine?

**millésimé, e** [milezime] adj vintage ◆ **bouteille millésimée** bottle of vintage wine ◆ **un bordeaux millésimé** a vintage Bordeaux

**millet** [mijɛ] nm (Agr) millet ◆ **donner des grains de millet aux oiseaux** to give the birds some millet ou (bird)seed

**milli...** [mili] préf milli... ◆ **millirem** millirem

**milliaire** [miljɛʀ] adj (Antiq) milliary ◆ **borne milliaire** milliary column

**milliampère** [miliɑ̃pɛʀ] nm milliamp

**milliampèremètre** [miliɑ̃pɛʀmɛtʀ] nm milliamp(ere)meter

**milliard** [miljaʀ] → SYN nm billion, thousand million ◆ **un milliard de personnes** a billion ou a thousand million people ◆ **2 milliards d'euros** 2 billion euros, 2 thousand million euros ◆ **des milliards de** billions of, thousands of millions of

**milliardaire** [miljaʀdɛʀ] 1 nmf multimillionaire
2 adj ◆ **il est milliardaire** he's worth millions, he's a multimillionaire ◆ **une société plusieurs fois milliardaire en dollars** a company worth (many) billions of dollars

**milliardième** [miljaʀdjɛm] adj, nm thousand millionth, billionth

**millibar** [milibaʀ] nm millibar

**millième** [miljɛm] adj, nm thousandth ◆ **c'est la millième fois que je te le dis !** I've told you a thousand times! ◆ **la millième (représentation)** (Théât) the thousandth performance

**millier** [milje] nm (= mille) thousand; (= environ) a thousand or so, about a thousand ◆ **par milliers** in (their) thousands, by the thousand ◆ **il y en a des milliers** there are thousands (of them)

**milligramme** [miligʀam] nm milligram(me)

**millilitre** [mililitʀ] nm millilitre (Brit), milliliter (US)

**millimétré, e** [milimetʀe] adj papier graduated *(in millimetres)*; (= précis) passe, tir right on target

**millimètre** [milimɛtʀ] nm millimetre (Brit), millimeter (US)

**millimétrique** [milimetʀik] adj millimetric

**million** [miljɔ̃] nm million ◆ **2 millions de francs** 2 million francs ◆ **être riche à millions** to be a millionaire, have millions, be worth millions ◆ **ça a coûté des millions** it cost millions

**millionième** [miljɔnjɛm] adj, nmf millionth

**millionnaire** [miljɔnɛʀ] → SYN 1 nmf millionaire
2 adj ◆ **la société est millionnaire** the company is worth millions ou worth a fortune ◆ **il est plusieurs fois millionnaire** he's a millionaire several times over ◆ **un millionnaire en dollars** a dollar millionaire

**millivolt** [milivɔlt] nm millivolt

**millivoltmètre** [milivɔltmɛtʀ] nm millivoltmeter

**mi-long, mi-longue** [milɔ̃, milɔ̃g] adj manteau, jupe calf-length (épith); manche elbow-length (épith); cheveux shoulder-length (épith)

**milord** † * [milɔʀ] nm (= noble anglais) lord, nobleman; (= riche étranger) immensely rich foreigner ◆ **oui milord !** yes my lord!

**milouin** [milwɛ̃] nm pochard

**mi-lourd** [miluʀ] nm, adj (Boxe) light heavyweight

**mime** [mim] → SYN nm a (= personne) (Théât) mime artist, mime; (= imitateur) mimic
b (Théât = art, action) mime, miming ◆ **il fait du mime** he's a mime (artist) ◆ **(spectacle de) mime** mime show

**mimer** [mime] → SYN ▸ conjug 1 ◂ vt (Théât) to mime; (= singer) to mimic, imitate; (pour ridiculiser) to take off

**mimétique** [mimetik] adj mimetic

**mimétisme** [mimetism] → SYN nm (Bio) (protective) mimicry; (fig) unconscious imitation, mimetism ◆ **il croisa les bras, par mimétisme avec son frère** he folded his arms, unconsciously imitating ou in unconscious imitation of his brother

**mimi** * [mimi] 1 nm a (langage enfantin) (= chat) pussy(cat), puss *; (= baiser) little kiss; (= câlin) cuddle ◆ **faire des mimis à qn** to kiss and cuddle sb
b (terme affectueux) **mon mimi** darling, sweetie *
2 adj inv (= mignon) cute, lovely

**mimique** [mimik] → SYN nf a (= grimace comique) comical expression, funny face ◆ **ce singe a de drôles de mimiques !** this monkey makes such funny faces! ◆ **il eut une mimique de dégoût** he grimaced in disgust
b (= signes, gestes) gesticulations; [sourds-muets] sign language (NonC) ◆ **il eut une mimique expressive pour dire qu'il avait faim** his gestures ou gesticulations made it quite clear that he was hungry

**mimodrame** [mimɔdʀam] nm (Théât) mime show

**mimolette** [mimɔlɛt] nf type of Dutch cheese

**mi-mollet** [mimɔlɛ] **à mi-mollet** loc adv ◆ **(arrivant à) mi-mollet** jupe calf-length, below-the-knee (épith) ◆ **j'avais de l'eau jusqu'à mi-mollet** the water came up to just below my knees

**mimologie** [mimɔlɔʒi] nf mimicry

**mimosa** [mimoza] nm mimosa; → **œuf**

**mi-moyen** [mimwajɛ̃] nm, adj (Boxe) welterweight

**MIN** [min] nm (abrév de **marché d'intérêt national**) → **marché**

**min.** a (abrév de **minimum**) min
b (abrév de **minute**) min

**minable** [minabl] → SYN 1 adj (= décrépit) lieu, aspect, personne shabby(-looking), seedy (-looking); (= médiocre) devoir, film, personne hopeless *, useless *, pathetic *; salaire, vie miserable, wretched; voyou wretched; complot shoddy ◆ **habillé de façon minable** shabbily dressed
2 nmf (péj) loser *, dead loss * ◆ **(espèce de) minable !** you're so pathetic! * ◆ **une bande de minables** a pathetic ou useless bunch *

**minablement** [minabləmɑ̃] adv a (= médiocrement) hopelessly *, uselessly *, pathetically *
b habillé shabbily

**minage** [minaʒ] nm [pont, tranchée] mining

**minahouet** [minawɛ] nm serving mallet

**minaret** [minaʀɛ] nm minaret

**minauder** [minode] → SYN ▸ conjug 1 ◂ vi to simper, put on simpering airs ◆ **oh oui, dit-elle en minaudant** oh yes, she simpered ◆ **je n'aime pas sa façon de minauder** I don't like her (silly) simpering ways

**minauderie** [minodʀi] → SYN nf ◆ **minauderies** simpering (airs) ◆ **faire des minauderies** to put on simpering airs, simper

**minaudier, -ière** [minodje, jɛʀ] → SYN adj affected, simpering (épith)

**minbar** [minbaʀ] nm minbar

**mince** [mɛ̃s] → SYN 1 adj a (= peu épais) thin; (= svelte, élancé) slim, slender ◆ **tranche mince** thin slice ◆ **elle est mince comme un fil** she's (as) thin as a rake ◆ **mince comme une feuille de papier à cigarette** ou **comme une pelure d'oignon** paper-thin, wafer-thin ◆ **avoir la taille mince** to be slim ou slender
b (= faible, insignifiant) profit slender; salaire meagre (Brit), meager (US), small; prétexte lame, weak; preuve, chances slim, slender; excuse lame; connaissances, rôle, mérite slight, small ◆ **l'intérêt du film est bien mince** the film is decidedly lacking in interest ou is of very little interest ◆ **ce n'est pas une mince affaire** it's quite a job ou business, it's no easy task ◆ **c'est un peu mince comme réponse** * that's a rather lame ou feeble reply, that's not much of an answer
2 adv couper thinly, in thin slices
3 excl ◆ **mince (alors) !** * (contrariété) drat (it)! *, blow (it)! * (Brit), darn (it)! * (US); (surprise) you don't say!; (admiration) wow! *

**minceur** [mɛ̃sœʀ] → SYN nf a (= finesse) thinness; (= gracilité) slimness, slenderness ◆ **elle est d'une minceur remarquable** she's remarkedly thin ou slim ◆ **cuisine minceur** cuisine minceur ◆ **régime minceur** slimming diet ◆ **produits minceur** slimming products
b (= insignifiance) **la minceur des preuves** the slimness ou the insufficiency of the evidence

**mincir** [mɛ̃siʀ] ▸ conjug 2 ◂ 1 vi to get slimmer, get thinner

[2] vt [vêtement] ◆ **cette robe te mincit** this dress makes you look slimmer

**Mindanao** [mindanao] nf Mindanao

**mine¹** [min] → SYN [1] nf **a** (= physionomie) expression, look ◆ **... dit-il, la mine réjouie** ... he said with a cheerful ou delighted expression on his face ◆ **elle est arrivée, la mine boudeuse** she arrived, looking sulky ou with a sulky expression on her face ◆ **ne fais pas cette mine-là** stop making ou pulling that face ◆ **faire triste mine à qn** to give sb a cool reception, greet sb unenthusiastically; → **gris**

**b** (= allure) exterior, appearance ◆ **tu as la mine de quelqu'un qui n'a rien compris** you look as if you haven't understood a single thing ◆ **il cachait sous sa mine modeste un orgueil sans pareil** his modest exterior concealed an overweening pride ◆ **votre rôti a bonne mine** your roast looks good ou appetizing ◆ **tu as bonne mine maintenant !** (iro) now you look (like) an utter ou a right* idiot!; → **payer**

**c** (= teint) **avoir bonne mine** to look well ◆ **il a mauvaise mine** he doesn't look well, he looks unwell ou poorly ◆ **avoir une sale mine** to look awful* ou dreadful ◆ **avoir une mine de papier mâché** to look washed out ◆ **il a meilleure mine qu'hier** he looks better than (he did) yesterday ◆ **tu as une mine superbe** you look terrific

**d** (LOC) **faire mine de faire qch** to pretend to do sth ◆ **j'ai fait mine de le croire** I acted as if I believed it ◆ **j'ai fait mine de lui donner une gifle** I made as if to slap him ◆ **il n'a même pas fait mine de résister** he didn't even put up a token resistance, he didn't even offer a show of resistance

◆ **mine de rien*** ◆ **il est venu nous demander comment ça marchait, mine de rien*** he came and asked us with a casual air ou all casually* how things were going ◆ **mine de rien, tu sais qu'il n'est pas bête*** though you wouldn't think it to look at him he's no dummy* you know ◆ **mine de rien, ça fait deux heures qu'on attend/ça nous a coûté 200 €** you wouldn't think it but we've been waiting for two hours/it cost us €200

[2] **mines** nfpl [personne] simpering airs; [bébé] expressions ◆ **faire des mines** to put on simpering airs, simper ◆ **il fait ses petites mines** [bébé] he makes (funny) little faces

**mine²** [min] → SYN [1] nf **a** (= gisement) deposit, mine; (exploité) mine ◆ **mine d'or** (lit, fig) gold mine ◆ **région de mines** mining area ou district ◆ **mine à ciel ouvert** opencast mine ◆ **la nationalisation des mines** (gén) the nationalization of the mining industry; (charbon) the nationalization of coal ou of the coalmining industry ◆ **mine de charbon** (gén) coalmine; (puits) pit, mine; (entreprise) colliery ◆ **descendre dans la mine** to go down the mine ou pit ◆ **travailler à la mine** to work in the mines, be a miner; → **carreau, galerie, puits**

**b** (= source) [renseignements] mine ◆ **une mine inépuisable de documents** an inexhaustible source of documents ◆ **cette bibliothèque est une (vraie) mine** this library is a treasure trove

**c** **mine (de crayon)** (pencil) lead ◆ **crayon à mine dure/tendre** hard/soft pencil, pencil with a hard/soft lead ◆ **mine de plomb** black lead, graphite

**d** (Mil) (= galerie) gallery, sap, mine; (= explosif) mine ◆ **mine dormante/flottante** unexploded/floating mine ◆ **mine terrestre** landmine; → **champ, détecteur**

[2] **Mines** nfpl ◆ **les Mines** (Admin) ≃ the (National) Mining and Geological service ◆ **l'École des Mines** ≃ the (National) School of Mining Engineering ◆ **ingénieur des Mines** (state qualified) mining engineer ◆ **le service des Mines** *the French government vehicle testing service*

**miner** [mine] → SYN ▸ conjug 1 ◂ vt **a** (= garnir d'explosifs) to mine ◆ **ce pont est miné** this bridge has been mined

**b** (= ronger) [+ falaise, fondations] to undermine, erode, eat away; [+ société, autorité, santé] to undermine; [+ force] to sap, undermine ◆ **la maladie l'a miné** his illness has left him drained (of energy) ou has sapped his strength ◆ **miné par le chagrin/l'inquiétude** worn down by grief/anxiety ◆ **miné par la jalousie** eaten up ou consumed with jealousy ◆ **tout ça le mine** all this is eating into him ◆ **c'est un sujet/terrain miné** (fig) it's a highly sensitive subject/area

**minerai** [minʀɛ] nm ore ◆ **minerai de fer/cuivre** iron/copper ore

**minéral, e,** mpl **-aux** [mineʀal, o] [1] adj huile, sel, règne mineral; chimie inorganic; paysage stony; → **chimie, eau**

[2] nm mineral

**minéralier** [mineʀalje] nm ore tanker

**minéralisateur, -trice** [mineʀalizatœʀ, tʀis]

[1] adj mineralizing

[2] nm mineralizer

**minéralisation** [mineʀalizasjɔ̃] nf mineralization

**minéralisé, e** [mineʀalize] (ptp de **minéraliser**) adj eau mineralized ◆ **peu/moyennement minéralisée** with a low/medium mineral content

**minéraliser** [mineʀalize] ▸ conjug 1 ◂ vt to mineralize

**minéralogie** [mineʀalɔʒi] nf mineralogy

**minéralogique** [mineʀalɔʒik] adj (Géol) mineralogical ◆ **numéro minéralogique** (Aut) registration (Brit) ou license (US) number; → **plaque**

**minéralogiste** [mineʀalɔʒist] nmf mineralogist

**minerval** [minɛʀval] nm (Belg) school fees (Brit), tuition (US)

**minerve** [minɛʀv] nf **a** (Méd) (surgical) collar

**b** (Typo) platen machine

**c** (Myth) **Minerve** Minerva

**minet, -ette** [minɛ, ɛt] → SYN [1] nm,f (langage enfantin = chat) puss*, pussy (cat), kitty (cat) (surtout US) ◆ **mon minet, ma minette** (terme affectif) (my) pet*, sweetie(-pie)*

[2] nm (péj = jeune élégant) pretty boy*, young trendy* (Brit)

[3] **minette** nf (* = jeune fille) (cute) chick*

**mineur¹, e** [minœʀ] → SYN [1] adj **a** (Jur) minor ◆ **enfant mineur** young person who is under age, minor (Jur) ◆ **être mineur** to be under age, be a minor (Jur)

**b** (= peu important) soucis, œuvre, artiste minor; → **Asie**

**c** (Mus) gamme, intervalle, mode minor ◆ **en do mineur** in C minor

**d** (Logique) terme, proposition minor

[2] nm,f (Jur) minor, young person under 18 (years of age) ◆ **"établissement interdit aux mineurs"** "no person under 18 allowed on the premises" ◆ **le film est interdit aux mineurs de moins de 12 ans** the film is unsuitable for children under 12; → **détournement**

[3] nm (Mus) minor ◆ **en mineur** in a minor key

[4] **mineure** nf **a** (Logique) minor premise

**b** (Univ = matière) subsidiary (Brit), second subject (Brit), minor (US)

**mineur²** [minœʀ] → SYN nm **a** (Ind) miner; [houille] (coal) miner ◆ **mineur de fond** pitface ou underground worker, miner at the pitface ◆ **village de mineurs** mining village

**b** (Mil) sapper *(who lays mines)*

**Ming** [miŋ] nm ◆ **la dynastie Ming** the Ming Dynasty

**mini** [mini] [1] adj inv **a** (Mode) **la mode mini** the fashion for minis

**b** (= très petit) **c'est mini chez eux*** they've got a minute ou tiny (little) place ◆ **mini budget, budget mini** shoestring budget

[2] nm inv (Mode) ◆ **elle s'habille (en) mini** she wears minis ◆ **la mode est au mini** minis are in (fashion)

**mini-** [mini] préf mini ◆ **mini-conférence de presse** mini press-conference

**miniature** [minjatyʀ] → SYN [1] nf **a** (gén) miniature ◆ **en miniature** in miniature ◆ **cette région, c'est la France en miniature** this region is a miniature France ou France in miniature

**b** (Art) miniature

**c** (* = nabot) (little) shrimp* ou tich* (Brit), tiddler* (Brit) ◆ **tu as vu cette miniature ?** did you see that little shrimp?*

[2] adj miniature ◆ **train/jeu d'échecs miniature** miniature train/chess set

**miniaturé, e** [minjatyʀe] adj livre illustrated with miniatures

**miniaturisation** [minjatyʀizasjɔ̃] nf miniaturization

**miniaturiser** [minjatyʀize] → SYN ▸ conjug 1 ◂ vt to miniaturize ◆ **transistor miniaturisé** miniaturized transistor ◆ **les ordinateurs se miniaturisent** computers are becoming smaller and smaller

**miniaturiste** [minjatyʀist] → SYN nmf miniaturist

**minibar** [minibaʀ] nm (= réfrigérateur) minibar; (= chariot) refreshments trolley (Brit) ou cart

**minibus** [minibys] nm minibus

**minicassette** [minikasɛt] nf minicassette

**minichaîne** [miniʃɛn] nf mini (music) system

**miniclub** [miniklœb] nm children's club

**minidosée** [minidoze] adj f ◆ **pilule minidosée** mini-pill

**minier, -ière** [minje, jɛʀ] adj mining

**minigolf** [minigɔlf] nm (= jeu) mini-golf, crazy-golf; (= lieu) mini-golf ou crazy-golf course

**minijupe** [miniʒyp] nf miniskirt

**minima** [minima] → **minimum**

**minimal, e,** mpl **-aux** [minimal, o] adj température, pension minimal, minimum ◆ **art minimal** minimal art

**minimalisme** [minimalism] nm minimalism

**minimaliste** [minimalist] adj, nmf minimalist

**minime** [minim] → SYN [1] adj dégât, rôle, différence minor (épith), minimal; salaire, somme paltry

[2] nmf **a** (Sport) junior *(13-15 years)*

**b** (Rel) Minim

**minimisation** [minimizasjɔ̃] nf minimization

**minimiser** [minimize] → SYN ▸ conjug 1 ◂ vt [+ risque, rôle] to minimize; [+ incident, importance] to play down

**minimum** [minimɔm] → SYN , f **minimum** ou **minima** [minima], pl **minimum(s)** ou **minima** [1] adj minimum ◆ **vitesse/âge minimum** minimum speed/age ◆ **la température minimum a été de 6 °C** the minimum temperature was 6 °C, there was a low of 6 °C today ◆ **assurer un service minimum** (Transport) to run a reduced service ◆ **programme minimum** (TV) restricted service; → **revenu, salaire**

[2] nm minimum; (Jur) minimum sentence ◆ **dans le minimum de temps** in the shortest time possible ◆ **il faut un minimum de temps/d'intelligence pour le faire** you need a minimum amount of time/a modicum of intelligence to be able to do it ◆ **il faut quand même travailler un minimum** you still have to do a minimum (amount) of work ◆ **avec un minimum d'efforts il aurait réussi** with a minimum of effort he would have succeeded ◆ **il n'a pris que le minimum de précautions** he took only minimum ou minimal precautions ◆ **c'est vraiment le minimum que tu puisses faire** it's the very least you can do ◆ **la production a atteint son minimum** production has sunk to its lowest level (yet) ou an all-time low ◆ **avoir tout juste le minimum vital** (salaire) to earn barely a living wage; (subsistance) to be ou live at subsistence level ◆ **il faut rester le minimum (de temps) au soleil** you must stay in the sun as little as possible ◆ **minimum vieillesse** (Admin) basic old age pension ◆ **les minima sociaux** basic welfare benefits ◆ **dépenses réduites à un minimum** expenditure cut (down) to a minimum

◆ **au minimum** at least, at a minimum ◆ **ça coûte au minimum 15 €** it costs at least €15 ou a minimum of €15 ◆ **dépenses réduites au minimum** expenditure cut (down) to the minimum

[3] adv at least, at a minimum ◆ **ça dure quinze jours minimum** it lasts at least fifteen days

**mini-ordinateur,** pl **mini-ordinateurs** [miniɔʀdinatœʀ] nm minicomputer

**minipilule** [minipilyl] nf minipill

**ministère** [ministɛʀ] → SYN [1] nm **a** (= département) ministry, department (surtout US) ◆ **employé de ministère** government employee ◆ **ministère de l'Agriculture/de l'Éduca-**

**tion (nationale)** ministry ou department (US) of Agriculture/of Education; voir aussi **2**

**b** (= cabinet) government, cabinet ◆ **sous le ministère (de) Pompidou** under the premiership of Pompidou, under Pompidou's government ◆ **le premier ministère Poincaré** Poincaré's first government ou cabinet ◆ **former un ministère** to form a government ou a cabinet ◆ **ministère de coalition** coalition government

**c** (Jur) **le ministère public** (= partie) the Prosecution; (= service) the public prosecutor's office ◆ **par ministère d'huissier** served by a bailiff

**d** (Rel) ministry ◆ **exercer son ministère à la campagne** to have a country parish

**e** (littér = entremise) agency ◆ **proposer son ministère à qn** to offer to act for sb

**2** COMP ▷ **ministère des Affaires étrangères** Ministry of Foreign Affairs, Foreign Office (Brit), Department of State (US), State Department (US) ▷ **ministère des Affaires européennes** Ministry of European Affairs ▷ **ministère des Affaires sociales** Social Services Ministry ▷ **ministère des Anciens Combattants** *Ministry responsible for ex-servicemen*, ≈ Veterans Administration (US) ▷ **ministère du Budget** Ministry of Finance, ≈ Treasury (Brit), ≈ Treasury Department (US) ▷ **ministère du Commerce** Ministry of Trade, Department of Trade and Industry (Brit), Department of Commerce (US) ▷ **ministère du Commerce extérieur** Ministry of Foreign Trade, Board of Trade (Brit) ▷ **ministère de la Culture** Ministry for the Arts ▷ **ministère de la Défense nationale** Ministry of Defence (Brit), Department of Defense (US) ▷ **ministère des Départements et Territoires d'outre-mer** *Ministry for French overseas territories* ▷ **ministère de l'Économie et des Finances** Ministry of Finance, ≈ Treasury (Brit), ≈ Treasury Department (US) ▷ **ministère de l'Environnement** Ministry of the Environment, ≈ Department of the Environment (Brit), ≈ Environmental Protection Agency (US) ▷ **ministère de l'Industrie** ≈ Department of Trade and Industry (Brit), ≈ Department of Commerce (US) ▷ **ministère de l'Intérieur** Ministry of the Interior, ≈ Home Office (Brit) ▷ **ministère de la Jeunesse et des Sports** Ministry of Sport ▷ **ministère de la Justice** Ministry of Justice, Lord Chancellor's Office (Brit), Department of Justice (US) ▷ **ministère de la Santé** Ministry of Health, ≈ Department of Health and Social Security (Brit), ≈ Department of Health and Human Services (US) ▷ **ministère des Transports** Ministry of Transport (Brit), Department of Transportation (US) ▷ **ministère du Travail** Ministry of Employment (Brit), Department of Labor (US)

**ministériel, -elle** [ministeʀjɛl] → SYN adj document, solidarité ministerial; crise, remaniement cabinet (épith) ◆ **département ministériel** ministry, department (surtout US) ◆ **accéder à une fonction ministérielle** to become a minister; → **arrêté, officier**[1]

**ministrable** [ministʀabl] adj, nmf ◆ **il est ministrable** ◆ **c'est un ministrable** he's a potential minister ou likely to be appointed minister, he's in line for a ministerial post

**ministre** [ministʀ] → SYN **1** nmf **a** [gouvernement] minister (Brit), secretary (surtout US) ◆ **pourriez-vous nous dire Monsieur** (ou **Madame**) **le ministre ...** could you tell us Minister (Brit), could you tell us Mr (ou Madam) Secretary (US) ... ◆ **Premier ministre** Prime Minister, Premier ◆ **Madame/Monsieur le Premier ministre** Prime Minister ◆ **les ministres** the members of the cabinet ◆ **ministre de l'Agriculture/de l'Éducation (nationale)** minister (Brit) ou secretary (surtout US) of Agriculture/of Education, Agriculture/Education minister (Brit) ou secretary (surtout US) ◆ **ministre délégué** minister of state (à for; *auprès de* reporting to), ≈ junior minister (Brit), undersecretary (US) ◆ **ministre d'État** (sans portefeuille) minister without portfolio; (de haut rang) senior minister ◆ **ministre sans portefeuille** minister without portfolio; voir aussi **2**; → **bureau, conseil, papier**

**b** (= envoyé, ambassadeur) envoy ◆ **ministre plénipotentiaire** (minister) plenipotentiary (Brit), ambassador plenipotentiary (US)

**2** nm **a** (Rel) (protestant) minister, clergyman; (catholique) priest ◆ **ministre du culte** minister of religion ◆ **ministre de Dieu** minister of God

**b** (littér = représentant) agent

**3** COMP ▷ **ministre des Affaires étrangères** Minister of Foreign Affairs, Foreign Secretary (Brit), ≈ Secretary of State (US) ▷ **ministre des Affaires européennes** Minister of European Affairs ▷ **ministre des Affaires sociales** Social Services Minister ▷ **ministre du Budget** Finance Minister ou Secretary, ≈ Chancellor of the Exchequer (Brit), ≈ Secretary of the Treasury (US) ▷ **ministre du Commerce** Minister of Trade (Brit), Secretary of Commerce (US) ▷ **ministre de la Culture** ≈ Minister for Arts ▷ **ministre de la Défense nationale** Defence Minister (Brit), Defense Secretary (US) ▷ **ministre des Départements et Territoires d'outre-mer** *Minister for French overseas territories* ▷ **ministre de l'Économie et des Finances** Finance Minister ou Secretary, ≈ Chancellor of the Exchequer (Brit), ≈ Secretary of the Treasury (US) ▷ **ministre de l'Environnement** ≈ Minister of the Environment (Brit), ≈ Director of the Environmental Protection Agency (US) ▷ **ministre de l'Industrie** Secretary of State for Trade and Industry (Brit), Secretary of Commerce (US) ▷ **ministre de l'Intérieur** Minister of the Interior, Home Secretary (Brit), Secretary of the Interior (US) ▷ **ministre de la Jeunesse et des Sports** Sports Minister ▷ **ministre de la Justice** Minister of Justice, ≈ Lord Chancellor (Brit), ≈ Attorney General (US) ▷ **ministre de la Santé (et de la Sécurité sociale)** ≈ Minister of Health and Social Security (Brit), ≈ Secretary of Health and Human Services (US) ▷ **ministre des Transports** Minister of Transport (Brit), Transportation Secretary (US) ▷ **ministre du Travail** Minister of Employment, Labor Secretary (US)

**Minitel ®** [minitɛl] nm Minitel ® ◆ **obtenir un renseignement par (le) Minitel** to get information on Minitel ®

> **MINITEL**
>
> The **Minitel** has been widely used in French businesses and households for many years, and despite the growing importance of the Internet it remains a familiar feature of daily life. **Minitel** is a public-access information system consisting of a small terminal with a built-in modem, screen and keyboard. Users key in the access code for the service they require, and pay for the time spent linked to the server as part of their regular telephone bill. The term "Minitel rose" refers to sex chatlines available on **Minitel**.

**minitéliste** [minitelist] nmf Minitel user

**minium** [minjɔm] nm (Chim) red lead, minium; (Peinture) red lead paint

**minivague** [minivag] nf soft perm ◆ **se faire faire une minivague** to have a soft perm

**Minnesota** [minezɔta] nm Minnesota

**minoen, -enne** [minɔɛ̃, ɛn] adj, nm Minoan

**minois** [minwa] → SYN nm (= visage) little face ◆ **son joli minois** her pretty little face

**minorant** [minɔʀɑ̃] nm (Math) lower bound

**minoratif, -ive** [minɔʀatif, iv] → SYN adj minorating

**minoration** [minɔʀasjɔ̃] nf (= réduction) cut, reduction (*de* in)

**minorer** [minɔʀe] ► conjug 1 ◄ vt **a** [+ taux, impôts] to cut, reduce (*de* by)

**b** [+ incident, importance] to play down (the importance of)

**minoritaire** [minɔʀitɛʀ] → SYN **1** adj minority (épith) ◆ **groupe minoritaire** minority group ◆ **ils sont minoritaires** they are a minority, they are in a ou in the minority ◆ **ils sont minoritaires au Parlement** they have a minority in Parliament

**2** nmf member of a minority party (ou group etc) ◆ **les minoritaires** the minority (party)

**minorité** [minɔʀite] → SYN nf **a** (= âge) (gén) minority; (Jur) minority, (legal) infancy, nonage ◆ **pendant sa minorité** while he is (ou was) under age, during his minority ou infancy (Jur) ◆ **minorité pénale** ≈ legal infancy

**b** (= groupe) minority (group) ◆ **minorité ethnique/nationale** racial ou ethnic/national minority ◆ **minorité agissante/opprimée** active/oppressed minority ◆ **minorité de blocage** (Écon) blocking minority

**c** **minorité de** minority of ◆ **dans la minorité des cas** in the minority of cases ◆ **je m'adresse à une minorité d'auditeurs** I'm addressing a minority of listeners

♦ **en minorité** ◆ **être en minorité** to be in a ou in the minority, be a minority ◆ **le gouvernement a été mis en minorité sur la question du budget** the government was defeated on the budget

**Minorque** [minɔʀk] nf Minorca

**minorquin, e** [minɔʀkɛ̃, in] **1** adj Minorcan

**2** **Minorquin(e)** nm,f Minorcan

**Minos** [minɔs] nm Minos

**Minotaure** [minɔtɔʀ] nm Minotaur

**minoterie** [minɔtʀi] → SYN nf (= industrie) flour-milling (industry); (= usine) (flour-)mill

**minotier** [minɔtje] nm miller

**minou** [minu] nm **a** (langage enfantin = chat) pussy(cat), puss *

**b** (terme d'affection) **mon minou** sweetie (-pie) *, (my) pet *

**c** (** = sexe de femme) pussy **

**minuit** [minɥi] nm midnight, twelve (o'clock) (at night) ◆ **à minuit** at (twelve) midnight, at twelve (o'clock) (at night) ◆ **minuit vingt** twenty past twelve ou midnight ◆ **il est minuit, l'heure du crime** (hum) it's midnight, the witching hour ◆ **de minuit** soleil, messe midnight (épith) ◆ **bain de minuit** midnight ou moonlight swim

**minus** * [minys] nmf (péj) dead loss *, washout * ◆ **viens ici, minus !** come over here, you wimp! * ◆ **minus habens** moron

**minuscule** [minyskyl] → SYN **1** adj **a** (= très petit) minute, tiny, minuscule

**b** (Écriture) small; (Typo) lower case ◆ **h minuscule** small h

**2** nf small letter; (Typo) lower case letter

**minutage** [minytaʒ] nm (strict ou precise) timing

**minutaire** [minytɛʀ] adj minute (épith)

**minute** [minyt] → SYN **1** nf **a** (= division de l'heure, d'un degré) minute; (= moment) minute, moment ◆ **une minute de silence** a minute's silence, a minute of silence ◆ **la minute de vérité** the moment of truth ◆ **je n'ai pas une minute à moi/à perdre** I don't have a minute ou moment to myself/to lose ◆ **une minute d'inattention a suffi** a moment's inattention was enough ◆ **minute (papillon) !** * hey, just a minute! *, hold ou hang on (a minute)! * ◆ **une minute, j'arrive !** just a second ou a minute, I'm coming! ◆ **attendez une petite minute** can you wait just a ou half a minute? ◆ **une (petite) minute ! je n'ai jamais dit ça !** hang on a minute! I never said that! ◆ **elle va arriver d'une minute à l'autre** she'll be here any minute now ◆ **en (l'espace de) cinq minutes, c'était fait** it was done in five minutes

♦ **à la minute** ◆ **on me l'a apporté à la minute** it has just this instant ou moment been brought to me ◆ **avec toi, il faut toujours tout faire à la minute** you always have to have things done there and then ou on the spot ◆ **réparations à la minute** on-the-spot repairs, repairs while you wait ◆ **elle arrive toujours à la minute (près)** she's always there on the dot *, she always arrives to the minute ou right on time * ◆ **on n'est pas à la minute près** there's no rush

**b** (en apposition) **steak** ou **entrecôte minute** minute steak ◆ **"talons minute"** "shoes repaired while you wait", "heel bar" (Brit) ◆ **"clé minute"** "keys cut while you wait"

**c** (Jur) [contrat] original draft ◆ **les minutes de la réunion** the minutes of the meeting ◆ **rédiger les minutes de qch** to minute sth

**minuter** [minyte] → SYN ► conjug 1 ◄ vt **a** (= chronométrer, limiter) to time; (= organiser) to time (carefully ou to the last minute) ◆ **dans son emploi du temps tout est minuté** everything's worked out ou timed down to the last second in his timetable ◆ **mon temps est minuté** I've got an extremely tight schedule

**b** (Jur) to draw up, draft

**minuterie** [minytʀi] **nf** [lumière] time switch; [horloge] regulator; [four] timer; [bombe] timing device, timer ◆ **allumer la minuterie** to switch on the (automatic) light *(on stairs, in passage etc.)*

**minuteur** [minytœʀ] **nm** [cafetière, four] timer

**minutie** [minysi] → SYN **nf** **a** [personne, travail] meticulousness ◆ **j'ai été frappé par la minutie de son inspection** I was amazed by the detail of his inspection, I was amazed how detailed his inspection was ◆ **l'horlogerie demande beaucoup de minutie** clock-making requires a great deal of precision ◆ **avec minutie** (= avec soin) meticulously; (= dans le détail) in minute detail

**b** (= détails) **minuties** (péj) trifles, trifling details, minutiae

**minutier** [minytje] **nm** (= registre) minute book

**minutieusement** [minysjøzmɑ̃] **adv** (= avec soin) meticulously; (= dans le détail) in minute detail

**minutieux, -ieuse** [minysjø, jøz] → SYN **adj** personne, soin meticulous; dessin minutely detailed; description, inspection minute ◆ **il s'agit d'un travail minutieux** it's a job that demands painstaking attention to detail ◆ **c'est une opération minutieuse** it's an operation demanding great care, it's an extremely delicate operation ◆ **il est très minutieux** he is very meticulous

**miocène** [mjɔsɛn] **1** **adj** Miocene

**2** **nm** ◆ **le Miocène** the Miocene

**mioche** * [mjɔʃ] → SYN **nmf** (= gosse) kid *, nipper * (Brit); (péj) brat * ◆ **sale mioche !** dirty ou horrible little brat! *

**mi-pente** [mipɑ̃t] **à mi-pente** **loc adv** halfway up ou down the hill

**mirabelle** [miʀabɛl] **nf** (= prune) cherry plum; (= alcool) plum brandy

**mirabellier** [miʀabelje] **nm** cherry-plum tree

**mirabilis** [miʀabilis] **nm** (Bot) four-o'clock

**miracle** [miʀɑkl] → SYN **1** **nm** **a** (lit, fig) miracle ◆ **miracle économique** economic miracle ◆ **son œuvre est un miracle d'équilibre** his work is a miracle ou marvel of balance ◆ **cela tient** ou **relève du miracle** it's a miracle ◆ **faire** ou **accomplir des miracles** (lit) to work ou do ou accomplish miracles; (fig) to work wonders ou miracles ◆ **c'est miracle qu'il résiste dans ces conditions** it's a wonder ou a miracle he manages to cope in these conditions ◆ **il faudrait une miracle pour qu'il soit élu** nothing short of a miracle will get him elected, it'll take a miracle for him to get elected ◆ **par miracle** miraculously, by a ou by some miracle ◆ **comme par miracle !** (iro) surprise, surprise!; → **crier**

**b** (Hist, Littérat) miracle (play)

**2** **adj inv** ◆ **remède/solution miracle** miracle cure/solution ◆ **potion miracle** magic potion ◆ **il n'y a pas de recette miracle** there's no miracle solution ◆ **médicament miracle** wonder ou miracle drug

**miraculé, e** [miʀakyle] **adj, nm,f** ◆ **(malade) miraculé** (person) who has been miraculously cured ou who has been cured by a miracle ◆ **les trois miraculés de la route** the three (people) who miraculously ou who by some miracle survived the accident ◆ **voilà le miraculé !** (hum) here comes the miraculous survivor!

**miraculeusement** [miʀakyløzmɑ̃] **adv** miraculously

**miraculeux, -euse** [miʀakylø, øz] → SYN **adj** guérison miraculous; progrès, réussite wonderful ◆ **traitement** ou **remède miraculeux** miracle cure ◆ **ça n'a rien de miraculeux** there's nothing so miraculous ou extraordinary about that

**mirador** [miʀadɔʀ] **nm** (Mil) watchtower, mirador; (pour l'observation d'animaux) raised (observation) hide; (Archit) belvedere, mirador

**mirage** [miʀaʒ] → SYN **nm** **a** (lit, fig) mirage ◆ **c'est un mirage !** (hum) you (ou I etc ) must be seeing things!

**b** [œufs] candling

**miraud, e** * [miʀo, od] **adj** (= myope) short-sighted ◆ **tu es miraud !** you need glasses! ◆ **il est complètement miraud** he's as blind as a bat

**mirbane** [miʀban] **nf** nitrobenzene

**mire** [miʀ] → SYN **nf** (TV) test card; (Arpentage) surveyor's rod ◆ **prendre sa mire** (= viser) to take aim ◆ **point de mire** (lit) target; (fig) focal point; → **cran, ligne**[1]

**mire-œufs** [miʀø] **nm inv** light *(for candling eggs)*

**mirer** [miʀe] → SYN ▸ conjug 1 ◂ **1** **vt** **a** [+ œufs] to candle

**b** (littér) to mirror

**2** **se mirer** **vpr** (littér) [personne] to gaze at o.s. ou at one's reflection *(in the mirror, water etc.)*; [chose] to be mirrored ou reflected *(in the water etc.)*

**mirettes** * [miʀɛt] **nfpl** eyes, peepers * (hum) ◆ **ils en ont pris plein les mirettes** they were completely dazzled by it

**mireur, -euse** [miʀœʀ, øz] **nm,f** candler

**mirifique** [miʀifik] → SYN **adj** (hum) wonderful, fantastic

**mirliflore** †† [miʀliflɔʀ] **nm** fop †, coxcomb † ◆ **faire le mirliflore** (péj) to put on foppish airs †, play the fine fellow

**mirliton** [miʀlitɔ̃] → SYN **nm** (Mus) reed pipe, mirliton; [carnaval] novelty whistle, kazoo; → **vers**

**mirmidon** [miʀmidɔ̃] **nm** ⇒ **myrmidon**

**mirmillon** [miʀmijɔ̃] **nm** mirmillon

**miro** * [miʀo] **adj** ⇒ **miraud, e**

**mirobolant, e** * [miʀɔbɔlɑ̃, ɑ̃t] → SYN **adj** (hum) contrat, salaire fabulous, fantastic; résultats brilliant

**miroir** [miʀwaʀ] → SYN **1** **nm** (lit) mirror; (fig) mirror, reflection ◆ **le miroir des eaux** (littér) the glassy waters ◆ **un roman n'est jamais le miroir de la réalité** a novel is never a true reflection of reality ou never really mirrors reality ◆ **écriture/image en miroir** mirror writing/image

**2** **COMP** ▷ **miroir aux alouettes** (lit) decoy; (fig) lure ▷ **miroir de courtoisie** (Aut) vanity mirror ▷ **miroir déformant** distorting mirror ▷ **miroir d'eau** ornamental pond ▷ **miroir grossissant** magnifying mirror

**miroitant, e** [miʀwatɑ̃, ɑ̃t] → SYN **adj** collier, vitres sparkling; métal gleaming; eau, lac sparkling, shimmering; étoffe shimmering

**miroité, e** [miʀwate] (ptp de **miroiter**) **adj** cheval dappled

**miroitement** [miʀwatmɑ̃] → SYN **nm** (= étincellement) sparkling (NonC), gleaming (NonC); (= chatoiement) shimmering (NonC)

**miroiter** [miʀwate] → SYN ▸ conjug 1 ◂ **vi** **a** (= étinceler) to sparkle, gleam; (= chatoyer) to shimmer ◆ **il lui fit miroiter les avantages qu'elle aurait à accepter ce poste** (= faire entrevoir) he painted in glowing colours what she stood to gain from taking the job

**miroiterie** [miʀwatʀi] **nf** **a** (Comm) mirror trade; (Ind) mirror industry

**b** (= usine) mirror factory

**miroitier, -ière** [miʀwatje, jɛʀ] → SYN **nm,f** (= vendeur) mirror dealer; (= fabricant) mirror manufacturer; (= artisan) mirror cutter, silverer

**mironton** * [miʀɔ̃tɔ̃], **miroton** [miʀɔtɔ̃] **nm** ◆ **(bœuf) miroton** boiled beef in onion sauce

**MIRV** [miʀv] **nm inv** (abrév de **Multiple Independently Targetable Reentry Vehicle**) MIRV

**mis, e**[1] † [mi, miz] → SYN (ptp de **mettre**) **adj** (= vêtu) attired †, clad ◆ **bien mis** nicely turned out

**misaine** [mizɛn] **nf** ◆ **(voile de) misaine** foresail; → **mât**

**misandre** [mizɑ̃dʀ] **1** **adj** misandrous, misandrist

**2** **nmf** misandrist

**misandrie** [mizɑ̃dʀi] **nf** misandry

**misanthrope** [mizɑ̃tʀɔp] → SYN **1** **adj** attitude misanthropic ◆ **il est devenu très misanthrope** he's come to dislike everyone ou to hate society, he's turned into a real misanthropist

**2** **nmf** misanthropist, misanthrope

**misanthropie** [mizɑ̃tʀɔpi] → SYN **nf** misanthropy

**misanthropique** [mizɑ̃tʀɔpik] **adj** (frm) misanthropic, misanthropical

**miscellanées** [miselane] → SYN **nfpl** miscellanea

**miscible** [misibl] **adj** miscible (*à* with)

**mise**[2] [miz] → SYN **1** **nf** **a** (= enjeu) stake, ante; (Comm) outlay ◆ **récupérer sa mise** to recoup one's outlay ◆ **gagner 100 € pour une mise de 10 €** to make €100 on an outlay of €10 ◆ **remporter la mise** (fig) to carry the day; → **sauver**

**b** (= habillement) attire, clothing, garb (hum) ◆ **avoir une mise débraillée** to be untidily dressed, have an untidy appearance ◆ **juger qn sur** ou **à sa mise** to judge sb by his clothes ou by what he wears ◆ **soigner sa mise** to take pride in one's appearance

**c** **être de mise** ††(Fin) to be in circulation, be legal currency; (fig) to be acceptable, be in place ou season ◆ **ces propos ne sont pas de mise** those remarks are out of place

**d** (= action de mettre) putting, setting; → **boîte, bouteille** etc

**2** **COMP** ▷ **mise en plis** (Coiffure) set ◆ **se faire faire une mise en plis** to have a set, have one's hair set; (pour autres expressions voir sous le second terme)

**miser** [mize] → SYN ▸ conjug 1 ◂ **vt** **a** (= parier) [+ argent] to stake, bet (*sur* on) ◆ **miser sur un cheval** to bet on a horse, put money on a horse ◆ **miser à 8 contre 1** to bet at odds of 8 to 1, take 8 to 1 ◆ **il a misé sur le mauvais cheval** (fig) he backed the wrong horse; → **tableau**

**b** ( * = compter sur) **miser sur** to bank on, count on

**c** (Helv) (= vendre) to sell by auction; (= acheter) to buy by auction ◆ **miser sur qn** to overbid sb

**misérabilisme** [mizeʀabilism] **nm** miserabilism, tendency to dwell on the sordid side of life

**misérabiliste** [mizeʀabilist] **adj** personne miserabilist, who dwells on the sordid side of life; livre, film which dwells on the sordid side of life

**misérable** [mizeʀabl] → SYN **1** **adj** **a** (= pauvre) famille, personne destitute, poverty-stricken; région impoverished, poverty-stricken; logement seedy, mean, dingy; vêtements shabby ◆ **d'aspect misérable** shabby-looking, seedy-looking

**b** (= pitoyable) existence, conditions miserable, wretched, pitiful; personne, famille pitiful, wretched

**c** (= sans valeur, minable) somme d'argent paltry, miserable ◆ **un salaire misérable** a pittance, a miserable salary ◆ **ne te mets pas en colère pour 20 misérables francs** don't get all worked up about a measly * 20 francs

**d** ( ††, littér = méprisable) vile †, base †, contemptible

**2** **nmf** († , littér) (= méchant) wretch, scoundrel; (= pauvre) poor wretch ◆ **petit misérable !** you (little) rascal! ou wretch!

**misérablement** [mizeʀabləmɑ̃] **adv** (= pitoyablement) miserably, wretchedly; (= pauvrement) in great ou wretched poverty

**misère** [mizɛʀ] → SYN **nf** **a** (= pauvreté) (extreme) poverty, destitution (frm) ◆ **la misère en gants blancs** ou **dorée** genteel poverty ◆ **être dans la misère** to be destitute ou poverty-stricken ◆ **vivre dans la misère** to live in poverty ◆ **tomber dans la misère** to fall on hard ou bad times, become destitute ◆ **traitement** ou **salaire de misère** starvation wage ◆ **misère noire** utter destitution ◆ **réduire qn à la misère** to make sb destitute, reduce sb to a state of (dire) poverty ◆ **crier** ou **pleurer misère** (pour ne pas payer) to plead poverty ◆ **il est venu chez nous crier** ou **pleurer misère** (pour obtenir de l'argent) he came to us begging for money, he came to us with a sob story * about having no money

**b** (= carence) **misère culturelle** lack of culture ◆ **misère sexuelle** sexual deprivation ◆ **misère physiologique** malnutrition

**c** (= malheur) **misères** woes, miseries, misfortunes ◆ **petites misères** (= ennuis) little troubles ◆ **faire des misères à qn** * to be nasty to sb ◆ **les misères de la guerre** the miseries of war ◆ **c'est une misère de la voir s'anémier**

it's pitiful ou wretched to see her growing weaker ◆ **quelle misère !** what a wretched shame! ◆ **misère !, misère de moi !** († , hum) woe is me! † (hum) ◆ **la misère de l'homme** (Rel) man's wretchedness

**d** (= somme négligeable) **il l'a eu pour une misère** he got it for a song* ou for next to nothing ◆ **c'est une misère pour eux** that's nothing ou a trifle to them

**e** (= plante) tradescantia, wandering Jew

**miserere, miséréré** [mizeʀeʀe] nm (= psaume, chant) Miserere

**miséreux, -euse** [mizeʀø, øz] → SYN **1** adj existence, ville poverty-stricken; population, famille destitute

**2** nm,f destitute person ◆ **les miséreux** the destitute

**miséricorde** [mizeʀikɔʀd] → SYN **1** nf **a** (= pitié) mercy, forgiveness ◆ **la miséricorde divine** divine mercy; → **péché**

**b** [stalle] misericord

**2** excl † mercy me! †, mercy on us! †

**miséricordieux, -ieuse** [mizeʀikɔʀdjø, jøz] → SYN adj merciful, forgiving

**miso** [mizo] nm miso

**misogyne** [mizɔʒin] **1** adj misogynous

**2** nmf misogynist, woman-hater

**misogynie** [mizɔʒini] nf misogyny

**mispickel** [mispikɛl] nm arsenopyrite, mispickel

**miss** [mis] nf **a** [concours de beauté] beauty queen ◆ **Miss France** Miss France

**b** († = nurse) (English ou American) governess

**c** (= vieille demoiselle) **miss anglaise** elderly English spinster

**missel** [misɛl] → SYN nm missal

**missile** [misil] → SYN nm (Aviat) missile ◆ **missile antichar/antiaérien** antitank/antiaircraft missile ◆ **missile antimissile** antimissile missile ◆ **missile nucléaire/balistique** nuclear/ballistic missile ◆ **missile sol-sol/sol-air** etc ground-to-ground/ground-(to)-air etc missile ◆ **missile de moyenne portée** ou **de portée intermédiaire** intermediate-range weapon ou missile ◆ **missile tactique/de croisière** tactical/cruise missile ◆ **missile de courte/longue portée** short-/long-range missile ◆ **missile à tête chercheuse** homing missile

**missilier** [misilje] nm missileman, missileer

**mission** [misjɔ̃] → SYN nf **a** (= charge, tâche) (gén, Rel) mission; (Pol) mission, assignment; [intérimaire] brief, assignment ◆ **mission lui fut donnée de ...** he was commissioned to ... ◆ **partir/être en mission** (Admin, Mil) to go/be on an assignment; [prêtre] to go/be on a mission ◆ **mission accomplie** mission accomplished ◆ **mission de reconnaissance** (Mil) reconnaissance (mission), recce* (Brit) ◆ **mission diplomatique/scientifique/d'information** diplomatic/scientific/fact-finding mission ◆ **mission impossible** (lit) impossible task; (hum) mission impossible; → **chargé, ordre²**

**b** (= but, vocation) task, mission ◆ **la mission de la littérature** the task of literature ◆ **il s'est donné pour mission de faire cela** he set himself the task of doing it, he has made it his mission (in life) to do it

**c** (Rel) (= bâtiment) mission (station); (= groupe) mission

**missionnaire** [misjɔnɛʀ] → SYN adj, nmf missionary

**Mississippi** [misisipi] nm Mississippi

**missive** [misiv] → SYN **1** adj f (Jur) ◆ **(lettre) missive** document *(in the form of a letter, postcard or telegram)*

**2** nf (hum = lettre) missive

**Missouri** [misuʀi] nm Missouri

**mistigri** [mistigʀi] nm **a** († * = chat) malkin †

**b** (Cartes) jack of clubs ◆ **repasser** ou **refiler* le mistigri à qn** (fig) to leave sb holding the baby

**mistoufle** †† * [mistufl] nf ◆ **être dans la mistoufle** to have hit hard ou bad times, be on one's beam ends* (Brit)

**mistral** [mistʀal] nm mistral

**mitage** [mitaʒ] nm ◆ **le mitage des campagnes** intensive building of houses in the countryside

**mitaine** [mitɛn] → SYN nf (fingerless) mitten ou mitt

**mitan** [mitɑ̃] → SYN nm (†† ou dial) middle, centre ◆ **dans le mitan de** in the middle of

**mitard** [mitaʀ] nm (arg Crime) solitary* ◆ **il a fait 15 jours de mitard** he did 2 weeks (in) solitary*

**mite** [mit] → SYN nf clothes moth ◆ **mangé aux mites** moth-eaten ◆ **mite du fromage** cheese mite ◆ **avoir la mite à l'œil** †* to have sleep in one's eyes

**mité, e** [mite] (ptp de **se miter**) adj moth-eaten

**mi-temps** [mitɑ̃] → SYN **1** nf inv (Sport) (= période) half; (= repos) half-time ◆ **à la mi-temps** at half-time ◆ **première/seconde mi-temps** first/second half ◆ **l'arbitre a sifflé la mi-temps** the referee blew (the whistle) for half-time ◆ **la troisième mi-temps** (hum) the post-match celebrations

**2** nm ◆ **(travail à) mi-temps** part-time work ◆ **mi-temps thérapeutique** *part-time working hours granted for medical reasons* ◆ **à mi-temps** part-time ◆ **travailler à mi-temps** to work part-time, do part-time work ◆ **elle est serveuse à mi-temps** she's a part-time waitress

**miter (se)** [mite] ▸ conjug 1 ◂ vpr to be ou become moth-eaten ◆ **pour éviter que les vêtements se mitent** to stop the moths getting at the clothes

**miteux, -euse** [mitø, øz] → SYN **1** adj lieu seedy, grotty* (Brit); vêtement shabby, tatty*, grotty* (Brit); personne shabby (-looking), seedy(-looking)

**2** nm,f seedy(-looking) character

**mithracisme** [mitʀasism], **mithriacisme** [mitʀijasism] nm Mithra(ic)ism

**mithriaque** [mitʀijak] adj Mithraic, Mithraistic

**Mithridate** [mitʀidat] nm Mithridates

**mithridatisation** [mitʀidatizasjɔ̃] nf, **mithridatisme** [mitʀidatism] nm mithridatism

**mithridatiser** [mitʀidatize] ▸ conjug 1 ◂ vt ◆ **mithridatiser qn** to mithridatize sb (SPÉC) *to make sb immune to a poison by administering small doses in gradually increasing amounts* ◆ **mithridatisé** immunized

**mithridatisme** [mitʀidatism] nm mithridatism

**mitigation** [mitigasjɔ̃] → SYN nf (Jur) mitigation

**mitigé, e** [mitiʒe] (ptp de **mitiger**) adj ardeur mitigated; accueil, convictions, enthousiasme lukewarm, half-hearted ◆ **sentiments mitigés** mixed feelings ◆ **joie mitigée de regrets** joy mixed ou mingled with regret

**mitiger** † [mitiʒe] ▸ conjug 3 ◂ vt to mitigate

**mitigeur** [mitiʒœʀ] nm mixer tap (Brit) ou faucet (US) ◆ **mitigeur thermostatique** temperature control tap (Brit) ou faucet (US)

**mitochondrie** [mitɔkɔ̃dʀi] nf mitochondrion

**miton** [mitɔ̃] nm miton

**mitonner** [mitɔne] → SYN ▸ conjug 1 ◂ **1** vt **a** (Culin) (à feu doux) to simmer, cook slowly; (avec soin) to prepare ou cook with loving care ◆ **elle (lui) mitonne des petits plats** she cooks (up) ou concocts tasty dishes (for him)

**b** * [+ affaire] to cook up quietly*; [+ personne] to cosset

**2** vi to simmer, cook slowly

**mitose** [mitoz] nf mitosis ◆ **se reproduire par mitose** to replicate ◆ **reproduction par mitose** replication

**mitotique** [mitɔtik] adj mitotic

**mitoyen, -yenne** [mitwajɛ̃, jɛn] → SYN adj bâtiments, jardins adjoining ◆ **mur mitoyen** party wall ◆ **cloison mitoyenne** partition wall ◆ **maisons mitoyennes** (deux) semi-detached houses (Brit), duplex houses (US); (plus de deux) terraced houses (Brit), town houses (US) ◆ **notre jardin est mitoyen avec le leur** our garden adjoins theirs

**mitoyenneté** [mitwajɛnte] → SYN nf [mur] common ownership ◆ **la mitoyenneté des maisons** the (existence of a) party wall between the houses

**Mitra** [mitʀa] nf Mitra

**mitraillade** [mitʀajad] nf **a** (= coups de feu) (volley of) shots; (= échauffourée) exchange of shots

**b** ⇒ **mitraillage**

**mitraillage** [mitʀajaʒ] nm machine-gunning ◆ **mitraillage au sol** strafing

**mitraille** [mitʀaj] nf **a** († Mil) (= projectiles) grapeshot; (= décharge) volley of shots, hail of bullets ◆ **fuir sous la mitraille** to flee under a hail of bullets

**b** (* = petite monnaie) loose ou small change

**mitrailler** [mitʀaje] → SYN ▸ conjug 1 ◂ vt **a** (Mil) to machine-gun ◆ **mitrailler au sol** to strafe ◆ **mitrailler qn de cailloux/grains de riz** to pelt sb with stones/grains of rice

**b** (* = photographier) [+ monument] to take shot after shot of ◆ **les touristes mitraillaient la cathédrale** the tourists' cameras were clicking away madly at the cathedral ◆ **être mitraillé par les photographes** to be mobbed ou besieged by the photographers

**c** **mitrailler qn de questions** to bombard sb with questions, fire questions at sb

**mitraillette** [mitʀajɛt] → SYN nf submachine gun ◆ **tirer à la mitraillette** to shoot ou fire with a submachine gun

**mitrailleur** [mitʀajœʀ] nm (Mil) machine gunner; (Aviat) air gunner

**mitrailleuse** [mitʀajøz] nf machine gun

**mitral, e,** mpl **-aux** [mitʀal, o] adj (Anat) mitral

**mitre** [mitʀ] nf **a** (Rel) mitre ◆ **recevoir** ou **coiffer la mitre** to be appointed bishop, be mitred

**b** [cheminée] cowl

**mitré, e** [mitʀe] adj mitred; → **abbé**

**mitron** [mitʀɔ̃] nm **a** (= boulanger) baker's boy; (= pâtissier) pastrycook's boy

**b** [cheminée] chimney top

**mi-vitesse** [mivitɛs] **à mi-vitesse** loc adv at half speed

**mi-voix** [mivwa] **à mi-voix** loc adv parler in a low ou hushed voice; lire in a low voice; chantonner softly

**mixage** [miksaʒ] nm **a** (Ciné, Radio) (sound) mixing

**b** (= mélange) mix

**mixer¹** [mikse] ▸ conjug 1 ◂ vt (Ciné, Radio) to mix; (Culin) to blend

**mixer², mixeur** [miksœʀ] nm (Culin) blender, liquidizer (Brit)

**mixité** [miksite] nf (de sexes) (gén) mixing of the sexes; (Scol) coeducation ◆ **il faut une plus grande mixité sociale/de l'habitat dans nos villes** we need a greater social mix/more variety of housing in our towns

**mixte** [mikst] → SYN adj **a** (= des deux sexes) équipe mixed; classe, école, enseignement mixed, coeducational, coed*; (= de races différentes) couple, mariage mixed; → **double**

**b** (= d'éléments divers) économie, train mixed (épith); équipe combined (épith); tribunal, commission joint; rôle dual (épith); (Chim, Géog) roche, végétation mixed ◆ **outil à usage mixte** dual-purpose tool ◆ **peau mixte** combination skin ◆ **navire** ou **cargo mixte** cargo-passenger ship ou vessel ◆ **cuisinière mixte** combined gas and electric stove ou cooker (Brit) ◆ **l'opéra-bouffe est un genre mixte** comic opera is a mixture of genres

**mixtion** [mikstjɔ̃] → SYN nf (Chim, Pharm) (= action) blending, compounding; (= médicament) mixture

**mixture** [mikstyʀ] → SYN nf (Chim, Pharm) mixture; (Culin) mixture, concoction; (péj) concoction

**MJC** [ɛmʒise] nf (abrév de **maison des jeunes et de la culture**) → **maison**

**MKSA** [ɛmkaɛsa] adj (abrév de **mètre, kilogramme, seconde, ampère**) ◆ **système MKSA** Giorgi ou MKSA system

**ml** (abrév de **millilitre**) ml

**MLF** [ɛmɛlɛf] nm (abrév de **Mouvement de libération de la femme**) Women's Liberation Movement, Women's Lib*

**Mlle** (abrév de **Mademoiselle**) **Mlle Martin** Miss Martin

**Mlles** (abrév de **Mesdemoiselles**) → **Mademoiselle**

**MM.** (abrév de **Messieurs**) Messrs

**mm** (abrév de **millimètre**) mm

**Mme** (abrév de **Madame**) Mrs ◆ **Mme Martin** Mrs Martin

**Mmes** (abrév de **Mesdames**) → **Madame**

**mn** (abrév de **minute**) min

**mnémonique** [mnemɔnik] **adj** mnemonic

**mnémotechnique** [mnemotɛknik] 1 **adj** mnemonic

2 **nf** mnemonics sg, mnemotechnics sg

**mnésique** [mnezik] **adj** mnesic

**Mo** (abrév de **mégaoctet**) Mb, MB

**mob** * [mɔb] **nf** abrév de **mobylette**

**mobile** [mɔbil] → SYN 1 **adj** a pièce, objet (= qui bouge) moving; (= qui peut bouger) movable; feuillets de cahier, calendrier loose; → **échelle, fête**

b main-d'œuvre, population mobile

c reflet changing; traits mobile, animated; regard, yeux mobile, darting (épith)

d troupes mobile ◆ **boxeur très mobile** boxer who is very quick on his feet, nimble-footed boxer ◆ **avec la voiture on est très mobile** you can really get around ou about with a car, having a car makes you very mobile; → **garde**[1], **garde**[2]

2 **nm** a (= impulsion) motive (de for) ◆ **quel était le mobile de son action ?** what was the motive for ou what prompted his action? ◆ **chercher le mobile du crime** to look for the motive for the crime

b (Art, Jeux) mobile

c (Phys) moving object ou body

d **(téléphone) mobile** mobile phone

3 COMP ▷ **mobile(-)home** mobile home

**mobilier, -ière** [mɔbilje, jɛʀ] → SYN 1 **adj** (Jur) propriété, bien movable, personal; valeurs transferable ◆ **saisie/vente mobilière** seizure/sale of personal ou movable property ◆ **contribution** ou **cote mobilière** † property tax

2 **nm** a (= ameublement) furniture ◆ **le mobilier du salon** the lounge furniture ◆ **nous avons un mobilier Louis XV** our furniture is Louis XV, our house is furnished in Louis XV (style) ◆ **il fait partie du mobilier** (hum) he's part of the furniture (hum) ◆ **mobilier de bureau** office furniture ◆ **mobilier urbain** street furniture ◆ **le Mobilier national** state-owned furniture *(used to furnish buildings of the state)*

b (Jur) personal ou movable property

**mobilisable** [mɔbilizabl] **adj** citoyen who can be called up ou mobilized; énergie, ressources that can be mobilized; capitaux mobilizable ◆ **il n'est pas mobilisable** (Mil) he cannot be called up

**mobilisateur, -trice** [mɔbilizatœʀ, tʀis] → SYN **adj** ◆ **slogan/projet mobilisateur** slogan/plan which will stir people into action ◆ **c'est un thème très mobilisateur chez les étudiants** it's an issue about which students have strong feelings ou that rouses students to action ◆ **il faut définir de nouveaux objectifs mobilisateurs** new objectives capable of attracting people's support ou of having direct appeal for people must be defined

**mobilisation** [mɔbilizasjɔ̃] → SYN **nf** a [citoyens] mobilization, calling up; [troupes, ressources] mobilization; (Physiol) mobilization ◆ **mobilisation générale/partielle** general/partial mobilization ◆ **il appelle à la mobilisation de tous contre le racisme** he's calling on everybody to join forces and fight racism

b (Fin) [fonds] mobilization of realty, raising ◆ **mobilisation d'actif** conversion into movable property, mobilization of realty (US)

**mobiliser** [mɔbilize] → SYN ▸ conjug 1 ◂ 1 **vt** a (= faire appel à) [+ citoyens] to call up, mobilize; [+ troupes, ressources, adhérents] to mobilize; [+ fonds] to raise, mobilize ◆ **mobiliser les enthousiasmes** to summon up ou mobilize people's enthusiasm ◆ **mobiliser les esprits (en faveur d'une cause)** to rally people's interest (in a cause) ◆ **les (soldats) mobilisés** the mobilized troops ◆ **tout le monde était mobilisé pour la servir** everyone was put to work attending to her needs, everyone had to jump to (it) and attend to her needs

b (Méd = faire bouger) [+ articulation, muscle] to control

2 **se mobiliser vpr** [personnes] to join forces (and take action) (*contre* against) ◆ **il faut se mobiliser contre le chômage/pour la sauvegarde de nos droits** we must join forces and fight unemployment/to protect our rights ◆ **ils se sont mobilisés autour du Premier ministre** they rallied around the Prime Minister

**mobilité** [mɔbilite] → SYN **nf** (gén) mobility ◆ **mobilité géographique/professionnelle/sociale** geographic/professional/social mobility ◆ **mobilité sociale ascendante** upward (social) mobility ◆ **"mobilité géographique totale"** (sur CV) "willing to relocate" ◆ **la mobilité de son regard** his darting eyes ◆ **la voiture nous permet une plus grande mobilité** having the car means we can get around more easily ou makes us more mobile

**Möbius** [møbjys] **nm** (Math) ◆ **bande** ou **ruban de Möbius** Möbius strip ou band

**Mobylette ®** [mɔbilɛt] **nf** moped

**mocassin** [mɔkasɛ̃] **nm** (gén) moccasin, loafer; (indien) moccasin

**mochard, e** * [mɔʃaʀ, aʀd] **adj** ugly

**moche** * [mɔʃ] **adj** a (= laid) ugly ◆ **moche comme un pou** as ugly as sin

b (= mauvais, méchant) rotten *, nasty ◆ **tu es moche avec elle** you're rotten * to her ◆ **c'est moche ce qu'il a fait** that was a nasty thing he did ◆ **c'est moche ce qui lui arrive** it's awful what's happening to him

**mocheté** * [mɔʃte] **nf** a (= laideur) ugliness

b (= personne) fright; (= objet, bâtiment) eyesore ◆ **c'est une vraie mocheté !** she's an absolute fright! ou as ugly as sin!

**modal, e,** mpl **-aux** [mɔdal, o] 1 **adj** modal

2 **nm** (= verbe) modal (verb)

**modalité** [mɔdalite] → SYN **nf** a (= forme) form, mode; (= méthode) method ◆ **modalité d'application de la loi** mode of enforcement of the law ◆ **modalités de financement** methods of funding ◆ **modalités de remboursement** terms of repayment ◆ **modalités de paiement** methods ou modes of payment ◆ **modalités de mise en œuvre** (Jur) details of implementation ◆ **modalités de contrôle** (Scol) methods of assessment

b (Ling, Mus, Philos) modality ◆ **adverbe de modalité** modal adverb

c (Jur = condition) clause

**mode**[1] [mɔd] → SYN 1 **nf** a (= tendance) fashion; (péj) fad *, craze ◆ **la mode des années 60** Sixties' fashions ◆ **la mode automne-hiver de cette année** this year's autumn and winter fashions ◆ **c'est la dernière mode** it's the very latest thing ou fashion ◆ **suivre la mode** to follow fashion, keep up with the fashions ◆ **une de ces nouvelles modes** (péj) one of these new fads * ou crazes ◆ **passer de mode** [vêtement] to go out of fashion; [pratique] to become outdated ◆ **c'est passé de mode** [vêtement] it's gone out of fashion; [pratique] it's outdated ◆ **c'est la mode des talons hauts** high heels are in fashion ou are in * ◆ **marchande de modes** †† milliner

◆ **à la mode** fashionable, in fashion ◆ **femme très à la mode** very fashionable woman ◆ **les jupes courtes sont très à la mode** short skirts are very much in fashion ou are really in * ou are all the rage * ◆ **être habillé très à la mode** (gén) to be very fashionably dressed; [jeunes] to be very trendily * dressed ◆ **habillé à la dernière mode** dressed in the latest fashion ou style ◆ **mettre qch à la mode** to make sth fashionable, bring sth into fashion ◆ **revenir à la mode** to come back into fashion ou vogue, to come back (in) *

b (Comm, Ind) **la mode** the fashion industry ou business ◆ **travailler dans la mode** to work ou be in the fashion world ou industry ou business ◆ **journal/présentation/rédactrice de mode** fashion magazine/show/editor; → **gravure**

c † (= mœurs) custom; (= goût, style) style, fashion ◆ **selon la mode de l'époque** according to the custom of the day ◆ **(habillé) à l'ancienne mode** (dressed) in the old style ◆ **cousin à la mode de Bretagne** (hum) distant cousin, cousin six times removed (hum) ◆ **oncle** ou **neveu à la mode de Bretagne** (Jur, hum) first cousin once removed ◆ **à la mode du 18e siècle** in the style of ou after the fashion of the 18th century, in 18th century style; → **bœuf, tripe**

2 **adj inv** coiffure fashionable ◆ **tissu mode** fashion fabric ◆ **coloris mode** fashion ou fashionable colours ◆ **c'est très mode** it's very fashionable

**mode**[2] [mɔd] → SYN **nm** a (= méthode) form, mode, method; (= genre) way ◆ **quel est le mode d'action de ce médicament ?** how does this medicine work? ◆ **mode de gouvernement/de transport** mode of government/of transport ◆ **mode de scrutin** voting system ◆ **mode de pensée/de vie** way of thinking/of life ◆ **mode de paiement** method ou mode of payment ◆ **mode d'emploi** (gén) directions for use; (= document) instructions leaflet ◆ **mode de cuisson** (gén) cooking method; (sur boîte, paquet) cooking instructions ◆ **mode de calcul/fonctionnement** way of calculating/working ◆ **mode de production** mode ou method of production ◆ **mode de gestion** management method

b (Gram, Ling) mood; (Mus, Philos) mode ◆ **au mode subjonctif** in the subjunctive mood

c (Ordin) mode ◆ **mode synchrone/asynchrone** synchronous/asynchronous mode ◆ **mode interactif/émulation/natif** interactive/emulation/native mode ◆ **fonctionner en mode local** to operate in local mode

**modelage** [mɔd(ə)laʒ] **nm** (= activité) modelling; (= ouvrage) model

**modelé** [mɔd(ə)le] → SYN **nm** [sculpture, corps] contours; (Géog) relief

**modèle** [mɔdɛl] → SYN 1 **nm** a (Comm) model; (Mode) design, style ◆ **nous avons tous nos modèles en vitrine** our full range is ou all our models are in the window ◆ **petit/grand modèle** small/large version ou model ◆ **voulez-vous le petit ou le grand modèle ?** (boîte) do you want the small or the big size (box)? ◆ **il a le modèle 5 portes** (voiture) he has the 5-door hatchback model ou version ◆ **Chanel présente ses modèles d'automne** Chanel presents its autumn models ou styles

b (à reproduire, à imiter) pattern, model; (Scol = corrigé) fair copy ◆ **fabriquer qch d'après le modèle** to make sth from the model ou pattern ◆ **faire qch sur le modèle de ...** to model sth on ..., make sth on the pattern ou model of ... ◆ **modèle de conjugaison/déclinaison** conjugation/declension pattern ◆ **son courage devrait nous servir de modèle** his courage should be a model ou an example to us ◆ **c'est un modèle du genre** it's a model of the genre

c (= personne exemplaire) model, example ◆ **modèle de vertu** paragon of virtue ◆ **c'est le modèle du bon élève/ouvrier** he's a model pupil/workman, he's the epitome of the good pupil/workman ◆ **elle est un modèle de loyauté** she is a model of ou the very model of loyalty ◆ **il restera pour nous un modèle** he will remain an example to us ◆ **prendre qn pour modèle** to model ou pattern o.s. upon sb

d (Art) model ◆ **dessiner/peindre d'après modèle** to draw/paint from a model ou from life

2 **adj** (= parfait) conduite, ouvrier, mari, usine model (épith); (= de référence) appartement show (épith) ◆ **petite fille modèle** perfect little girl

3 COMP ▷ **modèle courant** standard ou production model ▷ **modèle déposé** registered design ▷ **modèle économique** (Écon) economic model; (= paquet géant) economy-size pack; (= voiture) economy model ▷ **modèle de fabrique** factory model ▷ **modèle réduit** small-scale model ◆ **modèle réduit au 1/100** model on the scale (of) 1 to 100 ◆ **modèle réduit d'avion, avion modèle réduit** model plane, scale model of a plane ◆ **monter des modèles réduits d'avions/de bateaux** to build model aircraft/ships ▷ **modèle de série** ⇒ **modèle courant**

**modeler** [mɔd(ə)le] → SYN ▸ conjug 5 ◂ **vt** a (= façonner) [+ statue, poterie, glaise] to model; [+ corps] to shape; [+ chevelure] to style; [+ intelligence, caractère] to shape, mould (Brit), mold (US) ◆ **le relief a été modelé par la glaciation** the ground ou the terrain was moulded ou shaped by glaciation ◆ **cuisse bien modelée** shapely thigh; → **pâte**

b (= conformer) **modeler ses attitudes/réactions sur** to model one's attitudes/reactions on ◆ **se modeler sur qn/qch** to model ou pattern o.s. (up)on sb/sth

**modeleur, -euse** [mɔd(ə)lœʀ, øz] **nm,f** (Art) modeller; (Tech) pattern maker

**modélisation** [mɔdelizasjɔ̃] nf modelling ◆ **modélisation par** ou **sur ordinateur** computer modelling

**modéliser** [mɔdelize] ▸ conjug 1 ◂ vt to model

**modélisme** [mɔdelism] nm model building

**modéliste** [mɔdelist] → SYN nmf a [mode] (dress) designer
b [maquettes] model maker

**modem** [mɔdɛm] nm (abrév de **modulateur-démodulateur**) modem ◆ **modem courte/longue distance** limited-distance/long-haul modem ◆ **transmettre des données par modem** to transmit data via ou by modem

**modérantisme** [mɔdeʀɑ̃tism] nm (Hist) moderantism

**modérantiste** [mɔdeʀɑ̃tist] adj, nmf (Hist) moderantist

**modérateur, -trice** [mɔdeʀatœʀ, tʀis] → SYN
1 adj action, influence moderating (épith), restraining (épith); → **ticket**
2 nm (Tech) regulator; (Nucl Phys) moderator ◆ **jouer le rôle de modérateur** (fig) to have a moderating influence, play a moderating role

**modération** [mɔdeʀasjɔ̃] → SYN nf a (= retenue) moderation, restraint ◆ **avec modération** réagir with restraint; utiliser sparingly ◆ **faire preuve de modération dans ses propos** to adopt a moderate tone ◆ **à consommer avec modération** to be taken in moderation
b (= diminution) [inflation, impôt, vitesse] reduction (*de* in); (Jur) [peine] mitigation

**moderato** [mɔdeʀato] adv, nm moderato

**modéré, e** [mɔdeʀe] → SYN (ptp de **modérer**) adj personne (dans ses idées) moderate; (dans ses désirs) moderate, restrained; (Pol) moderate (*dans* in); prix reasonable, moderate; hausse, chaleur, vent moderate ◆ **les modérés** (Pol) the moderates ◆ **il a tenu des propos très modérés** he took a very moderate line in the discussion, he was very restrained in what he said ◆ **d'un optimisme modéré** cautiously ou guardedly optimistic; → **habitation**

**modérément** [mɔdeʀemɑ̃] adv boire, manger in moderation; satisfait moderately ◆ **je n'apprécie que modérément ses plaisanteries** I find his jokes only half funny ◆ **il se montre modérément optimiste** he's cautiously ou guardedly optimistic

**modérer** [mɔdeʀe] → SYN ▸ conjug 6 ◂ 1 vt [+ colère, passion] to restrain; [+ ambitions, exigences] to moderate; [+ dépenses, désir, appétit] to curb; [+ vitesse] to reduce; [+ impact négatif] to reduce, limit ◆ **modérez vos propos !** tone down your remarks! ou language!
2 **se modérer** vpr (= s'apaiser) to calm down, control o.s.; (= montrer de la mesure) to restrain o.s.

**moderne** [mɔdɛʀn] → SYN 1 adj (gén) modern; cuisine, équipement up-to-date, modern; (opposé à classique) études modern ◆ **le héros moderne** the modern-day hero ◆ **la femme moderne** the woman of today, today's woman ◆ **à l'époque moderne** in modern times; → **confort, lettre**
2 nm a **le moderne** (= style) modern style; (= meubles) modern furniture ◆ **aimer le moderne** to like modern (style) furniture ou the contemporary style of furniture ◆ **meublé en moderne** with modern furniture, furnished in contemporary style
b (= personne) modern painter (ou novelist etc); → **ancien**

**modernisateur, -trice** [mɔdɛʀnizatœʀ, tʀis]
1 adj modernizing
2 nm,f modernizer

**modernisation** [mɔdɛʀnizasjɔ̃] → SYN nf modernization ◆ **des efforts de modernisation ont été faits dans notre entreprise** steps have been taken towards modernizing our company

**moderniser** [mɔdɛʀnize] → SYN ▸ conjug 1 ◂ 1 vt to modernize, bring up to date
2 **se moderniser** vpr to modernize, be modernized

**modernisme** [mɔdɛʀnism] nm modernism

**moderniste** [mɔdɛʀnist] 1 nmf modernist
2 adj modernistic

**modernité** [mɔdɛʀnite] → SYN nf modernity ◆ **ce texte est d'une modernité surprenante** this text is amazingly modern ◆ **la modernité des pièces de Shakespeare** the modernity of ou the contemporary relevance of Shakespeare's plays

**modern style** [mɔdɛʀnstil] adj inv, nm ≃ Art Nouveau

**modeste** [mɔdɛst] → SYN adj a vie, appartement, tenue modest; revenu modest ◆ **c'est un cadeau bien modeste** it's a very modest gift, it's not much of a present ◆ **un train de vie modeste** an unpretentious ou a modest way of life ◆ **je ne suis qu'un modeste employé** I'm only a simple ou modest employee ◆ **être d'un milieu** ou **d'origine modeste** to have ou come from a modest ou humble background ◆ **il est modeste dans ses ambitions** his ambitions are modest, he has modest ambitions
b personne, attitude, air modest ◆ **faire le modeste** to put on ou make a show of modesty ◆ **tu fais le modeste** you're just being modest ◆ **avoir le triomphe modeste** to be a modest winner
c († ou littér = pudique) modest

**modestement** [mɔdɛstəmɑ̃] adv modestly

**modestie** [mɔdɛsti] → SYN nf (= absence de vanité) modesty; (= réserve, effacement) self-effacement; (littér = pudeur) modesty ◆ **en toute modestie** with all due modesty ◆ **fausse modestie** false modesty

**modicité** [mɔdisite] → SYN nf [prix] lowness; [salaire] lowness, smallness

**modifiable** [mɔdifjabl] → SYN adj modifiable ◆ **les dates du billet ne sont pas modifiables** the dates on the ticket cannot be changed

**modificateur, -trice** [mɔdifikatœʀ, tʀis] 1 adj modifying, modificatory
2 nm modifier

**modificatif, -ive** [mɔdifikatif, iv] adj ◆ **décision modificative de budget** decision to alter a budget ◆ **permis (de construire) modificatif** planning permission *(for alterations)*

**modification** [mɔdifikasjɔ̃] → SYN nf [comportement] change, alteration; [règles, statut] change, alteration ◆ **apporter des modifications à** [+ statut, règles] to change, alter; [+ constitution] to alter, modify; [+ texte] to make alterations to

**modifier** [mɔdifje] → SYN ▸ conjug 7 ◂ 1 vt a [+ statut, règles] to change, alter; [+ constitution, comportement] to alter, modify; (Gram) to modify, alter
2 **se modifier** vpr [comportement, situation] to change, alter; [habitudes] to change

**modillon** [mɔdijɔ̃] → SYN nm modillion

**modique** [mɔdik] → SYN adj salaire, prix modest ◆ **pour la modique somme de** for the modest sum of ◆ **il ne recevait qu'une pension modique** he received only a modest ou meagre pension

**modiste** [mɔdist] nf milliner

**modulable** [mɔdylabl] adj tarif, mesure, siège, espace, salle adjustable; horaire flexible; (Fin) prêt adjustable, flexible

**modulaire** [mɔdylɛʀ] adj modular

**modulant, e** [mɔdylɑ̃, ɑ̃t] adj modulative

**modulateur, -trice** [mɔdylatœʀ, tʀis] 1 adj modulating (épith)
2 nm (Élec, Radio) modulator ◆ **modulateur démodulateur** modulator-demodulator

**modulation** [mɔdylasjɔ̃] → SYN nf (Ling, Mus, Radio) modulation; [tarif, mesure] adjustment ◆ **modulation de fréquence** frequency modulation ◆ **poste à modulation de fréquence** VHF ou FM radio ◆ **écouter une émission sur** ou **en modulation de fréquence** to listen to a programme on VHF ou on FM

**module** [mɔdyl] nm (= étalon, Archit, Espace, Ordin) module; (Math, Phys) modulus; (Univ) module, unit; (= éléments d'un ensemble) unit ◆ **module lunaire** lunar module, mooncraft ◆ **acheter une cuisine par modules** to buy a kitchen in separate units

**moduler** [mɔdyle] → SYN ▸ conjug 1 ◂ 1 vt [+ voix] to modulate, inflect; [+ tarif, mesure] to adjust; (Mus, Radio) to modulate ◆ **moduler les peines en fonction des délits** to make the punishment fit the crime
2 vi (Mus) to modulate

**modulo** [mɔdylo] prép modulo

**modulor** [mɔdylɔʀ] nm Modulor

**modus operandi** [mɔdysɔpeʀɑ̃di] nm modus operandi ◆ **trouver un modus operandi avec qn** to work out a modus operandi with sb

**modus vivendi** [mɔdysvivɛ̃di] → SYN nm inv modus vivendi, working arrangement ◆ **trouver un modus vivendi avec qn** to reach ou find a modus vivendi with sb

**moelle** [mwal] → SYN nf (Anat) marrow, medulla (SPÉC); (Bot) pith; (fig) pith, core ◆ **moelle osseuse** bone marrow ◆ **moelle jaune/rouge** yellow/red marrow ◆ **moelle épinière** spinal cord ◆ **moelle (de bœuf)** (Culin) beef marrow ◆ **être transi jusqu'à la moelle (des os)** to be frozen to the marrow ◆ **pourri** * ou **corrompu jusqu'à la moelle** rotten to the core, rotten through and through; → **os, substantifique**

**moelleusement** [mwaløzmɑ̃] adv étendu luxuriously

**moelleux, -euse** [mwalø, øz] → SYN 1 adj tapis, lit soft; couleur, son mellow; viande tender; gâteau moist ◆ **vin moelleux** sweet wine
2 nm [tapis, lit, veste] softness; [vin] mellowness

**moellon** [mwalɔ̃] → SYN nm (Constr) rubble stone

**mœurs** [mœʀ(s)] → SYN nfpl a (= morale) morals ◆ **il a des mœurs particulières** (euph) he has certain tendencies (euph) ◆ **contraire aux bonnes mœurs** contrary to accepted standards of (good) behaviour ◆ **femme de mœurs légères** ou **faciles** woman of easy virtue ◆ **femme de mauvaises mœurs** loose woman ◆ **affaire** ou **histoire de mœurs** (Jur, Presse) sex case ◆ **la police des mœurs, les Mœurs** * ≃ the vice squad; → **attentat, certificat, outrage**
b (= coutumes, habitudes) [peuple, époque] customs, habits, mores (frm); [abeilles, fourmis] habits ◆ **c'est (entré) dans les mœurs** it's (become) normal practice, it's (become) a standard ou an everyday feature of life ◆ **les mœurs politiques/littéraires de notre siècle** the political/literary practices ou usages of our century ◆ **avoir des mœurs simples/aristocratiques** to lead a simple/an aristocratic life, have a simple/an aristocratic life style; → **autre**
c (= manières) manners, ways; (Littérat) manners ◆ **ils ont de drôles de mœurs** they have some peculiar ways ou manners ◆ **quelles mœurs !, drôles de mœurs !** what a way to behave! ou carry on!, what manners!; → **comédie, peinture**

**mofette** [mɔfɛt] → SYN nf a (Zool) skunk
b (Géol) mofette gas

**Mogadiscio** [mɔgadiʃjo] n Mogadishu

**mohair** [mɔɛʀ] nm mohair ◆ **laine mohair** mohair

**Mohammed** [mɔamɛd] nm Mohammed

**Mohican** [mɔikɑ̃] nm Mohican ◆ **"Le Dernier des Mohicans"** (Littérat) "The Last of the Mohicans"

**moi** [mwa] → SYN 1 pron pers a (objet direct ou indirect) me ◆ **aide-moi** help me ◆ **donne-moi ton livre** give me your book, give your book to me ◆ **donne-le-moi** give it to me ◆ **si vous étiez moi, que feriez-vous ?** if you were me ou in my shoes what would you do? ◆ **il nous a regardés ma femme et moi** he looked at my wife and me ◆ **écoute-moi ça !** * just listen to that! ◆ **il n'obéit qu'à moi** he only obeys me, I'm the only one he obeys ◆ **moi, elle me déteste** she hates me; voir aussi **même, non**
b (sujet) I (emphatique), I myself (emphatique), me ◆ **qui a fait cela ? – (c'est) moi/(ce n'est) pas moi** who did this? – I did/I didn't ou me */not me * ◆ **moi, le saluer ? jamais !** me, say hallo to him? never! ◆ **mon mari et moi (nous) refusons** my husband and I refuse ◆ **moi malade, que ferez-vous ?** when I'm ill what will you do?, what will you do with me ill? ◆ **et moi de rire de plus belle !** and so I (just) laughed all the more! ◆ **je ne l'ai pas vu, moi** I didn't see him myself, I myself didn't see him ◆ **moi, je ne suis pas d'accord** (for my part) I don't agree
c (emphatique avec **qui, que**) **c'est moi qui vous le dis !** you can take it from me!, I'm telling you! ◆ **merci – c'est moi (qui vous remercie)** thank you – thank YOU ◆ **moi qui vous parle, je l'ai vu** I saw him personally ou with my own eyes ◆ **c'est moi qu'elle veut voir** it's

me she wants to see ◆ **moi que le théâtre passionne, je n'ai jamais vu cette pièce** even I, with all my great love for the theatre, have never seen this play ◆ **et moi qui avais espéré gagner !** and to think that I had hoped to win!

◆ **à moi!** (= au secours) help (me)!; (dans un jeu) my turn!; (passe au rugby etc) over here!

**d** (dans comparaisons) I, me ◆ **il est plus grand que moi** he is taller than I (am) ou than me ◆ **il mange plus/moins que moi** he eats more/less than I (do) ou than me ◆ **fais comme moi** do as I do, do like me*, do the same as me ◆ **il l'aime plus que moi** (plus qu'il ne m'aime) he loves her more than (he loves) me; (plus que je ne l'aime) he loves her more than I do

**2** nm ◆ **le moi** the self, the ego ◆ **notre vrai moi** our true self ◆ **son moi profond** his inner self

**moignon** [mwaɲɔ̃] → SYN nm stump ◆ **il n'avait plus qu'un moignon de bras** he had just the ou a stump of an arm left

**moi-même** [mwamɛm] pron → **autre**, **même**

**moindre** [mwɛ̃dʀ] → SYN adj **a** (compar) (= moins grand) less, lesser; (= inférieur) lower, poorer ◆ **les dégâts sont bien** ou **beaucoup moindres** the damage is much less ◆ **à moindre prix** at a lower price ◆ **de moindre qualité, de qualité moindre** of lower ou poorer quality ◆ **enfant de moindre intelligence** child of lower intelligence ◆ **c'est un inconvénient moindre** it's less of a drawback ◆ **c'est un moindre mal** it's the lesser evil

**b** (superl) **le moindre, la moindre, les moindres** the least, the slightest; (de deux) the lesser ◆ **le moindre bruit** the slightest noise ◆ **la moindre chance/idée** the slightest ou remotest chance/idea ◆ **jusqu'au moindre détail** down to the smallest detail ◆ **sans se faire le moindre souci** without worrying in the slightest ◆ **c'est la moindre de mes difficultés** that's the least of my difficulties ◆ **merci – c'est la moindre des choses !** thank you – it's a pleasure! ou you're welcome! ou not at all! ◆ **remerciez-le de m'avoir aidé – c'était la moindre des choses** thank him for helping me – it was the least he could do ◆ **la moindre des politesses veut que ...** common politeness ou courtesy demands that ... ◆ **il n'a pas fait le moindre commentaire** he didn't make a single comment ◆ **la loi du moindre effort** the line of least resistance ou effort ◆ **certains spécialistes et non des moindres disent que ...** some specialists and important ones at that say that ... ◆ **c'est un de nos problèmes et non le moindre** ou **des moindres** it is by no means the least of our problems ◆ **de deux maux il faut choisir le moindre** you must choose the lesser of two evils

**moindrement** [mwɛ̃dʀəmɑ̃] adv ◆ (littér : avec nég) **il n'était pas le moindrement surpris** he was not in the least surprised, he was not surprised in the slightest ◆ **sans l'avoir le moindrement voulu** without having in any way wanted this

**moine** [mwan] → SYN nm **a** (Rel) monk, friar ◆ **moine bouddhiste** Buddhist monk; → **habit**

**b** (= phoque) monk seal; (= macareux) puffin

**c** (Hist = chauffe-lit) bedwarmer

**moineau**, pl **moineaux** [mwano] → SYN nm (Orn) sparrow ◆ **moineau domestique** house sparrow ◆ **sale** ou **vilain moineau** († , péj) dirty dog (péj) ◆ **manger comme un moineau, avoir un appétit de moineau** to eat like a bird

**moinillon** [mwanijɔ̃] nm young monk; (hum) little monk (hum)

## moins [mwɛ̃]

1 ADVERBE (emploi comparatif)
2 ADVERBE (emploi superlatif)
3 PRÉPOSITION
4 NOM MASCULIN
5 COMPOSÉS

### 1 ADVERBE (EMPLOI COMPARATIF)

**a** **moins** + adjectif ou adverbe **(que)** less ... (than) ◆ **beaucoup/un peu moins** much/a little less ◆ **tellement moins** so much less ◆ **encore moins** even less ◆ **trois fois moins** three times less ◆ **rien n'est moins sûr, (il n'y a) rien de moins sûr** nothing is less certain ◆ **non moins célèbre/idiot** no less famous/silly MAIS ◑ **c'est tellement moins cher** it's so much cheaper

> Notez que l'anglais a souvent recours à d'autres formes, en particulier **not as** ou **not so ... as** :

◆ **il est moins intelligent qu'elle** he's not as ou so intelligent as her ou as she is, he's less intelligent than her ou than she is ◆ **c'est moins grand que je ne croyais** it's not as big as I thought (it was) ◆ **il ressemble à son père, en moins grand** he looks like his father only he's not as tall, he's a smaller version of his father ◆ **c'est le même genre de livre, en moins bien** it's the same kind of book, only ou but not as ou so good ◆ **il est non moins évident que ...** it is equally ou just as clear that ... ◆ **c'est deux fois moins grand/large** it's half as big/wide

**b** verbe + **moins (que)** less (than) ◆ **exiger/donner moins** to demand/give less ◆ **je gagne (un peu) moins que lui** I earn (a little) less than him ou than he does ◆ **il travaille moins que vous** he works less than you (do) ◆ **il a fait moins froid qu'hier** it's been less cold than yesterday ◆ **nous sortons moins (souvent)** we don't go out so often ou so much, we go out less often ◆ **il tousse moins qu'avant** he coughs less than he used to

> Notez que là encore l'anglais a souvent recours à d'autres formes, en particulier **not as** ou **not so ... as** :

◆ **j'aime moins la campagne en hiver (qu'en été)** I don't like the countryside as ou so much in winter (as in summer), I like the countryside less in winter (than in summer) ◆ **cela coûtait deux/trois fois moins** it was half/one-third the price

**c** **moins de ( ... que)** + nom non comptable less ( ... than), not so much ( ... as)

◆ **moins de ( ... que)** + nom comptable fewer ( ... than), not so many ( ... as) ◆ **je mange moins de pain (qu'avant)** I eat less bread (than I used to), I don't eat so much bread (as I used to) ◆ **j'ai perdu moins d'argent/de poids que je ne croyais** I've lost less money/weight that I thought I had, I haven't lost as much money/weight as I thought I had ◆ **mange moins de bonbons** eat fewer sweets, don't eat so many sweets ◆ **il y aura moins de monde demain** there'll be fewer people tomorrow, there won't be so many people tomorrow ◆ **il a eu moins de mal que nous à trouver une place** he had less trouble than we did ou than us finding a seat ◆ **ils publient moins d'essais que de romans** they publish fewer essays than novels

◆ **moins de** + nombre ◆ **les moins de 25 ans** the under-25s ◆ **les enfants de moins de quatre ans voyagent gratuitement** children under four (years of age) travel free ◆ **nous l'avons fait en moins de cinq minutes** we did it in less than ou in under five minutes ◆ **il y a moins de deux ans qu'il vit ici** he's been living here (for) less than two years ◆ **il devrait y avoir moins de 100 personnes** there should be under 100 people ou fewer ou less than 100 people ◆ **il y avait beaucoup moins de 100 personnes** there were well under 100 people ◆ **il est moins de minuit** it is not yet midnight ◆ **il était un peu moins de 6 heures** it was a little before 6 o'clock ◆ **vous ne pouvez pas lui donner moins de 15 €** you can't give him less than €15 ◆ **vous ne trouverez rien à moins de 15 €** you won't find anything under €15 ou for less than €15 ◆ **la frontière est à moins de 3 km** the border is less than 3 km away

◆ **en moins de rien, en moins de deux*** in next to no time

◆ **moins ..., moins ...** ◆ **moins je mange, moins j'ai d'appétit** the less I eat, the less hungry I feel ◆ **moins il y a de clients, moins j'ai de travail** the fewer customers I have, the less work I have to do

◆ **moins ..., plus .../mieux ...** ◆ **moins je fume, plus je mange/mieux je me porte** the less I smoke, the more I eat/the better I feel ◆ **moins j'ai de coups de fil, mieux je travaille** the fewer phone calls I get, the better I work

◆ **moins que rien** ◆ **cela m'a coûté moins que rien** it cost me next to nothing ◆ **je l'ai eu pour moins que rien** I got it for next to nothing ◆ **ne me remerciez pas, c'est moins que rien** don't thank me, it's nothing at all; → **5**

◆ **à moins** ◆ **vous ne l'obtiendrez pas à moins** you won't get it for less ◆ **il est ravi/fatigué – on le serait à moins** he's delighted/tired – as well he might (be) ou that's hardly surprising

◆ **à moins de** + infinitif unless ◆ **à moins de faire une bêtise, il devrait gagner** unless he does something silly he should win ◆ **vous ne trouverez plus de billet, à moins de payer 10 fois le prix** you won't get a ticket unless you're prepared to pay 10 times the price MAIS ◑ **à moins d'un accident/d'un désastre, ça devrait marcher** barring accidents/disasters, it should work ◑ **à moins d'une blessure, il jouera dans le prochain match** barring injury, he'll play in the next match

◆ **à moins que** + subjonctif unless ◆ **à moins qu'il ne vienne** unless he comes ◆ **l'entreprise devra fermer, à moins qu'on ne trouve un repreneur** the company will have to close unless a buyer is found

◆ **de moins** ◆ **il gagne 100 € de moins qu'elle** he earns €100 less than she does ◆ **vous avez cinq ans de moins qu'elle** you're five years younger than her ou than she is ◆ **ah, si j'avais 20 ans de moins ...** ah, if only I were 20 years younger ...

◆ **de moins en moins** less and less ◆ **c'est de moins en moins utile** it's less and less useful ◆ **il entend de moins en moins bien** his hearing is getting worse and worse ◆ **il a de moins en moins de clients** he has fewer and fewer clients ◆ **j'ai de moins en moins de temps libre** I've got less and less free time

◆ **en moins** ◆ **il y a trois verres en moins** there are three glasses missing ◆ **ça me fera du travail en moins !** that'll be less work for me! ◆ **c'est la même voiture, le toit ouvrant en moins** it's the same car minus the sunroof ou except it hasn't got a sunroof

◆ **pas moins (de/que)** ◆ **un crapaud ne mange pas moins de 400 insectes chaque jour** a toad eats no less than 400 insects a day ◆ **pas moins de 40 km les sépare de la ville la plus proche** the nearest town is no less than 40 km away ◆ **gravement malade, il n'en continue pas moins d'écrire** despite being seriously ill, he still continues to write ◆ **la situation n'en comporte pas moins de nombreux risques** the situation is still very risky for all that ◆ **je suis tolérante mais je n'en suis pas moins choquée par leur attitude** I'm tolerant but that doesn't mean I'm not shocked by their behaviour ◆ **le résultat n'en demeure pas moins surprenant** the result is none the less surprising for that ◆ **il n'en reste pas moins que ...** the fact remains that ..., even so ... ◆ **il n'en est pas moins vrai que ...** it is no less true that ...; → **penser**

### 2 ADVERBE (EMPLOI SUPERLATIF)

**a** **le** ou **la** ou **les moins** + adjectif ou adverbe (de plusieurs) the least; (de deux) the less ◆ **c'est le moins doué de mes élèves** he's the least gifted of my pupils ◆ **c'est le moins doué des deux** he's the less gifted of the two ◆ **ce sont les fleurs les moins chères** they are the least expensive ou the cheapest flowers

**b** verbe + **le moins** (the) least ◆ **c'est celle que j'aime le moins** it's the one I like (the) least ◆ **l'émission que je regarde le moins (souvent)** the programme I watch (the) least often ◆ **de nous tous, c'est lui qui a bu le moins (d'alcool)** of all of us, he was the one who drank the least (alcohol) ◆ **c'est bien le moins qu'on puisse faire** it's the least one can do ◆ **ce qui me dérangerait le moins** what would be least inconvenient for me MAIS ◑ **c'est le moins qu'on puisse dire!** that's putting it mildly! ◑ **ce qui lui déplairait le moins** what he would prefer

**c** **le moins ( ...) possible** ◆ **je lui parle le moins possible** I talk to him as little as possible ◆ **je prends le métro/des médicaments le moins souvent possible** I take the underground/medicine as little as possible ◆ **afin de payer le moins d'impôts possible** in order to pay as little tax as possible ◆ **j'y resterai le moins longtemps** ou **de temps possible** I won't stay there any longer than I have to ◆ **pour que les choses se passent le moins mal possible** so that things go as smoothly as possible

3 PRÉPOSITION

a soustraction 6 **moins 2 font 4** 6 minus 2 equals 4, 2 from 6 makes 4 ◆ **j'ai retrouvé mon sac, moins le portefeuille** I found my bag, minus the wallet ◆ **nous avons roulé sept heures, moins l'arrêt pour déjeuner** we drove for seven hours not counting the stop for lunch

b heure to ◆ **il est 4 heures moins 5 (minutes)** it's 5 (minutes) to 4 ◆ **nous avons le temps, il n'est que moins 10** * we've got plenty of time, it's only 10 to * ◆ **il s'en est tiré, mais il était moins cinq** * ou **moins une** * he got out of it but it was a close shave * ou a near thing *

c nombre négatif (température) below ◆ **il fait moins 5°** it's 5° below freezing ou minus 5° ◆ **dix puissance moins sept** (Math) ten to the power (of) minus seven

4 NOM MASCULIN

a Math **(signe) moins** minus sign

b **à tout le moins** (frm) to say the least, at the very least

◆ **au moins** at least ◆ **elle a payé cette robe au moins 500 €** she paid at least €500 for that dress ◆ **600 au moins** at least 600, 600 at the least ◆ **la moitié au moins** at least half ◆ **la moitié au moins du personnel/des candidats** at least half (of) the staff/the candidates ◆ **ça fait au moins dix jours qu'il est parti** it's at least ten days since he left ◆ **vous en avez au moins entendu parler** you must at least have heard about it ◆ **tout au moins** at (the very) least

◆ **du moins** (restriction) at least ◆ **il ne pleuvra pas, du moins c'est ce qu'annonce la radio** it's not going to rain, at least that's what it says on the radio ◆ **laissez-le sortir, du moins s'il** ou **si du moins il ne fait pas froid** let him go out, as long as it isn't cold MAIS ◑ **j'arriverai vers 4 heures, du moins si l'avion n'a pas de retard** I'll be there around 4 o'clock — if the plane's on time, that is

◆ **pour le moins** (avec adjectif ou verbe) to say the least ◆ **sa décision est pour le moins bizarre** his decision is odd to say the least (évaluation d'une quantité) at the very least ◆ **ils étaient 2 000, pour le moins** there were 2,000 of them at the very least

5 COMPOSÉS

▷ **moins que rien** * nmf (péj = minable) complete loser *, schlemiel ⁑ (US) ◆ **on les traite comme des moins que rien** they're treated like scum

**moins-disant, e** [mwɛ̃dizɑ̃, ɑ̃t] adj ◆ **personne moins-disante** lowest bidder; (enchères)

**moins-perçu,** pl **moins-perçus** [mwɛ̃pɛʀsy] nm amount not drawn, short payment

**moins-value,** pl **moins-values** [mwɛ̃valy] nf (Comm) depreciation, capital loss ◆ **moins-value de recettes fiscales** taxation shortfall

**moirage** [mwaʀaʒ] nm (= procédé) watering; (= reflet) watered effect

**moire** [mwaʀ] → SYN nf (= tissu) moiré; (= soie) watered ou moiré silk; (= procédé) watering

**moiré, e** [mwaʀe] (ptp de **moirer**) 1 adj papier peint, tissu moiré; soie watered, moiré; papier marbled; (fig) shimmering
2 nm (Tech) moiré, water; (littér) [lac] shimmering ripples

**moirer** [mwaʀe] → SYN ▸ conjug 1 ◂ vt (Tech) to water ◆ **la lune moirait l'étang de reflets argentés** (littér) the moon cast a shimmering silvery light over the pool

**Moires** [mwaʀ] nfpl ◆ **les Moires** the Moirai

**moireur** [mwaʀœʀ] nm (Tech) waterer

**moirure** [mwaʀyʀ] nf (Tech) moiré; (littér) shimmering ripples

**mois** [mwa] → SYN nm a (= période) month ◆ **le mois de Marie** the month of Mary ◆ **les mois en R** (Culin) when there is an R in the month ◆ **au mois de janvier** in (the month of) January ◆ **dans un mois** in a month('s time) ◆ **le 10 de ce mois** (Comm) the 10th of this month, the 10th inst(ant). ◆ **au mois** payer, louer monthly, by the month ◆ **300 F par mois** 300 francs a ou per month ◆ **billet à 3 mois** (Comm) bill at 3 months ◆ **un bébé de 6 mois** a 6-month-old baby ◆ **tous les 4 mois** every 4 months ◆ **devoir 3 mois de loyer** to owe 3 months' rent; → **tout**
b (= salaire) monthly pay, monthly salary ◆ **toucher son mois** * to draw one's pay ou salary for the month ou one's month's pay ou salary ◆ **mois double** extra month's pay *(as end-of-year bonus)* ◆ **treizième/quatorzième mois** one month's/two months' extra pay; → **fin²**

**moise** [mwaz] nf (Tech) tie

**Moïse** [mɔiz] nm (Bible) Moses

**moïse** [mɔiz] → SYN nm (= berceau) Moses basket

**moiser** [mwaze] ▸ conjug 1 ◂ vt to tie

**moisi, e** [mwazi] (ptp de **moisir**) 1 adj mouldy, moldy (US), mildewed
2 nm mould (NonC), mold (US) (NonC), mildew (NonC) ◆ **odeur de moisi** musty ou fusty smell ◆ **goût de moisi** musty taste ◆ **ça sent le moisi** it smells musty ou fusty

**moisir** [mwaziʀ] → SYN ▸ conjug 2 ◂ 1 vt to make mouldy ou moldy (US)
2 vi a [mur, papier] to go mouldy ou moldy (US), mould, mold (US)
b (fig) [personne] (dans une prison, une entreprise) to rot; (= attendre) to hang around ◆ **on ne va pas moisir ici jusqu'à la nuit !** * we're not going to hang around here till night-time! * ◆ **il ne faut pas laisser moisir votre argent** you shouldn't let your money gather dust

**moisissure** [mwazisyʀ] → SYN nf (gén) mould (NonC), mold (US) (NonC); (par l'humidité) mould (NonC), mold (US) (NonC), mildew (NonC) ◆ **enlever les moisissures sur un fromage** to scrape the mould off a piece of cheese

**moissine** [mwasin] nf [grappe de raisin] stem

**moisson** [mwasɔ̃] → SYN nf a (Agr) (= saison, travail) harvest; (= récolte) harvest ◆ **à l'époque de la moisson** at harvest time ◆ **rentrer la moisson** to bring in the harvest ◆ **faire la moisson** to harvest, reap
b [données] wealth, crop ◆ **faire une abondante moisson de renseignements/souvenirs** to gather ou amass a wealth of information/memories

**moissonner** [mwasɔne] → SYN ▸ conjug 1 ◂ vt [+ céréale] to harvest, reap; [+ champ] to reap; [+ récompenses] to carry off, reap; [+ renseignements] to gather, garner ◆ **il a commencé à moissonner** he's started harvesting ou the harvest ◆ **notre pays moissonne les médailles** our country is winning one medal after the other

**moissonneur, -euse** [mwasɔnœʀ, øz] 1 nm,f harvester, reaper † (littér)
2 **moissonneuse** nf (= machine) harvester

**moissonneuse-batteuse(-lieuse),** pl **moissonneuses-batteuses(-lieuses)** [mwasɔnøzbatøz(ljøz)] nf combine harvester

**moissonneuse-lieuse,** pl **moissonneuses-lieuses** [mwasɔnøzljøz] nf self-binder

**moite** [mwat] → SYN adj peau, mains sweaty, clammy; atmosphère sticky, muggy; chaleur sticky ◆ **il a le front moite de sueur** his forehead is damp with sweat

**moiteur** [mwatœʀ] → SYN nf [peau, mains] sweatiness; [atmosphère] stickiness, mugginess

**moitié** [mwatje] → SYN nf a (= partie) half ◆ **partager qch en deux moitiés** to halve sth, divide sth in half ou into (two) halves ◆ **quelle est la moitié de 40 ?** what is half of 40? ◆ **donne-m'en la moitié** give me half (of it) ◆ **faire la moitié du chemin avec qn** to go halfway ou half of the way with sb ◆ **je veux bien faire la moitié du chemin** (dans une négociation) I'm prepared to meet you halfway ◆ **la moitié des habitants a été sauvée** ou **ont été sauvés** half (of) the inhabitants were rescued ◆ **la moitié du temps** half the time ◆ **il en faut moitié plus/moins** you need half as much again/half (of) that ◆ **moitié anglais, moitié français** half-English, half-French
b (= milieu) halfway mark, half ◆ **parvenu à la moitié du trajet** having completed half the journey, having reached halfway ou the halfway mark ◆ **parvenu à la moitié de sa vie, il ...** halfway through his life, he ..., when he reached the middle of his life, he ... ◆ **arrivé à la moitié du travail** having done half the work ou got halfway through the work
c (hum = époux, épouse) **ma moitié** my better half * (hum) ◆ **ma tendre moitié** my ever-loving wife (ou husband) (hum)
d (LOC)
◆ **moitié moitié** ◆ **on a partagé le pain moitié moitié** we halved ou shared the bread between us ◆ **ils ont partagé** ou **fait moitié moitié** they went halves ou fifty-fifty * ou Dutch * ◆ **ça a marché ? – moitié moitié** * how did it go? — so-so *
◆ **à moitié** half ◆ **il a fait le travail à moitié** he has (only) half done the work ◆ **il a mis la table à moitié** he's half set the table ◆ **il ne fait jamais rien à moitié** he never does things by halves ◆ **à moitié plein/mûr** half-full/-ripe ◆ **à moitié chemin** (at) halfway, at the halfway mark ◆ **à moitié prix** (at) half-price
◆ **de moitié** by half ◆ **réduire de moitié** [+ trajet, production, coût] to cut ou reduce by half, halve ◆ **plus grand de moitié** half as big again, bigger by half ◆ **être/se mettre de moitié dans une entreprise** to have half shares/go halves in a business
◆ **par moitié** in two, in half ◆ **diviser qch par moitié** to divide sth in two ou in half
◆ **pour moitié** ◆ **il est pour moitié dans cette faillite** he is half responsible ou half to blame for this bankruptcy

**moka** [mɔka] nm (= gâteau à la crème) cream cake, cream gâteau; (= gâteau au café) mocha ou coffee cake, mocha ou coffee gâteau; (= café) mocha coffee

**mol** [mɔl] adj m → **mou¹**

**molaire¹** [mɔlɛʀ] nf (= dent) molar

**molaire²** [mɔlɛʀ] adj (Chim) molar

**molarité** [mɔlaʀite] nf molarity

**molasse** [mɔlas] → SYN nf ⇒ **mollasse²**

**moldave** [mɔldav] 1 adj Moldavian
2 **Moldave** nmf Moldavian

**Moldavie** [mɔldavi] nf Moldavia

**mole** [mɔl] → SYN nf (Chim) mole, mol

**môle¹** [mol] → SYN nm (= digue) breakwater, mole; (= quai) pier, jetty

**môle²** [mol] nf (= poisson) sunfish

**môle³** [mol] nf (Méd) (hydatidiform) mole

**moléculaire** [mɔlekylɛʀ] adj molecular

**molécule** [mɔlekyl] → SYN nf molecule

**moleskine** [mɔlɛskin] nf imitation leather, leatherette ®

**molester** [mɔlɛste] → SYN ▸ conjug 1 ◂ vt to manhandle, rough up ◆ **molesté par la foule** mauled by the crowd

**moleté, e** [mɔlte] adj roue, vis knurled

**moleter** [mɔl(ə)te] ▸ conjug 4 ◂ vt to (k)nurl

**molette** [mɔlɛt] → SYN nf a (Tech) toothed wheel; (pour couper) cutting wheel
b [briquet] striker wheel; [clé] adjusting screw; [éperon] rowel ◆ **molette de mise au point** [jumelles] focussing wheel; → **clé**

**moliéresque** [mɔljeʀɛsk] adj Molieresque

**molinisme** [mɔlinism] nm Molinism

**moliniste** [mɔlinist] 1 adj Molinistic
2 nmf Molinist

**mollah** [mɔ(l)la] nm mulla(h)

**mollard** ⁑ [mɔlaʀ] nm (= crachat) gob of spit ⁑

**mollasse¹** * [mɔlas] → SYN (péj) 1 adj (= léthargique) sluggish, lethargic; (= flasque) flabby, flaccid ◆ **une grande fille mollasse** a great lump * of a girl
2 nmf great lump *

**mollasse²** [mɔlas] → SYN nf (Géol) molasse

**mollasserie** [mɔlasʀi] nf sluggishness, lethargy

**mollasson, -onne** * [mɔlasɔ̃, ɔn] (péj) 1 adj sluggish, lethargic
2 nm,f great lump *

**molle** [mɔl] adj f → **mou¹**

**mollement** [mɔlmɑ̃] adv (= doucement) tomber softly; couler gently, sluggishly; (= paresseusement) travailler half-heartedly, unenthusiastically; (= faiblement) réagir, protester feebly, weakly ◆ **les jours s'écoulaient mollement** one day turned into the next, the days drifted by

**mollesse** [mɔlɛs] → SYN nf **a** (au toucher) [substance, oreiller] softness; [poignée de main] limpness, flabbiness

**b** (à la vue) [contours, lignes] softness; [relief] softness, gentleness; [traits du visage] flabbiness, sagginess; (Peinture) [dessin, traits] lifelessness, weakness

**c** (= manque d'énergie) [geste] lifelessness, feebleness; [protestations, opposition] weakness, feebleness; † [vie] indolence, softness; [style] vagueness, woolliness (Brit); (Mus) [exécution] lifelessness, dullness; [personne] (= indolence) sluggishness, lethargy; (= manque d'autorité) spinelessness; (= grande indulgence) laxness ◆ **la mollesse de la police face aux manifestants** the feebleness of the police's response to the demonstrators

**mollet**[1], **-ette** [mɔlɛ, ɛt] → SYN adj lit soft; → **œuf**

**mollet**[2] [mɔlɛ] nm (Anat) calf ◆ **mollets de coq** (fig) wiry legs

**molletière** [mɔltjɛʀ] → SYN adj, nf ◆ **(bande) molletière** puttee

**molleton** [mɔltɔ̃] nm (= tissu) cotton fleece, swansdown; (pour table) felting

**molletonner** [mɔltɔne] ▸ conjug 1 ◂ vt to put a warm lining in ◆ **anorak molletonné** quilted anorak, anorak with a warm lining

**mollir** [mɔliʀ] → SYN ▸ conjug 2 ◂ vi **a** (= fléchir) [sol] to give (way), yield; [ennemi] to yield, give way, give ground; [père, créancier] to come round, relent; [courage, personne] to flag ◆ **sa plaidoirie a fait mollir les jurés** his speech for the defence softened the jury's attitude ou made the jury relent ◆ **ce n'est pas le moment de mollir !** * you (ou we etc) mustn't slacken now! ◆ **il a senti ses jambes/genoux mollir sous lui** he felt his legs/knees give way beneath him

**b** [substance] to soften, go soft

**c** [vent] to abate, die down

**mollo**‡ [mɔlo] adv ◆ **(vas-y) mollo !** take it easy! *, (go) easy! *, easy does it! *

**molluscum** [mɔlyskɔm] nm molluscum

**mollusque** [mɔlysk] → SYN nm (Zool) mollusc, mollusk (US); ( * péj = personne) great lump *

**moloch** [mɔlɔk] nm moloch

**molosse** [mɔlɔs] nm (littér, hum) big (ferocious) dog, huge hound

**Molotov** [mɔlɔtɔf] nm → **cocktail**

**Moluques** [mɔlyk] nfpl ◆ **les Moluques** the Moluccas, the Molucca Islands

**molybdène** [mɔlibdɛn] nm molybdenum

**molybdénite** [mɔlibdenit] nf molybdenite

**molybdique** [mɔlibdik] adj molybdic

**Mombasa, Mombassa** [mɔ̃basa] n Mombasa

**môme** [mom] → SYN nmf ( * = enfant) kid *; (péj) brat *; ( ‡ = fille) bird ‡ (Brit), chick ‡ (US) ◆ **belle môme** ‡ nice-looking piece ‡ (Brit) ou chick ‡ (US) ◆ **quels sales mômes !** ‡ horrible little brats! *

**moment** [mɔmɑ̃] → SYN nm **a** (= long instant) while, moment ◆ **je ne l'ai pas vu depuis un (bon) moment** I haven't seen him for a (good) while ou for quite a time ou while ◆ **j'en ai pour un petit moment** it'll take me some time ou quite a while

**b** (= court instant) moment ◆ **il réfléchit pendant un moment** he thought for a moment ◆ **c'est l'affaire d'un moment** it won't take a minute ou moment, it'll only take a minute ◆ **je n'en ai que pour un petit moment** it won't take me long, it'll only take me a moment ◆ **ça ne dure qu'un moment** it doesn't last long, it (only) lasts a minute ◆ **un moment de silence** a moment of silence, a moment's silence ◆ **j'ai eu un moment de panique** I had a moment's panic, for a moment I panicked ◆ **dans un moment de colère** in a moment of anger, in a momentary fit of anger ◆ **dans un moment** in a little while, in a moment ◆ **un moment, il arrive !** just a moment ou a minute ou a mo' * (Brit), he's coming!

**c** (= période) time ◆ **à quel moment est-ce arrivé ?** at what point in time ou when exactly did this occur? ◆ **connaître/passer de bons moments** to have/spend (some) happy times ◆ **les moments que nous avons passés ensemble** the times we spent together ◆ **il a passé un mauvais** ou **sale moment** * he went through ou had a difficult time, he had a rough time ◆ **je n'ai pas un moment à moi** I haven't got a moment to myself ◆ **le moment présent** the present time ◆ **à ses moments perdus** in his spare time ◆ **les grands moments de l'histoire** the great moments of history ◆ **il a ses bons et ses mauvais moments** he has his good times and his bad (times) ◆ **il est dans un de ses mauvais moments** it's one of his off ou bad spells, he's having one of his off ou bad spells ◆ **la célébrité/le succès du moment** the celebrity/the success of the moment ou day ◆ **n'attends pas le dernier moment pour réviser ta leçon** don't wait till the last minute to do your revision

**d** (= occasion) **il faut profiter du moment** you must take advantage of ou seize the opportunity ◆ **ce n'est pas le moment** this is not the right moment ◆ **tu arrives au bon moment** you've come just at the right time ◆ **c'était le moment de réagir** it was time to react ◆ **le moment psychologique** the psychological moment; → **jamais**

**e** (Tech) moment; (Phys) momentum

**f** (LOC)

◆ **le moment venu** ◆ **il se prépare afin de savoir quoi dire le moment venu** he's getting ready so that he'll know what to say when the time comes ◆ **le moment venu ils s'élancèrent** when the time came they hurled themselves forward

◆ **à ce moment-là** (temps) at that point ou time; (circonstance) in that case, if that's the case, if that's so

◆ **à aucun moment** ◆ **à aucun moment je n'ai dit que ...** I never at any time said that ..., at no point did I say that ...

◆ **au moment de/où** ◆ **au moment de l'accident** at the time of the accident, when the accident happened ◆ **au moment de partir** just as I (ou he etc ) was about to leave, just as I (ou he etc ) was on the point of leaving ◆ **au moment où elle entrait, lui sortait** as she was going in he was coming out ◆ **au moment où il s'y attendait le moins** (at a time) when he was least expecting it

◆ **à un moment donné** ◆ **à un moment donné il cesse d'écouter** at a certain point he stops listening ◆ **à un moment donné, il faut savoir dire non** there comes a time when you have to say no

◆ **à tout moment, à tous moments** ◆ **des voitures arrivaient à tout moment** ou **à tous moments** cars were constantly ou continually arriving, cars kept on arriving ◆ **il peut arriver à tout moment** he may arrive (at) any time (now) ou any moment (now)

◆ **d'un moment à l'autre** changer from one moment to the next ◆ **on l'attend d'un moment à l'autre** he is expected any moment now ou (at) any time now

◆ **du moment où** ou **que** (dans le temps) since, seeing that; (= pourvu que) as long as ◆ **je m'en fiche, du moment que c'est fait** I don't care, as long as it's done

◆ **dès le moment que** ou **où** as soon as, from the moment ou time when

◆ **en ce moment** (= maintenant) at the moment, at present, just now; (= ces temps-ci) currently, presently

◆ **par moments** now and then, at times, every now and again

◆ **pour le moment** for the time being ou the moment, at present

◆ **sur le moment** at the time

**momentané, e** [mɔmɑ̃tane] → SYN adj absence, gêne, crise, arrêt momentary (épith); espoir, effort short-lived, brief

**momentanément** [mɔmɑ̃tanemɑ̃] → SYN adv (= en ce moment) at ou for the moment, at present; (= un court instant) for a short while, momentarily ◆ **la signature de l'accord est momentanément suspendue** the signing of the agreement has been postponed for the moment

**mômeries** * [momʀi] nfpl childish behaviour ◆ **arrête tes mômeries !** stop your silly nonsense! *, stop acting like a big baby! *

**momie** [mɔmi] nf mummy ◆ **ne reste pas là comme une momie** * don't stand there like a stuffed dummy *

**momification** [mɔmifikasjɔ̃] → SYN nf mummification

**momifier** [mɔmifje] → SYN ▸ conjug 7 ◂ **1** vt to mummify

**2 se momifier** vpr [esprit] to atrophy, fossilize

**momordique** [mɔmɔʀdik] nf ◆ **momordique balsamique** balsam apple (plant)

**mon** [mɔ̃], **ma** [ma], pl **mes** [me] adj poss **a** (possession, relation) my, my own (emphatique) ◆ **mon fils et ma fille** my son and (my) daughter ◆ **j'ai mon idée là-dessus** I have my own ideas ou views about that; pour autres loc voir **son**[1]

**b** (valeur affective, ironique, intensive) **alors voilà mon type/mon François qui se met à m'injurier** * and then the fellow/our François starts bawling insults at me ◆ **voilà mon mal de tête qui me reprend** that's my headache back again ◆ **on a changé mon Paris** they've changed the Paris I knew ou what I think of as Paris ◆ **j'ai eu mon lundi** * I got Monday off; → **son**[1]

**c** (dans termes d'adresse) my ◆ **mon cher ami** my dear friend ◆ **mon cher Monsieur** my dear Sir ◆ **oui mon père/ma sœur/ma mère** (Rel) yes Father/Sister/Mother ◆ **mes (bien chers) frères** (Rel) my (dear) brethren

**monacal, e**, mpl **-aux** [mɔnakal, o] → SYN adj (lit, fig) monastic

**monachisme** [mɔnaʃism] nm monachism

**Monaco** [mɔnako] nm ◆ **(la principauté de) Monaco** (the principality of) Monaco

**monade** [mɔnad] nf monad

**monadelphe** [mɔnadɛlf] adj monadelphous

**monadisme** [mɔnadism] nm, **monadologie** [mɔnadɔlɔʒi] nf monadism, monadology

**monandre** [mɔnɑ̃dʀ] adj monandrous

**monarchie** [mɔnaʀʃi] → SYN nf monarchy ◆ **monarchie absolue/constitutionnelle/parlementaire** absolute/constitutional/parliamentary monarchy ◆ **la monarchie de Juillet** (Hist) the July Monarchy

**monarchique** [mɔnaʀʃik] adj monarchic, monarchial

**monarchisme** [mɔnaʀʃism] nm monarchism

**monarchiste** [mɔnaʀʃist] → SYN adj, nmf monarchist

**monarque** [mɔnaʀk] → SYN nm monarch ◆ **monarque absolu** absolute monarch ◆ **monarque de droit divin** monarch ou king by divine right

**monastère** [mɔnastɛʀ] → SYN nm monastery

**monastique** [mɔnastik] → SYN adj monastic

**monazite** [mɔnazit] nf monazite

**monceau**, pl **monceaux** [mɔ̃so] → SYN nm ◆ **un monceau de** [+ objets] a heap ou pile of; [+ erreurs] a heap ou load * of ◆ **des monceaux de** heaps ou piles of

**mondain, e** [mɔ̃dɛ̃, ɛn] → SYN **1** adj **a** réunion, vie society (épith); public fashionable ◆ **plaisirs mondains** pleasures of society ◆ **chronique mondaine** society gossip column ◆ **alcoolisme mondain** *alcoholism brought about by social drinking* ◆ **mener une vie mondaine** to be a socialite ◆ **goût pour la vie mondaine** taste for society life ou the high life ◆ **leurs obligations mondaines** their social obligations ◆ **ils sont très mondains** they are great socialites, they like moving in fashionable society ou circles; → **carnet, soirée**

**b** politesse, ton refined, urbane, sophisticated ◆ **il a été très mondain avec moi** he treated me with studied politeness ou courtesy

**c** (Philos) mundane; (Rel) worldly, earthly

**d** (anciennt) **la police** ou **brigade mondaine, la Mondaine** * (des mœurs) ≃ the vice squad; (des stupéfiants) ≃ the drugs squad

**2** nm socialite

**3 mondaine** nf (= femme) society woman, socialite

**mondanité** [mɔ̃danite] → SYN **1** nf **a** (= goût) taste for ou love of society life; (= habitude, connaissance des usages) savoir-faire

**b** (Rel) worldliness

**2 mondanités** nfpl (= divertissements, soirées) society life; (= politesses, propos) polite small talk; (Presse = chronique) society gossip column ◆ **toutes ces mondanités me fatiguent** I'm exhausted by this social whirl ou round

**monde** [mɔ̃d] [→ SYN] nm **a** (= univers, terre) world ◆ **dans le monde entier, de par le monde** all over the world, the world over, throughout the world ◆ **le monde entier s'indigna** the whole world was outraged ◆ **le monde des vivants** the land of the living ◆ **il se moque** ou **se fiche** *ou **se fout** ‡ **du monde** he's got a nerve * ou cheek * (Brit), he's got a damn ‡ ou bloody *‡ (Brit) nerve ◆ **venir au monde** to be born, come into the world ◆ **mettre un enfant au monde** to bring a child into the world ◆ **si je suis encore de ce monde** if I'm still here ou in the land of the living ◆ **depuis qu'il est de ce monde** since he was born ◆ **elle n'est plus de ce monde** she is no longer with us, she has departed this life ◆ **rêver à un monde meilleur** to dream of a better world ◆ **où va le monde ?** whatever is the world coming to? ◆ **dans ce (bas) monde** here below, in this world ◆ **l'Ancien/le Nouveau Monde** the Old/the New World; → **depuis, unique**

**b** (= ensemble, groupement spécifique) world ◆ **le monde végétal/animal** the vegetable/animal world ◆ **le monde des affaires/du théâtre** the world of business/of (the) theatre, the business/the theatre world ◆ **le monde chrétien/communiste** the Christian/communist world

**c** (= domaine) world, realm ◆ **le monde de l'illusion/du rêve** the realm of illusion/of dreams ◆ **le monde de la folie** the world ou realm of madness ◆ **elle vit dans son monde** ou **dans un monde à elle** she lives in a world of her own

**d** (= gens) **j'entends du monde à côté** I can hear people in the next room ◆ **est-ce qu'il y a du monde ?** (= qn est-il présent ?) is there anybody there?; (= y a-t-il foule ?) are there many people there?, are there a lot of people there? ◆ **il y a du monde** (= ce n'est pas vide) there are some people there; (= il y a foule) there's quite a crowd ◆ **il n'y a pas grand monde** there aren't very many (people) here ◆ **il y a beaucoup de monde** there's a real crowd, there are a lot of people ◆ **il y avait un monde !** ou **un monde fou !** * there were crowds!, the place was packed! ◆ **ils voient beaucoup de monde** they have a busy social life ◆ **ils reçoivent beaucoup de monde** they entertain a lot, they do a lot of entertaining ◆ **ce week-end nous avons du monde** we have people coming ou visitors this weekend ◆ **il y a du monde au balcon !** ‡ she's very well-endowed! * ◆ **elle est venue avec tout son petit monde** she came with her entire brood ◆ **tout ce petit monde s'est bien amusé ?** and did everyone have a nice time?, did we all enjoy ourselves? ◆ **il connaît son monde** he knows the people he deals with ◆ **je n'ai pas encore tout mon monde** my group ou lot * (Brit) aren't all here yet; → **Monsieur, tout**

**e** (Rel) **le monde** the world ◆ **les plaisirs du monde** worldly pleasures, the pleasures of the world

**f** (= milieu social) set, circle ◆ **le (grand** ou **beau) monde** (= la bonne société) (high) society ◆ **embarquez** ‡ **tout ce beau monde** (péj) cart this lot * away ◆ **aller dans le monde** to mix with high society ◆ **appartenir au meilleur monde** to move in the best circles ◆ **il n'est pas de notre monde** he is from a different set, he's not one of our set ou crowd * ◆ **nous ne sommes pas du même monde** we don't move in ou belong to the same circles (of society) ◆ **cela ne se fait pas dans le monde** that isn't done in the best circles ou in polite society ◆ **homme/femme/gens du monde** society man/woman/people ◆ **se conduire en parfait homme du monde** to be a perfect gentleman

**g** (Loc) **l'autre monde** (Rel) the next world ◆ **envoyer** ou **expédier qn dans l'autre monde** to send sb to kingdom come, send sb to meet his (ou her) maker ◆ **c'est le monde à l'envers !** ou **renversé !** whatever next! ◆ **comme le monde est petit !** it's a small world! ◆ **se faire (tout) un monde de qch** to get worked up about sth ◆ **se faire un monde de rien** to make a mountain out of a molehill, make a fuss over nothing ◆ **se faire un monde de tout** to make a fuss over everything, make everything into a great issue ◆ **c'est un monde !** * it's (just) not right!, it's (just) not on! * (Brit) ◆ **il y a un monde entre ces deux personnes/conceptions** these two people/concepts are worlds apart, there's a world of difference between these two people/concepts

◆ **au monde, du monde** (intensif) in the world, on earth ◆ **produit parmi les meilleurs au** ou **du monde** product which is among the best in the world ou among the world's best ◆ **au demeurant, le meilleur homme du** ou **au monde** (littér) otherwise, the finest man alive ◆ **tout s'est passé le mieux du monde** everything went (off) perfectly ou like a dream * ◆ **pas le moins du monde !** not at all!, not in the least! ◆ **il n'était pas le moins du monde anxieux** he was not the slightest ou least bit worried, he wasn't worried in the slightest ou in the least, he wasn't the least bit worried ◆ **sans se préoccuper le moins du monde de ses adversaires** without giving a single thought ou the least thought to his opponents ◆ **je ne m'en séparerais pour rien au monde, je ne m'en séparerais pas pour tout l'or du monde** I wouldn't part with it for anything (in the world) ou for all the world ou for all the tea in China ◆ **nul au monde ne peut ...** nobody in the world can ... ◆ **j'en pense tout le bien du monde** I have the highest opinion of him (ou her ou it)

◆ **le bout du monde** ◆ **ce village, c'est le bout du monde** that village is in the middle of nowhere ou at the back of beyond * ◆ **il irait au bout du monde pour elle** he would go to the ends of the earth for her ◆ **ce n'est pas le bout du monde !** (fig) it won't kill you! ◆ **si tu as 5 € à payer, c'est le bout du monde** * at the (very) worst it might cost you €5

**monder** [mɔ̃de] [→ SYN] ▸ conjug 1 ◂ vt [+ orge] to hull; [+ amandes] to blanch; [+ pistaches, noisettes] to shell

**mondial, e,** mpl **-iaux** [mɔ̃djal, jo] [→ SYN] **1** adj guerre, population, production world (épith); épidémie, tendance, réseau, crise world (épith), world-wide ◆ **une célébrité mondiale** a world-famous personality ou celebrity
**2** nm ◆ **le Mondial** the World Cup

**mondialement** [mɔ̃djalmɑ̃] adv throughout the world, the (whole) world over ◆ **il est mondialement connu** he's known the (whole) world over ou throughout the world, he's world-famous

**mondialisation** [mɔ̃djalizasjɔ̃] nf [échanges, économie, marchés] globalization ◆ **pour éviter la mondialisation du conflit** to prevent the conflict from spreading throughout the world ou worldwide

**mondialiser** [mɔ̃djalize] [→ SYN] ▸ conjug 1 ◂ **1** vt [+ activité, capitaux] to globalize
**2** **se mondialiser** vpr [économie, offre] to become globalized ◆ **l'entreprise s'est mondialisée** the company has extended its operations worldwide ou globalized its operations ◆ **ce phénomène se mondialise** this is becoming a world-wide phenomenon ◆ **dans une économie de plus en plus mondialisée** in an increasingly globalized economy

**mondialisme** [mɔ̃djalism] nm internationalism

**mondialiste** [mɔ̃djalist] adj, nmf internationalist

**mond(i)ovision** [mɔ̃d(j)ɔvizjɔ̃] nf worldwide (satellite) television broadcast ◆ **retransmis en mond(i)ovision** broadcast (by satellite) worldwide

**monégasque** [mɔnegask] **1** adj Monegasque, Monacan
**2** **Monégasque** nmf Monegasque, Monacan

**monel** ® [mɔnɛl] nm Monel(l) metal ®

**monème** [mɔnɛm] nm moneme

**MONEP** [mɔnɛp] nm (abrév de **Marché des options négociables de Paris**) (Fin) ◆ **le MONEP** *the traded-options exchange in the Paris stock market*

**monétaire** [mɔnetɛʀ] adj valeur, unité, système, politique monetary ◆ **le marché monétaire** the money market; → **circulation, masse, union**

**monétarisme** [mɔnetaʀism] nm monetarism

**monétariste** [mɔnetaʀist] adj, nmf monetarist

**monétique** [mɔnetik] nf electronic banking (services)

**monétisation** [mɔnetizasjɔ̃] nf monetization

**monétiser** [mɔnetize] ▸ conjug 1 ◂ vt to monetize

**mongol, e** [mɔ̃gɔl] [→ SYN] **1** adj Mongol, Mongolian ◆ **République populaire mongole** Mongolian People's Republic
**2** nm (Ling) Mongolian
**3** **Mongol(e)** nm,f (gén) Mongol, Mongoloid; (= habitant ou originaire de la Mongolie) Mongolian

**Mongolie** [mɔ̃gɔli] nf Mongolia ◆ **République populaire de Mongolie** People's Republic of Mongolia ◆ **Mongolie-Intérieure** Inner Mongolia ◆ **Mongolie-Extérieure** Outer Mongolia

**mongolien, -ienne** † [mɔ̃gɔljɛ̃, jɛn] (Méd) **1** adj with Down's syndrome (attrib), Down's syndrome (épith)
**2** nm,f (= enfant) Down's syndrome baby (ou boy ou girl); (= adulte) person with Down's syndrome

**mongolique** [mɔ̃gɔlik] adj (Géog) Mongol(ic), Mongolian

**mongolisme** † [mɔ̃gɔlism] nm Down's syndrome, mongolism †

**moniale** [mɔnjal] nf cloistered nun

**monisme** [mɔnism] nm monism

**moniste** [mɔnist] **1** adj monistic
**2** nmf monist

**moniteur** [mɔnitœʀ] [→ SYN] nm **a** (Sport) instructor, coach; [colonie de vacances] supervisor (Brit), (camp) counselor (US) ◆ **moniteur de ski** skiing instructor ◆ **moniteur d'auto-école** driving instructor
**b** (Tech, Ordin = appareil) monitor ◆ **moniteur cardiaque** heart-rate monitor
**c** (Univ) graduate assistant

**monition** [mɔnisjɔ̃] nf monition

**monitoire** [mɔnitwaʀ] [→ SYN] adj, nm monitory

**monitorage** [mɔnitɔʀaʒ] nm ⇒ **monitoring**

**monitorat** [mɔnitɔʀa] nm (= formation) training to be an instructor; (= fonction) instructorship ◆ **il prépare son monitorat de ski** he's training to be a ski instructor

**monitoring** [mɔnitɔʀiŋ] [→ SYN] nm (gén) monitoring

**monitrice** [mɔnitʀis] nf (Sport) instructress; [colonie de vacances] supervisor (Brit), (camp) counselor (US); (Univ) graduate assistant

**monnaie** [mɔnɛ] [→ SYN] **1** nf **a** (= espèces, devises) currency ◆ **monnaie forte/faible** strong/weak currency ◆ **monnaie d'or/d'argent** gold/silver currency ◆ **monnaie décimale** decimal coinage ou currency ◆ **la monnaie américaine** (Bourse) the American dollar ◆ **la monnaie allemande** the German mark; → **battre, faux**[2]
**b** (= pièce, médaille) coin ◆ **une monnaie d'or** a gold coin ◆ **émettre/retirer une monnaie** to issue/withdraw a coin
**c** (= appoint) change; (= petites pièces) (loose) change ◆ **petite** ou **menue monnaie** small change ◆ **vous n'avez pas de monnaie ?** (pour payer) don't you have (the) change? ou any change? ◆ **auriez-vous de la monnaie ?, pourriez-vous me faire de la monnaie ?** could you give me some change? ◆ **faire de la monnaie** to get (some) change ◆ **faire la monnaie de 100 F** to get change for ou to change a 100-franc note ou 100 francs ◆ **faire** ou **donner à qn la monnaie de 10 €** to change €10 for sb, give sb change for €10 ◆ **elle m'a rendu la monnaie sur 10 €** she gave me the change out of ou from €10 ◆ **passez** ou **envoyez la monnaie !** * let's have the money!, cough up * everyone!
**d** (= bâtiment) **la Monnaie, l'hôtel des monnaies** the Mint
**e** (Loc) **c'est monnaie courante** faits, événements it's common ou widespread, it's a common ou an everyday occurrence; actions, pratiques it's common practice ◆ **donner** ou **rendre à qn la monnaie de sa pièce** to pay sb back in the same ou in his own coin, repay sb in kind ◆ **à l'école, les billes servent de monnaie d'échange** at school, marbles are used as money ou as a currency ◆ **otages qui servent de monnaie d'échange** hostages who are used as bargaining chips ou counters ◆ **payer qn en monnaie de singe** to fob sb off with empty promises
**2** COMP ▷ **monnaie de banque** ⇒ **monnaie scripturale** ▷ **monnaie divisionnaire** frac-

tional currency ▷ **monnaie électronique** plastic money ▷ **monnaie fiduciaire** fiduciary currency, paper money ▷ **monnaie légale** legal tender ▷ **monnaie métallique** coin (NonC) ▷ **monnaie de papier** paper money ▷ **monnaie plastique** plastic money ▷ **monnaie scripturale** representative ou bank money ▷ **monnaie unique** (Europe) single currency

**monnaie-du-pape,** pl **monnaies-du-pape** [mɔnɛdypap] nf (Bot) honesty

**monnayable** [mɔnɛjabl] adj terres, titres convertible into cash; diplôme marketable ◆ **c'est un diplôme facilement monnayable** you can easily get a job with that qualification

**monnayer** [mɔneje] → SYN ▸ conjug 8 ◂ vt [+ terres, titres] to convert into cash ◆ **monnayer son talent/ses capacités** to make money from one's talents/one's abilities ◆ **monnayer son silence/soutien** to sell one's silence/support ◆ **ce genre de service, ça se monnaie** you have to pay to get that kind of help ◆ **dans ce pays, tout se monnaie** in that country, you can get whatever you want as long as you're willing to pay for it

**monnayeur** [mɔnɛjœʀ] nm (= machine) (pour fabriquer la monnaie) minting machine; (pour changer) (automatic) change maker; (système à pièces) coin-operated device; (ouvrier) minter, coiner

**mono** * [mɔno] 1 nmf (abrév de **moniteur**) (Sport) instructor; [colonie de vacances] supervisor (Brit), (camp) counselor (US)

2 nm (abrév de **monoski**)

3 nf (abrév de **monophonie**) ◆ **en mono** in mono

4 adj inv (abrév de **monophonique**) disque, électrophone mono

**mono...** [mɔnɔ] préf mono...

**monoacide** [mɔnoasid] adj mon(o)acid

**monobasique** [mɔnobɑzik] adj monobasic

**monobloc** [mɔnoblɔk] adj inv cast in one piece

**monocaméral,** pl **-aux** [mɔnokameʀal, o] adj m unicameral

**monocamérisme** [mɔnokameʀism] nm unicameralism

**monochromateur** [mɔnɔkʀɔmatœʀ] nm monochromator

**monochromatique** [mɔnɔkʀɔmatik] adj monochromatic

**monochrome** [mɔnokʀom] adj monochrome, monochromatic

**monochromie** [mɔnɔkʀɔmi] nf monochromaticity

**monocinétique** [mɔnosinetik] adj monokinetic

**monocle** [mɔnɔkl] nm monocle, eyeglass

**monoclinal, e,** mpl **-aux** [mɔnɔklinal, o] adj, nm monoclinal

**monoclinique** [mɔnoklinik] adj monoclinic

**monoclonal, e,** mpl **-aux** [mɔnoklonal, o] adj monoclonal

**monocoque** [mɔnɔkɔk] 1 adj voiture, avion monocoque; yacht monohull, single-hull ◆ **voilier monocoque** monohull

2 nm (= voilier) monohull

**monocorde** [mɔnɔkɔʀd] → SYN 1 adj instrument with a single chord; voix, timbre, discours monotonous ◆ **sur un ton monocorde** in a monotonous voice

2 nm monochord

**monocorps** [mɔnokɔʀ] adj voiture monobox, with a one-box design

**monocotylédone** [mɔnɔkɔtiledɔn] 1 adj monocotyledon

2 nf monocotyledon ◆ **les monocotylédones** monocotyledons, the Monocotyledonae (SPÉC)

**monocratie** [mɔnɔkʀasi] nf monocracy

**monoculaire** [mɔnɔkylɛʀ] adj monocular

**monoculture** [mɔnokyltyʀ] nf single-crop farming, monoculture

**monocycle** [mɔnosikl] nm monocycle, unicycle

**monocyclique** [mɔnosiklik] adj monocyclic

**monocylindre** [mɔnosilɛ̃dʀ] nm single-cylinder engine

**monocylindrique** [mɔnosilɛ̃dʀik] adj single-cylinder (épith)

**monocyte** [mɔnɔsit] nm monocyte

**monodie** [mɔnɔdi] nf monody

**monœcie** [mɔnesi] nf monoeciousness

**monogame** [mɔnɔgam] 1 adj monogamous ◆ **union monogame** (Zool) pair-bonding

2 nmf monogamist

**monogamie** [mɔnɔgami] nf monogamy

**monogamique** [mɔnɔgamik] adj monogamistic

**monogramme** [mɔnɔgʀam] → SYN nm monogram

**monographie** [mɔnɔgʀafi] → SYN nf monograph

**monoï** [mɔnɔj] nm inv monoï *(perfumed oil made from coconut and Tahitian flowers)*

**monoïdéique** [mɔnoideik] adj monoide(ist)ic

**monoïdéisme** [mɔnoideism] nm monoideism

**monoïque** [mɔnɔik] adj mon(o)ecious

**monokini** [mɔnɔkini] nm topless swimsuit, monokini ◆ **faire du monokini** to go topless

**monolingue** [mɔnɔlɛ̃g] adj monolingual

**monolinguisme** [mɔnɔlɛ̃gɥism] nm monolingualism

**monolithe** [mɔnɔlit] 1 nm monolith

2 adj monolithic

**monolithique** [mɔnɔlitik] adj (lit, fig) monolithic

**monolithisme** [mɔnɔlitism] nm (Archit, Constr) monolithism

**monologue** [mɔnɔlɔg] → SYN nm monologue, soliloquy ◆ **monologue intérieur** (Littérat) stream of consciousness

**monologuer** [mɔnɔlɔge] → SYN ▸ conjug 1 ◂ vi to soliloquize ◆ **il monologue pendant des heures** (péj) he talks away ou holds forth for hours

**monomane** [mɔnɔman], **monomaniaque** [mɔnɔmanjak] adj, nmf monomaniac

**monomanie** [mɔnɔmani] → SYN nf monomania

**monôme** [mɔnom] nm (Math) monomial; (arg Scol) students' rag procession

**monomère** [mɔnɔmɛʀ] 1 adj monomeric

2 nm monomer

**monométallisme** [mɔnometalism] nm monometallism

**monomoteur, -trice** [mɔnomɔtœʀ, tʀis] 1 adj single-engined

2 nm single-engined aircraft

**mononucléaire** [mɔnonykleɛʀ] 1 adj (Bio) mononuclear

2 nm mononuclear (cell), mononucleate

**mononucléose** [mɔnonykleoz] nf mononucleosis ◆ **mononucléose infectieuse** infectious mononucleosis (SPÉC), glandular fever (Brit)

**monoparental, e,** mpl **-aux** [mɔnopaʀɑ̃tal, o] adj ◆ **famille monoparentale** single-parent ou lone-parent ou one-parent family ◆ **foyer monoparental** single-parent ou lone-parent ou one-parent household

**monopartenaire** [mɔnopaʀtənɛʀ] adj personne monogamous

**monophasé, e** [mɔnɔfɑze] 1 adj single-phase (épith)

2 nm single-phase current

**monophonie** [mɔnɔfɔni] nf monaural ou monophonic reproduction

**monophonique** [mɔnɔfɔnik] adj monaural, monophonic

**monophysisme** [mɔnɔfizism] nm Monophysitism

**monophysite** [mɔnɔfizit] adj, nmf Monophysite

**monoplace** [mɔnoplas] 1 adj single-seater (épith), one-seater (épith)

2 nmf (Aut, Aviat) single-seater, one-seater

**monoplan** [mɔnoplɑ̃] nm monoplane

**monoplégie** [mɔnɔpleʒi] nf monoplegia

**monopole** [mɔnɔpɔl] → SYN nm (Écon, fig) monopoly ◆ **avoir le monopole de** (Écon) to have the monopoly of; [+ vérité, savoir] to have a monopoly on ◆ **avoir un monopole sur** to have a monopoly in ◆ **être en situation de monopole** to have a monopoly, be in a monopoly position ◆ **monopole d'achat** monopsony, buyer's monopoly ◆ **monopole d'État** state ou public monopoly ◆ **monopole fiscal** tax monopoly

**monopoleur, -euse** [mɔnɔpɔlœʀ, øz] nm,f monopoly holder ◆ **trust monopoleur** monopoly trust

**monopolisateur, -trice** [mɔnɔpɔlizatœʀ, tʀis] nm,f monopolizer

**monopolisation** [mɔnɔpɔlizasjɔ̃] nf monopolization

**monopoliser** [mɔnɔpɔlize] → SYN ▸ conjug 1 ◂ vt (lit, fig) to monopolize ◆ **il a monopolisé la parole toute la soirée** he monopolized the conversation all evening, he didn't let anybody get a word in all evening

**monopoliste** [mɔnɔpɔlist], **monopolistique** [mɔnɔpɔlistik] adj monopolistic

**Monopoly** ® [mɔnɔpɔli] nm Monopoly ® ◆ **jouer au Monopoly** to play Monopoly ◆ **c'est un vaste jeu de Monopoly** (fig) it's one great big Monopoly game

**monoprix** ® [mɔnɔpʀi] nm *well-known French department store*

**monoptère** [mɔnɔptɛʀ] adj, nm ◆ **(temple) monoptère** monopteral temple, monopteros

**monorail** [mɔnoʀɑj] nm (= voie) monorail; (= voiture) monorail coach

**monorime** [mɔnoʀim] 1 adj monorhymed

2 nm monorhyme, monorime

**monosaccharide** [mɔnɔsakaʀid] nm monosaccharide

**monosémique** [mɔnɔsemik] adj monosemic

**monosépale** [mɔnosepal] adj gamosepalous, monosepalous

**monoski** [mɔnoski] nm monoski ◆ **faire du monoski** to go monoskiing

**monoskieur, -ieuse** [mɔnoskjœʀ, jøz] nm,f monoskier

**monospace** [mɔnɔspas] nm people carrier (Brit), minivan (US)

**monosperme** [mɔnospɛʀm] adj monospermous, monospermal

**monosyllabe** [mɔnosi(l)lab] nm (lit, fig) monosyllable ◆ **répondre par monosyllabes** to reply in monosyllables

**monosyllabique** [mɔnosi(l)labik] adj monosyllabic

**monosyllabisme** [mɔnosil(l)abism] nm monosyllabism

**monothéique** [mɔnɔteik] adj monotheistic

**monothéisme** [mɔnɔteism] nm monotheism

**monothéiste** [mɔnɔteist] 1 adj monotheistic

2 nmf monotheist

**monothérapie** [mɔnɔteʀapi] nf (Méd) monotherapy, single-drug treatment

**monotone** [mɔnɔtɔn] → SYN adj son, voix, paysage, tâche monotonous; spectacle, style, discours monotonous, dull, dreary; existence, vie monotonous, humdrum, dull; (Math) monotone

**monotonie** [mɔnɔtɔni] → SYN nf [son, voix, paysage, tâche] monotony; [discours, spectacle, vie] monotony, dullness

**monotrace** [mɔnotʀas] adj single-track (épith)

**monotrème** [mɔnɔtʀɛm] 1 adj monotrematous

2 nm monotreme ◆ **les monotrèmes** monotremes, the Monotremata (SPÉC)

**monotrope** [mɔnɔtʀɔp] nm (Bot) pinesap, monotropa (SPÉC)

**Monotype** ® [mɔnɔtip] nm Monotype ®

**monotype** [mɔnɔtip] nm (Art) monotype; (Naut) one-design sailboat

**monovalent, e** [mɔnɔvalɑ̃, ɑ̃t] → SYN adj (Chim) monovalent, univalent

**monoxyde** [mɔnɔksid] nm monoxide ◆ **monoxyde de carbone** carbon monoxide ◆ **monoxyde d'azote** nitric oxide

**monoxyle** [mɔnɔksil] adj monoxylic, monoxylous

**monozygote** [mɔnɔzigɔt] adj monozygotic

**Monrovia** [mɔ̃ʀɔvja] n Monrovia

**Monseigneur** [mɔ̃sɛɲœʀ], pl **Messeigneurs** [mesɛɲœʀ] nm a (formule d'adresse) (à archevêque, duc) Your Grace; (à cardinal) Your Eminence; (à évêque) Your Grace, Your Lordship, My Lord (Bishop); (à prince) Your (Royal) Highness

**b** (à la troisième personne) (à archevêque, duc) His Grace; (à cardinal) His Eminence; (à évêque) His Lordship; (à prince) His (Royal) Highness

**Monsieur** [məsjø], pl **Messieurs** [mesjø] nm **a** (s'adressant à qn) **bonjour Monsieur** (gén) good morning; (nom connu) good morning Mr X; (nom inconnu) good morning, good morning, sir (frm) ◆ **bonjour Messieurs** good morning (gentlemen) ◆ **(bonjour) Messieurs Dames** * morning all ou everyone * ◆ **Monsieur, vous avez oublié quelque chose** excuse me, you've forgotten something ◆ **et pour (vous) Monsieur/Messieurs ?** (au restaurant) and for you, sir/gentlemen? ◆ **Messieurs** (devant un auditoire) gentlemen ◆ **Messieurs et chers collègues** gentlemen ◆ **Monsieur le Président** [gouvernement] Mr President; [entreprise] Mr Chairman ◆ **oui, Monsieur le juge** ≈ yes, Your Honour ou My Lord ou Your Worship ◆ **Monsieur l'abbé** Father ◆ **Monsieur le curé** Father ◆ **Monsieur le ministre** Minister ◆ **Monsieur le duc** Your Grace ◆ **Monsieur le comte** (ou **baron** etc ) Your Lordship, my Lord ◆ **Monsieur devrait prendre son parapluie** (frm) I suggest you take your umbrella, sir (frm) ◆ **Monsieur est servi** (frm) dinner is served, sir (frm) ◆ **Monsieur n'est pas content ?** (iro) is something not to Your Honour's (iro) ou Your Lordship's (iro) liking? ◆ **mon bon** ou **pauvre Monsieur** * my dear sir; → **Madame**

**b** (parlant de qn) **Monsieur X est malade** Mr X is ill ◆ **Monsieur votre fils** († ou iro) your dear son ◆ **Monsieur est sorti** (frm) Mr X ou the Master (of the house) is not at home ◆ **Monsieur dit que c'est à lui** the gentleman says it's his ◆ **Monsieur le Président** the President, the Chairman ◆ **Monsieur le juge X** ≈ (His Honour) Judge X ◆ **Monsieur le duc de X** (His Grace) the Duke of X ◆ **Monsieur l'abbé (X)** Father X ◆ **Monsieur le curé** the parish priest ◆ **Monsieur le curé X** Father X ◆ **Monsieur loyal** (Cirque) ringmaster

**c** (sur une enveloppe) **Monsieur John X** Mr John X, John X Esq; (à un enfant) Master John X ◆ **Messieurs Dupont** Messrs Dupont and Dupont ◆ **Messieurs J. et P. Dupont** Messrs J and P Dupont ◆ **Messieurs Dupont et fils** Messrs Dupont and Son ◆ **Messieurs X et Y** Messrs X and Y; → **Madame**

**d** (en-tête de lettre) **Monsieur** (gén) Dear Sir; (personne connue) Dear Mr X ◆ **cher Monsieur** Dear Mr X ◆ **Monsieur et cher collègue** My dear Sir, Dear Mr X ◆ **Monsieur le Président** [gouvernement] Dear Mr President; [entreprise] Dear Mr Chairman

**e** (Hist = parent du roi) Monsieur

**f** (sans majuscule) gentleman; (= personnage important) great man ◆ **ces messieurs désirent ?** what would you like, gentlemen? ◆ **maintenant il se prend pour un monsieur** he thinks he's quite the gentleman now, he fancies himself as a (proper) gentleman now (Brit) ◆ **les beaux messieurs** the well-to-do ou smart (Brit) gentlemen ◆ **c'est un grand monsieur** he's a great man ◆ **un méchant monsieur** (langage enfantin) a nasty man

**g** (= représentant) **Monsieur Tout-le-monde** the man in the street, the average man ◆ **Monsieur Muscle** Muscleman ◆ **Monsieur Météo** (= responsable) the weatherman ◆ **Monsieur Immigration/Drogue** the immigration/drug csar

**monstre** [mɔ̃stʀ] [→ SYN] **1** nm **a** (Bio, Zool) (par la difformité) freak (of nature), monster; (par la taille) monster

**b** (Myth) monster ◆ **monstre sacré** (fig) giant ◆ **un monstre sacré du théâtre** a legendary figure in the theatre ◆ **un monstre sacré du cinéma** a screen giant ou legend

**c** (péj = méchant) monster, brute ◆ **c'est un monstre (de laideur)** he is monstrously ou hideously ugly ◆ **c'est un monstre (de méchanceté)** he's a wicked ou an absolute monster ◆ **quel monstre d'égoïsme !/d'orgueil !** what fiendish ou monstrous egoism!/pride! ◆ **être un monstre froid** to be pitiless

**d** (*: affectueux) **petit monstre !** you little monster! * ou horror! *

**2** adj * rabais gigantic, colossal, mammoth; manifestation, foule, embouteillage massive ◆ **succès monstre** runaway ou raving * success ◆ **elle a un culot monstre** she's got a hell of a nerve * ◆ **il gagne un argent monstre** he earns a vast amount of money ◆ **faire une publicité monstre à qch** to launch a massive publicity campaign for sth ◆ **j'ai un travail monstre** I've got loads * of work to do ou a horrendous amount of work to do ◆ **un dîner monstre** a colossal dinner, a whacking * great dinner (Brit)

**monstrueusement** [mɔ̃stʀyøzmɑ̃] adv laid monstrously, hideously; intelligent prodigiously, stupendously; riche enormously ◆ **il est monstrueusement gros** he's massively overweight

**monstrueux, -euse** [mɔ̃stʀyø, øz] [→ SYN] adj (= difforme) bête monstrous; personne freakish; bâtiment hideous; (= abominable) guerre, massacre horrendous; crime heinous, monstrous; (* = gigantesque) erreur, bruit horrendous; appétit terrific, huge ◆ **faire du chantage, c'est monstrueux !** blackmail! it's monstrous!

**monstruosité** [mɔ̃stʀyozite] [→ SYN] nf **a** [crime] monstrousness, monstrosity

**b** (= acte) monstrous act, monstrosity; (= propos) monstrous remark ◆ **dire des monstruosités** to say monstrous ou horrendous things

**c** (= laideur) hideousness

**mont** [mɔ̃] [→ SYN] **1** nm **a** (= montagne) (littér) mountain ◆ **le mont X** (avec un nom propre) Mount X ◆ **par monts et par vaux** (littér) up hill and down dale ◆ **être toujours par monts et par vaux** * to be always on the move *; → **promettre**

**b** (Voyance) [main] mount

**2** COMP ▷ **les monts d'Auvergne** the mountains of Auvergne, the Auvergne mountains ▷ **le mont Blanc** Mont Blanc ▷ **le mont Carmel** Mount Carmel ▷ **le mont des Oliviers** the Mount of Olives ▷ **le mont Sinaï** Mount Sinai ▷ **mont de Vénus** (Anat) mons veneris

**montage** [mɔ̃taʒ] [→ SYN] nm **a** (= assemblage) [appareil, montre] assembly; [bijou] mounting, setting; [manche] setting in; [tente] pitching, putting up ◆ **le montage d'une opération publicitaire** the mounting ou organization of an advertising campaign ◆ **montage financier** financial set-up ou arrangement ◆ **il faut décider du montage financier de l'opération** we must decide how the operation is to be funded ◆ **le montage juridique adopté pour l'entreprise** the legal arrangements for setting up the company; → **chaîne**

**b** (Ciné = opération) editing ◆ **montage final** final cut ou edit ◆ **montage réalisé par** edited ou editing by ◆ **montage photographique** photomontage ◆ **montage audiovisuel** slide show with sound ◆ **montage vidéo** (= film) video(-tape) ◆ **table/salle de montage** cutting table/room ◆ **le film est en cours de montage** the film is being cut out ou edited ◆ **cette scène a disparu au montage** this scene ended up on the cutting room floor ou was edited out

**c** (Élec) wiring (up); [radio etc] assembly ◆ **montage en parallèle/en série** connection in parallel/in series

**d** (Typo) paste-up

**montagnard, e** [mɔ̃taɲaʀ, aʀd] **1** adj mountain (épith), highland (épith); (Hist Pol) Mountain (épith)

**2** nm,f **a** (Géog) mountain dweller ◆ **montagnards** mountain people ou dwellers

**b** (Hist Pol) **Montagnard(e)** Montagnard

**montagne** [mɔ̃taɲ] [→ SYN] **1** nf **a** (= sommet) mountain ◆ **la montagne** (= région montagneuse) the mountains ◆ **vivre à** ou **habiter la montagne** to live in the mountains ◆ **faire de la montagne** (en randonnée) to go mountain-hiking; (en escalade) to go mountain-climbing ou mountaineering ◆ **haute/moyenne/basse montagne** high/medium/low mountains ◆ **plantes des montagnes** mountain plants; → **chaîne, guide**

**b** (intensif) **une montagne de** a mountain of, masses * ou mountains of ◆ **une montagne de travail l'attendait** a mountain of work was waiting for him, there was masses * of work waiting for him ◆ **recevoir une montagne de lettres/cadeaux** to receive a whole stack of ou a (great) mountain of letters/presents

**c** (Loc) **se faire une montagne de** ou **d'un rien** to make a mountain out of a molehill ◆ **il se fait une montagne de cet examen** he's getting really worked up about this exam, he's blown this exam out of all proportion ◆ (Prov) **il n'y a que les montagnes qui ne se rencontrent pas** there are none so distant that fate cannot bring them together ◆ **déplacer** ou **soulever des montagnes** to move mountains ◆ **c'est la montagne qui accouche d'une souris** after all that it's a bit of an anticlimax ◆ **c'est gros comme une montagne** * it's obvious, it's plain for all to see

**d** (Hist Pol) **la Montagne** the Mountain

**2** COMP ▷ **montagnes russes** roller-coaster, big dipper, scenic railway ▷ **montagne à vaches** low hills ◆ **nous faisons de la montagne à vaches mais pas d'escalade** (hum) we only go hill walking, not rock climbing

**montagneux, -euse** [mɔ̃taɲø, øz] [→ SYN] adj (Géog) mountainous; (= accidenté) hilly

**montaison** [mɔ̃tɛzɔ̃] nf [saumon] ascent, upstream migration

**Montana** [mɔ̃tana] nm Montana

**montanisme** [mɔ̃tanism] nm Montanism

**montaniste** [mɔ̃tanist] **1** adj Montanist(ic)

**2** nmf Montanist

**montant, e** [mɔ̃tɑ̃, ɑ̃t] [→ SYN] **1** adj mouvement upward, rising; bateau (travelling) upstream; col high; robe, corsage high-necked; chemin uphill ◆ **train montant** up train ◆ **voie montante** up line ◆ **une star montante de la chanson française** a rising star in French pop music; → **chaussure, colonne, garde¹**

**2** nm **a** [échelle] upright; [lit] post; [porte] jamb; [échafaudage] pole ◆ **les montants de la fenêtre** the uprights of the window frame ◆ **montant (de but)** (Ftbl) (goal) post

**b** (= somme) (sum) total, total amount ◆ **le montant s'élevait à** the total added up to, the total (amount) came to ou was ◆ **chèque d'un montant de 50 €** cheque for the sum of €50 ◆ **emprunt d'un montant d'un million d'euros** loan of one million euros ◆ **montants compensatoires en matière agricole** (Europe) farming subsidies ◆ **montants compensatoires monétaires** monetary compensation amounts ◆ **montant dû/forfaitaire** (Fin, Jur) outstanding/flat-rate amount ◆ **montant nominal** (Fin, Jur) par value ◆ **montant net d'une succession** (Jur) residuary estate

**c** (Équitation) cheek-strap

**mont-blanc**, pl **monts-blancs** [mɔ̃blɑ̃] nm (Culin) chestnut cream dessert *(topped with cream)*

**mont-de-piété**, pl **monts-de-piété** [mɔ̃d(ə)pjete] [→ SYN] nm (state-owned) pawnshop ou pawnbroker's ◆ **mettre qch au mont-de-piété** to pawn sth

**monte** [mɔ̃t] [→ SYN] nf **a** (Équitation) horsemanship

**b** (Vét) **station/service de monte** stud farm/service ◆ **mener une jument à la monte** to take a mare to be covered

**monté, e** [mɔ̃te] (ptp de **monter**) adj **a** (= équipé, pourvu) equipped ◆ **être bien/mal monté en qch** to be well/ill equipped with sth

**b** (**: physiquement) **il est bien monté** he's well hung ** ou well endowed *

**Monte-Carlo** [mɔ̃tekaʀlo] n Monte Carlo

**monte-charge**, pl **monte-charges** [mɔ̃tʃaʀʒ] nm hoist, goods lift (Brit), service elevator (US)

**montée** [mɔ̃te] [→ SYN] nf **a** (= escalade) climb, climbing ◆ **la montée de la côte** the ascent of the hill, the climb up the hill, climbing ou going up the hill ◆ **la montée de l'escalier** climbing the stairs ◆ **c'est une montée difficile** it's a hard ou difficult climb ◆ **en escalade, la montée est plus facile que la descente** when you're climbing, going up is easier than coming down ◆ **la côte était si raide qu'on a fait la montée à pied** the hill was so steep that we walked up ou we went up on foot

**b** (= ascension) [ballon, avion] ascent ◆ **pendant la montée de l'ascenseur** while the lift is (ou was) going up

**c** (= mouvement ascendant) [eaux] rise; [lait] inflow; [sève, homme politique, colère, hostilités] rise ◆ **la soudaine montée des prix/de la température** the sudden rise in prices/in (the) temperature ◆ **la montée du mécontentement populaire** the rise of ou growth in popular discontent ◆ **la montée des périls en Europe** the growing danger of war in Europe

**d** (= côte, pente) hill, uphill slope ◆ **la maison était en haut de la montée** the house stood at the top of the hill ou rise ◆ **une petite montée mène à leur maison** there is a little slope leading up to their house

**monte-en-l'air** * † [mɔ̃tɑ̃lɛʀ] nm inv (= voleur) cat burglar

**monténégrin, e** [mɔ̃tenegʀɛ̃, in] **1** adj Montenegrin, from Montenegro

**2** **Monténégrin(e)** nm,f Montenegrin

**Monténégro** [mɔ̃tenegʀo] nm Montenegro

**monte-plats** [mɔ̃tpla] nm inv service lift (Brit), dumbwaiter

**monter**[1] [mɔ̃te] [→ SYN] ▸ conjug 1 ◂ **1** vi (avec auxiliaire être) **a** (gén) to go up (*à* to; *dans* into); [oiseau] to fly up; [avion] to climb ◆ **monter à pied/à bicyclette/en voiture** to walk/cycle/drive up ◆ **monter en courant/en titubant** to run/stagger up ◆ **monter en train/par l'ascenseur** to go up by train/in the lift ◆ **monter dans** ou **à sa chambre** to go up(stairs) to one's room ◆ **il est monté en courant jusqu'au grenier** he ran up to the attic ◆ **monte me voir** come up and see me ◆ **monte le prévenir** go up and tell him ◆ **faites-le monter** (visiteur) ask him to come up ◆ **monter aux arbres** to climb trees ◆ **monter à Paris** (en voyage) to go up to Paris; (pour travailler) to go to work in Paris; (pour s'installer) to move to Paris

**b** **monter sur** [+ table, rocher, toit] to climb (up) on ou onto ◆ **monté sur une chaise, il accrochait un tableau** he was standing on a chair hanging a picture ◆ **monter sur un arbre/une échelle** to climb up a tree/a ladder ◆ **monter sur une colline** to go up ou climb up ou walk up a hill ◆ **monter sur une bicyclette** to get on a bicycle ◆ **monté sur un cheval gris** riding ou on a grey horse ◆ **monter sur le trône** (fig) to come to ou ascend the throne

**c** (Transport) **monter en voiture** to get into a car ◆ **monter dans un train/un avion** to get on ou into a train/an aircraft, board a train/an aircraft ◆ **beaucoup de voyageurs sont montés à Lyon** a lot of people got on at Lyon ◆ **monter à bord (d'un navire)** to go on board ou aboard (a ship) ◆ **monter à bicyclette** (= faire du vélo) to ride a bicycle ◆ **monter à cheval** (= se mettre en selle) to get on ou mount a horse; (= faire de l'équitation) to ride, go riding ◆ **je n'ai jamais monté** I've never been on a horse ◆ **elle monte bien** she's a good horsewoman, she rides well

**d** (= progresser) (dans une hiérarchie) to rise, go up; [vedette] to be on the way up ◆ **c'est l'artiste qui monte** he's the up-and-coming artist ◆ **c'est l'homme qui monte** he's on the way up; → **grade**

**e** [eau, vêtements] **monter à** ou **jusqu'à** to come up to ◆ **robe qui monte jusqu'au cou** high-necked dress ◆ **la vase lui montait jusqu'aux genoux** the mud came right up to his knees, he was knee-deep in the mud

**f** (= s'élever) [colline, route] to go up, rise; [soleil, flamme, brouillard] to rise ◆ **monter en pente douce** to slope gently upwards, rise gently ◆ **le chemin monte en lacets** the path winds ou twists upwards ◆ **jusqu'où monte le téléphérique ?** where does the cable car go up to? ◆ **notre maison monte très lentement** building is progressing very slowly on our house, our house is going up very slowly ◆ **un bruit/une odeur montait de la cave** there was a noise/a smell coming from the cellar, a noise was drifting up/a smell was wafting up from the cellar

**g** (= hausser de niveau) [mer, marée] to come in; [fleuve] to rise; [prix, température, baromètre] to rise, go up; (Mus) [voix, note] to go up ◆ **le lait monte** (sur le feu) the milk's about to boil over; (dans le sein) the milk is coming in ◆ **monter dans l'estime de qn** to go up ou rise in sb's estimation ◆ **ça a fait monter les prix** it sent ou put ou pushed prices up ◆ **la colère/la tension monte** tempers are/tension is rising ◆ **le ton monte** (colère) the discussion is getting heated, voices are being raised; (animation) the conversation is getting noisier ◆ **le tricot monte vite avec cette laine** * this wool knits up quickly ◆ **la voiture peut monter jusqu'à 250 km/h** the car can do up to 250 km/h, the car can reach speeds of up to 250 km/h ◆ **ce tableau peut monter jusqu'à 5 000 €** this painting could fetch up to €5,000 ◆ **les blancs montent/n'arrivent pas à monter** (Culin) the egg whites are going stiff/won't whip up ou won't go stiff; → **flèche, neige**

**h** (exprimant des émotions) **elle sentait la colère/peur monter en elle** she could feel (the) anger/fear well up inside her ◆ **les larmes lui montaient aux yeux** tears were welling up in her eyes, tears filled her eyes ◆ **ça lui a fait monter les larmes aux yeux** it brought tears to his eyes ◆ **le vin lui monte à la tête** wine goes to his head ◆ **le succès lui monte à la tête** success is going to his head; → **moutarde, rouge**

**i** (Agr) [plante] to bolt, go to seed ◆ **la salade est (toute) montée** the lettuce has bolted ou has gone to seed; → **graine**

**j** (Cartes) to play a higher card ◆ **il est monté à cœur** he played a higher heart

**2** vt (avec auxiliaire avoir) **a** (= gravir) to go up ◆ **monter l'escalier** ou **les marches précipitamment** to rush upstairs ou up the steps ◆ **monter l'escalier** ou **les marches quatre à quatre** to go upstairs ou up the steps four at a time ◆ **monter une côte** (en marchant) to walk ou go ou come up a hill; (en courant) to run up a hill ◆ **monter la gamme** (Mus) to go up the scale

**b** (= porter) [+ valise, meuble] to take ou carry ou bring up ◆ **montez-lui son petit déjeuner** take his breakfast up to him ◆ **faire monter ses valises** to have one's luggage brought ou taken ou sent up

**c** **monter un cheval** to ride a horse ◆ **ce cheval n'a jamais été monté** this horse has never been ridden

**d** (= augmenter) **monter le son** to turn the sound ou volume up

**e** (= exciter) **monter qn contre qn** to set sb against sb ◆ **être monté contre qn** to be dead set against sb ◆ **monter la tête** ou **le bourrichon** * **à qn** to get sb worked up ◆ **quelqu'un lui a monté la tête contre moi** someone has set him against me

**f** (Vét = couvrir) to cover, serve

**g** **monter la garde** (Mil) to mount guard, go on guard; [chien] to be on guard ◆ **"je monte la garde !"** (sur un écriteau) "beware of the dog"

**3** **se monter** vpr **a** **se monter à** [prix, frais] to come to, amount to; [dette] to amount to

**b** **se monter la tête** ou **le bourrichon** * to get (all) worked up ou het up * ◆ **il se monte la tête pour un rien** he gets het up * ou worked up over nothing

**monter**[2] [mɔ̃te] [→ SYN] ▸ conjug 1 ◂ vt (avec auxiliaire avoir) **a** (= assembler) [+ machine] to assemble; [+ tente] to pitch, put up; [+ film] to edit, cut; [+ robe] to assemble, sew together ◆ **monter des mailles** to cast on stitches ◆ **monter en parallèle/en série** (Élec, Radio) to connect in parallel/in series

**b** (= organiser) [+ pièce de théâtre] to put on, stage; [+ opération, campagne publicitaire] to mount, organize, set up; [+ affaire] to set up; [+ canular] to play; [+ complot] to hatch ◆ **monter un coup** to plan a job ◆ **monter le coup à qn** * to take sb for a ride * ◆ **monter une histoire pour déshonorer qn** to cook up * ou invent a scandal to ruin sb's good name ◆ **c'est une histoire montée de toutes pièces** it's a complete fabrication

**c** (= pourvoir, équiper) to equip ◆ **monter son ménage** ou **sa maison** to set up house ◆ **se monter en linge** to equip o.s. with linen ◆ **se monter** to get o.s. (well) set up

**d** (= fixer) [+ diamant, perle] to set, mount; [+ pneu] to put on ◆ **monter qch en épingle** to blow sth up out of all proportion, make a thing of sth * ◆ **faire monter un diamant en bague** to have a ring made with a diamond

**monte-sac**, pl **monte-sacs** [mɔ̃tsak] nm sack hoist

**monteur, -euse** [mɔ̃tœʀ, øz] nm,f **a** (Tech) fitter

**b** (Ciné) (film) editor

**c** (Typo) paste-up artist

**Montevideo** [mɔ̃tevideo] n Montevideo

**montgolfière** [mɔ̃gɔlfjɛʀ] nf hot-air balloon ◆ **voyage en montgolfière** hot-air balloon trip

**monticule** [mɔ̃tikyl] [→ SYN] nm (= colline) hillock, mound; (= tas) mound, heap

**montmartrois, e** [mɔ̃maʀtʀwa, waz] **1** adj of ou from Montmartre

**2** **Montmartrois(e)** nm,f inhabitant ou native of Montmartre

**montmorency** [mɔ̃mɔʀɑ̃si] nf inv morello cherry

**montrable** [mɔ̃tʀabl] adj personne fit to be seen (attrib); objet which can be shown ◆ **tu es tout à fait montrable** you're quite presentable

**montre**[1] [mɔ̃tʀ] [→ SYN] nf **a** (gén) watch ◆ **montre analogique** analogue watch ◆ **montre-bracelet** wrist watch ◆ **montre digitale** ou **à affichage numérique** digital watch ◆ **montre de gousset** fob watch ◆ **montre de plongée** diver's watch ◆ **montre de précision** precision watch ◆ **montre à quartz** quartz watch ◆ **montre à remontoir** stem-winder, stem-winding watch ◆ **montre à répétition** repeating ou repeater watch

**b** (LOC) **il est 2 heures à ma montre** it is 2 o'clock by my watch ◆ **j'ai mis 2 heures montre en main** it took me exactly ou precisely 2 hours, it took me 2 hours exactly by the clock; → **chaîne, course, sens**

**montre**[2] [mɔ̃tʀ] [→ SYN] nf **a** **faire montre de** [+ courage, ingéniosité] to show, display

**b** (littér = ostentation) **pour la montre** for show, for the sake of appearances

**c** († Comm = en vitrine) display, show ◆ **publication interdite à la montre** publication banned from public display ◆ **en montre** on display ou show

**Montréal** [mɔ̃ʀeal] n Montreal

**montréalais, e** [mɔ̃ʀealɛ, ɛz] **1** adj of ou from Montreal

**2** **Montréalais(e)** nm,f Montrealer

**montrer** [mɔ̃tʀe] GRAMMAIRE ACTIVE 26.4 [→ SYN] ▸ conjug 1 ◂

**1** vt **a** (gén) to show (*à* to); (par un geste) to point to; (= faire remarquer) [+ détail, personne, faute] to point out (*à* to); (avec ostentation) to show off, display (*à* to) ◆ **je vais vous montrer le jardin** (= faire visiter) I'll show you (round) the garden ◆ **montrer un enfant au docteur** to let the doctor see a child ◆ **l'aiguille montre le nord** the needle points north ◆ **montrer ses fesses** * ou **son cul** ** (= se déculotter) to show one's bare bottom ou arse ** (Brit) ou ass ** (US); (= se déshabiller) to bare all, strip naked ◆ **je l'ai ici – montre !** I've got it here – show me!

**b** (= laisser voir) to show ◆ **jupe qui montre le genou** skirt which leaves the knee uncovered ou bare ◆ **elle montrait ses jambes en s'asseyant** she showed her legs as she sat down ◆ **elle montre ses charmes** (hum) she's showing off ou displaying her charms (hum)

**c** (= mettre en évidence) to show, prove ◆ **il a montré que l'histoire était fausse** he has shown ou proved the story to be false ou that the story was false ◆ **l'avenir montrera qui avait raison** the future will show ou prove who was right ◆ **montrer la complexité d'un problème** to show how complex a problem is, demonstrate the complexity of a problem ◆ **l'auteur montre un pays en décadence** the author shows ou depicts a country in decline ◆ **ce qui montre bien que j'avais raison** which just goes to show that I was right

**d** (= manifester) [+ humeur, courage] to show, display; [+ surprise] to show ◆ **son visage montra de l'étonnement** his face registered (his) surprise

**e** (= apprendre) **montrer à qn à faire** ou **comment faire qch** to show sb how ou the way to do sth

**2** **se montrer** vpr **a** [personne] to appear, show o.s.; [chose] to appear ◆ **elle ne s'est pas montrée au dîner** she didn't appear at dinner ◆ **il n'aime pas se montrer avec elle** he doesn't like to be seen with her ◆ **j'y vais juste pour me montrer** I'm going there just to put in an appearance ◆ **montre-toi voir si la robe te va** let's have a look at you in that dress ◆ **ton père devrait se montrer davantage** (fig) your father should assert himself more ou show his authority more ◆ **sa lâcheté s'est montrée au grand jour** his cowardice was plain for all to see

**b** (= s'avérer) [personne] to show o.s. (to be), prove (o.s.) (to be); [chose] to prove (to be) ◆ **se montrer digne de sa famille** to show o.s.

(to be) ou prove o.s. worthy of one's family ◆ **il s'est montré très désagréable** he was very unpleasant, he behaved very unpleasantly ◆ **il s'est montré intraitable** he was ou he showed himself quite unrelenting ◆ **il faudrait se montrer plus prudent** we should be more careful ◆ **le traitement s'est montré efficace** the treatment proved (to be) effective ◆ **se montrer d'une lâcheté révoltante** to show ou display despicable cowardice ◆ **si les circonstances se montrent favorables** if conditions prove (to be) ou turn out to be favourable ◆ **il faut se montrer ferme** you must appear firm, you must show firmness

**montreur, -euse** [mɔ̃tʀœʀ, øz] **nm,f** ◆ **montreur de marionnettes** puppet master (ou mistress), puppeteer ◆ **montreur d'ours** bear leader

**Mont-Saint-Michel** [mɔ̃sɛ̃miʃɛl] **nm** ◆ **le Mont-Saint-Michel** the Mont-Saint-Michel

**Montserrat** [mɔ̃seʀa] **nm** Montserrat

**montueux, -euse** [mɔ̃tɥø, øz] [→ SYN] **adj** (littér) (very) hilly

**monture** [mɔ̃tyʀ] [→ SYN] **nf** **a** (= cheval) mount; → **voyager**

**b** (Tech) mounting; [lunettes] frame; [bijou, bague] setting ◆ **lunettes à monture d'écaille/de métal** horn-/metal-rimmed glasses

**monument** [mɔnymɑ̃] [→ SYN] **nm** **a** (= statue, ouvrage commémoratif) monument, memorial ◆ **monument (funéraire)** monument ◆ **monument aux morts** war memorial

**b** (= bâtiment, château) monument, building ◆ **monument historique** ancient monument, historic building ◆ **la maison est classée monument historique** the house is listed (Brit) ou is a listed building (Brit), the house is on the historical register (US) ◆ **monument public** public building ◆ **visiter les monuments de Paris** to go sight-seeing in Paris, see the sights of Paris

**c** (= œuvre majeure) monument ◆ **c'est un monument de la littérature française** it's one of the monuments ou great masterpieces of French literature ◆ **ce buffet est un monument, on ne peut pas le soulever** this sideboard is so huge, we can't shift it* ◆ **c'est un monument de bêtise !*** what colossal ou monumental stupidity!

**monumental, e**, mpl **-aux** [mɔnymɑ̃tal, o] [→ SYN] **adj** **a** taille, erreur monumental, colossal; œuvre monumental ◆ **d'une bêtise monumentale** incredibly ou unbelievably stupid

**b** (Archit) monumental

**monumentalité** [mɔnymɑ̃talite] **nf** monumentality

**moquer** [mɔke] [→ SYN] ▸ conjug 1 ◂ **1** **vt** († ou littér) to mock ◆ **j'ai été moqué** I was laughed at ou mocked

**2 se moquer de** **vpr** **a** (= ridiculiser) to make fun of, poke fun at ◆ **on va se moquer de toi** people will laugh at you ou make fun of you (ou him etc ), you'll make yourself a laughing stock ◆ **tu riais – oui, mais je ne me moquais pas** († ou frm) you were laughing – yes but I wasn't laughing at you ou making fun of you ◆ **vous vous moquez, j'espère** I trust that you are not in earnest (frm)

**b** (= tromper) **vous vous moquez du monde** ou **des gens !** you've got a nerve! ◆ **je n'aime pas qu'on se moque de moi !** I don't like being made a fool of ◆ **le réparateur s'est vraiment moqué de nous** the repairman really took us for a ride* ◆ **de qui se moque-t-on ?** who are they trying to kid?* ◆ **du champagne ? ils ne se sont pas moqués de vous !*** champagne? they really treat you right!*

**c** (= mépriser) [+ conseils, autorité] to scorn ◆ **il se moque bien de nous maintenant qu'il est riche** he looks down on us ou looks down his nose at us now that he's rich

**d** (= être indifférent) **je m'en moque** I don't care ◆ **je m'en moque pas mal*** I couldn't care less* ◆ **je me moque de ne pas être cru** ou **qu'on ne me croie pas** I don't care if nobody believes me; → **an, chemise, tiers**

**moquerie** [mɔkʀi] [→ SYN] **nf** **a** (= caractère) mockery, mocking

**b** (= quolibet, sarcasme) mockery (NonC), jibe ◆ **en butte aux moqueries continuelles de sa sœur** the target of constant mockery from his sister ou of his sister's constant mockery

**moquette** [mɔkɛt] **nf** (= tapis) wall-to-wall carpeting (NonC), fitted carpet (Brit); (Tex) moquette ◆ **faire poser une moquette** ou **de la moquette** to have a wall-to-wall ou a fitted (Brit) carpet laid ◆ **moquette murale** fabric wall covering

**moquetter** [mɔkete] ▸ conjug 1 ◂ **vt** to carpet (wall-to-wall) ◆ **chambre moquettée** bedroom with wall-to-wall ou (a) fitted (Brit) carpet

**moqueur, -euse** [mɔkœʀ, øz] [→ SYN] **adj** **a** remarque, sourire mocking ◆ **il est très moqueur** he's always making fun of people

**b (oiseau) moqueur** mocking bird

**moqueusement** [mɔkøzmɑ̃] **adv** mockingly

**moraillon** [mɔʀajɔ̃] **nm** (Tech) hasp

**moraine** [mɔʀɛn] **nf** moraine

**morainique** [mɔʀenik] **adj** morainic, morainal

**moral, e**[1], mpl **-aux** [mɔʀal, o] [→ SYN] **1** **adj** **a** (= éthique) valeurs, problème moral ◆ **j'ai pris l'engagement moral de le faire** I'm morally committed to doing it ◆ **avoir l'obligation morale de faire** to be under a moral obligation ou be morally obliged to do ◆ **conscience morale** moral conscience ◆ **n'avoir aucun sens moral** to be totally amoral, have no sense of right and wrong

**b** (= honnête, vertueux) personne, œuvre moral; conduite ethical, moral ◆ **ce n'est pas très moral de faire cela** it's not very moral ou ethical to do that

**c** (= mental, psychologique) courage, soutien, victoire moral; douleur mental ◆ **il a fait preuve d'une grande force morale** he showed great moral fibre

**2** **nm** **a** (= état d'esprit) morale ◆ **les troupes ont bon/mauvais moral** the morale of the troops is high/low ◆ **avoir le moral, avoir (un) bon moral, avoir un moral d'acier** to be in good spirits ◆ **tu vas garder ses enfants ? tu as le moral !*** you're going to babysit for him? that's brave of you! ◆ **il a mauvais moral, il n'a pas le moral** he is in low ou poor spirits ◆ **avoir le moral à zéro*** to be (feeling) down in the dumps* ◆ **son moral est (tombé) très bas** his morale is very low ou is at a low ebb, he's in very low spirits ◆ **le moral est atteint** it has shaken ou undermined his morale ou his confidence ◆ **garder le moral** to keep one's spirits up ◆ **remonter le moral de qn** to cheer sb up ◆ **il faut remonter le moral de l'équipe** we need to boost the team's morale

**b au moral comme au physique** mentally as well as physically ◆ **au moral il est irréprochable** morally he is beyond reproach

**morale**[2] [mɔʀal] **nf** **a** (= doctrine) moral doctrine ou code, ethic (Philos); (= mœurs) morals; (= valeurs traditionnelles) morality, moral standards, ethic (Philos) ◆ **la morale** (Philos) moral philosophy, ethics ◆ **action conforme à la morale** act in keeping with morality ou moral standards ◆ **c'est contraire à la morale** it's immoral ◆ **faire la morale à qn** to lecture sb, preach at sb ◆ **avoir une morale relâchée** to have loose morals ◆ **morale protestante** Protestant ethic

**b** [fable] moral ◆ **la morale de cette histoire** the moral of this story

**moralement** [mɔʀalmɑ̃] **adv** **a** (= selon l'éthique) agir, se conduire morally

**b** (= psychologiquement) responsable morally ◆ **soutenir qn moralement** to give moral support to sb ◆ **il était moralement vainqueur** he scored a moral victory

**moralisant, e** [mɔʀalizɑ̃, ɑ̃t] **adj** moralizing

**moralisateur, -trice** [mɔʀalizatœʀ, tʀis] **1** **adj** discours, ton moralizing, sententious (frm); histoire edifying, elevating

**2** **nm,f** moralizer

**moralisation** [mɔʀalizasjɔ̃] **nf** raising of moral standards (*de* in)

**moraliser** [mɔʀalize] [→ SYN] ▸ conjug 1 ◂ **1** **vi** to moralize, sermonize (péj) (*sur* about)

**2** **vt** **a** (= sermonner) **moraliser qn** to preach at sb, lecture sb

**b** (= rendre plus moral) [+ société] to moralize, improve the morals of; [+ vie politique, profession] to make more ethical

**moralisme** [mɔʀalism] **nm** moralism

**moraliste** [mɔʀalist] **1** **adj** moralistic

**2** **nmf** moralist

**moralité** [mɔʀalite] [→ SYN] **nf** **a** (= mœurs) morals, morality, moral standards ◆ **d'une moralité douteuse** personne of doubtful morals; film of dubious morality ◆ **d'une haute moralité** personne of high moral standards; discours of a high moral tone ◆ **la moralité publique** public morality ◆ **il n'a aucune moralité** he has no sense of right or wrong, he's totally amoral; → **témoin**

**b** (= valeur) [attitude, action] morality

**c** (= enseignement) [fable] moral ◆ **moralité : il ne faut jamais mentir !** the moral is: never tell lies! ◆ **moralité, j'ai eu une indigestion*** the result was (that) I had indigestion

**d** (Littérat) morality play

**morasse** [mɔʀas] **nf** (Typo) final ou foundry proof

**moratoire**[1] [mɔʀatwaʀ] **adj** moratory ◆ **intérêts moratoires** interest on arrears

**moratoire**[2] [mɔʀatwaʀ] [→ SYN], **moratorium** † [mɔʀatɔʀjɔm] **nm** (Jur) moratorium (*sur* on)

**morave** [mɔʀav] **1** **adj** Moravian

**2 Morave** **nmf** Moravian

**Moravie** [mɔʀavi] **nf** Moravia

**morbide** [mɔʀbid] [→ SYN] **adj** (gén, Méd) morbid

**morbidité** [mɔʀbidite] **nf** morbidity

**morbier** [mɔʀbje] **nm** (= fromage) *cow's milk cheese from the Jura*; (Helv = comtoise) grandfather clock

**morbilleux, -euse** [mɔʀbijø, øz] **adj** morbillous

**morbleu** [mɔʀblø] **excl** (††, hum) zounds! †, gadzooks! †

**morceau**, pl **morceaux** [mɔʀso] [→ SYN] **nm** **a** (comestible) [pain] piece, bit; [sucre] lump; [viande] (à table) piece, bit; (chez le boucher) piece, cut ◆ **morceau de choix** choice morsel ou piece ◆ **c'était un morceau de roi** it was fit for a king ◆ **manger un morceau** to have a bite (to eat) ou a snack ◆ **manger** ou **lâcher** ou **cracher le morceau**⁑ (fig) (= dénoncer) to spill the beans*; (= avouer) to come clean* ◆ **il a emporté le morceau*** (= il a gagné) he carried it off; → **bas**[1], **sucre**

**b** (= fragment) (gén) piece; [bois] piece, lump; [fer] lump; [ficelle] bit, piece; [terre] piece, patch, plot; [tissu] piece ◆ **en morceaux** in pieces ◆ **couper en morceaux** to cut into pieces ◆ **mettre qch en morceaux** to pull sth to bits ou pieces ◆ **tomber en morceaux** [empire, relation] to crumble, fall apart; [gâteau] to crumble to bits

**c** (Littérat, Mus) (= œuvre) piece; (= extrait) passage, excerpt ◆ **(recueil de) morceaux choisis** (collection of) selected passages ou extracts ◆ **un beau morceau d'éloquence** a fine piece of eloquence ◆ **c'est un morceau d'anthologie** it's a classic ◆ **morceau de bravoure** (Littérat) purple passage; (Mus) bravura passage ◆ **morceau de concours** competition piece ◆ **morceau pour piano/violon** piece for piano/violin

**d** (* = personne, objet) **c'est un sacré morceau** he (ou it etc ) is a hell of a size* ◆ **beau morceau** (= femme) nice bit of stuff⁑ (Brit), nice-looking woman

**morcelable** [mɔʀsəlabl] **adj** domaine, héritage dividable

**morceler** [mɔʀsəle] [→ SYN] ▸ conjug 4 ◂ **vt** [+ domaine, terrain] to parcel out, divide up; [+ héritage] to divide up; [+ troupes, territoire] to divide up, split up ◆ **opposition morcelée** (Pol) divided opposition

**morcellement** [mɔʀsɛlmɑ̃] [→ SYN] **nm** **a** (= action) [domaine, terrain] parcelling (out), dividing (up); [héritage] division, dividing (up); [troupes, territoire] division, dividing (up), splitting (up)

**b** (= résultat) division

**mordache** [mɔʀdaʃ] **nf** (Tech) temporary jaws

**mordacité** [mɔʀdasite] [→ SYN] **nf** (littér) causticity

**mordancer** [mɔʀdɑ̃se] ▸ conjug 3 ◂ **vt** to give mordant to

**mordant, e** [mɔʀdɑ̃, ɑ̃t] [→ SYN] **1** adj **a** (= caustique) ton, réplique cutting, scathing, mordant, caustic; pamphlet scathing, cutting; polémiste, critique scathing ♦ **avec une ironie mordante** with caustic *ou* biting *ou* mordant irony
**b** froid biting (épith)
**2** nm **a** (= dynamisme) [personne] spirit, drive; [troupe, équipe] spirit, keenness; [style, écrit] bite, punch ♦ **discours plein de mordant** speech full of bite *ou* punch
**b** [scie] bite
**c** (Tech) mordant
**d** (Mus) mordent

**mordicus** * [mɔʀdikys] adv défendre, soutenir, affirmer obstinately, stubbornly

**mordieu** †† [mɔʀdjø] excl 'sdeath! †

**mordillage** [mɔʀdijaʒ], **mordillement** [mɔʀdijmɑ̃] nm nibble, nibbling (NonC)

**mordiller** [mɔʀdije] ▸ conjug 1 ◂ vt to chew at, nibble at

**mordoré, e** [mɔʀdɔʀe] adj, nm (lustrous) bronze ♦ **les tons mordorés de l'automne** the rich bronze tints *ou* the browns and golds of autumn

**mordorure** [mɔʀdɔʀyʀ] nf (littér) bronze ♦ **les mordorures de l'étoffe** the bronze lustre of the cloth

**mordre** [mɔʀdʀ] [→ SYN] ▸ conjug 41 ◂ **1** vt **a** [animal, personne] to bite ♦ **mordre qn à la main** to bite sb's hand ♦ **un chien l'a mordu à la jambe, il s'est fait mordre à la jambe par un chien** a dog bit him on the leg, he was bitten on the leg by a dog ♦ **mordre une pomme (à belles dents)** to bite into an apple ♦ **mordre un petit bout de qch** to bite off a small piece of sth, take a small bite (out) of sth ♦ **le chien l'a mordu jusqu'au sang** the dog bit him and drew blood ♦ **approche, je ne mords pas** come closer, I won't bite you ♦ **mordre la poussière** to bite the dust ♦ **faire mordre la poussière à qn** to make sb bite the dust
**b** [lime, vis] to bite into; [acide] to bite (into), eat into; [froid] to bite, nip ♦ **les crampons mordaient la glace** the crampons gripped the ice *ou* bit into the ice ♦ **l'inquiétude/la jalousie lui mordait le cœur** worry/jealousy was eating at *ou* gnawing at his heart
**c** (= toucher) **la balle a mordu la ligne** the ball (just) touched the line ♦ **mordre la ligne de départ** to be touching the starting line ♦ **mordre la ligne blanche** (Aut) to go over *ou* cross the white line
**2 mordre sur** vt indir (= empiéter sur) [+ vacances] to overlap into, eat into; [+ espace] to overlap into, encroach onto; (= corroder) to bite into ♦ **ça va mordre sur l'autre semaine** that will go over into *ou* overlap into *ou* cut into the following week ♦ **mordre sur la marge** to go over into the margin ♦ **ils mordent sur notre clientèle** they're eating into *ou* cutting into our customer base ♦ **il a mordu sur la ligne blanche** (Aut) he went over *ou* crossed the white line
**3** vi **a mordre dans** [+ fruit] to bite into ♦ **mordre dans le sable** (Naut) [ancre] to grip *ou* hold the sand
**b** (Pêche, fig) to bite ♦ **mordre (à l'hameçon** *ou* **à l'appât)** (lit) to bite, rise (to the bait); (fig) to rise to the bait ♦ **ça mord aujourd'hui ?** are the fish biting *ou* rising today? ♦ **il a mordu au latin/aux maths** * he's taken to Latin/to maths
**c** (Gravure) to bite; [étoffe] to take the dye; [teinture] to take
**d** (Tech) **l'engrenage ne mord plus** the gear won't mesh any more
**4 se mordre** vpr ♦ **se mordre la joue** to bite the inside of one's mouth ♦ **se mordre la langue** (lit) to bite one's tongue; (fig) (= se retenir) to hold one's tongue; (= se repentir) to bite one's tongue ♦ **maintenant il s'en mord les doigts** he could kick himself now * ♦ **tu t'en mordras les doigts** you'll live to regret it, you'll rue the day ♦ **se mordre la queue** [chien] to chase its tail; (* fig) to chase one's tail

**mordu, e** [mɔʀdy] [→ SYN] (ptp de **mordre**) **1** adj **a** (* = amoureux) smitten ♦ **il est vraiment mordu** he's really smitten with her, he's crazy * about her
**b** (* = fanatique) **mordu de football/jazz** crazy * *ou* mad * about *ou* mad keen * on (Brit) football/jazz
**2** nm,f (* = fanatique) enthusiast, buff *, fan ♦ **mordu de la voile/de musique** sailing/music enthusiast *ou* buff * ♦ **mordu de l'informatique** computer buff * *ou* freak * ♦ **c'est un mordu de football** he's a great football fan *ou* buff *

**more** [mɔʀ], **moresque** [mɔʀɛsk] adj, nmf ⇒ **maure, mauresque**

**moreau, -elle**[1], mpl **-aux** [mɔʀo, ɛl] adj shiny black

**morelle**[2] [mɔʀɛl] nf (Bot) golanum

**morfal, e** ‡, mpl **morfals** [mɔʀfal] nm,f greedy guts ‡, pig ‡

**morfil** [mɔʀfil] nm [acier] wire edge

**morfler** ‡ [mɔʀfle] ▸ conjug 1 ◂ vi (= souffrir) to have a hard time of it; (= se faire battre) to catch it *, cop it ‡ (Brit) ♦ **j'ai une rage de dents, qu'est-ce que je morfle !** I've got a toothache, it's agony! * *ou* it's killing me! * ♦ **ça va morfler !** there's going to be trouble!

**morfondre (se)** [mɔʀfɔ̃dʀ] [→ SYN] ▸ conjug 42 ◂ vpr (tristement) to mope; (nerveusement) to fret ♦ **il se morfondait en attendant le résultat** he waited fretfully for the result ♦ **les enfants qui se morfondent dans les orphelinats** children languishing in orphanages

**morfondu, e** [mɔʀfɔ̃dy] [→ SYN] (ptp de **morfondre**) adj (littér) dejected, crestfallen

**morganatique** [mɔʀganatik] adj morganatic

**morgeline** [mɔʀʒəlin] nf common chickweed

**morgue**[1] [mɔʀg] [→ SYN] nf (littér = orgueil) pride, haughtiness ♦ **il me répondit plein de morgue que ...** he answered me haughtily that ...

**morgue**[2] [mɔʀg] [→ SYN] nf (Police) morgue; [hôpital] mortuary

**moribond, e** [mɔʀibɔ̃, ɔ̃d] [→ SYN] **1** adj personne dying; économie, marché, institution moribund
**2** nm,f dying man (*ou* woman) ♦ **les moribonds** the dying

**moricaud, e** ** [mɔʀiko, od] (injurieux) **1** adj dark(-skinned)
**2** nm,f darkie ** (injurieux), wog ** (injurieux)

**morigéner** [mɔʀiʒene] [→ SYN] ▸ conjug 6 ◂ vt (littér) to take to task, reprimand ♦ **il faut le morigéner** he will have to be taken to task (over it) *ou* reprimanded (for it)

**morille** [mɔʀij] nf morel

**morillon** [mɔʀijɔ̃] nm **a** (= canard) tufted duck
**b** (= raisin) *kind of black grape*
**c** (= pierre) small rough emerald

**morion** [mɔʀjɔ̃] nm morion

**mormon, e** [mɔʀmɔ̃, ɔn] adj, nm,f Mormon

**mormonisme** [mɔʀmɔnism] nm Mormonism

**morne**[1] [mɔʀn] [→ SYN] adj personne, visage doleful, glum; temps gloomy, dismal, dull; silence mournful, gloomy, dismal; conversation, vie, paysage, ville dismal, dreary, dull ♦ **d'un ton morne** gloomily ♦ **passer un après-midi morne** to spend a dreary *ou* dismal afternoon

**morne**[2] [mɔʀn] nm (aux Antilles etc = colline) hill

**mornifle** ‡ [mɔʀnifl] nf slap, clout * (Brit) ♦ **donner** *ou* **filer** *ou* **flanquer une mornifle à qn** to box sb's ears, give sb a clip round the ear (Brit)

**Moroni** [mɔʀɔni] n Moroni

**morose** [mɔʀoz] [→ SYN] adj humeur, personne, ton sullen, morose; marché, Bourse, journée sluggish, dull; → **délectation**

**morosité** [mɔʀozite] [→ SYN] nf [personne] sullenness, moroseness; [temps] dullness; [marché, économie] sluggishness ♦ **climat de morosité économique/sociale** gloomy *ou* depressed economic/social climate

**morphe** [mɔʀf] nm morph

**Morphée** [mɔʀfe] nm Morpheus; → **bras**

**morphème** [mɔʀfɛm] nm morpheme ♦ **morphème libre/lié** free/bound morpheme

**morphine** [mɔʀfin] nf morphine ♦ **morphine-base** morphine base

**morphinique** [mɔʀfinik] adj médicament, substance morphinated, containing morphine

**morphinisme** [mɔʀfinism] nm morphinism

**morphinomane** [mɔʀfinɔman] **1** adj addicted to morphine
**2** nmf morphine addict

**morphinomanie** [mɔʀfinɔmani] nf morphine addiction, morphinomania

**morphisme** [mɔʀfism] nm homomorphism, homomorphy

**morphogène** [mɔʀfɔʒɛn] adj morphogenic

**morphogenèse** [mɔʀfɔʒənɛz] nf morphogenesis

**morphologie** [mɔʀfɔlɔʒi] nf morphology

**morphologique** [mɔʀfɔlɔʒik] adj morphological

**morphologiquement** [mɔʀfɔlɔʒikmɑ̃] adv morphologically

**morphophonologie** [mɔʀfɔfɔnɔlɔʒi] nf morphophonology

**morphosyntaxe** [mɔʀfosɛ̃taks] nf morphosyntax

**morphosyntaxique** [mɔʀfosɛ̃taksik] adj morphosyntactical

**morpion** [mɔʀpjɔ̃] nm **a** (Jeux) ≃ noughts and crosses (Brit), ≃ tic tac toe (US)
**b** (** = pou du pubis) crab ‡
**c** (*, péj = gamin) brat *

**mors** [mɔʀ] [→ SYN] nm **a** (Équitation) bit ♦ **prendre le mors aux dents** [cheval] to take the bit between its teeth; (= agir) to take the bit between one's teeth; (= s'emporter) to fly off the handle *, blow one's top * *ou* stack * (US); (= prendre l'initiative) to take the matter into one's own hands
**b** (Tech) jaw; (Reliure) joint

**morse**[1] [mɔʀs] nm (Zool) walrus

**morse**[2] [mɔʀs] nm (= code) Morse (code)

**morsure** [mɔʀsyʀ] [→ SYN] nf bite ♦ **morsure de chien** dog bite ♦ **morsure de serpent** snakebite ♦ **les morsures du vent/du froid** (littér) the biting wind/cold

**mort**[1] [mɔʀ] [→ SYN] **1** nf **a** (Physiol) death ♦ **mort clinique/cérébrale** clinical/brain death ♦ **mort naturelle** natural death ♦ **mort subite du nourrisson** cot (Brit) *ou* crib (US) death, sudden infant death syndrome ♦ **mort volontaire** suicide ♦ **tu veux ma mort ?** (hum) do you want to kill me or what? * ♦ **trouver la mort dans un accident** to die *ou* be killed in an accident ♦ **souhaiter la mort** to long for death, long to die ♦ **souhaiter la mort de qn** to wish death upon sb (littér), wish sb (were) dead ♦ **donner la mort (à qn)** to kill (sb) ♦ **se donner la mort** to take one's own life, kill o.s. ♦ **périr** *ou* **mourir de mort violente/accidentelle** to die a violent/an accidental death ♦ **mourir dans son sommeil, c'est une belle mort** dying in one's sleep is a good way to go ♦ **à la mort de sa mère** on the death of his mother, when his mother died ♦ **il a vu la mort de près** he has come close to death, he has looked death in the face ♦ **il n'y a pas eu mort d'homme** no one was killed, there was no loss of life ♦ **la petite mort** (littér) orgasm, petite mort (littér) ♦ **"Mort et Transfiguration"** (Littérat) "Death and Transfiguration" ♦ **ça coûte 100 F, ce n'est pas la mort !** * it's only 100 francs, it won't kill you (*ou* me *etc*)! *; → **hurler, pâle**
**b** (= destruction, fin) death, end ♦ **c'est la mort de ses espoirs** that puts an end to *ou* is the end of his hopes, that puts paid to his hopes (Brit) ♦ **le supermarché sera la mort du petit commerce** supermarkets will spell the end *ou* the death of small businesses ♦ **cet enfant sera ma mort !** * this child will be the death of me! *
**c** (= douleur) **souffrir mille morts** to suffer agonies, be in agony ♦ **la mort dans l'âme** with a heavy *ou* an aching heart, grieving inwardly ♦ **il avait la mort dans l'âme** his heart ached
**d** (LOC) **mort au tyran !, à mort le tyran !** down with the tyrant!, death to the tyrant! ♦ **mort aux vaches !** ‡ down with the cops! * *ou* pigs! ‡

♦ **à mort** ♦ **lutte à mort** fight to the death ♦ **détester qn à mort** to hate sb to death ♦ **blessé à mort** (dans un combat) mortally wounded; (dans un accident) fatally injured ♦ **frapper qn à mort** to strike sb dead ♦ **mettre à mort** [+ personne] to deliver the death blow to; [+ taureau] to put to death ♦ **mise à mort** [taureau] kill ♦ **nous sommes fâchés à mort** (fig) we're at daggers drawn (with each other) ♦ **en vouloir à qn à mort** (fig) to be bitterly resentful of sb ♦ **il m'en veut à mort** he hates me *ou* my guts ‡ (for it)

◆ **défendre qch à mort** (fig) to defend sth to the bitter end ◆ **freiner à mort** * to jam on the brakes ou the anchors * (Brit) ◆ **s'ennuyer à mort** to be bored to death ◆ **visser qch à mort** * to screw sth right home, screw sth tight

◆ **de mort** ◆ **silence de mort** deathly ou deathlike hush ◆ **d'une pâleur de mort** deathly ou deadly pale ◆ **engin de mort** lethal ou deadly weapon

**mort[2], e** [mɔʀ, mɔʀt] GRAMMAIRE ACTIVE 24.4 → SYN (ptp de **mourir**)

**1** adj **a** être animé, arbre, feuille dead ◆ **il est mort depuis deux ans** he's been dead (for) two years, he died 2 years ago ◆ **on l'a laissé pour mort** he was left for dead ◆ **il est mort et bien mort** he's dead and gone ◆ **il est mort et enterré** he's dead and buried ◆ **ramenez-les morts ou vifs** bring them back dead or alive ◆ **mort au champ d'honneur** (Mil) killed in action ◆ **il était comme mort** he looked (as though he were) dead ◆ **tu es un homme mort !** * you're a dead man! *

**b** (fig) **je suis mort (de fatigue) !** I'm dead (tired)! ou dead beat! *, I'm all in! * (Brit) ◆ **il était mort de peur** ou **plus mort que vif** he was frightened to death ou scared stiff * ◆ **ils étaient morts de rire** they were doubled up with laughter; → **ivre**

**c** (= inerte, sans vie) chair, peau, rivière dead; pied, doigt dead, numb; yeux lifeless, dull; (Fin) marché dead ◆ **la ville est morte le dimanche** the town is dead on a Sunday ◆ **opération ville morte** *decision to close shops and businesses for a short period in protest, mourning etc.*; → **poids, point[1], temps[1]**

**d** (= qui n'existe plus) civilisation extinct, dead; langue dead ◆ **leur vieille amitié est morte** their old friendship is dead ◆ **le passé est bien mort** the past is over and done with ou is dead and gone

**e** ( * = usé, fini) pile, radio, moteur dead

**2** nm **a** (= personne) dead man ◆ **les morts** the dead ◆ **les morts de la guerre** those ou the men killed in the war, the war dead ◆ **il y a eu un mort** one person was killed, there was one death ◆ **il y a eu de nombreux morts** many (people) were killed, there were many deaths ◆ **l'accident a fait cinq morts** five (people) were killed in the accident ◆ **jour** ou **fête des morts** All Souls' Day ◆ **office/messe/prière des morts** office/mass/prayer for the dead ◆ **c'est un mort vivant/un mort en sursis** he's more dead than alive/living on borrowed time ◆ **faire le mort** (lit) to pretend to be dead, sham death; (fig = ne pas se manifester) to lie low ◆ **la place du mort** (Aut) the (front) seat next to the driver; → **monument, tête**

**b** (Cartes) dummy ◆ **être le mort** to be dummy

**3** **morte** nf dead woman

**mortadelle** [mɔʀtadɛl] nf mortadella

**mortaisage** [mɔʀtɛzaʒ] nm mortising

**mortaise** [mɔʀtɛz] nf (Menuiserie, de gâche) mortise

**mortaiser** [mɔʀteze] ▸ conjug 1 ◂ vt to mortise

**mortalité** [mɔʀtalite] → SYN nf mortality, death rate ◆ **mortalité infantile** infant mortality ◆ **régression de la mortalité** fall in the death rate

**mort-aux-rats** [mɔʀ(t)oʀa] nf inv rat poison

**morte-eau**, pl **mortes-eaux** [mɔʀto] nf neap tide

**mortel, -elle** [mɔʀtɛl] → SYN **1** adj **a** (= qui périt) mortal; → **dépouille**

**b** (= entraînant la mort) chute, maladie fatal; blessure, plaie fatal, lethal; poison deadly, lethal ◆ **danger mortel** mortal danger ◆ **coup mortel** (lit) lethal ou fatal blow; (fig) death-blow ◆ **cela a porté un coup mortel au parti** this dealt the death-blow to the party ◆ **cette révélation lui serait mortelle** such a discovery would kill him ou would be fatal to him

**c** (= intense) frayeur mortal; pâleur, silence deadly, deathly; ennemi mortal, deadly; haine deadly ◆ **il fait un froid mortel** it's deathly cold, it's as cold as death ◆ **cette attente mortelle se prolongeait** this deadly wait dragged on ◆ **allons, ce n'est pas mortel !** * come on, it's not all that bad! ou it won't kill you!

**d** ( * = ennuyeux) livre, soirée deadly *, deadly boring ou dull ◆ **il est mortel** he's a deadly * ou crashing * bore

**e** ✱ (= excellent) fabulous; (= mauvais) terrible

**2** nm,f (littér, hum) mortal ◆ **simple mortel** mere mortal ◆ **heureux mortel !** * lucky fellow! * ou chap! * (Brit) ◆ **nous autres pauvres mortels** (hum) we lesser mortals; → **commun**

**mortellement** [mɔʀtɛlmɑ̃] → SYN adv blesser (dans un combat) mortally; (dans un accident) fatally; offenser, vexer mortally, deeply ◆ **mortellement pâle** deadly ou deathly pale ◆ **mortellement ennuyeux** deadly boring ou dull

**morte-saison**, pl **mortes-saisons**, **morte saison** [mɔʀt(ə)sɛzɔ̃] nf off-season, slack season ◆ **à la morte-saison** in ou during the off-season

**mortier** [mɔʀtje] → SYN nm (Constr, Culin, Mil, Pharm) mortar; (= toque) cap *(worn by certain French judges)* ◆ **attaque au mortier** mortar attack

**mortifère** [mɔʀtifɛʀ] adj (hum) ambiance, discours deadly *

**mortifiant, e** [mɔʀtifjɑ̃, jɑ̃t] adj paroles hurtful; expérience mortifying; échec humiliating

**mortification** [mɔʀtifikasjɔ̃] → SYN nf mortification

**mortifier** [mɔʀtifje] → SYN ▸ conjug 7 ◂ vt (Rel) to mortify; (= vexer) to mortify

**mortinatalité** [mɔʀtinatalite] nf incidence of stillbirths

**mort-né, mort-née**, mpl **mort-nés**, fpl **mort-nées** [mɔʀne] adj enfant stillborn; projet abortive, stillborn

**mortuaire** [mɔʀtɥɛʀ] → SYN adj chapelle mortuary (épith); rites mortuary (épith), funeral (épith); cérémonie funeral (épith) ◆ **salon mortuaire** (Can) funeral home ou parlor (US, Can) ◆ **la chambre mortuaire** the death chamber ◆ **la maison mortuaire** the house of the departed ou deceased; → **couronne, drap, masque**

**morue** [mɔʀy] → SYN nf **a** (Zool) cod ◆ **morue fraîche/séchée/salée** fresh/dried/salted cod ◆ **morue verte** undried salted cod; → **brandade, huile**

**b** ( ✱ = prostituée) whore, tart ✱

**morula** [mɔʀyla] nf morula

**morutier, -ière** [mɔʀytje, jɛʀ] **1** adj cod-fishing (épith)

**2** nm (= pêcheur) cod-fisherman; (= bateau) cod-fishing boat

**morve** [mɔʀv] → SYN nf snot ✱, (nasal) mucus; (Vét) glanders sg

**morveux, -euse** [mɔʀvø, øz] → SYN **1** adj **a** enfant snotty(-nosed) ✱ ◆ (Prov) **qui se sent morveux, qu'il se mouche** if the cap ou shoe (US) fits, wear it (Prov)

**b** (Zool) glandered

**2** nm,f ✱ (= enfant) nasty little brat *; (= adulte) jerk ✱

**MOS** [mos] nm (abrév de **Metal Oxyde Semiconductor**) MOS

**mosaïque[1]** [mɔzaik] → SYN nf (Art, Bot) mosaic; [champs] chequered pattern, patchwork; [idées, peuples] medley ◆ **de** ou **en mosaïque** mosaic (épith)

**mosaïque[2]** [mɔzaik] adj (Bible) Mosaic(al), of Moses

**mosaïqué, e** [mɔzaike] adj mosaic (épith)

**mosaïsme** [mɔzaism] nm Mosaism

**mosaïste** [mɔzaist] nmf mosaicist

**mosan, e** [mɔzɑ̃, an] adj Mosan

**Moscou** [mɔsku] n Moscow

**moscovite** [mɔskɔvit] **1** adj of ou from Moscow, Moscow (épith), Muscovite

**2** **Moscovite** nmf Muscovite

**Moselle** [mɔzɛl] nf Moselle

**mosette** [mɔzɛt] nf moz(z)etta

**mosquée** [mɔske] nf mosque

**mot** [mo] GRAMMAIRE ACTIVE 21.1 → SYN

**1** nm **a** (gén) word ◆ **le mot (d')orange** the word "orange" ◆ **ce ne sont que des mots** it's just (so many) empty words, it's just talk ◆ **je n'en crois pas un (traître) mot** I don't believe a (single) word of it ◆ **paresseux, c'est bien le mot !** lazybones is the right word to describe him! ◆ **ça alors, c'est bien le mot !** you've said it!, you never spoke ou said a truer word! ◆ **de grands mots** high-flown ou fancy words ◆ **tout de suite les grands mots !** you start straight in with these high-sounding words! ◆ **voilà le grand mot lâché !** you've come out with it at last! ◆ **génie, c'est un bien grand mot !** genius, that's a big word! ◆ **à ces mots** at this ou that ◆ **sur ces mots** with this ou that, so saying, with these words ◆ **à mots couverts** in veiled terms ◆ **en d'autres mots** in other words ◆ **en un mot** in a word ◆ **en un mot comme en cent** in a nutshell, in brief ◆ **faire du mot à mot, traduire mot à mot** to translate word for word ◆ **c'est du mot à mot** it's a word for word rendering ou translation ◆ **rapporter une conversation mot pour mot** to give a word for word ou a verbatim report of a conversation

**b** (= message) word; (= courte lettre) note, line ◆ **je vais lui en toucher un mot** I'll have a word with him about it, I'll mention it to him ◆ **glisser un mot à qn** ou **dans l'oreille de qn** to have a word in sb's ear ◆ **se donner** ou **se passer le mot** to send ou pass the word round, pass the word on ◆ **mettez-lui un petit mot** drop him a line ou note, write him a note ◆ **il ne m'a même pas dit un mot de remerciement** he didn't even thank me

**c** (= expression frappante) saying ◆ **mots célèbres/historiques** famous/historic sayings ◆ **bon mot** witticism, witty remark ◆ **il aime faire des bons mots** he likes to make witty remarks

**d** (Ordin) word ◆ **mot machine** machine word

**e** (Loc) **avoir des mots avec qn** to have words with sb ◆ **avoir toujours le mot pour rire** to be a born joker ◆ **le mot de l'énigme** the key to the mystery ◆ **avoir le mot de la fin** ou **le dernier mot** to have the last word ◆ **c'est votre dernier mot ?** (gén) is that your last word in the matter?; (dans négociations) is that your final offer? ◆ **je n'ai pas dit mon dernier mot** you (ou they etc ) haven't heard the last of me ◆ **sans mot dire** without saying a ou one word ◆ **vous n'avez qu'un mot à dire et je le ferai** (you have only to) say the word and I'll do it ◆ **j'estime avoir mon mot à dire dans cette affaire** I think I'm entitled to have my say in this matter ◆ **je vais lui dire deux mots** I'll give him a piece of my mind ◆ **prendre qn au mot** to take sb at his word ◆ **il n'en connaît** ou **n'en sait pas le premier mot** he doesn't know the first thing about it ◆ **il ne sait pas le premier mot de sa leçon** he doesn't know a word of his lesson ◆ **il ne sait pas un (traître) mot d'allemand** he doesn't know a (single) word of German ◆ **je n'ai pas pu lui tirer un mot** I couldn't get a word out of him ◆ **il lui a dit le mot de Cambronne** ≈ he said a four-letter word to him ◆ **pas un mot à qui que ce soit** mum's the word, don't breathe a word of this to anyone ◆ **il n'a jamais un mot plus haut que l'autre** he's very even-tempered ◆ **j'ai dû dire un mot de travers** I must have said something wrong ◆ **au bas mot** at the very least, at the lowest estimate ◆ (Prov) **qui ne dit mot consent** silence gives consent

**2** COMP ▷ **mot apparenté** (Ling) cognate ▷ **mot d'auteur** revealing ou witty remark from the author ▷ **mot composé** compound ▷ **mots croisés** crossword (puzzle) ◆ **faire des mots croisés** to do crosswords ◆ **faire les mots croisés** (d'un journal) to do the crossword (puzzle) ▷ **mot d'emprunt** loan word ▷ **mot d'enfant** child's (funny) remark ▷ **mot d'esprit** witticism, witty remark ▷ **mot d'excuse** (gén) letter of apology; (Scol) (gén) (absence) note; (pour maladie) sick note ▷ **mots fléchés** crossword (puzzle) *(with clues given inside the boxes)* ▷ **mot d'ordre** watchword, slogan ▷ **mot de passe** password ▷ **mot souche** root-word

**motard, -arde** [mɔtaʀ, aʀd] **1** nm,f motorcyclist, biker *

**2** nm (Police) motorcycle policeman ou cop *; (de la gendarmerie, de l'armée) motorcyclist ◆ **les motards de l'escorte présidentielle** the president's motorcycle escort, the president's motorcade

**mot-clé**, pl **mots-clés**, **mot clé** [mokle] nm keyword

**motel** [mɔtɛl] **nm** motel

**motet** [mɔtɛ] → SYN **nm** motet, anthem

**moteur[1]** [mɔtœʀ] → SYN **nm** a (Tech) engine; (électrique) motor ◆ **moteur atmosphérique** atmospheric engine ◆ **moteur à combustion interne, moteur à explosion** internal combustion engine ◆ **moteur à 2/4 temps** 2-/4-stroke engine ◆ **à moteur** power-driven, motor (épith) ◆ **moteur !** (Ciné) action! ◆ **moteur de recherche** (Ordin) search engine; → **frein**
b (= force) mover, mainspring ◆ **le grand moteur de l'univers** (littér) the prime mover of the universe ◆ **être le moteur de qch** to be the mainspring of sth, be the driving force behind sth

**moteur[2], -trice** [mɔtœʀ, tʀis] → SYN 1 **adj** a (Anat) muscle, nerf, troubles motor (épith)
b (Rail) **engin moteur** power unit ◆ **force motrice** (lit, fig) driving force; → **arbre, roue**
2 **motrice nf** (Rail) power unit

**moteur-fusée,** pl **moteurs-fusées** [mɔtœʀfyze] **nm** rocket engine ou motor

**motif** [mɔtif] → SYN **nm** a (= raison) motive (*de* for), grounds (*de* for); (= but) purpose (*de* of) ◆ **quel est le motif de votre visite ?** what is the motive for ou the purpose of your visit? ◆ **quel motif as-tu de te plaindre ?** what grounds have you got for complaining? ◆ **il a de bons motifs pour le faire** he has good grounds for doing it ◆ **fréquenter une jeune fille pour le bon motif** († ou hum) to court a girl with honourable intentions ◆ **faire qch sans motif** to have no motive for doing sth ◆ **colère sans motif** groundless ou irrational anger ◆ **motif d'inquiétude** cause for concern ◆ **donner des motifs de satisfaction à qn** to give sb grounds ou cause for satisfaction
b (= ornement) motif, design, pattern; (Peinture, Mus) motif ◆ **tissu à motifs** patterned material ◆ **papier peint à motif de fleurs** floral wallpaper, wallpaper with a floral design ou motif
c (Jur) [jugement] grounds (*de* for)

**motion** [mosjɔ̃] → SYN **nf** (Jur, Pol) motion ◆ **déposer une motion de censure** to raise ou table (Brit) a censure motion ◆ **voter la motion de censure** to pass a vote of no confidence ou of censure

**motivant, e** [mɔtivɑ̃, ɑ̃t] → SYN **adj** travail rewarding, satisfying ◆ **rémunération motivante** attractive salary

**motivation** [mɔtivasjɔ̃] → SYN **nf** a (= justification) motivation (*de* for) ◆ **quelles sont ses motivations ?** (raisons personnelles) what are his motives? (*pour* for) ◆ **lettre de motivation** covering letter, letter in support of one's application
b (= dynamisme) motivation

**motivé, e** [mɔtive] (ptp de **motiver**) **adj** a action (= expliqué) reasoned, justified; (= légitime) well-founded, motivated ◆ **non motivé** unexplained, unjustified ◆ **absence motivée** (Scol) legitimate ou genuine absence ◆ **refus motivé** justified refusal
b personne motivated ◆ **non motivé** unmotivated

**motiver** [mɔtive] → SYN ▸ conjug 1 ◂ **vt** a (= justifier, expliquer) [+ action, attitude, réclamation] to justify, account for ◆ **il a motivé sa conduite en disant que ...** he justified his behaviour by saying that ... ◆ **rien ne peut motiver une telle conduite** nothing can justify ou warrant such behaviour
b (= fournir un motif à) [+ refus, intervention, jugement] to motivate, found; (Psych) to motivate
c (= pousser à agir) [personne, salaire] to motivate

**moto** [moto] → SYN **nf** (abrév de **motocyclette**) a (= véhicule) motorbike, motorcycle, bike * ◆ **je viendrai à ou en moto** I'll come by bike * ou on my bike * ◆ **moto de course** racing motorcycle ◆ **moto de route** (standard) motorbike ◆ **moto de trial** trail bike (Brit), dirt bike (US)
b (= activité) motorcycling, biking *

**motocross, moto-cross** [motokʀɔs] **nm inv** (= sport) motocross, scrambling; (= épreuve) motocross race, scramble

**moto-crottes** *, pl **motos-crottes** [motokʀɔt] **nf** motorbike pooper scooper

**motoculteur** [mɔtɔkyltœʀ] **nm** (motorized) cultivator

**motocycle** [mɔtɔsikl] **nm** (Admin) motor bicycle

**motocyclette** [mɔtɔsiklɛt] **nf** motorcycle, motorbike

**motocyclisme** [mɔtɔsiklism] **nm** motorcycle racing

**motocycliste** [mɔtɔsiklist] 1 **nmf** motorcyclist
2 **adj** course motorcycle (épith) ◆ **le sport motocycliste** motorcycle racing

**motonautique** [motonotik] **adj** ◆ **sport motonautique** speedboat ou motorboat racing

**motonautisme** [motonotism] **nm** speedboat ou motorboat racing

**motoneige** [motonɛʒ] **nf** snow-bike, skidoo ® (Can)

**motoneigiste** [motonɛʒist] **nmf** snow-bike ou skidoo (Can) rider

**motopaver** [motopavœʀ] **nm** paver

**motopompe** [motopɔ̃p] **nf** motor-pump, power-driven pump

**motor-home,** pl **motor-homes** [mɔtɔʀom] → SYN **nm** motor home

**motorisation** [mɔtɔʀizasjɔ̃] **nf** (Tech) motorization; (= type de moteur) engine type

**motorisé, e** [mɔtɔʀize] (ptp de **motoriser**) **adj** a mécanisme motorized, motor-driven; (Mil) compagnie, patrouille motorized, mechanized ◆ **la circulation motorisée** (Admin) motor traffic ◆ **sports motorisés** motor sports; → **deux-roues**
b **être motorisé** * (= posséder un véhicule) to have a car; (= être en voiture) to have transport (Brit) ou transportation (US), be car-borne * ◆ **tu es motorisé ? sinon je te ramène** have you got wheels? * (hum) ou any transport? if not I'll drop you home ◆ **les voyageurs non motorisés** passengers without cars, foot passengers

**motoriser** [mɔtɔʀize] → SYN ▸ conjug 1 ◂ **vt** (Mil, Tech) to motorize

**motoriste** [mɔtɔʀist] **nm** (= mécanicien) car ou auto (US) mechanic; (= constructeur) engine manufacturer

**motoski** [motoski] **nm** ⇒ **motoneige**

**mot-outil,** pl **mots-outils** [mouti] **nm** grammatical word

**motrice** [mɔtʀis] → SYN **adj, nf** → **moteur[2]**

**motricité** [mɔtʀisite] → SYN **nf** motivity

**motte** [mɔt] **nf** a (Agr) **motte (de terre)** lump of earth, clod (of earth) ◆ **motte de gazon** turf, sod ◆ **en motte** plante balled
b (Culin) **motte de beurre** lump ou block of butter ◆ **acheter du beurre en ou à la motte** to buy butter loose

**motter (se)** [mɔte] ▸ conjug 1 ◂ **vpr** [animal] to take cover *(behind a clod)*

**motteux** [mɔtø] **nm** wheatear

**motu proprio** [mɔtypʀɔpʀijo] 1 **loc adv** of one's (own) accord
2 **nm inv** (Rel) motu proprio

**motus** * [mɔtys] **excl** ◆ **motus (et bouche cousue) !** mum's the word! *, keep it under your hat!, don't breathe a word!

**mot-valise,** pl **mots-valises** [movaliz] **nm** portmanteau word

**mou[1], molle** [mu, mɔl] → SYN m: devant voyelle ou h muet **mol** [mɔl] 1 **adj** a (au toucher) substance, oreiller soft; tige, tissu limp; chair, visage flabby ◆ **ce melon est tout mou** this melon has gone all soft ou mushy; → **chapeau**
b traits du visage (Art) trait weak, slack
c (à l'oreille) **bruit mou** muffled noise, soft thud ◆ **voix aux inflexions molles** gently lilting voice
d (= sans énergie) geste, poignée de main limp, lifeless; protestations, opposition weak, feeble; † vie soft, indolent; (Littérat) style feeble, dull, woolly; (Mus) exécution dull, lifeless; reprise économique, marché sluggish ◆ **personne molle** (apathique) indolent ou lethargic ou sluggish person; (sans autorité) spineless character; (trop indulgent) lax ou soft person ◆ **j'ai les jambes molles** my legs feel weak ou like jelly (Brit) ◆ **dépêche-toi, c'est mou tout ça !** you're so slow, hurry up! ◆ **il est mou comme une chiffe ou chique** he's spineless
e temps muggy; tiédeur languid
2 **adv** ◆ **vas-y mou** †, ⁑ go easy *, take it easy *
3 **nm** a [corde] **avoir du mou** to be slack ou loose ◆ **donner du mou** to give some slack, loosen ◆ **il y a du mou dans la pédale de frein** (Aut) the brakes are soft ou spongy ◆ **donne un peu de mou pour que je puisse faire un nœud** let the rope out a bit ou give a bit of play on the rope so that I can make a knot ◆ **donner ou laisser du mou à qn** (fig) to give sb some leeway
b (= personne) spineless character

**mou[2]** [mu] → SYN **nm** (Boucherie) lights, lungs ◆ **bourrer le mou à qn** ⁑ to take sb in, have sb on * (Brit)

**moucharabié, moucharabieh** [muʃaʀabje] **nm** (Archit) moucharaby, moucharabieh

**mouchard, e** [muʃaʀ, aʀd] → SYN 1 **nm,f** (* : Scol) sneak *
2 **nm** a (arg Police) informer, grass * (Brit), fink ⁑ (US)
b (Tech = enregistreur) [avion, train] black box; [camion] tachograph; [veilleur de nuit] control clock; (Mil) spy plane; [porte] spyhole

**mouchardage** * [muʃaʀdaʒ] **nm** (Scol) sneaking *; (arg Police) informing, grassing * (Brit), ratting * (US) ◆ **il y a eu des mouchardages auprès de la direction** someone's been sneaking to the management

**moucharder** * [muʃaʀde] ▸ conjug 1 ◂ **vt** (Scol) to sneak on *, split on * (Brit); (arg Police) to inform on, grass on * (Brit), rat on * (US)

**mouche** [muʃ] → SYN 1 **nf** a (Zool, Pêche) fly ◆ **quelle mouche t'a piqué ?** what's bitten you? *, what's got into you? ◆ **il faut toujours qu'il fasse la mouche du coche** he's always fussing around as if he's indispensable ◆ **mourir/tomber comme des mouches** to die (off)/fall like flies ◆ **prendre la mouche** to get into ou go into a huff *, get huffy * ◆ (Prov) **on ne prend pas les mouches avec du vinaigre** you have to be nice if you want something; → **voler, fin[1], mal**
b (Escrime) button ◆ **faire mouche** (Tir) to score a ou hit the bull's-eye; (fig) to score, hit home; → **poids**
c (en taffetas) patch, beauty spot; (= touffe de poils sous la lèvre) short goatee
2 **mouches nfpl** (Opt) specks, spots
3 COMP ▷ **mouche bleue** ⇒ **mouche de la viande** ▷ **mouche d'escadre** (Naut) advice boat ▷ **mouche à feu** (Can) firefly ▷ **mouche à merde** ⁑ dung fly ▷ **mouche à miel** honey bee ▷ **mouche tsé-tsé** tsetse fly ▷ **mouche à vers** blowfly ▷ **mouche verte** greenbottle ▷ **mouche de la viande** bluebottle ▷ **mouche du vinaigre** fruit fly

**moucher** [muʃe] → SYN ▸ conjug 1 ◂ 1 **vt** a **moucher (le nez de) qn** to blow sb's nose ◆ **mouche ton nez** blow your nose ◆ **il mouche du sang** there are traces of blood (in his handkerchief) when he blows his nose
b (* = remettre à sa place) **moucher qn** to put sb in his place ◆ **se faire moucher** to get put in one's place
c [+ chandelle] to snuff (out)
2 **se moucher vpr** to blow one's nose ◆ **il ne se mouche pas du coude * ou du pied *** (= il est prétentieux) he thinks he's it * ou the cat's whiskers * (Brit) ou meow (US); (= il ne se refuse rien) he doesn't deny himself anything

**moucheron** [muʃʀɔ̃] **nm** (= insecte) midge, gnat; (* = enfant) kid *, nipper * (Brit)

**moucheté, e** [muʃ(ə)te] → SYN (ptp de **moucheter**) **adj** œuf speckled; poisson spotted; laine flecked; → **fleuret**

**moucheter** [muʃ(ə)te] ▸ conjug 4 ◂ **vt** a (= tacheter) to fleck (*de* with)
b [+ fleuret] to put a button on; → **fleuret**

**mouchetis** [muʃ(ə)ti] **nm** (Constr) pebble dash (Brit), rock dash (US)

**mouchette** [muʃɛt] 1 **nf** (Archit) [larmier] lip; [fenêtrage] outer fillet
2 **mouchettes nfpl** (Hist) snuffers

**moucheture** [muʃ(ə)tyʀ] **nf** (sur les habits) speck, spot, fleck; (sur un animal) spot, patch ◆ **mouchetures d'hermine** (Hér) ermine tips

**mouchoir** [muʃwaʀ] → SYN **nm** (de poche, en tissu) handkerchief, hanky *; († : autour du cou) neckerchief ◆ **mouchoir (en papier)** tissue, paper handkerchief ◆ **jardin grand comme un mouchoir de poche** garden as big as ou the size of ou no bigger than a pocket handkerchief ◆ **cette pièce est grande comme un mouchoir de poche** this room's tiny, there isn't room to swing a cat in here (Brit) ◆ **ils sont arrivés dans un mouchoir** it was a close finish ◆ **les deux candidats se tiennent dans un mouchoir** the two candidates are neck and neck; → **nœud**

**moudjahiddin** [mudʒa(j)idin] **nmpl** mujahedin, mujahedeen

**moudre** [mudʀ] ⊡ SYN ▸ conjug 47 ◂ **vt** [+ blé] to mill, grind; [+ café, poivre] to grind; († : Mus) [+ air] to grind out ◆ **moudre qn de coups** † to thrash sb, give sb a drubbing; → **grain, moulu**

**moue** [mu] ⊡ SYN **nf** pout ◆ **faire la moue** (gén) to pull a face; [enfant gâté] to pout ◆ **faire une moue de dédain/de dégoût** to give a disdainful pout/a pout of disgust ◆ **il eut une moue dubitative** he looked doubtful ◆ **il a fait la moue à notre proposition** our proposition didn't do much for him *

**mouette** [mwɛt] ⊡ SYN **nf** (sea) gull ◆ **mouette rieuse** black-headed gull ◆ **mouette tridactyle** kittiwake

**mou(f)fette** [mufɛt] **nf** skunk

**moufle** [mufl] ⊡ SYN **1** **nf** (= gant) mitt, mitten; (pour plats chauds) oven glove

**2** **nm** ou **f** (Tech) (= poulie) pulley block; [four] muffle

**mouflet, -ette** * [muflɛ, ɛt] **nm,f** brat * (péj), kid *

**mouflon** [muflɔ̃] **nm** mouf(f)lon

**mouf(e)ter** ‡ [mufte] ▸ conjug 1 et 4 ◂ **vi** to blink ◆ **il n'a pas mouf(e)té** he didn't bat an eyelid

**mouillage** [mujaʒ] ⊡ SYN **nm** **a** (Naut = action) [navire] anchoring, mooring; [ancre] casting; [mine] laying ◆ **au mouillage** (lying) at anchor

**b** (= abri, rade) anchorage, moorage

**c** (Tech) [cuir, linge] moistening, damping; [vin, lait] watering(-down)

**mouillant, e** [mujɑ̃, ɑ̃t] **1** **adj** wetting (épith)

**2** **nm** wetting agent

**mouille** [muj] **nf** flood ou water damage

**mouillé, e** [muje] ⊡ SYN (ptp de **mouiller**) **adj** **a** herbe, vêtement, personne wet; regard watery, tearful; voix tearful ◆ **tout mouillé** all wet ◆ **il pèse 50 kilos tout mouillé** (hum) he weighs 50 kilos soaking wet ou with his socks on (Brit) (hum) ◆ **tu sens le chien mouillé** you smell like a wet dog ◆ **ne marche pas dans le mouillé** don't tread in the wet patch; → **poule**[1]

**b** (Ling) **l mouillé** palatalized l, palatal l

**mouillement** [mujmɑ̃] **nm** (Ling) palatalization

**mouiller** [muje] ⊡ SYN ▸ conjug 1 ◂ **1** **vt** **a** (pour humidifier) [+ linge, sol] to dampen; (accidentellement) [+ vêtement, livre] to get ou make wet ◆ **mouiller son doigt pour tourner la page** to moisten one's finger to turn the page ◆ **mouiller sa chemise** ou **son maillot** * (fig) to put in some hard work ou graft * (Brit)

**b** [pluie] [+ route] to make wet ◆ **se faire mouiller** to get wet

**c** (Culin) [+ vin, lait] to water (down); [+ viande] to moisten *(with stock* ou *wine etc.)*

**d** (Naut) [+ mine] to lay; [+ sonde] to heave ◆ **mouiller l'ancre** to cast ou drop anchor

**e** (‡ = compromettre) [+ personne] to drag (*dans* into), mix up (*dans* in) ◆ **plusieurs personnes ont été mouillées dans l'histoire** several people were mixed up in the affair

**f** (Ling) to palatalize

**2** **vi** **a** (Naut) to lie ou be at anchor ◆ **ils mouillèrent 3 jours à Papeete** they anchored ou they lay at anchor at Papeete for 3 days

**b** (‡ = avoir peur) to be scared out of one's mind, be scared shitless **‡

**c** (‡ : sexuellement) to be wet

**3** **se mouiller** **vpr** **a** (= se tremper) (accidentellement) to get o.s. wet; (pour un bain rapide) to have a quick dip ◆ **se mouiller les pieds** (sans faire exprès) to get one's feet wet; (exprès) to dabble one's feet in the water, have a little paddle

**b** [yeux] to fill ou brim with tears

**c** * (= prendre des risques) to get one's feet wet, commit o.s.; (= se compromettre) to get mixed up ou involved (*dans* in)

**mouillette** [mujɛt] ⊡ SYN **nf** finger of bread, soldier * (Brit)

**mouilleur** [mujœʀ] **nm** **a** [timbres] (stamp) sponge

**b** (Naut) [ancre] tumbler ◆ **mouilleur de mines** minelayer

**mouillure** [mujyʀ] **nf** **a** (= trace) wet mark

**b** (Ling) palatalization

**mouise** ‡ [mwiz] **nf** ◆ **être dans la mouise** (misère) to be flat broke *, be on one's beam-ends * (Brit); (ennuis) to be up the creek * ◆ **c'est lui qui m'a sorti de la mouise** he got me out of a hole *

**moujik** [muʒik] **nm** mujik, muzhik

**moujingue** ‡ [muʒɛ̃g] **nmf** brat * (péj), kid *

**moukère** † ‡ [mukɛʀ] **nf** woman, female

**moulage**[1] [mulaʒ] **nm** **a** (= fabrication) [briques, pain] moulding (Brit), molding (US); [caractères d'imprimerie] casting; [statue, buste] casting ◆ **le moulage d'un bas-relief** making ou taking a cast of a bas-relief

**b** (= reproduction) cast ◆ **prendre un moulage de** to take a cast of ◆ **sur la cheminée il y avait le moulage en plâtre d'une statue** there was a plaster figure on the mantelpiece ◆ **ce n'est qu'un moulage** it's only a copy

**moulage**[2] [mulaʒ] **nm** [grain] milling, grinding

**moulant, e** [mulɑ̃, ɑ̃t] **adj** robe figure-hugging; pantalon, pull tight(-fitting)

**moule**[1] [mul] ⊡ SYN **1** **nm** **a** (Art, Ind) mould (Brit), mold (US); (Typo) matrix ◆ **le moule est cassé** ou **on a cassé le moule** (fig) they broke the mould ◆ **il n'a jamais pu sortir du moule étroit de son éducation** he has never been able to free himself from ou break out of the straitjacket of his strict upbringing ◆ **fait sur** ou **coulé dans le même moule** (lit, fig) cast in the same mould ◆ **être fait au moule** (= être beau) to be shapely ◆ **se couler** ou **se fondre** ou **entrer dans le** ou **un moule** to conform to the ou a norm ◆ **il refuse d'entrer dans le moule de l'école** he refuses to fit into the school mould

**b** (Culin) (pour gâteaux) tin (Brit), pan (US); (pour aspic) mould (Brit), mold (US)

**2** COMP ▷ **moule à beurre** butter print ▷ **moule à briques** brick mould ▷ **moule à cake** loaf tin ▷ **moule à gâteaux** cake tin (Brit), cake pan (US) ▷ **moule à gaufres** waffle-iron ▷ **moule à manqué** (deep) sandwich tin (Brit), deep cake pan (US) ▷ **moule à pisé** clay mould ▷ **moule à soufflé** soufflé dish ▷ **moule à tarte** pie plate, flan dish

**moule**[2] [mul] ⊡ SYN **nf** **a** (Zool) mussel ◆ **moules marinières** moules marinières *(mussels cooked in their own juice with white wine and shallots)*

**b** ( * = idiot) idiot, twit *

**c** ( **‡ = sexe féminin) cunt **‡

**mouler** [mule] ⊡ SYN ▸ conjug 1 ◂ **vt** **a** (= couler) [+ briques, pain] to mould (Brit), mold (US); [+ caractères d'imprimerie] to cast; [+ statue, buste] to cast ◆ **mouler un buste en plâtre** to cast a bust in plaster ◆ **fromage blanc moulé à la louche** ≃ farmhouse fromage frais ◆ **selles moulées** (Méd) solid stools

**b** (= prendre l'empreinte de) [+ bas-relief, buste] to make ou take a cast of ◆ **mouler en plâtre/en cire** [+ visage, buste] to make a plaster/wax cast of

**c** [+ lettre, mot] to shape ou form with care

**d** (= calquer sur) **mouler son style/sa conduite sur** to model one's style/one's conduct on

**e** [+ cuisses, hanches] to hug, fit closely round ◆ **une robe qui moule** a figure-hugging dress ◆ **pantalon qui moule** tight (-fitting) trousers ◆ **une robe qui lui moulait les hanches** a dress which clung to ou around her hips ◆ **son corps se moulait au sien** her body pressed closely against his

**mouleur** [mulœʀ] **nm** caster, moulder (Brit), molder (US)

**moulière** [muljɛʀ] **nf** mussel bed

**moulin** [mulɛ̃] ⊡ SYN **nm** **a** (= instrument, bâtiment) mill ◆ **moulin à eau** water mill ◆ **moulin à vent** windmill ◆ **moulin à café/poivre** coffee/pepper mill ◆ **moulin à légumes** vegetable mill ◆ **moulin à paroles** chatterbox ◆ **moulin à prières** prayer wheel ◆ **on y entre comme dans un moulin** anyone can just walk right in

**b** ( * = moteur) engine

**mouliner** [muline] ▸ conjug 1 ◂ **1** **vt** **a** (Culin) to put through a vegetable mill; (Pêche) to reel in

**b** ( * : Ordin) to process, crunch *

**c** [+ soie] to throw

**2** **vi** [cycliste] to pedal rapidly *(without any effort)*

**moulinet** [mulinɛ] ⊡ SYN **nm** (Pêche) reel; (Tech) winch; (Escrime) flourish; (Danse) moulinet ◆ **faire des moulinets avec une canne** to twirl ou whirl a walking stick ◆ **faire des moulinets avec les bras** to whirl one's arms about ou round

**moulinette ®** [mulinɛt] **nf** vegetable mill ◆ **passer qch à la moulinette** (Culin) to put sth through the vegetable mill; (fig) to subject sth to close scrutiny; ( * : Ordin) to process ou crunch * sth

**moulineur, -euse** [mulinœʀ, øz] **nm,f** [soie] thrower

**moult** [mult] **1** **adv** ( †† ou hum) (= beaucoup) many; (= très) very ◆ **moult gens** many people, many a person ◆ **moult fois** oft(en) times (hum), many a time

**2** **adj** many, numerous

**moulu, e** [muly] ⊡ SYN (ptp de **moudre**) **adj** **a** café, poivre ground (épith)

**b** († = meurtri) bruised, black and blue ◆ **moulu (de fatigue)** * dead-beat *, worn-out, all-in *

**moulure** [mulyʀ] ⊡ SYN **nf** (gén) moulding (Brit), molding (US); (sur porte) beading

**moulurer** [mulyʀe] ▸ conjug 1 ◂ **vt** to decorate with mouldings (Brit) ou moldings (US) ◆ **machine à moulurer** moulding (Brit) ou molding (US) machine ◆ **panneau mouluré** moulded (Brit) ou molded (US) panel

**moumoute** * [mumut] **nf** **a** (hum) (= perruque) wig; (= postiche) (pour hommes) hairpiece, toupee; (pour femmes) hairpiece

**b** (= veste) fleece-lined ou fleecy jacket

**mound** [maund, mund] **nm** mound

**mouquère** † ‡ [mukɛʀ] **nf** ⇒ **moukère**

**mourant, e** [muʀɑ̃, ɑ̃t] ⊡ SYN **1** **adj** personne, feu, jour dying; voix faint; regard languishing

**2** **nm,f** ◆ **un mourant** a dying man ◆ **une mourante** a dying woman ◆ **les mourants** the dying

**mourir** [muʀiʀ] ⊡ SYN ▸ conjug 19 ◂ **1** **vi** **a** [être animé, plante] to die ◆ **mourir dans son lit** to die in one's bed ◆ **mourir de sa belle mort** to die a natural death ◆ **mourir avant l'âge** to die young ou before one's time ◆ **mourir à la peine** ou **à la tâche** to die in harness (fig) ◆ **mourir assassiné** to be murdered ◆ **mourir empoisonné** (crime) to be poisoned (and die); (accident) to die of poisoning ◆ **mourir en héros** to die a hero's death ◆ **il est mort très jeune** he died very young, he was very young when he died ◆ **faire mourir qn** to kill sb ◆ **cet enfant me fera mourir** this child will be the death of me ◆ **c'est une simple piqûre, tu n'en mourras pas !** it's only a little injection, it won't kill you! ◆ **je l'aime à (en) mourir** I love him more than life itself ◆ **s'ennuyer à mourir** to be bored to death ou to tears ◆ **ennuyeux à mourir** deadly boring ◆ **il attend que le patron meure pour prendre sa place** he's waiting for his boss to die so that he can step into his shoes ◆ (Prov) **on ne meurt qu'une fois** you only die once (Prov) ◆ **plus bête que lui, tu meurs !** * you can't possibly be more stupid than he is!, he's as stupid as they come! *

**b** [civilisation, empire, coutume] to die out; [bruit] to die away; [jour] to fade, die; [feu] to die out, die down ◆ **la vague vint mourir à ses pieds** the wave died away at his feet ◆ **le ballon vint mourir à ses pieds** the ball came to rest at his feet

**c** (suivi d'un complément) **mourir de vieillesse/chagrin** to die of old age/grief ◆ **mourir d'une maladie/d'une blessure** to die of a disease/from a wound ◆ **mourir de froid** (lit) to die of exposure ◆ **on meurt de froid ici** (fig) it's freezing ou perishing (Brit) cold in here ◆ **je meurs de sommeil** I'm dead on my feet ◆ **mourir de faim** (lit) to starve to death, die of hunger; (fig = avoir faim) to be starving ou famished ou ravenous ◆ **faire mourir qn de faim** to starve sb to death ◆ **mourir de soif** (lit) to die of thirst; (fig = avoir soif) to be parched ◆ **il me fera mourir d'inquiétude** he'll drive me to my death with worry ◆ **mourir**

**de honte** to die of shame ◆ **mourir** ou **être mort de peur** to be frightened ou scared to death ◆ **il me fera mourir de peur** he'll frighten the life out of me ◆ **mourir d'ennui** to be bored to death ou to tears ◆ **il meurt d'envie de le faire** he's dying to do it ◆ **faire mourir qn d'impatience** to keep sb on tenterhooks ◆ **faire mourir qn à petit feu** (lit) to kill sb slowly ou by inches; (fig) to torment the life out of sb ◆ **(se) mourir d'amour pour qn** (littér) to pine for sb

2 **se mourir** vpr (littér) to be dying

**mouroir** [muʀwaʀ] nm (péj : pour vieillards) old people's home ◆ **le camp/l'hôpital est devenu un mouroir** the camp/the hospital has become a place for people to die

**mouron** [muʀɔ̃] → SYN nm a (Bot) pimpernel ◆ **mouron rouge** scarlet pimpernel ◆ **mouron blanc** ou **des oiseaux** chickweed

b (LOC) **se faire du mouron*** to worry o.s. sick* ◆ **arrête de te faire du mouron (pour lui)*** stop worrying ou fretting (about him)

**mouscaille*** [muskaj] nf ◆ **être dans la mouscaille** (misère) to be down and out, be stony broke*, be on one's beam-ends* (Brit); (ennuis) to be up the creek*

**mousmé** [musme] nf mousmee

**mousquet** [muskɛ] → SYN nm musket

**mousquetaire** [muskətɛʀ] nm musketeer ◆ **col/poignet mousquetaire** mousquetaire collar/cuff

**mousqueton** [muskətɔ̃] nm (= boucle) snap hook, clasp; (= fusil) carbine; (Alpinisme) crab, karabiner ◆ **coup de mousqueton** musket shot

**moussaillon*** [musajɔ̃] nm ship's boy ◆ **par ici moussaillon !** over here, (my) boy!

**moussaka** [musaka] nf moussaka

**moussant, e** [musɑ̃, ɑ̃t] adj savon, crème à raser foaming, lathering; → **bain**

**mousse**[1] [mus] → SYN 1 nf a (Bot) moss; → **pierre, vert**

b (= écume) [bière, eau, café, lait] froth; [savon] lather; [champagne] bubbles ◆ **la mousse sur le verre de bière** the head on the beer

c (* = bière) pint*

d (Culin) mousse ◆ **mousse au chocolat** chocolate mousse ◆ **mousse d'avocat** avocado mousse

e (= caoutchouc) foam rubber ◆ **matelas en mousse** foam rubber mattress ◆ **balle (en) mousse** rubber ball ◆ **collant/bas mousse** (= nylon) stretch tights (Brit) ou pantyhose (US)/stockings ◆ **mousse de caoutchouc** foam rubber

f **se faire de la mousse** †* to worry o.s. sick*, get all het up* ◆ **ne te fais pas de mousse***, **tout ira bien** don't worry ou don't get so het up*, everything'll be alright

2 COMP ▷ **mousse carbonique** (fire-fighting) foam ▷ **mousse coiffante** styling mousse ▷ **mousse de nylon** (= tissu) stretch nylon; (pour rembourrer) foam ▷ **mousse de platine** platinum sponge ▷ **mousse à raser** shaving foam; → **point**[2]

**mousse**[2] [mus] → SYN nm ship's boy

**mousse**[3] [mus] → SYN adj pointe blunt

**mousseline** [muslin] → SYN nf a (Tex) (= coton) muslin; (= soie, tergal) chiffon ◆ **verre mousseline** muslin glass

b (Culin = mousse) mousseline; → **pomme, sauce**

**mousser** [muse] ▸ conjug 1 ◂ vi a [bière, eau] to froth; [champagne] to bubble, sparkle; [détergent] to foam, lather; [savon, shampooing, crème à raser] to lather ◆ **faire mousser** [+ savon, détergent] to lather up

b **faire mousser qn*** (vanter) to boost sb*, puff sb up* (US); (mettre en colère) to make sb mad* ou wild* ◆ **se faire mousser*** to blow one's own trumpet, sing one's own praises (*auprès de* to); (auprès d'un supérieur) to sell o.s. hard* (*auprès de* to)

**mousseron** [musʀɔ̃] nm meadow mushroom

**mousseux, -euse** [musø, øz] → SYN 1 adj vin sparkling (épith); bière, chocolat frothy ◆ **eau mousseuse** soapy water

2 nm sparkling wine

**mousson** [musɔ̃] → SYN nf monsoon

**moussu, e** [musy] adj sol, arbre mossy; banc moss-covered

**moustache** [mustaʃ] → SYN nf [homme] moustache, mustache (US) ◆ **moustaches** [animal] whiskers ◆ **porter la moustache** ou **des moustaches** to have ou wear a moustache ◆ **avoir de la moustache** [femme] to have a moustache, have hair on one's upper lip ◆ **il s'était fait une moustache blanche en buvant le lait** he had a white moustache from drinking the milk ◆ **moustache en brosse** toothbrush moustache ◆ **moustache en croc** ou **en guidon de vélo*** handlebar moustache ◆ **moustache (à la) gauloise** walrus moustache

**moustachu, e** [mustaʃy] adj with a moustache, moustached ◆ **c'est un moustachu** he has a moustache ◆ **elle est un peu moustachue** she's got a bit of a moustache

**moustérien, -ienne** [musteʀjɛ̃, jɛn] 1 adj Mousterian

2 nm ◆ **le Moustérien** the Mousterian

**moustiquaire** [mustikɛʀ] nf (= rideau) mosquito net; [fenêtre, porte] mosquito screen

**moustique** [mustik] → SYN nm (Zool) mosquito; (* = enfant) (little) kid*, tich* (Brit), nipper* (Brit)

**moût** [mu] → SYN nm [raisin] must; [bière] wort

**moutard*** [mutaʀ] nm brat* (péj), kid*

**moutarde** [mutaʀd] → SYN 1 nf mustard ◆ **moutarde blanche** white mustard ◆ **moutarde (extra-)forte** English mustard, hot mustard (US) ◆ **moutarde à l'estragon** ou **aux aromates** French mustard ◆ **moutarde à l'ancienne** grain mustard ◆ **moutarde de Dijon** Dijon mustard ◆ **graines de moutarde** mustard seeds ◆ **la moutarde me monta au nez** I flared up, I lost my temper ◆ **il sentit la moutarde lui monter au nez** he felt his temper flaring, he felt he was going to flare up

2 adj inv ◆ **(jaune) moutarde** mustard (-yellow); → **gaz, sauce**

**moutardier** [mutaʀdje] nm (= pot) mustard pot; (= fabricant) mustard maker ou manufacturer ◆ **il se croit le premier moutardier du pape** † he thinks he's the bee's knees (Brit) ou the cat's whiskers (Brit) ou the cat's meow (US)

**mouton, -onne** [mutɔ̃, ɔn] → SYN 1 adj sheeplike

2 nm a (= animal) sheep; (= peau) sheepskin ◆ **doublé de mouton** lined with sheepskin ◆ **relié en mouton** bound in sheepskin, sheepskin-bound ◆ **manteau en mouton doré** Persian lamb coat ◆ **mais revenons** ou **retournons à nos moutons** (fig) but let's get back to the subject, but to get back to the subject ◆ **compter les moutons** (pour s'endormir) to count sheep

b (= viande) mutton ◆ **côte de mouton** mutton chop

c (* = personne) (grégaire, crédule) sheep; (doux, passif) sheep, lamb ◆ **c'est un mouton** (grégaire) he's easily led, he goes with the crowd; (doux) he's as gentle as a lamb ◆ **il m'a suivi comme un mouton** he followed me like a lamb ◆ **ils se comportent comme des moutons de Panurge** they behave like sheep

d (arg Police : dans une prison) stool pigeon (arg), grass (Brit) (arg)

e (Constr) ram, monkey

3 **moutons** nmpl (sur la mer) white horses (Brit), white caps (US); (sur le plancher) (bits of) fluff; (dans le ciel) fluffy ou fleecy clouds

4 COMP ▷ **mouton à cinq pattes** rare bird, rara avis (littér) ▷ **mouton à laine** sheep reared for wool ▷ **mouton retourné** sheepskin ▷ **mouton à viande** sheep reared for meat

> **MOUTONS DE PANURGE**
>
> The expression **moutons de Panurge** is an allusion to a famous scene in Rabelais' "Pantagruel", in which Pantagruel throws a sheep into the sea and the rest of the flock throw themselves in after it. The term **mouton de Panurge** is used metaphorically to refer to any person who blindly follows the herd.

**moutonnant, e** [mutɔnɑ̃, ɑ̃t] adj mer flecked with white horses (Brit) ou with white caps (US); (littér) collines rolling (épith)

**moutonné, e** [mutɔne] (ptp de **moutonner**) adj ciel flecked with fleecy ou fluffy clouds ◆ **roche moutonnée** (Géol) roche moutonnée

**moutonnement** [mutɔnmɑ̃] nm ◆ **contempler le moutonnement de la mer** to look at the white horses (Brit) ou white caps (US) on the sea ◆ **le moutonnement des collines** (littér) the rolling hills

**moutonner** [mutɔne] → SYN ▸ conjug 1 ◂ vi [mer] to be flecked with white horses (Brit) ou white caps (US); (littér) [collines] to roll; [ciel] to be flecked with fleecy ou fluffy clouds

**moutonnerie** [mutɔnʀi] nf (péj) sheeplike behaviour

**moutonneux, -euse** [mutɔnø, øz] adj mer flecked with white horses (Brit) ou with white caps (US); ciel flecked with fleecy ou fluffy clouds

**moutonnier, -ière** [mutɔnje, jɛʀ] → SYN adj réflexe, personne sheep-like ◆ **ils ont un comportement moutonnier** they behave like sheep

**mouture** [mutyʀ] nf a (= action) [blé] milling, grinding; [café] grinding

b (= résultat) **une mouture fine** [café] finely ground coffee ◆ **c'est la première mouture** [article, rapport] it's the first draft ◆ **c'est la 3e mouture du même livre** (péj) it's the 3rd rehash of the same book

**mouvance** [muvɑ̃s] → SYN nf a (= domaine d'influence) sphere of influence ◆ **entraîner qn dans sa mouvance** to draw sb into one's sphere of influence ◆ **il n'appartient pas à la mouvance présidentielle** (Pol) he's not at the same end of the political spectrum as the president ◆ **les différents partis de la mouvance islamiste** the different Islamic political parties

b (gén péj) [pensée, situation] ever-changing nature ◆ **la mouvance politique/sociale** the ever-changing political/social scene ◆ **une culture en perpétuelle mouvance** an ever-changing culture

c (Hist) subinfeudation; (Philos) mobility

**mouvant, e** [muvɑ̃, ɑ̃t] → SYN adj situation unsettled, fluid; ombre, flamme moving, changing; pensée, univers changing; frontières shifting; terrain unsteady, shifting ◆ **être sur un** ou **en terrain mouvant** (fig) to be on shaky ou uncertain ground; → **sable**[1]

**mouvement** [muvmɑ̃] → SYN nm a (= geste) movement, motion ◆ **mouvements de gymnastique** (physical) exercises ◆ **il a des mouvements très lents** he is very slow in his movements ◆ **il approuva d'un mouvement de tête** he nodded his approval, he gave a nod of approval ◆ **elle refusa d'un mouvement de tête** she shook her head in refusal, she refused with a shake of her head ◆ **elle eut un mouvement de recul** she started back ◆ **le mouvement des lèvres** the movement of the lips ◆ **faire un mouvement** to move, make a move ◆ **elle ne pouvait plus faire le moindre mouvement** she could no longer move at all ◆ **rester sans mouvement** to remain motionless; → **faux, temps**[1]

b (= impulsion, réaction) impulse, reaction ◆ **dans un mouvement de colère/d'indignation** in a fit ou a burst of anger/of indignation ◆ **les mouvements de l'âme** the impulses of the soul ◆ **des mouvements dans l'auditoire** a stir in the audience ◆ **discours accueilli avec des mouvements divers** speech which got a mixed reception ◆ **son premier mouvement fut de refuser** his first impulse was to refuse ◆ **agir de son propre mouvement** to act of one's own accord ◆ **avoir un bon mouvement** to make a nice ou kind gesture ◆ **allons, un bon mouvement !** come on, just a small gesture! ◆ **dans un bon mouvement** on a kindly impulse

c (= activité) [ville, entreprise] activity, bustle ◆ **une rue pleine de mouvement** a busy ou lively street ◆ **il aime le mouvement** (= il est dynamique) he likes to be on the go; (= il aime l'animation) he likes the bustle of the city ◆ **il n'y a pas beaucoup de mouvement le dimanche** not much happens on Sundays

d (= déplacement) movement ◆ **suivre le mouvement** to follow the crowd ◆ **presser le mouvement** (lit, fig) to step up the pace ◆ **mouvement de balancier** (lit, fig) swing of the pendulum, pendulum swing ◆ **le mouvement perpétuel** perpetual motion ◆ **mouvement de foule** movement in the crowd ◆ **mouvements de population** (Sociol) shifts in population ◆ **d'importants mouvements de troupes à la frontière** large-scale troop movements at ou along the frontier ◆ **mouvement de repli** (Mil) withdrawal ◆ **mouvement tournant** (out)flanking movement ◆ **mouvement de marchandises/de capitaux** ou **de fonds** movement of goods/of capital ◆ **les mouvements monétaires internationaux** fluctuations on the world money markets ◆ **mouvement d'un compte** (Banque) account activity, turnover in an account ◆ **mouvement de personnel** changes in staff ou personnel

◆ **en mouvement** ◆ **être sans cesse en mouvement** to be constantly on the move ou on the go ◆ **mettre qch en mouvement** to set sth in motion, set sth going ◆ **se mettre en mouvement** to set off, get going; → **guerre**

**e** (Philos, Pol etc = évolution) **le mouvement des idées** the evolution of ideas ◆ **le parti du mouvement** the party in favour of change, the party of progress ◆ **être dans le mouvement** to keep up-to-date ◆ **un mouvement d'opinion se dessine en faveur de ...** one can detect a trend of opinion in favour of ... ◆ **le mouvement des prix** price trends ◆ **mouvement de baisse/de hausse (sur les ventes)** downward/upward movement ou trend (in sales)

**f** (= rythme) [phrase] rhythm; [tragédie] movement, action; [mélodie] tempo

**g** (Pol, Sociol = groupe, action) movement ◆ **mouvement politique** political movement ◆ **le mouvement ouvrier/étudiant** the labour/student movement ◆ **Mouvement de libération de la femme** Women's Liberation Movement, Women's Lib* ◆ **mouvement(s) de grève** strike ou industrial action (NonC) ◆ **mouvement de protestation** ou **de contestation** protest movement

**h** (Mus) movement

**i** (Tech = mécanisme) movement ◆ **par un mouvement d'horlogerie** by clockwork ◆ **fermeture à mouvement d'horlogerie** time lock

**j** (= ligne, courbe) [sculpture] contours; [draperie, étoffe] drape; [collines] undulations, rise and fall (NonC) ◆ **mouvement de terrain** undulation

**mouvementé, e** [muvmɑ̃te] → SYN adj vie, poursuite, récit eventful; séance turbulent, stormy; terrain rough ◆ **j'ai eu une journée assez mouvementée** I've had quite a hectic day

**mouvoir** [muvwaʀ] → SYN ▸ conjug 27 ◂ **1** vt (gén ptp) **a** [+ machine] to drive, power; [+ bras, levier] to move ◆ **il se leva comme mû par un ressort** he sprang up as if propelled by a spring ou like a Jack-in-the-box

**b** [motif, sentiment] to drive, prompt

**2** **se mouvoir** vpr to move ◆ **faire (se) mouvoir** [+ partie du corps] to move; [+ robot] (gén) to move; [source d'énergie] to drive, power

**Moviola ®** [mɔvjɔla] nf Moviola ®

**moyen[1], -yenne[1]** [mwajɛ̃, jɛn] → SYN adj **a** (= ni grand ni petit, modéré) taille medium, average; ville, maison medium-sized; prix moderate ◆ **les moyennes entreprises** medium-sized companies ◆ **un produit de qualité moyenne** a product of average ou medium quality; → **cours, onde, poids**

**b** (= intermédiaire) cadre, classe, revenu middle ◆ **la solution moyenne** the middle-of-the-road solution ◆ **il doit exister une voie moyenne entre liberté totale et discipline** there must be a middle way between complete freedom and discipline ◆ **une voiture de gamme moyenne** (Écon) a mid-range ou middle-of-the-range car; voir aussi **cours**

**c** (= du type courant) average ◆ **le Français/le lecteur moyen** the average Frenchman/reader

**d** (= ni bon ni mauvais) résultats, intelligence, équipe average; (Scol : sur copie d'élève) fair, average ◆ **nous avons eu un temps moyen** we had mixed weather, the weather was so-so* ◆ **il est moyen en géographie** he is average at geography ◆ **son devoir est très moyen** his essay is pretty poor* ◆ **comment as-tu trouvé le spectacle ? – très moyen** what did you think of the show? – pretty average

**e** (d'après des calculs) température, âge average, mean; prix, durée, densité, vitesse average ◆ **le revenu moyen par tête d'habitant** the average per capita income ◆ **la consommation moyenne annuelle de chocolat** the average annual consumption of chocolate

**f** (Géog) **le cours moyen du fleuve** the middle reaches of the river ◆ **les régions de la Loire moyenne** the middle regions of the Loire

**g** (Ling) **voyelle moyenne** mid ou central vowel

**moyen[2]** [mwajɛ̃] GRAMMAIRE ACTIVE 17.1 → SYN

**1** nm **a** (= procédé, manière) means, way ◆ **il y a toujours un moyen** there's always a way, there are ways and means ◆ **par quel moyen allez-vous le convaincre ?** how will you manage to convince him? ◆ **connaissez-vous un bon moyen pour ... ?** do you know a good way to ...? ◆ **c'est le meilleur moyen de rater ton examen** it's the best way to fail your exam ◆ **c'est l'unique moyen de s'en sortir** it's the only way out, it's the only way we can get out of it ◆ **tous les moyens lui sont bons** (péj) he'll stop at nothing ou he'll do anything to get what he wants ◆ **quand on veut réussir tous les moyens sont bons** anything goes when one wants to succeed ◆ **tous les moyens seront mis en œuvre pour réussir** we shall use all possible means to succeed ◆ **se débrouiller avec les moyens du bord** to get by as best one can, make do and mend ◆ **employer les grands moyens** to resort to ou take drastic ou extreme measures ◆ **trouver le moyen de faire qch** (lit) to find some means ou way of doing sth ◆ **il a trouvé (le) moyen de se perdre** (fig hum) he managed ou contrived (frm) to get lost ◆ **il trouve toujours (un) moyen de me mettre en colère** he always manages to make me angry ◆ **nous avons les moyens de vous faire parler !** we have ways of making you talk! ◆ **adverbe de moyen** (Gram) adverb of means

◆ **au moyen de, par le moyen de** by means of, through

◆ **par tous les moyens** (gén) by all possible means; (même malhonnêtes) by fair means or foul, by hook or by crook ◆ **essayer par tous les moyens** to try every possible means ◆ **j'ai essayé par tous les moyens de le convaincre** I've done everything to try and convince him

**b** (= possibilité) **est-ce qu'il y a moyen de lui parler ?** is it possible to speak to him? ◆ **voyons s'il y a moyen de trouver les fonds** let's see if it's possible to get ou if there's some way of getting the funding ◆ **le moyen de dire autre chose !** what else could I say? ◆ **le moyen de lui refuser !** how could I possibly refuse? ◆ **il n'y a pas moyen de sortir par ce temps** you can't go out in this weather ◆ **pas moyen d'avoir une réponse claire !** there's no way you can get a clear answer! ◆ **pas moyen de savoir ce qu'ils se sont dit** there's no (way of) knowing what they said to each other ◆ **non, il n'y a pas moyen !** no, nothing doing!*, no, no chance!* ◆ **il n'y a plus moyen de lui parler** you can't talk to him any more ◆ **il n'y a jamais moyen qu'il fasse son lit** you'll never get him to make his bed, he'll never make his bed

**2** **moyens** nmpl **a** (= capacités intellectuelles, physiques) **il a de grands moyens (intellectuels)** he has great powers of intellect ou intellectual powers ◆ **ça lui a enlevé** ou **fait perdre tous ses moyens** it left him completely at a loss, it completely threw him* ◆ **il était en pleine possession de ses moyens** ou **en possession de tous ses moyens** (gén) his powers were at their peak; [personne âgée] he was in full possession of his faculties ◆ **c'est au-dessus de ses moyens** it's beyond him, it's beyond his abilities ou capabilities ◆ **par ses propres moyens** réussir all by oneself, on one's own ◆ **ils ont dû rentrer par leurs propres moyens** they had to make their own way home, they had to go home under their own steam* (Brit)

**b** (= ressources financières) means ◆ **il a les moyens** he has the means, he can afford it ◆ **avoir de gros/petits moyens** to have a large/small income, be well/badly off ◆ **c'est dans mes moyens** I can afford it ◆ **il vit au-dessus de ses moyens** he lives beyond his means ◆ **il n'a pas les moyens de s'acheter une voiture** he can't afford to buy a car ◆ **c'est au-dessus de ses moyens** he can't afford it, it's beyond his means

**3** COMP ▷ **moyen d'action** means of action ▷ **moyen anglais** Middle English ▷ **moyens audiovisuels** audiovisual aids ▷ **moyen de communication** means of communication ▷ **moyen de défense** means of defence ▷ **moyen d'existence** means of existence ▷ **moyen d'expression** means of expression ▷ **moyen de locomotion** means of transport ▷ **moyen de paiement** method ou means of payment ▷ **moyen de pression** means of (applying) pressure ◆ **nous n'avons aucun moyen de pression sur lui** we have no means of putting pressure on him ou no hold on him ▷ **moyen de production** means of production ▷ **moyen de transport** means ou mode of transport

**Moyen Âge, Moyen-Âge** [mwajɛnɑʒ] nm ◆ **le Moyen Âge** the Middle Ages ◆ **le haut Moyen Âge** the early Middle Ages ◆ **au Moyen Âge** in the Middle Ages

**moyenâgeux, -euse** [mwajɛnɑʒø, øz] adj ville, costumes medieval; (péj) pratiques, théorie antiquated, outdated

**moyen-courrier,** pl **moyens-courriers** [mwajɛ̃kuʀje] **1** adj vol medium-haul

**2** nm (Aviat) medium-haul aircraft

**moyennant** [mwajɛnɑ̃] → SYN prép [+ argent] for; [+ service] in return for; [+ travail, effort] with ◆ **moyennant finance(s)** for a fee ou a consideration ◆ **moyennant quoi** in return for which, in consideration of which

**moyenne[2]** [mwajɛn] → SYN **1** nf **a** (gén) average ◆ **au-dessus/au-dessous de la moyenne** above/below average ◆ **faites la moyenne de ces chiffres** work out the average of these figures ◆ **la moyenne d'âge/des températures** the average ou mean age/temperature ◆ **la moyenne des gens pense que ...** most people ou the broad mass of people think that ... ◆ **moyenne géométrique/arithmétique** (Math) geometric/arithmetic mean ◆ **le taux de natalité y est inférieur à la moyenne nationale** the birthrate there is lower than the national average

**b** (Scol) **avoir la moyenne** (à un devoir) to get fifty per cent, get half marks (Brit); (à un examen) to get a pass ou a pass mark (Brit) ◆ **moyenne générale (de l'année)** average (for the year) ◆ **améliorer** ou **remonter sa moyenne** to improve one's marks ou grades ◆ **la moyenne de la classe est de 9 sur 20** the class average is 9 out of 20 ◆ **cet élève est dans la moyenne/la bonne moyenne** this pupil is about/above average

**c** (Aut, Sport) average speed ◆ **faire du 100 de moyenne** to average 100 km/h, drive at an average speed of 100 km/h

**2** **en moyenne** loc adv on average ◆ **l'usine produit en moyenne 500 voitures par jour** the factory turns out 500 cars a day on average, the factory averages 500 cars a day

**moyennement** [mwajɛnmɑ̃] adv **a** (= médiocrement) **c'est moyennement bon** it's pretty average ◆ **c'est moyennement intéressant/drôle** it's not that interesting/funny ◆ **il est moyennement apprécié** he's not liked that much ◆ **c'est très moyennement payé** it's poorly paid ◆ **j'ai réussi moyennement en anglais** I didn't do that well in English ◆ **j'aime moyennement ça** I don't like it that much, I'm not that keen on it (Brit) ◆ **ça va ? – moyennement*** how are things? – so-so* ou could be worse*

**b** (= dans la moyenne) radioactif, sucré moderately ◆ **moyennement intelligent** of average intelligence

**Moyen-Orient** [mwajɛnɔʀjɑ̃] nm ◆ **le Moyen-Orient** the Middle East ◆ **au Moyen-Orient** in the Middle East ◆ **les pays/villes du Moyen-Orient** Middle Eastern countries/cities

**moyen-oriental, e,** mpl **moyen-orientaux** [mwajɛ̃ɔʀjɑ̃tal, o] adj Middle Eastern

**moyeu,** pl **moyeux** [mwajø] nm [roue] hub; [hélice] boss

**mozambicain, e** [mɔzɑ̃bikɛ̃, ɛn] **1** adj Mozambican

**2** **Mozambicain(e)** nm,f Mozambican

**Mozambique** [mɔzɑ̃bik] nm Mozambique

**mozarabe** [mɔzaʀab] 1 adj Mozarabic
2 nmf Mozarab

**Mozart** [mɔzaʀ] nm Mozart

**mozartien, -ienne** [mɔzaʀtjɛ̃, jɛn] adj Mozartian, of Mozart

**mozette** [mɔzɛt] nf ⇒ **mosette**

**mozzarella** [mɔdzaʀela] nf mozzarella

**MRAP** [mʀap] nm (abrév de **mouvement contre le racisme, l'antisémitisme et pour l'amitié des peuples**) *French anti-racist and peace movement*

**MST** [ɛmɛste] nf a (abrév de **maladie sexuellement transmissible**) STD
b (abrév de **maîtrise de sciences et techniques**) *master's degree in science and technology*

**mu** [my] nm mu

**mû, mue**[1] [my] (ptp de **mouvoir**)

**mucilage** [mysilaʒ] nm mucilage

**mucosité** [mykozite] → SYN nf (gén pl) mucus (NonC)

**mucoviscidose** [mykovisidoz] nf cystic fibrosis, mucoviscidosis (SPÉC)

**mucron** [mykʀɔ̃] nm mucro

**mucus** [mykys] nm mucus (NonC)

**mudéjar** [mudexaʀ, mydeʒaʀ] adj, nmf Mudéjar

**mue**[2] [my] nf a (= transformation) [oiseau] moulting (Brit), molting (US); [serpent] sloughing; [mammifère] shedding, moulting (Brit), molting (US); [cerf] casting; [voix] breaking (Brit), changing (US) ♦ **la mue (de la voix) intervient vers 14 ans** the voice breaks (Brit) ou changes (US) at about 14 years of age
b (= époque) moulting etc season
c (= peau, plumes) [serpent] slough; [mammifère] moulted ou shed hair; [oiseau] moulted ou shed feathers
d (Agr = cage) coop

**muer** [mɥe] → SYN ▸ conjug 1 ◂ 1 vi [oiseau] to moult (Brit), molt (US); [serpent] to slough (its skin), shed its skin; [mammifère] to moult (Brit), molt (US), shed hair (ou skin etc ); [cerf] to cast its antlers ♦ **sa voix mue, il mue** his voice is breaking (Brit) ou changing (US)
2 vt (littér) ♦ **muer qch en** to transform ou change ou turn sth into
3 **se muer** vpr (littér) ♦ **se muer en** to transform ou change ou turn into

**muesli** [myysli] nm muesli

**muet, muette** [mɥɛ, mɥɛt] → SYN 1 adj a (Méd) dumb
b (= silencieux) colère, prière, personne silent, mute; (littér) forêt silent ♦ **muet de colère/surprise** speechless with anger/surprise ♦ **muet de peur** dumb with fear ♦ **le code est muet à ce sujet** the law is silent on this matter ♦ **muet comme une tombe** (as) silent as the grave ♦ **rester muet** [témoin, rapport] to remain silent (*sur* on) ♦ **il est resté muet comme une carpe** he never opened his mouth ♦ **en rester muet (d'étonnement)** to stand speechless, be struck dumb (with astonishment)
c (Ciné, Théât) film, cinéma silent; rôle non-speaking (épith); scène with no dialogue ♦ **carte muette** (au restaurant) menu without prices *(given to guests)*
d (Ling) mute, silent
e (Scol, Géog) carte, clavier de machine à écrire blank ♦ **clavier muet** (Mus) dummy keyboard
2 nm a (= infirme) mute, dumb man
b (Ciné) **le muet** the silent cinema ou screen
3 **muette** nf mute, dumb woman ♦ **la grande Muette** (Mil) the army

**muezzin** [mɥɛdzin] nm muezzin

**mufle** [myfl] → SYN nm a (Zool = museau) [bovin] muffle; [chien, lion] muzzle
b (* = goujat) boor, lout ♦ **ce qu'il est mufle alors !** he's such a lout ou yob‡ (Brit)!

**muflerie** [myfləʀi] → SYN nf boorishness (NonC), loutishness (NonC)

**muflier** [myflije] nm antirrhinum, snapdragon

**mufti** [myfti] nm (Rel) mufti

**muge** [myʒ] nm grey mullet

**mugir** [myʒiʀ] → SYN ▸ conjug 2 ◂ vi a [vache] to low, moo; [bœuf] to bellow
b (littér) [vent] to howl; [mer] to roar; [sirène] to wail

**mugissant, e** [myʒisɑ̃, ɑ̃t] adj (littér) flots howling, roaring, booming

**mugissement** [myʒismɑ̃] → SYN nm a [vache] lowing, mooing; [bœuf] bellowing
b (littér) [vent] howling; [mer] roaring; [sirène] wailing

**muguet** [mygɛ] nm (Bot) lily of the valley; (Méd) thrush; († † = élégant) fop, coxcomb †, popinjay †

**mulassier, -ière** [mylasje, jɛʀ] adj mule (épith)

**mulâtre, mulâtresse** [mylɑtʀ, mylɑtʀɛs] → SYN nm,f, **mulâtre** adj inv mulatto

**mule** [myl] → SYN nf a (Zool) (female) mule; → **tête, têtu**
b (= pantoufle) mule ♦ **la mule du pape** the Pope's slipper
c (arg Drogue) mule (arg)

**mule-jenny,** pl **mule-jennys** [mylʒeni] nf mule (-jenny)

**mulet** [mylɛ] → SYN nm a (Zool) (male) mule; (= poisson) mullet
b (arg Aut) spare ou replacement car

**muleta** [muleta, myleta] nf muleta

**muletier, -ière** [myl(ə)tje, jɛʀ] 1 adj ♦ **sentier** ou **chemin muletier** mule track
2 nm,f mule-driver, muleteer

**mulette** [mylɛt] nf freshwater mussel, unio (SPÉC)

**mullah** [myla] nm ⇒ **mollah**

**Müller** [mylœʀ] n ♦ **canaux de Müller** Mullerian ducts

**mulon** [mylɔ̃] nm salt pile

**mulot** [mylo] nm field mouse

**mulsion** [mylsjɔ̃] nf milking

**multi(-)** [mylti] préf (dans les mots composés à trait d'union, le préfixe reste invariable) multi(-) ♦ **multi-usage** multipurpose

**multibrin** [myltibʀɛ̃] adj having multiple wires

**multicâble** [myltikɑbl] 1 adj multicabled
2 nm [mine] multicabled skip (ou cage)

**multicarte** [myltikaʀt] adj → **représentant**

**multicellulaire** [myltiselylɛʀ] adj multicellular

**multicolore** [myltikɔlɔʀ] → SYN adj multicoloured (Brit), many-coloured (US)

**multiconfessionnel, -elle** [multikɔ̃fesjɔnɛl] adj association, État multi-denominational

**multicoque** [myltikɔk] adj, nm ♦ **(voilier) multicoque** multihull

**multicouche** [myltikuʃ] adj revêtement multilayered ♦ **objectif multicouche** (Photo) lens with multiple coatings

**multicritères, multi-critères** [myltikʀitɛʀ] adj (Ordin) recherche multicriteria (épith)

**multiculturalisme** [myltikyltyʀalism] nm multiculturalism

**multiculturel, -elle** [myltikyltyʀɛl] adj multicultural

**multidiffusion** [myltidifyzjɔ̃] nf (Audiov) repeat broadcasting ♦ **le film passera en multidiffusion** the film will be broadcast several times, there will be several repeats ou repeat broadcasts of the film

**multidimensionnel, -elle** [myltidimɑ̃sjɔnɛl] adj multidimensional

**multidisciplinaire** [myltidisiplinɛʀ] → SYN adj multidisciplinary

**multiethnique, multi-ethnique** [myltiɛtnik] adj multi-ethnic

**multifactoriel, -elle** [myltifaktɔʀjɛl] adj multifactorial

**multifenêtre** [myltifənɛtʀ] adj (Ordin) multiwindow (épith)

**multifilaire** [myltifilɛʀ] adj vis multiple-threaded (épith)

**multiflore** [myltiflɔʀ] adj multiflora

**multifonction** [myltifɔ̃ksjɔ̃] adj (gén) multifunction (épith); (Ordin) multiprocessing (épith), multitask(ing) (épith)

**multifonctionnel, -elle** [myltifɔ̃ksjɔnɛl] adj multipurpose (épith)

**multiforme** [myltifɔʀm] → SYN adj apparence multiform; problème many-sided

**multigrade** [myltigʀad] adj ♦ **huile multigrade** multigrade oil

**multilatéral, e,** mpl **-aux** [myltilateʀal, o] adj multilateral

**multilatéralisme** [myltilateʀalism] nm (Écon) multilateralism

**multilingue** [myltilɛ̃g] adj multilingual

**multilinguisme** [myltilɛ̃gɥism] nm multilingualism

**multilobé, e** [myltilɔbe] adj multilobed

**multiloculaire** [myltilɔkylɛʀ] adj multilocular

**multimédia** [myltimedja] 1 adj multimedia
2 nm ♦ **le multimédia** multimedia

**multimédiathèque** [myltimedjatɛk] nf multimedia library

**multimédiatique** [myltimedjatik] adj multimedia (épith)

**multimilliardaire** [myltimiljaʀdɛʀ], **multimillionnaire** [myltimiljɔnɛʀ] adj, nmf multimillionaire

**multinational, e,** mpl **-aux** [myltinasjɔnal, o] → SYN 1 adj multinational
2 **multinationale** nf multinational (company)

**multiniveaux** [myltinivo] adj multilevel

**multipare** [myltipaʀ] 1 adj multiparous
2 nf (= femme) multipara; (= animal) multiparous animal

**multiparité** [myltipaʀite] nf multiparity

**multipartenariat** [myltipaʀtənaʀja] nm *having several sexual partners*

**multipartisme** [myltipaʀtism] nm (Pol) multiparty system

**multipartite** [myltipaʀtit] adj (Pol) multiparty (épith)

**multiple** [myltipl] → SYN 1 adj a (= nombreux) numerous, multiple, many; (Méd) fracture, blessures, grossesse multiple ♦ **dans de multiples cas** in numerous ou many instances ♦ **en de multiples occasions** on numerous ou many occasions ♦ **pour des raisons multiples** ou **de multiples raisons** for multiple reasons ♦ **à de multiples reprises** time and again, repeatedly ♦ **à têtes multiples** missile multiple-warhead; outil with (a range of) attachments ♦ **outil à usages multiples** multipurpose tool ♦ **choix multiple** multiple choice; → **magasin, prise**
b (= variés) activités, aspects many, multifarious, manifold
c (= complexe) pensée, problème, homme many-sided, multifaceted; monde complex, mixed
d (Math) **100 est multiple de 10** 100 is a multiple of 10
2 nm multiple ♦ **plus petit commun multiple** lowest common multiple

**multiplet** [myltiplɛ] nm (Phys) multiplet; (Ordin) byte

**multiplex** [myltiplɛks] adj, nm (Téléc) multiplex ♦ **émission (réalisée) en multiplex** multiplex programme

**multiplexage** [myltiplɛksaʒ] nm (Téléc) multiplexing

**multiplexe** [myltiplɛks] nm (Ciné) multiplex (cinema), multiscreen cinema

**multiplexeur** [myltiplɛksœʀ] nm (Téléc) multiplexer

**multipliable** [myltiplijabl] adj multipli(c)able

**multiplicande** [myltiplikɑ̃d] nm multiplicand

**multiplicateur, -trice** [myltiplikatœʀ, tʀis] 1 adj multiplying ♦ **effet multiplicateur** multiplier effect
2 nm multiplier

**multiplicatif, -ive** [myltiplikatif, iv] adj (Math) multiplying; (Gram) multiplicative

**multiplication** [myltiplikasjɔ̃] → SYN nf a (= prolifération) increase in the number of ♦ **la multiplication des pains** (Bible) the miracle of the loaves and fishes
b (Bio, Bot, Math) multiplication ♦ **faire une multiplication** (Math) to do a multiplication
c (Tech) gear ratio

**multiplicité** [myltiplisite] → SYN nf multiplicity

**multiplier** [myltiplije] → SYN ▸ conjug 7 ◂ 1 vt (Math) to multiply (*par* by); [+ attaques, difficultés, avertissements] to multiply, increase ♦ **les**

**prix ont été multipliés par deux/trois** prices have doubled/tripled, prices have increased twofold/threefold ◆ **les autorités multiplient les appels au calme** the authorities are issuing repeated appeals for calm ◆ **je pourrais multiplier les exemples** I could give you hundreds of examples ◆ **malgré nos efforts multipliés** in spite of our increased efforts

2 **se multiplier** vpr a [incidents, attaques, difficultés] to multiply, increase, grow in number

b (= se reproduire) [animaux] to multiply; → **croître**

c (fig = se donner à fond) [infirmier, soldat] to do one's utmost, give of one's best (*pour faire* in order to do)

**multipoint(s)** [myltipwɛ̃] adj inv serrure multipoint ◆ **injection multipoint(s)** (Aut) multipoint fuel injection

**multipolaire** [myltipɔlɛʀ] adj multipolar

**multiposte** [myltipɔst] adj → **configuration**

**multiprise** [myltipʀiz] nf adaptor

**multiprocesseur** [myltipʀɔsesœʀ] nm multiprocessor

**multiprogrammation** [myltipʀɔgʀamasjɔ̃] nf multiprogramming

**multipropriété** [myltipʀɔpʀijete] nf timesharing ◆ **acheter un appartement en multipropriété** to buy a timeshare in a flat (Brit) ou apartment (US)

**multiracial, e,** mpl **-iaux** [myltiʀasjal, jo] adj multiracial

**multirécidiviste** [myltiʀesidivist] (Jur) 1 adj personne who has committed several criminal offences

2 nmf persistent offender

**multirésistant, e** [myltiʀezistɑ̃, ɑ̃t] adj (Bio) microbe, souche multi-resistant

**multirisque(s)** [myltiʀisk] adj ◆ **assurance multirisque(s)** ≃ comprehensive insurance ◆ **contrat multirisques habitation** comprehensive home insurance policy

**multisalle(s)** [myltisal] adj ◆ **(cinéma** ou **complexe) multisalle(s)** multiplex (cinema), multiscreen cinema (complex)

**multistandard** [myltistɑ̃daʀ] adj téléviseur, magnétoscope multistandard

**multitâche** [myltitaʃ] adj (Ordin) multitask(ing) (épith)

**multithérapie** [myltiteʀapi] nf combination therapy

**multitraitement** [myltitʀɛtmɑ̃] nm (Ordin) multiprocessing

**multitubulaire** [myltitybylɛʀ] adj multitubular

**multitude** [myltityd] [→ SYN] nf a (= grand nombre) **(toute) une multitude de** [+ personnes] a multitude of, a vast number of; [+ objets, idées] a vast number of ◆ **une multitude de gens** a multitude ou a throng of people

b (= ensemble, masse) mass ◆ **on pouvait voir d'en haut la multitude des champs** from the air you could see the mass of fields

c († ou littér = foule de gens) **la multitude** the multitude, the throng

**mumuse** * [mymyz] nf ◆ **faire mumuse** to play (*avec* with) ◆ **alors, on fait mumuse ?** are you having a nice time then?

**Munich** [mynik] n Munich

**munichois, e** [mynikwa, waz] 1 adj of ou from Munich, Munich (épith) ◆ **bière munichoise** Munich beer

2 **Munichois(e)** nm,f inhabitant ou native of Munich ◆ **les Munichois** (Pol) the men of Munich

**municipal, e,** mpl **-aux** [mynisipal, o] [→ SYN] 1 adj élection, taxe, bibliothèque municipal; employé council (épith); conseil, conseiller local, town (épith), borough (épith); → **arrêté**

2 **municipales** nfpl ◆ **les municipales** the local ou council elections

**municipalité** [mynisipalite] [→ SYN] nf a (= ville) town

b (= conseil) town council, municipality (Admin)

**munificence** [mynifisɑ̃s] [→ SYN] nf (littér) munificence

**munificent, e** [mynifisɑ̃, ɑ̃t] [→ SYN] adj (littér) munificent

**munir** [myniʀ] [→ SYN] ▸ conjug 2 ◂ 1 vt ◆ **munir un objet de** to provide ou fit an object with ◆ **munir une machine de** to equip ou fit a machine with ◆ **munir un bâtiment de** to equip ou fit out a building with ◆ **munir qn de** to provide ou supply ou equip sb with ◆ **canne munie d'un bout ferré** walking stick with an iron tip ◆ **muni de ces conseils** armed with this advice ◆ **muni d'un bon dictionnaire** equipped with a good dictionary ◆ **muni des sacrements de l'Église** fortified with the rites of the Church

2 **se munir** vpr ◆ **se munir de** [+ papiers] to provide o.s. with; [+ imperméable] to take; [+ argent, nourriture] to take a supply of ◆ **se munir de courage** to pluck up one's courage ◆ **munissez-vous de votre passeport** take your passport (with you)

**munitions** [mynisjɔ̃] nfpl a (Mil, Chasse) ammunition (NonC), munitions

b († = ressources) supplies

**munster** [mœ̃stɛʀ] nm Munster (cheese)

**muntjac** [mœtʒak] nm muntjac, montjak, barking deer

**muon** [myɔ̃] nm muon

**muphti** [myfti] nm ⇒ **mufti**

**muqueux, -euse** [mykø, øz] 1 adj mucous

2 **muqueuse** nf mucous membrane

**mur** [myʀ] [→ SYN] 1 nm a (Constr) wall ◆ **leur jardin est entouré d'un mur** their garden is walled ou is surrounded by a wall ◆ **une maison aux murs de brique** a brick house ◆ **mur d'appui** parapet ◆ **mettre/pendre qch au mur** to put/hang sth on the wall ◆ **sauter** ou **faire le mur** * to go over the wall ◆ **on va droit dans le mur** (fig) we're heading straight for disaster ◆ **ils n'ont laissé que les (quatre) murs** they left nothing but the bare walls ◆ **rester entre quatre murs** [prisonnier] to stay within the confines of one's cell; (chez soi) to stay indoors ou inside ◆ **l'ennemi est dans nos murs** the enemy is within our gates ◆ **M. X est dans nos murs aujourd'hui** we have Mr X with us today ◆ **maintenant que nous sommes dans nos murs** now (that) we're in our new house (ou flat etc), now we have our own four walls ◆ **être propriétaire des murs** (Jur) to own the premises ◆ **les murs ont des oreilles !** walls have ears! ◆ **faire le mur** (Sport) to make a wall ◆ **faire du mur** (Tennis) to practise against a wall

b (= obstacle) (Ski) wall; [feu, pluie] wall; [silence, hostilité] barrier, wall ◆ **il y a un mur entre nous** there is a barrier between us ◆ **se heurter à** ou **se trouver devant un mur** to come up against a stone ou a brick wall ◆ **se heurter à un mur d'incompréhension** to come up against a wall of incomprehension ◆ **être** ou **avoir le dos au mur** to have one's back to the wall ◆ **on parle à un mur** it's like talking to a brick wall; → **pied**

c (Aviat) **mur du son/de la chaleur** sound/heat barrier ◆ **passer** ou **franchir le mur du son** to break the sound barrier

2 COMP ▷ **mur artificiel** ⇒ **mur d'escalade** ▷ **le mur de l'Atlantique** (Mil, Pol) the Atlantic Wall ▷ **le mur de Berlin** the Berlin Wall ▷ **mur d'escalade** climbing wall ▷ **le mur d'Hadrien** Hadrian's Wall ▷ **le mur des Lamentations** the Wailing Wall ▷ **mur pare-feu** (Internet) firewall ▷ **mur-rideau** curtain wall

**mûr, e**[1] [myʀ] [→ SYN] adj a fruit, projet ripe; toile, tissu worn ◆ **fruit pas mûr/trop mûr** unripe/overripe fruit

b personne (= sensé) mature; (= âgé) middle-aged ◆ **une femme assez mûre** a woman of mature years ◆ **il est mûr pour le mariage** he is ready for marriage ◆ **leur pays est-il mûr pour la démocratie ?** is their country ripe for democracy?

c (⁑ = ivre) tight *, plastered ⁑

d **après mûre réflexion** after much thought, on mature reflection

**murage** [myʀaʒ] nm [ouverture] walling up, bricking up, blocking up

**muraille** [myʀɑj] [→ SYN] nf (high) wall ◆ **la Grande Muraille de Chine** the Great Wall of China ◆ **muraille de glace/roche** wall of ice/rock, ice/rock barrier ◆ **couleur (de) muraille** (stone) grey

**mural, e,** mpl **-aux** [myʀal, o] adj (gén) wall (épith); (Art) mural; télévision, panneau wall-mounted ◆ **peinture** ou **fresque murale** mural (painting) ◆ **revêtement mural** wall-covering ◆ **papier (peint) mural** wallpaper

**mûre**[2] [myʀ] [→ SYN] nf (gén) blackberry; [mûrier blanc] mulberry

**mûrement** [myʀmɑ̃] adv ◆ **mûrement réfléchi** décision carefully thought out ◆ **après avoir mûrement réfléchi** ou **délibéré** after much ou considerable thought, after careful consideration

**murène** [myʀɛn] nf moray (eel), muraena (Brit), murena (US)

**murénidés** [myʀenide] nmpl ◆ **les murénidés** morays, the Murenidae (SPÉC)

**murer** [myʀe] [→ SYN] ▸ conjug 1 ◂ 1 vt a [+ ouverture] to wall up, brick up, block up; [+ lieu, ville] to wall (in)

b [+ personne], (lit) to wall in, wall up; (fig) to isolate

2 **se murer** vpr (chez soi) to shut o.s. away ◆ **se murer dans sa douleur/son silence** to immure o.s. in one's grief/in silence ◆ **se murer dans la solitude** to retreat into solitude ◆ **muré dans son refus du compromis** stubbornly refusing to compromise

**muret** [myʀɛ] nm, **murette** [myʀɛt] nf low wall

**murex** [myʀɛks] nm murex

**muridés** [myʀide] nmpl ◆ **les muridés** murines, the Muridae (SPÉC)

**mûrier** [myʀje] nm (cultivé) blackberry bush; (sauvage) blackberry bush, bramble (bush) ◆ **mûrier blanc** (white) mulberry tree

**mûrir** [myʀiʀ] [→ SYN] ▸ conjug 2 ◂ 1 vi [fruit] to ripen; [idée] to mature, develop; [personne] to mature; [abcès, bouton] to come to a head ◆ **faire mûrir** [+ fruit] to ripen ◆ **il a beaucoup mûri** he has matured a lot, he has become much more mature

2 vt [+ fruit] to ripen; [+ idée, projet] to nurture; [+ personne] to (make) mature

**mûrissage** [myʀisaʒ] [→ SYN] nm [fruits] ripening

**mûrissant, e** [myʀisɑ̃, ɑ̃t] adj fruit ripening; personne of mature years

**mûrissement** [myʀismɑ̃] nm [fruit] ripening; [idée] maturing, development; [projet] nurturing

**mûrisserie** [myʀisʀi] nf [bananes] ripening room

**murmel** [myʀmɛl] nm marmot fur

**murmure** [myʀmyʀ] [→ SYN] nm a (= chuchotement) [personne] murmur; [ruisseau] murmur(ing), babble; [vent] murmur(ing); [oiseaux] twitter(ing) ◆ **murmure vésiculaire** (Méd) vesicular murmur

b (= commentaire) murmur ◆ **murmure d'approbation/de protestation** murmur of approval/of protest ◆ **obéir sans murmure** to obey without a murmur ◆ **murmures** (= protestations) murmurings, mutterings; (= objections) objections; (= rumeurs) rumours (Brit), rumors (US)

**murmurer** [myʀmyʀe] [→ SYN] ▸ conjug 1 ◂ 1 vt (= parler bas) to murmur ◆ **ils se murmuraient des mots tendres** they were whispering sweet nothings to each other ◆ **on murmure que ...** (rumeurs) ◆ **certains murmurent que ...** it's whispered that ..., rumour has it that ..., it is rumoured that ... ◆ **la situation va s'aggraver, murmurent les spécialistes** there are rumours among the experts that the situation is going to get worse ◆ **de mauvaises langues murmurent que ...** malicious tongues are putting (it) about that ...

2 vi a (= chuchoter) [personne, vent] to murmur; [ruisseau] to murmur, babble

b (= protester) to mutter, complain (*contre* about) ◆ **il a consenti sans murmurer** he agreed without a murmur (of protest)

**murrhin, e** [myʀɛ̃, in] adj ◆ **vases murrhins** murr(h)ine vases

**musaraigne** [myzaʀɛɲ] nf (Zool) shrew

**musarder** [myzaʀde] [→ SYN] ▸ conjug 1 ◂ vi (littér) (en se promenant) to dawdle (along); (en perdant son temps) to idle (about)

**musardise** [myzaʀdiz] nf → **musarder** (littér) dawdling, idling

**musc** [mysk] nm musk

**muscade** [myskad] **nf** **a** (Culin) nutmeg; → **noix**
**b** [prestidigitateur] (conjurer's) ball ◆ **passez muscade !** (lit, fig) hey presto!

**muscadet** [myskadɛ] **nm** muscadet (wine)

**muscadier** [myskadje] **nm** nutmeg (tree)

**muscadin** [myskadɛ̃] [→ SYN] **nm** (Hist = élégant) fop, coxcomb †, popinjay †

**muscardin** [myskaʀdɛ̃] **nm** dormouse

**muscardine** [myskaʀdin] **nf** calcino

**muscari** [myskaʀi] **nm** grape hyacinth

**muscarine** [myskaʀin] **nf** muscarine

**muscat** [myska] [→ SYN] **nm** (= raisin) muscat grape; (= vin) muscat(el)

**muscidés** [myside] **nmpl** ◆ **les muscidés** muscids, the Muscidae (SPÉC)

**muscle** [myskl] [→ SYN] **nm** muscle ◆ **muscle cardiaque** heart ou cardiac muscle ◆ **muscles lisses/striés** smooth/striated muscles ◆ **il est tout en muscle** he's all muscle ◆ **il a des muscles** ou **du muscle** * he's muscular ou beefy * ou brawny ◆ **pour gagner** ou **prendre du muscle** to build up your muscles

**musclé, e** [myskle] [→ SYN] (ptp de **muscler**) **adj** **a** corps, membre, personne muscular ◆ **elle est très musclée des jambes** she's got very muscular legs, her legs are very muscular
**b** style sinewy; pièce de théâtre powerful; régime, appariteur strong-arm (épith); interrogatoire brutal, violent; discours forceful ◆ **une intervention musclée de la police** a forceful intervention by the police ◆ **un problème musclé** (arg Scol) a stinker ‡ of a problem, a stiff problem

**muscler** [myskle] ▸ conjug 1 ◂ [1] **vt** **a** [+ corps, membre, personne] to develop the muscles of
**b** [+ économie, industrie, projet] to strengthen, beef up *
[2] **se muscler vpr** [personne] to develop one's muscles ◆ **pour que vos jambes se musclent** to develop your leg muscles

**muscu** * [mysky] **nf** (abrév de **musculation**) ◆ **faire de la muscu** to pump iron *

**musculaire** [myskylɛʀ] **adj** force muscular ◆ **fibre musculaire** muscle fibre

**musculation** [myskylasjɔ̃] **nf** body building ◆ **exercices de musculation** muscle-development exercises ◆ **salle de musculation** weights room ◆ **faire de la musculation** to do body building

**musculature** [myskylatyʀ] **nf** muscle structure, musculature (SPÉC) ◆ **il a une musculature imposante** he has an impressive set of muscles

**musculeux, -euse** [myskylø, øz] **adj** corps, membre, femme muscular; homme muscular, brawny

**muse** [myz] [→ SYN] **nf** (Littérat, Myth) Muse ◆ **les (neuf) muses** the Muses ◆ **cultiver** ou **taquiner la muse** (hum) to court the Muse (hum)

**muséal, mpl muséaux** [myseal, o] **adj** museum (épith)

**museau, pl museaux** [myzo] [→ SYN] **nm** **a** [chien] muzzle; [bovin] muffle; [porc] snout; [souris] nose
**b** (Culin) brawn (Brit), headcheese (US)
**c** * (= visage) face, snout *; (= bouche) mouth ◆ **elle a un joli petit museau** she's got a pretty little face ◆ **essuie ton museau** wipe your mouth

**musée** [myze] [→ SYN] **nm** (art, peinture) art gallery; (technique, scientifique) museum ◆ **le musée des Offices** the Uffizi (gallery) ◆ **musée de cire** waxworks sg, wax museum ◆ **Nîmes est une ville-musée** Nîmes is a historical town, Nîmes is a town of great historical interest ◆ **musée des horreurs** (hum) junkshop (hum) ◆ **il ferait bien dans un musée des horreurs** he should be in a chamber of horrors ◆ **objet** ou **pièce de musée** (lit, fig) museum piece

**museler** [myz(ə)le] [→ SYN] ▸ conjug 4 ◂ **vt** [+ animal] to muzzle; [+ personne, liberté, presse] to muzzle, gag

**muselet** [myz(ə)lɛ] **nm** cork wire

**muselière** [myzəljɛʀ] **nf** muzzle ◆ **mettre une muselière à** to muzzle

**musellement** [myzɛlmɑ̃] **nm** [animal] muzzling; [personne, liberté, presse] muzzling, gagging

**muséographie** [myzeɔgʀafi] **nf** museography

**muséographique** [myzeɔgʀafik] **adj** atelier, programme, projet museum (épith)

**muséologie** [myzeɔlɔʒi] **nf** museology

**muser** [myze] [→ SYN] ▸ conjug 1 ◂ **vi** († ou littér) (en se promenant) to dawdle (along); (en perdant son temps) to idle (about)

**musette** [myzɛt] [→ SYN] [1] **nf** **a** (= sac) [ouvrier] lunchbag; †† [écolier] satchel; [soldat] haversack; [cheval] nosebag
**b** (Mus = instrument, air) musette
**c** (Zool) common shrew
[2] **nm** (= bal) popular dance *(to the accordion)* ◆ **le musette** (= genre) accordion music
[3] **adj inv** genre, style musette; orchestre accordion (épith); → **bal**

**muséum** [myzeɔm] [→ SYN] **nm** ◆ **muséum (d'histoire naturelle)** (natural history) museum

**musical, e, mpl -aux** [myzikal, o] [→ SYN] **adj** chaîne, critique, programmation music (épith); directeur musical, music (épith) ◆ **l'œuvre musicale de Debussy** Debussy's musical works ou compositions ◆ **avoir l'oreille musicale** to have a good ear for music ◆ **spectacle musical** (gén) music show; (= comédie) musical; → **comédie**

**musicalement** [myzikalmɑ̃] **adv** musically

**musicalité** [myzikalite] **nf** musicality, musical quality

**music-hall, pl music-halls** [myzikol] **nm** (= spectacle) music hall; (= salle) variety theatre, music hall ◆ **faire du music-hall** to be in ou do variety ◆ **spectacle/numéro de music-hall** variety show/turn ou act ou number

**musicien, -ienne** [myzisjɛ̃, jɛn] [→ SYN] [1] **adj** musical
[2] **nm,f** musician

**musicographe** [myzikɔgʀaf] **nmf** musicographer

**musicographie** [myzikɔgʀafi] **nf** musicography

**musicologie** [myzikɔlɔʒi] **nf** musicology

**musicologique** [myzikɔlɔʒik] **adj** musicological

**musicologue** [myzikɔlɔg] **nmf** musicologist

**musicothérapie** [myzikoteʀapi] **nf** music therapy

**musique** [myzik] [→ SYN] [1] **nf** **a** (= art, harmonie, notations) music; [morceau] piece of music ◆ **musique folklorique/militaire/sacrée** folk/military/sacred music ◆ **musique pour piano** piano music ◆ **elle fait de la musique** she does music, she plays an instrument ◆ **si on faisait de la musique** let's make some music ◆ **mettre un poème en musique** to set a poem to music ◆ **déjeuner en musique** to lunch against a background of music ◆ **travailler en musique** to work to music ◆ **je n'aime pas travailler en musique** I don't like working with music playing ◆ **elle nous chante maintenant "Manhattan", sur une musique de Georges Leblanc** she's now going to sing "Manhattan" for us, music by Georges Leblanc ◆ **qui a écrit la musique du film ?** who wrote the film score? ou the soundtrack? ◆ **il compose beaucoup de musiques de film** he composes a lot of film music ◆ **la musique adoucit les mœurs** music has a civilizing influence, music soothes the savage breast ◆ **c'est toujours la même musique** * it's always the same old song ou tune ◆ **tu veux toujours aller plus vite que la musique** you always want to do things too quickly; → **boîte, connaître, papier**
**b** (= orchestre, fanfare) band ◆ **musique militaire** military band ◆ **marcher** ou **aller musique en tête** (Mil) to march with the band leading; → **chef¹**
[2] COMP ▷ **musique d'ambiance** background ou ambient music ▷ **musique d'ascenseur** (péj) Muzak ®, elevator ou lift (Brit) music ▷ **musique de ballet** ballet music ▷ **musique de chambre** chamber music ▷ **musique classique** classical music ▷ **musique concrète** concrete music, musique concrète ▷ **musique de fond** (gén) background music; [film] incidental music ▷ **musique légère** light music ▷ **musique noire** black music ▷ **musique pop** pop music ▷ **musique de scène** incidental music ▷ **musique de supermarché** ⇒ **musique d'ascenseur**

**musiquette** [myzikɛt] **nf** (péj) bland music

**musli** [mysli] **nm** ⇒ **muesli**

**musoir** [myzwaʀ] [→ SYN] **nm** (Naut) pierhead

**musqué, e** [myske] [→ SYN] **adj** odeur, goût musky ◆ **bœuf musqué** musk ox ◆ **rose musquée** musk rose; → **rat**

**mussif** [mysif] **adj m** ◆ **or mussif** mosaic gold

**mussitation** [mysitasjɔ̃] **nf** mussitation

**mussolinien, -ienne** [mysɔlinjɛ̃, jɛn] **adj** (lit) Mussolini (épith); (péj) architecture Mussolini-style ◆ **l'Italie mussolinienne** Italy under the rule of Mussolini

**must** * [mœst] **nm** (= film, livre etc ) ◆ **c'est un must** it's a must *

**mustang** [mystɑ̃g] **nm** mustang

**mustélidés** [mystelide] **nmpl** ◆ **les mustélidés** mustelines, the Mustelidae (SPÉC)

**musulman, e** [myzylmɑ̃, an] [→ SYN] **adj, nm,f** Moslem, Muslim

**mutabilité** [mytabilite] **nf** (Bio, Jur) mutability

**mutable** [mytabl] **adj** mutable

**mutage** [mytaʒ] **nm** mutage

**mutagène** [mytaʒɛn] **adj** mutagenic

**mutagenèse** [mytaʒɔnɛz] **nf** mutagenesis

**mutant, e** [mytɑ̃, ɑ̃t] **adj, nm,f** mutant

**mutation** [mytasjɔ̃] [→ SYN] **nf** **a** (= transfert) [employé] transfer
**b** (= changement) (gén) transformation; (Bio) mutation ◆ **société en mutation** changing society ◆ **entreprise en pleine mutation** company undergoing massive changes
**c** (Jur) transfer; (Mus) mutation ◆ **mutation consonantique/vocalique/phonétique** (Ling) consonant/vowel/sound shift

**mutationnisme** [mytasjɔnism] [→ SYN] **nm** mutationism

**mutationniste** [mytasjɔnist] **adj, nmf** mutationist

**mutatis mutandis** [mytatismytɑ̃dis] **loc adv** mutatis mutandis, allowing for a few minor variations

**muter** [myte] [→ SYN] ▸ conjug 1 ◂ [1] **vt** (Admin) to transfer ◆ **il a été muté à Caen/au service informatique** he has been transferred to Caen/to the computer department
[2] **vi** to mutate

**mutilant, e** [mytilɑ̃, ɑ̃t] **adj** opération mutilating, mutilative

**mutilateur, -trice** [mytilatœʀ, tʀis] (littér) [1] **adj** mutilating, mutilative
[2] **nm,f** mutilator

**mutilation** [mytilasjɔ̃] [→ SYN] **nf** [corps] mutilation, maiming; [texte, statue, arbre] mutilation ◆ **mutilation volontaire** self-inflicted injury ◆ **mutilation sexuelle** sexual mutilation

**mutilé, e** [mytile] (ptp de **mutiler**) **nm,f** (= infirme) cripple, disabled person ◆ **les (grands) mutilés** the (badly ou severely) disabled ◆ **mutilé de la face** disfigured person ◆ **mutilé de guerre** disabled ex-serviceman ◆ **mutilé du travail** disabled worker

**mutiler** [mytile] [→ SYN] ▸ conjug 1 ◂ **vt** [+ personne] to mutilate, maim; [+ statue, tableau, arbre, texte] to mutilate; [+ paysage] to disfigure ◆ **être mutilé des deux jambes** to have lost both legs ◆ **se mutiler (volontairement)** to mutilate o.s.

**mutin, e** [mytɛ̃, in] [→ SYN] [1] **adj** (= espiègle) mischievous, impish
[2] **nm** (= révolté) rebel; (Mil, Naut) mutineer

**mutiné, e** [mytine] (ptp de **se mutiner**) [1] **adj** marin, soldat mutinous
[2] **nm** (Mil, Naut) mutineer; (gén) rebel

**mutiner (se)** [mytine] [→ SYN] ▸ conjug 1 ◂ **vpr** (Mil, Naut) to mutiny; (gén) to rebel, revolt

**mutinerie** [mytinʀi] [→ SYN] **nf** (Mil, Naut) mutiny; (gén) rebellion, revolt

**mutique** [mytik] **adj** mutist(ic)

**mutisme** [mytism] [→ SYN] **nm** **a** (= silence) silence ◆ **elle s'enferma dans un mutisme total** she withdrew into total silence ◆ **la presse observe un mutisme total** the press is maintaining a complete silence ou blackout on the subject
**b** (Psych) mutism

**mutité** [mytite] [→ SYN] **nf** (Méd) muteness

**mutualiser** [mytɥalize] ▸ conjug 1 ◂ vt to mutualize

**mutualisme** [mytɥalism] nm mutual (benefit) insurance system

**mutualiste** [mytɥalist] 1 adj mutualistic ◆ **société (d'assurances) mutualiste** mutual benefit society, mutual (benefit) insurance company ≈ Friendly Society (Brit)
2 nmf mutualist

**mutualité** [mytɥalite] nf (= système d'entraide) mutual (benefit) insurance system ◆ **la mutualité française** (= compagnies) French mutual insurance companies

**mutuel, -elle** [mytɥɛl] → SYN 1 adj (= réciproque) mutual; → **pari**
2 **mutuelle** nf mutual benefit society, mutual (benefit) insurance company ≈ Friendly Society (Brit) ◆ **prendre une mutuelle** * to take out (supplementary) private health insurance ◆ **payer sa cotisation à la mutuelle** ≈ to pay one's insurance premium *(for back-up health cover)*

**MUTUELLE**

In addition to standard health cover provided by the "Sécurité sociale", many French people contribute to complementary insurance schemes run by mutual benefit organizations known as **mutuelles**, often linked to specific professions. The **mutuelle** reimburses some or all of the medical expenses that cannot be met by the "Sécurité sociale". → SÉCURITÉ SOCIALE

**mutuellement** [mytɥɛlmɑ̃] → SYN adv s'accuser, se renforcer one another, each other ◆ **mutuellement ressenti** mutually felt ◆ **s'aider mutuellement** to give each other mutual help, help one another ◆ **ces options s'excluent mutuellement** these options are mutually exclusive

**mutule** [mytyl] nf mutule

**myalgie** [mjalʒi] nf myalgia

**myalgique** [mjalʒik] adj myalgic

**Myanmar** [mijanmaʀ] nm Myanmar

**myasthénie** [mjasteni] nf myasthenia

**myasthénique** [mjastenik] adj myasthenic

**mycélien, -ienne** [miseljɛ̃, jɛn] adj mycelial

**mycélium** [miseljɔm] nm mycelium

**Mycènes** [misɛn] n Mycenae

**mycénien, -ienne** [misenjɛ̃, jɛn] adj Mycenaean

**mycoderme** [mikɔdɛʀm] nm mycoderma

**mycologie** [mikɔlɔʒi] nf mycology

**mycologique** [mikɔlɔʒik] adj mycologic(al)

**mycologue** [mikɔlɔg] nmf mycologist

**mycoplasme** [mikɔplasm] nm mycoplasma

**mycorhize** [mikɔʀiz] nm myco(r)rhiza

**mycose** [mikoz] nf mycosis ◆ **la mycose du pied** athlete's foot ◆ **mycose vaginale** vaginal thrush

**mycosique** [mikɔsik] adj mycotic

**mydriase** [midʀijɑz] nf mydriasis

**mydriatique** [midʀijatik] adj mydriatic

**mye** [mi] nf (Zool) gaper

**myéline** [mjelin] nf myelin

**myélinisé, e** [mjelinize] adj (Bio) myelinated

**myélite** [mjelit] nf myelitis

**myéloblaste** [mjelɔblast] nm myeloblast

**myélocyte** [mjelɔsit] nm myelocyte

**myélographie** [mjelɔgʀafi] nf myelography, myelogram

**myélome** [mjelom] nm myeloma

**mygale** [migal] → SYN nf trap-door spider

**myiase** [mijɑz] nf myiasis

**Mykérinos** [mikeʀinɔs] nm Menkaure, Mykerinos

**myocarde** [mjɔkaʀd] nm myocardium; → **infarctus**

**myogramme** [mjɔgʀam] nm myogram

**myographe** [mjɔgʀaf] nm myograph

**myologie** [mjɔlɔʒi] nf myology

**myologique** [mjɔlɔʒik] adj myological

**myome** [mjom] nm myoma

**myopathe** [mjɔpat] 1 adj suffering from myopathy ≈ suffering from muscular dystrophy
2 nmf person suffering from myopathy ≈ person suffering from muscular dystrophy

**myopathie** [mjɔpati] nf myopathy, ≈ muscular dystrophy

**myope** [mjɔp] → SYN 1 adj short-sighted, near-sighted (US), myopic (SPÉC) ◆ **tu es myope ou quoi ?** * are you blind? ◆ **myope comme une taupe** * (as) blind as a bat *
2 nmf short-sighted ou near-sighted (US) person, myope (SPÉC)

**myopie** [mjɔpi] nf short-sightedness, near-sightedness (US), myopia (SPÉC)

**myopotame** [mjɔpɔtam] nm coypu, nutria

**myosine** [mjɔzin] nf myosin

**myosis** [mjɔzis] nm miosis, myosis

**myosotis** [mjɔzɔtis] nm forget-me-not

**myriade** [miʀjad] → SYN nf myriad

**myriapode** [miʀjapɔd] nm myriapods ◆ **les myriapodes** Myriapoda (SPÉC)

**myriophylle** [miʀjɔfil] nm water milfoil

**myrmécophile** [miʀmekɔfil] 1 adj myrmecophilous
2 nmf myrmecophile

**myrmidon** [miʀmidɔ̃] → SYN nm († péj = nabot) pipsqueak *

**myrosine** [miʀozin] nf myrosin

**myroxyle** [miʀɔksil], **myroxylon** [miʀɔksilɔ̃] nm myroxylon

**myrrhe** [miʀ] → SYN nf myrrh

**myrte** [miʀt] nm myrtle

**myrtiforme** [miʀtifɔʀm] adj myrtiform

**myrtille** [miʀtij] → SYN nf whortleberry, bilberry (Brit), blueberry (US)

**mystère** [mistɛʀ] → SYN nm a (= énigme, dissimulation) mystery ◆ **pas tant de mystère(s) !** don't be so mysterious! ou secretive! ◆ **faire (un) mystère de** to make a mystery out of ◆ **elle en fait grand mystère** she makes a big mystery of it ◆ **il restera un mystère pour moi** he'll always be a mystery ou a closed book to me ◆ **mystère et boule de gomme !** * who knows!, search me! * ◆ **ce n'est un mystère pour personne** it's no secret ◆ **il faut travailler beaucoup, il n'y a pas de mystère !** * you just have to work hard, there's no two ways about it! * ◆ **le mystère de la Trinité/de l'Incarnation** (Rel) the mystery of the Trinity/of the Incarnation
b (Littérat) mystery (play)
c ® (= glace) *ice-cream with a meringue centre, decorated with chopped hazelnuts*

**mystérieusement** [misteʀjøzmɑ̃] adv mysteriously

**mystérieux, -ieuse** [misteʀjø, jøz] → SYN adj (= secret, bizarre) mysterious; (= cachottier) secretive

**mysticisme** [mistisism] → SYN nm mysticism

**mystifiant, e** [mistifjɑ̃, jɑ̃t] adj deceptive

**mystificateur, -trice** [mistifikatœʀ, tʀis] → SYN 1 adj ◆ **j'ai reçu un coup de fil mystificateur** I had a phone call which was a hoax ◆ **tenir des propos mystificateurs à qn** to say things to trick sb
2 nm,f (= farceur) hoaxer, practical joker

**mystification** [mistifikasjɔ̃] → SYN nf (= farce) hoax, practical joke; (péj = mythe) myth

**mystifier** [mistifje] → SYN ▸ conjug 7 ◂ vt to fool, deceive

**mystique** [mistik] → SYN 1 adj mystic(al)
2 nmf (= personne) mystic
3 nf (= science, pratiques) mysticism; (péj = vénération) blind belief (*de* in) ◆ **avoir la mystique du travail** to have a blind belief in work

**mystiquement** [mistikmɑ̃] adv mystically

**mythe** [mit] → SYN nm (gén) myth

**mythification** [mitifikasjɔ̃] nf mythicization

**mythifier** [mitifje] ▸ conjug 7 ◂ vt (surtout au ptp) [+ passé, personne] to mythologize, mythicize

**mythique** [mitik] → SYN adj mythical

**mytho** * [mito] adj, nmf abrév de **mythomane**

**mythologie** [mitɔlɔʒi] nf mythology

**mythologique** [mitɔlɔʒik] adj mythological

**mythologue** [mitɔlɔg] nmf mythologist

**mythomane** [mitɔman] → SYN adj, nmf mythomaniac ◆ **elle est un peu mythomane** she has a tendency to embroider the truth ◆ **il est complètement mythomane** he makes up the most incredible stories

**mythomanie** [mitɔmani] nf mythomania

**mytiliculteur, -trice** [mitilikyltœʀ, tʀis] nm,f mussel breeder

**mytiliculture** [mitilikyltyʀ] nf mussel breeding

**mytilotoxine** [mitilotɔksin] nf mytilotoxine

**myxœdémateux, -euse** [miksedematø, øz] 1 adj myxoedemic (Brit), myxoedematous (Brit), myxedemic (US), myxedematous (US)
2 nm,f person suffering from myxoedema

**myxœdème** [miksedɛm] nm myxoedema (Brit), myxedema (US)

**myxomatose** [miksomatoz] nf myxomatosis

**myxomycètes** [miksomisɛt] nmpl ◆ **les myxomycètes** slime moulds, mycetozoans (SPÉC), the Myxomycetes (SPÉC)

# N

**N¹, n** [ɛn] **nm** (= lettre) N, n; (Math) n

**N²** (abrév de **Nord**) N

**n'** [n] → **ne**

**na** [na] **excl** (langage enfantin) so there! ◆ **je n'en veux pas, na !** I don't want any, so there!

**nabab** [nabab] → SYN **nm** (Hist, † ou littér) nabob

**nabi** [nabi] **nm** (Art) Nabi

**nabla** [nabla] **nm** nabla

**nabot, e** [nabo, ɔt] → SYN **nm,f** (péj) dwarf, midget

**Nabucco** [nabuko] **nm** (Mus) Nabucco

**nabuchodonosor** [nabykɔdɔnɔzɔʀ] **nm** (= bouteille) nebuchadnezzar ◆ **Nabuchodonosor** Nebuchadnezzar

**nacelle** [nasɛl] → SYN **nf** [ballon, montgolfière, dirigeable] gondola; [landau] carriage; [engin spatial] pod; [ouvrier] cradle; (littér = bateau) skiff

**nacre** [nakʀ] **nf** mother-of-pearl

**nacré, e** [nakʀe] → SYN (ptp de **nacrer**) **adj** pearly, nacreous (littér); vernis à ongles pearly

**nacrer** [nakʀe] ▸ conjug 1 ◂ **vt** (= iriser) to cast a pearly sheen over; (Tech) to give a pearly gloss to

**nadir** [nadiʀ] **nm** nadir

**nævo-carcinome,** pl **nævo-carcinomes** [nevokaʀsinom] **nm** naevocarcinoma (Brit), nevocarcinoma (US)

**nævus** [nevys] → SYN, pl **nævi** [nevi] **nm** naevus

**Nagasaki** [nagazaki] **n** Nagasaki

**nage** [naʒ] → SYN **nf** **a** (= activité) swimming; (= manière) stroke, style of swimming ◆ **nage sur le dos** backstroke ◆ **nage indienne** sidestroke ◆ **faire un 100 m nage libre** to swim a 100 m (in) freestyle ◆ **nage sous-marine** underwater swimming, skin diving ◆ **nage de vitesse** speed stroke ◆ **nage synchronisée** synchronized swimming

**b** **se sauver à la nage** to swim away ou off ◆ **gagner la rive/traverser une rivière à la nage** to swim to the bank/across a river ◆ **faire traverser son chien à la nage** to get one's dog to swim across ◆ **homard/écrevisses à la nage** (Culin) lobster/crayfish (cooked) in a court-bouillon

**c** **en nage** pouring with sweat, bathed in sweat ◆ **cela m'a mis en nage** it made me sweat, it brought me out in a sweat ◆ **ne te mets pas en nage** don't get yourself in a lather *

**d** (Naut) **nage à couple/en pointe** rowing two abreast/in staggered pairs; → **banc, chef¹**

**nageoire** [naʒwaʀ] **nf** [poisson] fin; [phoque, dauphin] flipper ◆ **nageoire anale/dorsale/ventrale** anal/dorsal/ventral fin ◆ **nageoire caudale** [poisson] caudal fin; [baleine] tail flukes

**nager** [naʒe] → SYN ▸ conjug 3 ◂ **1** **vi** **a** [personne, poisson] to swim; [objet] to float ◆ **elle nage bien** she's a good swimmer ◆ **nager comme un fer à repasser** */un poisson* to swim like a brick/a fish ◆ **la viande nage dans la graisse** the meat is swimming in fat ◆ **tes manches nagent dans la soupe** your sleeves are dipping in the soup ◆ **on nageait dans le sang** the place was swimming in blood, the place was awash with blood; → **apprendre, savoir**

**b** (fig) **il nage dans le bonheur** he is overjoyed, his joy knows no bounds ◆ **nager dans l'opulence** to be rolling in money * ◆ **il nage dans ses vêtements** his clothes are miles too big for him ◆ **on nage dans l'absurdité/le grotesque dans ce film** this film is totally absurd/ridiculous ◆ **en allemand, je nage complètement** * I'm completely at sea * ou lost in German

**c** (Naut) to row ◆ **nager à couple/en pointe** to row two abreast/in staggered pairs

**2** **vt** to swim ◆ **nager la brasse/le 100 mètres** to swim breast-stroke/the 100 metres

**nageur, -euse** [naʒœʀ, øz] **nm,f** swimmer; (= rameur) rower ◆ **nageur de combat** naval frogman

**Nagorny(ï)-Karabakh** [nagɔʀni(i)kaʀabak], **Nagorno-Karabakh** [nagɔʀnokaʀabak] **n** Nagorno-Karabakh

**Nagoya** [nagɔja] **n** Nagoya

**naguère** [nagɛʀ] → SYN **adv** (frm) (= il y a peu de temps) not long ago, a short while ago, of late; (= autrefois) formerly

**naïade** [najad] → SYN **nf** (Bot, Myth) naiad; (hum, littér) nymph

**naïf, naïve** [naif, naiv] GRAMMAIRE ACTIVE 26.1 → SYN

**1** **adj** **a** (= ingénu) innocent, naïve ◆ **d'un air naïf** innocently

**b** (= crédule) personne naïve, gullible; foi naïve

**c** (Art) peintre, art naïve

**2** **nm,f** gullible fool, innocent ◆ **vous me prenez pour un naïf** you must think I'm a gullible fool ou a complete innocent

**3** **nm** (Art) naïve painter

**nain, e** [nɛ̃, nɛn] → SYN **1** **adj** dwarfish, dwarf (épith) ◆ **chêne/haricot nain** dwarf oak/runner bean ◆ **poule naine** bantam (hen) ◆ **rosier nain** miniature rose (bush)

**2** **nm,f** dwarf ◆ **le nain jaune** (Cartes) pope Joan ◆ **nain de jardin** garden gnome

**3** **naine** **nf** (Astron) dwarf ◆ **naine blanche/rouge** white/red dwarf

**Nairobi** [neʀobi] **n** Nairobi

**naissain** [nɛsɛ̃] **nm** (Zool) spat

**naissance** [nɛsɑ̃s] GRAMMAIRE ACTIVE 24.1 → SYN **nf**

**a** [personne, animal] birth ◆ **à la naissance** at birth ◆ **il est aveugle/muet/sourd de naissance** he has been blind/dumb/deaf from birth, he was born blind/dumb/deaf ◆ **français de naissance** French by birth ◆ **chez lui, c'est de naissance** * he was born like that ◆ **nouvelle naissance** new arrival ou baby ◆ **naissance double** birth of twins ◆ **naissance multiple** multiple birth; → **contrôle, extrait, limitation** etc

**b** (frm = origine, famille) birth ◆ **de naissance obscure/illustre** of obscure/illustrious birth ◆ **de haute** ou **bonne naissance** of noble ou high birth ◆ **peu importe sa naissance** no matter what his birth ou parentage (is)

**c** (= point de départ) [rivière] source; [langue, ongles] root; [cou, colonne] base ◆ **à la naissance des cheveux** at the roots of the hair ◆ **la naissance des seins** the top of the cleavage

**d** (littér = commencement) [printemps, monde, idée, amour] dawn, birth ◆ **la naissance du jour** daybreak ◆ **la naissance du cinéma** the birth ou advent of cinema

**e** (Loc) **prendre naissance** [projet, idée] to originate, take form ou shape; [soupçon, sentiment] to arise (*dans* in) ◆ **donner naissance à** [+ enfant] to give birth to; [+ rumeurs, sentiment] to give rise to ◆ **"La Naissance de Vénus"** (Art) "The Birth of Venus"

**naissant, e** [nɛsɑ̃, ɑ̃t] **adj** calvitie incipient; passion burgeoning; industrie, marché, démocratie, talent burgeoning, budding; capitalisme burgeoning, nascent (frm) ◆ **une barbe naissante** the beginnings of a beard ◆ **(à l'état) naissant** (Chim) nascent

**naître** [nɛtʀ] → SYN ▸ conjug 59 ◂ **1** **vi** **a** [personne, animal] to be born ◆ **quand l'enfant doit-il naître ?** when is the baby due? ◆ **il vient tout juste de naître** he has only just been born, he is just newly born ◆ **il est né** ou **il naquit** (frm) **le 4** he was born on the 4th ◆ **l'homme naît libre** man is born free ◆ **il est né poète** he is a born ou natural poet ◆ **l'enfant qui naît aveugle/infirme** the child who is born blind/disabled ◆ **l'enfant qui va naître, l'enfant à naître** the unborn child ◆ **l'enfant qui vient de naître** the newborn child ◆ **en naissant** at birth ◆ **prématuré né à 7 mois** baby born prematurely at 7 months, premature baby born at 7 months ◆ **né sous le signe du Verseau** born under (the sign of) Aquarius ◆ **enfant né de père inconnu** child of an unknown father ◆ **être né de parents français** to be of French parentage, be born of French parents ◆ **être né d'une mère anglaise** to be born of an English mother ◆ **un sauveur nous est né** (Bible) a saviour is born to us ◆ **être né coiffé** (Méd) to be born with a caul ◆ **être né coiffé** ou **sous une bonne étoile** (fig) to be born lucky ou under a lucky star ◆ **il est né avec une cuiller d'argent dans la bouche** (fig) he was born with a silver spoon in his mouth ◆ **il n'est pas né d'hier** ou **de la dernière pluie** ou **de la dernière couvée** (fig) he wasn't born yesterday, he is not as green as he looks ◆ **je l'ai vu naître !** (fig) I've known him since he was born ou since he was a baby ◆ **le pays qui l'a vu naître** the land of his birth, his native country; voir aussi **né**

**b** (= apparaître) [sentiment, craintes] to arise, be born; [idée, projet] to be born; [ville, industrie] to spring up; [jour] to break; [difficultés] to arise; [fleur, plante] to burst forth ◆ **la rivière naît au pied de ces collines** the river has its source ou rises at the foot of these hills ◆ **je vis naître un sourire sur son visage** I saw the beginnings of a smile on his face, I saw a smile creep over his face ◆ **faire naître** [+ industrie, difficultés] to create; [+ soupçons, désir] to arouse

**c** (= résulter de) **naître de** to spring from, arise from ◆ **la haine née de ces querelles** the hatred arising from ou which sprang from these quarrels ◆ **de cette rencontre naquit le mouvement qui ...** from this meeting sprang the movement which ...

**d** (= être destiné à) **il était né pour commander/pour la magistrature** he was born to command/to be a judge ◆ **ils sont nés l'un pour l'autre** they were made for each other

**e** (littér = s'éveiller à) **naître à l'amour/la poésie** to awaken to love/poetry

**2** vb impers ◆ **il naît plus de garçons que de filles** there are more boys born than girls ◆ **il vous est né un fils** (littér) a son has been born to you (littér) ; voir aussi **né**

**naïvement** [naivmɑ̃] adv (= ingénument) innocently, naïvely; (= crédulement) naïvely

**naïveté** [naivte] → SYN nf **a** (= ingénuité) [personne] innocence, naïvety; [réponse, gaieté] naïvety

**b** (= crédulité) [personne] naïvety, gullibility; [foi] naïvety ◆ **il a eu la naïveté de ...** he was naïve enough to ... ◆ **d'une grande naïveté** very naïve

**naja** [naʒa] nm cobra

**Namibie** [namibi] nf Namibia

**namibien, -ienne** [namibjɛ̃, jɛn] **1** adj Namibian

**2** **Namibien(ne)** nm,f Namibian

**nana** * [nana] nf (= femme) woman; (= petite amie) girlfriend

**nanan** * [nanɑ̃] nm ◆ **c'est du nanan** (agréable) it's really nice; (facile) it's a walkover * ou a doddle * (Brit) ou a cakewalk * (US); (succulent) it's scrumptious *

**nanar** * [nanaʀ] nm (péj) (= objet invendable) piece of junk ◆ **nanar des années 30** (= film démodé) second-rate film from the 1930s

**nandou** [nɑ̃du] nm rhea, nandu

**nanifier** [nanifje] ▸ conjug 7 ◂ vt [+ arbre] to dwarf

**nanisme** [nanism] → SYN nm dwarfism, nanism (SPÉC)

**nankin** [nɑ̃kɛ̃] nm (= tissu) nankeen

**nano...** [nano] préf nano...

**nanomètre** [nanɔmɛtʀ] nm nanometre (Brit), nanometer (US)

**nanoréseau** [nanoʀezo] nm nanonetwork

**nanoseconde** [nanos(ə)gɔ̃d] nf nanosecond

**nanotechnologie** [nanotɛknɔlɔʒi] nf nanotechnology

**nansouk** [nɑ̃zuk] nm nainsook

**nantais, e** [nɑ̃tɛ, ɛz] **1** adj of ou from Nantes

**2** **Nantais(e)** nm,f inhabitant ou native of Nantes

**Nantes** [nɑ̃t] n Nantes

**nanti, e** [nɑ̃ti] → SYN (ptp de **nantir**) adj rich, affluent, well-to-do ◆ **les nantis** the rich, the affluent, the well-to-do

**nantir** [nɑ̃tiʀ] → SYN ▸ conjug 2 ◂ **1** vt (†, Jur) [+ créancier] to secure ◆ **nantir qn de** (fig, littér = munir) to provide ou equip sb with ◆ **nanti de** equipped with

**2** **se nantir** vpr (†, Jur) to secure o.s. ◆ **se nantir de** (fig, littér) to provide o.s. with, equip o.s. with

**nantissement** [nɑ̃tismɑ̃] → SYN nm (Jur) security

**nanzouk** [nɑ̃zuk] nm ⇒ **nansouk**

**naos** [naos, naɔs] nm naos

**NAP** [nap] adj inv (abrév de **Neuilly, Auteuil, Passy**) Sloane (épith) (Brit), preppy (US)

**napalm** [napalm] nm napalm

**napel** [napɛl] nm monkshood

**naphtalène** [naftalɛn] nm naphthalene, naphthalin(e)

**naphtaline** [naftalin] nf (= antimite) mothballs ◆ **sa théorie sent la naphtaline** his theory is straight out of the ark

**naphte** [naft] nm naphtha

**naphtol** [naftɔl] nm naphthol

**napoléon** [napɔleɔ̃] **1** nm (Fin) napoleon ◆ **Napoléon** (Hist) Napoleon

**2** nf (= cerise) *type of bigaroon cherry*

**napoléonien, -ienne** [napɔleɔnjɛ̃, jɛn] adj Napoleonic

**napolitain, e** [napɔlitɛ̃, ɛn] **1** adj Neapolitan

**2** **Napolitain(e)** nm,f Neapolitan

**nappage** [napaʒ] nm (Culin) topping

**nappe** [nap] → SYN **1** nf **a** [table] tablecloth ◆ **mettre la nappe** to put the tablecloth on

**b** (= couche) layer, sheet ◆ **nappe de gaz** layer of gas ◆ **nappe d'eau** sheet ou expanse of water

**c** (Géom) nappe

**d** (Tex) lap

**2** COMP ▷ **nappe d'autel** altar cloth ▷ **nappe de brouillard** blanket ou layer of fog ◆ **des nappes de brouillard** fog patches ▷ **nappe de charriage** nappe ▷ **nappe de feu** sheet of flame ▷ **nappe de mazout, nappe de pétrole** oil slick ▷ **nappe phréatique** ground water

**napper** [nape] → SYN ▸ conjug 1 ◂ vt (Culin) to top (*de* with) ◆ **nappé de chocolat** topped with chocolate, with a chocolate topping

**napperon** [napʀɔ̃] → SYN nm doily, tablemat; (pour vase, lampe) mat

**narcéine** [naʀsein] nf narceine, narceen

**narcisse** [naʀsis] nm (Bot) narcissus; (péj = égocentrique) narcissist ◆ **Narcisse** (Myth) Narcissus

**narcissique** [naʀsisik] **1** adj narcissistic

**2** nmf narcissist

**narcissisme** [naʀsisism] → SYN nm narcissism

**narcoanalyse** [naʀkoanaliz] nf narcoanalysis

**narcodollars** [naʀkodɔlaʀ] nmpl drug(s) money *(usually in dollars)* ◆ **3 millions de narcodollars** 3 million dollars' worth of drug(s) money

**narcolepsie** [naʀkɔlɛpsi] nf narcolepsy

**narcose** [naʀkoz] → SYN nf narcosis

**narcothérapie** [naʀkoteʀapi] nf narcotherapy

**narcotine** [naʀkɔtin] nf narcotine

**narcotique** [naʀkɔtik] → SYN adj, nm narcotic

**narcotrafic** [naʀkotʀafik] nm drug trafficking

**narcotrafiquant, e** [naʀkotʀafikɑ̃, ɑ̃t] nm,f drug trafficker

**nard** [naʀ] nm (= valérianacée) valerian ◆ **nard (indien)** nard, spikenard ◆ **nard raide** mat grass

**narghileh** [naʀgilɛ] nm hookah, nargileh, narghile

**narguer** [naʀge] → SYN ▸ conjug 1 ◂ vt [+ danger, traditions] to flout, thumb one's nose at; [+ personne] to deride, scoff at ◆ **il nous nargue avec son argent** we're not good enough for him now he's got all that money

**narguilé** [naʀgile] nm ⇒ **narghileh**

**narine** [naʀin] → SYN nf nostril

**narquois, e** [naʀkwa, waz] → SYN adj (= railleur) derisive, sardonic, mocking

**narquoisement** [naʀkwazmɑ̃] adv derisively, sardonically, mockingly

**narrateur, -trice** [naʀatœʀ, tʀis] → SYN nm,f narrator

**narratif, -ive** [naʀatif, iv] adj narrative

**narration** [naʀasjɔ̃] → SYN nf **a** (= action) narration; → **infinitif, présent**[1]

**b** (= récit) narration, narrative, account; (Scol = rédaction) essay, composition; (Rhétorique) narration

**narrer** [naʀe] → SYN ▸ conjug 1 ◂ vt (frm) to narrate, relate

**narthex** [naʀtɛks] nm narthex

**narval** [naʀval] nm narwhal

**NASA, Nasa** [naza] nf (abrév de **National Aeronautics and Space Administration**) NASA

**nasal, e,** mpl **-aux** [nazal, o] **1** adj nasal; → **fosse**

**2** **nasale** nf nasal

**nasalisation** [nazalizasjɔ̃] nf nasalization

**nasaliser** [nazalize] ▸ conjug 1 ◂ vt to nasalize

**nasalité** [nazalite] nf nasality

**nasard** [nazaʀ] nm nazard, nasard

**nase** ⁑ [nɑz] **1** adj **a** (= hors d'usage) bust * (attrib), kaput * (attrib) ◆ **ma télé est nase** my TV's conked out ⁑ ou is bust * ◆ **je suis nase** (exténué) I'm exhausted ou knackered ⁑ (Brit); (psychologiquement) I'm out of it *

**b** (= fou) cracked * (attrib), touched * (attrib)

**c** (= nul) projet useless; personne hopeless *; (= stupide) stupid, daft * (Brit)

**2** nmf (= personne nulle) moron *

**3** nm (= nez) conk *, hooter ⁑ (Brit)

**naseau,** pl **naseaux** [nazo] → SYN nm [cheval, bœuf] nostril

**nasillard, e** [nazijaʀ, aʀd] adj voix nasal; gramophone whiny, tinny; instrument tinny

**nasillement** [nazijmɑ̃] → SYN nm [voix] (nasal) twang; [microphone, gramophone] whine; [instrument] tinny sound; [canard] quack

**nasiller** [nazije] → SYN ▸ conjug 1 ◂ **1** vt to say (ou sing ou intone) with a (nasal) twang

**2** vi [personne] to have a (nasal) twang, speak with a nasal voice; [instrument] to give a tinny ou twangy sound; [microphone, gramophone] to whine; [canard] to quack

**nasique** [nazik] nm (= singe) proboscis monkey

**nasonnement** [nazɔnmɑ̃] nm rhinophonia

**Nassau** [naso] n Nassau

**nasse** [nɑs] → SYN nf (pour oiseaux) hoop net; (Pêche) fish trap, creel ◆ **être pris dans la nasse** (fig) to be caught in the net

**Natal** [natal] nm (Géog) Natal

**natal, e,** mpl **natals** [natal] adj native ◆ **ma maison natale** the house where I was born ◆ **ma terre natale** my native soil

**nataliste** [natalist] adj politique, argument probirth, which supports a rising birth rate

**natalité** [natalite] nf ◆ **(taux de) natalité** birth rate

**natation** [natasjɔ̃] → SYN nf swimming ◆ **natation artistique** ou **synchronisée** synchronized swimming ◆ **faire de la natation** to go swimming, swim

**natatoire** [natatwaʀ] adj swimming (épith); → **vessie**

**natif, -ive** [natif, iv] → SYN adj, nm,f (gén) native ◆ **natif de Nice** native of Nice ◆ **locuteur natif** native speaker ◆ **les natifs du Lion** people born under the sign of Leo

**nation** [nasjɔ̃] → SYN nf (= pays, peuple) nation ◆ **les Nations Unies** the United Nations; → **société**

**national, e,** mpl **-aux** [nasjɔnal, o] → SYN **1** adj (gén) national; économie, monnaie domestic ◆ **au plan national et international** at home and abroad, at the national and international level ◆ **entreprise nationale** (Écon) state-owned company ◆ **grève nationale** nationwide ou national strike ◆ **obsèques nationales** state funeral ◆ **(route) nationale** ≃ A ou trunk road (Brit), ≃ state highway (US); → **assemblée, éducation, fête**

**2** **nationaux** nmpl (= citoyens) nationals

**nationalement** [nasjɔnalmɑ̃] adv nationally

**nationalisable** [nasjɔnalizabl] adj targetted for nationalization

**nationalisation** [nasjɔnalizasjɔ̃] → SYN nf nationalization

**nationaliser** [nasjɔnalize] → SYN ▸ conjug 1 ◂ vt to nationalize ◆ **(entreprises) nationalisées** nationalized companies

**nationalisme** [nasjɔnalism] → SYN nm nationalism

**nationaliste** [nasjɔnalist] → SYN adj, nmf nationalist

**nationalité** [nasjɔnalite] nf nationality ◆ **les personnes de nationalité française** French citizens ◆ **il a la double nationalité française et suisse** he has dual French and Swiss ou French/Swiss nationality

**national-socialisme** [nasjɔnalsɔsjalism] nm National Socialism

**national-socialiste** [nasjɔnalsɔsjalist], mpl **nationaux-socialistes** adj, nmf National Socialist

**nativisme** [nativism] nm (Philos) nativism

**nativiste** [nativist] adj (Philos) nativistic

**nativité** [nativite] → SYN **nf** nativity; (Art) (painting of the) nativity, nativity scene

**natrémie** [natʀemi] **nf** plasma sodium level

**natron** [natʀɔ̃], **natrum** [natʀɔm] **nm** natron

**natte** [nat] → SYN **nf** (= tresse) plait (Brit), braid (US); (= paillasse) mat, matting (NonC) ◆ **se faire des nattes** to plait (Brit) ou braid (US) one's hair, put one's hair in plaits (Brit) ou braids (US) ◆ **nattes africaines** corn rows

**natté** [nate] **nm** (Tex) natte

**natter** [nate] → SYN ▸ conjug 1 ◂ **vt** [+ cheveux, laine] to plait (Brit), braid (US)

**nattier, -ière** [natje, jɛʀ] **nm,f** mat maker

**naturalisation** [natyʀalizasjɔ̃] → SYN **nf** (Bot, Ling, Pol) naturalization; [animaux morts] stuffing; [plantes] preserving

**naturalisé, e** [natyʀalize] (ptp de **naturaliser**) 1 **adj** naturalized ◆ **Français naturalisé** naturalized Frenchman ◆ **il est naturalisé français** he's a naturalized Frenchman, he has French citizenship

2 **nm,f** naturalized citizen

**naturaliser** [natyʀalize] → SYN ▸ conjug 1 ◂ **vt** (Bot, Ling, Pol) to naturalize; [+ animal] to stuff; [+ plante] to preserve *(with glycerine)* ◆ **se faire naturaliser français** to be granted French citizenship, become a naturalized Frenchman

**naturalisme** [natyʀalism] → SYN **nm** naturalism

**naturaliste** [natyʀalist] → SYN 1 **adj** naturalistic

2 **nmf** (Littérat, Sci) naturalist; (= empailleur) taxidermist; (pour les plantes) flower-preserver

**nature** [natyʀ] → SYN 1 **nf** a (= caractère) [personne, substance, sentiment] nature ◆ **la nature humaine** human nature ◆ **c'est une** ou **il est d'une nature arrogante** he has an ou he is of an arrogant nature ◆ **il est arrogant de** ou **par nature** he is naturally arrogant ou arrogant by nature ◆ **ce n'est pas dans sa nature** it is not (in) his nature *(d'être* to be) ◆ **c'est/ce n'est pas de nature à arranger les choses** it's liable to/not likely to make things easier ◆ **il n'est pas de nature à accepter** he's not the sort of person who would agree ◆ **il a une heureuse nature** he has a happy disposition ou a sunny temperament ◆ **tu es une petite nature !** you're so delicate!, you've got a delicate constitution! ◆ **quelle petite nature tu fais !** (péj) what a weakling you are! ◆ **c'est dans la nature des choses** it's in the nature of things; → **habitude**

b (= monde physique, principe fondamental) **la nature** nature ◆ **vivre (perdu) dans la nature** to live (out) in the country ou in the wilds ◆ **en pleine nature** in the middle of nowhere ◆ **la nature a horreur du vide** nature abhors a vacuum ◆ **laisser agir la nature** to let nature take its course, leave it to nature ◆ **la nature fait bien les choses** nature is a wonderful thing ◆ **lâcher qn dans la nature** * (sans indication) to send sb off without any directions; (pour commettre un crime) to let sb loose ◆ **disparaître** ou **s'évanouir dans la nature** * [personne] to vanish into thin air; [ballon] to disappear into the undergrowth ou bushes ◆ **crimes/goûts contre nature** unnatural crimes/tastes, crimes/tastes which go against nature ou which are contrary to nature; → **force, retour**

c (= sorte) nature, kind, sort ◆ **de toute(s) nature(s)** of all kinds, of every kind

d (Art) **peindre d'après nature** to paint from life ◆ **plus grand que nature** larger than life ◆ **nature morte** still life; → **grandeur**

e (Fin) **en nature** payer don in kind

2 **adj inv** a (= sans adjonction) café black; eau, crêpe, omelette plain; thé without milk; yaourt natural; salade without dressing ◆ **riz nature** (plain) boiled rice ◆ **boire le whisky nature** to drink whisky neat ou straight ◆ **manger les fraises nature** to eat strawberries without anything on them

b * personne (= sans artifice) natural, unaffected ◆ **il est très nature !** (= spontané) he's very spontaneous!

**naturel, -elle** [natyʀɛl] → SYN 1 **adj** a caractère, frontière, produit, phénomène natural; besoins, fonction bodily (épith); soie, laine pure ◆ **aliments/produits naturels** natural ou organic foods/products

b (= inné) natural ◆ **son intelligence naturelle** his natural intelligence, his native wit ◆ **elle a un talent naturel pour le piano** playing the piano comes naturally to her, she has a natural talent for the piano

c (= normal, habituel) natural ◆ **avec sa voix naturelle** in his normal voice ◆ **c'est un geste naturel chez lui** it's a natural thing for him to do ◆ **votre indignation est bien naturelle** your indignation is quite ou very natural ou quite understandable ◆ **je vous remercie ! – c'est (tout) naturel** thank you! – don't mention it ou you're welcome ◆ **ne me remerciez pas, c'est bien** ou **tout naturel** don't thank me, anybody would have done the same ou it was the obvious thing to do ◆ **il est bien naturel qu'on en vienne à cette décision** it's only natural that this decision should have been reached ◆ **il trouve ça tout naturel** he finds it the most natural thing in the world ou perfectly normal ◆ **il trouve tout naturel de ...** he thinks nothing of ...

d (= simple, spontané) voix, style, personne natural, unaffected ◆ **elle sait rester très naturelle** she manages to stay very natural ◆ **il est très naturel sur les photos** he always looks very natural in photos

e (Mus) natural

f (Math) **(nombre entier) naturel** natural number

2 **nm** a (= caractère) nature, disposition ◆ **être d'un** ou **avoir un bon naturel** to have a happy ou sunny nature ou disposition; → **chasser**

b (= absence d'affectation) naturalness ◆ **avec (beaucoup de) naturel** (completely) naturally ◆ **il manque de naturel** he's not very natural, he has a rather self-conscious manner

c **au naturel** (= sans assaisonnement) thon in brine; salade, asperges without any dressing (ou seasoning) ◆ **pêches au naturel** peaches in natural fruit juice ◆ **elle est mieux en photo qu'au naturel** (= en réalité) she's better in photos than in real life

d († = indigène) native

**naturellement** [natyʀɛlmɑ̃] → SYN **adv** a (= sans artifice, avec aisance) naturally

b (= bien sûr) naturally, of course

**naturisme** [natyʀism] **nm** (= nudisme) naturism; (Philos) naturism; (Méd) naturopathy

**naturiste** [natyʀist] → SYN **adj, nmf** (= nudiste) naturist; (Philos) naturist; (Méd) naturopath

**naturopathe** [natyʀɔpat] **nmf** naturopath

**naturopathie** [natyʀɔpati] **nf** naturopathy, naturopathic medicine

**naucore** [nokɔʀ] **nf** water bug, saucerbug

**naufrage** [nofʀaʒ] → SYN **nm** a [bateau] wreck, wrecking ◆ **le naufrage du Titanic** the sinking of the Titanic ◆ **ils ont trouvé la mort dans un naufrage** they drowned in a shipwreck ◆ **ces rochers ont causé bien des naufrages** many ships have been wrecked on these rocks ◆ **faire naufrage** [bateau] to be wrecked; [personne] to be shipwrecked

b (= déchéance) [ambitions, réputation] ruin, ruination; [projet, pays] foundering, ruination; [entreprise] collapse ◆ **sauver du naufrage** [+ personne] to save from disaster; [+ argent, biens] to salvage (from the wreckage); [+ entreprise] to save from collapse

**naufragé, e** [nofʀaʒe] 1 **adj** marin shipwrecked; bateau wrecked

2 **nm,f** shipwrecked person; (sur une île) castaway ◆ **les naufragés de la croissance économique** the casualties of economic growth

**naufrageur, -euse** [nofʀaʒœʀ, øz] → SYN **nm,f** (lit, fig) wrecker

**naumachie** [nomaʃi] **nf** naumachia, naumachy

**naupathie** [nopati] **nf** seasickness

**nauplius** [noplijys] **nm** nauplius

**Nauru** [nauʀu] **n** Nauru

**nauséabond, e** [nozeabɔ̃, ɔ̃d] → SYN **adj** odeur putrid, nauseating, foul; effluves, fumées foul-smelling; cloaque stinking; (fig) nauseating, sickening

**nausée** [noze] → SYN **nf** (= sensation) nausea (NonC); (= haut-le-cœur) bout of nausea ◆ **avoir la nausée** to feel sick ou nauseous ou queasy ◆ **avoir des nausées** to have bouts of nausea ◆ **ça me donne la nausée** (lit, fig) it makes me (feel) sick, it nauseates me

**nauséeux, -euse** [nozeø, øz] → SYN **adj** personne nauseous, queasy; odeur, goût nauseating, nauseous ◆ **état nauséeux** nausea ◆ **je me sens un peu nauséeux** I'm feeling a bit queasy ou nauseous

**nautile** [notil] **nm** (Zool) nautilus

**nautique** [notik] → SYN **adj** science, mille nautical ◆ **fête/ballet nautique** water festival/ballet ◆ **club nautique** watersports centre ◆ **loisirs nautiques** water-based recreational activities ◆ **salon nautique** boat show; → **ski, sport**

**nautisme** [notism] **nm** water sport(s)

**navajo** [navaxo] 1 **adj** Navajo, Navaho

2 **Navajo nmf** Navajo, Navaho ◆ **les Navajos** the Navajo(s) ou Navaho(s), the Navajo ou Navaho Indians

**naval, e,** mpl **navals** [naval] → SYN **adj** combat, base naval; industrie shipbuilding ◆ **école navale** naval college; → **chantier, construction, force**

**navarin** [navaʀɛ̃] **nm** navarin, ≃ mutton stew

**navarrais, e** [navaʀɛ, ɛz] 1 **adj** Navarrian

2 **Navarrais(e) nm,f** Navarrian

**Navarre** [navaʀ] **nf** Navarre

**navel** [navɛl] **nf** navel orange

**navet** [navɛ] → SYN **nm** a (= légume) turnip ◆ **navet fourrager** fodder beet; → **sang**

b (péj = film) rubbishy ou third-rate film ◆ **quel navet !** what a load of trash ou rubbish! (Brit)

**navette**[1] [navɛt] → SYN **nf** a (Tex) shuttle; (= aiguille) netting ou meshing needle ◆ **navette volante** flying shuttle

b (= service de transport) shuttle (service) ◆ **navette diplomatique** diplomatic shuttle ◆ **faire la navette entre** [banlieusard, homme d'affaires] to commute between; [véhicule] to operate a shuttle (service) between; [bateau] to ply between; [projet de loi, circulaire] to be sent backwards and forwards between ◆ **elle fait la navette entre la cuisine et la chambre** she comes and goes between the kitchen and the bedroom ◆ **faire faire la navette à qn/qch** to have sb/sth going back and forth *(entre* between)

c (Espace) **navette spatiale** space shuttle

d (à encens) incense holder

**navette**[2] [navɛt] **nf** (Bot) rape

**navetteur, -euse** [navetœʀ, øz] **nm,f** (Admin Belg) commuter

**navicert** [navisɛʀ] **nm** navicert

**naviculaire** [navikylɛʀ] **adj** navicular

**navicule** [navikyl] **nf** navicula

**navigabilité** [navigabilite] **nf** [rivière] navigability; [bateau] seaworthiness; [avion] airworthiness

**navigable** [navigabl] **adj** rivière navigable

**navigant, e** [navigɑ̃, ɑ̃t] **adj, nm** ◆ **le personnel navigant, les navigants** (Aviat) flying personnel; (Naut) seagoing personnel

**navigateur, -trice** [navigatœʀ, tʀis] → SYN 1 **nm,f** (= marin) sailor; (chargé de l'itinéraire : Aut, Aviat, Naut) navigator ◆ **navigateur solitaire** single-handed sailor ou yachtsman

2 **nm** (Internet) browser

**navigation** [navigasjɔ̃] → SYN **nf** a (Naut) (= trafic) (sea) traffic (NonC); (= pilotage) navigation (NonC), sailing (NonC) ◆ **les récifs rendent la navigation dangereuse** the reefs make sailing ou navigation dangerous ◆ **canal ouvert/fermé** ou **interdit à la navigation** canal open/closed to shipping ou ships ◆ **navigation côtière/intérieure** coastal/inland navigation ◆ **navigation de plaisance** (pleasure) sailing ◆ **navigation à voiles** sailing, yachting ◆ **compagnie de navigation** shipping company ◆ **terme de navigation** nautical term

b (Aviat) (= trafic) (air) traffic (NonC); (= pilotage) navigation (NonC), flying (NonC) ◆ **navigation aérienne/spatiale** aerial/space navigation

c (Ordin) **navigation sur Internet** browsing the Internet ◆ **navigation hypertexte** browsing hypertext ◆ **logiciel de navigation** browser

**naviguer** [navige] → SYN ▸ conjug 1 ◂ **vi** a (= voyager) [bateau, passager, marin] to sail; [avion, passager, pilote] to fly ◆ **naviguer à la voile** to sail ◆ **ce bateau a beaucoup/n'a jamais navigué** this ship has been to sea a lot ou has done a lot of sailing/has never been to sea ou has never sailed ◆ **bateau en état de naviguer** seaworthy ship ◆ **naviguer à 24 000 pieds** to fly at an altitude of 24,000 feet

**b** (= piloter) [marin] to navigate, sail; [aviateur] to navigate, fly ◆ **naviguer au compas/aux instruments/à l'estime** to navigate by (the) compass/by instruments/by dead reckoning ◆ **naviguer à travers Detroit** (en voiture) to find one's way through ou make one's way across Detroit ◆ **naviguer entre les obstacles** to negotiate one's way around obstacles

**c** (Ordin) **naviguer sur Internet** to surf ou browse the Internet

**d** (fig) **pour réussir ici, il faut savoir naviguer** * to succeed here you need to know how to get around ou you need to know the ropes ◆ **c'est un type qui a beaucoup navigué** * he's a man who's been around a lot ou who's knocked about quite a bit * ◆ **le gouvernement doit naviguer entre les écueils** the government must tread a delicate path ◆ **le dossier a navigué de bureau en bureau** the file found its way from office to office, the file went the rounds of the offices

**naviplane** [naviplan] → SYN nm hovercraft

**navire** [naviʀ] → SYN nm (= bateau) ship; (Jur) vessel ◆ **navire amiral** flagship ◆ **navire-citerne** tanker ◆ **navire marchand** ou **de commerce** merchant ship, merchantman ◆ **navire jumeau** sister ship ◆ **navire de guerre** warship

**navire-école**, pl **navires-écoles** [naviʀekɔl] nm training ship

**navire-hôpital**, pl **navires-hôpitaux** [naviʀhɔpital, o] nm hospital ship

**navire-usine**, pl **navires-usines** [naviʀyzin] nm factory ship

**navrant, e** [navʀɑ̃, ɑ̃t] → SYN adj (= attristant) [+ spectacle, conduite, nouvelle] distressing, upsetting; (= regrettable) contretemps, malentendu unfortunate, regrettable ◆ **tu es navrant !** you're hopeless! ◆ **un spectacle navrant de bêtise** a depressingly silly show ◆ **ce film est d'une médiocrité navrante** this film is terribly mediocre ◆ **il n'écoute personne, c'est navrant** he won't listen to anybody, it's a shame

**navré, e** [navʀe] GRAMMAIRE ACTIVE 18.3 (ptp de **navrer**) adj sorry (*de* to) ◆ **je suis (vraiment) navré** I'm (so ou terribly) sorry ◆ **navré de vous décevoir mais ...** sorry to disappoint you but ... ◆ **avoir l'air navré** (pour s'excuser, compatir) to look sorry; (d'une nouvelle) to look distressed ou upset ◆ **d'un ton navré** (exprimant la tristesse) in a distressed ou an upset voice; (pour s'excuser) in an apologetic tone, apologetically; (pour compatir) in a sympathetic tone

**navrer** [navʀe] → SYN ▸ conjug 1 ◂ vt **a** (= consterner) [spectacle, conduite, nouvelle] to distress, upset

**b** (= contrarier) [contretemps, malentendu] to annoy

**nazaréen, -enne** [nazaʀeɛ̃, ɛn] **1** adj Nazarene

**2 Nazaréen(ne)** nm,f Nazarene

**Nazareth** [nazaʀɛt] n Nazareth

**naze** ‡ [nɑz] adj, nm ⇒ **nase** ‡

**nazi, e** [nazi] → SYN adj, nm,f Nazi

**nazisme** [nazism] → SYN nm Nazism

**N.B.** [ɛnbe] nm (abrév de **nota bene**) N.B.

**NBC** [ɛnbese] adj inv (abrév de **Nucléaire-Biologique-Chimique**) NBC

**N.-D.** (abrév de **Notre-Dame**) → **notre**

**N'Djamena** [nʒamena] n Ndjamena

**NDLR** (abrév de **note de la rédaction**) → **note**

**NdT** (abrév de **note du traducteur**) translator's note

**ne** [nə] adv nég **a** (valeur négative, avec négation avant ou après) **il n'a rien dit** he didn't say anything, he said nothing ◆ **elle ne nous a pas vus** she didn't ou did not see us, she hasn't ou has not seen us ◆ **personne** ou **nul** (frm) **n'a compris** nobody ou no one understood ◆ **il n'y a aucun mal à ça** there's no harm ou there's nothing wrong in that ◆ **il n'est pas du tout** ou **nullement idiot** he's no fool, he's by no means stupid ◆ **je ne le ferai jamais** I'll never do it ◆ **je n'ai pas d'argent** I haven't got ou I don't have any money, I have no money ◆ **il ne sait plus ce qu'il dit** he no longer knows what he's saying, he doesn't know what he's saying any more ◆ **plus rien ne l'intéresse, rien ne l'intéresse plus** nothing interests him any more, he's not interested in anything any more ◆ **ne me dérangez pas** don't ou do not disturb me ◆ **je ne connais ni son fils ni sa fille** I know neither his son nor his daughter, I don't know (either) his son or his daughter ◆ **je n'ai pas du tout** ou **aucunement l'intention de refuser** I have not the slightest ou least intention of refusing ◆ **je n'ai guère le temps** I scarcely ou hardly have the time ◆ **il ne sait pas parler** he can't ou cannot speak ◆ **pas un seul ne savait sa leçon** not (a single) one (of them) knew his lesson

**b** (valeur négative, sans autre négation : littér) **il ne cesse de se plaindre** he's always ou constantly complaining, he doesn't stop ou never stops complaining ◆ **je ne sais qui a eu cette idée** I don't know who had that idea ◆ **elle ne peut jouer du violon sans qu'un voisin (ne) proteste** she can't play her violin without some neighbour objecting ◆ **il n'a que faire de vos conseils** he has no use for your advice, he's not interested in your advice ◆ **que n'a-t-il songé à me prévenir** if only he had thought to warn me ◆ **n'était la situation internationale, il serait parti** had it not been for ou were it not for the international situation he would have left ◆ **il n'est de paysage qui ne soit maintenant gâché** not a patch of countryside remains unspoilt, there is no unspoilt countryside left ◆ **il n'est de jour qu'elle ne se plaigne** not a day goes by but she complains (about something) ou without her complaining ◆ **cela fait des années que je n'ai été au cinéma** it's years since I (last) went to the cinema, I haven't been to the cinema for years ◆ **il a vieilli depuis que je ne l'ai vu** he has aged since I (last) saw him ◆ **si je ne me trompe** if I'm not mistaken; → **cure**[1], **empêcher**, **importer**[2]

**c** **ne ... que** only ◆ **elle n'a confiance qu'en nous** she trusts only us, she only has confidence in us ◆ **c'est mauvais de ne manger que des conserves** it's bad to eat only canned foods ou nothing but canned foods ◆ **il n'a que trop d'assurance** he's only too self-assured ◆ **il n'a d'autre idée en tête que de se lancer dans la politique** his (one and) only thought is to go into politics ◆ **il n'y a que lui pour dire des choses pareilles !** only he ou nobody but he would say such things! ◆ **il n'y a pas que vous qui le dites !** you're not the only one who says so! ◆ **et il n'y a pas que ça !** and that's not all!; → **demander**

**d** (explétif sans valeur nég, gén omis dans la langue parlée) **je crains** ou **j'ai peur qu'il ne vienne** I am afraid ou I fear (that) he is coming ou (that) he will come ◆ **je ne doute pas/je ne nie pas qu'il ne soit compétent** I don't doubt/deny that he's competent ◆ **empêche que les enfants ne touchent aux animaux** stop the children touching ou prevent the children from touching the animals ◆ **mangez avant que la viande ne refroidisse** do eat before the meat gets cold ◆ **j'irai la voir avant qu'il/à moins qu'il ne pleuve** I shall go and see her before/unless it rains ◆ **il est parti avant que je ne l'aie remercié** he left before I'd thanked him ◆ **il est parti sans que je ne l'aie remercié** he left without my having thanked him ◆ **peu s'en faut qu'il n'ait oublié la réunion** he all but ou he very nearly forgot the meeting ◆ **il est plus/moins malin qu'on ne pense** he's more cunning than/not as cunning as you (might) think

**né, e** [ne] → SYN (ptp de **naître**) adj ◆ **orateur-/acteur-né** born orator/actor ◆ **bien/mal né** of noble ou high/humble ou low birth ◆ **Paul est son premier-/dernier-né** Paul is her first-/last-born ou her first/last child ◆ **Mme Durand, née Dupont** Mme Durand née Dupont; voir aussi **naître**

**néandertalien, -ienne** [neɑ̃dɛʀtaljɛ̃, jɛn] **1** adj Neanderthal (épith)

**2** nm Neanderthal man

**néanmoins** [neɑ̃mwɛ̃] → SYN adv (= pourtant) nevertheless, yet ◆ **il était malade, il est néanmoins venu** he was ill, (and) nevertheless ou (and) yet he came ◆ **c'est incroyable mais néanmoins vrai** it's incredible but nonetheless true ou but it's true nevertheless ◆ **il est agressif et néanmoins patient** he is aggressive yet patient, he is aggressive but nevertheless patient

**néant** [neɑ̃] → SYN nm ◆ **le néant** nothingness (NonC) ◆ **le néant de la vie/de l'homme** the emptiness of life/man ◆ **replonger dans le néant** to sink back into oblivion ◆ **et après c'est le néant** then there's a total blank ◆ **signes particuliers : néant** distinguishing marks: none ◆ **sortir/surgir du néant** to appear/spring up out of nowhere; → **réduire**

**Nébraska** [nebʀaska] nm Nebraska

**nébuleuse**[1] [nebyløz] nf (Astron) nebula; (fig) loose conglomeration ◆ **c'est encore à l'état de nébuleuse** (fig) it's still very vague

**nébuleusement** [nebyløzmɑ̃] adv nebulously, vaguely

**nébuleux, -euse**[2] [nebylø, øz] → SYN adj ciel cloudy, overcast; écrivain nebulous, obscure; projet, idée, discours nebulous, vague, woolly (Brit), wooly (US)

**nébulisation** [nebylizasjɔ̃] nf nebulization

**nébuliseur** [nebylizœʀ] nm nebulizer

**nébulosité** [nebylozite] → SYN nf [ciel] cloud covering, nebulosity (SPÉC); [discours] obscureness, vagueness, woolliness (Brit), wooliness (US)

**nécessaire** [nesesɛʀ] GRAMMAIRE ACTIVE 10.2, 10.3, 17.2 → SYN

**1** adj **a** (gén, Math, Philos) necessary ◆ **il est nécessaire de le faire** it needs to be done, it has ou it's got to be done ◆ **il est nécessaire qu'on le fasse** we need to do it, we have ou we've got to do it, we must do it ◆ **est-ce (bien) nécessaire ?** have we (really) got to?, do we (really) need ou have to?, is it (really) necessary? ◆ **ce n'est pas nécessaire (de le faire)** there's no need to (do it), you don't need ou have to (do it), it's not (really) necessary (for you to do it) ◆ **l'eau est nécessaire à la vie/aux hommes/pour vivre** water is necessary for life/to man/to live ◆ **un bon repos vous est nécessaire** you need a good rest ◆ **cette attitude lui est nécessaire pour réussir** he has to have ou maintain this attitude to succeed ◆ **cette attitude est nécessaire pour réussir** this is a necessary attitude ou this attitude is necessary ou needed if one wants to get on ◆ **c'est une condition nécessaire** it's a necessary condition (*pour faire* for doing; *de qch* for sth) ◆ **c'est une conséquence nécessaire** it's a necessary consequence (*de qch* of sth) ◆ **avoir le talent/le temps/l'argent nécessaire (pour qch/pour faire qch)** to have the (necessary ou requisite) talent/time/money (for sth/to do sth), have the talent/time/money (required) (for sth/to do sth) ◆ **a-t-il les moyens nécessaires ?** does he have the necessary ou requisite means?, does he have the means required? ◆ **faire les démarches nécessaires** to take the necessary ou requisite steps ◆ **nous ferons la grève si nécessaire** we'll go on strike if necessary

**b** personne indispensable (*à* to) ◆ **se sentir nécessaire** to feel indispensable

**2** nm **a** (= l'indispensable) **as-tu emporté le nécessaire ?** have you got all ou everything you need? ◆ **je n'ai pas le nécessaire pour le faire** I haven't got what's needed ou the necessary stuff to do it ◆ **il peut faire froid, prenez le nécessaire** it may be cold so take the right ou necessary clothes ou so take what you need to keep warm ◆ **emporter le strict nécessaire** to take the bare ou absolute necessities ou essentials ◆ **il faut d'abord penser au nécessaire** one must first consider the essentials ◆ **manquer du nécessaire** to lack the (basic) necessities of life ◆ **faire le nécessaire** to do what is necessary ou what has to be done ◆ **j'ai fait le nécessaire** I've settled it ou seen to it, I've done what was necessary ◆ **je vais faire le nécessaire (pour que)** I'll see to it (that), I'll make the necessary arrangements (so that)

**b** (Philos) **le nécessaire** the necessary

**3** COMP ▷ **nécessaire à couture** (pocket) sewing kit ▷ **nécessaire à ongles** manicure set ▷ **nécessaire à ouvrage** ⇒ **néces-**

**saire à couture** ▷ **nécessaire de toilette** travel pack (of toiletries) ▷ **nécessaire de voyage** overnight bag, grip

**nécessairement** [nesesɛʀmɑ̃] → SYN adv necessarily ◆ **dois-je nécessairement m'en aller ?** is it (really) necessary for me to go?, do I (really) have to go? ◆ **passeras-tu par Londres ? – oui, nécessairement/non, pas nécessairement** will you go via London? – yes, it's unavoidable ou you have to/no, not necessarily ◆ **il devra nécessairement s'y faire** he will (just) have to get used to it ◆ **il ne m'a pas nécessairement vu** I can't be sure (that) he saw me ◆ **il y a nécessairement une raison** there must be a reason ◆ **ce n'est pas nécessairement faux** it isn't necessarily wrong ◆ **causes et effets sont liés nécessairement** (Philos) causes and effects are necessarily linked ou are of necessity linked

**nécessité** [nesesite] → SYN [1] nf **a** (= obligation) necessity ◆ **c'est une nécessité absolue** it's an absolute necessity ◆ **sévère sans nécessité** unnecessarily severe ◆ **il souligne la nécessité d'un débat** he emphasizes the need ou necessity for a debate ◆ **je n'en vois pas la nécessité** I don't see the need for it ◆ **se trouver** ou **être dans la nécessité de faire qch** to have no choice ou alternative but to do sth ◆ **mettre qn dans la nécessité de faire** to make it necessary for sb to do ◆ **la nécessité où nous nous trouvons de faire cela** the fact that we have no choice ou alternative but to do that ◆ **état de nécessité** (Jur) necessity

**b** (Philos) **la nécessité** necessity ◆ **la nécessité de mourir** the inevitability of death

**c** (†† = pauvreté) destitution ◆ **être dans la nécessité** to be in need, be poverty-stricken

**d** (LOC) **je l'ai fait par nécessité** I did it because I had to ou because I had no choice ◆ **de première nécessité** absolutely essential ◆ **articles de première nécessité** bare necessities ou essentials ◆ **faire de nécessité vertu** to make a virtue of necessity ◆ (Prov) **nécessité fait loi** necessity knows no law (Prov)

[2] **nécessités** nfpl ◆ **les nécessités de la vie** the necessities ou essentials of life ◆ **les nécessités du service** the demands ou requirements of the job ◆ **nécessités financières** (financial) liabilities

**nécessiter** [nesesite] → SYN ▸ conjug 1 ◂ vt (= requérir) to require, call for, necessitate ◆ **l'intervention nécessite plusieurs jours d'hospitalisation** the operation means ou involves a hospital stay of several days ◆ **la maison nécessite de gros travaux** the house needs a lot of work (done on it) ou is in need of a lot of renovation

**nécessiteux, -euse** (frm) [nesesitø, øz] → SYN

[1] adj needy, necessitous (frm)

[2] nm,f needy person ◆ **les nécessiteux** the needy, the poor

**neck** [nɛk] nm (Géol) neck

**nec plus ultra** [nɛkplysyltʀa] nm ◆ **c'est le nec plus ultra** it's the last word (*de* in)

**nécrobie** [nekʀɔbi] nf necrobia

**nécrologe** [nekʀɔlɔʒ] nm necrology

**nécrologie** [nekʀɔlɔʒi] nf (= liste) obituary column; (= notice biographique) obituary

**nécrologique** [nekʀɔlɔʒik] adj obituary (épith)

**nécrologue** [nekʀɔlɔg] nm necrologist, obituarist

**nécromancie** [nekʀɔmɑ̃si] nf necromancy

**nécromancien, -ienne** [nekʀɔmɑ̃sjɛ̃, jɛn] → SYN nm,f necromancer

**nécrophage** [nekʀɔfaʒ] adj necrophagous

**nécrophile** [nekʀɔfil] [1] adj necrophilic

[2] nmf necrophiliac

**nécrophilie** [nekʀɔfili] nf necrophilia

**nécrophore** [nekʀɔfɔʀ] nm burying beetle

**nécropole** [nekʀɔpɔl] → SYN nf necropolis

**nécrose** [nekʀoz] nf necrosis

**nécroser** vt, **se nécroser** vpr [nekʀoze] ▸ conjug 1 ◂ to necrose, necrotize

**nécrosique** [nekʀozik], **nécrotique** [nekʀɔtik] adj necrotic

**nectaire** [nɛktɛʀ] nm nectary

**nectar** [nɛktaʀ] → SYN nm (= boisson, Bot, Myth, fig) nectar

**nectarine** [nɛktaʀin] → SYN nf nectarine

**necton** [nɛktɔ̃] nm nekton

**néerlandais, e** [neɛʀlɑ̃dɛ, ɛz] [1] adj Dutch, of the Netherlands

[2] nm **a** (Ling) Dutch

**b** **Néerlandais** Dutchman ◆ **les Néerlandais** the Dutch

[3] **Néerlandaise** nf Dutchwoman

**néerlandophone** [neɛʀlɑ̃dɔfɔn] [1] adj Dutch-speaking

[2] nmf Dutch speaker

**nef** [nɛf] → SYN nf **a** (Archit) nave ◆ **nef latérale** side aisle

**b** (†† ou littér = bateau) vessel, ship

**néfaste** [nefast] → SYN adj (= nuisible) harmful (*à* to); (= funeste) ill-fated, unlucky ◆ **cela lui fut néfaste** it had disastrous consequences for him

**Néfertiti** [nefɛʀtiti] nf Nefertiti

**nèfle** [nɛfl] nf medlar ◆ **des nèfles !** * nothing doing! *, not likely! *

**néflier** [neflije] nm medlar (tree)

**négateur, -trice** [negatœʀ, tʀis] (littér) [1] adj given to denying, contradictory

[2] nm,f denier

**négatif, -ive** [negatif, iv] → SYN [1] adj attitude, réponse negative; quantité, nombre negative, minus (épith) ◆ **particule négative** negative particle

[2] nm (Photo, Ling) negative ◆ **au négatif** in the negative

[3] adv ◆ **vous êtes prêts ? – négatif !** * are you ready? – negative! *

[4] **négative** nf ◆ **répondre par la négative** to reply in the negative ◆ **dans la négative** if not

**négation** [negasjɔ̃] → SYN nf (gén) negation; (Ling) negative ◆ **double négation** double negative

**négationnisme** [negasjɔnism] nm revisionism *(denying the existence of the Nazi gas chambers)*

**négationniste** [negasjɔnist] adj, nmf revisionist *(denying the existence of the Nazi gas chambers)*

**négativement** [negativmɑ̃] adv réagir negatively ◆ **répondre négativement** to reply in the negative ◆ **juger qch/qn négativement** to be critical of sth/sb

**négativisme** [negativism] nm negativism, negativity

**négativité** [negativite] nf (Phys) negativity; [attitude] negativeness, negativity

**négaton** † [negatɔ̃] nm negatron

**négatoscope** [negatɔskɔp] nm negatoscope

**négligé, e** [negliʒe] → SYN (ptp de **négliger**) [1] adj épouse, ami neglected; personne, tenue slovenly, sloppy; ongles uncared-for, neglected; travail slapdash, careless; style slipshod; occasion missed (épith)

[2] nm (= laisser-aller) slovenliness; (= déshabillé) négligée ◆ **il était en négligé** he was casually dressed ou wearing casual clothes ◆ **le négligé de sa tenue** the slovenliness of his dress

**négligeable** [negliʒabl] → SYN adj (gén) negligible; détail unimportant, trivial, trifling; adversaire insignificant ◆ **qui n'est pas négligeable, non négligeable** facteur, élément not inconsiderable; adversaire, aide, offre by no means insignificant; détail, rôle, nombre not insignificant ◆ **une quantité non négligeable** an appreciable amount

**négligemment** [negliʒamɑ̃] adv (= sans soin) carelessly, negligently, in a slovenly way; (= nonchalamment) casually

**négligence** [negliʒɑ̃s] → SYN nf (= manque de soin) negligence, slovenliness; (= faute, erreur) omission, act of negligence; (Jur) criminal negligence ◆ **il est d'une (telle) négligence !** he's so careless! ◆ **c'est une négligence de ma part** it's an oversight ou a careless mistake on my part ◆ **par négligence** out of carelessness ◆ **négligence (de style)** stylistic blunder, carelessness (NonC) of style ◆ **faire preuve de négligence** to be negligent

**négligent, e** [negliʒɑ̃, ɑ̃t] → SYN adj (= sans soin) negligent, careless; (= nonchalant) casual

**négliger** [negliʒe] → SYN ▸ conjug 3 ◂ [1] vt **a** (gén) to neglect; [+ style, tenue] to be careless about; [+ conseil] to pay no attention ou no heed to, disregard; [+ occasion] to miss, pass up *; [+ rhume, plaie] to ignore ◆ **il néglige ses amis** he neglects his friends ◆ **un rhume négligé peut dégénérer en bronchite** a cold that's not treated ou that's neglected can turn into bronchitis ◆ **ce n'est pas à négliger** (offre) it's not to be sneezed at; (difficulté) it mustn't be overlooked ◆ **rien n'a été négligé** no stone has been left unturned, nothing has been left to chance ◆ **ne rien négliger pour réussir** to leave no stone unturned ou leave nothing to chance in an effort to succeed

**b** (= ne pas prendre la peine de) **négliger de** to neglect to ◆ **il a négligé de le faire** he didn't bother ou he neglected to do it ◆ **ne négligez pas de prendre vos papiers** be sure to ou don't neglect to take your papers

[2] **se négliger** vpr (santé) to neglect o.s., not to look after o.s.; (tenue) to neglect ou not to look after one's appearance

**négoce** [negɔs] → SYN nm **a** (Écon) trade ◆ **le négoce international** international trade ou trading ◆ **faire du négoce** to be in business ◆ **faire du négoce avec un pays** to trade with a country ◆ **il fait le négoce de** he trades ou deals in

**b** († = boutique, affaire) business ◆ **dans mon négoce** in my trade ou business ◆ **il tenait un négoce de fruits et légumes** he sold fruit and vegetables, he had a greengrocery business (surtout Brit)

**négociabilité** [negɔsjabilite] nf negotiability

**négociable** [negɔsjabl] → SYN adj negotiable

**négociant, e** [negɔsjɑ̃, jɑ̃t] → SYN nm,f merchant ◆ **négociant en gros** wholesaler ◆ **négociant en vin(s)** wine merchant

**négociateur, -trice** [negɔsjatœʀ, tʀis] → SYN nm,f (Comm, Pol) negotiator

**négociation** [negɔsjasjɔ̃] → SYN nf (Comm, Pol) negotiation ◆ **engager** ou **entamer des négociations** to enter into negotiations ◆ **négociations commerciales** trade talks ◆ **négociations salariales/bilatérales** wage/bilateral negotiations ou talks ◆ **le contrat est actuellement en négociation** the contract is currently under negotiation

**négocier** [negɔsje] → SYN ▸ conjug 7 ◂ [1] vi (Pol) to negotiate; (†† : Comm) to trade

[2] vt (gén, Fin, Pol) to negotiate ◆ **négocier un virage** to negotiate a bend

**négondo** [negɔ̃do] nm box elder, ash-leaved maple

**nègre** [nɛgʀ] → SYN [1] nm **a** (†, injurieux = personne) Negro ◆ **travailler comme un nègre** to work like a slave, slave away

**b** (péj = écrivain) ghost (writer)

**c** (Culin) **nègre en chemise** chocolate and cream dessert

[2] adj (†, injurieux) Negro (épith); → **art**

**négresse** [negʀɛs] nf (†, injurieux) Negress

**négrier, -ière** [negʀije, ijɛʀ] [1] adj slave (épith) ◆ **(bateau) négrier** slave ship ◆ **(capitaine) négrier** slave-ship captain

[2] nm (= marchand d'esclaves) slave trader; (fig péj = patron) slave driver *

**négrillon** ** [negʀijɔ̃] nm (injurieux) piccaninny ** (injurieux)

**négrillonne** ** [negʀijɔn] nf (injurieux) piccaninny ** (injurieux)

**négritude** [negʀityd] nf negritude

**négro** ** [negʀo] nm (injurieux) nigger ** (injurieux)

**négro-africain, e,** mpl **négro-africains** [negʀoafʀikɛ̃, ɛn] adj littérature of Sub-Saharan Africa and the African diaspora; population of Sub-Saharan Africa

**négro-américain, e,** mpl **négro-américains** [negʀoameʀikɛ̃, ɛn] adj, nm,f African-American, Afro-American

**négroïde** [negʀɔid] adj Negroid

**negro-spiritual,** pl **negro-spirituals** [negʀospiʀitɥɔl] → SYN nm Negro spiritual

**Néguev** [negɛv] nm ◆ **le désert du Néguev** the Negev desert

**négus** [negys] nm (= titre) Negus

**neige** [nɛʒ] [1] nf **a** (Mét) snow; (arg Drogue = cocaïne) snow (arg) ◆ **le temps est à la neige** it looks like (it's going to) snow ◆ **aller à la neige** * to go to the ski resorts, go on a skiing holiday ◆ **cheveux/teint de neige** snow-white hair/complexion

**b** (Culin) **battre** ou **faire monter des blancs en neige** to whisk ou beat (up) egg whites to form stiff peaks ◆ **blancs** ou **œufs battus en neige** stiffly beaten egg whites

**2** COMP ▷ **neige artificielle** artificial snow ▷ **neige carbonique** dry ice ▷ **neiges éternelles** eternal ou everlasting snow(s) ▷ **neige fondue** (= pluie) sleet; (par terre) slush ▷ **neige fraîche** fresh snow, newly fallen snow ▷ **neige poudreuse** powder snow ▷ **neige pourrie** slush ▷ **neige de printemps** spring snow; → **bonhomme, boule, train** etc

**neiger** [neʒe] → SYN ▸ conjug 3 ◂ vb impers to snow ◆ **il neige** it's snowing

**neigeux, -euse** [nɛʒø, øz] adj sommet snow-covered, snow-clad; temps, aspect snowy

**nélombo** [nelɔ̃bo] nm nelumbo

**nem** [nɛm] nm (Vietnamese) small spring roll

**némale** [nemal] nm nemalion

**némathelminthes** [nematɛlmɛ̃t] nmpl ◆ **les némathelminthes** nemathelminths, the Nemathelminthes (SPÉC)

**nématocyste** [nematɔsist] nm nematocyst

**nématode** [nematɔd] nm nematode (worm) ◆ **les nématodes** nematodes, Nematoda (SPÉC)

**nématodes** [nematɔd] nmpl ◆ **les nématodes** nematodes, the Nematoda (SPÉC)

**Némésis** [nemezis] nf Nemesis

**néné** ‡ [nene] nm boob ‡, tit ‡

**nénette** * [nenɛt] nf (= jeune femme) chick ‡, bird ‡ (Brit); → **casser 3b**

**nenni** [neni] adv (†† ou régional = non) nay

**nénuphar** [nenyfaʀ] → SYN nm water lily

**néo-** [neo] préf neo- ◆ **néo-libéral/-gaulliste** neo-conservative/-Gaullist

**néoblaste** [neɔblast] nm neoblast

**néo-calédonien, -ienne** [neokaledɔnjɛ̃, jɛn] **1** adj New Caledonian

**2** **Néo-Calédonien(ne)** nm,f New Caledonian

**néo-canadien, -ienne** [neokanadjɛ̃, jɛn] **1** adj New Canadian

**2** **Néo-Canadien(ne)** nm,f New Canadian

**néocapitalisme** [neokapitalism] nm neocapitalism

**néocapitaliste** [neokapitalist] adj neocapitalist

**néoclassicisme** [neoklasisism] nm neoclassicism

**néoclassique** [neoklasik] adj neoclassical

**néocolonialisme** [neokɔlɔnjalism] nm neocolonialism

**néocolonialiste** [neokɔlɔnjalist] adj neocolonialist

**néocomien, -ienne** [neokɔmjɛ̃, jɛn] **1** adj Neocomian

**2** nm ◆ **le néocomien** the Necomian (division)

**néocortex** [neokɔʀtɛks] nm neocortex, isocortex

**néodarwinisme** [neodaʀwinism] nm neo-Darwinism

**néodyme** [neɔdim] nm neodymium

**néo-écossais, e** [neoekɔsɛ, ɛz] adj, nm,f Nova Scotian

**néofascisme, néo-fascisme,** pl **néo-fascismes** [neofaʃism] nm neofascism

**néofasciste, néo-fasciste,** pl **néo-fascistes** [neofaʃist] adj, nmf neofascist

**néoformation** [neofɔʀmasjɔ̃] nf (Méd) neoplasm; (Bot) neoformation, new growth

**néoformé, e** [neofɔʀme] adj (Méd) neoplastic; (Bot) newly grown

**néogène** [neɔʒɛn] nm ◆ **le néogène** the Neocene

**néoglucogenèse** [neoglykoʒənɛz] nf gluconeogenesis, glyconeogenesis

**néogothique** [neogɔtik] adj, nm neogothic

**néogrec, néogrecque** [neogʀɛk] adj Neo-Greek

**néo-impressionnisme** [neoɛ̃pʀesjɔnism] nm neoimpressionism

**néokantisme** [neokɑ̃tism] nm Neo-Kantianism

**néo-libéralisme** [neolibeʀalism] nm neoconservatism

**néolithique** [neɔlitik] adj, nm neolithic

**néologie** [neɔlɔʒi] nf neology

**néologique** [neɔlɔʒik] adj neological

**néologisme** [neɔlɔʒism] → SYN nm neologism

**néomycine** [neɔmisin] nf neomycin

**néon** [neɔ̃] nm (= gaz) neon; (= éclairage) neon lighting (NonC)

**néonatal, e,** mpl **néonatals** [neonatal] adj neonatal

**néonatologie** [neonatɔlɔʒi], **néonatalogie** [neonatalɔʒi] nf neonatology

**néonazi, e** [neonazi] adj, nm,f neo-Nazi

**néonazisme** [neonazism] nm neo-Nazism

**néophyte** [neɔfit] → SYN **1** adj neophytic

**2** nmf (Rel) neophyte; (fig) novice, neophyte (frm)

**néoplasique** [neɔplazik] adj neoplastic

**néoplasme** [neɔplasm] nm neoplasm

**néoplatonicien, -ienne** [neoplatɔnisjɛ̃, jɛn] **1** adj neoplatonic

**2** nm,f neoplatonist

**néoplatonisme** [neoplatɔnism] nm Neo-Platonism

**néopositivisme** [neopozitivism] nm logical positivism

**néopositiviste** [neopozitivist] adj, nmf logical positivist

**néoprène** [neɔpʀɛn] nm ◆ **colle au néoprène** neoprene glue

**néoprotectionnisme** [neopʀɔtɛksjɔnism] nm neoprotectionism

**néoréalisme** [neoʀealism] nm neorealism

**néoréaliste** [neoʀealist] adj neorealist

**néoténie** [neɔteni] nf neoteny

**néothomisme** [neotɔmism] nm Neo-Thomism

**néottie** [neɔti] nf bird's-nest orchid

**néo-zélandais, e** [neoʒelɑ̃dɛ, ɛz] **1** adj New Zealand (épith)

**2** **Néo-Zélandais(e)** nm,f New Zealander

**Népal** [nepal] nm Nepal

**népalais, e** [nepalɛ, ɛz] **1** adj Nepalese, Nepali

**2** nm (Ling) Nepalese, Nepali

**3** **Népalais(e)** nm,f Nepalese, Nepali

**nèpe** [nɛp] nf water scorpion

**népenthès** [nepɛ̃tɛs] nm **a** (Hist) nepenthe

**b** (Bot) pitcher plant

**népérien, -ienne** [nepeʀjɛ̃, jɛn] adj Nap(i)erian ◆ **logarithmes népériens** natural ou Nap(i)erian logarithms

**népète** [nepɛt] nf nepeta

**néphélométrie** [nefelɔmetʀi] nf nephelometry

**néphrectomie** [nefʀɛktɔmi] nf nephrectomy

**néphrétique** [nefʀetik] adj, nmf nephritic; → **colique**

**néphridie** [nefʀidi] nf nephridium

**néphrite** [nefʀit] nf **a** (Méd) nephritis ◆ **avoir une néphrite** to have nephritis

**b** (= jade) nephrite

**néphrographie** [nefʀɔgʀafi] nf nephrography

**néphrologie** [nefʀɔlɔʒi] nf nephrology

**néphrologue** [nefʀɔlɔg] nmf nephrologist, kidney specialist

**néphron** [nefʀɔ̃] nm nephron

**néphropathie** [nefʀopati] nf nephropathy

**néphrose** [nefʀoz] nf nephrosis

**népotisme** [nepɔtism] → SYN nm nepotism

**Neptune** [nɛptyn] nm, nf (Astron, Myth) Neptune

**neptunium** [nɛptynjɔm] nm neptunium

**néréide** [neʀeid] nf (Myth, Zool) nereid

**nerf** [nɛʀ] → SYN **1** nm **a** (Anat) nerve

**b** (LOC) **avoir les nerfs malades** to suffer from nerves ◆ **avoir les nerfs fragiles** to be highly strung ◆ **avoir les nerfs à vif** to be very edgy ou nervy (Brit), be on edge ◆ **avoir les nerfs en boule** * ou **en pelote** * to be very tensed up ou tense ou edgy ◆ **avoir les nerfs à toute épreuve** ou **des nerfs d'acier** to have nerves of steel ◆ **avoir ses nerfs** to have an attack ou a fit of nerves, have a temperamental outburst ◆ **être sur les nerfs** to be all keyed up * ◆ **vivre sur les nerfs** to live on one's nerves ◆ **porter** ou **taper** * **sur les nerfs de qn** to get on sb's nerves ◆ **passer ses nerfs sur qn** to take it out on sb ◆ **ça me met les nerfs à vif** that gets on my nerves ◆ **ça va te calmer les nerfs** that will calm ou settle your nerves ◆ **ses nerfs ont été ébranlés** that shook him ◆ **ses nerfs ont craqué** * ou **lâché** * he went to pieces ou cracked up *; → **bout, crise, fleur**

**c** (= vigueur) **allons du nerf !** ou **un peu de nerf !** come on, buck up! * ou show some spirit! ◆ **son style a du nerf** he has a vigorous style ◆ **c'est une voiture qui a du nerf** it's a responsive car ◆ **dépêche-toi, ça manque de nerf tout ça !** come on, get a move on, let's have some life about you! ◆ **l'argent est le nerf de la guerre** money is the sinews of war

**d** ( * = tendon) nerve ◆ **nerfs** [viande] gristle (NonC)

**e** (Reliure) cord

**2** COMP ▷ **nerf de bœuf** † cosh (Brit), ≃ blackjack (US) ▷ **nerf gustatif** gustatory nerve ▷ **nerf moteur** motor nerve ▷ **nerf optique** optic nerve ▷ **nerf pneumogastrique** vagus ▷ **nerf sensitif** sensory nerve ▷ **nerf vague** vagus

**néritique** [neʀitik] adj neritic

**néroli** [neʀɔli] nm neroli

**Néron** [neʀɔ̃] nm Nero

**nerprun** [nɛʀpʀœ̃] nm buckthorn

**nervation** [nɛʀvasjɔ̃] nf venation, nervation

**nerveusement** [nɛʀvøzmɑ̃] adv (= d'une manière excitée) nervously, tensely; (= de façon irritable) irritably, touchily; (= avec vigueur) energetically, vigorously ◆ **ébranlé nerveusement** shaken, with shaken nerves

**nerveux, -euse** [nɛʀvø, øz] → SYN **1** adj **a** (Méd) tension, dépression, fatigue, système nervous; (Anat) cellule, centre, tissu nerve (épith) ◆ **pourquoi pleures-tu ? – c'est nerveux !** why are you crying? – it's (my) nerves!; → **grossesse, système**

**b** (= agité) personne, animal, rire nervous, tense; (= irritable) irritable, touchy; (Écon) marché nervous, jumpy, jittery ◆ **ça me rend nerveux** (= anxieux) it makes me nervous; (= excité, tendu) it puts me on edge

**c** (= vigoureux) corps energetic, vigorous; animal spirited, skittish; moteur, voiture responsive; style energetic, vigorous ◆ **il n'est pas très nerveux dans ce qu'il fait** he's not very energetic in what he does, he doesn't do anything with very much dash ou spirit

**d** (= sec) personne, main wiry; viande gristly

**2** nm,f ◆ **c'est un grand nerveux** he's very highly strung (Brit) ou high-strung (US)

**nervi** [nɛʀvi] → SYN nm (gén pl) bully boy, hatchet man

**nervosité** [nɛʀvozite] → SYN nf **a** (= agitation) (permanente) nervousness, excitability; (passagère) nervousness, agitation, tension; (Écon) [marché] nervousness, jumpiness, jitteriness ◆ **dans un état de grande nervosité** in a highly nervous state, in a state of great agitation

**b** (= irritabilité) (permanente) irritability; (passagère) irritability, touchiness

**c** [moteur] responsiveness ◆ **manque de nervosité** sluggishness

**nervure** [nɛʀvyʀ] → SYN nf (Bot, Zool) nervure, vein; (Archit, Tech) rib; (Typo) raised band

**nervuré, e** [nɛʀvyʀe] adj feuille veined, nervate (SPÉC); aile veined; couvercle, voûte ribbed

**Nescafé ®** [nɛskafe] nm Nescafé ®, instant coffee

**n'est-ce pas** [nɛspɑ] adv **a** (appelant l'acquiescement) isn't it?, doesn't he? etc (*selon le verbe qui précède*) ◆ **il est fort, n'est-ce pas ?** he's strong, isn't he? ◆ **c'est bon, n'est-ce pas ?** it's nice, isn't it? ou don't you think? ◆ **il n'est pas trop tard, n'est-ce pas ?** it's not too late, is it? ◆ **tu iras, n'est-ce pas ?** you will go, won't you?

**b** (intensif) **n'est-ce pas que c'est bon/difficile ?** it's nice/difficult, isn't it? ◆ **eux, n'est-ce pas, ils peuvent se le permettre** (iro) of course they can afford to do it ◆ **le problème, n'est-ce pas, c'est qu'il s'en fiche** the problem is (that) he doesn't care, you see

**nestorianisme** [nɛstɔʀjanism] nm Nestorianism

**nestorien, -ienne** [nɛstɔʀjɛ̃, jɛn] nm,f Nestorian

**Net** [nɛt] nm (abrév de **Internet**) ◆ **le Net** the Net

**net[1], nette** [nɛt] → SYN [1] adj **a** (= propre : après nom) surface, ongles, mains clean; intérieur, travail, copie neat, tidy ◆ **elle est toujours très nette (dans sa tenue)** she's always neatly dressed ou turned out, she's always very neat and tidy ◆ **avoir la conscience nette** to have a clear conscience

◆ **au net** ◆ **mettre au net** rapport, devoir to copy out, make a neat ou fair copy of; plan, travail to tidy up ◆ **mise au net** copying out, tidying up

**b** (Comm, Fin : après nom) bénéfice, prix, poids net ◆ **net de** free of ◆ **emprunt net de tout impôt** tax-free loan ◆ **revenu net** disposable income

**c** (= clair, précis : après nom) idée, explication, esprit clear; (= sans équivoque) réponse straight, clear, plain; refus flat (épith); situation, position clear-cut ◆ **je serai net avec vous** I shall be (quite) candid ou frank with you ◆ **son attitude dans cette affaire n'est pas très nette** his attitude in this matter is a bit dubious ◆ **ce type n'est pas très net** * (bizarre) that guy's slightly odd ou strange *; (fou) that guy's slightly mad *

**d** (= marqué, évident) différence, amélioration marked, distinct, sharp; distinction marked, sharp, clear(-cut); avantage clear ◆ **il y a une très nette odeur** ou **une odeur très nette de brûlé** there's a distinct ou a very definite smell of burning ◆ **il est très net qu'il n'a aucune intention de venir** it's quite clear ou obvious that he doesn't intend to come

**e** (= distinct : après nom) dessin, écriture clear; ligne, contour, image sharp; voix, son clear, distinct; cassure, coupure clean ◆ **j'ai un souvenir très net de sa visite** I remember his visit very clearly, I have a very clear ou vivid memory of his visit

[2] adv **a** (= brusquement) s'arrêter dead ◆ **se casser net** to snap (in two), break clean through ◆ **il a été tué net** he was killed outright ou instantly

**b** (= franchement) refuser flatly, point-blank ◆ **il (m')a dit tout net que ...** he made it quite clear (to me) that ..., he told me frankly ou bluntly that ... ◆ **parlons net** let's be frank ◆ **je vous le dis tout net** I'm telling you ou I'm giving it to you straight *, I'm telling you bluntly ou frankly ◆ **pour vous** ou **à parler net** to be blunt ou frank with you

**c** (Comm) net ◆ **il reste 40 € net** there remains €40 net ◆ **cela pèse 2 kg net** it weighs 2 kg net

[3] nm (Écon) ◆ **le net** net profit

**net[2]** [nɛt] [1] adj inv (Tennis) net (épith)

[2] nm net shot

**nettement** [nɛtmɑ̃] adv **a** (= sans ambiguïté) expliquer, répondre clearly ◆ **il refusa nettement** he flatly refused, he refused point-blank ◆ **je lui ai dit nettement ce que j'en pensais** I told him bluntly ou frankly what I thought of it ◆ **il a nettement pris position contre nous** he has clearly ou quite obviously taken up a stance against us

**b** (= distinctement) apercevoir, entendre, se souvenir clearly, distinctly; se détacher, apparaître clearly, distinctly, sharply

**c** (= incontestablement) s'améliorer, se différencier markedly, distinctly; mériter definitely ◆ **j'aurais nettement préféré ne pas venir** I would have definitely ou distinctly preferred not to come ◆ **ça va nettement mieux** things are decidedly ou distinctly better ◆ **nettement meilleur/plus grand** markedly ou distinctly better/bigger ◆ **coûter nettement moins cher** to cost much less ou a great deal less ◆ **ils sont nettement moins nombreux** there are far fewer of them ◆ **arriver nettement en avance** to arrive far too early

**netteté** [nɛtte] → SYN nf **a** (= propreté) [tenue, travail] neatness

**b** (= clarté) [explication, expression, esprit, idées] clearness, clarity

**c** (= caractère distinct) [dessin, écriture] clearness; [contour, image] sharpness, clarity, clearness; [souvenir, voix, son] clearness, clarity; [cassure] cleanness

**nettoiement** [nɛtwamɑ̃] → SYN nm [rues] cleaning; (Agr) [terre] clearing ◆ **service du nettoiement** refuse disposal ou collection service

**nettoyable** [nɛtwajabl] adj ◆ **facilement/difficilement nettoyable** easy/difficult to clean ◆ **nettoyable à sec** dry-cleanable

**nettoyage** [nɛtwajaʒ] nm (gén) cleaning; [plage, rue, rivière] cleaning (up); [écurie, cage, réfrigérateur] cleaning (out); (Mil, Police) cleaning up ou out ◆ **faire le nettoyage par le vide** * to throw everything out ◆ **nettoyage de printemps** spring-cleaning ◆ **nettoyage à sec** dry cleaning ◆ **un nettoyage complet** a thorough cleanup ◆ **nettoyage de peau** skin cleansing ◆ **opération de nettoyage** (Mil) mopping-up operation ◆ **entreprise/produit de nettoyage** cleaning firm/agent ◆ **ils ont fait du nettoyage dans cette entreprise** (fig) they've got rid of the deadwood in this company; → **ethnique**

**nettoyant, e** [nɛtwajɑ̃, ɑ̃t] [1] adj cleaning (épith)

[2] nm cleaner

**nettoyer** [nɛtwaje] → SYN ▸ conjug 8 ◂ vt **a** (gén) [+ objet] to clean; [+ plaie] to cleanse, clean; [+ jardin] to clear; [+ canal, rue, plage] to clean (up); [+ écurie, cage, réfrigérateur] to clean (out) ◆ **nettoyer au chiffon** ou **avec un chiffon** to dust ◆ **nettoyer au balai** to sweep (out) ◆ **nettoyer à l'eau/avec du savon** to wash in water/with soap ◆ **nettoyer à la brosse** to brush (out) ◆ **nettoyer à l'éponge** to sponge (down) ◆ **nettoyer à sec** to dry-clean ◆ **nettoyez-vous les mains au robinet** wash your hands under the tap, give your hands a rinse under the tap ◆ **nettoyer son assiette** (hum) to clean one's plate ◆ **le chien avait nettoyé le réfrigérateur** * (hum) the dog had cleaned out ou emptied the fridge ◆ **l'orage a nettoyé le ciel** the storm has cleared away the clouds

**b** * [+ personne] (= tuer) to kill, finish off *; (= ruiner) to clean out; (= fatiguer) to wear out ◆ **il a été nettoyé en une semaine par la grippe** the flu finished him off * ou did for him * in a week ◆ **nettoyer son compte en banque** to clear one's bank account ◆ **se faire nettoyer au jeu** to be cleaned out at gambling

**c** (Mil, Police) to clean out ou up

**nettoyeur, -euse** [nɛtwajœʀ, øz] → SYN nm,f cleaner

**Neuchâtel** [nøʃatɛl] n Neuchâtel ◆ **le lac de Neuchâtel** Neuchâtel Lake

**neuf[1]** [nœf] adj inv, nm inv (= chiffre) nine; → **preuve** ; pour loc voir **six**

**neuf[2], neuve** [nœf, nœv] → SYN [1] adj (gén) new; vision, esprit, pensée fresh, new; pays young, new ◆ **quelque chose de neuf** something new ◆ **regarder qch avec un œil neuf** to look at sth with new eyes ou a fresh eye ◆ **être neuf dans le métier/en affaires** to be new to the trade/to business ◆ **à l'état neuf, comme neuf** as good as new, as new ◆ **c'est tout neuf** [objet] it's brand new ◆ **son bonheur tout neuf** (littér) his new-found happiness; → **flambant, peau**

[2] nm new ◆ **il y a du neuf** something new has turned up, there's been a new development ◆ **quoi de/rien de neuf ?** what's/nothing new? ◆ **faire du neuf** (politique) to introduce new ou fresh ideas; (artisanat) to make new things ◆ **être vêtu** ou **habillé de neuf** to be wearing new clothes, have new clothes on ◆ **son appartement est meublé de neuf** all the furniture in his flat is new ◆ **remettre** ou **refaire à neuf** to do up like new ou as good as new ◆ **remise à neuf** restoration ◆ **repeindre un appartement à neuf** to redecorate a flat ◆ **on ne peut pas faire du neuf avec du vieux** you can't make new things out of old

**neural, e,** pl **-aux** [nøʀal, o] adj neural

**neurasthénie** [nøʀasteni] → SYN nf (gén) depression; (Méd) neurasthenia (SPÉC) ◆ **faire de la neurasthénie** to be depressed, be suffering from depression

**neurasthénique** [nøʀastenik] [1] adj depressed, depressive; (Méd) neurasthenic (SPÉC)

[2] nmf depressed person, depressive; (Méd) neurasthenic (SPÉC)

**neuro...** [nøʀɔ] préf neuro...

**neurobiologie** [nøʀobjɔlɔʒi] nf neurobiology

**neurobiologiste** [nøʀobjɔlɔʒist] nmf neurobiologist

**neuroblaste** [nøʀoblast] nm neuroblast

**neurochimie** [nøʀoʃimi] nf neurochemistry

**neurochirurgical, e,** mpl **-aux** [nøʀoʃiʀyʀʒikal, o] adj neurosurgical

**neurochirurgie** [nøʀoʃiʀyʀʒi] nf neurosurgery

**neurochirurgien, -ienne** [nøʀoʃiʀyʀʒjɛ̃, jɛn] nm,f neurosurgeon

**neurodégénératif, -ive** [nøʀodeʒeneʀatif, iv] adj maladie, affection neurodegenerative

**neuroendocrinien, -ienne** [nøʀoɑ̃dɔkʀinjɛ̃, jɛn] adj neuroendocrine

**neuroendocrinologie** [nøʀoɑ̃dɔkʀinɔlɔʒi] nf neuroendocrinology

**neuroleptique** [nøʀɔlɛptik] → SYN adj, nm neuroleptic

**neurolinguistique** [nøʀolɛ̃gɥistik] nf neurolinguistics sg

**neurologie** [nøʀɔlɔʒi] nf neurology

**neurologique** [nøʀɔlɔʒik] adj neurological

**neurologiste** [nøʀɔlɔʒist], **neurologue** [nøʀɔlɔg] nmf neurologist

**neuromédiateur** [nøʀomedjatœʀ] nm neurotransmitter

**neuromusculaire** [nøʀomyskylɛʀ] adj neuromuscular

**neuronal, e,** mpl **-aux** [nøʀɔnal, o] adj (Méd) neuronal; (Ordin) neural ◆ **réseau neuronal** neural network ◆ **ordinateur neuronal** neurocomputer, neural computer

**neurone** [nøʀɔn] nm neuron

**neuropathie** [nøʀopati] nf neuropathy

**neuropathologie** [nøʀopatɔlɔʒi] nf neuropathology

**neuropeptide** [nøʀopɛptid] nm neuropeptide

**neurophysiologie** [nøʀofizjɔlɔʒi] nf neurophysiology

**neurophysiologique** [nøʀofizjɔlɔʒik] adj neurophysiological

**neurophysiologiste** [nøʀofizjɔlɔʒist] nmf neurophysiologist

**neuroplégique** [nøʀopleʒik] adj, nm neuroplegic

**neuropsychiatre** [nøʀopsikjatʀ] nmf neuropsychiatrist

**neuropsychiatrie** [nøʀopsikjatʀi] nf neuropsychiatry

**neuropsychiatrique** [nøʀopsikjatʀik] adj neuropsychiatric

**neuropsychologie** [nøʀopsikɔlɔʒi] nf neuropsychology

**neuropsychologue** [nøʀopsikɔlɔg] nmf neuropsychologist

**neurosciences** [nøʀosjɑ̃s] nfpl neuroscience

**neurotoxine** [nøʀotɔksin] nf neurotoxin

**neurotoxique** [nøʀotɔksik] adj neurotoxic

**neurotransmetteur** [nøʀotʀɑ̃smetœʀ] nm neurotransmitter

**neurotrope** [nøʀɔtʀɔp] adj neurotropic

**neurovégétatif, -ive, neuro-végétatif, -ive** mpl **neuro-végétatifs** [nøʀoveʒetatif, iv] adj neurovegetative

**neurula** [nøʀyla] nf neurula

**neutralisant, e** [nøtʀalizɑ̃, ɑ̃t] adj neutralizing

**neutralisation** [nøtʀalizasjɔ̃] nf neutralization

**neutraliser** [nøtʀalize] → SYN ▸ conjug 1 ◂ [1] vt (Mil, Pol, Sci) to neutralize; [+ gardien, agresseur] to overpower ◆ **la voie de gauche est neutralisée** (sur autoroute) the left-hand lane is closed to traffic ◆ **les poubelles sont neutralisées** the bins have been sealed

[2] **se neutraliser** vpr ◆ **les deux influences/produits se neutralisent** the two influences/products cancel each other out

**neutralisme** [nøtʀalism] nm neutralism

**neutraliste** [nøtʀalist] adj, nmf neutralist

**neutralité** [nøtʀalite] → SYN **nf** neutrality ◆ **rester dans la neutralité** to remain neutral ◆ **neutralité bienveillante** benevolent neutrality

**neutre** [nøtʀ] → SYN **1** **adj** (gén, Chim, Élec, Pol, Phon) neutral; (Ling, Zool) neuter; style neutral, colourless (Brit), colorless (US); (= sans excès) solution middle-of-the-road ◆ **rester neutre** (dans un conflit) to remain neutral, not to take sides (*dans* in)

**2** **nm** (Ling) (= genre) neuter; (= nom) neuter noun; (Élec) neutral; (Zool) neuter (animal) ◆ **les neutres** the neutral nations

**neutrino** [nøtʀino] **nm** neutrino

**neutrographie** [nøtʀɔgʀafi] **nf** neutron radiography

**neutron** [nøtʀɔ̃] **nm** neutron; → **bombe**

**neutronique** [nøtʀɔnik] **adj** neutron (épith)

**neutrophile** [nøtʀɔfil] **1** **adj** neutrophil(e)

**2** **nm** neutrophil(e), polymorph

**neuvain** [nœvɛ̃] **nm** nine-line poem

**neuvaine** [nœvɛn] → SYN **nf** novena ◆ **faire une neuvaine** to make a novena

**neuvième** [nœvjɛm] **adj, nmf** ninth; pour loc voir **sixième**

**neuvièmement** [nœvjɛmmɑ̃] **adv** ninthly, in the ninth place; pour loc voir **sixièmement**

**Nevada** [nevada] **nm** Nevada

**ne varietur** [nevaʀjetyʀ] **1** **loc adj** édition definitive

**2** **loc adv** without any variation

**névé** [neve] **nm** névé, firn

**neveu**, pl **neveux** [n(ə)vø] → SYN **nm** nephew; (††, littér = descendant) descendant ◆ **un peu, mon neveu !** * you bet! *, of course!, and how! *

**névralgie** [nevʀalʒi] → SYN **nf** neuralgia (NonC) ◆ **névralgie dentaire** dental neuralgia ◆ **avoir des névralgies** to suffer from neuralgia

**névralgique** [nevʀalʒik] **adj** neuralgic ◆ **centre** ou **point névralgique** (Méd) nerve centre; (fig) (= point sensible) sensitive spot; (= point capital) nerve centre

**névraxe** [nevʀaks] **nm** neuraxis

**névrite** [nevʀit] **nf** neuritis (NonC)

**névritique** [nevʀitik] **adj** neuritic

**névrodermite** [nevʀodɛʀmit] **nf** neurodermatitis, neurodermatosis

**névroglie** [nevʀɔgli] **nf** neuroglia

**névropathe** [nevʀɔpat] **1** **adj** neuropathic, neurotic

**2** **nmf** neuropath, neurotic

**névropathie** [nevʀɔpati] **nf** neuropathy

**névrose** [nevʀoz] → SYN **nf** neurosis ◆ **névrose obsessionnelle** obsessional neurosis ◆ **névrose phobique** phobia

**névrosé, e** [nevʀoze] → SYN **adj, nm,f** neurotic

**névrotique** [nevʀɔtik] **adj** neurotic

**New Delhi** [njudɛli] **n** New Delhi

**New Hampshire** [njuɑ̃pʃəʀ] **nm** New Hampshire

**New Jersey** [njuʒɛʀze] **nm** New Jersey

**new-look** * [njuluk] → SYN **adj, nm inv** new look

**Newton** [njutɔn] **nm** (= savant) Newton ◆ **newton** (= unité) newton

**newtonien, -ienne** [njutɔnjɛ̃, jɛn] **adj** Newtonian

**New York** [njujɔʀk] **1** **n** (= ville) New York

**2** **nm** ◆ **l'État de New York** New York State

**new-yorkais, e** [njujɔʀkɛ, ɛz] **1** **adj** New-York (épith), of ou from New York

**2** **New-Yorkais(e)** **nm,f** New Yorker

**nez** [ne] → SYN **nm** **a** (= organe) nose ◆ **avoir le nez grec/aquilin** to have a Grecian/an aquiline nose ◆ **nez épaté** ou **écrasé** ou **aplati** flat nose ◆ **nez en trompette** turned-up nose ◆ **nez en pied de marmite** bulbous turned-up nose ◆ **ton nez remue, tu mens** I can tell by looking at you that you're lying ◆ **parler du nez** to talk through one's nose ◆ **cela se voit comme le nez au milieu de la figure** ou **du visage** it's as plain as the nose on your face, it sticks out a mile ◆ **cela sent le brûlé à plein nez** there's a strong smell of burning ◆ **le bureau sentait la fumée à plein nez** the office reeked of cigarette smoke

**b** (= visage, face) **le nez en l'air** ou **au vent** with one's nose in the air ◆ **où est mon sac ? – tu as le nez dessus !** ou **sous ton nez !** where's my bag? – (right) under your nose! ◆ **baisser/lever le nez** to bow/raise one's head ◆ **le nez dans son assiette** with his head bent over his plate ◆ **il ne lève jamais le nez de ses livres** he's always got his nose in a book, he's a real bookworm * ◆ **il ne lève jamais le nez de son travail** he never looks up from his work ◆ **mettre le nez** ou **son nez à la fenêtre/au bureau** to show one's face at the window/at the office ◆ **je n'ai pas mis le nez dehors hier** I didn't put my nose outside the door yesterday ◆ **il fait un temps à ne pas mettre le nez dehors** it's weather you wouldn't put a dog out in ◆ **rire/fermer la porte au nez de qn** to laugh/shut the door in sb's face ◆ **elle m'a raccroché au nez** (au téléphone) (couper la communication) she hung up on me; (avec colère) she slammed the phone down on me ◆ **faire qch au nez et à la barbe de qn** to do sth under sb's very nose ◆ **regarder qn sous le nez** to stare sb in the face ◆ **sous son nez** (right) under his nose, under his (very) nose ◆ **se trouver nez à nez avec qn** to find o.s. face to face with sb ◆ **faire un (drôle de) nez** to pull a (funny) face

**c** (= flair) **il a du nez** he has good instincts ◆ **en affaires, il a du nez** ou **le nez fin** he has a flair for business ◆ **j'ai eu le nez creux de m'en aller** * I had a hunch that I should leave; → **vue²**

**d** (Aviat, Naut) nose ◆ **sur le nez** (Naut) down at the bows; → **piquer**

**e** (= créateur de parfums, Œnol) nose

**f** (Loc) **avoir qn dans le nez** * to have it in for sb *, have something against sb ◆ **il m'a dans le nez** * he's got it in for me *, he's got something against me ◆ **avoir un verre** ou **un coup dans le nez** * to have had one too many *, have had a drop too much * ◆ **se manger** ou **se bouffer le nez** * to be at each others' throats ◆ **mettre** ou **fourrer** * **le** ou **son nez dans qch** to poke ou stick * one's nose into sth, nose ou pry into sth ◆ **l'affaire lui est passée sous le nez** * the bargain slipped through his fingers ◆ **je vais lui mettre le nez dans sa crotte** ‡ ou **son caca** ‡ ou **sa merde** *‡ I'll rub his (ou her) nose in it * ◆ **montrer (le bout de)** ou **pointer son nez** (= se manifester) to make an appearance, show up ◆ **il a montré** ou **pointé le bout de son nez à la porte et il a disparu** he popped his head round the door ou he just showed his face then disappeared ◆ **aujourd'hui, le soleil montre le bout de son nez** today the sun has peeped through; → **casser, doigt, mener**

**NF** [ɛnɛf] **a** (abrév de **norme française**) **avoir le label NF** to have the mark of the approved French standard of manufacture, ≈ have the Kite mark (Brit)

**b** (abrév de **nouveau(x) franc(s)**) → **franc²**

**ni** [ni] **conj** (après la négation) nor, or ◆ **il ne boit ni ne fume** he doesn't drink or smoke, he neither drinks nor smokes ◆ **il ne pouvait (ni) parler ni entendre** he could neither speak nor hear, he couldn't speak or hear ◆ **personne ne l'a (jamais) aidé ni (même) encouragé** nobody (ever) helped or (even) encouraged him ◆ **je ne veux ni ne peux accepter** I neither wish to nor can accept, I don't wish to accept, nor can I ◆ **il ne veut pas, ni moi non plus** he doesn't want to and neither do I ou and nor do I

◆ **ni ... ni ...** neither ... nor ... ◆ **ni lui ni moi** neither he nor I, neither of us, neither him nor me * ◆ **ni l'un ni l'autre** neither one nor the other, neither of them ◆ **ni d'un côté ni de l'autre** on neither one side nor the other, on neither side ◆ **il n'a dit ni oui ni non** he didn't say either yes or no ◆ **ni vu ni connu (je t'embrouille)** * no one'll be any the wiser * ◆ **il n'est ni plus bête ni plus paresseux qu'un autre** he is neither more stupid nor any lazier than anyone else, he's no more stupid and no lazier than anyone else

◆ **ni plus ni moins** ◆ **elle est secrétaire, ni plus ni moins** she's just a secretary, no more no less

**niable** [njabl] **adj** deniable ◆ **cela n'est pas niable** that's undeniable, you can't deny that

**Niagara** [njagaʀa] **nm** ◆ **le Niagara** the Niagara (river); → **chute**

**niais, niaise** [njɛ, njɛz] → SYN **1** **adj** personne, air silly; rire, sourire, style, livre, film silly, inane

**2** **nm,f** simpleton ◆ **pauvre niais !** poor fool!

**niaisement** [njɛzmɑ̃] **adv** rire inanely

**niaiserie** [njɛzʀi] → SYN **nf** **a** (= bêtise) silliness

**b** (= action) foolish ou inane behaviour (NonC); (= parole) foolish ou inane talk (NonC) ◆ **dire des niaiseries** to talk rubbish ou twaddle (Brit) ou nonsense ◆ **ils regardent des niaiseries à la télé** they're watching some rubbish on TV

**niaiseux, -euse** [njɛzø, øz] (Can) **1** **adj** stupid, idiotic

**2** **nm,f** idiot

**Niamey** [niamɛ] **n** Niamey

**Nicaragua** [nikaʀagwa] **nm** Nicaragua

**nicaraguayen, -enne** [nikaʀagwajɛ̃, jɛn] **1** **adj** Nicaraguan

**2** **Nicaraguayen(ne)** **nm,f** Nicaraguan

**niche** [niʃ] → SYN **nf** **a** (= alcôve) niche, recess

**b** [chien] kennel ◆ **à la niche !** (à un chien) (into your) kennel!; (hum : à une personne) scram! ‡, make yourself scarce! *

**c** († = farce) trick, hoax ◆ **faire des niches à qn** to play tricks on sb

**d** (Comm, Écol) niche

**nichée** [niʃe] → SYN **nf** [oiseaux] brood ◆ **nichée de chiens** litter of puppies ◆ **nichée de pinsons** nest ou brood of chaffinches ◆ **l'instituteur et toute sa nichée (d'enfants)** * the teacher and all his charges

**nicher** [niʃe] → SYN ▸ conjug 1 ◂ **1** **vi** [oiseau] to nest; * [personne] to hang out *

**2** **se nicher** **vpr** [oiseau] to nest; (littér = se blottir) [village, maison] to nestle (*dans* in); (* = se cacher) [personne] to stick * ou put o.s.; [objet] to lodge itself ◆ **où la vertu va-t-elle se nicher !** (hum) of all the unlikely places to find such virtue! ◆ **les cerises nichées dans les feuilles** the cherries nestling among the leaves

**nichet** [niʃɛ] **nm** (Agr) nest egg

**nichon** ‡ [niʃɔ̃] **nm** tit *‡, boob ‡

**nichrome** ® [nikʀom] **nm** Nichrome ®

**nickel** [nikɛl] **1** **nm** nickel

**2** **adj** * (= propre) spotless; (= irréprochable) perfect ◆ **chez eux, c'est nickel** their home is always spick and span

**nickelage** [niklaʒ] **nm** nickel-plating

**nickelé, e** [nikle] **adj** nickelled, nickel-plated ◆ **acier nickelé** nickel-plated steel

**nickeler** [nikle] ▸ conjug 4 ◂ **vt** to nickel-plate

**nickélifère** [nikelifɛʀ] **adj** nickeliferous

**niçois, e** [niswa, waz] **1** **adj** of ou from Nice; → **salade**

**2** **Niçois(e)** **nm,f** inhabitant ou native of Nice ◆ **à la niçoise** (Culin) with tomatoes and garlic (attrib)

**nicol** [nikɔl] **nm** Nicol prism

**Nicolas** [nikɔla] **nm** Nicholas

**Nicosie** [nikɔzi] **n** Nicosia

**nicotine** [nikɔtin] **nf** nicotine

**nicotinique** [nikɔtinik] **adj** ◆ **amide nicotinique** nicotinamide

**nictation** [niktasjɔ̃] **nf** nict(it)ation

**nictitant, e** [niktitɑ̃, ɑ̃t] **adj** ◆ **paupière nictitante** nictitating membrane

**nictitation** [niktitasjɔ̃] **nf** ⇒ **nictation**

**nid** [ni] → SYN **1** **nm** **a** (Zool) nest ◆ **nid d'oiseau/de guêpes** bird's/wasps' nest

**b** (= abri, foyer) cosy little nest; (= repaire) den ◆ **le nid familial** the family nest ◆ **trouver le nid vide** to find the bird has ou the birds have flown, find the nest empty ◆ **surprendre qn au nid, trouver l'oiseau au nid** to find ou catch sb at home ou in

**2** COMP ▷ **nid(s) d'abeilles** (= point) honeycomb stitch; (= tissu) waffle cloth ◆ **radiateur en nid(s) d'abeilles** cellular radiator ▷ **nid d'aigle** (Zool, fig) eyrie ▷ **nid d'amoureux** love nest ▷ **nid d'ange** ≈ (baby) nest ▷ **nid de brigands** robbers' den ▷ **nids d'hirondelles** (Culin) birds' nest ◆ **potage aux nids d'hirondelles** birds' nest soup ▷ **nid de mitrailleuses** nest of machine guns ▷ **nid de pie** (Naut) crow's-nest ▷ **nid de poule**

pothole ▷ **nid à poussière** dust trap ▷ **nid de résistance** (Mil) pocket of resistance ▷ **nid de vipères** (lit, fig) nest of vipers

**nidation** [nidasjɔ̃] nf nidation, implantation

**nidification** [nidifikasjɔ̃] nf nesting

**nidifier** [nidifje] ▸ conjug 7 ◂ vi to nest

**nièce** [njɛs] nf niece

**niellage** [njelaʒ] nm nielloing

**nielle** [njɛl] → SYN 1 nf (Agr) (= plante) corncockle ◆ **nielle (du blé)** (= maladie) blight
2 nm (= incrustation) niello

**nieller** [njele] ▸ conjug 1 ◂ vt (Agr) to blight; (Tech) to niello

**nielleur** [njelœʀ] nm niellist

**niellure** [njelyʀ] nf (Agr) blight; (Tech) niello

**n-ième, nième** [ɛnjɛm] adj (Math) nth; (* : fig) nth, umpteenth ◆ **x à la n-ième puissance** x to the power (of) n, x to the nth power ◆ **je te le dis pour la n-ième fois** I'm telling you for the nth ou umpteenth time

**nier** [nje] → SYN ▸ conjug 7 ◂ vt (gén) to deny; (Jur = désavouer) [+ dette, fait] to repudiate ◆ **il nie l'avoir fait** he denies having done it ◆ **nier l'évidence** to deny the obvious ◆ **je ne (le) nie pas** I'm not denying it, I don't deny it ◆ **on ne peut nier que** one cannot deny that ◆ **l'accusé nia** the accused denied the charges

**niet**** [njɛt] excl no way!, nothing doing!*

**nietzschéen, -enne** [nitʃeɛ̃, ɛn] adj, nm,f Nietzschean

**nigaud, e** [nigo, od] → SYN 1 adj silly, simple
2 nm,f simpleton ◆ **grand** ou **gros nigaud !** big silly!, big ninny!*, silly billy!* (Brit)

**nigauderie** [nigodʀi] → SYN nf (= caractère) silliness, simpleness; (= action) silly thing to do

**nigelle** [niʒɛl] nf nigella

**Niger** [niʒɛʀ] nm ◆ **le Niger** (the) Niger

**Nigéria, Nigeria** [niʒeʀja] nm Nigeria

**nigérian, e** [niʒeʀjɑ̃, an] 1 adj Nigerian
2 **Nigérian(e)** nm,f Nigerian

**nigérien, -ienne** [niʒeʀjɛ̃, jɛn] 1 adj of ou from Niger
2 **Nigérien(ne)** nm,f inhabitant ou native of Niger

**night-club**, pl **night-clubs** [najtklœb] → SYN nm nightclub

**nihilisme** [niilism] → SYN nm nihilism

**nihiliste** [niilist(ə)] → SYN 1 adj nihilistic
2 nmf nihilist

**Nikkei** [nikej] nm (Bourse) ◆ **l'indice Nikkei, le Nikkei** the Nikkei (index)

**Nil** [nil] nm ◆ **le Nil** the Nile ◆ **le Nil Blanc/Bleu** the White/Blue Nile

**nilgaut** [nilgo] nm nilgai, nilghau, nylghau

**nille** [nij] nf crank handle

**nilotique** [nilɔtik] adj of ou from the Nile, Nile (épith)

**nimbe** [nɛ̃b] → SYN nm (Rel, fig) nimbus, halo

**nimber** [nɛ̃be] → SYN ▸ conjug 1 ◂ vt (= auréoler) to halo ◆ **nimbé de lumière** radiant ou suffused with light

**nimbostratus** [nɛ̃bostʀatys] nm nimbostratus

**nimbus** [nɛ̃bys] nm (Mét) nimbus

**n'importe** [nɛ̃pɔʀt(ə)] → **importer**[2]

**ninas** [ninas] nm small cigar

**niobium** [njɔbjɔm] nm niobium

**niôle*** [njol] nf ⇒ **gnôle**

**nippe*** [nip] nf (old) thing* ou rag* ◆ **nippes** togs*, gear* ◆ **de vieilles nippes** old togs*, old clothes

**nipper*** [nipe] ▸ conjug 1 ◂ 1 vt (= habiller) to deck out, tog out* (Brit) ◆ **bien/mal nippé** in a nice/an awful getup* ou rig-out* (Brit), well/badly got up* (Brit)
2 **se nipper** vpr to get decked out, get togged up* (Brit)

**nippon, e** ou **-onne** [nipɔ̃, ɔn] → SYN 1 adj Japanese
2 **Nippon(e), Nippon(ne)** nm,f Japanese
3 nm (= pays) ◆ **Nippon** Japan

**nique** [nik] → SYN nf ◆ **faire la nique à qn** to thumb one's nose at sb, cock a snook at sb (Brit)

**niquedouille*** [nik(ə)duj] adj, nm,f ⇒ **nigaud**

**niquer**** [nike] vt (sexuellement) to fuck**, screw**; (= abîmer) [+ machine, ordinateur] to fuck up**, bugger up** (Brit), knacker** (Brit) ◆ **se faire niquer** (fig) to get screwed**

**nirvana** [niʀvana] nm nirvana

**nitouche** [nituʃ] nf → **saint**

**nitratation** [nitʀatasjɔ̃] nf (Tech) nitration

**nitrate** [nitʀat] nm nitrate ◆ **nitrate d'argent** silver nitrate

**nitrater** [nitʀate] ▸ conjug 1 ◂ vt (Tech) to nitrate

**nitration** [nitʀasjɔ̃] nf (Chim) nitration

**nitré, e** [nitʀe] adj ◆ **dérivés nitrés** nitro compounds

**nitrer** [nitʀe] ▸ conjug 1 ◂ vt (Chim) to nitrate

**nitreux, -euse** [nitʀø, øz] adj nitrous

**nitrification** [nitʀifikasjɔ̃] nf nitrification

**nitrifier** [nitʀifje] ▸ conjug 1 ◂ vt to nitrify

**nitrile** [nitʀil] nm nitrile

**nitrique** [nitʀik] adj nitric

**nitrite** [nitʀit] nm nitrite

**nitro...** [nitʀo] préf nitro... ◆ **nitrosamine** nitrosamine

**nitrobactérie** [nitʀobakteʀi] nf nitrobacterium

**nitrobenzène** [nitʀobɛ̃zɛn] nm nitrobenzene

**nitrocellulose** [nitʀoselyloz] nf nitrocellulose

**nitrogénase** [nitʀoʒenɑz] nf nitrogenase

**nitroglycérine** [nitʀogliseʀin] nf nitroglycerine

**nitrophile** [nitʀɔfil] adj nitrophilous

**nitrosation** [nitʀozasjɔ̃] nf nitrozation

**nitrotoluène** [nitʀotɔlɥɛn] nm nitrotoluene

**nitruration** [nitʀyʀasjɔ̃] nf nitriding

**nitrure** [nitʀyʀ] nm nitride

**nitrurer** [nitʀyʀe] ▸ conjug 1 ◂ vt to nitride

**nival, e**, mpl **-aux** [nival, o] adj nival

**nivéal, e**, mpl **-aux** [niveal, o] → SYN adj nival

**niveau**, pl **niveaux** [nivo] GRAMMAIRE ACTIVE 5.3 → SYN
1 nm a (= hauteur) [huile, eau] level; [bâtiment] level, floor ◆ **le niveau de l'eau** the water level → **courbe, passage**
◆ **au niveau de** ◆ **au niveau de l'eau/du sol** at water/ground level ◆ **cent mètres au-dessus du niveau de la mer** a hundred metres above sea level ◆ **l'eau est arrivée au niveau du quai** the water has risen to the level of the embankment ◆ **la neige m'arrivait au niveau des genoux** the snow came up to my knees ou was knee-deep ◆ **une tache au niveau du coude** a mark at the elbow ◆ **serré au niveau de la taille** tight at the waist ◆ **il avait une cicatrice sur la joue au niveau de la bouche** he had a scar on his cheek about level with his mouth ◆ **il s'arrêta au niveau du village** he stopped once he got to the village
◆ **de niveau (avec), au même niveau (que)** level (with) ◆ **le plancher n'est pas de niveau** the floor isn't level ◆ **les deux pièces ne sont pas de niveau** the two rooms are not on a level ◆ **mettre qch de** ou **à niveau** to make sth level ◆ **les deux vases sont au même niveau** the two vases are level ou at the same height
b (Scol) [connaissances, études] standard ◆ **le niveau des études en France** the standard of French education ◆ **le niveau d'instruction baisse** educational standards are falling ◆ **cet élève est d'un bon niveau** this pupil keeps up a good level of attainment ou a good standard ◆ **son anglais est d'un bon niveau** his English is of a good standard ◆ **il est/il n'est pas au niveau** he is/he isn't up to standard ◆ **ils ne sont pas du même niveau** they're not (of) the same standard, they're not on a par ou on the same level ◆ **les cours ne sont pas à son niveau** the classes aren't up to his standard ◆ **remettre à niveau** to bring up to standard ◆ **cours** ou **stage de remise à niveau** refresher course
c (= degré) level ◆ **le niveau intellectuel de la classe moyenne** the intellectual level of the middle class ◆ **le franc a atteint son niveau le plus haut/bas depuis 3 ans** the franc has reached its highest/lowest point for 3 years ◆ **la production littéraire a atteint son niveau le plus bas** literary production has reached its lowest ebb ou level ◆ **à tous les niveaux** at all levels ◆ **le directeur envisage une remise à niveau des salaires** the director is considering bringing salaries into line with standard rates ou upgrading salaries to standard rates ◆ **cela exige un haut niveau de concentration** it demands a high level ou degree of concentration ◆ **athlète/cadre de haut niveau** top athlete/executive ◆ **des candidats (ayant le) niveau licence** candidates at degree level
◆ **au** + **niveau** ◆ **au niveau de l'usine/des gouvernements** at factory/government level ◆ **au niveau européen** at the European level ◆ **négociations au plus haut niveau** top-level negotiations ◆ **il faut se mettre au niveau des enfants** you have to put yourself on the same level as the children
d (Constr = instrument) level; (Aut = jauge) gauge
2 COMP ▷ **niveau de base** (Géog) base level ▷ **niveau à bulle (d'air)** spirit level ▷ **niveau d'eau** water level ▷ **niveau d'énergie** energy level ▷ **niveau hydrostatique** water table ▷ **niveau de langue** register ▷ **niveau à lunette** dumpy level ▷ **niveau de maçon** plumb level ▷ **niveau social** social standing ou rank ▷ **niveau de vie** standard of living, living standards

**nivelage** [niv(ə)laʒ] nm [surface] levelling; [fortunes, conditions sociales] levelling out, evening out

**niveler** [niv(ə)le] → SYN ▸ conjug 4 ◂ vt a (= égaliser) [+ surface] to level; [+ fortunes, conditions sociales] to level ou even out ◆ **l'érosion nivelle les montagnes** erosion wears down ou wears away the mountains ◆ **sommets nivelés** mountain tops worn down ou worn away by erosion ◆ **niveler par le bas/le haut** to level down/up
b (= mesurer avec un niveau) to measure with a spirit level, level

**niveleur, -euse** [niv(ə)lœʀ, øz] 1 adj doctrine, morale egalitarian
2 nm (Hist) Leveller
3 **niveleuse** nf (Constr) grader

**nivelle** [nivɛl] nf spirit level

**nivellement** [nivɛlmɑ̃] → SYN nm a [surface] levelling; [fortunes, conditions sociales] levelling out, evening out ◆ **nivellement par le bas/par le haut** levelling down/up
b (= mesure) surveying

**nivéole** [niveɔl] nf (Bot) snowflake

**nivoglaciaire** [nivoglasjɛʀ] adj snow and ice (épith)

**nivopluvial, e**, mpl **-iaux** [nivoplyvjal, jo] adj snow and rain (épith)

**nivôse** [nivoz] nm Nivôse *(fourth month of French Republican calendar)*

**nixe** [niks] nf nix(ie)

**NN** (abrév de **nouvelles normes**) *revised standard of hotel classification*

**nô** [no] nm No(h) ◆ **le théâtre nô** the No(h) theatre

**Nobel** [nɔbɛl] nm ◆ **le (prix) Nobel** the Nobel prize

**nobélisable** [nɔbelizabl] 1 adj potential Nobel prize-winning (épith)
2 nmf potential Nobel prize-winner

**nobélisé, e** [nɔbelize] adj personne Nobel prize-winning

**nobélium** [nɔbeljɔm] nm nobelium

**nobiliaire** [nɔbiljɛʀ] → SYN 1 adj nobiliary
2 nm (= livre) peerage list

**noble** [nɔbl] → SYN 1 adj a (= de haute naissance) noble
b (= généreux, digne) ton, attitude noble, dignified; cause noble, worthy ◆ **âme/cœur noble** noble spirit/heart ◆ **le noble art (de la boxe)** the noble art (of boxing)
c (= supérieur) matière, métal, vin noble
2 nm a (= personne) nobleman ◆ **les nobles** the nobility
b (= monnaie) noble
3 nf noblewoman

**noblement** [nɔbləmɑ̃] adv (= généreusement) nobly; (= dignement) with dignity

**noblesse** [nɔblɛs] → SYN nf **a** (= générosité, dignité) nobleness, nobility ◆ **noblesse d'esprit/de cœur** nobleness ou nobility of spirit/heart
**b** (= caste) **la (haute) noblesse** the nobility ◆ **la noblesse d'épée** the old nobility ou aristocracy ◆ **la noblesse de robe** the noblesse de robe ◆ **la noblesse de cour** the courtiers, the nobility at court ◆ **la petite noblesse** the minor nobility, the gentry (Brit) ◆ **noblesse terrienne** landed gentry ◆ **noblesse oblige** noblesse oblige ◆ **"Noblesse oblige"** (Ciné) "Kind Hearts and Coronets"

**nobliau,** pl **nobliaux** [nɔblijo] nm (péj) one of the lesser nobility, petty noble

**noce** [nɔs] → SYN nf **a** (= cérémonie) wedding; (= cortège, participants) wedding party ◆ **noces** (frm) wedding, nuptials (frm) ◆ **être de la noce** to be a member of the wedding party, be among the wedding guests ◆ **être de noce** to be invited to a wedding ◆ **aller à la noce de qn** to go to sb's wedding ◆ **repas/robe/nuit de noce(s)** wedding banquet/dress/night ◆ **noces d'argent/d'or/de diamant** silver/golden/diamond wedding ◆ **les noces de Cana** (Bible) the wedding ou marriage feast at Cana ◆ **il l'avait épousée en premières/secondes noces** she was his first/second wife ◆ **"Les Noces de Figaro"** (Mus) "The Marriage of Figaro"; → **convoler, voyage**
**b** (Loc) **faire la noce** * to live it up *, have a wild time ◆ **je n'étais pas à la noce** * I wasn't exactly enjoying myself, I was having a pretty uncomfortable time

**noceur, -euse** * [nɔsœʀ, øz] → SYN nm,f fast liver, reveller ◆ **il est assez noceur** he likes to live it up *

**nocif, -ive** [nɔsif, iv] → SYN adj gaz, produit noxious; effet, influence, idéologie harmful ◆ **nocif pour la couche d'ozone** harmful ou damaging to the ozone layer

**nocivité** [nɔsivite] → SYN nf [gaz, substance] noxiousness; [idéologie, doctrine] harmfulness

**noctambule** [nɔktɑ̃byl] → SYN adj, nmf ◆ **il est noctambule** ◆ **c'est un noctambule** (= noceur) he's a night reveller; (= qui veille la nuit) he's a night bird ou night owl; (†† = somnambule) he's a noctambulist †

**noctambulisme** [nɔktɑ̃bylism] nm (= débauche) night-time revelling, night revels; (= habitudes nocturnes) nocturnal habits; (†† = somnambulisme) noctambulism †

**noctiluque** [nɔktilyk] **1** adj noctilucent
**2** nf (Zool) noctiluca

**noctuelle** [nɔktɥɛl] nf noctuid

**noctule** [nɔktyl] nf noctule

**nocturne** [nɔktyʀn] **1** adj animal nocturnal; visite, sortie night (épith) ◆ **la vie nocturne à Paris** Parisian nightlife ◆ **équipement de vision nocturne** night-vision equipment; → **tapage**
**2** nm **a** (= oiseau) night hunter
**b** (Rel) nocturn
**c** (Mus) nocturne; (Peinture) nocturne, night scene
**3** nf evening fixture; [magasin] late night opening ◆ **réunion en nocturne** evening meeting ◆ **la rencontre sera jouée en nocturne** (Sport) the game will be played under floodlights ◆ **le magasin est ouvert en nocturne le vendredi** the shop is open ou opens late on Fridays

**nocuité** [nɔkɥite] → SYN nf noxiousness, harmfulness

**nodal, e,** mpl **-aux** [nɔdal, o] adj (Phys, Ling) nodal

**nodosité** [nɔdozite] → SYN nf (= corps dur) node, nodule; (= état) knottiness, nodosity (SPÉC)

**nodulaire** [nɔdylɛʀ] adj nodular

**nodule** [nɔdyl] nm nodule ◆ **nodule polymétallique** polymetallic nodule

**Noé** [nɔe] nm Noah

**Noël** [nɔɛl] GRAMMAIRE ACTIVE 23.2 nm **a** (= fête) Christmas; (= chant) (Christmas) carol ◆ **à la Noël** at Christmas (time) ◆ **que faites-vous pour (la) Noël ?** what are you doing for ou at Christmas? ◆ **joyeux Noël !** merry ou happy Christmas! ◆ **Noël au balcon, Pâques au tison** a warm Christmas means a cold Easter; → **bûche, sapin, veille**
**b** (= cadeau) **noël** Christmas present ◆ **que veux-tu pour ton (petit) noël ?** what would you like for Christmas?

**noème** [nɔɛm] nm noema

**noèse** [nɔɛz] nf noesis

**noétique** [nɔetik] adj noetic

**nœud** [nø] → SYN **1** nm **a** (gén : pour attacher) knot; (ornemental : de ruban) bow ◆ **faire/défaire un nœud** to make ou tie/untie ou undo a knot ou bow ◆ **la fillette avait des nœuds dans les cheveux** (rubans) the little girl had bows ou ribbons in her hair; (cheveux emmêlés) the little girl's hair was all tangled ◆ **fais un nœud à ton mouchoir !** tie ou make a knot in your hanky! ◆ **je ne sais pas faire les nœuds de cravate** I don't know how to put a tie on ◆ **avoir un nœud dans la gorge** to have a lump in one's throat ◆ **il y a un nœud !** * there's a hitch! ou snag! ◆ **les nœuds d'un serpent** the coils of a snake ◆ **nœud de perles/de diamants** pearl/diamond knot; → **corde**
**b** (Naut = vitesse) knot; → **filer**
**c** (= protubérance) [planche, canne] knot; [branche, tige] knot, node
**d** (fig) **le nœud de** [problème, débat] the crux ou nub of ◆ **le nœud de l'intrigue** (Littérat, Théât) the crux of the plot
**e** (littér = lien) bond ◆ **le (saint) nœud du mariage** the bonds of (holy) wedlock ◆ **les nœuds de l'amitié** the bonds ou ties of friendship
**f** (Astron, Élec, Géog, Ling, Phys, Tech) node
**g** (***** = pénis) cock *****, dick *****, prick *****
**h** (***** = crétin) ninny ***** ◆ **il est nœud-nœud** he's a real ninny *
**2** COMP ▷ **nœud autoroutier** interchange ▷ **nœud de chaise** bowline ▷ **nœud coulant** slipknot, running knot ▷ **nœud de cravate** tie knot ◆ **faire son nœud de cravate** to knot one's tie ▷ **nœud ferroviaire** (= endroit) rail junction ▷ **nœud gordien** Gordian knot ◆ **couper** ou **trancher le nœud gordien** to cut the Gordian knot ▷ **nœud pap *, nœud papillon** bow tie ▷ **nœud plat** reef knot ▷ **nœud routier** (= endroit) crossroad(s) ▷ **nœud de vache** granny knot ▷ **nœud de vipères** (lit, fig) nest of vipers ▷ **nœud vital** nerve centre

**noir, e** [nwaʀ] → SYN **1** adj **a** (= couleur) black; yeux dark; fumée, mer, ciel, nuage black, dark ◆ **noir de coups** black and blue ◆ **noir comme du jais/de l'encre** jet/ink(y) black, black as jet/ink ◆ **noir comme du cirage** as black as soot ◆ **noir comme l'ébène** jet-black ◆ **mets-moi ça noir sur blanc** put it down in black and white for me ◆ **je l'ai vu/c'est écrit noir sur blanc** I saw it/it is (written down) in black and white ◆ **les murs étaient noirs de crasse/suie** the walls were black with dirt/soot ◆ **avoir les mains noires/les ongles noirs** to have dirty ou grubby hands/dirty ou grubby fingernails; → **beurre, chemise, marée**
**b** personne, race black
**c** (* = bronzé) black
**d** (= obscur) dark ◆ **il faisait noir comme dans un four** * it was pitch dark ◆ **la rue était noire de monde** the street was teeming ou swarming with people; → **boîte, chambre, nuit**
**e** (fig) désespoir deep; humeur, pressentiment, colère black; idée gloomy, sombre (Brit), somber (US); jour, année dark ◆ **faire un tableau assez noir de la situation** to paint a rather black ou gloomy picture of the situation ◆ **le jeudi noir** (Hist) black Thursday ◆ **plongé dans le plus noir désespoir** ou **le désespoir le plus noir** plunged in the depths of despair ◆ **être dans la misère noire** to be in utter ou abject poverty; → **bête, humour, liste** etc
**f** (= hostile, mauvais) âme, ingratitude, trahison, regard black ◆ **regarder qn d'un œil noir** to give sb a black look ◆ **il se trame un noir complot** some dark plot is being hatched ◆ **nourrir de noirs desseins** to be plotting dark deeds; → **magie, messe**
**g** (= policier) **roman noir** thriller ◆ **film noir** film noir
**h** (* = ivre) drunk, sloshed *****, tight *
**2** nm **a** (= couleur) black ◆ **photo/télévision en noir et blanc** black and white photo/television ◆ **film en noir et blanc** black and white film ◆ **le noir et blanc** (Photo) black and white ou monochrome photography ◆ **le noir** (Casino) black ◆ **le noir de ses cheveux accentuait sa pâleur** her dark ou black hair accentuated her pallor, the blackness of her hair accentuated her pallor ◆ **la mer était d'un noir d'encre** the sea was inky black ◆ **peindre les choses en noir** (fig) to paint things black, paint a black picture ◆ **voir les choses en noir** to take a black view of things ◆ **il voit tout en noir** he sees the black side of everything; → **broyer, pousser**
**b** (= matière) **elle avait du noir sur le menton** she had a black mark ou smudge on her chin ◆ **se mettre du noir aux yeux** to put black eyeliner on ◆ **noir de fumée** lampblack ◆ **noir animal** bone charcoal
**c** (Habillement) **elle ne porte jamais de noir, elle n'est jamais en noir** she never wears black ◆ **elle est en noir** she is in ou is wearing black; (en deuil) she is in mourning
**d** (= obscurité) dark, darkness ◆ **avoir peur du noir** to be afraid of the dark ◆ **dans le noir** (lit) in the dark ou darkness; (fig) in the dark ◆ **nous sommes dans le noir le plus complet** we're completely in the dark
**e** (* = café) **(petit) noir** (cup of) black coffee
**f** (Agr) smut
**3** **Noir(e)** nm,f black (person) ◆ **les Noirs d'Amérique** American blacks, African Americans
**4** **noire** nf (Mus) crotchet (Brit), quarter note (US)
**5** **au noir** loc adv (= illégalement) ◆ **acheter/vendre au noir** to buy/sell on the black market ◆ **travailler au noir** (gén) to work on the side; (deuxième emploi) to moonlight; [clandestin] to work illegally ◆ **le travail au noir** (gén) working on the side; (= deuxième emploi) moonlighting ◆ **il se fait payer au noir** he gets paid cash in hand ◆ **embaucher qn au noir** to hire sb without declaring him

**noirâtre** [nwaʀɑtʀ] → SYN adj blackish

**noiraud, e** [nwaʀo, od] **1** adj dark, swarthy
**2** nm,f dark ou swarthy person

**noirceur** [nwaʀsœʀ] → SYN nf (littér) **a** (= couleur noire) blackness; [fumée, mer, ciel, nuage, temps, nuit] blackness, darkness
**b** (= perfidie) [âme, ingratitude, trahison, dessein, regard] blackness
**c** (= acte perfide) black ou evil deed

**noircir** [nwaʀsiʀ] → SYN ▸ conjug 2 ◂ **1** vt **a** (= salir) [fumée] to blacken; [encre, charbon] to dirty ◆ **les murs noircis par la crasse** walls black with dirt ◆ **noircir du papier** (fig) to write page after page
**b** (= colorer) to blacken; (à la cire, à la peinture) to darken
**c** (= dénigrer) [+ réputation] to blacken ◆ **noircir qn** to blacken sb's reputation ou name
**d** (= assombrir) **noircir le tableau** ou **la réalité** to paint a black picture of the situation
**2** vi [fruit, légume] to go black, discolour (Brit), discolor (US); [ciel] to darken, grow black ou dark; [couleur] to darken
**3** **se noircir** vpr **a** [ciel] to darken, grow black ou dark; [temps] to turn stormy; [couleur, bois] to darken
**b** († ***** = s'enivrer) to get plastered *****

**noircissement** [nwaʀsismɑ̃] nm **a** (= salissure) (par la fumée) blackening; (par l'encre, le charbon) dirtying
**b** (= coloration) blackening; (à la cire, à la peinture) darkening; [fruit, légume] blackening, discolouring (Brit), discoloring (US); [ciel] darkening ◆ **pour éviter le noircissement de l'avocat** to stop the avocado discolouring

**noircissure** [nwaʀsisyʀ] nf black smudge

**noise** [nwaz] → SYN nf ◆ **chercher noise** ou **des noises à qn** to try to pick a quarrel with sb

**noisetier** [nwaz(ə)tje] → SYN nm hazel tree

**noisette** [nwazɛt] → SYN **1** nf (= fruit) hazel(nut); (= café) *espresso coffee with a drop of milk* ◆ **noisette de beurre** (= morceau) knob of butter ◆ **noisette d'agneau** (Culin) noisette of lamb
**2** adj inv couleur, yeux hazel ◆ **beurre noisette** browned butter; → **pomme**

**noix** [nwa] → SYN [1] nf (= fruit) walnut; (* = idiot) nut *; (Culin) [côtelette] eye ◆ **à la noix** * pathetic *, crummy *; → **brou, coquille, gîte**[1]

[2] COMP ▷ **noix de beurre** knob of butter ▷ **noix du Brésil** Brazil nut ▷ **noix de cajou** cashew nut ▷ **noix de coco** coconut ▷ **noix de galle** oak apple, oak-gall ▷ **noix (de) muscade** nutmeg ▷ **noix de pacane** pecan nut ▷ **noix pâtissière** cushion of veal ▷ **noix de pécan** pecan nut ▷ **noix de veau** cushion of veal ▷ **noix vomique** nux vomica

**nolens volens** [nɔlɛ̃svɔlɛ̃s] adv (frm) willingly or unwillingly

**noli me tangere** [nɔlimetɑ̃ʒeʀe] nm inv (Bot) noli-me-tangere

**nolisement** [nɔlizmɑ̃] → SYN nm chartering

**noliser** [nɔlize] → SYN ▸ conjug 1 ◂ vt to charter ◆ **avion nolisé** charter plane

**nom** [nɔ̃] → SYN [1] nm a (= nom propre) name ◆ **nom de fille/de garçon** girl's/boy's name ◆ **vos nom et prénom ?** your surname and first name, please? ◆ **Henri le troisième du nom** Henry III ◆ **un homme du nom de Dupont** ou **qui a (pour) nom Dupont** a man called Dupont, a man by the name of Dupont ◆ **il porte le nom de sa mère** he has his mother's surname ◆ **il ne connaît pas ses élèves par leur nom** he doesn't know his pupils by name ou by their names ◆ **je le connais de nom** I know him by name ◆ **il écrit sous le nom de Martin Suard** he writes under the name of Martin Suard ◆ **c'est un nom** ou **ce n'est qu'un nom pour moi !** he ou it is just a name to me! ◆ **je n'arrive pas à mettre un nom sur son visage** I can't put a name to his (ou her) face ◆ **nom à coucher dehors** * (péj) unpronounceable ou impossible-sounding name ◆ **nom à charnière** ou **à rallonge** ou **à tiroirs** (péj) double-barrelled name; → **faux**[2], **petit, répondre**

b (= désignation) name ◆ **quel est le nom de cet arbre ?** what is the name of this tree?, what's this tree called? ◆ **c'est une sorte de fascisme qui n'ose pas dire son nom** it's fascism of a kind hiding under ou behind another name ◆ **c'est du dirigisme qui n'ose pas dire son nom** it's covert ou disguised state control ◆ **comme son nom l'indique** as is indicated by its name, as the name indicates ◆ **il appelle les choses par leur nom** he's not afraid to call a spade a spade ◆ **les beaux noms de justice, de liberté** these fine-sounding words of justice and liberty ◆ **il n'est spécialiste que de nom** he is only nominally a specialist, he is a specialist in name only ◆ **crime sans nom** unspeakable crime ◆ **ce qu'il a fait n'a pas de nom** what he did was unspeakable

c (= célébrité) name; (= noblesse) name ◆ **se faire un nom** to make a name for o.s. ◆ **laisser un nom** to make one's mark ◆ **c'est un (grand) nom dans l'histoire** he's one of the great names of history

d (Gram) noun; → **complément**

e (LOC) **en mon/votre nom** in my/your name ◆ **il a parlé au nom de tous les employés** he spoke for all ou on behalf of all the employees ◆ **au nom de la loi, ouvrez** open up in the name of the law ◆ **au nom de quoi vous permettez-vous ... ?** whatever gives you the right to ...? ◆ **au nom du Père, du Fils ...** in the name of the Father and of the Son ... ◆ **au nom du ciel !** in heaven's name! ◆ **au nom de ce que vous avez de plus cher** in the name of everything you hold most dear ◆ **nom de Dieu !** * God damn it! *, bloody hell! * (Brit) ◆ **nom de nom !** ou **d'un chien !** ou **d'une pipe !** ou **d'un petit bonhomme !** * heck! *, blimey! * (Brit) ◆ **donner à qn des noms d'oiseaux** to call sb names ◆ **traiter qn de tous les noms** to call sb everything under the sun

[2] COMP ▷ **nom de baptême** Christian name, given name (US) ▷ **nom de chose** concrete noun ▷ **nom commercial** (company) name ▷ **nom commun** common noun ▷ **nom composé** compound (word ou noun) ▷ **nom déposé** (registered) trade name ▷ **nom d'emprunt** (gén) alias, assumed name; [écrivain] pen name, nom de plume ◆ **se présenter sous un nom d'emprunt** to use an assumed name ou an alias ▷ **nom de famille** surname ▷ **nom de femme mariée** married name ▷ **nom de guerre** nom de guerre ▷ **nom de jeune fille** maiden name ▷ **nom de lieu** place name ▷ **nom de marque** trade name ▷ **nom de plume** nom de plume, pen name ▷ **nom propre** proper noun ▷ **nom de rue** street name ▷ **nom de scène** ou **de théâtre** stage name

**nomade** [nɔmad] → SYN [1] adj peuple, vie nomadic; (Zool) migratory

[2] nmf (Ethnol) nomad; (= gitan) traveller

**nomadisme** [nɔmadism] nm nomadism

**no man's land** [nomanslɑ̃d] nm no-man's-land

**nombrable** [nɔ̃bʀabl] adj countable, numerable ◆ **difficilement nombrable** difficult to count

**nombre** [nɔ̃bʀ] → SYN [1] nm a (Ling, Sci) number ◆ **loi des grands nombres** law of large numbers ◆ **les Nombres** (Bible) (the Book of) Numbers ◆ **nombres rationnels/réels** rational/real numbers ◆ **s'accorder en nombre** (Gram) to agree in number

b (= quantité) number ◆ **le nombre des victimes** the number of victims ◆ **un certain/grand nombre de** a certain/great number of ◆ **dans (un) bon nombre de pays** in a good ou great many countries ◆ **je lui ai dit nombre de fois que ...** I've told him many ou a number of times that ... ◆ **depuis nombre d'années** for many years, for a number of years ◆ **les gagnants sont au nombre de 3** there are 3 winners, the winners are 3 in number ◆ **être supérieur en nombre** to be superior in numbers ◆ **être en nombre suffisant** to be in sufficient number(s) ou sufficient in number ◆ **ils sont en nombre égal** their numbers are equal ou even, they are equal in number ◆ **des ennemis sans nombre** innumerable ou countless enemies

c (= masse) numbers ◆ **être/venir en nombre** to be/come in large numbers ◆ **faire nombre** to make up the number(s) ◆ **être submergé par le nombre, succomber sous le nombre** to be overcome by sheer weight of ou force of numbers ◆ **il y en avait dans le nombre qui riaient** there were some among them who were laughing ◆ **ça ne se verra pas dans le nombre** it won't be seen among all the rest ou when they're all together ◆ **pour le plus grand nombre** for the great majority (of people) ◆ **le plus grand nombre d'entre eux** the great majority, most of them

d (= parmi) **je le compte au nombre de mes amis** I count him as ou consider him one of my friends, I number him among my friends ◆ **il n'est plus du nombre des vivants** he is no longer of this world ◆ **est-il du nombre des reçus ?** is he among those who passed?

[2] COMP ▷ **nombre aléatoire** random number ▷ **nombre atomique** atomic number ▷ **nombre d'Avogadro** Avogadro number ou constant ▷ **nombre complexe** complex number ▷ **nombre entier** whole number, integer ▷ **nombre imaginaire** imaginary number ▷ **nombre d'or** golden section ▷ **nombre parfait** perfect number ▷ **nombre premier** prime number; → **Mach**

**nombrer** [nɔ̃bʀe] → SYN ▸ conjug 1 ◂ vt († ou littér) to number†, count

**nombreux, -euse** [nɔ̃bʀø, øz] → SYN adj a (= en grand nombre) **être nombreux** [exemples, visiteurs] to be numerous; [accidents] to be numerous ou frequent ◆ **les cambriolages sont très nombreux dans ce quartier** there are a great many burglaries in that area ◆ **nombreux furent ceux qui ...** there were many who ... ◆ **les gens étaient venus nombreux** a great number of people had come, people had come in great numbers ◆ **venez nombreux !** all welcome! ◆ **certains, et ils sont nombreux** certain people, and there are quite a few of them ◆ **peu nombreux** few ◆ **le public était moins/plus nombreux hier** there were fewer/more spectators yesterday ◆ **nous ne sommes pas si nombreux** there aren't so many of us ◆ **les visiteurs arrivaient sans cesse plus nombreux/de plus en plus nombreux** visitors kept on arriving in greater ou increasing numbers/in greater and greater ou in ever-increasing numbers ◆ **ils étaient plus nombreux que nous** they outnumbered us, there were more of them than of us

b (= le grand nombre de) numerous, many ◆ **parmi les nombreuses personnalités** amongst the numerous ou many personalities

c (= un grand nombre de) **de nombreux** accidents, exemples many, numerous

d (= important) foule, assistance, collection large

**nombril** [nɔ̃bʀi(l)] → SYN nm [personne] navel, belly button * ◆ **il se prend pour le nombril du monde** * he thinks he's the cat's whiskers * ou God's gift to mankind ◆ **se regarder le nombril** * to contemplate one's navel

**nombrilisme** * [nɔ̃bʀilism] nm (péj) navel-gazing ◆ **faire du nombrilisme** to contemplate one's navel

**nombriliste** * [nɔ̃bʀilist] adj, nmf ◆ **être nombriliste** to spend one's time contemplating one's navel

**nome** [nɔm] nm nome

**nomenclateur, -trice** [nɔmɑ̃klatœʀ, tʀis] nm,f nomenclator

**nomenclature** [nɔmɑ̃klatyʀ] → SYN nf (gén = liste) list; (Ling, Sci) nomenclature; [dictionnaire] word list

**nomenklatura** [nɔmɛnklatuʀa] nf (Pol) nomenklatura, elite

**nominal, e,** mpl **-aux** [nɔminal, o] → SYN [1] adj a (gén) nominal; (Ling) groupe, phrase nominal, noun (épith) ◆ **liste nominale** list of names ◆ **procéder à l'appel nominal** to call the register ou the roll, do the roll call ◆ **expression nominale** nominal expression ◆ **syntagme nominal** noun phrase

b (= sans réalité) autorité, pouvoir nominal

c (Écon, Fin) salaire nominal; → **valeur**

d (Tech) puissance, vitesse rated

[2] nm (Ling) pronoun

**nominalement** [nɔminalmɑ̃] adv (gén, Ling) nominally ◆ **appeler qn nominalement** to call sb by name

**nominalisation** [nɔminalizasjɔ̃] nf nominalization

**nominaliser** [nɔminalize] ▸ conjug 1 ◂ vt to nominalize

**nominalisme** [nɔminalism] nm nominalism

**nominaliste** [nɔminalist] adj, nmf nominalist

**nominatif, -ive** [nɔminatif, iv] [1] adj (Fin) titre, action registered ◆ **état nominatif** (Comm) list of items ◆ **liste nominative** list of names ◆ **carte nominative** nontransferable card ◆ **l'invitation n'est pas nominative** the invitation doesn't specify a name

[2] nm (Ling) nominative

**nomination** [nɔminasjɔ̃] → SYN nf a (= promotion) appointment, nomination (*à* to); (= titre, acte) appointment ou nomination papers ◆ **obtenir sa nomination** to be nominated ou appointed (*au poste de* to the post of) ◆ **le film a reçu 6 nominations aux Oscars** the film has received 6 Oscar nominations

b (Ling, Philos) naming

**nominativement** [nɔminativmɑ̃] adv by name

**nominé, e** [nɔmine] adj film, acteur, auteur nominated ◆ **être nominé à qch** to be nominated ou shortlisted for sth

**nommément** [nɔmemɑ̃] adv a (= par son nom) by name

b (= spécialement) notably, especially, particularly

**nommer** [nɔme] → SYN ▸ conjug 1 ◂ [1] vt a (= promouvoir) [+ fonctionnaire] to appoint; [+ candidat] to nominate ◆ **nommer qn à un poste** to appoint ou nominate sb to a post ◆ **nommer qn son héritier** to name ou appoint sb (as) one's heir ◆ **il a été nommé gérant/ministre** he was appointed ou made manager/minister

b (= appeler) [+ personne] to call, name; (= dénommer) [+ découverte, produit] to name, give a name to ◆ **ils l'ont nommé Richard** they called ou named him Richard, they gave him the name of Richard ◆ **un homme nommé Martin** a man named ou called ou by the name of Martin ◆ **le nommé Martin** the man named ou called Martin ◆ **ce que nous nommons le bonheur** what we call happiness; → **point**[1]

c (= citer) [+ fleuves, batailles, auteurs, complices] to name ◆ **M. Sartin, pour ne pas le nommer, ...** (hum) without mentioning any names, Mr Sartin ... ◆ **quelqu'un que je ne**

**nommerai pas** somebody who shall remain nameless, somebody whose name I shall not mention

2 **se nommer** vpr a (= s'appeler) to be called ◆ **comment se nomme-t-il ?** what is he called?, what is his name? ◆ **il se nomme Paul** he's called Paul, his name is Paul

b (= se présenter) to introduce o.s. ◆ **il entra et se nomma** he came in and gave his name ou introduced himself

**nomogramme** [nɔmɔgʀam] nm nomogram, nomograph

**nomographie** [nɔmɔgʀafi] nf nomography

**nomologie** [nɔmɔlɔʒi] nf nomology

## non [nɔ̃]

→ SYN

1 ADVERBE
2 NOM MASCULIN INVARIABLE
3 PRÉFIXE
4 COMPOSÉS

### 1 ADVERBE

a [réponse négative] no ◆ **le connaissez-vous ? – non** do you know him? – no (I don't) ◆ **est-elle chez elle ? – non** is she at home? – no (she isn't ou she's not) ◆ **je vais ouvrir la fenêtre – non il y aura des courants d'air** I'll open the window – no (don't), it'll make a draught ◆ **il n'a pas encore dit non !** he hasn't said no yet!, he hasn't refused yet! ◆ **je ne dis pas non** (= ce n'est pas de refus) I wouldn't say no; (= je n'en disconviens pas) I don't disagree ◆ **ah ça non !** certainly ou definitely not!, no way! * ◆ **non et non !** no, no, no!, absolutely not! ◆ **que non !** I should say not!, definitely not! ◆ **non merci !** no thank you! ◆ **certes non !** most certainly ou definitely not! ◆ **vous n'y allez pas ? – mais non ! ou bien sûr que non !** aren't you going? – of course not! ou I should think not! ◆ **répondre (par) non à toutes les questions** to answer no ou answer in the negative to all the questions ◆ **faire non de la tête** to shake one's head

b [remplaçant une proposition] not ◆ **est-ce que c'est nécessaire ? – je pense ou crois que non** is that necessary? – I don't think so ou I don't think it is ou I think not (frm) ◆ **je crains que non** I'm afraid not, I fear not (frm) ◆ **il nous quitte ? – j'espère que non** is he leaving us? – I hope not ou I hope he isn't ◆ **je le crois – moi non** I believe him – well I don't ou not me * ◆ **il l'aime bien, moi non** he likes him but I don't ◆ **dire/répondre que non** to say/answer it isn't (ou it won't etc ) ◆ **j'ai demandé si elle était venue, lui dit que non** I asked if she had come – he says not ou he says no ou he says she hadn't ◆ **ah non ?** really?, no? ◆ **partez-vous ou non ?** are you going or not?, are you going or aren't you? ◆ **il se demandait s'il irait ou non** he wondered whether to go or not ◆ **erreur ou non/qu'il l'ait voulu ou non le mal est fait** mistake or no mistake/whether he meant it or not the damage is done; → **signe**

c [frm = pas] not ◆ **c'est par paresse et non par prudence que ...** it is through laziness and not caution that ... ◆ **je veux bien de leur aide mais non de leur argent** I'm willing to accept their help but not their money ou but I want none of their money ◆ **c'est votre avis non le mien** it's your opinion not mine;

♦ **non que** + subjonctif not that ... ◆ **non qu'il soit stupide, mais ...** not that he's stupid, but ...

d [exprimant l'impatience, l'indignation] **tu vas cesser de pleurer non ?** will you stop crying?, just stop that crying(, will you?) ◆ **non par exemple !** for goodness sake!, good gracious! ◆ **non mais alors !** *, **non mais (des fois) !** * for goodness sake! *, honestly! ◆ **non mais (des fois)** *, **tu me prends pour qui ?** look here * ou for God's sake‡ what do you take me for? ◆ **non mais je rêve !** * I don't believe this!

e [exprimant le doute] no? ◆ **il me l'a dit lui-même – non ?** he told me so himself – no? ou really? ◆ **c'est bon, non ?** it's good, isn't it?

f **non** + adverbe ou conjonction ou préposition not ◆ **non loin d'ici, il y a ...** not far from here there's ... ◆ **c'est une expérience non moins intéressante** it's an experience that is no less interesting ◆ **il est non moins vrai/évident que ...** it is nonetheless true/obvious that ... ◆ **un homme non pas érudit mais instruit** a man who is not erudite but well-informed ◆ **non pas que j'aie peur, mais ...** not that I'm afraid, but ... ◆ **il l'a fait non sans raison/non sans mal** he did it not without reason/difficulty ◆ **il y est allé non sans protester** he went, but not without protest ou protesting; → **seulement**

♦ **non plus** ◆ **il a continué non plus en voiture mais en train** he continued on his way, no longer by car but by train ◆ **il parle non plus en médecin mais en ami** he is talking now not as a doctor but as a friend ◆ **ils sont désormais associés, et non plus rivaux** they're no longer rivals ou they're not rivals any more but associates ◆ **il n'a pas hésité, non plus qu'eux d'ailleurs** he didn't hesitate any more than they did;

♦ pronom personnel + **non plus** ◆ **il ne l'a pas vu ni moi non plus** he didn't see him and neither did I ou and I didn't either ◆ **nous ne l'avons pas vu – nous non plus** we didn't see him – neither did we ou we didn't either ◆ **nous non plus nous ne l'avons pas vu** we didn't see him either ◆ **il n'a pas compris lui non plus** he didn't understand either

### 2 NOM MASCULIN INVARIABLE

no ◆ **répondre par un non catégorique** to reply with a categorical no ◆ **il y a eu 30 non** there were 30 votes against ou 30 noes; → **oui**

### 3 PRÉFIXE

Dans les mots composés à trait d'union, le préfixe reste invariable.

a **non** + adjectif ou participe

Pour ce type de composés (ex: **non coupable, non négligeable, non polluant** etc), cherchez ci-dessous ou sous l'adjectif concerné.

non-, un- ◆ **non ferreux/gazeux** non-ferrous/-gaseous ◆ **non vérifié** unverified ◆ **non spécialisé** unspecialized, non-specialized ◆ **les objets non réclamés** unclaimed items ◆ **toutes les places non réservées** all the unreserved seats, all seats not reserved ◆ **les travaux non terminés** the unfinished work

b **non-** + nom ◆ **la non-reconnaissance de qch** the fact that sth is unrecognized ◆ **en cas de non(-)réponse** if there is no reply ◆ **le non-respect de cette règle entraînerait la rupture du contrat** non-observance of this rule will result in breach of contract

### 4 COMPOSÉS

▷ **non accompli, e** adj (Ling) continuous ▷ **non aligné, e** adj nonaligned ▷ **non arrondi, e** adj (Phon) spread ▷ **non belligérant, e** adj, nm,f nonbelligerent ▷ **non combattant, e** adj, nm,f noncombatant ▷ **non conformiste** adj, nm,f nonconformist ▷ **non dénombrable** adj (Ling) uncountable ▷ **non directif, -ive** adj entretien, questionnaire with no leading questions; thérapie nondirective ▷ **non engagé, e** adj artiste with no political commitment; pays neutral, nonaligned ▷ **non euclidien, -ienne** adj non-Euclidean ▷ **non existant, e** adj nonexistent ▷ **non figuratif, -ive** adj nonrepresentational ▷ **non lucratif, -ive** adj ◆ **à but non lucratif** non-profit-making ▷ **non marqué, e** adj (Ling) unmarked ▷ **non voisé, e** adj (Phon) unvoiced, voiceless

**non-activité** [nɔnaktivite] → SYN nf inactivity

**nonagénaire** [nɔnaʒenɛʀ] adj, nmf nonagenarian, ninety-year-old

**nonagésime** [nɔnaʒezim] adj nonagesimal

**non-agression** [nɔnagʀesjɔ̃] nf non-aggression

**non-alignement** [nɔnaliɲmɑ̃] nm nonalignment

**nonante** [nɔnɑ̃t] adj (Belg, Helv) ninety

**nonantième** [nɔnɑ̃tjɛm] adj (Belg, Helv) ninetieth

**non-appartenance** [nɔnapaʀtənɑ̃s] nf (à un parti, un organisme) non-membership ◆ **sa non-appartenance à l'ethnie dominante** the fact that he did not belong to the dominant ethnic group

**non-assistance** [nɔnasistɑ̃s] nf (Jur) ◆ **non-assistance à personne en danger** failure to assist a person in danger

**non-belligérance** [nɔ̃beliʒeʀɑ̃s] nf nonbelligerence

**nonce** [nɔ̃s] → SYN nm nuncio ◆ **nonce apostolique** apostolic nuncio

**nonchalamment** [nɔ̃ʃalamɑ̃] adv nonchalantly

**nonchalance** [nɔ̃ʃalɑ̃s] → SYN nf nonchalance

**nonchalant, e** [nɔ̃ʃalɑ̃, ɑ̃t] → SYN adj nonchalant

**nonciature** [nɔ̃sjatyʀ] nf nunciature

**non-communication** [nɔ̃kɔmynikasjɔ̃] nf a [document, information] non-disclosure

b (dans une entreprise, un couple) non-communication, lack of communication

**non-comparant, e** [nɔ̃kɔ̃paʀɑ̃, ɑ̃t] adj (Jur) defaulting (épith)

**non-comparution** [nɔ̃kɔ̃paʀysjɔ̃] nf (Jur) nonappearance

**non-conciliation** [nɔ̃kɔ̃siljasjɔ̃] nf refusal to settle out of court

**non-concurrence** [nɔ̃kɔ̃kyʀɑ̃s] nf lack of competition ◆ **clause de non-concurrence** noncompetition clause, non-compete clause (surtout US)

**non-conformisme** [nɔ̃kɔ̃fɔʀmism] nm nonconformism

**non-conformité** [nɔ̃kɔ̃fɔʀmite] nf nonconformity

**non-contradiction** [nɔ̃kɔ̃tʀadiksjɔ̃] nf ◆ **principe de non-contradiction** law of noncontradiction

**non-covalent, e** [nɔ̃kovalɑ̃, ɑ̃t] adj noncovalent

**non-croyant, e** [nɔ̃kʀwajɑ̃, ɑ̃t] nm,f unbeliever, non-believer

**non-cumul** [nɔ̃kymyl] nm (Jur) ◆ **il y a non-cumul de peines** sentences run concurrently ◆ **le principe du non-cumul des fonctions** the rule prohibiting anyone from holding more than one post at a time

**non-dénonciation** [nɔ̃denɔ̃sjasjɔ̃] nf [crime, sévices] failure to report ◆ **il a été poursuivi pour non-dénonciation de malfaiteur** he was prosecuted for failing to report an offence

**non-discrimination** [nɔ̃diskʀiminasjɔ̃] nf nondiscrimination

**non-dit** [nɔ̃di] nm what is left unsaid ◆ **cette dispute a fait ressortir tous les non-dits** during the row everything that had been bottled up and left unsaid came out into the open

**non-droit** [nɔ̃dʀwa] nm ◆ **zone de non-droit** ≈ no-go area *, *urban area where law and order have broken down* ◆ **État de non-droit** *state in which human and civil rights are not respected*

**none** [nɔn] nf nones

**non-engagement** [nɔnɑ̃gaʒmɑ̃] nm noninvolvement

**non-être** [nɔnɛtʀ] nm (Philos) non-being

**non-événement** [nɔnevɛnmɑ̃] nm nonevent

**non-exécution** [nɔnɛgzekysjɔ̃] nf [contrat] noncompletion

**non-existence** [nɔnɛgzistɑ̃s] nf nonexistence

**non-fumeur, -euse** [nɔ̃fymœʀ, øz] 1 adj no-smoking (épith)

2 nm,f non-smoker ◆ **(compartiment) non-fumeurs** non-smoking compartment (Brit) ou car (US), non-smoker ◆ **place fumeur ou non-fumeur ?** (en avion) smoking or non-smoking?

**non-ingérence** [nɔnɛ̃ʒeʀɑ̃s] nf noninterference

**non-initié, e** [nɔninisje] 1 adj lecteur lay; observateur uninformed

2 nm,f lay person ◆ **pour les non-initiés** for the uninitiated

**non-inscrit, e** [nɔnɛ̃skʀi, it] (Pol) 1 adj independent

2 nm,f independent (member)

**non-intervention** [nɔnɛ̃tɛʀvɑ̃sjɔ̃] nf nonintervention

**non-interventionniste** [nɔnɛ̃tɛʀvɑ̃sjɔnist] adj, nmf noninterventionist

**non-jouissance** [nɔ̃ʒwisɑ̃s] nf (Jur) nonenjoyment

**non-lieu,** pl **non-lieux** [nɔ̃ljø] nm (Jur) ◆ **(arrêt** ou **ordonnance de) non-lieu** dismissal of a charge ◆ **bénéficier d'un non-lieu** to be discharged ou have one's case dismissed for lack of evidence ◆ **rendre une ordonnance de non-lieu** to dismiss a case for lack of evidence, direct a nonsuit

**non-moi** [nɔ̃mwa] nm inv (Philos) nonego

**nonne** [nɔn] → SYN nf (††, hum) nun

**nonnette** [nɔnɛt] nf (Culin) spiced bun *(made of pain d'épice)*

**nonobstant** [nɔnɔpstɑ̃] → SYN 1 prép († ou Jur = malgré) notwithstanding, despite, in spite of

2 adv († = néanmoins) notwithstanding †, nevertheless

**non-paiement** [nɔ̃pɛmɑ̃] nm nonpayment

**nonpareil, -eille** †† [nɔ̃paʀɛj] adj nonpareil, peerless

**non-partant** [nɔ̃paʀtɑ̃] nm (Sport) non-runner

**non-parution** [nɔ̃paʀysjɔ̃] nf failure to appear ou be published

**non-pratiquant, e** [nɔ̃pʀatikɑ̃, ɑ̃t] nm,f (Rel, gén) person who does not practise his ou her religion; (= chrétien) non-churchgoer

**non-prolifération** [nɔ̃pʀɔlifeʀasjɔ̃] nf nonproliferation

**non-recevoir** [nɔ̃ʀ(ə)səvwaʀ] nm inv (Jur) demurrer, objection; (fig) blunt refusal ◆ **il m'a opposé une fin de non-recevoir** he turned down my request point-blank

**non-résident, e** [nɔ̃ʀezidɑ̃, ɑ̃t] nm,f nonresident

**non-respect** [nɔ̃ʀɛspɛ] nm [droit, engagement, règle] failure to respect ◆ **en cas de non-respect des délais ...** if the deadlines are not met ou observed ...

**non-retour** [nɔ̃ʀətuʀ] nm no return; → **point**[1]

**non-rétroactivité** [nɔ̃ʀetʀɔaktivite] nf (Jur) nonretroactivity

**non-salarié, e** [nɔ̃salaʀje] nm,f self-employed person

**non-sens** [nɔ̃sɑ̃s] → SYN nm inv (= absurdité) (piece of) nonsense; (= erreur de traduction) meaningless word (ou phrase etc )

**non-signataire** [nɔ̃siɲatɛʀ] nmf non-signatory

**non-spécialiste** [nɔ̃spesjalist] nmf nonspecialist

**non-stop** [nɔnstɔp] adj inv, adv non-stop

**non-syndiqué, e** [nɔ̃sɛ̃dike] 1 adj nonunion(ized)

2 nm,f nonunion member, nonmember (of a ou the union)

**non-tissé,** pl **non-tissés** [nɔ̃tise] nm nonwoven

**non-usage** [nɔnyzaʒ] nm non-use

**non-valeur** [nɔ̃valœʀ] → SYN nf **a** (Jur) unproductiveness; (Fin) bad debt; (fig) nonproductive asset, wasted asset

**b** (péj = personne) nonentity

**non-viable** [nɔ̃vjabl] adj (Méd) non-viable; situation, projet not viable

**non-violence** [nɔ̃vjɔlɑ̃s] → SYN nf nonviolence

**non-violent, e** [nɔ̃vjɔlɑ̃, ɑ̃t] 1 adj nonviolent

2 nm,f advocate ou supporter of nonviolence

**non-voyant, e** [nɔ̃vwajɑ̃, ɑ̃t] 1 nm,f visually handicapped ou impaired person

2 adj visually handicapped ou impaired

**noologique** [nɔɔlɔʒik] adj noological

**noosphère** [nɔɔsfɛʀ] nf noosphere

**nopal** [nɔpal] nm nopal

**noradrénaline** [nɔʀadʀenalin] nf noradrenalin(e) (Brit), norepinephrine (US)

**nord** [nɔʀ] → SYN 1 nm **a** (= point cardinal) north ◆ **nord géographique/magnétique** true/magnetic north ◆ **le vent du nord** the north wind ◆ **un vent du nord** (gén) a north(erly) wind; (Naut) a northerly ◆ **le vent tourne/est au nord** the wind is veering north(wards) ou towards the north/is blowing from the north ◆ **regarder vers le nord** ou **dans la direction du nord** to look north(wards) ou towards the north ◆ **au nord** (situation) in the north; (direction) to the north, north(wards) ◆ **au nord de** north of, to the north of ◆ **la maison est (exposée) au nord/en plein nord** the house faces (the) north ou northwards/due north; → **perdre**

**b** (= région) north ◆ **pays/peuples du nord** northern countries/peoples, countries/peoples of the north ◆ **l'Europe/l'Italie/la Bourgogne du nord** Northern Europe/Italy/Burgundy ◆ **la mer du Nord** the North Sea ◆ **le nord de la France, le Nord** the North (of France) ◆ **les gens du Nord** (dans un pays) Northerners ◆ **le Grand Nord** the far North

2 adj inv région, partie northern (épith); entrée, paroi north (épith); versant, côte north(ern) (épith); côté north(ward) (épith); direction northward (épith), northerly (Mét); → **hémisphère, latitude, pôle**

**nord-africain, e,** mpl **nord-africains** [nɔʀafʀikɛ̃, ɛn] → SYN 1 adj North African

2 **Nord-Africain(e)** nm,f North African

**nord-américain, e,** mpl **nord-américains** [nɔʀameʀikɛ̃, ɛn] → SYN 1 adj North American

2 **Nord-Américain(e)** nm,f North American

**nord-coréen, -enne,** mpl **nord-coréens** [nɔʀkɔʀeɛ̃, ɛn] 1 adj North Korean

2 **Nord-Coréen(ne)** nm,f North Korean

**nord-est** [nɔʀɛst] adj inv, nm northeast

**Nordeste** [nɔʀdɛste] nm Nordeste

**nordet** [nɔʀdɛ] nm (= vent) northeaster(ly)

**nordique** [nɔʀdik] → SYN 1 adj pays, race Nordic; langues Scandinavian, Nordic; → **ski**

2 **Nordique** nmf Nordic

**nordir** [nɔʀdiʀ] ▸ conjug 2 ◂ vi [vent] to turn northwards

**nordiste** [nɔʀdist] (Hist US) 1 adj Northern, Yankee

2 **Nordiste** nmf Northerner, Yankee

**nord-nord-est** [nɔʀnɔʀɛst] adj inv, nm north-northeast

**nord-nord-ouest** [nɔʀnɔʀwɛst] adj inv, nm north-northwest

**nord-ouest** [nɔʀwɛst] adj inv, nm northwest

**nord-vietnamien, -ienne,** mpl **nord-vietnamiens** [nɔʀvjɛtnamjɛ̃, jɛn] 1 adj North Vietnamese

2 **Nord-Vietnamien(ne)** nm,f North Vietnamese

**noria** [nɔʀja] → SYN nf noria, bucket waterwheel ◆ **une noria d'hélicoptères transportait les blessés vers les hôpitaux** a fleet of helicopters shuttled ou ferried the wounded to the hospitals

**normal, e,** mpl **-aux** [nɔʀmal, o] → SYN 1 adj (gén, Chim, Math, Méd) normal; (= courant, habituel) normal, usual ◆ **de dimension normale** normal-sized, standard-sized ◆ **c'est une chose très normale, ça n'a rien que de très normal** that's quite usual ou normal ◆ **rien à signaler, tout est normal** nothing to report, everything is the same as usual ◆ **il n'est pas normal** he's not normal, there's something wrong with him ◆ **c'est normal !** it's (quite) natural! ◆ **ce n'est pas normal** (gén) there must be something wrong; (= ce n'est pas juste) that's not right; → **état, temps**[1]

2 **normale** nf **a** **s'écarter de la normale** to diverge from the norm ◆ **revenir à la normale** to return to normality, get back to normal ◆ **au-dessus de la normale** above average ◆ **température voisine des normales saisonnières** temperature close to the seasonal average

**b** (Math) normal (à to)

**c** **Normale (sup)** (abrév de **École normale supérieure**) → **école**

**normalement** [nɔʀmalmɑ̃] adv se dérouler, fonctionner normally ◆ **normalement, il devrait être là demain** he should be here tomorrow ◆ **normalement il vient le jeudi** he usually ou generally comes on a Thursday ◆ **tu pourras venir ? – normalement, oui** will you be able to come? – I should be able to, yes

**normalien, -ienne** [nɔʀmaljɛ̃, jɛn] nm,f (= futur professeur) *student at the École normale supérieure*; (= diplômé) *graduate of the École normale supérieure*; (ancienn = futur instituteur) *student at teacher training college*

**normalisateur, -trice** [nɔʀmalizatœʀ, tʀis] adj effet normalizing ◆ **une conception normalisatrice de l'éducation** a rigidly conventional approach to education

**normalisation** [nɔʀmalizasjɔ̃] → SYN nf **a** (= régularisation) [situation, relations] normalization ◆ **on espère une normalisation des relations diplomatiques** we are hoping diplomatic relations will be back to normal soon

**b** (= standardisation) [produit] standardization

**normaliser** [nɔʀmalize] → SYN ▸ conjug 1 ◂ 1 vt **a** (= régulariser) [+ situation, relations] to normalize

**b** (= standardiser) [+ produit] to standardize ◆ **taille normalisée** standard size

2 **se normaliser** vpr **a** (= revenir à la normale) to get back to normal; (= devenir normal) to normalize

**b** (= devenir standard) to be standardized

**normalité** [nɔʀmalite] nf normality

**normand, e** [nɔʀmɑ̃, ɑ̃d] 1 adj (= de Normandie) Norman; (Hist = scandinave) Norse; → **armoire, trou**

2 nm **a** (Ling) Norman (French)

**b** **Normand** (= de Normandie) Norman; (Hist = Scandinave) Norseman, Northman; → **réponse**

3 **Normande** nf (= de Normandie) Norman; (Hist = Scandinave) Norsewoman

**Normandie** [nɔʀmɑ̃di] nf Normandy

**normatif, -ive** [nɔʀmatif, iv] → SYN adj prescriptive, normative

**norme** [nɔʀm] → SYN nf (Math, gén) norm; (Tech) standard ◆ **normes de fabrication** standards of manufacture, manufacturing standards ◆ **mettre qch aux normes de sécurité** to bring sth into compliance with safety standards ◆ **ce produit n'est pas conforme aux normes françaises** this product doesn't conform to French standards ◆ **tant que ça reste dans la norme** as long as it's kept within limits ◆ **pourvu que vous restiez dans la norme** provided you don't overdo it ou you don't overstep the limits, provided you keep within the norm ◆ **hors norme(s)** personnage unconventional; carrière unusual ◆ **c'est une voiture hors norme(s)** it's no ordinary car

**normé, e** [nɔʀme] adj (Math) normed

**normographe** [nɔʀmɔgʀaf] nm stencil

**nor(r)ois, e** [nɔʀwa, waz] adj, nm Old Norse

**norrois, e** [nɔʀwa, waz] → SYN adj, nm Old Norse

**Norvège** [nɔʀvɛʒ] nf Norway ◆ **la mer de Norvège** the Norwegian sea

**norvégien, -ienne** [nɔʀveʒjɛ̃, jɛn] 1 adj Norwegian; → **marmite, omelette**

2 nm (Ling) Norwegian

3 **Norvégien(ne)** nm,f Norwegian

**nos** [no] adj poss → **notre**

**nosocomial, e,** mpl **-iaux** [nozɔkɔmjal, jo] adj nosocomial

**nosographie** [nozɔgʀafi] nf nosography

**nosologie** [nozɔlɔʒi] nf nosology

**nostalgie** [nɔstalʒi] → SYN nf nostalgia ◆ **avoir** ou **garder la nostalgie de ...** to feel nostalgic for ... ◆ **avoir la nostalgie du pays natal** to be homesick

**nostalgique** [nɔstalʒik] → SYN 1 adj nostalgic

2 nmf ◆ **les nostalgiques des années 60** those who feel nostalgic for the 1960s ◆ **les nostalgiques de la monarchie** those who look back nostalgically to the monarchy

**nostoc** [nɔstɔk] nm nostoc

**nota (bene)** [nɔta (bene)] nm inv nota bene

**notabilité** [nɔtabilite] → SYN nf notability

**notable** [nɔtabl] → SYN 1 adj fait notable, noteworthy; changement, progrès notable

2 nm notable, worthy

**notablement** [nɔtabləmɑ̃] adv notably

**notaire** [nɔtɛʀ] → SYN nm notary (public); (en Grande-Bretagne) ≃ solicitor (Brit)

**notamment** [nɔtamɑ̃] → SYN adv (= entre autres) notably, among others; (= plus particulièrement) notably, in particular, particularly

**notarial, e,** mpl **-iaux** [nɔtaʀjal, jo] adj ◆ **étude notariale** office of a notary (public); (en Grande-Bretagne) ≃ solicitor's office

**notariat** [nɔtaʀja] nm profession of (a) notary (public); (en Grande-Bretagne) ≃ profession of a solicitor

**notarié, e** [nɔtaʀje] adj drawn up by a notary (public), notarized (SPÉC); (en Grande-Bretagne) ≃ drawn up by a solicitor

**notation** [nɔtasjɔ̃] → SYN nf a (= symboles, système) notation
b (= touche, note) [couleurs] touch; [sons] variation ◆ **une notation intéressante** (Littérat) an interesting touch ou variation
c (= transcription) [sentiment, geste, son] expression
d (= jugement) [devoir] marking (Brit), grading (US); [employé] assessment ◆ **agence de notation (financière)** (Fin) (credit) rating agency

**note** [nɔt] → SYN 1 nf a (= remarque, communication) note ◆ **note diplomatique/officielle** diplomatic/official note ◆ **prendre des notes** to take notes ◆ **prendre (bonne) note de qch** to take (good) note of sth ◆ **prendre qch en note** to make a note of sth, write sth down; (hâtivement) to jot sth down ◆ **relire ses notes** to read over one's notes ou jottings ◆ **remarque en note** marginal comment, comment in the margin ◆ **c'est écrit en note** it's written in the margin
b (= appréciation chiffrée) mark (Brit), grade (US) ◆ **mettre une note à** [+ dissertation] to mark (Brit), grade (US); [+ élève] to give a mark to (Brit), grade (US); [+ employé] to assess ◆ **avoir de bonnes/mauvaises notes** to have good/bad marks ou grades ◆ **avoir une bonne/mauvaise note à un devoir/en histoire** to have a good/bad mark for a homework exercise/for ou in history ◆ **c'est une mauvaise note pour lui** (fig) it's a black mark against him
c (= compte) [gaz, blanchisserie] bill, account; [restaurant, hôtel] bill (Brit), check (US) ◆ **demander/présenter/régler la note** (à l'hôtel) to ask for/present/settle the bill (Brit) ou check (US) ◆ **vous me donnerez la note, s'il vous plaît** (au restaurant) may I have the bill (Brit) ou check (US) please?, I'd like my bill (Brit) ou check (US) please ◆ **je vais vous faire la note** I'll make out the bill (Brit) ou check (US) for you ◆ **mettez-le sur ma note** put it on my bill (Brit) ou check (US) ◆ **note de frais** (= bulletin) claim form (for expenses); (= argent dépensé) expenses ◆ **note d'honoraires** (doctor's ou lawyer's) account
d (Mus, fig) note ◆ **donner la note** (Mus) to give the key; (fig) to set the tone ◆ **la note juste** the right note ◆ **c'est tout à fait dans la note** it fits in perfectly with the rest ◆ **ses paroles étaient tout à fait dans la note/n'étaient pas dans la note** his words struck exactly the right note/struck the wrong note (altogether) ◆ **ce n'est pas dans la note** it doesn't strike the right note at all; → **faux²**
e (= trace, touche) note, touch ◆ **mettre une note triste** ou **de tristesse dans qch** to lend a touch ou note of sadness to sth ◆ **une note d'anxiété/de fierté perçait sous ses paroles** a note of anxiety/pride was discernible in his words ◆ **une note de santal** [parfum] a hint of sandalwood
2 COMP ▷ **note de l'auteur** author's note ▷ **note en bas de page** footnote ▷ **note de conjoncture** economic outlook report ▷ **note d'information** memorandum ▷ **note marginale** marginal note, note in the margin ▷ **note de passage** (Mus) passing note ▷ **note de la rédaction** editor's note ▷ **note de service** memorandum ▷ **note du traducteur** translator's note

**noter** [nɔte] → SYN ▸ conjug 1 ◂ vt a (= inscrire) [+ adresse, rendez-vous] to write down, note down, make a note of; [+ idées] to jot down, write down, note down; (Mus) [+ air] to write down, take down ◆ **si vous pouviez le noter quelque part** could you make a note of it ou write it down somewhere ◆ **notez que nous serons absents** note that we'll be away
b (= remarquer) [+ faute, progrès] to notice ◆ **notez la précision du bas-relief** note the fine bas relief work ◆ **on note une certaine amélioration** there has been some improvement, some improvement has been noted ◆ **notez (bien) que je n'ai rien dit, je n'ai rien dit, notez-le** ou **notez (bien)** note that I didn't say anything, mark you, I didn't say anything ◆ **il faut noter qu'il a des excuses** admittedly he has an excuse, he has an excuse mind you ou mark you (Brit) ◆ **ceci est à noter** ou **mérite d'être noté** this is worth noting ou making a note of
c (= cocher, souligner) [+ citation, passage] to mark
d (= juger) [+ devoir] to mark, grade (US); [+ élève] to give a mark to, grade (US); [+ employé] to assess ◆ **noter sur 10/20** to mark out of 10/20 ◆ **devoir bien/mal noté** homework with a good/bad mark ou grade ◆ **employé bien/mal noté** highly/poorly rated employee, employee with a good/bad record ◆ **elle note sévèrement/large** she is a strict/lenient marker

**notice** [nɔtis] → SYN nf (= préface, résumé) note; (= mode d'emploi) instructions ◆ **notice biographique/bibliographique** biographical/bibliographical note ◆ **notice explicative** ou **d'emploi** directions for use, explanatory leaflet ◆ **notice technique** specification sheet, specifications ◆ **notice nécrologique** obituary

**notificatif, -ive** [nɔtifikatif, iv] adj notifying ◆ **lettre notificative** letter of notification

**notification** [nɔtifikasjɔ̃] → SYN nf (Admin) notification ◆ **notification vous a été envoyée de vous présenter** notification has been sent to you to present yourself ◆ **recevoir notification de** to be notified of, receive notification of ◆ **notification d'actes** (Jur) service of documents

**notifier** [nɔtifje] → SYN ▸ conjug 7 ◂ vt to notify ◆ **notifier qch à qn** to notify sb of sth, notify sth to sb ◆ **on lui a notifié que ...** he was notified that ..., he received notice that ... ◆ **notifier une citation à qn** to serve a summons ou a writ on sb ◆ **il s'est vu notifier son licenciement** he received notice of his dismissal

**notion** [nosjɔ̃] → SYN nf a (= conscience) notion ◆ **je n'ai pas la moindre notion de** I haven't the faintest notion of ◆ **perdre la notion du temps** ou **de l'heure** to lose track of the time
b (= connaissances) **notions** notion, elementary knowledge ◆ **avoir quelques notions de grammaire** to have some notion of grammar, have a smattering of grammar ◆ **notions d'algèbre/d'histoire** (titre) algebra/history primer

**notionnel, -elle** [nosjɔnɛl] adj notional

**notocorde** [nɔtɔkɔʀd] nf notochord

**notoire** [nɔtwaʀ] → SYN adj criminel, méchanceté notorious; fait, vérité well-known, acknowledged (épith) ◆ **il est notoire que** it is common ou public knowledge that, it's an acknowledged fact that

**notoirement** [nɔtwaʀmɑ̃] adv insuffisant manifestly; malhonnête notoriously ◆ **c'est notoirement reconnu** it's generally recognized, it's well known

**notonecte** [nɔtɔnɛkt] nm ou f (Zool) water boatman, common backswimmer

**notoriété** [nɔtɔʀjete] → SYN nf [fait] notoriety; (= renommée) fame ◆ **c'est de notoriété publique** that's common ou public knowledge

**notre,** pl **nos** [nɔtʀ, no] adj poss a (possession, relation) our; (emphatique) our own ◆ **notre fils et notre fille** our son and daughter ◆ **nous avons tous laissé notre manteau et notre chapeau au vestiaire** we have all left our coats and hats in the cloakroom ◆ **notre bonne ville de Tours est en fête** our fine city of Tours is celebrating; pour autres loc voir **son¹**
b (valeur affective, ironique, intensive) **et comment va notre malade aujourd'hui ?** and how's the ou our patient today? ◆ **notre héros décide alors ...** and so our hero decides ... ◆ **notre homme a filé sans demander son reste** the fellow ou chap (Brit) has run off without asking for his due ◆ **voilà notre bon Martin !** here's good old Martin! ◆ **notre maître** (dial) the master; → **son¹**
c (représentant la généralité des hommes) **notre planète** our planet ◆ **notre corps/esprit** our bodies/minds ◆ **notre maître à tous** our master, the master of us all ◆ **Notre Seigneur/Père** Our Lord/Father ◆ **Notre-Dame** Our Lady; (église) Notre Dame, Our Lady ◆ **Notre-Dame de Paris** (cathédrale) Notre Dame of Paris ◆ **"Notre-Dame de Paris"** (Littérat) "The Hunchback of Notre Dame" ◆ **Notre-Dame de Chartres/Lourdes** Our Lady of Chartres/Lourdes ◆ **le Notre Père** the Lord's Prayer, Our Father
d (de majesté, dans un discours etc = mon, ma, mes) our ◆ **car tel est notre bon plaisir** for such is our wish, for so it pleases us ◆ **dans cet exposé notre intention est de ...** in this essay we intend to ...

**nôtre** [notʀ] 1 pron poss ◆ **le nôtre, la nôtre, les nôtres** ours ◆ **cette voiture n'est pas la nôtre** this car is not ours, this is not our car ◆ **leurs enfants sont sortis avec les nôtres** their children are out with ours ◆ **à la (bonne) nôtre !** our good health!, here's to us!; pour autres loc voir **sien**
2 nm a **nous y mettrons du nôtre** we'll do our bit *; → aussi **sien**
b **les nôtres** (= famille) our family, our folks *; (= partisans) our own people ◆ **j'espère que vous serez des nôtres ce soir** I hope you will join our party ou join us tonight ◆ **il est des nôtres** he's one of us
3 adj poss (littér) ours, our own ◆ **ces idées ne sont plus exclusivement nôtres** these ideas are no longer ours alone ou exclusively ◆ **ces principes, nous les avons faits nôtres** we have made these principles our own

**notule** [nɔtyl] nf short note

**nouage** [nwaʒ] nm (Tex) splicing

**Nouakchott** [nwakʃɔt] n Nouakchott

**nouba** ‡ [nuba] nf ◆ **faire la nouba** to live it up *, have a rave-up ‡ (Brit)

**nouer** [nwe] → SYN ▸ conjug 1 ◂ 1 vt a (= faire un nœud avec) [+ ficelle] to tie, knot; [+ lacets, foulard, ceinture] to tie; [+ cravate] to knot, fasten ◆ **nouer les bras autour de la taille de qn** to put one's arms round sb's waist ◆ **l'émotion lui nouait la gorge** his throat was tight with emotion ◆ **avoir la gorge nouée (par l'émotion)** to have a lump in one's throat ◆ **j'ai l'estomac noué** my stomach is in knots
b (= entourer d'une ficelle) [+ bouquet, paquet] to tie up, do up; [+ cheveux] to tie up ou back
c (= former) [+ complot] to hatch; [+ alliance] to make, form; [+ relations] to strike up; [+ amitié] to form, build up ◆ **nouer conversation avec qn** to start (up) ou strike up a conversation with sb
d (Tex) **nouer la chaîne/la trame** to splice the warp/weft
e (Littérat) [+ action, intrigue] to build up
2 vi (Bot) to set
3 **se nouer** vpr a (= s'unir) [mains] to join together ◆ **sa gorge se noua** a lump came to his throat
b (= se former) [complot] to be hatched; [alliance] to be made, be formed; [amitié] to be formed, build up; [conversation] to start, be started
c (pièce de théâtre) **c'est là où l'intrigue se noue** it's at that point that the plot takes shape ou develops

**noueux, -euse** [nwø, øz] → SYN adj branche knotty, gnarled; main gnarled; vieillard wizened

**nougat** [nuga] → SYN nm (Culin) nougat ◆ **nougats** ‡ (= pieds) feet ◆ **c'est du nougat** * it's dead easy *, it's a cinch * ou a piece of cake * ◆ **c'est pas du nougat** * it's not so easy

**nougatine** [nugatin] → SYN nf nougatine

**nouille** [nuj] → SYN nf a (Culin) piece ou bit of pasta ◆ **nouilles** (gén) pasta; (en rubans) noodles ◆ **nouilles chinoises** Chinese noodles ◆ **style nouille** (Art) Art Nouveau
b * (= imbécile) idiot, noodle * (Brit); (= mollasson) big lump * ◆ **ce que c'est nouille** * how idiotic (it is)

**Nouméa** [numea] n Nouméa

**noumène** [numɛn] → SYN nm noumenon

**nounou** * [nunu] nf nanny

**nounours** [nunuʀs] nm teddy (bear)

**nourrain** [nuʀɛ̃] → SYN nm (= fretin) alevin; (= cochon) piglet

**nourri, e** [nuʀi] → SYN (ptp de **nourrir**) adj fusillade heavy; applaudissements hearty, prolonged; conversation lively; style rich ◆ **tirs nourris** heavy ou sustained gunfire

**nourrice** [nuʀis] → SYN nf a (= gardienne) childminder, nanny; (qui allaite) wet nurse ◆ **nourrice sèche** †dry nurse ◆ **nourrice agréée**

registered childminder ◆ **mettre un enfant en nourrice** to put a child in the care of a nurse ou out to nurse (Brit) ◆ **prendre un enfant en nourrice** to act as nurse to a child; → **épingle**

b (= bidon) jerry can (Brit), can (US)

c (= abeille) nurse bee

**nourricier, -ière** [nuʀisje, jɛʀ] → SYN 1 adj (Anat) canal, artère nutrient; (Bot) suc, sève nutritive; († = adoptif) mère, père foster (épith) ◆ **la terre nourricière** (littér) the nourishing earth

2 nm († = père adoptif) foster father ◆ **les nourriciers** the foster parents

**nourrir** [nuʀiʀ] → SYN ▸ conjug 2 ◂ 1 vt a (= alimenter) [+ animal, personne] to feed; [+ feu] to stoke; [+ récit, devoir] to fill out; [+ cuir, peau] to nourish ◆ **nourrir au biberon** to bottle-feed ◆ **nourrir au sein** to breast-feed, nurse ◆ **nourrir à la cuiller** to spoon-feed ◆ **nourrir un oiseau au grain** to feed a bird (on) seed ◆ **les régions qui nourrissent la capitale** the areas which provide food for the capital ou provide the capital with food ◆ **bien/mal nourri** well-/poorly-fed; → **logé**

b (= faire vivre) [+ famille, pays] to feed, provide for ◆ **cette entreprise nourrit 10 000 ouvriers** this firm gives work to ou provides work for 10,000 workers ◆ **ce métier ne nourrit pas son homme** this job doesn't give a man a living wage

c (= caresser) [+ désir, espoir, illusion] to nourish, nurture, foster; [+ haine] to feel, harbour (Brit) ou harbor (US) feelings of; [+ rancune] to harbour (Brit), harbor (US); [+ vengeance] to nourish, harbour (Brit) ou harbor (US) thoughts of ◆ **nourrir le projet de faire qch** to plan to do sth

d (littér = former) **être nourri dans les bons principes** to be nurtured on good principles ◆ **la lecture nourrit l'esprit** reading improves the mind

2 vi to be nourishing

3 **se nourrir** vpr to eat ◆ **se nourrir de** [+ aliments] to feed (o.s.) on, eat; [+ illusions] to feed on, live on ◆ **il se nourrit de romans** (fig) novels are his staple diet

**nourrissant, e** [nuʀisɑ̃, ɑ̃t] → SYN adj aliment nourishing, nutritious; crème, cosmétique nourishing (épith)

**nourrisseur** [nuʀisœʀ] nm (= personne) feeder; (= récipient) trough

**nourrisson** [nuʀisɔ̃] → SYN nm (unweaned) infant, nursling (littér)

**nourriture** [nuʀityʀ] → SYN nf a (= aliments, fig) food ◆ **assurer la nourriture de qn** to provide sb's meals ou sb with food

b (= alimentation) food ◆ **il lui faut une nourriture saine** he needs a healthy diet ◆ **il ne supporte aucune nourriture solide** he can't take solids ◆ **nourriture pour animaux** (de compagnie) pet food; (de ferme) animal feed ◆ **la lecture est une bonne nourriture pour l'esprit** reading is good nourishment for the mind ◆ **"Les Nourritures terrestres"** (Littérat) "Fruits of the Earth"

**nous** [nu] 1 pron pers a (sujet) we ◆ **nous vous écrirons** we'll write to you ◆ **nous avons bien ri tous les deux** the two of us had a good laugh, we both had a good laugh ◆ **eux ont accepté, nous non** ou **pas nous** they accepted but we didn't, they accepted but not us * ◆ **c'est enfin nous, nous voilà enfin** here we are at last ◆ **qui l'a vu ? – nous/pas nous** who saw him? – we did/we didn't ou us/not us * ◆ **nous, accepter ? jamais !** us accept that? never!, you expect us to accept that?, never!; voir aussi **même**

b (objet) us ◆ **aide-nous** help us, give us a hand ◆ **donne-nous ton livre** give us your book, give your book to us ◆ **si vous étiez nous que feriez-vous ?** if you were us ou if you were in our shoes what would you do? ◆ **donne-le-nous** give it to us, give us it ◆ **écoutez-nous** listen to us ◆ **il n'obéit qu'à nous** we are the only ones he obeys, he obeys only us

c (insistance) (sujet) we, we ourselves; (objet) us ◆ **nous, nous le connaissons bien – mais nous aussi** we know him well ourselves – but so do we ou we do too ◆ **pourquoi ne le ferait-il pas ?, nous l'avons bien fait, nous** why shouldn't he do it?, we did it (all right) ◆ **alors nous, nous restons pour compte ?** and what about us, are we to be left out? ◆ **nous, elle nous déteste** she hates us ◆ **elle nous connaît bien, nous** she knows us all right

d (emphatique avec qui, que) (sujet) we; (objet) us ◆ **c'est nous qui sommes fautifs** we are the culprits, we are the ones to blame ◆ **merci – c'est nous qui vous remercions** thank you – it's we who should thank you ◆ **et nous (tous) qui vous parlons l'avons vu** we (all) saw him personally ◆ **est-ce nous qui devons vous le dire ?** do we have to tell you?, are we the ones to have to tell you? ◆ **et nous qui n'avions pas le sou !** and there were we without a penny!, and to think we didn't have a penny! ◆ **nous que le théâtre passionne, nous n'avons jamais vu cette pièce** great theatre lovers that we are we've still never seen that play, even we with our great love for the theatre have never seen that play ◆ **il nous dit cela à nous qui l'avons tant aidé** and that's what he says to us who have helped him so much ◆ **c'est nous qu'elle veut voir** it's us she wants to see

e (avec prép) us ◆ **à nous cinq, nous devrions pouvoir soulever ça** between the five of us we should be able to lift that ◆ **cette maison est à nous** this house belongs to us ou is ours ◆ **nous avons une maison à nous** we have a house of our own, we have our own house ◆ **avec/sans nous** with/without us ◆ **c'est à nous de décider** it's up to us ou for us to decide ◆ **elle l'a appris par nous** she heard about it through ou from us ◆ **un élève à nous** one of our pupils ◆ **l'un de nous** ou **d'entre nous doit le savoir** one of us must know (it) ◆ **nos enfants à nous** our children ◆ **l'idée vient de nous** the idea comes from us ou is ours ◆ **elle veut une photo de nous tous** she wants a photo of us all ou of all of us

f (dans comparaisons) we, us ◆ **il est aussi fort que nous** he is as strong as we are ou as us ◆ **il mange plus/moins que nous** he eats more/less than we do ou than us ◆ **faites comme nous** do as we do, do the same as us ◆ **il vous connaît aussi bien que nous** (aussi bien que nous vous connaissons) he knows you as well as we do ou as us; (aussi bien qu'il nous connaît) he knows you as well as (he knows) us

g (avec vpr) **nous nous sommes bien amusés** we had a good time, we thoroughly enjoyed ourselves ◆ **(lui et moi) nous nous connaissons depuis le lycée** we have known each other since we were at school ◆ **nous nous détestons** we hate (the sight of) each other ◆ **asseyons-nous donc** let's sit down, shall we sit down? ◆ **nous nous écrirons** we'll write to each other

h (pl de majesté, dans discours etc = moi) we ◆ **nous, préfet des Yvelines, décidons que** we, (the) prefect of the Yvelines, decide that ◆ **dans cet exposé, nous essaierons d'expliquer** in this paper, we shall try to explain

2 nm ◆ **le nous de majesté** the royal we

**nous-même**, pl **nous-mêmes** [numɛm] pron → **même**

**nouveau, nouvelle¹** [nuvo, nuvɛl] devant nm commençant par une voyelle ou h muet **nouvel** [nuvɛl], GRAMMAIRE ACTIVE 21.1, 21.2 → SYN mpl **nouveaux** [nuvo]

1 adj a (gén après nom = qui apparaît pour la première fois) new ◆ **pommes de terre nouvelles** new potatoes ◆ **vin nouveau** new wine ◆ **carottes nouvelles** spring carrots ◆ **la mode nouvelle** the latest fashion ◆ **la mode nouvelle du printemps** the new spring fashions ◆ **un sentiment si nouveau pour moi** such a new feeling for me ◆ **montrez-moi le chemin, je suis nouveau ici** show me the way, I'm new here ◆ **ce rôle est nouveau pour lui** this is a new role for him ◆ **tout nouveau tout beau** * (just) wait till the novelty wears off; → **art, quoi**

b (après nom = original) idée novel, new, original; style new, original; (= moderne) méthode new, up-to-date, new-fangled (péj) ◆ **le dernier de ses romans, et le plus nouveau** his latest and most original novel ◆ **présenter qch sous un jour nouveau** to present sth in a new light ◆ **c'est tout nouveau, ce projet** this project is brand-new ◆ **il n'y a rien de/ce n'est pas nouveau !** there's/it's nothing new!

c (= inexpérimenté) new (*en, dans* to) ◆ **il est nouveau en affaires** he's new to business

d (avant nom = qui succède) new ◆ **le nouveau président** the new president, the newly-elected president ◆ **le nouvel élu** the newly-elected representative ◆ **nous avons un nouveau président/une nouvelle voiture** we have a new president/car ◆ **avez-vous lu son nouveau livre ?** have you read his new ou latest book? ◆ **un nouveau Napoléon** a second Napoleon ◆ **les nouveaux philosophes** the new philosophers ◆ **les nouveaux pauvres** the new poor ◆ **les nouveaux parents** today's parents, the parents of today ◆ **il y a eu un nouveau tremblement de terre** there has been a further ou another earthquake ◆ **je ferai un nouvel essai** I'll make another ou a new ou a fresh attempt ◆ **il y eut un nouveau silence** there was another silence ◆ **c'est la nouvelle mode maintenant** it's the new fashion now; → **jusque**

e (= qui s'ajoute) new, fresh ◆ **c'est là une nouvelle preuve que** it's fresh proof ou further proof that ◆ **avec une ardeur/énergie nouvelle** with renewed ardour/energy

2 nm a (= homme) new man; (Scol) new boy

b (= nouveauté) **y a-t-il du nouveau à ce sujet ?** is there anything new on this? ◆ **il y a du nouveau dans cette affaire** there has been a fresh ou new ou further development in this business ◆ **le public veut sans cesse du nouveau** the public always wants something new ◆ **il n'y a rien de nouveau sous le soleil** there's nothing new under the sun

c (= encore) **de nouveau** again ◆ **faire qch de nouveau** to do sth again, repeat sth ◆ **à nouveau** (= d'une manière différente) anew, afresh, again; (= encore une fois) again ◆ **nous examinerons la question à nouveau** we'll examine the question anew ou afresh ou again

3 **nouvelle** nf (= femme) new woman ou girl; (Scol) new girl; voir aussi **nouvelle²**

4 COMP ▷ **Nouvel An, Nouvelle Année** New Year ◆ **pour le/au Nouvel An** for/at New Year ◆ **le Nouvel An juif/chinois** the Jewish/Chinese New Year ▷ **nouvelle cuisine** nouvelle cuisine ▷ **nouvelle lune** new moon ▷ **nouveaux mariés** newlyweds, newly married couple ▷ **Nouveau Monde** New World ▷ **nouveaux pays industrialisés** newly industrialized countries ▷ **nouveau riche** nouveau riche ▷ **le nouveau roman** (Littérat) the nouveau roman ▷ **le Nouveau Testament** the New Testament ▷ **Nouvelle Vague** (Ciné) New Wave, Nouvelle Vague ▷ **nouveau venu, nouvelle venue** nm,f newcomer (*à, dans* to)

**Nouveau-Brunswick** [nuvobʀœsvik] nm New Brunswick

**Nouveau-Mexique** [nuvomɛksik] nm New Mexico

**nouveau-né, nouveau-née**, mpl **nouveau-nés**, fpl **nouveau-nées** [nuvone] 1 adj newborn

2 nm,f (= enfant) newborn child; (= dernière création) newest ou latest model ◆ **les nouveau-nés de notre gamme de jouets** the newest ou latest additions to our range of toys

**nouveauté** [nuvote] → SYN nf a (= actualité) novelty, newness; (= originalité) novelty; (= chose) new thing, something new ◆ **il n'aime pas la nouveauté** he hates anything new ou new ideas, he hates change ◆ **il travaille ? c'est une nouveauté !** he's working? that's new! ou that's a novelty! ◆ **il est paresseux – ce n'est pas une nouveauté !** he's lazy – that's nothing new!

b (Habillement) **nouveautés de printemps** new spring fashions ◆ **le commerce de la nouveauté** †the fashion trade ◆ **magasin de nouveautés** †draper's shop (Brit), fabric store (US)

c (= objet) new thing ou article ◆ **les nouveautés du mois** (= disques) the month's new releases; (= livres) the month's new titles ◆ **les nouveautés du salon** (= machines, voitures) the new models of the show ◆ **la grande nouveauté de cet automne** the latest thing this autumn ◆ **une nouveauté en matière électronique** a new thing in electronics, a new electronic invention

**nouvel** [nuvɛl] adj m → **nouveau**

**nouvelle²** [nuvɛl] nf a (= écho) news (NonC) ◆ **une nouvelle** a piece of news ◆ **une bonne/mauvaise nouvelle** some good/bad news ◆ **la nouvelle de cet événement nous a surpris** we were surprised by the news of this event ◆ **ce n'est pas une nouvelle !** that's not news!, that's nothing new! ◆ **vous connaissez la nouvelle ?** have you heard the news? ◆ **première nouvelle !** that's the first I've heard about it!, it's news to me!; → **faux**²

**b** **nouvelles** news (NonC) ◆ **quelles nouvelles ?** * what's new?, what's been happening? ◆ **aller aux nouvelles** to go and find out what is happening ◆ **voici les dernières nouvelles concernant l'accident** here is the latest news of the accident, here is an up-to-the-minute report on the accident ◆ **aux dernières nouvelles, il était à Paris** the last I (ou we etc ) heard (of him) he was in Paris ◆ **avez-vous de ses nouvelles ?** (de sa propre main) have you heard from him?, have you had any news from him?; (= par un tiers) have you heard anything about ou of him?, have you had any news of him? ◆ **j'irai prendre de ses nouvelles** I'll go and see how he's doing ou how he's getting along ou on (Brit) ◆ **il a fait prendre de mes nouvelles (par qn)** he asked for news of me (from sb) ◆ **il ne donne plus de ses nouvelles** you never hear from him any more ◆ **je suis sans nouvelles (de lui) depuis huit jours** I haven't heard anything (of him) for a week, I've had no news (of him) for a week ◆ **pas de nouvelles, bonnes nouvelles** no news is good news ◆ **il aura ou entendra de mes nouvelles !** * I'll give him a piece of my mind!, I'll give him what for! * ◆ **goûtez mon vin, vous m'en direz des nouvelles** * taste my wine, I'm sure you'll like it

**c** (Presse, Radio, TV) **les nouvelles** the news (NonC) ◆ **écouter/entendre les nouvelles** to listen to/hear the news ◆ **voici les nouvelles** here is the news ◆ **les nouvelles sont bonnes** the news is good

**d** (= court récit) short story

**Nouvelle-Amsterdam** [nuvɛlamstɛʀdam] **nf** New Amsterdam

**Nouvelle-Angleterre** [nuvɛlɑ̃glətɛʀ] **nf** New England

**Nouvelle-Calédonie** [nuvɛlkaledɔni] **nf** New Caledonia

**Nouvelle-Écosse** [nuvɛlekɔs] **nf** Nova Scotia

**Nouvelle-Guinée** [nuvɛlgine] **nf** New Guinea

**nouvellement** [nuvɛlmɑ̃] → SYN **adv** newly

**Nouvelle-Orléans** [nuvɛlɔʀleɑ̃] **nf** New Orleans

**Nouvelles-Galles du Sud** [nuvɛlgaldysyd] **nf** New South Wales

**Nouvelles-Hébrides** [nuvɛlzebʀid] **nfpl** ◆ **les Nouvelles-Hébrides** the New Hebrides

**Nouvelle-Zélande** [nuvɛlzelɑ̃d] **nf** New Zealand

**Nouvelle-Zemble** [nuvɛlzɑ̃bl] **nf** Novaya Zemlya

**nouvelliste** [nuvelist] → SYN **nmf** short story writer, writer of short stories

**nova** [nɔva], pl **novæ** [nɔve] **nf** nova

**novateur, -trice** [nɔvatœʀ, tʀis] → SYN **1** **adj** innovatory, innovative

**2** **nm,f** innovator

**novation** [nɔvasjɔ̃] **nf** **a** (frm = nouveauté) innovation

**b** (Jur) novation

**novelette** [nɔvlɛt] **nf** novelette

**novélisation, novellisation** [nɔvelizasjɔ̃] **nf** novelization

**novéliser** [nɔvelize] ▸ conjug 1 ◂ **vt** to novelize

**novembre** [nɔvɑ̃bʀ] **nm** November; pour autres loc voir **septembre** et **onze**

**nover** [nɔve] ▸ conjug 1 ◂ **vt** to novate

**novice** [nɔvis] → SYN **1** **adj** inexperienced (*dans* in), green * (*dans* at)

**2** **nmf** (= débutant) novice, beginner, greenhorn *; (Rel) novice, probationer ◆ **être novice en affaires** to be a novice in business matters

**noviciat** [nɔvisja] → SYN **nm** (= bâtiment, période) noviciate, novitiate ◆ **de noviciat** (Rel) probationary

**Novocaïne** ® [nɔvɔkain] **nf** Novocaine ®

**Novossibirsk** [nɔvosibiʀsk] **n** Novosibirsk

**noyade** [nwajad] → SYN **nf** drowning; (= événement) drowning accident, death by drowning ◆ **il y a eu de nombreuses noyades à cet endroit** many people have drowned ou there have been many deaths by drowning at this spot ◆ **sauver qn de la noyade** to save sb from drowning

**noyau**, pl **noyaux** [nwajo] → SYN **nm** **a** [fruit] stone, pit; (Astron, Bio, Phys) nucleus; (Géol) core; (Ling) kernel, nucleus; (Ordin) kernel; (Art) centre, core; (Élec) core *(of induction coil etc)*; (Constr) newel ◆ **enlevez les noyaux** remove the stones (from the fruit), pit the fruit

**b** (= groupe humain) nucleus; (= groupe de fidèles) small circle; (= groupe de manifestants, d'opposants) small group ◆ **noyau de résistance** hard core ou pocket of resistance ◆ **noyau dur** (Écon) hard core shareholders; [groupe] (= irréductibles) hard core; (= éléments essentiels) kernel ◆ **le noyau familial** the family unit

**noyautage** [nwajotaʒ] → SYN **nm** (Pol) infiltration

**noyauter** [nwajote] → SYN ▸ conjug 1 ◂ **vt** (Pol) to infiltrate

**noyé, e** [nwaje] (ptp de **noyer**²) **1** **adj** ◆ **être noyé** (= ne pas comprendre) to be out of one's depth, be all at sea (*en* in)

**2** **nm,f** drowned person ◆ **il y a eu beaucoup de noyés ici** a lot of people have drowned here

**noyer**¹ [nwaje] → SYN **nm** (= arbre) walnut (tree); (= bois) walnut

**noyer**² [nwaje] → SYN ▸ conjug 8 ◂ **1** **vt** **a** (gén) [+ personne, animal, flamme] to drown; (Aut) [+ moteur] to flood ◆ **la crue a noyé les champs** the high water has flooded ou drowned ou swamped the fields ◆ **il avait les yeux noyés de larmes** his eyes were brimming ou swimming with tears ◆ **ils ont noyé la révolte dans le sang** they quelled the revolt with much bloodshed ◆ **noyer la poudre** (Mil) to wet the powder ◆ **noyer son chagrin dans l'alcool** to drown one's sorrows ◆ **noyer le poisson** (fig) to evade the issue, duck ou sidestep the question ◆ (Prov) **qui veut noyer son chien l'accuse de la rage** give a dog a bad name and hang him (Prov)

**b** (gén pass = perdre) **noyer qn sous un déluge d'explications** to swamp sb with explanations ◆ **quelques bonnes idées noyées dans des détails inutiles** a few good ideas lost in ou buried in ou swamped by a mass of irrelevant detail ◆ **être noyé dans l'obscurité/la brume** to be shrouded in darkness/mist ◆ **être noyé dans la foule** to be lost in the crowd ◆ **noyé dans la masse, cet écrivain n'arrive pas à percer** because he's (just) one amongst (so) many, this writer can't manage to make a name for himself ◆ **cette dépense ne se verra pas, noyée dans la masse** this expense won't be noticed when it's lumped ou put together with the rest ◆ **ses paroles furent noyées par ou dans le vacarme** his words were drowned in the din

**c** (Culin) [+ alcool, vin] to water down; [+ sauce] to thin too much, make too thin

**d** (Tech) [+ clou] to drive right in; [+ pilier] to embed ◆ **noyé dans la masse** embedded

**e** (= effacer) [+ contours, couleur] to blur

**2** **se noyer** **vpr** **a** (lit) (accidentellement) to drown; (volontairement) to drown o.s. ◆ **une personne qui se noie** a drowning person ◆ **il s'est noyé** (accidentellement) he drowned ou was drowned; (volontairement) he drowned himself

**b** (fig) **se noyer dans un raisonnement** to become tangled up ou bogged down in an argument ◆ **se noyer dans les détails** to get bogged down in details ◆ **se noyer dans la foule/dans la nuit** to disappear into the crowd/the night ◆ **se noyer dans un verre d'eau** to make a mountain out of a molehill, make heavy weather of the simplest thing ◆ **se noyer l'estomac** to overfill one's stomach *(by drinking too much liquid)*

**NPI** [ɛnpei] **nmpl** (abrév de **nouveaux pays industrialisés**) NIC

**N.-S. J.-C.** abrév de **Notre-Seigneur Jésus-Christ**

**NTSC** [ɛnteɛsse] **nm** abrév de **National Television System Committee** NTSC

**NU** (abrév de **Nations Unies**) UN

**nu**¹, **e**¹ [ny] → SYN **1** **adj** **a** (= sans vêtement) personne naked, nude; torse, membres naked; crâne bald ◆ **nu-pieds, (les) pieds nus** barefoot, with bare feet ◆ **aller pieds nus ou nu-pieds** to go barefoot(ed) ◆ **nu-tête, (la) tête nue** bareheaded ◆ **nu-jambes, (les) jambes nues** barelegged, with bare legs ◆ **(les) bras nus** barearmed, with bare arms ◆ **(le) torse nu, nu jusqu'à la ceinture** stripped to the waist, naked from the waist up ◆ **à moitié ou à demi nu** half-naked ◆ **il est nu comme un ver ou comme la main** he is as naked as the day he was born ◆ **tout nu** stark naked ◆ **ne reste pas tout nu !** put something on! ◆ **se mettre nu** to strip (off), take one's clothes off ◆ **se montrer nu à l'écran** to appear in the nude on the screen ◆ **poser nu** to pose nude; → **épée, main, œil**

**b** (= sans ornement) mur, chambre bare; arbre, pays, plaine bare, naked; style plain; vérité plain, naked; (= non protégé) fil électrique bare

**c** (Bot, Zool) naked

**d** (Loc) **mettre à nu** [+ fil électrique] to strip; [+ erreurs, vices] to expose, lay bare ◆ **mettre son cœur à nu** to lay bare one's heart ou soul ◆ **monter un cheval à nu** † to ride bareback

**2** **nm** (Peinture, Photo) nude ◆ **album de nus** album of nude photographs ◆ **le nu intégral** full frontal nudity

**nu**² [ny] **nm inv** (= lettre grecque) nu

**nuage** [nɥaʒ] → SYN **nm** (lit, fig) cloud ◆ **nuage de grêle/de pluie** hail/rain cloud ◆ **nuage de fumée/de tulle/de poussière/de sauterelles** cloud of smoke/tulle/dust/locusts ◆ **nuage radioactif** radioactive cloud ◆ **nuage de points** (Math) scatter of points ◆ **il y a des nuages noirs à l'horizon** (lit, fig) there are dark clouds on the horizon ◆ **le ciel se couvre de nuages/est couvert de nuages** the sky is clouding over/has clouded over ◆ **juste un nuage (de lait)** just a drop (of milk) ◆ **il est (perdu) dans les nuages, il vit sur son petit nuage** he's got his head in the clouds ◆ **sans nuages** ciel cloudless; bonheur unmarred, unclouded ◆ **une amitié qui n'est pas sans nuages** a friendship which is not entirely untroubled ou quarrelfree; → **Magellan**

**nuageux, -euse** [nɥaʒø, øz] → SYN **adj** **a** temps cloudy; ciel cloudy, overcast; zone, bande cloud (épith) ◆ **système nuageux** cloud system ◆ **couche nuageuse** layer of cloud

**b** (= vague) nebulous, hazy

**nuance** [nɥɑ̃s] → SYN **nf** **a** [couleur] shade, hue; (Littérat, Mus) nuance ◆ **nuance de sens** shade of meaning, nuance ◆ **nuance de style** nuance of style ◆ **nuance politique** shade of political opinion ◆ **de toutes les nuances politiques** of all shades of political opinion

**b** (= différence) slight difference ◆ **il y a une nuance entre mentir et se taire** there's a slight difference between lying and keeping quiet ◆ **je ne lui ai pas dit non, nuance ! je lui ai dit peut-être** I didn't say no to him, understand, I said perhaps, I didn't say no to him, I said perhaps and there's a difference between the two ◆ **tu vois ou saisis la nuance ?** do you see the difference?

**c** (= subtilité, variation) **les nuances du cœur/de l'amour** the subtleties of the heart/of love ◆ **apporter des nuances à une affirmation** to qualify a statement ◆ **faire ressortir les nuances** to bring out the finer ou subtler points ◆ **tout en nuances** esprit, discours, personne very subtle, full of nuances ◆ **sans nuance** discours unsubtle, cut and dried; esprit, personne unsubtle

**d** (= petit élément) touch, hint ◆ **avec une nuance de tristesse** with a touch ou a hint ou a slight note of sadness

**nuancé, e** [nɥɑ̃se] → SYN (ptp de **nuancer**) **adj** tableau finely shaded; opinion qualified; attitude balanced; (Mus) nuanced ◆ **ironie nuancée d'amertume** irony with a tinge ou a note ou a hint of bitterness

**nuancer** [nɥɑ̃se] → SYN ▸ conjug 3 ◂ **vt** [+ tableau, couleur] to shade; [+ opinion] to qualify; (Mus) to nuance

**nuancier** [nɥɑ̃sje] **nm** colour (Brit) ou color (US) chart

**Nubie** [nybi] **nf** Nubia

**nubien, -ienne** [nybjɛ̃, jɛn] 1 adj personne Nubian; région of Nubia
2 **Nubien(ne)** nm,f Nubian

**nubile** [nybil] → SYN adj nubile

**nubilité** [nybilite] → SYN nf nubility

**nubuck** [nybyk] nm nubuck ◆ **en nubuck** nubuck (épith)

**nucal, e,** mpl **-aux** [nykal, o] adj nuchal

**nucelle** [nysɛl] nm nucellus

**nucléaire** [nykleɛʀ] 1 adj nuclear
2 nm ◆ **le nucléaire** (= énergie) nuclear energy; (= technologie) nuclear technology

**nucléarisation** [nykleaʀizasjɔ̃] nf [pays] nuclearization, equipping with nuclear weapons

**nucléariser** [nykleaʀize] ▸ conjug 1 ◂ vt [+ pays] (en armes) to equip with nuclear weapons; (en énergie) to equip with nuclear energy

**nucléase** [nykleaz] nf nuclease

**nucléé, e** [nyklee] adj nucleate(d)

**nucléide** [nykleid] nm nuclide

**nucléine** [nyklein] nf nuclein

**nucléique** [nykleik] adj nucleic

**nucléocapside** [nykleokapsid] nf nucleocapsid

**nucléole** [nykleɔl] nm nucleolus

**nucléon** [nykleɔ̃] nm nucleon

**nucléonique** [nykleɔnik] adj nucleonic

**nucléophile** [nykleɔfil] 1 adj nucleophilic
2 nm nucleophile

**nucléoprotéine** [nykleopʀɔtein] nf nucleoprotein

**nucléoside** [nykleozid] nm nucleoside

**nucléosome** [nykleozom] nm nucleosome

**nucléosynthèse** [nykleosɛ̃tɛz] nf nucleosynthesis

**nucléotide** [nykleɔtid] nm nucleotide

**nudisme** [nydism] → SYN nm nudism ◆ **faire du nudisme** to practise nudism

**nudiste** [nydist] → SYN adj, nmf nudist ◆ **plage/camp de nudistes** nudist beach/camp

**nudité** [nydite] → SYN nf [personne] nakedness, nudity; [mur] bareness; (Art) nude ◆ **la laideur des gens s'étale dans toute sa nudité** people are exposed in all their ugliness, people's ugliness is laid bare for all to see

**nue**[2] [ny] → SYN nf a (†† ou littér) **nue(s)** (= nuage) clouds ◆ **la nue, les nues** (= ciel) the skies
b **porter** ou **mettre qn aux nues** to praise sb to the skies ◆ **tomber des nues** to be completely taken aback ou flabbergasted ◆ **je suis tombé des nues** you could have knocked me down with a feather, I was completely taken aback

**nuée** [nɥe] nf a (littér = nuage) thick cloud ◆ **nuées d'orage** storm clouds ◆ **nuée ardente** nuée ardente, glowing cloud
b (= multitude) [insectes] cloud, horde; [flèches] cloud; [photographes, spectateurs, ennemis] horde, host ◆ **comme une nuée de sauterelles** (fig) like a plague ou swarm of locusts

**nue-propriété** [nypʀɔpʀijete] nf ownership without usufruct ◆ **avoir un bien en nue-propriété** to have property without usufruct

**nuer** [nɥe] → SYN ▸ conjug 1 ◂ vt (littér) [+ couleurs] to blend ou match the different shades of

**nuire** [nɥiʀ] → SYN ▸ conjug 38 ◂ 1 **nuire à** vt indir (= desservir) [+ personne] to harm, injure; [+ santé, réputation] to damage, harm; [+ action] to prejudice ◆ **sa laideur lui nuit beaucoup** his ugliness is very much against him ou is a great disadvantage to him ◆ **il a voulu le faire mais ça va lui nuire** he wanted to do it, but it will go against him ou it will do him harm ◆ **chercher à nuire à qn** to try to harm sb, try to do ou run sb down ◆ **cela risque de nuire à nos projets** there's a risk that it will spoil our plans ◆ **un petit whisky, ça peut pas nuire !** * a little glass of whisky won't hurt you! ou won't do you any harm!
2 **se nuire** vpr (à soi-même) to do o.s. a lot of harm; (l'un l'autre) to work against each other's interests, harm each other

**nuisance** [nɥizɑ̃s] → SYN nf (gén pl) (environmental) pollution (NonC) ou nuisance (NonC) ◆ **les nuisances (sonores)** noise pollution

**nuisette** [nɥizɛt] nf very short nightdress ou nightie *

**nuisible** [nɥizibl] → SYN adj climat, temps harmful, injurious (à to); influence, gaz harmful, noxious (à to) ◆ **animaux nuisibles** vermin, pests ◆ **insectes nuisibles** pests ◆ **nuisible à la santé** harmful ou injurious to (the) health

**nuit** [nɥi] → SYN 1 nf a (= obscurité) darkness, night ◆ **il fait nuit** it's dark ◆ **il fait nuit à 5 heures** it gets dark at 5 o'clock ◆ **il fait nuit noire** it's pitch dark ou black ◆ **une nuit d'encre** a pitch dark ou black night ◆ **la nuit tombe** it's getting dark, night is falling ◆ **à la nuit tombante** at nightfall, at dusk ◆ **pris** ou **surpris par la nuit** overtaken by darkness ou night ◆ **rentrer avant la nuit/à la nuit** to come home before dark/in the dark ◆ **la nuit polaire** the polar night ou darkness ◆ (Prov) **la nuit tous les chats sont gris** everyone looks the same ou all cats are grey in the dark
b (= espace de temps) night ◆ **cette nuit** (passée) last night; (qui vient) tonight ◆ **j'ai passé la nuit chez eux** I spent the night at their house ◆ **dans la nuit de jeudi** during Thursday night ◆ **dans la nuit de jeudi à vendredi** during the night of Thursday to Friday ◆ **souhaiter (une) bonne nuit à qn** to wish sb goodnight ◆ **nuit blanche** ou **sans sommeil** sleepless night ◆ **nuit d'amour** night of love ◆ **leur bébé fait ses nuits** * their baby sleeps right through the night ◆ **nuit et jour** night and day ◆ **au milieu de la nuit, en pleine nuit** in the middle of the night, at dead of night ◆ **elle part cette nuit** ou **dans la nuit** she's leaving tonight ◆ **ouvert la nuit** open at night ◆ **sortir/travailler la nuit** to go out/work at night ◆ **"Une Nuit sur le mont chauve"** (Mus) "Night on the Bare Mountain" ◆ **"Nuit et Brouillard"** (Ciné) "Night and Fog" ◆ (Prov) **la nuit porte conseil** it's best to sleep on it ◆ **de nuit** service, travail, garde, infirmière night (épith) ◆ **elle est de nuit cette semaine** she's on nights ou she's working nights this week ◆ **voyager de nuit** to travel by night ◆ **conduire de nuit ne me gêne pas** I don't mind night-driving ou driving at night
c (littér) darkness ◆ **dans la nuit de ses souvenirs** in the darkness of his memories ◆ **ça se perd dans la nuit des temps** it's lost in the mists of time ◆ **ça remonte à la nuit des temps** that goes back to the dawn of time, that's as old as the hills ◆ **la nuit du tombeau/de la mort** the darkness of the grave/of death
2 COMP ▷ **nuit américaine** day for night ▷ **nuit bleue** night of bombings ▷ **nuit d'hôtel** night spent in a hotel room, overnight stay in a hotel ◆ **payer sa nuit d'hôtel** to pay one's hotel bill ▷ **la Nuit des longs couteaux** (Hist) the Night of the Long Knives ▷ **nuit de noces** wedding night ▷ **nuit de Noël** Christmas Eve ▷ **la nuit des Rois** Twelfth Night

**nuitamment** [nɥitamɑ̃] adv by night

**nuitée** [nɥite] nf (Tourisme) night ◆ **trois nuitées** three nights (in a hotel room)

**Nuku'alofa** [nukualɔfa] n Nuku'alofa

**nul, nulle** [nyl] → SYN 1 adj indéf a (devant nom = aucun) no ◆ **il n'avait nul besoin/nulle envie de sortir** he had no need/no desire to go out at all ◆ **nul doute qu'elle ne l'ait vu** there is no doubt (whatsoever) that she saw him ◆ **nul autre que lui (n'aurait pu le faire)** no one (else) but he (could have done it) ◆ **sans nul doute/nulle exception** without any doubt/any exception
b (après nom) (= proche de zéro) résultat, différence, risque nil (attrib); (= invalidé) testament, élection, bulletin de vote null and void (attrib); (= inexistant) récolte non-existent ◆ **pour toute valeur non nulle de x** (Math) where x is not equal to zero ◆ **nul et non avenu** (Jur) invalid, null and void ◆ **rendre nul** (Jur, fig) to annul, nullify ◆ **nombre nul/non-nul** zero/non-zero number
c (Sport) **le résultat** ou **le score est nul** (pour l'instant) there's no score; (en fin de match) (= 0 à 0) the match has ended in a nil draw; (= 2 à 2 etc) the match has ended in a draw; → **match**
d (= qui ne vaut rien) film, livre, personne useless, hopeless; intelligence nil; travail worthless, useless ◆ **être nul en géographie** to be hopeless ou useless at geography ◆ **il est nul pour** ou **dans tout ce qui est manuel** he's hopeless ou useless at anything manual ◆ **ce devoir est nul** this piece of work is worth nothing ou doesn't deserve any marks ◆ **c'est nul de lui avoir dit ça** * it was really stupid to tell him that
2 nm, f * idiot
3 pron indéf (sujet sg = personne, aucun) no one ◆ **nul n'est censé ignorer la loi** ignorance of the law is no excuse ◆ **nul d'entre vous n'ignore que ...** none of you is ignorant of the fact that ... ◆ **afin que nul n'en ignore** (frm) so that nobody is left in ignorance ◆ **à nul autre pareil** peerless, unrivalled ◆ (Prov) **nul n'est prophète en son pays** no man is a prophet in his own country (Prov); → **impossible**
4 **nulle part** loc adv nowhere ◆ **il ne l'a trouvé nulle part** he couldn't find it anywhere ◆ **je n'ai nulle part où aller** I've got nowhere to go ◆ **nulle part ailleurs** nowhere else

**nullard, e** * [nylaʀ, aʀd] 1 adj hopeless, useless (*en* at)
2 nm,f numskull ◆ **c'est un nullard** he's a complete numskull, he's a dead loss *

**nullement** [nylmɑ̃] → SYN adv not at all, not in the least ◆ **il n'a nullement l'intention de ...** he has no intention whatsoever ou he hasn't got the slightest intention of ... ◆ **cela n'implique nullement que ...** this doesn't in any way ou by any means imply that ...

**nullipare** [nylipaʀ] 1 adj nulliparous
2 nf nullipara

**nullité** [nylite] → SYN nf a (Jur) nullity ◆ **frapper de nullité** to render void; → **entacher**
b (= médiocrité) [employé] incompetence; [élève] uselessness ◆ **ce film est d'une nullité affligeante** the film is absolutely dreadful
c (= futilité) [raisonnement, objection] invalidity
d (= personne) nonentity, wash-out *

**nûment** [nymɑ̃] → SYN adv (littér) (= sans fard) plainly, frankly; (= crûment) bluntly ◆ **dire (tout) nûment que ...** to say (quite) frankly that ...

**numéraire** [nymeʀɛʀ] → SYN 1 adj ◆ **pierres numéraires** milestones ◆ **espèces numéraires** legal tender ou currency ◆ **valeur numéraire** face value
2 nm specie (SPÉC), cash ◆ **paiement en numéraire** cash payment, payment in specie (SPÉC)

**numéral, e,** mpl **-aux** [nymeʀal, o] adj, nm numeral

**numérateur** [nymeʀatœʀ] nm numerator

**numération** [nymeʀasjɔ̃] nf (= comptage) numeration; (= code) notation ◆ **numération globulaire** (Méd) blood count ◆ **numération formulaire sanguine** (Méd) full blood count ◆ **numération binaire** (Math, Ordin) binary notation

**numérique** [nymeʀik] 1 adj (gén, Math) numerical; (Ordin) affichage, son, télévision digital
2 **le numérique** nm digital technology

**numériquement** [nymeʀikmɑ̃] adv numerically

**Numéris** ® [nymeʀis] nm ◆ (réseau) **Numéris** Numeris (network) *(France Telecom's digital communications system)* ◆ **données Numéris** data transmitted on the Numeris network

**numérisation** [nymeʀizasjɔ̃] nf digitization

**numériser** [nymeʀize] ▸ conjug 1 ◂ vt to digitize

**numériseur** [nymeʀizœʀ] nm digitizer

**numéro** [nymeʀo] GRAMMAIRE ACTIVE 27 → SYN nm a (gén, Aut, Phys) number ◆ **j'habite au numéro 6** I live at number 6 ◆ **numéro atomique** atomic number ◆ **numéro d'ordre** number, queue ticket (Brit) ◆ **numéro minéralogique** ou **d'immatriculation** ou **de police** registration (Brit) ou license (US) number, car number ◆ **numéro d'immatriculation à la Sécurité sociale** National Insurance number (Brit), Social Security number (US) ◆ **numéro (de téléphone), numéro d'appel** (tele)phone number ◆ **numéro vert** ou **d'appel gratuit** Freefone ® (Brit) ou toll-free (US) number ◆ **numéro de fax** fax number ◆ **numéro de compte** account number ◆ **numéro de série** serial number ◆ **numéro postal** (Helv) post code (Brit), zip code (US) ◆ **faire** ou **composer un numéro** to dial a number ◆ **pour eux, je ne suis qu'un numéro** I'm just a ou another number to them ◆ **notre ennemi/problème numéro un** our number one enemy/ problem ◆ **le numéro un/deux du textile** the number one/two textile producer ou manufacturer ◆ **le numéro un/deux du parti** the party's leader/deputy leader ou number two ◆ **le bon/mauvais numéro** (lit) the right/wrong number ◆ **tirer le bon numéro** (dans une loterie) to draw the lucky number; (fig) to strike lucky ◆ **tirer le mauvais numéro** (fig) to draw the short straw ◆ **numéro gagnant** winning number

**b** (Presse) issue, number ◆ **le numéro du jour** the day's issue ◆ **vieux numéro** back number, back issue ◆ **numéro spécial** special issue ◆ **numéro zéro** dummy issue; → **suite**

**c** (= spectacle) [chant, danse] number; [cirque, music-hall] act, turn, number ◆ **il nous a fait son numéro habituel** ou **son petit numéro** (fig) he gave us ou put on his usual (little) act

**d** (= personne) **quel numéro !** *, **c'est un drôle de numéro !** *, **c'est un sacré numéro !** * what a character!

**e** (Tex) count of yarn

**numérologie** [nymeʀɔlɔʒi] **nf** numerology

**numérologue** [nymeʀɔlɔg] **nmf** numerologist

**numérotage** [nymeʀɔtaʒ] **nm** numbering, numeration

**numérotation** [nymeʀɔtasjɔ̃] **nf** numbering, numeration ◆ **numérotation téléphonique** telephone number system ◆ **numérotation à 10 chiffres** (Téléc) 10-digit dialling

**numéroter** [nymeʀɔte] → SYN ▸ conjug 1 ◂ **vt** to number ◆ **si tu continues, tu as intérêt à numéroter tes abattis !** * if you go on like this you'll get what's coming to you! *

**numéroteur** [nymeʀɔtœʀ] **nm** (e)numerator

**numerus clausus** [nymeʀysklozys] **nm** restricted intake

**numide** [nymid] **1** **adj** Numidian

**2** **Numide** **nmf** Numidian

**Numidie** [nymidi] **nf** Numidia

**numismate** [nymismat] **nmf** numismatist

**numismatique** [nymismatik] **1** **adj** numismatic

**2** **nf** numismatics sg, numismatology

**nummulaire** [nymylɛʀ] **adj** (Méd) nummular

**nummulite** [nymylit] **nf** nummulite

**nummulitique** [nymylitik] **1** **adj** nummulitic

**2** **nm** ◆ **le nummulitique** the Nummulitic formation

**nunatak** [nynatak] **nm** nunatak

**Nunavut** [nunavut] **nm** Nunavut

**nunchaku** [nunʃaku] **nm** nunchaku

**nunuche** * [nynyʃ] **1** **adj** (gén) silly

**2** **nmf** ninny *

**nu-pieds** [nypje] **1** **nm** (= sandale) beach sandal, flip-flop (Brit)

**2** **adv** barefoot

**nu-propriétaire, nue-propriétaire;** mpl **nus-propriétaires** [nypʀɔpʀijetɛʀ] **nm,f** (Jur) owner without usufruct

**nuptial, e,** mpl **-iaux** [nypsjal, jo] → SYN **adj** bénédiction, messe nuptial (littér); robe, marche, anneau, cérémonie wedding (épith); lit, chambre bridal, nuptial (littér); (Zool) mœurs, vol nuptial

**nuptialité** [nypsjalite] **nf** ◆ **(taux de) nuptialité** marriage rate

**nuque** [nyk] **nf** nape of the neck, nucha (SPÉC) ◆ **tué d'une balle dans la nuque** killed by a bullet in the back of the neck

**nuraghe** [nyʀag], pl **nuraghi** [nyʀagi] **nm** nuraghe

**Nuremberg** [nyʀɛ̃bɛʀ] **n** Nuremberg ◆ **le procès de Nuremberg** (Hist) the Nuremberg trials

**nursage** [nœʀsaʒ] **nm** nursing care

**nurse** [nœʀs] → SYN **nf** nanny, (children's) nurse

**nursery,** pl **nurserys** ou **nurseries** [nœʀsəʀi] → SYN **nf** [maison, maternité] nursery

**nutation** [nytasjɔ̃] **nf** nutation

**nutriment** [nytʀimɑ̃] **nm** nutriment

**nutritif, -ive** [nytʀitif, iv] → SYN **adj** (= nourrissant) nourishing, nutritious; (Méd) besoins, fonction, appareil nutritive ◆ **qualité** ou **valeur nutritive** (Bio) food value, nutritional value

**nutrition** [nytʀisjɔ̃] → SYN **nf** nutrition

**nutritionnel, -elle** [nytʀisjɔnɛl] **adj** nutritional

**nutritionniste** [nytʀisjɔnist] → SYN **nmf** nutritionist

**Nyasaland, Nyassaland** [njasalɑ̃d] **nm** Nyasaland

**nyctalope** [niktalɔp] **1** **adj** day-blind, hemeralopic (SPÉC) ◆ **les chats sont nyctalopes** cats see well in the dark

**2** **nmf** day-blind ou hemeralopic (SPÉC) person

**nyctalopie** [niktalɔpi] **nf** day blindness, hemeralopia (SPÉC)

**nycthémère** [niktemɛʀ] **nm** nychthemeron

**nycturie** [niktyʀi] **nf** nycturia, nocturia

**nylon ®** [nilɔ̃] **nm** nylon ◆ **bas (de) nylon** nylons, nylon stockings

**nymphe** [nɛ̃f] → SYN **nf** (Myth, fig) nymph; (Zool) nymph, nympha, pupa ◆ **nymphes** (Anat) nymphae, labia minora

**nymphéa** [nɛ̃fea] → SYN **nm** white water lily

**nymphéacées** [nɛ̃fease] **nfpl** ◆ **les nymphéacées** nymphaeaceous plants, the Nymphaeaceae (SPÉC)

**nymphée** [nɛ̃fe] **nm** ou **f** nymphaeum

**nymphette** [nɛ̃fɛt] **nf** nymphet

**nymphomane** [nɛ̃fɔman] **adj, nf** nymphomaniac

**nymphomanie** [nɛ̃fɔmani] **nf** nymphomania

**nymphose** [nɛ̃foz] **nf** nymphosis

**nystagmus** [nistagmys] **nm** nystagmus

# O

**O¹, o** [o] nm (= lettre) O, o

**O²** (abrév de **Ouest**) W

**ô** [o] excl oh!, O!

**OAS** [oaɛs] nf (abrév de **Organisation de l'armée secrète**) OAS *(illegal military organization supporting French rule in Algeria in the 60s)*

**oasien, -ienne** [ɔazjɛ̃, jɛn] 1 adj oasis (épith)
2 nm,f oasis dweller

**oasis** [ɔazis] → SYN nf (lit) oasis; (fig) oasis, haven ◆ **oasis de paix** haven of peace

**obédience** [ɔbedjɑ̃s] → SYN nf a (= appartenance) **d'obédience communiste** of Communist allegiance ◆ **de même obédience religieuse** of the same religious persuasion ◆ **musulman de stricte obédience** strict ou devout Muslim ◆ **socialiste de stricte obédience** staunch socialist
b (Rel, littér = obéissance) obedience

**obéir** [ɔbeiʀ] → SYN ▸ conjug 2 ◂ **obéir à** vt indir a [+ personne] to obey; [+ ordre] to obey, comply with; [+ loi, principe, règle] to obey; [+ critère] to meet ◆ **il sait se faire obéir de ses élèves** he knows how to command obedience from his pupils ou how to make his pupils obey him ◆ **on lui obéit au doigt et à l'œil** he commands strict obedience ◆ **obéissez !** do as you're told! ◆ **je lui ai dit de le faire mais il n'a pas obéi** I told him to do it but he took no notice ou didn't obey (me) ◆ **ici, il faut obéir** you have to toe the line ou obey orders here
b (fig) [+ conscience, mode] to follow (the dictates of) ◆ **obéir à une impulsion** to act on an impulse ◆ **obéissant à un sentiment de pitié** prompted ou moved by a feeling of pity ◆ **obéir à ses instincts** to submit to ou obey one's instincts ◆ **son comportement n'obéit à aucune logique** his behaviour is completely illogical ◆ **l'orthographe obéit à des règles complexes** spelling is governed by ou follows complex rules
c [voilier, moteur, monture] to respond to ◆ **le cheval obéit au mors** the horse responds to the bit ◆ **le moteur/voilier obéit bien** the engine/boat responds well

**obéissance** [ɔbeisɑ̃s] → SYN nf [animal, personne] obedience (à to)

**obéissant, e** [ɔbeisɑ̃, ɑ̃t] → SYN adj obedient (à to, towards)

**obel, obèle** [] → SYN nm (= marque) obelus

**obélisque** [ɔbelisk] nm (= monument) obelisk

**obérer** [ɔbeʀe] → SYN ▸ conjug 6 ◂ vt (frm) [+ bilan, budget] to be a burden on; [+ avenir, situation] to compromise, be a threat to

**obèse** [ɔbɛz] → SYN 1 adj obese
2 nmf obese person

**obésité** [ɔbezite] → SYN nf obesity

**obi** [ɔbi] → SYN nf (= ceinture) obi

**obier** [ɔbje] → SYN nm guelder-rose

**obit** [ɔbit] → SYN nm memorial service

**obituaire** [ɔbitɥɛʀ] → SYN adj, nm ◆ **(registre) obituaire** record of memorial services

**objectal, e,** mpl **-aux** [ɔbʒɛktal, o] adj (Psych) object (épith) ◆ **libido/lien objectal** object libido/relationship

**objecter** [ɔbʒɛkte] → SYN ▸ conjug 1 ◂ vt a (à une idée ou une opinion) **objecter un argument à une théorie** to put forward an argument against a theory ◆ **il m'objecta une très bonne raison, à savoir que ...** against that he argued convincingly that ..., he gave me ou he put forward a very sound reason against (doing) that, namely that ... ◆ **objecter que ...** to object that ... ◆ **il m'objecta que ...** he objected to me that ..., the objection he mentioned ou raised to me was that ... ◆ **que puis-je lui objecter ?** what can I say to him? ◆ **je n'ai rien à objecter** I have no objection (to make) ◆ **elle a toujours quelque chose à objecter** she always has some objection or other (to make), she always raises some objection or other
b (à une demande) **il objecta le manque de temps/la fatigue pour ne pas y aller** he pleaded lack of time/tiredness to save himself going ◆ **il m'a objecté mon manque d'expérience/le manque de place** he objected on the grounds of my lack of experience/on the grounds that there was not enough space, he objected that I lacked experience/that there was not enough space

**objecteur** [ɔbʒɛktœʀ] → SYN nm ◆ **objecteur de conscience** conscientious objector

**objectif, -ive** [ɔbʒɛktif, iv] → SYN 1 adj a article, jugement, observateur objective, unbiased
b (Ling, Philos) objective; (Méd) symptôme objective
2 nm a (= but) objective, purpose; (Mil = cible) objective, target ◆ **objectif de vente** sales target
b [télescope, lunette] objective, object glass, lens; [caméra] lens, objective ◆ **objectif traité** coated lens ◆ **braquer son objectif sur** to train one's camera on

**objection** [ɔbʒɛksjɔ̃] GRAMMAIRE ACTIVE 1.1, 9.2, 11.1, 11.3 → SYN nf objection ◆ **faire une objection** to raise ou make an objection, object ◆ **si vous n'y voyez pas d'objection** if you've no objection (to that) ◆ **la proposition n'a soulevé aucune objection** there were no objections to the proposal ◆ **objection !** (Jur) objection! ◆ **objection de conscience** conscientious objection

**objectivement** [ɔbʒɛktivmɑ̃] adv objectively

**objectiver** [ɔbʒɛktive] → SYN ▸ conjug 1 ◂ vt to objectivize

**objectivisme** [ɔbʒɛktivism] nm objectivism

**objectivité** [ɔbʒɛktivite] → SYN nf objectivity ◆ **juger en toute objectivité** to judge with complete objectivity

**objet** [ɔbʒɛ] → SYN 1 nm a (= chose) object, thing ◆ **emporter quelques objets de première nécessité** to take a few basic essentials ou a few essential items ou things ◆ **femme-/homme-objet** woman/man as a sex object ◆ **objet sexuel** sex object
b (= sujet) [méditation, rêve, désir] object; [discussion, recherches, science] subject ◆ **l'objet de la psychologie est le comportement humain** human behaviour forms the subject matter of psychology, psychology is the study of human behaviour
c (= cible) [mépris, convoitise] object ◆ **un objet de raillerie/d'admiration** an object of fun/of admiration
d **faire** ou **être l'objet de** [+ discussion, recherches] to be ou form the subject of; [+ surveillance, enquête] to be subjected to; [+ pressions] to be subjected to, be under; [+ soins, dévouement] to be given ou shown ◆ **le malade fit** ou **fut l'objet d'un dévouement de tous les instants** the patient was shown ou was given every care and attention ◆ **faire l'objet d'une attention particulière** to receive particular attention ◆ **les marchandises faisant l'objet de cette facture** goods covered by this invoice
e (= but) [visite, réunion, démarche] object, purpose ◆ **cette enquête a rempli son objet** the investigation has achieved its purpose ou object ou objective ◆ **craintes sans objet** unfounded ou groundless fears ◆ **votre plainte est dès lors sans objet** you therefore have no grounds for complaint
f (Ling, Philos, Ordin) object ◆ **objet mathématique** mathematical object; → **complément**
g (Jur) **l'objet du litige** the matter at issue, the subject of the case
2 COMP ▷ **l'objet aimé** (†† ou hum) the beloved one ▷ **objet d'art** objet d'art ▷ **objet social** (Comm) business ▷ **objets de toilette** toilet requisites ou articles ▷ **objets trouvés** lost property (office) (Brit), lost and found (US) ▷ **objets de valeur** valuables ▷ **objet volant non identifié** unidentified flying object

**objurgations** [ɔbʒyʀgasjɔ̃] nfpl (littér) (= exhortations) objurgations (frm); (= prières) pleas, entreaties

**oblat, e** [ɔbla, at] → SYN nm,f oblate

**oblatif, -ive** [ɔblatif, iv] → SYN adj selfless

**oblation** [ɔblasjɔ̃] → SYN nf oblation

**obligataire** [ɔbligatɛʀ] 1 adj marché bond (épith) ◆ **emprunt obligataire** bond issue
2 nmf bond ou debenture holder

**obligation** [ɔbligasjɔ̃] → SYN nf a (= contrainte) obligation ◆ **il faudrait les inviter – ce n'est pas une obligation** we should invite them – we don't have to ◆ **avoir l'obligation de faire** to be under an obligation to do, be obliged to do ◆ **il se fait une obligation de cette visite/de lui rendre visite** he feels (himself) obliged ou he feels he is under an obligation to make this visit/to visit him ◆ **être** ou **se trouver dans l'obligation de faire** to be obliged to do ◆ **sans obligation d'achat** with no ou without obligation to buy ◆ **c'est sans obligation de votre part** there's no obligation on your part, you're under no obligation; → **réserve**

b **obligations** (= devoirs) obligations, duties; (= engagements) commitments ◆ **obligations sociales/professionnelles** social/professional obligations ◆ **obligations de citoyen/de chrétien** one's obligations ou responsibilities ou duties as a citizen/Christian ◆ **être dégagé des obligations militaires** to have completed one's military service ◆ **obligations familiales** family commitments ou responsibilities ◆ **avoir des obligations envers une autre entreprise** to have a commitment to another firm ◆ **remplir ses obligations vis-à-vis d'un autre pays** (Pol) to discharge one's commitments towards another country

c (littér = reconnaissance) **obligation(s)** obligation ◆ **avoir de l'obligation à qn** to be under an obligation to sb

d (Jur) obligation; (= dette) obligation ◆ **faire face à ses obligations (financières)** to meet one's liabilities ◆ **obligation légale** legal obligation ◆ **obligation alimentaire** maintenance obligation ◆ **l'obligation scolaire** *legal obligation to provide an education for children* ◆ **contracter une obligation envers qn** to contract an obligation towards sb

e (Fin = titre) bond, debenture ◆ **obligation cautionnée** guaranteed bond ◆ **obligation d'État** government bond ◆ **obligations convertibles/à taux fixe/à taux variable** convertible/fixed-rate/variable-rate bonds

**obligatoire** [ɔbligatwaʀ] GRAMMAIRE ACTIVE 10.1 → SYN **adj** a (= à caractère d'obligation) compulsory, obligatory ◆ **la scolarité est obligatoire jusqu'à 16 ans** schooling is compulsory until 16 ◆ **réservation obligatoire** (dans un train, pour un spectacle) reservations ou bookings (Brit) required

b (= inévitable) inevitable ◆ **il est arrivé en retard ? – c'était obligatoire !** he arrived late? – he was bound to! ou it was inevitable! ◆ **c'était obligatoire qu'il rate son examen** it was inevitable ou a foregone conclusion that he would fail his exam, he was bound to fail his exam

**obligatoirement** [ɔbligatwaʀmɑ̃] → SYN **adv** a (= nécessairement) necessarily, obligatorily (frm) ◆ **les candidats doivent obligatoirement passer une visite médicale** applicants are required to ou must have a medical examination ◆ **la réunion se tiendra obligatoirement ici** the meeting will have to be held here ◆ **pas obligatoirement** not necessarily

b (= inévitablement) inevitably ◆ **il aura obligatoirement des ennuis s'il continue comme ça** he's bound to ou he'll be bound to make trouble for himself if he carries on like that

**obligé, e** [ɔbliʒe] GRAMMAIRE ACTIVE 10.1, 10.3, 18.4 → SYN (ptp de **obliger**)

1 **adj** a (frm = redevable) **être obligé à qn** to be (most) obliged to sb, be indebted to sb (*de qch* for sth; *d'avoir fait* for having done, for doing)

b (= inévitable) conséquence inevitable ◆ **c'est obligé !** it's inevitable! ◆ **c'était obligé !** it had to happen!, it was sure ou bound to happen!

c (= indispensable) necessary, required ◆ **le parcours obligé pour devenir ministre** the track record necessary ou required in order to become a (government) minister, the required track record of a (government) minister ◆ **ce port est le point de passage obligé pour les livraisons vers l'Europe** all deliveries to Europe have to go through ou via this port ◆ **apprendre la langue d'un pays est un passage obligé pour comprendre sa civilisation** learning the language of a country is a prerequisite to understanding ou is essential if you want to understand its civilization

2 **nm,f** a (Jur) obligee, debtor ◆ **le principal obligé** the principal obligee

b (frm) **être l'obligé de qn** to be under an obligation to sb

**obligeamment** [ɔbliʒamɑ̃] **adv** obligingly

**obligeance** [ɔbliʒɑ̃s] → SYN **nf** ◆ **ayez l'obligeance de vous taire pendant que je parle** have the goodness ou be good enough to keep quiet while I'm speaking ◆ **il a eu l'obligeance de me reconduire en voiture** he was obliging ou kind enough to drive me back ◆ **nous connaissons tous son obligeance** we all know how obliging he is

**obligeant, e** [ɔbliʒɑ̃, ɑ̃t] → SYN **adj** offre kind, helpful; personne, parole kind, obliging, helpful

**obliger** [ɔbliʒe] → SYN ▸ conjug 3 ◂ **vt** a (= forcer) **obliger qn à faire** [règlement, autorités] to require sb to do, make it compulsory for sb to do; [principes moraux] to oblige ou obligate (US) sb to do; [circonstances, agresseur] to force ou oblige ou obligate (US) sb to do ◆ **le règlement vous y oblige** you are required to by the regulations ◆ **mes principes m'y obligent** I'm bound by my principles (to do it) ◆ **l'honneur m'y oblige** I'm honour bound to do it ◆ **quand le temps l'y oblige, il travaille dans sa chambre** when forced ou obliged to by the weather, he works in his room ◆ **ses parents l'obligent à travailler dur** his parents make him work hard ◆ **rien ne l'oblige à partir** nothing's forcing him to leave, he's under no obligation to leave ◆ **le manque d'argent l'a obligé à emprunter** lack of money obliged ou compelled ou forced him to borrow ◆ **tu vas m'obliger à me mettre en colère** you're going to make me lose my temper ◆ **je suis obligé de vous laisser** I have to ou I must leave you ◆ **il va accepter ? – il est bien obligé !** is he going to accept? – he has to! ou he has no choice! ou alternative! ◆ **tu n'es pas obligé de me croire** you don't have to believe me

b (LOC) **crise économique/compétitivité oblige** given the constraints of the economic crisis/of competitiveness ◆ **tradition oblige** as tradition has it ou would have it ◆ **campagne électorale oblige** because of the electoral campaign ◆ **prudence oblige, les gens mettent de l'argent de côté** people have to be cautious and so put money aside; → **noblesse**

c (Jur) to bind

d (= rendre service à) to oblige ◆ **vous m'obligeriez en acceptant** ou **si vous acceptiez** you would greatly oblige me by accepting ou if you accepted ◆ **je vous serais très obligé de bien vouloir ...** (formule de politesse) I should be greatly obliged if you would kindly ... ◆ **nous vous serions obligés de bien vouloir nous répondre dans les plus brefs délais** we should appreciate an early reply, we should be grateful to receive an early reply ◆ **entre voisins, il faut bien s'obliger** neighbours have to help each other ou be of service to each other

**oblique** [ɔblik] → SYN 1 **adj** (gén, Ling, Math) oblique ◆ **regard oblique** sidelong ou side glance ◆ **(muscle) oblique** oblique muscle ◆ **en oblique** obliquely ◆ **il a traversé la rue en oblique** he crossed the street diagonally

2 **nf** (Math) oblique line

**obliquement** [ɔblikmɑ̃] → SYN **adv** planter, fixer at an angle; se diriger obliquely ◆ **regarder qn obliquement** to look sideways ou sidelong at sb, give sb a sidelong look ou glance

**obliquer** [ɔblike] → SYN ▸ conjug 1 ◂ **vi** ◆ **obliquez juste avant l'église** turn off just before the church ◆ **obliquer à droite** to turn off ou bear right ◆ **obliquez en direction de la ferme** (à travers champs) cut across towards the farm; (sur un sentier) turn off towards the farm

**obliquité** [ɔblik(ɥ)ite] → SYN **nf** [rayon] (Math) obliqueness, obliquity; (Astron) obliquity

**oblitérateur** [ɔbliteʀatœʀ] **nm** canceller

**oblitération** [ɔbliteʀasjɔ̃] → SYN **nf** a [timbre] cancelling, cancellation ◆ **cachet d'oblitération** postmark

b († ou littér) [souvenir] obliteration

c (Méd) [artère] obstruction

**oblitérer** [ɔbliteʀe] → SYN ▸ conjug 6 ◂ **vt** a [+ timbre] to cancel

b († ou littér = effacer) [+ souvenir] to obliterate

c (Méd) [+ artère] to obstruct

**oblong, -ongue** [ɔblɔ̃, ɔ̃g] → SYN **adj** oblong

**obnubilation** [ɔbnybilasjɔ̃] → SYN **nf** obsession; (Méd) obnubilation

**obnubiler** [ɔbnybile] → SYN ▸ conjug 1 ◂ **vt** to obsess ◆ **se laisser obnubiler par** to become obsessed by ◆ **elle est obnubilée par l'idée que ...** she's obsessed with the idea that ...

**obole** [ɔbɔl] → SYN **nf** a (= contribution) mite, offering ◆ **verser** ou **apporter son obole à qch** to make one's small (financial) contribution to sth

b (= monnaie française) obole; (= monnaie grecque) obol

**obscène** [ɔpsɛn] → SYN **adj** film, propos, geste obscene, lewd ◆ **il est si riche que c'en est obscène !** * he's obscenely ou disgustingly rich!

**obscénité** [ɔpsenite] → SYN **nf** a (= caractère) obscenity, lewdness

b (= propos, écrit) obscenity ◆ **dire des obscénités** to make obscene remarks

**obscur, e** [ɔpskyʀ] → SYN **adj** a (= sombre) nuit, ruelle, pièce dark; → **salle**

b (= incompréhensible) texte, passage obscure

c (= mystérieux) obscure ◆ **pour des raisons obscures** for some obscure reason ◆ **forces obscures** dark forces

d (= vague) malaise vague; pressentiment, sentiment vague, dim

e (= méconnu) œuvre, auteur obscure; (= humble) vie, situation, besogne obscure, humble ◆ **des gens obscurs** humble folk ◆ **de naissance obscure** of obscure ou humble birth

**obscurantisme** [ɔpskyʀɑ̃tism] → SYN **nm** obscurantism

**obscurantiste** [ɔpskyʀɑ̃tist] **adj, nmf** obscurantist

**obscurcir** [ɔpskyʀsiʀ] → SYN ▸ conjug 2 ◂ 1 **vt** a (= assombrir) to darken ◆ **ce tapis obscurcit la pièce** this carpet makes the room look dark ou darkens the room ◆ **des nuages obscurcissaient le ciel** the sky was dark with clouds

b (= compliquer) to obscure ◆ **ce critique aime obscurcir les choses les plus simples** this critic likes to obscure ou cloud the simplest issues ◆ **cela obscurcit encore plus l'énigme** that deepens the mystery even further

c (= troubler) **le vin obscurcit les idées** wine makes it difficult to think straight

2 **s'obscurcir** **vpr** a [ciel] to darken, grow dark; [regard] to darken ◆ **tout d'un coup le temps s'obscurcit** suddenly the sky grew dark ou darkened ◆ **son horizon politique s'obscurcit** his political future is looking less and less bright

b [style] to become obscure; [esprit] to become confused; [vue] to grow dim

**obscurcissement** [ɔpskyʀsismɑ̃] → SYN **nm** [ciel] darkening; [esprit] confusing; [vue] dimming

**obscurément** [ɔpskyʀemɑ̃] **adv** obscurely ◆ **il sentait obscurément que ...** he felt in an obscure way ou a vague (sort of) way that ..., he felt obscurely that ...

**obscurité** [ɔpskyʀite] → SYN **nf** a [nuit] darkness ◆ **dans l'obscurité** in the dark, in darkness ◆ **la maison fut soudain plongée dans l'obscurité** the house was suddenly plunged into darkness ◆ **il a laissé cet aspect du problème dans l'obscurité** he cast no light ou didn't enlighten us on that aspect of the problem

b [texte] obscurity

c [vie, situation, besogne, œuvre, auteur] obscurity ◆ **vivre/travailler dans l'obscurité** to live/work in obscurity

d (littér = passage peu clair) obscure passage

**obsécration** [ɔpsekʀasjɔ̃] → SYN **nf** obsecration

**obsédant, e** [ɔpsedɑ̃, ɑ̃t] → SYN **adj** musique, souvenir haunting, obsessive; question, idée obsessive

**obsédé, e** [ɔpsede] → SYN (ptp de **obséder**) **nm,f** obsessive ◆ **obsédé (sexuel)** sex maniac ◆ **c'est un obsédé de propreté** he's obsessed with cleanliness ◆ **les obsédés du caméscope** (hum) camcorder freaks *

**obséder** [ɔpsede] → SYN ▸ conjug 6 ◂ **vt** a (= obnubiler) to haunt, obsess ◆ **le remords l'obsédait** he was haunted ou obsessed by remorse ◆ **être obsédé par** [+ souvenir, peur] to be haunted ou obsessed by; [+ idée, problème] to be obsessed with ou by ◆ **il est obsédé** (sexuellement) he's obsessed (with sex), he's got a one-track mind *

b (littér = importuner) to pester ◆ **obséder qn de ses assiduités** to pester ou importune sb with one's attentions

**obsèques** [ɔpsɛk] → SYN **nfpl** funeral ◆ **obsèques civiles/religieuses/nationales** civil/religious/state funeral

**obséquieusement** [ɔpsekjøzmɑ̃] **adv** obsequiously

**obséquieux, -ieuse** [ɔpsekjø, jøz] [→ SYN] adj obsequious

**obséquiosité** [ɔpsekjozite] [→ SYN] nf obsequiousness

**observable** [ɔpsɛʀvabl] adj observable • **ce phénomène est difficilement observable** this phenomenon is not easy to observe

**observance** [ɔpsɛʀvɑ̃s] [→ SYN] nf observance • **de stricte observance** devout

**observateur, -trice** [ɔpsɛʀvatœʀ, tʀis] [→ SYN] [1] adj personne, regard observant
[2] nm,f observer • **avoir des talents d'observateur** to have a talent for observation • **observateur des Nations Unies** United Nations ou UN observer

**observation** [ɔpsɛʀvasjɔ̃] [→ SYN] nf **a** (= obéissance) [règle] observance
**b** (= examen, surveillance) observation • **être/mettre en observation** (Méd) to be/put under observation • **observation aérienne** (Mil) aerial observation • **technique/instrument d'observation** observation technique/instrument • **round/set d'observation** (Sport) first round/set *(in which one plays a guarded or a wait-and-see game)*; → **poste²**, **satellite**
**c** (= chose observée) observation • **il consignait ses observations dans son carnet** he noted down his observations ou what he had observed in his notebook
**d** (= remarque) observation, remark; (= objection) remark; (= reproche) reproof; (Scol) warning • **il fit quelques observations judicieuses** he made one or two judicious remarks ou observations • **je lui en fis l'observation** I pointed it out to him • **ce film appelle quelques observations** this film calls for some comment • **pas d'observations je vous prie** no remarks ou comments please • **faire une observation à qn** to reprove sb • **observations** (Scol) teacher's comments

**observationnel, -elle** [ɔpsɛʀvasjɔnɛl] adj observational

**observatoire** [ɔpsɛʀvatwaʀ] nm **a** (Astron) observatory
**b** (Mil = lieu) observation ou look-out post • **observatoire économique** economic research institute

**observer** [ɔpsɛʀve] [→ SYN] ▸ conjug 1 ◂ [1] vt **a** (= regarder) (gén) to observe, watch; [+ adversaire, proie] to watch; (Sci) [+ phénomène, réaction] to observe; (au microscope) to examine • **se sentant observée, elle se retourna** feeling she was being watched ou observed she turned round • **il ne dit pas grand-chose mais il observe** he doesn't say much but he observes what goes on around him ou he watches keenly what goes on around him
**b** (= contrôler) **observer ses manières/ses gestes** to be mindful of ou watch one's manners/one's gestures
**c** (= remarquer) to notice, observe • **elle n'observe jamais rien** she never notices anything • **faire observer que** to point out ou remark ou observe that • **faire observer un détail à qn** to point out a detail to sb, bring a detail to sb's attention • **je vous ferai observer qu'il est interdit de fumer ici** I should like to ou I must point out (to you) that you're not allowed to smoke here
**d** (= dire) to observe, remark • **vous êtes en retard, observa-t-il** you're late, he observed ou remarked
**e** (= respecter) [+ règlement] to observe, abide by; [+ fête, jeûne] to keep, observe; [+ coutume, trêve, neutralité] to observe • **observer une minute de silence** to observe a minute's silence • **faire observer un règlement** to enforce a rule
**f** (littér) [+ attitude, maintien] to keep (up), maintain
[2] **s'observer** vpr **a** (réciproque) to observe ou watch each other
**b** (réfléchi = surveiller sa tenue, son langage) to keep a check on o.s., be careful of one's behaviour • **il ne s'observe pas assez en public** he's not careful enough of his behaviour in public
**c** (passif = se manifester) to be observed

**obsession** [ɔpsesjɔ̃] [→ SYN] nf obsession • **il avait l'obsession de la mort/l'argent** he had an obsession with death/money, he was obsessed by death/money • **je veux aller à Londres – c'est une obsession !/ça tourne à l'obsession !** I want to go to London – you're obsessed!/it's becoming an obsession!

**obsessionnel, -elle** [ɔpsesjɔnɛl] [1] adj obsessional, obsessive; → **névrose**
[2] nm,f obsessive

**obsidienne** [ɔpsidjɛn] nf obsidian, volcanic glass

**obsolescence** [ɔpsɔlesɑ̃s] [→ SYN] nf (Tech, littér) obsolescence

**obsolescent, e** [ɔpsɔlesɑ̃, ɑ̃t] adj (Tech, littér) obsolescent

**obsolète** [ɔpsɔlɛt] [→ SYN] adj obsolete

**obstacle** [ɔpstakl] [→ SYN] nm (gén) obstacle; (Hippisme) fence; (Équitation) jump, fence • **obstacle technique/juridique** technical/legal barrier ou obstacle • **faire obstacle à la lumière** to block (out) ou obstruct the light • **faire obstacle à un projet** to hinder a project, put obstacles ou an obstacle in the way of a project • **tourner l'obstacle** (Équitation) to go round ou outside the jump; (fig) to get round the obstacle ou difficulty • **progresser sans rencontrer d'obstacles** (lit, fig) to make progress without meeting any obstacles • **dans ce métier, son âge n'est pas un obstacle** his age is no impediment ou obstacle in this job • **je ne vois pas d'obstacle à sa venue** ou **à ce qu'il vienne** I don't see any reason why he shouldn't come; → **course**, **refuser**

**obstétrical, e**, mpl **-aux** [ɔpstetʀikal, o] adj obstetric(al)

**obstétricien, -ienne** [ɔpstetʀisjɛ̃, jɛn] nm,f obstetrician

**obstétrique** [ɔpstetʀik] [1] adj obstetric(al)
[2] nf obstetrics sg

**obstination** [ɔpstinasjɔ̃] [→ SYN] nf [personne, caractère] obstinacy, stubbornness • **obstination à faire** obstinate ou stubborn determination to do • **son obstination à refuser** his persistency in refusing, his persistent refusal

**obstiné, e** [ɔpstine] [→ SYN] (ptp de **s'obstiner**) adj personne, caractère obstinate, stubborn; efforts, résistance, travail, demandes obstinate, persistent; refus, silence stubborn; brouillard, pluie, malchance persistent; toux persistent, stubborn

**obstinément** [ɔpstinemɑ̃] adv stubbornly, obstinately • **le téléphone reste obstinément muet** the telephone stubbornly refuses to ring

**obstiner (s')** [ɔpstine] [→ SYN] ▸ conjug 1 ◂ vpr to insist, dig one's heels in (fig) • **s'obstiner sur un problème** to keep working ou labour away stubbornly at a problem • **s'obstiner dans une opinion** to cling stubbornly ou doggedly to an opinion • **s'obstiner dans son refus (de faire qch)** to refuse categorically ou absolutely (to do sth) • **s'obstiner à faire** to persist in doing • **s'obstiner au silence** to remain obstinately silent, maintain an obstinate ou a stubborn silence • **j'ai dit non mais il s'obstine !** I said no but he insists!

**obstructif, -ive** [ɔpstʀyktif, iv] adj obstructive; (Méd) obstruent

**obstruction** [ɔpstʀyksjɔ̃] [→ SYN] nf **a** (= blocage) obstruction, blockage; (Méd) obstruction
**b** (= tactique) obstruction • **faire de l'obstruction** (Pol) to obstruct (the passage of) legislation; (gén) to use obstructive tactics, be obstructive; (Ftbl) to obstruct • **faire de l'obstruction parlementaire** to filibuster

**obstructionnisme** [ɔpstʀyksjɔnism] nm obstructionism, filibustering

**obstructionniste** [ɔpstʀyksjɔnist] [1] adj obstructionist, filibustering (épith)
[2] nmf obstructionist, filibuster, filibusterer

**obstruer** [ɔpstʀye] [→ SYN] ▸ conjug 1 ◂ [1] vt [+ passage, circulation, artère] to obstruct, block • **obstruer la vue/le passage** to block ou obstruct the view/the way
[2] **s'obstruer** vpr [passage] to get blocked up; [artère] to become blocked

**obtempérer** [ɔptɑ̃peʀe] [→ SYN] ▸ conjug 6 ◂ **obtempérer à** vt indir to obey, comply with • **il refusa d'obtempérer** he refused to comply ou obey • **refus d'obtempérer** refusal to comply

**obtenir** [ɔptəniʀ] [→ SYN] ▸ conjug 22 ◂ vt **a** (= réussir à avoir) [+ permission, explication, augmentation, diplôme, visa] to obtain, get; [+ récompense, prix] to get • **obtenir satisfaction** to obtain satisfaction • **obtenir la main de qn** to gain ou win sb's hand • **je peux vous obtenir ce livre rapidement** I can get you this book quite quickly • **il m'a fait obtenir** ou **il m'a obtenu de l'avancement** he got promotion for me, he got me promoted • **il obtint de lui parler** he was (finally) allowed to speak to him • **elle a obtenu qu'il paie** she got him to pay up, she managed to make him pay up • **j'ai obtenu de lui qu'il ne dise rien** I got him to agree not to say anything
**b** (= parvenir à) [+ résultat, température] to achieve, obtain; [+ total] to reach, arrive at • **obtenir un succès aux élections** to have ou achieve a success in the elections • **cette couleur s'obtient par un mélange** this colour is obtained through ou by mixing • **en additionnant ces quantités, on obtient 2 000** when you add these amounts together you arrive at ou get 2,000 • **obtenir un corps à l'état gazeux** to obtain a body in the gaseous state

**obtention** [ɔptɑ̃sjɔ̃] nf [permission, explication, diplôme] obtaining; [résultat, température] achieving • **pour l'obtention du visa** to obtain the visa • **les délais d'obtention de la carte de séjour** the time it takes to obtain a resident's permit • **mélangez le tout jusqu'à (l')obtention d'une pâte onctueuse** (Culin) mix everything together until the mixture is smooth

**obturateur, -trice** [ɔptyʀatœʀ, tʀis] [→ SYN] [1] adj (Tech) plaque obturating; membrane, muscle obturator (épith)
[2] nm **a** (Photo) shutter • **obturateur à secteur** rotary shutter • **obturateur à rideau** focal plane shutter • **obturateur à tambour** ou **à boisseaux** drum shutter
**b** (Tech) obturator; [fusil] gas check

**obturation** [ɔptyʀasjɔ̃] [→ SYN] nf [conduit, ouverture] closing (up), sealing; [fuite] sealing; [dent] filling • **faire une obturation (dentaire)** to fill a tooth, do a filling • **vitesse d'obturation** (Photo) shutter speed

**obturer** [ɔptyʀe] [→ SYN] ▸ conjug 1 ◂ vt [+ conduit, ouverture] to close (up), seal; [+ fuite] to seal ou block off; [+ dent] to fill

**obtus, e** [ɔpty, yz] [→ SYN] adj (Math) angle obtuse; (fig = stupide) dull-witted, obtuse

**obtusangle** [ɔptyzɑ̃gl] adj (Géom) obtuse

**obus** [ɔby] [→ SYN] nm shell • **obus explosif** high-explosive shell • **obus fumigène** smoke bomb • **obus incendiaire** incendiary ou fire bomb • **obus de mortier** mortar shell • **obus perforant** armour-piercing shell; → **éclat**, **trou**

**obusier** [ɔbyzje] nm howitzer • **obusier de campagne** field howitzer

**obvenir** [ɔbvəniʀ] ▸ conjug 22 ◂ vi (Jur) • **obvenir à qn** to revert ou pass to sb

**obvie** [ɔbvi] adj sens obvious

**obvier** [ɔbvje] [→ SYN] ▸ conjug 7 ◂ **obvier à** vt indir (littér) [+ danger, mal] to take precautions against, obviate (frm); [+ inconvénient] to overcome, obviate (frm)

**OC** (abrév de **ondes courtes**) SW

**oc** [ɔk] nm → **langue**

> **LANGUE D'OC, LANGUE D'OIL**
>
> The terms **langue d'oc** (also called "occitan") and **langue d'oïl** broadly refer to the local languages and dialects spoken in the southern and northern half of France respectively. "Oc" and "oïl" mean "yes" in southern and northern dialects respectively.

**ocarina** [ɔkaʀina] [→ SYN] nm ocarina

**occase*** [ɔkɑz] nf (abrév de **occasion**) **a** (= article usagé) secondhand buy; (= achat avantageux) bargain, snip* (Brit) • **d'occase** livres, vêtements secondhand, used (US), pre-owned (US); acheter, vendre secondhand
**b** (= conjoncture favorable) (lucky) chance

**occasion** [ɔkazjɔ̃] [→ SYN] nf **a** (= circonstance) occasion • **cela a été l'occasion d'une grande discussion** it gave rise to ou occasioned a great discussion • **à cette occasion** on that occasion • **dans/pour les grandes occasions** on/for important ou special occasions • **la**

**bouteille/la robe des grandes occasions** the bottle put by/the dress kept for special ou great occasions ◆ **pour l'occasion** for the occasion ◆ **je l'ai rencontré à plusieurs occasions** I've met him on several occasions ◆ (Prov) **l'occasion fait le larron** opportunity makes the thief (Prov)

◆ **à l'occasion** sometimes, on occasions ◆ **à l'occasion venez dîner** come and have dinner some time ◆ **à l'occasion de son anniversaire** on the occasion of his birthday, for his birthday

◆ **d'occasion** amitié, rencontre casual

◆ **par la même occasion** at the same time ◆ **j'irai à Paris et, par la même occasion, je leur rendrai visite** I'll go to Paris and while I'm at it * I'll go and visit them

**b** (= conjoncture favorable) opportunity, chance ◆ **avoir l'occasion de faire** to have the ou a chance ou the ou an opportunity of doing ou to do ◆ **profiter de l'occasion pour faire qch** to take the opportunity to do sth ◆ **sauter sur** * ou **saisir l'occasion** to jump at ou seize ou grab * the opportunity ou chance ◆ **il a laissé échapper** ou **passer l'occasion** he let the opportunity pass him by ou slip ◆ **manquer** ou **rater** * ou **perdre une occasion de faire** to miss an opportunity to do ◆ **tu as manqué** ou **raté** * **une belle** ou **bonne occasion de te taire** (iro) you'd have done better to have kept quiet ou to have kept your mouth shut ◆ **c'est l'occasion rêvée !** it's a heaven-sent opportunity! ◆ **c'est l'occasion rêvée de faire** it's an ideal opportunity to do ◆ **c'est l'occasion ou jamais !** it's now or never! ◆ **c'est l'occasion ou jamais d'observer cette comète** it's a once-in-a-lifetime chance ou opportunity to observe this comet ◆ **si l'occasion se présente** if the opportunity arises, should the opportunity arise ◆ **à la première occasion** at the earliest ou first opportunity

**c** (Comm) secondhand buy ◆ **(le marché de) l'occasion** the secondhand market ◆ **faire le neuf et l'occasion** to deal in new and secondhand goods

◆ **d'occasion** voiture secondhand, used (US), pre-owned (US); livres secondhand, used (US); acheter, vendre secondhand

**d** (= acquisition avantageuse) bargain, snip * (Brit)

**occasionnalisme** [ɔkazjɔnalism] nm occasionalism

**occasionnel, -elle** [ɔkazjɔnɛl] → SYN adj **a** (= non régulier) rencontres, disputes occasional (épith); client, visiteur casual, occasional (épith); travaux, emploi casual

**b** (= fortuit) incident, rencontre chance (épith)

**c** (Philos) occasional

**occasionnellement** [ɔkazjɔnɛlmɑ̃] → SYN adv occasionally, from time to time

**occasionner** [ɔkazjɔne] → SYN ▸ conjug 1 ◂ vt [+ frais, dérangement] to cause, occasion (frm); [+ accident] to cause, bring about ◆ **en espérant ne pas vous occasionner trop de dérangement** hoping not to put you to ou to cause you too much trouble ◆ **cet accident va m'occasionner beaucoup de frais** this accident is going to involve me in ou to cause me a great deal of expense

**occident** [ɔksidɑ̃] → SYN nm (littér = ouest) west ◆ **l'Occident** the West, the Occident (littér); → **empire**

**occidental, e,** mpl **-aux** [ɔksidɑ̃tal, o] **1** adj (littér = d'ouest) western; (Pol) pays, peuple Western, Occidental (littér); → **Inde**

**2 Occidental(e)** nm,f Westerner, Occidental (littér) ◆ **les Occidentaux** (gén) Westerners; (Pol) the West, western countries

**occidentalisation** [ɔksidɑ̃talizasjɔ̃] nf westernization

**occidentaliser** [ɔksidɑ̃talize] ▸ conjug 1 ◂ **1** vt to westernize

**2 s'occidentaliser** vpr to become westernized

**occipital, e,** mpl **-aux** [ɔksipital, o] **1** adj occipital ◆ **trou occipital** occipital foramen, foramen magnum

**2** nm occipital (bone)

**occiput** [ɔksipyt] nm back of the head, occiput (SPÉC)

**occire** [ɔksiʀ] → SYN vt (†† ou hum) to slay

**occitan, e** [ɔksitɑ̃, an] **1** adj, nm Occitan

**2 Occitan(e)** nm,f Occitan

**Occitanie** [ɔksitani] nf *region in France where Occitan is spoken*

**occitanisme** [ɔksitanism] nm *movement defending Occitan and its culture*

**occitaniste** [ɔksitanist] nmf specialist in Occitan

**occlure** [ɔklyʀ] ▸ conjug 35 ◂ vt (Chim, Méd) to occlude

**occlusif, -ive** [ɔklyzif, iv] adj (gén) occlusive; (Ling) occlusive, plosive ◆ **(consonne) occlusive** occlusive, stop (consonant)

**occlusion** [ɔklyzjɔ̃] → SYN nf (Ling, Méd, Mét, Tech) occlusion ◆ **occlusion intestinale** intestinal blockage, obstruction of the bowels ou intestines, ileus (SPÉC)

**occultation** [ɔkyltasjɔ̃] nf (Astron) occultation; (fig) overshadowing, eclipse ◆ **l'occultation du problème du chômage pendant la campagne électorale** the temporary eclipse of the issue of unemployment during the election campaign

**occulte** [ɔkylt] → SYN adj **a** (= surnaturel) supernatural, occult; → **science**

**b** (= secret) [+ financement, fonds] secret, covert; [+ commission, prime] hidden; [+ pouvoir, rôle] secret, hidden

**occulter** [ɔkylte] → SYN ▸ conjug 1 ◂ vt (Astron, Tech) to occult; (fig) to overshadow, eclipse ◆ **n'essayez pas d'occulter le problème** don't try to hide the problem

**occultisme** [ɔkyltism] → SYN nm occultism

**occultiste** [ɔkyltist] adj, nmf occultist

**occupant, e** [ɔkypɑ̃, ɑ̃t] → SYN **1** adj (Pol) autorité, puissance occupying ◆ **l'armée occupante** the army of occupation, the occupying army

**2** nm,f [maison] occupant, occupier; [place, compartiment, voiture] occupant ◆ **le premier occupant** (gén, Jur) the first occupier

**3** nm ◆ **l'occupant, les occupants** the occupying forces

**occupation** [ɔkypasjɔ̃] → SYN nf **a** (Mil, Pol) occupation ◆ **les forces/l'armée d'occupation** the forces/the army of occupation, the occupying forces/army ◆ **pendant l'Occupation** (Hist) during the Occupation ◆ **grève avec occupation d'usine** sit-in, sit-down strike

**b** (Jur) [logement] occupancy, occupation

**c** (= passe-temps) occupation; (= emploi) occupation, job ◆ **vaquer à ses occupations** to go about one's business, attend to one's affairs ◆ **une occupation fixe/temporaire** a permanent/temporary job ou occupation ◆ **les enfants, ça donne de l'occupation** having children certainly keeps you busy

**occupationnel, -elle** [ɔkypasjɔnɛl] adj maladie, psychologie occupational

**occupé, e** [ɔkype] GRAMMAIRE ACTIVE 27.5 → SYN (ptp de **occuper**) adj **a** (= affairé) busy; (= non disponible) busy, engaged ◆ **je suis très occupé en ce moment** I'm very busy at the moment ◆ **il ne peut pas vous recevoir, il est occupé** he can't see you, he's busy

**b** ligne téléphonique engaged (Brit) (attrib), busy (US) (attrib); toilettes occupied, engaged (Brit) (attrib); places, sièges taken (attrib) ◆ **ça sonne occupé** * it's engaged (Brit) ou busy (US)

**c** (Mil, Pol) zone, usine occupied

**occuper** [ɔkype] → SYN ▸ conjug 1 ◂ **1** vt **a** [+ endroit, appartement] to occupy; [+ place, surface] to occupy, take up ◆ **le bureau occupait le coin de la pièce** the desk stood in ou occupied the corner of the room ◆ **leurs bureaux occupent tout l'étage** their offices take up ou occupy the whole floor ◆ **le piano occupe très peu/trop de place** the piano takes up very little/too much room ◆ **l'appartement qu'ils occupent est trop exigu** the flat they are living in ou occupying is too small

**b** [+ moment, période] (= prendre) to occupy, fill, take up; (= faire passer) to occupy, spend, employ ◆ **cette besogne occupait le reste de la journée** this task took (up) ou occupied the rest of the day ◆ **la lecture occupe une trop petite/très grande part de mon temps** reading takes up ou fills ou occupies far too little/a great deal of my time ◆ **comment occuper ses loisirs ?** how should one spend ou occupy ou employ one's free time?

**c** [+ poste, fonction] to hold, occupy; [+ rang] to hold, have

**d** (= absorber) [+ personne, enfant] to occupy, keep occupied ou busy; (= employer) [+ main d'œuvre] to employ ◆ **mon travail m'occupe beaucoup** my work keeps me very busy ◆ **laisse-le faire, ça l'occupe !** let him get on with it, it keeps him busy! ou occupied! ◆ **la ganterie occupait naguère un millier d'ouvriers dans cette région** the glove industry used to employ ou give employment to about a thousand workers in this area ◆ **le sujet qui nous occupe aujourd'hui** the matter which concerns us today, the matter at hand

**e** (Mil, Pol) (= envahir) to take over, occupy; (= être maître de) to occupy ◆ **ils ont occupé tout le pays/l'immeuble** they took over ou occupied the whole country/the whole building ◆ **les forces qui occupaient le pays** the forces occupying the country ◆ **grâce à son nouveau produit, l'entreprise occupe le terrain** thanks to its new product the company has been able to take a prominent position in the market ◆ **il veut occuper le terrain médiatique** he wants to hog * the media limelight ◆ **ils occupent le terrain de l'informatique** they've cornered a significant share of the computer market

**2 s'occuper** vpr **a s'occuper de qch** (= se charger de) to deal with sth, take care ou charge of sth; (= être chargé de) to be in charge of sth, be dealing with ou taking care of sth; (= s'intéresser à) to take an interest in sth, interest o.s. in sth ◆ **je vais m'occuper de ce problème** I'll deal with ou take care of this problem ◆ **c'est lui qui s'occupe de cette affaire** he's the one in charge of ou who is dealing with this matter ◆ **il s'occupe de vous trouver un emploi** he is undertaking to find you a job, he'll see about finding you a job ◆ **je vais m'occuper de rassembler les documents nécessaires** I'll set about ou see about gathering (together) the necessary documents, I'll undertake to get the necessary documents together ◆ **il s'occupe un peu de politique** he takes a bit of an interest ou he dabbles a bit in politics ◆ **je m'occupe de tout** I'll see to everything, I'll take care of everything ◆ **je m'occuperai des boissons** I'll organize ou look after the drinks ◆ **il veut s'occuper de trop de choses à la fois** he tries to take on ou to do too many things at once ◆ **ne t'occupe pas de ça, c'est leur problème** don't worry about it, that's their problem ◆ **occupe-toi de tes affaires** * ou **oignons** * mind your own business ◆ **t'occupe (pas) !** ⁑ none of your business! *, mind your own business!

**b s'occuper de qn** (= se charger de) [+ enfants, malades] to take charge ou care of sb, look after sb; [+ client] to attend to sb; (= être responsable de) [+ enfants, malades] to be in charge of sb, look after sb ◆ **je vais m'occuper des enfants** I'll take charge ou care of ou I'll look after the children ◆ **qui s'occupe des malades ?** who is in charge of ou looks after the patients? ◆ **je m'occupe de vous tout de suite** I'll be with you in a moment ◆ **est-ce qu'on s'occupe de vous Madame ?** is someone serving you?, are you being attended to? ou served?

**c** (= s'affairer) to occupy o.s., keep o.s. busy ◆ **s'occuper à faire qch/à qch** to busy o.s. doing sth/with sth ◆ **il a trouvé à s'occuper** he has found something to do ou to occupy his time ou to fill his time with ◆ **il y a de quoi s'occuper** there is plenty to do ou to keep one busy ou occupied ◆ **je ne sais pas à quoi m'occuper** I don't know what to do with myself ou how to keep myself busy ou occupied ◆ **s'occuper l'esprit** to keep one's mind occupied

**occurrence** [ɔkyʀɑ̃s] → SYN nf **a** (frm) instance, case ◆ **en cette/toute autre occurrence** in this/in any other instance ◆ **en l'occurrence** as it happens ◆ **en pareille occurrence** in such circumstances, in such a case ◆ **suivant** ou **selon l'occurrence** (frm) according to the circumstances

**b** (Ling) occurrence, token

**OCDE** [ɔsedə] nf (abrév de **Organisation de coopération et de développement économique**) OECD

**océan** [ɔseɑ̃] nm a (lit) ocean ◆ **l'Océan** (= Atlantique) the Atlantic (Ocean) ◆ **un océan de verdure/de sable** a sea of greenery/of sand ◆ **l'océan Antarctique** ou **Austral** the Antarctic (Ocean) ◆ **l'océan Arctique** the Arctic (Ocean) ◆ **l'océan Atlantique** the Atlantic (Ocean) ◆ **l'océan glacial** the polar sea ◆ **l'océan Indien** the Indian Ocean ◆ **l'océan Pacifique** the Pacific (Ocean)
b (Myth) **Océan** Oceanus

**océane** [ɔsean] adj f a (littér) vague, tempête ocean (épith); fureur, senteur of the sea ou ocean ◆ **l'(autoroute) océane** *the motorway that links Paris to Brittany*
b (Culin) salade, paella seafood (épith)

**océanide** [ɔseanid] nf Oceanid

**Océanie** [ɔseani] nf ◆ **l'Océanie** Oceania, the South Sea Islands

**océanien, -ienne** [ɔseanjɛ̃, jɛn] 1 adj Oceanian, Oceanic
2 nm,f ◆ **Océanien(ne)** South Sea Islander, Oceanian

**océanique** [ɔseanik] adj oceanic

**océanographe** [ɔseanɔgʀaf] nmf oceanographer

**océanographie** [ɔseanɔgʀafi] nf oceanography

**océanographique** [ɔseanɔgʀafik] adj oceanographical

**océanologie** [ɔseanɔlɔʒi] nf oceanology

**océanologique** [ɔseanɔlɔʒik] adj oceanological

**océanologue** [ɔseanɔlɔg] nmf oceanologist

**ocelle** [ɔsɛl] nm ocellus

**ocellé, e** [ɔsele, ɔsɛlle] adj ocellate(d)

**ocelot** [ɔs(ə)lo] nm (= animal) ocelot; (= fourrure) ocelot fur

**ocre** [ɔkʀ] nmf, adj inv ochre

**ocré, e** [ɔkʀe] adj ochred

**octaèdre** [ɔktaɛdʀ] 1 adj octahedral
2 nm octahedron

**octaédrique** [ɔktaedʀik] adj octahedral

**octal, e**, pl **-aux** [ɔktal, o] adj octal ◆ **système octal** octal notation

**octane** [ɔktan] nm octane; → **indice**

**octant** [ɔktɑ̃] nm (Géom) octant

**octante** [ɔktɑ̃t] adj inv (dial) eighty

**octave** [ɔktav] nf a (Mus) octave ◆ **monter à l'octave** to go an octave higher
b (Escrime, Rel) octave

**octet** [ɔktɛ] nm byte

**octobre** [ɔktɔbʀ] nm October; pour loc voir **septembre**

**octocoralliaire** [ɔktokɔʀaljɛʀ] nm octocorallia

**octogénaire** [ɔktɔʒenɛʀ] adj, nmf octogenarian

**octogonal, e**, mpl **-aux** [ɔktɔgɔnal, o] adj octagonal, eight-sided

**octogone** [ɔktɔgɔn] nm octagon

**octopode** [ɔktɔpɔd] 1 adj octopod
2 nm octopod ◆ **les octopodes** octopods, Octopoda (SPÉC)

**octostyle** [ɔktostil] adj octastyle

**octosyllabe** [ɔktosi(l)lab] 1 adj octosyllabic
2 nm octosyllable

**octosyllabique** [ɔktosi(l)labik] adj octosyllabic

**octroi** [ɔktʀwa] nm a [charte, permission, délai, augmentation] granting; [faveur, pardon] bestowing, granting ◆ **l'octroi d'une bourse n'est pas automatique** grants are not given automatically
b (Hist) octroi, city toll

**octroyer** [ɔktʀwaje] ▸ conjug 8 ◂ 1 vt (frm) [+ charte, permission, délai, augmentation] to grant (à to); [+ bourse] to give (à to); [+ faveur, pardon] to bestow (à on, upon), grant (à to)
2 **s'octroyer** vpr [+ droit, pouvoirs] to claim; (Sport) [+ médaille, place] to claim, win ◆ **s'octroyer une augmentation** to give o.s. a pay rise ◆ **je vais m'octroyer quelques jours de congé** I'm going to allow myself a few days off

**octuor** [ɔktɥɔʀ] nm (Mus) octet

**octuple** [ɔktypl] 1 adj quantité, rangée, nombre octuple ◆ **une quantité octuple de l'autre** a quantity eight times (as great as) the other
2 nm (Math) octuple ◆ **je l'ai payé l'octuple (de l'autre)** I paid eight times as much (as the other) for it

**octupler** [ɔktyple] ▸ conjug 1 ◂ vti to octuple, increase eightfold ou eight times

**oculaire** [ɔkylɛʀ] 1 adj (Anat) ocular; → **globe, témoin**
2 nm (Opt) eyepiece, ocular (SPÉC)

**ocularíste** [ɔkylaʀist] nmf ocularist

**oculiste** [ɔkylist] nmf eye specialist, oculist, eye doctor (US)

**oculomoteur, -trice** [ɔkylɔmɔtœʀ, tʀis] adj oculomotor ◆ **nerf oculomoteur** oculomotor nerve

**oculus** [ɔkylys] nm (Archit) (small) round window, oculus, œil-de-bœuf

**ocytocine** [ɔsitɔsin] nf oxytocin

**odalisque** [ɔdalisk] nf odalisque

**ode** [ɔd] nf ode

**odelette** [ɔd(ə)lɛt] nf short ode

**odéon** [ɔdeɔ̃] nm odeon

**Odessa** [ɔdesa] n Odessa

**odeur** [ɔdœʀ] nf a (gén : bonne ou mauvaise) smell, odour (Brit), odor (US); (agréable) [fleur, parfum] fragrance, scent ◆ **sans odeur** odourless (Brit), odorless (US), which has no smell ◆ **mauvaise odeur** bad ou unpleasant smell ◆ **produit qui combat les (mauvaises) odeurs** air freshener ◆ **odeur suave/délicieuse** sweet/delicious smell ou scent ◆ **à l'odeur fétide** evil-smelling, foul-smelling ◆ **odeur de brûlé/de gaz** smell of burning/of gas ◆ **odeur de renfermé** musty ou fusty smell ◆ **avoir une bonne/une mauvaise odeur** to smell nice/bad; → **argent**
b (LOC) **ne pas être en odeur de sainteté auprès de qn** to be in sb's bad books, be out of favour with sb, be in bad odour with sb ◆ **mourir en odeur de sainteté** (Rel) to die in the odour of sanctity

**odieusement** [ɔdjøzmɑ̃] adv odiously

**odieux, -ieuse** [ɔdjø, jøz] adj a (= infâme) personne, conduite, caractère, tâche obnoxious, odious; crime heinous, odious; chantage, accusation odious ◆ **tu as été odieux avec elle** you were obnoxious ou horrible to her ◆ **c'est odieux ce que tu viens de dire !** that's a horrible thing to say!
b (= insupportable) gamin, élève obnoxious, unbearable ◆ **la vie m'est odieuse** life is unbearable to me ◆ **cette femme m'est odieuse** I can't bear that woman, I find that woman (quite) unbearable

**Odin** [ɔdɛ̃] nm Odin

**odomètre** [ɔdɔmɛtʀ] nm [voiture] mil(e)ometer (Brit), odometer (US); [piéton] pedometer

**odonates** [ɔdɔnat] nmpl ◆ **les odonates** odonates, the Odonata (SPÉC)

**odontalgie** [ɔdɔ̃talʒi] nf toothache (NonC), odontalgia (SPÉC)

**odontocètes** [ɔdɔ̃tɔsɛt] nmpl ◆ **les odontocètes** odontocetes, the Odontoceti (SPÉC)

**odontoïde** [ɔdɔ̃tɔid] adj odontoid

**odontologie** [ɔdɔ̃tɔlɔʒi] nf odontology

**odontologique** [ɔdɔ̃tɔlɔʒik] adj odontological

**odontologiste** [ɔdɔ̃tɔlɔʒist] nmf odontologist

**odontostomatologie** [ɔdɔ̃tostɔmatɔlɔʒi] nf odontology and stomatology

**odorant, e** [ɔdɔʀɑ̃, ɑ̃t] adj (gén) scented; (plus agréable) fragrant, sweet-smelling; herbes, essences aromatic; substance, molécule odorous

**odorat** [ɔdɔʀa] nm (sense of) smell ◆ **avoir l'odorat fin** to have a keen sense of smell

**odoriférant, e** [ɔdɔʀifeʀɑ̃, ɑ̃t] adj sweet-smelling, fragrant, odoriferous (littér)

**odyssée** [ɔdise] nf odyssey ◆ **"L'Odyssée"** (Littérat) "the Odyssey" ◆ **"2001 Odyssée de l'espace"** (Ciné) "2001: A Space Odyssey"

**OEA** [ɔəa] nf (abrév de **Organisation des États américains**) OAS

**œcuménicité** [ekymenisite] nf (o)ecumenicality

**œcuménique** [ekymenik] adj (o)ecumenical; → **concile**

**œcuménisme** [ekymenism] nm (o)ecumenicalism, (o)ecumenism

**œcuméniste** [ekymenist] adj, nmf (o)ecumenist

**œdémateux, -euse** [edematø, øz] adj oedematous, oedematose

**œdème** [edɛm] nm oedema ◆ **œdème du poumon** pulmonary oedema

**œdipien, -ienne** [edipjɛ̃, jɛn] adj oedipal, oedipean

## œil [œj]

pluriel **yeux**

1 NOM MASCULIN
2 COMPOSÉS

1 NOM MASCULIN

a Anat eye ◆ **il a les yeux bleus** he has blue eyes, his eyes are blue ◆ **aux yeux bleus** blue-eyed, with blue eyes ◆ **yeux de biche** doe eyes ◆ **aux yeux de biche** doe-eyed (épith) ◆ **yeux en boutons de bottines** button eyes ◆ **elle se fait les yeux** she's putting her eye make-up on ◆ **elle a les yeux faits, elle s'est fait les yeux** she's wearing eye make-up ◆ **avoir un œil au beurre noir*** ou **un œil poché*** to have a black eye ou a shiner* ◆ **avoir les yeux battus** to have dark ou black rings under one's eyes ◆ **avoir un œil qui dit zut*** ou **merde**‡ **à l'autre, avoir les yeux qui se croisent (les bras)***, **avoir un œil à Paris, l'autre à Pontoise*** to be cross-eyed* ou boss-eyed*, have a squint ◆ **les yeux lui sortaient de la tête, il avait les yeux hors de la tête** his eyes were (nearly) popping out of his head, his eyes were out on stalks* (Brit) ◆ **je vois mal de cet œil** I don't see well with this eye ◆ **je l'ai vu de mes (propres) yeux, je l'ai vu, de mes yeux vu** I saw it with my own eyes ◆ **regarde-moi dans les yeux** look me in the eye ◆ **j'ai le soleil dans les yeux** the sun is in my eyes, I've got the sun in my eyes ◆ **la casquette sur l'œil** with his cap cocked over one eye ◆ **faire qch pour les beaux yeux de qn** to do sth just for sb ou just to please sb ◆ **il n'a pas les yeux en face des trous*** (= il est endormi) he's half asleep; (= il n'arrive pas à réfléchir) he's not thinking straight ◆ **il a les yeux plus grands** ou **gros que le ventre** (gloutonnerie) his eyes are bigger than his belly ou stomach; (ambition) he has bitten off more than he can chew ◆ (Prov) **œil pour œil, dent pour dent** an eye for an eye, a tooth for a tooth (Prov); → **fermer, gros**

◆ **à l'œil nu** visible, identifiable, invisible to the naked eye ◆ **on peut observer cette comète à l'œil nu** the comet is visible to the naked eye

◆ **les yeux dans les yeux** ◆ **se regarder les yeux dans les yeux** to gaze into each other's eyes ◆ **je lui ai dit/répliqué les yeux dans les yeux ...** I looked him straight in the eye and said/replied ... ◆ **ils en ont discuté les yeux dans les yeux** (franchement) they spoke very frankly with each other

b = regard **attirer** ou **tirer l'œil de qn** to catch sb's eye ◆ **publicité qui attire l'œil** eye-catching advertisement ◆ **être agréable à l'œil** to be easy on the eye ◆ **n'avoir d'yeux que pour qn/qch** to have one's attention focussed on sb/sth ◆ **il n'a d'yeux que pour elle** he only has eyes for her ◆ **jeter un œil*** **à** ou **sur qn/qch** to have a look* at sb/sth ◆ **cela s'est passé devant nos yeux** it happened in front of ou before ou under our very eyes; → **chercher, couver, dévorer, suivre**

◆ **aux yeux de** (= en étant vu de) ◆ **faire qch aux yeux de tous** to do sth in full view of everyone

◆ **les yeux fermés** (= sans regarder) with one's eyes closed ou shut; (= avec confiance) with complete confidence ◆ **j'irais les yeux fermés** I could get there with my eyes closed

◆ **sous l'œil** ou **les yeux (de)** ◆ **vous avez l'article sous les yeux** you have the article there before you ou right in front of you ou your eyes ◆ **sous l'œil (vigilant/inquiet) de** under the (watchful/anxious) eye ou gaze of ◆ **ils jouaient sous l'œil de leur mère** they played under the watchful eye of their mother ou with their mother looking on ◆ **sous l'œil des caméras** in front of the cameras

**c** [= faculté de voir] **avoir de bons/mauvais yeux** to have good/bad eyes ou eyesight ◆ **il n'a plus ses yeux de vingt ans** his eyes aren't what they used to be ◆ **avoir un œil** ou **des yeux de lynx** (= avoir une très bonne vue) to have eyes like a hawk; (fig) to be eagle-eyed ◆ **avoir des yeux de chat** (= voir dans le noir) to have good night vision ◆ **il faudrait avoir des yeux derrière la tête** you need eyes in the back of your head

**d** [= expression] look ◆ **il a l'œil taquin/méchant** he has a twinkle/a malicious look in his eye ◆ **elle a l'œil vif** she has a lively look about her ou a lively expression ◆ **il le regardait l'œil mauvais** ou **d'un œil mauvais** he fixed him with a threatening stare ou look, he looked ou stared at him threateningly ◆ **faire des yeux de velours à qn, faire les yeux doux à qn** to make sheep's eyes at sb ◆ **faire de l'œil à qn** * to make eyes at sb, give sb the eye * ◆ **faire** ou **ouvrir des yeux ronds, ouvrir de grands yeux** to stare wide-eyed ◆ **il me regardait avec des yeux comme des soucoupes** he looked at me with eyes like saucers ◆ **regarder qn avec des yeux de merlan frit** * ou **de crapaud mort d'amour** * to look at sb like a lovesick puppy ◆ **faire des yeux de merlan frit** * (surprise) to gawp *

**e** [= attention, observation] **il a l'œil** * he has sharp ou keen eyes ◆ **avoir l'œil à tout** to keep an eye on everything ◆ **avoir l'œil américain** to have a quick eye ◆ **avoir l'œil du spécialiste/du maître** to have a trained/an expert eye, have the eye of a specialist/of an expert ◆ **cacher qch aux yeux de qn** to hide sth from sb's eyes ◆ **il n'a pas les yeux dans sa poche** he doesn't miss a thing ◆ **garder un œil sur qn/qch** to keep an eye on sb/sth ◆ **être tout yeux** * to be all eyes *; → **compas, ouvrir**

◆ **à l'œil** (= sous surveillance) ◆ **avoir** ou **tenir qn à l'œil** to keep an eye on sb ◆ **je vous ai à l'œil !** I've got my eye on you!

**f** [= jugement] **voir** ou **regarder qch d'un bon/d'un mauvais œil** to look on ou view sth favourably/unfavourably, view sth in a favourable/in an unfavourable light ◆ **considérer qch d'un œil critique** to consider sth with a critical eye, look at sth critically ◆ **il ne voit pas cela du même œil qu'elle** he doesn't take the same view as she does ◆ **il voit cela avec les yeux de la foi** he sees it through the eyes of a believer

◆ **aux yeux de** (= selon l'opinion de) ◆ **aux yeux de l'opinion publique** in the eyes of the public ◆ **à mes yeux** in my opinion ou eyes

**g** **coup d'œil** (= regard rapide) glance, quick look; (= vue) view ◆ **d'ici, le coup d'œil est joli** there's a lovely view from here ◆ **ça vaut le coup d'œil** it's worth seeing ◆ **au** ou **du premier coup d'œil** at first glance ◆ **avoir le coup d'œil pour** (fig) to have an eye for ◆ **jeter** ou **lancer un coup d'œil à qn** to glance at sb, look quickly at sb ◆ **jeter un coup d'œil à** [+ texte, objet] to glance at, take ou have (Brit) a glance ou quick look at ◆ **allons jeter un coup d'œil** let's go and take ou have (Brit) a look

**h** [= trou, boucle] [aiguille, marteau] eye; [filin] eye, loop

**i** [Typo] [caractère], pl **œils** face

**j** [Bot = bourgeon] bud; [pomme de terre] eye

**k** [Culin] **les yeux du bouillon** the globules ou droplets of fat in the stock

**l** [LOC] **coûter/payer les yeux de la tête** (= très cher) to cost/pay the earth ou a (small) fortune ◆ **à l'œil** * (= gratuitement) for nothing, for free * ◆ **mon œil !** ⁑ (= je n'y crois pas) my eye! *, my foot! *; (= je ne le ferai pas) nothing doing! *, not likely! *

[2] COMPOSÉS

▷ **l'œil du cyclone** (Mét) the eye of the cyclone ou hurricane; (fig) the eye of the storm ▷ **œil électronique** electric eye ▷ **œil de verre** glass eye

**œil-de-bœuf**, pl **œils-de-bœuf** [œjdəbœf] [→ SYN] nm bull's-eye (window), œil-de-bœuf

**œil-de-chat**, pl **œils-de-chat** [œjdəʃa] nm (Minér) cat's eye

**œil-de-perdrix**, pl **œils-de-perdrix** [œjdəpɛʀdʀi] [→ SYN] nm (= cor au pied) soft corn

**œil-de-pie**, pl **œils-de-pie** [œjdəpi] nm (Naut) eyelet

**œil-de-tigre**, pl **œils-de-tigre** [œjdətigʀ] nm (Minér) tiger's-eye, tigereye

**œillade** [œjad] [→ SYN] nf wink ◆ **faire des œillades à qn** to make eyes at sb, give sb the eye * ◆ **jeter** ou **décocher une œillade à qn** to wink at sb, give sb a wink

**œillard** [œjaʀ] nm millstone eye

**œillère** [œjɛʀ] [→ SYN] [1] nf (Méd) eyebath, eyecup

[2] **œillères** nfpl [cheval] blinkers ◆ **avoir des œillères** (fig, péj) to wear blinkers, be blinkered

**œillet** [œjɛ] [→ SYN] nm **a** (= fleur) carnation ◆ **œillet d'Inde** French marigold ◆ **œillet mignardise** pink ◆ **œillet de poète** sweet william

**b** (= petit trou) eyelet; (= bordure) grommet

**œilleton** [œjtɔ̃] nm [télescope] eyepiece; [porte] spyhole; (Bot) bud

**œilletonner** [œjtɔne] ▸ conjug 1 ◂ vt (= ébourgeonner) to disbud; (= multiplier) to bud

**œillette** [œjɛt] nf (= pavot) oil poppy; (= huile) poppy(seed) oil

**œkoumène** [ekumɛn] nm ecumene

**œnanthe** [enɑ̃t] nf water dropwort

**œnanthique** [enɑ̃tik] adj oenanthic

**œnolique** [enɔlik] adj ◆ **acide œnolique** oenolic acid

**œnolisme** [enɔlism] nm wine addiction

**œnologie** [enɔlɔʒi] nf oenology

**œnologique** [enɔlɔʒik] adj oenological

**œnologue** [enɔlɔg] nmf oenologist

**œnométrie** [enɔmetʀi] nf alcoholometry

**œnométrique** [enɔmetʀik] adj alcoholometric

**œrsted** [œʀstɛd] nm oersted

**œsophage** [ezɔfaʒ] nm oesophagus (Brit), esophagus (US)

**œsophagien, -ienne** [ezɔfaʒjɛ̃, jɛn], **œsophagique** [ezɔfaʒik] adj oesophageal (Brit), esophageal (US)

**œsophagite** [ezɔfaʒit] nf inflammation of the oesophagus

**œsophagoscope** [ezɔfagɔskɔp] nm oesophagoscope (Brit), esophagoscope (US)

**œsophagoscopie** [ezɔfagɔskɔpi] nf oesophagoscopy (Brit), esophagoscopy (US)

**œstradiol** [ɛstʀadjɔl] nm oestradiol (Brit), estradiol (US)

**œstral, e**, mpl **-aux** [ɛstʀal, o] adj ◆ **cycle œstral** oestrous (Brit) ou estrous (US) cycle

**œstre** [ɛstʀ] nm sheep-nostril fly

**œstrogène** [ɛstʀɔʒɛn] nm oestrogen (Brit), estrogen (US)

**œstrone** [ɛstʀɔn] nf oestrone (Brit), estrone (US)

**œstrus** [ɛstʀys] [→ SYN] nm oestrus (Brit), estrus (US)

**œuf**, pl **œufs** [œf, ø] [→ SYN] [1] nm **a** (Bio, Culin) egg ◆ **œuf du jour/frais** new-laid (Brit) ou freshly-lain (US)/fresh egg ◆ **œuf de caille/de poule** quail's/hen's egg ◆ **œufs de poisson** (Zool) spawn; (Culin) fish roe ◆ **en (forme d')œuf** egg-shaped; → **blanc, jaune**

**b** (* = idiot) **quel œuf ce type !** what a blockhead * this fellow is!

**c** (= télécabine) (egg-shaped) cablecar

**d** (LOC) **étouffer** ou **écraser** ou **détruire qch dans l'œuf** to nip sth in the bud ◆ **mettre tous ses œufs dans le même panier** to put all one's eggs in one basket ◆ **c'est comme l'œuf de Colomb (, il fallait y penser) !** it's simple when you know how!, it's easy once you think of it! ◆ **c'est l'œuf et la poule** it's a chicken and egg situation ◆ **il est à peine sorti de l'œuf** * he's still wet behind the ears * ◆ **va te faire cuire un œuf !** ⁑ (go and) take a running jump! *, get stuffed! ⁑; → **marcher, omelette**

[2] COMP ▷ **œufs brouillés** scrambled eggs ▷ **œuf en chocolat** chocolate egg ▷ **œuf à la coque** (soft-)boiled egg ▷ **œuf dur** hard-boiled egg ▷ **œuf en gelée** egg in aspic ou jelly ▷ **œufs au lait** ≈ egg custard ▷ **œufs de lump** lumpfish roe ▷ **œufs mimosa** eggs mimosa *(hors d'oeuvre made with chopped egg yolks)* ▷ **œuf (au) miroir** ⇒ **œuf sur le plat** ▷ **œuf mollet** soft-boiled egg ▷ **œufs à la neige** œufs à la neige, floating islands ▷ **œuf de Pâques** Easter egg ▷ **œuf de pigeon** (lit) pigeon's egg; (* = bosse) bump (on the head) ◆ **gros comme un œuf de pigeon** the size of a pigeon's egg ▷ **œuf sur le plat** ou **au plat** fried egg ◆ **elle n'a que deux œufs sur le plat** * (fig) she's as flat as a pancake * ou as a board * ▷ **œuf poché** poached egg ▷ **œuf à repriser** darning egg

**œufrier** [œfʀije] nm [réfrigérateur] egg compartment ou rack

**œuvé, e** [œve] adj with eggs

**œuvre** [œvʀ] [→ SYN] [1] nf **a** (= livre, tableau, film) work; (= ensemble d'une production artistique) works ◆ **c'est une œuvre de jeunesse** it's an early work ◆ **toute l'œuvre de Picasso** Picasso's entire works ◆ **les œuvres complètes/choisies de Victor Hugo** the complete/selected works of Victor Hugo ◆ **l'œuvre romanesque de Balzac** the novels of Balzac, Balzac's works of fiction

**b** (= tâche) undertaking, task; (= travail achevé) work (NonC) ◆ **ce sera une œuvre de longue haleine** it will be a long-term task ou undertaking ◆ **admirant leur œuvre** admiring their work ◆ **la satisfaction de l'œuvre accomplie** the satisfaction of a job well done ◆ **ce beau gâchis, c'est l'œuvre des enfants** this fine mess is the children's doing ou work ◆ **ces formations sont l'œuvre du vent et de l'eau** these formations are the work of wind and water; → **maître, pied**

**c** (= acte) **œuvre(s)** deed, work ◆ **être jugé selon ses œuvres** to be judged by one's works ou deeds ◆ **enceinte de ses œuvres** (frm, hum) with child by him, bearing his child ◆ **(bonnes) œuvres** good ou charitable works ◆ **faire œuvre pie** (littér) to do a pious deed ◆ **aide-le, ce sera une bonne œuvre** help him, that will be a kind act ou an act of kindness; → **fils**

**d** (= organisation) **œuvre (de bienfaisance** ou **de charité)** charitable organization, charity ◆ **les œuvres** charity, charities

**e** (LOC) **être/se mettre à l'œuvre** to be at/get down to work ◆ **voir qn à l'œuvre** (lit) to see sb at work; (iro) to see sb in action ◆ **faire œuvre utile** to do something worthwhile ou useful ◆ **faire œuvre de pionnier/médiateur** to act as a pioneer/mediator ◆ **la mort avait fait son œuvre** death had (already) claimed its own ◆ **le feu avait fait son œuvre** the fire had wrought its havoc ou had done its work ◆ **faire œuvre durable** to create a work of lasting significance ou importance ◆ **mettre en œuvre** [+ moyens] to implement, make use of ◆ **il avait tout mis en œuvre pour éviter la dévaluation/pour les aider** he had done everything possible ou had taken all possible steps to avoid devaluation/to help them ◆ **la mise en œuvre d'importants moyens** the implementation ou the bringing into play of considerable resources ◆ (Prov) **à l'œuvre on** ou **c'est à l'œuvre qu'on connaît l'ouvrier** a man is judged ou known by his works ou by the work he does

[2] nm **a** (littér) **l'œuvre gravé/sculpté de Picasso** the etchings/sculptures of Picasso

**b** (Constr) **second œuvre** finishings; → **grand, gros**

[3] COMP ▷ **œuvre d'art** (lit, fig) work of art ▷ **œuvres mortes** (Naut) upper works, topsides ▷ **œuvres sociales** (Jur) company benefit scheme (Brit) ou plan (US) ▷ **œuvres vives** (Naut) quickwork; (fig, littér) vitals

**œuvrer** [œvʀe] [→ SYN] ▸ conjug 1 ◂ vi (littér ou hum) to work (*à, pour* for)

**off** [ɔf] adj inv (Ciné) voix, son off; concert, festival fringe, alternative; → **voix**

**offensant, e** [ɔfɑ̃sɑ̃, ɑ̃t] [→ SYN] adj insulting, offensive

**offense** [ɔfɑ̃s] [→ SYN] nf **a** (frm = affront) insult ◆ **faire offense à** to offend, insult ◆ **il n'y a pas d'offense** * (hum) no offence taken ◆ **soit dit**

sans offense (frm) no offence (intended ou meant)

b (Rel = péché) transgression, trespass, offence ◆ **pardonne-nous nos offenses** forgive us our trespasses ◆ **offense à** ou **envers** [+ chef d'État] libel against; [+ Dieu] offence against

**offensé, e** [ɔfɑ̃se] (ptp de **offenser**) 1 adj offended

2 nm,f offended ou injured party

**offenser** [ɔfɑ̃se] → SYN ▸ conjug 1 ◂ 1 vt a [+ personne] to offend, give offence to ◆ **je n'ai pas voulu vous offenser** I didn't mean to give offence (to you) ou to offend you ◆ **offenser Dieu** to offend God, trespass against God

b (littér) [+ sentiments] to offend, insult; [+ souvenir] to insult; [+ personne, bon goût] to offend; [+ règles, principes] to offend against

2 **s'offenser** vpr to take offence (*de qch* at sth)

**offenseur** [ɔfɑ̃sœʀ] → SYN nm offender

**offensif, -ive** [ɔfɑ̃sif, iv] → SYN adj (Mil) offensive ◆ **il sont très offensifs, ils ont un jeu très offensif** (Sport) they play an attacking game

**offensive** [ɔfɑ̃siv] nf offensive ◆ **prendre l'offensive** to take the offensive ◆ **passer à l'offensive** to go on the offensive ◆ **lancer une offensive** to launch an offensive (*contre* against) ◆ **elle a lancé une offensive de charme** she turned on the charm ◆ **l'offensive de l'hiver/du froid** the onslaught of winter/of the cold ◆ **offensive diplomatique/de paix** diplomatic/peace offensive ◆ **offensive commerciale de grande envergure** large-scale commercial offensive

**offensivement** [ɔfɑ̃sivmɑ̃] adv (Mil) offensively ◆ **jouer offensivement** (Sport) to be always on the attack

**offert, e** [ɔfɛʀ, ɛʀt] (ptp de **offrir**) adj (Bourse) cours offered

**offertoire** [ɔfɛʀtwaʀ] → SYN nm (Rel) offertory

**office** [ɔfis] → SYN 1 nm a (littér = tâche) duties, office; (Hist) charge, office; (Admin) office ◆ **remplir l'office de directeur/chauffeur** to hold the office ou post of manager/chauffeur ◆ **office ministériel** ministerial office ◆ **le bourreau a fait** ou **rempli son office** the executioner carried out his duties

b (= usage) **faire office de** to act ou serve as ◆ **faire office de chauffeur** to act as (a) chauffeur ◆ **remplir son office** [appareil, loi] to serve its purpose, fulfil its function, do its job *

c (= bureau) office, bureau ◆ **office national/départemental** national/regional office ◆ **office du tourisme** tourist information (centre), tourist office ◆ **Office national des forêts** ≈ Forest Commission (Brit), ≈ Forestry Service (US); → **musée**

d (Rel) (= messe) (church) service; (= prières) prayers ◆ **l'office (divin)** the (divine) office ◆ **l'office des morts** the office ou service for the dead ◆ **aller à/manquer l'office** to go to/miss church ou the church service

e **d'office** ◆ **être nommé/mis à la retraite d'office** to be appointed/retired automatically ou as a matter of course ◆ **faire qch d'office** (Admin) to do sth automatically; (gén) to do sth as a matter of course ou automatically ◆ **avocat/expert (commis) d'office** officially appointed lawyer/expert

f (littér = service) office ◆ **bons offices** (Pol) good offices ◆ **Monsieur bons offices** * mediator

2 nm (= pièce de rangement) pantry; (= lieu de repas des domestiques) servants' hall

> **L'OFFICE DE LA LANGUE FRANÇAISE (OLF)**
>
> The **Office de la langue française** is a government body set up by the National Assembly of Quebec in 1977. It plays an important role in defending the Francophone identity of Quebec by promoting the use of French in the workplace, in business and in government. The OLF is also responsible for decision-making on points of usage and terminology, and produces regular bulletins setting out its recommendations. → QUÉBEC; RÉVOLUTION TRANQUILLE

**officialisation** [ɔfisjalizasjɔ̃] nf officializing, officialization

**officialiser** [ɔfisjalize] ▸ conjug 1 ◂ vt to make official, officialize

**officiant, e** [ɔfisjɑ̃, jɑ̃t] → SYN 1 adj officiating

2 nm ◆ **(prêtre) officiant** officiant, officiating priest

3 nf ◆ **(sœur) officiante** officiating sister

**officiel, -elle** [ɔfisjɛl] → SYN 1 adj (gén) official ◆ **(c'est) officiel !** * it's no joke!, it's for sure! * ◆ **rendre officiel** to make official ou public ◆ **à titre officiel** officially; → **journal**

2 nm,f official ◆ **les officiels de la course** the race officials

**officiellement** [ɔfisjɛlmɑ̃] → SYN adv officially

**officier¹** [ɔfisje] → SYN nm officer ◆ **officier subalterne/supérieur/général** junior/field/general officer ◆ **officier de garde** duty officer ◆ **officier de marine** naval officer ◆ **officier marinier** petty officer ◆ **officier mécanicien** engineer officer ◆ **officier d'ordonnance** aide-de-camp ◆ **officier de paix** (police) inspector (Brit), (police) lieutenant (US) ◆ **officier de police** senior police officer ◆ **officier de police judiciaire** *official empowered to make arrests and act as a policeman* ◆ **officier de semaine** ≈ orderly officer ◆ **officier de l'état civil** (mayor considered in his capacity as) registrar ◆ **officier/grand officier de la Légion d'honneur** Officer/Grand Officer of the Legion of Honour ◆ **officier ministériel** member of the legal profession ◆ **officier technicien** technical officer; → **col**

**officier²** [ɔfisje] → SYN ▸ conjug 7 ◂ vi (Rel, hum) to officiate

**officieusement** [ɔfisjøzmɑ̃] → SYN adv unofficially

**officieux, -ieuse** [ɔfisjø, jøz] → SYN adj unofficial ◆ **à titre officieux** unofficially, in an unofficial capacity

**officinal, e,** mpl **-aux** [ɔfisinal, o] → SYN adj plante medicinal

**officine** [ɔfisin] → SYN nf [pharmacie] dispensary; (Admin, Jur = pharmacie) pharmacy; (péj = repaire) headquarters, agency

**offrande** [ɔfʀɑ̃d] → SYN nf (= don) offering ◆ **l'offrande** (Rel = cérémonie) the offertory ◆ **apporter qch en offrande** to bring sth as a gift ou an offering

**offrant** [ɔfʀɑ̃] nm ◆ (Jur, Fin) **au plus offrant** to the highest bidder ◆ **"au plus offrant"** (petites annonces) "highest offer secures sale"

**offre** [ɔfʀ] GRAMMAIRE ACTIVE 19.5 → SYN nf (gén) offer; (aux enchères) bid; (Admin = soumission) tender ◆ **l'offre et la demande** (Écon) supply and demand ◆ **théorie de l'offre** (Écon) supply-side economics ◆ **il m'a fait une offre** (pour un prix, un emploi) he made me an offer ◆ **as-tu regardé les offres d'emploi ?** have you checked the job ads? * ou situations vacant column? (Brit) ◆ **il y avait plusieurs offres d'emploi pour des ingénieurs** there were several jobs advertised for engineers, there were several advertisements ou ads * for engineering jobs ◆ **offre publique d'achat** takeover bid, tender offer (US) ◆ **offre publique d'échange** public offer of exchange ◆ **offre publique de vente** offer for sale ◆ **offre(s) de service** (frm) offer of service ◆ **offre spéciale** (Comm) special offer, special (US) ◆ **offres de paix** (Pol) peace overtures; → **appel**

**offreur, -euse** [ɔfʀœʀ, øz] nm,f offerer, offeror

**offrir** [ɔfʀiʀ] GRAMMAIRE ACTIVE 3 → SYN ▸ conjug 18 ◂

1 vt a (= donner) to give (*à* to); (= acheter) to buy (*à* for) ◆ **c'est pour offrir ?** is it for a present? ou a gift? ◆ **la joie d'offrir** the joy of giving ◆ **il lui a offert un bracelet** he gave her a bracelet, he presented her with a bracelet ◆ **il s'est fait offrir une voiture** he was given a car ◆ **il nous a offert à boire** (chez lui) he gave us a drink; (au café) he bought ou stood (Brit) us a drink ◆ **c'est moi qui offre !** [+ tournée] it's my round!, this is on me!; [+ repas] I'm paying!, this is on me!

b (= proposer) [+ aide, marchandise, excuse] to offer; [+ sacrifice] to offer up; [+ choix, possibilité] to offer, give; [+ démission] to tender, offer ◆ **offrir l'hospitalité à qn** to offer sb hospitality ◆ **il m'offrit un fauteuil** he offered me a chair ◆ **offrir son bras à qn** to offer sb one's arm ◆ **offrir ses services à qn** to offer sb one's services ◆ **offrir de faire** to offer to do ◆ **combien m'en offrez-vous ?** how much will you give me for it? ou will you offer for it? ◆ **offrir sa vie pour une cause** to offer up one's life to a cause

c (= présenter) [+ spectacle, image] to present, offer; [+ vue] to offer ◆ **offrir son corps aux regards** to reveal ou expose one's body to the world at large ◆ **offrir sa poitrine aux balles** to proffer (frm) ou present one's chest to the bullets ◆ **le paysage n'offrait rien de particulier** the countryside had no particular features ◆ **ces ruines n'offrent guère d'intérêt** these ruins are of little interest

d (= apporter) [+ avantage, inconvénient] to offer, present; [+ exemple, explication] to provide, afford (frm); [+ analogie] to offer, have; [+ échappatoire] to offer ◆ **offrir de la résistance** [coffre-fort] to resist, offer resistance; [personne] to put up ou offer resistance (*à* to)

2 **s'offrir** vpr a (= se présenter) **s'offrir aux regards** [personne] to expose ou reveal o.s. to the public gaze; [spectacle] to present itself to the gaze, meet ou greet our (ou your etc) eyes ◆ **la première idée qui s'est offerte à mon esprit** the first idea that occurred to me ou that came into my mind ◆ **il a saisi l'occasion qui s'offrait à lui** he seized the opportunity presented to him ◆ **il s'est offert aux coups** he let the blows rain down on him, he submitted to the blows

b (sexuellement) to offer o.s.

c **s'offrir à** ou **pour faire qch** to offer ou volunteer to do sth ◆ **s'offrir comme guide** to volunteer to act as a guide

d (= se payer) [+ repas, vacances] to treat o.s. to; [+ disque] to buy o.s., treat o.s. to; → **luxe**

**offset** [ɔfsɛt] 1 nm, adj inv (Typo) offset ◆ **journal tiré en offset** offset (litho-)printed newspaper

2 nf inv offset (printing) machine

**offsettiste** [ɔfsetist] nmf offset machine operator

**offshore** [ɔfʃɔʀ] → SYN 1 adj inv plateforme, exploitation, pétrole offshore; (Fin) fonds offshore

2 nm inv (Sport) (= bateau) powerboat; (= activité) powerboat racing ◆ **faire du offshore** to go powerboat racing

**offusquer** [ɔfyske] → SYN ▸ conjug 1 ◂ 1 vt to offend ◆ **ses manières offusquent beaucoup de gens** his manners offend many people

2 **s'offusquer** vpr to take offence ou umbrage (*de* at), be offended (*de* at, by)

**oflag** [ɔflag] nm oflag

**ogham** [ɔgam] nm og(h)am

**oghamique** [ɔgamik] adj ◆ **écriture oghamique** og(h)am

**ogival, e,** mpl **-aux** [ɔʒival, o] adj voûte rib (épith), ogival (SPÉC); arc pointed, ogival (SPÉC); architecture, art gothic

**ogive** [ɔʒiv] → SYN nf a (Archit) diagonal rib ◆ **arc d'ogives** pointed ou equilateral arch ◆ **arc en ogive** lancet arch; → **croisée, voûte**

b (Mil) [missile] nose cone ◆ **ogive nucléaire** nuclear warhead

**OGM** [ɔʒeɛm] nm (abrév de **organisme génétiquement modifié**) (Bio) GMO

**ogre** [ɔgʀ] → SYN nm ogre ◆ **manger comme un ogre, être un vrai ogre** to eat like a horse

**ogresse** [ɔgʀɛs] nf ogress ◆ **elle a un appétit d'ogresse** she's got an appetite like a horse

**oh** [o] excl oh! ◆ **pousser des oh** to exclaim

**ohé** [ɔe] excl hey (there)! ◆ **ohé du bateau !** ahoy (there)!, hey (there)!, hullo (there)!

**Ohio** [ɔjɔ] nm Ohio

**ohm** [om] nm ohm

**ohmmètre** [ommɛtʀ] nm ohmmeter

**oïdium** [ɔidjɔm] nm powdery mildew

**oie** [wa] → SYN nf (Zool) goose; (péj = niaise) silly goose ◆ **oie cendrée** greylag goose ◆ **oie sauvage** wild goose ◆ **oie des neiges** snow goose ◆ **oie blanche** (péj) innocent young thing; → **caca, jeu, patte** etc

**oignon** [ɔɲɔ̃] → SYN nm (= légume) onion; (= bulbe de fleur) bulb; (Méd) bunion; (= montre) turnip watch ◆ **petits oignons** pickling onions ◆ **aux petits oignons** (Culin) with (pickling) onions ◆ **soigner qn aux petits oignons** * (fig) to treat sb like a king (ou queen) ◆ **c'était aux petits**

**oignons** * (fig) it was first-rate ◆ **ce n'est pas** ou **ce ne sont pas mes oignons** * it's none of my business, it's nothing to do with me ◆ **mêle-toi** ou **occupe-toi de tes oignons** * mind your own business; → **pelure, rang**

**oignonière** [ɔɲɔnjɛʀ] nf onion field

**oïl** [ɔjl] nm → **langue**

**oindre** [wɛ̃dʀ] ⇒ SYN ▸ conjug 49 ◂ vt to anoint

**oint, ointe** [wɛ̃, wɛ̃t] (ptp de **oindre**) adj, nm,f anointed ◆ **l'oint du Seigneur** the Lord's anointed

**oiseau,** pl **oiseaux** [wazo] ⇒ SYN **1** nm (Zool) bird; (gén péj = personne) customer *, fellow * ◆ **être comme l'oiseau sur la branche** to be here today and gone tomorrow ◆ **trouver** ou **dénicher l'oiseau rare** to find the man (ou woman) in a million ◆ **les oiseaux s'étaient envolés** (fig) the birds had flown ◆ **drôle d'oiseau** odd customer, oddball * ◆ **un oiseau de passage** a bird of passage ◆ **le petit oiseau va sortir !** (hum) watch the birdie! ◆ **"L'Oiseau de feu"** (Mus) "The Firebird"; → **appétit, cervelle, vol**[1]

**2** COMP ▷ **oiseaux de basse-cour** poultry ▷ **oiseau chanteur** songbird ▷ **oiseau des îles** exotic bird ▷ **oiseau de malheur, oiseau de mauvais augure** (fig) bird of ill omen ▷ **oiseau migrateur** migratory bird, migrant ▷ **oiseau moqueur** mocking bird ▷ **oiseau de nuit** (lit) night-bird, bird of the night; (fig) night owl, night-bird ▷ **oiseau de paradis** bird of paradise ▷ **oiseau de proie** bird of prey

**oiseau-lyre,** pl **oiseaux-lyres** [wazoliʀ] ⇒ SYN nm lyrebird

**oiseau-mouche,** pl **oiseaux-mouches** [wazomuʃ] ⇒ SYN nm hummingbird

**oiseler** [waz(ə)le] ▸ conjug 4 ◂ vi to catch birds

**oiselet** [waz(ə)lɛ] nm fledgling

**oiseleur** [waz(ə)lœʀ] nm bird-catcher

**oiselier, -ière** [wazəlje, jɛʀ] ⇒ SYN nm,f bird-seller

**oiselle** [wazɛl] ⇒ SYN nf (littér = oiseau) female bird; († = jeune fille) silly little goose *

**oisellerie** [wazɛlʀi] nf (= magasin) birdshop; (= commerce) bird-selling

**oiseux, -euse** [wazø, øz] ⇒ SYN adj dispute, digression, commentaire pointless; propos idle (épith), pointless; question trivial, trifling

**oisif, -ive** [wazif, iv] ⇒ SYN **1** adj idle ◆ **une vie oisive** a life of leisure, an idle life

**2** nm,f man (ou woman) of leisure ◆ **les oisifs** (gén) the idle; (Écon = non-actifs) those not in active employment

**oisillon** [wazijɔ̃] ⇒ SYN nm young bird, fledgling

**oisivement** [wazivmɑ̃] adv idly ◆ **vivre oisivement** to live a life of leisure ou idleness

**oisiveté** [wazivte] ⇒ SYN nf idleness ◆ **heures d'oisiveté** leisure time ◆ **oisiveté forcée** forced idleness ou inactivity ◆ (Prov) **l'oisiveté est (la) mère de tous les vices** the devil finds work for idle hands (Prov)

**oison** [wazɔ̃] nm (Zool) gosling

**OIT** [oite] nf (abrév de **Organisation internationale du travail**) ILO

**OK** * [oke] excl, adj inv OK *, okay * ◆ **OK, d'accord !** * OK, fine! *

**okapi** [ɔkapi] ⇒ SYN nm okapi

**Oklahoma** [ɔklaɔma] nm Oklahoma

**okoumé** [ɔkume] nm gaboon (mahogany)

**ola** [ɔla] nf (Sport) Mexican wave

**olé** [ɔle] **1** excl olé!

**2** **olé olé** * adj inv (= excentrique) tenue crazy, over the top * (Brit); (= osé) film, livre, chanson risqué, near the knuckle * (attrib); tenue risqué, daring ◆ **elle est un peu olé olé** (d'allure) she's a bit over the top * (Brit) ou outrageous; (de mœurs) she leads quite a wild life

**oléacée** [ɔlease] nf member of the Oleaceae family ◆ **oléacées** Oleaceae

**oléagineux, -euse** [ɔleaʒinø, øz] ⇒ SYN **1** adj oil-producing, oleaginous (SPÉC) ◆ **graines oléagineuses** oilseeds ◆ **fruits oléagineux** nuts, oleaginous fruits (SPÉC)

**2** nm oil-producing ou oleaginous (SPÉC) plant

**oléastre** [ɔleastʀ] nm Russian olive, oleaster (SPÉC)

**oléate** [ɔleat] nm oleate

**olécrane** [ɔlekʀan] nm olecranon

**oléfiant, e** [ɔlefjɑ̃, jɑ̃t] adj olefiant ◆ **gaz oléfiant** olefiant gas

**oléfine** [ɔlefin] nf olefine, alkene

**oléiculteur, -trice** [ɔleikyltœʀ, tʀis] nm olive grower

**oléiculture** [ɔleikyltyʀ] nf olive growing

**oléifère** [ɔleifɛʀ] adj oil-producing, oleiferous (SPÉC)

**oléiforme** [ɔleifɔʀm] adj oil-like (épith)

**oléine** [ɔlein] nf olein, triolein

**oléique** [ɔleik] adj ◆ **acide oléique** oleic acid

**oléoduc** [ɔleɔdyk] nm oil pipeline

**oléomètre** [ɔleɔmɛtʀ] nm oleometer

**oléoprotéagineux** [ɔleopʀɔteaʒinø] nm (Agr) oilseed

**oléorésine** [ɔleorezin] nf oleoresin

**oléum** [ɔleɔm] nm oleum

**OLF** [ɔɛlɛf] nm (abrév de **Office de la Langue Française**) → **office**

**olfactif, -ive** [ɔlfaktif, iv] adj olfactory

**olfaction** [ɔlfaksjɔ̃] ⇒ SYN nf olfaction

**olibrius** [ɔlibʀijys] ⇒ SYN nm (péj) (queer) customer * ou fellow *

**olifant** [ɔlifɑ̃] ⇒ SYN nm (ivory) horn

**oligarchie** [ɔligaʀʃi] ⇒ SYN nf oligarchy

**oligarchique** [ɔligaʀʃik] adj oligarchic

**oligarque** [ɔligaʀk] nm oligarch

**oligiste** [ɔliʒist] adj, nm ◆ **(fer) oligiste** oligist iron

**oligocène** [ɔligɔsɛn] **1** adj oligocene

**2** nm ◆ **l'oligocène** the Oligocene

**oligochètes** [ɔligɔkɛt] nmpl ◆ **les oligochètes** oligochaetes

**oligoclase** [ɔligɔklaz] nf oligoclase

**oligoélément** [ɔligoelemɑ̃] nm trace element

**oligomère** [ɔligɔmɛʀ] nm oligomer

**oligopeptide** [ɔligopɛptid] nm oligopeptide

**oligophrénie** [ɔligɔfʀeni] ⇒ SYN nf mental deficiency, oligophrenia (SPÉC)

**oligopole** [ɔligɔpɔl] ⇒ SYN nm oligopoly

**oligopolistique** [ɔligɔpɔlistik] adj oligopolistic

**oligosaccharide** [ɔligosakaʀid] nm oligosaccharide

**oligurie** [ɔligyʀi] nf oliguria, oliguresis

**olivacé, e** [ɔlivase] adj olive (green)

**olivaie** [ɔlivɛ] ⇒ SYN nf ⇒ **oliveraie**

**olivâtre** [ɔlivatʀ] adj (gén) olive-greenish; teint sallow

**olive** [ɔliv] ⇒ SYN **1** nf **a** (= fruit) olive ◆ **olive noire/verte** black/green olive; → **huile**

**b** (= ornement) bead ou pearl moulding; (= interrupteur) switch

**c** (Anat) olivary body

**d** (Zool) olive(-shell)

**2** adj inv olive(-green)

**oliveraie** [ɔlivʀɛ] nf olive grove

**olivette** [ɔlivɛt] nf plum tomato

**olivier** [ɔlivje] nm (= arbre) olive tree; (= bois) olive (wood); → **jardin, mont, rameau**

**olivine** [ɔlivin] nf olivine

**ollaire** [ɔlɛʀ] adj ◆ **pierre ollaire** potstone

**olographe** [ɔlɔgʀaf] adj → **testament**

**OLP** [ɔɛlpe] nf (abrév de **Organisation de libération de la Palestine**) PLO

**Olympe**[1] [ɔlɛ̃p] nm ◆ **l'Olympe** (= mont) Mount Olympus

**Olympe**[2] [ɔlɛ̃p] nf (Myth) Olympia

**olympiade** [ɔlɛ̃pjad] nf Olympiad

**Olympie** [ɔlɛ̃pi] n Olympia

**olympien, -ienne** [ɔlɛ̃pjɛ̃, jɛn] ⇒ SYN adj dieux Olympic; calme Olympian ◆ **air olympien** air of Olympian aloofness

**olympique** [ɔlɛ̃pik] adj Olympic ◆ **il est dans une forme olympique** he's in great shape ou top form (Brit); → **jeu, piscine**

**olympisme** [ɔlɛ̃pism] nm (= organisation) organization of the Olympic games; (= principe) Olympic spirit

**OM** (abrév de **ondes moyennes**) MW

**Oman** [ɔman] nm ◆ **(le Sultanat d')Oman** (the Sultanate of) Oman

**omanais, e** [ɔmanɛ, ɛz] **1** adj Omani

**2** **Omanais(e)** nm,f Omani

**ombelle** [ɔ̃bɛl] nf umbel ◆ **en ombelle** umbellate (SPÉC), parasol-shaped

**ombellé, e** [ɔ̃bele] adj umbellated

**ombellifère** [ɔ̃belifɛʀ] **1** adj umbelliferous

**2** nf umbellifer ◆ **ombellifères** Umbelliferae (SPÉC)

**ombilic** [ɔ̃bilik] ⇒ SYN nm **a** (= nombril) umbilicus, navel

**b** (= plante) navelwort

**c** (Bot) hilum; (= renflement) [bouclier] boss; (Math) umbilic

**ombilical, e,** mpl **-aux** [ɔ̃bilikal, o] adj (Anat) umbilical; (Sci, Tech) navel-like; → **cordon**

**ombiliqué, e** [ɔ̃bilike] adj umbilicate

**omble** [ɔ̃bl(ə)] nm char(r) fish ◆ **omble(-)chevalier** arctic char(r)

**ombrage** [ɔ̃bʀaʒ] ⇒ SYN nm **a** (= ombre) shade ◆ **sous les ombrages (du parc)** (= feuillage) in the shade of the trees (in the park), in the leafy shade (of the park)

**b** (LOC) **prendre ombrage de qch** (frm) to take umbrage ou offence at sth ◆ **porter ombrage à qn**† (aussi littér), **causer** ou **donner de l'ombrage à qn** to offend sb

**ombragé, e** [ɔ̃bʀaʒe] (ptp de **ombrager**) adj shaded, shady

**ombrager** [ɔ̃bʀaʒe] ⇒ SYN ▸ conjug 3 ◂ vt [arbres] to shade ◆ **une mèche ombrageait son front** (fig littér) a lock of hair shaded his brow

**ombrageux, -euse** [ɔ̃bʀaʒø, øz] ⇒ SYN adj **a** personne touchy, quick to take offence (attrib), easily offended; caractère touchy, prickly

**b** âne, cheval skittish, nervous

**ombre**[1] [ɔ̃bʀ] ⇒ SYN **1** nf **a** (lit) shade (NonC); (= ombre portée) shadow; (littér = obscurité) darkness ◆ **25° à l'ombre** 25° in the shade ◆ **dans l'ombre de l'arbre/du vestibule** in the shade of the tree/of the hall ◆ **ces arbres font de l'ombre** these trees give (us) shade ◆ **ôte-toi de là, tu me fais de l'ombre** get out of my light, move – you're in my light ◆ **places sans ombre/pleines d'ombre** shadeless/shady squares ◆ **tapi dans l'ombre** crouching in the darkness ou in the shadows; → **théâtre**

**b** (= forme vague) shadow, shadowy figure ou shape

**c** (= anonymat) obscurity; (= secret, incertitude) dark ◆ **laisser une question dans l'ombre** to leave a question unresolved, deliberately ignore a question ◆ **tramer quelque chose dans l'ombre** to plot something in the dark ◆ **travailler dans l'ombre** to work behind the scenes ◆ **sortir de l'ombre** [auteur] to emerge from one's obscurity; [terroriste] to come out into the open ◆ **rester dans l'ombre** [artiste] to remain in obscurity; [meneur] to keep in the background; [détail] to be still obscure, remain unclear ◆ **c'est un homme de l'ombre** he works in the background

**d** (= soupçon) **une ombre de moustache** a hint ou suspicion of a moustache ◆ **il n'y a pas** ou **ça ne fait pas l'ombre d'un doute** there's not the (slightest) shadow of a doubt ◆ **sans l'ombre d'un doute** beyond ou without the shadow of a doubt ◆ **tu n'as pas l'ombre d'une chance** you haven't got a ghost of a chance ◆ **sans l'ombre d'une hésitation** without a moment's hesitation ◆ **une ombre de tristesse passa sur son visage** a look of sadness darkened his face ◆ **il y avait dans sa voix l'ombre d'un reproche** there was a hint of reproach in his voice

**e** (= fantôme) shade; → **royaume**

**f** (LOC) **à l'ombre de** (= tout près de) in the shadow of, close beside; (= à l'abri de) in the shade of ◆ **"À l'Ombre des jeunes filles en fleurs"** (Littérat) "Within a Budding Grove" ◆ **vivre dans l'ombre de qn** to live in the shadow of sb ◆ **être l'ombre de qn** to be sb's (little) shadow ◆ **faire de l'ombre à qn** (fig) to overshadow sb ◆ **mettre qn à l'ombre** * to put sb behind bars, lock sb up ◆ **il y a une**

**ombre au tableau** there's a fly in the ointment ◆ **seule ombre au tableau : il ne parle pas grec** the only snag ou problem is that he doesn't speak Greek ◆ **n'être plus que l'ombre de soi-même** to be a (mere) shadow of one's former self ◆ **jeter une ombre sur qch** to cast a shadow over sth ◆ **il tire plus vite que son ombre** (hum) he's the fastest draw in the West; → **peur, proie, suivre**

2 COMP ▷ **ombres chinoises** (improvisées) shadowgraph; (= spectacle) shadow show ou pantomime ▷ **ombre méridienne** noonday shadow ▷ **ombre à paupières** eye shadow ▷ **ombre portée** shadow

**ombre²** [ɔ̃bʀ] nm (= poisson) grayling

**ombre³** [ɔ̃bʀ] nf (= terre, couleur) umber ◆ **terre d'ombre** umber

**ombrelle** [ɔ̃bʀɛl] → SYN nf (= parasol) parasol, sunshade; [méduse] umbrella

**ombrer** [ɔ̃bʀe] → SYN ▸ conjug 1 ◂ vt [+ dessin] to shade ◆ **ombrer ses paupières** to put on eye shadow

**ombrette** [ɔ̃bʀɛt] → SYN nf umbrette, hammerkop

**ombreux, -euse** [ɔ̃bʀø, øz] → SYN adj (littér) pièce, forêt shady

**Ombrie** [ɔ̃bʀi] nf Umbria

**ombrien, -ienne** [ɔ̃bʀijɛ̃, ijɛn] adj Umbrian

**ombrine** [ɔ̃bʀin] → SYN nf (= poisson) umbra

**ombudsman** [ɔmbydsman] → SYN nm (Can) ombudsman

**OMC** [oɛmse] nf (abrév de **Organisation mondiale du commerce**) WTO

**oméga** [ɔmega] nm omega; → **alpha**

**omelette** [ɔmlɛt] nf omelette ◆ **omelette aux champignons/au fromage** mushroom/cheese omelette ◆ **omelette baveuse** runny omelette ◆ **omelette norvégienne** baked Alaska ◆ (Prov) **on ne fait pas d'omelette sans casser des œufs** you can't make an omelette without breaking eggs (Prov)

**omerta** [ɔmɛʀta] nf code of silence, omertà

**omettre** [ɔmɛtʀ] → SYN ▸ conjug 56 ◂ vt to leave out, omit ◆ **omettre de faire qch** to fail ou omit ou neglect to do sth

**OMI** [oɛmi] nf (abrév de **Organisation maritime internationale**) IMO

**omicron** [ɔmikʀɔn] nm omicron

**omis, e** [ɔmi, iz] (ptp de **omettre**) 1 adj omitted

2 nm (Mil) *man left out of conscription by mistake*

**omission** [ɔmisjɔ̃] → SYN nf (= action) omission; (= chose oubliée) omission, oversight ◆ **pécher par omission** to sin by omission

**OMM** [oɛmɛm] nf (abrév de **Organisation météorologique mondiale**) WMO

**omnibus** [ɔmnibys] → SYN nm ◆ **(train) omnibus** slow ou local train; (Hist = bus) omnibus ◆ **le train est omnibus jusqu'à Paris** the train stops at every station before ou until Paris; → **barre**

**omnicolore** [ɔmnikɔlɔʀ] adj many-coloured

**omnidirectif, -ive** [ɔmnidiʀɛktif, iv] adj omnidirectional

**omnidirectionnel, -elle** [ɔmnidiʀɛksjɔnɛl] adj omnidirectional

**omnipotence** [ɔmnipɔtɑ̃s] → SYN nf omnipotence

**omnipotent, e** [ɔmnipɔtɑ̃, ɑ̃t] → SYN adj omnipotent, all-powerful

**omnipraticien, -ienne** [ɔmnipʀatisjɛ̃, jɛn] → SYN nm,f general practitioner

**omniprésence** [ɔmnipʀezɑ̃s] → SYN nf omnipresence

**omniprésent, e** [ɔmnipʀezɑ̃, ɑ̃t] adj omnipresent ◆ **son influence est omniprésente** his influence is felt everywhere

**omniscience** [ɔmnisjɑ̃s] → SYN nf omniscience

**omniscient, e** [ɔmnisjɑ̃, jɑ̃t] → SYN adj omniscient

**omnisports** [ɔmnispɔʀ] adj inv terrain general-purpose (épith) ◆ **association omnisports** (general) sports club ◆ **salle omnisports** games hall ◆ **palais omnisports** sports centre

**omnium** [ɔmnjɔm] nm a (Cyclisme) prime; (Courses) open handicap

b (Comm) corporation

**omnivore** [ɔmnivɔʀ] 1 adj omnivorous

2 nm omnivorous creature, omnivore (SPÉC)

**omoplate** [ɔmɔplat] nf shoulder blade, scapula (SPÉC)

**OMS** [oɛmɛs] nf (abrév de **Organisation mondiale de la santé**) WHO

**OMT** [oɛmte] nf (abrév de **Organisation mondiale du tourisme**) WTO

**on** [ɔ̃] pron a (indétermination : souvent traduit par passif) **on les interrogea sans témoins** they were questioned without (any) witnesses ◆ **on va encore augmenter l'essence** (the price of) petrol's going up again, they are putting up the price of petrol again ◆ **on demande jeune fille** (annonce) young girl wanted ou required ◆ **on ne nous a pas demandé notre avis** nobody asked our opinion, our opinion wasn't asked ◆ **on ne devrait pas poser des questions si ambiguës** you ou one shouldn't ask such ambiguous questions ◆ **dans cet hôtel, on n'accepte pas les chiens** dogs aren't allowed in this hotel ◆ **on prétend que ...** they say that ..., it is said that ... ◆ **on se précipita sur les places vides** there was a rush for the empty seats ◆ (Prov) **on n'est jamais si bien servi que par soi-même** a job is never so well done as when you do it yourself; → **dire**

b (= quelqu'un) someone, anyone ◆ **on a déposé ce paquet pendant que vous étiez sorti** someone left this parcel ou this parcel was left while you were out ◆ **qu'est-ce que je dis si on demande à vous parler ?** what shall I say if someone ou anyone asks to speak to you? ◆ **on vous demande au téléphone** you're wanted on the phone, there's someone on the phone for you ◆ **on frappa à la porte** there was a knock at the door ◆ **est-ce qu'on est venu réparer la porte ?** has anyone ou someone been to repair the door? ◆ **on peut très bien aimer la pluie** some people may well like the rain ◆ **je n'admets pas qu'on ou que l'on ne sache pas nager** I can't understand how (some) people can't swim

c (indéf = celui qui parle) you, one (frm), we ◆ **on ne dort pas par cette chaleur** you (ou one (frm)) can't sleep in this heat ◆ **est-ce qu'on est censé s'habiller pour le dîner ?** is one (frm) ou are we expected to dress for dinner? ◆ **on aimerait être sûr que ...** one ou we would like to be sure that ... ◆ **de nos fenêtres, on voit les collines** from our windows you (ou we) can see the hills ◆ **on a trop chaud ici** it's too hot here ◆ **quand on est inquiet rien ne peut vous ou nous distraire** when you are (ou one is) worried nothing can take your (ou one's) mind off it ◆ **on comprend difficilement pourquoi** it is difficult to understand why ◆ **on ne pense jamais à tout** you can't think of everything ◆ **on ne lui donnerait pas 70 ans** you wouldn't think she was 70 ◆ **on ne dirait pas que ...** you wouldn't think that ...

d (éloignement dans temps, espace) they, people ◆ **autrefois, on se préoccupait peu de l'hygiène** years ago, they (ou people) didn't worry about hygiene ◆ **en Chine on mange avec des baguettes** in China they eat with chopsticks ◆ **dans aucun pays on ne semble pouvoir arrêter l'inflation** it doesn't seem as if inflation can be stopped in any country, no country seems (to be) able to stop inflation

e (* = nous) we ◆ **on a décidé tous les trois de partir chacun de son côté** the three of us decided to go (each) our separate ways ◆ **chez nous on mange beaucoup de pain** we eat a lot of bread in our family ◆ **lui et moi on n'est pas d'accord** we don't see eye to eye, him and me * ◆ **nous, on a amené notre chien** we've brought along the dog ◆ **nous, on a tous réclamé une augmentation** we all (of us) demanded a rise ◆ **on fait ce qu'on peut ou de son mieux** you can only do your best ◆ **il faut bien qu'on vive** a guy's (ou a girl's) got to eat * ◆ **dans ce chapitre on essaiera de prouver ...** in this chapter we (frm) shall attempt to prove ...

f (gén langue parlée : familiarité, reproche etc ) **on est bien sage aujourd'hui !** aren't we a good boy (ou girl) today!, we are a good boy (ou girl) today! ◆ **alors, on ne dit plus bonjour aux amis !** don't we say hello to our friends any more? ◆ **alors, on est content ?** well, are you pleased? ◆ **on n'a pas un sou mais on s'achète une voiture !** (iro) he hasn't (ou they haven't etc ) a penny to his (ou their etc ) name but he goes and buys (ou they go and buy etc) a car! ◆ **on parle, on parle et puis on finit par dire des sottises** talk, talk, talk and it's all nonsense in the end

g (intensif) **c'est on ne peut plus beau/ridicule** it couldn't be lovelier/more ridiculous ◆ **je suis on ne peut plus heureux de vous voir** I couldn't be more delighted to see you, I'm absolutely delighted to see you; → **pouvoir¹**

**onagracée** [ɔnagʀase] nf onagraceous plant

**onagre¹** [ɔnagʀ] → SYN nm (Archéol, Zool) onager

**onagre²** [ɔnagʀ] nf (Bot) oenothera (SPÉC), evening primrose

**onanisme** [ɔnanism] → SYN nm onanism

**onc** †† [ɔ̃k] adv ⇒ **oncques**

**once¹** [ɔ̃s] nf (= mesure, Can) ounce ◆ **il n'a pas une once de bon sens** he hasn't an ounce of common sense

**once²** [ɔ̃s] nf (Zool) ounce, snow leopard

**onchocercose** [ɔ̃kosɛʀkoz] nf river blindness, onchocerciasis (SPÉC)

**oncial, e,** mpl **-iaux** [ɔ̃sjal, jo] 1 adj uncial

2 **onciale** nf uncial

**oncle** [ɔ̃kl] nm uncle ◆ **oncle d'Amérique** (fig) rich uncle ◆ **l'Oncle Sam** Uncle Sam ◆ **l'Oncle Tom** Uncle Tom

**oncogène** [ɔ̃kɔʒɛn] 1 adj oncogenic, oncogenous

2 nm oncogene

**oncologie** [ɔ̃kɔlɔʒi] nf oncology

**oncologiste** [ɔ̃kɔlɔʒist], **oncologue** [ɔ̃kɔlɔg] nmf oncologist

**oncotique** [ɔ̃kɔtik] adj oncotic

**oncques** †† [ɔ̃k] adv never

**onction** [ɔ̃ksjɔ̃] → SYN nf (Rel, fig) unction ◆ **onction des malades** anointing of the sick

**onctueusement** [ɔ̃ktɥøzmɑ̃] adv couler unctuously; parler with unction, suavely

**onctueux, -euse** [ɔ̃ktɥø, øz] → SYN adj crème smooth, creamy, unctuous; manières, voix unctuous, smooth

**onctuosité** [ɔ̃ktɥozite] → SYN nf unctuousness, smoothness, creaminess

**ondatra** [ɔ̃datʀa] → SYN nm muskrat

**onde** [ɔ̃d] → SYN nf a (gén, Phys) wave ◆ **ondes hertziennes/radioélectriques/sonores** Hertzian/radio/sound waves ◆ **ondes courtes** short waves ◆ **petites ondes, ondes moyennes** medium waves ◆ **grandes ondes** long waves ◆ **transmettre sur ondes courtes/petites ondes/grandes ondes** to broadcast on short/medium/long wave ◆ **onde de choc** (lit, fig) shock wave; → **longueur**

b (LOC) **sur les ondes et dans la presse** on the radio and in the press ◆ **nous espérons vous retrouver sur nos ondes demain à 6 heures** we hope you'll join us again on the air tomorrow at 6 o'clock ◆ **il passe sur les ondes demain** he's going on the air tomorrow ◆ **mise en onde** (Radio) production ◆ **mettre en ondes** [+ pièce, récit] to produce for the radio ◆ **par ordre d'entrée en ondes** in order of appearance

c (littér = lac, mer) **l'onde** the waters ◆ **l'onde amère** the briny deep (littér)

**ondé, e¹** [ɔ̃de] → SYN adj (littér) tissu watered; cheveux wavy

**ondée²** [ɔ̃de] → SYN nf shower *(of rain)*

**ondemètre** [ɔ̃dmɛtʀ] nm wavemeter

**ondin, e** [ɔ̃dɛ̃, in] nm,f water sprite

**on-dit** [ɔ̃di] → SYN nm inv rumour, hearsay (NonC) ◆ **ce ne sont que des on-dit** it's only hearsay

**ondoiement** [ɔ̃dwamɑ̃] → SYN nm a (littér) [blés, surface moirée] undulation

b (Rel) provisional baptism

**ondoyant, e** [ɔ̃dwajɑ̃, ɑ̃t] → SYN adj a eaux, blés undulating; flamme wavering; reflet shimmering; démarche swaying, supple

b († ou littér) caractère, personne unstable, changeable

**ondoyer** [ɔ̃dwaje] → SYN ▸ conjug 8 ◂ 1 vi [blés] to undulate, ripple; [drapeau] to wave, ripple

2 vt (Rel) to baptize *(in an emergency)*

**ondulant, e** [ɔ̃dylɑ̃, ɑ̃t] adj a démarche swaying, supple; ligne, profil, surface undulating
b (Méd) pouls uneven

**ondulation** [ɔ̃dylasjɔ̃] → SYN nf [vagues, blés, terrain] undulation ◆ **ondulations** [sol] undulations; [cheveux] waves

**ondulatoire** [ɔ̃dylatwaʀ] adj (Phys) undulatory, wave (épith); → **mécanique**

**ondulé, e** [ɔ̃dyle] → SYN (ptp de **onduler**) adj surface undulating; chevelure wavy; carton, tôle corrugated

**onduler** [ɔ̃dyle] → SYN ▸ conjug 1 ◂ 1 vi (gén) to undulate; [drapeau] to ripple, wave; [route] to snake up and down, undulate; [cheveux] to be wavy, wave
2 vt † [+ cheveux] to wave

**onduleur** [ɔ̃dylœʀ] nm (Élec) inverter

**onduleux, -euse** [ɔ̃dylø, øz] → SYN adj courbe, ligne wavy; plaine undulating; silhouette, démarche sinuous, swaying, supple

**onéreux, -euse** [ɔneʀø, øz] → SYN adj expensive, costly; → **titre**

**ONF** [ɔɛnɛf] nm (abrév de **Office national des forêts**) → **office**

**ONG** [ɔɛnʒe] nf (abrév de **organisation non gouvernementale**) NGO

**ongle** [ɔ̃gl] → SYN nm [personne] (finger)nail; [animal] claw ◆ **ongle de pied** toenail ◆ **porter** ou **avoir les ongles longs** to have long nails ◆ **avoir les ongles en deuil** * to have dirty (finger)nails ◆ **se faire les ongles** to do one's nails ◆ **avoir les ongles faits** to be wearing nail varnish (Brit) ou nail polish, have painted nails; → **bout, incarné, payer**

**onglée** [ɔ̃gle] → SYN nf ◆ **avoir l'onglée** to have fingers numb with cold

**onglet** [ɔ̃glɛ] → SYN nm a [tranche de livre] (dépassant) tab; (en creux) thumb index ◆ **dictionnaire à onglets** dictionary with a thumb index
b [lame de canif] (thumbnail) groove
c (Menuiserie) mitre (Brit), miter (US) ◆ **boîte à onglets** mitre (Brit) ou miter (US) box
d (Math) ungula; (Bot) unguis; (Reliure) guard
e (Boucherie) *prime cut of beef*
f (Ordin) thumbnail

**onglette** [ɔ̃glɛt] → SYN nf graver

**onglier** [ɔ̃glije] nm manicure set

**onglon** [ɔ̃glɔ̃] nm unguis

**onguent** [ɔ̃gɑ̃] → SYN nm a (Pharm) ointment, salve
b († = parfum) unguent

**onguiculé, e** [ɔ̃g(ɥ)ikyle] adj (Bot, Zool) unguiculate

**onguiforme** [ɔ̃g(ɥ)ifɔʀm] adj unguiform

**ongulé, e** [ɔ̃gyle] 1 adj hoofed, ungulate (SPÉC)
2 nm hoofed ou ungulate (SPÉC) animal ◆ **ongulés** ungulata

**onguligrade** [ɔ̃gyligʀad] adj unguligrade

**onirique** [ɔniʀik] → SYN adj (Art, Littérat) dreamlike, dream (attrib), oneiric (frm)

**onirisme** [ɔniʀism] nm (Psych) hallucinosis; (Littérat) fantasizing

**oniromancie** [ɔniʀɔmɑ̃si] nf oneiromancy

**oniromancien, -ienne** [ɔniʀɔmɑ̃sjɛ̃, jɛn] adj oneiromancer

**onirothérapie** [ɔniʀɔteʀapi] nf *therapy through dream interpretation*

**onomasiologie** [ɔnɔmazjɔlɔʒi] nf onomasiology

**onomastique** [ɔnɔmastik] 1 adj onomastic
2 nf onomastics sg

**onomatopée** [ɔnɔmatɔpe] → SYN nf onomatopoeia

**onomatopéique** [ɔnɔmatɔpeik] adj onomatopoeic

**ontarien, -ienne** [ɔ̃taʀjɛ̃, jɛn] 1 adj Ontarian
2 **Ontarien(ne)** nm,f Ontarian

**Ontario** [ɔ̃taʀjo] nm Ontario ◆ **le lac Ontario** Lake Ontario

**ontogenèse** [ɔ̃tɔʒənɛz] adj ontogeny, ontogenesis

**ontogénétique** [ɔ̃tɔʒenetik] adj ontogenetic, ontogenic

**ontogénie** [ɔ̃tɔʒeni] nf ⇒ **ontogenèse**

**ontogénique** [ɔ̃tɔʒenik] adj ⇒ **ontogénétique**

**ontologie** [ɔ̃tɔlɔʒi] nf ontology

**ontologique** [ɔ̃tɔlɔʒik] adj ontological

**ONU** [ɔny] nf (abrév de **Organisation des Nations Unies**) UNO ◆ **l'ONU** the UN, (the) UNO

**onusien, -ienne** [ɔnyzjɛ̃, jɛn] 1 adj UN (épith)
2 nm,f UN official

**onychophagie** [ɔnikɔfaʒi] nf nail-biting

**onyx** [ɔniks] nm onyx

**onyxis** [ɔniksis] nm onyxis

**onzain** [ɔ̃zɛ̃] nm eleven-line stanza

**onze** [ˈɔ̃z] 1 adj inv eleven ◆ **le onze novembre** Armistice Day; pour autres loc voir **six**
2 nm inv (Ftbl) ◆ **le onze de France** the French eleven ou team; pour autres loc voir **six**

**onzième** [ˈɔ̃zjɛm] adj, nmf eleventh ◆ **les ouvriers de la onzième heure** (péj) last-minute helpers, people who turn up when the work is practically finished; pour autres loc voir **sixième**

**onzièmement** [ˈɔ̃zjɛmmɑ̃] adv in the eleventh place; pour loc voir **sixièmement**

**oocyte** [ɔɔsit] nm ⇒ **ovocyte**

**oogone** [ɔɔgɔn] nf oogonium

**oolithe** [ɔɔlit] nm oolite

**oolithique** [ɔɔlitik] adj oolitic

**oosphère** [ɔɔsfɛʀ] nf oosphere

**oospore** [ɔɔspɔʀ] nf oospore

**oothèque** [ɔɔtɛk] nf ootheca

**OPA** [ɔpea] nf (abrév de **offre publique d'achat**) (Fin) takeover bid (Brit), tender offer (US) ◆ **faire une OPA sur** (lit, fig) to take over

**opacifiant** [ɔpasifjɑ̃] nm (Méd) contrast medium

**opacification** [ɔpasifikasjɔ̃] nf opacification

**opacifier** [ɔpasifje] → SYN ▸ conjug 7 ◂ vt to make opaque

**opacimétrie** [ɔpasimetʀi] nf opacimetry

**opacité** [ɔpasite] → SYN nf a (Phys) [verre, corps] opacity
b [brouillard, nuit] impenetrability
c [mot, personnage, texte] opaqueness, lack of clarity

**opale** [ɔpal] nf opal

**opalescence** [ɔpalesɑ̃s] nf opalescence

**opalescent, e** [ɔpalesɑ̃, ɑ̃t] → SYN adj opalescent

**opalin, e**[1] [ɔpalɛ̃, in] adj opaline

**opaline**[2] [ɔpalin] nf opaline

**opaliser** [ɔpalize] ▸ conjug 1 ◂ vt to opalize

**opaque** [ɔpak] → SYN adj a verre, corps opaque (à to) ◆ **collants opaques** opaque tights
b brouillard, nuit, forêt impenetrable
c mot, personnage opaque

**op' art** [ɔpaʀt] nm op art

**op. cit.** (abrév de **opere citato**) op. cit.

**OPE** [ɔpeə] nf (abrév de **offre publique d'échange**) → **offre**

**ope** [ɔp] → SYN nf ou m ope

**opéable** [ɔpeabl] 1 adj liable to be taken over (attrib)
2 nf firm liable to be taken over

**open** [ɔpɛn] adj inv, nm open ◆ **(tournoi) open** open (tournament)

**OPEP** [ɔpɛp] nf (abrév de **Organisation des pays exportateurs de pétrole**) OPEC

**opéra** [ɔpeʀa] → SYN nm (= œuvre, genre, spectacle) opera; (= édifice) opera house ◆ **opéra bouffe** opéra bouffe, comic opera ◆ **opéra rock** rock opera ◆ **opéra ballet** opéra ballet ◆ **"L'Opéra de quat' sous"** (Littérat) "The Threepenny Opera"

**opérable** [ɔpeʀabl] adj operable ◆ **le malade est-il opérable ?** can the patient be operated on? ◆ **ce cancer n'est plus opérable** this cancer is too far advanced for an operation ou to be operable

**opéra-comique**, pl **opéras-comiques** [ɔpeʀakɔmik] nm light opera, opéra comique

**opérande** [ɔpeʀɑ̃d] nm (Math, Ordin) operand

**opérant, e** [ɔpeʀɑ̃, ɑ̃t] → SYN adj (= efficace) effective

**opérateur, -trice** [ɔpeʀatœʀ, tʀis] → SYN 1 nm,f a (sur machine, téléphone, radio) operator ◆ **opérateur (de prise de vues)** cameraman ◆ **opérateur de saisie** keyboard operator, keyboarder
b (Bourse) dealer, trader, operator
2 nm a (Math, Ordin) operator ◆ **opérateur booléen** Boolean operator
b [calculateur] processing unit
c (Bourse, Fin) operator
d (Téléc) exploitant operator

**opération** [ɔpeʀasjɔ̃] → SYN nf a (Méd) operation ◆ **opération à cœur ouvert** open-heart surgery (NonC) ◆ **salle/table d'opération** operating theatre (Brit) ou room (US)/table ◆ **faire** ou **pratiquer une opération** to operate, perform an operation ◆ **subir une opération (chirurgicale)** to have ou undergo surgery, have an operation
b (Math) operation ◆ **les opérations fondamentales** the fundamental operations ◆ **ça peut se résoudre en 2 ou 3 opérations** that can be solved in 2 or 3 calculations ou operations ◆ **tu as fini tes opérations ?** (Scol) have you done your sums?
c (Mil, gén) operation ◆ **opération de police/de sauvetage** police/rescue operation ◆ **"opération Tango"** (nom de code) "operation Tango" ◆ **opération mains propres** anti-corruption operation; → **théâtre**
d (Comm) (= campagne) campaign, drive; (= action) operation ◆ **opération promotionnelle** promotional campaign ◆ **"opération baisse des prix"** "cut-price sale" ◆ **opération escargot** go-slow (Brit), slow-down (US) ◆ **faire une opération coup de poing sur** [+ prix] to slash; [+ trafic] to crack down on
e (= tractation) (Comm) deal; (Bourse) deal, transaction, operation ◆ **opération bancaire** ou **de banque** banking operation ou transaction ◆ **opération financière/commerciale/immobilière** financial/commercial/property deal ◆ **opérations de Bourse** stock-exchange transactions ◆ **notre équipe a réalisé une bonne opération** (en affaires) our team got a good deal; (en sport) our team did a really good job
f (Tech, gén) process, operation ◆ **les diverses opérations de la fabrication du papier** the different operations ou processes in the making of paper ◆ **l'opération de la digestion** the operation of the digestive system ◆ **les opérations de la raison** the processes of thought ◆ **par l'opération du Saint-Esprit** (Rel) through the workings of the Holy Spirit; (hum) by magic

**opérationnel, -elle** [ɔpeʀasjɔnɛl] → SYN adj operational

**opératique** [ɔpeʀatik] adj convention, musique, version operatic ◆ **le marché opératique mondial** the world opera market

**opératoire** [ɔpeʀatwaʀ] adj (Méd) méthodes, techniques operating; maladie, commotion, dépression post-operative; → **bloc**

**opercule** [ɔpɛʀkyl] → SYN nm (Bot, Zool) operculum; (Tech) protective cap ou cover; [pot de crème, carton de lait] seal

**operculé, e** [ɔpɛʀkyle] adj (Bot, Zool) operculate

**opéré, e** [ɔpeʀe] (ptp de **opérer**) nm,f (Méd) patient *(who has undergone an operation)*

**opérer** [ɔpeʀe] → SYN ▸ conjug 6 ◂ 1 vt a (Méd) [+ malade, organe] to operate on (*de* for); [+ tumeur] to remove ◆ **on l'a opéré d'une tumeur** he had an operation for a tumour ou to remove a tumour ◆ **opérer qn de l'appendicite** to operate on sb for appendicitis, take sb's appendix out ◆ **se faire opérer** to have an operation, have surgery ◆ **se faire opérer des amygdales** to have one's tonsils removed ou out * ◆ **il faut opérer** we'll have to operate
b (= exécuter) [+ transformation, réforme] to carry out, implement; [+ choix, distinction, transition] to make ◆ **la Bourse a opéré un redressement spectaculaire** the stock exchange made a spectacular recovery ◆ **cette méthode a opéré des miracles** this method has worked wonders ◆ **opérer un retrait/transfert** to make a withdrawal/transfer ◆ **ce traitement a opéré sur lui un changement remarquable** this treatment has brought about an amazing change in him

◆ **un changement considérable s'était opéré** a major change had taken place ou occurred

2 vi (= agir) [remède] to act, work, take effect; [charme] to work; (= procéder) [photographe, technicien] to proceed ◆ **comment faut-il opérer pour nettoyer le moteur ?** how does one go about ou what's the procedure for cleaning the engine? ◆ **opérons en douceur** let's go about it gently ◆ **les cambrioleurs qui opèrent dans cette région** the burglars who work this area

**opérette** [ɔpeʀɛt] [→ SYN] nf operetta, light opera ◆ **paysage/village d'opérette** chocolate-box landscape/village ◆ **général/bandit d'opérette** caricature of a general/bandit

**opéron** [ɔpeʀɔ̃] nm (Bio) operator

**Ophélie** [ɔfeli] nf Ophelia

**ophicléide** [ɔfikleid] [→ SYN] nm ophicleide

**ophidien** [ɔfidjɛ̃] nm ophidian ◆ **ophidiens** Ophidia

**ophioglosse** [ɔfjɔglɔs] nm ophioglossum

**ophite** [ɔfit] [→ SYN] nm ophite

**ophiure** [ɔfjyʀ] [→ SYN] nf ophiuran

**ophrys** [ɔfʀis] nm ou f ophrys

**ophtalmie** [ɔftalmi] nf ophthalmia ◆ **ophtalmie des neiges** snow blindness

**ophtalmique** [ɔftalmik] adj ophthalmic

**ophtalmo** * [ɔftalmo] nmf abrév de **ophtalmologiste**

**ophtalmologie** [ɔftalmɔlɔʒi] nf ophthalmology

**ophtalmologique** [ɔftalmɔlɔʒik] adj ophthalmological

**ophtalmologiste** [ɔftalmɔlɔʒist] [→ SYN], **ophtalmologue** [ɔftalmɔlɔg] nmf ophthalmologist

**ophtalmomètre** [ɔftalmɔmɛtʀ] nm ophthalmometer

**ophtalmoscope** [ɔftalmɔskɔp] nm ophthalmoscope

**ophtalmoscopie** [ɔftalmɔskɔpi] nf ophthalmoscopy

**opiacé, e** [ɔpjase] 1 adj médicament, substance opiate, opium-containing ◆ **odeur opiacée** smell of ou like opium

2 nm opiate

**opimes** [ɔpim] [→ SYN] adj pl (hum, littér) ◆ **dépouilles opimes** rich booty ou spoils

**opinel** ® [ɔpinɛl] nm (wooden-handled) penknife

**opiner** [ɔpine] [→ SYN] ▸ conjug 1 ◂ vi (littér = se prononcer) ◆ **opiner pour/contre qch** to come out in favour of/against sth, pronounce o.s. in favour of/against sth ◆ **opiner de la tête** (= acquiescer) to nod one's agreement, nod assent ◆ **opiner du bonnet** ou **du chef** (hum) to nod (in agreement) ◆ **opiner à qch** (Jur) to give one's consent to sth

**opiniâtre** [ɔpinjɑtʀ] [→ SYN] adj a (= entêté) personne, caractère stubborn, obstinate

b (= acharné) efforts, haine unrelenting, persistent; résistance, lutte, toux stubborn, persistent; fièvre persistent

**opiniâtrement** [ɔpinjɑtʀəmɑ̃] [→ SYN] adv (= avec entêtement) stubbornly; (= avec acharnement) persistently

**opiniâtreté** [ɔpinjɑtʀəte] [→ SYN] nf (= entêtement) stubbornness; (= acharnement) persistence

**opinion** [ɔpinjɔ̃] GRAMMAIRE ACTIVE 6, 12.1, 14, 26.1, 26.3 [→ SYN] nf a (= jugement, conviction, idée) opinion (*sur* on, about) ◆ **opinions politiques/religieuses** political/religious beliefs ou convictions ◆ **avoir une opinion/des opinions** to have an opinion ou a point of view/(definite) opinions ou views ou points of view ◆ **être sans opinion** to have no opinion ◆ **se faire une opinion** to form an opinion (*sur* on), make up one's mind (*sur* about) ◆ **mon opinion est faite sur son compte** I've made up my mind about him ◆ **c'est une affaire d'opinion** it's a matter of opinion ◆ **j'ai la même opinion** I am of the same opinion, I hold the same view ◆ **être de l'opinion du dernier qui a parlé** to agree with whoever spoke last ◆ **avoir bonne/mauvaise opinion de qn/de soi** to have a good/bad opinion of sb/of o.s. ◆ **j'ai piètre opinion de lui** I've a very low ou poor opinion of him ◆ **opinions toutes faites** cut-and-dried opinions, uncritical opinions

b (= manière générale de penser) **l'opinion publique** public opinion ◆ **l'opinion ouvrière** working-class opinion ◆ **l'opinion française** French public opinion ◆ **informer/alerter l'opinion** to inform/alert the public ◆ **braver l'opinion** to defy public opinion ◆ **l'opinion est unanime/divisée** opinion is unanimous/divided ◆ **il se moque de l'opinion des autres** he doesn't care what (other) people think ◆ **avoir l'opinion pour soi** to have public opinion on one's side; → **presse**

c (dans les sondages) **le nombre d'opinions favorables** those who agreed ou said yes ◆ **les "sans opinion"** the "don't knows"

**opiomane** [ɔpjɔman] nmf opium addict

**opiomanie** [ɔpjɔmani] nf opium addiction

**opisthobranches** [ɔpistɔbʀɑ̃ʃ] nmpl ◆ **les opisthobranches** opisthobranches, the Opisthobranchia (SPÉC)

**opisthodome** [ɔpistɔdɔm] nm opisthodomos, opisthodome

**opisthographe** [ɔpistɔgʀaf] adj opisthographic(al)

**opium** [ɔpjɔm] [→ SYN] nm opium ◆ **l'opium du peuple** (fig) the opium of the people

**oponce** [ɔpɔ̃s] nm opuntia

**opopanax** [ɔpɔpanaks] nm opopanax

**opossum** [ɔpɔsɔm] [→ SYN] nm opossum

**opothérapie** [ɔpɔteʀapi] nf opotherapy

**oppidum** [ɔpidɔm] [→ SYN] nm oppidum

**opportun, e** [ɔpɔʀtœ̃, yn] [→ SYN] adj démarche, visite, remarque timely, opportune ◆ **il serait opportun de faire** it would be appropriate ou advisable to do ◆ **nous le ferons en temps opportun** we shall do it at the appropriate ou right time

**opportunément** [ɔpɔʀtynemɑ̃] adv opportunely ◆ **il est arrivé opportunément** his arrival was timely ou opportune, he arrived opportunely ou just at the right time

**opportunisme** [ɔpɔʀtynism] [→ SYN] nm opportunism

**opportuniste** [ɔpɔʀtynist] [→ SYN] 1 adj personne opportunist; maladie, infection opportunistic

2 nmf opportunist

**opportunité** [ɔpɔʀtynite] [→ SYN] nf a [mesure, démarche] (qui vient au bon moment) timeliness, opportuneness; (qui est approprié) appropriateness

b (= occasion) opportunity

**opposabilité** [ɔpozabilite] nf (Jur) opposability

**opposable** [ɔpozabl] [→ SYN] adj (Jur) opposable (*à* to)

**opposant, e** [ɔpozɑ̃, ɑ̃t] [→ SYN] 1 nm,f opponent (*à* of)

2 adj a minorité (Jur) partie opposing (épith)

b (Anat) muscle opponent

**opposé, e** [ɔpoze] [→ SYN] (ptp de **opposer**) 1 adj a rive, direction opposite; parti, équipe opposing (épith) ◆ **venant en sens opposé** coming in the opposite ou other direction ◆ **la maison opposée à la nôtre** the house opposite ou facing ours ◆ **l'équipe opposée à la nôtre** the team playing against ours

b (= contraire) intérêts, forces conflicting, opposing; opinions conflicting; caractères opposite; couleurs, styles contrasting; (Math) nombres, angles opposite ◆ **opposé à** conflicting ou contrasting with, opposed to ◆ **opinions totalement opposées** totally conflicting ou opposed opinions, opinions totally at variance ◆ **ils sont d'un avis opposé** (au nôtre) they are of a different ou the opposite opinion; (l'un à l'autre) they are of conflicting opinions, their opinions are at variance with each other ◆ **angles opposés par le sommet** (Math) vertically opposite angles; → **diamétralement**

c (= hostile à) **opposé à** opposed to, against ◆ **je suis opposé à la publicité/à ce mariage** I'm opposed to ou I'm against advertising/this marriage

2 nm a (= contraire) **l'opposé** the opposite, the reverse ◆ **il fait tout l'opposé de ce qu'on lui dit** he does the opposite ou the reverse of what he is told ◆ **à l'opposé, il serait faux de dire ...** on the other hand ou conversely it would be wrong to say ... ◆ **ils sont vraiment à l'opposé l'un de l'autre** they are totally unalike ◆ **à l'opposé de Paul, je pense que ...** contrary to ou unlike Paul, I think that ...

b (= direction) **à l'opposé** (= dans l'autre direction) the other ou opposite way (*de* from); (= de l'autre côté) on the other ou opposite side (*de* from)

**opposer** [ɔpoze] GRAMMAIRE ACTIVE 12.3, 14 [→ SYN] ▸ conjug 1 ◂

1 vt a [+ équipes, boxeurs] to bring together; [+ rivaux, pays] to bring into conflict (*à* with); [+ idées, personnages, couleurs] to contrast (*à* with); [+ objets, meubles] to place opposite each other ◆ **le match opposant l'équipe de Lyon et** ou **à celle de Caen** the match bringing together the team from Lyons and the team from Caen ◆ **on m'a opposé à un finaliste olympique** they pitted me ou put me against an Olympic finalist ◆ **des questions d'intérêts les ont opposés/les opposent** matters of personal interest have brought them into conflict/divide them ◆ **quel orateur peut-on opposer à Cicéron ?** what orator could be put ou set beside Cicero? ◆ **opposer un vase à une statue** to place ou set a vase opposite a statue

b (= utiliser comme défense contre) **opposer à qn/qch** [+ armée, tactique] to set against sb/sth ◆ **opposer son refus le plus net** to give an absolute refusal (*à* to) ◆ **opposer de véhémentes protestations à une accusation** to protest vehemently at an accusation ◆ **opposant son calme à leurs insultes** setting his calmness against their insults ◆ **il nous opposa une résistance farouche** he put up a fierce resistance to us ◆ **il n'y a rien à opposer à cela** there's nothing you can say (ou do) against that, there's no answer to that ◆ **opposer la force à la force** to match strength with strength

c (= objecter) [+ raisons] to put forward (*à* to) ◆ **que va-t-il opposer à notre proposition/nous opposer ?** what objections will he make ou raise to our proposal/to us? ◆ **il nous opposa que cela coûtait cher** he objected that it was expensive

2 **s'opposer** vpr a [équipes, boxeurs] to confront each other, meet; [rivaux, partis] to clash (*à* with); [opinions, théories] to conflict; [couleurs, styles] to contrast (*à* with); [immeubles] to face each other ◆ **haut s'oppose à bas** high is the opposite of low ◆ **il s'est opposé à plus fort que lui** (dans un combat) he took on ou he pitted himself against someone ou an opponent who was stronger than him

b (= se dresser contre) **s'opposer à** [+ parents] to rebel against; [+ mesure, mariage, progrès] to oppose ◆ **je m'oppose à lui en tout** I am opposed to him in everything ◆ **rien ne s'oppose à leur bonheur** nothing stands in the way of their happiness ◆ **je m'oppose formellement à ce que vous y alliez** I am strongly opposed to ou I am strongly against your going there ◆ **ma conscience s'y oppose** it goes against my conscience ◆ **sa religion s'y oppose** it is against his religion, his religion doesn't allow it ◆ **votre état de santé s'oppose à tout excès** your state of health makes any excess extremely inadvisable

**opposite** [ɔpozit] [→ SYN] nm (frm) ◆ **à l'opposite** on the other ou opposite side (*de* from)

**opposition** [ɔpozisjɔ̃] GRAMMAIRE ACTIVE 5.1 [→ SYN]

1 nf a (= résistance) opposition (*à* to) ◆ **faire de l'opposition systématique (à tout ce qu'on propose)** to oppose systematically (everything that is put forward) ◆ **loi passée sans opposition** (Jur, Pol) law passed unopposed

b (= conflit, contraste) (gén) opposition; [idées, intérêts] conflict; [couleurs, styles, caractères] contrast ◆ **l'opposition des deux partis en cette circonstance ...** (divergence de vue) the opposition between the two parties on that occasion ...; (affrontement) the clash ou confrontation between the two parties on that occasion ... ◆ **l'opposition du gris et du noir a permis de ...** contrasting grey with ou and black has made it possible to ... ◆ **mettre deux styles/théories en opposition** to oppose ou contrast two styles/theories

c (Pol) **l'opposition** the opposition ◆ **les partis de l'opposition** the opposition parties ◆ **les élus de l'opposition** the members of the opposition parties, opposition MPs (Brit)

◆ **l'opposition parlementaire** the parliamentary opposition, the opposition in parliament

**d** (Loc) **en opposition avec** (contraste, divergence) in opposition to, at variance with; (résistance, rébellion) in conflict with; (situation dans l'espace) in opposition to ◆ **agir en opposition avec ses principes** to act contrary to one's principles ◆ **nous sommes en opposition sur ce point** we differ on this point ◆ **ceci est en opposition avec les faits** this conflicts with the facts ◆ **les deux planètes sont en opposition** (Astron) the two planets are in opposition ◆ **faire** ou **mettre opposition** à [+ loi, décision] to oppose; [+ chèque] to stop ◆ **par opposition** in contrast ◆ **par opposition à** as opposed to, in contrast with

**2** COMP ▷ **opposition à mariage** (Jur) objection to a marriage ▷ **opposition à paiement** (Jur) *objection by unpaid creditor to payment being made to debtor*

**oppositionnel, -elle** [ɔpozisjɔnɛl] **1** adj oppositional

**2** nm,f oppositionist

**oppressant, e** [ɔpʀesɑ̃, ɑ̃t] → SYN adj temps, souvenirs, ambiance, chaleur oppressive

**oppresser** [ɔpʀese] → SYN ▸ conjug 1 ◂ vt [chaleur, ambiance, souvenirs] to oppress; [poids, vêtement serré] to suffocate; [remords, angoisse] to oppress, weigh heavily on, weigh down ◆ **avoir une respiration oppressée** to have difficulty with one's breathing ◆ **se sentir oppressé** to feel suffocated

**oppresseur** [ɔpʀesœʀ] → SYN **1** nm oppressor

**2** adj m oppressive

**oppressif, -ive** [ɔpʀesif, iv] → SYN adj oppressive

**oppression** [ɔpʀesjɔ̃] → SYN nf (= asservissement) oppression; (= gêne, malaise) feeling of suffocation ou oppression

**opprimé, e** [ɔpʀime] (ptp de **opprimer**) **1** adj oppressed

**2** nm,f ◆ **les opprimés** the oppressed

**opprimer** [ɔpʀime] → SYN ▸ conjug 1 ◂ vt **a** [+ peuple] to oppress; [+ opinion, liberté] to suppress, stifle

**b** (= oppresser) [chaleur] to suffocate, oppress

**opprobre** [ɔpʀɔbʀ] → SYN nm (littér = honte) opprobrium (littér), obloquy (littér), disgrace ◆ **accabler** ou **couvrir qn d'opprobre** to cover sb with opprobrium ◆ **jeter l'opprobre sur** to heap opprobrium on ◆ **être l'opprobre de la famille** to be a source of shame to the family ◆ **vivre dans l'opprobre** to live in infamy

**opsine** [ɔpsin] nf opsin

**opsonine** [ɔpsɔnin] nf opsonin

**optatif, -ive** [ɔptatif, iv] adj, nm optative

**opter** [ɔpte] → SYN ▸ conjug 1 ◂ vi (= choisir) ◆ **opter pour** [+ carrière, solution, nationalité] to opt for, choose ◆ **opter entre** to choose ou decide between

**opticien, -ienne** [ɔptisjɛ̃, jɛn] nm,f (dispensing) optician

**optimal, e,** mpl **-aux** [ɔptimal, o] → SYN adj optimal, optimum (épith)

**optimalisation** [ɔptimalizasjɔ̃] nf ⇒ **optimisation**

**optimaliser** [ɔptimalize] ▸ conjug 1 ◂ vt ⇒ **optimiser**

**optimisation** [ɔptimizasjɔ̃] → SYN nf optimization

**optimiser** [ɔptimize] → SYN ▸ conjug 1 ◂ vt to optimize

**optimisme** [ɔptimism] → SYN nm optimism ◆ **pêcher par excès d'optimisme** to be overoptimistic ◆ **faire preuve d'optimisme** to be optimistic

**optimiste** [ɔptimist] → SYN **1** adj optimistic ◆ **il est optimiste de nature** he's a born optimist, he always looks on the bright side

**2** nmf optimist

**optimum,** pl **optimums** ou **optima** [ɔptimɔm, a] → SYN **1** nm optimum

**2** adj optimum (épith), optimal

**option** [ɔpsjɔ̃] → SYN **1** nf (= choix) option, choice; (Comm, Jur) option; (= accessoire auto) optional extra ◆ **(matière à) option** (Scol) optional subject (Brit), option (Brit), elective ◆ **texte à option** optional text ◆ **avec option mathématique(s)** (Scol) with a mathematical option, with optional mathematics ◆ **prendre une option sur** (Fin) to take (out) an option on ◆ **grâce à cette victoire, il a pris une option sur le championnat** with this victory he now has a chance of winning the championship ◆ **l'option zéro** (Pol) the zero option ◆ **climatisation en option** (Aut) optional air-conditioning, air-conditioning available as an optional extra

**2** COMP ▷ **option d'achat** (Fin) option to buy, call ▷ **option de vente** (Fin) option to sell, put

**optionnel, -elle** [ɔpsjɔnɛl] → SYN adj optional ◆ **matière optionnelle** optional subject (Brit), option (Brit), elective (US)

**optique** [ɔptik] → SYN **1** adj verre, disque optical; nerf optic; → **angle, fibre, télégraphie**

**2** nf **a** (= science, technique, commerce) optics sg ◆ **optique médicale/photographique** medical/photographic optics ◆ **instrument d'optique** optical instrument; → **illusion**

**b** (= lentilles, miroirs) [caméra, microscope] optics sg

**c** (= manière de voir) perspective ◆ **il faut situer ses arguments dans une optique sociologique** we must place his arguments in a sociological perspective ◆ **voir qch avec** ou **dans une certaine optique** to look at sth from a certain angle ou viewpoint ◆ **j'ai une tout autre optique que la sienne** my way of looking at things is quite different from his, I have a completely different perspective from his

**optoélectronique** [ɔptoelɛktʀɔnik] **1** adj optoelectronic

**2** nf optoelectronics sg

**optomètre** [ɔptɔmɛtʀ] nm optometer

**optométrie** [ɔptɔmetʀi] nf optometry

**optométriste** [ɔptɔmetʀist] nmf optometrist

**optronique** [ɔptʀɔnik] nf optronics sg

**opulence** [ɔpylɑ̃s] → SYN nf **a** (= richesse) [province, région, pays] wealthiness, richness; [prairie] richness; [personne] wealth; [luxe, vie] opulence ◆ **vivre dans l'opulence** to live an opulent life ◆ **nager dans l'opulence** to live in the lap of luxury ◆ **il est né dans l'opulence** he was born into a life of opulence

**b** (= ampleur) **opulence des formes** richness ou fullness of form ◆ **l'opulence de sa poitrine** the ampleness of her bosom

**opulent, e** [ɔpylɑ̃, ɑ̃t] → SYN adj **a** (= riche) province, pays, personne wealthy, rich; prairie rich; luxe, vie opulent

**b** (= abondant) formes full; poitrine ample, generous ◆ **une chevelure opulente** (= abondant) a mane of hair

**opuntia** [ɔpɔ̃sja] nm opuntia

**opus** [ɔpys] nm opus

**opuscule** [ɔpyskyl] → SYN nm (= brochure) opuscule

**OPV** [ɔpeve] nf (abrév de **offre publique de vente**) → **offre**

**or**[1] [ɔʀ] → SYN **1** nm **a** (= métal) gold; (= dorure) gilt, gilding, gold ◆ **or gris/jaune/rouge** white/yellow/red gold ◆ **or fin/massif** fine/solid gold ◆ **en lettres d'or** in gilt ou gold lettering ◆ **ses cheveux d'or** his golden hair ◆ **les blés d'or** the golden cornfields ◆ **les ors des coupoles/de l'automne** the golden tints of the cupolas/of autumn ◆ **peinture/franc or** gold paint/franc ◆ **"L'Or du Rhin"** (Mus) "The Rhine Gold"; → **cœur, cousu, étalon, lingot** etc

**b** (Loc) **c'est de l'or en barre** (commerce, investissement) it's a rock-solid investment, it's as safe as houses (Brit) ◆ **pour (tout) l'or du monde** for all the money in the world, for all the tea in China

◆ **en or** objet gold; occasion golden (épith); mari, enfant, sujet marvellous, wonderful ◆ **bijoux en or** ou **massif** solid gold jewellery, jewellery in solid gold ◆ **c'est une affaire en or** (achat) it's a real bargain; (commerce, magasin) it's a gold mine ◆ **ils font des affaires en or** (ponctuellement) they're making money hand over fist, they're raking it in *

**2** COMP ▷ **or blanc** (= métal) white gold; (= neige) snow ▷ **or bleu** (= eau) water ▷ **or noir** (= pétrole) oil, black gold ▷ **or vert** (= agriculture) agricultural wealth

**or**[2] [ɔʀ] conj **a** (mise en relief) **or, ce jour-là, le soleil brillait** now, on that particular day, the sun was shining ◆ **il m'a téléphoné hier, or j'avais pensé à lui le matin même** he phoned me yesterday, and it just so happened that I'd been thinking about him that very morning

**b** (opposition) and yet, but ◆ **nous l'attendions, or il n'est pas venu** we waited for him and yet ou but he didn't come

**c** (dans un syllogisme : non traduit) **tous les chats ont quatre pattes ; or mon chien a quatre pattes ; donc mon chien est un chat** all cats have four legs; my dog has four legs; therefore my dog is a cat

**d** († ou frm) **or donc** thus, therefore

**oracle** [ɔʀakl] → SYN nm (gén) oracle ◆ **rendre un oracle** to pronounce an oracle ◆ **l'oracle de la famille** (hum) the oracle of the family ◆ **il parlait en oracle** ou **comme un oracle** he talked like an oracle

**orage** [ɔʀaʒ] → SYN **1** nm **a** (= tempête) thunderstorm, (electric) storm ◆ **pluie/temps d'orage** thundery ou stormy shower/weather ◆ **vent d'orage** stormy wind ◆ **il va y avoir de l'orage** ou **un orage** there's going to be a (thunder)storm

**b** (= dispute) upset ◆ **laisser passer l'orage** to let the storm blow over ◆ **elle sentait venir l'orage** she could sense the storm brewing

**c** (littér = tumulte) **les orages de la vie** the turmoils of life ◆ **les orages des passions** the tumult ou storm of the passions

**d** (Loc) **il y a de l'orage dans l'air** (lit) there is a (thunder)storm brewing; (fig) there is trouble ou a storm brewing ◆ **le temps est à l'orage** there's thunder in the air, the weather is thundery

**2** COMP ▷ **orage de chaleur** summer storm ▷ **orage magnétique** magnetic storm

**orageusement** [ɔʀaʒøzmɑ̃] adv (fig) tempestuously

**orageux, -euse** [ɔʀaʒø, øz] → SYN adj **a** (lit) ciel stormy, lowering (épith); région, saison stormy; pluie, chaleur, atmosphère thundery ◆ **temps orageux** thundery weather

**b** (fig = mouvementé) époque, vie, adolescence, discussion turbulent, stormy

**oraison** [ɔʀɛzɔ̃] → SYN nf orison (frm), prayer ◆ **oraison funèbre** funeral oration

**oral, e,** mpl **-aux** [ɔʀal, o] → SYN **1** adj tradition, littérature, épreuve oral; confession, déposition verbal, oral; (Ling, Méd, Psych) oral; → **stade, voie**

**2** nm (Scol) oral (examination) ◆ **il est meilleur à l'oral qu'à l'écrit** his oral work is better than his written work

**oralement** [ɔʀalmɑ̃] adv transmettre orally, by word of mouth; conclure un accord, confesser verbally, orally; (Méd, Scol) orally

**oraliser** [ɔʀalize] ▸ conjug 1 ◂ vt to say aloud ◆ **sourd oralisé** deaf person with speech

**oralité** [ɔʀalite] nf oral character

**Oran** [ɔʀɑ̃] n Oran

**Orange** [ɔʀɑ̃ʒ] n Orange

**orange** [ɔʀɑ̃ʒ] → SYN **1** nf (= fruit) orange ◆ **je t'apporterai des oranges** (hum) I'll come and visit you in prison (ou in hospital) ◆ **"Orange mécanique"** (Ciné) "A Clockwork Orange"

**2** nm (= couleur) orange ◆ **l'orange** (= feu de signalisation) amber (Brit), yellow (US) ◆ **le feu était à l'orange** the lights were on amber (Brit), the light was yellow (US) ◆ **passer à l'orange** to go through on amber (Brit) ou when the lights are (on) amber (Brit), go through a yellow light (US) ou when the light is yellow (US)

**3** adj inv orange; feu de signalisation amber (Brit), yellow (US)

**4** COMP ▷ **orange amère** bitter orange ▷ **orange douce** sweet orange ▷ **orange sanguine** blood orange

**orangé, e** [ɔʀɑ̃ʒe] → SYN **1** adj orangey, orange-coloured

**2** nm orangey colour ◆ **l'orangé de ces rideaux** the orangey shade of these curtains

**orangeade** [ɔʀɑ̃ʒad] nf orangeade

**oranger** [ɔʀɑ̃ʒe] nm orange tree; → **fleur**

**orangeraie** [ɔʀɑ̃ʒʀɛ] nf orange grove

**orangerie** [ɔʀɑ̃ʒʀi] **nf** (= serre) orangery

**orangette** [ɔʀɑ̃ʒɛt] **nf** (= fruit) Seville orange, bitter orange; (= friandise) *strip of orange covered with chocolate*

**orangiste** [ɔʀɑ̃ʒist] (Hist, Pol) 1 **adj** ◆ **défilé orangiste** Orange parade ou march
2 **nm** Orangeman
3 **nf** Orangewoman

**orang-outan(g)**, pl **orangs-outan(g)s** [ɔʀɑ̃utɑ̃] **nm** orang-outang

**orant, e** [ɔʀɑ̃, ɑ̃t] → SYN **nm,f** praying figure

**orateur, -trice** [ɔʀatœʀ, tʀis] → SYN **nm,f** (gén) speaker; (= homme politique, tribun) orator, speaker; (Can) Speaker (of House of Commons)

**oratoire** [ɔʀatwaʀ] → SYN 1 **adj** art, morceau oratorical, of oratory; ton, style oratorical; → **joute, précaution**
2 **nm** (= chapelle) oratory, small chapel; (au bord du chemin) (wayside) shrine

**oratorien** [ɔʀatɔʀjɛ̃] → SYN **nm** Oratorian

**oratorio** [ɔʀatɔʀjo] → SYN **nm** oratorio

**orbe[1]** [ɔʀb] → SYN **nm** (littér = globe) orb; (Astron) (= surface) plane of orbit; (= orbite) orbit

**orbe[2]** [ɔʀb] → SYN **adj** (Constr) ◆ **mur orbe** blind wall

**orbiculaire** [ɔʀbikylɛʀ] **adj** orbicular

**orbitaire** [ɔʀbitɛʀ] **adj** orbital

**orbital, e**, mpl **-aux** [ɔʀbital, o] **adj** orbital

**orbite** [ɔʀbit] → SYN **nf** a (Anat) (eye-)socket, orbit (SPÉC) ◆ **aux yeux enfoncés dans les orbites** with sunken eyes
b (Astron, Phys) orbit ◆ **mettre** ou **placer sur** ou **en orbite** to put ou place in(to) orbit ◆ **la mise en** ou **sur orbite d'un satellite** putting a satellite into orbit ◆ **être sur** ou **en orbite** [satellite] to be in orbit ◆ **satellite en orbite à 900 km de la Terre** satellite orbiting 900 km above the earth
c (= sphère d'influence) sphere of influence, orbit ◆ **être/entrer dans l'orbite de** to be in/enter the sphere of influence of ◆ **vivre dans l'orbite de** to live in the sphere of influence of ◆ **attirer qn dans son orbite** to draw sb into one's orbit
d (LOC) **mettre** ou **placer sur orbite** [+ auteur, projet, produit] to launch ◆ **être sur orbite** [auteur, produit, méthode, projet] to be successfully launched

**orbitèle** [ɔʀbitɛl] → SYN **nf** orbitele

**orbiter** [ɔʀbite] ▸ conjug 1 ◂ **vi** [satellite] to orbit ◆ **orbiter autour de la terre** to orbit (around) the earth

**orbiteur** [ɔʀbitœʀ] **nm** orbiter

**Orcades** [ɔʀkad] **nfpl** ◆ **les Orcades** Orkney, the Orkneys, the Orkney Islands

**orcanète, orcanette** [ɔʀkanɛt] **nf** orcanet

**orchestral, e**, mpl **-aux** [ɔʀkɛstʀal, o] **adj** orchestral

**orchestrateur, -trice** [ɔʀkɛstʀatœʀ, tʀis] → SYN **nm,f** orchestrator

**orchestration** [ɔʀkɛstʀasjɔ̃] → SYN **nf** a (Mus) (= composition) orchestration; (= adaptation) orchestration, scoring
b (= organisation) [manifestation, propagande, campagne de presse] organization, orchestration

**orchestre** [ɔʀkɛstʀ] → SYN 1 **nm** a (= musiciens) [musique classique, bal] orchestra; [jazz, danse] band ◆ **grand orchestre** full orchestra; → **chef[1]**
b (Ciné, Théât) (= emplacement) stalls (Brit), orchestra (section) (US); (= fauteuil) seat in the (orchestra) stalls (Brit), seat in the orchestra (section) (US) ◆ **l'orchestre applaudissait** applause came from the stalls (Brit) ou orchestra (section) (US); → **fauteuil, fosse**
2 COMP ▷ **orchestre de chambre** chamber orchestra ▷ **orchestre à cordes** string orchestra ▷ **orchestre de cuivres** brass band ▷ **orchestre de danse** dance band ▷ **orchestre de jazz** jazz band ▷ **orchestre symphonique** symphony orchestra

**orchestrer** [ɔʀkɛstʀe] → SYN ▸ conjug 1 ◂ **vt** a (Mus) (= composer) to orchestrate; (= adapter) to orchestrate, score
b (= organiser) [+ campagne, manifestation, propagande] to organize, orchestrate ◆ **une campagne savamment orchestrée** a well-orchestrated ou well-organized campaign

**orchidacées** [ɔʀkidase] **nfpl** ◆ **les orchidacées** orchidaceans, the Orchidaceae (SPÉC)

**orchidée** [ɔʀkide] **nf** orchid

**orchis** [ɔʀkis] **nm** orchis

**orchite** [ɔʀkit] **nf** orchitis

**ordalie** [ɔʀdali] **nf** (Hist) ordeal

**ordi** * [ɔʀdi] **nm** computer

**ordinaire** [ɔʀdinɛʀ] → SYN 1 **adj** a (= habituel) ordinary, normal; (Jur) session ordinary ◆ **avec sa maladresse ordinaire** with his customary ou usual clumsiness ◆ **personnage/fait peu ordinaire** unusual character/fact ◆ **avec un courage pas** * ou **peu ordinaire** with incredible ou extraordinary courage ◆ **ça alors, c'est pas ordinaire !** * that's (really) unusual! ou out of the ordinary!
b (= courant) vin ordinary; vêtement ordinary, everyday (épith); service de table everyday (épith); qualité standard; essence two-star (Brit), 2-star (Brit), regular (US) ◆ **croissant ordinaire** *croissant made with margarine instead of butter*
c (péj = commun) personne, manières common; conversation ordinary, run-of-the-mill ◆ **un vin très ordinaire** a very indifferent wine ◆ **mener une existence très ordinaire** to lead a humdrum existence
2 **nm** a (= la banalité) **l'ordinaire** the ordinary ◆ **ça sort de l'ordinaire** that's out of the ordinary ◆ **cet homme-là sort de l'ordinaire** he's one of a kind
b (= nourriture) **l'ordinaire** ordinary ou everyday fare
c (LOC) (littér) **à l'ordinaire** usually, ordinarily ◆ **comme à l'ordinaire** as usual ◆ **d'ordinaire** ordinarily, usually ◆ **il fait plus chaud que d'ordinaire** ou **qu'à l'ordinaire** it's warmer than usual ◆ **(comme) à son/mon ordinaire** in his/my usual way, as was his/my wont (littér) (aussi hum)
3 COMP ▷ **l'ordinaire de la messe** the ordinary of the Mass

**ordinairement** [ɔʀdinɛʀmɑ̃] → SYN **adv** ordinarily, usually

**ordinal, e**, mpl **-aux** [ɔʀdinal, o] 1 **adj** ordinal
2 **nm** ordinal number

**ordinand** [ɔʀdinɑ̃] **nm** ordinand

**ordinant** [ɔʀdinɑ̃] **nm** ordinant

**ordinateur[1]** [ɔʀdinatœʀ] → SYN **nm** computer ◆ **ordinateur individuel** ou **personnel** personal computer ◆ **ordinateur familial** home computer ◆ **ordinateur de bureau** desktop (computer) ◆ **ordinateur de bord** (Aviat) onboard computer; (Aut) onboard ou trip computer ◆ **ordinateur central** mainframe computer ◆ **mettre sur ordinateur** [+ données] to enter into a computer; [+ système] to computerize, put onto a computer ◆ **l'ensemble du système est géré par ordinateur** the entire system is managed by computer ou is computerized ◆ **simulation sur** ou **par ordinateur** computer simulation

**ordinateur[2]** [ɔʀdinatœʀ] → SYN **nm** (Rel) ordainer

**ordination** [ɔʀdinasjɔ̃] **nf** (Rel) ordination

**ordinogramme** [ɔʀdinɔgʀam] **nm** flow chart ou sheet

**ordo** [ɔʀdo] → SYN **nm inv** ordo

**ordonnance** [ɔʀdɔnɑ̃s] → SYN 1 **nf** a (Méd) prescription ◆ **préparer une ordonnance** to make up a prescription ◆ **ce médicament n'est délivré** ou **vendu que sur ordonnance** this medicine is only available on prescription ◆ **médicament vendu** ou **délivré sans ordonnance** over-the-counter medicine
b (Jur = arrêté) [gouvernement] order, edict; [juge] (judge's) order, ruling ◆ **par ordonnance du 2-2-92** in the edict of 2/2/92 ◆ **rendre une ordonnance** to give a ruling
c (= disposition) [poème, phrase, tableau] organization, layout; [bâtiment] plan, layout; [cérémonie] organization; [repas] order
2 **nm** ou **nf** (Mil) a (= subalterne) orderly, batman (Brit)
b **d'ordonnance** revolver, tunique regulation (épith); → **officier[1]**
3 COMP ▷ **ordonnance de paiement** authorization of payment ▷ **ordonnance de police** police regulation ▷ **ordonnance royale** royal decree ou edict

**ordonnancement** [ɔʀdɔnɑ̃smɑ̃] → SYN **nm** a (Fin) order to pay
b (= disposition) [phrase, tableau] organization, layout; [cérémonie] organization

**ordonnancer** [ɔʀdɔnɑ̃se] ▸ conjug 3 ◂ **vt** a (Fin) [+ dépense] to authorize
b (= agencer) [+ phrase, tableau] to put together; [+ cérémonie] to organize

**ordonnancier** [ɔʀdɔnɑ̃sje] **nm** (= liasse d'ordonnances) book of prescription forms; (= registre) register of prescriptions

**ordonnateur, -trice** [ɔʀdɔnatœʀ, tʀis] **nm,f** a [fête, cérémonie] organizer, arranger ◆ **ordonnateur des pompes funèbres** funeral director *(in charge of events at the funeral itself)*
b (Fin) official with power to authorize expenditure

**ordonné, e** [ɔʀdɔne] → SYN (ptp de **ordonner**) 1 **adj** a (= méthodique) enfant tidy; employé methodical
b (= bien arrangé) maison orderly, tidy; vie (well-)ordered, orderly; idées, discours well-ordered; → **charité**
c (Math) ordered ◆ **couple ordonné** ordered pair
2 **ordonnée** **nf** (Math) ordinate, Y-coordinate ◆ **axe des ordonnées** Y-axis

**ordonner** [ɔʀdɔne] → SYN ▸ conjug 1 ◂ 1 **vt** a (= arranger) [+ espace, idées, éléments] to arrange, organize; [+ discours, texte] to organize; (Math) [+ polynôme] to arrange in order ◆ **il avait ordonné sa vie de telle façon que ...** he had arranged ou organized his life in such a way that ...
b (= commander) (Méd) [+ traitement, médicament] to prescribe; (Jur) [+ huis-clos, enquête] to order ◆ **ordonner à qn de faire qch** to order sb to do sth, give sb orders to do sth ◆ **il nous ordonna le silence** he ordered us to be quiet ◆ **ils ordonnèrent la fermeture des cafés** they ordered the closure of the cafés ◆ **ce qui m'a été ordonné** what I've been ordered to do ◆ **je vais ordonner que cela soit fait immédiatement** I'm going to order that it be done immediately
c (Rel) [+ prêtre] to ordain ◆ **être ordonné prêtre** to be ordained priest
2 **s'ordonner** **vpr** [idées, faits] to organize themselves ◆ **les idées s'ordonnaient dans sa tête** the ideas began to organize themselves ou sort themselves out in his head

**ordre[1]** [ɔʀdʀ] → SYN 1 **nm** a (= succession régulière) order ◆ **l'ordre des mots** (Ling) word order ◆ **par ordre alphabétique** in alphabetical order ◆ **par ordre d'ancienneté/de mérite** in order of seniority/of merit ◆ **alignez-vous par ordre de grandeur** line up in order of height ou size ◆ **par ordre d'importance** in order of importance ◆ **dans l'ordre** in order ◆ **dans le bon ordre** in the right order ◆ **par ordre** ou **dans l'ordre d'entrée en scène** in order of appearance ◆ **ordre de départ/d'arrivée** (Sport) order (of competitors) at the starting/finishing line ou post ◆ **ordre des descendants** ou **héritiers** (Jur) order of descent
♦ **en + ordre** ◆ **en ordre de bataille/de marche** (Mil) in battle/marching order ◆ **se replier en bon ordre** to retreat in good order ◆ **en ordre dispersé** (Mil) in extended order; (fig) without a common line ou plan of action; → **numéro, procéder**
b (Archit, Bio = catégorie) order ◆ **l'ordre ionique/dorique** the Ionic/Doric order
c (= nature, catégorie) **dans le même ordre d'idées** similarly ◆ **dans un autre ordre d'idées** in a different ou another connection ◆ **pour des motifs d'ordre personnel/différent** for reasons of a personal/different nature ◆ **c'est dans l'ordre des choses** it's in the nature ou order of things ◆ **une affaire/un chiffre du même ordre** a matter/a figure of the same nature ou order ◆ **un chiffre de l'ordre de 2 millions** a figure in the region of ou of the order of 2 million ◆ **avec une somme de cet ordre** with a sum of this order ◆ **donnez-nous un ordre de grandeur** (prix) give us a rough estimate ou a rough idea ◆ **un chiffre de** ou **dans cet ordre de grandeur** a figure in that region ◆ **de premier/deuxième/troisième ordre** first-/second-/

third-rate ◆ **de dernier ordre** third-rate, very inferior ◆ **considérations d'ordre pratique/général** considerations of a practical/general nature

**d** (= légalité) **l'ordre** order ◆ **l'ordre établi** the established order ◆ **l'ordre public** law and order ◆ **le maintien de l'ordre (public)** the maintenance of law and order ou of public order ◆ **quand tout fut rentré dans l'ordre** when order had been restored, when all was back to order ◆ **le parti de l'ordre** the party of law and order ◆ **un partisan de l'ordre** a supporter of law and order; → **force, rappeler, service**

**e** (= méthode, bonne organisation) [personne, chambre] tidiness, neatness, orderliness ◆ **avoir de l'ordre** (rangements) to be tidy ou orderly; (travail) to have method, be systematic ou methodical ◆ **manquer d'ordre, n'avoir pas d'ordre** to be untidy ou disorderly, have no method, be unsystematic ou unmethodical ◆ **travailler avec ordre et méthode** to work in an orderly ou a methodical ou systematic way ◆ **mettre bon ordre à qch** to put sth to rights, sort out sth ◆ **un homme d'ordre** a man of order ◆ **(re)mettre de l'ordre dans** [+ affaires] to set ou put in order, tidy up; [+ papiers, bureau] to tidy (up), clear up

◆ **en ordre** tiroir, maison, bureau tidy, orderly; comptes in order ◆ **tenir en ordre** [+ chambre] to keep tidy; [+ comptes] to keep in order ◆ **(re)mettre en ordre** [+ affaires] to set ou put in order, tidy up; [+ papiers, bureau] to tidy (up), clear up ◆ **ils travaillent à une remise en ordre de l'économie** they are trying to sort out the economy ◆ **la remise en ordre du pays** restoring the country to order ◆ **défiler en ordre** to go past in an orderly manner

◆ **en ordre de marche** machine in (full) working order

**f** (= association, congrégation) order; [profession libérale] ≈ professional association ◆ **ordre de chevalerie** order of knighthood ◆ **ordre monastique** monastic order ◆ **ordre mendiant** mendicant order ◆ **l'ordre de la jarretière/du mérite** the Order of the Garter/of Merit ◆ **les ordres** (Rel) (holy) orders ◆ **les ordres majeurs/mineurs** (Rel) major/minor orders ◆ **entrer dans les ordres** (Rel) to take (holy) orders, go into the Church ◆ **l'ordre des architectes** the association of architects ◆ **l'ordre des avocats** ≈ the Bar, ≈ the Bar Association (US) ◆ **l'ordre des médecins** the medical association, ≈ the British Medical Association (Brit), ≈ the American Medical Association (US) ◆ **l'ordre des pharmaciens** the pharmaceutical association; → **radier**

**2** COMP ▷ **ordre du jour** [conférence, réunion] agenda ◆ **"autres questions à l'ordre du jour"** (en fin de programme) "any other business" ◆ **l'ordre du jour de l'assemblée** (Admin) the business before the meeting ◆ **passons à l'ordre du jour** let's turn to the business of the day ◆ **inscrit à l'ordre du jour** on the agenda ◆ **être à l'ordre du jour** (lit) to be on the agenda; (fig = être d'actualité) to be (very) topical ◆ **ce n'est pas à l'ordre du jour** (fig) it's not on the agenda

**ordre[2]** [ɔʀdʀ] → SYN **1** nm **a** (= commandement, directive) (gén) order; (Mil) order, command ◆ **donner (l')ordre de** to give an order ou the order to, give orders to ◆ **par ordre** ou **sur les ordres du ministre** by order of the minister, on the orders of the minister ◆ **j'ai reçu des ordres formels** I have formal instructions ◆ **j'ai reçu l'ordre de ...** I've been given orders to ... ◆ **je n'ai d'ordre à recevoir de personne** I don't take orders from anyone ◆ **être aux ordres de qn** to be at sb's disposal ◆ **je suis à vos ordres** (formule de politesse) I am at your service ◆ **dis donc, je ne suis pas à tes ordres !** you can't give me orders!, I don't take orders from you!, I'm not at your beck and call! ◆ **à vos ordres !** (Mil) yes sir! ◆ **être/combattre sous les ordres de qn** to be/fight under sb's command ◆ **j'ai agi sur ordre** I was (just) following orders; → **désir, jusque, mot**

**b** (Comm, Fin) order ◆ **à l'ordre de** payable to, to the order of ◆ **chèque à mon ordre** cheque made out to me ◆ **passer un ordre** (de Bourse) to put in an order; → **billet, chèque, citer**

**2** COMP ▷ **ordre d'achat** buying order ▷ **ordre d'appel** (Mil) call-up papers (Brit), draft notice (US) ▷ **ordre de Bourse** stock exchange order ▷ **ordre de grève** strike call ▷ **ordre du jour** (Mil) order of the day ◆ **citer qn à l'ordre du jour** to mention sb in dispatches ▷ **ordre au mieux** (Fin) order at best ▷ **ordre de mission** (Mil) orders (*for a mission*) ▷ **ordre de prélèvement automatique** direct debit instruction ▷ **ordre de route** (Mil) marching orders ▷ **ordre de vente** sale order ▷ **ordre de virement** transfer order

**ordure** [ɔʀdyʀ] → SYN **1** nf **a** (= saleté) dirt (NonC), filth (NonC) ◆ **les chiens qui font leurs ordures sur le trottoir** dogs that foul the pavement

**b** (péj) **ce film est une ordure** this film is pure filth ◆ **ce type est une belle ordure**‡ that guy's a real bastard‡

**c** (littér = abjection) mire (littér) ◆ **il aime à se vautrer dans l'ordure** he likes to wallow in filth

**2** **ordures** nfpl **a** (= détritus) refuse (NonC), rubbish (NonC) (Brit), garbage (NonC) (US) ◆ **ordures ménagères** household refuse ◆ **l'enlèvement** ou **le ramassage des ordures** refuse ou rubbish (Brit) ou garbage (US) collection ◆ **jeter** ou **mettre qch aux ordures** to throw ou put sth into the dustbin (Brit) ou rubbish bin (Brit) ou garbage can (US) ◆ **c'est juste bon à mettre aux ordures** it's fit for the dustbin ou rubbish bin (Brit), it belongs in the garbage can (US); → **boîte**

**b** (= grossièretés) obscenities, filth ◆ **dire des ordures** to utter obscenities, talk filth ◆ **écrire des ordures** to write filth

**ordurier, -ière** [ɔʀdyʀje, jɛʀ] → SYN adj filthy

**orée** [ɔʀe] → SYN nf (littér) [bois] edge ◆ **à l'orée de l'an 2000** at the beginning of the year 2000

**Oregon** [ɔʀegɔ̃] nm Oregon

**oreillard** [ɔʀɛjaʀ] nm (gén) long-eared animal; (= chauve-souris) long-eared bat

**oreille** [ɔʀɛj] → SYN nf **a** (Anat) ear ◆ **l'oreille moyenne/interne** the middle/inner ear ◆ **l'oreille externe** the outer ou external ear, the auricle (SPÉC) ◆ **oreilles décollées** protruding ou sticking-out ears ◆ **oreilles en feuille de chou** big flappy ears ◆ **oreilles en chou-fleur** cauliflower ears ◆ **le béret sur l'oreille** his beret cocked over one ear ou tilted to one side ◆ **animal aux longues oreilles** (fig) long-eared animal ◆ **aux oreilles pointues** with pointed ears ◆ **l'oreille basse** (fig) crestfallen, (with) one's tail between one's legs ◆ **c'est l'avocat/l'instituteur qui montre le bout de l'oreille** (fig) it's the lawyer/the schoolteacher coming out in him, it's the lawyer/the schoolteacher in him showing through ◆ **tirer les oreilles à qn** (lit) to pull ou tweak sb's ears; (fig) to give sb a (good) telling off*, tell sb off* ◆ **se faire tirer l'oreille** (fig) to take ou need a lot of persuading; → **boucher[1], boucle, dresser, puce** etc

**b** (= ouïe) hearing, ear ◆ **avoir l'oreille fine** to have keen ou acute hearing, have a sharp ear ◆ **avoir de l'oreille** to have a good ear (for music) ◆ **il n'a pas d'oreille** he has no ear for music; → **casser, écorcher, écouter**

**c** (comme organe de communication) ear ◆ **écouter de toutes ses oreilles, être tout oreilles** to be all ears ◆ **n'écouter que d'une oreille, écouter d'une oreille distraite** to only half listen, listen with (only) one ear ◆ **ouvre bien tes oreilles** listen carefully ◆ **dire qch à l'oreille de qn, dire qch à qn dans le creux** ou **tuyau de l'oreille** to have a word in sb's ear about sth ◆ **il pédalait, casque sur les oreilles** he was pedalling along with his headphones on ◆ **les oreilles ont dû lui tinter** ou **siffler** (hum) his ears must have been burning ◆ **ce n'est pas tombé dans l'oreille d'un sourd** it didn't fall on deaf ears ◆ **ça entre par une oreille et ça (res)sort par l'autre** * it goes in one ear and out the other ◆ **il y a toujours des oreilles qui traînent** there's always someone listening ◆ **avoir l'oreille de qn** to have sb's ear ◆ **porter qch/venir aux oreilles de qn** to let sth be/come to be known to sb, bring sth/come to sb's attention; → **bouche, prêter, rebattre**

**d** [écrou, fauteuil] wing; [soupière] handle; [casquette] earflap

**oreille-de-mer,** pl **oreilles-de-mer** [ɔʀɛjdəmɛʀ] nf (= coquillage) ear shell, abalone

**oreiller** [ɔʀeje] → SYN nm pillow ◆ **se réconcilier sur l'oreiller** to make it up in bed; → **confidence, taie**

**oreillette** [ɔʀɛjɛt] nf **a** [cœur] auricle ◆ **orifice de l'oreillette** atrium

**b** [casquette] earflap

**c** (= écouteur) earphone; → **fauteuil**

**oreillon** [ɔʀɛjɔ̃] → SYN **1** nm [abricot] (apricot) half

**2** **oreillons** nmpl (Méd) ◆ **les oreillons** (the) mumps

**Orénoque** [ɔʀenɔk] nm Orinoco

**ores** [ɔʀ] → SYN **d'ores et déjà** loc adv already

**Oreste** [ɔʀɛst] nm Orestes

**orfèvre** [ɔʀfɛvʀ] → SYN nm silversmith, goldsmith ◆ **il est orfèvre en la matière** (fig) he's an expert (on the subject)

**orfèvrerie** [ɔʀfɛvʀəʀi] → SYN nf (= art, commerce) silversmith's (ou goldsmith's) trade; (= magasin) silversmith's (ou goldsmith's) shop; (= ouvrage) (silver) plate, (gold) plate

**orfraie** [ɔʀfʀɛ] → SYN nf white-tailed eagle

**orfroi** [ɔʀfʀwa] → SYN nm orphrey, orfreis

**organdi** [ɔʀgɑ̃di] nm organdie

**organe** [ɔʀgan] → SYN **1** nm **a** (Anat, Physiol) organ ◆ **organes des sens/sexuels** sense/sex(ual) organs ◆ **organes génitaux** genitals; → **fonction, greffe[1]**

**b** (fig) (= véhicule, instrument) instrument, organ; (= institution, organisme) organ ◆ **le juge est l'organe de la loi** the judge is the instrument of the law ◆ **la parole est l'organe de la pensée** speech is the medium ou vehicle of thought ◆ **un des organes du gouvernement** one of the organs of government

**c** (= porte-parole) representative, spokesman; (= journal) mouthpiece, organ

**d** († ou littér = voix) voice ◆ **avoir un bel organe** to have a beautiful voice

**2** COMP ▷ **organes de commande** controls ▷ **organe de presse** newspaper ▷ **organes de transmission** transmission system

**organeau** [ɔʀgano] → SYN nm mooring ou anchoring ring

**organelle** [ɔʀganɛl] nm organelle

**organicien, -ienne** [ɔʀganisjɛ̃, jɛn] nm,f specialist in organic chemistry

**organicisme** [ɔʀganisism] → SYN nm organicism

**organigramme** [ɔʀganigʀam] → SYN nm (= tableau hiérarchique, structurel) organization chart; (= tableau des opérations de synchronisation, Ordin) flow chart ou diagram

**organique** [ɔʀganik] → SYN adj (Chim, Jur, Méd) organic; → **chimie**

**organiquement** [ɔʀganikmɑ̃] adv organically

**organisable** [ɔʀganizabl] adj organizable

**organisateur, -trice** [ɔʀganizatœʀ, tʀis] → SYN **1** adj faculté, puissance organizing (épith)

**2** nm,f organizer ◆ **organisateur-conseil** management consultant ◆ **organisateur de voyages** tour operator

**organisation** [ɔʀganizasjɔ̃] → SYN **1** nf **a** (= préparation) [voyage, fête, réunion] organization, arranging; [campagne] organization; [pétition] organization, getting up; [service, coopérative] organization, setting up; (= agencement) [emploi du temps, travail] organization, setting out; [journée] organization ◆ **organisation scientifique du travail** scientific management ◆ **il a l'esprit d'organisation** he's good at organizing things ◆ **il manque d'organisation** he's not very organized

**b** (= structure) [service, armée, parti] organization; [texte] organization, layout ◆ **une organisation sociale encore primitive** a still rather basic social structure ◆ **l'organisation infiniment complexe du corps humain** the infinitely complex organization of the human body

**c** (= association, organisme) organization ◆ **organisation non gouvernementale** non-governmental organization ◆ **organisation humanitaire** humanitarian organization ◆ **organisation syndicale** trade(s) union (Brit), labor union (US)

**2** COMP ▷ **Organisation de coopération et de développement économique** Organization for Economic Cooperation and Development ▷ **Organisation des États améri-**

**cains** Organization of American States ▷ **Organisation internationale du travail** International Labour Organization ▷ **Organisation de libération de la Palestine** Palestine Liberation Organization ▷ **Organisation maritime internationale** International Maritime Organization ▷ **Organisation météorologique mondiale** World Meteorological Organization ▷ **Organisation mondiale du commerce** World Trade Organization ▷ **Organisation mondiale de la santé** World Health Organization ▷ **Organisation mondiale du tourisme** World Tourism Organization ▷ **Organisation des Nations Unies** United Nations Organization ▷ **Organisation des pays exportateurs de pétrole** Organization of Petroleum Exporting Countries ▷ **Organisation des territoires de l'Asie du Sud-Est** South-East Asia Treaty Organization ▷ **Organisation du Traité de l'Atlantique Nord** North Atlantic Treaty Organization ▷ **Organisation de l'unité africaine** Organization of African Unity

**organisationnel, -elle** [ɔʀganizasjɔnɛl] adj problème, moyens organizational

**organisé, e** [ɔʀganize] (ptp de **organiser**) adj organized ◆ **personne bien organisée** well-organized person; → **voyage**

**organiser** [ɔʀganize] GRAMMAIRE ACTIVE 25.2 → SYN ▸ conjug 1 ◂

1 vt **a** (= mettre sur pied) [+ voyage, réunion] to organize, arrange; [+ campagne] to organize; [+ pétition] to organize, get up; [+ service, coopérative] to organize, set up ◆ **j'organise une petite fête** I'm having a little party

**b** (= structurer) [+ travail, opérations, armée, parti, journée] to organize; [+ emploi du temps] to organize, set out

2 **s'organiser** vpr **a** (= se regrouper) [personne, entreprise] to organize o.s. (ou itself), get (o.s. ou itself) organized

**b** (= agencer son temps) to organize o.s. ◆ **il ne sait pas s'organiser** he doesn't know how to organize himself, he can't get (himself) organized ◆ **je m'organiserai en fonction de toi** I'll just fit in with you, I'll fit ou arrange my plans round yours

**c** (= s'articuler) **s'organiser autour d'un thème** [ouvrage, histoire] to be organized around a theme

**organiseur** [ɔʀganizœʀ] nm (personal) organizer ◆ **organiseur électronique** electronic organizer

**organisme** [ɔʀganism] → SYN nm **a** (= organes, corps) body, organism (SPÉC) ◆ **les besoins/fonctions de l'organisme** the needs/functions of the body ou organism, bodily needs/functions ◆ **organisme génétiquement modifié** genetically modified organism

**b** (= individu) organism ◆ **une nation est un organisme vivant** a nation is a living organism

**c** (= institution, bureaux) body, organization ◆ **organisme de crédit** credit company ou institution ◆ **organisme de recherche** research body ou organization ◆ **organisme de formation** training institution ou body ◆ **les organismes sociaux** social welfare bodies

**organiste** [ɔʀganist] → SYN nmf organist

**organite** [ɔʀganit] nm organelle

**organogenèse** [ɔʀganoʒənɛz] nf organogenesis

**organoleptique** [ɔʀganɔlɛptik] adj organoleptic

**organométallique** [ɔʀganometalik] adj organometallic

**organsin** [ɔʀgɑ̃sɛ̃] nm organzine

**orgasme** [ɔʀgasm] → SYN nm orgasm, climax

**orgasmique** [ɔʀgasmik], **orgastique** [ɔʀgastik] adj orgasmic, climactic(al)

**orge** [ɔʀʒ] nf, nm barley ◆ **orge perlé** pearl barley; → **sucre**

**orgeat** [ɔʀʒa] nm orgeat; → **sirop**

**orgelet** [ɔʀʒəlɛ] → SYN nm (Méd) sty(e)

**orgiaque** [ɔʀʒjak] → SYN adj orgiastic

**orgie** [ɔʀʒi] → SYN nf **a** (Hist) (= repas) orgy; (= beuverie) drinking orgy ◆ **faire une orgie** to have an orgy ◆ **faire des orgies de gâteaux** to gorge o.s. on cakes

**b** (fig) **orgie de** profusion of ◆ **orgie de fleurs** profusion of flowers ◆ **orgie de couleurs** riot of colour

**orgue** [ɔʀg] 1 nm organ ◆ **tenir l'orgue** to play the organ ◆ **orgue de chœur/de cinéma/électrique/portatif** choir/theatre/electric/portable organ ◆ **orgue de Barbarie** barrel organ, hurdy-gurdy; → **point**[1]

2 **orgues** nfpl **a** (Mus) organ ◆ **les grandes orgues** the great organ ◆ **les petites orgues** the small pipe organ

**b** (Géol) **orgues basaltiques** basalt columns

**c** (Mil) **orgues de Staline** rocket launcher *(mounted on a truck)*

**orgueil** [ɔʀgœj] → SYN nm **a** (= arrogance) pride, arrogance; (= amour-propre) pride ◆ **gonflé d'orgueil** puffed up ou bursting with pride ◆ **orgueil démesuré** overweening pride ou arrogance ◆ **il a l'orgueil de son rang** he has all the arrogance associated with his rank ◆ **avec l'orgueil légitime du vainqueur** with the victor's legitimate pride ◆ **par orgueil il ne l'a pas fait** he was too proud to do it, it was his pride that stopped him doing it ◆ **le péché d'orgueil** the sin of pride

**b** (LOC) **ce tableau, orgueil de la collection** this picture, pride of the collection ◆ **l'orgueil de se voir confier les clés lui fit oublier sa colère** his pride at being entrusted with the keys made him forget his anger ◆ **avoir l'orgueil de qch, tirer orgueil de qch** to take pride in sth, pride o.s. on sth ◆ **mettre son orgueil à faire qch** to take pride in doing sth

**orgueilleusement** [ɔʀgøjøzmɑ̃] adv proudly, arrogantly

**orgueilleux, -euse** [ɔʀgøjø, øz] → SYN 1 adj (défaut) proud, arrogant; (qualité) proud ◆ **orgueilleux comme un paon** as proud as a peacock

2 nm,f (very) proud person

**oriel** [ɔʀjɛl] → SYN nm oriel window

**orient** [ɔʀjɑ̃] → SYN nm **a** (littér = est) orient (littér), east ◆ **l'Orient** the Orient (littér), the East ◆ **les pays d'Orient** the countries of the Orient (littér), the oriental countries

**b** [perle] orient

**c** → **grand**

**orientable** [ɔʀjɑ̃tabl] adj bras d'une machine swivelling, rotating; lampe, antenne, lamelles de store adjustable

**oriental, e,** mpl **-aux** [ɔʀjɑ̃tal, o] 1 adj côte, frontière, région eastern; langue, produits oriental; musique, arts oriental, eastern; → **Inde**

2 **Oriental** nm Oriental

3 **Orientale** nf Oriental woman

**orientaliser(s')** [ɔʀjɑ̃talize] ▸ conjug 1 ◂ vpr [quartier] to take on an oriental character; [personne] to become orientalized

**orientalisme** [ɔʀjɑ̃talism] nm orientalism

**orientaliste** [ɔʀjɑ̃talist] nmf, adj orientalist

**orientation** [ɔʀjɑ̃tasjɔ̃] → SYN nf **a** (= ajustement) [lampe, phare, rétroviseur] adjusting; [miroir, bras de machine] positioning, adjusting; [antenne] directing, adjusting

**b** [touristes, voyageurs, recherches, enquête] directing ◆ **en ville, j'ai des problèmes d'orientation** I have problems finding my way around town; → **course, sens, table**

**c** (Scol) **l'orientation professionnelle** careers advising ou guidance (Brit) ◆ **l'orientation scolaire** advice ou guidance (Brit) on courses to be followed ◆ **ils lui suggèrent une orientation vers un lycée professionnel/vers les sciences** they're suggesting he should go to a technical college/he should specialize in science ◆ **il veut changer d'orientation** he wants to change courses; → **centre, conseiller**[2], **cycle**[1]

**d** [carte] orientating, orientation; (Math) [droite] orientating, orientation

**e** (= position) [maison] aspect; [phare, antenne] direction ◆ **l'orientation du jardin au sud** the garden's southern aspect ou the fact that the garden faces south

**f** (= tendance, Bourse) trend; [magazine] leanings, (political) tendencies ◆ **l'orientation générale de notre enquête/de ses recherches** the general direction ou orientation of our inquiry/of his research ◆ **orientation à la hausse** upward trend, upturn ◆ **orientation à la baisse** downward trend, downturn

**orienté, e** [ɔʀjɑ̃te] (ptp de **orienter**) adj **a** (= disposé) **orienté à l'est/au sud** maison facing east/south, with an eastern/a southern aspect; antenne directed ou turned towards the east/the south ◆ **bien/mal orienté** maison well/badly positioned; antenne properly/badly directed

**b** (= tendancieux) article biased ◆ **question orientée** leading question

**c** (= marqué) plan, carte orientated; (Math) droite, vecteur oriented

**d** (Bourse) **bien/mal orienté** marché on a rising/falling trend ◆ **valeurs bien orientées** shares which are on the up

**e** (Ordin) **orienté objet** langage, méthode object-oriented

**orienter** [ɔʀjɑ̃te] → SYN ▸ conjug 1 ◂ 1 vt **a** (= disposer) [+ maison] to position; [+ lampe, phare, rétroviseur] to adjust; [+ miroir, bras de machine] to position, adjust; [+ antenne] to direct, adjust ◆ **orienter un poste de radio pour améliorer la réception** to turn a radio round to get better reception ◆ **orienter qch vers qch** to turn sth towards sth ◆ **orienter une maison vers le ou au sud** to build a house facing south ◆ **orienter une antenne vers le ou au nord** to turn ou direct an aerial towards the north ◆ **oriente la lumière vers ou sur mon livre** turn ou direct the light onto my book ◆ **la lampe peut s'orienter dans toutes les positions** the lamp is fully adjustable

**b** (= guider) [+ touristes, voyageurs] to direct (*vers* to); [+ enquête, recherches] to direct (*vers* towards) ◆ **orienter un élève** to advise a pupil on what courses to follow ou on what subjects to specialize in ◆ **elle a été mal orientée** she was put on the wrong courses ◆ **il a été orienté vers les sciences/vers un lycée professionnel** he was steered towards science subjects/towards technical college ◆ **le patient a été orienté vers un service de cardiologie** the patient was referred to a cardiology unit ◆ **orienter la conversation vers un sujet** to turn the conversation onto a subject

**c** (= marquer) [+ carte] to orientate; (Math) [+ droite] to orient

**d** (Naut) [+ voiles] to trim

2 **s'orienter** vpr **a** (= se repérer) to find one's bearings

**b** (= se diriger vers) **s'orienter vers** (lit) to turn towards; [goûts] to turn towards; [chercheur, parti, société] to move towards ◆ **s'orienter vers les sciences** [étudiant] to specialize in science ◆ **il s'est orienté vers un lycée professionnel** he decided to go to a technical college

**c** (Bourse) **le marché s'oriente à la hausse/à la baisse** the market is on a rising/a falling trend, the market is trending upward/downward (US)

**orienteur, -euse** [ɔʀjɑ̃tœʀ, øz] → SYN 1 nm,f (Scol) careers adviser

2 nm (Tech) orientator

**orifice** [ɔʀifis] → SYN nm [caverne, digue] opening, orifice, aperture; [puits, gouffre, four, tuyau] opening, mouth; (Anat) orifice; (Phon) cavity ◆ **orifice d'admission/d'échappement (des gaz)** intake/exhaust port

**oriflamme** [ɔʀiflam] → SYN nf (= bannière) banner, standard; (Hist) oriflamme

**origami** [ɔʀigami] nm origami, (Japanese) paper-folding

**origan** [ɔʀigɑ̃] → SYN nm oregano

**originaire** [ɔʀiʒinɛʀ] → SYN adj **a** **originaire de** (= natif de) famille, personne originating from; (= provenant de) plante, coutume, mets native to ◆ **il est originaire de** he is a native of, he was born in

**b** (= originel) titulaire, propriétaire original, first; vice, défaut innate, inherent

**originairement** [ɔʀiʒinɛʀmɑ̃] adv originally, at first

**original, e,** mpl **-aux** [ɔʀiʒinal, o] → SYN 1 adj **a** (= premier, originel) original ◆ **édition originale** original ou first edition; → **bande**[1], **version**

**b** (= neuf, personnel) idée, décor original, novel; artiste, talent, style, œuvre original ◆ **cela n'a rien d'original** there's nothing original about that

**c** (péj = bizarre) eccentric, odd

2 nm,f (péj) (= excentrique) eccentric; (= fantaisiste) clown *, joker * ◆ **c'est un original** he's a (real) character ou a bit of an eccentric

**3** nm [ouvrage, tableau] original; [document] original (copy); [texte dactylographié] top copy, original (US) ◆ **l'original de ce personnage** the model for ou the original of this character

**originalement** [ɔʀiʒinalmɑ̃] adv (= de façon personnelle) originally, in an original way; (= originellement) originally

**originalité** [ɔʀiʒinalite] SYN nf **a** (= nouveauté) [idée, décor] originality, novelty; [artiste, talent, œuvre] originality ◆ **d'une grande originalité** very original

**b** (= caractéristique originale) original aspect ou feature

**c** (= excentricité) eccentricity

**origine** [ɔʀiʒin] GRAMMAIRE ACTIVE 17.2 SYN nf origin; (= commencement) origin, beginning ◆ **les origines de la vie** the origins of life ◆ **tirer son origine de, avoir son origine dans** to have one's (ou its) origins in, originate in ◆ **avoir pour origine** to be caused by ◆ **quelle est l'origine de sa fortune ?** where did his fortune come from?, how did he make his fortune? ◆ **"l'Automobile, des origines à nos jours"** (titre d'ouvrage) "the Motor Car, from its Origins to the Present Day" ◆ **elle a de lointaines origines bretonnes** she has distant Breton roots ◆ **dès l'origine** at ou from the outset, at ou from the very beginning

◆ **d'origine** nationalité, région de production of origin; langue, pays d'une personne native ◆ **d'origine française/noble** of French/noble origin ou extraction ◆ **être d'origine paysanne/ouvrière** to come from peasant stock/a working-class background ◆ **produit d'origine animale** product of animal origin ◆ **mot d'origine française** word of French origin ◆ **coutume d'origine ancienne** long-standing custom, custom of long standing ◆ **les pneus sont d'origine** it still has its original tyres, the tyres are the original ones; → **méridien**

◆ **à l'origine** originally, to begin with ◆ **être à l'origine de** (gén) to be the cause of; [+ proposition, initiative, projet, attentat] to be behind

**originel, -elle** [ɔʀiʒinɛl] SYN adj innocence, pureté, beauté original, primeval; état, sens original; → **péché**

**originellement** [ɔʀiʒinɛlmɑ̃] SYN adv (= primitivement) originally; (= dès le début) from the (very) beginning, from the outset

**orignal,** pl **-aux** [ɔʀiɲal, o] SYN nm moose, Canadian elk

**orin** [ɔʀɛ̃] SYN nm buoy rope

**Orion** [ɔʀjɔ̃] nm Orion ◆ **le Baudrier d'Orion** Orion's Belt ◆ **la constellation d'Orion** the constellation (of) Orion

**oripeaux** [ɔʀipo] nmpl (= haillons) rags; (= guenilles clinquantes) showy ou flashy rags

**ORL** [oɛʀɛl] **1** nf (abrév de **oto-rhino-laryngologie**) ENT

**2** nmf (abrév de **oto-rhino-laryngologiste**) ENT doctor ou specialist

**orle** [ɔʀl] nm (Archit) orlo; (Hér) orle

**orléaniste** [ɔʀleanist] adj, nmf Orleanist

**Orlon ®** [ɔʀlɔ̃] nm Orlon ®

**ormaie** [ɔʀmɛ] nf elm grove

**orme** [ɔʀm] nm elm

**ormeau,** pl **ormeaux** [ɔʀmo] SYN nm (Bot) (young) elm; (Zool) ormer, abalone, ear shell

**ormoie** [ɔʀmwa] nf ⇒ **ormaie**

**Ormuz** [ɔʀmuz] n Hormuz, Ormuz ◆ **le détroit d'Ormuz** the Strait of Hormuz ou Ormuz

**orné, e** [ɔʀne] (ptp de **orner**) adj style ornate, florid ◆ **lettres ornées** illuminated letters

**ornemaniste** [ɔʀnəmanist] SYN nmf ornamentalist

**ornement** [ɔʀnəmɑ̃] SYN nm (gén) ornament; (Archit, Art) embellishment, adornment; (Mus) grace note(s), ornament ◆ **sans ornement(s)** élégance, toilette, style plain, unadorned ◆ **d'ornement** arbre, jardin ornamental ◆ **ornements de style** ornaments of style ◆ **ornements sacerdotaux** vestments

**ornemental, e,** mpl **-aux** [ɔʀnəmɑ̃tal, o] SYN adj style, plante ornamental; motif decorative

**ornementation** [ɔʀnəmɑ̃tasjɔ̃] nf ornamentation

**ornementer** [ɔʀnəmɑ̃te] SYN ▸ conjug 1 ◂ vt to ornament

**orner** [ɔʀne] ▸ conjug 1 ◂ vt **a** (= décorer) [+ chambre, vêtement] to decorate (*de* with); (= embellir) [+ discours, récit] to embellish (*de* with) ◆ **orner une rue de drapeaux** to deck out a street with flags ◆ **sa robe était ornée d'un galon** her dress was trimmed with braid ◆ **livre orné de dessins** book illustrated with drawings ◆ **orner la vérité** (littér) to adorn ou embellish the truth ◆ **orner son esprit** (littér) to enrich one's mind

**b** (= servir d'ornement à) to adorn, decorate, embellish ◆ **la fleur qui ornait sa boutonnière** the flower which adorned ou decorated his buttonhole ◆ **les sculptures qui ornaient la façade** the sculptures which adorned ou decorated ou embellished the façade

**ornière** [ɔʀnjɛʀ] SYN nf (lit) rut ◆ **il est sorti de l'ornière maintenant** (fig) he's out of the wood(s) now ◆ **retomber dans l'ornière** to go back to one's old ways

**ornithogale** [ɔʀnitɔgal] nm star-of-Bethlehem

**ornithologie** [ɔʀnitɔlɔʒi] nf ornithology

**ornithologique** [ɔʀnitɔlɔʒik] adj ornithological

**ornithologiste** [ɔʀnitɔlɔʒist], **ornithologue** [ɔʀnitɔlɔg] nmf ornithologist

**ornithomancie** [ɔʀnitɔmɑ̃si] nf ornithomancy

**ornithorynque** [ɔʀnitɔʀɛ̃k] nm duck-billed platypus, ornithorhynchus (SPÉC)

**ornithose** [ɔʀnitoz] nf ornithosis

**orobanche** [ɔʀɔbɑ̃ʃ] nf broomrape

**orobe** [ɔʀɔb] nm bitter-vetch

**orogenèse** [ɔʀoʒənɛz] nf (= processus) orogenesis; (= période) orogeny

**orogénie** [ɔʀoʒeni] nf orogeny

**orogénique** [ɔʀoʒenik] adj orogenic, orogenetic

**orographie** [ɔʀɔgʀafi] nf or(e)ography

**orographique** [ɔʀɔgʀafik] adj or(e)ographic(al)

**oronge** [ɔʀɔ̃ʒ] SYN nf agaric ◆ **oronge vraie** imperial mushroom ◆ **fausse oronge** fly agaric

**oropharynx** [ɔʀofaʀɛ̃ks] nm oropharynx

**orpaillage** [ɔʀpajaʒ] nm gold washing

**orpailleur** [ɔʀpajœʀ] nm gold washer

**Orphée** [ɔʀfe] nm Orpheus ◆ **"Orphée et Eurydice"** (Myth) "Orpheus and Eurydice" ◆ **"Orphée aux enfers"** (Mus) "Orpheus in the Underworld"

**orphelin, e** [ɔʀfəlɛ̃, in] SYN **1** adj orphan(ed) ◆ **être orphelin de père/de mère** to be fatherless/motherless, have lost one's father/mother

**2** nm,f orphan; → **veuf**

**orphelinat** [ɔʀfəlina] nm (= lieu) orphanage; (= orphelins) children of the orphanage

**orphéon** [ɔʀfeɔ̃] SYN nm (= fanfare) (village ou town) band

**orphéoniste** [ɔʀfeɔnist] SYN nmf [fanfare] member of a (village ou town) band

**orphie** [ɔʀfi] SYN nf garfish

**orphique** [ɔʀfik] adj Orphic

**orphisme** [ɔʀfism] nm Orphism

**orpiment** [ɔʀpimɑ̃] nm orpiment

**orpin** [ɔʀpɛ̃] nm stonecrop

**orque** [ɔʀk] SYN nf killer whale

**ORSEC** [ɔʀsɛk] nf (abrév de **Organisation des secours**) → **plan**[1]

**orseille** [ɔʀsɛj] nf (Bot = pâte) orchil, archil

**orteil** [ɔʀtɛj] nm toe ◆ **gros/petit orteil** big/little toe

**ORTF** † [ɔɛʀteɛf] nf (abrév de **Office de radiodiffusion-télévision française**) *former French broadcasting service*

**orthocentre** [ɔʀtosɑ̃tʀ] nm orthocentre

**orthochromatique** [ɔʀtokʀɔmatik] adj orthochromatic

**orthodontie** [ɔʀtodɔ̃ti] nf orthodontics sg, dental orthopaedics sg (Brit) ou orthopedics sg (US)

**orthodontique** [ɔʀtodɔ̃tik] adj orthodontic

**orthodontiste** [ɔʀtodɔ̃tist] nmf orthodontist

**orthodoxe** [ɔʀtɔdɔks] SYN **1** adj **a** (Rel, gén) Orthodox; → **église**

**b** (en emploi négatif) **peu orthodoxe, pas très orthodoxe** méthode, pratiques rather unorthodox, not very orthodox

**2** nmf (Rel) Orthodox; (Pol) one who follows the orthodox (party) line ◆ **les orthodoxes grecs/russes** the Greek/Russian Orthodox

**orthodoxie** [ɔʀtɔdɔksi] SYN nf orthodoxy

**orthodromie** [ɔʀtɔdʀɔmi] SYN nf orthodromy

**orthogenèse** [ɔʀtoʒenɛz] nf orthogenesis

**orthogénie** [ɔʀtoʒeni] SYN nf family planning ◆ **centre d'orthogénie** family planning ou birth control centre

**orthogénisme** [ɔʀtoʒenism] nm study of family planning

**orthogonal, e,** mpl **-aux** [ɔʀtɔgɔnal, o] adj orthogonal

**orthogonalement** [ɔʀtɔgɔnalmɑ̃] adv orthogonally

**orthographe** [ɔʀtɔgʀaf] nf (gén) spelling, orthography (SPÉC); (= forme écrite correcte) spelling; (= système) spelling (system) ◆ **réforme de l'orthographe** spelling ou orthographical reform, reform of the spelling system ◆ **quelle est l'orthographe de votre nom ?** how do you spell your name?, how is your name spelt? ◆ **ce mot a deux orthographes** this word has two different spellings ou can be spelt in two (different) ways ◆ **il a une bonne orthographe** he's good at spelling, he's a good speller ◆ **orthographe d'usage** spelling ◆ **orthographe d'accord** *spelling of grammatical agreements;* → **faute**

**orthographier** [ɔʀtɔgʀafje] SYN ▸ conjug 7 ◂ vt to spell *(in writing)* ◆ **mal orthographié** incorrectly ou wrongly spelt

**orthographique** [ɔʀtɔgʀafik] adj spelling (épith), orthographical ◆ **signe orthographique** orthographical sign

**orthonormé, e** [ɔʀtonɔʀme] adj orthonormal

**orthopédie** [ɔʀtɔpedi] nf orthopaedics sg (Brit), orthopedics sg (US)

**orthopédique** [ɔʀtɔpedik] adj orthopaedic (Brit), orthopedic (US) ◆ **chaussures orthopédiques** orthopaedic shoes

**orthopédiste** [ɔʀtɔpedist] nmf (= médecin) orthopaedic (Brit) ou orthopedic (US) specialist, orthopaedist (Brit), orthopedist (US); (= fabricant) maker of orthopaedic (Brit) ou orthopedic (US) devices ◆ **chirurgien orthopédiste** orthopaedic (Brit) ou orthopedic (US) surgeon

**orthophonie** [ɔʀtɔfɔni] SYN nf (= traitement) speech therapy; (= prononciation correcte) correct pronunciation

**orthophoniste** [ɔʀtɔfɔnist] nmf speech therapist

**orthopnée** [ɔʀtɔpne] SYN nf orthopn(o)ea

**orthoptère** [ɔʀtɔptɛʀ] **1** adj orthopterous, orthopteran

**2** nm orthopteran, orthopteron

**orthoptie** [ɔʀtɔpsi] nf orthoptics sg

**orthoptique** [ɔʀtɔptik] **1** adj orthoptic

**2** nf orthoptics sg

**orthoptiste** [ɔʀtɔptist] nmf orthoptist

**orthorhombique** [ɔʀtoʀɔ̃bik] adj orthorhombic

**orthoscopique** [ɔʀtɔskɔpik] adj orthoscopic

**orthose** [ɔʀtoz] nm orthose

**orthostatique** [ɔʀtostatik] adj orthostatic

**orthosympathique** [ɔʀtosɛ̃patik] adj sympathetic

**ortie** [ɔʀti] nf (stinging) nettle ◆ **ortie blanche** white dead-nettle ◆ **jeter qch aux orties** to throw sth out of the window ◆ **jeter la soutane** ou **le froc aux orties** to leave the priesthood; → **piqûre**

**ortolan** [ɔʀtɔlɑ̃] SYN nm ortolan (bunting) ◆ **à l'époque, je ne me nourrissais pas d'ortolans** (hum) those were lean days for me

**orvale** [ɔʀval] nf clary

**orvet** [ɔʀvɛ] SYN nm slow worm

**oryctérope** [ɔʀikteʀɔp] SYN nm aardvark

**oryx** [ɔʀiks] nm oryx

**OS** [oɛs] nm (abrév de **ouvrier spécialisé**) → **ouvrier**

**os**, pl **os** [ɔs, o] → SYN 1 nm a (Anat) bone ◆ **avoir de petits/gros os** to be small-boned/big-boned ◆ **viande avec os** meat on the bone ◆ **viande sans os** boned ou boneless meat, meat off the bone ◆ **fait en os** made of bone ◆ **jetons/manche en os** bone counters/handle ◆ **à manche en os** bone-handled

b (Loc) **c'est un paquet** ou **sac d'os** he's a bag of bones, he's (all) skin and bone(s) ◆ **mouillé** ou **trempé jusqu'aux os** soaked to the skin, wet through ◆ **donner** ou **jeter un os à ronger à qn** to give sb something to keep him occupied ou quiet ◆ **il ne fera pas de vieux os** (= il ne vivra pas longtemps) he won't last ou live long ◆ **il n'a pas fait de vieux os dans cette entreprise** he didn't last long in that firm ◆ **il est pourri jusqu'à l'os*** he's rotten to the core ◆ **ils t'ont eu** ou **possédé jusqu'à l'os*** they had you good and proper* ◆ **l'avoir dans l'os**‡ (= être roulé) to be had* ◆ **il y a un os*** there's a snag ou hitch ◆ **tomber sur un os*** (obstacle temporaire) to come across ou hit* a snag; (impasse) to be stymied; (échec) to come unstuck; → **chair, rompre**

2 COMP ▷ **os à moelle** marrowbone ▷ **os de seiche** cuttlebone

**Osaka** [ozaka] n Osaka

**oscabrion** [ɔskabʀijɔ̃] → SYN nm chiton, coat-of-mail shell

**oscar** [ɔskaʀ] nm (Ciné) Oscar; (autres domaines) prize, award (*de* for) ◆ **l'oscar du meilleur film/scénario** the Oscar for best film/screenplay

**oscillaire** [ɔsilɛʀ] nf oscillatoria

**oscillant, e** [ɔsilɑ̃, ɑ̃t] adj oscillating

**oscillateur** [ɔsilatœʀ] nm (Phys) oscillator

**oscillation** [ɔsilasjɔ̃] → SYN nf (Élec, Phys) oscillation; [pendule] swinging (NonC), oscillation; [navire] rocking (NonC); [température, cours, taux, opinion] fluctuation, variation (*de* in) ◆ **les oscillations de son esprit** his (mental) fluctuations

**oscillatoire** [ɔsilatwaʀ] adj (Sci) oscillatory; mouvement swinging, oscillatory (SPÉC)

**osciller** [ɔsile] → SYN ▸ conjug 1 ◂ vi (Sci) to oscillate; [pendule] to swing, oscillate; [navire] to rock ◆ **le vent fit osciller la flamme/la statue** the wind made the flame flicker/made the statue rock ◆ **sa tête oscillait de droite à gauche** his head rocked from side to side ◆ **il oscillait sur ses pieds** he rocked on his feet ◆ **osciller entre** (fig) [personne] to waver ou oscillate between; [prix, température] to fluctuate ou vary between

**oscillogramme** [ɔsilɔgʀam] nm oscillogram

**oscillographe** [ɔsilɔgʀaf] nm oscillograph

**oscillomètre** [ɔsilɔmɛtʀ] nm oscillometer

**oscilloscope** [ɔsilɔskɔp] nm oscilloscope

**osculateur, -trice** [ɔskylatœʀ, tʀis] adj osculatory

**osculation** [ɔskylasjɔ̃] nf osculation

**oscule** [ɔskyl] nm oscule

**ose** [oz] nm monosaccharide

**osé, e** [oze] → SYN (ptp de **oser**) adj tentative, démarche, toilette bold, daring; sujet, plaisanterie risqué, daring

**Osée** [oze] nm Hosea

**oseille** [ozɛj] → SYN nf a (Bot) sorrel

b (‡ = argent) dough‡, bread‡, dosh‡ (surtout Brit) ◆ **avoir de l'oseille** to be in the money*, have plenty of dough‡ ou dosh‡ (surtout Brit)

**oser** [oze] → SYN ▸ conjug 1 ◂ vt a (gén) to dare ◆ **il faut oser !** one must take risks! ◆ **oser faire qch** to dare (to) do sth ◆ **oser qch** (littér) to dare sth ◆ **il n'osait (pas) bouger** he did not dare (to) move ◆ **je voudrais bien mais je n'ose pas** I'd like to but I don't dare ou I daren't ◆ **ose le répéter !** I dare you to repeat it! ◆ **approche si tu l'oses !** come over here if you dare! ◆ **il a osé m'insulter** he dared ou presumed to insult me ◆ **comment osez-vous !** how dare you!

b (Loc) **si j'ose dire** if I may say so, if I may make (Brit) ou be (US) so bold † (aussi hum) ◆ **si j'ose m'exprimer ainsi** if I can put it that way, if you'll pardon the expression ◆ **j'ose espérer** ou **croire que ...** I hope that ... ◆ **j'ose l'espérer** I should hope so ◆ **je n'ose y croire** I daren't believe it ◆ **j'oserais même dire que ...** I'd even venture to ou go as far as to say that ...

**oseraie** [ozʀɛ] nf osier plantation

**oside** [ozid] nm (Chim) oside

**osier** [ozje] nm (Bot) willow, osier; (= fibres) wicker (NonC) ◆ **corbeille en osier** wicker(work) basket ◆ **fauteuil en osier** wicker(work) chair, basket chair; → **brin**

**osiériculture** [ozjeʀikyltyʀ] nf willow growing

**Osiris** [oziʀis] nm Osiris

**Oslo** [ɔslo] n Oslo

**osmique** [ɔsmik] adj ◆ **acide osmique** osmic acid

**osmium** [ɔsmjɔm] nm osmium

**osmomètre** [ɔsmɔmɛtʀ] nm osmometer

**osmonde** [ɔsmɔ̃d] nf osmund

**osmose** [ɔsmoz] → SYN nf (lit, fig) osmosis ◆ **vivre en osmose avec** to live in harmony with ◆ **osmose inverse** reverse osmosis

**osmotique** [ɔsmɔtik] adj osmotic

**ossature** [ɔsatyʀ] → SYN nf [corps] frame, skeletal structure (SPÉC); [tête, visage] bone structure; [appareil, immeuble] framework; [voûte] frame(work); [société, discours] framework, structure ◆ **à ossature grêle/robuste** slender-/heavy-framed

**osséine** [ɔsein] nf ossein

**osselet** [ɔslɛ] nm a (= jeu) **osselets** knucklebones, jacks

b (Anat) [oreille] ossicle

c (Vét) osselet

**ossements** [ɔsmɑ̃] → SYN nmpl (= squelettes) bones

**osseux, -euse** [ɔsø, øz] adj a (Anat) tissu bone (épith), osseous (SPÉC); charpente, carapace bony; (Bio) poisson bony; (Méd) greffe bone (épith); maladie bone (épith), of the bones

b (= maigre) main, visage bony

**Ossian** [ɔsjɑ̃] n Ossian

**ossianique** [ɔsjanik] adj Ossianic

**ossification** [ɔsifikasjɔ̃] → SYN nf (Méd) ossification

**ossifier** vt, **s'ossifier** vpr [ɔsifje] ▸ conjug 7 ◂ (lit, fig) to ossify

**osso buco** [ɔsobuko] nm inv osso bucco

**ossu, e** [ɔsy] adj (littér) large-boned

**ossuaire** [ɔsɥɛʀ] → SYN nm (= lieu) ossuary

**ostéalgie** [ɔstealʒi] nf ostalgia

**ostéichtyens** [ɔsteiktjɛ̃] nmpl ◆ **les ostéichtyens** the Osteichthyes

**ostéite** [ɔsteit] nf osteitis

**ostensible** [ɔstɑ̃sibl] → SYN adj mépris, indifférence conspicuous, patent; charité, compassion, attitude, geste conspicuous ◆ **de façon ostensible** conspicuously

**ostensiblement** [ɔstɑ̃sibləmɑ̃] adv conspicuously

**ostensoir** [ɔstɑ̃swaʀ] nm monstrance

**ostentation** [ɔstɑ̃tasjɔ̃] → SYN nf ostentation ◆ **il détestait toute ostentation** he hated all ostentation ou show, he hated all manner of ostentation ou display ◆ **agir avec ostentation** to act with ostentation ou ostentatiously ◆ **courage/élégance sans ostentation** unostentatious courage/elegance ◆ **faire qch sans ostentation** to do sth without ostentation ou unostentatiously ◆ **faire ostentation de qch** (littér) to make a display ou show of sth, parade sth

**ostentatoire** [ɔstɑ̃tatwaʀ] adj (littér) ostentatious

**ostéoblaste** [ɔsteɔblast] nm osteoblast

**ostéochondrose** [ɔsteɔkɔ̃dʀoz] nf osteochondrosis

**ostéoclasie** [ɔsteɔklazi] nf osteoclasis

**ostéoclaste** [ɔsteɔklast] nm osteoclast

**ostéocyte** [ɔsteɔsit] nm osteocyte

**ostéogenèse** [ɔsteoʒənɛz], **ostéogénie** [ɔsteoʒeni] nf osteogenesis

**ostéologie** [ɔsteɔlɔʒi] nf osteology

**ostéologique** [ɔsteɔlɔʒik] adj osteological

**ostéomalacie** [ɔsteomalasi] nf osteomalacia

**ostéomyélite** [ɔsteomjelit] nf osteomyelitis

**ostéopathe** [ɔsteɔpat] nmf osteopath

**ostéopathie** [ɔsteɔpati] nf (= maladie) bone disease; (= pratique) osteopathy

**ostéophyte** [ɔsteɔfit] nm osteophyte

**ostéoplastie** [ɔsteɔplasti] nf osteoplasty

**ostéoporose** [ɔsteɔpɔʀoz] nf osteoporosis

**ostéosarcome** [ɔsteosaʀkom] nm osteosarcoma

**ostéosynthèse** [ɔsteosɛ̃tɛz] nf osteosynthesis

**ostéotomie** [ɔsteɔtɔmi] nf osteotomy

**ostiak** [ɔstjak] nm Ostyak

**ostiole** [ɔstjɔl] → SYN nm ostiole

**ostraciser** [ɔstʀasize] → SYN ▸ conjug 1 ◂ vt to ostracize

**ostracisme** [ɔstʀasism] → SYN nm ostracism ◆ **être frappé d'ostracisme** to be ostracized ◆ **leur ostracisme m'était indifférent** being ostracized by them didn't bother me

**ostréicole** [ɔstʀeikɔl] adj production oyster (épith); techniques oyster-farming (épith)

**ostréiculteur, -trice** [ɔstʀeikyltœʀ, tʀis] nm,f oyster-farmer, ostreiculturist (SPÉC)

**ostréiculture** [ɔstʀeikyltyʀ] nf oyster-farming, ostreiculture (SPÉC)

**ostréidés** [ɔstʀeide] nmpl oysters

**ostrogot(h), e** [ɔstʀɔgo, gɔt] 1 adj Ostrogothic

2 **Ostrogot(h)(e)** nm,f Ostrogoth

3 nm († ou hum) (= mal élevé) barbarian; (= original, olibrius) odd fish* ou fellow

**ostyak** [ɔstjak] nm ⇒ **ostiak**

**otage** [ɔtaʒ] → SYN nm hostage ◆ **prendre qn en** ou **comme otage** to take sb hostage ◆ **être pris** ou **retenu en otage** to be held hostage ◆ **la prise d'otages** the hostage-taking incident ◆ **le gouvernement s'élève contre les prises d'otages** the government condemns hostage-taking ou the taking ou seizure of hostages

**otalgie** [ɔtalʒi] nf otalgia

**OTAN** [ɔtɑ̃] nf (abrév de **Organisation du Traité de l'Atlantique Nord**) NATO

**otarie** [ɔtaʀi] nf sea-lion, otary (SPÉC), eared seal (SPÉC)

**OTASE** [ɔtaz] nf (abrév de **Organisation des territoires de l'Asie du Sud-Est**) SEATO

**ôter** [ote] → SYN ▸ conjug 1 ◂ 1 vt a (= enlever) [+ ornement] to take away, remove (*de* from); [+ lunettes, vêtement] to take off, remove; [+ arêtes, épine] to take out (*de* of), remove (*de* from); [+ tache] to take out (*de* of), remove (*de* from), lift (*de* from); [+ hésitation, scrupule] to remove, take away; [+ remords] to relieve ◆ **ôte les assiettes (de la table)** clear the table, clear the dishes off the table ◆ **un produit qui ôte l'acidité (à une** ou **d'une substance)** a product which removes the acidity (from a substance) ◆ **ôte tes mains de la porte !** take your hands off the door! ◆ **ôte tes pieds de là !** get your feet off there! ◆ **cela lui a ôté un gros poids** that took a great weight off his chest ou lifted a great weight from his chest ◆ **on lui ôta ses menottes** they took his handcuffs off, they unhandcuffed him

b (= retrancher) [+ somme] to take away; [+ paragraphe] to remove, cut out (*de* from) ◆ **ôter un nom d'une liste** to remove a name from a list, take a name off a list ◆ **5 ôté de 8 égale 3** 5 (taken away) from 8 equals ou leaves 3

c (= prendre) **ôter qch à qn** to take sth (away) from sb ◆ **ôter un enfant à sa mère** to take a child (away) from its mother ◆ **ôter à qn ses illusions** to rid ou deprive sb of his illusions ◆ **ôter à qn ses forces/son courage** to deprive sb of his strength/his courage ◆ **ça lui ôtera toute envie de recommencer** that will stop him wanting to do it again, that will rid him of any desire to do it again ◆ **ôte-lui le couteau (des mains)** take the knife (away) from him, take the knife out of ou from his hands ◆ **on ne m'ôtera pas de l'idée que ...** I can't get it out of my mind ou head that ... ◆ **il faut absolument lui ôter cette idée de la tête** we must get this idea out of his head; → **pain**

2 **s'ôter** vpr ◆ **ôtez-vous de là** move yourself!, get out of there! ◆ **ôtez-vous de la lumière, ôte-toi de mon soleil** (hum) get out of my light ◆ **ôte-toi de là (que je m'y mette) !** * (hum) (get) out of the way (and give me some room)!, move ou shift * out of the way (and give me some room)! ◆ **je ne peux pas m'ôter ça de l'idée** I can't get it out of my mind ou head ◆ **comment est-ce que ça s'ôte ?** how do you remove it? ou take it off? ◆ **s'ôter la vie** to take one's (own) life

**otique** [ɔtik] adj otic

**otite** [ɔtit] nf ear infection, otitis (SPÉC) ◆ **otite moyenne/interne** otitis media/interna

**otocyon** [ɔtɔsjɔ̃] nm long-eared fox, otocyon (SPÉC)

**otocyste** [ɔtɔsist] nm otocyst

**otolithe** [ɔtɔlit] nm otolith

**otologie** [ɔtɔlɔʒi] nf otology

**oto-rhino,** pl **oto-rhinos** [ɔtɔʀino] nmf ⇒ **oto-rhino-laryngologiste**

**oto-rhino-laryngologie** [ɔtɔʀinolaʀɛ̃gɔlɔʒi] nf oto(rhino)laryngology

**oto-rhino-laryngologiste,** pl **oto-rhino-laryngologistes** [ɔtɔʀinolaʀɛ̃gɔlɔʒist] nmf ear, nose and throat specialist, oto(rhino) laryngologist

**otorragie** [ɔtɔʀaʒi] nf bleeding from the ear, otorrhagia (SPÉC)

**otorrhée** [ɔtɔʀe] nf otorrhoea (Brit), otorrhea (US)

**otoscope** [ɔtɔskɔp] nm otoscope

**Ottawa** [ɔtawa] n Ottawa

**ottoman, e** [ɔtɔmɑ̃, an] 1 adj Ottoman

2 nm a (= personne) **Ottoman** Ottoman

b (= tissu) ottoman

3 **ottomane** nf a (= personne) **Ottomane** Ottoman woman

b (= canapé) ottoman

**ou** [u] conj a (alternative) or ◆ **est-ce qu'il doit venir aujourd'hui ou demain ?** is he coming today or tomorrow? ◆ **il faut qu'il vienne aujourd'hui ou demain** he must come (either) today or tomorrow ◆ **avec ou sans sucre ?** with or without sugar? ◆ **que vous alliez chez cet épicier ou chez l'autre, c'est le même prix** it's the same price whether you go to this grocer or (to) the other one ◆ **un kilo de plus ou de moins, cela ne se sent pas** one kilo more or less doesn't show up ◆ **que vous le vouliez ou non** whether you like it or not ◆ **jolie ou non, elle plaît** (whether she's) pretty or not, she's attractive ◆ **est-ce qu'elle veut se lever ou préfère-t-elle attendre demain ?** does she want to get up or does she prefer to wait until tomorrow? ◆ **il nous faut 3 pièces, ou plutôt/ou même 4** we need 3 rooms, or preferably/or even 4 ◆ **apportez-moi une bière, ou plutôt non, un café** bring me a beer, or rather a coffee ◆ **ou pour mieux dire** or rather, or I should say

b (approximation) or ◆ **à 5 ou 6 km d'ici** 5 or 6 km from here ◆ **ils étaient 10 ou 12** there were (some) 10 or 12 of them

c (avec exclusion) **donne-moi ça ou je me fâche** give me that or I'll get cross ◆ **il faut qu'il travaille ou (bien) il échouera à son examen** he'll have to work or (else) ou otherwise he'll fail his exam

◆ **ou (bien) ... ou (bien)** either ... or ◆ **ou il est malade ou (bien) il est fou** he's either sick or mad, either he's sick or (else) he's mad ◆ **ou (bien) tu m'attends ou (bien) alors tu pars à pied** either you wait for me or (else) you'll have to walk, you (can) either wait for me or (else) go on foot

**où** [u] 1 pron a (situation, direction) where ◆ **l'endroit où je vais/je suis** the place where I'm going/I am, the place I'm going to/I'm in ◆ **l'endroit idéal où s'établir** the ideal place to settle ◆ **je cherche un endroit où m'asseoir** I'm looking for a place to sit down ou for somewhere to sit ◆ **la ville où j'habite** the town I live in ou where I live ◆ **le mur où il est accoudé** the wall he's leaning against ◆ **le tiroir où tu as rangé le livre** the drawer you put the book in ou where you put the book ◆ **le tiroir où tu a pris le livre** the drawer you took the book from ◆ **le livre où il a trouvé ce renseignement** the book where ou in which he found this piece of information ◆ **le livre où il a copié ceci** the book he copied this from ou from which he copied this ◆ **le chemin par où il est passé** the road he went along ou he took ◆ **le village par où il est passé** the village he went through ◆ **l'endroit d'où je viens** the place I've come from ◆ **la pièce d'où il sort** the room he's come out of ◆ **la crevasse d'où on l'a retiré** the crevasse they pulled him out of ◆ **une chambre d'où s'échappent des gémissements** a room from which moans are coming ◆ **l'endroit jusqu'où ils ont grimpé** the place (where) they have climbed to ou to which they've climbed; → **là, partout**

b (antécédent abstrait : institution, groupe, état, condition) **la famille où il est entré** the family he has become part of, the family he has joined ◆ **la famille/la firme d'où il sort** the family/firm he comes ou has come from ◆ **la ville d'où il vient** (origine) the town he comes from ◆ **l'école où il est inscrit** the school where ou in which he is enrolled ◆ **les mathématiques, domaine où je ne suis guère compétent** mathematics, an area in which I have little skill ◆ **dans l'état où il est** in the state he's in ou in which he is ◆ **l'obligation où il se trouve de partir** the fact that he finds himself obliged to leave ◆ **dans l'embarras où j'étais** in my embarrassment ◆ **les conditions où ils travaillent** the conditions they work in ou in which they work ◆ **la rêverie où il est plongé/d'où je l'ai tiré** the daydream he's in/from which I roused him ◆ **les extrêmes où il s'égare** the extremes into which he is straying ◆ **le but où tout homme tend** the goal towards which all men strive ◆ **la mélancolie où il se complaît** the melancholy in which he wallows ◆ **au rythme/train où ça va** at the speed/rate it's going ◆ **au prix où c'est** at the price it is ◆ **au tarif où ils font payer ça** at the rate they charge for it ◆ **à l'allure où ils vont** at the rate they're going ◆ **voilà où nous en sommes** that's the position to date ou so far, that's where we're at *; → **prix, train** (et pour autres constructions voir verbes appropriés)

c (temporel) **le siècle où se passe cette histoire** the century in which this story takes place ◆ **le jour où je l'ai rencontré** the day (when ou on which) I met him ◆ **l'époque où on n'avait rien à manger** the time when we had nothing to eat ◆ **à l'instant où il est arrivé** the moment he arrived ◆ **mais là où je me suis fâché, c'est quand il a recommencé** but what (finally) made me explode was when he started doing it again; → **moment**

2 adv rel a (situation, direction) where ◆ **j'irai où il veut** I'll go where ou wherever he wants ◆ **s'établir où l'on veut** to settle where one likes ◆ **je ne sais pas d'où il vient** I don't know where he comes from ◆ **on ne peut pas passer par où on veut** you can't just go where you like ◆ **d'où je suis on voit la mer** you can see the sea from where I am

◆ **où que** ◆ **où que l'on aille/soit** wherever one goes/is ◆ **d'où que l'on vienne** wherever one comes from ◆ **par où que l'on passe** wherever one goes

b (abstrait) **où cela devient grave, c'est lorsqu'il prétend que ...** where it gets serious is when he claims that ... ◆ **savoir où s'arrêter** to know where ou when to stop ◆ **d'où l'on peut conclure que ...** from which one may conclude that ... ◆ **d'où son silence/ma méfiance** hence his silence/my wariness ◆ **"où l'on voit que ..."** (titre de chapitre) "in which the reader sees ou learns that ..." ◆ (Prov) **où il y a de la gêne, il n'y a pas de plaisir** comfort comes first, there's no sense in being uncomfortable; (reproche) talk about making yourself at home!, some people think only of their own comfort

3 adv interrog a (situation, direction) where ◆ **où vas-tu/es-tu/l'as-tu mis ?** where are you going/are you/did you put it? ◆ **d'où viens-tu ?** where have you come from? ◆ **par où y aller ?** which way should we (ou I etc) go? ◆ **où aller ?** where should I (ou he etc) go? ◆ **où ça ?** * where's that?

b (abstrait) **où en étais-je ?** where was I?, where had I got to? ◆ **où en êtes-vous ?** where are you up to? ◆ **où allons-nous ?** where are we going? ◆ **d'où vient cette attitude ?** what's the reason for this attitude? ◆ **d'où vient qu'il n'a pas répondu ?** how come he hasn't replied? *, what's the reason for his not having replied? ◆ **d'où le tenez-vous ?** where did you hear that? ◆ **où voulez-vous en venir ?** what are you leading up to? ou getting at?

**OUA** [ɔya] nf (abrév de **Organisation de l'unité africaine**) OAU

**ouabaïne** [wabain] nf ouabain

**Ouagadougou** [wagadugu] n Ouagadougou

**ouah** ['wa] excl (* joie) wow! *, ooh! * ◆ **ouah, ouah !** (aboiement) woof! woof!

**ouailles** [waj] nfpl (Rel, hum) flock ◆ **l'une de ses ouailles** one of his flock

**ouais** * ['wɛ] excl (= oui) yeah *, yep *; (sceptique) oh yeah? *

**ouananiche** [wananiʃ] → SYN nm (Can) fresh water salmon

**ouaouaron** * [wawaʀɔ̃] nm (Can) bullfrog

**ouate** [(')wat] 1 nf a (pour pansement) cotton wool (Brit), cotton (US)

b (pour rembourrage) padding, wadding ◆ **doublé d'ouate** quilted

2 COMP ▷ **ouate hydrophile** cotton wool (Brit), absorbent cotton (US) ▷ **ouate thermogène** Thermogene ®

**ouaté, e** ['wate] (ptp de **ouater**) adj a pansement cotton-wool (épith) (Brit), cotton (épith) (US); † vêtement quilted

b pas, bruit muffled; ambiance cocoon-like

**ouater** ['wate] ▸ conjug 1 ◂ vt [+ manteau, couverture] to quilt ◆ **les collines ouatées de neige** the hills covered ou blanketed in snow

**ouatine** [watin] nf wadding, padding

**ouatiner** [watine] ▸ conjug 1 ◂ vt to quilt ◆ **veste ouatinée** quilted jacket

**oubli** [ubli] → SYN nm a (= omission) oversight ◆ **il s'agit d'un simple oubli** it was just an oversight ◆ **il y a des oublis dans ce récit** there are gaps ou things missed out in this account ◆ **l'oubli de cette date a eu des conséquences graves** the fact the date was forgotten has had serious repercussions ◆ **j'ai réparé mon oubli** I made up for having forgotten

b (= trou de mémoire) **ses oublis répétés m'inquiètent** his constant lapses of memory worry me, his constant forgetfulness worries me

c **l'oubli** oblivion, forgetfulness ◆ **l'oubli de soi(-même)** self-effacement, selflessness ◆ **tirer qch de l'oubli** to bring sth out of oblivion ◆ **tomber dans l'oubli** to sink into oblivion ◆ **le temps apporte l'oubli** memories fade with the passage of time

**oublié, e** [ublije] nm,f (ptp de **oublier**) forgotten person ◆ **c'est un peu l'oublié parmi les grands chanteurs** among the great singers he tends to be overlooked ◆ **les oubliés de l'Histoire** those who have been left out of the history books, those who have been forgotten by history

**oublier** [ublije] GRAMMAIRE ACTIVE 26.1 → SYN ▸ conjug 7 ◂

1 vt a (= ne pas se souvenir de) to forget; (= ne plus penser à) [+ soucis, chagrin, client, visiteur] to forget (about) ◆ **oublier de faire qch** to forget to do sth ◆ **oublier pourquoi** to forget why ◆ **ça s'oublie facilement** it's easily forgotten ◆ **j'ai oublié qui je dois prévenir** I can't remember who (it is) ou I've forgotten who (it is) I should warn ◆ **j'ai complètement oublié l'heure** I completely forgot about the time ◆ **j'ai oublié si j'ai bien éteint le gaz** I forget ou I can't remember if I turned off the gas ◆ **n'oublie pas que nous sortons ce soir** remember ou don't forget we're going out tonight ◆ **boire pour oublier** to drink to forget ◆ **ah oui, j'oubliais, il faut que tu rappelles ton frère** oh, yes, I almost forgot, you should phone your brother ◆ **il oubliera avec le temps** he'll forget in time, time will help him forget ◆ **oublions le passé** let's forget about the past, let's let bygones be bygones ◆ **c'est oublié, n'y pensons plus** it's all forgotten now, let's not think about it any more ◆ **j'avais complètement oublié sa présence** I had completely forgotten that he was there ◆ **sa gentillesse fait oublier sa laideur** the fact he's so nice

makes you forget how ugly he is ◆ **il essaie de se faire oublier** he's trying to keep out of the limelight ◆ **mourir oublié** to die forgotten

**b** (= laisser) [+ chose] to forget, leave behind; [+ fautes d'orthographe] to miss; (= omettre) [+ virgule, phrase] to leave out ◆ **j'ai oublié mon parapluie dans le train** I left my umbrella on the train ◆ **j'ai oublié mon parapluie** I forgot my umbrella, I left my umbrella behind ◆ **tu as oublié (de laver) une vitre** you've missed a pane ◆ **un jour tu oublieras ta tête !** (hum) you'll forget your head one of these days!

**c** (= négliger) [+ famille, devoir, travail, promesse] to forget, neglect ◆ **oublier les règles de la politesse** to forget ou neglect the rules of etiquette ◆ **n'oubliez pas le guide !** don't forget (to tip) the guide! ◆ **il ne faut pas oublier que c'est un pays pauvre** we must not lose sight of the fact ou forget that it's a poor country ◆ **oublier qn dans son testament** to forget (to include) sb in one's will ◆ **il ne vous oublie pas** he hasn't forgotten (about) you ◆ **on l'a oublié sur la liste** he's been left off the list

2 **s'oublier** vpr **a** (= ne pas être retenu) to be forgotten ◆ **quelqu'un comme ça ne s'oublie pas facilement** someone like that is not easily forgotten ◆ **il ne s'est pas oublié (dans le partage)** (iro) he didn't forget himself (in the share-out)

**b** (littér = manquer d'égards) **vous vous oubliez !** you're forgetting yourself!

**c** (euph = faire ses besoins) **le chat s'est oublié sur la moquette** the cat had an accident on the carpet

**oubliettes** [ublijɛt] nfpl oubliettes ◆ **jeter** ou **mettre aux oubliettes** [+ projet] to shelve ◆ **tomber dans les oubliettes (de l'histoire)** [déclaration, procès] to sink into oblivion ◆ **ce livre/projet est tombé aux oubliettes** this book/plan has been forgotten

**oublieux, -ieuse** [ublijø, ijøz] [→ SYN] adj (frm) deliberately forgetful ◆ **oublieux de** [+ bienfaits] quick to forget; [+ obligations, devoirs] neglectful of

**oued** [wɛd] [→ SYN] nm wadi

**ouest** [wɛst] [→ SYN] 1 nm **a** (= point cardinal) west ◆ **le vent d'ouest** the west wind ◆ **un vent d'ouest** a west(erly) wind, a westerly (SPÉC) ◆ **le vent tourne/est à l'ouest** the wind is veering west(wards) ou towards the west/is blowing from the west ◆ **regarder vers l'ouest** ou **dans la direction de l'ouest** to look west(wards) ou towards the west ◆ **à l'ouest** (situation) in the west; (direction) to the west, west(wards) ◆ **le soleil se couche à l'ouest** the sun sets in the west ◆ **à l'ouest de** west of, to the west of ◆ **la maison est (exposée) à l'ouest/exposée plein ouest** the house faces (the) west ou westwards/due west, the house looks west(wards)/due west ◆ **l'Europe/la France/la Bourgogne de l'ouest** Western Europe/France/Burgundy; → **Allemagne**

**b** (= régions occidentales) west ◆ **l'Ouest** (Pol) the West ◆ **l'ouest de la France, l'Ouest** the West of France ◆ **les rapports entre l'Est et l'Ouest** East-West relations, relations between the East and the West ◆ **"À l'ouest rien de nouveau"** (Littérat) "All Quiet on the Western Front"

2 adj inv région, partie western; entrée, paroi west; versant, côte west(ern); côté west(ward); direction westward, westerly; → **longitude**

**ouest-allemand, e** [wɛstalmɑ̃, ɑd] (Hist) 1 adj West German

2 **Ouest-Allemand(e)** nm,f West German

**ouest-nord-ouest** [wɛstnɔʀwɛst] adj inv, nm west-northwest

**ouest-sud-ouest** [wɛstsydwɛst] adj inv, nm west-southwest

**ouf** ['uf] excl, nm phew, whew ◆ **pousser un ouf de soulagement** to breathe ou give a sigh of relief ◆ **ils ont dû repartir sans avoir le temps de dire ouf** * they had to leave again before they had time to catch their breath ou before they knew where they were

**Ouganda** [ugɑ̃da] nm Uganda

**ougandais, e** [ugɑ̃dɛ, ɛz] 1 adj Ugandan

2 **Ougandais(e)** nm,f Ugandan

**ougrien, -ienne** [ugʀijɛ̃, ijɛn] adj, nm,f → **finno-ougrien**

**oui** ['wi] [→ SYN] 1 adv **a** (réponse affirmative) yes ◆ **le connaissez-vous ? – oui** do you know him? – yes (I do) ◆ **est-elle chez elle ? – oui** is she at home? – yes (she is) ◆ **vous avez aimé le film ? – oui et non** did you like the film? – yes and no ou I did and I didn't ◆ **je vais ouvrir la fenêtre – oui, cela fera un peu d'air** I'll open the window – yes (do), we could do with some fresh air ◆ **il n'a pas encore dit oui** he hasn't said yes yet, he hasn't agreed ou accepted (as) yet ◆ **dire oui** (pendant le mariage) to say "I do" ◆ **il ne dit ni oui ni non** he's not saying either yes or no ◆ **ah, ça oui !** you can say that again! *, and how! * ◆ **que oui !** I should say so!, rather! (Brit) ◆ **certes oui !** (yes) most definitely ou certainly!, yes indeed! ◆ **vous en voulez ? – mais oui** ou **bien sûr que oui** ou **oui, bien sûr** do you want some? – of course (I do) ou I most certainly do ◆ **oui, mais il y a un obstacle** yes but there is a difficulty ◆ **eh bien oui, j'avoue** all right (then), I confess ◆ **contraception oui, avortement non** (slogan) yes to contraception, no to abortion, contraception – yes, abortion – no ◆ **répondre (par) oui à toutes les questions** to answer yes ou answer in the affirmative to all the questions ◆ **répondez par oui ou par non** answer yes or no ◆ **faire oui de la tête, faire signe que oui** to nod (one's head) ◆ **ah oui ?** really?, yes? ◆ **oui-da** († , hum) yes indeed, absolutely ◆ **oui, capitaine** (Naut) aye aye sir

**b** (remplaçant une proposition) **est-il chez lui ?/est-ce qu'il travaille ? – je pense** ou **je crois que oui** is he at home?/is he working? – (yes) I think so ou I believe he is ◆ **il nous quitte ? – je crains bien/j'espère que oui** is he leaving us? – I am afraid so ou I am afraid he is/I hope so ou I hope he is ◆ **est-ce qu'elle sort souvent ? – j'ai l'impression que oui** does she often go out? – I have an idea ou the impression that she does ◆ **tu as aimé ce film ? – moi oui** did you like the film? – I did ◆ **j'ai demandé si elle était venue, lui dit que oui** I asked if she had been and he says she has

**c** (intensif) **je suis surprise, oui très surprise** I'm surprised – indeed very surprised ◆ **c'est un escroc, oui, un escroc** he's a rogue, an absolute rogue ◆ **oui vraiment, il a répondu ça ?** did he really answer that? ◆ **tu vas cesser de pleurer, oui ?** have you quite finished crying?, will you stop crying? ◆ **oui (évidemment), c'est toujours facile de critiquer** of course it's always easy to criticize ◆ **c'est bon, oui ?** isn't that good? ◆ **il va accepter, oui ou non ?** is he or isn't he going to accept? ◆ **tu te presses, oui ou non ?** will you please hurry up?, will you hurry up? ◆ **tu te décides oui ou merde !** ⁑ make up your mind for Christ's sake! ⁑

2 nm inv yes, aye ◆ **il y a eu 30 oui** there were 30 votes for, there were 30 ayes ◆ **j'aimerais un oui plus ferme** I should prefer a more definite yes ◆ **pleurer/réclamer/se disputer pour un oui (ou) pour un non** to cry/complain/quarrel over the slightest thing

**ouï-dire** ['widiʀ] [→ SYN] nm inv hearsay (NonC) ◆ **par ouï-dire** by hearsay

**ouïe**[1] ['uj] excl ⇒ **ouille**

**ouïe**[2] [wi] [→ SYN] nf hearing (NonC) ◆ **avoir l'ouïe fine** to have sharp hearing, have a keen sense of hearing ◆ **être tout ouïe** to be all ears

**ouïes** [wi] [→ SYN] nfpl (Zool) gills; (Mus) sound holes

**ouïghour, ouïgour** [uiguʀ] nm Uig(h)ur

**ouille** ['uj] excl ouch!

**ouiller** [uje] [→ SYN] ▸ conjug 1 ◂ vt to ullage

**ouïr** [wiʀ] [→ SYN] ▸ conjug 10 ◂ vt (††, littér, hum) to hear; (Jur) [+ témoins] to hear ◆ **j'ai ouï dire à mon père que ...** I've heard my father say that ... ◆ **j'ai ouï dire que ...** it has come to my ears that ..., I've heard it said that ... ◆ **oyez !** (hum) hark! († ou hum), hear ye! († ou hum) ◆ **oyez, oyez, braves** ou **bonnes gens !** oyez! oyez! oyez!

**ouistiti** ['wistiti] [→ SYN] nm (Zool) marmoset ◆ **un drôle de ouistiti** * (= type) an oddball *

**oukase** [ukaz] nm (Hist, fig) ukase

**Oulan-Bator** [ulanbatɔʀ] n Ulan Bator

**ouléma** [ulema] nm ⇒ **uléma**

**ouolof** [wɔlɔf] adj, nmf ⇒ **wolof**

**ouragan** [uʀagɑ̃] [→ SYN] nm **a** (Mét) hurricane

**b** (fig) storm ◆ **cet homme est un véritable ouragan** he's like a whirlwind, he's a human tornado ◆ **ce livre va déchaîner un ouragan** this book is going to create an uproar ◆ **arriver comme un ouragan** to arrive like a whirlwind ◆ **"Ouragan sur le Caine"** (Ciné) "The Caine Mutiny"

**Oural** [uʀal] nm (= fleuve) ◆ **l'Oural** the Ural ◆ **l'Oural, les monts Oural** the Urals, the Ural Mountains

**ouralien, -ienne** [uʀaljɛ̃, jɛn] 1 adj Uralic

2 nm (Ling) Uralic

**ouralo-altaïque** [uʀalɔaltaik] adj, nm Ural-Altaic

**ourdir** [uʀdiʀ] [→ SYN] ▸ conjug 2 ◂ vt **a** (Tex) to warp

**b** (littér) [+ complot] to hatch; [+ intrigue] to weave

**ourdissoir** [uʀdiswaʀ] nm warp beam

**ourdou** [uʀdu] adj inv, nm (Ling) Urdu

**ourlé, e** [uʀle] (ptp de **ourler**) adj hemmed ◆ **oreilles délicatement ourlées** delicately rimmed ears ◆ **lèvres bien ourlées** well-defined lips

**ourler** [uʀle] [→ SYN] ▸ conjug 1 ◂ vt (Couture) to hem ◆ **ourler de** (fig littér) to fringe with

**ourlet** [uʀlɛ] [→ SYN] nm **a** (Couture) hem ◆ **faux ourlet** false hem ◆ **faire un ourlet à** to hem

**b** (Tech) hem

**c** (Anat) [oreille] rim, helix (SPÉC)

**ourlien, -ienne** [uʀljɛ̃, jɛn] adj parotitic

**ours** [uʀs] [→ SYN] 1 nm **a** (Zool) bear ◆ **être** ou **tourner comme un ours en cage** to pace up and down like a caged animal; → **fosse, montreur, vendre**

**b** (= jouet) **ours (en peluche)** teddy bear

**c** (péj = misanthrope) (old) bear ◆ **vivre comme un ours** to be at odds with the world ◆ **elle est un peu ours** she's a bit of a bear ou a gruff individual

**d** (arg Presse) ≈ credits *(for written publication)*

**e** (⁑ = règles) **avoir ses ours** to have one's period

2 COMP ▷ **ours blanc** polar bear ▷ **ours brun** brown bear ◆ **ours mal léché** (péj) uncouth fellow ▷ **ours marin** furseal ▷ **ours polaire** ⇒ **ours blanc** ▷ **ours savant** trained ou performing bear

**ourse** [uʀs] nf **a** (Zool) she-bear

**b** (Astron) **la Petite Ourse** the Little Bear, Ursa Minor, the Little Dipper (US) ◆ **la Grande Ourse** the Great Bear, Ursa Major, the Plough (Brit), the Big Dipper (US)

**oursin** [uʀsɛ̃] [→ SYN] nm sea urchin, sea hedgehog

**ourson** [uʀsɔ̃] nm bear cub ◆ **"Winnie l'Ourson"** (Littérat) "Winnie-the-Pooh"

**oust(e)** * ['ust] excl buzz off! *, hop it! * (Brit) ◆ **allez, ouste ! dehors !** go on, out with you! ou out you go!

**out** ['aut] adj inv personne out of touch * (attrib); (Tennis) out

**outarde** [utaʀd] [→ SYN] nf bustard; (Can = bernache) Canada goose

**outil** [uti] [→ SYN] nm (lit, fig) tool; (agricole, de jardin) implement, tool ◆ **outil de travail** tool ◆ **outil pédagogique** teaching aid ◆ **outil de programmation** programming tool ◆ **outil de production/gestion** production/management tool ◆ **il maîtrise bien l'outil informatique** he's good with computers; → **mauvais**

**outillage** [utijaʒ] [→ SYN] nm [mécanicien, bricoleur] (set of) tools; [fermier, jardinier] implements, equipment (NonC); [atelier, usine] equipment (NonC)

**outiller** [utije] [→ SYN] ▸ conjug 1 ◂ vt [+ ouvrier] to supply ou provide with tools, equip, kit out (Brit), outfit (US); [+ atelier] to fit out, equip ◆ **je suis bien/mal outillé pour ce genre de travail** I'm well-/badly-equipped for this kind of work ◆ **pour ce travail, il faudra qu'on s'outille** to do this job, we'll have to equip ourselves ou kit ourselves out (Brit) properly ◆ **les ouvriers s'outillent à leurs frais** the workers buy their own tools

**outilleur** [utijœʀ] nm tool-maker

**outplacement** [autplɛsmɛnt] **nm** outplacement ◆ **cabinet d'outplacement** outplacement consultancy firm

**outrage** [utʀaʒ] [→ SYN] [1] **nm** insult ◆ **accabler qn d'outrages** to heap insults on sb ◆ **faire outrage à** [+ réputation, mémoire] to dishonour (Brit), dishonor (US); [+ pudeur, honneur] to outrage, be an outrage to ◆ **faire subir les derniers outrages à une femme** (euph †) to ravish ou violate a woman ◆ **outrage au bon sens/à la raison** insult to common sense/to reason ◆ **les outrages du temps** (littér) the ravages of time

[2] **COMP** ▷ **outrage à agent** insulting behaviour *(to police officer)* ▷ **outrage aux bonnes mœurs** outrage ou affront to public decency ▷ **outrage à magistrat** contempt of court ▷ **outrage à la pudeur** gross indecency ▷ **outrage public à la pudeur** indecent exposure (NonC)

**outragé, e** [utʀaʒe] (ptp de **outrager**) **adj** air, personne gravely offended

**outrageant, e** [utʀaʒɑ̃, ɑ̃t] [→ SYN] **adj** offensive

**outrager** [utʀaʒe] [→ SYN] ▸ conjug 3 ◂ **vt** (littér) [+ personne] to offend gravely; [+ mœurs, morale] to outrage; [+ bon sens, raison] to insult

**outrageusement** [utʀaʒøzmɑ̃] [→ SYN] **adv** (= excessivement) outrageously, excessively

**outrageux, -euse** [utʀaʒø, øz] **adj** (= excessif) outrageous, excessive ◆ **de manière outrageuse** outrageously, excessively

**outrance** [utʀɑ̃s] [→ SYN] **nf** [a] (= caractère) extravagance ◆ **pousser le raffinement jusqu'à l'outrance** to take refinement to extremes ou to excess ◆ **choqué par l'outrance de ses propos** shocked by the outrageousness of his remarks

[b] (= excès) excess ◆ **il y a des outrances dans ce roman** there are some extravagant passages in this novel ◆ **ses outrances de langage** his outrageous language

◆ **à outrance** urbanisation, automatisation excessive; raffiné excessively, to excess ◆ **spécialisé à outrance** over-specialized ◆ **cette affaire a été médiatisée à outrance** this affair has been hyped up * by the media ou has been the subject of intense media hype *

**outrancier, -ière** [utʀɑ̃sje, jɛʀ] [→ SYN] **adj** personne, propos extreme ◆ **son caractère outrancier** the extreme nature of his character, the extremeness of his character

**outre**[1] [utʀ] [→ SYN] **nf** goatskin, wine ou water skin ◆ **gonflé** ou **plein comme une outre** full to bursting

**outre**[2] [utʀ] GRAMMAIRE ACTIVE 26.5 [→ SYN] **prép** [a] (= en plus de) as well as, besides ◆ **outre sa cargaison, le bateau transportait des passagers** besides ou as well as its cargo the boat was carrying passengers ◆ **outre son salaire, il a des pourboires** on top of ou in addition to his salary, he gets tips ◆ **outre le fait que** as well as ou besides the fact that

[b] (LOC) **en outre** moreover, besides, further(more)

◆ **outre mesure** to excess, overmuch, inordinately ◆ **manger/boire outre mesure** to eat/drink to excess ou immoderately ◆ **cela ne lui plaît pas outre mesure** he doesn't like that too much, he's not overkeen on that (Brit) ◆ **ma décision ne l'a pas étonné/inquiété outre mesure** he wasn't unduly ou overly surprised at/worried by my decision

◆ **outre que** ◆ **outre qu'il a le temps, il a les capacités pour le faire** not only does he have the time but he also has the ability to do it, apart from having the time ou besides having the time he also has the ability to do it

◆ **passer outre** to carry on regardless ◆ **passer outre à un ordre** to disregard an order, carry on regardless of an order

◆ **d'outre en outre** † through and through

**outré, e** [utʀe] [→ SYN] (ptp de **outrer**) **adj** [a] (littér = exagéré) éloges, flatterie excessive, exaggerated, overdone (attrib); description exaggerated, extravagant, overdone (attrib)

[b] (= indigné) outraged (*de, par* at, by)

**outre-Atlantique** [utʀatlɑ̃tik] **adv** across the Atlantic, in the United States ◆ **les films d'outre-Atlantique** American films

**outrecuidance** [utʀəkɥidɑ̃s] [→ SYN] **nf** [a] (littér = présomption) presumptuousness ◆ **parler avec outrecuidance** to speak presumptuously

[b] (= effronterie) impertinence ◆ **répondre à qn avec outrecuidance** to answer sb impertinently ◆ **outrecuidances** impudence (NonC), impertinences

**outrecuidant, e** [utʀəkɥidɑ̃, ɑ̃t] [→ SYN] **adj** [a] (= présomptueux) presumptuous

[b] (= effronté) attitude, réponse impertinent

**outre-Manche** [utʀəmɑ̃ʃ] **adv** across the Channel, in Britain ◆ **nos voisins d'outre-Manche** our British neighbours

**outre-mer** [utʀəmɛʀ] [→ SYN] [1] **adv** overseas

[2] **nm** overseas territories ◆ **l'outre-mer français** France's overseas departments and territories

**outremer** [utʀəmɛʀ] [→ SYN] [1] **nm** (= pierre) lapis lazuli; (= couleur) ultramarine

[2] **adj inv** ultramarine

**outrepassé** [utʀəpɑse] (ptp de **outrepasser**) **adj** → **arc**

**outrepasser** [utʀəpɑse] [→ SYN] ▸ conjug 1 ◂ **vt** [+ droits] to go beyond; [+ pouvoir, ordres] to exceed; [+ limites] to go beyond, overstep

**outre-Pyrénées** [utʀəpiʀene] **adv** in Spain ◆ **d'outre-Pyrénées** Spanish

**outrer** [utʀe] [→ SYN] ▸ conjug 1 ◂ **vt** [a] (littér = exagérer) to exaggerate ◆ **cet acteur outre son jeu** this actor overacts

[b] (= indigner) to outrage ◆ **votre ingratitude m'a outré** your ingratitude has outraged me, I am outraged at ou by your ingratitude

**outre-Rhin** [utʀəʀɛ̃] **adv** across the Rhine ◆ **d'outre-Rhin** (= allemand) German

**outre-tombe** [utʀətɔ̃b] **adv** beyond the grave ◆ **d'une voix d'outre-tombe** in a lugubrious voice

**outrigger** [autʀigœʀ] [→ SYN] **nm** outrigger canoe ou skiff

**outsider** [autsajdœʀ] [→ SYN] **nm** (Sport, fig) outsider

**ouvert, e** [uvɛʀ, ɛʀt] [→ SYN] (ptp de **ouvrir**) **adj** [a] porte, magasin, valise, lieu, espace open; voiture open, unlocked; voyelle, syllabe open; angle wide; série, ensemble open-ended; robinet on, running; col, chemise open, undone (attrib) ◆ **la bouche ouverte** dormir with one's mouth open; rester open-mouthed ◆ **entrez, c'est ouvert !** come in, the door isn't locked! ou the door's open! ◆ **ouvert au public** open to the public ◆ **bibliothèque ouverte à tous** library open to all members of the public ◆ **le magasin restera ouvert pendant les travaux** the shop will remain open (for business) during the alterations ◆ **nous sommes ouverts jusqu'à Noël** (Comm) we're open till Christmas ◆ **ouvert à la circulation** open to traffic ◆ **le col du Simplon est ouvert** the Simplon pass is open (to traffic) ◆ **ouvert à la navigation** open to ships ou for sailing ◆ **une rose trop ouverte** a rose which is too (far) open ◆ **elle est partie en laissant le robinet/le gaz ouvert** she went away leaving the tap ou the water on ou running/the gas on; → **bras, ciel** etc

[b] (= commencé) open ◆ **la chasse/pêche est ouverte** the shooting season/fishing season is open; → **pari**

[c] (= percé, incisé) plaie open ◆ **il a le crâne/le bras ouvert** he has a gaping wound in his head/in his arm; → **cœur, fracture**

[d] débat, compétition sportive open ◆ **la question reste ouverte** the question remains open ◆ **une partie très ouverte** an open-ended game ◆ **pratiquer un jeu ouvert** to play an open game

[e] (= déclaré, non dissimulé) guerre, conflit, crise, haine open ◆ **de façon ouverte** openly, overtly

[f] (= communicatif, franc) personne, caractère open, frank; visage, physionomie open; (= éveillé, accessible) intelligence, milieu, marché open ◆ **à l'esprit ouvert** open-minded ◆ **je suis ouvert à toute discussion/négociation** I'm open to discussion/negotiation

**ouvertement** [uvɛʀtəmɑ̃] [→ SYN] **adv** dire, avouer openly; agir openly, overtly

**ouverture** [uvɛʀtyʀ] [→ SYN] **nf** [a] (= action) [porte, fenêtre, bouteille, parapluie, huîtres, compte bancaire] opening; [porte fermée à clé, verrou] unlocking; [frontière, passage, chaussée] opening up; [robinet] turning on ◆ **à ouverture facile** easy to open ◆ **l'ouverture de la porte est automatique** the door opens ou is operated automatically ◆ **les documents nécessaires à l'ouverture d'un compte bancaire** the papers required to open a bank account

[b] (Écon) [marché] opening ◆ **pour obtenir l'ouverture des marchés nippons** to open up Japanese markets ◆ **ils ont mis en place une politique d'ouverture économique** they have established a policy of economic openness ◆ **procéder à une ouverture de capital** (Fin) to float shares

[c] (Comm) opening ◆ **jours d'ouverture** days of opening ◆ **heures d'ouverture** [magasin] opening hours, hours of business ou of opening; [musée] opening hours, hours of opening ◆ **le client était là dès l'ouverture** the customer was there as soon as the shop opened ◆ **"ouverture de 10 h à 15 h"** "open from 10 till 3" ◆ **à l'heure d'ouverture, à l'ouverture** at opening time

[d] (= commencement) [colloque] opening ◆ **cérémonie/discours/match d'ouverture** opening ceremony/speech/match ◆ **en ouverture du festival** to open the festival ◆ **avant l'ouverture officielle de la campagne électorale** before the official opening of the electoral campaign ◆ **après une ouverture en hausse** (Bourse) after a strong opening ◆ **ils réclament l'ouverture immédiate de négociations** they want to open talks immediately ◆ **il a demandé l'ouverture d'une enquête** he has requested an enquiry ◆ **faire l'ouverture** (Chasse) to go on ou be at the first shoot ◆ **c'est demain l'ouverture de la chasse** tomorrow sees the opening of ou is the first day of the shooting season

[e] (= trou, passage, issue) opening; [puits] mouth, opening ◆ **toutes les ouvertures sont gardées** all the openings ou all means of access (ou exit) are guarded, all the access points (ou exit points) are guarded ◆ **il y a de petites ouvertures sur le couvercle** there are little holes in the lid

[f] (= opportunité) opening ◆ **il y a peut-être une ouverture dans notre filiale suisse** there may be an opening in our Swiss subsidiary ◆ **je crois que j'ai une ouverture avec lui** (pour relation amoureuse) I think I'm in with a chance with him

[g] (= proposition) overture ◆ **faire des ouvertures à qn** to make overtures to sb ◆ **faire des ouvertures de paix/conciliation** to make peace/conciliatory overtures

[h] (= tolérance) **ouverture d'esprit, esprit d'ouverture** open-mindedness ◆ **il a une grande ouverture d'esprit** he is extremely open-minded

[i] (= rapprochement, relation) **l'absence d'ouverture sur le monde de certaines universités** the inward-looking attitude of some universities ◆ **leur manque d'ouverture sur le monde menace leur communauté** their reluctance to embrace other cultures poses a threat to their community ◆ **l'ouverture (politique)** the opening up of the political spectrum ◆ **être partisan de l'ouverture au centre** (Pol) to be in favour of an alliance with the centre ◆ **ils multiplient les signes d'ouverture en direction des Verts** they are showing more and more signs of being open to an alliance with the Green party ◆ **adopter une politique de plus grande ouverture avec l'Est** to develop a more open relationship with the East

[j] (Mus) overture

[k] (Math) [angle] magnitude; [compas] degree of opening; (Photo) aperture

[l] (Cartes) opening ◆ **avoir l'ouverture** (Échecs) to have the first ou opening move

[m] (Ftbl) through-ball; (Rugby) pass *(by the stand-off half to the three-quarter backs)* ◆ **faire une ouverture** (Ftbl) to hit ou play a through-ball; (Rugby) to pass the ball to the three-quarter backs; → **demi²**

**ouvrable** [uvʀabl] **adj** ◆ **jour ouvrable** weekday, working day ◆ **heures ouvrables** business hours

**ouvrage** [uvʀaʒ] [→ SYN] [1] **nm** [a] (= travail) work (NonC) ◆ **se mettre à l'ouvrage** to set to ou get (down) to ou start work ◆ **l'ouvrage du temps/du hasard** (littér) the work of time/of chance; → **cœur**

[b] (= objet produit) piece of work; (Couture) work ◆ **ouvrage d'orfèvrerie** piece of goldwork ◆ **ouvrage à l'aiguille** (piece of) needlework; → **boîte, corbeille, panier**

c (= œuvre) work; (= volume) book ◆ **ouvrage collectif** *book to which several authors have contributed* ◆ **ce dictionnaire est un ouvrage collectif** this dictionary was written by a team of editors; → **référence**
d (Constr) work
2 nf († ou hum = travail) ◆ **de la belle ouvrage** a nice piece of work
3 COMP ▷ **ouvrage d'art** (Génie Civil) structure *(bridge or tunnel etc)* ▷ **ouvrage avancé** (Mil) outwork ▷ **ouvrage de dames** († ou hum) fancy work (NonC) ▷ **ouvrage défensif** (Mil) defences, defence work(s) ▷ **ouvrage de maçonnerie** masonry work ▷ **ouvrage militaire** fortification

**ouvragé, e** [uvʀaʒe] adj meuble, bois (finely) carved; napperon (finely) embroidered; signature elaborate; métal, bijou finely worked

**ouvrant, e** [uvʀɑ̃, ɑ̃t] adj panneau which opens (attrib); → **toit**

**ouvré, e** [uvʀe] adj a (Tech, littér) meuble, bois (finely) carved; napperon (finely) embroidered; métal, bijou finely worked
b (Admin) **jour ouvré** working day

**ouvreau** [uvʀo] nm tapping spout

**ouvre-boîte**, pl **ouvre-boîtes** [uvʀəbwat] nm can-opener, tin-opener (Brit)

**ouvre-bouteille**, pl **ouvre-bouteilles** [uvʀəbutɛj] nm bottle opener

**ouvre-huître**, pl **ouvre-huîtres** [uvʀ(ə)ɥitʀ] nm oyster knife

**ouvrer** [uvʀe] → SYN ▸ conjug 1 ◂ vt [+ bois] to craft; [+ linge] to work

**ouvreur, -euse** [uvʀœʀ, øz] 1 nm,f (Cartes) opener; (Ski) forerunner
2 nm [cinéma, théâtre] usher
3 **ouvreuse** nf [cinéma, théâtre] usherette

**ouvrier, -ière** [uvʀije, ijɛʀ] → SYN 1 adj enfance, éducation, quartier working-class (épith); conflit, agitation, législation industrial (épith), labour (épith); questions, mouvement labour (épith) ◆ **association ouvrière** workers' ou working men's association; → **cité, classe, syndicat**
2 nm (gén, Pol, Sociol) worker; (= membre du personnel) workman ◆ **les revendications des ouvriers** the workers' claims ◆ **il a 15 ouvriers** he has 15 workmen, he has 15 men working for him ◆ **des mains d'ouvrier** workman's hands ◆ **150 ouvriers ont été mis en chômage technique** 150 men ou workers have been laid off ◆ **l'ouvrier de cette réforme** (fig) the author of this reform; → **mauvais, œuvre**
3 **ouvrière** nf a (gén, Admin) female worker ◆ **ouvrière (d'usine)** female factory worker ou factory hand; (jeune) factory girl, young factory hand ◆ **les ouvrières sortaient de l'usine** the women ou girls were coming out of the factory
b (Zool) **(abeille) ouvrière** worker (bee)
4 COMP ▷ **ouvrier agricole** agricultural labourer, farm worker, farmhand ▷ **ouvrier de chantier** labourer ▷ **ouvrier à façon** pieceworker, jobber ▷ **ouvrier hautement qualifié** highly-skilled worker ▷ **ouvrier à la journée** day labourer ▷ **ouvrier qualifié** skilled workman ▷ **ouvrier spécialisé** unskilled ou semi-skilled worker ▷ **ouvrier d'usine** factory worker ou hand

**ouvriérisme** [uvʀijeʀism] nm worker control, worker power

**ouvriériste** [uvʀijeʀist] 1 adj doctrine, attitude in favour of giving power to the workers
2 nmf supporter of control by the workers

**ouvrir** [uvʀiʀ] → SYN ▸ conjug 18 ◂ 1 vt a [+ porte, fenêtre, bouteille, huître] to open; [+ verrou, porte fermée à clé] to unlock; (par effraction) [+ porte, coffre] to break open ◆ **ouvrir la porte toute grande/le portail tout grand** to open the door/the gate wide ◆ **il a ouvert brusquement la porte** he opened the door abruptly, he threw ou flung the door open ◆ **ouvrir sa porte** ou **sa maison à qn** to throw open one's doors ou one's house to sb ◆ **ils ouvrent leur maison au public tous les étés** they open up their house to the public every summer, they throw their house open to the public every summer; → **parenthèse** → aussi **porte**
b [+ bouche, yeux, paupières] to open ◆ **ouvrir le bec, l'ouvrir** *, **ouvrir la** ou **sa gueule** ** (fig) to open one's mouth ou trap * ◆ **ouvrir l'œil** (fig) to keep one's eyes open (fig) ◆ **ouvrir les yeux** (lit) to open one's eyes ◆ **ce voyage en Asie m'a ouvert les yeux** (fig) that trip through Asia opened my eyes ou was an eye-opener (to me) ◆ **ouvre l'œil, et le bon !** * keep your eyes peeled! * ◆ **ouvrir les oreilles** to pin back one's ears * ◆ **elle m'a ouvert son cœur** she opened her heart to me ◆ **ça m'a ouvert l'appétit** that whetted my appetite ◆ **ce séjour à l'étranger lui a ouvert l'esprit** that time he spent abroad has widened his horizons; → aussi **œil**
c (= déplier, déployer) [+ journal, couteau, livre] to open; [+ parapluie] to open, put up; [+ éventail, bras, ailes, main] to open (out); [+ manteau, veste] to undo, unfasten, open; [+ lit, drap] to turn down; [+ couture] to iron flat ◆ **ouvrez les rangs !** (Mil) dress! ◆ **ouvrir ses rangs à qn** (fig) to welcome sb among one's ranks
d (= faire un trou dans) [+ chaussée, mur] to open up; [+ membre, ventre] to open up, cut open ◆ **les rochers lui ont ouvert la jambe** he cut his leg open on the rocks ◆ **le médecin pense qu'il faudra ouvrir** * the doctor thinks that they will have to open him (ou her etc) up *
e (= faire, construire) [+ porte, passage] to open up, make; [+ autoroute] to build; (fig) [+ horizons, perspectives] to open up ◆ **il a fallu ouvrir une porte dans ce mur** a doorway had to be made in this wall ◆ **ouvrir un passage dans le roc à la dynamite** to open up ou blast a passage in the rock with dynamite ◆ **ils lui ont ouvert un passage** ou **le passage dans la foule** they made way for him through the crowd ◆ **s'ouvrir un passage à travers la forêt** to open up ou cut a path for o.s. through the forest ◆ **cette autoroute a été ouverte pour desservir la nouvelle banlieue** this motorway has been built to serve the new suburb
f (= rendre accessible) [+ chemin, passage] to open; [+ route, col, frontière] to open (up) ◆ **le chasse-neige a ouvert la route** the snowplough opened up the road ◆ **ouvrir le jeu** (Sport) to open up the game ◆ **ouvrir la voie (à qn)** (fig) to lead the way (for sb) ◆ **le pays a ouvert son marché aux produits étrangers** (Écon) the country has opened up its market to foreign products ◆ **l'entreprise a ouvert son capital à de nouveaux actionnaires** (Fin) the country has opened up its capital to new shareholders ◆ **l'ordinateur à l'école ouvre de nouvelles perspectives aux enseignants** having computers in the classroom opens up new possibilities for teachers; → **horizon**
g (= créer, commencer à exploiter) [+ restaurant, théâtre, magasin, usine] to open; [+ école, succursale] to open (up)
h (= commencer, mettre en train) [+ période, négociations] to begin; [+ débat, dialogue, enquête] to begin, open ◆ **ouvrir le feu** to open fire
i (Ordin) [+ fichier, boîte de dialogue] to open
j (Ski) **ouvrir la piste** to open the piste ou run ◆ **ouvrir la marque à la 16ᵉ minute du jeu** (Ftbl) to open the scoring after 16 minutes of play ◆ **il ouvre toujours sur un joueur faible** (Ftbl, Rugby) he always passes to a weak player ◆ **ouvrir le jeu** (Cartes) to open play ◆ **il a ouvert à pique** (Cartes) he opened on ou with spades; → **bal, hostilité**
k (Fin) [+ compte bancaire] to open; [+ emprunt] to take out
l (= être au début de) [+ liste, œuvre] to head; [+ procession] to lead; → **marche**[1]
m (= faire fonctionner) [+ électricité, gaz, radio, télévision] to turn on, switch on, put on; [+ eau, robinet] to turn on; [+ vanne] to open
2 vi a (= ouvrir la porte) **on a frappé, va ouvrir !** there's someone at the door, go and open it! ◆ **ouvrez, au nom de la loi !** open up, in the name of the law! ◆ **n'ouvre à personne !** don't open the door to anybody! ◆ **fais-toi ouvrir par le gardien** ask ou get the caretaker to let you in
b [fenêtre, porte] to open ◆ **cette fenêtre ouvre sur la cour** this window opens (out) onto the yard ◆ **la porte de derrière n'ouvre pas** the back door doesn't open
c [magasin] to open ◆ **le boulanger ouvre de 7 heures à 19 heures** the baker is open ou opens from 7 am till 7 pm
d (= commencer) to open
3 **s'ouvrir** vpr a (gén) to open; [fleur] to open (out); [esprit] to open out ◆ **robe qui s'ouvre par devant** dress that undoes ou unfastens at the front ◆ **sa robe s'est ouverte** her dress came undone ou unfastened ◆ **la fenêtre s'ouvre sur une cour** the window opens (out) onto a courtyard ◆ **la foule s'ouvrit pour le laisser passer** the crowd parted to let him through ◆ **la porte s'ouvrit violemment** the door flew open ou was flung open ou was thrown open ◆ **la porte/boîte a dû s'ouvrir** the door/box must have come open
b (= commencer) [récit, séance, exposition] to open (*par* with) ◆ **la séance s'ouvrit par un chahut** the meeting opened in uproar
c (= se présenter) **un chemin poussiéreux s'ouvrit devant eux** a dusty path opened in front of ou before them ◆ **la vie qui s'ouvre devant elle est pleine d'embûches** the life which is opening in front of ou before her is full of pitfalls
d (= béer) to open (up) ◆ **la terre s'ouvrit devant eux** the ground opened up before them ◆ **le gouffre s'ouvrait à leurs pieds** the chasm lay open ou gaped at their feet
e (= se blesser) to cut open ◆ **elle s'est ouvert les veines** she slashed ou cut her wrists ◆ **il s'ouvrit la jambe en tombant sur une faux** he cut his leg open when he fell onto a scythe
f (= devenir accessible, communiquer) **s'ouvrir à** [+ amour, art, problèmes économiques] to open one's mind to, become aware of ◆ **son esprit s'est ouvert aux souffrances d'autrui** he became aware of the suffering of others ◆ **pays qui s'ouvre sur le monde extérieur** country which is opening up to the outside world
g (= se confier) **s'ouvrir à qn de** to open one's heart to sb about ◆ **il s'en est ouvert à son confesseur** he opened his heart to his confessor about it

**ouvroir** [uvʀwaʀ] → SYN nm [couvent] workroom; [paroisse] sewing room

**ouzbek** [uzbɛk] 1 adj Uzbek
2 nm (Ling) Uzbek
3 **Ouzbek** nmf Uzbek

**Ouzbékistan** [uzbekistɑ̃] nm Uzbekistan

**ouzo** [uzo] nm ouzo

**ovaire** [ɔvɛʀ] nm ovary

**ovalbumine** [ɔvalbymin] nf ovalbumen, ovalbumin

**ovale** [ɔval] → SYN 1 adj table, surface oval; volume egg-shaped; → **ballon**
2 nm oval ◆ **l'ovale du visage** the oval of the face ◆ **en ovale** oval(-shaped)

**ovalie** [ɔvali] nf (journalistique) ◆ **l'ovalie** the world of rugby ou rugger * (Brit)

**ovariectomie** [ɔvaʀjɛktɔmi] nf ovariectomy, oophorectomy

**ovarien, -ienne** [ɔvaʀjɛ̃, jɛn] adj ovarian

**ovariotomie** [ɔvaʀjɔtɔmi] nf ovariotomy

**ovarite** [ɔvaʀit] nf ovaritis, oophoritis

**ovation** [ɔvasjɔ̃] → SYN nf ovation ◆ **faire une ovation à qn** to give sb an ovation ◆ **ils se levèrent pour lui faire une ovation** they gave him a standing ovation ◆ **sous les ovations du public** to the rapturous applause of the audience (ou crowd etc)

**ovationner** [ɔvasjɔne] → SYN ▸ conjug 1 ◂ vt ◆ **ovationner qn** to give sb an ovation

**ove** [ɔv] nm (Archit) ovum

**ové, e** [ɔve] adj egg-shaped

**overdose** [ɔvœʀdoz] → SYN nf (Méd) (drug) overdose; * [musique, informations] overdose ◆ **c'est l'overdose !** * I've had enough!

**overdrive** [ɔvœʀdʀajv] nm overdrive

**ovibos** [ɔvibɔs] nm musk ox

**Ovide** [ɔvid] nm Ovid

**oviducte** [ɔvidykt] nm oviduct

**ovin, e** [ɔvɛ̃, in] → SYN 1 adj ovine
2 nmpl ◆ **les ovins** the ovine race

**ovinés** [ɔvine] nmpl ovines

**ovipare** [ɔvipaʀ] 1 adj oviparous
2 nm oviparous animal ◆ **ovipares** ovipara

**oviparité** [ɔvipaʀite] nf oviparity

**ovipositeur** [ɔvipozitœʀ] nm ovipositor

**ovni** [ɔvni] nm (abrév de **objet volant non identifié**) UFO

**ovocyte** [ɔvɔsit] nm oocyte

**ovogenèse** [ovoʒənɛz] **nf** ovogenesis

**ovogonie** [ovogɔni] **nf** oogonium

**ovoïde** [ɔvɔid] **adj** egg-shaped, ovoid (SPÉC)

**ovotestis** [ovotɛstis] **nm** ovotestis

**ovotide** [ovotid] **nm** ovum

**ovovivipare** [ovovivipaʀ] **adj** ovoviviparous

**ovoviviparité** [ovoviviparite] **nf** ovoviviparity

**ovulaire** [ɔvylɛʀ] **adj** ovular

**ovulation** [ɔvylasjɔ̃] **nf** ovulation

**ovulatoire** [ɔvylatwaʀ] **adj** ovulatory

**ovule** [ɔvyl] → SYN **nm** (Physiol) ovum; (Bot) ovule; (Pharm) pessary

**ovuler** [ɔvyle] ▸ conjug 1 ◂ **vi** to ovulate

**oxacide** [ɔksasid] **nm** oxyacid, oxygen acid

**oxalate** [ɔksalat] **nm** oxalate

**oxalide** [ɔksalid] **nf** wood sorrel

**oxalique** [ɔksalik] **adj** ◆ **acide oxalique** oxalic acid

**oxer** [ɔksɛʀ] **nm** oxer, ox-fence

**Oxford** [ɔksfɔʀd] **n** Oxford

**oxford** [ɔksfɔʀ(d)] **nm** (Tex) oxford

**oxfordien, -ienne** [ɔksfɔʀdjɛ̃, jɛn] 1 **adj** Oxonian

2 **Oxfordien(ne)** **nm,f** Oxonian

**oxhydrique** [ɔksidʀik] **adj** oxyhydrogen (épith)

**oxime** [ɔksim] **nf** oxime

**oxonien, -ienne** [ɔksɔnjɛ̃, jɛn] 1 **adj** Oxonian

2 **Oxonien(ne)** **nm,f** Oxonian

**oxyacétylénique** [ɔksiasetilenik] **adj** oxyacetylene (épith)

**oxycarboné, e** [ɔksikaʀbɔne] **adj** ◆ **hémoglobine oxycarbonée** carbonylhaemoglobin (Brit), carbonylhemoglobin (US)

**oxychlorure** [ɔksiklɔʀyʀ] **nm** oxychloride

**oxycoupage** [ɔksikupaʒ] **nm** oxyhydrogen ou oxyacetylene cutting

**oxydable** [ɔksidabl] **adj** liable to rust, oxidizable (SPÉC)

**oxydant, e** [ɔksidɑ̃, ɑ̃t] 1 **adj** oxidizing

2 **nm** oxidizer, oxidizing agent

**oxydase** [ɔksidɑz] **nf** oxidase

**oxydation** [ɔksidasjɔ̃] **nf** oxid(iz)ation

**oxyde** [ɔksid] **nm** oxide ◆ **oxyde de carbone** carbon monoxide ◆ **oxyde de plomb** lead oxide ou monoxide ◆ **oxyde de cuivre/de fer** copper/iron oxide

**oxyder** [ɔkside] → SYN ▸ conjug 1 ◂ 1 **vt** to oxidize

2 **s'oxyder** **vpr** to become oxidized

**oxydoréduction** [ɔksidoʀedyksjɔ̃] **nf** oxidation-reduction

**oxydorurgie** [ɔksidoʀyʀʒi] **nf** oxygen metallurgy

**oxygénation** [ɔksiʒenasjɔ̃] **nf** oxygenation

**oxygène** [ɔksiʒɛn] **nm** (lit) oxygen ◆ **il est allé chercher un bol d'oxygène à la campagne** (fig) he's gone off to the countryside to get some clean ou fresh air into his lungs ◆ **ce week-end fut pour moi une bouffée d'oxygène** that weekend did me a power of good * ou really lifted my spirits ◆ **apporter un peu** ou **une bouffée d'oxygène à l'économie** to give the economy a shot in the arm; → **ballon**

**oxygéner** [ɔksiʒene] ▸ conjug 6 ◂ **vt** (Chim) to oxygenate; [+ cheveux] to peroxide, bleach ◆ **s'oxygéner (les poumons)** * to get some fresh air (into one's lungs) ◆ **elle est allée au concert pour s'oxygéner la tête** * ou **l'esprit** she went to the concert to take her mind off things; → **blond, eau**

**oxygénothérapie** [ɔksiʒenoteʀapi] **nf** oxygen therapy

**oxyhémoglobine** [ɔksiemɔglɔbin] **nf** oxyhaemoglobin

**oxymore** [ɔksimɔʀ], **oxymoron** [ɔksimɔʀɔ̃] **nm** oxymoron

**oxysulfure** [ɔksisylfyʀ] **nm** oxysulphide

**oxyton** [ɔksitɔ̃] **nm** oxytone

**oxyure** [ɔksjyʀ] **nm** pinworm, threadworm

**oyat** [ɔja] **nm** beachgrass

**oyez** [ɔje] → **ouïr**

**ozalid** [ozalid] **nm** ozalid

**ozène** [ozɛn] **nm** ozena

**ozocérite** [ozoseʀit], **ozokérite** [ozokeʀit] **nf** ozocerite, ozokerite

**ozone** [ozon] **nm** ozone ◆ **la couche d'ozone** the ozone layer ◆ **"préserve la couche d'ozone"** (sur emballage) "ozone-friendly"

**ozonisation** [ozonizasjɔ̃] **nf** ozonization

**ozoniser** [ozonize] ▸ conjug 1 ◂ **vt** to ozonize

**ozoniseur** [ozonizœʀ] **nm** ozonizer

**ozonosphère** [ozonosfɛʀ] **nf** ozonosphere

# P

**P, p**[1] [pe] nm (= lettre) P, p

**p**[2] (abrév de **page**) p

**Pa** (abrév de **pascal**[2]) Pa

**PAC** [pak] nf (abrév de **politique agricole commune**) CAP

**PACA** [paka] nf (abrév de **Provence-Alpes-Côte d'Azur**) *region in southern France*

**pacage** [pakaʒ] → SYN nm pasture, grazing (land) (NonC)

**pacager** [pakaʒe] → SYN ▸ conjug 3 ◂ **1** vt to pasture, graze
**2** vi to graze

**pacane** [pakan] nf ◆ **(noix de) pacane** pecan (nut)

**pacanier** [pakanje] nm pecan (tree)

**pacemaker** [pɛsmɛkœʀ] → SYN nm pacemaker

**pacfung** [pakfɔ̃] nm pakfong

**pacha** [paʃa] nm pasha ◆ **mener une vie de pacha, faire le pacha** (= vivre richement) to live like a lord; (= se prélasser) to live a life of ease

**pachyderme** [paʃidɛʀm] nm **a** (SPÉC) pachyderm (SPÉC); (= éléphant) elephant
**b** (péj, hum = personne) elephant ◆ **de pachyderme** allure, démarche elephantine, heavy

**pachydermie** [paʃidɛʀmi] nf pachydermia

**pacificateur, -trice** [pasifikatœʀ, tʀis] → SYN
**1** adj action, discours placatory, pacifying ◆ **les vertus pacificatrices de la musique** the soothing qualities of music
**2** nm,f (= personne) peacemaker

**pacification** [pasifikasjɔ̃] nf pacification

**pacifier** [pasifje] → SYN ▸ conjug 7 ◂ vt [+ pays] to pacify, bring peace to; [+ esprits] to pacify ◆ **il rêve d'un monde pacifié** he dreams of a world at peace

**pacifique** [pasifik] → SYN **1** adj **a** coexistence, manifestation, règlement, intention, solution peaceful; humeur peaceable; personne, peuple peace-loving, peaceable ◆ **utilisé à des fins pacifiques** used for peaceful purposes
**b** (Géog) Pacific
**2** nm (Géog) ◆ **le Pacifique** the Pacific ◆ **le Pacifique Sud** the South Pacific ◆ **les îles du Pacifique** the Pacific Islands

**pacifiquement** [pasifikmɑ̃] adv peacefully

**pacifisme** [pasifism] → SYN nm pacifism

**pacifiste** [pasifist] → SYN **1** nmf pacifist
**2** adj doctrine pacifistic, pacifist ◆ **manifestation pacifiste** peace march ou demonstration

**pack** [pak] nm **a** (Rugby) pack
**b** (Comm) pack ◆ **pack de bière/yaourts** pack of beer/yoghurts
**c** (= banquise) pack ice

**package** [paka(d)ʒ, pakɛdʒ] nm (Écon, Ordin) package ◆ **package (tour)** (Tourisme) package holiday

**packaging** [paka(d)ʒiŋ] nm (Comm) packaging

**pacotille** [pakɔtij] → SYN nf **a** (de mauvaise qualité) cheap junk* ou trash*; (clinquant) showy stuff ◆ **c'est de la pacotille** it's junk*, it's cheap rubbish (Brit) ◆ **meubles/bijoux de pacotille** cheap furniture/jewellery
**b** (Hist) *goods carried free of freightage*

**pacquer** [pake] ▸ conjug 1 ◂ vt to pack in barrels

**PACS** [paks] nm (abrév de **pacte civil de solidarité**) *contract for people in long-term relationship*

**pacsé, e** [pakse] adj ◆ **ils sont pacsés** they've signed a PACS

**pacson** ⁑ [paksɔ̃] nm packet

**pacte** [pakt] → SYN nm pact, treaty ◆ **pacte d'alliance** treaty of alliance ◆ **pacte de non-agression** non-aggression pact ◆ **le pacte de Varsovie** the Warsaw Pact ◆ **faire** ou **conclure** ou **signer un pacte avec qn** to sign a pact ou treaty with sb ◆ **il a signé un pacte avec le diable** he made a pact with the devil

**pactiser** [paktize] → SYN ▸ conjug 1 ◂ vi (péj = se liguer) to make a deal (*avec* with) ◆ **pactiser avec l'ennemi** to collude with the enemy ◆ **pactiser avec le diable** to make a pact with the devil ◆ **pactiser avec le racisme/le nazisme** to condone racism/nazism

**pactole** [paktɔl] → SYN nm (fig = source de richesse) gold mine; (* = argent) fortune ◆ **un bon pactole** a tidy sum* ou packet* ◆ **un petit pactole** a tidy little sum*, a small fortune ◆ **le Pactole** (Géog) the Pactolus

**paddock** [padɔk] nm **a** [champ de courses] paddock
**b** (⁑ = lit) bed ◆ **aller au paddock** to hit the sack* ou the hay*, turn in*

**paddy** [padi] nm inv (= riz) paddy

**padine** [padin] nf peacock's tail

**Padoue** [padu] n Padua

**paella** [paela] nf paella

**PAF** [paf] **1** nm (abrév de **paysage audiovisuel français**) → **paysage**
**2** nf (abrév de **police de l'air et des frontières**) → **police**[1]

**paf** [paf] **1** excl (chute) bam!; (gifle) slap!, wham!
**2** adj inv (⁑ = ivre) drunk, tight* (Brit) ◆ **complètement paf** plastered⁑

**pagaie** [pagɛ] → SYN nf paddle

**pagaille, pagaïe** [pagaj] → SYN nf **a** (= objets en désordre) mess, shambles (NonC); (= cohue, manque d'organisation) chaos (NonC) ◆ **quelle pagaille dans cette pièce !** what a mess this room is in! ◆ **c'est la pagaille sur les routes/dans le gouvernement** there is (complete) chaos on the roads/in the government ◆ **il a mis** ou **semé la pagaille dans mes affaires/dans la réunion** he has messed up all my things/the meeting
**b** (= beaucoup) **il y en a en pagaille*** there are loads* ou masses of them

**paganiser** [paganize] ▸ conjug 1 ◂ vt to paganize, heathenize

**paganisme** [paganism] → SYN nm paganism, heathenism

**pagaye** [pagaj] nf ⇒ **pagaille**

**pagayer** [pageje] ▸ conjug 8 ◂ vi to paddle

**pagayeur, -euse** [pagɛjœʀ, øz] nm,f paddler

**page**[1] [paʒ] → SYN **1** nf **a** (= feuillet) page; (fig = passage) passage, page; (= événement) page, chapter, episode ◆ **(à la) page 35** (on) page 35 ◆ **une pleine page de publicité** a full-page ad ◆ **belle/fausse page** (Typo) right-hand/left-hand page ◆ **page suivante/précédente** (Ordin) page down/up ◆ **une page d'écriture** a page of writing ◆ **les plus belles pages de Corneille** the finest passages of Corneille ◆ **une page glorieuse/nouvelle de l'histoire de France** a glorious chapter/new page in the history of France ◆ **tourner la page** (lit, fig) to turn the page ◆ **une page est tournée** a page has been turned ◆ **mettre en page** (Typo) to lay out, make up (into pages) ◆ **mise en page** (Typo) layout, make-up; (Ordin) layout; → **garde**[1]
**b** * (LOC) **être à la page** to be with it* ◆ **ne plus être à la page** to be out of touch ◆ **se mettre à la page** [institution] to bring itself up to date ◆ **j'essaie de me mettre à la page** I try to keep in touch with what's going on
**2** COMP ▷ **page blanche** blank page ◆ **l'angoisse de l'écrivain devant la page blanche** writer's block ▷ **pages jaunes (de l'annuaire)** yellow pages ▷ **page de publicité** (Radio, TV) commercial break, commercials ▷ **page de titre** title page

**page**[2] [paʒ] nm (Hist) page (boy)

**page**[3] ⁑ [paʒ] nm bed ◆ **se mettre au page** to turn in*, hit the sack* ou the hay*

**page-écran**, pl **pages-écrans** [paʒekʀɑ̃] nf (Ordin) screenful

**pagel** [paʒɛl] nm, **pagelle** [paʒɛl] nf (Zool) red sea bream

**pageot**[1] ⁑ [paʒo] nm ⇒ **page**[3]

**pageot**[2] [paʒo] nm (Zool) ◆ **pageot rouge** pandora

**pageoter (se)** ⁑ [paʒɔte] ▸ conjug 1 ◂ vpr to turn in*, hit the sack* ou the hay*

**pager, pageur** [paʒœʀ] nm (Téléc) pager

**pagination** [paʒinasjɔ̃] nf (gén = numérotation) pagination; (Ordin) paging; (Presse = nombre de pages) pagination, page count ◆ **erreur de pagination** pagination error

**paginer** [paʒine] → SYN ▸ conjug 1 ◂ vt (gén) to paginate; (Ordin) to page ◆ **livre non paginé** book without page numbers

**pagne** [paɲ] → SYN nm (en tissu) loincloth; (en paille) grass skirt

**pagnoter (se)** [paɲɔte] ▸ conjug 1 ◂ vpr to turn in*, hit the sack* ou the hay*

**pagode** [pagɔd] → SYN nf pagoda ◆ **manche pagode** pagoda sleeve

**pagre** [pagʀ] nm (Zool) porgy

**pagure** [pagyʀ] → SYN nm hermit crab

**paie** [pɛ] → SYN nf [militaire] pay; [ouvrier] pay, wages ♦ jour de paie payday ♦ bulletin ou feuille de paie payslip ♦ toucher sa paie to be paid, get one's wages ♦ il y a ou ça fait une paie que nous ne nous sommes pas vus * it's been ages since we last saw each other, we haven't seen each other for ages ou yonks ⁑ (Brit)

**paiement** [pɛmɑ̃] → SYN nm payment (*de* for) ♦ faire un paiement to make a payment ♦ paiement à la commande payment ou cash with order ♦ paiement à la livraison cash on delivery ♦ paiement comptant payment in full ♦ paiement échelonné payment by ou in instalments ♦ paiement en liquide cash payment ♦ paiement par chèque/d'avance payment by cheque/in advance ♦ paiement électronique electronic payment; → facilité

**païen, païenne** [pajɛ̃, pajɛn] → SYN adj, nm,f pagan, heathen

**paierie** [pɛʀi] nf ♦ paierie (générale) local office of the treasury *(paying salaries, state bills etc)*

**paillage** [pɑjaʒ] nm (Agr) mulching

**paillard, e** * [pajaʀ, aʀd] → SYN adj personne bawdy, coarse; histoire bawdy, lewd, dirty ♦ chanson paillarde bawdy song

**paillardise** [pajaʀdiz] → SYN nf (= débauche) bawdiness; (= plaisanterie) dirty ou lewd joke (ou story ou remark etc )

**paillasse¹** [pajas] → SYN nf a (= matelas) straw mattress
b [évier] draining board, drainboard (US); [laboratoire] (tiled) work surface
c († = prostituée) trollop †
d ( * : LOC) crever la paillasse à qn to do sb in * ♦ se crever la paillasse à faire qch to slog one's guts out doing sth

**paillasse²** [pajas] → SYN nm (= clown) clown

**paillasson** [pajasɔ̃] → SYN nm [porte] doormat; (péj = personne) doormat (fig); (Agr) matting; → clé

**paillassonner** [pajasɔne] ▸ conjug 1 ◂ vt to mat

**paille** [pɑj] → SYN 1 nf a (= tige coupée) straw; (pour boire) (drinking) straw ♦ chapeau/panier de paille straw hat/basket ♦ botte de paille bale of straw ♦ boire avec une paille to drink through a straw
b (LOC) être sur la paille to be penniless ♦ mettre qn sur la paille to reduce sb to poverty ♦ mourir sur la paille to die penniless ou in poverty ♦ voir la paille dans l'œil du prochain (mais pas la poutre dans le sien) to see the mote in one's neighbour's ou one's brother's eye (but not the beam in one's own) ♦ c'est la paille et la poutre it's the pot calling the kettle black ♦ deux millions de francs ? une paille ! * two million francs? that's peanuts! *; → court¹, feu¹, homme
c (Tech = défaut) flaw
2 adj inv ♦ jaune paille straw-coloured (Brit) ou -colored (US)
3 COMP ▷ paille de fer steel wool ▷ paille de riz rice straw ♦ balai en paille de riz straw broom

**paille-en-queue**, pl **pailles-en-queue** [pɑjɑ̃kø] nm (Zool) tropicbird

**pailler¹** [pɑje] ▸ conjug 1 ◂ vt [+ chaise] to put a straw bottom in; [+ arbre, fraisier] to mulch ♦ chaise paillée straw-bottomed chair

**pailler²** [pɑje] → SYN nm (= meule) stack of straw; (= hangar) straw shed

**pailleté, e** [pɑj(ə)te] (ptp de pailleter) adj robe sequined ♦ yeux noisette pailletés d'or hazel eyes speckled with gold

**pailleter** [pɑj(ə)te] ▸ conjug 4 ◂ vt (gén) to spangle; [+ robe] to sew sequins on

**pailleteur** [pɑj(ə)tœʀ] nm gold washer

**paillette** [pɑjɛt] → SYN nf a (Habillement) sequin, spangle ♦ corsage à paillettes sequined blouse, blouse with sequins ou spangles on it
b [or] speck; [mica, lessive] flake ♦ savon en paillettes soapflakes
c (Méd) paillette de sperme sperm straw
d [maquillage] paillettes glitter (NonC)

**pailleux, -euse** [pɑjø, øz] adj acier flawed; fumier strawy

**paillis** [pɑji] nm mulch

**paillon** [pɑjɔ̃] nm [bouteille] straw case ou wrapping; [métal] small strip

**paillote** [pɑjɔt] → SYN nf straw hut

**pain** [pɛ̃] → SYN 1 nm a (= substance) bread (NonC) ♦ du gros pain bread sold by weight ♦ du pain frais/dur/rassis fresh/dry/stale bread ♦ pain de ménage/de boulanger homemade/baker's bread ♦ le pain et le vin (Rel) the bread and wine ♦ notre pain quotidien (Rel) our daily bread ♦ mettre qn au pain sec to put sb on dry bread ♦ je vais au pain * I'm going to get the bread
b (= miche) loaf ♦ un pain (de 2 livres) a (2-lb) loaf ♦ un pain long/rond a long/round loaf ♦ deux pains two loaves (of bread) ♦ gros pain large (crusty) loaf
c (en forme de pain) [cire] bar; [savon] bar, cake ♦ pain de poisson/de légumes etc (Culin) fish/vegetable etc loaf ♦ pain de glace block of ice ♦ le liquide s'est pris en pain (dans le congélateur) the liquid has frozen into a block of ice (in the deep-freeze) ♦ pain dermatologique hypoallergenic cleansing bar
d ( ⁑ = coup) punch, sock * ♦ se prendre un pain to get punched ou socked one * ♦ mettre un pain à qn to punch ou sock sb one *
e (LOC) on a du pain sur la planche * (beaucoup à faire) we've got a lot to do, we've got a lot on our plate (Brit); (travail difficile) we have our work cut out (for us) ♦ il reste du pain sur la planche there's still a lot to do ou to be done ♦ ôter ou retirer le pain de la bouche de qn to take the bread out of sb's mouth ♦ ôter ou faire passer le goût du pain à qn * to do sb in *; → bouchée², manger, petit etc
2 COMP ▷ pain azyme unleavened bread ▷ pain bénit consecrated bread ♦ c'est pain bénit (fig) it's a godsend ▷ pain bis brown bread ▷ pain brioché brioche bread; (= miche) brioche loaf ▷ pain brûlé adj inv deep golden brown ▷ pain à cacheter bar of sealing wax, sealing wafer ▷ pain de campagne farmhouse bread; (= miche) farmhouse loaf ▷ pain au chocolat pain au chocolat, chocolate croissant ▷ pain complet wholewheat ou wholemeal (Brit) bread; (= miche) wholewheat ou wholemeal (Brit) loaf ▷ pain d'épice(s) *cake made with honey, rye, aniseed, etc,* ≃ gingerbread ▷ pain de Gênes sponge cake ▷ pain grillé toast ▷ pain de gruau ⇒ pain viennois ▷ pain au lait *kind of sweet bun* ▷ pain au levain leavened bread ▷ pain de mie sandwich bread; (= miche) sandwich loaf ▷ pain parisien *long loaf of bread* ▷ pain perdu French toast ▷ pain pita pitta ou pita bread ▷ pain de plastic stick of gelignite ▷ pain aux raisins ≃ Danish pastry *(with raisins)* ▷ pain de seigle rye bread; (= miche) rye loaf ▷ pain de son bran bread; (= miche) bran loaf ▷ pain de sucre sugar loaf ♦ montagne en pain de sucre sugar-loaf mountain ♦ tête en pain de sucre egg-shaped head ▷ pain viennois Vienna bread; (= miche) Vienna loaf

**pair¹** [pɛʀ] → SYN nm a (= dignitaire) peer
b (= égaux) pairs peers; → hors
c (Fin) par ♦ valeur remboursée au pair stock repayable at par ♦ cours au pair par rate
d (LOC)
♦ **au pair** ♦ travailler/être au pair to work as/be an au pair ♦ jeune fille au pair au pair (girl) ♦ jeune homme au pair (male) au pair
♦ **de pair** ♦ aller ou marcher de pair to go hand in hand ♦ aller de pair avec to go hand in hand with

**pair², e¹** [pɛʀ] adj nombre even ♦ le côté pair de la rue the side of the street with even numbers ♦ jours pairs even dates ♦ jouer pair to bet on the even numbers

**paire²** [pɛʀ] → SYN nf a [ciseaux, lunettes, tenailles, chaussures] pair; [bœufs] yoke; [pistolets, pigeons] brace; (Cartes) pair ♦ ils forment une paire d'amis the two of them are great friends ♦ une belle paire d'escrocs a real pair of crooks ♦ avoir une bonne paire de joues to be chubby-cheeked
b (LOC) les deux font la paire they're two of a kind ♦ ils font la paire ces deux-là ! * they're a right pair! * ♦ c'est une autre paire de manches * that's another kettle of fish, that's another story ♦ se faire la paire ⁑ to clear off ⁑, beat it ⁑

**pairesse** [pɛʀɛs] nf peeress

**pairie** [peʀi] nf peerage

**pairle** [pɛʀl] nm (Hér) pall

**paisible** [pezibl] → SYN adj a personne, caractère quiet; vie, quartier, village, retraite peaceful, quiet ♦ dormir d'un sommeil paisible to be sleeping peacefully
b (Jur) quiet, peaceable

**paisiblement** [peziblәmɑ̃] adv peacefully

**paissance** [pɛsɑ̃s] nf (Jur) grazing on common land

**paître** [pɛtʀ] → SYN ▸ conjug 57 ◂ 1 vi to graze ♦ le pâturage où ils font paître leur troupeau the pasture where they graze their herd ♦ envoyer paître qn ⁑ to send sb packing *
2 vt [+ herbe] to graze on; [+ feuilles, fruits] to feed on ♦ paître l'herbe d'un pré to graze in a meadow

**paix** [pɛ] → SYN nf a (Mil, Pol) peace ♦ paix armée armed peace ♦ paix séparée separate peace agreement ♦ demander la paix to sue for peace ♦ signer la paix to sign a peace treaty ♦ en temps de paix in peacetime ♦ traité/pourparlers de paix peace treaty/talks ♦ soldats de la paix peacekeeping force ♦ Mouvement pour la paix Peace Movement ♦ (Prov) si tu veux la paix, prépare la guerre if you wish to have peace, prepare for war
b (= état d'accord) peace ♦ ramener la paix entre ... to make peace between ... ♦ il a fait la paix avec son frère he has made his peace with his brother, he and his brother have made up ou made it up (Brit) ♦ être pour la paix des ménages (hum) to believe in domestic harmony; → baiser, gardien, juge
c (= tranquillité) peace, quiet; (= silence) stillness, peacefulness ♦ tout le monde est sorti, quelle paix dans la maison ! how peaceful ou quiet it is in the house now everyone has gone out! ♦ est-ce qu'on pourrait avoir la paix ? could we have a bit of peace and quiet?
d (= calme intérieur) peace ♦ la paix de l'âme inner peace ♦ allez ou partez en paix (Rel) go in peace ♦ paix à sa mémoire ou à son âme ou à ses cendres (hum) God rest his soul ♦ paix sur la terre aux hommes de bonne volonté (Bible) peace on Earth and good will to all men ♦ avoir la conscience en paix, être en paix avec sa conscience to have a clear ou an easy conscience, be at peace with one's conscience ♦ qu'il repose en paix may he rest in peace ♦ laisser qn en paix, laisser la paix à qn to leave sb alone ou in peace ♦ fous-moi ⁑ ou fiche-moi * la paix ! stop pestering me!, clear off! ⁑ ♦ la paix ! shut up! *, quiet!

**pajot** ⁑ [paʒo] nm ⇒ page³

**Pakistan** [pakistɑ̃] nm Pakistan

**pakistanais, e** [pakistanɛ, ɛz] 1 adj Pakistani
2 Pakistanais(e) nm,f Pakistani

**PAL** [pal] nm (abrév de Phase Alternative Line) PAL

**pal**, pl **pals** [pal] → SYN nm (Hér) pale; (= pieu) stake ♦ le (supplice du) pal torture by impalement

**palabrer** [palabʀe] → SYN ▸ conjug 1 ◂ vi (= bavarder) to talk ou chat away; (= parlementer) to argue endlessly ♦ je n'ai pas envie de l'entendre palabrer pendant des heures I don't want to listen to him going on ou waffling on * (Brit) for hours ♦ assez palabré, il faut agir that's enough talk, let's have some action

**palabres** [palabʀ] nfpl never-ending discussions

**palace** [palas] → SYN nm luxury hotel

**paladin** [paladɛ̃] → SYN nm paladin

**palafitte** [palafit] nm palafitte

**palais** [palɛ] → SYN 1 nm a (= édifice) palace; → révolution
b (Jur) le Palais the law courts ♦ en argot du Palais, en termes de Palais in legal parlance ♦ les gens du Palais lawyers
c (Anat) palate ♦ palais dur/mou hard/soft palate ♦ avoir le palais desséché to be parched, be dying of thirst ♦ avoir le palais fin (fig) to have a discerning palate ♦ palais fendu (Méd) cleft palate; → flatter, voile²
2 COMP ▷ le palais Brongniart *the Paris Stock Exchange* ▷ le palais de Buckingham Buckingham Palace ▷ palais des congrès convention centre ▷ le palais de l'Élysée the Élysée Palace ▷ palais des expositions exhibition centre ▷ Palais de justice law courts ▷ le palais du Luxembourg *the seat*

*of the French Senate* ▷ **le palais des Nations** the Palais des Nations ▷ **Palais des sports** sports stadium

**Palais-Bourbon** [palɛburbɔ̃] nm ◆ **le Palais-Bourbon** (the seat of) the French National Assembly

**palan** [palɑ̃] → SYN nm hoist

**palanche** [palɑ̃ʃ] nf (= tige) yoke

**palançon** [palɑ̃sɔ̃] nm [torchis] lath

**palangre** [palɑ̃gʀ] nf (Pêche) long-line ◆ **la pêche à la palangre** long-lining

**palanque** [palɑ̃k] nf stockade

**palanquer** [palɑ̃ke] ▸ conjug 1 ◂ vt (Naut) to hoist

**palanquin** [palɑ̃kɛ̃] nm palanquin, palankeen

**palastre** [palastʀ] nm [serrure] box

**palatal, e,** mpl **-aux** [palatal, o] 1 adj (Ling) consonne palatal (épith); voyelle front (épith); (Anat) palatal

2 **palatale** nf (= consonne) palatal consonant; (= voyelle) front vowel

**palatalisation** [palatalizasjɔ̃] nf palatalization

**palataliser** [palatalize] ▸ conjug 1 ◂ vt to palatalize

**palatin, e** [palatɛ̃, in] 1 adj a (Hist) Palatine ◆ **le comte/l'électeur palatin** the count/the elector Palatine ◆ **princesse Palatine** Princess Palatine

b (Géog) **le (mont) Palatin** the Palatine Hill

c (Anat) palatine

2 nm (Hist) Palatine; (Anat) palatine

**Palatinat** [palatina] nm ◆ **le Palatinat** the Palatinate

**palâtre** [palɑtʀ] nm ⇒ **palastre**

**pale¹** [pal] nf [hélice, rame] blade; [roue, écluse] paddle

**pale²** [pal] nf (Rel) pall

**palé, e** [pale] adj (Hér) paly

**pâle** [pɑl] → SYN adj a teint, personne pale; (= maladif) pallid, pale ◆ **pâle comme un linge** as white as a sheet ◆ **pâle comme la mort** deathly pale ou white ◆ **pâle de peur** white with fear ◆ **pâle de colère** pale ou white ou livid with anger ◆ **se faire porter pâle** ‡ to report ou go * sick; → **visage**

b lueur pale, weak; couleur, soleil, ciel pale

c style weak; imitation pale, poor; sourire faint, wan ◆ **un pâle crétin** (péj) a downright ou an utter fool

**palefrenier, -ière** [palfʀənje, jɛʀ] → SYN nm,f groom; (Hist) [auberge] ostler

**palefroi** [palfʀwa] → SYN nm (Hist) palfrey

**palémon** [palemɔ̃] nm (= crevette) prawn

**paléobiologie** [paleobjɔlɔʒi] nf palaeobiology (Brit), paleobiology (US)

**paléobotanique** [paleobɔtanik] nf palaeobotany (Brit), paleobotany (US)

**paléochrétien, -ienne** [paleokʀetjɛ̃, jɛn] adj early Christian

**paléogène** [paleoʒɛn] nm ◆ **le paléogène** the Palaeogene (Brit), the Paleogene (US)

**paléogéographie** [paleoʒeɔgʀafi] nf palaeogeography (Brit), paleogeography (US)

**paléographe** [paleɔgʀaf] nmf palaeographer (Brit), paleographer (US)

**paléographie** [paleɔgʀafi] nf palaeography (Brit), paleography (US)

**paléographique** [paleɔgʀafik] adj palaeographic(al) (Brit), paleographic(al) (US)

**paléohistologie** [paleoistɔlɔʒi] nf palaeohistology (Brit), paleohistology (US)

**paléolithique** [paleɔlitik] 1 adj Palaeolithic (Brit), Paleolithic (US)

2 nm ◆ **le paléolithique** the Palaeolithic (Brit) ou Paleolithic (US) (age)

**paléomagnétisme** [paleomaɲetism] nm palaeomagnetism (Brit), paleomagnetism (US)

**paléontologie** [paleɔ̃tɔlɔʒi] nf palaeontology (Brit), paleontology (US)

**paléontologique** [paleɔ̃tɔlɔʒik] adj palaeontologic(al) (Brit), paleontologic(al) (US)

**paléontologiste** [paleɔ̃tɔlɔʒist], **paléontologue** [paleɔ̃tɔlɔg] nmf palaeontologist (Brit), paleontologist (US)

**paléosol** [paleosɔl] nm Palaeozoic (Brit) ou Paleozoic (US) soil

**paléothérium** [paleɔteʀjɔm] nm palaeothere (Brit), paleothere (US)

**paléozoïque** [paleozɔik] 1 adj Palaeozoic (Brit), Paleozoic (US)

2 nm ◆ **le paléozoïque** the Palaeozoic (Brit) ou Paleozoic (US) (age)

**paléozoologie** [paleozɔɔlɔʒi] nf palaeozoology (Brit), paleozoology (US)

**Palerme** [palɛʀm] n Palermo

**paleron** [palʀɔ̃] nm (Boucherie) chuck (steak)

**Palestine** [palɛstin] nf Palestine

**palestinien, -ienne** [palɛstinjɛ̃, jɛn] 1 adj Palestinian

2 **Palestinien(ne)** nm,f Palestinian

**palet** [palɛ] nm (gén) (metal ou stone) disc; [hockey] puck

**paletot** [palto] → SYN nm (thick) cardigan ◆ **il m'est tombé** ou **m'a sauté sur le paletot** ‡ he jumped on me

**palette** [palɛt] nf a (Peinture : lit, fig) palette

b [produits, services] range

c (Boucherie) shoulder

d (= aube de roue) paddle; (= battoir à linge) beetle; (Manutention, Constr) pallet

**palettiser** [paletize] ▸ conjug 1 ◂ vt to palletize

**palétuvier** [paletyvje] nm mangrove

**pâleur** [pɑlœʀ] → SYN nf [teint] paleness; (maladive) pallor, paleness; [couleur, ciel] paleness

**pali** [pali] nm (Ling) Pali

**pâlichon, -onne** * [pɑliʃɔ̃, ɔn] adj personne (a bit) pale ou peaky * (Brit) ou peaked * (US); soleil watery

**palier** [palje] → SYN nm a [escalier] landing ◆ **être voisins de palier, habiter sur le même palier** to live on the same landing ◆ **palier de repos** half landing

b (fig = étape) stage; [graphique] plateau ◆ **les prix ont atteint un nouveau palier** prices have found a ou risen to a new level ◆ **procéder par paliers** to proceed in stages

c [route, voie] level, flat ◆ **voler en palier** (Aviat) to fly level

d (Tech) bearing ◆ **palier de butée** thrust bearing

**palière** [paljɛʀ] adj f → **marche²**, **porte**

**palilalie** [palilali] nf palilalia

**palimpseste** [palɛ̃psɛst] nm palimpsest

**palindrome** [palɛ̃dʀom] nm palindrome

**palinodie** [palinɔdi] → SYN nf (Littérat) palinode ◆ **palinodies** (fig) recantations

**pâlir** [pɑliʀ] → SYN ▸ conjug 2 ◂ 1 vi [personne] to turn ou go pale; [lumière, étoiles] to grow dim; [ciel] to grow pale; [couleur, encre] to fade; (fig) [souvenir] to fade (away), dim; [gloire] to dim, fade ◆ **pâlir de colère** to go ou turn pale ou white with anger ◆ **pâlir de crainte** to turn pale ou white with fear, blench (with fear) ◆ **faire pâlir qn d'envie** ou **de jalousie** to make sb green with envy

2 vt (littér) [+ ciel] to turn pale ◆ **encre pâlie par le soleil** ink faded by the sun

**palis** [pali] → SYN nm (= pieu) picket; (= clôture) picket fence

**palissade** [palisad] → SYN nf [pieux] fence; [planches] boarding; (Mil) stockade

**palissader** [palisade] ▸ conjug 1 ◂ vt to fence in

**palissandre** [palisɑ̃dʀ] nm rosewood

**pâlissant, e** [pɑlisɑ̃, ɑ̃t] adj teinte, lumière wan, fading

**palisser** [palise] ▸ conjug 1 ◂ vt to espalier

**palladien, -ienne** [paladjɛ̃, jɛn] adj Palladian

**palladium** [paladjɔm] → SYN nm (Chim, fig) palladium

**Pallas Athena** [palasatena] nf Pallas Athena

**palliatif, -ive** [paljatif, iv] → SYN 1 adj (Méd) palliative

2 nm (Méd) palliative (à to, for); (= mesure) palliative, stopgap measure; (= réparation sommaire) makeshift repair

**pallidectomie** [palidɛktɔmi] nf pallidectomy

**pallidum** [palidɔm] nm pallidum

**pallier** [palje] → SYN ▸ conjug 7 ◂ 1 vt [+ difficulté] to overcome, get round; [+ manque] to offset, compensate for, make up for; (littér) [+ défaut] to disguise, palliate (littér)

2 **pallier à** vt indir (usage critiqué) [+ difficulté, manque] ⇒ **pallier**

**pallium** [paljɔm] nm a (Rel) pallium

b (Zool) pallium, mantle

**palmarès** [palmaʀɛs] → SYN nm a (= classement) [lauréats, cinéastes] (list of) prizewinners ou award winners; [sportifs] (list of) medal winners; [chansons] charts, hit parade ◆ **le palmarès des universités françaises** (the list of) the top French universities ◆ **le palmarès des émissions les plus écoutées** (the list of) the most popular programmes ◆ **cette voiture est** ou **figure au palmarès des meilleures ventes** this car is among the best-selling models ou is a best-seller ◆ **la Grèce figure au palmarès des pays les plus visités** Greece is one of the most visited countries in the world

b (= liste de victoires, de titres etc ) record ou list of achievements ◆ **il a de nombreuses victoires à son palmarès** he has a number of victories to his credit ou under his belt ◆ **c'est un titre qu'il n'a pas encore à son palmarès** this is a title that he can't yet call his own

**palmature** [palmatyʀ] nf palmation

**palme** [palm] → SYN nf a (Archit, Bot) palm leaf; (= symbole) palm ◆ **vin/huile de palme** palm wine/oil

b (= distinction) prize ◆ **la palme revient à ...** the prize goes to ... ◆ **disputer la palme à qn** to compete with sb ◆ **remporter la palme** to win, be the winner ◆ **pour ce qui est des bêtises, il remporte la palme** when it comes to being silly he wins hands down ◆ **la Palme d'or** (Ciné) the Palme d'or ◆ **la palme du martyre** the crown of martyrdom ◆ **décoration avec palme** (Mil) ≈ decoration with a bar ◆ **palmes académiques** *decoration for services to education in France*

c [nageur] flipper

**palmé, e** [palme] adj feuille palmate (SPÉC); patte webbed; oiseau webfooted, palmate (SPÉC) ◆ **avoir les pieds palmés** to have webbed feet ◆ **il les a palmées** * (hum) he's bone-idle *

**palmer** [palmɛʀ] nm (Tech) micrometer

**palmeraie** [palməʀɛ] nf palm grove

**palmette** [palmɛt] nf (Archit) palmette

**palmier** [palmje] nm a (Bot) palm tree ◆ **palmier-dattier** date palm

b (= gâteau) *heart-shaped biscuit made of flaky pastry*

**palmifide** [palmifid] adj palmatifid

**palmilobé, e** [palmilɔbe] adj palmatilobate(d)

**palmipède** [palmipɛd] → SYN 1 nm palmiped (SPÉC)

2 adj webfooted

**palmiste** [palmist] adj m → **chou¹**

**palmitine** [palmitin] nf tri(palmitin)

**palmitique** [palmitik] adj m ◆ **acide palmitique** palmitic acid

**palmure** [palmyʀ] nf (Zool) web; (Méd) palmature

**palombe** [palɔ̃b] → SYN nf woodpigeon, ringdove

**palonnier** [palɔnje] → SYN nm (Aviat) rudder bar; (Aut) compensator; [cheval] swingletree; (en ski nautique) handle; [appareil de levage] crosspiece

**palot** ‡ [palo] nm (= baiser) kiss

**pâlot, -otte** * [pɑlo, ɔt] adj personne (a bit) pale ou peaky * (Brit) ou peaked * (US)

**palourde** [paluʀd] nf clam

**palpable** [palpabl] → SYN adj (lit, fig) palpable

**palpation** [palpasjɔ̃] nf palpation

**palpe** [palp] nm palp(us)

**palpébral, e,** mpl **-aux** [palpebʀal, o] adj palpebral

**palper** [palpe] → SYN ▸ conjug 1 ◂ vt a [+ objet] to feel, finger; (Méd) to palpate

b ‡ [+ argent] (= recevoir) to get; (= gagner) to make ◆ **qu'est-ce qu'il a dû palper (comme argent) !** he must have made a fortune ou a mint! *

**palpeur** [palpœʀ] nm [chaleur, lumière] sensor

**palpitant, e** [palpitɑ̃, ɑ̃t] → SYN 1 adj a (= passionnant) livre, moment thrilling, exciting; vie exciting ◆ **d'un intérêt palpitant, palpitant d'intérêt** terribly exciting, thrilling ◆ **être palpitant d'émotion** to be quivering with emotion
b chair quivering (épith), wobbly; blessure throbbing (épith)
2 nm‡ (= cœur) ticker*

**palpitation** [palpitasjɔ̃] → SYN nf [cœur] racing (NonC); [paupières] fluttering (NonC); [lumière, flamme] quivering (NonC) ◆ **avoir des palpitations** (Méd) to have palpitations ◆ **ça m'a donné des palpitations** (fig) it gave me quite a turn

**palpiter** [palpite] → SYN ▸ conjug 1 ◂ vi [cœur] (= battre) to beat; (= battre rapidement) to race; [paupières] to flutter; [chair] to quiver; [blessure] to throb; [narines, lumière, flamme] to quiver

**paltoquet** [paltɔkɛ] → SYN nm (littér : péj) (= rustre) boor; (= freluquet) pompous fool

**palu** * [paly] nm abrév de **paludisme**

**paluche**‡ [palyʃ] nf (= main) hand, paw* ◆ **serrer la paluche à qn** to shake hands with sb, shake sb's hand

**paludéen, -enne** [palydeɛ̃, ɛn] adj (Méd) malarial

**paludier, -ière** [palydje, jɛʀ] → SYN nm,f saltmarsh worker

**paludique** [palydik] 1 adj paludial, malarial; personne suffering from paludism (SPÉC) ou malaria
2 nmf person suffering from paludism (SPÉC) ou malaria

**paludisme** [palydism] nm paludism (SPÉC), malaria

**paludologie** [palydɔlɔʒi] nf study of paludism (SPÉC) ou of malaria

**paludologue** [palydɔlɔg] nmf paludism (SPÉC) ou malaria specialist

**palustre** [palystʀ] adj (Bot) paludal

**palynologie** [palinɔlɔʒi] nf palynology

**pâmer (se)** [pɑme] → SYN ▸ conjug 1 ◂ vpr (littér) to swoon † ◆ **se pâmer** ou **être pâmé devant qch** (fig) to swoon ou be in raptures ou be ecstatic over sth ◆ **se pâmer d'admiration/d'amour** to be overcome with admiration/with love ◆ **se pâmer de rire** to be convulsed with laughter

**pâmoison** [pɑmwazɔ̃] → SYN nf (littér, hum) swoon † ◆ **tomber en pâmoison** (lit) to swoon † ◆ **tomber en pâmoison devant un tableau** (fig) to swoon over ou go into raptures over a painting

**pampa** [pɑ̃pa] nf pampas pl

**pamphlet** [pɑ̃flɛ] → SYN nm satirical tract, lampoon

**pamphlétaire** [pɑ̃fletɛʀ] → SYN nmf lampoonist

**pampille** [pɑ̃pij] nf [lustre] pendant

**pamplemousse** [pɑ̃pləmus] → SYN nm grapefruit

**pamplemoussier** [pɑ̃pləmusje] nm grapefruit tree

**pampre** [pɑ̃pʀ] → SYN nm (littér) vine branch

**Pan** [pɑ̃] nm Pan; → **flûte**

**pan**[1] [pɑ̃] → SYN 1 nm a (= morceau) piece; [habit] tail; (= face, côté) side, face; [toit] side; [nappe] overhanging part; [lumière] patch
b [économie, industrie] area; [société] section ◆ **un pan de ma vie/de l'histoire de France** a chapter in ou of my life/in the history of France
2 COMP ▷ **pan de chemise** shirt-tail ◆ **se promener en pans de chemise** to wander about in (one's) shirt-tails ou with just one's shirt on ▷ **pan de ciel** patch of sky ▷ **pan coupé** cut-off corner *(of room)* ◆ **maison en pan coupé** house with a slanting ou cut-off corner ◆ **mur en pan coupé** wall with a cut-off corner ▷ **pan de mur** (section of) wall ▷ **pan de rideau** curtain

**pan**[2] [pɑ̃] excl [coup de feu] bang!; [gifle] slap!, whack! ◆ **je vais te faire pan pan (les fesses)** (langage enfantin) you'll get your bottom smacked

**panacée** [panase] → SYN nf panacea, cure-all

**panachage** [panaʃaʒ] → SYN nm a (Pol) *voting for candidates from different parties instead of for the set list of one party*
b (= mélange) [couleurs] combination; [programmes, plats] selection

**panache** [panaʃ] → SYN nm a (= plumet) plume, panache ◆ **panache de fumée** plume of smoke
b (= brio) [personne] panache ◆ **avoir du panache** to have panache ◆ **personnage sans panache** lacklustre individual ◆ **victoire sans panache** unimpressive victory

**panaché, e** [panaʃe] → SYN (ptp de **panacher**) 1 adj a fleur, feuilles variegated, many-coloured (Brit) ou -colored (US) ◆ **pétunias blancs panachés de rouge** white petunias with splashes of red ou with red stripes
b foule, assortiment motley; glace two- ou mixed-flavour (Brit) ou -flavor (US) (épith); salade mixed ◆ **bière panachée** shandy
2 nm (= boisson) shandy

**panacher** [panaʃe] → SYN ▸ conjug 1 ◂ vt (= mélanger) [+ couleurs, fleurs] to put together; [+ genres] to mix, combine; [+ plantes] to cross; [+ biscuits, bonbons] to make an assortment ou a selection of; (= varier) [+ programmes, exercices] to vary ◆ **dois-je prendre l'un des menus ou puis-je panacher (les plats) ?** do I have to take a set menu or can I make my own selection (of courses)? ◆ **panacher une liste électorale** *to vote for candidates from different parties instead of for the set list of one party*

**panachure** [panaʃyʀ] nf (gén pl) motley colours (Brit) ou colors (US)

**panade** [panad] → SYN nf bread soup ◆ **être dans la panade**‡ (fig) (= avoir des ennuis) to be in the soup*, be in a sticky situation; (= avoir des ennuis d'argent) to be strapped for cash* (Brit), be down to one's last dollar (US)

**panafricain, e** [panafʀikɛ̃, ɛn] adj Pan-African

**panafricanisme** [panafʀikanism] nm Pan-Africanism

**panais** [panɛ] nm parsnip

**panama** [panama] nm a (Géog) **le Panama** Panama
b (= chapeau) Panama hat

**Paname** * [panam] n Paris

**panaméen, -enne** [panameɛ̃, ɛn] 1 adj Panamanian
2 **Panaméen(ne)** nm,f Panamanian

**panaméricain, e** [panameʀikɛ̃, ɛn] adj Pan-American ◆ **route panaméricaine** Pan-American Highway

**panaméricanisme** [panameʀikanism] nm Pan-Americanism

**panamien, -ienne** [panamjɛ̃, jɛn] adj ⇒ **panaméen, -enne**

**panarabe** [panaʀab] adj Pan-Arab(ic)

**panarabisme** [panaʀabism] → SYN nm Pan-Arabism

**panard**‡ [panaʀ] nm foot ◆ **c'est le panard !** it's magic!* ou ace* (Brit)!

**panaris** [panaʀi] nm whitlow

**panax** [panaks] nm panax

**pan-bagnat,** pl **pans-bagnats** [pɑ̃baɲa] nm sandwich *(with tomatoes, lettuce, hard-boiled eggs, tuna and anchovies, seasoned with olive oil)*

**panca** [pɑ̃ka] nm punka(h)

**pancarte** [pɑ̃kaʀt] → SYN nf (gén) sign, notice; (Aut) (road)sign; [manifestant] placard

**panchromatique** [pɑ̃kʀɔmatik] adj panchromatic

**pancréas** [pɑ̃kʀeɑs] nm pancreas

**pancréatectomie** [pɑ̃kʀeatɛktɔmi] nf pancreatectomy

**pancréatine** [pɑ̃kʀeatin] nf pancreatin

**pancréatique** [pɑ̃kʀeatik] adj pancreatic

**pancréatite** [pɑ̃kʀeatit] nf pancreatitis

**panda** [pɑ̃da] nm panda ◆ **grand panda** giant panda

**pandanus** [pɑ̃danys] nm pandanus

**pandémie** [pɑ̃demi] nf pandemic (disease) ◆ **la pandémie de sida** the Aids pandemic

**pandémonium** [pɑ̃demɔnjɔm] nm (littér) pandemonium ◆ **le Pandémonium** Pandemonium

**pandit** [pɑ̃di(t)] nm pandit, pundit

**Pandore** [pɑ̃dɔʀ] nf (Myth) Pandora

**pandore** * † [pɑ̃dɔʀ] nm (= gendarme) cop*, gendarme

**panégyrique** [paneʒiʀik] → SYN nm (frm) panegyric ◆ **faire le panégyrique de qn** to extol sb's merits ◆ **quel panégyrique de son chef il a fait !** (fig : hum) what a tribute to pay to his boss!

**panégyriste** [paneʒiʀist] nmf panegyrist

**panel** [panɛl] → SYN nm (= jury) panel; (= échantillon) sample group

**paner** [pane] ▸ conjug 1 ◂ vt to coat with breadcrumbs ◆ **pané** escalope coated with breadcrumbs, breaded

**paneterie** [pan(ə)tʀi, panɛtʀi] nf (lieu) bread room

**panetière** [pan(ə)tjɛʀ] → SYN nf breadbin (Brit), breadbox (US)

**paneton** [pan(ə)tɔ̃] nm bread basket

**paneuropéen, -enne** [panøʀɔpeɛ̃, ɛn] adj Pan-European

**pangermanisme** [pɑ̃ʒɛʀmanism] nm Pan-Germanism

**pangermaniste** [pɑ̃ʒɛʀmanist] 1 adj Pan-German(ic)
2 nmf Pan-German

**pangolin** [pɑ̃gɔlɛ̃] nm pangolin, scaly anteater

**panhellénique** [panelenik] adj Panhellenic

**panhellénisme** [panelenism] nm Panhellenism

**panic** [panik] nm panic grass

**panicaut** [paniko] nm sea holly

**panicule** [panikyl] nf panicle

**panier** [panje] → SYN 1 nm a (gén, Sport) basket; (= contenu) basket(ful) ◆ **ils sont tous à mettre dans le même panier** (fig) there's not much to choose between them, they are all much of a muchness (Brit) ◆ **ne les mets pas tous dans le même panier** (fig) don't lump them all together ◆ **mettre** ou **jeter qch au panier** to throw sth out ◆ **réussir** ou **marquer un panier** (Basket) to score ou make a basket; → **anse, dessus, œuf**
b (Photo : pour diapositives) magazine ◆ **panier circulaire** rotary magazine
c (= vêtement) pannier ◆ **robe à paniers** dress with panniers
2 COMP ▷ **panier à bouteilles** bottle-carrier ▷ **panier de crabes** (fig) ◆ **c'est un panier de crabes** they're always fighting among themselves, they're always at each other's throats ▷ **panier à frites** chip basket (Brit), fry basket (US) ▷ **panier à linge** linen basket ▷ **le panier de la ménagère** (Écon) the housewife's shopping basket ▷ **panier de monnaies** (Fin) basket of currencies ▷ **panier à ouvrage** workbasket ▷ **panier percé** (fig) spendthrift ▷ **panier à provisions** shopping basket ▷ **panier à salade** (Culin) salad shaker ou basket; (* = camion) police van, Black Maria* (Brit), paddy waggon‡ (US)

**panière** [panjɛʀ] nf large basket

**panier-repas,** pl **paniers-repas** [panjeʀəpa] nm lunch ou dinner ou picnic basket, packed lunch

**panifiable** [panifjabl] adj (suitable for) bread-making (épith)

**panification** [panifikasjɔ̃] nf bread-making

**panifier** [panifje] ▸ conjug 7 ◂ vt to make bread from

**paniquant, e** * [panikɑ̃, ɑ̃t] adj scary*

**paniquard** * [panikaʀ] nm (péj) coward, yellow belly*

**panique** [panik] → SYN 1 nf panic ◆ **pris de panique** panic-stricken ◆ **un mouvement de panique a saisi** ou **s'est emparé de la foule** a wave of panic swept through the crowd ◆ **cela a provoqué un mouvement de panique parmi la population** it caused panic among ou sent a wave of panic through the population ◆ **il y a eu un début de panique chez les investisseurs** investors were beginning to panic ou were showing signs of panic ◆ **pas de panique !*** don't panic!, there's no need to panic! ◆ **c'était la panique (générale)** * it was panic all round ou panic stations * (Brit); → **semer, vent**

2 adj ◆ **terreur** ou **peur panique** panic

**paniquer** * [panike] ▸ conjug 1 ◂ 1 vt ◆ **paniquer qn** to put the wind up sb *, give sb a scare ◆ **il a essayé de me paniquer** he tried to put the wind up me *

2 vi **se paniquer** vpr to panic, get the wind up * ◆ **commencer à paniquer** ou **à se paniquer** to get panicky ◆ **il n'a pas paniqué, il ne s'est pas paniqué** he didn't panic, he kept his head ◆ **être paniqué** to be in a panic ◆ **être paniqué à l'idée de faire qch** to be scared stiff at the idea of doing sth

**panislamique** [panislamik] adj Panislamic

**panislamisme** [panislamism] → SYN nm Panislamism

**panka** [pɑ̃ka] nm ⇒ **panca**

**panne[1]** [pan] → SYN nf a (= incident) breakdown ◆ **panne de courant** ou **d'électricité** power ou electrical failure ◆ **panne de secteur** local mains failure ◆ **panne de moteur** [avion, voiture] engine failure ◆ **il n'a pas trouvé la panne** he couldn't find the fault ou problem ◆ **il m'a fait le coup de la panne** (hum) he tried on the old trick about the car breaking down ◆ **avoir une panne d'oreiller** (hum) to oversleep ◆ **il a eu une panne** (sexuellement) he couldn't rise to the occasion (hum)

♦ **en panne** machine "out of order"; voiture "broken-down" ◆ **être** ou **tomber en panne** [machine] to break down ◆ **je suis tombé en panne (de voiture)** my car has broken down ◆ **je suis tombé en panne sèche** ou **en panne d'essence** I have run out of petrol (Brit) ou gas (US) ◆ **je suis en panne de réfrigérateur/radio** my refrigerator/radio is broken ◆ **mettre en panne** (Naut) to bring to, heave to ◆ **le candidat est resté en panne** (= ne savait pas quoi dire) the candidate was at a loss for words ◆ **les travaux sont en panne** work has come to a halt ◆ **ce projet est en panne** work is at a standstill ou has come to a halt on this project ◆ **laisser qn en panne** to leave sb in the lurch, let sb down ◆ **je suis en panne de cigarettes/d'idées/d'inspiration** I've run out of ou I'm out of cigarettes/of ideas/of inspiration ◆ **rester en panne devant une difficulté** to be stumped * (by a problem)

b (Théât = rôle mineur) bit part

**panne[2]** [pan] → SYN nf a (= graisse) fat

b (= étoffe) panne

c (= poutre) purlin

d [marteau] peen; [piolet] adz(e)

**panneau,** pl **panneaux** [pano] → SYN 1 nm (Art, Couture, Menuiserie) panel; (= écriteau) sign, notice; (Constr) prefabricated section; (Basket) backboard ◆ **les panneaux qui ornent la salle** the panelling round the room ◆ **à panneaux** panelled ◆ **tomber** ou **donner dans le panneau** * (fig) to fall ou walk (right) into the trap, fall for it *

2 COMP ▷ **panneau d'affichage** (pour résultats etc ) notice board (Brit), bulletin board (US); (pour publicité) billboard, hoarding (Brit) ▷ **panneau d'écoutille** (Naut) hatch cover ▷ **panneaux électoraux** *notice boards for election posters* ▷ **panneau indicateur** signpost ▷ **panneau lumineux** electronic display (sign)board; [stade] electronic scoreboard ▷ **panneau de particules** chipboard (NonC) ▷ **panneau publicitaire** billboard, hoarding (Brit) ▷ **panneau de signalisation** roadsign, traffic sign ▷ **panneau solaire** solar panel ▷ **panneau de stop** stop sign ▷ **panneau vitré** glass panel

**panneton** [pan(ə)tɔ̃] nm [clé] bit

**pannicule** [panikyl] nm ◆ **pannicule adipeux** panniculus adiposus

**panonceau,** pl **panonceaux** [panɔ̃so] → SYN nm (= plaque de médecin) plaque; (= écriteau publicitaire) sign

**panophtalmie** [panɔftalmi] nf panophthalmitis

**panoplie** [panɔpli] → SYN nf a (= jouet) outfit ◆ **panoplie d'Indien** Red Indian outfit ◆ **panoplie d'armes** (sur un mur) display of weapons; [gangster, policier] armoury (Brit), armory (US) ◆ **il a sorti toute sa panoplie** (hum = instruments) he brought out all his equipment

b (fig = gamme) [arguments, médicaments, sanctions] range; [mesures] package, range

**panoptique** [panɔptik] adj panoptic

**panorama** [panɔʀama] → SYN nm (lit, fig) panorama

**panoramique** [panɔʀamik] 1 adj vue, appareil-photo, photo panoramic; restaurant with a panoramic view; carrosserie with panoramic ou wraparound windows; car, voiture with wraparound windscreen ◆ **ascenseur panoramique** glass lift (Brit) ou elevator (US) ◆ **écran panoramique** (Ciné) wide ou panoramic screen ◆ **wagon panoramique** observation car

2 nm (Ciné, TV) panoramic shot

**panorpe** [panɔʀp] nf scorpion fly

**panosse** [panɔs] nf (Helv) floorcloth ◆ **passer la panosse** to mop the floor

**pansage** [pɑ̃saʒ] nm [cheval] grooming

**panse** [pɑ̃s] → SYN nf [ruminant] paunch; * [personne] paunch, belly *; (fig) [bouteille] belly ◆ **s'en mettre plein la panse** * to stuff o.s. * ou one's face ‡ ◆ **j'ai la panse bien remplie** * I'm full to bursting * ◆ **manger à s'en faire crever** ou **éclater la panse** * to eat until one's fit to burst, stuff o.s. * ou one's face ‡ ◆ **je pourrais manger des cerises à m'en faire crever la panse** * I could eat cherries till they come out of my ears *

**pansement** [pɑ̃smɑ̃] → SYN nm (Méd) [plaie, membre] dressing; (= bandage) bandage; (= sparadrap) plaster (Brit), Band Aid ® ◆ **faire un pansement** (gén) to dress a wound; (sur une dent) to put in a temporary filling ◆ **refaire un pansement** to put a clean dressing on a wound ◆ **(tout) couvert de pansements** (all) bandaged up ◆ **pansement adhésif** sticking plaster (Brit), Band Aid ®

**panser** [pɑ̃se] → SYN ▸ conjug 1 ◂ vt a (Méd) [+ plaie] to dress; [+ bras, jambe] to put a dressing on; (avec un bandage) to bandage; (avec du sparadrap) to put a plaster (Brit) ou a Band Aid ® on; [+ blessé] to dress the wounds of ◆ **le temps panse les blessures (du cœur)** (fig) time heals (the wounds of the heart), time is a great healer ◆ **panser ses blessures** (fig) to lick one's wounds

b [+ cheval] to groom

**panseur, -euse** [pɑ̃sœʀ, øz] nm,f *nurse who applies bandages etc*

**panslavisme** [pɑ̃slavism] nm Pan-Slavism

**panslaviste** [pɑ̃slavist] 1 adj Pan-Slav(onic)

2 nmf Pan-Slavist

**pansu, e** [pɑ̃sy] adj personne potbellied, paunchy; vase potbellied

**pantagruélique** [pɑ̃tagʀyelik] → SYN adj pantagruelian

**pantalon** [pɑ̃talɔ̃] → SYN nm a (Habillement) (pair of) trousers, (pair of) pants (US); († = sous-vêtement) knickers ◆ **un pantalon neuf** a new pair of trousers ou pants (US), new trousers ou pants (US) ◆ **10 pantalons** 10 pairs of trousers ou pants (US) ◆ **pantalon cigarette** straight(-leg) ou cigarette trousers ou pants (US) ◆ **pantalon de** ou **en flanelle** flannels ◆ **pantalon de golf** plus fours ◆ **pantalon de pyjama** pyjama ou pajama (US) bottoms ◆ **pantalon de ski** ski pants; → **corsaire, porter**

b (Théât) **Pantalon** Pantaloon

**pantalonnade** [pɑ̃talɔnad] → SYN nf (Théât) slapstick comedy, knockabout farce (Brit); (péj) tomfoolery (NonC)

**pantelant, e** [pɑ̃t(ə)lɑ̃, ɑ̃t] → SYN adj personne gasping for breath (attrib), panting; gorge heaving; cadavre, animal twitching

**pantène, pantenne** [pɑ̃tɛn] nf (Chasse) net ◆ **en pantène** (Naut) in disorder

**panthéisme** [pɑ̃teism] nm pantheism

**panthéiste** [pɑ̃teist] 1 adj pantheistic

2 nmf pantheist

**panthéon** [pɑ̃teɔ̃] nm a (= bâtiment) pantheon ◆ **le Panthéon** the Pantheon

b (= divinités, personnages célèbres) pantheon ◆ **le panthéon grec/romain** the Greek/Roman pantheon ◆ **le panthéon littéraire** the literary pantheon, the great names of literature ◆ **ce film est entré au panthéon du cinéma** this film has become a classic

**panthère** [pɑ̃tɛʀ] nf a (= félin) panther ◆ **panthère noire** black panther ◆ **sa femme est une vraie panthère** his wife is a real hellcat *

b (Hist US) **Panthères noires** Black Panthers

**pantière** [pɑ̃tjɛʀ] nf (bird) net

**pantin** [pɑ̃tɛ̃] → SYN nm (= jouet) jumping jack; (péj = personne) puppet

**pantographe** [pɑ̃tɔgʀaf] nm pantograph

**pantois, e** [pɑ̃twa, az] → SYN adj stunned ◆ **j'en suis resté pantois** I was stunned

**pantomètre** [pɑ̃tɔmɛtʀ] nm pantometer

**pantomime** [pɑ̃tɔmim] → SYN nf (= art) mime (NonC); (= spectacle) mime show; (fig) pantomime, scene, fuss (NonC) ◆ **il nous a fait la pantomime pour avoir un vélo** he made a great pantomime ou fuss about having a bike

**pantothénique** [pɑ̃tɔtenik] adj ◆ **acide pantothénique** pantothenic acid

**pantouflage** [pɑ̃tuflaʒ] nm (arg) (Admin) [fonctionnaire] leaving the civil service to work in the private sector

**pantouflard, e** * [pɑ̃tuflaʀ, aʀd] → SYN 1 adj personne, caractère stay-at-home (épith); vie quiet, uneventful, humdrum

2 nm,f stay-at-home

**pantoufle** [pɑ̃tufl] → SYN nf slipper ◆ **il était en pantoufles** he was in his slippers

**pantoufler** [pɑ̃tufle] ▸ conjug 1 ◂ vi a (arg Admin) [fonctionnaire] to leave the civil service to work in the private sector

b ( * = paresser) to laze ou lounge around (at home)

**pantoum** [pɑ̃tum] nm pantoum

**panty,** pl **panties** [pɑ̃ti] nm (= gaine) panty girdle

**panure** [panyʀ] → SYN nf breadcrumbs

**Panurge** [panyʀʒ] nm → **mouton**

**PAO** [peao] nf (abrév de **publication assistée par ordinateur**) DTP

**paon** [pɑ̃] → SYN nm peacock ◆ **faire le paon** to strut about (like a peacock) ◆ **fier** ou **vaniteux comme un paon** proud as a peacock; → **parer[1]**

**paonne** [pan] nf peahen

**PAP** [pap] nm (abrév de **prêt aidé d'accession à la propriété**) → **prêt[2]**

**papa** [papa] → SYN nm (gén) dad; (langage enfantin) daddy; (langage de bébé) dada ◆ **papa-poule** doting father ◆ **la musique/les voitures de papa** * old-fashioned music/cars ◆ **c'est vraiment l'usine de papa !** * this factory is really antiquated! ou behind the times! ◆ **conduire à la papa** * to potter along (Brit), drive at a snail's pace ◆ **alors papa, tu avances ?** * come on grandad, get a move on! * ◆ **fils (ou fille) à papa** (péj) rich kid * ◆ **jouer au papa et à la maman** to play mummies (Brit) ou mommies (US) and daddies, play house ◆ **il préfère rester chez papa-maman** * he prefers to stay with his Mum and Dad; → **gâteau**

**papaïne** [papain] nf papain

**papal, e,** mpl **-aux** [papal, o] → SYN adj papal

**papamobile** [papamɔbil] nf popemobile

**paparazzi** [papaʀadzi] nmpl (péj) paparazzi

**papas** [papas] nm [Église grecque] papa

**papauté** [papote] → SYN nf papacy

**papaver** [papavɛʀ] nm poppy

**papavéracées** [papaveʀase] nfpl ◆ **les papavéracées** papaveraceous plants, the Papaveraceae (SPÉC)

**papavérine** [papaveʀin] nf papaverine

**papaye** [papaj] nf pawpaw, papaya

**papayer** [papaje] nm pawpaw ou papaya (tree)

**pape** [pap] → SYN nm pope; (fig) [école littéraire etc] leading light ◆ **le pape Jean XXIII** Pope John XXIII ◆ **du pape** papal

**papé** [pape] nm ⇒ **papet**

**Papeete** [papɛt] n Papeete

**papelard[1]** * [paplaʀ] nm (= feuille) (bit of) paper; (= article de journal) article; (= journal) paper ◆ **papelards** (= papiers d'identité) papers

**papelard[2], e** [paplaʀ, aʀd] → SYN adj (littér) suave

**papelardise** [paplaʀdiz] → SYN nf (littér) suavity, suaveness, smoothness

**paperasse** [papʀas] nf (péj) ◆ **paperasse(s)** (= documents) papers, bumf* (Brit); (à remplir) forms ◆ **j'ai des paperasses** ou **de la paperasse à faire** I've got some paperwork to do

**paperasserie** [papʀasʀi] nf (péj : = travail) paperwork ◆ **paperasserie administrative** red tape

**paperassier, -ière** [papʀasje, jɛʀ] → SYN (péj)
1 adj personne fond of paperwork; administration cluttered with red tape, obsessed with form filling
2 nm,f (= bureaucrate) penpusher (Brit), pencilpusher (US) ◆ **quel paperassier !** he's forever poring over his papers!

**papesse** [papɛs] nf female pope; (fig) [école littéraire etc] leading light ◆ **la papesse Jeanne** Pope Joan

**papet** [papɛ] nm (terme du Sud) (= grand-père) grandpa*; (= vieil homme) old man

**papeterie** [papɛtʀi] nf (= magasin) stationer's (shop); (= fourniture) stationery; (= fabrique) paper mill; (= fabrication) paper-making industry; (= commerce) stationery trade

**papetier, -ière** [pap(ə)tje, jɛʀ] nm,f (= vendeur) stationer; (= fabricant) paper-maker ◆ **papetier-libraire** stationer and bookseller

**papi** [papi] nm (langage enfantin) grandad*, grandpa*; (* = vieil homme) old man

**papier** [papje] → SYN 1 nm a (= matière) paper ◆ **morceau/bout de papier** piece/bit ou slip of paper ◆ **de** ou **en papier** paper (épith) ◆ **mets-moi cela sur papier** (pour ne pas oublier) write that down for me; (pour confirmation écrite) let me have that in writing ◆ **sur le papier** (= en projet, théoriquement) on paper ◆ **jeter une idée sur le papier** to jot down an idea; → **noircir, pâte**
b (= feuille écrite) paper; (= feuille blanche) sheet ou piece of paper; (Presse = article) article ◆ **papiers personnels** personal papers ◆ **être/ne pas être dans les petits papiers de qn** to be in sb's good/bad books ◆ **un papier à signer/à remplir** a form to be signed/filled in ◆ **faire un papier sur qn** (Presse) to do an article ou a story on sb ◆ **rayez cela de vos papiers !** (fig) you can forget about that!
c (= emballage) paper; [bonbon] paper, wrapper
d **papiers (d'identité)** (identity) papers ◆ **vos papiers, s'il vous plaît !** could I see your identity papers, please?; (Aut) may I see your driving licence (Brit) ou driver's license (US), please? ◆ **ses papiers ne sont pas en règle** his papers are not in order
2 COMP ▷ **papier alu***, **papier aluminium** aluminium (Brit) ou aluminum (US) foil, tinfoil ▷ **papier d'argent** silver foil ou paper, tinfoil ▷ **papier d'Arménie** incense paper ▷ **papier bible** bible paper, India paper ▷ **papier (de) brouillon** rough paper ▷ **papier buvard** blotting paper ▷ **papier cadeau** gift wrap, wrapping paper ▷ **papier calque** tracing paper ▷ **papier carbone** carbon paper ▷ **papier chiffon** rag paper ▷ **papier à cigarettes** cigarette paper ▷ **papier collant** † sticky tape ▷ **papier collé** (Art) (paper) collage ▷ **papier en continu** (Ordin) continuous stationery ▷ **papier couché** art paper ▷ **papier crépon** crêpe paper ▷ **papier cul**‡ bogpaper‡ (Brit), TP* (US) ▷ **papier à dessin** drawing paper ▷ **papier doré** gold paper ▷ **papier d'emballage** (gén) wrapping paper; (brun, kraft) brown paper ▷ **papier à en-tête** headed notepaper ▷ **papier d'étain** tinfoil, silver paper ▷ **papier glacé** glazed paper ▷ **papiers gras** (= ordures) litter, rubbish ▷ **papier hygiénique** toilet paper ▷ **papier journal** newspaper ▷ **papier kraft** ® brown wrapping paper ▷ **papier à lettres** writing paper, notepaper ▷ **papier libre** plain unheaded paper ◆ **envoyez votre réponse sur papier libre à ...** send your answer on a sheet of paper to ... ▷ **papier mâché** papier-mâché ◆ **mine de papier mâché** (fig) pasty complexion ▷ **papier machine** typing paper ▷ **papiers militaires** army papers ▷ **papier millimétré** graph paper ▷ **papier ministre** ≈ foolscap paper ◆ **écrit sur papier ministre** written on official paper ▷ **papier à musique** manuscript (Brit) ou music (US) paper ▷ **papier paraffiné** (gén) wax paper; (Culin) greaseproof (Brit) ou wax (US) paper ▷ **papier peint** wallpaper ▷ **papier pelure** India paper ▷ **papier sensible** (Photo) bromide paper ▷ **papier de soie** tissue paper ▷ **papier sulfurisé** ⇒ **papier paraffiné** ▷ **papier timbré** stamped paper ▷ **papier toilette** toilet paper ▷ **papier de tournesol** litmus paper ▷ **papier de verre** glasspaper, sandpaper

**papier-émeri**, pl **papiers-émeri** [papjeem(ə)ʀi] nm emery paper

**papier-filtre**, pl **papiers-filtres** [papjefiltʀ] nm filter paper

**papier-monnaie**, pl **papiers-monnaies** [papjemɔnɛ] nm paper money

**papilionacé, e** [papiljɔnase] 1 adj papilionaceous
2 **les papilionacées** nfpl papilionaceous plants, the Papilionacileae (SPÉC)

**papillaire** [papilɛʀ] adj papillary, papillate

**papille** [papij] nf papilla ◆ **papilles gustatives** taste buds

**papillon** [papijɔ̃] → SYN nm (= insecte) butterfly; (fig = personne) fickle person; (Tech = écrou) wing ou butterfly nut; (* = contravention) (parking) ticket; (= autocollant) sticker ◆ **(brasse) papillon** (= nage) butterfly (stroke) ◆ **papillon de nuit** moth ◆ **papillon des gaz** (Aut) throttle valve; → **minute, nœud**

**papillonnant, e** [papijɔnɑ̃, ɑ̃t] adj personne fickle ◆ **esprit papillonnant** butterfly mind

**papillonner** [papijɔne] → SYN ▸ conjug 1 ◂ vi a (= voltiger) to flit about ou around (entre between)
b (entre activités diverses) to switch back and forth, chop and change (Brit) (entre between) ◆ **papillonner d'un sujet/d'un homme à l'autre** to flit from one subject/one man to another ◆ **papillonner autour d'une femme** to hover round a woman

**papillote** [papijɔt] → SYN nf (= bigoudi) curlpaper; [bonbon] (sweet (Brit) ou candy (US)) wrapper, (sweet (Brit) ou candy (US)) paper; [gigot] frill; (= papier beurré) buttered paper; (= papier aluminium) tinfoil ◆ **poisson en papillote** fish cooked in a parcel ou en papillotte ◆ **tu peux en faire des papillotes*** (fig) you can just chuck it in the bin

**papillotement** [papijɔtmɑ̃] nm a [lumière, étoiles] twinkling (NonC); [reflets] sparkling (NonC)
b [paupières] fluttering (NonC); [yeux] blinking (NonC)

**papilloter** [papijɔte] → SYN ▸ conjug 1 ◂ vi a [lumière, étoiles] to twinkle; [reflets] to sparkle
b [paupières] to flutter; [yeux] to blink

**papion** [papjɔ̃] nm baboon, papio (SPÉC)

**papisme** [papism] nm papism, popery

**papiste** [papist] nmf papist

**papivore** [papivɔʀ] nmf avid reader

**papotage** [papɔtaʒ] → SYN nm (= action) chattering (NonC); (= propos) (idle) chatter (NonC)

**papoter** [papɔte] → SYN ▸ conjug 1 ◂ vi to chatter, have a natter* (Brit)

**papou, e** [papu] 1 adj Papuan
2 nm (Ling) Papuan
3 **Papou(e)** nm,f Papuan

**papouan-néo-guinéen, -enne** [papwɑ̃neɔgineɛ̃, ɛn] 1 adj Papua-New-Guinean, (of) Papua New Guinea
2 **Papouan-Néo-Guinéen(ne)** nm,f Papua-New-Guinean

**Papouasie-Nouvelle-Guinée** [papwazinuvɛlgine] nf Papua New Guinea

**papouille** * [papuj] nf tickling (NonC) ◆ **faire des papouilles à qn** to tickle sb

**paprika** [papʀika] nm paprika (pepper)

**papule** [papyl] nf papule, papula

**papuleux, -euse** [papylø, øz] adj (couvert de papules) papuliferous; (formé de papules) papular

**papy** [papi] nm ⇒ **papi**

**papyrologie** [papiʀɔlɔʒi] nf papyrology

**papyrologue** [papiʀɔlɔg] nmf papyrologist

**papyrus** [papiʀys] nm papyrus

**paqson**‡ [paksɔ̃] nm ⇒ **pacson**

**pâque** [pɑk] nf ◆ **la pâque** Passover; voir aussi **Pâques**

**paquebot** [pak(ə)bo] → SYN nm liner, (steam) ship

**pâquerette** [pɑkʀɛt] nf daisy

**Pâques** [pɑk] 1 nm Easter ◆ **le lundi/la semaine de Pâques** Easter Monday/week ◆ **à Pâques ou à la Trinité** (fig) some fine day (iro) ◆ **faire Pâques avant les Rameaux** † to become pregnant before marriage ◆ **l'île de Pâques** Easter Island; → **dimanche, œuf**
2 nfpl ◆ **bonnes** ou **joyeuses Pâques !** Happy Easter! ◆ **faire ses Pâques** to go to Easter mass (and take communion)

**paquet** [pakɛ] → SYN nm a (pour emballer etc) [bonbons, sucre] bag, packet; [café, biscuits, pâtes, riz, farine, lessive] packet (Brit), package (US); [cigarettes] packet, pack (US); [cartes à jouer] pack (Brit), deck (surtout US); [linge] bundle ◆ **il fume deux paquets par jour** he smokes forty a day, he smokes two packs a day (US) ◆ **porter qn comme un paquet de linge sale** to carry sb like a sack of potatoes ◆ **c'est un vrai paquet de nerfs** (fig) he's a bag ou bundle of nerves ◆ **c'est un vrai paquet d'os** he's a bag of bones
b (= colis) parcel, package ◆ **mettre en paquet** to parcel up, package up ◆ **faire un paquet** to make up a parcel ou package
c (= tas) **paquet de** [+ neige] pile ou mass of; [+ boue] lump of; [+ billets] wad of
d (Rugby) **paquet (d'avants)** pack (of forwards)
e (Naut) **paquet de mer** big wave
f (* = argent) **ça coûte un paquet** it costs a small fortune ou a packet* (Brit) ◆ **il a touché un bon paquet** he got a tidy sum* ◆ **ils lui ont donné un bon petit paquet pour qu'il se taise** they gave him a tidy little sum* to keep him quiet
g (Loc) **faire son paquet** ou **ses paquets** to pack one's bags ◆ **lâcher son paquet à qn** † to tell sb a few home truths ◆ **mettre le paquet** (argent) to spare no expense; (efforts, moyens) to pull out all the stops; → **risquer**

**paquetage** [pak(ə)taʒ] → SYN nm (Mil) pack, kit ◆ **faire son paquetage** to get one's pack ou kit ready

**paquet-cadeau**, pl **paquets-cadeaux** [pakɛkado] nm giftwrapped parcel ◆ **pouvez-vous me faire un paquet-cadeau ?** could you giftwrap it for me?

**paquet-poste**, pl **paquets-poste** [pakɛpɔst] nm mailing box

**par¹** [paʀ]

GRAMMAIRE ACTIVE 17.1 préposition

Lorsque **par** s'emploie dans des expressions telles que **par cœur, par terre, par principe, passer par, un par un** etc, cherchez sous l'autre mot.

a agent, cause **le carreau a été cassé par l'orage/par un enfant** the pane was broken by the storm/by a child ◆ **accablé par le désespoir** overwhelmed with despair ◆ **elle nous a fait porter des fraises par son fils** she got her son to bring us some strawberries, she had her son bring us some strawberries ◆ **il a appris la nouvelle par le journal/par un ami** he learned the news from the paper/from ou through a friend ◆ **elle veut tout faire par elle-même** she wants to do everything (for) herself ◆ **la découverte de la pénicilline par Fleming** Fleming's discovery of penicillin, the discovery of penicillin by Fleming

b manière, moyen **par le train** by rail ou train ◆ **par route** by road ◆ **par la poste** by post ou mail, through the post ◆ **communiquer par fax/Internet** to communicate by ou via fax/the Internet ◆ **la porte ferme par un verrou** the gate is locked with a bolt ou by means of a bolt ◆ **obtenir qch par la force/la persuasion/la ruse** to obtain sth by force/with persuasion/by ou through cunning ◆ **arriver par l'intelligence/le travail** to succeed through intelligence/hard work ◆ **ils se ressemblent par leur sens de l'humour** they are alike in their sense of humour ◆ **ils diffèrent par bien des côtés** they are different ou they differ in many ways ou aspects ◆ **il descend des Bourbons par sa mère** he is descended from the Bourbons through his mother ou on his mother's side

**c** [raison, motif: généralement sans article] **par pure bêtise** through ou out of sheer stupidity ◆ **par habitude** by ou out of ou from (sheer) habit ◆ **faire qch par plaisir/pitié** to do sth for pleasure/out of pity ◆ **par souci d'exactitude** for the sake of accuracy, out of a concern for accuracy ◆ **par manque de temps** owing to lack of time ◆ **la ville est célèbre par ses musées** the city is famous for its museums

**d** [lieu, direction] (= en empruntant ce chemin) by (way of); (= en traversant) through, across; (suivi d'un nom propre) via; (= en longeant) along ◆ **il est sorti par la fenêtre** he went out by ou through the window ◆ **il est venu par le chemin le plus court** he took the shortest route ◆ **nous sommes venus par la côte/par Lyon/par l'Espagne** we came along the coast/via Lyons/via ou through Spain ◆ **se promener par les rues/les champs** to walk through the streets/through ou across the fields ◆ **par tout le pays** throughout ou all over the country ◆ **sortez par ici/là** go out this/that way ◆ **par où sont-ils entrés ?** which way ou how did they get in? ◆ **par où est-il venu ?** which way did he come? ◆ **la rumeur s'était répandue par la ville** the rumour had spread through the town ◆ **l'épave repose par 20 mètres de fond** the wreck is lying 20 metres down ◆ **par 10° de latitude sud** at a latitude of 10° south ◆ **arriver par le nord/la gauche/le haut** ou **en haut** to arrive from the north/the left/the top

**e** [distribution, mesure] **gagner tant par semaine/mois** to earn so much a ou per week/month ◆ **par an** a ou per year ◆ **rendement de 10% par an** yield of 10% per annum ◆ **trois fois par jour/semaine/mois** three times a day/a week/a month ◆ **marcher deux par deux/trois par trois** to walk two by two ou in twos/three by three ou in threes ◆ **six étudiants par appartement** six students to a flat ou per flat ◆ **ils déduisent 5 € par enfant** they take off €5 for each child ou per child ◆ **par poignées/charretées** in handfuls/cartloads, by the handful/cartload

**f** [= pendant] **par une belle nuit d'été** on a beautiful summer('s) night ◆ **il partit par une pluvieuse journée de mars** he left on a rainy March day ◆ **ne restez pas dehors par ce froid/cette chaleur** (en parlant du climat, de la température) don't stay out in this cold/this heat ◆ **évitez cette route par temps de pluie/de brouillard** avoid that road in wet weather ou when it's wet/in fog ou when it's foggy ◆ **sortir par moins 10°** to go out when it's minus 10°

**g commencer, finir** etc **par** to start/end with ◆ **on a commencé par des huîtres** we started with oysters, we had oysters to start ◆ **la fête se termina par un feu d'artifice** the party ended with a fireworks display ◆ **on a clôturé la séance par des élections** elections brought the meeting to a close, the meeting closed with elections ◆ **il a fini par tout avouer** he finally confessed everything, he ended up confessing everything ◆ **il finit par m'agacer avec ses plaisanteries !** his jokes are starting to get on my nerves!

**h** [dans des exclamations, des serments] by ◆ **par tous les dieux du ciel** in heaven's name, by heaven ◆ **par tout ce que j'ai de plus cher, je vous promets que ...** I promise you by all that I hold most dear that ...

**i de par** ◆ (frm = à travers) **il voyageait de par le monde** he travelled throughout ou all over the world ◆ **il y a de par le monde des milliers de gens qui pensent que ...** thousands of people the world over ou throughout the world think that ...

(= à cause de) because of ◆ **de par son milieu et son éducation, il ...** because of ou by virtue of his background and upbringing, he ... ◆ **de par la nature même de ses activités** by the very nature of his activities

(= par l'autorité de, au nom de) ◆ **de par le roi** by order of the king, in the name of the king ◆ **de par la loi** by law, legally

**par²** [paʀ] nm (Golf) par

**para** * [paʀa] nm (abrév de **parachutiste**) para *

**parabase** [paʀabɑz] nf (Antiq) parabasis

**parabellum** [paʀabelɔm] nm parabellum, big automatic pistol

**parabiose** [paʀabjoz] nf parabiosis

**parabole** [paʀabɔl] [→ SYN] nf (Math) parabola; (Rel) parable; (TV) dish aerial, satellite dish, dish antenna (US)

**parabolique** [paʀabɔlik] [1] adj parabolic ◆ **antenne parabolique** satellite dish, dish aerial, dish antenna (US); → **ski, vol**

[2] nm (= radiateur) electric fire

**paraboloïde** [paʀabɔlɔid] nm paraboloid

**paracentèse** [paʀasɛ̃tɛz] nf paracentesis

**paracétamol** [paʀasetamɔl] nm paracetamol

**parachèvement** [paʀaʃɛvmɑ̃] nm perfection, perfecting

**parachever** [paʀaʃ(ə)ve] [→ SYN] ▸ conjug 5 ◂ vt to perfect, put the finishing touches to

**parachronisme** [paʀakʀɔnism] nm parachronism

**parachutage** [paʀaʃytaʒ] nm [soldats, vivres] parachuting, dropping ou landing by parachute ◆ **ils n'ont pas apprécié le parachutage d'un ministre dans leur département** they didn't like the way a minister was suddenly landed on them ◆ **tout le monde parle de son parachutage à la tête du service** everybody is talking about the way he's suddenly been appointed head of department

**parachute** [paʀaʃyt] nm parachute ◆ **parachute ventral/dorsal/de secours** lap-pack/back(-pack)/reserve parachute ◆ **descendre en parachute** to parachute down ◆ **faire du parachute ascensionnel** (tiré par une voiture) to go parascending; (tiré par un bateau) to go parasailing

**parachuter** [paʀaʃyte] [→ SYN] ▸ conjug 1 ◂ vt **a** (Mil, Sport) to parachute, drop by parachute

**b** (* = désigner) **parachuter qn à un poste** to pitchfork sb into a job ◆ **parachuter un candidat dans une circonscription** (Pol) to bring in ou field a candidate from outside a constituency ◆ **ils nous ont parachuté un nouveau directeur de Paris** a new manager from Paris has suddenly been landed on us *

**parachutisme** [paʀaʃytism] nm parachuting ◆ **parachutisme ascensionnel** (par voiture) parascending; (par bateau) parasailing ◆ **faire du parachutisme** to go parachuting ◆ **faire du parachutisme en chute libre** to skydive, go skydiving

**parachutiste** [paʀaʃytist] [1] nmf (Sport) parachutist; (Mil) paratrooper ◆ **nos unités de parachutistes** our paratroops

[2] adj unité paratrooper (épith)

**paraclet** [paʀaklɛ] nm ◆ **le Paraclet** the Paraclete

**parade** [paʀad] [→ SYN] nf **a** (= ostentation) show, ostentation ◆ **faire parade de** [+ érudition] to parade, display, show off; [+ relations] to boast about, brag about ◆ **de parade** uniforme, épée ceremonial ◆ **afficher une générosité de parade** (péj) to make an outward show ou display of generosity ◆ **ce n'est que de la parade** it's just done for show

**b** (= spectacle) parade ◆ **parade militaire/foraine** military/circus parade ◆ **les troupes s'avancèrent comme à la parade** the troops moved forward as if they were (still) on the parade ground ou on parade ◆ **parade nuptiale** (Zool) mating ou courtship display ◆ **comme à la parade** (= avec facilité) with panache

**c** (Équitation) pulling up

**d** (Escrime) parry, parade; (Boxe) parry; (Ftbl) dummy; (fig) answer; (orale) riposte, rejoinder ◆ **il faut trouver la (bonne) parade** we must find the (right) answer ◆ **nous n'avons pas encore trouvé la parade contre cette maladie** we still haven't found a way to counter this disease

**parader** [paʀade] [→ SYN] ▸ conjug 1 ◂ vi (péj) to strut about, show off; (Mil) to parade

**paradigmatique** [paʀadigmatik] [1] adj paradigmatic

[2] nf study of paradigmatic relationships

**paradigme** [paʀadigm] [→ SYN] nm paradigm

**paradis** [paʀadi] [→ SYN] nm **a** (lit, fig) paradise, heaven ◆ **le Paradis terrestre** (Bible) the Garden of Eden; (fig) heaven on earth ◆ **aller au** ou **en paradis** to go to heaven ◆ **c'est le paradis des enfants/chasseurs ici** it's a children's/hunters' paradise here ◆ **il s'est cru au paradis** (fig) he was over the moon, he was in (seventh) heaven ◆ **paradis fiscal** tax haven ◆ **"Le Paradis perdu"** (Littérat) "Paradise Lost"; → **emporter, oiseau**

**b** † **le paradis** (Théât) the gallery, the gods * (Brit)

**paradisiaque** [paʀadizjak] [→ SYN] adj heavenly, paradisiacal

**paradisier** [paʀadizje] nm bird of paradise

**paradoxal, e,** mpl **-aux** [paʀadɔksal, o] GRAMMAIRE ACTIVE 26.3 [→ SYN] adj paradoxical ◆ **il est assez paradoxal de ...** it doesn't make sense to ..., it's somewhat illogical to ...; → **sommeil**

**paradoxalement** [paʀadɔksalmɑ̃] adv paradoxically

**paradoxe** [paʀadɔks] [→ SYN] nm paradox

**parafe** [paʀaf] nm ⇒ **paraphe**

**parafer** [paʀafe] ▸ conjug 1 ◂ vt ⇒ **parapher**

**parafeur** [paʀafœʀ] nm ⇒ **parapheur**

**paraffinage** [paʀafinaʒ] nm paraffining

**paraffine** [paʀafin] nf (gén : solide) paraffin wax; (Chim) paraffin

**paraffiner** [paʀafine] ▸ conjug 1 ◂ vt to paraffin(e); → **papier**

**parafiscal, e,** mpl **-aux** [paʀafiskal, o] adj ◆ **taxe parafiscale** special tax *(road-fund tax, stamp duty etc)*

**parafiscalité** [paʀafiskalite] nf (= système) special taxation; (= impôts) special taxes

**parafoudre** [paʀafudʀ] nm lightning conductor (Brit), lightning rod (US)

**parages** [paʀaʒ] nmpl **a dans les parages** (= dans la région) in the area, in the vicinity; ( * = pas très loin) round about ◆ **est-ce que Sylvie est dans les parages ?** * is Sylvie about? ◆ **dans ces parages** in these parts ◆ **dans les parages de** near, round about, in the vicinity of

**b** (Naut) waters, region

**paragraphe** [paʀagʀaf] [→ SYN] nm paragraph; (Typo) section (mark)

**paragrêle** [paʀagʀɛl] adj anti-hail (épith)

**Paraguay** [paʀagwɛ] nm Paraguay

**paraguayen, -enne** [paʀagwajɛ̃, ɛn] [1] adj Paraguayan

[2] **Paraguayen(ne)** nm,f Paraguayan

**paraître** [paʀɛtʀ] [→ SYN] ▸ conjug 57 ◂ [1] vi **a** (= se montrer) (gén) to appear; [personne] to appear, make one's appearance ◆ **paraître en scène/à** ou **sur l'écran/au balcon** to appear on stage/on the screen/on the balcony ◆ **il n'a pas paru de la journée** he hasn't appeared all day ◆ **il n'a pas paru à la réunion** he didn't appear ou turn up at the meeting ◆ **paraître en public** to appear in public, make a public appearance ◆ **un sourire parut sur ses lèvres** a smile appeared on his lips

**b** (Presse) to appear, be published, come out ◆ **faire paraître qch** [éditeur] to bring sth out, publish sth; [auteur] to have sth published ◆ **"vient de paraître"** "just out", "just published" ◆ **"à paraître"** "forthcoming"

**c** (= briller) to be noticed ◆ **chercher à paraître** to show off ◆ **le désir de paraître** the desire to be noticed ou to show off

**d** (= être visible) to show (through) ◆ **laisser paraître ses sentiments/son irritation** to let one's feelings/one's annoyance show

**e** (= sembler) to look, seem, appear ◆ **elle paraît heureuse** she seems (to be) happy ◆ **cela me paraît être une erreur** it looks like a mistake to me ◆ **elle paraissait l'aimer** she seemed ou appeared to love him ◆ **il paraît 20 ans** (= il est plus jeune) he looks (at least) 20; (= il est plus âgé) he only looks 20 ◆ **le voyage a paru long** the journey seemed long ◆ **cette robe la fait paraître plus grande** that dress makes her look taller

[2] vb impers **a** (= il semble) **il me paraît difficile qu'elle puisse venir** it seems to me that it will be difficult for her to come ◆ **il ne lui paraît pas essentiel qu'elle sache** he doesn't think it essential for her to know ◆ **il lui paraissait impossible de refuser** he didn't see

how he could refuse ◆ **il paraîtrait ridicule de s'offenser** it would seem stupid to take offence

**b** (= le bruit court) **il va se marier, paraît-il** ou **à ce qu'il paraît** apparently he's getting married, he's getting married apparently ◆ **il paraît** ou **il paraîtrait qu'on va construire une autoroute** apparently ou it seems they're going to build a motorway ◆ **il paraît que oui** so it seems ou appears, apparently so ◆ **il paraît que non** apparently not

**c** (avec nég) **il n'y paraîtra bientôt plus** (tache, cicatrice) there will soon be no trace of it left; (maladie) soon no one will ever know you've had it ◆ **sans qu'il n'y paraisse rien** without anything being obvious, without letting anything show ◆ **sans qu'il y paraisse, elle a obtenu ce qu'elle voulait** she got what she wanted without appearing to

**3** nm ◆ **le paraître** appearance(s)

**paralangage** [paʀalɑ̃gaʒ] nm paralanguage

**paralinguistique** [paʀalɛ̃gɥistik] adj paralinguistic

**paralittéraire** [paʀaliteʀɛʀ] adj (= concernant la littérature) related to literature; (= concernant la paralittérature) of marginal literature

**paralittérature** [paʀaliteʀatyʀ] nf marginal literature

**parallactique** [paʀalaktik] adj parallactic

**parallaxe** [paʀalaks] nf parallax

**parallèle** [paʀalɛl] → SYN **1** adj **a** (Géom, Math) parallel (*à* to) → **barre**

**b** (= comparable) parallel, similar; enquêtes parallel ◆ **mener une action parallèle** to take similar action, act on ou along the same lines ◆ **les deux institutions ont suivi une évolution parallèle** the two institutions have developed in parallel

**c** (= non officiel) marché, cours, police, économie unofficial; énergie, société, médecine alternative; diplomatie parallel, unofficial

**d** (= indépendant) univers parallel; (Ordin) machine, traitement parallel ◆ **circuits parallèles de distribution** (Comm) parallel distribution circuits ◆ **nous menons des vies parallèles** (dans un couple) we lead (two) separate lives ◆ **nous avons développé des activités parallèles** we've developed some activities in parallel

**2** nf (Math) parallel (line) ◆ **monté en parallèle** (Élec) wired (up) in parallel

**3** nm (Géog, fig) parallel ◆ **parallèle de latitude** parallel of latitude ◆ **établir un parallèle entre deux textes** to draw a parallel between two texts ◆ **faire** ou **mettre en parallèle** [+ choses opposées] to compare; [+ choses semblables] to draw a parallel between ◆ **avancer en parallèle** [projets] to move along at the same pace ◆ **une exposition était organisée en parallèle (à sa visite)** an exhibition was set up to run in parallel (with his visit) ou concurrently (with his visit) ◆ **elle suit des cours en parallèle à son travail** she's doing a course at the same time as working

**parallèlement** [paʀalɛlmɑ̃] adv (lit) parallel (*à* to); (fig) (= ensemble) in parallel; (= en même temps) at the same time; (= similairement) in the same way

**parallélépipède** [paʀalelepipɛd] nm parallelepiped

**parallélépipédique** [paʀalelepipedik] adj parallelepipedal, parallelepipedic

**parallélisme** [paʀalelism] → SYN nm (lit, fig) parallelism; (Aut) wheel alignment ◆ **faire vérifier le parallélisme de ses roues** to have one's wheels aligned

**parallélogramme** [paʀalelɔgʀam] nm parallelogram

**paralogisme** [paʀalɔʒism] → SYN nm paralogism

**paralympiques** [paʀalɛ̃pik] adj, nmpl ◆ **les Jeux paralympiques** ◆ **les Paralympiques** the Paralympics

**paralysant, e** [paʀalizɑ̃, ɑ̃t] → SYN adj paralyzing

**paralysé, e** [paʀalize] → SYN (ptp de **paralyser**) **1** adj paralyzed ◆ **rester paralysé** to be left paralyzed ◆ **il est paralysé des jambes** his legs are paralyzed ◆ **paralysé par le brouillard** aéroport fogbound ◆ **paralysé par la neige** snowbound ◆ **paralysé par la grève** [gare] strike-bound; [hôpital] crippled by a strike

**2** nm,f paralytic

**paralyser** [paʀalize] → SYN ▸ conjug 1 ◂ vt (Méd, fig) to paralyze

**paralysie** [paʀalizi] → SYN nf (Méd, fig) paralysis; (Bible) palsy ◆ **paralysie infantile** infantile paralysis ◆ **paralysie générale (progressive)** general paralysis of the insane ◆ **être frappé de paralysie** to be struck down with paralysis

**paralytique** [paʀalitik] → SYN adj, nmf paralytic

**paramagnétique** [paʀamaɲetik] adj paramagnetic

**paramagnétisme** [paʀamaɲetism] nm paramagnetism

**paramécie** [paʀamesi] nf paramecium

**paramédical, e,** mpl **-aux** [paʀamedikal, o] adj paramedical

**paramètre** [paʀamɛtʀ] nm parameter

**paramétrer** [paʀametʀe] ▸ conjug 1 ◂ vt to define, parametrize

**paramétrique** [paʀametʀik] adj parametric(al)

**paramilitaire** [paʀamilitɛʀ] adj paramilitary

**paramnésie** [paʀamnezi] nf paramnesia

**parangon** [paʀɑ̃gɔ̃] → SYN nm paragon ◆ **parangon de vertu** paragon of virtue

**parangonner** [paʀɑ̃gɔne] ▸ conjug 1 ◂ vt (Typo) to line up

**parano** * [paʀano] **1** adj, nmf (abrév de **paranoïaque**)

**2** nf (abrév de **paranoïa**)

**paranoïa** [paʀanɔja] nf paranoia

**paranoïaque** [paʀanɔjak] adj, nmf paranoiac, paranoid

**paranoïde** [paʀanɔid] adj paranoid

**paranormal, e,** mpl **-aux** [paʀanɔʀmal, o] adj paranormal ◆ **le paranormal** the paranormal

**parapente** [paʀapɑ̃t] nm (= engin) paraglider ◆ **le parapente** (= sport) paragliding ◆ **faire du parapente** to go paragliding ◆ **parapente à ski** paraskiing, parapenting

**parapentiste** [paʀapɑ̃tist] nmf paraglider ◆ **parapentiste à ski** paraskier

**parapet** [paʀapɛ] → SYN nm parapet

**parapharmacie** [paʀafaʀmasi] nf personal hygiene products *(sold in pharmacies)*

**paraphasie** [paʀafazi] nf paraphasia

**paraphe** [paʀaf] → SYN nm (= trait) paraph, flourish; (= initiales) initials; (littér = signature) signature

**parapher** [paʀafe] ▸ conjug 1 ◂ vt (Admin) to initial; (littér = signer) to sign

**parapheur** [paʀafœʀ] nm signature book

**paraphimosis** [paʀafimozis] nm paraphimosis

**paraphrase** [paʀafʀɑz] → SYN nf paraphrase ◆ **faire de la paraphrase** to paraphrase

**paraphraser** [paʀafʀɑze] → SYN ▸ conjug 1 ◂ vt to paraphrase

**paraphraseur, -euse** [paʀafʀɑzœʀ, øz] nm,f paraphraser

**paraphrastique** [paʀafʀastik] adj paraphrastic

**paraphrénie** [paʀafʀeni] nf paraphrenia

**paraphyse** [paʀafiz] nf paraphysis

**paraplégie** [paʀapleʒi] nf paraplegia

**paraplégique** [paʀapleʒik] adj, nmf paraplegic

**parapluie** [paʀaplɥi] → SYN nm umbrella ◆ **parapluie atomique** ou **nucléaire** nuclear shield ou umbrella ◆ **ouvrir le parapluie** (fig) to take cover *(from criticism)*

**parapsychique** [paʀapsiʃik] adj parapsychological

**parapsychologie** [paʀapsikɔlɔʒi] → SYN nf parapsychology

**parapsychologue** [paʀapsikɔlɔg] nmf parapsychologist

**parapublic, -ique** [paʀapyblik] adj (= semi-public) semi-public

**parascève** [paʀasɛv] nf parasceve

**parascolaire** [paʀaskɔlɛʀ] adj extracurricular ◆ **l'édition parascolaire, le parascolaire** educational publishing *(excluding textbooks)*

**parasexualité** [paʀasɛksɥalite] nf (Bio) parasexuality

**parasismique** [paʀasismik] adj earthquake-resistant

**parasitage** [paʀazitaʒ] nm [discussion, situation] interference (*de* in, with)

**parasitaire** [paʀazitɛʀ] adj activités parasitic(al)

**parasite** [paʀazit] → SYN **1** nm (Bot, Vét) parasite; (péj = personne) parasite, sponger *, scrounger *

**2** **parasites** nmpl (= électricité statique) atmospherics, static; (Radio, TV) interference

**3** adj parasitic(al) ◆ **bruits parasites** (Radio, TV) interference; (électricité statique) atmospherics, static

**parasiter** [paʀazite] ▸ conjug 1 ◂ vt (Bot, Vét) to live as a parasite on; (Radio, TV) to cause interference on; (fig) to interfere with, get in the way of

**parasiticide** [paʀazitisid] **1** adj parasiticidal

**2** nm parasiticide

**parasitique** [paʀazitik] adj parasitic(al)

**parasitisme** [paʀazitism] nm parasitism

**parasitologie** [paʀazitɔlɔʒi] nf parasitology

**parasitose** [paʀazitoz] nf parasitosis

**parasol** [paʀasɔl] → SYN nm [plage] beach umbrella, parasol; [café, terrasse] sunshade, parasol; († = ombrelle) parasol, sunshade; → **pin**

**parasympathique** [paʀasɛ̃patik] adj parasympathetic

**parasynthétique** [paʀasɛ̃tetik] **1** adj parasynthetic

**2** nm parasynthesis

**parataxe** [paʀataks] nf parataxis

**parathormone** [paʀatɔʀmɔn] nf parathyroid hormone

**parathyroïde** [paʀatiʀɔid] nf parathyroid (gland)

**paratonnerre** [paʀatɔnɛʀ] → SYN nm lightning conductor

**paratyphique** [paʀatifik] adj paratyphoid

**paratyphoïde** [paʀatifɔid] nf paratyphoid fever

**paravalanche** [paʀavalɑ̃ʃ] nm ⇒ **pare-avalanches**

**paravent** [paʀavɑ̃] → SYN nm folding screen ou partition; (fig) screen

**parbleu** †† [paʀblø] excl by Jove! * †

**parc** [paʀk] → SYN **1** nm **a** (= jardin public) park; [château] grounds; (Mil = entrepôt) depot

**b** (Écon = ensemble) stock ◆ **parc automobile** [pays] number of vehicles on the road; [entreprise] fleet ◆ **parc immobilier/locatif** housing/rental stock ◆ **parc ferroviaire** rolling stock ◆ **parc nucléaire** nuclear installations ◆ **le parc français des ordinateurs individuels** the total number of personal computers owned in France ◆ **la ville dispose d'un parc hôtelier de 7 000 chambres** the town has a total of 7,000 hotel rooms

**2** COMP ▷ **parc à l'anglaise** landscaped garden ▷ **parc animalier** safari park ▷ **parc d'attractions** amusement park ▷ **parc à bébé** playpen ▷ **parc à bestiaux** cattle pen ou enclosure ▷ **parc des expositions** exhibition centre ▷ **parc à la française** formal (French) garden ▷ **parc à huîtres** oyster bed ▷ **parc industriel** industrial estate (Brit) ou park ▷ **parc de loisirs** leisure park ▷ **parc à moules** mussel bed ▷ **parc à moutons** sheep pen, sheepfold ▷ **parc national** national park ▷ **parc naturel** nature reserve ▷ **parc récréatif** amusement park ▷ **parc régional** country park ▷ **parc scientifique** science park ▷ **parc de stationnement** car park (Brit), parking lot (US) ▷ **parc à thème** theme park ▷ **parc zoologique** zoological gardens

**parcage** [paʀkaʒ] nm [moutons] penning; [voitures] parking

**parcellaire** [paʀsɛlɛʀ] → SYN adj (fig = fragmentaire) plan, travail fragmented

**parcelle** [paʀsɛl] [→ SYN] nf fragment, particle, bit; (sur un cadastre) parcel *(of land)* ◆ **parcelle de terre** plot of land ◆ **parcelle de vérité/bon sens** grain of truth/commonsense ◆ **il n'y a pas la moindre parcelle de vérité dans ce que tu dis** there's not a grain ou scrap of truth in what you say ◆ **une parcelle de bonheur/gloire** a bit of happiness/fame

**parcellisation** [paʀselizasjɔ̃] nf [tâche] breakdown into individual operations; [terrain] dividing up, division

**parcelliser** [paʀselize] [→ SYN] ▸ conjug 1 ◂ vt [+ tâche] to break down into individual operations; [+ terrain] to divide up

**parce que** [paʀs(ə)kə] [→ SYN] conj because ◆ **Robert, de mauvaise humeur parce que fatigué, répondit ...** Robert, who was in a bad mood because he was tired, replied ... ◆ **pourquoi n'y vas-tu pas ? – parce que !** why aren't you going? – because!

**parchemin** [paʀʃəmɛ̃] [→ SYN] nm parchment; (hum : Univ) diploma, degree

**parcheminé, e** [paʀʃəmine] [→ SYN] (ptp de **parcheminer**) adj peau wrinkled; visage wizened

**parcheminer** [paʀʃəmine] ▸ conjug 1 ◂ [1] vt to give a parchment finish to

[2] **se parcheminer** vpr to wrinkle up

**parcimonieusement** [paʀsimɔnjøzmɑ̃] adv parsimoniously, sparingly

**parcimonieux, -ieuse** [paʀsimɔnjø, jøz] [→ SYN] adj personne parsimonious; distribution miserly, ungenerous

**par-ci par-là** [paʀsipaʀla] adv (espace) here and there; (temps) now and then, from time to time ◆ **elle mangeait un yaourt par-ci, une pomme par-là** she'd eat the odd yoghurt or apple ◆ **avec lui, c'est toujours ma maison par-ci, ma voiture par-là** with him it's always my house this, my car that ◆ **il m'agace avec ses bien sûr par-ci, bien sûr par-là** he gets on my nerves saying "of course" all the time

**parcmètre** [paʀkmɛtʀ] [→ SYN], **parcomètre** [paʀkɔmɛtʀ] nm (parking) meter

**parcotrain** [paʀkotʀɛ̃] nm train users' car park (Brit) ou parking lot (US)

**parcourir** [paʀkuʀiʀ] [→ SYN] ▸ conjug 11 ◂ vt **a** [+ trajet, distance] to cover, travel; [+ lieu] to go all over; [+ pays] to travel up and down ◆ **ils ont parcouru toute la région en un mois** they travelled the length and breadth of the region ou they covered the whole region in a month ◆ **parcourir la ville à la recherche de qch** to search for sth all over (the) town, scour the town for sth ◆ **leurs navires parcourent les mers** their ships sail all over ◆ **un frisson parcourut tout son corps** a shiver ran through his body ◆ **le ruisseau parcourt toute la vallée** the stream runs along ou through the whole valley ou right along the valley ◆ **l'obus parcourut le ciel** the shell flew through ou across the sky

**b** (= regarder rapidement) [+ lettre, livre] to glance ou skim through ◆ **il parcourut la foule des yeux** he cast ou ran his eye over the crowd

**parcours** [paʀkuʀ] [→ SYN] [1] nm **a** (= distance) distance; (= trajet) journey; (= itinéraire) route; [fleuve] course ◆ **le prix du parcours** the fare

**b** (Sport) course ◆ **sur un parcours difficile** over a difficult course ◆ **parcours de golf** (= terrain) golf course; (= partie, trajet) round of golf ◆ **faire** ou **accomplir un parcours sans faute** (Équitation) to have a clear round; (dans un jeu télévisé) to get all the answers right ◆ **jusqu'à présent, il a réussi un parcours sans faute** (dans sa carrière etc ) up to now, he hasn't put a foot wrong; → **accident, incident**

**c** (= activités, progression) **son parcours politique/scolaire** his political/school career ◆ **son parcours professionnel** his career path ◆ **son parcours d'écrivain n'a pas toujours été facile** making a career as a writer has not always been easy for him

[2] COMP ▷ **parcours du combattant** (Mil) assault course; (fig) obstacle course ◆ **faire le parcours du combattant** (Mil) to go round an assault course ▷ **parcours de santé** fitness trail

**par-delà** [paʀdəla] prép [+ dans l'espace] beyond; [+ dans le temps] across ◆ **par-delà les montagnes/les mers** beyond the mountains/the seas ◆ **par-delà le temps/les années** across time/the years ◆ **par-delà les querelles, la solidarité demeure** there is a feeling of solidarity which goes beyond the quarrels

**par-derrière** [paʀdɛʀjɛʀ] [1] prép (round) behind, round the back of

[2] adv passer round the back; attaquer, emboutir from behind, from the rear; être endommagé at the back ou rear; se boutonner at the back ◆ **dire du mal de qn par-derrière** to speak ill of sb behind their back

**par-dessous** [paʀd(ə)su] prép, adv under(neath); → **jambe**

**par-dessus** [paʀd(ə)sy] [1] prép over (the top of) ◆ **il a mis un pullover par-dessus sa chemise** he has put a pullover over ou on top of his shirt ◆ **sauter par-dessus une barrière/un mur** to jump over a barrier/a wall ◆ **par-dessus tout** above all ◆ **en avoir par-dessus la tête** * to be fed up to the back teeth * ◆ **j'en ai par-dessus la tête de toutes ces histoires** I'm sick and tired * of ou I'm fed up to the back teeth * with all this ◆ **par-dessus le marché** on top of all that ◆ **par-dessus bord** overboard; → **jambe**

[2] adv over (the top)

**pardessus** [paʀdəsy] [→ SYN] nm overcoat

**par-devant** [paʀd(ə)vɑ̃] [1] prép (Jur) ◆ **par-devant notaire** in the presence of ou before a lawyer

[2] adv passer round the front; attaquer, emboutir from the front; être abîmé, se boutonner at the front ◆ **il te fait des compliments par-devant puis dit du mal de toi par-derrière** he pays you compliments to your face but says nasty things about you behind your back

**par-devers** [paʀdəvɛʀ] prép (Jur) before ◆ **par-devers soi** (frm) (= en sa possession) in one's possession

**pardi** † [paʀdi] excl by Jove! * †

**pardieu** †† [paʀdjø] excl by Jove! * †

**pardon** [paʀdɔ̃] [→ SYN] nm **a** (= grâce) forgiveness, pardon (frm) (Jur)

**b** (Rel) (en Bretagne) pardon *(religious festival)* ◆ **le Grand pardon, le jour du Pardon** (= fête juive) the Day of Atonement

**c** (* : intensif) **et puis pardon ! il travaille dur** he works hard, I'm telling you ou I can tell you! ◆ **je suis peut-être un imbécile mais alors lui, pardon !** maybe I'm stupid but he's even worse! ou he takes the biscuit! * (Brit) ou cake! * (US) ◆ **j'ai une belle voiture mais alors celle de mon frère, pardon !** I've got a nice car but wow *, you should see my brother's! ◆ **elle a un œil au beurre noir, pardon !** she's got one hell of a black eye! *, she's got a real shiner! *

**d** (LOC) **demander pardon à qn d'avoir fait qch** to apologize to sb for doing ou having done sth ◆ **demande pardon !** say you're sorry! ◆ **(je vous demande) pardon** (I'm) sorry, excuse me ◆ **c'est Maud – pardon ?** it's Maud – (I beg your) pardon? ou (I'm) sorry? ◆ **t'es débile * – pardon ?** you're a moron * – I beg your pardon? ◆ **pardon Monsieur, avez-vous l'heure ?** excuse me, have you got the time? ◆ **tu n'y es pas allé – (je te demande bien) pardon, j'y suis allé ce matin** you didn't go – oh yes I did, I went this morning

**pardonnable** [paʀdɔnabl] [→ SYN] adj pardonable, forgivable, excusable ◆ **il l'a oublié mais c'est pardonnable** he can be forgiven ou excused for forgetting it, he has forgotten it but you have to forgive ou excuse him

**pardonner** [paʀdɔne] GRAMMAIRE ACTIVE 18.1 [→ SYN] ▸ conjug 1 ◂

[1] vt [+ péché] to forgive, pardon; [+ indiscrétion] to forgive, excuse ◆ **pardonner (à) qn** to forgive sb ◆ **pardonner qch à qn/à qn d'avoir fait qch** to forgive sb for sth/for doing sth ◆ **pour se faire pardonner son erreur** so as to be forgiven for his mistake ◆ **pardonnez-moi de vous avoir dérangé** I'm sorry to have disturbed you, excuse me for disturbing you ◆ **vous êtes tout pardonné** I'll let you off, you're forgiven ◆ **on lui pardonne tout** he gets away with everything ◆ **je ne me le pardonnerai jamais** I'll never forgive myself ◆ **ce genre d'erreur ne se pardonne pas** this is an unforgivable ou inexcusable mistake ◆ **pardonnez-moi, mais je crois que ...** excuse me but I think that ... ◆ **pardonnez-leur car ils ne savent pas ce qu'ils font** (Bible) forgive them, for they know not what they do; → **faute**

[2] vi to forgive ◆ **il faut savoir pardonner** you have to forgive and forget ◆ **c'est une maladie/une erreur qui ne pardonne pas** (fig) it's a fatal illness/mistake

**paré, e** [paʀe] (ptp de **parer²**) adj (= prêt) ready, all set; (= préparé) prepared ◆ **être paré contre le froid** to be prepared for the cold weather

**pare-avalanches** [paʀavalɑ̃ʃ] nm inv avalanche barrier

**pare-balles** [paʀbal] [1] adj inv bulletproof

[2] nm inv bullet shield

**pare-boue** [paʀbu] nm inv mud flap

**pare-brise** nm inv, **parebrise** nm [paʀbʀiz] windscreen (Brit), windshield (US)

**pare-buffle(s)** [paʀbyfl] nm bullbars

**pare-chocs** [paʀʃɔk] nm inv (Aut) bumper (Brit), fender (US) ◆ **avancer pare-chocs contre pare-chocs** to be bumper to bumper

**pare-douche**, pl **pare-douches** [paʀduʃ] nm shower screen

**pare-éclats** [paʀekla] [1] adj inv ◆ **gilet pare-éclats** flak jacket

[2] nm inv (Mil) traverse

**pare-étincelles** [paʀetɛ̃sɛl] [→ SYN] nm inv fireguard

**pare-feu** [paʀfø] nm inv [forêt] firebreak, fire line; [foyer] fireguard

**parégorique** [paʀegɔʀik] adj, nm paregoric; → **élixir**

**pareil, -eille** [paʀɛj] GRAMMAIRE ACTIVE 5.4 [→ SYN]

[1] adj **a** (= identique) the same, similar, alike (attrib) ◆ **il n'y en a pas deux pareils** no two are the same ou alike ◆ **pareil que, pareil à** the same as, similar to, just like ◆ **comment va-t-elle ? – c'est toujours pareil** how is she? – (she's) just the same (as ever) ou there's no change (in her) ◆ **c'est toujours pareil, il ne peut pas être à l'heure** it's always the same, he's never on time ◆ **il est pareil à lui-même** he doesn't change, he's the same as ever ◆ **tu as vu son sac ? j'en ai un pareil/presque pareil** have you seen her bag? I've got one the same ou one just like it/one very similar ou almost identical ◆ **à nul autre pareil** (littér) peerless (littér), unrivalled, unmatched ◆ **l'an dernier à pareille époque** this time last year

**b** (= tel) such (a) ◆ **je n'ai jamais entendu pareil discours** ou **un discours pareil** I've never heard such a speech ou a speech like it ◆ **en pareil cas** in such a case ◆ **en pareille occasion** on such an occasion ◆ **à pareille heure, il devrait être debout** he ought to be up at this hour ◆ **se coucher à une heure pareille !** what a time to be going to bed!

[2] nm,f ◆ **nos pareils** (= nos semblables) our fellow men; (= nos égaux) our equals ou peers ◆ **je ne retrouverai jamais son pareil** (chose) I'll never find another one like it; (employé) I'll never find another one like him ou to match him ◆ **ne pas avoir son pareil** (ou **sa pareille**) to be second to none ◆ **il n'a pas son pareil pour faire la mayonnaise** no-one makes mayonnaise as well as he does ◆ **vous et vos pareils** you and your kind, people like you ◆ **sans pareil** unparalleled, unequalled ◆ **c'est du pareil au même** * it doesn't make the slightest difference, it comes to the same thing, it makes no odds; → **rendre**

[3] adv * s'habiller the same, in the same way, alike ◆ **faire pareil** to do the same thing (*que* as)

**pareillement** [paʀɛjmɑ̃] GRAMMAIRE ACTIVE 26.5 [→ SYN] adv (= de la même manière) s'habiller in the same way (*à* as); (= également) likewise, also, equally ◆ **cela m'a pareillement surpris** it surprised me also ou too ◆ **pareillement heureux** equally happy ◆ **mon père va bien et ma mère pareillement** my father is well and so is my mother ou and my mother too ◆ **à vous pareillement !** the same to you!

**parélie** [paʀeli] nm ⇒ **parhélie**

**parement** [paʀmɑ̃] [→ SYN] nm (Constr, Couture) facing

**parementer** [paʀmɑ̃te] ▸ conjug 1 ◂ vt (Constr) to face

**parementure** [paʀmɑ̃tyʀ] nf (Couture) facing

**parenchymateux, -euse** [paʀɑ̃ʃimatø, øz] adj parenchymal, parenchymatic

**parenchyme** [paʀɑ̃ʃim] nm parenchyma

**parent, e** [paʀɑ̃, ɑ̃t] → SYN 1 adj related

2 nm,f a (= personne apparentée) relative, relation ◆ **être parent de qn** to be related to ou a relative of sb ◆ **nous sommes parents par alliance/par ma mère** we are related by marriage/on my mother's side ◆ **parents en ligne directe** blood relations ◆ **parents proches** close relations ou relatives ◆ **parents et amis** friends and relations ou relatives ◆ **nous ne sommes pas parents** we aren't related ◆ **parent pauvre** (fig) poor relation (*de* to)

b (Bio) parent ◆ **parent isolé** ou **unique** single ou lone parent

3 **parents** nmpl (= père et mère) parents; (littér = ancêtres) ancestors, forefathers ◆ **les devoirs des parents** parental duties ◆ **accompagné de l'un de ses parents** accompanied by one parent ou one of his parents ◆ **nos premiers parents** our first parents, Adam and Eve

**parental, e,** mpl **-aux** [paʀɑ̃tal, o] adj parental ◆ **retrait d'autorité parentale** loss of parental rights ◆ **participation parentale** parental involvement

**parenté** [paʀɑ̃te] → SYN nf (= rapport) relationship, kinship; (= ensemble des parents) relations, relatives ◆ **degré de parenté** degree of relationship ◆ **ils se sont découvert une lointaine parenté** they found out they were distantly related ◆ **ces deux langues n'ont aucune parenté** these two languages are not in any way related ou have no common roots; → **lien**

**parentéral, e,** mpl **-aux** [paʀɑ̃teʀal, o] adj parenteral

**parenthèse** [paʀɑ̃tɛz] → SYN nf (= digression) parenthesis, digression; (= signe) parenthesis, bracket (Brit) ◆ **ouvrir/fermer la parenthèse** (lit) to open/close the parentheses ou brackets (Brit) ◆ **ouvrir une parenthèse** (fig) to digress, make a digression ◆ **je me permets d'ouvrir une parenthèse pour dire ...** may I interrupt ou digress for a moment to say ... ◆ **je ferme la parenthèse** (fig) ... (but) to get back to the subject ... ◆ **mettre qch entre parenthèses** to put sth in ou between parentheses ou brackets (Brit) ◆ **entre parenthèses** (lit) in parentheses ou brackets (Brit); (fig) incidentally, in parenthesis ◆ **il vaut mieux mettre cet aspect entre parenthèses** it would be better to leave that aspect aside ◆ **entre parenthèses, ce qu'il dit est faux** by the way, what he says is wrong ◆ **par parenthèse** incidentally, in passing ◆ **soit dit par parenthèse, elle aurait mieux fait de rester** it could ou let it be said incidentally ou in passing that she would have done better to stay

**parenthétisation** [paʀɑ̃tetizasjɔ̃] nf parenthesizing, bracketing (Brit)

**paréo** [paʀeo] nm pareo

**parer**[1] [paʀe] → SYN ▸ conjug 1 ◂ 1 vt a (= orner) [+ chose] to adorn, bedeck; [+ personne] to adorn, deck out (*de* with) ◆ **robe richement parée** richly trimmed ou ornamented dress ◆ **parer qn de toutes les vertus** (fig) to attribute every virtue to sb

b (= préparer) [+ viande] to dress, trim; [+ cuir] to dress

2 **se parer** vpr (littér = se faire beau) to put on all one's finery ◆ **se parer de** [+ bijoux] to adorn o.s. with; [+ robe] to attire o.s. in; (péj) [+ faux titre] to assume, invest o.s. with ◆ **se parer des plumes du paon** (fig) to take all the credit (for o.s.)

**parer**[2] [paʀe] → SYN ▸ conjug 1 ◂ 1 vt (= se protéger de) [+ coup] to stave off, fend off; (Boxe, Escrime) to parry; (Ftbl) [+ tir] to deflect; (fig) [+ attaque] to stave off, parry

2 **parer à** vt indir a (= remédier) [+ inconvénient] to deal with, remedy, overcome; [+ danger] to ward off

b (= pourvoir à) [+ éventualité] to prepare for, be prepared for ◆ **parer au plus pressé** to attend to the most urgent things first ◆ **il faut parer au plus pressé** first things first ◆ **paré à virer !** (Naut) about ship! ◆ **paré ? alors on s'en va !** ready? off we go!

**parésie** [paʀezi] → SYN nf paresis

**pare-soleil** [paʀsɔlɛj] nm inv [voiture] sun visor; (Archit) sun screen

**paresse** [paʀɛs] → SYN nf [personne] laziness, idleness; (= péché) sloth ◆ **paresse intellectuelle** ou **d'esprit** intellectual laziness ◆ **il est enclin à la paresse** he tends to be lazy ◆ **c'est une solution de paresse** it's the lazy way out ◆ **paresse intestinale** (Méd) sluggishness of the digestive system

**paresser** [paʀese] → SYN ▸ conjug 1 ◂ vi to laze about ou around ◆ **paresser au lit** to laze in bed

**paresseusement** [paʀesøzmɑ̃] adv (= avec indolence) lazily; (= avec lenteur) sluggishly, slowly

**paresseux, -euse** [paʀesø, øz] → SYN 1 adj personne lazy, idle; allure, pose lazy; esprit slow; fleuve lazy, sluggish ◆ **paresseux comme une couleuvre** * ou **un loir** * ou **un lézard** * thoroughly lazy, bone-idle * (Brit) ◆ **il est paresseux pour se lever** he's not very good at getting up

2 nm,f lazy ou idle person, lazybones *

3 nm (Zool) sloth

**paresthésie** [paʀɛstezi] nf paraesthesia (Brit), paresthesia (US)

**pareur, -euse** [paʀœʀ, øz] nm,f (Tech) finisher

**parfaire** [paʀfɛʀ] → SYN ▸ conjug 60 ◂ vt [+ travail] to perfect, bring to perfection; [+ connaissances] to perfect, round off; [+ décor, impression] to complete, put the finishing touches to; [+ somme] to make up

**parfait, e** [paʀfɛ, ɛt] → SYN (ptp de **parfaire**) 1 adj a (= impeccable) travail, condition, exemple, crime perfect; exécution, raisonnement perfect, flawless; manières perfect, faultless; → **filer**

b (= absolu) bonne foi, tranquillité complete, total, perfect; ressemblance perfect ◆ **il a été d'une discrétion parfaite** ou **parfait de discrétion** (frm) he has shown absolute discretion, he has been the soul of discretion ◆ **dans la plus parfaite ignorance** in total ou utter ou complete ignorance ◆ **en parfait accord avec** in perfect ou total agreement with ◆ **en parfaite harmonie** in perfect harmony

c (= accompli, achevé) élève, employé perfect; (péj) crétin, crapule utter, perfect ◆ **le type même du parfait mari** the epitome of the perfect husband ◆ **parfait homme du monde** perfect gentleman

d (= à son plein développement) fleur, insecte perfect; → **accord, gaz, nombre**

e (= très bon) **(c'est) parfait !** (that's) perfect! ou excellent! ou great! *; (iro) (that's) marvellous! ou great! * ◆ **vous refusez ? (voilà qui est) parfait, vous l'aurez voulu !** you won't? (that's) fine — it's up to you! ◆ **vous avez été parfait !** you were fantastic!

2 nm a (Culin) parfait ◆ **parfait au café** coffee parfait

b (Ling) perfect

**parfaitement** [paʀfɛtmɑ̃] → SYN adv a (= très bien) connaître perfectly ◆ **je comprends parfaitement** I quite understand, I understand perfectly

b (= tout à fait) heureux, clair, exact perfectly, quite; hermétique, étanche completely; idiot utterly, absolutely, perfectly ◆ **cela m'est parfaitement égal** it makes absolutely no difference to me, it's all the same to me ◆ **vous avez parfaitement le droit de le garder** you have a perfect right to keep it, you're perfectly entitled to keep it

c (= certainement) (most) certainly ◆ **tu as fait ce tableau tout seul ? – parfaitement !** you did this picture all on your own? — I (most) certainly did! ou I did indeed! ◆ **tu ne vas pas partir sans moi ! – parfaitement !** you're not going to leave without me! — oh yes ou indeed I am! ◆ **je refuse d'obéir, parfaitement, et j'en suis fier** yes, I'm refusing to obey, and I'm proud of it

**parfois** [paʀfwa] → SYN adv (= dans certains cas) sometimes; (= de temps en temps) sometimes, occasionally, at times ◆ **parfois je lis, parfois je sors** sometimes I (may) read ou I'll read, other times I (may) go out ou I'll go out ◆ **il y a parfois du brouillard en hiver** occasionally ou sometimes there's fog in winter

**parfum** [paʀfœ̃] → SYN nm a (= substance) perfume, scent, fragrance

b (= odeur) [fleur, herbe] scent; [tabac, vin, café] aroma; [glace] flavour (Brit), flavor (US); [savon] scent, fragrance; [fruit] smell; (fig : littér) [louanges, vertu] odour (Brit), odor (US) ◆ **ceci a un parfum de scandale/d'hérésie** (fig) that has a whiff of scandal/of heresy about it

c (LOC) **être au parfum** * to be in the know * ◆ **mettre qn au parfum** * to put sb in the picture *, give sb the lowdown *

**parfumé, e** [paʀfyme] → SYN (ptp de **parfumer**) adj papier à lettres, savon scented; air, fleur fragrant, sweet-smelling; vin, fruit fragrant; huile aromatic; bougie perfumed, scented ◆ **elle est trop parfumée** she's wearing too much scent ◆ **parfumé au citron** glace lemon-flavour(ed) (Brit), lemon-flavor(ed) (US); savon lemon-scented

**parfumer** [paʀfyme] → SYN ▸ conjug 1 ◂ 1 vt [+ pièce, air] [fleurs] to perfume, scent; [café, tabac] to fill with its aroma; [+ mouchoir] to put scent ou perfume on; (Culin) to flavour (Brit), flavor (US) (*à* with) ◆ **pour parfumer votre linge** to make your linen smell nice ◆ **vous voulez que je vous parfume ?** would you like to try some perfume?

2 **se parfumer** vpr to use ou wear perfume ou scent ◆ **elle se parfuma rapidement** she quickly put ou dabbed some perfume ou scent on

**parfumerie** [paʀfymʀi] nf (= usine, industrie) perfumery; (= boutique) perfume shop; (= rayon) perfumery (department); (= produits) perfumery, perfumes, fragrances

**parfumeur, -euse** [paʀfymœʀ, øz] nm,f perfumer

**parhélie** [paʀeli] nm parhelion, mock sun, sun dog

**pari** [paʀi] → SYN nm bet, wager; (Sport) bet; (= activité) betting ◆ **faire/tenir un pari** to make ou lay/take up a bet ◆ **pari mutuel (urbain)** ≃ tote, ≃ parimutuel ◆ **les paris sont ouverts** (fig) there's no knowing, it's anyone's guess * ◆ **c'est un pari sur l'avenir** (fig) it's a gamble on the future ◆ **je tiens le pari !** you're on! ◆ **il avait dit qu'il arriverait premier : pari tenu !** he said he would come first and so he did! ou and he managed it! ou and he pulled it off!

> **PMU**
>
> The **PMU** ("pari mutuel urbain") is a government-regulated network of horse-racing betting counters run from bars displaying the **PMU** sign. Punters buy fixed-price tickets predicting winners or finishing positions. The traditional bet is a triple forecast ("tiercé"), although other multiple forecasts ("quarté", "quarté + ", "quinté" etc) are also popular.

**paria** [paʀja] → SYN nm (social) outcast, pariah; (en Inde) Pariah

**pariade** [paʀjad] nf (= saison) pairing season; (= couple) pair

**parian** [paʀjɑ̃] nm Parian (porcelain)

**paridés** [paʀide] nmpl ◆ **les paridés** titmice, the Paridae (SPÉC)

**paridigitidé, e** [paʀidiʒitide] 1 adj paridigitate

2 nm paridigitate animal

**parier** [paʀje] → SYN ▸ conjug 7 ◂ vt a (= gager) to bet, wager ◆ **je (te) parie que c'est lui/tout ce que tu veux** I bet you it's him/anything you like ◆ **tu ne le feras pas – qu'est-ce que tu paries ?** you won't do it — what do you bet? ou do you want to bet? ◆ **il y a gros à parier qu'elle ...** the odds are (that) she ..., ten to one she ... ◆ **je l'aurais parié** I might have known ◆ **tu as faim, je parie** I bet you're hungry

b (Courses) [+ argent] to bet, lay, stake ◆ **parier 20 € sur le favori** to bet ou lay €20 on the favourite ◆ **parier sur un cheval** to bet on a horse, back a horse ◆ **parier gros sur un cheval** to bet heavily on ou lay a big bet on a horse ◆ **parier aux courses** to bet on the races

**pariétaire** [paʀjetɛʀ] nf (wall) pellitory, pellitory-of-the-wall

**pariétal, e,** mpl **-aux** [paʀjetal, o] → SYN 1 adj (Anat) parietal; (Art) wall (épith)

2 nm parietal bone

**parieur, -ieuse** [paʀjœʀ, jøz] [→ SYN] nm,f punter, better

**parigot, e** * [paʀigo, ɔt] [1] adj Parisian
[2] **Parigot(e)** nm,f Parisian

**paripenné, e** [paʀipene] adj paripinnate

**Paris** [paʀi] n Paris

**Pâris** [paʀis] nm (Myth) Paris

**paris-brest,** pl **paris-brests** [paʀibʀɛst] nm *choux pastry ring filled with praline-flavoured cream*

**parisette** [paʀizɛt] nf herb Paris

**parisianisme** [paʀizjanism] nm (= habitude) Parisian habit; (= façon de parler) Parisian way of speaking; (= importance donnée à Paris) Paris bias ◆ **faire du parisianisme** to focus excessively on Paris

**parisien, -ienne** [paʀizjɛ̃, jɛn] [1] adj (gén) Paris (épith), of Paris; société, goûts, ambiance Parisian ◆ **le Bassin parisien** the Paris basin ◆ **la région parisienne** the Paris region ou area, the region ou area around Paris ◆ **la vie parisienne** Paris ou Parisian life, life in Paris; → **pain**
[2] **Parisien(ne)** nm,f Parisian
[3] nm (= pain) *long loaf of bread*

**parisyllabique** [paʀisi(l)labik] adj parisyllabic

**paritaire** [paʀitɛʀ] [→ SYN] adj commission joint (épith), with equal representation of both sides; représentation equal

**paritarisme** [paʀitaʀism] nm (Écon) (theory of) co-management

**parité** [paʀite] [→ SYN] nf parity ◆ **la parité des changes** exchange parity ◆ **réclamer la parité des** ou **entre les salaires** to demand equal pay

**parjure** [paʀʒyʀ] [→ SYN] [1] adj personne disloyal; serment false
[2] nm (= violation de serment) betrayal
[3] nmf traitor

**parjurer (se)** [paʀʒyʀe] ▸ conjug 1 ◂ vpr to betray one's oath ou promise

**parka** [paʀka] nf parka

**parkérisation ®** [paʀkeʀizasjɔ̃] nf Parkerizing ®

**parking** [paʀkiŋ] [→ SYN] [1] nm car park (Brit), parking lot (US) ◆ **parking souterrain/à étages** underground/multistorey car park (Brit) ou parking lot (US) ◆ **"parking gratuit"** "free parking", "free car park" (Brit) ◆ **parking payant** ≃ pay and display car park (Brit) ou parking lot (US) ◆ **parking sauvage** *area used illegally for parking*
[2] adj (péj) dead-end (épith), which leads nowhere (attrib) ◆ **section-parking** dead-end department ◆ **stage-parking** dead-end training course, training course which leads nowhere

**Parkinson** [paʀkinsɔn] nm ◆ **la maladie de Parkinson** Parkinson's disease

**parkinsonien, -ienne** [paʀkinsɔnjɛ̃, jɛn] [1] adj associated with Parkinson's disease
[2] nm,f patient suffering from Parkinson's disease

**parlant, e** [paʀlɑ̃, ɑ̃t] [→ SYN] [1] adj **a** (= doué de parole) speaking (épith), talking (épith) ◆ **il n'est pas très parlant** he's not very talkative; → **cinéma**
**b** (fig) portrait lifelike; comparaison, description graphic, vivid; exemple eloquent; geste, regard eloquent, meaningful ◆ **les chiffres sont parlants** the figures speak for themselves
[2] adv ◆ **scientifiquement/économiquement parlant** scientifically/economically etc speaking

**parlé, e** [paʀle] (ptp de **parler**) [1] adj langue spoken; → **chaîne, journal**
[2] nm (Théât) spoken part

**parlement** [paʀləmɑ̃] [→ SYN] nm parliament ◆ **le Parlement européen** the European Parliament

**parlementaire** [paʀləmɑ̃tɛʀ] [→ SYN] [1] adj (Pol) parliamentary
[2] nmf **a** (Pol) member of Parliament; (aux USA) member of Congress; (Hist Brit = partisan) Parliamentarian
**b** (= négociateur) negociator, mediator

**parlementairement** [paʀləmɑ̃tɛʀmɑ̃] adv parliamentarily

**parlementarisme** [paʀləmɑ̃taʀism] nm parliamentarism

**parlementer** [paʀləmɑ̃te] [→ SYN] ▸ conjug 1 ◂ vi (= négocier) to negotiate, parley †; (* = discuter) to argue things over ◆ **parlementer avec qn** (hum = palabrer) to argue endlessly with sb

## parler [paʀle]

▸ conjug 1 ◂

[→ SYN] GRAMMAIRE ACTIVE 19.2, 26.2

| | |
|---|---|
| [1] VERBE INTRANSITIF | [4] VERBE TRANSITIF |
| [2] VERBE TRANSITIF INDIRECT | [5] VERBE PRONOMINAL |
| [3] VERBE TRANSITIF INDIRECT | [6] NOM MASCULIN |

### [1] VERBE INTRANSITIF

**a** [faculté physique] to talk, speak ◆ **il a commencé à parler à 2 ans** he started talking when he was 2 ◆ **votre perroquet parle ?** can your parrot talk? ◆ **parler du nez** to talk through one's nose ◆ **parler distinctement** to speak distinctly ◆ **je n'aime pas sa façon de parler** I don't like the way he talks ou speaks ◆ **parlez plus fort !** speak up!, speak louder!; → **dent, façon**

**b** [= exprimer sa pensée] to speak; (= bavarder) to talk ◆ **parler franc/crûment** to speak frankly/bluntly ◆ **parler bien/mal** to be a good/not to be a (very) good speaker ◆ **parler d'or** to speak words of wisdom ◆ **parler avec les mains** to speak with one's hands ◆ **parler comme un livre** (péj) to talk like a book ◆ **parler par paraboles** ou **par énigmes** to talk ou speak in riddles ◆ **il aime s'écouter parler** he likes the sound of his own voice ◆ **parlons peu mais parlons bien** let's get straight to the point ◆ **parler pour qn** to speak for sb ◆ **parle pour toi !** (iro) speak for yourself! ◆ **c'est à vous de parler** (Cartes) it's your bid ◆ **au lieu de parler en l'air, renseigne-toi/agis** don't just talk about it, find out/do something ◆ **plutôt que de parler en l'air, allons lui demander** instead of talking (wildly) let's go and ask him ◆ **parler à tort et à travers** to blether, talk drivel *, talk through one's hat ◆ **parler pour ne rien dire** to talk for the sake of talking ◆ **voilà qui est (bien) parlé !** hear hear!, well said! ◆ **mais je parle, je parle, et toi, comment vas-tu ?** but that's enough about me – how are you (doing)?

**c** [fig] **parler par gestes** to use sign language ◆ **les faits parlent (d'eux-mêmes)** the facts speak for themselves ◆ **faire parler la poudre** (= se battre) to start a gunfight; (= faire la guerre) to resort to war ◆ **le devoir a parlé** I (ou he etc ) heard the call of duty, duty called ◆ **son cœur a parlé** he heeded the call of his heart

**d** [= révéler les faits] to talk ◆ **faire parler** [+ suspect] to make talk, loosen the tongue of; [+ introverti, timide] to draw out

**e** [LOC] **vous n'avez qu'à parler** just say the word, you've only to say the word ◆ **ne m'en parlez pas !** you're telling me! *, I don't need telling! * ◆ **n'en parlons plus !** let's forget (about) it, let's not mention it again ◆ **sans parler de ...** not to mention ..., to say nothing of ..., let alone ... ◆ **tu as été dédommagé, non ? – parlons-en !** (= ça ne change rien) you've been compensated, haven't you? – some good ou a lot of use that is (to me)! *; (= pas du tout) you've been compensated, haven't you? – not likely! * ou you must be joking! * ◆ **tu parles (Charles) !** *, **vous parlez !** * (= bien sûr) you're telling me! *, you bet! *; (iro) no chance! *, you must be joking! * ◆ **tu parles** ou **vous parlez d'une brute !** talk about a brute! ◆ **leur proposition, tu parles si on s'en fiche !** * a fat lot we think of their idea! * ◆ **tu parles si ça nous aide/si c'est pratique !** * (iro) a fat lot of help/use that is! * ◆ **tu peux parler !** * you can talk! *

### [2] parler à VERBE TRANSITIF INDIRECT

**a** [= converser] **parler à qn** to talk ou speak to sb ◆ **il faut que je lui parle** I must talk to him ou have a word with him ◆ **nous ne nous parlons pas** we're not on speaking terms ◆ **moi qui vous parle** I myself ◆ **trouver à qui parler** (fig) to meet one's match ◆ **c'est parler à un mur** (fig) it's like talking to a (brick) wall

**b** [fig] **parler aux yeux/à l'imagination** to appeal to the eye/the imagination ◆ **parler au cœur** to speak to the heart ◆ **ce tableau/cette œuvre me parle** this painting/this work really speaks to me

### [3] parler de VERBE TRANSITIF INDIRECT

**a** [= s'entretenir] **parler de qch/qn** to talk about sth/sb ◆ **parler de la pluie et du beau temps, parler de choses et d'autres** (fig) to talk about the weather (fig), talk of this and that ◆ **faire parler de soi** to get o.s. talked about ◆ **parler mal de qn** to speak ill of sb ◆ **on parle beaucoup de lui comme ministre** he's being talked about ou spoken of as a possible ou future minister, he's tipped as a likely minister ◆ **on ne parle que de ça** it's the only topic of conversation, it's the only thing ou that's all people are talking about ◆ **tout le monde en parle** everybody's talking about it ◆ **toute la ville en parle** it's the talk of the town ◆ **il n'en parle jamais** he never mentions it ou refers to it ou talks about it ◆ **nous recevons un immense acteur, je veux parler bien sûr de Jean Lattu** we'll be welcoming a great actor, I am, of course, referring to Jean Lattu ◆ **et je ne parle pas de ...** not to mention ..., to say nothing of ... ◆ **de quoi ça parle, ton livre ? – ça parle de bateaux** (fig) what is your book about? – it's about ships; → **loup**

**b** **parler de qch à qn** to tell sb about sth ◆ **parlez-nous de vos vacances/projets** tell us about your holidays/plans ◆ **on m'avait parlé d'une vieille maison** I had been told about an old house ◆ **je lui parlerai de cette affaire** I'll speak to him ou I'll have a word with him about this business ◆ **il a parlé de moi au patron** (= soutenir) he put in a word for me with the boss ◆ **on m'a beaucoup parlé de vous** I've heard a lot about you

**c** [pour annoncer une intention] **parler de faire qch** to talk of doing sth ◆ **elle a parlé d'aller voir un docteur** she has talked of going to see a doctor ◆ **on parle de construire une route** they're talking of building a road, there's talk of a road being built ou of building a road

**d** [= évoquer] **le jardin lui parlait de son enfance** the garden brought back memories of his childhood (to him) ◆ **tout ici me parle de toi** everything here reminds me of you

### [4] VERBE TRANSITIF

**a** [+ langue] to speak ◆ **parler (l')anglais** to speak English

**b** [= discuter de] **parler politique/affaires** to talk politics/business ◆ **parler boutique** * to talk shop ◆ **si nous parlions finances ?** (hum) how about talking cash? *

### [5] se parler VERBE PRONOMINAL

**a** [à soi-même] to talk to o.s.; (les uns aux autres) to talk to each other ou one another ◆ **depuis cette querelle, ils ne se parlent plus** they haven't been on speaking terms since that argument

**b** [= être parlé] **ce dialecte ne se parle plus** this dialect is no longer spoken, nobody speaks this dialect any more

### [6] NOM MASCULIN

**a** [= manière de parler] speech ◆ **le parler vrai** straight talking ◆ **le parler de tous les jours** everyday speech, common parlance ◆ **il a un parler vulgaire** he has a coarse way of speaking; → **franc[1]**

**b** [= langue régionale] dialect

**parleur** [paʀlœʀ] nm ◆ **beau parleur** smooth ou glib talker

**parloir** [paʀlwaʀ] nm [école, prison] visiting room; [couvent] parlour (Brit), parlor (US)

**parlot(t)e** * [paʀlɔt] nf chitchat * (NonC) ◆ **toutes ces parlot(t)es ne mènent à rien** all this chitchat * is a waste of time ◆ **c'est de la parlot(t)e tout ça** it's all ou just talk

**Parme** [paʀm] [1] n (= ville) Parma
[2] nm ◆ **(jambon de) Parme** Parma ham
[3] adj (= couleur) ◆ **parme** violet

**Parmentier** [paʀmɑ̃tje] n → **hachis**

**parmenture** [paʀmɑ̃tyʀ] nf ⇒ **parementure**

**parmesan, e** [paʀməzɑ̃, an] 1 adj Parmesan, of ou from Parma
2 **Parmesan(e)** nm,f inhabitant ou native of Parma
3 nm (Culin) Parmesan (cheese)

**parmi** [paʀmi] → SYN prép among(st) ◆ **parmi la foule** among ou in the crowd ◆ **venez ici parmi nous** come over here with us ◆ **je passerai parmi vous distribuer les questionnaires** I'll come round and give you each a questionnaire ◆ **c'est un cas parmi d'autres** it's one case among many, it's one of many cases ◆ **qui parmi vous en a entendu parler ?** have any of you heard of it? ◆ **personne parmi nous/eux/les victimes** none of us/them/the victims

**Parnasse** [paʀnɑs] nm Parnassus ◆ **le Mont Parnasse** (Mount) Parnassus

**parnassien, -ienne** [paʀnasjɛ̃, jɛn] 1 adj, nm,f Parnassian
2 nm (= papillon) apollo

**parodie** [paʀɔdi] → SYN nf parody ◆ **une parodie de procès/de démocratie/d'élection** (fig) a travesty of a trial/of democracy/of an election

**parodier** [paʀɔdje] → SYN ▸ conjug 7 ◂ vt to parody

**parodique** [paʀɔdik] adj style parodic(al)

**parodiste** [paʀɔdist] → SYN nmf parodist

**parodontal, e,** mpl **-aux** [paʀɔdɔ̃tal, o] adj periodontal

**parodonte** [paʀɔdɔ̃t] nm periodontium

**paroi** [paʀwa] → SYN nf (gén, Anat, Bot) wall; [récipient] (inside) surface, (inner) wall; [véhicule, baignoire] side; (= cloison) partition ◆ **paroi rocheuse** rock face

**paroisse** [paʀwas] → SYN nf parish

**paroissial, e,** mpl **-iaux** [paʀwasjal, jo] adj parish (épith) ◆ **église paroissiale** parish church ◆ **salle paroissiale** church hall ◆ **à l'échelon paroissial** at the parochial ou parish level

**paroissien, -ienne** [paʀwasjɛ̃, jɛn] → SYN 1 nm,f parishioner ◆ **un drôle de paroissien** * (fig) a funny customer *
2 nm (= missel) prayer book, missal

**parole** [paʀɔl] → SYN nf a (= mot) word ◆ **comprenez-vous le sens de ses paroles ?** can you understand (the meaning of) what he says? ◆ **assez de paroles, des actes !** that's enough talking, now it's time to act! ◆ **il n'a pas dit une parole de la soirée** he didn't say a word ou open his mouth all evening ◆ (Prov) **les paroles s'envolent, les écrits restent** verba volant, scripta manent (Prov) ◆ **voilà une bonne parole !** (hum) that's what I like to hear! ◆ **la parole de Dieu, la bonne parole** the word of God ◆ **porter** ou **prêcher la bonne parole** (lit) to preach ou spread the word of God; (fig) to spread the (good) word ◆ **toutes ces belles paroles n'ont convaincu personne** all these fine(-sounding) words failed to convince anybody ◆ **parole célèbre** famous words ou saying ◆ **prononcer une parole historique** to make a historic remark ◆ **ce sont des paroles en l'air** it's just idle talk ◆ **il est surtout courageux en paroles** he's brave enough when it's just a matter of words ou talking about it ◆ **tout cela est bien joli en paroles mais ...** it sounds fair enough but ...; → **boire, moulin, payer**
b (= texte) **paroles** [chanson] words, lyrics ◆ **histoire sans paroles** wordless cartoon ◆ **"sans paroles"** (légende) "no caption"
c (= promesse) word ◆ **tenir parole** to keep one's word ◆ **il a tenu parole** he kept his word, he was as good as his word ◆ **c'est un homme de parole, il est de parole, il n'a qu'une parole** he's a man of his word, his word is his bond ◆ **il n'a aucune parole** you (just) can't trust a word he says ◆ **je l'ai cru sur parole** I took his word for it ◆ **(je vous donne** ou **vous avez ma) parole d'honneur !** I give you ou you have my word (of honour)! ◆ **parole de scout/marin** etc scout's/sailor's etc honour ◆ **manquer à sa parole** to fail to keep one's word, go back on one's word ◆ **ma parole !** * (fig) (upon) my word! ◆ **tu es fou ma parole !** * heavens - you're mad! ◆ **prisonnier sur parole** prisoner on parole
d (= faculté d'expression) speech ◆ **doué de parole** capable of speech ◆ **avoir la parole facile** to find it easy to talk, have the gift of the gab * ◆ **avoir le don de la parole** to be a gifted speaker ◆ (Prov) **la parole est d'argent, le silence est d'or** speech is silver, silence is golden (Prov) ◆ **perdre/retrouver la parole** to lose/recover one's speech; (fig) to lose/find one's tongue * ◆ **il n'a jamais droit à la parole** he's never allowed to get a word in edgeways; → **manquer**
e (Ling) speech, parole (SPÉC) ◆ **acte de parole** speech act
f (Cartes) **parole !** (I) pass!
g (dans un débat, une discussion) **droit de parole** right to speak ◆ **temps de parole** speaking time ◆ **puis-je avoir la parole ?** may I say something? ◆ **vous avez la parole** (gén) it's your turn to speak; (au parlement etc ) you have the floor ◆ **je vous rends la parole** back ou over to you ◆ **qui veut la parole ?** who wants to speak? ◆ **laissez-moi la parole** let me speak ◆ **la parole est à M. Duval** it's Mr Duval's turn to speak ◆ **passer** ou **céder la parole à qn** to hand over to sb ◆ **demander la parole** to ask to be allowed to speak ◆ **prendre la parole** to speak ◆ **je voudrais prendre la parole pour dire ...** (gén) I'd like to say ...; (au parlement etc ) I'd like to take the floor to say ... ◆ **pour empêcher la prise de parole des extrémistes** to prevent extremists from voicing their opinions

**parolier, -ière** [paʀɔlje, jɛʀ] → SYN nm,f lyric writer

**paronomase** [paʀɔnɔmaz] nf paronomasia

**paronyme** [paʀɔnim] → SYN nm paronym

**paronymie** [paʀɔnimi] nf paronymy

**paronymique** [paʀɔnimik] adj paronymic

**paros** [paʀos, paʀɔs] nm Parian (marble)

**parotide** [paʀɔtid] nf ◆ **(glande) parotide** parotid gland

**parotidite** [paʀɔtidit] nf parotiditis

**parousie** [paʀuzi] nf parousia, Second Coming

**paroxysmal, e,** mpl **-aux** [paʀɔksismal, o] adj ⇒ **paroxysmique**

**paroxysme** [paʀɔksism] → SYN nm [maladie] crisis (point), paroxysm (SPÉC); [crise, sensation, sentiment] paroxysm, height ◆ **être au paroxysme de la joie/colère** to be beside o.s. with joy/anger ◆ **le bruit était à son paroxysme** the noise was at its loudest ou height ◆ **son désespoir était à son paroxysme** he was in the depths of despair ◆ **l'incendie/la douleur avait atteint son paroxysme** the fire/the pain was at its height ou at its fiercest ◆ **la crise avait atteint son paroxysme** the crisis had reached a head ou climax

**paroxysmique** [paʀɔksismik] adj paroxysmal, paroxysmic

**paroxystique** [paʀɔksistik] adj (Méd) paroxysmal; (= extrême) émotion, pression intense; situation, état extreme ◆ **au moment le plus paroxystique de la pièce** at the very climax ou climactic moment of the play

**paroxyton** [paʀɔksitɔ̃] adj m paroxytone

**parpaillot, e** [paʀpajo, ɔt] → SYN nm,f (Hist, péj) Protestant

**parpaing** [paʀpɛ̃] → SYN nm (= pierre pleine) perpend, parpen (US); (aggloméré) breeze-block

**Parque** [paʀk] nf (Myth) ◆ **la Parque** Fate ◆ **les Parques** the Fates, the Parcae

**parquer** [paʀke] → SYN ▸ conjug 1 ◂ 1 vt [+ voiture, artillerie] to park; [+ moutons, bétail] to pen (in ou up); [+ huîtres, moules] to put in a bed (ou beds); (péj) [+ personnes] to pack in ◆ **on les parquait dans des réserves** they were herded into reservations ◆ **les réfugiés étaient parqués comme des bestiaux** the refugees were cooped up ou penned in like animals
2 **se parquer** * vpr (Aut) to park

**parquet** [paʀkɛ] → SYN nm a (= plancher) (gén) wooden floor; (à chevrons etc ) parquet (floor) ◆ **les lattes du parquet** the floorboards
b (Jur) **le parquet** public prosecutor's department ou office
c (Bourse) **le parquet** (= enceinte) the (dealing) floor; (= agents) the stock exchange ou market

**parqueter** [paʀkəte] ▸ conjug 4 ◂ vt to lay a wooden ou parquet floor in ◆ **pièce parquetée** room with a wooden ou parquet floor

**parqueteur** [paʀkətœʀ] nm wooden ou parquet floor layer

**parqueur, -euse** [paʀkœʀ, øz], **parquier, -ière** [paʀkje, jɛʀ] nm,f [bétail] pen hand; [huîtres] oyster bed worker

**parrain** [paʀɛ̃] → SYN nm a (Rel) godfather ◆ **accepter d'être le parrain d'un enfant** to agree to be a child's godfather ou to stand godfather to a child
b [navire] namer, christener
c (qui introduit dans un cercle, un club) proposer; (qui aide financièrement) sponsor; [entreprise, initiative] promoter; [œuvre, fondation] patron ◆ **un parrain de la Mafia** a godfather in the Mafia

**parrainage** [paʀɛnaʒ] → SYN nm a (= introduction dans un cercle, un club) proposing (for membership)
b (= aide financière) sponsorship; [entreprise, initiative] promoting; (= appui moral) [œuvre, fondation] patronage ◆ **parrainage publicitaire** advertising sponsorship
c [navire] naming, christening

**parrainer** [paʀene] → SYN ▸ conjug 1 ◂ vt a (= introduire : dans un cercle, un club) to propose (for membership) ◆ **se faire parrainer par qn** to be proposed by sb
b (= aider financièrement) to sponsor; [+ entreprise, initiative] to promote; (= patronner) [+ œuvre, fondation, association] to be the patron of

**parraineur** [paʀɛnœʀ] nm (= sponsor) sponsor

**parricide** [paʀisid] 1 adj parricidal
2 nmf parricide
3 nm (= crime) parricide

**parsec** [paʀsɛk] nm parsec

**parsemer** [paʀsəme] → SYN ▸ conjug 5 ◂ vt a (= répandre) **parsemer de** to sprinkle with, strew with (littér) ◆ **parsemer le sol de fleurs** to scatter flowers over the ground, strew the ground with flowers (littér) ◆ **parsemer un tissu de paillettes d'or** to sew gold sequins all over a piece of material ◆ **parsemer un texte de citations** to scatter quotations through a text
b (= être répandu sur) to be scattered ou sprinkled over ◆ **les feuilles qui parsèment le gazon** the leaves which are scattered ou which lie scattered over the lawn ◆ **ciel parsemé d'étoiles** star-studded sky, sky sprinkled ou strewn ou studded with stars ◆ **champ parsemé de fleurs** field dotted with flowers ◆ **parsemé de difficultés/fautes** riddled with difficulties/mistakes

**parsi, e** [paʀsi] → SYN 1 adj Parsee
2 nm (Ling) Parsee
3 **Parsi(e)** nm,f Parsee

**parsisme** [paʀsism] nm Parseeism

**part** [paʀ]
nom féminin
GRAMMAIRE ACTIVE 26.5 → SYN

a [dans un partage] share; (= portion) portion; (= tranche) slice ◆ **sa part d'héritage/de soucis** his share of the inheritance/of worries ◆ **faire huit parts dans un gâteau** to cut a cake into eight (slices) ◆ **c'est 2 € la part de gâteau** it's €2 a slice ◆ **vouloir sa part du gâteau** (fig) to want one's slice ou share of the cake ◆ **la part du lion** the lion's share ◆ **la part du pauvre** (repas) *portion kept for a poor visitor*; (fig) the crumbs ◆ **part à deux !** share and share alike! ◆ **chacun paie sa part** everyone pays his share, everyone chips in *

◆ **faire la part belle à qn** to give sb more than his (ou her) due

◆ **faire la part de qch** ◆ **faire la part de la fatigue/du hasard** to take tiredness/chance into account, allow for ou make allowances for tiredness/chance ◆ **il faut faire la part du vrai et du faux dans ce qu'elle dit** you can't believe everything she says ◆ **faire la part des choses** to make allowances ◆ **faire la part du feu** (fig) to cut one's losses

b [= participation] part ◆ **part patronale/salariale** (Sécurité sociale) employer's/worker's contribution ◆ **le hasard n'a eu aucune part dans leur rencontre** chance had nothing to do with ou played no part in their meeting ◆ **il**

**a pris une part importante dans l'élaboration du projet** he played an important part in the development of the project

♦ **à part entière** ♦ **membre/citoyen à part entière** full member/citizen ♦ **Français à part entière** person with full French citizenship, fully-fledged French citizen ♦ **artiste à part entière** artist in his (ou her) own right ♦ **l'Europe sera le partenaire à part entière des USA** Europe will be a fully-committed partner for the USA

♦ **avoir part à** (littér) to have a share in

♦ **faire part de qch à qn** to announce sth to sb, inform sb of sth, let sb know ou tell sb about sth ♦ **il m'a fait part de son inquiétude** he told me how worried he was

♦ **prendre part à** [+ travail] to take part in, join in, collaborate in; [+ frais] to share in, contribute to; [+ manifestation] to join in, take part in ♦ **prendre part à un débat** to participate in ou take part in a debate ♦ **"prenez part au développement de votre ville !"** "help to develop your town!" ♦ **je prends part à vos soucis** I share (in) your worries

**c** [= partie] part ♦ **c'est une toute petite part de sa fortune** it's only a tiny fraction ou part of his fortune ♦ **part de marché** (Écon) market share

♦ **pour une part** partly ♦ **cela explique pour une part l'ambiance qui règne ici** this partly explains the atmosphere here ♦ **pour une part, son attitude s'explique par sa timidité** to some extent, one can put his attitude down to shyness

♦ **pour une bonne** ou **large part** largely, to a great extent

♦ **pour une petite part** in a small way

**d** [Fin] ≈ share *(giving right to participate in profits but not running of firm)*; (Impôts) ≈ tax unit **part de fondateur** founder's share ♦ **part d'intérêt** ou **sociale** partner's ou partnership share

**e** [expressions figées]

♦ **à part** (= de côté) aside, on one side; (= séparément) separately, on its (ou their) own; (= excepté) except for, apart from, aside from (surtout US); (Théât = en aparté) aside ♦ **nous mettrons ces livres à part pour vous** we'll put these books aside ou on one side for you ♦ **prendre qn à part** to take sb aside ♦ **étudier chaque problème à part** to study each problem separately ou on its own ♦ **à part vous, je ne connais personne ici** apart from ou aside from ou except for you I don't know anyone here ♦ **à part cela** apart ou aside from that, otherwise ♦ **plaisanterie à part** joking apart ou aside
(= exceptionnel) special, extraordinary ♦ **un cas/une place à part** a special case/place ♦ **c'est un homme à part** he's in a class of his own ♦ **il est vraiment à part** there aren't many like him around; → **bande**², **chambre**

♦ **à part soi** (ou **moi** etc ) (littér) ♦ **garder qch à part soi** to keep sth to o.s. ♦ **je pensais à part moi que ...** I thought to myself that ...

♦ **autre part** somewhere else, elsewhere ♦ **il ne veut plus habiter autre part** he doesn't want to live anywhere else

♦ **d'autre part** (= de plus) moreover; (= par ailleurs) on the other hand ♦ **il est beau, et d'autre part il est riche** he's handsome, and what's more he's rich ♦ **il n'est pas très doué, d'autre part il est travailleur** (= en revanche) he's not very talented, but on the other hand he's very hard-working ♦ **d'une part ..., d'autre part ...** on the one hand ..., on the other hand ...

♦ **de la part de** (provenance) from; (= au nom de) on behalf of ♦ **je viens de la part de Guy** (il m'a envoyé) I've been sent by Guy; (comme porte-parole) I've come ou I'm here on behalf of Guy ♦ **de la part de qui venez-vous ?** who sent you? ♦ **cela demande un peu de bon sens de la part de l'utilisateur** it requires a little commonsense on the part of the user ou from the user ♦ **cela m'étonne de sa part** I'm surprised at that (coming) from him ♦ **dites-lui bonjour de ma part** give him my regards ♦ **c'est gentil de sa part** that's nice of him ♦ **c'est de la part de qui ?** (Téléc) who's calling? ou speaking?

♦ **de part en part** right through

♦ **de part et d'autre** on both sides, on either side

♦ **de toute(s) part(s)** from all sides ou quarters

♦ **en bonne/mauvaise part** ♦ **prendre qch en bonne part** to take sth in good part ♦ **prendre qch en mauvaise part** to take sth amiss, take offence at sth

♦ **pour ma** (ou **ta** etc ) **part** as for me (ou you etc ), for my (ou your etc ) part ♦ **pour ma part je pense que ...** I for one think that ...; → **nul, quelque**

**partage** [paʀtaʒ] [→ SYN] nm **a** (= fractionnement, division) [terrain, surface] dividing up, division; [gâteau] cutting; (Math) [nombre] factorizing ♦ **faire le partage de qch** to divide sth up ♦ **le partage du pays en deux camps** the division of the country into two camps ♦ **partage de temps** (Ordin) time sharing ♦ **partage du travail** job sharing; → **ligne**¹
**b** (= distribution) [butin, héritage] sharing out ♦ **procéder au partage de qch** to share sth out ♦ **le partage n'est pas juste** the way it's shared out isn't fair, it isn't fairly shared out ♦ **j'ai été oublié dans le partage** I've been left out (in the share-out) ♦ **quel a été le partage des voix entre les candidats ?** how were the votes divided among the candidates? ♦ **en cas de partage des voix** (Pol) in the event of a tie in the voting
**c** (= participation) sharing ♦ **l'enquête a conclu au partage des responsabilités** the inquiry came to the conclusion that the responsibility was shared ♦ **le partage du pouvoir avec nos adversaires** the sharing of power with our opponents ♦ **fidélité sans partage** (fig) undivided loyalty ♦ **un pouvoir sans partage** absolute power ♦ **régner sans partage** to rule supreme
**d** (= part) share; (fig = sort) portion, lot ♦ **donner/recevoir qch en partage** to give/receive sth in a will ♦ **la maison lui échut en partage** the house came to him in the will ♦ **le bon sens qu'il a reçu en partage** (fig) the common sense with which he has been endowed

**partagé, e** [paʀtaʒe] [→ SYN] (ptp de **partager**) adj
**a** (= divisé) avis, opinion divided ♦ **les experts sont très partagés sur la question** the experts are divided on the question ♦ **partagé entre l'amour et la haine** torn between love and hatred
**b** (littér = doté) endowed ♦ **il est bien/mal partagé par le sort** fate has been/has not been kind to him
**c** (Ordin) **logiciel partagé** shareware; → **temps**¹

**partageable** [paʀtaʒabl] [→ SYN] adj divisible, which can be shared out ou divided up ♦ **frais partageables entre tous** costs that are shared by all ♦ **votre gaieté est difficilement partageable** it is difficult to share (in) your happiness

**partager** [paʀtaʒe] GRAMMAIRE ACTIVE 11.1, 13.1 [→ SYN] ▸ conjug 3 ◂
[1] vt **a** (= fractionner) [+ terrain, feuille, gâteau] to divide up ♦ **partager en deux/en deux bouts/par moitié** to divide sth in two/into two pieces ou bits/in half
**b** (= distribuer, répartir) [+ butin, gâteau] to share (out); [+ frais] to share ♦ **il partage son temps entre son travail et sa famille** he divides his time between his work and his family ♦ **il partage son affection entre plusieurs personnes** several people have to share his affections
**c** (= avoir une part de, avoir en commun) [+ héritage, gâteau, appartement, sort] to share (*avec* with) ♦ **voulez-vous partager notre repas ?** will you share our meal? ♦ **partager le lit de qn** to share sb's bed ♦ **il n'aime pas partager** he doesn't like sharing ♦ **les torts sont partagés** both (ou all) parties are at fault, there is fault on both (ou all) sides
**d** (= s'associer à) [+ sentiments, bonheur, goûts] to share (in); [+ opinion, idée] to share, agree with ♦ **je partage votre douleur/surprise** I share your sorrow/surprise ♦ **amour partagé** mutual love ♦ **c'est une opinion largement partagée** it is an opinion that is widely shared
**e** (= diviser) to divide ♦ **ce débat partage le monde scientifique** th scientific community is divided over this issue
**f** (frm = douer) to endow ♦ **la nature l'a bien partagé** nature has been generous to him
[2] **se partager** vpr **a** (= se fractionner) to be divided ♦ **ça peut facilement se partager en trois/en trois morceaux** it can easily be divided (up) ou cut in three/into three pieces ou bits ♦ **se partager entre diverses tendances** [vote] to be divided between different groups ♦ **pour lui, le monde se partage en deux** for him, there are two kinds of people ♦ **à l'endroit où les branches se partagent** where the branches fork ou divide ♦ **le reste des voix s'est partagé entre les autres candidats** the remaining votes are distributed ou shared among the other candidates ♦ **le pouvoir ne se partage pas** power is not something which can be shared ♦ **il se partage entre son travail et son jardin** he divides his time between his work and his garden
**b** (= se distribuer) **ils se sont partagé le gâteau** (lit) they shared the cake between them ou among themselves; (fig) they shared it out ♦ **ils se sont partagé le butin** they shared the booty between them ♦ **nous nous sommes partagé le travail** we shared the work between us ♦ **les trois candidats se sont partagé les suffrages** the votes were divided among the three candidates ♦ **se partager les faveurs du public** to be equally popular

**partageur, -euse**¹ [paʀtaʒœʀ, øz] adj ready ou willing to share ♦ **il n'est pas partageur** he doesn't like sharing

**partageux, -euse**² † [paʀtaʒø, øz] nm,f distributionist

**partance** [paʀtɑ̃s] [→ SYN] **en partance** loc adv train due to leave; avion outward bound; bateau sailing (attrib), outward bound ♦ **en partance pour Londres** train, avion for London, London (épith); bateau bound ou sailing for London (attrib); passager (bound) for London (attrib)

**partant**¹, **e** [paʀtɑ̃, ɑ̃t] GRAMMAIRE ACTIVE 11.1
[1] nm,f **a** (= coureur) starter; (= cheval) runner ♦ **tous partants** all horses running ♦ **non-partant** non-runner
**b** (= personne) person leaving, departing traveller (ou visitor etc ) ♦ **les partants et les arrivants** the departures and arrivals
[2] adj ♦ **je suis partant** count me in ♦ **il est toujours partant pour un bon repas** * he's always ready for a good meal ♦ **si c'est comme ça, je ne suis plus partant** if that's how it is (you can) count me out

**partant**² [paʀtɑ̃] [→ SYN] conj (littér) hence, therefore, consequently

**partenaire** [paʀtənɛʀ] [→ SYN] nmf partner ♦ **les partenaires sociaux** ≈ unions and management, ≈ management and labour ♦ **il était son partenaire dans le film** he played opposite her in the film ♦ **partenaire sexuel** sexual partner

**partenarial, e,** pl **-iaux** [paʀtənaʀjal, jo] adj accord partnership, joint; négociations joint

**partenariat** [paʀtənaʀja] nm partnership

**parterre** [paʀtɛʀ] [→ SYN] nm **a** (= plate-bande) border, (flower)bed; ( * = plancher) floor
**b** (Théât) (= emplacement) stalls (Brit), orchestra (US); (= public) (audience in the) stalls (Brit) ou orchestra (US)

**Parthe** [paʀt] nm Parthian; → **flèche**¹

**parthénogenèse** [paʀtenoʒenɛz] nf parthenogenesis

**parthénogénétique** [paʀtenoʒenetik] adj parthenogenetic

**parthénogénétiquement** [paʀtenoʒenetikmɑ̃] adv parthenogenetically

**Parthénon** [paʀtenɔ̃] nm ♦ **le Parthénon** the Parthenon

**parti**¹ [paʀti] [→ SYN] [1] nm **a** (= groupe : gén, Pol) party ♦ **le parti des mécontents** the malcontents ♦ **le parti de la défaite** the defeatists ♦ **le parti (communiste)** the Communist party
**b** (= solution) option, course of action ♦ **hésiter entre deux partis** to wonder which of two courses ou which course to follow ♦ **prendre un parti** to come to ou make a decision, make up one's mind ♦ **prendre le parti de faire qch** to make up one's mind to do sth, decide ou resolve to do sth ♦ **mon parti est pris** my mind is made up ♦ **crois-tu que c'est le meilleur parti (à prendre) ?** do you

think that's the best course (to take)? ou the best idea? ◆ **prendre le parti de qn, prendre parti pour qn** (= se mettre du côté de qn) to side with sb, take sb's side; (= donner raison à qn) to stand up for sb ◆ **prendre parti (dans une affaire)** (= se rallier) to take sides (on an issue); (= dire ce qu'on pense) to take a stand (on an issue) ◆ **prendre son parti de qch** to come to terms with sth, reconcile o.s. to sth ◆ **il faut bien en prendre son parti** you just have to come to terms with it ou put up with it

**c** (= personne à marier) match ◆ **beau** ou **bon** ou **riche parti** good match

**d** (Loc) **tirer parti de** [+ situation, occasion, information] to take advantage of, turn to (good) account; [+ outil, ressources] to put to (good) use; [+ victoire] to take advantage of ◆ **tirer le meilleur parti possible d'une situation** to turn a situation to best account, get the most one can out of a situation ◆ **il sait tirer parti de tout** (situation) he can turn anything to his advantage, he can make capital out of anything; (objets) he can put everything to good use ◆ **faire un mauvais parti à qn** to beat sb up

**2** COMP ▷ **parti pris** (= préjugé) prejudice, bias ◆ **je crois, sans parti pris ...** I think without bias (on my part) ... ou being quite objective about it ... ◆ **juger sans parti pris** to take an unbiased ou objective view ◆ **il est de parti pris** he's prejudiced ou biased ◆ **éviter le parti pris** to avoid being prejudiced ou biased ◆ **parti pris théorique** (= choix) theoretical perspective ou standpoint ◆ **parti pris artistique/esthétique** artistic/aesthetic choice

> **PARTIS POLITIQUES FRANÇAIS**
>
> Among the many active right-wing political parties in France, the most prominent include the Gaullist RPR ("le Rassemblement pour la République"), the UDF ("l'Union pour la démocratie française", a more recent movement founded by Valéry Giscard d'Estaing), and the extreme right-wing Front national (FN). On the left, the Parti socialiste (PS) is the most influential party, though the Parti communiste français (PCF) continues to draw a significant number of votes. Of the numerous ecological parties, Les Verts is the most prominent.
> → COMMUNISTE; ÉLECTIONS

**parti², e¹** [parti] (ptp de **partir**) adj **a** (* = ivre) tipsy, tight* ◆ **il est bien parti** he's had a few*, he's well away* (Brit)

**b** (Hér) party

**partial, e,** mpl **-iaux** [parsjal, jo] → SYN adj biased, prejudiced, partial ◆ **être partial envers qn** to be biased ou prejudiced against sb

**partialement** [parsjalmɑ̃] adv in a biased way ◆ **juger qch partialement** to take a biased view of sth

**partialité** [parsjalite] → SYN nf ◆ **partialité (envers** ou **contre qn)** bias (against sb) ◆ **faire preuve de partialité envers** ou **contre qn** to be unfair to sb, be biased against sb, show bias against sb ◆ **se montrer d'une regrettable partialité** to be dreadfully biased

**participant, e** [partisipɑ̃, ɑ̃t] → SYN **1** adj participating

**2** nm,f (à un concours, une course) entrant (*à* in); (à un débat, un projet) participant, person taking part (*à* in); (à une association) member (*à* of); (à une cérémonie, un complot) person taking part (*à* in) ◆ **les participants aux bénéfices** those sharing in the profits ◆ **les participants à la manifestation/au concours** those taking part in the demonstration/in the competition

**participatif, -ive** [partisipatif, iv] adj ◆ **gestion participative** participative management ◆ **prêt participatif** participating capital loan ◆ **titre participatif** non-voting share *(in a public sector company)*

**participation** [partisipasjɔ̃] → SYN nf **a** (= action) **participation à** [+ concours, colloque, cérémonie, entreprise] taking part in, participation in; [+ spectacle] appearance in; [+ aventure, complot, escroquerie] involvement in ◆ **la réunion aura lieu sans leur participation** the meeting will take place without their taking part ou without them ◆ **peu importe l'habileté : c'est la participation qui compte** skill doesn't really matter: what counts is taking part ou joining in ◆ **il s'est assuré la participation de deux équilibristes** he has arranged for two tightrope walkers to appear ◆ **c'est la participation de Marie Vincent qui va attirer les spectateurs** it's Marie Vincent who'll draw the crowds, it's the fact that Marie Vincent is appearing ou performing that will draw the crowds ◆ **ce soir, grand gala avec la participation de plusieurs vedettes** tonight, grand gala with several star appearances ◆ **avec la participation de Deneuve** (Ciné) with guest appearance by Deneuve, with (special) guest star Deneuve ◆ **participation électorale** turnout at the polls (Brit), voter turnout (US) ◆ **fort/faible taux de participation électorale** high/low turnout at the polls; → **participer**

**b** (Écon = détention d'actions) interest ◆ **prise de participations** acquisition of holdings ◆ **prendre une participation majoritaire dans une entreprise** to acquire a majority interest in a firm ◆ **la participation (ouvrière)** worker participation ◆ **participation aux bénéfices** profit-sharing ◆ **participations croisées** cross (share-)holdings ◆ **participation du personnel à la marche d'une entreprise** staff participation ou involvement in the running of a firm

**c** (financière) contribution ◆ **participation aux frais : 10 €** contribution towards costs: €10 ◆ **nous demandons une petite participation (de 5 €)** we request a small donation (of €5)

**participe** [partisip] nm participle ◆ **participe passé/présent** past/present participle

**participer** [partisipe] → SYN ▸ conjug 1 ◂ **1 participer à** vt indir **a** (= prendre part à) [+ concours, colloque, cérémonie] to take part in ◆ **je compte participer au concours/à l'épreuve de fond** I intend to take part in ou enter the competition/the long-distance event ◆ **peu d'électeurs ont participé au scrutin** there was a low turnout at the polls, there was a low voter turnout (US)

**b** (= prendre une part active à) [+ entreprise, discussion, jeu] to participate in, take part in, join in; [+ spectacle] [artiste] to appear in; [+ aventure, complot, escroquerie] to take part in, be involved in ◆ **l'important n'est pas de gagner mais de participer** the important thing is not winning but taking part ◆ **participer à la joie/au chagrin de qn** to share sb's joy/sorrow ◆ **ils ont participé à l'allégresse générale** they joined in the general happy mood ◆ **on demande aux élèves de participer davantage pendant le cours** pupils are asked to participate more ou take a more active part in class

**c** (= payer sa part de) [+ frais, dépenses] to share in, contribute to ◆ **participer (financièrement) à** [+ entreprise, projet] to make a (financial) contribution to

**d** (= avoir part à) [+ profits, pertes, succès] to share (in)

**2 participer de** vt indir (littér = tenir de) to partake of (frm), have something of the nature of

**participial, e,** mpl **-iaux** [partisipjal, jo] **1** adj participial

**2 participiale** nf participial phrase ou clause

**particularisation** [partikylarizasjɔ̃] nf particularization

**particulariser** [partikylarize] → SYN ▸ conjug 1 ◂ **1** vt to particularize

**2 se particulariser** vpr to be distinguished ou characterized (*par* by)

**particularisme** [partikylarism] → SYN nm **a** (Pol = attitude) sense of identity ◆ **particularisme(s)** (= particularité) specific (local) character (NonC), specific characteristic(s) ◆ **particularismes régionaux** (Pol, Sociol) regional idiosyncrasies

**b** (Rel) particularism

**particularité** [partikylarite] → SYN nf **a** (= caractéristique) [individu, caractère, religion] particularity, (distinctive) characteristic; [texte, paysage] (distinctive) characteristic ou feature; [appareil, modèle] (distinctive) feature ◆ **ces modèles ont en commun la particularité d'être ...** these models all have the distinctive feature of being ..., these models are all distinguished by being ... ◆ **cet animal présente la particularité d'être herbivore** a distinctive feature ou characteristic of this animal is that it is herbivorous

**b** († , littér = détail) particular

**c** (littér = unicité) particularity

**particule** [partikyl] → SYN nf (Ling, Phys) particle ◆ **particule (nobiliaire)** nobiliary particle ◆ **nom à particule** *name with a de usually belonging to a noble family,* ≃ name with a handle ◆ **il a un nom à particule** he has a handle to his name

**particulier, -ière** [partikylje, jɛr] GRAMMAIRE ACTIVE 26.1 → SYN

**1** adj **a** (= spécifique) aspect, point, exemple particular, specific; trait, style, manière de parler characteristic, distinctive ◆ **dans ce cas particulier** in this particular case ◆ **il n'avait pas d'aptitudes particulières** he had no particular ou special aptitudes ◆ **cette habitude lui est particulière** this habit is peculiar to him ◆ **signes particuliers** (gén) distinctive signs; (sur un passeport) distinguishing marks

**b** (= spécial) exceptional, special, particular ◆ **la situation est un peu particulière** the situation is rather exceptional ◆ **ce que j'ai à dire est un peu particulier** what I have to say is slightly unusual ◆ **cela constitue un cas particulier** this is a special ou an unusual ou an exceptional case ◆ **rien de particulier à signaler** nothing unusual to report ◆ **je l'ai préparé avec un soin tout particulier** I prepared it with very special care ou with particular care

**c** (= étrange) mœurs peculiar, odd; goût, odeur strange, odd ◆ **il a toujours été un peu particulier** he has always been a bit peculiar ou odd

**d** (= privé) voiture, secrétaire, conversation, intérêt private ◆ **l'entreprise a son service particulier de livraison** the company has its own delivery service ◆ **intervenir à titre particulier** to intervene in a private capacity; → **hôtel, leçon**

**2** nm **a** (= personne) person; (Admin, Comm) private individual ◆ **comme un simple particulier** like any ordinary person ◆ **vente/location de particulier à particulier** (petites annonces) private sale/let (Brit) ou rental (US) ◆ **"particulier vend"** (petite annonce) "for sale privately", "for private sale"

**b** ( * = individu) individual, character ◆ **un drôle de particulier** an odd individual ou character

**c** (= chose) **le particulier** the particular ◆ **du général au particulier** from the general to the particular

◆ **en particulier** (= en privé) parler in private; (= séparément) examiner separately; (= surtout) in particular, particularly, especially; (= entre autres choses) in particular

**particulièrement** [partikyljɛrmɑ̃] → SYN adv particularly, especially, specially ◆ **particulièrement bon/évolué** particularly ou specially good/well-developed ◆ **je ne le connais pas particulièrement** I don't know him very ou particularly well ◆ **il aime tous les arts et tout particulièrement la peinture** he enjoys all the arts, especially ou specially painting ◆ **particulièrement difficile** particularly difficult ◆ **particulièrement drôle** exceptionally funny ◆ **je voudrais plus particulièrement vous faire remarquer ce détail** I'd particularly like to draw your attention to this detail ◆ **voulez-vous du café ? – je n'y tiens pas particulièrement** would you like a coffee? – not particularly ou specially

**partie²** [parti] → SYN **1** nf **a** (= portion, fraction) part; (= quantité) part, amount ◆ **diviser qch en trois parties** to divide sth into three parts ◆ **il y a des parties amusantes dans le film** the film is funny in parts, the film has its funny moments ◆ **il ne possède qu'une partie du terrain** he only owns part of the land ◆ **parties communes/privatives** (Constr) common/privately-owned parts ◆ **une petite partie de l'argent** a small part ou amount of the money ◆ **une grande** ou **bonne partie du travail** a large ou good part of ou a good deal of the work ◆ **la majeure** ou **plus grande partie du temps/du pays** most of ou the greater ou the best part of the time/of the country ◆ **la majeure partie des gens** the majority of people, most people ◆ **la plus grande partie de ce que l'on vous a dit** most of what you were told ◆ **tout ou partie de** all or part of ◆ **le film sera diffusé en première partie**

**de soirée** (TV) the film will be shown early on in the evening

♦ **faire partie de** [+ ensemble, obligations, risques] to be part of; [+ club, association] to belong to, be a member of; [+ catégorie, famille] to belong to; [+ élus, gagnants] to be among, be one of ◆ **la rivière fait partie du domaine** the river is part of the estate ◆ **les villes faisant partie de ma circonscription** the towns that make up my constituency ◆ **elle fait partie de notre groupe** she belongs to our group, she's one of our group ◆ **faire partie intégrante de** to be an integral part of, be part and parcel of

♦ **en** + **partie** ◆ **en partie** partly, in part ◆ **en grande** ou **majeure partie** largely, mainly ◆ **cela s'explique, en grande partie, par ...** this can be explained, for the most part, by ..., this can largely be explained by ...

**b** (= spécialité) field, subject ◆ **moi qui suis de la partie** knowing the field ou subject as I do ◆ **il n'est pas dans** ou **de la partie** it's not his line ou field ◆ **quand on lui parle électricité, il est dans sa partie** when it comes to electricity, he knows what he's talking about ◆ **demande à ton frère, c'est sa partie** ou **il est de la partie** ask your brother – it's his field ou his line

**c** (Cartes, Sport) game; (Golf) round; (= lutte) struggle, fight ◆ **faisons une partie de ...** let's have a game of ... ◆ **on a fait une bonne partie** we had a good game ◆ **abandonner la partie** (fig) to give up the fight ◆ **la partie est délicate** it's a tricky situation ou business ◆ **la partie n'est pas égale** (lit, fig) it's an uneven contest

**d** (Jur) [contrat] party; [procès] litigant; (Mil = adversaire) opponent ◆ **la partie adverse** the opposing party ◆ **les parties en présence** the parties ◆ **les parties belligérantes** the warring factions ◆ **avoir affaire à forte partie** to have a strong ou tough opponent to contend with ◆ **être partie prenante dans une négociation** to be a party to a negotiation ◆ **prise à partie** (Jur) *action against a judge*; → **juge**

**e** (Mus) part

**f** (†, euph) **parties sexuelles** ou **génitales** private parts ◆ **parties viriles** male organs ◆ **les parties** * the privates *

**g** (LOC) **avoir la partie belle** to be sitting pretty * ◆ **se mettre de la partie** to join in ◆ **je veux être de la partie** I don't want to miss this, I want to be in on this * ◆ **avoir partie liée (avec qn)** (littér) to be hand in glove (with sb) ◆ **ce n'est que partie remise** it will be for another time, we'll take a raincheck * (US) ◆ **prendre qn à partie** (= apostropher) to take sb to task; (= malmener) to set on sb ◆ **comptabilité en partie simple/double** (Comm) single-/double-entry book-keeping

**2** COMP ▷ **partie de campagne** day ou outing in the country ▷ **partie carrée** wife-swapping party ▷ **partie de chasse** shooting party ou expedition ▷ **partie civile** (Jur) *private party associating in a court action with public prosecutor* ◆ **se porter** ou **se constituer partie civile** *to associate in a court action with the public prosecutor* ◆ **constitution de partie civile** *independent action for damages* ▷ **partie du discours** (Ling) part of speech ▷ **partie fine** orgy ▷ **partie de jambes en l'air** ‡ ◆ **tout ce qui l'intéresse, c'est une partie de jambes en l'air** all he's interested in is getting his leg over ‡ ▷ **partie de pêche** fishing party ou trip ▷ **partie de plaisir** (fig) ◆ **ce n'est pas une partie de plaisir !** it's no picnic! *, it's not my idea of fun!

**partiel, -elle** [paʀsjɛl] → SYN **1** adj (gén) partial ◆ **paiement partiel** part payment ◆ **les (élections) partielles** by(e)-elections; → **temps**

**2** nm (Univ) class (Brit) ou mid-term (US) exam

**partiellement** [paʀsjɛlmɑ̃] → SYN adv partially, partly

**partir¹** [paʀtiʀ] → SYN ▸ conjug 16 ◂ **1** vi **a** (= quitter un lieu) to go, leave; (= se mettre en route) to leave, set off, set out; (= s'éloigner) to go away ou off; (= disparaître) to go ◆ **pars, tu vas être en retard** go ou off you go, you're going to be late ◆ **pars, tu m'embêtes** go away, you're annoying me ◆ **es-tu prêt à partir ?** are you ready to go? ◆ **allez, je pars** I'm off now ◆ **il est parti sans laisser d'adresse** he left without leaving an address ◆ **nos voisins sont partis il y a six mois** our neighbours left six months ago ◆ **depuis que mon pauvre mari est parti** (euph = mourir) since my poor husband passed on ou away ◆ **ma lettre ne partira pas ce soir** my letter won't go this evening ◆ **quand partez-vous (pour Paris) ?** when are you going (to Paris)? ou leaving (for Paris)?, when are you off (to Paris)? * ◆ **partir pour le bureau** to leave ou set off for the office ◆ **elle est partie de Nice à 9 heures** she left Nice ou set off from Nice at 9 o'clock ◆ **sa femme est partie de la maison** his wife has left home ◆ **sa femme est partie avec un autre** his wife has gone off with another man ◆ **le mauvais temps a fait partir les touristes** the bad weather has driven the tourists away ◆ **j'espère que je ne vous fais pas partir** I hope I'm not chasing you away ◆ **fais partir le chat de ma chaise** get the cat off my chair ◆ **ceux-là, quand ils viennent bavarder, c'est dur de les faire partir** when that lot come round for a chat, it's hard to get rid of them * ◆ **partir, c'est mourir un peu** to leave is to die a little

**b** (= aller) to go ◆ **il est parti en Irlande** (il y est encore) he has gone to Ireland; (il en est revenu) he went to Ireland ◆ **il est parti dans sa chambre/acheter du pain** he has gone to his room/to buy some bread ◆ **partir faire des courses/se promener** to go (out) shopping/for a walk ◆ **pars devant acheter les billets** go on ahead and buy the tickets ◆ **partir à la chasse/à la pêche** to go shooting/fishing ◆ **partir en vacances/en voyage** to go on holiday/on a trip ◆ **partir à pied** to set off on foot ◆ **tu pars en avion ou en voiture ?** are you flying or driving?, are you going by plane or (by) car? ◆ **partir à la guerre/au front** to go (off) to the war/to the front

**c** (= démarrer) [moteur] to start; [avion] to take off; [train] to leave; [coureur] to be off; [plante] to take ◆ **la voiture partit sous son nez** the car started up ou drove off and left him standing ◆ **il partit en courant** he ran ou dashed off ◆ **il partit en trombe** ou **comme une flèche** he was off ou set off like a shot ◆ **attention, le train va partir** look out, the train's leaving ◆ **l'avion va partir dans quelques minutes** the plane is taking off in a few minutes ◆ **ce cheval est bien/mal parti** that horse got off to a good/bad start ◆ **partir gagnant** to begin as if one is sure of success ◆ **les voilà partis !** they're off! ◆ **c'est parti (mon kiki) !** * here we go! * ◆ **faire partir une voiture/un moteur** to start (up) a car/an engine; → **marque**

**d** (= être lancé) [fusée] to go off ou up; [coup de feu] to go off; [bouchon] to pop ou shoot out ◆ **le coup est parti tout seul** the gun went off on its own ◆ **le coup ne partit pas** the gun didn't go off, the gun misfired ◆ **le bouchon est parti au plafond** the cork shot up to ou hit the ceiling ◆ **les cris qui partaient de la foule** the shouts ou cries (coming ou that came) from the crowd ◆ **le pétard n'a pas voulu partir** the banger wouldn't go off ◆ **le mot partit malgré lui** the word came out ou slipped out before he could stop it ◆ **le ballon partit comme un boulet de canon** the ball shot off like a bullet ◆ **faire partir** [+ fusée] to launch; [+ pétard] to set off, light

**e** (= être engagé) **partir sur une idée fausse/une mauvaise piste** to start off with the wrong idea/on the wrong track ◆ **partir bien/mal** to get off to a good/bad start, start (off) well/badly ◆ **le pays est mal parti** the country is in a bad way ou in a mess ou in a sorry state ◆ **nous sommes mal partis pour arriver à l'heure** it seems unlikely we'll arrive on time now ◆ **son affaire est bien partie** his business has got off to a good start ◆ **il est bien parti pour gagner** he seems all set to win ◆ **partir dans des digressions sans fin** to wander off ou launch into endless digressions ◆ **quand ils sont partis à discuter, il y en a pour des heures** * once they're off * ou launched on one of their discussions, they'll be at it for hours * ◆ **partir à rire** * ou **d'un éclat de rire** to burst out laughing ◆ **il est (bien) parti pour parler deux heures** the way he's going, he'll be talking for ou he looks all set to talk for two hours ◆ **la pluie est partie pour (durer) toute la journée** the rain has set in for the day ◆ **on est parti pour ne pas déjeuner** at this rate ou the way things are going, we won't get any lunch

**f** (= commencer) **partir de** [contrat, vacances] to begin on, run from; [course, excursion] to start ou leave from ◆ **l'autoroute part de Lille** the motorway starts at Lille ◆ **un chemin qui part de l'église** a path going from ou leaving the church ◆ **les branches qui partent du tronc** the branches going out from the trunk ◆ **c'est le troisième en partant de la droite** it's (the) third from the right ◆ **cet industriel est parti de rien** ou **de zéro** this industrialist started from scratch ou from ou with nothing ◆ **cette rumeur est partie de rien** this rumour grew up out of nothing ◆ **notre analyse part de cette constatation** our analysis is based on this observation ou takes this observation as its starting point ◆ **partons de l'hypothèse que ...** let's assume that ... ◆ **si tu pars du principe que tu as toujours raison/qu'ils ne peuvent pas gagner** if you start off by assuming that you're always right/that they can't win ◆ **en partant de ce principe, rien n'est digne d'intérêt** on that basis, nothing's worthy of interest ◆ **en partant de là, on peut faire n'importe quoi** looking at things that way, one can do anything

**g** (= provenir) **partir de** to come from ◆ **ces mots partent/ça part du cœur** these words come/it comes (straight) from the heart ◆ **cela part d'un bon sentiment/d'un bon naturel** that comes from his (ou her etc) kindness/good nature

**h** (= disparaître) [tache] to go, come out; [crochet, bouton] to come off; [douleur] to go; [rougeurs, boutons] to go, clear up; [odeur] to go, clear ◆ **la tache est partie au lavage** the stain has come out in the wash ou has washed out ◆ **toute la couleur est partie** all the colour has gone ou faded ◆ **faire partir** [+ tache] to remove; [+ odeur] to clear, get rid of

**2** **à partir de** loc prép from ◆ **à partir d'aujourd'hui** (as) from today, from today onwards ◆ **à partir de 4 heures** from 4 o'clock on(wards) ◆ **à partir de maintenant** from now on ◆ **à partir de ce moment-là** from then on ◆ **à partir du moment où ...** (= dès que) as soon as ...; (= pourvu que) so ou as long as ... ◆ **à partir d'ici le pays est plat** from here on(wards) the land is flat ◆ **c'est le troisième à partir de la gauche** it's the third (along) from the left ◆ **lire à partir de la page 5** to start reading at page 5 ◆ **allez jusqu'à la poste et, à partir de là, c'est tout droit** go as far as the post office and after that it's straight ahead ◆ **pantalons à partir de 45 €** trousers from €45 (upwards) ◆ **à partir de ces 3 couleurs vous pouvez obtenir toutes les nuances** with ou from these 3 colours you can get any shade ◆ **c'est fait à partir de produits chimiques** it's made from chemicals

**partir²** [paʀtiʀ] vt → **maille**

**partisan, e** [paʀtizɑ̃, an] → SYN **1** adj **a** (= partial) partisan

**b** **être partisan de qch/de faire qch** to be in favour (Brit) ou favor (US) of sth/of doing sth ◆ **être partisan du moindre effort** to be a believer in (taking) the line of least resistance

**2** nm,f [personne, thèse, régime] supporter; [action] supporter, advocate, proponent; [doctrine, réforme] partisan, supporter, advocate; (Mil) partisan ◆ **c'est un partisan de la fermeté** he's an advocate of ou a believer in firm measures, he supports ou advocates firm measures

**partita** [paʀtita] nf (Mus) partita

**partitif, -ive** [paʀtitif, iv] **1** adj partitive

**2** nm partitive (article)

**partition** [paʀtisjɔ̃] → SYN nf **a** (Mus) score ◆ **grande partition** full score

**b** (frm, gén Pol = division) partition

**parton** [paʀtɔ̃] nm parton

**partousard, e** ‡ [paʀtuzaʀ, aʀd] nm,f orgy lover

**partouse** ‡ [paʀtuz] nf orgy

**partouser** ‡ [paʀtuze] ▸ conjug 1 ◂ vi to have an orgy ou orgies

**partout** [paʀtu] → SYN adv everywhere, everyplace (US) ◆ **partout où** everywhere (that), wherever ◆ **avoir mal partout** to ache all over ◆ **tu as mis des papiers partout** you've put papers all over the place ◆ **2/15 partout** (Sport) 2/15 all ◆ **40 partout** (Tennis) deuce

**partouzard, e** ‡ [paʀtuzaʀ, aʀd] nm,f ⇒ **partousard, e**

**partouze** * [paʀtuz] nf ⇒ **partouse**

**parturiente** [paʀtyʀjɑ̃t] adj f, nf parturient

**parturition** [paʀtyʀisjɔ̃] → SYN nf parturition

**parulie** [paʀyli] nf gumboil, parulis

**parure** [paʀyʀ] → SYN nf **a** (= toilette) costume, finery (NonC); (= bijoux) jewels; (= sous-vêtements) set of lingerie; (fig, littér) finery, livery (littér) ◆ **parure de table/de lit** set of table/bed linen ◆ **parure de berceau** cot (Brit) ou crib (US) set ◆ **parure de diamants** set of diamond jewellery ◆ **les arbres ont revêtu leur parure de feuilles** (littér) the trees have put on their leafy finery (littér)

**b** (= déchet) trimming

**parurerie** [paʀyʀʀi] nf (= fabrication) finery making; (= commerce) finery trade

**parurier, -ière** [paʀyʀje, jɛʀ] nm,f (= fabricant) finery maker; (= vendeur) finery seller

**parution** [paʀysjɔ̃] → SYN nf publication ◆ **dès sa parution, ce roman a eu beaucoup de succès** this novel was a huge success as soon as it came out

**parvenir** [paʀvəniʀ] → SYN ▸ conjug 22 ◂ **1 parvenir à** vt indir **a** (= arriver) [+ sommet] to get to, reach; [+ honneurs] to achieve; [+ état, âge] to reach ◆ **parvenir aux oreilles de qn** to reach sb's ears ◆ **ma lettre lui est parvenue** my letter reached him, he got my letter ◆ **ses ordres nous sont parvenus** his orders reached us ◆ **faire parvenir qch à qn** to send sth to sb ◆ **parvenir à ses fins** to achieve one's ends, get what one wants ◆ **sa renommée est parvenue jusqu'à notre époque** ou **nous** his renown survives to this day

**b** (= réussir) **parvenir à faire qch** to manage to do sth, succeed in doing sth ◆ **il y est parvenu** he managed it ◆ **il n'y parvient pas tout seul** he can't manage on his own

**2** vi (péj = faire fortune) to succeed ou get on in life, arrive

**parvenu, e** [paʀvəny] → SYN (ptp de **parvenir**) **1** adj upstart

**2** adj, nm,f (péj) parvenu, upstart

**parvis** [paʀvi] → SYN nm square *(in front of church or public building)*

**PAS** [peaɛs] nm (abrév de **acide para-amino-salicylique**) PAS

**pas¹** [pɑ] → SYN **1** nm **a** (gén) step; (= bruit) footstep; (= trace) footprint ◆ **faire un pas en arrière/en avant, reculer/avancer d'un pas** to step back/forward, take a step ou a pace back/forward ◆ **(il fait) un pas en avant et deux en arrière** (fig) (he takes) one step forward and two steps back ◆ **il reconnut son pas dans le couloir** he recognized the sound of her footsteps in the corridor ◆ **revenir** ou **retourner sur ses pas** to retrace one's steps ◆ **je vais là où me conduisent mes pas** I am going where my steps take me ◆ **avancer à petits pas** (lit, fig) to inch forward, inch one's way along ◆ **faire de grands pas/de petits pas** to take long strides/short steps ◆ **la politique des petits pas** the policy of taking things one step at a time ◆ **marcher à grands pas** to stride along ◆ **à pas mesurés** ou **comptés** with measured steps ◆ **pas à pas** (lit, fig) step by step ◆ **à chaque pas** (lit, fig) at every step ◆ **il ne peut pas faire un pas sans elle/sans la rencontrer** he can't go anywhere without her/without meeting her ◆ **ne le quittez pas d'un pas** follow him wherever he goes ◆ **arriver sur les pas de qn** to arrive just after sb, follow close on sb's heels ◆ **marcher sur les pas de qn** to follow in sb's footsteps ◆ **faire ses premiers pas** to start walking ou to walk

**b** (= distance) pace ◆ **à 20 pas** at 20 paces ◆ **c'est à deux pas d'ici** it's only a minute away, it's just a stone's throw from here

**c** (= vitesse) pace; (Mil) step; [cheval] walk ◆ **aller** ou **marcher d'un bon pas** to walk at a good ou brisk pace ◆ **marcher d'un pas lent** to walk slowly ◆ **changer de pas** to change step ◆ **allonger** ou **hâter** ou **presser le pas** to hurry on, quicken one's step ou pace ◆ **ralentir le pas** to slow down ◆ **marcher au pas** to march ◆ **se mettre au pas** to get in step ◆ **mettre son cheval au pas** to walk one's horse ◆ **rouler** ou **aller au pas** (Aut) to crawl along, go at a walking pace ◆ **"roulez au pas"** "dead slow" ◆ **au pas cadencé** in quick time ◆ **au pas de charge** at the double ◆ **au pas de course** at a run ◆ **au pas de gymnastique** at a jog trot ◆ **au pas redoublé** in double time, double-quick

**d** (= démarche) tread ◆ **d'un pas lourd** ou **pesant** with a heavy tread ◆ **pas d'éléphant** heavy tread

**e** (Danse) step ◆ **pas de danse/valse** dance/waltz step; → **esquisser**

**f** (Géog = passage) [montagne] pass; [mer] strait

**g** (Tech) [vis, écrou] thread; [hélice] pitch

**h** (LOC) **faire un grand pas en avant** to take a big step ou a great leap forward ◆ **la science avance à grands pas/à pas de géant** science is taking great/gigantic steps forward ◆ **il progresse à pas de géant** he's coming on in leaps and bounds ◆ **faire le(s) premier(s) pas** to take the initiative, make the first move ◆ **il n'y a que le premier pas qui coûte** the first step is the hardest ◆ **à pas de loup, à pas feutrés** stealthily ◆ **d'un pas léger** (= avec insouciance) airily, blithely; (= joyeusement) with a spring in one's step ◆ **entrer/sortir d'un pas léger** (= agilement) to pad in/out ◆ **j'y vais de ce pas** I'll go straightaway (Brit) ou at once ◆ **mettre qn au pas** to bring sb to heel, make sb toe the line ◆ **avoir le pas sur qn** to rank before ou above sb ◆ **prendre le pas sur** [+ considérations, préoccupations] to override; [+ théorie, méthode] to supplant; [+ personne] to steal a lead over ◆ **franchir** ou **sauter le pas** to take the plunge ◆ **du mensonge à la calomnie il n'y a qu'un pas** it's a short ou small step from lies to slander; → **céder, cent¹, faux²**

**2** COMP ▷ **pas battu** (Danse) pas battu ▷ **le pas de Calais** (= détroit) the Straits of Dover ▷ **pas de clerc** (littér) blunder ▷ **pas de deux** (Danse) pas de deux ▷ **pas de l'oie** (Mil) goose-step ◆ **faire le pas de l'oie** to goose-step ▷ **le pas de la porte** the doorstep ◆ **sur le pas de la porte** on the doorstep, in the doorway ▷ **pas de tir** [champ de tir] shooting range; (Espace) launching pad ▷ **pas de vis** thread

**pas²** [pɑ] → SYN **1** adv nég **a** (avec ne : formant nég verbale) not ◆ **je ne vais pas à l'école** (aujourd'hui) I'm not ou I am not going to school; (habituellement) I don't ou I do not go to school ◆ **ce n'est pas vrai, c'est pas vrai** * it isn't ou it's not ou it is not true ◆ **je ne suis pas/il n'est pas allé à l'école** I/he didn't ou did not go to school ◆ **je ne trouve pas mon sac** I can't ou cannot find my bag ◆ **je ne la vois pas** I can't ou cannot see her ◆ **je ne prends pas/je ne veux pas de pain** I won't have/I don't want any bread ◆ **ils n'ont pas de voiture/d'enfants** they don't have ou haven't got a car/any children, they have no car/children ◆ **il m'a dit de (ne) pas le faire** he told me not to do it ◆ **ça me serait insupportable de ne pas le voir, ne pas le voir me serait insupportable** it would be unbearable not to see him, not to see him would be unbearable ◆ **je pense qu'il ne viendra pas** I don't think he'll come ◆ **ce n'est pas sans peine que je l'ai convaincu** it was not without (some) difficulty that I convinced him ◆ **non pas** ou **ce n'est pas qu'il soit bête** (it's) not that he's a fool ◆ **ce n'est pas que je refuse** it's not that I refuse ◆ **il n'y a pas que ça** it's not just that ◆ **il n'y a pas que lui** he's not the only one ◆ **je n'en sais pas plus que vous** I don't know any more about it than you (do) ◆ **il n'y avait pas plus de 20 personnes** there were no more than 20 people there ◆ **il n'est pas plus/moins intelligent que vous** he is no more/no less intelligent than you ◆ **ne me parle pas sur ce ton** don't speak to me like that, do NOT speak to me like that

**b** (indiquant ou renforçant opposition) **elle travaille, (mais) lui pas** she works, but he doesn't ◆ **il aime ça, pas toi ?** he likes it, don't you? ◆ **ils sont quatre et non pas trois** there are four of them, not three ◆ **vient-il ou (ne vient-il) pas ?** is he coming or not?, is he coming or isn't he? ◆ **leur maison est chauffée, la nôtre pas** their house is heated but ours isn't ou is not

**c** (dans réponses négatives) not ◆ **pas de sucre, merci !** no sugar, thanks! ◆ **pas du tout** not at all, not a bit ◆ **il t'a remercié, au moins ? – pas du tout** ou **absolument pas** he did at least thank you? — he certainly didn't ou did not ◆ **pas encore** not yet ◆ **tu as aimé le film ? – pas plus que ça** did you like the film? — it was so-so * ◆ **pas tellement** *, **pas tant que ça** not (all) that much, not so very much ◆ **pas des masses** * not a lot *, not an awful lot * ◆ **qui l'a prévenu ? – pas moi/elle** etc who told him? — not me/her etc ou I didn't/she didn't etc

**d** (devant adj, n, dans excl : *) **ce sont des gens pas fiers** they're not proud people ◆ **il est dans une situation pas banale** ou **pas ordinaire** he's in an unusual situation ◆ **pas un n'est venu** not one ou none (of them) came ◆ **pas possible !** no!, you don't say! * ◆ **pas de chance** * hard ou bad luck *!, too bad * ◆ **pas vrai ?** * isn't that so?, (isn't that) right? ◆ **tu es content ? eh bien pas moi !** are you satisfied? well I'm not! ◆ **tu es content, pas vrai ?!** * you're pleased, aren't you? ou admit it ◆ **t'es pas un peu fou ?** * you must be ou you're crazy! * ◆ **pas d'histoires** ou **de blagues, il faut absolument que j'arrive à l'heure** no nonsense now, I absolutely must be on time ◆ **(c'est) pas bête, cette idée !** that's not a bad idea (at all)! ◆ **si c'est pas malheureux !** * ou **honteux !** * isn't that disgraceful! ◆ **tu viendras, pas ?** * you're coming, aren't you?, you'll come, won't you? ◆ **pas de ça !** we'll have none of that! ◆ **ah non, pas ça !** oh no, anything but that! ◆ **ah non, pas lui !** oh no, not him!; → **falloir, fou**

**2** COMP ▷ **pas grand-chose** (péj) nmf inv good-for-nothing

**Pascal** [paskal] nm (Ordin) Pascal

**pascal¹, e,** mpl **-aux** [paskal, o] adj agneau paschal; messe Easter

**pascal²,** pl **pascals** [paskal] nm (Phys) pascal; († *= billet) 500 franc note

**pascalien, -ienne** [paskaljɛ̃, jɛn] adj of Pascal

**pas-de-porte** [padpɔʀt] nm inv (= argent) ≃ key money *(for shop, flat etc)*

**pasionaria** [pasjɔnaʀja] nf passionate (female) militant ◆ **Marie Dupont, la pasionaria de la libération des femmes** Marie Dupont, the ardent champion of women's liberation

**Pasiphaé** [pazifae] nf Pasiphaë

**paso doble** [pasodɔbl] nm paso doble

**passable** [pasabl] → SYN adj passable, tolerable; (sur copie d'élève) fair ◆ **mention passable** (Univ) ≃ pass(mark) ◆ **à peine passable** barely passable, not so good

**passablement** [pasabləmɑ̃] adv (= moyennement) jouer, travailler tolerably ou reasonably well; (= assez) irritant, long rather, fairly, pretty *; (= beaucoup) quite a lot ou a bit * ◆ **il faut passablement de courage pour ...** it requires a fair amount of courage to ...

**passacaille** [pasakaj] nf passacaglia

**passade** [pasad] → SYN nf passing fancy, whim, fad; (amoureuse) brief affair

**passage** [pasaʒ] → SYN **1** nm **a** (= venue) **guetter le passage du facteur** to watch for the postman to come by, be on the look-out for the postman ◆ **attendre le passage de l'autobus** to wait for the bus to come ◆ **agrandir une voie pour permettre le passage de gros camions** to widen a road to allow heavy vehicles to use it ou to allow heavy vehicles through ◆ **observer le passage des oiseaux dans le ciel** to watch the birds fly by ou over ◆ **pour empêcher le passage de l'air sous la porte** to stop draughts (coming in) under the door ◆ **lors de votre passage à la douane** when you go ou pass through customs ◆ **lors d'un récent passage à Paris** when I (ou he etc) was in ou visiting Paris recently, on a recent trip to Paris ◆ **la navette d'autobus fait quatre passages par jour** the shuttle bus runs four times a day ◆ **prochain passage de notre représentant le 8 mai** our representative will be in the area again on May 8th ◆ **"passage interdit"** "no entry", "no thoroughfare" ◆ **"passage de troupeaux"** "cattle crossing" ◆ **livrer passage** to make way ◆ **il y a beaucoup de passage l'été** a lot of people come through here in the summer ◆ **commerçant qui travaille avec le passage** ou **les clients de passage** shopkeeper catering for passing trade ◆ **il est de passage à Paris** he is in ou visiting ou passing through Paris at the moment ◆ **amours/amants de passage** casual ou passing affairs/lovers ◆ **je l'ai saisi au passage** (je passais devant) I grabbed him as I went by ou past; (il passait devant) I grabbed him as he went by ou past; → **lieu¹**

**b** (= transfert) **le passage de l'état solide à l'état gazeux** the change from the solid to the gaseous state ◆ **le passage de l'enfance à**

**l'adolescence** the transition ou passage from childhood to adolescence ◆ **le passage du jour à la nuit** the change from day to night ◆ **le passage du grade de capitaine à celui de commandant** promotion from captain to major ◆ **le passage de l'alcool dans le sang** the entry of alcohol into the bloodstream ◆ **son passage en classe supérieure est problématique** there are problems about his moving up ou promotion (US) to the next class (Brit) ou grade (US) ◆ **passage à l'acte** taking action, acting; → **examen**

**c** (= lieu) passage; (= chemin) way, passage; (= itinéraire) route; (= rue) passage(way), alley(way) ◆ **un passage dangereux sur la falaise** a dangerous section of the cliff ◆ **il faut trouver un passage dans ces broussailles** we must find a way through this undergrowth ◆ **on a mis des barrières sur le passage de la procession** barriers have been put up along the route of the procession ◆ **on se retourne sur son passage** people turn round and look when he goes past ◆ **l'ouragan dévasta tout sur son passage** the hurricane demolished everything in its path ◆ **barrer le passage à qn** to block sb's way ◆ **laisser le passage à qn** to let sb pass ou past ◆ **va plus loin, tu gênes le passage** move along, you're in the way ◆ **ne laissez pas vos valises dans le passage** don't leave your cases in the way ◆ **le passage du Nord-Ouest** the North-West Passage; → **frayer**

**d** (Naut) **payer son passage** to pay for one's passage, pay one's fare

**e** (= fragment) [livre, symphonie] passage

**f** (= traversée) [rivière, limite, montagnes] crossing ◆ **le passage de la ligne** (Naut) crossing the Line

**g** (Loc) **il a eu un passage à vide** (syncope) he felt a bit faint; (baisse de forme) he went through a bad patch ◆ **j'ai toujours un petit passage à vide vers 16 h** I always start to flag around 4 o'clock

2 COMP ▷ **passage clouté** pedestrian crossing, ≃ zebra crossing (Brit), ≃ crosswalk (US) ▷ **passage à niveau** level crossing (Brit), grade crossing (US) ▷ **passage (pour) piétons** pedestrian walkway ▷ **passage protégé** (Aut) priority ou right of way *(over secondary roads)* ▷ **passage souterrain** (gén) underground ou subterranean passage; (pour piétons) underpass, subway (Brit) ▷ **passage à tabac** beating up

**passager, -ère** [pasaʒe, ɛʀ] → SYN 1 adj **a** (= de courte durée) malaise passing (épith), brief; inconvénient temporary; bonheur, beauté passing (épith), transient, ephemeral ◆ **j'ai eu un malaise passager** I felt faint for a few minutes ◆ **pluies passagères** intermittent ou occasional showers ou rain

**b** rue busy

2 nm,f passenger ◆ **passager clandestin** stowaway

**passagèrement** [pasaʒɛʀmɑ̃] → SYN adv for a short while, temporarily

**passant, e** [pasɑ̃, ɑ̃t] → SYN 1 adj rue busy

2 nm,f passer-by

3 nm [ceinture] loop

**passation** [pasasjɔ̃] → SYN nf [contrat] signing; (Comm) [écriture] entry ◆ **passation de pouvoirs** handing over of office ou power, transfer of power

**passavant** [pasavɑ̃] → SYN nm **a** (Comm, Jur) transire, carnet

**b** (Naut) catwalk

**passe[1]** [pɑs] → SYN 1 nf **a** (Escrime, Ftbl, Tauromachie) pass ◆ **faire une passe** to pass (à to) ◆ **passe en retrait/en avant** back/forward pass ◆ **passe croisée** (Ftbl) cross ◆ **faire une passe croisée à qn** to cross to sb

**b** [magnétiseur] pass

**c** (Roulette) passe

**d** (Naut = chenal) pass, channel

**e** [prostituée] **c'est 200 F la passe** it is 200 francs a time ◆ **faire 20 passes par jour** to have 20 clients ou customers a day; → **hôtel, maison**

**f** (Imprim) **(main de) passe** surplus paper ◆ **exemplaire de passe** over, surplus copy

**g** (Loc) **être en passe de faire qch** to be on one's ou the way to doing sth ◆ **il est en passe de réussir** he is poised to succeed ◆ **cette espèce est en passe de disparaître** this species is on the way to extinction ou looks likely to die out ◆ **être dans une bonne passe** to be in a healthy situation ◆ **être dans** ou **traverser une mauvaise passe** (gén) to be having a rough time, be going through a bad patch; (santé) to be in a poor state ◆ **est-ce qu'il va sortir de cette mauvaise passe ?** will he manage to pull through (this time)?; → **mot**

2 COMP ▷ **passe d'armes** (fig) heated exchange ▷ **passe de caisse** (Comm) *sum allowed for cashier's errors* ▷ **passes magnétiques** hypnotic passes

**passe[2]** * [pɑs] → SYN nm abrév de **passe-partout**

**passé, e** [pase] → SYN (ptp de **passer**) 1 adj **a** (= dernier) last ◆ **c'est arrivé le mois passé /l'année passée** it happened last month/last year ◆ **au cours des semaines/années passées** over these last ou the past (few) weeks/ years

**b** (= révolu) action, conduite past ◆ **songeant à sa gloire passée/ses angoisses passées** thinking of his past ou former glory/distress ◆ **regrettant sa jeunesse/sa beauté passée** yearning for her vanished youth/beauty ◆ **si l'on se penche sur les événements passés** if one looks back over past events ◆ **cette époque est passée maintenant** that era is now over ◆ **ce qui est passé est passé** what's done is done, that's all in the past (now) ◆ **il a 60 ans passés** he's over 60 ◆ **où sont mes années passées ?** where has my life gone? ◆ **il se rappelait le temps passé** he was thinking back to days ou times gone by

**c** (= fané) couleur, fleur faded ◆ **tissu passé** material that has lost its colour, faded material

**d** (= plus de) **il est 8 heures passées** it's past ou gone (Brit) 8 o'clock ◆ **il est rentré à 9 heures passées** it was past ou gone (Brit) 9 o'clock when he got back ◆ **ça fait une heure passée que je t'attends** I've been waiting for you for more than ou over an hour

2 nm **a** **le passé** the past ◆ **il faut oublier le passé** we should forget the past ◆ **c'est du passé, n'en parlons plus** it's (all) in the past now, let's not say any more about it ◆ **il est revenu nous voir comme par le passé** he came back to see us as he used to in the past ◆ **il a eu plusieurs condamnations dans le passé** he had several previous convictions

**b** (= vie écoulée) past ◆ **pays fier de son passé** country proud of its past ◆ **bandit au passé chargé** gangster with a past ◆ **son passé m'est inconnu** I know nothing of his past

**c** (Gram) past tense ◆ **les temps du passé** the past tenses ◆ **mettez cette phrase au passé** put this sentence into the past (tense) ◆ **passé antérieur** past anterior ◆ **passé composé** perfect ◆ **passé simple** past historic, preterite

3 prép after ◆ **passé 6 heures on ne sert plus les clients** after 6 o'clock we stop serving ◆ **passé cette maison, on quitte le village** after this house, you are out of the village

**passe-bande** [pɑsbɑ̃d] adj inv filtre band-pass (épith)

**passe-bas** [pɑsba] adj inv filtre low-pass (épith)

**passe-boule,** pl **passe-boules** [pɑsbul] nm ≃ Aunt Sally

**passe-crassane,** pl **passe-crassanes** [pɑskʀasan] nf *type of winter pear*

**passe-droit,** pl **passe-droits** [pɑsdʀwa] → SYN nm (undeserved) privilege, favour (Brit), favor (US) ◆ **il a obtenu un passe-droit** he got preferential treatment

**passée** [pase] → SYN nf (= trace) track; (= vol) flight

**passe-haut** [pɑso] adj inv filtre high-pass (épith)

**passéisme** [paseism] nm (péj) attachment to the past

**passéiste** [paseist] → SYN 1 adj (péj) backward-looking

2 nmf (péj) devotee of the past

**passe-lacet,** pl **passe-lacets** [pɑslasɛ] nm bodkin; → **raide**

**passement** [pɑsmɑ̃] → SYN nm braid (NonC)

**passementer** [pɑsmɑ̃te] ▸ conjug 1 ◂ vt to braid

**passementerie** [pɑsmɑ̃tʀi] nf (= objets) soft furnishings; (= commerce) soft furnishings, sale of soft furnishings ◆ **rayon de passementerie** department selling soft furnishings

**passementier, -ière** [pɑsmɑ̃tje, jɛʀ] 1 adj ◆ **industrie passementière** soft furnishings industry

2 nm,f (= fabricant) manufacturer of soft furnishings; (= vendeur) salesman (ou -woman) specializing in soft furnishings

**passe-montagne,** pl **passe-montagnes** [pɑsmɔ̃taɲ] nm balaclava

**passe-muraille** [pɑsmyʀaj] nm inv (hum) chameleon *

**passe-partout** [pɑspaʀtu] → SYN 1 adj inv tenue for all occasions, all-purpose (épith); formule all-purpose (épith), catch-all (épith)

2 nm inv **a** (= clé) master ou skeleton key

**b** (= encadrement) passe-partout

**c** (= scie) crosscut saw

**passe-passe** [pɑspɑs] → SYN nm inv ◆ **tour de passe-passe** [magicien] conjuring trick; (fig) trick, piece of trickery ◆ **faire des tours de passe-passe** to perform conjuring tricks ◆ **par un simple tour de passe-passe financier** by a bit of financial sleight of hand

**passe-pierre,** pl **passe-pierres** [pɑspjɛʀ] nf ⇒ **perce-pierre**

**passe-plat,** pl **passe-plats** [pɑspla] nm serving hatch

**passepoil** [pɑspwal] nm piping (NonC)

**passepoilé, e** [pɑspwale] adj piped

**passeport** [pɑspɔʀ] → SYN nm (Admin) passport ◆ **demander ses passeports** [ambassadeur] to withdraw one's credentials ◆ **ce diplôme est un passeport pour l'emploi** this degree is a passport to a job

## passer [pase]

▸ conjug 1 ◂

→ SYN GRAMMAIRE ACTIVE 27.1, 27.2, 27.4

1 VERBE INTRANSITIF
2 VERBE TRANSITIF
3 VERBE PRONOMINAL

Lorsque **passer** s'emploie dans des locutions figurées telles que **passer sous le nez de qn, passer sur le ventre/le corps à qn** etc, cherchez sous le nom.

1 VERBE INTRANSITIF

(avec aux **être**)

**a** gén to pass, go ou come past ◆ **passer en courant** to run past ◆ **passer à pas lents** to go slowly past ◆ **le train va bientôt passer** the train will be coming past ou by soon ◆ **où passe la route ?** where does the road go? ◆ **faire passer les piétons** to let the pedestrians cross; → **bouche, main**

♦ **passer** + préposition ou adverbe (lit) ◆ **passer sous/sur/devant/derrière** etc to go under/ over/in front of/behind etc ◆ **la route passe à Vierzon** the road goes through Vierzon ◆ **la Seine passe à Paris** the Seine flows through Paris ◆ **les poissons sont passés au travers du filet** the fish slipped through the net ◆ **les camions ne passent pas dans notre rue** lorries don't come along ou down our street ◆ **il passait dans la rue avec son chien/en voiture** he was walking down the street with his dog/driving down the street ◆ **le fil passe dans ce tuyau** the wire goes down ou through this pipe ◆ **une lueur cruelle passa dans son regard** a cruel gleam came into his eyes ◆ **l'autobus lui est passé dessus, il est passé sous l'autobus** he was run over by the bus ◆ **passer devant la maison de qn** to go past ou to pass sb's house ◆ **je passe devant vous pour vous montrer le chemin** I'll go in front to show you the way ◆ **passez donc devant** you go first ◆ **la voie ferrée passe le long du fleuve** the railway line runs alongside the river ◆ **la balle/flèche n'est pas passée loin** the bullet/arrow didn't miss by much ◆ **pour y aller, je passe par Amiens** I go ou pass through Amiens to get there, I go there via Amiens ◆ **je passe par la gare, je peux vous déposer** I'm going by the station, I can drop you off ◆ **par où êtes-vous passé ?** which way did you go? ou come? ◆ **le chien est trop gros pour passer par le trou** the dog is too big to get through the hole ◆ **ça fait du bien par où ça passe !** * that's just what the doctor ordered! * ◆ **l'air passe sous la porte** there's a draught from under the door ◆ **passer sous les fenêtres de qn** to go past ou to pass sb's window

(fig) ◆ **le confort, ça passe après** comfort is less important ou comes second ◆ **le travail passe avant tout/avant les loisirs** work comes first/before leisure ◆ **passer devant Monsieur le maire** to get married ou hitched* ◆ **passer devant un jury** to go before a jury ◆ **ma famille passe en premier** my family comes first ◆ **une idée m'est passée par la tête** an idea occurred to me ◆ **elle dit tout ce qui lui passe par la tête** she says whatever comes into her head ◆ **passer sur** [+ faute] to pass over, overlook; [+ détail inutile ou scabreux] to pass over ◆ **je veux bien passer sur cette erreur** I'm willing to pass over ou overlook this mistake ◆ **je passe sur les détails** I shall pass over ou leave out ou skip the details

◆ **en passant** (= sur le chemin) ◆ **j'irai le voir en passant** I'll call in to see him ou I'll call in and see him on my way

(dans la conversation) ◆ **il m'a glissé quelques remarques en passant** he said a few words to me in passing; → **dire**

(dans une énumération) ◆ **il aime tous les sports, du football à la boxe en passant par le golf** he likes all sports, from football to golf to boxing

**b** [= faire une halte rapide] **passer au** ou **par le bureau/chez un ami** to call in at ou drop in at ou drop by the office/a friend's ◆ **je ne fais que passer** (chez qn) I'm not stopping*, I can't stay long; (dans une ville) I'm just passing through ◆ **passer à la visite médicale** to go for a medical ◆ **passer à la douane** to go through customs, clear customs ◆ **le facteur est passé** the postman has been ◆ **à quelle heure passe le laitier ?** what time does the milkman come? ◆ **le releveur du gaz passera demain** the gasman will call tomorrow

◆ **passer** + infinitif ◆ **passer chercher** ou **prendre qn** to call for sb, go ou come and pick sb up ◆ **je passerai prendre ce colis demain** I'll come and pick the parcel up tomorrow ◆ **passer voir qn** ou **rendre visite à qn** to call (in) on sb ◆ **le médecin passera te voir ce soir** the doctor will come and see you this evening ◆ **puis-je passer te voir en vitesse ?** can I pop round (to see you)?

**c** [= changer de lieu, d'attitude, d'état] to go ◆ **passer d'une pièce dans une autre** to go from one room to another ◆ **si nous passions au salon ?** shall we go into ou through to the sitting room? ◆ **passer à table** to sit down to eat ◆ **il est passé en Belgique** he went over to Belgium ◆ **passer à l'ennemi/l'opposition** to go over ou defect to the enemy/the opposition ◆ **la photo passa de main en main** the photo was passed ou handed round ◆ **passer d'un extrême à l'autre** to go from one extreme to the other ◆ **passer de l'état solide à l'état liquide** to go ou change from the solid to the liquid state ◆ **passer du rire aux larmes** to switch from laughter to tears ◆ **passer à un ton plus sévère** to take a harsher tone ◆ **passer dans les mœurs/les habitudes** to become the custom/the habit ◆ **passer dans la langue** to pass ou come into the language ◆ **passer en proverbe** to become proverbial ◆ **son argent de poche passe en bonbons** ou **dans les bonbons** all his pocket money goes on sweets ◆ **l'alcool passe dans le sang** alcohol enters the bloodstream ◆ **le reste des légumes est passé dans le potage** the left-over vegetables went into the soup

**d** [Aut] **passer en première/marche arrière** to go into first/reverse ◆ **passer en seconde/quatrième** to go ou change into second/fourth ◆ **les vitesses passent mal** the gears are stiff

**e** [= franchir un obstacle] [véhicule] to get through; [cheval, sauteur] to get over; (Alpinisme) to get up ◆ **ça passe ?** (en manœuvrant) can I make it?, have I got enough room?

**f** [temps] to go by, pass ◆ **comme le temps passe (vite) !** how time flies! ◆ **ça fait passer le temps** it passes the time

**g** [liquide] to go ou come through, seep through; [café] to go through; (= circuler) [courant électrique] to get through

**h** [= être digéré, avalé] to go down ◆ **mon déjeuner ne passe pas** my lunch won't go down ◆ **prendre un cachet pour faire passer le déjeuner** to take a tablet to help one's lunch down ◆ **prends de l'eau pour faire passer le gâteau** have some water to wash down the cake

**i** [= être accepté] [demande, proposition] to pass ◆ **je ne pense pas que ce projet de loi passera** I don't think this bill will be passed ou will go through ◆ **cette plaisanterie ne passe pas dans certains milieux** that joke doesn't go down well ou isn't appreciated in some circles ◆ **il y a des plaisanteries/erreurs qui passent dans certaines circonstances mais pas dans d'autres** there are certain jokes/mistakes which are all right in some circumstances but not in others ◆ **le gouvernement se demande comment faire passer les hausses de prix** the government is wondering how to get the price increases through ◆ **il est passé de justesse à l'examen** he only just scraped through ou passed the exam ◆ **il est passé dans la classe supérieure** he's moved up to the next class (Brit), he's passed ou been promoted to the next grade (US) ◆ **l'équipe est passée en 2^e^ division** (progrès) the team were promoted to ou have moved up to the second division; (recul) the team have been relegated to ou have moved down to the second division ◆ **ça passe ou ça casse** it's make or break (time)

**j** [= devenir] to become ◆ **passer directeur/président** to become ou be appointed director/chairman

**k** [= être montré] (Ciné) [film] to be showing, be on; (TV) [émission] to be on; [personne] to be on, appear ◆ **passer à la radio/à la télé*** to be on the radio/on TV

**l** [= être présenté] (Jur, Parl) to come up ◆ **le projet de loi va passer devant la Chambre** the bill will come ou be put before Parliament ◆ **il est passé devant le conseil de discipline de l'école** he came up ou was brought up before the school disciplinary committee

**m** [= dépasser] **le panier est trop petit, la queue du chat passe** the basket is too small – the cat's tail is sticking out ◆ **son manteau est trop court, la robe passe** her coat is too short – her dress shows underneath ◆ **ne laisse pas passer ton bras par la portière** don't put your arm out of the window

**n** [= disparaître] [douleur] to pass, wear off; (lit, fig) [orage] to blow over, die down; [beauté, couleur] to fade; [colère] to die down; [mode] to die out; (= mourir) [personne] to pass on ou away ◆ **la jeunesse passe (vite)** you're old before you know it ◆ **faire passer à qn le goût** ou **l'envie de faire** to cure sb of doing ◆ **cela fera passer votre rhume** that will get you over your cold ou get rid of your cold for you ◆ **le plus dur est passé** the worst is over now ◆ **il était très amoureux, mais ça lui a passé** he was very much in love but he got over it ◆ **il voulait être pompier mais ça lui a passé** he wanted to be a fireman but he grew out of it ◆ **ça lui passera (avant que ça me reprenne) !*** [sentiment] he'll get over it!; [habitude] he'll grow out of it!

**o** [Cartes] to pass

**p** **passer par** [+ intermédiaire] to go through; [+ expérience] to go through, undergo ◆ **pour lui parler, j'ai dû passer par sa secrétaire** I had to go through ou via his secretary ou I had to see his secretary before I could speak to him ◆ **pour téléphoner, il faut passer par le standard** you have to go through the switchboard to make a call ◆ **passer par de dures épreuves** to go through some very trying times ◆ **il est passé par des moments difficiles** he's been through some hard times ◆ **passer par l'université/un lycée technique** to go through university/technical college ◆ **elle est passée par toutes les couleurs de l'arc-en-ciel** (gêne) she blushed to the roots of her hair; (peur) she turned pale ◆ **nous sommes tous passés par là** we've all been through that, that's happened to all of us

◆ **en passer par** ◆ **il faudra bien en passer par là** there's no way round it ◆ **il a bien fallu en passer par là** it had to come to that (in the end) ◆ **il faudra bien en passer par ce qu'il demande** we'll have to give him what he wants, we'll have to comply with ou give in to his request

**q** **passer pour** ◆ **je ne voudrais pas passer pour un imbécile** I wouldn't like to be taken for a fool ◆ **il pourrait passer pour un Allemand** you could take him for a German, he could pass for ou as a German ◆ **auprès de ses amis, il passait pour un séducteur** he was regarded by his friends as (being) a ladies' man ◆ **il passe pour un intellectuel** he passes for an intellectual ◆ **il passe pour intelligent** he's thought of as intelligent, he's supposed to be intelligent ◆ **il passe pour beau auprès de certaines femmes** some women think ou find him good-looking, he's considered good-looking by some women ◆ **il passe pour un escroc** people say he's a crook ◆ **cela passe pour vrai** it's thought to be true ◆ **se faire passer pour** to pass o.s. off as ◆ **il s'est fait passer pour son patron** he passed himself off as his boss ◆ **il s'est fait passer pour fou pour se faire réformer** he pretended to be mad so he could be declared unfit for service ◆ **faire passer qn pour** to make sb out to be ◆ **tu veux me faire passer pour un idiot !** do you want to make me look stupid?

**r** **y passer*** ◆ **on a eu la grippe, tout le monde y est passé** we've had the flu – everybody got it ou nobody escaped it ◆ **si tu conduis comme ça, on va tous y passer** if you go on driving like that, we've all had it* ◆ **toute sa fortune y est passée** he spent all his fortune on it, his whole fortune went on it ◆ **si elle veut une promotion, il faudra bien qu'elle y passe** (sexuellement) if she wants to be promoted, she'll have to sleep with the boss

**s** **laisser passer** [+ air, lumière] to let in; [+ personne, procession] to let through ou past; [+ erreur] to overlook, miss; [+ occasion] to let slip, miss ◆ **il faut laisser passer le temps** give it time ◆ **s'écarter pour laisser passer qn** to move back to let sb (get) through ou past ◆ **nous ne pouvons pas laisser passer cette affaire sans protester** we cannot let this matter pass without a protest, we can't let this matter rest there – we must protest

**t** [LOC] **qu'il soit menteur, passe (encore), mais voleur c'est plus grave** he may be a liar, that's one thing, but a thief, that's more serious ◆ **passe pour cette erreur, mais si tu recommences ...** we'll forget about it this time, but if you make the same mistake again ... ◆ **passons** let's say no more (about it)

[2] VERBE TRANSITIF

(avec aux **avoir**)

**a** [= franchir] [+ rivière, frontière, seuil] to cross; [+ porte] to go through; [+ haie] to jump ou get over ◆ **passer une rivière à la nage/en bac** to swim across/take the ferry across a river

**b** [= se soumettre à] [+ examen] to sit, take ◆ **passer son permis (de conduire)** to take one's driving test ◆ **passer une visite médicale** to have a medical (examination) ◆ **passer un examen avec succès** to pass an exam

**c** [= utiliser] [+ temps, vacances] to spend ◆ **passer sa vie à faire** to spend one's life doing ◆ **(faire qch) pour passer le temps** (to do sth) to while away ou pass the time ◆ **j'ai passé la soirée chez Luc** I spent the evening at Luc's (place); → **mauvais**

**d** [= assouvir] **passer sa colère/sa mauvaise humeur sur qn** to take one's anger/one's bad mood out on sb ◆ **passer son envie de chocolat** to satisfy one's craving for chocolate

**e** [= omettre] [+ mot, ligne] to leave out, miss out (Brit) ◆ **passer son tour** to miss one's turn ◆ **et j'en passe !** and that's not all! ◆ **j'en passe, et des meilleures !** and that's not all – I could go on!, and that's the least of them!; → **silence**

**f** [= permettre] **passer une faute à qn** to overlook sb's mistake ◆ **passer un caprice à qn** to humour sb, indulge sb's whim ◆ **on lui passe tout** [+ bêtises] he gets away with anything; [+ désirs] he gets everything he wants ◆ **passez-moi l'expression** (if you'll) pardon the expression

**g** [= transmettre] [+ consigne, message, maladie] to pass on; (Sport) [+ ballon] to pass ◆ **passer qch à qn** to give ou hand sth to sb ◆ **tu (le) fais passer** pass ou hand it round ◆ **passer une affaire/un travail à qn** to hand a matter/a job over to sb ◆ **passe-moi une cigarette** pass ou give me a cigarette ◆ **passez-moi du feu** give me a light ◆ **il m'a passé un livre** he's lent me a book ◆ **je suis fatigué, je vous passe le volant** I'm tired, you take the wheel ou you drive ◆ **je vous passe M. Duroy** (au téléphone) [standard] I'm putting you through to Mr Duroy; (= je lui passe l'appareil) here's Mr Duroy ◆ **passe-lui un coup de fil** phone ou call ou ring (Brit) him, give him a ring (Brit) ◆ **passez-moi tous vos paquets** give me ou let me have all your parcels

**h** [Douane] **passer la douane** to go through customs ◆ **après avoir passé la douane, je ...** once I'd been through ou cleared Customs, I ... ◆ **passer des marchandises en transit** to carry goods in transit ◆ **passer qch en fraude** to smuggle sth (in ou out ou through etc) ◆ **passer des faux billets** to pass forged notes

**i** [= enfiler] [+ pull] to slip on; [+ robe] to slip into ◆ **passer une bague au doigt de qn** to slip a ring on sb's finger ◆ **passer un lacet dans qch** to thread a lace through sth ◆ **passer la corde au cou de qn** to put the rope round sb's neck

**j** [= mettre] **passer la tête à la porte** to poke one's head round the door ◆ **passer la main/tête à travers les barreaux** to stick one's hand/head through the bars

**k** [= dépasser] [+ gare, maison] to pass, go past ◆ **passer le poteau** to pass the post, cross the finishing line ◆ **passer les limites** ou **les bornes** to go too far ◆ **tu as passé l'âge (de ces jeux)** you're too old (for these games) ◆ **il ne passera pas la nuit/la semaine** he won't last the night/the week, he won't see the night/the week out; → **cap**

**l** [Culin] [+ thé, lait] to strain; † [+ café] to pour the water on ◆ **passer la soupe** (à la passoire) to strain the soup; (au mixer) to blend the soup, put the soup through the blender

**m** [Aut] **passer la seconde/la troisième** to go ou change (up ou down) into second/third (gear)

**n** [= montrer, faire écouter] [+ film, diapositives] to show; [+ disque] to put on, play ◆ **qu'est-ce qu'ils passent au cinéma ?** what's on ou showing at the cinema?

**o** [Comm] [+ écriture] to enter; [+ commande] to place; [+ accord] to reach, come to; [+ contrat] to sign ◆ **passer un marché** to do a deal; → **profit**

**p** [= faire subir une action] **passer une pièce à l'aspirateur** to vacuum ou hoover ® (Brit) a room, go over a room with the vacuum cleaner ◆ **passer la cuisine à la serpillière, passer la serpillière dans la cuisine** to wash (down) the kitchen floor ◆ **passer le balai/l'aspirateur/le chiffon dans une pièce** to sweep/vacuum ou hoover ® (Brit)/dust a room ◆ **passe le chiffon dans le salon** dust the sitting room, give the sitting room a dust ◆ **passer une couche de peinture sur qch** to give sth a coat of paint ◆ **passer un mur à la chaux** to whitewash a wall ◆ **passer qch sous le robinet** to rinse ou run sth under the tap ◆ **elle lui passa la main dans les cheveux** she ran her hand through his hair ◆ **passe-toi de l'eau sur le visage** give your face a (quick) wash ◆ **qu'est-ce qu'il lui a passé (comme savon) !** * he gave him a really rough time! *, he really laid into him! *; → **arme, éponge, menotte, revue, tabac**

[3] **se passer** VERBE PRONOMINAL

**a** [= avoir lieu] to take place; (= arriver) to happen ◆ **la scène se passe à Paris** (Théât) the scene takes place in Paris ◆ **qu'est-ce qui s'est passé ?** what happened? ◆ **que se passe-t-il ?, qu'est-ce qu'il se passe ?** what's going on?, what's happening? ◆ **ça ne s'est pas passé comme je l'espérais** it didn't work out as I'd hoped ◆ **tout s'est bien passé** everything went off smoothly ◆ **ça s'est mal passé** it turned out badly, it went off badly ◆ **je ne sais pas ce qui se passe en lui** I don't know what's the matter with him ou what's come over him ou what's got into him ◆ **ça ne se passera pas comme ça !** I won't stand for that!, I won't let it rest at that!

**b** [= s'écouler] to pass; (= finir) to pass, be over ◆ **il ne se passe pas un seul jour sans qu'il ne pleuve** not a day goes by ou passes without it raining ◆ **il faut attendre que ça se passe** you'll have to wait till it's over ou it passes

**c** [= s'appliquer, se mettre à soi-même] **elle s'est passé de la crème solaire sur les épaules** [+ produit] she put some sun cream on her shoulders ◆ **il se passa un mouchoir sur le front** he wiped his forehead with a handkerchief ◆ **se passer les mains à l'eau** to rinse one's hands

**d** [= s'accorder] **il faut bien se passer quelques fantaisies** you've got to allow yourself a few ou indulge in a few extravagances

**e** [= se transmettre] [+ ballon, plat] to pass to each other; [+ notes de cours, livre] to give to each other

**f** **se passer de** [+ chose] to do without; [+ personne] to manage without ◆ **s'il n'y en a plus, je m'en passerai** if there isn't any more, I'll do without ◆ **je peux me passer de ta présence** I can manage without you around ◆ **nous nous voyons dans l'obligation de nous passer de vos services** we find ourselves obliged to dispense with your services ◆ **je me passe de tes conseils !** I can do without your advice! ◆ **la citation se passe de commentaires** the quotation needs no comment ou speaks for itself

◆ **se passer de** + infinitif ◆ **on peut se passer d'aller au théâtre** we can do without going to the theatre ◆ **je me passerais bien d'y aller !** I could do without having to go! ◆ **il se passerait de manger plutôt que de faire la cuisine** he'd go without eating ou without food rather than cook ◆ **tu pourrais te passer de fumer** (iro) you could refrain from smoking

**passereau**, pl **passereaux** [pasʀo] [→ SYN] **nm** (Orn) passerine; († = moineau) sparrow

**passerelle** [pasʀɛl] [→ SYN] **nf** (= pont) footbridge; (Naut = pont supérieur) bridge; (Aviat, Naut = voie d'accès) gangway; (fig) bridge; (Ordin) gateway ◆ **(classe) passerelle** (Scol) reorientation class *(facilitating change of course at school)* ◆ **jeter** ou **lancer des passerelles entre** to build bridges between

**passériformes** [paseʀifɔʀm] **nmpl** ◆ **les passériformes** passerines, the Passeriformes (SPÉC)

**passerine** [pasʀin] **nf** (= plante) sparrow wort; (= oiseau) bunting

**passerose, passe-rose**, pl **passe(-)roses** [pasʀoz] **nf** hollyhock

**passe-temps** [pastɑ̃] [→ SYN] **nm inv** pastime, hobby ◆ **c'est un passe-temps national** it's a national pastime

**passe-thé** [paste] **nm inv** tea strainer

**passette** [pasɛt] **nf** tea strainer

**passeur** [pasœʀ] [→ SYN] **nm** [rivière] ferryman, boatman; [frontière] smuggler *(of drugs, refugees etc)*

**passe-vue**, pl **passe-vues** [pasvy] **nm** slide changer

**passible** [pasibl] [→ SYN] **adj** ◆ **passible d'une amende/peine** personne liable to a fine/penalty; délit punishable by a fine/penalty ◆ **passible d'un impôt** liable for tax ◆ **passible de droits** (Comm) liable to duty

**passif, -ive** [pasif, iv] [→ SYN] [1] **adj** (gén) passive ◆ **rester passif devant une situation** to remain passive in the face of a situation; → **défense**[1]

[2] **nm** **a** (Ling) passive ◆ **au passif** in the passive (voice)

**b** (Fin) liabilities ◆ **le passif d'une succession** the liabilities on an estate ◆ **mettre qch au passif de qn** (fig) to add sth to sb's list of weak points

**passifloracées** [pasiflɔʀase] **nfpl** ◆ **les passifloracées** passifloraceous plants, the Passifloraceae (SPÉC)

**passiflore** [pasiflɔʀ] **nf** passionflower, passiflora (SPÉC)

**passim** [pasim] [→ SYN] **adv** passim

**passing-shot**, pl **passing-shots** [pasiŋʃɔt] **nm** passing shot ◆ **faire un passing-shot** to play a passing shot

**passion** [pasjɔ̃] [→ SYN] **nf** **a** (= goût) passion ◆ **avoir la passion du jeu/des voitures** to have a passion for gambling/for cars ◆ **le tennis est sa passion** ou **est une passion chez lui** he is mad * ou crazy * about tennis, his one passion is tennis

**b** (= amour) passion ◆ **déclarer sa passion** to declare one's love ◆ **aimer à la** ou **avec passion** to love passionately

**c** (= émotion, colère) passion ◆ **emporté par la passion** carried away by passion ◆ **discuter avec passion/sans passion** to argue passionately ou heatedly/dispassionately ou coolly ◆ **débat sans passion** lifeless debate ◆ **œuvre pleine de passion** work full of passion

**d** (Mus, Rel) **Passion** Passion ◆ **le dimanche de la Passion** Passion Sunday ◆ **le jour de la Passion** the day of the Passion ◆ **la semaine de la Passion** Passion week ◆ **la Passion selon saint Matthieu** (Rel) the Passion according to St Matthew; (Mus) the St Matthew Passion; → **fruit**[1]

**passionaria** [pasjɔnaʀja] **nf** ⇒ **pasionaria**

**passioniste** [pasjɔnist] **nm** ⇒ **passionniste**

**passionnant, e** [pasjɔnɑ̃, ɑ̃t] [→ SYN] **adj** personne fascinating; livre, film gripping, fascinating; métier, match exciting

**passionné, e** [pasjɔne] [→ SYN] (ptp de **passionner**) [1] **adj** personne, tempérament, haine passionate; description, orateur, jugement impassioned ◆ **être passionné de** ou **pour qch** to have a passion for sth ◆ **un photographe passionné** a keen photographer ◆ **débat passionné** heated ou impassioned debate

[2] **nm,f** **a** (= personne exaltée) passionate person

**b** (= amateur) enthusiast ◆ **c'est un passionné de jazz** he's a jazz enthusiast ◆ **c'est un passionné de voyages** he loves travelling

**passionnel, -elle** [pasjɔnɛl] **adj** débat, relation, sentiment passionate ◆ **les négociations se sont déroulées dans un climat passionnel** the atmosphere at the talks was heated; → **crime**

**passionnément** [pasjɔnemɑ̃] [→ SYN] **adv** passionately, with passion ◆ **passionnément amoureux de** madly ou passionately in love with ◆ **s'intéresser passionnément à qch** to have a passionate interest in sth

**passionner** [pasjɔne] [→ SYN] ▸ conjug 1 ◂ [1] **vt** [+ personne] [mystère, match] to fascinate, grip; [livre, sujet] to fascinate; [sport, science] to be a passion with; [+ débat] to inflame ◆ **ce film/roman m'a passionné** I found that film/novel fascinating ◆ **la musique le passionne** music is his passion, he has a passion for music ◆ **j'ai un métier qui me passionne** I have a fascinating job

[2] **se passionner** **vpr** ◆ **se passionner pour** [+ livre, mystère] to be fascinated by; [+ sport, science] to have a passion for, be mad keen on *; [+ métier] to be fascinated by

**passionniste** [pasjɔnist] **nm** Passionist

**passivation** [pasivasjɔ̃] **nf** (Ling) putting in the passive (voice); (Tech) passivation; (Chim) making passive

**passivement** [pasivmɑ̃] [→ SYN] **adv** passively

**passiver** [pasive] ▸ conjug 1 ◂ **vt** (Tech) to passivate; (Chim) to make passive

**passivité** [pasivite] [→ SYN] **nf** passivity, passiveness

**passoire** [paswaʀ] [→ SYN] **nf** (gén) sieve; [thé] strainer; [légumes] colander ◆ **être une (vraie) passoire** (fig) to be like a sieve ◆ **quelle passoire ce gardien de but !** what a useless goalkeeper – he lets everything in! ◆ **avoir la tête** ou **la mémoire comme une passoire** to have a memory like a sieve ◆ **troué comme une passoire** riddled with ou full of holes

**pastel** [pastɛl] [1] **nm** (Bot) woad, pastel; (= teinture bleue) pastel; (= bâtonnet de couleur) pastel (crayon); (= œuvre) pastel ◆ **au pastel** in pastels

[2] **adj inv** tons pastel ◆ **un bleu/vert pastel** a pastel blue/green

**pastelliste** [pastelist] **nmf** pastellist

**pastenague** [pastənag] **nf** stingray

**pastèque** [pastɛk] [→ SYN] **nf** watermelon

**pasteur** [pastœʀ] [→ SYN] **nm** **a** (Rel = prêtre) minister, pastor, preacher (US)

**b** (littér, Rel = berger) shepherd ◆ **le Bon Pasteur** the Good Shepherd

**pasteurien, -ienne** [pastœʀjɛ̃, jɛn] [1] **adj** of Pasteur ◆ **la méthode pasteurienne** Pasteur's method

[2] **nm,f** scientist of the Pasteur Institute

**pasteurisation** [pastœʀizasjɔ̃] [→ SYN] **nf** pasteurization

**pasteuriser** [pastœʀize] [→ SYN] ▸ conjug 1 ◂ **vt** to pasteurize

**pastiche** [pastiʃ] → SYN nm (= imitation) pastiche

**pasticher** [pastiʃe] → SYN ▸ conjug 1 ◂ vt to do (ou write etc) a pastiche of

**pasticheur, -euse** [pastiʃœʀ, øz] nm,f (gén) imitator; (= auteur) author of pastiches

**pastille** [pastij] → SYN nf [médicament, sucre] pastille, lozenge; [encens, couleur] block; [papier, tissu] disc ◆ **pastilles de menthe** mints ◆ **pastilles pour la toux** cough drops ou lozenges ou pastilles (Brit) ◆ **pastilles pour la gorge** throat lozenges ou pastilles (Brit) ◆ **pastille de silicium** silicon chip

**pastis** [pastis] → SYN nm (= boisson) pastis; (* dial = ennui) fix* ◆ **être dans le pastis** to be in a fix* ou a jam*

**pastoral, e,** mpl **-aux** [pastɔʀal, o] → SYN 1 adj (gén) pastoral
2 **pastorale** nf (Littérat, Peinture, Rel) pastoral; (Mus) pastorale ◆ **"la (Symphonie) Pastorale"** (Mus) "The Pastoral (Symphony)"

**pastorat** [pastɔʀa] nm pastorate

**pastorien, -ienne** [pastɔʀjɛ̃, jɛn] adj, nm,f ⇒ **pasteurien**

**pastoureau,** pl **pastoureaux** [pastuʀo] → SYN nm (littér) shepherd boy

**pastourelle** [pastuʀɛl] nf (littér) shepherd girl; (Mus) pastourelle

**pat** [pat] 1 adj inv stalemate(d)
2 nm ◆ **le pat** stalemate ◆ **faire pat** to end in (a) stalemate ◆ **faire qn pat** to stalemate sb

**patachon** [pataʃɔ̃] nm → **vie**

**patagon, -onne** [patagɔ̃, ɔn] 1 adj Patagonian
2 **Patagon(ne)** nm,f Patagonian

**Patagonie** [patagɔni] nf Patagonia

**patagonien, -ienne** [patagɔnjɛ̃, jɛn] 1 adj Patagonian
2 **Patagonien(ne)** nm,f Patagonian

**pataphysique** [patafizik] nf pataphysics sg

**patapouf** [patapuf] → SYN 1 excl (langage enfantin) whoops! ◆ **faire patapouf** to tumble (down)
2 nmf* fatty* ◆ **un gros patapouf** a big fat lump*

**pataquès** [patakɛs] → SYN nm a (= faute de liaison) mistaken elision; (= faute de langage) malapropism
b (péj) (= discours) incoherent jumble; (= confusion) muddle ◆ **il a fait un pataquès** (discours) his speech was an incoherent jumble; (confusion) he got things really confused, he muddled things up (surtout Brit)

**pataras** [pataʀa] nm preventer stay

**patata** * [patata] excl → **patati**

**patate** [patat] → SYN nf a (Bot, Culin) **patate (douce)** sweet potato
b (* = pomme de terre) potato, spud* (surtout Brit)
c (* = imbécile) chump*, clot*
d (* = coup de poing) punch ◆ **il s'est reçu une patate en pleine figure** he got smacked in the mouth*, he got punched in the face; → **gros**
e (* = argent) 10,000 francs

**patati** [patati] excl ◆ **et patati et patata** * and so on and so forth

**patatras** [patatʀa] → SYN excl crash!

**pataud, e** [pato, od] → SYN 1 adj clumsy, lumpish (Brit)
2 nm,f lump
3 nm (= chien) pup(py) *(with large paws)*

**pataugas ®** [patogas] nm hiking boot

**pataugeoire** [patoʒwaʀ] nf paddling pool

**patauger** [patoʒe] → SYN ▸ conjug 3 ◂ vi a (= marcher) (avec effort) to wade about; (avec plaisir) to paddle, splash about ◆ **on a dû patauger dans la boue pour y aller** we had to squelch through the mud to get there
b (dans un discours) to get bogged down; (dans une matière) to flounder ◆ **le projet patauge** the project is getting nowhere

**patch** [patʃ] nm (Méd = timbre) (skin) patch

**patchouli** [patʃuli] nm patchouli

**patchwork** [patʃwœʀk] → SYN nm patchwork ◆ **en patchwork** patchwork (épith)

**pâte** [pɑt] → SYN 1 nf a (Culin) (à tarte) pastry; (à gâteaux) mixture; (à pain) dough; (à frire) batter ◆ **il est de la pâte dont sont faits les héros** he's the stuff heroes are made of; → **bon¹, coq¹, main**
b [fromage] cheese ◆ **(fromage à) pâte dure/molle/cuite/fermentée** hard/soft/cooked/fermented cheese
c **pâtes (alimentaires)** pasta; (dans la soupe) noodles
d (gén) (= substance) paste; (= crème) cream
e (Art) paste
2 COMP ▷ **pâte d'amandes** almond paste, marzipan ▷ **pâte brisée** shortcrust (Brit) ou pie crust (US) pastry ▷ **pâte à choux** choux pastry ▷ **pâte à crêpes** pancake (Brit) ou crepe batter ▷ **pâte dentifrice** toothpaste ▷ **pâte feuilletée** puff ou flaky (Brit) pastry ▷ **pâte à frire** batter ▷ **pâte de fruits** fruit jelly ◆ **une framboise en pâte de fruit** a raspberry fruit jelly ▷ **pâte à modeler** modelling clay, Plasticine ® ▷ **pâte molle** (péj) milksop, spineless individual ▷ **pâte à pain** (bread) dough ▷ **pâte à papier** wood pulp ▷ **pâtes pectorales** cough drops ou pastilles (Brit) ▷ **pâte sablée** sablé (Brit) ou sugar crust (US) pastry ▷ **pâte à sel** *modelling dough used in arts and crafts made from a mixture of flour, water and salt* ▷ **pâte de verre** molten glass ◆ **bijoux en pâte de verre** paste jewellery

**pâté** [pɑte] → SYN nm a (Culin) pâté ◆ **pâté en croûte** ≃ pork pie ◆ **petit pâté** meat patty, small pork pie ◆ **pâté de campagne** pâté de campagne, farmhouse pâté ◆ **pâté de foie** liver pâté ◆ **pâté impérial** spring roll (Brit), egg roll (US)
b (= tache d'encre) (ink) blot
c **pâté de maisons** block *(of houses)*
d **pâté (de sable)** sandpie, sandcastle

**pâtée** [pɑte] → SYN nf a [volaille] mash (NonC), feed (NonC); [porcs] swill (NonC) ◆ **pâtée pour chiens** dog food
b (* = punition, défaite) hiding* ◆ **recevoir la** ou **une pâtée** to get a hiding* ◆ **donner la** ou **une pâtée à qn** to give sb a hiding*

**patelin¹** * [patlɛ̃] → SYN nm village ◆ **patelin paumé** (péj) godforsaken place*

**patelin², e** [patlɛ̃, in] → SYN adj (littér péj) bland, smooth, ingratiating

**patelinerie** [patlinʀi] nf (littér péj) blandness (NonC), smoothness (NonC)

**patelle** [patɛl] nf (Zool) limpet; (= vase) patera

**patène** [patɛn] nf paten

**patenôtre** [pat(ə)notʀ(ə)] → SYN nf (†, péj) (= prière) paternoster, orison † (littér); (= marmonnement) gibberish (NonC)

**patent, e¹** [patɑ̃, ɑ̃t] → SYN adj obvious, manifest, patent (frm) ◆ **il est patent que ...** it is patently obvious that ...; → **lettre**

**patentable** [patɑ̃tabl] adj (Comm) liable to trading dues, subject to a (trading) licence

**patentage** [patɑ̃taʒ] nm (Tech) patenting

**patente²** [patɑ̃t] → SYN nf (Comm) trading dues ou licence; (Naut) bill of health

**patenté, e** [patɑ̃te] → SYN adj (Comm) licensed; (hum = attitré) established, officially recognized ◆ **c'est un menteur patenté** he's a thoroughgoing liar

**pater** [patɛʀ] nm inv a (* = père) old man*, pater* † (Brit)
b (Rel) **Pater** pater, paternoster
c (Antiq, fig) **pater familias** paterfamilias

**patère** [patɛʀ] → SYN nf (= portemanteau) (hat- ou coat-)peg; [rideau] curtain hook; (= vase, rosace) patera

**paternalisme** [patɛʀnalism] nm paternalism

**paternaliste** [patɛʀnalist] → SYN adj paternalistic

**paterne** [patɛʀn] → SYN adj (littér) bland

**paternel, -elle** [patɛʀnɛl] → SYN 1 adj a autorité, descendance paternal ◆ **du côté paternel** on one's father's side ◆ **ma grand-mère paternelle** my grandmother on my father's side, my paternal grandmother ◆ **quitter le domicile paternel** to leave one's father's house ◆ **demander l'autorisation paternelle** to ask for one's father's permission ◆ **elle a repris l'entreprise paternelle** she took over her father's company ◆ **sa fibre paternelle n'est pas très développée** he's not really cut out to be a father
b (= bienveillant) personne, regard, conseil fatherly
2 nm (* = père) old man*

**paternellement** [patɛʀnɛlmɑ̃] adv agir, sourire paternally, in a fatherly way

**paternité** [patɛʀnite] nf a (Jur) paternity, fatherhood ◆ **attribution de paternité** paternity ◆ **action en recherche de paternité** paternity suit ◆ **jugement en constatation de paternité** paternity order
b [roman] paternity, authorship; [invention, théorie] paternity

**pâteux, -euse** [pɑtø, øz] → SYN adj (gén) pasty; pain doughy; encre thick; langue coated, furred (Brit); voix thick; style fuzzy, woolly (Brit) ◆ **avoir la bouche pâteuse** to have a coated tongue

**pathétique** [patetik] → SYN 1 adj moving, full of pathos (attrib); (Anat) pathetic
2 nm ◆ **le pathétique** pathos

**pathétiquement** [patetikmɑ̃] adv movingly

**pathétisme** [patetism] nm (littér) pathos

**pathogène** [patɔʒɛn] → SYN adj pathogenic

**pathogenèse** [patɔʒənɛz], **pathogénie** [patɔʒeni] nf pathogenesis, pathogeny

**pathogénique** [patɔʒenik] adj pathogenetic

**pathognomonique** [patognɔmɔnik] adj pathognomonic

**pathologie** [patɔlɔʒi] nf pathology

**pathologique** [patɔlɔʒik] → SYN adj pathological ◆ **c'est un cas pathologique** * he's (ou she's) sick*

**pathologiquement** [patɔlɔʒikmɑ̃] adv pathologically

**pathologiste** [patɔlɔʒist] nmf pathologist

**pathomimie** [patɔmimi] nf pathomimicry, pathomimesis

**pathos** [patos] → SYN nm (overdone) pathos, emotionalism

**patibulaire** [patibylɛʀ] → SYN adj personnage sinister-looking ◆ **avoir une mine** ou **un air patibulaire** to look sinister, be sinister-looking

**patiemment** [pasjamɑ̃] → SYN adv patiently

**patience¹** [pasjɑ̃s] → SYN nf a (gén) patience ◆ **souffrir avec patience** to bear one's sufferings with patience ou patiently ◆ **perdre patience** to lose (one's) patience ◆ **prendre** ou **s'armer de patience** to be patient, have patience ◆ **il faut avoir une patience d'ange pour le supporter** it takes the patience of a saint ou of Job to put up with him ◆ **je suis à bout de patience** I'm at the end of my patience, my patience is exhausted ◆ **ma patience a des limites !** there are limits to my patience!; → **mal**
b (Cartes) (= jeu) patience (Brit) (NonC), solitaire (US) (NonC); (= partie) game of patience (Brit) ou solitaire (US) ◆ **faire des patiences** to play patience (Brit) ou solitaire (US)
c (LOC) **patience, j'arrive !** wait a minute! ou hang on!*, I'm coming ◆ **patience, il est bientôt l'heure** be patient – it's almost time ◆ **encore un peu de patience** not long now – hold on ◆ **patience, j'aurai ma revanche** I'll get even in the end

**patience²** [pasjɑ̃s] nf (Bot) (patience) dock

**patient, e** [pasjɑ̃, jɑ̃t] → SYN 1 adj patient
2 nm,f (Méd) patient

**patienter** [pasjɑ̃te] → SYN ▸ conjug 1 ◂ vi to wait ◆ **faites-le patienter** (pour un rendez-vous) ask him to wait, have him wait; (au téléphone) ask him to hold ◆ **si vous voulez patienter un instant** could you wait ou bear with me a moment? ◆ **lisez ce journal, ça vous fera patienter** read this paper to fill in ou pass the time ◆ **pour patienter, il regardait les tableaux** to fill in ou pass the time, he looked at the paintings ◆ **patientez encore un peu** not long now – hold on

**patin** [patɛ̃] → SYN nm a [patineur] skate; [luge] runner; [rail] base; (pour le parquet) cloth pad *(used as slippers on polished wood floors)* ◆ **patin (de frein)** brake block ◆ **patins à glace** ice-skates ◆ **patins à roulettes** roller skates ◆ **patins en ligne** rollerblades, in-line skates ◆ **faire du patin à glace** to go ice-skating ◆ **faire du patin à roulettes** to go roller-skating ◆ **faire du patin en ligne** to go rollerblading

**b** (✱ = baiser) French kiss ◆ **rouler un patin à qn** to give sb a French kiss

**patinage[1]** [patinaʒ] nm (Sport) skating; (Aut) [roue] spinning; [embrayage] slipping ◆ **patinage artistique** figure skating ◆ **patinage à roulettes** roller-skating ◆ **patinage de vitesse** speed skating

**patinage[2]** [patinaʒ] nm (Tech) patination

**patine** [patin] → SYN nf (= dépôt naturel, vert-de-gris) patina; (= coloration, vernis) sheen ◆ **la patine du temps** the patina of age ◆ **la table a pris une certaine patine avec le temps** the table has acquired a patina with age

**patiner[1]** [patine] → SYN ▸ conjug 1 ◂ vi **a** (Sport) to skate

**b** [roue] to spin; [embrayage] to slip ◆ **la voiture patina sur la chaussée verglacée** the car skidded on the icy road ◆ **faire patiner l'embrayage** to slip the clutch ◆ **ça patine sur la route** the roads are very slippery

**c** [négociations] to be at a virtual standstill, be making no headway; [projet] to be making no headway

**patiner[2]** [patine] → SYN ▸ conjug 1 ◂ vt (Tech) [+ bois, bronze, meuble] to patinate, give a patina to ◆ **des meubles patinés (par les siècles)** furniture that has acquired a patina (over the centuries)

**patinette** [patinɛt] → SYN nf scooter ◆ **patinette à pédale** pedal scooter ◆ **faire de la patinette** to ride a scooter

**patineur, -euse** [patinœʀ, øz] nm,f skater

**patinoire** [patinwaʀ] nf skating rink, ice rink ◆ **cette route est une vraie patinoire** this road is like an ice rink

**patio** [pasjo] nm patio

**pâtir** [pɑtiʀ] → SYN ▸ conjug 2 ◂ vi (littér) to suffer (*de* because of, on account of)

**pâtis** [pɑti] → SYN nm grazing (land), pasture

**pâtisser** [pɑtise] ▸ conjug 1 ◂ vi to make cakes; → **chocolat**

**pâtisserie** [pɑtisʀi] → SYN nf **a** (= magasin) cake shop, patisserie; (= gâteau) cake; (avec pâte à tarte) pastry ◆ **pâtisserie industrielle** (= gâteaux) factory-baked cakes; (= usine) bakery, cake factory

**b** **la pâtisserie** (= art ménager) cake-making, pastry-making, baking; (= métier, commerce) ≃ confectionery ◆ **apprendre la pâtisserie** (comme métier) to learn to be a pastrycook, ≃ learn confectionery ◆ **faire de la pâtisserie** (en amateur) to make cakes ◆ **moule/ustensiles à pâtisserie** pastry dish/utensils; → **rouleau**

**c** (= stuc) fancy (plaster) moulding

**pâtissier, -ière** [pɑtisje, jɛʀ] → SYN nm,f (de métier) pastrycook, ≃ confectioner ◆ **pâtissier-glacier** confectioner and ice-cream maker ◆ **pâtissier-chocolatier** confectioner and chocolate maker ◆ **il est bon pâtissier** he makes good cakes; → **crème**

**pâtisson** [pɑtisɔ̃] → SYN nm custard marrow (Brit) ou squash (US)

**patois, e** [patwa, waz] → SYN **1** adj patois (épith), dialectal, dialect (épith)

**2** nm patois, (provincial) dialect ◆ **parler (en) patois** to speak (in) patois

**patoisant, e** [patwazɑ̃, ɑ̃t] **1** adj patois-speaking, dialect-speaking

**2** nm,f patois ou dialect speaker

**patoiser** [patwaze] ▸ conjug 1 ◂ vi to speak (in) dialect ou patois

**patouiller** * [patuje] ▸ conjug 1 ◂ vi ◆ **patouiller dans la boue** to wade ou squelch (Brit) through the mud

**patraque** * [patʀak] adj peaky * (Brit), off-colour (Brit) (attrib), peaked * (US) ◆ **être/se sentir patraque** to be/feel off-colour * (Brit) ou peaked * (US)

**pâtre** [pɑtʀ] → SYN nm (littér) shepherd

**patriarcal, e,** mpl **-aux** [patʀijaʀkal, o] → SYN adj patriarchal

**patriarcat** [patʀijaʀka] nm (Rel) patriarchate; (Sociol) patriarchy, patriarchate

**patriarche** [patʀijaʀʃ] → SYN nm patriarch

**patricien, -ienne** [patʀisjɛ̃, jɛn] → SYN adj, nm,f patrician

**Patrick** [patʀik] nm Patrick

**patriclan** [patʀiklɑ̃] nm patrilineal clan

**patrie** [patʀi] → SYN nf [personne] (= pays) homeland, native country ou land; (= région) native region; (= ville) native town ◆ **mourir pour la patrie** to die for one's country ◆ **c'est ma seconde patrie** it's my adoptive country ◆ **Florence, la patrie de l'art** Florence, cradle of the arts ◆ **la France, patrie des droits de l'homme** France, the birthplace of human rights; → **mère**

**patrilinéaire** [patʀilineɛʀ] adj patrilineal, patrilinear

**patrilocal, e,** mpl **-aux** [patʀilɔkal] adj patrilocal

**patrimoine** [patʀimwan] → SYN nm (gén) inheritance, patrimony (frm); (Jur) patrimony; (Fin = biens) property; (fig = bien commun) heritage, patrimony (frm) ◆ **patrimoine héréditaire** ou **génétique** (Bio) genetic inheritance ◆ **patrimoine culturel/national/naturel** cultural/national/natural heritage ◆ **site inscrit au patrimoine mondial de l'Unesco** Unesco World Heritage Site ◆ **patrimoine immobilier** [ville] public buildings; [personne] residential property ◆ **patrimoine social** (= logements) public housing

> **JOURNÉES DU PATRIMOINE**
>
> The term **les Journées du patrimoine** refers to an annual cultural event held throughout France, during which state properties are opened to the public for the weekend. The rare opportunity to visit the inside of such prestigious institutions as ministries and the Élysée Palace has made the **Journées du patrimoine** extremely popular.

**patrimonial, e,** mpl **-iaux** [patʀimɔnjal, jo] adj (d'un pays) relating to its national (ou cultural) heritage; (d'un particulier) relating to personal assets ◆ **déclaration de situation patrimoniale** statement of net personal assets *(made by a politician when taking up office)* ◆ **le droit patrimonial** inheritance law, law of succession ◆ **intérêts patrimoniaux** proprietary interests

**patriotard, e** [patʀijɔtaʀ, aʀd] (péj) **1** adj jingoistic

**2** nm,f jingoist

**patriote** [patʀijɔt] → SYN **1** adj patriotic

**2** nmf (gén) patriot ◆ **les patriotes** (Hist) the Patriots

**patriotique** [patʀijɔtik] adj patriotic

**patriotiquement** [patʀijɔtikmɑ̃] adv patriotically

**patriotisme** [patʀijɔtism] → SYN nm patriotism

**patristique** [patʀistik] → SYN **1** adj patristic(al)

**2** nf patristics sg

**Patrocle** [patʀɔkl] nm Patroclus

**patron[1]** [patʀɔ̃] → SYN **1** nm **a** (= propriétaire) owner, boss; (= gérant) manager, boss; (= employeur) employer ◆ **le patron est là ?** is the boss in? ◆ **le patron de l'usine** the factory owner ou manager ◆ **le patron du restaurant** the restaurant owner ◆ **il est patron d'hôtel** he's a hotel proprietor ◆ **c'est le grand patron** * he's (ou she's) the big boss * ◆ **un petit patron** a boss of a small company ◆ **patron boulanger/boucher** master baker/butcher

**b** (Hist, Rel = protecteur) patron ◆ **saint patron** patron saint

**c** (* = mari) **le patron** her (ou my ou your) old man *

**d** (Hôpital) ≃ senior consultant *(of teaching hospital)*

**2** COMP ▷ **patron (pêcheur)** (Naut) skipper ▷ **patron d'industrie** captain of industry ▷ **patron de presse** press baron ou tycoon ou magnate ▷ **patron de thèse** (Univ) supervisor *(of a doctoral thesis)*

**patron[2]** [patʀɔ̃] → SYN nm (Couture) pattern; (= pochoir) stencil ◆ **patron de robe** dress pattern ◆ **(taille) demi-patron/patron/grand patron** small/medium/large (size)

**patronage** [patʀɔnaʒ] → SYN nm **a** (= protection) patronage ◆ **sous le (haut) patronage de** under the patronage of

**b** (= organisation) youth club; (Rel) youth fellowship ◆ **spectacle de patronage** (fig) middle-brow show

**patronal, e,** mpl **-aux** [patʀɔnal, o] adj (Ind) responsabilité, cotisation employer's, employers'; (Rel) fête patronal

**patronat** [patʀɔna] nm (Ind) ◆ **le patronat** the employers

**patronne** [patʀɔn] nf **a** (= propriétaire) owner, boss; (= gérante) manager, boss; (= employeur) employer

**b** ( * = épouse) **la patronne** the ou his (ou my ou your) missus * (Brit), his (ou my ou your) old lady *

**c** (= sainte) patron saint

**patronner** [patʀɔne] → SYN ▸ conjug 1 ◂ vt [+ association, personne, projet, candidature] to support; (financièrement) to sponsor ◆ **négociations de paix patronnées par l'ONU** peace talks sponsored by the UN

**patronnesse** [patʀɔnɛs] nf → **dame**

**patronyme** [patʀɔnim] → SYN nm patronymic

**patronymique** [patʀɔnimik] adj patronymic

**patrouille** [patʀuj] → SYN nf patrol ◆ **partir** ou **aller en/être de patrouille** to go/be on patrol ◆ **patrouille de reconnaissance/de chasse** reconnaissance/fighter patrol

**patrouiller** [patʀuje] → SYN ▸ conjug 1 ◂ vi to patrol, be on patrol ◆ **patrouiller dans les rues** to patrol the streets

**patrouilleur** [patʀujœʀ] nm (= soldat) soldier on patrol (duty), patroller; (Naut) patrol boat; (Aviat) patrol ou scout plane

**patte[1]** [pat] → SYN **1** nf **a** (= jambe d'animal) leg; (= pied) [chat, chien] paw; [oiseau] foot ◆ **pattes de devant** forelegs, forefeet ◆ **pattes de derrière** hindlegs, hind feet ◆ **coup de patte** (fig) cutting remark ◆ **donner un coup de patte à qch** [animal] to hit sth with its paw ◆ **le chien tendit la patte** the dog put its paw out ou gave a paw ◆ **faire patte de velours** [chat] to draw in ou sheathe its claws; [personne] to be all sweetness and light ◆ **ça ne va** ou **ne marche que sur trois pattes** [affaire, projet] it limps along; [relation amoureuse] it struggles along; → **bas[1]**, **mouton**

**b** (✱ = jambe) leg ◆ **nous avons 50 km dans les pattes** we've walked 50 km ◆ **à pattes** on foot ◆ **nous y sommes allés à pattes** we walked ou hoofed ✱ it ◆ **bas** ou **court sur pattes** personne short-legged; table, véhicule low ◆ **il est toujours dans mes pattes** he's always under my feet ◆ **tirer** ou **traîner la patte** to hobble along ◆ **avoir une patte folle** to have a gammy * (Brit) ou a game * (US) leg

**c** (✱ = main) hand, paw * ◆ **s'il me tombe sous la patte, gare à lui !** if I get my hands on him he'd better look out! ◆ **tomber dans les/se tirer des pattes de qn** to fall into/get out of sb's clutches ◆ **montrer patte blanche** to show one's credentials

**d** (= style) [auteur, peintre] style, touch ◆ **elle a un bon coup de patte** she has a nice style ou touch

**e** [ancre] palm, fluke; (= languette) [poche] flap; [vêtement] strap; (sur l'épaule) epaulette; [portefeuille] tongue; [chaussure] tongue

**f** (= favoris) **pattes (de lapin)** sideburns; → **fil, graisser, quatre** etc

**2** COMP ▷ **pantalon (à) pattes d'éléphant** ou **pattes d'ef** * bell-bottom ou flared trousers, bell-bottoms, flares ▷ **patte à glace** mirror clamp ▷ **patte(s) de mouche** spidery scrawl ◆ **faire des pattes de mouche** to write (in) a spidery scrawl

**patte[2]** [pat] nf (Helv = chiffon) rag ◆ **patte à poussière** duster (Brit), dustcloth (US) ◆ **patte à relaver** tea ou dish towel

**patte-d'oie,** pl **pattes-d'oie** [patdwa] nf (= rides) crow's-foot; (= carrefour) branching crossroads ou junction

**pattemouille** [patmuj] nf damp cloth *(for ironing)*

**pattu, e** [paty] adj oiseau feather-footed; chien large-pawed

**pâturage** [pɑtyʀaʒ] → SYN nm (= lieu) pasture; (= action) grazing, pasturage; (= droits) grazing rights

**pâture** [pɑtyʀ] → SYN nf **a** (= nourriture) food ◆ **donner qn en pâture aux fauves** (lit, fig) to throw sb to the lions ◆ **il fait sa pâture de romans noirs** he is an avid reader of detective stories, detective stories form his usual reading matter ◆ **les dessins animés qu'on donne en pâture à nos enfants** the cartoons served up to our children ◆ **donner une nouvelle en pâture aux journalistes** to feed a story to journalists

b (= pâturage) pasture

**pâturer** [pɑtyʀe] → SYN ▸ conjug 1 ◂ 1 vi to graze

2 vt ◆ **pâturer l'herbe** to graze

**pâturin** [pɑtyʀɛ̃] nm meadow grass

**paturon** [patyʀɔ̃] nm pastern

**Paul** [pɔl] nm Paul

**paulinien, -ienne** [polinjɛ̃, jɛn] adj of Saint Paul, Pauline

**paulinisme** [polinism] nm Pauline doctrine

**pauliste** [polist] nmf Paulist

**paulownia** [polɔnja] nm paulownia

**paume** [pom] nf [main] palm ◆ **jeu de paume** (= sport) real ou royal tennis; (= lieu) real-tennis ou royal-tennis court ◆ **jouer à la paume** to play real ou royal tennis

**paumé, e** ‡ [pome] → SYN (ptp de paumer) 1 adj

a (dans un lieu) lost; (dans un milieu inconnu) bewildered; (dans une explication) lost, at sea * ◆ **habiter un bled** ou **trou paumé** (isolé) to live in a godforsaken place ou hole ‡, live in the middle of nowhere; (sans attrait) to live in a real dump ou godforsaken hole ‡

b (= socialement inadapté) **la jeunesse paumée d'aujourd'hui** the young drop-outs * of today ◆ **il est complètement paumé** he's totally lost, he hasn't got a clue where he's going in life

2 nm,f (= marginal) misfit ◆ **un pauvre paumé** a poor bum ‡

**paumelle** [pomɛl] nf (= gond) split hinge; (Naut) palm

**paumer** ‡ [pome] ▸ conjug 1 ◂ 1 vt a (= perdre) to lose

b (= prendre) **se faire paumer** [criminel] to get nabbed *

2 **se paumer** vpr to get lost

**paumoyer** [pomwaje] ▸ conjug 8 ◂ vt (Naut) to haul in by hand

**paumure** [pomyʀ] nf [cerf] palm

**paupérisation** [popeʀizasjɔ̃] nf pauperization, impoverishment

**paupériser** [popeʀize] ▸ conjug 1 ◂ vt to pauperize, impoverish

**paupérisme** [popeʀism] → SYN nm pauperism

**paupière** [popjɛʀ] nf eyelid ◆ **il écoutait, les paupières closes** he was listening with his eyes closed ◆ **battre** ou **cligner des paupières** to flutter one's eyelashes

**paupiette** [popjɛt] nf ◆ **paupiette de veau** veal olive

**pause** [poz] → SYN nf (= arrêt) break; (en parlant) pause; (Mus) pause; (Sport) half-time ◆ **faire une pause** to have a break, break off ◆ **marquer une pause** [orateur] to pause; [négociations] to break off momentarily ◆ **ils ont marqué une pause dans la diversification** they have stopped diversifying for the time being, they have put their diversification programme on hold ◆ **ça fait sept ans que je fais ce métier, j'ai besoin de marquer une pause** I've been doing this job for seven years now, I need (to take) a break ◆ **pause-café/-thé/-déjeuner** coffee/tea/lunch break ◆ **la pause de midi** the midday break ◆ **pause publicitaire** commercial break ◆ **faire une pause-cigarette** to stop for a cigarette

**pauser** [poze] ▸ conjug 1 ◂ vi ◆ **laissez pauser la permanente/le masque 20 minutes** leave the perm in/the face-pack on for 20 minutes ◆ **faire pauser qn** † to keep sb waiting

**pauvre** [povʀ] → SYN 1 adj a personne, pays, sol, minerai, gisement poor; végétation sparse, poor; style weak; (Aut) mélange weak; mobilier, vêtements cheap-looking; nourriture, salaire meagre (Brit), meager (US), poor ◆ **minerai pauvre en cuivre** ore with a low copper content, ore poor in copper ◆ **air pauvre en oxygène** air low in oxygen ◆ **pays pauvre en ressources/hommes** country short of ou lacking resources/men ◆ **nourriture pauvre en calcium** (par manque) diet lacking in calcium; (par ordonnance) low-calcium diet ◆ **un village pauvre en distractions** a village which is lacking in ou short of amusements ◆ **pauvre comme Job** as poor as a church mouse ◆ **les couches pauvres de la population** the poorer ou deprived sections of the population ◆ **je suis pauvre en vaisselle** I don't have much crockery; → **rime**

b (avant n = piètre) excuse, argument weak, pathetic; devoir poor; orateur weak, bad ◆ **de pauvres chances de succès** only a slim ou slender chance of success ◆ **il esquissa un pauvre sourire** he smiled weakly ou gave a weak smile

c (avant n) poor ◆ **pauvre type !** * (= malheureux) poor guy! * ou chap! * (Brit); (= crétin) stupid bastard! *‡ ◆ **c'est un pauvre type** * (mal adapté) he's a sad case; (minable) he's a dead loss *; (salaud) he's a swine ‡ ◆ **pourquoi une fille comme elle épouserait-elle un pauvre type comme moi ?** why would a girl like that marry a nobody * like me? ◆ **pauvre con !** *‡ you stupid bastard! *‡ ou sod! *‡ (Brit) ◆ **tu es bien naïve ma pauvre fille !** poor dear, you're so naïve! ◆ **c'est une pauvre fille** she's a sad case ◆ **pauvre hère** (littér, hum) down-and-out ◆ **pauvre d'esprit** (= simple d'esprit) half-wit ◆ **les pauvres d'esprit** (Rel) the poor in spirit ◆ **comme disait mon pauvre mari** as my poor (dear) husband used to say ◆ **pauvre de moi !** (hum) poor (little) me! ◆ **pauvre petit !** poor (little) thing! ◆ **mon pauvre ami** my dear friend ◆ **tu es complètement fou, mon pauvre vieux !** you must be crazy, mate! * (Brit) ou man! * ◆ **elle me faisait pitié avec son pauvre petit air** I felt sorry for her, she looked so wretched ou miserable

2 nmf a (= personne pauvre) poor man ou woman, pauper † ◆ **les pauvres** the poor ◆ **ce pays compte encore beaucoup de pauvres** there's still a lot of poverty ou there are still many poor people in this country ◆ **le caviar du pauvre** the poor man's caviar

b (marquant dédain ou commisération) **mon** (ou **ma**) **pauvre, si tu voyais comment ça se passe ...** but my dear fellow (ou girl etc ) ou friend, if you saw what goes on ... ◆ **le pauvre, il a dû en voir !** * the poor guy * ou chap * (Brit), he must have had a hard time of it! ◆ **les pauvres !** the poor things!

**pauvrement** [povʀəmɑ̃] → SYN adv meublé, éclairé vivre poorly; vêtu poorly, shabbily

**pauvresse** † [povʀɛs] nf poor woman ou wretch

**pauvret, -ette** [povʀɛ, ɛt] nm,f poor (little) thing

**pauvreté** [povʀəte] → SYN nf [personne] poverty; [mobilier] cheapness; [langage] weakness, poorness; [sol] poverty, poorness ◆ **la pauvreté des moyens disponibles** the dearth of available resources, the inadequacy of the available resources ◆ **la pauvreté de leur vocabulaire** the poverty of their vocabulary ◆ (Prov) **pauvreté n'est pas vice** poverty is not a vice, there is no shame in being poor; → **vœu**

**pavage** [pavaʒ] → SYN nm (avec des pavés) cobbling; (avec des dalles) paving ◆ **refaire le pavage d'une rue** to recobble (ou repave) a street

**pavane** [pavan] nf pavane ◆ **"Pavane pour une infante défunte"** (Mus) "Pavana for a Dead Princess"

**pavaner (se)** [pavane] → SYN ▸ conjug 1 ◂ vpr to strut about ◆ **se pavaner comme un dindon** to strut about like a turkey-cock

**pavé** [pave] → SYN nm a [chaussée, cour] cobblestone ◆ **déraper sur le pavé** ou **les pavés** to skid on the cobbles ◆ **être sur le pavé** (sans domicile) to be on the streets, be homeless; (sans emploi) to be out of a job ◆ **mettre** ou **jeter qn sur le pavé** (domicile) to turn ou throw sb out (onto the streets); (emploi) to give sb the sack *, throw sb out ◆ **j'ai l'impression d'avoir un pavé sur l'estomac** * I feel as if I've got a lead weight in my stomach ◆ **c'est l'histoire du pavé de l'ours** it's another example of misguided zeal ◆ **jeter un pavé dans la mare** (fig) to set the cat among the pigeons; → **battre, brûler, haut**

b ( * = livre épais) massive ou hefty * tome

c (Culin) (= viande) *thickly-cut steak* ◆ **pavé au chocolat** (= gâteau) chocolate slab cake

d (Presse) **pavé publicitaire** (large) display advertisement

e (Ordin) **pavé numérique** numeric keypad

**pavement** [pavmɑ̃] nm ornamental tiling

**paver** [pave] → SYN ▸ conjug 1 ◂ vt (avec des pavés) to cobble; (avec des dalles) to pave ◆ **cour pavée** cobbled (ou paved) yard; → **enfer**

**paveur** [pavœʀ] nm paver

**pavillon** [pavijɔ̃] → SYN 1 nm a (= villa) house; (= loge de gardien) lodge; (= section d'hôpital) ward, pavilion; (= corps de bâtiment) wing, pavilion; [jardin] pavilion; [club de golf] clubhouse

b (Naut) flag ◆ **sous pavillon panaméen** under the Panamanian flag; → **baisser, battre**

c (Mus) [instrument] bell; [phonographe] horn

d [oreille] pavilion, pinna

2 COMP ▷ **pavillon de banlieue** suburban house, house in the suburbs ▷ **pavillon de chasse** hunting lodge ▷ **pavillon de complaisance** flag of convenience ▷ **pavillon de détresse** distress flag ▷ **pavillon de guerre** war flag ▷ **pavillon noir** Jolly Roger ▷ **pavillon de quarantaine** yellow flag ▷ **pavillon à tête de mort** skull and crossbones ▷ **pavillon de verdure** leafy arbour ou bower

**pavillonnaire** [pavijɔnɛʀ] adj ◆ **lotissement pavillonnaire** private housing estate ◆ **banlieue pavillonnaire** residential suburb *(consisting of houses rather than apartment blocks)*

**pavillonnerie** [pavijɔnʀi] nf (= atelier) flag workshop; (= magasin) flag warehouse

**pavimenteux, -euse** [pavimɑ̃tø, øz] adj (Sci) ◆ **épithélium pavimenteux** stratified squamous epithelium

**Pavlov** [pavlɔv] n Pavlov ◆ **le chien de Pavlov** Pavlov's dog ◆ **réflexe de Pavlov** Pavlovian response ou reaction

**pavlovien, -ienne** [pavlɔvjɛ̃, jɛn] adj Pavlovian

**pavois** [pavwa] nm (Naut = bordage) bulwark; (Hist = bouclier) shield ◆ **hisser le grand pavois** to dress over all ou full ◆ **hisser le petit pavois** to dress with masthead flags ◆ **hisser qn sur le pavois** to carry sb shoulder-high

**pavoiser** [pavwaze] → SYN ▸ conjug 1 ◂ 1 vt [+ navire] to dress; [+ monument] to deck with flags

2 vi to put out flags; (fig, Sport) [supporters] to rejoice, wave the banners, exult ◆ **toute la ville a pavoisé** there were flags out all over the town ◆ **il pavoise maintenant qu'on lui a donné raison publiquement** he's rejoicing openly now that he has been publicly acknowledged to be in the right ◆ **il n'y a pas de quoi pavoiser !** it's nothing to write home about! ou to get excited about!

**pavot** [pavo] → SYN nm poppy

**paxon** [paksɔ̃] nm ⇒ **pacson** *

**payable** [pɛjabl] adj payable ◆ **payable en 3 fois** somme payable in 3 instalments; objet that can be paid for in 3 instalments ◆ **l'impôt est payable par tous** taxes must be paid by everyone ◆ **billet payable à vue** (Fin) bill payable at sight ◆ **chèque payable à** cheque payable to ◆ **appareil payable à crédit** piece of equipment which can be paid for on credit

**payant, e** [pɛjɑ̃, ɑ̃t] → SYN adj spectateur paying; billet, place which one must pay for, not free (attrib); spectacle with an admission charge; (= rentable) affaire profitable; politique, conduite, effort which pays off ◆ **"entrée payante"** "admission fee payable" ◆ **c'est payant ?** do you have to pay (to get in)?

**paye** [pɛj] → SYN nf ⇒ **paie**

**payement** [pɛjmɑ̃] nm ⇒ **paiement**

**payer** [peje] → SYN ▸ conjug 8 ◂ 1 vt a [+ somme, cotisation, intérêt] to pay; [+ facture, dette] to pay, settle ◆ **payer comptant** to pay cash ◆ **payer rubis sur l'ongle** † to pay cash on the nail ◆ **c'est lui qui paie** he's paying ◆ (Prov) **qui paie ses dettes s'enrichit** the rich man is the one who pays his debts

b [+ employé] to pay; [+ tueur] to hire; [+ entrepreneur] to pay, settle up with ◆ **être payé par chèque/en espèces/en nature/à l'heure** to be paid by cheque/in cash/in kind/by the hour ◆ **être payé à la pièce** to be on piecework ◆ **payer qn de** ou **en paroles/promesses** to fob sb off with (empty) words/promises ◆ **je ne suis pas payé pour ça** * that's not what I'm paid for ◆ **il est payé pour le savoir !** (fig) he should know!

**c** [+ travail, service, maison, marchandise] to pay for ◆ **je l'ai payé de ma poche** I paid for it out of my own pocket ◆ **les réparations ne sont pas encore payées** the repairs haven't been paid for yet ◆ **il m'a fait payer 5 €** he charged me €5 (*pour* for) ◆ **payer le déplacement de qn** to pay sb's travelling expenses ◆ **payer la casse** to pay for the damage ◆ **payer les pots cassés** (fig) to pick up the pieces ◆ **travail bien/mal payé** well-paid/badly-paid work; → **addition, congé**

**d** (* = offrir) **payer qch à qn** to buy sth for sb ◆ **c'est moi qui paie (à boire)** the drinks are on me *, have this one on me * ◆ **payer des vacances/un voyage à qn** to pay for sb to go on holiday/on a trip ◆ **payer à boire à qn** to stand ou buy sb a drink ◆ **sa mère lui a payé une voiture** his mother bought him a car

**e** (= récompenser) to reward ◆ **le succès le paie de tous ses efforts** his success makes all his efforts worthwhile ou rewards him for all his efforts ◆ **il l'aimait et elle le payait de retour** he loved her and she returned his love

**f** (= expier) [+ faute, crime] to pay for ◆ **payer qch de cinq ans de prison** to get five years in jail for sth ◆ **il l'a payé de sa vie/santé** it cost him his life/health ◆ **il a payé cher son imprudence** he paid dearly for his rashness, his rashness cost him dear(ly) ◆ **il me le paiera !** (en menace) he'll pay for this!, I'll make him pay for this!

[2] vi **a** [effort, tactique] to pay off; [métier] to be well-paid ◆ **le crime ne paie pas** crime doesn't pay ◆ **payer pour qn** (lit) to pay for sb; (fig) to take the blame instead of sb, carry the can for sb *

**b** (LOC) **payer d'audace** to take a gamble ou a risk ◆ **payer de sa personne** to make sacrifices ◆ **pour que notre association fonctionne, il faut que chacun paie de sa personne** in order for our association to work, everyone must pull their weight ou make a real effort ◆ **ce poisson ne paie pas de mine** this fish doesn't look very appetizing ◆ **l'hôtel ne paie pas de mine** the hotel isn't much to look at

[3] **se payer** vpr **a** **tout se paie** (lit) everything must be paid for; (fig) everything has its price ◆ **payez-vous et rendez-moi la monnaie** take what I owe you and give me the change

**b** (* = s'offrir) [+ objet] to buy o.s., treat o.s. to ◆ **on va se payer un bon dîner/le restaurant** we're going to treat ourselves to a slap-up * meal/to a meal out ◆ **se payer une pinte de bon sang** † to have a good laugh * ◆ **se payer la tête de qn** (= ridiculiser) to make fun of sb, take the mickey out of sb * (Brit); (= tromper) to take sb for a ride *, have sb on * (Brit) ◆ **se payer une bonne grippe** to get a bad dose of the flu ◆ **il s'est payé un arbre/le trottoir/un piéton** he wrapped his car round a tree/ran into the kerb/mowed a pedestrian down ◆ **j'ai glissé et je me suis payé la chaise** I slipped and banged ou crashed into the chair ◆ **ils s'en sont drôlement payé, ils s'en sont payé une bonne tranche** they had (themselves) a good time ou a whale of a time * ◆ **se payer qn** ⁑ (physiquement) to knock the living daylights out of sb *; (verbalement) to give sb what for *; → **luxe**

**c** (= se contenter) **on ne peut plus se payer de mots** it's time we stopped all the talking and took some action ◆ **dans la lutte contre le chômage, il ne s'agit pas de se payer de mots** fine words are not enough in the battle against unemployment

**payer-prendre** [pejepʀɑ̃dʀ] nm inv cash-and-carry

**payeur, -euse** [pɛjœʀ, øz] → SYN [1] adj ◆ **organisme/service payeur** claims department/office ◆ **établissement payeur** [chèque] paying bank

[2] nm,f payer; (Mil, Naut) paymaster ◆ **mauvais payeur** bad debtor; → **conseilleur**

**pays¹** [pei] → SYN [1] nm **a** (= contrée, habitants) country ◆ **des pays lointains** far-off countries ou lands ◆ **les pays membres de l'Union européenne** the countries which are members of ou the member countries of the European Union ◆ **la France est le pays du vin** France is the land of wine; → **mal**

**b** (= région) region ◆ **un pays de légumes, d'élevage et de lait** a vegetable-growing, cattle-breeding and dairy region ◆ **c'est le pays de la tomate** it's tomato-growing country ◆ **le pays de Balzac/Yeats** Balzac/Yeats country ◆ **nous sommes en plein pays du vin** we're in the heart of the wine country ◆ **revenir au pays** to go back home ◆ **il est du pays** he's from these parts ou this area ◆ **les gens du pays** the local people, the locals ◆ **vin de** ou **du pays** locally-produced ou local wine, vin de pays (Brit) ◆ **melons/pêches de** ou **du pays** local(ly)-grown melons/peaches; → **jambon**

**c** († = village) village

**d** (LOC) **le pays des fées** fairyland ◆ **le pays des rêves** ou **des songes** the land of dreams, dreamland ◆ **je veux voir du pays** I want to travel around ◆ **il a vu du pays** he's been round a bit ou seen the world ◆ **se comporter comme en pays conquis** to lord it over everyone, act all high and mighty ◆ **être en pays de connaissance** (dans une réunion) to be among friends ou familiar faces; (sur un sujet, dans un lieu) to be on home ground ou on familiar territory

[2] COMP ▷ **pays d'accueil** [conférences, jeux] host country; [réfugiés] country of refuge ▷ **le Pays basque** the Basque Country ▷ **pays de cocagne** land of plenty, land of milk and honey ▷ **pays développé** developed country ou nation ▷ **le pays de Galles** Wales ▷ **pays industrialisé** industrialized country ou nation ◆ **nouveaux pays industrialisés** newly industrialized countries ▷ **les pays les moins avancés** the less developed countries ▷ **pays en voie de développement** developing country ▷ **pays en voie d'industrialisation** industrializing country

**pays², e** [pei, peiz] → SYN nm,f ◆ (dial = compatriote) **nous sommes pays** we come from the same village ou region ou part of the country ◆ **elle est ma payse** she comes from the same village ou region ou part of the country as me

**paysage** [peizaʒ] → SYN nm **a** (gén) landscape, scenery (NonC); (Peinture) landscape (painting) ◆ **on découvrait un paysage magnifique/un paysage de montagne** a magnificent/a mountainous landscape lay before us ◆ **nous avons traversé des paysages magnifiques** we drove through (some) magnificent scenery ◆ **les paysages orientaux** the landscape ou the scenery of the East ◆ **ce bâtiment nous gâche le paysage** that building spoils our view ◆ **le paysage urbain** the urban landscape ◆ **ça fait bien dans le paysage !** (iro) it's all part of the image!, it fits the image! ◆ **mode paysage** (Ordin) landscape mode

**b** (= situation) scene ◆ **le paysage politique/cinématographique** the political/film scene ◆ **dans le paysage audiovisuel français** on the French broadcasting scene

**paysagé, e** [peizaʒe], **paysager, -ère** [peizaʒe, ɛʀ] adj ◆ **parc paysager** landscaped garden ◆ **bureau paysagé** open-plan office

**paysagiste** [peizaʒist] → SYN nmf (Peinture) landscape painter ◆ **architecte/jardinier paysagiste** landscape architect/gardener

**paysan, -anne** [peizɑ̃, an] → SYN [1] adj **a** (= agricole) monde, problème farming (épith); agitation, revendications farmers', of the farmers; (= rural) vie, coutumes country (épith); (péj) air, manières peasant (épith), rustic

**b** (Culin) **salade paysanne** *salad with onions and chopped bacon* ◆ **à la paysanne** *with onions and chopped bacon*

[2] nm (gén) (small) farmer; (Hist) peasant; (péj) peasant

[3] **paysanne** nf (gén) (small) farmer; (Hist) peasant (woman); (péj) peasant

**paysannat** [peizana] nm (small) farmers

**paysannerie** [peizanʀi] nf (Hist ou péj) peasantry

**Pays-Bas** [peiba] nmpl ◆ **les Pays-Bas** the Netherlands

**PC** [pese] nm **a** (abrév de **parti communiste**) → **parti¹**

**b** (abrév de **poste de commandement**) → **poste²**

**c** (Ordin) (abrév de **personal computer**) PC

**PCB** [pesebe] nm (abrév de **polychlorobiphényle**) PCB

**Pcc** (abrév de **pour copie conforme**) → **copie**

**PCF** [peseɛf] nm (abrév de **parti communiste français**) *French political party*

**PCV** [peseve] GRAMMAIRE ACTIVE 27.5, 27.6 nm (abrév de **percevoir**) (Téléc) ◆ **(appel en) PCV** reverse-charge call (Brit), collect call (US) ◆ **appeler en PCV** to make a reverse-charge call (Brit), call collect (US)

**PDG** [pedeʒe] nm inv (abrév de **président-directeur général**) → **président**

**PE** [peə] nm (abrév de **Parlement européen**) EP

**PEA** [peəa] nm (abrév de **plan d'épargne en actions**) → **plan¹**

**péage** [peaʒ] → SYN nm (= droit) toll; (= barrière) tollgate ◆ **autoroute à péage** toll motorway (Brit), turnpike (US) ◆ **pont à péage** toll bridge ◆ **poste de péage** tollbooth ◆ **chaîne/télévision à péage** (TV) pay channel/TV

**péagiste** [peaʒist] nmf tollbooth attendant

**peau,** pl **peaux** [po] → SYN [1] nf **a** [personne] skin ◆ **avoir une peau de pêche** to have a peach-like complexion ◆ **soins de la/maladie de peau** skin care/disease ◆ **peaux mortes** dead skin ◆ **n'avoir que la peau et les os** to be all skin and bones ◆ **attraper qn par la peau du cou** ou **du dos** ou **des fesses** ⁑ (= empoigner rudement) to grab sb by the scruff of the neck; (= s'en saisir à temps) to grab hold of sb in the nick of time ◆ **faire peau neuve** [parti politique, administration] to adopt ou find a new image; [personne] (en changeant d'habit) to change (one's clothes); (en changeant de conduite) to turn over a new leaf; → **coûter, fleur**

**b** (* = corps, vie) **jouer** ou **risquer sa peau** to risk one's neck * ou hide * ◆ **il y a laissé sa peau** it cost him his life ◆ **sauver sa peau** to save one's skin ou hide * ◆ **tenir à sa peau** to value one's life ◆ **sa peau ne vaut pas cher, je ne donnerai pas cher de sa peau** he's dead meat * ◆ **se faire crever** ou **trouer la peau** ⁑ to get killed, get a bullet in one's hide * ◆ **recevoir douze balles dans la peau** to be gunned down by a firing squad ou an execution squad ◆ **on lui fera la peau** ⁑ we'll bump him off ⁑ ◆ **je veux** ou **j'aurai sa peau !** I'll have his hide for this! * ◆ **être bien/mal dans sa peau** (physiquement) to feel great */awful ◆ **être bien dans sa peau** (mentalement) to be happy in o.s. ◆ **il est mal dans sa peau** he's not a happy person ◆ **avoir qn dans la peau** * to be crazy about sb * ◆ **avoir le jeu** etc **dans la peau** to have gambling etc in one's blood ◆ **se mettre dans la peau de qn** to put o.s. in sb's place ou shoes ◆ **entrer dans la peau du personnage** to get (right) into the part ◆ **je ne voudrais pas être dans sa peau** I wouldn't like to be in his shoes ou place ◆ **avoir la peau dure** * (= être solide) to be hardy; (= résister à la critique) [personne] to be thick-skinned, have a thick skin; [idées, préjugés] to be difficult to get rid of ou to overcome

**c** [animal] (gén) skin; (= cuir) hide; (= fourrure) pelt; [éléphant, buffle] hide ◆ **gants/vêtements de peau** leather gloves/clothes ◆ **cuir pleine peau** full leather; → **vendre**

**d** [fruit, lait, peinture] skin; [fromage] rind; (= épluchure) peel ◆ **glisser sur une peau de banane** (lit, fig) to slip on a banana skin ◆ **enlever la peau de** [+ fruit] to peel; [+ fromage] to take the rind off

**e** **peau de balle !** ⁑ nothing doing! *, not a chance! *, no way! ⁑

[2] COMP ▷ **peau d'âne** † (= diplôme) diploma, sheepskin * (US) ▷ **peau de chagrin** (lit) shagreen ◆ **diminuer** ou **rétrécir** ou **se réduire comme une peau de chagrin** to shrink away ▷ **peau de chamois** chamois leather, shammy ▷ **peau d'hareng** * **quelle peau d'hareng tu fais !** you naughty thing! * ▷ **peau lainée** treated sheepskin ▷ **peau de mouton** sheepskin ◆ **en peau de mouton** sheepskin (épith) ▷ **peau d'orange** (Physiol) orange peel effect ▷ **peau de porc** pigskin ▷ **peau de serpent** snakeskin ▷ **peau de tambour** drumskin ▷ **peau de vache** * (= homme) bastard **⁑ (= femme) bitch **⁑ ▷ **peau de zénana** ou **de zébi: c'est en peau de zénana** ou **de zébi** it's made of some sort of cheap stuff

**peaucier** [posje] adj m, nm ◆ **(muscle) peaucier** platysma

**peaufiner** [pofine] ▸ conjug 1 ◂ vt [+ travail] to polish up, put the finishing touches to; [+ style] to polish

**Peau-Rouge,** pl **Peaux-Rouges** [poʀuʒ] nmf Red Indian, Redskin

**peausserie** [posʀi] nf (= articles) leatherwear (NonC); (= commerce) skin trade; (= boutique) suede and leatherware shop

**peaussier** [posje] 1 adj m leather (épith)
2 nm (= ouvrier) leatherworker; (= commerçant) leather dealer

**pébroc** *, **pébroque** * [pebʀɔk] nm umbrella, brolly * (Brit)

**pécan, pecan** [pekɑ̃] nm ◆ (noix de) pécan pecan (nut)

**pécari** [pekaʀi] nm peccary

**peccadille** [pekadij] → SYN nf (= vétille) trifle; (= faute) peccadillo

**pechblende** [pɛʃblɛ̃d] → SYN nf pitchblende

**péché** [peʃe] → SYN 1 nm sin ◆ **pour mes péchés** for my sins ◆ **à tout péché miséricorde** every sin can be forgiven ou pardoned ◆ **vivre dans le péché** (gén) to lead a sinful life; (sans être marié) to live in sin ◆ **mourir en état de péché** to die a sinner ◆ **commettre un péché** to sin, commit a sin
2 COMP ▷ **péché capital** deadly sin ◆ **les sept péchés capitaux** the seven deadly sins ▷ **péché de chair** † sin of the flesh ▷ **péché de jeunesse** youthful indiscretion ▷ **péché mignon: le whisky, c'est son péché mignon** he's rather partial to whisky ▷ **péché mortel** mortal sin ▷ **le péché d'orgueil** the sin of pride ▷ **le péché originel** original sin ▷ **péché véniel** venial sin

**pêche¹** [pɛʃ] → SYN 1 nf a (= fruit) peach ◆ **pêche-abricot, pêche jaune** ou **abricotée** yellow peach ◆ **pêche blanche** white peach ◆ **pêche de vigne** bush peach ◆ **avoir un teint de pêche** to have a peaches and cream complexion; → **fendre, peau**
b (* = vitalité) **avoir la pêche** to be on form ◆ **avoir une pêche d'enfer** to be on top form, be full of beans * (Brit) ◆ **ça donne la pêche** it gets you going ◆ **il n'a pas la pêche** he's feeling a bit low
c (‡ = coup) punch, clout * (Brit) ◆ **donner une pêche à qn** to punch sb, give sb a clout * (Brit)
2 adj peach-coloured (Brit) ou -colored (US)

**pêche²** [pɛʃ] → SYN nf a (= activité) fishing; (= saison) fishing season ◆ **la pêche à la ligne** (en mer) line fishing; (en rivière) angling ◆ **la pêche à la baleine** whaling ◆ **la pêche au gros** big-game fishing ◆ **grande pêche au large** deep-sea fishing ◆ **la pêche au harpon** harpoon fishing ◆ **la pêche à la crevette** shrimp fishing ◆ **la pêche à la truite** trout fishing ◆ **la pêche aux moules** mussel gathering ◆ **aller à la pêche** (lit) to go fishing ◆ **aller à la pêche aux informations** to go fishing for information ◆ **aller à la pêche aux voix** to canvass, go vote-catching * ◆ **filet/barque de pêche** fishing net/boat; → **canne**
b (= poissons) catch ◆ **faire une belle pêche** to have ou make a good catch ◆ **la pêche miraculeuse** (Bible) the miraculous draught of fishes; (fête foraine) the bran tub (Brit), the lucky dip (Brit), the go-fish tub (US)

**pécher** [peʃe] GRAMMAIRE ACTIVE 26.3 → SYN ▸ conjug 6 ◂ vi a (Rel) to sin ◆ **pécher par orgueil** to commit the sin of pride
b **pécher contre la politesse/l'hospitalité** to break the rules of courtesy/of hospitality ◆ **pécher par négligence/imprudence** to be too careless/reckless ◆ **pécher par ignorance** to err through ignorance ◆ **pécher par excès de prudence/d'optimisme** to be over-careful/over-optimistic, err on the side of caution/of optimism ◆ **ça pèche par bien des points** ou **sur bien des côtés** it has a lot of weaknesses ou shortcomings

**pêcher¹** [peʃe] → SYN ▸ conjug 1 ◂ 1 vt (= être pêcheur de) to fish for; (= attraper) to catch, land ◆ **pêcher des coquillages** to gather shellfish ◆ **pêcher la baleine/la crevette** to go whaling/shrimping ◆ **pêcher la truite/la morue** to fish for trout/cod, go trout-/cod-fishing ◆ **pêcher qch à la ligne/à l'asticot** to fish for sth with rod and line/with maggots ◆ **pêcher qch au chalut** to trawl for sth ◆ **où as-tu été pêcher cette idée/cette boîte ?** * where did you dig that idea/that box up from? * ◆ **où a-t-il été pêcher que ... ?** * wherever did he get the idea that ...?
2 vi to fish, go fishing; (avec un chalut) to trawl, go trawling ◆ **pêcher à la ligne** to go angling ◆ **pêcher à l'asticot** to fish with maggots ◆ **pêcher à la mouche** to fly-fish ◆ **pêcher en eau trouble** (fig) to fish in troubled waters

**pêcher²** [peʃe] nm (= arbre) peach tree

**pêcherie** [pɛʃʀi] nf fishery, fishing ground

**pécheur, pécheresse** [peʃœʀ, peʃʀɛs] → SYN
1 adj sinful
2 nm,f sinner

**pêcheur** [pɛʃœʀ] → SYN 1 nm fisherman; (à la ligne) angler ◆ **pêcheur de crevettes** shrimper ◆ **pêcheur de baleines** whaler ◆ **pêcheur de palourdes** clamdigger ◆ **pêcheur de perles** pearl diver ◆ **pêcheur de corail** coral fisherman
2 adj bateau fishing

**pêcheuse** [pɛʃøz] nf fisherwoman; (à la ligne) (woman) angler

**pecnot** [pɛkno] nm ⇒ **péquenaud**

**PECO** [peko] nmpl (abrév de **pays d'Europe centrale et orientale**) ◆ **les PECO** the CEEC

**pécore** * [pekɔʀ] 1 nf (péj = imbécile) silly goose *
2 nmf (péj = paysan) country bumpkin, yokel, hick * (US)

**pecten** [pɛktɛn] nm pecten

**pectine** [pɛktin] nf pectin

**pectiné, e** [pɛktine] 1 adj feuille pectinate; muscle pectineal
2 nm (Anat) pectineus

**pectique** [pɛktik] adj pectic

**pectoral, e,** mpl **-aux** [pɛktɔʀal, o] 1 adj a (Anat, Zool) pectoral
b (Méd) sirop, pastille throat (épith), cough (épith), expectorant (SPÉC) (épith)
2 nm (Anat) pectoral muscle

**pécule** [pekyl] → SYN nm (= économies) savings, nest egg; [détenu, soldat] earnings, wages *(paid on release or discharge)* ◆ **se faire** ou **se constituer un petit pécule** to build up a little nest egg

**pécuniaire** [pekynjɛʀ] → SYN adj embarras financial, pecuniary (frm); aide, avantage, situation financial

**pécuniairement** [pekynjɛʀmɑ̃] adv financially

**pédagogie** [pedagɔʒi] → SYN nf (= éducation) education; (= art d'enseigner) teaching skills; (= méthodes d'enseignement) educational methods ◆ **avoir beaucoup de pédagogie** to have excellent teaching skills, be a skilled teacher

**pédagogique** [pedagɔʒik] → SYN adj intérêt, contenu, théorie, moyens, méthode, projet educational, pedagogic(al) ◆ **outils pédagogiques** teaching aids ◆ **stage (de formation) pédagogique** teacher-training course ◆ **il a fait un exposé très pédagogique** he gave a very clear lecture ◆ **ouvrage/musée à vocation pédagogique** educational work/museum; → **conseiller**

**pédagogiquement** [pedagɔʒikmɑ̃] adv (= sur le plan de la pédagogie) from an educational standpoint, pedagogically (SPÉC); (= avec pédagogie) clearly

**pédagogue** [pedagɔg] → SYN nmf (= professeur) teacher; (= spécialiste) teaching specialist, educationalist ◆ **c'est un bon pédagogue, il est bon pédagogue** he's a good teacher

**pédale** [pedal] → SYN nf a [bicyclette, piano, voiture] pedal; [machine à coudre ancienne, tour] treadle
b (Mus) **pédale douce/forte** soft/sustaining pedal ◆ **(note de) pédale** pedal (point) ◆ **pédale wah-wah** wah-wah pedal ◆ **mettre la pédale douce** * (fig) to soft-pedal *, go easy *; → **emmêler, perdre**
c (‡ péj = homosexuel) queer ‡, poof ‡ (Brit), fag ‡ (US) ◆ **être de la pédale** † to be (a) queer ‡ ou a poof ‡ (Brit) ou a fag ‡ (US)

**pédaler** [pedale] ▸ conjug 1 ◂ vi to pedal; (* = se dépêcher) to hurry ◆ **pédaler dans la choucroute** ‡ ou **la semoule** ‡ ou **le yaourt** ‡ (= ne rien comprendre) to be all at sea, be at a complete loss; (= ne pas progresser) to get nowhere (fast) *

**pédaleur, -euse** [pedalœʀ, øz] nm,f (Cyclisme) pedaller

**pédalier** [pedalje] nm [bicyclette] pedal and gear mechanism; [orgue] pedal-board, pedals

**pédalo ®** [pedalo] nm pedalo, pedal boat ◆ **faire du pédalo** to go for a ride on a pedal boat

**pédant, e** [pedɑ̃, ɑ̃t] → SYN 1 adj pedantic
2 nm,f pedant

**pédanterie** [pedɑ̃tʀi] nf (littér) pedantry

**pédantesque** [pedɑ̃tɛsk] adj pedantic

**pédantisme** [pedɑ̃tism] → SYN nm pedantry

**pédé** ‡ [pede] nm (abrév de **pédéraste**) (péj) queer ‡, poof ‡ (Brit), fag ‡ (US) ◆ **être pédé** to be (a) queer ‡ ou a poof ‡ (Brit) ou a fag ‡ (US) ◆ **il est pédé comme un phoque** ‡ he's as queer as a coot ‡ ou as a three-dollar bill ‡ (US)

**pédéraste** [pedeʀast] nm pederast; (par extension) homosexual

**pédérastie** [pedeʀasti] → SYN nf pederasty; (par extension) homosexuality

**pédérastique** [pedeʀastik] adj pederast; (par extension) homosexual

**pédestre** [pedɛstʀ] adj (littér, hum) ◆ **promenade** ou **circuit pédestre** walk, ramble, hike ◆ **sentier pédestre** pedestrian footpath

**pédestrement** [pedɛstʀəmɑ̃] adv (littér, hum) on foot

**pédiatre** [pedjatʀ] nmf paediatrician (Brit), pediatrician (US)

**pédiatrie** [pedjatʀi] nf paediatrics sg (Brit), pediatrics sg (US)

**pédiatrique** [pedjatʀik] adj paediatric (Brit), pediatric (US)

**pedibus (cum jambis)** [pedibys(kumʒɑ̃bis)] adv on foot, on Shanks' pony * (Brit) ou mare * (US)

**pédicellaire** [pediselɛʀ] nm (Bot) pedicellaria

**pédicelle** [pedisɛl] nm (Bot) pedicel

**pédicellé, e** [pedisele] adj pedicellate

**pédiculaire** [pedikylɛʀ] 1 adj (Méd) pedicular
2 nf (Bot) lousewort

**pédicule** [pedikyl] → SYN nm (Anat) pedicle; (Bot, Zool) peduncle

**pédiculé, e** [pedikyle] adj (Anat) pedicled; (Bot, Zool) peduncled

**pédiculose** [pedikyloz] nf pediculosis

**pédicure** [pedikyʀ] nmf chiropodist, podiatrist (US)

**pédicurie** [pedikyʀi] nf (= soins médicaux) chiropody, podiatry (US); (= soins de beauté) pedicure

**pédieux, -ieuse** [pedjø, jøz] adj (Anat) pedial

**pedigree** [pedigʀe] → SYN nm pedigree

**pédiment** [pedimɑ̃] nm pediment

**pédipalpe** [pedipalp] nm pedipalp

**pédodontie** [pedɔdɔ̃si] nf paedodontics sg (Brit), pedodontics sg (US)

**pédologie** [pedɔlɔʒi] nf a (Géol) pedology
b (Méd) paedology (Brit), pedology (US)

**pédologique** [pedɔlɔʒik] adj (Géol) pedological

**pédologue** [pedɔlɔg] nmf (Géol) pedologist

**pédonculaire** [pedɔ̃kylɛʀ] adj peduncular

**pédoncule** [pedɔ̃kyl] nm (Anat, Bot, Zool) peduncle

**pédonculé, e** [pedɔ̃kyle] adj pedunculate(d) ◆ **chêne pédonculé** pedunculate oak

**pédophile** [pedɔfil] 1 nm pedophile, paedophile (Brit)
2 adj pedophile (épith), paedophile (épith) (Brit)

**pédophilie** [pedɔfili] nf pedophilia, paedophilia (Brit)

**pédopsychiatre** [pedopsikjatʀ] nmf child psychiatrist

**pédopsychiatrie** [pedopsikjatʀi] nf child psychiatry

**pedzouille** ‡ [pɛdzuj] nm (péj) peasant, country bumpkin, hick * (US)

**PEE** [peəə] nm (abrév de **plan d'épargne entreprise**) → **plan¹**

**peeling** [piliŋ] → SYN nm (= gommage) facial scrub; (Méd) peel, dermabrasion ◆ **se faire un peeling** to use a facial scrub; (Méd) to have dermabrasion

**Pégase** [pegaz] **nm** Pegasus

**pégase** [pegɑz] **nm** (Zool) pegasus

**PEGC** [peʒese] **nm** (abrév de **professeur d'enseignement général des collèges**) → **professeur**

**pegmatite** [pɛgmatit] **nf** pegmatite

**pègre** [pɛgʀ] → SYN **nf** ◆ **la pègre** the underworld ◆ **membre de la pègre** gangster, mobster

**pehlvi** [pɛlvi] **nm** Pahlavi, Pehlevi

**peignage** [pɛɲaʒ] **nm** [laine] carding; [lin, chanvre] carding, hackling

**peigne** [pɛɲ] → SYN **nm** a [cheveux] comb; (Tex) [laine] card; [lin, chanvre] card, hackle; [métier] reed ◆ **peigne de poche** pocket comb ◆ **passer qch au peigne fin** (fig) to go through sth with a fine-tooth comb ◆ **se donner un coup de peigne** to run a comb through one's hair

b (Zool) [scorpion] comb; [oiseau] pecten; (= mollusque) pecten

**peigne-cul*** , pl **peigne-culs** [pɛɲky] **nm** (péj) (= mesquin) creep*; (= inculte) lout, yob* (Brit)

**peignée*** [peɲe] **nf** (= raclée) thrashing, hiding* ◆ **donner/recevoir une** ou **la peignée** to give/get a thrashing ou hiding*

**peigner** [peɲe] → SYN ► conjug 1 ◄ 1 **vt** [+ cheveux] to comb; (Tex) [+ laine] to card; [+ lin, chanvre] to card, hackle ◆ **peigner qn** to comb sb's hair ◆ **être bien peigné** [+ personne] to have well-combed hair ◆ **des cheveux bien peignés** well-combed hair ◆ **mal peigné** dishevelled, tousled ◆ **faire ça ou peigner la girafe** (hum) it's either that or some other pointless task

2 **se peigner vpr** to comb one's hair, give one's hair a comb

**peigneur, -euse** [pɛɲœʀ, øz] **nm,f** [laine] carder; [lin, chanvre] carder, hackler

**peignier** [peɲe] **nm** comb maker

**peignoir** [pɛɲwaʀ] → SYN **nm** dressing gown ◆ **peignoir (de bain)** bathrobe

**peille** [pɛj] → SYN **nf** (Tech) rag *(used in papermaking)*

**peinard, e*** [pɛnaʀ, aʀd] → SYN **adj** a (= sans tracas) travail, vie cushy*, easy ◆ **on est peinards dans ce service** we have a cushy* time of it in this department ◆ **il fait ses 35 heures, peinard** he does his 35 hours and that's it ◆ **rester** ou **se tenir peinard** to keep out of trouble, keep one's nose clean*

b (= au calme) coin quiet, peaceful ◆ **on va être peinards** (pour se reposer) we'll have a bit of peace, we can take it easy; (pour agir) we'll be left in peace ◆ **il vit peinard sur une île** he leads a nice quiet life on an island

**peindre** [pɛ̃dʀ] → SYN ► conjug 52 ◄ 1 **vt** (gén) to paint; [+ mœurs] to paint, depict ◆ **peindre qch en jaune** to paint sth yellow ◆ **peindre à la chaux** to whitewash ◆ **tableau peint à l'huile** picture painted in oils ◆ **peindre au pinceau/au rouleau** to paint with a brush/a roller ◆ **se faire peindre par qn** to have one's portrait painted by sb ◆ **romancier qui sait bien peindre ses personnages** novelist who portrays his characters well ◆ **il l'avait peint sous les traits d'un vieillard dans son livre** he had depicted ou portrayed him as an old man in his book ◆ **la cruauté était peinte sur ses traits** (fig) his face was a mask of cruelty

2 **se peindre vpr** (= se décrire) to portray o.s. ◆ **Montaigne s'est peint dans "Les Essais"** "Les Essais" are a self-portrayal of Montaigne ◆ **la consternation/le désespoir se peignait sur leur visage** dismay/despair was written on their faces

**peine** [pɛn] → SYN 1 **nf** a (= chagrin) sorrow, sadness (NonC) ◆ **avoir de la peine** to be sad ou upset ◆ **être dans la peine** to be grief-stricken ◆ **faire de la peine à qn** to upset sb, make sb sad, distress sb ◆ **elle m'a fait de la peine et je lui ai donné de l'argent** I felt sorry for her and gave her some money ◆ **je ne voudrais pas te faire de (la) peine, mais ...** I don't want to disappoint you but ... ◆ **avoir des peines de cœur** to have an unhappy love life ◆ **cela fait peine à voir** it hurts to see it ◆ **il faisait peine à voir** he looked a sorry ou pitiful sight; → **âme**

b (= effort) effort, trouble (NonC) ◆ **il faut se donner de la peine, cela demande de la peine** it requires an effort, you have to make an effort ◆ **se donner de la peine pour faire qch** to go to a lot of trouble to do sth ◆ **si tu te mettais seulement en peine d'essayer, si tu te donnais seulement la peine d'essayer** if you would only bother to try ou take the trouble to try ◆ **il ne se donne aucune peine** he just doesn't try ou bother ◆ **donnez-vous** ou **prenez donc la peine d'entrer/de vous asseoir** (formule de politesse) please ou do come in/sit down ◆ **ne vous donnez pas la peine de venir me chercher** please don't bother to come and get me ◆ **c'est peine perdue** it's a waste of time (and effort) ◆ **on lui a donné 50 € pour sa peine** he was given €50 for his trouble ◆ **en être pour sa peine** to get nothing for one's pains ou trouble ◆ **tu as été sage, pour la peine, tu auras un bonbon** here's a sweet for being good ◆ **ne vous mettez pas en peine pour moi** don't go to ou put yourself to any trouble for me ◆ **toute peine mérite salaire** the labourer is worthy of his hire (Prov) any effort should be rewarded ◆ (Prov) **à chaque jour suffit sa peine** sufficient unto the day is the evil thereof (Prov)

♦ **c'est/c'était + peine** ◆ **est-ce que c'est la peine d'y aller ?** is it worth going? ◆ **ce n'est pas la peine de me le répéter** there's no point in repeating that, you've no need to repeat that ◆ **ce n'est pas la peine** don't bother ◆ **c'était bien la peine !** (iro) after all that trouble! ◆ **c'était bien la peine de l'inviter !** ou **qu'on l'invite !** (iro) it was a waste of time inviting him!

♦ **valoir la peine** ◆ **cela vaut la peine** it's worth it, it's worth the trouble ◆ **cela valait la peine d'essayer** it was worth trying ou a try ou a go ◆ **ça vaut la peine qu'il y aille** it's worth it for him to go, it's worth his while going ◆ **cela ne vaut pas la peine d'en parler** (= c'est trop mauvais) it's not worth wasting one's breath over, it's not worth talking about; (= c'est insignifiant) it's hardly ou not worth mentioning

c (= difficulté) difficulty ◆ **il a eu de la peine à finir son repas/la course** he had difficulty finishing his meal/the race ◆ **il a eu de la peine mais il y est arrivé** it wasn't easy (for him) but he managed it ◆ **avoir de la peine à faire** to have difficulty in doing, find it difficult ou hard to do ◆ **j'ai (de la) peine à croire que ...** I find it hard to believe that ..., I can hardly believe that ... ◆ **avec peine** with difficulty ◆ **sans peine** without (any) difficulty, easily ◆ **il n'est pas en peine pour trouver des secrétaires** he has no difficulty ou trouble finding secretaries ◆ **j'ai eu toutes les peines du monde à le convaincre/à démarrer** I had a real job convincing him/getting the car started ◆ **je serais bien en peine de vous le dire/d'en trouver** I'd be hard pushed* ou hard pressed to tell you/to find any

d (= punition) punishment, penalty; (Jur) sentence ◆ **peine capitale** ou **de mort** capital punishment, death sentence ou penalty ◆ **peine de prison** prison sentence ◆ **peine alternative** ou **de substitution** alternative sentence ◆ **sous peine de mort** on pain of death ◆ **"défense d'afficher sous peine d'amende"** "billposters will be fined" ◆ **"défense d'entrer sous peine de poursuites"** "trespassers will be prosecuted" ◆ **la peine n'est pas toujours proportionnée au délit** the punishment does not always fit the crime ◆ **on ne peut rien lui dire, sous peine d'être renvoyé** you daren't ou can't say anything to him for fear of being fired ◆ **pour la** ou **ta peine tu mettras la table** for that you can set the table

2 **à peine loc adv** hardly, scarcely, barely ◆ **il est à peine 2 heures** it's only just 2 o'clock, it's only just turned 2 ◆ **il leur reste à peine de quoi manger** they hardly have any food left ◆ **il gagne à peine de quoi vivre** he hardly earns enough to keep body and soul together ◆ **il parle à peine** [personne silencieuse] he hardly says anything; [enfant] he can hardly ou barely talk ◆ **il était à peine rentré qu'il a dû ressortir** he had only just got in when he had to go out again ◆ **à peine dans la voiture, il s'est endormi** no sooner had he got in the car than he fell asleep ◆ **c'est à peine si on l'entend** you can hardly hear him ◆ **il était à peine aimable** he was barely civil ◆ **celui-ci est à peine plus cher que les autres** this one is hardly any more expensive than the others

**peiner** [pene] → SYN ► conjug 1 ◄ 1 **vi** [personne] to work hard, toil; [moteur] to labour (Brit), labor (US); [voiture, plante] to struggle ◆ **peiner sur un problème** to struggle with a problem ◆ **le coureur peinait dans les derniers mètres** the runner was struggling over the last few metres ◆ **le chien peine quand il fait chaud** the dog suffers when it's hot

2 **vt** to grieve, sadden ◆ **j'ai été peiné de l'apprendre** I was sad to hear it ◆ **... dit-il d'un ton peiné** (gén) ... he said in a sad voice; (vexé) ... he said in a hurt ou an aggrieved tone ◆ **il avait un air peiné** he looked upset

**peint, e** [pɛ̃, pɛ̃t] (ptp de **peindre**)

**peintre** [pɛ̃tʀ] → SYN **nmf** (lit) painter ◆ **peintre en bâtiment** house painter, painter and decorator ◆ **peintre-décorateur** painter and decorator ◆ **c'est un merveilleux peintre de notre société** (écrivain) he paints a marvellous picture of the society we live in

**peintre-graveur,** pl **peintres-graveurs** [pɛ̃tʀ(ə)gʀavœʀ] **nm** (= artiste) engraver

**peinture** [pɛ̃tyʀ] → SYN 1 **nf** a (= action, art) painting ◆ **faire de la peinture (à l'huile/à l'eau)** to paint (in oils/in watercolours)

b (= ouvrage) painting, picture ◆ **vendre sa peinture** to sell one's paintings; → **voir**

c (= surface peinte) paintwork (NonC) ◆ **toutes les peintures sont à refaire** all the paintwork needs re-doing

d (= matière) paint ◆ **"attention à la peinture", "peinture fraîche"** "wet paint" ◆ **donner un coup de peinture à un mur** to give a wall a coat of paint

e (fig) (= action) portrayal; (= résultat) portrait ◆ **c'est une peinture des mœurs de l'époque** it portrays ou depicts the social customs of the period

2 COMP ▷ **peinture abstraite** (NonC) abstract art; (= tableau) abstract (painting) ▷ **peinture acrylique** acrylic paint ▷ **peinture en bâtiment** house painting, painting and decorating ▷ **peinture brillante** gloss paint ▷ **peinture au doigt** fingerpainting ▷ **peinture à l'eau** (= tableau, matière) watercolour (Brit), watercolor (US); (pour le bâtiment) water(-based) paint ▷ **peinture à l'huile** (= tableau) oil painting; (= matière) oil paint; (pour le bâtiment) oil-based paint ▷ **peinture laquée** gloss paint ▷ **peinture mate** matt emulsion (paint) ▷ **peinture métallisée** metallic paint ▷ **peinture murale** mural ▷ **peinture au pinceau** painting with a brush ▷ **peinture au pistolet** spray painting ▷ **peinture au rouleau** roller painting ▷ **peinture satinée** satin-finish paint ▷ **peinture sur soie** silk painting

**peinturer** [pɛ̃tyʀe] → SYN ► conjug 1 ◄ **vt** a (* = mal peindre) to slap paint on

b (Can) to paint

**peinturlurer*** [pɛ̃tyʀlyʀe] ► conjug 1 ◄ **vt** (péj) to daub (with paint) ◆ **peinturlurer qch de bleu** to daub sth with blue paint ◆ **visage peinturluré** painted face ◆ **lèvres peinturlurées en rouge** lips with a slash of red across them ◆ **se peinturlurer le visage** to slap make-up on one's face

**péjoratif, -ive** [peʒɔʀatif, iv] → SYN 1 **adj** derogatory, pejorative

2 **nm** (Ling) pejorative word

**péjoration** [peʒɔʀasjɔ̃] **nf** pejoration

**péjorativement** [peʒɔʀativmɑ̃] **adv** in a derogatory fashion, pejoratively

**pékan** [pekɑ̃] **nm** (Zool) fisher, pekan

**Pékin** [pekɛ̃] **n** Beijing, Peking

**pékin** [pekɛ̃] **nm** (arg Mil) civvy (arg) ◆ **s'habiller en pékin** to dress in civvies ou mufti

**pékinois, e** [pekinwa, waz] 1 **adj** Pekinese

2 **nm** a (= chien) pekinese, peke*

b (Ling) Mandarin (Chinese), Pekinese

3 **Pékinois(e) nm,f** Pekinese

**PEL** [peəɛl] **nm** (abrév de **plan d'épargne logement**) → **plan**[1]

**pelade** [pəlad] → SYN **nf** alopecia

**pelage** [pəlaʒ] → SYN **nm** coat, fur

**pélagianisme** [pelaʒjanism] **nm** Pelagianism

**pélagien, -ienne** [pelaʒjɛ̃, jɛn] **adj, nm,f** Pelagian

**pélagique** [pelaʒik] → SYN **adj** pelagic

**pelagos** [pelagɔs] **nm** pelagic marine life

**pélamide, pélamyde** [pelamid] nf (= poisson) pelamid; (= serpent) sea snake

**pelard** [pəlaʀ] adj m, nm ◆ **(bois) pelard** barked wood

**pélargonium** [pelaʀgɔnjɔm] → SYN nm pelargonium

**pelé, e** [pəle] → SYN (ptp de **peler**) 1 adj personne bald(-headed); animal hairless; vêtement threadbare; terrain, montagne bare

2 nm (* = personne) bald-headed man, baldie ‡ ◆ **il n'y avait que trois** ou **quatre pelés et un tondu** (fig) there was hardly anyone there

**pêle-mêle** [pɛlmɛl] → SYN 1 adv any old how ◆ **ils s'entassaient pêle-mêle dans l'autobus** they piled into the bus any old how ◆ **on y trouvait pêle-mêle des chapeaux, des rubans, des colliers** there were hats, ribbons and necklaces all mixed ou jumbled up together ◆ **un roman où l'on trouve pêle-mêle une rencontre avec Charlemagne, un voyage sur Mars ...** a novel containing a hotchpotch of meetings with Charlemagne, trips to Mars ...

2 nm inv (= cadre) multiple photo frame

**peler** [pəle] → SYN ▸ conjug 5 ◂ vti (gén) to peel ◆ **ce fruit se pèle bien** this fruit peels easily ou is easy to peel ◆ **on pèle (de froid) ici !** ‡ it's damn cold here! ‡, it's bloody freezing here! ‡ (Brit)

**pèlerin** [pɛlʀɛ̃] → SYN nm pilgrim ◆ **(faucon) pèlerin** peregrine falcon ◆ **(requin) pèlerin** basking shark ◆ **criquet pèlerin** migratory locust ◆ **qui c'est ce pèlerin ?** * (= individu) who's that guy? * ou bloke * (Brit)?

**pèlerinage** [pɛlʀinaʒ] → SYN nm (= voyage) pilgrimage ◆ **(lieu de) pèlerinage** place of pilgrimage, shrine ◆ **aller en** ou **faire un pèlerinage à** to go on a pilgrimage to

**pèlerine** [pɛlʀin] → SYN nf cape

**pélican** [pelikɑ̃] nm pelican

**pelisse** [pəlis] nf pelisse

**pellagre** [pelagʀ] nf pellagra

**pellagreux, -euse** [pelagʀø, øz] adj pellagrous

**pelle** [pɛl] → SYN 1 nf a (gén) shovel; [enfant] spade ◆ **ramasser qch à la pelle** to shovel sth up ◆ **on en ramasse** ou **il y en a à la pelle** there are loads of them * ◆ **avoir de l'argent** ou **remuer l'argent à la pelle** to have loads * ou pots * of money ◆ **(se) ramasser** ou **se prendre une pelle** ‡ (= tomber, échouer) to fall flat on one's face, come a cropper * (Brit); (après avoir demandé qch) to be sent packing *; → **rond**

b (‡ = baiser) **rouler une pelle à qn** to give sb a French kiss

2 COMP ▷ **pelle à charbon** coal shovel ▷ **pelle mécanique** mechanical shovel ou digger ▷ **pelle à ordures** dustpan ▷ **pelle à poisson** fish slice ▷ **pelle à tarte** cake ou pie server

**pelle-pioche**, pl **pelles-pioches** [pɛlpjɔʃ] nf pick and shovel

**pellet** [pelɛ] → SYN nm (Méd) pellet

**pelletage** [pɛltaʒ] nm shovelling

**pelletée** [pɛlte] nf shovelful, spadeful ◆ **des pelletées de** masses of

**pelleter** [pɛlte] ▸ conjug 4 ◂ vt to shovel (up)

**pelleterie** [pɛltʀi] → SYN nf (= commerce) fur trade, furriery; (= préparation) fur dressing; (= peau) pelt

**pelleteur** [pɛltœʀ] nm workman *(who does the digging)*

**pelleteuse** [pɛltøz] nf mechanical shovel ou digger, excavator

**pelletier, -ière** [pɛltje, jɛʀ] nm,f furrier

**pelliculage** [pelikylaʒ] nm (Photo) stripping; (Tech) filming

**pelliculaire** [pelikylɛʀ] adj (Sci) pellicular ◆ **shampoing pour état pelliculaire** (anti-)dandruff shampoo

**pellicule** [pelikyl] → SYN nf a (= couche fine) film, thin layer; (Photo) film ◆ **pellicule couleur/noir et blanc** colour/black and white film ◆ **ne gâche pas de la pellicule** don't waste film ◆ **(rouleau de) pellicule** (roll of) film

b (Méd) **pellicules** dandruff (NonC) ◆ **lotion contre les pellicules** dandruff lotion

**pelliculé, e** [pelikyle] adj pochette, couverture de livre plastic-coated

**pelliculer** [pelikyle] ▸ conjug 1 ◂ vt (Photo) to strip; (Tech) to film

**pellucide** [pelysid] → SYN adj pellucid

**péloche** * [pelɔʃ] nf (= film) film; (= rouleau) roll of film

**Péloponnèse** [pelɔpɔnɛz] nm ◆ **le Péloponnèse** the Peloponnese ◆ **la guerre du Péloponnèse** the Peloponnesian War

**pelotage** * [p(ə)lɔtaʒ] nm petting * (NonC)

**pelotari** [p(ə)lɔtaʀi] nm pelota player

**pelote** [p(ə)lɔt] → SYN nf a [laine] ball ◆ **mettre de la laine en pelote** to wind wool into a ball ◆ **faire sa pelote** † to feather one's nest, make one's pile * ◆ **pelote d'épingles** pin cushion ◆ **c'est une vraie pelote d'épingles** (fig) he (ou she) is really prickly; → **nerf**

b (Sport) **pelote (basque)** pelota

c (Zool) **pelote (plantaire)** pad

**peloter** * [p(ə)lɔte] ▸ conjug 1 ◂ vt to feel up *, touch up * ◆ **elle se faisait peloter par Paul** Paul was feeling * ou touching * her up ◆ **arrêtez de me peloter !** stop pawing me! *, keep your hands to yourself! ◆ **ils se pelotaient** they were petting *

**peloteur, -euse** * [p(ə)lɔtœʀ, øz] → SYN 1 adj ◆ **il a des gestes peloteurs** ou **des mains peloteuses** he can't keep his hands to himself

2 nm,f groper * ◆ **c'est un peloteur** he can't keep his hands to himself

**peloton** [p(ə)lɔtɔ̃] → SYN 1 nm a [laine] small ball

b (= groupe) cluster, group; [pompiers, gendarmes] squad; (Mil) platoon; (Sport) pack, bunch

2 COMP ▷ **peloton d'exécution** firing squad ▷ **peloton de tête** (Sport) leaders, leading runners (ou riders etc) ◆ **être dans le peloton de tête** (Sport) to be up with the leaders; (en classe) to be among the top few [pays, entreprise] to be one of the front runners

**pelotonner** [p(ə)lɔtɔne] → SYN ▸ conjug 1 ◂ 1 vt [+ laine] to wind into a ball

2 **se pelotonner** vpr to curl (o.s.) up ◆ **se pelotonner contre qn** to snuggle up to sb, nestle close to sb ◆ **il s'est pelotonné entre mes bras** he snuggled up in my arms

**pelouse** [p(ə)luz] → SYN nf lawn; (Courses) public enclosure; (Ftbl, Rugby) field, ground ◆ **"pelouse interdite"** "keep off the grass"

**pelté, e** [pɛlte] adj peltate

**peluche** [p(ə)lyʃ] nf a (Tex) plush; (= poil) fluff (NonC), bit of fluff ◆ **ce pull fait des peluches** this jumper pills

b **(jouet en) peluche** soft ou cuddly toy ◆ **chien/lapin en peluche** stuffed ou fluffy (Brit) dog/rabbit; → **ours**

**peluché, e** [p(ə)lyʃe] → SYN (ptp de **pelucher**) adj (Tex) plush (épith), fluffy

**pelucher** [p(ə)lyʃe] ▸ conjug 1 ◂ vi (par l'aspect) to pill, go fluffy; (= perdre des poils) to leave fluff

**pelucheux, -euse** [p(ə)lyʃø, øz] adj fluffy

**pelure** [p(ə)lyʀ] → SYN nf a (= épluchure) peel (NonC), peeling, piece of peel; (* hum = manteau) overcoat ◆ **pelure d'oignon** (Bot) onion skin; (= vin) (pale) rosé wine; (= couleur) pinkish orange

b **(papier) pelure** flimsy (paper), copy ou bank paper; (= feuille) flimsy (copy)

**pelvien, -ienne** [pɛlvjɛ̃, jɛn] adj pelvic; → **ceinture**

**pelvigraphie** [pɛlvigʀafi] nf X-ray pelvimetry

**pelvis** [pɛlvis] nm pelvis

**pénal, e,** mpl **-aux** [penal, o] adj responsabilité, enquête, justice, loi criminal ◆ **le droit pénal** criminal law ◆ **poursuivre qn au pénal** to sue sb, take legal action against sb; → **clause, code**

**pénalement** [penalmɑ̃] adv ◆ **être pénalement responsable** to be criminally responsible ◆ **acte pénalement répréhensible** act for which one is liable to prosecution

**pénalisant, e** [penalizɑ̃, ɑ̃t] adj mesure, réforme disadvantageous ◆ **cette réglementation est très pénalisante pour notre industrie** this regulation puts our industry at a serious disadvantage ou severely penalizes our industry

**pénalisation** [penalizasjɔ̃] → SYN nf a (Sport) (= action) penalization; (= sanction) penalty ◆ **points de pénalisation** penalty points ◆ **cette mesure prévoit la pénalisation financière de certains produits polluants** this measure makes provision for imposing financial penalties ou sanctions against certain products that cause pollution

b (Jur) [usage, pratique] criminalization

**pénaliser** [penalize] ▸ conjug 1 ◂ vt [+ contrevenant, faute, joueur] to penalize; (= défavoriser) to penalize, put at a disadvantage ◆ **ils ont été lourdement pénalisés par cette mesure** they were severely penalized by this measure

**pénaliste** [penalist] nmf criminal lawyer

**pénalité** [penalite] nf (Fin, Sport = sanction) penalty ◆ **pénalité de retard** (Fin) late payment penalty; (pour retard de livraison) late delivery penalty ◆ **coup de pied de pénalité** (Ftbl, Rugby) penalty (kick) ◆ **il a marqué sur un coup de pénalité** he scored from a penalty

**penalty** [penalti], pl **penalties** [penaltiz] nm (Ftbl) (= coup de pied) penalty (kick); (= sanction) penalty ◆ **marquer sur penalty** to score a penalty goal ou from a penalty ◆ **tirer un penalty** to take a penalty (kick) ◆ **siffler le** ou **un penalty** to award a penalty ◆ **point de penalty** (= endroit) penalty spot

**pénard, e** * [penaʀ, aʀd] adj ⇒ **peinard, e**

**pénates** [penat] → SYN nmpl (Myth) Penates; (fig hum) home ◆ **regagner ses pénates** to go back home ◆ **installer ses pénates quelque part** to settle down somewhere

**penaud, e** [pəno, od] → SYN adj sheepish, contrite ◆ **d'un air penaud** sheepishly, contritely ◆ **il en est resté tout penaud** he became quite sheepish ou contrite

**pence** [pɛns] nmpl pence

**penchant** [pɑ̃ʃɑ̃] → SYN nm (= tendance) tendency, propensity (*à faire* to do); (= faible) liking, fondness (*pour qch* for sth) ◆ **avoir un penchant à faire qch** to be inclined ou have a tendency to do sth ◆ **avoir un penchant pour qch** to be fond of ou have a liking ou fondness for sth ◆ **avoir un penchant pour la boisson** to be partial to a drink ◆ **avoir du penchant pour qn** (littér) to be in love with sb ◆ **le penchant qu'ils ont l'un pour l'autre** the fondness they have for each other ◆ **mauvais penchants** baser instincts

**penché, e** [pɑ̃ʃe] (ptp de **pencher**) adj tableau lop-sided; mur sloping; poteau, arbre, colonne leaning; écriture sloping, slanting; tête tilted (to one side) ◆ **le corps penché en avant/en arrière** leaning forward/back(ward) ◆ **être penché sur ses livres** [personne] to be bent over one's books; → **tour¹**

**pencher** [pɑ̃ʃe] → SYN ▸ conjug 1 ◂ 1 vt [+ meuble, bouteille] to tip up, tilt ◆ **pencher son assiette** to tip one's plate up ◆ **pencher la tête** (en avant) to bend one's head forward; (sur le côté) to tilt one's head

2 vi a (= être incliné) [mur, arbre] to lean; [navire] to list; [objet en déséquilibre] to tilt, tip (to one side) ◆ **le tableau penche un peu de ce côté** the picture is leaning to this side, this side of the picture is lower than the other ◆ **faire pencher la balance** (fig) to tip the scales (*en faveur de* in favour of)

b (= être porté à) **je penche pour la première hypothèse** I'm inclined to favour the first hypothesis ◆ **je penche à croire qu'il est sincère** I'm inclined to believe he's sincere

3 **se pencher** vpr a (= s'incliner) to lean over; (= se baisser) to bend down ◆ **se pencher en avant** to lean forward ◆ **se pencher par-dessus bord** to lean overboard ◆ **se pencher sur un livre** to bend over a book ◆ **"défense de se pencher au dehors** ou **par la fenêtre"** "do not lean out of the window"

b (= examiner) **se pencher sur un problème/cas** to look into ou study a problem/case ◆ **se pencher sur les malheurs de qn** to turn one's attention to sb's misfortunes

**pendable** [pɑ̃dabl] → SYN adj → **cas, tour²**

**pendaison** [pɑ̃dɛzɔ̃] nf hanging ◆ **pendaison de crémaillère** house warming, house-warming party

**pendant¹, e** [pɑ̃dɑ̃, ɑ̃t] → SYN adj a (= qui pend) bras, jambes hanging, dangling; langue hanging out (attrib); joue sagging; oreilles drooping; (Jur) fruits on the tree (attrib) ◆ **ne reste pas là les bras pendants** don't just stand there (doing nothing) ◆ **assis sur le mur les jambes pendantes** sitting on the wall with his legs hanging down ◆ **le chien haletait la langue pendante** the dog was panting with its tongue hanging out ◆ **chien aux oreilles pendantes** dog with drooping ears, lop-eared dog ◆ **les branches pendantes du saule** the hanging ou drooping branches of the willow

**b** (Admin = en instance) question outstanding, in abeyance (attrib); affaire pending (attrib); (Jur) procès pending (attrib)

**pendant**[2] [pɑ̃dɑ̃] → SYN nm **a** (= objet) **pendant (d'oreille)** drop earring, pendant earring ◆ **pendant d'épée** frog

**b** (= contrepartie) **le pendant de** [+ œuvre d'art, meuble] the matching piece to; [+ personne, institution] the counterpart of ◆ **faire pendant à** to match, be the counterpart of ◆ **se faire pendant** to match ◆ **j'ai un chandelier et je cherche le pendant** I've got a candlestick and I'm looking for one to match it ou and I'm trying to make up a pair

**pendant**[3] [pɑ̃dɑ̃] → SYN **1** prép (= au cours de) during; (indique la durée) for ◆ **pendant la journée/son séjour** during the day/his stay ◆ **pendant ce temps Paul attendait** during this time ou meanwhile Paul was waiting ◆ **qu'est-ce qu'il faisait pendant ce temps-là ?** what was he doing during that time? ou in the meantime? ◆ **à prendre pendant le repas** [médicament] to be taken at mealtimes ou with meals ◆ **on a marché pendant des kilomètres** we walked for miles ◆ **il a vécu en France pendant plusieurs années** he lived in France for several years ◆ **pendant quelques mois, il n'a pas pu travailler** for several months he was unable to work ◆ **on est resté sans nouvelles de lui pendant longtemps** we had no news from him for a long time ◆ **pendant un moment on a cru qu'il ne reviendrait pas** for a while we thought he would not return ◆ **avant la guerre et pendant** before and during the war

**2 pendant que** loc conj while, whilst (frm) ◆ **pendant qu'elle se reposait, il écoutait la radio** while she was resting he would listen to the radio ◆ **pendant que vous serez à Paris, pourriez-vous aller le voir ?** while you're in Paris could you go and see him? ◆ **pendant que j'y pense, n'oubliez pas de fermer la porte à clé** while I think of it, don't forget to lock the door ◆ **arrosez le jardin et, pendant que vous y êtes, arrachez les mauvaises herbes** water the garden and do some weeding while you're at ou about it ◆ **finissez le plat pendant que vous y êtes !** (iro) why don't you eat it all (up) while you're at it! (iro) ◆ **dire que des gens doivent suivre un régime pendant que des enfants meurent de faim** to think that some people have to go on a diet while there are children dying of hunger

**pendard, e** †† [pɑ̃daʀ, aʀd] → SYN nm,f (hum) scoundrel

**pendeloque** [pɑ̃d(ə)lɔk] → SYN nf [boucles d'oreilles] pendant; [lustre] lustre, pendant

**pendentif** [pɑ̃dɑ̃tif] nm (= bijou) pendant; (Archit) pendentive

**penderie** [pɑ̃dʀi] → SYN nf (= meuble) wardrobe *(with hanging space only)*; (= barre) clothes rail ◆ **le placard du couloir nous sert de penderie** we hang our clothes in the hall cupboard (Brit) ou closet (US) ◆ **le côté penderie de l'armoire** the part of the wardrobe you hang things in

**pendiller** [pɑ̃dije] → SYN ▸ conjug 1 ◂ vi [clés, boucles d'oreilles, corde] to dangle; [linge] to flap gently

**Pendjab** [pɛ̃dʒab] nm ◆ **le Pendjab** the Punjab

**pendoir** [pɑ̃dwaʀ] nm meat hook

**pendouiller** * [pɑ̃duje] ▸ conjug 1 ◂ vi to dangle, hang down

**pendre** [pɑ̃dʀ] ▸ conjug 41 ◂ **1** vt **a** [+ rideau] to hang, put up (à at); [+ tableau, manteau] to hang (up) (à on); [+ lustre] to hang (up) (à from) ◆ **pendre le linge pour le faire sécher** (dans la maison) to hang up the washing to dry; (dehors) to hang out the washing to dry ◆ **pendre la crémaillère** to have a house-warming party ou a house warming

**b** [+ criminel] to hang ◆ **pendre qn haut et court** (Hist) to hang sb ◆ **qu'il aille se faire pendre ailleurs !** * he can go hang! *, he can take a running jump! * ◆ **je veux être pendu si ...** I'll be damned * ou hanged if ... ◆ **dussé-je être pendu, je ne dirais jamais cela !** I wouldn't say that even if my life depended on it!; → **pis**[2]

**2** vi **a** (= être suspendu) to hang (down) ◆ **des fruits pendaient aux branches** there was fruit hanging from the branches ◆ **cela lui pend au nez** * he's got it coming to him *

**b** [bras, jambes] to dangle; [joue] to sag; [langue] to hang out; [robe] to dip, hang down; [cheveux] to hang down ◆ **un lambeau de papier pendait** a strip of wallpaper was hanging off ◆ **laisser pendre ses jambes** to dangle one's legs

**3 se pendre** vpr **a** (= se tuer) to hang o.s.

**b** (= se suspendre) **se pendre à une branche** to hang from a branch ◆ **se pendre au cou de qn** to throw one's arms round sb ou sb's neck

**pendu, e** [pɑ̃dy] (ptp de **pendre**) **1** adj **a** (= accroché) hung up, hanging up ◆ **pendu à** (lit) hanging from ◆ **être toujours pendu aux basques de qn** (fig) to keep pestering sb ◆ **il est toujours pendu aux jupes** ou **jupons de sa mère** he's always clinging to his mother's skirts, he's still tied to his mother's apron strings ◆ **pendu au bras de qn** holding on to sb's arm ◆ **elle est toujours pendue au téléphone** she spends all her time on the phone ◆ **ça fait deux heures qu'il est pendu au téléphone** he's been on the phone for two hours; → **langue**

**b** (= mort) hanged

**2** nm,f hanged man (ou woman) ◆ **le (jeu du) pendu** hangman ◆ **jouer au pendu** to play hangman

**pendulaire** [pɑ̃dylɛʀ] adj pendular ◆ **train pendulaire** tilting train

**pendule** [pɑ̃dyl] → SYN **1** nf clock ◆ **pendule à coucou** cuckoo clock ◆ **remettre les pendules à l'heure** * (fig) to set the record straight ◆ **tu ne vas pas nous en chier** *** **une pendule (à treize coups) !** you're not going to make a fucking *** song and dance about it, are you?

**2** nm pendulum ◆ **pendule astronomique** pendulum clock ◆ **faire un pendule** [alpiniste] to do a pendule ou a pendulum

**penduler** [pɑ̃dyle] ▸ conjug 1 ◂ vi [alpiniste] to do a pendule ou a pendulum

**pendulette** [pɑ̃dylɛt] nf small clock ◆ **pendulette de voyage** travelling clock

**pêne** [pɛn] → SYN nm [serrure] bolt ◆ **pêne dormant** dead bolt ◆ **pêne demi-tour** latch ou spring bolt

**Pénélope** [penelɔp] nf Penelope ◆ **c'est un travail de Pénélope** it's a never-ending task

**pénéplaine** [peneplɛn] nf peneplain, peneplane

**pénétrabilité** [penetʀabilite] nf penetrability

**pénétrable** [penetʀabl] → SYN adj endroit penetrable ◆ **difficilement pénétrable** barely ou scarcely penetrable

**pénétrant, e** [penetʀɑ̃, ɑ̃t] → SYN **1** adj **a** pluie drenching; froid biting, bitter; odeur penetrating, pervasive; crème penetrating; (Phys Nucl) radiations, rayons penetrating

**b** regard penetrating, searching, piercing; esprit penetrating, keen, shrewd; analyse, remarque penetrating, shrewd; charme irresistible

**2 pénétrante** nf urban motorway (Brit) ou freeway (US) *(linking centre of town to intercity routes)*

**pénétration** [penetʀasjɔ̃] → SYN nf **a** (= action) penetration ◆ **force de pénétration** (Mil) force of penetration ◆ **la pénétration des idées nouvelles** the establishment ou penetration of new ideas

**b** (= sagacité) penetration, perception

**c** (Comm) penetration ◆ **taux de pénétration** penetration rate

**d** (sexuelle) penetration

**pénétré, e** [penetʀe] → SYN (ptp de **pénétrer**) adj ◆ **être pénétré de son importance** ou **de soi-même** to be full of self-importance, be imbued (frm) with a sense of one's own importance ◆ **pénétré de l'importance de son rôle** imbued (frm) with a sense of the importance of his role ◆ **orateur pénétré de son sujet** speaker totally engrossed in his subject ◆ **il est pénétré de l'idée que ...** he is deeply convinced that ... ◆ **pénétré de reconnaissance** full of gratitude ◆ **écouter qch d'un air pénétré** to listen to sth with solemn intensity

**pénétrer** [penetʀe] → SYN ▸ conjug 6 ◂ **1** vi **a** [personne, véhicule] **pénétrer dans** [+ lieu] to enter; [+ groupe, milieu] to penetrate ◆ **personne ne doit pénétrer ici** nobody must be allowed to enter ◆ **pénétrer chez qn par la force** to force an entry ou one's way into sb's home ◆ **les envahisseurs/les troupes ont pénétré dans le pays** the invaders/the troops have entered the country ◆ **il est difficile de pénétrer dans les milieux de la finance** it is hard to penetrate financial circles ◆ **faire pénétrer qn dans une pièce** to show sb into a room ◆ **des voleurs ont pénétré dans la maison en son absence** thieves broke into his house while he was away ◆ **l'habitude n'a pas encore pénétré dans les mœurs** the habit hasn't established itself yet ◆ **faire pénétrer une idée dans la tête de qn** to instil an idea in sb, get an idea into sb's head

**b** [soleil] to shine ou come in; [vent] to blow ou come in; [air, liquide, insecte] to come ou get in ◆ **pénétrer dans** to shine ou come ou blow into, to get into ◆ **la lumière pénétrait dans la cellule (par une lucarne)** light came into ou entered the cell (through a skylight) ◆ **le liquide pénètre à travers une membrane** the liquid comes ou penetrates through a membrane ◆ **la fumée/l'odeur pénètre par tous les interstices** the smoke/the smell comes ou gets in through all the gaps ◆ **faire pénétrer de l'air (dans)** to let fresh air in(to)

**c** (en s'enfonçant) **pénétrer dans** [crème, balle, verre] to penetrate; [aiguille] to go in, penetrate; [habitude] to make its way into; [huile, encre] to soak into ◆ **ce vernis pénètre dans le bois** this varnish soaks into the wood ◆ **faire pénétrer une crème (dans la peau)** to rub a cream in(to the skin)

**2** vt **a** (= percer) [froid, air] to penetrate; [odeur] to spread through, fill; [liquide] to penetrate, soak through; [regard] to penetrate, go through ◆ **le froid les pénétrait jusqu'aux os** the cold cut ou went right through them

**b** (= découvrir) [+ mystère, secret] to penetrate, fathom; [+ intentions, idées, plans] to penetrate, fathom, perceive ◆ **il est difficile à pénétrer** it is difficult to fathom him

**c** (= remplir) **son sang-froid me pénètre d'admiration** his composure fills me with admiration ◆ **le remords pénétra sa conscience** he was filled with remorse, he was conscience-stricken ◆ **il se sentait pénétré de pitié/d'effroi** he was filled with pity/with fright

**d** (Comm) [+ marché] to penetrate, break into

**e** (sexuellement) to penetrate

**3 se pénétrer** vpr **a se pénétrer d'une idée** to get an idea firmly fixed ou set in one's mind ◆ **s'étant pénétré de l'importance de sa mission** firmly convinced of the importance of his mission ◆ **il faut bien vous pénétrer du fait que ...** you must be absolutely clear in your mind that ou have it firmly in your mind that ... ◆ **j'ai du mal à me pénétrer de l'utilité de tout cela** I find it difficult to convince myself of the usefulness of all this

**b** (= s'imbiber) **se pénétrer d'eau/de gaz** to become permeated with water/with gas

**pénétromètre** [penetʀɔmɛtʀ] nm penetrometer

**pénibilité** [penibilite] nf hardness

**pénible** [penibl] → SYN adj **a** (= fatigant, difficile) travail, voyage, ascension hard; personne tiresome ◆ **pénible à lire** hard ou difficult to read ◆ **les derniers kilomètres ont été pénibles (à parcourir)** the last few kilometres were heavy going ou hard going ◆ **l'hiver a été pénible** it's been a hard winter, the winter has been unpleasant ◆ **tout effort lui est pénible** any effort is difficult for him, he finds it hard to make the slightest effort ◆ **il est vraiment pénible** [enfant] he's a real nuisance; [adulte] he's a real pain in the neck * ◆ **sa façon de parler est vraiment pénible !** he's got a really irritating way of speaking!

**b** (= douloureux) sujet, séparation, moment, maladie painful (à to); nouvelle, spectacle sad, painful; respiration laboured (Brit), labored

(US) ◆ **la lumière violente lui est pénible** bright light hurts his eyes ◆ **ce bruit est pénible à supporter** this noise is unpleasant ou painful to listen to ◆ **il m'est pénible de constater/d'avoir à vous dire que ...** I'm sorry to find/to have to tell you that ...

**péniblement** [penibləmɑ̃] [→ SYN] adv (= difficilement) with difficulty; (= tristement) painfully; (= tout juste) only just

**péniche** [peniʃ] [→ SYN] nf (= bateau) barge ◆ **péniche de débarquement** (Mil) landing craft ◆ **il a une vraie péniche** * (= grosse voiture) he's got a great tank of a car ◆ **tu as vu ses péniches !** * (= grands pieds) did you see the size of his feet!

**pénichette** [peniʃɛt] nf small barge

**pénicillé, e** [penisile] adj penicillate

**pénicillinase** [penisilinaz] nf penicillinase

**pénicilline** [penisilin] nf penicillin

**pénicillium** [penisiljɔm] nm penicillium

**pénicillorésistant, e** [penisilɔʀezistɑ̃, ɑ̃t] adj resistant to penicillin

**pénien, -ienne** [penjɛ̃, jɛn] adj artère, étui penile

**pénil** [penil] nm mons veneris

**péninsulaire** [penɛ̃sylɛʀ] adj peninsular

**péninsule** [penɛ̃syl] [→ SYN] nf peninsula ◆ **la péninsule Ibérique** the Iberian Peninsula ◆ **la péninsule Balkanique** the Balkan Peninsula

**pénis** [penis] [→ SYN] nm penis

**pénitence** [penitɑ̃s] [→ SYN] nf **a** (Rel) (= repentir) penitence; (= peine, sacrement) penance ◆ **faire pénitence** to repent (*de* of) ◆ **pour votre pénitence** as a penance
**b** (gén, Scol = châtiment) punishment ◆ **infliger une pénitence à qn** to punish sb ◆ **mettre un enfant en pénitence** to make a child stand in the corner ◆ **pour ta pénitence** as a punishment (to you)
**c** [jeux] forfeit

**pénitencier** [penitɑ̃sje] [→ SYN] nm **a** (= prison) prison, penitentiary (US)
**b** (Rel) penitentiary

**pénitent, e** [penitɑ̃, ɑ̃t] [→ SYN] adj, nm,f penitent

**pénitentiaire** [penitɑ̃sjɛʀ] [→ SYN] adj penitentiary, prison (épith) ◆ **établissement pénitentiaire** penal establishment, prison; → **colonie**

**pénitential, e,** mpl **-aux** [penitɑ̃sjal, jo] adj ◆ **psaumes pénitentiaux** Penitential Psalms

**pénitentiel, -ielle** [penitɑ̃sjɛl] adj, nm penitential

**pennage** [penaʒ] nm plumage

**penne** [pɛn] [→ SYN] nf (Zool) large feather, penna (SPÉC); [flèche] flight

**penné, e** [pene] adj (Bot) pinnate(d), pennate

**penniforme** [penifɔʀm] adj (Bot) pinnate(d), pennate

**Pennine** [penin] **1** adj f ◆ **la chaîne Pennine** the Pennine Chain ou Range
**2 Pennines** nfpl ◆ **les Pennines** the Pennines

**pennon** [penɔ̃] nm (Archéol) pennon

**Pennsylvanie** [pɛnsilvani] nf Pennsylvania

**penny,** pl **pennies** [peni] nm penny

**pénologie** [penɔlɔʒi] nf penology

**pénombre** [penɔ̃bʀ] [→ SYN] nf (= faible clarté) half-light, shadowy light; (= obscurité) darkness; (Astron) penumbra ◆ **ses yeux s'étaient habitués à la pénombre** his eyes had got accustomed to the dark ◆ **demeurer dans la pénombre** (fig) to stay in the background

**penon** [pənɔ̃] nm (Naut) dogvane, telltale

**pensable** [pɑ̃sabl] adj thinkable ◆ **ce n'est pas pensable** it's unthinkable

**pensant, e** [pɑ̃sɑ̃, ɑ̃t] [→ SYN] adj thinking

**pense-bête,** pl **pense-bêtes** [pɑ̃sbɛt] [→ SYN] nm (gén) reminder; (= objet) note ou memo board

**pensée¹** [pɑ̃se] [→ SYN] nf **a** (= ce que l'on pense) thought ◆ **sans déguiser sa pensée** without hiding one's thoughts ou feelings ◆ **je l'ai fait dans la seule pensée de vous être utile** I only did it thinking it would help you, my only thought in doing it was to help you ◆ **recevez mes plus affectueuses pensées** with fondest love ◆ **saisir/deviner les pensées de qn** to grasp/guess sb's thoughts ou what sb is thinking (about) ◆ **plongé dans ses pensées** deep in thought ◆ **avoir une pensée pour qn** to think of sb ◆ **j'ai eu une pensée émue pour toi** (hum) I spared a thought for you (hum) ◆ **si vous voulez connaître le fond de ma pensée** if you want to know what I really think (about it) ou how I really feel about it ◆ **aller jusqu'au bout de sa pensée** (= raisonner) to carry one's line of thought through to its conclusion; (= dire ce qu'on pense) to say what's on one's mind ◆ **à la pensée de faire qch** at the thought of doing sth ◆ **à la pensée que ...** to think that ..., when one thinks that ...
**b** (= faculté, fait de penser) thought ◆ **la dignité de l'homme est dans la pensée** human dignity lies in man's capacity for thought ◆ **arrêter sa pensée sur qch** (littér) to pause to think about sth
**c** (= manière de penser) thinking ◆ **pensée claire/obscure** clear/muddled thinking
**d** (= esprit) thought, mind ◆ **venir à la pensée de qn** to occur to sb ◆ **se représenter qch par la pensée** ou **en pensée** to imagine sth in one's mind, conjure up a mental picture of sth ◆ **transportons-nous par la pensée au XVIᵉ siècle** let's imagine ourselves back in the 16th century ◆ **j'ai essayé de chasser ce souvenir de ma pensée** I tried to banish this memory from my mind
**e** (= doctrine) thought, thinking ◆ **la pensée unique** (péj Pol) *doctrinaire approach to government exclusively based on market forces and liberalism* ◆ **la pensée marxiste** Marxist thinking ou thought ◆ **la pensée de cet auteur est difficile à comprendre** it is difficult to understand what this author is trying to say
**f** (= maxime) thought ◆ **les pensées de Pascal** the thoughts of Pascal

**pensée²** [pɑ̃se] nf (Bot) pansy ◆ **pensée sauvage** wild pansy

**penser** [pɑ̃se] GRAMMAIRE ACTIVE 1.1, 6.1, 8.1, 8.2, 26.2 [→ SYN] ► conjug 1 ◄
**1** vi **a** (= réfléchir) to think ◆ **façon de penser** way of thinking ◆ **une nouvelle qui donne** ou **laisse à penser** a piece of news which makes you (stop and) think ou which gives (you) food for thought ◆ **penser tout haut** to think aloud ou out loud
**b penser à** [+ ami] to think of ou about; [+ problème, offre] to think about ou over, turn over in one's mind ◆ **pensez donc à ce que vous dites** just think about what you're saying ◆ **penser aux autres/aux malheureux** to think of others/of those who are unhappy ◆ **vous pensez à quelqu'un de précis pour ce travail ?** do you have anyone in particular in mind for this job? ◆ **tu vois à qui/à quoi je pense ?** you see who/what I'm thinking of? ◆ **faire penser à** to make one think of, remind one of ◆ **cette mélodie fait penser à Debussy** this tune reminds you of Debussy ou is reminiscent of Debussy ◆ **il ne pense qu'à jouer** playing is all he ever thinks about ◆ **pensez-y avant d'accepter** think it over ou give it some thought before you accept ◆ **j'ai bien autre chose à penser** * I've got other things on my mind ◆ **il ne pense qu'à ça** * (hum) he's got a one-track mind * ◆ **il lui a donné un coup de pied où je pense** * he kicked him you know where * ◆ **faire/dire qch sans y penser** to do/say sth without thinking (about it) ◆ **n'y pensons plus !** let's forget it! ◆ **c'est simple mais il fallait y penser** it's simple when you know how ◆ **mais j'y pense, c'est aujourd'hui, l'anniversaire de Lisa !** I've just remembered, it's Lisa's birthday today! ◆ **ça me fait penser qu'il ne m'a toujours pas répondu** that reminds me that he still hasn't replied
**c penser à** (= prévoir) to think of; (= se souvenir de) to remember ◆ **il pense à tout** he thinks of everything ◆ **penser à l'avenir/aux conséquences** to think of the future/of the consequences ◆ **a-t-il pensé à rapporter du pain ?** did he think of bringing ou did he remember to bring some bread? ◆ **pense à l'anniversaire de ta mère** remember ou don't forget your mother's birthday ◆ **fais m'y penser** remind me (about that), don't let me forget ◆ **il suffisait d'y penser** it was just a matter of thinking of it ◆ **voyons, pense un peu au danger !** just think of ou consider the danger!
**d** (LOC excl) **il vient ? – penses-tu !** ou **pensez-vous !** is he coming? — is he heck! (Brit) * ou you must be joking! * ◆ **tu penses !** ou **vous pensez ! je le connais trop bien pour le croire** not likely! * I know him too well to believe him ◆ **il va accepter ? – je pense bien !** will he accept? — of course he will! ou I should think so! ou I should think he will! ◆ **mais vous n'y pensez pas, c'est bien trop dangereux !** don't even think about it, it's much too dangerous! ◆ **tu penses que je vais lui dire !** * you bet I'll tell him! *
**2** vt **a** (= avoir une opinion) to think (*de* of, about) ◆ **penser du bien/du mal de qch/qn** to have a high/poor opinion of sth/sb ◆ **que pense-t-il du film ?** what does he think of the film? ◆ **que pensez-vous de ce projet ?** what do you think ou how do you feel about this plan? ◆ **il est difficile de savoir ce qu'il pense** it's difficult to know what he's thinking ◆ **je pense comme toi** I agree with you ◆ **je ne dis rien mais je n'en pense pas moins** I am not saying anything but that doesn't mean that I don't have an opinion ◆ **que penseriez-vous d'un voyage à Rome ?** what would you say to ou how would you fancy ou how about a trip to Rome?
**b** (= supposer) to think, suppose, believe; (= imaginer) to think, expect, imagine ◆ **il n'aurait jamais pensé qu'elle ferait cela** he would never have thought ou imagined ou dreamt she would do that, he would never have expected her to do that ◆ **quand on lui dit musique, il pense ennui** when you mention the word music to him, his only thought is that it's boring ◆ **je pense que non** I don't think so, I think not (frm) ◆ **je pense que oui** I think so ◆ **ce n'est pas si bête qu'on le pense** it's not such a silly idea as you might think ou suppose ◆ **pensez-vous qu'il viendra ?** ou **viendra ?** do you think he'll come?, are you expecting him to come? ◆ **je vous laisse à penser s'il était content** you can imagine how pleased he was ◆ **pensez (qu')il est encore si jeune !** to think that he's still so young! ◆ **ils pensent avoir trouvé une maison** they think they've found a house ◆ **c'est bien ce que je pensais !** I thought as much!, just as ou what I thought! ◆ **vous pensez bien qu'elle a refusé** you can well imagine (that) she refused, as you may well expect, she refused ◆ **j'ai pensé mourir/m'évanouir** I thought I was going to die/faint ◆ **tout laisse à penser qu'elle l'a quitté** there is every indication that she has left him
**c penser faire** (= avoir l'intention de) to be thinking of doing, consider doing; (= espérer) to hope to do ◆ **il pense partir jeudi** he's thinking of going on Thursday ◆ **elle pense arriver demain** she's hoping ou expecting to arrive tomorrow
**d** (= concevoir) [+ problème, projet, machine] to think out ◆ **c'est bien/fortement pensé** it's well/very well thought out
**3** nm (littér) thought

**penseur** [pɑ̃sœʀ] [→ SYN] **1** nm thinker; → **libre**
**2** adj m † thoughtful

**pensif, -ive** [pɑ̃sif, iv] [→ SYN] adj thoughtful, pensive ◆ **il était tout pensif** he was lost in thought ◆ **d'un air pensif** pensively, thoughtfully

**pension** [pɑ̃sjɔ̃] [→ SYN] **1** nf **a** (= allocation) pension ◆ **pension de guerre** war pension ◆ **pension d'invalidité** disablement pension ◆ **pension de retraite** old age pension, retirement pension ◆ **pension réversible** ou **de réversion** survivor's ou reversion pension, reversionary annuity ◆ **toucher sa pension** to draw one's pension
**b** (= hôtel) boarding house; [chats] cattery; [chiens] (boarding) kennels; [chevaux] livery (stables) ◆ **mettre en pension** [+ chien] to put in kennels; [+ cheval] to put in livery (stables) ◆ **son poney est en pension** her pony's at livery
**c** (Scol) (boarding) school ◆ **mettre qn/être en pension** to send sb to/be at boarding school
**d** (= hébergement) [personne] board and lodging, bed and board ◆ **la pension coûte 60 € par jour** board and lodging is €60 a day ◆ **être en pension chez qn** to board with sb ou at sb's ◆ **prendre pension chez qn** (lit) to take board and lodging at sb's; (hum) to take up residence at sb's ◆ **prendre qn en pension** to take sb (in) as a lodger, board sb ◆ **chambre sans pension** room *(with no meals pro-*

*vided)* ◆ **chambre avec pension complète** full board ◆ **avoir en pension** (hum) [+ chat, chien] to look after

**c** (Fin) **taux de prise en pension** repurchase rate

**2** COMP ▷ **pension alimentaire** [étudiant] living allowance; [divorcée] alimony, maintenance allowance ▷ **pension de famille** ≈ boarding house

**pensionnaire** [pɑ̃sjɔnɛʀ] → SYN nmf (Scol) boarder; [famille] lodger; [hôtel] resident; [sanatorium] patient; [Comédie-Française] *salaried actor having no share in the profits*

**pensionnat** [pɑ̃sjɔna] → SYN nm (boarding) school

**pensionné, e** [pɑ̃sjɔne] (ptp de **pensionner**) **1** adj who gets ou draws a pension

**2** nm,f pensioner

**pensionner** [pɑ̃sjɔne] → SYN ▸ conjug 1 ◂ vt to give a pension to

**pensivement** [pɑ̃sivmɑ̃] adv pensively, thoughtfully

**pensum** † [pɛ̃sɔm] → SYN nm (Scol) punishment, lines (Brit); (fig) chore

**pentacle** [pɛ̃takl] nm pentagram, pentacle

**pentacrine** [pɛ̃takʀin] nm pentacrinite

**pentadactyle** [pɛ̃tadaktil] adj pentadactyl

**pentaèdre** [pɛ̃taɛdʀ] **1** adj pentahedral

**2** nm pentahedron

**pentagonal, e,** mpl **-aux** [pɛ̃tagɔnal, o] adj pentagonal

**pentagone** [pɛ̃tagɔn] nm pentagon ◆ **le Pentagone** (Mil) the Pentagon

**pentamètre** [pɛ̃tamɛtʀ] adj, nm pentameter

**pentane** [pɛ̃tan] nm pentane

**Pentateuque** [pɛ̃tatøk] nm Pentateuch

**pentathlon** [pɛ̃tatlɔ̃] nm pentathlon

**pentathlonien, -ienne** [pɛ̃tatlɔnjɛ̃, jɛn] nm,f pentathlete

**pentatome** [pɛ̃tatɔm] nm ou f pentatomid

**pentatonique** [pɛ̃tatɔnik] adj pentatonic

**pente** [pɑ̃t] → SYN nf **a** (gén) slope ◆ **la pente d'un toit** the pitch ou slope of a roof ◆ **pente à 4%** [route] gradient of 1 in 25, 4% gradient ou incline (US)

◆ **en pente** toit sloping; allée, pelouse on a slope (attrib) ◆ **de petites rues en pente raide** steep little streets ◆ **garé dans une rue en pente** parked on a slope ◆ **être en pente douce/raide** to slope (down) gently/steeply

**b** (LOC) **être sur une** ou **la mauvaise pente** to be going downhill, be on a downward path ◆ **remonter la pente** (fig) to get back on one's feet again, fight one's way back again ◆ **être sur une pente glissante** ou **dangereuse** ou **savonneuse** (fig) to be on a slippery slope (fig) ◆ **suivre sa pente naturelle** to follow one's natural bent ou inclination; → **dalle, rupture**

**Pentecôte** [pɑ̃tkot] nf **a** (Rel = dimanche) Whit Sunday, Pentecost, Whitsun; (= période) Whit(suntide) ◆ **lundi de Pentecôte** Whit Monday ◆ **de la Pentecôte** Pentecostal, Whit (épith)

**b** (= fête juive) Pentecost

**pentecôtisme** [pɑ̃tkotism] nm Pentecostalism

**pentecôtiste** [pɑ̃tkotist] **1** adj personne Pentecostalist; église Pentecostal

**2** nmf Pentecostalist

**penthiobarbital** [pɛ̃tjobaʀbital] nm thiopentone sodium, Sodium Pentothal

**penthode** [pɛ̃tɔd] nf ⇒ **pentode**

**penthotal** ® [pɛ̃tɔtal] nm Pentothal ®

**pentode** [pɛ̃tɔd] nf pentode

**pentose** [pɛ̃toz] nm pentose

**pentu, e** [pɑ̃ty] adj sloping

**penture** [pɑ̃tyʀ] → SYN nf [volet, porte] strap hinge

**pénultième** [penyltjɛm] → SYN **1** adj penultimate

**2** nf penultimate (syllable)

**pénurie** [penyʀi] → SYN nf shortage ◆ **pénurie de** shortage ou lack of ◆ **pénurie de main-d'œuvre/sucre** labour/sugar shortage ◆ **on ne peut guère qu'organiser la pénurie** we must just make the best of a bad job * ou the best of what we've got

**people** [pipəl] adj inv ◆ **magazine people** celebrity magazine ◆ **émission people** programme with celebrity guests

**PEP** [pɛp] nm (abrév de **plan d'épargne populaire**) → **plan**[1]

**pep** * [pɛp] nm (= dynamisme) pep *, liveliness ◆ **elle a du pep** she's full of pep * ou beans * (Brit) ◆ **ça m'a donné un coup de pep !** that pepped * me up! ou gave me a boost!

**pépé** * [pepe] nm grandad *, grandpa *

**pépée** ‡ [pepe] nf (= fille) girl, chick ‡ (US)

**pépère** * [pepɛʀ] **1** nm **a** (= pépé) grandad *, grandpa * ◆ **un petit pépère** a little old man

**b** **un gros pépère** (enfant) a bonny (Brit) ou cute (US) child; (homme) an old fatty *

**2** adj vie quiet, uneventful; travail cushy *, easy ◆ **un petit coin pépère** a nice quiet spot ◆ **avoir une conduite pépère** (en voiture) to potter (Brit) ou putter (US) along

**péperin** [pepʀɛ̃] nm peperino

**pépettes, pépètes** † * [pepɛt] nfpl dough ‡, lolly ‡ (Brit) ◆ **avoir les pépettes** (= avoir peur) to have the heebie-jeebies *

**pépie** [pepi] → SYN nf (Orn) pip ◆ **avoir la pépie** (fig) to have a terrible thirst, be parched *

**pépiement** [pepimɑ̃] → SYN nm chirping (NonC), chirruping (NonC)

**pépier** [pepje] → SYN ▸ conjug 7 ◂ vi to chirp, chirrup

**Pépin** [pepɛ̃] nm ◆ **Pépin le Bref** Pepin the Short

**pépin** [pepɛ̃] → SYN nm **a** (Bot) pip ◆ **sans pépins** seedless

**b** (* = ennui) snag, hitch ◆ **avoir un pépin** to hit a snag *, have a spot of bother (Brit) ◆ **j'ai eu un pépin avec ma voiture** I had a problem with my car ◆ **gros/petit pépin de santé** major/slight health problem ◆ **c'est un gros pépin pour l'entreprise** it's a major setback for the company

**c** (* = parapluie) umbrella, brolly * (Brit)

**pépinière** [pepinjɛʀ] → SYN nf (lit) tree nursery; (fig) breeding-ground, nursery (*de* for)

**pépiniériste** [pepinjeʀist] → SYN **1** nm nurseryman

**2** nf nurserywoman

**pépite** [pepit] nf [or] nugget ◆ **pépites de chocolat** chocolate chips

**péplum** [peplɔm] nm (Antiq) peplos, peplum; (= film) epic *(set in antiquity)*

**péponide** [pepɔnid] nf pepo

**peps** * [pɛps] nm ⇒ **pep**

**pepsine** [pɛpsin] nf pepsin

**peptide** [pɛptid] nm peptide

**peptique** [pɛptik] adj peptic

**peptone** [pɛptɔn] nf peptone

**péquenaud, e** ‡ [pɛkno, od] → SYN **1** adj peasant (épith)

**2** nm,f country bumpkin

**péquenot** [pɛkno] adj, nm ⇒ **péquenaud**

**péquin** [pekɛ̃] nm (arg Mil) ⇒ **pékin**

**péquiste** [pekist] **1** adj of the Parti québécois

**2** nmf member of the Parti québécois

**PER** [peəɛʀ] nm (abrév de **plan d'épargne retraite**) → **plan**[1]

**péramèle** [peʀamɛl] nm bandicoot

**perborate** [pɛʀbɔʀat] nm perborate

**perçage** [pɛʀsaʒ] nm [trou] boring, drilling; [matériau] boring through

**percale** [pɛʀkal] nf percale

**percaline** [pɛʀkalin] nf percaline

**perçant, e** [pɛʀsɑ̃, ɑ̃t] → SYN adj cri, voix piercing, shrill; froid biting, bitter; vue sharp, keen; regard piercing; esprit penetrating

**perce** [pɛʀs] nf ◆ **mettre en perce** [+ tonneau] to broach, tap

**percée** [pɛʀse] → SYN nf (dans une forêt) opening, clearing; (dans un mur) breach, gap; (Mil, Sci, Écon) breakthrough; (Rugby) break ◆ **percée technologique** technological breakthrough ◆ **faire** ou **réaliser une percée sur un marché/dans une élection** to achieve a breakthrough in a market/in an election

**percement** [pɛʀsəmɑ̃] nm [trou] piercing; (avec perceuse) drilling, boring; [rue] building; [tunnel] cutting, driving, boring; [fenêtre] making

**perce-muraille,** pl **perce-murailles** [pɛʀs(ə)myʀaj] nf (wall) pellitory, pellitory-of-the-wall

**perce-neige,** pl **perce-neige(s)** [pɛʀsənɛʒ] nm ou f snowdrop

**perce-oreille,** pl **perce-oreilles** [pɛʀsɔʀɛj] nm earwig

**perce-pierre,** pl **perce-pierres** [pɛʀsəpjɛʀ] nf samphire

**percept** [pɛʀsɛpt] nm percept

**percepteur, -trice** [pɛʀsɛptœʀ, tʀis] → SYN **1** adj perceptive, of perception

**2** nm tax collector, tax man *

**perceptibilité** [pɛʀsɛptibilite] nf perceptibility

**perceptible** [pɛʀsɛptibl] → SYN adj **a** son, ironie perceptible (*à* to) ◆ **elle fit un mouvement à peine perceptible** she moved almost imperceptibly ◆ **sa voix était à peine perceptible** his voice was barely audible ◆ **une amélioration nettement perceptible** a marked improvement

**b** impôt collectable, payable

**perceptiblement** [pɛʀsɛptibləmɑ̃] adv perceptibly

**perceptif, -ive** [pɛʀsɛptif, iv] adj perceptive

**perception** [pɛʀsɛpsjɔ̃] → SYN nf **a** [objet, douleur, son] perception ◆ **perception visuelle** visual perception ◆ **perception extrasensorielle** extrasensory perception

**b** (= compréhension, appréhension) perception ◆ **nous n'avons pas la même perception de la situation** we don't perceive the situation in quite the same way ◆ **la perception que nous avons de l'artiste/de la vie** our view of ou the way we perceive the artist/life

**c** [impôt, amende, péage] collection; [avantages financiers, allocation] receipt; (= bureau) tax (collector's) office

**percer** [pɛʀse] → SYN ▸ conjug 3 ◂ **1** vt **a** (gén = perforer) to pierce, make a hole in; (avec perceuse) to drill ou bore through, drill ou bore a hole in; [+ lobe d'oreille] to pierce; [+ chaussette, chaussure] to wear a hole in; [+ coffre-fort] to break open, crack *; [+ tonneau] to broach, tap; (Méd) [+ abcès] to lance; [+ tympan] to burst ◆ **avoir une poche/une chaussure percée** to have a hole in one's pocket/shoe ◆ **percé de trous** full of holes, riddled with holes ◆ **la rouille avait percé le métal** rust had eaten into the metal ◆ **on a retrouvé son corps percé de coups de couteau** his body was found full of stab wounds ◆ **se faire percer les oreilles** to have one's ears pierced; → **chaise, panier**

**b** [+ fenêtre, ouverture] to pierce, make; [+ canal] to build; [+ tunnel] to cut, drive, bore (*dans* through) ◆ **percer un trou dans** to pierce ou make a hole in; (avec perceuse) to drill ou bore a hole through ou in ◆ **ils ont percé une nouvelle route à travers la forêt** they have built a new road through the forest ◆ **percer une porte dans un mur** to make ou open a doorway in a wall ◆ **mur percé de petites fenêtres** wall with small windows set in it

**c** (= traverser) **percer l'air/le silence** to pierce the air/the silence ◆ **percer les nuages/le front ennemi** to pierce ou break through the clouds/the enemy lines ◆ **percer la foule** to force ou elbow one's way through the crowd ◆ **bruit qui perce les oreilles** ear-splitting noise ◆ **percer qn du regard** to give sb a piercing look ◆ **ses yeux essayaient de percer l'obscurité** he tried to peer through the darkness ◆ **cela m'a percé le cœur** † it cut me to the heart

**d** (= découvrir) [+ mystère] to penetrate; [+ complot] to uncover ◆ **percer qch à jour** to see (right) through sth

**e** [bébé] **percer des** ou **ses dents** to be teething, cut one's teeth ◆ **il a percé deux dents** he has cut two teeth

**2** vi **a** [abcès] to burst; [plante] to come up; [soleil] to come out, break through; (Mil) to break through; (Sport) to make a break ◆ **il a une dent qui perce** he's cutting a tooth ◆ **percer sur un nouveau marché** (Comm) to break into a new market

**b** [sentiment, émotion] to show; [nouvelle] to filter through *ou* out ◆ **rien n'a percé des négociations** no news of the negotiations has filtered through ◆ **il ne laisse jamais percer ses sentiments** he never lets his feelings show ◆ **un ton où perçait l'ironie** a tone tinged with irony

**c** (= réussir, acquérir la notoriété) to make a name for o.s.

**percerette** [pɛʀsəʀɛt], **percette** [pɛʀsɛt] nf small drill

**perceur** [pɛʀsœʀ] nm driller ◆ **perceur de muraille** * burglar ◆ **perceur de coffre-fort** * safe-breaker, safe-cracker

**perceuse** [pɛʀsøz] → SYN nf drill ◆ **perceuse à percussion** hammer drill

**percevable** [pɛʀsəvabl] → SYN adj impôt collectable, payable

**percevoir** [pɛʀsəvwaʀ] GRAMMAIRE ACTIVE 6.1 → SYN ▸ conjug 28 ◂ vt **a** (= ressentir) [+ objet, son, couleur] to perceive; [+ odeur, nuance, changement] to detect; [+ douleur, émotion] to feel ◆ **j'ai cru percevoir une légère hésitation dans sa voix** I thought I detected a slight note of hesitation in his voice

**b** (= comprendre) [+ situation] to perceive ◆ **son action a été bien/mal perçue** what he did was well/badly received *ou* was perceived as something positive/negative ◆ **je le perçois comme quelqu'un de sensible** I see him as a sensitive person ◆ **il perçoit mal les problèmes** he hasn't got a clear grasp of the problems ◆ **c'est quelqu'un que je perçois mal** I can't make him out, I find it hard to get a sense of him ◆ **il perçoit bien les enfants** he understands children

**c** (= faire payer) [+ taxe, loyer] to collect; (= recevoir) [+ indemnité, revenu] to receive, be paid

**perche**[1] [pɛʀʃ] nf (= poisson) perch ◆ **perche de mer** sea perch

**perche**[2] [pɛʀʃ] → SYN nf **a** (gén) pole; [tuteur] stick; [téléski] ski tow; (Ciné, Radio, TV) boom; → **saut, tendre**[1]

**b** (* = personne) **(grande) perche** beanpole * (Brit), stringbean * (US)

**perché, e** [pɛʀʃe] (ptp de **percher**) adj ◆ **voix haut perchée** high-pitched voice ◆ **perchée sur des talons aiguille** perched on stilettos ◆ **village perché sur la montagne** village set high up *ou* perched in the mountains

**percher** [pɛʀʃe] → SYN ▸ conjug 1 ◂ [1] vi [oiseau] to perch; [volailles] to roost; ‡ [personne] to live, hang out *; (pour la nuit) to stay, crash ‡; → **chat**

[2] vt to stick ◆ **percher qch sur une armoire** to stick sth up on top of a cupboard ◆ **la valise est perchée sur l'armoire** the case is perched up on top of the wardrobe

[3] **se percher** vpr [oiseau] to perch; ( * = se jucher) to perch

**percheron, -onne** [pɛʀʃəʀɔ̃, ɔn] [1] adj of *ou* from the Perche

[2] **Percheron(ne)** nm,f inhabitant *ou* native of the Perche

[3] nm (= cheval) Percheron

**percheur, -euse** [pɛʀʃœʀ, øz] adj ◆ **oiseau percheur** perching bird

**perchiste** [pɛʀʃist] nmf (Sport) pole vaulter; (Ciné, Radio, TV) boom operator; [téléski] ski lift *ou* ski tow attendant

**perchlorate** [pɛʀklɔʀat] nm perchlorate

**perchlorique** [pɛʀklɔʀik] adj ◆ **acide perchlorique** perchloric acid, chloric (VII) acid (SPÉC)

**perchoir** [pɛʀʃwaʀ] → SYN nm (lit, fig) perch; [volailles] roost; (Pol) *seat of the president of the French National Assembly*

**perclus, e** [pɛʀkly, yz] → SYN adj (= paralysé) crippled, paralyzed (*de* with); (= ankylosé) stiff; (fig) paralyzed

**percnoptère** [pɛʀknɔptɛʀ] nm Egyptian vulture

**perçoir** [pɛʀswaʀ] nm drill, borer

**percolateur** [pɛʀkɔlatœʀ] → SYN nm coffee machine *(for making expresso, cappuccino etc)*

**percolation** [pɛʀkɔlasjɔ̃] nf percolation

**percussion** [pɛʀkysjɔ̃] → SYN nf (Méd, Mus, Phys) percussion ◆ **instrument à** *ou* **de percussion** percussion instrument ◆ **les percussions** [orchestre] the percussion (section)

**percussionniste** [pɛʀkysjɔnist] → SYN nmf percussionist

**percutané, e** [pɛʀkytane] adj percutaneous

**percutant, e** [pɛʀkytɑ̃, ɑ̃t] → SYN adj **a** (Mil) percussion (épith); (Phys) percussive

**b** slogan, titre snappy, punchy; réponse trenchant; analyse incisive; argument, discours, pensée forceful, powerful; images powerful ◆ **il n'a pas été très percutant pendant le débat** he didn't express himself very forcefully in the debate

**percuter** [pɛʀkyte] → SYN ▸ conjug 1 ◂ [1] vt (Mil, Phys) to strike; (Méd) to percuss; [conducteur, véhicule] to smash into *ou* crash into

[2] vi **a** **percuter contre** [conducteur, véhicule] to smash *ou* crash into; [obus] to strike

**b** ( ‡ = comprendre) **il percute vite** he catches on * quickly, he's quick on the uptake ◆ **je n'ai pas percuté** I didn't twig * *ou* catch on *

**percuteur** [pɛʀkytœʀ] nm firing pin, striker

**perdant, e** [pɛʀdɑ̃, ɑ̃t] → SYN [1] adj numéro, cheval losing (épith) ◆ **je suis perdant** (gén) I lose out *; (financièrement) I'm out of pocket, I've lost out ◆ **tu es loin d'être perdant** (gén) you're certainly not losing out; (financièrement) you're certainly not out of pocket *ou* not losing out

[2] nm,f loser ◆ **partir perdant** to have lost before one starts ◆ **être bon/mauvais perdant** to be a good/a bad loser

**perdition** [pɛʀdisjɔ̃] → SYN nf (Rel) perdition ◆ **lieu de perdition** den of iniquity ◆ **en perdition** bateau in distress; jeunesse on the wrong path; entreprise on the road to ruin

**perdre** [pɛʀdʀ(ə)] → SYN ▸ conjug 41 ◂ [1] vt **a** [+ match, guerre, procès, travail, avantage] to lose; [+ habitude] to lose, get out of; (volontairement) to break, get out of ◆ **il a perdu son père à la guerre** he lost his father in the war ◆ **ce quartier est en train de perdre son cachet** this district is losing its distinctive charm ◆ **j'ai perdu le goût de manger** I've lost all interest in food ◆ **j'ai perdu le goût de rire** I don't feel like laughing any more ◆ **n'avoir rien à perdre** (fig) to have nothing to lose ◆ **perdre un set/son service** (Tennis) to lose *ou* drop a set/one's serve ◆ **le Président perd 3 points dans le dernier sondage** the President is down 3 points in the latest poll ◆ **l'agriculture a perdu des milliers d'emplois** thousands of jobs have been lost in farming

**b** [+ objet] (= ne plus trouver) to lose; (= égarer) to mislay ◆ **perdre (le souvenir de)** [+ nom, date] to forget ◆ **perdre sa page** (en lisant) to lose one's place ◆ **perdre son chemin** to lose one's way

**c** [+ membre, cheveux, dent] to lose ◆ **perdre du poids** to lose weight ◆ **perdre l'appétit/la mémoire/la vie** to lose one's appetite/one's memory/one's life ◆ **il perd la vue** his sight is failing ◆ **il a perdu le souffle** he's out of breath ◆ **perdre la parole** to lose the power of speech ◆ **ce tableau a perdu beaucoup de valeur** this painting has lost a lot of its value ◆ **perdre l'équilibre** to lose one's balance ◆ **perdre espoir/patience** to lose hope/(one's) patience ◆ **perdre l'esprit** *ou* **la raison** to go out of one's mind, take leave of one's senses ◆ **perdre courage** to lose heart, be downhearted ◆ **perdre confiance** to lose one's confidence ◆ **elle a perdu les eaux** (Méd) her waters have broken ◆ **la voiture perd de la vitesse** the car is losing speed; → **langue**

**d** [+ feuille, pétale, pelage, corne] to lose, shed ◆ **il perd son pantalon** his trousers are falling *ou* coming down ◆ **tu perds ton collier !** your necklace is coming off! ◆ **ce réservoir perd beaucoup d'eau** this tank leaks badly *ou* loses a lot of water

**e** (= gaspiller) [+ temps, peine, souffle, argent] to waste (*à qch* on sth); (= abîmer) [+ aliments] to spoil ◆ **tu as du temps/de l'argent à perdre !** you've got time to waste/money to burn! ◆ **il a perdu une heure à la chercher** he wasted an hour looking for her ◆ **vous n'avez pas une minute à perdre** you haven't (got) a minute to lose ◆ **sans perdre une minute** without wasting a minute

**f** (= manquer) [+ occasion] to lose, miss ◆ **tu ne l'as jamais vu ? tu n'y perds rien !** you've never seen him? you haven't missed anything! ◆ **il n'a pas perdu un mot/une miette de la conversation** he didn't miss a single word/a single syllable of the conversation

◆ **il ne perd rien pour attendre !** he's got it coming to him! * ◆ **rien n'est perdu !** nothing is lost!

**g** (= porter préjudice à) to ruin, be the ruin of ◆ **perdre qn dans l'esprit de qn** to lower sb's opinion of sb, send sb down in sb's esteem ◆ **son ambition l'a perdu** ambition was his downfall *ou* the ruin of him, ambition proved his undoing ◆ **c'est le témoignage de son cousin qui l'a perdu** it was his cousin's evidence which was his undoing ◆ **ta bonté te perdra !** (iro) you're too kind! (iro)

**h** (LOC fig) **perdre le nord** * to lose one's way ◆ **il ne perd pas le nord** * he keeps his wits about him ◆ **tu ne perds pas le nord, toi !** * you don't miss a trick! ◆ **perdre les pédales** * (dans une explication) to get all mixed up; (= s'affoler) to lose one's head *ou* one's grip; [vieillard] to lose one's marbles * ◆ **perdre ses moyens** to crack up * ◆ **perdre la tête** (= s'affoler) to lose one's head; (= devenir fou) to go mad *ou* crazy *; [vieillard] to lose one's marbles *; → **boule, face, illusion, pied** etc

[2] vi **a** (gén) to lose ◆ **perdre sur un article** (Comm) to lose on an article, sell an article at a loss ◆ **vous y perdez** (dans une transaction) you lose by it, you lose out on it; (= vous ratez quelque chose) it's your loss; → **change**

**b** [citerne, réservoir] to leak

[3] **se perdre** vpr **a** (= s'égarer) to get lost, lose one's way

**b** (fig) **se perdre dans les détails/dans ses explications** to get bogged down *ou* get lost in details/in one's explanations ◆ **se perdre en conjectures** to become lost in conjecture ◆ **se perdre dans ses pensées** to be lost in thought ◆ **il y a trop de chiffres, je m'y perds** there are too many figures, I'm all confused *ou* all at sea *

**c** (= disparaître) to disappear, vanish; [coutume] to be dying out; (Naut) to sink, be wrecked ◆ **c'est un métier qui se perd** it's a dying trade ◆ **se perdre dans la foule** to disappear *ou* vanish into the crowd ◆ **son cri se perdit dans le vacarme** his shout was lost in the din *ou* was drowned (out) by the din ◆ **leurs silhouettes se perdirent dans la nuit** their figures vanished into the night *ou* were swallowed up by the darkness ◆ **ce sens s'est perdu** this meaning has died out *ou* has been lost ◆ **rien ne se perd, rien ne se crée(, tout se transforme)** matter can neither be created nor destroyed(, only transformed)

**d** (= devenir inutilisable) to be wasted, go to waste; [denrées] to go bad ◆ **il y a des gifles/des coups de pied qui se perdent** * (fig) he (*ou* she *etc*) deserves to be slapped *ou* a good slap/deserves a kick in the pants *

**perdreau**, pl **perdreaux** [pɛʀdʀo] → SYN nm (young) partridge

**perdrix** [pɛʀdʀi] nf partridge ◆ **perdrix blanche** *ou* **des neiges** ptarmigan ◆ **perdrix de mer** pratincole

**perdu, e** [pɛʀdy] → SYN (ptp de **perdre**) [1] adj **a** bataille, cause, réputation, aventurier lost ◆ **il est perdu** [malade] there's no hope for him ◆ **je suis perdu !** I'm done for!, it's all up with me! * (Brit) ◆ **quand il se vit perdu** when he saw he was lost *ou* done for * ◆ **tout est perdu** all is lost ◆ **rien n'est perdu** nothing's lost, there's no harm done; → **corps**

**b** (= égaré) personne, objet lost; balle, chien stray ◆ **ce n'est pas perdu pour tout le monde** somebody's made good use of it ◆ **un(e) de perdu(e), dix de retrouvé(e)s** there are plenty more fish in the sea; → **salle**

**c** (= gaspillé) occasion lost, wasted, missed; temps wasted ◆ **c'était une soirée de perdue** it was a wasted evening *ou* a waste of an evening ◆ **c'est de l'argent perdu** it's money down the drain ◆ **il y a trop de place perdue** there's too much space wasted ◆ **à ses moments perdus, à temps perdu** in his spare time; → **pain, peine**

**d** (= abîmé) aliment spoilt, wasted; récolte ruined

**e** (= écarté) pays, endroit out-of-the-way, isolated

**f** (= non consigné) emballage, verre nonreturnable, no-deposit (épith)

**g** personne (= embrouillé) lost, all at sea * (attrib) ◆ **perdu dans ses pensées** (= absorbé) lost in thought

2 nm †† madman ◆ **crier/rire comme un perdu** to shout/laugh like a madman

**perdurer** [pɛʀdyʀe] ▸ conjug 1 ◂ vi (littér) [tradition] to endure

**père** [pɛʀ] → SYN 1 nm a (gén) father ◆ **marié et père de trois enfants** married with three children ou and father of three children ◆ **il est père depuis hier** he became a father yesterday ◆ **Martin (le) père** Martin senior ◆ **de père en fils** from father to son, from one generation to the next ◆ **ils sont bouchers de père en fils** they've been butchers for generations ◆ **né de père inconnu** of an unknown father ◆ (Prov) **à père avare, enfant** ou **fils prodigue** a miser will father a spendthrift son ◆ **le coup du père François** * a stab in the back ◆ **il m'a fait le coup du père François** he stabbed me in the back; → **tel**
b (pl = ancêtres) **pères** forefathers, ancestors
c (= fondateur) father ◆ **le père de la bombe H** the father of the H-bomb
d (Zool) [animal] sire
e (Rel) father ◆ **le Père René** Father René ◆ **mon Père** Father; → **dieu**
f (* = monsieur) **le père Benoit** old (man) Benoit * ◆ **un gros père** (= homme) a big fat guy * ◆ **dis-donc, petit père** tell me old man ou buddy *
g (* = enfant) **un brave petit père** a fine little fellow * ◆ **un (bon) gros père** a chubby chap *
2 COMP ▷ **père abbé** (Rel) abbot ▷ **les Pères blancs** the White Fathers ▷ **les Pères de l'Église** (Rel) the Church Fathers ▷ **le Père éternel** (Rel) our Heavenly Father ▷ **père de famille** (Jur) father ◆ **tu es père de famille, ne prends pas de risques** you have a wife and family to think about ou you're a family man, don't take risks ◆ **en bon père de famille, il ...** as a good father should, he ... ◆ **maintenant, c'est le vrai père de famille** (hum) now he's the serious family man ▷ **le père Fouettard** the Bogeyman ▷ **le père Noël** Father Christmas, Santa Claus ▷ **père peinard, père tranquille** genial fellow ▷ **père spirituel** [groupe] spiritual leader; [personne] spiritual father; → **croire, placement, valeur**

**pérégrination** [peʀegʀinasjɔ̃] → SYN nf (surtout pl) peregrination

**péremption** [peʀɑ̃psjɔ̃] → SYN nf (Jur) limitation period ◆ **il y a péremption au bout de trois ans** there is a three-year limitation period (after which claims are time-barred); → **date**

**péremptoire** [peʀɑ̃ptwaʀ] → SYN adj argument, ton peremptory

**péremptoirement** [peʀɑ̃ptwaʀmɑ̃] adv peremptorily

**pérennant, e** [peʀenɑ̃, ɑ̃t] adj (Bot) perennial

**pérenne** [peʀɛn] → SYN adj perennial

**pérennisation** [peʀenizasjɔ̃] nf perpetuation

**pérenniser** [peʀenize] ▸ conjug 1 ◂ vt to perpetuate

**pérennité** [peʀenite] → SYN nf [institution, goûts] durability; [tradition] continuity, perpetuity; [lignée] continuity

**péréquation** [peʀekwasjɔ̃] → SYN nf [prix, impôts] balancing out, evening out; [notes] coordination, adjustment; [salaires] adjustment, realignment

**perestroïka** [peʀɛstʀɔika] nf perestroïka

**perfectibilité** [pɛʀfɛktibilite] nf perfectibility

**perfectible** [pɛʀfɛktibl] → SYN adj perfectible

**perfectif, -ive** [pɛʀfɛktif, iv] adj, nm perfective

**perfection** [pɛʀfɛksjɔ̃] → SYN nf perfection ◆ **la perfection n'est pas de ce monde** there's no such thing as perfection, nothing's perfect ◆ **parvenir à** ou **atteindre la perfection** to attain perfection ◆ **c'est une perfection** † he's (ou she's ou it's) a gem
◆ **à la perfection** jouer, fonctionner to perfection; connaître perfectly ◆ **cela illustre à la perfection ce que je disais** that's a perfect illustration of ou that perfectly illustrates what I was saying

**perfectionné, e** [pɛʀfɛksjɔne] (ptp de **perfectionner**) adj dispositif, machine sophisticated

**perfectionnement** [pɛʀfɛksjɔnmɑ̃] → SYN nm a (NonC) (= amélioration) improving; (pour parfaire) perfecting ◆ **les ordinateurs ont atteint un tel degré de perfectionnement que ...** computers have become so sophisticated that ... ◆ **des cours de perfectionnement en danse/en anglais** advanced dance classes/English course
b (= raffinement) improvement ◆ **ce logiciel nécessite encore quelques perfectionnements** this software still needs a few improvements ◆ **les derniers perfectionnements techniques** the latest technical developments ou improvements

**perfectionner** [pɛʀfɛksjɔne] → SYN ▸ conjug 1 ◂
1 vt (= améliorer) to improve; (= parfaire) to perfect
2 **se perfectionner** vpr [technique] to improve; [personne] to improve o.s. ◆ **se perfectionner en anglais** to improve one's English

**perfectionnisme** [pɛʀfɛksjɔnism] nm perfectionism

**perfectionniste** [pɛʀfɛksjɔnist] nmf perfectionist

**perfide** [pɛʀfid] → SYN 1 adj (littér) personne, manœuvre, promesse perfidious, treacherous, deceitful, false; chose treacherous
2 nmf (littér) traitor; (en amour) perfidious ou false-hearted person

**perfidement** [pɛʀfidmɑ̃] adv (littér) perfidiously, treacherously

**perfidie** [pɛʀfidi] → SYN nf (= caractère) perfidy, treachery; (= acte) act of perfidy ou treachery

**perforage** [pɛʀfɔʀaʒ] nm (= poinçonnage) punching; (Tech) boring, drilling

**perforant, e** [pɛʀfɔʀɑ̃, ɑ̃t] adj instrument perforating; balle, obus armour-piercing (Brit), armor-piercing (US)

**perforateur, -trice** [pɛʀfɔʀatœʀ, tʀis] 1 adj perforating
2 nm,f (= ouvrier) punch-card operator
3 nm (Méd) perforator
4 **perforatrice** nf (= perceuse) drilling ou boring machine; (Ordin) card punch ◆ **perforatrice à clavier** key punch ◆ **perforatrice à air comprimé** compressed-air drill

**perforation** [pɛʀfɔʀasjɔ̃] nf (gén, Méd) perforation; (Ordin) (= action) punching; (= trou) punched hole

**perforer** [pɛʀfɔʀe] → SYN ▸ conjug 1 ◂ vt (= percer) to pierce; (Méd) to perforate; (= poinçonner) to punch ◆ **carte perforée** (Ordin) punch card ◆ **bande/feuille perforée** punched tape/sheet

**perforeuse** [pɛʀfɔʀøz] nf card punch

**performance** [pɛʀfɔʀmɑ̃s] → SYN nf a (= résultat) result, performance (NonC); (= exploit) feat, achievement ◆ **ses performances en anglais** his results ou performance in English ◆ **s'il y parvient, ce sera une performance remarquable** if he succeeds, it'll be an outstanding feat ou achievement ◆ **réussir une bonne performance** to achieve a good result
b [voiture, machine, économie, industrie] performance (NonC)
c (Ling) **la performance** performance

**performant, e** [pɛʀfɔʀmɑ̃, ɑ̃t] → SYN adj machine, voiture high-performance (épith); résultat outstanding, impressive; entreprise, économie successful; investissement high-return (épith); administrateur, procédé effective

**performatif, -ive** [pɛʀfɔʀmatif, iv] adj, nm performative

**perfuser** [pɛʀfyze] ▸ conjug 1 ◂ vt [+ patient] to put on a drip

**perfusion** [pɛʀfyzjɔ̃] → SYN nf (Méd) drip (Brit), IV (US), perfusion ◆ **mettre qn/être sous perfusion** to put sb/be on a drip (Brit) ou an IV (US) ◆ **l'économie de ce pays est encore sous perfusion** this country's economy is still heavily subsidized ou still propped up by subsidies

**pergélisol** [pɛʀʒelisɔl] nm permafrost

**pergola** [pɛʀgɔla] nf pergola

**péri** [peʀi] adj m, nm ◆ **(marin) péri en mer** sailor lost at sea ◆ **au profit des péris en mer** in aid of those lost at sea

**périanthe** [peʀjɑ̃t] nm (Bot) perianth

**périarthrite** [peʀiaʀtʀit] nf periarthritis

**périastre** [peʀiastʀ] nm periastron

**péribole** [peʀibɔl] nm peribolos

**péricarde** [peʀikaʀd] nm pericardium

**péricardique** [peʀikaʀdik] adj pericardial, pericardiac

**péricardite** [peʀikaʀdit] nf pericarditis

**péricarpe** [peʀikaʀp] nm (Bot) pericarp

**périchondre** [peʀikɔ̃dʀ] nm perichondrium

**Périclès** [peʀiklɛs] nm Pericles

**péricliter** [peʀiklite] → SYN ▸ conjug 1 ◂ vi [affaire, économie] to be in a state of collapse, collapse

**péricycle** [peʀisikl] nm pericycle

**péridot** [peʀido] nm peridot

**péridural, e,** mpl **-aux** [peʀidyʀal, o] 1 adj epidural
2 **péridurale** nf epidural ◆ **faire une péridurale à qn** to give sb an epidural

**périf** * [peʀif] nm (abrév de **(boulevard) périphérique**) → **périphérique**

**périgée** [peʀiʒe] nm perigee

**périglaciaire** [peʀiglasjɛʀ] adj periglacial

**périhélie** [peʀieli] nm perihelion

**péri-informatique** [peʀiɛ̃fɔʀmatik] 1 adj peripheral
2 nf computer peripherals

**péril** [peʀil] → SYN nm (littér) peril, danger ◆ **le péril rouge/jaune** the red/yellow peril ◆ **au péril de sa vie** at the risk of one's life ◆ **il n'y a pas péril en la demeure** there's no need to hurry ◆ **il y a péril à faire** it is perilous to do
◆ **en péril** monument, institution in peril ◆ **mettre en péril** to imperil, endanger, jeopardize

**périlleusement** [peʀijøzmɑ̃] adv (littér) perilously

**périlleux, -euse** [peʀijø, øz] → SYN adj perilous; → **saut**

**périmé, e** [peʀime] → SYN (ptp de **périmer**) adj billet, bon out-of-date (épith), no longer valid (attrib); idée dated, outdated; * nourriture past its use-by date ◆ **ce passeport est périmé** this passport has expired

**périmer** [peʀime] ▸ conjug 1 ◂ 1 vi ◆ **laisser périmer un passeport/billet** to let a passport/ticket expire
2 **se périmer** vpr (Jur) to lapse; [passeport, billet] to expire; [idée] to date, become outdated

**périmètre** [peʀimɛtʀ] → SYN nm (Math) perimeter; (= zone) area ◆ **dans un périmètre de 3 km** within a 3 km radius ◆ **périmètre de sécurité** safety zone

**périnatal, e,** mpl **périnatals** [peʀinatal] adj perinatal

**périnatalité** [peʀinatalite] nf perinatal period

**périnatalogie** [peʀinatalɔʒi] nf perinatal medecine

**périnéal, e,** mpl **-aux** [peʀineal, o] adj perineal

**périnée** [peʀine] nm perineum

**période** [peʀjɔd] → SYN nf a (gén) period ◆ **par périodes** from time to time ◆ **pendant la période des vacances** during the holiday period ◆ **en période scolaire** during termtime (Brit), while school is in session (US) ◆ **pendant la période électorale** at election time ◆ **période (d'instruction)** (Mil) training (NonC) ◆ **période d'essai** trial period ◆ **période ensoleillée/de chaleur** sunny/warm spell ou period ◆ **c'est la bonne période pour les champignons** it's the right time for mushrooms ◆ **j'ai eu une période concert/théâtre** * I went through a period ou phase of going to concerts/the theatre a lot ◆ **elle a traversé une période difficile** she has been through a difficult period ou patch ◆ **la période bleue de Picasso** Picasso's blue period ◆ **période bleue/blanche** (Transport) *slack/relatively slack period during which discounts are available on tickets* ◆ **période rouge** *peak period during which tickets are at their most expensive*
b (Math) [fonction] period; [fraction] repetend
c (Phys) **période radioactive** half-life

**périodicité** [peʀjɔdisite] → SYN nf periodicity

**périodique** [peʀjɔdik] → SYN 1 adj (gén, Chim, Phys) periodic; (Presse) periodical; (Méd) fièvre recurring ◆ **fraction périodique** (Math) recurring decimal ◆ **fonction périodique** (Math) periodic function; → **garniture**
2 nm (Presse) periodical

**périodiquement** [peʀjɔdikmɑ̃] adv periodically

**périoste** [peʀjɔst] nm periosteum

**périostite** [peʀjɔstit] nf periostitis

**péripatéticien, -ienne** [peʀipatetisjɛ̃, jɛn] → SYN 1 adj, nm,f (Philos) peripatetic
2 **péripatéticienne** nf (hum = prostituée) streetwalker

**péripétie** [peʀipesi] → SYN nf a (= épisode) event, episode ◆ **les péripéties d'une révolution/d'une exploration** the various episodes in a revolution/an exploration ◆ **après bien des péripéties** after all sorts of incidents ◆ **voyage plein de péripéties** eventful journey
b (Littérat) peripeteia

**périph** * [peʀif] nm (abrév de (boulevard) périphérique) → **périphérique**

**périphérie** [peʀifeʀi] → SYN nf (= limite) periphery; (= banlieue) outskirts ◆ **la proche périphérie** the inner suburbs

**périphérique** [peʀifeʀik] 1 adj (Anat, Math) peripheral; quartier outlying (épith); activités associated ◆ **poste** ou **radio** ou **station périphérique** private radio station *(broadcasting from a neighbouring country)*
2 nm a (Ordin) peripheral ◆ **périphérique entrée-sortie** input-output device
b **(boulevard) périphérique** ring road (Brit), beltway (US) ◆ **(boulevard) périphérique intérieur/extérieur** inner/outer ring road (Brit) ou beltway (US)

**périphlébite** [peʀiflebit] nf periphlebitis

**périphrase** [peʀifʀɑz] → SYN nf circumlocution, periphrasis (SPÉC), periphrase (SPÉC)

**périphrastique** [peʀifʀastik] adj circumlocutory, periphrastic

**périple** [peʀipl] → SYN nm (par mer) voyage; (par terre) tour, journey ◆ **au cours de son périple américain** during his tour of the USA

**périptère** [peʀiptɛʀ] 1 adj peripteral
2 nm peripteros

**périr** [peʀiʀ] → SYN ▸ conjug 2 ◂ vi (littér) to perish (littér), die; [navire] to go down, sink; [empire] to perish, fall ◆ **périr noyé** to drown, be drowned ◆ **faire périr** [+ personne, plante] to kill ◆ **son souvenir ne périra jamais** his memory will never die ou perish (littér) ◆ **périr d'ennui** (fig) to die of boredom

**périscolaire** [peʀiskɔlɛʀ] adj extracurricular

**périscope** [peʀiskɔp] nm periscope

**périscopique** [peʀiskɔpik] adj periscopic

**périsperme** [peʀispɛʀm] nm perisperm

**périssable** [peʀisabl] → SYN adj perishable ◆ **denrées périssables** perishable goods, perishables

**périssodactyles** [peʀisodaktil] nmpl ◆ **les périssodactyles** perissodactyl(e)s, the Perissodactyla (SPÉC)

**périssoire** [peʀiswaʀ] → SYN nf canoe

**périssologie** [peʀisɔlɔʒi] nf perissology

**péristaltique** [peʀistaltik] adj peristaltic

**péristaltisme** [peʀistaltism] nm peristalsis

**péristome** [peʀistɔm, peʀistom] nm peristome

**péristyle** [peʀistil] → SYN nm peristyle

**péritel** ® [peʀitɛl] adj f, nf ◆ **(prise) péritel** SCART (socket)

**péritéléphonie** [peʀitelefɔni] nf telephone-related technology

**péritélévision** [peʀitelevizjɔ̃] nf television-related technology

**périthèce** [peʀitɛs] nm perithecium

**péritoine** [peʀitwan] nm peritoneum

**péritonéal, e,** mpl **-aux** [peʀitɔneal, o] adj peritoneal

**péritonite** [peʀitɔnit] nf peritonitis

**pérityphlite** [peʀitiflit] nf perityphlitis

**périurbain, e** [peʀiyʀbɛ̃, ɛn] adj outlying ◆ **zone périurbaine** outlying suburbs, peri-urban area

**perlant** [pɛʀlɑ̃] adj m vin beading (épith)

**perle** [pɛʀl] → SYN 1 nf a (= bijou) pearl; (= boule) bead ◆ **des dents de perle** pearly teeth ◆ **jeter** ou **donner des perles aux pourceaux** (fig) to cast pearls before swine; → **enfiler**
b (littér = goutte) [eau, sang] drop(let); [sueur] bead
c (= personne, chose de valeur) gem ◆ **la cuisinière est une perle** the cook is an absolute gem ou a perfect treasure ◆ **c'est la perle des maris** he's the best of husbands, you couldn't hope for a better husband ◆ **vous êtes une perle rare** you're a (real) gem ◆ **la perle d'une collection** the highlight of a collection
d (= erreur) gem, howler
2 COMP ▷ **perle de culture** cultured pearl ▷ **perle fine, perle naturelle** natural pearl ▷ **perle de rosée** dewdrop

**perlé, e** [pɛʀle] (ptp de **perler**) adj orge pearl (épith); riz polished; coton, laine pearlized; tissu beaded; travail perfect, exquisite; rire rippling; → **grève**

**perlèche** [pɛʀlɛʃ] nf perleche

**perler** [pɛʀle] → SYN ▸ conjug 1 ◂ 1 vi [sueur] to form ◆ **la sueur perlait sur son front** beads of sweat stood out ou formed on his forehead
2 vt † [+ travail] to take great pains over

**perlier, -ière** [pɛʀlje, jɛʀ] adj pearl (épith)

**perlimpinpin** [pɛʀlɛ̃pɛ̃pɛ̃] nm → **poudre**

**perlingual, e,** mpl **-aux** [pɛʀlɛ̃gwal, o] adj perlingual ◆ **administrer par voie perlinguale** to administer by placing under the tongue

**perlite** [pɛʀlit] nf pe(a)rlite

**perlouse** *, **perlouze** * [pɛʀluz] nf (= perle) pearl; (= pet) smelly fart *

**perm** * [pɛʀm] nf a (abrév de **permanence c**)
b (arg Mil) (abrév de **permission b**)

**permafrost** [pɛʀmafʀɔst] → SYN nm permafrost

**permalloy** [pɛʀmalɔj, pɛʀmalwa] nm permalloy

**permanence** [pɛʀmanɑ̃s] → SYN nf a (= durée) permanence, permanency
◆ **en permanence** siéger permanently; crier continuously ◆ **dans ce pays ce sont des émeutes/c'est la guerre en permanence** in that country there are constant ou continuous riots/there is a permanent state of war
b (= service) **être de permanence** to be on duty ou on call ◆ **une permanence est assurée le dimanche** there is someone on duty on Sundays, the office is manned on Sundays
c (= bureau) (duty) office; (Pol) committee room; (Scol) study room ou hall (US) ◆ **heure de permanence** (Scol) private study period

**permanencier, -ière** [pɛʀmanɑ̃sje, jɛʀ] nm,f person on duty

**permanent, e** [pɛʀmanɑ̃, ɑ̃t] → SYN 1 adj (gén) permanent; armée, comité standing (épith); spectacle continuous; angoisse continuous; danger permanent; conflit, effort ongoing; (Presse) envoyé, correspondant permanent; (Phys) aimantation, gaz permanent ◆ **permanent de 14 heures à minuit** (Ciné) continuous showings from 2 o'clock to midnight ◆ **cinéma permanent** cinema showing a continuous programme ◆ **ils sont en contact permanent** they are in constant ou regular contact ◆ **elle s'est installée en France de façon permanente** she has settled in France permanently
2 nm (Pol) (paid) official *(of union, political party)*; (dans une entreprise) permanent employee ◆ **un permanent du parti** a party worker
3 **permanente** nf (Coiffure) perm ◆ **se faire faire une permanente** to have one's hair permed, get a perm

**permanenter** [pɛʀmanɑ̃te] ▸ conjug 1 ◂ vt to perm ◆ **se faire permanenter** to have one's hair permed, get a perm ◆ **cheveux permanentés** permed hair

**permanganate** [pɛʀmɑ̃ganat] nm permanganate

**permanganique** [pɛʀmɑ̃ganik] adj ◆ **acide permanganique** permanganic acid

**perméabilité** [pɛʀmeabilite] nf a (Phys) permeability (à to) ◆ **perméabilité à l'air** air permeability
b [frontière] openness

**perméable** [pɛʀmeabl] → SYN adj a (Phys) permeable (à to) ◆ **perméable à l'air** permeable to air
b (= ouvert) frontière open (à to) ◆ **perméable à** personne receptive to, open to ◆ **la frontière est trop perméable** the border is too open ou too easily crossed ◆ **trop perméable aux idées extrémistes** too easily influenced by extremist ideas

**permettre** [pɛʀmɛtʀ] GRAMMAIRE ACTIVE 1.1, 3, 9.1, 10.4 → SYN ▸ conjug 56 ◂
1 vt a (= tolérer) to allow, permit ◆ **permettre à qn de faire qch, permettre que qn fasse qch** to allow ou permit sb to do sth, let sb do sth ◆ **la loi le permet** it is allowed ou permitted by law, the law allows ou permits it ◆ **le docteur me permet l'alcool** the doctor allows ou permits me to drink ou lets me drink ◆ **il se croit tout permis** he thinks he can do what he likes ou as he pleases ◆ **est-il permis d'être aussi bête !** how can anyone be so stupid! ◆ **il est permis à tout le monde de se tromper !** anyone can make mistakes ou a mistake! ◆ **le professeur lui a permis de ne pas aller à l'école aujourd'hui** the teacher has given him permission to stay off school ou not to go to school today ◆ **il hurlait comme ce n'est pas permis** * he was screaming like mad *
b (= rendre possible) to allow, permit ◆ **ce diplôme va lui permettre de trouver du travail** this qualification will allow ou enable ou permit him to find a job ◆ **mes moyens ne me le permettent pas** I can't afford it ◆ **mes occupations ne me le permettent pas** I'm too busy to do that ◆ **sa santé ne le lui permet pas** his health doesn't allow ou permit him to do that ◆ **son attitude permet tous les soupçons** his attitude gives cause for suspicion ◆ **si le temps le permet** weather permitting ◆ **autant qu'il est permis d'en juger** as far as one can tell
c (= donner le droit) to entitle ◆ **cette carte lui permet d'obtenir des réductions** this card entitles him to reductions ◆ **être majeur permet de voter** being over 18 entitles one ou makes one eligible to vote ◆ **qu'est-ce qui te permet de me juger ?** what gives you the right to judge me?
d (idée de sollicitation) **vous permettez ?** may I? ◆ **permettez-moi de vous présenter ma sœur/de vous interrompre** may I introduce my sister/interrupt (you)? ◆ **s'il m'est permis de faire une objection** if I may ou might (be allowed to) raise an objection ◆ **vous permettez que je fume ?** do you mind if I smoke? ◆ **vous permettez que je passe !** (ton irrité) if you don't mind I'd like to come past! ◆ **permettez ! je ne suis pas d'accord** I'm very sorry but I disagree! ◆ **permets-moi de te le dire** let me tell you
2 **se permettre** vpr a (= s'offrir) to allow o.s. ◆ **je me permets une petite fantaisie de temps en temps** I indulge myself from time to time ◆ **je ne peux pas me permettre d'acheter ce manteau** I can't afford to buy this coat
b (= risquer) [+ grossièreté, plaisanterie] to allow o.s. to make, dare to make ◆ **ce sont des plaisanteries qu'on ne peut se permettre qu'entre amis** these jokes are only acceptable among friends ◆ **je me suis permis de sourire** ou **un sourire** I allowed myself ou gave a smile ◆ **il s'est permis de partir sans permission** he took the liberty of going without permission ◆ **il se permet bien des choses** he takes a lot of liberties ◆ **je me permettrai de vous faire remarquer que ...** I'd like to point out (to you) that ... ◆ **puis-je me permettre de vous offrir un verre ?** will you let me buy you a drink? ◆ **je me permets de vous écrire au sujet de ...** (formule épistolaire) I am writing to you in connection with ...

**permien, -ienne** [pɛʀmjɛ̃, jɛn] 1 adj permian
2 nm ◆ **le permien** the Permian era

**permis, e** [pɛʀmi, iz] GRAMMAIRE ACTIVE 9.1, 10.4 → SYN (ptp de **permettre**)
1 adj limites permitted ◆ **il est permis de s'interroger sur la nécessité de ...** (frm) one might ou may well question the necessity of ...
2 nm permit, licence ◆ **permis de chasse** hunting licence ◆ **permis (de conduire)** (= carte) driving licence (Brit), driver's license (US); (= épreuve) driving test ◆ **permis à points** *driving licence with a penalty point system* ◆ **permis de construire** planning permis-

sion (NonC) ◆ **permis d'inhumer** burial certificate ◆ **permis bateau** boating licence ◆ **permis moto** motorbike licence ◆ **permis de pêche** fishing permit ◆ **permis poids lourd** heavy-goods vehicle licence ◆ **permis de port d'armes** gun licence ◆ **permis de séjour** residence permit ◆ **permis de travail** work permit

**permissif, -ive** [pɛʀmisif, iv] → SYN adj permissive

**permission** [pɛʀmisjɔ̃] → SYN nf **a** (= autorisation) permission ◆ **avec votre permission** with your permission ◆ **accorder à qn la permission de faire qch** to give sb permission to do sth ◆ **demander la permission** to ask permission (*de* to) ◆ **je lui ai demandé la permission** I asked his permission (*de* to) ◆ **demander à qn la permission** to ask sb his permission (*de* to) ◆ **est-ce qu'il t'a donné la permission (de le faire) ?** did he give you permission (to do it)?
**b** (Mil) (= congé) leave, furlough; (= certificat) pass ◆ **en permission** on leave ou furlough ◆ **permission de minuit** late pass

**permissionnaire** [pɛʀmisjɔnɛʀ] nm soldier on leave

**permissivité** [pɛʀmisivite] nf permissiveness

**permittivité** [pɛʀmitivite] nf permittivity

**permutabilité** [pɛʀmytabilite] nf permutability

**permutable** [pɛʀmytabl] → SYN adj which can be changed ou swapped ou switched round; (Math) permutable

**permutation** [pɛʀmytasjɔ̃] → SYN nf permutation

**permuter** [pɛʀmyte] → SYN ▸ conjug 1 ◂ **1** vt (gén) to change ou swap ou switch round, permutate; (Math) to permutate, permute
**2** vi to change, swap, switch (seats ou positions ou jobs etc)

**pernicieusement** [pɛʀnisjøzmɑ̃] adv (littér) perniciously

**pernicieux, -ieuse** [pɛʀnisjø, jøz] → SYN adj (gén, Méd) pernicious ◆ **pernicieux pour** injurious ou harmful to

**péroné** [peʀɔne] nm fibula

**péroniste** [peʀɔnist] **1** adj Peronist
**2 Péroniste** nmf Peronist

**péronnelle** [peʀɔnɛl] → SYN nf (péj) silly goose* (péj)

**péroraison** [peʀɔʀɛzɔ̃] → SYN nf (Littérat = conclusion) peroration, summing up; (péj = discours) windy discourse (péj)

**pérorer** [peʀɔʀe] → SYN ▸ conjug 1 ◂ vi to hold forth (péj), declaim (péj)

**per os** [pɛʀɔs] loc adv (Méd) orally

**Pérou** [peʀu] nm (Géog) Peru ◆ **ce qu'il gagne, ce n'est pas le Pérou** (LOC) he doesn't exactly earn a fortune ◆ **on a 60 € ? c'est le Pérou !** (iro) we've got €60? we're loaded!* ou we're rolling in it* (iro)!

**Pérouse** [peʀuz] n Perugia

**peroxydase** [pɛʀɔksidɑz] nf peroxidase

**peroxydation** [pɛʀɔksidasjɔ̃] nf peroxidation

**peroxyde** [pɛʀɔksid] nm peroxide ◆ **peroxyde d'hydrogène** hydrogen peroxide

**peroxydé, e** [pɛʀɔkside] adj cheveux peroxide (épith)

**peroxyder** [pɛʀɔkside] ▸ conjug 1 ◂ vt to peroxidize

**perpendiculaire** [pɛʀpɑ̃dikylɛʀ] → SYN adj, nf perpendicular (à to)

**perpendiculairement** [pɛʀpɑ̃dikylɛʀmɑ̃] adv perpendicularly ◆ **perpendiculairement à** at right angles to, perpendicular to

**perpète*** [pɛʀpɛt] nf **a** (= perpétuité) **il a eu la perpète** he got life*
**b** (= loin) **à perpète** miles away* ◆ **jusqu'à perpète*** (= longtemps) forever and a day*

**perpétration** [pɛʀpetʀasjɔ̃] nf perpetration

**perpétrer** [pɛʀpetʀe] → SYN ▸ conjug 6 ◂ vt to perpetrate

**perpette*** [pɛʀpɛt] nf ⇒ **perpète**

**perpétuation** [pɛʀpetɥasjɔ̃] nf (littér) perpetuation

**perpétuel, -elle** [pɛʀpetɥɛl] → SYN adj (= pour toujours) perpetual, everlasting; (= incessant) perpetual, never-ending; fonction, secrétaire permanent

**perpétuellement** [pɛʀpetɥɛlmɑ̃] → SYN adv (= constamment) constantly; (littér = toujours) perpetually

**perpétuer** [pɛʀpetɥe] → SYN ▸ conjug 1 ◂ **1** vt (= immortaliser) to perpetuate; (= maintenir) to perpetuate, carry on
**2 se perpétuer** vpr [usage, abus] to be perpetuated, be carried on; [espèce] to survive ◆ **se perpétuer dans son œuvre/dans ses enfants** to live on in one's work/in one's children

**perpétuité** [pɛʀpetɥite] → SYN nf perpetuity, perpetuation ◆ **à perpétuité** condamnation for life; concession in perpetuity; → **réclusion**

**perplexe** [pɛʀplɛks] → SYN adj perplexed, puzzled ◆ **rendre** ou **laisser perplexe** to perplex, puzzle

**perplexité** [pɛʀplɛksite] → SYN nf perplexity ◆ **je suis dans une grande perplexité** I just don't know what to think ◆ **être dans la plus complète perplexité** to be completely baffled ou utterly perplexed

**perquisition** [pɛʀkizisjɔ̃] → SYN nf (Police) search ◆ **ils ont fait une perquisition** they carried out ou made a search, they searched the premises; → **mandat**

**perquisitionner** [pɛʀkizisjɔne] → SYN ▸ conjug 1 ◂ **1** vi to carry out a search, make a search ◆ **perquisitionner au domicile de qn** to search sb's house, carry out ou make a search of sb's house
**2** vt* to search

**perrière** [pɛʀjɛʀ] nf (Archéol) perrier

**perron** [peʀɔ̃] → SYN nm steps *(leading to entrance)*, perron (SPÉC) ◆ **sur le perron de l'Élysée** on the steps of the Élysée Palace

**perroquet** [peʀɔkɛ] → SYN nm **a** (Orn, fig) parrot ◆ **perroquet de mer** puffin ◆ **répéter qch comme un perroquet** to repeat sth parrot fashion
**b** (Naut) topgallant (sail)
**c** (= boisson) *apéritif made of pastis and mint syrup*

**perruche** [peʀyʃ] nf **a** (Orn) budgerigar, budgie*; (= femelle du perroquet) female parrot; (fig = femme bavarde) chatterbox*, gasbag* (péj), windbag* (péj)
**b** (Naut) mizzen topgallant (sail)

**perruque** [peʀyk] → SYN nf **a** (= coiffure) wig; (Hist) wig, periwig, peruke
**b** (Pêche = enchevêtrement) tangle
**c** (* = travail clandestin) **faire des perruques** to work on the side *(during office hours)* ◆ **faire de la perruque** (= détournement de matériel) to pilfer office equipment for personal use

**perruquier, -ière** [peʀykje, jɛʀ] → SYN nm,f wigmaker

**pers** [pɛʀ] → SYN adj m yeux greenish-blue, blue-green

**persan, e** [pɛʀsɑ̃, an] **1** adj Persian ◆ **(chat) persan** Persian (cat); → **tapis**
**2** nm (Ling) Persian
**3 Persan(e)** nm,f Persian

**perse** [pɛʀs] **1** adj Persian
**2** nm (Ling) Persian
**3 Perse** nmf Persian
**4** nf (Géog) ◆ **Perse** Persia

**persécuté, e** [pɛʀsekyte] nm,f (gén) persecuted person; (Psych) person suffering from a persecution mania ou complex

**persécuter** [pɛʀsekyte] → SYN ▸ conjug 1 ◂ vt (= opprimer) to persecute; (= harceler) to harass, plague

**persécuteur, -trice** [pɛʀsekytœʀ, tʀis] → SYN
**1** adj persecuting
**2** nm,f persecutor

**persécution** [pɛʀsekysjɔ̃] → SYN nf persecution ◆ **délire de persécution** persecution mania ou complex

**Persée** [pɛʀse] nm Perseus

**perséides** [pɛʀseid] nfpl Perseids

**persel** [pɛʀsɛl] nm persalt

**Perséphone** [pɛʀsefɔn] nf Persephone

**persévérance** [pɛʀseveʀɑ̃s] → SYN nf perseverance

**persévérant, e** [pɛʀseveʀɑ̃, ɑ̃t] → SYN adj persevering ◆ **être persévérant** to persevere, be persevering

**persévération** [pɛʀseveʀasjɔ̃] nf perseveration

**persévérer** [pɛʀseveʀe] → SYN ▸ conjug 6 ◂ vi to persevere ◆ **persévérer dans** [+ effort, entreprise, recherches] to persevere with ou in, persist in; [+ erreur, voie] to persevere in ◆ **je persévère à le croire coupable** I continue to believe he's guilty

**persicaire** [pɛʀsikɛʀ] nf red shank, persicaria, lady's-thumb

**persienne** [pɛʀsjɛn] → SYN nf (louvred) shutter

**persiflage** [pɛʀsiflaʒ] → SYN nm mockery (NonC)

**persifler** [pɛʀsifle] → SYN ▸ conjug 1 ◂ vt to mock, make fun of

**persifleur, -euse** [pɛʀsiflœʀ, øz] → SYN **1** adj mocking
**2** nm,f mocker

**persil** [pɛʀsi] nm parsley ◆ **persil plat/frisé** flat-leaved/curly parsley ◆ **faux persil** fool's parsley

**persillade** [pɛʀsijad] nf (= sauce) parsley vinaigrette; (= viande) *cold beef served with parsley vinaigrette*

**persillé, e** [pɛʀsije] adj plat sprinkled with chopped parsley; viande marbled; fromage veined

**persique** [pɛʀsik] adj Persian; → **golfe**

**persistance** [pɛʀsistɑ̃s] → SYN nf [pluie, fièvre, douleur, odeur] persistence; [personne] persistence, persistency (*à faire* in doing) ◆ **cette persistance dans le mensonge** this persistent lying ◆ **avec persistance** (= tout le temps) persistently; (= avec obstination) persistently, doggedly, stubbornly

**persistant, e** [pɛʀsistɑ̃, ɑ̃t] → SYN adj (gén) persistent; feuilles evergreen, persistent (SPÉC) ◆ **arbre à feuillage persistant** evergreen (tree)

**persister** [pɛʀsiste] → SYN ▸ conjug 1 ◂ vi [pluie] to persist, keep up; [fièvre, douleur, odeur] to persist, linger; [symptôme, personne] to persist ◆ **la pluie/la douleur n'a pas persisté** the rain/the pain didn't last ou persist ◆ **persister dans qch/à faire qch** to persist in sth/in doing sth ◆ **il persiste dans son refus** he won't go back on his refusal ◆ **persister dans son opinion/ses projets** to stick to one's opinion/one's plans ◆ **il persiste dans son silence** he persists in keeping quiet ◆ **il persiste à faire cela** he persists in doing ou keeps (on) doing that ◆ **je persiste à croire que ...** I still believe that ... ◆ **c'est non, je persiste et signe !** (fig) the answer is no, and that's final! ◆ **il persistait une odeur de moisi** a musty smell lingered ou persisted ◆ **il persiste un doute** some doubt remains

**perso*** [pɛʀso] adj (abrév de **personnel**) (= privé) personal; (= égoïste) selfish ◆ **jouer perso** (gén) to go one's own way, go solo ◆ **il joue trop perso** (Sport) he tends to keep the ball to himself

**persona** [pɛʀsɔna] nf ◆ **persona grata/non grata** persona grata/non grata

**personales** [pɛʀsɔnal] nfpl personate flowers

**personé, e** [pɛʀsɔne] adj personate

**personnage** [pɛʀsɔnaʒ] → SYN nm **a** (= individu) character, individual ◆ **c'est un personnage !** he's (ou she's) quite a character!
**b** (= célébrité) (very) important person ◆ **personnage influent/haut placé** influential/highly placed person ◆ **personnage connu** celebrity, well-known person ◆ **personnage officiel** VIP ◆ **un grand personnage** a great figure ◆ **grands personnages de l'État** State dignitaries ◆ **personnages de l'Antiquité/historiques** great names of Antiquity/in history ◆ **il est devenu un personnage** he's become a very important person ou a big name* ◆ **il se prend pour un grand personnage** he really thinks he's someone important, he really thinks he's somebody*
**c** (Littérat) character ◆ **liste des personnages** dramatis personae, list of characters ◆ **jouer un personnage** (lit, fig) to play a part, act a part ou role; → **peau**
**d** (Art) [tableau] figure

**personnalisation** [pɛʀsɔnalizasjɔ̃] nf personalization

**personnaliser** [pɛʀsɔnalize] [→ SYN] ► conjug 1 ◄ vt [+ produit] [fabricant] to customize; [propriétaire] to personalize; [+ appartement] to give a personal touch to ◆ **crédit/service personnalisé** personalized loan/service

**personnalisme** [pɛʀsɔnalism] nm personalism

**personnaliste** [pɛʀsɔnalist] [1] adj personalis-t(ic)

[2] nmf personalist

**personnalité** [pɛʀsɔnalite] [→ SYN] nf a (Psych) personality ◆ **avoir une forte personnalité/de la personnalité** to have a strong personality/lots of personality ◆ **sans personnalité** lacking in personality

b (= personne importante) personality ◆ **il y aura de nombreuses personnalités pour l'inauguration** there will be a number of key figures ou personalities at the opening

c (Jur) **acquérir une personnalité juridique** to acquire legal status

**personne** [pɛʀsɔn] [→ SYN] [1] nf a (= être humain) person ◆ **deux personnes** two people ◆ **grande personne** adult, grown-up ◆ **le respect de la personne humaine** respect for human dignity ◆ **les personnes qui ...** those who ..., the people who ... ◆ **c'est une personne sympathique** he (ou she) is a very nice ou pleasant person ◆ **une personne de connaissance m'a dit ...** someone ou a person I know told me ... ◆ **il n'y a pas personne plus discrète que lui** there's no one more discreet than he is ou than him ◆ **c'est une drôle de petite/une jolie personne** † she's a funny little/a pretty little thing ◆ **trois gâteaux par personne** three cakes per person, three cakes each ◆ **15 € par personne** €15 each ou a head ou per person ◆ **par personne interposée** through an intermediary, through a third party ou person ◆ **querelles/rivalités de personnes** personal quarrels/rivalries ◆ **les droits de la personne** (Jur) the rights of the individual; → **tiers**

b (= personnalité) **toute sa personne inspire confiance** everything about him inspires confidence ◆ **j'admire son œuvre mais je le méprise en tant que personne** I admire his works but I have no time for him as a person ◆ **la personne et l'œuvre de Balzac** Balzac, the man and his work

c (= corps) **être bien (fait) de sa personne** to be good-looking ◆ **exposer** ou **risquer sa personne** to risk one's life ou one's neck ◆ **sur ma personne** on my person ◆ **il semble toujours très content de sa petite personne** he always seems very pleased with himself ◆ **il prend soin de sa petite personne** he looks after himself

◆ **en personne** ◆ **je l'ai vu en personne** I saw him in person ◆ **je m'en occupe en personne** I'll see to it personally ◆ **c'est la paresse/la bonté en personne** he's ou she's laziness/kindness itself ou personified

d (Gram) person ◆ **à la première/troisième personne** in the first/third person

[2] pron a (= quelqu'un) anyone, anybody ◆ **elle le sait mieux que personne (au monde)** she knows that better than anyone ou anybody (else) ◆ **il est entré sans que personne le voie** he came in without anyone ou anybody seeing him ◆ **personne de blessé ?** is anyone ou anybody injured?, no one hurt? ◆ **elle sait faire le café comme personne** she makes better coffee than anyone (else)

b (avec ne = aucun) no one, nobody ◆ **presque personne** hardly anyone ou anybody, practically no one ou nobody ◆ **personne (d'autre) ne l'a vu** no one ou nobody (else) saw him ◆ **il n'a vu personne (d'autre)** he didn't see anyone ou anybody (else), he saw no one ou nobody (else) ◆ **personne d'autre que lui** no one ou nobody but him ou he ◆ **il n'y a personne** there's no one ou nobody in, there isn't anyone ou anybody in ◆ **il n'y a eu personne de blessé** no one ou nobody was injured, there wasn't anyone ou anybody injured ◆ **à qui as-tu demandé ? – à personne** who did you ask? – no one ou nobody ou I didn't ask anyone ou anybody ◆ **ce n'est la faute de personne** it's no one's ou nobody's fault ◆ **il n'y avait personne d'intéressant à qui parler** there was no one ou nobody interesting to talk to ◆ **il n'y est pour personne** he doesn't want to see anyone ou anybody ◆ **pour le travail, il n'y a plus personne** * (iro) as soon as there's a bit of work to be done, everyone disappears ou clears off * ou there's suddenly no one ou nobody around ◆ **n'y a-t-il personne qui sache où il est ?** doesn't anyone ou anybody know where he is?

[3] COMP ▷ **personne âgée** elderly person ◆ **mesure en faveur des personnes âgées** measure benefiting the elderly ▷ **personne à charge** dependent ▷ **personne civile** (Jur) legal entity ▷ **personnes déplacées** (Pol) displaced persons ▷ **personne morale** (Jur) ⇒ **personne civile** ▷ **personne physique** (Jur) natural person

**personnel, -elle** [pɛʀsɔnɛl] [→ SYN] [1] adj a (= particulier, privé) personal; appel téléphonique private ◆ **fortune personnelle** personal ou private fortune ◆ **strictement personnel** lettre highly confidential, private and personal; billet not transferable (attrib) ◆ **il a des idées/des opinions très personnelles sur la question** he has ideas/opinions of his own ou he has his own ideas/opinions on the subject ◆ **critiques personnelles** personal criticism

b (= égoïste) selfish, self-centred; (Sport) joueur selfish

c (Gram) pronom, nom, verbe personal; mode finite

[2] nm [école] staff; [château, hôtel] staff, employees; [usine] workforce, employees, personnel; [service public] personnel, employees ◆ **manquer de personnel** to be shortstaffed ou understaffed ◆ **il y a trop de personnel dans ce service** this department is overstaffed ◆ **faire partie du personnel** to be on the staff ◆ **l'usine a 60 membres de personnel** ou **un personnel de 60** the factory has 60 people on the payroll, the factory has a workforce ou payroll of 60 ◆ **personnel de maison** domestic staff ◆ **personnel à terre/navigant** (Aviat, Mil) ground/flight personnel ou staff ◆ **personnel en civil/en tenue** plain-clothes/uniformed staff ◆ **bureau/chef du personnel** personnel office/officer

**personnellement** [pɛʀsɔnɛlmɑ̃] GRAMMAIRE ACTIVE 6.2, 26.5 [→ SYN] adv personally ◆ **je lui dirai personnellement** I'll tell him myself ou personally ◆ **personnellement je veux bien** personally I don't mind, I for one don't mind

**personnification** [pɛʀsɔnifikasjɔ̃] [→ SYN] nf personification ◆ **c'est la personnification de la cruauté** he's the personification ou the embodiment of cruelty

**personnifier** [pɛʀsɔnifje] [→ SYN] ► conjug 7 ◄ vt to personify ◆ **cet homme personnifie le mal** this man is the embodiment of evil ou is evil itself ou is evil personified ◆ **être la bêtise personnifiée** to be stupidity itself ou personified ◆ **il personnifie son époque** he personifies ou typifies his age, he's the embodiment of his age

**perspectif, -ive**[1] [pɛʀspɛktif, iv] adj perspective

**perspective**[2] [pɛʀspɛktiv] nf a (Art) perspective ◆ **effet de perspective** 3-D ou 3 dimensional effect

b (= point de vue) (lit) view; (fig) angle, viewpoint ◆ **dans une perspective historique** from a historical angle ou viewpoint, in a historical perspective ◆ **examiner une question sous des perspectives différentes** to examine a question from different angles ou viewpoints ◆ **il faut mettre les choses en perspective** you have to put things in perspective

c (= événement en puissance) prospect; (= idée) prospect, thought ◆ **il y a du travail en perspective** there's a lot of work ahead ◆ **des perspectives d'avenir** future prospects ◆ **quelle perspective !** what a thought! ou prospect! ◆ **à la perspective de** at the prospect ou thought ou idea of

**perspicace** [pɛʀspikas] [→ SYN] adj clear-sighted, perspicacious

**perspicacité** [pɛʀspikasite] [→ SYN] nf clear-sightedness, insight, perspicacity

**perspiration** [pɛʀspiʀasjɔ̃] nf perspiration

**persuader** [pɛʀsɥade] [→ SYN] ► conjug 1 ◄ [1] vt (= convaincre) to persuade, convince (*qn de qch* sb of sth) ◆ **persuader qn (de faire qch)** to persuade sb (to do sth) ◆ **il les a persuadés que tout irait bien** he persuaded ou convinced them that all would be well ◆ **on l'a persuadé de partir** he was persuaded to leave ◆ **j'en suis persuadé** I'm quite sure ou convinced (of it) ◆ **il sait persuader** he's very persuasive, he knows how to convince people

[2] vi (littér) ◆ **persuader à qn (de faire)** to persuade sb (to do) ◆ **on lui a persuadé de rester** he was persuaded to stay

[3] **se persuader** vpr ◆ **se persuader de qch** to convince ou persuade o.s. of sth ◆ **se persuader que ...** to convince ou persuade o.s. that ...

**persuasif, -ive** [pɛʀsɥazif, iv] [→ SYN] adj ton, éloquence persuasive; argument, orateur persuasive, convincing

**persuasion** [pɛʀsɥazjɔ̃] [→ SYN] nf (= action, art) persuasion; (= croyance) conviction, belief

**persulfate** [pɛʀsylfat] nm persulphate

**perte** [pɛʀt] GRAMMAIRE ACTIVE 24.4 [→ SYN]

[1] nf a (gén) loss, losing (NonC); (Comm) loss ◆ **vendre à perte** to sell at a loss ◆ **la perte d'une bataille/d'un procès** the loss of a battle/of a court case, losing a battle/a court case ◆ **essuyer une perte importante** to suffer heavy losses ◆ **de lourdes pertes (en hommes)** (Mil) heavy losses (in men) ◆ **ce n'est pas une grosse perte** it's not a serious loss ◆ **la perte cruelle d'un être cher** the cruel ou grievous loss of a loved one; → **profit**

b (= ruine) ruin ◆ **il a juré sa perte** he has sworn to ruin him ◆ **il court à sa perte** he is on the road to ruin

c (= déperdition) loss; (= gaspillage) waste ◆ **perte de chaleur/d'énergie** loss of heat/of energy, heat/energy loss ◆ **perte de lumière** loss of light ◆ **c'est une perte de temps/d'énergie** it's a waste of time/of energy

d (Loc)

◆ **avec pertes et fracas** ◆ **mis à la porte avec pertes et fracas** thrown out

◆ **à perte de vue** (lit) as far as the eye can see; (fig) interminably

[2] COMP ▷ **pertes blanches** (Méd) vaginal discharge, leucorrhoea (SPÉC) ▷ **perte de charge** pressure drop, drop in ou loss of pressure ▷ **perte de connaissance** ou **de conscience** loss of consciousness ◆ **avoir une perte de connaissance** ou **de conscience** to lose consciousness ▷ **perte de mémoire** loss of memory, memory loss ▷ **perte de poids** weight loss ▷ **pertes de sang** (Méd) heavy bleeding ▷ **perte sèche** (Fin) dead loss (Fin), absolute loss ▷ **perte à la terre** (Élec) earth (Brit) ou ground (US) leakage ▷ **perte de vitesse**: **être en perte de vitesse** (Aviat) to lose lift [mouvement] to be losing momentum; [entreprise, vedette] to be going downhill

**pertinemment** [pɛʀtinamɑ̃] adv parler pertinently ◆ **il a répondu pertinemment** his reply was to the point ◆ **savoir pertinemment que ...** to know full well that ..., know for a fact that ...

**pertinence** [pɛʀtinɑ̃s] [→ SYN] nf a (= à-propos) [remarque, question, idée, analyse] pertinence, relevance ◆ **il remarqua avec pertinence que ...** he aptly pointed out that ...

b (Ling) significance, distinctive nature

**pertinent, e** [pɛʀtinɑ̃, ɑ̃t] [→ SYN] adj a remarque, question, idée, analyse pertinent, relevant

b (Ling) significant, distinctive

**pertuis** [pɛʀtɥi] [→ SYN] nm (= détroit) strait(s), channel; [fleuve] narrows

**pertuisane** [pɛʀtɥizan] [→ SYN] nf partisan *(weapon)*

**perturbant, e** [pɛʀtyʀbɑ̃, ɑ̃t] adj disturbing, perturbing ◆ **le divorce a été très perturbant pour l'enfant** the divorce was a very disturbing ou unsettling experience for the child

**perturbateur, -trice** [pɛʀtyʀbatœʀ, tʀis] [→ SYN] [1] adj disruptive

[2] nm,f (gén) troublemaker; (dans un débat) heckler

**perturbation** [pɛʀtyʀbasjɔ̃] [→ SYN] nf [services publics, travaux, cérémonie, réunion] disruption; (Radio, TV) [transmission] disruption; (Astron) perturbation ◆ **jeter** ou **semer la perturbation dans** to disrupt ◆ **facteur de perturbation** disruptive factor ◆ **perturbations dans l'acheminement du courrier** disruption(s) in the mail service ◆ **les perturbations ont surtout affecté les lignes de banlieue** it was mainly the suburban lines that were disrupted ◆ **perturbation (atmosphérique)** (Mét) (atmospheric) disturbance

**perturber** [pɛʀtyʀbe] [→ SYN] ► conjug 1 ◄ vt a [+ services publics, travaux, cérémonie, réunion] to disrupt; (Radio, TV) [+ transmission] to disrupt; (Astron) to perturb; (Mét) to disturb

**b** (= déstabiliser) [+ personne] to perturb, disturb ◆ **elle est très perturbée en ce moment** she's very perturbed at the moment ◆ **son divorce l'a profondément perturbé** he was deeply upset by his divorce

**péruvien, -ienne** [peʀyvjɛ̃, jɛn] **1** adj Peruvian

**2 Péruvien(ne)** nm,f Peruvian

**pervenche** [pɛʀvɑ̃ʃ] **1** nf (Bot) periwinkle; (* = contractuelle) female traffic warden (Brit), meter maid (US)

**2** adj inv periwinkle blue

**pervers, e** [pɛʀvɛʀ, ɛʀs] → SYN **1** adj (littér) (= diabolique) perverse; (= vicieux) perverted, depraved ◆ **les effets pervers de la publicité** the pernicious effects of advertising

**2** nm,f pervert ◆ **pervers sexuel** (sexual) pervert

**perversion** [pɛʀvɛʀsjɔ̃] → SYN nf perversion, corruption; (Méd, Psych) perversion

**perversité** [pɛʀvɛʀsite] → SYN nf perversity, depravity

**pervertir** [pɛʀvɛʀtiʀ] → SYN ▸ conjug 2 ◂ **1** vt (= dépraver) to corrupt, pervert, deprave; (= altérer) to pervert

**2 se pervertir** vpr to become corrupt(ed) ou perverted ou depraved

**pervibrage** [pɛʀvibʀaʒ] nm [béton] vibration

**pervibrateur** [pɛʀvibʀatœʀ] nm vibrating poker

**pervibrer** [pɛʀvibʀe] ▸ conjug 1 ◂ vt [+ béton] to vibrate

**pesade** [pəzad] nf pesade

**pesage** [pəzaʒ] nm weighing; [jockey] weigh-in; (= salle) weighing room; (= enceinte) enclosure

**pesamment** [pəzamɑ̃] → SYN adv chargé, tomber heavily; marcher with a heavy step ou tread, heavily

**pesant, e** [pəzɑ̃, ɑ̃t] → SYN **1** adj **a** (= lourd) paquet heavy, weighty; sommeil deep; démarche, pas, architecture heavy; esprit slow, sluggish; style, ton heavy, weighty, ponderous

**b** (= pénible) charge, silence heavy; présence burdensome ◆ **il devient pesant avec ses questions** he's becoming a nuisance with all those questions

**2** nm ◆ **valoir son pesant d'or** [personne] to be worth one's weight in gold; [diplôme] to be worth its weight in gold ◆ **il faut le voir faire un discours, ça vaut son pesant d'or** ou **de cacahuètes** * (hum) you should hear him make a speech, it's priceless *

**pesanteur** [pəzɑ̃tœʀ] → SYN nf **a** (Phys) gravity ◆ **défier les lois de la pesanteur** to defy (the laws of) gravity

**b** (= lourdeur) [paquet] heaviness, weightiness; [démarche] heaviness; [esprit] slowness, sluggishness; [architecture] heaviness; [style] heaviness, weightiness, ponderousness ◆ **avoir des pesanteurs d'estomac** to have problems with one's digestion ◆ **les pesanteurs administratives** cumbersome administrative procedures

**pèse-acide,** pl **pèse-acides** [pɛzasid] nm acidimeter

**pèse-alcool,** pl **pèse-alcools** [pɛzalkɔl] → SYN nm alcoholometer

**pèse-bébé,** pl **pèse-bébés** [pɛzbebe] nm (baby) scales

**pesée** [pəze] → SYN nf **a** (= action) weighing ◆ **effectuer une pesée** to find out the weight

**b** (= pression, poussée) push, thrust

**c** (Sport) **aller à la pesée** to weigh in

**pèse-lait,** pl **pèse-laits** [pɛzlɛ] nm lactometer

**pèse-lettre,** pl **pèse-lettres** [pɛzlɛtʀ] nm letter scales

**pèse-moût,** pl **pèse-moûts** [pɛzmu] nm saccharometer

**pèse-personne,** pl **pèse-personnes** [pɛzpɛʀsɔn] nm scales; (dans une salle de bains) (bathroom) scales

**peser** [pəze] GRAMMAIRE ACTIVE 26.4 → SYN ▸ conjug 5 ◂

**1** vt **a** [+ objet, personne] to weigh ◆ **peser qch dans sa main** to feel the weight of sth (in one's hand) ◆ **se peser** to weigh o.s. ◆ **se faire peser** [sportif] to get weighed in ◆ **il pèse 3 millions** (fig) he is worth 3 million

**b** (= évaluer) to weigh (up) ◆ **peser le pour et le contre** to weigh (up) the pros and cons ◆ **peser ses mots/chances** to weigh one's words/chances ◆ **tout bien pesé** all things considered ◆ **ce qu'il dit est toujours pesé** what he says is always carefully thought out

**2** vi **a** (gén) to weigh; [sportif] to weigh in ◆ **cela pèse beaucoup** it weighs a lot ◆ **cela pèse peu** it doesn't weigh much ◆ **peser 60 kg** to weigh 60 kg ◆ **peser lourd** to be heavy ◆ **ce ministre ne pèse pas lourd** * this minister doesn't carry much weight ou doesn't count for much ◆ **il n'a pas pesé lourd (devant son adversaire)** he was no match for his opponent

**b** (= appuyer) to press, push ◆ **peser sur/contre qch (de tout son poids)** to press ou push down on/against sth (with all one's weight) ◆ **peser sur l'estomac** [aliment, repas] to lie (heavy) on the stomach ◆ **cela lui pèse sur le cœur** that makes him heavy-hearted ◆ **les remords lui pèsent sur la conscience** remorse lies heavy on his conscience, he is weighed down with remorse ◆ **le soupçon/l'accusation qui pèse sur lui** the suspicion/the accusation hanging ou which hangs over him ◆ **la menace/sentence qui pèse sur sa tête** the threat/sentence which hangs over his head ◆ **toute la responsabilité pèse sur lui** ou **sur ses épaules** all the responsibility is on him ou on his shoulders, he has to shoulder all the responsibility

**c** (= accabler) **peser à qn** to weigh sb down, weigh heavy on sb ◆ **le silence/la solitude lui pèse** the silence/solitude is getting him down * ou weighs heavy on him ◆ **le temps lui pèse** time hangs heavy on his hands ◆ **ses responsabilités de maire lui pèsent** his responsibilities as mayor weigh heavy on him

**d** (= avoir de l'importance) to carry weight ◆ **cela va peser (dans la balance)** that will carry some weight ◆ **sa timidité a pesé dans leur décision** his shyness influenced their decision

**pèse-sel,** pl **pèse-sels** [pɛzsɛl] nm sali(no)meter

**pèse-sirop,** pl **pèse-sirops** [pɛzsiʀo] nm syrup hydrometer

**peseta** [pezeta] nf peseta

**pesette** [pəzɛt] nf assay balance

**peseur, -euse** [pəzœʀ, øz] nm,f weigher

**pèse-vin,** pl **pèse-vins** [pɛzvɛ̃] nm [vin] alcoholmeter

**peso** [pezo, peso] nm peso

**Pessah** [pesa] nm Pesach, Pesah

**pessaire** [pesɛʀ] → SYN nm pessary

**pessimisme** [pesimism] → SYN nm pessimism

**pessimiste** [pesimist] → SYN **1** adj pessimistic (*sur* about)

**2** nmf pessimist

**peste** [pɛst] → SYN **1** nf (Méd) plague; (péj = personne) pest, nuisance, menace ◆ **la peste bubonique** the bubonic plague ◆ **la peste noire** the black plague, the Black Death ◆ **peste bovine** (Vét) rinderpest, cattle plague ◆ **fuir qch/qn comme la peste** to avoid sth/sb like the plague

**2** excl (littér) good gracious! ◆ **peste soit de ...** a plague on ...

**pester** [pɛste] → SYN ▸ conjug 1 ◂ vi to curse ◆ **pester contre qn/qch** to curse sb/sth

**pesteux, -euse** [pɛstø, øz] adj bubon pestilential; rat pestilent

**pesticide** [pɛstisid] → SYN **1** adj pesticidal

**2** nm pesticide

**pestiféré, e** [pɛstifeʀe] → SYN **1** adj plague-stricken

**2** nm,f plague victim ◆ **fuir qn comme un pestiféré** to avoid sb like the plague ◆ **"Les Pestiférés de Jaffa"** (Art) "Napoleon Visiting the Pesthouse of Jaffa"

**pestilence** [pɛstilɑ̃s] → SYN nf stench

**pestilentiel, -elle** [pɛstilɑ̃sjɛl] → SYN adj (gén) stinking, foul(-smelling); (Méd) pestilent

**pet**[1] ✱ [pɛ] → SYN nm **a** (= gaz) fart ✱ ◆ **faire** ou **lâcher un pet** to break wind, fart ✱ ◆ **il a toujours un pet de travers** he's always got something wrong with him ◆ **partir comme un pet (sur une toile cirée)** to scarper ✱ (Brit), split *; → **valoir**

**b** (= guet) **faire le pet** to be on (the) watch ou on (the) look-out

**pet**[2] ✱ [pɛt] nm (= coup) thump, bash; (= marque) dent ◆ **la table a pris un pet** the table has taken a bash ◆ **il y a plein de pets sur l'étagère** the shelf is all dented

**pétainiste** [petenist] **1** adj Pétain (épith)

**2 Pétainiste** nmf Pétain supporter

**pétale** [petal] → SYN nm petal

**pétaloïde** [petalɔid] adj petaloid

**pétanque** [petɑ̃k] nf petanque *(type of bowls played in the South of France)* → BOULES

**pétant, e** * [petɑ̃, ɑ̃t] adj ◆ **à 2 heures pétant(es)** at 2 on the dot *

**pétaradant, e** [petaʀadɑ̃, ɑ̃t] adj moto noisy, spluttering, back-firing

**pétarade** [petaʀad] → SYN nf [moteur, véhicule] backfiring (NonC); [feu d'artifice, fusillade] crackling (NonC)

**pétarader** [petaʀade] ▸ conjug 1 ◂ vi [moteur, véhicule] to backfire; [feu d'artifice] to go off ◆ **il les entendait pétarader dans la cour** he could hear them revving up their engines in the backyard

**pétard** [petaʀ] → SYN nm **a** (= feu d'artifice) firecracker, banger (Brit); (= accessoire de cotillon) cracker; (Rail) detonator (Brit), torpedo (US); (Mil) petard, explosive charge ◆ **tirer** ou **faire partir un pétard** to let off a firecracker ou banger (Brit) ◆ **lancer un pétard** (fig) to drop a bombshell ◆ **c'était un pétard mouillé** (fig) it was a damp squib

**b** (✱ = tapage) din *, racket *, row * ◆ **il va y avoir du pétard** sparks will fly, there's going to be a hell of a row * ◆ **faire du pétard** [nouvelle] to cause a stir, raise a stink *; [personne] to kick up a row * ou fuss * ou stink * ◆ **être en pétard** to be raging mad *, be in a flaming temper (*contre* at)

**c** (✱ = revolver) gun

**d** (✱ = derrière) bottom *, bum * (Brit)

**e** (Drogue) joint *, reefer *

**pétasse** ✱ [petas] nf slut ✱

**pétaudière** [petodjɛʀ] nf bedlam, bear garden

**pétauriste** [petɔʀist] nm (Zool) flying phalanger, petaurist

**pet-de-nonne,** pl **pets-de-nonne** [pɛd(ə)nɔn] nm fritter *(made with choux pastry)*

**pété, e** ✱ [pete] (ptp de péter) adj (= ivre) plastered ✱, pissed ✱ (Brit); (= drogué) stoned ✱; (= fou) crazy, bonkers ✱

**pétéchie** [peteʃi] nf petechia

**pet-en-l'air** † [pɛtɑ̃lɛʀ] nm inv bumfreezer *

**péter** [pete] → SYN ▸ conjug 6 ◂ **1** vi **a** ✱ [personne] to break wind, fart ✱ ◆ **il veut péter plus haut que son derrière** ou **son cul** ✱✱ he thinks he's it *, he's a cocky bugger ✱ (Brit) ◆ **il m'a envoyé péter** he told me to go to hell ✱ ◆ **péter dans la soie** to live in the lap of luxury

**b** * [détonation] to go off; [tuyau] to burst; [ballon] to pop, burst; [ficelle] to snap ◆ **la bombe lui a pété à la figure** the bomb went off ou blew up in his face ◆ **l'affaire lui a pété dans la main** the deal fell through ◆ **la crise est si grave qu'un jour ça va péter** the crisis is so serious that one day all hell's going to break loose * ◆ **il faut que ça pète ou que ça dise pourquoi** if we don't talk it out, all hell's going to break loose *

**2** vt * **a** [+ ficelle] to snap; [+ transistor, vase] to bust * ◆ **je me suis pété une cheville** I did my ankle in * ◆ **péter la gueule à qn** ✱ to smash sb's face in * ◆ **se péter la gueule** ✱ (= tomber) to fall flat on one's face; (= s'enivrer) to get plastered ✱ ou pissed ✱✱ (Brit) ◆ **c'est un coup à se péter la gueule** ✱ you'll (ou he'll etc ) break your (ou his etc ) neck doing that ◆ **il s'est pété la gueule en vélo** ✱ he smashed himself up when he came off his bike ✱

**b** (LOC) **péter le feu** ou **les flammes** [personne] to be full of go * ou beans * (Brit) ◆ **péter la** ou **de santé** to be bursting with health ◆ **il pète la forme** * he's on top form ◆ **ça va péter des flammes** there's going to be a heck of a row * ◆ **péter les plombs** to go off the rails *

**pète-sec** * [pɛtsɛk] **nmf inv, adj inv** ◆ **c'est un pète-sec, il est très pète-sec** he has a very curt ou abrupt manner

**péteux, -euse** * [petø, øz] → SYN **1** **adj** (= peureux) cowardly, yellow, yellow-bellied *; (= honteux) ashamed (attrib)

**2** **nm,f** (= peureux) coward, yellowbelly *; (= prétentieux) pretentious twit *

**pétillant, e** [petijɑ̃, ɑ̃t] → SYN **adj** eau, vin sparkling; yeux sparkling, twinkling ◆ **discours pétillant d'esprit** speech sparkling with wit

**pétillement** [petijmɑ̃] → SYN **nm** [feu] crackling (NonC); [champagne, vin, eau] bubbling (NonC); [yeux] sparkling (NonC), twinkling (NonC) ◆ **entendre des pétillements** to hear crackling ou crackles ◆ **ce pétillement de malice dans son regard** the mischievous twinkle in his eye

**pétiller** [petije] → SYN ▸ **conjug 1** ◂ **vi** [feu] to crackle; [champagne, vin, eau] to bubble; [joie] to sparkle (*dans* in); [yeux] to sparkle, twinkle (*de* with) ◆ **ses yeux pétillaient de malice** his eyes were sparkling ou twinkling mischievously ◆ **il pétillait de bonne humeur** he was bubbling (over) with good humour ◆ **pétiller d'intelligence** to sparkle with intelligence

**pétiole** [pesjɔl] **nm** leafstalk, petiole (SPÉC)

**pétiolé, e** [pesjɔle] **adj** petiolate

**petiot, e** * [pətjo, jɔt] **1** **adj** teenyweeny *, tiny (little)

**2** **nm** little boy ou lad * (Brit)

**3** **petiote nf** little girl ou lass * (US)

## petit, e [p(ə)ti, it]

→ SYN

**1** ADJECTIF
**2** LOCUTION ADVERBIALE
**3** NOM MASCULIN
**4** NOM FÉMININ
**5** COMPOSÉS

### 1 ADJECTIF

Lorsque **petit** s'emploie dans des expressions telles que **les petites gens, entrer par la petite porte, ce n'est pas une petite affaire** etc., cherchez au nom.

**a** [gén, en dimension] main, personne, objet, colline small, little (épith); pointure small ◆ **petit et mince** short and thin ◆ **petit et carré** squat ◆ **petit et rond** dumpy ◆ **il est tout petit** he's very small ou a very small man; (nuance affective) he's a little ou a tiny (little) man ◆ **se faire tout petit** (fig) to keep a low profile, make o.s. as inconspicuous as possible ◆ **depuis, il se fait tout petit devant moi** ever since then, he's been acting like he's afraid of me ◆ **un petit vieux** a little old man ◆ **ces chaussures sont un peu petites/trop petites pour moi** these shoes are a bit small ou rather a small fit/too small for me ◆ (Prov) **petit poisson deviendra grand** ◆ (Prov) **les petits ruisseaux font les grandes rivières** great ou mighty oaks from little acorns grow (Prov)

◆ **en petit** ◆ **c'est écrit en petit** it's written in small letters ◆ **une cour d'école, c'est le monde en petit** a school playground is the world in miniature ◆ **le dessin est répété en petit sur les fauteuils** there's a smaller version of the pattern on the armchairs, the pattern is the same on the armchairs but smaller

**b** [= mince] tranche thin ◆ **avoir de petits os** to be small-boned ou slight-boned ◆ **avoir de petits bras** to have slender ou thin arms ◆ **une petite pluie (fine) tombait** a (fine) drizzle was falling

**c** [= miniature, jouet] toy (épith) ◆ **petite voiture** toy ou miniature car ◆ **petit train** (= jouet) toy train; (= dans un parc) miniature train ◆ **faire le petit train** (= jeu) to play trains

**d** [= maladif] **avoir une petite santé** to be in poor health, be frail ◆ **avoir une petite figure** ou **mine** to look pale ou wan ◆ **tu as de petits yeux ce matin** you're a bit bleary-eyed this morning

**e** [= jeune] small, young; (avec nuance affective) little ◆ **quand il était petit** when he was small ou little ◆ **un petit Anglais** an English boy ◆ **les petits Anglais** English children ◆ **tu es encore trop petit pour comprendre** you're still too young to understand ◆ **petit chat/chien** (little) kitten/puppy ◆ **petit lion/tigre/ours** lion/tiger/bear cub ◆ **dans sa petite enfance** when he was very small, in his early childhood ◆ **petit garçon** little boy ◆ **je ne suis plus un petit garçon !** I'm not a child anymore! ◆ **il fait très petit garçon** he's very boyish ◆ **à côté de lui, Marc est un petit garçon** (fig) compared to him, Marc is a babe in arms ◆ **"Le Petit Chaperon Rouge"** (Littérat) "Little Red Riding Hood" ◆ **"le Petit Poucet"** (Littérat) "Tom Thumb" ◆ **"Le Petit Prince"** (Littérat) "The Little Prince"

**f** [= cadet] **son petit frère** his younger ou little brother; (très petit) his baby ou little brother ◆ **tu vas bientôt avoir une petite sœur** you'll soon have a baby ou little sister

**g** [= court] promenade, voyage short, little ◆ **sur une petite distance** over a short distance ◆ **par petites étapes** in short ou easy stages ◆ **c'est une petite semaine/un petit mois** (écourtés par congé) it's a short week/a short month ◆ **il est resté deux (pauvres) petites heures** he stayed for a mere two hours ◆ **il en a pour une petite heure** it will take him an hour at the most, it won't take him more than an hour ◆ **c'est à un petit kilomètre d'ici** it's no more than ou just under a kilometre from here

**h** [= faible] bruit faint, slight; cri little, faint; coup, tape light, gentle; pente gentle, slight; somme d'argent, budget small; loyer low ◆ **on entendit deux petits coups à la porte** we heard two light ou gentle knocks on the door ◆ **il a un petit appétit** he has a small appetite, he hasn't much of an appetite ◆ **une toute petite voix** a tiny voice ◆ **film à petit budget** low-budget film ◆ **c'est un petit mardi** (= la recette est faible) it's a poor showing for a Tuesday ◆ **ils ont gagné par un petit 1 à 0** (Sport) they won by a very slim 1-0; → **salaire**

**i** [= peu important] commerçant, pays, entreprise, groupe small; opération, détail small, minor; amélioration, changement, inconvénient slight, minor; espoir, chance faint, slight; odeur, rhume slight; fonctionnaire, employé, romancier minor; cadeau, bibelot, soirée, réception little ◆ **le petit commerce** small businesses ◆ **les petites et moyennes entreprises/industries** small and medium-sized businesses/industries ◆ **chez le petit épicier du coin** at the little grocer's down the street ◆ **avec un petit effort** with a bit of an ou with a little effort ◆ **ce fait n'est connu que d'un petit nombre** only a small number of people ou a few people are aware of this fact

**j** [péj = mesquin] attitude, action mean, petty, low; personne petty ◆ **c'est petit ce qu'il a fait là** that was a mean thing to do, that was mean of him

**k** [avec nuance affective ou euph] little ◆ **vous prendrez bien un petit dessert/verre ?** you'll have a little dessert/drink, won't you? ◆ **faire une petite partie de cartes** to play a little game of cards ◆ **juste une petite signature** can I just have your signature ◆ **un petit coup de rouge** * a (little) glass of red wine ◆ **une petite robe d'été** a light summer dress ◆ **ma petite maman** my mummy ◆ **mon petit papa** my daddy ◆ **mon petit chou** ou **rat** etc (my little) darling ◆ **un petit coin tranquille** a nice quiet spot ◆ **on va se faire un bon petit souper** we'll make ourselves a nice little (bit of) supper ◆ **cela coûte une petite fortune** it costs a small fortune ◆ **ce n'est pas grand-chose, mais c'est tout de même une petite victoire** it's not much but it's a small victory nonetheless ◆ **il y a un petit vent** (agréable) there's a bit of a breeze; (désagréable) it's a bit windy

**l** [pour déprécier] **espèce de petit impertinent** you cheeky little so-and-so * ◆ **je vous préviens, mon petit ami** ou **monsieur** I warn you my good man ou dear fellow ◆ **petit con !** ** stupid jerk! **

**m** [LOC] **c'est de la petite bière** it's small beer (Brit), it's small potatoes (US) ◆ **ce n'est pas de la petite bière** it's no small matter, it's not without importance ◆ **être aux petits soins pour qn** to wait on sb hand and foot; → **semaine, soulier** etc

**2** **petit à petit** LOCUTION ADVERBIALE

little by little, gradually ◆ (Prov) **petit à petit, l'oiseau fait son nid** with time and perseverance one accomplishes one's goals

### 3 NOM MASCULIN

**a** [= enfant] (little) boy ◆ **les petits** the children ◆ **viens ici, petit** come here, son ◆ **pauvre petit** poor little thing ◆ **le petit Durand** the Durands' son, the Durand boy ◆ **les petits Durand** the Durand children ◆ **jeu pour petits et grands** game for old and young (alike); → **tout-petit**

**b** [Scol] junior (boy)

**c** [= jeune animal] **les petits** the young ◆ **la chatte et ses petits** the cat and her kittens ◆ **la lionne et ses petits** the lioness and her young ou cubs ◆ **faire des petits** to have kittens (ou puppies ou lambs etc ) ◆ **son argent a fait des petits** (fig) his money has made more money

**d** [= personne de petite taille] small man; (= personne sans pouvoir) little man ◆ **les petits** small people ◆ **c'est toujours le petit qui a tort** it's always the little man who's in the wrong

### 4 petite NOM FÉMININ

[= enfant] (little) girl; (= femme) small woman ◆ **la petite Durand** the Durands' daughter, the Durand girl ◆ **pauvre petite** poor little thing ◆ **viens ici, petite** come here, little one

### 5 COMPOSÉS

▷ **petit ami** boyfriend ▷ **petite amie** girlfriend ▷ **petit banc** low bench ▷ **les petits blancs** poor white settlers ▷ **petit bleu** † wire (*telegram*) ▷ **petits chevaux: jouer aux petits chevaux** ≃ to play ludo (Brit) ▷ **le petit coin** (euph) the smallest room (euph), the bathroom (euph), the toilet ▷ **petit cousin, petite cousine** (= enfant, jeune) little ou young cousin; (= enfant du cousin germain) second cousin; (= parent éloigné) distant cousin ▷ **le petit endroit** (euph) ⇒ **le petit coin** ▷ **petit four** petit four ▷ **petit gâteau (sec)** biscuit ▷ **le Petit Livre rouge** the Little Red Book ▷ **petite main** (Couture) apprentice seamstress; (fig) minion ▷ **petit nom** * (= prénom) Christian name, first name; (= surnom) nickname; (entre amoureux) pet name ▷ **petit pain** ≃ bread roll ◆ **ça part** ou **se vend comme des petits pains** * they're selling like hot cakes * ▷ **petit point** (Couture) petit point ▷ **la petite reine** (fig) the bicycle ▷ **petit salé** (Culin) salt pork ▷ **la petite vérole** smallpox ▷ **petite voiture (d'infirme)** (gén) wheelchair; (à moteur) invalid carriage

**petit-beurre**, pl **petits-beurre** [p(ə)tibœʀ] **nm** petit beurre biscuit (Brit), butter cookie (US)

**petit-bois**, pl **petits-bois** [p(ə)tibwɑ] **nm** window bar

**petit-bourgeois, petite-bourgeoise**, pl **petits-bourgeois** [p(ə)tibuʀʒwa, p(ə)titbuʀʒwaz] **1** **adj** (gén) lower middle-class; (péj) petit-bourgeois, middle-class

**2** **nm,f** (gén) lower middle-class person; (péj) petit-bourgeois

**petit-déjeuner, petit déjeuner**, pl **petits(-) déjeuners** [p(ə)tideʒœne] **1** **nm** breakfast ◆ **petit-déjeuner anglais/continental** English/continental breakfast

**2** **petit-déjeuner** * ▸ **conjug 1** ◂ **vi** to have breakfast

**petite-fille**, pl **petites-filles** [p(ə)titfij] **nf** granddaughter

**petite-maîtresse** ††, pl **petites-maîtresses** [p(ə)titmɛtʀɛs] **nf** lady of fashion

**petitement** [pətitmɑ̃] → SYN **adv** (= chichement) poorly; (= mesquinement) meanly, pettily ◆ **nous sommes petitement logés** our accommodation is cramped

**petit-enfant**, pl **petits-enfants** [pətitɑ̃fɑ̃, pətizɑ̃fɑ̃] **nm** grandchild

**petite-nièce**, pl **petites-nièces** [p(ə)titnjɛs] **nf** great-niece, grand-niece

**petitesse** [p(ə)titɛs] → SYN **nf** [taille, endroit] smallness, small size; [somme] smallness, modesty; [esprit, acte] meanness (NonC), pettiness (NonC)

**petit-fils,** pl **petits-fils** [p(ə)tifis] nm grandson

**petit-gris,** pl **petits-gris** [p(ə)tigʀi] → SYN nm **a** (= escargot) garden snail
**b** (= écureuil) Siberian squirrel; (= fourrure) grey squirrel fur

**pétition** [petisjɔ̃] → SYN nf **a** (= demande, requête) petition ◆ **faire une pétition auprès de qn** to petition sb ◆ **faire signer une pétition** to set up a petition
**b** (Philos) **pétition de principe** petitio principii (SPÉC), begging the question (NonC) ◆ **c'est une pétition de principe** it's begging the question

**pétitionnaire** [petisjɔnɛʀ] → SYN nmf petitioner

**petit-lait,** pl **petits-laits** [p(ə)tilɛ] → SYN nm whey; → **lait**

**petit-maître** ††, mpl **petits-maîtres** [p(ə)timɛtʀ] → SYN nm coxcomb ††, fop †

**petit-nègre** [pətinɛgʀ] nm (péj) pidgin French; (= galimatias) gibberish, gobbledygook *

**petit-neveu,** pl **petits-neveux** [p(ə)tin(ə)vø] nm great-nephew, grand-nephew

**pétitoire** [petitwaʀ] **1** adj petitory
**2** nm petitory action

**petit-pois,** pl **petits-pois** [pətipwa] nm (garden) pea ◆ **il a un petit-pois dans la tête** ou **à la place de la cervelle** * he's a bit feather-brained

**petit-suisse,** pl **petits-suisses** [p(ə)tisɥis] nm petit-suisse *(kind of cream cheese eaten as a dessert)*

**pétochard, e** * [petɔʃaʀ, aʀd] **1** adj cowardly, yellow-bellied *
**2** nm,f coward, yellowbelly *

**pétoche** * [petɔʃ] nf ◆ **avoir la pétoche** to be scared silly * ou stiff * ◆ **flanquer la pétoche à qn** to scare the living daylights out of sb *, put the wind up sb * (Brit)

**pétoire** [petwaʀ] nf (= sarbacane) peashooter; (= vieux fusil) old gun; (= cyclomoteur) (motor) scooter

**peton** * [pətɔ̃] nm (= pied) foot, tootsy *

**pétoncle** [petɔ̃kl] nm queen scallop

**Pétrarque** [petʀaʀk] nm Petrarch

**pétrarquisme** [petʀaʀkism] nm Petrarchism

**pétrel** [petʀɛl] nm (stormy) petrel

**pétreux, -euse** [petʀø, øz] adj petrosal

**pétri, e** [petʀi] → SYN (ptp de **pétrir**) adj ◆ **pétri d'orgueil** filled with pride ◆ **il est pétri de qualités** he's got lots of good points ◆ **pétri de contradictions** full of contradictions ◆ **pétri de culture orientale/littérature slave** steeped in Eastern culture/Slavic literature

**pétrifiant, e** [petʀifjɑ̃, jɑ̃t] → SYN adj spectacle petrifying; nouvelle horrifying

**pétrification** [petʀifikasjɔ̃] nf **a** (Géol) petrifaction, petrification
**b** [idées] fossilization

**pétrifier** [petʀifje] → SYN ▸ conjug 7 ◂ **1** vt **a** (Géol) to petrify
**b** [+ personne] to paralyze, transfix; [+ idées] to fossilize, ossify ◆ **être pétrifié de terreur** to be petrified
**2** **se pétrifier** vpr **a** (Géol) to petrify, become petrified
**b** [sourire] to freeze; [personne] to be petrified; [idées] to become fossilized ou ossified

**pétrin** [petʀɛ̃] nm **a** (* = ennui) mess *, jam *, fix * ◆ **tirer qn du pétrin** to get sb out of a mess * ou fix * ou tight spot * ◆ **être dans le pétrin** to be in a mess * ou jam * ou fix * ◆ **laisser qn dans le pétrin** to leave sb in a mess * ou jam * ou fix * ◆ **être/se mettre dans un beau pétrin** to be in/get (o.s.) into a fine mess *
**b** (Boulangerie) kneading trough; (mécanique) kneading machine

**pétrir** [petʀiʀ] → SYN ▸ conjug 2 ◂ vt [+ pâte, argile, muscle, main] to knead; [+ personne, esprit] to mould, shape

**pétrissage** [petʀisaʒ] nm [pâte] kneading

**pétrisseur, -euse** [petʀisœʀ, øz] nm,f (= personne) kneader

**pétrochimie** [petʀoʃimi] nf petrochemistry

**pétrochimique** [petʀoʃimik] adj petrochemical

**pétrochimiste** [petʀoʃimist] nmf petrochemist

**pétrodollar** [petʀodɔlaʀ] nm petrodollar

**pétrogale** [petʀɔgal] nm rock wallaby, petrogale (SPÉC)

**pétrographe** [petʀɔgʀaf] nmf petrographer

**pétrographie** [petʀɔgʀafi] nf petrography

**pétrographique** [petʀɔgʀafik] adj petrographic(al)

**pétrole** [petʀɔl] → SYN nm (brut) oil, petroleum ◆ **pétrole (lampant)** paraffin (oil) (Brit), kerosene (US) ◆ **pétrole brut** crude (oil), petroleum ◆ **lampe/réchaud à pétrole** paraffin (Brit) ou kerosene (US) ou oil lamp/heater ◆ **le pétrole vert** agricultural produce ou resources

**pétrolette** † [petʀɔlɛt] nf moped

**pétroleuse** [petʀɔløz] nf (Hist) pétroleuse *(female fire-raiser during the Commune)*; (fig) agitator

**pétrolier, -ière** [petʀɔlje, jɛʀ] → SYN **1** adj industrie, produits petroleum (épith), oil (épith); port, société oil (épith); pays oil-producing (épith)
**2** nm (= navire) (oil) tanker; (= personne, financier) oil magnate, oilman; (= technicien) petroleum engineer

**pétrolifère** [petʀɔlifɛʀ] adj roches, couches oil-bearing ◆ **gisement pétrolifère** oilfield

**pétrologie** [petʀɔlɔʒi] nf petrology

**pétromonarchie** [petʀomɔnaʀʃi] nf oil kingdom, oil-rich nation ◆ **les pétromonarchies du Golfe** the oil-kingdoms of the Gulf

**P. et T.** [peete] nfpl (abrév de **Postes et Télécommunications**) → **poste**²

**pétulance** [petylɑ̃s] → SYN nf exuberance, vivacity

**pétulant, e** [petylɑ̃, ɑ̃t] → SYN adj exuberant, vivacious

**pétunia** [petynja] nm petunia

**peu** [pø]
→ SYN

1 ADVERBE
2 PRONOM INDÉFINI
3 NOM MASCULIN

1 ADVERBE

Lorsque **peu** suit un autre mot dans une locution figée telle que **avant peu, sous peu, quelque peu, si peu que ...** etc., cherchez sous l'autre mot.

**a** = pas beaucoup little, not much ◆ **il gagne/mange/lit peu** he doesn't earn/eat/read much ◆ **il s'intéresse peu à la peinture** he isn't very ou greatly interested in painting, he takes little interest in painting ◆ **il se contente de peu** it doesn't take much to satisfy him ◆ **il a donné 10 €, c'est peu** he gave €10, which isn't (very) much; → **dire**

◆ adverbe + **peu** ◆ **il gagne/mange/lit assez peu** he doesn't earn/eat/read very much ◆ **il gagne/mange/lit très peu** he earns/eats/reads very little ◆ **il y a bien peu à faire/à voir ici** there's very little ou precious little * to do/see here, there's not much at all to do/see here ◆ **il boit trop peu** he doesn't drink enough ◆ **je le connais bien trop peu pour le juger** I don't know him (nearly) well enough to judge him

◆ **à peu près** about ◆ **il pèse à peu près 50 kilos** he weighs about 50 kilos ◆ **il sait à peu près tout ce qui se passe** he knows just about everything that goes on ◆ **à peu près terminé/cuit** almost finished/cooked, more or less finished/cooked; → **à-peu-près**

◆ **de peu** ◆ **il est le plus âgé de peu** he's slightly ou a little older ◆ **il l'a battu de peu** he just beat him ◆ **il a manqué le train de peu** he just missed the train; → **falloir**

◆ **peu de** (quantité) little, not much ◆ **nous avons eu (très) peu de soleil** we had (very) little sunshine, we didn't have (very) much sunshine ◆ **il me reste très peu de pain, du pain, il m'en reste très peu** I haven't very much bread left ◆ **il est ici depuis peu de temps** he hasn't been here long, he's been here (only) for a short while ou time ◆ **il est ici pour peu de temps** he isn't here for long, he's here for (only) a short time ou while ◆ **cela a peu d'importance** that's not important, that's of little importance ◆ **il suffit de peu de chose pour le choquer** it doesn't take much to shock him ◆ **ne me remerciez pas, c'est peu de chose** there's no need to thank me, it's nothing
(nombre) few, not (very) many ◆ **nous avons eu peu d'orages** we had few storms, we didn't have many storms ◆ **on attendait beaucoup de touristes, mais il en est venu (très) peu** we were expecting a lot of tourists but not (very) many came ou but (very) few came ◆ **peu de monde** ou **de gens** few people, not many people ◆ **en peu de mots** briefly, in a few words ◆ **peu de choses ont changé** not much has changed

◆ **peu ou prou** (littér) to a greater or lesser degree, more or less ◆ **ils pensent tous peu ou prou la même chose** they are all more or less of one mind;

◆ **pour peu que** + subjonctif if ◆ **pour peu qu'il soit sorti sans sa clé ...** if he should have come out without his key ... ◆ **je saurai le convaincre, pour peu qu'il veuille bien m'écouter** I'll be able to persuade him if ou as long as he's willing to listen to me

**b** = pas très

◆ **peu** + adjectif (a) little, not very ◆ **il est peu sociable** he's not very sociable, he's unsociable ◆ **c'est peu probable** it's unlikely ou not very likely;

◆ adverbe + **peu** + adjectif ◆ **il est très peu sociable** he is not very sociable at all, he is very unsociable ◆ **ils sont (bien) trop peu nombreux** there are (far) too few of them ◆ **fort peu intéressant** decidedly uninteresting, of very little interest ◆ **un auteur assez peu connu** a relatively little-known ou relatively unknown author ◆ **il n'est pas peu fier d'avoir réussi** he's as pleased as Punch about his success ◆ **elle n'est pas peu soulagée d'être reçue** she's more than a little relieved at passing her exam

**c** = pas longtemps **il était tombé malade peu avant** he had been taken ill shortly before(hand) ◆ **je l'ai rencontré peu avant Noël/midi** I met him shortly ou just before Christmas/midday ◆ **elle est arrivée peu après** she arrived shortly ou soon after(wards) ◆ **peu après 11 heures/son arrivée** shortly after 11 o'clock/his arrival

**d** = rarement **ils se voient peu** they don't see much of each other, they don't see each other very often ◆ **elle sort peu** she doesn't go out much

**e** **peu à peu** gradually, little by little ◆ **peu à peu, l'idée a gagné du terrain** little by little ou gradually ou bit by bit the idea has gained ground

2 PRONOM INDÉFINI

= personnes ou choses en petit nombre ◆ **ils sont peu à croire que ...** few believe that ..., there are few people ou there aren't many people who believe that ... ◆ **bien peu/trop peu le savent** very few/too few people know ◆ **peu d'entre eux sont restés** few (of them) stayed, not many (of them) stayed

3 NOM MASCULIN

**a** = petite quantité little ◆ **j'ai oublié le peu (de français) que j'avais appris** I've forgotten the little (French) I'd learnt ◆ **elle se contente du peu (d'argent) qu'elle a** she is satisfied with what little (money) ou the little (money) she has ◆ **son peu de compréhension/patience lui a nui** his lack of understanding/patience hasn't helped him ◆ **elle s'est aliéné le peu d'amis qu'elle avait** she alienated the few friends she had ◆ **le peu de cheveux qu'il lui reste** what little hair he has left

◆ **un peu de** a little, a bit of ◆ **un peu d'eau** a little water, a drop of water ◆ **un peu de patience** a little patience, a bit of patience ◆ **un peu de silence/de calme, s'il vous plaît !** can we have some quiet ou a bit of quiet/some peace ou a bit of peace please! ◆ **il a un peu de sinusite/bronchite** he has a touch of sinusitis/bronchitis ◆ **tu refuses parce que tu as peur ? – il y a un peu de ça** * you're refusing because you're afraid? – that's partly it

**b** verbe + **un peu** a little, slightly, a bit ◆ **essaie de manger un peu** try to eat a little ou a bit ◆ **il boite un peu** he limps slightly ou a little ou a bit, he is slightly ou a bit lame ◆ **il te ressemble un peu** he looks rather ou a bit like you ◆ **restez encore un peu** stay a little longer ◆ **tu en veux encore ? – un petit peu** would you like some more? – a little bit ou just a little ◆ **un peu, beaucoup, passionnément, à la folie, pas du tout** (en effeuillant la marguerite) he loves me, he loves me not

**c** **un peu** + adverbe ◆ **elle va un tout petit peu mieux** she's slightly ou a little better ◆ **il y a un peu moins de bruit** it is slightly ou a little less noisy, there's slightly ou a little less noise ◆ **nous avons un peu moins de clients aujourd'hui** we don't have quite so many customers today ◆ **on trouve ce produit un peu partout** you can get this product just about anywhere ◆ **j'aimerais avoir un peu plus d'argent/d'amis** I'd like to have a bit ou a little more money/a few more friends ◆ **il y a un peu plus d'un an** a little more than ou just over a year ago ◆ **un peu plus et il écrasait le chien/oubliait son rendez-vous** he very nearly ran over the dog/forgot his appointment ◆ **un peu plus et j'étais parti** I'd very nearly left ◆ **il travaille un peu trop/un peu trop lentement** he works a bit too much/a little ou a bit too slowly

**d** **un peu** + adjectif ◆ **c'est un peu grand/petit** it's a little ou a bit (too) big/small ◆ **elle était un peu perturbée** she was a bit ou rather upset ◆ **il est un peu artiste** he's a bit of an artist, he's something of an artist

**e** **pour un peu** ◆ **pour un peu, il m'aurait accusé d'avoir volé** he all but ou just about* accused me of stealing ◆ **pour un peu, je l'aurais giflé !** I could have slapped him!

**f** intensif **montre-moi donc un peu comment tu fais** just (you) show me how you do it then ◆ **je me demande un peu où sont les enfants** I just wonder where the children are ou can be ◆ **c'est un peu fort !** that's a bit much!* ◆ **un peu !** * ou **et comment !** * and how!* ◆ **tu as vraiment vu l'accident ? – un peu (mon neveu) !** * did you really see the accident? – you bet!* ou and how!* ou I sure did!* (US) ◆ **un peu, qu'il nous a menti !** * I'll say he lied to us!* ◆ **il nous a menti, et pas qu'un peu !** * he lied to us bigtime!* ◆ **comme menteur/comique il est un peu là !** * as liars/comedians go, he must be hard to beat!*; → **poser**

**peuchère** [pøʃɛʀ] **excl** (dial Midi) well! well!

**peuh** [pø] **excl** pooh!, bah!, phooey* (US)

**peu(h)l, e** [pøl] **1** **adj** Fulani
**2** **nm** (Ling) Fula(h), Fulani
**3** **Peu(h)l(e)** **nm,f** Fula(h), Fulani

**peuplade** [pœplad] → SYN **nf** (small) tribe, people

**peuple** [pœpl] → SYN **nm** **a** (Pol = communauté) people, nation ◆ **les peuples d'Europe** the peoples ou nations of Europe ◆ **le peuple élu** (Rel) the chosen people
**b** (= prolétariat) **le peuple** the people ◆ **les gens du peuple** the common people, ordinary people ◆ **homme du peuple** man of the people ◆ **le bas** ou **petit peuple** †† (péj) the lower classes (péj) ◆ **il se moque ou se fiche du peuple** (fig) who does he think he is? ◆ **faire peuple** (péj) (= ne pas être distingué) to be common (péj); (= vouloir paraître simple) to try to appear working-class ◆ **que demande le peuple !** (hum) what more could anyone want!
**c** (= foule) crowd (of people) ◆ **un peuple de badauds/d'admirateurs** (littér) a crowd of onlookers/of admirers ◆ **il y a du peuple !** * there's a big crowd!

**peuplé, e** [pœple] → SYN (ptp de **peupler**) **adj** ville, région populated, inhabited ◆ **très/peu peuplé** densely/sparsely populated

**peuplement** [pœpləmɑ̃] → SYN **nm** **a** (= action) [colonie] populating; [étang] stocking; [forêt] planting *(with trees)*
**b** (= population) population

**peupler** [pœple] → SYN ▸ conjug 1 ◂ **1** **vt** **a** (= pourvoir d'une population) [+ colonie] to populate; [+ étang] to stock; [+ forêt] to plant out, plant with trees; (littér) to fill (*de* with) ◆ **les rêves/souvenirs qui peuplent mon esprit** the dreams/memories that fill my mind ◆ **les cauchemars/monstres qui peuplent ses nuits** the nightmares/monsters which haunt his nights
**b** (= habiter) [+ terre] to inhabit, populate; [+ maison] to live in, inhabit ◆ **maison peuplée de souvenirs** house filled with ou full of memories
**2** **se peupler** **vpr** [ville, région] to become populated; (= s'animer) to fill (up), be filled (*de* with) ◆ **la rue se peuplait de cris** the street filled with cries

**peupleraie** [pøpləʀɛ] → SYN **nf** poplar grove

**peuplier** [pøplije] → SYN **nm** poplar (tree)

**peur** [pœʀ] → SYN **nf** fear ◆ **inspirer de la peur** to cause ou inspire fear ◆ **prendre peur** to take fright ◆ **la peur lui donnait des ailes** fear lent him wings ◆ **être vert** ou **mort de peur** to be frightened ou scared out of one's wits, be petrified (with fear) ◆ **la peur de la punition/de mourir/du qu'en-dira-t-on** (the) fear of punishment/of death ou dying/of what people might say ◆ **la peur du gendarme** * the fear of being caught ◆ **il y a eu plus de peur que de mal** it was more frightening than anything else ◆ **être sans peur** to be fearless (*de* of) ◆ **faire qch sans peur** to do sth fearlessly

◆ **avoir** + **peur** ◆ **avoir peur** to be frightened ou afraid ou scared (*de* of) ◆ **avoir peur pour qn** to be afraid for sb ou on sb's behalf, fear for sb ◆ **avoir grand peur que ...** to be very much afraid that ... ◆ **n'ayez pas peur** (craindre) don't be afraid ou frightened ou scared; (s'inquiéter) don't worry ◆ **il sera puni, n'aie pas peur !** he will be punished – don't worry! ◆ **il veut faire ce voyage en deux jours, il n'a pas peur, lui au moins !** * he wants to do the trip in two days – well, he's a braver man than I! ◆ **il prétend qu'il a téléphoné, il n'a pas peur, lui au moins !** * he says he phoned – he's got a nerve! ◆ **n'ayez pas peur de dire la vérité** don't be afraid ou scared to tell ou of telling the truth ◆ **il n'a peur de rien** he's afraid of nothing, he's not afraid of anything ◆ **avoir peur d'un rien** to frighten easily ◆ **avoir peur de son ombre** to be frightened ou scared of one's own shadow ◆ **je n'ai pas peur des mots** I'm not afraid of using plain language ◆ **j'ai bien peur/très peur qu'il ne pleuve** I'm afraid/very much afraid it's going to rain ou it might rain ◆ **il va échouer ? – j'en ai (bien) peur** is he going to fail? – I'm (very much) afraid so ou I'm afraid he is ◆ **j'ai peur qu'il ne vous ait menti/que cela ne vous gêne** I'm afraid ou worried ou I fear that he might have lied to you/that it might inconvenience you ◆ **je n'ai pas peur qu'il dise la vérité** I'm not afraid ou frightened he'll tell the truth ◆ **il a eu plus de peur que de mal** he was more frightened than hurt, he wasn't hurt so much as frightened ◆ **je n'ai qu'une peur, c'est qu'il ne revienne pas** my only fear is that he won't come back, I have only one fear, that he won't come back ◆ **il a eu une peur bleue** he had a bad fright ou scare ◆ **il a une peur bleue de sa femme** he's scared stiff* of his wife

◆ **faire** + **peur** ◆ **faire peur à qn** (= intimider) to frighten ou scare sb; (= causer une frayeur à) to give sb a fright, frighten ou scare sb ◆ **pour faire peur aux oiseaux** to frighten ou scare the birds away ou off ◆ **l'idée de l'examen lui fait peur** the idea of sitting the exam frightens ou scares him, he's frightened ou scared at the idea of sitting the exam ◆ **cette pensée fait peur** it's a frightening ou scary* thought ◆ **il m'a fait une de ces peurs !** he gave me a horrible fright! ou scare!, he didn't half* give me a fright! ou scare! (Brit) ◆ **tout lui fait peur** he's afraid ou frightened ou scared of everything ◆ **le travail ne lui fait pas peur** he's not afraid of hard work ◆ **laid** ou **hideux à faire peur** frighteningly ugly ◆ **il est compétent, ça fait peur !** * he's so competent it's almost frightening!

◆ **de peur de/que** for fear of ◆ **il a couru de peur de manquer le train** he ran because he was afraid he might miss the train ou so as not to miss the train ◆ **il a accepté de peur de les vexer** he accepted for fear of annoying them ou lest he (should) annoy them ◆ **il renonça, de peur du ridicule** he gave up for fear of ridicule ◆ **j'ai fermé la porte, de peur qu'elle ne prenne froid** I closed the door so that she didn't catch cold ou lest she (should) catch cold

**peureusement** [pøʀøzmɑ̃] **adv** fearfully, timorously (frm)

**peureux, -euse** [pøʀø, øz] → SYN **1** **adj** fearful, timorous (frm)
**2** **nm,f** fearful ou timorous (frm) person

**peut-être** [pøtɛtʀ] GRAMMAIRE ACTIVE 1.1, 15.3, 26.6 → SYN **adv** perhaps, maybe ◆ **il est peut-être intelligent, peut-être est-il intelligent** perhaps ou maybe he's clever, he may ou might (well) be clever ◆ **il n'est peut-être pas beau mais il est intelligent** he may ou might not be handsome but he is clever, maybe ou perhaps he's not handsome but he is clever ◆ **peut-être bien** perhaps (so), it could well be ◆ **peut-être pas** perhaps ou maybe not ◆ **peut-être bien mais ...** that's as may be but ..., perhaps so but ... ◆ **peut-être que ...** perhaps ... ◆ **peut-être bien qu'il pleuvra** it may well rain ◆ **peut-être que oui** perhaps so, perhaps he will (ou they are etc) ◆ **tu vas y aller ? – peut-être bien que oui, peut-être bien que non** will you go? – maybe, maybe not ou maybe I will, maybe I won't ◆ **je ne sais pas conduire peut-être ?** who's (doing the) driving? (iro), I do know how to drive, you know! ◆ **tu le sais mieux que moi peut-être ?** so (you think) you know more about it than I do, do you?, I do know more about it than you, you know!

**p.ex.** (abrév de **par exemple**) e.g.

**peyotl** [pɛjɔtl] **nm** mescal, peyote

**pèze** * [pɛz] **nm** (= argent) dough *, bread *

**pézize** [peziz] **nf** peziza

**pff(t)** [pf(t)], **pfut** [pfyt] **excl** pooh!, bah!

**PGCD** [peʒesede] **nm** (abrév de **plus grand commun diviseur**) HCF

**pH** [peaʃ] **nm** (abrév de **potentiel d'hydrogène**) pH

**phacochère** [fakɔʃɛʀ] **nm** wart hog

**Phaéton** [faetɔ̃] **nm** (Myth) Phaëthon

**phaéton** [faetɔ̃] → SYN **nm** (= calèche) phaeton; (= oiseau) tropicbird

**phage** [faʒ] **nm** phage

**phagédénisme** [faʒedenism] **nm** phagedaena (Brit), phagedena (US)

**phagocytaire** [fagɔsitɛʀ] **adj** phagocytic

**phagocyte** [fagɔsit] **nm** phagocyte

**phagocyter** [fagɔsite] ▸ conjug 1 ◂ **vt** (Bio) to phagocytose; (fig) to absorb, engulf

**phagocytose** [fagɔsitoz] **nf** phagocytosis

**phalange** [falɑ̃ʒ] → SYN **nf** (Anat) phalanx; (Antiq, littér = armée) phalanx ◆ **la phalange** (Pol : espagnole) the Falange

**phalanger** [falɑ̃ʒe] **nm** phalanger

**phalangette** [falɑ̃ʒɛt] **nf** distal phalanx

**phalangien, -ienne** [falɑ̃ʒjɛ̃, jɛn] **adj** (Anat) phalangeal

**phalangine** [falɑ̃ʒin] **nf** middle phalanx

**phalangiste** [falɑ̃ʒist] **adj, nmf** Falangist

**phalanstère** [falɑ̃stɛʀ] → SYN **nm** phalanstery

**phalanstérien, -ienne** [falɑ̃steʀjɛ̃, jɛn] → SYN **adj, nm,f** phalansterian

**phalène** [falɛn] **nf** ou **m** emerald, geometrid (SPÉC)

**phalline** [falin] **nf** phalloidin

**phallique** [falik] **adj** phallic

**phallocentrique** [falosɑ̃tʀik] **adj** phallocentric

**phallocentrisme** [falosɑ̃tʀism] **nm** phallocentrism

**phallocrate** [falɔkʀat] **1** **adj** chauvinist
**2** **nm** (male) chauvinist

**phallocratie** [falɔkʀasi] **nf** male chauvinism

**phallocratique** [falɔkʀatik] **adj** (male) chauvinist

**phalloïde** [falɔid] **adj** phalloid; → **amanite**

**phallus** [falys] → SYN **nm** (Anat) phallus; (Bot) stinkhorn

**phanérogame** [faneʀɔgam] **1** **adj** phanerogamic, phanerogamous
**2** **nfpl** ◆ **les phanérogames** phanerogams

**phantasme** [fɑ̃tasm] **nm** ⇒ **fantasme**

**pharamineux, -euse** [faʀaminø, øz] **adj** ⇒ **faramineux**

**pharaon** [faʀaɔ̃] **nm** Pharaoh

**pharaonien, -ienne** [faʀaɔnjɛ̃, jɛn], **pharaonique** [faʀaɔnik] **adj** Pharaonic

**phare** [faʀ] → SYN **1** **nm** **a** (= tour) lighthouse; (Aviat, fig) beacon ◆ **phare à feu fixe/tournant** (Naut) fixed/revolving light ou beacon
**b** (Aut) headlight, headlamp ◆ **phare antibrouillard** fog lamp ◆ **phares longue portée** high intensity headlamps ◆ **phare à iode** quartz halogen lamp ◆ **rouler pleins phares** ou **en phares** to drive with one's headlights full on ou on full beam (Brit) ou with high beams on (US); → **appel, code**
**2** **adj inv** entreprise, produit, secteur, pays, titre boursier leading ◆ **l'émission phare de notre chaîne** our channel's flagship programme ◆ **c'est un film phare** it's a seminal ou highly influential film ◆ **personnalité phare** leading light ◆ **c'est l'épreuve phare de cette compétition** it's the main event ou it's the highlight of the competition

**pharillon** [faʀijɔ̃] **nm** (Pêche) flare

**pharisaïque** [faʀizaik] → SYN **adj** (Hist) Pharisaic; (fig) pharisaic(al)

**pharisaïsme** [faʀizaism] → SYN **nm** (Hist) Pharisaism, Phariseeism; (fig) pharisaism, phariseeism

**pharisien, -ienne** [faʀizjɛ̃, jɛn] → SYN **nm,f** (Hist) Pharisee; (fig) pharisee

**pharmaceutique** [faʀmasøtik] **adj** pharmaceutical, pharmaceutic

**pharmacie** [faʀmasi] → SYN **nf** **a** (= magasin) pharmacy, chemist's (shop) (Brit), drugstore (Can, US); (= officine) dispensary; [hôpital] dispensary, pharmacy ◆ **ce produit est vendu en pharmacie** this product is available in pharmacies ou from chemists (Brit)
**b** (= science) pharmacy ◆ **laboratoire de pharmacie** pharmaceutical laboratory
**c** (= produits) medicines ◆ **(armoire à) pharmacie** medicine chest ou cabinet ou cupboard

**pharmacien, -ienne** [faʀmasjɛ̃, jɛn] → SYN **nm,f** (= qui tient une pharmacie) pharmacist, (dispensing) chemist (Brit), druggist (US); (= préparateur) pharmacist, chemist (Brit)

**pharmacocinétique** [faʀmakosinetik] **nf** pharmacokinetics sg

**pharmacodépendance** [faʀmakodepɑ̃dɑ̃s] **nf** drug dependency

**pharmacodynamie** [faʀmakodinami] **nf** pharmacodynamics sg

**pharmacologie** [faʀmakɔlɔʒi] **nf** pharmacology

**pharmacologique** [faʀmakɔlɔʒik] **adj** pharmacological

**pharmacologue** [faʀmakɔlɔg] **nmf** pharmacologist

**pharmacomanie** [faʀmakɔmani] **nf** pharmacomania

**pharmacopée** [faʀmakɔpe] **nf** pharmacopoeia

**pharmacovigilance** [faʀmakoviʒilɑ̃s] **nf** *monitoring of the side effects of drugs*

**pharyngal, e**, mpl **-aux** [faʀɛ̃gal, o] **1** **adj** pharyngeal
**2** **pharyngale** **nf** (Ling) pharyngeal

**pharyngé, e** [faʀɛ̃ʒe], **pharyngien, -ienne** [faʀɛ̃ʒjɛ̃, jɛn] **adj** pharyngeal, pharyngal

**pharyngite** [faʀɛ̃ʒit] **nf** pharyngitis (NonC) ◆ **il a fait trois pharyngites** he had three bouts of pharyngitis

**pharyngolaryngite** [faʀɛ̃golaʀɛ̃ʒit] **nf** pharyngolaryngitis

**pharynx** [faʀɛ̃ks] **nm** pharynx

**phase** [fɑz] → SYN **nf** (gén, Méd) phase, stage; (Astron, Chim, Phys) phase ◆ **la phase** (Élec) the live wire ◆ **phase de jeu** (Sport) passage of play ◆ **phase terminale** (Méd) terminal stage ou phase ◆ **l'économie a connu une longue phase de croissance** the economy went through a long period of growth ◆ **être en phase** (Phys) to be in phase; [personnes] to be on the same wavelength; [projets] to be in line (*avec* with)

**phasemètre** [fɑzmɛtʀ] **nm** phasemeter

**phasianidés** [fazjanide] **nmpl** ◆ **les phasianidés** phasianids, the Phasianidae (SPÉC)

**phasme** [fasm] **nm** stick insect, phasmid (SPÉC)

**phasmidés** [fasmide] **nmpl** ◆ **les phasmidés** phasmids, the Phasmida (SPÉC)

**phatique** [fatik] **adj** ◆ **fonction phatique** phatic function

**Phébus** [febys] **nm** Phoebus

**Phèdre** [fɛdʀ] **nf** Phaedra

**phelloderme** [felɔdɛʀm] **nm** phelloderm

**phellogène** [felɔʒɛn] **adj** phellogen(et)ic

**phénakistiscope** [fenakistiskɔp] **nm** phenakistoscope

**phénanthrène** [fenɑ̃tʀɛn] **nm** phenanthrene

**Phénicie** [fenisi] **nf** Phoenicia

**phénicien, -ienne** [fenisjɛ̃, jɛn] **1** **adj** Phoenician
**2** **nm** (Ling) Phoenician
**3** **Phénicien(ne)** **nm,f** Phoenician

**phénix** [feniks] → SYN **nm** **a** (Myth) phoenix
**b** († : littér) **ce n'est pas un phénix** * he (ou she) is no genius
**c** (Bot) ⇒ **phœnix**

**phénobarbital**, pl **phénobarbitals** [fenɔbaʀbital] **nm** phenobarbital, phenobarbitone

**phénol** [fenɔl] **nm** carbolic acid, phenol

**phénolate** [fenɔlat] **nm** phenoxide, phenolate

**phénologie** [fenɔlɔʒi] **nf** phenology

**phénoménal, e**, mpl **-aux** [fenɔmenal, o] → SYN **adj** (gén) phenomenal

**phénoménalement** [fenɔmenalmɑ̃] **adv** phenomenally

**phénomène** [fenɔmɛn] → SYN **nm** **a** (gén, Philos) phenomenon ◆ **phénomènes** phenomena ◆ **phénomène de société/de mode** social/fashion phenomenon ◆ **les phénomènes de violence dans les écoles** incidents of violence ou violent incidents in schools
**b** (= monstre de foire) freak (of nature); (* = personne) (génial) phenomenon; (excentrique) character *; (anormal) freak * ◆ **son petit dernier est un sacré phénomène !** his youngest is a real devil! *

**phénoménisme** [fenɔmenism] **nm** phenomenalism

**phénoméniste** [fenɔmenist] **adj, nmf** phenomenalist

**phénoménologie** [fenɔmenɔlɔʒi] **nf** phenomenology

**phénoménologique** [fenɔmenɔlɔʒik] **adj** phenomenological

**phénoménologue** [fenɔmenɔlɔg] **nmf** phenomenologist

**phénoplaste** [fenɔplast] **nm** phenolic resin

**phénotype** [fenɔtip] **nm** phenotype

**phénotypique** [fenɔtipik] **adj** phenotypic(al)

**phénylalanine** [fenilalanin] **nf** phenylalanine

**phénylcétonurie** [fenilsetɔnyʀi] **nf** phenylketonuria

**phényle** [fenil] **nm** phenyl (radical)

**phéophycées** [feɔfise] **nfpl** ◆ **les phéophycées** phaeophyceans, the Phaeophycaea (SPÉC)

**phéromone** [feʀɔmɔn] **nf** pheromone

**phi** [fi] **nm** phi

**Philadelphie** [filadɛlfi] **n** Philadelphia

**philanthe** [filɑ̃t] **nm** bee-killer wasp

**philanthrope** [filɑ̃tʀɔp] → SYN **nmf** philanthropist

**philanthropie** [filɑ̃tʀɔpi] → SYN **nf** philanthropy

**philanthropique** [filɑ̃tʀɔpik] **adj** philanthropic(al)

**philatélie** [filateli] **nf** philately, stamp collecting

**philatélique** [filatelik] **adj** philatelic

**philatéliste** [filatelist] **nmf** philatelist, stamp collector

**philharmonie** [filaʀmɔni] → SYN **nf** philharmonic society

**philharmonique** [filaʀmɔnik] → SYN **adj** philharmonic

**philhellène** [filelɛn] **1** **adj** philhellenic
**2** **nmf** philhellene, philhellenist

**philhellénique** [filelenik] **adj** philhellenic

**philhellénisme** [filelenism] **nm** philhellenism

**philippin, e** [filipɛ̃, in] **1** **adj** Philippine
**2** **Philippin(e)** **nm,f** Filipino

**Philippines** [filipin] **nfpl** ◆ **les Philippines** the Philippines

**philippique** [filipik] → SYN **nf** (littér) diatribe, philippic (littér)

**philistin** [filistɛ̃] → SYN **adj m, nm** (Hist) Philistine; (fig) philistine

**philistinisme** [filistinism] **nm** philistinism

**philo** * [filo] **nf** abrév de **philosophie**

**philodendron** [filɔdɛ̃dʀɔ̃] **nm** philodendron

**philologie** [filɔlɔʒi] → SYN **nf** philology

**philologique** [filɔlɔʒik] **adj** philological

**philologiquement** [filɔlɔʒikmɑ̃] **adv** philologically

**philologue** [filɔlɔg] **nmf** philologist

**philosophale** [filɔzɔfal] **adj f** → **pierre**

**philosophe** [filɔzɔf] → SYN **1** **nmf** philosopher
**2** **adj** philosophical

**philosopher** [filɔzɔfe] → SYN ▸ conjug 1 ◂ **vi** to philosophize (*sur* about)

**philosophie** [filɔzɔfi] → SYN **nf** philosophy ◆ **il l'a accepté avec philosophie** he was philosophical about it ◆ **c'est ma philosophie (de la vie)** it's my philosophy (of life)

**philosophique** [filɔzɔfik] → SYN **adj** philosophical

**philosophiquement** [filɔzɔfikmɑ̃] **adv** philosophically

**philtre** [filtʀ] → SYN **nm** philtre ◆ **philtre d'amour** love potion

**phimosis** [fimozis] **nm** phimosis

**phlébite** [flebit] **nf** phlebitis

**phlébographie** [flebɔgʀafi] **nf** venography, phlebography

**phlébologie** [flebɔlɔʒi] **nf** phlebology

**phlébologue** [flebɔlɔg] **nmf** vein specialist

**phléborragie** [flebɔʀaʒi] **nf** phleborrhagia

**phlébotome** [flebɔtɔm, flebotom] **nm** (Zool) sandfly

**phlébotomie** [flebɔtɔmi] **nf** phlebotomy

**phlegmon** [flɛgmɔ̃] → SYN **nm** abscess, phlegmon (SPÉC)

**phléole** [fleɔl] **nf** ⇒ **fléole**

**phlox** [flɔks] **nm inv** phlox

**phlyctène** [fliktɛn] **nf** phlyctaena (Brit), phlyctena (US)

**pH-mètre** [peaʃmɛtʀ] **nm** pH meter

**Phnom Penh** [pnɔmpɛn] **n** Phnom Penh

**phobie** [fɔbi] → SYN **nf** phobia ◆ **avoir la phobie de** to have a phobia about

**phobique** [fɔbik] **adj, nmf** phobic

**phocéen, -enne** [fɔseɛ̃, ɛn] → SYN **1** **adj** Phocaean ◆ **la cité phocéenne** Marseilles
**2** **Phocéen(ne)** **nm,f** Phocaean

**phocomèle** [fɔkɔmɛl] **1** **adj** phocomelic
**2** **nmf** phocomelus

**phocomélie** [fɔkɔmeli] **nf** phocomelia, phocomely

**phœnix** [feniks] **nm** (Bot) phoenix

**pholade** [fɔlad] → SYN **nf** piddock

**pholiote** [fɔljɔt] **nf** pholiota

**phonateur, -trice** [fɔnatœʀ, tʀis] **adj** phonatory

**phonation** [fɔnasjɔ̃] **nf** phonation

**phonatoire** [fɔnatwaʀ] **adj** ⇒ **phonateur**

**phone** [fɔn] **nm** phon

**phonématique** [fɔnematik] **nf** phonology, phonemics sg

**phonème** [fɔnɛm] **nm** phoneme

**phonémique** [fɔnemik] **1** **adj** phonemic
**2** **nf** ⇒ **phonématique**

**phonéticien, -ienne** [fɔnetisjɛ̃, jɛn] nm,f phonetician

**phonétique** [fɔnetik] **1** nf phonetics sg ◆ **phonétique articulatoire/acoustique/auditoire** articulatory/acoustic/auditory phonetics
**2** adj phonetic ◆ **loi/système phonétique** phonetic law/system

**phonétiquement** [fɔnetikmɑ̃] adv phonetically

**phoniatre** [fɔnjatʀ] nmf speech therapist

**phoniatrie** [fɔnjatʀi] nf speech therapy

**phonie**[1] [fɔni] nf (Téléc) radiotelegraphy, wireless telegraphy (Brit)

**phonie**[2] [fɔni] nf (Ling) phonation

**phonique** [fɔnik] → SYN adj phonic

**phono** [fono] → SYN nm abrév de **phonographe**

**phonocapteur, -trice** [fonokaptœʀ, tʀis] adj sound-reproducing (épith)

**phonogénique** [fɔnɔʒenik] adj ◆ **voix phonogénique** good recording voice; (Rad) good radio voice

**phonogramme** [fɔnɔgʀam] nm (= signe) phonogram

**phonographe** [fɔnɔgʀaf] nm (à rouleau) phonograph; (à disque) (wind-up) gramophone, phonograph (US); (= électrophone) record player, phonograph (US)

**phonographique** [fɔnɔgʀafik] adj phonographic

**phonolit(h)e** [fɔnɔlit] nm ou f phonolite

**phonologie** [fɔnɔlɔʒi] nf phonology

**phonologique** [fɔnɔlɔʒik] adj phonological

**phonologue** [fɔnɔlɔg] nmf phonologist

**phonométrie** [fɔnɔmetʀi] nf phonometry

**phonon** [fɔnɔ̃] nm phonon

**phonothèque** [fɔnɔtɛk] nf sound archives

**phoque** [fɔk] → SYN nm (= animal) seal; (= fourrure) sealskin; → **souffler**

**phormion** [fɔʀmjɔ̃], **phormium** [fɔʀmjɔm] nm phormium

**phosgène** [fɔsʒɛn] nm phosgene

**phosphatage** [fɔsfataʒ] nm treating with phosphates

**phosphatase** [fɔsfatɑz] nf phosphatase

**phosphatation** [fɔsfatasjɔ̃] nf phosphatization, phosphation

**phosphate** [fɔsfat] nm phosphate

**phosphaté, e** [fɔsfate] (ptp de **phosphater**) adj phosphatic, phosphated ◆ **engrais phosphatés** phosphate-enriched fertilizers

**phosphater** [fɔsfate] ▸ conjug 1 ◂ vt to phosphatize, phosphate, treat with phosphates

**phosphène** [fɔsfɛn] nm phosphene

**phosphine** [fɔsfin] nf phosphine

**phosphite** [fɔsfit] nm phosphite

**phospholipide** [fɔsfolipid] nm phospholipid

**phosphoprotéine** [fɔsfopʀɔtein] nf phosphoprotein

**phosphore** [fɔsfɔʀ] nm phosphorus

**phosphoré, e** [fɔsfɔʀe] adj phosphorous

**phosphorer** * [fɔsfɔʀe] ▸ conjug 1 ◂ vi to think hard

**phosphorescence** [fɔsfɔʀesɑ̃s] → SYN nf luminosity, phosphorescence (SPÉC)

**phosphorescent, e** [fɔsfɔʀesɑ̃, ɑ̃t] → SYN adj luminous, phosphorescent (SPÉC)

**phosphoreux, -euse** [fɔsfɔʀø, øz] adj acide phosphorous; bronze phosphor (épith)

**phosphorique** [fɔsfɔʀik] adj phosphoric

**phosphorisme** [fɔsfɔʀism] nm phosphorism

**phosphorite** [fɔsfɔʀit] nf phosphorite

**phosphorylation** [fɔsfɔʀilasjɔ̃] nf phosphorylation

**phosphoryle** [fɔsfɔʀil] nm phosphoryl

**phosphure** [fɔsfyʀ] nm phosphide

**phot** [fɔt] nm (Phys) phot

**photo** [fɔto] nf (abrév de **photographie**) **a** (= image) photo, picture; (instantané, d'amateur) snap(shot); (film) still ◆ **faire une photo de, prendre en photo** to take a photo ou picture of ◆ **ça rend bien en photo** it looks good in a photo ◆ **j'ai mon fils en photo** I've got a photo ou picture of my son ◆ **elle est bien en photo** she takes a good photo, she's photogenic ◆ **qui est sur cette photo ?** who is in this photo? ou picture? ◆ **photo de famille** (gén) family photo; (= portrait) family portrait; [collègues etc] group photo ◆ **photo d'identité** passport photo ◆ **photo de mode** fashion photo ou shot ◆ **photos de vacances** holiday (Brit) ou vacation (US) photos ou snaps ◆ **tu veux ma photo ?** * what are you staring at? ◆ **il n'y a pas photo** * there's no question about it ◆ **entre les deux candidats il n'y a pas photo** there's no competition between the two candidates; → **appareil**
**b** (= art) photography ◆ **faire de la photo** (en amateur) to be an amateur photographer; (en professionnel) to be a (professional) photographer ◆ **je fais de la photo à mes heures perdues** I take photo(graph)s in my spare time, I do photography in my spare time

**photobiologie** [fɔtobjɔlɔʒi] nf photobiology

**photocathode** [fɔtokatɔd] nf photocathode

**photochimie** [fɔtoʃimi] nf photochemistry

**photochimique** [fɔtoʃimik] adj photochemical

**photocomposer** [fɔtokɔ̃poze] ▸ conjug 1 ◂ vt to photocompose, filmset

**photocomposeur** [fɔtokɔ̃pozœʀ] nm ⇒ **photocompositeur**

**photocomposeuse** [fɔtokɔ̃pozøz] nf (= machine) photocomposer, filmsetter

**photocompositeur** [fɔtokɔ̃pozitœʀ] nm (photo)typesetter

**photocomposition** [fɔtokɔ̃pozisjɔ̃] nf filmsetting (Brit), photocomposition (US)

**photoconducteur, -trice** [fɔtokɔ̃dyktœʀ, tʀis] adj photoconductive

**photocopie** [fɔtɔkɔpi] → SYN nf (= action) photocopying; (= copie) photocopy

**photocopier** [fɔtɔkɔpje] → SYN ▸ conjug 7 ◂ vt to photocopy ◆ **photocopier qch en trois exemplaires** to make three photocopies of sth

**photocopieur** [fɔtɔkɔpjœʀ] nm, **photocopieuse** [fɔtɔkɔpjøz] nf photocopier

**photocopillage** [fɔtɔkɔpijaʒ] nm *illegal photocopying of copyright material*

**photodiode** [fɔtodjɔd] nf photodiode

**photodissociation** [fɔtodisɔsjasjɔ̃] nf photodisintegration

**photoélasticimétrie** [fɔtoelastisimetʀi] nf photoelasticity

**photoélectricité** [fɔtoelɛktʀisite] nf photoelectricity

**photoélectrique** [fɔtoelɛktʀik] adj photoelectric ◆ **cellule photoélectrique** photoelectric cell, photocell

**photoémetteur, -trice** [fɔtoemetœʀ, tʀis] adj photoemissive

**photo-finish**, pl **photos-finish** [fɔtofiniʃ] nm ◆ **l'arrivée de la deuxième course a dû être contrôlée au photo-finish** the second race was a photo finish

**photogène** [fɔtɔʒɛn] adj (Bot) photogenic

**photogénique** [fɔtɔʒenik] adj photogenic

**photogrammétrie** [fɔtɔgʀa(m)metʀi] nf photogrammetry

**photographe** [fɔtɔgʀaf] nmf (= artiste) photographer; (= commerçant) camera dealer ◆ **photographe de mode/de presse** fashion/press photographer ◆ **vous trouverez cet article chez un photographe** you will find this item at a camera shop ou store (US)

**photographie** [fɔtɔgʀafi] → SYN nf **a** (= art) photography ◆ **faire de la photographie** (comme passe-temps) to be an amateur photographer, take photographs; (en professionnel) to be a (professional) photographer
**b** (= image) photograph, picture ◆ **ce sondage est une photographie de l'opinion publique** this survey is a reflection of public opinion ou offers a clear picture of public opinion; pour autres loc voir **photo**

**photographier** [fɔtɔgʀafje] ▸ conjug 7 ◂ vt to photograph, take a photo(graph) of, take a picture of ◆ **se faire photographier** to have one's photo(graph) ou picture taken ◆ **il avait photographié l'endroit** (= mémoriser) he had got the place firmly fixed in his mind ou in his mind's eye

**photographique** [fɔtɔgʀafik] adj photographic; → **appareil**

**photograveur** [fɔtɔgʀavœʀ] nm photoengraver

**photogravure** [fɔtɔgʀavyʀ] nf photoengraving

**photo-interprétation** [fɔtoɛ̃tɛʀpʀetasjɔ̃] nf *analysis of aerial photography*

**photojournalisme** [fɔtoʒuʀnalism] nm photojournalism

**photojournaliste** [fɔtoʒuʀnalist] nmf photojournalist

**photolithographie** [fɔtolitɔgʀafi] nf photolithography

**photoluminescence** [fɔtolyminesɑ̃s] nf photoluminescence

**photolyse** [fɔtɔliz] nf photolysis

**photomacrographie** [fɔtomakʀɔgʀafi] nf ⇒ **macrophotographie**

**Photomaton ®** [fɔtɔmatɔ̃] **1** nm automatic photo booth
**2** nf (photo booth) photo ◆ **se faire faire des Photomatons** to get one's pictures taken (in a photo booth)

**photomécanique** [fɔtomekanik] adj photomechanical

**photomètre** [fɔtɔmɛtʀ] nm photometer

**photométrie** [fɔtɔmetʀi] nf photometry

**photométrique** [fɔtɔmetʀik] adj photometric(al)

**photomontage** [fɔtomɔ̃taʒ] nm photomontage

**photomultiplicateur** [fɔtomyltiplikatœʀ] nm photomultiplier

**photon** [fɔtɔ̃] nm photon

**photonique** [fɔtɔnik] adj photon (épith)

**photopériode** [fɔtopeʀjɔd] nf photoperiod

**photopériodique** [fɔtopeʀjɔdik] adj photoperiodic

**photopériodisme** [fɔtopeʀjɔdism] nm photoperiodism

**photophobie** [fɔtɔfɔbi] nf photophobia

**photophore** [fɔtɔfɔʀ] nm [mineur] (miner's) cap lamp; (Anat) photophore; (= coupe décorative) globe

**photopile** [fɔtopil] nf solar cell

**photoréalisme** [fɔtoʀealizm] nm photorealism

**photorécepteur** [fɔtoʀesɛptœʀ] nm photoreceptor

**photoreportage** [fɔtoʀəpɔʀtaʒ] nm photo story

**photo-robot**, pl **photos-robots** [fɔtoʀɔbo] nm Identikit picture ®, Photofit ® (picture)

**photoroman** [fɔtoʀɔmɑ̃] nm photo story

**photosensibilisant, e** [fɔtosɑ̃sibilizɑ̃, ɑ̃t] adj médicament photosensitive

**photosensibilisation** [fɔtosɑ̃sibilizasjɔ̃] nf photosensitivity

**photosensibilité** [fɔtosɑ̃sibilite] nf photosensitivity

**photosensible** [fɔtosɑ̃sibl] adj photosensitive ◆ **dispositif photosensible** photosensor

**photosphère** [fɔtɔsfɛʀ] nf (Astron) photosphere

**photostat** [fɔtɔsta] nm photostat

**photostoppeur, -euse** [fɔtɔstɔpœʀ, øz] nm,f street photographer

**photostyle** [fɔtɔstil] nm light pen

**photosynthèse** [fɔtosɛ̃tɛz] nf photosynthesis

**photosynthétique** [fɔtɔsɛ̃tetik] adj photosynthetic

**phototaxie** [fɔtotaksi] nf phototaxis

**photothèque** [fɔtɔtɛk] nf photographic library, picture library

**photothérapie** [fɔtoteʀapi] nf phototherapy, phototherapeutics sg

**phototransistor** [fɔtotʀɑ̃zistɔʀ] nm phototransistor

**phototropisme** [fɔtɔtʀɔpism] nm phototropism

**photovoltaïque** [fɔtovɔltaik] adj photovoltaic

**phragmite** [fʀagmit] nm (Bot) reed; (Zool) warbler

**phrase** [fʀɑz] → SYN nf **a** (Ling) sentence; (= propos) words ◆ **faire des phrases** [enfant] to make sentences; (péj) to talk in flowery language ◆ **assez de grandes phrases !** enough of the rhetoric ou fine words! ◆ **il termina son discours sur cette phrase** he closed his speech with these words ◆ **phrase toute faite** stock phrase ◆ **citer une phrase célèbre** to quote a famous phrase ou saying ◆ **petite phrase** (Pol) soundbite; → **membre**
**b** (Mus) phrase

**phrasé** [fʀɑze] nm (Mus) phrasing

**phraséologie** [fʀazeɔlɔʒi] → SYN nf (gén) phraseology ◆ **la phraséologie marxiste/capitaliste** (péj) marxist/capitalist jargon

**phraser** [fʀɑze] ▸ conjug 1 ◂ **1** vt (Mus) to phrase
**2** vi (péj) to use fine words (péj) ou high-flown language (péj)

**phraseur, -euse** [fʀɑzœʀ, øz] → SYN nm,f man (ou woman) of fine words (péj)

**phrastique** [fʀastik] adj phrasal

**phratrie** [fʀatʀi] nf phratry

**phréatique** [fʀeatik] adj → **nappe**

**phrénique** [fʀenik] adj phrenic

**phrénologie** [fʀenɔlɔʒi] nf phrenology

**phrénologue** [fʀenɔlɔg], **phrénologiste** [fʀenɔlɔʒist] nmf phrenologist

**Phrygie** [fʀiʒi] nf Phrygia

**phrygien, -ienne** [fʀiʒjɛ̃, jɛn] **1** adj Phrygian; → **bonnet**
**2** **Phrygien(ne)** nm,f Phrygian

**phtaléine** [ftalein] nf phthalein

**phtalique** [ftalik] adj phtalic

**phtiriase** [ftiʀjɑz] nf phtiriasis

**phtisie** [ftizi] → SYN nf consumption, phthisis (SPÉC) ◆ **phtisie galopante** galloping consumption

**phtisiologie** [ftizjɔlɔʒi] nf phthisiology

**phtisiologue** [ftizjɔlɔg] nmf phthisiologist

**phtisique** [ftizik] → SYN adj consumptive, phthisical (SPÉC)

**phycologie** [fikɔlɔʒi] nf phycology

**phycomycètes** [fikomisɛt] nmpl ◆ **les phycomycètes** phycomycetes, the Phycomycetes (SPÉC)

**phylactère** [filaktɛʀ] nm phylactery

**phylarque** [filaʀk] nm phylarch

**phylétique** [filetik] adj phyletic, phylogenetic

**phyllie** [fili] nf leaf insect

**phylloxéra** [filɔksera] nm phylloxera

**phylogenèse** [filoʒənɛz] nf phylogenesis

**phylogénétique** [filɔʒenetik] adj phylogenetic, phyletic

**phylum** [filɔm] nm phylum

**physalie** [fizali] nf Portuguese man-of-war, physalia (SPÉC)

**physalis** [fizalis] nm physalis

**physicalisme** [fizikalism] nm physicalism

**physicien, -ienne** [fizisjɛ̃, jɛn] nm,f physicist ◆ **physicien atomiste** ou **nucléaire** atomic ou nuclear physicist

**physicochimie** [fizikoʃimi] nf physical chemistry

**physicochimique** [fizikoʃimik] adj physicochemical

**physicochimiste** [fizikoʃimist] nmf physical chemistry specialist

**physicomathématique** [fizikomatematik] adj of mathematical physics

**physiocrate** [fizjɔkʀat] **1** nmf physiocrat
**2** adj physiocratic

**physiocratie** [fizjɔkʀasi] nf physiocracy

**physiocratique** [fizjɔkʀatik] adj physiocratic

**physiologie** [fizjɔlɔʒi] nf physiology

**physiologique** [fizjɔlɔʒik] adj physiological

**physiologiquement** [fizjɔlɔʒikmɑ̃] adv physiologically

**physiologiste** [fizjɔlɔʒist] **1** nmf physiologist
**2** adj physiological

**physionomie** [fizjɔnɔmi] → SYN nf (= traits du visage) facial appearance (NonC), physiognomy (frm); (= expression) countenance (frm), face; (= aspect) appearance ◆ **en fonction de la physionomie du marché** (Bourse) depending on how the market looks ◆ **la physionomie de l'Europe a changé** the face of Europe has changed

**physionomiste** [fizjɔnɔmist] adj ◆ **il est (très) physionomiste** he has a (very) good memory for faces

**physiopathologie** [fizjopatɔlɔʒi] nf physiopathology

**physiothérapeute** [fizjoteʀapøt] nmf *person practising natural medicine*

**physiothérapie** [fizjoteʀapi] nf natural medicine

**physique** [fizik] → SYN **1** adj **a** (gén) physical ◆ **je ne peux pas le supporter, c'est physique** I can't stand him, the very sight of him makes me sick; → **amour, culture, personne** etc
**b** (= athlétique) joueur, match, jeu physical
**2** nm (= aspect) physical appearance; (= stature, corps) physique ◆ **elle sait se servir de son physique** she knows how to use her looks ◆ **avoir un physique agréable** to be good-looking ◆ **avoir le physique de l'emploi** to look the part ◆ **au physique** physically ◆ **il a un physique de jeune premier** he looks really cute, he has the looks of a film star
**3** nf physics sg ◆ **physique nucléaire/des particules** nuclear/particle physics

**physiquement** [fizikmɑ̃] adv physically ◆ **il est plutôt bien physiquement** physically he's quite attractive

**physisorption** [fizisɔʀpsjɔ̃] nf van der Waals adsorption

**physostigma** [fizostigma] nm (Bot) Calabar bean (plant), Physostigma (SPÉC)

**physostome** [fizostɔm] nm physostomous fish

**phytéléphas** [fitelefɑs] nm phytelephas

**phytobiologie** [fitobjɔlɔʒi] nf phytology

**phytogéographie** [fitoʒeɔgʀafi] nf phytogeography

**phytohormone** [fitoɔʀmɔn] nf phytohormone

**phytopathologie** [fitopatɔlɔʒi] nf phytopathology

**phytophage** [fitɔfaʒ] **1** adj phytophagous
**2** nm phytophagan

**phytopharmacie** [fitofaʀmasi] nf phytopharmacology

**phytophthora** [fitɔftɔʀa] nm phytophthora

**phytoplancton** [fitoplɑ̃ktɔ̃] nm phytoplankton

**phytosanitaire** [fitosanitɛʀ] adj ◆ **produit phytosanitaire** (de soins) plant-care product; (= pesticide) pesticide; (= herbicide) weedkiller ◆ **contrôles phytosanitaires** phytosanitary regulations

**phytosociologie** [fitosɔsjɔlɔʒi] nf phytosociology

**phytothérapeute** [fitoteʀapøt] nmf (medical) herbalist, phytotherapist (SPÉC)

**phytothérapie** [fitoteʀapi] nf herbal medicine

**phytotron** [fitɔtʀɔ̃] nm phytotron

**phytozoaire** [fitɔzɔɛʀ] nm phytozoan

**pi** [pi] nm (= lettre, Math) pi

**p.i.** (abrév de **par intérim**) acting, actg

**piaf** * [pjaf] nm sparrow

**piaffement** [pjafmɑ̃] nm [cheval] stamping, pawing

**piaffer** [pjafe] → SYN ▸ conjug 1 ◂ vi [cheval] to stamp, paw the ground ◆ **piaffer d'impatience** [personne] to be champing at the bit

**piaillement** * [pjɑjmɑ̃] nm [oiseau] cheeping (NonC), peeping (NonC) ◆ **piaillements** (péj) [enfant] whining (NonC)

**piailler** * [pjɑje] ▸ conjug 1 ◂ vi [oiseau] to cheep, peep; [enfant] to whine

**piaillerie** * [pjɑjʀi] nf ⇒ **piaillement**

**piailleur, -euse** * [pjɑjœʀ, øz] **1** adj oiseau cheeping, peeping; enfant whining
**2** nm,f whiner

**pian** [pjɑ̃] nm yaws sg, framboesia

**piane-piane** * [pjanpjan] adv gently ◆ **allez-y piane-piane** go gently ou easy *, easy ou gently does it * ◆ **le projet avance piane-piane** the project is coming along slowly but surely

**pianissimo** [pjanisimo] **1** adv (Mus) pianissimo; ( * : fig) very gently
**2** nm (Mus) pianissimo

**pianiste** [pjanist] nmf pianist, piano player

**pianistique** [pjanistik] adj pianistic

**piano**[1] [pjano] → SYN nm piano ◆ **piano acoustique/électronique** acoustic/electric piano ◆ **piano de concert/crapaud** concert grand/boudoir grand (piano) ◆ **piano droit/à queue** upright/grand piano ◆ **piano demi-queue/quart de queue** baby grand/miniature grand (piano) ◆ **piano mécanique** player piano, piano organ, Pianola ® ◆ **piano préparé** prepared piano ◆ **piano à bretelles** (hum) accordion ◆ **faire** ou **jouer du piano** to play the piano ◆ **se mettre au piano** (= apprendre) to take up ou start the piano; (= s'asseoir) to sit down at the piano ◆ **accompagné au piano par ...** accompanied on the piano by ...

**piano**[2] [pjano] adv (Mus) piano; ( * fig) gently ◆ **allez-y piano** easy ou gently does it *, go easy * ou gently

**piano-bar**, pl **pianos-bars** [pjanobaʀ] nm piano bar

**piano(-)forte** [pjanofɔʀte] nm pianoforte

**pianola ®** [pjanɔla] nm Pianola ®, player piano

**pianotage** [pjanɔtaʒ] nm (sur un piano) tinkling; (sur un clavier) tapping; (sur une table) drumming

**pianoter** [pjanɔte] → SYN ▸ conjug 1 ◂ **1** vi **a** (= jouer du piano) to tinkle away (at the piano)
**b** (= tapoter) to drum one's fingers; (sur un clavier) to tap away ◆ **il pianotait sur son ordinateur** he was tapping away at his computer
**2** vt [+ signal, code] to tap out ◆ **pianoter un air** to tinkle out a tune on the piano

**piassava** [pjasava] nm piassava, piassaba

**piastre** [pjastʀ] nf piastre (Brit), piaster (US); (Can = dollar) (Canadian) dollar

**piaule** * [pjol] nf (= chambre louée) room ◆ **ma piaule** my (bed)room

**piaulement** [pjolmɑ̃] nm [oiseau] cheeping (NonC), peeping (NonC); ( * : péj) [enfant] whining (NonC), whimpering (NonC)

**piauler** [pjole] → SYN ▸ conjug 1 ◂ vi [oiseau] to cheep, peep; ( * : péj) [enfant] to whine, whimper

**piazza** [pjadza] nf piazza, gallery (US)

**PIB** [peibe] nm (abrév de **produit intérieur brut**) GDP

**pible** [pibl] nm ◆ **mât à pible** pole mast

**pic** [pik] → SYN nm **a** [montagne, courbe] peak ◆ **à chaque pic de pollution** whenever pollution levels peak ou reach a peak ◆ **atteindre un pic** to reach ou hit a peak, peak
◆ **à pic** rochers sheer, precipitous (frm); mont, chemin steep, precipitous (frm) ◆ **le chemin s'élève** ou **monte à pic** the path rises steeply ◆ **la falaise plonge à pic dans la mer** the cliff falls ou drops sheer (in)to the sea ◆ **arriver** ou **tomber à pic** * to come just at the right time ou moment ◆ **vous arrivez à pic** * you couldn't have come at a better time ou moment, you've come just at the right time ou moment
**b** (= pioche) pick(axe) ◆ **pic à glace** ice pick
**c** (= oiseau) pic(-vert) (green) woodpecker ◆ **pic épeiche** great-spotted woodpecker, pied woodpecker

**pica**[1] [pika] nm (Typo) pica

**pica**[2] [pika] nm (Méd) pica

**picage** [pikaʒ] nm (Vét) feather pecking

**picaillons** * [pikajɔ̃] nmpl cash * (NonC)

**picarel** [pikaʀɛl] nm picarel

**picaresque** [pikaʀɛsk] adj picaresque

**piccolo** [pikɔlo] nm piccolo

**pichenette** * [piʃnɛt] nf flick ◆ **faire tomber qch d'une pichenette** to flick sth off ou away

**pichet** [piʃɛ] → SYN nm pitcher, jug ◆ **un pichet de vin** (dans un restaurant) ≃ a carafe of wine

**pickpocket** [pikpɔkɛt] → SYN nm pickpocket

**pick-up** † * [pikœp] nm inv (= bras) pickup; (= électrophone) record player

**pico-** [piko] préf pico- ◆ **pico-seconde** picosecond

**picoler** * [pikɔle] ▸ conjug 1 ◂ vi to booze * ◆ **qu'est-ce qu'il peut picoler !** he sure can knock it back! * ◆ **picoler dur** (habituellement) to be a real boozer *; (à l'occasion) to hit the bottle * ou sauce * (US)

**picoleur, -euse** * [pikɔlœʀ, øz] nm,f tippler *, boozer *

**picorer** [pikɔʀe] → SYN ▸ conjug 1 ◂ 1 vi to peck (about); (= manger très peu) to nibble
2 vt to peck, peck (away) at

**picot** [piko] nm [dentelle] picot; [planche] burr; (= petite pointe) spike ◆ **dispositif d'entraînement à picots** (Ordin) tractor drive

**picotement** [pikɔtmɑ̃] → SYN nm [peau, membres] tingling (NonC) ◆ **j'ai des picotements dans les yeux** my eyes are smarting ou stinging ◆ **j'ai des picotements dans la gorge** I've got a tickle in my throat ◆ **la décharge électrique provoque de légers picotements** the electrical discharge creates a slight tingling sensation

**picoter** [pikɔte] → SYN ▸ conjug 1 ◂ 1 vt a (= provoquer des picotements) **picoter la gorge** to tickle the throat ◆ **picoter la peau** to make the skin tingle ◆ **picoter les yeux** to make the eyes smart, sting the eyes ◆ **j'ai les yeux qui me picotent** my eyes are stinging ou smarting
b (avec une épingle) to prick
c (= picorer) to peck, peck (away) at
2 vi [gorge] to tickle; [peau] to tingle; [yeux] to smart, sting

**picotin** [pikɔtɛ̃] nm (= ration d'avoine) oats, ration of oats; (= mesure) peck

**picouse** * [pikuz] nf → **piquouse**

**picrate** [pikʀat] nm (Chim) picrate; (* : péj) cheap wine, plonk * (Brit)

**picrique** [pikʀik] adj ◆ **acide picrique** picric acid

**picris** [pikʀis] nm picris

**picrocholin, e** [pikʀɔkɔlɛ̃, in] adj (frm) ◆ **guerre ou dispute picrocholine** petty wrangling (NonC)

**Pictes** [pikt] nmpl Picts

**pictogramme** [piktɔgʀam] nm pictogram

**pictographie** [piktɔgʀafi] nf pictography

**pictographique** [piktɔgʀafik] adj pictographic

**pictural, e,** mpl **-aux** [piktyʀal, o] adj pictorial

**pidgin** [pidʒin] nm pidgin ◆ **pidgin-english** pidgin English

**Pie** [pi] nm Pius

**pie[1]** [pi] → SYN 1 nf (= oiseau) magpie; (* péj = personne) chatterbox * ◆ **"La Pie voleuse"** (Mus) "The Thieving Magpie"; → **bavard, voleur**
2 adj inv cheval piebald; vache black and white; → **voiture**

**pie[2]** [pi] → SYN adj f → **œuvre**

**pièce** [pjɛs] → SYN 1 nf a (= fragment) piece ◆ **en pièces** in pieces ◆ **mettre en pièces** (lit) (= casser) to smash to pieces; (= déchirer) to pull ou tear to pieces; (fig) to tear ou pull to pieces ◆ **c'est inventé ou forgé de toutes pièces** it's made up from start to finish, it's a complete fabrication ◆ **fait d'une seule pièce** made in one piece ◆ **fait de pièces et de morceaux** (lit) made with ou of bits and pieces; (fig péj) cobbled together ◆ **il est tout d'une pièce** he's very cut and dried about things; → **tailler**
b (gén = unité, objet) piece; [jeu d'échecs, de dames] piece; [tissu, drap] length, piece; (Mil) gun; (Chasse, Pêche = prise) specimen ◆ **se vendre à la pièce** (Comm) to be sold separately ou individually ◆ **2 F (la) pièce** 2 francs each ou apiece ◆ **travail à la pièce** ou **aux pièces** piecework ◆ **payé à la pièce** ou **aux pièces** on piece(work) rate, on piecework ◆ **on n'est pas aux pièces !** * there's no rush! ◆ **un deux-pièces** (Habillement) (= costume, tailleur) a two-piece suit; (= maillot de bain) a two-piece (swimsuit) ◆ **pièces honorables** (Hér) honourable ordinaries; → **chef[1]**
c [machine, voiture] part, component ◆ **pièces (de rechange)** spares, (spare) parts ◆ **pièce d'origine** guaranteed genuine spare part
d (= document) paper, document ◆ **avez-vous toutes les pièces nécessaires ?** have you got all the necessary papers? ou documents? ◆ **juger/décider sur pièces** to judge/decide on actual evidence ◆ **avec pièces à l'appui** with supporting documents ◆ **les plaintes doivent être accompagnées de pièces justificatives** (Admin, Jur) complaints must be documented ou accompanied by written proof ou evidence
e (Couture, Chir) patch ◆ **mettre une pièce à qch** to put a patch on sth
f [maison] room ◆ **appartement de cinq pièces** five-room(ed) apartment ou flat (Brit) ◆ **un deux pièces (cuisine)** a two-room(ed) apartment ou flat (Brit) (with kitchen)
g (Théât) play; (Littérat, Mus) piece ◆ **jouer ou monter une pièce de Racine** to put on a play by Racine ◆ **une pièce pour hautbois** a piece for oboe
h **pièce (de monnaie)** coin ◆ **pièce d'argent/d'or** silver/gold coin ◆ **une pièce de 5 francs/de 50 centimes** a 5-franc/50-centime coin ◆ **pièces jaunes** centime coins, ≃ coppers * (Brit) ◆ **donner la pièce à qn** * to give sb a tip, tip sb; → **rendre**
i (littér) **faire pièce à qn/à un projet** to thwart sb ou sb's plans/a project
2 COMP ▹ **pièce d'artifice** firework ▹ **pièce d'artillerie** piece of ordnance, gun ▹ **pièce de bétail** head of cattle ◆ **50 pièces de bétail** 50 head of cattle ▹ **pièce de blé** wheat field, cornfield (Brit) ▹ **pièce de bois** piece of wood ou timber *(for joinery etc)* ▹ **pièce de charpente** member ▹ **pièce de collection** collector's item ou piece ▹ **pièce comptable** accounting record ▹ **pièce à conviction** (Jur) exhibit ▹ **pièce détachée** spare, (spare) part ◆ **livré en pièces détachées** (delivered) in kit form ▹ **pièce d'eau** ornamental lake; (plus petit) ornamental pond ▹ **pièce d'identité** identity paper ◆ **avez-vous une pièce d'identité ?** have you (got) any identification? ▹ **pièce maîtresse** [collection, musée] (gén) showpiece; (en exposition) showpiece, prize ou main exhibit; [politique, stratégie] cornerstone ▹ **pièce montée** (Culin) *pyramid-shaped cake made out of choux puffs, eaten on special occasions;* (à un mariage) ≃ wedding cake ▹ **pièce de musée** museum piece ▹ **pièce rapportée** (Couture) patch; [marqueterie, mosaïque] insert, piece; (* hum = belle-sœur, beau-frère etc ) in-law *; (dans un groupe) late addition ▹ **pièce de résistance** main dish, pièce de résistance ▹ **pièce de terre** piece ou patch of land ▹ **pièce de théâtre** play ▹ **pièce de vers** piece of poetry, short poem ▹ **pièce de viande** side of meat ▹ **pièce de vin** cask of wine

**piécette** [pjesɛt] nf small coin

## pied [pje]

→ SYN

1 NOM MASCULIN
2 COMPOSÉS

1 NOM MASCULIN

a Anat [personne, animal] foot; (= sabot) [cheval, bœuf] hoof; [mollusque] foot ◆ **avoir les pieds plats** to have flat feet, be flatfooted ◆ **sauter d'un pied sur l'autre** to hop from one foot to the other ◆ **avoir pied** [nageur] to be able to touch the bottom ◆ **je n'ai plus pied** I'm out of my depth ◆ **avoir bon pied bon œil** to be as fit as a fiddle, be fighting fit, be hale and hearty ◆ **avoir le pied léger** to be light of step ◆ **avoir le pied marin** to be a good sailor ◆ **avoir les (deux) pieds sur terre** to have one's feet firmly (planted) on the ground ◆ **avoir un pied dans la tombe** to have one foot in the grave ◆ **avoir/garder un pied dans l'entreprise** to have a foot/keep one's foot in the door, have/maintain a foothold ou a toehold in the firm ◆ **conduire ou foncer (le) pied au plancher** to drive with one's foot to the floor ◆ **faire du pied à qn** (= prévenir qn) to give sb a warning kick; (galamment) to play footsie with sb * ◆ **faire le pied de grue** * to stand about (waiting), kick one's heels (Brit) ◆ **faire des pieds et des mains pour obtenir qch** * to move heaven and earth to get sth ◆ **cela lui fera les pieds** * that'll teach him (a thing or two) * ◆ **le pied lui a manqué** he lost his footing, his foot slipped ◆ **mettre pied à terre** to dismount ◆ **mettre les pieds chez qn** to set foot in sb's house ◆ **je n'y remettrai jamais les pieds** I'll never set foot (in) there again ◆ **je n'ai pas mis les pieds dehors aujourd'hui** I haven't been outside all day ◆ **mettre les pieds dans le plat** * (= gaffer) to boob *, put one's foot in it; (= se fâcher) to put one's foot down ◆ **il est incapable de mettre un pied devant l'autre** he can't walk straight ◆ **partir du bon pied** to get off to a good start ◆ **partir ou sortir les pieds devant** * (= mourir) to go out feet first ◆ **perdre pied** (lit, fig) to be ou get out of one's depth; (en montagne) to lose one's footing ◆ **prendre pied sur un marché** to gain ou get a foothold in a market ◆ **se prendre les pieds dans le tapis** * (fig) to slip up ◆ **il va prendre mon pied au derrière !** * I'll give him a kick up the backside! * ◆ **repartir du bon pied** to make a clean ou fresh start ◆ **sans remuer ou bouger ni pied ni patte** * without moving a muscle ◆ **avec lui, on ne sait jamais sur quel pied danser** you never know where you stand with him ◆ **je ne sais pas sur quel pied danser** I don't know what to do ◆ **il ne tient pas sur ses pieds** (ivre) he can hardly stand up; (faible) he's dead on his feet ◆ **"les pieds dans l'eau"** (sur une annonce) "on the waterfront" ◆ **"au pied !"** (à un chien) "heel!"; → **casser, deux, lâcher, retomber**

◆ **à pied** (en marchant) on foot ◆ **aller à pied** to go on foot, walk ◆ **nous avons fait tout le chemin à pied** we walked all the way, we came all the way on foot ◆ **faire de la marche/course à pied** to go walking/running ◆ **ce type, on l'emmerde** * **à pied, à cheval et en voiture !** (fig) he can go to hell! * ◆ **mettre qn à pied** to suspend sb ◆ **mise à pied** suspension

◆ **à pied sec** without getting one's feet wet

◆ **à pieds joints** with one's feet together; → **sauter**

◆ **au pied levé** ◆ **remplacer qn au pied levé** to stand in for sb at a moment's notice

◆ **aux pieds de** ◆ **le chien est couché aux pieds de son maître** the dog is lying at its master's feet ◆ **tomber aux pieds de qn** to fall at sb's feet

◆ **de pied en cap** from head to foot, from top to toe

◆ **de pied ferme** resolutely ◆ **s'il veut me créer des ennuis, je l'attends de pied ferme** if he wants to create trouble for me, I'm ready and waiting for him

◆ **des pieds à la tête** from head to foot

◆ **en pied** portrait full-length; statue full-scale, full-size

◆ **le pied à l'étrier** ◆ **avoir le pied à l'étrier** to be well on the way ◆ **mettre le pied à l'étrier à qn** to give sb a boost ou a leg up (Brit)

◆ **pieds et poings liés** (fig) tied ou bound hand and foot

◆ **pied à pied** se défendre, lutter every inch of the way

◆ **sur pied** (= levé, guéri) ◆ **être sur pied** [personne, malade] to be up and about ◆ **remettre qn sur pied** to set sb back on his feet again
(= constitué) ◆ **maintenant que l'équipe est sur pied ...** now that the team has been set up ... ◆ **l'organisation sera sur pied en mai** the organization will be operational in May ◆ **mettre qch sur pied** to set sth up ◆ **la mise sur pied de qch** the setting up of sth
(= vivant, non coupé) ◆ **bétail sur pied** beef (ou mutton etc ) on the hoof ◆ **blé sur pied** standing ou uncut corn (Brit) ou wheat (US)

b **coup de pied** (gén, Sport) kick ◆ **coup de pied arrêté** free kick ◆ **un coup de pied au derrière** * ou **aux fesses** * a kick in the pants * ou up the backside * ◆ **coup de pied au cul** * kick up the arse ** (Brit) ou in the ass ** (US) ◆ **donner un coup de pied à ou dans** to kick ◆ **donner un coup de pied dans la fourmilière** (fig) to stir things up ◆ **il a reçu un coup de pied** he was kicked ◆ **le coup de pied de l'âne** (fig) delayed revenge ◆ **coup de pied à**

**suivre** (Rugby) up and under; → **pénalité, touche**

**c** = partie inférieure, base, support [arbre, colline, échelle, lit, mur] foot, bottom; [table] leg; [champignon] stalk; [appareil-photo] stand, tripod; [lampe] base; [lampadaire] stand; [verre] stem; [colonne] base, foot; (Math) [perpendiculaire] foot; [chaussette] foot ◆ **le pied droit me va, mais le gauche est un peu grand** (= chaussure) the right shoe fits me, but the left one is a bit too big

◆ **au pied du mur** (fig) ◆ **être au pied du mur** to have one's back to the wall ◆ **mettre qn au pied du mur** to call sb's bluff

◆ **à pied d'œuvre** ready to get down to the job

**d** Agr [salade, tomate] plant ◆ **pied de laitue** lettuce (plant) ◆ **pied de céleri** head of celery ◆ **pied de vigne** vine

**e** Culin [porc, mouton, veau] trotter ◆ **pieds paquets** *dish made of mutton tripe and pig's trotters*

**f** = mesure foot ◆ **un poteau de six pieds** a six-foot pole ◆ **j'aurais voulu être à 100 pieds sous terre** I wished the ground would open up (and swallow me), I could have died*

**g** Poésie foot

**h** ‡ = idiot twit*, idiot ◆ **quel pied, celui-là !** what an idiot!, what a (useless) twit!*

◆ **comme un pied** ◆ **jouer comme un pied** to be a useless* ou lousy‡ player ◆ **il s'y prend comme un pied** he hasn't a clue how to go about it* ◆ **il conduit/chante comme un pied** he's a hopeless ou lousy‡ driver/singer

**i** ‡ = plaisir **c'est le pied !, quel pied !** it's brilliant!* ou great!* ◆ **ce n'est pas le pied** it's no picnic* ou fun ◆ **c'est une solution, mais c'est pas le pied** it's a solution but it's not brilliant* ou great* ◆ **prendre son pied** (= s'amuser) to get one's kicks‡ (*avec* with); (sexuellement) to have it away ou off‡ (*avec* with)

**j** locutions

◆ **au petit pied** (littér) ◆ **un Balzac/un Versailles au petit pied** a poor man's Balzac/Versailles ◆ **un don Juan** ou **un séducteur au petit pied** a small-time Casanova

◆ **au pied de la lettre** literally ◆ **ne prends pas tout au pied de la lettre !** don't take everything so literally! ◆ **il a suivi vos conseils au pied de la lettre** he followed your advice to the letter

◆ **sur le pied de guerre** (all) ready to go, ready for action

◆ **sur un grand pied** ◆ **vivre sur un grand pied** to live in (great ou grand) style

◆ **sur un pied d'égalité, sur le même pied** être, mettre on an equal footing; traiter as equals

**2** COMPOSÉS

▷ **pied d'athlète** (Méd) athlete's foot ▷ **pied autoréglable** ⇒ **pied de nivellement** ▷ **pied de col** nm (Couture) collarstand ▷ **pied à coulisse** calliper rule ▷ **pied de fer** (cobbler's) last ▷ **pied de lit** footboard ▷ **pied de nez** nm ◆ **faire un pied de nez à qn** to thumb one's nose at sb, cock a snook at sb (Brit) ▷ **les Pieds Nickelés** *early 20th century French cartoon characters* ◆ **la bande de pieds nickelés qui traîne dans ce café*** the gang of good-for-nothings ou layabouts* who hang out* in this café ▷ **pied de nivellement** (sur un meuble) self-levelling foot

**pied-à-terre** [pjetatɛʀ] → SYN nm inv pied-à-terre

**pied-bot,** pl **pieds-bots** [pjebo] → SYN nm person with a club-foot

**pied-d'alouette,** pl **pieds-d'alouette** [pjedalwɛt] → SYN nm larkspur

**pied-de-biche,** pl **pieds-de-biche** [pjed(ə)biʃ] → SYN nm [machine à coudre] presser foot; [meuble] cabriole leg; (= levier) wrecking bar; (= arrache-clous) nail puller ou extractor

**pied-de-cheval,** pl **pieds-de-cheval** [pjed(ə)ʃəval] nm *large specially cultivated oyster*

**pied-de-coq,** pl **pieds-de-coq** [pjed(ə)kɔk] **1** adj (large) hound's-tooth ou dog's-tooth check (épith)

**2** nm (large) hound's-tooth ou dog's-tooth check cloth (NonC) ou material (NonC)

**pied-de-loup,** pl **pieds-de-loup** [pjed(ə)lu] nm club moss

**pied-de-mouton,** pl **pieds-de-mouton** [pjed(ə)mutɔ̃] nm wood hedgehog

**pied-de-poule,** pl **pieds-de-poule** [pjed(ə)pul] **1** adj inv hound's-tooth, dog's-tooth

**2** nm hound's-tooth check (NonC), dog's-tooth check (NonC)

**pied-de-roi,** pl **pieds-de-roi** [pjed(ə)ʀwa] nm (Can) folding foot-rule

**pied-de-veau,** pl **pieds-de-veau** [pjed(ə)vo] nm (Bot) lords and ladies, cuckoopint

**pied-d'oiseau,** pl **pieds-d'oiseau** [pjedwazo] nm (Bot) bird's-foot

**piédestal,** pl **-aux** [pjedɛstal, o] → SYN nm (lit, fig) pedestal ◆ **mettre** ou **placer qn sur un piédestal** (fig) to put sb on a pedestal ◆ **descendre/tomber de son piédestal** (fig) to come down from/fall off one's pedestal

**piedmont** [pjemɔ̃] nm ⇒ **piémont**

**pied-noir,** pl **pieds-noirs** [pjenwaʀ] nmf pied-noir *(French colonial born in Algeria)*

**piédouche** [pjeduʃ] nm piedouche

**pied-plat** ††, pl **pieds-plats** [pjepla] → SYN nm lout

**piédroit** [pjedʀwa] nm [baie, cheminée] jamb; [arcade] abutment

**piégé, e** [pjeʒe] (ptp de **piéger**) adj ◆ **engin piégé** booby trap ◆ **lettre piégée** letter bomb ◆ **colis** ou **paquet piégé** parcel ou mail bomb ◆ **voiture piégée** car bomb

**piège** [pjɛʒ] → SYN nm (lit, fig) trap; (= fosse) pit; (= collet) snare ◆ **piège à rats/à moineaux** rat-/sparrow-trap ◆ **piège à loups** mantrap ◆ **piège à touristes** tourist trap ◆ **c'est un piège à cons**‡ it's a con* ou a gyp‡ (US) ◆ **prendre au piège** to (catch in a) trap ◆ **être pris à son propre piège** to be caught in ou fall into one's own trap ◆ **tendre un piège (à qn)** to set a trap (for sb) ◆ **traduction/dictée pleine de pièges** translation/dictation full of pitfalls ◆ **donner** ou **tomber dans le piège** to fall into the trap, be trapped ◆ **c'était un piège et tu es tombé dedans !** [question] it was a trick question and you got caught out!

**piégeage** [pjeʒaʒ] nm **a** [animal] trapping

**b** [bois, arbre] setting of traps (*de* in); (avec des explosifs) [colis, voiture] setting of booby traps (*de* in)

**piéger** [pjeʒe] → SYN ▸ conjug 3 ◂ vt **a** [+ animal, substance] to trap; [+ personne] (gén) to trap; (par une question) to trick ◆ **se faire piéger par un radar** to get caught in a radar trap ◆ **il s'est laissé piéger par un journaliste** he got caught out by a journalist ◆ **je me suis laissé piéger par son charme** I was completely taken in by his charm ◆ **l'eau se retrouve piégée dans la roche** the water gets trapped in the rock ◆ **la question était piégée** it was a trick question

**b** [+ bois, arbre] to set a trap ou traps in; (avec des explosifs) [+ engin, colis, voiture] to booby-trap

**piégeur, -euse** [pjeʒœʀ, øz] nm,f trapper

**pie-grièche,** pl **pies-grièches** [pigʀijɛʃ] nf shrike, butcherbird

**pie-mère,** pl **pies-mères** [pimɛʀ] nf pia mater

**Piémont** [pjemɔ̃] nm Piedmont

**piémont** [pjemɔ̃] nm ◆ **glacier de piémont** piedmont glacier

**piémontais, e** [pjemɔ̃tɛ, ɛz] **1** adj Piedmontese

**2** nm (Ling) Piedmontese

**3** **Piémontais(e)** nm,f Piedmontese

**piercing** [piʀsiŋ] nm body piercing

**piéride** [pjeʀid] nf pierid, pieridine butterfly ◆ **piéride du chou** cabbage white (butterfly)

**pierraille** [pjeʀɑj] nf [route, sentier] loose stones, chippings; [pente, montagne] scree (NonC), loose stones

**Pierre** [pjɛʀ] nm Peter ◆ **Pierre le Grand** (Hist) Peter the Great ◆ **"Pierre et le Loup"** (Mus) "Peter and the Wolf"

**pierre** [pjɛʀ] → SYN **1** nf **a** (gén, Méd) stone ◆ **maison de** ou **en pierre** stone(-built) house, house built of stone ◆ **mur en pierres sèches** dry-stone wall ◆ **attaquer qn à coups de pierres** to throw stones at sb ◆ **il resta** ou **son visage resta de pierre** he remained stony-faced ◆ **jeter la première pierre** to cast the first stone ◆ **je ne veux pas lui jeter la pierre** I don't want to be too hard on him; → **âge, casseur**

**b** (= immobilier) **la pierre** bricks and mortar ◆ **investir dans la pierre** to invest in bricks and mortar

**c** (Loc) **faire d'une pierre deux coups** to kill two birds with one stone ◆ **il s'est mis une pierre au cou** he's taken on a heavy burden ◆ (Prov) **pierre qui roule n'amasse pas mousse** a rolling stone gathers no moss (Prov) ◆ **c'est une pierre dans son jardin** it is a black mark against him ◆ **jour à marquer d'une pierre blanche** red-letter day ◆ **jour à marquer d'une pierre noire** black day ◆ **bâtir qch pierre à pierre** to build sth up piece by piece ou stone by stone ◆ **ils n'ont pas laissé pierre sur pierre** they didn't leave a stone standing ◆ **apporter sa pierre à qch** to add one's contribution to sth ◆ **aimer les vieilles pierres** to like old buildings

**2** COMP ▷ **pierre à aiguiser** whetstone ▷ **pierre angulaire** (lit, fig) cornerstone ▷ **pierre à bâtir** building stone ▷ **pierre à briquet** flint ▷ **pierre à chaux** limestone ▷ **pierre à feu** flint ▷ **pierre fine** semiprecious stone ▷ **pierre funéraire** tombstone, gravestone ▷ **pierre à fusil** gunflint ▷ **pierre de lard** French chalk, tailor's chalk ▷ **pierre levée** standing stone ▷ **pierre de lune** moonstone ▷ **pierre ollaire** soapstone, steatite (SPÉC) ▷ **pierre philosophale** philosopher's stone ▷ **pierre ponce** pumice stone, pumice (NonC) ▷ **pierre précieuse** precious stone, gem ▷ **la pierre de Rosette** the Rosetta stone ▷ **pierre de taille** freestone ▷ **pierre tombale** tombstone, gravestone ▷ **pierre de touche** (lit, fig) touchstone

**pierrée** [pjeʀe] nf dry-stone drain

**pierreries** [pjɛʀʀi] nfpl gems, precious stones

**pierreux, -euse** [pjeʀø, øz] → SYN adj terrain stony; fruit gritty; (Méd) calculous (SPÉC)

**Pierrot** [pjɛʀo] nm (Théât) Pierrot

**pierrot** [pjeʀo] → SYN nm (= oiseau) sparrow

**pietà** [pjeta] → SYN nf pietà

**piétaille** [pjetɑj] → SYN nf (péj) (Mil) rank and file; (= subalternes) rank and file, menials; (= piétons) foot-sloggers*, pedestrians

**piété** [pjete] → SYN nf (Rel) piety; (= attachement) devotion, reverence ◆ **piété filiale** filial devotion ou respect ◆ **articles/livre de piété** devotional articles/book ◆ **images de piété** pious images

**piètement** [pjɛtmɑ̃] nm [meuble] base

**piéter** [pjete] → SYN ▸ conjug 6 ◂ vi [oiseau] to run

**piétin** [pjetɛ̃] nm foot rot

**piétinement** [pjetinmɑ̃] nm **a** (= stagnation) **le piétinement de la discussion** the fact that the discussion is not (ou was not) making (any) progress ◆ **vu le piétinement de l'enquête** given that the investigation is (ou was) at a virtual standstill

**b** (= marche sur place) standing about ◆ **ce fut moins un défilé qu'un gigantesque piétinement** it was more of a slow shuffle than a march

**c** (= bruit) stamping

**piétiner** [pjetine] → SYN ▸ conjug 1 ◂ **1** vi **a** (= trépigner) to stamp (one's foot ou feet) ◆ **piétiner de colère/d'impatience** to stamp (one's feet) angrily/impatiently

**b** (= ne pas avancer) [personne] to stand about; [cortège] to mark time; [discussion] to make no progress; [affaire, enquête] to be at a virtual standstill, be making no headway; [économie, science] to stagnate, be at a standstill ◆ **piétiner dans la boue** to trudge through the mud

**2** vt [+ sol] to trample on; [+ victime], (fig) [+ adversaire] to trample underfoot; [+ parterres, fleurs] to trample on, trample underfoot, tread on ◆ **plusieurs personnes furent piétinées** several people were trampled on ou trampled underfoot ◆ **piétiner les principes de qn** to trample sb's principles underfoot, ride roughshod over sb's principles; → **plat¹**

**piétisme** [pjetism] nm pietism

**piétiste** [pjetist] 1 adj pietistic
2 nmf pietist

**piéton**[1] [pjetɔ̃] → SYN nm pedestrian

**piéton**[2], **-onne** [pjetɔ̃, ɔn] → SYN, **piétonnier, -ière** [pjetɔnje, jɛʀ] adj pedestrian (épith) ◆ **rue piétonne** ou **piétonnière** (gén) pedestrianized street; (commerciale) pedestrian shopping street ◆ **zone piétonne** ou **piétonnière** (gén) pedestrian precinct; (commerciale) shopping precinct

**piètre** [pjɛtʀ] → SYN adj (frm) adversaire, écrivain, roman very poor, mediocre; excuse paltry, lame ◆ **c'est une piètre consolation** it's small ou little comfort ◆ **dans un piètre état** in a very poor state ◆ **faire piètre figure** to cut a sorry figure ◆ **avoir piètre allure** to be a sorry ou wretched sight

**piètrement** [pjɛtʀəmɑ̃] adv very poorly

**pieu**, pl **pieux** [pjø] → SYN nm a (= poteau) post; (pointu) stake, pale; (Constr) pile
b (* = lit) bed ◆ **se mettre au pieu** to hit the hay * ou sack *, turn in *

**pieusement** [pjøzmɑ̃] adv (Rel) piously; (= respectueusement) reverently ◆ **un vieux tricot qu'il avait pieusement conservé** (hum) an old sweater which he had lovingly kept

**pieuter** * [pjøte] ▸ conjug 1 ◂ 1 vi ◆ (aller) **pieuter chez qn** to crash ou kip (Brit) at sb's place *
2 **se pieuter** vpr to hit the hay * ou sack *, turn in *

**pieuvre** [pjœvʀ] → SYN nf a (= animal) octopus ◆ **cette entreprise est une pieuvre** this is a very tentacular company ◆ **cette ville est une pieuvre** this is a huge, sprawling city
b (= sandow) spider

**pieux**, **pieuse** [pjø, pjøz] → SYN adj personne (= religieux) pious, devout; (= dévoué) devoted, dutiful; pensée, souvenir, lecture, image pious; silence reverent, respectful ◆ **pieux mensonge** white lie *(told out of pity etc)*

**piézoélectricité** [pjezoelɛktʀisite] nf piezoelectricity

**piézoélectrique** [pjezoelɛktʀik] adj piezoelectric

**piézomètre** [pjezɔmɛtʀ] nm piezometer

**pif**[1] * [pif] → SYN nm (= nez) nose, conk * (Brit), schnozzle * (US) ◆ **j'ai failli y aller, j'ai eu du pif** I nearly went but I had a funny feeling about it ◆ **je l'ai dans le pif** I can't stand ou stick * (Brit) him
◆ **au pif** (= approximativement) at a rough guess; (= au hasard) répondre, choisir at random ◆ **faire qch au pif** [+ plan, exercice, recette] to do sth by guesswork

**pif**[2] [pif] excl ◆ **pif ! paf !** (explosion) bang! bang!; (gifle) smack! smack!, slap! slap!

**pif(f)er** * [pife] ▸ conjug 1 ◂ vt ◆ **je ne peux pas le pif(f)er** I can't stand ou stick * (Brit) him

**pifomètre** * [pifɔmɛtʀ] nm intuition, instinct
◆ **au pifomètre** at a rough guess ◆ **faire qch au pifomètre** to do sth by guesswork ◆ **j'y suis allé au pifomètre** I followed my nose *

**pifrer** * [pifʀe] ▸ conjug 1 ◂ vt ⇒ **pif(f)er**

**pige** [piʒ] nf a (* = année) **il a 50 piges** he's 50 ◆ **à 60 piges** at 60
b (Presse, Typo) **être payé à la pige** [typographe] to be paid at piecework rates; [journaliste] to be paid by the line; [artiste] to be paid per commission ◆ **faire des piges pour un journal** to do freelance work for a newspaper
c (* = surpasser) **faire la pige à qn** to leave sb standing *, put sb in the shade

**pigeon** [piʒɔ̃] → SYN 1 nm (= oiseau) pigeon; (* = dupe) mug *, sucker *
2 COMP ▷ **pigeon d'argile** clay pigeon ▷ **pigeon ramier** woodpigeon, ring dove ▷ **pigeon vole** (= jeu) *game of forfeits,* ≃ Simon says ▷ **pigeon voyageur** carrier ou homing pigeon ◆ **par pigeon voyageur** by pigeon post

**pigeonnant**, **e** [piʒɔnɑ̃, ɑ̃t] adj ◆ **soutien-gorge pigeonnant** uplift bra ◆ **avoir une poitrine pigeonnante** to have a lot of cleavage

**pigeonne** [piʒɔn] nf hen-pigeon

**pigeonneau**, pl **pigeonneaux** [piʒɔno] nm young pigeon, squab

**pigeonner** * [piʒɔne] ▸ conjug 1 ◂ vt ◆ **pigeonner qn** to do sb *, take sb for a ride * ◆ **se laisser** ou **se faire pigeonner** to be done *, be taken for a ride *, be had *

**pigeonnier** [piʒɔnje] → SYN nm pigeon house ou loft; (* = logement) garret, attic room

**piger** * [piʒe] ▸ conjug 3 ◂ vi (= comprendre) to get it * ◆ **il a pigé** he's got it *, he's twigged * (Brit), the penny has dropped * (Brit) ◆ **tu piges ?** (do you) get it? * ◆ **je ne pige rien à la chimie** chemistry's all Greek * ou double Dutch * (Brit) to me ◆ **je n'y pige rien** I just don't get it (at all) *, I can't make head (n)or tail of it ◆ **tu y piges quelque chose, toi ?** can you make anything of it?

**pigiste** [piʒist] nmf (= typographe) (piecework) typesetter; (= journaliste) freelance journalist *(paid by the line)*; (= artiste) freelance artist

**pigment** [pigmɑ̃] → SYN nm pigment

**pigmentaire** [pigmɑ̃tɛʀ] adj pigmentary, pigmental

**pigmentation** [pigmɑ̃tasjɔ̃] → SYN nf pigmentation

**pigmenter** [pigmɑ̃te] ▸ conjug 1 ◂ vt to pigment

**pigne** [piɲ] nf (= pomme de pin) pine cone; (= graine) pine kernel ou nut

**pignocher** [piɲɔʃe] → SYN ▸ conjug 1 ◂ vi to pick ou nibble at one's food

**pignon** [piɲɔ̃] → SYN nm a (Archit) gable ◆ **à pignon** gabled ◆ **avoir pignon sur rue** (fig) to be well-established
b (= roue dentée) cog(wheel), gearwheel; (= petite roue) pinion
c (Bot) **pignon (de pin)** pine kernel ou nut

**pignoratif, -ive** [piɲɔʀatif, iv] adj pignorative

**pignouf** * [piɲuf] nm peasant *, boor

**pilaf** [pilaf] nm pilaf(f), pilau ◆ **riz pilaf** pilau rice

**pilage** [pilaʒ] nm crushing, pounding

**pilaire** [pilɛʀ] adj pilar(y)

**pilastre** [pilastʀ] → SYN nm pilaster

**Pilate** [pilat] nm Pilate

**pilchard** [pilʃaʀ] → SYN nm pilchard

**pile**[1] [pil] → SYN 1 nf a (= tas) pile, stack; (Ordin) stack
b [pont] support, pile, pier
c (Élec) battery ◆ **à pile(s)** battery (épith), battery-operated ◆ **pile sèche** dry cell ou battery ◆ **pile bâton** pencil battery ◆ **pile rechargeable** rechargeable battery ◆ **pile plate/ronde** flat/round battery ◆ **pile bouton** watch battery ◆ **pile atomique** nuclear reactor, (atomic) pile ◆ **pile solaire** solar cell ◆ **appareil à piles** ou **fonctionnant sur piles** battery-operated ou battery-driven appliance
d * (= coups) belting, thrashing; (= défaite) hammering *, thrashing * ◆ **donner une pile à qn** (rosser) to give sb a belting ou thrashing, lay into sb *; (vaincre) to lick sb *, beat sb hollow * (Brit) ◆ **prendre** ou **recevoir une pile** (coups) to get a belting; (défaite) to be licked *, be beaten hollow * (Brit)
e [pièce] **c'est tombé sur (le côté) pile** it came down tails ◆ **pile ou face ?** heads or tails? ◆ **pile c'est moi, face c'est toi** tails it's me, heads it's you ◆ **sur le côté pile il y a ...** on the reverse side there's ... ◆ **on va jouer** ou **tirer ça à pile ou face** we'll toss (up) for it ◆ **tirer à pile ou face pour savoir si ...** to toss up to find out if ...
f (Hér) pile
2 adv (* = net) ◆ **s'arrêter pile** to stop dead * ◆ **ça l'a arrêté pile** it stopped him dead * ou in his tracks, it brought him up short * ◆ **vous êtes tombé pile en m'offrant ce cadeau** [personne] you've chosen exactly the right present for me ◆ **j'ai ouvert l'annuaire et je suis tombé pile sur le numéro** I opened the directory and came up with the number right ou straight (Brit) away ◆ **il lâcha sa gomme qui tomba pile dans la corbeille à papier** he let go of his eraser and it fell right ou straight into the wastepaper basket ◆ **ça tombe pile !** that's just ou exactly what I (ou we etc ) need(ed)! ◆ **on est six et il y en a douze – ça tombe pile** there are six of us and twelve of them – that works out exactly ou evenly ◆ **son mariage tombe pile le jour de son anniversaire** her wedding is on the same day as her birthday ◆ **tomber** ou **arriver pile** (survenir) [personne] to turn up * just at the right moment ou time; [chose] to come just at the right moment ou time ◆ **à 2 heures pile** (at) dead on 2 *, at 2 on the dot * ◆ **il est 11 heures pile** it's dead on 11 *, it's 11 o'clock exactly

**pile**[2] [pil] nf [pâte à papier] poacher

**piler** [pile] → SYN ▸ conjug 1 ◂ 1 vt a (lit) to crush, pound
b **piler qn** * (= rosser) to lay into sb *, give sb a hammering * ou belting *; (= vaincre) to lick sb *, beat sb hollow * (Brit)
2 vi (* = freiner) to jam on the brakes

**pilet** [pilɛ] nm (Zool) pintail

**pileux, -euse** [pilø, øz] adj follicule hair (épith); → **système**

**pilier** [pilje] → SYN nm a (Anat, Constr) pillar; [dispositif, institution, politique] mainstay, linchpin; (= personne) [organisation, parti] mainstay ◆ **la famille, pilier de la société** the family, the bedrock of society ◆ **c'est un pilier de bar** ou **de bistro** he spends his life propping up the bar, he's a barfly * (US)
b (Rugby) prop (forward)

**pilifère** [pilifɛʀ] adj piliferous

**pili-pili** [pilipili] nm inv (Bot) (very hot) red pepper

**pillage** [pijaʒ] → SYN nm a [ville] pillage, plundering; [magasin, maison] looting; [église, tombe] looting, plundering; (Zool) [ruche] robbing ◆ **mettre au pillage** to pillage, plunder, loot ◆ **le pillage des caisses de l'État** plundering the state coffers
b (= plagiat) [ouvrage, auteur] plagiarism

**pillard, e** [pijaʀ, aʀd] → SYN 1 adj soldats, bande pillaging (épith), looting (épith); oiseau thieving (épith)
2 nm,f pillager, plunderer, looter

**piller** [pije] → SYN ▸ conjug 1 ◂ vt a [+ ville] to pillage, plunder; [+ magasin, maison] to loot; [+ église, tombe] to loot, plunder; [+ verger] to raid ◆ **piller les caisses de l'État/les richesses minières d'un pays** to plunder the state coffers/the mineral resources of a country
b (= plagier) [+ ouvrage, auteur] to plagiarize, borrow wholesale from

**pilleur, -euse** [pijœʀ, øz] nm,f pillager, plunderer, looter; († = plagiaire) literary pirate, plagiarist ◆ **pilleur d'épaves** looter *(of wrecked ships)* ◆ **pilleur de tombes** tomb robber

**pilocarpe** [pilɔkaʀp] nm jaborandi

**pilocarpine** [pilɔkaʀpin] nf pilocarpin(e)

**pilon** [pilɔ̃] → SYN nm (= instrument) pestle; (= jambe) wooden leg; [poulet] drumstick ◆ **mettre un livre au pilon** (Typo) to pulp a book

**pilonnage** [pilɔnaʒ] nm a (Mil) shelling, bombardment ◆ **il y a eu des pilonnages intensifs** there has been intense ou heavy shelling
b (Typo) pulping
c (Culin, Pharm) pounding, crushing

**pilonner** [pilɔne] → SYN ▸ conjug 1 ◂ vt a (Mil) to shell, bombard ◆ **l'artillerie a pilonné la capitale** artillery pounded the capital
b (Typo) to pulp
c (Culin, Pharm) to pound, crush

**pilori** [pilɔʀi] → SYN nm pillory, stocks ◆ **mettre** ou **clouer au pilori** (lit) to put in the stocks; (fig) to pillory ◆ **être condamné au pilori** to be put in the stocks

**pilosébacé, e** [pilosebase] adj pilosebaceous

**pilosité** [pilozite] → SYN nf pilosity ◆ **avoir une pilosité très développée** to be very hairy

**pilot** [pilo] nm (Tech) pile

**pilotage** [pilɔtaʒ] → SYN nm a (Aviat) piloting, flying; (Naut) piloting ◆ **école de pilotage** (Aviat) flying school; (Aut) driving school *(specializing in advanced driving skills)* ◆ **pilotage automatique** automatic piloting ◆ **l'accident a été attribué à une erreur de pilotage** the accident was put down to pilot error; → **poste**
b [entreprise, économie, projet] running, management; → **comité**

**pilote** [pilɔt] → SYN 1 nm a (Aviat, Naut) pilot; (Aut) driver; (= guide) guide ◆ **servir de pilote à qn** to show sb round, be sb's guide
b (Ordin) driver
c (= poisson) pilotfish

**d** (en apposition = expérimental) école, ferme experimental; projet, entreprise, usine pilot (épith); (Comm) produit low-priced

**2** COMP ▷ **pilote automatique** automatic pilot, autopilot ◆ **être/passer en pilote automatique** to be on/switch to automatic pilot ou autopilot ▷ **pilote automobile** racing driver ▷ **pilote de chasse** fighter pilot ▷ **pilote de course** ⇒ **pilote automobile** ▷ **pilote d'essai** test pilot ▷ **pilote de guerre** fighter pilot ▷ **pilote de ligne** airline pilot

**piloter** [pilɔte] → SYN ▸ conjug 1 ◂ vt [+ avion] to pilot, fly; [+ navire] to pilot; [+ voiture] to drive; [+ entreprise, projet] to run, manage ◆ **piloter qn** (fig) to show sb round

**pilotis** [pilɔti] → SYN nm pile, pilotis (SPÉC) ◆ **sur pilotis** on piles

**pilou** [pilu] nm flannelette

**pilulaire** [pilylɛʀ] **1** adj (Pharm) pilular

**2** nm (Vét) balling iron ou gun

**pilule** [pilyl] → SYN nf **a** (Pharm) pill ◆ **prendre la pilule, être sous pilule** * (contraceptive) to be on ou be taking the pill ◆ **pilule abortive/du lendemain** abortion/morning-after pill ◆ **il a eu du mal à avaler la pilule, il a trouvé la pilule un peu amère** ou **un peu dure à avaler** (fig) he found it a bitter pill to swallow, he found it hard to take ◆ **faire qch pour faire passer la pilule** to do sth to sweeten ou sugar the pill; → **dorer**

**b** (* = défaite) thrashing *, hammering * ◆ **on a pris la pilule** we were thrashed * ou hammered *

**pilulier** [pilylje] nm (Pharm) pill machine; (= boîte) pill box

**pimbêche** [pɛ̃bɛʃ] → SYN **1** adj f stuck-up *, full of herself (attrib)

**2** nf stuck-up thing * ◆ **c'est une horrible pimbêche** she's so full of herself, she's horribly stuck-up *

**pimbina** [pɛ̃bina] nm (Can) pembina (Can) *(type of cranberry)*

**piment** [pimɑ̃] → SYN nm **a** (= plante) pepper, capsicum ◆ **piment rouge** (Culin) chilli ◆ **piment doux** (= fruit) pepper, capsicum; (= poudre) paprika ◆ **piment vert** green chilli

**b** (fig) spice, piquancy ◆ **avoir du piment** to be spicy ou piquant ◆ **donner du piment à une situation** to add ou give spice to a situation ◆ **ça donne du piment à la vie** it adds a bit of spice to life, it makes life more exciting ◆ **trouver du piment à qch** to find sth spicy ou piquant

**pimenté, e** [pimɑ̃te] → SYN (ptp de **pimenter**) adj plat hot, spicy; (fig) récit spicy

**pimenter** [pimɑ̃te] → SYN ▸ conjug 1 ◂ vt (Culin) to put chilli in; (fig) to add ou give spice to

**pimpant, e** [pɛ̃pɑ̃, ɑ̃t] → SYN adj robe, personne spruce

**pimprenelle** [pɛ̃pʀənɛl] nf (à fleurs verdâtres) (salad) burnet; (à fleurs rouges) great burnet

**pin** [pɛ̃] nm (= arbre) pine (tree); (= bois) pine (wood) ◆ **pin maritime/parasol** ou **pignon** maritime/umbrella pine ◆ **pin d'Oregon** Oregon pine ◆ **pin sylvestre** Scotch fir, Scots pine; → **aiguille, pomme**

**pinacle** [pinakl] → SYN nm (Archit) pinnacle ◆ **être au pinacle** (fig) to be at the top ◆ **porter** ou **mettre qn au pinacle** (fig) to praise sb to the skies

**pinacothèque** [pinakɔtɛk] → SYN nf art gallery

**pinaillage** * [pinɑjaʒ] nm hair-splitting, quibbling

**pinailler** * [pinɑje] ▸ conjug 1 ◂ vi to quibble, split hairs ◆ **il pinaille sur tout** he's forever splitting hairs

**pinailleur, -euse** * [pinɑjœʀ, øz] **1** adj pernickety, nitpicking * (épith), hair-splitting (épith)

**2** nm,f nitpicker *, quibbler

**pinard** ⁑ [pinaʀ] nm (gén) wine; (péj) cheap wine, plonk * (Brit)

**pinardier** * [pinaʀdje] nm wine tanker

**pinçage** [pɛ̃saʒ] nm (Agr) pinching out

**pince** [pɛ̃s] → SYN **1** nf **a** (= outil) pince(s) (gén) pair of pliers, pliers; (à charbon) pair of tongs, tongs

**b** (= levier) crowbar

**c** (Zool) [crabe, homard] pincer, claw

**d** (Couture) dart ◆ **faire des pinces à** to put darts in ◆ **pince de poitrine** bust darts ◆ **pantalon à pinces** front-pleated trousers

**e** (⁑ = main) hand, mitt ⁑, paw * ◆ **je lui ai serré la pince** I shook hands with him

**f** (⁑ = jambe) leg ◆ **aller à pinces** to foot * ou hoof ⁑ it ◆ **j'ai fait 15 km à pinces** I footed it for 15 km *

**2** COMP ▷ **pince à billets** note (Brit) ou bill (US) clip ▷ **pince à cheveux** hair clip ▷ **pince coupante** wire cutters ▷ **pince crocodile** crocodile clip ▷ **pince de cycliste** bicycle clip ▷ **pince à dénuder** wire strippers, wire stripping pliers ▷ **pince à épiler** (eyebrow) tweezers ▷ **pince à escargots** *special tongs used for eating snails* ▷ **pince à glace** ice tongs ▷ **pince à linge** clothes peg (Brit), clothespin (US, Scot) ▷ **pince multiprise** ⇒ **pince crocodile** ▷ **pince à ongles** nail clippers ▷ **pince plate** flat-nose pliers ▷ **pince à sucre** sugar tongs ▷ **pince universelle** (universal) pliers ▷ **pince à vélo** bicycle clip

**pincé, e**[1] [pɛ̃se] → SYN (ptp de **pincer**) adj personne, air stiff, starchy; sourire stiff, tight-lipped; ton stiff ◆ **d'un air pincé** stiffly ◆ **les lèvres pincées** with pursed lips ◆ **aux lèvres pincées** thin-lipped ◆ **instrument à cordes pincées** (Mus) plucked stringed instrument

**pinceau, pl pinceaux** [pɛ̃so] → SYN nm (gén) brush; (Peinture) (paint)brush; (= manière de peindre) brushwork; (⁑ = pied) foot ◆ **pinceau à colle** paste brush ◆ **pinceau lumineux** pencil of light ◆ **coup de pinceau** brushstroke, stroke of the brush ◆ **donner un coup de pinceau à un mur** to give a wall a lick of paint ◆ **avoir un bon coup de pinceau** to paint well, be a good painter

**pincée**[2] [pɛ̃se] → SYN nf [sel, poivre] pinch

**pince-fesses** † ⁑ [pɛ̃sfɛs] nm inv dance, hop *

**pincelier** [pɛ̃səlje] nm [pinceaux] dipper

**pincement** [pɛ̃smɑ̃] nm (Mus) plucking; (Agr) pinching out ◆ **pincement des roues** (Aut) toe-in ◆ **elle a eu un pincement de cœur** she felt a twinge of sorrow

**pince-monseigneur, pl pinces-monseigneur** [pɛ̃smɔ̃sɛɲœʀ] nf jemmy (Brit), crowbar

**pince-nez** [pɛ̃sne] → SYN nm inv pince-nez

**pince-oreille, pl pince-oreilles** [pɛ̃sɔʀɛj] nm earwig

**pincer** [pɛ̃se] → SYN ▸ conjug 3 ◂ **1** vt **a** (accidentellement, pour faire mal) to pinch; [froid] to nip ◆ **je me suis pincé dans la porte/avec l'ouvre-boîte** I caught myself in the door/with the can opener ◆ **se (faire) pincer le doigt** to catch one's finger ◆ **se (faire) pincer le doigt dans une porte** to trap ou catch one's finger in a door ◆ **il s'est fait pincer par un crabe** he was nipped by a crab ◆ **pince-moi, je rêve !** pinch me, I'm dreaming!

**b** (= tenir, serrer) to grip ◆ **pincer les lèvres** to purse (up) one's lips ◆ **se pincer le nez** to hold one's nose ◆ **une robe qui pince la taille** a dress which is tight at the waist

**c** (Mus) to pluck

**d** (Couture) [+ veste] to put darts in

**e** (* = arrêter, prendre) to catch, cop ⁑; [police] to cop ⁑, catch, nick ⁑ (Brit) ◆ **se faire pincer** to get caught

**f** (Agr) to pinch out, nip out

**g** **en pincer pour qn** * to be stuck on sb *, be mad about sb * ◆ **il est pincé** * he's hooked *

**2** vi ◆ **ça pince (dur)** ⁑ it's freezing (cold), it's bitterly cold

**pince-sans-rire** [pɛ̃ssɑ̃ʀiʀ] → SYN **1** adj inv deadpan

**2** nmf inv ◆ **c'est un pince-sans-rire** he's got a deadpan sense of humour

**pincette** [pɛ̃sɛt] → SYN nf (gén pl) (pour le feu) pair of (fire) tongs, (fire) tongs; [horloger] pair of tweezers, tweezers ◆ **il n'est pas à toucher** ou **prendre avec des pincettes** (sale) he's filthy dirty; (mécontent) he's like a bear with a sore head

**pinçon** [pɛ̃sɔ̃] → SYN nm pinch-mark

**Pindare** [pɛ̃daʀ] nm Pindar

**pindarique** [pɛ̃daʀik] → SYN adj Pindaric

**pindarisme** [pɛ̃daʀism] nm Pindarism

**pine** *⁑ [pin] nf cock *⁑, prick *⁑

**pinéal, e,** mpl **-aux** [pineal, o] adj pineal ◆ **glande pinéale** pineal gland ou body

**pineau** [pino] nm Pineau *(brandy-based drink)*

**pinède** [pinɛd] → SYN, **pineraie** [pinʀɛ] nf pinewood, pine forest

**pingouin** [pɛ̃gwɛ̃] → SYN nm auk; (= manchot) penguin ◆ **(petit) pingouin** razorbill ◆ **habillé en pingouin** * (hum) in tails ◆ **qui c'est ce pingouin ?** * (= individu) who's that guy? * ou bloke * (Brit) ?

**ping-pong** [piŋpɔŋ] → SYN nm inv table tennis, Ping-Pong ®

**pingre** [pɛ̃gʀ] → SYN (péj) **1** adj stingy, niggardly

**2** nmf skinflint, niggard

**pingrerie** [pɛ̃gʀəʀi] → SYN nf (péj) stinginess, niggardliness

**pinne** [pin] nf pinna

**pinnipèdes** [pinipɛd] nmpl ◆ **les pinnipèdes** pinnipedians, the Pinnepedia (SPÉC)

**pinnothère** [pinɔtɛʀ] nm pinnothere

**Pinocchio** [pinɔkjo] nm Pinocchio

**pinocytose** [pinositoz] nf pinocytosis

**pinot** [pino] nm Pinot

**pin-pon** [pɛ̃pɔ̃] excl *sound made by two-tone siren*

**pin's** [pins] nm inv lapel badge, pin

**pinson** [pɛ̃sɔ̃] nm chaffinch ◆ **pinson du nord** brambling; → **gai**

**pintade** [pɛ̃tad] nf guinea-fowl

**pintadeau, pl pintadeaux** [pɛ̃tado] nm young guinea-fowl, guinea-poult (SPÉC)

**pinte** [pɛ̃t] → SYN nf **a** (= ancienne mesure) ≈ quart *(0.93 litre)*; (= mesure anglo-saxonne) pint; (Can) quart *(1.136 litre)*; → **payer**

**b** (Helv = débit de boissons) bar

**pinté, e** ⁑ [pɛ̃te] (ptp de **pinter**) adj smashed ⁑, plastered ⁑

**pinter** ⁑ [pɛ̃te] vi, **se pinter** ⁑ vpr ▸ conjug 1 ◂ to booze *, liquor up ⁑ (US) ◆ **on s'est pintés au whisky** we got smashed ⁑ ou plastered ⁑ on whisky

**pin up** [pinœp] nf inv (= personne) sexy(-looking) girl; (= photo) pinup

**pinyin** [pinjin] nm Pinyin

**piochage** [pjɔʃaʒ] → SYN nm pickaxing

**pioche** [pjɔʃ] → SYN nf **a** (à deux pointes) pick, pickaxe, pickax (US); (à pointe et à houe) mattock, pickaxe, pickax (US); → **tête**

**b** (= tas de dominos, cartes) stock, pile

**piocher** [pjɔʃe] → SYN ▸ conjug 1 ◂ **1** vt [+ terre] to pickaxe, pickax (US); (* = étudier) [+ sujet] to swot up * (Brit), slave ou slog (Brit) away at *; [+ examen] to cram ou swot * (Brit) for; (Jeux) [+ carte, domino] to take (from the stock ou pile); [+ numéro] to take

**2** vi (= creuser) to dig (with a pick); (* : Jeux) to pick up ou take a card (ou domino) (from the stock ou pile) ◆ **piocher dans le tas** (nourriture) to dig in; (objets) to dig into the pile ◆ **piocher dans ses économies** to dip into one's savings

**piocheur, -euse** * [pjɔʃœʀ, øz] **1** adj hard-working

**2** nm,f swot * (Brit), grind * (US)

**piolet** [pjɔlɛ] nm ice axe

**pion**[1] [pjɔ̃] → SYN nm (Échecs) pawn; (Dames) piece, draught (Brit), checker (US) ◆ **n'être qu'un pion (sur l'échiquier)** to be just a pawn ou be nothing but a pawn (in the game); → **damer**

**pion**[2]**, pionne** [pjɔ̃, pjɔn] → SYN nm,f (arg Scol = surveillant) supervisor *(student paid to supervise schoolchildren)*

**pion**[3] [pjɔ̃] nm (Phys) pion, pi meson

**pioncer** ⁑ [pjɔ̃se] ▸ conjug 3 ◂ vi to sleep, get some shut-eye * ◆ **j'ai pas pioncé de la nuit** I didn't get a wink of sleep (all night) ◆ **il a pioncé deux heures** he got two hours' sleep ou kip ⁑ (Brit)

**pionnier, -ière** [pjɔnje, jɛʀ] → SYN nm,f (lit, fig) pioneer

**pioupiou** * † [pjupju] nm young soldier, tommy * † (Brit)

**pipa** [pipa] nm pipa

**pipe** [pip] [→ SYN] nf a (à fumer) (= contenant) pipe; (= contenu) pipeful, pipe ◆ **fumer la pipe** (gén) to smoke a pipe; (habituellement) to be a pipe-smoker ◆ **pipe de bruyère/de terre** briar/clay pipe; → **casser, fendre, tête**
b (* = cigarette) cig *, fag ‡ (Brit)
c (= futaille) pipe
d (*‡ = acte sexuel) blow job *‡ ◆ **tailler une pipe à qn** to give sb a blow job *‡

**pipeau**, pl **pipeaux** [pipo] [→ SYN] nm (Mus) (reed-)pipe; [oiseleur] bird call ◆ **pipeaux** (gluaux) limed twigs ◆ **c'est du pipeau** * that's a load of rubbish *

**pipelette** * [piplɛt] nf (péj) chatterbox

**pipeline** [piplin] nm pipeline ◆ **traitement en pipeline** (Ordin) pipelining

**piper** [pipe] [→ SYN] ► conjug 1 ◄ vt [+ cartes] to mark; [+ dés] to load ◆ **les dés sont pipés** (fig) the dice are loaded ◆ **ne pas piper (mot)** * not to breathe a word, keep mum *

**pipéracée** [pipeʀase] nf ◆ **les pipéracées** piperaceous plants, the Piperaceae (SPÉC)

**piperade** [pipeʀad] nf piperade *(kind of omelette with tomatoes and peppers)*

**piperie** [pipʀi] [→ SYN] nf (littér) ploy

**pipérin** [pipeʀɛ̃] nm, **pipérine** [pipeʀin] nf piperine

**pipéronal** [pipeʀɔnal] nm piperonal

**pipette** [pipɛt] [→ SYN] nf pipette

**pipi** * [pipi] nm pee *, wee *, wee-wee (langage enfantin) ◆ **faire pipi** to have a pee * ou a wee *, have a wee-wee (langage enfantin) ◆ **faire pipi au lit** to wet the bed ◆ **le chien a fait pipi sur le tapis** the dog has made a puddle * on ou has done a wee * on the carpet ◆ **c'est du pipi de chat** [boisson] it's dishwater *, it's like cat's piss *‡ [livre, film, théorie] it's pathetic *, it's a waste of time; → **dame**

**pipier, -ière** [pipje, jɛʀ] 1 adj pipe-making (épith)
2 nm,f pipe maker

**pipi-room** *, pl **pipi-rooms** [pipiʀum] nm loo * (Brit), bathroom (US) ◆ **aller au pipi-room** to go and spend a penny * (Brit), go to the bathroom (US)

**pipistrelle** [pipistʀɛl] nf pipistrelle

**pipit** [pipit] nm pipit ◆ **pipit des arbres** tree pipit

**pipo** [pipo] nm (arg Scol) *student of the École Polytechnique*

**piquage** [pikaʒ] nm (Couture) sewing up, stitching, machining

**piquant, e** [pikɑ̃, ɑ̃t] [→ SYN] 1 adj a barbe prickly; (Bot) tige thorny, prickly
b goût, radis, sauce, moutarde hot; odeur pungent; fromage sharp; vin sour, tart ◆ **eau piquante** * fizzy water ◆ **sauce piquante** (Culin) sauce piquante, piquant sauce
c air, froid biting
d détail (= paradoxal) surprising; (= grivois) spicy; description, style racy, piquant; conversation, charme, beauté piquant
e (= mordant) mot, réplique biting, cutting
2 nm a [hérisson, oursin] spine; [porc-épic] quill; [rosier] thorn, prickle; [chardon] prickle; [barbelé] barb
b [style, description] raciness; [conversation] piquancy; [aventure] spice ◆ **le piquant de l'histoire, c'est que ..., et, détail qui ne manque pas de piquant, ...** the most entertaining thing (about it) is that ...

**pique** [pik] [→ SYN] 1 nf (= arme) pike; [picador] lance; (= parole blessante) dig, cutting remark ◆ **il n'a pas arrêté de me lancer des piques** he kept making cutting remarks
2 nm (= carte) spade; (= couleur) spades ◆ **le trois de pique** the three of spades

**piqué, e** [pike] [→ SYN] (ptp de **piquer**) 1 adj a (Couture = cousu) (machine-)stitched; couvre-lit quilted
b (= marqué) linge mildewed, mildewy; miroir speckled; livre foxed; meuble worm-eaten; (= aigre) vin sour ◆ **visage piqué de taches de rousseur** freckled face ◆ **piqué de rouille** métal pitted with rust; linge covered in rust spots ◆ **piqué par l'acide** pitted with acid marks ◆ **pas piqué des hannetons** * ou **des vers** * (= excellent) brilliant *, great *; (= excentrique) wild * ◆ **son article n'est pas piqué des hannetons** * ou **des vers** * his article is spot on * ◆ **ce problème n'était pas piqué des hannetons !** * ou **des vers !** * it was a tough problem! *
c (* = fou) nuts *, barmy * (Brit) ◆ **il est piqué, c'est un piqué** he's nuts * ou barmy * (Brit), he's a nutter * (Brit)
d (Mus) note staccato
2 nm a (Aviat) dive ◆ **attaque en piqué** (bombardement) dive bombing run; (à la mitrailleuse) strafing run ◆ **bombardement en piqué** dive bombing run ◆ **faire un piqué** to (go into a) dive
b (= tissu) piqué
c (Danse) piqué

**pique-assiette** *, pl **pique-assiettes** [pikasjɛt] nmf scrounger *, sponger * *(for a free meal)*

**pique-feu**, pl **pique-feu(x)** [pikfø] [→ SYN] nm poker

**pique-fleurs** [pikflœʀ] nm inv flower-holder

**pique-nique**, pl **pique-niques** [piknik] [→ SYN] nm picnic ◆ **faire un pique-nique** to picnic, have a picnic ◆ **demain nous allons faire un pique-nique** tomorrow we're going for ou on a picnic

**pique-niquer** [piknike] [→ SYN] ► conjug 1 ◄ vi to have a picnic, picnic

**pique-niqueur, -euse**, mpl **pique-niqueurs** [piknikœʀ, øz] nm,f picnicker

**piquer** [pike] [→ SYN] ► conjug 1 ◄ 1 vt a [guêpe] to sting; [moustique, serpent] to bite; (avec une épingle, une pointe) to prick; (Méd) to give an injection to, give a shot * ou jab * (Brit) to ◆ **se faire piquer contre la variole** to have a smallpox injection ou shot * ou jab * (Brit) ◆ **faire piquer qn contre qch** to have sb vaccinated ou inoculated against sth ◆ **faire piquer un chat/chien** (euph) to have a cat/dog put down ou put to sleep ◆ **se piquer le doigt** to prick one's finger ◆ **les ronces, ça pique** brambles are prickly; → **mouche**
b [+ aiguille, fourche, fléchette] to stick, stab, jab (*dans* into) ◆ **rôti piqué d'ail** joint stuck with cloves of garlic ◆ **piqué de lardons** larded ◆ **piquer la viande avec une fourchette** to prick the meat with a fork ◆ **piquer des petits pois avec une fourchette** to stab peas with a fork ◆ **piquer qch au mur** to put ou stick sth up on the wall ◆ **piquer une fleur sur un corsage** to pin a flower on(to) a blouse ◆ **piquer une fleur dans ses cheveux** to stick a flower in one's hair ◆ **des papillons piqués sur une planche** butterflies pinned on a board ◆ **piquer (une frite/un haricot) dans le plat** * to help o.s. (to a chip/a bean or two) ◆ **piquer au hasard** * ou **dans le tas** * to choose ou pick at random
c (Couture) **piquer qch (à la machine)** to machine sth, (machine) stitch sth, sew sth up ◆ **ta mère sait-elle piquer ?** can your mother use a sewing machine?
d [barbe] to prick, prickle; [ortie] to sting ◆ **tissu qui pique (la peau)** prickly material, material that prickles the skin ◆ **liqueur qui pique la gorge** liqueur which burns the throat ◆ **la fumée me pique les yeux** the smoke is stinging my eyes ou making my eyes sting ou smart ◆ **le froid/le vent nous piquait le** ou **au visage** the cold/the wind stung our faces ◆ **ça (me) pique** [démangeaison] it's itching ou itchy, it's making me itch ◆ **les yeux me piquent, j'ai les yeux qui piquent** my eyes are smarting ou stinging ◆ **ma gorge me pique** my throat's burning ◆ **tu piques avec ta barbe** you're all prickly with that beard of yours, your beard's prickly ◆ **attention, ça pique** [alcool sur une plaie] careful, it's going to sting; [liquide dans la bouche] careful, it burns your throat; → **frotter**
e (= exciter) [+ bœufs] to goad; [+ curiosité] to arouse, excite; [+ intérêt] to arouse, provoke; († = vexer) [+ personne] to pique, nettle; [+ amour-propre] to pique, hurt ◆ **piquer qn au vif** to cut sb to the quick
f (* = faire brusquement) **piquer un cent mètres** ou **un sprint** to (put on a) sprint, put on a burst of speed ◆ **piquer un roupillon** * ou **un somme** to have forty winks * ou a nap, get a bit of shut-eye ‡ ◆ **piquer un galop** to break into a gallop ◆ **piquer une** ou **sa crise** to throw a fit ◆ **piquer une crise de larmes** to have a crying fit ◆ **piquer une colère** to fly into a rage, have a fit * ◆ **piquer un fard** to go (bright) red ◆ **piquer une suée** to break out in a sweat ◆ **piquer un plongeon** to dive ◆ **piquer une tête dans une piscine** to dive (headfirst) into a pool
g (* = attraper) [+ manie, maladie] to pick up, catch, get
h (* = voler) [+ portefeuille] to pinch *, swipe *, nick ‡ (Brit); [+ idée] to pinch *, steal (*à qn* from sb)
i (‡ = arrêter) [+ voleur] to cop ‡, nab *, nick ‡ (Brit)
j (Mus) **piquer les notes** to play staccato
2 vi a [avion] to go into a dive; [oiseau] to swoop down ◆ **le cavalier piqua droit sur nous** the horseman came straight at us ◆ **il faudrait piquer vers le village** we'll have to head towards the village ◆ **piquer du nez** [avion] to go into a nose-dive; [bateau] to dip its head; [fleurs] to droop; [personne] to fall headfirst ◆ **piquer du nez dans son assiette** * (de sommeil) to nod off * ou doze off * (during a meal); (de honte) to hang one's head in shame ◆ **piquer des deux** to go full tilt
b [moutarde, radis] to be hot; [vin] to be sour, have a sour taste; [fromage] to be sharp ◆ **eau qui pique** * fizzy water
3 **se piquer** vpr a (= se blesser) (avec une aiguille) to prick o.s.; (dans les orties) to get stung, sting o.s.
b [morphinomane] to shoot up; [diabétique] to give o.s. an injection, inject o.s. ◆ **il se pique à l'héroïne** he uses heroin
c [bois, linge] to go mildewed ou mildewy; [livre] to become foxed; [miroir] to become speckled; [métal] to be pitted; [vin, cidre] to go ou turn sour
d (= prétendre connaître ou pouvoir) **se piquer de littérature/psychologie** to like to think one knows a lot about literature/psychology, pride o.s. on one's knowledge of literature/psychology ◆ **se piquer de faire qch** to pride o.s. on one's ability to do sth
e (= se vexer) to take offence ◆ **il s'est piqué au jeu** he became quite taken with it

**piquet** [pikɛ] [→ SYN] nm a (= pieu) post, stake, picket; [tente] peg; (Ski) (marker) pole; → **raide**
b (Ind) **piquet (de grève)** (strike-)picket, picket line ◆ **organiser un piquet de grève** to organize a picket line ◆ **il y a un piquet de grève à l'usine** there's a picket line at the factory ◆ **piquet d'incendie** (Mil) fire-fighting squad
c (Scol) **mettre qn au piquet** to make sb stand ou put sb in the corner
d (Cartes) piquet

**piquetage** [pik(ə)taʒ] nm staking (out)

**piqueter** [pik(ə)te] [→ SYN] ► conjug 4 ◄ vt a [+ allée] to stake out, put stakes along
b (= moucheter) to dot (*de* with) ◆ **ciel piqueté d'étoiles** star-studded ou star-spangled sky, sky studded with stars

**piquette** [pikɛt] [→ SYN] nf a (= cru local) local wine; (= mauvais vin) cheap wine, plonk * (Brit)
b (‡ = défaite) hammering *, thrashing * ◆ **prendre une piquette** to be hammered * ou thrashed *

**piqueur, -euse** [pikœʀ, øz] 1 adj insecte stinging (épith)
2 nm a [écurie] groom; (Chasse) whip
b (= mineur) hewer
c (= surveillant) foreman
d (* = voleur) thief
3 nm,f (Couture) machinist

**piquier** [pikje] nm pikeman

**piquouse** * [pikuz] nf shot *, jab * ◆ **il m'a fait une piquouse** he gave me a jab * ou an injection

**piqûre** [pikyʀ] [→ SYN] nf a [insecte, moustique] bite; [guêpe, ortie] sting ◆ **piqûre d'épingle** pinprick ◆ **la piqûre faite par l'aiguille** (= plaie) the hole made by the needle
b (Méd) injection, shot *, jab * (Brit) ◆ **faire une piqûre à qn** to give sb an injection ou a shot * ou a jab * (Brit) ◆ **se faire faire une piqûre** to have an injection ou a shot * ou a jab * (Brit) ◆ **piqûre de rappel** booster injection ou shot *, booster (Brit)
c (= petit trou) hole; [moisi, rouille] speck, spot ◆ **piqûre de ver** wormhole

**d** (Couture) (= point) stitch; (= rang) stitching (NonC) ◆ **rang de piqûres** row ou line of stitches ou stitching ◆ **jupe à piqûres apparentes** skirt with overstitched seams

**piranha** [piʀana] **nm** piranha

**piratage** [piʀataʒ] **nm** [cassette, vidéo] pirating; [ligne téléphonique] hacking (*de* into) ◆ **piratage (informatique)** (computer) hacking

**pirate** [piʀat] → SYN 1 **adj** bateau, émission, radio, télévision pirate (épith)
2 **nm** pirate; († = escroc) swindler, shark * ◆ **pirate de l'air** hijacker, skyjacker * ◆ **pirate (informatique)** (computer) hacker ◆ **c'est un vrai pirate, cet enfant !** that child's a little rascal! ◆ **pirate de la route** carjacker

**pirater** [piʀate] → SYN ▸ conjug 1 ◂ **vt** [+ cassette, film, logiciel] to pirate; [+ ligne téléphonique] to hack into

**piraterie** [piʀatʀi] → SYN **nf** (NonC) piracy; (= acte) act of piracy; (fig) swindle, swindling (NonC) ◆ **piraterie commerciale** illegal copying, forgery *(of famous brand name goods)* ◆ **acte de piraterie** act of piracy ◆ **piraterie aérienne** hijacking, skyjacking * ◆ **c'est de la piraterie !** it's daylight robbery!

**piraya** [piʀaja] **nm** ⇒ **piranha**

**pire** [piʀ] → SYN 1 **adj** **a** (compar) worse ◆ **c'est bien pire** it's much worse ◆ **c'est pire que jamais** it's worse than ever ◆ **c'est pire que tout** it's the worst thing you can imagine ◆ **c'est de pire en pire** it's getting worse and worse ◆ **il y a pire comme chef** you could do worse for a boss ◆ **j'ai déjà entendu pire !** I've heard worse! ◆ (Prov) **il n'est pire eau que l'eau qui dort** still waters run deep (Prov) ◆ (Prov) **il n'est pire sourd que celui qui ne veut pas entendre** there are none so deaf as those who will not hear (Prov)
**b** (superl) **le pire, la pire** the worst ◆ **les pires rumeurs/difficultés** the most terrible rumours/severe difficulties
2 **nm** ◆ **le pire** the worst ◆ **le pire de tout c'est de ...** the worst thing of all is to ... ◆ **le pire c'est que ...** the worst of it (all) is that ... ◆ **(en mettant les choses) au pire** at (the very) worst, if the worst comes to the worst ◆ **je m'attends au pire** I expect the worst; → **politique**

**Pirée** [piʀe] **nm** ◆ **le Pirée** Piraeus

**piriforme** [piʀifɔʀm] **adj** (gén) pear-shaped; organe pyriform organ

**pirogue** [piʀɔg] → SYN **nf** dugout, canoe, pirogue ◆ **pirogue à balancier** outrigger

**piroguier** [piʀɔgje] **nm** boatman *(in a pirogue)*

**pirole** [piʀɔl] **nf** wintergreen (Brit), shinleaf (US)

**pirouette** [piʀwɛt] → SYN **nf** [danseuse, cheval] pirouette; (fig) (= volte-face) about-turn (fig); (= faux-fuyant) evasive reply ◆ **répondre par une pirouette** to cleverly side-step ou evade the question

**pirouetter** [piʀwete] → SYN ▸ conjug 1 ◂ **vi** to pirouette

**pis¹** [pi] → SYN **nm** [vache] udder

**pis²** [pi] → SYN (littér) 1 **adj** worse ◆ **qui pis est** what is worse
2 **adv** worse ◆ **aller de pis en pis** to get worse and worse ◆ **dire pis que pendre de qn** to badmouth * sb; → **mal, tant**
3 **nm** ◆ **le pis** the worst (thing) ◆ **au pis** at the (very) worst ◆ **au pis aller** if the worst comes to the worst

**pis-aller** [pizale] **nm inv** stopgap ◆ **cette solution n'est qu'un pis-aller** it's only a stopgap solution ◆ **nous verrons ce film en vidéo, c'est un pis-aller** we'll have to make do with second best and watch the film on video ◆ **au pis-aller** if the worst comes to the worst

**piscicole** [pisikɔl] **adj** fish-breeding (épith), piscicultural (SPÉC)

**pisciculteur, -trice** [pisikyltœʀ, tʀis] **nm,f** fish breeder ou farmer, pisciculturist (SPÉC)

**pisciculture** [pisikyltyʀ] → SYN **nf** fish breeding ou farming, pisciculture (SPÉC)

**pisciforme** [pisifɔʀm] **adj** pisciform

**piscine** [pisin] → SYN **nf** **a** (= bassin) swimming pool; [réacteur nucléaire] cooling pond ◆ **piscine municipale** public (swimming) pool, public baths (Brit) ◆ **piscine olympique** Olympic-size(d) (swimming) pool ◆ **faire de la gymnastique en piscine** to do water gymnastics
**b** (arg Police) **la piscine** *the French secret service*

**piscivore** [pisivɔʀ] 1 **adj** fish-eating (épith), piscivorous (SPÉC)
2 **nm** fish eater

**Pise** [piz] **n** Pisa; → **tour¹**

**pisé** [pize] **nm** adobe, pisé

**pisiforme** [piziƒɔʀm] **adj m** pisiform

**pisolithe** [pizɔlit] **nf** pisolite

**pisolithique** [pizɔlitik] **adj** pisolitic

**pissaladière** [pisaladjɛʀ] **nf** (Culin) *Provençal pizza with onions, anchovy fillets and olives*

**pissat** [pisa] **nm** (Zool) urine

**pisse** ** [pis] **nf** pee *, piss ** ◆ **de la pisse d'âne** (fig) cat's piss **

**pisse-froid** ** [pisfʀwa] **nm inv** wet blanket *

**pissement** [pismɑ̃] **nm** ◆ **pissement de sang** passing of blood (with the urine)

**pissenlit** [pisɑ̃li] → SYN **nm** dandelion ◆ **manger les pissenlits par la racine** * to be pushing up the daisies *, be dead and buried

**pisser** ** [pise] ▸ conjug 1 ◂ 1 **vi** (= uriner) [personne] to (have a) pee * ou piss **; [animal] to pee *, piss **; (= couler) to gush; (= fuir) to gush out ◆ **je vais pisser un coup** I'm going for a pee * ou a piss ** ◆ **il a pissé dans sa culotte** he wet his trousers, he peed in his pants * ◆ **pisser au lit** to wet the ou one's bed, pee in the bed * ◆ **il ne se sent plus pisser** (péj) he thinks the sun shines out of his arse ** (Brit) ou ass ** (US), he thinks his shit doesn't stink ** (US) ◆ **ça pisse** (= il pleut) it's coming down in buckets *, it's pissing down ** (Brit) ◆ **ça l'a pris comme une envie de pisser** he suddenly got an urge to do it * ◆ **les principes, je leur pisse dessus !** I couldn't give a shit ** about principles! ◆ **c'est comme si on pissait dans un violon** it's like pissing in the wind ** ◆ **laisse pisser (le mérinos) !** forget it! *, let him (ou them etc) get on with it! ◆ **ça ne pisse pas loin** it's nothing to shout about ou to write home about *
2 **vt** ◆ **pisser du sang** to pass blood (with the urine) ◆ **son nez pissait le sang** blood was gushing ou pouring from his nose ◆ **il pissait le sang** the blood was gushing out of him ◆ **le réservoir pissait l'eau** water was gushing ou pouring out of the tank ◆ **pisser de la copie** * (péj) to churn out garbage ou rubbish (Brit)

**pissette** * [pisɛt] **nf** (= filet de liquide) trickle

**pisseur, -euse¹** [pisœʀ, øz] 1 **nm,f** ** weak-bladdered individual, person who is always going for a pee * ou a piss **
2 **pisseuse** ** **nf** female (péj)
3 COMP ▷ **pisseur de copie** * *writer (or journalist etc) who churns out rubbish*

**pisseux, -euse²** * [pisø, øz] **adj** couleur wishy-washy *, insipid; aspect tatty *, scruffy ◆ **odeur pisseuse** smell of pee * ou piss **

**pisse-vinaigre** ** [pisvinɛgʀ] **nm inv** (= rabat-joie) wet blanket *; (= avare) skinflint

**pissoir** [piswaʀ] **nm** (dial) urinal

**pissotière** ** [pisɔtjɛʀ] **nf** (street) urinal

**pistache** [pistaʃ] 1 **nf** pistachio (nut)
2 **adj inv** pistachio (green)

**pistachier** [pistaʃje] **nm** pistachio (tree)

**pistage** [pistaʒ] **nm** [gibier] tracking, trailing; [personne] tailing

**pistard** [pistaʀ] **nm** track cyclist, track racer ou specialist

**piste** [pist] → SYN 1 **nf** **a** (= traces) [animal, suspect] track, tracks, trail ◆ **suivre/perdre la piste** to follow/lose the trail ◆ **être/mettre qn sur la (bonne) piste** to be/put sb on the right track ◆ **être sur/perdre la piste d'un meurtrier** to be on/lose a murderer's trail ◆ **se lancer sur la piste de qn** to follow sb's trail, set out to track sb down; → **brouiller, faux², jeu**
**b** (Police = indice) lead
**c** [hippodrome] course; [vélodrome, autodrome, stade] track; [patinage] rink; [danse] (dance) floor; [cirque] ring ◆ **en piste !** (lit) into the ring!; (fig) off you go! ◆ **être en piste** (lit) to be in the ring; (dans un concours, une élection etc.) to be in the running ◆ **entrer en piste** (lit) to enter the ring; (fig) to enter the arena, come on(to) the scene ◆ **dès leur entrée en piste** (lit) as soon as they entered the ring; (fig) as soon as they entered the arena ou came on(to) the scene
**d** (Ski) (ski) run, piste; [ski de fond] trail ◆ **il y a 30 km de piste dans cette station** there are 30 km of pistes ou ski runs at this resort ◆ **piste artificielle** dry ou artificial ski slope ◆ **piste pour débutants** nursery slope ◆ **piste rouge/noire** red/black piste ou ski run ◆ **ski hors piste** off-piste skiing ◆ **faire du hors piste** to go off-piste skiing
**e** (Aviat) runway; [petit aéroport] airstrip ◆ **piste d'atterrissage/d'envol** landing/takeoff runway
**f** (= sentier) track; [désert] trail
**g** [magnétophone] track ◆ **à 2/4 pistes** 2/4 track ◆ **piste sonore** (Ciné) sound track ◆ **piste magnétique** [carte] magnetic strip
2 COMP ▷ **piste cavalière** bridle path ▷ **piste cyclable** (sur route) (bi)cycle lane; (= voie séparée) (bi)cycle path ou track

**pister** [piste] → SYN ▸ conjug 1 ◂ **vt** [+ gibier] to track, trail; [police] [+ personne] to tail

**pisteur** [pistœʀ] **nm** (member of the) ski patrol ◆ **les pisteurs** the ski patrol

**pistil** [pistil] **nm** pistil

**pistole** [pistɔl] **nf** pistole

**pistolet** [pistɔlɛ] → SYN 1 **nm** (= arme) pistol, gun; (= jouet) (toy) pistol, (toy) gun; [peintre] spray gun; (* = urinal) bed-bottle ◆ **peindre au pistolet** to spray-paint ◆ **un drôle de pistolet** * † an odd customer *, a weird duck * (US)
2 COMP ▷ **pistolet agrafeur** staple gun ▷ **pistolet à air comprimé** airgun ▷ **pistolet d'alarme** alarm gun ▷ **pistolet d'arçon** horse pistol ▷ **pistolet à bouchon** popgun ▷ **pistolet à capsules** cap gun ▷ **pistolet à eau** water pistol

**pistolet-mitrailleur,** pl **pistolets-mitrailleurs** [pistɔlɛmitʀajœʀ] **nm** submachine gun, tommy gun, Sten gun ® (Brit)

**pistoleur** [pistɔlœʀ] **nm** spray gun painter

**piston** [pistɔ̃] → SYN **nm** **a** (Tech) piston
**b** * string-pulling *, wire-pulling (US) ◆ **avoir du piston** to have friends in the right places * ◆ **il a eu le poste par piston** he got the job thanks to a bit of string-pulling *
**c** (Mus) (= valve) valve; (= instrument) cornet

**pistonner** * [pistɔne] ▸ conjug 1 ◂ **vt** to pull strings ou wires (US) for * (*auprès de* with) ◆ **il s'est fait pistonner** he got somebody to pull some strings ou wires for him *

**pistou** [pistu] **nm** ◆ **soupe au pistou** *vegetable soup with basil and garlic*

**pita** [pita] **nm** pitta (bread)

**pitance** † [pitɑ̃s] → SYN **nf** (péj) (means of) sustenance † (frm)

**pit-bull,** pl **pit-bulls** [pitbyl] **nm** pit bull (terrier)

**pitchpin** [pitʃpɛ̃] **nm** pitch pine

**piteusement** [pitøzmɑ̃] **adv** pathetically ◆ **échouer piteusement** to fail miserably

**piteux, -euse** [pitø, øz] → SYN **adj** (= minable) apparence sorry (épith), pitiful, pathetic; résultats pitiful, pathetic; (= honteux) personne, air ashamed, shamefaced ◆ **en piteux état** in a sorry ou pitiful state ◆ **faire piteuse figure** to cut a sorry figure, be a sorry ou pitiful sight ◆ **avoir piteuse mine** to be shabby-looking

**pithécanthrope** [pitekɑ̃tʀɔp] **nm** pithecanthrope

**pithiviers** [pitivje] **nm** *pastry with an almond paste filling*

**pitié** [pitje] → SYN **nf** **a** (= compassion) pity ◆ **avoir pitié de qn** to pity sb, feel pity for sb ◆ **prendre qn en pitié** to take pity on sb ◆ **il me fait pitié** I feel sorry for him, I pity him ◆ **cela me faisait pitié de le voir si malheureux** it was pitiful to see him so unhappy ◆ **son sort me fit pitié** I took pity on him ◆ **il est si maigre que c'est à faire pitié** he is pitifully ou painfully thin ◆ **il ne fait pas pitié !** (= il est gros, riche) it's hard to feel sorry for him! ◆ **quelle pitié !, c'est une pitié !** what a pity!, it's such a pity! ◆ **c'est (une vraie) pitié** ou **quelle pitié de voir ça** it's pitiful to see (that)

**b** (= miséricorde) pity, mercy ◆ **avoir pitié d'un ennemi** to take pity on an enemy, have pity ou mercy on an enemy ◆ **pitié !** (= grâce) (have) mercy!; (= assez) for goodness' ou pity's ou Pete's sake! * ◆ **par pitié !** for pity's sake! ◆ **sans pitié** agir pitilessly, mercilessly; regarder pitilessly ◆ **il est sans pitié** he's pitiless ou merciless ou ruthless ◆ **un monde sans pitié** a cruel world

**piton** [pitɔ̃] → SYN nm **a** (à anneau) eye; (à crochet) hook; (Alpinisme) piton, peg
**b** (Géog) peak

**pitonner** [pitɔne] ▸ conjug 1 ◂ **1** vi **a** (Alpinisme) to drive pitons ou pegs into the rock
**b** (Can) (= zapper) to channel-hop, zap from channel to channel; (= saisir sur ordinateur) to keyboard
**2** vt (Can) [+ numéro de téléphone] to dial; [+ code] to enter
**3** **pitonner sur** vt indir (Can) [+ clavier] to tap away on

**pitonneuse** [pitɔnøz] nf (Can = télécommande) channel-hopper, zapper

**pitoyable** [pitwajabl] → SYN adj (gén) pitiful, pitiable

**pitoyablement** [pitwajabləmɑ̃] adv pitifully ◆ **échouer pitoyablement** to fail miserably

**pitre** [pitʀ] → SYN nm (lit, fig) clown ◆ **faire le pitre** to clown ou fool about ou around, act the fool

**pitrerie** [pitʀəʀi] → SYN nf tomfoolery (NonC) ◆ **il n'arrête pas de faire des pitreries** he's always ou he never stops clowning around ou acting the fool ◆ **arrête de faire des pitreries !** stop fooling around!

**pittoresque** [pitɔʀɛsk] → SYN **1** adj site picturesque; personnage picturesque, colourful (Brit), colorful (US); récit, style, détail colourful (Brit), colorful (US), picturesque, vivid
**2** nm ◆ **le pittoresque** the picturesque ◆ **le pittoresque de qch** the picturesque quality of sth, the colourfulness ou vividness of sth ◆ **le pittoresque dans tout cela c'est que ...** (fig) the amusing ou ironic thing about it all is that ...

**pittoresquement** [pitɔʀɛskəmɑ̃] adv picturesquely

**pittosporum** [pitɔspɔʀɔm] nm pittospore

**pituitaire** [pitɥitɛʀ] → SYN adj pituitary

**pituite** [pitɥit] nf gastrorrhoea (Brit), gastrorrhea (US)

**pityriasis** [pitiʀjazis] nm pityriasis

**pive** [piv] nf (Helv) pine cone

**pivert** [pivɛʀ] → SYN nm green woodpecker

**pivoine** [pivwan] nf peony; → **rouge**

**pivot** [pivo] → SYN nm (gén, Sport, Mil) pivot; (= chose essentielle) mainspring, linchpin; (= personne essentielle) linchpin; [dent] post; (Bot) taproot ◆ **cours pivot** (Écon) central rate ◆ **il a eu un rôle pivot** he played a pivotal role

**pivotant, e** [pivɔtɑ̃, ɑ̃t] adj bras, panneau pivoting (épith), revolving (épith); fauteuil swivel (épith); → **racine**

**pivotement** [pivɔtmɑ̃] nm [porte] revolving, pivoting; (Mil) wheeling round

**pivoter** [pivɔte] → SYN ▸ conjug 1 ◂ vi [porte] to revolve, pivot; (Mil) to wheel round ◆ **pivoter (sur ses talons)** [personne] to turn ou swivel round, turn on one's heels ◆ **faire pivoter qch** to pivot ou swivel sth round

**pixel** [piksɛl] nm pixel

**pizza** [pidza] nf pizza

**pizzeria** [pidzeʀja] nf pizzeria

**pizzicato** [pidzikato], pl **pizzicatos** ou **pizzicati** [pidzikati] nm pizzicato

**PJ**[1] (abrév de **pièce(s) jointe(s)**) enc, encl

**PJ**[2] [peʒi] nf (abrév de **police judiciaire**) ≃ CID (Brit), ≃ FBI (US)

**PL** (abrév de **poids lourd**) HGV (Brit), heavy truck (US)

**Pl** (abrév de **place**) Pl

**placage** [plakaʒ] → SYN nm **a** (en bois) veneering (NonC), veneer; (en marbre, pierre) facing ◆ **placage en acajou** mahogany veneer
**b** (Rugby) ⇒ **plaquage**

**placard** [plakaʀ] → SYN nm **a** (= armoire) cupboard ◆ **placard à balai/de cuisine** broom/kitchen cupboard
**b** (= affiche) poster, notice ◆ **placard publicitaire** [journal] display advertisement
**c** (Typo) galley (proof)
**d** (* = couche) thick layer, thick coating (NonC)
**e** (arg Police = casier judiciaire) (police) record
**f** (LOC) **mettre qn au placard** * (en prison) to put sb away *, send sb down *; (renvoyer) to fire sb, give sb the push *; (mettre à l'écart) to push sb to one side ◆ **mettre qch au placard** to shelve sth

**placarder** [plakaʀde] → SYN ▸ conjug 1 ◂ vt [+ affiche] to stick up, put up; [+ mur] to stick posters on ◆ **mur placardé d'affiches** wall covered with posters

## place [plas]

nom féminin

GRAMMAIRE ACTIVE 1, 2 → SYN

**a** = esplanade square ◆ **la place Rouge** Red Square ◆ **la place du marché** the market square, the marketplace ◆ **ils ont porté le débat sur la place publique** they've brought the discussion into the public arena ◆ **étaler ses divergences sur la place publique** to air one's differences in public ◆ **clamer qch sur la place publique** to proclaim sth from the rooftops

**b** objet place ◆ **changer la place de qch** to change the place of sth ◆ **changer qch de place** to move ou shift sth, put sth in a different place ◆ **la place des mots dans la phrase** word order in sentences ◆ (Prov) **une place pour chaque chose et chaque chose à sa place** a place for everything and everything in its place (Prov)

**c** personne place; (assise) seat ◆ **place d'honneur** place ou seat of honour ◆ **à vos places !** to your places! ◆ **places assises 20, places debout 40** seating capacity 20, standing passengers 40 ◆ **il n'y a que des places debout** it's standing room only ◆ **une (voiture de) 4 places** a 4-seater (car) ◆ **la place du mort** (Aut) the (front) passenger seat ◆ **tente à 4 places** tent that sleeps 4, 4-man tent ◆ **j'ai trois places dans ma voiture** I've room for three in my car ◆ **avoir sa place dans le cœur de qn/l'histoire** to have a place in sb's heart/in history ◆ **il ne donnerait pas sa place pour un empire** he wouldn't change places with anyone for all the tea in China * ou for the world ◆ **sa place n'est pas ici** he doesn't belong here ◆ **se faire une place dans la société/dans la littérature** to carve out a place ou niche for o.s. in society/in literature ◆ **se faire une place au soleil** to find o.s. a place in the sun (fig) ◆ **laisser sa place à qn** (lit) to give (up) one's seat to sb; (fig) to hand over to sb ◆ **prenez place** take a seat ◆ **prendre la place de qn** to take sb's place; (= remplacer qn) to take over from sb, take sb's place ◆ **la religion tient une place importante dans cette société** religion holds ou has an important place in this society ◆ **elle tient une grande place dans ma vie** she means a great deal ou a lot to me ◆ **tenir sa place** (= faire bonne figure) to put up a good show, hold one's own ◆ **trouver** ou **prendre place parmi/dans** to find a place (for o.s.) among/in; → **chasse**

**d** = espace libre room, space ◆ **tenir** ou **prendre de la place** to take up a lot of room ou space ◆ **faire/gagner de la place** to make/save room ou space ◆ **j'ai trouvé une place** ou **de la place pour me garer** I've found a parking space ou place ◆ **pouvez-vous me faire une petite place ?** can you make a bit of room for me? ◆ **il y a juste la place de mettre un lave-vaisselle** there's just enough room ou space for a dishwasher ◆ **on n'a pas la place de se retourner** there's no room to move ou not enough room to swing a cat * (Brit) ◆ **ne mange pas trop, garde une place pour le gâteau** don't eat too much, leave some room for the cake ◆ **ce journal accorde** ou **consacre une place importante au sport** this newspaper gives a lot of coverage to sport ◆ **dans notre société, il y a place pour de nouvelles initiatives** our company provides scope for new initiatives ◆ **faire place à qch** (fig) to give way to sth ◆ **faire place à qn** (lit) to let sb pass; (fig) to give way to sb ◆ **place aux jeunes !** make way for the young! ◆ **faire place nette** to make a clean sweep

**e** = billet seat; (= prix, trajet) fare; (= emplacement réservé) space ◆ **louer** ou **réserver sa place** to book one's seat ◆ **il n'a pas payé sa place** he hasn't paid for his seat, he hasn't paid his fare ◆ **payer place entière** (au cinéma etc) to pay full price; (dans le bus etc) to pay full fare ◆ **place de parking** parking space ◆ **parking de 500 places** parking (space) for 500 cars ◆ **cinéma de 400 places** cinema seating 400 (people) ou with a seating capacity of 400

**f** = rang (Scol) place (in class); (Sport) place, placing ◆ **il a eu une bonne place** he got a good place ou a good placing ◆ **être reçu dans les premières places** to get one of the top places, be amongst the top ◆ **il a eu une première place** ou **une place de premier en histoire** he was ou came (Brit) first in history ◆ **ce champion a reconquis la première place mondiale** the champion has won back the number one world ranking ou title ◆ **l'entreprise occupe la seconde place sur le marché des ordinateurs** the company ranks second in the computer market ◆ **figurer en bonne place** [personne] to be prominent ◆ **son nom figure en bonne place dans la liste** his name is high on the list ◆ **la question figure en bonne place dans l'ordre du jour** the matter is ou features high on the agenda ◆ **ses livres trônent en bonne place dans la vitrine** his books have pride of place in the shop window

**g** = emploi job; [domestique] position, situation ◆ **une place de serveuse/coursier** a job as a waitress/courier ◆ **dans les médias, les places sont chères** there's a lot of competition for jobs in the media, jobs in the media are hard to come by

**h** Mil **place (forte** ou **de guerre)** fortified town ◆ **le commandant de la place** the fortress commander ◆ **s'introduire/avoir des contacts dans la place** to get/have contacts on the inside ◆ **maintenant il est dans la place** (fig) now he's on the inside ◆ **place d'armes** parade ground

**i** Comm, Fin market ◆ **vous ne trouverez pas moins cher sur la place de Paris** you won't find cheaper on the Paris market ◆ **dans toutes les places financières du monde** in all the money markets of the world ◆ **place bancaire/commerciale** banking/trade centre ◆ **place boursière** stock market

**j** expressions figées

◆ **à la place** (= en échange) instead ◆ **si tu n'en veux pas, prends autre chose à la place** if you don't want any, take something else instead ◆ **ils ont démoli la maison et construit un immeuble à la place** they've demolished the house and built an apartment building in its place

◆ **à la place de** (= au lieu de) instead of ◆ **elle a emporté ma veste à la place de la sienne** she went off with my jacket instead of her own ◆ **ils ont construit un parking à la place de la maison** they've built a car park where the house used to be
(= en remplaçant qn) ◆ **faire une démarche à la place de qn** to take steps on sb's behalf ◆ **répondre à la place de qn** to reply in sb's place ou on sb's behalf ◆ **se mettre à la place de qn** to put o.s. in sb's place ou in sb's shoes ◆ **à votre/sa place** if I were you/him, in your/his place ◆ **je n'aimerais pas être à sa place** I wouldn't like to be in his shoes ◆ **à ma place, tu aurais accepté ?** in my place ou position would you have accepted?, would you have accepted if you were in my shoes?

◆ **à sa** (ou **ma** etc) **place** (= à l'endroit habituel ou convenable) ◆ **cette lampe n'est pas à sa place** this lamp isn't in the right place ou in its proper place ou is in the wrong place ◆ **il n'est pas à sa place dans ce milieu** he feels out of place in this setting ◆ **remettre qch à sa place** to put sth back where it belongs ou in its proper place ◆ **remettre qn à sa place** to take sb down a peg or two *, put sb in his place ◆ **savoir rester à sa place** to know one's place

◆ **de place en place** here and there, in places

◆ **en place** (adjectival) ◆ **les gens en place** influential people, people with influence ◆ **le pouvoir/régime en place** (maintenant) the current government/regime; (à l'époque) the government/regime at the time

(adverbial) ◆ **être en place** [plan] to be ready; [forces de l'ordre] to be in place ou stationed; † [domestique] to be in service (*chez* with) ◆ **tout le monde est en place** everyone is in place ou is seated ◆ **le gouvernement est en place depuis trois mois** the government has been in power ou office for three months ◆ **tout est en place pour le drame** the scene is set for the tragedy ◆ **en place pour la photo !** everybody take up your positions for the photograph! ◆ **mettre en place** [+ plan] to set up, organize; [+ marchandises] to put on the shelves; [+ service d'ordre] to deploy; [+ mécanisme, dispositif] to install ◆ **le dispositif d'évacuation s'est mis en place** evacuation procedures have been set up ◆ **mise en place** [plan] setting up; [service d'ordre] deployment ◆ **il a terminé la mise en place au rayon confiserie** [marchandises] he finished stocking the shelves in the confectionery department ◆ **remettre qch en place** to put sth back where it belongs ou in its proper place ◆ **il ne tient pas en place** he can't keep ou stay still, he's always fidgeting

◆ **par places** ⇒ **de place en place**

◆ **sur place** on the spot ◆ **être/rester/se rendre sur place** to be/stay/go there ◆ **les sauveteurs sont déjà sur place** rescuers are already on the spot ou at the scene ◆ **on annonce l'envoi sur place d'observateurs internationaux** it has been announced that international observers are being sent out there ◆ **la situation sur place est catastrophique** the situation on the ground is disastrous ◆ **on peut faire la réparation sur place** we can repair it right here ou on the spot ◆ **sa présence sur place est indispensable** his presence on the spot ou on site is essential ◆ **vous trouverez des vélos/des brochures sur place** bicycles/leaflets are available on site ◆ **(à consommer) sur place ou à emporter ?** (Comm) eat in or take away? ◆ **les produits fabriqués sur place** (dans la région) locally-manufactured products; (dans le magasin) goods made on the premises ◆ **il s'est enfui, abandonnant sur place la moto volée** he abandoned the stolen motorbike and fled; → **clouer, sur-place**

**placé, e** [plase] (ptp de **placer**) adj a (gén) **la fenêtre/leur maison est placée à gauche** the window/their house is (situated) on the left ◆ **je suis** ou **je me trouve placé dans une position délicate** I am (placed) in ou I find myself (placed) in a tricky position ◆ **être bien/mal placé** [terrain] to be well/badly situated, be favourably/unfavourably situated; [objet] to be well/badly placed; [spectateur] to have a good/a poor seat; [concurrent] to be in a good/bad position, be well/badly placed ◆ **leur confiance a été bien/mal placée** their trust was justified/misplaced ◆ **sa fierté est mal placée** his pride is misplaced ou out of place ◆ **il est bien placé pour gagner** he is in a good position ou well placed to win ◆ **il est bien placé pour le savoir** he should know ◆ **je suis bien/mal placé pour vous répondre** I'm in a/in no position to answer ◆ **tu es mal placé pour te plaindre !** * you've got nothing to complain about!; → **haut**

b (Courses) **arriver placé** to be placed ◆ **jouer (un cheval) placé** to back a horse each way (Brit), put an each-way (Brit) bet on (a horse), back a horse across the board (US)

**placebo** [plasebo] nm placebo ◆ **effet placebo** placebo effect

**placement** [plasmɑ̃] → SYN nm a (Fin) investment ◆ **faire un placement d'argent** to invest (some) money ◆ **placement de père de famille** gilt-edged investment, safe investment

b [employés] placing ◆ **l'école assure le placement des élèves** the school ensures that the pupils find employment; → **bureau**

c (Psych) **placement d'office** compulsory admission ◆ **placement volontaire** voluntary admission

**placenta** [plasɛ̃ta] → SYN nm (Anat) placenta; (= arrière-faix) afterbirth, placenta

**placentaire** [plasɛ̃tɛʀ] **1** adj placental

**2** nm placental mammal, eutherian ◆ **les placentaires** eutherians, Eutheria (SPÉC)

**placentation** [plasɛ̃tasjɔ̃] nf placentation

**placer¹** [plase] → SYN ▸ conjug 3 ◂ **1** vt a (= assigner une place à) [+ objet, personne] to place, put; [+ invité] to seat, put; [+ spectateur] to seat, give a seat to, put; [+ sentinelle] to post, station; (Ftbl) [+ balle] to place; (Boxe) [+ coup] to land, place; (Tech = installer) to put in, fit ◆ **vous me placez dans une situation délicate** you're placing ou putting me in a tricky position ◆ **placer sa voix** to pitch one's voice ◆ **placer ses affaires bien en ordre** to tidy up one's things

b (= situer) to place, set, put ◆ **il a placé l'action de son roman en Provence** he has set ou situated the action of his novel in Provence ◆ **où placez-vous Lyon ?** whereabouts do you think Lyons is?, where would you put Lyons? ◆ **placer l'honnêteté avant l'intelligence** to set ou put ou place honesty above intelligence ◆ **placer le bonheur dans la vie familiale** to consider that happiness is found in family life ◆ **placer un nom sur un visage** to put a name to a face ◆ **je ne peux pas placer de nom sur son visage** I can't place him, I can't put a name to his face ◆ **placer ses espérances en qn/qch** to set ou pin one's hopes on sb/sth

c (= introduire) [+ remarque, anecdote, plaisanterie] to put in, get in ◆ **il n'a pas pu placer un mot** he couldn't get a word in (edgeways)

d [+ ouvrier, malade, écolier] to place (*dans* in) ◆ **placer qn comme vendeur** to get ou find sb a job as a salesman ◆ **placer qn comme apprenti (chez qn)** to apprentice sb (to sb) ◆ **placer qn à la comptabilité** to give sb a job ou place sb in the accounts department ◆ **placer qn à la tête d'une entreprise** to put sb at the head of a business, put sb in charge of a business ◆ **ils n'ont pas encore pu placer leur fille** (hum) they've still not been able to marry off their daughter ou to get their daughter off their hands ◆ **placer qn/qch sous l'autorité/les ordres de** to place ou put sb/sth under the authority/orders of

e (Comm = vendre) [+ marchandise] to place, sell ◆ **elle a réussi à placer sa vieille machine à laver** (hum) she managed to find a home (hum) ou a buyer for her old washing machine

f [+ argent] (à la Bourse) to invest; (à la caisse d'épargne, sur un compte) to deposit ◆ **placer une somme sur son compte** to put ou pay a sum into one's account

**2 se placer** vpr a [personne] to take up a position; (debout) to stand; (assis) to sit (down); [événement, action] to take place ◆ **se placer de face/contre le mur/en cercle** to stand face on/against the wall/in a circle ◆ **se placer sur le chemin de qn** to stand in sb's path ◆ **cette démarche se place dans le cadre de nos revendications** these steps should be seen in the context of our claims ◆ **si nous nous plaçons à ce point de vue** ou **dans cette perspective** (fig) if we look at things from this point of view, if we view the situation in this way ◆ **plaçons-nous dans le cas où cela arriverait** let us suppose that this happens, let us put ourselves in the situation where this actually happens

b [cheval] to be placed ◆ **se placer 2ᵉ** (Scol, Sport) to be ou come 2nd, be in 2nd place ◆ **il s'est bien placé dans la course** he was well placed in the race ◆ **se placer parmi les premiers** to be in the first few

c (= prendre une place) to get ou find a job (*comme* as) ◆ **retraité qui voudrait bien se placer (dans une institution)** pensioner who would like to find a place in a home

**placer²** [plasɛʀ] nm (= gisement) placer

**placet** [plasɛ] → SYN nm (Hist, Jur) petition

**placeur** [plasœʀ] → SYN nm [spectateurs, invités] usher

**placeuse** [plasøz] nf [spectateurs] usherette

**placide** [plasid] → SYN adj placid, calm

**placidement** [plasidmɑ̃] adv placidly, calmly

**placidité** [plasidite] → SYN nf placidity, placidness, calmness

**placier** [plasje] → SYN nm travelling salesman, traveller ◆ **placier en assurances** insurance broker

**Placoplâtre ®** [plakoplɑtʀ] nm plasterboard

**plafond** [plafɔ̃] → SYN nm a (lit) [salle] ceiling; [voiture, caverne] roof; (Art) ceiling painting ◆ **plafond à caissons** coffered ceiling ◆ **pièce haute/basse de plafond** high-ceilinged/low-ceilinged room, room with a high/low ceiling ◆ **il est bas de plafond** * he hasn't got much up top *; → **araignée**

b (= limite) [prix, loyer] ceiling; (Mét = nuages) ceiling, cloud cover; (Aviat) ceiling, maximum height; (Aut) top ou maximum speed ◆ **niveau/prix-plafond** ceiling, ceiling ou maximum limit/price ◆ **âge(-)plafond** maximum age ◆ **plafond de crédit** lending ou credit limit ◆ **plafond de la Sécurité sociale** *upper limit on salary deductions for social security contributions* ◆ **le plafond est bas** (Mét) the cloud cover is low

**plafonnement** [plafɔnmɑ̃] → SYN nm ◆ **il y a un plafonnement des salaires/cotisations** there is an upper limit on salaries/contributions

**plafonner** [plafɔne] → SYN ▸ conjug 1 ◂ **1** vi [prix, écolier, salaire] to reach a ceiling ou maximum; (Aviat) to reach one's ceiling; (Aut) to reach one's top speed ou maximum speed ◆ **les ventes plafonnent** sales have reached their ou a ceiling (limit) ◆ **la voiture plafonne à 100 km/h** the car can't do more than 100 km/h

**2** vt a (Constr) to put a ceiling in ◆ **grenier plafonné** loft which has had a ceiling put in

b [+ salaires] to put an upper limit on ◆ **cotisations plafonnées à 250 €** contributions which have had their ceiling ou upper limit fixed at €250

**plafonneur** [plafɔnœʀ] nm ceiling plasterer

**plafonnier** [plafɔnje] nm [voiture] courtesy ou interior light; [chambre] ceiling light ou lamp

**plagal, e,** mpl **-aux** [plagal, o] adj plagal

**plage** [plaʒ] → SYN **1** nf a [mer, rivière, lac] beach ◆ **plage de sable/de galets** sandy/pebble beach ◆ **sac/serviette/robe de plage** beach bag/towel/robe

b (= ville) (seaside) resort

c (= zone) (dans un barème, une progression) range, bracket; (dans un horaire etc) (time) slot ◆ **plage d'ombre** band of shadow, shadowy area ◆ **temps d'écoute divisé en plages (horaires)** listening time divided into slots ◆ **plage horaire** (Scol) slot (in timetable) ◆ **plage musicale** intermission ◆ **plage publicitaire** commercial break, commercials ◆ **plage de prix** price range ou bracket

d [disque] track

**2** COMP ▷ **plage arrière** (Naut) quarter-deck; (Aut) parcel shelf, back shelf ▷ **plage avant** (Naut) forecastle (head ou deck), fo'c'sle

**plagiaire** [plaʒjɛʀ] → SYN nmf plagiarist, plagiarizer

**plagiat** [plaʒja] → SYN nm plagiarism, plagiary ◆ **c'est un véritable plagiat** it's absolute plagiarism ◆ **faire du plagiat** to plagiarize

**plagier** [plaʒje] → SYN ▸ conjug 7 ◂ vt to plagiarize

**plagioclase** [plaʒjoklaz] nm plagioclase

**plagiste** [plaʒist] nm beach manager ou attendant

**plaid** [plɛd] → SYN nm (= couverture) car rug, lap robe (US)

**plaidable** [plɛdabl] adj pleadable

**plaidant, e** [plɛdɑ̃, ɑ̃t] adj partie litigant; avocat pleading

**plaider** [plede] → SYN ▸ conjug 1 ◂ **1** vt to plead ◆ **plaider coupable/non coupable/la légitime défense** to plead guilty/not guilty/self-defence ◆ **plaider la cause de qn** (fig) to plead sb's cause, argue ou speak in favour of sb; (Jur) to plead for sb, plead sb's case, defend sb ◆ **plaider sa propre cause** to speak in one's own defence ◆ **l'affaire s'est plaidée à Paris/à huis clos** the case was heard in Paris/in closed court ou in camera

**2** vi a [avocat] to plead (*pour* for, on behalf of; *contre* against) ◆ **plaider pour** ou **en faveur de qn/qch** (fig) to speak in favour of sb/sth

b (= intenter un procès) to go to court, litigate ◆ **plaider contre qn** to take sb to court, take proceedings against sb ◆ **ils ont plaidé pendant des années** their case has dragged on for years

**plaideur, -euse** [plɛdœʀ, øz] → SYN nm,f litigant

**plaidoirie** [plɛdwaʀi] → SYN nf (Jur) speech for the defence, defence speech; (fig) plea, appeal (*en faveur de* on behalf of)

**plaidoyer** [plɛdwaje] → SYN nm (Jur) speech for the defence; (fig) defence, plea ◆ **plaidoyer en faveur de/contre qch** (fig) plea for/against sth

**plaie** [plɛ] → SYN nf (physique, morale) wound; (= coupure) cut; (= fléau) scourge ◆ **rouvrir une plaie** (fig) to open an old wound ◆ **plaie ouverte/béante/profonde/vive** open/gaping/deep/raw wound ◆ **quelle plaie !** * (personne) he's such a nuisance! ou pest *!; (chose) what a nuisance! ou bind * (Brit)! ◆ **remuer** ou **tourner le couteau** ou **le fer dans la plaie** to twist ou turn the knife in the wound, rub salt in the wound ◆ (Prov) **plaie d'argent n'est pas mortelle** money isn't everything ◆ **les plaies d'Égypte** (Bible) the plagues of Egypt; → **rêver**

**plaignant, e** [plɛɲɑ̃, ɑ̃t] → SYN **1** adj ◆ **la partie plaignante** the plaintiff, the complainant
**2** nm,f plaintiff, complainant

**plain** [plɛ̃] → SYN nm (Naut) ◆ **le plain** high tide

**plain-chant**, pl **plains-chants** [plɛ̃ʃɑ̃] nm plainchant (NonC), plainsong (NonC)

**plaindre** [plɛ̃dʀ] → SYN ▸ conjug 52 ◂ **1** vt **a** [+ personne] to pity, feel sorry for ◆ **aimer se faire plaindre** to like to be pitied ◆ **il est bien à plaindre** he is to be pitied ◆ **elle n'est pas à plaindre** (= c'est bien fait) she doesn't deserve (any) sympathy, she doesn't deserve to be pitied; (= elle a de la chance) she's got nothing to complain about ◆ **je vous plains de vivre avec lui** I pity you ou I sympathize with you (for) having to live with him

**b** (* = donner chichement) to begrudge, grudge ◆ **donne-moi plus de papier, on dirait que tu le plains** give me some more paper – anybody would think you begrudged it (me) ◆ **il ne plaint pas son temps/sa peine** he doesn't grudge his time/his efforts

**2** **se plaindre** vpr (= gémir) to moan; (= protester) to complain, grumble, moan * (*de* about); (frm, Jur = réclamer) to make a complaint (*de* about; *auprès de* to) ◆ **se plaindre de** (souffrir) [+ maux de tête etc ] to complain of ◆ **se plaindre de qn/qch à qn** to complain to sb about sb/sth ◆ **de quoi te plains-tu ?** (lit) what are you complaining ou grumbling ou moaning * about?; (iro) what have you got to complain ou grumble ou moan * about? ◆ **il se plaint que les prix montent** he's complaining about rising prices ou that prices are going up ◆ **ne viens pas te plaindre si tu es puni** don't come and complain ou moan * (to me) if you're punished ◆ **je vais me plaindre à qui de droit** I'm going to make a formal complaint

**plaine** [plɛn] → SYN nf plain ◆ **c'est de la plaine** it is flat open country ◆ **en plaine** in the plains ◆ **haute plaine** high plain ◆ **les Grandes Plaines** the Great Plains

**plain-pied** [plɛ̃pje] **de plain-pied** loc adv pièce on the same level (*avec* as); maison (built) at street-level ◆ **entrer de plain-pied dans le sujet** to come straight to the point

**plainte** [plɛ̃t] → SYN nf **a** (= gémissement) moan, groan; (littér) [vent] moaning

**b** (= doléance) complaint, moaning * (NonC) (péj)

**c** (Jur) complaint ◆ **porter plainte** ou **déposer une plainte contre qn** to lodge ou register a complaint against sb ◆ **je vais porter plainte !** I'm going to make a formal complaint! ◆ **désirez-vous porter plainte ?** do you wish to press charges? ◆ **plainte contre X** complaint against person or persons unknown

**plaintif, -ive** [plɛ̃tif, iv] → SYN adj plaintive, doleful

**plaintivement** [plɛ̃tivmɑ̃] adv plaintively, dolefully

**plaire** [plɛʀ] GRAMMAIRE ACTIVE 12.2, 14 → SYN ▸ conjug 54 ◂

**1** vi **a** (= être apprécié) **ce garçon me plaît** I like that boy ◆ **ce garçon ne me plaît pas** I don't like that boy, I don't care for that boy ◆ **ce spectacle/dîner/livre m'a plu** I liked ou enjoyed that show/dinner/book ◆ **ce genre de musique ne me plaît pas beaucoup** I don't really care for ou I'm not very keen on * (Brit) that kind of music, that kind of music doesn't appeal to me very much ◆ **ton nouveau travail te plaît ?** (how) do you like your new job?, how are you enjoying your new job? ◆ **les brunes me plaisent** I like ou go for * dark-haired girls, dark-haired girls appeal to me ◆ **tu ne me plais pas avec cette coiffure** I don't like you with your hair like that ◆ **c'est une chose qui me plairait beaucoup à faire** it's something I'd very much like to do ou I'd love to do ◆ **on ne peut pas plaire à tout le monde** you can't be liked by everyone ◆ **c'est le genre d'homme qui plaît aux femmes** he's the sort of man that women like ou who appeals to women ◆ **le désir de plaire** the desire to please ◆ **c'est le genre de personne qui plaît en société** he's the type of person that people like to have around ◆ **tu commences à me plaire (avec tes questions) !** * (iro) you're starting to get on my nerves (with your questions)!

**b** (= convenir à) **ce plan me plaît** this plan suits me ◆ **ça te plairait d'aller au théâtre ?** would you like to go to the theatre?, do you feel like ou do you fancy (Brit) going to the theatre? ◆ **j'irai si ça me plaît** I'll go if I feel like it ou if I want (to) ◆ **je travaille quand ça me plaît** I work when I feel like it ou when it suits me ◆ **je fais ce qui me plaît** I do what I like ou as I please ◆ **si ça ne te plaît pas c'est le même prix !** * if you don't like it (that's just) too bad! * ou that's tough! *

**c** (= avoir du succès) **achète des fleurs, cela plaît toujours** buy some flowers, they're always appreciated ou welcome ◆ **la pièce/cette réponse a plu** the play/this reply went down well

**2** vb impers ◆ **ici, je fais ce qu'il me plaît** I do as I please ou like here ◆ **et s'il me plaît d'y aller ?** and what if I want to go? ◆ **vous plairait-il de venir dîner ce soir ?** would you care ou like to come for dinner this evening? ◆ **il lui plaît de croire que ...** (littér) he likes to think that ... ◆ **comme il vous plaira** just as you like ou please ou choose ou wish ◆ **plaise** ou **plût à Dieu** ou **au ciel qu'il réussisse !** (littér) please God that he succeed! (littér) ◆ **plaît-il ?** (frm) I beg your pardon?

◆ **s'il te/vous plaît** please ◆ **et elle a un manteau de vison, s'il vous plaît !** * and she's got a mink coat if you please! ou no less!

**3** **se plaire** vpr **a** (= se sentir bien, à l'aise) **il se plaît à Londres** he likes ou enjoys being in London, he likes it in London ◆ **j'espère qu'il s'y plaira** I hope he'll like it there ◆ **se plaire avec qn** to enjoy being with sb, enjoy sb's company ◆ **te plais-tu avec tes nouveaux amis ?** do you like being with your new friends? ◆ **les fougères se plaisent à l'ombre** ferns like shade

**b** (= s'apprécier) **je ne me plais pas en robe** I don't like myself in a dress ◆ **tu te plais avec ce chapeau ?** do you like yourself in that hat? ◆ **ces deux-là se plaisent** those two get on ou along (Brit) well together, those two have really hit it off *

**c** (littér = prendre plaisir à) **se plaire à lire** to take pleasure in reading, like ou be fond of reading ◆ **se plaire à tout critiquer** to delight in criticizing everything ◆ **je me plais à penser que ...** I like to think that ...

**plaisamment** [plɛzamɑ̃] → SYN adv **a** (= agréablement) pleasantly, agreeably

**b** (= de façon amusante) amusingly

**plaisance** [plɛzɑ̃s] → SYN nf ◆ **la (navigation de) plaisance** boating; (à voile) sailing, yachting; → **bateau, port**

**plaisancier** [plɛzɑ̃sje] nm (amateur) sailor ou yachtsman

**plaisant, e** [plɛzɑ̃, ɑ̃t] → SYN adj **a** (= agréable) personne, séjour, souvenir pleasant, agreeable; maison pleasant, nice ◆ **plaisant à l'œil** pleasing to the eye, nice ou attractive to look at ◆ **ce n'est guère plaisant** it's not exactly pleasant, it's not very nice ◆ **c'est une ville très plaisante à vivre** it's a very pleasant ou nice town to live in ◆ **il n'est pas très plaisant à vivre** he's not that easy to get along with; → **mauvais**

**b** (= amusant) histoire, aventure amusing, funny ◆ **le plaisant de la chose** the funny side ou part of it, the funny thing about it

**c** (= ridicule) laughable, ridiculous

**d** († = bizarre) bizarre, singular ◆ **voilà qui est plaisant !** it's quite bizarre! ◆ **je vous trouve bien plaisant de parler de la sorte** I consider it most bizarre ou singular of you to speak in that way

**plaisanter** [plɛzɑ̃te] → SYN ▸ conjug 1 ◂ **1** vi to joke, have a joke (*sur* about) ◆ **je ne suis pas d'humeur à plaisanter** I'm in no mood for jokes ou joking, I'm not in a joking mood ◆ **et je ne plaisante pas !** and I mean it!, and I'm not joking! ◆ **c'est quelqu'un qui ne plaisante pas** he's not the sort you can have a joke with ◆ **vous plaisantez** you must be joking ou kidding *, you're joking ou kidding * ◆ **c'était juste pour plaisanter** it was just a joke ◆ **dit-il pour plaisanter** he said jokingly ou in jest ◆ **on ne plaisante pas avec cela** this is no joking ou laughing matter ◆ **il ne faut pas plaisanter avec les médicaments** you shouldn't mess around * with medicines ◆ **il ne plaisante pas sur la discipline/cette question** there's no joking with him over matters of discipline/this subject ◆ **on ne plaisante pas avec la police** the police are not to be trifled with

**2** vt to make fun of, tease ◆ **plaisanter qn sur qch** to tease sb about sth

**plaisanterie** [plɛzɑ̃tʀi] → SYN nf **a** (= blague) joke (*sur* about) ◆ **aimer la plaisanterie** to be fond of a joke ◆ **plaisanterie de corps de garde** barrack-room joke ◆ **par plaisanterie** for fun ou a joke ou a laugh * ◆ **faire une plaisanterie** to tell ou crack a joke ◆ **tourner qch en plaisanterie** to make a joke of sth, laugh sth off ◆ **les plaisanteries les plus courtes sont (toujours) les meilleures** brevity is the soul of wit

**b** (= raillerie) joke ◆ **il est en butte aux plaisanteries de ses amis** his friends are always making fun of him ou poking fun at him ◆ **faire des plaisanteries sur** to joke ou make jokes about ou at the expense of ◆ **il comprend** ou **prend bien la plaisanterie** he knows how to ou he can take a joke ◆ **il ne faudrait pas pousser la plaisanterie trop loin** we mustn't take the joke too far

**c** (= farce) (practical) joke, prank; → **mauvais**

**d** (Loc) **résoudre ce problème/gagner la course est une plaisanterie pour lui** he could solve this problem/win the race with his eyes shut ou standing on his head * ◆ **la plaisanterie a assez duré !** this has gone far enough!, this has gone beyond a joke! ◆ **lui, se lever tôt ? c'est une plaisanterie !** him, get up early? what a joke! ou you must be joking! ou you must be kidding! *

**plaisantin** [plɛzɑ̃tɛ̃] → SYN nm **a** (= blagueur) joker ◆ **c'est un petit plaisantin** he's quite a joker

**b** (= fumiste) phoney *

**plaisir** [pleziʀ] GRAMMAIRE ACTIVE 3, 9.2, 19.5, 24.1, 24.2 → SYN nm **a** (= joie) pleasure ◆ **avoir du plaisir** ou **prendre plaisir à faire qch** to find ou take pleasure in doing sth, delight in doing sth ◆ **prendre (un malin) plaisir à faire qch** to take (a mischievous) delight in doing sth ◆ **j'ai le plaisir de vous annoncer que ...** I am pleased to inform you that ..., I have great pleasure to inform you that ... ◆ **M. et Mme Lebrun ont le plaisir de vous faire part de ...** Mr and Mrs Lebrun are pleased to announce ... ◆ **c'est un plaisir de le voir** it's a pleasure to see him ◆ **c'est un plaisir chaque fois renouvelé de te voir** it's always a pleasure to see you ◆ **par plaisir, pour le plaisir** (gén) for pleasure; bricoler, peindre as a hobby ◆ **ranger pour le plaisir de ranger** to tidy up just for the sake of it ◆ **je vous souhaite bien du plaisir !** (iro) good luck to you! (iro), I wish you (the best of) luck! (iro) ◆ **ça nous promet du plaisir (en perspective)** (iro) I can hardly wait! (iro) ◆ **avec (le plus grand) plaisir** with (the greatest of) pleasure ◆ **au plaisir de vous revoir, au plaisir** * (I'll) see you again sometime, (I'll) be seeing you * ◆ **les plaisirs de la table** good food; → **durer, gêne**

**b** (sexuel) pleasure ◆ **avoir du plaisir** to experience pleasure ◆ **le plaisir solitaire** self-abuse ◆ **les plaisirs de la chair** the pleasures of the flesh

**c** (= distraction) pleasure ◆ **les plaisirs de la vie** life's (little) pleasures ◆ **courir après les plaisirs** to be a pleasure-seeker ◆ **le golf est un plaisir coûteux** golf is an expensive hobby ou pleasure ◆ **lieu de plaisir** house of pleasure d (littér = volonté) pleasure (littér), wish ◆ **si c'est votre (bon) plaisir** if such is your will ou wish, if you so desire ◆ **les faits ont été grossis à plaisir** the facts have been wildly exaggerated ◆ **il s'inquiète/ment à plaisir** he worries/lies for the sake of it

e (LOC) **faire plaisir à qn** to please sb ◆ **ce cadeau m'a fait plaisir** I was very pleased with this gift, this gift gave me great pleasure ◆ **ça me fait plaisir de vous entendre dire cela** I'm pleased ou delighted to hear you say that ◆ **cela fait plaisir à voir** it is a pleasure to see ou to behold ◆ **ça t'a agacé ? – au contraire, ça m'a fait plaisir** did it annoy you? – no, I was pleased ◆ **pour me faire plaisir** (just) to please me ◆ **fais-moi plaisir : mange ta soupe/arrête la radio** do me a favour, eat your soup/turn off the radio, be a dear and eat your soup/turn off the radio ◆ **voulez-vous me faire le plaisir de venir dîner ?** (frm) I should be most pleased if you would come to dinner, would you do me the pleasure of dining with me (ou us)? (frm) ◆ **fais-moi le plaisir de te taire !** would you mind being quiet!, do me a favour and shut up! * ◆ **il se fera un plaisir de vous reconduire** he'll be (only too) pleased ou glad to drive you back, it will be a pleasure for him to drive you back ◆ **bon, c'est bien pour vous faire plaisir** ou **si cela peut vous faire plaisir** all right, if it will make you happy ◆ **j'irai, mais c'est bien pour vous faire plaisir** I'll go (just) to keep you happy ◆ **se faire plaisir** (= s'amuser) to enjoy o.s., have fun ◆ **faites-vous plaisir, allez dîner au "Gourmet"** treat ou spoil yourself, go and have dinner at the "Gourmet"

**plan**[1] [plɑ̃] → SYN 1 nm a [maison] plan, blueprint; [machine] plan, scale drawing; [ville, métro] map, plan; [région] map ◆ **acheter une maison sur plan** to buy a house while it's still only a plan on paper ◆ **faire** ou **tracer** ou **tirer un plan** to draw a plan ◆ **tirer des plans sur la comète** * to build castles in the air

b (Math, Phys = surface) plane

c (Ciné, Photo) shot ◆ **premier plan** (Peinture, Photo) foreground ◆ **dernier plan** background ◆ **au second plan** in the background ◆ **au deuxième plan** (Peinture) in the middle distance ◆ **plan américain** (Ciné) medium close shot; → **gros**

d (fig) **mettre qch au deuxième plan** to consider sth of secondary importance ◆ **ce problème est au premier plan de nos préoccupations** this problem is uppermost in our minds ou is one of our foremost preoccupations ◆ **parmi toutes ces questions, l'inflation vient au premier plan** ou **nous mettons l'inflation au premier plan** of all these questions, inflation is the key ou priority issue ou we consider inflation to be the most important ◆ **personnalité de premier plan** key figure ◆ **personnalité de second plan** minor figure ◆ **un savant de tout premier plan** a scientist of the first rank, one of our foremost scientists ◆ **au premier plan de l'actualité** at the forefront of the news, very much in the news

e (= niveau) level ◆ **mettre sur le même plan** to put on the same plane ou level ◆ **au plan national/international** at the national/international level ◆ **sur le plan du confort** as far as comfort is concerned, as regards comfort ◆ **sur le plan moral/intellectuel** morally/intellectually speaking, on the moral/intellectual plane ◆ **sur tous les plans** in every way, on all fronts

f (= projet) plan, project; (Écon) plan, programme ◆ **avoir/exécuter un plan** to have/carry out a plan ◆ **plan de carrière** career path ◆ **plan de cinq ans** five-year plan ◆ **plan de relance** ou **de redressement de l'économie** economic recovery plan ◆ **plan d'action/d'attaque** plan of action/of attack ◆ **plan de paix** peace plan ◆ **plan de modernisation/de restructuration** modernization/restructuring plan ◆ **plan de développement économique et social** economic and social development plan ◆ **plan social** ou **de licenciements** redundancy scheme ou plan

g (* = idée) idea ◆ **tu as un plan pour les vacances ?** have you any ideas for the holidays? ou about where to go on holiday? ◆ **c'est un super plan !** ou **un plan d'enfer !** it's a great idea! ◆ **il a toujours des plans foireux** * he's full of madcap * ideas ou schemes ◆ **on s'est fait un plan restau/ciné hier soir** we ate out/we went to the cinema last night

h [livre, dissertation, devoir] plan, outline ◆ **faire un plan de qch** to make a plan for sth, plan sth out

i (* : LOC) **rester en plan** [personne] to be left stranded, be left high and dry; [voiture] to be abandoned ou ditched *; [projets] to be abandoned in midstream, be left (hanging) in mid air ◆ **laisser en plan** [+ personne] to leave in the lurch ou high and dry ou stranded; [+ voiture] to abandon, ditch *; [+ affaires] to abandon; [+ projet, travail] to drop, abandon ◆ **il a tout laissé en plan pour venir me voir** he dropped everything to come and see me

2 COMP ▷ **plan d'aménagement rural** rural development plan ▷ **plan d'amortissement** (pour un bien, un investissement) depreciation schedule; (pour un emprunt) redemption plan ▷ **plan comptable** *French accounting standards* ▷ **plan de cuisson** hob (Brit), stovetop (US) ▷ **plan directeur** (Mil) *map of the combat area*; (Écon) blueprint, master plan ▷ **plan d'eau** (lac) lake; (sur un cours d'eau) stretch of smooth water ▷ **plan d'épargne en actions** stock portfolio *(with tax advantages)* ▷ **plan d'épargne-logement** *savings plan for property purchase* ▷ **plan d'épargne populaire** individual savings plan ▷ **plan d'épargne-retraite** personal pension plan ou scheme ▷ **plan d'équipement** industrial development programme ▷ **plan d'études** study plan ou programme ▷ **plan de faille** fault plane ▷ **plan de financement** financing plan ▷ **plan fixe** (Ciné) static shot ▷ **plan incliné** inclined plane ◆ **en plan incliné** sloping ▷ **plan (de) masse** site plan ▷ **plan de niveau** floor plan ▷ **plan d'occupation des sols** land use plan (Brit), zoning regulations ou ordinances (US) ▷ **plan ORSEC** *scheme set up to deal with major civil emergencies* ▷ **plan rapproché** ou **serré** (Ciné) close-up (shot) ▷ **plan séquence** (Ciné) sequence shot ▷ **plan de travail** (dans une cuisine) work-top, work(ing) surface (Brit), counter (top) (US); (planning) work plan ou programme ou schedule ▷ **plan de vol** flight plan; → **plan-concave, plan-convexe**

**plan**[2], **e**[1] [plɑ̃, plan] → SYN adj a miroir flat; surface flat, level

b (Math) plane

**planaire** [planɛʀ] nf planarian

**planant, e** * [planɑ̃, ɑ̃t] adj musique mind-blowing *

**planche** [plɑ̃ʃ] → SYN 1 nf a (en bois) plank; (plus large) board; (= rayon) shelf; (Naut = passerelle) gangplank; (= plongeoir) diving board; (* = ski) ski ◆ **cabine/sol en planches** wooden hut/floor ◆ **dormir sur une planche** to sleep on a wooden board ◆ **quand il sera entre quatre planches** * when he's six foot under *; → **pain**

b (Typo = illustration) plate

c (Hort) bed

d (Natation) **faire la planche** to float on one's back

2 **planches** nfpl (Théât) ◆ **les planches** the boards, the stage (NonC) ◆ **monter sur les planches** (= faire du théâtre) to go on the stage, tread the boards; → **brûler**

3 COMP ▷ **planche anatomique** anatomical chart ▷ **planche à billets** banknote plate ◆ **faire marcher la planche à billets** * to print money ▷ **planche à découper** [cuisinière] chopping board; [boucher] chopping block ▷ **planche à dessin** ou **à dessiner** drawing board ▷ **planche à laver** washboard ▷ **planche à pain** (lit) breadboard ◆ **c'est une planche à pain** (péj) she's as flat as a board * ou pancake * ▷ **planche à pâtisserie** pastry board ▷ **planche à repasser** ironing board ▷ **planche à roulettes** (= objet) skateboard; (= sport) skateboarding ◆ **faire de la planche à roulettes** to skateboard, go skateboarding ▷ **planche de salut** (= appui) mainstay; (= dernier espoir) last hope ▷ **planche de surf** surfboard ▷ **planche à voile** (= objet) windsurfing board, sailboard; (= sport) windsurfing ◆ **faire de la planche à voile** to windsurf, go windsurfing

**planche-contact,** pl **planches-contacts** [plɑ̃ʃkɔ̃takt] nf (Photo) contact sheet

**planchéié, e** [plɑ̃ʃeje] adj floored (lit)

**plancher**[1] [plɑ̃ʃe] → SYN nm a (Constr) floor ◆ **faux plancher** false floor ◆ **le plancher des vaches** * dry land; → **débarrasser, pied**

b (= limite) lower limit ◆ **plancher des cotisations** lower limit on contributions ◆ **prix plancher** minimum ou floor ou bottom price

c (Anat) floor ◆ **plancher pelvien** pelvic floor

**plancher**[2] * [plɑ̃ʃe] ▸ conjug 1 ◂ vi (= parler) to talk ◆ **sur quoi as-tu planché ?** what did they get you to talk on? ◆ **plancher sur un rapport** (= travailler) to work on a report

**planchette** [plɑ̃ʃɛt] → SYN nf (gén) (small) board; (= rayon) (small) shelf

**planchiste** [plɑ̃ʃist] nmf windsurfer

**plan-concave,** pl **plan-concaves** [plɑ̃kɔ̃kav] adj plano-concave

**plan-convexe,** pl **plan-convexes** [plɑ̃kɔ̃vɛks] adj plano-convex

**plancton** [plɑ̃ktɔ̃] nm plankton

**planctonique** [plɑ̃ktɔnik] adj algue, larve planktonic

**planctonivore** [plɑ̃ktɔnivɔʀ], **planctophage** [plɑ̃ktɔfaʒ] adj plankton-eating

**plane**[2] [plan] nf drawknife

**planéité** [planeite] nf a [miroir] flatness; [surface] flatness, levelness

b (Math) planeness

**planer**[1] [plane] → SYN ▸ conjug 1 ◂ vi a [oiseau, avion] to glide; [brume, fumée] to hang ◆ **l'oiseau planait au-dessus de sa tête** the bird was hovering above his head ou overhead ◆ **il laissa son regard planer sur la foule** his gaze swept over the crowd; → **vol**[1]

b [danger, soupçons] **planer sur** to hang over ◆ **laisser planer le doute/une incertitude (sur)** to allow some doubt/some uncertainty to remain (about) ◆ **il faisait planer la menace d'un licenciement** he was using the threat of redundancy ◆ **il a laissé planer le mystère sur ses intentions** he remained mysterious about his intentions

c (* = se détacher) [personne] to have one's head in the clouds

d [drogué] to be high * ou spaced out * ◆ **ça fait planer** [musique, spectacle] it's really trippy *

**planer**[2] [plane] vt (Tech) to flatten, level, plane

**planétaire** [planetɛʀ] adj (Astron, Tech) planetary; (= mondial) global, worldwide ◆ **à l'échelle planétaire** on a global ou worldwide scale

**planétarisation** [planetaʀizasjɔ̃] nf [conflit] globalization

**planétarium** [planetaʀjɔm] nm planetarium

**planète** [planɛt] → SYN nf planet ◆ **la planète bleue/rouge** the blue/red planet ◆ **sur toute la planète** all over the world ◆ **l'épidémie s'est étendue à la planète entière** the epidemic has spread throughout the world

**planétologie** [planetɔlɔʒi] nf planetology

**planétologue** [planetɔlɔg] nmf planetologist

**planeur** [planœʀ] → SYN nm (Aviat) glider ◆ **faire du planeur** to go gliding

**planificateur, -trice** [planifikatœʀ, tʀis] (Écon)

1 adj planning (épith)

2 nm,f planner

**planification** [planifikasjɔ̃] → SYN nf ◆ **planification (économique)** (economic) planning ◆ **planification familiale** family planning

**planifier** [planifje] → SYN ▸ conjug 7 ◂ vt to plan ◆ **économie planifiée** planned ou controlled economy

**planimètre** [planimɛtʀ] nm planimeter

**planimétrie** [planimetʀi] nf planimetry

**planimétrique** [planimetʀik] adj planimetric(al)

**planisme** [planism] nm support of economic planning

**planisphère** [planisfɛʀ] → SYN nm planisphere

**planiste** [planist] nmf supporter of economic planning

**planning** [planiŋ] → SYN nm (Écon, Ind) programme, schedule ◆ **je vais regarder mon planning** I'll just take a look at my schedule ◆ **avoir un planning très serré** to have a very tight schedule ◆ **planning familial** family planning

**plan-plan** * [plɑ̃plɑ̃] adj inv allure laid-back * ◆ **ils mènent une vie plan-plan** they lead a humdrum life ◆ **c'était plan-plan** it was easy going

**planque** * [plɑ̃k] nf (= cachette) hideaway, hide-out, hidey-hole *; (Police) hideout; (= travail tranquille) cushy job ou number * ◆ **c'est la planque !** it's a real cushy number! *

**planqué, e** [plɑ̃ke] (péj) [1] nm,f * ◆ **c'est un planqué** (au travail) he's got a cushy job *

[2] nm (arg Mil) (= non mobilisé) draft dodger; (qui évite l'action) soldier with a desk job

**planquer** ⁑ [plɑ̃ke] ▸ conjug 1 ◂ [1] vt to hide (away), stash away *

[2] **se planquer** vpr to hide

**plan-relief**, pl **plans-reliefs** [plɑ̃ʀəljɛf] nm (= maquette) architectural model, scale model *(of a building)*

**plansichter** [plɑ̃siʃtɛʀ] nm mechanical sieve

**plant** [plɑ̃] [→ SYN] nm (= plante) [légume] seedling, young plant; [fleur] bedding plant; (= plantation) [légumes] bed, (vegetable) patch; [fleurs] (flower) bed; [arbres] plantation ◆ **un plant de salade** a lettuce seedling, a young lettuce (plant) ◆ **un plant de vigne/de bégonia** a young vine/begonia

**plantage** * [plɑ̃taʒ] nm (Ordin) crash ◆ **il y a eu un plantage dans la comptabilité** someone made a mistake in the accounts

**Plantagenêt** [plɑ̃taʒnɛ] nmf Plantagenet

**plantain** [plɑ̃tɛ̃] nm (= herbacée) plantain ◆ **(banane) plantain** plantain

**plantaire** [plɑ̃tɛʀ] adj plantar ◆ **verrue plantaire** verruca (Brit), plantar wart (US); → **voûte**

**plantation** [plɑ̃tasjɔ̃] [→ SYN] nf [a] (Hort) (= action) planting; (= culture) plant; (= terrain) [légumes] bed, (vegetable) patch; [fleurs] (flower) bed; [arbres, café, coton] plantation ◆ **faire des plantations de fleurs** to plant flowers (out) ◆ **comment vont tes plantations ?** how's your garden doing?

[b] (= exploitation agricole) plantation

**plante**[1] [plɑ̃t] [→ SYN] nf (Bot) plant ◆ **plante annuelle** annual (plant) ◆ **plante d'appartement** ou **d'agrément** house ou pot plant ◆ **plante à fleurs** flowering plant ◆ **plante fourragère** fodder plant ◆ **plante grasse** succulent (plant) ◆ **plante grimpante** creeper ◆ **plantes médicinales** medicinal plants ◆ **plante de serre** (lit) greenhouse ou hothouse plant; (fig) hothouse plant, delicate flower ◆ **plante textile** fibre (Brit) ou fiber (US) plant ◆ **plante verte** house plant, green (foliage) plant ◆ **c'est une belle plante** (fig) she's a lovely ou fine specimen

**plante**[2] [plɑ̃t] [→ SYN] nf (Anat) ◆ **plante (des pieds)** sole (of the foot)

**planté, e** [plɑ̃te] (ptp de **planter**) adj ◆ **avoir les dents bien/mal plantées** to have straight/uneven teeth ◆ **ses cheveux sont plantés très bas** he has a very low hairline ◆ **être bien planté (sur ses jambes)** to be sturdily built ◆ **il est resté planté au milieu de la rue** he stood stock-still in the middle of the road ◆ **ne restez pas planté (debout** ou **comme un piquet) à ne rien faire !** don't just stand there doing nothing! ◆ **rester planté devant une vitrine** to stand looking in a shop window

**planter** [plɑ̃te] [→ SYN] ▸ conjug 1 ◂ [1] vt [a] [+ plante, graine] to plant, put in; [+ jardin] to put plants in; (= repiquer) to plant out ◆ **on a planté la région en vignes** the region was planted with vines ◆ **planter un terrain en gazon** to grass over a piece of ground ◆ **avenue plantée d'arbres** tree-lined avenue ◆ **aller planter ses choux** (fig) to retire to the country

[b] (= enfoncer) [+ clou] to hammer in, knock in; [+ pieu] to drive in ◆ **planter un poignard dans le dos de qn** to stick a knife into sb's back, knife ou stab sb in the back ◆ **l'ours planta ses griffes dans son bras** the bear stuck its claws into his arm ◆ **se planter une épine dans le doigt** to get a thorn stuck in one's finger ◆ **la flèche se planta dans la cible** the arrow hit the target

[c] (= mettre) to stick, put ◆ **il planta son chapeau sur sa tête** he stuck his hat on his head ◆ **il a planté sa voiture au milieu de la rue et il est parti** he stuck his car in the middle of the road and went off ◆ **il nous a plantés sur le trottoir pour aller chercher un journal** he left us hanging about * ou standing on the pavement while he went to get a paper ◆ **planter un baiser sur la joue de qn** to plant a kiss on sb's cheek ◆ **planter son regard** ou **ses yeux sur qn** to fix one's eyes on sb ◆ **il se planta devant moi** he planted ou plonked * himself in front of me ◆ **planter là** (= laisser sur place) [+ personne] to dump *, leave behind; [+ voiture] to dump *, ditch *; [+ travail, outils] to dump *, drop; (= délaisser) [+ épouse] to walk out on *, ditch *; [+ travail] to pack in

[d] (= installer) [+ échelle, drapeau] to put up; [+ tente] to put up, pitch ◆ **planter une échelle contre un mur** to put a ladder (up) ou stand a ladder (up) against a wall ◆ **planter le décor** (Théât) to put up ou set up the scenery; [auteur] to set the scene ◆ **cet auteur sait planter ses personnages** this author is good at characterization

[2] **se planter** * vpr [a] (= se tromper) to mess up * ◆ **il s'est planté dans ses calculs** he got his calculations wrong ◆ **se planter à un examen** to fail ou flunk * an exam, blow it * in an exam (US) ◆ **je me suis planté en histoire** I flunked * history, I really blew it * in history ◆ **l'ordinateur s'est planté** the computer crashed

[b] (= avoir un accident) to crash ◆ **il s'est planté en moto** he had a motorbike crash, he crashed his motorbike

[3] vi (= tomber en panne) ◆ **l'ordinateur a planté, on a planté** the computer crashed

**planteur** [plɑ̃tœʀ] nm [a] (= colon) planter

[b] (= cocktail) planter's punch

**planteuse** [plɑ̃tøz] nf (Agr) (potato) planter

**plantigrade** [plɑ̃tigʀad] adj, nm plantigrade

**plantoir** [plɑ̃twaʀ] [→ SYN] nm dibble, dibber

**planton** [plɑ̃tɔ̃] [→ SYN] nm (Mil) orderly ◆ **être de planton** to be on orderly duty ◆ **faire le planton** * to hang about *, stand around ou about (waiting)

**plantureusement** [plɑ̃tyʀøzmɑ̃] adv manger, boire copiously

**plantureux, -euse** [plɑ̃tyʀø, øz] [→ SYN] adj [a] repas copious, lavish; femme buxom; poitrine ample

[b] région, terre fertile ◆ **récolte/année plantureuse** bumper crop/year

**plaquage** [plakaʒ] [→ SYN] nm [a] (Tech) (de bois) veneering; (de métal) plating

[b] (Rugby) tackling (NonC), tackle ◆ **plaquage à retardement** late tackle

[c] (⁑ = abandon) [fiancé] jilting *, ditching *, chucking ⁑; [épouse] ditching *; [emploi] chucking (in ou up) *, packing in * (Brit)

**plaque** [plak] [→ SYN] [1] nf [a] [métal, verre] sheet, plate; [marbre] slab; [chocolat] block, slab; [beurre] pack; (= revêtement) plate, cover(ing)

[b] [verglas] sheet, patch

[c] (= tache sur la peau) patch, blotch, plaque (SPÉC); [eczéma] patch; → **sclérose**

[d] (portant une inscription) plaque; (= insigne) badge; (au casino) chip ◆ **poser** ou **visser sa plaque** [médecin, avocat] to set up in practice

[e] (Élec, Photo) plate

[f] (Géol) plate ◆ **plaque continentale/océanique** continental/oceanic plate

[g] (⁑ = 10 000 F) ten thousand francs

[h] (LOC) **il est à côté de la plaque** * he hasn't got a clue * ◆ **j'ai mis à côté de la plaque** * I got it completely wrong

[2] COMP ▷ **plaque de blindage** armour-plate (NonC), armour-plating (NonC) ▷ **plaque chauffante** [cuisinière] hotplate ▷ **plaque de cheminée** fireback ▷ **plaque commémorative** commemorative plaque ou plate ▷ **plaque de cuisson** [four] baking tray; (= table de cuisson) hob, hotplate (Brit), burner (US) ▷ **plaque dentaire** dental plaque ▷ **plaque d'égout** manhole cover ▷ **plaque de four** baking tray ▷ **plaque d'identité** [soldat] identity disc; [chien] name tag, identity disc; [bracelet] nameplate ▷ **plaque d'immatriculation** ou **minéralogique** ou **de police** (Aut) number plate, registration plate (Brit), license plate (US) ▷ **plaque de propreté** fingerplate ▷ **plaque sensible** (Photo) sensitive plate ▷ **plaque tournante** (Rail) turntable; (fig) (= lieu) hub; (= personne) linchpin

**plaqué, e** [plake] (ptp de **plaquer**) [1] adj bracelet plated; poches patch (épith); accord nonarpeggiated ◆ **plaqué or/argent** gold-/silver-plated ◆ **plaqué chêne** oak-veneered

[2] nm [a] (Orfèvrerie) plate ◆ **en plaqué** plated ◆ **c'est du plaqué** it's plated

[b] (Menuiserie) veneer

**plaquemine** [plakmin] nm persimmon

**plaqueminier** [plakminje] nm persimmon (tree)

**plaquer** [plake] [→ SYN] ▸ conjug 1 ◂ vt [a] (Tech) [+ bois] to veneer; [+ bijoux] to plate ◆ **plaquer du métal sur du bois** to plate wood with metal ◆ **plaquer des bijoux d'or/d'argent** to plate jewellery with gold/silver, gold-plate/silver-plate jewellery

[b] (= surajouter) to tack on ◆ **ce passage semble plaqué sur le reste du texte** this passage looks like it has just been stuck onto ou tacked onto the rest of the text

[c] (⁑ = abandonner) [+ fiancé] to jilt *, ditch *; [+ époux] to ditch *, walk out on; [+ emploi] to chuck (in ou up) ⁑, pack in * (Brit) ◆ **elle a tout plaqué pour le suivre** she chucked up ⁑ ou packed in * (Brit) everything to follow him

[d] (= aplatir) [+ cheveux] to plaster down ◆ **la sueur plaquait sa chemise contre son corps** the sweat made his shirt cling ou stick to his body ◆ **le vent plaquait la neige contre le mur** the wind was flattening ou plastering the snow up against the wall ◆ **plaquer une personne contre un mur/au sol** to pin a person to a wall/to the ground ◆ **se plaquer les cheveux** to plaster one's hair down (*sur* on, over) ◆ **se plaquer au sol/contre un mur** to flatten o.s. on the ground/against a wall

[e] (= appliquer) **elle lui plaqua un baiser sur la joue** she planted a kiss on his cheek ◆ **plaquer sa main sur la bouche de qn** to slap one's hand over sb's mouth

[f] (Rugby) to tackle, bring down

[g] (Mus) [+ accord] to strike, play

**plaquette** [plakɛt] [→ SYN] nf [a] (= petite plaque) [métal] plaque; [marbre] tablet; [chocolat] block, bar; [sang] platelet; [pilules] blister ou bubble pack ou package; [beurre] pack (Brit), ≃ stick (US) ◆ **plaquette de frein** (Aut) brake pad

[b] (= livre) small volume ◆ **plaquette (publicitaire** ou **promotionnelle)** (promotional) leaflet

**plaqueur, -euse** [plakœʀ, øz] nm,f (Ébénisterie) veneerer ◆ **plaqueur sur métaux** metal plater

**plasma** [plasma] [→ SYN] nm (Anat, Phys) plasma ◆ **plasma sanguin** blood plasma

**plasmaphérèse** [plasmafeʀɛz] nf plasmapheresis

**plasmatique** [plasmatik] adj plasm(at)ic

**plasmide** [plasmid] nm plasmid

**plasmifier** [plasmifje] ▸ conjug 7 ◂ vt to transform into plasma

**plasmocyte** [plasmɔsit] nm plasma cell, plasmocyte

**plasmode** [plasmɔd] nm (Zool) plasmodium

**plasmodium** [plasmɔdjɔm] nm (Méd) plasmodium

**plasmolyse** [plasmɔliz] nf plasmolysis

**plaste** [plast] nm plastid

**plastic** [plastik] [→ SYN] nm plastic explosive

**plasticage** [plastikaʒ] nm bombing (*de* of), bomb attack (*de* on)

**plasticien, -ienne** [plastisjɛ̃, jɛn] nm,f (Tech) plastics specialist; (Art) visual artist; (= chirurgien) plastic surgeon

**plasticité** [plastisite] [→ SYN] nf (lit) plasticity; (fig) malleability, plasticity

**plastie** [plasti] nf plastic surgery ◆ **elle a subi une plastie des doigts** she had plastic surgery on her fingers

**plastifiant, e** [plastifjɑ̃, jɑ̃t] [1] adj plasticizing

[2] nm plasticizer

**plastification** [plastifikasjɔ̃] nf ◆ **plastification de documents** plastic coating of documents

**plastifier** [plastifje] ▸ conjug 7 ◂ vt to coat with plastic ◆ **plastifié** plastic-coated

**plastiquage** [plastikaʒ] nm ⇒ **plasticage**

**plastique** [plastik] [→ SYN] [1] adj [a] (Art) plastic ◆ **chirurgie plastique** plastic surgery

**b** (= malléable) malleable, plastic ◆ **en matière plastique** plastic
**2** nm plastic ◆ **en plastique** plastic
**3** nf [sculpteur] modelling, plastic art; [statue] modelling; (= arts) plastic arts; [personne] physique

**plastiquement** [plastikmɑ̃] adv from the point of view of form, plastically (SPÉC)

**plastiquer** [plastike] ► conjug 1 ◄ vt to blow up, carry out a bomb attack on

**plastiqueur** [plastikœʀ] nm terrorist *(planting a plastic bomb)*

**plastisol** [plastisɔl] nm plastisol

**plastoc** * [plastɔk] nm plastic ◆ **en plastoc** plastic (épith)

**plastron** [plastʀɔ̃] nm (Habillement) [corsage] front; [chemise] shirt front; (amovible) false shirt front, dicky *; [escrimeur] plastron; [armure] plastron, breastplate

**plastronner** [plastʀɔne] → SYN ► conjug 1 ◄ **1** vi to swagger
**2** vt to put a plastron on

**plasturgie** [plastyʀʒi] nf plastics technology

**plat¹, plate** [pla, plat] → SYN **1** adj **a** surface, pays, couture, pli flat; mer smooth, still; eau plain, still; (Géom) angle straight; encéphalogramme, ventre, poitrine flat; cheveux straight ◆ **bateau à fond plat** flat-bottomed boat ◆ **chaussure plate** ou **à talon plat** flat (-heeled) ou low(-heeled) shoe ◆ **elle est plate de poitrine, elle a la poitrine plate** she is flat-chested ◆ **elle est plate comme une galette** * ou **une limande** * ou **une planche à pain** * she's as flat as a board *; → **assiette, battre**
**b** (= fade) style flat, dull, unimaginative; dissertation, livre dull, unremarkable, unimaginative; adaptation unimaginative, unremarkable; voix flat, dull; vin insipid; personne, vie dull, uninteresting ◆ **ce qu'il écrit est très plat** what he writes is very dull ou flat
**c** (= obséquieux) personne obsequious, ingratiating (épith) ◆ **il nous a fait ses plus plates excuses** he made the humblest of apologies to us
**2** nm (= partie plate) flat (part); [main] flat ◆ **il y a 15 km de plat avant la montagne** there is a 15km flat stretch before the mountain ◆ **course de plat** flat race ◆ **faire un plat** (Natation) to (do a) belly flop ◆ **faire du plat à** * [+ supérieur] to crawl ou grovel ou toady to; [+ femme] to try to pick up, chat up * (Brit)
◆ **à plat** ◆ **mettre** ou **poser qch à plat** to lay sth (down) flat ◆ **posez le ruban bien à plat** lay the ribbon down nice and flat ◆ **mettre qch à plat** (fig) to have a close look at things ◆ **remettre qch à plat** (fig) to reexamine sth from every angle ◆ **remise à plat** [dossier, problème, situation] complete ou thorough review ◆ **poser la main à plat sur qch** to lay one's hand flat on sth ◆ **être à plat** [pneu, batterie] to be flat; * [personne] to be washed out * ou run down ◆ **la grippe l'a mis à plat** * he was laid low by (the) flu ◆ **être/rouler à plat** (Aut) to have/drive on a flat (tyre) ◆ **tomber à plat** [remarque, plaisanterie] to fall flat ◆ **tomber à plat ventre** to fall flat on one's face, fall full-length ◆ **se mettre à plat ventre** to lie face down ◆ **se mettre à plat ventre devant qn** (fig) to crawl ou grovel ou toady to sb
**3** **plate** nf (= bateau) punt, flat-bottomed boat
**4** COMP ▷ **plat de côtes, plates côtes** middle ou best ou short (US) rib

**plat²** [pla] → SYN **1** nm (= récipient, mets) dish; (= partie du repas) course; (= contenu) dish, plate(ful) ◆ **plat à gratin** gratin dish ◆ **on en était au plat de viande** we had reached the meat course ◆ **deux plats de viande au choix** a choice of two meat dishes ou courses ◆ **il en a fait tout un plat** * (fig) he made a song and dance * ou a great fuss * about it ◆ **il voudrait qu'on lui apporte tout sur un plat (d'argent)** he wants everything handed to him on a plate (Brit) ou a silver platter (US) ◆ **mettre les petits plats dans les grands** to lay on a first-rate meal, go to town on the meal * ◆ **il lui prépare de bons petits plats** he makes tasty little dishes for her ◆ **pour un plat de lentilles** (Bible, fig) for a mess of potage ◆ **quel plat de nouilles !** * (péj) he's (ou she's) such an idiot!; → **œuf, pied**
**2** COMP ▷ **plat à barbe** shaving mug ▷ **plat cuisiné** (chez un traiteur) ready-made meal ▷ **plat à four** oven dish ▷ **plat garni** main course (served with vegetables) ▷ **plat du jour** dish of the day, plat du jour ◆ **quel est le plat du jour ?** what's today's special? ▷ **plat de résistance** main course; (fig) pièce de résistance ▷ **plat de service** serving dish

**platane** [platan] nm plane tree ◆ **faux platane** sycamore ◆ **rentrer dans un platane** * to crash into a tree

**plat-bord**, pl **plats-bords** [plabɔʀ] nm gunwale

**plateau**, pl **plateaux** [plato] → SYN **1** nm **a** (gén) tray; (de ball-trap) clay pigeon ◆ **plateau à fromages** cheeseboard ◆ **plateau de fromages** cheeseboard, choice of cheeses *(on a menu)* ◆ **plateau d'huîtres** plate of oysters ◆ **plateau de fruits de mer** seafood platter ◆ **il faut tout lui apporter sur un plateau (d'argent)** (fig) he wants everything to be handed to him on a plate (Brit) ou a silver platter (US) ◆ **la victoire leur a été offerte sur un plateau (d'argent)** victory was handed to them on a plate
**b** [balance] pan; [électrophone] turntable, deck; [table] top; [graphique] plateau ◆ **la courbe fait un plateau avant de redescendre** the curve levels off ou reaches a plateau before falling again ◆ **arriver à un plateau** (dans une activité, une progression) to reach a plateau ◆ **mettre qch dans** ou **sur les plateaux de la balance** (fig) to weigh sth up (fig)
**c** (Géog) plateau ◆ **haut plateau** high plateau
**d** (Théât) stage; (Ciné, TV) set ◆ **nous avons un plateau exceptionnel ce soir** (= invités) we have an exceptional line-up this evening ◆ **sur le plateau de l'émission** on the set
**e** (Rail) (= wagon) flat wagon (Brit) ou car (US); (= plate-forme roulante) trailer
**f** [pédalier] chain wheel
**2** COMP ▷ **plateau continental** continental shelf ▷ **plateau d'embrayage** (Aut) pressure plate ▷ **plateau sous-marin** submarine plateau ▷ **plateau technique** [hôpital etc] technical wherewithal ou capacity ▷ **plateau télé** TV dinner ▷ **plateau de tournage** (Ciné) film set

**plateau-repas**, pl **plateaux-repas** [platoʀəpa] nm (en avion, en train) tray meal; (devant la télévision) TV dinner

**plate-bande**, pl **plates-bandes**, **platebande** [platbɑ̃d] → SYN nf (de fleurs) flower bed; (Archit) platband ◆ **marcher sur** ou **piétiner les plates-bandes de qn** * (fig) to trespass on sb's preserve, tread on sb's patch, poach on sb's territory

**platée** [plate] nf (Culin) dish(ful), plate(ful)

**plate-forme**, pl **plates-formes**, **plateforme** [platfɔʀm] → SYN nf **a** (gén = terrasse, estrade) platform; [autobus] platform; (Rail = wagon) flat wagon (Brit) ou car (US) ◆ **plate-forme continentale** (Géog) continental shelf ◆ **plate-forme (de forage en mer)** (off-shore) oil rig ◆ **plate-forme flottante** floating rig
**b** (Ordin) platform ◆ **plate-forme logiciel/matériel** software/hardware platform
**c** (Pol) platform ◆ **plate-forme électorale** election platform

**platement** [platmɑ̃] adv écrire, s'exprimer dully, unimaginatively; s'excuser humbly

**plateresque** [platʀɛsk] adj plateresque

**plathelminthes** [platɛlmɛ̃t] nmpl ◆ **les plathelminthes** the Platyhelminthes

**platine¹** [platin] **1** nm platinum ◆ **platine iridié** platinum-iridium alloy
**2** adj inv (= couleur) platinum (épith) ◆ **blond platine** platinum blond

**platine²** [platin] nf [électrophone] deck, turntable; [microscope] stage; [presse] platen; [montre, serrure] plate; [machine à coudre] throat plate ◆ **platine laser** laser disk player ◆ **platine cassette** cassette deck

**platiné, e** [platine] adj cheveux platinum (épith) ◆ **une blonde platinée** a platinum blonde; → **vis**

**platiner** [platine] ► conjug 1 ◄ vt to platinize

**platinifère** [platinifɛʀ] adj platiniferous

**platitude** [platityd] → SYN nf **a** [style] flatness, dullness; [livre, film, discours, remarque] dullness, lack of imagination (*de* in, of); [vie, personnage] dullness
**b** (= propos) platitude ◆ **dire des platitudes** to make trite remarks, utter platitudes
**c** † (= servilité) [personne] obsequiousness; [excuse] humility; (= acte) obsequiousness (NonC)

**Platon** [platɔ̃] nm Plato

**platonicien, -ienne** [platɔnisjɛ̃, jɛn] → SYN **1** adj Platonic
**2** nm,f Platonist

**platonique** [platɔnik] → SYN adj amour platonic ◆ **avoir un intérêt platonique pour qch** (hum = de pure forme) to have a casual ou passing interest in sth ◆ **les déclarations de l'ONU paraissent plutôt platoniques** the statements issued by the UN seem to be nothing more than talk ou a matter of pure form

**platoniquement** [platɔnikmɑ̃] adv platonically

**platonisme** [platɔnism] → SYN nm Platonism

**plâtrage** [plɑtʀaʒ] nm **a** [mur] plastering
**b** (Méd) [membre] setting ou putting in plaster; [estomac] lining
**c** (Agr) [prairie] liming

**plâtras** [plɑtʀɑ] → SYN nm (= débris) rubble; (= morceau de plâtre) chunk ou lump of plaster

**plâtre** [plɑtʀ] nm **a** (= matière) (gén) plaster; (Agr) lime ◆ **mettre une jambe dans le plâtre** to put ou set a leg in plaster ◆ **j'avais une jambe dans le plâtre** I had my leg in plaster ◆ **c'est du plâtre !** [fromage] it's like chalk!; → **battre**
**b** (Art, Chir = objet) plaster cast ◆ **les plâtres** (Constr) the plasterwork (NonC) ◆ **porter un plâtre au bras** (Chir) to have one's arm in plaster ◆ **plâtre de marche** walking plaster (Brit) ou cast (US); → **essuyer**

**plâtrer** [plɑtʀe] → SYN ► conjug 1 ◄ vt **a** [+ mur] to plaster
**b** (Méd) [+ membre] to set ou put in plaster; [+ estomac] to line ◆ **il a la jambe plâtrée** his leg is in plaster ◆ **elle est plâtrée du genou à la cheville** her leg is in plaster from her knee down to her ankle
**c** (Agr) [+ prairie] to lime

**plâtrerie** [plɑtʀəʀi] nf (= usine) plaster works

**plâtreux, -euse** [plɑtʀø, øz] adj sol limey, chalky; surface plastered, coated with plaster; fromage chalky

**plâtrier** [plɑtʀije] nm plasterer

**plâtrière** [plɑtʀijɛʀ] nf (= carrière) gypsum ou lime quarry; (= four) gypsum kiln

**platyrhiniens** [platiʀinjɛ̃] nmpl ◆ **les platyrhiniens** platyrrhines, the Platyrrhina (SPÉC)

**plausibilité** [plozibilite] → SYN nf plausibility, plausibleness

**plausible** [plozibl] → SYN adj plausible

**plausiblement** [plozibləmɑ̃] adv plausibly

**Plaute** [plot] nm Plautus

**play-back** [plɛbak] nm inv lip-synching ◆ **c'est du play-back** they're (ou he is etc) just miming to a prerecorded tape ou lip-synching ◆ **chanter en play-back** to mime to a prerecorded tape, lip-synch

**play-boy**, pl **play-boys** [plɛbɔj] nm playboy

**plèbe** [plɛb] → SYN nf ◆ **la plèbe** (péj) the plebs, the proles; (Hist) the plebeians

**plébéien, -ienne** [plebejɛ̃, jɛn] → SYN **1** adj (Hist) plebeian; goûts plebeian, common
**2** nm,f plebeian

**plébiscitaire** [plebisitɛʀ] adj of a plebiscite

**plébiscite** [plebisit] → SYN nm plebiscite ◆ **faire** ou **organiser un plébiscite** to hold a referendum

**plébisciter** [plebisite] → SYN ► conjug 1 ◄ vt (Pol) (lit) to elect by plebiscite; (= élire à la majorité) to elect by an overwhelming majority ◆ **se faire plébisciter** [candidat] to be elected by an overwhelming majority ◆ **le public a plébiscité ce nouveau magazine** this new magazine has proved a tremendous success with the public

**plectre** [plɛktʀ] → SYN nm plectrum

**pléiade** [plejad] → SYN **1** nf (= groupe) group ◆ **la Pléiade** (Littérat) the Pléiade ◆ **une pléiade d'artistes** a whole host of stars

2 **Pléiades** nfpl (Astron) ◆ **les Pléiades** the Pleiades

## plein, pleine [plɛ̃, plɛn]

→ SYN

1 ADJECTIF
2 ADVERBE
3 NOM MASCULIN

Lorsque **plein** s'emploie dans des locutions telles que **de plein droit, à plein régime, en plein air, en mettre plein la vue**, etc, cherchez au nom.

1 ADJECTIF

**a** = rempli boîte full; bus, salle full (up); crustacé, coquillage full; vie, journée full, busy ◆ **plein à craquer** valise full to bursting, crammed full; salle, bus, train packed (out), crammed full, full to bursting ◆ **un plein verre de vin** a full glass of wine ◆ **un plein panier de pommes** a whole basketful of apples, a full basket of apples ◆ **j'ai les mains pleines** my hands are full, I've got my hands full ◆ **plein comme un œuf** * tiroir chock-a-block * (Brit), chock-full *; nez stuffed up ◆ **être plein aux as** ‡ to be rolling in money * ou in it *, be filthy rich ‡ ◆ **un gros plein de soupe** * (péj) a big fat slob ‡ (péj)

◆ **plein de** bonne volonté, admiration, fautes, vie full of; taches, graisse covered in ou with ◆ **salle pleine de monde** room full of people, crowded room ◆ **j'ai la tête pleine de projets** I'm full of ideas ◆ **son film est plein de sensualité** his film is very sensual ◆ **leur maison est pleine d'enfants/de fleurs** their house is full of children/of flowers ◆ **voilà une remarque pleine de finesse** that's a very shrewd remark ◆ **il est plein de santé/d'idées** he's bursting with health/with ideas ◆ **il est plein de son sujet/de sa nouvelle voiture** he's full of his subject/of his new car ◆ **mets plein de saveur** dish full of flavour, tasty dish ◆ **être plein de soi-même** to be full of o.s. ou of one's own importance

**b** = complet succès complete; confiance complete, total; satisfaction full, complete, total ◆ **vous avez mon plein accord** you have my wholehearted consent ou approval ◆ **au plein sens du terme** in the full ou fullest sense of the word ◆ **absent un jour plein** absent for a whole day ◆ **il a plein pouvoir pour agir** he has full power ou authority to act ◆ **avoir les pleins pouvoirs** to have full powers; → **arc, temps**

**c** = à son maximum **pleine lune** (Astron) full moon ◆ **la mer est pleine, c'est la pleine mer** (Naut) the tide is in, it's high tide

**d** = entier **deux volumes, reliure plein cuir** two volumes fully bound in leather ◆ **manteau de fourrure pleine peau** fur coat made of solid ou full skins

**e** = non creux paroi, porte, pneu, roue solid; trait unbroken, continuous; son solid; voix rich, sonorous; (= rond) visage full; joues chubby

**f** ‡ = ivre plastered ‡, stoned ‡ (US) ◆ **plein comme une barrique** as drunk as a lord *

**g** Vét pregnant, in calf (ou foal ou lamb etc )

**h** indiquant l'intensité **la pleine lumière le fatiguait** he found the bright light tiring ◆ **avoir pleine conscience de qch** to be fully aware of sth ◆ **heurter qch de plein fouet** to crash headlong into sth ◆ **rincer le sol à pleins seaux** to rinse the floor with bucketfuls of water ◆ **ramasser qch à pleins bras/à pleines mains** to pick up armfuls/handfuls of sth ◆ **prendre qch à pleines mains** to lay a firm hold on sth, grasp sth firmly

**i** **en plein** + nom (= au milieu de, au plus fort de) ◆ **en pleine poitrine** full ou right in the chest ◆ **en pleine tête** right in the head ◆ **arriver en plein (milieu du) cours/en pleine répétition** to arrive (right) in the middle of the class/rehearsal ◆ **en plein cœur de la ville** right in the centre of the town ◆ **c'est arrivé en plein Paris/en pleine rue** it happened in the middle of Paris/in the middle of the street ◆ **restaurant en plein ciel** restaurant up in the sky ◆ **en plein jour** in broad daylight ◆ **en pleine nuit** in the middle of the night, at dead of night ◆ **en plein hiver** in the depths ou middle of winter ◆ **son visage était en pleine lumière** the light was shining straight into his face ou at him ◆ **en pleine obscurité** in complete ou utter darkness ◆ **oiseau en plein vol** bird in full flight ◆ **je suis en plein travail** I'm in the middle of (my) work, I'm hard at work ◆ **arriver en plein drame** to arrive in the middle of a crisis ◆ **enfant en pleine croissance** child who is growing fast ou shooting up ◆ **affaire en plein essor** rapidly expanding ou growing business

2 ADVERBE

**a** = en grande quantité dans, partout sur **il a des bonbons plein les poches** his pockets are full of ou stuffed with sweets ◆ **j'ai de l'encre plein les mains** I've got ink all over my hands, my hands are covered in ink ◆ **il a des jouets plein son placard** he's got a cupboardful ou a cupboard full of toys ◆ **en avoir plein le dos** * ou **le cul** ** **de qch** to be fed up with sth *, be sick and tired of sth *, be pissed off ** with sth ◆ **en avoir plein les jambes** * ou **les bottes** * ou **les pattes** * to be all-in *

**b** * = beaucoup

◆ **plein de** lots of, loads of * ◆ **il y a plein de bouteilles dans la cave/de gens dans la rue** the cellar/street is full of bottles/people, there are lots ou loads of bottles in the cellar/people in the street ◆ **un gâteau avec plein de crème** a cake with lots of ou plenty of cream ◆ **il a mis plein de chocolat sur sa veste** he's got chocolate all over his jacket ◆ **tu as des romans ? – j'en ai plein** have you any novels? – I've got loads; → **tout**

**c** = exactement vers **se diriger/donner plein ouest** to head/face due west

**d** expressions figées

◆ **à plein** fonctionner, tourner at full capacity; exploiter to the full ou maximum ◆ **utiliser à plein son potentiel/une machine/ses connaissances** to use one's potential/a machine/one's knowledge to the full, make full use of one's potential/a machine/one's knowledge ◆ **il faut profiter à plein de ces jours de congé** you should make the very most of your time off ◆ **le partenariat joue à plein dans notre entreprise** partnership plays a full role in our company

◆ **en plein** ◆ **la lumière frappait son visage en plein** the light was shining straight ou right into his face

◆ **en plein dans/sur/dedans** ◆ **en plein dans l'eau/l'œil** right ou straight in the water/the eye ◆ **la branche est tombée en plein sur la voiture** the branch fell right on top of the car ◆ **j'ai marché en plein dedans** I stepped right in it

3 NOM MASCULIN

**a** Aut full tank, tankful ◆ **faire le plein (d'essence)** to fill up ◆ **(faites) le plein, s'il vous plaît** fill it ou her * up please ◆ **on a fait deux pleins pour descendre jusqu'à Nice** we had to fill up twice to get down to Nice ◆ **faire le plein d'eau/d'huile** to top up the water/the oil ◆ **le théâtre fait le plein tous les soirs** the theatre has a full house every night ◆ **faire le plein de soleil** to get a good dose of the sun ◆ **mangez des fruits, faites le plein de vitamines** eat fruit and get a full dose of vitamins ◆ **la gauche a fait le plein des voix aux élections** the left got their maximum possible vote in the elections ◆ **la coalition n'a pas fait le plein de ses voix** the coalition didn't pick up its full quota of votes ◆ **j'ai fait le plein de sensations fortes au cours de ce voyage** I had lots of exciting experiences during the trip ◆ **j'ai fait le plein de souvenirs** I came back with lots of memories ◆ **tu as acheté beaucoup de conserves/livres – oui, j'ai fait le plein** * you bought lots of tins/books – yes I stocked up; → **battre**

**b** Archit solid

**c** Calligraphie downstroke

**pleinement** [plɛnmɑ̃] → SYN **adv** approuver wholeheartedly, fully ◆ **utiliser qch pleinement** to make full use of sth, use sth to the full ou fully ◆ **jouir pleinement de qch** to enjoy full use of sth ◆ **vivre pleinement** to live life to the full ◆ **pleinement responsable/satisfait de** wholly ou entirely ou fully responsible for/satisfied with ◆ **pleinement rassuré** completely ou totally reassured

**plein-emploi, plein emploi** [plɛnɑ̃plwa] **nm** full employment

**plein-temps,** pl **pleins-temps** [plɛ̃tɑ̃] **nm** (= emploi) full-time job ◆ **je fais un plein-temps** I work full time

**pléistocène** [pleistɔsɛn] 1 **adj** Pleistocene
2 **nm** ◆ **le pléistocène** the Pleistocene (period)

**plénier, -ière** [plenje, jɛʀ] → SYN **adj** plenary

**plénipotentiaire** [plenipɔtɑ̃sjɛʀ] → SYN **adj, nm** plenipotentiary; → **ministre**

**plénitude** [plenityd] → SYN **nf** [forme] plenitude (littér), fullness; [son] fullness, richness; [droit] completeness ◆ **réaliser ses désirs dans leur plénitude** to realize one's desires in their entirety ◆ **vivre la vie avec plénitude** to live one's life to the full ◆ **dans la plénitude de sa jeunesse/beauté** in the fullness of his youth/beauty (littér)

**plenum** [plenɔm] **nm** plenary session ou meeting

**pléonasme** [pleɔnasm] → SYN **nm** pleonasm

**pléonastique** [pleɔnastik] **adj** pleonastic

**plésiosaure** [plezjɔzɔʀ] **nm** plesiosaurus

**pléthore** [pletɔʀ] → SYN **nf** overabundance, plethora

**pléthorique** [pletɔʀik] → SYN **adj** nombre excessive; effectifs, documentation overabundant; classe overcrowded; (Méd) obese

**pleur** [plœʀ] → SYN **nm** **a** (littér) (= larme) tear; (= sanglot) sob ◆ **verser un pleur** (hum) to shed a tear
**b** (LOC) **en pleurs** in tears ◆ **il y aura des pleurs et des grincements de dents quand ...** there'll be much wailing and gnashing of teeth when ... ◆ **essuyer** ou **sécher les pleurs de qn** to wipe away ou dry sb's tears
**c** (Bot) bleeding

**pleurage** [plœʀaʒ] **nm** (Élec) wow

**pleural, e,** mpl **-aux** [plœʀal, o] **adj** pleural

**pleurant** [plœʀɑ̃] → SYN **nm** (Art) weeping figure

**pleurard, e** [plœʀaʀ, aʀd] (péj) 1 **adj** enfant whining (épith), who never stops crying; ton whimpering (épith), whining (épith)
2 **nm,f** crybaby *, whiner

**pleurer** [plœʀe] → SYN ▸ conjug 1 ◂ 1 **vi** **a** (= larmoyer) [personne] to cry, weep; [yeux] to water, run ◆ **s'endormir en pleurant** to cry oneself to sleep ◆ **pleurer de rire** to shed tears of laughter, laugh until one cries ◆ **pleurer de rage** to weep ou cry with rage, shed tears of rage ◆ **pleurer de joie** to cry ou weep for joy, shed tears of joy ◆ **pleurer d'avoir fait qch** to cry ou weep at ou over having done sth ◆ **j'ai perdu mon sac, j'en aurais pleuré** I lost my bag – I could have cried ou wept ◆ **il vaut mieux en rire que d'en pleurer** it's better to laugh (about it) than cry about ou over it ◆ **faire pleurer qn** to make sb cry, bring tears to sb's eyes ◆ **les oignons me font pleurer** onions make my eyes water ou make me cry ◆ **pleurer comme un veau** (péj) ou **une Madeleine** ou **à chaudes larmes** to cry one's eyes ou one's heart out ◆ **être sur le point de pleurer** to be almost in tears, be on the point ou verge of tears ◆ **aller pleurer dans le gilet de qn** * to run crying to sb ◆ **triste à (faire) pleurer** dreadfully ou terribly sad ◆ **bête à (faire) pleurer** pitifully stupid ◆ **c'est bête à (faire) pleurer** it's enough to make you weep
**b** **pleurer sur** to lament (over) ◆ **pleurer sur son propre sort** to bemoan one's lot
**c** (péj = réclamer) **elle est tout le temps à pleurer** she's always whining ou begging for something ◆ **pleurer après qch** to shout for sth ◆ **il a été pleurer à la direction pour obtenir une augmentation** he's been whingeing to the management about getting a rise
**d** (littér) [sirène, violon] to wail
2 **vt** **a** [+ personne] to mourn (for); [+ chose] to bemoan; [+ faute] to bewail, bemoan, lament ◆ **mourir sans être pleuré** to die unlamented ou unmourned ◆ **pleurer des larmes de joie** to weep ou shed tears of joy, weep for joy ◆ **pleurer des larmes de sang** to shed tears of blood ◆ **pleurer tout son soûl** ou **toutes les larmes de son corps** to cry one's

eyes out ◆ **pleurer misère** to cry poverty ◆ **pleurer sa jeunesse** to mourn for one's lost youth

**b** (péj) (= quémander) [+ augmentation, objet] to beg for; (= lésiner sur) [+ nourriture, fournitures] to begrudge, stint ◆ **il ne pleure pas sa peine** * he spares no effort ◆ **il ne pleure pas son argent** * he's very free with his money

**pleurésie** [plœʀezi] nf pleurisy ◆ **avoir une pleurésie** to have pleurisy

**pleurétique** [plœʀetik] adj pleuritic

**pleureur, -euse** [plœʀœʀ, øz] → SYN 1 adj **a** enfant whining (épith), always crying (attrib); ton tearful, whimpering (épith) ◆ **c'est un pleureur/une pleureuse** (pleurard) he/she is always crying; (péj : quémandeur) he/she is always begging for something

**b** (Bot) frêne, mûrier etc weeping; → **saule**

2 **pleureuse** nf (hired) mourner

**pleurite** [plœʀit] nf localized pleurisy

**pleurnichard, e** [plœʀniʃaʀ, aʀd] adj, nm,f ⇒ **pleurnicheur**

**pleurnichement** [plœʀniʃmɑ̃] nm ⇒ **pleurnicherie**

**pleurnicher** [plœʀniʃe] ▸ conjug 1 ◂ vi to snivel *, whine

**pleurnicherie** [plœʀniʃʀi] nf snivelling * (NonC), whining (NonC), grizzling * (Brit) (NonC)

**pleurnicheur, -euse** [plœʀniʃœʀ, øz] 1 adj enfant snivelling * (épith), whining (épith), grizzling * (Brit) (épith); ton whining (épith)

2 nm,f crybaby *, whiner, grizzler * (Brit)

**pleurodynie** [plœʀɔdini] nf pleurodynia

**pleuronectes** [plœʀɔnɛkt] nmpl ◆ **les pleuronectes** pleuronectids, the Pleuronectidae (SPÉC)

**pleuropneumonie** [plœʀopnømɔni] nf pleuropneumonia

**pleurote** [plœʀɔt] nf oyster mushroom, pleurotus (SPÉC)

**pleurotomie** [plœʀɔtɔmi] nf pleurotomy

**pleutre** [pløtʀ] → SYN (littér) 1 adj cowardly

2 nm coward

**pleutrerie** [pløtʀəʀi] nf (littér) (= caractère) cowardice; (= acte) act of cowardice

**pleuvasser** [pløvase], **pleuviner** [pløvine], **pleuvioter** [pløvjɔte] vb impers ▸ conjug 1 ◂ (= crachiner) to drizzle, spit (with rain); (par averses) to be showery

**pleuvoir** [pløvwaʀ] → SYN ▸ conjug 23 ◂ 1 vb impers to rain ◆ **il pleut** it's raining ◆ **les jours où il pleut** on rainy days ◆ **on dirait qu'il va pleuvoir** it looks like rain ◆ **il pleut à grosses gouttes** it's raining heavily ◆ **il pleut à flots** ou **à torrents** ou **à seaux** ou **à verse, il pleut des cordes** ou **des hallebardes** it's pouring (with rain) ◆ **il pleut comme vache qui pisse** ** it's pouring down, it's pissing it down ** (Brit) ◆ **qu'il pleuve ou qu'il vente** (come) rain or shine ◆ **il a reçu des cadeaux comme s'il en pleuvait** he was showered with presents ◆ **il ramasse de l'argent comme s'il en pleuvait** * he's raking it in *, he's raking in the money * ◆ **tu vas faire pleuvoir !** (hum) (à une personne qui chante mal) you'll shatter the (glass in the) windows! (hum)

2 vi [coups, projectiles] to rain down; [critiques, invitations] to shower down ◆ **faire pleuvoir des coups sur qn** to rain blows on sb ◆ **faire pleuvoir des injures sur qn** to shower insults on sb, subject sb to a torrent of insults ou abuse ◆ **les invitations pleuvaient sur lui** he was showered with invitations, invitations were showered on him

**pleuvoter** [pløvɔte] ▸ conjug 1 ◂ vb impers ⇒ **pleuvasser**

**plèvre** [plɛvʀ] nf pleura

**Plexiglas** ® [plɛksiglas] nm Perspex ®, Plexiglass ® (US)

**plexus** [plɛksys] nm plexus ◆ **plexus solaire** solar plexus

**pli** [pli] → SYN 1 nm **a** [tissu, rideau, ourlet, accordéon] fold; (Couture) pleat ◆ **(faux) pli** crease ◆ **faire un pli à un pantalon** (au fer) to put a crease in a pair of trousers; (par négligence) to crease a pair of trousers ◆ **jupe/robe à plis** pleated skirt/dress ◆ **son manteau est plein de plis** his coat is all creased ◆ **ton manteau fait un pli dans le dos** your coat has a crease at the back, your coat creases (up) at the back ◆ **son corsage est trop étroit, il fait des plis** her blouse is too tight – it's all puckered (up) ◆ **les plis et les replis de sa cape** the many folds of her cloak ◆ **il va refuser, cela ne fait pas un pli** * he'll refuse, no doubt about it ◆ **j'avais dit qu'elle oublierait, ça n'a pas fait de pli !** I'd said she'd forget and sure enough she did!

**b** (= jointure) [genou, bras] bend; (= bourrelet) [menton, ventre] (skin-)fold; (= ligne) [bouche, yeux] crease; (= ride) [front] crease, furrow, line ◆ **sa peau faisait des plis au coin des yeux/sur son ventre** his skin was creased round his eyes/made folds on his stomach ◆ **le pli de l'aine** the (fold of the) groin ◆ **les plis et les replis de son menton** the many folds under his chin, his quadruple chin (hum)

**c** (= forme) [vêtement] shape ◆ **garder un beau** ou **bon pli** to keep its shape ◆ **prendre un mauvais pli** [vêtement] to get crushed; [cheveux] to curl the wrong way; → **mise²**

**d** (= habitude) habit ◆ **prendre le pli de faire qch** to get into the habit of doing sth ◆ **il a pris un mauvais pli** he's got into a bad habit ◆ **c'est un pli à prendre !** you get used to it!

**e** (= enveloppe) envelope; (Admin = lettre) letter ◆ **sous ce pli** enclosed, herewith ◆ **sous pli cacheté** in a sealed envelope

**f** (Cartes) trick ◆ **faire un pli** to win ou take a trick

**g** (Géol) fold

2 COMP ▷ **pli d'aisance** (Couture) inverted pleat ▷ **pli creux** (Couture) box pleat ▷ **pli de pantalon** trouser crease ▷ **pli plat** (Couture) flat pleat ▷ **pli de terrain** fold in the ground, undulation

**pliable** [plijabl] → SYN adj pliable, flexible

**pliage** [plijaʒ] nm (= action) folding; (= feuille) folded piece of paper ◆ **l'art du pliage** origami

**pliant, e** [plijɑ̃, ɑ̃t] → SYN 1 adj lit, table, vélo collapsible, folding (épith); mètre folding (épith); canot collapsible

2 nm folding ou collapsible (canvas) stool, campstool

**plie** [pli] → SYN nf plaice

**plié** [plije] nm (Danse) plié

**plier** [plije] → SYN ▸ conjug 7 ◂ 1 vt **a** [+ papier, tissu] (gén) to fold; (= ranger) to fold up ◆ **plier le coin d'une page** to fold over ou fold down ou turn down the corner of a page

**b** (= rabattre) [+ lit, table, tente] to fold up; [+ éventail] to fold; [+ livre, cahier] to close (up); [+ volets] to fold back ◆ **plier bagage** (fig) to pack up (and go) ◆ **on leur fit rapidement plier bagage** they were sent packing *

**c** (= ployer) [+ branche] to bend; [+ genou, bras] to bend, flex ◆ **plier le genou devant qn** (lit) to go down on one knee before sb; (fig) to bow before sb ◆ **être plié par l'âge** to be bent (double) with age ◆ **être plié (en deux), être plié de rire** to be doubled up with laughter ◆ **être plié de douleur** to be doubled up with pain

**d** [+ personne] **plier qn à une discipline** to force a discipline upon sb ◆ **plier qn à sa volonté** to bend sb to one's will ◆ **plier qn à sa loi** to lay down the law to sb

**e** ( * = endommager) [+ voiture] to wreck

2 vi **a** [arbre, branche] to bend (over); [plancher, paroi] to sag, bend over ◆ **les branches pliant sous le poids des pêches** the branches bending ou sagging under the weight of the peaches ◆ **faire plier le plancher sous son poids** to make the floor sag beneath one's weight ◆ **plier sous le poids des soucis/des ans** to be weighed down by worry/the years

**b** (= céder) [personne] to yield, give in, knuckle under; [armée] to give way, lose ground; [résistance] to give way ◆ **plier devant l'autorité** to give in ou yield ou bow to authority ◆ **faire plier qn** to make sb give in ou knuckle under ◆ **notre défense plie mais ne rompt pas** (Sport) our defence is weakening but isn't breaking down completely

3 **se plier** vpr **a** [meuble, objet] to fold (up)

**b** **se plier à** [+ règle] to submit to, abide by; [+ discipline] to submit o.s. to; [+ circonstances] to bow to, submit to, yield to; [+ désirs, caprices de qn] to give in to, submit to

**plieur, -ieuse** [plijœʀ, jøz] 1 nm,f (= ouvrier) folder

2 **plieuse** nf (= machine) [papier] folder; [tôles] folding machine

**Pline** [plin] nm Pliny

**plinthe** [plɛ̃t] → SYN nf (gén) skirting board; (Archit) plinth

**pliocène** [plijɔsɛn] 1 adj Pliocene

2 nm ◆ **le pliocène** the Pliocene

**plioir** [plijwaʀ] nm (Tech) folder; (Pêche) winder

**plissage** [plisaʒ] nm pleating

**plissé, e** [plise] → SYN (ptp de **plisser**) 1 adj jupe pleated; terrain folded; peau creased, wrinkled

2 nm pleats ◆ **plissé soleil** sunray pleats

**plissement** [plismɑ̃] → SYN nm **a** [lèvres] puckering (up); [yeux] screwing up; [front] creasing; [nez] wrinkling

**b** [papier] folding

**c** (Géol) folding ◆ **le plissement alpin** the folding of the Alps ◆ **plissement de terrain** fold

**plisser** [plise] → SYN ▸ conjug 1 ◂ 1 vt **a** [+ jupe] to pleat, put pleats in; [+ papier] to fold (over)

**b** [+ lèvres, bouche] to pucker (up); [+ yeux] to screw up; [+ nez] to wrinkle ◆ **un sourire plissa son visage** his face creased into a smile ◆ **il plissa le front** he knitted his brow ◆ **une ride lui plissa le front** a wrinkle furrowed his brow

**c** (= froisser) [+ vêtement] to crease

**d** (Géol) to fold

2 vi [vêtement] to be creased ◆ **elle a les bas qui plissent** her stockings are wrinkled

3 **se plisser** vpr **a** [front] to crease, furrow; [lèvres, bouche] to pucker (up); [nez] to wrinkle

**b** (= se froisser) to become creased ◆ **le lin se plisse très facilement** linen creases easily ou is easily creased

**plisseur, -euse** [plisœʀ, øz] 1 nm,f (= ouvrier) pleater

2 **plisseuse** nf pleating machine

**plissure** [plisyʀ] nf pleats

**pliure** [plijyʀ] nf fold; [bras, genou] bend; (Typo) folding

**ploc** [plɔk] excl plop!

**ploiement** [plwamɑ̃] nm bending

**plomb** [plɔ̃] → SYN nm **a** (= métal) lead ◆ **de plomb** tuyau lead; soldat tin; ciel leaden; soleil blazing; sommeil deep, heavy ◆ **j'ai des jambes de plomb** my legs are ou feel like lead ◆ **sans plomb** essence unleaded, lead-free ◆ **il n'a pas de plomb dans la tête** ou **la cervelle** he's featherbrained ◆ **ça lui mettra du plomb dans la tête** ou **la cervelle** that will knock some sense into him

**b** (Chasse) (lead) shot (NonC) ◆ **j'ai trouvé trois plombs dans le lièvre en le mangeant** I found three pieces of (lead) shot in the hare when I was eating it ◆ **du gros plomb** buckshot ◆ **du petit plomb** small shot ◆ **avoir du plomb dans l'aile** (fig) to be in a bad way

**c** (Pêche) sinker; (Typo) type; [vitrail] lead; (= sceau) (lead) seal; (Élec = fusible) fuse; (Couture) lead weight ◆ **plomb (de sonde)** (Naut) sounding lead ◆ **les plombs ont sauté** the fuses have blown ou gone; → **péter 2b**

**d** (LOC) **mettre un mur à plomb** to plumb a wall ◆ **le soleil tombe à plomb** the sun is blazing straight down

**plombage** [plɔ̃baʒ] → SYN nm **a** [dent] filling ◆ **j'ai perdu mon plombage** my filling has come out

**b** [canne, ligne, rideaux] weighting (with lead)

**c** [colis, wagon] sealing (with lead)

**plombagine** [plɔ̃baʒin] → SYN nf plumbago, graphite

**plombe** ** [plɔ̃b] nf hour ◆ **ça fait deux plombes que j'attends** I've been waiting two hours now ◆ **à trois plombes du matin** at three o'clock in the morning

**plombé, e** [plɔ̃be] → SYN (ptp de **plomber**) 1 adj teint, couleur, ciel leaden; essence leaded; dent filled ◆ **canne plombée** ou **à bout plombé** walking stick with a lead(en) tip

2 **plombée** nf (= arme) bludgeon; (Pêche) sinkers, weights

**plombémie** [plɔ̃bemi] nf plasma lead level

**plomber** [plɔ̃be] ▸ conjug 1 ◂ 1 vt a (Méd) [+ dent] to fill, put a filling in

b (= garnir de plomb) [+ canne, ligne, rideaux] to weight (with lead)

c (= sceller) [+ colis, wagon] to seal (with lead), put a lead seal on

d (Constr) [+ mur] to plumb

e (Agr) to tamp (down)

f (= colorer en gris) to turn leaden

g (Fin) **les nouveaux investissements ont plombé les comptes de l'entreprise** the new investments have been a drain on the company accounts

h (‡ = contaminer) to infect

2 **se plomber** vpr [ciel] to turn leaden; [visage] to become livid

**plomberie** [plɔ̃bʀi] nf (= métier, installations) plumbing; (= atelier) plumber's (work)shop; (= industrie) lead industry ◆ **faire de la plomberie** to do some plumbing

**plombeur** [plɔ̃bœʀ] nm (Agr) roller

**plombier** [plɔ̃bje] nm a (= ouvrier) plumber

b (* = agent secret) mole*, spy *(who plants bugs)*

**plombières** [plɔ̃bjɛʀ] nf inv tutti-frutti (ice cream)

**plombifère** [plɔ̃bifɛʀ] adj plumbiferous

**plombure** [plɔ̃byʀ] nf [vitrail] armature

**plonge** * [plɔ̃ʒ] nf dishwashing, washing-up *(in restaurant)* ◆ **faire la plonge** to do the washing-up

**plongé, e**[1] [plɔ̃ʒe] (ptp de **plonger**) adj ◆ **plongé dans** [+ obscurité, désespoir, misère] plunged in; [+ vice] steeped in; [+ méditation, pensées] immersed in, deep in ◆ **plongé dans la lecture d'un livre** buried ou immersed in a book ◆ **plongé dans le sommeil** sound asleep, in a deep sleep

**plongeant, e** [plɔ̃ʒɑ̃, ɑ̃t] adj décolleté, tir plunging ◆ **vue plongeante** view from above

**plongée**[2] [plɔ̃ʒe] → SYN nf a [nageur, sous-marin, gardien de but] dive ◆ **faire de la plongée** to go diving ◆ **effectuer plusieurs plongées** to make several dives ◆ **en plongée, le sous-marin ...** when diving, the submarine ... ◆ **plongée sous-marine** (gén) diving; (avec scaphandre autonome) skin ou scuba diving ◆ **plongée avec tuba** snorkelling ◆ **plongée avec bouteille(s)** diving with breathing apparatus ◆ **l'avion a fait une plongée sur la ville** the plane swooped down over the town ◆ **cette plongée dans la préhistoire/le passé** (fig) this journey deep into prehistory/the past

b [cours, monnaie] (nose-)dive

c (Ciné = prise de vue) high angle shot ◆ **faire une plongée sur qch** to take a high angle shot of sth ◆ **en plongée verticale** from above

**plongeoir** [plɔ̃ʒwaʀ] nm diving board

**plongeon**[1] [plɔ̃ʒɔ̃] nm (Ftbl, Natation) dive ◆ **faire un plongeon** [nageur] to dive; [gardien de but] to make a dive, dive; (= tomber) to go head over heels ◆ **faire le plongeon** [société] to go under suddenly; [prix, valeurs] to nose-dive, take a nose dive

**plongeon**[2] [plɔ̃ʒɔ̃] nm (= oiseau) diver (Brit), loon (US)

**plonger** [plɔ̃ʒe] → SYN ▸ conjug 3 ◂ 1 vi a [personne, sous-marin] to dive (*dans* into; *sur* on, onto); [avion, oiseau] to dive, swoop; [gardien de but] to dive, make a dive ◆ **l'avion a plongé sur son objectif** the plane dived (down) ou swooped down towards its target ◆ **l'oiseau plongea sur sa proie** the bird swooped (down) onto its prey

b [route, terrain] to plunge (down), dip (sharply ou steeply); [racines] to go down ◆ **plonger dans le sommeil** to fall (straight) into a deep sleep ◆ **mon regard plongeait sur la vallée** I gazed down on the valley ◆ **il a plongé dans l'alcool/la drogue** he turned to drink/to drugs ◆ **il a plongé dans la dépression** he sank into a deep depression

c [société] to go under; [prix, valeurs] to nose-dive, take a nose-dive, plummet; [notes scolaires] to plummet

d (arg Crime) [truand] to get busted* ou done* (Brit) (*pour* for)

2 vt ◆ **plonger qch dans** [+ sac] to plunge ou thrust sth into; [+ eau] to plunge sth into ◆ **plonger qn dans** [+ obscurité, misère, sommeil, méditation, vice] to plunge sb into; [+ désespoir] to throw ou plunge sb into ◆ **il plongea sa main dans sa poche pour prendre son mouchoir** he plunged his hand into his pocket to get his handkerchief out ◆ **plonger qn dans la surprise** to surprise sb greatly ◆ **vous me plongez dans l'embarras** you've put me in a difficult position ◆ **il lui plongea un poignard dans le cœur** he plunged a dagger into his heart ◆ **plante qui plonge ses racines dans le sol** plant that thrusts its roots deep into the ground ◆ **plonger son regard sur/vers** to cast one's eyes at/towards ◆ **il plongea son regard dans mes yeux** he looked deeply into my eyes

3 **se plonger** vpr ◆ **se plonger dans** [+ études, lecture] to bury ou immerse o.s. in, throw o.s. into; [+ dossier, eau, bain] to plunge into, immerse o.s. in ◆ **se plonger dans le vice** to throw o.s. into a life of vice

**plongeur, -euse** [plɔ̃ʒœʀ, øz] 1 adj diving

2 nm,f a (Sport) diver ◆ **plongeur sous-marin** (gén) diver; (sans scaphandre) skin diver; → **cloche**

b [restaurant] dishwasher, washer-up (Brit)

3 nm (= oiseau) diver (Brit), loon (US)

**plosive** [ploziv] nf plosive

**plot** [plo] → SYN nm (Élec) contact; [billard électrique] pin ◆ **plot (de départ)** [piscine] (starting) block

**plouc** * [pluk] 1 nm (péj) (= paysan) country bumpkin; (= crétin) ninny*

2 adj ◆ **il est plouc** he's a ninny* ◆ **sa robe fait plouc** her dress looks dowdy

**plouf** [pluf] excl splash! ◆ **il est tombé dans l'eau avec un gros plouf** he fell into the water with a splash ◆ **la pierre a fait plouf en tombant dans l'eau** the stone made a splash as it fell into the water

**ploutocrate** [plutɔkʀat] → SYN nm plutocrat

**ploutocratie** [plutɔkʀasi] → SYN nf plutocracy

**ploutocratique** [plutɔkʀatik] adj plutocratic

**ployer** [plwaje] → SYN ▸ conjug 8 ◂ (littér) 1 vi [branche, dos] to bend; [poutre, plancher] to sag; [genoux, jambes] to give way, bend; [armée] to yield, give in; [résistance] to give way ◆ **faire ployer le plancher sous son poids** to make the floor sag beneath one's weight ◆ **ployer sous l'impôt** to be weighed down by taxes ◆ **notre défense ploie mais ne rompt pas** (Sport) our defence is weakening but not breaking down completely ◆ **ployer sous le joug** (fig) to bend beneath the yoke

2 vt to bend ◆ **ployer un pays sous son autorité** to make a country bow down ou submit to one's authority

**pluches** [plyʃ] nfpl a (arg Mil) **être de (corvée de) pluches** to be on potato-peeling ou spud-bashing* (Brit) duty

b (Culin) **pluches de cerfeuil** chervil sprigs

**pluie** [plɥi] → SYN nf a (gén) rain; (= averse) shower (of rain) ◆ **les pluies** the rains ◆ **la saison des pluies** the rainy season ◆ **le temps est à la pluie** we're in for some rain, it looks like rain ◆ **jour/temps de pluie** wet ou rainy day/weather ◆ **sous la pluie** in the rain ◆ **pluie battante** driving ou lashing rain ◆ **pluie diluvienne** pouring rain (NonC), downpour ◆ **pluie fine** drizzle ◆ **une pluie fine tombait** it was drizzling ◆ **pluie jaune/acide** yellow/acid rain

b [cadeaux, cendres] shower; [balles, pierres, coups] hail, shower ◆ **en pluie** in a shower ◆ **tomber en pluie** to shower down ◆ **versez le riz en pluie** (Culin) add the rice gradually

c (Loc) **après la pluie (vient) le beau temps** (lit) the sun is shining again after the rain; (fig) everything's fine again ◆ **faire la pluie et le beau temps** (fig) to call the shots* ◆ **il n'est pas né** ou **tombé de la dernière pluie** (fig) he wasn't born yesterday ◆ (Prov) **petite pluie abat grand vent** a small effort can go a long way; → **ennuyeux, parler**

**plumage** [plymaʒ] → SYN nm plumage (NonC), feathers

**plumard** ‡ [plymaʀ] nm bed ◆ **aller au plumard** to turn in*, hit the hay* ou the sack*

**plume** [plym] → SYN 1 nf a [oiseau] feather ◆ **chapeau à plumes** feathered hat, hat with feathers ◆ **oreiller/lit de plumes** feather pillow/bed ◆ **être aussi léger qu'une plume, ne pas peser plus lourd qu'une plume** to be as light as a feather ◆ **soulever qch comme une plume** to lift sth up as if it weighed practically nothing ◆ **se mettre dans les plumes*** to hit the sack* ou the hay*, turn in* ◆ **il y a laissé des plumes*** (gén) he came off badly; (financièrement) he got his fingers burnt ◆ **il perd ses plumes*** (hum) his hair is falling out, he's going bald; → **gibier, poids, voler**[1]

b (pour écrire) (d'oiseau) quill (pen); (en acier) (pen) nib ◆ **écrire à la plume** (= stylo) to write with a fountain pen ◆ **plume d'oie** goose quill ◆ **dessin à la plume** pen-and-ink drawing ◆ **écrire au fil** ou **courant de la plume** to write just as the ideas come to one ou come into one's head ◆ **il a la plume facile** writing comes easy to him ◆ **vivre de sa plume** to live by writing ou by one's pen ◆ **prendre la plume pour ...** to take up one's pen to ..., put pen to paper to ... ◆ **il a pris sa plus belle plume pour écrire au percepteur** (hum) he wrote the tax inspector a very elaborate letter ◆ **je lui passe la plume** (dans une lettre) I'll hand over to him, I'll let him carry on ◆ **tremper sa plume dans le poison** (fig) to steep one's pen in venom; → **homme**

c (Pêche) quill

d [coquille] pen

2 nm ⇒ **plumard**

3 comp ▷ **plume à vaccin** vaccine point

**plumeau, pl plumeaux** [plymo] → SYN nm feather duster

**plumer** [plyme] → SYN ▸ conjug 1 ◂ vt a [+ volaille] to pluck

b * [+ personne] to fleece* ◆ **se faire plumer** to be ou get fleeced*

**plumet** [plymɛ] → SYN nm plume

**plumetis** [plym(ə)ti] nm (= tissu) Swiss muslin; (= broderie) raised satin stitch

**plumeuse** [plymøz] nf (= machine) plucker

**plumeux, -euse** [plymø, øz] adj feathery

**plumier** [plymje] nm pencil box

**plumitif** [plymitif] → SYN nm (péj) (= employé) penpusher (péj); (= écrivain) scribbler (péj)

**plum-pouding, pl plum-poudings, plum-pudding, pl plum-puddings** [plumpudiŋ] nm (rich) fruit cake

**plumule** [plymyl] nf [duvet] plumule

**plupart** [plypaʀ] GRAMMAIRE ACTIVE 26.1 → SYN nf ◆ **la plupart des gens** most people, the majority of people ◆ **la plupart des gens qui se trouvaient là** most of the people there ◆ **la plupart (d'entre eux) pensent que ...** most (of them) ou the majority (of them) think that ... ◆ **dans la plupart des cas** in most cases, in the majority of cases ◆ **pour la plupart** mostly, for the most part ◆ **ces gens qui, pour la plupart, avaient tout perdu** these people who, for the most part, had lost everything, these people, most of whom had lost everything ◆ **la plupart du temps** most of the time ◆ **la plupart de mon temps** most of my time, the greater part of my time

**plural, e, mpl -aux** [plyʀal, o] adj vote plural

**pluralisme** [plyʀalism] nm pluralism

**pluraliste** [plyʀalist] 1 adj pluralistic

2 nmf pluralist

**pluralité** [plyʀalite] → SYN nf multiplicity, plurality

**pluriannuel, -elle** [plyʀianɥɛl] adj contrat long-term; (Bot) perennial

**pluricellulaire** [plyʀiselylɛʀ] adj pluricellular

**pluriculturel, -elle** [plyʀikyltyʀɛl] adj multicultural

**pluridisciplinaire** [plyʀidisiplinɛʀ] → SYN adj (Scol) pluridisciplinary, multidisciplinary

**pluridisciplinarité** [plyʀidisiplinaʀite] nf pluridisciplinarity, multidisciplinary nature

**pluriel, -elle** [plyʀjɛl] → SYN 1 adj plural ◆ **c'est une œuvre plurielle** livre, pièce de théâtre it is a work which can be read (ou understood etc ) on many different levels

2 nm plural ◆ **au pluriel** in the plural ◆ **la première personne du pluriel** the first person plural ◆ **le pluriel de majesté** the royal "we" ◆ **le pluriel de "cheval" est "chevaux"** the plural of "cheval" is "chevaux"

**pluriethnique** [plyʀiɛtnik] adj multiethnic

**plurifonctionnalité** [plyʀifɔ̃ksjɔnalite] nf [appareil, salle] versatility

**plurilatéral, e,** mpl **-aux** [plyʀilateʀal, o] **adj** multilateral

**plurilingue** [plyʀilɛ̃g] **adj** multilingual

**plurilinguisme** [plyʀilɛ̃gɥism] **nm** multilingualism

**plurinational, e,** mpl **-aux** [plyʀinasjɔnal, o] **adj** multinational

**pluripartisme** [plyʀipaʀtism] **nm** (Pol) multiparty system

**plurivalent, e** [plyʀivalɑ̃, ɑ̃t] → SYN **adj** multivalent, polyvalent

# plus

1 ADVERBE DE NÉGATION
2 ADVERBE (emploi comparatif)
3 ADVERBE (emploi superlatif)
4 CONJONCTION
5 NOM MASCULIN
6 COMPOSÉS

Lorsque **plus** s'emploie dans des locutions telles que **d'autant plus, raison de plus, tant et plus, à plus forte raison, non ... plus** etc, cherchez à l'autre mot.

## 1 ADVERBE DE NÉGATION

[ply] devant consonne et en fin de phrase, [plyz] devant voyelle.

♦ **(ne +)** verbe + **plus** (temps) not any longer or any more, no longer; (quantité) no more, not any more ◆ **il ne la voit plus** he no longer sees her, he doesn't see her any more ◆ **il n'a plus besoin de son parapluie** he doesn't need his umbrella any longer or any more ◆ **il n'a plus à s'inquiéter/travailler maintenant** he doesn't need to worry/work any more now ◆ **je ne reviendrai plus/plus jamais** I won't/I'll never come back again ◆ **il n'a plus dit un mot** he didn't say another word (after that) ◆ **il n'est plus là, il est plus là*** he isn't here anymore ◆ **son père n'est plus** (euph) his father has passed away (euph) ◆ **elle n'est plus très jeune** she's not as young as she used to be ◆ **plus besoin de rester !** there's no need to stay now ◆ **t'as plus faim ?*** aren't you hungry any more?;

♦ **plus de** + nom ◆ **elle n'a plus de pain/d'argent** she's got no more or she hasn't got any more bread/money, she's got no (more) bread/money left ◆ **elle ne veut plus de pain** she doesn't want any more bread ◆ **il n'y a plus guère** or **beaucoup de pain** there's hardly any bread left ◆ **il n'y a plus d'enfants/de jeunesse !** (hum) children/young people aren't what they used to be! ◆ **plus de doute !** there's no longer any doubt about it ◆ **plus de vin, merci** no more wine, thank you ◆ **des fruits ? y en a plus*** fruit? there's none left or there's no more left or there isn't any (more) left

♦ **plus que** (= seulement) ◆ **il n'y a plus que des miettes** there are only crumbs left, there's nothing left but crumbs ◆ **ça ne tient plus qu'à elle** it's up to her now ◆ **il n'y a (guère) plus que huit jours avant les vacances** there's only (about) a week to go before the holidays ◆ **il ne nous reste plus qu'à attendre** all we've got to do now is wait ◆ **il ne me reste plus qu'à vous dire au revoir** it only remains for me to say goodbye ◆ **plus que 5 km à faire** only another 5 km to go

♦ **plus rien/personne/aucun** ◆ **il n'y a plus rien** there's nothing left ◆ **il n'y a plus rien d'autre à faire** there's nothing else to do ◆ **on n'y voit presque plus rien** you can hardly see anything now ◆ **(il n'y a) plus personne à la maison** there's no one left in the house ◆ **il n'y a plus aucun espoir** there's no hope left

## 2 ADVERBE (EMPLOI COMPARATIF)

[ply] devant consonne, [plyz] devant voyelle, [plys] en fin de phrase, [ply(s)] devant **que**.

**a** verbe + **plus (que)** ◆ **il devrait sortir/lire plus** he should go out/read more ◆ **vous travaillez plus (que nous)** you work more (than us) ◆ **il ne gagne pas plus (que vous)** he doesn't earn any more (than you) ◆ **j'aime la poésie plus que tout au monde** I like poetry more than anything (else) in the world ◆ (Prov) **plus fait douceur que violence** kindness succeeds where force will fail

**b** **plus** + adjectif ou adverbe court (+ **que**)

Lorsque l'adjectif ou l'adverbe est court, c'est-à-dire qu'il n'a qu'une ou deux syllabes, son comparatif se forme généralement avec **-er** :

◆ **il est plus foncé/large (que l'autre)** it's darker/wider (than the other one) ◆ **elle n'est pas plus grande (que sa sœur)** she isn't any taller or she is no taller (than her sister) ◆ **il est plus vieux qu'elle de 10 ans** he's 10 years older than her or than she is or than she (frm) ◆ **il court plus vite (qu'elle)** he runs faster (than her or than she does) ◆ **une heure plus tôt/tard** an hour earlier/later ◆ **ne venez pas plus tard que 6 heures** don't come any later than 6 o'clock

Lorsque l'adjectif se termine par **y**, son comparatif est formé avec **-ier** :

◆ **elle est plus jolie/bête** she's prettier/sillier ◆ **c'était plus drôle** it was funnier

Lorsque l'adjectif n'a qu'une syllabe avec une voyelle brève et se termine par une consonne, il y a doublement de cette consonne finale :

◆ **il est plus gros/mince** he's bigger/slimmer

Certains mots de deux syllabes admettent les deux types de comparatifs mais l'usage privilégie une forme plutôt que l'autre :

◆ **c'est plus simple** it's simpler, it's more simple ◆ **cette méthode est plus courante que l'autre** this method is more common or is commoner than the other one ◆ **plus souvent que tu ne le penses** more often than you think, oftener than you think

Certaines terminaisons telles que **-ing, -ed, -s, -ly** interdisent l'ajout du suffixe de comparaison sur des mots de deux syllabes :

◆ **il est plus malin** he's more cunning ◆ **c'est encore plus pompeux** it's even more pompous ◆ **pour y arriver plus rapidement** to get there more quickly ◆ **prends-le plus doucement** take hold of it more gently

Attention aux comparatifs irréguliers :

◆ **c'est plus loin** it's further, it's farther

Notez les autres traductions possibles lorsque la comparaison porte sur une même personne ou un même objet :

◆ **il est plus bête que méchant** he's stupid rather than malicious, he's more stupid than malicious ◆ **c'est plus agaçant que douloureux** it's not so much painful as annoying, it's more annoying than painful

**c** **le plus** + adjectif ou adverbe long

Lorsque l'adjectif ou l'adverbe est long, c'est-à-dire qu'il a au moins trois syllabes, son comparatif se forme généralement avec **more** :

◆ **il est plus compétent (que vous/moi)** he is more competent (than you (are)/than me or than I am or than I (frm)) ◆ **beaucoup plus facilement** much more or a lot more easily

MAIS ◆ **il est plus malheureux que jamais** he's unhappier than ever

Notez l'emploi possible de **as** pour traduire les expressions avec **fois** :

◆ **deux fois plus souvent que ...** twice as often as ... ◆ **deux ou trois fois plus cher que ...** two or three times more expensive than ..., two or three times as expensive as ... ◆ **il est deux fois plus âgé qu'elle** he's twice as old as her, he's twice her age

♦ **à plus tard!, à plus!*** see you later!

**d** **plus que** + adjectif ou adverbe ◆ **il est plus qu'intelligent** he's clever to say the least ◆ **un résultat plus qu'honorable** a more than honourable result, an honourable result to say the least ◆ **plus que jamais** more than ever ◆ **je lui ai parlé plus que gentiment** I spoke to him most kindly ◆ **j'en ai plus qu'assez !** I've had more than enough of this!

**e** **de plus** (comparaison) ◆ **elle a 10 ans de plus (que lui)** she's 10 years older (than him) ◆ **il y a dix personnes de plus (qu'hier)** there are ten more people (than yesterday) ◆ **ça leur a pris dix minutes de plus (que la veille)** it took them ten minutes longer (than the day before)

(= en outre) furthermore, what is more, moreover

(= encore) ◆ **une fois de plus** once more, once again ◆ **il me faut une heure de plus** I need one more or another hour

♦ **de plus en plus** more and more ◆ **il fait de plus en plus beau** the weather's getting better and better ◆ **aller de plus en plus vite** to go faster and faster ◆ **de plus en plus drôle** funnier and funnier, more and more funny

♦ **en plus** (= en supplément) ◆ **les frais d'envoi sont en plus** postal charges are extra or are not included ◆ **on nous a donné deux verres en plus** we were given two more or extra glasses; (= de trop) we were given two glasses too many; (= en prime) we were given two glasses free ◆ **vous n'avez pas une chaise en plus ?** you wouldn't have a spare chair? ◆ **elle a choisi le même chapeau avec les fleurs en plus** she chose the same hat but with flowers on it ◆ **il est doué, rapide, et en plus il travaille !** he's talented, quick and on top of that or and what's more he's a good worker!;

♦ **en plus** + adjectif ◆ **il ressemble à sa mère, mais en plus blond** he's like his mother only fairer ◆ **je cherche le même genre de maison en plus grand** I'm looking for the same kind of house only bigger

♦ **en plus de** ◆ **en plus de son travail, il prend des cours du soir** on top of his work, he's taking evening classes ◆ **en plus de cela** on top of (all) that, in addition to that

♦ **... et plus** ◆ **les enfants de six ans et plus** children aged six and over ◆ **les familles de trois enfants et plus** families with three or more children ◆ **10 000 € et plus** €10,000 and more or and over

♦ **ni plus ni moins** ◆ **il est compétent, mais ni plus ni moins que sa sœur** he's competent, but neither more (so) nor less so than his sister ◆ **elle est secrétaire, ni plus ni moins** she's just a secretary, no more no less ◆ **c'est du vol, ni plus ni moins** it's sheer or daylight robbery ◆ **il envisage, ni plus ni moins, de licencier la moitié du personnel** (iro) he's considering sacking half of the staff, no less

♦ **plus de** (= davantage de) ◆ **(un peu) plus de pain** (a little or a bit) more bread ◆ **j'ai plus de pain que vous** I've got more bread than you (have) ◆ **il y aura (beaucoup) plus de monde demain** there will be (a lot or many) more people tomorrow ◆ **il n'y aura pas plus de monde demain** there won't be any more people tomorrow

(= au-delà de) ◆ **il y aura plus de 100 personnes** there will be more than or over 100 people ◆ **à plus de 100 mètres d'ici** more than or over 100 metres from here ◆ **il roulait à plus de 100 km/h** he was driving at over 100 km per hour ◆ **les enfants de plus de 4 ans** children over 4 ◆ **les plus de 30/40 ans** the over 30s/40s ◆ **il n'y avait pas plus de 10 personnes** there were no more than 10 people ◆ **il est plus de 9 heures** it's after or past or gone* 9 o'clock ◆ **plus d'un** more than one ◆ **plus d'un aurait refusé** many would have refused

♦ **plus ..., moins ...** the more ..., the less ◆ **plus on le connaît, moins on l'apprécie** the more you get to know him, the less you like him

♦ **plus ..., plus ...** the more ..., the more ... ◆ **plus il en a, plus il en veut** the more he has, the more he wants ◆ **plus on boit, plus on a soif** the more you drink, the thirstier you get ◆ **plus ça change, plus c'est la même chose** plus ça change ... ◆ (Prov) **plus on est de fous, plus on rit** or **s'amuse** the more the merrier

♦ **plus ou moins** (= à peu près, presque) more or less ◆ **ils sont plus ou moins fiancés** they're more or less engaged ◆ **des pratiques plus ou moins douteuses** more or less shady practices ◆ **à plus ou moins long terme** sooner or later ◆ **je l'ai trouvé plus ou moins sympathique** (= pas très) I didn't find him very friendly ◆ **est-elle efficace ? – plus ou moins** is she efficient? – not particularly ◆ **les gens sont plus ou moins réceptifs à la publicité** (variant avec les individus) some people are more receptive to advertising than others; (selon leur humeur etc) people can be more or less receptive to advertising ◆ **il supporte plus ou moins bien cette**

**situation** he just about puts up with the situation ◆ **je le connais plus ou moins** I know him vaguely ◆ **ils utilisent cette méthode avec plus ou moins de succès/d'enthousiasme** they use this method with varying degrees of success/of enthusiasm

◆ **qui plus est** furthermore, what's more, moreover

3 ADVERBE (EMPLOI SUPERLATIF)

[ply(s)] devant consonne, [plyz] devant voyelle, [plys] en fin de phrase.

**a** verbe + **le plus** ◆ **ce qui m'a frappé le plus** what struck me most ◆ **ce qui les a le plus étonnés** what surprised them (the) most ◆ **ce que j'aime le plus** what I most like, what I like (the) most ou (the) best

**b** **le plus** + adjectif ou adverbe court

Lorsque l'adjectif ou l'adverbe est court, c'est-à-dire qu'il n'a qu'une ou deux syllabes, son superlatif se forme avec **-est** :

◆ **c'est le plus grand peintre qui ait jamais vécu** he is the greatest painter that ever lived ◆ **il a couru le plus vite** he ran the fastest

Lorsque l'adjectif se termine par **y** son superlatif se forme avec **-iest** :

◆ **c'est la plus jolie/bête** she's the prettiest/silliest ◆ **c'était le moment le plus drôle du film** that was the funniest part of the film

Lorsque l'adjectif n'a qu'une syllabe avec une voyelle brève et se termine par une consonne, il y a doublement de cette consonne finale :

◆ **c'est le plus gros/mince** he's the biggest/slimmest

Certains mots de deux syllabes admettent les deux types de superlatifs mais l'usage privilégie une forme plutôt que l'autre :

◆ **c'est le plus simple** it's the simplest, it's the most simple ◆ **c'est la méthode la plus courante** it's the commonest ou the most common method

Certaines terminaisons telles que **-ing, -ed, -s, -ly** interdisent l'ajout du suffixe sur des mots de deux syllabes :

◆ **l'enfant le plus doué que je connaisse/de la classe** the most gifted child I've (ever) met/in the class ◆ **c'est la partie la plus ennuyeuse** it's the most boring part ◆ **c'est ce que j'ai de plus précieux** it's the most precious thing I possess ◆ **c'est le livre que je lis le plus souvent** it's the book I read most often

Attention aux superlatifs irréguliers :

◆ **c'est le plus loin** it's the furthest, it's the farthest

Lorsque la comparaison se fait entre deux personnes ou deux choses, on utilise la forme du comparatif :

◆ **le plus petit (des deux)** the smaller (of the two) MAIS ◑ **le plus petit (de tous)** the smallest (of all)

**c** **le plus** + adjectif ou adverbe long

Lorsque l'adjectif ou l'adverbe est long, c'est-à-dire qu'il a au moins trois syllabes, son superlatif se forme généralement avec **the most** :

◆ **c'est le plus intéressant** it's the most interesting ◆ **le plus beau de tous mes livres** the most beautiful of all my books MAIS ◑ **c'est la personne la plus désordonnée que je connaisse** she's the untidiest person I know

Attention : lorsque la comparaison se fait entre deux personnes ou deux choses, on utilise la forme du comparatif :

◆ **le plus beau (des deux)** the more beautiful (of the two)

**d** **le plus de** + nom ◆ **c'est nous qui avons cueilli le plus de fleurs** we've picked the most flowers ◆ **c'est le samedi qu'il y a le plus de monde** it's on Saturdays that there are the most people ◆ **les films qui rapportent le plus d'argent** the films that make the most money ◆ **ce qui m'a donné le plus de mal** the thing I found (the) most difficult ◆ **celui qui a le plus de chances de gagner** the one who has the most chances of winning

◆ **le plus (...) possible** ◆ **pour y arriver le plus rapidement possible** to get there as quickly as possible ◆ **il a couru le plus vite possible** he ran as fast as possible ou as fast as he could ◆ **prends-en le plus possible** take as much (ou as many) as possible ou as you can ◆ **prends le plus possible de livres/de beurre** take as many books/as much butter as possible

◆ **au plus** at the most ◆ **il y a au plus un quart d'heure qu'il est parti** he left a quarter of an hour ago at the most ◆ **ça vaut 15 € au plus** its worth €15 maximum ou at (the) most ◆ **ils étaient une vingtaine au plus** there were twenty of them at (the) most ou at the outside;

◆ **au plus** + adverbe ◆ **rappelle-moi au plus vite** call me back as soon as you can ou as soon as possible; → **tard, tôt**

◆ **des plus** + adjectif ◆ **une situation des plus embarrassantes** a most embarrassing situation ◆ **l'entreprise est des plus rentables** the company is highly profitable ◆ **ses craintes sont des plus justifiées** he has every reason to be afraid

◆ **tout au plus** at the very most ◆ **il a trente ans, tout au plus** he's thirty at (the) most ou at the outside ◆ **tout au plus peut-on** ou **on peut tout au plus affirmer que ...** all we can say is that ..., the best we can say is that ...

4 CONJONCTION

[plys] plus, and ◆ **deux plus deux font quatre** two and two are four, two plus two make four ◆ **tous les voisins, plus leurs enfants** all the neighbours, plus their children ou and their children (as well) ◆ **il paie sa chambre, plus le téléphone et l'électricité** he pays for his room, plus the telephone and electricity bills ◆ **il fait plus deux aujourd'hui** it's plus two (degrees) today, it's two above freezing today

5 NOM MASCULIN

[plys]

**a** Math **(signe) plus** plus (sign)

**b** = avantage plus ◆ **ici, parler breton est un plus indéniable** being able to speak Breton is definitely a plus ou is quite an asset here ◆ **les plus de ce nouveau modèle : ABS, airbag etc** the new model's plus points: ABS, airbag etc ◆ **quels sont les plus de ce produit par rapport aux autres ?** what does this product have that the others don't?

6 COMPOSÉS

▷ **plus grand commun diviseur** highest common factor ▷ **plus petit commun multiple** lowest common multiple

**plusieurs** [plyzjœʀ] → SYN 1 **adj indéf pl** several ◆ **on ne peut pas être en plusieurs endroits à la fois** you can't be in more than one place at once ◆ **ils sont plusieurs** there are several (of them), there are a number of them ◆ **ils sont plusieurs à vouloir venir** several of them want to come ◆ **un ou plusieurs** one or more ◆ **plusieurs fois, à plusieurs reprises** several times, on several occasions ◆ **payer en plusieurs fois** to pay in instalments
2 **pron indéf pl** several (people) ◆ **plusieurs (d'entre eux)** several (of them) ◆ **ils se sont mis à plusieurs pour ...** several people got together to ... ◆ **nous nous sommes mis à plusieurs pour ...** several of us got together to ...

**plus-que-parfait** [plyskəpaʀfɛ] **nm** (Gram) pluperfect (tense), past perfect

**plus-value**, pl **plus-values** [plyvaly] → SYN **nf** **a** (= accroissement de valeur) appreciation (NonC), increase in value; (= bénéfice réalisé) capital gain; (= excédent) surplus, profit ◆ **réaliser** ou **faire** ou **dégager une plus-value** [personne] to make a profit ◆ **ces actions ont enregistré une plus-value importante** the shares have yielded a substantial capital gain; → **impôt**
**b** (dans la pensée marxiste) surplus value

**Plutarque** [plytaʀk] **nm** Plutarch

**Pluton** [plytɔ̃] **nm** (Astron, Myth) Pluto

**pluton** [plytɔ̃] **nm** (Géol) pluton

**plutonique** [plytɔnik] **adj** plutonic, abyssal

**plutonium** [plytɔnjɔm] **nm** plutonium

**plutôt** [plyto] → SYN **adv** **a** (= de préférence) rather; (= à la place) instead ◆ **ne lis pas ce livre, prends plutôt celui-ci** don't read that book, take this one instead ◆ **prends ce livre plutôt que celui-là** take this book rather than ou instead of that one ◆ **cette maladie affecte plutôt les enfants** this illness affects children for the most part ou tends to affect children ◆ **je préfère plutôt celui-ci** (= je voudrais celui-ci de préférence) I'd rather ou sooner have this one; (= j'aime mieux celui-ci) I prefer this one, I like this one better ◆ **plutôt mourir que souffrir** it is better to die than to suffer ◆ **plutôt que de me regarder, viens m'aider** instead of (just) watching me, come and help ◆ **n'importe quoi plutôt que cela !** anything but that!, anything rather than that! ◆ **plutôt mourir (que de ...) !** I'd sooner die (than ...)!
**b** (= plus exactement) rather ◆ **il n'est pas paresseux mais plutôt apathique** he's not so much lazy as apathetic ◆ **il est ignorant plutôt que sot** he's more ignorant than stupid, he's not so much stupid as ignorant ◆ **ou plutôt, c'est ce qu'il pense** or rather that's what he thinks ◆ **c'est un journaliste plutôt qu'un romancier** he's more of a journalist than a novelist, he's a journalist more ou rather than a novelist ◆ **il s'y habitue plutôt qu'il n'oublie** he's getting used to it rather than ou more than forgetting about it
**c** (= assez) chaud, bon rather, quite, fairly ◆ **il remange, c'est plutôt bon signe** he's eating again – that's quite a good sign ◆ **nos vacances sont plutôt compromises avec cet événement** our holidays are somewhat in the balance because of this incident ◆ **un homme brun, plutôt petit** a dark-haired man, rather ou somewhat on the short side ou rather short ◆ **il est plutôt pénible, celui-là !** he's a bit of a pain in the neck! * ◆ **il faisait beau ? – non, il faisait plutôt frais** was the weather good? – no, if anything it was cool ◆ **qu'est-ce qu'il est pénible, celui-là ! – ah oui, plutôt !** * what a pain in the neck he is! * – you said it! * ou you're telling me! *

**pluvial, e**, mpl **-iaux** [plyvjal, jo] **adj** régime, écoulement pluvial ◆ **eau pluviale** rainwater

**pluvian** [plyvjɑ̃] **nm** crocodile bird

**pluvier** [plyvje] **nm** plover ◆ **pluvier guignard** dotterel

**pluvieux, -ieuse** [plyvjø, jøz] → SYN **adj** rainy, wet

**pluviner** [plyvine] ▸ conjug 1 ◂ **vb impers** ⇒ **pleuvasser**

**pluviomètre** [plyvjɔmɛtʀ] **nm** pluviometer (SPÉC), rain gauge

**pluviométrie** [plyvjɔmetʀi] **nf** pluviometry

**pluviométrique** [plyvjɔmetʀik] **adj** pluviometric(al) ◆ **carte pluviométrique** isopluvial map ◆ **courbe pluviométrique** rainfall graph

**pluviôse** [plyvjoz] **nm** Pluviôse *(fifth month in the French Republican calendar)*

**pluviosité** [plyvjozite] **nf** [temps, saison] raininess, wetness; (= pluie tombée) (average) rainfall

**PLV** [peɛlve] **nf** (abrév de **publicité sur le lieu de vente**) → **publicité**

**PM** [peɛm] 1 **nf** **a** (abrév de **préparation militaire**) → **préparation**
**b** (abrév de **police militaire**) MP
2 **nm** **a** (abrév de **pistolet-mitrailleur**)
**b** (abrév de **poids moléculaire**) → **poids**

**PMA** [peɛma] 1 **nf** (abrév de **procréation médicale(ment) assistée**) → **procréation**
2 **nmpl** (abrév de **pays les moins avancés**) LDCs

**PME** [peɛmə] **nf inv** (abrév de **petite et moyenne entreprise**) small (ou medium-sized) business ◆ **les PME** small (and medium-sized) businesses

**PMI** [peɛmi] **nf** **a** (abrév de **petite et moyenne industrie**) small (ou medium-sized) industry ◆ **les PMI** small and medium-sized industries
**b** (abrév de **protection maternelle et infantile**) → **protection**

**PMU** [peɛmy] **nm** (abrév de **Pari mutuel urbain**) pari-mutuel, ≃ tote * (Brit) ◆ **jouer au PMU** to bet on the horses, ≃ bet on the tote * (Brit) ◆ le bureau du PMU the betting office → PMU

**PNB** [peɛnbe] nm (abrév de **Produit national brut**) GNP

**pneu** [pnø] → SYN nm (abrév de **pneumatique**) a [véhicule] tyre (Brit), tire (US) ◆ **pneu clouté** studded tyre ◆ **pneu sans chambre** ou **tubeless** tubeless tyre ◆ **pneu-neige** snow tyre ◆ **pneu plein** solid tyre ◆ **pneu radial** ou **à carcasse radiale** radial(ply) tyre
b (= message) letter sent by pneumatic dispatch ou tube ◆ **par pneu** by pneumatic dispatch ou tube

**pneumatique** [pnømatik] 1 adj (Sci) pneumatic; (= gonflable) inflatable; → **canot, marteau, matelas**
2 nf pneumatics sg
3 nm ⇒ **pneu**

**pneumatophore** [pnømatɔfɔʀ] nm pneumatophore

**pneumectomie** [pnømɛktomi] nf pneumectomy

**pneumoconiose** [pnømokɔnjoz] nf pneumoconiosis

**pneumocoque** [pnømɔkɔk] nm pneumococcus

**pneumocystose** [pnømosistoz] nf pneumocystis carinii pneumonia, PCP

**pneumogastrique** [pnømogastʀik] 1 adj pneumogastric
2 nm vagus nerve

**pneumographie** [pnømɔgʀafi] nf ◆ **pneumographie cérébrale** pneumoencephalography

**pneumologie** [pnømɔlɔʒi] nf pneumology

**pneumologue** [pnømɔlɔg] nmf lung specialist

**pneumonectomie** [pnømɔnɛktɔmi] nf pneumonectomy

**pneumonie** [pnømɔni] nf pneumonia (NonC) ◆ **faire** ou **avoir une pneumonie** to have pneumonia

**pneumonique** [pnømɔnik] 1 adj pneumonic
2 nmf pneumonia patient

**pneumopéritoine** [pnømopeʀitwan] nm pneumoperitoneum

**pneumothorax** [pnømotɔʀaks] nm pneumothorax; (Chirurgie) pneumothorax artificiel, artificial pneumothorax

**Pnom-Penh** [pnɔmpɛn] n Phnom Penh

**PO** (abrév de **petites ondes**) MW

**Pô** [po] nm ◆ **le Pô** the Po

**pochade** [pɔʃad] → SYN nf (= dessin) quick sketch *(in colour)*; (= histoire) humorous piece

**pochard, e** * [pɔʃaʀ, aʀd] → SYN nm,f drunk, lush *

**poche**[1] [pɔʃ] → SYN nf a [vêtement, sac] pocket ◆ **poche revolver/intérieure** hip/inside pocket ◆ **poche de pantalon** trouser pocket ◆ **poche appliquée** ou **plaquée** patch pocket ◆ **poche coupée** inset pocket ◆ **fausse poche** false pocket
b (Loc) **connaître un endroit comme sa poche** to know a place like the back of one's hand ou inside out ◆ **faire les poches à qn** * to go through sb's pockets ◆ **s'en mettre plein les poches** *, **se remplir les poches** * to line one's pockets ◆ **en être de sa poche** * to be out of pocket, lose out * (financially) ◆ **il a payé de sa poche** it came ou he paid for it out of his (own) pocket ◆ **de poche** collection, livre paperback (épith); sous-marin, couteau, mouchoir pocket (épith); jeu, ordinateur pocket-size (épith)

◆ **dans** + **poche** ◆ **il a mis le maire dans sa poche** he's got the mayor in his pocket ◆ **c'est dans la poche !** * it's in the bag! * ◆ **ce n'est pas dans la poche !** * it's not in the bag yet! * ◆ **mets ça dans ta poche (et ton mouchoir par-dessus)** [+ somme d'argent] put that in your pocket (and forget about it); [+ renseignement] keep it under your hat *

◆ **en poche** ◆ **j'avais 10 F/je n'avais pas un sou en poche** I had 10 francs/I didn't have a penny on me ◆ **(son) diplôme en poche, il a cherché du travail** armed with his diploma ou with his diploma under his belt, he started looking for a job ◆ **il a sa nomination en poche** his appointment is in the bag * ◆ **sans diplôme en poche, on ne peut rien faire** you can't do anything without qualifications
c (= déformation) **faire des poches** [veste] to lose its shape; [pantalon] to go baggy ◆ **avoir des poches sous les yeux** to have bags under one's eyes
d (Helv = sac) (carrier) bag
e [kangourou] pouch
f (= cavité) pocket ◆ **poche d'air** air pocket ◆ **poche d'eau** pocket of water ◆ **poche de pus** pus sac ◆ **poche de sang** haematoma (Brit), hematoma (US) ◆ **poche des eaux** amniotic sac
g (Culin) **poche à douille** piping bag
h (= secteur) **poche de résistance** pocket of resistance ◆ **poche de chômage/pauvreté** pocket of unemployment/poverty
i (Méd) colostomy bag

**poche**[2] [pɔʃ] nm (= livre) paperback ◆ **ce roman est paru en poche** this novel has come out in paperback

**poche**[3] [pɔʃ] nf (Helv) ladle

**pocher** [pɔʃe] → SYN ▸ conjug 1 ◂ 1 vt (Culin) to poach; (Art) to sketch ◆ **pocher un œil à qn** to give sb a black eye
2 vi [pantalon] ◆ **pocher aux genoux** to go baggy at the knees ◆ **pocher derrière** to go baggy in the bottom ou seat (Brit)

**pochetée** * [pɔʃte] nf oaf, twit *

**pochetron, -onne** * [pɔʃtʀɔ̃, ɔn] nm,f ⇒ **pochard, e**

**pochette** [pɔʃɛt] nf (= mouchoir) pocket handkerchief; (= petite poche) breast pocket; (= sac) clutch ou envelope bag; [timbres, photos] wallet, envelope; [serviette, aiguilles] case; [disque] sleeve, jacket (US) ◆ **pochette d'allumettes** book of matches

**pochette-surprise**, pl **pochettes-surprises** [pɔʃɛtsyʀpʀiz] nf lucky bag, Cracker Jack ® (US) ◆ **il a eu son permis dans une pochette-surprise !** (hum) God knows where he got his driving licence from! ◆ **elle a eu son diplôme dans une pochette-surprise** (hum) she's got a Mickey Mouse * degree

**pocheuse** [pɔʃøz] nf (egg)poacher

**pochoir** [pɔʃwaʀ] nm (= cache) stencil; (= tampon) transfer ◆ **dessin au pochoir** stencil drawing ◆ **faire** ou **peindre qch au pochoir** to stencil sth

**pochon** [pɔʃɔ̃] → SYN nm bag

**pochothèque** [pɔʃɔtɛk] nf (= librairie) paperback bookshop (Brit) ou bookstore (US); (= rayon) paperback section

**podagre** [pɔdagʀ] → SYN 1 nf †† gout
2 adj † suffering from gout

**podium** [pɔdjɔm] nm (= estrade) podium; [défilé de mode] catwalk ◆ **il peut espérer une place sur le podium (du 400 m haies)** [sportif] he can hope to come away with a medal (in the 400 metre hurdles) ◆ **pour assurer notre présence sur les podiums olympiques** to ensure that we are among the Olympic medal winners ◆ **monter sur le podium** to mount the podium ◆ **monter sur la plus haute marche du podium** [sportif, équipe] (gén) to be the winner; (aux jeux Olympiques) to get the gold medal

**podologie** [pɔdɔlɔʒi] nf chiropody, podiatry (US)

**podologue** [pɔdɔlɔg] nmf chiropodist, podiatrist (US)

**podomètre** [pɔdɔmɛtʀ] → SYN nm pedometer

**podzol** [pɔdzɔl] nm podzol, podsol

**poêle**[1] [pwal] → SYN nf ◆ **poêle (à frire)** frying pan; ( * = détecteur de métaux) metal detector ◆ **passer qch à la poêle** to fry sth ◆ **poêle à crêpes** pancake (Brit) ou crêpe pan ◆ **poêle à marrons** chestnut-roasting pan

**poêle**[2] [pwal] → SYN nm stove ◆ **poêle à mazout/à pétrole** oil/paraffin (Brit) ou kerosene (US) stove ◆ **poêle à bois** wood (-burning) stove

**poêle**[3] [pwal] → SYN nm [cercueil] pall

**poêlée** [pwale] → SYN nf ◆ **une poêlée de** a frying pan full of ◆ **poêlée de champignons/de légumes** (= plat) mixed fried mushrooms/vegetables

**poêler** [pwale] → SYN ▸ conjug 1 ◂ vt to fry

**poêlon** [pwalɔ̃] → SYN nm casserole

**poème** [pɔɛm] → SYN nm poem ◆ **poème en prose/symphonique** prose/symphonic poem ◆ **c'est tout un poème** * (= c'est compliqué) it's a whole lot of hassle *, it's a real palaver * (Brit)

**poésie** [pɔezi] → SYN nf (= art, qualité) poetry; (= poème) poem, piece of poetry ◆ **faire de la poésie** to write poetry ◆ **roman/film plein de poésie** poetic novel/film

**poète** [pɔɛt] → SYN 1 nm poet; (= rêveur) poet, dreamer; → **œillet**
2 adj tempérament poetic ◆ **être poète** to be a poet ◆ **femme poète** poetess

**poétesse** [pɔetɛs] nf poetess

**poétique** [pɔetik] → SYN 1 adj poetic, poetical (frm)
2 nf poetics sg

**poétiquement** [pɔetikmɑ̃] adv poetically

**poétisation** [pɔetizasjɔ̃] nf (= action) poetizing; (= résultat) poetic depiction

**poétiser** [pɔetize] → SYN ▸ conjug 1 ◂ vt to poetize

**pogne** * [pɔɲ] nf mitt *, paw * ◆ **être à la pogne de qn** to be under sb's thumb ◆ **avoir qn à sa pogne** to have sb under one's thumb

**pognon** * [pɔɲɔ̃] nm cash, dough * ◆ **ils sont pleins de pognon** * they're loaded *

**pogonophores** [pɔgɔnɔfɔʀ] nmpl ◆ **les pogonophores** pognophorans, the Pognophora (SPÉC)

**pogrom(e)** [pɔgʀɔm] nm pogrom

**poids** [pwɑ] → SYN 1 nm a (gén) weight ◆ **prendre du poids** [adulte] to put on ou gain weight; [bébé] to gain weight ◆ **perdre du poids** to lose weight ◆ **ce genre d'alimentation favorise la prise de poids** this kind of food makes you put on weight ◆ **quel poids fait-il ?** how much does he weigh?, what's his weight? ◆ **vendu au poids** sold by weight ◆ **ces bijoux d'argent seront vendus au poids du métal** this silver jewellery will be sold by the weight of the metal ◆ **la branche plaît sous le poids des fruits** the branch was weighed down with (the) fruit ou was bending beneath the weight of the fruit ◆ **elle s'appuyait contre lui de tout son poids** she leaned against him with all her weight ◆ **elle a ajouté une pomme pour faire le poids** she put in an extra apple to make up the weight ◆ **faire bon poids** to give good weight ◆ **il ne fait vraiment pas le poids** (fig) he really doesn't measure up ◆ **il ne fait pas le poids face à son adversaire** he's no match for his opponent
b (= objet) [balance, horloge] weight; (Sport) shot ◆ **lancer le poids** (Sport) to put(t) the shot; → **deux**
c (= charge) weight ◆ **tout le poids de l'entreprise repose sur lui** he carries the weight of the whole business on his shoulders ◆ **syndicat qui a beaucoup de poids** union which carries a lot of weight ◆ **plier sous le poids des soucis/des impôts** to be weighed down by worries/taxes ◆ **être courbé sous le poids des ans** to be bent by (the weight of) years ◆ **c'est le poids des ans** (hum) old age never comes alone (hum) ◆ **enlever un poids (de la conscience) à qn** to take a weight ou a load off sb's mind ◆ **c'est un poids sur sa conscience** it lies ou weighs heavy on his conscience, it's a weight on his conscience ◆ **avoir** ou **se sentir un poids sur l'estomac** to have something lying heavy on one's stomach ◆ **j'ai un poids sur la poitrine** my chest feels tight
d (= force, influence) weight ◆ **argument de poids** weighty ou forceful argument, argument of great weight ◆ **homme de poids** man who carries weight ou influence ◆ **cela donne du poids à son hypothèse** that gives ou lends weight to his hypothesis ◆ **ses arguments ont eu beaucoup de poids dans les négociations** his arguments carried a lot of weight in the negotiations
e (Boxe) **poids coq** bantamweight ◆ **poids léger** lightweight ◆ **poids mi-lourd** light heavyweight ◆ **poids mi-mouche** light flyweight ◆ **poids mi-moyen** ou **welter** welterweight ◆ **poids mouche** flyweight ◆ **poids moyen** middleweight ◆ **poids plume** featherweight ◆ **c'est un poids plume** * [personne] he's (ou she's) as light as a feather; [objet] it's as light as a feather ◆ **c'est un tissu poids plume**

it's an ultra-light fabric ◆ **poids super-léger** light welterweight ◆ **poids superwelter** ou **super-mi-moyen** light middleweight; voir aussi **2**

**2** COMP ▷ **poids atomique** † atomic weight ▷ **poids brut** gross weight ▷ **poids et haltères** (Sport) nmpl weightlifting ◆ **faire des poids et haltères** (spécialité) to be a weightlifter; (pour s'entraîner) to do weight training ou weightlifting ▷ **poids lourd** (= boxeur) heavyweight; (= camion) heavy goods vehicle, heavy truck (US); (= entreprise) big name *; (= personne) heavyweight, big name * ◆ **c'est un poids lourd de la finance/de l'industrie** he's a financial/industrial heavyweight, he's a big name in finance/in industry ◆ **le championnat du monde (des) poids lourds** (Boxe) the world heavyweight championship ▷ **poids et mesures** nmpl weights and measures ▷ **poids moléculaire** molecular weight ▷ **poids mort** (Tech, péj) dead weight ▷ **poids net** net weight ▷ **poids net égoutté** drained weight ▷ **poids spécifique** specific gravity ▷ **poids total autorisé en charge** gross weight ▷ **poids utile** net weight ▷ **poids à vide** [véhicule] tare

**poignant, e** [pwaɲɑ̃, ɑ̃t] → SYN adj spectacle heartrending, harrowing; musique, atmosphère poignant

**poignard** [pwaɲaʀ] → SYN nm dagger ◆ **coup de poignard** (lit) stab ◆ **frappé d'un coup de poignard en plein cœur** stabbed in ou through the heart ◆ **on l'a tué à coups de poignard** he was stabbed to death ◆ **cette décision est un coup de poignard au processus de paix** this decision is a serious blow for the peace process ◆ **c'est un coup de poignard dans le dos** it's a stab in the back

**poignarder** [pwaɲaʀde] → SYN ▸ conjug 1 ◂ vt to stab, knife ◆ **mortellement poignardé** stabbed to death ◆ **poignarder qn dans le dos** (lit, fig) to stab sb in the back

**poigne** [pwaɲ] → SYN nf (= étreinte) grip; (= main) hand; (= autorité) firm-handedness ◆ **avoir de la poigne** (lit) to have a strong grip; (fig) to rule with a firm hand ◆ **à poigne** personne, gouvernement firm-handed

**poignée** [pwaɲe] → SYN **1** nf **a** (lit = quantité) handful; [billets de banque] fistful; (= petit nombre) handful ◆ **ajoutez une poignée de sel** add a handful of salt ◆ **à** ou **par poignées** in handfuls ◆ **je perds mes cheveux par poignées** my hair is coming out in handfuls

**b** [porte, tiroir, valise] handle; [épée] handle, hilt ◆ **poignée de frein** brake handle ◆ **poignées d'amour** (hum) love handles

**2** COMP ▷ **poignée de main** handshake ◆ **donner une poignée de main à qn** to shake hands with sb, shake sb's hand ou sb by the hand

**poignet** [pwaɲɛ] → SYN nm (Anat) wrist; (Habillement) cuff ◆ **poignet de force** wrist band; → **force**

**poïkilotherme** [pɔikilɔtɛʀm] adj poikilothermic, poikilothermal

**poil** [pwal] → SYN **1** nm **a** (Anat) hair ◆ **avoir du poil** ou **des poils sur la poitrine** to have a hairy chest ◆ **avoir du poil aux pattes** ‡ to have hairy legs ◆ **les poils de sa barbe** (entretenue) the bristles ou hairs of his beard; (mal rasée) the stubble on his face ◆ **sans poils** poitrine, bras hairless ◆ **il n'a pas un poil sur le caillou** * he's as bald as a coot * ou an egg * ◆ **il n'a pas un poil de sec** * (pluie) he's drenched, he's soaked to the skin; (sueur) he's drenched with sweat

**b** [animal] hair; (= pelage) coat ◆ **animal à poil ras/court/long** smooth-/short-/long-haired animal ◆ **animal au poil soyeux/roux** animal with a silky/ginger coat ◆ **en poil de chèvre** goathair (épith) ◆ **en poil de chameau** camelhair (épith) ◆ **caresser dans le sens du poil** [+ chat] to stroke the right way; [+ personne] to butter up; → **gibier**

**c** [brosse à dents, pinceau] bristle; [tapis, étoffe] strand; (Bot) [plante] down (NonC); [artichaut] choke (NonC) ◆ **les poils d'un tapis** the pile of a carpet ◆ **les poils d'un tissu** the pile ou nap of a fabric

**d** ( * = un petit peu) **s'il avait un poil de bon sens** if he had an iota ou an ounce of good sense ◆ **à un poil près, l'armoire ne passait pas dans la porte** a fraction more and the cupboard wouldn't have gone through the doorway ◆ **ça mesure environ un mètre, à un poil près** it measures one metre as near as makes no difference ◆ **il n'y a pas un poil de différence entre les deux** there isn't the slightest difference between the two ◆ **pousser qch d'un poil** to shift sth a fraction ◆ **il s'en est fallu d'un poil** it was a near ou close thing ou a close shave *; → **quart**

**e** (LOC) **avoir un poil dans la main** * to be bone-idle * ◆ **ce n'est plus un poil qu'il a dans la main, c'est une canne !** ou **un bambou !** * he's as lazy as they come ◆ **un jeune blanc-bec qui n'a même pas de poil au menton** * (péj) a young guy who's still wet behind the ears * (péj), a babe in arms (péj) ◆ **tu parleras quand tu auras du poil au menton** you can have your say when you're out of short pants * ◆ **être de bon/de mauvais poil** * to be in a good/bad mood ◆ **avoir qn sur le poil** * to have sb breathing down one's neck ◆ **tomber sur le poil à qn** * (agresser) to go for * ou lay into * sb; [police] to pounce on sb *; [fisc] to come down on sb ◆ **reprendre du poil de la bête** * [malade] to pick up (again), regain strength; [plante] to pick up (again); [rebelles, mouvement] to regain strength; [parti] to be on the way up again

◆ **à poil** ‡ (= nu) stark naked, starkers ‡ (Brit) ◆ **des mecs** ‡**/des filles à poil** naked guys */ girls ◆ **à poil !** (à chanteur, orateur) off! off! *; (déshabillez-vous) get your clothes off!, get 'em off! ‡ (Brit) ◆ **se mettre à poil** to strip off ◆ **se baigner à poil** to go skinny-dipping *

◆ **au (quart de) poil** * (= magnifique) great *, fantastic *; (= précisément) réglé, convenir perfectly ◆ **tu arrives au poil, j'allais partir** you've come just at the right moment — I was just about to leave ◆ **ça me va au poil** * it suits me fine * ou to a T *

◆ **de tout poil, de tous poils** of all sorts ou kinds ◆ **des artistes de tout poil** all sorts ou kinds of artists

**2** COMP ▷ **poil de carotte** personne redhaired, red-headed; cheveux red, carroty ▷ **poils follets** down (NonC) ▷ **poil à gratter** itching powder

**poilant, e** ‡ [pwalɑ̃, ɑ̃t] adj hilarious

**poiler (se)** ‡ [pwale] → SYN ▸ conjug 1 ◂ vpr to kill o.s. (laughing) ‡

**poilu, e** [pwaly] → SYN **1** adj hairy

**2** nm poilu *(French soldier in First World War)*

**poinçon** [pwɛ̃sɔ̃] → SYN nm **a** (= outil) [cordonnier] awl; [menuisier] awl, bradawl; [brodeuse] bodkin; [graveur] style; [bijou, or] die, stamp

**b** (= estampille) hallmark

**c** (= matrice) pattern

**poinçonnage** [pwɛ̃sɔnaʒ], **poinçonnement** [pwɛ̃sɔnmɑ̃] nm **a** [marchandise] stamping; [pièce d'orfèvrerie] hallmarking

**b** [billet] punching, clipping

**c** [tôle] punching

**poinçonner** [pwɛ̃sɔne] → SYN ▸ conjug 1 ◂ vt **a** (= estampiller) [+ marchandise] to stamp; [+ pièce d'orfèvrerie] to hallmark

**b** (= perforer) [+ billet] to punch (a hole in), clip

**c** (= découper) [+ tôle] to punch

**poinçonneur, -euse** [pwɛ̃sɔnœʀ, øz] **1** nm,f (Hist = personne) ticket-puncher

**2** **poinçonneuse** nf (= machine) punching machine, punch press

**poindre** [pwɛ̃dʀ] → SYN ▸ conjug 49 ◂ **1** vi (littér) [jour] to break, dawn; [aube] to break; [plante] to come up, peep through ◆ **un sentiment de jalousie/haine commençait à poindre** he (ou she) began to feel the first stirrings of jealousy/hatred

**2** vt (littér) [tristesse] to afflict; [douleur, amour] to sting (littér)

**poing** [pwɛ̃] → SYN **1** nm **a** (gén) fist ◆ **les poings sur les hanches** with (one's) hands on (one's) hips, with (one's) arms akimbo ◆ **lever le poing** (gén) to raise one's fist; (salut) to give the clenched fist salute ◆ **ils défilaient le poing levé** they marched with clenched fists raised ◆ **montrer le poing** to shake one's fist ◆ **menacer qn du poing** to shake one's fist at sb ◆ **taper** ou **frapper du poing sur la table** (lit) to thump the table (with one's fist), bang ou thump one's fist on the table; (fig) to put one's foot down ◆ **revolver au poing** revolver in hand ◆ **je vais t'envoyer** ou **te coller * mon poing dans la figure** you'll get my fist in your face * ◆ **tu veux mon poing dans** ou **sur la gueule ?** ‡ do you want my fist in your face?, do you want a knuckle sandwich? ‡; → **dormir, pied, serrer** etc

**b** **coup de poing** punch ◆ **donner un coup de poing** ou **des coups de poing à qn** to punch sb ◆ **donner des coups de poing dans une porte** to bang on a door ◆ **il a reçu** ou **pris un coup de poing dans la figure** he was punched in the face ◆ **faire le coup de poing avec qn/contre qn** to fight alongside sb/against sb ◆ **opération coup de poing** (= raid) lightning raid; (= action d'envergure) blitz ◆ **opération coup de poing contre le chômage/les fraudeurs** assault on unemployment/blitz ou crackdown on tax dodgers ◆ **"opération coup de poing sur les prix"** "prices slashed"

**2** COMP ▷ **poing américain** (= arme) knuckleduster

**poinsettia** [pwɛ̃setja] nm poinsettia

## point¹ [pwɛ̃]

→ SYN GRAMMAIRE ACTIVE 6.3, 26.3, 26.4

**1** NOM MASCULIN
**2** COMPOSÉS

**1** NOM MASCULIN

**a** (= endroit) point, place; (Astron, Géom) point ◆ **pour aller d'un point à un autre** to go from one point ou place to another ◆ **fixer un point précis dans l'espace** to stare at a fixed point in space ◆ **le fleuve déborde en plusieurs points** the river overflows at several points ou in several places ◆ **ils étaient venus de tous les points de l'horizon** they had come from the four corners of the earth ◆ **je reprends mon discours au point où je l'ai laissé** I take up my speech where I left off

**b** (= situation) point, stage ◆ **avoir atteint le point où ..., en être arrivé au point où ...** to have reached the point ou stage where ... ◆ **nous en sommes toujours au même point** we haven't got any further, we're no further forward ◆ **c'est bête d'en être (arrivé) à ce point-là et de ne pas finir** it's silly to have got so far ou to have reached this point ou stage and not to finish ◆ **au point où en sont les choses** as matters ou things stand ◆ **au point où nous en sommes, cela ne changera pas grand-chose** considering the situation we're in, it won't make much difference ◆ **on continue ? – au point où on en est ...** shall we go on? — we've got this far so we might as well

**c** **au point** image, photo in focus; affaire completely finalized ou settled; procédé, technique, machine perfected; discours, ouvrage finalized, up to scratch (attrib) ◆ **ce n'est pas encore au point** [machine, spectacle, organisation] it isn't quite up to scratch yet; [discours, devoir] it's not quite finalized yet, it still needs some working on ◆ **ce n'est pas au point** [appareil photo, caméra] it's out of focus

◆ **mettre au point** [+ photo, caméra] to (bring into) focus; [+ stratégie, technique] to perfect; [+ médicament, invention, système] to develop; [+ moteur] to tune; [+ mécanisme] to tune, adjust; [+ projet] to finalize ◆ **mettre une affaire au point avec qn** to finalize ou settle all the details of a matter with sb

◆ **mise au point** [appareil photo, caméra] focusing; [stratégie, technique] perfecting; [médicament, invention, système] development; [moteur] tuning; [mécanisme] tuning, adjustment; (Ordin) debugging; [affaire, projet] finalizing; (fig = explication, correction) clarification ◆ **publier une mise au point** to issue a statement *(setting the record straight or clarifying a point)*

**d** (= degré, niveau) (gén) point, stage; (Sci) point ◆ **point d'ébullition/de congélation** boiling/freezing point ◆ **est-il possible d'être bête à ce point(-là) !** how stupid can you get? * ◆ **il n'est pas inquiet à ce point-là** he's not that worried ◆ **il s'est montré grossier au dernier point** (littér) he was extremely rude ◆ **vous voyez à quel point il est généreux** you see how (very) generous he is ou the extent of his generosity ◆ **sa colère avait atteint un point tel** ou **un tel point que ...** he was so (very) angry that ..., his anger was such that ... ◆ **il en était arrivé à un tel point d'avarice que ...** he had become so miserly that ..., his miserliness had reached such proportions that ...

♦ **à ce** ou **tel point que ...** ◆ **c'était à ce point absurde que ...** it was so (very) absurd that ... ◆ **elles se ressemblent à ce** ou **tel point qu'on pourrait les confondre** they look so alike that you could easily mistake one for the other ◆ **son invention a eu du succès, à tel point qu'il est devenu célèbre** his invention was a success, so much so that ou to such an extent ou degree that he became famous

♦ **à point** (Culin) (= bon à consommer) fruit just ripe (attrib), nicely ripe; fromage just right for eating (attrib); viande medium ◆ **quelle cuisson ? – à point** how would you like it cooked? — medium rare ◆ **le rôti est cuit à point** the roast is cooked ou done to a turn

♦ **au plus haut point** détester, admirer intensely ◆ **se méfier au plus haut point de qch** to be extremely mistrustful of ou highly sceptical about sth ◆ **être au plus haut point de la gloire** to be at the peak ou summit of glory;

♦ **au point de** + infinitif so much that ◆ **il ne pleut pas au point de mettre des bottes** it isn't raining enough for you to put boots on, it isn't raining so much that you need boots ◆ **tirer sur une corde au point de la casser** to pull on a rope so hard that it breaks, pull a rope to the point where it breaks

♦ **au point que** ⇒ **à ce** ou **tel point que**

**e** [= aspect, détail, subdivision] point ◆ **exposé en trois points** three-point presentation ◆ **point de théologie/de philosophie** point of theology/of philosophy ◆ **passons au point suivant de l'ordre du jour** let us move on to the next item on the agenda ◆ **point d'accord/de désaccord** point of agreement/of disagreement ◆ **point mineur** ou **de détail** minor point, point of detail ◆ **nous abordons maintenant un point capital** we now come to a crucial point ou issue ◆ **voilà déjà un point acquis** ou **réglé** that's one thing ou point settled ◆ **avoir des points communs** to have things in common ◆ **je n'ai aucun point commun avec elle** I have nothing in common with her ◆ **ils sont d'accord sur ce point/sur tous les points** they agree on this point ou score/on all points ou scores ou counts ◆ **exécutez ces instructions de point en point** (frm) carry these instructions out point by point ou in every detail

♦ **en tout point, en tous points** in every respect ◆ **ils se ressemblent en tout point** they resemble each other in every respect ◆ **ce fut en tous points réussi** it was an all-round ou unqualified success

♦ **jusqu'à un certain point** up to a point, to a certain extent

♦ **point par point** point by point ◆ **nous avons repris la question point par point** we went over the question point by point ◆ **il répondit point par point aux accusations** he answered the charges point by point ou taking each point in turn

**f** [temps]

♦ **à point (nommé)** arriver, venir just at the right moment, just when needed ◆ **cela tombe à point (nommé)** that comes just at the right moment, that's just ou exactly what I (ou we etc) need;

♦ **sur le point de** + infinitif ◆ **être sur le point de faire qch** to be (just) about to do sth, be just going to do sth, be on the point of doing sth ◆ **j'étais sur le point de faire du café** I was just going to ou (just) about to make some coffee ◆ **une bombe sur le point d'exploser** a bomb about to go off ◆ **elle est sur le point de quitter son mari** she is about to leave ou is on the verge of leaving her husband

**g** [= position] (Aviat, Naut) position ◆ **recevoir le point par radio** to be given one's position by radio ◆ **faire le point** (Naut) to take a bearing, plot one's position ◆ **faire le point cartographique** ou **géographique** (Mil) to take a bearing ◆ **faire le point horaire** to give regular bulletins, have regular updates ◆ **faire le point de la situation** (= examiner) to take stock of the situation, review the situation; (= faire un compte rendu) to sum up the situation ◆ **nous allons faire le point sur les derniers événements** let's have an update on the latest events ◆ **et maintenant, le point sur la grève des transports** (Journalisme) and now, the latest (update) on the transport strike ◆ **point fixe** (Aviat) (engine) run-up

**h** [= marque] (gén, Mus, en morse, sur i) dot; (= ponctuation) full stop (Brit), period (US); (= petite tache) spot, speck; [dé] pip ◆ **mettre les points sur les i** (fig) to dot one's i's (and cross one's t's), spell it out ◆ **point, à la ligne** (lit) new paragraph; (fig) full stop (Brit), period (US) ◆ **tu n'iras pas, un point c'est tout** you're not going and that's all there is to it ou and that's that, you're not going — full stop (Brit) ou period (US) ◆ **le bateau n'était plus qu'un point à l'horizon** the ship was now nothing but a dot ou speck ou spot on the horizon

**i** [d'un score] (Cartes, Sport) point; (Scol, Univ) mark, point ◆ **points d'honneurs/de distribution** (Cartes) points for honours/for distribution ◆ **je n'ai pas les points d'annonce** (Cartes) I haven't got enough points to open the bidding ◆ **gagner aux points** (Boxe) to win on points ◆ **il a échoué d'un point** he failed by one mark ou point ◆ **la partie se joue en 15 points** the winner is the first person to get to ou to score 15 (points) ◆ **faire** ou **marquer le point** (Tennis) to win the point ◆ **rendre des points à qn** (fig) to give sb points, give sb a (head) start ◆ **enlever un point par faute** (Scol) to take a mark ou point off for every mistake ◆ **bon/mauvais point** good/bad mark *(for conduct etc)*, (fig) plus/minus (mark) ◆ **la maîtresse m'a donné deux bons points** † ≃ the teacher gave me two stars ◆ **un bon point pour vous !** (fig) that's a point in your favour!; → **compter, marquer**

**j** [Écon, Bourse, sondages] point ◆ **sa cote de popularité a baissé de 3 points** his popularity rating has fallen (by) 3 points ou is down 3 points ◆ **point de base** basis point

**k** [Méd] **avoir un point dans le dos** to have a twinge (of pain) in one's back ◆ **vous avez un point de congestion là** you have a spot of congestion there

**l** [TV, Typo] point ◆ **caractère de 8/10 points** 8/10-point type

2 COMPOSÉS

▷ **point d'appui** (Mil) base of operations; [levier] fulcrum; [personne] (lit, fig) support ◆ **chercher un point d'appui** to look for something to lean on ◆ **l'échelle a glissé de son point d'appui** the ladder slipped from where it was leaning ▷ **points cardinaux** points of the compass, cardinal points ▷ **point chaud** (Mil) trouble spot, hot spot; (fig) (= endroit) trouble spot ◆ **c'est un des points chauds de l'actualité** (= fait) it's one of the burning ou most topical issues of the moment ▷ **point de chute** (lit) landing place ◆ **vous avez un point de chute à Rome ?** (fig) do you have somewhere to stay in Rome? ▷ **points de conduite** (Typo) dot leaders ▷ **point de contrôle** checkpoint ▷ **point de côté** stitch, pain in the side ▷ **point critique** (Phys, fig) critical point ▷ **point culminant** [gloire, réussite, panique, épidémie] height; [affaire, scandale] climax, culmination; [montagne] peak, summit; [carrière] height, zenith ▷ **point de départ** [train, autobus] point of departure; [science, réussite, aventure] starting point; [enquête] point of departure, starting point; (Sport) start ◆ **revenir à son point de départ** to come back to where it (ou one) started ◆ **nous voilà revenus au point de départ** (fig) (so) we're back to square one*, we're back where we started ▷ **point de distribution** [eau] supply point; (Comm) distribution outlet ▷ **point de droit** point of law ▷ **point d'eau** (= source) watering place; [camping] water (supply) point ▷ **point d'équilibre** (Phys) equilibrium point; (Fin) break-even point ◆ **le gouvernement doit trouver le point d'équilibre** (fig) the government needs to find the right balance ou the happy medium ▷ **point d'exclamation** exclamation mark (Brit) ou point (US) ▷ **point faible** weak point ▷ **point final** (lit) full stop (Brit), period (US) ◆ **je refuse, point final** (fig) I refuse, full stop (Brit) ou period (US), I refuse and that's final ◆ **mettre un point final à qch** (fig) to put an end to sth, bring sth to an end ▷ **point fort** strong point ▷ **point géométrique** (geometrical) point ▷ **point d'honneur** point of honour ◆ **mettre un point d'honneur à** ou **se faire un point d'honneur de faire qch** to make it a point of honour to do sth ▷ **point d'impact** point of impact ▷ **point d'incidence** point of incidence ▷ **point d'information** point of information ▷ **point d'interrogation** question mark ◆ **qui sera élu, c'est là le point d'interrogation** who will be elected — that's the big question (mark) ou that's the 64,000-dollar question* ▷ **point d'intersection** point of intersection ▷ **point du jour** daybreak, break of day ▷ **point lumineux** dot ou spot of light ▷ **point mort** (Tech) dead centre; (Aut) neutral; (Fin) break-even point ◆ **au point mort** (Aut) in neutral; [négociations, affaires] at a standstill ▷ **point de neutralisation** end point ▷ **point névralgique** (Méd) nerve centre; (fig) sensitive spot ▷ **point noir** (= comédon) blackhead; (= problème) problem, difficulty; (Aut = lieu d'accidents) blackspot ▷ **point de non-retour** point of no return ▷ **point d'ordre** point of order ▷ **point d'orgue** (Mus) pause; (fig) [festival, conférence] break ▷ **point de passage** (lit) crossing point ◆ **ce café est le point de passage obligé du tout-Paris médiatique** (fig) this café is the place to be seen in Parisian media circles ▷ **point de presse** press briefing ▷ **point de ralliement** rallying point ▷ **point de rassemblement** (à l'aéroport etc ) meeting point; (Naut) muster station ▷ **point de ravitaillement** (en nourriture) refreshment point, staging point; (en essence) refuelling point ▷ **points de reprise** (Mus) repeat marks ▷ **points de retraite** *points calculated on the basis of social security contributions that count towards retirement pensions* ▷ **point de rouille** spot ou speck of rust ▷ **point de saturation** (Sci, fig) saturation point ▷ **point sensible** (sur la peau) tender spot; (Mil) trouble spot; (fig) sensitive area, sore point ▷ **point de soudure** spot ou blob of solder ▷ **point stratégique** key point ▷ **points de suspension** (gén) suspension points; (en dictant) dot, dot, dot ▷ **point de tangence** tangential point ▷ **point de vente** (Comm) point of sale, sales outlet ◆ **"points de vente dans toute la France"** "on sale throughout France" ◆ **liste des points de vente** list of stockists ou retailers ▷ **point de vue** (lit) view(point); (fig) point of view, standpoint ◆ **du** ou **au point de vue moral** from a moral point of view, from a moral standpoint ◆ **au point de vue argent** as regards money, moneywise* ◆ **nous aimerions connaître votre point de vue sur ce sujet** we should like to know your point of view ou standpoint ou where you stand in this matter

**point²** [pwɛ̃] → SYN 1 nm (Couture, Tricot) stitch ◆ **bâtir à grands points** to tack ◆ **coudre à grands points** to sew using a long stitch ◆ **faire un (petit) point à qch** to put a stitch in sth

2 COMP ▷ **point d'Alençon** Alençon lace ▷ **point d'arrêt** finishing-off stitch ▷ **point arrière** backstitch ▷ **point de chaînette** chain stitch ▷ **point de chausson** (Couture) blind hem stitch; (Broderie) closed herringbone stitch ▷ **point de couture** stitch ▷ **point de croix** cross-stitch ▷ **point devant** running stitch ▷ **point d'épine** feather stitch ▷ **point de feston** blanket stitch ▷ **point de jersey** stocking stitch ▷ **point mousse** garter stitch ▷ **point d'ourlet** hem-stitch ▷ **point de riz** moss stitch ▷ **point de suture** (Méd) stitch ◆ **faire des points de suture à qch** to put stitches in sth, stitch sth up ▷ **point de tapisserie** canvas stitch ▷ **point de tige** stem stitch ▷ **point de torsade** cable stitch ▷ **point de tricot** (gén) knitting stitch; (maille à l'endroit) knit stitch ▷ **point de Venise** rose point

**point³** [pwɛ̃] → SYN adv (littér, hum) ⇒ **pas²**

**pointage** [pwɛ̃taʒ] → SYN nm **a** (= fait de cocher) ticking ou checking ou marking off; (Ind) [personnel] (à l'arrivée) clocking in ou on; (au départ) clocking out ◆ **procéder au pointage des voix** to count the votes

**b** [fusil] pointing, aiming, levelling (*vers, sur* at); [jumelles, lunette, télescope] training (*vers, sur* on); [lampe] directing (*vers, sur* towards)

**c** (Mus) [note] dotting

**d** (Tech) [trou de vis] starting off

**e** (= contrôle) check

**pointal**, pl **-aux** [pwɛ̃tal, o] nm [charpente] stay, strut, prop

**pointe** [pwɛ̃t] → SYN 1 nf a (= extrémité) [aiguille, épée] point; [flèche, lance] head, point; [couteau, crayon, clocher, clou] point, tip; [canne] (pointed) end, tip, point; [montagne] peak, top; [menton, nez, langue, sein, ski] tip; [moustache, col] point; [chaussure] toe, tip ◆ **à la pointe de l'île** at the tip of the island ◆ **chasser l'ennemi à la pointe de l'épée/de la baïonnette** to chase away the enemy with swords drawn/at bayonet point

b (= partie saillante) [grillage] spike; [côte] headland ◆ **la côte forme une pointe** ou **s'avance en pointe à cet endroit** the coast juts out (into the sea) ou forms a headland at that point ◆ **objet qui forme une pointe** object that tapers (in)to a point

c (= clou) tack; (Sport) [chaussure de football, d'alpiniste] spike; (= outil pointu) point ◆ **tu cours avec des tennis ou avec des pointes ?** do you run in trainers or spikes?

d (Danse) **(chaussons à) pointes** points, point shoes ◆ **faire des pointes** to dance on points

e (= foulard) triangular (neck)scarf; († = couche de bébé) (triangular-shaped) nappy (Brit) ou diaper (US)

f (= allusion ironique) pointed remark; (= trait d'esprit) witticism

g (= petite quantité) **une pointe d'ail/d'ironie/de jalousie** a touch ou hint of garlic/of irony/of jealousy ◆ **il a une pointe d'accent** he has the merest hint of an accent ou a very slight accent

h (= maximum) peak ◆ **faire** ou **pousser une pointe jusqu'à Paris** (Aut) to push ou press on as far as Paris ◆ **faire** ou **pousser une pointe de vitesse** [athlète, cycliste, automobiliste] to put on a burst of speed, put on a spurt ◆ **j'ai fait une pointe (de vitesse) de 180 (km/h)** I hit 180 km/h ◆ **faire du 200 km/h en pointe** to have a top ou maximum speed of 200 km/h

i (Naut) [compas] point

j (LOC) **à la pointe du combat** in the forefront of (the) battle ◆ **à la pointe de l'actualité** in the forefront of current affairs ou of the news ◆ **à la pointe du progrès** in the forefront ou the front line ou at the leading edge of progress

◆ **de pointe** industrie leading, high-tech; technique latest, ultramodern, advanced; vitesse top, maximum ◆ **heure** ou **période de pointe** (gaz, électricité, téléphone) peak period; (circulation) rush ou peak hour; (magasin) peak shopping period, busy period

◆ **en pointe** barbe, col pointed ◆ **décolleté en pointe** V-neckline ◆ **tailler en pointe** [+ arbre, barbe] to cut ou trim into a point; [+ crayon] to sharpen (in)to a point ◆ **canne qui se termine en pointe** pointed stick

2 COMP ▷ **pointe d'asperge** asparagus tip ou spear ▷ **pointe Bic** ® Biro ® (Brit), Bic (pen) ® (US) ▷ **pointe fibre** (stylo) fibre-tip (pen) (Brit), fiber-tip (pen) (US) ▷ **pointe du jour** (littér) ◆ **à la pointe du jour** at daybreak, at the crack of dawn ▷ **la pointe des pieds** the toes ◆ **(se mettre) sur la pointe des pieds** (to stand) on tiptoe ou on one's toes ◆ **marcher/entrer sur la pointe des pieds** to walk/come in on tiptoe ou on one's toes, tiptoe in/out ◆ **il faut y aller sur la pointe des pieds (avec lui)** (fig) you have to tread very carefully (when dealing with him) ▷ **pointe sèche** (Art) dry-point ◆ **gravure à la pointe sèche** dry-point engraving ▷ **pointe du sein** nipple ▷ **pointe de terre** spit ou tongue of land, headland

**pointeau**, pl **pointeaux** [pwɛ̃to] → SYN nm a [carburateur, graveur] needle

b (Ind = surveillant) timekeeper

**pointer**[1] [pwɛ̃te] → SYN ▸ conjug 1 ◂ 1 vt a (= cocher) to tick off, check off, mark off ◆ **pointer (sa position sur) la carte** (Naut) to prick off ou plot one's position; → **zéro**

b (Ind) [personnel] (à l'arrivée) to clock in ou on; (au départ) to clock out

c (= braquer) [+ fusil] to point, aim, level (*vers, sur* at); [+ jumelles] to train (*vers, sur* on); [+ lampe] to direct (*vers, sur* towards); [+ boule de pétanque] to roll (*as opposed to throw*) ◆ **il pointa vers elle un index accusateur** he pointed an accusing finger at her

d (Mus) [+ note] to dot ◆ **notes pointées** dotted rhythm

e (Tech) [+ trou de vis] to start off

2 vi [employé] (à l'arrivée) to clock in ou on; (au départ) to clock out ◆ **pointer à l'ANPE** to sign on (*at the national employment agency*) ◆ **il pointe au chômage depuis trois mois** he's been on the dole * (Brit) ou on welfare (US) for three months

3 **se pointer** * vpr (= arriver) to turn up *, show up *

**pointer**[2] [pwɛ̃te] → SYN ▸ conjug 1 ◂ 1 vt a (= piquer) to stick (*dans* into) ◆ **il lui pointa sa lance dans le dos** he stuck his lance into his back

b (= dresser) **église qui pointe ses tours vers le ciel** church whose towers soar (up) into the sky ◆ **le chien pointa les oreilles** the dog pricked up its ears

2 vi (littér) a (= s'élever) [tour] to soar up

b (= apparaître) [plante] to peep out; [ironie] to pierce through ◆ **ses seins pointaient sous la robe** her nipples showed beneath her dress ◆ **le jour pointait** day was breaking ou dawning

**pointer**[3] [pwɛ̃tœʀ] nm (= chien) pointer

**pointeur** [pwɛ̃tœʀ] nm (Ind, Sport) timekeeper; (Ordin) pointer; [boules] *player who aims at the jack*; [canon] gun-layer

**pointeuse** [pwɛ̃tøz] → SYN nf (= personne) timekeeper; (= machine-outil) jig borer ◆ **(horloge) pointeuse** time clock

**pointillage** [pwɛ̃tijaʒ] nm stipple, stippling

**pointillé, e** [pwɛ̃tije] (ptp de **pointiller**) 1 adj dotted

2 nm a (Art) (= procédé) stipple, stippling; (= gravure) stipple

b (= trait) dotted line; (= perforations) perforation(s) ◆ **"détacher** ou **découper suivant le pointillé"** "tear ou cut along the dotted line"

◆ **en pointillé** (lit) dotted; sous-entendu hinted at; (= discontinu) carrière, vie marked by stops and starts ◆ **un nouvel accord se dessine en pointillé** the first signs of a new agreement are emerging

**pointillement** [pwɛ̃tijmɑ̃] nm ⇒ **pointillage**

**pointiller** [pwɛ̃tije] → SYN ▸ conjug 1 ◂ (Art) 1 vi to draw (ou engrave) in stipple

2 vt to stipple

**pointilleux, -euse** [pwɛ̃tijø, øz] → SYN adj particular, pernickety (péj), fussy (péj) (*sur* about)

**pointillisme** [pwɛ̃tijism] nm pointillism

**pointilliste** [pwɛ̃tijist] adj, nmf pointillist

**pointu, e** [pwɛ̃ty] → SYN 1 adj a (= en forme de pointe) pointed; (= aiguisé) sharp

b (péj) air peeved; caractère touchy, peevish; voix, ton shrill ◆ **accent pointu** northern French accent

c analyse in-depth; sujet specialized; connaissances thorough; diagnostic precise ◆ **des normes d'hygiène de plus en plus pointues** increasingly stringent ou rigorous standards of hygiene

2 adv ◆ **parler pointu** to speak with ou have a northern French accent

**pointure** [pwɛ̃tyʀ] → SYN nf [gant, chaussure] size ◆ **quelle est votre pointure ?, quelle pointure faites-vous ?** what size do you take? ou are you? ◆ **c'est une (grande** ou **grosse) pointure dans la chanson/ce domaine** * he's a big name * in songwriting/this field

**point-virgule**, pl **points-virgules** [pwɛ̃viʀgyl] nm semi-colon

**poire** [pwaʀ] → SYN 1 nf a (= fruit) pear ◆ **il m'a dit cela entre la poire et le fromage** he told me that quite casually over lunch (ou dinner); → **couper, garder**

b (* = tête) mug *, face ◆ **il a une bonne poire** he's got a nice enough face ◆ **se ficher de** ou **se payer la poire de qn** (ridiculiser) to have a good laugh at sb's expense, take the mickey out of sb * (Brit); (tromper) to take sb for a ride * ◆ **en pleine poire** right in the face

c (* = dupe) sucker *, mug * (Brit) ◆ **c'est une bonne poire** he's a real sucker * ou mug * (Brit) ◆ **et moi, bonne poire, j'ai dit oui** and like a sucker * ou mug * (Brit) I said yes

d [vaporisateur] squeezer

2 adj ◆ **être poire** * to be a sucker * ou mug * (Brit)

3 COMP ▷ **poire Belle-Hélène** *stewed pear with chocolate sauce and cream* ▷ **poire électrique** (pear-shaped) switch ▷ **poire à injections** douche, syringe ▷ **poire à lavement** enema syringe ▷ **poire à poudre** powder horn

**poiré** [pwaʀe] nm perry

**poireau**, pl **poireaux** [pwaʀo] → SYN nm leek ◆ **faire le poireau** * to hang about *

**poireauter** * [pwaʀote] ▸ conjug 1 ◂ vi to hang about * ◆ **faire poireauter qn** to leave sb hanging about *

**poirée** [pwaʀe] nf (= bette) Swiss chard

**poirier** [pwaʀje] nm (= arbre) pear tree ◆ **faire le poirier** (= acrobatie) to do a headstand

**poiroter** * [pwaʀote] ▸ conjug 1 ◂ vi ⇒ **poireauter**

**pois** [pwɑ] 1 nm a (= légume) pea ◆ **petits pois** (garden) peas

b (Habillement) (polka) dot, spot ◆ **robe à pois** spotted ou polka dot dress; → **purée**

2 COMP ▷ **pois cassés** split peas ▷ **pois chiche** chickpea, garbanzo (bean) ◆ **il a un pois chiche dans la tête** * he's a pea-brain *, he's short on grey matter * ▷ **pois gourmands** mangetout peas ▷ **pois de senteur** sweet pea; → **mange-tout**

**poiscaille** * [pwaskaj] nf ou m (souvent péj) fish

**poise** [pwaz] nf (Phys) poise

**poison** [pwazɔ̃] → SYN 1 nm (lit, fig) poison ◆ **on a mis du poison dans sa soupe** there was poison in his soup, his soup was poisoned

2 nmf * (= personne) nuisance; (= enfant) little horror *; (= chose) drag *, bind * (Brit)

**poissard, e** [pwasaʀ, aʀd] → SYN 1 adj accent, langage vulgar, coarse

2 **poissarde** nf ◆ **parler comme une poissarde** to talk like a fishwife

**poisse** ‡ [pwas] nf rotten luck *, bad luck ◆ **avoir la poisse** to have rotten * ou bad luck ◆ **quelle poisse !, c'est la poisse !** just my (ou our) (rotten) luck! * ◆ **ne le fais pas, ça porte la poisse** don't do that – it's bad luck ou it's unlucky ◆ **ça leur a porté la poisse** it brought them bad luck

**poisser** [pwase] → SYN ▸ conjug 1 ◂ vt a (‡ = attraper) to nab *, cop ‡

b (= salir) to make sticky; (= engluer) [+ cordage] to pitch ◆ **ça poisse** it's all sticky

**poisseux, -euse** [pwasø, øz] → SYN adj mains, surface sticky

**poisson** [pwasɔ̃] → SYN 1 nm a (gén) fish ◆ **pêcher du poisson** to fish ◆ **deux poissons** two fish ou fishes ◆ **fourchette/couteau à poisson** fish fork/knife ◆ **être (heureux) comme un poisson dans l'eau** to be in one's element ◆ **être comme un poisson hors de l'eau** to be like a fish out of water ◆ **engueuler qn comme du poisson pourri** ‡ to call sb all the names under the sun, bawl sb out ◆ **un gros poisson** * a big fish *; → **petit, queue**

b (Astron) **les Poissons** Pisces, the Fishes ◆ **c'est un Poissons, il est (du signe du) Poissons** he's a Pisces

2 COMP ▷ **poisson d'argent** silverfish ▷ **poisson d'avril!** April fool! ◆ **c'est un poisson d'avril** it's an April fool's trick ▷ **poisson d'eau douce** freshwater fish ▷ **poisson lune** sunfish ▷ **poisson de mer** saltwater fish ▷ **poisson pilote** pilotfish ▷ **poisson plat** flatfish ▷ **poisson rouge** goldfish ▷ **poisson volant** flying fish

**POISSON D'AVRIL**

In France, as in Britain, April 1st is a day for playing practical jokes. The expression **poisson d'avril** comes from the tradition of pinning or sticking a paper fish on the back of an unsuspecting person, though by extension it can also refer to any form of practical joke played on April 1st.

**poisson-chat**, pl **poissons-chats** [pwasɔ̃ʃa] nm catfish

**poisson-épée**, pl **poissons-épées** [pwasɔ̃epe] nm swordfish

**poissonnerie** [pwasɔnʀi] nf (= boutique) fish shop, fishmonger's (shop) (surtout Brit); (= métier) fish trade

**poissonneux, -euse** [pwasɔnø, øz] adj full of fish (attrib), well-stocked with fish

**poissonnier** [pwasɔnje] → SYN nm fishmonger (surtout Brit), fish merchant (US)

**poissonnière** [pwasɔnjɛʀ] nf **a** (= personne) (woman) fishmonger (surtout Brit), fish merchant (US)

**b** (= ustensile) fish kettle

**poisson-perroquet**, pl **poissons-perroquets** [pwasɔ̃peʀɔkɛ] nm parrotfish

**poisson-scie**, pl **poissons-scies** [pwasɔ̃si] nm sawfish

**poitrail** [pwatʀaj] → SYN nm (Zool) breast; (hum = poitrine) chest; (Constr) lintel

**poitrinaire** † [pwatʀinɛʀ] **1** adj ◆ **être poitrinaire** to have TB, be tuberculous (SPÉC)

**2** nmf tuberculosis sufferer

**poitrine** [pwatʀin] → SYN nf (gén) chest, breast (littér); (= seins) bust, bosom; (Culin) [veau, mouton] breast; [porc] belly ◆ **poitrine salée** (ou **fumée**) ≈ streaky bacon ◆ **poitrine de bœuf** brisket (of beef) ◆ **maladie de poitrine** † chest complaint ◆ **elle a beaucoup de poitrine** she's got a big bust ou bosom, she's big-busted ◆ **elle n'a pas de poitrine** she's flat-chested ◆ **un cri jaillit de sa poitrine** he uttered a cry; → **fluxion, tour², voix**

**poivrade** [pwavʀad] nf (Culin) vinaigrette (sauce) with pepper ◆ **(à la) poivrade** with salt and pepper

**poivre** [pwavʀ] → SYN **1** nm pepper; → **moulin, steak**

**2** COMP ▷ **poivre blanc** white pepper ▷ **poivre de Cayenne** Cayenne pepper ▷ **poivre en grains** whole pepper, peppercorns ▷ **poivre gris** black pepper ▷ **poivre moulu** ground pepper ▷ **poivre noir** black pepper ▷ **poivre en poudre** ⇒ **poivre moulu** ▷ **poivre rouge** red pepper ▷ **poivre et sel** adj inv cheveux pepper-and-salt ▷ **poivre vert** green pepper *(spice)*

**poivré, e** [pwavʀe] → SYN (ptp de **poivrer**) adj **a** plat, goût, odeur peppery; histoire spicy, juicy *, saucy *

**b** (‡ = soûl) pickled ‡, plastered ‡

**poivrer** [pwavʀe] ▸ conjug 1 ◂ **1** vt to pepper, put pepper in ou on

**2** **se poivrer** ‡ vpr (= se soûler) to get pickled ‡ ou plastered ‡

**poivrier** [pwavʀije] nm **a** (Bot) pepper plant

**b** (Culin) pepperpot, pepper shaker (US)

**poivrière** [pwavʀijɛʀ] → SYN nf **a** (Culin) pepperpot, pepper shaker (US)

**b** (= plantation) pepper plantation

**c** (Archit) pepper-box

**poivron** [pwavʀɔ̃] → SYN nm (sweet) pepper, capsicum ◆ **poivron (vert)** green pepper ◆ **poivron rouge** red pepper

**poivrot, e** * [pwavʀo, ɔt] → SYN nm,f drunkard, wino ‡

**poix** [pwa] → SYN nf pitch *(tar)*

**poker** [pɔkɛʀ] → SYN nm (Cartes) (= jeu) poker; (= partie) game of poker ◆ **faire un poker** to have a game of poker ◆ **poker d'as/de dames** four aces/queens ◆ **poker d'as** (= jeu) poker dice ◆ **poker menteur** bluff ◆ **coup de poker** gamble ◆ **tenter un coup de poker** to take a gamble ◆ **tout s'est joué sur un coup de poker** it was all a big gamble ◆ **on ne joue pas sa carrière sur un coup de poker** you don't gamble ou risk your entire career on a throw of the dice

**polaire** [pɔlɛʀ] → SYN **1** adj (Chim, Géog, Math) polar ◆ **froid polaire** arctic cold ◆ **laine polaire** (= tissu) fleece ◆ **(sweat en) laine polaire** fleece (sweatshirt); → **cercle, étoile**

**2** nf **a** (Math) polar

**b** (= vêtement) fleece jacket (ou sweatshirt etc)

**polaque** ** [pɔlak] nm (injurieux) Polack ** (injurieux)

**polar¹** * [pɔlaʀ] nm (= roman) detective novel

**polar²** [pɔlaʀ] nm (arg Scol) swot * (Brit), grind * (US)

**polarimètre** [pɔlaʀimɛtʀ] nm polarimeter

**polarimétrie** [pɔlaʀimetʀi] nf polarimetry

**polarisant, e** [pɔlaʀizɑ̃, ɑ̃t] adj (Élec, Phys) polarizing

**polarisation** [pɔlaʀizasjɔ̃] nf (Élec, Phys) polarization; (fig) focusing

**polariser** [pɔlaʀize] → SYN ▸ conjug 1 ◂ **1** vt **a** (Élec, Phys) to polarize ◆ **lumière polarisée** polarized light

**b** (= faire converger sur soi) [+ attention, regards] to attract ◆ **ce problème polarise tout le mécontentement** this problem is the focus of all the discontent

**c** (= concentrer) **polariser son attention/ses efforts sur qch** to focus ou centre one's attention/one's efforts on sth ◆ **polariser son énergie sur qch** to bring all one's energies to bear on sth

**2** **se polariser** vpr (Phys) to polarize ◆ **se polariser** ou **être polarisé sur qch** [débat, mécontentement, critiques] to be centred around ou upon sth, be focused upon sth; [personne] to focus ou centre one's attention on sth ◆ **elle est trop polarisée sur sa réussite professionnelle** she's too bound up ou wrapped up in her career

**polariseur** [pɔlaʀizœʀ] adj, nm ◆ **(prisme) polariseur** polarizer

**polarité** [pɔlaʀite] nf (Bio, Ling, Math, Phys) polarity

**Polaroïd** ® [pɔlaʀɔid] n Polaroid ® ◆ **(appareil-photo) Polaroïd** Polaroid ® (camera)

**polatouche** [pɔlatuʃ] nm flying squirrel, polatouche (SPÉC)

**polder** [pɔldɛʀ] nm polder

**poldérisation** [pɔldeʀizasjɔ̃] nf converting into a polder

**pôle** [pol] → SYN nm **a** (Sci) pole ◆ **le pôle Nord/Sud** the North/South Pole ◆ **pôle magnétique** magnetic pole

**b** (= centre) **pôle d'activité** [entreprise] area of activity ◆ **pôle de conversion** relocation area ◆ **pôle de développement** pole of development ◆ **pôle universitaire** university centre ◆ **la ville est devenue un pôle d'attraction pour les artistes/les investisseurs** the town has become a magnet for artists/investors, the town is drawing artists/investors like a magnet ◆ **Montpellier est le pôle économique de la région** Montpellier is the economic hub of the region

**polémique** [pɔlemik] → SYN **1** adj sujet controversial, contentious; écrit, article polemical ◆ **j'ai pris part à la discussion sans aucun esprit polémique** I took part in the discussion without wanting to be contentious

**2** nf (= controverse) controversy, argument (*sur* about, over) ◆ **chercher à faire de la polémique** to try to stir up controversy ◆ **engager une polémique avec qn** to enter into an argument with sb ◆ **une violente polémique s'est engagée sur ...** a fierce controversy has flared up about ... ◆ **relancer une polémique** to rekindle a controversy

**polémiquer** [pɔlemike] → SYN ▸ conjug 1 ◂ vi to argue (*sur* about, over) ◆ **sans vouloir polémiquer, j'ai toujours pensé que ...** I don't want to be controversial, but I've always thought that ... ◆ **je ne veux pas polémiquer sur ce point** I don't want to be drawn into an argument on this issue

**polémiste** [pɔlemist] → SYN nmf polemist, polemicist

**polémologie** [pɔlemɔlɔʒi] nf study of war

**polémologue** [pɔlemɔlɔg] nmf war specialist

**polémoniacées** [pɔlemɔnjase] nfpl ◆ **les polémoniacées** polemoniaceous plants, the Polemoniaceae (SPÉC)

**polenta** [pɔlɛnta] nf polenta

**pole position** [pɔlpozisjɔ̃] nf (Aut, fig) pole position ◆ **être en pole position** to be in pole position

**poli¹, e** [pɔli] → SYN adj personne, refus, silence polite ◆ **ce n'est pas poli de parler la bouche pleine** it's bad manners ou it's rude ou it's not nice to talk with your mouth full ◆ **ce n'est pas très poli de dire ça** that's a rather rude thing to say, it's rather rude to say that ◆ **soyez poli !** don't be rude! ◆ **elle a été tout juste polie avec moi** she was barely civil to me

**poli², e** [pɔli] → SYN (ptp de **polir**) **1** adj bois, ivoire polished; métal burnished, polished; caillou smooth

**2** nm shine ◆ **donner du poli à** to put a shine on, polish (up)

**police¹** [pɔlis] → SYN **1** nf **a** (= corps) police (NonC), police force ◆ **voiture de police** police car ◆ **être dans** ou **de la police** to be in the police (force) ◆ **la police est à ses trousses** the police are after him ou are on his tail ◆ **la guerre des polices** the rivalry between different branches of the police ◆ **toutes les polices de France** the police throughout France ◆ **après avoir passé la douane et les formalités de police** once you've gone through customs and immigration; → **plaque, salle**

**b** (= maintien de l'ordre) policing, enforcement of (law and) order ◆ **les pouvoirs de police dans la société** powers to enforce ou maintain law and order in society ◆ **exercer** ou **faire la police** to keep (law and) order ◆ **faire la police dans une classe** to keep order in a class, keep a class in order ◆ **faire sa propre police** to do one's own policing, keep (law and) order for o.s.

**c** (= règlements) regulations ◆ **police intérieure d'une école** internal regulations of a school

**d** (= tribunal) **passer en simple police** to be tried in a police ou magistrates' court; → **tribunal**

**2** COMP ▷ **police de l'air et des frontières** border police ▷ **police à cheval** (Can) mounted police, mounties * ▷ **police de la circulation** traffic police ▷ **police judiciaire** ≈ Criminal Investigation Department ▷ **police des mœurs, police mondaine** ≈ vice squad ▷ **police montée** (Can) mounted police, mounties * ▷ **police municipale** ≈ local police ▷ **police nationale** national police force ▷ **police parallèle** ≈ secret police ▷ **la police des polices** Complaints and Discipline Branch (Brit), Internal Affairs (US) ▷ **police privée** private police force ▷ **police de la route** traffic police (Brit), state highway patrol (US) ▷ **police secours** ≈ emergency services ◆ **appeler police secours** ≈ to dial 999 (Brit) ou 911 (US), ≈ call the emergency services ▷ **police secrète** secret police

**police²** [pɔlis] nf **a** (Assurances) (insurance) policy ◆ **police d'assurance vie** life insurance ou assurance policy ◆ **police d'assurance contre l'incendie** fire insurance policy

**b** (Typo, Ordin) **police (de caractères)** font

**policé, e** [pɔlise] → SYN (ptp de **policer**) adj (frm) musique, société refined; langue, manières refined, polished

**policer** [pɔlise] → SYN ▸ conjug 3 ◂ vt (littér ou ††) to civilize

**polichinelle** [pɔliʃinɛl] → SYN nm **a** (Théât) **Polichinelle** Punchinello; → **secret**

**b** (= marionnette) Punch ◆ **avoir un polichinelle dans le tiroir** * to have a bun in the oven *

**c** (péj = personne) buffoon ◆ **faire le polichinelle** to act the buffoon

**policier, -ière** [pɔlisje, jɛʀ] → SYN **1** adj chien, enquête, régime police (épith); film, roman detective (épith)

**2** nm **a** (= agent) policeman, police officer ◆ **femme policier** policewoman, woman police officer

**b** (= roman) detective novel; (= film) detective film

**policlinique** [pɔliklinik] → SYN nf out-patients' clinic

**policologie** [pɔlikɔlɔʒi] nf *study of police organization and methods*

**poliment** [pɔlimɑ̃] adv politely

**polio** [pɔljo] **1** nf (abrév de **poliomyélite**) polio

**2** nmf * (abrév de **poliomyélitique**) polio victim

**poliomyélite** [pɔljɔmjelit] nf poliomyelitis, polio

**poliomyélitique** [pɔljɔmjelitik] **1** adj suffering from polio

**2** nmf polio victim

**polir** [pɔliʀ] → SYN ▸ conjug 2 ◂ vt **a** [+ meuble, chaussures, pierre, verre] to polish; [+ métal] to polish, burnish, buff ◆ **se polir les ongles** to buff one's nails

**b** (= parfaire) [+ discours, style, phrase] to polish; [+ manières] to polish, refine

**polissage** [pɔlisaʒ] → SYN nm [meuble, chaussures, pierre, verre] polishing; [métal] polishing, burnishing, buffing; [ongles] buffing

**polisseur, -euse** [pɔlisœʀ, øz] 1 nm,f polisher
2 **polisseuse** nf (= machine) polisher, polishing machine

**polissoir** [pɔliswaʀ] nm polisher, polishing machine ◆ **polissoir à ongles** nail buffer

**polisson, -onne** [pɔlisɔ̃, ɔn] → SYN 1 adj a (= espiègle) enfant, air naughty, mischievous
b (= grivois) chanson naughty, saucy; regard saucy, randy *
2 nm,f (= enfant) (little) rascal, (little) devil *, mischief *; (= personne égrillarde) saucy devil *; († † = petit vagabond) street urchin

**polissonner** † [pɔlisɔne] ▸ conjug 1 ◂ vi to be naughty

**polissonnerie** [pɔlisɔnʀi] → SYN nf a (= espièglerie) naughty trick
b (= grivoiserie) (= parole) naughty ou saucy remark; (= action) naughty thing

**poliste** [pɔlist] → SYN nf ou m paper wasp

**politesse** [pɔlitɛs] → SYN nf a (= savoir-vivre) politeness, courtesy ◆ **par politesse** out of politeness, to be polite ◆ **je vais t'apprendre la politesse !** I'll teach you some manners! ◆ **tu aurais pu avoir la politesse de lui répondre** you could at least have had the courtesy to reply to him ◆ **il a eu la politesse de ne rien dire** he was polite enough to say nothing, he politely said nothing; → **brûler, formule, visite**
b (= parole) polite remark; (= action) polite gesture ◆ **rendre une politesse** to return a favour ◆ **se faire des politesses** (paroles) to exchange polite remarks; (actions) to make polite gestures to one another ◆ **ce serait la moindre des politesses** it's the least you (ou he etc ) can do, it would only be polite

**politicaillerie** * [pɔlitikajʀi] nf (péj) politicking (péj)

**politicard, e** [pɔlitikaʀ, aʀd] (péj) 1 adj ambitions petty political
2 nm,f politician, political schemer (péj)

**politicien, -ienne** [pɔlitisjɛ̃, jɛn] → SYN 1 adj (péj) manœuvre, querelle (petty) political ◆ **la politique politicienne** politicking
2 nm,f politician, political schemer (péj)

**politico-** [pɔlitiko] préf politico-

**politique** [pɔlitik] → SYN 1 adj a institutions, économie, parti, prisonnier, pouvoir, réfugié political; carrière political, in politics ◆ **compte rendu de la semaine politique** report on the week in politics; → **homme, science**
b (littér = habile) personne diplomatic; acte, invitation diplomatic, politic
2 nf a (= science, carrière) politics sg ◆ **parler politique** to talk politics ◆ **faire de la politique** (militantisme) to be a political activist; (métier) to be in politics
b (Pol) (= ligne de conduite) policy; (= manière de gouverner) policies ◆ **politique intérieure/industrielle/sociale** domestic/industrial/social policy ◆ **il critique la politique du gouvernement** he criticizes the government's policies ◆ **avoir une politique de gauche/droite** to follow left-/right-wing policies ◆ **discours** ou **déclaration de politique générale** policy speech ◆ **politique agricole commune** (Europe) Common Agricultural Policy
c (= manière d'agir) policy ◆ **il est de bonne politique de ...** it is good policy to ... ◆ **la politique du moindre effort** the principle of least effort ◆ **la politique du pire** *making things worse in order to further one's own ends* ◆ **faire** ou **pratiquer la politique de la chaise vide** to make a show of non-attendance ◆ **pratiquer la politique de l'autruche** to bury one's head in the sand ◆ **c'est la politique de l'autruche** it's like burying one's head in the sand
3 nm (= politicien) politician ◆ **le politique** (= aspects politiques) politics sg

**politique-fiction** [pɔlitikfiksjɔ̃] nf political fantasy ou fiction ◆ **film de politique-fiction** political thriller ◆ **ce n'est pas de la politique-fiction, ces lois existent** this does not belong to the realms of political fantasy, these laws exist

**politiquement** [pɔlitikmɑ̃] adv (lit) politically; (littér) diplomatically ◆ **politiquement correct** politically correct, PC ◆ **politiquement incorrect** politically incorrect, non-PC

**politiquer** * † [pɔlitike] ▸ conjug 1 ◂ vi to talk (about) politics

**politisation** [pɔlitizasjɔ̃] nf politicization

**politiser** [pɔlitize] ▸ conjug 1 ◂ 1 vt [+ débat] to politicize, bring politics into; [+ événement] to make a political issue of; [+ personne, mouvement, action] to politicize ◆ **être très politisé** [personne] to be highly politicized, be politically aware
2 **se politiser** vpr [action, mouvement, débat] to become politicized; [personne] to become politicized ou politically aware

**politologie** [pɔlitɔlɔʒi] nf political science

**politologue** [pɔlitɔlɔg] nmf political pundit ou analyst ou expert

**poljé** [pɔlje] nm polje

**polka** [pɔlka] nf polka

**pollakiurie** [pɔlakiyʀi] nf pollakiuria

**pollen** [pɔlɛn] nm pollen

**pollicitation** [pɔlisitasjɔ̃] nf (Jur) unaccepted offer, pollicitation (SPÉC)

**pollinique** [pɔlinik] adj pollinic

**pollinisateur, -trice** [pɔlinizatœʀ, tʀis] adj ◆ **insecte pollinisateur** insect pollinator, pollinating insect

**pollinisation** [pɔlinizasjɔ̃] nf pollination

**polluant, e** [pɔlɥɑ̃, ɑ̃t] adj polluting ◆ **produit polluant** pollutant, polluting agent ◆ **non polluant** non-polluting, environment-friendly ◆ **c'est très/peu polluant** it produces a lot of/little pollution ◆ **industrie très polluante** highly polluting industry

**polluer** [pɔlɥe] → SYN ▸ conjug 1 ◂ vt to pollute ◆ **ça me pollue la vie** * it really makes life hell for me *

**pollueur, -euse** [pɔlɥœʀ, øz] 1 adj polluting
2 nm,f (= substance) pollutant, polluting agent; (= industrie, personne) polluter ◆ **le principe pollueur-payeur** the polluter-pays principle

**pollution** [pɔlysjɔ̃] → SYN nf pollution ◆ **pollution atmosphérique/radioactive** atmospheric/radioactive pollution ◆ **pollution sonore** noise pollution ◆ **pollution de l'air/des eaux/de l'environnement** air/water/environmental pollution ◆ **pollution par les nitrates** nitrate pollution ◆ **pollutions nocturnes** (Méd) nocturnal emissions (SPÉC), wet dreams

**Pollux** [pɔlyks] nm inv Pollux

**polo** [pɔlo] nm a (Sport) polo
b (= chemise) polo shirt

**polochon** * [pɔlɔʃɔ̃] nm bolster ◆ **sac polochon** duffel bag

**Pologne** [pɔlɔɲ] nf Poland

**polonais, e** [pɔlɔnɛ, ɛz] 1 adj Polish
2 nm a (Ling) Polish
b **Polonais** Pole; → **soûl**
3 **polonaise** nf a **Polonaise** Pole
b (= danse, Mus) polonaise
c (= gâteau) polonaise *(meringue-covered sponge cake containing preserved fruit and Kirsch)*

**polonium** [pɔlɔnjɔm] nm polonium

**poltron, -onne** [pɔltʀɔ̃, ɔn] → SYN 1 adj cowardly, craven (littér)
2 nm,f coward

**poltronnerie** [pɔltʀɔnʀi] nf cowardice

**poly...** [pɔli] préf poly...

**polyacide** [pɔliasid] adj, nm polyacid

**polyalcool** [pɔlialkɔl] nm polyalcohol

**polyamide** [pɔliamid] → SYN nm polyamide

**polyamine** [pɔliamin] nf polyamine

**polyandre** [pɔljɑ̃dʀ] adj polyandrous

**polyandrie** [pɔliɑ̃dʀi] nf polyandry

**polyarchie** [pɔljaʀʃi] nf polyarchy

**polyarthrite** [pɔliaʀtʀit] nf polyarthritis

**polycarburant** [pɔlikaʀbyʀɑ̃] adj m moteur multifuel (épith)

**polycentrique** [pɔlisɑ̃tʀik] adj polycentric

**polycentrisme** [pɔlisɑ̃tʀism] nm (Pol) polycentrism

**polycéphale** [pɔlisefal] adj polycephalous

**polychètes** [pɔlikɛt] nmpl ◆ **les polychètes** polychaetes, the Polychaeta (SPÉC)

**polychlorure** [pɔliklɔʀyʀ] nm ◆ **polychlorure de vinyle** polyvinyl chloride

**polychrome** [pɔlikʀom] adj polychrome, polychromatic

**polychromie** [pɔlikʀɔmi] nf polychromatism; (Art) polychromy

**polyclinique** [pɔliklinik] nf private general hospital

**polycondensat** [pɔlikɔ̃dɑ̃sa] nm polycondensate

**polycondensation** [pɔlikɔ̃dɑ̃sasjɔ̃] nf polycondensation

**polycopie** [pɔlikɔpi] → SYN nf duplication, stencilling ◆ **tiré à la polycopie** duplicated, stencilled

**polycopié** [pɔlikɔpje] nm (Univ) duplicated lecture notes

**polycopier** [pɔlikɔpje] → SYN ▸ conjug 7 ◂ vt to duplicate, stencil ◆ **cours polycopiés** duplicated lecture notes ◆ **machine à polycopier** duplicator

**polyculture** [pɔlikyltyʀ] nf mixed farming

**polycyclique** [pɔlisiklik] adj polycyclic

**polydactyle** [pɔlidaktil] adj polydactyl(ous)

**polydactylie** [pɔlidaktili] nf hyperdactyly, polydactyly

**polyèdre** [pɔljɛdʀ] 1 adj angle, solide polyhedral
2 nm polyhedron

**polyédrique** [pɔljedʀik] adj polyhedral

**polyembryonie** [pɔliɑ̃bʀijɔni] nf polyembryony

**polyester** [pɔliɛstɛʀ] nm polyester

**polyéthylène** [pɔlietilɛn] nm polyethylene

**polygala** [pɔligala] nm polygala

**polygame** [pɔligam] → SYN 1 adj polygamous
2 nm polygamist

**polygamie** [pɔligami] nf polygamy

**polygénisme** [pɔliʒenism] nm polygenesis, polygenism

**polyglobulie** [pɔliglɔbyli] nf polycythaemia (Brit), polycythemia (US)

**polyglotte** [pɔliglɔt] adj, nmf polyglot

**polygonacées** [pɔligɔnase] nfpl ◆ **les polygonacées** polygonaceous plants, the Polygonaceae (SPÉC)

**polygonal, e,** mpl **-aux** [pɔligɔnal, o] adj polygonal, many-sided

**polygone** [pɔligɔn] nm (Math) polygon ◆ **polygone de tir** (Mil) rifle range

**polygraphe** [pɔligʀaf] nmf polygraph

**polyhandicapé, e** [pɔliɑ̃dikape] nm,f multi-disabled person

**poly-insaturé, e** [pɔliɛ̃satyʀe] adj polyunsaturated

**polymère** [pɔlimɛʀ] 1 adj polymeric
2 nm polymer

**polymérie** [pɔlimeʀi] nf (Chim) polymerism

**polymérisation** [pɔlimeʀizasjɔ̃] nf polymerization

**polymériser** vt, **se polymériser** vpr [pɔlimeʀize] ▸ conjug 1 ◂ to polymerize

**polymorphe** [pɔlimɔʀf] adj polymorphous, polymorphic

**polymorphie** [pɔlimɔʀfi] nf, **polymorphisme** [pɔlimɔʀfism] nm polymorphism

**Polynésie** [pɔlinezi] nf Polynesia ◆ **Polynésie française** French Polynesia

**polynésien, -ienne** [pɔlinezjɛ̃, jɛn] 1 adj Polynesian
2 nm (Ling) Polynesian
3 **Polynésien(ne)** nm,f Polynesian

**polynévrite** [pɔlinevʀit] nf polyneuritis

**Polynice** [pɔlinis] nm Polynices

**polynôme** [pɔlinom] nm polynomial (Math)

**polynucléaire** [pɔlinykleɛʀ] 1 adj polynuclear, multinuclear
2 nm polymorphonuclear leucocyte

**polyoside** [pɔliozid] nm polysaccharide, polysaccharose

**polype** [pɔlip] → SYN n (Zool) polyp; (Méd) polyp, polypus (SPÉC)

**polypeptide** [pɔlipɛptid] nm polypeptide

**polypétale** [pɔlipetal] adj polypetalous

**polypeux, -euse** [pɔlipø, øz] adj polypous

**polyphasé, e** [pɔlifɑze] adj polyphase

**Polyphème** [pɔlifɛm] nm Polyphemus

**polyphonie** [pɔlifɔni] nf polyphony (Mus)

**polyphonique** [pɔlifɔnik] adj polyphonic (Mus)

**polyphosphate** [pɔlifɔsfat] nm polyphosphate

**polypier** [pɔlipje] nm polypary

**polyploïde** [pɔliplɔid] adj polyploid

**polyploïdie** [pɔliplɔidi] nf polyploidy

**polypode** [pɔlipɔd] nm polypody

**polypore** [pɔlipɔʀ] nm polyporus

**polypropylène** [pɔlipʀɔpilɛn] nm (Chim) polypropylene, polypropene

**polyptère** [pɔliptɛʀ] nm polypterid

**polyptyque** [pɔliptik] nm polyptych

**polysaccharide** [pɔlisakaʀid] nm polysaccharide, polysaccharose

**polysémie** [pɔlisemi] nf polysemy

**polysémique** [pɔlisemik] adj polysemous, polysemic

**polystyle** [pɔlistil] adj polystyle

**polystyrène** [pɔlistiʀɛn] nm polystyrene ◆ **polystyrène expansé** expanded polystyrene

**polysulfure** [pɔlisylfyʀ] nm polysulphide

**polysyllabe** [pɔlisi(l)lab] 1 adj polysyllabic
2 nm polysyllable

**polysyllabique** [pɔlisi(l)labik] adj polysyllabic ◆ **mot polysyllabique** polysyllable

**polysynthétique** [pɔlisɛ̃tetik] adj polysynthetic

**polytechnicien, -ienne** [pɔlitɛknisjɛ̃, jɛn] nm,f *student or ex-student of the École polytechnique*

**polytechnique** [pɔlitɛknik] → SYN adj, nf ◆ **l'École polytechnique, Polytechnique** the École polytechnique

> **POLYTECHNIQUE**
>
> The term **Polytechnique** is not to be confused with the English word "polytechnic" which used to refer to a particular kind of higher education establishment in Britain. In France, **Polytechnique** is the name of one of the most prestigious engineering schools, also known as "l'X". → GRANDES ÉCOLES

**polythéisme** [pɔliteism] nm polytheism

**polythéiste** [pɔliteist] 1 adj polytheistic
2 nmf polytheist

**polythérapie** [pɔliteʀapi] nf combination therapy

**polytonal, e,** mpl **polytonals** [pɔlitɔnal] adj polytonal

**polytonalité** [pɔlitɔnalite] nf polytonality, polytonalism

**polytoxicomanie** [pɔlitɔksikɔmani] nf multiple (drug) addiction

**polytransfusé, e** [pɔlitʀɑ̃sfyze] nm,f *person who has been given multiple blood transfusions*

**polytraumatisé, e** [pɔlitʀomatize] adj *having experienced several traumas*

**polyuréthan(n)e** [pɔliyʀetan] nm polyurethan(e) ◆ **mousse de polyuréthan(n)e** polyurethan(e) foam

**polyurie** [pɔliyʀi] nf polyuria

**polyurique** [pɔliyʀik] adj polyuric

**polyvalence** [pɔlivalɑ̃s] nf (Chim, Méd) polyvalency; [personne, mot] versatility

**polyvalent, e** [pɔlivalɑ̃, ɑ̃t] → SYN 1 adj sérum, vaccin polyvalent; salle multi-purpose (épith); personne versatile ◆ **formation polyvalente** comprehensive training ◆ **professeur polyvalent** *teacher who teaches a variety of subjects* ◆ **nous recherchons une personne polyvalente** we're looking for a good all-rounder (Brit) ou for someone who's good all-around (US)
2 nm tax inspector *(sent to examine company's books)*
3 **polyvalente** nf (Can) *secondary school teaching academic and vocational subjects*

**polyvinyle** [pɔlivinil] nm polyvinyl

**polyvinylique** [pɔlivinilik] adj polyvinyl (épith)

**pomélo** [pɔmelo] nm grapefruit, pomelo (US)

**Poméranie** [pɔmeʀani] nf Pomerania; → **loulou**[1]

**pommade** [pɔmad] → SYN nf (pour la peau) ointment; (pour les cheveux) cream, pomade ◆ **pommade pour les lèvres** lip salve ou balm ◆ **beurre en pommade** (Culin) softened butter ◆ **passer de la pommade à qn** * to butter sb up *, soft-soap sb * (Brit)

**pommader** [pɔmade] → SYN ▸ conjug 1 ◂ vt [+ cheveux] to pomade

**pomme** [pɔm] → SYN 1 nf a (= fruit) apple; (= pomme de terre) potato ◆ **tomber dans les pommes** * to faint, pass out ◆ **elle est restée longtemps dans les pommes** * she was out (cold) * for some time ◆ **c'est aux pommes !** * it's ace! *; → **haut**
b [chou, laitue] heart; [canne, lit] knob; [arrosoir] rose; [mât] truck ◆ **pomme de douche** showerhead
c (* = tête) head, nut *; (= visage) face, mug * ◆ **c'est pour ma pomme** (gén) it's for me ou for yours truly *; (qch de désagréable) it's for yours truly * ou for muggins here ‡ (Brit) ◆ **je m'occupe d'abord de ma pomme** I'm looking after number one * ◆ **c'est pour ta pomme** it's for you
d (* = naïf, indulgent) sucker *, mug * (Brit) ◆ **et moi, bonne pomme, j'ai dit oui** and like a sucker * ou mug * (Brit) I said yes
2 COMP ▷ **pomme d'Adam** Adam's apple ▷ **pommes allumettes** matchstick potatoes ▷ **pomme d'amour** (= sucrerie) toffee apple; (= tomate) love apple ▷ **pomme d'api** *type of small apple* ▷ **pommes boulangère** (Culin) fried potatoes with onions ▷ **pomme cannelle** custard apple, sweetsop (Brit) ▷ **pomme à cidre** cider apple ▷ **pomme à couteau** eating apple ▷ **pomme à cuire** cooking apple, cooker * ▷ **pommes dauphine** pommes dauphine, ≈ potato croquettes *(without breadcrumbs)* ▷ **pomme de discorde** (fig) bone of contention ▷ **pomme fruit** apple ▷ **pommes mousseline** mashed potatoes ▷ **pommes noisettes** ≈ mini potato croquettes *(without breadcrumbs)* ▷ **pommes paille** straw potatoes, ≈ shoestring potatoes (US) ▷ **pomme de pin** pine ou fir cone ▷ **pomme sauvage** crab apple ▷ **pomme de terre** potato ▷ **pommes vapeur** boiled potatoes; → **frite**

**pommé, e** [pɔme] (ptp de **pommer**) adj chou firm and round; laitue with a good heart

**pommeau,** pl **pommeaux** [pɔmo] nm [épée, selle] pommel; [canne] knob

**pommelé, e** [pɔm(ə)le] (ptp de **pommeler**) adj cheval dappled; ciel full of fluffy ou fleecy clouds ◆ **gris pommelé** dapple-grey

**pommeler (se)** [pɔm(ə)le] → SYN ▸ conjug 4 ◂ vpr [ciel] to become full of fluffy ou fleecy clouds; [chou, laitue] to form a head ou heart

**pommelle** [pɔmɛl] nf filter *(over a pipe)*

**pommer** [pɔme] ▸ conjug 1 ◂ vi (Bot) to form a head ou heart

**pommeraie** [pɔm(ə)ʀɛ] nf apple orchard

**pommette** [pɔmɛt] nf cheekbone ◆ **le rouge lui monta aux pommettes** his cheeks reddened ◆ **pommettes saillantes** high cheekbones

**pommier** [pɔmje] nm apple tree ◆ **pommier sauvage** crab-apple tree ◆ **pommier du Japon** Japan (flowering) quince (tree)

**pomologie** [pɔmɔlɔʒi] nf pomology

**pomologue** [pɔmɔlɔg] nmf pomologist

**Pomone** [pɔmɔn] nf Pomona

**pompage** [pɔ̃paʒ] nm pumping ◆ **pompage optique** optical pumping

**pompe**[1] [pɔ̃p] → SYN 1 nf a (= machine) pump ◆ **pompe à air/à vide/de bicyclette** air/vacuum/bicycle pump
b (* = chaussure) shoe ◆ **être à l'aise** ou **bien dans ses pompes** (fig) to feel good ◆ **il est mal dans ses pompes en ce moment** things aren't quite right with him these days ◆ **je suis à côté de mes pompes en ce moment** I'm not quite with it * at the moment ◆ **ce type est vraiment à côté de ses pompes** that guy's really out of it *
c (*: LOC) **(soldat de) deuxième pompe** private ◆ **faire des pompes** (Sport) to do press-ups (Brit) ou push-ups (US) ◆ **c'est juste un petit coup de pompe** I'm (ou we're) just feeling a bit drained ◆ **j'ai eu un** ou **le coup de pompe** I felt drained, I was shattered *
◆ **à toute pompe** at top speed, flat out *
2 COMP ▷ **pompe aspirante** suction ou lift pump ◆ **pompe aspirante et foulante** suction and force pump ▷ **pompe à chaleur** heat pump ▷ **pompe à essence** (= distributeur) petrol (Brit) ou gas(oline) (US) pump; (= station) petrol (Brit) ou gas (US) station ▷ **pompe foulante** force pump ▷ **pompe à incendie** fire engine *(apparatus)*

**pompe**[2] [pɔ̃p] → SYN 1 nf a (littér = solennité) pomp ◆ **en grande pompe** with great pomp
b (Rel = vanités) **pompes** pomps and vanities ◆ **renoncer au monde et à ses pompes** to renounce the world and all its pomps and vanities
2 COMP ▷ **pompes funèbres** undertaker's, funeral director's (Brit), mortician's (US) ◆ **entreprise de pompes funèbres** funeral home, funeral director's (Brit), funeral parlor (US) ◆ **employé des pompes funèbres** undertaker's ou mortician's (US) assistant

**pompé, e** ‡ [pɔ̃pe] (ptp de **pomper**) adj (= fatigué) dead-beat *, knackered ‡ (Brit), pooped * (US)

**Pompée** [pɔ̃pe] nm Pompey

**Pompéi** [pɔ̃pei] n Pompeii

**pompéien, -ienne** [pɔ̃pejɛ̃, jɛn] 1 adj Pompeian
2 **Pompéien(ne)** nm,f Pompeiian

**pomper** [pɔ̃pe] → SYN ▸ conjug 1 ◂ vt a [+ air, liquide] to pump; [moustique] to suck; (= évacuer) to pump out; (= faire monter) to pump up ◆ **pomper de l'eau** to get water from the pump, pump water out ◆ **tu me pompes (l'air)** ‡ you're getting on my nerves, I'm fed up with you ‡ ◆ **il m'a pompé pas mal d'argent** ‡ he sponged * quite a lot of money off me ◆ **les impôts nous pompent tout notre argent** * all our money gets eaten up in tax
b [éponge, buvard] to soak up
c (arg Scol = copier) to crib * (*sur* from) ◆ **il m'a pompé toutes mes idées** he copied ou lifted * all my ideas ◆ **elle a pompé mon style** she has copied ou imitated my style
d (* = boire) to knock back * ◆ **qu'est-ce qu'il pompe !** he can't half (Brit) ou he sure can (US) knock it back! *
e (* = épuiser) to wear out, tire out ◆ **tout ce travail m'a pompé** I'm worn out * ou knackered ‡ (Brit) ou pooped * (US) after all that work

**pompette** * [pɔ̃pɛt] adj tipsy *, tiddly * (Brit) ◆ **être/se sentir pompette** to be/feel a bit tipsy * ou tiddly * (Brit)

**pompeusement** [pɔ̃pøzmɑ̃] adv pompously, pretentiously

**pompeux, -euse** [pɔ̃pø, øz] → SYN adj (= ampoulé) pompous, pretentious; (= imposant) solemn

**pompier, -ière** [pɔ̃pje, jɛʀ] → SYN 1 adj (péj) style, écrivain pompous, pretentious; morceau de musique slushy * ◆ **art pompier** (Art) official art
2 nm a (= personne) fireman, firefighter ◆ **appeler les pompiers** to call the fire brigade (Brit) ou department (US); → **fumer**
b (*‡ = acte sexuel) blow job *‡ ◆ **faire un pompier à qn** to give sb a blow job *‡

**pompiérisme** [pɔ̃pjeʀism] nm pompier style

**pompile** [pɔ̃pil] nm spider-hunting wasp, pompilid (SPÉC)

**pompiste** [pɔ̃pist] nmf petrol pump (Brit) ou gas station (US) attendant

**pompon** [pɔ̃pɔ̃] → SYN nm [chapeau, coussin] pompom; [frange, instrument] bobble ◆ **c'est le pompon !** * it's the last straw!, that beats everything! *, that's the limit! * ◆ **avoir son pompon** † * to be tipsy * ou tiddly * (Brit) ◆ **décrocher le pompon** (fig, aussi iro) to hit the jackpot ◆ **décerner le pompon à qn** to give first prize to sb; → **rose**

**pomponner** [pɔ̃pɔne] → SYN ▸ conjug 1 ◂ 1 vt to titivate, doll up *; [+ bébé] to dress up ◆ **bien pomponné** all dolled up * ou dressed up
2 **se pomponner** vpr to doll o.s. up *, get dolled up * ou dressed up

**ponant** [pɔnɑ̃] → SYN nm (littér) west

**ponçage** [pɔ̃saʒ] nm a (avec du papier de verre) sanding (down), sandpapering; (avec une ponceuse) sanding (down)
b (avec une pierre ponce) pumicing

**ponce** [pɔ̃s] nf a (pierre) ponce pumice (stone)
b (Art) pounce box

**ponceau¹**, pl **ponceaux** [pɔ̃so] → SYN 1 nm (= fleur) corn ou Flanders ou field poppy, coquelicot; (= colorant) ponceau
2 adj ponceau, dark red

**ponceau²**, pl **ponceaux** [pɔ̃so] → SYN nm (= petit pont) ponceau, small bridge

**Ponce Pilate** [pɔ̃spilat] nm Pontius Pilate

**poncer** [pɔ̃se] → SYN ▸ conjug 3 ◂ vt a (= décaper) (avec du papier de verre) to sand (down), sandpaper; (avec une ponceuse) to sand (down) ◆ **il faut commencer par poncer** it needs sanding down first
b (avec une pierre ponce = polir) to pumice
c (Art) [+ dessin] to pounce

**ponceur, -euse** [pɔ̃sœʀ, øz] 1 nm,f (= ouvrier) sander
2 **ponceuse** nf (= machine) sander

**ponceux, -euse** [pɔ̃sø, øz] adj pumiceous

**poncho** [pɔ̃(t)ʃo] nm (= cape) poncho

**poncif** [pɔ̃sif] → SYN nm (= cliché) commonplace, cliché; (Art) stencil *(for pouncing)*

**ponction** [pɔ̃ksjɔ̃] → SYN nf a (Méd) (lombaire) puncture; (pulmonaire) tapping ◆ **faire une ponction lombaire à qn** to perform a lumbar puncture on sb ◆ **faire une ponction pulmonaire à qn** to drain fluid from sb's lungs
b [argent] draining ◆ **ponction fiscale** (tax) levy (*sur* on) ◆ **les ponctions opérées sur nos bénéfices** the levies on our profits ◆ **les ponctions massives opérées sur notre pouvoir d'achat** the huge drain on our spending power ◆ **par de fréquentes ponctions il a épuisé son capital** he has dipped into ou drawn on his capital so often he has used it all up ◆ **faire une sérieuse ponction dans ses économies** [impôt] to make a large hole in ou make serious inroads into one's savings; [personne] to draw heavily on one's savings

**ponctionner** [pɔ̃ksjɔne] → SYN ▸ conjug 1 ◂ vt [+ région lombaire] to puncture; [+ poumon] to tap; [+ réserves] to tap; [+ contribuable, entreprise] to tax

**ponctualité** [pɔ̃ktɥalite] → SYN nf (= exactitude) punctuality; (= assiduité) punctiliousness (frm), meticulousness

**ponctuation** [pɔ̃ktɥasjɔ̃] → SYN nf punctuation

**ponctuel, -elle** [pɔ̃ktɥɛl] → SYN adj a (= à l'heure) punctual; (= scrupuleux) punctilious (frm), meticulous
b (Phys) punctual
c intervention, contrôles, aide (= limité) limited; (= ciblé) selective; problème localized, isolated ◆ **ces terroristes se livrent à des actions ponctuelles** the terrorists make sporadic attacks ◆ **je n'ai fait que quelques modifications ponctuelles** I've only changed a few things here and there
d (Ling) aspect punctual

**ponctuellement** [pɔ̃ktɥɛlmɑ̃] adv a (= avec exactitude) arriver punctually
b (= de temps en temps) from time to time; (= ici et là) here and there

**ponctuer** [pɔ̃ktɥe] → SYN ▸ conjug 1 ◂ vt (lit, fig) to punctuate (*de* with); (Mus) to phrase

**pondaison** [pɔ̃dɛzɔ̃] nf (egg-)laying season

**pondérable** [pɔ̃deʀabl] adj ponderable

**pondéral, e**, mpl **-aux** [pɔ̃deʀal, o] adj weight (épith)

**pondérateur, -trice** [pɔ̃deʀatœʀ, tʀis] adj influence stabilizing, steadying

**pondération** [pɔ̃deʀasjɔ̃] → SYN nf a [personne] level-headedness
b (= équilibrage) balancing; (Écon, Math) weighting ◆ **pondération des pouvoirs** balance of powers ◆ **le coefficient de pondération est 3** it's weighted by a factor of 3

**pondéré, e** [pɔ̃deʀe] → SYN (ptp de **pondérer**) adj
a personne, attitude level-headed
b (Écon) **indice pondéré** weighted index

**pondérer** [pɔ̃deʀe] → SYN ▸ conjug 6 ◂ vt (= équilibrer) to balance; (= compenser) to counterbalance (*par* by); (Écon) [+ indice] to weight

**pondéreux, -euse** [pɔ̃deʀø, øz] → SYN 1 adj marchandises, produits heavy
2 nmpl heavy goods

**pondeur** [pɔ̃dœʀ] nm (péj) ◆ **pondeur de romans** writer who churns out books

**pondeuse** [pɔ̃døz] nf ◆ **(poule) pondeuse** good layer; (* : péj ou hum) prolific child-bearer (hum)

**pondoir** [pɔ̃dwaʀ] nm nest box

**pondre** [pɔ̃dʀ] → SYN ▸ conjug 41 ◂ 1 vt [+ œuf] to lay; * [+ enfant] to produce; [+ devoir, texte] to produce, turn out * ◆ **œuf frais pondu** new-laid egg
2 vi [poule] to lay; [poisson, insecte] to lay its eggs

**ponette** [pɔnɛt] nf filly

**poney** [pɔnɛ] → SYN nm pony

**pongé(e)** [pɔ̃ʒe] nm (Tex) pongee

**pongidés** [pɔ̃ʒide] nmpl ◆ **les pongidés** pongids, the Pongidae (SPÉC)

**pongiste** [pɔ̃ʒist] nmf table tennis player

**pont** [pɔ̃] → SYN 1 nm a (Constr) bridge; (= lien) bridge, link (*entre* between) ◆ **passer un pont** to go over ou cross a bridge ◆ **vivre ou coucher sous les ponts** to sleep rough, live on the streets ◆ **solide comme le Pont-Neuf** (as) strong as an ox ◆ **se porter comme le Pont-Neuf** * to be hale and hearty ◆ **faire un pont d'or à qn** (pour l'employer) to offer sb a fortune *(to take on a job)* ◆ **couper les ponts avec qn** to sever all links with sb ◆ **jeter un pont sur une rivière** to bridge a river, throw a bridge over a river ◆ **jeter un pont entre les générations/deux cultures** to build bridges between generations/two cultures; → **eau**
b (= acrobatie) crab ◆ **faire le pont** to do a crab
c (Naut) deck ◆ **pont avant/arrière** fore/rear deck ◆ **pont principal/supérieur** main/upper ou top deck ◆ **navire à deux/trois ponts** two/three decker ◆ **tout le monde sur le pont !** all hands on deck!
d (Aut) axle ◆ **pont avant/arrière** front/rear axle
e (Mécanique) **pont (élévateur)** (hydraulic) ramp ◆ **mettre une voiture sur le pont** to put a car on the ramp
f (= vacances) extra day(s) off *(taken between two public holidays or a public holiday and a weekend)* ◆ **on a un pont de trois jours pour Noël** we have three extra days (off) for ou at Christmas ◆ **faire le pont** to take the extra day (off), make a long weekend of it → FÊTES LÉGALES
g (Antiq) **(royaume du) Pont** Pontus
h (Ftbl) **petit pont** nutmeg (Brit), between-the-leg pass (US) ◆ **faire un grand pont à qn** to send the ball round sb's legs ◆ **faire un petit pont à qn** to send the ball between sb's legs, nutmeg sb (Brit)
i (Élec) bridge (circuit) ◆ **pont de Wheatstone** Wheatstone bridge
2 COMP ▷ **pont aérien** airlift ▷ **pont aux ânes** pons asinorum ◆ **c'est le pont aux ânes** (fig) any fool knows that ▷ **pont basculant** bascule bridge ▷ **les Ponts et Chaussées** (= service) the highways department, the department of civil engineering; (= école) school of civil engineering ◆ **ingénieur des ponts et chaussées** civil engineer ▷ **pont d'envol** (Naut) flight deck ▷ **pont flottant** pontoon bridge ▷ **pont garage** car deck, vehicle deck ▷ **pont de glace** (Can) ice bridge ou road ▷ **pont de graissage** (Aut) ramp *(in a garage)* ▷ **pont mobile** movable bridge ▷ **pont à péage** tollbridge ▷ **pont promenade** (Naut) promenade deck ▷ **pont roulant** (Rail) travelling crane ▷ **pont suspendu** suspension bridge ▷ **pont tournant** swing bridge ▷ **pont transbordeur** transporter bridge; → **hauban**

**pontage** [pɔ̃taʒ] nm (Naut) decking ◆ **pontage (cardiaque)** (Méd) (heart) bypass operation ou surgery (NonC) ◆ **pontage coronarien** coronary bypass operation ou surgery (NonC) ◆ **faire un pontage à qn** to carry out a (heart) bypass operation on sb ◆ **on lui a fait un triple pontage** he had triple bypass surgery ou a triple bypass operation

**pont-canal**, pl **ponts-canaux** [pɔ̃kanal, o] nm canal bridge

**ponte¹** [pɔ̃t] → SYN nf (= action) laying (of eggs); (= œufs) eggs, clutch; (= saison) (egg-)laying season ◆ **ponte ovulaire** ovulation

**ponte²** [pɔ̃t] → SYN nm a (* = pontife) bigwig * ◆ **les grands pontes de l'université/du parti** the academic/party bigwigs ◆ **un ponte de la médecine** a leading light in the medical world ◆ **un ponte de la banque** a bigshot * in the banking world
b (Jeux) punter

**pontée** [pɔ̃te] → SYN nf (Naut) deck load

**ponter¹** [pɔ̃te] ▸ conjug 1 ◂ vt (Naut) to deck, lay the deck of

**ponter²** [pɔ̃te] → SYN ▸ conjug 1 ◂ (Jeux) 1 vi to punt
2 vt to bet

**Pont-Euxin** [pɔ̃tøksɛ̃] nm ◆ **le Pont-Euxin** the Euxine Sea

**pontier** [pɔ̃tje] nm [pont mobile] movable-bridge operator; [pont roulant] travelling-crane operator

**pontife** [pɔ̃tif] → SYN nm a (Rel) pontiff; → **souverain**
b (* = personne importante) big shot *, pundit *

**pontifiant, e** * [pɔ̃tifjɑ̃, jɑ̃t] → SYN adj personne, ton pontificating

**pontifical, e**, mpl **-aux** [pɔ̃tifikal, o] adj (Antiq) pontifical; (Rel) messe pontifical; siège, gardes, États papal

**pontificat** [pɔ̃tifika] nm pontificate

**pontifier** [pɔ̃tifje] ▸ conjug 7 ◂ vi to pontificate

**pontil** [pɔ̃til] nm (= verre) punty, pontil

**pont-levis**, pl **ponts-levis** [pɔ̃l(ə)vi] nm drawbridge

**ponton** [pɔ̃tɔ̃] nm (= plate-forme) pontoon, (floating) landing stage; (= chaland) lighter; (= navire) hulk

**ponton-grue**, pl **pontons-grues** [pɔ̃tɔ̃gʀy] nm floating crane

**pontonnier** [pɔ̃tɔnje] nm (Mil) pontoneer, pontonier

**pool** [pul] → SYN nm [producteurs, dactylos] pool ◆ **pool bancaire** banking pool

**pop** [pɔp] 1 adj inv musique, art pop
2 nm ◆ **le pop** (= musique) pop (music); (= art) pop art

**pop art, pop'art** [pɔpaʀt] nm pop art

**pop-corn** [pɔpkɔʀn] nm inv popcorn

**pope** [pɔp] nm (Orthodox) priest

**popeline** [pɔplin] nf poplin

**poplité, e** [pɔplite] 1 adj popliteal
2 nm popliteus

**Popocatépetl** [popokatepɛtl] nm Popocatépetl

**popote** [pɔpɔt] → SYN 1 nf a (* = cuisine) cooking ◆ **faire la popote** to cook
b (Mil) mess, canteen
2 adj inv * stay-at-home (épith), home-loving ◆ **il est très popote** he likes his home comforts

**popotin** * [pɔpɔtɛ̃] nm bottom *; → **magner**

**populace** [pɔpylas] → SYN nf (péj) rabble, mob

**populacier, -ière** [pɔpylasje, jɛʀ] → SYN adj (péj) vulgar, coarse

**populage** [pɔpylaʒ] nm marsh marigold, kingcup, cowslip (US)

**populaire** [pɔpylɛʀ] → SYN adj a (= du peuple) gouvernement, front, croyance, tradition popular; démocratie popular, people's; république people's; mouvement, manifestation mass ◆ **la République populaire de ...** the People's Republic of ...
b (= pour la masse) roman, art, chanson popular; édition cheap; → **bal, soupe**
c (= plébéien) goût common; (= ouvrier) milieu, quartier, origines working-class ◆ **les classes populaires** the working classes
d (= qui plaît) popular, well-liked ◆ **très populaire auprès des jeunes** very popular with young people

**c** (Ling) mot, expression vernacular; étymologie popular; latin popular

**populairement** [pɔpylɛʀmɑ̃] adv (gén) popularly; parler in the vernacular

**popularisation** [pɔpylaʀizasjɔ̃] nf (= vulgarisation) popularization ◆ **avec la popularisation des concepts freudiens** (= propagation) with Freudian theories becoming more widely known ◆ **la télévision a joué un rôle important dans la popularisation de l'art lyrique** television played an important role in making opera accessible to ou in bringing opera to the general public

**populariser** [pɔpylaʀize] → SYN ▸ conjug 1 ◂ [1] vt to popularize
[2] **se populariser** vpr to become more (and more) popular

**popularité** [pɔpylaʀite] → SYN nf popularity

**population** [pɔpylasjɔ̃] → SYN nf population ◆ **région à population musulmane/mixte** area with a large Muslim population/with a mixed population ◆ **population active/agricole** working/farming population ◆ **population carcérale/civile/scolaire** prison/civilian/school population ◆ **mouvement de population** population movement ◆ **l'attentat a fait quatre victimes parmi la population** the bomb attack claimed four civilian casualties

**populationniste** [pɔpylasjɔnist] adj mesures favouring population growth

**populeux, -euse** [pɔpylø, øz] → SYN adj pays, ville densely populated, populous; rue crowded

**populisme** [pɔpylism] nm **a** (Pol) populism
**b** (Littérat) populisme *(a literary movement of the 1920s and 1930s which sets out to describe the lives of ordinary people)*

**populiste** [pɔpylist] → SYN adj, nmf populist

**populo** * [pɔpylo] nm (péj = peuple) ordinary people ou folks *; (= foule) crowd (of people)

**poquet** [pɔkɛ] nm seed hole

**porc** [pɔʀ] → SYN nm **a** (= animal) pig, hog (US); (= viande) pork; (= peau) pigskin
**b** (* péj) pig, swine *

**porcelaine** [pɔʀsəlɛn] → SYN nf **a** (= matière) porcelain, china; (= objet) piece of porcelain ◆ **porcelaine dure/tendre** soft-paste/hard-paste porcelain ◆ **porcelaine tendre naturelle** bone china ◆ **porcelaine vitreuse** vitreous china ◆ **porcelaine de Saxe/de Sèvres** Dresden/Sèvres china ◆ **porcelaine de Chine** China ◆ **porcelaine de Limoges** Limoges porcelain ◆ **de** ou **en porcelaine** china, porcelain
**b** (Zool) cowrie

**porcelainier, -ière** [pɔʀsəlenje, jɛʀ] [1] adj china (épith), porcelain (épith)
[2] nm (= fabricant) porcelain ou china manufacturer

**porcelet** [pɔʀsəlɛ] → SYN nm (Zool) piglet; (Culin) sucking pig

**porc-épic,** pl **porcs-épics** [pɔʀkepik] → SYN nm porcupine; (= personne irritable) prickly customer * ◆ **tu es un vrai porc-épic !** (= homme mal rasé) you're all bristly!

**porche** [pɔʀʃ] → SYN nm porch ◆ **sous le porche de l'immeuble** in the entrance to the building

**porcher, -ère** [pɔʀʃe, ɛʀ] nm,f pig-keeper, swineherd †

**porcherie** [pɔʀʃəʀi] → SYN nf (lit, fig) pigsty, pigpen (US)

**porcin, e** [pɔʀsɛ̃, in] → SYN [1] adj (lit) porcine; (fig) piglike
[2] nm pig ◆ **les porcins** pigs

**pore** [pɔʀ] → SYN nm pore ◆ **il sue l'arrogance par tous les pores** he exudes arrogance from every pore

**poreux, -euse** [pɔʀø, øz] → SYN adj porous

**porno** * [pɔʀno] [1] adj (abrév de **pornographique**) porn *, porno * ◆ **film/revue/cinéma porno** porn(o) * film/magazine/cinema
[2] nm (abrév de **pornographie**) porn *

**pornographe** [pɔʀnɔgʀaf] [1] nmf pornographer
[2] adj of pornography (attrib), pornographic

**pornographie** [pɔʀnɔgʀafi] → SYN nf pornography

**pornographique** [pɔʀnɔgʀafik] → SYN adj pornographic

**porosité** [pɔʀozite] → SYN nf porosity

**porphyre** [pɔʀfiʀ] nm porphyry

**porphyrie** [pɔʀfiʀi] nf porphyria

**porphyrine** [pɔʀfiʀin] nf porphyrin

**porphyrique** [pɔʀfiʀik] adj porphyritic

**porphyroïde** [pɔʀfiʀɔid] adj porphyroid

**porque** [pɔʀk] nf (Naut) web frame

**port**[1] [pɔʀ] → SYN [1] nm **a** (= bassin) harbour (Brit), harbor (US); (commercial) port; (= ville) port; (littér = abri) port, haven ◆ **se promener sur le port** to walk around the harbour ou along the quayside ◆ **sortir du port** to leave port ou harbour ◆ **arriver au port** (Naut) to dock; (fig) to reach one's destination ◆ **arriver à bon port** to arrive intact, arrive safe and sound ◆ **un port dans la tempête** (fig) a port in a storm ◆ **"Le Port de l'angoisse"** (Ciné) "To Have and Have Not"
**b** (dans les Pyrénées) pass
**c** (Ordin) port ◆ **port parallèle/série** parallel/serial port
[2] COMP ▷ **port artificiel** artificial harbour (Brit) ou harbor (US) ▷ **port d'attache** (Naut) port of registry; (fig) home base ▷ **port autonome** (= gestion) port authority; (= lieu) port *(publicly managed)* ▷ **port de commerce** commercial port ▷ **port fluvial** river port ▷ **port franc** free port ▷ **port de guerre** naval base ▷ **port maritime, port de mer** sea port ▷ **port militaire** military port ▷ **port de pêche** fishing port ▷ **port de plaisance** (= bassin) marina; (= ville) sailing ou yachting resort

**port**[2] [pɔʀ] → SYN nm **a** (= fait de porter) [objet] carrying; [habit, barbe, décoration] wearing ◆ **le port du casque est obligatoire sur le chantier** hard hats must be worn on the building site ◆ **port d'armes prohibé** illegal carrying of firearms ◆ **se mettre au port d'armes** (Mil) to shoulder arms
**b** (= prix) (poste) postage; (= transport) carriage ◆ **franco** ou **franc de port** carriage paid ◆ **(en) port dû/payé** postage due/paid
**c** (= comportement) bearing, carriage ◆ **elle a un port majestueux** ou **de reine** she has a noble ou majestic ou queenly bearing ◆ **elle a un joli port de tête** she holds her head very nicely
**d** (Mus) **port de voix** portamento

**portabilité** [pɔʀtabilite] nf (gén, Ordin) portability

**portable** [pɔʀtabl] [1] adj vêtement wearable; (= portatif) (gén) portable; téléphone mobile ◆ **logiciels portables** portable software
[2] nm (Ordin, gén) portable; (= qui tient sur les genoux) laptop; (= téléphone) mobile phone, mobile *

**portage** [pɔʀtaʒ] nm **a** [marchandise] porterage; (Naut, Can) portage ◆ **portage à domicile** (Presse) home delivery

**portager** [pɔʀtaʒe] ▸ conjug 3 ◂ vi (Can) to portage

**portail** [pɔʀtaj] → SYN nm (= porte) gate; (Internet) portal

**portance** [pɔʀtɑ̃s] nf (Aviat) lift; (Constr) load-bearing capacity

**portant, e** [pɔʀtɑ̃, ɑ̃t] [1] adj **a** mur structural, supporting; roue running ◆ **surface portante** (Aviat) aerofoil (Brit), airfoil (US) ◆ **vent portant** (Naut) fair wind
**b** **être bien/mal portant** to be healthy ou in good health/in poor health; → **bout**
[2] nm (= anse) handle; (Théât) upright; (= présentoir) rack

**portatif, -ive** [pɔʀtatif, iv] → SYN adj portable

**Port-au-Prince** [pɔʀopʀɛ̃s] n Port-au-Prince

**porte** [pɔʀt] → SYN [1] nf **a** [maison, voiture, meuble] door; [forteresse, jardin, stade, ville] gate; (= seuil) doorstep; (= embrasure) doorway ◆ **porte pliante/coulissante** folding/sliding door ◆ **franchir** ou **passer la porte** to go through ou come through the door(way) ◆ **sonner à la porte** to ring the (door)bell ◆ **c'est à ma porte** it's close by, it's on the doorstep ◆ **le bus me descend** ou **met à ma porte** the bus takes me right to my door ◆ **j'ai trouvé ce colis à ma porte** I found this parcel on my doorstep ◆ **ils se réfugièrent sous la porte** they took shelter in the doorway ◆ **une (voiture) 3/5 portes** a 3-door/5-door (car) ◆ **il y a 100 km/j'ai mis deux heures (de) porte à porte** it's 100 km/it took me two hours (from) door to door ◆ **de porte en porte** from house to house ◆ **faire du porte à porte** (= vendre) to sell from door to door, be a door-to-door salesman, do doorstep selling (Brit); (= chercher du travail) to go around knocking on doors ◆ **l'ennemi est à nos portes** the enemy is at our gate(s) ◆ **Dijon, porte de la Bourgogne** Dijon, the gateway to Burgundy; → **casser, clé** etc
**b** [aéroport] gate
**c** [écluse] (lock) gate; (Ski) gate
**d** (Loc) **c'est/ce n'est pas la porte à côté** * it's practically/it's not exactly on our (ou my etc ) doorstep ◆ **la porte !** * (shut the) door! ◆ **(à) la porte !** (get) out! ◆ **être à la porte** to be locked out ◆ **mettre** ou **flanquer qn à la porte** * (licencier) to fire sb *, sack sb * (Brit), give sb the sack * (Brit); (Scol) to expel sb; (Univ) to send sb down (Brit), flunk sb out * (US); (éjecter) to throw ou boot * sb out ◆ **montrer la porte à qn** to show sb the door ◆ **claquer/fermer la porte au nez de qn** to slam/shut the door in sb's face ◆ **entrer** ou **passer par la petite/la grande porte** (fig) to start at the bottom (rung of the ladder)/at the top ◆ **le ministre est sorti** ou **s'est en allé par la petite porte** the minister left quietly ou made a discreet exit ◆ **ça lui a permis de sortir par la grande porte** this allowed him to leave with dignity ou without losing face ◆ **fermer** ou **refuser sa porte à qn** to close the door to sb, bar sb from one's house ◆ **fermer la porte à qch** (fig) to close the door on sth ◆ **j'ai trouvé porte close** ou **de bois** (Belg) (maison) no one answered the door; (magasin, bâtiment public) it was closed ◆ **vous avez frappé** ou **sonné à la bonne/mauvaise porte** (fig) you've come to the right/wrong person ou place ◆ **c'est la porte ouverte** ou **c'est ouvrir la porte à tous les abus** (fig) it means leaving the door wide open ou the way open to all sorts of abuses ◆ **toutes les portes lui sont ouvertes** every door is open to him ◆ **laisser la porte ouverte à un compromis** to leave the way open for compromise ◆ **journée porte(s) ouverte(s)** open day (Brit), open house (US) ◆ **opération porte(s) ouverte(s)** open day event ◆ **il faut qu'une porte soit ouverte ou fermée** you can't have it both ways ◆ **aux portes de la mort** at death's door ◆ **parler à qn entre deux portes** to have a quick word with sb, speak to sb very briefly ou in passing ◆ **recevoir qn entre deux portes** to meet sb very briefly ◆ **prendre la porte** to go away, leave ◆ **aimable** ou **souriant comme une porte de prison** like a bear with a sore head
[2] adj ◆ **veine porte** portal vein
[3] COMP ▷ **porte accordéon** folding door ▷ **les portes du Ciel** the gates of Heaven ▷ **porte cochère** carriage entrance, porte-cochère ▷ **porte à deux battants** double door ou gate ▷ **porte d'embarquement** (Aviat) departure gate ▷ **les portes de l'Enfer** the gates of Hell ▷ **porte d'entrée** front door ▷ **les Portes de Fer** (Géog) the Iron Gate(s) ▷ **porte palière** front door *(of an apartment)* ▷ **porte de secours** emergency exit ou door ▷ **porte de service** rear ou tradesman's (surtout Brit) entrance ▷ **porte de sortie** (lit) exit, way out (surtout Brit); (fig) way out, let-out * (Brit) ◆ **se ménager une porte de sortie** to leave o.s. a way out ou loophole

**porté, e**[1] [pɔʀte] → SYN (ptp de **porter**) adj ◆ **être porté à faire qch** to be apt ou inclined to do sth, tend to do sth ◆ **nous sommes portés à croire que ...** we are inclined to believe that ... ◆ **être porté à la colère/à l'exagération** to be prone to anger/to exaggeration ◆ **être porté sur qch** to be fond of ou keen on (Brit) sth, be partial to sth ◆ **être porté sur la chose** * to have a one-track mind *

**porte-aéronefs** [pɔʀtaeʀɔnɛf] nm inv aircraft carrier

**porte-à-faux** [pɔʀtafo] nm inv [mur] slant; [rocher] precarious balance, overhang; (Archit) cantilever ◆ **en porte-à-faux** mur, construction slanting, out of plumb; rocher precariously balanced; (fig) personne (= dans une situation délicate) in an awkward position; (= en décalage, isolé) out on a limb ◆ **être** ou **se trouver en porte-à-faux par rapport à** ou **avec**

**qch** to be at odds ou out of step with sth ◆ **mettre qn en porte-à-faux** to put sb in an awkward position

**porte-aiguilles** [pɔʀtegɥij] **nm inv** (= boîte) needle case; (en tissu) needle book

**porte-amarre,** pl **porte-amarres** [pɔʀtamaʀ] **nm** line-throwing device

**porte-avions** [pɔʀtavjɔ̃] [→ SYN] **nm inv** aircraft carrier

**porte-bagages** [pɔʀt(ə)bagaʒ] [→ SYN] **nm inv** [vélo] rack; [train] (luggage) rack

**porte-bannière,** pl **porte-bannières** [pɔʀt(ə)banjɛʀ] **nmf** banner bearer

**porte-bébé,** pl **porte-bébés** [pɔʀt(ə)bebe] **nm** (= nacelle) carrycot (Brit); (à bretelles) baby sling, baby carrier

**porte-billet** [pɔʀt(ə)bijɛ] **nm inv** wallet, notecase, billfold (US)

**porte-billets** [pɔʀt(ə)bijɛ] **nm inv** wallet, notecase, billfold (US)

**porte-bonheur** [pɔʀt(ə)bɔnœʀ] [→ SYN] **nm inv** lucky charm ◆ **acheter du muguet porte-bonheur** to buy lily of the valley for good luck

**porte-bouquet,** pl **porte-bouquets** [pɔʀt(ə)bukɛ] **nm** flower holder

**porte-bouteille(s),** pl **porte-bouteilles** [pɔʀt(ə)butɛj] **nm** (à anse) bottle-carrier; (à casiers) wine rack; (= hérisson) bottle-drainer

**porte-cartes** [pɔʀt(ə)kaʀt] **nm inv** [papiers d'identité] card wallet ou holder; [cartes géographiques] map wallet

**porte-chéquier,** pl **porte-chéquier** [pɔʀt(ə)ʃekje] **nm** chequebook (Brit) ou checkbook (US) holder

**porte-cigares** [pɔʀt(ə)sigaʀ] **nm inv** cigar case

**porte-cigarettes** [pɔʀt(ə)sigaʀɛt] **nm inv** cigarette case

**porte-clés** [pɔʀt(ə)kle] **nm inv** **a** (= anneau) key ring; (= étui) key case
**b** (†† = geôlier) turnkey ††

**porte-conteneurs** [pɔʀt(ə)kɔ̃t(ə)nœʀ] **nm inv** container ship

**porte-copie,** pl **porte-copies** [pɔʀt(ə)kɔpi] **nm** copy holder

**porte-couteau,** pl **porte-couteaux** [pɔʀt(ə)kuto] **nm** knife rest

**porte-crayon,** pl **porte-crayons** [pɔʀt(ə)kʀɛjɔ̃] **nm** pencil holder

**porte-croix** [pɔʀt(ə)kʀwa] **nm inv** cross bearer

**porte-documents** [pɔʀt(ə)dɔkymɑ̃] [→ SYN] **nm inv** briefcase, attaché case, document case

**porte-drapeau,** pl **porte-drapeaux** [pɔʀt(ə)dʀapo] **nm** (lit, fig) standard bearer

**portée²** [pɔʀte] [→ SYN] **nf** **a** (= distance) range, reach; [fusil, radar] range; [cri, voix] carrying-distance, reach ◆ **canon à faible/longue portée** short-/long-range gun ◆ **missile de moyenne portée** intermediate-range weapon ◆ **à portée de la main** within (arm's) reach, at ou on hand ◆ **restez à portée de voix** stay within earshot ◆ **restez à portée de vue** don't go out of sight ◆ **cet hôtel est/n'est pas à la portée de toutes les bourses** this hotel is/is not within everyone's means, this hotel suits/does not suit everyone's purse ◆ **ne laissez pas les médicaments à portée de main** ou **à la portée des enfants** keep medicines out of the reach of children ◆ **hors de portée** (lit) out of reach ou range; (fig) beyond reach ◆ **hors de portée de fusil/de voix** out of rifle range/earshot
**b** (= capacité) [intelligence] reach, scope, capacity; (= niveau) level ◆ **ce concept dépasse la portée de l'intelligence ordinaire** this concept is beyond the reach ou scope ou capacity of the average mind ◆ **être à la portée de qn** to be understandable to sb ◆ **il faut savoir se mettre à la portée des enfants** you have to be able to come down to a child's level ◆ **mettre la science à la portée de tous** to bring science within everyone's reach
**c** (= effet) [parole, écrit] impact, import; [acte] significance, consequences ◆ **il ne mesure pas la portée de ses paroles/ses actes** he doesn't think about the import of what he's saying/the consequences of his actions ◆ **la portée de cet événement est incalculable** it is impossible to foresee the consequences of this event ◆ **sans portée pratique** of no practical consequence ou importance ou significance
**d** (Archit) (= poussée) loading; (= distance) span
**e** (Mus) stave, staff
**f** (Vét) litter

**porte-étendard,** pl **porte-étendards** [pɔʀtetɑ̃daʀ] **nm** (lit, fig) standard bearer

**porte-étrivière,** pl **porte-étrivières** [pɔʀtetʀivjɛʀ] **nm** stirrup leather holder

**portefaix** †† [pɔʀtəfɛ] **nm inv** porter

**porte-fanion,** pl **porte-fanions** [pɔʀt(ə)fanjɔ̃] **nm** pennant bearer

**porte-fenêtre,** pl **portes-fenêtres** [pɔʀt(ə)fənɛtʀ] **nf** French window (Brit) ou door (US)

**portefeuille** [pɔʀtəfœj] [→ SYN] **nm** [argent] wallet, billfold (US); (Assurances, Bourse, Pol) portfolio ◆ **société de portefeuille** holding ou investment company ◆ **avoir un portefeuille bien garni** to be well-off; → **lit, ministre**

**porte-fort** [pɔʀtəfɔʀ] **nm inv** (Jur) surety

**porte-fusibles** [pɔʀtəfyzibl] **nm inv** fuse box

**porte-glaive,** pl **porte-glaives** [pɔʀtəglɛv] **nm** (Zool) swordtail

**porte-greffe,** pl **porte-greffes** [pɔʀtəgʀɛf] **nm** (Agr) stock *(for graft)*

**porte-haubans** [pɔʀtəobɑ̃] **nm inv** chainwale, channel

**porte-hélicoptères** [pɔʀtelikɔptɛʀ] **nm inv** helicopter carrier

**porte-jarretelles** [pɔʀt(ə)ʒaʀtɛl] **nm inv** suspender belt (Brit), garter belt (US)

**porte-jupe,** pl **porte-jupes** [pɔʀtəʒyp] **nm** skirt hanger

**porte-lame,** pl **porte-lames** [pɔʀtəlam] **nm** blade holder

**porte-malheur** [pɔʀt(ə)malœʀ] **nm inv** (= chose) jinx; (= personne) jinx, Jonah

**portemanteau,** pl **portemanteaux** [pɔʀt(ə)mɑ̃to] [→ SYN] **nm** **a** (= cintre) coat hanger; (accroché au mur) coat rack; (sur pied) hat stand ◆ **accrocher une veste au portemanteau** to hang up a jacket
**b** (†† = malle) portmanteau

**portement** [pɔʀtəmɑ̃] **nm** ◆ **portement de croix** bearing of the cross

**porte-menu,** pl **porte-menus** [pɔʀt(ə)məny] **nm** menu holder

**portemine** [pɔʀtəmin] **nm** propelling pencil

**porte-monnaie** [pɔʀt(ə)mɔnɛ] [→ SYN] **nm inv** (gén) purse (Brit), coin purse (US); (pour homme) wallet ◆ **porte-monnaie électronique** electronic purse ◆ **on fait souvent appel au porte-monnaie du contribuable** the taxpayer is often asked to dip into his pocket ◆ **avoir le porte-monnaie bien garni** to be well-off

**porte-musique** [pɔʀt(ə)myzik] **nm inv** music case

**porte-objet,** pl **porte-objets** [pɔʀt(ə)ɔbʒɛ] **nm** (= lamelle) slide; (= platine) stage

**porte-outil,** pl **porte-outils** [pɔʀtuti] **nm** (Tech) chuck

**porte-parapluies** [pɔʀt(ə)paʀaplɥi] **nm inv** umbrella stand

**porte-parole** [pɔʀt(ə)paʀɔl] [→ SYN] **nmf inv** spokesperson; (= homme) spokesman; (= femme) spokeswoman ◆ **le porte-parole du gouvernement** the government spokesperson, ≃ the press secretary (US) ◆ **se faire le porte-parole de qn** to act as spokesman for sb, speak on sb's behalf ◆ **leur journal est le porte-parole du parti** their newspaper is the mouthpiece ou organ of the party

**porte-plume,** pl **porte-plumes** [pɔʀtəplym] [→ SYN] **nm** penholder ◆ **prise porte-plume** (Ping-Pong) penholder grip

**porte-queue,** pl **porte-queues** [pɔʀtəkø] **nm** swallowtail

**porter** [pɔʀte] [→ SYN] ▸ conjug 1 ◂ **1** **vt** **a** [+ parapluie, paquet, valise] to carry; (fig) [+ responsabilité] to bear, carry ◆ **porter un enfant dans ses bras/sur son dos** to carry a child in one's arms/on one's back ◆ **pouvez-vous me porter ma valise ?** can you carry my case for me? ◆ **laisse-toi porter par la vague** let yourself be carried by the waves ◆ **ses jambes ne le portent plus** his legs can no longer carry him ◆ **ce pont n'est pas fait pour porter des camions** this bridge isn't meant to carry lorries ou meant for lorries ou can't take the weight of a lorry ◆ **portez ... arme !** (Mil) present ... arms! ◆ **la tige qui porte la fleur** the stem which bears the flower, the stem with the flower on ◆ **cette poutre porte tout le poids du plafond** this beam bears ou carries ou takes the whole weight of the ceiling ◆ **porter sa croix** (fig) to carry ou bear one's cross ◆ **porter le poids de ses fautes** (fig) to bear the weight of one's mistakes
**b** (= apporter) to take ◆ **porter qch à qn** to take sth to sb ◆ **porte-lui ce livre** take this book to him, take him this book ◆ **le facteur porte les lettres et les colis** the postman delivers letters and parcels ◆ **je vais porter la lettre à la boîte** I'm going to take the letter to the postbox, I'm going to put this letter in the postbox ◆ **porter les plats sur la table** to take the dishes (out ou over) to the table ◆ **porte-la sur le lit** put ou lay her on the bed ◆ **porter la main à son front** to put one's hand to one's brow ◆ **porter la main à son chapeau** to lift one's hand to one's hat ◆ **porter la main sur qn** to raise one's hand to sb ◆ **porter qch à sa bouche** to lift ou put sth to one's lips ◆ **porter de l'argent à la banque** to take some money to the bank ◆ **se faire porter à manger** to have food brought (to one) ◆ **porter l'affaire sur la place publique/devant les tribunaux** to take ou carry the matter into the public arena/before the courts ◆ **porter la nouvelle à qn** to take ou bring the news to sb ◆ **porter une œuvre à l'écran/à la scène** (Ciné, Théât) to transfer a work to the screen/to the stage ◆ **porter chance** ou **bonheur/malheur (à qn)** to be lucky/unlucky (for sb), bring (sb) (good) luck/bad luck ◆ **ça porte bonheur !** it brings good luck!, it's lucky! ◆ (Prov) **porter de l'eau à la rivière** to carry coals to Newcastle ◆ **portant partout la terreur et la mort** (littér) carrying fear and death everywhere
**c** [+ vêtement, bague, laine, lunettes] to wear; [+ armes héraldiques] to bear; [+ barbe] to have, wear; [+ nom] to have, bear ◆ **porter les cheveux longs** to wear one's hair long, have long hair ◆ **porter le nom d'une fleur** to be called after a flower ◆ **porter le nom de Jérôme** to be called Jerome ◆ **il porte bien son nom** his name suits him ◆ **elle porte bien son âge** she looks good for her age ◆ **elle porte bien le pantalon** trousers suit her ◆ **c'est elle qui porte le pantalon** ou **la culotte** (fig) she's the one that wears trousers (Brit) ou pants (US) ◆ **je ne veux pas porter le chapeau** * (fig) I don't want to carry the can * ou take the rap * (*pour* for) ◆ **on lui a fait porter le chapeau** * he carried the can * ou took the rap *
**d** (= tenir) to hold, keep ◆ **porter la tête haute** (lit) to hold ou keep one's head up; (fig) to hold one's head high ◆ **porter le corps en avant** to lean ou stoop forward
**e** (= montrer) [+ signe, trace] to show, bear; [+ blessure, cicatrice] to have, bear; [+ inscription, date] to bear ◆ **il porte la bonté sur son visage** he has a very kind(-looking) face, his face is a picture of kindness ◆ **ce livre porte un beau titre** this book has a good title ◆ **la lettre porte la date du 12 mai** the letter is dated ou bears the date of May 12th ◆ **porter la marque de** (Ling) to be marked for
**f** (= inscrire) [+ nom] to write down, put down (*sur* on, in); (Comm) [+ somme] to enter (*sur* in) ◆ **porter de l'argent au crédit d'un compte** to credit an account with some money ◆ **nous portons cette somme à votre débit** we are debiting this sum from your account ◆ **se faire porter absent** to go absent ◆ **se faire porter malade** to report ou go sick ◆ **porter qn absent** (Mil) to report sb absent; (Scol) to mark sb absent ◆ **porté disparu/au nombre des morts** reported missing/dead ◆ **porté manquant** unaccounted for
**g** (= diriger) [+ regard] to direct, turn (*sur, vers* towards); [+ attention] to turn, give (*sur* to), focus (*sur* on); [+ effort] to direct (*sur* towards); [+ pas] to turn (*vers* towards); [+ coup] to deal (*à* to); [+ accusation] to make (*contre* against); [+ attaque] to make (*contre* on) ◆ **il fit porter son attention sur ce détail** he turned his attention to ou focused his attention on this detail ◆ **il fit porter son choix sur ce livre** he chose this book, his choice fell on this book

**h** (= ressentir) [+ amour, haine] to feel (*à* for); [+ reconnaissance] to feel (*à* to, towards) ◆ **porter de l'amitié à qn** to feel friendship towards sb

**i** (Méd) [+ enfant] to carry; (Vét) [+ petits] to carry; (Fin) [+ intérêts] to yield; (Bot) [+ graines, fruit] to bear; [+ récolte, moisson] to yield ◆ **cette ardeur/haine qu'il portait en lui** the passion/hatred which he carried with him ◆ **idée qui porte en soi les germes de sa propre destruction** idea which carries (within itself) ou bears the seeds of its own destruction ◆ **porter ses fruits** (fig) to bear fruit

**j** (= conduire, amener) to carry; (= entraîner) [foi] to carry along; [vent] to carry away ◆ **se laisser porter par la foule** to (let o.s.) be carried away by the crowd ◆ **porter qn au pouvoir** to bring ou carry sb to power ◆ **porter qch à sa perfection/à son paroxysme/à l'apogée** to bring sth to perfection/to a peak/to a climax ◆ **porter la température à 800°/le salaire à 2 000 €/la vitesse à 30 nœuds** to bring the temperature up to 800°/the salary up to €2,000/the speed up to 30 knots ◆ **cela porte le nombre de blessés à 20** that brings the number of casualties (up) to 20

**k** (= inciter) **porter qn à faire qch** to prompt ou induce ou lead sb to do sth ◆ **ça le portera à l'indulgence** that will prompt him to be indulgent, that will make him indulgent ◆ **tout (nous) porte à croire que ...** everything leads us to believe that ...; → **porté**

**l** (Ordin) [+ logiciel] to port (*sous* to)

**2** vi **a** [bruit, voix, canon] to carry ◆ **le son/le coup a porté à 500 mètres** the sound/the shot carried 500 metres ◆ **le fusil porte à 300 mètres** the rifle has a range of 300 metres

**b** [reproche, coup] **porter (juste)** to hit ou strike home ◆ **tous les coups portaient** every blow told ◆ **un coup qui porte** a telling blow ◆ **ses conseils ont porté** his advice had some effect ou was of some use

**c** (Méd) [femme] to carry her child ou baby; (Vét) [animal] to carry its young

**d** (= frapper) **sa tête a porté sur le bord du trottoir** his head struck the edge of the pavement ◆ **c'est la tête qui a porté** his head took the blow

**e** (= reposer) [édifice, pilier] to be supported by ou on **tout le poids du plafond porte sur cette poutre** the whole weight of the ceiling is supported by this beam, this beam bears the whole weight of the ceiling ◆ **porter à faux** [mur] to be out of plumb ou true; [rocher] to be precariously balanced; (fig) [remarque] to be out of place

**f** **porter sur** (= concerner) [débat, cours] to turn on, revolve around, be about; [revendications, objection] to concern; [étude, effort, action] to be concerned with, focus on; [accent] to fall on ◆ **la question portait sur des auteurs au programme** the question was on some of the authors on the syllabus ◆ **il a fait porter son exposé sur la situation économique** in his talk he concentrated ou focused on the economic situation

**3** **se porter** vpr **a** [personne] **se porter bien/mal** to be well/unwell ou in poor health ◆ **comment vous portez-vous ? – je me porte bien** how are you? – I'm fine ou I'm very well ◆ **se porter comme un charme** to be fighting fit, be as fit as a fiddle* ◆ **buvez moins, vous ne vous en porterez que mieux** drink less and you'll feel (all the) better for it ◆ **et je ne m'en suis pas plus mal porté** and I didn't come off any worse for it, and I was no worse off for it; → **pont**

**b** (= se présenter comme) **se porter candidat** to put o.s. up ou stand (Brit) ou run as a candidate ◆ **se porter acquéreur (de)** to put in a bid (for) ◆ **se porter fort pour qn** to answer for sb; → **caution** etc

**c** (= aller) to go ◆ **se porter à la rencontre** ou **au-devant de qn** to go to meet sb ◆ **se porter à** (= se laisser aller à) [+ voies de fait, violences] to commit ◆ **se porter à des extrémités** to go to extremes ◆ **se porter sur** (= se diriger vers) [soupçon, choix] to fall on ◆ **son regard se porta sur moi** his eyes ou gaze fell on me, he looked towards me ◆ **son attention se porta sur ce point** he focused ou concentrated his attention on this point

**d** (= être porté) [vêtement] **les jupes se portent très courtes** the fashion's for very short skirts, skirts are being worn very short ◆ **ça ne se porte plus** that's out of fashion, nobody wears that any more

**porte-revues** [pɔʀt(ə)ʀəvy] nm inv magazine rack

**porte-savon**, pl **porte-savons** [pɔʀt(ə)savɔ̃] nm soapdish

**porte-serviette** [pɔʀt(ə)sɛʀvjɛt] nm inv (= pochette) napkin-holder; (péj Pol) sidekick*, flunkey

**porte-serviettes** [pɔʀt(ə)sɛʀvjɛt] nm inv towel rail ◆ **porte-serviettes chauffant** heated towel rail

**porte-skis** [pɔʀtəski] nm inv ski rack

**porteur, -euse** [pɔʀtœʀ, øz] → SYN **1** adj fusée booster (épith); courant carrier (épith); mur load-bearing ◆ **thème porteur** key theme ◆ **marché/créneau porteur** (Écon) growth market/area ◆ **onde porteuse** (Phys) carrier (wave); → **mère**

**2** nm,f **a** [valise, colis] porter; [message] messenger; [chèque] bearer; [titre, actions] holder ◆ **porteur d'eau** water carrier ◆ **porteur de journaux** newsboy, paper boy ◆ **le porteur du message** the bearer of the message ◆ **il arriva porteur d'une lettre/d'une nouvelle alarmante** he came bearing ou with a letter/an alarming piece of news ◆ **il était porteur de faux papiers** he was carrying forged papers ◆ **être porteur d'espoir** to bring hope ◆ **le porteur du ballon** the person with the ball ou who has (possession of) the ball ◆ **payable au porteur** payable to bearer ◆ **les petits/gros porteurs** (Fin) small/big shareholders

**b** (Méd) carrier ◆ **porteur de germes** germ carrier ◆ **porteur sain** carrier ◆ **il est porteur du virus** he is carrying the virus

**porte-vélos** [pɔʀtəvelo] nm inv bicycle rack

**porte-vent**, pl **porte-vent(s)** [pɔʀtəvɑ̃] nm air duct; [orgue] wind trunk

**porte-voix** [pɔʀtəvwa] → SYN nm inv megaphone; (électrique) loudhailer ◆ **mettre ses mains en porte-voix** to cup one's hands round one's mouth ◆ **il était le porte-voix des SDF** he spoke out on behalf of the homeless

**portfolio** [pɔʀtfɔljo] nm [gravures, photographies] portfolio

**portier** [pɔʀtje] → SYN nm porter, commissionaire (Brit, Can) ◆ **(frère) portier** (Rel) porter ◆ **portier de nuit** night porter ◆ **portier électronique** entrance intercom, entry phone

**portière** [pɔʀtjɛʀ] → SYN nf **a** (Aut, Rail) door

**b** (= rideau) portiere

**c** (Rel) **(sœur) portière** portress

**portillon** [pɔʀtijɔ̃] → SYN nm gate; [métro] gate, barrier ◆ **portillon automatique** (automatic) ticket barrier; → **bousculer**

**portion** [pɔʀsjɔ̃] → SYN nf [héritage] portion, share; (Culin) portion, helping; (= partie) portion, section, part ◆ **fromage en portions** cheese portions ◆ **être réduit à la portion congrue** (fig) to get the smallest ou meanest share ◆ **bonne/mauvaise portion de route** good/bad stretch of road

**portique** [pɔʀtik] → SYN nm (Archit) portico; (Sport) crossbar and stands *(for holding gymnastic apparatus)* ◆ **portique électronique** ou **de sécurité** ou **de détection** (à l'aéroport) metal detector, diver's gate (SPÉC) ◆ **portique à signaux** (Rail) signal gantry

**Port-Louis** [pɔʀlui] n Port-Louis

**Port Moresby** [pɔʀmɔʀɛsbi] n Port Moresby

**Porto** [pɔʀto] n Oporto, Porto

**porto** [pɔʀto] nm port (wine) ◆ **verre à porto** sherry ou Madeira ou port glass

**Port of Spain** [pɔʀɔfspɛjn] n Port of Spain

**Porto-Novo** [pɔʀtonovo] n Porto Novo

**portor** [pɔʀtɔʀ] nm yellow-veined black marble

**portoricain, e** [pɔʀtɔʀikɛ̃, ɛn] **1** adj Puerto Rican

**2** **Portoricain(e)** nm,f Puerto Rican

**Porto Rico** [pɔʀtɔʀiko] nf Puerto Rico

**portrait** [pɔʀtʀɛ] → SYN nm **a** (= peinture) portrait; (= photo) photograph; (*= visage) face, mug* ◆ **portrait fidèle** good likeness ◆ **portrait de famille** family portrait ◆ **portrait en pied/en buste** full-length/head-and-shoulders portrait ◆ **c'est tout le portrait de son père** he's the spitting image of his father ◆ **faire le portrait de qn** (lit) to paint sb's portrait ◆ **"Le Portrait de Dorian Gray"** (Littérat) "The Picture of Dorian Gray" ◆ **se faire tirer le portrait*** to have one's photograph taken ◆ **se faire abîmer** ou **esquinter le portrait*** to get one's face ou head bashed in* ou smashed in* ◆ **il t'a bien abîmé le portrait !*** he made a real mess of your face!

**b** (= description) [personne] portrait, description; [situation] picture ◆ **faire** ou **brosser** ou **dresser le portrait de qn** to draw ou paint a portrait of sb, paint a picture of sb ◆ **elle en a fait un portrait flatteur** she painted a flattering picture ou portrait of him ◆ **portrait-charge** caricature ◆ **jouer au portrait** to play twenty questions

**c** (= genre) **le portrait** portraiture

**portraitiste** [pɔʀtʀetist] nmf portrait painter, portraitist

**portrait-robot**, pl **portraits-robots** [pɔʀtʀɛʀɔbo] nm Identikit ® picture, Photofit ® (picture) ◆ **la police a diffusé** ou **donné le portrait-robot du suspect** the police issued a Photofit ou Identikit (picture) of the suspect ◆ **faire le portrait-robot de** [+ criminel] to make up a Photofit ou Identikit (picture) of ◆ **faire le portrait-robot du Français moyen** to draw the profile of the average Frenchman

**portraiturer** [pɔʀtʀetyʀe] → SYN ▸ conjug 1 ◂ vt (lit, fig) to portray

**portuaire** [pɔʀtɥɛʀ] adj port (épith), harbour (épith) (Brit), harbor (épith) (US)

**portugais, e** [pɔʀtygɛ, ɛz] → SYN **1** adj Portuguese

**2** nm **a** (Ling) Portuguese

**b** **Portugais** Portuguese

**3** **portugaise** nf **a** **Portugaise** Portuguese

**b** (= huître) Portuguese oyster ◆ **il a les portugaises ensablées*** (= oreille) he's as deaf as a post

**Portugal** [pɔʀtygal] nm Portugal

**portulan** [pɔʀtylɑ̃] nm portolano

**portune** [pɔʀtyn] nm portunus

**Port-Vila** [pɔʀvila] n Port Vila

**POS** [peoɛs] nm (abrév de **plan d'occupation des sols**) → **plan¹**

**pose** [poz] → SYN nf **a** (= installation) [tableau, rideaux] hanging, putting up; [tapis] laying, putting down; [moquette] fitting, laying; [vitre] putting in, fixing; [serrure] fitting; [chauffage] installation, putting in; [gaz, électricité] laying on, installation; [canalisations] laying, putting in; [fondations, mines, voie ferrée] laying

**b** (= attitude) pose, posture; (Art) pose ◆ **garder la pose** to hold the pose ◆ **prendre une pose** to strike a pose ◆ **prendre des poses (devant le miroir)** to pose (in front of the mirror) ◆ **faire prendre une pose à qn** to pose sb

**c** (Photo = vue) exposure ◆ **un film (de) 36 poses** a 36-exposure film ◆ **déterminer le temps de pose** to decide on the exposure (time) ◆ **indice de pose** exposure index ◆ **mettre le bouton sur pose** to set the button to time exposure ◆ **prendre une photo en pose** ou **à la pose** to take a photo in time exposure

**d** (= affectation) posing, pretention

**posé, e** [poze] → SYN (ptp de **poser**) adj **a** (= pondéré) personne level-headed ◆ **d'un ton posé mais ferme** calmly but firmly

**b** (Mus) **bien/mal posé** voix steady/unsteady

**Poséidon** [pɔseidɔ̃] nm Poseidon

**posément** [pozemɑ̃] → SYN adv parler calmly, deliberately; agir calmly, unhurriedly

**posemètre** [pozmɛtʀ] nm exposure meter

**poser** [poze] → SYN ▸ conjug 1 ◂ **1** vt **a** (= placer) [+ objet] to put down, lay down, set down; (debout) to stand (up), put (up) ◆ **poser son manteau/chapeau** (= ôter) to take off one's coat/hat ◆ **poser qch sur une table/par terre** to put sth (down) on the table/on the floor

♦ **poser sa main/tête sur l'épaule de qn** to put ou lay one's hand/head on sb's shoulder ♦ **poser sa tête sur l'oreiller** to lay one's head on the pillow ♦ **poser une échelle contre un mur** to lean ou stand ou put (up) a ladder against a wall ♦ **où ai-je posé mes lunettes ?** where have I put my glasses? ♦ **pose ton journal et viens à table** put your paper down and come and have your dinner ♦ **il a posé son regard** ou **les yeux sur elle** he looked at her, his gaze came to rest on her ♦ **le pilote posa son avion en douceur** the pilot brought his plane down ou landed his plane gently ♦ **poser la voix de qn** (Mus) to train sb's voice

**b** (= installer) [+ tableau, rideaux] to hang, put up; [+ antenne] to put up; [+ tapis, carrelage] to lay, put down; [+ moquette] to fit, lay; [+ vitre] to put in; [+ serrure] to fit; [+ chauffage] to put in, install (Brit), instal (US); [+ gaz, électricité] to lay on, install (Brit), instal (US); [+ canalisations] to lay, put in; [+ fondations, mines, voie ferrée] to lay; [+ bombe] to plant ♦ **poser la première pierre** (lit, fig) to lay the foundation stone ♦ **poser des étagères au mur** to put up some shelves; → **jalon**

**c** [+ opération, chiffres] to write, set down ♦ **je pose 4 et je retiens 3** (I) put down 4 and carry 3, 4 and 3 to carry

**d** (= énoncer) [+ principe, condition] to lay ou set down, set out; [+ question] to ask; (à un examen) to set; [+ devinette] to set, ask ♦ **poser sa candidature à un poste** to apply for a post, put in ou submit an application for a post ♦ **poser sa candidature** (Pol) to put o.s. up ou run (US) for election ♦ **dire cela, c'est poser que ...** in saying that, one is supposing that ou taking it for granted that ... ♦ **ceci posé** supposing that this is (ou was etc ) the case, assuming this to be the case ♦ **posons que ...** let us suppose ou assume ou take it that ...; → **problème, question**

**e** (= demander) **poser des jours de congé** to put in a request for leave

**f** **poser qn** (= lui donner de l'importance) to give standing to sb; (professionnellement) to establish sb's reputation ♦ **voilà ce qui pose un homme** that's what sets a man up ♦ **avoir un frère ministre, ça vous pose !** * having a brother who's a cabinet minister really makes people look up to you! ou gives you real status! ♦ **une maison comme ça, ça (vous) pose** * with a house like that people really think you're somebody

**2** vi **a** (Art, Photo) to pose, sit (*pour* for); (= chercher à se faire remarquer) to swank (Brit), show off, put on airs ♦ **poser pour la postérité** (hum) to pose for posterity ♦ **poser pour la galerie** (fig) to play to the gallery ♦ **faire poser qn** * (= faire attendre) to keep sb hanging about * ou around *

**b** **poser à** (= jouer à) ♦ **poser au grand patron/à l'artiste** to play ou act ou come * the big businessman/the artist, pretend to be a big businessman/an artist ♦ **poser au martyr** to play the martyr

**c** (Constr) **poser sur** [poutre] to bear ou rest on, be supported by

**3** **se poser** vpr **a** [insecte, oiseau] to land, settle (*sur* on); [avion] to land; [regard] to (come to) rest, settle, fix (*sur* on) ♦ **se poser en catastrophe/sur le ventre** (Aviat) to make an emergency landing/a belly-landing ♦ **son regard se posa sur la pendule** he turned his eyes to the clock, his glance fell on the clock ♦ **une main se posa soudain sur son épaule** he suddenly felt a hand on his shoulder ♦ **pose-toi là** * sit down here

**b** [question, problème] to come up, crop up, arise; voir aussi **problème, question**

**c** (= se présenter) **se poser en chef/en expert** to pass o.s. off as ou pose as a leader/an expert ♦ **se poser comme victime** to pretend ou claim to be a victim ♦ **se poser en défenseur des droits de l'homme** to claim to be a defender of human rights

**d** (* : LOC) **comme menteur, vous vous posez (un peu) là !** you're a terrible ou an awful liar! ♦ **comme erreur, ça se posait (un peu) là !** that was some mistake! ou some blunder! * ♦ **tu as vu leur chien/père ? – il se pose là !** have you seen their dog/father? — it's/he's enormous! ou huge! ou massive!

**poseur, -euse** [pozœʀ, øz] → SYN **1** adj affected

**2** nm,f **a** (péj) show-off, poseur

**b** (= ouvrier) **poseur de carrelage/de tuyaux** tile/pipe layer ♦ **poseur d'affiches** billposter, billsticker (Brit) ♦ **poseur de bombes** terrorist (*who plants bombs*)

**posidonie** [pɔzidɔni] nf Posidonia (oceanica)

**positif, -ive** [pozitif, iv] → SYN **1** adj (gén, Ling, Sci) positive; cuti positive; fait, preuve positive, definite; personne, esprit pragmatic, down-to-earth; action, idée positive, constructive; avantage positive, real ♦ **Rhésus positif** (sang) Rhesus positive

**2** nm **a** (= réel) positive, concrete ♦ **je veux du positif !** I want something positive!

**b** (Mus) (= clavier d'un orgue) choir organ (*division of organ*); (= instrument) positive organ

**c** (Photo) positive

**d** (Ling) positive (degree) ♦ **au positif** in the positive (form)

**position** [pozisjɔ̃] → SYN nf **a** (gén, Ling, Mil = emplacement) position; [navire] bearings, position; (Comm) [produit] position ♦ **position de défense/fortifiée** defensive/fortified position ♦ **rester sur ses positions** (lit) to stand one's ground ♦ **rester** ou **camper sur ses positions** (fig) to stand one's ground, stick to one's guns ou line ♦ **abandonner ses positions** to retreat, abandon one's position, withdraw ♦ **avoir une position de repli** (Mil, fig) to have a fallback position ♦ **la ville jouit d'une position idéale** the town is ideally situated ♦ **les joueurs ont changé de position** the players have changed position(s) ♦ **être en première/seconde position** (dans une course) to be in the lead/in second place; (sur une liste) to be at the top of/second on the list ♦ **être en dernière position** (dans une course) to be last, bring up the rear; (sur une liste) to be at the bottom ou end of the list ♦ **arriver en première/deuxième/dernière position** to come first/second/last ♦ **en première position, Banjo** (dans une course) (and it's) Banjo leading ou in the lead ♦ **syllabe en position forte/faible** (Ling) stressed/unstressed syllable, syllable in (a) stressed/(an) unstressed position ♦ **voyelle en position forte/faible** (Ling) stressed ou strong/unstressed ou weak vowel; → **feu[1], guerre**

**b** (= posture) position ♦ **dormir dans une mauvaise position** to sleep in the wrong position ou in an awkward position ♦ **être assis/couché dans une mauvaise position** to be sitting/lying in an awkward position ♦ **se mettre en position** (Mil, gén) to take up (one's) position(s), get into position ♦ **en position !** (get to your) positions! ♦ **en position de combat** in a fighting position ♦ **en position allongée/assise/verticale** in a reclining/sitting/vertical ou upright position ♦ **la position du missionnaire** the missionary position

**c** (= situation) position, situation; (dans la société) position ♦ **être dans une position délicate/fausse** to be in a difficult ou an awkward/in a false position ♦ **être en position de force pour négocier** to be bargaining from a position of strength ♦ **être en position de faire qch** to be in a position to do sth ♦ **dans sa position il ne peut se permettre une incartade** a man in his position dare not commit an indiscretion ♦ **il occupe une position importante** he holds an important position

**d** (= attitude) position, stance ♦ **le gouvernement doit définir sa position sur cette question** the government must make its position ou stance on this question clear ♦ **prendre position** to take a stand, declare o.s. ♦ **prendre (fermement) position en faveur de qch** to come down (strongly) in favour of sth ♦ **prise de position** stand ♦ **sa politique est en contradiction avec ses prises de position** his policy is at odds with the stands that he takes

**e** (Fin) [compte bancaire] position, balance ♦ **demander sa position** to ask for the balance of one's account

**f** (Bourse) position ♦ **position acheteur/vendeur** bull ou long/bear ou short position

**positionnement** [pozisjɔnmɑ̃] nm [objet, produit, entreprise] positioning ♦ **positionnement avant/arrière** (Aviat) nose out/in positioning

**positionner** [pozisjɔne] → SYN ▸ conjug 1 ◂ **1** vt **a** (= placer) (gén, Mil) to position; (Comm) [+ produit] to position

**b** (= repérer) [+ navire, troupes] to locate

**c** [+ compte bancaire] to establish the position ou balance of

**2** **se positionner** vpr (gén) to position o.s.; [troupe] to take up (one's) position, get into position; (dans un débat) to take a stand ♦ **comment se positionne ce produit sur le marché ?** what slot does this product fill in the market? ♦ **comment vous positionnez-vous dans ce débat ?** what's your position ou stand in this debate?

**positionneur** [pɔzisjɔnœʀ] nm positioner

**positivement** [pozitivmɑ̃] → SYN adv (gén, Sci) positively ♦ **je ne le sais pas positivement** I'm not positive about it

**positiver** [pozitive] ▸ conjug 1 ◂ **1** vt ♦ **positiver son angoisse/son stress** to channel one's anxiety/one's stress ♦ **essayez de positiver votre choix** try to concentrate on the positive aspects ou the plus side of your decision ♦ **ils essaient de positiver l'opinion des employés envers les cadres** they're trying to get the workers to have a more positive attitude towards ou to be more favourably disposed towards management

**2** vi to think positive, look on the bright side (of things)

**positivisme** [pozitivism] → SYN nm positivism

**positiviste** [pozitivist] adj, nmf positivist

**positivité** [pozitivite] nf positivity

**positon** [pozitɔ̃], **positron** [pozitʀɔ̃] nm (Phys) positron

**positonium** [pozitɔnjɔm], **positronium** [pozitʀɔnjɔm] nm positronium

**posologie** [pozɔlɔʒi] nf (= étude) posology; (= indications) directions for use, dosage

**possédant, e** [posedɑ̃, ɑ̃t] → SYN **1** adj propertied, wealthy

**2** nm ♦ **les possédants** the wealthy, the rich

**possédé, e** [pɔsede] → SYN (ptp de **posséder**) **1** adj possessed (*de* by) ♦ **possédé du démon** possessed by the devil

**2** nm,f person possessed ♦ **crier comme un possédé** to cry like one possessed

**posséder** [pɔsede] → SYN ▸ conjug 6 ◂ **1** vt **a** [+ bien, maison, fortune] to possess, own, have ♦ **c'est tout ce que je possède** it's all I possess ou all I've got ♦ **posséder une femme** † to possess a woman ♦ **pour posséder le cœur d'une femme** to capture a woman's heart

**b** [+ caractéristique, qualité, territoire] to have, possess; [+ expérience] to have (had); [+ diplôme, titre] to have, hold ♦ **cette maison possède une vue magnifique/deux entrées** this house has a magnificent view/two entrances ♦ **il croit posséder la vérité** he believes that he possesses the truth

**c** (= bien connaître) [+ métier] to have a thorough knowledge of, know inside out; [+ technique] to have mastered; [+ langue] to have a good command of ♦ **elle possède parfaitement l'anglais** she has a perfect command of English ♦ **posséder la clé de l'énigme** to possess ou have the key to the mystery ♦ **bien posséder son rôle** to be really on top of ou into * one's role ou part

**d** (= égarer) [démon] to possess ♦ **la fureur/jalousie le possède** he is beside himself with ou he is overcome ou consumed with rage/jealousy ♦ **quel démon** ou **quelle rage te possède ?** what's got into you? *, what's come over you?; → **possédé**

**e** ( * = duper) **posséder qn** to take sb in * ♦ **se faire posséder** to be taken in *, be had *

**2** **se posséder** vpr ♦ **elle ne se possédait plus de joie** she was beside herself ou was overcome with joy ♦ **lorsqu'il est en colère, il ne se possède pas** when he's angry he loses all self-control ou all control of himself

**possesseur** [pɔsesœʀ] → SYN nm [bien] possessor, owner; [diplôme, titre, secret] holder, possessor; [billet de loterie] holder ♦ **être possesseur de** [+ objet] to have; [+ diplôme] to hold; [+ secret] to possess, have

**possessif, -ive** [pɔsesif, iv] → SYN **1** adj (gén, Ling) possessive

**2** nm (Ling) possessive

**possession** [pɔsesjɔ̃] → SYN nf **a** (= fait de posséder) [bien] possession, ownership; [diplôme, titre] holding, possession; [billet de loterie] holding ♦ **la possession d'une arme/de cet avantage le rendait confiant** having a weapon/this advantage made him feel

confident ◆ **possession vaut titre** possession amounts to title ◆ **prendre possession de, entrer en possession de** [+ fonction] to take up; [+ bien, héritage] to take possession of, enter into possession of; [+ appartement] to take possession of; [+ voiture] to take delivery of ◆ **à la prise de possession des terres** when he (ou they etc ) took possession of the land
◆ **en** + **possession** ◆ **avoir qch en sa possession** to have sth in one's possession ◆ **être en possession de qch** to be in possession of sth ◆ **tomber en la possession de qn** to come into sb's possession ◆ **être en possession de toutes ses facultés** to be in possession of all one's faculties ◆ **il était en pleine possession de ses moyens** he was in full possession of his faculties ◆ **entrer en possession de** to take possession of; [+ voiture] to take delivery of

**b** (= chose possédée) possession ◆ **nos possessions à l'étranger** our overseas possessions

**c** (= maîtrise) **possession de soi** self-control ◆ **reprendre possession de soi-même** to regain one's self-control ou one's composure

**d** (= connaissance) [langue] command, mastery

**e** (Rel = envoûtement) possession

**possessionnel, -elle** [pɔsesjɔnɛl] **adj** possessional

**possessivité** [pɔsesivite] → SYN **nf** possessiveness

**possessoire** [pɔseswaʀ] **adj** possessory

**possibilité** [pɔsibilite] GRAMMAIRE ACTIVE 16.3 → SYN **nf** (gén) possibility ◆ **possibilité non nulle** (Stat) non-zero probability ◆ **il y a plusieurs possibilités** there are several possibilities ◆ **je ne vois pas d'autre possibilité (que de ...)** I don't see any other possibility (than to ...) ◆ **ai-je la possibilité de faire du feu/de parler librement ?** is it possible for me to light a fire/to speak freely? ◆ **possibilités** (= moyens) means; (= potentiel) possibilities, potential ◆ **quelles sont vos possibilités financières ?** how much money can you put up?, what is your financial situation? ◆ **quelles sont vos possibilités de logement ?** how many people can you accommodate? ou put up? ◆ **les possibilités d'une découverte/d'un pays neuf** the possibilities ou potential of a discovery/of a new country ◆ **possibilité (de réalisation)** [entreprise, projet] feasibility

**possible** [pɔsibl] GRAMMAIRE ACTIVE 4., 9.1, 15.3, 16.3 → SYN

**1** **adj** **a** (= faisable) solution possible; projet, entreprise feasible ◆ **il est possible/il n'est pas possible de ...** it is possible/impossible to ... ◆ **nous avons fait tout ce qu'il était humainement possible de faire** we've done everything that was humanly possible ◆ **lui serait-il possible d'arriver plus tôt ?** could he possibly ou would it be possible for him to come earlier? ◆ **arrivez tôt si (c'est) possible** arrive early if possible ou if you can ◆ **c'est parfaitement possible** it's perfectly possible ou feasible ◆ **ce n'est pas possible autrement** there's no other way, otherwise it's impossible ◆ **il n'est pas possible qu'il soit aussi bête qu'il en a l'air** he can't possibly be as stupid as he looks ◆ **c'est dans les choses possibles** it's a possibility ◆ **la paix a rendu possible leur rencontre** peace has made a meeting between them possible ou has made it possible for them to meet

**b** (= éventuel) (gén) possible; danger possible, potential ◆ **une erreur est toujours possible** a mistake is always possible ◆ **il est possible qu'il vienne/qu'il ne vienne pas** he may ou might come/not come, it's possible (that) he'll come/he won't come ◆ **il est bien possible qu'il se soit perdu en route** he may very well have ou it could well be ou it's quite possible that he has lost his way ◆ **c'est (bien) possible/très possible** possibly/very possibly ◆ **son possible retour sur la scène politique** his possible return to the political stage

**c** (= indiquant une limite) possible ◆ **dans le meilleur des mondes possibles** in the best of all possible worlds ◆ **il a essayé tous les moyens possibles** he tried every possible means ou every means possible ◆ **il a eu toutes les difficultés possibles et imaginables à obtenir un visa** he had all kinds of problems getting a visa, he had every possible ou conceivable difficulty getting a visa ◆ **venez aussi vite/aussitôt que possible** come as quickly as possible ou as you (possibly) can/as soon as possible ou as you (possibly) can ◆ **venez le plus longtemps possible** come for as long as you (possibly) can ◆ **venez le plus vite/tôt possible** come as quickly/as soon as you (possibly) can ◆ **il sort le plus (souvent)/le moins (souvent) possible** he goes out as often/as little as possible ou as he can ◆ **il a acheté la valise la plus légère possible** he bought the lightest possible suitcase ou the lightest suitcase possible ◆ **le plus grand nombre possible de personnes** as many people as possible, the greatest possible number of people; → **autant**

**d** (* : nég = acceptable) **cette situation n'est plus possible** the situation has become impossible ◆ **il n'est pas possible de travailler dans ce bruit** it just isn't possible ou it's (quite) impossible to work in this noise ◆ **un bruit/une puanteur pas possible** * an incredible racket */stink * ◆ **il est d'une méchanceté pas possible** * he's incredibly ou unbelievably nasty

**e** (Loc) **est-ce possible !** I don't believe it! ◆ **c'est pas possible !** * (faux) that can't be true! ou right!; (étonnant) well I never! *; (irréalisable) it's out of the question!, it's impossible! ◆ **ce n'est pas possible d'être aussi bête !** how can anyone be so stupid!, how stupid can you get! * ◆ **elle voudrait vous parler – c'est (bien) possible, mais il faut que je parte** she'd like a word with you – that's as may be, but I've got to go ◆ **il devrait se reposer ! – c'est (bien) possible, mais il n'a pas le temps** he ought to take a rest! – maybe (he should), but he's too busy

**2** **nm** ◆ **faire reculer les limites du possible** to push back the frontiers of what is possible ou of the possible ◆ **essayons, dans les limites du possible, de ...** let's try, as far as possible, to ... ◆ **c'est dans le domaine** ou **dans les limites du possible** it's within the realms of possibility ◆ **faire (tout) son possible** to do one's utmost ou one's best, do all one can (*pour* to) (*pour que* to make sure that) ◆ **il a été grossier/aimable au possible** he couldn't have been ruder/nicer (if he'd tried), he was as rude/nice as it's possible to be ◆ **c'est énervant au possible** it's extremely annoying; → **mesure**

**possiblement** [pɔsibləmɑ̃] **adv** possibly

**post-** [pɔst] **préf** (dans les mots composés à trait d'union, le préfixe reste invariable) post- ◆ **post-électoral/-surréaliste** post-election (épith)/-surrealist ◆ **grossesse post-ménopausique** post-menopausal pregnancy ◆ **post-baccalauréat** formation, classe, enseignement post-baccalauréat

**postal, e,** mpl **-aux** [pɔstal, o] **adj** service, taxe, voiture postal, mail; train, avion mail; colis sent by post ou mail ◆ **code postal** postcode (Brit), zip code (US) ◆ **sac postal** postbag, mailbag; → **carte, chèque, franchise**

**postcolonial, e,** pl **-iaux** [pɔstkɔlɔnjal, jo] **adj** postcolonial

**postcombustion** [pɔstkɔ̃bystjɔ̃] **nf** (= processus) afterburning, reheat

**postcommunisme** [pɔstkɔmynism] **nm** post-communism

**postcommuniste** [pɔstkɔmynist] **adj** ère post-communist

**postcure** [pɔstkyʀ] **nf** aftercare

**postdate** [pɔstdat] **nf** postdate

**postdater** [pɔstdate] ▸ **conjug 1** ◂ **vt** to postdate

**postdoctoral, e,** mpl **-aux** [pɔstdɔktɔʀal, o] **adj** postdoctoral

**poste¹** [pɔst] → SYN **1** **nf** **a** (= administration, bureau) post office ◆ **employé/ingénieur des postes** post office worker/engineer ◆ **les Postes et Télécommunications, les Postes, Télécommunications et Télédiffusion** † *French post office and telecommunications service* ◆ **la grande poste, la poste principale, le bureau de poste principal** the main ou head post office

**b** (= service postal) mail, post (surtout Brit), postal ou mail service ◆ **envoyer qch par la poste** to send sth by post ou mail ◆ **mettre une lettre à la poste** to post ou mail a letter; → **cachet**

**c** (Hist) post ◆ **maître de poste** postmaster ◆ **cheval de poste** post horse ◆ **courir la poste** to go posthaste; → **chaise, voiture**

**2** **COMP** ▷ **poste aérienne** airmail ▷ **poste auxiliaire** sub post office ▷ **poste restante** poste restante (Brit), general delivery (US)

**poste²** [pɔst] GRAMMAIRE ACTIVE 27.2, 27.4, 27.7, 19 → SYN

**1** **nm** **a** (= emplacement) post ◆ **poste de douane** customs post ◆ **être/rester à son poste** to be/stay at one's post ◆ **mourir à son poste** to die at one's post ◆ **à vos postes !** to your stations! ou posts! ◆ **à vos postes de combat !** action stations! ◆ **toujours fidèle au poste ?** (hum) still manning the fort?

**b** (Police) **poste (de police)** (police) station ◆ **conduire** ou **emmener qn au poste** to take sb to the police station ◆ **il a passé la nuit au poste** he spent the night in the cells

**c** (= emploi) (gén) job; [fonctionnaire] post, appointment (frm); (dans une hiérarchie) position; (= nomination) appointment ◆ **être en poste à Paris/à l'étranger** to hold an appointment ou a post in Paris/abroad ◆ **il a trouvé un poste de bibliothécaire** he has found a post ou job as a librarian ◆ **il a un poste de professeur/en fac** he is a teacher/a university lecturer ◆ **la liste des postes vacants** the list of positions available ou of unfilled appointments ◆ **poste d'enseignant** teaching position ou post ou job

**d** (Radio, TV) set ◆ **poste émetteur/récepteur** transmitting/receiving set, transmitter/receiver ◆ **poste de radio/de télévision** radio/television (set) ◆ **ils l'ont dit au poste** * (à la radio) they said so on the radio; (à la télévision) they said so on the TV ou the box * (Brit)

**e** (Téléc = ligne) extension

**f** (Fin = opération) item, entry; [budget] item, element

**g** (Ind) shift ◆ **poste de huit heures** eight-hour shift

**2** **COMP** ▷ **poste d'aiguillage** (Rail) signal box ▷ **poste avancé** (Mil) advanced post ▷ **poste budgétaire** budget item ▷ **poste de commande** position of responsibility ◆ **ceux qui sont aux postes de commande du pays** those at the helm of the country, the country's leaders ▷ **poste de commandement** headquarters ▷ **poste de contrôle** checkpoint ▷ **poste d'équipage** (Naut) crew's quarters ▷ **poste d'essence** filling station, petrol (Brit) ou gas (US) station ▷ **poste frontière** border ou frontier post ▷ **poste de garde** (Mil) guardroom ▷ **poste d'incendie** fire point ▷ **poste de lavage** (Aut) car wash ▷ **poste d'observation** observation post ▷ **poste de pilotage** (Aviat) cockpit ▷ **poste de police** (Police) police station; (Mil) guard-room, guardhouse ▷ **poste de secours** first-aid post ▷ **poste téléphonique** telephone ▷ **poste de travail** (Ordin) work station; (= emplacement) post; (= emploi) job, post

**posté, e** [pɔste] (ptp de **poster**) **adj** ◆ **travail/travailleur posté** shift work/worker

**poster¹** [pɔste] → SYN ▸ **conjug 1** ◂ **1** **vt** **a** [+ lettre] to post (surtout Brit), mail (surtout US)

**b** [+ sentinelle] to post, station

**2** **se poster** **vpr** to take up (a) position, position o.s., station o.s.

**poster²** [pɔstɛʀ] **nm** poster

**postérieur, e** [pɔsteʀjœʀ] → SYN **1** **adj** (dans le temps) date, document later; événement subsequent, later; (dans l'espace) partie back, posterior (frm); membre hind, rear, back; voyelle back ◆ **ce document est légèrement/très postérieur à cette date** this document dates from slightly later/much later ◆ **l'événement est postérieur à 1850** the event took place later than ou after 1850 ◆ **postérieur à 1800** after 1800

**2** **nm** * behind *, rear, posterior (hum)

**postérieurement** [pɔsteʀjœʀmɑ̃] **adv** later, subsequently ◆ **postérieurement à** after

**posteriori** [pɔsteʀjɔʀi] → **a posteriori**

**postériorité** [pɔsteʀjɔʀite] **nf** posteriority

**postérité** [pɔsteʀite] → SYN **nf** (= descendants) descendants; (= avenir) posterity ◆ **mourir sans postérité** (frm) to die without issue ◆ **être jugé par la postérité** to be judged by posterity ◆ **entrer dans la postérité, passer à la postérité** to go down in history

**postface** [pɔstfas] **nf** postscript, postface

**postglaciaire** [pɔstglasjɛʀ] **adj** postglacial

**posthite** [pɔstit] nf posthitis

**posthume** [pɔstym] → SYN adj posthumous ♦ **à titre posthume** posthumously

**posthypophyse** [pɔstipɔfiz] nf neurohypophysis, posthypophysis

**postiche** [pɔstiʃ] → SYN 1 adj cheveux, moustache false; ornement, fioriture postiche, superadded; sentiment fake; (Ling) élément, symbole dummy
2 nm (pour homme) toupee; (pour femme) hairpiece, postiche

**postier, -ière** [pɔstje, jɛʀ] nm,f post office worker ♦ **grève des postiers** postal strike

**postillon** [pɔstijɔ̃] → SYN nm (Hist = cocher) postilion; (* = salive) sputter ♦ **envoyer des postillons** to sputter, splutter

**postillonner** * [pɔstijɔne] ▸ conjug 1 ◂ vi to sputter, splutter

**postimpressionnisme** [pɔstɛ̃pʀesjɔnism] nm postimpressionism

**postimpressionniste** [pɔstɛ̃pʀesjɔnist] adj, nmf postimpressionist

**post(-)industriel, -elle** [pɔstɛ̃dystʀijɛl] adj post-industrial

**Post-it ®** [pɔstit] nm inv Post-it ®

**postlude** [pɔstlyd] nm postlude

**postmoderne** [pɔstmɔdɛʀn] adj postmodern

**postmodernisme** [pɔstmɔdɛʀnism] nm postmodernism

**postnatal, e,** mpl **postnatals** [pɔstnatal] adj postnatal

**postopératoire** [pɔstɔpeʀatwaʀ] adj postoperative

**post-partum** [pɔstpaʀtɔm] nm inv postpartum period

**postposer** [pɔstpoze] ▸ conjug 1 ◂ vt to place after the verb (ou noun etc) ♦ **sujet postposé** postpositive subject, subject placed after the verb

**postposition** [pɔstpozisjɔ̃] nf postposition ♦ **verbe à postposition** phrasal verb

**postprandial, e,** mpl **-iaux** [pɔstpʀɑ̃djal, jo] adj postprandial

**post-production, postproduction** [pɔst pʀɔdyksjɔ̃] nf (Ciné) postproduction

**postscolaire** [pɔstskɔlɛʀ] adj enseignement further (épith), continuing (épith)

**post-scriptum** [pɔstskʀiptɔm] → SYN nm inv postscript

**postsonorisation** [pɔstsɔnɔʀizasjɔ̃] nf dubbing

**postsonoriser** [pɔstsɔnɔʀize] ▸ conjug 1 ◂ vt to dub

**postsynchronisation** [pɔstsɛ̃kʀɔnizasjɔ̃] nf (Ciné) dubbing

**postsynchroniser** [pɔstsɛ̃kʀɔnize] ▸ conjug 1 ◂ vt (Ciné) to dub

**postulant, e** [pɔstylɑ̃, ɑ̃t] → SYN nm,f applicant; (Rel) postulant

**postulat** [pɔstyla] → SYN nm premise; (Philos) postulate ♦ **postulat de base** ou **de départ** basic premise ♦ **partant du postulat que ...** starting from the premise that ...

**postuler** [pɔstyle] → SYN ▸ conjug 1 ◂ 1 vt a [+ emploi] to apply for, put in for
b [+ principe] to postulate
2 vi a **postuler à** ou **pour un emploi** to apply for a job
b (Jur) **postuler pour** to represent

**posture** [pɔstyʀ] → SYN nf posture, position ♦ **être en bonne posture** to be in a good position ♦ **être en très mauvaise posture** to be in a really bad position ou a tight corner ♦ **en posture de faire qch** (†, littér) in a position to do sth

**pot** [po] → SYN 1 nm a (= récipient) (en verre) jar; (en terre) pot; (en métal) can, tin (Brit), pot; (en carton) carton ♦ **petit pot (pour bébé)** jar of baby food ♦ **il ne mange encore que des petits pots** all he eats at the moment is baby food ♦ **pot à confiture** jamjar, jampot (Brit) ♦ **pot de confiture** jar ou pot (Brit) of jam ♦ **mettre en pot** [+ fleur] to pot; [+ confiture] to put in jars, pot (Brit) ♦ **plantes en pot** pot plants ♦ **mettre un enfant sur le pot** to put a child on the potty ♦ **tourner autour du pot** (fig) to beat about ou around the bush; → **cuiller, découvrir, fortune** etc
b * (= boisson) drink; (= réunion) drinks party ♦ **pot d'adieu** farewell party ♦ **pot de départ** (à la retraite etc) leaving party ou do * (Brit) ♦ **tu viens prendre** ou **boire un pot ?** * are you coming for a drink?
c (* = chance) luck ♦ **avoir du pot** to be lucky ♦ **tu as du pot !** some people have all the luck!, you're a lucky beggar! * ♦ **t'as du pot, il est encore là** you're lucky ou in luck, he's still here ♦ **je n'ai jamais eu de pot dans la vie/avec les hommes** I've always been unlucky ou I've never had any luck in life/with men ♦ **manquer de pot** to be unlucky ou out of luck ♦ **pas de** ou **manque de pot !** just his (ou your etc) luck! ♦ **c'est un vrai coup de pot !** what a stroke of luck!
d (Cartes) (= enjeu) kitty; (= restant) pile
e **plein pot** * ♦ **rouler plein pot** to drive flat out * ♦ **payer plein pot** to pay the full whack *
2 COMP ▷ **pot à bière** (en verre) beer mug; (en terre ou en métal) tankard ▷ **pot catalytique** catalytic converter ▷ **pot de chambre** chamberpot ▷ **pot de colle** (lit) pot of glue; (péj = crampon) leech ♦ **il est du genre pot de colle !** you just can't shake him off!, he sticks like a leech! ▷ **pot à eau** (pour se laver) water jug, pitcher; (pour boire) water jug ▷ **pot d'échappement** exhaust pipe; (silencieux) silencer (Brit), muffler (US) ▷ **pot de fleurs** (= récipient) plant pot, flowerpot; (= fleurs) pot plant ♦ **elle fait un peu pot de fleurs** (péj ou hum) she just sits there and looks pretty ▷ **pot à lait** (pour transporter) milk can; (sur la table) milk jug ▷ **pot au noir** (Naut) doldrums ▷ **pot de peinture** can ou pot ou tin (Brit) of paint ♦ **c'est un vrai pot de peinture** * (péj) she wears far too much make-up, she plasters herself with make-up * ▷ **pot à tabac** (lit) tobacco jar; († fig) dumpy little person ▷ **pot de terre** earthenware pot ♦ **un particulier qui se bat contre l'administration, c'est le pot de terre contre le pot de fer** one individual struggling against the authorities can't hope to win ▷ **pot de yaourt** (en verre) pot of yoghurt; (en carton) carton ou pot of yoghurt

**potable** [pɔtabl] → SYN adj (lit) drinkable, potable (frm); (* = acceptable) passable, decent ♦ **eau potable** drinking water ♦ **eau non potable** water which is not for drinking, non-drinking water ♦ **il ne peut pas faire un travail potable** he can't do a decent piece of work ♦ **le film est potable** the film isn't bad ♦ **ce travail est tout juste potable** this piece of work is barely passable ou acceptable

**potache** * [pɔtaʃ] nm schoolboy, schoolkid * ♦ **plaisanteries (de) potache** schoolboy pranks

**potage** [pɔtaʒ] → SYN nm soup ♦ **être dans le potage** * (mal réveillé) to be in a daze; (désorienté) to be in a muddle; (en mauvaise posture) to be in the soup *

**potager, -ère** [pɔtaʒe, ɛʀ] → SYN 1 adj plante edible ♦ **jardin potager** kitchen ou vegetable garden
2 nm kitchen ou vegetable garden

**potamochère** [pɔtamɔʃɛʀ] nm river hog

**potamogéton** [pɔtamɔʒetɔ̃] nm ⇒ **potamot**

**potamologie** [pɔtamɔlɔʒi] nf potamology

**potamot** [pɔtamo] nm pondweed

**potasse** [pɔtas] nf (= hydroxide) potassium hydroxide, caustic potash; (= carbonate) potash *(impure potassium carbonate)*

**potasser** * [pɔtase] ▸ conjug 1 ◂ 1 vt [+ livre, discours, examen] to cram ou bone up * ou swot up * (Brit) for; [+ sujet] to bone up (on) *, swot up (on) * (Brit)
2 vi to cram, swot * (Brit)

**potassique** [pɔtasik] adj potassic

**potassium** [pɔtasjɔm] nm potassium

**pot-au-feu** [pɔtofø] → SYN 1 adj inv † stay-at-home * (épith), home-loving
2 nm inv (= plat) boiled beef with vegetables; (= viande) stewing beef ♦ **pot-au-feu de la mer** assorted boiled fish

**pot-de-vin,** pl **pots-de-vin** [pod(ə)vɛ̃] → SYN nm bribe, backhander * (Brit), payola (US) ♦ **donner un pot-de-vin à qn** to bribe sb, grease sb's palm, give sb a backhander * (Brit)

**pote** * [pɔt] nm pal *, mate * (Brit), buddy * (US) ♦ **salut, mon pote !** hi there! *

**poteau,** pl **poteaux** [pɔto] → SYN 1 nm a (= pilier) post ♦ **rester au poteau** (Courses) to be left at the (starting) post ♦ **elle a les jambes comme des poteaux** * she's got legs like tree trunks *
b **poteau (d'exécution)** execution post, stake *(for execution by shooting)* ♦ **envoyer au poteau** to sentence to execution by firing squad ♦ **au poteau !** lynch him!, string him up! * ♦ **le directeur au poteau !** down with the boss!
c († * = ami) pal *, buddy * (US)
2 COMP ▷ **poteau d'arrivée** winning ou finishing post ▷ **poteau de but** goal-post ▷ **poteau de départ** starting post ▷ **poteau électrique** electricity pole ▷ **poteau indicateur** signpost ▷ **poteau télégraphique** telegraph post ou pole ▷ **poteau de torture** torture post

**potée** [pɔte] nf a (Culin) ≃ hotpot *(of pork and cabbage)*
b (Tech) **potée d'étain** tin putty, putty powder

**potelé, e** [pɔt(ə)le] → SYN adj enfant chubby; bras plump

**potence** [pɔtɑ̃s] → SYN nf a (= gibet) gallows sg; → **gibier**
b (= support) bracket ♦ **en potence** (= en équerre) L-shaped; (= en T) T-shaped

**potencé, e** [pɔtɑ̃se] adj ♦ **croix potencée** cross of Jerusalem

**potentat** [pɔtɑ̃ta] → SYN nm (lit) potentate; (péj) despot

**potentialiser** [pɔtɑ̃sjalize] ▸ conjug 1 ◂ vt (Pharm) to potentiate; [+ mécanisme] to maximize the potential of, potentiate

**potentialité** [pɔtɑ̃sjalite] → SYN nf potentiality

**potentiel, -ielle** [pɔtɑ̃sjɛl] → SYN 1 adj marché, risque, client potential
2 nm a (Sci) potential ♦ **potentiel électrique** electric potential
b (= capacité) potential ♦ **potentiel industriel/militaire/nucléaire** industrial/military/nuclear potential ♦ **ce candidat a un bon potentiel** this applicant has good potential ♦ **ce pays a un énorme potentiel économique/de croissance** this country has huge economic/growth potential

**potentiellement** [pɔtɑ̃sjɛlmɑ̃] adv potentially

**potentille** [pɔtɑ̃tij] → SYN nf potentilla

**potentiomètre** [pɔtɑ̃sjɔmɛtʀ] nm potentiometer

**poterie** [pɔtʀi] → SYN nf (= atelier, art) pottery; (= objet) piece of pottery ♦ **poteries** earthenware, pieces of pottery

**poterne** [pɔtɛʀn] → SYN nf postern

**potiche** [pɔtiʃ] → SYN nf (large) oriental vase; (péj = prête-nom) figurehead ♦ **il ne veut pas être un juge/président potiche** he doesn't want to be a mere figurehead judge/president ♦ **elle ne veut pas jouer les potiches** she doesn't want to just sit there and look pretty

**potier, -ière** [pɔtje, jɛʀ] → SYN nm,f potter

**potimarron** [pɔtimaʀɔ̃] nm *variety of gourd*

**potin** * [pɔtɛ̃] nm a (= vacarme) din *, racket * ♦ **faire du potin** (lit) to make a noise; (fig) to kick up a fuss * ♦ **ça va faire du potin** (lit) there'll be a lot of noise, it'll be noisy; (fig) this is going to stir things up *, there'll be quite a rumpus (over this)
b (= commérage) **potins** gossip, tittle-tattle

**potiner** [pɔtine] → SYN ▸ conjug 1 ◂ vi to gossip

**potion** [posjɔ̃] → SYN nf (lit) potion ♦ **potion magique** (lit, fig) magic potion; (fig) ♦ **potion amère** bitter pill ♦ **la potion sera amère** it will be a bitter pill to swallow

**potiron** [pɔtiʀɔ̃] → SYN nm pumpkin

**potomanie** [pɔtɔmani] nf potomania

**potomètre** [pɔtɔmɛtʀ] nm potometer

**potorou** [pɔtɔʀu] nm kangaroo rat, potoroo

**pot-pourri,** pl **pots-pourris** [popuʀi] → SYN nm (= fleurs) pot-pourri; (Mus) potpourri, medley; (fig) mixture, medley

**potron-minet** * [pɔtʀɔ̃minɛ] **dès potron-minet** loc adv at the crack of dawn, at daybreak

**Potsdam** [pɔtsdam] n Potsdam

**potto** [pɔto] nm potto, kinkajou

**pou,** pl **poux** [pu] → SYN nm louse ◆ **pou du pubis** pubic louse, crab (louse)⁑ ◆ **couvert de poux** covered in lice, lice-ridden; → **chercher, laid**

**pouah** [pwa] excl ugh!, yuk!

**poubelle** [pubɛl] → SYN [1] nf **a** [ordures] (dust-)bin (Brit), trash ou garbage can (US) ◆ **descendre/sortir la poubelle** to take down/put out the bin (Brit) ou the garbage (US) ou trash (US) ◆ **les poubelles sont passées ?** * have the binmen (Brit) ou the garbage men (US) been? ◆ **allez, hop ! à la poubelle !** right! (let's) throw it out! ◆ **jeter/mettre qch à la poubelle** to throw/put sth in the (dust)bin (Brit) ou trash can (US) ou garbage can (US) ◆ **c'est bon à mettre à la poubelle** it's only fit for the (dust)bin (Brit), you can put it right into the trash ou garbage can (US) ◆ **faire les poubelles** to rummage through bins (Brit) ou garbage cans (US) ◆ **il roule dans une poubelle** * his car is a real tip * (Brit), his car is a garbage can on wheels (US) ◆ **ça appartient aux poubelles de l'histoire** that has been consigned to the scrap heap of history

**b** (en apposition) **camion(-)poubelle** bin lorry (Brit), garbage truck (US) ◆ **classe(-)poubelle** class of rejects ◆ **chaîne(-)poubelle** trashy * television channel ◆ **navire(-)poubelle** coffin ship *(often transporting dangerous nuclear waste etc)* ◆ **la presse(-)poubelle** the gutter press

[2] COMP ▷ **poubelle de table** *container placed on a table for bones, wrappers etc*

**pouce** [pus] → SYN nm **a** (Anat) [main] thumb; [pied] big toe ◆ **se tourner** ou **se rouler les pouces** to twiddle one's thumbs ◆ **mettre les pouces** * to give in ou up ◆ **pouce !** (au jeu) truce!, pax! (Brit) ◆ **on a déjeuné** ou **on a pris un morceau sur le pouce** * we had a quick snack ou a bite to eat * ◆ **faire du pouce** *, **voyager sur le pouce** * (Can) to thumb * a lift, hitch *, hitch-hike ◆ **coup de pouce** (pour aider qn) nudge in the right direction ◆ **donner un coup de pouce aux ventes** to give sales a bit of a boost ◆ **donner un coup de pouce à un projet** to help a project along

**b** (= mesure) inch ◆ **ils n'ont pas cédé un pouce de terrain** (fig) [armée] they haven't yielded an inch of land ◆ **son travail n'a pas avancé d'un pouce** he hasn't made the least ou the slightest bit of progress in his work ◆ **il n'a pas bougé d'un pouce** (dans sa prise de position) he refused to budge, he wouldn't budge an inch ◆ **la situation/ville n'a pas changé d'un pouce** the situation/town hasn't changed in the slightest ou hasn't changed the least little bit ◆ **il n'a pas varié ou dévié d'un pouce dans sa politique** he hasn't altered his policy in the slightest ◆ **et le pouce !** * and the rest!

**pouce-pied,** pl **pouces-pieds** [puspje] nm (Zool) barnacle

**Poucet** [pusɛ] nm ◆ **le Petit Poucet** "Tom Thumb"

**Pouchkine** [puʃkin] nm Pushkin

**poucier** [pusje] nm (= protection) thumbstall

**pou-de-soie,** pl **poux-de-soie** [pud(ə)swa] nm poult(-de-soie)

**pouding** [pudiŋ] nm ⇒ **pudding**

**poudingue** [pudɛ̃g] nm (Géol) pudding stone

**poudrage** [pudʀaʒ] nm powdering

**poudre** [pudʀ] → SYN [1] nf (gén) powder; (= poussière) dust; (= fard) (face) powder; (= explosif) (gun) powder; (Méd) powder; (arg Drogue = héroïne) smack⁑ ◆ **poudre d'or/de diamant** gold/diamond dust ◆ **réduire qch en poudre** to reduce ou grind sth to powder, powder sth ◆ **en poudre** lait, œufs dried, powdered ◆ **chocolat en poudre** cocoa powder ◆ **se mettre de la poudre** to powder one's face ou nose ◆ **se mettre de la poudre sur** to powder ◆ **poudre libre/compacte** loose/pressed powder ◆ **prendre la poudre d'escampette** * to take to one's heels, skedaddle * ◆ **de la poudre de perlimpinpin** magical cure ◆ **jeter de la poudre aux yeux de qn** to impress sb ◆ **c'est de la poudre aux yeux** it's all just for show; → **feu¹, inventer**

[2] COMP ▷ **poudre à canon** gunpowder ▷ **poudre dentifrice** tooth powder ▷ **poudre à éternuer** sneezing powder ▷ **poudre à laver** washing powder (Brit), soap powder (Brit), (powdered) laundry detergent (US) ▷ **poudre à récurer** scouring powder ▷ **poudre de riz** face powder

**poudrer** [pudʀe] → SYN ▸ conjug 1 ◂ [1] vt to powder

[2] vi (Can) [neige] to drift

[3] **se poudrer** vpr to powder one's face ou nose

**poudrerie¹** [pudʀəʀi] nf (= fabrique) gunpowder ou explosives factory

**poudrerie²** [pudʀəʀi] nf (Can) blizzard, drifting snow

**poudrette** [pudʀɛt] nf (= engrais) crumb rubber

**poudreux, -euse** [pudʀø, øz] → SYN [1] adj (= poussiéreux) dusty ◆ **neige poudreuse** powder snow

[2] **poudreuse** nf **a** (= neige) powder snow

**b** (= meuble) dressing table

**c** (Agr) duster

**poudrier** [pudʀije] nm (powder) compact

**poudrière** [pudʀijɛʀ] nf powder magazine; (fig) powder keg (fig)

**poudrin** [pudʀɛ̃] nm sea spray, spindrift

**poudroiement** [pudʀwamɑ̃] nm dust haze

**poudroyer** [pudʀwaje] → SYN ▸ conjug 8 ◂ vi [poussière] to rise in clouds; [neige] to rise in a flurry ◆ **la route poudroyait** clouds of dust rose up from the road

**pouf¹** [puf] [1] nm pouffe

[2] excl thud! ◆ **faire pouf** to tumble (over) ◆ **pouf par terre !** whoops-a-daisy!

**pouf²** * [puf] nm (Belg) ◆ **taper** ou **répondre à pouf** to guess

**pouffer** [pufe] → SYN ▸ conjug 1 ◂ vi ◆ **pouffer (de rire)** to burst out laughing

**pouf(f)iasse** ⁑ [pufjas] nf (péj) tart ⁑, slag ⁑ (Brit); (= prostituée) whore, tart ⁑

**pouh** [pu] excl pooh!

**pouillerie** [pujʀi] nf squalor

**pouilleux, -euse** [pujø, øz] → SYN [1] adj **a** (lit) lousy, flea-ridden, verminous

**b** (= sordide) quartier, endroit squalid, seedy; personne dirty, filthy

[2] nm,f (= pauvre) down-and-out; (= couvert de poux) flea-ridden ou lice-ridden ou verminous person

**pouillot** [pujo] nm warbler ◆ **pouillot fitis** willow warbler ◆ **pouillot véloce** chiffchaff

**poujadisme** [puʒadism] nm Poujadism

**poujadiste** [puʒadist] adj, nmf Poujadist

**poulailler** [pulaje] → SYN nm henhouse ◆ **le poulailler** * (Théât) the gallery, the gods * (Brit)

**poulain** [pulɛ̃] → SYN nm **a** (Zool) foal, colt; (fig) promising youngster; (= protégé) protégé

**b** (Tech) **poulain (de chargement)** skid

**poulaine** [pulɛn] nf (Hist = soulier) poulaine, long pointed shoe

**poularde** [pulaʀd] nf fattened chicken

**poulbot** [pulbo] nm street urchin *(in Montmartre)*

**poule¹** [pul] → SYN [1] nf **a** (Zool) hen; (Culin) (boiling) fowl ◆ **se lever avec les poules** (fig) to be an early riser, get up with the lark (Brit) ou birds (US) ◆ **se coucher avec les poules** to go to bed early ◆ **quand les poules auront des dents** never in a month of Sundays ◆ **être comme une poule qui a trouvé un couteau** to be at a complete loss; → **chair, lait**

**b** ⁑ (= maîtresse) mistress; (= fille) bird * (Brit), broad ⁑ (US), chick * (US); (prostituée) whore, tart ⁑, hooker ⁑ (US) ◆ **poule de luxe** high-class prostitute

**c** (= terme affectueux) **ma poule** (my) pet

[2] COMP ▷ **poule d'eau** moorhen ▷ **poule faisane** hen pheasant ▷ **poule mouillée** (= lâche) softy *, coward ▷ **la poule aux œufs d'or** the goose that lays the golden eggs ◆ **tuer la poule aux œufs d'or** to kill the goose that lays the golden eggs ▷ **poule pondeuse** laying hen, layer ▷ **poule au pot** (Culin) boiled chicken ◆ **la poule au pot tous les dimanches** (Hist) a chicken in the pot every Sunday ▷ **poule au riz** chicken and rice

**poule²** [pul] → SYN nf **a** (= enjeu) pool, kitty

**b** (= tournoi) (gén) tournament; (Escrime) pool; (Rugby) group

**c** (Courses) **poule d'essai** maiden race

**poulet** [pulɛ] → SYN nm **a** (Culin, Zool) chicken ◆ **poulet de grain/fermier** corn-fed/free-range (Brit) chicken ◆ **mon (petit) poulet !** * (my) love! ou pet! (Brit)

**b** (⁑ = policier) cop ⁑

**c** († † = billet doux) love letter

**poulette** [pulɛt] nf **a** (Zool) pullet ◆ **ma poulette !** * (my) love ou pet (Brit)!

**b** (* = fille) girl, lass *, bird * (Brit), chick * (US)

**c** (Culin) **sauce poulette** sauce poulette *(made with eggs and lemon juice)*

**pouliche** [puliʃ] → SYN nf filly

**poulie** [puli] → SYN nf pulley; (avec sa caisse) block ◆ **poulie simple/double/fixe** single/double/fixed block ◆ **poulie folle** loose pulley

**pouliner** [puline] ▸ conjug 1 ◂ vi to foal

**poulinière** [pulinjɛʀ] adj f, nf ◆ **(jument) poulinière** brood mare

**poulot, -otte** † * [pulo, ɔt] nm,f ◆ **mon poulot !** ◆ **ma poulotte !** poppet! *, (my) pet! (Brit) ou love!

**poulpe** [pulp] → SYN nm octopus

**pouls** [pu] → SYN nm pulse ◆ **prendre** ou **tâter le pouls de qn** (lit) to feel ou take sb's pulse; (fig) to sound sb out ◆ **prendre** ou **tâter le pouls de** (fig) [+ opinion publique] to test, sound out; [+ économie] to feel the pulse of

**poult-de-soie,** pl **poults-de-soie** [pud(ə)swa] nm ⇒ **pou-de-soie**

**poumon** [pumɔ̃] → SYN nm (Anat) lung ◆ **respirer à pleins poumons** to breathe deeply ◆ **chanter/crier à pleins poumons** to sing/shout at the top of one's voice ◆ **poumon artificiel/d'acier** artificial/iron lung ◆ **cette région est le poumon économique du pays** this region is the hub of the country's economy ◆ **la forêt amazonienne, poumon de la terre** the Amazon rainforest, the lungs of the earth ◆ **Hyde Park, le poumon de Londres** Hyde Park, London's green lung

**poupard** [pupaʀ] → SYN [1] adj † chubby (-cheeked)

[2] nm bouncing ou bonny (Brit) baby

**poupe** [pup] → SYN nf (Naut) stern; → **vent**

**poupée** [pupe] → SYN nf **a** (= jouet) doll ◆ **poupée(s) gigogne(s)** ou **russe(s)** nest of dolls, Russian dolls ◆ **poupée gonflable** inflatable ou blow-up doll ◆ **poupée de son** rag doll *(stuffed with bran)* ◆ **elle joue à la poupée** she's playing with her doll(s); → **maison**

**b** (* = jolie femme) doll * ◆ **bonjour, poupée !** hullo, doll!

**c** (= pansement) finger bandage ◆ **faire une poupée à qn** to bandage sb's finger

**d** (Tech) **poupée fixe** headstock ◆ **poupée mobile** tailstock

**poupin, e** [pupɛ̃, in] → SYN adj chubby

**poupon** [pupɔ̃] → SYN nm little baby, babe-in-arms

**pouponner** [pupɔne] → SYN ▸ conjug 1 ◂ vi to play mother ◆ **tu vas bientôt (pouvoir) pouponner** soon you'll be fussing around like a fond mother (ou father etc)

**pouponnière** [pupɔnjɛʀ] → SYN nf day nursery, crèche

## pour [puʀ]

→ SYN GRAMMAIRE ACTIVE 26.4

[1] PRÉPOSITION
[2] NOM MASCULIN

### [1] PRÉPOSITION

**a** [direction] for, to ◆ **partir pour l'Espagne** to leave for Spain ◆ **il part pour l'Espagne demain** he leaves for Spain ou he is off to Spain tomorrow ◆ **partir pour l'étranger** to go abroad ◆ **un billet pour Caen** a ticket to ou for Caen ◆ **le train pour Londres** the London train, the train for London

**b** [temps] for ◆ **tu restes à Paris pour Noël ?** are you staying in Paris for Christmas? ◆ **il est absent pour deux jours** he's away for two days ◆ **promettre qch pour le mois prochain/pour dans huit jours/pour après les vacances** to promise sth for next month/for next week/for after the holidays ◆ **ce sera pour l'an prochain** we'll have to wait for ou until next year ◆ **il lui faut sa voiture pour demain** he must have his car for ou by tomorrow ◆ **pour le moment** ou **l'instant** for the moment ◆ **pour toujours** for ever

◆ **en avoir pour** [+ durée] ◆ **tu en as pour combien de temps ?** how long are you going to be?, how long will it take you? ◆ **ne m'attendez pas, j'en ai encore pour une heure** don't wait for me, I'll be another hour (yet) ◆ **elle en a bien pour trois semaines** it'll take her at least three weeks ◆ **quand il se met à pleuvoir, on en a pour trois jours** once it starts raining, it goes on ou sets in for three days

(distance) ◆ **on en a encore pour 20 km de cette mauvaise route** there's another 20 km of this awful road

**c** intention, destination for ◆ **faire qch pour qn** to do sth for sb ◆ **il ferait tout pour elle/sa mère** he would do anything for her ou for her sake/his mother ou his mother's sake ◆ **faire qch pour le plaisir** to do sth for pleasure ◆ **il n'est pas fait pour le travail de bureau** he's not made for office work ◆ **c'est fait** ou **étudié pour !** * that's what it's meant ou made for! ◆ **il travaille pour un cabinet d'architectes** he works for a firm of architects ◆ **ce n'est pas un livre pour (les) enfants** it's not a book for children, it's not a children's book ◆ **c'est mauvais/bon pour vous/pour la santé** it's bad/good for you/for the health ◆ **c'est trop compliqué pour elle** it's too complicated for her ◆ **son amour pour elle/les bêtes** his love for her/of animals ◆ **il a été très gentil pour ma mère** he was very kind to my mother ◆ **pour la plus grande joie des spectateurs** to the delight of the onlookers ◆ **coiffeur pour dames** ladies' hairdresser ◆ **sirop pour la toux** cough mixture (Brit) ou syrup (US) ◆ **pastilles pour la gorge** throat tablets

◆ **pour** + infinitif (= afin de) to ◆ **trouvez un argument pour le convaincre** find an argument to convince him ou that will convince him ◆ **il sera d'accord pour nous aider** he'll agree to help us ◆ **pour mûrir, les tomates ont besoin de soleil** tomatoes need sunshine to ripen ◆ **je ne l'ai pas dit pour le vexer** I didn't say that to annoy him ◆ **je n'ai rien dit pour ne pas le blesser** I didn't say anything so as not to hurt him ◆ **elle se pencha pour ramasser son gant** she bent down to pick up her glove ◆ **il tendit le bras pour prendre la boîte** he reached for the box ◆ **creuser pour trouver de l'eau/du pétrole** to dig for water/oil ◆ **il y a des gens assez innocents pour le croire** some people are naive enough to believe him ◆ **il finissait le soir tard pour reprendre le travail tôt le lendemain** he used to finish work late at night only to start again early the next morning ◆ **il est parti pour ne plus revenir** he left never to return, he left and never came back again

◆ **pour que** + subjonctif (= afin que) so that, in order that (frm) ◆ **écris vite ta lettre pour qu'elle parte ce soir** write your letter quickly so (that) it will go ou it goes this evening ◆ **il a mis une barrière pour que les enfants ne sortent pas** he has put up a fence so that the children won't get out ◆ **c'est ça, laisse ton sac là pour qu'on te le vole !** (iro) that's right, leave your bag there for someone to steal it! ou so that someone steals it!

(introduisant une conséquence) ◆ **il est trop tard pour qu'on le prévienne** it's too late to warn him ou for him to be warned ◆ **elle est assez grande pour qu'on puisse la laisser seule** (iro) she's old enough to be left on her own

**d** cause **pour quelle raison ?** for what reason?, why? ◆ **être condamné pour vol** to be convicted for theft ◆ **"fermé pour réparations"** "closed for repairs" ◆ **il n'en est pas plus heureux pour ça !** he's none the happier for all that!, he's no happier for all that! ◆ **on l'a félicité pour son audace/pour son élection** he was congratulated on his daring/on his election ◆ **il est connu pour sa générosité** he is known for his generosity ◆ **quelle histoire pour si peu** what a fuss ou to-do * over ou about such a little thing ◆ **pourquoi se faire du souci pour ça ?** why worry about that? ◆ **il est pour quelque chose/pour beaucoup dans le succès de la pièce** he is partly/largely responsible for the success of the play, he had something/a lot to do with the play's success

◆ **pour** + infinitif (introduisant une cause) ◆ **elle a été punie pour avoir menti** she was punished for lying ou having lied ◆ **on l'a félicité pour avoir sauvé l'enfant** he was congratulated for having saved the child

(= susceptible de) ◆ **le travail n'est pas pour l'effrayer** ou **pour lui faire peur** he's not afraid of hard work ◆ **ce n'est pas pour arranger les choses** this isn't going to help matters, this will only make things worse

**e** approbation for, in favour (Brit) ou favor (US) of ◆ **manifester pour la paix** to demonstrate ou march for peace ◆ **je suis pour les réformes/pour réduire** ou **qu'on réduise les dépenses** I'm in favour of the reforms/of reducing expenditure ◆ **je suis pour !** * I'm all for it! *, I'm all in favour (of it)!

**f** = du point de vue de qn **pour lui, le projet n'est pas réalisable** as he sees it ou in his opinion ou in his view the plan isn't feasible ◆ **pour moi, elle était déjà au courant** if you ask me, she already knew ◆ **pour moi, je suis d'accord** personally ou for my part I agree ◆ **sa fille est tout pour lui** his daughter is everything to him

**g** = en ce qui concerne **pour (ce qui est de) notre voyage, il faut y renoncer** as for our trip ou as far as our trip goes, we'll have to forget it ◆ **et pour les billets, c'est toi qui t'en charges ?** so, are you going to take care of the tickets? ◆ **ça ne change rien pour nous** that makes no difference as far as we're concerned ◆ **le plombier est venu/a téléphoné pour la chaudière** the plumber came/phoned about the boiler

**h** = à la place de, en échange de **payer pour qn** to pay for sb ◆ **signez pour moi** sign in my place ou for me ◆ **pour le directeur** (Comm) p.p. Manager ◆ **il a parlé pour nous tous** he spoke on behalf of all of us ou on our behalf, he spoke for all of us ◆ **donnez-moi pour 200 F d'essence** give me 200 francs' worth of petrol ◆ **il l'a eu pour 2 €** he got it for €2

◆ **en avoir pour** + prix ◆ **j'en ai eu pour 10 € de photocopies** it cost me €10 to do the photocopies

**i** rapport, comparaison for ◆ **il est petit pour son âge** he is small for his age ◆ **il fait chaud pour la saison** it's warm for the time of year ◆ **c'est bien trop cher pour ce que c'est !** it's far too expensive for what it is! ◆ **pour un Anglais, il parle bien le français** he speaks French well for an Englishman ◆ **pour cent/mille** per cent/thousand ◆ **pour 500 g de farine, il te faut six œufs** for 500 grams of flour you need six eggs ◆ **pour un qui s'intéresse, il y en a dix qui bâillent** for every one that takes an interest there are ten who just sit there yawning ◆ **mourir pour mourir, je préfère que ce soit ici** if I have to die I should prefer it to be here

**j** = comme for, as ◆ **prendre qn pour femme** to take sb as one's wife ◆ **il a pour adjoint son cousin** he has his cousin as his deputy ◆ **il a pour principe/méthode de faire ...** it is his principle/method to do ..., his principle /method is to do ... ◆ **ça a eu pour effet de changer son comportement** this had the effect of changing his behaviour

**k** emphatique **pour un sale coup, c'est un sale coup !** * of all the unfortunate things (to happen)! ◆ **pour une vedette, c'en est une !** that's what I call a star! ◆ **pour être furieux, je suis furieux !** I am so angry!

**l** indiquant une restriction **pour avoir réussi, il n'en est pas plus heureux** he's no happier ou none the happier for having succeeded ou for his success ◆ **pour être petite, elle n'en est pas moins solide** she may be small but that doesn't mean she's not strong ◆ **pour riche qu'il soit, il n'est pas généreux** (as) rich as he is ou rich though he is, he's not generous

**m** **pour peu que** + subjonctif ◆ **pour peu qu'il soit sorti sans sa clé ...** if he's left without his key ... ◆ **il la convaincra, pour peu qu'il sache s'y prendre** he'll convince her if he goes about it (in) the right way

**n** **être pour** + infinitif * ◆ **j'étais pour partir** (= être sur le point de) I was just going, I was just about to go, I was on the point of leaving

2 NOM MASCULIN

**a** = arguments **le pour et le contre** the arguments for and against, the pros and cons ◆ **il y a du pour et du contre** there are arguments on both sides ou arguments for and against; → **peser**

**b** = personne **les pour ont la majorité** those in favour are in the majority ◆ **devant ses tableaux, il y a les pour et les contre** people either like or dislike his paintings

**pourboire** [puʀbwaʀ] → SYN **nm** tip ◆ **pourboire interdit** no gratuities, our staff do not accept gratuities ◆ **donner un pourboire de 10 F à qn, donner 10 F de pourboire à qn** to tip sb 10 francs, give sb a 10 franc tip

**pourceau**, pl **pourceaux** [puʀso] → SYN **nm** (littér, péj) pig, swine inv; → **perle**

**pour-cent** [puʀsɑ̃] **nm inv** (= commission) percentage, cut *

**pourcentage** [puʀsɑ̃taʒ] → SYN **nm** percentage ◆ **résultat exprimé en pourcentage** result expressed in percentages ◆ **fort pourcentage d'abstentions** high abstention rate ◆ **travailler** ou **être au pourcentage** to work on commission ◆ **toucher un pourcentage sur les bénéfices** to get a share ou a cut * of the profits ◆ **côte à fort pourcentage** hill with a steep gradient, steep slope

**pourchasser** [puʀʃase] → SYN ► conjug 1 ◄ **vt** [police, chasseur, ennemi] to pursue, hunt down; [créancier, importun] to hound ◆ **pourchasser la misère/le crime** to hunt out ou seek out poverty/crime ◆ **pourchasser les fautes d'orthographe** to hunt out spelling mistakes

**pourfendeur** [puʀfɑ̃dœʀ] → SYN **nm** (hum) destroyer

**pourfendre** [puʀfɑ̃dʀ] → SYN ► conjug 41 ◄ **vt** (littér) [+ adversaire] to set about, assail; [+ abus] to fight against, combat

**Pourim** [puʀim] **nm** Purim

**pourlécher (se)** [puʀleʃe] ► conjug 6 ◄ **vpr** (lit, fig) to lick one's lips ◆ **je m'en pourlèche déjà** (lit) my mouth is watering already; (fig) I can hardly wait ◆ **se pourlécher les babines** * (lit) to lick one's chops *; (fig) to lick ou smack one's lips

**pourliche** * [puʀliʃ] **nm** tip

**pourparlers** [puʀpaʀle] **nmpl** talks, negotiations, discussions ◆ **entrer en pourparlers avec qn** to start negotiations ou discussions with sb, enter into talks with sb ◆ **être en pourparlers avec qn** to be negotiating with sb, be having talks ou discussions with sb

**pourpier** [puʀpje] **nm** portulaca; (comestible) purslane

**pourpoint** [puʀpwɛ̃] → SYN **nm** doublet, pourpoint

**pourpre** [puʀpʀ] → SYN 1 **adj** (gén) crimson; (Hér) purpure ◆ **il devint pourpre** (furieux) he went purple (in the face); (gêné) he turned crimson ou scarlet

2 **nm** **a** (= couleur) crimson; (Hér) purpure ◆ **pourpre rétinien** visual purple

**b** (Zool) murex

3 **nf** (= matière colorante, étoffe, symbole) purple; (= couleur) scarlet ◆ **pourpre royale** royal purple ◆ **accéder à la pourpre cardinalice** ou **romaine** to be given the red hat ◆ **né dans la pourpre** born in the purple

**pourpré, e** [puʀpʀe] **adj** (littér) crimson

**pourquoi** [puʀkwa] GRAMMAIRE ACTIVE 1.1 → SYN

1 **conj** why ◆ **pourquoi est-il venu ?** why did he come?, what did he come for? ◆ **pourquoi les avoir oubliés ?** why did he (ou they etc ) forget them? ◆ **c'est** ou **voilà pourquoi il n'est pas venu** that's (the reason) why he didn't come

2 **adv** why ◆ **tu me le prêtes ? – pourquoi (donc) ?** can you lend me it? – why? ou what for? ◆ **tu viens ? – pourquoi pas ?** are you coming? – why not? ◆ **il a réussi, pourquoi pas vous ?** (dans le futur) he succeeded so why shouldn't you?; (dans le passé) he succeeded so why didn't you? ou so how come you didn't? * ◆ **je vais vous dire**

**pourquoi** I'll tell you why ◆ **il faut que ça marche, ou que ça dise pourquoi** * it had better work or else *, it had better work, or I'll want to know why (not) ◆ **allez savoir** ou **comprendre pourquoi !** *, **je vous demande bien pourquoi** I just can't imagine why!

3 nm inv (= raison) reason (*de* for); (= question) question ◆ **le pourquoi de son attitude** the reason for his attitude ◆ **il veut toujours savoir le pourquoi et le comment** he always wants to know the whys and wherefores ◆ **il est difficile de répondre à tous les pourquoi des enfants** it isn't easy to find an answer for everything children ask you

**pourri, e** [puʀi] → SYN (ptp de **pourrir**) 1 adj a fruit rotten, bad; bois rotten; feuille decayed, rotting; viande bad; œuf rotten, bad, addled; enfant spoilt rotten (attrib); cadavre decomposed, putrefied ◆ **être pourri** [pomme] to have gone rotten ou bad; [œuf] to have gone bad; → **poisson**

b roche crumbling, rotten; neige melting, half-melted

c (= mauvais) temps, été rotten; personne, société rotten, corrupt ◆ **flic pourri** ⁑ bent copper ⁑ (Brit), dirty ou bad cop * (US) ◆ **pourri de fric** ⁑ stinking * ou filthy * rich ◆ **pourri de défauts** full of ou riddled with faults ◆ **pourri de talent** * oozing with talent

2 nm a (= partie gâtée) rotten ou bad part ◆ **sentir le pourri** to smell rotten ou bad

b (⁑ = crapule) swine ⁑ ◆ **bande de pourris !** (you) bastards! *⁑

c (⁑ = policier corrompu) bent copper * (Brit), dirty ou bad cop * (US)

**pourrir** [puʀiʀ] → SYN ▸ conjug 2 ◂ 1 vi [fruit] to go rotten ou bad, spoil; [bois] to rot (away); [œuf] to go bad; [cadavre] to rot (away); [corps, membre] to be eaten away; [relations] to deteriorate ◆ **récolte qui pourrit sur pied** harvest rotting on the stalk ◆ **pourrir dans la misère** to languish in poverty ◆ **pourrir en prison** to rot (away) in prison ◆ **laisser pourrir la situation** to let the situation deteriorate ou get worse ◆ **laisser pourrir une grève** to let a strike peter out

2 vt a [+ fruit] to rot, spoil; [+ bois] to rot; (= infecter) [+ corps] to eat away (at)

b (= gâter) [+ enfant] to spoil rotten; (= corrompre) [+ personne] to corrupt, spoil ◆ **les ennuis qui pourrissent notre vie** the worries which spoil our lives

3 **se pourrir** vpr [fruit] to go rotten ou bad, spoil; [bois] to rot (away); [relations, situation] to deteriorate, get worse

**pourrissage** [puʀisaʒ] nm [pâte céramique] weathering

**pourrissement** [puʀismɑ̃] nm [situation] deterioration, worsening (*de* in, of)

**pourriture** [puʀityʀ] → SYN nf a (lit, Agr) rot; [société] rottenness ◆ **odeur de pourriture** putrid smell ◆ **pourriture noble** noble rot, botrytis (SPÉC)

b (⁑ péj) (= homme) louse ⁑, swine ⁑; (= femme) bitch *⁑

**pour-soi** [puʀswa] nm (Philos) pour-soi

**poursuite** [puʀsɥit] → SYN nf a [voleur, animal] chase (*de* after), pursuit (*de* of); [bonheur, gloire] pursuit (*de* of) ◆ **se mettre** ou **se lancer à la poursuite de qn** to chase ou run after sb, go in pursuit of sb

b (Jur) **poursuites (judiciaires)** legal proceedings ◆ **engager des poursuites contre qn** to start legal proceedings against sb, take legal action against sb ◆ **s'exposer à des poursuites** to lay o.s. open to ou run the risk of prosecution

c (= continuation) continuation ◆ **ils ont voté/décidé la poursuite de la grève** they voted/decided to continue the strike

d **(course) poursuite** (Sport) track race; (Police) chase, pursuit ◆ **poursuite individuelle** individual pursuit ◆ **poursuite en voiture** car chase

**poursuiteur, -euse** [puʀsɥitœʀ, øz] nm,f track rider ou cyclist

**poursuivant, e** [puʀsɥivɑ̃, ɑ̃t] 1 adj (Jur) ◆ **partie poursuivante** plaintiff

2 nm,f (= ennemi) pursuer; (Jur) plaintiff

**poursuivre** [puʀsɥivʀ] → SYN ▸ conjug 40 ◂ 1 vt a (= courir après) [+ fugitif, ennemi] to pursue; [+ animal] to chase (after), hunt down, pursue; [+ malfaiteur] to chase (after), pursue ◆ **un enfant poursuivi par un chien** a child (being) chased ou pursued by a dog ◆ **les motards poursuivaient la voiture** the police motorcyclists were chasing the car ou were in pursuit of the car

b (= harceler) [importun, souvenir] to hound ◆ **être poursuivi par ses créanciers** to be hounded by one's creditors ◆ **poursuivre qn de sa colère/de sa haine** to be bitterly angry with sb/hate sb bitterly ◆ **poursuivre une femme de ses assiduités** to force one's attentions on a woman ◆ **cette idée le poursuit** he can't get the idea out of his mind, he's haunted by the idea ◆ **les photographes ont poursuivi l'actrice jusque chez elle** the photographers followed the actress all the way home

c (= chercher à atteindre) [+ fortune, gloire] to seek (after); [+ vérité] to pursue, seek (after); [+ rêve] to pursue, follow; [+ but, idéal] to strive towards, pursue

d (= continuer) (gén) to continue, go ou carry on with; [+ avantage] to follow up, pursue ◆ **poursuivre sa marche** to carry on walking

e (Jur) **poursuivre qn (en justice)** (au criminel) to prosecute sb, bring proceedings against sb; (au civil) to sue sb, bring proceedings against sb ◆ **être poursuivi pour vol** to be prosecuted for theft

2 vi a (= continuer) to carry on, go on, continue ◆ **poursuivez, cela m'intéresse** go on ou tell me more, I'm interested ◆ **puis il poursuivit : voici pourquoi ...** then he went on ou continued: that's why ...

b (= persévérer) to keep at it, keep it up

3 **se poursuivre** vpr [négociations, débats] to go on, continue; [enquête, recherches, travail] to be going on ◆ **les débats se sont poursuivis jusqu'au matin** discussions went on ou continued until morning

**pourtant** [puʀtɑ̃] → SYN adv (= néanmoins, en dépit de cela) yet, nevertheless, all the same, even so; (= cependant) (and) yet ◆ **et pourtant** and yet, but nevertheless ◆ **frêle mais pourtant résistant** frail but (nevertheless) resilient, frail (and) yet resilient ◆ **il faut pourtant le faire** it's got to be done nevertheless ou all the same ou even so ◆ **il n'est pourtant pas très intelligent** (and) yet he's not very clever, he's not very clever though ◆ **c'est pourtant facile !** (intensif) but it's easy!, but it's not difficult! ◆ **on lui a pourtant dit de faire attention** and yet we told him ou did tell him to be careful

**pourtour** [puʀtuʀ] → SYN nm [cercle] circumference; [rectangle] perimeter; (= bord) surround ◆ **le pourtour méditerranéen** the Mediterranean region ◆ **sur le pourtour de** around

**pourvoi** [puʀvwa] → SYN nm (Jur) appeal ◆ **pourvoi en grâce** appeal for clemency ◆ **former un pourvoi en cassation** to (lodge an) appeal

**pourvoir** [puʀvwaʀ] → SYN ▸ conjug 25 ◂ 1 vt a **pourvoir qn de qch** to provide ou equip ou supply sb with sth ◆ **pourvoir un enfant de vêtements chauds** to provide a child with warm clothes ◆ **la nature l'a pourvu d'une grande intelligence** nature has endowed him with great intelligence ◆ **la nature l'a pourvue d'une grande beauté** she is graced with great natural beauty ◆ **pourvoir sa maison de tout le confort moderne** to fit one's house out ou equip one's house with all modern conveniences ◆ **pourvoir sa cave de vin** to stock one's cellar with wine; → **pourvu¹**

b [+ poste] to fill ◆ **il y a deux postes à pourvoir** there are two posts to fill

2 **pourvoir à** vt indir [+ éventualité] to provide for, cater for; [+ emploi] to fill ◆ **pourvoir aux besoins de qn** to provide for ou cater for ou supply sb's needs ◆ **pourvoir à l'entretien du ménage** to provide for the upkeep of the household ◆ **j'y pourvoirai** I'll see to it ou deal with it

3 **se pourvoir** vpr a **se pourvoir de** [+ argent, vêtements] to provide o.s. with; [+ provisions, munitions] to provide o.s. with, equip o.s. with, supply o.s. with

b (Jur) to appeal, lodge an appeal ◆ **se pourvoir en appel** to take one's case to the Court of Appeal ◆ **se pourvoir en cassation** to (lodge an) appeal

**pourvoyeur, -euse** [puʀvwajœʀ, øz] → SYN 1 nm,f supplier, purveyor; [drogue] supplier, pusher *

2 nm (Mil = servant de pièce) artilleryman

**pourvu¹, e** [puʀvy] → SYN (ptp de **pourvoir**) adj a [personne] **être pourvu de** [+ intelligence, imagination] to be gifted with, be endowed with; [+ grâce] to be endowed with ◆ **avec ces provisions nous voilà pourvus pour l'hiver** with these provisions we're stocked up for the winter ◆ **nous sommes très bien/très mal pourvus en commerçants** we're very well-off/very badly off for shops ◆ **après l'héritage qu'il a fait c'est quelqu'un de bien pourvu** with the inheritance he's received, he's very well-off ou very well provided for

b [chose] **être pourvu de** to be equipped ou fitted with ◆ **feuille de papier pourvue d'une marge** sheet of paper with a margin ◆ **animal (qui est) pourvu d'écailles** animal which has scales ou which is equipped with scales

**pourvu²** [puʀvy] → SYN **pourvu que** loc conj (souhait) let's hope; (condition) provided (that), so long as ◆ **pourvu que ça dure !** let's hope it lasts!

**poussa(h)** [pusa] nm (= jouet) wobbly toy, Weeble ®; (péj = homme) potbellied man

**pousse** [pus] → SYN nf a (= bourgeon) shoot ◆ **pousses de bambou** bamboo shoots ◆ **pousses de soja** beansprouts ◆ **la plante fait des pousses** the plant is putting out shoots ◆ **jeune pousse** (= entreprise) start-up; (= jeune talent) new talent

b (= action) [feuilles] sprouting; [dents, cheveux] growth

**poussé, e¹** [puse] (ptp de **pousser**) 1 adj études advanced; enquête extensive, exhaustive; interrogatoire intensive; moteur souped-up * ◆ **très poussé** organisation, technique, dessin elaborate, sophisticated; précision high-level (épith), extreme ◆ **il n'a pas eu une formation/éducation très poussée** he hasn't had much training/education ◆ **une plaisanterie un peu poussée** a joke which goes a bit too far

2 nm (Mus) up-bow

**pousse-au-crime** * [pusokʀim] nm inv (= boisson) firewater * ◆ **c'est du pousse-au-crime !** (fig) [décolleté, tenue] it's an open invitation! ◆ **c'est une société pousse-au-crime** it's a society that drives people to crime

**pousse-café** * [puskafe] nm inv liqueur

**poussée²** [puse] → SYN nf a (= pression) [foule] pressure, pushing; (Archit, Aviat, Géol, Phys) thrust (NonC) ◆ **sous la poussée** under the pressure ◆ **la poussée d'Archimède** Archimedes' principle; (Bot) ◆ **poussée radiculaire** root pressure

b (= coup) push, shove; [ennemi] thrust ◆ **écarter qn d'une poussée** to thrust ou push ou shove sb aside ◆ **enfoncer une porte d'une poussée violente** to break a door down with a violent heave ou shove

c (= éruption) [acné] attack, eruption; [prix] rise, upsurge, increase ◆ **poussée de fièvre** (sudden) high temperature ◆ **la poussée de la gauche/droite aux élections** the upsurge of the left/right in the elections ◆ **la poussée révolutionnaire de 1789** the revolutionary upsurge of 1789

**pousse-pied**, pl **pousses-pied(s)** [puspje] nm (Zool) barnacle

**pousse-pousse** [puspus] nm inv rickshaw

**pousser** [puse] → SYN ▸ conjug 1 ◂ 1 vt a (gén) [+ voiture, meuble, personne] to push; [+ brouette, landau] to push, wheel; [+ verrou] (= ouvrir) to slide, push back; (= fermer) to slide, push to ou home; [+ objet gênant] to move, shift, push aside; [+ pion] to move ◆ **pousser une chaise contre le mur/près de la fenêtre/dehors** to push a chair (up) against the wall/over to the window/outside ◆ **pousser les gens vers la porte** to push the people towards ou to the door ◆ **il me poussa du genou/du coude** he nudged me with his knee/(with his elbow) ◆ **pousser un animal devant soi** to drive an animal in front of one ◆ **pousser la porte/la fenêtre** (fermer) to push the door/window to ou shut; (ouvrir) to push the door/window open ◆ **pousser un caillou du pied** to kick a stone (along) ◆ **le vent nous poussait vers la côte** the wind was blowing ou pushing ou driving us towards the shore ◆ **le courant poussait le bateau vers les rochers** the current was carrying the boat towards the rocks ◆ **peux-tu me pousser ?** (balançoire, voiture en panne) can you give me a push? ◆ **peux-tu pousser ta voiture ?** can you move your car (out of the way)? ◆ **pousse tes fesses !** ⁑ shift your backside! *, shove over! * ◆ **(ne) poussez pas, il y a des enfants !** don't push ou stop pushing, there are children here! ◆ **il m'a poussé** he pushed me ◆ **il y a une voiture qui me pousse au derrière** * ou **au cul** ** the car behind me is right up my backside * (Brit), there's a car riding my ass ** (US) ◆ **faut pas pousser (grand-mère dans les orties) !** * (fig) that's going a bit far!, you (ou he) must be kidding! * ◆ **pousser un peu loin le bouchon** (fig) to push it *, go a bit far ◆ **ne pousse pas le bouchon trop loin** don't push it *, don't push your luck; → **pointe**

b (= stimuler) [+ élève, ouvrier] to urge on, egg on, push; [+ cheval] to ride hard, push; [+ moteur] (techniquement) to soup up, hot up, hop up (US); (en accélérant) to flog * (surtout Brit), drive hard; [+ voiture] to drive hard ou fast; [+ machine] to work hard; [+ feu] to stoke up; [+ chauffage] to turn up; (= mettre en valeur) [+ candidat, protégé] to push; [+ dossier] to help along ◆ **c'est l'ambition qui le pousse** he is driven by ambition, it's ambition which drives him on ◆ **dans ce lycée on pousse trop les élèves** the pupils are worked ou driven ou pushed too hard in this school ◆ **ce prof l'a beaucoup poussé en maths** this teacher has really pushed him ou made him get on in maths ◆ **pousse le son, on n'entend rien !** turn it up a bit, we can't hear a thing!

c **pousser qn à faire qch** [faim, curiosité] to drive sb to do sth; [personne] (= inciter) to urge ou press sb to do sth; (= persuader) to persuade sb to do sth, talk sb into doing sth ◆ **ses parents le poussent à entrer à l'université/vers une carrière médicale** his parents are urging ou encouraging ou pushing him to go to university/to take up a career in medicine ◆ **c'est elle qui l'a poussé à acheter cette maison** she talked him into ou pushed him into buying this house ◆ **son échec nous pousse à croire que ...** his failure leads us to think that ..., because of his failure we're tempted to think that ... ◆ **pousser qn au crime/au désespoir** to drive sb to crime/to despair ◆ **pousser qn à la consommation** to encourage sb to buy (ou eat ou drink etc ) ◆ **pousser qn à la dépense** to encourage sb to spend money ◆ **le sentiment qui le poussait vers sa bien-aimée** the feeling which drove him to his beloved ◆ **pousser qn sur un sujet** to get sb onto a subject

d (= poursuivre) [+ études, discussion] to continue, carry on (with), go on with; [+ avantage] to press (home), follow up; [+ affaire] to follow up, pursue; [+ marche, progression] to continue, carry on with ◆ **pousser l'enquête/les recherches plus loin** to carry on ou press on with the inquiry/the research ◆ **pousser la curiosité/la plaisanterie un peu (trop) loin** to take curiosity/the joke a bit (too) far ◆ **pousser qch à la perfection** to carry ou bring sth to perfection ◆ **il pousse les choses au noir** he always looks on the black side (of things) ou takes a black view of things ◆ **il a poussé le dévouement/la gentillesse/la malhonnêteté jusqu'à faire ...** he was devoted/kind/dishonest enough to do ..., his devotion/kindness/dishonesty was such that he did ... ◆ **pousser l'indulgence jusqu'à la faiblesse** to carry indulgence to the point of weakness ◆ **pousser qn à bout** to push sb to breaking point, drive sb to his wits' end ou the limit

e [+ cri, hurlement] to let out, utter, give; [+ soupir] to heave, give ◆ **pousser des cris** to shout, scream ◆ **pousser des rugissements** to roar ◆ **les enfants poussaient des cris perçants** the children were shrieking ◆ **le chien poussait de petits jappements plaintifs** the dog was yelping pitifully ◆ **pousser la chansonnette** ou **la romance, en pousser une** * (hum) to sing a (little) song

2 vi a [plante] (= sortir de terre) to sprout; (= se développer) to grow; [barbe, enfant] to grow; [dent] to come through; [ville] to grow, expand ◆ **alors, les enfants, ça pousse ?** * and how are the kids doing? * ◆ **son bébé pousse bien** * her baby's growing well ◆ **mes choux poussent bien** my cabbages are coming on ou doing nicely ou well ◆ **tout pousse bien dans cette région** everything grows well in this region ◆ **ils font pousser des tomates par ici** they grow tomatoes in these parts, this is a tomato-growing area ◆ **la pluie fait pousser les mauvaises herbes** the rain makes the weeds grow ◆ **ça pousse comme du chiendent** they grow like weeds ◆ **il se fait** ou **se laisse pousser la barbe** he's growing a beard ◆ **il se fait** ou **se laisse pousser les cheveux** he's growing his hair, he's letting his hair grow ◆ **il a une dent qui pousse** he's cutting a tooth, he's got a tooth coming through ◆ **pousser comme un champignon** to be shooting up ◆ **de nouvelles villes poussaient comme des champignons** new towns were springing up ou sprouting like mushrooms, new towns were mushrooming

b (= faire un effort) (pour accoucher, aller à la selle) to push ◆ **pousser à la roue** (fig) to do a bit of pushing, push a bit ◆ **pousser (à la roue) pour que qn fasse qch** to keep nudging ou pushing sb to get him to do sth ◆ **pousser à la hausse** (Fin) to push prices up ◆ **pousser à la baisse** (Fin) to force prices down

c (= aller) **nous allons pousser un peu plus avant** we're going to go on ou push on a bit further ◆ **pousser jusqu'à Lyon** to go on ou push on as far as ou carry on to Lyons

d ( * = exagérer) to go too far, overdo it ◆ **tu pousses !** that's going a bit far! ◆ **faut pas pousser !** that's going a bit far!, that's overdoing it a bit!

e [vin] to referment in spring

3 **se pousser** vpr a (= se déplacer) to move, shift; (= faire de la place) to move ou shift over (ou up ou along ou down); (en voiture) to move ◆ **pousse-toi de là que je m'y mette** * move over and make room for me

b (= essayer de s'élever) **se pousser (dans la société)** to make one's way ou push o.s. up in society ou in the world

**poussette** [pusɛt] nf (pour enfant) pushchair (Brit), stroller (US); (à provisions) shopping trolley (Brit), shopping cart (US); (arg Cyclisme) push *(given to a cyclist to spur him on in a race)*

**poussette-canne**, pl **poussettes-cannes** [pusɛtkan] nf baby buggy, (folding) stroller (US)

**poussier** [pusje] nm coaldust, screenings (SPÉC)

**poussière** [pusjɛʀ] → SYN 1 nf a (= particules) dust ◆ **faire** ou **soulever de la poussière** to raise a lot of dust ◆ **prendre la poussière** to collect ou gather dust ◆ **faire la poussière** * to do the dusting ◆ **couvert de poussière** dusty, covered in dust ◆ **avoir une poussière dans l'œil** to have a speck of dust in one's eye ◆ **leur poussière repose dans ces tombes** (frm) their ashes ou mortal remains lie in these tombs ◆ **une poussière de** (fig) a myriad of ◆ **réduire/tomber en poussière** to reduce to/crumble into dust

b (Loc) **5 € et des poussières** * just over €5 ◆ **il a 50 ans et des poussières** he's just over 50 ◆ **il était 22 heures et des poussières** it was just gone ou a little after 10 o'clock

2 COMP ▷ **poussière d'ange** (= drogue) angel dust ▷ **poussière de charbon** coaldust ▷ **poussière cosmique** cosmic dust ▷ **poussière d'étoiles** stardust ▷ **poussière d'or** gold dust ▷ **poussière radioactive** radioactive particles ou dust (NonC) ▷ **poussière volcanique** volcanic ash ou dust

**poussiéreux, -euse** [pusjeʀø, øz] → SYN adj (lit) dusty, covered in dust; (fig) fusty

**poussif, -ive** [pusif, iv] → SYN adj personne wheezy, short-winded; cheval broken-winded; moteur puffing, wheezing; style laboured (Brit), labored (US)

**poussin** [pusɛ̃] → SYN nm a (Zool) chick ◆ **mon poussin !** * (terme affectueux) pet!, poppet! *

b (Sport) under eleven, junior

c (arg Mil) *first-year cadet in the air force*

**poussinière** [pusinjɛʀ] nf (= cage) chicken coop; (= couveuse) (chicken) hatchery

**poussivement** [pusivmɑ̃] → SYN adv ◆ **il monta poussivement la côte/l'escalier** he wheezed up ou puffed up the hill/the stairs

**poussoir** [puswaʀ] nm [sonnette] button ◆ **poussoir (de soupape)** (Aut) tappet

**poutre** [putʀ] → SYN nf (en bois) beam; (en métal) girder; (Gym) beam ◆ **poutres apparentes** exposed beams; → **maître, paille**

**poutrelle** [putʀɛl] nf (en bois) beam; (en métal) girder

**poutser** [putse] ▸ conjug 1 ◂ vt (Helv) to clean

## pouvoir[1] [puvwaʀ]

▸ conjug 33 ◂

→ SYN GRAMMAIRE ACTIVE 1.1, 3, 4, 9, 15, 16

1 VERBE AUXILIAIRE
2 VERBE IMPERSONNEL
3 VERBE TRANSITIF
4 VERBE PRONOMINAL

### 1 VERBE AUXILIAIRE

a permission

> Lorsque **pouvoir** exprime la permission donnée par le locuteur à quelqu'un, il peut se traduire par **can** ou **may** ; **can** est le plus courant et couvre la majorité des cas ; **may** appartient à une langue plus soutenue et indique nettement un ton de supériorité :

◆ **tu peux le garder si tu veux** you can keep it if you want ◆ **maintenant, tu peux aller jouer** now you can ou may go and play ◆ **vous pouvez desservir** you can ou may (frm) clear the table

> On emploie **can** ou **be allowed to** lorsque la permission dépend d'une tierce personne ou d'une autorité :

◆ **vous ne pouvez pas avoir accès à ces documents** you are not allowed access to these documents ◆ **crois-tu qu'il pourra venir ?** do you think he'll be allowed to come? ◆ **sa mère a dit qu'il ne pouvait pas rester** his mother said he couldn't stay ou wasn't (allowed) to stay ◆ **on ne peut pas marcher sur les pelouses** you can't walk ou you aren't allowed to walk on the grass ◆ **elle ne pourra lui rendre visite qu'une fois par semaine** she'll only be allowed to visit him once a week ◆ **arrêtez de la taquiner ! – si on ne peut plus s'amuser maintenant !** stop teasing her! – we can have a bit of fun, can't we?

> Notez l'usage de **have to, be obliged to** lorsque la proposition infinitive est une négative :

◆ **il peut ne pas venir** he doesn't have to come, he's not obliged to come ◆ **tu peux très bien ne pas accepter** you don't have to accept

b demande

> Lorsque l'on demande à quelqu'un la permission de faire quelque chose, on utilise **can** ou la forme plus polie **could** ; **may** appartient à un registre plus soutenu et **might** appartient à une langue très recherchée :

◆ **est-ce que je peux fermer la fenêtre ?, puis-je** (frm) **fermer la fenêtre ?** can I ou may I (frm) shut the window? ◆ **puis-je emprunter votre stylo ?** can ou could ou may I borrow your pen? ◆ **pourrais-je vous parler ?, puis-je** (frm) **vous parler ?** can ou could ou may ou might (frm) I have a word with you? ◆ **puis-je vous être utile ?** can I be of any help (to you)?, can ou may I be of assistance?

> Lorsque l'on demande un service à quelqu'un ou qu'on lui donne un ordre poli, on utilise **can** ou la forme plus courtoise **could** :

◆ **tu peux m'ouvrir la porte, s'il te plaît ?** can you ou could you open the door for me, please? ◆ **pourriez-vous nous apporter du thé ?** could you bring us some tea?

c = avoir de bonnes raisons pour should ◆ **je suis désolé – tu peux (l'être) !** I'm sorry – so you should be! ◆ **ils se sont excusés – ils peuvent !** they said they were sorry – I should think they did! ◆ **elle s'est plainte/a demandé une indemnité – elle peut !** she complained/demanded compensation – I should think she did!

d possibilité

> Lorsque **pouvoir** exprime une possibilité ou une capacité physique, intellectuelle ou psychologique, il se traduit généralement par **can** ou par **be able to** ; **can** étant un verbe défectif, **be able to** le remplace aux temps où il ne peut être conjugué :

◆ **peut-il venir ?** can he come? ◆ **ne peut-il pas venir ?** can't he come?, isn't he able to come? ◆ **il ne peut pas ne pas venir** he can't not come ◆ **il ne peut pas venir** he can't come, he isn't able to ou is unable to come ◆ **peut-il marcher sans canne ?** can he walk ou is he able to walk without a stick? ◆ **il ne**

**pourra plus jamais marcher** he will never be able to walk again ◆ **je ne peux que vous féliciter** I can only congratulate you ◆ **je voudrais pouvoir vous aider** I would like to be able to help you, I wish I could help you ◆ **il pourrait venir demain si vous aviez besoin de lui** he could come tomorrow if you needed him ◆ **il aurait pu venir s'il avait été prévenu plus tôt** he could have come ou he would have been able to come if he had been told earlier ◆ **il n'a (pas) pu** ou **ne put** (littér) **venir** he couldn't come, he wasn't able to ou was unable to come ◆ **comment as-tu pu (faire ça) !** how could you (do such a thing)! ◆ **la salle peut contenir 100 personnes** the auditorium can seat 100 people ◆ **la nouvelle moto pourra faire du 300 km/h** the new motorcycle will be able to do 300 km/h ◆ **c'est fait de telle manière qu'on ne puisse pas l'ouvrir** it's made so that it's impossible to open ou so that you can't open it ◆ **j'ai essayé de le joindre, mais je n'ai pas pu** I tried to get in touch with him but I couldn't ou but I wasn't able to ◆ **à l'époque, je pouvais soulever 100 kg** in those days, I could lift ou I was able to lift 100 kilos ◆ **on peut dire ce qu'on veut, les diplômes c'est utile** whatever anyone says ou you can say what you like, a degree is useful

> Lorsque **pouvoir** implique la notion de réussite, on peut également employer **to manage** ; dans ces exemples, **can, could** ne peuvent pas être utilisés :

◆ **il a pu réparer la machine à laver** he was able to ou he managed to fix the washing machine ◆ **tu as pu lui téléphoner ?** did you manage to phone him?

**e** probabilité, hypothèse

> Lorsque **pouvoir** exprime une probabilité, une éventualité, une hypothèse ou un risque, il se traduit par **may** ou **could** ; **might** implique une plus grande incertitude :

◆ **il peut être italien** he may ou could ou might be Italian ◆ **peut-il être italien ?** could ou might he be Italian? ◆ **il peut ne pas être italien** he may ou might not be Italian ◆ **il pourrait être italien** he might ou could be Italian ◆ **ça peut laisser une cicatrice** it might leave a scar ◆ **ça aurait pu être un voleur !** it might ou could have been a burglar! ◆ **vous pourrez en avoir besoin** you may ou might need it ◆ **les cambrioleurs ont pu entrer par la fenêtre** the burglars could ou may ou might have got in through the window ◆ **il pouvait être 2 heures du matin** it could ou may ou might have been 2 o'clock in the morning ◆ **cela pourrait arriver** that might ou could happen MAIS ◑ **il ne peut pas être italien** he can't be Italian ◑ **une lettre peut toujours se perdre** letters can ou do get lost;

◆ **bien + pouvoir** ◆ **il pourrait bien avoir raison** he could ou may ou might well be right ◆ **où ai-je bien pu mettre mon stylo ?** where on earth can I have put my pen? ◆ **qu'est-ce qu'elle a bien pu lui raconter ?** what on earth can she have told him? ◆ **qu'est-ce qu'il peut bien faire ?** what on earth is he doing?, what CAN he be doing? ◆ **tu pourrais bien le regretter** you may ou might well regret it ◆ **il a très bien pu entrer sans qu'on le voie** he could very well have come in without anyone seeing him MAIS ◑ **qu'est-ce que cela peut bien lui faire?** * what's it to him? *

**f** suggestion could, can ◆ **je pourrais venir te chercher** I could come and pick you up ◆ **tu peux bien lui prêter ton livre !** you can lend him your book, can't you?, surely you can lend him your book ◆ **il peut bien faire cela** that's the least he can do

> **might** peut être utilisé pour exprimer l'agacement :

◆ **elle pourrait arriver à l'heure !** she might ou could at least be on time! ◆ **tu aurais pu me dire ça plus tôt !** you might ou could have told me sooner!

**g** souhaits

> Dans une langue soutenue, **pouvoir** s'utilise au subjonctif pour exprimer les souhaits ; il se traduit alors différemment selon les contextes :

◆ **puisse Dieu/le ciel les aider !** (may) God/Heaven help them! ◆ **puisse-t-il guérir rapidement !** let's hope he makes a speedy recovery! ◆ **puissiez-vous dire vrai !** let's pray ou hope you're right! ◆ **puissé-je le revoir un jour !** I only hope I see him again one day!

**2** VERBE IMPERSONNEL

> La probabilité, l'éventualité, l'hypothèse ou le risque sont rendus par **may** ou **could** ; **might** implique une plus grande incertitude :

◆ **il peut** ou **pourrait pleuvoir** it may ou could ou might rain ◆ **il pourrait y avoir du monde** there may ou could ou might be a lot of people there ◆ **il aurait pu y avoir un accident !** there could have been an accident! ◆ **il pourrait s'agir d'un assassinat** it could be murder ◆ **il pourrait se faire qu'elle ne soit pas chez elle** she may ou might well not be at home

**3** VERBE TRANSITIF

**a** = être capable ou avoir la possibilité de faire **est-ce qu'on peut quelque chose pour lui ?** is there anything we can do for him? ◆ **il partira dès qu'il (le) pourra** he will leave as soon as he can ◆ **il fait ce qu'il peut** he does what he can ◆ **il a fait tout ce qu'il a pu** he did all he could ou everything in his power ◆ **il peut beaucoup** he can do a lot ◆ **que puis-je** (frm) **pour vous ?** what can I do for you?, can I do anything to help you? ◆ (Prov) **qui peut le plus peut le moins** he who can do more can do less

◆ **ne/n'y pouvoir rien** ◆ **on n'y peut rien** it can't be helped, nothing can be done about it ◆ **désolé, mais je n'y peux rien** I'm sorry, but I can't do anything ou there's nothing I can do about it ◆ **la justice ne peut rien contre eux** the law is powerless ou can do nothing against them ◆ **je ne peux rien faire pour vous** I can't do anything for you

**b on ne peut plus/mieux** ◆ **il a été on ne peut plus aimable/prudent** he couldn't have been kinder/more careful ◆ **il a été on ne peut plus clair** he couldn't have made it clearer ◆ **c'est on ne peut mieux** it couldn't be better ◆ **elle le connaît on ne peut mieux** no one knows him better than she does ◆ **ils sont on ne peut plus mal avec leurs voisins** they couldn't be on worse terms with their neighbours, they're on the worst possible terms with their neighbours

**c n'en pouvoir plus** ◆ **je n'en peux plus** (fatigue) I'm worn out ou exhausted, I've had it *; (énervement) I've had it (up to here) *; (désespoir) I can't go on, I can't take it any longer, I can't take any more; (impatience) I can't stand it any longer ◆ **je n'en pouvais plus dans la montée** I tired myself out on the way up ◆ **ma voiture n'en peut plus** (usée) my car's had it * ◆ **regarde-le sur sa moto, il n'en peut plus !** * (de fierté) look at him on that motorbike, he's as proud as punch!;

◆ **n'en pouvoir plus de** + nom ◆ **elle n'en pouvait plus de joie** she was beside herself with joy ◆ **je n'en pouvais plus de honte** I was absolutely mortified ◆ **ils n'en peuvent plus des humiliations** they can't take any more humiliation, they've had enough of being humiliated ◆ **elle n'en peut plus de leur machisme** she's had enough of their macho attitude;

◆ **n'en pouvoir plus de** + infinitif ◆ **il n'en peut plus d'attendre** he's fed up with waiting *, he can't bear to wait any longer ◆ **je n'en pouvais plus de rire** I laughed so much it hurt

**d n'en pouvoir mais** (littér) ◆ **il n'en pouvait mais** he could do nothing about it

**4 se pouvoir** VERBE PRONOMINAL

> L'éventualité, l'hypothèse ou le risque sont rendus par **may, might, could, be possible** ou un adverbe :

◆ **ça se peut** * possibly, perhaps, maybe, it's possible ◆ **tu crois qu'il va pleuvoir ? – ça se pourrait bien** do you think it's going to rain? – it might ◆ **ça ne se peut pas** * that's impossible, that's not possible ◆ **essayez, s'il se peut, de la convaincre** (frm) try to convince her, if at all possible;

◆ **il se peut/se pourrait que** + subjonctif ◆ **il se peut/se pourrait qu'elle vienne** she may/might come ◆ **il se pourrait bien qu'il pleuve** it might ou could well rain ◆ **se peut-il que ... ?** is it possible that ...?, could ou might it be that ...? ◆ **comment se peut-il que le dossier soit perdu ?** how can the file possibly be lost? ◆ **il se peut, éventuellement, que ...** it may possibly be that ...

**pouvoir²** [puvwaʀ] → SYN **1** nm **a** (= faculté) power; (= capacité) ability, capacity; (Phys) power ◆ **avoir le pouvoir de faire qch** to have the power ou ability to do sth ◆ **il a le pouvoir de se faire des amis partout** he has the ability ou he is able to make friends everywhere ◆ **il a un extraordinaire pouvoir d'éloquence/de conviction** he has remarkable ou exceptional powers of oratory/of persuasion ◆ **ce n'est pas en mon pouvoir** it's not within ou in my power, it's beyond my power ◆ **il n'est pas en son pouvoir de vous aider** it's beyond ou it doesn't lie within his power to help you ◆ **il fera tout ce qui est en son pouvoir** he will do everything (that is) in his power ou all that he possibly can ◆ **pouvoir absorbant** absorption power, absorption factor (SPÉC) ◆ **pouvoir d'attraction** [ville, idée] appeal, attractiveness ◆ **pouvoir couvrant/éclairant** covering/lighting power

**b** (= autorité) power; (= influence) influence ◆ **avoir beaucoup de pouvoir** to have a lot of power ou influence, be very powerful ou influential ◆ **avoir du pouvoir sur qn** to have influence ou power over sb ◆ **n'avoir aucun pouvoir sur qn** to have no influence ou authority over sb ◆ **le père a pouvoir sur ses enfants** a father has power over his children ◆ **tenir qn en son pouvoir** to hold sb in one's power ◆ **le pays entier est en son pouvoir** the whole country is in his power, he has the whole country in his power ◆ **avoir du pouvoir sur soi-même** to have self-control ◆ **le troisième pouvoir** (= magistrature) the magistracy ◆ **le quatrième pouvoir** (= presse) the press, the fourth estate

**c** (= droit, attribution) power ◆ **dépasser ses pouvoirs** to exceed one's powers ◆ **en vertu des pouvoirs qui me sont conférés** by virtue of the power which has been vested in me ◆ **séparation des pouvoirs** separation ou division of powers ◆ **avoir pouvoir de faire qch** (autorisation) to have authority to do sth; (droit) to have the right to do sth ◆ **je n'ai pas pouvoir pour vous répondre** I have no authority to reply to you; → **plein**

**d** (Pol) **le pouvoir** (= direction des pays) power; (= dirigeants) the government ◆ **pouvoir absolu** absolute power ◆ **pouvoir central** central government ◆ **le parti (politique) au pouvoir** the (political) party in power ou in office, the ruling party ◆ **avoir le pouvoir** to have ou hold power ◆ **exercer le pouvoir** to exercise power, rule, govern ◆ **prendre le pouvoir, arriver au pouvoir** (légalement) to come to power ou into office; (illégalement) to seize power ◆ **prise de** ou **du pouvoir** (légal) coming to power; (illégal, par la force) seizure of power ◆ **des milieux proches du pouvoir** sources close to the government ◆ **le pouvoir actuel dans ce pays** the present régime in this country ◆ **l'opinion et le pouvoir** public opinion and the authorities, us and them *

**e** (Jur = procuration) proxy ◆ **pouvoir par-devant notaire** power of attorney ◆ **donner pouvoir à qn de faire qch** to give sb proxy to do sth (Jur), empower sb to do, give sb authority to do; → **fondé**

**2** COMP ▷ **pouvoir d'achat** purchasing ou buying power ▷ **pouvoir de concentration** powers of concentration ▷ **les pouvoirs constitués** the powers that be ▷ **pouvoir de décision** decision-making power(s) ▷ **pouvoir disciplinaire** disciplinary power(s) ▷ **pouvoirs exceptionnels** emergency powers ▷ **le pouvoir exécutif** executive power ▷ **le pouvoir judiciaire** judicial power ▷ **le pouvoir législatif** legislative power ▷ **pouvoirs publics** authorities ▷ **pouvoir spirituel** spiritual power ▷ **pouvoir temporel** temporal power

**pouzzolane** [pudzɔlan] nf pozz(u)olana

**p.p.** (abrév de **per procurationem**) p.p.

**pp** (abrév de **pages**) pp

**ppcm** [pepeseɛm] nm (abrév de **plus petit commun multiple**) LCM

**PQ** [peky] 1 nm (abrév de **Parti québécois** et de Province de Québec)
2 nm (‡ = papier hygiénique) bog paper ‡ (Brit), loo paper * (Brit), TP * (US)

**PR** [peɛʀ] 1 nm (abrév de **parti républicain**) *French political party*
2 nf (abrév de **poste restante**) → **poste**¹

**Pr** (abrév de **professeur**) Prof

**practice** [pʀaktis] nm [golf] driving range

**præsidium** [pʀezidjɔm] nm praesidium ◆ **le præsidium suprême** the praesidium of the Supreme Soviet

**pragmatique** [pʀagmatik] → SYN 1 adj pragmatic
2 nf ◆ **la pragmatique** pragmatics sg

**pragmatisme** [pʀagmatism] nm pragmatism

**pragmatiste** [pʀagmatist] 1 adj pragmatic, pragmatist
2 nmf pragmatist

**Prague** [pʀag] n Prague

**Praia** [pʀaja] n Praia

**praire** [pʀɛʀ] nf clam

**prairial** [pʀɛʀjal] nm Prairial *(ninth month of French Republican calendar)*

**prairie** [pʀeʀi] → SYN nf meadow ◆ **la prairie** (aux USA) the prairie ◆ **des hectares de prairie** acres of grassland

**Prajapati** [pʀaʒapati] nm Prajapati

**prâkrit** [pʀɑkʀi] nm Prakrit

**pralin** [pʀalɛ̃] nm (Culin) praline *(filling for chocolates)*

**praline** [pʀalin] nf a (Culin) (à l'amande) praline, sugared almond; (à la cacahuète) caramelized peanut; (Belg = chocolat) chocolate
b (‡ = balle) bullet

**praliné, e** [pʀaline] 1 adj amande sugared; glace, crème praline-flavoured
2 nm praline-flavoured ice cream

**prame** [pʀam] nf (Naut) pram, praam

**prao** [pʀao] nm (= voilier) proa, prau

**praséodyme** [pʀazeɔdim] nm praseodymium

**praticable** [pʀatikabl] → SYN 1 adj a projet, moyen, opération practicable, feasible; chemin passable, negotiable, practicable ◆ **route difficilement praticable en hiver** road which is almost impassable in winter
b (Théât) porte, décor working
2 nm (Théât = décor) piece of working scenery; (Ciné = plate-forme) gantry; (Sport) floor mat

**praticien, -ienne** [pʀatisjɛ̃, jɛn] → SYN nm,f (gén, Méd) practitioner ◆ **praticien hospitalier** hospital doctor

**pratiquant, e** [pʀatikɑ̃, ɑ̃t] → SYN 1 adj practising (épith), practicing (épith) (US) ◆ **catholique/juif/musulman pratiquant** practising Catholic/Jew/Muslim ◆ **il est très/peu pratiquant** (allant à l'église) he's/he isn't a regular churchgoer, he goes to ou attends/he doesn't go to church regularly ◆ **c'est un catholique non pratiquant** he's a non-practising Catholic ◆ **elle n'est pas pratiquante** she isn't a practising Christian (ou Catholic etc )
2 nm,f practising Christian (ou Catholic etc ); (qui va à l'église) (regular) churchgoer; (= adepte) follower ◆ **cette religion compte 30 millions de pratiquants** the religion has 30 million followers ou 30 million faithful

**pratique** [pʀatik] → SYN 1 adj a (= non théorique) jugement, connaissance practical; (Scol) exercice, cours practical ◆ **considération d'ordre pratique** practical consideration; → **travail**¹
b (= réaliste) personne practical(-minded) ◆ **il faut être pratique dans la vie** you have to be practical in life ◆ **avoir le sens** ou **l'esprit pratique** to be practical-minded
c (= commode) livre, moyen, vêtement, solution practical; instrument practical, handy; emploi du temps convenient ◆ **c'est très pratique, j'habite à côté du bureau** it's very convenient ou handy, I live next door to the office
2 nf a (= application) practice ◆ **dans la pratique** in practice ◆ **dans la pratique de tous les jours** in the ordinary run of things, in the normal course of events ◆ **en pratique** in practice ◆ **mettre qch en pratique** to put sth into practice ◆ **la mise en pratique ne sera pas aisée** putting it into practice won't be easy, it won't be easy to put it into practice ou to carry it out in practice
b (= expérience) practical experience ◆ **il a une longue pratique des élèves** he has a lot of practical teaching experience ◆ **il a perdu la pratique** he is out of practice, he's lost the knack ◆ **avoir la pratique du monde** †† to be well-versed in ou be familiar with the ways of society
c (= coutume, procédé) practice ◆ **c'est une pratique générale** it is widespread practice ◆ **des pratiques malhonnêtes** dishonest practices, sharp practice ◆ **pratiques religieuses/sexuelles** religious/sexual practices
d (= exercice, observance) [règle] observance; [médecine] practising, exercise; [sport] practising; [vertu] exercise, practice ◆ **la pratique de l'escrime/du cheval/du golf développe les réflexes** fencing/horse-riding/golfing ou (playing) golf develops the reflexes ◆ **la pratique du yoga** the practice of yoga, doing yoga ◆ **pratique (religieuse)** religious practice ou observance ◆ **condamné pour pratique illégale de la médecine** convicted of practising medicine illegally
e († † = clientèle) [commerçant] custom (NonC), clientele (NonC); [avocat] practice, clientele (NonC) ◆ **donner sa pratique à un commerçant** to give a tradesman one's custom
f († † = client) [commerçant] customer; [avocat] client
g († † = fréquentation) [personne, société] frequenting, frequentation; [auteur] close study

**pratiquement** [pʀatikmɑ̃] adv (= en pratique, en réalité) in practice; (= presque) practically, virtually ◆ **c'est pratiquement la même chose, ça revient pratiquement au même** it's practically ou basically the same (thing) ◆ **il n'y en a pratiquement plus** there are virtually ou practically none left, there are hardly any left ◆ **je ne l'ai pratiquement jamais utilisé** I've hardly ever used it ◆ **je ne les ai pratiquement pas vus** I hardly saw them ◆ **pratiquement, la méthode consiste à ...** in practical terms, the method involves ...

**pratiquer** [pʀatike] GRAMMAIRE ACTIVE 19.2 → SYN ▸ conjug 1 ◂
1 vt a (= mettre en pratique) [+ philosophie, politique] to put into practice, practise (Brit), practice (US); [+ règle] to observe; [+ vertu, charité] to practise (Brit), practice (US), exercise; [+ religion] to practise (Brit), practice (US)
b (= exercer) [+ profession, art] to practise (Brit), practice (US); [+ football, golf] to play ◆ **pratiquer l'escrime/le cheval/la pêche** to go fencing/horse-riding/fishing ◆ **pratiquer la photo** to go in for photography ◆ **il est recommandé de pratiquer un sport** it is considered advisable to play ou practise ou do a sport ◆ **ils pratiquent l'exploitation systématique du touriste** they systematically exploit tourists
c (= faire) [+ ouverture, trou] to make; [+ route] to make, build; (Méd) [+ intervention] to carry out (*sur* on)
d (= utiliser) [+ méthode] to practise (Brit), practice (US), use; [+ système] to use ◆ **pratiquer le chantage** to use blackmail ◆ **pratiquer le bluff** to bluff
e (Comm) [+ rabais] go give ◆ **ils pratiquent des prix élevés** they keep their prices high
f († † = fréquenter) [+ auteur] to study closely; [+ personne, haute société] to frequent
2 vi a (Rel) to practise (Brit) ou practice (US) one's religion ou faith, be a practising (Brit) ou practicing (US) Christian (ou Muslim etc ); (= aller à l'église) to go to church, be a churchgoer
b (Méd) to be in practice, have a practice
3 **se pratiquer** vpr [méthode] to be used; [religion] to be practised (Brit) ou practiced (US); [sport] to be played ◆ **cela se pratique encore dans les villages** it is still the practice in the villages ◆ **comme cela se pratique en général** as is the usual practice ◆ **les prix qui se pratiquent à Paris** Paris prices ◆ **le vaudou se pratique encore dans cette région** voodoo is still practised in this region

**praxie** [pʀaksi] nf praxia

**praxis** [pʀaksis] nf praxis

**Praxitèle** [pʀaksitɛl] nm Praxiteles

**pré** [pʀe] → SYN 1 nm meadow ◆ **aller sur le pré** (Hist) to fight a duel ◆ **mettre un cheval au pré** to put a horse out to pasture
2 COMP ▷ **pré carré** private preserve ou domain ou territory

**pré...** [pʀe] préf pre...

**préachat, pré-achat,** pl **pré-achats** [pʀeaʃa] nm [billet] buying in advance, advance purchasing; [film, droits de diffusion] buying up

**pré-acheter** [pʀeaʃ(ə)te] ▸ conjug 1 ◂ vt [+ billet] to buy ou purchase in advance; [+ film, scénario] to buy up

**préado** * [pʀeado] (abrév de **préadolescent, e**) nmf pre-teenager, pre-teen * (US)

**préadolescent, e** [pʀeadɔlesɑ̃, ɑ̃t] 1 adj pre-adolescent, pre-teenage (épith)
2 nm,f preadolescent, pre-teenager

**préalable** [pʀealabl] → SYN 1 adj entretien, condition, étude preliminary; accord, avis prior, previous ◆ **faites un essai préalable sur une petite zone** test first on a small area ◆ **préalable à** preceding ◆ **lors des entretiens préalables aux négociations** during the discussions (which took place) prior to the negotiations ◆ **vous ne pouvez pas partir sans l'accord préalable du directeur** you cannot leave without first obtaining the director's permission ou without the prior agreement of the director ◆ **sans avis** ou **avertissement préalable** without prior ou previous notice
2 nm (= condition) precondition, prerequisite; († = préparation) preliminary ◆ **poser qch comme préalable à** to lay sth down as a preliminary condition for
◆ **au préalable** first, beforehand

**préalablement** [pʀealabləmɑ̃] → SYN adv first, beforehand ◆ **préalablement à** prior to ◆ **préalablement à toute négociation** before any negotiation can take place, prior to any negotiation

**Préalpes** [pʀealp] nfpl ◆ **les Préalpes** the Pre-Alps

**préalpin, e** [pʀealpɛ̃, in] adj of the Pre-Alps

**préambule** [pʀeɑ̃byl] → SYN nm [discours, loi] preamble (*de* to); [contrat] recitals; (= prélude) prelude (*à* to) ◆ **sans préambule** without any preliminaries, straight off

**préamplificateur** [pʀeɑ̃plifikatœʀ] nm preamplifier

**préau,** pl **préaux** [pʀeo] → SYN nm [école] covered playground; [prison] (exercise) yard; [couvent] inner courtyard ◆ **sous le préau de l'école** in the covered part of the school playground

**préavis** [pʀeavi] → SYN nm (advance) notice ◆ **un préavis d'un mois** a month's notice ou warning ◆ **préavis de licenciement** notice (of termination) ◆ **préavis de grève** strike notice ◆ **déposer un préavis de grève** to give notice ou warning of strike action ◆ **sans préavis** faire grève, partir without (previous) notice, without advance warning; retirer de l'argent on demand, without advance ou previous notice

**préaviser** [pʀeavize] ▸ conjug 1 ◂ vt to notify in advance

**prébende** [pʀebɑ̃d] → SYN nf (Rel) prebend; (péj) emoluments, payment (NonC)

**prébendé, e** [pʀebɑ̃de] adj prebendal

**prébendier** [pʀebɑ̃dje] → SYN nm prebendary

**précaire** [pʀekɛʀ] → SYN adj position, situation, bonheur, équilibre, paix precarious; emploi insecure; santé shaky, precarious; abri makeshift ◆ **possesseur/possession (à titre) précaire** (Jur) precarious holder/tenure

**précairement** [pʀekɛʀmɑ̃] adv precariously

**précambrien, -ienne** [pʀekɑ̃bʀijɛ̃, ijɛn] adj, nm Precambrian

**précampagne** [pʀekɑ̃paɲ] nf (Pol) build-up to the (electoral) campaign

**précancéreux, -euse** [pʀekɑ̃seʀø, øz] adj état, lésion precancerous

**précarisation** [pʀekaʀizasjɔ̃] nf [situation] jeopardizing; [emploi] casualization

**précariser** [pʀekaʀize] ▸ conjug 1 ◂ vt [+ situation, statut] to jeopardize; [+ emploi] to make insecure ◆ **un tel taux de chômage précarise la société** such a high unemployment rate is a threat to ou undermines social stability

**précarité** [prekarite] → SYN nf (gén, Jur) precariousness ◆ **précarité de l'emploi** lack of job security ◆ **prime/indemnité de précarité** *bonus/allowance paid to an employee to compensate for lack of job security* ◆ **la précarité des installations nucléaires** the hazards of ou the potential dangers of nuclear plants

**précaution** [prekosjɔ̃] → SYN nf **a** (= disposition) precaution ◆ **prendre la précaution de faire qch** to take the precaution of doing sth ◆ **prendre des** ou **ses précautions** to take precautions ◆ **s'entourer de précautions** to take a lot of precautions ◆ **prendre** ou **s'entourer de précautions oratoires** to choose one's words with great care ◆ **il ne s'est pas embarrassé de précautions oratoires** he didn't beat about the bush ◆ **faire qch avec les plus grandes précautions** to do sth with the utmost care ou the greatest precaution ◆ **précautions d'emploi** (pour appareil) safety instructions; (pour médicament) precautions before use; → **deux**

**b** (= prudence) caution, care ◆ **avec précaution** cautiously ◆ **"à manipuler avec précaution"** "handle with care" ◆ **par précaution** as a precaution (*contre* against) ◆ **par mesure de précaution** as a precautionary measure ◆ **pour plus de précaution** to be on the safe side ◆ **sans précaution** carelessly

**précautionner (se)** [prekosjɔne] → SYN ▸ conjug 1 ◂ vpr to take precautions (*contre* against)

**précautionneusement** [prekosjɔnøzmɑ̃] adv (= par précaution) cautiously; (= avec soin) carefully

**précautionneux, -euse** [prekosjɔnø, øz] → SYN adj (= prudent) cautious; (= soigneux) careful

**précédemment** [presedamɑ̃] → SYN adv before, previously

**précédent, e** [presedɑ̃, ɑ̃t] → SYN **1** adj previous ◆ **un discours/article précédent** a previous ou an earlier speech/article ◆ **le discours/film précédent** the preceding ou previous speech/film ◆ **le jour/mois précédent** the previous day/month, the day/month before

**2** nm (= fait, décision) precedent ◆ **sans précédent** unprecedented, without precedent ◆ **créer un précédent** to create ou set a precedent

**précéder** [presede] → SYN ▸ conjug 6 ◂ **1** vt **a** (= venir avant) (dans le temps, dans une hiérarchie) to precede, come before; (dans l'espace) to precede, be in front of, come before; (dans une file de véhicules) to be in front ou ahead of, precede ◆ **les jours qui ont précédé le coup d'État** the days preceding ou leading up to the coup d'état ◆ **être précédé de** to be preceded by ◆ **faire précéder son discours d'un préambule** to precede one's speech by ou preface one's speech with an introduction, give a short introduction to one's speech

**b** (= devancer) (dans le temps, l'espace) to precede, go in front ou ahead of; (dans une carrière etc) to precede, get ahead of ◆ **quand j'y suis arrivé, j'ai vu que quelqu'un m'avait précédé** when I got there I saw that someone had got there before me ou ahead of me ou had preceded me ◆ **il le précéda dans la chambre** he went into the room in front of him, he entered the room ahead of ou in front of him ◆ **il m'a précédé de cinq minutes** he got there five minutes before me ou ahead of me ◆ **sa mauvaise réputation l'avait précédé** his bad reputation had gone before ou preceded him

**2** vi to precede, go before ◆ **les jours qui ont précédé** the preceding days ◆ **dans tout ce qui a précédé** in all that has been said (ou written etc) before ou so far ◆ **dans le chapitre/la semaine qui précède** in the preceding chapter/week

**précepte** [presɛpt] → SYN nm precept

**précepteur** [presɛptœr] → SYN nm private tutor

**préceptorat** [presɛptɔra] nm tutorship, tutorage (frm)

**préceptrice** [presɛptris] nf governess

**précession** [presesjɔ̃] nf precession

**préchambre** [preʃɑ̃br] nf precombustion chamber

**préchauffage** [preʃofaʒ] nm preheating

**préchauffer** [preʃofe] ▸ conjug 1 ◂ vt to preheat

**prêche** [prɛʃ] → SYN nm (lit, fig) sermon

**prêcher** [preʃe] → SYN ▸ conjug 1 ◂ **1** vt **a** (Rel, fig) to preach; [+ personne] to preach to ◆ **prêcher un converti** to preach to the converted; → **parole**

**b** (= recommander) [+ modération, non-violence, tolérance] to advocate ◆ **prêcher le faux pour savoir le vrai** to make false statements in order to discover the truth

**2** vi (Rel) to preach; (fig) to preach, preachify, sermonize ◆ **prêcher dans le désert** (fig) to preach in the wilderness ◆ **prêcher d'exemple** ou **par l'exemple** to practise what one preaches, preach by example ◆ **prêcher pour son saint** ou **sa paroisse** to look after one's own interests, look after ou take care of number one*

**prêcheur, -euse** [preʃœr, øz] → SYN **1** adj personne, ton moralizing ◆ **frères prêcheurs** (Rel) preaching friars

**2** nm,f (Rel) preacher; (fig) moralizer

**prêchi-prêcha** [preʃipreʃa] nm inv (péj) preachifying (NonC), continuous moralizing (NonC) ou sermonizing (NonC)

**précieusement** [presjøzmɑ̃] adv **a** (= soigneusement) conserver carefully ◆ **garde ces lettres précieusement** take great care of these letters

**b** (= de manière affectée) parler in an affected manner

**précieux, -ieuse** [presjø, jøz] → SYN **1** adj **a** (= de valeur) pierre, métal, bois, bijou precious

**b** (= très utile) collaborateur, aide, conseil invaluable (*à* to) ◆ **votre aide m'est précieuse** your help is invaluable to me

**c** (= cher) ami valued, precious

**d** (= affecté) precious, affected

**e** (Littérat) écrivain, salon précieux, precious

**2** **précieuse** nf précieuse ◆ **"Les Précieuses ridicules"** (Littérat) "The Affected Young Ladies"

**préciosité** [presjozite] → SYN nf **a** **la préciosité** (Littérat) preciosity; (= affectation) preciosity, affectation

**b** (= formule, trait) stylistic affectation, euphuism (frm)

**précipice** [presipis] → SYN nm **a** (= gouffre) chasm; (= paroi abrupte) precipice ◆ **un précipice de plusieurs centaines de mètres** a drop of several hundred metres ◆ **la voiture s'immobilisa au bord du précipice/tomba dans le précipice** the car stopped at the very edge ou brink of the precipice/went over the precipice ◆ **ne t'aventure pas près du précipice** you mustn't go too near the edge

**b** (fig) abyss ◆ **être au bord du précipice** to be at the edge of the abyss

**précipitamment** [presipitamɑ̃] → SYN adv hurriedly, hastily, precipitately (frm) ◆ **sortir précipitamment** to rush ou dash out

**précipitation** [presipitasjɔ̃] → SYN **1** nf **a** (= hâte) haste; (= hâte excessive) great haste, violent hurry ◆ **dans ma précipitation, je l'ai oublié chez moi** in my haste, I left it at home ◆ **avec précipitation** in great haste, in a great rush ou hurry

**b** (Chim) precipitation

**2** **précipitations** nfpl (Mét) rainfall, precipitation ◆ **de fortes précipitations** heavy rainfall ◆ **de nouvelles précipitations sont prévues** more rain is forecast

**précipité, e** [presipite] → SYN (ptp de **précipiter**)

**1** adj départ, décision hurried, hasty, precipitate (frm); fuite headlong; pas hurried; pouls, respiration, rythme fast, rapid ◆ **tout cela est trop précipité** it's all happening too fast

**2** nm (Chim) precipitate

**précipiter** [presipite] → SYN ▸ conjug 1 ◂ **1** vt **a** (= jeter) [+ personne] to throw, push; [+ objet] to throw, hurl (*contre* against, at; *vers* towards, at) ◆ **précipiter qn du haut d'une falaise** to push sb off a cliff ◆ **précipiter qn dans un escalier** to push sb downstairs ◆ **le choc l'a précipité contre le pare-brise** the shock threw ou hurled him against the windscreen ◆ **précipiter qn dans le malheur** to plunge sb into misfortune

**b** (= hâter) [+ pas] to quicken, speed up; [+ événement] to hasten, precipitate; [+ départ] to hasten ◆ **il ne faut rien précipiter** we mustn't be too hasty, we mustn't rush things

**c** (Chim) to precipitate

**2** vi (Chim) to precipitate

**3** **se précipiter** vpr **a** (= se jeter) [personne] **se précipiter dans le vide** to hurl o.s. into space ◆ **se précipiter du haut d'une falaise** to jump off ou throw o.s. off a cliff

**b** (= se ruer) **se précipiter vers** to rush ou race towards ◆ **se précipiter sur** to rush at ◆ **se précipiter contre** [personne] to rush at, throw o.s. against; [voiture] to smash into ◆ **se précipiter au devant de qn/aux pieds de qn** to throw o.s. in front of sb/at sb's feet ◆ **se précipiter sur l'ennemi** to rush at ou hurl o.s. on ou at the enemy ◆ **elle se précipita dans ses bras** she rushed into ou threw herself into ou flew into his arms ◆ **il se précipita à la porte pour ouvrir** he rushed to open the door ◆ **il se précipita sur le balcon** he raced ou dashed ou rushed out onto the balcony

**c** (= s'accélérer) [rythme] to speed up; [pouls] to quicken, speed up ◆ **les choses** ou **événements se précipitaient** everything was happening at once

**d** (= se dépêcher) to hurry, rush ◆ **ne nous précipitons pas** let's not rush things

**précis, e** [presi, iz] → SYN **1** adj **a** (= exact) style, vocabulaire, terme, indication, témoignage precise; sens precise, exact; description accurate, precise; chiffre, calcul accurate, precise; instrument, tir, montre accurate ◆ **sois plus précis dans le choix de tes mots** be more precise in your choice of words, choose your words more carefully

**b** (= bien défini, particulier) idée, donnée, règle precise, definite; heure, date precise, exact; ordre, demande precise; fait, raison precise, particular, specific; souvenir clear ◆ **sans raison précise** for no particular ou precise reason ◆ **sans but précis** with no clear aim, with no particular aim in mind ◆ **je ne pense à rien de précis** I'm not thinking of anything in particular ◆ **à cet instant précis** at that precise ou very moment ◆ **au moment précis où ...** at the precise ou exact ou very moment when ... ◆ **à 4 heures précises** at 4 o'clock sharp ou on the dot*, at 4 o'clock precisely ◆ **à l'endroit précis où ...** at the exact place where ... ◆ **sans que l'on puisse dire de façon précise ...** although we can't say precisely ou with any precision ... ◆ **se référer à un texte de façon précise** to make precise reference to a text

**c** (= net) point precise, exact; contours precise, distinct; geste, esprit precise; trait distinct

**2** nm (= résumé) précis, summary; (= manuel) handbook

**précisément** [presizemɑ̃] GRAMMAIRE ACTIVE 13.2, 26.1 → SYN adv **a** (= avec précision) décrire, chiffrer accurately, precisely; définir, déterminer, expliquer clearly ◆ **ou plus précisément** or more precisely ou exactly, or to be more precise

**b** (= justement) **je venais précisément de sortir** I had in fact just gone out, as it happened I'd just gone out ◆ **c'est lui précisément qui m'avait conseillé de le faire** as a matter of fact it was he ou it so happens that it was he who advised me to do it ◆ **c'est précisément la raison pour laquelle** ou **c'est précisément pour cela que je viens vous voir** that's precisely ou just why I've come to see you, it's for that very ou precise reason that I've come to see you ◆ **mais je ne l'ai pas vu ! – précisément !** but I didn't see him! – precisely! ou exactly! ou that's just it! ou that's just the point!

**c** (= exactement) exactly, precisely ◆ **c'est précisément ce que je cherchais** that's exactly ou precisely ou just what I was looking for ◆ **il est arrivé précisément à ce moment-là** he arrived right ou just at that moment ou at that exact ou precise ou very moment ◆ **ce n'est pas précisément un chef-d'œuvre** it's not exactly what I'd call a masterpiece

**préciser** [presize] → SYN ▸ conjug 1 ◂ **1** vt [+ idée, intention] to specify, make clear, clarify; [+ fait, point] to be more specific about, clarify; [+ destination] to name, specify ◆ **je vous préciserai la date de la réunion plus tard** I'll let you know the exact date of the meeting ou precisely when the meeting is later ◆ **il a précisé que ...** he explained that ..., he made it clear that ... ◆ **je dois préciser que ...** I must point out ou add that ... ◆ **pourriez-vous préciser quand cela est**

**arrivé ?** could you say exactly when it happened? ◆ **pourriez-vous préciser ?** could you be more precise? ou specific?

2 **se préciser** vpr [idée] to take shape; [danger, intention] to become clear ou clearer ◆ **la situation commence à se préciser** we are beginning to see the situation more clearly

**précision** [presizjɔ̃] → SYN nf **a** (gén) precision, preciseness; [description, instrument] precision, preciseness, accuracy; [contours] precision, preciseness, distinctness; [trait] distinctness ◆ **avec précision** precisely, with precision ◆ **de précision** precision (épith) ◆ **de haute précision** high-precision (épith)

**b** (= détail) point, piece of information ◆ **j'aimerais vous demander une précision/des précisions** I'd like to ask you to explain one thing/for further information ◆ **il a apporté des précisions intéressantes** he revealed some interesting points ou facts ou information ◆ **il n'a donné aucune précision sur ce point** he didn't go into any detail on this point ◆ **encore une précision** one more point ou thing ◆ **sans autre précision** without any further information ou details ◆ **il m'a dit cela sans autre précision** he told me no more than that

**précité, e** [presite] adj aforesaid, aforementioned; (par écrit) aforesaid, above (-mentioned)

**préclassique** [preklasik] adj preclassical

**précoce** [prekɔs] → SYN adj fruit, saison, gelée early; plante early-flowering, early-fruiting, precocious (SPÉC); calvitie, sénilité premature; mariage young (épith), early (épith); diagnostic early; enfant (intellectuellement) precocious, advanced for his (ou her) age (attrib); (sexuellement) sexually precocious

**précocement** [prekɔsmɑ̃] adv precociously

**précocité** [prekɔsite] → SYN nf [fruit, saison] earliness; [enfant] (intellectuelle) precocity, precociousness; (sexuelle) sexual precocity ou precociousness

**précolombien, -ienne** [prekɔlɔ̃bjɛ̃, jɛn] adj pre-Colombian

**précombustion** [prekɔ̃bystjɔ̃] nf precombustion

**précompte** [prekɔ̃t] → SYN nm (= évaluation) estimate ◆ **précompte (fiscal)** (= déduction) tax withholding

**précompter** [prekɔ̃te] → SYN ▸ conjug 1 ◂ vt (= évaluer) to estimate; (= déduire) to deduct (*sur* from)

**préconception** [prekɔ̃sɛpsjɔ̃] nf preconception

**préconçu, e** [prekɔ̃sy] → SYN adj preconceived ◆ **idée préconçue** preconceived idea

**préconisation** [prekɔnizasjɔ̃] nf recommendation

**préconiser** [prekɔnize] → SYN ▸ conjug 1 ◂ vt [+ remède] to recommend; [+ méthode, mode de vie, plan, solution] to advocate

**précontraint, e** [prekɔ̃trɛ̃, ɛt] 1 adj, nm ◆ **(béton) précontraint** prestressed concrete

2 **précontrainte** nf (Tech) prestressing

**précordial, e,** mpl **-iaux** [prekɔrdjal, jo] adj precordial

**précuit, e** [prekɥi, it] adj precooked

**précurseur** [prekyrsœr] → SYN 1 adj m precursory ◆ **précurseur de** preceding; → **signe**

2 nm (= personne) forerunner, precursor; (Bio) precursor ◆ **il fait figure de précurseur dans ce domaine** he's something of a trailblazer in this field

**prédateur, -trice** [predatœr, tris] → SYN 1 adj predatory

2 nm (gén) predator; (Écon) raider

**prédation** [predasjɔ̃] → SYN nf predation

**prédécesseur** [predesesœr] → SYN nm predecessor

**prédécoupé, e** [predekupe] adj precut

**prédélinquant, e** [predelɛ̃kɑ̃, ɑ̃t] nm,f predelinquent youth

**prédelle** [predɛl] nf predella

**prédestination** [predɛstinasjɔ̃] → SYN nf predestination

**prédestiné, e** [predɛstine] → SYN (ptp de **prédestiner**) adj predestined (*à qch* for sth; *à faire* to do), fated (*à faire* to do) ◆ **elle portait un nom prédestiné** she bore a prophetic name

**prédestiner** [predɛstine] → SYN ▸ conjug 1 ◂ vt to predestine (*à qch* for sth; *à faire* to do) ◆ **rien ne le prédestinait à devenir président** nothing about him suggested that he might one day become president

**prédétermination** [predetɛrminasjɔ̃] nf predetermination

**prédéterminer** [predetɛrmine] ▸ conjug 1 ◂ vt to predetermine

**prédicable** [predikabl] adj predicable

**prédicant** [predikɑ̃] → SYN nm preacher

**prédicat** [predika] → SYN nm predicate

**prédicateur** [predikatœr] → SYN nm preacher

**prédicatif, -ive** [predikatif, iv] → SYN adj predicative

**prédication[1]** [predikasjɔ̃] → SYN nf (= activité) preaching; (= sermon) sermon

**prédication[2]** [prekikasjɔ̃] nf (Ling) predication

**prédictif, -ive** [prediktif, iv] adj predictive

**prédiction** [prediksjɔ̃] → SYN nf prediction

**prédigéré, e** [prediʒere] adj predigested

**prédilection** [predilɛksjɔ̃] → SYN nf (pour qn, qch) predilection, partiality (*pour* for) ◆ **avoir une prédilection pour qch** to be partial to sth ◆ **de prédilection** favourite

**prédiquer** [predike] ▸ conjug 1 ◂ vt to predicate

**prédire** [predir] → SYN ▸ conjug 37 ◂ vt [prophète] to foretell; (gén) to predict ◆ **prédire l'avenir** to tell ou predict the future ◆ **prédire qch à qn** to predict sth for sb ◆ **il m'a prédit que je ...** he predicted (that) I ..., he told me (that) I ...

**prédisposer** [predispoze] → SYN ▸ conjug 1 ◂ vt to predispose (*à qch* to sth; *à faire qch* to do sth) ◆ **être prédisposé à une maladie** to be predisposed ou prone to an illness ◆ **être prédisposé en faveur de qn** to be predisposed in sb's favour ◆ **cela peut entraîner une prise de poids chez les sujets prédisposés** this may cause people to put on weight if they are prone to it

**prédisposition** [predispozisjɔ̃] → SYN nf predisposition (*à qch* to sth; *à faire qch* to do sth) ◆ **prédisposition génétique** genetic (pre)disposition ◆ **avoir une prédisposition à l'obésité/à l'hypertension** to have a tendency to put on weight/to high blood pressure ◆ **elle avait des prédispositions pour la peinture** she showed a talent for painting

**prédominance** [predɔminɑ̃s] → SYN nf (gén) predominance, predominancy (*sur* over); [couleur] predominance, prominence ◆ **population à prédominance protestante** predominantly Protestant population ◆ **œuvres à prédominance littéraire** mainly literary works

**prédominant, e** [predɔminɑ̃, ɑ̃t] → SYN adj (gén) predominant; avis, impression prevailing; couleur predominant, most prominent ◆ **ce pays occupe une place prédominante sur le marché européen** this country occupies a dominant position in the European market

**prédominer** [predɔmine] → SYN ▸ conjug 1 ◂ vi (gén) to predominate; [avis, impression] to prevail; [couleur] to predominate, be most prominent ◆ **le souci qui prédomine dans mon esprit** the worry which is uppermost in my mind

**pré-électoral, e,** mpl **-aux** [preelɛktɔral, o] adj pre-election (épith)

**pré-emballé, e** [preɑ̃bale] adj prepacked, prepackaged

**prééminence** [preeminɑ̃s] → SYN nf pre-eminence ◆ **donner la prééminence à qch** to give pre-eminence to sth

**prééminent, e** [preeminɑ̃, ɑ̃t] → SYN adj pre-eminent

**préempter** [preɑ̃pte] ▸ conjug 1 ◂ vt (Jur) to pre-empt

**préemption** [preɑ̃psjɔ̃] → SYN nf pre-emption ◆ **droit de préemption** pre-emptive right

**préencollé, e** [preɑ̃kɔle] adj ◆ **papier peint préencollé** pre-pasted ou ready-pasted wallpaper ◆ **enveloppe préencollée** gummed envelope

**préenregistré, e** [preɑ̃r(ə)ʒistre] (ptp de **préenregistrer**) adj émission prerecorded ◆ **rires préenregistrés** canned laughter

**préétabli, e** [preetabli] (ptp de **préétablir**) adj schéma, plan preestablished ◆ **harmonie préétablie** (Philos) preestablished harmony

**préétablir** [preetablir] ▸ conjug 2 ◂ vt to preestablish

**préexistant, e** [preɛgzistɑ̃, ɑ̃t] → SYN adj preexistent, pre-existing

**préexistence** [preɛgzistɑ̃s] → SYN nf preexistence

**préexister** [preɛgziste] ▸ conjug 1 ◂ vi to preexist ◆ **préexister à** to exist before

**préfabrication** [prefabrikasjɔ̃] nf prefabrication

**préfabriqué, e** [prefabrike] 1 adj prefabricated

2 nm (= maison) prefabricated house, prefab *; (= matériau) prefabricated material ◆ **en préfabriqué** prefabricated

**préface** [prefas] → SYN nf preface; (fig = prélude) preface, prelude (*à* to)

**préfacer** [prefase] → SYN ▸ conjug 3 ◂ vt [+ livre] to write a preface for, preface

**préfacier** [prefasje] nm preface writer

**préfectoral, e,** mpl **-aux** [prefɛktɔral, o] adj (Admin française, Antiq) prefectorial, prefectural; → **arrêté**

**préfecture** [prefɛktyr] → SYN nf (Admin française, Antiq) prefecture ◆ **préfecture de police** police headquarters ◆ **préfecture maritime** *police port authority*

> **PRÉFECTURE, PRÉFET**
>
> In France, a **préfet** is a high-ranking civil servant who represents the State at the level of the "département" or the "région". Besides a range of important administrative duties, the role of the **préfet** is to ensure that government decisions are carried out properly at local level. The term **préfecture** refers to the area over which the **préfet** has authority (in effect, the "département"), to the town where the administrative offices of the **préfet** are situated, and to these offices themselves. Official documents such as driving licences are issued by the **préfecture**. → DÉPARTEMENT; RÉGION

**préférable** [preferabl] → SYN adj preferable (*à qch* to sth) ◆ **il est préférable que je parte** it is preferable ou better that I should leave ou for me to leave ◆ **il serait préférable d'y aller ou que vous y alliez** it would be better if you went ou for you to go ◆ **il est préférable de ...** it is preferable ou better to ...

**préférablement** [preferabləmɑ̃] → SYN adv preferably ◆ **préférablement à** in preference to

**préféré, e** [prefere] GRAMMAIRE ACTIVE 7.1 → SYN (ptp de **préférer**) adj, nm,f favourite (Brit), favorite (US)

**préférence** [preferɑ̃s] GRAMMAIRE ACTIVE 7.5 → SYN nf preference ◆ **donner la préférence à** to give preference to ◆ **avoir une préférence marquée pour ...** to have a marked preference for ... ◆ **avoir la préférence sur** to have preference over ◆ **je n'ai pas de préférence** I have no preference, I don't mind ◆ **par ordre de préférence** in order of preference ◆ **la préférence communautaire** (Europe) Community preference ◆ **la préférence nationale** (Pol) *discrimination in favour of a country's own nationals*

◆ **de préférence** preferably ◆ **de préférence à** in preference to, rather than

**préférentiel, -ielle** [preferɑ̃sjɛl] → SYN adj preferential ◆ **tarif préférentiel** (gén) preferential ou special rate; (Douane) preferential tariff ◆ **action préférentielle** (Bourse) preferred ou preference share ◆ **droit préférentiel de souscription** subscription ou application right, share ou stock right

**préférentiellement** [preferɑ̃sjɛlmɑ̃] → SYN adv preferentially

**préférer** [prefere] GRAMMAIRE ACTIVE 4., 7.1, 7.4, 8.5 → SYN ▸ conjug 6 ◂ vt to prefer (*à* to) ◆ **je préfère ce manteau à l'autre** I prefer this coat to the other one, I like this coat better than the other one ♦ **je te préfère avec les cheveux courts** I like you better ou prefer you with short hair ♦ **je préfère aller au cinéma** I prefer to go ou I would rather go to the cinema ♦ **il préfère que ce soit vous qui le fassiez** he would rather you did it ♦ **nous avons préféré attendre avant de vous le dire** we preferred to wait ou we thought it better to wait before telling you ♦ **nous avons préféré attendre que d'y aller tout de suite** we preferred to wait ou thought it better to wait rather than go straight away ♦ **que préférez-vous, du thé ou du café ?** what would you rather have ou what would you prefer – tea or coffee? ♦ **si tu préfères** if you prefer, if you like, if you'd rather ♦ **comme vous préférez** as you prefer ou like ou wish ou please ♦ **j'aurais préféré ne jamais l'avoir rencontré** I wish I'd never met him

**préfet** [pʀefɛ] → SYN nm (Admin française, Antiq) prefect; (Belg = directeur) headmaster, principal *(of a college)*, head (Brit) ♦ **préfet de police** prefect of police, chief of police

**préfète** [pʀefɛt] nf **a** (= femme préfet) (female ou woman) prefect; (= femme du préfet) prefect's wife

**b** (Belg = directrice) headmistress, principal *(of a college)*, head (Brit)

**préfiguration** [pʀefigyʀasjɔ̃] nf prefiguration, foreshadowing

**préfigurer** [pʀefigyʀe] → SYN ▸ conjug 1 ◂ vt to prefigure, foreshadow

**préfinancement** [pʀefinɑ̃smɑ̃] nm prefinancing, interim ou advance financing

**préfixal, e,** mpl **-aux** [pʀefiksal, o] adj prefixal

**préfixation** [pʀefiksasjɔ̃] nf prefixation

**préfixe** [pʀefiks] nm prefix

**préfixer** [pʀefikse] ▸ conjug 1 ◂ vt to prefix

**préfloraison** [pʀeflɔʀɛzɔ̃] nf aestivation (Brit), estivation (US), praefloration

**préfoliation** [pʀefɔljasjɔ̃] nf vernation, praefoliation

**préformage** [pʀefɔʀmaʒ] nm preforming

**préfrontal, e,** mpl **-aux** [pʀefʀɔ̃tal, o] adj prefrontal

**préglaciaire** [pʀeglasjɛʀ] adj preglacial

**prégnance** [pʀegnɑ̃s] nf (littér) [souvenir] vividness; [tradition] resonance; (Psych) pregnance (SPÉC), Prägnanz (SPÉC)

**prégnant, e** [pʀegnɑ̃, ɑ̃t] adj (littér) souvenir vivid; débat meaningful ♦ **cette tradition est encore très prégnante** this tradition still has great resonance

**préhenseur** [pʀeɑ̃sœʀ] adj m prehensile

**préhensile** [pʀeɑ̃sil] adj prehensile

**préhension** [pʀeɑ̃sjɔ̃] nf prehension

**préhispanique** [pʀeispanik] adj civilisation, culture pre-Hispanic

**préhistoire** [pʀeistwaʀ] → SYN nf prehistory ♦ **les animaux/les hommes de la préhistoire** prehistoric animals/men ♦ **depuis la préhistoire** since prehistoric times

**préhistorien, -ienne** [pʀeistɔʀjɛ̃, jɛn] nm,f prehistorian

**préhistorique** [pʀeistɔʀik] → SYN adj prehistoric; (= suranné) antediluvian, ancient

**préhominiens** [pʀeɔminjɛ̃] nmpl prehominids

**préimplantatoire** [pʀeɛ̃plɑ̃tatwaʀ] adj ♦ **diagnostic préimplantatoire** pre-implantation screening

**préindustriel, -ielle** [pʀeɛ̃dystʀijɛl] adj preindustrial ♦ **la Grande-Bretagne préindustrielle** preindustrial Britain, Great Britain before the industrial revolution

**préinscription** [pʀeɛ̃skʀipsjɔ̃] nf (à l'université) preregistration (*à* at); (à un concours) preregistration (*à* for)

**préjudice** [pʀeʒydis] → SYN nm (matériel, financier) loss; (moral) harm (NonC), damage (NonC), wrong ♦ **subir un préjudice** (matériel) to sustain a loss; (moral) to be wronged ♦ **le préjudice subi par la victime** (financier, matériel) the loss sustained by the victim; (moral) the moral wrong ou damage suffered by the victim ♦ **causer un préjudice** ou **porter préjudice à qn** (gén) to do sb harm, harm sb; [décision] to be detrimental to sb ou to sb's interests ♦ **ce supermarché a porté préjudice aux petits commerçants** this supermarket was detrimental to (the interests of) small tradesmen ♦ **je ne voudrais pas vous porter préjudice en leur racontant cela** I wouldn't like to harm you ou your case ou make difficulties for you by telling them about this ♦ **au préjudice de sa santé/de la vérité** to the prejudice (frm) ou at the expense ou at the cost of his health/of the truth ♦ **au préjudice de M. Dufeu** to the prejudice (frm) ou at the expense of Mr Dufeu ♦ **sans préjudice de** without prejudice to ♦ **préjudice commercial/financier** commercial/financial loss ♦ **préjudice matériel** material loss ou damage ♦ **préjudice moral** moral wrong

**préjudiciable** [pʀeʒydisjabl] → SYN adj prejudicial, detrimental, harmful (*à* to)

**préjudiciel, -ielle** [pʀeʒydisjɛl] adj action prejudicial

**préjugé** [pʀeʒyʒe] → SYN nm prejudice ♦ **avoir un préjugé contre** to be prejudiced ou biased against ♦ **sans préjugé** unprejudiced, unbiased ♦ **bénéficier d'un préjugé favorable** to be favourably considered ♦ **préjugés de classe** class bias ♦ **préjugé de race** racial prejudice

**préjuger** [pʀeʒyʒe] → SYN ▸ conjug 3 ◂ **préjuger de** vt indir to prejudge ♦ **préjuger d'une réaction** to foresee a reaction, judge what a reaction might be ♦ **autant qu'on peut le préjuger, à ce qu'on en peut préjuger** as far as it is possible to judge in advance

**prélart** [pʀelaʀ] → SYN nm tarpaulin

**prélasser (se)** [pʀelɑse] → SYN ▸ conjug 1 ◂ vpr (dans un fauteuil) to sprawl, lounge; (au soleil) to bask

**prélat** [pʀela] → SYN nm prelate

**prélature** [pʀelatyʀ] nf prelacy

**prélavage** [pʀelavaʒ] nm prewash

**prélaver** [pʀelave] ▸ conjug 1 ◂ vt to prewash

**prêle, prèle** [pʀɛl] nf horsetail

**prélèvement** [pʀelɛvmɑ̃] → SYN nm **a** (Méd, Sci) [échantillon] taking (NonC); [organe] removal ♦ **faire un prélèvement de sang** ou **sanguin/de moelle** to take a blood/bone-marrow sample

**b** (Fin) [montant, pourcentage] deduction; (sur un compte) (par le titulaire) withdrawal, drawing out (NonC); (par un créancier) debit ♦ **prélèvement automatique** [somme fixe] standing order; [somme variable] direct debit ♦ **prélèvement bancaire** standing ou banker's order (Brit), automatic deduction (US)

**c** [impôt] levying (NonC), levy, imposition ♦ **prélèvement fiscal/compensatoire/sur le capital/à l'importation** tax/compensatory/capital/import levy ♦ **prélèvements obligatoires** tax and social security deductions

**prélever** [pʀel(ə)ve] → SYN ▸ conjug 5 ◂ vt **a** (Méd, Sci) [+ échantillon] to take (*sur* from); [+ sang] to take (a sample of); [+ organe] to remove

**b** (Fin) [+ montant, pourcentage] to deduct (*sur* from); [+ somme] (sur un compte) [titulaire] to withdraw (*sur* from); [créancier] to debit (*sur* from) ♦ **ses factures d'électricité sont automatiquement prélevées sur son compte** his electricity bills are debited ou automatically deducted from his account

**c** [+ impôt] to levy, impose (*sur* on)

**préliminaire** [pʀeliminɛʀ] → SYN **1** adj (gén) preliminary; discours introductory

**2 préliminaires** nmpl preliminaries; [négociations] preliminary talks

**prélude** [pʀelyd] → SYN nm (Mus = morceau) prelude; (pour se préparer) warm-up; (fig) prelude (*à* to)

**préluder** [pʀelyde] → SYN ▸ conjug 1 ◂ **1** vi (Mus) to warm up ♦ **préluder par qch** to begin with sth

**2 préluder à** vt indir to be a prelude to, lead up to

**prématuré, e** [pʀematyʀe] → SYN **1** adj bébé, nouvelle premature; mort untimely, premature ♦ **il est prématuré de ...** it is premature to ..., it's too early to ... ♦ **prématuré de 3 semaines** 3 weeks premature ou early

**2** nm,f premature baby

**prématurément** [pʀematyʀemɑ̃] → SYN adv prematurely ♦ **une cruelle maladie l'a enlevé prématurément à notre affection** a grievous illness brought his untimely departure from our midst

**prématurité** [pʀematyʀite] nf prematureness, prematurity

**prémédication** [pʀemedikasjɔ̃] nf premedication, premed *

**préméditation** [pʀemeditasjɔ̃] → SYN nf premeditation ♦ **avec préméditation** crime premeditated; tuer with intent, with malice aforethought ♦ **meurtre sans préméditation** unpremeditated murder

**préméditer** [pʀemedite] → SYN ▸ conjug 1 ◂ vt to premeditate ♦ **préméditer de faire qch** to plan to do sth ♦ **meurtre prémédité** premeditated ou wilful murder

**prémenstruel, -elle** [pʀemɑ̃stʀyɛl] adj premenstrual ♦ **syndrome prémenstruel** premenstrual tension ou syndrome

**prémices** [pʀemis] → SYN nfpl (littér) beginnings; [récolte] first fruits; [animaux] first-born (animals); [guerre, crise] first ou warning signs; [évolution] beginnings

**premier, -ière**[1] [pʀəmje, jɛʀ] GRAMMAIRE ACTIVE 26.2, 26.5 → SYN

**1** adj **a** (dans le temps) first; impression first, initial ♦ **les premières heures du jour** the early hours (of the morning), the small hours ♦ **dès les premiers jours** from the very first days ♦ **ses premiers poèmes** his first ou early poems ♦ **les premiers habitants de la Terre** the earliest ou first inhabitants of the Earth ♦ **les premières années de sa vie** the first few ou the early years of his life ♦ **c'est la première et la dernière fois que je suis tes conseils** it's the first and last time I follow your advice ♦ **au premier signe de résistance** at the first ou slightest sign of resistance ♦ **à mon premier signal** at the first signal from me, as soon as you see my signal; → **lit, main** etc ; voir aussi **sixième**

**b** (dans un ordre) first; (à un examen) first, top; (en importance) leading, foremost, top ♦ **premier commis/clerc** chief shop (Brit) ou store (US) assistant/clerk ♦ **le premier constructeur automobile européen** the leading European car manufacturer ♦ **le premier personnage de l'État** the country's leading ou most senior statesman ♦ **arriver/être premier** to arrive/be first ♦ **il est toujours premier en classe** he's always top of the class ou first in the class ♦ **être reçu premier** to come first

**c** (dans l'espace) branche lower, bottom; rangée front ♦ **la première marche de l'escalier** (en bas) the bottom step; (en haut) the top step ♦ **le premier barreau de l'échelle** the bottom ou first ou lowest rung of the ladder ♦ **le premier mouchoir de la pile** the first handkerchief in the pile, the top handkerchief in the pile ♦ **les 100 premières pages** the first 100 pages ♦ **en première page** (Presse) on the front page ♦ **lire un livre de la première à la dernière ligne** to read a book from beginning to end ou from cover to cover

**d** (= de base) échelon, grade bottom; ébauche, projet first, rough ♦ **quel est votre premier prix pour ce type de voyage ?** what do your prices start at for this kind of trip? ♦ **apprendre les premiers rudiments d'une science** to learn the first ou basic rudiments of a science

**e** (après n = originel, fondamental) cause, donnée basic; principe first, basic; objectif basic, primary, prime; état initial, original ♦ **c'est la qualité première d'un chef d'État** it's the prime ou essential quality for a head of state ♦ **retrouver sa vivacité première/son éclat premier** to regain one's former ou initial liveliness/sparkle

**2** nm,f **a** (dans le temps, l'espace) first (one) ♦ **parler/passer/sortir le premier** to speak/go/go out first ♦ **arriver les premiers** to arrive (the) first ♦ **arriver dans les premiers** to be one of ou be among the first to arrive ♦ **les premiers arrivés seront les premiers servis** first come, first served ♦ **elle sera servie la première** she will be served first ♦ **au premier de ces messieurs** next gentleman please ♦ **il a été le premier à reconnaître ses torts** he was the first to admit that he was in the wrong ♦ **elle fut l'une des premières à ...** she was one of the first to ...; → **né**

**b** (dans une hiérarchie, un ordre) **il a été reçu dans** ou **parmi les premiers** (Scol, Univ) he was in the top ou first few ♦ **il est le premier de sa classe** he is top of his class ♦ **il a une tête de premier de la classe** (péj) he looks like a real egghead * ou swot * (Brit) ♦ **il s'est classé dans**

**les dix premiers** (Sport) he was ranked in ou among the top ou first ten ◆ **les premiers seront les derniers (, et les derniers seront les premiers)** (Bible) the last shall be first (, and the first last); → **jeune**

**c** (dans une série, une comparaison) **Pierre et Paul sont cousins, le premier est médecin** Peter and Paul are cousins, the former is a doctor ◆ **le premier semble mieux** (entre deux) the first one seems better; (dans une série) the first one seems best

**3** nm (gén) first; (= étage) first floor (Brit), second floor (US) ◆ **c'est leur premier** (= enfant) it's their first child ◆ **mon premier est ...** (charade) my first is in ...

◆ **en premier** arriver, parler first ◆ **je l'ai servi en premier** I served him first ◆ **en premier je dirai que ...** firstly ou first ou to start with I'd like to say that ... ◆ **cela vient en premier dans ma liste de priorités** that's first on ou top of my list of priorities ◆ **pour lui, la famille vient toujours en premier** his family always comes first

**4** COMP ▷ **le premier de l'an** New Year's Day ▷ **le premier avril** the first of April, April Fool's Day, All Fools' Day ▷ **le Premier Mai** the first of May, May Day

**première**[2] [pʀəmjɛʀ] **1** nf **a** (gén) first; (Aut) first (gear); (Hippisme) first (race) ◆ **être en/passer la première** (Aut) to be in/go into first (gear)

**b** (Théât) first night; (Ciné) première; (= exploit) (gén) first; (Alpinisme) first ascent ◆ **le soir de la première, il ...** (Ciné) on the opening night, he ... ◆ **le public des grandes premières** firstnighters ◆ **c'est une première mondiale** (gén) it's a world first; (Ciné) it's a world première ◆ **c'est une grande première pour notre équipe** it's a big first for our team

**c** (Aviat, Rail) first class ◆ **voyager en première** to travel first-class ◆ **billet de première** first-class ticket

**d** (Scol) **(classe de) première** ≃ lower sixth (form) (Brit), ≃ eleventh grade (US) ◆ **élève de première** lower sixth former (Brit), eleventh grader (US), junior (in high school) (US)

**e** (Couture) head seamstress

**f** (= semelle) insole

**2** **de première** * loc adj ◆ **c'est de première !** it's first-class! ◆ **il a fait un boulot de première** he's done a first-class ou a first-rate job ◆ **c'est un salaud** ** **de première !** he's an out-and-out ou a right (Brit) bastard! ** ◆ **il est de première pour trouver les bons restaurants/pour les gaffes !** he's got a real knack * for ou he's great * at finding good restaurants/making blunders!

**premièrement** [pʀəmjɛʀmɑ̃] GRAMMAIRE ACTIVE 26.5 → SYN adv (= d'abord) first(ly); (= en premier lieu) in the first place; (introduisant une objection) for a start ◆ **premièrement il ne m'a rien dit, et en plus ...** for a start, he didn't say anything to me, and what's more ...

**premier-maître**, pl **premiers-maîtres** [pʀəmjemɛtʀ] nm chief petty officer

**premier-né** [pʀəmjene], **première-née** [pʀəmjɛʀne], mpl **premiers-nés** adj, nm,f first-born

**prémisse** [pʀemis] → SYN nf premise, premiss

**premium** [pʀemjɔm] nm (Fin) premium

**prémix** [pʀemiks] nm alcopop

**prémolaire** [pʀemɔlɛʀ] nf premolar (tooth)

**prémonition** [pʀemɔnisjɔ̃] → SYN nf premonition

**prémonitoire** [pʀemɔnitwaʀ] → SYN adj premonitory

**prémontré, e** [pʀemɔ̃tʀe] nm,f Premonstratensian, Norbertine, White Canon

**prémunir** [pʀemyniʀ] → SYN ▸ conjug 2 ◂ **1** vt (littér) (= mettre en garde) to warn; (= protéger) to protect (*contre* against)

**2** **se prémunir** vpr to protect o.s. (*contre* from), guard (*contre* against)

**prenant, e** [pʀənɑ̃, ɑ̃t] → SYN adj **a** (= captivant) film, livre absorbing, engrossing, compelling; voix fascinating, captivating

**b** (= qui prend du temps) activité time-consuming ◆ **ce travail est trop prenant** this job is too time-consuming ou takes up too much of my (ou our etc) time

**c** (Zool) queue prehensile

**prénatal, e**, mpl **prénatals** [pʀenatal] adj diagnostic, dépistage, examen, visite antenatal, prenatal; allocation maternity (épith) ◆ **clinique prénatale** antenatal clinic

## prendre [pʀɑ̃dʀ]

▸ conjug 58 ◂ → SYN

**1** VERBE TRANSITIF
**2** VERBE INTRANSITIF
**3** VERBE PRONOMINAL

Lorsque **prendre** s'emploie dans des locutions telles que **prendre une photo/du poids/son temps, prendre en charge** etc, cherchez aussi au nom.

**1** VERBE TRANSITIF

**a** = saisir [+ objet] to take ◆ **prends-le dans le placard/sur l'étagère** take it out of the cupboard/off ou (down) from the shelf ◆ **il l'a pris dans le tiroir** he took ou got it out of the drawer ◆ **il prit un journal/son crayon sur la table** he picked up ou took a newspaper/his pencil from the table ◆ **il la prit par le cou/par la taille** he put his arms round her neck/round her waist ◆ **prendre qn par le bras/la taille** to take sb by the arm/the waist ◆ **prendre qch des mains de qn** (= débarrasser) to take sth out of sb's hands; (= enlever) to take sth off sb ou away from sb ◆ **c'est toujours ça** ou **autant de pris** that's something at least ◆ **c'est à prendre ou à laisser** [offre] (you can) take it or leave it ◆ **je vous le fais à 80 €, c'est à prendre ou à laisser** I'll let you have it for €80, that's my final offer ◆ **avec lui, il faut en prendre et en laisser** you can only believe half of what he says, you must take what he tells you with a pinch of salt ◆ **je prends** (dans un jeu de questions-réponses) I'll answer; (appel téléphonique) I'll take it

**b** = choisir to take ◆ **il y a plusieurs livres, lequel prends-tu ?** there are several books – which one are you going to take? ou which one do you want? ◆ **il a pris le bleu** he took the blue one

**c** = se munir de [+ instrument] **tiens, prends ce marteau** here, use this hammer ◆ **il faut prendre un tournevis pour faire ça** you need a screwdriver for that ◆ **si tu sors, prends ton parapluie** if you go out, take your umbrella (with you) ◆ **prends ta chaise et viens t'asseoir ici** bring your chair and come and sit over here ◆ **as-tu pris les valises ?** have you brought the suitcases? ◆ **prends tes lunettes pour lire** put your glasses on to read

**d** = aller chercher [+ chose] to pick up, get, fetch (Brit); [+ personne] to pick up; (= emmener) to take ◆ **passer prendre qn à son bureau** to pick sb up ou call for sb at his office ◆ **je passerai les prendre chez toi** I'll come and collect ou get them ou I'll call in for them at your place ◆ **pouvez-vous me prendre (dans votre voiture) ?** can you give me a lift? ◆ **je ne veux plus de ce manteau, tu peux le prendre** I don't want this coat any more – you can take ou have it ◆ **prends du beurre dans le réfrigérateur** get some butter out of the fridge

**e** = s'emparer de force [+ poisson, voleur] to catch; [+ argent, place, otage] to take; (Mil) [+ ville] to take, capture; (Cartes, Échecs) to take ◆ **un voleur lui a pris son portefeuille** a thief has taken ou stolen his wallet ou has robbed him of his wallet ◆ **il m'a pris mon idée** he has taken ou used ou pinched * (Brit) my idea ◆ **il prend tout ce qui lui tombe sous la main** he takes ou grabs everything he can lay his hands on ◆ **prendre le service de qn** (Tennis) to break sb's service ◆ **se faire prendre** [voleur] to be ou get caught ◆ **le voleur s'est fait prendre** the robber was ou got caught; → **tel**

**f** *: sexuellement [+ personne] to take ◆ **il l'a prise par devant/derrière** he took her from the front/from behind

**g** = assaillir [colère] to come over; [fièvre, douleur] to strike ◆ **la colère le prit soudain** he was suddenly overcome with anger, anger suddenly overcame him ◆ **il fut pris d'un doute** he suddenly had a doubt, he felt doubtful all of a sudden ◆ **la douleur m'a pris au genou** I suddenly got a pain in my knee ◆ **les douleurs la prirent** her labour pains started ◆ **ça me prend dans le bas du dos et ça remonte** * it starts in my lower back and works its way up ◆ **qu'est-ce qui te prend ?** * what's the matter ou what's up * with you?, what's come over you? * ◆ **ça te prend souvent ?** * are you often like that? (iro) ◆ **quand ça me prend** *, **je peux rêvasser pendant des heures** I can daydream for hours when I feel like it ou when the mood takes me; → **tête**

**h** = surprendre to catch ◆ **prendre qn à faire qch** to catch sb doing sth ◆ **je vous y prends !** caught you! ◆ **si je t'y prends (encore), que je t'y prenne** (menace) just ou don't let me catch you doing that (again) ou at it (again) ◆ **prendre qn sur le fait** to catch sb in the act ou red-handed ◆ **il s'est fait prendre en train de copier sur son voisin** he got caught copying from his neighbour

**i** = duper to take in ◆ **on ne m'y prendra plus** I won't be taken in again, I won't be had a second time * ◆ **se laisser prendre à des paroles aimables** to let o.s. be sweet-talked ou taken in by sweet talk

**j** = manger, boire [+ aliment, boisson] to have; [+ médicament] to take ◆ **prenez-vous du sucre ?** do you take sugar? ◆ **est-ce que vous prendrez du café ?** will you have ou would you like some coffee? ◆ **à prendre avant les repas** to be taken before meals ◆ **fais-lui prendre son médicament** give him his medicine ◆ **ce médicament se prend dans de l'eau** this medicine must be taken in water ◆ **as-tu pris de ce bon gâteau ?** have you had some of this nice cake? ◆ **il n'a rien pris depuis hier** he hasn't eaten anything since yesterday ◆ **le docteur m'interdit de prendre de l'alcool** the doctor won't allow me ou has forbidden me (to drink) alcohol

**k** = voyager par [+ métro, taxi] to take, travel ou go ou come by; [+ voiture] to take; (= s'engager dans) [+ direction, rue] to take ◆ **il prit le train puis l'avion de Paris à Londres** he took the train ou went by train then flew from Paris to London ◆ **j'ai pris l'avion/le train de 4 heures** I caught the 4 o'clock plane/train ◆ **je préfère prendre ma voiture** I'd rather take the car ou go in the car ◆ **ils ont pris la rue Blanche** they went down (ou up) the rue Blanche

**l** = acheter [+ billet, essence] to get; [+ voiture] to buy; (= réserver) [+ couchette, place] to book ◆ **il prend toujours son pain à côté** he always gets ou buys his bread from the shop next door ◆ **peux-tu me prendre du pain ?** can you get me some bread? ◆ **nous avons pris une maison** (loué) we've taken ou rented a house; (acheté) we've bought a house ◆ **je prends du 38 (en chaussures/en robe)** I take a size 38 (shoe/dress)

**m** = accepter [+ client] to take; [+ passager] to pick up; [+ locataire] to take (in); [+ personnel] to take on; [+ domestique] to engage, take on ◆ **l'école ne prend plus de pensionnaires** the school no longer takes boarders ◆ **ce train ne prend pas de voyageurs** this train doesn't pick up passengers ◆ **il l'a prise comme interprète** he took her on as an interpreter

**n** = noter [+ renseignement, adresse, nom, rendez-vous] to write down, take down; [+ mesures, température, empreintes] to take; (sous la dictée) [+ lettre] to take (down) ◆ **prendre des notes** to take notes

**o** = adopter [+ air, ton] to put on, assume; [+ décision] to take, make, come to; [+ risque, mesure] to take; [+ attitude] to strike, take up ◆ **il prit un ton menaçant** a threatening note crept into his voice, his voice took on a threatening tone

**p** = acquérir **prendre de l'autorité** to gain authority ◆ **cela prend un sens particulier** it takes on a particular meaning

**q** = s'accorder [+ congé] to take; [+ vacances] to take, have, go on; [+ repos] to have, take ◆ **je prends deux jours à Noël** I'm having a few days off at Christmas; → **temps**

**r** = coûter [+ temps, place, argent] to take ◆ **cela me prend tout mon temps** it takes up all my time ◆ **la réparation a pris des heures** the repair took hours ou ages ◆ **attendez ici, ça ne prendra pas longtemps** wait here, it won't take long

**s** [= faire payer] to charge ◆ **ils (m')ont pris 20 € pour une petite réparation** they charged (me) €20 for a minor repair ◆ **ce spécialiste prend très cher** this specialist charges very high fees, this specialist's charges *ou* fees are very high ◆ **ce plombier prend cher de l'heure** this plumber's hourly rate is high

**t** [= prélever] [+ pourcentage] to take ◆ **ils prennent un pourcentage sur la vente** they charge a commission on the sale, they take a percentage on the sale ◆ **il prend sa commission sur la vente** he takes his commission on the sale ◆ **prendre de l'argent à la banque/sur son compte** to draw (out) *ou* withdraw money from the bank/from one's account ◆ **la cotisation à la retraite est prise sur le salaire** the pension contribution is taken off one's salary *ou* deducted from one's salary ◆ **il a dû prendre sur ses économies pour payer les dégâts** he had to dip into *ou* go into his savings to pay for the damage ◆ **il a pris sur son temps pour venir m'aider** he gave up some of his time to help me

**u** [* = recevoir, subir] [+ coup, choc] to get, receive ◆ **il a pris la porte en pleine figure** the door hit *ou* got* him right in the face ◆ **qu'est-ce qu'on a pris !** *, **on en a pris plein la gueule** ‡ **ou la tronche !** ‡, **on s'en est pris plein la gueule** ‡ **ou la tronche !** ‡ (reproches) we really got it in the neck! *, we really got what for! ‡; (défaite) we got hammered! *; (averse) we got drenched! ◆ **il a pris pour les autres** (emploi absolu) he took the rap * ◆ **c'est toujours moi qui prends pour ma sœur !** I always get the blame for what my sister does! ◆ **le seau d'eau s'est renversé et c'est moi qui ai tout pris** the bucket of water tipped over and I got it all over me

**v** [= réagir à] [+ nouvelle] to take ◆ **si vous le prenez ainsi ...** if that's how you want it ... ◆ **il a bien/mal pris la chose, il l'a bien/mal pris** he took it well/badly ◆ **il a bien pris ce que je lui ai dit** he took what I said in good part *ou* quite well ◆ **il a mal pris ce que je lui ai dit** he took exception *ou* didn't take kindly to what I said to him ◆ **prendre qch avec bonne humeur** to take sth good-humouredly *ou* in good part ◆ **prendre les choses comme elles sont/la vie comme elle vient** to take things as they come/life as it comes

**w** [= manier] [+ personne] to handle; [+ problème] to handle, tackle, deal with, cope with ◆ **elle sait le prendre** she knows how to handle *ou* approach *ou* get round him ◆ **c'est quelqu'un de gentil mais il faut savoir le prendre** he's nice but you have to keep on the right side of him ◆ **il y a plusieurs façons de prendre le problème** there are several ways of going about *ou* tackling the problem; → **bout**

**x prendre qn/qch pour** (= considérer comme) to take sb/sth for ◆ **pour qui me prenez-vous ?** what *ou* who do you take me for?, what *ou* who do you think I am? ◆ **prendre qn pour un autre** to take sb for *ou* think sb is somebody else, mistake sb for somebody else ◆ **je n'aime pas qu'on me prenne pour un imbécile** I don't like being taken for a fool

(= utiliser comme) to take sb/sth as ◆ **prendre qch pour prétexte/cible** to take sth as a pretext/target

**y prendre sur soi** (= se maîtriser) to grin and bear it ◆ **savoir prendre sur soi** to keep a grip on o.s.

(= assumer) ◆ **j'ai dû prendre tout cela sur moi** I had to cope on my own ◆ **prendre sur soi de faire qch** to take it upon o.s. to do sth

**z à tout prendre** on the whole, all in all

2 VERBE INTRANSITIF

**a** [= durcir] [ciment, pâte, crème] to set

**b** [= réussir] [plante] to take (root); [vaccin] to take; [mouvement, mode] to catch on; [livre, spectacle] to be a success ◆ **le lilas a bien pris** the lilac's doing really well ◆ **la teinture prend mal avec ce tissu** this material is difficult to dye ◆ **la plaisanterie a pris** the joke was a great success ◆ **avec moi, ça ne prend pas** * it doesn't work with me *, it won't wash with me * (Brit)

**c** [= commencer à brûler] [feu] (gén) to go; (accidentellement) to start; [allumette] to light; [bois] to catch fire ◆ **le feu ne veut pas prendre** the fire won't go ◆ **le feu a pris sur le toit** the fire took hold in the roof

**d** [= se diriger] to go ◆ **prendre à gauche** to go *ou* turn *ou* bear left ◆ **prendre par les petites rues** to take to *ou* go along *ou* keep to the side streets

3 **se prendre** VERBE PRONOMINAL

**a** [= se considérer] **il se prend pour un intellectuel** he thinks *ou* likes to think he's an intellectual ◆ **pour qui se prend-il ?** (just) who does he think he is? ◆ **se prendre au sérieux** to take o.s. seriously

**b** [= accrocher, coincer] to catch, trap ◆ **le chat s'est pris la patte dans un piège** the cat got its paw trapped, the cat caught its paw in a trap ◆ **le rideau se prend dans la fenêtre** the curtain gets caught (up) *ou* stuck in the window ◆ **mon manteau s'est pris dans la porte** I caught *ou* trapped my coat in the door, my coat got trapped *ou* caught in the door ◆ **se prendre les pieds dans le tapis** (lit) to catch one's foot in the rug, trip on the rug; (fig) to trip oneself up

**c se prendre à** + infinitif (littér) ◆ **se prendre à faire qch** (= commencer) to begin to do *ou* begin doing sth, start to do *ou* start doing sth

**d s'en prendre à** [+ personne] (= agresser) to lay into *, set about; (= passer sa colère sur) to take it out on; (= blâmer) to lay *ou* put the blame on, attack ◆ **tu ne peux t'en prendre qu'à toi-même** you've only got yourself to blame

[+ chose] (= remettre en question) [+ tradition, préjugé] to challenge; (= critiquer) [+ autorité, organisation] to attack, take on ◆ **il s'en est pris à son ordinateur** he took it out on his computer *

**e s'y prendre** to set about (doing) it ◆ **il ne sait pas s'y prendre** he doesn't know how to go *ou* set about it ◆ **je ne sais pas comment tu t'y prends** I don't know how you manage it ◆ **il ne s'y serait pas pris autrement s'il avait voulu tout faire échouer** he couldn't have done better if he had actually set out to ruin the whole thing ◆ **il fallait s'y prendre à temps** you should have done something about it *ou* started before it was too late ◆ **il faut s'y prendre à l'avance** you have to do it in advance ◆ **il s'y est bien/mal pris (pour le faire)** he went about it the right/wrong way ◆ **il s'y est pris drôlement pour le faire** he chose the oddest way of doing it, he went about it in the strangest way ◆ **s'y prendre à deux fois/plusieurs fois pour faire qch** to try twice/several times to do sth, make two/several attempts to do sth ◆ **il faut s'y prendre à deux** it needs two of us (to do it) ◆ **s'y prendre bien** *ou* **savoir s'y prendre avec qn** to handle sb the right way ◆ **il sait s'y prendre avec les enfants** he really knows how to deal with children

**preneur, -euse** [pʀənœʀ, øz] → SYN **nm,f** (= acheteur) buyer; (= locataire) lessee (Jur), tenant ◆ **preneur de son** (Ciné) sound engineer ◆ **preneur d'otages** hostage taker ◆ **trouver preneur** to find a buyer ◆ **ces restes de gâteau vont vite trouver preneur** there'll be no problem finding a taker for the rest of this cake ◆ **cet objet n'avait pas trouvé preneur** there were no takers for this object ◆ **je suis preneur à 100 F** I'll buy *ou* take it for 100 francs ◆ **je ne suis pas preneur** I'm not interested

**prénom** [pʀenɔ̃] → SYN **nm** (gén) Christian name, first name; (Admin) forename, given name (US) ◆ **prénom usuel** name by which one is known ◆ **il a dû se faire un prénom** he had to make a name for himself in his own right

**prénommé, e** [pʀenɔme] (ptp de **prénommer**)
1 **adj** ◆ **le prénommé Paul** the said Paul
2 **nm,f** (Jur) above-named

**prénommer** [pʀenɔme] ▸ conjug 1 ◂ 1 **vi** to call, name, give a name to ◆ **on l'a prénommé comme son oncle** he was called *ou* named after his uncle, he was given the same name as his uncle
2 **se prénommer vpr** to be called *ou* named

**prénuptial, e,** mpl **-aux** [pʀenypsjal, o] **adj** premarital

**préoccupant, e** [pʀeɔkypɑ̃, ɑ̃t] **adj** worrying

**préoccupation** [pʀeɔkypasjɔ̃] → SYN **nf** **a** (= souci) worry, anxiety ◆ **sa mauvaise santé était une préoccupation supplémentaire pour ses parents** his ill health was a further worry to *ou* cause for concern to his parents

**b** (= priorité) preoccupation, concern ◆ **sa seule préoccupation était de ...** his one concern *ou* preoccupation was to ...

**préoccupé, e** [pʀeɔkype] → SYN (ptp de **préoccuper**) **adj** (= absorbé) preoccupied (*de qch* with sth; *de faire qch* with doing sth); (= soucieux) concerned (*de qch* about sth) (*de faire qch* to do sth), worried (*de qch* about sth) (*de faire qch* about doing sth) ◆ **tu as l'air préoccupé** you look worried

**préoccuper** [pʀeɔkype] **GRAMMAIRE ACTIVE 26.1, 26.2** → SYN ▸ conjug 1 ◂

1 **vt** **a** (= inquiéter) to worry ◆ **il y a quelque chose qui le préoccupe** something is worrying *ou* bothering him, he's got *ou* there's something on his mind ◆ **l'avenir de son fils le préoccupe** he's concerned *ou* anxious about his son's future

**b** (= absorber) to preoccupy ◆ **cette idée lui préoccupe l'esprit** *ou* **le préoccupe** he is preoccupied with the idea ◆ **il est uniquement préoccupé de sa petite personne** all he ever thinks about is himself, he's totally wrapped up in himself

2 **se préoccuper vpr** to concern o.s. (*de* with), be concerned (*de* with), worry (*de* about) ◆ **se préoccuper de la santé de qn** to show (great) concern about sb's health ◆ **il ne se préoccupe pas beaucoup de notre sort** he isn't very worried *ou* he doesn't care very much about what happens to us ◆ **il ne s'en préoccupe guère** he hardly gives it a thought

**préopératoire** [pʀeɔpeʀatwaʀ] **adj** preoperative

**préoral, e,** mpl **-aux** [pʀeɔʀal, o] **adj** preoral

**prépa** [pʀepa] **nf** (arg Scol) (abrév de **classe préparatoire**) → **préparatoire**

**préparateur, -trice** [pʀepaʀatœʀ, tʀis] → SYN **nm,f** (gén) assistant; (Univ) demonstrator ◆ **préparateur en pharmacie** pharmaceutical *ou* chemist's (Brit) assistant

**préparatifs** [pʀepaʀatif] **nmpl** preparations (*de* for) ◆ **nous en sommes aux préparatifs de départ** we're getting ready *ou* we're preparing to leave

**préparation** [pʀepaʀasjɔ̃] → SYN **nf** **a** (= confection) (gén) preparation, [repas] preparation, making; [médicament] preparation, making up; [complot] laying, hatching; [plan] preparation, working out, drawing up ◆ **la préparation de ce plat demande des soins minutieux** this dish requires very careful preparation

**b** (= apprêt) (gén) preparation; [table] laying, getting ready; [peaux, poisson, volaille] dressing; [attaque, départ, voyage] preparation (*de* for) ◆ **la préparation de l'avenir** preparing *ou* preparation for the future ◆ **attaque après préparation d'artillerie** attack following initial assault by the artillery ◆ **elle a plusieurs livres en préparation** she has several books in the pipeline

**c** (= étude) [examen] preparation, getting ready (*de* for)

**d** (= entraînement) [personne] (à un examen) preparation (*à* for); (à une épreuve sportive) preparation, training (*à* for) ◆ **annoncer quelque chose sans préparation** to announce something abruptly *ou* without preparation

**e** (Chim, Pharm) preparation

**f** (Scol) **faire une préparation à Polytechnique** (= classe préparatoire) to prepare for entrance to the École polytechnique *(in one of the classes préparatoires)* ◆ **une préparation française** (= devoir) a French exercise, a piece of French homework ◆ **faire sa préparation militaire** (Mil) to do a training course in preparation for one's military service

**préparatoire** [pʀepaʀatwaʀ] → SYN **adj** travail, démarche, conversation preparatory, preliminary ◆ **classe préparatoire (aux Grandes Écoles)** *class which prepares students for the entry exams to the Grandes Écoles;* → **cours**

**CLASSES PRÉPARATOIRES**

**Classes préparatoires** is the term given to the two years of intensive study required to sit the competitive entrance examinations to the "grandes écoles". They are extremely demanding post-"baccalauréat" courses, usually taken in a "lycée". Schools which provide such classes are more highly regarded than those which do not. → BACCALAURÉAT; CONCOURS; GRANDES ÉCOLES; LYCÉE

**préparer** [pʀepaʀe] [→ SYN] ▸ conjug 1 ◂ [1] vt [a] (= confectionner) (gén) to prepare; [+ repas] to prepare, make; [+ médicament] to prepare, make up; [+ piège, complot] to lay, hatch; [+ plan] to draw up, work out, prepare; [+ cours, discours] to prepare; [+ thèse] to be doing, be working on, prepare ◆ **elle nous prépare une tasse de thé** she's making a cup of tea for us, she's getting us a cup of tea ◆ **il lui prépare de bons petits plats** he makes ou cooks ou prepares tasty dishes for her ◆ **plat préparé** ready(-made) meal

[b] (= apprêter) (gén) to prepare; [+ table] to lay, get ready; [+ affaires, bagages, chambre] to prepare, get ready; [+ peaux, poisson, volaille] to dress; (Agr) [+ terre] to prepare; [+ attaque, rentrée, voyage] to prepare (for), get ready for; [+ transition] to prepare for ◆ **préparer le départ** to get ready ou prepare to leave, make ready for one's departure (frm) ◆ **préparer l'avenir** to prepare for the future ◆ **préparer ses effets** to time one's effects carefully, prepare one's effects ◆ **il a préparé la rencontre des deux ministres** he made the preparations for ou he organized ou he set up the meeting between the two ministers ◆ **l'attaque avait été soigneusement préparée** the attack had been carefully prepared ou organized ◆ **le coup avait été préparé de longue main** they (ou he etc ) had been preparing for it for a long time ◆ **préparer le terrain** (Mil, fig) to prepare the ground

[c] (Scol) [+ examen] to prepare for, study for ◆ **préparer Normale Sup** to study for entrance to the École normale supérieure

[d] (= habituer, entraîner) **préparer qn à qch/à faire qch** to prepare sb for sth/to do sth ◆ **préparer les esprits** to prepare people ('s minds) (*à qch* for sth) ◆ **préparer qn à un examen** to prepare ou coach sb for an exam ◆ **il a essayé de la préparer à la triste nouvelle** he tried to prepare her for the sad news ◆ **je n'y étais pas préparé** I wasn't prepared for it, I wasn't expecting it

[e] (= réserver) **préparer qch à qn** to have sth in store for sb ◆ **je me demande ce qu'elle nous prépare** I wonder what she's got in store for us ou she's cooking up for us * ◆ **on ne sait pas ce que l'avenir nous prépare** we don't know what the future holds (in store) for us ou has in store for us ◆ **il nous prépare une surprise** he has a surprise in store for us, he's got a surprise up his sleeve ◆ **ce temps nous prépare de joyeuses vacances !** (iro) if this weather continues the holidays will be just great! * (iro) ◆ **il nous prépare un bon rhume** he's getting a cold

[2] **se préparer** vpr [a] (= s'apprêter) to prepare (o.s.), get ready (*à qch* for sth) (*à faire* to do) ◆ **attendez, elle se prépare** wait a minute, she's getting ready ◆ **se préparer à une mauvaise nouvelle** to prepare o.s. for some bad news ◆ **se préparer au combat** ou **à combattre** to prepare to fight ou to do battle ◆ **se préparer pour les jeux Olympiques** to prepare ou train for the Olympics ◆ **préparez-vous au pire** prepare for the worst ◆ **je ne m'y étais pas préparé** I hadn't prepared myself for it, I wasn't expecting it ◆ **se préparer pour un bal/pour sortir dîner en ville** to get ready ou dressed for a dance/to go out to dinner ◆ **préparez-vous à être appelé d'urgence** be prepared to be called out urgently ◆ **vous vous préparez des ennuis** you're making trouble ou storing up trouble for yourself

[b] (= approcher) [orage] to be brewing ◆ **il se prépare une bagarre** there's going to be a fight ◆ **il se prépare quelque chose de louche** there's something fishy going on *

**prépayé, e** [pʀepeje] adj billet prepaid, paid in advance

**prépondérance** [pʀepɔ̃deʀɑ̃s] [→ SYN] nf [nation, groupe] ascendancy, preponderance, supremacy (*sur* over); [idée, croyance, théorie] supremacy (*sur* over); [trait de caractère] domination (*sur* over)

**prépondérant, e** [pʀepɔ̃deʀɑ̃, ɑ̃t] [→ SYN] adj rôle dominating, preponderant ◆ **voix prépondérante** (Pol) casting vote

**préposé** [pʀepoze] [→ SYN] nm (gén) employee; (= facteur) postman (Brit), mailman (US); [douane] official, officer; [vestiaire] attendant

**préposée** [pʀepoze] nf (gén) employee; (= factrice) postwoman (Brit), mailwoman (US); [vestiaire] attendant

**préposer** [pʀepoze] [→ SYN] ▸ conjug 1 ◂ vt to appoint (*à* to) ◆ **préposé à** in charge of

**prépositif, -ive** [pʀepozitif, iv] adj prepositional

**préposition** [pʀepozisjɔ̃] nf preposition

**prépositionnel, -elle** [pʀepozisjɔnɛl] adj prepositional

**prépositivement** [pʀepozitivmɑ̃] adv prepositionally, as a preposition

**pré(-)presse** [pʀepʀɛs] nf prepress

**préprogrammé, e** [pʀepʀɔgʀame] adj (Ordin) preprogrammed

**prépuce** [pʀepys] nm foreskin, prepuce (SPÉC)

**préraphaélisme** [pʀeʀafaelism] nm Pre-Raphaelitism

**préraphaélite** [pʀeʀafaelit] adj, nm Pre-Raphaelite

**préréglage** [pʀeʀeglaʒ] nm preselection, presetting

**prérégler** [pʀeʀegle] ▸ conjug 6 ◂ vt to preset

**prérentrée** [pʀeʀɑ̃tʀe] nf (Scol) *preparatory day for teachers before school term starts*

**préretraite** [pʀeʀ(ə)tʀɛt] nf (= état) early retirement; (= pension) early retirement pension ◆ **partir en préretraite** to take early retirement ◆ **être mis en préretraite** to be given early retirement, be retired early

**préretraité, e** [pʀeʀətʀete] nm,f *person who has taken early retirement*

**prérogative** [pʀeʀɔgativ] [→ SYN] nf prerogative

**préroman, e** [pʀeʀɔmɑ̃, an] adj art pre-Romanesque

**préromantique** [pʀeʀɔmɑ̃tik] adj pre-Romantic ◆ **les préromantiques** the pre-Romantics, the pre-Romantic poets (ou musicians etc )

**préromantisme** [pʀeʀɔmɑ̃tism] nm pre-Romanticism

**près** [pʀɛ] [→ SYN] [1] adv [a] (dans l'espace) near(by), close (by); (dans le temps) near, close ◆ **la gare est tout près** we're very close to the station, the station is very nearby ◆ **il habite assez/tout près** he lives quite/very near(by) ou close (by) ◆ **ne te mets pas trop près** don't get too close ou near ◆ **c'est plus/moins près que je ne croyais** (espace) it's nearer ou closer than/further than I thought; (temps) it's nearer ou sooner ou closer than/not as near ou soon as I thought ou further off than I thought ◆ **Noël est très près maintenant** Christmas is (getting) very near ou close now, it'll very soon be Christmas now

[b] (LOC) **c'est terminé à peu de chose près** it's more or less ou pretty well * finished ◆ **ce n'est pas aussi bon, à beaucoup près** it's nothing like ou nowhere near as good ◆ **ils sont identiques, à la couleur près** they are identical apart from ou except for the colour ◆ **à cela près que ...** if it weren't for ou apart from the fact that ... ◆ **je vais vous donner le chiffre à un franc/à un centimètre près** I'll give you the figure to within about a franc/a centimetre ◆ **cela fait 15 € à quelque chose** ou **à peu de chose(s) près** that comes to €15, or as near as makes no difference ◆ **il a raté le bus à une minute près** he missed the bus by a minute or so ◆ **il n'est pas à 10 minutes/à un kilo de sucre/à 15 € près** he can spare 10 minutes/a kilo of sugar/€15 ◆ **il n'est pas à un crime près** he won't let a crime stop him ◆ **il n'est plus à 10 minutes près** he can wait another 10 minutes; voir aussi **peu**

[2] prép (littér ou Admin) (lieu) near ◆ **ambassadeur près le roi de ...** ambassador to the king of ...

[3] **près de** loc prép [a] (dans l'espace) close to, near (to) ◆ **leur maison est près de l'église** their house is close to ou near the church ◆ **le plus/moins près possible de la porte/de Noël** as close ou near to/as far away as possible from the door/Christmas ◆ **une robe près du corps** a close-fitting dress ◆ **ils étaient très près l'un de l'autre** they were very close to each other ◆ **elle est près de sa mère** she's with her mother ◆ **être très près du but** to be very close ou near to one's goal ◆ **être près de son argent** ou **de ses sous** * (fig) to be close- ou tight-fisted

[b] (dans le temps) close to ◆ **il est près de minuit** it's close to midnight, it's nearly midnight ◆ **il est près de la retraite** he's close to ou nearing retirement ◆ **arriver près de la fin d'un voyage** to be nearing the end ou coming near ou close to the end of a journey ◆ **il est près de la cinquantaine** he's nearly ou almost fifty, he's going on fifty, he's coming up to fifty (Brit)

[c] (approximativement) nearly, almost ◆ **il a dépensé près de la moitié de son salaire** he has spent nearly ou almost half his salary ◆ **il y a près de 5 ans qu'ils sont partis** they left nearly ou close on 5 years ago, it's nearly 5 years since they left

[d] (avec verbe à l'infinitif = sur le point de) **être très près d'avoir trouvé la solution** to have almost ou nearly found the solution ◆ **elle a été très près de refuser** she was on the point of refusing, she was about to refuse, she came close to refusing ◆ **je suis très près de croire que ...** I'm (almost) beginning to think that ... ◆ **je ne suis pas près de partir/de réussir** at this rate, I'm not likely to be going (yet)/to succeed ◆ **je ne suis pas près d'y retourner/de recommencer** I won't go back there/do that again in a hurry, you won't catch me going back there/doing that again in a hurry

[4] **de près** loc adv ◆ **le coup a été tiré de près** the shot was fired at close range ◆ **il voit mal/bien de près** he can't see very well/he can see all right close to ◆ **surveiller qn de près** to keep a close watch on sb, watch sb closely ◆ **il a vu la mort de près** he has stared ou looked death in the face ◆ **il faudra examiner cette affaire de plus près** we must have ou take a closer look at ou look more closely into this business ◆ **on a frôlé de très près la catastrophe** we came within an inch of disaster, we had a close shave ou a narrow escape ◆ **de près ou de loin** ressembler more or less ◆ **tout ce qui touche de près ou de loin au cinéma** everything remotely connected with cinema; → **rasé, regarder**

**présage** [pʀezaʒ] [→ SYN] nm omen, presage (littér) ◆ **bon/mauvais/heureux présage** good/ill/happy omen ◆ **ces bons résultats sont le présage de jours meilleurs** these good results are the sign of better days to come

**présager** [pʀezaʒe] [→ SYN] ▸ conjug 3 ◂ vt (= annoncer) to be a sign ou an omen of, presage (littér); (= prévoir) to predict, foresee ◆ **cela ne présage rien de bon** nothing good will come of it, that's an ominous sign ◆ **cela nous laisse présager que ...** it leads us to predict ou expect that ... ◆ **rien ne laissait présager la catastrophe** there was nothing to suggest that such a disaster might happen ◆ **rien ne laissait présager que ...** there was nothing to suggest that ...

**présalaire** [pʀesalɛʀ] nm *grant given to students to replace earnings lost during their studies*

**pré-salé,** pl **prés-salés** [pʀesale] nm ◆ **(agneau/mouton de) pré-salé** salt meadow lamb/sheep; (= viande) salt meadow lamb/mutton

**presbyophrénie** [pʀɛsbjofʀeni] nf presbyophrenia

**presbyte** [pʀɛsbit] adj long-sighted, far-sighted (US), presbyopic (SPÉC)

**presbytéral, e,** mpl **-aux** [pʀɛsbiteʀal, o] adj presbyter(i)al

**presbytère** [pʀɛsbitɛʀ] [→ SYN] nm presbytery

**presbytérianisme** [pʀɛsbiteʀjanism] nm Presbyterianism

**presbytérien, -ienne** [pʀɛsbiteʀjɛ̃, jɛn] adj, nm,f Presbyterian

**presbytie** [pʀɛsbisi] **nf** long-sightedness, far-sightedness (US), presbyopia (SPÉC)

**prescience** [pʀesjɑ̃s] → SYN **nf** prescience, foresight

**prescient, e** [pʀesjɑ̃, jɑ̃t] **adj** prescient, far-sighted

**préscientifique** [pʀesjɑ̃tifik] **adj** prescientific

**préscolaire** [pʀeskɔlɛʀ] **adj** preschool (épith) ◆ **enfant d'âge préscolaire** preschool child, child of preschool age

**prescripteur, -trice** [pʀɛskʀiptœʀ, tʀis] **nm,f** (Comm) prescriber; (Scol) teacher *(who recommends schoolbooks)* ◆ **(médecin) prescripteur** consultant

**prescriptible** [pʀɛskʀiptibl] **adj** prescriptible

**prescription** [pʀɛskʀipsjɔ̃] → SYN **nf** **a** (Méd) prescription, directions ◆ **"se conformer aux prescriptions du médecin"** "to be taken in accordance with the doctor's instructions" ◆ **obtenu sur prescription médicale** obtained on prescription
**b** (= ordre) (gén) order, instruction; [morale, règlement] dictate; (= recommandation) [ouvrage, méthode] recommendation ◆ **prescriptions techniques** technical requirements
**c** (Jur) (droit civil) prescription; (droit pénal) statute of limitations ◆ **prescription acquisitive** positive prescription, adverse possession ◆ **prescription extinctive** negative prescription ◆ **au bout de sept ans il y a prescription** the statute of limitations is seven years ◆ **il y a prescription maintenant, on peut en parler** (hum) it's ancient history now so it's all right to talk about it

**prescrire** [pʀɛskʀiʀ] → SYN ▸ conjug 39 ◂ **vt** (Méd, Jur) to prescribe; [+ objet, méthode, livre] to recommend; [morale, honneur, loi] to stipulate, lay down; (= ordonner) to order, command ◆ **à la date prescrite** on the prescribed date, on the date stipulated ◆ **"ne pas dépasser la dose prescrite"** (Méd) "do not exceed the prescribed dose" ◆ **être prescrit, se prescrire** [peine, dette] to lapse

**préséance** [pʀeseɑ̃s] → SYN **nf** precedence (NonC) ◆ **par ordre de préséance** in order of precedence

**présélecteur** [pʀeselɛktœʀ] **nm** preselector

**présélection** [pʀeselɛksjɔ̃] **nf** (gén) preselection; [candidats] preselection, shortlisting (Brit) ◆ **bouton** ou **touche de présélection** (Radio) preset button ◆ **programme de présélection** preset programme ◆ **effectuer une présélection des demandeurs d'emploi** to shortlist ou preselect job applicants ◆ **boîte de vitesses à présélection** (Aut) pre-selector gearbox

**présélectionner** [pʀeselɛksjɔne] ▸ conjug 1 ◂ **vt** [+ chaîne de radio] to preset, preselect; [+ candidats] to preselect, short-list (Brit)

**présence** [pʀezɑ̃s] → SYN **1** **nf** **a** [personne, chose, pays] presence; (au bureau, à l'école) attendance; (Rel) presence ◆ **la présence aux cours est obligatoire** attendance at classes is compulsory ◆ **fuir la présence de qn** to avoid sb, keep well away from sb ◆ **Monsieur le maire nous a honoré de sa présence** (frm) the Mayor honoured us with his presence ◆ **j'ai juste à faire de la présence** I just have to be there ou present ◆ **présence assidue au bureau** regular attendance at the office ◆ **présence policière** police presence
◆ **en présence** ◆ **les forces en présence** the opposing armies ◆ **mettre deux personnes en présence** to bring two people together ou face to face ◆ **les parties en présence** (Jur) the litigants, the opposing parties
◆ **en présence de** in the presence of ◆ **cela s'est produit en ma présence** it happened while I was there ou in my presence ◆ **en présence de tels incidents** faced with ou in the face of such incidents ◆ **mettre qn en présence de qn/qch** to bring sb face to face with sb/sth
**b** (= personnalité) presence ◆ **avoir de la présence** to have (a) great presence ◆ **elle a beaucoup de présence à l'écran/sur scène** she has great screen/stage presence
**c** (= être) **j'ai senti une présence** I felt a presence, I suddenly felt that I was not alone
**2** COMP ▷ **présence d'esprit** presence of mind

**présent[1], e** [pʀezɑ̃, ɑ̃t] → SYN **1** **adj** **a** personne present; (Rel) present ◆ **les personnes ici présentes** (frm) those present, the persons here present (frm) ◆ **les personnes (qui étaient) présentes au moment de l'incident** the people who were present ou there when the incident occurred ◆ **être présent à une cérémonie** to be present at ou attend a ceremony ◆ **être présent à l'appel** to be present at roll call ◆ **présent !** present! ◆ **répondre présent** (lit) to answer "present" ◆ **il a toujours répondu présent quand j'ai eu besoin de lui** (fig) he always came through ou he was always there when I needed him ◆ **cette année au festival, beaucoup de jeunes musiciens ont répondu présent(s)** many young musicians attended this year's festival ◆ **pour un bon repas, il est toujours présent !** (hum) you can always count on him to be there when there's good food around! ◆ **je suis présent en pensée** my thoughts are with you (ou him etc ), I'm thinking of you (ou him etc )
**b** chose present ◆ **métal présent dans un minerai** metal present ou found in an ore ◆ **son pessimisme est partout présent dans son dernier roman** his pessimism runs right through ou is evident throughout his latest novel ◆ **sa gentillesse est présente dans chacun de ses actes** his kindness is evident in everything he does ◆ **avoir qch présent à l'esprit** to have sth fresh in one's mind ◆ **je n'ai pas les chiffres présents à l'esprit** I can't bring the figures to mind, I can't remember the figures offhand ◆ **j'aurai toujours ce souvenir présent à l'esprit** this memory will be ever-present in my mind ou will always be fresh in my mind ◆ **gardez ceci présent à l'esprit** keep ou bear this in mind
**c** (= actuel) circonstances, état, heure, époque present ◆ **le 15 du mois présent** on the 15th inst. (Admin) ou of this month
**d** (Gram) temps, participe present
**e** (= dont il est question) present ◆ **le présent récit** the present account, this account ◆ **nous vous signalons par la présente lettre que ...** (Admin) we hereby inform you that ...
**f** (= actif) **ils sont très présents dans le secteur informatique** they have a strong foothold in the computer sector ◆ **il est très présent sur le terrain** (Sport) he covers the field really well ◆ **elle est très présente au filet** (Tennis) she covers the net really well
**2** **nm** **a** (= époque) **le présent** the present
**b** (Gram) present (tense) ◆ **au présent** in the present (tense) ◆ **présent de l'indicatif** present indicative ◆ **présent historique** ou **de narration** historic(al) ou narrative present
**c** (= personne) **les présents et les absents** those present and those absent ◆ **il n'y avait que cinq présents** there were only five people present ou there
**d** (LOC)
◆ **à présent** (= en ce moment) at present, presently (US); (= maintenant) now; (= de nos jours) now, nowadays ◆ **la jeunesse/les gens d'à présent** young people/people of today, young people/people nowadays
◆ **à présent que** ◆ **à présent que nous savons** now that we know
**3** **présente** **nf** (Admin) ◆ **veuillez recevoir par la présente ...** (= lettre) please find enclosed ... ◆ **nous vous signalons par la présente que ...** we hereby inform you that ... ◆ **le contrat annexé à la présente** the contract enclosed herewith

**présent[2]** [pʀezɑ̃] → SYN **nm** (littér) gift, present ◆ **faire présent de qch à qn** to present sb with sth

**présentable** [pʀezɑ̃tabl] → SYN **adj** presentable ◆ **avec cet œil au beurre noir, je ne suis pas présentable** with this black eye, I'm not fit to be seen

**présentateur, -trice** [pʀezɑ̃tatœʀ, tʀis] → SYN **nm,f** (Radio, TV) [jeu, causerie, variétés] host, compere (Brit), emcee (US); [débat] presenter; [nouvelles] newscaster, newsreader

**présentation** [pʀezɑ̃tasjɔ̃] → SYN **nf** **a** (gén) presentation ◆ **sur présentation d'une pièce d'identité** on presentation of proof of identity
**b** [nouveau venu, conférencier] introduction; (frm : à la cour) presentation ◆ **faire les présentations** to make the introductions, introduce people to one another
**c** (au public) [tableaux, pièce] presentation; [marchandises] presentation, display; [film] presentation, showing; (Radio, TV) [émission] presentation, introduction ◆ **présentation de mode** fashion show
**d** (= manière de présenter) [idée, produit, travail] presentation ◆ **avoir une bonne/mauvaise présentation** [personne] to have a good ou pleasant/an unattractive ou off-putting appearance
**e** (Rel) **la Présentation** the Presentation
**f** (Méd) [fœtus] presentation ◆ **présentation par la tête/le siège** head/breech presentation
**g** (Fin) presentation ◆ **payable sur présentation** payable on presentation ou at call ou at sight ou over the counter

**présentement** [pʀezɑ̃tmɑ̃] → SYN **adv** (= en ce moment) at present, presently (US); (= maintenant) now

**présenter** [pʀezɑ̃te] → SYN ▸ conjug 1 ◂ **1** **vt** **a** [+ personne] (à qn d'autre, à un groupe) to introduce (*à* to; *dans* into); (au roi, à la cour) to present (*à* to) ◆ **je vous présente ma femme** this is my wife, have you met my wife?, may I introduce my wife (to you)?
**b** (= montrer) [+ billet, passeport] to present, show, produce ◆ **il présentait une apparence de calme** he appeared calm ◆ **la ville présente un aspect inhabituel** the town looks different from usual ou doesn't look the same as it usually does
**c** (= proposer au public) [+ marchandises] to present, display (*à* to), set out (*à* before); (Théât) [+ acteur, pièce] to present; (Radio, TV) [+ émission] to present, introduce; [+ jeux] to present, compere (Brit); [+ mode, tableaux] to present ◆ **c'est lui qui présente les nouvelles** (TV) he presents ou reports the news
**d** (= offrir) [+ plat] to present, hold out; [+ rafraîchissements] to offer, hand round; [+ bouquet] to present ◆ **présenter son bras à qn** to offer one's arm to sb
**e** (= exposer) [+ problème] to set out, explain; [+ idées] to present, set ou lay out; [+ théorie] to expound, set out ◆ **un travail bien/mal présenté** a well-/badly presented ou laid-out piece of work ◆ **les plats sont bien/mal présentés** the food is/isn't nicely ou attractively presented ◆ **présentez-lui cela avec tact** explain it to him ou put it to him tactfully ◆ **il nous a présenté son ami comme un héros** he spoke of his friend as a hero; → **jour**
**f** (= exprimer) [+ excuses] to present, offer, make; [+ condoléances, félicitations] to present, offer; [+ respects] to present, pay; [+ objection] to raise
**g** (= comporter) [+ avantage, intérêt] to present, afford; [+ différences] to reveal, present; [+ risque, difficulté, obstacle] to present ◆ **ce malade présente des symptômes de tuberculose** this patient presents ou shows symptoms of tuberculosis ◆ **ce tissu présente de nombreux défauts** this material has a number of flaws ◆ **le budget présente un déficit important** there is a big deficit in the budget ◆ **la situation présente un caractère d'urgence** the situation is ou appears urgent
**h** (= soumettre) [+ note, facture, devis, bilan] to present, submit; [+ thèse] to submit; [+ motion] to move; [+ projet de loi] to present, introduce; [+ rapport, requête] to present, put in, submit ◆ **présenter sa candidature à un poste** to apply for ou put in for a job ◆ **il a présenté sa démission** he has handed in his resignation ◆ **présenter un candidat à un concours** to put a candidate in ou enter a candidate for a competitive examination ◆ **à l'examen, il a présenté un texte de Camus** (Scol) he chose ou did a text by Camus for the exam
**i** (= tourner dans la direction de) to turn ◆ **présenter le flanc à l'ennemi** to turn one's flank towards the enemy ◆ **bateau qui présente le travers au vent** ship turning ou sailing broadside on to the wind
**j** (Mil) [+ armes] to present; [+ troupes] to present *(for inspection)*; → **arme**
**k** (Tech = placer) to position, line up
**2** **vi** [personne] ◆ **présenter bien/mal** to have a good ou pleasant/an unattractive ou off-putting (Brit) appearance
**3** **se présenter** **vpr** **a** (= se rendre) to go, come, appear ◆ **se présenter chez qn** to go to

sb's house ◆ **il ose encore se présenter chez toi !** does he still dare to show himself ou to appear at your house! ◆ **il ne s'est présenté personne** no one turned up ou came ou appeared ◆ **je ne peux pas me présenter dans cette tenue** I can't appear dressed like this ◆ **"ne pas écrire, se présenter"** (dans une annonce) "(interested) applicants should apply in person" ◆ **se présenter à l'audience** (Jur) to appear in court, make a court appearance

**b** (= être candidat) to come forward ◆ **se présenter pour un emploi** to put in ou apply for a job ◆ **se présenter à** [+ examen] to sit (Brit), take; [+ concours] to go in for, enter ◆ **se présenter aux élections** to stand (Brit) ou run (surtout US) for election, stand (Brit) ou run (surtout US) in the elections ◆ **se présenter aux élections présidentielles** to stand for president ou in the presidential elections (Brit), run for president (surtout US) ◆ **se présenter comme candidat** (aux élections) to be a candidate, stand (Brit) ou run (surtout US) as a candidate (*à* in); (à un poste) to apply (*à* for)

**c** (= se faire connaître : gén) to introduce o.s. (*à* to)

**d** (= surgir) [occasion] to arise, present itself; [difficulté] to crop ou come up, arise, present itself; [solution] to come to mind, present itself ◆ **un problème se présente à nous** we are faced ou confronted with a problem ◆ **il lit tout ce qui se présente** he reads everything he can get his hands on, he reads anything that's going* ◆ **il faut attendre que quelque chose se présente** we must wait until something turns up ◆ **deux noms se présentent à l'esprit** two names come ou spring to mind ◆ **un spectacle magnifique se présenta à ses yeux** a magnificent sight met his eyes

**e** (= apparaître) **cela se présente sous forme de cachets** it's presented ou it comes in tablet form ◆ **l'affaire se présente bien/mal** things are looking good/aren't looking too good ◆ **les choses se présentent sous un nouveau jour** things appear in a new light ◆ **comment se présente le problème ?** what exactly is the problem?, what is the nature of the problem? ◆ **comment l'enfant se présente-t-il ?** (Méd) how is the baby presenting?

**présentoir** [pʀezɑ̃twaʀ] ⊡ SYN nm (= étagère) display

**présérie** [pʀeseʀi] nf pilot production

**préservateur, -trice** [pʀezɛʀvatœʀ, tʀis] **1** adj preventive, protective
**2** nm (Chim) preservative

**préservatif, -ive** [pʀezɛʀvatif, iv] ⊡ SYN **1** adj preventive, protective
**2** nm ◆ **préservatif (masculin)** condom ◆ **préservatif féminin** female condom ◆ **refuser le préservatif** to refuse to wear a condom

**préservation** [pʀezɛʀvasjɔ̃] ⊡ SYN nf [environnement, espèce, patrimoine] preservation, protection; [identité culturelle] preservation; [emploi] protection ◆ **les gens sont obnubilés par la préservation de leur emploi** people are obsessed with holding on to their jobs

**préserver** [pʀezɛʀve] ⊡ SYN ▸ conjug 1 ◂ vt [+ emploi, droits] to safeguard, preserve; [+ identité culturelle, paix, liberté, valeurs, équilibre, indépendance] to preserve; [+ environnement, patrimoine, intérêts] to preserve, protect (*de* from, against); [+ vie] (= protéger) to protect; (= sauver) to save ◆ **se préserver du soleil** to protect o.s. from the sun ◆ **le ciel** ou **Dieu m'en préserve !** Heaven preserve me!, Heaven forbid!

**présidence** [pʀezidɑ̃s] ⊡ SYN nf **a** [État, tribunal] presidency; [comité, réunion] chairmanship; [firme] chairmanship, directorship; [université] vice-chancellorship (Brit), presidency (US) ◆ **candidat à la présidence** (Pol) presidential candidate

**b** (= résidence) presidential residence ou palace

**président** [pʀezidɑ̃] ⊡ SYN **1** nm **a** (Pol) president ◆ **Monsieur/Madame le président** Mr/Madam President ◆ **président de la République française/des États-Unis** President of the French Republic/of the United States

**b** [comité, réunion, conseil d'administration, commission] chairman; [club, société savante] president; [firme] chairman, president; [jury d'examen] chairman, chief examiner; [université] vice-chancellor (Brit), president (US), chancellor (US)

**c** (Jur) [tribunal] presiding judge ou magistrate; [jury] foreman ◆ **Monsieur** (ou **Madame**) **le président** Your Honour

**2** COMP ▷ **président de l'Assemblée nationale** President of the National Assembly ▷ **président du Conseil** (Hist) Prime Minister ▷ **président-directeur général** chairman and managing director (Brit), chief executive officer (US) ▷ **le président Mao** Chairman Mao ▷ **président du Parlement européen** President of the European Parliament ▷ **président du Sénat** President of the Senate ▷ **président à vie** life president

**présidente** [pʀezidɑ̃t] nf **a** (en titre : Pol) president; [comité, réunion, conseil d'administration, commission] chairwoman; [club, société savante] president; [firme] chairwoman, president; [jury d'examen] chairwoman; [université] vice-chancellor (Brit), president (US), chancellor (US); (Jur) [tribunal] presiding judge ou magistrate; [jury] forewoman

**b** († = épouse) (gén) president's ou chairman's wife; (Pol) president's wife, first lady

**présidentiable** [pʀezidɑ̃sjabl] adj ◆ **être présidentiable** to be a possible ou potential presidential candidate

**présidentialisme** [pʀezidɑ̃sjalism] nm presidentialism

**présidentiel, -ielle** [pʀezidɑ̃sjɛl] adj presidential ◆ **les (élections) présidentielles** the presidential elections → ÉLECTIONS

**présider** [pʀezide] ⊡ SYN ▸ conjug 1 ◂ **1** vt [+ tribunal, conseil, assemblée] to preside over; [+ comité, débat, séance] to chair ◆ **présider un dîner** to be the guest of honour at a dinner ◆ **c'est M. Leblanc qui préside** [+ séance] Mr Leblanc is in ou taking the chair; [+ club] Mr Leblanc is president

**2** **présider à** vt indir [+ préparatifs, décisions, exécution] to direct, be in charge ou command of; [+ destinées] to rule over; [+ cérémonie] to preside over ◆ **règles qui président à qch** rules which govern sth ◆ **la volonté de conciliation a présidé aux discussions** a conciliatory spirit prevailed throughout the talks

**présidium** [pʀezidjɔm] nm presidium

**présocratique** [pʀesɔkʀatik] adj, nm pre-Socratic

**présomptif, -ive** [pʀezɔ̃ptif, iv] adj ◆ **héritier présomptif** heir apparent

**présomption** [pʀezɔ̃psjɔ̃] ⊡ SYN nf **a** (= supposition) presumption, assumption; (Jur) presumption ◆ **de lourdes présomptions pèsent sur lui** he is under grave suspicion ◆ **il a été condamné sur de simples présomptions** he was convicted on suspicion alone ◆ **présomption légale** presumption of law ◆ **présomption de paternité** presumption of paternity ◆ **présomption d'innocence** presumption of innocence ◆ **faire respecter la présomption d'innocence** to respect the principle that the defendant is innocent until proven guilty

**b** (= prétention) presumptuousness, presumption

**présomptueusement** [pʀezɔ̃ptɥøzmɑ̃] adv presumptuously

**présomptueux, -euse** [pʀezɔ̃ptɥø, øz] ⊡ SYN adj presumptuous, self-assured ◆ **d'un ton** ou **d'un air présomptueux** presumptuously

**présonorisation** [pʀesɔnɔʀizasjɔ̃] nf playback

**presque** [pʀɛsk] ⊡ SYN adv **a** (contexte positif) almost, nearly, virtually ◆ **j'ai presque terminé** I've almost ou nearly ou as good as finished ◆ **presque à chaque pas** at almost every step ◆ **une espèce d'inquiétude, presque d'angoisse** a kind of anxiety – almost anguish ◆ **c'est presque de la folie** it's little short of madness ◆ **c'est presque impossible** it's almost ou virtually ou well-nigh impossible ◆ **c'est sûr ou presque** it's almost ou practically ou virtually certain

**b** (contexte négatif) hardly, scarcely, almost, virtually ◆ **personne/rien ou presque, presque personne/rien** hardly ou scarcely anyone/anything, almost nobody/nothing, next to nobody/nothing ◆ **as-tu trouvé des fautes ? – presque pas** did you find any mistakes? – hardly any ◆ **a-t-il dormi ? – presque pas** did he sleep? – hardly at all ou no, not really ◆ **je ne l'ai presque pas entendu** I hardly ou scarcely heard him ◆ **il n'y a presque plus de vin** there's hardly any wine left, the wine has nearly all gone ◆ **ça n'arrive presque jamais** it hardly ou scarcely ever happens, it almost ou practically never happens

**c** (avant n) **dans la presque obscurité** in the near darkness ◆ **la presque totalité des lecteurs** almost ou nearly all the readers ◆ **j'en ai la presque certitude** I'm almost ou virtually certain

**presqu'île** [pʀɛskil] ⊡ SYN nf peninsula

**pressage** [pʀesaʒ] nm [disque, raisin] pressing

**pressant, e** [pʀesɑ̃, ɑ̃t] ⊡ SYN adj besoin, danger, invitation urgent, pressing (épith); situation, travail, désir, demande urgent; personne insistent ◆ **demander qch de façon pressante** to ask for sth urgently ◆ **le créancier a été/s'est fait pressant** the creditor was insistent/started to insist ou started to press him (ou me etc) ◆ **avoir un besoin pressant** ou **une envie pressante** (euph) to need to answer an urgent call of nature, need to spend a penny (euph) (Brit) ou to go to the restroom (US)

**press-book**, pl **press-books** [pʀɛsbuk] nm [mannequin] portfolio

**presse** [pʀɛs] ⊡ SYN nf **a** (= institution) press; (= journaux) (news)papers ◆ **la grande presse, la presse à grand tirage** the popular press ◆ **la presse écrite** the press ◆ **c'est dans toute la presse** it's in all the papers ◆ **la presse périodique** periodicals, journals ◆ **presse régionale/mensuelle** regional/monthly press ou papers ◆ **presse féminine/automobile** women's/car magazines ◆ **presse d'opinion** papers specializing in analysis and commentary ◆ **presse d'information** newspapers ◆ **presse à scandale** ou **à sensation** gutter press ◆ **presse du cœur** romance magazines ◆ **avoir bonne/mauvaise presse** (lit) to get ou have a good/bad press; (fig) to be well/badly thought of ◆ **agence/attaché/conférence de presse** press agency/attaché/conference; → **délit, liberté, service**

**b** (= appareil) (gén) press; (Typo) (printing) press ◆ **presse à cylindres/à bras** cylinder/hand press ◆ **mettre sous presse** [+ livre] to send to press; [+ journal] to put to bed ◆ **le livre a été mis sous presse** the book has gone to press ◆ **le journal a été mis sous presse** the (news)paper has gone to bed ◆ **livre sous presse** book in press ◆ **correct au moment de la mise sous presse** correct at the time of going to press

**c** (littér = foule) throng (littér), press (littér)

**d** (= urgence) **pendant les moments de presse** when things get busy ◆ **il n'y a pas de presse*** there's no rush ou hurry

**pressé, e** [pʀese] ⊡ SYN (ptp de **presser**) adj **a** pas hurried ◆ **avoir un air pressé** to look as though one is in a hurry ◆ **marcher d'un pas pressé** to hurry along ◆ **je suis (très) pressé** I'm in a (great) hurry ou (very) pressed for time ◆ **je ne suis pas pressé** I'm in no hurry ou not in any hurry ◆ **être pressé de partir** to be in a hurry to leave

**b** (= urgent) travail, lettre urgent ◆ **c'est pressé ?** is it urgent? ◆ **il n'a eu rien de plus pressé que de faire ...** he wasted no time doing ..., he just couldn't wait to do ... ◆ **si tu n'as rien de plus pressé à faire que de ...** if you have nothing more urgent to do than ... ◆ **il faut parer au plus pressé** we must do the most urgent thing(s) first, first things first

**presse-agrumes** [pʀɛsagʀym] nm inv (électrique) (electric) juice extractor (Brit), (electric) juicer (US); (manuel) orange (ou lemon etc) squeezer

**presse-ail** [pʀɛsaj] nm inv garlic press ou crusher

**presse-bouton** [pʀɛsbutɔ̃] adj inv push-button

**presse-citron**, pl **presse-citrons** [pʀɛssitʀɔ̃] nm lemon squeezer

**presse-étoupe** [pʀɛsetup] nm inv stuffing ou packing box

**pressentiment** [pʀesɑ̃timɑ̃] ⊡ SYN nm (= intuition) foreboding, presentiment, premonition; (= idée) feeling ◆ **j'ai comme un pressentiment qu'il ne viendra pas** I've got a feeling he won't come ◆ **avoir le pressentiment de qch/que ...** to have a premonition of sth/that ...

**pressentir** [pʀesɑ̃tiʀ] ⊡ SYN ▸ conjug 16 ◂ vt **a** [+ danger] to sense, have a foreboding ou a premonition of ◆ **pressentir que ...** to have a feeling ou a premonition that ... ◆ **j'avais**

**pressenti quelque chose** I had sensed something ◆ **il n'a rien laissé pressentir de ses projets** he gave no hint of his plans ◆ **rien ne laissait pressentir cette catastrophe** there was nothing to suggest that such a disaster might happen

**b** [+ personne] to sound out, approach ◆ **il a été pressenti pour le poste** he has been sounded out ou approached about taking the job ◆ **ministre pressenti** prospective minister

**presse-papiers** [pʀɛspapje] nm inv paperweight

**presse-purée** [pʀɛspyʀe] nm inv potato-masher

**presser** [pʀese] → SYN ▸ conjug 1 ◂ **1** vt **a** [+ éponge, fruit] to squeeze; [+ raisin] to press ◆ **un citron pressé** a glass of freshly-squeezed lemon juice ◆ **presser qn comme un citron** to squeeze sb dry ◆ **on presse l'orange ou le citron et on jette l'écorce** (fig) you use people as long as they can be of service to you and then you cast them aside ◆ **si on lui pressait le nez, il en sortirait du lait** (hum) he's barely out of nappies (Brit) ou diapers (US)

**b** (= serrer) [+ objet] to squeeze ◆ **les gens étaient pressés les uns contre les autres** people were squashed up ou crushed up against one another ◆ **presser qn dans ses bras** to hug sb ◆ **presser qn contre sa poitrine** to clasp sb to one's chest ◆ **presser la main de ou à qn** to squeeze sb's hand, give sb's hand a squeeze

**c** (= appuyer sur) [+ bouton, sonnette] to press, push ◆ **presser une matrice dans la cire** to press a mould into the wax

**d** (= façonner) [+ disque, pli de pantalon] to press

**e** (= inciter à) **presser qn de faire qch** to urge ou press sb to do sth

**f** (= hâter) [+ affaire] to speed up; [+ départ] to hasten, speed up ◆ **(faire) presser qn** to hurry sb (up) ◆ **(faire) presser les choses** to speed things up ◆ **presser le pas ou l'allure** to speed up, hurry on ◆ **il fit presser l'allure** he speeded up ou quickened the pace ◆ **presser le mouvement** to hurry up, pick up the pace ◆ **qu'est-ce qui vous presse ?** what's the hurry? ◆ **rien ne vous presse** there's no hurry

**g** (= harceler) [+ débiteur] to press, put pressure on; (littér, Mil) [+ ennemi] to press ◆ **être pressé par le besoin** to be driven ou pressed by need ◆ **le désir qui le presse** (littér) the desire which drives him ◆ **presser qn de questions** to ply sb with questions

**2** vi (= être urgent) to be urgent ◆ **l'affaire presse** it's urgent ◆ **le temps presse** time is short ◆ **cela ne presse pas, rien ne presse** there's no hurry ou rush ou urgency, there's no need to rush ou hurry

**3** **se presser** vpr **a** (= se serrer) **se presser contre qn** to squeeze up against sb ◆ **les gens se pressaient pour entrer** people were pushing to get in, there was a crush to get in ◆ **les gens se pressaient autour de la vedette** people were pressing ou crowding round the star

**b** (= se hâter) to hurry (up) ◆ **ils allaient/travaillaient sans se presser** they went/were working at a leisurely pace ◆ **pressez-vous, il est tard** hurry up ou get a move on *, it's getting late ◆ **il faut se presser** we must hurry up ou get cracking * ou get a move on * ◆ **presse-toi de partir** hurry up and go ◆ **allons, pressons(-nous) !** come on, come on!, come on, we must hurry!

**presse-raquette**, pl **presse-raquettes** [pʀɛsʀakɛt] nm racket press

**presseur, -euse** [pʀesœʀ, øz] nm,f (Tech) presser

**pressing** [pʀesiŋ] → SYN nm **a** (= établissement) dry-cleaner's

**b** (Sport) pressure ◆ **faire le pressing sur qn** to put the pressure on sb

**pression** [pʀesjɔ̃] → SYN nf **a** (= action) pressure ◆ **je sentais la pression de sa main sur la mienne** I could feel the pressure of his hand on mine ou his hand pressing on mine ◆ **une simple pression du doigt suffit pour l'ouvrir** to open it, just press ◆ **faire pression sur le couvercle d'une boîte** (pour fermer) to press (down) on the lid of a box; (pour ouvrir) to push up the lid of a box

**b** (Méd, Phys) pressure ◆ **pression artérielle/atmosphérique** blood/atmospheric pressure ◆ **à haute/basse pression** high/low pressure (épith) ◆ **être sous pression** [machine] to be under pressure; [cabine] to be pressurized; [personne] to be keyed up, be tense ◆ **mettre sous pression** to pressurize ◆ **je suis sous pression en ce moment** (excès de travail) I am under pressure just now ◆ **faire monter/baisser la pression** (fig) to increase/reduce the pressure

**c** (= contrainte) pressure ◆ **pression sociale/fiscale** social/tax pressure ◆ **sous la pression des événements** under the pressure of events ◆ **faire pression ou exercer une pression sur qn (pour qu'il fasse qch)** to put pressure on sb (to do sth), bring pressure to bear on sb (to do sth), pressurize sb (into doing sth) ◆ **être soumis à des pressions** to be under pressure; → **groupe**

**d** **bière à la pression** draught (Brit) ou draft (US) beer, beer on draught (Brit) ou draft (US) ◆ **deux pression(s)** *, **s'il vous plaît** two (draught) beers, please

**e** (= bouton) press stud (Brit), snap (fastener) (US), popper * (Brit)

**pressionné, e** [pʀesjɔne] adj fastened, snapped (US)

**pressoir** [pʀeswaʀ] → SYN nm **a** (= appareil) [vin] wine press; [cidre] cider press; [huile] oil press

**b** (= local) press-house

**pressostat** [pʀesɔsta] nm pressure controller

**pressurage** [pʀesyʀaʒ] nm [fruit] pressing

**pressurer** [pʀesyʀe] → SYN ▸ conjug 1 ◂ vt [+ fruit] to press; [+ personne] to pressurize, put under pressure ◆ **se pressurer le cerveau** * to rack one's brains

**pressurisation** [pʀesyʀizasjɔ̃] → SYN nf pressurization

**pressuriser** [pʀesyʀize] ▸ conjug 1 ◂ vt to pressurize ◆ **cabine pressurisée** pressurized cabin

**prestance** [pʀɛstɑ̃s] → SYN nf presence ◆ **avoir de la prestance** to have great presence

**prestant** [pʀɛstɑ̃] nm diapason (normal)

**prestataire** [pʀɛstatɛʀ] → SYN nm person receiving benefits ou allowances ◆ **prestataire de service** service provider

**prestation** [pʀɛstasjɔ̃] → SYN **1** nf **a** (= allocation) [assurance] benefit

**b** (gén pl = services) [hôtel, restaurant] service ◆ **"prestations luxueuses"** [maison] "luxuriously appointed"

**c** (= performance) [artiste, sportif] performance ◆ **faire une bonne prestation** to put up a good performance, perform well

**2** COMP ▷ **prestations familiales** State benefits paid to the family *(maternity benefit, family income supplement, rent rebate etc)* ▷ **prestation d'invalidité** disablement benefit ou allowance ▷ **prestation en nature** payment in kind ▷ **prestation de serment** taking the oath ◆ **la prestation de serment du président a eu lieu hier** the president was sworn in yesterday ▷ **prestation de service** provision of a service ▷ **prestations sociales** social security benefits, welfare payments ▷ **prestation de vieillesse** old age pension

**preste** [pʀɛst] → SYN adj (littér) nimble

**presté, e** [pʀeste] adj travail actually carried out; heure actually worked

**prestement** [pʀɛstəmɑ̃] adv (littér) nimbly

**prestesse** [pʀɛstɛs] → SYN nf (littér) nimbleness

**prestidigitateur, -trice** [pʀɛstidiʒitatœʀ, tʀis] → SYN nm,f conjurer, magician

**prestidigitation** [pʀɛstidiʒitasjɔ̃] → SYN nf conjuring ◆ **faire de la prestidigitation** to do conjuring tricks ◆ **tour de prestidigitation** conjuring trick ◆ **ça relève de la prestidigitation !** (hum) it's pure wizardry!

**prestige** [pʀɛstiʒ] → SYN nm (gén) prestige ◆ **le prestige de l'uniforme** the glamour of uniforms ◆ **de prestige** politique, opération, voiture prestige (épith) ◆ **faire qch pour le prestige** to do sth for the glory of it ou for (the) prestige

**prestigieux, -ieuse** [pʀɛstiʒjø, jøz] → SYN adj prestigious; (Comm) renowned, prestigious ◆ **une marque prestigieuse de voiture** a famous ou prestigious make of car

**prestissimo** [pʀɛstisimo] adv prestissimo

**presto** [pʀɛsto] → SYN adv (Mus) presto; (* fig) double-quick *

**présumable** [pʀezymabl] adj presumable ◆ **il est présumable que ...** it may be presumed that ...

**présumer** [pʀezyme] → SYN ▸ conjug 1 ◂ **1** vt to presume, assume ◆ **présumé innocent** presumed innocent ◆ **l'auteur présumé du livre** the presumed author of the book ◆ **le meurtrier présumé** the alleged killer ◆ **affaire de corruption présumée** alleged corruption affair ◆ **le père présumé** (Jur) the putative father

**2** **présumer de** vt indir ◆ **trop présumer de qch/qn** to overestimate ou overrate sth/sb ◆ **(trop) présumer de ses forces** to overestimate one's strength

**présupposé** [pʀesypoze] nm presupposition

**présupposer** [pʀesypoze] → SYN ▸ conjug 1 ◂ vt to presuppose

**présupposition** [pʀesypozisjɔ̃] nf presupposition

**présure** [pʀezyʀ] nf rennet

**présurer** [pʀezyʀe] ▸ conjug 1 ◂ vt to curdle with rennet

**prêt[1], prête** [pʀɛ, pʀɛt] → SYN **1** adj **a** (= préparé) ready ◆ **prêt à ou pour qch/à ou pour faire qch** ready for sth/to do sth ◆ **prêt à fonctionner ou à l'emploi** ready for use ◆ **poulet prêt à cuire ou rôtir** oven-ready chicken ◆ **prêt au départ ou à partir** ready to go ou leave, ready for the off * (Brit) ◆ **être fin prêt (au départ)** to be all set, be raring * to go ◆ **tout est (fin) prêt** everything is (quite) ready ◆ **se tenir prêt à qch/à faire qch** to hold o.s. ou be ready for sth/to do sth ◆ **tiens ta monnaie prête pour payer** have your money ready to pay ◆ **il est prêt à tout** (criminel) he'll do anything, he'll stop at nothing ◆ **on m'a averti : je suis prêt à tout** they've warned me and I'm ready for anything ◆ **toujours prêt !** (devise scoute) be prepared!; → **marque**

**b** (= disposé) **prêt à** ready ou prepared ou willing to ◆ **être tout prêt à faire qch** to be quite ready ou prepared ou willing to do sth

**prêt[2]** [pʀɛ] → SYN **1** nm **a** (= action) loaning, lending; (= somme) loan ◆ **le service de prêt d'une bibliothèque** the lending department of a library ◆ **prêt inter-bibliothèques** inter-library loan ◆ **prêt sur gages** (= service) pawnbroking; (= somme) loan against security; → **bibliothèque**

**b** (Mil) pay

**c** (= avance) advance

**2** COMP ▷ **prêt aidé d'accession à la propriété** *loan for first-time home buyers* ▷ **prêt bancaire** bank loan ◆ **prêt (à taux) bonifié** subsidized ou guaranteed loan ▷ **prêt à la construction** building loan ▷ **prêt conventionné** regulated mortgage loan ▷ **prêt d'honneur** *(government) loan made with no guarantee of repayment* ▷ **prêt immobilier** ≃ mortgage (loan), ≃ real-estate loan (US) ▷ **prêt locatif aidé (d'insertion)** *low-cost subsidized housing loan* ▷ **prêt personnel** personal loan ▷ **prêt privilégié** guaranteed loan ▷ **prêt relais** bridging loan

**prêt-à-coudre**, pl **prêts-à-coudre** [pʀɛtakudʀ] nm ready-to-sew garment

**prêt-à-manger**, pl **prêts-à-manger** [pʀɛtamɑ̃ʒe] nm ready-made meals

**prêt-à-monter**, pl **prêts-à-monter** [pʀɛtamɔ̃te] nm kit

**prétantaine** [pʀetɑ̃tɛn] nf ⇒ **prétentaine**

**prêt-à-porter**, pl **prêts-à-porter** [pʀɛtapɔʀte] nm ready-to-wear (clothes) ◆ **acheter qch en prêt-à-porter** to buy sth ready to wear ou off the peg (Brit) ou off the rack (US) ◆ **je n'achète que du prêt-à-porter** I only buy ready-to-wear ou off-the-peg (Brit) ou off-the-rack (US) clothes

**prêt-bail**, pl **prêts-bails** [pʀɛbaj] nm leasing

**prêté** [pʀete] nm ◆ **c'est un prêté pour un rendu** it's tit for tat

**prétendant, e** [pʀetɑ̃dɑ̃, ɑ̃t] → SYN **1** nm (= prince) pretender; (littér = galant) suitor

**2** nm,f (= candidat) candidate (à for)

**prétendre** [pʀetɑ̃dʀ] → SYN ▸ conjug 41 ◂ 1 vt a (= affirmer) to claim, maintain, assert, say ◆ **il prétend être ou qu'il est le premier à avoir trouvé la réponse** he claims to be the first to have found the answer, he claims ou maintains (that) he's the first to have found the answer ◆ **il se prétend insulté/médecin** he makes out ou claims he's been insulted/he's a doctor ◆ **je ne prétends pas qu'il l'ait fait** I don't say ou I'm not saying he did it ◆ **on le prétend très riche** he is said ou alleged to be very rich ◆ **en prétendant qu'il venait chercher un livre** on the pretence of coming to get a book, making out ou claiming that he had come to get a book ◆ **à ce qu'il prétend** according to him ou to what he says, if what he says is true ◆ **à ce qu'on prétend** allegedly, according to what people say

b (= avoir la prétention de) to pretend ◆ **tu ne prétends pas le faire tout seul ?** you don't pretend ou expect to do it on your own? ◆ **je ne prétends pas me défendre** I don't pretend ou I'm not trying to justify myself

c (littér) (= vouloir) to want; (= avoir l'intention de) to mean, intend ◆ **que prétendez-vous de moi ?** what do you want of me? (littér) ◆ **que prétend-il faire ?** what does he mean ou intend to do? ◆ **je prétends être obéi ou qu'on m'obéisse** I mean to be obeyed

2 **prétendre à** vt indir [+ honneurs, emploi] to lay claim to, aspire to; [+ femme] to aspire to ◆ **prétendre à faire qch** to aspire to do sth

**prétendu, e** [pʀetɑ̃dy] → SYN (ptp de **prétendre**) 1 adj ami, expert so-called, supposed; alibi, preuves, déclaration alleged

2 nm,f († = fiancé) intended †

**prétendument** [pʀetɑ̃dymɑ̃] → SYN adv supposedly, allegedly

**prête-nom**, pl **prête-noms** [pʀɛtnɔ̃] → SYN nm frontman

**prétentaine** † [pʀetɑ̃tɛn] nf ◆ **courir la prétentaine** to go gallivanting

**prétentieusement** [pʀetɑ̃sjøzmɑ̃] adv pretentiously

**prétentieux, -ieuse** [pʀetɑ̃sjø, jøz] → SYN 1 adj personne, manières, ton pretentious, conceited; appellation pretentious, fancy; maison pretentious, showy

2 nm,f conceited person ◆ **c'est un petit prétentieux !** he's so conceited!

**prétention** [pʀetɑ̃sjɔ̃] → SYN nf a (= exigence) claim ◆ **avoir des prétentions à ou sur** to lay claim to ◆ **quelles sont vos prétentions ?** (= salaire) what sort of salary do you expect? ou are you looking for? * ◆ **écrire avec CV et prétentions** write enclosing CV and stating expected salary

b (= ambition) pretension, claim (*à* to) ◆ **avoir la prétention de faire qch** to claim to be able to do sth, like to think one can do sth ◆ **je n'ai pas la prétention de rivaliser avec lui** I don't claim ou expect ou pretend (to be able) to compete with him ◆ **il n'a pas la prétention de tout savoir** he makes no pretence of knowing everything, he doesn't pretend ou claim to know everything ◆ **sa prétention à l'élégance** her claims ou pretensions to elegance ◆ **sans prétention** maison, repas unpretentious; robe simple

c (= vanité) pretentiousness, pretension, conceitedness ◆ **avec prétention** pretentiously, conceitedly

**prêter** [pʀete] → SYN ▸ conjug 1 ◂ 1 vt a [+ objet, argent] to lend ◆ **prêter qch à qn** to lend sth to sb, lend sb sth ◆ **peux-tu me prêter ton stylo ?** can you lend me your pen, can I borrow your pen? ◆ **ils prêtent à 10%** they lend (money) at 10%, they give loans at 10% ◆ **ils m'ont prêté 20 €** they lent me €20 ◆ **prêter sur gages** to lend against security ◆ (Prov) **on ne prête qu'aux riches** unto those that have shall more be given (Prov)

b (= attribuer) [+ sentiment, facultés] to attribute, ascribe ◆ **on lui prête l'intention de démissionner** he is alleged ou said to be intending to resign ◆ **on me prête des paroles que je n'ai pas dites** people are claiming I said things that I didn't ◆ **nous prêtons une grande importance à ces problèmes** we consider these problems of great importance, we accord a great deal of importance to these problems

c (= apporter, offrir) [+ aide, appui] to give, lend ◆ **prêter assistance/secours à qn** to go to sb's assistance/aid ◆ **prêter main forte à qn** to lend sb a hand, come to sb's assistance, come to help sb ◆ **prêter son concours à** to give one's assistance to ◆ **prêter sa voix à une cause** to speak on behalf of ou in support of a cause ◆ **prêter sa voix pour un gala** to sing at a gala performance ◆ **dans cette émission il prêtait sa voix à Napoléon** in this broadcast he played ou spoke the part of Napoleon ◆ **prêter son nom à** to lend one's name to ◆ **prêter la main à une entreprise/un complot** to be ou get involved in ou take part in an undertaking/a plot ◆ **prêter attention à** to pay attention to, take notice of ◆ **il faut prêter une grande attention à mes paroles** you must listen very closely ou you must pay very close attention to what I have to say ◆ **prêter le flanc à la critique** to lay o.s. open to criticism, invite criticism ◆ **prêter l'oreille** to listen, lend an ear (*à* to) ◆ **prêter serment** to take an ou the oath ◆ **faire prêter serment à qn** to administer the oath to sb ◆ **si Dieu me prête vie** (hum) if God grants me life, if I am spared (hum)

2 **prêter à** vt indir ◆ **son attitude prête à équivoque/à la critique/aux commentaires** his attitude is ambiguous/is open to criticism/is likely to make people talk ◆ **cette décision prête à (la) discussion** the decision is open to debate ◆ **sa conduite prête à rire** his behaviour makes you want to laugh ou is laughable

3 vi [tissu, cuir] to give, stretch

4 **se prêter** vpr a (= consentir) **se prêter à** [+ expérience] to participate in; [+ projet, jeu] to fall in with, go along with ◆ **il n'a pas voulu se prêter à leurs manœuvres** he didn't want any part in ou refused to have anything to do with their schemes

b (= s'adapter) **se prêter (bien) à qch** to lend itself (well) to sth ◆ **la salle se prête mal à une réunion intime** the room doesn't lend itself to informal meetings

c [chaussures, cuir] to give, stretch

**prétérit** [pʀeteʀit] → SYN nm preterite (tense) ◆ **au prétérit** in the preterite (tense)

**prétérition** [pʀeteʀisjɔ̃] → SYN nf paralipsis, paraleipsis

**préteur** [pʀetœʀ] nm (Antiq) praetor

**prêteur, -euse** [pʀɛtœʀ, øz] → SYN 1 adj unselfish ◆ **il n'est pas prêteur** [enfant] he's possessive about his toys ou belongings, he doesn't like lending his things; [adulte] he isn't willing to lend things, he doesn't believe in lending (things)

2 nm,f (money) lender ◆ **prêteur sur gages** pawnbroker

**prétexte**[1] [pʀetɛkst] GRAMMAIRE ACTIVE 17.1 → SYN nm pretext, excuse ◆ **mauvais prétexte** poor ou lame excuse ◆ **sous prétexte d'aider son frère** on the pretext ou pretence ou under (the) pretext of helping his brother ◆ **sous (le) prétexte que ...** on ou under the pretext that ..., on the pretence that ... ◆ **sous prétexte qu'elle est jeune on lui passe tout** just because she's young she gets away with everything ◆ **sous aucun prétexte** on no account ◆ **il a pris prétexte du froid ou il a donné le froid comme prétexte pour rester chez lui** he used the cold weather as a pretext ou an excuse for staying at home ◆ **tous les prétextes sont bons pour ne pas aller chez le dentiste** any excuse will do not to go to the dentist ◆ **servir de prétexte à qch/à faire qch** to be a pretext ou an excuse for sth/to do sth ◆ **ça lui a servi de prétexte ou ça lui a donné un prétexte pour refuser** it provided him with an excuse to refuse ou with a pretext for refusing ◆ **il saisit le premier prétexte venu pour partir** he made the first excuse he could think of for leaving ◆ **ce n'est qu'un prétexte** it's just an excuse ◆ **pour elle tout est prétexte à se plaindre** she'll complain about anything and everything

**prétexte**[2] [pʀetɛkst] adj, nf (Antiq) ◆ **(robe) prétexte** praetexta

**prétexter** [pʀetɛkste] → SYN ▸ conjug 1 ◂ vt to give as a pretext ou an excuse ◆ **il a prétexté qu'il était trop fatigué** he said he was too tired ◆ **en prétextant que ...** on the pretext that ... ◆ **prétexter une angine pour refuser une invitation** to say one has a sore throat to get out of an invitation

**pretium doloris** [pʀesjɔmdɔlɔʀis] → SYN nm (Jur) compensation for damages

**prétoire** [pʀetwaʀ] → SYN nm (Antiq) praetorium; (Jur : frm) court

**Pretoria** [pʀetɔʀja] n Pretoria

**prétorien, -ienne** [pʀetɔʀjɛ̃, jɛn] adj, nm (Antiq) praetorian

**prêtraille** [pʀɛtʀɑj] nf (péj) ◆ **la prêtraille** priests, the clergy

**prétranché, e** [pʀetʀɑ̃ʃe] adj presliced

**prêtre** [pʀɛtʀ] → SYN nm priest ◆ **se faire prêtre** to become a priest ◆ **grand prêtre** (lit) high priest ◆ **les grands prêtres du monétarisme** the high priests of monetarism

**prêt-relais**, pl **prêts-relais** [pʀɛʀəlɛ] nm bridging loan

**prêtre-ouvrier**, pl **prêtres-ouvriers** [pʀɛtʀuvʀije] nm worker priest

**prêtresse** [pʀɛtʀɛs] → SYN nf priestess

**prêtrise** [pʀetʀiz] → SYN nf priesthood ◆ **recevoir la prêtrise** to be ordained

**preuve** [pʀœv] → SYN 1 nf a (= démonstration) proof, evidence ◆ **faire la preuve de qch/que** to prove sth/that ◆ **avoir la preuve de/que** to have proof ou evidence of/that ◆ **pouvez-vous apporter la preuve de ce que vous dites ?** can you prove ou can you produce proof ou evidence of what you're saying? ◆ **c'est la preuve que ...** that proves that ... ◆ **j'avais prévu cela, la preuve, j'ai déjà mon billet** * I'd thought of that, and to prove it I've already got my ticket ◆ **jusqu'à preuve (du) contraire** until we find proof ou evidence to the contrary, until there's proof ou evidence that it's not the case ◆ **n'importe qui peut conduire, à preuve mon fils** * anyone can drive, just look at ou take my son (for instance) ◆ **il a réussi, à preuve qu'il ne faut jamais désespérer** * he succeeded, which just goes to show ou prove you should never give up hope

b (= indice) proof (NonC), evidence (NonC), piece of evidence ◆ **je n'ai pas de preuves** I have no proof ou evidence ◆ **c'est une preuve supplémentaire de sa culpabilité** it's further proof ou it's further evidence of his guilt ◆ **il y a trois preuves irréfutables qu'il ment** there are three definite pieces of evidence which prove quite clearly that he's lying ◆ **affirmer qch preuves en mains** to back sth up with concrete proof ou evidence

c (= marque) proof (NonC) ◆ **c'est une preuve de bonne volonté/d'amour** it's proof of his good intentions/of his love

d (Math) [opération] proof ◆ **faire la preuve par neuf** to cast out the nines

e (LOC) **faire preuve de** to show ◆ **faire ses preuves** [personne] to prove o.s., show one's ability; [voiture] to prove itself ◆ **cette nouvelle technique n'a pas encore fait ses preuves** this new technique hasn't yet proved its worth

2 COMP ▷ **preuve par l'absurde** reductio ad absurdum ▷ **preuve concluante** conclusive ou positive proof ▷ **preuve a contrario** a contrario proof ▷ **preuve matérielle** material evidence (NonC)

**preux** †† [pʀø] 1 adj valiant †, gallant †

2 nm valiant knight †

**prévalence** [pʀevalɑ̃s] nf prevalence

**prévaloir** [pʀevalwaʀ] → SYN ▸ conjug 29 ◂ 1 vi (littér) to prevail (*sur* over; *contre* against) ◆ **faire prévaloir ses droits** to insist upon one's rights ◆ **faire prévaloir son opinion** to win agreement ou acceptance for one's opinion ◆ **son opinion a prévalu sur celle de ses collègues** his opinion prevailed over ou overrode that of his colleagues ◆ **rien ne peut prévaloir contre ses préjugés** nothing can overcome his prejudices

2 **se prévaloir** vpr a (= se flatter) **se prévaloir de** to pride o.s. on

b (= profiter) **se prévaloir de** to take advantage of

**prévaricateur, -trice** [pʀevaʀikatœʀ, tʀis] → SYN 1 adj corrupt

2 nm,f corrupt official

**prévarication** [pʀevaʀikasjɔ̃] → SYN nf corrupt practices

**prévariquer** [pʀevaʀike] → SYN ▸ conjug 1 ◂ vi to be guilty of corrupt practices

**prévenance** [pʀev(ə)nɑ̃s] nf thoughtfulness (NonC), consideration (NonC), kindness

(NonC) ◆ **toutes les prévenances que vous avez eues pour moi** all the consideration ou kindness you've shown me ◆ **entourer qn de prévenances** to be very considerate to ou towards sb ◆ **il n'a aucune prévenance pour les autres** he shows ou has no consideration for others, he's very thoughtless

**prévenant, e** [pʀev(ə)nɑ̃, ɑ̃t] → SYN adj personne considerate, kind (*envers* to), thoughtful (*envers* of); manières kind, attentive

**prévendre** [pʀevɑ̃dʀ] ▸ conjug 41 ◂ vt [+ billets, marchandises] to pre-sell

**prévenir** [pʀev(ə)niʀ] GRAMMAIRE ACTIVE 2.3 → SYN ▸ conjug 22 ◂ vt **a** (= avertir) to warn (*de qch* about ou against ou of sth); (= aviser) to inform, tell (*de qch* about sth) ◆ **qui faut-il prévenir en cas d'accident ?** who should be informed ou told if there's an accident? ◆ **prévenir le médecin/la police** to call the doctor/the police ◆ **tu es prévenu !** you've been warned! ◆ **partir sans prévenir** to leave without warning, leave without telling anyone ◆ **il aurait pu prévenir** he could have let us know

**b** (= empêcher) [+ accident, catastrophe] to prevent, avert, avoid; [+ maladie] to prevent, guard against; [+ danger] to avert, avoid; [+ malheur] to ward off, avoid, provide against; → **mieux**

**c** (= devancer) [+ besoin, désir] to anticipate; [+ question, objection] to forestall ◆ **il voulait arriver le premier mais son frère l'avait prévenu** (littér) he wanted to be the first to arrive but his brother had anticipated him ou had got there before him

**d** (frm = influencer) **prévenir qn contre qn** to prejudice ou bias sb against sb ◆ **prévenir qn en faveur de qn** to prejudice ou predispose sb in sb's favour

**prévente** [pʀevɑ̃t] nf pre-selling

**préventif, -ive** [pʀevɑ̃tif, iv] → SYN **1** adj mesure, médecine preventive ◆ **à titre préventif** as a precaution ou preventive measure ◆ **la lutte préventive contre le sida** AIDS prevention

**2** nf (Jur) ◆ **être en préventive** to be on remand, be remanded in custody ◆ **mettre qn en préventive** to remand sb in custody, hold sb on remand ◆ **il a fait 6 mois de (prison) préventive** he was remanded in custody for 6 months

**prévention** [pʀevɑ̃sjɔ̃] → SYN nf **a** [accident, crime, corruption, maladie, délinquance] prevention ◆ **prévention routière** road safety ◆ **faire de la prévention** to take preventive action ◆ **campagne/politique de prévention** prevention campaign/policy ◆ **mesures de prévention** preventive measures

**b** (Jur) custody, detention ◆ **mettre en prévention** to detain, remand in ou take into custody

**c** (= préjugé) prejudice (*contre* against) ◆ **considérer qch sans prévention** to take an unprejudiced ou unbiased view of sth

**préventivement** [pʀevɑ̃tivmɑ̃] adv agir preventively, as a precaution ou preventive measure ◆ **être incarcéré préventivement** (Jur) to be remanded ou held in custody ou detention (awaiting trial)

**préventologie** [pʀevɑ̃tɔlɔʒi] nf preventive medicine

**prévenu, e** [pʀev(ə)ny] → SYN (ptp de **prévenir**) **1** adj (Jur) charged ◆ **être prévenu d'un délit** to be charged with ou accused of a crime

**2** nm,f (Jur) defendant, accused (person)

**préverbe** [pʀevɛʀb] nm verbal prefix, preverb

**prévisibilité** [pʀevizibilite] nf foreseeable nature

**prévisible** [pʀevizibl] → SYN adj réaction, résultat, personne predictable; événement, évolution foreseeable, predictable ◆ **difficilement prévisible** difficult to foresee ◆ **dans un avenir prévisible** in the foreseeable future ◆ **une amélioration est prévisible dans les prochains mois** an improvement can be expected ou is foreseeable within the next few months ◆ **il était prévisible que ...** it was to be expected that ..., it was predictable that ...

**prévision** [pʀevizjɔ̃] → SYN nf **a** (gén pl = prédiction) prediction, expectation; (Fin) forecast, estimate, prediction ◆ **prévisions budgétaires** budget estimates ◆ **prévisions météorologiques** weather forecast ◆ **prévision à court/long terme** short-term/long-term forecast ◆ **il a réussi au-delà de toute prévision** he has succeeded beyond all expectations

**b** (= action) **la prévision du temps** weather forecasting ◆ **la prévision de ses réactions est impossible** it's impossible to predict his reactions ou to foresee what his reactions will be ◆ **en prévision de son arrivée/d'une augmentation du trafic** in anticipation ou expectation of his arrival/of an increase in the traffic

**prévisionnel, -elle** [pʀevizjɔnɛl] adj mesure, plan forward-looking; budget projected

**prévisionniste** [pʀevizjɔnist] nmf (economic) forecaster

**prévoir** [pʀevwaʀ] → SYN ▸ conjug 24 ◂ vt **a** (= anticiper) [+ événement, conséquence] to foresee, anticipate; [+ temps] to forecast; [+ réaction, contretemps] to expect, reckon on, anticipate ◆ **prévoir le pire** to expect the worst ◆ **il faut prévoir les erreurs éventuelles** we must allow for ou make provision for possible errors ◆ **nous n'avions pas prévu qu'il refuserait** we hadn't reckoned on his refusing, we hadn't anticipated ou foreseen that he'd refuse ◆ **cela fait** ou **laisse prévoir un malheur** it bodes ill ◆ **rien ne laisse prévoir une amélioration rapide** there's no prospect ou suggestion of a quick improvement ◆ **tout laisse prévoir une issue rapide/qu'il refusera** everything points ou all the signs point to a rapid solution/to his refusing ◆ **rien ne faisait** ou **ne laissait prévoir que ...** there was nothing to suggest ou to make us think that ... ◆ **on ne peut pas tout prévoir** you can't think of everything ◆ **plus tôt que prévu** earlier than expected ou anticipated; → **programme**

**b** (= projeter) [+ voyage, construction] to plan ◆ **prévoir de faire qch** to plan to do ou on doing sth ◆ **pour quand prévoyez-vous votre arrivée ?** when do you plan to arrive? ◆ **au moment prévu** at the appointed ou scheduled ou prescribed time ◆ **comme prévu** as planned, according to plan ◆ **"ouverture prévue pour la fin de l'année"** [autoroute] "scheduled to open at the end of the year"

**c** (= préparer, envisager) to allow ◆ **il faudra prévoir des trous pour l'écoulement des eaux** you must leave ou provide some holes for drainage ◆ **prévoyez de l'argent en plus pour les faux frais** allow some extra money for incidental expenses ◆ **il vaut mieux prévoir quelques couvertures en plus** you'd better allow a few extra blankets ou bring (along) a few extra blankets ◆ **il faudrait prévoir un repas** you ought to make plans for ou to organize a meal ◆ **tout est prévu pour l'arrivée de nos hôtes** everything is in hand ou organized for the arrival of our guests ◆ **cette voiture est prévue pour quatre personnes** this car is designed for four people ◆ **vous avez prévu grand** you've planned things on a grand scale ◆ **déposez vos lettres dans la boîte prévue à cet effet** put your letters in the box provided ◆ **on a prévu des douches** (à installer) they have made provision for showers to be built; (déjà installées) they have laid on ou provided showers

**d** (Jur) [loi, règlement] to provide for, make provision for ◆ **c'est prévu à l'article 8** article 8 makes provision for that, it's provided for in article 8 ◆ **le code pénal prévoit que ...** the penal code holds that ... ◆ **la loi prévoit une peine de prison** the law makes provision for a prison sentence ◆ **ce n'est pas prévu dans le contrat** it is not provided for in the contract, the contract makes no provision for it

**prévôt** [pʀevo] nm (Hist, Rel) provost; (Mil) provost marshal

**prévôtal, e,** mpl **-aux** [pʀevotal, o] adj of a provost

**prévôté** [pʀevote] nf (Hist) provostship; (Mil) military police

**prévoyance** [pʀevwajɑ̃s] → SYN nf foresight, forethought ◆ **caisse de prévoyance** contingency fund ◆ **société de prévoyance** provident society

**prévoyant, e** [pʀevwajɑ̃, ɑ̃t] → SYN adj provident

**prévu, e** [pʀevy] (ptp de **prévoir**)

**Priam** [pʀijam] nm Priam

**Priape** [pʀijap] nm Priapus

**priapée** [pʀijape] nf (Antiq) Priapusian feast

**priapisme** [pʀijapism] nm priapism

**prie-Dieu** [pʀidjø] nm inv prie-dieu

**prier** [pʀije] GRAMMAIRE ACTIVE 4. → SYN ▸ conjug 7 ◂ **1** vt **a** [+ Dieu, saint] to pray to ◆ **prier Dieu de faire un miracle** to pray for a miracle ◆ **je prie Dieu que cela soit vrai** pray God that it is true

**b** (= implorer) to beg, beseech (littér) ◆ **elle le pria de rester** she begged ou urged ou pressed him to stay ◆ **je vous prie de me pardonner** please forgive me ◆ **dites oui, je vous en prie !** please say yes! ◆ **Pierre, je t'en prie, calme-toi !** Pierre, for heaven's sake, calm down! ◆ **je t'en prie, ça suffit !** please, that's quite enough!

**c** (= inviter) to invite, ask; (frm) to request (frm) ◆ **il m'a prié à déjeuner** ou **de venir déjeuner** he has invited ou asked me to lunch ◆ **vous êtes prié de vous présenter à 9 heures** you are requested to present yourself at 9 o'clock ◆ **on l'a prié d'assister à la cérémonie** he was invited to be present ou his presence was requested at the ceremony ◆ **nous vous prions d'honorer de votre présence la cérémonie** we request the honour ou pleasure of your company at the ceremony

**d** (= ordonner) **je vous prie de sortir** will you please leave the room ◆ **vous êtes prié de répondre quand on vous parle/de rester assis** please reply when spoken to/remain seated ◆ **taisez-vous, je vous prie** would you please be quiet

**e** (formules de politesse) **je vous en prie** (= faites donc) please do, of course; (= après vous) after you; (idée d'irritation) do you mind! ◆ **excusez-moi – je vous en prie** I'm sorry – not at all ◆ **merci beaucoup – je vous en prie** thank you – don't mention it ou you're welcome ◆ **voulez-vous ouvrir la fenêtre je vous prie ?** would you mind opening the window please?, would you be so kind as to open the window please?; → **agréer**

**f** (LOC) **il s'est fait prier** he needed coaxing ou persuading ◆ **il ne s'est pas fait prier** he didn't need persuading, he didn't wait to be asked twice, he was only too willing (to do it) ◆ **il a accepté l'offre sans se faire prier** he accepted the offer without hesitation ◆ **allez, viens, ne te fais pas prier !** come on! don't be such a bore!

**2** vi to pray (*pour* for) ◆ **prions, mes frères** brothers, let us pray

**prière** [pʀijɛʀ] → SYN nf **a** (Rel = oraison, office) prayer ◆ **être en prière** to be praying ou at prayer ◆ **dire** ou **faire ses prières** to say one's prayers ◆ **se rendre à la prière** to go to prayer ◆ **ne m'oubliez pas dans vos prières** (hum) remember me in your prayers, pray for me; → **livre¹, moulin**

**b** (= demande) plea, entreaty ◆ **céder aux prières de qn** to give in to sb's requests ◆ **à la prière de qn** at sb's request ou behest (littér) ◆ **j'ai une prière à vous adresser** I have a request to make to you ◆ **il est resté sourd à mes prières** he turned a deaf ear to my pleas ou entreaties

◆ **prière de ...** please ... ◆ **prière de répondre par retour du courrier** please reply by return of post ◆ **prière de vous présenter à 9 heures** you are requested to present yourself ou please present yourself at 9 o'clock ◆ **"prière de ne pas fumer"** "no smoking (please)" ◆ **"prière de ne pas se pencher à la fenêtre"** "(please) do not lean out of the window" ◆ **prière d'insérer** (Édition) please insert

**prieur** [pʀijœʀ] → SYN nm ◆ **(père) prieur** prior

**prieure** [pʀijœʀ] → SYN nf ◆ **(mère) prieure** prioress

**prieuré** [pʀijœʀe] → SYN nm (= couvent) priory; (= église) priory (church)

**prima donna** [pʀimadɔna] → SYN pl inv ou **prime donne** [pʀimedɔne] nf prima donna

**primage** [pʀimaʒ] nm priming

**primaire** [pʀimɛʀ] → SYN **1** adj **a** (Écon, Élec, Méd, Pol, Géol) ère primary, palaeozoic; (Psych) personne, caractère, fonction primary (SPÉC); élection primary ◆ **délinquant primaire** first offender ◆ **école primaire** primary ou elementary school, grade school (US) b (péj = simpliste) personne simple-minded, limited *; raisonnement simplistic; plaisanterie obvious

2 nm (Scol) primary school ou education; (Élec) primary; (Géol) Primary, Palaeozoic ◆ **être en primaire** (Scol) to be in primary school

3 nf (Pol) primary (election)

**primal, e,** mpl **-aux** [pʀimal, o] adj ◆ **cri primal** primal scream ◆ **thérapie primale** primal (scream) therapy, scream therapy

**primarité** [pʀimaʀite] nf primarity

**primat** [pʀima] nm a (Rel) primate

b (littér = primauté) primacy

**primate** [pʀimat] → SYN nm a (Zool) primate

b (* péj = personne) ape *

**primatial, e,** mpl **-iaux** [pʀimasjal, jo] adj primatial

**primatologie** [pʀimatɔlɔʒi] nf primatology

**primauté** [pʀimote] → SYN nf (Rel) primacy; (fig) primacy, pre-eminence (*sur* over) ◆ **donner la primauté à qch** to prioritize sth

**prime**[1] [pʀim] → SYN nf a (= cadeau) free gift ◆ **donné en prime avec qch** given away ou given as a free gift with sth ◆ **cette année il a eu la rougeole, la varicelle et les oreillons en prime !** (iro) this year he had the measles, chickenpox and the mumps to boot! ou on top of that!

b (= bonus) bonus; (= subvention) premium, subsidy; (= indemnité) allowance ◆ **prime d'allaitement** nursing mother's allowance ◆ **prime d'ancienneté** seniority bonus ou pay ◆ **prime de déménagement** relocation allowance ◆ **prime de départ** *bonus paid to an employee when leaving a job*; (importante) golden handshake ◆ **prime à l'exportation** export premium ou subsidy ◆ **prime de fin d'année/de rendement** Christmas/productivity bonus ◆ **prime d'intéressement** performance(-related) bonus ◆ **prime de licenciement** severance pay, redundancy payment ◆ **prime de risque** danger money (NonC) ◆ **prime de transport** transport allowance ◆ **c'est donner une prime à la paresse !** it's just paying people to sit around doing nothing!; → **précarité**

c (Assurances, Bourse) premium ◆ **prime d'assurances** insurance premium ◆ **prime d'émission** issuing share ou premium ◆ **prime de remboursement** redemption premium ◆ **faire prime** to be at a premium

**prime**[2] [pʀim] → SYN adj a **de prime abord** at first glance ◆ **dès sa prime jeunesse** from his earliest youth ◆ **il n'est plus de prime jeunesse** he's no longer in the prime of youth ou the first flush of youth

b (Math) prime ◆ **n prime** n prime

**primé, e** [pʀime] (ptp de **primer**) adj film, reportage award-winning (épith); animal prize(-winning); invention, produit prize-winning ◆ **ce film a été plusieurs fois primé** this film has won several awards

**primer** [pʀime] → SYN ▸ conjug 1 ◂ 1 vt a (= surpasser) to prevail over, take precedence over ◆ **chez elle, l'intelligence prime la générosité** in her case, intelligence is more in evidence ou to the fore than generosity

b (= récompenser) to award a prize to; (= subventionner) to subsidize

2 vi (= dominer) to be the prime ou dominant feature, dominate; (= compter, valoir) to be of prime importance, take first place ◆ **c'est le bleu qui prime dans ce tableau** blue is the dominant colour in this picture ◆ **pour moi ce sont les qualités de cœur qui priment** the qualities of the heart are what count the most for me

**primerose** [pʀimʀoz] → SYN nf hollyhock

**primesautier, -ière** [pʀimsotje, jɛʀ] → SYN adj impulsive ◆ **être d'humeur primesautière** to have an impulsive temperament ou nature

**prime time** [pʀajmtajm] nm inv (TV) prime time ◆ **diffusé en prime time** broadcast on prime-time television ou in prime time

**primeur** [pʀimœʀ] → SYN 1 nfpl (Comm) ◆ **primeurs** early fruit and vegetables ◆ **marchand de primeurs** greengrocer (Brit), grocer (US) *(specializing in early produce)*

2 nf a (Presse = nouvelle) scoop ◆ **avoir la primeur d'une nouvelle** to be the first to hear a piece of news ◆ **je vous réserve la primeur de mon manuscrit** I'll let you be the first to read my manuscript

b **vin (de) primeur** nouveau wine, wine of the latest vintage

**primeuriste** [pʀimœʀist] nmf (= cultivateur) (early) fruit and vegetable grower; (= vendeur) greengrocer (Brit) ou grocer (US) *specializing in early produce*

**primevère** [pʀimvɛʀ] nf (sauvage) primrose; (cultivée) primula; (jaune) primrose

**primigeste** [pʀimiʒɛst] nf primigravida

**primipare** [pʀimipaʀ] 1 adj primiparous

2 nf primipara

**primitif, -ive** [pʀimitif, iv] → SYN 1 adj a (= originel) forme, état original, primitive; projet, question, préoccupation original, first; église primitive, early; peintre primitive; (Logique) proposition, concept basic; (Art) couleurs primary; (Géol) terrain primitive, primeval ◆ **ville construite sur le site primitif d'une cité romaine** town built on the original site of a Roman city ◆ **je préfère revenir à mon projet primitif/à mon idée primitive** I'd rather revert to my original ou initial ou first plan/idea

b (Sociol) peuple, art, mœurs primitive

c (= sommaire) installation primitive, crude

d (Ling) temps, langue basic; mot primitive; sens original

e (Math) **fonction primitive** primitive

2 nm,f (Art, Sociol) primitive

3 **primitive** nf (Math) primitive

**primitivement** [pʀimitivmɑ̃] → SYN adv originally

**primitivisme** [pʀimitivism] nm (Art) primitivism

**primo** [pʀimo] adv first (of all), firstly

**primo-accédant, e,** pl **primo-accédants** [pʀimoaksedɑ̃, ɑ̃t] nm,f ◆ **primo-accédant (à la propriété)** first-time (home-)buyer

**primogéniture** [pʀimoʒenityʀ] nf primogeniture

**primo-infection,** pl **primo-infections** [pʀimo ɛ̃fɛksjɔ̃] nf primary infection

**primordial, e,** mpl **-iaux** [pʀimɔʀdjal, jo] → SYN adj a (= vital) élément, question essential, vital; objectif, préoccupation chief, main; rôle crucial, key (épith) ◆ **d'une importance primordiale** of the utmost ou of paramount ou primordial importance

b (littér = originel) primordial

**primordialement** [pʀimɔʀdjalmɑ̃] adv essentially

**primulacées** [] nfpl primulaceous plants, Primulaceae (SPÉC)

**prince** [pʀɛ̃s] → SYN 1 nm a (lit) prince ◆ **le prince des chanteurs** etc (fig) the prince ou king of singers etc ◆ **Robin des bois, le prince des voleurs** Robin Hood, Prince of Thieves; → **fait**[1]

b (LOC) **être** ou **se montrer bon prince** to be magnanimous ou generous, behave generously ◆ **être habillé/vivre comme un prince** to be dressed/live like a prince

2 COMP ▷ **prince des apôtres** Prince of the apostles ▷ **le Prince charmant** Prince Charming ◆ **elle attend le** ou **son prince charmant** she's waiting for her Prince Charming ou for Mr. Right * to come along, she's waiting for her knight in shining armour ▷ **prince consort** Prince Consort ▷ **prince de l'Église** prince of the Church ▷ **prince de Galles** Prince of Wales; (= tissu) Prince of Wales check ▷ **prince héritier** crown prince ▷ **prince du sang** prince of royal blood ▷ **le Prince des ténèbres** ou **des démons** the prince of darkness

**princeps** [pʀɛ̃sɛps] → SYN adj édition first

**princesse** [pʀɛ̃sɛs] → SYN nf princess ◆ **faire la** ou **sa princesse, prendre des airs de princesse** to put on airs ◆ **robe princesse** princess dress; → **frais**[2]

**princier, -ière** [pʀɛ̃sje, jɛʀ] → SYN adj (lit, fig) princely

**princièrement** [pʀɛ̃sjɛʀmɑ̃] adv in (a) princely fashion

**principal, e,** mpl **-aux** [pʀɛ̃sipal, o] GRAMMAIRE ACTIVE 26.2 → SYN

1 adj a entrée, bâtiment, résidence main; clerc, employé chief, head; question, raison, but principal, main; personnage, rôle leading, main, principal ◆ **elle a eu l'un des rôles principaux dans l'affaire** she played a major role ou she was one of the leading ou main figures in the business

b (Gram) proposition main

2 nm a (Fin) principal

b (Scol) headmaster, principal, head (Brit); (Admin) chief clerk

c (= chose importante) **le principal** the most important thing, the main point ◆ **c'est le principal** that's the main thing

d (Mus) principal

3 **principale** nf a (Gram) main clause

b (Scol) headmistress, principal, head (Brit)

**principalement** [pʀɛ̃sipalmɑ̃] → SYN adv principally, mainly, chiefly

**principat** [pʀɛ̃sipa] nm princedom

**principauté** [pʀɛ̃sipote] nf principality ◆ **la Principauté (de Monaco)** Monaco

**principe** [pʀɛ̃sip] → SYN nm a (= règle) [science, géométrie] principle ◆ **il nous a expliqué le principe de la machine** he explained the principle on which the machine worked ◆ **le principe d'Archimède** Archimedes' principle; → **pétition**

b (= hypothèse) principle, assumption ◆ **partir du principe que ..., poser comme principe que ...** to work on the principle ou assumption that ...; → **accord**

c (= règle morale) principle ◆ **il a des principes** he's a man of principle, he's got principles ◆ **il n'a pas de principes** he's unprincipled, he has no principles ◆ **avoir pour principe de faire qch** to make it a principle to do sth, make a point of doing sth ◆ **je ne mens pas, c'est un principe chez moi** I make a point of not telling lies, it's a rule with me that I don't tell lies ◆ **il n'est pas dans mes principes de ...** I make it a principle not to ... ◆ **il a manqué à ses principes** he has failed to stick to his principles

d (= origine) principle ◆ **remonter jusqu'au principe des choses** to go back to first principles

e (= élément) principle, element, constituent ◆ **principe nécessaire à la nutrition** necessary principle of nutrition

f (= rudiment) **principes** rudiments, principles

g (LOC) **faire qch pour le principe** to do sth on principle ou for the sake of it

◆ **de principe** hostilité, objection, opposition, soutien systematic, automatic ◆ **décision de principe** decision in principle ◆ **c'est une question de principe** it's a matter of principle

◆ **en principe** (= d'habitude, en général) as a rule; (= théoriquement) in principle, theoretically

◆ **par principe** on principle

**printanier, -ière** [pʀɛ̃tanje, jɛʀ] → SYN adj soleil, couleur, temps, vêtement spring (épith); atmosphère spring-like ◆ **navarin (d'agneau) printanier** (Culin) navarin of lamb with spring vegetables

**printemps** [pʀɛ̃tɑ̃] → SYN nm spring ◆ **au printemps** in (the) spring(time) ◆ **au printemps de la vie** (littér) in the springtime of life ◆ **mes 40 printemps** (hum) my 40 summers (hum)

**priodonte** [pʀijɔdɔ̃t] nm giant armadillo

**prion** [pʀijɔ̃] nm prion

**priorat** [pʀijɔʀa] nm priorate

**priori** [pʀijɔʀi] → **a priori**

**prioritaire** [pʀijɔʀitɛʀ] → SYN 1 adj a projet, opération priority (épith) ◆ **être prioritaire** [personne, projet] to take ou have priority

b (Aut) **être prioritaire** véhicule, personne to have priority ou right of way ◆ **il était sur une route prioritaire** he had right of way, he was on the main road

2 nmf (Aut) person who has right of way ou priority

**prioritairement** [pʀijɔʀitɛʀmɑ̃] adv (gén) first and foremost; traiter as a (matter of) priority ◆ **ces places sont prioritairement réservées aux handicapés** the disabled have priority for these seats, these seats are reserved first and foremost for the disabled

**priorité** [pʀijɔʀite] → SYN **nf** **a** (gén) priority ◆ **donner la priorité absolue à qch** to give top priority to sth ◆ **discuter qch en priorité** to discuss sth as a (matter of) priority ◆ **venir en priorité** to come first ◆ **l'une des choses à faire en grande priorité, l'une des priorités essentielles** one of the first ou top priorities ◆ **il nous faudrait en priorité des vivres** first and foremost we need supplies, we need supplies as a matter of urgency

**b** (Aut) priority, right of way ◆ **avoir la priorité** to have right of way (*sur* over) ◆ **priorité à droite** (principe) *system of giving way to traffic coming from the right*; (panneau) give way to the vehicles on your right ◆ **laisser** ou **céder la priorité à qn** to give way to sb (Brit), yield to sb (US); → **refus**

**pris, prise[1]** [pʀi, pʀiz] → SYN (ptp de **prendre**) **adj**

**a** place taken ◆ **avoir les mains prises** to have one's hands full ◆ **tous les billets sont pris** the tickets are sold out, all the tickets have been sold ◆ **toutes les places sont prises** all the seats are taken ou have gone ◆ **toute ma journée est prise** I'm busy all day ◆ **ça me fera 50 €, c'est toujours ça de pris** * I'll get €50, that's better than nothing

**b** personne busy ◆ **le directeur est très pris cette semaine** the manager is very busy this week ◆ **si vous n'êtes pas pris ce soir ...** if you're free ou if you've got nothing on ou if you're not doing anything this evening ... ◆ **désolé, je suis pris** sorry, I'm busy

**c** (Méd) nez stuffy, stuffed-up; gorge hoarse ◆ **j'ai le nez pris** my nose is stuffed up ◆ **j'ai la gorge prise** my throat is hoarse ◆ **les poumons sont pris** the lungs are (now) affected

**d** (Culin) crème, mayonnaise set ◆ **mer prise par les glaces** frozen sea

**e** † **avoir la taille bien prise** to have a neat waist ◆ **la taille prise dans un manteau de bonne coupe** wearing a well-cut coat to show off a neat waist

**f** (= envahi par) **pris de peur/remords** stricken with ou by fear/remorse ◆ **pris d'une inquiétude soudaine** seized by a sudden anxiety ◆ **j'ai été pris d'une envie soudaine de chocolat** I had a sudden urge to eat some chocolate ◆ **pris de boisson** (frm) under the influence *, the worse for drink

**prise[2]** [pʀiz] [1] **nf** **a** (= moyen d'empoigner, de prendre) hold (NonC), grip (NonC); (pour soulever, faire levier) purchase (NonC); (Catch, Judo) hold; (Alpinisme) hold; (Sport : sur raquette, club, batte) grip ◆ **faire une prise de judo à qn** to get sb in a judo hold ◆ **on n'a pas de prise pour soulever la caisse** there's no purchase to lift the chest, you can't get a hold on the chest to lift it ◆ **cette construction offre trop de prise au vent** this building catches the wind very badly ◆ **avoir prise sur** to have a hold on ou over ◆ **on n'a aucune prise sur lui** no one has any hold ou influence over him ◆ **ces théories n'ont que trop de prise sur elle** these theories have all too great a hold on ou over her ◆ **donner prise à** to give rise to ◆ **son attitude donne prise aux soupçons** his attitude gives rise to ou lays him open to suspicion; → **lâcher**

**b** (Chasse, Pêche = butin) catch; (= saisie) [contrebande, drogue] capture, seizure; (Mil) [ville, navire] capture; (Échecs, Dames) capture

**c** (Élec) **prise (de courant)** (mâle) plug; (femelle) socket, point, power point (SPÉC); (au mur) socket ◆ **prise multiple** adaptor; (avec rallonge) trailing socket ◆ **triple prise** three-way adaptor ◆ **prise pour rasoir électrique** razor point; voir aussi **2**

**d** [tabac] pinch of snuff; [cocaïne] snort *

**e** (Méd) **à administrer en plusieurs prises par jour** to be given ou administered at intervals throughout the day ◆ **arrêter la prise de la pilule** to stop taking the pill ◆ **la prise de ce médicament est déconseillée pendant la grossesse** it is not recommended that this medicine be taken during pregnancy

**f** (= durcissement) [ciment, enduit] setting ◆ **à prise rapide** quick-setting

[2] **aux prises avec** loc prép ◆ **être** ou **se trouver aux prises avec des difficultés** to be battling ou grappling ou wrestling with difficulties ◆ **être aux prises avec un créancier** to be battling against ou doing battle with a creditor ◆ **cette campagne met aux prises deux hommes bien différents** this campaign pits two extremely different men against each other ◆ **je l'ai trouvé aux prises avec son ordinateur** (hum) I found him battling with ou trying to get to grips with his computer

[3] **en prise** loc adv ◆ **être/mettre en prise** (Aut) to be in/put the car into gear ◆ **en prise (directe)** in direct drive ◆ **en prise (directe) avec** ou **sur** (fig) tuned into ◆ **un gouvernement en prise avec les réalités du pays** a government in tune with ou that is tuned into the realities of the country ◆ **littérature en prise directe avec les mutations de la société** writing that has its finger on the pulse of a changing society

[4] COMP ▷ **prise d'air** air inlet ou intake ▷ **prise d'armes** military review ou parade ▷ **la prise de la Bastille** the storming of the Bastille ▷ **prise de bec** * row *, set-to * ◆ **avoir une prise de bec avec qn** to have a row * ou a set-to * with sb, fall out with sb ▷ **prise de corps** (Jur) arrest ▷ **prise d'eau** water (supply) point; (= robinet) tap (Brit), faucet (US) ▷ **prise de guerre** spoils of war ▷ **prise péritel** → **péritel** ▷ **prise de sang** blood test ◆ **faire une prise de sang à qn** to take a blood sample from sb ▷ **prise de son** (Ciné, Radio, TV) sound recording ◆ **prise de son : J. Dupont** sound (engineer): J. Dupont ▷ **prise de téléphone** phone socket ▷ **prise de terre** (Élec, Radio) earth (Brit), ground (US) ◆ **la machine à laver n'a pas de prise de terre** the washing machine isn't earthed (Brit) ou grounded (US) ▷ **prise de tête** ◆ **quelle prise de tête ces maths/son copain !** maths/her boyfriend drives me crazy! ou does my head in * ▷ **prise de vue(s)** (Ciné, TV) filming, shooting ◆ **prise de vue** (= photographie) shot ◆ **prise de vue(s) : J. Dupont** camera(work): J. Dupont; → **charge, conscience, contact** etc

**priser[1]** [pʀize] → SYN ▸ conjug 1 ◂ **vt** (littér) to prize, value ◆ **très prisé** highly prized ◆ **je prise fort peu ce genre de plaisanterie** I don't appreciate this sort of joke at all

**priser[2]** [pʀize] → SYN ▸ conjug 1 ◂ [1] **vt** [+ tabac] to take; [+ drogue] to take, snort *; → **tabac**

[2] **vi** to take snuff

**priseur, -euse** [pʀizœʀ, øz] **nm,f** snuff taker

**prismatique** [pʀismatik] **adj** prismatic

**prisme** [pʀism] → SYN **nm** prism

**prison** [pʀizɔ̃] → SYN **nf** **a** (= lieu) prison, jail, penitentiary (US); (= demeure sombre) prison ◆ **prison pour dettes** (Hist) debtors' prison ◆ **mettre qn en prison** to send sb to prison ou jail, imprison sb ◆ **prison ouverte** open prison ◆ **elle vit dans une prison dorée** (fig) she's like a bird in a gilded cage; → **porte**

**b** (= emprisonnement) prison, jail ◆ **peine de prison** prison sentence ◆ **faire de la prison** to go to ou be in prison ◆ **faire 6 mois de prison** to spend 6 months in jail ou prison ◆ **condamné à 3 mois de prison ferme/à la prison à vie** sentenced to 3 months' imprisonment/to life imprisonment

**prisonnier, -ière** [pʀizɔnje, jɛʀ] → SYN [1] **adj** soldat captive ◆ **être prisonnier** (enfermé) to be trapped, be a prisoner; (en prison) to be imprisoned, be a prisoner ◆ **être prisonnier de ses vêtements** to be hampered by one's clothes ◆ **être prisonnier de ses préjugés/de l'ennemi** to be a prisoner of one's prejudices/of the enemy

[2] **nm,f** prisoner ◆ **prisonnier d'opinion** prisoner of conscience ◆ **prisonnier politique** political prisoner ◆ **faire/retenir qn prisonnier** to take/hold sb prisoner ◆ **prisonnier de guerre** prisoner of war; → **camp, constituer**

**Prisunic ®** [pʀizynik] **nm** department store (*for inexpensive goods*), ≃ Woolworth's ®, ≃ five and dime (US) ◆ **de Prisunic** (péj) cheap

**privatif, -ive** [pʀivatif, iv] [1] **adj** **a** (Gram) privative

**b** (Jur = qui prive) which deprives of rights (ou liberties etc)

**c** (Jur = privé) private ◆ **avec jardin privatif** with private garden ◆ **"jardin privatif"** (sur annonce) "own garden"; → **carte**

[2] **nm** (Gram) privative (prefix ou element)

**privation** [pʀivasjɔ̃] → SYN **nf** **a** (= suppression) deprivation ◆ **la privation des droits civiques** (Jur) the forfeiture ou deprivation of civil rights ◆ **la privation de liberté** the loss of liberty ◆ **la privation de la vue/d'un membre** the loss of one's sight/of a limb ◆ **la privation de nourriture/sommeil** food/sleep deprivation

**b** (gén pl = sacrifice) privation, hardship ◆ **les privations que je me suis imposées** the things I went ou did ou managed without, the hardships I bore ◆ **souffrir de privations** to endure hardship

**privatique** [pʀivatik] **nf** stand-alone technology

**privatisation** [pʀivatizasjɔ̃] → SYN **nf** privatization ◆ **privatisation partielle/totale** partial/wholesale privatization ◆ **entreprise en cours de privatisation** company undergoing privatization

**privatiser** [pʀivatize] → SYN ▸ conjug 1 ◂ **vt** [+ entreprise] to privatize ◆ **entreprise privatisée** privatized company

**privatiste** [pʀivatist] **nmf** private law specialist

**privautés** [pʀivote] **nfpl** liberties ◆ **prendre des privautés avec** to take liberties with ◆ **privautés de langage** familiar ou coarse language

**privé, e** [pʀive] → SYN [1] **adj** (gén) private; (Presse) source unofficial; (Jur) droit civil; télévision, radio independent ◆ **personne privée** private person ◆ **en séjour (à titre) privé** on a private visit

[2] **nm** **a** **le privé** (= vie) private life; (Comm = secteur) the private sector ◆ **dans le privé** (gén) in one's private life; (Comm) in the private sector

◆ **en privé** conversation, réunion private, in private (attrib); parler privately, in private

**b** (* = détective) private eye *, private detective

**privément** [pʀivemɑ̃] **adv** (littér) privately

**priver** [pʀive] → SYN ▸ conjug 1 ◂ [1] **vt** **a** (délibérément, pour punir) **priver qn de qch** to deprive sb of sth ◆ **il a été privé de dessert** he was deprived of dessert, he had to go without his dessert ◆ **il a été privé de récréation** he was kept in at playtime ◆ **on l'a privé de sa liberté/ses droits** he was deprived of his freedom/his rights

**b** (= faire perdre) **priver qn de ses moyens** to deprive sb of ou strip sb of his means ◆ **cette perte m'a privé de ma seule joie** this loss has deprived me of my only joy ou has taken my only joy from me ◆ **l'accident l'a privé d'un bras** he lost an arm in the accident ◆ **privé de connaissance** unconscious ◆ **privé de voix** speechless, unable to speak ◆ **un discours privé de l'essentiel** a speech from which the main content had been removed ou which was stripped of its essential content

**c** (= démunir) **nous avons été privés d'électricité pendant 3 jours** we were without ou we had no ou we were deprived of electricity for 3 days ◆ **il a été privé de sommeil** he didn't get any sleep ◆ **on m'interdit le sel, ça me prive beaucoup** I'm not allowed salt and I must say I miss it ou and I don't like having to go ou do without it ◆ **cela ne me prive pas du tout** (de vous le donner) I can spare it (quite easily); (de ne plus en manger) I don't miss it at all; (de ne pas y aller) I don't mind at all

[2] **se priver** **vpr** **a** (par économie) to go without, do without ◆ **se priver de qch** to go ou do ou manage without sth ◆ **ils ont dû se priver pour leurs enfants** they had to go ou do without for the sake of their children ◆ **je n'ai pas l'intention de me priver** I've no intention of going ou doing without, I don't intend to go short (Brit)

**b** (= se passer de) **se priver de** to manage without, do without, deny o.s., forego ◆ **il se prive de dessert par crainte de grossir** he does without dessert for fear of putting on weight ◆ **se priver de cigarettes** to deny o.s. cigarettes ◆ **ils ont dû se priver d'une partie de leur personnel** they had to manage without ou do without some of their staff ◆ **tu te prives d'un beau spectacle en refusant d'y aller** you'll miss out on * ou you'll deprive yourself of a fine show by not going

**c** (gén nég = se retenir) **il ne s'est pas privé de le dire/le critiquer** he made no bones about ou he had no hesitation in saying it/criticizing him ◆ **j'aime bien manger et quand j'en ai l'occasion je ne m'en prive pas** I love eating and whenever I get the chance I don't hold back ◆ **si tu veux y aller, ne t'en prive pas pour moi** if you want to go don't stop yourself because of me

**privilège** [pʀivilɛʒ] → SYN nm (gén) privilege ◆ **j'ai eu le privilège d'assister à la cérémonie** I had the privilege of attending ou I was privileged to attend the ceremony ◆ **avoir le triste privilège de faire qch** to have the unhappy privilege of doing sth ◆ **ce pays a le triste privilège d'être le pays le plus pollué** this country has the dubious distinction ou privilege of being the most polluted country

**privilégié, e** [pʀivileʒje] → SYN (ptp de **privilégier**) 1 adj personne, site, climat privileged; (Fin) action preference (épith) (Brit), preferred (US); créancier preferential ◆ **entretenir des relations privilégiées avec qn** to have a special relationship with sb ◆ **les classes privilégiées** the privileged classes

2 nm,f privileged person ◆ **c'est un privilégié** he is fortunate ou lucky ◆ **quelques privilégiés** a privileged ou lucky few

**privilégier** [pʀivileʒje] → SYN ▸ conjug 7 ◂ vt to favour (Brit), favor (US) ◆ **privilégié par le sort** fortunate, lucky ◆ **la police semble privilégier la thèse de l'attentat** the police appear to favour the theory that it was a terrorist attack ◆ **il a été privilégié par la nature** nature has been kind to him

**prix** [pʀi] → SYN 1 nm a (= coût) [objet, produit] price; [location, transport] cost ◆ **le prix d'un billet Paris-Lyon** the fare between Paris and Lyons, the price of a ticket between Paris and Lyons ◆ **à quel prix vend-il/sont ses tapis ?** what price is he asking for/are his carpets?, how much is he charging ou asking for/are his carpets? ◆ **quel prix veut-elle de sa maison ?** what (price) is she asking ou how much does she want for her house? ◆ **quels sont vos prix ?** (pour service) what are your rates?; (pour objet) what sort of prices do you charge? ◆ **je l'ai payé 600 F ! – c'est le prix** I paid 600 francs for it! – that's the going rate ◆ **1 000 €, prix à débattre** €1,000 or nearest offer, €1,000 o.n.o. (Brit) ◆ **au prix que ça coûte, il ne faut pas le gaspiller** at that price we'd better not waste any ◆ **au prix où sont les choses** ou **où est le beurre !** * with prices what they are! ◆ **votre prix sera le mien** name ou state your price ◆ **c'était le premier prix** it was the cheapest ◆ **quel est votre dernier prix ?** (pour vendre) what's the lowest you'll go?; (pour acheter) what's your final offer? ◆ **acheter qch à prix d'or** to pay a (small) fortune for sth ◆ **payer le prix fort** (lit) to pay the full price; (fig) to pay a heavy price ◆ **faire payer le prix fort** to charge the full price ◆ **au prix fort** at the highest possible price ◆ **à bas prix** produit, terrain cheap; acheter, vendre cheaply ◆ **je l'ai eu à bas prix** I got it cheap ◆ **ça n'a pas de prix** it's priceless ◆ **je vous fais un prix (d'ami)** I'll let you have it cheap ou at a reduced price, I'll knock a bit off for you * ◆ **j'y ai mis le prix (qu'il fallait)** I had to pay a lot ou quite a price for it, it cost me a lot ◆ **il faut y mettre le prix** you have to be prepared to pay for it ◆ **il n'a pas voulu y mettre le prix** he didn't want to pay that much ◆ **je cherche une robe – dans quels prix ?** I'm looking for a dress – in what price range? ◆ **c'est dans mes prix** that's affordable ou within my price range ◆ **c'est hors de prix** it's outrageously expensive ◆ **cette table est hors de prix** the price of this table is exorbitant ou outrageous ◆ **ce magasin est hors de prix** the prices in this shop are exorbitant ou outrageous ◆ **c'est un objet qui n'a pas de prix** it's a priceless object ◆ **mettre qch à prix** (enchères) to set a reserve price (Brit) ou an upset price (US) on sth ◆ **mettre à prix la tête de qn** to put a price on sb's head, offer a reward for sb's capture ◆ **mise à prix : 200 €** (enchères) reserve (Brit) ou upset (US) price: €200 ◆ **objet de prix** expensive item; → **bas**[1]

b (fig) price ◆ **le prix du succès/de la gloire** the price of success/of glory ◆ **j'apprécie votre geste à son juste prix** I appreciate the true worth of what you did ◆ **son amitié n'a pas de prix pour moi** I cannot put a price on his friendship ◆ **donner du prix à** [+ exploit, aide] to make (even) more worthwhile ◆ **leur pauvreté donne encore plus de prix à leur cadeau** their poverty makes their present even more precious ou impressive, their poverty increases the value ou worth of their gift even more

c (= récompense, Scol) prize ◆ **(livre de) prix** (Scol) prize(-book) ◆ **le prix Nobel de la paix** the Nobel Peace Prize

d (= vainqueur) (= personne) prizewinner; (= livre) prizewinning book ◆ **premier prix du Conservatoire** first prizewinner at the Conservatoire ◆ **as-tu lu le dernier prix Goncourt ?** have you read the book that won the last ou latest Prix Goncourt?

e (Courses) race ◆ **Grand Prix (automobile)** (Aut) Grand Prix

f (LOC) **à tout prix** at all costs, at any price ◆ **à aucun prix** on no account, not at any price ◆ **au prix de grands efforts/sacrifices** after much effort/ many sacrifices

2 COMP ▷ **prix d'achat** purchase price ▷ **prix actuel** going price (*de* for) ▷ **prix agricoles** (Europe) agricultural prices ▷ **prix d'appel** introductory price ▷ **prix conseillé** manufacturer's recommended price, recommended retail price ▷ **prix coûtant** cost price ▷ **prix de départ** asking price ▷ **prix de détail** retail price ▷ **prix d'encouragement** special prize *(for promising entrant)* ▷ **prix d'excellence** (Scol) prize for coming first in the class ou for being top of the form ▷ **prix de fabrique** factory price ▷ **prix fixe** (gén) set price; (menu) set (price) menu ◆ **(repas à) prix fixe** set (price) meal ▷ **prix forfaitaire** contract price ▷ **prix de gros** wholesale price ▷ **prix imposé** (Comm) regulation price ▷ **prix d'interprétation féminine/masculine** (Ciné, Théât) prize for best actress/actor ▷ **prix d'intervention** intervention price ▷ **prix de lancement** introductory price ▷ **prix littéraire** literary prize ▷ **prix marqué** marked price ▷ **prix à la production** ou **au producteur** farm gate price ▷ **prix public** retail ou list ou base price ▷ **prix de revient** cost price ▷ **prix sortie d'usine** factory price ▷ **prix de vente** selling price, sale price ▷ **prix de vertu** paragon of virtue

**PRIX LITTÉRAIRES**

The **prix Goncourt**, France's best-known annual literary prize, is awarded for the year's finest prose work (usually a novel). The winner is chosen by a jury made up of members of the Académie Goncourt, who make their final decision over lunch at Drouant, a famous Paris restaurant.

There are over 100 other important literary prizes in France, the most coveted of which include the Prix Femina, the Prix Interallié, the Prix Renaudot and the Prix Médicis.

**pro** * [pʀo] nmf (abrév de **professionnel**) pro * ◆ **c'est un travail de pro** it's a professional job ◆ **il est très pro** he's very professional, he's a real pro *

**pro-** [pʀo] préf pro- ◆ **pro-américain/chinois** pro-American/-Chinese ◆ **pro-Maastricht** pro-Maastricht

**probabilisme** [pʀɔbabilism] nm probabilism

**probabiliste** [pʀɔbabilist] adj (Stat) probability (épith)

**probabilité** [pʀɔbabilite] GRAMMAIRE ACTIVE 15.2 → SYN nf a (= vraisemblance) [événement, hypothèse] probability, likelihood ◆ **selon toute probabilité** in all probability ou likelihood

b (Math, Stat) probability ◆ **calcul/théorie des probabilités** probability calculus/theory

**probable** [pʀɔbabl] GRAMMAIRE ACTIVE 15.2, 16.2 → SYN

1 adj a (= vraisemblable) événement, hypothèse, évolution probable, likely ◆ **il est probable qu'il gagnera** it's likely that he will win, he's likely to win, he'll probably win, the chances are (that) he'll win ◆ **il est peu probable qu'il vienne** he's unlikely to come, there's little chance of his coming, the chances are (that) he won't come ◆ **il est fort probable qu'il ait raison** in all likelihood he's right, it's highly likely that he's right ◆ **c'est (très) probable** it's (very ou highly) probable, (most ou very) probably, it's (highly) likely ◆ **c'est son successeur probable** he's likely to succeed him

b (Math, Stat) probable

2 adv * ◆ **j'ai dû l'oublier dans le bus – probable** (= sûrement) I must have left it on the bus – most likely

**probablement** [pʀɔbabləmɑ̃] GRAMMAIRE ACTIVE 15.2, 16.2, 26.6 → SYN adv probably ◆ **il viendra probablement** he's likely to come, he'll probably come ◆ **probablement pas** probably not

**probant, e** [pʀɔbɑ̃, ɑ̃t] → SYN adj argument, expérience convincing; (Jur) probative

**probation** [pʀɔbasjɔ̃] → SYN nf (Jur, Rel) probation ◆ **stage de probation** trial ou probationary period

**probationnaire** [pʀɔbasjɔnɛʀ] nmf probationer

**probatoire** [pʀɔbatwaʀ] adj examen, test grading, preliminary ◆ **stage probatoire** trial ou probationary period

**probe** [pʀɔb] → SYN adj (littér) upright, honest

**probité** [pʀɔbite] → SYN nf probity, integrity

**problématique** [pʀɔblematik] → SYN 1 adj problematic(al)

2 nf (= problème) problem, issue; (= science) problematics sg

**problème** [pʀɔblɛm] GRAMMAIRE ACTIVE 26.1, 26.2, 26.3 → SYN nm a (= difficulté) problem; (= question débattue) problem, issue ◆ **le problème du logement** the housing problem, the problem of housing ◆ **problème de santé** health problem ◆ **j'ai eu quelques problèmes de santé dernièrement** I've had some problems with my health ou health problems recently, my health hasn't been too good recently ◆ **c'est tout un problème** it's a real problem ◆ **elle risque d'avoir de sérieux problèmes avec la police** she could run into serious trouble with the police ◆ **soulever un problème** to raise a problem ◆ **faire problème** to pose problems ◆ **(il n'y a) pas de problème !** * no problem!, no sweat! * ◆ **ça lui pose un problème de conscience** this is troubling his conscience ◆ **il a bien su poser le problème** he put ou formulated the problem well ◆ **ce retard pose un problème** this delay poses a problem ou confronts us with a problem ◆ **son admission au club pose des problèmes** his joining the club is problematic ou is not straightforward ◆ **son cas nous pose un sérieux problème** his case poses a difficult problem for us, his case presents us with a difficult problem ◆ **le problème qui se pose** the problem we are faced with ou we must face ◆ **si tu viens en voiture, le problème ne se pose pas** if you come by car the problem doesn't arise ◆ **le problème ne se pose pas dans ces termes** that isn't the problem, the problem shouldn't be stated in these terms

◆ **à problèmes** peau, cheveux, enfant problem (épith) ◆ **famille à problèmes** problem ou dysfunctional family ◆ **quartier/banlieue à problèmes** problem area/suburb *(in which there is a lot of crime)*

b (Math) problem ◆ **problèmes de robinets** (Scol) *sums about the volume of water in containers* ◆ **le prof nous a posé un problème difficile** the teacher set us a difficult problem

**proboscidiens** [pʀɔbɔsidjɛ̃] nmpl ◆ **les proboscidiens** proboscideans, the Proboscidea (SPÉC)

**procaïne** [pʀɔkain] nf procaine

**procaryote** [pʀɔkaʀjɔt] 1 adj prokaryotic, procaryotic

2 nm prokaryote, procaryote

**procédé** [pʀɔsede] → SYN nm a (= méthode) process ◆ **procédé de fabrication** manufacturing process

b (= conduite) behaviour (Brit) (NonC), behavior (US) (NonC), conduct (NonC) ◆ **avoir recours à un procédé malhonnête** to do something in a dishonest way, resort to dishonest behaviour ◆ **ce sont là des procédés peu recommandables** that's pretty disreputable behaviour; → **échange**

c (Billard) tip

**procéder** [pʀɔsede] → SYN ▸ conjug 6 ◂ 1 vi (= agir) to proceed; (moralement) to behave ◆ **procéder par ordre** to take things one by one, do one thing at a time ◆ **procéder avec prudence** to proceed with caution ◆ **procéder par élimination** to use a process of elimination ◆ **je n'aime pas sa façon de procéder (envers les gens)** I don't like the way he behaves (towards people)

[2] **procéder à** vt indir (= opérer) [+ enquête, expérience] to conduct, carry out; [+ dépouillement] to start ◆ **ils ont procédé à l'ouverture du coffre** they proceeded to open the chest, they set about opening the chest ◆ **nous avons fait procéder à une étude sur ...** we have initiated ou set up a study on ... ◆ **procéder au vote** to take a vote (*sur* on) ◆ **procéder à une élection** to hold an election ◆ **procéder à l'élection du nouveau président** to hold an election for the new president, elect the new president

[3] **procéder de** vt indir (frm = provenir de) to come from, proceed from, originate in; (Rel) to proceed from ◆ **cette philosophie procède de celle de Platon** this philosophy originates in ou is a development from that of Plato ◆ **cela procède d'une mauvaise organisation** it comes from ou is due to bad organization

**procédural, e,** mpl **-aux** [pʀɔsedyʀal, o] adj procedural

**procédure** [pʀɔsedyʀ] → SYN nf **a** (= marche à suivre) procedure ◆ **quelle procédure doit-on suivre pour obtenir ... ?** what procedure must one follow to obtain ...?, what's the (usual) procedure for obtaining ...?

**b** (Jur) (= règles) procedure; (= procès) proceedings ◆ **procédure accélérée** expeditious procedure ◆ **procédure de conciliation** conciliation procedure ◆ **procédure civile** civil (law) procedure ◆ **procédure pénale** criminal (law) procedure ◆ **problème de procédure** procedural problem

**procédurier, -ière** [pʀɔsedyʀje, jɛʀ] → SYN adj (péj) tempérament, attitude quibbling (épith), pettifogging (épith) ◆ **il est très procédurier** he's a real stickler for the regulations

**procès** [pʀɔsɛ] → SYN [1] nm **a** (Jur = poursuite) (legal) proceedings, (court) action, lawsuit; [cour d'assises] trial ◆ **faire/intenter un procès à qn** to take/start ou institute (frm) (legal) proceedings against sb ◆ **engager un procès contre qn** to take (court) action against sb, bring an action against sb, take sb to court, sue sb ◆ **intenter un procès en divorce** to institute divorce proceedings ◆ **être en procès avec qn** to be involved in a lawsuit with sb ◆ **gagner/perdre son procès** to win/lose one's case ◆ **réviser un procès** to review a case ou judgment

**b** (fig) **faire le procès de qn/la société capitaliste** to put sb/capitalism on trial ou in the dock ◆ **faire le procès de qch** to pick holes in sth, criticize sth ◆ **là tu me fais un procès d'intention** you're putting words into my mouth ◆ **vous me faites un mauvais procès** you're making unfounded ou groundless accusations against me; → **forme**

**c** (Anat, Ling) process

[2] COMP ▷ **procès civil** civil proceedings ou action ▷ **procès criminel** criminal proceedings ou trial

**processeur** [pʀɔsesœʀ] nm processor

**processif, -ive** [pʀɔsesif, iv] → SYN adj (Psych) querulous

**procession** [pʀɔsesjɔ̃] → SYN nf (gén) procession ◆ **marcher en procession** to walk in procession

**processionnaire** [pʀɔsesjɔnɛʀ] [1] adj processionary

[2] nf processionary caterpillar

**processionnel, -elle** [pʀɔsesjɔnɛl] adj processional

**processionnellement** [pʀɔsesjɔnɛlmɑ̃] adv in procession

**processus** [pʀɔsesys] → SYN nm **a** (= procédure) process ◆ **processus de paix** peace process ◆ **le processus d'intégration européenne** the European integration process

**b** [maladie] progress ◆ **l'apparition d'un processus cancéreux** the appearance of a cancerous growth

**c** (Anat) process

**procès-verbal,** pl **procès-verbaux** [pʀɔsɛvɛʀbal, o] → SYN nm (= compte rendu) minutes; (Jur = constat) report, statement; (de contravention) statement ◆ **dresser (un) procès-verbal à un automobiliste** to give a ticket to ou book (Brit) a motorist

**prochain, e** [pʀɔʃɛ̃, ɛn] → SYN [1] adj **a** (= suivant) réunion, numéro, semaine next ◆ **lundi/le mois prochain** next Monday/month ◆ **le 8 septembre prochain** on the 8th September (of this year) ◆ **la prochaine rencontre aura lieu à Paris** the next meeting will take place in Paris ◆ **la prochaine fois que tu viendras** (the) next time you come ◆ **la prochaine fois** ou **la fois prochaine, je le saurai** I'll know next time ◆ **je ne peux pas rester dîner aujourd'hui, ce sera pour une prochaine fois** I can't stay for dinner today — it'll have to be ou I'll have to come some other time ◆ **au revoir, à une prochaine fois !** goodbye, see you again!* ◆ **je descends à la prochaine*** I'm getting off at the next stop (ou station etc) ◆ **à la prochaine occasion** at the next ou first opportunity

◆ **à la prochaine !*** (= salut) see you!*, be seeing you!*

**b** (= proche) arrivée, départ impending, imminent; mort imminent; avenir near, immediate ◆ **un jour prochain** soon, in the near future ◆ **un de ces prochains jours** one of these days, before long

**c** village (= suivant) next; (= voisin) neighbouring (Brit), neighboring (US), nearby; (= plus près) nearest

**d** (littér) cause immediate

[2] nm fellow man; (Rel) neighbour (Brit), neighbor (US)

**prochainement** [pʀɔʃɛnmɑ̃] → SYN adv soon, shortly ◆ **prochainement (sur vos écrans) ...** (Ciné) coming soon ... ou shortly ...

**proche** [pʀɔʃ] → SYN [1] adj **a** (dans l'espace) village neighbouring (Brit) (épith), neighboring (US) (épith), nearby (épith); rue nearby (épith) ◆ **être (tout) proche** to be (very) near ou close, be (quite) close by ◆ **proche de la ville** near the town, close to the town ◆ **le magasin le plus proche** the nearest shop ◆ **les maisons sont très proches les unes des autres** the houses are very close together

◆ **de proche en proche** step by step, gradually ◆ **la nouvelle se répandit de proche en proche** the news gradually spread

**b** (= imminent) mort close (attrib), at hand (attrib); départ imminent, at hand (attrib) ◆ **dans un proche avenir** in the near ou immediate future ◆ **être proche** [fin, but] to be drawing near, be near at hand ◆ **être proche de** [+ fin, victoire] to be nearing, be close to; [+ dénouement] to be reaching, be drawing close to ◆ **être proche de la mort** to be near death ou close to death ◆ **la nuit est proche** it's nearly nightfall ◆ **l'heure est proche où ...** the time is at hand when ...; → **futur**

**c** (= récent) événement close (attrib), recent

**d** parent close, near ◆ **mes plus proches parents** my nearest ou closest relatives, my next of kin (Admin)

**e** ami close ◆ **je me sens très proche d'elle** I feel very close to her ◆ **les proches conseillers/collaborateurs du président** the president's closest ou immediate advisers/associates

**f** **proche de** (= avoisinant) close to; (= parent de) closely related to ◆ **l'italien est proche du latin** Italian is closely related to Latin ◆ **une désinvolture proche de l'insolence** offhandedness verging on insolence ◆ **nos positions sont très proches** we take a very similar position ou line ◆ **selon des sources proches de l'ONU** according to sources close to the UN

[2] nm (surtout pl) close relation ◆ **les proches** close relations, next of kin (Admin)

**Proche-Orient** [pʀɔʃɔʀjɑ̃] nm ◆ **le Proche-Orient** the Near East ◆ **du Proche-Orient** Near Eastern, in ou from the Near East

**proche-oriental, e,** mpl **proche-orientaux** [pʀɔʃɔʀjɑ̃tal, o] adj Near Eastern

**procidence** [pʀɔsidɑ̃s] nf (Anat) procidentia

**proclamateur, -trice** [pʀɔklamatœʀ, tʀis] nm,f proclaimer

**proclamation** [pʀɔklamasjɔ̃] → SYN nf **a** (= reconnaissance officielle) [république, état d'urgence] proclamation, declaration; [verdict, résultats d'élection, résultats d'examen] announcement ◆ **proclamation de l'indépendance** declaration of independence

**b** (= texte) proclamation

**proclamer** [pʀɔklame] → SYN ▸ conjug 1 ◂ vt **a** (= affirmer) [+ conviction, vérité] to proclaim ◆ **proclamer son innocence** to proclaim ou declare one's innocence ◆ **proclamer que ...** to proclaim ou declare ou assert that ... ◆ **il se proclamait le sauveur du pays** he proclaimed ou declared himself (to be) the saviour of the country ◆ **chez eux, tout proclamait la pauvreté** (littér) everything in their house proclaimed their poverty

**b** (= reconnaître officiellement) [+ république, état d'urgence, état de siège, indépendance] to proclaim, declare; [+ décret] to publish; [+ verdict, résultats] to announce ◆ **proclamer qn roi** to proclaim sb king

**proclitique** [pʀɔklitik] adj, nm proclitic

**proconsul** [pʀɔkɔ̃syl] nm proconsul

**procordés** [pʀɔkɔʀde] nmpl ◆ **les procordés** protochordates, the Protochorda(ta) (SPÉC)

**procrastination** [pʀɔkʀastinasjɔ̃] → SYN nf (littér) procrastination

**procréateur, -trice** [pʀɔkʀeatœʀ, tʀis] → SYN (littér) [1] adj procreative

[2] nm,f procreator

**procréatif, -ive** [pʀɔkʀeatif, iv] adj procreative

**procréation** [pʀɔkʀeasjɔ̃] → SYN nf (littér) procreation (littér), reproduction ◆ **procréation artificielle** ou **médicale(ment) assistée** artificial ou assisted reproduction

**procréatique** [pʀɔkʀeatik] nf assisted reproductive technology

**procréer** [pʀɔkʀee] → SYN ▸ conjug 1 ◂ vt (littér) to procreate

**proctalgie** [pʀɔktalʒi] nf proctalgia, proctodynia

**proctite** [pʀɔktit] nf proctitis

**proctologie** [pʀɔktɔlɔʒi] nf proctology

**proctologue** [pʀɔktɔlɔg] nmf proctologist

**procuration** [pʀɔkyʀasjɔ̃] → SYN nf (Jur) (pour voter, représenter qn) proxy; (pour toucher de l'argent) power of attorney ◆ **avoir (une) procuration** to have power of attorney ou an authorization ◆ **avoir procuration sur un compte en banque** to have power of attorney over a bank account ◆ **donner (une) procuration à qn** to give sb power of attorney, authorize sb ◆ **par procuration** (lit) by proxy; (fig) vivre, voyager vicariously

**procurer** [pʀɔkyʀe] → SYN ▸ conjug 1 ◂ [1] vt **a** (= faire obtenir) **procurer qch à qn** to get ou obtain sth for sb, find sth for sb, provide sb with sth

**b** (= apporter) [+ joie, ennuis] to bring; [+ avantage] to bring, give, procure ◆ **le plaisir que procure le jardinage** the pleasure that gardening brings ou that one gets from gardening

[2] **se procurer** vpr (= obtenir) to get, procure, obtain (for o.s.); (= trouver) to find, come by; (= acheter) to get, buy (o.s.)

**procureur** [pʀɔkyʀœʀ] → SYN nm **a** (Jur) **procureur (de la République)** public ou state prosecutor ◆ **procureur général** public prosecutor (*in appeal courts*) ◆ **procureur de la Couronne** (Can) Crown prosecutor (Can)

**b** (Rel) procurator

**prodigalité** [pʀɔdigalite] → SYN nf **a** (= caractère) prodigality, extravagance

**b** (= dépenses) **prodigalités** extravagance, extravagant expenditure (NonC)

**c** (littér = profusion) [détails] abundance, profusion, wealth

**prodige** [pʀɔdiʒ] → SYN [1] nm (= événement) marvel, wonder; (= personne) prodigy ◆ **un prodige de la nature/science** a wonder of nature/science ◆ **tenir du prodige** to be astounding ou extraordinary ◆ **faire des prodiges** to work wonders ◆ **grâce à des prodiges de courage/patience** thanks to his (ou her etc) prodigious ou extraordinary courage/patience

[2] adj ◆ **enfant prodige** child prodigy

**prodigieusement** [pʀɔdiʒjøzmɑ̃] adv ennuyeux, long, compliqué, cher incredibly ◆ **prodigieusement doué** prodigiously talented ◆ **cela nous a agacé prodigieusement** we found it intensely irritating

**prodigieux, -ieuse** [pʀɔdiʒjø, jøz] → SYN adj foule, force, bêtise prodigious, incredible, phenomenal; personne, génie prodigious, phenomenal; effort prodigious, tremendous, fantastic

**prodigue** [pʀɔdig] → SYN [1] adj (= dépensier) extravagant, wasteful, prodigal; (= généreux) generous ◆ **être prodigue de ses compliments** to be lavish with one's praise ◆ **être prodigue de conseils** to be full of advice ou free with one's advice ◆ **lui, en général si peu prodigue de compliments/conseils** he who is usually so sparing of compliments/advice ◆ **être prodigue de son temps** to be unsparing ou unstinting of one's time ◆ **être prodigue de son bien** to be lavish with one's money ◆ **l'enfant** ou **le fils prodigue** (Rel) the prodigal son

2 nmf spendthrift

**prodiguer** [pʀɔdige] → SYN ▸ conjug 1 ◂ vt [+ compliments, conseils] to be full of, pour out; [+ argent] to be lavish with ◆ **prodiguer des compliments/conseils à qn** to lavish compliments/advice on sb, pour out compliments/advice to sb ◆ **elle me prodigua ses soins** she lavished care on me ◆ **malgré les soins que le médecin lui a prodigués** in spite of the care ou treatment the doctor gave him ◆ **se prodiguer sans compter** to spare no effort, give unsparingly ou unstintingly of o.s.

**pro domo** [pʀodomo] loc adj ◆ **faire un plaidoyer pro domo** (Jur) to defend o.s., plead one's own case; (fig) to justify o.s. ◆ **le discours du ministre était un véritable plaidoyer pro domo** the minister's speech was a real exercise in self-justification

**prodrome** [pʀɔdʀom] → SYN nm (littér) forerunner; (Méd) prodrome

**prodromique** [pʀɔdʀɔmik] adj (Méd) prodromal, prodromic

**producteur, -trice** [pʀɔdyktœʀ, tʀis] → SYN 1 adj ◆ **pays producteur de pétrole** oil-producing country, oil producer ◆ **pays producteur de blé** wheat-growing country, wheat producer ◆ **société productrice** (Ciné) film company

2 nm,f **a** (Comm) producer; (Agr) [œufs] producer; [blé, tomates] grower, producer ◆ **du producteur au consommateur** from the producer to the consumer

**b** (Ciné, TV) producer ◆ **producteur-réalisateur** (TV) producer and director

**productible** [pʀɔdyktibl] adj producible

**productif, -ive** [pʀɔdyktif, iv] → SYN adj productive ◆ **productif d'intérêts** (Fin) that bears interest, interest-bearing

**production** [pʀɔdyksjɔ̃] → SYN nf **a** (NonC) (Ind) production; (Agr) production, growing; [rouille, humidité, son] production

**b** (= ensemble de produits, rendement) (Ind) production, output; (Agr) production, yield ◆ **production annuelle de blé** annual wheat production ou yield ◆ **notre production est inférieure à nos besoins** our output is lower than our needs ◆ **production brute** gross output ◆ **capacité/coûts de production** production capacity/costs ◆ **directeur de la production** production manager; → **moyen**

**c** (= produit) product ◆ **productions** (Agr) produce; (Comm, Ind) products, goods

**d** (= œuvre) work; (= ensemble de l'œuvre) works ◆ **la production cinématographique/dramatique du XX^e^ siècle** 20th-century cinema/plays ◆ **les productions de l'esprit** creations of the mind

**e** (Jur) [document] presentation

**f** (Ciné, Radio, TV) production ◆ **assistant/directeur de production** production assistant/manager; → **société**

**productique** [pʀɔdyktik] nf factory ou industrial automation

**productivisme** [pʀɔdyktivism] nm emphasis on high productivity, productivism (SPÉC)

**productiviste** [pʀɔdyktivist] 1 adj société that puts strong emphasis on high productivity, productivist (SPÉC) ◆ **pour rompre avec la logique productiviste** to break away from the over-emphasis on high productivity

2 nmf advocate of high productivity, productivist (SPÉC)

**productivité** [pʀɔdyktivite] → SYN nf productivity, productiveness; (Écon, Ind = rendement) productivity

**produire** [pʀɔdɥiʀ] → SYN ▸ conjug 38 ◂ 1 vt **a** (Ind) to produce; (Agr) to produce, grow ◆ **pays qui produit du pétrole** country which produces oil, oil-producing country ◆ **cette école a produit plusieurs savants** this school has produced several scientists

**b** (= créer) [+ roman] to produce, write; [+ tableau] to produce, paint ◆ **un poète qui ne produit pas beaucoup** a poet who doesn't write much

**c** (Fin) [+ intérêt] to yield, return ◆ **arbre/terre qui produit de bons fruits** tree/soil which yields ou produces good fruit ◆ **certains sols produisent plus que d'autres** some soils are more productive ou give a better yield than others

**d** (= causer) [+ rouille, humidité, son] to produce, make; [+ effet] to produce, have; [+ changement] to produce, bring about; [+ résultat] to produce, give; [+ sensation] to cause, create ◆ **produire une bonne/mauvaise impression sur qn** to make a good/bad impression on sb ◆ **il a produit une forte impression sur les examinateurs** he made a great impression on the examiners, the examiners were highly impressed by him

**e** (Jur) [+ document] to present, produce; [+ témoin] to produce

**f** (Ciné, Radio, TV) [+ film, émission] to produce

2 **se produire** vpr **a** (= survenir) to happen, occur, take place ◆ **cela peut se produire** it can happen ◆ **ce cas ne s'était jamais produit** this kind of case had never come up before ◆ **il s'est produit un revirement dans l'opinion** there has been a complete change in public opinion ◆ **le changement qui s'est produit en lui** the change that has come over him ou taken place in him

**b** [acteur, chanteur] to perform, give a performance, appear ◆ **se produire sur scène** to appear live ou on stage ◆ **se produire en public** to appear in public, give a public performance

**produit** [pʀɔdɥi] → SYN 1 nm **a** (= denrée, article) product ◆ **produits** (Agr) produce; (Comm, Ind) goods, products ◆ **il faudrait acheter un produit pour nettoyer les carreaux** we'll have to buy something to clean the windows (with) ◆ **chef** ou **responsable (de) produit** product manager, brand manager ◆ **un produit typique de notre université** (fig) a typical product of our university ◆ **c'est le (pur) produit de ton imagination** it's a (pure) figment of your imagination

**b** (= rapport) product, yield; (= bénéfice) profit; (= revenu) income ◆ **le produit de la collecte sera donné à une bonne œuvre** the proceeds from the collection will be given to charity ◆ **vivre du produit de sa terre** to live off the land

**c** (Math) product

**d** (Chim) product, chemical

**e** (Zool = petit) offspring inv

2 COMP ▷ **produits agricoles** agricultural ou farm produce ▷ **produits alimentaires** foodstuffs ▷ **produit d'appel** loss leader ▷ **produit bancaire** banking product ▷ **produits de beauté** cosmetics, beauty products ▷ **produits blancs** white goods ▷ **produits bruns** brown goods ▷ **produit brut** (= bénéfice) gross profit; (= objet) unfinished product ▷ **produit chimique** chemical ▷ **produit de consommation** consumable ◆ **produit de consommation courante** basic consumable ◆ **produits de grande consommation** consumer goods ▷ **produits dérivés** (Comm, Fin) derivatives ▷ **produit d'entretien** clean(s)ing product ▷ **produit d'épargne** savings product ▷ **produit financier** financial product ▷ **produit de l'impôt** tax yield ▷ **produits industriels** industrial goods ou products ▷ **produit intérieur brut** gross domestic product ▷ **produits manufacturés** manufactured goods ▷ **produit national brut** gross national product ▷ **produit net** net profit ▷ **produit pétrolier** oil product ▷ **produit pharmaceutique** pharmaceutical (product) ▷ **produits de première nécessité** vital commodities ▷ **produits de toilette** toiletries ▷ **produit pour la vaisselle** washing-up liquid (Brit), dish soap (US) ▷ **produit des ventes** income ou proceeds from sales; → **substitution**

**proéminence** [pʀoeminɑ̃s] → SYN nf prominence, protuberance

**proéminent, e** [pʀoeminɑ̃, ɑ̃t] → SYN adj prominent, protuberant

**prof*** [pʀɔf] nmf (abrév de **professeur**) (Scol) teacher; (Univ) ≃ lecturer (Brit), ≃ instructor (US), ≃ prof* (US); (avec chaire) prof*

**profanateur, -trice** [pʀɔfanatœʀ, tʀis] → SYN

1 adj profaning (épith), profane

2 nm,f profaner

**profanation** [pʀɔfanasjɔ̃] → SYN nf **a** [église, autel, hostie, sépulture] desecration, profanation

**b** [sentiment, souvenir, nom] defilement, profanation; [institution] debasement; [talent] prostitution, debasement

**profane** [pʀɔfan] → SYN 1 adj **a** (= non spécialiste) **je suis profane en la matière** I'm a layman in the field, I don't know (very) much about the subject

**b** fête secular; auteur, littérature, musique secular, profane (littér)

2 nmf **a** (gén) layman, lay person ◆ **aux yeux du profane** to the layman ou the uninitiated ◆ **un profane en art** a person who is uninitiated in the field of art, a person who knows nothing about art

**b** (Rel) non-believer

3 nm (Rel) ◆ **le profane** the secular, the profane (littér) ◆ **le profane et le sacré** the sacred and the profane

**profaner** [pʀɔfane] → SYN ▸ conjug 1 ◂ vt **a** [+ église, autel, hostie, sépulture] to desecrate, profane

**b** [+ sentiments, souvenir, nom] to defile, profane; [+ institution] to debase; [+ talent] to prostitute, debase

**proférer** [pʀɔfeʀe] → SYN ▸ conjug 6 ◂ vt [+ parole] to utter; [+ injures] to utter, pour out

**profès** [pʀɔfɛ], **professe** [pʀɔfɛs] 1 adj professed

2 nm professed monk (ou priest)

3 **professe** nf professed nun

**professer** [pʀɔfese] → SYN ▸ conjug 1 ◂ vt **a** [+ opinion] to profess, declare, state; [+ théorie] to profess; [+ sentiment] to profess, declare ◆ **professer que ...** to profess ou declare ou claim that ...

**b** (Scol) to teach

**professeur** [pʀɔfesœʀ] → SYN 1 nm (gén) teacher; [lycée, collège] (school) teacher; (Univ) ≃ lecturer (Brit), instructor (US); (avec chaire) professor ◆ **elle est professeur** she's a (school)teacher ◆ **(Monsieur) le professeur Durand** (Univ) Professor Durand ◆ **professeur de piano/de chant** piano/singing teacher ou master (Brit) ou mistress (Brit) ◆ **professeur de droit** lecturer in law, professor of law ◆ **l'ensemble des professeurs** the teaching staff

2 COMP ▷ **professeur agrégé** (gén) qualified schoolteacher *(who has passed the agrégation)*; (en médecine) professor of medicine *(holder of the agrégation)*; (Can Univ) associate professor ▷ **professeur certifié** qualified schoolteacher *(who has passed the CAPES)* ▷ **professeur des écoles** primary school teacher ▷ **professeur d'enseignement général des collèges** basic-grade schoolteacher *(in a collège)* ▷ **professeur principal** ≃ class teacher (Brit), ≃ form tutor (Brit), ≃ homeroom teacher (US) → **associé**

**profession** [pʀɔfesjɔ̃] → SYN 1 nf **a** (gén) occupation; (manuelle) trade; (libérale) profession ◆ **exercer la profession de médecin** to be a doctor by profession, practise as a doctor (Brit), practice medicine (US) ◆ **menuisier de profession** carpenter by trade ◆ **menteur de profession** (hum) professional liar ◆ **"sans profession"** (Admin) (gén) "unemployed"; (femme mariée) "housewife"

**b** (= personnes) **(les gens de) la profession** (gén) the people in the profession; (= artisans) the people in the trade

**c** (LOC) **faire profession de non-conformisme** to profess nonconformism ◆ **ceux qui font profession de démocratiser l'information** those who proclaim that they want to make information available to all

2 COMP ▷ **profession de foi** (Rel, fig) profession of faith ▷ **profession libérale** (liberal) profession ◆ **les membres des professions libérales** professional people, the members of the (liberal) professions

**professionnalisation** [pʀɔfesjɔnalizasjɔ̃] nf [armée, recherche] professionalization ◆ **la professionnalisation des études est renforcée par les stages en entreprise** work experience schemes in companies help to give a vocational focus to studies

**professionnaliser** [pʀɔfesjɔnalize] ▸ conjug 1 ◂

1 vt [+ armée, métier] to professionalize; [+ sportif] to make professional ◆ **filière/**

**formation professionnalisée** vocational course/training

[2] **se professionnaliser** vpr [sport, activité] to become professionalized, professionalize; [sportif] to turn professional

**professionnalisme** [pʀɔfesjɔnalism] nm professionalism

**professionnel, -elle** [pʀɔfesjɔnɛl] → SYN [1] adj

a activité, maladie occupational (épith); école technical (épith) ◆ **faute professionnelle** (professional) negligence (NonC); (Méd) malpractice ◆ **formation/orientation professionnelle** vocational training/guidance ◆ **cours professionnel** vocational training course ◆ **frais professionnels** business expenses ◆ **(être tenu par) le secret professionnel** (to be bound by) professional secrecy; → **certificat, conscience, déformation**

b écrivain, sportif professional; (hum) menteur professional, adept ◆ **il est très professionnel (dans ce qu'il fait)** he's very professional, he has a very professional attitude

[2] nm,f a (gén, Sport) professional ◆ **c'est un travail de professionnel** (pour un professionnel) it's a job for a professional; (bien fait) it's a professional job ◆ **passer professionnel** to turn professional ◆ **les professionnels du tourisme** people working in the tourist industry

b (Ind) skilled worker

**professionnellement** [pʀɔfesjɔnɛlmɑ̃] adv professionally

**professoral, e**, mpl **-aux** [pʀɔfesɔʀal, o] → SYN adj ton, attitude professorial ◆ **le corps professoral** (gén) (the) teachers, the teaching profession; [école] the teaching staff

**professorat** [pʀɔfesɔʀa] → SYN nm ◆ **le professorat** the teaching profession ◆ **le professorat de français** French teaching, the teaching of French

**profil** [pʀɔfil] → SYN nm a (= silhouette) [personne] profile; [édifice] outline, profile, contour; [voiture] line, contour ◆ **de profil** dessiner in profile; regarder sideways on, in profile ◆ **un profil de médaille** (fig) a finely chiselled profile ◆ **garder (le) profil bas, prendre ou adopter un profil bas** (fig) to keep a low profile

b (= coupe) [bâtiment, route] profile; (Géol) [sol] section

c (Psych) profile ◆ **profil de carrière** career profile ◆ **le profil d'un étudiant** the profile of a student's performance ◆ **il a le bon profil pour le métier** his previous experience ou his career to date ou his career profile seems right for the job

**profilage** [pʀɔfilaʒ] nm [véhicule] streamlining

**profilé, e** [pʀɔfile] (ptp de **profiler**) [1] adj (gén) shaped; (= aérodynamique) streamlined

[2] nm (Tech) ◆ **profilé (métallique)** metal section

**profiler** [pʀɔfile] → SYN ► conjug 1 ◄ [1] vt a (Tech) (= dessiner) to profile, represent in profile; (= fabriquer) to shape; (= rendre aérodynamique) to streamline

b (= faire ressortir) **la cathédrale profile ses tours contre le ciel** the cathedral towers stand out ou stand outlined ou are silhouetted against the sky

[2] **se profiler** vpr [objet] to stand out (in profile), be outlined (*sur, contre* against); [ennuis, solution] to emerge ◆ **les obstacles qui se profilent à l'horizon** the obstacles looming on the horizon

**profileuse** [pʀɔfiløz] nf (Tech) grader

**profilographe** [pʀɔfilɔgʀaf] nm profilograph

**profit** [pʀɔfi] → SYN [1] nm a (Comm, Fin = gain) profit ◆ **(faire) passer qch par ou aux profits et pertes** (lit, fig) to write sth off (as a loss) ◆ **il n'y a pas de petit(s) profit(s)** great oaks from little acorns grow (Prov) look after the pennies and the pounds will look after themselves (Brit); → **compte**

b (= avantage) benefit, advantage, profit ◆ **être d'un grand profit à qn** to be of great benefit ou most useful to sb ◆ **faire du profit** (gén) to be economical, be good value (for money) * [vêtement] to wear well; [rôti] to go a long way ◆ **ce rôti n'a pas fait de profit** that roast didn't go very far ◆ **ses vacances lui ont fait beaucoup de profit** ou **lui ont été d'un grand profit** his holiday did him a lot of good, he greatly benefited from his holiday ◆ **il fait (son) profit de tout** he turns everything to (his) advantage ◆ **vous avez profit à faire cela** it's in your interest ou to your advantage to do that ◆ **s'il le fait, c'est qu'il y trouve son profit** if he does it, it's because it's to his advantage ou in his interest ou because he's getting something out of it * ◆ **il a suivi les cours sans (en tirer) aucun profit** he attended the classes without deriving any benefit from them ◆ **il a suivi les cours avec profit** he attended the classes and got a lot out of them ou and gained a lot from them ◆ **tirer profit de** [+ leçon, affaire] to profit ou benefit from ◆ **tirer profit du malheur des autres** to profit from ou take advantage of other people's misfortune

[2] **à profit** loc adv ◆ **mettre à profit** [+ idée, invention] to turn to (good) account; [+ jeunesse, temps libre, sa beauté] to make the most of, take advantage of ◆ **tourner qch à profit** to turn sth to good account ◆ **il a mis à profit le mauvais temps pour ranger le grenier** he made the most of ou took advantage of the bad weather to tidy the attic, he turned the bad weather to (good) account by tidying up the attic

[3] **au profit de** loc prép (gén) for; (= pour aider) in aid of ◆ **il est soupçonné d'espionnage au profit d'un pays étranger** he's suspected of spying for a foreign country ◆ **collecte au profit des aveugles** collection in aid of the blind ◆ **ils ont perdu du terrain/la ville au profit des socialistes** they've lost ground/the town to the socialists ◆ **il sacrifie sa vie de famille au profit de son travail** he sacrifices his family life to his work ◆ **le dessin a disparu au profit de la photo** drawing has been replaced ou supplanted by photography ◆ **le fioul a été abandonné au profit du gaz** oil has been dropped in favour of gas

**profitabilité** [pʀɔfitabilite] nf profitability

**profitable** [pʀɔfitabl] → SYN adj (= utile) beneficial, of benefit (attrib); (= lucratif) profitable (*à* to) ◆ **le stage lui a été très profitable** he got a lot out of the training course, the training course was of great benefit to him

**profiter** [pʀɔfite] → SYN ► conjug 1 ◄ [1] **profiter de** vt indir (= tirer avantage de) [+ situation, privilège, occasion, crédulité] to take advantage of; (= jouir de) [+ jeunesse, vacances] to make the most of, take advantage of ◆ **ils ont profité de ce que le professeur était sorti pour se battre** they took advantage of the fact that the teacher had gone out to have a fight ◆ **elle en a profité pour se sauver** she took advantage of the opportunity to slip away ◆ **profitez de la vie !** make the most of life! ◆ **je n'ai pas assez profité de mes enfants (quand ils étaient petits)** I wasn't able to enjoy being with my children as much as I would have liked (when they were small)

[2] **profiter à** vt indir (= rapporter à) ◆ **profiter à qn** [affaire, circonstances] to be profitable to ou of benefit to sb, be to sb's advantage; [repos] to benefit sb, be beneficial to sb; [conseil] to benefit ou profit sb, be of benefit to sb ◆ **à qui cela profite-t-il ?** who stands to gain by it?, who will that help? ◆ **à qui profite le crime ?** who would benefit from the crime?; → **bien**

[3] vi * (= se développer) [enfant] to thrive, grow; (= être économique) [plat] to go a long way, be economical; [vêtement] to wear well

**profiterole** [pʀɔfitʀɔl] nf profiterole

**profiteur, -euse** [pʀɔfitœʀ, øz] → SYN nm,f profiteer ◆ **profiteur de guerre** war profiteer

**profond, e** [pʀɔfɔ̃, ɔ̃d] → SYN [1] adj a (lit) deep ◆ **décolleté profond** plunging neckline ◆ **peu profond** eau, vallée, puits shallow; coupure superficial ◆ **profond de 3 mètres** 3 metres deep ◆ **forage profond** deep-sea drilling; → **eau**

b (= grand, extrême) soupir, silence deep, heavy; sommeil deep, sound; coma, respect deep; mystère, malaise deep, profound; (littér) nuit deep (littér), dark; changement, joie, foi, différence, influence profound; erreur serious; ignorance profound, extreme; intérêt, sentiment profound, keen; ennui profound, acute; révérence low, deep ◆ **les couches profondes** [peau] the deeper ou lower layers; [sol] the (earth's) substrata

c (= caché, secret) cause, signification underlying, deeper; (Ling) structure deep; tendance deep-seated, underlying ◆ **son comportement traduit sa nature profonde** his true nature is reflected in his behaviour ◆ **la France profonde** (gén) the broad mass of French people; (des campagnes) rural France ◆ **l'Amérique profonde** middle America

d (= pénétrant) penseur, réflexion profound, deep; esprit, remarque profound

e couleur, regard, voix deep

[2] adv creuser deep; planter deep (down)

[3] **au plus profond de** loc prép [+ désespoir, forêt] in the depths of ◆ **au plus profond de la mer** at the (very) bottom of the sea, in the depths of the sea ◆ **au plus profond de la nuit** at dead of night ◆ **au plus profond de mon être** in the depths of my being, in my deepest being

**profondément** [pʀɔfɔ̃demɑ̃] → SYN adv choqué, ému deeply, profoundly; préoccupé deeply, intensely; attristé, bouleversé deeply; convaincu deeply, utterly; différent profoundly, vastly; influencer, se tromper profoundly; réfléchir deeply, profoundly; aimer, ressentir, regretter deeply; respirer deep(ly); creuser, pénétrer deep; s'incliner low ◆ **il dort profondément** (en général) he sleeps soundly, he's a sound sleeper; (en ce moment) he's sound ou fast asleep ◆ **s'ennuyer profondément** to be utterly ou acutely ou profoundly bored ◆ **idée profondément ancrée dans les esprits** idea deeply rooted in people's minds ◆ **une tradition profondément enracinée** a deeply-rooted tradition ◆ **ça m'est profondément égal** I really couldn't care less

**profondeur** [pʀɔfɔ̃dœʀ] → SYN [1] nf a [boîte, mer, trou] depth; [plaie] deepness, depth ◆ **à cause du peu de profondeur de la rivière** because of the shallowness of the river ◆ **cela manque de profondeur** it's not deep enough ◆ **creuser en profondeur** to dig deep ◆ **creuser jusqu'à 3 mètres de profondeur** to dig down to a depth of 3 metres ◆ **avoir 10 mètres de profondeur** to be 10 metres deep ou in depth ◆ **à 10 mètres de profondeur** 10 metres down, at a depth of 10 metres ◆ **profondeur de champ** (Photo) depth of field

b (= fond) **profondeurs** [métro, mine, poche] depths ◆ **les profondeurs de l'être** the depths of the human psyche ◆ **se retrouver dans les profondeurs du classement** (Sport) to be at the bottom of the table(s)

c [personne] profoundness, profundity, depth; [esprit, remarque] profoundness, profundity; [sentiment] depth, keenness; [sommeil] soundness, depth; [regard] depth; [couleur, voix] deepness

[2] **en profondeur** loc adv, loc adj agir, exprimer in depth; réformer radically, completely; nettoyage thorough; réforme radical, thorough(going) ◆ **cette pommade agit en profondeur** this cream works deep into the skin

**pro forma** [pʀofɔʀma] adj inv ◆ **facture pro forma** pro forma invoice

**profus, e** [pʀɔfy, yz] → SYN adj (littér) profuse

**profusément** [pʀɔfyzemɑ̃] adv (littér) profusely, abundantly

**profusion** [pʀɔfyzjɔ̃] → SYN nf [fleurs, lumière] profusion; [idées, conseils] wealth, abundance, profusion ◆ **il nous a décrit la scène avec une incroyable profusion de détails** he described the scene to us in the most elaborate detail ◆ **nous ne nous attendions pas à une telle profusion de candidatures** we didn't expect such a flood of applicants ou such a large number of applications

◆ **à profusion** ◆ **il y a des fruits à profusion sur le marché** there is fruit galore * ou in plenty ou there is plenty of fruit on the market ◆ **nous en avons à profusion** we've got plenty ou masses *

**progéniture** [pʀɔʒenityʀ] → SYN nf [homme, animal] offspring, progeny (littér); (hum = famille) offspring (hum)

**progestatif** [pʀɔʒɛstatif] nm progestogen, progestin

**progestérone** [pʀɔʒɛsteʀɔn] nf progesterone

**progiciel** [pʀɔʒisjɛl] nm software package

**proglottis** [pʀɔglɔtis] nm proglottis, proglottid

**prognathe** [pʀɔgnat] adj prognathous, prognathic

**prognathie** [pʀɔgnati] nf, **prognathisme** [pʀɔgnatism] nm prognathism

**programmable** [pʀɔgʀamabl] adj programmable ◆ **touche programmable** user-definable key ◆ **l'enchaînement des titres est programmable (à l'avance)** (Hi-fi) the sequence of tracks can be preset

**programmateur, -trice** [pʀɔgʀamatœʀ, tʀis] 1 nm,f (Radio, TV) programme (Brit) ou program (US) planner
2 nm (= appareil) (gén) time switch; [four] autotimer

**programmathèque** [pʀɔgʀamatɛk] nf software library

**programmation** [pʀɔgʀamasjɔ̃] nf (Radio, TV) programming, programme (Brit) ou program (US) planning; (Ordin) programming

**programmatique** [pʀɔgʀamatik] adj (Pol) programmatic ◆ **document programmatique** policy document

**programme** [pʀɔgʀam] → SYN nm a (= éléments prévus) [cinéma, concert, radio, télévision] programme (Brit), program (US) ◆ **au programme** on the programme ◆ **voici le programme de la matinée** (Radio, TV) here is a rundown of the morning's programmes ◆ **fin de nos programmes à minuit** (Radio, TV) our programmes will end at midnight, close-down will be at midnight (Brit), we will be closing down at midnight (Brit) ◆ **changement de programme** change in (the) ou of programme
b (= brochure) [cinéma, théâtre, concert] programme (Brit), program (US); [radio, télévision] (gén) guide, listings magazine; (= section de journal) listings
c (Scol) [matière] syllabus; [classe, école] curriculum ◆ **le programme de français** the French syllabus ◆ **quel est le programme cette année ?** what's (on) the curriculum this year? ◆ **les œuvres du** ou **au programme** the set (Brit) ou assigned (US) books ou works, the books on the syllabus
d (= projet, Pol) programme (Brit), program (US) ◆ **programme d'action/de travail** programme of action/of work ◆ **programme commun** joint programme ◆ **programme économique/nucléaire/de recherches** economic/nuclear/research programme ◆ **programme électoral** election programme ou platform ◆ **le programme européen Erasmus** the European Erasmus programme ◆ **c'est tout un programme !** *, **vaste programme !** * that'll take some doing!
e (= calendrier) programme (Brit), program (US) ◆ **quel est le programme de la journée ?** ou **des réjouissances ?** * what's the programme for the day?, what's on the agenda? * ◆ **j'ai un programme très chargé** I have a very busy timetable ◆ **il y a un changement de programme** there's been a change of plan ◆ **ce n'était pas prévu au programme** it wasn't expected, that wasn't on the agenda ◆ **son frère n'était pas prévu au programme** his brother wasn't supposed to come along
f [machine à laver] programme (Brit), program (US); (Ordin) (computer) program ◆ **programme source/objet** source/object program
g (Sport) programme (Brit), program (US) ◆ **programme libre** [patinage artistique] free skating

**programmer** [pʀɔgʀame] → SYN ▸ conjug 1 ◂ 1 vt a [+ émission] to schedule; [+ machine] to programme (Brit), program (US); [+ magnétoscope] to set, programme (Brit), program (US); [+ ordinateur] to program ◆ **composition programmée** (Typo) computer(ized) ou electronic typesetting ◆ **programmer à l'avance** [+ magnétoscope] to preset
b (= prévoir, organiser) [+ opération, naissance, vacances] to plan ◆ **son dernier concert est programmé à Paris** his last concert is scheduled to take place in Paris ◆ **ce bébé n'était pas vraiment programmé** * this baby wasn't really planned
2 vi (Ordin) to (write a) program

**programmeur, -euse** [pʀɔgʀamœʀ, øz] → SYN nm,f (computer) programmer

**progrès** [pʀɔgʀɛ] → SYN 1 nm a (= amélioration) progress (NonC) ◆ **faire des progrès/de petits progrès** to make progress/a little progress ◆ **il y a du progrès !** (gén) there is some progress ou improvement; (iro) you're (ou he's etc ) improving! ou getting better! (iro) ◆ **c'est un grand progrès** it's a great advance, it's a great step forward ◆ **il a fait de grands progrès** he has made great progress ou shown (a) great improvement ◆ **nos ventes ont enregistré un léger/net progrès** our sales have increased slightly/sharply ◆ **les progrès de la médecine** advances in medicine ◆ **les grands progrès technologiques de ces dix dernières années** the great strides forward ou the great advances made in technology in the last ten years
b **le progrès** (= évolution) progress (NonC) ◆ **le progrès économique** economic progress ou development ◆ **le progrès social** social progress ◆ **c'est le progrès !** that's progress! ◆ **on n'arrête pas le progrès !** you can't stop progress!; (iro) that's progress for you! ◆ **les forces de progrès** (Pol) the forces of progress ◆ **les hommes et les femmes de progrès** progressives, progressive people
c (= progression) [incendie, inondation] spread, progress; [maladie] progression, progress; [armée] progress, advance; [criminalité, délinquance] rise (*de* in) ◆ **suivre les progrès de** [+ incendie, maladie] to monitor the progress of
2 **en progrès** loc adv ◆ **être en progrès** [élève] to be making progress; [résultats d'un élève] to be improving; [résultats économiques] to be improving, show an increase; [productivité, rentabilité] to be increasing ou improving; [monnaie] to gain ground ◆ **le franc est en léger progrès** the franc is up slightly ◆ **hier, le dollar était en net progrès** yesterday the dollar rose sharply ◆ **avec le PIB en progrès de 2%** with GDP up by 2% ◆ **leur parti est en progrès par rapport aux dernières élections** their party has gained ground since the last elections ◆ **il est en net progrès dans les sondages** he's gaining a lot of ground in the polls

**progresser** [pʀɔgʀese] → SYN ▸ conjug 1 ◂ vi a (= s'améliorer) [élève] to progress, make progress ◆ **il a beaucoup progressé cette année** he has made a lot of progress ou has come on well this year
b (= augmenter) [prix, ventes, production, chômage] to rise, increase, go up; [monnaie] to rise; [criminalité, délinquance] to be on the increase ◆ **le mark a progressé de 3% face au franc** the mark rose 3% against the franc ◆ **la criminalité a encore progressé** crime is on the rise again ◆ **il a progressé dans les sondages** he has gained ground in the polls ◆ **elle a progressé de 3 points dans les sondages** she has gained 3 points in the polls
c (= avancer) [ennemi, explorateurs, sauveteurs] to advance, make headway ou progress; [maladie] to progress; [recherches, science] to advance, progress; [projet] to progress; [idée, théorie] to gain ground, make headway ◆ **afin que notre monde/la science progresse** so that our world/science goes forward ou progresses ou makes progress

**progressif, -ive** [pʀɔgʀesif, iv] → SYN adj détérioration, réduction, développement progressive, gradual; impôt, taux progressive; (Ling) progressive ◆ **de manière progressive** gradually

**progression** [pʀɔgʀesjɔ̃] → SYN 1 nf a [élève, explorateurs] progress; [ennemi] advance; [maladie] progression, spread; [science] progress, advance; [idées] spread, advance ◆ **il faut stopper la progression du racisme** we must stop the spread of racism, we must stop racism from spreading
◆ **en progression** ◆ **être en progression** [chiffre d'affaires, ventes] to be increasing, be up; [monnaie] to be gaining ground ◆ **ventes en progression** rising ou increasing sales ◆ **le PIB est en progression de 3%** GDP is up ou has risen by 3% ◆ **le chômage est en progression constante/de 5%** unemployment is steadily increasing/has increased by 5% ◆ **le chiffre d'affaires est en progression par rapport à l'année dernière** turnover is up on last year
b (Math, Mus) progression ◆ **progression arithmétique/géométrique** arithmetic/geometric progression ◆ **progression économique** economic advance

**progressisme** [pʀɔgʀesism] → SYN nm progressivism

**progressiste** [pʀɔgʀesist] → SYN adj, nmf progressive

**progressivement** [pʀɔgʀesivmɑ̃] → SYN adv gradually, progressively

**progressivité** [pʀɔgʀesivite] → SYN nf progressiveness

**prohibé, e** [pʀɔibe] → SYN (ptp de **prohiber**) adj marchandise, action prohibited, forbidden; arme illegal

**prohiber** [pʀɔibe] → SYN ▸ conjug 1 ◂ vt to prohibit, ban, forbid

**prohibitif, -ive** [pʀɔibitif, iv] → SYN adj prix prohibitive; mesure prohibitory, prohibitive

**prohibition** [pʀɔibisjɔ̃] → SYN nf (gén) prohibition (*de* of, on) ◆ **la Prohibition** (Hist US) Prohibition ◆ **prohibition du port d'armes** ban on the carrying of weapons ◆ **ils veulent imposer la prohibition de l'alcool** they want a ban on alcohol to be introduced

**prohibitionnisme** [pʀɔibisjɔnism] nm prohibitionism

**prohibitionniste** [pʀɔibisjɔnist] adj, nmf prohibitionist

**proie** [pʀwa] → SYN nf (lit, fig) prey (NonC) ◆ **c'est une proie facile pour des escrocs** he's easy prey ou game * for swindlers ◆ **être la proie de** to fall prey ou victim to, be the prey of ◆ **le pays fut la proie des envahisseurs** the country fell prey to invaders ◆ **la maison était la proie des flammes** the house was engulfed in flames ◆ **lâcher** ou **laisser la proie pour l'ombre** (fig) to give up what one has (already) for some uncertain ou fanciful alternative; → **oiseau**
◆ **en proie à** ◆ **être en proie à** [+ guerre, crise, violence, récession] to be plagued by, be in the grip of; [+ difficultés financières] to be plagued ou beset by; [+ doute, émotion] to be prey to; [+ colère] to be seething with; [+ douleur] to be racked ou tortured by ◆ **il était en proie au remords** he was stricken with ou racked by remorse ◆ **en proie au désespoir** racked by despair ◆ **en proie à la panique** panic-stricken

**projecteur** [pʀɔʒɛktœʀ] → SYN nm a [diapositives, film] projector ◆ **projecteur sonore** sound projector
b (= lumière) [théâtre] spotlight; [prison, bateau] searchlight; [monument public, stade] floodlight; (Aut) headlamp unit ou assembly, headlight ◆ **être (placé) sous les projecteurs (de l'actualité)** (fig) to be in the spotlight ou limelight ◆ **braquer les projecteurs de l'actualité sur qch** to turn the spotlight on sth ◆ **jeter un coup de projecteur sur qch** (fig) to put sth under the spotlight

**projectif, -ive** [pʀɔʒɛktif, iv] adj projective

**projectile** [pʀɔʒɛktil] → SYN nm (gén) missile; (Mil, Tech) projectile

**projection** [pʀɔʒɛksjɔ̃] → SYN nf a [ombre] casting, projection, throwing; [film] (= action) projection, screening, showing; (= séance) screening, showing ◆ **projection privée/publique** private/public screening ou showing ◆ **projection vidéo** video screening ◆ **appareil de projection** projector ◆ **conférence avec des projections (de diapositives)** lecture (illustrated) with slides, slide lecture; → **cabine, salle**
b (= lancement) [liquide, vapeur] discharge, ejection; [pierre] throwing (NonC); (Géol) ◆ **projections volcaniques** volcanic ejections ou ejecta ◆ **projection de cendres** emission of ash
c (= prévision) forecast ◆ **selon les projections officielles, le déficit public devrait augmenter** according to official forecasts ou predictions, the public deficit is going to rise ◆ **faire des projections** to make forecasts ◆ **si nous faisons des projections sur sept ans** if we forecast seven years ahead ou make forecasts for the next seven years
d (Math, Psych) projection (*sur* onto) ◆ **projection de Mercator** Mercator's projection

**projectionniste** [pʀɔʒɛksjɔnist] nmf projectionist

**projet** [pʀɔʒɛ] → SYN nm a (= dessein, intention) plan ◆ **projets criminels/de vacances** criminal/holiday plans ◆ **faire des projets d'avenir** to make plans for the future, make future plans ◆ **faire** ou **former le projet de faire qch** to plan to do sth ◆ **ce projet de livre/d'agrandissement** this plan for a book/for an extension ◆ **quels sont vos projets pour le mois prochain ?** what are your plans ou what plans have you got for next month? ◆ **ce n'est encore qu'un projet, c'est encore à l'état de projet** ou **en projet** it's still only at the planning stage ◆ **c'est resté à l'état de projet** (gén) it never came to anything;

[réforme, mesure] it never got off the drawing-board
**b** (= ébauche) [roman] (preliminary) draft; [maison, ville] plan ◆ **projet de budget** budget proposal ◆ **projet de loi** bill ◆ **projet de réforme** reform bill ◆ **projet de réforme constitutionnelle** constitutional amendment bill ◆ **projet de résolution de l'ONU** UN draft resolution ◆ **établir un projet d'accord/de contrat** to draft an agreement/a contract, produce a draft agreement/contract ◆ **projet de société** vision of society ◆ **projet de vie** life plan
**c** (= travail en cours) project ◆ **projet de construction de logements** house-building scheme ou project

**projeter** [pʀɔʒ(ə)te] GRAMMAIRE ACTIVE 8.2 → SYN ▸ conjug 4 ◂
[1] vt **a** (= envisager) to plan (*de faire* to do) ◆ **as-tu projeté quelque chose pour les vacances ?** have you made any plans ou have you planned anything for your holidays?
**b** (= jeter) [+ gravillons] to throw up; [+ étincelles] to throw off; [+ fumée] to send out, discharge; [+ lave] to eject, throw out ◆ **attention ! la poêle projette de la graisse** careful! the frying pan is spitting (out) fat ◆ **être projeté hors de** to be thrown ou hurled ou flung out of ◆ **on lui a projeté de l'eau dans les yeux** someone threw water into his eyes
**c** (= envoyer) [+ ombre, reflet] to cast, project, throw; [+ film, diapositive] to project; (= montrer) to show ◆ **on peut projeter ce film sur un petit écran** this film may be projected onto ou shown on a small screen ◆ **on nous a projeté des diapositives** we were shown some slides
**d** (Math, Psych) to project (*sur* onto)
[2] **se projeter** vpr [ombre] to be cast, fall (*sur* on)

**projeteur, -euse** [pʀɔʒ(ə)tœʀ, øz] nm,f project designer

**projo** * [pʀoʒo] nm abrév de **projecteur**

**prolactine** [pʀolaktin] nf prolactin, luteotrophin, luteotrophic hormone

**prolamine** [pʀɔlamin] nf prolamine

**prolapsus** [pʀolapsys] → SYN nm prolapse

**prolégomènes** [pʀolegɔmɛn] → SYN nmpl prolegomena

**prolepse** [pʀɔlɛps] → SYN nf (Littérat) prolepsis

**prolétaire** [pʀɔletɛʀ] → SYN [1] adj proletarian
[2] nmf proletarian ◆ **les enfants de prolétaires** children of working-class people ◆ **prolétaires de tous les pays, unissez-vous !** workers of the world, unite!

**prolétariat** [pʀɔletaʀja] → SYN nm proletariat

**prolétarien, -ienne** [pʀɔletaʀjɛ̃, jɛn] → SYN adj proletarian

**prolétarisation** [pʀɔletaʀizasjɔ̃] nf proletarianization

**prolétariser** [pʀɔletaʀize] ▸ conjug 1 ◂ vt to proletarianize

**prolifération** [pʀɔlifeʀasjɔ̃] → SYN nf proliferation

**prolifère** [pʀɔlifɛʀ] adj proliferous

**proliférer** [pʀɔlifeʀe] → SYN ▸ conjug 6 ◂ vi to proliferate ◆ **les guerres civiles prolifèrent** civil wars are breaking out all over the world

**prolifique** [pʀɔlifik] → SYN adj prolific

**prolixe** [pʀɔliks] → SYN adj orateur, discours verbose, wordy, prolix (frm)

**prolixement** [pʀɔliksəmɑ̃] adv verbosely, wordily

**prolixité** [pʀɔliksite] → SYN nf verbosity, wordiness, prolixity (frm)

**prolo** * [pʀolo] (abrév de **prolétaire**) [1] nmf working-class person, prole * (péj)
[2] adj quartier, personne working-class ◆ **ça fait prolo** it's common

**PROLOG, prolog** [pʀɔlɔg] nm PROLOG, Prolog

**prologue** [pʀɔlɔg] → SYN nm prologue (*à* to)

**prolongateur** [pʀɔlɔ̃gatœʀ] nm extension cable ou lead

**prolongation** [pʀɔlɔ̃gasjɔ̃] → SYN nf **a** (dans le temps) [séjour, trêve, séance, visa, délai, contrat] extension; [vie, maladie] prolongation; (Mus) [note] prolongation ◆ **prolongations** (Ftbl) extra time (NonC) (Brit), overtime (NonC) (US) ◆ **obtenir une prolongation** to get an extension ◆ **ils ont joué les prolongations** (Ftbl) they played extra time (Brit) ou overtime (US), the game ou they went into extra time (Brit) ou overtime (US); (hum : en vacances, pour un travail) they stayed on
**b** (dans l'espace) [rue] extension; (Math) [ligne] prolongation

**prolonge** [pʀɔlɔ̃ʒ] nf ammunition wagon ◆ **prolonge d'artillerie** gun carriage

**prolongé, e** [pʀɔlɔ̃ʒe] (ptp de **prolonger**) adj débat, séjour, absence prolonged, lengthy; rire, cri, sécheresse prolonged; effort prolonged, sustained ◆ **exposition prolongée au soleil** prolonged exposure to the sun ◆ **jeune fille prolongée** (hum ou †) old maid ◆ **c'est un adolescent prolongé** he's an overgrown teenager ◆ **rue de la Paix prolongée** continuation of Rue de la Paix ◆ **en cas d'arrêt prolongé** in case of prolonged stoppage ◆ **week-end prolongé** long weekend ◆ **la station assise/debout prolongée peut provoquer des douleurs** sitting/standing in the same position for an extended period of time can cause aches and pains ◆ **ce déodorant a une action prolongée** this deodorant has a long-lasting effect ◆ **"pas d'utilisation prolongée sans avis médical"** "not to be taken for long periods without medical advice"

**prolongement** [pʀɔlɔ̃ʒmɑ̃] → SYN nm **a** [bâtiment, voie ferrée, ligne de métro, route, délai, période] extension ◆ **l'outil doit être un prolongement du bras** the tool should be like an extension of one's arm ◆ **décider le prolongement d'une route** to decide to extend ou continue a road ◆ **cette rue se trouve dans le prolongement de l'autre** this street runs on from the other ou is the continuation of the other
**b** (= suite) [affaire, politique, rapport] repercussion, consequence ◆ **c'est le prolongement logique de la politique entreprise** it's the logical extension ou consequence of the policy that has been undertaken ◆ **ce rapport est dans le prolongement du précédent** this report follows on from the previous one ◆ **dans le prolongement de ce que je disais ce matin** following on from ou to continue with what I was saying this morning ◆ **dans le prolongement de la réflexion amorcée en 1998, il a déclaré que ...** expanding on ou developing the line of thought first outlined in 1998, he declared that ...

**prolonger** [pʀɔlɔ̃ʒe] → SYN ▸ conjug 3 ◂ [1] vt **a** (dans le temps) [+ séjour, trêve, séance, délai, contrat] to extend, prolong; [+ visa] to extend; [+ vie, maladie] to prolong; (Mus) [+ note] to prolong ◆ **nous ne pouvons prolonger notre séjour** we can't stay any longer, we can't prolong our stay
**b** (dans l'espace) [+ rue] to extend, continue; (Math) [+ ligne] to prolong, produce ◆ **on a prolongé le mur jusqu'au garage** we extended ou continued the wall as far as ou up to the garage ◆ **ce bâtiment prolonge l'aile principale** this building is an extension ou a continuation of the main wing
[2] **se prolonger** vpr **a** (= continuer) [attente] to go on; [situation] to go on, last, persist; [effet] to last, persist; [débat] to last, go on, carry on; [maladie] to continue, persist ◆ **il voudrait se prolonger dans ses enfants** (= se perpétuer) he would like to live on in his children
**b** (= s'étendre) [rue, chemin] to go on, carry on (Brit), continue

**promenade** [pʀɔm(ə)nad] → SYN nf **a** (à pied) walk, stroll; (en voiture) drive, ride; (en bateau) sail; (en vélo, à cheval) ride ◆ **partir en promenade, faire une promenade** to go for a walk ou stroll (ou drive etc) ◆ **être en promenade** to be out walking ou out for a walk ◆ **faire faire une promenade à qn** to take sb (out) for a walk ◆ **cette course a été une vraie promenade pour lui** the race was a walkover for him ◆ **ça n'a pas été une promenade de santé** it was no picnic *
**b** (= avenue) walk, esplanade; (= front de mer) promenade

**promener** [pʀɔm(ə)ne] → SYN ▸ conjug 5 ◂ [1] vt **a** (emmener) **promener qn** to take sb (out) for a walk ou stroll ◆ **promener le chien** to walk the dog, take the dog out (for a walk) ◆ **promener des amis à travers une ville** to show ou take friends round a town ◆ **cela te promènera** it will get you out for a while ◆ **il promène son nounours partout** * he trails his teddy bear around everywhere with him ◆ **est-ce qu'il va nous promener encore longtemps à travers ces bureaux ?** * is he going to trail us round these offices much longer?; → **envoyer**
**b** (fig) **promener son regard sur qch** to run ou cast one's eyes over sth ◆ **promener ses doigts sur qch** to run ou pass one's fingers over sth ◆ **il promène sa tristesse/son ennui** he goes around looking sad/bored all the time ◆ **il promenait sa caméra/son micro dans les rues de New York** he roved the streets of New York with his camera/his microphone
[2] **se promener** vpr **a** (= aller en promenade) to go for a walk ou stroll (ou drive etc) ◆ **aller se promener** to go (out) for a walk ou stroll (ou drive etc) ◆ **viens te promener avec maman** come for a walk with mummy ◆ **se promener dans sa chambre** to walk ou pace up and down in one's room ◆ **allez vous promener !** * go and take a running jump! *, get lost! ✱ ◆ **je ne vais pas laisser tes chiens se promener dans mon jardin** I'm not going to let your dogs wander round my garden ◆ **il s'est vraiment promené dans cette course** (Sport) the race was a walkover for him
**b** [pensées, regard, doigts] to wander ◆ **son crayon se promenait sur le papier** he let his pencil wander over the paper, his pencil wandered over the paper ◆ **ses affaires se promènent toujours partout** * he always leaves his things lying around

**promeneur, -euse** [pʀɔm(ə)nœʀ, øz] → SYN nm,f walker, stroller ◆ **les promeneurs du dimanche** people out for a Sunday walk ou stroll

**promenoir** [pʀɔm(ə)nwaʀ] → SYN nm († : Théât) promenade (gallery), standing gallery; [école, prison] (covered) walk

**promesse** [pʀɔmɛs] → SYN nf (= assurance) promise; (= parole) promise, word; (Comm) commitment, undertaking ◆ **promesse de mariage** promise of marriage ◆ **promesse en l'air** ou **d'ivrogne** ou **de Gascon** empty ou vain promise ◆ **promesse d'achat/de vente** agreement to buy/to sell, purchase/sales agreement ◆ **fausses promesses** empty ou false promises ◆ **méfiez-vous des belles promesses des politiques** beware of politicians and their big promises ◆ **faire une promesse** to make a promise, give one's word ◆ **il m'en a fait la promesse** he gave me his word ◆ **manquer à/tenir sa promesse** to break/keep one's promise ou word ◆ **honorer/respecter ses promesses** to honour/keep one's promises ◆ **j'ai sa promesse** I have his word for it, he has promised me ◆ **auteur plein de promesses** writer showing much promise ou full of promise, very promising writer ◆ **sourire plein de promesses** smile that promised (ou promises) much

**prométhazine** [pʀɔmetazin] nf promethazine

**Prométhée** [pʀɔmete] nm Prometheus

**prométhéen, -enne** [pʀɔmeteɛ̃, ɛn] adj Promethean ◆ **le rêve prométhéen** *man's dream of becoming master of his own destiny*

**prométhium** [pʀɔmetjɔm] nm promethium

**prometteur, -euse** [pʀɔmetœʀ, øz] → SYN adj début, signe promising; acteur, politicien up-and-coming, promising

**promettre** [pʀɔmɛtʀ] → SYN ▸ conjug 56 ◂ [1] vt
**a** [+ chose, aide] to promise ◆ **je lui ai promis un cadeau** I promised him a present ◆ **je te le promets** I promise (you) ◆ **il n'a rien osé promettre** he couldn't promise anything, he didn't dare commit himself ◆ **il a promis de venir** he promised to come ◆ **il m'a promis de venir** ou **qu'il viendrait** he promised me (that) he would ou he'd come ◆ **promettre la lune, promettre monts et merveilles** to promise the moon ou the earth ◆ **tu as promis, il faut y aller** you've promised ou you've given your word so you have to go ◆ **il ne faut pas promettre quand on ne peut pas tenir** one mustn't make promises that one cannot keep ◆ **promettre le secret** to promise to keep a secret ◆ **promettre son cœur/sa main/son amour** to pledge one's heart/one's hand/one's love
**b** (= prédire) to promise ◆ **je vous promets qu'il ne recommencera pas** I (can) promise you he won't do that again ◆ **il sera furieux, je te le promets** he'll be furious, I can promise you that ◆ **on nous promet du beau temps/un été pluvieux** we are promised ou

we are in for * some fine weather/a rainy summer ♦ **ces nuages nous promettent de la pluie** these clouds mean ou promise rain ♦ **cela ne nous promet rien de bon** this doesn't look at all hopeful ou good (for us)

**c** (= faire espérer) to promise ♦ **le spectacle/dîner promet d'être réussi** the show/dinner promises to be a success ♦ **cet enfant promet** this child shows promise ou is promising, he's (ou she's) a promising child ♦ **ça promet !** (iro) that's a good start! (iro), that's promising! (iro) ♦ **ça promet pour l'avenir/pour l'hiver !** (iro) that bodes well for the future/(the) winter! (iro)

**2** **se promettre** vpr ♦ **se promettre du bon temps** ou **du plaisir** to promise o.s. a good time ♦ **je me suis promis un petit voyage** I've promised myself a little trip ♦ **se promettre de faire qch** to mean ou resolve to do sth ♦ **je me suis bien promis de ne jamais plus l'inviter** I vowed never to invite him again ♦ **elles se sont promis de garder le secret** they promised each other they'd keep it a secret

**promis, e** [pʀɔmi, iz] [→ SYN] (ptp de **promettre**)
**1** adj **a** (= assuré) promised ♦ **comme promis, il est venu** as promised, he came ♦ **voilà la photo promise** here's the photograph I promised you ♦ **tu le feras ? – promis(, juré) !** ou **c'est promis !** you'll do it? – yes, cross my heart! ou I promise!

**b** (= destiné) **être promis à un bel avenir** [personne] to be destined for great things, have a bright future ahead of one; [invention] to have a bright future ♦ **quartier promis à la démolition** area earmarked ou scheduled for demolition; → **chose, terre**

**2** nm,f († †, dial) betrothed †

**promiscuité** [pʀɔmiskɥite] [→ SYN] nf **a** [lieu public] crowding (NonC) (*de* in); [chambre] lack of privacy (NonC) (*de* in) ♦ **vivre dans la promiscuité** to live in very close quarters, live on top of one another

**b** **promiscuité sexuelle** (sexual) promiscuity

**promo** * [pʀɔmo] nf abrév de **promotion**

**promontoire** [pʀɔmɔ̃twaʀ] [→ SYN] nm (Géog) headland, promontory

**promoteur, -trice** [pʀɔmɔtœʀ, tʀis] [→ SYN] **1** nm,f (= instigateur) promoter ♦ **promoteur (immobilier)** property developer ♦ **promoteur de ventes** sales promoter

**2** nm (Chim) promoter

**promotion** [pʀɔmosjɔ̃] [→ SYN] nf **a** (= avancement) promotion (*à un poste* to a job) ♦ **promotion sociale** social advancement

**b** (Scol) year, class (US) ♦ **être le premier de sa promotion** to be first in one's year ou class (US)

**c** (Comm = réclame) special offer ♦ **notre promotion de la semaine** this week's special offer ♦ **article en promotion** item on special offer ♦ **il y a une promotion sur les chemises** shirts are on special offer, there's a special on shirts (US) ♦ **promotion des ventes** sales promotion

**d** (= encouragement) promotion ♦ **faire la promotion de** [+ politique, idée, technique] to promote

**promotionnel, -elle** [pʀɔmosjɔnɛl] [→ SYN] adj article on (special) offer; vente, campagne promotional ♦ **tarif promotionnel** special offer ♦ **offre promotionnelle** special offer, special (US) ♦ **matériel promotionnel** publicity material

**promotionner** [pʀɔmosjɔne] ▸ conjug 1 ◂ vt [+ produit] to promote

**promouvoir** [pʀɔmuvwaʀ] [→ SYN] ▸ conjug 27 ◂ vt [+ personne] to promote, upgrade (*à* to); [+ politique, recherche, idée, technique] to promote; (Comm) [+ produit] to promote ♦ **il a été promu directeur** he was promoted ou upgraded to (the rank of) manager

**prompt, prompte** [pʀɔ̃(pt), pʀɔ̃(p)t] [→ SYN] adj réaction, départ prompt, swift; changement quick, swift ♦ **je vous souhaite un prompt rétablissement** get well soon, I wish you a speedy recovery ♦ **prompt à l'injure/aux excuses/à réagir/à critiquer** quick to insult/to apologize/to react/to criticize ♦ **avoir le geste prompt** to be quick to act ♦ **il a l'esprit prompt** he has a quick ou ready wit ♦ **prompt comme l'éclair** ou **la foudre** as quick as lightning ♦ **dans l'espoir d'une prompte réponse** (Comm) hoping for an early reply

**promptement** [pʀɔ̃ptəmɑ̃] [→ SYN] adv agir, réagir quickly, swiftly; finir quickly; répondre, riposter promptly

**prompteur** [pʀɔ̃ptœʀ] nm Autocue ® (Brit), teleprompter ® (US)

**promptitude** [pʀɔ̃(p)tityd] [→ SYN] nf [répartie, riposte] quickness; [réaction] promptness, swiftness; [départ, changement] suddenness; [guérison] speed ♦ **il a réagi avec promptitude** he was quick to react

**promu, e** [pʀɔmy] (ptp de **promouvoir**) **1** adj personne promoted

**2** nm,f promoted person

**promulgation** [pʀɔmylgasjɔ̃] [→ SYN] nf promulgation

**promulguer** [pʀɔmylge] [→ SYN] ▸ conjug 1 ◂ vt to promulgate

**pronaos** [pʀɔnaos] nm pronaos

**pronateur** [pʀɔnatœʀ] adj m, nm ♦ **(muscle) pronateur** pronator

**pronation** [pʀɔnasjɔ̃] nf pronation

**prône** [pʀon] [→ SYN] nm sermon

**prôner** [pʀone] [→ SYN] ▸ conjug 1 ◂ vt (= vanter) to laud, extol; (= préconiser) to advocate, recommend

**pronom** [pʀɔnɔ̃] [→ SYN] nm pronoun

**pronominal, e,** mpl **-aux** [pʀɔnɔminal, o] adj pronominal ♦ **(verbe) pronominal** pronominal ou reflexive (verb) ♦ **mettre un verbe à la forme pronominale** to put a verb in its pronominal ou reflexive form

**pronominalement** [pʀɔnɔminalmɑ̃] adv pronominally, reflexively

**prononçable** [pʀɔnɔ̃sabl] adj pronounceable ♦ **son nom est difficilement prononçable** his name is hard to pronounce ♦ **ce mot n'est pas prononçable** that word is unpronounceable

**prononcé, e** [pʀɔnɔ̃se] [→ SYN] (ptp de **prononcer**)
**1** adj accent, goût, trait marked, pronounced, strong

**2** nm (Jur) pronouncement

**prononcer** [pʀɔnɔ̃se] GRAMMAIRE ACTIVE 6.3 [→ SYN] ▸ conjug 3 ◂

**1** vt **a** (= articuler) [+ mot, son] to pronounce ♦ **son nom est impossible à prononcer** his name is impossible to pronounce ou is unpronounceable ♦ **comment est-ce que ça se prononce ?** how is it pronounced?, how do you pronounce it? ♦ **cette lettre ne se prononce pas** that letter is silent ou is not pronounced ♦ **tu prononces mal** your pronunciation is poor ♦ **mal prononcer un mot** to mispronounce a word, pronounce a word badly ♦ **prononcer distinctement** to speak clearly, pronounce one's words clearly

**b** (= dire) [+ parole, nom] to utter; [+ souhait] to utter, make; [+ discours] to make, deliver ♦ **sortir sans prononcer un mot** to go out without uttering a word ♦ **ne prononcez plus jamais ce nom !** don't you ever mention ou utter that name again! ♦ **prononcer ses vœux** (Rel) to take one's vows

**c** [+ sentence] to pronounce, pass; [+ dissolution, excommunication] to pronounce ♦ **prononcer le huis clos** to order that a case (should) be heard in camera

**2** vi (Jur) to deliver ou give a verdict ♦ **prononcer en faveur de/contre** (littér) to come down ou pronounce in favour of/against

**3** **se prononcer** vpr (= se décider) (gén) to reach ou come to a decision (*sur* on, about); (Jur) to reach a verdict (*sur* on); (= s'exprimer) (avis) to give ou express an opinion (*sur* on); (décision) to give a decision (*sur* on); (Jur) to give a verdict (*sur* on) ♦ **le médecin ne s'est toujours pas prononcé** the doctor still hasn't given a verdict ou a firm opinion ♦ **se prononcer en faveur de qn/pour qch** to come down ou pronounce o.s. in favour of sb/in favour of sth ♦ **se prononcer contre une décision** to declare one's opposition to ou pronounce o.s. against a decision ♦ **"ne se prononcent pas"** (sondage) "don't know"

**prononciation** [pʀɔnɔ̃sjasjɔ̃] [→ SYN] nf **a** (Ling) pronunciation ♦ **la prononciation de ce mot est difficile** this word is hard to pronounce ♦ **il a une bonne/mauvaise prononciation** he speaks/doesn't speak clearly, he pronounces/doesn't pronounce his words clearly; (dans une langue étrangère) his pronunciation is good/poor ♦ **faute** ou **erreur de prononciation** pronunciation error, error of pronunciation ♦ **faire une faute de prononciation** to mispronounce a word ♦ **défaut** ou **vice de prononciation** speech impediment ou defect

**b** (Jur) pronouncement

**pronostic** [pʀɔnɔstik] [→ SYN] nm (gén) forecast, prognostication (frm); (Méd) prognosis; (Courses) tip; (Sport) forecast ♦ **quels sont vos pronostics ?** what's your forecast? ♦ **au pronostic infaillible** unerring in his (ou her etc ) forecasts ♦ **elle a fait le bon pronostic** (gén) her prediction proved correct; (Méd) she made the right prognosis ♦ **se tromper dans ses pronostics** (gén) to get one's forecasts wrong ♦ **mes pronostics donnaient le 11 gagnant** (Courses) I tipped number 11 to win ♦ **faire des pronostics sur les matchs de football** to forecast the football results

**pronostique** [pʀɔnɔstik] adj prognostic

**pronostiquer** [pʀɔnɔstike] [→ SYN] ▸ conjug 1 ◂ vt (= prédire) to forecast, prognosticate (frm); (= être le signe de) to foretell, be a sign of; (Courses) to tip

**pronostiqueur, -euse** [pʀɔnɔstikœʀ, øz] nm,f (gén) forecaster, prognosticator (frm); (Courses) tipster

**pronunciamiento** [pʀonunsjamjɛnto] [→ SYN] nm pronunciamento

**pro-occidental, e,** mpl **pro-occidentaux** [pʀoɔksidɑ̃tal, o] adj pro-Western

**propagande** [pʀɔpagɑ̃d] [→ SYN] nf propaganda ♦ **propagande électorale/de guerre** electioneering/war propaganda ♦ **faire de la propagande pour qch/qn** to push ou plug * sth/sb ♦ **je ne ferai pas de propagande pour ce commerçant/ce produit** I certainly won't be doing any advertising for ou plugging * this trader/this product ♦ **journal de propagande** propaganda sheet ou newspaper ♦ **film/discours de propagande** propaganda film/speech ♦ **discours de propagande électorale** electioneering speech

**propagandiste** [pʀɔpagɑ̃dist] [→ SYN] nmf propagandist

**propagateur, -trice** [pʀɔpagatœʀ, tʀis] [→ SYN] nm,f [méthode, religion, théorie] propagator; [nouvelle] spreader

**propagation** [pʀɔpagasjɔ̃] [→ SYN] nf **a** [foi, idée] propagation; [nouvelle] spreading; [maladie, épidémie] spread; [rumeur] spreading, putting about (Brit) ♦ **pour arrêter la propagation de l'incendie** to stop the fire spreading

**b** (Phys) [son, onde, lumière, chaleur] propagation ♦ **vitesse de propagation** velocity of propagation

**c** (Bio) propagation

**propager** [pʀɔpaʒe] [→ SYN] ▸ conjug 3 ◂ **1** vt **a** (= diffuser) [+ foi, idée] to propagate; [+ nouvelle, maladie] to spread; [+ rumeur] to spread, put about (Brit)

**b** (Phys) [+ son, lumière, onde] to propagate

**c** (Bio) [+ espèce] to propagate

**2** **se propager** vpr **a** (= se répandre) [incendie, idée, nouvelle, maladie] to spread

**b** (Phys) [onde] to be propagated

**c** (Bio) [espèce] to propagate

**propagule** [pʀɔpagyl] nf propagule, propagulum

**propane** [pʀɔpan] nm propane

**propanier** [pʀɔpanje] nm (propane) tanker

**proparoxyton** [pʀɔpaʀɔksitɔ̃] adj m, nm proparoxytone

**propédeutique** † [pʀɔpedøtik] nf (Univ) *foundation course for first-year university students*

**propène** [pʀɔpɛn] nm propene

**propension** [pʀɔpɑ̃sjɔ̃] [→ SYN] nf proclivity (frm) (*à qch* to ou towards sth; *à faire* to do), propensity (*à qch* for sth; *à faire* to do) ♦ **propension à consommer/économiser** (Écon) propensity to spend/save

**propergol** [pʀɔpɛʀgɔl] nm [fusée] propellant, propellent

**propharmacien, -ienne** [pʀofaʀmasjɛ̃, jɛn] nm,f dispensing doctor

**prophase** [pʀofɑz] nf prophase

**prophète** [pʀɔfɛt] [→ SYN] nm (gén) prophet, seer; (Rel) prophet ♦ **faux prophète** false prophet ♦ **prophète de malheur** prophet of doom, doomsayer ◆ **les (livres des) Prophètes** (Bible) the Books of (the) Prophets; → **nul**

**prophétesse** [pʀɔfetɛs] nf (gén) prophetess, seer; (Rel) prophetess

**prophétie** [pʀɔfesi] → SYN nf (Rel, gén) prophecy

**prophétique** [pʀɔfetik] → SYN adj prophetic

**prophétiquement** [pʀɔfetikmɑ̃] adv prophetically

**prophétiser** [pʀɔfetize] → SYN ▸ conjug 1 ◂ vt to prophesy ◆ **il est facile de prophétiser** it's easy to make predictions ou prophesies

**prophylactique** [pʀɔfilaktik] → SYN adj prophylactic

**prophylaxie** [pʀɔfilaksi] → SYN nf disease prevention, prophylaxis (SPÉC)

**propice** [pʀɔpis] → SYN adj circonstance, occasion favourable (Brit), favorable (US), auspicious, propitious; milieu, terrain favourable (Brit), favorable (US) ◆ **attendre le moment propice** to wait for the right moment ou an opportune (frm) moment ◆ **cherchons un endroit plus propice pour discuter** let's look for a more suitable place to talk ◆ **être propice à qch** to favour sth, be favourable to sth ◆ **un climat propice à la négociation** an atmosphere favourable ou conducive to negotiation ◆ **que les dieux vous soient propices !** (littér, hum) may the gods look kindly ou smile upon you! (littér, hum)

**propitiation** [pʀɔpisjasjɔ̃] → SYN nf propitiation ◆ **victime de propitiation** propitiatory victim

**propitiatoire** [pʀɔpisjatwaʀ] → SYN adj propitiatory

**propolis** [pʀɔpɔlis] nf propolis, bee glue, hive dross

**proportion** [pʀɔpɔʀsjɔ̃] → SYN 1 nf (Art, Math) proportion ◆ **la proportion hommes/femmes** the proportion ou ratio of men to women ◆ **hors de (toute) proportion** out of (all) proportion (*avec* with) ◆ **sans proportion avec** out of proportion to ◆ **toute(s) proportion(s) gardée(s)** relatively speaking, making due allowance(s)

◆ **à proportion de** in proportion to, proportionally to

◆ **en proportion** proportionately, in proportion ◆ **si le chiffre d'affaires augmente, les salaires seront augmentés en proportion** if turnover increases, salaries will be raised proportionately ou commensurately ◆ **il a un poste élevé et un salaire en proportion** he has a top position and a correspondingly high salary ◆ **pour maintenir un tel train de vie, il faut avoir des revenus en proportion** to maintain such a lavish lifestyle, you must have an income to match

◆ **en proportion de** (= relatif à) proportional ou proportionate to, in proportion to, relative to; (= relativement à) proportionally to ◆ **l'entreprise investira en proportion de son chiffre d'affaires** the amount of money the company invests will be relative ou proportional to its turnover ◆ **c'est bien peu, en proportion du service qu'il m'a rendu** it's nothing, compared to all the favours he has done me

2 **proportions** nfpl (= taille, importance) proportions ◆ **édifice de belles proportions** well-proportioned building ◆ **cela a pris des proportions considérables** it reached considerable proportions ◆ **il faut ramener l'affaire à de justes proportions** this matter must be put into perspective ◆ **augmenter/réduire qch dans des proportions considérables** to increase/reduce sth considerably

**proportionnalité** [pʀɔpɔʀsjɔnalite] nf proportionality; (Pol) proportional representation ◆ **proportionnalité de l'impôt** proportional taxation (system)

**proportionné, e** [pʀɔpɔʀsjɔne] → SYN (ptp de **proportionner**) adj ◆ **proportionné à** proportional ou proportionate to ◆ **bien proportionné** well-proportioned ◆ **admirablement proportionné** admirably well-proportioned

**proportionnel, -elle** [pʀɔpɔʀsjɔnɛl] → SYN 1 adj (gén, Math, Pol) proportional ◆ **proportionnel à** proportional ou proportionate to, in proportion to ou with ◆ **directement/inversement proportionnel à** directly/inversely proportional to, in direct/inverse proportion to

2 **proportionnelle** nf (Math) proportional ◆ **la proportionnelle (intégrale)** (Pol) (pure) proportional representation ◆ **élu à la proportionnelle** elected by proportional representation

**proportionnellement** [pʀɔpɔʀsjɔnɛlmɑ̃] → SYN adv proportionally, proportionately ◆ **proportionnellement plus grand** proportionally ou proportionately bigger ◆ **proportionnellement à** in proportion to, proportionally to

**proportionner** [pʀɔpɔʀsjɔne] → SYN ▸ conjug 1 ◂ vt to proportion, make proportional, adjust (*à* to)

**propos** [pʀɔpo] → SYN nm a (gén pl) words ◆ **ses propos ont irrité tout le monde** what he said annoyed everyone ◆ **ce sont des propos en l'air** it's just empty ou idle talk ou hot air * ◆ **tenir des propos blessants** to say hurtful things, make hurtful remarks ◆ **tenir des propos désobligeants à l'égard de qn** to make offensive remarks about sb, say offensive things about sb ◆ **des propos de personne soûle** (péj) drunken ramblings

b (littér = intention) intention, aim ◆ **mon propos est de vous expliquer ...** my intention ou aim is to explain to you ... ◆ **il n'entre pas dans mon propos de ...** it is not my intention to ... ◆ **tel n'était pas mon propos** that was not my intention ◆ **avoir le ferme propos de faire qch** to have the firm intention of doing sth ◆ **faire qch de propos délibéré** to do sth deliberately ou on purpose

c (= sujet) **à quel propos voulait-il me voir ?** what did he want to see me about? ◆ **à quel propos est-il venu ?** what was his reason for coming?, what brought him? * ◆ **c'est à quel propos ?** what is it about?, what is it in connection with? ◆ **à propos de ta voiture** about your car, on the subject of your car ◆ **je vous écris à propos de l'annonce** I am writing regarding ou concerning the advertisement ou in connection with the advertisement ◆ **à tout propos** (= sans arrêt) every other minute ◆ **il se plaint à tout propos** he complains at the slightest (little) thing ◆ **il se met en colère à propos de tout et de rien** ou **à tout propos** he loses his temper at the slightest (little) thing ou for no reason at all ◆ **à ce propos** in this connection, (while) on this subject ◆ **hors de propos** irrelevant

d **à propos** décision well-timed, opportune, timely; remarque apt, pertinent, apposite; arriver at the right moment ou time ◆ **tomber** ou **arriver mal à propos** to happen (just) at the wrong moment ou time ◆ **voilà qui tombe à propos/mal à propos !** it couldn't have come at a better/worse time! ou moment! ◆ **il a jugé à propos de nous prévenir** he thought it right to let us know, he saw fit to let us know ◆ **à propos, dis-moi ...** incidentally ou by the way, tell me ...

**proposer** [pʀɔpoze] GRAMMAIRE ACTIVE 1.1 → SYN ▸ conjug 1 ◂

1 vt a (= suggérer) [+ arrangement, interprétation, projet, appellation] to suggest, propose; [+ solution, interprétation] to suggest, put forward, propose; [+ candidat] to propose, nominate, put forward; (Scol, Univ) [+ sujet, texte] to set (Brit), assign (US); (Pol) [+ loi] to move, propose ◆ **on a proposé mon nom pour ce poste** my name has been put forward for this post ◆ **proposer qch à qn** to suggest ou put sth to sb ◆ **proposer de faire qch** to suggest ou propose doing sth ◆ **le film que nous vous proposons (de voir) ce soir** (TV) the film we are showing this evening, our film this evening ◆ (Prov) **l'homme propose, Dieu dispose** man proposes, God disposes (Prov) ◆ **je vous propose de passer me voir** I suggest that you come round and see me ◆ **proposer qu'une motion soit mise aux voix** to move that a motion be put to the vote ◆ **proposer qu'un comité soit établi** to move ou propose that a committee be set up

b (= offrir) [+ aide, prix, situation] to offer ◆ **proposer qch à qn** to offer sth to sb, offer sb sth ◆ **proposer de faire qch** to offer to do sth ◆ **on me propose une nouvelle voiture** I am being offered ou I have the offer of a new car ◆ **je lui ai proposé de la raccompagner** I offered to see her home

2 **se proposer** vpr a (= offrir ses services) to offer one's services ◆ **elle s'est proposée pour garder les enfants** she offered to look after the children

b (= envisager) [+ but, tâche] to set o.s. ◆ **se proposer de faire qch** to intend ou mean ou propose to do sth ◆ **il se proposait de prouver que ...** he set out to prove that ...

**proposition** [pʀɔpozisjɔ̃] → SYN nf a (= suggestion) proposal, suggestion; (Comm) proposition; (Pol = recommandation) proposal ◆ **propositions de paix** peace proposals ◆ **proposition de réforme** reform proposal ◆ **proposition de résolution** (Jur) proposal ou motion for a resolution ◆ **proposition de loi** (Pol) private bill, private member's bill (Brit) ◆ **sur (la) proposition de** at the suggestion of, on the proposal of ◆ **sur sa proposition, il a été décidé d'attendre** at his suggestion it was decided to wait ◆ **la proposition de qn à un grade supérieur** the nomination of sb to a higher position ◆ **faire une proposition (à qn)** to make (sb) a proposition ◆ **faire des propositions (malhonnêtes) à une femme** to proposition a woman ◆ **il a eu plusieurs propositions de films** he's been approached by several film directors

b (Math, Philos) (= postulat) proposition; (= déclaration) proposition, assertion

c (Gram) clause ◆ **proposition principale/subordonnée/indépendante** main/subordinate/independent clause ◆ **proposition consécutive** ou **de conséquence** consecutive ou result clause

**propositionnel, -elle** [pʀɔpozisjɔnɛl] adj propositional

**propre[1]** [pʀɔpʀ] → SYN 1 adj a (= pas sali, nettoyé) linge, mains, maison, personne clean ◆ **des draps bien propres** nice clean sheets ◆ **propre comme un sou neuf** as clean as a new pin ◆ **leurs enfants sont toujours (tenus) très propres** their children are always very neat and tidy ou very neatly turned out ◆ **ce n'est pas propre de manger avec les doigts** it's messy ou dirty to eat with your fingers ◆ **nous voilà propres !** * now we're in a fine ou proper mess! * ◆ **c'est quelqu'un de très propre sur lui** * he's very clean-cut

b (= soigné) travail, exécution (d'un morceau de musique) neat, neatly done; (Scol) cahier, copie neat; (= soigneux) personne tidy, neat

c (= qui ne salit pas) chien, chat house-trained; enfant toilet-trained, potty-trained *; (= non polluant) moteur, voiture, produit clean ◆ **il n'est pas encore propre** he still isn't toilet-trained ou potty-trained *

d (= honnête) personne honest, decent; affaire, argent honest; mœurs decent ◆ **il n'a jamais rien fait de propre** he's never done a decent ou an honest thing in his life ◆ **une affaire pas très propre** a slightly suspect ou shady piece of business ◆ **ce garçon-là, ce n'est pas grand-chose de propre** * that young man hasn't got much to recommend him ou isn't up to much *

2 nm ◆ **sentir le propre** * to smell clean ◆ **mettre** ou **recopier qch au propre** to make a fair copy of sth, copy sth out neatly ◆ **c'est du propre !** * (gâchis) what a mess!, what a shambles! *; (comportement) what a way to behave!, it's an absolute disgrace!

**propre[2]** [pʀɔpʀ] → SYN 1 adj a (intensif possessif) own ◆ **il a sa propre voiture** he's got his own car ou a car of his own ◆ **ce sont ses propres mots** those are his own ou his very ou his actual words ◆ **de mes propres yeux** with my own eyes ◆ **ils ont leurs caractères/qualités propres** they have their own (specific) ou their particular characters/qualities; → **chef, initiative, main, moyen**

b (= particulier, spécifique) **c'est un trait qui lui est propre** it's a trait which is peculiar to him, it's a distinctive ou specific characteristic of his ◆ **les coutumes propres à certaines régions** the customs peculiar to ou characteristic of ou proper to (frm) certain regions ◆ **biens propres** (Jur) personal property; → **fonds, nom, sens**

c (= qui convient) suitable, appropriate (*à* for) ◆ **le mot propre** the right ou proper word ◆ **ce n'est pas un lieu propre à la conversation** it isn't a suitable ou an appropriate place for talking ◆ **sol propre à la culture du blé** soil suitable for ou suited to wheat-growing ◆ **on l'a jugé propre à s'occuper de l'affaire** he was considered the right man for ou suitable for the job

**d** (= de nature à) **un poste propre à lui apporter des satisfactions** a job likely to bring him satisfaction ◆ **exercice propre à développer les muscles des épaules** exercise that will develop the shoulder muscles ◆ **un lieu/une musique propre au recueillement** a place/a type of music favourable ou conducive to meditation ◆ **c'est bien propre à vous dégoûter de la politique** it's (exactly) the sort of thing that turns you ou to turn you right off politics, it's guaranteed to put you off politics

[2] nm **a** (= qualité distinctive) peculiarity, (exclusive ou distinctive) feature ◆ **la raison est le propre de l'homme** reason is a (distinctive) feature of man, reason is peculiar to man ◆ **la parole est le propre de l'homme** speech is man's special gift ou attribute ◆ **c'est le propre de ce système d'éducation de fabriquer des paresseux** it's a peculiarity ou feature of this educational system that it turns out idlers ◆ **avoir un domaine en propre** to be the sole owner of an estate, have exclusive possession of an estate ◆ **cette caractéristique que la France possède en propre** this feature which is peculiar ou exclusive to France

**b** (Ling) **au propre** in the literal sense ou meaning, literally

**propre-à-rien**, pl **propres-à-rien** [pʀɔpʀaʀjɛ̃] nmf good-for-nothing, ne'er-do-well, waster

**proprement** [pʀɔpʀəmɑ̃] [→ SYN] adv **a** (= avec propreté) cleanly; (= avec netteté) neatly, tidily; (= comme il faut) properly; (= décemment) decently ◆ **tenir une maison très proprement** to keep a house very clean ◆ **mange proprement !** don't make such a mess (when you're eating)!, eat properly! ◆ **se conduire proprement** to behave properly ou correctly

**b** (= exactement) exactly, literally; (= exclusivement) specifically, strictly; (= vraiment) absolutely ◆ **à proprement parler** strictly speaking ◆ **le village proprement dit** the actual village, the village itself ◆ **la linguistique proprement dite** linguistics proper ◆ **c'est un problème proprement français** it's a specifically French problem ◆ **c'est proprement scandaleux** it's absolutely disgraceful ◆ **il m'a proprement fermé la porte au nez** he simply shut the door in my face ◆ **on l'a proprement rossé** he was well and truly beaten up

**propret, -ette** [pʀɔpʀɛ, ɛt] adj personne neat (and tidy); chose neat (and tidy), spick-and-span (attrib)

**propreté** [pʀɔpʀəte] [→ SYN] nf **a** [linge, mains, maison, personne] cleanliness, cleanness ◆ **ils n'ont aucune notion de propreté** they have no notion of hygiene ◆ **l'apprentissage de la propreté chez l'enfant** toilet-training in the child ◆ **apprendre la propreté à un chiot** to house-train a puppy ◆ **d'une propreté méticuleuse** scrupulously clean ◆ **d'une propreté douteuse** not very clean ◆ **des meubles luisants de propreté** sparkling clean furniture; → **plaque**

**b** [travail, exécution d'un morceau de musique] neatness; (Scol) [cahier, copie] neatness

**propriétaire** [pʀɔpʀijetɛʀ] [→ SYN] [1] nm **a** (gén) [voiture, chien, maison] owner; [hôtel, entreprise] proprietor, owner ◆ **il est propriétaire (de sa maison)** he owns his (own) house ◆ **quand on est propriétaire, il faut ...** when one is a home-owner ou house-owner ou householder one has to ...; → **tour²**

**b** [location] landlord, owner ◆ **mis à la porte par son propriétaire** thrown out by his landlord

**c** [terres, immeubles etc] landowner, owner ◆ **propriétaire éleveur** breeder ◆ **propriétaire récoltant** grower ◆ **achat direct au propriétaire** direct purchase from the grower ◆ **propriétaire terrien** landowner ◆ **propriétaire foncier** property owner ◆ **les petits propriétaires** smallholders

[2] nf (gén) owner; [hôtel, entreprise] proprietress, owner; [location] landlady, owner

[3] adj (Ordin) logiciel, système proprietary

**propriété** [pʀɔpʀijete] [→ SYN] [1] nf **a** (= droit) ownership, property (frm) (Jur); (= possession) property ◆ **propriété de l'État/collective** state/collective ownership ◆ **la petite propriété** (gén) small estates; (Agr) smallholdings ◆ **la grande propriété** large estates; (Agr) large farms ◆ **posséder qch en toute propriété** to be the sole owner of sth, have sole ownership of sth ◆ **recevoir qch en pleine propriété** to acquire the freehold of sth; → **accession, titre**

**b** (= immeuble, maison) property; (= terres) property (NonC), land (NonC), estate ◆ **revenu d'une propriété** revenue from a property ou a piece of land

**c** (= qualité) property ◆ **propriétés chimiques/physiques/thérapeutiques** chemical/physical/therapeutic properties

**d** (= correction) [mot] appropriateness, suitability, correctness

[2] COMP ▷ **propriété artistique** artistic copyright ▷ **propriété bâtie** developed property ▷ **propriété commerciale** security of tenure *(of industrial or commercial tenant)* ▷ **propriété foncière** property ownership ▷ **propriétés immobilières** real estate (NonC), realty (NonC) (Jur) ▷ **propriété industrielle** patent rights ▷ **propriété intellectuelle** intellectual property ▷ **propriété littéraire** author's copyright ▷ **propriété non bâtie** undeveloped property ▷ **propriété privée** private property ▷ **propriété publique** public property

**proprio** * [pʀɔpʀijo] nmf (abrév de **propriétaire**) (= homme) landlord; (= femme) landlady

**propriocepteur** [pʀɔpʀijosɛptœʀ] nm proprioceptor

**proprioceptif, -ive** [pʀɔpʀijosɛptif, iv] adj proprioceptive

**propulser** [pʀɔpylse] [→ SYN] ▸ conjug 1 ◂ [1] vt **a** [+ voiture] to propel, drive (along ou forward); [+ missile] to propel, power

**b** (= projeter) to hurl, fling ◆ **il a été propulsé contre le mur** he was hurled ou flung against the wall

**c** (= promouvoir) **on l'a propulsé à la direction du service** he suddenly found himself at the head of the department ◆ **avant de se retrouver propulsé au sommet de la hiérarchie** before suddenly finding himself at the top of ou thrust to the top of the hierarchy ◆ **le voilà propulsé au rang de star/à la tête de l'entreprise** and now he's suddenly become a star/the head of the company ◆ **on se retrouve propulsés dans un monde féerique** we suddenly find ourselves transported to a magical world

[2] **se propulser** vpr (= avancer) to propel o.s. ◆ **l'entreprise s'est propulsée à la première place du marché** the company has shot into the lead

**propulseur** [pʀɔpylsœʀ] [→ SYN] [1] adj m propulsive, driving (épith)

[2] nm **a** [fusée] thruster ◆ **propulseur d'appoint** booster

**b** (Ethnol) throwing stick

**propulsif, -ive** [pʀɔpylsif, iv] adj propelling, propellent

**propulsion** [pʀɔpylsjɔ̃] [→ SYN] nf propulsion ◆ **moteur à propulsion** propulsion engine ◆ **système de propulsion** propulsion system ◆ **à propulsion atomique/nucléaire** atomic-/nuclear-powered ◆ **sous-marin à propulsion classique** conventionally-powered submarine

**propylée** [pʀɔpile] nm propylaeum ◆ **les Propylées** the Propylaea

**propylène** [pʀɔpilɛn] nm propylene

**prorata** [pʀɔʀata] [→ SYN] nm inv proportional share, proportion ◆ **au prorata de** in proportion to, proportionally to, on the basis of ◆ **paiement au prorata** payment on a pro rata basis

**prorogation** [pʀɔʀɔgasjɔ̃] [→ SYN] nf **a** [délai, durée] extension; [échéance] putting back, deferment

**b** [séance] adjournment; (Parl) prorogation

**proroger** [pʀɔʀɔʒe] [→ SYN] ▸ conjug 3 ◂ vt **a** (= prolonger) [+ délai, durée] to extend; (= reporter) [+ échéance] to put back, defer

**b** (= ajourner) [+ séance] to adjourn; (Parl) to prorogue ◆ **le parlement s'est prorogé jusqu'en octobre** the parliament has adjourned ou prorogued until October

**prosaïque** [pʀozaik] [→ SYN] adj esprit, personne, vie, style, remarque, détail mundane, prosaic; goûts mundane, commonplace

**prosaïquement** [pʀozaikmɑ̃] adv prosaically ◆ **vivre prosaïquement** to lead a mundane life ou a prosaic existence ◆ **plus prosaïquement, je dirais ...** more prosaically, I would say ...

**prosaïsme** [pʀozaism] [→ SYN] nm mundanity, mundaneness

**prosateur** [pʀozatœʀ] [→ SYN] nm prose-writer, writer of prose

**proscenium** [pʀɔsenjɔm] nm proscenium

**proscription** [pʀɔskʀipsjɔ̃] [→ SYN] nf **a** [idéologie, activité, drogue, mot] banning, prohibition, proscription

**b** [personne] (= mise hors la loi) outlawing (NonC); (= exil) banishment, exiling (NonC)

**proscrire** [pʀɔskʀiʀ] [→ SYN] ▸ conjug 39 ◂ vt **a** [+ idéologie, activité] to ban, prohibit, proscribe; [+ drogue, mot] to ban, prohibit the use of, proscribe ◆ **proscrire une expression de son vocabulaire** to banish an expression from one's vocabulary

**b** [+ personne] (= mettre hors la loi) to outlaw; (= exiler) to banish, exile

**proscrit, e** [pʀɔskʀi, it] [→ SYN] (ptp de **proscrire**) nm,f (= hors-la-loi) outlaw; (= exilé) exile

**prose** [pʀoz] [→ SYN] nf (gén) prose; (= style) prose (style) ◆ **poème/tragédie en prose** prose poem/tragedy ◆ **écrire en prose** to write in prose ◆ **faire de la prose** to write prose ◆ **la prose administrative** (péj) officialese ◆ **je viens de lire sa prose** (péj) (lettre) I've just read his epistle (hum); (devoir, roman) I've just read his great work (iro, hum)

**prosélyte** [pʀozelit] [→ SYN] nmf proselyte (frm), convert ◆ **les prosélytes des médecines douces** converts to alternative medicine

**prosélytisme** [pʀozelitism] [→ SYN] nm proselytism ◆ **faire du prosélytisme** to proselytize, preach

**Proserpine** [pʀozɛʀpin] nf Proserpina

**prosimiens** [pʀosimjɛ̃] nmpl ◆ **les prosimiens** prosimians, the Prosimii (SPÉC)

**prosobranches** [pʀozobʀɑ̃ʃ] nmpl ◆ **les prosobranches** prosobranchiates, the Prosobranchiata (SPÉC)

**prosodie** [pʀɔzɔdi] [→ SYN] nf prosody

**prosodique** [pʀɔzɔdik] adj prosodic ◆ **trait prosodique** prosodic feature

**prosopopée** [pʀɔzɔpɔpe] [→ SYN] nf prosopopoeia, prosopopeia

**prospect** [pʀɔspɛ(kt)] [→ SYN] nm **a** (Écon) prospect, prospective customer

**b** (Archit) *minimum distance between buildings to allow unimpeded view*

**prospecter** [pʀɔspɛkte] [→ SYN] ▸ conjug 1 ◂ vt **a** (Min) to prospect

**b** (Comm) [+ marché] to explore; [+ région, clientèle] to canvass ◆ **j'ai prospecté le quartier pour trouver une maison** I scoured ou searched the area to find a house

**prospecteur, -trice** [pʀɔspɛktœʀ, tʀis] [→ SYN] nm,f prospector

**prospecteur-placier**, pl **prospecteurs-placiers** [pʀɔspɛktœʀplasje] nm employment officer, job placement officer (Brit)

**prospectif, -ive** [pʀɔspɛktif, iv] [1] adj prospective

[2] **prospective** nf (gén) futurology; (Écon) economic forecasting

**prospection** [pʀɔspɛksjɔ̃] [→ SYN] nf **a** (Min) prospecting ◆ **ils font de la prospection pétrolière** they are prospecting for oil

**b** (Comm) [marché] exploring; [région, clientèle] canvassing ◆ **faire de la prospection** to canvass for business ◆ **prospection téléphonique** telephone canvassing

**prospectiviste** [pʀɔspɛktivist] nmf (gén) futurologist; (Écon) (economic) forecaster

**prospectus** [pʀɔspɛktys] [→ SYN] nm leaflet ◆ **prospectus publicitaire** publicity ou advertising leaflet

**prospère** [pʀɔspɛʀ] [→ SYN] adj **a** commerce, pays, collectivité prosperous, thriving, flourishing; période prosperous

**b** personne blooming with health (attrib) ◆ **avoir une mine prospère** to look healthy ◆ **être d'une santé prospère** to be blooming with health

**prospérer** [pʀɔspeʀe] [→ SYN] ▸ conjug 6 ◂ vi [commerce] to prosper, thrive, flourish; [personne] to prosper, do well; [animal, activité, plante] to thrive, flourish

**prospérité** [pʀɔspeʀite] → SYN nf **a** (matérielle) prosperity; (économique) prosperity, affluence
**b** (= santé) (flourishing) health

**prostaglandine** [pʀɔstaglɑ̃din] nf prostaglandin

**prostate** [pʀɔstat] nf prostate (gland)

**prostatectomie** [pʀɔstatɛktɔmi] nf prostatectomy

**prostatique** [pʀɔstatik] 1 adj prostatic
2 nm prostate sufferer

**prostatite** [pʀɔstatit] nf prostatitis

**prosternation** [pʀɔstɛʀnasjɔ̃] → SYN nf prostration

**prosterné, e** [pʀɔstɛʀne] → SYN (ptp de **prosterner**) adj prostrate

**prosternement** [pʀɔstɛʀnəmɑ̃] nm (= action) prostration; (= attitude) prostrate attitude; (fig) grovelling

**prosterner** [pʀɔstɛʀne] → SYN ► conjug 1 ◄ 1 vt (littér) to bow low ◆ **il prosterna le corps** he prostrated himself
2 **se prosterner** vpr (= s'incliner) to bow low, bow down, prostrate o.s. (*devant* before); (= s'humilier) to grovel (*devant* before), kowtow (*devant* to)

**prosthèse** [pʀɔstɛz] nf pro(s)thesis

**prosthétique** [pʀɔstetik] adj pro(s)thetic

**prostitué** [pʀɔstitɥe] nm male prostitute, rent boy * (Brit)

**prostituée** [pʀɔstitɥe] → SYN nf prostitute

**prostituer** [pʀɔstitɥe] → SYN ► conjug 1 ◄ 1 vt (lit) ◆ **prostituer qn** to make a prostitute of sb
2 **se prostituer** vpr (lit, fig) to prostitute o.s.

**prostitution** [pʀɔstitysjɔ̃] → SYN nf (lit, fig) prostitution

**prostration** [pʀɔstʀasjɔ̃] → SYN nf (Méd, Rel) prostration

**prostré, e** [pʀɔstʀe] → SYN adj (fig) prostrate, prostrated; (Méd) prostrate

**prostyle** [pʀɔstil] adj, nm prostyle

**protactinium** [pʀɔtaktinjɔm] nm protactinium

**protagoniste** [pʀɔtagɔnist] → SYN nmf protagonist ◆ **les principaux protagonistes de l'affaire/du conflit** the main players ou protagonists in the affair/the conflict

**protamine** [pʀɔtamin] nf protamine

**protandrie** [pʀɔtɑ̃dʀi] nf ⇒ **protérandrie**

**protase** [pʀɔtɑz] nf protasis

**protéase** [pʀɔteɑz] nf protease

**protecteur, -trice** [pʀɔtɛktœʀ, tʀis] → SYN 1 adj **a** (gén, Chim, Écon) protective (*de* of); (Cosmétique) film protective ◆ **crème protectrice** protective ou barrier cream; → **société**
**b** ton, air patronizing
2 nm,f (= défenseur) protector, guardian; [arts] patron ◆ **protecteur de la nature/l'environnement** protector of nature/the environment
3 nm (= souteneur) pimp (péj); († = galant) fancy man †

**protection** [pʀɔtɛksjɔ̃] → SYN 1 nf **a** (= défense) protection (*contre* against, from) ◆ **protection contre les rayonnements** radiation protection ◆ **assurer la protection de** to protect ◆ **chargé d'assurer la protection rapprochée du chef de l'État** in charge of the close protection ou personal safety of the head of state ◆ **zone sous protection policière/militaire** area under police/military protection ◆ **région sous protection de l'ONU** UN protection zone, area under UN protection ◆ **sous la protection de** under the protection of ◆ **elle a été placée sous la protection de la police** she was given police protection ◆ **prendre qn sous sa protection** to give sb one's protection, take sb under one's wing ◆ **l'ambassade est sous haute protection policière** the embassy is under heavy police guard ◆ **crème solaire/indice haute protection** high-protection sun cream/factor ◆ **rapports sexuels sans protection** unprotected sex
**b de protection** équipement, grille, lunettes, mesures protective ◆ **zone de protection** [population] safe haven ◆ **système de protection** security system
**c** (= patronage) (gén) protection; [personne puissante, mécène] patronage ◆ **placer un enfant sous la protection de qn** to place a child in sb's care ◆ **prendre qn sous sa protection** to give sb one's patronage, take sb under one's wing ◆ **obtenir une place par protection** to get a post by pulling strings
**d** (= dispositif) (pour une partie du corps) item of protective clothing (ou gear); (= blindage) [navire] armour(-plating) (Brit), armor (-plating) (US)
**e** (Ordin) protection ◆ **protection contre l'écriture** write protection
2 COMP ▷ **protection aérienne** air ou aerial protection ▷ **protection civile** (lors de catastrophes) disaster and emergency services; (en temps de guerre) civil defence ▷ **protection du consommateur** consumer protection ▷ **protection de l'emploi** job protection ▷ **protection de l'enfance** child welfare ▷ **protection de l'environnement** environmental protection ▷ **protection maternelle et infantile** *mother and child care* ▷ **protection de la nature** nature conservation ▷ **protection périodique** sanitary towel (Brit) ou napkin (US) ▷ **protection des sites** preservation ou protection of beauty spots ▷ **protection sociale** social welfare ◆ **personnes sans protection sociale** people not covered by social security ou with no social welfare cover ▷ **protection solaire** (= produit) sun cream (ou lotion)

**protectionnisme** [pʀɔtɛksjɔnism] nm protectionism

**protectionniste** [pʀɔtɛksjɔnist] adj, nmf protectionist

**protectorat** [pʀɔtɛktɔʀa] nm protectorate

**Protée** [pʀɔte] nm Proteus

**protée** [pʀɔte] nm (littér) chameleon (fig); (Zool) olm

**protégé, e** [pʀɔteʒe] → SYN (ptp de **protéger**) 1 adj **a** espèce, site, zone protected; (Écon) secteur, marché protected; (Ordin) disquette write-protected; logiciel copy-protected ◆ **protégé en écriture** write-protected ◆ **la reproduction d'œuvres protégées** the reproduction of works under copyright protection ou of copyright works ◆ **rapports sexuels protégés/non protégés** safe/unprotected sex; → **passage**
**b** (pour handicapé) **atelier protégé** sheltered workshop ◆ **emploi protégé** job in a sheltered workshop
2 nm protégé; (* = chouchou) favourite, pet *
3 **protégée** nf protégée; (* = favorite) favourite, pet *

**protège-bas** [pʀɔtɛʒbɑ] nm inv sockette

**protège-cahier,** pl **protège-cahiers** [pʀɔtɛʒkaje] nm exercise-book cover

**protège-dents** [pʀɔtɛʒdɑ̃] nm inv gum-shield

**protéger** [pʀɔteʒe] → SYN ► conjug 6et3 ◄ 1 vt **a** [+ personne] (= veiller à la sécurité de) to protect, guard; (= abriter) to protect, shield; (moralement) to protect, guard, shield; [+ plantes, lieu] (des éléments) to protect, shelter; [+ équipement, matériel, membres] (des chocs etc) to protect; [+ institution, tradition] to protect (*de, contre* from) ◆ **protéger les intérêts de qn** to protect sb's interests ◆ **crème qui protège contre le soleil** cream that gives (good) protection against the sun
**b** (= patronner) [+ personne] to be a patron of; [+ carrière] to further; [+ arts, sports, artisanat] to patronize
**c** (Comm) [+ produits locaux] to protect
**d** (Ordin) to protect
2 **se protéger** vpr to protect o.s. (*de* from; *contre* against) ◆ **se protéger contre le** ou **du sida/contre le** ou **du soleil** to protect o.s. against AIDS/against the sun ◆ **se protéger du froid/contre les piqûres d'insectes** to protect o.s. from the cold/against insect bites

**protège-slip,** pl **protège-slips** [pʀɔtɛʒslip] nm panty liner

**protège-tibia,** pl **protège-tibias** [pʀɔtɛʒtibja] nm shin guard

**protéiforme** [pʀɔteifɔʀm] → SYN adj protean

**protéinase** [pʀɔteinaz] nf ⇒ **protéase**

**protéine** [pʀɔtein] nf protein

**protéinurie** [pʀɔteinyʀi] nf albuminuria, proteinuria

**protéique** [pʀɔteik] adj protein (épith), proteinic

**protèle** [pʀɔtɛl] nm aardwolf

**protéolyse** [pʀɔteɔliz] nf proteolysis

**protéolytique** [pʀɔteɔlitik] adj proteolytic

**protérandrie** [pʀɔteʀɑ̃dʀi] nf protandry

**protérogyne** [pʀɔteʀɔʒin] adj ⇒ **protogine**

**protérogynie** [pʀɔteʀɔʒini] nf ⇒ **protogynie**

**protestable** [pʀɔtɛstabl] adj protestable, which may be protested

**protestant, e** [pʀɔtɛstɑ̃, ɑ̃t] → SYN adj, nm,f Protestant

**protestantisme** [pʀɔtɛstɑ̃tism] → SYN nm Protestantism

**protestataire** [pʀɔtɛstatɛʀ] → SYN 1 adj personne protesting (épith); marche, mesure protest (épith)
2 nmf protestor, protester

**protestation** [pʀɔtɛstasjɔ̃] → SYN nf **a** (= plainte) protest (*contre* against); (Jur) protesting, protestation ◆ **en signe de protestation** as a (sign of) protest ◆ **lettre/marche/mouvement de protestation** protest letter/march/movement
**b** (souvent pl = déclaration) protestation, profession ◆ **faire des protestations d'amitié à qn** to profess one's friendship to sb

**protester** [pʀɔtɛste] GRAMMAIRE ACTIVE 14 → SYN ► conjug 1 ◄
1 vi to protest (*contre* against, about) ◆ **protester de son innocence/de sa loyauté** to protest one's innocence/one's loyalty ◆ **"mais non", protesta-t-il** "no", he protested
2 vt (Jur) to protest; (frm = déclarer) to declare, affirm, profess ◆ **il protesta la plus vive admiration pour elle** (frm) he declared that he had the keenest admiration for her

**protêt** [pʀɔtɛ] nm (Comm, Jur) protest

**prothalle** [pʀɔtal] nm prothallus, prothallium

**prothèse** [pʀɔtɛz] nf **a** (= appareil) prosthesis (SPÉC); (= membre artificiel) artificial limb (ou hand ou arm etc), prosthesis (SPÉC) ◆ **prothèse dentaire** dentures, false teeth, dental prosthesis (SPÉC) ◆ **prothèse auditive** hearing aid ◆ **prothèse mammaire** breast prosthesis ◆ **pose d'une prothèse de hanche** hip replacement (operation)
**b** (= science, technique) prosthetics sg ◆ **la prothèse dentaire** prosthodontics sg

**prothésiste** [pʀɔtezist] nmf prosthetist, prosthetic technician ◆ **prothésiste (dentaire)** dental technician, prosthodontist

**prothorax** [pʀɔtɔʀaks] nm prothorax

**prothrombine** [pʀɔtʀɔ̃bin] nf prothrombin

**protide** [pʀɔtid] nm protein

**protiste** [pʀɔtist] nm protist

**proto...** [pʀɔtɔ] préf proto...

**protococcus** [pʀɔtɔkɔkys] nm protococcoid

**protocolaire** [pʀɔtɔkɔlɛʀ] → SYN adj invitation, cérémonie formal ◆ **question protocolaire** question of protocol ◆ **ce n'est pas très protocolaire !** it doesn't show much regard for protocol!

**protocole** [pʀɔtɔkɔl] → SYN nm **a** (= étiquette) etiquette; (Pol) protocol ◆ **il est très attaché au protocole** he's a stickler for form ◆ **chef du protocole** chief ou head of protocol
**b** (= procès-verbal) protocol; (= résolutions) agreement ◆ **protocole d'accord/de coopération/financier** draft/cooperation/financial agreement
**c** (Ordin, Sci) protocol; (rédaction d'ouvrage) style guide ◆ **protocole thérapeutique** medical protocol

**protoétoile** [pʀɔtoetwal] nf protostar

**protogine** [pʀɔtɔʒin] nm ou f protogine

**protogyne** [pʀɔtɔʒin] adj protogynous

**protogynie** [pʀɔtɔʒini] nf protogyny

**protohistoire** [pʀɔtoistwaʀ] → SYN nf protohistory

**protohistorique** [pʀɔtoistɔʀik] adj protohistoric

**proton** [pʀɔtɔ̃] nm proton

**protonéma** [pʀɔtɔnema] nm protonema

**protonique** [pʀɔtɔnik] adj proton (épith)

**protophyte** [pʀɔtɔfit] nm ou f protophyte

**protoplasma** [pʀɔtɔplasma], **protoplasme** [pʀɔtɔplasm] nm protoplasm

**protoplasmique** [pʀɔtɔplasmik] adj protoplasmic

**protoptère** [pʀɔtɔptɛʀ] nm protopterus

**prototype** [pʀɔtɔtip] → SYN nm prototype ◆ **prototype d'avion** prototype aircraft

**protoxyde** [pʀɔtɔksid] nm protoxide

**protozoaire** [pʀɔtɔzɔɛʀ] nm protozoon ◆ **protozoaires** protozoa

**protubérance** [pʀɔtybeʀɑ̃s] → SYN nf bulge, protuberance ◆ **protubérance annulaire** (Anat) pons (Varolii) ◆ **protubérance solaire** (Astron) (solar) prominence

**protubérant, e** [pʀɔtybeʀɑ̃, ɑ̃t] → SYN adj ventre, yeux bulging, protuberant, protruding; nez, menton protuberant, protruding

**prou** [pʀu] → SYN adv → **peu**

**proue** [pʀu] → SYN nf bow, bows, prow; → **figure**

**prouesse** [pʀuɛs] → SYN nf (frm) feat ◆ **faire des prouesses** to work miracles, perform amazing feats ◆ **il a fallu faire des prouesses pour le convaincre** it was quite a feat to convince him, we had our work cut out for us trying to convince him ◆ **il nous racontait ses prouesses (sexuelles)** he regaled us with tales of his sexual exploits ◆ **cela n'a pu être réalisé qu'au prix de prouesses techniques** this could not have been achieved without technical wizardry ◆ **ses prouesses d'haltérophile** his prowess as a weightlifter

**proustien, -ienne** [pʀustjɛ̃, jɛn] adj Proustian

**prout*** [pʀut] nm ◆ **faire (un) prout** to fart‡

**prouvable** [pʀuvabl] adj provable ◆ **allégations difficilement prouvables** allegations which are difficult to prove

**prouver** [pʀuve] GRAMMAIRE ACTIVE 26.4 → SYN ▸ conjug 1 ◂ vt (gén) to prove ◆ **les faits ont prouvé qu'il avait raison/qu'il était innocent** the facts proved him (to be) right/innocent ou proved that he was right/innocent ◆ **il est prouvé que ...** it has been proved that ... ◆ **cela prouve que ...** it proves ou shows that ... ◆ **il n'est pas prouvé qu'il soit coupable** there is no proof that he is guilty ou of his guilt ◆ **cela n'est pas prouvé** there's no proof of it, that hasn't been proved, that remains to be proved ◆ **sa culpabilité reste à prouver** it has yet to be proved that he is guilty ◆ **cette réponse prouve de l'esprit** that answer gives proof of his (ou her etc ) wit ou shows wit ◆ **comment vous prouver ma reconnaissance ?** how can I show ou demonstrate my gratitude to you? ◆ **il a voulu se prouver (à lui-même) qu'il en était capable** he wanted to prove to himself that he was capable of it ◆ **son efficacité n'est plus à prouver** its effectiveness is no longer in doubt ou in question ◆ **j'ai 25 ans d'expérience, je n'ai plus rien à prouver** I have 25 years' experience, I have nothing to prove; → **A¹**, **absurde**

**provenance** [pʀɔv(ə)nɑ̃s] → SYN nf origin, provenance (frm) ◆ **j'ignore la provenance de cette lettre** I don't know where this letter comes ou came ou was sent from ◆ **pays de provenance** country of origin ◆ **des objets de toutes provenances** articles of every possible origin ◆ **de provenance étrangère** of foreign origin ◆ **le train en provenance de Cherbourg** the train from Cherbourg

**provençal, e,** mpl **-aux** [pʀɔvɑ̃sal, o] 1 adj Provençal ◆ **(à la) provençale** (Culin) (à la) Provençale

2 nm (Ling) Provençal

3 **Provençal(e)** nm,f Provençal

**Provence** [pʀɔvɑ̃s] nf Provence

**provenir** [pʀɔv(ə)niʀ] → SYN ▸ conjug 22 ◂ **provenir de** vt indir (= venir de) [+ pays] to come from, be from; (= résulter de) [+ cause] to be due to, be the result of ◆ **son genre de vie provient de son éducation** his life style is the result of his upbringing ◆ **mot qui provient d'une racine grecque** word which comes ou derives from a Greek root ◆ **cette fortune provient d'une lointaine cousine** this fortune comes from a distant cousin ◆ **vase provenant de Chine** vase (that comes) from China ◆ **je me demande d'où provient sa fortune** I wonder where he got his money from, I wonder how he came by so much money

**proverbe** [pʀɔvɛʀb] → SYN nm proverb ◆ **comme dit le proverbe** as the saying goes ◆ **passer en proverbe** to become proverbial ◆ **le livre des Proverbes** (Bible) the (Book of) Proverbs

**proverbial, e,** mpl **-iaux** [pʀɔvɛʀbjal, jo] → SYN adj proverbial

**proverbialement** [pʀɔvɛʀbjalmɑ̃] adv proverbially

**providence** [pʀɔvidɑ̃s] → SYN nf (Rel) providence; (= sauveur) guardian angel ◆ **cette bouteille d'eau a été notre providence** (fig) that bottle of water was our salvation ou was a lifesaver ◆ **vous êtes ma providence !** you're my salvation!; → **état**

**providentiel, -ielle** [pʀɔvidɑ̃sjɛl] → SYN adj providential ◆ **voici l'homme providentiel** here's the man we need

**providentiellement** [pʀɔvidɑ̃sjɛlmɑ̃] → SYN adv providentially

**provignage** [pʀɔviɲaʒ], **provignement** [pʀɔviɲmɑ̃] nm [vigne] layering

**provigner** [pʀɔviɲe] ▸ conjug 1 ◂ vt [+ vigne] to layer

**provin** [pʀɔvɛ̃] nm vine runner

**province** [pʀɔvɛ̃s] → SYN nf a (= région) province ◆ **Paris et la province** Paris and the provinces ◆ **vivre en province** to live in the provinces ◆ **ville de province** provincial town ◆ **il arrive de sa province** (péj) where has he been? ◆ **elle fait très province** (péj) she's very provincial ◆ **les Provinces Unies** (Hist) the United Provinces

b (au Canada) province ◆ **les Provinces maritimes** the Maritime Provinces, the Maritimes (Can) ◆ **habitant des Provinces maritimes** Maritimer ◆ **les Provinces des prairies** the Prairie Provinces (Can) ◆ **la Belle Province** Quebec

**provincial, e,** mpl **-iaux** [pʀɔvɛ̃sjal, jo] 1 adj a (gén, Rel) provincial

b (au Canada) **gouvernement provincial** Provincial government

2 nm,f provincial ◆ **les provinciaux** people who live in the provinces, provincials

3 nm a (Rel) Provincial

b (au Canada) **le provincial** the Provincial Government

**provincialisme** [pʀɔvɛ̃sjalism] nm provincialism

**proviseur** [pʀɔvizœʀ] → SYN nm [lycée] headmaster, principal, head (Brit) ◆ **proviseur-adjoint** ≃ deputy ou assistant head (Brit), ≃ assistant ou vice-principal (US)

**provision** [pʀɔvizjɔ̃] → SYN nf a (= réserve) [vivres, cartouches] stock, supply; [eau] supply ◆ **faire (une) provision de** [+ nourriture, papier] to stock up with, lay ou get in a stock of; [+ énergie, courage] to build up a stock of ◆ **j'ai acheté toute une provision de bonbons** I've bought a good supply ou stock of sweets ◆ **j'ai une bonne provision de conserves** I have a good stock of canned food, I've got plenty of canned food in ◆ **avoir une bonne provision de courage** to have considerable reserves of courage

b (= vivres) **provisions** provisions, food (NonC) ◆ **faire ses provisions, aller aux provisions*** to go shopping (for groceries ou food) ◆ **elle posa ses provisions sur la table** she put her groceries on the table ◆ **faire des provisions pour l'hiver** (lit) to buy in food ou provisions for the winter, stock up (with food ou provisions) for the winter; (hum : financièrement) to put something away for a rainy day ◆ **tu fais des provisions pour l'hiver ?** (hum : à qn qui mange trop) are you fattening yourself up for the winter? ◆ **provisions de guerre** war supplies ◆ **provisions de bouche** provisions ◆ **filet/panier à provisions** shopping bag/basket ◆ **armoire** ou **placard à provisions** food cupboard

c (= arrhes) (chez un avocat) retainer, retaining fee; (pour un achat) deposit ◆ **y a-t-il provision au compte ?** (Banque) are there sufficient funds in the account? ◆ **provisions sur charges** (immeuble d'habitation) interim payment for maintenance ou service charges ◆ **provisions pour créances douteuses** provision for bad debts ◆ **provisions pour risques** contingency reserve; → **chèque**

**provisionnel, -elle** [pʀɔvizjɔnɛl] adj (Jur) provisional ◆ **acompte** ou **tiers provisionnel** provisional payment *(towards one's income tax)* → IMPÔTS

**provisionner** [pʀɔvizjɔne] ▸ conjug 1 ◂ vt (Banque) [+ compte] to pay money ou funds into ◆ **la banque a provisionné à 20% ses risques sur l'immobilier** the bank has set aside 20% of its capital in provision against ou to cover real estate losses

**provisoire** [pʀɔvizwaʀ] → SYN 1 adj arrêt, jugement provisional; mesure, solution provisional, temporary; bonheur, liaison, installation temporary; adjoint temporary, acting (épith); gouvernement provisional, interim (épith) ◆ **à titre provisoire** temporarily, provisionally; → **liberté**

2 nm ◆ **c'est du provisoire** it's a temporary ou provisional arrangement

**provisoirement** [pʀɔvizwaʀmɑ̃] → SYN adv (= momentanément) temporarily; (= pour l'instant) for the time being

**provisorat** [pʀɔvizɔʀa] nm headmastership, principalship (US)

**provitamine** [pʀovitamin] nf provitamin

**provoc*** [pʀɔvɔk] nf abrév de **provocation**

**provocant, e** [pʀɔvɔkɑ̃, ɑ̃t] → SYN adj provocative

**provocateur, -trice** [pʀɔvɔkatœʀ, tʀis] → SYN

1 adj provocative; → **agent**

2 nm agitator

**provocation** [pʀɔvɔkasjɔ̃] → SYN nf a (= défi) provocation ◆ **provocation en duel** challenge to a duel ◆ **ils ont accusé les manifestants de faire de la provocation** they accused the demonstrators of being provocative ou of trying to provoke trouble ◆ **il l'a fait par pure provocation** he did it just to be provocative ou to get a reaction ◆ **leur façon de s'habiller, c'est de la provocation** (gén) they're out to shock people by the way they dress; (pour exciter) they dress to be provocative ◆ **il a multiplié les provocations à l'égard des autorités** he has increasingly tried to provoke the authorities

b (= incitation) **provocation à (faire) qch** incitement to (do) sth ◆ **provocation à la haine raciale/au crime** incitement to racial hatred/to commit a crime ◆ **provocation au suicide** ≃ assisted suicide

**provoquer** [pʀɔvɔke] GRAMMAIRE ACTIVE 17.2 → SYN ▸ conjug 1 ◂ vt a (= défier) to provoke ◆ **provoquer qn en duel** to challenge sb to a duel ◆ **elle aime provoquer les hommes** she likes to provoke men ◆ **provoquer qn du regard** to give sb a defiant look; (pour exciter) to give sb a provocative look ◆ **les deux adversaires s'étaient provoqués** the two opponents had provoked each other

b (= causer) [+ accident, incendie, explosion, dégâts] to cause; [+ réaction, changement d'attitude] to provoke, prompt, produce; [+ courant d'air] to create, cause; [+ crise, révolte] to cause, bring about, provoke; [+ commentaires] to give rise to, provoke, prompt; [+ colère] to arouse, spark off; [+ curiosité] to arouse, excite; [+ gaieté] to cause, provoke; [+ aveux, explications] to prompt; [+ accouchement] to induce ◆ **l'accident a provoqué la mort de six personnes** six people were killed in the accident ◆ **médicament qui provoque le sommeil** sleep-inducing drug ◆ **le malade est sous sommeil provoqué** the patient is in an induced sleep ◆ **l'élévation de température a provoqué cette réaction** (Chim) the rise in temperature brought about ou triggered off ou started up this reaction ◆ **les émeutes ont provoqué la chute du régime** rioting brought about ou led to the fall of the regime ◆ **provoquer des élections anticipées** to force an early election

c (= inciter) **provoquer qn à** to incite sb to

**proxénète** [pʀɔksenɛt] → SYN nmf procurer

**proxénétisme** [pʀɔksenetism] → SYN nm procuring ◆ **il a été condamné pour proxénétisme** he was convicted of living off immoral earnings

**proximité** [pʀɔksimite] → SYN nf a (dans l'espace) nearness, closeness, proximity

◆ **à proximité** nearby, close by

◆ **à proximité de** near (to), close to, in the vicinity of

◆ **de proximité** ◆ **commerce de proximité** local shop (Brit) ou store (US), neighborhood store (US) ◆ **emploi de proximité** *job created at* *local community level, typically involving childminding, domestic work, caring for old people etc* ◆ **la police de proximité** community policing ◆ **il faut développer les services de proximité** we need to develop local community-based services

**b** (dans le temps) closeness ◆ **c'est lié à la proximité de l'élection** it's connected to the fact that the elections are so close

**pruche** [pʀyʃ] nf (Can) hemlock spruce

**prude** [pʀyd] → SYN **1** adj prudish

**2** nf prude ◆ **faire la prude, jouer les prudes** to behave prudishly

**prudemment** [pʀydamɑ̃] adv conduire carefully; avancer, répondre cautiously ◆ **garder prudemment le silence** to keep a cautious silence

**prudence** [pʀydɑ̃s] → SYN nf **a** (= circonspection) care, caution, cautiousness, prudence; (= réserve) caution, cautiousness, caginess ◆ **prudence ! ça glisse** careful! it's slippery ◆ **faire preuve de prudence** to be cautious ou careful ◆ **il a manqué de prudence** he wasn't cautious ou careful enough ◆ **par (mesure de) prudence** as a precaution ◆ **avec la plus grande prudence** with the greatest caution, extremely carefully ou cautiously ◆ **il faudra lui annoncer la nouvelle avec beaucoup de prudence** the news must be broken to him very carefully ◆ (Prov) **prudence est mère de sûreté** discretion is the better part of valour (Prov)

**b** (= sagesse) wisdom ◆ **il a eu la prudence de partir** he had the good sense ou he was wise ou sensible enough to leave

**prudent, e** [pʀydɑ̃, ɑ̃t] GRAMMAIRE ACTIVE 2.2 → SYN adj **a** (= circonspect) careful, cautious, prudent; (= réservé) cautious, cagey ◆ **soyez prudent !** (gén) be careful!, take care!; (sur la route) drive carefully! ◆ **il s'est montré très prudent au sujet du résultat** he was very cautious ou cagey about the result ◆ **c'est un prudent** he's a careful ou cautious man ◆ **avancer à pas prudents** to move forward cautiously ou with cautious steps ◆ **soyez plus prudent à l'avenir** be more careful in future ◆ **il n'est pas très prudent en voiture** he's not a careful driver

**b** (= sage) wise, sensible ◆ **il est prudent de faire** it is wise ou advisable to do ◆ **il serait prudent de vous munir d'un parapluie** it would be wise ou sensible to take an umbrella, you would be well-advised to take an umbrella ◆ **ce n'est pas prudent** it's not advisable, it's not a good idea ◆ **ce n'est pas prudent de boire avant de conduire** it's not sensible ou wise ou advisable to drink before driving ◆ **c'est plus prudent** it's wiser ou safer ou more sensible ◆ **il jugea plus prudent de se taire** he thought it prudent ou wiser ou more sensible to keep quiet

**pruderie** [pʀydʀi] → SYN nf (littér) prudishness (NonC), prudery

**prud'homal, e,** mpl **-aux** [pʀydɔmal, o] adj of an industrial tribunal (Brit) ou labor relations board (US)

**prud'homie** [pʀydɔmi] → SYN nf jurisdiction of an industrial tribunal (Brit) ou labor relations board (US); → **prud'homme**

**prud'homme** [pʀydɔm] → SYN nm ≈ member of an industrial tribunal (Brit) ou labor relations board (US) ◆ **conseil des prud'hommes, les prud'hommes** ≈ industrial tribunal (Brit), ≈ labor relations board (US) *(with wide administrative and advisory powers)* ◆ **aller aux** ou **devant les prud'hommes** ≈ to go before an industrial tribunal (Brit) ou the labor relations board (US)

**prudhommerie** [pʀydɔmʀi] nf sententiousness, pomposity

**prudhommesque** [pʀydɔmɛsk] adj sententious, pompous

**prune** [pʀyn] → SYN **1** nf **a** (= fruit) plum; (= alcool) plum brandy ◆ **pour des prunes** * for nothing ◆ **des prunes !** * not likely! *, not on your life! *, no way! *

**b** (* = contravention) ticket *(for speeding, illegal parking etc)* ◆ **il m'a filé une prune** he gave me a ticket, he booked me (Brit)

**c** (* † = coup) clout * ◆ **filer une prune à qn** * to give sb a clout *, clout * sb

**2** adj inv plum-coloured (Brit) ou -colored (US)

**pruneau,** pl **pruneaux** [pʀyno] nm **a** (= fruit sec) prune; (Helv = quetsche) *kind of dark-red plum*

**b** (* = balle) slug *

**prunelle** [pʀynɛl] → SYN nf **a** (Bot) sloe; (= eau-de-vie) sloe gin

**b** (Anat = pupille) pupil; (= œil) eye ◆ **il y tient comme à la prunelle de ses yeux** (objet) he treasures ou cherishes it; (personne) she (ou he) is the apple of his eye, she (ou he) is very precious to him ◆ **il/elle jouait de la prunelle** * he/she was giving her/him the eye *

**prunellier** [pʀynəlje] nm sloe, blackthorn

**prunier** [pʀynje] nm plum tree; → **secouer**

**prunus** [pʀynys] nm prunus, Japanese flowering cherry

**prurigineux, -euse** [pʀyʀiʒinø, øz] adj pruriginous

**prurigo** [pʀyʀigo] → SYN nm prurigo

**prurit** [pʀyʀit] nm (Méd) pruritus ◆ **leur prurit réformateur/égalitaire** (hum) their zeal for reform/egalitarianism ◆ **le prurit de l'écriture le démange** he's got the writing bug

**Prusse** [pʀys] nf Prussia; → **bleu**

**prussien, -ienne** [pʀysjɛ̃, jɛn] **1** adj Prussian

**2** **Prussien(ne)** nm,f Prussian

**prytanée** [pʀitane] → SYN nm (Antiq) prytaneum ◆ **prytanée militaire** military academy

**P.-S.** [peɛs] nm (abrév de **post-scriptum**) ps

**PS** [peɛs] nm (abrév de **parti socialiste**) *French political party*

**psallette** [psalɛt] → SYN nf choir

**psalliote** [psaljɔt] nf pine wood mushroom

**psalmiste** [psalmist] nm psalmist

**psalmodie** [psalmɔdi] → SYN nf (Rel) psalmody, chant; (littér) drone (NonC)

**psalmodier** [psalmɔdje] → SYN ▸ conjug 7 ◂ **1** vt (Rel) to chant; (littér) to drone out

**2** vi to chant; (littér) to drone (on ou away)

**psaume** [psom] → SYN nm psalm ◆ **le livre des Psaumes** (Bible) the Book of Psalms

**psautier** [psotje] → SYN nm psalter

**pschent** [pskɛnt] nm pschent

**pschitt** [pʃit] **1** excl hiss

**2** nm (* = atomiseur) spray ◆ **vaporisez deux coups de pschitt sur un chiffon** spray twice onto a cloth

**pseudarthrose** [psødaʀtʀoz] nf false joint ou ankylosis, pseudoarthrosis (SPÉC)

**pseudo** * [psødo] nm abrév de **pseudonyme**

**pseudo-** [psødo] préf (gén) pseudo- ◆ **pseudo-historien** pseudo-historian ◆ **pseudo-science/-réalité** pseudo-science/-reality ◆ **les pseudo-révélations parues dans leur journal** the pseudo-revelations ou so-called revelations published in their newspaper

**pseudonyme** [psødɔnim] → SYN nm (gén) assumed ou fictitious name; [écrivain] pen name, pseudonym; [comédien] stage name; (Jur, hum) alias

**pseudopode** [psødɔpɔd] nm pseudopodium

**psitt** [psit] excl ps(s)t!

**psittacidés** [psitaside] nmpl ◆ **les psittacidés** psittacines, the Psittacidae (SPÉC)

**psittacisme** [psitasism] nm (= répétition mécanique) parrotry; (Psych) psittacism

**psittacose** [psitakoz] nf psittacosis

**psoralène** [psɔʀalɛn] nm psoralen

**psoriasis** [psɔʀjazis] nm psoriasis

**pst** [pst] interj ⇒ **psitt**

**psy** * [psi] **1** adj inv (abrév de **psychologique, psychique, psychosomatique**)

**2** nmf (abrév de **psychiatre, psychologue, psychothérapeute, psychanalyste**) ◆ **il va chez son psy toutes les semaines** he goes to see his analyst ou shrink * every week

**3** nf (abrév de **psychiatrie, psychologie**)

**psychanalyse** [psikanaliz] → SYN nf [personne] psychoanalysis, analysis; [texte] psychoanalytical study ◆ **entreprendre/faire/suivre une psychanalyse** to start/do/undergo analysis

**psychanalyser** [psikanalize] ▸ conjug 1 ◂ vt [+ personne] to psychoanalyze; [+ texte] to study from a psychoanalytical viewpoint ◆ **se faire psychanalyser** to have o.s. psychoanalyzed

**psychanalyste** [psikanalist] nmf psychoanalyst, analyst

**psychanalytique** [psikanalitik] adj psychoanalytic(al)

**psychasthénie** [psikasteni] nf psychasthenia

**psychasthénique** [psikastenik] **1** adj psychasthenic

**2** nmf person suffering from psychasthenia

**psyché** [psiʃe] → SYN nf **a** (Psych) psyche

**b** (= miroir) cheval glass, swing mirror

**c** (Myth) **Psyché** Psyche

**psychédélique** [psikedelik] → SYN adj psychedelic

**psychédélisme** [psikedelism] nm psychedelic state

**psychiatre** [psikjatʀ] → SYN nmf psychiatrist

**psychiatrie** [psikjatʀi] → SYN nf psychiatry

**psychiatrique** [psikjatʀik] adj troubles psychiatric; hôpital psychiatric, mental (épith)

**psychiatriser** [psikjatʀize] ▸ conjug 1 ◂ vt [+ personne, fait] to analyse

**psychique** [psiʃik] → SYN adj psychological, psychic(al)

**psychiquement** [psiʃikmɑ̃] adv psychologically

**psychisme** [psiʃism] nm psyche, mind

**psycho** * [psiko] nf abrév de **psychologie**

**psychoanaleptique** [psikoanalɛptik] adj, nm psychoanaleptic

**psychobiologie** [psikobjɔlɔʒi] nf psychobiology

**psychochirurgie** [psikoʃiʀyʀʒi] nf psychosurgery

**psychocritique** [psikokʀitik] nf psychoanalytic(al) criticism

**psychodramatique** [psikɔdʀamatik] adj psychodramatic

**psychodrame** [psikɔdʀam] → SYN nm (Psych) psychodrama; (= drame) drama

**psychodysleptique** [psikodislɛptik] **1** adj psychodysleptic

**2** nm psychodysleptic drug

**psychogène** [psikɔʒɛn] adj psychogenic

**psychogenèse** [psikoʒənɛz] nf psychogenesis

**psychogénétique** [psikoʒenetik] adj psychogenetic

**psychokinésie** [psikokinezi] nf psychokinesis

**psycholinguiste** [psikolɛ̃gɥist] nmf psycholinguist

**psycholinguistique** [psikolɛ̃gɥistik] **1** adj psycholinguistic

**2** nf psycholinguistics sg

**psychologie** [psikɔlɔʒi] → SYN nf psychology ◆ **la psychologie de l'enfant/des foules/du comportement** child/crowd/behavioural psychology ◆ **il faut faire preuve de psychologie** you have to be perceptive about people, you have to have good insight into people ◆ **il manque complètement de psychologie** he's completely unperceptive about people, he's got absolutely no insight into people

**psychologique** [psikɔlɔʒik] → SYN adj psychological ◆ **tu sais, mon vieux, c'est psychologique !** it's psychological ou it's all in the mind, my friend!; → **moment**

**psychologiquement** [psikɔlɔʒikmɑ̃] adv psychologically

**psychologisme** [psikɔlɔʒism] nm psychologism

**psychologue** [psikɔlɔg] **1** adj (= intuitif) ◆ **il est/il n'est pas très psychologue** he's very/he's not very perceptive about people

**2** nmf psychologist ◆ **psychologue d'entreprise** industrial psychologist ◆ **psychologue scolaire** educational psychologist

**psychométricien, -ienne** [psikɔmetʀisjɛ̃, jɛn] nm,f psychometrician, psychometrist

**psychométrie** [psikɔmetʀi] nf psychometry, psychometrics sg

**psychométrique** [psikɔmetʀik] adj psychometric

**psychomoteur, -trice** [psikɔmɔtœʀ, tʀis] adj psychomotor

**psychomotricité** [psikɔmɔtʀisite] nf psychomotility

**psychopathe** [psikɔpat] → SYN nmf psychopath ♦ **tueur psychopathe** psychopathic killer

**psychopathie** [psikɔpati] nf psychopathy

**psychopathologie** [psikopatɔlɔʒi] nf psychopathology

**psychopédagogie** [psikopedagɔʒi] nf educational psychology

**psychopédagogique** [psikopedagɔʒik] adj études, formation in educational psychology

**psychopharmacologie** [psikofaʀmakɔlɔʒi] nf psychopharmacology

**psychophysiologie** [psikofizjɔlɔʒi] nf psychophysiology

**psychophysiologique** [psikofizjɔlɔʒik] adj psychophysiological

**psychopompe** [psikopɔ̃p] nm psychopompos

**psychoprophylactique** [psikopʀɔfilaktik] adj ♦ **méthode psychoprophylactique** psychoprophylaxis

**psychorigide** [psikoʀiʒid] adj (Psych) *stubbornly resistant to change*

**psychorigidité** [psikoʀiʒidite] nf (Psych) *stubborn resistance to change*

**psychose** [psikoz] → SYN nf (Psych) psychosis; (= obsession) obsessive fear ♦ **psychose maniacodépressive** manic depressive psychosis ♦ **psychose collective** collective hysteria ♦ **psychose de guerre** war psychosis ou hysteria

**psychosensoriel, -ielle** [psikosɑ̃sɔʀjɛl] adj psychosensory

**psychosocial, e,** mpl **-iaux** [psikosɔsjal, jo] adj psychosocial

**psychosociologie** [psikosɔsjɔlɔʒi] nf psychosociology

**psychosomatique** [psikosɔmatik] 1 adj psychosomatic

2 nf psychosomatics sg

**psychotechnicien, -ienne** [psikotɛknisjɛ̃, jɛn] nm,f psychotechnician, psychotechnologist

**psychotechnique** [psikotɛknik] 1 adj psychotechnical, psychotechnological

2 nf psychotechnics sg, psychotechnology

**psychothérapeute** [psikoteʀapøt] nmf psychotherapist

**psychothérapie** [psikoteʀapi] nf psychotherapy ♦ **psychothérapie de soutien** supportive therapy ♦ **entreprendre/faire/suivre une psychothérapie** to start/do/undergo (a course of) psychotherapy

**psychothérapique** [psikoteʀapik] adj psychotherapeutic

**psychotique** [psikɔtik] adj, nmf psychotic

**psychotonique** [psikɔtɔnik] adj, nm psychotonic

**psychotrope** [psikɔtʀɔp] 1 adj psychoactive, psychotropic

2 nm psychoactive ou psychotropic substance

**psychromètre** [psikʀɔmɛtʀ] nm psychrometer

**psylle** [psil] nm ou f jumping plant louse

**psyllium** [psiljɔm] nm psyllium (seed)

**Pte** abrév de **porte**

**ptéranodon** [pteʀanɔdɔ̃] nm pteranodon

**ptéridophytes** [pteʀidɔfit] nmpl ♦ **les ptéridophytes** pteridophytes, the Pteridophyta (SPÉC)

**ptérodactyle** [pteʀɔdaktil] nm pterodactyl

**ptéropode** [pteʀɔpɔd] nm pteropod

**ptérosauriens** [pteʀɔsɔʀjɛ̃] nmpl ♦ **les ptérosauriens** pterodactyls, pterosaurs, the Pterosauria (SPÉC)

**ptérygoïde** [pteʀigɔid] adj ♦ **apophyse ptérygoïde** pterygoid process

**ptérygoïdien, -ienne** [pteʀigɔidjɛ̃, jɛn] adj, nm pterygoid

**ptérygote** [pteʀigɔt] nm winged insect

**Ptolémée** [ptɔleme] nm Ptolemy

**ptomaïne** [ptɔmain] nf ptomain(e)

**ptose** [ptoz] nf ptosis

**ptosis** [ptozis] nm ptosis

**P.T.T.** [petete] nfpl (abrév de **Postes, Télécommunications et Télédiffusion**) → **poste**[1]

**ptyaline** [ptjalin] nf ptyalin

**puant, e** [pɥɑ̃, pɥɑ̃t] → SYN adj a (lit) stinking, foul-smelling

b (* : péj) personne, attitude arrogant ♦ **il est puant, c'est un type puant** he's an arrogant creep * ♦ **puant d'orgueil** bloated with pride

**puanteur** [pɥɑ̃tœʀ] → SYN nf stink, stench

**pub**[1] [pœb] nm (= bar) pub

**pub**[2] * [pyb] nf (= annonce) ad *, advert * (Brit); (Ciné, TV) commercial, ad *, advert * (Brit) ♦ **la pub** (métier) advertising ♦ **faire de la pub pour qch** (Comm) to advertise sth; (= inciter à acheter qch) to plug sth *, give sth a plug * ♦ **ça lui a fait de la pub** it was a plug * for him ♦ **coup de pub** publicity stunt ♦ **ses disques ne se vendent qu'à coups de pub** his records are selling only as a result of heavy advertising

**pubère** [pybɛʀ] → SYN adj pubescent

**pubertaire** [pybɛʀtɛʀ] adj pubertal

**puberté** [pybɛʀte] → SYN nf puberty

**pubescence** [pybesɑ̃s] nf (Bio) pubescence

**pubescent, e** [pybesɑ̃, ɑ̃t] → SYN adj (Bio) pubescent

**pubien, -ienne** [pybjɛ̃, jɛn] adj pubic ♦ **région pubienne** pubic region, pubes

**pubis** [pybis] → SYN nm (= os) pubis; (= bas-ventre) pubes ♦ **os pubis** pubic bone

**publiable** [pyblijabl] adj publishable ♦ **ce n'est pas publiable** it's not fit for publication

**public, -ique** [pyblik] → SYN 1 adj a (= non privé) intérêt, lieu, opinion, vie public; vente, réunion public, open to the public (attrib) ♦ **danger/ennemi/homme public** public danger/enemy/figure ♦ **la nouvelle est maintenant publique** the news is now common ou public knowledge ♦ **la nouvelle a été rendue publique hier** the news was made public ou was released yesterday; → **domaine, droit**[3], **notoriété**

b (= de l'État) services, secteur, finances public; école, instruction State (épith), public (US); → **charge, chose, dette** etc

2 nm a (= population) **le public** the (general) public ♦ **"interdit au public"** "no admittance to the public"

b (= audience, assistance) audience ♦ **œuvre conçue pour un jeune public** work written for a young audience ♦ **le public parisien est très exigeant** Paris audiences are very demanding ♦ **des huées s'élevèrent du public** the audience started booing ♦ **cet écrivain s'adresse à un vaste public** this author writes for a wide readership ♦ **cet acteur a son public** this actor has his fans ou followers ♦ **cet ouvrage plaira à tous les publics** this work will be appreciated by all kinds of readers ♦ **un public clairsemé assistait au match** the match was attended by very few spectators ♦ **le public est informé que ...** the public is advised that ... ♦ **en public** in public ♦ **le grand public** the general public ♦ **roman destiné au grand public** novel written for the general reader ou public ♦ **appareils électroniques grand public** consumer electronics ♦ **film grand public** film with mass appeal ♦ **il lui faut toujours un public** (fig) he always needs an audience ♦ **être bon/mauvais public** to be easy/hard to please

c (= secteur) **le public** the public sector

**publicain** [pyblikɛ̃] nm (Hist romaine) publican, tax-gatherer

**publication** [pyblikasjɔ̃] → SYN nf (= action) publication, publishing; (= écrit publié) publication ♦ **après sa publication aux États-Unis** after being published ou after its publication in the United States ♦ **ce livre a été interdit de publication** this book has been banned ♦ **publication des bans (de mariage)** publication ou reading of the banns ♦ **publication assistée par ordinateur** desktop publishing

**publiciste** [pyblisist] → SYN nmf a ( * = publicitaire) advertising executive

b (Jur) public law specialist

**publicitaire** [pyblisitɛʀ] → SYN 1 adj budget, affiche, agence, campagne advertising (épith); film promotional ♦ **annonce publicitaire** advertisement ♦ **échantillon publicitaire** give-away, free sample ♦ **grande vente publicitaire** big promotional sale ♦ **matériel publicitaire** publicity material ♦ **rédacteur publicitaire** copywriter

2 nmf advertising executive

**publicité** [pyblisite] → SYN nf a (Comm = méthode, profession) advertising ♦ **il travaille dans la publicité** he's in advertising, he's an adman * ♦ **faire de la publicité pour qch** (Comm) to advertise sth; (= inciter à acheter qch) to plug sth * ♦ **il sait bien faire sa propre publicité** he's good at selling himself ♦ **cette marque fait beaucoup de publicité** this make does a lot of advertising ♦ **son livre a été lancé à grand renfort de publicité** his book was launched amid a blaze of publicity ou amid much media hype * ♦ **coup de publicité** publicity stunt ♦ **publicité par affichage** poster advertising ♦ **publicité collective/comparative** collective/comparative advertising ♦ **publicité directe** direct advertising ♦ **publicité de rappel** reminder advertising ♦ **publicité mensongère** misleading advertising ♦ **publicité sur les lieux de vente** point-of-sale advertising ♦ **matériel de publicité** (Comm) publicity material ♦ **dépenses de publicité** advertising costs ♦ **campagne de publicité** publicity ou advertising campaign; → **agence** etc

b (= annonce) advertisement, ad *, advert * (Brit); (Ciné, TV) commercial, advertisement ♦ **publicité rédactionnelle** special advertising feature, advertorial (US)

c (= révélations) publicity ♦ **on a fait trop de publicité autour de cette affaire** this affair has had ou has been given too much publicity

d (Jur) **la publicité des débats** the public nature of the proceedings

**publier** [pyblije] → SYN ▸ conjug 7 ◂ vt a [+ livre] [auteur] to publish; [éditeur] to publish, bring out

b [+ bans, décret] to publish; (littér) [+ nouvelle] to publish (abroad) (littér), make public ♦ **ça vient d'être publié** it's just out, it has just come out ou been published ♦ **publier un communiqué** to release a statement (*au sujet de* about)

**publiphone** ® [pyblifɔn] nm public telephone, payphone ♦ **publiphone à carte** card phone

**publipostage** [pyblipɔstaʒ] → SYN nm mailshot, mass mailing

**publi-promotionnel, -elle** [pyblipʀɔmosjɔnɛl] adj ♦ **campagne publi-promotionnelle** advertising campaign

**publiquement** [pyblikmɑ̃] → SYN adv publicly ♦ **le ministre a exprimé publiquement son désaccord** the minister went on the record to express his disagreement, the minister publicly expressed his disagreement ♦ **le président a dû intervenir publiquement** the president had to issue a public statement

**publireportage** [pybliʀ(ə)pɔʀtaʒ] nm special advertising feature, advertorial (US)

**puce** [pys] → SYN 1 nf a (Zool) flea ♦ **puce de mer** ou **de sable** sand flea ♦ **puce d'eau** water flea ♦ **ça m'a mis la puce à l'oreille** that started ou got me thinking ♦ **le marché aux puces, les puces** the flea market ♦ **oui, ma puce** * yes, pet * ♦ **c'est une petite puce** (fig) she's a tiny little thing ♦ **être agité** ou **excité comme une puce** to be all excited; → **sac**[1], **secouer**

b **jeu de puces** tiddlywinks ♦ **jouer aux puces** to play tiddlywinks

c (Ordin) (silicon) chip ♦ **puce électronique** microchip ♦ **puce mémoire** memory chip

2 adj inv (= couleur) puce

**puceau** *, pl **puceaux** [pyso] 1 adj m ♦ **être puceau** to be a virgin

2 nm virgin

**pucelage** * [pys(ə)laʒ] nm virginity

**pucelle** †† * [pysɛl] (hum) 1 adj f ♦ **être pucelle** to be a virgin ♦ **elle n'est plus pucelle** she has lost her virginity, she's not a virgin

2 nf virgin, maid(en) (littér) ♦ **la Pucelle d'Orléans** (Hist) the Maid of Orleans

**puceron** [pys(ə)ʀɔ̃] nm aphid, greenfly ♦ **puceron cendré** blackfly

**pucier** * [pysje] nm bed

**pudding** [pudiŋ] nm *close-textured fruit sponge*

**puddlage** [pydlaʒ] nm puddling

**pudeur** [pydœʀ] → SYN nf **a** (concernant le corps) modesty ◆ **elle a beaucoup de pudeur** she has a keen sense of modesty ◆ **elle est sans pudeur, elle n'a aucune pudeur** she has no modesty, she's quite shameless ◆ **expliquer qch sans fausse pudeur** to explain sth without undue prudery ou quite openly ◆ **il parle de sa maladie sans fausse pudeur** he talks about his illness quite openly; → **attentat, outrage**
**b** (= délicatesse) sense of propriety ou decency ◆ **agir sans pudeur** to act with no regard to propriety ◆ **il aurait pu avoir la pudeur de ne pas en parler** he could have had the decency not to talk about it

**pudibond, e** [pydibɔ̃, ɔ̃d] → SYN adj (excessively) prudish, prim and proper

**pudibonderie** [pydibɔ̃dʀi] → SYN nf (excessive) prudishness, (excessive) primness

**pudicité** [pydisite] → SYN nf (littér) (= chasteté) modesty; (= discrétion) discretion

**pudique** [pydik] → SYN adj **a** (= chaste) personne, geste modest
**b** (= discret) allusion discreet ◆ **un terme pudique pour désigner ...** a nice way of saying ..., a euphemism for ...

**pudiquement** [pydikmɑ̃] adv **a** (= chastement) modestly
**b** (= avec tact) discreetly ◆ **ils détournaient les yeux pudiquement** they looked away discreetly ou out of a sense of decency
**c** (= par euphémisme) discreetly ◆ **cela désigne pudiquement ...** it's a nice way of saying ..., it's a euphemism for ...

**puer** [pɥe] → SYN ▸ conjug 1 ◂ **1** vi to stink ◆ **il pue des pieds** his feet stink, he has smelly feet ◆ **il pue de la gueule** his breath stinks ◆ **ça pue !** it stinks!
**2** vt to stink ou reek of ◆ **ça pue l'argent** it reeks ou stinks of money

**puériculteur, -trice** [pɥeʀikyltœʀ, tʀis] nm,f (dans un hôpital) paediatric (Brit) ou pediatric (US) nurse; (dans une crèche) nursery nurse

**puériculture** [pɥeʀikyltyʀ] nf (gén) infant care; (dans une crèche) nursery nursing; (en pédiatrie) paediatric (Brit) ou pediatric (US) nursing ◆ **donner des cours de puériculture aux mamans** to give courses on infant care to mothers

**puéril, e** [pɥeʀil] → SYN adj puerile, childish

**puérilement** [pɥeʀilmɑ̃] → SYN adv childishly

**puérilisme** [pɥeʀilism] → SYN nm puerilism

**puérilité** [pɥeʀilite] → SYN nf (= caractère) puerility, childishness; (= acte) childish behaviour (Brit) ou behavior (US) (NonC)

**puerpéral, e,** mpl **-aux** [pɥɛʀpeʀal, o] adj puerperal

**puffin** [pyfɛ̃] nm puffin

**pugilat** [pyʒila] → SYN nm (fist) fight

**pugiliste** [pyʒilist] → SYN nm (littér) pugilist (littér)

**pugilistique** [pyʒilistik] adj (littér) pugilistic (littér, frm)

**pugnace** [pygnas] → SYN adj pugnacious

**pugnacité** [pygnasite] → SYN nf (littér) pugnacity

**puîné, e** † [pɥine] → SYN **1** adj (= de deux) younger; (= de plusieurs) youngest
**2** nm,f (de deux) younger brother (ou sister); (de plusieurs) youngest brother (ou sister)

**puis** [pɥi] → SYN adv (= ensuite) then; (dans une énumération) then, next ◆ **et puis** (= en outre) and besides ◆ **et puis ensuite** ou **après** and then, and after that ◆ **et puis c'est tout** and that's all ou that's it ou that's all there is to it ◆ **il est parti, et puis voilà !** off he went, and that was that! ◆ **et puis après tout** and after all ◆ **et puis après ?** (= ensuite) and what next?, and then (what)?; (= et alors ?) so what? *, what of it? ◆ **et puis quoi ?** (= quoi d'autre) well, what?, and then what?; (= et alors ?) so what? *, what of it? ◆ **et puis quoi encore ?** (= tu exagères) whatever next?

**puisage** [pɥizaʒ] nm drawing (of water)

**puisard** [pɥizaʀ] → SYN nm (gén) cesspool, sink; (Naut) well; (Min) sump

**puisatier** [pɥizatje] nm well-digger

**puiser** [pɥize] → SYN ▸ conjug 1 ◂ vt [+ eau] to draw (*dans* from); [+ exemple, renseignement, inspiration] to draw, take (*dans* from) ◆ **les deux auteurs ont puisé aux mêmes sources** the two authors drew on the same sources ◆ **puiser dans son sac/ses économies** to dip into one's bag/one's savings ◆ **j'ai dû puiser dans mes réserves pour finir la course** I had to draw on my reserves to finish the race

**puisque** [pɥisk(ə)] GRAMMAIRE ACTIVE 17.1 → SYN conj **a** (= du moment que) since, seeing that ◆ **ces animaux sont donc des mammifères, puisqu'ils allaitent leurs petits** these animals are therefore mammals, seeing that ou since they suckle their young ◆ **ça doit être vrai, puisqu'il le dit** it must be true since he says so
**b** (= comme) as, since, seeing that ◆ **puisque vous êtes là, venez m'aider** as ou since ou seeing that you're here come and help me ◆ **ces escrocs, puisqu'il faut les appeler ainsi ...** these crooks – as ou since one must call them that ... ◆ **son échec, puisque échec il y a ...** his failure, given that he has indeed failed ..., his failure, seeing as that is what it amounts to ... ◆ **puisque c'est comme ça, je ne viendrai plus !** if that's how it is, I won't come anymore!
**c** (valeur intensive) **puisque je te le dis !** I'm telling you (so)! ◆ **puisque je te dis que c'est vrai !** I'm telling you it's true!

**puissamment** [pɥisamɑ̃] adv (= fortement) powerfully; (= beaucoup) greatly ◆ **puissamment raisonné !** (iro) what brilliant reasoning! (iro)

**puissance** [pɥisɑ̃s] → SYN **1** nf **a** (= force) [armée, muscle, impulsion] power, strength; [vent] strength, force
**b** (Élec, Phys) power; [microscope] (magnifying) power; [moteur, voiture, haut-parleur] power ◆ **puissance en watts** wattage ◆ **puissance de sortie** [chaîne hi-fi] output ◆ **puissance de calcul/de traitement** (Ordin) computing/processing power ou capacity ◆ **modifier la puissance de l'éclairage** to adjust the lighting ◆ **puissance effective** ou **au frein d'un moteur** (Aut) engine power output ◆ **bombe de forte puissance** powerful ou high-powered bomb ◆ **bombe de faible puissance** low-power bomb ◆ **la puissance de destruction de ce missile** this missile's destructive potential
**c** (= capacité) power ◆ **la puissance d'évocation de la musique** the evocative power of music ◆ **une grande puissance de séduction/suggestion** great seductive/suggestive power(s), great powers of seduction/suggestion ◆ **la puissance d'attraction de la capitale** the pull of the capital ◆ **grâce à la puissance de sa volonté** thanks to his willpower ou his strength of will ◆ **avoir une grande puissance de travail** to have a great capacity for work ◆ **avoir une grande puissance d'imagination** to have a very powerful imagination ou great powers of imagination
**d** (= pouvoir) [classe sociale, pays, argent] power ◆ **l'or/le pétrole est une puissance** gold/oil confers power ◆ **les puissances qui agissent sur le monde** the powers that influence the world
◆ **en puissance** délinquant, dictateur potential ◆ **l'homme est en puissance dans l'enfant** the man is latent in the child ◆ **exister en puissance** to have a potential existence ◆ **c'est là en puissance** it is potentially present ◆ **monter en puissance** [idée, théorie] to gain ground ◆ **montée en puissance** [pays, mouvement, personne] increase in power; [secteur] increase in importance
**e** (Pol) power ◆ **grande puissance** major ou great power, superpower ◆ **la première puissance économique/nucléaire mondiale** the world's leading economic/nuclear power
**f** (Math) power ◆ **élever un nombre à la puissance 10** to raise a number to the power of 10 ◆ **10 puissance 4** 10 to the power of 4, 10 to the 4th
**g** (Jur, hum) **être en puissance de mari** to be under a husband's authority
**2** COMP ▷ **puissance administrative** (Aut) engine rating ▷ **les puissances d'argent** the forces of money ▷ **puissance de feu** (Mil) fire power ▷ **puissance fiscale** ⇒ **puissance administrative** ▷ **puissance au frein** (Aut) brake horsepower ▷ **puissance maritale** (Jur) marital rights ▷ **les puissances occultes** unseen ou hidden powers ▷ **puissance paternelle** (Jur) parental rights ou authority ◆ **exercer/être déchu de sa puissance paternelle** to exercise/have lost one's parental rights ▷ **la puissance publique** the public authorities ▷ **les puissances des ténèbres** the powers of darkness

**puissant, e** [pɥisɑ̃, ɑ̃t] → SYN **1** adj powerful; drogue, remède potent, powerful ◆ **c'est puissant !** * (= formidable) it's great! *
**2** nm ◆ **les puissants** the mighty ou powerful

**puits** [pɥi] → SYN **1** nm [eau, pétrole] well; (Min) shaft; (Constr) well, shaft ◆ **c'est un puits sans fond** (fig) it's a bottomless pit
**2** COMP ▷ **puits d'aérage** ou **d'aération** ventilation shaft ▷ **puits d'amour** ≈ cream puff ▷ **puits artésien** artesian well ▷ **puits à ciel ouvert** (Min) opencast mine ▷ **puits d'érudition** (fig) ⇒ **puits de science** ▷ **puits d'extraction** winding shaft ▷ **puits de jour** ou **de lumière** (Constr) light shaft ▷ **puits de mine** mine shaft ▷ **puits perdu** cesspool, sink ▷ **puits de pétrole** oil well ▷ **puits de science** (fig) fount of knowledge

**pulicaire** [pylikɛʀ] nf fleabane

**pull** [pyl] nm pullover, sweater, jumper (Brit) ◆ **pull chaussette** skinnyrib sweater

**pullman** [pulman] nm Pullman (car)

**pullorose** [pylɔʀoz] nf pullorum disease

**pull-over,** pl **pull-overs** [pylɔvɛʀ] → SYN nm pullover, sweater, jumper (Brit)

**pullulation** [pylylasjɔ̃] nf, **pullulement** [pylylmɑ̃] nm (= action) proliferation; (= profusion) [insectes] multitude; [insectes volants] swarm, multitude

**pulluler** [pylyle] → SYN ▸ conjug 1 ◂ vi (= se reproduire) to proliferate, multiply, pullulate (frm); (= grouiller) to swarm, pullulate (frm); [erreurs, contrefaçons] to abound, pullulate (frm) ◆ **la ville pullule de touristes** the town is swarming with tourists ◆ **la rivière pullule de truites** the river is teeming with trout

**pulmonaire** [pylmɔnɛʀ] → SYN adj maladie pulmonary, lung (épith); artère pulmonary ◆ **congestion pulmonaire** congestion of the lungs

**pulpaire** [pylpɛʀ] adj pulpal

**pulpe** [pylp] → SYN nf [fruit, dent, bois] pulp; [doigt] pad ◆ **boisson/yaourt à la pulpe de fruits** real fruit drink/yoghurt

**pulpeux, -euse** [pylpø, øz] → SYN adj fruit pulpy; lèvres full, fleshy; femme curvaceous

**pulpite** [pylpit] nf pulpitis

**pulsant, e** [pylsɑ̃, ɑ̃t] adj pulsating

**pulsar** [pylsaʀ] nm pulsar

**pulsatif, -ive** [pylsatif, iv] adj pulsative

**pulsation** [pylsasjɔ̃] → SYN nf (Méd) [cœur, pouls] beating (NonC), beat, pulsation (SPÉC); (Phys) pulsation; (Élec) pulsatance ◆ **pulsations (du cœur)** (= rythme cardiaque) heartbeat; (= battements) heartbeats

**pulsé** [pylse] adj m ◆ **chauffage à air pulsé** forced air heating

**pulsion** [pylsjɔ̃] → SYN nf (Psych) drive, urge ◆ **la pulsion sexuelle** the sex drive ◆ **pulsions sexuelles** sexual urges ◆ **pulsion de mort** death wish ◆ **pulsion meurtrière/suicidaire** murderous/suicidal impulse ◆ **pulsion de vie** life instinct

**pulsionnel, -elle** [pylsjɔnɛl] → SYN adj comportement instinctual ◆ **réaction pulsionnelle** impulsive reaction

**pulsoréacteur** [pylsoʀeaktœʀ] nm pulsejet (engine), pulsojet

**pultacé, e** [pyltase] adj pultaceous

**pulvérin** [pylveʀɛ̃] nm fine gunpowder

**pulvérisable** [pylveʀizabl] adj [+ liquide, médicament] in spray form

**pulvérisateur** [pylveʀizatœʀ] → SYN nm (à parfum) spray, atomizer; (à peinture) spray; (pour médicament) spray, vaporizer ◆ **pulvérisateur d'insecticide** (Agr) (crop) duster

**pulvérisation** [pylveʀizasjɔ̃] → SYN nf **a** (= broyage) pulverizing, pulverization
**b** (= vaporisation) spraying ◆ **"trois pulvérisations dans chaque narine"** (Méd) "spray three times into each nostril" ◆ **le médecin a ordonné des pulvérisations (nasales)** the doctor prescribed a nasal spray
**c** (= anéantissement) [adversaire] pulverizing, demolishing; * [record] smashing *, shattering *; [argument] demolition, demolishing

**pulvériser** [pylveʀize] [→ SYN] ▸ conjug 1 ◂ vt **a** (= broyer) to pulverize, reduce to powder
**b** [+ liquide, insecticide] to spray ◆ **pulvériser des insecticides sur un champ** to spray a field with insecticides
**c** (= anéantir) [+ adversaire] to pulverize, demolish; * [+ record] to smash *, shatter *; [+ argument] to demolish, pull to pieces ◆ **bâtiment pulvérisé par l'explosion** building reduced to rubble by the explosion

**pulvériseur** [pylveʀizœʀ] nm disc harrow

**pulvérulence** [pylveʀylɑ̃s] nf pulverulence

**pulvérulent, e** [pylveʀylɑ̃, ɑ̃t] adj pulverulent

**puma** [pyma] [→ SYN] nm puma, cougar, mountain lion

**puna** [pyna] nf puna

**punaise** [pynɛz] [→ SYN] nf **a** (Zool) bug ◆ **punaise d'eau** water stick insect ◆ **c'est une vraie punaise** (péj) he's a real mischief-maker ◆ **punaise !** * well!, blimey! * (Brit), gee! * (US) ◆ **punaise de sacristie** * (péj) churchy woman
**b** (= clou) drawing pin (Brit), thumbtack (US)

**punaiser** [pyneze] ▸ conjug 1 ◂ vt to pin up (ou down ou on etc) ◆ **punaiser une affiche au mur** to pin up a poster, pin a poster up on the wall

**punch**[1] [pɔ̃ʃ] nm (= boisson) punch

**punch**[2] [pœnʃ] [→ SYN] nm **a** (= énergie) punch ◆ **avoir du punch** [personne] to have lots of drive, have a lot of get up and go; [slogan] to be catchy * ou punchy *; [cheveux] to have lots of bounce ◆ **pour donner du punch à vos cheveux** to give new life to your hair ◆ **manquer de punch** [personne] to lack dynamism ou drive; [entreprise, économie] to lack dynamism ◆ **cette mise en scène manque de punch** the production isn't punchy * enough
**b** (Boxe) punching ability ◆ **avoir du punch** to pack ou have a good punch

**puncheur** [pœnʃœʀ] nm good puncher, hard hitter

**punching-ball**, pl **punching-balls** [pœnʃiŋbol] nm punching bag, punchbag (Brit), punchball ◆ **je lui sers de punching-ball** (fig) he uses me as a punching bag

**punique** [pynik] adj Punic

**punir** [pyniʀ] [→ SYN] ▸ conjug 2 ◂ vt **a** [+ criminel, enfant] to punish (*pour* for) ◆ **être puni de prison/de mort** to be sentenced to prison/to death
**b** (= faire souffrir) to punish ◆ **il a été puni de son imprudence** he was punished for his recklessness, he suffered for his recklessness ◆ **tu as été malade, ça te punira de ta gourmandise** you've been ill – that'll teach you not to be greedy ◆ **il est orgueilleux, et l'en voilà bien puni** he's paying the penalty for ou being made to suffer for his pride ◆ **il est puni par où il a péché** he has got his (just) deserts, he's paying for his sins
**c** (= sanctionner) [+ faute, infraction, crime] to punish ◆ **tout abus sera puni (de prison)** all abuses are punishable ou will be punished (by prison) ◆ **ce crime est puni par la loi/puni de mort** this crime is punishable by law/punishable by death

**punissable** [pynisabl] adj punishable (*de* by)

**punitif, -ive** [pynitif, iv] adj ◆ **action punitive** punitive action (NonC) ◆ **expédition punitive** [armée, rebelles] punitive expedition ou raid; [criminels, gang] revenge killing

**punition** [pynisjɔ̃] [→ SYN] nf punishment (*de qch* for sth) ◆ **avoir une punition** (Scol) to be given a punishment ◆ **punition corporelle** corporal punishment (NonC) ◆ **en punition de ses fautes** as a punishment for his mistakes ◆ **pour ta punition** as a punishment

**punk** [pœk] adj inv, nmf punk

**pupe** [pyp] nf pupa

**pupillaire**[1] [pypilɛʀ] adj (Jur) pupil(l)ary

**pupillaire**[2] [pypilɛʀ] adj (Anat) pupil(l)ary

**pupillarité** [pypilaʀite] nf (Jur) pupillage (Brit), pupilage (US)

**pupille**[1] [pypij] [→ SYN] nf (Anat) pupil

**pupille**[2] [pypij] [→ SYN] nmf (= enfant) ward ◆ **pupille de l'État** child in (local authority) care ◆ **pupille de la Nation** war orphan

**pupipare** [pypipaʀ] adj pupiparous

**pupitre** [pypitʀ] [→ SYN] nm (Scol) desk; (Rel) lectern; (Mus) [musicien] music stand; [piano] music rest; [chef d'orchestre] rostrum; (Ordin) console ◆ **au pupitre, Henri Dupont** (Mus) at the rostrum – Henri Dupont, conducting – Henri Dupont ◆ **chef de pupitre** (Mus) head of section

**pupitreur, -euse** [pypitʀœʀ, øz] nm,f (Ordin) system operator

**pur, e** [pyʀ] [→ SYN] **[1]** adj **a** (= sans mélange) alcool, eau, race, métal pure; vin unditued; whisky, gin neat, straight; ciel clear; voyelle pure; diamant flawless ◆ **pur fruit** confiture real fruit (épith) ◆ **pur beurre** sablé all butter ◆ **pur porc** saucisson pure pork ◆ **pure laine** pure wool ◆ **c'est un communiste/capitaliste pur jus** ou **sucre** he's a dyed-in-the-wool communist/capitalist ◆ **c'est un Parisien pur jus** ou **sucre** he's a Parisian through and through ou to the core ◆ **c'est du Woody Allen pur jus** it's stock Woody Allen ◆ **un pur produit de la bourgeoisie** a pure product of the middle class ◆ **un Australien de pure souche** an Australian born and bred ◆ **boire son vin pur** to drink one's wine without water ou undiluted ◆ **à l'état pur** (Chim) in the pure state ◆ **l'air pur de la campagne** the pure ou fresh country air; → **esprit, pur-sang**
**b** (= théorique) science, mathématiques pure
**c** (= innocent) âme, cœur, intentions, pensées pure; personne pure, pure-hearted; conscience clear; regard frank
**d** (= parfait) style pure; (= limpide) voix pure, clear ◆ **un visage d'un ovale très pur** a perfectly oval face ◆ **elle parle un français très pur** she speaks very pure French
**e** (= exact, strict) pure, sheer ◆ **c'est de la folie pure** it's pure ou sheer ou utter madness ◆ **c'est de la poésie/de l'imagination toute pure** it's pure ou sheer poetry/imagination ◆ **c'est de l'insubordination pure et simple** it's insubordination pure and simple ◆ **c'était du racisme pur et simple** ou **à l'état pur** it was straight ou plain racism ◆ **ils réclament la suppression pure et simple de la loi** they're quite simply asking for the law to be withdrawn ◆ **il ne s'agit pas d'une pure et simple déclaration publique** it's not just ou it's not purely and simply a public statement ◆ **cela relève de la pure fiction** it's pure fiction ◆ **il a dit cela par pure méchanceté** he said that out of pure spite ◆ **œuvre de pure imagination** work of pure imagination ◆ **c'est une question de pure forme** it's merely ou purely a question of form ◆ **c'est par pur hasard que je l'ai vu** I saw it by sheer chance ou purely by chance ◆ **c'est la pure vérité** it's the plain ou simple (unadulterated) truth ◆ **en pure perte** for absolutely nothing, fruitlessly ◆ **il a travaillé en pure perte** absolutely nothing came of his work, his work was fruitless ◆ **par pure ignorance** out of sheer ignorance ◆ **pur et dur** (Pol) hard-line
**[2]** nm,f (Pol) ◆ **pur (et dur)** hard-liner

**purée** [pyʀe] [→ SYN] nf ◆ **purée (de pommes de terre)** mashed potato(es) ◆ **purée de marrons/de tomates** chestnut/tomato purée ◆ **c'est de la purée de pois** (fig) it's murky fog ou a peasouper * (Brit) ◆ **être dans la purée** * to be in a real mess * ◆ **purée, je l'ai oublié !** * darn (it) * ou sugar *, I forgot!

**purement** [pyʀmɑ̃] [→ SYN] adv purely ◆ **purement et simplement** purely and simply

**pureté** [pyʀte] [→ SYN] nf **a** (Chim) [métal, substance] purity
**b** (= perfection) [traits] perfection; [style] purity; [air, eau, son] purity, pureness; [voix] purity, clarity; [diamant] flawlessness
**c** (= innocence) [âme, cœur, personne, intentions, pensées] purity; [conscience] clearness; [regard] frankness

**purgatif, -ive** [pyʀgatif, iv] [→ SYN] **[1]** adj purgative
**[2]** nm purgative, purge

**purgation** [pyʀgasjɔ̃] [→ SYN] nf (Méd) (= action) purgation; (= remède) purgative, purge

**purgatoire** [pyʀgatwaʀ] [→ SYN] nm (Rel, fig) purgatory ◆ **elle a déjà fait son purgatoire** she's already done her penance

**purge** [pyʀʒ] [→ SYN] nf (Méd) purge, purgative; (Pol) purge; (Tech) [conduite] flushing out, draining; [freins, radiateur] bleeding

**purger** [pyʀʒe] [→ SYN] ▸ conjug 3 ◂ **[1]** vt **a** (= vidanger) [+ conduite, radiateur] to bleed, flush (out), drain; [+ circuit hydraulique, freins] to bleed
**b** (Méd) to purge, give a purgative to
**c** (Jur) [+ peine] to serve
**d** (= débarrasser) to purge, cleanse, rid (*de* of)
**[2]** **se purger** vpr to take a purgative ou purge

**purgeur** [pyʀʒœʀ] nm [tuyauterie] drain-cock, tap (Brit); [radiateur] bleed-tap

**purifiant, e** [pyʀifjɑ̃, jɑ̃t] adj purifying, cleansing

**purificateur, -trice** [pyʀifikatœʀ, tʀis] **[1]** adj purifying, cleansing, purificatory
**[2]** nm (= appareil) (air) purifier

**purification** [pyʀifikasjɔ̃] [→ SYN] nf [air, liquide, langue] purification, purifying; [métal] refinement; [âme] cleansing, purging ◆ **purification ethnique** ethnic cleansing ◆ **la Purification** (Rel) the Purification

**purificatoire** [pyʀifikatwaʀ] adj (littér) purificatory, purifying, cleansing

**purifier** [pyʀifje] [→ SYN] ▸ conjug 7 ◂ **[1]** vt (gén) to purify, cleanse; [+ air, langue, liquide] to purify; [+ métal] to refine; (littér) [+ âme] to cleanse, purge ◆ **purifier l'atmosphère** (lit) to purify the atmosphere ou air; (fig) to clear the air
**[2]** **se purifier** vpr to cleanse o.s.

**purin** [pyʀɛ̃] [→ SYN] nm slurry

**purine** [pyʀin] nf purin(e)

**purique** [pyʀik] adj ◆ **base purique** purine base

**purisme** [pyʀism] [→ SYN] nm purism

**puriste** [pyʀist] adj, nmf purist

**puritain, e** [pyʀitɛ̃, ɛn] [→ SYN] **[1]** adj puritan(ical); (Hist) Puritan
**[2]** nm,f puritan; (Hist) Puritan

**puritanisme** [pyʀitanism] nm puritanism; (Hist) Puritanism

**purot** [pyʀo] nm liquid manure pit

**purpura** [pyʀpyʀa] nm purpura

**purpurin, e** [pyʀpyʀɛ̃, in] [→ SYN] adj (littér) crimson

**purpurine**[2] [pyʀpyʀin] nf (Tech) purpurin

**pur-sang** [pyʀsɑ̃] [→ SYN] nm inv thoroughbred, purebred

**purulence** [pyʀylɑ̃s] [→ SYN] nf purulence, purulency

**purulent, e** [pyʀylɑ̃, ɑ̃t] [→ SYN] adj purulent

**pus** [py] [→ SYN] nm pus

**push-pull** [puʃpul] [→ SYN] nm inv push-pull

**pusillanime** [pyzi(l)lanim] [→ SYN] adj (littér) pusillanimous (littér), fainthearted

**pusillanimité** [pyzi(l)lanimite] [→ SYN] nf (littér) pusillanimity (littér), faintheartedness

**pustule** [pystyl] [→ SYN] nf pustule

**pustuleux, -euse** [pystylø, øz] adj pustular

**putain** ‡ [pytɛ̃] nf **a** (= prostituée) whore, hooker ‡, hustler ‡ (US); (= fille facile) slut ‡, slag ‡ (Brit) ◆ **faire la putain** ‡ (lit) to be a whore ou hooker ‡ ou hustler ‡ (US), turn tricks ‡ (US); (fig) to sell one's soul, sell out *
**b** (en exclamation) **putain !** bloody hell! ‡ (Brit), goddammit! ‡ (US) ◆ **cette putain de guerre** (intensif) this bloody ‡ (Brit) awful ou goddamn ‡ (US) war ◆ **ce putain de réveil !** that bloody ‡ (Brit) ou goddamn ‡ (US) alarm clock! ◆ **quel putain de vent !** this fucking *‡ wind!, this bloody ‡ (Brit) awful wind!

**putassier, -ière** ‡ [pytasje, jɛʀ] adj **a** personne, mœurs sluttish; maquillage, tenue sluttish, tarty ‡ ◆ **avoir un langage putassier** to swear like a trooper, be foul-mouthed
**b** (= servile) **comportement putassier** bootlicking, arse-licking *‡ (Brit), ass-licking *‡ (US)

**putatif, -ive** [pytatif, iv] [→ SYN] adj putative, presumed ◆ **père putatif** putative father

**pute** *‡ [pyt] nf whore, hooker ‡, hustler ‡ (US)

**putois** [pytwa] nm (= animal) polecat; (= fourrure) fitch ◆ **crier comme un putois** to shout ou scream one's head off (in protest), scream ou yell blue murder * (Brit)

**putréfaction** [pytʀefaksjɔ̃] → SYN nf putrefaction ◆ **cadavre en putréfaction** body in a state of putrefaction, putrefying ou rotting body

**putréfiable** [pytʀefjabl] → SYN adj putrefiable

**putréfier** [pytʀefje] → SYN ▸ conjug 7 ◂ 1 vt to putrefy, rot
2 **se putréfier** vpr to putrefy, rot, go rotten

**putrescence** [pytʀesɑ̃s] nf putrescence

**putrescent, e** [pytʀesɑ̃, ɑ̃t] adj putrescent

**putrescible** [pytʀesibl] → SYN adj putrescible

**putride** [pytʀid] → SYN adj putrid

**putridité** [pytʀidite] nf putridity, putridness

**putsch** [putʃ] → SYN nm putsch

**putschiste** [putʃist] nm putschist

**putt** [pœt] nm putt

**putter** [pœtœʀ] nm putter

**puvathérapie** [pyvateʀapi] nf PUVA treatment ou therapy

**puy** [pɥi] → SYN nm (Géog) puy

**puzzle** [pœzl] → SYN nm (lit) jigsaw (puzzle); (fig) jigsaw ◆ **faire un puzzle** to do a jigsaw ◆ **reconstituer le puzzle, rassembler toutes les pièces du puzzle** (fig) to fit ou put the pieces of the jigsaw together again

**p.-v.** * [peve] nm (abrév de **procès-verbal**) (Aut) (gén) fine; (pour stationnement interdit) (parking) ticket; (pour excès de vitesse) speeding ticket ◆ **je me suis pris un p.-v.** I got a ticket, I got booked (Brit)

**PVC** [pevese] nm inv (abrév de **polyvinyl chloride**) PVC ◆ **en (plastique) PVC** PVC (épith)

**pycnomètre** [piknɔmɛtʀ] nm pycnometer

**pycnose** [piknoz] nf pycnosis

**pyélite** [pjelit] nf pyelitis

**pyélonéphrite** [pjelonefʀit] nf pyelonephritis

**pygargue** [pigaʀg] nm white-tailed eagle

**Pygmalion** [pigmaljɔ̃] nm Pygmalion ◆ **il a voulu jouer les Pygmalions avec elle** he wanted to be her Pygmalion

**pygmée** [pigme] → SYN adj, nmf pygmy, pigmy ◆ **c'est un vrai pygmée** (péj) he's a dwarf

**pyjama** [piʒama] nm pyjamas, pajamas (US) ◆ **il était en pyjama(s)** he was in his pyjamas ◆ **acheter un pyjama** to buy a pair of pyjamas, buy some pyjamas ◆ **deux pyjamas** two pairs of pyjamas; → **veste**

**pylône** [pilon] → SYN nm pylon ◆ **pylône électrique** electricity pylon

**pylore** [pilɔʀ] nm pylorus

**pylorique** [pilɔʀik] adj pyloric

**pyodermite** [pjodɛʀmit] nf pyoderma

**pyogène** [pjɔʒɛn] adj pyogenic

**Pyongyang** [pjɔ̃ŋjɑ̃ŋ] n Pyongyang

**pyorrhée** [pjɔʀe] nf pyorrhoea, pyorrhea

**pyralène ®** [piʀalɛn] nm Pyralene ®

**pyramidal, e,** mpl **-aux** [piʀamidal, o] → SYN adj pyramid-shaped, pyramid-like, pyramidal (SPÉC)

**pyramide** [piʀamid] → SYN nf (Anat, Archit, Géom, fig) pyramid ◆ **pyramide inversée** inverted pyramid ◆ **pyramide humaine** human pyramid ◆ **pyramide des âges** population pyramid ◆ **pyramides rénales** ou **de Malpighi** (Anat) Malpighian pyramids ◆ **structure/organisation en pyramide** pyramidal structure/organization

**pyramidion** [piʀamidjɔ̃] nm pyramidion

**pyranne** [piʀan] nm pyran

**pyrène** [piʀɛn] nm pyrene

**pyrénéen, -enne** [piʀeneɛ̃, ɛn] 1 adj Pyrenean
2 **Pyrénéen(ne)** nm,f inhabitant ou native of the Pyrenees, Pyrenean

**Pyrénées** [piʀene] nfpl ◆ **les Pyrénées** the Pyrenees

**pyrèthre** [piʀɛtʀ] nm feverfew

**pyrex ®** [piʀɛks] nm Pyrex ® ◆ **assiette en pyrex** Pyrex dish

**pyrexie** [piʀɛksi] nf pyrexia

**pyridine** [piʀidin] nf pyridine

**pyridoxine** [piʀidɔksin] nf pyridoxine, vitamin B6

**pyrimidine** [piʀimidin] nf pyrimidine

**pyrite** [piʀit] nf pyrites

**pyroélectricité** [piʀoelɛktʀisite] nf pyroelectricity

**pyrogallol** [piʀogalɔl] nm pyrogallol

**pyrogénation** [piʀɔʒenasjɔ̃] nf pyrogenation

**pyrogène** [piʀɔʒɛn] adj pyrogenic

**pyrograver** [piʀogʀave] ▸ conjug 1 ◂ vt to do pyrography ou poker-work

**pyrograveur, -euse** [piʀogʀavœʀ, øz] nm,f pyrographer

**pyrogravure** [piʀogʀavyʀ] nf (Art) pyrography, poker-work; (= objet) pyrograph

**pyroligneux, -euse** [piʀoliɲø, øz] adj pyroligneous

**pyrolyse** [piʀɔliz] nf pyrolysis

**pyromane** [piʀɔman] nmf (Méd) pyromaniac; (gén, Jur) arsonist, fire raiser

**pyromanie** [piʀɔmani] nf pyromania

**pyromètre** [piʀɔmɛtʀ] nm pyrometer

**pyrométrie** [piʀɔmetʀi] nf pyrometry

**pyrométrique** [piʀɔmetʀik] adj pyrometric

**pyrophore** [piʀɔfɔʀ] nm pyrophorous

**pyrosis** [piʀozis] nm pyrosis

**pyrotechnie** [piʀɔtɛkni] nf pyrotechnics sg, pyrotechny

**pyrotechnique** [piʀɔtɛknik] adj pyrotechnic

**pyroxène** [piʀɔksɛn] nm pyroxene

**Pyrrhon** [piʀɔ̃] nm Pyrrho

**pyrrhonien, -ienne** [piʀɔnjɛ̃, jɛn] 1 adj Pyrrhonic, Pyrrhonian
2 nm,f Pyrrhonist, Pyrrhonian

**pyrrhonisme** [piʀɔnism] → SYN nm Pyrrhonism

**Pyrrhus** [piʀys] nm Pyrrhus; → **victoire**

**pyrrol(e)** [piʀɔl] nm pyrrole

**Pythagore** [pitagɔʀ] nm Pythagoras

**pythagoricien, -ienne** [pitagɔʀisjɛ̃, jɛn] adj, nm,f Pythagorean

**pythagorique** [pitagɔʀik] adj Pythagorean

**Pythie** [piti] nf a (Antiq) **la Pythie (de Delphes)** the Pythia
b **pythie** (= devineresse) prophetess ◆ **jouer la pythie** to be a seer ou soothsayer

**python** [pitɔ̃] → SYN nm python

**pythonisse** [pitɔnis] nf prophetess

**pyurie** [pjyʀi] nf pyuria

**pyxide** [piksid] nf (Bot) pyxidium; (Rel) pyx

**Q, q** [ky] nm (= lettre) Q, q ◆ **fièvre Q** Q fever

**qat** [kat] nm ⇒ **khat**

**Qatar** [kataʀ] nm Qatar

**qatari, e** [kataʀi] 1 adj Qatari
2 **Qatari(e)** nm,f Qatari ◆ **les Qatari** Qataris

**qch** (abrév de **quelque chose**) sth

**QCM** [kyseɛm] nm (abrév de **questionnaire à choix multiple**) → **questionnaire**

**QF** [kyɛf] nm (abrév de **quotient familial**) → **quotient**

**QG** [kyʒe] nm (abrév de **quartier général**) HQ

**QHS** † [kyaʃɛs] nm (abrév de **quartier de haute sécurité**) → **quartier**

**QI** [kyi] nm (abrév de **quotient intellectuel**) IQ

**qn** abrév de **quelqu'un** sb

**qq** abrév de **quelque**

**qu'** [k] → **que**

**quadra** * [k(w)adʀa] nmf (abrév de **quadragénaire**) (Pol) up-and-coming politician *(in his or her early forties)*

**quadragénaire** [k(w)adʀaʒenɛʀ] → SYN 1 adj (= de quarante ans) forty-year-old (épith) ◆ **il est quadragénaire** (= de quarante à cinquante ans) he's in his forties ◆ **maintenant que tu es quadragénaire** (hum) now that you're forty (years old), now that you've reached forty
2 nmf forty-year-old man (ou woman)

**quadragésimal, e,** mpl **-aux** [k(w)adʀaʒezimal, o] adj Quadragesimal

**Quadragésime** [kwadʀaʒezim] nf Quadragesima

**quadrangle** [k(w)adʀɑ̃gl] → SYN nm (Géom) quadrangle

**quadrangulaire** [k(w)adʀɑ̃gylɛʀ] adj quadrangular

**quadrant** [kadʀɑ̃] → SYN nm quadrant

**quadratique** [k(w)adʀatik] adj quadratic

**quadrature** [k(w)adʀatyʀ] nf (gén) quadrature ◆ **quadrature du cercle** (Math) quadrature ou squaring of the circle ◆ **c'est la quadrature du cercle** (fig) it's like trying to square the circle, it's attempting the impossible

**quadriceps** [k(w)adʀisɛps] nm quadriceps

**quadrichromie** [k(w)adʀikʀɔmi] nf four-colour (printing) process

**quadriennal, e,** mpl **-aux** [k(w)adʀijenal, o] adj four-year (épith), quadrennial ◆ **assolement quadriennal** four-year rotation

**quadrifide** [k(w)adʀifid] adj quadrifid

**quadrige** [k(w)adʀiʒ] → SYN nm quadriga

**quadrijumeaux** [k(w)adʀiʒymo] adj mpl → **tubercule**

**quadrilatéral, e,** mpl **-aux** [k(w)adʀilateʀal, o] adj quadrilateral

**quadrilatère** [k(w)adʀilatɛʀ] → SYN nm (Géom, Mil) quadrilateral

**quadrilingue** [k(w)adʀilɛ̃g] adj quadrilingual

**quadrillage** [kadʀijaʒ] → SYN nm a (= dessin) [papier] square pattern; [tissu] check pattern; [rues] criss-cross ou grid pattern ou layout
b [ville, pays] (gén) covering; (Mil, Police) covering, control(ling) ◆ **la police a établi un quadrillage serré du quartier** the area is under close ou tight police control

**quadrille** [kadʀij] → SYN nm (= danse, danseurs) quadrille ◆ **quadrille des lanciers** lancers

**quadrillé, e** [kadʀije] (ptp de **quadriller**) adj papier, feuille squared

**quadriller** [kadʀije] → SYN ▸ conjug 1 ◂ vt [+ papier] to mark out in squares; [+ ville, pays] (gén) to cover; (Mil, Police) to cover, control ◆ **la ville est étroitement quadrillée par la police** the town is under close ou tight police control ◆ **la ville est quadrillée par un réseau de rues** the town is criss-crossed by a network of streets

**quadrillion** [k(w)adʀiljɔ̃] nm quadrillion (Brit), septillion (US)

**quadrilobe** [k(w)adʀilɔb] nm quatrefoil

**quadrimoteur** [kadʀimɔtœʀ] 1 adj m four-engined
2 nm four-engined plane

**quadriparti, e** [k(w)adʀipaʀti], **quadripartite** [k(w)adʀipaʀtit] adj (Bot) quadripartite ◆ **conférence quadripartite** (Pol) (entre pays) four-power conference; (entre partis) four-party conference

**quadriphonie** [k(w)adʀifɔni] nf quadraphony

**quadriphonique** [k(w)adʀifɔnik] adj quadraphonic

**quadriplégie** [k(w)adʀipleʒi] nf quadriplegia

**quadripolaire** [k(w)adʀipɔlɛʀ] adj quadripolar

**quadripôle** [k(w)adʀipol] nm quadripole

**quadrique** [k(w)adʀik] adj, nf quadric

**quadriréacteur** [k(w)adʀiʀeaktœʀ] 1 adj m four-engined
2 nm four-engined jet ou plane

**quadrirème** [k(w)adʀiʀɛm] nf quadrireme

**quadrisyllabe** [k(w)adʀisi(l)lab] nm quadrisyllable

**quadrisyllabique** [k(w)adʀisi(l)labik] adj quadrisyllabic

**quadrivalent, e** [k(w)adʀivalɑ̃, ɑ̃t] adj quadrivalent, tetravalent

**quadrumane** [k(w)adʀyman] 1 adj quadrumanous
2 nm quadrumane

**quadrupède** [k(w)adʀypɛd] 1 adj fourfooted, quadruped
2 nm quadruped

**quadruple** [k(w)adʀypl] 1 adj nombre, quantité, rangée quadruple ◆ **une quantité quadruple de l'autre** a quantity four times (as great as) the other ◆ **en quadruple exemplaire** in four copies ◆ **la quadruple championne d'Europe** the European champion four times over; → **croche**
2 nm (Math, gén) quadruple ◆ **je l'ai payé le quadruple/le quadruple de l'autre** I paid four times as much for it/four times as much as the other for it ◆ **augmenter qch au quadruple** to increase sth fourfold

**quadrupler** [k(w)adʀyple] → SYN ▸ conjug 1 ◂ vti to quadruple, increase fourfold ou four times

**quadruplés, -ées** [k(w)adʀyple] (ptp de **quadrupler**) nm,f pl quadruplets, quads *

**quadruplex** [k(w)adʀyplɛks] nm (Téléc) quadruplex system

**quai** [ke] → SYN 1 nm [port] (gén) quay; (pour marchandises) wharf, quay; [gare] platform; [rivière] bank, embankment; (= route) riverside road ◆ **droits de quai** dockage, wharfage ◆ **être à quai** [bateau] to be alongside (the quay); [train] to be in (the station) ◆ **venir à quai** [bateau] to berth ◆ **sur les quais de la Seine** on the banks ou embankments of the Seine; → **accès, billet**
2 COMP ▷ **le Quai des Orfèvres** police headquarters *(in Paris)*, ≃ (New) Scotland Yard (Brit), ≃ the FBI (US) ▷ **le Quai (d'Orsay)** *the French Foreign Office*

> **QUAI**
>
> In French towns, the word **quai** refers to a street running along the river, and appears in the street name itself. In Paris, some of these street names are used by extension to refer to the famous institutions situated there: the **Quai Conti** refers to the Académie française, the **Quai des Orfèvres** to the headquarters of the police force, and the **Quai d'Orsay** to the Foreign Office.

**quaker, quakeresse** [kwɛkœʀ, kwɛkʀɛs] → SYN nm,f Quaker

**quakerisme** [kwɛkœʀism] nm Quakerism

**qualifiable** [kalifjabl] adj a (Sport) équipe, joueur able to qualify
b (Jur) **cet acte n'est pas juridiquement qualifiable** this act cannot be legally defined ◆ **une telle conduite n'est pas qualifiable** (fig) such behaviour is beyond description ou defies description

**qualifiant, e** [kalifjɑ̃, jɑ̃t] adj formation leading to a qualification

**qualificateur** [kalifikatœʀ] nm (Ling) qualifier

**qualificatif, -ive** [kalifikatif, iv] → SYN 1 adj adjectif qualifying ◆ **épreuves qualificatives** (Sport) qualifying heats ou rounds
2 nm (Ling) qualifier; (= mot) term ◆ **ce produit mérite le qualificatif de révolutionnaire** this product deserves to be described as revolutionary

**qualification** [kalifikasjɔ̃] GRAMMAIRE ACTIVE 15.4 → SYN nf a (Sport) **obtenir sa qualification** to qualify (*en, pour* for) ◆ **la qualification de notre équipe demeure incertaine** it's still not certain whether our team will qualify ◆ **épreuves de qualification** qualifying heats ou rounds, qualifiers ◆ **c'est le but de la qualification** this goal secures the team's qualification

**b** (= aptitude) skill; (= diplôme) qualification ◆ **qualification professionnelle** professional qualification ◆ **sans qualification** personne (= sans compétence) unskilled; (= sans diplômes) unqualified ◆ **ce travail demande un haut niveau de qualification** this is highly skilled work

**c** (Jur) **la qualification d'homicide involontaire a été retenue contre lui** he was charged with manslaughter

**d** (Ling) qualification

**e** (= nom) label, description

**qualifié, e** [kalifje] [→ SYN] (ptp de **qualifier**) adj **a** (= compétent) (gén) qualified; (Ind) emploi, main-d'œuvre, ouvrier skilled ◆ **non qualifié** emploi, main-d'œuvre, ouvrier unskilled ◆ **emploi/ouvrier très qualifié** highly skilled job/worker ◆ **il n'est pas qualifié pour ce poste/gérer le service** he isn't qualified for this post/to manage the department ◆ **je ne suis pas qualifié pour en parler** I'm not qualified to talk about it ◆ **majorité qualifiée** (Pol) qualified majority

**b** (Sport) **les joueurs qualifiés pour la finale** the players who have qualified for the final, the qualifiers for the final

**c** (Jur) vol, délit aggravated ◆ **c'est du vol qualifié** (fig) it's daylight robbery ◆ **c'est de l'hypocrisie qualifiée** it's blatant hypocrisy

**qualifier** [kalifje] [→ SYN] ▸ conjug 7 ◂ **1** vt **a** [+ conduite, projet] to describe (*de* as) ◆ **cet accord a été qualifié d'historique** this agreement has been described as historic ◆ **sa maison qu'il qualifiait pompeusement (de) manoir** his house which he described pompously as a manor ◆ **qualifier qn de menteur** to call sb a liar

**b** (Sport) **qualifier une équipe** to ensure a team qualifies

**c** (Ling) to qualify

**2 se qualifier** vpr (Sport) to qualify (*pour* for) ◆ **il se qualifie d'artiste** (hum) he describes himself as an artist, he calls himself an artist

**qualitatif, -ive** [kalitatif, iv] adj qualitative

**qualitativement** [kalitativmɑ̃] adv qualitatively

**qualité** [kalite] [→ SYN] nf **a** [marchandise] quality ◆ **la qualité de (la) vie** the quality of life ◆ **de qualité** article, ouvrage, spectacle quality (épith) ◆ **de bonne/mauvaise qualité** of good ou high/bad ou poor quality ◆ **produits de haute qualité** high-quality products ◆ **article de première qualité** top-quality article, article of the highest quality ◆ **fruits de qualité supérieure** fruit of superior quality, superior-quality fruit ◆ **qualité courrier** (Ordin) near letter quality

**b** (Ind : pour homologation) quality ◆ **service qualité** quality (control) department ◆ **responsable qualité** quality controller

**c** [personne] (= vertu) quality; (= don) skill ◆ **qualités humaines/personnelles** human/personal qualities ◆ **ses qualités de cœur** his noble-heartedness ◆ **qualités professionnelles** professional skills ◆ **qualités de gestionnaire** management ou managerial skills ◆ **cette œuvre a de grandes qualités littéraires** this work has great literary qualities

**d** (= fonction) position ◆ **sa qualité de directeur** his position as manager ◆ **en sa qualité de maire** in his capacity as mayor ◆ **en (ma) qualité d'auteur/de femme mariée** as an author/a married woman ◆ **sa qualité d'étranger** his alien status ◆ **la qualité de Français** status as a French citizen ◆ **vos nom, prénom et qualité** (Admin) surname, forename (Brit) ou given name (US) and occupation ◆ **avoir qualité pour** (Jur) to have authority to

**e** († = noblesse) quality ◆ **les gens/un homme de qualité** people/a man of quality

**qualiticien, -ienne** [kalitisjɛ̃, jɛn] nm,f quality controller (Brit) ou controler (US)

**quand** [kɑ̃] [→ SYN] **1** conj **a** (= lorsque) when ◆ **quand ce sera fini, nous irons prendre un café** when it's finished we'll go and have a coffee ◆ **sais-tu de quand était sa dernière lettre ?** do you know when his last letter was written? ou what was the date of his last letter? ◆ **quand je te le disais !** I told you so! ◆ **quand je pense que ... !** when I think that ...!, to think that ...!

**b** (= alors que) when ◆ **pourquoi ne pas acheter une voiture quand nous pouvons nous le permettre ?** why not buy a car when we can afford it? ◆ **pourquoi vivre ici quand tu pourrais avoir une belle maison ?** why live here when you could have a beautiful house?

**c quand bien même** even though ou if ◆ **quand bien même tu aurais raison, je n'irais pas** even though ou even if you were right, I wouldn't go; → **même**

**2** adv when ◆ **quand pars-tu ?, quand est-ce que tu pars ?, tu pars quand ?** * when are you leaving? ◆ **dis-moi quand tu pars** tell me when you're leaving ou when you'll be leaving ◆ **à quand le voyage ?** when are you going? ◆ **c'est pour quand ?** (devoir) when is it due? ou for?; (rendez-vous) when is it?; (naissance) when is it to be? ◆ **ça date de quand ?** (événement) when did it take place?; (lettre) what's the date on it?, when was it written?; → **depuis, importer², jusque**

**quant** [kɑ̃] [→ SYN] adv ◆ **quant à** (= pour ce qui est de) as for, as to; (= au sujet de) as regards, regarding ◆ **quant à moi, je pense qu'il est fou** as far as I'm concerned, he's mad ◆ **quant à moi, je pars** as for me, I'm leaving ◆ **quant à affirmer cela ...** as for stating that ... ◆ **je n'ai rien su quant à ce qui s'est passé** I knew nothing about ou of what happened ◆ **quant à cela, tu peux en être sûr** you can be quite sure about that ◆ **quant à cela, je n'en sais rien** as to that ou as regards that ou as far as that goes, I know nothing about it

**quanta** [k(w)ɑ̃ta] (pl de **quantum**)

**quant-à-soi** [kɑ̃taswa] [→ SYN] nm inv reserve ◆ **il est resté sur** ou **a gardé son quant-à-soi** he kept his own counsel

**quantième** [kɑ̃tjɛm] [→ SYN] nm (Admin) day (*of the month*)

**quantifiable** [kɑ̃tifjabl] adj quantifiable ◆ **facteurs non quantifiables** factors which cannot be quantified, unquantifiable factors

**quantificateur** [kɑ̃tifikatœʀ] nm quantifier

**quantification** [kɑ̃tifikasjɔ̃] [→ SYN] nf (gén, Philos) quantification; (Phys) quantization

**quantifier** [kɑ̃tifje] [→ SYN] ▸ conjug 7 ◂ vt (gén, Philos) to quantify; (Phys) to quantize

**quantifieur** [kɑ̃tifjœʀ] nm ⇒ **quantificateur**

**quantile** [k(w)ɑ̃til] nm quantile

**quantique** [k(w)ɑ̃tik] **1** adj quantum (épith)

**2** nf quantum physics

**quantitatif, -ive** [kɑ̃titatif, iv] adj quantitative

**quantitativement** [kɑ̃titativmɑ̃] adv quantitatively

**quantité** [kɑ̃tite] [→ SYN] nf **a** (= nombre, somme) quantity, amount ◆ **la quantité d'eau nécessaire à l'organisme** the amount ou quantity of water necessary for the body ◆ **la quantité de gens qui ne paient pas leurs impôts** the number of people who don't pay their taxes ◆ **quelle quantité de pétrole s'est déversée dans la mer ?** how much oil was spilled into the sea? ◆ **en quantités industrielles** in vast quantities ou amounts ◆ **en grande/petite quantité** in large/small quantities ou amounts ◆ **en quantité suffisante** in sufficient quantities

**b** (= grand nombre) **(une) quantité de** [+ raisons, personnes] a great many, a lot of ◆ **des quantités** ou **(une) quantité de gens croient que ...** a great many people ou a lot of people believe that ... ◆ **quantité d'indices révèlent que ...** many signs ou a (great) number of signs indicate that ... ◆ **il y a des fruits en (grande) quantité** fruit is in plentiful supply ◆ **il y a eu des accidents en quantité** there have been a great number of ou a lot of ou a great many accidents ◆ **du travail en quantité** a great deal of work

**c** (Ling, Sci) quantity ◆ **quantité négligeable** (Sci) negligible quantity ou amount ◆ **considérer qn comme quantité négligeable** (fig) to consider sb as totally insignificant, consider sb of minimal importance

**quantum** [k(w)ɑ̃tɔm], pl **quanta** [k(w)ɑ̃ta] nm (Jur, Phys) quantum ◆ **la théorie des quanta** quantum theory

**quarantaine** [kaʀɑ̃tɛn] [→ SYN] nf **a** (= âge, nombre) about forty; pour loc voir **soixantaine**

**b** (Méd, Naut) quarantine ◆ **mettre en quarantaine** (lit) [+ animal, malade, navire] to quarantine, put in quarantine; (fig = ostraciser) [+ personne] to blacklist, send to Coventry (Brit); [+ pays] to blacklist; → **pavillon**

**quarante** [kaʀɑ̃t] adj inv, nm inv forty ◆ **les Quarante** *the members of the French Academy* ◆ **un quarante-cinq tours** (= disque) a single, a forty-five; pour autres loc voir **soixante, an** → ACADÉMIE

**quarantenaire** [kaʀɑ̃tnɛʀ] **1** adj **a** période forty-year (épith)

**b** (Méd, Naut) quarantine (épith)

**2** nm (= anniversaire) fortieth anniversary

**quarantième** [kaʀɑ̃tjɛm] adj, nmf fortieth ◆ **les quarantièmes rugissants** (Naut) the Roaring Forties

**quark** [kwaʀk] nm quark

**quart** [kaʀ] [→ SYN] **1** nm **a** (= fraction) quarter; (= 250 g) 250 g, ≈ half a pound; (= 250 ml) quarter litre ◆ **un quart de poulet** a quarter chicken ◆ **un quart de beurre** 250 g of butter ◆ **un quart de vin** a quarter-litre carafe of wine ◆ **un kilo/une livre un quart** ou **et quart** a kilo/a pound and a quarter ◆ **on n'a pas fait le quart du travail** we haven't done a quarter of the work ◆ **c'est réglé au quart de poil** * it's finely ou perfectly tuned; → **tiers, trois**

**b** (Mil = gobelet) beaker *(of 1/4 litre capacity)*

**c** (dans le temps) **quart d'heure** quarter of an hour, quarter-hour (surtout US) ◆ **3 heures moins le quart** (a) quarter to ou of (US) 3 ◆ **3 heures et quart, 3 heures un quart** (a) quarter past ou after (US) 3 ◆ **il est le quart/moins le quart** it's (a) quarter past/(a) quarter to ◆ **de quart d'heure en quart d'heure** every quarter of an hour ◆ **passer un mauvais** ou **sale quart d'heure** to have a bad ou hard time of it ◆ **il lui a fait passer un mauvais quart d'heure** he gave him a bad ou hard time ◆ **quart d'heure américain** lady's choice ◆ **un quart de seconde** (lit) a quarter of a second; (fig) a split second ◆ **en un quart de seconde** (lit) in a quarter of a second; (fig) in no time at all ◆ **un quart de siècle** a quarter of a century

**d** (Naut) watch ◆ **être de quart** to keep the watch ◆ **prendre le quart** to take the watch ◆ **de quart** homme, matelot on watch ◆ **officier de quart** officer of the watch ◆ **petit quart** dogwatch ◆ **grand quart** six-hour watch

**2** COMP ▷ **quart de cercle** quarter-circle ▷ **quarts de finale** quarter finals ◆ **être en quarts de finale** to be in the quarter finals ▷ **quart de soupir** semiquaver rest (Brit), sixteenth rest (US) ▷ **quart de ton** quarter tone ▷ **quart de tour** quarter turn ◆ **donner un quart de tour à un bouton de porte** to turn a knob round a quarter of the way, give a knob a quarter turn ◆ **démarrer** ou **partir au quart de tour** [engin] to start (up) first time; * [personne] to have a short fuse ◆ **comprendre au quart de tour** * to understand straight off *, be quick on the uptake

**quart-de-rond,** pl **quarts-de-rond** [kaʀdəʀɔ̃] nm ovolo, quarter round

**quarte** [k(w)aʀt] **1** nf (Escrime) quarte; (Cartes) quart; (Mus) fourth; (Hist = deux pintes) quart

**2** adj f → **fièvre**

**quarté** [k(w)aʀte] nm *French system of forecast betting on four horses in a race*

**quarteron, -onne** [kaʀtəʀɔ̃, ɔn] [→ SYN] **1** nm,f (= métis) quadroon

**2** nm (péj = groupe) small ou insignificant band, minor group

**quartette** [k(w)aʀtɛt] [→ SYN] nm (Mus) jazz quartet(te)

**quartier** [kaʀtje] [→ SYN] **1** nm **a** [ville] (Admin = division) district, area; (gén = partie) neighbourhood (Brit), neighborhood (US), area ◆ **le quartier chinois** Chinatown, the Chinese quarter ou area ◆ **le quartier juif** the Jewish quarter ou area ◆ **les vieux quartiers de la ville** the old part of the town ◆ **les gens du quartier** the local people, the people in the neighbourhood ◆ **vous êtes du quartier ?** do you live around here? ◆ **le quartier est/ouest de la ville** the east/west end ou side of (the) town ◆ **quartier commerçant** shopping area ou district ◆ **le quartier des affaires** the business district ou area ◆ **le Quartier latin** the Latin Quarter ◆ **de quartier** cinéma, épicier local (épith) ◆ **association/maison de quartier** community association/centre ◆ **la vie de quartier** community life; → **bas¹, beau**

**b** (= portion) [bœuf] quarter; [viande] large piece, chunk; [fruit] piece, segment ◆ **mettre en quartiers** (lit, fig) to tear to pieces

**c** (Astron, Hér) quarter

**d** († = grâce, pitié) quarter † ◆ **demander/faire quartier** to ask for/give quarter ◆ **ne pas faire de quartier** to give no quarter ◆ **pas de quartier !** show no mercy!

**e** (Mil) **quartier(s)** quarters ◆ **rentrer au(x) quartier(s)** to return to quarters ◆ **avoir quartier(s) libre(s)** (Mil) to have leave from barracks; [élèves, touristes] to be free (for a few hours) ◆ **prendre ses quartiers d'hiver** (lit, fig) to go into winter quarters ◆ **c'est là que nous tenons nos quartiers** (fig) this is where we have our headquarters

**2** COMP ▷ **quartier général** (Mil, fig) headquarters ◆ **grand quartier général** (Mil) general headquarters ▷ **quartier de haute sécurité, quartier de sécurité renforcée** [prison] high ou maximum ou top security wing ▷ **quartier de noblesse** (lit) degree of noble lineage *(representing one generation)* ◆ **avoir ses quartiers de noblesse** (fig) to be well established and respected, have earned one's colours ▷ **quartier réservé** red-light district

**quartier-maître,** pl **quartiers-maîtres** [kaʀtjemɛtʀ] nm (Naut) ≃ leading seaman ◆ **quartier-maître de 1re classe** leading rating (Brit), petty officer third class (US)

**quartile** [kwaʀtil] nm quartile

**quart-monde,** pl **quarts-mondes** [kaʀmɔ̃d] nm ◆ **le quart-monde** (= démunis) the underclass; (= pays) the Fourth World

**quarto** [kwaʀto] adv fourthly

**quartz** [kwaʀts] [→ SYN] nm quartz

**quartzeux, -euse** [kwaʀtsø, øz] adj quartzose

**quartzifère** [kwaʀtsifɛʀ] adj quartziferous

**quartzite** [kwaʀtsit] nm quartzite

**quasar** [kazaʀ] nm quasar

**quasi¹** [kazi] [→ SYN] nm (Culin) *cut of meat from upper part of leg of veal*

**quasi²** [kazi] [→ SYN] **1** adv almost, nearly

**2** préf near, quasi- (surtout US) ◆ **quasi-certitude/-obscurité** near certainty/darkness ◆ **quasi-monnaie** near money ◆ **quasi-contrat** quasi-contract ◆ **quasi-collision** (Aviat) near miss ◆ **la quasi-totalité des dépenses** almost all (of) the expenditure

**quasi-contrat,** pl **quasi-contrats** [kazikɔ̃tʀa] nm quasi-contract

**quasi-délit,** pl **quasi-délits** [kazideli] nm (Jur) technical offence (Brit) ou offense (US)

**quasiment** [kazimɑ̃] adv (dans une affirmation) practically ◆ **c'est quasiment fait** it's as good as done ◆ **quasiment jamais** hardly ever ◆ **il n'a quasiment pas parlé/dormi** he hardly said a word/slept ◆ **je n'y vais quasiment plus** I hardly ever ou almost never go there anymore

**Quasimodo** [kazimɔdo] nf ◆ **la Quasimodo** ◆ **le dimanche de Quasimodo** Low Sunday

**quasi-usufruit,** pl **quasi-usufruits** [kaziyzyfʀɥi] nm imperfect ou quasi usufruct

**quaternaire** [kwatɛʀnɛʀ] **1** adj (gén, Chim) quaternary; (Géol) Quaternary

**2** nm (Géol) ◆ **le quaternaire** the Quaternary (period)

**quaternion** [kwatɛʀnjɔ̃] nm quaternion

**quatorze** [katɔʀz] adj inv, nm inv fourteen ◆ **avant/après (la guerre de) quatorze** before/after the First World War ◆ **le quatorze juillet** the Fourteenth of July, Bastille Day *(French national holiday)*; → **chercher, repartir**; pour autres loc voir **six** → LE QUATORZE JUILLET

**quatorzième** [katɔʀzjɛm] adj inv, nmf fourteenth; pour loc voir **sixième**

**quatrain** [katʀɛ̃] [→ SYN] nm quatrain

**quatre** [katʀ] **1** adj inv, nm inv four ◆ **aux quatre coins de** (lit, fig) in the four corners of ◆ **à quatre mains** (Mus) morceau for four hands, four-handed jouer four-handed ◆ **marcher à quatre pattes** to walk on all fours ◆ **nos amis à quatre pattes** our four-legged friends ◆ **les quatre grands** (Pol) the Big Four ◆ **monter/descendre (l'escalier) quatre à quatre** to rush up/down the stairs four at a time ◆ **manger comme quatre** to eat like a horse ◆ **une robe de quatre sous** a cheap dress ◆ **il avait quatre sous d'économies** he had a modest amount of savings ◆ **s'il avait quatre sous de bon sens** if he had a scrap ou modicum of common sense ◆ **être tiré à quatre épingles** to be dressed up to the nines ◆ **un de ces quatre (matins)** * one of these (fine) days ◆ **faire les quatre cents coups** to lead a wild life ◆ **tomber les quatre fers en l'air** to fall flat on one's back ◆ **faire ses quatre volontés** to do exactly as one pleases ◆ **faire les quatre volontés de qn** to satisfy sb's every whim ◆ **dire à qn ses quatre vérités** to tell sb a few plain ou home truths ◆ **se mettre** ou **se couper en quatre pour (aider) qn** to bend over backwards to help sb * ◆ **elle se tenait à quatre pour ne pas rire/pour ne pas le gifler** she was doing all she could to keep from laughing/to keep from smacking him ◆ **je n'irai pas par quatre chemins** I'm not going to beat about the bush ◆ **entre quatre murs** within ou between four walls ◆ **je n'ai pas quatre bras !** * I've only got one pair of hands! ◆ **quand il sera entre quatre planches** * when he's six foot under * ◆ **entre quatre'z'yeux** *, **entre quat-z-yeux** * (= directement) face to face; (= en privé) in private; → **trèfle, vent** etc ; pour autres loc voir **six**

**2** nm (Naut) ◆ **quatre barré** coxed four ◆ **quatre sans barreur** coxless four

**quatre-cent-vingt-et-un** [kat(ʀə)sɑ̃vɛ̃teœ̃] nm inv *dice game*

**quatre-épices** [katʀepis] nm inv allspice

**quatre-feuilles** [kat(ʀə)fœj] nm inv quatrefoil

**quatre-heures** * [katʀœʀ] nm inv (langage enfantin) afternoon tea (Brit) ou snack

**quatre-huit** [kat(ʀə)ɥit] nm inv (Mus) common time

**quatre-mâts** [kat(ʀə)mɑ] nm inv four-master

**quatre-quarts** [kat(ʀə)kaʀ] nm inv (Culin) pound cake

**quatre-quatre** [kat(ʀə)katʀ] adj inv, nm inv four-wheel drive

**quatre-vingt-dix** [katʀəvɛ̃dis] adj inv, nm inv ninety

**quatre-vingt-dixième** [katʀəvɛ̃dizjɛm] adj inv, nmf ninetieth

**quatre-vingt-et-un** [katvɛ̃teœ̃] nm inv ⇒ **quatre-cent-vingt-et-un**

**quatre-vingtième** [katʀəvɛ̃tjɛm] adj inv, nmf eightieth

**quatre-vingt-onze** [katʀəvɛ̃ɔ̃z] adj inv, nm inv ninety-one

**quatre-vingt-onzième** [katʀəvɛ̃ɔ̃zjɛm] adj inv, nmf ninety-first

**quatre-vingts** [katʀəvɛ̃] adj inv, nm inv eighty

**quatre-vingt-un** [katʀəvɛ̃œ̃] adj inv, nm inv eighty-one

**quatre-vingt-unième** [katʀəvɛ̃ynjɛm] adj inv, nmf eighty-first

**quatrième** [katʀijɛm] **1** adj fourth ◆ **le quatrième pouvoir** the fourth estate ◆ **le quatrième âge** (= personnes) the over 75s; (= état) the fourth age *(75 onwards)* ◆ **faire qch en quatrième vitesse** to do sth at top speed; pour autres loc voir **sixième**

**2** nmf (= joueur de cartes) fourth player

**3** nf (Aut = vitesse) fourth gear; (Cartes = quarte) quart; (Scol = classe) ≃ third form ou year (Brit), ≃ third year (in junior high school) (US) ◆ **quatrième de couverture** [livre] back cover

**quatrièmement** [katʀijɛmmɑ̃] adv fourthly, in the fourth place

**quatrillion** [k(w)atʀiljɔ̃] nm quadrillion (Brit), septillion (US)

**quattrocentiste** [kwatʀotʃentist] nmf quattrocentist

**quattrocento** [kwatʀotʃento] nm ◆ **le quattrocento** the quattrocento

**quatuor** [kwatɥɔʀ] [→ SYN] nm (= œuvre, musiciens) quartet(te); (fig) quartet(te), foursome ◆ **quatuor à cordes** string quartet(te)

## que [kə]

**1** CONJONCTION  
**2** ADVERBE  
**3** PRONOM RELATIF  
**4** PRONOM INTERROGATIF

Devant voyelle ou **h** muet = **qu'**.

### 1 CONJONCTION

Lorsque **que** sert à former des locutions conjonctives (**afin que, à mesure que, dès que, tant que, tel que, plus/moins ... que** etc), reportez-vous à l'autre mot.

**a** Lorsque **que** introduit une subordonnée complétive, il se traduit généralement par **that** mais est souvent omis :

◆ **elle sait que tu es prêt** she knows (that) you're ready ◆ **tu crois qu'il réussira ?** do you think he'll succeed? ◆ **c'est agréable qu'il fasse beau** it's nice that the weather's fine ◆ **c'est dommage qu'il pleuve** it's a pity (that) it's raining ◆ **l'idée qu'il pourrait échouer** the idea of him ou his failing, the idea that he might fail

Avec un verbe de volonté, l'anglais emploie une proposition infinitive :

◆ **je veux/j'aimerais qu'il vienne** I want him/would like him to come ◆ **je ne veux pas qu'il vienne** I don't want him to come [MAIS] ◑ **j'aimerais qu'il ne vienne pas** I'd rather he didn't come

Avec les verbes d'opinion tels que **penser, croire** suivis de **oui, si, non, que** n'est pas traduit :

◆ **je pense que oui/non** I think/don't think so ◆ **mais il n'a pas de voiture ! – il dit que si** but he has no car! – he says he has; → **craindre, douter, peur** etc

**b** Lorsque **que** est précédé d'une proposition introduite par **si, quand, comme, que** etc , il ne se traduit pas :

◆ **si vous êtes sages et qu'il fait beau, nous sortirons** if you are good and the weather is fine, we'll go out ◆ **il vous recevra quand il rentrera et qu'il aura déjeuné** he'll see you when he comes home and he's had a meal ◆ **comme la maison est petite et qu'il n'y a pas de jardin ...** as the house is small and there's no garden ... ◆ **bien qu'il soit en retard et que nous soyons pressés** although he's late and we're in a hurry

**c** [hypothèse = si] whether ◆ **il ira, qu'il le veuille ou non** he'll go whether he wants to or not ou whether he likes it or not ◆ **qu'il parte ou qu'il reste, ça m'est égal** whether he leaves or stays, it's all the same to me, he can leave or he can stay, it's all the same to me

**d** [but] **tenez-le, qu'il ne tombe pas** hold him in case he falls ou so that he won't fall ◆ **venez que nous causions** come along and we'll have ou so that we can have a chat

**e** [temps] **elle venait à peine de sortir qu'il se mit à pleuvoir** she had no sooner gone out than it started raining, she had hardly ou just gone out when it started raining ◆ **ils ne se connaissaient pas depuis 10 minutes qu'ils étaient déjà amis** they had only known each other for 10 minutes and already they were friends; → **faire, ne, si²**

**f** [ordre, souhait, résignation]

Lorsque **que** suivi d'une 3e personne exprime l'ordre, le souhait, la résignation ou la menace, il se traduit par un verbe, un adverbe ou une conjonction :

◆ **qu'il se taise !** I wish he would be quiet! ◆ **que la lumière soit** let there be light ◆ **que la guerre finisse !** if only the war would end! ◆ **qu'ils me laissent en paix !** I wish they'd leave me in peace! ◆ **eh bien, qu'il vienne !** all right, he can come! ou let him come! ◆ **que le Seigneur ait pitié de lui !** (may) the Lord have mercy upon him! ◆ **qu'elle vienne me reprocher quelque chose(, je saurai la recevoir) !** she'd better not start criticizing! ◆ **qu'il essaie seulement !** just let him try!

**g** Notez l'emploi d'adverbes ou de l'auxiliaire en anglais lorsque **que** renforce une affirmation ou une négation :

◆ **que oui !** yes indeed! ◆ **il était fâché ? – que oui !** was he angry? – was he ever! ◆ **que**

**non !** certainly not!, not at all! ◆ **tu viens ? – que non/oui !** are you coming? – no I am not!/you bet I am! * ◆ **mais il n'en veut pas ! – que si/non** but he doesn't want any! – yes he does/no he doesn't

**h** pour reprendre ce qui vient d'être dit **que tu crois !** * that's what YOU think! ◆ **que je l'aide ? tu plaisantes !** me, help him? you must be joking! ◆ **que tu y ailles seul ? c'est trop dangereux !** go on your own? that's far too dangerous!

**i** après un discours rapporté **"viens ici !", qu'il me crie** * "come here", he shouted ◆ **"et pourquoi ?" que je lui fais** * "why's that?", I go to him *

**j que ... ne ...** (littér) ◆ **il ne se passe pas une minute que je ne pense à lui** (= sans que) not a minute goes by when I don't think about him ou without me thinking about him

(introduisant une opposition) ◆ **ils pourraient me supplier que je n'accepterais pas** even if they begged me I wouldn't accept ◆ **j'avais déjà fini de déjeuner qu'elle n'avait pas commencé** I'd already finished my lunch and she hadn't even started

2 ADVERBE

**a** valeur intensive

◆ **que, qu'est-ce que** (devant adjectif, adverbe) how; (devant nom singulier) what a; (devant nom pluriel) what a lot of ◆ **(qu'est-ce) que tu es lent !** you're so slow!, how slow you are! ◆ **qu'est-ce qu'il est bête !** he's such an idiot! ◆ **que de monde !, qu'est-ce qu'il y a comme monde !** what a crowd (there is)!, what a lot of people! ◆ **que de voitures !, qu'est-ce qu'il y a comme circulation !** there's so much traffic! ◆ **que de mal vous vous donnez !** what a lot of trouble you're taking! ◆ **(qu'est-ce) qu'il joue bien !** doesn't he play well!, what a good player he is!

**b** dans des interrogatives = pourquoi why ◆ **qu'avais-tu besoin de lui en parler ?** why did you have to go and talk to him about it? ◆ **que n'es-tu venu me voir ?** (littér) why didn't you come to see me?

3 PRONOM RELATIF

**a** antécédent personne

> **que** se traduit par **who** ou par **that**, ce dernier étant souvent omis ; dans une langue plus soutenue, on peut employer **whom** :

◆ **la fille qu'il a rencontrée là-bas et qu'il a épousée par la suite** the girl (that) he met there and later married ◆ **les enfants que tu vois jouer dans la rue** the children (that) you see playing in the street ◆ **la femme qu'il aime toujours** the woman (whom (frm)) he still loves

> Quand l'antécédent est un nom propre, on traduit obligatoirement par **who** ou **whom** :

◆ **il y avait David Legrand, que je n'avais pas vu depuis des années** David Legrand, who ou whom (frm) I hadn't seen for years, was there

**b** antécédent animal ou chose

> **que** se traduit par **which** ou **that**, ce dernier étant souvent omis :

◆ **le chaton qu'il a trouvé dans la cave** the kitten (that) he found in the cellar ◆ **j'ai déjà les livres qu'il m'a offerts** I've already got the books he gave me ◆ **la raison qu'il a donnée** the reason (that ou which) he gave

**c** en incise

> Notez que lorsque la relative est en incise, on n'emploie jamais **that** :

◆ **un certain M. Leduc, que je ne connais même pas, m'a appelé** a certain Mr Leduc, who ou whom (frm) I don't even know, called me ◆ **l'étiquette, que j'avais pourtant bien collée, est tombée** the label, which I'd stuck on properly, fell off all the same

**d** temps when ◆ **un jour/un été que ...** * one day/one summer when ... ◆ **tu te souviens de l'hiver qu'il a fait si froid ?** * do you remember the winter (when) it was so cold?; → **temps**

**e** dans des formes attributives **quel homme charmant que votre voisin !** what a charming man your neighbour is! ◆ **tout distrait qu'il est, il s'en est aperçu** absent-minded though he is, he still noticed it ◆ **et moi, aveugle que j'étais, je ne m'en suis pas aperçu** and blind as I was, I didn't see it ◆ **pour ignorante qu'elle soit** ignorant though she may be, however ignorant she is ou may be ◆ **c'est un inconvénient que de ne pas avoir de voiture** it's inconvenient not having a car ◆ **de brune qu'elle était, elle est devenue blonde** once a brunette, she has now turned blonde ◆ **en bon fils qu'il est** being the good son (that) he is ◆ **plein d'attentions qu'il était** *, **ce jeune homme !** he was so considerate that young man was! *

4 PRONOM INTERROGATIF

what ◆ **que fais-tu ?, qu'est-ce que tu fais ?** what are you doing? ◆ **qu'est-ce qu'il voulait ?** what did he want? ◆ **qu'en sais-tu ?** what do you know about it?

> Notez que dans les cas où il y a discrimination ou choix, on emploie **which** :

◆ **qu'est-ce que tu préfères, le rouge ou le noir ?** which (one) do you prefer, the red or the black?

◆ **qu'est-ce qui** what ◆ **qu'est-ce qui l'a mis en colère ?** what made him so angry? ◆ **qu'est-ce qui t'empêchait de le faire ?** what stopped you from doing it?

**Québec** [kebɛk] 1 n (= ville) Quebec (City) 2 nm (= province) ◆ **le Québec** Quebec

> **QUÉBEC**
>
> Quebec's history as a French-speaking province of Canada has meant that the French spoken there has developed many distinctive characteristics. Since the 1970s, the government of Quebec has been actively promoting the use of French terms instead of anglicisms in everyday life in order to preserve the Francophone identity of the province, over 80% of whose inhabitants have French as their mother tongue. → OFFICE DE LA LANGUE FRANÇAISE; RÉVOLUTION TRANQUILLE

**québécisme** [kebesism] nm *expression (ou word etc) used in Quebec*

**québécois, e** [kebekwa, waz] 1 adj Quebec (épith) ◆ **le Parti québécois** the Parti Québécois 2 nm (Ling) Quebec French 3 **Québécois(e)** nm,f Quebecker, Quebecer, Québécois (Can)

**quebracho** [kebʀatʃo] nm quebracho

**quechua** [ketʃwa] adj, nm Quechua, Kechua

**Queensland** [kwinzlɑ̃d] nm Queensland

**quel, quelle** [kɛl] 1 adj **a** (interrog : dir, indir) (être animé : attrib) who; (être animé : épith) what; (chose) what ◆ **quel est cet auteur ?** who is that author? ◆ **sur quel auteur va-t-il parler ?** what author is he going to talk about? ◆ **quelles ont été les raisons de son départ ?** what were the reasons for his leaving? ou departure? ◆ **dans quels pays êtes-vous allé ?** what countries have you been to? ◆ **lui avez-vous dit à quelle adresse (il faut) envoyer la lettre ?** have you told him the ou what address to send the letter to? ◆ **j'ignore quel est l'auteur de ces poèmes** I don't know who wrote these poems ou who the author of these poems is

**b** (interrog discriminatif) which ◆ **quel acteur préférez-vous ?** which actor do you prefer? ◆ **quel est le vin le moins cher des trois ?** which wine is the cheapest of the three?

**c** (excl) what ◆ **quelle surprise/coïncidence !** what a surprise/coincidence! ◆ **quel courage !** what courage! ◆ **quels charmants enfants !** what charming children! ◆ **quel imbécile je suis !** what a fool I am! ◆ **quel (sale) temps !** what rotten weather! ◆ **il a vu quels amis fidèles il avait** he saw what faithful friends he had ◆ **j'ai remarqué avec quelle attention ils écoutaient** I noticed how attentively they were listening

**d** (relatif) (être animé) whoever; (chose) whatever; (discriminatif) whichever, whatever ◆ **quelle que soit** ou **quelle que puisse être votre décision, écrivez-nous** write to us whatever your decision may be ou whatever you decide ◆ **quel que soit le train que vous preniez, vous arriverez trop tard** whichever ou whatever train you take, you will be too late ◆ **quelles que soient les conséquences** whatever the consequences (may be) ◆ **quelle que soit la personne qui vous répondra** whoever answers you ◆ **quel qu'il soit, le prix sera toujours trop élevé** whatever the price (is), it will still be too high ◆ **les hommes, quels qu'ils soient** all men, irrespective of who they are

2 pron interrog which ◆ **de tous ces enfants, quel est le plus intelligent ?** of all these children, which (one) is the most intelligent? ◆ **des deux solutions quelle est celle que vous préférez ?** of the two solutions, which (one) do you prefer?

**quelconque** [kɛlkɔ̃k] → SYN adj **a** (= n'importe quel) some (or other), any ◆ **une lettre envoyée par un ami quelconque** ou **par un quelconque de ses amis** a letter sent by some friend of his ou by some friend or other (of his) ◆ **choisis un stylo quelconque parmi ceux-là** choose any one of those pens ◆ **sous un prétexte quelconque** on some pretext or other ◆ **pour une raison quelconque** for some reason (or other) ◆ **à partir d'un point quelconque du cercle** from any point on the circle; → **triangle**

**b** (= moindre) **un** ou **une quelconque** any, the least ou slightest ◆ **il n'a pas manifesté un désir quelconque d'y aller** he didn't show the slightest ou least desire ou any desire to go ◆ **avez-vous une quelconque idée de l'endroit où ça se trouve ?** have you any idea where it might be?

**c** (= médiocre) repas poor, indifferent; élève, devoir poor; acteur poor, second-rate ◆ **c'est un repas/devoir quelconque** this is a poor meal/essay, this meal/essay isn't up to much * (Brit) ◆ **c'est quelqu'un de très quelconque** (laid) he's not very good-looking at all; (ordinaire) he's a very ordinary ou nondescript sort of person

## quelque [kɛlk(ə)]

→ SYN

1 ADJECTIF INDÉFINI
2 ADVERBE

1 ADJECTIF INDÉFINI

**a** au singulier some ◆ **il habite à quelque distance d'ici** he lives some distance ou way from here ◆ **dans quelque temps** before long, in a (little) while ◆ **attendre quelque temps** to wait a while ◆ **je ne le vois plus depuis quelque temps** I haven't seen him for some time ou for a while, it's some time ou a while since I've seen him ◆ **il faut trouver quelque autre solution** we'll have to find some other solution ◆ **j'ai quelque peine à croire cela** I find that rather ou somewhat difficult to believe, I have some difficulty in believing that ◆ **avec quelque impatience/inquiétude** with some impatience/anxiety ◆ **désirez-vous quelque autre chose ?** would you like something ou anything else?

◆ **en quelque sorte** (= pour ainsi dire) as it were, so to speak; (= bref) in a word; (= d'une certaine manière) in a way ◆ **le liquide s'était en quelque sorte solidifié** the liquid had solidified as it were ou so to speak ◆ **en quelque sorte, tu refuses** in a word, you refuse ◆ **on pourrait dire en quelque sorte que ...** you could say in a way that ...

◆ **quelque chose** (gén) something; (avec interrog) anything, something ◆ **quelque chose d'extraordinaire** something extraordinary ◆ **quelque chose d'autre** something else ◆ **puis-je faire quelque chose pour vous ?** is there anything ou something I can do for you? ◆ **il a quelque chose (qui ne va pas)** (maladie) there's something wrong ou the matter with him; (ennuis) there's something the matter (with him) ◆ **vous prendrez bien quelque chose (à boire)** do have something to drink ◆ **il/ça y est pour quelque chose** he/it has got something to do with it ◆ **il y a quelque chose comme une semaine** something like a week ago, a week or so ago ◆ **je t'ai apporté un petit quelque chose** I've brought you a little something; → **déjà, dire, malheur**

♦ **faire quelque chose à qn** to have an effect on sb ♦ **ça m'a fait quelque chose d'apprendre sa mort** I was upset when I heard he had died ♦ **quand il me prend dans ses bras, ça me fait quelque chose** it does something to me when he takes me in his arms

(* : intensif) ♦ **il a plu quelque chose (de bien) !** it rained like anything! *, it didn't half rain! * (Brit) ♦ **je tiens quelque chose comme rhume !** I've got a terrible ou a dreadful cold! ♦ **il se prend pour quelque chose** he thinks he's quite something ♦ **ce film/être pilote, c'est quelque chose !** that film/being a pilot is quite something! ♦ **ça alors, c'est quelque chose !** (ton irrité) that's (a bit) too much!, that's a bit stiff! * (Brit)

♦ **quelque part** somewhere ♦ **posez votre paquet quelque part dans un coin** put your parcel down in a corner somewhere ♦ **je vais quelque part** (euph = toilettes) I'm going to wash my hands (euph) ♦ **tu veux mon pied quelque part ?** * (euph) do you want a kick up the backside? *

**b** [au pluriel] **quelques** a few, some ♦ **M. Dupont va vous dire quelques mots** Mr Dupont is going to say a few words (to you) ♦ **quelques milliers (de)** a few thousand ♦ **il ne peut rester que quelques instants** he can only stay (for) a few moments ♦ **quelques autres** some ou a few others ♦ **avez-vous quelques feuilles de papier à me passer ?** could you let me have a few sheets of paper?

♦ **et quelques** ♦ **20 kg et quelques** * a bit over 20 kg * ♦ **il doit être trois heures et quelques** * it must be a bit * ou a little after three

**c** **les** ou **ces** ou **ses** etc **quelques ...** ♦ **les quelques enfants qui étaient venus** the few children who had come ♦ **ces quelques poèmes** these few poems ♦ **les quelques centaines/milliers de personnes qui ...** the few hundred/thousand people who ...

**d** **quelque ... que** whatever; (discriminatif) whichever, whatever ♦ **de quelque façon que l'on envisage le problème** whatever ou whichever way you look at the problem ♦ **par quelque temps qu'il fasse** whatever the weather (may be ou is like) ♦ **il veut l'acheter, à quelque prix que ce soit, par quelque moyen que ce soit** he wants to buy it no matter what the cost and no matter how

[2] ADVERBE

**a** [= environ, à peu près] some, about ♦ **il y a quelque 20 ans qu'il enseigne ici** he has been teaching here for some ou about 20 years ou for 20 years or so ♦ **ça a augmenté de quelque 10 €** it's gone up by about €10 ou by €10 or so ou by some €10

**b** **quelque peu** rather, somewhat ♦ **quelque peu déçu** rather ou somewhat disappointed ♦ **quelque peu grivois** a touch ou somewhat risqué ♦ **il est quelque peu menteur** he is something of ou a bit of a liar

**c** **quelque ... que** (littér) however ♦ **quelque pénible que soit la tâche** however laborious the task may be

**quelquefois** [kɛlkəfwa] [→ SYN] adv sometimes, occasionally, at times

**quelques-uns, -unes** [kɛlkəzœ̃, yn] pron indéf pl some, a few ♦ **quelques-uns de nos lecteurs/ses amis** some ou a few of our readers/his friends ♦ **privilège réservé à quelques-uns** privilege reserved for a very few

**quelqu'un** [kɛlkœ̃] pron indéf **a** (gén) somebody, someone; (avec interrog) anybody, anyone ♦ **quelqu'un d'autre** somebody ou someone else ♦ **c'est quelqu'un de sûr/d'important** he's a reliable/an important person, he's someone reliable/important ♦ **Claire, c'est quelqu'un de bien** Claire is a nice person ♦ **il faudrait quelqu'un de plus** we need one more person ♦ **quelqu'un pourrait-il répondre ?** could somebody answer? ♦ **il y a quelqu'un ?** is there anybody there?

**b** (intensif) **c'est vraiment quelqu'un cette fille** that girl's really something else * ♦ **c'est quelqu'un (d'important) dans le monde du cinéma** she's really somebody in cinema ♦ **dans ce métier, c'est difficile de devenir quelqu'un** * it's not easy to make a name for yourself in this profession ♦ **ça alors, c'est quelqu'un !** † * that's (a bit) too much!, that's a bit stiff! * (Brit)

**quémander** [kemɑ̃de] [→ SYN] ► conjug 1 ◄ vt [+ argent, faveur] to beg for; [+ louanges] to beg ou fish ou angle for

**quémandeur, -euse** [kemɑ̃dœʀ, øz] [→ SYN] nm,f (littér) beggar

**qu'en-dira-t-on** [kɑ̃diʀatɔ̃] [→ SYN] nm inv (= commérage) ♦ **le qu'en-dira-t-on** gossip ♦ **il se moque du qu'en-dira-t-on** he doesn't care what people say, he doesn't care about gossip

**quenelle** [kənɛl] [→ SYN] nf (Culin) quenelle

**quenotte** [kənɔt] nf (langage enfantin) tooth, toothy-peg (Brit) (langage enfantin)

**quenouille** [kənuj] nf distaff ♦ **tomber en quenouille** (Hist) to pass into female hands; (= échouer) to fall through; (= être abandonné) [pouvoir, privilège] to be forsaken

**quéquette** * [kekɛt] nf (langage enfantin) willy * (Brit), peter * (US)

**quercitrin** [kɛʀsitʀɛ̃] nm, **quercitrine** [kɛʀsitʀin] nf quercitrin

**quercitron** [kɛʀsitʀɔ̃] nm black- ou yellow-bark oak

**querelle** [kəʀɛl] [→ SYN] nf **a** (= dispute) quarrel ♦ **querelle d'amoureux** lovers' tiff ♦ **querelle d'ivrognes** drunken row ♦ **querelle d'Allemand, mauvaise querelle** quarrel over nothing ♦ **chercher une querelle d'Allemand** ou **une mauvaise querelle à qn** to pick a quarrel with sb for nothing ou for no reason at all ♦ **querelle de famille** ou **familiale** family quarrel ou squabble; (grave) family feud ♦ **querelle de chapelle** ou **de clocher** petty squabbling (NonC) ou in-fighting (NonC)

**b** (= polémique) dispute (*sur* over, about) ♦ **la querelle sur l'enseignement privé** the dispute over private education

**c** (††, littér = cause, parti) cause, quarrel † ♦ **épouser** ou **embrasser la querelle de qn** to take up ou fight sb's cause; → **chercher, vider**

**quereller** [kəʀele] [→ SYN] ► conjug 1 ◄ [1] vt († = gronder) to scold

[2] **se quereller** vpr to quarrel (with one another) ♦ **se quereller au sujet** ou **à propos de qch** to quarrel ou squabble over ou about sth

**querelleur, -euse** [kəʀelœʀ, øz] [→ SYN] adj quarrelsome

**quérir** [keʀiʀ] [→ SYN] ► conjug 21 ◄ vt ♦ (littér = chercher) **envoyer** ou **faire quérir qn** to summon sb, bid sb (to) come † ♦ **aller quérir qn** to go seek sb †, go in quest of sb †

**quérulence** [keʀylɑ̃s] [→ SYN] nf (Psych) querulousness

**quérulent, e** [keʀylɑ̃, ɑ̃t] [→ SYN] adj (Psych) querulous

**questeur** [kɛstœʀ] [→ SYN] nm (Antiq) quaestor (Brit), questor (US); (Pol française) questeur *(administrative and financial officer elected to the French Parliament)*

**question** [kɛstjɔ̃] GRAMMAIRE ACTIVE 12.3, 16.3, 26.1, 26.2, 26.6 [→ SYN] nf **a** (= demande) (gén) question; (pour lever un doute) query, question ♦ **question piège** (d'apparence facile) trick question; (pour nuire à qn) loaded question ♦ **question subsidiaire** tiebreaker ♦ **évidemment ! cette question !** ou **quelle question !** obviously! what a question! ♦ **c'est la grande question** (problème) it's the main ou major issue ou question ♦ **c'est la grande question, c'est la question à mille francs** * (interrogation) it's the big question ou the sixty-four thousand dollar question *

**b** (Pol) **question écrite/orale** written/oral question ♦ **séance de questions au gouvernement** question and answer session *(at the French National Assembly)*, ≈ question time (Brit)

**c** (= problème) question, matter, issue ♦ **questions économiques/sociales** economic/social questions ou matters ou issues ♦ **pour des questions de sécurité/d'hygiène** for reasons of security/of hygiene ♦ **question d'actualité** (Presse) topical question ♦ **la question est délicate** it's a delicate question ou matter ♦ **la question est de savoir si ...** the question is whether ... ♦ **la question sociale** the social question ou issue ♦ **sortir de la question** to stray ou wander from the point ♦ **la question n'est pas là, là n'est pas la question** that's not the point ♦ **c'est toute la question, c'est la grosse** ou **grande question** that's the big question, that's the crux of the matter, that's the whole point ♦ **il n'y a pas de question, c'est lui le meilleur** he is indisputably ou unquestionably the best, there's no question about it – he's the best ♦ **cela ne fait pas question** there's no question about it ♦ **c'est une question de temps** it's a question ou matter of time ♦ **c'est une question d'heures/de vie ou de mort/d'habitude** it's a matter ou question of time/of life or death/of habit ♦ **je ne céderai pas, c'est une question de principe** I won't give in, it's a matter of principle ♦ **"autres questions"** (ordre du jour) "any other business"; → **autre**

**d** (* = en ce qui concerne) **question argent** as far as money goes, money-wise * ♦ **question bêtise, il se pose là !** he's a prize idiot! ♦ **question cuisine, elle est nulle** when it comes to cooking, she's useless *

**e** (avec poser, se poser) **poser une question à qn** to ask sb a question, put a question to sb ♦ **l'ambiguïté de son attitude pose la question de son honnêteté** his ambivalent attitude makes you wonder how honest he is ou makes you question his honesty ♦ **sans poser de questions** without asking any questions, without raising any queries ♦ **la question me semble mal posée** I think the question is badly put ♦ **poser la question de confiance** (Pol) to ask for a vote of confidence ♦ **la question qui se pose** the question which must be asked ou considered ♦ **il y a une question que je me pose** there's one thing I'd like to know, I wonder about one thing ♦ **je me pose la question** that's the question, that's what I'm wondering ♦ **il commence à se poser des questions** he's beginning to wonder ou to have doubts ♦ **il l'a fait sans se poser de questions** he did it without a second thought

**f** (LOC) **de quoi est-il question ?** what is it about? ♦ **il fut d'abord question du budget** first they spoke about ou discussed the budget ♦ **il est question de lui comme ministre** ou **qu'il soit ministre** there's some question ou talk of his being a minister ♦ **il n'est plus question de ce fait dans la suite** no further mention of this fact is made subsequently, there is no further reference to this fact thereafter ♦ **il n'est pas question que nous y renoncions/d'y renoncer** there's no question of our ou us giving it up/of giving it up ♦ **il n'en est pas question !** that's out of the question! ♦ **moi y aller ? pas question !** * me go? nothing doing! * ou no way! * ♦ **c'est hors de question** it is out of the question

**g** (LOC) **en question** (= dont on parle) in question ♦ **c'est votre vie qui est en question** (= en jeu) it's your life which is at stake ♦ **mettre** ou **remettre en question** [+ autorité, théorie] to question, challenge; [+ compétence, honnêteté, pratique] to question, call ou bring into question ♦ **la remise en question de nos accords** the fact that our agreements are being called into question ♦ **cela remet sa compétence en question** this puts a question mark over his competence ♦ **le projet est sans cesse remis en question** the project is continually being called into question ♦ **il faut se remettre en question de temps en temps** it's important to do some soul-searching ou to take a good look at oneself from time to time ♦ **elle ne se remet jamais en question** she never questions herself

**h** (Hist = torture) question ♦ **soumettre qn à la question, infliger la question à qn** to put sb to the question

**questionnaire** [kɛstjɔnɛʀ] [→ SYN] nm questionnaire ♦ **questionnaire à choix multiple** multiple choice question paper

**questionnement** [kɛstjɔnmɑ̃] nm **a** (= remise en cause) questioning ♦ **le questionnement des valeurs de notre temps** the questioning ou the calling into question of contemporary values

**b** [personne] questioning (*sur* about) ♦ **le questionnement des philosophes** (= questions) the questions philosophers are asking themselves

**questionner** [kɛstjɔne] [→ SYN] ► conjug 1 ◄ vt (= interroger) to question (*sur* about) ♦ **arrête de questionner toujours comme ça** stop pestering me with questions all the time, stop questioning me all the time

**questionneur, -euse** [kɛstjɔnœʀ, øz] nm,f questioner

**questure** [kɛstyʀ] [→ SYN] nf (Antiq) quaestorship (Brit), questorship (US); (Pol française) *administrative and financial commission at the French Parliament*

**quête**[1] [kɛt] [→ SYN] nf **a** (= collecte) collection ◆ **faire la quête** (à l'église) to take (the) collection; [artiste de rue] to go round with the hat; [association caritative] to collect for charity

**b** (littér) **âme en quête d'absolu** soul in pursuit ou quest ou search of the absolute; → **Graal**

**c** **se mettre en quête de** [+ pain] to set out to look for ou to find, go in search of; [+ appartement] to (go on the) hunt for ◆ **être en quête de travail** to be looking for ou seeking work

**quête**[2] [kɛt] nf [mât] rake

**quêter** [kete] [→ SYN] ▸ conjug 1 ◂ **1** vi (à l'église) to take (the) collection; (dans la rue) to collect money ◆ **quêter pour les aveugles** to collect for the blind

**2** vt [+ louanges] to seek (after), fish ou angle for; [+ suffrages] to seek; [+ sourire, regard] to seek, try to win

**quêteur, -euse** [kɛtœʀ, øz] [→ SYN] nm,f (dans la rue, à l'église) collector

**quetsche** [kwɛtʃ] nf *kind of dark-red plum*

**quetzal** [kɛtzal] nm (= oiseau) que(t)zal; (= monnaie) que(t)zal

**queue** [kø] [→ SYN] **1** nf **a** [animal, avion, comète, lettre, note] tail; [orage] tail end; [classement] bottom; [casserole, poêle] handle; [feuille, fruit] stalk; [fleur] stem, stalk; [colonne, train] rear ◆ **en queue de phrase** at the end of the sentence ◆ **en queue de liste/classe** at the bottom of the list/class ◆ **être en queue de peloton** (lit) to be at the back of the pack; (fig) to be lagging behind ◆ **en queue (de train)** at the rear of the train ◆ **compartiments de queue** rear compartments; → **diable**

**b** (= file de personnes) queue (Brit), line (US) ◆ **faire la queue** to queue (up) (Brit), stand in line (US) ◆ **il y a trois heures de queue** there's a three-hour queue (Brit) ou line (US) ◆ **mettez-vous à la queue** join the queue (Brit) ou line (US)

**c** (**= pénis) cock **, prick **

**d** (LOC) **la queue basse** * ou **entre les jambes** * with one's tail between one's legs ◆ **à la queue leu leu** arriver, marcher in single file; venir se plaindre one after the other ◆ **il n'y en avait pas la queue d'un** * there wasn't a single one ◆ **faire une queue de poisson à qn** (Aut) to cut in front of sb ◆ **finir en queue de poisson** to come to an abrupt end ◆ **histoire sans queue ni tête** * cock-and-bull story ◆ **mettre des queues aux zéros** [marchand] to overcharge ◆ **faire une fausse queue** (Billard) to miscue

**2** COMP ▷ **queue d'aronde** dovetail ◆ **assemblage en queue d'aronde** dovetail joint ▷ **queue de billard** (billiard) cue ▷ **queue de cheval** ponytail ◆ **se faire une queue de cheval** to put one's hair in a ponytail ▷ **queue de vache** adj inv couleur, cheveux reddish-brown

**queue-de-cochon,** pl **queues-de-cochon** [kød(ə)kɔʃɔ̃] nf (= tarière) screw auger; [ferronnerie] *twisted wrought-iron ornament*

**queue-de-morue,** pl **queues-de-morue** [kød(ə)mɔʀy] nf **a** (= pinceau) (medium) paintbrush

**b** †† (= basques) tails; (= habit) tail coat

**queue-de-pie,** pl **queues-de-pie** [kød(ə)pi] nf (habit) tails, tail coat

**queue-de-rat,** pl **queues-de-rat** [kød(ə)ʀa] nf (= lime) round file

**queue-de-renard,** pl **queues-de-renard** [kød(ə)ʀənaʀ] nf (Bot) ◆ **queue-de-renard à épi vert clair** green amaranth ◆ **queue-de-renard des jardins** love-lies-bleeding

**queuter** ** [køte] ▸ conjug 1 ◂ vi to go wrong, backfire ◆ **queuter à un examen** to fail ou flunk * an exam

**queux** [kø] nm → **maître**

## qui [ki]

**1** PRONOM INTERROGATIF

**2** PRONOM RELATIF

Pour les proverbes commençant par **qui**, cherchez sous le verbe, le nom ou l'adjectif.

**1** PRONOM INTERROGATIF

**a** sujet

Lorsque **qui** ou **qui est-ce qui** sont sujets, ils se traduisent par **who** :

◆ **qui l'a vu ?, qui est-ce qui l'a vu ?** who saw him? ◆ **vous devinez qui me l'a dit !** you can guess who told me! ◆ **on m'a raconté ... – qui ça ?** somebody told me ... – who was that? ◆ **qui va là ?** who goes there? ◆ **je me demande qui est là** I wonder who's there

Notez l'emploi de **which** lorsqu'il y a discrimination entre plusieurs personnes :

◆ **qui d'entre eux** ou **parmi eux saurait ?** which of them would know? ◆ **qui, parmi les candidats, pourrait répondre ?** which (one) of the candidates could reply?

**b** objet

Lorsque **qui** est objet, il se traduit par **who** dans la langue courante et par **whom** dans une langue plus soutenue :

◆ **qui a-t-elle vu ?** who ou whom (frm) did she see? ◆ **elle a vu qui ?** *, **qui est-ce qu'elle a vu ?** who did she see? ◆ **elle a vu qui ?** (surprise) she saw who?, who did she see? ◆ **je me demande qui il a invité** I wonder who ou whom (frm) he has invited

**c** préposition + **qui**

Notez la place de la préposition en anglais : avec **who** et **whose**, elle est rejetée en fin de proposition, alors qu'elle précède toujours **whom** :

◆ **à** ou **avec qui voulez-vous parler ?** who would you like to speak to? ◆ **à qui donc parlais-tu ?** who were you talking to?, who was it you were talking to? ◆ **elle ne sait pas à qui parler** she doesn't know who to talk to ◆ **à qui est ce sac ?** (sens possessif) whose bag is this?, who does this bag belong to?, whose is this bag? ◆ **chez qui allez-vous ?** whose house are you going to? ◆ **de qui parles-tu ?** who are you talking about? ◆ **de qui est la pièce ?** who is the play by? ◆ **pour qui ont-ils voté ?** who did they vote for?, for whom (frm) did they vote?

**2** PRONOM RELATIF

**a** sujet

Lorsque **qui** est sujet, il se traduit par **who** ou **that** quand l'antécédent est une personne ; si c'est un nom propre, on traduit obligatoirement par **who** :

◆ **je connais des gens qui se plaindraient** I know some people who ou that would complain ◆ **j'ai rencontré Luc qui m'a raconté que ...** I met Luc, who told me that ...

**qui** sujet se traduit par **that** ou **which** quand l'antécédent est un animal ou une chose :

◆ **il a un perroquet qui parle** he's got a parrot that ou which talks

Notez que lorsque la relative est en incise, on n'emploie jamais **that** :

◆ **Tom, qui travaille à la poste, m'a dit ...** Tom, who works at the post office, told me ... ◆ **la table, qui était en acajou, était très lourde** the table, which was made of mahogany, was very heavy

Lorsque la proposition définit ou qualifie l'antécédent, le pronom peut être omis :

◆ **les amis qui viennent ce soir sont américains** the friends (who ou that are) coming tonight are American ◆ **prends le plat qui est sur la table** take the dish which ou that is on the table ◆ **Paul, qui traversait la rue, trébucha** Paul tripped (as he was) crossing the street ◆ **je la vis qui nageait vers le pont** I saw her swimming towards the bridge ◆ **moi qui espérais rentrer tôt !** and there I was thinking I was going to get home early tonight!; → **ce, moi, toi**

**b** préposition + **qui**

Le pronom relatif est parfois omis en anglais ; notez la place de la préposition (voir aussi **1c**) :

◆ **la personne à qui j'ai parlé** the person (who ou that) I spoke to ◆ **l'élève de qui il attendait de meilleurs résultats** the pupil (who ou that) he was expecting better results from, the pupil from whom (frm) he was expecting better results ◆ **le patron pour qui il travaille** the employer (that ou who) he works for, the employer for whom (frm) he works ◆ **la femme sans qui il ne pouvait vivre** the woman (who ou that) he couldn't live without

**c** sans antécédent

Lorsque **qui** n'a pas d'antécédent, il représente toujours un être animé ou plusieurs, et se traduit par **whoever**, **anyone who**, **anyone that** :

◆ **ira qui voudra** whoever wants to ou anyone who wants to go can go ◆ **il a dit à qui voulait l'entendre que ...** he told anyone who ou that would listen that ..., he told whoever would listen that ... ◆ **amenez qui vous voulez** bring along whoever you like ou anyone (that) you like ◆ **qui les verrait ensemble ne devinerait jamais ça** anyone seeing them together would never guess, anyone who ou that saw them together would never guess ◆ **pour qui s'intéresse à la physique, ce livre est indispensable** for anyone (who ou that is) interested in physics this book is indispensable [MAIS] ◑ **ils ont pris tout ce qu'ils ont pu: qui une chaise, qui une table, qui un livre** they took whatever they could: one took a chair, one a table, another a book

Notez les traductions possibles dans les structures comparatives :

◆ **c'est à qui des deux mangera le plus vite** each tries to eat faster than the other ◆ **c'est à qui criera le plus fort** each tries to shout louder than the other

◆ **à qui mieux mieux** (gén) each one more so than the other; crier each one louder than the other; frapper each one harder than the other

◆ **qui de droit** ◆ **"à qui de droit"** (Admin) "to whom it may concern" ◆ **je le dirai à qui de droit** I will tell whoever is concerned ou is the proper authority ◆ **le tableau a été restitué à qui de droit** the painting was returned to its rightful owner ◆ **je remercierai qui de droit** I'll thank whoever I have to thank

◆ **qui que ce soit** anybody, anyone ◆ **j'interdis à qui que ce soit d'entrer ici** I forbid anybody ou anyone to come in here

◆ **qui tu sais, qui vous savez** ◆ **cela m'a été dit par qui vous savez** I was told that by you-know-who *

**quia** [kɥija] adv ◆ **mettre à quia** to confound sb †, nonplus sb ◆ **être à quia** to be at a loss for an answer

**quiche** [kiʃ] nf ◆ **quiche (lorraine)** quiche (Lorraine) ◆ **quiche au crabe** crab quiche

**quichua** [kitʃwa] nm ⇒ **quechua**

**quick** [kwik] nm ◆ **court** ou **terrain (de tennis) en quick** all-weather court, hard court

**quiconque** [kikɔ̃k] [→ SYN] **1** pron rel (= celui qui) whoever, anyone who, whosoever † ◆ **quiconque a tué sera jugé** whoever has killed will be judged ◆ **la loi punit quiconque est coupable** the law punishes anyone who is guilty

**2** pron indéf (= n'importe qui, personne) anyone, anybody ◆ **je le sais mieux que quiconque** I know better than anyone (else) ◆ **il ne veut recevoir d'ordres de quiconque** he won't take orders from anyone ou anybody

**quid** [kwid] pron interrog ◆ **quid de la démocratie ?** (= et au sujet de la démocratie ?) and what about democracy?; (= que va-t-il advenir de la démocratie ?) whither democracy?

**quidam** † [k(ɥ)idam] [→ SYN] nm (hum = individu) fellow, chap (Brit), cove † (Brit)

**quiddité** [k(ɥ)idite] nf quiddity

**quiescent, e** [kjesɑ̃, ɑ̃t] adj quiescent

**quiet, quiète** †† [kjɛ, kjɛt] → SYN adj (littér) calm, tranquil

**quiétisme** [kjetism] → SYN nm quietism

**quiétiste** [kjetist] adj, nmf quietist

**quiétude** [kjetyd] → SYN nf (littér) [lieu] quiet, tranquility; [personne] peace (of mind) ◆ **en toute quiétude** (= sans soucis) with complete peace of mind; (= sans obstacle) in (complete) peace ◆ **les voleurs ont pu opérer en toute quiétude** the thieves were able to go about their business undisturbed

**quignon** [kiɲɔ̃] → SYN nm ◆ **quignon (de pain)** (= croûton) crust (of bread), heel of the loaf; (= morceau) hunk ou chunk of bread

**quille** [kij] nf **a** (Jeux) skittle ◆ **(jeu de) quilles** ninepins, skittles; → **chien**
**b** (* = jambe) pin *
**c** (arg Mil) **la quille** demob (arg) (Mil) (Brit)
**d** (Naut) keel ◆ **la quille en l'air** bottom up(wards), keel up

**quilleur, -euse** [kijœʀ, øz] nm,f (Can) skittle player

**quincaillerie** [kɛ̃kɑjʀi] → SYN nf (= métier, ustensiles) hardware, ironmongery (Brit); (= magasin) hardware shop ou store, ironmonger's (shop) (Brit); (fig péj = bijoux) cheap(-looking) jewellery (Brit) ou jewelry (US) ◆ **elle a sorti toute sa quincaillerie** she's put on all her trinkets

**quincaillier, -ière** [kɛ̃kɑje, jɛʀ] nm,f hardware dealer, ironmonger (Brit)

**quinconce** [kɛ̃kɔ̃s] → SYN **en quinconce** loc adv in staggered rows

**quiné, e** [kine] adj quinate

**quinine** [kinin] nf quinine

**quinoa** [kinɔa] nm quinoa

**quinone** [kinɔn] nf quinone

**quinquagénaire** [kɛ̃kaʒenɛʀ] → SYN [1] adj (= de cinquante ans) fifty-year-old (épith) ◆ **il est quinquagénaire** (= de cinquante à soixante ans) he is in his fifties ◆ **maintenant que tu es quinquagénaire** (hum) now that you're fifty (years old), now that you've reached fifty
[2] nmf fifty-year-old man (ou woman)

**Quinquagésime** [kɥɛ̃kwaʒezim] nf Quinquagesima

**quinquennal, e,** mpl **-aux** [kɛ̃kenal, o] adj five-year (épith), quinquennial ◆ **assolement quinquennal** five-year rotation

**quinquennat** [kɛ̃kena] nm (Pol) five year term (of office)

**quinquet** [kɛ̃kɛ] → SYN nm (Hist) oil lamp ◆ **quinquets** * † (= yeux) peepers * (hum)

**quinquina** [kɛ̃kina] nm (Bot, Pharm) cinchona ◆ **(apéritif au) quinquina** *quinine tonic wine*

**quint** [kɛ̃] adj → **Charles**

**quintal,** pl **-aux** [kɛ̃tal, o] nm quintal *(100 kg)*; (Can) hundredweight

**quinte** [kɛ̃t] nf **a** (Méd) **quinte (de toux)** coughing fit
**b** (Mus) fifth; (Escrime) quinte; (Cartes) quint

**quinté** [kɛ̃te] nm *French forecast system involving betting on five horses*

**quintefeuille** [kɛ̃tfœj] [1] nf (Bot, Hér) cinquefoil
[2] nm (Archit) cinquefoil

**quintessence** [kɛ̃tesɑ̃s] → SYN nf (Chim, Philos, fig) quintessence ◆ **abstracteur de quintessence** (hum) hair-splitter

**quintet** [k(ɥ)ɛ̃tɛ] nm (Jazz) jazz quintet

**quintette** [k(ɥ)ɛ̃tɛt] → SYN nm (= morceau, musiciens) quintet(te) ◆ **quintette à cordes/à vent** string/wind quintet

**quinteux, -euse** †† [kɛ̃tø, øz] → SYN adj (littér) vieillard crotchety, crabbed †

**quintillion** [kɛ̃tiljɔ̃] nm quintillion (Brit), nonillion (US)

**quintuple** [kɛ̃typl] [1] adj quantité, rangée, nombre quintuple ◆ **une quantité quintuple de l'autre** a quantity five times (as great as) the other ◆ **en quintuple exemplaire/partie** in five copies/parts ◆ **le quintuple champion du monde** the world champion five times over
[2] nm (Math, gén) quintuple (*de* of) ◆ **je l'ai payé le quintuple/le quintuple de l'autre** I paid five times as much for it/five times as much as the other for it ◆ **je vous le rendrai au quintuple** I'll repay you five times over ◆ **augmenter au quintuple** to increase fivefold

**quintupler** [kɛ̃typle] ▸ conjug 1 ◂ vti to quintuple, increase fivefold ou five times

**quintuplés, -ées** [kɛ̃typle] (ptp de **quintupler**) nm,f pl quintuplets, quins * (Brit), quints * (US)

**quinzaine** [kɛ̃zɛn] nf (= nombre) about fifteen, fifteen or so; (= salaire) two weeks' ou fortnightly (Brit) ou fortnight's (Brit) pay ◆ **une quinzaine (de jours)** (= deux semaines) two weeks, a fortnight (Brit) ◆ **quinzaine publicitaire** ou **commerciale** (two-week) sale ◆ **quinzaine du blanc** (two-week) linen sale ◆ **"quinzaine des soldes"** "two-week sale", "sales fortnight" (Brit)

**quinze** [kɛ̃z] [1] nm inv fifteen ◆ **le quinze de France** (Rugby) the French fifteen; pour autres loc voir **six**
[2] adj inv fifteen ◆ **le quinze août** the 15th August, Assumption ◆ **demain en quinze** a fortnight tomorrow (Brit), two weeks from tomorrow (US) ◆ **lundi en quinze** a fortnight on Monday (Brit), two weeks from Monday (US) ◆ **dans quinze jours** in two weeks, in a fortnight (Brit), in a fortnight's time (Brit), in two weeks' time (Brit) ◆ **tous les quinze jours** every two weeks, every fortnight (Brit) → FÊTES LÉGALES

**quinzième** [kɛ̃zjɛm] adj, nmf fifteenth; pour loc voir **sixième**

**quinzièmement** [kɛ̃zjɛmmɑ̃] adv in the fifteenth place, fifteenthly

**quinziste** [kɛ̃zist] nm Rugby Union player

**quiproquo** [kipʀɔko] → SYN nm **a** (= méprise sur une personne) mistake; (= malentendu sur un sujet) misunderstanding ◆ **le quiproquo a duré depuis un quart d'heure, sans qu'ils s'en rendent compte** they had been talking at cross-purposes for a quarter of an hour without realizing it
**b** (Théât) (case of) mistaken identity

**quiscale** [kɥiskal] nm grackle, crow blackbird

**Quito** [kito] n Quito

**quittance** [kitɑ̃s] → SYN nf (= reçu) receipt; (= facture) bill ◆ **quittance d'électricité** receipt *(to show one has paid one's electricity bill)* ◆ **quittance de loyer** rent receipt ◆ **donner quittance à qn de qch** (frm) to acquit sb of sth (frm)

**quitte** [kit] → SYN adj **a** **être quitte envers qn** to be quits * ou all square with sb, be no longer in sb's debt ◆ **être quitte envers sa patrie** to have served one's country ◆ **être quitte envers la société** to have paid one's debt to society ◆ **nous sommes quittes** (dette) we're quits * ou all square; (méchanceté) we're even ou quits * ou all square ◆ **tu es quitte pour cette fois** I'll let you off this time, I'll let you get away with it this time ◆ **je ne vous tiens pas quitte** you still owe me
**b** **être/tenir qn quitte d'une dette/obligation** to be/consider sb rid ou clear of a debt/an obligation ◆ **je suis quitte de mes dettes envers vous** all my debts to you are clear ou are paid off ◆ **nous en sommes quittes pour la peur** we got off with a fright
**c** **quitte à** (idée de risque) even if it means ◆ **quitte à s'ennuyer, ils préfèrent rester chez eux** they prefer to stay at home even if it means getting bored ◆ **quitte à aller au restaurant, autant en choisir un bon** (idée de nécessité) if we're going to a restaurant, we might as well go to a good one
**d** **quitte ou double** (= jeu) double or quits ◆ **c'est (du) quitte ou double, c'est jouer à quitte ou double** (fig) it's a big gamble, it's risking a lot

**quitter** [kite] GRAMMAIRE ACTIVE 27.3, 27.4, 27.5 → SYN ▸ conjug 1 ◂
[1] vt **a** [+ école, pays, personne] to leave; [+ métier] to leave, quit, give up ◆ **il n'a pas quitté la maison depuis trois jours** he hasn't been outside ou he hasn't set foot outside the house for three days, he hasn't left the house for three days ◆ **je suis pressé, il faut que je vous quitte** I'm in a hurry so I must leave you ou I must be off * ◆ **il a quitté sa femme** he's left his wife ◆ **ne pas quitter la chambre** to be confined to one's room ◆ **"les clients sont priés de quitter la chambre avant 11 heures"** "guests are requested to vacate their rooms before 11 o'clock" ◆ **quitter l'autoroute à Lyon** to turn off ou leave the motorway at Lyon ◆ **le camion a quitté la route** the lorry ran off ou left the road ◆ **le train a quitté la voie** ou **les rails** the train derailed ou jumped the rails ◆ **il a quitté ce monde** (euph) he has departed this world ◆ **quitter la place** (fig) to withdraw, retire ◆ **si je le quitte des yeux une seconde** if I take my eyes off him for a second, if I let him out of my sight for a second ◆ **ne quittez pas** (Téléc) hold the line, hold on a moment; → **lieu¹**, **semelle**
**b** (= renoncer à) [+ espoir, illusion] to give up, forsake; (= abandonner) [crainte, énergie] to leave, desert ◆ **tout son courage l'a quitté** all his courage left ou deserted him
**c** († = enlever) [+ vêtement] to take off ◆ **quitter le deuil** to come out of mourning ◆ **quitter l'habit** ou **la robe** (fig) to leave the priesthood ◆ **quitter l'uniforme** (Mil) to leave the army (ou navy etc)
**d** (Ordin) to quit, exit
[2] **se quitter** vpr [couple] to split up, part ◆ **nous nous sommes quittés bons amis** we parted good friends ◆ **ils ne se quittent pas** they are always together, you never see them apart ◆ **nous nous sommes quittés à 11 heures** we left each other at 11

**quitus** [kitys] → SYN nm (Comm) full discharge, quietus

**qui-vive** [kiviv] → SYN nm inv ◆ **être sur le qui-vive** to be on the alert

**quiz(z)** [kwiz] nm inv quiz ◆ **quizz télévisé** TV quiz show

**quoi** [kwa] → SYN pron **a** (interrog) what ◆ **de quoi parles-tu ?, tu parles de quoi ?** * what are you talking about?, what are you on about? * (Brit) ◆ **on joue quoi au cinéma ?** * what's on at the cinema? ◆ **en quoi puis-je vous aider ?** how can I help you? ◆ **en quoi est cette statue ?** what is this statue made of? ◆ **vers quoi allons-nous ?** what are we heading for? ◆ **à quoi reconnaissez-vous le cristal ?** how can you tell that something is crystal? ◆ **quoi faire/lui dire ?** what are we (going) to do/to say to him? ◆ **quoi encore ?** (gén) what else?; (exaspération) what is it now? ◆ **quoi de plus beau que ... ?** what can be more beautiful than ...? ◆ **quoi de neuf ?** ou **de nouveau ?** what's new? ◆ **à quoi bon (faire) ?** what's the use (of doing)?
**b** (interrog indir) what ◆ **dites-nous à quoi cela sert** tell us what that's for ◆ **il voudrait savoir de quoi il est question/en quoi cela le concerne** he would like to know what it's about/what that's got to do with him ◆ **je ne vois pas avec quoi/sur quoi vous allez écrire** I don't see what you are going to write with/on ◆ **devinez quoi j'ai mangé** * guess what I've eaten ◆ **je ne sais quoi lui donner** I don't know what to give him
**c** (relatif) **je sais à quoi tu fais allusion** I know what (it is) you're referring to ◆ **c'est en quoi tu te trompes** that's where you're wrong ◆ **as-tu de quoi écrire ?** have you got a pen? ◆ **ils n'ont même pas de quoi vivre** they haven't even got enough to live on ◆ **il n'y a pas de quoi rire** it's no laughing matter, there's nothing to laugh about ◆ **il n'y a pas de quoi pleurer** it's not worth crying over ou about, there's nothing to cry about ◆ **il n'y a pas de quoi s'étonner** there's nothing surprising about ou in that ◆ **ils ont de quoi occuper leurs vacances** they've got enough ou plenty to occupy them on their holiday ◆ **avoir/emporter de quoi manger** to have/take something to eat; → **comme**, **sans**
**d** **quoi qu'il arrive** whatever happens ◆ **quoi qu'il en soit** be that as it may, however that may be ◆ **quoi qu'on en dise/qu'elle fasse** whatever ou no matter what people say/she does ◆ **si vous avez besoin de quoi que ce soit** if there's anything (at all) you need
**e** (LOC) **quoi ! tu oses l'accuser ?** (excl) what! you dare to accuse him! ◆ **quoi ? qu'est-ce qu'il a dit ?** (pour faire répéter) what was it ou what was that he said? ◆ **et puis quoi encore !** (iro) what next! ◆ **puisque je te le dis, quoi !** * I'm telling you it's true! * ◆ **de quoi (de quoi) !** * what's all this nonsense! ◆ **merci beaucoup ! – il n'y a pas de quoi** many thanks! – don't mention it ou (it's) a pleasure ou not at all ou you're welcome ◆ **ils n'ont pas de quoi s'acheter une voiture**

they can't afford to buy a car ◆ **avoir de quoi** to have means ◆ **des gens qui ont de quoi** people of means; → **chat**

**quoique** [kwak(ə)] → SYN conj (= bien que) although, though ◆ **quoiqu'il soit malade et qu'il n'ait pas d'argent** although ou though he is ill and has no money ◆ **je ne pense pas qu'il faisait semblant, quoique ...** I don't think he was pretending, but then ou there again ...

**quolibet** † [kɔlibɛ] nm (= raillerie) gibe, jeer ◆ **couvrir qn de quolibets** to gibe ou jeer at sb

**quorum** [kɔʀɔm] → SYN nm quorum ◆ **le quorum a/n'a pas été atteint** there was/was not a quorum, we (ou they etc) had/did not have a quorum

**quota** [k(w)ɔta] → SYN nm (Admin) quota ◆ **quotas d'importation** import quotas ◆ **1 000 personnes sélectionnées selon la méthode des quotas** a quota sample of 1,000 people

**quote-part,** pl **quotes-parts** [kɔtpaʀ] nf (lit, fig) share

**quotidien, -ienne** [kɔtidjɛ̃, jɛn] → SYN **1** adj (= journalier) nourriture, trajet, travail daily (épith); (= banal) incident everyday (épith), daily (épith); existence everyday (épith), humdrum ◆ **dans la vie quotidienne** in everyday ou daily life; → **pain**

**2** nm **a** (= journal) daily (paper), (news)paper ◆ **les grands quotidiens** the big national dailies

**b** (= routine) **le quotidien** everyday life ◆ **la pratique médicale/l'enseignement au quotidien** day-to-day medical practice/teaching

**quotidiennement** [kɔtidjɛnmɑ̃] adv daily, every day

**quotidienneté** [kɔtidjɛnte] nf everyday nature

**quotient** [kɔsjɑ̃] nm (Math) quotient ◆ **quotient intellectuel** intelligence quotient, IQ ◆ **quotient familial** (Impôts) dependents' allowance set against tax

**quotité** [kɔtite] → SYN nf (Fin) quota ◆ **quotité disponible** (Jur) *portion of estate of which testator may dispose at his discretion*

**QWERTY** [kwɛʀti] adv inv ◆ **clavier QWERTY** QWERTY keyboard

# R

**R, r** [ɛʀ] nm (= lettre) R, r; → **mois**

**rab** * [ʀab] nm **a** [nourriture] extra ◆ **est-ce qu'il y a du rab ?** is there any extra (left)?, is there any extra food (left)? ◆ **qui veut du rab ?** anyone for seconds? ◆ **il reste un rab de viande, il reste de la viande en rab** there is still (some) extra meat left (over)

**b** [temps] (gén, Mil) extra time ◆ **un rab de 5 minutes** ou **5 minutes de rab pour finir le devoir** 5 minutes' extra time ou 5 minutes extra to finish off the exercise ◆ **faire du rab** (travail) to do ou work extra time; (Mil) to do ou serve extra time

**rabâchage** [ʀabɑʃaʒ] → SYN nm (= répétition) [histoire] harping on about *; (= révision) [leçon] going over and over; (= radotage) constant harping on * ◆ **ses conférences, c'est du rabâchage** he always says the same old thing in his lectures

**rabâcher** [ʀabɑʃe] → SYN ▸ conjug 1 ◂ **1** vt (= ressasser) [+ histoire] to harp on about *, keep (on) repeating; (= réviser) [+ leçon] to go over and over, keep going back over (*à qn* for sb) ◆ **il rabâche toujours la même chose** he keeps rambling ou harping on about the same (old) thing

**2** vi (= radoter) to keep repeating o.s.

**rabâcheur, -euse** [ʀabɑʃœʀ, øz] → SYN nm,f repetitive ou repetitious bore ◆ **il est du genre rabâcheur** he's the type who never stops repeating himself ou harping on *

**rabais** [ʀabɛ] → SYN nm reduction, discount ◆ **5 € de rabais, rabais de 5 €** reduction ou discount of €5, €5 off ◆ **faire un rabais de 5 € sur qch** to give a reduction ou discount of €5 on sth, knock €5 off (the price of) sth

♦ **au rabais** acheter, vendre at a reduced price, (on the) cheap; (péj) acteur, journaliste third-rate; (péj) enseignement, médecine cheap-rate, on the cheap (attrib) ◆ **je ne veux pas travailler au rabais** (péj) I won't work for a pittance

**rabaissant, e** [ʀabɛsɑ̃, ɑ̃t] adj remarque disparaging, derogatory; métier degrading

**rabaisser** [ʀabese] → SYN ▸ conjug 1 ◂ **1** vt **a** (= dénigrer) [+ personne] to disparage; [+ efforts, talent, travail] to belittle, disparage

**b** (= réduire) [+ pouvoirs] to reduce, decrease; [+ orgueil] to humble; [+ exigences] to moderate, reduce; [+ qualité] to impair ◆ **il voulait 10 000 € par mois, mais il a dû rabaisser ses prétentions** he wanted €10,000 a month but he had to lower his sights; → **caquet**

**c** (= diminuer) [+ prix] to reduce, knock down, bring down

**d** (= baisser) [+ robe, store] to pull (back) down

**2** **se rabaisser** vpr to belittle o.s. ◆ **elle se rabaisse toujours** she never gives herself enough credit, she's always belittling herself ou running herself down ◆ **se rabaisser devant qn** to humble o.s. ou bow before sb

**raban** [ʀabɑ̃] nm (Naut) short rope

**rabane** [ʀaban] nf raffia fabric

**Rabat** [ʀabat] n Rabat

**rabat** [ʀaba] nm **a** [table] flap, leaf; [poche, enveloppe] flap; [drap] fold *(over the covers)*; [avocat, prêtre] bands ◆ **poche à rabat** flapped pocket

**b** ⇒ **rabattage**

**rabat-joie** [ʀabaʒwa] → SYN nm inv killjoy, spoilsport, wet blanket * ◆ **faire le rabat-joie** to spoil the fun, act like ou be a spoilsport, be a wet blanket * ◆ **il est drôlement rabat-joie** he's an awful killjoy ou spoilsport ou wet blanket *

**rabattable** [ʀabatabl] → SYN adj siège folding (épith)

**rabattage** [ʀabataʒ] nm (Chasse) beating

**rabatteur, -euse** [ʀabatœʀ, øz] → SYN **1** nm,f (Chasse) beater; (fig : péj) tout; [prostituée] procurer, pimp ◆ **le rabatteur de l'hôtel** the hotel tout

**2** nm [moissonneuse] reel

**rabattre** [ʀabatʀ] → SYN ▸ conjug 41 ◂ **1** vt **a** [+ capot, clapet] to close ou shut down; [+ couvercle] to close; [+ drap] to fold over ou back; [+ col] to turn down; [+ bord de chapeau] to turn ou pull down; [+ strapontin] (= ouvrir) to pull down; (= fermer) to put up; [+ jupe] to pull down ◆ **le vent rabat la fumée** the wind blows the smoke back down ◆ **il rabattit ses cheveux sur son front** he brushed his hair down over his forehead ◆ **le chapeau rabattu sur les yeux** his hat pulled down over his eyes ◆ **rabattre les couvertures** (pour couvrir) to pull the blankets up; (pour découvrir) to push ou throw back the blankets

**b** (= diminuer) to reduce; (= déduire) to deduct, take off ◆ **il n'a pas voulu rabattre un centime (du prix)** he wouldn't take ou knock a halfpenny (Brit) ou cent (US) off (the price), he wouldn't come down (by) one centime (on the price) ◆ **rabattre l'orgueil de qn** to humble sb's pride

♦ **en rabattre** (de ses prétentions) to climb down; (de ses ambitions) to lower one's sights; (de ses illusions) to lose one's illusions

**c** (Chasse) [+ gibier] to drive; [+ terrain] to beat ◆ **rabattre des clients** * [prostituée] to tout for customers

**d** (Tricot) **rabattre des mailles** to cast off ◆ **rabattre une couture** (Couture) to stitch down a seam

**e** (Arboriculture) [+ arbre] to cut back

**2** **se rabattre** vpr **a** [voiture] to cut in; [coureur] to cut in, cut across ◆ **se rabattre devant qn** [voiture] to cut in front of sb; [coureur] to cut ou swing in front of ou across sb ◆ **le coureur s'est rabattu à la corde** the runner cut ou swung across to the inside lane

**b** (= prendre faute de mieux) **se rabattre sur** [+ marchandise, personne] to fall back on, make do with

**c** (= se refermer) [porte] to fall ou slam shut; [couvercle] to close; [dossier] to fold down, fold away ◆ **la porte se rabattit sur lui** the door closed ou shut on ou behind him

**rabattu, e** [ʀabaty] (ptp de **rabattre**) adj col, bords turned down; poche flapped

**rabbi** [ʀabi] nm (Hist) rabbi

**rabbin** [ʀabɛ̃] nm rabbi ◆ **grand rabbin** chief rabbi

**rabbinat** [ʀabina] nm rabbinate

**rabbinique** [ʀabinik] adj rabbinic(al)

**rabbinisme** [ʀabinism] nm rabbinism

**rabelaisien, -ienne** [ʀablɛzjɛ̃, jɛn] → SYN adj Rabelaisian

**rabibochage** * [ʀabibɔʃaʒ] nm (= réconciliation) reconciliation

**rabibocher** * [ʀabibɔʃe] ▸ conjug 1 ◂ **1** vt (= réconcilier) [+ amis, époux] to bring together (again), reconcile, patch things up between

**2** **se rabibocher** vpr to make it up, patch things up (*avec* with)

**rabiot** * [ʀabjo] nm ⇒ **rab**

**rabioter** * [ʀabjɔte] ▸ conjug 1 ◂ vt **a** (= obtenir) to wangle * ◆ **j'ai rabioté cinq minutes de sommeil** I managed to snatch another five minutes' sleep

**b** (= voler) [+ temps, argent] to fiddle * (Brit) (*qch à qn* sth from sb) ◆ **le plombier m'a rabioté 10 €/un quart d'heure** the plumber swindled ou did * me out of €10/a quarter of an hour ◆ **un commerçant qui rabiote** a shopkeeper who makes a bit on the side ◆ **rabioter sur la quantité** to give short measure

**rabioteur, -euse** * [ʀabjɔtœʀ, øz] nm,f (= qui vole) ◆ **c'est un vrai rabioteur** he's always trying to make a bit on the side, he's always on the fiddle * (Brit)

**rabique** [ʀabik] adj rabies (épith)

**râble[1]** [ʀɑbl] → SYN nm (Zool) back; ( * = dos) small of the back ◆ **tomber** ou **sauter sur le râble de qn** * to set on sb *, go for sb * ◆ **le pauvre, il ne sait pas ce qui va lui tomber sur le râble !** * the poor guy doesn't know what he's in for! ◆ **râble de lièvre** (Culin) saddle of hare

**râble[2]** [ʀɑbl] nm (Tech) rabble

**râblé, e** [ʀɑble] → SYN adj homme stocky, well-set (Brit), heavy-set (US); cheval broad-backed

**râblure** [ʀɑblyʀ] nf (Naut) rabbet

**rabot** [ʀabo] → SYN nm plane ◆ **passer qch au rabot** to plane sth (down)

**rabotage** [ʀabɔtaʒ] nm planing (down)

**raboter** [ʀabɔte] → SYN ▸ conjug 1 ◂ vt **a** (Menuiserie) to plane (down)

**b** ( * = racler) [+ objet] to scrape; [+ partie du corps] to graze, scrape ◆ **mon pare-chocs a raboté le mur** my bumper scraped the wall ◆ **baisse-toi si tu ne veux pas te raboter la tête contre le plafond** bend down if you don't want to scrape your head on the ceiling

**c** (fig = diminuer) to reduce ◆ **crédits/salaires rabotés** reduced credits/wages

**raboteur** [ʀabɔtœʀ] nm (= ouvrier) planer

**raboteuse**[1] [ʀabɔtøz] nf (= machine) planing machine

**raboteux, -euse**[2] [ʀabɔtø, øz] → SYN adj (= rugueux) surface, arête uneven, rough; chemin rugged, uneven, bumpy; (littér) style rough, rugged; voix rough

**rabougri, e** [ʀabugʀi] → SYN (ptp de **rabougrir**) adj (= chétif) plante stunted, scraggy; personne stunted, puny; (= desséché) plante shrivelled; vieillard wizened, shrivelled

**rabougrir** [ʀabugʀiʀ] ► conjug 2 ◄ 1 vt [+ personne] to (cause to) shrivel up; [+ plante] (= dessécher) to shrivel (up); (= étioler) to stunt
2 **se rabougrir** vpr [personne] to become shrivelled (with age), become wizened; [plante] to shrivel (up), become stunted

**rabougrissement** [ʀabugʀismɑ̃] nm (= action) [plante] stunting, shrivelling (up); [personne] shrivelling up; (= résultat) [plante] scragginess; [personne] stunted appearance; [vieillard] wizened appearance

**rabouter** [ʀabute] → SYN ► conjug 1 ◄ vt [+ tubes, planches] to join (together) (end to end); [+ étoffes] to seam ou sew together

**rabrouer** [ʀabʀue] → SYN ► conjug 1 ◄ vt to snub, rebuff ♦ **elle me rabroue tout le temps** she rebuffs me all the time ♦ **se faire rabrouer** to be rebuffed

**racage** [ʀakaʒ] nm parrel, parral

**racaille** [ʀakɑj] → SYN nf rabble, riffraff

**raccard** [ʀakaʀ] nm (en Suisse = grange à blé) *wheat store of the Valais region*

**raccommodable** [ʀakɔmɔdabl] adj vêtement repairable, mendable

**raccommodage** [ʀakɔmɔdaʒ] → SYN nm a (= action) [vêtement, accroc, filet] mending, repairing; [chaussettes] darning, mending ♦ **faire du raccommodage** ou **des raccommodages** (pour soi) to do some mending; (comme métier) to take in mending
b (= endroit réparé) (gén) mend, repair; [chaussette] darn

**raccommodement*** [ʀakɔmɔdmɑ̃] → SYN nm (= réconciliation) reconciliation

**raccommoder** [ʀakɔmɔde] → SYN ► conjug 1 ◄
1 vt a [+ vêtements, accroc] to mend, repair; [+ chaussette] to darn, mend
b * [+ ennemis] to bring together again, patch things up between
2 **se raccommoder*** vpr to make it up, be reconciled

**raccommodeur, -euse** [ʀakɔmɔdœʀ, øz] nm,f [linge, filets] mender ♦ **raccommodeur de porcelaines** †† china restorer

**raccompagner** [ʀakɔ̃paɲe] → SYN ► conjug 1 ◄ vt to take ou see back (à to) ♦ **raccompagner qn (chez lui)** to take ou see ou accompany sb home ♦ **raccompagner qn au bureau en voiture/à pied** to drive sb back/walk back with sb to the office ♦ **raccompagner qn à la gare** to see sb off at ou take sb to the station ♦ **raccompagner qn (jusqu')à la porte** to see sb to the door ♦ **il l'a raccompagnée jusqu'à sa voiture** he walked ou saw her to her car

**raccord** [ʀakɔʀ] → SYN nm a [papier peint] join ♦ **raccord (de maçonnerie)** pointing (NonC) ♦ **faire un raccord** (de papier peint) to line up the pattern ♦ **faire un raccord de peinture/de maquillage** to touch up the paintwork/one's makeup ♦ **on ne voit pas les raccords (de peinture)** you can't see where the paint has been touched up ♦ **les raccords sont mal faits** (papier peint) the pattern isn't matched properly ♦ **papier peint sans raccords** random match wallpaper
b [texte, discours] link, join; (Ciné) [séquence] continuity; [scène] link shot; (= collage) [film, bande magnétique] splice ♦ **à cause des coupures, nous avons dû faire des raccords** (Ciné) because of the cuts, we had to do some link shots ♦ **ce plan n'est pas raccord** this shot doesn't follow on from the preceding one
c (= pièce, joint) link; [pompe à vélo] nozzle

**raccordement** [ʀakɔʀdəmɑ̃] nm a (NonC) [routes, bâtiments, voies ferrées] linking, joining, connecting; [fils électriques] joining; [tuyaux] joining, connecting; (Ciné) linking ♦ **raccordement (au réseau)** (Téléc) connection (to the phone network); (à l'électricité) connection (to the mains) ♦ **ils sont venus faire le raccordement** (Téléc) they've come to connect the phone; (à l'électricité) they've come to connect the electricity; → **bretelle, taxe, voie**
b (= soudure, épissure) join; (= tunnel, passage) connecting passage; (= carrefour, voie ferrée) junction

**raccorder** [ʀakɔʀde] → SYN ► conjug 1 ◄ 1 vt a [+ routes, bâtiments, voies ferrées] to link up, join (up), connect (à with, to); [+ fils électriques] to join; [+ tuyaux] to join, connect (à to) ♦ **les motifs du papier peint sont parfaitement raccordés** the wallpaper is perfectly lined up
b (Ciné) [+ plans, scènes] to link up
c **raccorder qn au réseau** (Téléc) to connect sb's phone; (à l'électricité) to connect sb to the mains ♦ **quand les deux tuyaux seront raccordés** when the two pipes are joined together ou connected
d (= établir une relation entre) to connect
2 **se raccorder** vpr [routes] to link ou join up (à with) ♦ **se raccorder à** [faits] to tie up ou in with

**raccourci** [ʀakuʀsi] → SYN nm a (= chemin) short cut ♦ **prendre un raccourci par la forêt** to take a short cut through the forest ♦ **raccourci clavier** (Ordin) hot key
b (= formule frappante) pithy turn of phrase; (= résumé) summary ♦ **en raccourci** (= en miniature) in miniature; (= dans les grandes lignes) in (broad) outline; (= en bref) in a nutshell, in brief ♦ **ça, c'est un raccourci saisissant** that's it in a nutshell
c (Art) foreshortening ♦ **figure en raccourci** foreshortened figure

**raccourcir** [ʀakuʀsiʀ] → SYN ► conjug 2 ◄ 1 vt a [+ distance, temps] to shorten; [+ vêtement] to shorten, take up; [+ vacances] to shorten, cut short; [+ texte] to cut ♦ **j'ai raccourci le chapitre de trois pages** I cut ou shortened the chapter by three pages ♦ **ça raccourcit le trajet de 5 km** it cuts ou knocks 5 km off the journey ♦ **passons par là, ça (nous) raccourcit** let's go this way, it's shorter ou quicker ♦ **les vêtements amples raccourcissent la silhouette** baggy clothes make people look shorter
b (* hum) **raccourcir qn** (= décapiter) to chop sb's head off
2 vi [jours] to grow shorter, draw in; [vêtement] (au lavage) to shrink ♦ **les jupes ont raccourci cette année** (Mode) skirts are shorter this year, hemlines have gone up this year

**raccourcissement** [ʀakuʀsismɑ̃] → SYN nm [distance, temps, jour, vacances, texte] shortening; [vêtement] (en cousant) shortening; (au lavage) shrinking

**raccoutumer** [ʀakutyme] ► conjug 1 ◄ vt ⇒ **réaccoutumer**

**raccroc** [ʀakʀo] → SYN nm (frm) ♦ **par raccroc** (= par hasard) by chance; (= par un heureux hasard) by a stroke of good fortune

**raccrochage** [ʀakʀɔʃaʒ] → SYN nm [client, passant] soliciting, touting ♦ **faire du raccrochage** to solicit, tout

**raccrocher** [ʀakʀɔʃe] GRAMMAIRE ACTIVE 27.3, 27.5 → SYN ► conjug 1 ◄
1 vi a (Téléc) to hang up, ring off (surtout Brit) ♦ **ne raccroche pas** hold on, don't hang up ou ring off (surtout Brit) ♦ **raccrocher au nez de qn*** to put the phone down on sb, hang up on sb
b (arg Sport) to retire
2 vt a [+ vêtement, tableau] to hang back up; (Téléc) [+ combiné] to put down ♦ **j'avais mal raccroché** I hadn't put the receiver down properly ♦ **raccrocher les gants/chaussures** (Sport) to hang up one's gloves/boots
b (= racoler) [vendeur, portier] to tout for ♦ **raccrocher le client** [prostituée] to solicit, accost customers
c (= attraper) [+ personne, bonne affaire] to grab ou get hold of ♦ **il m'a raccroché dans la rue** he stopped ou waylaid ou buttonholed me in the street
d (= relier) [+ wagons, faits] to link, connect (à to, with)
e (* = rattraper) [+ affaire, contrat] to save, rescue
3 **se raccrocher** vpr ♦ **se raccrocher à** [+ branche, rampe] to catch ou grab (hold of); [+ espoir, personne] to cling to, hang on to ♦ **cette idée se raccroche à la précédente** this idea ties in with the previous one; → **branche**

**raccrocheur, -euse** [ʀakʀɔʃœʀ, øz] adj eye-catching

**race** [ʀas] → SYN nf a (= ethnie) race ♦ **la race humaine** the human race ♦ **être de race indienne** to be of Indian stock ou blood ♦ **un individu de race blanche/noire** a white/black person ♦ **c'est de la sale race !** *,* (péj) they're just scum! *,*
b (Zool) breed ♦ **la race chevaline** horses, equines ♦ **la race bovine normande** Normandy cattle ♦ **de race** (gén) pedigree (épith), purebred (épith); cheval thoroughbred ♦ **avoir de la race** to be of good stock; → **chien**
c (= ancêtres) stock, race ♦ **être de race noble** to be of noble stock ou blood ou race ♦ **avoir de la race** to have breeding
d (= catégorie) breed ♦ **lui et les gens de sa race** him and others like him ♦ **les cordonniers, c'est une race qui disparaît** cobblers are a dying breed ou race ♦ **il est de la race des héros** he's the stuff heroes are made of

**racé, e** [ʀase] → SYN adj animal purebred (épith), pedigree (épith); cheval thoroughbred; personne distinguished; voiture, voilier, ligne sleek

**racémique** [ʀasemik] adj racemic

**racer** [ʀasœʀ, ʀɛsœʀ] nm (= yacht) racer

**rachat** [ʀaʃa] → SYN nm a [objet que l'on possédait avant] buying back, repurchase; [objet d'occasion] buying, purchase; [usine en faillite] buying up ou out ou over; [dette, rente] redemption ♦ **rachat d'entreprise par l'encadrement/par les salariés** management/employee buyout ♦ **option** ou **possibilité de rachat** buy-back option ♦ **après le rachat du journal par le groupe** after the group bought the paper back
b [esclave, otage] ransom, ransoming
c (= réparation) redemption, atonement; (Rel) redemption

**rachetable** [ʀaʃ(ə)tabl] adj dette, rente redeemable; péché expiable; pécheur redeemable ♦ **cette faute n'est pas rachetable** you can't make up for this mistake

**racheter** [ʀaʃ(ə)te] → SYN ► conjug 5 ◄ 1 vt a [+ objet que l'on possédait avant] to buy back, repurchase; [+ nouvel objet] to buy ou purchase another; [+ pain, lait] to buy some more; [+ objet d'occasion] to buy, purchase; [+ entreprise] to buy out, take over; [+ usine en faillite] to buy up ou out ou over ♦ **je lui ai racheté son vieux vélo** I bought his old bike from ou off him ♦ **il a racheté toutes les parts de son associé** he bought his partner out, he bought up all his partner's shares ♦ **j'ai dû racheter du tissu/des verres** I had to buy some more material/some more glasses
b [+ dette, rente] to redeem
c [+ esclave, otage] to ransom, pay a ransom for
d (= réparer) [+ péché, crime] to atone for, expiate; [+ mauvaise conduite, faute] to make amends for, make up for; [+ imperfection] to make up ou compensate for; [+ pécheur] to redeem ♦ **il n'y en a pas un pour racheter l'autre*** they're both (just) as bad as each other
e (Scol) [+ candidat] to mark up
f (Archit) to modify
2 **se racheter** vpr [pécheur] to redeem o.s.; [criminel] to make amends ♦ **se racheter aux yeux de qn** to redeem o.s. in sb's eyes ♦ **essaie de te racheter en t'excusant** try and make up for it ou try to make amends by apologizing

**rachi*** [ʀaʃi] nf (abrév de **rachianesthésie**) spinal*

**rachialgie** [ʀaʃjalʒi] nf rachialgia

**rachianesthésie** [ʀaʃianɛstezi] nf spinal anaesthesia (Brit) ou anesthesia (US)

**rachidien, -ienne** [ʀaʃidjɛ̃, jɛn] adj of the spinal column, rachidian (SPÉC)

**rachis** [ʀaʃis] → SYN nm a (Anat) vertebral ou spinal column, r(h)ac (SPÉC)
b (Zool) r(h)achis

**rachitique** [ʀaʃitik] → SYN adj personne (Méd) suffering from rickets, rachitic (SPÉC);

(= maigre) puny; arbre, poulet scraggy, scrawny ◆ **c'est un rachitique, il est rachitique** he suffers from rickets

**rachitisme** [ʀaʃitism] → SYN nm rickets sg, rachitis (SPÉC) ◆ **faire du rachitisme** to have rickets

**racho** * [ʀaʃo] adj (abrév de **rachitique**) personne puny; arbre, poulet scraggy, scrawny

**racial, e,** mpl **-iaux** [ʀasjal, jo] adj haine, tensions, injure, intégration racial; discrimination, lois racial, race (épith); émeutes, relations race (épith)

**racinal,** pl **-aux** [ʀasinal, o] nm [charpente] main beam

**racine** [ʀasin] → SYN 1 nf a (gén) root ◆ **la carotte est une racine** (Bot) the carrot is a root (vegetable), carrots are a root crop ◆ **prendre racine** (lit) to take ou strike root(s), put out roots; (fig = s'établir) to put down (one's) roots; (* chez qn, à attendre) to take root * ◆ **prendre le mal à la racine, s'attaquer aux racines du mal** to get to the root of the problem; → **rougir**

b (Math) [équation] root ◆ **racine carrée/cubique/dixième** [nombre] square/cube/tenth root

c (Ling) [mot] root

2 **racines** nfpl (= attaches, origines) roots ◆ **il est sans racines** he's rootless, he belongs nowhere ◆ **cette idée a des racines profondes dans notre société** this idea is deeply rooted in our society

3 COMP ▷ **racine adventive** adventitious root ▷ **racine aérienne** aerial root ▷ **racine fasciculée** fascicled root ▷ **racine pivotante** taproot

**racinien, -ienne** [ʀasinjɛ̃, jɛn] adj Racinian

**racisme** [ʀasism] → SYN nm racism ◆ **racisme antijeunes** anti-youth prejudice

**raciste** [ʀasist] adj, nmf racist

**racket** [ʀakɛt] → SYN nm (= activité) racketeering (NonC); (= vol) (extortion) racket ◆ **racket scolaire** *school children bullying other children for money etc* ◆ **faire du racket, se livrer au racket** (contre protection) to run a protection racket ◆ **c'est du racket !** it's daylight robbery!

**racketter** [ʀakete] ▸ conjug 1 ◂ vt ◆ **racketter qn** to extort money from sb ◆ **il se fait racketter à l'école** children bully him into giving them money (ou his personal belongings etc ) at school

**racketteur** [ʀaketœʀ] → SYN nm racketeer

**raclage** [ʀɑklaʒ] nm (Tech) scraping

**raclée** * [ʀɑkle] nf (= coups) hiding, thrashing; (= défaite) thrashing * ◆ **flanquer une bonne raclée à qn** to give sb a good hiding ◆ **il a pris une bonne raclée aux élections** he got thrashed * ou hammered * in the elections

**raclement** [ʀɑkləmɑ̃] nm (= bruit) scraping (noise) ◆ **on entendit un raclement de gorge** someone could be heard clearing their throat

**racler** [ʀɑkle] → SYN ▸ conjug 1 ◂ vt a (gén, Méd, Tech) to scrape; [+ fond de casserole] to scrape out; [+ parquet] to scrape (down) ◆ **ce vin racle le gosier** this wine is really rough ◆ **se racler la gorge** to clear one's throat; → **fond**

b (= ratisser) [+ allée, gravier, sable] to rake

c (= enlever) [+ tache, croûte] to scrape away ou off; [+ peinture, écailles] to scrape off ◆ **racler la boue de ses semelles** to scrape the mud off one's shoes

d (péj) [+ violon] to scrape ou saw (a tune) on; [+ guitare] to strum (a tune) on

**raclette** [ʀɑklɛt] nf a (= outil) scraper

b (Culin) raclette *(melted cheese served with boiled potatoes and cold meats)*

**racleur, -euse** [ʀɑklœʀ, øz] nm,f (Tech) scraper ◆ **c'est un racleur de violon** (péj) he just scrapes on his violin

**racloir** [ʀɑklwaʀ] → SYN nm scraper

**raclure** [ʀɑklyʀ] nf a (gén pl = déchet) scraping

b (* péj) louse *

**racolage** [ʀakɔlaʒ] → SYN nm a (par une prostituée) soliciting

b (péj : par un agent électoral, un portier, un vendeur) soliciting, touting ◆ **faire du racolage** to solicit, tout ◆ **cette émission fait du racolage émotionnel** this programme deliberately plays on people's emotions

**racoler** [ʀakɔle] → SYN ▸ conjug 1 ◂ vt a [prostituée] **racoler des clients** to solicit for clients ◆ **racoler en voiture** to solicit in a car

b (péj) [agent électoral, portier, vendeur] to solicit, tout for

c (Hist) [+ soldats] to pressgang

**racoleur, -euse** [ʀakɔlœʀ, øz] → SYN 1 nm (pour spectacle) tout; († Mil) crimp; (péj Pol) canvasser

2 **racoleuse** nf (= prostituée) streetwalker, whore

3 adj slogan, publicité (gén) eye-catching, enticing; (Pol) vote-catching

**racontable** [ʀakɔ̃tabl] adj repeatable ◆ **cette histoire n'est pas racontable devant des enfants** this story is not fit to be told in front of children

**racontar** [ʀakɔ̃taʀ] → SYN nm story, bit of gossip ◆ **ce ne sont que des racontars !** it's just gossip!

**raconter** [ʀakɔ̃te] → SYN ▸ conjug 1 ◂ 1 vt a (= relater) [+ histoire, légende] to tell ◆ **raconter qch à qn** to tell sb sth ◆ **raconter sa vie** to tell one's life story ◆ **il nous a raconté ses malheurs** he told us about his misfortunes ◆ **il raconte qu'il a vu la reine** he says that he's seen the queen ◆ **elle m'a raconté qu'elle t'avait rencontré** she told me that she had met you ◆ **on raconte que ...** people say that ... ◆ **à ce qu'on raconte** from what people say ◆ **il est un peu radin à ce qu'on raconte** he's a bit mean by all accounts ou from what people say ◆ **le témoin a raconté ce qui s'était passé** the witness described ou recounted what had happened ◆ **il raconte bien** he tells a good story, he's a good storyteller ◆ **alors, raconte !** come on, tell me! (ou us!) ◆ **alors, qu'est-ce que tu racontes ?** * so, what's new? *, so, how are things with you? * ◆ **je te raconte pas !** * you can imagine!

b (= dire de mauvaise foi) **qu'est-ce que tu racontes ?** what on earth are you talking about?, what are you (going) on about? * ◆ **il raconte n'importe quoi** he's talking nonsense ou rubbish * (Brit) ◆ **raconter des histoires, en raconter** to tell stories, spin yarns ◆ **il a été raconter qu'on allait divorcer** he's been (going around) telling people we're getting divorced

2 **se raconter** vpr [écrivain] to talk about o.s. ◆ **se raconter des histoires** (= se leurrer) to lie to o.s.

**raconteur, -euse** [ʀakɔ̃tœʀ, øz] nm,f storyteller ◆ **raconteur de** narrator of

**racornir** [ʀakɔʀniʀ] ▸ conjug 2 ◂ 1 vt a (= durcir) [+ peau, cuir] to toughen, harden; [+ cœur, personne] to harden ◆ **cuir racorni** hardened ou dried-up leather ◆ **dans son cœur racorni** in his hard heart

b (= ratatiner) [+ personne, plante] to shrivel (up) ◆ **un vieillard racorni** a shrivelled(-up) ou wizened old man

2 **se racornir** vpr a (= se durcir) [peau, cuir, cœur, personne] to become tough ou hard

b (= se ratatiner) [personne, plante] to shrivel (up), become shrivelled (up)

**racornissement** [ʀakɔʀnismɑ̃] → SYN nm [peau, cuir] toughening, hardening; [plante] shrivelling (up)

**rad** [ʀad] nm rad

**radar** [ʀadaʀ] → SYN nm radar ◆ **système/écran radar** radar system/screen ◆ **contrôle radar** (Aut) speed check ◆ **il s'est fait prendre au radar** * he was caught by a speed trap * ◆ **marcher** ou **fonctionner au radar** * (fig) to be on automatic pilot *

**radariste** [ʀadaʀist] nmf radar operator

**rade** [ʀad] → SYN nf (= port) (natural) harbour (Brit) ou harbor (US), roads (SPÉC), roadstead (SPÉC)

◆ **en rade** bateau in harbour, in the roads (SPÉC) ◆ **en rade de Brest** in Brest harbour ◆ **laisser en rade** * [+ personne] to leave in the lurch, leave high and dry; [+ projet] to forget about, drop, shelve; [+ voiture] to leave behind ◆ **elle/sa voiture est restée en rade** * she/her car was left stranded ◆ **tomber en rade** * (panne d'essence) to run out of petrol (Brit) ou gas (US); (ennuis mécaniques) to break down

**radeau,** pl **radeaux** [ʀado] → SYN nm raft; (= train de bois) timber float ou raft ◆ **radeau de sauvetage/pneumatique** rescue/inflatable raft ◆ **"Le Radeau de la Méduse"** (Art) "The Raft of the Medusa"

**radiaire** [ʀadjɛʀ] adj radial

**radial, e,** mpl **-iaux** [ʀadjal, jo] 1 adj (gén) radial

2 **radiale** nf (= route) urban motorway (Brit) ou highway (US)

**radian** [ʀadjɑ̃] nm radian

**radiant, e** [ʀadjɑ̃, jɑ̃t] → SYN adj énergie radiant ◆ **(point) radiant** (Astron) radiant

**radiateur** [ʀadjatœʀ] nm (à eau, à huile) radiator; (à gaz, à barres chauffantes) heater; [voiture] radiator ◆ **radiateur à accumulation** storage radiator ou heater ◆ **radiateur électrique** electric heater ◆ **radiateur soufflant** fan heater ◆ **radiateur parabolique** electric fire

**radiation** [ʀadjasjɔ̃] → SYN nf a (Phys) radiation

b [nom, mention] crossing ou striking off ◆ **on a demandé sa radiation du club** they've asked that he should be struck off the club register

**radical, e,** mpl **-aux** [ʀadikal, o] → SYN 1 adj changement, mesure, solution radical, drastic; (Bot, Math, Hist, Pol) radical ◆ **une rupture radicale avec les pratiques passées** a complete break with past practices ◆ **essayez ce remède, c'est radical** * try this remedy, it works like a charm ou it really does the trick * ◆ **un mois de ce régime et tu maigris, c'est radical !** * one month on this diet and you lose weight, it never fails!

2 nm [mot] stem, radical, root; (Chim, Pol) radical; (Math) radical sign ◆ **radicaux libres** (Chim) (free) radicals

**radicalement** [ʀadikalmɑ̃] → SYN adv changer, différer radically; faux, nouveau completely ◆ **radicalement opposé à/différent** radically opposed to/different ◆ **rompre radicalement avec** to make a complete break with

**radicalisation** [ʀadikalizasjɔ̃] nf [position, revendications] toughening; [conflit] intensification; [régime, parti] radicalization ◆ **certains élus préconisent une radicalisation du texte** some representatives would like the text to be made even more radical

**radicaliser** [ʀadikalize] ▸ conjug 1 ◂ 1 vt [+ position] to toughen, harden; [+ politique] to toughen

2 **se radicaliser** vpr [personne, parti, position, politique] to become more radical; [conflit] to intensify

**radicalisme** [ʀadikalism] nm (Pol) radicalism

**radical-socialisme** [ʀadikalsɔsjalism] nm radical socialism

**radical-socialiste, radicale-socialiste** [ʀadikalsɔsjalist], mpl **radicaux-socialistes** [ʀadikosɔsjalist] adj, nmf radical socialist

**radicant, e** [ʀadikɑ̃, ɑ̃t] adj radicant

**radicelle** [ʀadisɛl] → SYN nf rootlet, radicle (SPÉC)

**radiculaire** [ʀadikylɛʀ] adj radicular

**radicule** [ʀadikyl] nf radicule

**radiculite** [ʀadikylit] nf radiculitis

**radié, e** [ʀadje] (ptp de **radier**) adj (= rayonné) rayed, radiate

**radier**[1] [ʀadje] → SYN ▸ conjug 7 ◂ vt [+ mention, nom] to cross off, strike off ◆ **il a été radié de l'Ordre des médecins** he has been struck off the medical register

**radier**[2] [ʀadje] → SYN nm (Constr = revêtement) apron

**radiesthésie** [ʀadjɛstezi] nf (power of) divination, dowsing *(based on the detection of radiation emitted by various bodies)*

**radiesthésiste** [ʀadjɛstezist] → SYN nmf diviner, dowser

**radieusement** [ʀadjøzmɑ̃] adv radiantly ◆ **radieusement beau** personne radiantly ou dazzlingly beautiful; temps absolutely glorious

**radieux, -ieuse** [ʀadjø, jøz] → SYN adj personne (de joie) radiant with happiness ou joy; (de beauté) radiantly ou dazzlingly beautiful; air, sourire radiant, beaming (épith); soleil, beauté radiant, dazzling; journée, temps brilliant, glorious

**radin, e** * [ʀadɛ̃, in] → SYN 1 adj stingy, tight-fisted

2 nm,f skinflint

**radiner** * vi, **se radiner** * vpr [ʀadine] ▸ conjug 1 ◂ (= arriver) to turn up, show up *, roll up *; (= accourir) to rush over, dash over ◆ **allez, radine(-toi) !** come on, step on it! * ou get your skates on! * (Brit)

**radinerie** * [ʀadinʀi] nf stinginess (NonC), tight-fistedness (NonC)

**radio** [ʀadjo] → SYN 1 nf a (= poste) radio ◆ **mets la radio** turn on ou put on the radio; → **poste**[2]

b (= radiodiffusion) **la radio** (the) radio ◆ **avoir la radio** to have a radio ◆ **parler à la radio** to speak on the radio ◆ **passer à la radio** to be on the radio ◆ **travailler à la radio** to work in broadcasting ou on the radio ◆ **antenne/fréquence radio** radio aerial/frequency

c (= station) radio station ◆ **radio pirate** pirate radio station ◆ **la radio du Caire** Cairo radio ◆ **radio libre** ou **locale privée** independent local radio station

d (= radiotéléphonie) radio ◆ **message radio** radio message ◆ **la radio de bord du navire** the ship's radio

e (= radiographie) X-ray (photograph) ◆ **passer une radio** to have an X-ray (taken) ◆ **on lui a fait passer une radio** he was X-rayed

2 nm (= opérateur) radio operator; († = message) radiogram, radiotelegram

**radioactif, -ive** [ʀadjoaktif, iv] → SYN adj radioactive ◆ **déchets faiblement/hautement radioactifs** low-level/highly ou high-level radioactive waste

**radioactivité** [ʀadjoaktivite] nf radioactivity ◆ **radioactivité naturelle** natural ou naturally-occurring radioactivity

**radioalignement** [ʀadjoaliɲ(ə)mɑ̃] nm radio navigation system

**radioaltimètre** [ʀadjoaltimɛtʀ] nm radio altimeter

**radioamateur** [ʀadjoamatœʀ] nm radio ham *

**radioastronome** [ʀadjoastʀɔnɔm] nmf radio astronomer

**radioastronomie** [ʀadjoastʀɔnɔmi] nf radio astronomy

**radiobalisage** [ʀadjobalizaʒ] nm radio beacon signalling

**radiobalise** [ʀadjobaliz] nf radio beacon

**radiobaliser** [ʀadjobalize] ▸ conjug 1 ◂ vt to equip with a radio beacon system

**radiobiologie** [ʀadjobjɔlɔʒi] nf radiobiology

**radiocarbone** [ʀadjokaʀbɔn] nm radiocarbon, radioactive carbon

**radiocassette** [ʀadjokasɛt] nm cassette radio, radio cassette player

**radiochimie** [ʀadjoʃimi] nf radiochemistry

**radiocobalt** [ʀadjokɔbalt] nm radio cobalt, radioactive cobalt

**radiocommande** [ʀadjokɔmɑ̃d] nf radio control

**radiocommunication** [ʀadjokɔmynikasjɔ̃] nf radio communication

**radiocompas** [ʀadjokɔ̃pɑ] → SYN nm radio compass

**radioconducteur** [ʀadjokɔ̃dyktœʀ] nm detector

**radiodermite** [ʀadjodɛʀmit] nf radiodermatitis

**radiodiagnostic** [ʀadjodjagnɔstik] nm radiodiagnosis

**radiodiffuser** [ʀadjodifyze] ▸ conjug 1 ◂ vt to broadcast *(by radio)* ◆ **interview radiodiffusée** broadcast ou radio interview

**radiodiffuseur** [ʀadjodifyzœʀ] nm (radio) broadcaster

**radiodiffusion** [ʀadjodifyzjɔ̃] nf broadcasting *(by radio)*

**radioélectricien, -ienne** [ʀadjoelɛktʀisjɛ̃, jɛn] nm,f radio-engineer

**radioélectricité** [ʀadjoelɛktʀisite] nf radio-engineering

**radioélectrique** [ʀadjoelɛktʀik] adj radio (épith)

**radioélément** [ʀadjoelemɑ̃] nm radio-element

**radiofréquence** [ʀadjofʀekɑ̃s] nf radio frequency

**radiogalaxie** [ʀadjogalaksi] nf radio galaxy

**radiogénique** [ʀadjoʒenik] adj radiogenic

**radiogoniomètre** [ʀadjogɔnjɔmɛtʀ] nm direction finder, radiogoniometer

**radiogoniométrie** [ʀadjogɔnjɔmetʀi] nf radio direction finding, radiogoniometry

**radiogramme** [ʀadjɔgʀam] nm (= télégramme) radiogram, radiotelegram; (= film) radiograph, radiogram

**radiographie** [ʀadjɔgʀafi] nf a (= technique) radiography, X-ray photography ◆ **passer une radiographie** to have an X-ray (taken), be X-rayed

b (= photographie) X-ray (photograph), radiograph

**radiographier** [ʀadjɔgʀafje] ▸ conjug 7 ◂ vt to X-ray

**radiographique** [ʀadjɔgʀafik] adj X-ray (épith)

**radioguidage** [ʀadjogidaʒ] nm (Aviat) radio control, radiodirection ◆ **le radioguidage des automobilistes** (Radio) broadcasting traffic reports to motorists

**radioguidé, e** [ʀadjogide] adj radio-controlled

**radioguider** [ʀadjogide] ▸ conjug 1 ◂ vt to radio-control

**radio-immunologie** [ʀadjoimynɔlɔʒi] nf radio-immunology

**radio-isotope,** pl **radio-isotopes** [ʀadjoizɔtɔp] nm radio-isotope

**radiolaires** [ʀadjɔlɛʀ] nmpl ◆ **les radiolaires** radiolarians, the Radiolaria (SPÉC)

**radiolésion** [ʀadjolezjɔ̃] nf radiolesion

**radiolocalisation** [ʀadjolɔkalizasjɔ̃] nf radiolocation

**radiologie** [ʀadjɔlɔʒi] nf radiology

**radiologique** [ʀadjɔlɔʒik] adj radiological

**radiologiste** [ʀadjɔlɔʒist], **radiologue** [ʀadjɔlɔg] nmf radiologist

**radiolyse** [ʀadjɔliz] nf radiolysis

**radiomessagerie** [ʀadjomesaʒʀi] nf radiopaging

**radiomètre** [ʀadjɔmɛtʀ] nm radiometer

**radionavigant** [ʀadjonavigɑ̃] nm radio officer

**radionavigation** [ʀadjonavigasjɔ̃] nf radio navigation

**radionécrose** [ʀadjonekʀoz] nf radionecrosis

**radiophare** [ʀadjofaʀ] nm radio beacon

**radiophonie** [ʀadjɔfɔni] nf radiotelephony

**radiophonique** [ʀadjɔfɔnik] adj radio (épith)

**radiophotographie** [ʀadjofɔtɔgʀafi] nf (= image) X-ray image

**radioprotection** [ʀadjopʀɔtɛksjɔ̃] nf radiation protection

**radioreportage** [ʀadjoʀ(ə)pɔʀtaʒ] nm radio report

**radioreporter** [ʀadjoʀ(ə)pɔʀtɛʀ] nm radio reporter

**radio-réveil,** pl **radio-réveils** [ʀadjoʀevɛj] nm radio-alarm, clock-radio

**radioscopie** [ʀadjɔskɔpi] nf radioscopy

**radioscopique** [ʀadjɔskɔpik] adj radioscopic

**radiosensible** [ʀadjosɑ̃sibl] adj radiosensitive

**radiosondage** [ʀadjosɔ̃daʒ] nm (Mét) radiosonde exploration; (Géol) seismic prospecting

**radiosonde** [ʀadjosɔ̃d] nf radiosonde

**radiosource** [ʀadjosuʀs] nf radio source, star source

**radio-taxi,** pl **radio-taxis** [ʀadjotaksi] nm radio taxi, radio cab

**radiotechnique** [ʀadjotɛknik] 1 nf radio technology

2 adj radiotechnological

**radiotélégraphie** [ʀadjotelegʀafi] nf radiotelegraphy, wireless telegraphy

**radiotélégraphique** [ʀadjotelegʀafik] adj radiotelegraphic

**radiotélégraphiste** [ʀadjotelegʀafist] nmf radiotelegrapher

**radiotéléphone** [ʀadjotelefɔn] nm radiotelephone

**radiotéléphonie** [ʀadjotelefɔni] nf radiotelephony, wireless telephony

**radiotélescope** [ʀadjotelɛskɔp] nm radio telescope

**radiotélévisé, e** [ʀadjotelevize] adj broadcast on both radio and television, broadcast and televised

**radiotélévision** [ʀadjotelevizjɔ̃] nf radio and television

**radiothérapeute** [ʀadjoteʀapøt] nmf radiotherapist

**radiothérapie** [ʀadjoteʀapi] nf radiotherapy

**radis** [ʀadi] nm a (Bot) radish ◆ **radis noir** black winter radish

b (* = sou) penny, cent (US) ◆ **je n'ai pas un radis** I haven't got a penny (to my name) (Brit) ou a cent * ou a bean (US) * ◆ **ça ne vaut pas un radis** it's not worth a penny ou a bean (Brit) *

**radium** [ʀadjɔm] nm radium

**radius** [ʀadjys] nm (Anat) radius

**radjah** [ʀadʒa] nm ⇒ **rajah**

**radome** [ʀadom] nm radome

**radon** [ʀadɔ̃] nm radon

**radotage** [ʀadɔtaʒ] → SYN nm (péj) drivel (NonC), rambling

**radoter** [ʀadɔte] → SYN ▸ conjug 1 ◂ 1 vi (péj) to ramble on ou drivel (on) ◆ **tu radotes** * you're talking a load of drivel *

2 vt (péj) ◆ **il radote toujours les mêmes histoires** * he's always going on ou wittering on * about the same old things

**radoteur, -euse** [ʀadɔtœʀ, øz] → SYN nm,f (péj) drivelling (old) fool, (old) driveller

**radoub** [ʀadu] nm (Naut) refitting ◆ **navire au radoub** ship under repair ou undergoing a refit; → **bassin**

**radouber** [ʀadube] → SYN ▸ conjug 1 ◂ vt [+ navire] to repair, refit; [+ filet de pêche] to repair, mend

**radoucir** [ʀadusiʀ] → SYN ▸ conjug 2 ◂ 1 vt [+ ton, attitude] to soften; [+ temps] to make milder

2 **se radoucir** vpr [personne] (après une colère) to calm down, be mollified; (avec l'âge) to mellow; [voix] to soften, become milder; [temps] to become milder

**radoucissement** [ʀadusismɑ̃] → SYN nm a (Mét) **radoucissement (de la température)** rise in (the) temperature ◆ **on prévoit un léger/net radoucissement** the forecast is for slightly/much milder weather

b [ton, attitude] softening; [personne] calming down

**radula** [ʀadyla] nf radula

**rafale** [ʀafal] → SYN nf [vent] gust; [pluie] sudden shower; [mitrailleuse] burst; [neige] flurry ◆ **une soudaine rafale (de vent)** a sudden gust of wind ◆ **rafale de mitrailleuse** burst of machine gun fire ◆ **en** ou **par rafales** souffler in gusts; tirer in bursts ◆ **tir en rafales** firing ou shooting in bursts ◆ **une rafale** ou **des rafales de balles** a hail of bullets ◆ **le gouvernement publiait des communiqués en rafales** the government issued statements in rapid-fire succession

**raffermir** [ʀafɛʀmiʀ] → SYN ▸ conjug 2 ◂ 1 vt a [+ muscle] to harden, tone up; [+ chair] to firm up, make firm(er); [+ peau] to tone up; [+ voix] to steady

b [+ gouvernement, popularité] to strengthen, reinforce; [+ prix, marché, cours] to steady; [+ courage, résolution] to strengthen

2 **se raffermir** vpr a [muscle] to harden; [chair] to firm up, become firm(er)

b [autorité] to strengthen, become strengthened ou reinforced; [prix, marché, cours, voix] to become steadier ◆ **son visage se raffermit** his face became more composed ◆ **ma résolution se raffermit** I grew stronger in my resolve ◆ **se raffermir dans ses intentions** to strengthen one's resolve ◆ **le cours du dollar s'est légèrement raffermi** the dollar is slightly steadier

**raffermissant, e** [ʀafɛʀmisɑ̃, ɑ̃t] adj (Cosmétique) toning

**raffermissement** [ʀafɛʀmismɑ̃] → SYN nm a [muscle] strengthening; [chair] firming; [peau] firming up; [voix] steadying b [gouvernement, popularité] reinforcement; [cours, monnaie] steadying; [courage, résolution] strengthening ◆ **la nouvelle a provoqué un raffermissement du dollar** the news steadied the dollar

**raffinage** [ʀafinaʒ] → SYN nm refining

**raffiné, e** [ʀafine] → SYN (ptp de **raffiner**) adj a pétrole, sucre refined
b personne, mœurs, style refined, polished, sophisticated; esprit, gourmet, goûts discriminating, refined; confort, décor elegant; cuisine, élégance refined ◆ **peu raffiné** unrefined, unsophisticated ◆ **supplice raffiné** slow torture

**raffinement** [ʀafinmɑ̃] → SYN nm a (= caractère) [personne, civilisation] refinement, sophistication
b (gén pl = détail raffiné) nicety, refinement
c (= excès) **c'est du raffinement** that's being oversubtle ◆ **avec un raffinement de luxe/de cruauté** with refinements of luxury/of cruelty

**raffiner** [ʀafine] → SYN ▸ conjug 1 ◂ 1 vt a [+ pétrole, sucre, papier] to refine
b [+ langage, manières] to refine, polish
2 vi (dans le raisonnement) to be oversubtle; (sur les détails) to be (over)meticulous

**raffinerie** [ʀafinʀi] nf refinery ◆ **raffinerie de pétrole/de sucre** oil/sugar refinery

**raffineur, -euse** [ʀafinœʀ, øz] nm,f refiner

**rafflesia** [ʀaflezja] nm, **rafflésie** [ʀaflezi] nf rafflesia

**raffoler** [ʀafɔle] → SYN ▸ conjug 1 ◂ **raffoler de** vt indir to be mad ou crazy* ou wild* about ◆ **le chocolat, j'en raffole !** I'm mad* about chocolate!

**raffut** * [ʀafy] nm (= vacarme) row, racket ◆ **faire du raffut** (= être bruyant) to make a row ou racket; (= protester) to kick up a fuss ou stink* ◆ **ils ont fait un raffut de tous les diables** they made a hell* of a racket ◆ **sa démission va faire du raffut** his resignation will cause a row ou a stink*

**rafiot** [ʀafjo] → SYN nm (péj = bateau) (old) tub (péj)

**rafistolage** * [ʀafistɔlaʒ] nm (= action : lit, fig) patching up ◆ **ce n'est qu'un** ou **que du rafistolage** (lit) it's only a patched-up ou makeshift repair; (fig) it's just a stopgap (solution)

**rafistoler** * [ʀafistɔle] ▸ conjug 1 ◂ vt (= réparer) to patch up

**rafle¹** [ʀɑfl] → SYN nf (police) roundup ou raid, swoop ◆ **la police a fait une rafle** the police rounded up some suspects ◆ **être pris dans une rafle** to be caught in a roundup ou a raid ◆ **la rafle du Vél' d'Hiv** (Hist) *the roundup of Jews in the Paris Vélodrome d'Hiver during the Second World War*

**rafle²** [ʀɑfl] nf (Bot) stalk; [maïs] cob

**rafler** * [ʀɑfle] ▸ conjug 1 ◂ vt (= prendre) [+ récompenses] to run off with; [+ place] to bag*, grab; (= voler) [+ bijoux] to swipe‡ ◆ **les clients avaient tout raflé** the customers had swept up ou snaffled* everything ◆ **elle a raflé tous les prix** she ran away ou off with all the prizes, she made a clean sweep of the prizes ◆ **le film a raflé sept Oscars** the film scooped seven Oscars

**rafraîchir** [ʀafʀeʃiʀ] → SYN ▸ conjug 2 ◂ 1 vt a (= refroidir) [+ air] to cool (down), freshen; [+ vin] to chill; [+ boisson] to cool, make cooler; [+ haleine] to freshen; → **fruit**
b (= redonner du tonus à) [+ visage, corps] to freshen (up)
c (= désaltérer) [boisson] to refresh
d (= rénover) [+ vêtement] to smarten up, brighten up; [+ tableau, couleur] to brighten up, freshen up; [+ appartement] to do up, brighten up; [+ connaissances] to brush up ◆ **"à rafraîchir"** [+ appartement] "needs some work" ◆ **se faire rafraîchir les cheveux** to have a trim, have one's hair trimmed ◆ **rafraîchir la mémoire** ou **les idées de qn** to jog ou refresh sb's memory
e (Ordin) [+ écran] to refresh
2 vi [vin etc ] to cool (down) ◆ **mettre à rafraîchir** [+ vin, dessert] to chill
3 **se rafraîchir** vpr a (Mét) **le temps/ça se rafraîchit** the weather/it's getting cooler ou colder
b (en se lavant) to freshen (o.s.) up; (en buvant) to refresh o.s. ◆ **on se rafraîchirait volontiers** a cool drink would be very welcome

**rafraîchissant, e** [ʀafʀeʃisɑ̃, ɑ̃t] adj vent refreshing, cooling; boisson refreshing; (fig) idée, œuvre refreshing

**rafraîchissement** [ʀafʀeʃismɑ̃] → SYN nm a [température] cooling ◆ **dû au rafraîchissement de la température** due to the cooler weather ou the cooling of the weather ◆ **on s'attend à un rafraîchissement rapide de la température** we expect temperatures to drop sharply, we expect the weather to get rapidly cooler
b (= boisson) cool ou cold drink ◆ **rafraîchissements** (= glaces, fruits) refreshments
c (Ordin) refresh ◆ **fréquence de rafraîchissement** refresh rate

**raft** [ʀaft] nm raft

**rafting** [ʀaftiŋ] nm rafting ◆ **faire du rafting** to raft, go rafting

**ragaillardir** [ʀagajaʀdiʀ] → SYN ▸ conjug 2 ◂ vt to perk up, buck up* ◆ **tout ragaillardi par cette nouvelle** bucked up by this news*

**rage** [ʀaʒ] → SYN nf a (= colère) rage, fury ◆ **la rage au cœur** (inwardly) seething with rage ou anger ◆ **mettre qn en rage** to infuriate ou enrage sb, make sb's blood boil ◆ **être dans une rage folle, être ivre** ou **fou de rage** to be mad with rage, be in a raging temper ◆ **être en rage, avoir la rage‡** to be absolutely furious, be fuming* ◆ **suffoquer** ou **étouffer de rage** to choke with anger ou rage ◆ **dans sa rage de ne pouvoir l'obtenir, il ...** in his rage ou fury at not being able to obtain it, he ... ◆ **être pris d'une rage aveugle/destructrice** to fly into a blind/destructive rage; → **amour**
b (= envie violente) **avoir la rage de (faire) qch** to have a passion for (doing) sth ◆ **sa rage de vaincre** his dogged determination to win ◆ **sa rage de vivre** his voracious appetite ou his incredible lust for life
c **faire rage** [guerre, incendie, tempête, polémique] to rage; [concurrence] to be fierce
d (Méd) **la rage** rabies sg; → **noyer**
e **rage de dents** raging toothache

**rageant, e** * [ʀaʒɑ̃, ɑ̃t] adj infuriating, maddening ◆ **ce qui est rageant avec lui, c'est que ...** the infuriating ou maddening thing about him is that ...

**rager** [ʀaʒe] → SYN ▸ conjug 3 ◂ vi to fume ◆ **ça (me) fait rager !** it makes me fume! ou furious! ou mad! ◆ **rageant de voir que les autres n'étaient pas punis** furious that the others weren't punished

**rageur, -euse** [ʀaʒœʀ, øz] → SYN adj enfant hot-tempered, quick-tempered; voix, geste bad-tempered, angry ◆ **il était rageur** he was furious ou livid

**rageusement** [ʀaʒøzmɑ̃] adv angrily

**ragga** [ʀaga] nm (Mus) ragga (music)

**raglan** [ʀaglɑ̃] → SYN nm, adj inv raglan

**ragondin** [ʀagɔ̃dɛ̃] nm (= animal) coypu; (= fourrure) nutria

**ragot** * [ʀago] nm piece of (malicious) gossip ou tittle-tattle ◆ **ragots** gossip, tittle-tattle

**ragougnasse** * [ʀaguɲas] nf (péj = nourriture) pigswill (NonC)

**ragoût** [ʀagu] → SYN nm stew, ragout ◆ **ragoût de mouton** lamb stew ◆ **en ragoût** stewed

**ragoûtant, e** [ʀagutɑ̃, ɑ̃t] → SYN adj ◆ **peu ragoûtant** mets unappetizing; individu unsavoury; travail unwholesome, unpalatable ◆ **ce n'est guère ragoûtant** that's not very inviting ou tempting

**ragréer** [ʀagʀee] → SYN ▸ conjug 1 ◂ vt [+ façade, sol] to smoothe; (avec du sable) to sand

**ragtime** [ʀagtajm] nm ragtime

**raguer** [ʀage] ▸ conjug 1 ◂ vi (Naut) to chafe, rub

**rahat-loukoum,** pl **rahat-loukoums** [ʀaatlukum] nm ⇒ **loukoum**

**rai** [ʀɛ] → SYN nm (littér = rayon) ray; (Tech) spoke *(of wooden wheel)*

**raï** [ʀaj] 1 adj inv rai (épith)
2 nm inv rai

**raid** [ʀɛd] → SYN nm (Mil) raid, hit-and-run attack ◆ **raid aérien** air raid ◆ **raid automobile/à skis** (Sport) long-distance car/ski trek ◆ **raid boursier** raid ◆ **faire un raid sur** (Fin, Mil) to raid

**raide** [ʀɛd] → SYN 1 adj a corps, membre, geste, étoffe stiff; cheveux straight; câble taut, tight ◆ **être** ou **se tenir raide comme un échalas** ou **un piquet** ou **un manche à balai** ou **la justice** to be (as) stiff as a poker ◆ **assis raide sur sa chaise** sitting bolt upright on his chair ◆ **avoir une jambe raide** to have a stiff leg ◆ **ses cheveux sont raides comme des baguettes de tambour** her hair is dead straight; → **corde**
b pente, escalier steep, abrupt
c (= inflexible) attitude, morale, personne rigid, inflexible; manières stiff, starchy; démarche stiff
d (= fort, âpre) alcool rough
e (* = difficile à croire) **c'est un peu raide** that's a bit hard to swallow ou a bit far-fetched ◆ **elle est raide celle-là !** that's a bit much!* ◆ **il en a vu de raides** he's seen a thing or two*
f (* = osé) **assez** ou **un peu raide** propos, passage, scène daring ◆ **il s'en passe de raides, chez eux** all sorts of things go on at their place ◆ **il en raconte de raides** he tells some pretty daring stories
g (‡ = sans argent) broke* ◆ **être raide comme un passe-lacet** to be flat ou stony (Brit) broke*
h ‡ (= ivre) drunk, sloshed*; (= drogué) stoned‡, high* ◆ **être complètement raide** (sous l'effet d'une drogue) to be completely stoned‡, be as high as a kite*; (sous l'effet de l'alcool) to be blind drunk*
2 adv a (= en pente) **ça montait/descendait raide** (ascension, descente) it was a steep climb/climb down; (pente) it climbed/fell steeply
b (= net) **tomber raide** to drop to the ground ou floor ◆ **quand elle m'a dit ça, j'en suis tombé raide*** I was thunderstruck when she told me ◆ **tomber raide mort** to drop ou fall down dead ◆ **tuer qn raide*** to kill sb outright ou stone dead (Brit) ◆ **il l'a étendu raide (mort)*** he laid him out cold* ◆ **être raide fou** ou **dingue*** to be completely crazy ou nuts* ◆ **être raide défoncé‡** to be completely stoned‡ ou high*

**rai-de-cœur,** pl **rais-de-cœur** [ʀɛd(ə)kœʀ] nm leaf-and-dart

**raider** [ʀɛdœʀ] nm (Bourse) raider

**raideur** [ʀɛdœʀ] → SYN nf a [corps, membre, geste, étoffe] stiffness; [cheveux] straightness; [câble] tautness, tightness ◆ **j'ai une raideur dans la nuque** I've got a stiff neck
b [pente, escalier] steepness, abruptness
c [attitude, morale, personne] rigidity, inflexibility; [manières] stiffness, starchiness; [démarche] stiffness ◆ **avec raideur** répondre, saluer, marcher stiffly
d (= âpreté) [alcool] roughness

**raidillon** [ʀedijɔ̃] → SYN nm steep path

**raidir** [ʀediʀ] → SYN ▸ conjug 2 ◂ 1 vt [+ drap, tissu] to stiffen; [+ corde, fil de fer] to pull taut ou tight, tighten ◆ **raidir ses muscles** to tense ou stiffen one's muscles ◆ **des corps raidis par la mort** stiff corpses ◆ **raidir sa position** (fig) to harden ou toughen one's position, take a hard(er) ou tough(er) line
2 **se raidir** vpr a [toile, tissu] to stiffen, become stiff(er); [corde] to grow taut; (fig) [position] to harden
b [personne] (= perdre sa souplesse) to become stiff(er); (= bander ses muscles) to stiffen; (= se préparer moralement) to brace ou steel o.s.; (= s'entêter) to take a hard(er) ou tough(er) line

**raidissement** [ʀedismɑ̃] → SYN nm (= perte de souplesse) stiffening ◆ **ce raidissement soudain du parti adverse** (= intransigeance) this sudden tough(er) line taken by the opposing party

**raidisseur** [ʀedisœʀ] nm (= tendeur) tightener

**raie¹** [ʀɛ] → SYN nf a (= trait) line; (Agr = sillon) furrow; (= éraflure) mark, scratch ◆ **faire une raie** to draw a line ◆ **attention, tu vas faire des raies** careful, you'll scratch it ◆ **la raie des fesses** the cleft between the buttocks
b (= bande) stripe ◆ **chemise avec des raies** striped ou stripy (Brit) shirt ◆ **les raies de son pelage** the stripes on its fur ◆ **raie d'absorption/d'émission** (Phys) absorption/emission line

c (Coiffure) parting (Brit), part (US) ◆ **avoir la raie au milieu/sur le côté** to have a centre/side parting (Brit) ou part (US), have one's hair parted in the middle/to the side

**raie²** [ʀɛ] → SYN nf (= poisson) skate, ray; (Culin) skate ◆ **raie bouclée** thornback ray ◆ **raie manta** manta ray ◆ **raie électrique** electric ray; → **gueule**

**raifort** [ʀɛfɔʀ] → SYN nm (= aromate) horseradish; (= radis noir) black winter radish

**rail** [ʀɑj] → SYN nm a (= barre) rail ◆ **les rails** (= voie) the rails, the track ◆ **rail conducteur** live rail ◆ **rail de sécurité** guardrail, crash barrier (Brit) ◆ **le rail est plus pratique que la route** it's more practical to travel by train than by road ◆ **être sur les rails** (fig) to be under way ◆ **remettre sur les rails** (lit, fig) to put back on the rails ◆ **quitter les rails, sortir des rails** to jump the rails, go off the rails ◆ **transport rail-route** road-rail transport ◆ **rail de travelling** (Ciné) dolly

b (Naut) lane

**railler** [ʀɑje] → SYN ▸ conjug 1 ◂ 1 vt (frm = se moquer de) [+ personne, chose] to scoff at, jeer at, mock at

2 vi (†† = plaisanter) to jest ◆ **vous raillez ?** you jest? ◆ **..., dit-il en raillant** ..., he quipped

3 **se railler** †† vpr to scoff, jeer, mock (*de* at)

**raillerie** [ʀɑjʀi] → SYN nf (frm) (= ironie) mockery, scoffing; (= remarque) gibe ◆ **il sortit de scène sous les railleries du public** he left the stage to the booing ou catcalls of the audience

**railleur, -euse** [ʀɑjœʀ, øz] → SYN 1 adj mocking, derisive, scoffing

2 nm scoffer, mocker

**railleusement** [ʀɑjøzmɑ̃] adv mockingly, derisively, scoffingly

**rainer** [ʀene] ▸ conjug 1 ◂ vt to groove

**rainette** [ʀɛnɛt] → SYN nf a (= grenouille) tree frog

b ⇒ **reinette**

**rainurage** [ʀenyʀaʒ] nm grooved surface

**rainure** [ʀenyʀ] → SYN nf (longue, formant glissière) groove; (courte, pour emboîtage) slot ◆ **les rainures du parquet** the gaps between the floorboards

**rainurer** [ʀenyʀe] ▸ conjug 1 ◂ vt to groove

**raiponce** [ʀɛpɔ̃s] nf rampion

**rais** [ʀɛ] nm ⇒ **rai**

**raïs** [ʀais] nm head of state *(of an Arab country)*

**raisin** [ʀɛzɛ̃] → SYN 1 nm a (= espèce) grape ◆ **du raisin, des raisins** (= fruit) grapes ◆ **raisin noir/blanc** black/white grape ◆ **c'est un raisin qui donne du bon vin** it's a grape that yields a good wine ◆ **"Les Raisins de la colère"** (Littérat) "The Grapes of Wrath"; → **grain, grappe, jus**

b (= papier) ≃ royal

c (= œufs) **raisins de mer** [seiche] cuttlefish eggs; [poulpe] octopus eggs

2 COMP ▷ **raisins de Corinthe** currants ▷ **raisins secs** raisins ▷ **raisins de Smyrne** sultanas ▷ **raisin de table** dessert ou eating grapes

**raisiné** [ʀezine] nm (= jus) grape jelly; (= confiture) *pear or quince jam made with grape jelly*; († ✱ = sang) blood

**raison** [ʀɛzɔ̃] GRAMMAIRE ACTIVE 11.1, 13.3, 17.1, 26.2, 26.3 → SYN

1 nf a (gén, Philos = faculté de discernement) reason ◆ **seul l'homme est doué de raison** man alone is endowed with reason ◆ **conforme/contraire à la raison** reasonable/unreasonable ◆ **il n'a plus sa raison, il a perdu la raison** he has lost his reason, he has taken leave of his senses, he is not in his right mind ◆ **si tu avais toute ta raison tu verrais que ...** if you were in your right mind, you would see that ... ◆ **manger/boire plus que de raison** to eat/drink more than is sensible ou more than one should; → **âge, mariage, rime**

b (= motif) reason ◆ **la raison pour laquelle je suis venu** the reason (why ou that) I came ◆ **pour quelles raisons l'avez-vous renvoyé ?** why ou on what grounds did you fire him?, what were your reasons for firing him? ◆ **la raison de cette réaction** the reason for this reaction ◆ **il n'y a pas de raison de s'arrêter** there's no reason to stop ◆ **j'ai mes raisons** I have my reasons ◆ **pour (des) raisons politiques/familiales** for political/family reasons ◆ **pour raisons de santé** for health reasons, on grounds of (ill) health ◆ **raisons cachées** hidden motives ou reasons ◆ **il a refusé pour la simple raison que ...** he refused simply on the grounds that ..., he refused simply because ... ◆ **pour la simple et bonne raison que je ne veux pas** for the simple reason that I don't want to ◆ **j'ai de bonnes raisons de penser que ...** I have good ou every reason to think that ... ◆ **la raison en est que ...** the reason is that ...

c (= argument, explication, excuse) reason ◆ **sans raison** without reason ◆ **sans raison valable** for no valid reason ◆ **il a toujours de bonnes raisons !** (iro) he's always got a good excuse! ou reason! ◆ (Prov) **la raison du plus fort est toujours la meilleure** might is right (Prov) ◆ **ce n'est pas une raison !** that's no excuse! ou reason!; → **comparaison, rendre**

d (Math) ratio ◆ **raison directe/inverse** direct/inverse ratio ou proportion

e (LOC) **pour une raison ou pour une autre** for some reason or other, for one reason or another ◆ **rire sans raison** to laugh for no reason ◆ **non sans raison** not without reason ◆ **se faire une raison** to accept it ◆ **entendre raison, se rendre à la raison** to listen to ou see reason ◆ **faire entendre raison à qn, ramener qn à la raison** to make sb see sense ou reason ◆ **mettre qn à la raison** † to bring sb to their senses, make sb see sense ou reason, talk (some) sense into sb ◆ **demander raison à qn de** (littér) [+ offense] to demand satisfaction from sb for (frm)

◆ **avoir raison** to be right (*de faire* in doing, to do) ◆ **tu as bien raison !** you're absolutely ou dead ✱ right! ◆ **avoir raison de qn/qch** to get the better of sb/sth

◆ **donner raison à qn** [événement] to prove sb right ◆ **tu donnes toujours raison à ta fille** you're always siding with your daughter, you're always on your daughter's side ◆ **la justice a fini par lui donner raison** the court eventually decided in his favour

◆ **raison de plus** all the more reason (*pour faire* for doing)

◆ **à raison de** ◆ **à raison de 25 € par caisse** at the rate of €25 per crate ◆ **payé à raison de 40 lignes par page** paid on the basis of 40 lines a page ◆ **à raison de 3 fois par semaine** 3 times a week

◆ **avec (juste) raison, à juste raison** rightly, justifiably, with good reason

◆ **à plus forte raison** ◆ **à plus forte raison, je n'irai pas** all the more reason for me not to go ◆ **à plus forte raison si/quand ...** all the more so if/when ...

◆ **comme de raison** as one might expect

◆ **en raison de** ◆ **en raison du froid** because of ou owing to the cold weather ◆ **en raison de son jeune âge** because of ou on the grounds of his youth ◆ **on est payé en raison du travail fourni** we are paid according to ou in proportion to the work produced

2 COMP ▷ **raison d'État** reasons of state ▷ **raison d'être** raison d'être ◆ **cet enfant est toute sa raison d'être** this child is her whole life ou her entire reason for living ou her entire raison d'être ◆ **cette association n'a aucune raison d'être** this association has no reason to exist ou no raison d'être ▷ **raison sociale** (Comm) corporate name ▷ **raison de vivre** reason for living

**raisonnable** [ʀɛzɔnabl] → SYN adj a (= sensé) personne, solution, conduite sensible, reasonable; conseil, opinion, propos sensible ◆ **soyez raisonnable** be reasonable ◆ **elle devrait être plus raisonnable à son âge** she should know better ou she should have more sense at her age ◆ **réaction bien peu raisonnable** very unreasonable reaction ◆ **boire trop avant un match, ce n'est pas raisonnable** it isn't sensible ou it's silly to drink too much before a match ◆ **250 € pour cette vieillerie, ce n'est pas raisonnable !** €250 for this old thing, that's crazy! ou ridiculous! ◆ **est-ce bien raisonnable ?** (hum) is it wise?

b (= décent) prix, demande, salaire, quantité reasonable, fair; heure, limite, délai reasonable ◆ **le déficit budgétaire reste raisonnable** the budget deficit is still at a reasonable level

c (littér = doué de raison) rational, reasoning

**raisonnablement** [ʀɛzɔnabləmɑ̃] adv conseiller sensibly, soundly; agir sensibly, reasonably; boire in moderation; dépenser moderately; travailler, rétribuer reasonably ou fairly well ◆ **on peut raisonnablement espérer que ...** one can reasonably hope that ...

**raisonné, e** [ʀɛzɔne] (ptp de **raisonner**) adj a (= mûri, réfléchi) attitude, projet well thought-out, reasoned; (= mesuré) confiance, optimisme cautious ◆ **il a pris une décision raisonnée** he made a reasoned decision ◆ **c'est bien raisonné** it's well reasoned ou argued

b (= systématique) **grammaire/méthode raisonnée de français** reasoned grammar/primer of French ◆ **catalogue raisonné** catalogue raisonné

**raisonnement** [ʀɛzɔnmɑ̃] → SYN nm a (= activité de la raison) reasoning (NonC); (= faculté de penser) power of reasoning; (= façon de réfléchir) way of thinking; (= cheminement de la pensée) thought process ◆ **raisonnement analogique/par déduction/par induction** analogical/deductive/inductive reasoning ◆ **raisonnement économique/politique** economic/political thinking ◆ **prouver qch par le raisonnement** to prove sth by one's reasoning ou by the use of reason; → **absurde**

b (= argumentation) argument ◆ **il tient le raisonnement suivant** his argument ou reasoning is as follows ◆ **il m'a tenu ce raisonnement** he gave me this explanation ◆ **si l'on tient le même raisonnement que lui** if you take the same line as he does ◆ **si tu tiens ce raisonnement** if this is the view you hold ou take, if this is how you think ◆ **j'ai du mal à suivre son raisonnement** I'm having trouble following his argument ou his line of thought ◆ **un raisonnement logique** a logical argument, a logical line ou chain of reasoning ◆ **ses raisonnements m'étonnent** his reasoning surprises me ◆ **ce n'est pas un raisonnement !** ✱ that's not a valid argument!

c (péj = ergotages) **raisonnements** arguing, argument ◆ **tous les raisonnements ne changeront pas ma décision** no amount of arguing ou argument will alter my decision

**raisonner** [ʀɛzɔne] → SYN ▸ conjug 1 ◂ 1 vi a (= penser, réfléchir) to reason (*sur* about) ◆ **raisonner par induction/déduction** to reason by induction/deduction ◆ **il raisonne juste/mal** his reasoning is/isn't very sound ◆ **il raisonne comme une pantoufle** ✱ he can't follow his own argument

b (= discourir, argumenter) to argue (*sur* about) ◆ **on ne peut pas raisonner avec lui** you (just) can't argue ou reason with him

c (péj = ergoter) to argue, quibble (*avec* with)

2 vt a (= sermonner) to reason with ◆ **inutile d'essayer de le raisonner** it's useless to try and reason with him

b (= justifier par la raison) [+ croyance, conduite, démarche] to reason out

3 **se raisonner** vpr to reason with o.s., make o.s. see reason ◆ **raisonne-toi** try to be reasonable ou to make yourself see reason ◆ **l'amour ne se raisonne pas** love cannot be reasoned ou knows no reason

**raisonneur, -euse** [ʀɛzɔnœʀ, øz] → SYN 1 adj a (péj) quibbling (épith), argumentative

b (= réfléchi) reasoning (épith)

2 nm,f a (péj = ergoteur) arguer, quibbler ◆ **ne fais pas le raisonneur** stop arguing ou quibbling

b (= penseur) reasoner

**rajah** [ʀa(d)ʒa] nm rajah

**rajeunir** [ʀaʒœniʀ] → SYN ▸ conjug 2 ◂ 1 vt a **rajeunir qn** [cure] to rejuvenate sb; [repos, expérience] to make sb feel younger; [soins de beauté, vêtement] to make sb look younger ◆ **l'amour/ce chapeau la rajeunit de 10 ans** being in love/that hat takes 10 years off her ✱ ou makes her look 10 years younger ◆ **tu le rajeunis (de 5 ans), il est né en 1950** you're making him out to be (5 years) younger than he is – he was born in 1950 ◆ **ça ne nous rajeunit pas !** (hum) that makes you realize we're not getting any younger!

b [+ institution] to modernize; [+ installation, mobilier] to modernize, give a new look to; [+ manuel, image de marque] to update, bring up to date; [+ vieux habits] to give a new look to, brighten up; [+ personnel, entreprise] to bring new ou young blood into, recruit younger people into; [+ thème, théorie] to inject new life into ◆ **ils cherchent à rajeunir leur clientèle/public** they're trying to attract younger customers/a younger audience

2 vi [personne] (= se sentir plus jeune) to feel younger; (= paraître plus jeune) to look younger; [institution, quartier] (= se moderniser) to be modernized; (= avoir un personnel, des habitants plus jeunes) to have a younger feel ◆ **notre public rajeunit** our audience is getting younger ◆ **avec les enfants, la vieille demeure rajeunissait** with the children around, the old house had a younger feel to it

3 **se rajeunir** vpr (= se prétendre moins âgé) to make o.s. younger than one is; (= se faire paraître moins âgé) to make o.s. look younger

**rajeunissant, e** [ʀaʒœnisɑ̃, ɑ̃t] adj traitement, crème rejuvenating

**rajeunissement** [ʀaʒœnismɑ̃] → SYN nm [personne] rejuvenation; [manuel] updating; [installation, mobilier] modernization; [vieux habits] brightening up ◆ **rajeunissement du personnel** injection of new ou young blood into the staff ◆ **nous assistons à un rajeunissement de la population/clientèle** the population is/the customers are getting younger ◆ **la cathédrale a subi une cure de rajeunissement** (fig) the cathedral has been given a face-lift

**rajout** [ʀaʒu] nm addition (*sur* to)

**rajouter** [ʀaʒute] → SYN ▸ conjug 1 ◂ vt [+ du sucre] to put on ou put in ou add (some) more; [+ un sucre] to add another ◆ **après avoir donné 50 F, il en rajouta 10** having already given 50 francs he added another 10 ◆ **il rajouta que ...** he added that ... ◆ **en rajouter** * (fig) to lay it on (thick) *, exaggerate ◆ **il ne faut pas croire tout ce qu'il dit, il en rajoute * toujours** you mustn't believe everything he says, he always exaggerates

**rajustement** [ʀaʒystəmɑ̃] nm ⇒ **réajustement**

**rajuster** [ʀaʒyste] → SYN ▸ conjug 1 ◂ vt ⇒ **réajuster**

**raki** [ʀaki] nm raki

**râlant, e** * [ʀɑlɑ̃, ɑ̃t] → SYN adj infuriating ◆ **attendre pour rien, c'est râlant !** it's infuriating, all this waiting around for nothing!

**râle**[1] [ʀɑl] → SYN nm a [blessé] groan ◆ **râle (d'agonie** ou **de la mort)** [mourant] death rattle

b (Méd) rale

**râle**[2] [ʀɑl] nm (Orn) rail ◆ **râle des genêts** corncrake ◆ **râle d'eau, râle noir** water rail

**ralenti, e** [ʀalɑ̃ti] (ptp de **ralentir**) 1 adj vie slow-moving, slow; mouvement slow

2 nm a (Ciné) slow motion ◆ **en** ou **au ralenti** filmer, projeter in slow motion

b (Aut) **régler le ralenti** to adjust the idle ou the tick-over (Brit) ◆ **le moteur est un peu faible au ralenti** the engine doesn't idle too well ou doesn't tick over (Brit) ◆ **tourner au ralenti** to idle, tick over (Brit) ◆ **vivre au ralenti** to live at a slower pace ◆ **cette existence paisible, au ralenti** this peaceful, slow existence ◆ **usine qui tourne au ralenti** factory which is just idling ou ticking over (Brit) ◆ **ça tourne au ralenti chez lui !** (péj) he's a bit slow! *

**ralentir** [ʀalɑ̃tiʀ] → SYN ▸ conjug 2 ◂ 1 vt [+ processus, véhicule] to slow down; [+ mouvement, expansion] to slow down ou up; (Mil) [+ avance] to check, hold up; [+ effort, zèle] to slacken ◆ **ralentir l'allure** to slow down ou up, reduce speed ◆ **ralentir le pas** to slacken one's ou the pace, slow down

2 vi [marcheur] to slow down, slacken one's pace; [véhicule, automobiliste] to slow down, reduce speed ◆ **"ralentir"** (Aut) "slow", "reduce speed now"

3 **se ralentir** vpr [production] to slow down ou up, slacken (off); (Mil) [offensive] to let up, ease off; [ardeur, zèle] to flag; (Physiol) [fonctions] to slow down; [rythme] to slow (down) ◆ **sa respiration s'est ralentie** he is breathing more slowly ◆ **l'inflation s'est ralentie** inflation has slowed down

**ralentissement** [ʀalɑ̃tismɑ̃] → SYN nm a [processus, véhicule, automobiliste, marcheur] slowing down; [mouvement, expansion] slowing down ou up; (Mil) [avance] checking, holding up; [effort, zèle] slackening ◆ **un ralentissement de l'activité économique** a slowdown in economic activity ◆ **un ralentissement sur 3 km** a 3 km tailback (Brit) ou hold-up (US)

b [production] falloff; (Mil) [offensive] letting up, easing; [ardeur, zèle] flagging; (Physiol) [fonctions] slowing down ◆ **provoquer le ralentissement de qch** to slow sth down

**ralentisseur** [ʀalɑ̃tisœʀ] nm a (Tech) [camion] speed reducer

b (sur route) speed bump, sleeping policeman (Brit)

c (Phys) moderator

**râler** [ʀɑle] → SYN ▸ conjug 1 ◂ vi a [blessé] to groan, moan; [mourant] to give the death rattle

b (* = protester) to moan (and groan) *, grouse * ◆ **il est allé râler chez le prof** he went to moan * to the teacher ◆ **il râlait contre** ou **après moi** he was moaning * about me ◆ **faire râler qn** to infuriate sb ◆ **ça (vous) fait râler** it's infuriating

**râleur, -euse** * [ʀɑlœʀ, øz] → SYN 1 adj ◆ **des gens râleurs** moaners * ◆ **il est râleur** he never stops moaning

2 nm,f moaner * ◆ **quel râleur, celui-là !** he never stops moaning!

**ralingue** [ʀalɛ̃g] nf boltrope

**ralinguer** [ʀalɛ̃ge] ▸ conjug 1 ◂ 1 vt (= garnir de ralingues) to rope

2 vi [voile] to shiver

**rallidés** [ʀalide] nmpl ◆ **les rallidés** ralline birds, the Rallidae (SPÉC)

**ralliement** [ʀalimɑ̃] → SYN nm a (Chasse, Mil, Naut) rallying; (= union) [groupe, parti] rallying, uniting ◆ **le ralliement des troupes** the rallying of troops

b (= adhésion) [personne, groupe] winning over, rallying ◆ **ralliement à** joining, going over to ◆ **je suis étonné de son ralliement (à notre cause)** I am surprised by the fact that he joined (our cause) ◆ **signe/cri de ralliement** rallying sign/cry ◆ **point de ralliement** rallying point

**rallier** [ʀalje] → SYN ▸ conjug 7 ◂ 1 vt a (Chasse, Mil, Naut = regrouper) to rally

b (= gagner) [+ personne, groupe] to win over, rally (*à* to); [+ suffrages] to bring in, win ◆ **rallier qn à son avis/sa cause** to bring sb round (Brit) ou win sb over to one's way of thinking/one's cause

c (= unir) [+ groupe, parti] to rally, unite ◆ **groupe rallié autour d'un idéal** group united by an ideal

d (= rejoindre) (Mil, Naut) to rejoin ◆ **rallier la majorité** (Pol) to rejoin the majority ◆ **rallier le bord** (Naut) to rejoin ship ◆ **rallier la côte** ou **la terre** to make landfall

2 **se rallier** vpr a (= suivre) **se rallier à** [+ parti] to join; [+ ennemi] to go over to; [+ chef] to rally round ou to; [+ avis] to come over ou round to; [+ doctrine, cause] to be won over to

b (Mil, Naut = se regrouper) to rally

**rallonge** [ʀalɔ̃ʒ] → SYN nf a [table] (extra) leaf; [fil électrique] extension lead ou cord ou cable (Brit); [vêtement] piece (*used to lengthen an item of clothing*); [compas] extension arm; [perche] extension piece ◆ **table à rallonge(s)** extendable table

b (* = supplément) **une rallonge d'argent** a bit of extra ou some extra money ◆ **une rallonge de vacances** a few extra days holiday ◆ **obtenir une rallonge de crédit** to get an extension of credit ◆ **une rallonge de deux jours** an extra two days, a two-day extension

c (péj) **histoire à rallonge** never-ending story ◆ **nom à rallonge** (gén) long, complicated surname; (en deux mots) double-barrelled name

**rallongement** [ʀalɔ̃ʒmɑ̃] nm [vêtement] (en ajoutant du tissu) lengthening; (en défaisant l'ourlet) letting down; [vacances, fil, table, bâtiment] extension

**rallonger** [ʀalɔ̃ʒe] → SYN ▸ conjug 3 ◂ 1 vt [+ vêtement] (en ajoutant) to lengthen, make longer; (en défaisant l'ourlet) to let down; [+ texte, service militaire, piste] to lengthen, extend, make longer; [+ vacances, fil, table, bâtiment] to extend ◆ **rallonger une robe de 2 cm** to let down a dress by 2 cm ◆ **j'ai rallongé le texte de trois pages** I added three pages to the text ◆ **par ce chemin/en bus, ça me rallonge de 10 minutes** * this way/by bus, it takes me 10 minutes longer

2 vi * ◆ **les jours rallongent** the days are getting longer ◆ **les jupes rallongent** hemlines are going down

3 **se rallonger** vpr [personne] to lie down again; (= devenir plus long) to get longer

**rallumer** [ʀalyme] → SYN ▸ conjug 1 ◂ 1 vt a (lit) [+ feu] to light again, relight; [+ cigarette] to relight, light up again; [+ lampe] to switch ou turn ou put on again ◆ **rallumer (l'électricité** ou **la lumière)** to switch ou turn ou put the light(s) on again ◆ **rallumer (dans) le bureau** to switch ou turn ou put the light(s) on again in the office

b (fig) [+ courage, haine, querelle] to revive, rekindle; [+ conflit, guerre] to stir up again, revive, rekindle

2 **se rallumer** vpr a [incendie] to flare up again; [lampe] to come on again ◆ **le bureau se ralluma** the light(s) in the office went ou came on again

b [guerre, querelle] to flare up again; [haine, courage] to revive, be revived

**rallye** [ʀali] → SYN nm (Aut) (car) rally; (mondain) series of society parties *(organized to enable young people to meet suitable friends)*

**RAM** [ʀam] nf (abrév de **Random Access Memory**) (Ordin) RAM

**Rama** [ʀama] nm Rama

**Ramadan, ramadan** [ʀamadɑ̃] nm Ramadan ◆ **faire** ou **observer le Ramadan** to observe Ramadan

**ramage** [ʀamaʒ] → SYN nm a (littér = chant) song, warbling (NonC)

b (= branchages, dessin) **ramage(s)** foliage ◆ **tissu à ramages** fabric with a leafy design ou pattern

**ramager** [ʀamaʒe] ▸ conjug 3 ◂ 1 vi to warble

2 vt to decorate with a leafy pattern

**ramapithèque** [ʀamapitɛk] nm Ramapithecus

**ramassage** [ʀamɑsaʒ] → SYN nm a (gén) collection; [cahiers, copies] taking in, collection ◆ **ramassage scolaire** (= service) school bus service; (= action) picking up of pupils ◆ **point de ramassage** pick-up point ◆ **quels sont les horaires de ramassage des poubelles ?** what time is the waste collected?

b (= cueillette) [bois mort, coquillages, foin] gathering; [épis, fruits tombés] gathering (up); [champignons] picking, gathering; [pommes de terre] digging up, lifting; [balles de tennis] picking up ◆ **faire l'objet d'un ramassage** [valeur boursière] to be snapped up

**ramasse** *‡* [ʀamas] nf ◆ **il est à la ramasse** (= fatigué) he's shattered *; (= nul) he's hopeless *; (= fou) he's crazy

**ramassé, e** [ʀamɑse] → SYN (ptp de **ramasser**) adj (pour se protéger) huddled (up); (pour bondir) crouched; (= trapu) squat, stocky; (= concis) compact, condensed ◆ **le petit village ramassé dans le fond de la vallée** the little village nestling in the heart of the valley

**ramasse-miettes** [ʀamɑsmjɛt] nm inv table tidy (Brit), silent butler (US)

**ramasse-monnaie** [ʀamasmɔnɛ] nm inv (change-)tray

**ramasser** [ʀamɑse] → SYN ▸ conjug 1 ◂ 1 vt a (lit, fig = prendre) [+ objet, personne] to pick up ◆ **il était à ramasser à la petite cuiller** * (blessé) they had to scrape him off the ground; (fatigué) he was completely shattered * ◆ **ramasser une bûche** * ou **un gadin** * ou **une gamelle** * ou **une pelle** * to fall flat on one's face, come a cropper * (Brit)

b (= collecter) [+ objets épars] to pick up, gather up; [+ cartes, idées, informations] to pick up; [+ élèves] to pick up, collect; [+ copies, cahiers] to collect, take in; [+ cotisations, ordures] to collect; * [+ argent] to pick up, pocket *

c (= récolter) [+ bois, feuilles, coquillages] to gather, collect; [+ fruits tombés] to gather (up); [+ foin] to gather; [+ pommes de terre] to lift, dig up; [+ champignons] to pick, gather; (Bourse) [+ titres] to snap up ◆ **ramasser qch à la pelle** (lit) to shovel sth up; (fig : en abondance) to get loads * ou stacks * of sth

d (= resserrer) [+ jupons, draps, cheveux] to gather (up); [+ style] to condense ◆ **ramasser ses cheveux en un chignon** to sweep one's hair up into a bun

**e** (* = attraper) [+ rhume, maladie] to catch, get; [+ réprimande, coups] to collect, get; [+ amende] to pick up, collect, get; [+ mauvaise note] to get ◆ **il a ramassé 100 F (d'amende)** he picked up ou collected a 100-franc fine, he was done for 100 francs* (Brit) ◆ **où as-tu ramassé ce mec ?**‡ where the hell did you find that guy?‡

**f** (* = échouer) **se faire ramasser** [candidat] to fail; [dragueur] to get the cold shoulder* ◆ **il va se faire ramasser par sa mère** (= se faire réprimander) he'll get told off ou ticked off (Brit) by his mother* ◆ **il s'est fait ramasser en anglais** he failed his English ◆ **se faire ramasser dans une manif*** to get picked up at a demo*

**2** **se ramasser** vpr **a** (= se pelotonner) to curl up; (pour bondir) to crouch

**b** (= se relever) to pick o.s. up

**c** (* = tomber) to fall over ou down, come a cropper* (Brit); (* = échouer) [candidat] to come a cropper* (Brit), take a flat beating (US)

**ramasseur, -euse** [ʀamasœʀ, øz] **1** nm,f (= personne) collector ◆ **ramasseur de lait** milk collector ◆ **ramasseur/ramasseuse de balles** (Tennis) ballboy/ballgirl ◆ **ramasseur de pommes de terre/champignons** potato/mushroom picker

**2** nm (= outil, machine) pickup

**3** **ramasseuse** nf (= machine) ◆ **ramasseuse-presse** baler

**ramassis** [ʀamasi] → SYN nm (péj) ◆ **ramassis de** [+ voyous] pack ou bunch of; [+ doctrines, objets] jumble of

**rambarde** [ʀɑ̃baʀd] → SYN nf guardrail

**ramboutan** [ʀɑ̃butɑ̃] nm rambutan

**ramdam**‡ [ʀamdam] nm (= tapage) racket, row (surtout Brit); (= protestation) row ◆ **faire du ramdam** (bruit) to kick up* ou make a racket ou row; (protestation) to kick up* a fuss ou a row*; (scandale) to cause a stir

**rame** [ʀam] → SYN nf **a** (= aviron) oar ◆ **aller à la rame** to row ◆ **faire force de rames** (littér) to ply the oars (littér), row hard ◆ **il n'en fiche pas une rame**‡ he doesn't do a damned‡ thing, he doesn't do a stroke (of work)

**b** (Rail) train ◆ **rame (de métro)** (underground (Brit) ou subway (US)) train

**c** (Typo) ream; (Tex) tenter; (Agr) stake, stick; → **haricot**

**rameau**, pl **rameaux** [ʀamo] → SYN nm (lit) (small) branch; (fig) branch; (Anat) ramification ◆ **rameau d'olivier** (lit, fig) olive branch ◆ **(dimanche des) Rameaux** (Rel) Palm Sunday

**ramée** [ʀame] → SYN nf (littér = feuillage) leafy boughs (littér); (coupé) leafy ou green branches ◆ **il n'en fiche pas une ramée**‡ he doesn't do a damned* thing, he doesn't do a stroke (of work)

**ramenard, e**‡ [ʀam(ə)naʀ, aʀd] nm,f show-off* ◆ **il est ramenard** he's a real show-off*

**ramender** [ʀamɑ̃de] ▸ conjug 1 ◂ vt **a** (Agr) to manure again

**b** [+ filet de pêche] to mend

**c** (= redorer) to regild

**ramendeur, -euse** [ʀamɑ̃dœʀ, øz] nm,f [filet de pêche] mender

**ramener** [ʀam(ə)ne] → SYN ▸ conjug 5 ◂ **1** vt **a** [+ personne, objet] to bring back, take back; [+ paix, ordre] to bring back, restore ◆ **je vais te ramener en voiture** I'll drive you back (home), I'll take you back (home) in the car ◆ **ramène du pain/les enfants** bring ou fetch (Brit) some bread/the children back (*de* from) ◆ **ça l'a ramené en prison** it put ou landed* him back in prison ◆ **l'été a ramené les accidents/la mode des chapeaux** summer has seen a resurgence of accidents/has brought hats back into fashion

**b** (= tirer) [+ voile] to draw; [+ couverture] to pull, draw ◆ **il a ramené la couverture sur lui** he pulled the blanket up ◆ **ramener ses cheveux sur son front/en arrière** to brush one's hair forward/back ◆ **ramener les épaules en arrière** to pull one's shoulders back

**c** (= faire revenir à) **ramener à** to bring back to ◆ **ramener à la vie** [+ personne] to revive, bring back to life; [+ région] to revitalize, bring back to life ◆ **ramener le compteur à zéro** to put the meter back to zero, reset the meter at zero ◆ **ramener les prix à un juste niveau** to bring prices back (down) ou restore prices to a reasonable level ◆ **il ramène toujours tout à lui** he always brings everything back to himself ◆ **ramener un incident à de plus justes proportions** to get ou bring an incident into proportion ◆ **ils ont ramené ces bagarres au rang de simple incident** they played down the fighting, passing it off as a mere incident ◆ **ramener la conversation sur un sujet** to bring ou steer ou lead the conversation back (on)to a subject ◆ **cela nous ramène 20 ans en arrière** it takes us back 20 years; → **raison**

**d** (= réduire à) **ramener à** to reduce to ◆ **ramener l'inflation à moins de 3%** to reduce inflation to less than 3%, bring inflation back down to below 3%

**e** (Loc) **la ramener**‡, **ramener sa fraise**‡ ou **sa gueule**‡ (= protester) to kick up a fuss* ou a row (surtout Brit); (= intervenir) to interfere, put ou shove one's oar in* (Brit)

**2** **se ramener** vpr **a** (= se réduire à) **se ramener à** [problèmes] to come down to, boil down to; (Math) [fraction] to reduce to, be reduced to

**b** (‡ = arriver) to roll up*, turn up*

**ramequin** [ʀamkɛ̃] nm ramekin, ramequin

**ramer¹** [ʀame] → SYN ▸ conjug 1 ◂ vi **a** (Sport) to row ◆ **ramer en couple** to scull

**b** (* = travailler dur) to work hard, slog one's guts out‡ (Brit) ◆ **elle a ramé six mois avant de trouver du travail** (= avoir des difficultés) she struggled for six long hard months before she found a job ◆ **je rame complètement** (= être perdu) I haven't got a clue what I'm doing

**ramer²** [ʀame] ▸ conjug 1 ◂ vt (Agr) to stake

**ramer³** [ʀame] ▸ conjug 1 ◂ vt [+ tissu] to tent

**ramescence** [ʀamesɑ̃s] nf branchy structure

**ramette** [ʀamɛt] nf [papier à lettres] ream

**rameur** [ʀamœʀ] nm (= sportif) oarsman, rower; (= galérien) rower ◆ **rameur en couple** sculler

**rameuse** [ʀamøz] nf (= sportive) oarswoman, rower

**rameuter** [ʀamøte] → SYN ▸ conjug 1 ◂ vt [+ foule, partisans] to gather together, round up; [+ chiens] to round up, form into a pack again ◆ **les gens s'étaient rameutés** people had formed a crowd

**rameux, -euse** [ʀamø, øz] adj branchy

**rami** [ʀami] nm rummy ◆ **faire rami** to get rummy

**ramie** [ʀami] nf ramie, ramee

**ramier** [ʀamje] → SYN nm ◆ **(pigeon) ramier** woodpigeon, ringdove

**ramification** [ʀamifikasjɔ̃] → SYN nf (Bot, Anat) ramification, branching; [réseau routier] branch; [voie ferrée] branch line; [organisation, maffia] branch ◆ **les ramifications du complot/scandale** the ramifications of the plot/scandal

**ramifié, e** [ʀamifje] (ptp de **se ramifier**) adj (lit, fig) ramified

**ramifier (se)** [ʀamifje] → SYN ▸ conjug 7 ◂ vpr [veines] to ramify; [routes, branches, famille] to branch out (*en* into) ◆ **cette science s'est ramifiée en plusieurs disciplines** this science has branched out into several different disciplines

**ramille** [ʀamij] → SYN nf (= brindille) twig

**ramingue** [ʀamɛ̃g] adj cheval stubborn

**ramolli, e** [ʀamɔli] → SYN (ptp de **ramollir**) adj biscuit, beurre soft; personne (= avachi) soft; (= stupide) soft (in the head), soft-headed ◆ **il a le cerveau ramolli** (péj) he is ou has gone soft in the head*

**ramollir** [ʀamɔliʀ] → SYN ▸ conjug 2 ◂ **1** vt [+ matière] to soften; [+ courage, résolution] to weaken ◆ **ramollir qn** [plaisir] to soften sb; [climat] to enervate sb

**2** vi **se ramollir** vpr [beurre, argile] to soften (up), go soft; [personne] to go to seed ◆ **depuis que j'ai arrêté le tennis, je me suis ramolli** I've been out of condition since I've stopped playing tennis ◆ **son cerveau se ramollit** (hum) he's going soft in the head*

**ramollissement** [ʀamɔlismɑ̃] → SYN nm softening ◆ **ramollissement cérébral** softening of the brain

**ramollo*** [ʀamɔlo] adj (= avachi) droopy; (= gâteux) soft (in the head)

**ramonage** [ʀamɔnaʒ] nm chimney-sweeping; (Alpinisme) chimney-climbing

**ramoner** [ʀamɔne] → SYN ▸ conjug 1 ◂ **1** vt [+ cheminée] to sweep; [+ pipe] to clean out

**2** vi (Alpinisme) to climb a chimney

**ramoneur** [ʀamɔnœʀ] nm (chimney) sweep

**rampant, e** [ʀɑ̃pɑ̃, ɑ̃t] → SYN **1** adj **a** animal crawling, creeping; plante, inflation creeping; caractère, employé grovelling, cringing ◆ **personnel rampant** (arg Aviat) ground crew ou staff

**b** (Hér) rampant ◆ **lion rampant** lion rampant

**2** nm **a** (arg Aviat) member of the ground crew ou staff ◆ **les rampants** the ground crew ou staff

**b** (Archit) pitch

**rampe** [ʀɑ̃p] → SYN **1** nf **a** (= voie d'accès) ramp, slope; (= côte) slope, incline, gradient

**b** [escalier] banister(s); [chemin] handrail

**c** (Théât = projecteurs) **la rampe** the footlights, the floats (Brit) ◆ **passer la rampe** to get across to the audience

**d** (Loc) **tenez bon la rampe*** hold on to your hat* ◆ **elle tient bon la rampe*** she's still going strong ◆ **lâcher la rampe*** (= mourir) to kick the bucket‡

**2** COMP ▷ **rampe d'accès** approach ramp ▷ **rampe de balisage** runway lights ▷ **rampe de débarquement** disembarkation ramp ▷ **rampe de graissage** oil gallery ▷ **rampe de lancement** launching pad; (fig) springboard

**ramper** [ʀɑ̃pe] → SYN ▸ conjug 1 ◂ vi **a** [serpent] to crawl, slither; [quadrupède, homme] to crawl; [plante, ombre, feu] to creep; [sentiment, brouillard, mal, maladie] to lurk ◆ **entrer/sortir en rampant** to crawl in/out ◆ **le lierre rampe contre le mur** the ivy creeps up the wall

**b** (fig péj = s'abaisser) to grovel (*devant* before), crawl, cringe (*devant* to)

**ramponneau**‡, pl **ramponneaux** [ʀɑ̃pɔno] nm bump, knock ◆ **donner un ramponneau à qn** to bump ou knock sb

**Ramsès** [ʀamsɛs] nm Rameses, Ramses

**ramure** [ʀamyʀ] → SYN nf [cerf] antlers; [arbre] boughs, foliage

**ranatre** [ʀanatʀ] nf water stick insect

**rancard**‡ [ʀɑ̃kaʀ] nm **a** (= renseignement) tip

**b** (= rendez-vous) (gén) meeting, date; [amoureux] date ◆ **donner (un) rancard à qn** to arrange to meet sb, make a date with sb ◆ **avoir (un) rancard avec qn** to have a meeting with sb, have a date with sb ◆ **j'ai rancard avec lui dans une heure** I'm meeting him in an hour

**rancarder**‡ [ʀɑ̃kaʀde] ▸ conjug 1 ◂ **1** vt (= renseigner) to tip off ◆ **il m'a rancardé sur le voyage** he told me about ou genned me up on* (Brit) the trip

**2** **se rancarder** vpr (= s'informer) ◆ **se rancarder sur qch** to get information on sth, find out about sth

**rancart** [ʀɑ̃kaʀ] **au rancart**‡ loc adv ◆ **mettre au rancart** [+ objet, idée, projet] to chuck out‡, scrap; [+ personne] to throw on the scrap heap* ◆ **bon à mettre au rancart** fit for the scrap heap

**rance** [ʀɑ̃s] → SYN adj beurre rancid; odeur rank, rancid; (fig) stale ◆ **sentir le rance** to smell rancid ou rank ◆ **odeur de rance** rank ou rancid smell

**ranch**, pl **ranchs** ou **ranches** [ʀɑ̃tʃ] nm ranch

**ranci, e** [ʀɑ̃si] (ptp de **rancir**) **1** adj beurre rancid; (péj) personne stale

**2** nm ◆ **sentir le ranci** to smell rank ou rancid

**rancir** [ʀɑ̃siʀ] → SYN ▸ conjug 2 ◂ vi [lard, beurre] to go rancid ou off* (Brit); (fig) to grow stale

**rancœur** [ʀɑ̃kœʀ] → SYN nf (frm) resentment (NonC), rancour (Brit) (NonC), rancor (US) (NonC) ◆ **avoir de la rancœur contre qn** to be full of rancour against sb, feel resentment against sb ◆ **les rancœurs s'étaient**

**accumulées depuis des années** the resentment had been building up for years

**rançon** [ʀɑ̃sɔ̃] SYN nf (lit) ransom ◆ **c'est la rançon de la gloire/du progrès** (fig) that's the price of fame/of progress ◆ **mettre à rançon** (littér) to hold to ransom

**rançonner** [ʀɑ̃sɔne] SYN ▸ conjug 1 ◂ vt (= voler) [+ convoi, voyageurs] to demand a ransom from; [+ contribuables, clients] to fleece

**rançonneur, -euse** [ʀɑ̃sɔnœʀ, øz] nm,f (lit) person demanding a ransom, ransomer; (fig) extortioner, extortionist

**rancune** [ʀɑ̃kyn] SYN nf grudge, rancour (Brit) (NonC) (frm), rancor (US) (NonC) ◆ **avoir de la rancune à l'égard de** ou **contre qn, garder rancune à qn** to hold ou harbour a grudge against sb, bear sb a grudge (*de qch* for sth) ◆ **oubliez vos vieilles rancunes** put aside your old grudges ◆ **sans rancune !** no hard ou ill feelings!

**rancunier, -ière** [ʀɑ̃kynje, jɛʀ] SYN adj ◆ **être rancunier** to bear grudges

**rand** [ʀɑ̃d] nm rand

**rando** * nf abrév de **randonnée**

**randomiser** [ʀɑ̃dɔmize] ▸ conjug 1 ◂ vt to randomize

**randonnée** [ʀɑ̃dɔne] SYN nf **a** (= promenade) (en voiture) drive, ride ◆ **randonnée (à bicyclette)** (bike) ride ◆ **randonnée pédestre** ou **à pied** (courte, à la campagne) walk, ramble; (longue, en montagne) hike ◆ **faire une randonnée à ski** to go cross-country skiing ◆ **randonnée équestre** ou **à cheval** pony trek ◆ **partir en randonnée** (courte) to go for a walk, go (off) for a ramble; (longue) to go hiking ◆ **faire une randonnée en voiture** to go for a drive ◆ **cette randonnée nocturne se termina mal** this night escapade ended badly

**b** (= activité) **la randonnée** (à pied) rambling, hiking ◆ **la randonnée équestre** pony trekking ◆ **chaussures de randonnée** hiking boots ◆ **ski de randonnée** cross-country skiing ◆ **sentier de grande randonnée** (registered) hiking trail

**randonner** [ʀɑ̃dɔne] ▸ conjug 1 ◂ vi (gén) to go walking ou rambling; (en terrain accidenté) to hike, go hiking ◆ **ils ont découvert les Pyrénées en randonnant** they went on a hike through the Pyrenees

**randonneur, -euse** [ʀɑ̃dɔnœʀ, øz] nm,f hiker, rambler

**rang** [ʀɑ̃] SYN nm **a** (= rangée) [maisons, personnes, objets, tricot] row; (= file) line; (Mil) rank ◆ **collier à trois rangs (de perles)** necklace with three rows of pearls ◆ **porter un rang de perles** to wear a string ou rope ou row of pearls ◆ **assis au troisième rang** sitting in the third row ◆ **deux jours de rang** (= d'affilée) two days running ou in succession ◆ **en rangs serrés** in close order, in serried ranks ◆ **en rang d'oignons** in a row ou line ◆ **en rang par deux/quatre** two/four abreast ◆ **sur deux/quatre rangs** two/four deep ◆ **se mettre sur un rang** to get into ou form a line ◆ **se mettre en rangs par quatre** (Scol) to line up in fours; (Mil) to form fours ◆ **plusieurs personnes sont sur** ou **se sont mises sur les rangs pour l'acheter** several people are in the running ou have got themselves lined up to buy it, several people have indicated an interest in buying it ◆ **servir dans les rangs de** (Mil) to serve in the ranks of ◆ **grossir les rangs de** (fig) to swell the ranks of ◆ **nous l'avons admis dans nos rangs** (fig) we allowed him to enter our ranks ◆ **à vos rangs, fixe !** (Mil) fall in! ◆ **officier sorti du rang** officer who has risen through ou from the ranks; → **rentrer, rompre, serrer**

**b** (Can) country road *(bordered by farms at right angles)*, concession road *(in Quebec)* ◆ **les rangs** the country

**c** (= condition) station ◆ **de haut rang** (= noble) noble; officier high-ranking (épith) ◆ **du plus haut rang** of the highest standing ◆ **tenir** ou **garder son rang** to maintain one's rank

**d** (hiérarchique = grade, place) rank ◆ **avoir rang de** to hold the rank of ◆ **avoir rang parmi** to rank among ◆ **par rang d'âge/de taille** in order of age/of size ou height ◆ **être reçu dans un bon rang** to be in the top few ◆ **13ᵉ, c'est un bon rang** 13th place isn't bad ◆ **être placé au deuxième rang** to be ranked ou placed second ◆ **ce pays se situe au troisième rang mondial des exportateurs de pétrole** this country is the third largest oil exporter in the world ◆ **mettre un écrivain au rang des plus grands** to rank a writer among the greatest ◆ **c'est au premier/dernier rang de mes préoccupations** that's the first/last thing on my mind ◆ **il est au premier rang des artistes contemporains** he is one of the highest ranking of ou he ranks among the best of contemporary artists ◆ **écrivain/journaliste de second rang** second-rate writer/journalist

> **LES RANGS**
>
> In Quebec, rural areas are divided into districts known as **rangs**. The word **rang** refers to a series of rectangular fields (each known as a "lot"), usually laid out between a river and a road (the road itself also being called a **rang**). The **rangs** are numbered or given names so that they can be easily identified and used in addresses (e.g. "le deuxième rang", "le rang Saint-Claude"). In Quebec, the expression "dans les rangs" means "in the countryside".

**rangé, e**[1] [ʀɑ̃ʒe] SYN (ptp de **ranger**) adj (= ordonné) orderly; (= sans excès) settled, steady ◆ **il est rangé (des voitures *)** **maintenant** [escroc] he's going straight now; [séducteur] he's settled down now ◆ **petite vie bien rangée** well-ordered existence ◆ **jeune fille rangée** well-behaved young lady; → **bataille**

**range-CD** [ʀɑ̃ʒ(ə)sede] nm inv CD rack

**rangée**[2] [ʀɑ̃ʒe] SYN nf [maisons, arbres] row, line; [objets, spectateurs, perles] row

**rangement** [ʀɑ̃ʒmɑ̃] SYN nm **a** (= action) [objets, linge] putting away; [pièce, meuble] tidying (up) ◆ **faire du rangement** to do some tidying up

**b** (= espace) [appartement] cupboard space; [remise] storage space ◆ **capacité de rangement d'une bibliothèque** shelf space of a bookcase ◆ **la maison manque d'espaces de rangement** the house lacks storage ou cupboard space; → **meuble**

**c** (= arrangement) arrangement

**ranger**[1] [ʀɑ̃ʒe] SYN ▸ conjug 3 ◂ **1** vt **a** (= mettre en ordre) [+ tiroir, maison] to tidy (up); [+ dossiers, papiers] to tidy (up), arrange; [+ mots, chiffres] to arrange, order ◆ **tout est toujours bien rangé chez elle** it's always (nice and) tidy at her place ◆ **rangé par ordre alphabétique** listed ou arranged alphabetically ou in alphabetical order

**b** (= mettre à sa place) [+ papiers, vêtements] to put away; [+ bateau] to moor, berth; [+ voiture, vélo] (au garage) to put away; (dans la rue) to park ◆ **où se rangent les tasses ?** where do the cups go? ou belong? ◆ **je le range parmi les meilleurs** I rank ou put it among the best ◆ **ce roman est à ranger parmi les meilleurs** this novel ranks ou is to be ranked among the best

**c** (= disposer) [+ écoliers] to line up, put ou form into rows; [+ soldats] to draw up; [+ invités] to place ◆ **ranger qn sous son autorité** (fig) to bring sb under one's authority

**d** (Naut) **ranger la côte** to sail along the coast

**2** **se ranger** vpr **a** [automobiliste] (= stationner) to park; (= venir s'arrêter) to pull in ou up, draw up ◆ **la voiture se rangea contre le trottoir** the car pulled in ou up ou drew up at the kerb ◆ **le navire se rangea contre le quai** the ship moored ou berthed ou came alongside the quay

**b** (= s'écarter) [piéton] to step ou stand aside, make way; [véhicule] to pull over ◆ **il se rangea pour la laisser passer** he stepped ou stood aside to let her go by, he made way for her

**c** (= se mettre en rang) to line up, get into line ou rows ◆ **se ranger par deux/quatre** to line up in twos/fours, get into rows of two/four

**d** (= se rallier à) **se ranger à** [+ décision] to go along with, abide by; [+ avis] to come round ou over to, fall in with ◆ **se ranger du côté de qn** to side with sb

**e** (* = cesser son activité) **se ranger (des voitures)** [escroc] to go straight; [séducteur] to settle down

**ranger**[2] [ʀɑ̃dʒɛʀ] nm (= soldat) ranger; (= scout) rover; (= chaussure) canvas walking boot

**range-revues** [ʀɑ̃ʒ(ə)ʀəvy] nm inv magazine rack

**Rangoon** [ʀɑ̃gun] n Rangoon

**rani** [ʀani] nf rani, ranee

**ranidés** [ʀanide] nmpl ◆ **les ranidés** ranid frogs, the Ranidae (SPÉC)

**ranimer** [ʀanime] SYN ▸ conjug 1 ◂ **1** vt [+ blessé] to revive, bring to, bring round (Brit); [+ feu, braises] to rekindle; [+ région, souvenir, conversation] to revive, bring back to life; [+ rancune, querelle] to rake up, revive; [+ forces, ardeur] to renew, restore; [+ amour, haine, espoir] to rekindle, renew; [+ douleur] to revive, renew; [+ couleurs] to brighten up, revive

**2** **se ranimer** vpr [personne] to revive, come to, come round (Brit); [feu, braises] to rekindle, be rekindled; [haine, passion] to be rekindled; [conversation, débat] to pick up (again); [souvenirs, espoirs] to be revived

**rantanplan** [ʀɑ̃tɑ̃plɑ̃] excl, nm ⇒ **rataplan**

**raout** † [ʀaut] nm (= réception) rout †

**rap** [ʀap] nm (= musique) rap (music); (= technique) rapping

**rapace** [ʀapas] SYN **1** nm (Orn) bird of prey, raptor (SPÉC); (fig) vulture

**2** adj predatory, raptorial (SPÉC); (fig) rapacious, grasping

**rapacité** [ʀapasite] SYN nf (lit, fig) rapaciousness, rapacity

**râpage** [ʀɑpaʒ] nm [carottes, fromage] grating; [bois] rasping; [tabac] grinding

**rapatrié, e** [ʀapatʀije] (ptp de **rapatrier**) **1** adj repatriated

**2** nm,f repatriate ◆ **les rapatriés d'Algérie** *French settlers repatriated after Algerian independence*

**rapatriement** [ʀapatʀimɑ̃] SYN nm repatriation ◆ **rapatriement sanitaire** repatriation on medical grounds ◆ **rapatriement volontaire** voluntary repatriation

**rapatrier** [ʀapatʀije] ▸ conjug 7 ◂ vt [+ personne, capitaux] to repatriate; [+ objet] to send ou bring back (home) ◆ **il a fait rapatrier le corps de son fils** he had his son's body sent back home

**râpe** [ʀɑp] SYN nf (= ustensile de cuisine) grater; (pour le bois) rasp; (pour le tabac) grinder ◆ **râpe à fromage** cheese grater

**râpé, e** [ʀɑpe] SYN (ptp de **râper**) **1** adj (= usé) veste threadbare; coude through, worn (attrib); carottes, fromage grated ◆ **c'est râpé pour ce soir** * (= raté) we've had it for tonight *

**2** nm (= fromage) grated cheese

**raper** [ʀape] ▸ conjug 1 ◂ vi to rap

**râper** [ʀɑpe] SYN ▸ conjug 1 ◂ vt [+ carottes, fromage] to grate; [+ bois] to rasp; [+ tabac] to grind ◆ **vin qui râpe la gorge** ou **le gosier** rough wine ◆ **tissu qui râpe la peau** scratchy material

**rapetassage** * [ʀap(ə)tasaʒ] nm patching up

**rapetasser** * [ʀap(ə)tase] ▸ conjug 1 ◂ vt to patch up

**rapetissement** [ʀap(ə)tismɑ̃] nm **a** [manteau] taking up, shortening; [taille, encolure] taking in; [objet] shortening, shrinking

**b** (= rabaissement) belittling

**c** (= action de faire paraître plus petit) dwarfing ◆ **le rapetissement des objets dû à la distance** the fact that objects look smaller when seen from a distance

**rapetisser** [ʀap(ə)tise] SYN ▸ conjug 1 ◂ **1** vt **a** (= raccourcir) [+ manteau] to take up, shorten; [+ taille, encolure] to take in; [+ objet] to shorten ◆ **l'âge l'avait rapetissé** he had shrunk with age

**b** (= rabaisser) to belittle

**c** (= faire paraître plus petit) **rapetisser qch** to make sth seem ou look small(er) ◆ **le château rapetissait toutes les maisons alentour** the castle dwarfed all the surrounding houses, the castle made all the surrounding houses look ou seem small

**2** vi * [jours] to get shorter ◆ **les objets rapetissent à distance** objects look smaller from a distance

**3** **se rapetisser** vpr **a** [vieillard] to shrink, grow shorter ou smaller

**b** (= se rabaisser) **se rapetisser aux yeux de qn** to belittle o.s. in sb's eyes

**rapeur, -euse** [ʀapœʀ, øz] nm,f rapper

**râpeux, -euse** [ʀɑpø, øz] [→ SYN] adj rough

**Raphaël** [ʀafaɛl] nm Raphael

**raphaélique** [ʀafaelik] adj Raphaelesque

**raphia** [ʀafja] nm raffia

**raphide** [ʀafid] nf raphide, raphis

**rapiat, e** [ʀapja, jat] [→ SYN] (péj) [1] adj niggardly, stingy, tight-fisted
[2] nm,f niggard, skinflint

**rapide** [ʀapid] [→ SYN] [1] adj a (en déplacement) coureur, marche, pas fast, quick; véhicule, route fast; animal fast(-moving); fleuve fast (-flowing), swift-flowing ◆ **rapide comme une flèche** ou **l'éclair** incredibly fast ◆ **il est rapide à la course** he's a fast runner ◆ **elle marchait d'un pas rapide** she was walking quickly; → **voie**
b (dans le temps) travail, guérison, progrès, remède, réponse quick, fast; intervention, visite, fortune, recette quick; poison quick-acting, fast-acting; accord speedy, swift ◆ **examen (trop) rapide de qch** cursory examination of sth ◆ **décision trop rapide** hasty decision ◆ **faire un calcul rapide** to do a quick calculation ◆ **c'est rapide à faire** (plat) it's very quick to make
c pente, descente steep
d mouvement, coup d'œil rapid, quick; esprit, intelligence quick; travailleur quick, fast ◆ **d'une main rapide** (= vite) quickly, rapidly; (= adroitement) deftly ◆ **avoir des réflexes rapides** to have good reflexes ◆ **tu n'es pas très rapide ce matin** you're a bit slow ou you're not on the ball* this morning ◆ **c'est une rapide** (qui agit vite) she's a fast worker; (qui comprend vite) she's quick on the uptake ◆ **ce n'est pas un rapide** he's a bit slow
e (en fréquence) pouls, rythme, respiration fast, rapid
f style, récit lively
g (Tech) pellicule fast; ciment quick-setting
[2] nm a (= train) express (train), fast train ◆ **le rapide Paris-Nice** the Paris-Nice express
b [cours d'eau] rapids ◆ **descendre des rapides en kayak** to canoe down some rapids, shoot ou ride some rapids in a canoe

**rapidement** [ʀapidmɑ̃] [→ SYN] adv quickly, rapidly ◆ **la situation se dégrade rapidement** the situation is rapidly degenerating ◆ **les pompiers sont intervenus rapidement** the fire brigade arrived very quickly ◆ **il faut mettre rapidement un terme à ce conflit** we must put a swift end to the conflict ◆ **j'ai parcouru rapidement le journal** I quickly skimmed through the paper

**rapidité** [ʀapidite] [→ SYN] nf (gén) speed; [réponse, geste] swiftness, quickness; [style] briskness, liveliness; [pouls] quickness ◆ **rapidité d'esprit** quickness of mind ◆ **rapidité de décision** quick ou speedy decision-making ◆ **la rapidité de sa réaction m'a étonné** the speed with which he reacted surprised me, I was surprised at how quickly he reacted ◆ **la rapidité d'adaptation est essentielle dans ce métier** the ability to adapt quickly is essential in this profession ◆ **avec rapidité** quickly ◆ **avec la rapidité de l'éclair** ou **de la foudre** ou **d'une flèche** with lightning speed

**rapido*** [ʀapido], **rapidos*** [ʀapidos] adv pronto*

**rapiéçage** [ʀapjesaʒ], **rapiècement** [ʀapjɛsmɑ̃] nm a [vêtement, pneu] patching (up); [chaussure] mending, repairing
b (= pièce) patch

**rapiécer** [ʀapjese] [→ SYN] ▸ conjug 3 et 6 ◂ vt [+ vêtement, pneu] to patch (up), put a patch in; [+ chaussure] to mend, repair ◆ **il portait une veste toute rapiécée** he was wearing a patched-up old jacket

**rapière** [ʀapjɛʀ] [→ SYN] nf rapier

**rapin** [ʀapɛ̃] nm († ou péj = artiste peintre) painter, dauber

**rapine** [ʀapin] [→ SYN] nf (littér) plundering, plunder ◆ **vivre de rapine(s)** to live by plunder

**rapiner** [ʀapine] ▸ conjug 1 ◂ vti (littér) to plunder

**raplapla*** [ʀaplapla] adj inv (= fatigué) done in*; (= plat) flat

**raplatir** [ʀaplatiʀ] ▸ conjug 2 ◂ vt to flatten out

**rapointir** [ʀapwɛ̃tiʀ] ▸ conjug 2 ◂ vt ⇒ **rappointir**

**rappareiller** [ʀapaʀeje] ▸ conjug 1 ◂ vt to match up

**rapparier** [ʀapaʀje] ▸ conjug 7 ◂ vt to pair up, match up

**rappel** [ʀapɛl] [→ SYN] nm a [ambassadeur] recall, recalling; (Mil) [réservistes] recall; [marchandises défectueuses] callback ◆ **il y a eu trois rappels** (Théât) there were three curtain calls; (à un concert) they (ou he etc) came back on stage for three encores; → **battre**
b [événement] reminder; (Comm) [référence] quote; (Admin = deuxième avis) reminder; (Admin = somme due) back pay (NonC); (Méd = vaccination) booster ◆ **au rappel de cette bévue, il rougit** he blushed at being reminded of this blunder ◆ **toucher un rappel (de salaire)** to get some back pay ◆ **rappel de limitation de vitesse** (Aut) speed limit sign, reminder of the speed limit ◆ **rappel des titres de l'actualité** (Radio, TV) summary of the day's headlines ◆ **rappel à l'ordre** call to order ◆ **rappel de couleur** colour repeat
c (Tech) [pièce, levier] return ◆ **rappel (de corde)** (Alpinisme) (= technique) abseiling, roping down; (= opération) abseil ◆ **faire un rappel, descendre en rappel** to abseil, rope down ◆ **faire du rappel** (Naut) to sit out ◆ **ressort de rappel** (Tech) return spring; → **descente**

**rappelé** [ʀap(ə)le] nm recalled soldier

**rappeler** [ʀap(ə)le] GRAMMAIRE ACTIVE 27.2, 27.3, 27.5, 1.1 [→ SYN] ▸ conjug 4 ◂
[1] vt a (= faire revenir) [+ personne, acteur, chien] to call back; (Mil) [+ réservistes, classe] to recall, call up (again); [+ diplomate] to recall ◆ **rappeler qn au chevet d'un malade** ou **auprès d'un malade** to call ou summon sb back to a sick person's bedside ◆ **ses affaires l'ont rappelé à Paris** he was called back to Paris on business ◆ **Dieu l'a rappelé à lui** (frm) he (has) departed this world ou life ◆ **rappeler des réservistes au front** (Mil) to recall reservists to the front ◆ **rappeler un fichier (à l'écran)** (Ordin) to call up a file (onto the screen)
b **rappeler qch à qn** (= évoquer, remettre en mémoire) to remind sb of sth ◆ **il rappela les qualités du défunt** he evoked ou mentioned the qualities of the deceased, he reminded the audience of the qualities of the deceased ◆ **faut-il rappeler que ... ?** must I remind you that ...?, must it be repeated that ...? ◆ **ces dessins rappellent l'art arabe** those drawings are reminiscent of ou remind one of Arabian art ◆ **le motif des poches rappelle celui du bas de la robe** the design on the pockets is repeated round the hem of the dress ◆ **cela ne te rappelle rien ?** doesn't that remind you of anything? ◆ **tu me rappelles ma tante** you remind me of my aunt ◆ **rappelle-moi mon rendez-vous** remind me about my appointment ◆ **rappelez-moi votre nom** sorry — could you tell me your name again? ◆ **attends, ça me rappelle quelque chose** wait, it rings a bell ◆ **rappelez-moi à son bon souvenir** (frm) please remember me to him, please give him my kind regards
c **rappeler qn à la vie** ou **à lui** to bring sb back to life, revive sb ◆ **rappeler qn à l'ordre** to call sb to order ◆ **rappeler qn à son devoir** to remind sb of their duty ◆ **rappeler qn à de meilleurs sentiments** to put sb in a better frame of mind
d (= retéléphoner à) to call ou phone ou ring back (Brit) ◆ **il vient de rappeler** he's just called ou phoned back ou rung (Brit)
e (Comm) [+ référence] to quote
f (= tirer) (Tech) [+ pièce, levier] to return; (Alpinisme) [+ corde] to pull to ou through
[2] **se rappeler** vpr (gén) to remember, recollect, recall ◆ **se rappeler que ...** to remember ou recall ou recollect that ... ◆ **autant que je me rappelle** as far as I can remember ou recollect ou recall ◆ **je me permets de me rappeler à votre bon souvenir** (frm) I am sending you my kindest regards (frm) ◆ **rappelle-toi que ton honneur est en jeu** remember (that) your honour is at stake ◆ **il ne se rappelle plus (rien)** he doesn't ou can't remember a thing

**rapper** [ʀape] ▸ conjug 1 ◂ vi to rap, play rap music

**rappeur, -euse** [ʀapœʀ, øz] nm,f (Mus) rapper

**rappliquer**‡ [ʀaplike] ▸ conjug 1 ◂ vi (= revenir) to come back; (= arriver) to turn up, show up* ◆ **rapplique tout de suite à la maison !** come home right away!, get yourself back here right away!*

**rappointir** [ʀapwɛ̃tiʀ] ▸ conjug 2 ◂ vt (Tech) to point

**rapport** [ʀapɔʀ] GRAMMAIRE ACTIVE 5.1 [→ SYN] nm
a (= lien, corrélation) connection, relationship, link ◆ **établir un rapport/des rapports entre deux incidents** to establish a link ou connection/links ou connections between two incidents ◆ **avoir un certain rapport/beaucoup de rapport avec qch** to have something/a lot to do with sth, have some/a definite connection with sth ◆ **avoir rapport à qch** to bear some relation to sth, have something to do ou some connection with sth ◆ **n'avoir aucun rapport avec** ou **être sans rapport avec qch** to bear no relation to sth, have nothing to do ou no connection with sth ◆ **les deux incidents n'ont aucun rapport** the two incidents have nothing to do with each other ou are unconnected ◆ **je ne vois pas le rapport** I don't see the connection
◆ **en rapport** ◆ **être en rapport avec qch** to be in keeping with sth ◆ **une situation en rapport avec ses goûts** a job in keeping ou in harmony ou in line with his tastes ◆ **son train de vie n'est pas en rapport avec son salaire** his lifestyle doesn't match ou isn't in keeping with his salary
b (= relation personnelle) relationship (*à, avec* with) ◆ **rapports** relations ◆ **rapports sociaux/humains** social/human relations ◆ **les rapports d'amitié entre les deux peuples** the friendly relations ou the ties of friendship between the two nations ◆ **les rapports entre (les) professeurs et (les) étudiants** relations between teachers and students, student-teacher ou student-staff relations ◆ **son rapport à l'argent est bizarre** he has a strange relationship with money ◆ **ses rapports avec les autres sont difficiles** he has problems dealing with ou getting along ou on (Brit) with people ◆ **avoir** ou **entretenir de bons/mauvais rapports avec qn** to be on good/bad terms with sb
◆ **en rapport** ◆ **être en rapport avec qn** to be in touch ou contact with sb ◆ **nous n'avons jamais été en rapport avec cette société** we have never had any dealings ou anything to do with that company ◆ **se mettre en rapport avec qn** to get in touch ou contact with sb ◆ **mettre qn en rapport avec qn d'autre** to put sb in touch ou contact with sb else
c **rapport (sexuel)** sexual intercourse (NonC) ◆ **avoir des rapports (sexuels)** to have (sexual) intercourse ou sexual relations ou sex ◆ **rapports protégés** safe sex ◆ **rapports non protégés** unprotected sex
d (= exposé, compte rendu) report; (Mil = réunion) (post-exercise) conference ◆ **au rapport !** (Mil) read!, (hum) let's hear what you've got to say! ◆ **rapport (annuel) d'activité** (Écon) annual report ◆ **rapport d'inspection** (Scol) evaluation (report) ◆ **rapport de mer** captain's report, ship's protest ◆ **rapport de police** police report
e (= revenu, profit) yield, return, revenue ◆ **rapports** [tiercé] winnings ◆ **être d'un bon rapport** to give a good profit, have a good yield, give a good return ◆ **ces champs sont en plein rapport** these fields are bringing in a full yield; → **immeuble, maison**
f (Math, Tech) ratio ◆ **rapport de transmission** (Aut) gear ratio ◆ **dans le rapport de 1 à 100/de 100 contre 1** in a ratio of 1 to 100/of 100 to 1 ◆ **le rapport qualité-prix** the quality-price ratio ◆ **il y a un bon rapport qualité-prix** it's really good value for money ◆ **ce n'est pas d'un bon rapport qualité-prix** it's not good value for money
g (Loc) **le rapport de** ou **des forces entre les deux blocs** the balance of power between the two blocs ◆ **envisager des relations sous l'angle d'un rapport de forces** to see relationships in terms of a power struggle ◆ **il n'y a aucune inquiétude à avoir sous le rapport de l'honnêteté** from the point of view of honesty ou as far as honesty is concerned there's nothing to worry about
◆ **rapport à*** about, in connection with, concerning ◆ **je viens vous voir rapport à votre annonce**‡ I've come (to see you) about your advertisement

♦ **par rapport à** (= comparé à) in comparison with, in relation to; (= en fonction de) in relation to; (= envers) with respect ou regard to, towards ◆ **le cours de la livre par rapport au dollar** the price of the pound against the dollar

♦ **sous tous les rapports** in every respect ◆ **jeune homme bien sous tous rapports** (hum) clean-living young man

**rapportage** [ʀapɔʀtaʒ] nm (arg Scol = mouchardage) tale-telling (NonC), tattling (NonC) (US)

**rapporté, e** [ʀapɔʀte] (ptp de **rapporter**) adj (gén) added; (Couture) sewn-on; terre piled-up ◆ **poche rapportée** patch pocket; → **pièce**

**rapporter** [ʀapɔʀte] → SYN ▸ conjug 1 ◂ 1 vt a (= apporter) [+ objet, souvenir, réponse] to bring back; [chien] [+ gibier] to retrieve ◆ **Toby, rapporte !** (à un chien) fetch, Toby! ◆ **rapporter qch à qn** to bring ou take sth back to sb ◆ **n'oublie pas de lui rapporter son parapluie** don't forget to return his umbrella to him ◆ **il rapportera du pain en rentrant** he'll bring some bread when he gets back ◆ **rapporter une bonne impression de qch** to come back ou come away with a good impression of sth ◆ **quand doit-il rapporter la réponse ?** when does he have to come ou be back with the answer?

b (Fin fig = produire un gain) [actions, terre] to yield (a return of), bring in (a yield ou revenue of); [métier] to bring in; [vente] to bring in (a profit ou revenue of) ◆ **placement qui rapporte du 5%** investment that yields (a return of) 5% ◆ **ça rapporte beaucoup d'argent** it's extremely profitable, it brings in a lot of money, it gives a high return ◆ **ça ne lui rapportera rien** [mauvaise action] it won't do him any good ◆ **ça leur a rapporté 25 € net** they netted €25, it brought them in €25 net

c (= faire un compte rendu de) [+ fait] to report; (= mentionner) to mention; (= citer) [+ mot célèbre] to quote; (= répéter pour dénoncer) to report ◆ **on nous a rapporté que son projet n'avait pas été bien accueilli** we were told that his project hadn't been well received ◆ **rapporter à qn les actions de qn** to report sb's actions to sb ◆ **il a rapporté à la maîtresse ce qu'avaient dit ses camarades** he told the teacher what his classmates had said, he reported what his classmates had said to the teacher

d (= ajouter) (gén) to add; [+ bande de tissu, poche] to sew on ◆ **rapporter une aile à une maison** to build an extra wing onto a house ◆ **rapporter un peu de terre pour surélever le sol** to pile up some earth to raise the level of the ground ◆ **c'est un élément rapporté** it's been added on

e (= rattacher à) **rapporter** à to relate to ◆ **il faut tout rapporter à la même échelle de valeurs** everything has to be related ou referred to the same scale of values ◆ **il rapporte tout à lui** he brings everything back to himself

f (= annuler) [+ décret, décision, mesure] to revoke

g (Math) **rapporter un angle** to plot an angle

2 vi a (Chasse) [chien] to retrieve

b (Fin) [investissement] to give a good return ou yield ◆ **ça rapporte bien** ou **gros** [domaine d'activité] it's very profitable, it brings in a lot of money; [travail] it pays very well

c (arg Scol) **rapporter (sur ses camarades)** (= moucharder) to tell tales ou sneak* (on one's friends), to tell on (Brit)* ou tattle on* (US) one's friends

3 **se rapporter** vpr a **se rapporter à qch** to relate to sth ◆ **se rapporter à** (Gram) (= antécédent) to relate ou refer to ◆ **ce paragraphe ne se rapporte pas du tout au sujet** this paragraph bears no relation at all to the subject, this paragraph is totally irrelevant to ou unconnected with the subject ◆ **ça se rapporte à ce que je disais tout à l'heure** that ties ou links up with ou relates to what I was saying just now

b **s'en rapporter à qn** to rely on sb ◆ **s'en rapporter au jugement/témoignage de qn** to rely on sb's judgment/account

**rapporteur, -euse** [ʀapɔʀtœʀ, øz] → SYN 1 nm,f (= mouchard) telltale, sneak*, tattler* (US) ◆ **elle est rapporteuse** she's a telltale ou sneak* ou tattler (US)

2 nm a (Jur) [tribunal] (court) reporter; [commission] rapporteur, reporter *(member acting as spokesman)*

b (Géom) protractor

**rapprendre** [ʀapʀɑ̃dʀ] ▸ conjug 58 ◂ vt ⇒ **réapprendre**

**rapproché, e** [ʀapʀɔʃe] (ptp de **rapprocher**) adj a (= proche) échéance, objet, bruit close ◆ **l'objet le plus rapproché de toi** the object closest ou nearest to you ◆ **à une date rapprochée, dans un avenir rapproché** in the near ou not too distant future ◆ **elle a des yeux très rapprochés** she's got close-set eyes, her eyes are very close together ◆ **surveillance rapprochée** close surveillance; → **combat, garde, protection**

b (= répété) incidents frequent ◆ **des crises de plus en plus rapprochées** increasingly frequent crises, crises which have become more and more frequent ◆ **trois explosions très rapprochées** three explosions in quick succession ou very close together ◆ **à intervalles rapprochés** in quick succession, at short ou close intervals ◆ **des grossesses rapprochées** (a series of) pregnancies at short ou close intervals

**rapprochement** [ʀapʀɔʃmɑ̃] → SYN nm a (= action de rapprocher) [objet, meuble] bringing closer ou nearer; [objets, meubles] bringing closer ou nearer to each other; [ennemis] bringing together, reconciliation; [partis, factions] bringing together; [points de vue, textes] comparison, bringing together, comparing ◆ **le rapprochement des lèvres d'une plaie** (Méd) joining the edges of a wound, closing (the lips of) a wound

b (= action de se rapprocher) [bruit] coming closer; [ennemis, famille] coming together, reconciliation; [partis, factions] coming together, rapprochement ◆ **ce rapprochement avec la droite nous inquiète** (Pol) their moving closer to the right worries us ◆ **le rapprochement des bruits de pas** the noise of footsteps drawing ou coming closer

c (= lien, rapport) parallel ◆ **je n'avais pas fait le rapprochement (entre ces deux incidents)** I hadn't made ou established the connection ou link (between the two incidents) ◆ **il y a de nombreux rapprochements intéressants/troublants** there are many interesting/disturbing parallels ou comparisons to be made

**rapprocher** [ʀapʀɔʃe] → SYN ▸ conjug 1 ◂ 1 vt a (= approcher) to bring closer ou nearer (*de* to) ◆ **rapprocher sa chaise (de la table)** to pull ou draw one's chair up (to the table) ◆ **rapprocher deux objets l'un de l'autre** to move two objects (closer) together ◆ **rapprocher les lèvres d'une plaie** to join the edges of a wound, close (the lips of) a wound ◆ **il a changé d'emploi : ça le rapproche de chez lui** he has changed jobs – that brings him closer ou nearer to home

b (= réconcilier, réunir) [+ ennemis] to bring together ◆ **nous nous sentions rapprochés par un malheur commun** we felt drawn together by a common misfortune, we felt that a common misfortune had brought ou drawn us together ◆ **leur amour de la chasse les rapproche** their love of hunting brings them together ou draws them to ou towards each other ◆ **cette expérience m'a rapproché d'elle** the experience brought me closer to her

c (= mettre en parallèle, confronter) [+ indices, textes] to put together ou side by side, compare, bring together; (= établir un lien entre, assimiler) [+ indices, textes] to establish a connection ou link ou parallel between ◆ **essayons de rapprocher ces indices de ceux-là** let's try and put ou bring these two sets of clues together, let's try and compare these two sets of clues ◆ **on peut rapprocher cela du poème de Villon** we can relate ou connect that to Villon's poem, we can establish a connection ou link ou parallel between that and Villon's poem ◆ **c'est à rapprocher de ce qu'on disait tout à l'heure** that ties up ou connects with ou relates to what we were saying earlier

2 **se rapprocher** vpr a (= approcher) [échéance, personne, véhicule, orage] to get closer ou nearer, approach ◆ **rapproche-toi (de moi)** come closer ou nearer (to me) ◆ **il se rapprocha d'elle sur la banquette** he edged his way towards her ou drew closer to her on the bench ◆ **pour se rapprocher de chez lui, il a changé d'emploi** to get closer ou nearer to home he changed jobs ◆ **plus on se rapprochait de l'examen ...** the closer ou nearer we came ou got to the exam ... ◆ **se rapprocher de la vérité** to come close ou get near ou close to the truth ◆ **les bruits se rapprochèrent** the noises got closer ou nearer

b (dans le temps) [crises, bruits] to become more frequent

c (= se réconcilier) [ennemis] to come together, be reconciled; (= trouver un terrain d'entente) [points de vue] to draw closer together; [société] to form links ◆ **il s'est rapproché de ses parents** he became ou drew closer to his parents ◆ **il a essayé de se rapprocher de la droite** (Pol) he tried to move ou draw closer to the right ◆ **leur position s'est rapprochée de la nôtre** their position has drawn closer to ours ◆ **se rapprocher des autres actionnaires** to join forces with the other shareholders

d (= s'apparenter à) to be close to ◆ **ça se rapproche de ce qu'on disait tout à l'heure** that's close to ou ties up ou connects with what we were saying earlier ◆ **ses opinions se rapprochent beaucoup des miennes** his opinions are very close ou similar to mine

**rapsode** [ʀapsɔd] nm ⇒ **rhapsode**

**rapsodie** [ʀapsɔdi] nf ⇒ **rhapsodie**

**rapsodique** [ʀapsɔdik] adj ⇒ **rhapsodique**

**rapt** [ʀapt] → SYN nm (= enlèvement) abduction

**raptus** [ʀaptys] nm raptus ◆ **raptus anxieux/épileptique** anxious/epileptic raptus

**râpure** [ʀɑpyʀ] nf (Tech) rasping

**raquer*** [ʀake] ▸ conjug 1 ◂ vti (= payer) to fork out* ◆ **d'accord, mais il va falloir raquer !** OK, but it'll cost you!*

**raquette** [ʀakɛt] → SYN nf a (Tennis, Squash) racket; (Ping-Pong) bat ◆ **c'est une bonne raquette** (= joueur) he's a good tennis (ou squash) player

b (à neige) snowshoe

c (Basket) free-throw area

d (Bot) nopal, prickly pear

**raquetteur, -euse** [ʀakɛtœʀ, øz] nm,f (Can) snowshoer

**rare** [ʀɑʀ] → SYN adj a (= peu commun) objet, mot, édition rare ◆ **ça n'a rien de rare** there's nothing uncommon ou unusual about it, it's not a rare occurrence ◆ **il était rare qu'il ne sache pas** he rarely ou seldom did not know ◆ **il n'était pas rare de le rencontrer** it was not unusual ou uncommon to meet him ◆ **c'est rare de le voir fatigué** it's rare ou unusual to see him tired, you rarely ou seldom see him tired ◆ **c'est bien rare s'il ne vient pas*** I'd be surprised ou it would be unusual if he didn't come; → **oiseau, perle**

b (= peu nombreux) cas, exemples rare, few; visites rare; passants, voitures few ◆ **les rares voitures qui passaient** the few ou odd cars that went by ◆ **les rares amis qui lui restent** the few friends still left to him ◆ **à de rares intervalles** at rare intervals ◆ **les rares fois où ...** on the rare occasions (when) ... ◆ **il est l'un des rares qui ...** he's one of the few (people) who ... ◆ **à cette heure les clients sont rares** at this time of day customers are scarce ou are few and far between ◆ **à de rares exceptions près** with very few exceptions

c (= peu abondant) nourriture, main d'œuvre scarce; barbe, cheveux thin, sparse; végétation sparse ◆ **il a le cheveu rare** he's rather thin on top ◆ **se faire rare** [argent] to become scarce, be tight; [légumes] to become scarce, be in short supply ◆ **vous vous faites rare** (hum) we haven't seen much of you recently, we rarely see you these days

d (= exceptionnel) talent, qualité, sentiment, beauté rare; homme, énergie exceptional, singular; saveur, moment exquisite; (hum) imbécile, imprudence utter ◆ **avec un rare courage** with rare ou singular ou exceptional courage ◆ **une attaque d'une rare violence** an exceptionally ou extremely violent attack ◆ **d'une rare beauté** exceptionally ou extremely beautiful ◆ **il est d'une rare stupidité** he's utterly stupid

e (Chim) gaz rare

**raréfaction** [ʀaʀefaksjɔ̃] → SYN nf [oxygène] rarefaction; [nourriture] (= action) increased scarcity; (= résultat) scarcity, short supply

**raréfiable** [ʀaʀefjabl] adj rarefiable

**raréfier** [ʀaʀefje] → SYN ▸ conjug 7 ◂ 1 vt [+ air] to rarefy ◆ **gaz raréfié** rarefied gas
2 **se raréfier** vpr [oxygène] to rarefy; [argent, nourriture] to grow ou become scarce, be in short supply

**rarement** [ʀaʀmɑ̃] → SYN adv rarely, seldom ◆ **le règlement est rarement respecté** the rule is rarely ou seldom observed ◆ **il ne rate que rarement sa cible** he only rarely misses his target ◆ **cela arrive plus rarement** it happens less often ou frequently

**rareté** [ʀaʀte] → SYN nf a [édition, objet] rarity; [mot, cas] rareness, rarity; [vivres, argent] scarcity ◆ **la rareté des touristes/visiteurs** the small numbers of tourists/visitors ◆ **se plaindre de la rareté des lettres/visites de qn** to complain of the infrequency of sb's letters/visits
b (= objet précieux) rarity, rare object ◆ **une telle erreur de sa part, c'est une rareté** it's a rare ou an unusual occurrence for him to make a mistake like that

**rarissime** [ʀaʀisim] adj extremely rare ◆ **fait rarissime, la pièce est restée six mois à l'affiche** the play ran for six months, which is very rare

**R.A.S.** [ɛʀaɛs] (abrév de **rien à signaler**) → **rien**

**ras**[1] [ʀɑs] nm (= titre éthiopien) ras

**ras**[2], **e** [ʀɑ, ʀɑz] → SYN adj a poil, herbe short; cheveux close-cropped; étoffe with a short pile; mesure, tasse full ◆ **il avait la tête rase** he had close-cropped hair ◆ **à poil ras** chien short-haired; étoffe with a short pile ◆ **ongles/cheveux coupés ras** ou **à ras** nails/hair cut short
b (LOC) **pull ras du cou** crew-neck ou round-neck sweater ◆ **j'en ai ras le bol** * ou **le pompon** * ou **la casquette** * **(de tout ça)** I'm sick to death of it *, I'm fed up to the back teeth (with it all) (Brit) *

◆ **à** ou **au ras de** (= au niveau de) ◆ **au ras de la terre** ou **du sol/de l'eau** level with the ground/the water ◆ **arbre coupé à ras de terre** tree cut down to the ground ◆ **ses cheveux lui arrivent au ras des fesses** she can almost sit on her hair ◆ **ça lui arrive au ras des chevilles** it comes down to her ankles ◆ **voler au ras du sol/au ras de l'eau** (= tout près de) to fly close to ou just above the ground/the water, skim the ground/the water ◆ **le projectile lui est passé au ras de la tête/du visage** the projectile skimmed his head/his face ◆ **la discussion est au ras des pâquerettes** * the discussion is pretty lowbrow ◆ **soyons pragmatiques, restons au ras des pâquerettes** * let's be pragmatic and keep our feet on the ground

◆ **à ras bord(s)** to the brim ◆ **remplir un verre à ras bord** to fill a glass to the brim ou top ◆ **plein à ras bord** verre full to the brim, brimful; baignoire full to overflowing ou to the brim

◆ **en rase campagne** in open country

**ras**[3] [ʀɑ] nm (Naut) raft

**rasade** [ʀazad] → SYN nf glassful

**rasage** [ʀɑzaʒ] nm a [barbe] shaving; → **lotion**
b (Tex) shearing

**rasant, e** [ʀɑzɑ̃, ɑ̃t] adj a (* = ennuyeux) boring ◆ **qu'il est rasant !** he's a (real) bore! ou drag! *
b lumière low-angled; fortification low-built ◆ **tir rasant** grazing fire

**rascasse** [ʀaskas] → SYN nf scorpion fish

**rasé, e** [ʀɑze] (ptp de **raser**) adj menton (clean-)shaven; tête shaven ◆ **être bien/mal rasé** to be shaven/unshaven ◆ **rasé de près** close-shaven ◆ **rasé de frais** freshly shaven ◆ **avoir les cheveux rasés** to have a shaven head ◆ **les crânes rasés** (= personnes) skinheads

**rase-mottes** [ʀɑzmɔt] nm inv hedgehopping ◆ **faire du rase-mottes, voler en rase-mottes** to hedgehop ◆ **vol en rase-mottes** hedgehopping flight

**raser** [ʀɑze] → SYN ▸ conjug 1 ◂ 1 vt a (= tondre) [+ barbe, cheveux] to shave off; [+ menton, tête] to shave; [+ malade] to shave ◆ **raser un prêtre/condamné** to shave a priest's/convict's head ◆ **se faire raser la tête** to have one's head shaved ◆ **à raser** crème, gel, mousse shaving (épith)
b (= effleurer) [projectile, véhicule] to graze, scrape; [oiseau, balle de tennis] to skim (over) ◆ **raser les murs** to hug the walls
c (= abattre) [+ maison] to raze (to the ground) ◆ **raser un navire** to bring a ship's masts down
d (* = ennuyer) to bore ◆ **ça me rase !** it bores me stiff! * ou to tears! *
e (Tech) [+ mesure à grains] to strike; [+ velours] to shear
2 **se raser** vpr a (toilette) to shave, have a shave ◆ **se raser la tête/les jambes** to shave one's head/one's legs
b (* = s'ennuyer) to be bored stiff * ou to tears *

**raseur, -euse** * [ʀɑzœʀ, øz] → SYN 1 adj boring ◆ **qu'il est raseur !** he's a (real) bore! ou drag! *
2 nm,f bore

**rash** [ʀaʃ] nm (Méd) rash

**rasibus** * [ʀɑzibys] adv couper very close ou fine ◆ **passer rasibus** [projectile] to whizz past very close

**ras-le-bol** * [ʀɑl(ə)bɔl] 1 excl enough is enough!
2 nm inv (= mécontentement) discontent ◆ **provoquer le ras-le-bol général** to cause widespread discontent ◆ **le ras-le-bol étudiant** the students' discontent ou dissatisfaction, student unrest; → **table**

**rasoir** [ʀɑzwaʀ] → SYN 1 nm razor ◆ **rasoir électrique** (electric) shaver, electric razor ◆ **rasoir mécanique** ou **de sûreté** safety razor ◆ **rasoir à main** ou **de coiffeur** cut-throat ou straight razor ◆ **rasoir jetable** disposable ou throwaway razor ◆ **se donner un coup de rasoir** to have a quick shave; → **feu**[1], **fil** etc
2 adj (* = ennuyeux) film, livre dead boring * ◆ **qu'il est rasoir !** what a bore ou drag * he is!

**Raspoutine** [ʀasputin] nm Rasputin

**rassasier** [ʀasazje] → SYN ▸ conjug 7 ◂ (frm) 1 vt
a (= assouvir) [+ faim, curiosité, désirs] to satisfy
b (= nourrir) **rassasier qn** [aliment] to satisfy sb ou sb's appetite ◆ **rassasier qn de qch** (= lui en donner suffisamment) to satisfy sb with sth ou sb's appetite ou hunger with sth; (= lui en donner trop) to give sb too much of sth ◆ **être rassasié** (= n'avoir plus faim) to be satisfied, have eaten one's fill; (= en être dégoûté) to be satiated ou sated, have had more than enough ◆ **on ne peut pas le rassasier de chocolats** you can't give him too many chocolates ◆ **rassasier ses yeux de qch** to feast one's eyes on sth ◆ **je suis rassasié de toutes ces histoires !** I've had quite enough of all this!
2 **se rassasier** vpr (= se nourrir) to satisfy one's hunger, eat one's fill ◆ **se rassasier d'un spectacle** to feast one's eyes on a sight ◆ **je ne me rassasierai jamais de ...** I'll never tire ou have enough of ...

**rassemblement** [ʀasɑ̃bləmɑ̃] → SYN nm a (= action de regrouper) [troupeau] rounding up; [objets, documents] gathering, collecting
b [pièces, mécanisme] reassembly
c (Équitation) [cheval] collecting
d (= réunion, attroupement) (gén) assembly, gathering; [manifestants] rally ◆ **rassemblement !** (Mil) fall in! ◆ **rassemblement à 9 heures sur le quai** we'll meet at 9 o'clock on the platform ◆ **rassemblement pour la paix** (Pol) peace rally; → **point**

**rassembler** [ʀasɑ̃ble] → SYN ▸ conjug 1 ◂ 1 vt a (= regrouper) [+ personnes] to gather, assemble; [+ troupes] to muster; [+ troupeau] to round up; [+ objets épars] to gather together, collect ◆ **il rassembla les élèves dans la cour** he gathered ou assembled the pupils in the playground ◆ **le festival rassemble les meilleurs musiciens** the festival brings together the best musicians
b (= rallier) to rally; [+ sympathisants] to round up, rally ◆ **cette cause a rassemblé des gens de tous horizons** people from all walks of life have rallied to this cause
c [+ documents, manuscrits, notes] to gather together, collect, assemble
d [+ idées, souvenirs] to collect; [+ courage, forces] to summon up, muster ◆ **rassembler ses esprits** to collect one's thoughts
e (= remonter) [+ pièces, mécanisme] to put back together, reassemble
f (Équitation) [+ cheval] to collect
2 **se rassembler** vpr a [se regrouper] to gather; [soldats, participants] to assemble, gather ◆ **nous nous rassemblons deux fois par semaine** we get together twice a week ◆ **en cas d'urgence, rassemblez-vous sur le pont** (Naut) in an emergency, assemble on deck ◆ **rassemblés autour du feu** gathered round the fire ◆ **toute la famille était rassemblée** the whole family was gathered together
b (= s'unir) **nous devons nous rassembler autour du président/pour lutter contre ...** we must unite behind the president/to fight against ...
c (Sport) to bend *(to gather one's strength)*

**rassembleur, -euse** [ʀasɑ̃blœʀ, øz] → SYN 1 adj discours rallying; thème, projet unifying
2 nm,f unifier ◆ **il fut le rassembleur d'une nation divisée** he was the unifier of ou he unified a divided nation

**rasseoir** [ʀaswaʀ] ▸ conjug 26 ◂ 1 vt [+ bébé] to sit back up (straight); [+ objet] to put back up straight
2 **se rasseoir** vpr to sit down again ◆ **faire (se) rasseoir qn** to make sb sit down again ◆ **rassieds-toi !** sit down!

**rasséréné, e** [ʀaseʀene] → SYN (ptp de **rasséréner**) adj ciel, personne, visage serene

**rasséréner** [ʀaseʀene] → SYN ▸ conjug 6 ◂ 1 vt to make serene again
2 **se rasséréner** vpr [personne, visage, ciel] to become serene again, recover one's (ou its) serenity

**rassir** vi, **se rassir** vpr [ʀasiʀ] ▸ conjug 2 ◂ to go stale

**rassis, e** [ʀasi, iz] → SYN (ptp de **rassir, rasseoir**) adj a pain stale; viande hung
b personne (= pondéré) composed, calm; (péj) stale

**rassortiment** [ʀasɔʀtimɑ̃] nm ⇒ **réassortiment**

**rassortir** [ʀasɔʀtiʀ] ▸ conjug 2 ◂ vt ⇒ **réassortir**

**rassurant, e** [ʀasyʀɑ̃, ɑ̃t] → SYN adj nouvelle, voix reassuring, comforting; discours, présence, visage reassuring; indice encouraging ◆ **"ne vous inquiétez pas", dit-il d'un ton rassurant** "don't worry", he said reassuringly ◆ **il a tenu des propos peu rassurants** he said some rather worrying things ◆ **c'est rassurant !** (iro) that's very reassuring! (iro), that's a great comfort! * (iro)

**rassurer** [ʀasyʀe] → SYN ▸ conjug 1 ◂ 1 vt ◆ **rassurer qn** to put sb's mind at ease ou rest, reassure sb ◆ **le médecin m'a rassuré sur son état de santé** the doctor reassured me about the state of his health ◆ **je ne me sentais pas rassuré dans sa voiture** I didn't feel at ease in his car ◆ **je ne suis pas très rassuré** (danger, situation inattendue) I feel a bit uneasy; (examen, entretien) I feel a bit nervous ◆ **me voilà rassuré maintenant** I've got nothing to worry about now, that's put my mind at rest
2 **se rassurer** vpr ◆ **à cette nouvelle, il se rassura** the news put his mind at ease ou rest, he was relieved ou reassured when he heard the news ◆ **il essayait de se rassurer en se disant que c'était impossible** he tried to reassure himself by saying it was impossible ◆ **rassure-toi** don't worry

**rasta**[1] [ʀasta] adj, nmf (abrév de **rastafari**) Rasta

**rasta**[2] * [ʀasta] adj, nm abrév de **rastaquouère**

**rastafari** [ʀastafaʀi] adj, nm Rastafarian

**rastaquouère** [ʀastakwɛʀ] nm (péj) flashy foreigner (péj)

**rat** [ʀa] → SYN 1 nm (Zool) rat; (péj = avare) miser ◆ **c'est un vrai rat, ce type** that guy's really stingy * ou a real skinflint * ◆ **les rats quittent le navire** (fig) the rats are leaving the sinking ship ◆ **s'ennuyer** ou **s'emmerder** * **comme un rat mort** to be bored stiff * ou to death * ◆ **mon (petit) rat** (terme d'affection) (my) pet, darling ◆ **petit rat de l'Opéra** *pupil of the Opéra de Paris ballet class (working as an extra)*; → **chat, fait**[2]
2 COMP ▷ **rat d'Amérique** muskrat, musquash (Brit) ▷ **rat de bibliothèque** bookworm *(who spends all his time in libraries)* ▷ **rat de cave** wax taper *(used for lighting one's way in a cellar or on a staircase)* ▷ **rat des champs** fieldmouse ▷ **rat d'eau** water vole ▷ **rat d'égout** sewer rat ▷ **rat**

**d'hôtel** hotel thief ▷ **rat musqué** muskrat, musquash (Brit) ▷ **rat palmiste** ground squirrel

**rata** † [ʀata] nm (arg Mil) (= nourriture) grub *; (= ragoût) stew

**ratafia** [ʀatafja] nm (= liqueur) ratafia

**ratage** * [ʀataʒ] nm a (= échec) failure ◆ **des ratages successifs** successive failures ◆ **son film est un ratage complet** his film is a complete failure ou flop

b (= action) [travail, affaire] messing up, spoiling; [mayonnaise, sauce] spoiling; [examen] failing, flunking *

**rataplan** [ʀataplɑ̃] excl, nm rat-a-tat-tat

**ratatiné, e** [ʀatatine] → SYN (ptp de **ratatiner**) adj a pomme dried-up, shrivelled; visage, personne wrinkled, wizened

b ⁑ voiture smashed-up *, banjaxed * (US); personne exhausted, knackered ⁑ (Brit)

**ratatiner** [ʀatatine] ▸ conjug 1 ◂ 1 vt a [+ pomme] to dry up, shrivel ◆ **ratatiné par l'âge** visage, personne wrinkled ou wizened with age

b (⁑ = détruire) [+ maison] to wreck; [+ machine, voiture] to smash to bits ou pieces ◆ **se faire ratatiner** (battre) to get thrashed ou a thrashing; (tuer) to get done in ⁑ ou bumped off ⁑ ◆ **sa voiture a été complètement ratatinée** his car was a complete write-off (Brit), his car was totaled * (US)

2 **se ratatiner** vpr [pomme] to shrivel ou dry up; [visage] to become wrinkled ou wizened; [personne] (par l'âge) to become wrinkled ou wizened; (pour tenir moins de place) to curl up

**ratatouille** [ʀatatuj] → SYN nf (Culin) ◆ **ratatouille (niçoise)** ratatouille; (péj) (= ragoût) bad stew; (= cuisine) lousy * food

**rate[1]** [ʀat] nf (= organe) spleen; → **dilater, fouler**

**rate[2]** [ʀat] nf (= animal) she-rat

**raté, e** [ʀate] → SYN (ptp de **rater**) 1 adj tentative, mariage, artiste failed; vie wasted; départ bad, poor ◆ **un film raté** a flop ◆ **ma mayonnaise/la dernière scène est complètement ratée** my mayonnaise/the last scene is a complete disaster ◆ **encore une occasion ratée !** another missed opportunity!

2 nm,f (* = personne) failure

3 nm a (Aut : gén pl) misfiring (NonC) ◆ **avoir des ratés** to misfire ◆ **il y a eu des ratés dans les négociations** (fig) there were some hiccups in the negotiations

b [arme à feu] misfire

**râteau,** pl **râteaux** [ʀɑto] → SYN nm (Agr, Roulette) rake; [métier à tisser] comb

**ratel** [ʀatɛl] nm ratel, honey badger

**râtelage** [ʀɑt(ə)laʒ] nm raking

**râteler** [ʀɑt(ə)le] → SYN ▸ conjug 4 ◂ vt [+ foin] to rake

**râteleur, -euse** [ʀɑt(ə)lœʀ, øz] nm,f raker

**râtelier** [ʀɑtəlje] nm [bétail, armes, outils] rack; (* = dentier) (set of) false teeth ◆ **râtelier à pipes** pipe rack; → **manger**

**rater** [ʀate] → SYN ▸ conjug 1 ◂ 1 vi a [projet, affaire] to fail, fall through ◆ **ce contretemps/cette erreur risque de tout faire rater** this hitch/this mistake could well ruin everything ◆ **je t'avais dit qu'elle y allait : ça n'a pas raté** * I told you she'd go and I was dead right * (Brit) ou and (so) she did ◆ **ça ne rate jamais !** it never fails!

b [arme] to fail to go off, misfire

2 vt a (= manquer) [+ balle, cible, occasion, train, rendez-vous, spectacle, personne] to miss ◆ **c'est une occasion à ne pas rater** it's an opportunity not to be missed ◆ **raté !** missed! ◆ **ils se sont ratés de peu** they just missed each other ◆ **si tu croyais m'impressionner, c'est raté** if you were trying to impress me, it hasn't worked! ◆ **il n'en rate pas une !** (iro) he's always putting his foot in it! * ◆ **je ne te raterai pas !** I'll get you! *, I'll show you! ◆ **il voulait faire le malin mais je ne l'ai pas raté** he tried to be smart but I soon sorted him out I didn't let him get away with it ◆ **il ne t'a pas raté !** he really got you there! *

b (= ne pas réussir) [+ travail, affaire] to mess up, spoil; [+ mayonnaise, sauce, plat] to make a mess of; [+ examen] to fail, flunk * ◆ **ces photos sont complètement ratées** these photos are a complete disaster ◆ **un écrivain raté** a failed writer ◆ **rater son entrée** to miss one's entrance ◆ **j'ai raté mon effet** I didn't achieve the effect I was hoping for ◆ **rater sa vie** to make a mess of one's life ◆ **il a raté son coup** he didn't pull it off ◆ **il a raté son suicide, il s'est raté** he bungled his suicide attempt ◆ **le coiffeur m'a raté** the hairdresser made a mess of my hair

**ratiboiser** ⁑ [ʀatibwaze] ▸ conjug 1 ◂ vt a (= rafler) **ratiboiser qch à qn** (au jeu) to clean sb out of sth *; (en le volant) to pinch * ou nick ⁑ (Brit) sth from sb ◆ **on lui a ratiboisé son portefeuille, il s'est fait ratiboiser son portefeuille** he got his wallet pinched * ou nicked ⁑ (Brit)

b (= dépouiller) **ratiboiser qn** to skin sb (alive) *, clean sb out *

c (= abattre) [+ maison] to wreck ◆ **il a été ratiboisé en moins de deux** [personne] in next to no time he was dead

d (= couper les cheveux à) [+ personne] to scalp * (fig) ◆ **se faire ratiboiser** to be scalped *

**ratiche** ⁑ [ʀatiʃ] nf tooth, fang *

**raticide** [ʀatisid] nm rat poison

**ratier** [ʀatje] nm ◆ **(chien) ratier** ratter

**ratière** [ʀatjɛʀ] → SYN nf rattrap

**ratification** [ʀatifikasjɔ̃] → SYN nf (Admin, Jur) ratification ◆ **ratification de vente** sales confirmation

**ratifier** [ʀatifje] → SYN ▸ conjug 7 ◂ vt (Admin, Jur) to ratify; (littér = confirmer) to confirm, ratify

**ratinage** [ʀatinaʒ] nm friezing

**ratine** [ʀatin] nf (Tex) ratine

**ratiner** [ʀatine] ▸ conjug 1 ◂ vt to frieze

**ratineuse** [ʀatinøz] nf (= machine) friezer

**rating** [ʀatiŋ, ʀetiŋ] nm (Écon, Naut) rating

**ratio** [ʀasjo] nm ratio

**ratiocination** [ʀasjɔsinasjɔ̃] → SYN nf (littér péj) (= action) hair-splitting, quibbling; (= raisonnement) hair-splitting argument, quibbling (NonC)

**ratiociner** [ʀasjɔsine] → SYN ▸ conjug 1 ◂ vi (littér péj) to split hairs, quibble (*sur* over)

**ratiocineur, -euse** [ʀasjɔsinœʀ, øz] → SYN nm,f (littér péj) hair-splitter, quibbler

**ration** [ʀasjɔ̃] → SYN nf (= portion limitée) ration; [soldat] rations; [animal] (feed) intake; [organisme] (food) intake ◆ **ration de viande/fourrage** meat/fodder ration ◆ **ration alimentaire** food intake ◆ **ration d'entretien** minimum daily requirement ◆ **ration de survie** survival rations ◆ **il a eu sa ration d'épreuves/de soucis** he had his share of trials/of worries

**rational,** pl **-aux** [ʀasjɔnal, o] nm (Hist = pièce d'étoffe) rational

**rationalisation** [ʀasjɔnalizasjɔ̃] → SYN nf rationalization

**rationaliser** [ʀasjɔnalize] → SYN ▸ conjug 1 ◂ vt to rationalize

**rationalisme** [ʀasjɔnalism] → SYN nm rationalism

**rationaliste** [ʀasjɔnalist] adj, nmf rationalist

**rationalité** [ʀasjɔnalite] nf rationality

**rationnel, -elle** [ʀasjɔnɛl] → SYN adj rational

**rationnellement** [ʀasjɔnɛlmɑ̃] adv rationally

**rationnement** [ʀasjɔnmɑ̃] → SYN nm rationing; → **carte**

**rationner** [ʀasjɔne] → SYN ▸ conjug 1 ◂ 1 vt [+ pain, eau] to ration; [+ personne], (lit) to put on rations; (fig hum = ne pas donner assez à) to give short rations to

2 **se rationner** vpr to ration o.s.

**ratissage** [ʀatisaʒ] nm (Agr) raking; (Mil, Police) combing

**ratisser** [ʀatise] → SYN ▸ conjug 1 ◂ vt [+ gravier] to rake; [+ feuilles] to rake up; (Mil, Police) to comb; (Rugby) [+ ballon] to heel; (* = dépouiller au jeu) to clean out * ◆ **ratisser large** to cast the net wide ◆ **il s'est fait ratisser (au jeu)** * he was cleaned out * ou he lost everything at the gambling table

**ratissoire** [ʀatiswaʀ] nf garden hoe

**ratites** [ʀatit] nmpl ◆ **les ratites** ratite birds, the Ratitae (SPÉC)

**raton** [ʀatɔ̃] nm a (Zool) young rat ◆ **raton laveur** racoon

b (⁑, raciste) *racist term applied to North Africans in France*

c (= terme d'affection) **mon raton !** (my) pet!

**raton(n)ade** [ʀatɔnad] nf racist attack *(mainly on North African Arabs)*

**RATP** [ɛʀatepe] nf (abrév de **Régie autonome des transports parisiens**) → **régie**

**rattachement** [ʀataʃmɑ̃] → SYN nm (Admin, Pol) uniting (*à* with), joining (*à* to) ◆ **le rattachement de la Savoie à la France** the incorporation of Savoy into France ◆ **demander son rattachement à** to ask to be united with ou joined to ◆ **quel est votre service de rattachement ?** which service are you attached to?

**rattacher** [ʀataʃe] → SYN ▸ conjug 1 ◂ vt a (= attacher de nouveau) [+ animal, prisonnier, colis] to tie up again; [+ ceinture, lacets, jupe] to do up ou fasten again

b (= annexer, incorporer) [+ territoire] to incorporate (*à* into); [+ commune, service] to join (*à* to), unite (*à* with); [+ employé, fonctionnaire] to attach (*à* to)

c (= comparer, rapprocher) [+ problème, question] to link, connect, tie up (*à* with); [+ fait] to relate (*à* to) ◆ **cela peut se rattacher au premier problème** that can be related to ou tied up with the first problem ◆ **on peut rattacher cette langue au groupe slave** this language can be related to ou linked with the Slavonic group

d (= relier) [+ personne] to bind, tie (*à* to) ◆ **rien ne le rattache plus à sa famille** he has no more ties with his family, nothing binds ou ties him to his family any more

**rattrapable** [ʀatʀapabl] adj erreur, gaffe which can be put right; heure, journée which can be made up

**rattrapage** [ʀatʀapaʒ] → SYN nm [maille] picking up; [erreur] making good; [candidat d'examen] passing ◆ **le rattrapage d'une bêtise/d'un oubli** making up for something silly/for an omission ◆ **le rattrapage du retard** [élève] catching up, making up for lost time; [conducteur] making up for lost time ◆ **rattrapage scolaire** remedial teaching ou classes ◆ **cours de rattrapage** remedial class ou course ◆ **suivre des cours de rattrapage** to go to remedial classes ◆ **épreuve de rattrapage** (Scol) *additional exam for borderline cases* ◆ **session de rattrapage** (Scol) retakes, resits (Brit) ◆ **pour permettre le rattrapage économique de certains pays européens** to allow certain European economies to catch up ◆ **le rattrapage des salaires sur les prix** an increase in salaries to keep up with ou keep pace with prices

**rattraper** [ʀatʀape] → SYN ▸ conjug 1 ◂ 1 vt a (= reprendre) [+ animal échappé, prisonnier] to recapture

b (= retenir) [+ objet, personne qui tombe] to catch (hold of)

c (= réparer) [+ maille] to pick up; [+ mayonnaise] to salvage; [+ erreur] to make good, make up for; [+ bêtise, parole malheureuse, oubli] to make up for ◆ **je vais essayer de rattraper le coup** * I'll try and sort this out

d (= regagner) [+ argent perdu] to recover, get back, recoup; [+ sommeil] to catch up on; [+ temps perdu] to make up for ◆ **le conducteur a rattrapé son retard** the driver made up for lost time ◆ **cet élève ne pourra jamais rattraper son retard** this pupil will never be able to catch up ou make up for the time he has lost ◆ **ce qu'il perd d'un côté, il le rattrape de l'autre** what he loses in one way he gains in another, what he loses on the swings he gains on the roundabouts (Brit)

e (= rejoindre) **rattraper qn** (lit, fig) to catch sb up, catch up with sb ◆ **le coût de la vie a rattrapé l'augmentation de salaire** the cost of living has caught up with the increase in salaries

f (Scol) **rattraper qn** (= repêcher) to give sb a pass, let sb get through

2 **se rattraper** vpr a (= reprendre son équilibre) to stop o.s. falling, catch o.s. (just) in time ◆ **se rattraper à la rampe/à qn** to catch hold of the banister/of sb to stop o.s. falling ◆ **j'ai failli gaffer, mais je me suis rattrapé in extremis** I nearly put my foot in it but stopped myself just in time; → **branche**

b (= compenser) to make up for it ◆ **j'ai passé trois nuits sans dormir, mais hier je me suis rattrapé** I had three sleepless nights, but I made up for it yesterday ◆ **les plats ne sont pas chers mais ils se rattrapent sur les vins** the food isn't expensive but they make up for it on the wine ◆ **les fabricants comptent sur les marchés extérieurs pour se rattraper** manufacturers are looking to foreign markets to make up their losses ◆ **le joueur avait perdu les deux premiers sets, mais il s'est rattrapé au troisième** the player had lost the first two sets but he pulled back in the third

**raturage** [ʀatyʀaʒ] nm [lettre, mot] crossing out, erasing, deleting

**rature** [ʀatyʀ] → SYN nf deletion, erasure, crossing out ◆ **faire une rature** to make a deletion ou an erasure ◆ **sans ratures ni surcharges** (Admin) without deletions or alterations

**raturer** [ʀatyʀe] → SYN ▸ conjug 1 ◂ vt (= corriger) [+ mot, phrase, texte] to make an alteration ou alterations to; (= barrer) [+ lettre, mot] to cross out, erase, delete

**RAU** † [ɛʀay] nf (abrév de **République arabe unie**) UAR †

**raucité** [ʀosite] nf → **rauque** hoarseness, huskiness, throatiness, raucousness

**rauque** [ʀok] → SYN adj voix (gén) hoarse; (chanteuse de blues) husky, throaty; cri raucous

**rauquer** [ʀoke] ▸ conjug 1 ◂ vi (lit, littér) to growl

**ravage** [ʀavaʒ] → SYN nm **a** (littér = action) [pays, ville] laying waste, ravaging, devastation
**b** (gén pl = dégâts) [guerre, maladie] ravages, devastation (NonC); [temps] ravages; [chômage, crise, alcool, drogue] devastating effects, ravages ◆ **la grêle a fait des ravages dans les vignes** the hailstorm wrought havoc in the vineyards ou played havoc with the vines ◆ **l'épidémie a fait de terribles ravages parmi les jeunes** the epidemic has caused terrible losses among young people ◆ **faire des ravages** (hum) [séducteur] to be a real heartbreaker; [doctrine] to gain a lot of ground

**ravagé, e** [ʀavaʒe] (ptp de **ravager**) adj **a** (= tourmenté) visage harrowed, haggard ◆ **avoir les traits ravagés** to have harrowed ou ravaged ou haggard features ◆ **visage ravagé par la maladie** face ravaged by illness
**b** (‡ = fou) **il est complètement ravagé** he's completely nuts* ou bonkers‡ (Brit), he's off his head‡

**ravager** [ʀavaʒe] → SYN ▸ conjug 3 ◂ vt [+ pays] to lay waste, ravage, devastate; [+ maison, ville] to ravage, devastate; [+ visage] [maladie] to ravage; [chagrin, soucis] to harrow; [+ personne, vie] to wreak havoc upon

**ravageur, -euse** [ʀavaʒœʀ, øz] → SYN **1** adj passion, sourire devastating; humour scathing ◆ **insectes ravageurs** pests ◆ **les effets ravageurs de la drogue** the devastating effects of drugs
**2** nm,f (= pillard) ravager, devastator

**ravalement** [ʀavalmɑ̃] → SYN nm **a** (Constr) (= nettoyage) cleaning; (= remise en état) [façade, mur] restoration; [immeuble] renovation, facelift* ◆ **faire le ravalement de** to clean, restore, give a facelift to* ◆ **faire un ravalement*** (= retoucher son maquillage) to fix one's warpaint*
**b** (littér = avilissement) [dignité, personne, mérite] lowering

**ravaler** [ʀavale] → SYN ▸ conjug 1 ◂ **1** vt **a** (Constr) (= nettoyer) to clean; (= remettre en état) [+ façade, mur] to do up, restore; [+ immeuble] to renovate, give a facelift to* ◆ **se faire ravaler la façade*** to have a facelift
**b** (= avaler) [+ salive, dégoût] to swallow; [+ sanglots] to swallow, choke back; [+ colère] to stifle; [+ larmes] to hold ou choke back; [+ sourire] to suppress ◆ **faire ravaler ses paroles à qn** to make sb take back ou swallow their words
**c** (littér) [+ dignité, personne, mérite] to lower ◆ **ce genre d'acte ravale l'homme au rang de la bête** this kind of behaviour brings man down ou reduces man to the level of animals
**2 se ravaler** vpr **a** (= s'abaisser) to lower o.s. ◆ **se ravaler au rang de ...** to reduce o.s. to the level of ...
**b** * **se ravaler la façade** to slap on* some make-up

**ravaleur** [ʀavalœʀ] nm (= maçon) stone restorer

**ravaudage** [ʀavodaʒ] → SYN nm [vêtement] mending, repairing; [chaussette] darning; [objet] makeshift repair ◆ **faire du ravaudage** to mend, darn

**ravauder** [ʀavode] → SYN ▸ conjug 1 ◂ vt (littér = repriser) [+ vêtement] to repair, mend; [+ chaussette] to darn

**rave** [ʀav] nf (= navet) turnip; (= radis) radish; → **céleri**

**ravenala** [ʀavenala] nm traveller's tree

**ravenelle** [ʀavnɛl] nf (= giroflée) wallflower; (= radis) wild radish

**Ravenne** [ʀavɛn] n Ravenna

**ravi, e** [ʀavi] → SYN (ptp de **ravir**) adj (= enchanté) delighted ◆ **je n'étais pas franchement ravi de sa décision** I wasn't exactly overjoyed about his decision ◆ **ravi de vous connaître** delighted ou pleased to meet you

**ravier** [ʀavje] nm hors d'oeuvres dish

**ravière** [ʀavjɛʀ] nf rape field

**ravigotant, e*** [ʀavigɔtɑ̃, ɑ̃t] adj air bracing ◆ **ce vin est ravigotant** this wine bucks you up* ou puts new life into you

**ravigote** [ʀavigɔt] nf (= vinaigrette) (oil and vinegar) dressing *(with hard-boiled eggs, shallot and herbs)*

**ravigoter*** [ʀavigɔte] ▸ conjug 1 ◂ vt [alcool] to buck up*, pick up; [repas, douche, nouvelle, chaleur] to buck up*, put new life into ◆ **(tout) ravigoté par une bonne nuit** feeling refreshed after a good night's sleep

**ravin** [ʀavɛ̃] → SYN nm (gén) gully; (encaissé) ravine

**ravine** [ʀavin] nf (small) ravine, gully

**ravinement** [ʀavinmɑ̃] → SYN nm (= action) gullying (Géog) ◆ **ravinements** (= rigoles, ravins) gullies ◆ **le ravinement de ces pentes** (= aspect) the (numerous) gullies furrowing these slopes ◆ **le ravinement affecte particulièrement ces sols** gully erosion ou gullying affects these kinds of soil in particular

**raviner** [ʀavine] → SYN ▸ conjug 1 ◂ vt [+ visage, chemin] to furrow; [+ versant] to gully (Géog) ◆ **visage raviné par les larmes** tear-streaked face, face streaked with tears ◆ **les bords ravinés de la rivière** the gullied (Géog) ou furrowed banks of the river

**raviole** [ʀavjɔl] nf ravioli *(filled with cheese, vegetables, meat etc)*

**ravioli** [ʀavjɔli] nm ◆ **raviolis** ravioli (NonC)

**ravir** [ʀaviʀ] → SYN ▸ conjug 2 ◂ vt (littér) **a** (= charmer) to delight ◆ **cela lui va à ravir** that suits her beautifully, she looks delightful in it ◆ **il danse à ravir** he's a beautiful dancer ◆ **elle est jolie à ravir** she's as pretty as a picture
**b** (= enlever) **ravir à qn** [+ trésor, être aimé, honneur] to rob sb of, take (away) from sb ◆ **elle lui a ravi son titre de championne d'Europe** she took the European championship title off her; → **vedette**
**c** († = kidnapper) to ravish †, abduct

**raviser (se)** [ʀavize] → SYN ▸ conjug 1 ◂ vpr to change one's mind, decide otherwise ◆ **après avoir dit oui, il s'est ravisé** after saying yes he changed his mind ou decided otherwise ou decided against it ◆ **il s'est ravisé** he decided against it, he thought better of it

**ravissant, e** [ʀavisɑ̃, ɑ̃t] → SYN adj beauté ravishing; femme, robe ravishing, beautiful; maison, tableau delightful, beautiful

**ravissement** [ʀavismɑ̃] → SYN nm **a** (gén, Rel) rapture ◆ **plonger qn dans le ravissement** to send sb into raptures ◆ **plongé dans le ravissement** in raptures ◆ **regarder qn avec ravissement** to look at sb rapturously
**b** († ou littér = enlèvement) ravishing †, abduction

**ravisseur, -euse** [ʀavisœʀ, øz] nm,f kidnapper, abductor

**ravitaillement** [ʀavitajmɑ̃] → SYN nm **a** (NonC) (en vivres, munitions) [armée, ville, navire] resupplying; [coureurs, skieurs] getting fresh supplies to; (en carburant) [véhicule, avion, embarcation] refuelling ◆ **ravitaillement en vol** inflight refuelling ◆ **le ravitaillement des troupes (en vivres/munitions)** supplying the troops (with food/ammunition), the provision ou providing of the troops with fresh supplies (of food/ammunition) ◆ **aller au ravitaillement*** to go for fresh supplies ◆ **les voies de ravitaillement sont bloquées** supply routes are blocked ◆ **convoi de ravitaillement** supply convoy
**b** (= provisions) supplies

**ravitailler** [ʀavitaje] → SYN ▸ conjug 1 ◂ **1** vt (en vivres, munitions) [+ armée, ville, navire] to provide with fresh supplies, resupply; [+ coureurs, skieurs] to give fresh supplies to; (en carburant) [+ véhicule, avion, embarcation] to refuel ◆ **ravitailler une ville en combustible** to provide a town with fresh supplies of fuel ◆ **ravitailler un avion en vol** to refuel an aircraft in flight
**2 se ravitailler** vpr [ville, armée, coureurs, skieurs] to get fresh supplies; [véhicule, avion] to refuel; (= faire des courses) to stock up

**ravitailleur** [ʀavitajœʀ] **1** nm (Mil) (= navire) supply ship; (= avion) supply plane; (= véhicule) supply vehicle ◆ **ravitailleur en vol** aerial tanker
**2** adj navire, avion, véhicule supply (épith)

**ravivage** [ʀavivaʒ] nm [métal] cleaning; [couleur] brightening up

**raviver** [ʀavive] → SYN ▸ conjug 1 ◂ vt [+ feu, sentiment, douleur] to revive, rekindle; [+ couleur] to brighten up; [+ souvenir] to revive, bring back to life; (Tech) [+ métal] to clean; (Méd) [+ plaie] to reopen ◆ **sa douleur/sa jalousie s'est ravivée** his grief/his jealousy was revived ou rekindled

**ravoir** [ʀavwaʀ] → SYN ▸ conjug 34 ◂ vt **a** (= recouvrer) to have ou get back
**b** (* = nettoyer : gén nég) [+ tissu, métal] to get clean ◆ **cette casserole est difficile à ravoir** this saucepan is hard to clean, it's hard to get this saucepan clean

**rayage** [ʀɛjaʒ] nm **a** [nom] crossing ou scoring out
**b** [canon] rifling

**rayé, e** [ʀeje] → SYN (ptp de **rayer**) adj **a** tissu, pelage striped; papier à lettres ruled, lined
**b** surface scratched; disque scratched, scratchy
**c** (Tech) canon rifled

**rayer** [ʀeje] → SYN ▸ conjug 8 ◂ vt **a** (= marquer de raies) [+ papier à lettres] to rule, line ◆ **des cicatrices lui rayaient le visage** scars lined his face
**b** (= érafler) to scratch
**c** (= biffer) to cross ou score out
**d** (= exclure) **rayer qn de** to cross sb ou sb's name off ◆ **il a été rayé de la liste** he ou his name has been crossed ou struck off the list ◆ **"rayer la mention inutile"** "cross out where not applicable", "delete where inapplicable" ◆ **rayer qch de sa mémoire** to blot out ou erase sth from one's memory ◆ **rayer un pays/une ville de la carte** (fig) to wipe a country/a town off the map ◆ **je l'ai rayé de mes tablettes** (fig) I want nothing to do with him ever again
**e** (Tech) [+ canon] to rifle

**rayère** [ʀɛjɛʀ] → SYN nf dreamhole

**ray-grass** [ʀɛgʀas] nm inv rye-grass, English meadow grass

**rayon** [ʀɛjɔ̃] → SYN **1** nm **a** (gén = trait, faisceau, Opt, Phys) ray; [astre] ray; [lumière, jour] ray, beam; [phare] beam
**b** (= radiations) **rayons** rays ◆ **rayons infrarouges/ultraviolets** infrared/ultraviolet rays ◆ **rayons alpha/bêta** alpha/beta rays ◆ **rayons X** X-rays ◆ **traitement par les rayons** radiation treatment ◆ **on lui fait des rayons** he's having radiation treatment
**c** (fig = lueur) ray ◆ **rayon d'espoir** ray ou gleam of hope
**d** (Math) radius
**e** [roue] spoke
**f** (= planche) shelf; [bibliothèque] (book)shelf ◆ **le livre n'est pas en rayon** the book is not on display ou on the shelves
**g** (Comm) department; (petit) counter ◆ **le rayon (de l')alimentation/(de la) parfumerie** (= comptoir) the food/perfume counter; (= section) the food/perfume department ◆ **le rayon frais** the fresh food department ◆ **le rayon enfants** the children's department ◆ **c'est/ce n'est pas son rayon** (spécialité) that's/that isn't his line; (responsabilité) that's/that's not his concern ou responsibility ou

department * ◆ **il en connaît un rayon** * he knows masses about it *, he's really clued up about it * (Brit)

**h** [ruche] (honey)comb

**i** (= périmètre) radius ◆ **dans un rayon de 10 km** within a radius of 10 km ou a 10-km radius

**j** (Agr = sillon) drill

**2** COMP ▷ **rayon d'action** (lit) range; (fig) field of action, scope, range ◆ **engin à grand rayon d'action** long-range missile ▷ **rayon de braquage** (Aut) turning circle, (steering) lock (Brit) ▷ **rayon cathodique** cathode ray ▷ **rayons cosmiques** cosmic rays ▷ **rayon de courbure** radius of curvature ▷ **rayons gamma** gamma rays ou radiation ▷ **rayon ionisant** ionizing radiation ▷ **rayon laser** laser beam ▷ **rayon de lune** moonbeam ▷ **le rayon de la mort** the death ray ▷ **rayon de soleil** (lit) ray of sunlight ou sunshine, sunbeam; (fig) ray of sunshine ◆ **aux premiers rayons de soleil** at sunrise ▷ **rayon vert** green flash ▷ **rayon visuel** (Opt) line of vision ou sight

**rayonnage** [ʀɛjɔnaʒ] nm **a** (= planches) set of shelves, shelving (NonC) ◆ **rayonnages** (sets of) shelves, shelving

**b** (Agr) drilling

**rayonnant, e** [ʀɛjɔnɑ̃, ɑ̃t] → SYN adj **a** (= radieux) beauté, air, personne radiant; sourire radiant, beaming (épith); visage wreathed in smiles, beaming ◆ **visage rayonnant de joie/santé** face radiant with joy/glowing ou radiant with health

**b** (= en étoile) motif, fleur radiating ◆ **le style (gothique) rayonnant** High Gothic ◆ **chapelles rayonnantes** radiating chapels

**c** (Phys) énergie, chaleur radiant; (Méd) douleur spreading

**rayonne** [ʀɛjɔn] nf rayon ◆ **en rayonne** rayon (épith)

**rayonnement** [ʀɛjɔnmɑ̃] → SYN nm **a** (= influence bénéfique) [culture, civilisation] influence; (= magnétisme) [personnalité] radiance

**b** (= éclat) [jeunesse, beauté] radiance ◆ **dans tout le rayonnement de sa jeunesse** in the full radiance of his youth ◆ **le rayonnement de son bonheur** his radiant happiness

**c** (= lumière) [astre, soleil] radiance

**d** (= radiations) [chaleur, lumière, astre] radiation ◆ **rayonnement ionisant** ionizing radiation ◆ **chauffage par rayonnement** radiant heating ◆ **rayonnement fossile** background radiation

**rayonner** [ʀɛjɔne] → SYN ▸ conjug 1 ◂ **1** vi **a** (= étinceler) [influence, culture, personnalité] to shine forth ◆ **rayonner sur/dans** (= se répandre) [influence, prestige] to extend over/in, make itself felt over/in; [culture] to extend over/in, be influential over/in, exert its influence over/in; [personnalité] to be influential over/in

**b** (= être éclatant) [joie, bonheur] to shine ou beam forth; [beauté] to shine forth, be radiant; [visage, personne] (de joie, de beauté) to be radiant (*de* with) ◆ **le bonheur faisait rayonner son visage** his face glowed with happiness ◆ **l'amour rayonne dans ses yeux** love shines ou sparkles in his eyes ◆ **rayonner de bonheur** to be radiant ou glowing ou beaming with happiness ◆ **rayonner de beauté** to be radiantly ou dazzlingly beautiful

**c** (littér = briller) [lumière, astre] to shine (forth), be radiant

**d** (Phys = émettre un rayonnement) [chaleur, énergie, lumière] to radiate

**e** (= faire un circuit) **rayonner autour d'une ville** [touristes] to use a town as a base for touring (around a region); [cars] to service the area around a town ◆ **rayonner dans une région** [touristes] to tour around a region (from a base); [cars] to service a region

**f** (= aller en rayons) [avenues, lignes] to radiate (*autour de* from, out from)

**2** vt (= garnir de rayonnages) to shelve

**rayure** [ʀejyʀ] → SYN nf (= dessin) stripe; (= éraflure) scratch; [fusil] groove ◆ **papier/tissu à rayures** striped paper/material ◆ **à rayures noires** with black stripes, black-striped ◆ **costume à rayures fines** pinstriped suit

**raz** [ʀɑ] nm (= courant) race; (= passage étroit) narrow channel

**raz-de-marée, raz de marée** [ʀɑdmaʀe] → SYN nm inv (Géog, fig) tidal wave ◆ **raz-de-marée électoral** (victoire) landslide (election) victory; (changement) big swing (*to a party in an election*)

**razzia** [ʀa(d)zja] → SYN nf raid, foray, razzia ◆ **faire une razzia dans une maison/le frigo** * (fig) to raid a house/the fridge

**razzier** [ʀa(d)zje] → SYN ▸ conjug 7 ◂ vt (lit, fig = piller) to raid, plunder

**RDA** † [ɛʀdea] nf (abrév de **République démocratique allemande**) GDR †

**rdc** abrév de **rez-de-chaussée**

**RDS** [ɛʀdeɛs] nm (abrév de **remboursement de la dette sociale**) → **remboursement**

**ré** [ʀe] nm (Mus) D; (en chantant la gamme) re, ray ◆ **en ré mineur** in D minor

**réa[1]** [ʀea] nm (Tech) sheave

**réa[2]** * [ʀea] nf abrév de **réanimation**

**réabonnement** [ʀeabɔnmɑ̃] nm renewal of subscription ◆ **le réabonnement doit se faire dans les huit jours** renewal of subscription must be made within a week, subscriptions must be renewed within a week

**réabonner** [ʀeabɔne] ▸ conjug 1 ◂ **1** vt ◆ **réabonner qn** to renew sb's subscription (*à* to)

**2** **se réabonner** vpr to renew one's subscription, take out a new subscription (*à* to)

**réabsorber** [ʀeapsɔʀbe] ▸ conjug 1 ◂ vt to reabsorb

**réabsorption** [ʀeapsɔʀpsjɔ̃] nf reabsorption

**réac** * [ʀeak] adj, nmf abrév de **réactionnaire**

**réaccoutumance** [ʀeakutymɑ̃s] nf reaccustoming

**réaccoutumer** [ʀeakutyme] ▸ conjug 1 ◂ **1** vt to reaccustom

**2** **se réaccoutumer** vpr to reaccustom o.s., become reaccustomed (*à* to)

**réacheminer** [ʀeaʃəmine] ▸ conjug 1 ◂ vt [+ courrier, vivres] to redirect

**réactance** [ʀeaktɑ̃s] nf reactance

**réactant** [ʀeaktɑ̃] nm reactant

**réacteur** [ʀeaktœʀ] → SYN nm (Aviat) jet engine; (Chim, Phys) reactor ◆ **réacteur nucléaire** nuclear reactor ◆ **réacteur thermique** thermal reactor ◆ **réacteur à neutrons rapides** fast-breeder reactor ◆ **réacteur à eau pressurisée** pressurised water reactor

**réactif, -ive** [ʀeaktif, iv] **1** adj reactive ◆ **papier réactif** reagent ou test paper ◆ **peau réactive** sensitive skin

**2** nm (Chim) reagent

**réaction** [ʀeaksjɔ̃] GRAMMAIRE ACTIVE 6.1 → SYN nf **a** (gén, Sci) reaction ◆ **être** ou **rester sans réaction** to show no reaction ◆ **réaction de défense/en chaîne** defence/chain reaction ◆ **une réaction de rejet à l'égard de ce parti** a rejection of this party ◆ **cette décision a provoqué** ou **suscité de violentes réactions dans l'opinion publique** there was strong public reaction to this decision ◆ **la réaction des marchés boursiers a été immédiate** the stock markets reacted immediately ◆ **sa réaction a été excessive** he overreacted ◆ **cette voiture a de bonnes réactions** this car responds well

◆ **en réaction** ◆ **être en réaction contre** to be in reaction against ◆ **en réaction contre les abus, ils ...** as a reaction against the abuses, they ...

◆ **en réaction à** propos, décision in reaction ou response to

**b** (Pol) **la réaction** reaction

**c** (Aviat) **moteur à réaction** jet engine ◆ **propulsion par réaction** jet propulsion; → **avion**

**réactionnaire** [ʀeaksjɔnɛʀ] → SYN adj, nmf reactionary

**réactionnel, -elle** [ʀeaksjɔnɛl] adj (Chim, Physiol) reactional; (Psych) reactive ◆ **psychose réactionnelle** reactive psychosis

**réactivation** [ʀeaktivasjɔ̃] nf reactivation

**réactiver** [ʀeaktive] ▸ conjug 1 ◂ vt [+ négociations, processus de paix, programme] to revive, restart; [+ croissance, économie, mesures, projet] to revive; [+ machine, système] to reactivate

**réactivité** [ʀeaktivite] nf **a** (Phys, Méd) reactivity

**b** [employé] adaptability, resourcefulness

**réactogène** [ʀeaktɔʒɛn] **1** adj allergenic

**2** nm allergen

**réactualisation** [ʀeaktɥalizasjɔ̃] nf updating, bringing up to date

**réactualiser** [ʀeaktɥalize] ▸ conjug 1 ◂ vt to update, bring up to date

**réadaptation** [ʀeadaptasjɔ̃] nf [personne] readjustment; (Méd) rehabilitation; [muscle] re-education ◆ **centre de réadaptation à la vie sauvage** animal sanctuary *(where animals are prepared for release into the wild)* ◆ **réadaptation fonctionnelle** (Méd) rehabilitation

**réadapter** [ʀeadapte] ▸ conjug 1 ◂ **1** vt [+ personne] to readjust (*à* to)

**2** **se réadapter** vpr to readjust, become readjusted (*à* to)

**réadmettre** [ʀeadmɛtʀ] ▸ conjug 56 ◂ vt to readmit

**réadmission** [ʀeadmisjɔ̃] nf readmission, readmittance

**ready-made** [ʀedimɛd] nm inv (Art) ready-made

**réaffectation** [ʀeafɛktasjɔ̃] nf [crédits, terrain, personne] reallocation

**réaffecter** [ʀeafɛkte] ▸ conjug 1 ◂ vt (surtout passif) [+ crédits, terrain, personne] to reallocate (*à* to)

**réaffirmer** [ʀeafiʀme] ▸ conjug 1 ◂ vt to reaffirm, reassert

**réagir** [ʀeaʒiʀ] → SYN ▸ conjug 2 ◂ vi **a** (gén, Chim) to react (*à* to; *contre* against); (= répondre) to respond (*à* to) ◆ **il a réagi positivement à ma proposition** he reacted positively to my proposal ◆ **tu réagis trop violemment** you're overreacting ◆ **ils ont assisté à la scène sans réagir** they witnessed the scene and did nothing ◆ **il faut réagir !** you have to do something! ◆ **souhaitez-vous réagir à cette déclaration ?** would you like to respond to that statement? ◆ **il réagit bien au traitement** he's responding well to treatment ◆ **sa voiture réagit mal au freinage** the brakes on his car don't respond well ◆ **les organes des sens réagissent aux excitations** sense organs respond to stimuli

**b** **réagir sur** to have an effect on, affect ◆ **cet événement a réagi sur les sondages** this event affected the polls

**réajustement** [ʀeaʒystəmɑ̃] nm [prix, loyer, salaires, taux] adjustment

**réajuster** [ʀeaʒyste] ▸ conjug 1 ◂ **1** vt **a** (= remettre en place) [+ mécanisme] to readjust; [+ vêtement] to straighten (out), tidy; [+ cravate, lunettes] to straighten, adjust; [+ coiffure] to rearrange, tidy ◆ **elle réajusta sa toilette** she straightened her clothes

**b** (= recentrer) [+ tir] to (re)adjust; [+ loyers, prix, salaires, taux] to adjust

**2** **se réajuster** vpr [personne] to tidy ou straighten o.s. up

**réal[1]**, pl **-aux** [ʀeal] nm (= monnaie) real

**réal[2], e,** mpl **-aux** [ʀeal] adj, nf ◆ **(galère) réale** royal galley

**réalésage** [ʀealezaʒ] nm reaming again

**réaléser** [ʀealeze] ▸ conjug 6 ◂ vt to ream again

**réalgar** [ʀealgaʀ] nm realgar

**réalignement** [ʀealiɲ(ə)mɑ̃] nm (Écon) [monnaie, taux] realignment

**réalisable** [ʀealizabl] → SYN adj rêve attainable; (Fin) capital realizable; projet workable, feasible

**réalisateur, -trice** [ʀealizatœʀ, tʀis] nm,f (Ciné) (film) director, film-maker; (Radio, TV) director

**réalisation** [ʀealizasjɔ̃] → SYN nf **a** [ambition, rêve] realization, fulfilment; [projet] realization, carrying out; [exploit] achievement ◆ **plusieurs projets sont en cours de réalisation** several projects are in the pipeline ou are under way

**b** [meuble, bijou] making; [étude, sondage] carrying out ◆ **une sauce dont la réalisation est très délicate** a sauce that is very tricky to make ◆ **de réalisation facile** easy to make ◆ **j'étais chargé de la réalisation de cette étude** I was asked to carry out this study

**c** (Fin) [capital, valeurs, patrimoine] realization

**d** (Comm) realization; [vente, contrat] conclusion

**e** (= création) achievement, creation ◆ **c'est la plus belle réalisation de l'architecte** it is the architect's finest achievement

**f** (Ciné) direction; (Radio, TV) production ◆ **"réalisation (de) John Huston"** "directed by John Huston" ◆ **la réalisation du film a duré six mois** the film took six months to make ◆ **assistant à la réalisation** production assistant

**g** (Mus) realization

**réaliser** [ʀealize] → SYN ▸ conjug 1 ◂ **1** vt **a** [+ ambition, désir] to realize, fulfil; [+ effort] to make; [+ exploit] to achieve, carry off; [+ projet] to carry out, carry through ◆ **réaliser un rêve** to make a dream come true, realize a dream ◆ **il a réalisé le meilleur temps aux essais** (Sport) he got the best time in the trials

**b** (= effectuer) [+ meuble, bijou] to make; [+ étude, sondage] to carry out ◆ **c'est lui qui a réalisé tous les maquillages** he did all the makeup

**c** (* = saisir) to realize ◆ **réaliser l'importance de qch** to realize the importance of sth ◆ **je n'ai pas encore réalisé** it hasn't sunk in yet

**d** (Ciné) to direct; (Radio, TV) to produce ◆ **il vient de réaliser son premier film** he's just made his first film ◆ **émission conçue et réalisée par ...** programme devised and produced by ...

**e** (Comm) to realize; [+ achat, vente, bénéfice, économie] to make; [+ contrat] to conclude ◆ **l'entreprise réalise un chiffre d'affaires de 15 000 € par semaine** the firm has a turnover of ou turns over €15,000 a week

**f** (Fin) [+ capital, biens] to realize ◆ **la banque a réalisé une partie de son portefeuille** part of the bank's portfolio was liquidated

**g** (Mus) to realize

**2** **se réaliser** vpr **a** [rêve, vœu] to come true; [prédiction] to be fulfilled; [projet] to be carried out, be achieved

**b** [caractère, personnalité] to be fulfilled ◆ **il s'est complètement réalisé dans son métier** he's completely fulfilled in his job

**réalisme** [ʀealism] → SYN nm realism ◆ **le réalisme socialiste** socialist realism

**réaliste** [ʀealist] → SYN **1** adj description, négociateur realistic; (Art, Littérat) realist

**2** nmf realist

**réalité** [ʀealite] GRAMMAIRE ACTIVE 26.3, 26.4, 26.6 → SYN nf **a** (= existence effective) reality (NonC) ◆ **différentes réalités** different types of reality ◆ **réalité virtuelle** virtual reality

◆ **en réalité** in (actual) fact, in reality

**b** (= chose réelle) reality ◆ **c'est une réalité incontournable** it's an inescapable fact ◆ **parfois la réalité dépasse la fiction** (sometimes) truth can be stranger than fiction ◆ **oublieux des réalités de la vie en communauté** neglecting the realities ou facts of communal life ◆ **détaché des réalités de ce monde** divorced from the realities of this world ◆ **ce sont les dures réalités de la vie** those are the harsh realities of life ◆ **son rêve est devenu (une) réalité** his dream became (a) reality ou came true; → **désir, sens**

**reality show, reality-show,** pl **reality(-)shows** [ʀealitiʃo] nm (TV) studio discussion programme *(focusing on real-life dramas)*

**realpolitik** [ʀealpɔlitik] nf realpolitik

**réaménagement** [ʀeamenaʒmɑ̃] nm [site, espace] redevelopment; [pièce] refitting; [calendrier, horaires, structure, service] reorganization ◆ **réaménagement monétaire** currency readjustment

**réaménager** [ʀeamenaʒe] ▸ conjug 3 ◂ vt [+ site] to redevelop; [+ appartement, bâtiment] to refit, refurbish; [+ horaires, structure, service] to reorganize; [+ taux d'intérêt] to adjust

**réamorcer** [ʀeamɔʀse] ▸ conjug 3 ◂ vt **a** [+ ordinateur] to reboot; [+ pompe] to prime again ◆ **réamorcer la pompe** (fig) to get things going again, set things in motion again ◆ **ces investissements permettront de réamorcer la pompe de l'économie** these investments will give the economy a kickstart

**b** [+ dialogue, négociations, processus] to start again, reinitiate

**réanimateur, -trice** [ʀeanimatœʀ, tʀis] **1** nm,f (= personne) resuscitator

**2** nm (= respirateur) ventilator, respirator

**réanimation** [ʀeanimasjɔ̃] nf resuscitation ◆ **être en (service de) réanimation** to be in the intensive care unit, be in intensive care

**réanimer** [ʀeanime] ▸ conjug 1 ◂ vt **a** [+ personne] to resuscitate, revive

**b** (= faire revivre) [+ quartier, région] to revive

**réapparaître** [ʀeapaʀɛtʀ] ▸ conjug 57 ◂ vi [soleil] to come out again, reappear; [maladie, symptôme] to recur; [personne] to reappear, come back

**réapparition** [ʀeapaʀisjɔ̃] nf [soleil] reappearance; [maladie, symptôme] recurrence; [artiste] comeback ◆ **la mode des chapeaux a fait sa réapparition** hats are back in ou have come back into fashion

**réapprendre** [ʀeapʀɑ̃dʀ] ▸ conjug 58 ◂ vt (gén) to relearn, learn again; (littér) [+ solitude, liberté] to get to know again, relearn (littér), learn again (littér) ◆ **réapprendre qch à qn** to teach sth to sb again, teach sb sth again ◆ **réapprendre à faire qch** to learn to do sth again

**réapprentissage** [ʀeapʀɑ̃tisaʒ] nm ◆ **le réapprentissage de qch** relearning sth, learning sth again ◆ **cela va demander un long réapprentissage** that will take a long time to relearn ou to learn again

**réapprovisionnement** [ʀeapʀɔvizjɔnmɑ̃] nm **a** (Fin) **le réapprovisionnement d'un compte en banque** putting (more) money into a bank account

**b** (= ravitaillement) resupplying

**c** [magasin] restocking, stocking up again

**réapprovisionner** [ʀeapʀɔvizjɔne] ▸ conjug 1 ◂ **1** vt **a** [+ compte en banque] to put (more) money into

**b** (= ravitailler) to resupply

**c** (Comm) [+ magasin] to restock (*en* with)

**2** **se réapprovisionner** vpr to stock up again (*en* with)

**réargenter** [ʀeaʀʒɑ̃te] ▸ conjug 1 ◂ **1** vt to resilver

**2** **se réargenter** * vpr (= se renflouer) to get back on a sound financial footing

**réarmement** [ʀeaʀməmɑ̃] nm **a** [fusil] reloading; [appareil-photo] winding on

**b** (Naut) [navire] refitting

**c** [pays] rearmament ◆ **politique de réarmement** policy of rearmament

**réarmer** [ʀeaʀme] ▸ conjug 1 ◂ **1** vt **a** [+ fusil] to reload; [+ appareil-photo] to wind on

**b** (Naut) [+ bateau] to refit

**c** [+ pays] to rearm

**2** vi **se réarmer** vpr [pays] to rearm

**réarrangement** [ʀeaʀɑ̃ʒmɑ̃] nm rearrangement ◆ **réarrangement moléculaire** (Phys) molecular rearrangement

**réarranger** [ʀeaʀɑ̃ʒe] ▸ conjug 3 ◂ vt [+ coiffure, fleurs, chambre] to rearrange; [+ cravate, jupe] to straighten (up) again; [+ entrevue] to rearrange

**réassignation** [ʀeasiɲasjɔ̃] nf (Jur) resummons sg; (Fin) reallocation

**réassigner** [ʀeasiɲe] ▸ conjug 1 ◂ vt (gén) to reassign; (Jur) to resummon; (Fin) to reallocate

**réassort** [ʀeasɔʀ] nm (= action) restocking; (= marchandises) fresh stock ou supply

**réassortiment** [ʀeasɔʀtimɑ̃] nm (= action) [stock] replenishment; [verres] replacement, matching (up); [service de table, tissu] matching (up); (= marchandises) new ou fresh stock

**réassortir** [ʀeasɔʀtiʀ] ▸ conjug 2 ◂ **1** vt [+ magasin] to restock (*en* with); [+ stock] to replenish; [+ service de table] to match (up); [+ verres] to replace, match (up)

**2** **se réassortir** vpr (Comm) to stock up again (*de* with), replenish one's stock(s) (*de* of)

**réassurance** [ʀeasyʀɑ̃s] nf reinsurance

**réassurer** vt, **se réassurer** vpr [ʀeasyʀe] ▸ conjug 1 ◂ to reinsure

**réassureur** [ʀeasyʀœʀ] nm reinsurer, reinsurance underwriter

**rebab** [ʀəbab] nm rebab

**rebaisser** [ʀ(ə)bese] ▸ conjug 1 ◂ **1** vi [prix] to go down again; [température, niveau d'eau] to fall again

**2** vt [+ prix] to bring back down, bring down again, lower again; [+ radio, son, chauffage] to turn down again; [+ store, levier] to pull down again, lower again

**rebaptiser** [ʀ(ə)batize] ▸ conjug 1 ◂ vt [+ enfant] to rebaptize; [+ rue] to rename; [+ navire] to rechristen

**rébarbatif, -ive** [ʀebaʀbatif, iv] → SYN adj (= rebutant) mine forbidding, unprepossessing; sujet, tâche daunting, forbidding; style off-putting

**rebâtir** [ʀ(ə)bɑtiʀ] ▸ conjug 2 ◂ vt to rebuild

**rebattre** [ʀ(ə)batʀ] ▸ conjug 41 ◂ vt **a** (Cartes) to reshuffle

**b** **il m'a rebattu les oreilles de son succès** he kept harping on about his success ◆ **il en parlait toute la journée, j'en avais les oreilles rebattues** he talked of it all day long until I was sick and tired of hearing about it *

**rebattu, e** [ʀ(ə)baty] → SYN (ptp de **rebattre**) adj sujet, citation hackneyed

**rebec** [ʀəbɛk] nm rebec(k)

**rebelle** [ʀəbɛl] → SYN **1** adj **a** troupes, soldat rebel (épith); enfant, cheval rebellious, refractory; esprit intractable, rebellious; fièvre, maladie stubborn; mèche, cheveux unruly; (hum) cœur rebellious; (fig) matière unworkable, refractory, stubborn

**b** **rebelle à** [+ patrie, souverain] unwilling to serve; [+ discipline] unamenable to ◆ **il est rebelle à la géographie** (= il n'y comprend rien) geography is a closed book to him; (= il ne veut pas apprendre) he doesn't want to know about geography ◆ **virus rebelle à certains remèdes** virus resistant to certain medicines ◆ **cheveux rebelles à la brosse** unruly hair

**2** nmf rebel

**rebeller (se)** [ʀ(ə)bele] → SYN ▸ conjug 1 ◂ vpr to rebel (*contre* against)

**rébellion** [ʀebeljɔ̃] → SYN nf (= révolte) rebellion ◆ **la rébellion** (= rebelles) the rebels

**rebelote** [ʀəbəlɔt] excl (Cartes) rebelote! *(said when the king of trumps is played after the queen or the queen of trumps is played after the king)*; (* : fig) here we go again!

**rebeu** *** [ʀəbø] nm Arab

**rebiffer (se)** * [ʀ(ə)bife] → SYN ▸ conjug 1 ◂ vpr (= résister) [personne] to hit ou strike back (*contre* at); (fig) [corps, conscience] to rebel (*contre* against)

**rebiquer** * [ʀ(ə)bike] ▸ conjug 1 ◂ vi (= se redresser) [mèche de cheveux] to stick up; [col] to curl up at the ends ◆ **ta veste rebique derrière** your jacket sticks out at the back

**reblanchir** [ʀ(ə)blɑ̃ʃiʀ] ▸ conjug 2 ◂ vt (gén) to rewhiten; [+ mur] to rewhitewash

**reblochon** [ʀəblɔʃɔ̃] nm *kind of cheese from Savoie*

**reboisement** [ʀ(ə)bwazmɑ̃] → SYN nm reforestation, reafforestation

**reboiser** [ʀ(ə)bwaze] → SYN ▸ conjug 1 ◂ vt to reforest, reafforest

**rebond** [ʀ(ə)bɔ̃] nm **a** [balle] (sur le sol) bounce; (contre un mur) rebound ◆ **rattraper une balle au rebond** to catch a ball on the bounce

**b** [histoire] development

**c** (= amélioration) [activité économique, marché] recovery ◆ **on note un léger rebond de la consommation** consumption has picked up slightly

**rebondi, e** [ʀ(ə)bɔ̃di] → SYN (ptp de **rebondir**) adj objet, bouteille, forme potbellied; croupe rounded; poitrine well-developed; ventre fat; joues, visage chubby; femme curvaceous, amply proportioned; homme portly, corpulent; porte-monnaie well-lined ◆ **elle avait des formes rebondies** she was amply proportioned ◆ **il a un ventre rebondi** he has a paunch, he has a fat stomach

**rebondir** [ʀ(ə)bɔ̃diʀ] → SYN ▸ conjug 2 ◂ vi **a** [balle] (sur le sol) to bounce; (contre un mur) to rebound ◆ **faire rebondir une balle par terre/contre un mur** to bounce a ball on the ground/against a wall

**b** [conversation] to get going ou moving again; [scandale, affaire, procès] to be revived; (Théât) [action, intrigue] to get moving again, take off again ◆ **l'affaire n'en finit pas de rebondir** there are new developments in the affair all the time ◆ **faire rebondir** [+ conversation] to give new impetus to, set ou get going again; [+ action d'une pièce] to get ou set moving again; [+ scandale, procès] to revive

**c** [économie, marché, actions] to pick up again ◆ **ça l'a aidé à rebondir après son licenciement/son divorce** it helped him get back on his feet again after his dismissal/his divorce

**rebondissement** [ʀ(ə)bɔ̃dismɑ̃] → SYN nm (= développement) (sudden new) development (*de* in); (= réapparition) sudden revival (NonC) (*de* of) ◆ **feuilleton/récit à rebondissements** action-packed serial/story ◆ **l'affaire vient de connaître un nouveau rebondissement** there has been a new development in the affair ◆ **le rebondissement de la controverse sur la peine de mort** the sudden revival of the controversy about the death penalty

**rebord** [ʀ(ə)bɔʀ] → SYN nm **a** [assiette, tuyau, plat, pot] rim; [puits, falaise] edge; [corniche, table, buffet] (projecting) edge ◆ **le rebord de la cheminée** the mantelpiece ou mantelshelf ◆ **le rebord de la fenêtre** the windowsill, the window ledge

**b** [vêtement] hem

**reborder** [ʀ(ə)bɔʀde] ▸ conjug 1 ◂ vt [+ vêtement] to put a new edging on; [+ enfant] to tuck in again

**reboucher** [ʀ(ə)buʃe] ▸ conjug 1 ◂ **1** vt [+ trou] to fill in again; [+ bouteille] to recork; [+ carafe] to put the stopper back in; [+ tube] to put the cap back on

**2** **se reboucher** vpr [tuyau] to get blocked again

**rebours** [ʀ(ə)buʀ] → SYN **à rebours** loc adv **a** (= à rebrousse-poil) **caresser un chat à rebours** to stroke a cat the wrong way ◆ **lisser un tissu à rebours** to smooth out a fabric against the nap ou pile ◆ **prendre qn à rebours** (fig) to rub sb up the wrong way

**b** (= à l'envers) **faire un trajet à rebours** to make a trip the other way round ◆ **prendre une rue en sens unique à rebours** to go the wrong way up a one-way street ◆ **feuilleter un magazine à rebours** to flip through a magazine from back to front ◆ **compter à rebours** to count backwards ◆ **prendre l'ennemi à rebours** (Mil) to surprise the enemy from behind; → **compte**

**c** (= de travers) **comprendre à rebours** to misunderstand, get the wrong idea, get the wrong end of the stick* ◆ **faire tout à rebours** to do everything the wrong way round ou back to front (Brit)

**d** (= à l'opposé de) **à rebours de** against ◆ **aller à rebours de la tendance générale** to go against ou run counter to the general trend ◆ **c'est à rebours du bon sens !** it goes against ou flies in the face of common sense!

**rebouter** [ʀ(ə)bute] → SYN ▸ conjug 1 ◂ vt [+ membre démis, fracture] to set

**rebouteur, -euse** [ʀ(ə)butœʀ, øz] → SYN, **rebouteux, -euse** [ʀ(ə)butø, øz] nm,f bonesetter

**reboutonner** [ʀ(ə)butɔne] ▸ conjug 1 ◂ **1** vt to button up again, rebutton

**2** **se reboutonner** vpr to do o.s. up again, do up one's buttons again

**rebraguetter** ‡ [ʀ(ə)bʀagete] ▸ conjug 1 ◂ **1** vt to close the fly ou flies of

**2** **se rebraguetter** vpr to close one's fly ou flies

**rebras** [ʀəbʀɑ] nm [gant] cuff

**rebrousse-poil** [ʀəbʀuspwal] → SYN **à rebrousse-poil** loc adv caresser the wrong way ◆ **lisser un tissu à rebrousse-poil** to smooth out a fabric against the pile ou nap ◆ **prendre qn à rebrousse-poil** (fig) to rub sb up the wrong way ◆ **cette évolution prend toutes les habitudes à rebrousse-poil** this development goes right against the grain of established habits

**rebrousser** [ʀ(ə)bʀuse] → SYN ▸ conjug 1 ◂ vt **a** **rebrousser chemin** to turn back, turn round and go back

**b** [+ poil] to brush up; [+ cheveux] to brush back; (Tech) [+ cuir] to strike ◆ **rebrousser le poil de qn** (fig) to rub sb up the wrong way

**rebuffade** [ʀ(ə)byfad] → SYN nf rebuff ◆ **essuyer une rebuffade** to be rebuffed, suffer a rebuff

**rébus** [ʀebys] → SYN nm (= jeu) rebus; (fig = énigme) puzzle

**rebut** [ʀəby] → SYN nm **a** (= déchets) scrap ◆ **c'est du rebut** (objets) it's scrap; (vêtements) they're just cast-offs ◆ **c'est le rebut de la cave** it's all the unwanted stuff from the cellar ◆ **mettre** ou **jeter au rebut** to scrap, throw out, discard; [+ vêtements] to discard, throw out ◆ **ces vieux journaux vont aller au rebut** these old papers are going to be thrown out ou discarded ◆ **marchandises de rebut** trash goods ◆ **bois de rebut** old wood

**b** (péj = racaille) **le rebut de la société** the scum ou dregs of society

**c** (Poste) **rebuts** dead letters

**rebutant, e** [ʀ(ə)bytɑ̃, ɑ̃t] → SYN adj (= dégoûtant) repellent; (= décourageant) disheartening, off-putting

**rebuter** [ʀ(ə)byte] → SYN ▸ conjug 1 ◂ vt (= décourager) to dishearten, discourage, put off; (= répugner) to repel; (littér = repousser durement) to repulse ◆ **il ne faut pas te rebuter tout de suite** don't be deterred ou put off straight away

**recacheter** [ʀ(ə)kaʃ(ə)te] ▸ conjug 4 ◂ vt to reseal

**recadrage** [ʀ(ə)kadʀaʒ] nm **a** (Ciné, Photo) cropping, reframing

**b** [politique] refocusing ◆ **le projet a subi de nombreux recadrages** the project has been altered and redefined on numerous occasions

**recadrer** [ʀ(ə)kadʀe] ▸ conjug 1 ◂ vt **a** (Ciné, Photo) to crop, reframe

**b** [+ politique] to refocus; [+ action, projet] to redefine the terms of ◆ **il faut recadrer nos priorités** we need to redefine our priorities ◆ **le gouvernement a recadré sa réflexion sur l'éducation** the government has redefined ou rethought its position on education

**recalcification** [ʀ(ə)kalsifikasjɔ̃] nf recalcification

**recalcifier** [ʀ(ə)kalsifje] ▸ conjug 7 ◂ vt to recalcify

**récalcitrant, e** [ʀekalsitʀɑ̃, ɑ̃t] → SYN **1** adj (= indocile) animal refractory, stubborn; personne recalcitrant, refractory; appareil, pièce unmanageable

**2** nm,f recalcitrant

**recalculer** [ʀ(ə)kalkyle] ▸ conjug 1 ◂ vt [+ budget] to recalculate

**recalé, e** [ʀ(ə)kale] (ptp de **recaler**) adj (Scol, Univ) étudiant failed, who has been failed ◆ **les (candidats) recalés à la session de juin** the exam candidates who were failed in June

**recaler** [ʀ(ə)kale] → SYN ▸ conjug 1 ◂ vt (Scol = refuser) to fail ◆ **se faire recaler** ou **être recalé en histoire** to fail (in) ou flunk* history ◆ **il a été recalé trois fois au permis de conduire** he failed his driving test three times

**recapitalisation** [ʀ(ə)kapitalizasjɔ̃] nf (Écon) recapitalization

**recapitaliser** [r(ə)kapitalize] ▸ conjug 1 ◂ vt (Écon) to recapitalize

**récapitulatif, -ive** [ʀekapitylatif, iv] **1** adj chapitre recapitulative, recapitulatory; état, tableau summary (épith) ◆ **dresser un état récapitulatif d'un compte** to draw up a summary statement of an account

**2** nm summary, recapitulation

**récapitulation** [ʀekapitylasjɔ̃] → SYN nf recapitulation, summing up, recap ◆ **faire la récapitulation de** to recapitulate, sum up, recap

**récapituler** [ʀekapityle] → SYN ▸ conjug 1 ◂ vt to recapitulate, sum up, recap

**recarreler** [ʀ(ə)kaʀle] ▸ conjug 4 ◂ vt to retile

**recaser** * [ʀ(ə)kɑze] ▸ conjug 1 ◂ vt [+ chômeur] to find a new job for; [+ réfugié] to rehouse ◆ **il a pu se recaser** [veuf, divorcé] he managed to get hitched* again ou to find himself someone new; [chômeur] he managed to find a new job

**recauser** * [ʀ(ə)koze] ▸ conjug 1 ◂ vi ◆ **recauser de qch** to talk about sth again ◆ **je vous en recauserai** we'll talk about it again

**recéder** [ʀ(ə)sede] ▸ conjug 6 ◂ vt (= rétrocéder) to give ou sell back; (= vendre) to resell

**recel** [ʀəsɛl] → SYN nm ◆ **recel (d'objets volés)** (= action) receiving (stolen goods); (= résultat) possession of ou possessing stolen goods ◆ **recel de malfaiteur** harbouring a criminal ◆ **condamné pour recel** sentenced for possession of stolen goods ou for receiving (stolen goods)

**receler** [ʀ(ə)səle] → SYN ▸ conjug 5 ◂ vt **a** (Jur) [+ objet volé] to receive, fence*; [+ malfaiteur] to harbour

**b** (= contenir) [+ secret, erreur, trésor] to conceal

**receleur, -euse** [ʀ(ə)səlœʀ, øz] → SYN nm,f (Jur) receiver of stolen goods, fence*

**récemment** [ʀesamɑ̃] → SYN adv **a** (= depuis peu) recently ◆ **la pluie récemment tombée rendait la route glissante** the rain which had fallen recently ou had just fallen made the road slippery ◆ **récemment publié** recently published

**b** (= dernièrement) recently, lately (*gén dans phrases nég ou interrog*) ◆ **l'as-tu vu récemment ?** have you seen him lately? ou recently? ◆ **encore (tout) récemment il était très en forme** just recently ou even quite recently he was still in tiptop form

**recensement** [ʀ(ə)sɑ̃smɑ̃] → SYN nm [population] census; [objets] inventory; (Mil) registration (*of young men eligible for military service*) ◆ **faire le recensement de la population** to take a ou the census of the population, make ou take a population census ◆ **faire le recensement des besoins en matériel** to take ou make an inventory of equipment requirements

**recenser** [ʀ(ə)sɑ̃se] → SYN ▸ conjug 1 ◂ vt [+ population] to take a ou the census of, make a census of; [+ objets] to make ou take an inventory of; [+ futurs conscrits] to compile a register of; [+ malades, victimes] to make a list of ◆ **le pays compte trois millions de chômeurs recensés** the country has three million people registered as unemployed ou officially unemployed

**recenseur, -euse** [ʀ(ə)sɑ̃sœʀ, øz] adj m, nm,f ◆ **(agent) recenseur** census taker

**recension** [ʀ(ə)sɑ̃sjɔ̃] → SYN nf (littér) (= collationnement) recension, critical revision (*of a text*); (= inventaire) [documents, faits] inventory; (= analyse) [œuvre littéraire] review

**récent, e** [ʀesɑ̃, ɑ̃t] → SYN adj (= survenu récemment) événement, traces recent; (= nouveau, de fraîche date) propriétaire, bourgeois new ◆ **les chiffres les plus récents montrent que ...** the latest figures show that ... ◆ **jusqu'à une période récente** up until recently ◆ **ce phénomène est relativement récent** this phenomenon is relatively recent ou new ◆ **ce bâtiment est tout récent** this building is quite new

**recentrage** [ʀ(ə)sɑ̃tʀaʒ] nm [parti] movement towards the centre; [politique] redefinition, reorientation; (Écon) [activités] refocusing

**recentrer** [ʀ(ə)sɑ̃tʀe] ▸ conjug 1 ◂ **1** vt (Ftbl) to centre again; [+ politique] to redefine, reorient; [+ débat] to bring back to the main point; (Écon) [+ activités] to refocus

**2** **se recentrer** vpr ◆ **se recentrer sur une activité** to refocus on an activity

**recépage** [ʀ(ə)sepaʒ] nm (Agr) cutting back

**recéper** [ʀ(ə)sepe] ▸ conjug 6 ◂ vt (Agr) to cut back

**récépissé** [ʀesepise] → SYN nm (= reçu) (acknowledgement of) receipt

**réceptacle** [ʀesɛptakl] → SYN nm (= déversoir) (gén, Bot) receptacle; (Géog) catchment basin

**récepteur, -trice** [ʀesɛptœʀ, tʀis] → SYN **1** adj receiving ◆ **poste récepteur** receiving set, receiver

**2** nm (gén, Téléc) receiver; (Radio, TV) (receiving) set, receiver; (Bio, Physiol) receptor ◆ **récepteur (de télévision)** television set ◆ **récepteur téléphonique** (telephone) receiver

**réceptif, -ive** [ʀesɛptif, iv] adj receptive (*à* to); (Méd) susceptible (*à* to)

**réception** [ʀesɛpsjɔ̃] GRAMMAIRE ACTIVE 20.2, 25.1 → SYN nf **a** (= réunion, gala) reception; → **jour**

**b** (= accueil) reception, welcome ◆ **faire bonne/mauvaise réception à qn** to give a good/bad reception ou welcome to sb ◆ **discours de réception (à un nouveau sociétaire)** welcoming speech ou address of welcome (given to a new member of a society) ◆ **heures de réception de 14 à 16 heures** (Admin) consultations between 2 and 4 p.m. ◆ **quelles sont vos heures de réception ?** (Scol) when are you available to see parents?; (Univ) when are you available to see students?

c (= entrée, salon) [appartement, villa] reception room; [hôtel] entrance hall; (= bureau) [hôtel] reception desk, reception ◆ **salle de réception** function room, stateroom ◆ **salons de réception** reception rooms ◆ **adressez-vous à la réception** ask at the reception desk ou at reception

d (= action de recevoir) [paquet, lettre] receipt; (Bio, Radio, TV) reception ◆ **à la réception de sa lettre** on receipt of ou on receiving his letter ◆ **c'est lui qui s'occupe de la réception des marchandises** he is the one who takes delivery of the goods ◆ **la réception est mauvaise aujourd'hui** (Radio) reception is bad ou poor today; → **accusé, accuser**

e (Sport) (= prise, blocage) [ballon] trapping, catching; (= atterrissage) [sauteur, parachutiste] landing ◆ **le footballeur a manqué sa réception** the footballer failed to trap ou catch the ball ◆ **après une bonne réception du ballon** after trapping ou catching the ball well ◆ **le sauteur a manqué sa réception** the jumper made a bad landing ou landed badly

f (Constr) **réception des travaux** acceptance of work done *(after verification)*

**réceptionnaire** [ʀesɛpsjɔnɛʀ] nmf [hôtel] head of reception; (Comm) [marchandises] receiving clerk; (Jur) receiving agent

**réceptionner** [ʀesɛpsjɔne] ▸ conjug 1 ◂ 1 vt [+ marchandises] to receive, take delivery of, check and sign for; [+ client] to receive, welcome; (Sport) [+ balle] to receive

2 **se réceptionner** vpr (Sport) to land

**réceptionniste** [ʀesɛpsjɔnist] nmf receptionist ◆ **réceptionniste-standardiste** receptionist and telephonist

**réceptivité** [ʀesɛptivite] nf (gén) receptivity, receptiveness; (Méd) susceptibility (*à* to)

**recerclage** [ʀ(ə)sɛʀklaʒ] nm [tonneau] re-hooping

**recercler** [ʀ(ə)sɛʀkle] ▸ conjug 1 ◂ vt [+ tonneau] to re-hoop

**récessif, -ive** [ʀesesif, iv] adj (Bio) recessive

**récession** [ʀesesjɔ̃] → SYN nf recession ◆ **de récession** recessionary ◆ **récession avec inflation** slumpflation

**récessionniste** [ʀesesjɔnist] adj recessionary ◆ **tendance récessionniste** recessionary trend

**récessivité** [ʀesesivite] nf recessiveness

**recette** [ʀ(ə)sɛt] → SYN nf a (Culin) recipe; (Chim) [teinture, produit] formula; (fig = truc, secret) formula, recipe (*de* for)

b (= encaisse) takings ◆ **aujourd'hui, j'ai fait une bonne recette** I've made a good day's takings, the takings were good today ◆ **faire recette** (= avoir du succès) to be a big success, be a winner

c (= rentrées d'argent) **recettes** receipts ◆ **l'excédent des recettes sur les dépenses** the excess of receipts ou revenue over expenses ou outlay ◆ **recettes fiscales** tax revenue(s), revenue from taxation

d (Impôts) (= recouvrement) collection; (= bureau) tax (collector's) office, revenue office ◆ **recette municipale** local tax office ◆ **recette(-perception)** tax office ◆ **recette principale** main tax office; → **garçon**

**recevabilité** [ʀ(ə)səvabilite] → SYN nf (Jur) [pourvoi, témoignage] admissibility

**recevable** [ʀ(ə)səvabl] → SYN adj (Jur) demande, appel, pourvoi admissible, allowable; personne competent ◆ **témoignage non recevable** inadmissible evidence

**receveur** [ʀ(ə)səvœʀ] → SYN nm a (Méd) recipient ◆ **receveur universel** universal recipient

b **receveur (d'autobus)** conductor ◆ **receveur (des contributions)** tax collector ou officer ◆ **receveur (des postes)** postmaster ◆ **receveur municipal** local tax officer

**receveuse** [ʀ(ə)səvøz] nf a (Méd) recipient ◆ **receveuse universelle** universal recipient

b **receveuse (d'autobus)** conductress ◆ **receveuse (des contributions)** tax collector ou officer ◆ **receveuse (des postes)** postmistress

**recevoir** [ʀ(ə)səvwaʀ] → SYN ▸ conjug 28 ◂ 1 vt a (gén) [+ lettre, ordre, argent, blessure, ovation] to receive, get; [+ secours, soin] to receive; [+ approbation, refus] to meet with, receive, get; [+ modifications] to undergo, receive; [+ émission, station de radio] to get, receive; [+ confession] to hear; (Rel) [+ vœux, sacrement] to receive ◆ **recevoir les ordres** (Rel) to take holy orders ◆ **nous avons bien reçu votre lettre du 15 juillet** we acknowledge ou confirm receipt of your letter of July 15th ◆ **je vous reçois cinq sur cinq** (Radio, fig) I'm reading ou receiving you loud and clear ◆ **procédé qui a reçu le nom de son inventeur** process which has taken ou got its name from the inventor ◆ **l'affaire recevra toute notre attention** the matter will receive our full attention ◆ **nous avons reçu la pluie** we got ou had rain ◆ **j'ai reçu le caillou sur la tête** the stone hit me on the head, I got hit on the head by the stone ◆ **il a reçu un coup de pied/un coup de poing dans la figure** he got kicked/punched in the face, he got a kick/a punch in the face ◆ **c'est lui qui a tout reçu** (blâme, coups) he got the worst of it, he bore the brunt of it; (sauce, éclaboussures) he got the worst of it ◆ **recevez, cher Monsieur** (ou **chère Madame**), **l'expression de mes sentiments distingués** (formule épistolaire) yours faithfully (Brit) ou truly (US); → **leçon, ordre²**

b [+ invité] (= accueillir) to receive, welcome, greet; (= traiter) to entertain; (= loger) to take in, receive; [+ jeux olympiques, championnat] to host; (Admin) [+ employé, demandeur] to see; [+ demande, déposition, plainte] to receive, admit ◆ **recevoir qn à dîner** to have sb to dinner ◆ **ils ont reçu le roi** they entertained the king ◆ **être bien/mal reçu** [proposition, nouvelles] to be well/badly received; [personne] to receive a good/bad welcome, get a good/bad reception ◆ **on est toujours bien/mal reçu chez eux** they always/never make you feel welcome ◆ **recevoir qn à bras ouverts** to welcome sb with open arms ◆ **il est reçu partout dans la haute société** all doors are open to him in society ◆ **les Dupont reçoivent beaucoup** the Duponts entertain a lot ◆ **la baronne reçoit le jeudi** the baroness is at home (to visitors) on Thursdays ◆ **le directeur reçoit le jeudi** the principal receives visitors on Thursdays ◆ **le docteur reçoit de 10 h à 12 h** the doctor is in his office from ten till noon, the doctor's surgery is from ten a.m. till noon ◆ **recevoir la visite de qn/d'un cambrioleur** to receive ou have a visit from sb/from a burglar ◆ **se faire recevoir*** to get shouted at; → **chien**

c (Scol, Univ) [+ candidat] to pass ◆ **être reçu à un examen** to pass an exam, be successful in an exam ◆ **il a été reçu dans les premiers/dans les derniers** he was near the top/bottom in the exam ◆ **il a été reçu premier/deuxième/dernier** he came first/second/last ou bottom in the exam; → **reçu**

d (= contenir) [hôtel, lycée] to take, hold, accommodate; (= récolter) [gouttière] to collect ◆ **par manque de locaux on n'a pas pu recevoir plus d'élèves cette année** lack of space prevented us from taking ou admitting more pupils this year ◆ **recevoir un affluent** [rivière] to be joined by a tributary ◆ **leur chambre ne reçoit jamais le soleil** their room never gets any sun

e (Tech) [+ pièce mobile] to take, receive ◆ **cette encoche reçoit le crochet qui assure la fermeture de la porte** this notch receives ou takes the hook which keeps the door shut

2 **se recevoir** vpr a (= tomber) to land ◆ **se recevoir sur une jambe/sur les mains** to land on one leg/on one's hands ◆ **il s'est mal reçu** he landed badly

b (= se fréquenter) **elles se connaissent mais ne se reçoivent pas** they know each other but they are not on visiting terms

**réchampi** [ʀeʃɑ̃pi], **rechampi** [ʀəʃɑ̃pi] nm (Tech) setoff

**réchampir** [ʀeʃɑ̃piʀ], **rechampir** [ʀəʃɑ̃piʀ] ▸ conjug 2 ◂ vt (Tech) to set off

**réchampissage** [ʀeʃɑ̃pisaʒ], **rechampissage** [ʀəʃɑ̃pisaʒ] nm (Tech) setting off

**rechange¹** [ʀ(ə)ʃɑ̃ʒ] → SYN nm a **rechange (de vêtements)** change of clothes ◆ **as-tu ton rechange ?** have you got a change of clothes?

b **de rechange** (= de remplacement) solution, politique alternative; (= de secours) outil spare ◆ **avoir du linge de rechange** to have a change of clothes ◆ **j'ai apporté des chaussures de rechange** I brought a spare ou an extra pair of shoes; → **pièce**

**rechange²** [ʀ(ə)ʃɑ̃ʒ] nm (Comm) redraft, re-exchange

**rechanger** [ʀ(ə)ʃɑ̃ʒe] ▸ conjug 3 ◂ vt to change again

**rechanter** [ʀ(ə)ʃɑ̃te] ▸ conjug 1 ◂ vt to sing again

**rechapage** [ʀ(ə)ʃapaʒ] nm (= opération) retreading, remoulding (Brit) ◆ **le rechapage n'a pas duré** (= résultat) the retread ou remould (Brit) didn't last long

**rechaper** [ʀ(ə)ʃape] ▸ conjug 1 ◂ vt [+ pneu] to retread, remould (Brit) ◆ **pneus rechapés** retreads, remoulds (Brit)

**réchappé, e** [ʀeʃape] → SYN (ptp de **réchapper**) nm,f survivor (*de* of) ◆ **les réchappés du naufrage** the survivors of the shipwreck

**réchapper** [ʀeʃape] → SYN ▸ conjug 1 ◂ vi ◆ **réchapper de** ou **à** [+ accident, maladie] to come through ◆ **tu as eu de la chance d'en réchapper** you were lucky to escape with your life ◆ **si jamais j'en réchappe** if ever I come through this

**recharge** [ʀ(ə)ʃaʀʒ] nf a (= action) (Élec) recharging; (Mil) reloading

b (= cartouche) [arme] reload; [stylo, agenda] refill

**rechargeable** [ʀ(ə)ʃaʀʒabl] adj stylo, vaporisateur, aérosol refillable; briquet refillable, rechargeable; batterie, pile, appareil électrique, carte à puce rechargeable

**rechargement** [ʀ(ə)ʃaʀʒəmɑ̃] nm a [stylo] refilling; [briquet] refilling, recharging; [batterie, pile] recharging ◆ **rechargement en combustible d'un réacteur nucléaire** refuelling a nuclear reactor

b (Tech) [route] remetalling; [voie, rails] relaying

**recharger** [ʀ(ə)ʃaʀʒe] → SYN ▸ conjug 3 ◂ 1 vt a [+ arme, appareil-photo] to reload; [+ stylo] to refill; [+ briquet] to refill, recharge; [+ batterie, pile] to recharge ◆ **recharger ses batteries** ou **ses accus*** (fig) to recharge one's batteries

b [+ véhicule] to load up again

c (Tech) [+ route] to remetal; [+ voie, rails] to relay

2 **se recharger** vpr (= être rechargeable) [stylo] to be refillable; [briquet, batterie, pile] to be rechargeable; (= se charger à nouveau) [batterie, pile] to recharge

**réchaud** [ʀeʃo] → SYN nm a (= appareil de cuisson) (portable) stove ◆ **réchaud à gaz** gas stove ou ring (Brit) ◆ **réchaud à alcool** spirit stove

b (= chauffe-plat) plate-warmer

c (= cassolette) burner *(for incense etc)*

**réchauffage** [ʀeʃofaʒ] nm [aliment] reheating

**réchauffé, e** [ʀeʃofe] (ptp de **réchauffer**) 1 adj nourriture reheated, warmed-up; (péj) plaisanterie stale, old hat (attrib); théories rehashed, old hat (attrib) ◆ **des manches courtes en décembre ? eh bien ! tu es réchauffé !** * you're wearing short sleeves in December? you don't feel the cold, do you!

2 nm ◆ **c'est du réchauffé** (ragoût) it's reheated ou warmed-up; (vieille affaire) it's old hat

**réchauffement** [ʀeʃofmɑ̃] nm [eau, membres, personne] warming (up) ◆ **le réchauffement de la planète** global warming ◆ **on constate un réchauffement de la température** the temperature is rising ◆ **on espère un réchauffement de la température** we're hoping for warmer weather ◆ **ceci a favorisé le réchauffement des relations entre les deux pays** this has made for warmer relations between the two countries

**réchauffer** [ʀeʃofe] → SYN ▸ conjug 1 ◂ 1 vt a [+ aliment] to reheat, heat ou warm up again ◆ **réchauffe** ou **fais réchauffer la soupe, mets la soupe à réchauffer** reheat the soup, heat ou warm the soup up again

b [+ personne] to warm up ◆ **une bonne soupe, ça réchauffe** a nice bowl of soup warms you up ◆ **réchauffer un serpent dans son sein** (littér, hum) to nurse a viper in one's bosom

c (= réconforter) [+ cœur] to warm; (= ranimer) [+ courage] to stir up, rekindle ◆ **cela m'a réchauffé le cœur de les voir** it did my heart good ou it was heartwarming to see them

d [soleil] to heat up, warm up ◆ **le soleil réchauffe la terre** the sun warms the earth ◆ **ce rayon de soleil va réchauffer l'atmosphère** this ray of sunshine will warm up the air ◆ **les tons bruns réchauffent la pièce** the browns make the room seem warmer

2 **se réchauffer** vpr a [temps, température] to get warmer, warm up ◆ **on dirait que ça se réchauffe** it feels as if it's getting warmer ou warming up

b [personne] to warm o.s. (up) ◆ **alors tu te réchauffes un peu ?** are you warming up now? ou feeling a bit warmer now? ◆ **se réchauffer les doigts, réchauffer ses doigts** to warm one's fingers (up)

**réchauffeur** [ʀeʃofœʀ] nm heater

**rechaussement** [ʀ(ə)ʃosmɑ̃] nm [arbre] earthing up; [mur] consolidating

**rechausser** [ʀ(ə)ʃose] ▸ conjug 1 ◂ 1 vt a (Agr) [+ arbre] to earth up; (Constr) [+ mur] to consolidate

b **rechausser un enfant** (chaussures enlevées) to put a child's shoes back on; (chaussures neuves) to buy a child new shoes ◆ **rechausser une voiture** to put new tyres (Brit) ou tires (US) on a car

c **rechausser ses skis** to put one's skis back on

2 **se rechausser** vpr to put one's shoes back on; (= acheter de nouvelles chaussures) to buy (o.s.) new shoes

**rêche** [ʀɛʃ] → SYN adj (au toucher) tissu, peau rough, harsh; (au goût) vin rough; fruit vert harsh; (péj) personne abrasive

**recherche** [ʀ(ə)ʃɛʀʃ] → SYN nf a (= action de rechercher) search (*de* for) ◆ **la recherche de ce papier m'a pris plusieurs heures** it took me several hours to search for the paper ◆ **la recherche de l'albumine dans le sang est faite en laboratoire** tests to detect albumin in the blood are performed in a laboratory

◆ **à la recherche de** in search of ◆ **"À la recherche du temps perdu"** (Littérat) "In Search of Lost Time", "Remembrance of Things Past" ◆ **être/se mettre à la recherche de qch/qn** to be/go in search of sth/sb, search for sth/sb ◆ **je suis à la recherche de mes lunettes** I'm searching ou hunting ou looking for my glasses ◆ **ils sont à la recherche d'un appartement/d'une maison** they are flat-hunting (Brit) ou apartment-hunting (US)/ house-hunting, they're looking for a flat (Brit) ou an apartment (US) /a house ◆ **nous avons fait toute la ville à la recherche d'un livre sur la Norvège** we looked all over town for a book on Norway ◆ **il a dû se mettre à la recherche d'une nouvelle situation** he had to start looking ou hunting for a new job ◆ **il est toujours à la recherche d'une bonne excuse** he's always on the look-out for a good excuse, he's always trying to come up with ou find a good excuse

b (= enquête) **recherches** investigations ◆ **faire des recherches** to make ou pursue investigations ◆ **malgré toutes leurs recherches, ils n'ont pas trouvé le document nécessaire** in spite of all their searching ou hunting they haven't found the necessary document ◆ **toutes nos recherches pour retrouver l'enfant sont demeurées sans résultat** all our attempts to find the child remained fruitless ◆ **jusqu'ici il a échappé aux recherches de la police** until now he has escaped the police hunt ou search

c (fig = poursuite) pursuit (*de* of), search (*de* for) ◆ **la recherche des plaisirs** the pursuit of pleasure, pleasure-seeking ◆ **la recherche de la gloire** the pursuit of glory ◆ **la recherche de la perfection** the search ou quest for perfection

d (Scol, Univ) **la recherche** (= métier, spécialité) research ◆ **recherches** (= études, enquêtes) research ◆ **faire des recherches sur un sujet** to do ou carry out research into a subject ◆ **que fait-il comme recherches ?** what (kind of) research does he do?, what is he doing research on? ou in? ◆ **être dans la recherche, faire de la recherche** to be (engaged) in research, do research ◆ **il fait de la recherche en chimie** he's doing research in chemistry ◆ **bourse/étudiant de recherche** research grant/student ◆ **travail de recherche** research work ◆ **recherche appliquée/fondamentale** applied/basic research ◆ **recherche clinique** clinical research ◆ **recherche et développement** research and development, R & D ◆ **recherche opérationnelle** operational research

e (= raffinement) [tenue, ameublement] studied elegance; (péj = affectation) affectation ◆ **être habillé avec recherche/sans recherche** to be dressed with studied elegance/carelessly

f (Ordin) search

**recherché, e** [ʀ(ə)ʃɛʀʃe] → SYN (ptp de **rechercher**) adj a tableau, livre much sought-after; produits, acteur, conférencier in great demand (attrib), much sought-after; (= apprécié des connaisseurs) morceau délicat, plaisir choice (épith), exquisite

b (= étudié, soigné) style mannered; expression studied; vocabulaire recherché, carefully chosen; tenue meticulous; (péj) affected

**recherche-développement** [ʀ(ə)ʃɛʀʃdev(ə)lɔpmɑ̃] nf research and development, R and D

**rechercher** [ʀ(ə)ʃɛʀʃe] → SYN ▸ conjug 1 ◂ vt a (= chercher à trouver) [+ objet égaré ou désiré, enfant perdu] to search for, hunt for; [+ coupable, témoin] to try to trace ou find, look for; [+ cause d'accident] to try to determine ou find out ou ascertain, inquire into ◆ **rechercher l'albumine dans le sang** to look for (evidence of ou the presence of) albumin in the blood ◆ **rechercher comment/pourquoi** to try to find out how/why ◆ **rechercher qch dans sa mémoire** to search one's memory for sth ◆ **il faudra rechercher ce document dans tous les vieux dossiers** we'll have to search through all the old files to find this document ◆ **rechercher un mot dans un fichier** (Ordin) to search a file for a word ◆ **"on recherche femme de ménage"** (dans une annonce) "cleaning lady required" ◆ **recherché pour meurtre** wanted for murder ◆ **les policiers le recherchent depuis deux ans** the police have been looking for him ou have been after him for two years ◆ **la police recherche ...** the police want to interview ...

b (= viser à) [+ honneurs, compliment] to seek; [+ danger] to court, seek; [+ succès, plaisir] to pursue ◆ **rechercher la perfection** to strive for ou seek perfection ◆ **rechercher l'amitié/la compagnie de qn** to seek sb's friendship/company ◆ **un écrivain qui recherche l'insolite** a writer who strives to capture the unusual

c (= chercher à nouveau) to search for ou look for again ◆ **il faudra que je recherche dans mon sac** I must have another look (for it) in my bag, I must look in ou search my bag again ◆ **recherche donc cette lettre** search ou look for that letter again, have another look ou search for that letter

d (= reprendre) [+ personne] to collect, fetch

**recherchiste** [ʀəʃɛʀʃist] nmf researcher

**rechigner** [ʀ(ə)ʃiɲe] → SYN ▸ conjug 1 ◂ vi (= renâcler) to balk, jib (*à, devant qch* at sth; *à faire* at doing) ◆ **quand je lui ai dit de m'aider, il a rechigné** when I told him to help me he balked ou he made a sour face ◆ **faire qch en rechignant** to do sth with bad grace ou reluctantly ◆ **il m'a obéi sans trop rechigner** he obeyed me without making too much fuss

**rechristianiser** [ʀ(ə)kʀistjanize] ▸ conjug 1 ◂ vt to Christianize again

**rechute** [ʀ(ə)ʃyt] → SYN nf (Méd) relapse; (fig : dans l'erreur, le vice) lapse (*dans* into) ◆ **faire ou avoir une rechute** (Méd) to have a relapse

**rechuter** [ʀ(ə)ʃyte] ▸ conjug 1 ◂ vi (Méd) to relapse, have a relapse

**récidivant, e** [ʀesidivɑ̃, ɑ̃t] adj (Méd) recurring

**récidive** [ʀesidiv] nf a (Jur) second ou subsequent offence (Brit) ou offense (US) ◆ **en cas de récidive** in the event of a second ou subsequent offence, in the event of a repetition of the offence ◆ **escroquerie avec récidive** second offence of fraud ◆ **être en récidive** to reoffend, be a recidivist (SPÉC) ◆ **les cas de récidive se multiplient chez les jeunes délinquants** reoffending ou recidivism (SPÉC) is on the increase among juvenile delinquents ◆ **à la première récidive, je le fiche à la porte** if he does that once again, I'll throw him out

b (Méd) recurrence; (fig = nouvelle incartade) repetition *(of one's bad ways)*

**récidiver** [ʀesidive] → SYN ▸ conjug 1 ◂ vi (Jur) to reoffend; [enfant, élève] to do it again; (Méd) to recur ◆ **il a récidivé 15 minutes plus tard avec un second but** he did it again* 15 minutes later with a second goal

**récidivisme** [ʀesidivism] nm reoffending, recidivism (SPÉC)

**récidiviste** [ʀesidivist] → SYN nmf second offender, recidivist (SPÉC); (plusieurs répétitions) habitual offender, recidivist (SPÉC) ◆ **condamné récidiviste** recidivist

**récidivité** [ʀesidivite] nf (Méd) recurring nature

**récif** [ʀesif] → SYN nm reef ◆ **récif corallien** ou **de corail** coral reef ◆ **récif frangeant** fringing reef ◆ **récif-barrière** barrier reef

**récifal, e,** mpl **-aux** [ʀesifal, o] adj reef (épith)

**récipiendaire** [ʀesipjɑ̃dɛʀ] → SYN nm (Univ) recipient *(of a diploma)*; [société] newly elected member, member elect

**récipient** [ʀesipjɑ̃] → SYN nm container

**réciprocité** [ʀesipʀɔsite] → SYN nf reciprocity

**réciproque** [ʀesipʀɔk] → SYN 1 adj sentiments, confiance, tolérance, concessions reciprocal, mutual; (Math) figure, transformation reciprocal; adjectif, verbe, pronom reciprocal ◆ **propositions réciproques** (Logique) converse propositions ◆ **je lui fais confiance et c'est réciproque** I trust him and he trusts me ◆ **il la détestait et c'était réciproque** he hated her and the feeling was mutual

2 nf ◆ **la réciproque** (= l'inverse) (gén) the opposite, the reverse; (Logique) the converse; (= la pareille) the same (treatment) ◆ **il me déteste mais la réciproque n'est pas vraie** he hates me but the opposite ou reverse isn't true ◆ **s'attendre à la réciproque** to expect the same (treatment) ou to be paid back

**réciproquement** [ʀesipʀɔkmɑ̃] → SYN adv a (= l'un l'autre) each other, one another ◆ **ils se félicitaient réciproquement** they congratulated each other ou one another

b (= vice versa) vice versa ◆ **il me déteste et réciproquement** he hates me and vice versa ou and the feeling is mutual ◆ **un employé doit avoir de l'estime pour son chef et réciproquement** an employee must have regard for his boss and vice versa

**réciproquer** [ʀesipʀɔke] ▸ conjug 1 ◂ vt (Belg) [+ vœux, aide] to reciprocate

**récit** [ʀesi] → SYN nm a (= action de raconter) account, story; (= histoire) story; (= genre) narrative ◆ **récit autobiographique** autobiographical account ◆ **récit de voyage** travel story ◆ **faire le récit de** to give an account of, tell the story of ◆ **au récit de ces exploits** on hearing the story of these exploits

b (Théât = monologue) (narrative) monologue

**récital,** pl **récitals** [ʀesital] → SYN nm recital ◆ **donner un récital de piano** to give a piano recital

**récitant, e** [ʀesitɑ̃, ɑ̃t] 1 adj (Mus) solo

2 nm,f (Mus, Radio, Théât, TV) narrator

**récitatif** [ʀesitatif] → SYN nm recitative

**récitation** [ʀesitasjɔ̃] nf a (= matière, classe) recitation ◆ **composition de récitation** recitation test ◆ **leçon de récitation** verse to be recited by heart

b (= texte, poème) recitation, piece (to be recited)

c (= action) recital, reciting

**réciter** [ʀesite] → SYN ▸ conjug 1 ◂ vt a [+ leçon, chapelet, prière] to recite

b (péj) [+ profession de foi, témoignage] to trot out, recite

**réclamant, e** [ʀeklɑmɑ̃, ɑ̃t] nm,f *person who lodges a complaint*

**réclamation** [ʀeklɑmasjɔ̃] → SYN nf a (= plainte) complaint; (Sport) objection ◆ **faire/déposer une réclamation** to make/lodge a complaint ◆ **adressez vos réclamations à ..., pour toute réclamation s'adresser à ...** all complaints should be referred to ... ◆ **"(bureau ou service des) réclamations"** "complaints department ou office" ◆ **téléphonez aux réclamations** (Téléc) ring the engineers

b (= récrimination) protest, complaint

**réclame** [ʀeklɑm] → SYN nf a (= annonce publicitaire) advertisement, ad*, advert (Brit) ◆ **la réclame** (= publicité) advertising, publicity ◆ **faire de la réclame pour un produit** to advertise ou publicize a product ◆ **ça ne leur fait pas de réclame** that's not very good publicity for them ◆ **je ne vais pas lui faire de la**

**réclame** (fig) I'm not going to give him free publicity ◆ **en réclame** on (special) offer ◆ **article réclame** special offer

**b** (Typo) catchword

**réclamer** [ʀeklɑme] → SYN ▸ conjug 1 ◂ [1] vt **a** (= demander) [+ silence, paix, aide] to ask ou call for; [+ argent, augmentation] to ask for; [+ pain] to ask ou beg for ◆ **je lui ai réclamé mon stylo** I asked him for my pen back ◆ **réclamer qch avec insistance** ou **haut et fort** to clamour for sth ◆ **réclamer l'indulgence de qn** to beg ou crave sb's indulgence ◆ **je réclame la parole !** I want to say something! ◆ **il m'a réclamé à boire/un jouet** he asked me for a drink/a toy ◆ **je n'aime pas les enfants qui réclament** I don't like children who are always asking for things ◆ **l'enfant malade réclame sa mère** the sick child is calling ou asking for his mother, the sick child wants his mother

**b** (= exiger) [+ droit, dû] to claim; (plus énergique) [+ rançon] to demand; [+ part] to claim, lay claim to ◆ **réclamer justice** to demand justice ◆ **les policiers lui ont réclamé ses papiers d'identité** the police officers demanded (to see) his identity papers ◆ **certains réclament que cette question soit inscrite à l'ordre du jour** some people are insisting that this issue be put on the agenda ◆ **réclamer la démission du ministre** to call for the minister to resign ou for the minister's resignation

**c** (= nécessiter) [+ patience, soin] to call for, demand, require

[2] vi (= protester) to complain ◆ **si vous n'êtes pas content, allez réclamer ailleurs** if you're not happy, go and complain ou make your complaints elsewhere ◆ **réclamer contre qch** to cry out against sth

[3] **se réclamer** vpr ◆ **se réclamer de** [+ parti, organisation] to claim to represent; [+ théorie, principe] to claim to adhere to; [+ personne] to claim to be a follower of ◆ **doctrine politique qui se réclame de la Révolution française** political doctrine that claims to go back to the spirit of ou that claims to have its roots in the French Revolution ◆ **il se réclame de l'école romantique** he claims to draw ou take his inspiration from the romantic school ◆ **il s'est réclamé du ministre pour obtenir ce poste** he used the minister's name (as a reference) to obtain this position

**reclassement** [ʀ(ə)klɑsmɑ̃] → SYN nm **a** [salarié] redeployment; [chômeur] placement; [ex-prisonnier] rehabilitation ◆ **reclassement externe** outplacement

**b** [objet, dossier] reclassifying

**c** [salaires, fonctionnaire] regrading ◆ **reclassement de la fonction publique** establishing a new wage scale for the public sector

**reclasser** [ʀ(ə)klɑse] → SYN ▸ conjug 1 ◂ [1] vt **a** (= réinsérer) [+ salarié] to redeploy; [+ chômeur] to place; [+ ex-prisonnier] to rehabilitate

**b** [+ objet, dossier] to reclassify

**c** (= ajuster le salaire de) to regrade

[2] **se reclasser** vpr (= se réinsérer) to find a placement ◆ **elle s'est reclassée dans la restauration** she changed direction and went into catering

**reclouer** [ʀ(ə)klue] ▸ conjug 1 ◂ vt to nail back on, nail back together

**reclus, e** [ʀəkly, yz] → SYN [1] adj cloistered ◆ **il vit reclus, il a** ou **mène une vie recluse** he leads the life of a recluse, he leads a cloistered life ◆ **une vieille dame recluse dans sa chambre** an old lady shut up in her room

[2] nm,f recluse

**réclusion** [ʀeklyzjɔ̃] → SYN nf (littér) reclusion (littér) ◆ **réclusion (criminelle)** imprisonment ◆ **réclusion criminelle à perpétuité** life imprisonment ◆ **condamné à dix ans de réclusion (criminelle)** sentenced to ten years' imprisonment

**réclusionnaire** [ʀeklyzjɔnɛʀ] nmf (Jur) convict

**récognitif** [ʀekɔgnitif, ʀekɔɲitif] adj m (Jur) recognitive, recognitory ◆ **acte récognitif** act of acknowledgment

**récognition** [ʀekɔgnisjɔ̃, ʀekɔɲisjɔ̃] nf recognition

**recoiffer** [ʀ(ə)kwafe] ▸ conjug 1 ◂ [1] vt ◆ **recoiffer ses cheveux** to do one's hair ◆ **recoiffer qn** to do sb's hair

[2] **se recoiffer** vpr (= se peigner) to do one's hair; (= remettre son chapeau) to put one's hat back on

**recoin** [ʀəkwɛ̃] → SYN nm (lit) nook; (fig) hidden ou innermost recess ◆ **les recoins du grenier** the nooks and crannies of the attic ◆ **dans les recoins de sa mémoire** in the recesses of his mind ◆ **il connaît les moindres recoins des Pyrénées** he knows the Pyrenees like the back of his hand, he knows every nook and cranny of the Pyrenees; → **coin**

**recollage** [ʀ(ə)kɔlaʒ] nm [étiquette] resticking; [morceaux, vase] sticking back together again; [enveloppe] resticking

**récollection** [ʀekɔlɛksjɔ̃] → SYN nf (= recueillement) recollection

**recollement** [ʀ(ə)kɔlmɑ̃] nm ⇒ **recollage**

**recoller** [ʀ(ə)kɔle] ▸ conjug 1 ◂ [1] vt **a** [+ étiquette] to stick back on ou down, restick; [+ morceaux, vase] to stick back together; [+ enveloppe] to stick back down, restick ◆ **recoller les morceaux** (= réconcilier) to patch things up

**b** (= remettre) **recoller son oreille à la porte** to stick one's ear against the door again ◆ **recoller qn en prison** * to stick sb back in prison * ◆ **ne recolle pas tes affaires dans ce coin !** * don't just stick your things back down in that corner! *

**c** (* = redonner) **recoller une amende à qn** to give another fine to sb ◆ **on nous a recollé le même moniteur que l'année dernière** we got stuck with the same group leader as last year ◆ **arrête ou je t'en recolle une** * stop it or you'll get another slap

[2] **recoller à** vt indir (Sport) ◆ **le coureur a recollé au peloton** the runner caught up with ou closed the gap with the rest of the pack

[3] **se recoller** vpr **a** [os] to mend, knit (together)

**b** (* = subir) **il a fallu se recoller la vaisselle** we got stuck with the washing-up again

**c** (* = se remettre) **on va se recoller au boulot** let's get back down to work ◆ **allez, on s'y recolle !** come on, let's get back to it!

**d** (* = se remettre en ménage) to get back together

**récoltant, e** [ʀekɔltɑ̃, ɑ̃t] adj, nm,f ◆ **(propriétaire) récoltant** farmer *(who harvests his own crop)*, grower

**récolte** [ʀekɔlt] → SYN nf **a** (= activité) (gén) harvesting; [perles] gathering ◆ **il y a deux récoltes par an** there are two harvests a year ◆ **faire la récolte des pommes de terre** to harvest potatoes

**b** [souvenirs, documents, signatures] collecting, gathering; [argent] collecting

**c** (= produit) [blé, maïs, etc ] harvest, crop; [pommes de terre, fraises, raisin, miel] crop ◆ **cette année, on a fait une excellente récolte (de fruits)** this year we had an excellent crop (of fruit) ◆ **récolte sur pied** standing crop ◆ **la saison des récoltes** harvest time

**d** [documents, souvenirs] collection; (= argent récolté) takings ◆ **la récolte est maigre** (= documents) I didn't get much information

**récolter** [ʀekɔlte] → SYN ▸ conjug 1 ◂ vt **a** (gén) to harvest; [+ perles] to gather ◆ **récolter ce qu'on a semé** (fig) to reap what one has sown; → **semer**

**b** (= recueillir) [+ souvenirs, documents, signatures] to collect, gather; [+ argent] to collect; [+ renseignements] to gather; * [+ contravention, coups, mauvaise note] to get; (Pol) [+ suffrages, points, voix] to gain ◆ **je n'ai récolté que des ennuis** all I got was a lot of trouble

**recombinaison** [ʀ(ə)kɔ̃binɛzɔ̃] nf recombination

**recombinant, e** [ʀ(ə)kɔ̃binɑ̃, ɑ̃t] adj (Méd) produit, virus recombinant

**recommandable** [ʀ(ə)kɔmɑ̃dabl] → SYN adj (= estimable) commendable ◆ **peu recommandable** personne disreputable; comportement, moyen not very commendable

**recommandation** [ʀ(ə)kɔmɑ̃dasjɔ̃] → SYN nf **a** (= conseil) (gén, Pol) recommendation ◆ **faire des recommandations à qn** to make recommendations to sb ◆ **recommandations de l'ONU** UN recommendations ◆ **c'est la recommandation officielle pour "jet-stream"** (Ling) it's the recommended official French word for "jet-stream"

**b** (= avis favorable) [hôtel, livre, etc] recommendation ◆ **je l'ai acheté sur sa recommandation** I bought it on his recommendation

**c** (= appui) recommendation ◆ **sur la recommandation de qn** on sb's recommendation ◆ **donner une recommandation à qn pour un employeur** to give sb a reference (for an employer); → **lettre**

**d** (Poste) [lettre, paquet] recording; (avec valeur assurée) registration

**e** (Rel) commendation

**recommandé, e** [ʀ(ə)kɔmɑ̃de] (ptp de **recommander**) adj **a** (Poste) lettre, paquet recorded; (avec valeur assurée) registered ◆ **"envoi (en) recommandé"** "recorded delivery" (Brit), "certified mail" (US); (avec valeur assurée) "registered mail", "registered post" (Brit) ◆ **envoyer qch en recommandé** to send sth recorded delivery (Brit) ou by certified mail (US); (avec valeur assurée) to send sth by registered mail ou post (Brit); → **lettre**

**b** (= conseillé) produit, hôtel recommended; mesure, initiative advisable, recommended ◆ **est-ce bien recommandé ?** is it advisable? (*de faire qch* to do sth) ◆ **il est recommandé de ...** it's advisable ou recommended to ... ◆ **ce n'est pas très recommandé** * it's not very ou really advisable, it's not really recommended

**recommander** [ʀ(ə)kɔmɑ̃de] GRAMMAIRE ACTIVE 1.1, 19.4 → SYN ▸ conjug 1 ◂

[1] vt **a** (= appuyer) [+ candidat] to recommend (*à* to) ◆ **est-il recommandé ?** has he been recommended? ◆ **sa probité intellectuelle le recommande autant que ses découvertes** his intellectual honesty commends him as much as his discoveries

**b** (= conseiller) [+ hôtel, livre, film, produit] to recommend (*à* to) ◆ **recommander à qn de faire qch** to recommend ou advise sb to do sth ◆ **le médecin lui a recommandé le repos** the doctor advised him to rest ◆ **je te recommande la modération/la discrétion** I advise you to be moderate/discreet, I recommend that you be moderate/discreet ◆ **je te recommande (de lire) ce livre** I recommend (that you read) this book ◆ **je te recommande de partir** (ton menaçant) I strongly advise you to leave ◆ **je ne saurais trop vous recommander de faire cette démarche** I strongly urge you to do this ◆ **est-ce bien à recommander ?** is it advisable?

**c** (Rel) **recommander son âme à Dieu** to commend one's soul to God

**d** (Poste) to record; (avec valeur assurée) to register

[2] **se recommander** vpr **a** (= se réclamer de) **se recommander de qn** to give sb's name as a reference

**b** (= s'en remettre à) **se recommander à qn/Dieu** to commend o.s. to sb/God

**c** (= montrer sa valeur) **il se recommande par son talent/son expérience** his talent/his experience commends him

**recommencement** [ʀ(ə)kɔmɑ̃smɑ̃] → SYN nm ◆ **l'histoire/la vie est un éternel recommencement** history/life is a process of constant renewal ◆ **les recommencements sont toujours difficiles** beginning again ou making a fresh start is always difficult

**recommencer** [ʀ(ə)kɔmɑ̃se] → SYN ▸ conjug 3 ◂

[1] vt **a** (= continuer) [+ récit, lecture] to begin ou start again, resume; [+ lutte, combat] to resume ◆ **faites attention, ça fait la troisième fois que je recommence** pay attention, that's the third time I've told you ◆ **recommencer à** ou **de** (littér) **faire qch** to begin ou start to do sth again, begin ou start doing sth again ◆ **il recommence à neiger** it's beginning ou starting to snow again

**b** (= refaire) [+ travail, expérience] to start (over) again, start afresh; (= répéter) [+ erreur] to make again ◆ **laisser bouillir 5 mn, recommencer l'opération trois fois** leave to boil for 5 minutes, repeat three times ◆ **recommencer sa vie** to make a fresh start (in life), start ou begin one's life (over) again ◆ **si c'était à recommencer** if I could start ou have it over again ◆ **tout est à recommencer** we (ou I etc ) will have to start all over again ◆ **on prend les mêmes et on recommence !** * it's always the same old people!; → **zéro**

[2] vi [pluie, orage] to begin ou start again; [combat] to start up again, start afresh,

resume ◆ **la pluie recommence** it's beginning ou starting to rain again, the rain is beginning ou starting again ◆ **en septembre, l'école recommence** school begins ou starts again ou resumes in September ◆ **je leur ai dit de se taire, et voilà que ça recommence !** I told them to be quiet and now they're at it again! ◆ **ça y est, ça recommence !** * here we go again! ◆ **on lui dit de ne pas le faire, mais deux minutes plus tard, il recommence** he is told not to do it but two minutes later he does it again ou he's at it again ◆ **il m'a promis qu'il ne recommencerait plus** he promised he wouldn't do it again

**recomparaître** [ʀ(ə)kɔ̃paʀɛtʀ] ▸ conjug 57 ◂ vi (Jur) to appear (in court) again

**récompense** [ʀekɔ̃pɑ̃s] → SYN nf (= action, chose) reward; (= prix) award ◆ **obtenir la plus haute récompense pour qch** to receive the highest accolade for sth ◆ **en récompense de** in return for, as a reward for ◆ **en récompense de vos services** in return for your services ◆ **je me sacrifie et voilà ma récompense** I make sacrifices and that's all the reward I get ◆ **sa réussite est la récompense de son travail** his success is just reward for his work ◆ **"forte récompense"** (dans une annonce) "generous reward"

**récompenser** [ʀekɔ̃pɑ̃se] → SYN ▸ conjug 1 ◂ vt to reward ◆ **être récompensé d'avoir fait qch** to be rewarded for having done sth ◆ **j'ai été largement récompensé de mes efforts** I have been amply rewarded for my efforts ◆ **le biologiste a été récompensé pour sa découverte** the biologist received an award for his discovery ◆ **ce prix récompense le premier roman d'un auteur** this prize is awarded for an author's first novel

**recomposer** [ʀ(ə)kɔ̃poze] ▸ conjug 1 ◂ vt **a** [+ puzzle] to put together (again) ◆ **il parvint à recomposer la scène** he succeeded in reconstructing the scene ◆ **l'œil recompose l'image** the eye reconstitutes the image

**b** (Chim) to recompose

**c** (Téléc) [+ numéro] to dial again, redial

**d** (Typo) [+ ligne, texte] to reset

**recomposition** [ʀ(ə)kɔ̃pozisjɔ̃] nf **a** (de mémoire) reconstitution

**b** (Chim) recomposition

**c** (Téléc) [numéro] redialling

**d** (Typo) resetting

**recompter** [ʀ(ə)kɔ̃te] ▸ conjug 1 ◂ vt to count again, recount

**réconciliateur, -trice** [ʀekɔ̃siljatœʀ, tʀis] → SYN nm,f reconciler

**réconciliation** [ʀekɔ̃siljasjɔ̃] → SYN nf reconciliation

**réconcilier** [ʀekɔ̃silje] GRAMMAIRE ACTIVE 26.4 → SYN ▸ conjug 7 ◂

**1** vt (Rel) to reconcile; [+ personnes, théories] to reconcile (*avec* with) ◆ **réconcilier qn avec une idée** to reconcile sb to an idea ◆ **cette émission m'a réconcilié avec la télévision** this programme restored my faith in television

**2** **se réconcilier** vpr to be ou become reconciled (*avec* with) ◆ **ils se sont réconciliés** they have made their peace with one another, they've patched things up ◆ **se réconcilier avec soi-même** to feel ou be at peace with o.s.

**reconductible** [ʀ(ə)kɔ̃dyktibl] → SYN adj renewable

**reconduction** [ʀ(ə)kɔ̃dyksjɔ̃] → SYN nf renewal ◆ **tacite reconduction** renewal by tacit agreement

**reconduire** [ʀ(ə)kɔ̃dɥiʀ] → SYN ▸ conjug 38 ◂ vt **a** (= continuer) [+ politique, budget, bail] to renew ◆ **commande tacitement reconduite** order renewed by tacit agreement

**b** (= raccompagner) **reconduire qn chez lui/à la gare** to see ou take sb (back) home/to the station ◆ **il a été reconduit à la frontière par les policiers** he was escorted (back) to the frontier by the police ◆ **reconduire qn à pied/en voiture chez lui** to walk/drive sb (back) home ◆ **il m'a reconduit à la porte** he showed me to the door

**reconduite** [ʀ(ə)kɔ̃dɥit] nf [personne en situation irrégulière] ◆ **reconduite (à la frontière)** escorting (back) to the border ◆ **le nombre de reconduites exécutées** the number of people who were escorted back to the border

**reconfiguration** [ʀ(ə)kɔ̃figyʀasjɔ̃] nf **a** (Ordin) reconfiguration

**b** (Écon) [entreprise] re-engineering

**reconfigurer** [ʀ(ə)kɔ̃figyʀe] ▸ conjug 1 ◂ vt **a** (Ordin) to reconfigurate

**b** (Écon) [+ entreprise] to re-engineer

**réconfort** [ʀekɔ̃fɔʀ] → SYN nm comfort ◆ **avoir besoin de réconfort** to need comforting ◆ **sa présence m'a apporté un grand réconfort** his presence was a great comfort to me ◆ **réconfort moral** solace ◆ **elle a trouvé un réconfort dans la lecture** she found some consolation in reading

**réconfortant, e** [ʀekɔ̃fɔʀtɑ̃, ɑ̃t] → SYN adj (= rassurant) parole, idée comforting; (= stimulant) remède tonic (épith), fortifying; aliment fortifying

**réconforter** [ʀekɔ̃fɔʀte] → SYN ▸ conjug 1 ◂ **1** vt [paroles, présence] to comfort; [alcool, aliment, remède] to fortify

**2** **se réconforter** vpr (moralement) to comfort o.s., cheer o.s. up, make o.s. feel better; (physiquement) to fortify o.s.

**reconnaissable** [ʀ(ə)kɔnɛsabl] → SYN adj recognizable (*à* by, from) ◆ **il n'était pas reconnaissable** he was unrecognizable, you wouldn't have recognized him ◆ **son style est reconnaissable entre mille** his style is unmistakable ◆ **difficilement reconnaissable** hard to recognize

**reconnaissance** [ʀ(ə)kɔnɛsɑ̃s] GRAMMAIRE ACTIVE 22 → SYN

**1** nf **a** (= gratitude) gratitude, gratefulness (*à qn* to ou towards sb) ◆ **avoir/éprouver de la reconnaissance pour qn** to be/feel grateful to sb ◆ **en reconnaissance de ses services/de son aide** in recognition of ou acknowledgement of ou gratitude for his services/his help ◆ **être pénétré de reconnaissance pour la générosité de qn** to be filled with gratitude to sb for his generosity ◆ **je lui voue une reconnaissance éternelle** I am eternally grateful to him ◆ **il n'a même pas la reconnaissance du ventre** (hum) he's not even grateful for what he's been given

**b** (Pol) [État, indépendance] recognition; (Jur) [droit] recognition, acknowledgement; [diplôme, rôle, statut] recognition ◆ **il a soif de reconnaissance sociale** he craves social recognition

**c** (= exploration) reconnaissance, survey; (Mil) reconnaissance, recce * ◆ **envoyer en reconnaissance** (lit, fig) to send (out) on reconnaissance ou on a recce * ◆ **partir en reconnaissance** (lit, fig) to go and reconnoitre (the ground) ◆ **faire** ou **pousser une reconnaissance** (Mil) to make a reconnaissance, go on reconnaissance ◆ **mission/patrouille de reconnaissance** reconnaissance mission/patrol

**d** (= identification) recognition ◆ **il lui fit un petit signe de reconnaissance** he gave her a little sign of recognition ◆ **il tenait un journal en signe de reconnaissance** he was carrying a newspaper so that he could be recognized ou identified

**e** (littér = aveu) acknowledgement, admission

**f** (Ordin) recognition ◆ **reconnaissance vocale** ou **de la parole** speech recognition ◆ **reconnaissance de formes** pattern recognition ◆ **reconnaissance optique de caractères** optical character recognition, OCR

**2** COMP ▷ **reconnaissance de dette** acknowledgement of a debt, IOU ▷ **reconnaissance d'enfant** legal recognition of a child ▷ **reconnaissance du mont-de-piété** pawn ticket ▷ **reconnaissance d'utilité publique** official approval

**reconnaissant, e** [ʀ(ə)kɔnɛsɑ̃, ɑ̃t] GRAMMAIRE ACTIVE 2.1, 4, 19.1, 19.3, 19.4, 20.1, 21.1, 22 → SYN adj grateful (*à qn de qch* to sb for sth) ◆ **se montrer reconnaissant envers qn** to show one's gratitude to sb ◆ **je vous serais reconnaissant de me répondre rapidement** I would be grateful if you would reply quickly ou for a speedy reply ◆ **"aux grands hommes la patrie reconnaissante"** "to great men, (from) the grateful Motherland"

**reconnaître** [ʀ(ə)kɔnɛtʀ] GRAMMAIRE ACTIVE 11.1, 13.2, 18.2, 26.6 → SYN ▸ conjug 57 ◂

**1** vt **a** (gén = identifier) to recognize ◆ **je l'ai reconnu à sa voix** I recognized him ou I knew it was him ou I could tell it was him from ou by (the sound of) his voice ◆ **je le reconnaîtrais entre mille** I'd recognize him anywhere ◆ **elle reconnut l'enfant à son foulard rouge** she recognized the child by his red scarf ◆ **reconnaître la voix/le pas de qn** to recognize sb's voice/walk ◆ **reconnaître le corps** (d'un mort) to identify the body ◆ **ces jumeaux sont impossibles à reconnaître** these twins are impossible to tell apart, it's impossible to tell which of these twins is which ◆ **on reconnaît un gros fumeur à ses doigts jaunis** you can tell ou recognize a heavy smoker by his stained fingers ◆ **on reconnaît bien là sa paresse** that's just typical of his laziness ◆ **je le reconnais bien là !** that's just like him!, that's him all over! ◆ **méfiez-vous, il sait reconnaître un mensonge** be careful — he knows ou recognizes ou he can spot a lie when he hears one ◆ **on ne le reconnaît plus** you wouldn't know ou recognize him now

**b** (= convenir de) [+ innocence, supériorité, valeur] to recognize, acknowledge; (= avouer) [+ torts] to recognize, acknowledge, admit ◆ **il reconnut peu à peu la difficulté de la tâche** he gradually came to recognize the difficulty of the task ◆ **il faut reconnaître les faits** we must face ou recognize the facts ◆ **on lui reconnaît une qualité, il est honnête** he is recognized as having one quality — he is honest ◆ **il faut reconnaître qu'il faisait très froid** admittedly it was very cold ◆ **il a reconnu s'être trompé/qu'il s'était trompé** he admitted to ou acknowledged making a mistake/that he had made a mistake ◆ **je reconnais que j'avais tout à fait oublié ce rendez-vous** I must confess ou admit (that) I had completely forgotten this appointment

**c** (= admettre) [+ maître, chef] to recognize; (Pol) [+ État, gouvernement] to recognize; (Jur) [+ enfant] to recognize legally, acknowledge; [+ dette] to acknowledge; [+ diplôme] to recognize ◆ **reconnaître qn pour** ou **comme chef** to acknowledge ou recognize sb as (one's) leader ◆ **reconnaître la compétence d'un tribunal** to acknowledge ou recognize the competence of a court ◆ **reconnaître qn coupable** to find sb guilty ◆ **reconnaître sa signature** to acknowledge one's signature ◆ **il ne reconnaît à personne le droit d'intervenir** he doesn't acknowledge that anyone has the right to intervene

**d** (Mil) [+ côte, île, terrain] to reconnoitre ◆ **on va aller reconnaître les lieux** ou **le terrain** we're going to see how the land lies, we're going to reconnoitre (the ground) ◆ **les gangsters étaient certainement venus reconnaître les lieux auparavant** the gangsters had probably been to look over the place beforehand

**e** (littér = montrer de la gratitude pour) to recognize, acknowledge

**2** **se reconnaître** vpr **a** (dans la glace) to recognize o.s.; (entre personnes) to recognize each other ◆ **elle ne se reconnaît pas du tout dans ses filles** she (just) can't see any likeness between herself and her daughters

**b** (lit, fig = se retrouver) to find one's way about ou around ◆ **je ne m'y reconnais plus** I'm completely lost ◆ **je commence à me reconnaître** I'm beginning to find my bearings

**c** (= être reconnaissable) to be recognizable (*à* by) ◆ **le pêcher se reconnaît à ses fleurs roses** the peach tree is recognizable by its pink flowers, you can tell a peach tree by its pink flowers

**d** (= s'avouer) **se reconnaître vaincu** to admit ou acknowledge defeat ◆ **se reconnaître coupable** to admit ou acknowledge one's guilt

**reconnecter** vt, **se reconnecter** vpr [ʀ(ə)kɔnɛkte] ▸ conjug 1 ◂ (gén) to reconnect (*à* to)

**reconnu, e** [ʀ(ə)kɔny] → SYN (ptp de **reconnaître**) adj fait recognized, accepted; auteur, chef, diplôme recognized ◆ **c'est un fait reconnu que ...** it's a recognized ou an accepted fact that ... ◆ **il est reconnu que ...** it is recognized ou accepted ou acknowledged that ...

**reconquérir** [ʀ(ə)kɔ̃keʀiʀ] → SYN ▸ conjug 21 ◂ vt (Mil) to reconquer, recapture, capture back; [+ personne, titre, siège de député] to win back; [+ dignité, liberté] to recover, win back

**reconquête** [ʀ(ə)kɔ̃kɛt] nf (Mil) reconquest, recapture; [droit, liberté] recovery

**reconsidérer** [ʀ(ə)kɔ̃sideʀe] [→ SYN] ► conjug 6 ◄ vt to reconsider

**reconstituant, e** [ʀ(ə)kɔ̃stitɥɑ̃, ɑ̃t] [→ SYN] [1] adj aliment, régime energy-giving
[2] nm energy-giving food, energizer

**reconstituer** [ʀ(ə)kɔ̃stitɥe] [→ SYN] ► conjug 1 ◄ [1] vt **a** [+ parti, armée, association] to re-form; [+ fortune, capital, réserves] to build up again ◆ **bifteck haché reconstitué** mincemeat (Brit) ou hamburger (US) patty
**b** [+ crime, faits, histoire] to reconstruct, piece together; [+ décor] to recreate; [+ puzzle] to put together (again); [+ fichier] to rebuild; [+ texte] to restore, reconstitute; [+ édifice, vieux quartier] to restore, reconstruct
**c** [+ objet brisé] to put ou piece together again
**d** (Bio) [+ organisme] to regenerate
[2] **se reconstituer** vpr [équipe, parti] to re-form; [+ réserves] to be built up again

**reconstitution** [ʀ(ə)kɔ̃stitysjɔ̃] [→ SYN] nf **a** [parti, armée, association] re-forming; [fortune, capital, réserves] rebuilding
**b** [crime, faits, puzzle, histoire] reconstruction, piecing together; [fichier] rebuilding; [texte] restoration, reconstitution ◆ **la reconstitution du crime** the reconstruction of the crime *(in the presence of the examining magistrate and the accused)*
**c** [objet brisé] repairing
**d** (Bio) [organisme] regeneration

**reconstructeur, -trice** [ʀ(ə)kɔ̃stʀyktœʀ, tʀis] adj chirurgie reconstructive

**reconstruction** [ʀ(ə)kɔ̃stʀyksjɔ̃] [→ SYN] nf [maison, ville, pays] rebuilding, reconstruction; [fortune] rebuilding

**reconstruire** [ʀ(ə)kɔ̃stʀɥiʀ] [→ SYN] ► conjug 38 ◄ vt [+ maison, ville, pays] to rebuild, reconstruct; [+ fortune] to build up again, rebuild ◆ **il a dû reconstruire sa vie** he had to rebuild his life

**recontacter** [ʀ(ə)kɔ̃takte] ► conjug 1 ◄ vt ◆ **recontacter qn** to get in touch with sb again ◆ **je vous recontacterai quand j'aurai pris une décision** I'll get in touch with you again when I've made a decision

**reconventionnel, -elle** [ʀ(ə)kɔ̃vɑ̃sjɔnɛl] adj ◆ **demande reconventionnelle** counter claim

**reconversion** [ʀ(ə)kɔ̃vɛʀsjɔ̃] [→ SYN] nf [usine] reconversion; [personnel] redeployment, retraining; [région] redevelopment; [économie] restructuring ◆ **stage/plan de reconversion** retraining course/scheme

**reconvertir** [ʀ(ə)kɔ̃vɛʀtiʀ] [→ SYN] ► conjug 2 ◄ [1] vt [+ personnel] to retrain; [+ région] to redevelop; [+ économie, entreprise] to restructure ◆ **l'ancienne fabrique a été reconvertie en école** the old factory has been converted into a school
[2] **se reconvertir** vpr [personne] to move into ou turn to a new type of employment; [entreprise] to change activity ◆ **il s'est reconverti dans la publicité** he has changed direction and gone into advertising ◆ **nous nous sommes reconvertis dans le textile** we have moved over ou gone over into textiles

**recopier** [ʀ(ə)kɔpje] ► conjug 7 ◄ vt (= transcrire) to copy out, write out; (= recommencer) to copy out ou write out again ◆ **recopier ses notes au propre** to write up one's notes, make a clean ou fair (Brit) copy of one's notes

**record** [ʀ(ə)kɔʀ] [→ SYN] [1] nm (Sport) record ◆ **record masculin/féminin** men's/women's record ◆ **record de vitesse/d'altitude** speed/altitude record ◆ **record du monde/d'Europe** world/European record ◆ **le yen a battu son record historique** the yen has hit ou reached a record high ou an all-time high ◆ **le ministre bat tous les records d'impopularité** the minister breaks ou beats all the records for unpopularity ◆ **ça bat (tous) les records !** * that beats everything! ◆ **ce film a connu des records d'affluence** the film broke box-office records ◆ **un record d'abstentions** a record number of abstentions ◆ **j'ai lu deux livres en une semaine, c'est mon record** I read two books within a week, it's a personal record
[2] adj inv chiffre, niveau, production, taux record (épith) ◆ **les bénéfices ont atteint un montant record de 5 milliards** profits reached a record total of 5 billion ◆ **en un temps record** in record time

**recordage** [ʀ(ə)kɔʀdaʒ] nm [raquette] restringing (NonC)

**recorder** [ʀ(ə)kɔʀde] ► conjug 1 ◄ vt [+ raquette] to restring

**recordman** [ʀ(ə)kɔʀdman], pl **recordmen** [ʀ(ə)kɔʀdmɛn] nm (men's) record holder

**recordwoman** [ʀ(ə)kɔʀdwuman], pl **recordwomen** [ʀ(ə)kɔʀdwumɛn] nf (women's) record holder

**recorriger** [ʀəkɔʀiʒe] ► conjug 3 ◄ vt to recorrect, correct again; (Scol) to mark ou grade again

**recoucher** [ʀ(ə)kuʃe] ► conjug 1 ◄ [1] vt [+ enfant] to put back to bed; [+ objet] to lay ou put down again
[2] **se recoucher** vpr to go back to bed

**recoudre** [ʀ(ə)kudʀ] ► conjug 48 ◄ vt [+ ourlet] to sew up again; [+ bouton] to sew back on, sew on again; [+ plaie] to stitch up (again), put stitches (back) in; [+ opéré] to stitch (back) up

**recoupe** [ʀəkup] nf **a** (Tech) cuttings
**b** (Agr) aftermath
**c** (Meunerie) middlings

**recoupement** [ʀ(ə)kupmɑ̃] [→ SYN] nm cross-check, cross-checking (NonC) ◆ **par recoupement** by cross-checking ◆ **faire des recoupements** to cross-check

**recouper** [ʀ(ə)kupe] [→ SYN] ► conjug 1 ◄ [1] vt **a** (gén) to cut again; [+ vêtement] to recut; [+ route] to intersect ◆ **recouper du pain** to cut (some) more bread ◆ **elle m'a recoupé une tranche de viande** she cut me another slice of meat
**b** [+ vin] to blend
**c** [témoignage] to tie up ou match up with, confirm, support
[2] vi (Cartes) to cut again
[3] **se recouper** vpr [faits] to tie ou match up, confirm ou support one another; [droites, cercles] to intersect; [chiffres, résultats] to add up

**recouponner** [ʀ(ə)kupɔne] ► conjug 1 ◄ vt to renew the coupons of

**recourbé, e** [ʀ(ə)kuʀbe] [→ SYN] (ptp de **recourber**) adj (gén) curved; (accidentellement) bent; bec curved, hooked ◆ **nez recourbé** hook-nose

**recourber** [ʀ(ə)kuʀbe] ► conjug 1 ◄ [1] vt [+ bois] to bend (over); [+ métal] to bend, curve
[2] **se recourber** vpr to curve (up), bend (up)

**recourir** [ʀ(ə)kuʀiʀ] [→ SYN] ► conjug 11 ◄ [1] vt (Sport) to run again
[2] **recourir à** vt indir [+ opération, emprunt] to resort to, have recourse to; [+ force] to resort to; [+ personne] to turn to, appeal to ◆ **j'ai recouru à son aide** I turned ou appealed to him for help
[3] vi **a** (Sport) to race again, run again ◆ **j'ai recouru le chercher** I ran back ou raced back ou nipped back * (Brit) to get it
**b** (Jur) **recourir contre qn** to (lodge an) appeal against sb

**recours** [ʀ(ə)kuʀ] [→ SYN] [1] nm resort, recourse; (Jur) appeal ◆ **le recours à la violence ne sert à rien** resorting to violence doesn't do any good ◆ **en dernier recours** as a last resort, in the last resort ◆ **nous n'avons plus qu'un recours** there's only one course (of action) left open to us ◆ **il n'y a aucun recours contre cette décision** there is no way of changing this decision, there is no appeal possible ou no recourse against this decision ◆ **il n'y a aucun recours contre cette maladie** there is no cure ou remedy for this disease ◆ **la situation est sans recours** there's nothing we can do about the situation, there's no way out of the situation
◆ **avoir recours à** [+ mesure, solution] to resort to, have recourse to; [+ force] to resort to; [+ personne] to turn to, appeal to
[2] COMP ▷ **recours en cassation** appeal to the supreme court ▷ **recours contentieux** *submission for a legal settlement* ▷ **recours en grâce** (= remise de peine) plea for pardon; (= commutation de peine) plea for clemency ▷ **recours gracieux** *submission for an out-of-court settlement* ▷ **recours hiérarchique** disciplinary complaint

**recouvrable** [ʀ(ə)kuvʀabl] [→ SYN] adj **a** impôt collectable, which can be collected; créance recoverable, reclaimable, retrievable
**b** peinture recoatable

**recouvrage** [ʀ(ə)kuvʀaʒ] nm [siège] reupholstering

**recouvrement** [ʀ(ə)kuvʀəmɑ̃] [→ SYN] nm **a** (= action) covering (up); (= résultat) cover ◆ **assemblage à recouvrement** (Constr) lap joint
**b** (Fin) [cotisations] collection, payment; [impôt] collection, levying; (littér) [créance] recovery
**c** (littér) [forces, santé] recovery

**recouvrer** [ʀ(ə)kuvʀe] [→ SYN] ► conjug 1 ◄ vt **a** [+ santé, vue] to recover, regain; [+ liberté] to regain; [+ amitié] to win back ◆ **recouvrer la raison** to recover one's senses, come back to one's senses
**b** (Fin) [+ cotisation] to collect; [+ impôt] to collect, levy; (littér) [+ créance] to recover

**recouvrir** [ʀ(ə)kuvʀiʀ] [→ SYN] ► conjug 18 ◄ [1] vt **a** (entièrement) to cover ◆ **la neige recouvre le sol** snow covers the ground ◆ **recouvert d'écailles/d'eau** covered in ou with scales/water ◆ **recouvrir un mur de papier peint/de carreaux** to paper/tile a wall ◆ **le sol était recouvert d'un tapis** the floor was carpeted, there was a carpet on the floor ◆ **le visage recouvert d'un voile** her face covered by a veil ◆ **elle avait la tête recouverte d'un fichu** she had a shawl around her head ◆ **recouvre la casserole/les haricots** put the lid on the saucepan/the beans
**b** (à nouveau) [+ fauteuil, livre] to re-cover, put a new cover on; [+ casserole] to put the lid back on ◆ **recouvrir un enfant qui dort** to cover (up) a sleeping child again
**c** (= cacher) [+ intentions] to conceal, hide, mask; (= englober) [+ aspects, questions] to cover
[2] **se recouvrir** vpr **a** (= se garnir) **se recouvrir d'eau/de terre** to become covered in ou with water/earth ◆ **le ciel se recouvre** the sky is getting cloudy ou becoming overcast again
**b** (= se chevaucher) to overlap ◆ **les deux feuilles se recouvrent partiellement** the two sheets overlap slightly

**recracher** [ʀ(ə)kʀaʃe] ► conjug 1 ◄ [1] vt to spit out (again) ◆ **l'usine recrachait ses eaux usées dans la rivière** the factory spewed out its waste water into the river
[2] vi to spit again

**récré** * [ʀekʀe] nf abrév de **récréation**

**récréatif, -ive** [ʀekʀeatif, iv] [→ SYN] adj lecture light (épith) ◆ **soirée récréative** evening's recreation ou entertainment

**recréation** [ʀəkʀeasjɔ̃] nf re-creation

**récréation** [ʀekʀeasjɔ̃] [→ SYN] nf **a** (Scol) (au lycée) break; (à l'école primaire) break, playtime (Brit), recess (US) ◆ **aller en récréation** to go out for (the) break ◆ **les enfants sont en récréation** the children are having their break ou playtime (Brit), the children are on recess (US); → **cour**
**b** (gén = détente) recreation, relaxation

**recréer** [ʀ(ə)kʀee] ► conjug 1 ◄ vt to re-create

**récréer** [ʀekʀee] [→ SYN] ► conjug 1 ◄ (littér) [1] vt to entertain, amuse
[2] **se récréer** vpr to amuse o.s.

**recrépir** [ʀ(ə)kʀepiʀ] ► conjug 2 ◄ vt to resurface (with roughcast ou pebble dash) ◆ **faire recrépir sa maison** to have the roughcast ou pebble dash redone on one's house

**recrépissage** [ʀ(ə)kʀepisaʒ] nm resurfacing (with roughcast ou pebble dash)

**recreuser** [ʀ(ə)kʀøze] ► conjug 1 ◄ vt [+ trou] (de nouveau) to dig again; (davantage) to dig deeper; [+ question] to go further ou deeper into, dig deeper into

**récrier (se)** [ʀekʀije] [→ SYN] ► conjug 7 ◄ vpr (littér) to exclaim ◆ **se récrier d'admiration/d'indignation/de surprise** to exclaim ou cry out in admiration/in indignation/in surprise ◆ **se récrier contre qch** to cry out against sth

**récriminateur, -trice** [ʀekʀiminatœʀ, tʀis] adj remonstrative, complaining

**récrimination** [ʀekʀiminasjɔ̃] [→ SYN] nf recrimination, remonstration, complaint

**récriminatoire** [ʀekʀiminatwaʀ] adj discours, propos remonstrative

**récriminer** [ʀekʀimine] [→ SYN] ► conjug 1 ◄ vi to recriminate, remonstrate (*contre* against), complain bitterly (*contre* about)

**récrire** [ʀekʀiʀ] ▸ conjug 39 ◂ vt ⇒ **réécrire**

**recristallisation** [ʀ(ə)kʀistalizasjɔ̃] nf recrystallization

**recristalliser** [ʀ(ə)kʀistalize] ▸ conjug 1 ◂ vi to recrystallize

**recroquevillé, e** [ʀ(ə)kʀɔk(ə)vije] (ptp de **recroqueviller**) adj feuille, fleur shrivelled (up), curled (up); personne hunched ou huddled up ◆ **il était tout recroquevillé dans un coin** he was all hunched up ou huddled up in a corner

**recroqueviller (se)** [ʀ(ə)kʀɔk(ə)vije] → SYN ▸ conjug 1 ◂ vpr [feuille, fleur] to shrivel up, curl up; [personne] to huddle ou curl o.s. up

**recru, e**[1] [ʀəkʀy] → SYN adj (littér) ◆ **recru (de fatigue)** exhausted, tired out

**recrudescence** [ʀ(ə)kʀydesɑ̃s] → SYN nf [criminalité, combats] (fresh ou new) upsurge ou outbreak; [épidémie] (fresh ou new) outbreak ◆ **devant la recrudescence des vols** in view of the increasing number of thefts ◆ **il y a eu une recrudescence de froid** there was another spell of even colder weather

**recrudescent, e** [ʀ(ə)kʀydesɑ̃, ɑ̃t] adj (littér) recrudescent ◆ **épidémie recrudescente** epidemic which is on the increase ou upsurge again

**recrue**[2] [ʀəkʀy] → SYN nf (Mil) recruit; (fig) recruit, new member ◆ **faire une (nouvelle) recrue** (fig) to gain a (new) recruit, recruit a new member

**recrutement** [ʀ(ə)kʀytmɑ̃] → SYN nm (= action) recruitment, recruiting; (= recrues) recruits ◆ **recrutement externe/interne** external/internal recruitment

**recruter** [ʀ(ə)kʀyte] → SYN ▸ conjug 1 ◂ vt (Mil, fig) to recruit ◆ **se recruter dans** ou **parmi** to be recruited from, come from ◆ **recruter des cadres pour une entreprise** to headhunt for a company

**recruteur, -euse** [ʀ(ə)kʀytœʀ, øz] → SYN **1** nm,f (Mil) recruiting officer; (pour cadres) headhunter
**2** adj recruiting ◆ **agent recruteur** recruiting agent

**recta** †* [ʀɛkta] adv payer promptly, on the nail*; arriver on the dot* ◆ **quand j'ai les pieds mouillés, c'est recta, j'attrape un rhume** whenever I get my feet wet that's it*, I catch a cold

**rectal, e,** mpl **-aux** [ʀɛktal, o] adj rectal

**rectangle** [ʀɛktɑ̃gl] **1** nm (gén) rectangle, oblong; (Math) rectangle ◆ **rectangle blanc** † (TV) "suitable for adults only" sign
**2** adj right-angled

**rectangulaire** [ʀɛktɑ̃gylɛʀ] adj rectangular, oblong

**recteur** [ʀɛktœʀ] → SYN nm **a** **recteur (d'académie)** ◆ **recteur chancelier des universités** ≈ chief education officer (Brit), ≈ director of education (Brit), ≈ commissioner of education (US); → ACADÉMIE
**b** (Rel) (= prêtre) priest; (= directeur) rector

**rectifiable** [ʀɛktifjabl] → SYN adj erreur rectifiable, which can be put right ou corrected; alcool rectifiable

**rectificateur** [ʀɛktifikatœʀ] nm (Chim) rectifier

**rectificatif, -ive** [ʀɛktifikatif, iv] → SYN **1** adj compte rectified, corrected ◆ **acte rectificatif, note rectificative** correction
**2** nm correction ◆ **apporter un rectificatif** to make a correction

**rectification** [ʀɛktifikasjɔ̃] nf **a** [erreur] rectification, correction; [paroles, texte] correction ◆ **permettez-moi une petite rectification** if I might make a small rectification ◆ **apporter des rectifications** to make some corrections
**b** [route, tracé, virage] straightening; [mauvaise position] correction
**c** (Tech) [pièce] truing up, making true
**d** (Chim, Math) rectification

**rectifier** [ʀɛktifje] → SYN ▸ conjug 7 ◂ vt **a** (= corriger) [+ calcul] to rectify, correct; [+ erreur] to rectify, correct, put right; [+ paroles, texte] to correct; [+ facture, contrat] to amend ◆ **"non, ils étaient deux", rectifia-t-il** "no, there were two of them" he added, correcting himself
**b** (= ajuster, modifier) (gén) to adjust; [+ route, tracé] to straighten; [+ virage] to straighten (out); [+ mauvaise position] to correct; [+ raisonnement] to correct ◆ **rectifier sa position/l'alignement** (Mil) to correct one's stance/the alignment ◆ **rectifier le tir** (lit) to adjust the fire; (fig) to change one's tack ◆ **il rectifia la position du rétroviseur/son chapeau** he adjusted ou straightened his driving mirror/his hat
**c** (Tech) [+ pièce] to true (up), adjust
**d** (Chim, Math) to rectify
**e** (* = tuer) **il a été rectifié, il s'est fait rectifier** they did away with him*, he got himself killed ou bumped off* (Brit)

**rectifieur, -ieuse** [ʀɛktifjœʀ, jøz] **1** nm,f (= ouvrier) grinding machine operator
**2** **rectifieuse** nf (= machine) grinding machine

**rectiligne** [ʀɛktiliɲ] → SYN **1** adj (gén) straight; mouvement rectilinear; (Géom) rectilinear
**2** nm (Géom) rectilinear angle

**rectilinéaire** [ʀɛktilineɛʀ] adj rectilinear

**rectite** [ʀɛktit] nf proctitis

**rectitude** [ʀɛktityd] → SYN nf [caractère] rectitude, uprightness; [jugement] soundness, rectitude; (littér) [ligne] straightness

**recto** [ʀɛkto] → SYN nm front (of a page), first side, recto (frm) ◆ **recto verso** on both sides (of the page) ◆ **voir au recto** see other side

**rectocolite** [ʀɛktokɔlit] nf proctocolitis

**rectoral, e,** pl **-aux** [ʀɛktɔʀal, o] adj of the education office ou authority

**rectorat** [ʀɛktɔʀa] nm (= bureaux) education offices; (= administration) education authority

**rectoscope** [ʀɛktɔskɔp] nm proctoscope

**rectoscopie** [ʀɛktɔskɔpi] nf proctoscopy

**rectrice** [ʀɛktʀis] adj f, nf ◆ **(plume) rectrice** rectrix

**rectum** [ʀɛktɔm] → SYN nm rectum

**reçu, e** [ʀ(ə)sy] → SYN (ptp de **recevoir**) **1** adj **a** usages, coutumes accepted; → **idée**
**b** candidat successful
**2** nm **a** (= quittance) receipt
**b** (= candidat) successful candidate ◆ **il y a eu 50 reçus** there were 50 passes ou successful candidates

**recueil** [ʀəkœj] → SYN nm (gén) book, collection; [documents] compendium ◆ **recueil de poèmes** anthology ou collection of poems ◆ **recueil de morceaux choisis** anthology ◆ **recueil de faits** (fig) collection of facts

**recueillement** [ʀ(ə)kœjmɑ̃] → SYN nm (Rel, gén) meditation, contemplation ◆ **écouter avec un grand recueillement** to listen reverently ◆ **écouter avec un recueillement quasi religieux** to listen with almost religious respect ou reverence

**recueilli, e** [ʀ(ə)kœji] (ptp de **recueillir**) adj meditative, contemplative

**recueillir** [ʀ(ə)kœjiʀ] → SYN ▸ conjug 12 ◂ **1** vt **a** (= récolter) [+ graines] to gather, collect; [+ argent, documents] to collect; [+ liquide] to collect, catch; [+ suffrages] to win; [+ héritage] to inherit ◆ **recueillir le fruit de ses efforts** to reap the rewards of one's efforts ◆ **recueillir de vifs applaudissements** [orateur, discours] to be enthusiastically ou warmly applauded ◆ **il a recueilli 100 voix** he got ou polled 100 votes
**b** (= accueillir) [+ réfugié] to take in ◆ **recueillir qn sous son toit** to receive sb in one's home, welcome sb into one's home
**c** (= enregistrer) [+ déposition, chansons anciennes] to take down, take note of; [+ opinion] to record
**2** **se recueillir** vpr (Rel, gén) to collect ou gather one's thoughts, commune with o.s. ◆ **aller se recueillir sur la tombe de qn** to go and meditate at sb's grave

**recuire** [ʀ(ə)kɥiʀ] ▸ conjug 38 ◂ **1** vt [+ viande] to recook, cook again; [+ pain, gâteaux] to rebake, bake again; [+ poterie] to bake ou fire again; (Tech) [+ métal] to anneal
**2** vi [viande] to cook for a further length of time ◆ **faire recuire** [+ viande] to cook a little longer; [+ gâteau] to bake a little longer

**recuit**[1], **e** [ʀəkɥi, it] adj visage, peau sunburnt; (littér) haine deep-rooted

**recuit**[2] [ʀəkɥi] nm [métal, verre] annealing

**recul** [ʀ(ə)kyl] → SYN nm **a** (= retraite) [armée] retreat; [patron, négociateur] climb-down* (*par rapport à* from) ◆ **j'ai été étonné de son recul devant la menace de grève** I was amazed at how he retreated ou climbed down* at the threat of strike action ◆ **avoir un mouvement de recul** to recoil, shrink back (*devant, par rapport à* from)
**b** (= déclin) [civilisation, langue, épidémie] decline (*de* of); [investissements, ventes, prix, taux] decline, fall, drop (*de* in) ◆ **être en recul** [épidémie] to be on the decline, be subsiding; [chômage] to be on the decline, be going down; [monnaie] to be falling; [parti] to be losing ground ◆ **recul de la majorité aux élections** (Pol) setback for the government in the election ◆ **le recul du franc par rapport au mark** the fall of the franc against the mark ◆ **recul du franc sur les marchés internationaux** setback for the franc ou drop in the franc on the international markets ◆ **le dollar est en net recul par rapport à hier** the dollar has dropped sharply since yesterday ◆ **le recul de l'influence française en Afrique** the decline of French influence in Africa
**c** (= éloignement dans le temps, l'espace) distance ◆ **avec le recul (du temps), on juge mieux les événements** with the passing of time one can stand back and judge events better ◆ **le village paraissait plus petit avec le recul** from a distance ou from further away the village looked smaller ◆ **prendre du recul** (lit) to step back, stand back; (fig) to stand back (*par rapport à* from) ◆ **après cette dispute, j'ai besoin de prendre un peu de recul** after that quarrel I need to take stock ◆ **avec du** ou **le recul** with (the benefit of) hindsight ◆ **il manque de recul** (pour faire demi-tour) he hasn't got enough room; (pour prendre une photo) he's too close; (pour juger objectivement) he's not objective enough ◆ **nous manquons de recul** ou **nous n'avons pas assez de recul pour mesurer les effets à long terme** not enough time has passed ou it is still too soon for us to assess the long-term effects ◆ **cette salle n'a pas assez de recul** you can't get back far enough in this room
**d** [arme à feu] recoil, kick
**e** (= report) [échéance] postponement
**f** (= déplacement) [véhicule] backward movement; → **phare**

**reculade** [ʀ(ə)kylad] nf (Mil) retreat, withdrawal; (fig péj) retreat, climb-down* ◆ **c'est la reculade générale** they're all backing down

**reculé, e** [ʀ(ə)kyle] → SYN (ptp de **reculer**) adj époque remote, distant; région, village remote, out-of-the-way (épith), out of the way (attrib) ◆ **en ces temps reculés** in those far-off times

**reculer** [ʀ(ə)kyle] → SYN ▸ conjug 1 ◂ **1** vi **a** [personne] to move ou step back; (par peur) to draw back, back away; [automobiliste, automobile] to reverse, back (up), move back; [cheval] to back; [mer] to recede; (Mil) to retreat ◆ **reculer de deux pas** to go back ou move back two paces, take two paces back ◆ **reculer devant l'ennemi** to retreat from ou draw back from the enemy ◆ **reculer d'horreur** to draw back ou shrink back in horror, recoil (in horror) ◆ **c'est reculer pour mieux sauter** it's just putting off the evil day ◆ **faire reculer** [+ foule] to move back, force back; [+ cheval] to move back; [+ ennemi] to push ou force back; [+ désert] to drive back ◆ **ce spectacle le fit reculer** he recoiled at the sight
**b** (= hésiter) to shrink back; (= changer d'avis) to back down, back out ◆ **tu ne peux plus reculer maintenant** you can't back out ou back down now ◆ **reculer devant la dépense/difficulté** to shrink from the expense/difficulty ◆ **je ne reculerai devant rien, rien ne me fera reculer** I'll stop ou stick (Brit) at nothing, nothing will stop me ◆ **il ne faut pas reculer devant ses obligations** you mustn't shrink from your obligations ◆ **il ne recule pas devant la dénonciation** he doesn't flinch at ou shrink from informing on people ◆ **cette condition ferait reculer de plus braves** this condition would make braver men (than I ou you etc ) draw back ou hesitate
**c** (= diminuer) (gén) to be on the decline; [patois] to be on the decline, lose ground; [chômage] to decline, subside, go down; [eaux] to subside, recede, go down; [incendie] to subside, lose ground; [civilisation, science]

to be on the decline ◆ **il a reculé en français** [élève] he's gone down in French ◆ **faire reculer l'épidémie** to get the epidemic under control ◆ **faire reculer le chômage** to reduce the number of unemployed ◆ **faire reculer l'inflation** to curb inflation ◆ **les mines d'or ont reculé d'un point** (Bourse) gold shares fell back a point

**d** [arme à feu] to recoil

**2** vt [+ chaise, meuble] to move back, push back; [+ véhicule] to reverse, back (up); [+ frontières] to extend, push ou move back; [+ livraison, date] to put back, postpone; [+ décision] to put off, defer, postpone; [+ échéance] to defer, postpone

**3** **se reculer** vpr to stand ou step ou move back, take a step back

**reculons** [ʀ(ə)kylɔ̃] **à reculons** loc adv aller, marcher backwards; accepter reluctantly, unwillingly ◆ **sortir à reculons d'une pièce/d'un garage** to back out of a room/a garage ◆ **ce pays entre à reculons dans l'Europe** this country is reluctant about going into Europe ◆ **ils y vont à reculons** (fig) they're dragging their feet

**reculotter** [ʀ(ə)kylɔte] ▸ conjug 1 ◂ vt [+ enfant] to put trousers back on

**récup** * [ʀekyp] nf abrév de **récupération**

**récupérable** [ʀekypeʀabl] → SYN adj créance recoverable; heures which can be made up; ferraille which can be salvaged; vieux habits worth rescuing ◆ **délinquant qui n'est plus récupérable** irredeemable delinquent, delinquent who is beyond redemption

**récupérateur, -trice** [ʀekypeʀatœʀ, tʀis] **1** adj (péj) discours, procédé designed to win over dissenting opinion (ou groups etc )

**2** nm, f (= personne) [carton, plastique, papier] salvage dealer; [métal] scrap metal dealer, scrap merchant

**3** nm (Tech) [chaleur] recuperator, regenerator; [arme] recuperator

**récupération** [ʀekypeʀasjɔ̃] → SYN nf **a** [argent, biens, forces] recovery; (Ordin) [+ données, fichier] retrieval, recovery ◆ **la capacité de récupération de l'organisme** the body's powers of recuperation ou recovery

**b** [ferraille, chiffons, emballages] salvage, reclamation; [déchets] retrieval; [chaleur, énergie] recovery; [délinquant] rehabilitation ◆ **matériaux de récupération** salvaged materials

**c** [journées de travail] making up ◆ **deux jours de récupération** two days to make up

**d** (Pol : péj) [mouvement, personnes] takeover, hijacking

**récupérer** [ʀekypeʀe] → SYN ▸ conjug 6 ◂ **1** vt **a** [+ argent, biens, territoire] to get back, recover; [+ objet prêté] to get back; [+ forces] to recover, get back, regain; (Ordin) to retrieve, recover; (= aller chercher) [+ enfant, bagages] to pick up, collect; [+ sièges, voix] (= reprendre à un autre) to take; (= s'approprier) to win, take ◆ **il a récupéré son siège** (Pol) he won back his seat ◆ **ils sont allés récupérer les pilotes abattus en territoire ennemi** they went to rescue the pilots that had been shot down in enemy territory

**b** (= réhabiliter) [+ délinquant] to rehabilitate

**c** [+ ferraille, chiffons, emballages] to salvage, reclaim; [+ chaleur, énergie] to recover; [+ déchets] to retrieve; [+ délinquant] to rehabilitate ◆ **toutes les pêches étaient pourries, je n'ai rien pu récupérer** all the peaches were rotten and I wasn't able to save ou rescue a single one ◆ **regarde si tu peux récupérer quelque chose dans ces vieux habits** have a look and see if there's anything you can rescue ou retrieve from among these old clothes ◆ **où es-tu allé récupérer ce chat ?** * wherever did you pick up ou get that cat?

**d** [+ journées de travail] to make up ◆ **on récupérera samedi** we'll make it up ou we'll make the time up on Saturday

**e** (Pol : péj) [+ personne, mouvement] to take over, hijack ◆ **se faire récupérer par la gauche/la droite** to find o.s. taken over ou hijacked by the left/the right ◆ **récupérer une situation/un événement à son profit** to cash in on a situation/an event

**2** vi (après des efforts, une maladie) to recover, recuperate

**récurage** [ʀekyʀaʒ] → SYN nm scouring

**récurer** [ʀekyʀe] → SYN ▸ conjug 1 ◂ vt to scour; → **poudre**

**récurrence** [ʀekyʀɑ̃s] → SYN nf (Math, Méd, littér = répétition) recurrence

**récurrent, e** [ʀekyʀɑ̃, ɑ̃t] → SYN adj cauchemar, phénomène, problème, thème recurring, recurrent; (Anat, Ling, Méd) recurrent ◆ **série récurrente** (Math) recursion series ◆ **fièvre récurrente** recurrent ou relapsing fever ◆ **ces rumeurs apparaissent de façon récurrente** these rumours keep popping up ou pop up again and again

**récursif, -ive** [ʀekyʀsif, iv] adj recursive

**récursivité** [ʀekyʀsivite] nf recursiveness

**récursoire** [ʀekyʀswaʀ] adj ◆ **action récursoire** cross claim

**récusable** [ʀekyzabl] → SYN adj témoin challengeable; témoignage impugnable

**récusation** [ʀekyzasjɔ̃] nf [témoin, juge, juré] challenging (NonC), objection; [témoignage] impugnment, challenging (NonC), challenge ◆ **droit de récusation** right to challenge

**récuser** [ʀekyze] → SYN ▸ conjug 1 ◂ **1** vt [+ témoin, juge, juré] to challenge, object to; [+ témoignage] to impugn, challenge; [+ accusation] to deny, refute ◆ **récuser un argument** (Jur) to make objection to an argument ◆ **récuser la compétence d'un tribunal** to challenge the competence of a court

**2** **se récuser** vpr to decline to give an opinion ou accept responsibility; (Jur) [juge] to decline to act

**recyclable** [ʀ(ə)siklabl] adj recyclable

**recyclage** [ʀ(ə)siklaʒ] → SYN nm **a** [élève] reorientation; [employé] retraining ◆ **stage de recyclage** retraining ou refresher course

**b** (Tech) recycling

**c** (Fin) reinvestment; [argent sale] money-laundering

**recycler** [ʀ(ə)sikle] → SYN ▸ conjug 1 ◂ **1** vt **a** [+ élève] to reorientate; [+ employé] (dans son domaine) to send on a refresher course; (pour un nouveau métier) to retrain

**b** (Tech) [+ déchets, eaux usées] to recycle ◆ **papier recyclé** recycled paper

**c** (Fin) (= réinvestir) to reinvest; (= blanchir) to launder

**2** **se recycler** vpr [personne] (dans son domaine) to go on a refresher course; (pour un nouveau métier) to retrain ◆ **elle s'est recyclée dans la restauration** she changed direction and went into catering ◆ **je ne peux pas me recycler à mon âge** I can't learn a new job ou trade at my age ◆ **se recycler en permanence** to be constantly updating one's skills ◆ **il a besoin de se recycler !** * he needs to get with it! *

**recycleur** [ʀəsiklœʀ] nm (= industriel) recycler

**rédacteur, -trice** [ʀedaktœʀ, tʀis] → SYN **1** nm,f (Presse) sub-editor; [article] writer; [loi] drafter; [encyclopédie, dictionnaire] compiler, editor ◆ **rédacteur politique/économique** political/economics editor ◆ **rédacteur sportif** sports editor, sportswriter

**2** comp ▷ **rédacteur en chef** editor ▷ **rédacteur publicitaire** copywriter ▷ **rédacteur technique** technical writer

**rédaction** [ʀedaksjɔ̃] → SYN nf **a** [contrat, projet] drafting, drawing up; [thèse, article] writing; [encyclopédie, dictionnaire] compiling, compilation; (Admin, Jur) wording ◆ **ce n'est que la première rédaction** it's only the first draft ◆ **rédaction technique** technical writing

**b** (Presse) (= personnel) editorial staff; (= bureaux) editorial offices; → **salle, secrétaire**

**c** (Scol) essay, composition

**rédactionnel, -elle** [ʀedaksjɔnɛl] adj editorial

**redan** [ʀədɑ̃] → SYN nm (= fortification) redan

**reddition** [ʀedisjɔ̃] → SYN nf (Mil) surrender; [comptes] rendering ◆ **reddition sans conditions** unconditional surrender

**redécoupage** [ʀədekupaʒ] nm ◆ **effectuer un redécoupage électoral** to make boundary changes

**redécouverte** [ʀ(ə)dekuvɛʀt] nf rediscovery

**redécouvrir** [ʀ(ə)dekuvʀiʀ] ▸ conjug 18 ◂ vt to rediscover

**redéfaire** [ʀ(ə)defɛʀ] ▸ conjug 60 ◂ vt [+ paquet, lacet] to undo again; [+ manteau] to take off again; [+ couture] to unpick again ◆ **le nœud s'est redéfait** the knot has come undone ou come untied again

**redéfinir** [ʀ(ə)definiʀ] ▸ conjug 2 ◂ vt to redefine

**redéfinition** [ʀ(ə)definisjɔ̃] nf redefinition

**redemander** [ʀəd(ə)mɑ̃de, ʀ(ə)dəmɑ̃de] ▸ conjug 1 ◂ vt [+ adresse] to ask again for; [+ aliment] to ask for more; [+ bouteille] to ask for another ◆ **redemande-le-lui** (une nouvelle fois) ask him for it again; (récupère-le) ask him to give it back to you, ask him for it back ◆ **redemander du poulet** to ask for more chicken ou another helping of chicken ◆ **en redemander** * (iro) to ask for more *

**redémarrage** [ʀ(ə)demaʀaʒ] nm **a** [moteur, réacteur, usine] starting up again

**b** (= reprise) [économie, activité, ventes] resurgence, upturn; [inflation] resurgence; [croissance] pickup (*de* in)

**redémarrer** [ʀ(ə)demaʀe] ▸ conjug 1 ◂ vi **a** [moteur] to start up again; [véhicule] to move off again; [réacteur] to be started up again ◆ **le chauffeur a redémarré au feu vert** the driver moved ou drove off again when the light turned green

**b** [processus] to start again; [économie] to get going again, take off again; [croissance] to pick up again; [inflation] to rise again ◆ **il tente de faire redémarrer son entreprise** he's trying to get his company started again

**rédempteur, -trice** [ʀedɑ̃ptœʀ, tʀis] → SYN **1** adj redemptive, redeeming

**2** nm,f redeemer

**rédemption** [ʀedɑ̃psjɔ̃] → SYN nf **a** (Rel) redemption

**b** (Jur) [rente] redemption; [droit] recovery

**redéploiement** [ʀ(ə)deplwamɑ̃] nm [armée, effectifs] redeployment; [groupe industriel, activités, crédits] restructuring

**redéployer** [ʀ(ə)deplwaje] ▸ conjug 8 ◂ **1** vt [+ efforts, ressources, troupes] to redeploy; [+ crédits, effectifs] to redeploy, reassign ◆ **l'entreprise a redéployé ses activités autour de trois pôles** the company has reorganized its operations around three core areas ◆ **un nouveau musée a été construit pour redéployer l'ensemble des collections** a new museum has been built so that the collection can be displayed in a new way

**2** **se redéployer** vpr [armée, effectifs] to redeploy; [entreprise] to reorganize its operations

**redescendre** [ʀ(ə)desɑ̃dʀ] ▸ conjug 41 ◂ **1** vt (avec aux avoir) **a** [+ escalier] to go ou come (back) down again ◆ **la balle a redescendu la pente** the ball rolled down the slope again ou rolled back down the slope

**b** [+ objet] (à la cave) to take downstairs again; (du grenier) to bring downstairs again; (d'un rayon) to get ou lift (back) down again; (d'un crochet) to take (back) down again ◆ **redescendre qch d'un cran** to put sth one notch lower down

**2** vi (avec aux être) **a** (dans l'escalier) to go ou come (back) downstairs again; (d'une colline) to go ou come (back) down again ◆ **l'alpiniste redescend** (à pied) the mountaineer climbs down again; (avec une corde) the mountaineer ropes down again ◆ **redescendre de voiture** to get ou climb out of the car again

**b** [ascenseur, avion] to go down again; [marée] to go out again, go back out; [chemin] to go ou slope down again; [baromètre, fièvre] to fall again

**redessiner** [ʀ(ə)desine] ▸ conjug 1 ◂ vt [+ paysage, jardin] to redesign; [+ frontière] to redraw

**redevable** [ʀ(ə)dəvabl] → SYN adj **a** (Fin) **être redevable de 20 € à qn** to owe sb €20 ◆ **redevable de l'impôt** liable for tax

**b** (fig) **être redevable à qn de** [+ aide, service] to be indebted to sb for ◆ **je vous suis redevable de la vie** I owe you my life

**redevance** [ʀ(ə)dəvɑ̃s] → SYN nf **a** (= impôt) tax; (Radio, TV) *annual fee paid to the government to cover the costs of public television*, licence fee (Brit); (Téléc) rental charge

**b** (= bail, rente) dues, fees; (touchée par l'inventeur) royalties

**redevenir** [ʀ(ə)dəv(ə)niʀ] ▸ conjug 22 ◂ vi to become again ◆ **le temps est redevenu glacial** the weather has become ou gone very cold again ◆ **il est redevenu lui-même** he is his old self again

**redevoir** [ʀ(ə)dəvwaʀ] ▸ conjug 28 ◂ vt ◆ **il me redoit 1 500 €** he still owes me €1,500

**rédhibition** [ʀedibisjɔ̃] → SYN nf redhibition

**rédhibitoire** [ʀedibitwaʀ] → SYN adj défaut crippling, damning; conditions totally unacceptable ◆ **un échec n'est pas forcément rédhibitoire** one failure does not necessarily spell the end of everything ◆ **sa mauvaise foi est vraiment rédhibitoire** his insincerity puts him quite beyond the pale ◆ **il est un peu menteur, mais ce n'est pas rédhibitoire** he's a bit of a liar but that doesn't rule him out altogether ◆ **vice rédhibitoire** (Jur) latent defect

**rédie** [ʀedi] nf redia

**rediffuser** [ʀ(ə)difyze] ▸ conjug 1 ◂ vt [+ émission] to repeat, rerun

**rediffusion** [ʀ(ə)difyzjɔ̃] nf [émission] repeat, rerun

**rédiger** [ʀediʒe] → SYN ▸ conjug 3 ◂ vt [+ article, lettre] to write, compose; (à partir de notes) to write up; [+ encyclopédie, dictionnaire] to compile, write; [+ contrat] to draw up, draft ◆ **bien rédigé** well-written

**redimensionner** [ʀ(ə)dimɑ̃sjɔne] ▸ conjug 1 ◂ vt [+ entreprise, comité] to resize

**rédimer** [ʀedime] → SYN ▸ conjug 1 ◂ vt (Rel) to redeem

**redingote** [ʀ(ə)dɛ̃gɔt] → SYN nf (Hist) frock coat ◆ **manteau redingote** [femme] fitted coat

**redire** [ʀ(ə)diʀ] → SYN ▸ conjug 37 ◂ vt **a** [+ affirmation] to say again, repeat; [+ histoire] to tell again, repeat; [+ médisance] to (go and) tell, repeat ◆ **redire qch à qn** to say sth to sb again, tell sb sth again, repeat sth to sb ◆ **il redit toujours la même chose** he's always saying ou he keeps saying the same thing ◆ **je te l'ai dit et redit** I've told you that over and over again ou time and time again ◆ **je lui ai redit cent fois que ...** I've told him countless times that ... ◆ **redis-le après moi** repeat after me ◆ **ne le lui redites pas** don't go and tell him ou don't go and repeat (to him) what I've said ◆ **il ne se le fait pas redire deux fois** he doesn't need telling ou to be told twice

**b** **avoir** ou **trouver à redire à qch** to find fault with sth ◆ **il trouve à redire à tout** he finds fault with everything, he's always ready to criticize ◆ **on ne peut rien trouver à redire là-dessus** there's nothing to say ou you can say to that ◆ **je ne vois rien à redire (à cela)** I don't have any complaint(s) about that, I can't see anything wrong with that

**rediscuter** [ʀ(ə)diskyte] ▸ conjug 1 ◂ vt to discuss again, have further discussion on

**redistribuer** [ʀ(ə)distʀibɥe] → SYN ▸ conjug 1 ◂ vt [+ biens] to redistribute; [+ emplois, rôles, tâches] to reallocate; [+ cartes] to deal again ◆ **cet événement va redistribuer les cartes dans la bataille électorale** this event will change the face of the electoral battle

**redistributif, -ive** [ʀ(ə)distʀibytif, iv] adj (Écon) effet, fiscalité redistributive

**redistribution** [ʀ(ə)distʀibysjɔ̃] → SYN nf [richesses, revenus, pouvoirs] redistribution; [rôles, terres] reallocation; [cartes] redeal ◆ **la redistribution des cartes dans le secteur des télécommunications** the reorganization of the telecommunications sector

**redite** [ʀ(ə)dit] → SYN nf (needless) repetition

**redondance** [ʀ(ə)dɔ̃dɑ̃s] nf **a** [style] redundancy (NonC), diffuseness (NonC); (Ling, Ordin) redundancy (NonC)

**b** (= expression) unnecessary ou superfluous expression ◆ **votre devoir est plein de redondances** your homework is full of repetitions

**redondant, e** [ʀ(ə)dɔ̃dɑ̃, ɑ̃t] → SYN adj mot superfluous, redundant; style redundant, diffuse; (Ling, Ordin) redundant

**redonner** [ʀ(ə)dɔne] → SYN ▸ conjug 1 ◂ vt **a** (= rendre) [+ objet, bien] to give back, return; [+ forme, idéal] to give back, give again; [+ espoir, énergie] to restore, give back ◆ **l'air frais te redonnera des couleurs** the fresh air will put some colour back in your cheeks ou bring some colour back to your cheeks ◆ **cela te redonnera des forces** that will build your strength back up ou put new strength into you ou restore your strength ◆ **cette crème redonnera du tonus à votre peau** this cream will revitalize your skin ◆ **redonner de la confiance/du courage à qn** to give sb new ou fresh confidence/courage, restore sb's confidence/courage ◆ **ce voyage m'a redonné goût à la vie** this trip restored my appetite for life ◆ **redonner la parole à qn** to let sb speak again ◆ **redonner vie à un quartier/un village** to give an area/a village a new lease of life ◆ **ça a redonné le même résultat** it produced the same result as before

**b** (= donner de nouveau) [+ adresse] to give again; [+ pain, eau] to give some more ◆ **redonner une couche de peinture** to give another coat of paint ◆ **redonne-toi un coup de peigne** give your hair another quick comb ◆ **tu peux me redonner de la viande/ des carottes ?** can you give me some more meat/some more carrots? ou another helping of meat/of carrots? ◆ **redonne-lui une bière/à boire** give him another beer/ another drink

**c** (Théât) to put on again

**redorer** [ʀ(ə)dɔʀe] ▸ conjug 1 ◂ vt to regild ◆ **redorer son blason** [famille] to boost the family fortunes by marrying into money; [entreprise, émission] to regain prestige

**redormir** [ʀ(ə)dɔʀmiʀ] ▸ conjug 16 ◂ vi to sleep some more ◆ **j'ai redormi trois heures** I slept for three more hours

**redoublant, e** [ʀ(ə)dublɑ̃, ɑ̃t] nm,f (Scol) pupil who is repeating (ou has repeated) a year at school, repeater (US)

**redoublement** [ʀ(ə)dubləmɑ̃] → SYN nm (Ling) reduplication; (= accroissement) increase (*de* in), intensification (*de* of) ◆ **je vous demande un redoublement d'attention** I need you to pay even closer attention, I need your increased attention ◆ **avec un redoublement de larmes** with a fresh flood of tears ◆ **le redoublement permet aux élèves faibles de rattraper** (Scol) repeating a year ou a grade (US) ou being kept down (Brit) helps the weaker pupils to catch up

**redoubler** [ʀ(ə)duble] → SYN ▸ conjug 1 ◂ 1 vt **a** (= accroître) [+ joie, douleur, craintes] to increase, intensify; [+ efforts] to step up, redouble ◆ **frapper à coups redoublés** to bang twice as hard, bang even harder ◆ **hurler à cris redoublés** to yell twice as loud

**b** (Ling) [+ syllabe] to reduplicate; (Couture) [+ vêtement] to reline ◆ **redoubler (une classe)** (Scol) to repeat a year ou a grade (US), be held back ou kept down (Brit) a year

2 **redoubler de** vt indir ◆ **redoubler d'efforts** to step up ou redouble one's efforts, try extra hard ◆ **redoubler de prudence/de vigilance** to be extra careful/vigilant, be doubly careful/vigilant ◆ **le vent redouble de violence** the wind is getting even stronger ou is blowing even more strongly

3 vi (gén) to increase, intensify; [froid, douleur] to become twice as bad, get even worse; [vent] to become twice as strong; [joie] to become even more intense; [larmes] to flow ou fall even faster; [cris] to get even louder ou twice as loud

**redoutable** [ʀ(ə)dutabl] → SYN adj arme, adversaire, concurrence formidable, fearsome; maladie dreadful; problème formidable, dreadful; question tough, difficult ◆ **son charme redoutable** his devastating charm ◆ **elle est d'une efficacité redoutable** she's frighteningly efficient

**redoutablement** [ʀ(ə)dutabləmɑ̃] adv agile, efficace formidably; dangereux extremely ◆ **un couteau redoutablement effilé** a dangerously sharp knife

**redoute** [ʀədut] → SYN nf (Mil) redoubt

**redouter** [ʀ(ə)dute] → SYN ▸ conjug 1 ◂ vt [+ ennemi, avenir, conséquence] to dread, fear ◆ **je redoute de l'apprendre** I dread finding out about it ◆ **je redoute qu'il ne l'apprenne** I dread his finding out about it

**redoux** [ʀədu] → SYN nm (= temps plus chaud) spell of milder weather; (= dégel) thaw

**redresse** [ʀ(ə)dʀɛs] **à la redresse** * † loc adj personne tough

**redressement** [ʀ(ə)dʀɛsmɑ̃] → SYN nm **a** [poteau] setting upright, righting; [tige] straightening (up); [tôle] straightening out, knocking out; [courant] rectification; [buste, corps] straightening up

**b** [bateau] righting; [roue, voiture, avion] straightening up

**c** [situation] (= action) putting right; (= résultat) recovery

**d** [économie] recovery, upturn; [entreprise] recovery, turnaround ◆ **plan de redressement** recovery package ◆ **redressement économique/financier** economic/financial recovery ◆ **être mis** ou **placé en redressement judiciaire** (Jur) to be put into receivership ou administration

**e** [erreur] righting, putting right; [abus, torts] righting, redress; [jugement] correcting ◆ **redressement fiscal** (Fin) tax adjustment; → **maison**

**redresser** [ʀ(ə)dʀese] → SYN ▸ conjug 1 ◂ 1 vt **a** (= relever) [+ arbre, statue, poteau] to right, set upright; [+ tige, poutre] to straighten (up); [+ tôle cabossée] to straighten out, knock out; [+ courant] to rectify; (Opt) [+ image] to straighten ◆ **redresser un malade sur son oreiller** to sit ou prop a patient up against his pillow ◆ **redresser les épaules** to straighten one's shoulders, throw one's shoulders back ◆ **redresser le corps (en arrière)** to stand up straight, straighten up ◆ **redresser la tête** (lit) to hold up ou lift (up) one's head; (fig = être fier) to hold one's head up high; (fig = se révolter) to show signs of rebellion ◆ **se faire redresser les dents** to have one's teeth straightened

**b** (= rediriger) [+ roue, voiture] to straighten up; [+ bateau] to right; [+ avion] to lift the nose of, straighten up ◆ **redresse !** straighten up!; → **barre**

**c** (= rétablir) [+ économie] to redress, put ou set right; [+ entreprise déficitaire] to turn round; [+ situation] to put right, straighten out ◆ **redresser le pays** to get ou put the country on its feet again

**d** (littér = corriger) [+ erreur] to rectify, put right, redress; [+ torts, abus] to right, redress ◆ **redresser le jugement de qn** to correct sb's opinion

2 **se redresser** vpr **a** (= se mettre assis) to sit up; (= se mettre debout) to stand up; (= se mettre droit) to stand up straight; (après s'être courbé) to straighten up; (fig = être fier) to hold one's head up high ◆ **redresse-toi !** sit ou stand up straight!

**b** [bateau] to right itself; [avion] to flatten out, straighten up; [voiture] to straighten up; [pays, économie] to recover; [situation] to correct itself, put itself to rights

**c** [coin replié, cheveux] to stick up ◆ **les blés, couchés par le vent, se redressèrent** the corn which had been blown flat by the wind straightened up again ou stood up straight again

**redresseur** [ʀ(ə)dʀɛsœʀ] 1 nm **a** (Hist, iro) **redresseur de torts** righter of wrongs ◆ **redresseur d'entreprises** corporate rescuer

**b** (Élec) rectifier

2 adj m muscle erector; prisme erecting

**réduc** * [ʀedyk] nf abrév de **réduction b**

**réductase** [ʀedyktaz] nf reductase

**réducteur, -trice** [ʀedyktœʀ, tʀis] → SYN 1 adj **a** (Chim) reducing; engrenage reduction

**b** (péj = simplificateur) analyse, concept simplistic

2 nm (Chim) reducing agent; (Photo) reducer ◆ **réducteur (de vitesse)** speed reducer ◆ **réducteur de tête** head shrinker

**réductibilité** [ʀedyktibilite] nf reducibility

**réductible** [ʀedyktibl] → SYN adj (Chim, Math) reducible (*en, à* to); (Méd) fracture which can be reduced (SPÉC) ou set; quantité which can be reduced

**réduction** [ʀedyksjɔ̃] → SYN nf **a** (= diminution) [dépenses, personnel, production, déficit] reduction, cut (*de* in) ◆ **réduction de salaire/ d'impôts** wage/tax cut, reduction ou cut in wages/in taxes ◆ **réduction du temps de travail** reduction in working time ou hours ◆ **obtenir une réduction de peine** to get a reduction in one's sentence, get one's sentence cut

**b** (= rabais) discount, reduction ◆ **faire/ obtenir une réduction** to give/get a discount ou a reduction ◆ **une réduction de 10%** a 10% discount ou reduction ◆ **réduction (pour les) étudiants/chômeurs** concessions for students/the unemployed ◆ **carte de réduction** (Comm) discount card ◆ **bénéficier d'une carte de réduction dans les transports** to have a concessionary fare ou a discount travel card

**c** (= reproduction) [plan, photo] reduction ◆ **en réduction** (fig) in miniature

**d** (Méd) [fracture] reduction (SPÉC), setting; (Bio, Chim, Math) reduction

**e** (Culin) reduction (by boiling)

**f** (Mil) [ville] capture; [rebelles] quelling

**réductionnisme** [ʀedyksjɔnism] **nm** reductionism

**réductionniste** [ʀedyksjɔnist] **adj, nmf** reductionist

**réduire** [ʀedɥiʀ] → SYN ▸ conjug 38 ◂ **1** **vt** **a** (= diminuer) [+ hauteur, vitesse, temps de travail, inégalités] to reduce; [+ peine, impôt, consommation] to reduce, cut; [+ prix] to reduce, cut, bring down; [+ pression] to reduce, lessen; [+ texte] to shorten, cut; [+ production] to reduce, cut (back), lower; [+ dépenses] to reduce, cut, cut down ou back (on); [+ risques] to reduce, lower; [+ voilure] to shorten; [+ tête coupée] to shrink ◆ **il va falloir réduire notre train de vie** we'll have to cut down on ou curb our spending ◆ **réduire petit à petit l'autorité de qn/la portée d'une loi** to chip away at sb's authority/a law

**b** (= reproduire) [+ dessin, plan] to reduce, scale down; [+ photographie] to reduce, make smaller; [+ figure géométrique] to scale down

**c** (= contraindre) **réduire à** [+ soumission, désespoir] to reduce to ◆ **réduire qn à l'obéissance/en esclavage** to reduce sb to obedience/to slavery ◆ **après son accident, il a été réduit à l'inaction** since his accident he's been unable to get about ◆ **il en est réduit à mendier** he has been reduced to begging

**d** **réduire à** (= ramener à) to reduce to, bring down to; (= limiter à) to limit to, confine to ◆ **réduire des fractions à un dénominateur commun** to reduce ou bring down fractions to a common denominator ◆ **réduire des éléments différents à un type commun** to reduce different elements to one general type ◆ **je réduirai mon étude à quelques aspects** I shall limit ou confine my study to a few aspects ◆ **réduire à sa plus simple expression** (Math) [+ polynôme] to reduce to its simplest expression; (fig) [+ mobilier, repas] to reduce to the absolute ou bare minimum ◆ **réduire qch à néant** ou **à rien** ou **à zéro** to reduce sth to nothing

**e** (= transformer) **réduire en** to reduce to ◆ **réduisez les grammes en milligrammes** convert the grammes to milligrammes ◆ **réduire qch en miettes/en morceaux** to smash sth to tiny pieces/to pieces ◆ **réduire qch en bouillie** to crush ou reduce sth to a pulp ◆ **réduire qch en poudre** to grind ou reduce sth to a powder ◆ **sa maison était réduite en cendres** his house was reduced to ashes ou burnt to the ground ◆ **les cadavres étaient réduits en charpie** the bodies were torn to shreds

**f** (Méd) [+ fracture] to set, reduce (SPÉC); (Chim) [+ minerai, oxyde] to reduce; (Culin) [+ sauce] to reduce (by boiling)

**g** (Mil) [+ place forte] to capture; [+ rebelles] to quell ◆ **réduire l'opposition** to silence the opposition

**2** **vi** (Culin) [sauce] to reduce ◆ **faire** ou **laisser réduire la sauce** to cook ou simmer the sauce to reduce it ◆ **les épinards réduisent à la cuisson** spinach shrinks when you cook it

**3** **se réduire** **vpr** **a** **se réduire à** [affaire, incident] to boil down to, amount to; [somme, quantité] to amount to ◆ **mon profit se réduit à bien peu de chose** the profit I've made amounts to very little ◆ **notre action ne se réduit pas à quelques discours** the action we are taking involves more than ou isn't just a matter of a few speeches ◆ **je me réduirai à quelques exemples** I'll limit ou confine myself to a few examples, I'll just select ou quote a few examples

**b** **se réduire en** to be reduced to ◆ **se réduire en cendres** to be burnt ou reduced to ashes ◆ **se réduire en poussière** to be reduced ou crumble away ou turn to dust ◆ **se réduire en bouillie** to be crushed to a pulp

**c** (= dépenser moins) to cut down on one's spending ou expenditure

**réduit, e** [ʀedɥi, it] → SYN (ptp de **réduire**) **1** **adj** **a** (= petit) small ◆ **de taille** ou **dimension réduite** small ◆ **reproduction à échelle réduite** small-scale reproduction ◆ **un nombre réduit de ...** a small number of ... ◆ **métal à teneur en plomb réduite** metal with a low lead content; → **modèle**

**b** (= diminué) tarif, prix, taux reduced; délai shorter; moyens, débouchés limited ◆ **livres à prix réduits** cut-price books, books at a reduced price ou at reduced prices ◆ **avancer à vitesse réduite** to move forward at low speed ou at a reduced speed ◆ **maintenant ils produisent ces voitures en nombre réduit** they're now producing a smaller number of these cars ou fewer of these cars ◆ **travail à temps réduit** short-time work ◆ **chômeur ayant exercé une activité réduite** unemployed person who has worked a limited number of hours ◆ **"service réduit le dimanche"** "reduced service on Sundays" ◆ **tête réduite** shrunken head

**2** **nm** (= pièce) tiny room; (péj) cubbyhole, poky little hole; (= recoin) recess; (Mil) enclave; [maquisards] hideout

**réduplicatif, -ive** [ʀedyplikatif, iv] **adj** reduplicative

**réduplication** [ʀedyplikasjɔ̃] **nf** reduplication

**réduve** [ʀedyv] **nm** fly bug

**redynamiser** [ʀ(ə)dinamize] ▸ conjug 1 ◂ **vt** [+ économie, secteur, tourisme] to give a new boost to

**rééchelonnement** [ʀeeʃ(ə)lɔnmɑ̃] **nm** [dettes] rescheduling

**rééchelonner** [ʀeeʃ(ə)lɔne] ▸ conjug 1 ◂ **vt** [+ dettes] to reschedule

**réécrire** [ʀeekʀiʀ] ▸ conjug 39 ◂ **vt** [+ roman, inscription] to rewrite; [+ lettre] to write again ◆ **réécrire l'histoire** (fig) to rewrite history ◆ **il m'a réécrit** he has written to me again, he has written me another letter

**réécriture** [ʀeekʀityʀ] **nf** rewriting ◆ **règle de réécriture** (Ling) rewrite ou rewriting rule

**réédification** [ʀeedifikasjɔ̃] **nf** rebuilding, reconstruction

**réédifier** [ʀeedifje] ▸ conjug 7 ◂ **vt** to rebuild, reconstruct; (fig) to rebuild

**rééditer** [ʀeedite] ▸ conjug 1 ◂ **vt** (Typo) to republish; ( * fig) to repeat

**réédition** [ʀeedisjɔ̃] **nf** (Typo) new edition; ( * fig) repetition, repeat

**rééducation** [ʀeedykasjɔ̃] **nf** **a** (Méd) [malade] rehabilitation; [membre] re-education; (= spécialité médicale) physiotherapy, physical therapy (US) ◆ **faire de la rééducation** to undergo ou have physiotherapy, have physical therapy (US) ◆ **exercice de rééducation** physiotherapy exercise ◆ **rééducation de la parole** speech therapy ◆ **centre de rééducation** rehabilitation centre

**b** (gén, lit, Pol) re-education; [délinquant] rehabilitation

**rééduquer** [ʀeedyke] ▸ conjug 1 ◂ **vt** **a** (Méd) [+ malade] to rehabilitate; [+ membre] to re-educate

**b** (gén, Pol, lit) to re-educate; [+ délinquant] to rehabilitate

**réel, -elle** [ʀeɛl] → SYN **1** **adj** **a** fait, chef, existence, avantage real; besoin, cause real, true; danger, plaisir, amélioration, douleur real, genuine ◆ **faire de réelles économies** to make significant ou real savings ◆ **son héros est très réel** his hero is very lifelike ou realistic

**b** (Math, Opt, Philos, Phys) real; (Fin) valeur, salaire real, actual ◆ **taux d'intérêt réel** effective interest rate

**2** **nm** ◆ **le réel** reality, the real

**réélection** [ʀeelɛksjɔ̃] **nf** re-election

**rééligibilité** [ʀeeliʒibilite] **nf** re-eligibility

**rééligible** [ʀeeliʒibl] **adj** re-eligible

**réélire** [ʀeeliʀ] ▸ conjug 43 ◂ **vt** to re-elect ◆ **ne pas réélire qn** to vote sb out

**réellement** [ʀeɛlmɑ̃] → SYN **adv** really, truly ◆ **je suis réellement désolé** I'm really ou truly sorry ◆ **ça m'a réellement consterné/aidé** that really worried/helped me, that was a genuine worry/help to me ◆ **réellement, tu exagères !** really ou honestly, you're going too far!

**réembarquer** [ʀeɑ̃baʀke] ▸ conjug 1 ◂ **vti** ⇒ **rembarquer**

**réembaucher** [ʀeɑ̃boʃe] ▸ conjug 1 ◂ **vt** to take on again, re-employ ◆ **l'entreprise réembauchera à l'automne prochain** the company will start hiring again next autumn

**réembobiner** [ʀeɑ̃bɔbine] ▸ conjug 1 ◂ **vt** ⇒ **rembobiner**

**réémetteur** [ʀeemetœʀ] **nm** relay (transmitter)

**réemploi** [ʀeɑ̃plwa] **nm** **a** [méthode, produit] re-use

**b** (= réinvestissement) reinvestment

**c** (= nouvelle embauche) re-employment

**réemployer** [ʀeɑ̃plwaje] ▸ conjug 8 ◂ **vt** **a** [+ méthode, produit] to re-use

**b** (= réinvestir) to reinvest

**c** (= réembaucher) to re-employ, take back on

**réemprunter** [ʀeɑ̃pʀœte] ▸ conjug 1 ◂ **vt** **a** [+ argent, objet] (une nouvelle fois) to borrow again; (davantage) to borrow more

**b** **réemprunter le même chemin** to take the same road again, go the same way again

**réengagement** [ʀeɑ̃gaʒmɑ̃] **nm** ⇒ **rengagement**

**réengager** [ʀeɑ̃gaʒe] ▸ conjug 3 ◂ **vt** ⇒ **rengager**

**réenregistrable** [ʀeɑ̃ʀ(ə)ʒistʀabl] **adj** CD re-recordable

**réenregistrer** [ʀeɑ̃ʀ(ə)ʒistʀe] ▸ conjug 1 ◂ **vt** [+ musique, titre] to re-record ◆ **j'ai réenregistré un documentaire par-dessus le film** I recorded a documentary over the film

**réensemencement** [ʀeɑ̃s(ə)mɑ̃s(ə)mɑ̃] **nm** (Agr) sowing again; (Bio) culturing again

**réensemencer** [ʀeɑ̃s(ə)mɑ̃se] ▸ conjug 3 ◂ **vt** (Agr) to sow again; (Bio) to culture again

**réentendre** [ʀeɑ̃tɑ̃dʀ] ▸ conjug 41 ◂ **vt** to hear again

**rééquilibrage** [ʀeekilibʀaʒ] **nm** [chargement] readjustment; [budget, finances, comptes] rebalancing; [pouvoirs] restoring the balance ◆ **le rééquilibrage des roues** (Aut) balancing the wheels ◆ **le rééquilibrage des forces au sein du gouvernement** the redistribution of power within the government

**rééquilibrer** [ʀeekilibʀe] ▸ conjug 1 ◂ **vt** [+ chargement] to readjust; (Aut) [+ roues] to balance; [+ économie] to restabilize, find a new equilibrium for; [+ budget, comptes, finances] to rebalance ◆ **rééquilibrer les pouvoirs/la balance commerciale** to restore the balance of power/the balance of trade

**réescompte** [ʀeɛskɔ̃t] **nm** rediscount

**réescompter** [ʀeɛskɔ̃te] ▸ conjug 1 ◂ **vt** to rediscount

**réessayer** [ʀeeseje] ▸ conjug 8 ◂ **vt** [+ robe] to try on again; [+ recette] to try again ◆ **je réessaierai plus tard** I'll try again later

**réétudier** [ʀeetydje] ▸ conjug 7 ◂ **vt** [+ dossier, question] to reexamine

**réévaluation** [ʀeevalɥasjɔ̃] **nf** **a** [monnaie] revaluation; [salaire] (à la hausse) upgrading; (à la baisse) downgrading

**b** [situation, place, méthode] reappraisal, reassessment

**réévaluer** [ʀeevalɥe] ▸ conjug 1 ◂ **vt** **a** [+ monnaie] to revalue (*par rapport à* against); [+ salaire] (à la hausse) to upgrade; (à la baisse) to downgrade

**b** [+ situation, place, méthode] to reappraise, reassess

**réexamen** [ʀeɛgzamɛ̃] **nm** [malade] reexamination; [problème, situation, dossier, candidature, décision] reconsideration ◆ **demander un réexamen de la situation** to ask for the situation to be reconsidered

**réexaminer** [ʀeɛgzamine] ▸ conjug 1 ◂ **vt** [+ malade] to re-examine; [+ problème, situation, candidature, décision] to examine again, reconsider

**réexpédier** [ʀeɛkspedje] → SYN ▸ conjug 7 ◂ **vt** **a** (= retourner, renvoyer) to return, send back ◆ **on l'a réexpédié dans son pays** he was sent back to his country

**b** (= faire suivre) to send on, forward

**réexpédition** [ʀeɛkspedisjɔ̃] **nf** **a** (= retour) returning

**b** (= fait de faire suivre) forwarding ◆ **enveloppe/frais de réexpédition** forwarding envelope/charges

**réexportation** [ʀeɛkspɔʀtasjɔ̃] **nf** re-export

**réexporter** [ʀeɛkspɔʀte] ▸ conjug 1 ◂ vt to re-export

**réf.** (abrév de **référence**) ref.

**refaçonner** [ʀ(ə)fasɔne] ▸ conjug 1 ◂ vt [+ sculpture] to remodel; [+ émission] to redesign; [+ phrase, texte] to rework

**réfaction** [ʀefaksjɔ̃] → SYN nf (Comm) allowance, rebate

**refaire** [ʀ(ə)fɛʀ] → SYN ▸ conjug 60 ◂ 1 vt a (= recommencer) (gén) [+ travail, dessin, maquillage] to redo, do again; [+ voyage] to make ou do again; [+ pansement] to put on ou do up again, renew; [+ article, devoir] to rewrite; [+ nœud, paquet] to do up again, tie again, retie ◆ **elle a refait sa vie avec lui** she started a new life ou she made a fresh start (in life) with him ◆ **il m'a refait une visite** he paid me another call, he called on me again ou on another occasion ◆ **il refait (du) soleil** the sun has come out again ◆ **tu refais toujours la même faute** you always make ou you keep on making ou repeating the same mistake ◆ **il a refait de la fièvre/de l'asthme** he has had another bout of fever/of asthma ◆ **il refait du vélo** he has taken up cycling again ◆ **il va falloir tout refaire depuis le début** it will have to be done all over again, we'll have to start again from scratch ◆ **si vous refaites du bruit** if you start making a noise again, if there's any further noise from you ◆ **il va falloir refaire de la soupe** we'll have to make some more soup ◆ **je vais me refaire une tasse de café** I'm going to make myself another cup of coffee ◆ **son éducation est à refaire** he'll have to be re-educated ◆ **refaire le monde** (en parlant) to try to solve the world's problems ◆ **si c'était à refaire !** if I had to do it again! ou begin again! ◆ **à refaire** (Cartes) re-deal

b (= retaper) [+ toit] to redo, renew; [+ route] to repair; [+ mur] to rebuild, repair; [+ meuble] to do up, renovate, restore; [+ chambre] (gén) to do up, redecorate; (en peinture) to repaint; (en papier) to repaper ◆ **on refera les peintures/les papiers au printemps** we'll repaint/repaper in the spring, we'll redo the paintwork/the wallpaper in the spring ◆ **nous allons faire refaire le carrelage du salon** we're going to have the tiles in the lounge done again ◆ **se faire refaire le nez** to have one's nose remodeled, have a nose job * ◆ **refaire qch à neuf** to do sth up like new ◆ **refaire ses forces/sa santé** to recover one's strength/one's health ◆ **à son âge, tu ne la referas pas** at her age, you won't change her

c (* = duper) to take in ◆ **il a été refait, il s'est fait refaire** he has been taken in ou had * ◆ **il m'a refait de 10 €** he did * ou diddled * (Brit) me out of €10

2 **se refaire** vpr (= retrouver une santé) to recuperate, recover; (= regagner son argent) to make up one's losses ◆ **se refaire une santé dans le Midi** to (go and) recuperate in the south of France, recover ou regain one's health in the south of France ◆ **se refaire une beauté** to freshen up ◆ **que voulez-vous, on ne se refait pas !** what can you expect — you can't change how you're made! * ou you can't change your own character!; → **virginité**

**réfection** [ʀefɛksjɔ̃] → SYN nf [route] repairing; [mur, maison] rebuilding, repairing ◆ **la réfection de la route va durer trois semaines** the road repairs ou the repairs to the road will take three weeks

**réfectoire** [ʀefɛktwaʀ] → SYN nm (Scol) dining hall, canteen; (Rel) refectory; [usine] canteen

**refend** [ʀəfɑ̃] nm ◆ **mur de refend** supporting (partition) wall ◆ **bois de refend** wood in planks

**refendre** [ʀ(ə)fɑ̃dʀ] ▸ conjug 41 ◂ vt [+ ardoise, bois] to split

**référé** [ʀefeʀe] → SYN nm (Jur) ◆ **(procédure en) référé** summary proceedings ◆ **(arrêt ou jugement en) référé** interim ruling ◆ **assigner qn en référé** to apply for summary judgment against sb ◆ **juge des référés** judge in chambers

**référence** [ʀefeʀɑ̃s] → SYN nf a (= renvoi) reference; (en bas de page) reference, footnote ◆ **par référence à** in reference to ◆ **en référence à votre courrier du 2 juin** with reference to your letter of June 2nd ◆ **l'auteur cité en référence** (plus haut) the above-mentioned author ◆ **ouvrage/numéro de référence** reference book/number ◆ **période/prix de référence** base ou reference period/price ◆ **taux de référence** (Fin) benchmark ou reference rate ◆ **prendre qch comme point de référence** to use sth as a point of reference ◆ **faire référence à** to refer to, make (a) reference to ◆ **servir de référence** [chiffres, indice, taux] to be used as a benchmark; [personne] to be a role model ◆ **c'est un livre qui fait référence** it is a standard reference work; → **année**

b (= recommandation) (gén) reference ◆ **cet employé a-t-il des références ?** (d'un employeur) has this employee got a reference? ou a testimonial? (Brit); (de plusieurs employeurs) has this employee got references? ou testimonials? (Brit) ◆ **lettre de référence** letter of reference, testimonial (Brit) ◆ **il a un doctorat, c'est quand même une référence** he has a doctorate which is not a bad recommendation ou which is something to go by ◆ **ce n'est pas une référence** (iro) that's no recommendation

c (Ling) reference

**référencer** [ʀefeʀɑ̃se] → SYN ▸ conjug 3 ◂ vt to reference

**référendaire** [ʀefeʀɑ̃dɛʀ] 1 adj (pour un référendum) referendum (épith)

2 nm ◆ **(conseiller) référendaire** public auditor

**référendum** [ʀefeʀɛ̃dɔm] → SYN nm referendum ◆ **faire** ou **organiser un référendum** to hold a referendum

**référent** [ʀefeʀɑ̃] nm referent

**référentiel, -elle** [ʀefeʀɑ̃sjɛl] 1 adj referential

2 nm system of reference

**référer** [ʀefeʀe] GRAMMAIRE ACTIVE 19.1 → SYN ▸ conjug 6 ◂

1 **en référer à** vt indir ◆ **en référer à qn** to refer ou submit a matter ou question to sb

2 **se référer** vpr ◆ **se référer à** (= consulter) to consult; (= faire référence à) to refer to; (= s'en remettre à) to refer to ◆ **si l'on s'en réfère à son dernier article** if we refer to his most recent article

**refermer** [ʀ(ə)fɛʀme] ▸ conjug 1 ◂ 1 vt to close ou shut again ◆ **peux-tu refermer la porte ?** can you close ou shut the door? ◆ **refermer un dossier** (fig) to close a file

2 **se refermer** vpr [plaie] to close up, heal up; [fleur] to close up (again); [fenêtre, porte] to close ou shut (again) ◆ **le piège se referma sur lui** the trap closed ou shut on him

**refiler** * [ʀ(ə)file] ▸ conjug 1 ◂ vt to give (*à qn* to sb) ◆ **refile-moi ton livre** let me have your book, give me your book ◆ **il m'a refilé la rougeole** I've caught measles off him, he has passed his measles on to me ◆ **il s'est fait refiler une fausse pièce** someone has palmed ou fobbed a forged coin off on him *; → **bébé**

**refinancement** [ʀ(ə)finɑ̃smɑ̃] nm refinancing ◆ **plan de refinancement** refinancing plan

**refinancer** [ʀ(ə)finɑ̃se] ▸ conjug 1 ◂ vt to refinance

**réfléchi, e** [ʀefleʃi] → SYN (ptp de **réfléchir**) 1 adj a (= pondéré) action well-thought-out (épith), well thought out (attrib), well-considered; personne, air thoughtful ◆ **tout bien réfléchi** after careful consideration ou thought, having weighed up all the pros and cons ◆ **c'est tout réfléchi** my mind is made up, I've made my mind up

b (Gram) reflexive

c (Opt) reflected

2 nm (Gram) reflexive

**réfléchir** [ʀefleʃiʀ] GRAMMAIRE ACTIVE 2.3 → SYN ▸ conjug 2 ◂

1 vi to think, reflect ◆ **prends le temps de réfléchir** take time to reflect ou to think about it ou to consider it ◆ **cela donne à réfléchir** it's food for thought, it makes you think ◆ **cet accident, ça fait réfléchir** an accident like that makes you think ◆ **il faut réfléchir avant d'agir** you must think before you act ◆ **je demande à réfléchir** I'd like time to consider it ou to think things over ◆ **elle a accepté sans réfléchir** she accepted without thinking ◆ **la prochaine fois, tâche de réfléchir** next time just try and think a bit ou try and use your brains a bit ◆ **j'ai longuement réfléchi et je suis arrivé à cette conclusion** I have given it a lot of thought and have come to this conclusion

2 **réfléchir à** ou **sur qch** vt indir to think about sth, turn sth over in one's mind ◆ **réfléchissez-y** think about it, think it over ◆ **réfléchis à ce que tu vas faire** think about what you're going to do ◆ **à bien y réfléchir ...** when you really think about it ...

3 vt a **réfléchir que** to realize that ◆ **il n'avait pas réfléchi qu'il ne pourrait pas venir** he hadn't thought ou realized that ou it hadn't occurred to him that he wouldn't be able to come

b [+ lumière, son] to reflect ◆ **les arbres se réfléchissent dans le lac** the trees are reflected in the lake, you can see the reflection of the trees in the lake

**réfléchissant, e** [ʀefleʃisɑ̃, ɑ̃t] adj reflective

**réflecteur, -trice** [ʀeflɛktœʀ, tʀis] → SYN 1 adj reflecting

2 nm (gén) reflector

**réflectif, -ive** [ʀeflɛktif, iv] adj (Philos, Physiol) reflective

**réflectivité** [ʀeflɛktivite] nf (Phys) reflectivity; (Physiol) reflexiveness, reflexivity

**reflet** [ʀ(ə)flɛ] → SYN nm a (= éclat) (gén) reflection; [cheveux] (naturel) glint, light; (artificiel) highlight ◆ **les reflets moirés de la soie** the shimmering play of light on silk ◆ **les reflets du soleil sur la mer** the reflection ou glint ou flash of the sun on the sea ◆ **la lame projetait des reflets sur le mur** the reflection of the blade shone on the wall, the blade threw a reflection onto the wall ◆ **se faire faire des reflets (dans les cheveux)** to have one's hair highlighted

b (lit = image) reflection ◆ **le reflet de son visage dans le lac** the reflection of his face in the lake

c (fig = représentation) reflection ◆ **les habits sont le reflet d'une époque/d'une personnalité** clothes reflect ou are the reflection of an era/of one's personality ◆ **c'est le pâle reflet de son prédécesseur** he's a pale reflection of his predecessor ◆ **c'est le reflet de son père** he's the image of his father

**refléter** [ʀ(ə)flete] → SYN ▸ conjug 6 ◂ 1 vt (lit, fig) to reflect, mirror ◆ **son visage reflète la bonté** his kindness shows in his face

2 **se refléter** vpr to be reflected, be mirrored (*dans* in; *sur* on) ◆ **son trouble se reflétait sur son visage** his agitation showed on his face

**refleurir** [ʀ(ə)flœʀiʀ] ▸ conjug 2 ◂ 1 vi (Bot) to flower ou blossom again; (= renaître) to flourish ou blossom again

2 vt [+ tombe] to put fresh flowers on

**reflex** [ʀeflɛks] 1 adj reflex

2 nm reflex camera ◆ **reflex à un objectif/deux objectifs** single-lens/twin-lens reflex (camera)

**réflexe** [ʀeflɛks] → SYN 1 adj reflex

2 nm (Physiol) reflex; (= réaction) reaction ◆ **réflexe rotulien** knee jerk ◆ **réflexe conditionné** ou **conditionnel** conditioned reflex ou response ◆ **réflexe de défense** (Physiol) defence reflex; (gén) defensive reaction ◆ **réflexe de survie** instinct for survival ◆ **réflexe de solidarité** instinctive feeling of solidarity ◆ **avoir de bons/mauvais réflexes** to have quick ou good/slow ou poor reflexes ◆ **il eut le réflexe de couper l'électricité** his immediate ou instant reaction was to switch off the electricity, he instinctively switched off the electricity ◆ **manquer de réflexe** to be slow to react ◆ **son premier réflexe a été d'appeler la police** his first reaction was to call the police ◆ **par réflexe, j'ai regardé derrière moi** I instinctively looked behind me ◆ **il a freiné par réflexe** he braked instinctively

**réflexibilité** [ʀeflɛksibilite] nf reflexibility

**réflexible** [ʀeflɛksibl] adj reflexible

**réflexif, -ive** [ʀeflɛksif, iv] adj (Math) reflexive; (Psych) introspective

**réflexion** [ʀeflɛksjɔ̃] → SYN nf a (= méditation) thought, reflection (NonC) ◆ **plongé** ou **absorbé dans ses réflexions** deep ou lost in thought ◆ **ceci donne matière à réflexion** this is food for thought, this gives you something to think about ◆ **ceci mérite réflexion** [offre] this is worth thinking about ou considering; [problème] this needs thinking about ou over ◆ **ceci nécessite une réflexion plus approfondie sur les problèmes** further thought needs to be given to the problems ◆ **avec réflexion** thoughtfully ◆ **elle a fait son choix au terme d'une longue réflexion personnelle** she made her choice after much heart-searching ◆ **réflexion faite** ou **à la réflexion, je reste** on reflection ou on second thoughts, I'll stay ◆ **à la réflexion, on s'aperçoit que c'est faux** when you think about it you can see that it's wrong ◆ **groupe** ou **cellule** ou **cercle de réflexion** (Pol) think tank ◆ **laissez-moi un délai** ou **un temps de réflexion** give me (some) time to think (about it) ◆ **après un temps de réflexion, il ajouta ...** after a moment's thought, he added ... ◆ **nous organiserons une journée de réflexion sur ce thème** we will organise a one-day conference on this topic; → **mûr**

**b** (= remarque) remark, reflection; (= idée) thought, reflection ◆ **consigner ses réflexions dans un cahier** to write down one's thoughts ou reflections in a notebook ◆ **je m'en suis moi-même fait la réflexion** I noticed that myself ◆ **je ne me suis pas fait cette réflexion** I didn't think of that ◆ **garde tes réflexions pour toi** keep your remarks ou comments to yourself ◆ **les clients commencent à faire des réflexions** the customers are beginning to make comments ◆ **on m'a fait des réflexions sur son travail** people have complained to me ou made complaints to me about his work

**c** (Phys) reflection

**réflexivité** [ʀeflɛksivite] **nf** reflexiveness; (Math) reflexivity

**réflexogène** [ʀeflɛksɔʒɛn] **adj** reflexogenic

**réflexologie** [ʀeflɛksɔlɔʒi] **nf** reflexology

**réflexothérapie** [ʀeflɛksoteʀapi] **nf** reflex(o)-therapy

**refluer** [ʀ(ə)flye] → SYN ▸ conjug 1 ◂ **vi** [liquide] to flow back; [marée] to go back, ebb; [foule] to pour ou surge back; [sang] to rush back; [fumée] to blow back down; [souvenirs] to rush ou flood back ◆ **faire refluer la foule** to push ou force the crowd back

**reflux** [ʀəfly] → SYN **nm** [foule] backward surge; [marée] ebb; (Méd) reflux; → **flux**

**refondateur, -trice** [ʀ(ə)fɔ̃datœʀ, tʀis] **1** **adj** courant radically reformist

**2** **nm,f** radical reformer

**refondation** [ʀ(ə)fɔ̃dasjɔ̃] **nf** [parti politique] radical reform

**refonder** [ʀ(ə)fɔ̃de] ▸ conjug 1 ◂ **vt** [+ alliance] to reforge; [+ parti politique] to radically reform; [+ système, modèle] to build on new foundations ◆ **elle voudrait refonder son foyer sur des bases plus saines** she'd like to start her family life over again on a sounder basis

**refondre** [ʀ(ə)fɔ̃dʀ] → SYN ▸ conjug 41 ◂ **1** **vt** **a** [+ métal] to remelt, melt down again; [+ cloche] to recast

**b** (= réviser) [+ texte, dictionnaire] to revise; [+ système, programme] to overhaul ◆ **édition entièrement refondue et mise à jour** completely revised and updated edition

**2** **vi** to melt again

**refonte** [ʀ(ə)fɔ̃t] → SYN **nf** **a** [métal] remelting; [cloche] recasting

**b** [texte, dictionnaire] revision; [système, programme] overhaul ◆ **l'opposition exige une refonte radicale de la politique économique** the opposition is demanding a radical rethink of economic policy

**reforestation** [ʀ(ə)fɔʀɛstasjɔ̃] **nf** re(af)forestation

**réformable** [ʀefɔʀmabl] **adj** (gén) reformable; jugement which may be reversed; loi which may be amended ou reformed

**reformage** [ʀ(ə)fɔʀmaʒ] **nm** (= raffinage) reforming

**reformatage** [ʀ(ə)fɔʀmataʒ] **nm** (Ordin, TV) reformatting

**reformater** [ʀ(ə)fɔʀmate] ▸ conjug 1 ◂ **vt** [+ disquette, grille de programmes] to reformat

**réformateur, -trice** [ʀefɔʀmatœʀ, tʀis] → SYN

**1** **adj** reforming

**2** **nm,f** reformer

**réformation** [ʀefɔʀmasjɔ̃] **nf** reformation, reform ◆ **la Réformation** (Rel) the Reformation

**réforme** [ʀefɔʀm] → SYN **nf** **a** (= changement) reform ◆ **réforme agraire/de l'orthographe** land/spelling reform

**b** (Mil) [appelé] declaration of unfitness for service; [soldat] discharge ◆ **mettre à la réforme** [+ objets] to scrap; [+ cheval] to put out to grass ◆ **mise à la réforme** [soldat] discharge; [objets] scrapping

**c** (Rel) reformation

**réformé, e** [ʀefɔʀme] (ptp de **réformer**) **1** **adj** **a** (Rel) Reformed ◆ **la religion réformée** the Protestant Reformed religion

**b** (Mil) appelé declared unfit for service; soldat discharged, invalided out (Brit)

**2** **nm,f** (Rel) Protestant

**reformer** [ʀ(ə)fɔʀme] ▸ conjug 1 ◂ **1** **vt** to reform ◆ **reformer les rangs** (Mil) to fall in again, fall into line again

**2** **se reformer** **vpr** [armée, nuage] to re-form; [parti] to re-form, be re-formed; [groupe, rangs] to form up again

**réformer** [ʀefɔʀme] → SYN ▸ conjug 1 ◂ **1** **vt** **a** (= améliorer) [+ loi, mœurs, religion] to reform; [+ abus] to correct, (put) right, reform; [+ méthode] to improve, reform; [+ administration] to reform, overhaul

**b** (Jur) [+ jugement] to reverse, quash (Brit)

**c** (Mil) [+ appelé] to declare unfit for service; [+ soldat] to discharge, invalid out (Brit); [+ matériel] to scrap ◆ **il s'est fait réformer** he got himself declared unfit for service, he got himself discharged on health grounds ou invalided out (Brit)

**2** **se réformer** **vpr** to change one's ways, turn over a new leaf

**réformette** * [ʀefɔʀmɛt] **nf** so-called reform

**réformisme** [ʀefɔʀmism] → SYN **nm** reformism

**réformiste** [ʀefɔʀmist] → SYN **adj, nmf** reformist

**reformuler** [ʀ(ə)fɔʀmyle] ▸ conjug 1 ◂ **vt** [+ proposition, théorie] to reformulate; [+ demande, plainte] to change the wording of; [+ question] to rephrase; (Chim) to reformulate

**refouiller** [ʀ(ə)fuje] ▸ conjug 1 ◂ **vt** (Tech = évider) to carve out

**refoulé, e** [ʀ(ə)fule] (ptp de **refouler**) **1** **adj** personne repressed, inhibited; conflits, sentiments, sexualité repressed

**2** **nm,f** (= personne) repressed ou inhibited person

**3** **nm** (Psych) ◆ **le refoulé** the repressed

**refoulement** [ʀ(ə)fulmɑ̃] → SYN **nm** **a** [envahisseur, attaque] driving back, repulsing; [manifestants] driving back; [immigré, étranger] turning back

**b** [désir, instinct, souvenir] repression, suppression; [colère] repression; (Psych) repression

**c** [liquide] **le refoulement de l'eau** the reversal of the flow of the water

**d** (Rail) backing, reversing

**refouler** [ʀ(ə)fule] → SYN ▸ conjug 1 ◂ **1** **vt** **a** [+ envahisseur, attaque] to drive back, repulse; [+ manifestant] to drive back; [+ immigré, étranger] to turn back ◆ **les clandestins ont été refoulés à la frontière** the illegal immigrants were turned back at the border

**b** [+ larmes] to force ou hold back, repress; [+ désir, instinct, souvenir] to repress, suppress; [+ colère] to repress, hold in check; [+ sanglots] to choke back, force back; (Psych) to repress

**c** (= faire refluer) [+ liquide] to force back, reverse ou invert the flow of

**d** (Rail) to back, reverse

**e** (Naut) [+ courant, marée] to stem

**2** **vi** [siphon, tuyauterie] to flow back; [cheminée] to smoke

**refourguer** * [ʀ(ə)fuʀge] ▸ conjug 1 ◂ **vt** (= vendre) to flog * (à to), unload * (à onto) ◆ **refourguer à qn** (= donner, se débarrasser de) [+ problème] to unload onto sb, palm off onto sb *; [+ responsabilités] to unload onto sb ◆ **elle m'a refourgué un dossier gênant** she offloaded a difficult case onto me ◆ **il m'a refourgué un faux billet** he palmed a forged banknote off onto me

**refoutre** ⁑ [ʀ(ə)futʀ] **vt** ◆ **refous-le là** shove * it back in there ◆ **refous un peu de colle dessus** stick some more glue back on it ◆ **ne refous plus jamais les pieds ici !** don't you dare show your face in here again!

**réfractaire** [ʀefʀaktɛʀ] → SYN **1** **adj** **a** réfractaire à [+ autorité, virus, influence] resistant to; [+ musique] impervious to ◆ **maladie réfractaire** stubborn illness ◆ **je suis réfractaire à la poésie** poetry is a closed book to me ◆ **être réfractaire à la discipline** to resist discipline ◆ **prêtre réfractaire** (Hist) non-juring priest

**b** métal refractory; brique, argile fire (épith); plat ovenproof, heat-resistant

**2** **nm** (Hist, Mil) draft dodger, draft evader ◆ **les réfractaires au STO** *French civilians who refused to work in Germany during the Second World War*

**réfracter** [ʀefʀakte] ▸ conjug 1 ◂ **1** **vt** to refract

**2** **se réfracter** **vpr** to be refracted

**réfracteur, -trice** [ʀefʀaktœʀ, tʀis] **adj** refractive, refracting (épith)

**réfraction** [ʀefʀaksjɔ̃] **nf** refraction ◆ **indice de réfraction** refractive index

**réfractomètre** [ʀefʀaktɔmɛtʀ] **nm** refractometer

**refrain** [ʀ(ə)fʀɛ̃] → SYN **nm** (Mus : en fin de couplet) refrain, chorus; (= chanson) tune ◆ **c'est toujours le même refrain** * it's always the same old story ◆ **change de refrain !** change the record! *, give it a rest! *

**refréner** [ʀ(ə)fʀene] → SYN ▸ conjug 6 ◂ **vt** [+ désir, impatience] to curb, hold in check, check

**réfrigérant, e** [ʀefʀiʒeʀɑ̃, ɑ̃t] → SYN **1** **adj** fluide refrigerant, refrigerating; accueil, personne icy, frosty; → **mélange**

**2** **nm** (Tech) cooler

**réfrigérateur** [ʀefʀiʒeʀatœʀ] → SYN **nm** refrigerator, fridge ◆ **mettre un projet au réfrigérateur** (fig) to put a plan on ice

**réfrigération** [ʀefʀiʒeʀasjɔ̃] → SYN **nf** refrigeration; (Tech) cooling

**réfrigérer** [ʀefʀiʒeʀe] → SYN ▸ conjug 6 ◂ **vt** **a** (gén) to refrigerate; (Tech) to cool; [+ local] to cool ◆ **véhicule réfrigéré** refrigerated vehicle ◆ **vitrine réfrigérée** refrigerated display ◆ **je suis réfrigéré** * I'm frozen stiff *

**b** (fig) [+ enthousiasme] to put a damper on, cool; [+ personne] to have a cooling ou dampening effect on

**réfringence** [ʀefʀɛ̃ʒɑ̃s] **nf** refringence

**réfringent, e** [ʀefʀɛ̃ʒɑ̃, ɑ̃t] **adj** refringent

**refroidir** [ʀ(ə)fʀwadiʀ] → SYN ▸ conjug 2 ◂ **1** **vt** **a** [+ nourriture] to cool (down)

**b** (fig) [+ personne] to put off, have a cooling effect on; [+ zèle] to cool, put a damper on, dampen

**c** (⁑ = tuer) to do in ⁑, bump off ⁑

**2** **vi** (= cesser d'être trop chaud) to cool (down); (= devenir trop froid) to get cold ◆ **laisser** ou **faire refroidir** [+ mets trop chaud] to leave to cool, let cool (down); (involontairement) to let get cold; [+ moteur] to let cool; (péj) [+ projet] to let slide ou slip ◆ **mettre qch à refroidir** to put sth to cool (down) ◆ **tu refroidis !** (jeu) you're getting cold!

**3** **se refroidir** **vpr** [ardeur] to cool (off); [mets] to get cold; [temps] to get cooler ou colder; [personne] (= avoir froid) to get cold; (= attraper un rhume) to catch a chill

**refroidissement** [ʀ(ə)fʀwadismɑ̃] → SYN **nm** **a** [air, liquide] cooling ◆ **refroidissement par air/eau** air-/water-cooling ◆ **refroidissement de la température** drop in temperature ◆ **on observe un refroidissement du temps** the weather is getting cooler ou colder

**b** (Méd) chill ◆ **prendre un refroidissement** to catch a chill

**c** (fig) [passion] cooling (off) ◆ **on note un refroidissement des relations entre les deux pays** relations between the two countries are cooling

**refroidisseur, -euse** [ʀ(ə)fʀwadisœʀ, øz] **1** **adj** cooling

**2** **nm** cooler; (en industrie) cooling tower

**refuge** [ʀ(ə)fyʒ] → SYN **nm** (gén) refuge; (pour piétons) refuge, (traffic) island; (en montagne) refuge, (mountain) hut ◆ **lieu de refuge** place of refuge ou safety ◆ **valeur refuge** (Bourse) safe investment ◆ **chercher/trouver refuge** to seek/find refuge (*dans* in; *auprès de* with) ◆ **il a cherché refuge dans une église** he sought refuge ou sanctuary in a church ◆ **la forêt lui a servi de refuge** he found refuge in the forest

**réfugié, e** [ʀefyʒje] → SYN (ptp de **se réfugier**) **adj, nm,f** refugee ◆ **réfugié politique** political refugee

**réfugier (se)** [ʀefyʒje] → SYN ▸ conjug 7 ◂ **vpr** (lit, fig) to take refuge

**refus** [ʀ(ə)fy] → SYN **nm** (gén, Équitation) refusal ◆ **refus de comparaître** (Jur) refusal to appear (in court) ◆ **refus de priorité** (Aut) refusal to give way (Brit) ou to yield (US) ◆ **refus d'obéissance** (gén) refusal to obey; (Mil) insubordination ◆ **ce n'est pas de refus** * I wouldn't say no ◆ **en cas de refus de paiement ou de payer, il peut être poursuivi** if he refuses to pay, he may be taken to court ◆ **ils persistent dans leur refus de négocier/de signer** they are still refusing to negotiate/to sign

**refuser** [ʀ(ə)fyze] GRAMMAIRE ACTIVE 8.5, 12.3, 19.5, 25.5 → SYN ▸ conjug 1 ◂

1 **vt** a (= ne pas accepter) [+ cadeau] to refuse; [+ offre, invitation] to refuse, decline, turn down; [+ manuscrit] to reject, turn down, refuse; [+ marchandise, racisme, inégalité] to reject, refuse to accept; [+ politique, méthodes] to refuse, reject ◆ **refuser la lutte ou le combat** to refuse to fight ◆ **le cheval a refusé (l'obstacle)** the horse refused (the fence) ◆ **refuser le risque** to refuse to take risks ◆ **il a toujours refusé la vie routinière** he has always refused to accept a routine life

b (= ne pas accorder) [+ permission, entrée, consentement] to refuse; [+ demande] to refuse, turn down; [+ compétence, qualité] to deny ◆ **refuser l'entrée à qn** to refuse admittance ou entry to sb, turn sb away ◆ **refuser sa porte à qn** to bar one's door to sb ◆ **je me suis vu refuser un verre d'eau** I was refused a glass of water ◆ **on lui a refusé l'accès aux archives** he was refused ou denied access to the records ◆ **il m'a refusé la priorité** (Aut) he didn't give me right of way (Brit), he didn't yield to me (US) ◆ **elle est si gentille, on ne peut rien lui refuser** she's so nice, you just can't say no to her ◆ **je lui refuse toute générosité** I refuse to accept ou admit that he has any generosity

c [+ client] to turn away; [+ candidat] (à un examen) to fail; (à un poste) to turn down, reject ◆ **il s'est fait refuser au permis de conduire** he failed his driving test ◆ **on a dû refuser du monde** they had to turn people away

d **refuser de faire qch** to refuse to do sth ◆ **il a refusé net (de le faire)** he refused point-blank (to do it) ◆ **la voiture refuse de démarrer** the car won't start

2 **vi** [pieu] to resist; [vent] to haul

3 **se refuser vpr** a (= se priver de) to refuse o.s., deny o.s. ◆ **tu ne te refuses rien !** (iro) you certainly spoil yourself!

b **ça ne se refuse pas** [offre] it is not to be turned down ou refused ◆ **un apéritif, ça ne se refuse pas** I wouldn't say no to an apéritif

c **se refuser à** [+ méthode, solution] to refuse (to accept), reject ◆ **se refuser à tout commentaire** to refuse to (make any) comment ◆ **elle s'est refusée à lui** (frm) she refused to give herself to him ◆ **se refuser à faire qch** to refuse to do sth

**réfutable** [ʀefytabl] → SYN **adj** refutable, which can be disproved ou refuted ◆ **facilement réfutable** easily refuted ou disproved

**réfutation** [ʀefytasjɔ̃] → SYN **nf** refutation ◆ **fait qui apporte la réfutation d'une allégation** fact which refutes ou disproves an allegation

**réfuter** [ʀefyte] → SYN ▸ conjug 1 ◂ **vt** to refute, disprove

**refuznik** [ʀəfyznik] **nmf** refus(e)nik

**reg** [ʀɛg] **nm** (= désert) pavement, reg

**regagner** [ʀ(ə)gaɲe] → SYN ▸ conjug 1 ◂ **vt** a (= récupérer) [+ amitié, faveur] to regain, win ou gain back; [+ argent perdu au jeu] to win back; [+ confiance, parts de marché] to regain, win back ◆ **regagner du terrain** (Mil, fig) to regain ground, win ou gain ground again ◆ **regagner le terrain perdu** to win back lost ground ◆ **il a regagné sa place en tête du classement** he regained his place ou position at the top of the league

b [+ lieu] to get ou go back to; [+ pays] to arrive back in, get back to ◆ **les sinistrés ont pu regagner leur domicile** the disaster victims were allowed to return to their homes ◆ **il regagna enfin sa maison** he finally arrived back home ou got back home ◆ **regagner sa place** to return to one's place ou seat ◆ **les spationautes ont regagné la Terre** the astronauts returned to earth

**regain** [ʀəgɛ̃] → SYN **nm** a **regain de** [+ jeunesse] renewal of; [+ popularité] revival of; [+ activité, influence] renewal ou revival of ◆ **un regain d'intérêt/d'optimisme/d'énergie** renewed interest/optimism/energy ◆ **regain de violence** new ou fresh outbreak of violence, renewed (outbreak of) violence ◆ **regain de tension** (Pol) rise in tension

b (Agr) second crop of hay, aftermath †

**régal**, pl **régals** [ʀegal] → SYN **nm** delight, treat ◆ **ce gâteau est un régal !, ce gâteau, quel régal !** this cake is absolutely delicious! ◆ **c'est un régal pour les yeux** it is a sight for sore eyes, it is a delight ou treat to look at ◆ **quel régal de manger des cerises** what a treat to have cherries

**régalade** [ʀegalad] **à la régalade loc adv** boire without letting one's lips touch the bottle (ou glass etc )

**régalage** [ʀegalaʒ] **nm** (Tech) levelling

**régale**[1] [ʀegal] → SYN **nf** (Jur) regale

**régale**[2] [ʀegal] **nm** (Mus) vox humana

**régale**[3] [ʀegal] **adj f** ◆ **eau régale** aqua regia

**régaler**[1] [ʀegale] → SYN ▸ conjug 1 ◂ 1 **vt** ◆ **régaler qn** to treat sb to a delicious meal ◆ **c'est moi qui régale** I'm treating everyone, it's my treat ◆ **c'est le patron qui régale** it's on the house ◆ **chaque soir, il nous régalait de ses histoires** in the evenings he would regale us with his stories

2 **se régaler vpr** (= bien manger) to have a delicious meal; (= éprouver du plaisir) to have a wonderful time * ◆ **se régaler de gâteaux** to treat o.s. to some delicious cakes ◆ **on s'est (bien) régalé** (au repas) it was delicious; (au cinéma, théâtre) we had a great time *, we really enjoyed ourselves ◆ **il y en a qui se sont régalés dans cette vente** (péj) some people did really well out of that sale ◆ **les cafetiers se régalent avec cette vague de chaleur** the café owners are making a mint * ou doing really well in this heatwave ◆ **se régaler de romans** (habituellement) to be a keen reader of ou very keen on (Brit) novels; (en vacances etc ) to gorge o.s. on novels, have a feast of novel-reading

**régaler**[2] [ʀegale] ▸ conjug 1 ◂ **vt** (Tech) to level

**régalien, -ienne** [ʀegaljɛ̃, jɛn] → SYN **adj** droits kingly

**regard** [ʀ(ə)gaʀ] → SYN **nm** a (= yeux) eyes ◆ **son regard bleu/noir** his blue/black eyes ◆ **son regard se posa sur moi** his gaze ou eyes came to rest on me ◆ **soustraire qch aux regards** to hide sth from sight ou from view, put sth out of sight ◆ **cela attire tous les regards** it catches everyone's eye ou attention ◆ **tous les regards étaient fixés sur elle** all eyes were on her ou were turned towards her ◆ **il restait assis, le regard perdu (dans le vide)** he was sitting there, staring into space ◆ **son regard était dur/tendre** he had a hard/tender look in his eye ◆ **il avançait, le regard fixe** he was walking along with a fixed stare ◆ **dévorer/menacer qn du regard** to look hungrily/threateningly at sb, fix sb with a hungry/threatening look ou stare ◆ **sous le regard attentif de sa mère** under his mother's watchful eye ◆ **sous le regard des caméras** in front of the cameras ◆ **certains ministres, suivez mon regard, ont ...** certain ministers, without mentioning any names ou who shall remain nameless, have ...; → **chercher, croiser, détourner**

b (= coup d'œil) look, glance ◆ **échanger des regards avec qn** to exchange looks ou glances with sb ◆ **échanger des regards d'intelligence** to exchange knowing looks ◆ **lancer un regard de colère à qn** to glare at sb, cast an angry look ou glare at sb ◆ **au premier regard** at first glance ou sight ◆ **regard en coin ou en coulisse** sideways ou sidelong glance ◆ **il lui lança un regard noir** he shot him a black ou dark look ◆ **il jeta un dernier regard en arrière** he took one last look behind him, he looked back one last time

c (= point de vue, opinion) **porter ou jeter un regard critique sur qch** to take a critical look at sth, look critically at sth ◆ **porter un regard extérieur sur qch** to look at sth from the outside ◆ **il mène sa vie sans se soucier du regard des autres** he lives his own life and isn't concerned about what other people think

d [égout] manhole; [baignoire] inspection hole

e (Loc)

◆ **au regard de** ◆ **au regard de la loi** in the eyes of the law, from the legal viewpoint

◆ **en regard** ◆ **texte avec photos en regard** text with photos on the opposite facing ou page

◆ **en regard de** ◆ **en regard de ce qu'il gagne** compared with ou in comparison with what he earns

**regardant, e** [ʀ(ə)gaʀdɑ̃, ɑ̃t] → SYN **adj** careful with money ◆ **il n'est pas regardant** he's quite free with his money ◆ **ils sont/ne sont pas regardants sur l'argent de poche** they are not very/they are quite generous with pocket money ◆ **il n'est pas très regardant sur la propreté/les manières** he's not very particular about cleanliness/manners

**regarder** [ʀ(ə)gaʀde] → SYN ▸ conjug 1 ◂ 1 **vt** a (= diriger son regard vers) [+ paysage, scène] to look at; [+ action en déroulement, film, match] to watch ◆ **elle regardait les voitures sur le parking** she was looking at the cars in the car park ◆ **elle regardait les voitures défiler ou qui défilaient** she was watching the cars driving past ou the cars as they drove past ◆ **regarder tomber la pluie ou la pluie tomber** to watch the rain falling ◆ **il regarda sa montre** he looked at ou had a look at his watch ◆ **regarde, il pleut** look, it's raining ◆ **regarde bien, il va sauter** watch ou look, he's going to jump ◆ **regarder la télévision/une émission à la télévision** to watch television/a programme on television ◆ **regarder le journal** to look at ou have a look at the paper ◆ **regarder sur le livre de qn** (= partager) to share sb's book; (= tricher) to look at sb's book ◆ **regarder par la fenêtre** (du dedans) to look out of the window; (du dehors) to look in through the window ◆ **regarde les oiseaux par la fenêtre** look through ou out of the window at the birds, watch the birds through ou out of the window ◆ **regarde devant toi/derrière toi** look in front of you/behind you ◆ **regarde où tu marches** watch ou look where you're going ou putting your feet ◆ **regarde où tu mets les pieds** * (lit, fig) watch your step ◆ **regarde voir** * **dans l'armoire** take ou have a look in the wardrobe ◆ **regarde voir** * **s'il arrive** look ou have a look and see if he's coming ◆ **attends, je vais regarder** hang on, I'll go and look ou I'll take a look ◆ **regardez-moi ça/son écriture** * just (take a) look at that/at his writing ◆ **tu ne m'as pas regardé !** * what do you take me for! *, who do you think I am! * ◆ **j'ai regardé partout, je n'ai rien trouvé** I looked everywhere but I couldn't find anything ◆ **regarde à la pendule quelle heure il est** look at the clock to see what time it is, look and see what time it is by the clock ◆ **regardez-le faire** (gén) watch him ou look at him do it; (pour apprendre) watch ou look how he does it ◆ **elles sont allées regarder les vitrines/les magasins** they've gone to do some window-shopping/to have a look around the shops ◆ **sans regarder** traverser without looking; payer regardless of cost ou the expense; → **chien**

b (rapidement) to glance at, have a glance ou a (quick) look at; (furtivement) to steal a glance at, glance sidelong at; (longuement) to gaze at; (fixement) to stare at ◆ **regarder un texte rapidement** to glance at ou through a text, have a quick look ou glance at ou through a text ◆ **regarder (qch) par le trou de la serrure** to peep ou look (at sth) through the keyhole ◆ **regarder qch de près/de plus près** to have a close/closer look at sth, look closely/more closely at sth ◆ **regarder sans voir** to look with unseeing eyes ◆ **regarder qn avec colère** to glare angrily at sb ◆ **regarder qn avec méfiance** to look at ou eye sb suspiciously ◆ **regarder qn de haut** to give sb a scornful look, look scornfully at sb ◆ **regarder qn droit dans les yeux/bien en face** (lit, fig) to look sb straight in the eye/straight in the face ◆ **regarder qn dans le blanc des yeux** to look sb straight in the face ou eye

c (= vérifier) [+ appareil, malade] to look at; [+ huile, essence] to look at, check ◆ **peux-tu regarder la lampe ? elle ne marche pas** can you have ou take a look at the lamp? it doesn't work ◆ **regarde dans l'annuaire** look in the phone book ◆ **regarder un mot dans le dictionnaire** to look up ou check a word in the dictionary

**d** (= considérer) [+ situation, problème] to view ◆ **regarder l'avenir avec appréhension** to view the future with trepidation ◆ **il ne regarde que son propre intérêt** he is only concerned with ou he only thinks about his own interests ◆ **nous le regardons comme un ami** we look upon him ou we regard him as a friend

**e** (= concerner) to concern ◆ **cette affaire me regarde quand même un peu** this business does concern me a little ◆ **en quoi cela te regarde-t-il ?** (= de quoi te mêles-tu ?) what business is it of yours?, what has it to do with you?; (= en quoi es-tu touché ?) how does it affect ou concern you? ◆ **fais ce que je te dis, la suite me regarde** do what I tell you, what happens next is my concern ou business ◆ **que vas-tu faire ? – ça me regarde** what will you do? – that's my business ou my concern ◆ **non mais, ça vous regarde !** * what business is it of yours? ◆ **cela ne le regarde pas** ou **en rien** that's none of his business, that's no concern of his ◆ **mêlez-vous de ce qui vous regarde** mind your own business

**f** (= être orienté vers) **regarder (vers)** [maison] to face

**2** **regarder à** vt indir to think of ou about ◆ **y regarder à deux fois avant de faire qch** to think twice before doing sth ◆ **il n'y regarde pas de si près** he's not that fussy ou particular ◆ **à y bien regarder** on thinking it over ◆ **c'est quelqu'un qui va regarder à deux francs** he's the sort of person who will niggle over ou worry about two francs ◆ **il regarde à s'acheter un costume neuf** he always thinks twice before laying out money for a new suit ◆ **quand il fait un cadeau, il ne regarde pas à la dépense** when he gives somebody a present he doesn't worry how much he spends ◆ **acheter qch sans regarder à la dépense** to buy sth without bothering about the expense

**3** **se regarder** vpr **a** (soi-même) **se regarder dans une glace** to look at o.s. in a mirror ◆ **elle ne peut plus se regarder dans une glace** (fig) she's ashamed of herself ◆ **il ne s'est pas regardé !** (iro) he should take a look at himself!

**b** (mutuellement) [personnes] to look at each other ou one another; [maisons] to face each other ou one another

**regarnir** [ʀ(ə)gaʀniʀ] ▸ conjug 2 ◂ vt [+ magasin, rayon] to stock up again, restock; [+ trousse] to refill, replenish; [+ réfrigérateur] to fill (up) again; [+ coussin] to refill

**régate** [ʀegat] → SYN nf ◆ **régate(s)** regatta

**régater** [ʀegate] ▸ conjug 1 ◂ vi to sail in a regatta

**régatier, -ière** [ʀegatje, jɛʀ] nm,f regatta competitor

**regel** [ʀəʒɛl] nm freezing again

**regeler** [ʀəʒ(ə)le, ʀ(ə)ʒəle] ▸ conjug 5 ◂ vt, vb impers to freeze again

**régence** [ʀeʒɑ̃s] → SYN **1** nf (Pol) regency ◆ **la Régence** (Hist) the Regency

**2** adj inv meuble (en France) (French) Regency; (en Grande-Bretagne) Regency; (fig) personne, mœurs overrefined

**régénérant, e** [ʀeʒeneʀɑ̃, ʀɑ̃t] adj lait, crème regenerating

**régénérateur, -trice** [ʀeʒeneʀatœʀ, tʀis] **1** adj regenerative

**2** nm regenerator

**régénération** [ʀeʒeneʀasjɔ̃] → SYN nf regeneration

**régénérer** [ʀeʒeneʀe] → SYN ▸ conjug 6 ◂ vt (Bio, Rel) to regenerate; [+ personne, forces] to revive, restore ◆ **caoutchouc régénéré** regenerated rubber (fibres)

**régent, e** [ʀeʒɑ̃, ɑ̃t] → SYN **1** adj regent ◆ **prince régent** prince regent

**2** nm,f (Pol) regent; (Admin = directeur) manager

**régenter** [ʀeʒɑ̃te] → SYN ▸ conjug 1 ◂ vt (gén) to rule over; [+ personne] to dictate to ◆ **il veut tout régenter** he wants to run the whole show *

**reggae** [ʀege] nm reggae

**régicide** [ʀeʒisid] **1** adj regicidal

**2** nmf (= personne) regicide

**3** nm (= crime) regicide

**régie** [ʀeʒi] → SYN nf **a** (= gestion) [État] state control; [commune] local government control (*de* over) ◆ **en régie** under state (ou local government) control ◆ **régie directe** ou **simple** direct state control ◆ **régie intéressée** public service concession ◆ **travaux en régie** public work contracting *(by the government)*

**b** (= société) **régie (d'État)** state-owned company, government corporation ◆ **la Régie française des tabacs** *the French national tobacco company* ◆ **la Régie autonome des transports parisiens** *the Paris city transport authority* ◆ **régie publicitaire** advertising sales division

**c** (Ciné, Théât, TV) production department; (Radio, TV = salle de contrôle) control room

**regimber** [ʀ(ə)ʒɛ̃be] → SYN ▸ conjug 1 ◂ vi [personne] to rebel (*contre* against); [cheval] to jib ◆ **fais-le sans regimber** do it without grumbling ◆ **quand je lui ai demandé de le faire, il a regimbé** when I asked him to do it he jibbed at the idea

**régime**[1] [ʀeʒim] → SYN nm **a** (Pol) (= mode) system (of government); (= gouvernement) government; (péj) régime ◆ **régime monarchique/républicain** monarchical/republican system (of government); → **ancien**

**b** (Admin) (= système) scheme, system; (= règlements) regulations ◆ **régime douanier/des hôpitaux** (= système) customs/hospital system; (= règle) customs/hospital regulations ◆ **régime de la Sécurité sociale** Social Security system ◆ **régime maladie** health insurance scheme (Brit) ou plan (US) ◆ **régime vieillesse** pension scheme

**c** (Jur) **régime (matrimonial)** marriage settlement ◆ **se marier sous le régime de la communauté/de la séparation de biens** to opt for a marriage settlement based on joint ownership of property/on separate ownership of property

**d** (Méd) diet ◆ **être/mettre qn au régime** to be/put sb on a diet ◆ **suivre un régime (alimentaire)** (gén) to be on a diet; (scrupuleusement) to follow ou keep to a diet ◆ **régime sec/sans sel/lacté/basses calories/amaigrissant** alcohol-free/salt-free/milk/low-calorie/slimming (Brit) ou reducing (US) diet ◆ **chocolat/produit de régime** diet chocolate/product ◆ **être/se mettre au régime jockey** * (hum) to be/go on a starvation ou crash diet

**e** [moteur] (engine ou running) speed ◆ **ce moteur est bruyant à haut régime** this engine is noisy when it's revving hard ◆ **régime de croisière** cruising speed ◆ **à ce régime, nous n'aurons bientôt plus d'argent** (if we go on) at this rate ou at the rate we're going we'll soon have no money left ◆ **fonctionner** ou **marcher** ou **tourner à plein régime** [moteur] to run at top speed, be on ou at full throttle; [usine] to run at full capacity ◆ **baisse de régime** (= ralentissement) slowdown ◆ **il a disputé trois sets sans la moindre baisse de régime** he played three sets without once slackening his ou the pace ◆ **montée en régime** [moteur] revving (up) ◆ **la montée en régime de l'entreprise** the increased activity in the company

**f** (Mét) [pluies, fleuve] régime

**g** (Gram) object ◆ **régime direct/indirect** direct/indirect object ◆ **cas régime** objective case

**h** (Phys) [écoulement] rate of flow

**régime**[2] [ʀeʒim] nm [dattes] cluster, bunch; [bananes] bunch

**régiment** [ʀeʒimɑ̃] → SYN nm **a** (Mil) (= corps) regiment; (* = service militaire) military ou national service ◆ **être au régiment** * to be doing (one's) national ou military service ◆ **aller au régiment** * to go into the army, be called up

**b** ( * = masse) [personnes] regiment, army; [choses] mass(es), loads ◆ **il y en a pour tout un régiment** there's enough for a whole army

**régimentaire** [ʀeʒimɑ̃tɛʀ] adj regimental

**région** [ʀeʒjɔ̃] → SYN nf (Admin, Géog) (étendue) region; (limitée) area; (Anat) region, area; (= conseil régional) regional council; (fig = domaine) region ◆ **régions polaires/équatoriales** polar/equatorial regions ◆ **la région parisienne/londonienne** the Paris/London area ou region ◆ **Toulouse et sa région** Toulouse and the surrounding area ◆ **ça se trouve dans la région de Lyon** it's in the Lyons area ou around Lyons ou in the region of Lyons ◆ **si vous passez dans la région, allez les voir** if you are in the area ou if you go that way, go and see them ◆ **les habitants de la région** the local inhabitants ◆ **je ne suis pas de la région** I'm not from around here ◆ **dans nos régions** (= où nous sommes) in these parts, in our part of the world; (= d'où nous venons) where we come from ◆ **en région** in the provinces

> **RÉGION**
>
> The 22 **régions** are the largest administrative divisions in France, each being made up of several "départements". Each **région** is administered by a "conseil régional", whose members ("les conseillers régionaux") are elected for a six-year term in the "élections régionales". The expression "la région" is also used by extension to refer to the regional council itself. → DÉPARTEMENT; ÉLECTIONS

**régional, e,** mpl **-aux** [ʀeʒjɔnal, o] → SYN **1** adj presse, élections regional

**2** nm (Cyclisme) ◆ **le régional de l'étape** *cyclist from the particular region through which the Tour de France is passing*

**3** **régionales** nfpl (= élections) regional elections; (= nouvelles) regional news (NonC)

**régionalisation** [ʀeʒjɔnalizasjɔ̃] nf regionalization

**régionaliser** [ʀeʒjɔnalize] ▸ conjug 1 ◂ vt to regionalize

**régionalisme** [ʀeʒjɔnalism] nm **a** (Pol) regionalism

**b** (Ling) regionalism, regional expression

**régionaliste** [ʀeʒjɔnalist] **1** adj regionalist(ic)

**2** nmf regionalist

**régir** [ʀeʒiʀ] → SYN ▸ conjug 2 ◂ vt (gén, Ling) to govern

**régisseur, -euse** [ʀeʒisœʀ, øz] → SYN nm,f [propriété] steward; (Théât) stage manager; (Ciné, TV) assistant director ◆ **régisseur de plateau** studio director

**registre** [ʀəʒistʀ] → SYN **1** nm **a** (= livre) register ◆ **registre maritime/d'hôtel/du commerce** shipping/hotel/trade register ◆ **registre de notes** (Scol) mark book (Brit), grade book ou register (US) ◆ **registre d'absences** (Scol) attendance register

**b** (Mus) [orgue] stop; [voix] (= étage) register; (= étendue) register, range

**c** (Ling) (= niveau) register, level (of language); (= style) register, style

**d** (Tech) [fourneau] damper, register; (Ordin, Typo) register

**e** (fig = genre, ton) mood, vein ◆ **il a complètement changé de registre** [écrivain] he's completely changed his style ◆ **cet auteur joue sur tous les registres** this author has a very varied style

**2** COMP ▷ **registre de comptabilité** ledger ▷ **registre de l'état civil** register of births, marriages and deaths ▷ **registre mortuaire** register of deaths ▷ **registre de vapeur** throttle valve

**réglable** [ʀeglabl] adj **a** mécanisme, débit adjustable ◆ **siège à dossier réglable** reclining seat

**b** (= payable) payable

**réglage** [ʀeglaʒ] → SYN nm **a** [mécanisme, débit] regulation, adjustment; [moteur] tuning; [allumage, thermostat] setting, adjustment; [dossier de chaise, tir] adjustment

**b** [papier] ruling

**réglé, e** [ʀegle] → SYN (ptp de **régler**) adj **a** (= régulier) vie (well-)ordered, regular; personne steady, stable ◆ **c'est réglé comme du papier à musique** *, **il arrive tous les jours à 8 heures** he arrives at 8 o'clock every day, as regular as clockwork ◆ **être réglé comme une horloge** to be as regular as clockwork

**b** adolescente **elle n'est pas encore réglée** she hasn't started having periods yet ◆ **elle est bien réglée** her periods are regular

**c** papier ruled, lined

**règle** [ʀɛgl] → SYN nf **a** (= loi, principe) rule ◆ **règle fondamentale** (Psych) rule of free association ◆ **règle de conduite** rule of conduct ◆ **règle de 3** rule of 3 ◆ **les règles de la bienséance/de l'honneur** the rules of propriety/of honour ◆ **règle d'or** golden rule ◆ **règles de sécurité** safety regulations ◆ **respecter les règles élémentaires d'hygiène** to observe the basic hygiene rules, observe basic hygiene ◆ **me lever à 7 heures, j'en ai fait une règle de vie** I've made it a rule to get up at 7 in the morning ◆ **ils ont pour règle de se réunir chaque jour** they make it a rule to meet every day ◆ **c'est la règle du jeu** (lit, fig) those are the rules of the game ◆ **se plier aux règles du jeu** (lit, fig) to play the game according to the rules ◆ **c'est la règle (de la maison)** that's the rule (of the house) ◆ **cela n'échappe pas à la règle** that's no exception to the rule ◆ **laisser jouer la règle de l'avantage** (Sport) to play the advantage rule

**b** (= instrument) ruler ◆ **trait tiré à la règle** line drawn with a ruler ◆ **règle à calcul** ou **à calculer** slide rule

**c** (= menstruation) **règles** period(s) ◆ **avoir ses règles** to have one's period(s) ◆ **pendant la période des règles** during menstruation ◆ **avoir des règles douloureuses** to suffer from ou get period pains, have painful periods

**d** (Rel) rule

**e** (LOC)

◆ **dans les règles** ◆ **il faut faire la demande dans les règles** you must make the request through the proper channels ou according to the rules ou the proper procedures ◆ **dans les règles de l'art** (lit) carried out professionally; (hum) according to the rule book

◆ **de règle** ◆ **il est de règle qu'on fasse** ou **de faire un cadeau** it's usual ou it's standard practice ou the done thing to give a present ◆ **dans ce métier, la prudence est de règle** in this profession, caution is the rule

◆ **en règle** comptabilité, papiers in order; avertissement given according to the rules; réclamation made according to the rules; attaque, critique all-out (épith) ◆ **il lui a fait une cour en règle** he did all the right things to win her hand ◆ **être en règle avec les autorités** to be straight with ou in order with the authorities ◆ **se mettre en règle avec les autorités** to sort out ou straighten out one's position with the authorities ◆ **je ne suis pas en règle** my papers are not in order ◆ **se mettre en règle avec Dieu** to make things right with God

◆ **en règle générale** as a (general) rule

**règlement** [ʀɛgləmɑ̃] GRAMMAIRE ACTIVE 20.5 → SYN nm **a** (Admin, Police, Univ) (= règle) regulation; (= réglementation) rules, regulations ◆ **c'est contraire au règlement** it's against the rules ou against regulations ◆ **règlement de service** administrative rule ou regulation ◆ **règlement intérieur** (Scol) school rules; [entreprise] policies and procedures (manual) ◆ **d'après le règlement communautaire** ou **européen du 2 mars** (Europe) under the community ou European regulation of 2nd March

**b** [affaire, conflit] settlement, settling; [facture, dette] settlement, payment ◆ **règlement en espèces** cash settlement ou payment ◆ **faire un règlement par chèque** to pay ou make a payment by cheque ◆ **la date de règlement est inscrite sur la facture** the due date ou the date when payment is due appears on the bill ◆ **marché à règlement mensuel** (Bourse) forward market ◆ **règlement judiciaire** (Jur) (compulsory) liquidation ◆ **être mis en règlement judiciaire** to be put into receivership, be put into the hands of the receiver ◆ **règlement (à l')amiable** (Jur) amicable settlement, out-of-court settlement ◆ **règlement de compte(s)** (fig) settling of scores; (de gangsters) gangland killing ◆ **le règlement de votre dossier interviendra sous un mois** your request will be dealt with within a month

**réglementaire** [ʀɛgləmɑ̃tɛʀ] → SYN adj uniforme, taille regulation (épith); procédure statutory, laid down in the regulations ◆ **ça n'est pas très réglementaire** that isn't really allowed, that's really against the rules ◆ **dans le temps réglementaire** in the prescribed time ◆ **ce certificat n'est pas réglementaire** this certificate doesn't conform to the regulations ◆ **dispositions réglementaires** regulations ◆ **pouvoir réglementaire** power to make regulations

**réglementairement** [ʀɛgləmɑ̃tɛʀmɑ̃] adv in accordance with ou according to the regulations, statutorily

**réglementation** [ʀɛgləmɑ̃tasjɔ̃] → SYN nf (= règles) regulations; (= contrôle) [prix, loyers] control, regulation ◆ **réglementation des changes** exchange control regulations

**réglementer** [ʀɛgləmɑ̃te] → SYN ▸ conjug 1 ◂ vt to regulate, control ◆ **la vente des médicaments est très réglementée** the sale of medicines is strictly controlled; → **stationnement**

**régler** [ʀegle] GRAMMAIRE ACTIVE 20.5 → SYN ▸ conjug 6 ◂ vt **a** (= conclure) [+ affaire, conflit] to settle; [+ problème] to settle, sort out; [+ dossier] to deal with ◆ **régler qch à l'amiable** (gén) to settle sth amicably; (Jur) to settle sth out of court ◆ **alors, c'est une affaire réglée** ou **c'est réglé, vous acceptez ?** that's settled then – you accept? ◆ **on va régler ça tout de suite** we'll get that settled ou sorted out straightaway

**b** (= payer) [+ note, dette] to settle (up), pay (up); [+ compte] to settle; [+ commerçant, créancier] to settle up with, pay; [+ travaux] to settle up for, pay for ◆ **est-ce que je peux régler ?** can I settle up (with you)? ou settle ou pay the bill? ◆ **je viens régler mes dettes** I've come to settle my debts ou to square up with you* ◆ **régler qch en espèces** to pay for sth in cash ◆ **est-ce que je peux (vous) régler par chèque ?** can I give you a cheque?, can I pay (you) by cheque? ◆ **régler son compte à un employé*** (lit) to settle up with an employee*; (fig = renvoyer) to give an employee his cards (Brit) ou books* (Brit) ou pink slip* (US) ◆ **j'ai un compte à régler avec lui** I've got a score to settle with him, I've got a bone to pick with him ◆ **on lui a réglé son compte !*** (vengeance) they've settled his hash*; (assassinat) they've taken care of him (euph) ◆ **les deux bandes veulent régler leurs comptes** the two gangs want to settle the score*

**c** [+ mécanisme, débit, machine] to regulate, adjust; [+ dossier de chaise, tir] to adjust; [+ moteur] to tune; [+ allumage, ralenti] to set, adjust; [+ réveil] to set ◆ **régler le thermostat à 18°** to set the thermostat to ou at 18° ◆ **régler une montre** (mettre à l'heure) to put a watch right (sur by); (réparer) to regulate a watch ◆ **le carburateur est mal réglé** the carburettor is badly tuned

**d** (= fixer) [+ modalités, date, programme] to settle (on), fix (up), decide on; [+ conduite, réactions] to determine ◆ **régler l'ordre d'une cérémonie** to settle ou fix (up) the order of (a) ceremony ◆ **il ne sait pas régler l'emploi de ses journées** he is incapable of planning out ou organizing his daily routine ◆ **régler le sort de qn** to decide ou determine sb's fate

**e** (= prendre comme modèle) **régler qch sur** to model sth on, adjust sth to ◆ **régler sa vie sur (celle de) son père** to model one's life on that of one's father ◆ **régler sa conduite sur les circonstances** to adjust one's conduct ou behaviour to the circumstances ◆ **se régler sur qn d'autre** to model o.s. on sb else ◆ **il essaya de régler son pas sur celui de son père** he tried to walk in step with his father ◆ **régler sa vitesse sur celle de l'autre voiture** to adjust ou match one's speed to that of the other car

**f** [+ papier] to rule (lines on)

**réglet** [ʀeglɛ] → SYN nm **a** (= règle) lead(ing)

**b** (= moulure) reglet

**réglette** [ʀeglɛt] nf (Typo) setting stick; (= petite règle) small ruler

**régleur, -euse** [ʀeglœʀ, øz] **1** nm,f (= ouvrier) setter, adjuster

**2** **régleuse** nf ruling machine

**réglisse** [ʀeglis] nf ou nm liquorice ◆ **bâton/rouleau de réglisse** liquorice stick/roll

**réglo*** [ʀeglo] adj inv personne straight*, honest, dependable ◆ **c'est réglo** it's O.K.*, it's in order ◆ **ce n'est pas très réglo** it's not really right, it's not really on* (Brit)

**régnant, e** [ʀeɲɑ̃, ɑ̃t] adj famille, prince reigning (épith); théorie, idée reigning (épith), prevailing (épith)

**règne** [ʀɛɲ] → SYN nm **a** [roi, tyran] (= période) reign; (= domination) rule, reign ◆ **sous le règne de Louis XIV** (période) in the reign of Louis XIV; (domination) under the reign ou rule of Louis XIV

**b** [mode, banquiers] reign; [justice, liberté] reign, rule

**c** (Bot, Zool) kingdom ◆ **règne animal/végétal/minéral** animal/vegetable ou plant/mineral kingdom

**régner** [ʀeɲe] → SYN ▸ conjug 6 ◂ vi **a** (= être sur le trône) to reign; (= exercer sa domination) to rule (*sur* over) ◆ **il règne (en maître) sur le village** (fig) he reigns ou rules (supreme) over the village ◆ **elle règne dans la cuisine** she reigns over ou rules in the kitchen ◆ **régner sur nos passions** (littér) to rule over ou govern our passions; → **diviser**

**b** (= prédominer) [paix, silence] to reign, prevail (*sur* over); [accord, confiance, opinion] to prevail; [peur] to reign, hold sway (*sur* over) ◆ **la confusion la plus totale régnait dans la chambre** utter confusion prevailed in the room, the room was in utter confusion ◆ **maison où l'ordre règne** house where order reigns ◆ **faire régner l'ordre** to maintain law and order ◆ **faire régner la terreur/le silence** to make terror/silence reign ◆ **la confiance règne !** (iro) that's ou there's trust for you! (iro)

**regonflage** [ʀ(ə)gɔ̃flaʒ], **regonflement** [ʀ(ə)gɔ̃fləmɑ̃] nm blowing up (again), reinflating; (avec une pompe à main) pumping up (again)

**regonfler** [ʀ(ə)gɔ̃fle] ▸ conjug 1 ◂ **1** vt **a** (= gonfler à nouveau) to blow up again, reinflate; (avec une pompe à main) to pump up again

**b** (= gonfler davantage) to blow up harder, pump up further

**c** * [+ personne] to cheer up; [+ ventes, bénéfices] to boost ◆ **il est regonflé (à bloc)** he's back on top of things* ◆ **regonfler le moral de qn** to bolster sb up

**2** vi [rivière] to swell ou rise again; (Méd) to swell up again

**regorgement** [ʀ(ə)gɔʀʒəmɑ̃] nm overflow

**regorger** [ʀ(ə)gɔʀʒe] → SYN ▸ conjug 3 ◂ vi **a** **regorger de** [région, pays] to abound in; [maison, magasin] to be packed ou crammed with ◆ **la région regorge d'ananas** pineapples are plentiful in the region, the region abounds in pineapples ◆ **cette année le marché regorge de fruits** this year there is a glut ou an abundance of fruit on the market ◆ **le pays regorge d'argent** the country has enormous financial assets ◆ **il regorge d'argent** he is rolling in money*, he has got plenty of money ◆ **sa maison regorgeait de livres/d'invités** his house was packed with ou crammed with ou cram-full of books/guests ◆ **la rue regorge de petits étals** the street is packed with little market stalls ◆ **la ville regorge de festivaliers** the town is swarming with festival-goers ◆ **son livre regorge de bonnes idées/de fautes** his book is (jam-)packed ou crammed with good ideas/is riddled with mistakes

**b** [liquide] to overflow

**regrattage** [ʀ(ə)gʀataʒ] nm [bâtiment] scraping again

**regratter** [ʀ(ə)gʀate] ▸ conjug 1 ◂ vt [+ bâtiment] to scrape again

**regréer** [ʀ(ə)gʀee] ▸ conjug 1 ◂ vt to re-rig

**regreffer** [ʀ(ə)gʀefe] ▸ conjug 1 ◂ vt (Bot) to regraft

**régresser** [ʀegʀese] → SYN ▸ conjug 1 ◂ vi [science, enfant] to regress; [douleur, épidémie] to recede, diminish; [chiffre d'affaires, ventes] to drop, fall ◆ **le taux de chômage a nettement régressé** the rate of unemployment has dropped sharply

**régressif, -ive** [ʀegʀesif, iv] adj évolution, raisonnement regressive; marche backward (épith); (Phon) anticipatory ◆ **érosion régressive** (Géol) headward erosion ◆ **forme régressive** regressive ou recessive form ◆ **dérivation régressive** (Ling) back formation ◆ **impôt régressif** (Fin) regressive tax

**régression** [ʀegʀesjɔ̃] → SYN nf (gén) regression, decline; (Bio, Math, Psych) regression ◆ **être en (voie de) régression** to be on the decline ou decrease, be declining ou decreasing ◆ **régression marine** (Géol) marine regression

**regret** [ʀ(ə)gʀɛ] GRAMMAIRE ACTIVE 9.3, 18.3, 19.5, 25.5 → SYN nm **a** [décision, faute] regret (*de* for); [passé] regret (*de* about) ◆ **le regret d'une occasion manquée la faisait pleurer** she wept with regret at the lost opportunity, she wept in regret at losing the opportunity ◆ **les regrets causés par une occasion manquée** the regrets felt at ou for a missed opportunity ◆ **le regret du pays natal** homesickness ◆ **le regret d'avoir échoué** the regret that he had failed ou at having failed ◆ **vivre dans le regret d'une faute** to spend one's life regretting a mistake ◆ **c'est avec regret que je vous le dis** I am sorry ou I regret to have to tell you this ◆ **sans regret** with no regrets ◆ **je te le donne – sans regrets ?** take this – are you (really) sure? ◆ **regrets éternels** (sur une tombe) sorely missed

**b** (LOC) **je suis au regret de ne pouvoir ...** I'm sorry ou I regret that I am unable to ... ◆ **j'ai le regret de vous informer que ...** I regret to inform you that ..., I must regretfully inform you that ... (frm) ◆ **à mon grand regret** to my great regret

◆ **à regret** partir with regret, regretfully; accepter, donner with regret, reluctantly

**regrettable** [ʀ(ə)gʀetabl] GRAMMAIRE ACTIVE 18.3 → SYN adj incident, conséquence regrettable, unfortunate ◆ **il est regrettable que ...** it's unfortunate ou regrettable that ...

**regrettablement** [ʀ(ə)gʀetabləmɑ̃] adv (littér) regrettably

**regretter** [ʀ(ə)gʀete] GRAMMAIRE ACTIVE 18.3, 20.2 → SYN ▸ conjug 1 ◂ vt **a** [+ personne, pays natal] to miss; [+ jeunesse] to miss, regret; [+ occasion manquée, temps perdu] to regret ◆ **nous avons beaucoup regretté votre absence** we were very sorry ou we greatly regretted that you weren't able to join us ◆ **il regrette son argent** he regrets spending the money ◆ **c'était cher, mais je ne regrette pas mon argent** it was expensive but I don't regret buying it ou spending the money ◆ **notre regretté président** our late lamented president ◆ **on le regrette beaucoup dans le village** he is greatly ou sadly missed in the village

**b** (= se repentir de) [+ décision, imprudence, péché] to regret ◆ **tu le regretteras** you'll regret it, you'll be sorry for it ◆ **tu ne le regretteras pas** you won't regret it ◆ **je ne regrette rien** I have no regrets ◆ **je regrette mon geste** I'm sorry I did that, I regret doing that

**c** (= désapprouver) [+ mesure, décision hostile] to regret, deplore

**d** (= être désolé) to be sorry, regret ◆ **je regrette, mais il est trop tard** I'm sorry, but it's too late, I'm afraid it's too late ◆ **ah non ! je regrette, il était avec moi** no! I'm sorry (to contradict you) but he was with me ◆ **nous regrettons qu'il soit malade** we regret ou are sorry that he is ill ◆ **je regrette de ne pas lui avoir écrit** I'm sorry ou I regret that I didn't write to him, I regret not writing ou not having written to him ◆ **je regrette de vous avoir fait attendre** I'm sorry to have kept you waiting ◆ **je ne regrette pas d'être venu** I'm not sorry ou I'm glad I came

**regrimper** [ʀ(ə)gʀɛ̃pe] ▸ conjug 1 ◂ **1** vt [+ pente, escalier] to climb (up) again

**2** vi [route] to climb (up) again; [fièvre] to go up ou rise again; [prix] to go up ou climb again ◆ **regrimper dans le train** to climb back into the train ◆ **ça va faire regrimper les prix/la fièvre** it'll put up prices/his temperature again

**regros** [ʀəgʀo] nm tan(bark)

**regrossir** [ʀ(ə)gʀosiʀ] ▸ conjug 2 ◂ vi to put on weight again

**regroupement** [ʀ(ə)gʀupmɑ̃] → SYN nm **a** [objets, pièces de collection] bringing together; [industries, partis, parcelles] grouping together ◆ **regroupements de sociétés** (Fin, Jur) groupings of companies

**b** (= fait de réunir de nouveau) [armée, personnes] reassembling; [bétail] rounding up again ◆ **regroupement familial** (Jur) family reunification

**c** (Sport) [coureurs] bunching together; [rugbymen] loose scrum

**regrouper** [ʀ(ə)gʀupe] → SYN ▸ conjug 1 ◂ **1** vt **a** (= réunir) [+ objets] to put ou group together; [+ pièces de collection] to bring together; [+ industries, partis, parcelles] to group together; [+ territoires] to consolidate; (= fusionner) [+ services, classes] to merge

**b** (= réunir de nouveau) [+ armée, personnes] to reassemble; [+ parti] to regroup; [+ bétail] to round up, herd together

**2 se regrouper** vpr **a** (= se réunir) [personnes] to gather (together), assemble; [entreprises] to group together ◆ **se regrouper autour d'une cause** to unite behind a cause

**b** (Sport) [coureurs] to bunch together again; [rugbymen] to form a loose scrum

**régularisation** [ʀegylaʀizasjɔ̃] → SYN nf **a** [situation] regularization; [passeport, papiers] sorting out

**b** [mécanisme, débit] regulation

**c** (Fin) equalization ◆ **régularisation des cours** price stabilization

**régulariser** [ʀegylaʀize] → SYN ▸ conjug 1 ◂ **1** vt **a** [+ passeport, papiers] to sort out ◆ **régulariser sa situation** (gén) to get one's situation sorted out; [immigré] to get one's papers in order, have one's (immigration) status regularized ◆ **ils ont fini par régulariser** * (= ils se sont mariés) they ended up making it official ◆ **faire régulariser ses papiers** to have one's papers put in order ou sorted out

**b** (= régler) [+ mécanisme, débit] to regulate ◆ **régulariser le cours d'un fleuve** to regulate the flow of a river

**c** (Méd) [+ pouls, respiration, rythme cardiaque, circulation] to regulate

**d** (Fin) [+ monnaie] to equalize

**2 se régulariser** vpr [pouls, respiration, rythme cardiaque, circulation] to return to normal

**régularité** [ʀegylaʀite] → SYN nf **a** [pouls, travail, effort, respiration, rythme] regularity, steadiness; [qualité, résultats] consistency, evenness; [vitesse, vent] steadiness; [habitudes, progrès, paiement, visites, service de transport] regularity ◆ **avec régularité** se produire regularly; progresser steadily

**b** (= uniformité) [répartition, couche, ligne] evenness; (= symétrie) symmetry; (= harmonie) [traits, paysage] regularity, evenness; [écriture] regularity; (= égalité) [humeur] steadiness, evenness; (Math) [polygone] regularity

**c** (= légalité) [élection, procédure] legality, lawfulness

**régulateur, -trice** [ʀegylatœʀ, tʀis] → SYN **1** adj regulating

**2** nm (Tech, fig) regulator ◆ **régulateur de vitesse/de température** speed/temperature control ou regulator ◆ **régulateur de croissance** (Agr) growth substance

**régulation** [ʀegylasjɔ̃] → SYN nf [économie, trafic] regulation; [mécanisme] regulation, adjustment ◆ **régulation des naissances** birth control ◆ **régulation thermique** (Physiol) regulation of body temperature, thermotaxis (SPÉC) ◆ **régulation de la circulation** traffic control, regulation of traffic flow

**régule** [ʀegyl] nm Babbitt (metal)

**réguler** [ʀegyle] ▸ conjug 1 ◂ vt [+ flux, marché, taux] to regulate ◆ **réguler la circulation routière** to regulate the flow of traffic, control traffic

**régulier, -ière** [ʀegylje, jɛʀ] → SYN **1** adj **a** (en fréquence, en force) pouls, rythme, respiration, travail, effort regular, steady; qualité, résultats even, consistent; progrès, vitesse, vent steady; habitudes, paiement, revenus, visites regular; (Transport) ligne, vol scheduled; service de train, bus regular ◆ **rivière régulière** river which has a regular ou steady flow ◆ **frapper qch à coups réguliers** to strike sth with regular ou steady blows ◆ **à intervalles réguliers** at regular intervals ◆ **prendre ses repas à (des) heures régulières** to eat at regular intervals ◆ **exercer une pression régulière sur qch** to exert steady pressure on sth ◆ **être en correspondance régulière avec qn** to be in regular correspondence with sb

**b** (= uniforme) répartition, couche, ligne even; façade regular; traits, paysage regular, even; écriture regular, neat; (Math) polygone regular; humeur steady, even; vie ordered ◆ **avoir un visage régulier** to have regular features ◆ **il faut que la pression soit bien régulière partout** the pressure must be evenly distributed over the whole area ◆ **il est régulier dans son travail** he's steady in his work, he's a regular ou steady worker

**c** (= légal) gouvernement legitimate; élection, procédure in order (attrib); jugement regular, in order (attrib); tribunal legal, official ◆ **être en situation régulière** to have one's papers in order

**d** (= honnête) opération, coup aboveboard (attrib); homme d'affaires on the level (attrib), straightforward, straight (attrib) ◆ **vous me faites faire quelque chose qui n'est pas très régulier** (= correct) you're getting me into something that is not quite on the level ou aboveboard ◆ **être régulier en affaires** to be straight ou honest in business ◆ **coup régulier** (Boxe) fair blow; (Échecs) correct move

**e** (Mil) troupes regular; armée regular, standing; (Rel) clergé, ordre regular

**f** vers, verbe, pluriel regular

**g** (Can = normal) normal, regular (US)

**2** nm (= client, Mil, Rel) regular

**3 régulière** nf **a** *, † (= femme) missus*, old woman*; (= maîtresse) lady-love (hum)

**4 à la régulière** * loc adv battre fair and square

**régulièrement** [ʀegyljɛʀmɑ̃] → SYN adv **a** rencontrer, se réunir, organiser, réviser regularly ◆ **il est régulièrement en retard** he's habitually late

**b** répartir, disposer evenly

**c** progresser steadily

**d** (= selon les règles) properly ◆ **élu régulièrement** properly elected, elected in accordance with the rules ◆ **opération effectuée régulièrement** operation carried out in the correct ou proper fashion ◆ **coup porté régulièrement** fairly dealt blow

**e** * (= en principe) normally, in principle; (= d'habitude) normally, usually

**régurgitation** [ʀegyʀʒitasjɔ̃] → SYN nf regurgitation

**régurgiter** [ʀegyʀʒite] → SYN ▸ conjug 1 ◂ vt to regurgitate

**réhabilitable** [ʀeabilitabl] adj condamné who can be rehabilitated

**réhabilitation** [ʀeabilitasjɔ̃] → SYN nf **a** (Jur) [condamné] clearing (the name of), rehabilitation; [failli] discharge ◆ **obtenir la réhabilitation de qn** to get sb's name cleared, get sb rehabilitated

**b** (= revalorisation) [profession, art, idéologie] restoring to favour

**c** (= rénovation) [quartier, immeuble] restoration, rehabilitation ◆ **réhabilitation des sites** (École) site remediation

**réhabiliter** [ʀeabilite] → SYN ▸ conjug 1 ◂ **1** vt **a** [+ condamné] to clear (the name of), rehabilitate; [+ failli] to discharge ◆ **réhabiliter la mémoire de qn** to restore sb's good name

**b** (= revaloriser) [+ profession, art, idéologie] to bring back into favour, restore to favour

**c** (= rénover) [+ quartier, immeuble] to restore, rehabilitate; (École) [+ sites] to remediate

**d** (= rétablir) **réhabiliter qn dans ses fonctions** to reinstate sb (in their job) ◆ **réhabiliter qn dans ses droits** to restore sb's rights (to them)

**2 se réhabiliter** vpr [condamné, criminel] to rehabilitate o.s.; [candidat] to redeem o.s.

**réhabituer** [ʀeabitɥe] ▸ conjug 1 ◂ **1** vt ◆ **réhabituer qn à (faire) qch** to get sb used to (doing) sth again, reaccustom sb to (doing) sth

**2 se réhabituer** vpr ◆ **se réhabituer à (faire) qch** to get used to (doing) sth again, reaccustom o.s. to (doing) sth ◆ **ça va être dur de se réhabituer** it will be difficult to get used to it again

**rehaussement** [ʀəosmɑ̃] → SYN nm **a** [mur, clôture] heightening; [plafond, chaise] raising, heightening

**b** (Fin) [plafond] raising

**rehausser** [ʀəose] → SYN ▸ conjug 1 ◂ vt **a** [+ mur, clôture] to heighten, make higher; [+ plafond, chaise] to raise, heighten ◆ **on va le rehausser avec un coussin** [+ enfant] we'll put a cushion under him so he's sitting up a bit higher

**b** (= augmenter, souligner) [+ beauté, couleur, image de marque] to enhance; [+ goût] to bring out; [+ mérite, prestige] to enhance, increase; [+ popularité] to increase; [+ détail] to bring out, accentuate, underline ◆ **les épices rehaussent la saveur d'un plat** spices bring out the flavour of a dish

**c** (= orner) [+ tableau, robe] to brighten up, liven up ◆ **rehaussé de** embellished with

**rehausseur** [ʀəosœʀ] adj m, nm [siège d'enfant] ◆ **rehausseur de siège, siège rehausseur** booster seat

**rehaut** [ʀəo] nm (Art) highlight

**réhoboam** [ʀeɔbɔam] nm rehoboam

**réhydratation** [ʀeidʀatasjɔ̃] **nf** (gén) rehydration; [peau] moisturizing

**réhydrater** [ʀeidʀate] ▸ conjug 1 ◂ **vt** (gén) to rehydrate; [+ peau] to moisturize

**réification** [ʀeifikasjɔ̃] **nf** reification

**réifier** [ʀeifje] → SYN ▸ conjug 7 ◂ **vt** to reify

**réimperméabilisation** [ʀeɛ̃pɛʀmeabilizasjɔ̃] **nf** reproofing

**réimperméabiliser** [ʀeɛ̃pɛʀmeabilize] ▸ conjug 1 ◂ **vt** to reproof

**réimplantation** [ʀeɛ̃plɑ̃tasjɔ̃] **nf** [embryon, organe] reimplantation

**réimplanter** [ʀeɛ̃plɑ̃te] ▸ conjug 1 ◂ **1** **vt** [+ entreprise existante] to relocate; [+ nouvelle entreprise] to set up; [+ embryon, organe] to reimplant

**2** **se réimplanter vpr** [entreprise] to relocate; [personne] to reestablish oneself

**réimportation** [ʀeɛ̃pɔʀtasjɔ̃] **nf** reimportation

**réimporter** [ʀeɛ̃pɔʀte] ▸ conjug 1 ◂ **vt** to reimport

**réimposer** [ʀeɛ̃poze] ▸ conjug 1 ◂ **vt** **a** (Fin) to impose a new ou further tax on

**b** (Typo) to reimpose

**réimposition** [ʀeɛ̃pozisjɔ̃] **nf** **a** (Fin) further taxation

**b** (Typo) reimposition

**réimpression** [ʀeɛ̃pʀesjɔ̃] **nf** (= action) reprinting; (= livre) reprint ◆ **l'ouvrage est en cours de réimpression** the book is being reprinted

**réimprimer** [ʀeɛ̃pʀime] ▸ conjug 1 ◂ **vt** to reprint

**Reims** [ʀɛ̃s] **n** Rheims

**rein** [ʀɛ̃] → SYN **1** **nm** (= organe) kidney ◆ **être sous rein artificiel** to be on a kidney machine ◆ **rein flottant** renal ptosis

**2** **reins nmpl** (= région) small of the back; (= taille) waist ◆ **avoir mal aux reins** to have backache *(in the lower back)*, have an ache in the small of one's back ◆ **ses cheveux tombent sur ses reins** her hair comes down to her waist ◆ **il donna un coup de reins pour se relever** he heaved himself up ◆ **donner un coup de reins pour soulever qch** to heave sth up ◆ **avoir les reins solides** (lit) to have a strong ou sturdy back ◆ **ils ont/n'ont pas les reins assez solides** (fig) they are/aren't in a strong enough financial position ◆ **casser ou briser les reins à qn** (fig) to ruin ou break sb ◆ **il m'a mis l'épée dans les reins** (fig) he really turned on the pressure; → **creux**

**réincarcération** [ʀeɛ̃kaʀseʀasjɔ̃] **nf** reimprisonment, reincarceration

**réincarcérer** [ʀeɛ̃kaʀseʀe] ▸ conjug 6 ◂ **vt** to reimprison, reincarcerate

**réincarnation** [ʀeɛ̃kaʀnasjɔ̃] → SYN **nf** reincarnation

**réincarner (se)** [ʀeɛ̃kaʀne] ▸ conjug 1 ◂ **vpr** to be reincarnated (*en* as)

**réincorporer** [ʀeɛ̃kɔʀpɔʀe] ▸ conjug 1 ◂ **vt** [+ soldat] to re-enlist ◆ **réincorporer son régiment** to re-enlist in one's regiment

**reine** [ʀɛn] → SYN **1** **nf** (Échecs, Pol, Zool, fig) queen ◆ **la reine de Saba** the Queen of Sheba ◆ **la reine d'Angleterre** the Queen of England ◆ **la reine Élisabeth** Queen Elizabeth ◆ **la reine mère** (lit) the Queen mother; (* fig) her ladyship * ◆ **la reine du bal** the queen ou the belle of the ball ◆ **reine de beauté** beauty queen ◆ **la reine des abeilles/des fourmis** the queen bee/ant ◆ **comme une reine** vivre in the lap of luxury; traiter like a queen ◆ **être vêtue comme une reine** to look like a queen ◆ **la reine de cœur/pique** (Cartes) the queen of hearts/spades ◆ **c'est la reine des idiotes** * she's a prize idiot *; → **bouchée²**, **petit**, **port²**

**2** COMP ▷ **reine des reinettes** rennet

**reine-claude**, pl **reines-claudes** [ʀɛnklod] **nf** greengage

**reine-des-prés**, pl **reines-des-prés** [ʀɛndepʀe] **nf** meadowsweet

**reine-marguerite**, pl **reines-marguerites** [ʀɛnmaʀgəʀit] **nf** (China) aster

**reinette** [ʀɛnɛt] → SYN **nf** ≃ (Cox's orange) pippin ◆ **reinette grise** russet

**réinfecter** [ʀeɛ̃fɛkte] ▸ conjug 1 ◂ **vt** to reinfect ◆ **la plaie s'est réinfectée** the wound has become infected again

**réinfection** [ʀeɛ̃fɛksjɔ̃] **nf** reinfection

**réinitialiser** [ʀeinisjalize] ▸ conjug 1 ◂ **vt** (Ordin) to reboot

**réinjecter** [ʀeɛ̃ʒɛkte] ▸ conjug 1 ◂ **vt** (Méd) to reinject ◆ **réinjecter des fonds dans une entreprise** to pump more money into a company ◆ **ils ont réinjecté une partie des bénéfices dans la recherche** they put some of the profits back into research

**réinscriptible** [ʀeɛ̃skʀiptibl] **adj** (Ordin) disque rewriteable

**réinscription** [ʀeɛ̃skʀipsjɔ̃] **nf** reregistration, re-enrolment (Brit), re-enrollment (US)

**réinscrire** [ʀeɛ̃skʀiʀ] ▸ conjug 39 ◂ **1** **vt** [+ épitaphe] to reinscribe; [+ date, nom] to put down again; [+ élève] to re-enrol, reregister ◆ **je n'ai pas réinscrit mon fils à la cantine cette année** I haven't put my son's name down for school meals this year

**2** **se réinscrire vpr** to re-enrol, reregister (*à* for)

**réinsérer** [ʀeɛ̃seʀe] → SYN ▸ conjug 6 ◂ **vt** **a** [+ publicité, feuillet] to reinsert

**b** [+ délinquant, handicapé] to reintegrate, rehabilitate ◆ **se réinsérer dans la société** to rehabilitate o.s. ou become reintegrated in society

**réinsertion** [ʀeɛ̃sɛʀsjɔ̃] → SYN **nf** **a** [publicité, feuillet] reinsertion

**b** [délinquant, handicapé] reintegration, rehabilitation ◆ **la réinsertion sociale des anciens détenus** the (social) rehabilitation of ex-prisoners

**réinstallation** [ʀeɛ̃stalasjɔ̃] **nf** **a** (= remise en place) [cuisinière] putting back, reinstallation; [étagère] putting up again; [téléphone] reinstallation

**b** (= réaménagement) **notre réinstallation à Paris/dans l'appartement va poser des problèmes** settling back in Paris/into the flat is going to create problems for us

**réinstaller** [ʀeɛ̃stale] ▸ conjug 1 ◂ **1** **vt** **a** (= remettre en place) [+ cuisinière] to put back, reinstall; [+ étagère] to put back up, put up again; [+ téléphone] to reconnect, reinstall

**b** (= réaménager) [+ pièce, appartement] to refurnish ◆ **les bureaux ont été réinstallés à Paris** the offices were moved back to Paris

**c** (= rétablir) **réinstaller qn chez lui** to move sb back into their own home ◆ **réinstaller qn dans ses fonctions** to reinstate sb in their job, give sb their job back

**2** **se réinstaller vpr** (dans un fauteuil) to settle down again (*dans* in); (dans une maison) to settle back (*dans* into) ◆ **il s'est réinstallé à Paris** (gén) he's gone back to live in Paris; [commerçant] he's set up in business again in Paris ◆ **se réinstaller au pouvoir** to come back to power

**réintégrable** [ʀeɛ̃tegʀabl] **adj** ◆ **il n'est pas réintégrable** he can't be reinstated (in his job), he can't be restored to his (former) position

**réintégration** [ʀeɛ̃tegʀasjɔ̃] **nf** **a** [employé] reinstatement (*dans* in)

**b** (= retour) return (*de* to) ◆ **réintégration du domicile conjugal** returning to the marital home

**réintégrer** [ʀeɛ̃tegʀe] → SYN ▸ conjug 6 ◂ **vt** **a** (= rétablir) **réintégrer qn (dans ses fonctions)** to reinstate sb (in their job), restore sb to their (former) position ◆ **réintégrer qn dans ses droits** to restore sb's rights

**b** (= regagner) to return to, go back to ◆ **réintégrer le domicile conjugal** to return to the marital home

**réinterpréter** [ʀeɛ̃tɛʀpʀete] ▸ conjug 6 ◂ **vt** to reinterpret

**réintroduction** [ʀeɛ̃tʀɔdyksjɔ̃] **nf** [personne, mode, projet de loi] reintroduction ◆ **la réintroduction d'espèces en voie de disparition** reintroducing endangered species

**réintroduire** [ʀeɛ̃tʀɔdɥiʀ] ▸ conjug 38 ◂ **1** **vt** **a** (= réinsérer) [+ objet] to reinsert ◆ **réintroduire une clé dans une serrure** to put a key back into a lock ◆ **réintroduire des erreurs dans un texte** to reintroduce errors ou put errors back into a text

**b** (= présenter de nouveau) [+ personne] to introduce again; [+ projet de loi] to reintroduce

**c** (= relancer) [+ mode] to reintroduce, introduce again

**2** **se réintroduire vpr** ◆ **se réintroduire dans** [+ lieu, milieu] to get back into

**réinventer** [ʀeɛ̃vɑ̃te] ▸ conjug 1 ◂ **vt** to reinvent ◆ **inutile de réinventer la roue** there's no point reinventing the wheel

**réinvestir** [ʀeɛ̃vɛstiʀ] ▸ conjug 2 ◂ **vt** (Fin) [+ capital] to reinvest (*dans* in) ◆ **une partie des bénéfices a été réinvestie dans l'entreprise** some of the profits have been reinvested in ou have gone straight back into the company

**réinviter** [ʀeɛ̃vite] ▸ conjug 1 ◂ **vt** to invite back, ask back again, reinvite

**réislamisation** [ʀeislamizasjɔ̃] **nf** revival of Islam ◆ **cela a conduit à une réislamisation du pays/des mœurs** this has led to a revival of Islam in the country/in people's lives

**réitératif, -ive** [ʀeiteʀatif, iv] **adj** reiterative

**réitération** [ʀeiteʀasjɔ̃] **nf** reiteration, repetition

**réitérer** [ʀeiteʀe] → SYN ▸ conjug 6 ◂ **vt** [+ promesse, ordre, question] to reiterate, repeat; [+ demande, exploit] to repeat ◆ **attaques réitérées** repeated attacks ◆ **le criminel a réitéré** the criminal has repeated his crime ou has done it again

**reître** [ʀɛtʀ] → SYN **nm** (littér) ruffianly ou roughneck soldier

**rejaillir** [ʀ(ə)ʒajiʀ] → SYN ▸ conjug 2 ◂ **vi** **a** (= éclabousser) [liquide] to splash back ou up (*sur* onto, at); (avec force) to spurt back ou up (*sur* onto, at); [boue] to splash up (*sur* onto, at) ◆ **l'huile m'a rejailli à la figure** the oil splashed up in my face

**b** (= retomber) **rejaillir sur qn** [scandale, honte] to rebound on sb; [gloire] to be reflected on sb ◆ **les bienfaits de cette invention rejailliront sur tous** everyone stands to benefit from this invention ◆ **sa renommée a rejailli sur ses collègues** his fame brought his colleagues some reflected glory

**rejaillissement** [ʀ(ə)ʒajismɑ̃] → SYN **nm** **a** [liquide, boue] splashing up; (avec force) spurting up

**b** [scandale, honte] rebounding; [gloire] reflection

**rejet** [ʀəʒɛ] → SYN **nm** **a** [épave, corps] casting up, washing up

**b** [fumée, gaz, déchets] discharge; [lave] throwing out, spewing out

**c** (= refus) [candidat, candidature, manuscrit, projet de loi, offre] demande, conseil rejection; [recours en grâce, hypothèse] rejection, dismissal

**d** (Littérat) enjamb(e)ment, rejet

**e** (Ling) **le rejet de la préposition à la fin de la phrase** putting the preposition at the end of the sentence

**f** (Bot) shoot

**g** (Géol) throw

**h** (Méd) [greffe] rejection ◆ **phénomène de rejet** (lit, fig) rejection ◆ **faire un rejet** (Méd) to reject a transplant ◆ **la musique baroque, moi je fais un rejet** * I can't bear baroque music

**i** (Ordin) reject

**rejeter** [ʀəʒ(ə)te, ʀ(ə)ʒəte] GRAMMAIRE ACTIVE 12.1 → SYN ▸ conjug 4 ◂

**1** **vt** **a** (= relancer) [+ objet] to throw back (*à* to) ◆ **rejeter un poisson à l'eau** to throw a fish back (into the water)

**b** [+ fumée, gaz, déchets] to discharge ◆ **il ou son estomac rejette toute nourriture** his stomach rejects everything, he can't keep anything down ◆ **le volcan rejette de la lave** the volcano is spewing ou throwing out lava ◆ **le cadavre a été rejeté par la mer** the corpse was washed up on the shore

**c** (= refuser) [+ domination, amant, candidat, candidature, manuscrit] to reject; [+ projet de loi] to reject, throw out; [+ accusation] to refute, deny; [+ offre, demande, conseil] to reject, turn down; [+ recours en grâce, hypothèse] to reject, dismiss; [+ indésirable] to cast out, expel; [+ envahisseur] to push back, drive back ◆ **la machine rejette les mauvaises pièces de monnaie** the machine rejects ou refuses invalid coins ◆ **la proposition de paix a été rejetée** the peace proposal has been rejected ◆ **le village l'a rejeté après ce dernier scandale** the village has cast him out after this latest scandal ◆ **rejeter qn d'un parti** to expel sb from ou throw sb out of a party

**d** (= faire porter) **rejeter une faute sur qn/qch** to put the blame on sb/sth, blame sb/sth ◆ **il rejette la responsabilité sur moi** he blames me, he lays the responsibility at my door

**e** (= placer) **la préposition est rejetée à la fin** the preposition is put at the end ◆ **rejeter la tête en arrière** to throw ou toss one's head back ◆ **rejeter ses cheveux en arrière** (avec la main) to push one's hair back; (en se coiffant) to comb ou brush one's hair back; (d'un mouvement de la tête) to toss one's hair back ◆ **rejeter les épaules en arrière** to pull one's shoulders back ◆ **le chapeau rejeté en arrière** with his hat tilted back ◆ **rejeter la terre hors d'une tranchée** to throw the earth out of a trench

**f** (Méd) [+ greffon] to reject

**g** (Ordin) to reject

[2] **se rejeter** vpr **a** (= se reculer) **se rejeter en arrière** to jump ou leap back(wards)

**b** (= se jeter de nouveau) **il s'est rejeté dans l'eau** he jumped back ou threw himself back into the water

**c** (= se renvoyer) **ils se rejettent (mutuellement) la responsabilité de la rupture** they lay the responsibility for the break-up at each other's door, each wants the other to take responsibility for the break-up

**rejeton** [ʀəʒ(ə)tɔ̃, ʀ(ə)ʒətɔ̃] → SYN nm **a** (* = enfant) kid * ◆ **ils sont venus avec leurs rejetons** they brought their kids * ou offspring (hum) with them

**b** (Bot) shoot; (fig) offshoot

**rejoindre** [ʀ(ə)ʒwɛ̃dʀ] → SYN ► conjug 49 ◄ [1] vt **a** (= regagner, retrouver) [+ lieu] to get (back) to; [+ route] to (re)join, get (back) (on)to; [+ personne] to (re)join, meet (again); [+ poste, régiment] to rejoin, return to ◆ **la route rejoint la voie ferrée à ...** the road meets (up with) ou (re)joins the railway line at ...

**b** (= rattraper) to catch up (with) ◆ **je n'arrive pas à le rejoindre** I can't manage to catch up with him ou to catch him up (Brit)

**c** (= se rallier à) [+ parti] to join; [+ point de vue] to agree with ◆ **je vous rejoins sur ce point** I agree with you on that point ◆ **mon idée rejoint la vôtre** my idea is closely akin to yours ou is very much like yours ◆ **c'est ici que la prudence rejoint la lâcheté** this is where prudence comes close to ou is closely akin to cowardice

**d** (= réunir) [+ personnes] to reunite, bring back together; [+ choses] to bring together (again); [+ lèvres d'une plaie] to close

[2] **se rejoindre** vpr [routes] to join, meet; [idées] to concur, be closely akin to each other; [personnes] (pour rendez-vous) to meet (up) (again); (sur point de vue) to agree

**rejointoiement** [ʀ(ə)ʒwɛ̃twamɑ̃] nm repointing, regrouting

**rejointoyer** [ʀ(ə)ʒwɛ̃twaje] ► conjug 8 ◄ vt to repoint, regrout

**rejouer** [ʀ(ə)ʒwe] ► conjug 1 ◄ [1] vt (gén) to play again; [+ match] to replay ◆ **rejouer cœur** (Cartes) to lead hearts again ◆ **on rejoue une partie ?** shall we have ou play another game? ◆ **rejouer une pièce** [acteurs] to perform a play again, give another performance of a play; [théâtre] to put on a play again ◆ **nous rejouons demain à Marseille** [acteurs] we're performing again tomorrow in Marseilles; [joueurs] we're playing again tomorrow in Marseilles

[2] vi [enfants, joueurs] to play again; [musicien] to play ou perform again ◆ **acteur qui ne pourra plus jamais rejouer** actor who will never be able to act ou perform again

**réjoui, e** [ʀeʒwi] → SYN (ptp de **réjouir**) adj air, mine joyful, joyous

**réjouir** [ʀeʒwiʀ] GRAMMAIRE ACTIVE 11.2 → SYN ► conjug 2 ◄

[1] vt [+ personne, regard] to delight; [+ cœur] to gladden ◆ **cette perspective le réjouit** this prospect delights ou thrills him, he is delighted ou thrilled at this prospect ◆ **cette idée ne me réjouit pas beaucoup** I don't find the thought of it particularly appealing

[2] **se réjouir** vpr to be delighted ou thrilled (*de faire* to do) ◆ **se réjouir de** [+ nouvelle, événement] to be delighted ou thrilled about ou at; [+ malheur] to take delight in, rejoice over ◆ **vous avez gagné et je m'en réjouis pour vous** you've won and I'm delighted for you ◆ **se réjouir (à la pensée) que ...** to be delighted ou thrilled (at the thought) that ... ◆ **je me réjouis à l'avance de les voir** I am greatly looking forward to seeing them ◆ **réjouissez-vous !** rejoice! ◆ **je me réjouis que tu aies réussi** I'm delighted ou thrilled that you've succeeded

**réjouissance** [ʀeʒwisɑ̃s] → SYN nf rejoicing ◆ **réjouissances** festivities, merrymaking (NonC) ◆ **quel est le programme des réjouissances pour la journée ?** (hum) what delights are in store (for us) today? (hum), what's on the agenda for today? *

**réjouissant, e** [ʀeʒwisɑ̃, ɑ̃t] → SYN adj histoire amusing, entertaining; nouvelle cheering ◆ **quelle perspective réjouissante !** (iro) what a delightful prospect! (iro) ◆ **les prévisions ne sont guère réjouissantes** the forecasts aren't very encouraging ou heartening ◆ **ce n'est pas réjouissant !** it's no joke!

**rejuger** [ʀ(ə)ʒyʒe] ► conjug 3 ◄ vt (Jur) [+ affaire, accusé] to retry

**relâche** [ʀəlɑʃ] → SYN [1] nm ou nf **a** (littér = répit) respite, rest ◆ **prendre un peu de relâche** to take a short rest ou break ◆ **se donner relâche** to give o.s. a rest ou a break ◆ **sans relâche** relentlessly

**b** (Théât) closure ◆ **faire relâche** to be closed, close ◆ **"relâche"** "no performance(s) (today ou this week etc)" ◆ **le lundi est le jour de relâche du cinéma local** the local cinema is closed on Monday(s)

[2] nf (Naut) port of call ◆ **faire relâche dans un port** to put in at ou call at a port

**relâché, e** [ʀ(ə)lɑʃe] → SYN (ptp de **relâcher**) adj style loose, limp; conduite, mœurs lax; discipline, autorité lax, slack; prononciation lax

**relâchement** [ʀ(ə)lɑʃmɑ̃] → SYN nm **a** [étreinte] relaxation, loosening; [lien] loosening, slackening; [muscle] relaxation; [ressort] release

**b** [discipline, effort, zèle] relaxation, slackening; [surveillance] relaxation; [courage, attention] flagging ◆ **il y a du relâchement dans la discipline** discipline is getting lax ou slack ◆ **relâchement des mœurs** loosening ou slackening of moral standards

**relâcher** [ʀ(ə)lɑʃe] → SYN ► conjug 1 ◄ [1] vt **a** [+ étreinte] to relax, loosen; [+ lien] to loosen, slacken (off); [+ muscle] to relax; [+ ressort] to release ◆ **il a relâché le poisson dans l'eau** he threw the fish back (into the water) ◆ **relâcher les intestins** to loosen the bowels

**b** [+ discipline, surveillance] to relax; [+ effort] to relax, let up ◆ **ils relâchent leur attention** their attention is wandering

**c** [+ prisonnier, otage, gibier] to release, let go, set free

**d** (= refaire tomber) [+ objet] to drop (again), let go of (again) ◆ **ne relâche pas la corde** don't let go of the rope (again)

[2] vi (Naut) ◆ **relâcher (dans un port)** to put into port

[3] **se relâcher** vpr **a** [courroie] to loosen, go ou get loose ou slack; [muscle] to relax

**b** [surveillance, discipline] to become ou get lax ou slack; [mœurs] to become ou get lax; [style] to become sloppy; [courage, attention] to flag; [zèle] to slacken, flag; [effort] to let up ◆ **il se relâche** he's letting up ◆ **ne te relâche pas maintenant !** don't let up ou slack(en) off now! ◆ **il se relâche dans son travail** he's growing slack in his work, his work is getting slack

**relais** [ʀ(ə)lɛ] → SYN nm **a** (Sport) relay (race); (Alpinisme) stance ◆ **relais 4 fois 100 mètres** 4 by 100 metres (relay) ◆ **passer le relais à son coéquipier** to hand over to one's team-mate ◆ **à cause du mauvais passage de relais** because one of the runners fumbled the baton ou pass

**b** (Ind) **ouvriers/équipe de relais** shift workers/team ◆ **travail par relais** shift work ◆ **passer le relais à qn** to hand over to sb ◆ **le passage de relais entre l'ancien et le nouveau directeur** the handover from the old manager to the new one ◆ **prendre le relais (de qn)** to take over (from sb) ◆ **servir de relais** (dans une transaction) to act as an intermediary ou a go-between ◆ **la pluie ayant cessé, c'est la neige qui a pris le relais** once the rain had stopped the snow took over ou set in; → **crédit-relais, prêt**

**c** (= chevaux, chiens) relay ◆ **relais (de poste)** (Hist = auberge) post house, coaching inn; (Mil) staging post ◆ **relais routier** transport café (Brit), truck stop (US) ◆ **ville relais** stopover; → **cheval**

**d** (Élec, Radio, Téléc) (= action) relaying; (= dispositif) relay ◆ **relais de télévision** television relay station ◆ **relais hertzien** radio relay ◆ **avion/satellite de relais** relay plane/satellite

**relance** [ʀəlɑ̃s] → SYN nf **a** (= reprise) [économie, industrie, emploi] boosting, stimulation; [idée, projet] revival, relaunching; [négociations] reopening; (Écon) reflation ◆ **pour permettre la relance du processus de paix** in order to restart the peace process ◆ **la relance de l'économie n'a pas duré** the boost (given) to the economy did not last ◆ **la relance du terrorisme est due à ...** the fresh outburst of ou upsurge in terrorism is due to ... ◆ **provoquer la relance de** [+ économie] to give a boost to, boost, stimulate; [+ projet] to revive, relaunch ◆ **mesures/politique de relance** reflationary measures/policy

**b** (Poker) **faire une relance** to raise the stakes, make a higher bid ◆ **limiter la relance** to limit the stakes

**c** [débiteur] chasing up; [client] following up ◆ **lettre de relance** reminder

**relancer** [ʀ(ə)lɑ̃se] → SYN ► conjug 3 ◄ vt **a** (= renvoyer) [+ objet, ballon] to throw back (again)

**b** (= faire repartir) [+ gibier] to start (again); [+ moteur] to restart; [+ idée, projet] to revive, relaunch; [+ polémique, dialogue, négociations] to reopen; [+ économie, industrie, emploi, inflation] to boost, give a boost to, stimulate ◆ **relancer la machine économique** to kick-start the economy

**c** (= harceler) [+ débiteur] to chase up; (sexuellement) [+ personne] to harass, pester, chase after ◆ **relancer un client par téléphone** to make a follow-up call to a customer

**d** (Cartes) [+ enjeu] to raise

**e** (Ordin) to restart

**relaps, e** [ʀəlaps] → SYN [1] adj relapsed

[2] nm,f relapsed heretic

**relater** [ʀ(ə)late] → SYN ► conjug 1 ◄ vt (littér) [+ événement, aventure] to relate, recount; (Jur) [+ pièce, fait] to record ◆ **le journaliste relate que ...** the journalist says that ... ou tells us that ... ◆ **pourriez-vous relater les faits tels que vous les avez observés ?** could you state the facts exactly as you observed them?

**relatif, -ive** [ʀ(ə)latif, iv] → SYN [1] adj (gén, Gram, Mus) relative; silence, luxe relative, comparative ◆ **tout est relatif** everything is relative ◆ **discussions relatives à un sujet** discussions relative to ou relating to ou connected with a subject ◆ **faire preuve d'un enthousiasme tout relatif** to be less than enthusiastic ◆ **faire preuve d'un optimisme relatif** to be guardedly optimistic ◆ **(ton) majeur/mineur relatif** (Mus) relative major/minor (key)

[2] nm **a** (Gram) relative pronoun

**b** **avoir le sens du relatif** to have a sense of proportion

[3] **relative** nf (Gram) relative clause

**relation** [ʀ(ə)lasjɔ̃] → SYN [1] nf **a** (gén, Math, Philos) relation(ship) ◆ **relation de cause à effet** relation(ship) of cause and effect ◆ **la relation entre l'homme et l'environnement** the relation(ship) between man and the environment ◆ **il y a une relation évidente entre ...** there is an obvious connection ou relation(ship) between ... ◆ **c'est sans relation** ou **cela n'a aucune relation avec ...** it has no connection with ..., it bears no relation to ... ◆ **faire la relation entre deux événements** to make the connection between two events

**b** (= personne) acquaintance ◆ **une de mes relations** an acquaintance of mine, someone I know ◆ **trouver un poste par relations** to find a job through one's connections, find a job by knowing somebody ou by knowing the right people ◆ **avoir des relations** to have (influential) connections, know (all) the right people

**c** (= récit) account, report ◆ **relation orale/écrite** oral/written account ou report ◆ **d'après la relation d'un témoin** according to a witness's account ◆ **faire la relation des événements/de son voyage** to give an account of ou relate the events/one's journey

2 **relations** nfpl relations; (= rapports) (gén) relations; (sur le plan personnel) relationship, relations ◆ **relations diplomatiques/culturelles/publiques/internationales** diplomatic/cultural/public/international relations ◆ **opération de relations publiques** PR exercise ◆ **relations patrons-ouvriers/patronat-syndicats** labour-management/union-management relations ◆ **relations humaines** human relationships ◆ **les relations sont tendues/cordiales entre nous** relations between us are strained/cordial, the relationship between us ou our relationship is strained/cordial ◆ **avoir des relations (sexuelles) avec qn** to have sexual relations ou (sexual) intercourse with sb ◆ **avoir des relations amoureuses avec qn** to have an affair ou a love affair with sb ◆ **avoir de bonnes relations/des relations amicales avec qn** to be on good/friendly terms with sb, have a good/friendly relationship with sb ◆ **être en relations d'affaires avec qn** to have business relations ou business dealings ou a business relationship with sb ◆ **être/rester en relation(s) avec qn** to be/keep in touch ou contact with sb ◆ **entrer** ou **se mettre en relation(s) avec qn** to get in touch ou make contact with sb ◆ **nous sommes en relations suivies** we are in constant ou close contact

**relationnel, -elle** [ʀ(ə)lasjɔnɛl] adj a problèmes relationship (épith) ◆ **réseau relationnel** network of contacts ◆ **sur le plan relationnel, il a toujours eu des problèmes** he's always had problems relating to other people ◆ **le relationnel est de plus en plus important en entreprise** human relations are more and more important in the workplace

b grammaire relational ◆ **base de données relationnelle** relational data base

**relativement** [ʀ(ə)lativmɑ̃] → SYN adv a facile, honnête, rare relatively, comparatively

b **relativement à** (= par comparaison à) in relation to, compared to; (= concernant) with regard to, concerning

**relativisation** [ʀəlativizasjɔ̃] nf relativization

**relativiser** [ʀ(ə)lativize] ▸ conjug 1 ◂ vt to relativize ◆ **il faut relativiser** you have to put things into perspective

**relativisme** [ʀ(ə)lativism] nm relativism

**relativiste** [ʀ(ə)lativist] 1 adj relativistic

2 nmf relativist

**relativité** [ʀ(ə)lativite] nf relativity ◆ **découvrir la relativité des choses/des valeurs** to realize that things/values are relative ◆ **(théorie de la) relativité générale/restreinte** general/special (theory of) relativity

**relaver** [ʀ(ə)lave] ▸ conjug 1 ◂ vt to wash again, rewash

**relax** * [ʀəlaks] adj ⇒ **relaxe²**

**relaxant, e** [ʀ(ə)laksɑ̃, ɑ̃t] → SYN adj relaxing

**relaxation** [ʀ(ə)laksasjɔ̃] → SYN nf relaxation ◆ **j'ai besoin de relaxation** I need to relax, I need a bit of relaxation ◆ **faire de la relaxation** to do relaxation exercises

**relaxe¹** [ʀəlaks] → SYN nf (= acquittement) acquittal, discharge; (= libération) release

**relaxe²** * [ʀəlaks] adj ambiance relaxed, informal, laid back *; tenue informal, casual; personne relaxed, easy-going, laid-back *; vacances relaxing ◆ **siège** ou **fauteuil relaxe** reclining chair, recliner

**relaxer¹** [ʀ(ə)lakse] → SYN ▸ conjug 1 ◂ vt (= acquitter) to acquit, discharge; (= libérer) to release

**relaxer²** [ʀ(ə)lakse] ▸ conjug 1 ◂ 1 vt [+ muscles] to relax

2 **se relaxer** vpr to relax

**relayer** [ʀ(ə)leje] → SYN ▸ conjug 8 ◂ 1 vt a [+ personne] to relieve, take over from; [+ appareil] to replace; [+ initiative] to take over ◆ **relayer l'information** to pass the message on ◆ **se faire relayer** to get somebody to take over, hand over to somebody else

b (Radio, TV) to relay

2 **se relayer** vpr to take turns (*pour faire* to do, at doing), take it in turns (*pour faire* to do); (dans un relais) to take over from one another

**relayeur, -euse** [ʀ(ə)lɛjœʀ, øz] nm,f relay runner

**relecture** [ʀ(ə)lɛktyʀ] nf rereading ◆ **relecture d'épreuves** proofreading ◆ **cet auteur nous propose une relecture de l'histoire contemporaine** this author offers us a rereading of contemporary history

**relégable** [ʀ(ə)legabl] adj équipe likely to be relegated

**relégation** [ʀ(ə)legasjɔ̃] → SYN nf a [personne, problème, objet] relegation

b (Sport) relegation (*en* to)

c (Jur = exil) relegation, banishment

**reléguer** [ʀ(ə)lege] → SYN ▸ conjug 6 ◂ vt a (= confiner) [+ personne, problème] to relegate (*à* to); [+ objet] to consign, relegate (*à, dans* to) ◆ **reléguer qch/qn au second plan** to relegate sth/sb to a position of secondary importance

b (Sport) to relegate (*en* to) ◆ **ils se trouvent relégués à la dixième place/en deuxième division** they have been relegated to tenth place/to the second division

c (Jur = exiler) to relegate, banish

**relent** [ʀəlɑ̃] → SYN nm foul smell, stench (NonC) ◆ **un relent** ou **des relents de poisson pourri** a stench ou foul smell of rotten fish, the reek of rotten fish ◆ **des relents de vengeance** a whiff of revenge ◆ **ça a des relents de racisme** it smacks of racism

**relevable** [ʀəl(ə)vabl, ʀ(ə)ləvabl] adj siège tip-up (épith), fold-away (épith)

**relevage** [ʀəl(ə)vaʒ] nm ◆ **station de relevage** sewage treatment plant, sewage pumping station

**relevailles** [ʀ(ə)ləvɑj, ʀəl(ə)vɑj] nfpl churching

**relevé, e** [ʀəl(ə)ve] → SYN (ptp de **relever**) 1 adj a col turned-up; virage banked; manches rolled-up; tête (lit) held up; (fig) held high ◆ **chapeau à bords relevés** hat with a turned-up brim ◆ **porter les cheveux relevés** to wear one's hair up ◆ **pas relevé** (Équitation) high-step

b (= noble) style, langue, sentiments elevated, lofty; conversation refined, sophisticated ◆ **cette expression n'est pas très relevée** it's not a very choice ou refined expression ◆ **plaisanterie peu relevée** rather crude joke

c (Culin) sauce, mets highly-seasoned, spicy, hot

2 nm a [dépenses] summary, statement; [cote] plotting; [citations, adresses] list; (= facture) bill; [construction, plan] layout ◆ **faire un relevé de** [+ citations, erreurs] to list, note down; [+ notes] to take down; [+ compteur] to read ◆ **prochain relevé du compteur dans deux mois** next meter reading in two months ◆ **relevé de gaz/de téléphone** gas/telephone bill ◆ **relevé bancaire, relevé de compte** bank statement ◆ **relevé de condamnations** police record ◆ **relevé d'identité bancaire** particulars of one's bank account ◆ **relevé d'identité postal** particulars of one's post-office bank account ◆ **relevé de notes** marks sheet (Brit), grade sheet (US)

b (Danse) relevé

**relève** [ʀ(ə)lɛv] → SYN nf a (= personne) relief; (= travailleurs) relief (team); (= troupe) relief (troops); (= sentinelles) relief (guard)

b (= action) relief ◆ **la relève de la garde** the changing of the guard ◆ **assurer** ou **prendre la relève de qn** (lit) to relieve sb, take over from sb; (fig) to take over (from sb)

**relèvement** [ʀ(ə)lɛvmɑ̃] → SYN nm a (= redressement) recovery ◆ **on assiste à un relèvement spectaculaire du pays/de l'économie** the country/the economy is making a spectacular recovery

b (= rehaussement) [niveau] raising; [cours, salaires, impôts, taux] raising ◆ **le relèvement du plancher** raising the level of the floor ◆ **un relèvement de 5%** a 5% rise ◆ **le relèvement du salaire minimum** (action) the raising of the minimum wage; (résultat) the rise in the minimum wage

c (Naut) **faire un relèvement de sa position** to plot one's position

**relever** [ʀəl(ə)ve, ʀ(ə)ləve] → SYN ▸ conjug 5 ◂ 1 vt a (= redresser) [+ statue, meuble] to stand up (again); [+ chaise] to stand up (again), pick up; [+ véhicule, bateau] to right; [+ personne] to help (back) up, help (back) to his feet; [+ blessé] to pick up ◆ **relever une vieille dame tombée dans la rue** to help up an old lady who has fallen in the street ◆ **l'arbitre a fait relever les joueurs** the referee made the players get up ◆ **relever la tête** (lit) to lift ou hold up one's head; (fig) (= se rebeller) to raise one's head, show signs of rebelling; (fig) (= être fier) to hold one's head up ou high

b (= remonter) [+ col] to turn up; [+ chaussettes] to pull up; [+ jupe] to raise, lift; [+ manche, pantalon] to roll up; [+ voile] to lift, raise; [+ cheveux] to put up; [+ vitre] (en poussant) to push up; (avec bouton ou manivelle) to wind up; [+ store] to roll up, raise; [+ siège] to tip up; [+ manette] to push up; [+ couvercle] to lift (up) ◆ **lorsqu'il releva les yeux** when he lifted (up) ou raised his eyes, when he looked up ◆ **elle avait les cheveux relevés** she had ou was wearing her hair up

c (= mettre plus haut) [+ mur, étagère, plafond] to raise, heighten; [+ niveau] to raise, bring up

d (= remettre en état) [+ ruines] to rebuild; [+ économie] to rebuild, restore; [+ pays, entreprise] to put back on its feet

e (= augmenter, faire monter) [+ salaire, impôts] to raise, increase, put up; [+ niveau de vie] to raise; [+ chiffre d'affaires] to increase ◆ **j'ai dû relever toutes les notes de deux points** I had to raise ou increase all the marks by two points ◆ **cela ne l'a pas relevé dans mon estime** that didn't raise him in my esteem, that didn't improve my opinion of him ◆ **il n'y en a pas un pour relever l'autre** * (péj) they're both (just) as bad as one another ◆ **pour relever le moral des troupes** to boost the morale of the troops

f [+ sauce, plat] to season ◆ **relever le goût d'un mets avec des épices** to bring out the flavour of a dish with spices ◆ **ce plat aurait pu être un peu plus relevé** this dish could have done with a bit more seasoning ◆ **mettre des touches de couleurs claires pour relever un tableau un peu terne** (fig) to add dabs of light colour to brighten ou liven up a rather dull picture ◆ **bijoux qui relèvent la beauté d'une femme** jewellery that enhances a woman's beauty

g (= relayer) [+ sentinelle] to relieve, take over from ◆ **à quelle heure viendra-t-on me relever ?** when will I be relieved?, when is someone coming to take over from me? ◆ **relever la garde** to change the guard

h (= remarquer) [+ faute, fait] to pick out, find; [+ contradiction] to find; [+ traces, empreintes] to find, discover ◆ **les charges relevées contre l'accusé** (Jur) the charges laid ou brought against the accused

i (= enregistrer) [+ adresse, renseignement] to take down, note (down); [+ notes] to take down; [+ plan] to copy out, sketch; (Naut) [+ point] to plot; [+ compteur, électricité, gaz] to read ◆ **j'ai fait relever le nom des témoins** I had the name of the witnesses noted (down) ou taken down ◆ **relever une cote** to plot an altitude ◆ **les températures relevées sous abri** temperatures recorded in the shade ◆ **relever des empreintes digitales** to take fingerprints ◆ **relever les compteurs** * [proxénète] to collect the takings

j (= réagir à) [+ injure, calomnie] to react to, reply to; [+ défi] to accept, take up, answer ◆ **je n'ai pas relevé cette insinuation** I ignored this insinuation, I did not react ou reply to this insinuation ◆ **il a dit un gros mot mais je n'ai pas relevé** he said a rude word but I didn't react ou I ignored it

k (= ramasser) [+ copies, cahiers] to collect (in), take in ◆ **relevez 40 mailles autour de l'encolure** (Tricot) pick up 40 stitches around the neck; → **gant**

l **relever qn de qch** to release sb from sth ◆ **je te relève de ta promesse** I release you from your promise ◆ **relever un fonctionnaire de ses fonctions** to relieve an official of his duties ◆ **relever un prêtre de ses vœux** to release a priest from his vows

2 **relever de** vt indir a (= se rétablir) **relever de maladie** to recover from ou get over an illness, get back on one's feet (after an illness) ◆ **elle relève de couches** she's just had a baby

b (= être du ressort de) to be a matter for, the concern of; (= être sous la tutelle de) to come under ◆ **cela relève de la Sécurité**

**sociale** that is a matter for the Social Security ◆ **cela relève de la théologie** that comes ou falls within the province of theology ◆ **son cas relève de la psychanalyse** he needs to see a psychoanalyst ◆ **ce service relève du ministère de l'Intérieur** this department comes under the authority of the Home Office ◆ **cette affaire ne relève pas de ma compétence** this matter does not come within my remit ◆ **ça relève de l'imagination la plus fantaisiste** that is a product of pure fancy; → **miracle**

3 vi (= remonter) [vêtement] to pull up, go up ◆ **cette jupe relève par devant** this skirt rides up at the front

4 **se relever** vpr **a** (= se remettre debout) to stand ou get up (again), get back (on)to one's feet (again) ◆ **le boxeur se releva** the boxer got up again ou got back to his feet ou picked himself up ◆ **il l'a aidée à se relever** he helped her up

**b** (= sortir du lit) to get up; (= ressortir du lit) to get up again ◆ **se relever la nuit** to get up in the night ◆ **il m'a fait (me) relever pour que je lui apporte à boire** he made me get up to fetch him a drink

**c** (= remonter) [strapontin] to tip up; [couvercle, tête de lit] to lift up ◆ **ses lèvres se relevaient dans un sourire** his mouth curled into a smile ◆ **est-ce que cette fenêtre se relève ?** does this window go up? ◆ **à l'heure où tous les stores de magasins se relèvent** when the shopkeepers roll up their shutters

**d** (= se remettre) **se relever de** [+ deuil, chagrin, honte] to recover from, get over ◆ **se relever de ses ruines/cendres** to rise from its ruins/ashes ◆ **il ne s'en est jamais relevé** he never got over it

**releveur, -euse** [ʀəl(ə)vœʀ, øz] 1 adj ◆ **muscle releveur** levator (muscle)

2 nm (Anat) levator

3 nm, f [compteur] meter reader ◆ **releveur du gaz/de l'électricité** gasman/electricity man

**reliage** [ʀəljaʒ] nm [tonneau] hooping

**relief** [ʀəljɛf] → SYN 1 nm **a** (Géog) relief ◆ **avoir un relief accidenté** to be hilly ◆ **région de peu de relief** fairly flat region ◆ **le relief sous-marin** the relief of the sea bed

**b** (= saillies) [visage] contours; [médaille] relief, embossed ou raised design; (Art) relief ◆ **la pierre ne présentait aucun relief** the stone was quite smooth

**c** (= profondeur, contraste) [dessin] relief, depth; [style] relief ◆ **portrait/photographie qui a beaucoup de relief** portrait/photograph which has plenty of relief ou depth ◆ **relief acoustique** ou **sonore** depth of sound ◆ **personnage qui manque de relief** rather flat ou uninteresting character ◆ **votre dissertation manque de relief** your essay is rather flat

**d en relief** motif in relief, raised; caractères raised, embossed; carte de visite embossed; photographie, cinéma three-dimensional, 3-D, stereoscopic ◆ **l'impression est en relief** the printing stands out in relief ◆ **carte en relief** relief map ◆ **mettre en relief** [+ intelligence] to bring out; [+ beauté, qualités] to set ou show off, enhance, accentuate; [+ idée] to bring out, accentuate ◆ **l'éclairage mettait en relief les imperfections de son visage** the lighting brought out ou accentuated the imperfections of her face ◆ **je tiens à mettre ce point en relief** I wish to underline ou stress ou emphasize this point ◆ **il essayait de se mettre en relief en monopolisant la conversation** he was trying to draw attention to himself ou to get himself noticed by monopolizing the conversation

2 **reliefs** nmpl (littér : d'un repas) remains, left-overs ◆ **les reliefs de sa gloire** (littér) the remnants of his glory

**relier** [ʀəlje] → SYN ▸ conjug 7 ◂ vt **a** [+ points, mots] to join ou link up ou together; (Élec) to connect (up); [+ villes] to link (up); [+ idées] to link (up ou together); [+ faits] to connect (together), link (up ou together) ◆ **relier deux choses entre elles** to link ou join up two things, link ou join two things together ◆ **des vols fréquents relient Paris à New York** frequent flights link ou connect Paris and ou with New York ◆ **nous sommes reliés au studio par voiture-radio** we have a radio-car link to the studio ◆ **ce verbe est relié à son complément par une préposition** this verb is linked to its complement by a preposition ◆ **relier le passé au présent** to link the past to the present, link the past and the present (together)

**b** [+ livre] to bind; [+ tonneau] to hoop ◆ **livre relié** bound volume, hardback (book) ◆ **livre relié (en) cuir** leather-bound book, book bound in leather

**relieur, -ieuse** [ʀəljœʀ, jøz] nm,f (book)binder

**religieusement** [ʀ(ə)liʒjøzmɑ̃] adv (Rel, fig) religiously; écouter religiously, reverently; tenir sa parole scrupulously, religiously ◆ **conserver** ou **garder religieusement** [+ objet] to keep lovingly; [+ secret] to keep scrupulously ◆ **se marier religieusement** to have a church wedding, get married in church ◆ **il a été élevé religieusement** he had a religious upbringing

**religieux, -ieuse** [ʀ(ə)liʒjø, jøz] → SYN 1 adj **a** (Rel) édifice, secte, cérémonie, opinion religious; art sacred; école, mariage, musique church (épith); vie, ordres, personne religious ◆ **l'habit religieux** the monk's (ou nun's) habit

**b** (fig) respect, soin religious; silence religious, reverent; → **mante**

2 nm (gén) religious figure; (= moine) monk, friar

3 **religieuse** nf **a** (= nonne) nun

**b** (Culin) iced ou frosted (US) cream puff *(made with choux pastry)*

**religion** [ʀ(ə)liʒjɔ̃] → SYN nf **a** (= culte) religion, (religious) faith ◆ **la religion** (= ensemble de croyances) religion ◆ **la religion chrétienne/musulmane** the Christian/Muslim religion ou faith ◆ **avoir de la religion** to be religious ◆ **les gens sans religion** people who have no religion ou without religion ◆ **c'est contraire à ma religion, ma religion me l'interdit** (hum) it's against my religion (hum) ◆ **"la religion est l'opium du peuple"** "religion is the opiate of the people"

**b** (= vie monastique) monastic life ◆ **entrer en religion** to take one's vows ◆ **Anne Dupuis, en religion sœur Claire** Anne Dupuis, whose religious name is Sister Claire

**c** (fig) **se faire une religion de qch** to make a religion of sth ◆ **il a la religion de la nature** he's a nature lover ◆ **sur ce point, sa religion était faite** (= conviction) he was absolutely convinced of this ◆ **je n'ai pas encore fait ma religion là-dessus** I haven't made up my mind yet

**religionnaire** [ʀ(ə)liʒjɔnɛʀ] → SYN nmf religionary

**religiosité** [ʀ(ə)liʒjozite] → SYN nf religiosity

**reliquaire** [ʀəlikɛʀ] → SYN nm reliquary

**reliquat** [ʀəlika] → SYN nm [dette] remainder, outstanding amount ou balance; [compte] balance; [somme] remainder ◆ **il subsiste un reliquat très important/un petit reliquat** there's a very large/a small amount left (over) ou remaining ◆ **arrangez-vous pour qu'il n'y ait pas de reliquat** work it so that there is nothing left over

**relique** [ʀəlik] → SYN nf (Rel, fig) relic; (Bio) relict ◆ **garder** ou **conserver qch comme une relique** to treasure sth

**relire** [ʀ(ə)liʀ] ▸ conjug 43 ◂ vt [+ roman] to read again, reread; [+ manuscrit] to read through again, read over (again), reread ◆ **je n'arrive pas à me relire** I can't read what I've written

**reliure** [ʀəljyʀ] nf (= couverture) binding; (= art, action) (book)binding ◆ **reliure pleine** full binding ◆ **donner un livre à la reliure** to send a book for binding ou to the binder('s)

**relocalisation** [ʀ(ə)lɔkalizasjɔ̃] nf [entreprise, production] relocation, transfer

**relogement** [ʀ(ə)lɔʒmɑ̃] nm rehousing

**reloger** [ʀ(ə)lɔʒe] ▸ conjug 3 ◂ vt to rehouse

**relooker** * [ʀ(ə)luke] ▸ conjug 1 ◂ vt [+ produit] to give a new look to; [+ personne] (physiquement) to give a new look to; (changer son image de marque) to revamp the image of ◆ **relooké pour l'occasion, il ...** specially groomed for the occasion, he ...

**relou** * [ʀəlu] adj ◆ **qu'est-ce qu'il est relou !** what a jerk! * ◆ **c'est un peu relou ce film !** what a stupid film!

**relouer** [ʀəlwe] ▸ conjug 1 ◂ vt [locataire] to rent again; [propriétaire] to rent out again, relet (Brit) ◆ **cette année je reloue dans le Midi** I'm renting a place in the South of France again this year

**réluctance** [ʀelyktɑ̃s] nf (Phys) reluctance, reluctancy

**reluire** [ʀ(ə)lɥiʀ] → SYN ▸ conjug 38 ◂ vi [meuble, chaussures] to shine, gleam; [métal, carrosserie] (au soleil) to gleam, shine; (sous la pluie) to glisten ◆ **faire reluire qch** to polish ou shine sth up, make sth shine; → **brosse**

**reluisant, e** [ʀ(ə)lɥizɑ̃, ɑ̃t] → SYN adj **a** meubles, parquet, cuivres shining, shiny, gleaming ◆ **reluisant de graisse** shiny with grease ◆ **reluisant de pluie** glistening in the rain ◆ **reluisant de propreté** spotless

**b** (fig iro) **peu** ou **pas très reluisant** avenir, résultat, situation far from brilliant (attrib); personne despicable

**reluquer** * [ʀ(ə)lyke] ▸ conjug 1 ◂ vt [+ personne] to eye (up) *, ogle *; [+ passant] to eye, squint at *; [+ objet, poste] to have one's eye on

**rem** [ʀɛm] nm rem

**remâcher** [ʀ(ə)mɑʃe] → SYN ▸ conjug 1 ◂ vt [ruminant] to ruminate; [personne] [+ passé, soucis, échec] to ruminate over ou on, chew over, brood on ou over; [+ colère] to nurse

**remaillage** [ʀ(ə)mɑjaʒ] nm ⇒ **remmaillage**

**remailler** [ʀ(ə)mɑje] ▸ conjug 1 ◂ vt ⇒ **remmailler**

**remake** [ʀimɛk] → SYN nm (Ciné) remake; [livre, spectacle] new version

**rémanence** [ʀemanɑ̃s] → SYN nf (Phys) remanence ◆ **rémanence des images visuelles** persistence of vision

**rémanent, e** [ʀemanɑ̃, ɑ̃t] adj magnétisme residual; pesticide persistent ◆ **image rémanente** after-image

**remanger** [ʀ(ə)mɑ̃ʒe] ▸ conjug 3 ◂ 1 vt (= manger de nouveau) to have again; (= reprendre) to have ou eat some more ◆ **on a remangé du poulet aujourd'hui** we had chicken again today ◆ **j'en remangerais bien** I'd like to have that again, I could eat that again

2 vi to eat again, have something to eat again

**remaniable** [ʀ(ə)manjabl] adj encyclopédie, roman, discours revisable; programme modifiable; plan, constitution revisable, amendable

**remaniement** [ʀ(ə)manimɑ̃] → SYN nm **a** [roman, discours] reworking; [programme] modification, reorganization; [plan, constitution] revision, amendment ◆ **apporter un remaniement à qch** to revise ou reshape ou modify etc sth

**b** [équipe] reorganization; (Pol) [cabinet, ministère] reshuffle ◆ **remaniement ministériel** cabinet reshuffle

**remanier** [ʀ(ə)manje] → SYN ▸ conjug 7 ◂ vt **a** [+ roman, discours] to rework; [+ encyclopédie] to revise; [+ programme] to modify, reorganize; [+ plan, constitution] to revise, amend

**b** [+ équipe] to reorganize; (Pol) [+ cabinet, ministère] to reshuffle

**remaquiller** [ʀ(ə)makije] ▸ conjug 1 ◂ 1 vt ◆ **remaquiller qn** to make sb up again

2 **se remaquiller** vpr (complètement) to make o.s. up again, redo one's face; (rapidement) to touch up one's make-up

**remarcher** [ʀ(ə)maʀʃe] ▸ conjug 1 ◂ vi [personne] to walk again; [appareil] to work again

**remariage** [ʀ(ə)maʀjaʒ] nm second marriage, remarriage

**remarier** [ʀ(ə)maʀje] ▸ conjug 7 ◂ 1 vt ◆ **il aimerait remarier son fils** he'd like to see his son remarried ou married again

2 **se remarier** vpr to remarry, marry again

**remarquable** [ʀ(ə)maʀkabl] → SYN adj personne, exploit, réussite remarkable, outstanding; événement, fait noteworthy, remarkable ◆ **il est remarquable par sa taille** he is notable for ou he stands out because of his height ◆ **elle est remarquable par son intelligence** she is outstandingly intelligent

**remarquablement** [ʀ(ə)maʀkabləmɑ̃] adv beau, doué remarkably, outstandingly; réussir, jouer remarkably ou outstandingly well

**remarque** [ʀ(ə)maʀk] → SYN nf (= observation) remark, comment; (= critique) critical remark; (= annotation) note ◆ **faire une remarque désobligeante/pertinente** to make an unpleasant/a pertinent remark ◆ **il m'en a fait la remarque** he remarked ou commented on it to me ◆ **je m'en suis moi-même fait la remarque** that occurred to me as well, I thought that myself ◆ **faire une remarque à qn** to make a critical remark to sb, criticize sb ◆ **il m'a fait des remarques sur ma tenue** he passed comment ou he remarked on the way I was dressed ◆ **elle a écrit des remarques sur mon devoir** she wrote some comments on my essay

**remarqué, e** [ʀ(ə)maʀke] (ptp de **remarquer**) adj entrée, absence conspicuous ◆ **il a fait une intervention très remarquée** his speech attracted a lot of attention

**remarquer** [ʀ(ə)maʀke] GRAMMAIRE ACTIVE 26.5 → SYN ▸ conjug 1 ◂

1 vt a (= apercevoir) to notice ◆ **je l'ai remarqué dans la foule** I caught sight of ou noticed him in the crowd ◆ **avec ce chapeau, comment ne pas la remarquer !** with that hat on, how can you fail to notice her? ◆ **il entra sans qu'on le remarque** ou **sans se faire remarquer** he came in unnoticed ou without being noticed ◆ **il aime se faire remarquer** he likes to be noticed ou to draw attention to himself ◆ **je remarque que vous avez une cravate** I notice ou see that you are wearing a tie ◆ **je remarque que vous ne vous êtes pas excusé** I note that you did not apologize

b (= faire une remarque) to remark, observe ◆ **tu es sot, remarqua son frère** you're stupid, his brother remarked ou observed ◆ **il remarqua qu'il faisait froid** he remarked ou commented that it was cold ◆ **remarquez (bien) que je n'en sais rien** I don't really know though, mind you I don't know (Brit) ◆ **ça m'est tout à fait égal, remarque !** I couldn't care less, I can tell you! ou mark you! (Brit) ou mind you! * (Brit)

c **faire remarquer** [+ détail, erreur] to point out, draw attention to ◆ **il me fit remarquer qu'il faisait nuit/qu'il était tard** he pointed out to me that ou he drew my attention to the fact that it was dark/that it was late ◆ **il me fit remarquer qu'il était d'accord avec moi** he pointed out (to me) that he agreed with me ◆ **je te ferai seulement remarquer que tu n'as pas de preuves** I'd just like to point out (to you) that you have no proof

d (= marquer de nouveau) to remark, mark again

2 **se remarquer** vpr [défaut, gêne, jalousie] to be obvious, be noticeable ◆ **cette tache se remarque beaucoup/à peine** this stain is quite/hardly noticeable, this stain really/hardly shows ◆ **ça ne se remarquera pas** no one will notice it ◆ **ça finirait par se remarquer** people would start to notice ou start noticing

**remasticage** [ʀ(ə)mastikaʒ] nm → **remastiquer** reapplying putty to, refilling, reapplying filler to

**remastiquer** [ʀ(ə)mastike] ▸ conjug 1 ◂ vt [+ vitre] to reapply putty to; [+ fissure] to refill, reapply filler to

**remballer** [ʀɑ̃bale] ▸ conjug 1 ◂ vt a (= ranger) to pack (up) again; (dans du papier) to rewrap ◆ **remballe ta marchandise !** ⁑ you can clear off and take that stuff with you! ⁑ ◆ **tu peux remballer tes commentaires !** * you know what you can do with your remarks! *

b (⁑ = rabrouer) **on s'est fait remballer** we were sent packing *, they told us to get lost *

**rembarquement** [ʀɑ̃baʀkəmɑ̃] nm [passagers] re-embarkation; [marchandises] reloading

**rembarquer** [ʀɑ̃baʀke] ▸ conjug 1 ◂ 1 vt a [+ passagers] to re-embark; [+ marchandises] to reload

2 vi to re-embark, go back on board (ship) ◆ **faire rembarquer les passagers** to re-embark the passengers

3 **se rembarquer** vpr a (sur un bateau) to re-embark, go back on board (ship)

b (= s'engager) **elle s'est rembarquée dans une drôle d'affaire** she's got herself involved in something really weird again

**rembarrer** * [ʀɑ̃baʀe] ▸ conjug 1 ◂ vt ◆ **rembarrer qn** (= recevoir avec froideur) to brush sb aside, rebuff sb; (= remettre à sa place) to put sb in their place, take sb down a peg or two ◆ **on s'est fait rembarrer** we were sent packing *, they told us to get lost *

**remblai** [ʀɑ̃blɛ] → SYN nm (Rail, pour route) embankment; (Constr) cut ◆ **(terre de) remblai** (Rail) ballast, remblai; (pour route) hard core; (Constr) backfill ◆ **travaux de remblai** (Rail, pour route) embankment work; (Constr) cutting work ◆ **remblais récents** (Aut) soft verges

**remblaiement** [ʀɑ̃blɛmɑ̃] nm (Géol) depositing

**remblayage** [ʀɑ̃blɛjaʒ] → SYN nm [route, voie ferrée] banking up; [fossé] filling in ou up

**remblayer** [ʀɑ̃bleje] → SYN ▸ conjug 8 ◂ vt [+ route, voie ferrée] to bank up; [+ fossé] to fill in ou up

**remblayeuse** [ʀɑ̃blɛjøz] nf backfiller

**rembobiner** [ʀɑ̃bɔbine] ▸ conjug 1 ◂ vt [+ film, bande magnétique] to rewind, wind back; [+ fil] to rewind, wind up again

**remboîtage** [ʀɑ̃bwataʒ], **remboîtement** [ʀɑ̃bwatmɑ̃] nm a [tuyaux] fitting together, reassembly; (Méd) [os] putting back (into place)

b (Tech) [livre] recasing

**remboîter** [ʀɑ̃bwate] ▸ conjug 1 ◂ vt a [+ tuyaux] to fit together again, reassemble; (Méd) [+ os] to put back (into place)

b (Tech) [+ livre] to recase

**rembourrage** [ʀɑ̃buʀaʒ] nm [fauteuil, matelas] stuffing; [vêtement] padding

**rembourrer** [ʀɑ̃buʀe] → SYN ▸ conjug 1 ◂ vt [+ fauteuil, matelas] to stuff; [+ vêtement] to pad ◆ **veste rembourrée de plume d'oie** goosedown jacket ◆ **bien rembourré** [+ coussin] well-filled, well-padded; * [+ personne] well-padded ◆ **rembourré avec des noyaux de pêches** * (hum) rock hard

**remboursable** [ʀɑ̃buʀsabl] adj billet, médicament refundable; emprunt repayable

**remboursement** [ʀɑ̃buʀsəmɑ̃] → SYN nm [dette] repayment, settlement; [emprunt] repayment; [somme] reimbursement, repayment; [créancier] repayment, reimbursement; [frais médicaux] reimbursement ◆ **obtenir le remboursement de son repas** to get one's money back for one's meal, get a refund on one's meal ◆ **envoi contre remboursement** cash with order ◆ **(contribution au) remboursement de la dette sociale** *tax introduced in 1996 in order to help pay off the deficit in the French social security budget*

**rembourser** [ʀɑ̃buʀse] → SYN ▸ conjug 1 ◂ vt a [+ dette] to pay back ou off, repay, settle (up); [+ emprunt] to pay back ou off, repay; [+ somme] to reimburse, repay, pay back; [+ créancier] to pay back ou off, repay, reimburse ◆ **rembourser qn de qch** to reimburse sth to sb, reimburse sb for sth, repay sb sth ◆ **je te rembourserai demain** I'll pay you back ou repay you tomorrow, I'll settle ou square up with you tomorrow

b [+ dépenses professionnelles] to refund, reimburse; [+ article acheté] to refund the price of; [+ billet] to reimburse ◆ **rembourser la différence** to refund the difference ◆ **je me suis fait rembourser mon repas/voyage** I got back the cost of my meal/journey, I got the cost of my meal/journey refunded ◆ **est-ce remboursé par la Sécurité sociale ?** ≈ can we get our (ou can I get my etc) money back from the NHS (Brit) ou from Medicaid (US)? ◆ **c'est remboursé à 75%** [médicament, lunettes, etc] you can get 75% back ◆ **"satisfait ou remboursé"** "satisfaction or your money back" ◆ **remboursez !** (Théât) we want our money back! ou a refund!

**rembrunir (se)** [ʀɑ̃bʀyniʀ] ▸ conjug 2 ◂ vpr [visage, traits] to darken, cloud (over); [personne] to bristle, stiffen; [ciel] to become overcast, darken, cloud over ◆ **le temps se rembrunit** it's clouding over, it's getting cloudy

**rembrunissement** [ʀɑ̃bʀynismɑ̃] nm (littér) [visage, front] darkening

**rembucher** [ʀɑ̃byʃe] ▸ conjug 1 ◂ vt [+ animal] to drive into covert

**remède** [ʀ(ə)mɛd] → SYN nm a (Méd) (= traitement) remedy, cure; (= médicament) medicine ◆ **prescrire/prendre un remède pour un lumbago** to give/take something ou some medicine for lumbago ◆ **remède de bonne femme** folk cure ou remedy ◆ **remède souverain/de cheval** * sovereign/drastic remedy ◆ **remède universel** cure-all, universal cure ou remedy

b (fig) remedy, cure ◆ **porter remède à qch** to remedy sth ◆ **la situation est sans remède** there is no remedy for the situation, the situation cannot be remedied ou is beyond remedy ◆ **le remède est pire que le mal** the cure is worse than the disease ◆ **c'est un remède à** ou **contre l'amour !** * it's (ou he's ou she's etc) a real turn-off! *; → **mal**

**remédiable** [ʀ(ə)medjabl] → SYN adj mal that can be remedied ou cured, remediable

**remédier** [ʀ(ə)medje] → SYN ▸ conjug 7 ◂ **remédier à** vt indir (lit) [+ maladie] to cure; (fig) [+ mal, situation] to remedy, put right; [+ abus] to remedy, right; [+ perte] to remedy, make good; [+ besoin] to remedy; [+ inconvénient] to remedy, find a remedy for; [+ difficulté] to find a solution for, solve

**remembrement** [ʀ(ə)mɑ̃bʀəmɑ̃] → SYN nm land consolidation

**remembrer** [ʀ(ə)mɑ̃bʀe] → SYN ▸ conjug 1 ◂ vt [+ terres, exploitation] to consolidate

**remémoration** [ʀ(ə)memɔʀasjɔ̃] nf recall, recollection

**remémorer (se)** [ʀ(ə)memɔʀe] ▸ conjug 1 ◂ vpr to recall, recollect

**remerciement** [ʀ(ə)mɛʀsimɑ̃] GRAMMAIRE ACTIVE 22 → SYN

1 nm (= action) thanks pl, thanking ◆ **remerciements** (dans un livre, film) acknowledgements ◆ **exprimer ses profonds/sincères remerciements à qn** to express one's deep/sincere gratitude to sb ◆ **il lui bredouilla un remerciement** he mumbled his thanks to her ◆ **lettre de remerciement** thank-you letter, letter of thanks ◆ **elle adressa quelques mots de remerciement à ses électeurs** she made a brief thank-you speech to the people who voted for her ◆ **il a reçu une récompense en remerciement de ses services** he received an award in recognition of his services ◆ **en remerciement, il m'a envoyé des fleurs** he sent me some flowers by way of thanks ou to thank me

2 **remerciements** nmpl ◆ **avec tous mes remerciements** with many thanks ◆ **adresser ses remerciements à qn** to express one's thanks to sb

**remercier** [ʀ(ə)mɛʀsje] GRAMMAIRE ACTIVE 20.1, 20.2, 22 → SYN ▸ conjug 7 ◂ vt a (= dire merci) to thank (*qn de* ou *pour qch* sb for sth; *qn d'avoir fait qch* sb for doing sth) ◆ **remercier le ciel** ou **Dieu** to thank God ◆ **remercier qn par un cadeau/d'un pourboire** to thank sb with a present/with a tip, give sb a present/a tip by way of thanks ◆ **je ne sais comment vous remercier** I can't thank you enough, I don't know how to thank you ◆ **il me remercia d'un sourire** he thanked me with a smile, he smiled his thanks ◆ **je vous remercie** thank you ◆ **tu peux me remercier !** you've got me to thank for that! ◆ **je te remercie de tes conseils** (iro) thanks for the advice (iro), I can do without your advice (thank you)

b (= refuser poliment) **vous voulez boire ? – je vous remercie** would you like a drink? – no thank you ◆ **sortir avec lui ? je te remercie !** (iro) go out with him? no thanks!

c (euph = renvoyer) [+ employé] to dismiss *(from his job)*

**réméré** [ʀemeʀe] nm (Fin) ◆ **faculté de réméré** option of repurchase, repurchase agreement ◆ **vente à réméré** sale with option of purchase ◆ **clause de réméré** repurchase clause

**remettant** [ʀ(ə)metɑ̃] nm (Fin) remitter

**remettre** [ʀ(ə)mɛtʀ] → SYN ▸ conjug 56 ◂ 1 vt a (= replacer) [+ objet] to put back, replace (*dans* in(to)) (*sur* on); [+ os luxé] to put back in place ◆ **remettre un enfant au lit** to put a child back (in)to bed ◆ **remettre un enfant à l'école** to send a child back to school ◆ **remettre qch à cuire** to put sth on to cook again ◆ **remettre debout** [+ enfant] to stand back on his feet; [+ objet] to stand up again ◆ **remettre qch droit** to put ou set sth straight again ◆ **remettre un bouton à une veste** to sew ou put a button back on a jacket ◆ **il a remis l'étagère/la porte qu'il avait enlevée** he put the shelf back up/rehung the door that he had taken down ◆ **je ne veux plus remettre les pieds ici !** I never want to set foot in here again! ◆ **remettre qn sur la bonne voie** ou **sur les rails** to put sb back on the right track ◆ **remettre le couvert** * (gén) to go at it * again; (sexuellement) to be at it again *

**b** (= porter de nouveau) [+ vêtement, chapeau] to put back on, put on again ◆ **j'ai remis mon manteau d'hiver** I'm wearing my winter coat again

**c** (= replacer dans une situation) **remettre un appareil en marche** to restart a machine, start a machine (up) again, set a machine going again ◆ **remettre un moteur en marche** to start up an engine again ◆ **remettre une coutume en usage** to revive a custom ◆ **remettre en question** [+ institution, autorité] to (call into) question, challenge; [+ projet, accord] to cast doubt over ◆ **tout est remis en question** ou **en cause à cause du mauvais temps** everything's in the balance again because of the bad weather, the bad weather throws the whole thing back into question ◆ **remettre une pendule à l'heure** to set ou put (Brit) a clock right ◆ **remettre les pendules à l'heure** * (fig) to set the record straight ◆ **remettre les idées en place à qn** * to teach sb a lesson * ◆ **remettre qch à neuf** to make sth as good as new again ◆ **remettre qch en état** to repair ou mend sth ◆ **le repos l'a remise (sur pied)** the rest has set her back on her feet ◆ **remettre qn en confiance** to restore sb's confidence ◆ **remettre de l'ordre dans qch** (= ranger) to tidy sth up; (= classer) to sort sth out; → **cause, jour, place** etc

**d** (= donner) [+ lettre, paquet] to hand over, deliver; [+ clés] to hand in ou over, give in, return; [+ récompense] to present; [+ devoir] to hand in, give in; [+ rançon] to hand over; [+ démission] to hand in, give in, tender (*à* to) ◆ **il s'est fait remettre les clés par la concierge** he got the keys from the concierge ◆ **remettre un enfant à ses parents** to return a child to his parents ◆ **remettre un criminel à la justice** to hand a criminal over to the law ◆ **remettre à qn un porte-monnaie volé** to hand ou give back ou return a stolen purse to sb

**e** (= ajourner) [+ réunion] to put off, postpone (*à* until), put back (Brit) (*à* to); (Jur) to adjourn (*à* until); [+ décision] to put off, postpone, defer (*à* until); [+ date] to postpone, put back (Brit) (*à* to) ◆ **une visite qui ne peut se remettre (à plus tard)** a visit that can't be postponed ou put off ◆ **remettre un rendez-vous à jeudi/au 8** to put off ou postpone an appointment till Thursday/the 8th ◆ (Prov) **il ne faut jamais remettre à demain** ou **au lendemain ce qu'on peut faire le jour même** never put off till tomorrow what you can do today (Prov)

**f** (= se rappeler) to remember ◆ **je vous remets très bien** I remember you very well ◆ **je ne le remets pas** I can't place him, I don't remember him ◆ **remettre qch en esprit** ou **en mémoire à qn** (= rappeler) to remind sb of sth, recall sth to sb ◆ **ce livre m'a remis ces événements en mémoire** this book reminded me of these events ou brought these events to mind

**g** (= rajouter) [+ vinaigre, sel] to add more, put in (some) more; [+ verre, coussin] to add; [+ maquillage] to put on (some) more ◆ **j'ai froid, je vais remettre un tricot** I'm cold – I'll go and put another jersey on ◆ **remettre de l'huile dans un moteur** to top up an engine with oil ◆ **en remettant un peu d'argent, vous pourriez avoir le grand modèle** if you paid a bit more you could have the large size ◆ **il faut remettre de l'argent sur le compte, nous sommes débiteurs** we'll have to put some money into the account as we're overdrawn ◆ **en remettre** * to overdo it, lay it on a bit thick *

**h** (= rallumer, rétablir) [+ radio, chauffage] to put ou turn ou switch on again ◆ **il y a eu une coupure mais le courant a été remis à midi** there was a power cut but the electricity came back on again ou was put back on again at midday ◆ **remettre le contact** to turn the ignition on again

**i** (= faire grâce de) [+ dette, peine] to remit; [+ péché] to forgive, pardon, remit ◆ **remettre une dette à qn** to remit sb's debt, let sb off a debt ◆ **remettre une peine à un condamné** to remit a prisoner's sentence

**j** (= confier) **remettre son sort/sa vie entre les mains de qn** to put one's fate/one's life into sb's hands ◆ **remettre son âme à Dieu** to commit one's soul to God ou into God's keeping

**k** **remettre ça** * (= recommencer) ◆ **dire qu'il va falloir remettre ça !** to think that we'll have to go through all that again! ◆ **quand est-ce qu'on remet ça ?** when can we do it again? ◆ **on remet ça ?** [+ partie de cartes] shall we have another game?; (au café) shall we have another drink? ou round?; [+ travail] let's get back to it *, let's get down to it again, let's get going again * ◆ **garçon, remettez-nous ça !** (the) same again please! * ◆ **les voilà qui remettent ça !** [+ bruit, commentaires] here ou there they go again! *, they're at it again! * ◆ **tu ne vas pas remettre ça avec tes critiques** you're not criticizing again, are you? ◆ **le gouvernement va remettre ça avec les économies d'énergie** the government is going to start trying to save energy again

**2** **se remettre** vpr **a** (= recouvrer la santé) to recover, get better; (psychologiquement) to cheer up ◆ **se remettre d'une maladie/d'un accident** to recover from ou get over an illness/an accident ◆ **remettez-vous !** pull yourself together! ◆ **elle ne s'en remettra pas** she won't get over it

**b** (= recommencer) **se remettre à (faire) qch** to start (doing) sth again ◆ **se remettre à fumer** to take up ou start smoking again ◆ **il s'est remis au tennis/au latin** he has taken up tennis/Latin again ◆ **après son départ il se remit à travailler** ou **au travail** after she had gone he started working again ou went back ou got back to work ◆ **il se remet à faire froid** the weather ou it is getting ou turning cold again ◆ **le temps s'est remis au beau** the weather has turned fine again, the weather has picked up again ◆ **se remettre en selle** to remount, get back on one's horse ◆ **se remettre debout** to get back to one's feet, get (back) up again, stand up again

**c** (= se confier) **se remettre entre les mains de qn** to put o.s. in sb's hands ◆ **je m'en remets à vous** I'll leave it (up) to you, I'll leave the matter in your hands ◆ **s'en remettre à la décision de qn** to leave it to sb to decide ◆ **s'en remettre à la discrétion de qn** to leave it to sb's discretion

**d** (= se réconcilier) **se remettre avec qn** to make it up with sb, make ou patch up one's differences with sb ◆ **ils se sont remis ensemble** they're back together again

**remeubler** [ʀ(ə)mœble] ▸ conjug 1 ◂ **1** vt to refurnish
**2** **se remeubler** vpr to refurnish one's house, get new furniture

**rémige** [ʀemiʒ] nf remex

**remilitarisation** [ʀ(ə)militaʀizasjɔ̃] nf remilitarization

**remilitariser** [ʀ(ə)militaʀize] ▸ conjug 1 ◂ vt to remilitarize

**reminéralisant, e** [ʀ(ə)mineʀalizɑ̃, ɑ̃t] adj produit, substance remineralizing

**réminiscence** [ʀeminisɑ̃s] → SYN nf (= faculté mentale) (Philos, Psych) reminiscence; (= souvenir) reminiscence, vague recollection ◆ **sa conversation était truffée de réminiscences littéraires** literary influences were constantly in evidence in his conversation ◆ **mon latin est bien rouillé, mais j'ai encore quelques réminiscences** my Latin is very rusty but I can still remember some ◆ **on trouve des réminiscences de Rabelais dans l'œuvre de cet auteur** there are echoes of Rabelais in this author's work, parts of this author's work are reminiscent of Rabelais

**remisage** [ʀ(ə)mizaʒ] nm [outil, voiture] putting away

**remise** [ʀ(ə)miz] → SYN **1** nf **a** (= livraison) [lettre, paquet] delivery; [clés] handing over; [récompense] presentation; [devoir, rapport] handing in; [rançon] handing over, handover; [armes] surrender, handover ◆ **remise de parts** (Jur) transfer ou conveyance of legacy ◆ **la remise des prix/médailles/diplômes** the prize-giving/medal/graduation ceremony; → **cause, touche**

**b** (= réduction) [peine] remission, reduction (*de* of, in) ◆ **le condamné a bénéficié d'une importante remise de peine** the prisoner was granted a large reduction in his sentence

**c** (Comm = rabais) discount, reduction ◆ **ils font une remise de 5% sur les livres scolaires** they're giving ou allowing (a) 5% discount ou reduction on school books ◆ **remise de dette** (Fin) condonation, remission of a debt

**d** (pour outils, véhicules = local) shed

**e** (= ajournement) [réunion] postponement, deferment, putting off ou back (Brit); [décision] putting off ◆ **remise à huitaine d'un débat** postponement of a debate for a week

**remiser** [ʀ(ə)mize] → SYN ▸ conjug 1 ◂ **1** vt [+ voiture, outil, valise] to put away
**2** vi (Jeux) to make another bet, bet again
**3** **se remiser** vpr [gibier] to take cover

**remisier** [ʀ(ə)mizje] → SYN nm (Bourse) intermediate broker

**rémissible** [ʀemisibl] → SYN adj remissible

**rémission** [ʀemisjɔ̃] → SYN nf **a** [péchés] remission, forgiveness; (Jur) remission

**b** (Méd) [maladie] remission; [douleur, fièvre] subsidence, abatement; (fig littér : dans la tempête, le travail) lull

**c** **sans rémission** travailler, torturer, poursuivre unremittingly, relentlessly; payer without fail; mal, maladie irremediable ◆ **si tu recommences, tu seras puni sans rémission** if you do it again you'll be punished without fail

**rémittence** [ʀemitɑ̃s] nf (Méd) remittence

**rémittent, e** [ʀemitɑ̃, ɑ̃t] adj remittent

**remix** [ʀəmiks] nm (Mus) remix

**remixer** [ʀ(ə)mikse] ▸ conjug 1 ◂ vt [+ chanson] to remix ◆ **version remixée** remix version

**rémiz** [ʀemiz] nm peduline tit

**remmaillage** [ʀɑ̃majaʒ] nm → **remmailler** darning, mending

**remmailler** [ʀɑ̃maje] ▸ conjug 1 ◂ vt [+ tricot, bas] to darn; [+ filet] to mend

**remmailleuse** [ʀɑ̃majøz] nf darner

**remmailloter** [ʀɑ̃majɔte] ▸ conjug 1 ◂ vt [+ bébé] to change

**remmancher** [ʀɑ̃mɑ̃ʃe] ▸ conjug 1 ◂ vt [+ couteau, balai] (= remettre le manche) to put the handle back on; (= remplacer le manche) to put a new handle on

**remmener** [ʀɑ̃m(ə)ne] → SYN ▸ conjug 5 ◂ vt to take back, bring back ◆ **remmener qn chez lui** to take sb back home ◆ **remmener qn à pied** to walk sb back ◆ **remmener qn en voiture** to give sb a lift back, drive sb back

**remodelage** [ʀ(ə)mɔd(ə)laʒ] nm **a** [visage, silhouette] remodelling; [nez, joues] reshaping; [ville] remodelling, replanning

**b** [profession, organisation] reorganization, restructuring

**remodeler** [ʀ(ə)mɔd(ə)le] ▸ conjug 5 ◂ vt **a** [+ visage, silhouette] to remodel; [+ nez, joues] to reshape; [+ ville] to remodel, replan

**b** [+ profession, organisation] to reorganize, restructure

**remontage** [ʀ(ə)mɔ̃taʒ] nm [montre] rewinding, winding up; [machine, meuble] reassembly, putting back together; [tuyau] putting back

**remontant, e** [ʀ(ə)mɔ̃tɑ̃, ɑ̃t] → SYN **1** adj **a** boisson invigorating, fortifying

**b** rosier reflowering, remontant (SPÉC); fraisier, framboisier double-cropping, double-fruiting

**2** nm tonic, pick-me-up *

**remonte** [ʀ(ə)mɔ̃t] → SYN nf **a** [bateau] sailing upstream, ascent; [poissons] run

**b** (Équitation) (= fourniture de chevaux) remount; (= service) remount department

**remonté, e**[1] * [ʀ(ə)mɔ̃te] (ptp de **remonter**) adj **a** (= en colère) furious (*contre qn* with sb), mad * (*contre qn* at sb) ◆ **être remonté contre qch** to be wound up * about sth ◆ **être remonté contre qn** to be livid * ou mad * ou furious with sb ◆ **il est remonté aujourd'hui** he's in a foul mood ou temper today

**b** (= dynamique) **il est remonté** he's full of energy ◆ **je suis remonté à bloc** (gén) I'm on top form; (avant un examen, un entretien) I'm all keyed up ou psyched up *

**remontée**[2] [ʀ(ə)mɔ̃te] nf [côte] ascent, climbing; [rivière] ascent; [eaux] rising; [prix, taux d'intérêt] rise ◆ **la remontée des mineurs par l'ascenseur** bringing miners up by lift ◆ **il ne faut pas que la remontée du plongeur soit trop rapide** the diver must not come back up too quickly ◆ **la remontée de l'or à la Bourse** the rise in the price ou value of gold on the stock exchange ◆ **faire une (belle) remontée** to make a (good) recovery ◆ **faire une remontée spectaculaire (de la 30e à la 2e place)** to make a spectacular recovery (from

30th to 2nd place) ◆ **le président effectue une remontée spectaculaire dans les sondages** the president is rising swiftly in the opinion polls ◆ **remontées mécaniques** (Sport) ski-lifts

**remonte-pente,** pl **remonte-pentes** [ʀ(ə)mɔ̃tpɑ̃t] → SYN nm ski tow

**remonter** [ʀ(ə)mɔ̃te] GRAMMAIRE ACTIVE 17.2 → SYN
▸ conjug 1 ◂

1 vi (surtout avec aux être) a (= monter à nouveau) to go ou come back up ◆ **il remonta à pied** he walked back up ◆ **remonte me voir** come back up and see me ◆ **je remonte demain à Paris (en voiture)** I'm driving back up to Paris tomorrow ◆ **il remonta sur la table** he climbed back (up) onto the table ◆ **remonter sur le trône** to come back ou return to the throne ◆ **remonter sur les planches** (Théât) to go back on the stage

b (dans un moyen de transport) **remonter en voiture** to get back into one's car, get into one's car again ◆ **remonter à cheval** (= se remettre en selle) to remount (one's horse), get back on(to) one's horse; (= se remettre à faire du cheval) to take up riding again ◆ **remonter à bord** (Naut) to go back on board (ship)

c (= s'élever de nouveau) [marée] to come in again; [prix, température, baromètre] to rise again, go up again; [colline, route] to go up again, rise again ◆ **la mer remonte** the tide is coming in again ◆ **la fièvre remonte** his temperature is rising ou going up again, the fever is getting worse again ◆ **les bénéfices ont remonté au dernier trimestre** profits were up again in the last quarter ◆ **les prix ont remonté en flèche** prices shot up ou rocketed again ◆ **ses actions remontent** (fig) things are looking up for him (again), his fortunes are picking up (again) ◆ **il remonte dans mon estime** my opinion of him is improving again ◆ **il est remonté de la 7ᵉ à la 3ᵉ place** he has come up from 7th to 3rd place

d [vêtement] to go up, pull up ◆ **sa robe remonte sur le côté** her dress goes ou pulls up at the side ou is higher on one side ◆ **sa jupe remonte quand elle s'assied** her skirt rides up ou pulls up ou goes up when she sits down

e (= réapparaître) to come back ◆ **les souvenirs qui remontent à ma mémoire** memories which come back to me ou to my mind ◆ **remonter à la surface** to come back up to the surface, resurface ◆ **sous-marin qui remonte en surface** submarine which is coming back up to the surface ou which is resurfacing ◆ **une mauvaise odeur remontait de l'égout** a bad smell was coming ou wafting up out of the drain

f (= retourner) to return, go back ◆ **remonter à la source/cause** to go back ou return to the source/cause ◆ **remonter de l'effet à la cause** to go back from the effect to the cause ◆ **remonter au vent** ou **dans le vent** (Naut) to tack close to the wind ◆ **il faut remonter plus haut** ou **plus loin pour comprendre l'affaire** you must go ou look further back to understand this business ◆ **remonter jusqu'au coupable** to trace the guilty person ◆ **aussi loin que remontent ses souvenirs** as far back as he can remember ◆ **remonter dans le temps** to go back in time

g **remonter à** (= dater de) ◆ **cette histoire remonte à une époque reculée/à plusieurs années** all this dates back ou goes back a very long time/several years ◆ **tout cela remonte au déluge !** (hum) (= c'est très ancien) all that's as old as the hills!; (= c'est passé depuis longtemps) all that was ages ago! ◆ **on ne va pas remonter au déluge !** we're not going back over ancient history again! ◆ **la famille remonte aux croisades** the family goes ou dates back to the time of the Crusades

2 vt (avec aux avoir) a [+ étage, côte, marche] to go ou climb back up; [+ rue] to go ou come back up ◆ **remonter l'escalier en courant** to rush ou run back upstairs ◆ **remonter la rue à pas lents** to walk slowly (back) up the street ◆ **remonter le courant/une rivière** (à la nage) to swim (back) upstream/up a river; (en barque) to sail ou row (back) upstream/up a river ◆ **remonter le courant** ou **la pente** (fig) to begin to get back on one's feet again ◆ **remonter le cours du temps** to go back in time ◆ **machine à remonter le temps** time machine

b (= rattraper) [+ adversaire] to catch up with ◆ **remonter le cortège** to move up towards ou work one's way towards the front of the pageant ◆ **se faire remonter par un adversaire** to let o.s. be caught up by an opponent ◆ **il a 15 points/places à remonter pour être 2ᵉ** he has 15 marks/places to catch up in order to be 2nd

c (= relever) [+ mur] to raise, heighten; [+ tableau, étagère] to raise, put higher up; [+ vitre] (en poussant) to push up; (avec bouton ou manivelle) to wind up; [+ store] to roll up, raise; [+ pantalon, manche] to pull up; (en roulant) to roll up; (d'une saccade) to hitch up; [+ chaussettes] to pull up; [+ col] to turn up; [+ jupe] to pick up, raise; (fig) [+ mauvaise note] to put up, raise ◆ **remonter les bretelles à qn** * (fig) to give sb a piece of one's mind * ◆ **il s'est fait remonter les bretelles par le patron** * the boss gave him a real tongue-lashing * ou dressing-down

d (= remporter) to take ou bring back up ◆ **remonter une malle au grenier** to take ou carry a trunk back up to the attic

e [+ montre, mécanisme] to wind up

f (= réinstaller) [+ machine, moteur, meuble] to put together again, put back together (again), reassemble; [+ robinet, tuyau] to put back ◆ **ils ont remonté une usine à Lyon** they have set up ou built another factory in Lyon ◆ **il a eu du mal à remonter les roues de sa bicyclette** he had a job putting ou getting the wheels back on his bicycle

g (= réassortir) [+ garde-robe] to renew, replenish; [+ magasin] to restock ◆ **mon père nous a remontés en vaisselle** my father has given us a whole new set of crockery ◆ **remonter son ménage** (en meubles) to buy new furniture; (en linge) to buy new linen

h (= remettre en état) [+ personne] (physiquement) to set ou buck * up (again); (moralement) to cheer ou buck * up (again); [+ entreprise] to put ou set back on its feet; [+ mur en ruines] to rebuild ◆ **le nouveau directeur a bien remonté cette entreprise** the new manager has really got this firm back on its feet ◆ **ce contrat remonterait bien mes affaires** this contract would really give business a boost for me; → **moral**

i (Théât) [+ pièce] to restage, put on again

3 **se remonter** vpr a (= refaire des provisions) **se remonter en boîtes de conserves** to get in (further) stocks of canned food, replenish one's stocks of canned food ◆ **se remonter en chaussures** to get some new shoes

b (= récupérer) (physiquement) to buck * ou set o.s. up (again) ◆ **se remonter (le moral)** (moralement) to raise (one's spirits), cheer ou buck * o.s. up

**remontoir** [ʀ(ə)mɔ̃twaʀ] nm [montre] winder; [jouet, horloge] winding mechanism

**remontrance** [ʀ(ə)mɔ̃tʀɑ̃s] → SYN nf a (= reproche) remonstrance, reproof, reprimand, admonition (frm) ◆ **faire des remontrances à qn (au sujet de qch)** to remonstrate with sb (about sth), reprove ou reprimand ou admonish (frm) sb (for sth)

b (Hist) remonstrance

**remontrer** [ʀ(ə)mɔ̃tʀe] → SYN ▸ conjug 1 ◂ vt a (= montrer de nouveau) to show again ◆ **remontrez-moi la bleue** show me the blue one again, let me have another look at the blue one ◆ **ne te remontre plus ici** don't show your face ou yourself here again

b (= donner des leçons) **en remontrer à qn** to teach sb a thing or two ◆ **dans ce domaine, il pourrait t'en remontrer** he could teach you a thing or two about this ◆ **n'essaie pas de m'en remontrer** (= montrer sa supériorité) don't bother trying to teach me anything

c († , littér) **remontrer à qn que** to point out to sb that

**rémora** [ʀemɔʀa] nm (Zool) remora

**remords** [ʀ(ə)mɔʀ] → SYN nm remorse (NonC) ◆ **j'éprouve quelques remords à l'avoir laissé seul** I feel some remorse at having left him alone ◆ **j'ai eu un remords de conscience, je suis allé vérifier** I had second thoughts ou I thought better of it and went to check ◆ **remords cuisants** agonies of remorse ◆ **avoir des remords** to feel remorse ◆ **être pris de remords** to be stricken ou smitten with remorse ◆ **n'avoir aucun remords** to have no (feeling of) remorse, feel no remorse ◆ **je le tuerais sans (le moindre) remords** I'd kill him without (the slightest) compunction ou remorse ◆ **je te le donne – (c'est) sans remords ?** here you are – are you sure?

**remorquage** [ʀ(ə)mɔʀkaʒ] → SYN nm [voiture, caravane] towing; [train] pulling, hauling; [bateau] towing, tugging

**remorque** [ʀ(ə)mɔʀk] nf a (= véhicule) trailer; (= câble) towrope, towline; → **camion**

b (LOC) **prendre une voiture en remorque** to tow a car ◆ **"en remorque"** "on tow" ◆ **quand ils vont se promener ils ont toujours la belle-sœur en remorque** whenever they go for a walk they always have the sister-in-law in tow ou they always drag along their sister-in-law ◆ **être à la remorque** (péj) to trail behind ◆ **être à la remorque de** (péj) to tag along behind ◆ **être à la remorque d'une grande puissance** [pays] to tag along ou to trail behind a great power

**remorquer** [ʀ(ə)mɔʀke] → SYN ▸ conjug 1 ◂ vt a [+ voiture, caravane] to tow; [+ train] to pull, haul; [+ bateau] to tow, tug ◆ **je suis tombé en panne et j'ai dû me faire remorquer jusqu'au village** I had a breakdown and had to get a tow ou get myself towed as far as the village

b [+ personne] to drag along ◆ **remorquer toute la famille derrière soi** to have the whole family in tow, drag the whole family along

**remorqueur** [ʀ(ə)mɔʀkœʀ] → SYN nm (= bateau) tug(boat)

**remouiller** [ʀ(ə)muje] ▸ conjug 1 ◂ vt a (= mouiller de nouveau) to wet again ◆ **remouiller du linge à repasser** to dampen washing ready for ironing ◆ **se faire remouiller (par la pluie)** to get wet (in the rain) again ◆ **je viens de m'essuyer les mains, je ne veux pas me les remouiller** I've just dried my hands and I don't want to get them wet again

b (Naut) **remouiller (l'ancre)** to drop anchor again

**rémoulade** [ʀemulad] nf remoulade, rémoulade *(dressing containing mustard and herbs)*, → **céleri**

**remoulage** [ʀ(ə)mulaʒ] nm a (Art) recasting

b (Tech) [café] regrinding; [farine] (= action) remilling; (= résultat) middlings

**remouler** [ʀ(ə)mule] ▸ conjug 1 ◂ vt [+ statue] to recast

**rémouleur** [ʀemulœʀ] → SYN nm (knife- ou scissor-)grinder

**remous** [ʀəmu] → SYN nm a [bateau] (back-)wash (NonC); [eau] swirl, eddy; [air] eddy ◆ **emporté par les remous de la foule** swept along by the bustling ou milling crowd; → **bain**

b (= agitation) stir (NonC) ◆ **remous d'idées** whirl ou swirl of ideas ◆ **l'affaire a provoqué de vifs remous politiques** the affair caused a stir in political circles ◆ **cette décision n'a suscité aucun remous** this decision didn't raise any eyebrows

**rempaillage** [ʀɑ̃pajaʒ] nm [chaise] reseating, rebottoming *(with straw)*

**rempailler** [ʀɑ̃paje] → SYN ▸ conjug 1 ◂ vt [+ chaise] to reseat, rebottom *(with straw)*

**rempailleur, -euse** [ʀɑ̃pajœʀ, øz] nm,f [chaise] chair-bottomer

**rempaqueter** [ʀɑ̃pak(ə)te] ▸ conjug 4 ◂ vt to wrap up again, rewrap

**rempart** [ʀɑ̃paʀ] → SYN nm a (Mil) rampart ◆ **remparts** [ville] city walls, ramparts; [château fort] battlements, ramparts

b (fig) bastion, rampart (littér) ◆ **le dernier rempart contre** the last bastion against ◆ **il lui fit un rempart de son corps** he shielded him with his body

**rempiétement** [ʀɑ̃pjetmɑ̃] nm (Constr) underpinning

**rempiéter** [ʀɑ̃pjete] ▸ conjug 6 ◂ vt (Constr) to underpin

**rempiler** [ʀɑ̃pile] → SYN ▸ conjug 1 ◂ 1 vt [+ objets] to pile ou stack up again

2 vi (arg Mil) to join up again, re-enlist

**remplaçable** [ʀɑ̃plasabl] adj replaceable ◆ **difficilement remplaçable** hard to replace

**remplaçant, e** [ʀɑ̃plasɑ̃, ɑ̃t] → SYN nm,f (gén) replacement, substitute; [médecin] replacement, locum (Brit); (Sport) reserve; (pendant un match) substitute; (Théât) understudy; (Scol) supply (Brit) ou substitute (US) teacher ◆ **être le remplaçant de qn** to stand in for sb ◆ **trouver un remplaçant à un professeur malade** to get sb to stand in ou substitute for a sick teacher ◆ **il faut lui trouver un remplaçant** we must find a replacement ou a substitute for him

**remplacement** [ʀɑ̃plasmɑ̃] → SYN nm **a** (= intérim) [acteur malade, médecin en vacances] standing in (*de* for); [joueur, professeur malade] standing in (*de* for), substitution (*de* for), deputizing (*de* for) ◆ **assurer le remplacement d'un collègue pendant sa maladie** to stand in for a colleague during his illness ◆ **faire des remplacements** [secrétaire] to temp*, do temporary work; [professeur] to do supply teaching (Brit), work as a supply (Brit) ou substitute (US) teacher ◆ **j'ai fait trois remplacements cette semaine** I've had three temporary replacement jobs this week
**b** (= substitution) replacement (*de* of), taking over (*de* from); [employé, objet usagé] replacement ◆ **effectuer le remplacement d'une pièce défectueuse** to replace a faulty part ◆ **film présenté en remplacement d'une émission annulée** film shown in place of a cancelled programme ◆ **je n'ai plus de stylos, en remplacement je vous donne un crayon** I have no more pens so I'll give you a pencil instead ◆ **le remplacement du nom par le pronom** the replacement of the noun by the pronoun ◆ **il va falloir trouver une solution de remplacement** we'll have to find an alternative (solution) ◆ **produit/matériel de remplacement** substitute (product/material)

**remplacer** [ʀɑ̃plase] → SYN ▸ conjug 3 ◂ vt **a** (= assurer l'intérim de) [+ acteur] to stand in for; [+ joueur, professeur] to stand in for, substitute for; [+ médecin] to stand in for, do a locum for (Brit) ◆ **je me suis fait remplacer** I got someone to stand in for me ou to cover for me
**b** (= succéder à) to replace, take over from, take the place of ◆ **le train a remplacé la diligence** the train replaced ou took the place of the stagecoach ◆ **son fils l'a remplacé comme directeur** his son has taken over from him ou has replaced him as director ◆ **remplacer une sentinelle** to take over from ou relieve a sentry
**c** (= tenir lieu de) to take the place of, replace ◆ **le miel peut remplacer le sucre** honey can be used in place of ou used as a substitute for sugar ◆ **le pronom remplace le nom dans la phrase** the pronoun takes the place of ou replaces the noun in the sentence ◆ **on peut remplacer le beurre par de l'huile d'olive** you can use olive oil instead of butter ◆ **rien ne remplace le vrai beurre** there's nothing like ou you can't beat real butter ◆ **une autre femme l'a vite remplacée (dans son cœur)** she was soon replaced (in his affections) by another woman
**d** (= changer) [+ employé] to replace; [+ objet usagé] to replace, change ◆ **remplacer un vieux lit par un neuf** to replace an old bed with a new one, change an old bed for a new one ◆ **les pièces défectueuses seront remplacées gratuitement** faulty parts will be replaced free of charge ◆ **remplacer un carreau cassé** to replace a broken windowpane ◆ **remplacez les pointillés par des pronoms** put pronouns in place of the dotted lines ◆ **un homme comme lui ne se remplace pas aisément** a man like that isn't easy to replace

**remplage** [ʀɑ̃plaʒ] nm (Archéol) tracery; (Constr) filling

**rempli[1], e** [ʀɑ̃pli] → SYN (ptp de **remplir**) adj récipient, théâtre full (*de* of), filled (*de* with); joue, visage full, plump; journée, vie full, busy ◆ **il avait les yeux remplis de larmes** his eyes were brimming with ou full of tears ◆ **avoir l'estomac bien rempli** to have a full stomach, have eaten one's fill ◆ **texte rempli de fautes** text riddled ou packed with mistakes ◆ **sa tête était remplie de souvenirs** his mind was filled with ou full of memories ◆ **notre carnet de commandes est bien rempli** our order book is full ◆ **il est rempli de son importance/de lui-même** he's full of his own importance/of himself

**rempli[2]** [ʀɑ̃pli] nm (Couture) tuck

**remplir** [ʀɑ̃pliʀ] → SYN ▸ conjug 2 ◂ **1** vt **a** (= emplir) (gén) to fill (*de* with); [+ récipient] to fill (up); (à nouveau) to refill; [+ questionnaire] to fill in ou out ◆ **remplir qch à moitié** to half fill sth, fill sth half full ◆ **il en a rempli 15 pages** he filled 15 pages with it, he wrote 15 pages on it ◆ **ce chanteur ne remplira pas la salle** this singer won't fill the hall ou won't get a full house ◆ **ces tâches routinières ont rempli sa vie** these routine tasks have filled his life, his life has been filled with these routine tasks ◆ **ça remplit la première page des journaux** it fills ou covers the front page of the newspapers ◆ **ce résultat me remplit d'admiration** this result fills me with admiration, I am filled with admiration at this result ◆ **remplir son temps** to fill one's time ◆ **il remplit bien ses journées** he gets a lot done in (the course of) a day, he packs a lot into his days
**b** (= s'acquitter de) [+ contrat, mission, obligation] to fulfil, carry out; [+ devoir] to carry out, do; [+ rôle] to fill, play; [+ besoin] to fulfil, answer, meet ◆ **remplir ses engagements** to meet one's commitments ◆ **remplir ses fonctions** to do ou carry out one's job, carry out ou perform one's functions ◆ **objet qui remplit une fonction précise** object that fulfils a precise purpose ◆ **vous ne remplissez pas les conditions** you do not fulfil ou satisfy ou meet the conditions
**2** **se remplir** vpr [récipient, salle] to fill (up) (*de* with) ◆ **se remplir les poches*** to line one's pockets ◆ **on s'est bien rempli la panse*** we stuffed ourselves*, we pigged out*

**remplissage** [ʀɑ̃plisaʒ] → SYN nm [tonneau, bassin] filling (up); (péj : dans un livre) padding ◆ **faire du remplissage** to pad out one's work (ou speech etc) ◆ **taux de remplissage des avions/hôtels** air passenger/hotel occupancy rate

**remploi** [ʀɑ̃plwa] nm ⇒ **réemploi**

**remployer** [ʀɑ̃plwaje] ▸ conjug 8 ◂ vt ⇒ **réemployer**

**remplumer (se)*** [ʀɑ̃plyme] ▸ conjug 1 ◂ vpr (physiquement) to fill out again, get a bit of flesh on one's bones again; (financièrement) to get back on one's feet, have some money in one's pocket again

**rempocher** [ʀɑ̃pɔʃe] ▸ conjug 1 ◂ vt to put back in one's pocket ◆ **le ministre a dû rempocher son projet de réforme** the minister had to shelve his reform plan

**rempoissonnement** [ʀɑ̃pwasɔnmɑ̃] nm restocking (with fish)

**rempoissonner** [ʀɑ̃pwasɔne] ▸ conjug 1 ◂ vt to restock (with fish)

**remporter** [ʀɑ̃pɔʀte] → SYN ▸ conjug 1 ◂ vt **a** (= reprendre) to take away (again), take back
**b** [+ championnat, élections, contrat] to win; [+ prix] to win, carry off ◆ **remporter la victoire** to win ◆ **remporter un (vif) succès** to achieve (a great) success

**rempotage** [ʀɑ̃pɔtaʒ] nm repotting

**rempoter** [ʀɑ̃pɔte] ▸ conjug 1 ◂ vt to repot

**remuage** [ʀəmɥaʒ] nm (Tech) [blé] shaking; [bouteille de champagne] riddling, remuage

**remuant, e** [ʀəmɥɑ̃, ɑ̃t] → SYN adj enfant (= agité) fidgety; (= turbulent) boisterous; public rowdy; opposition active

**remue-ménage** [ʀ(ə)mymenaʒ] → SYN nm inv (= bruit) commotion (NonC); (= activité) hurly-burly (NonC), hustle and bustle (NonC) ◆ **il y a du remue-ménage chez les voisins** the neighbours are making a great commotion ◆ **faire du remue-ménage** to make a commotion ◆ **le remue-ménage électoral** the electoral hurly-burly

**remue-méninges** [ʀ(ə)mymenɛ̃ʒ] nm inv brainstorming

**remuement** [ʀ(ə)mymɑ̃] → SYN nm (littér) moving, movement

**remuer** [ʀəmɥe] → SYN ▸ conjug 1 ◂ **1** vt **a** (= bouger) [+ tête, bras, lèvres] to move; [+ oreille] to twitch ◆ **remuer la queue** [vache, écureuil] to flick its tail; [chien] to wag its tail ◆ **remuer les bras ou les mains en parlant** to wave one's arms about ou gesticulate as one speaks ◆ **remuer les épaules/les hanches en marchant** to swing ou sway one's shoulders/one's hips as one walks; → **doigt**
**b** [+ objet] (= déplacer) to move, shift; (= secouer) to shake ◆ **il essaya de remuer la pierre** he tried to move ou shift the stone ◆ **sa valise est si lourde que je ne peux même pas la remuer** his suitcase is so heavy that I can't even shift ou move ou budge it ◆ **arrête de remuer ta chaise** stop moving your chair about ◆ **ne remue pas** ou **ne fais pas remuer la table, je suis en train d'écrire** don't shake ou move ou wobble the table – I'm trying to write
**c** (= brasser) [+ café] to stir; [+ sable] to stir up; [+ salade] to toss; [+ terre] to dig ou turn over ◆ **il a remué la sauce/les braises** he gave the sauce a stir/the fire a poke, he stirred the sauce/poked the fire ◆ **il a tout remué dans le tiroir** he turned the whole drawer ou everything in the drawer upside down ◆ **la brise remuait les feuilles** the breeze stirred the leaves ◆ **une odeur de terre remuée** a smell of fresh earth ou of freshly turned ou dug earth ◆ **remuer de l'argent (à la pelle)** to deal with ou handle vast amounts of money ◆ **remuer ciel et terre pour** (fig) to move heaven and earth (in order) to ◆ **remuer des souvenirs** [personne nostalgique] to turn ou go over old memories in one's mind; [évocation] to stir up ou arouse old memories
**d** [+ personne] (= émouvoir) to move; (= bouleverser) to upset ◆ **ça vous remue les tripes*** it really tugs at your heartstrings ◆ **elle était toute remuée par cette nouvelle** she was very upset when she heard the news
**2** vi **a** (= bouger) [personne] to move; [dent, tuile] to be loose ◆ **cesse de remuer !** keep still!, stop fidgeting! ◆ **le vent faisait remuer les branchages** the wind was stirring the branches, the branches were stirring ou swaying in the wind ◆ **ça a remué pendant la traversée*** the crossing was pretty rough* ◆ **il a remué toute la nuit** he tossed and turned all night ◆ **j'ai entendu remuer dans la cuisine** I heard someone moving about in the kitchen; → **nez**
**b** (fig = se rebeller) to show signs of unrest
**3** **se remuer** vpr **a** (= bouger) to move; (= se déplacer) to move about
**b** * (= se mettre en route) to get going; (= s'activer) to get a move on*, shift ou stir o.s.* ◆ **remue-toi un peu !** get a move on!* ◆ **il s'est beaucoup remué pour leur trouver une maison** he's gone to a lot of trouble to find them a house ◆ **il ne s'est pas beaucoup remué** he didn't exactly strain himself ou put himself out

**remugle** [ʀəmygl] → SYN nm (littér) mustiness, fustiness

**rémunérateur, -trice** [ʀemyneʀatœʀ, tʀis] → SYN adj emploi remunerative, lucrative

**rémunération** [ʀemyneʀasjɔ̃] → SYN nf [personne] payment, remuneration (*de* of); [investissement, capital] return (*de* on) ◆ **la rémunération moyenne des cadres** average executive pay ◆ **en rémunération de vos services** in payment for your services ◆ **mode de rémunération** [salarié] method of payment; [investissement] form of return ◆ **emploi à faible/forte rémunération** low-paid/highly-paid job ◆ **toucher une rémunération de 1 500 €** to be paid €1,500 ◆ **placement à faible/forte rémunération** low-return ou low-yield/high-return ou high-yield investment

**rémunératoire** [ʀemyneʀatwaʀ] adj remunerative ◆ **legs rémunératoire** legacy left as remuneration

**rémunérer** [ʀemyneʀe] → SYN ▸ conjug 6 ◂ vt [+ personne] to pay, remunerate ◆ **rémunérer le travail de qn** to pay ou remunerate sb for their work ◆ **travail bien/mal rémunéré** well-paid/badly-paid job ◆ **avoir une activité rémunérée** to be in salaried employment ◆ **emploi rémunéré à 1 500 €** job that pays €1,500 ◆ **placement rémunéré à 4,5%** investment that pays 4.5%; → **compte**

**renâcler** [ʀ(ə)nɑkle] → SYN ▸ conjug 1 ◂ vi [animal] to snort; (fig) [personne] to grumble, complain, show (one's) reluctance ◆ **renâcler à la besogne** ou **à la tâche** to grumble, complain *(about having to do a job)* ◆ **renâcler à faire qch** to do sth reluctantly ou grudgingly ◆ **sans renâcler** uncomplainingly, without grumbling ◆ **faire qch en renâclant** to do sth grudgingly ou reluctantly ou with (a) bad grace

**renaissance** [ʀ(ə)nɛsɑ̃s] → SYN [1] **nf** (Rel, fig) rebirth ◆ **la Renaissance** (Hist) the Renaissance

[2] **adj inv** mobilier, style Renaissance

**renaissant, e** [ʀ(ə)nɛsɑ̃, ɑ̃t] **adj** **a** forces returning; économie reviving, recovering; espoir, intérêt renewed ◆ **toujours** ou **sans cesse renaissant** difficultés constantly recurring, that keep cropping up; obstacles that keep cropping up; doutes, hésitations, intérêt constantly renewed

**b** (Hist) Renaissance (épith)

**renaître** [ʀ(ə)nɛtʀ] → SYN ▸ conjug 59 ◂ **vi** **a** [joie] to spring up again, be revived (*dans* in); [espoir, doute] to be revived (*dans* in), be reborn (littér); [conflit] to spring up again, break out again; [difficulté] to recur, crop up again; [économie] to revive, recover; [sourire] to return (*sur* to), reappear (*sur* on); [plante] to come ou spring up again; [jour] to dawn, break ◆ **le printemps renaît** spring is reawakening ◆ **la nature renaît au printemps** nature comes back to life in spring ◆ **faire renaître** [+ sentiment, passé] to bring back, revive; [+ problème, sourire] to bring back; [+ espoir, conflit] to revive

**b** (= revivre) (gén) to come to life again; (Rel) to be born again (*en* in) ◆ **renaître de ses cendres** (Myth, fig) to rise from one's ashes ◆ **je me sens renaître** I feel as if I've been given a new lease of life

**c** (littér) **renaître au bonheur** to find happiness again ◆ **renaître à l'espérance** to find fresh hope ◆ **renaître à la vie** to take on a new lease of life

**rénal, e,** mpl **-aux** [ʀenal, o] **adj** renal (SPÉC), kidney (épith)

**renard** [ʀ(ə)naʀ] → SYN **nm** (= animal) fox; (= fourrure) fox(-fur) ◆ **renard argenté/bleu** silver/blue fox ◆ **renard des sables** fennec ◆ **c'est un vieux renard** (fig) he's a sly old fox ou dog

**renarde** [ʀ(ə)naʀd] **nf** vixen

**renardeau,** pl **renardeaux** [ʀ(ə)naʀdo] **nm** fox cub

**renardière** [ʀ(ə)naʀdjɛʀ] **nf** (= terrier) fox's den; (Can) fox farm

**renaturation** [ʀ(ə)natyʀasjɔ̃] **nf** renaturation

**renauder** * † [ʀənode] ▸ conjug 1 ◂ **vi** to grouse *, grouch *

**rencaissage** [ʀɑ̃kɛsaʒ] **nm** (Horticulture) reboxing

**rencaissement** [ʀɑ̃kɛsmɑ̃] **nm** [argent] putting back in the till

**rencaisser** [ʀɑ̃kese] ▸ conjug 1 ◂ **vt** **a** [+ argent] to put back in the till

**b** (Hort) to rebox

**rencard** ⁑ [ʀɑ̃kaʀ] **nm** ⇒ **rancard**

**rencarder** ⁑ [ʀɑ̃kaʀde] ▸ conjug 1 ◂ **vt** ⇒ **rancarder**

**renchérir** [ʀɑ̃ʃeʀiʀ] → SYN ▸ conjug 2 ◂ [1] **vi** **a** (en paroles, en actes) to go further, go one better (péj) ◆ **renchérir sur ce que qn dit** to add something to what sb says, go further ou one better (péj) than sb ◆ **renchérir sur ce que qn fait** to go further than sb ◆ **"et je n'en ai nul besoin" renchérit-il** "and I don't need it in the least", he added ◆ **il faut toujours qu'il renchérisse (sur ce qu'on dit)** he always has to go one better

**b** [prix] to get dearer ou more expensive ◆ **la vie renchérit** the cost of living is going up ou rising

**c** (dans une vente : sur l'offre de qn) to make a higher bid, bid higher (*sur* than); (sur son offre) to raise one's bid

[2] **vt** [+ coût] to put up, increase; [+ produit] to make more expensive, put up the price of

**renchérissement** [ʀɑ̃ʃeʀismɑ̃] → SYN **nm** [marchandises] rise ou increase in (the) price (*de* of); [loyers] rise, increase (*de* in) ◆ **le renchérissement de la vie** the rise ou increase in the cost of living

**rencogner (se)** * [ʀɑ̃kɔɲe] ▸ conjug 1 ◂ **vpr** to huddle up, curl up (in a corner)

**rencontre**[1] [ʀɑ̃kɔ̃tʀ] → SYN **nf** **a** [amis, diplomates, étrangers] meeting; (imprévue) encounter, meeting ◆ **faire la rencontre de qn** to meet sb; (imprévue) to run into sb ◆ **j'ai peur que dans ces milieux il ne fasse de mauvaises rencontres** I am afraid that in these circles he might meet (up with) ou fall in with the wrong sort of people ◆ **faire une rencontre inattendue/une mauvaise rencontre** to have an unexpected/an unpleasant encounter ◆ **le hasard d'une rencontre a changé ma vie** a chance encounter ou meeting changed my life ◆ **rencontre au sommet** summit meeting ◆ **rencontres musicales/théâtrales** (= événement culturel) music/theatre festival ◆ **rencontre du premier/deuxième/troisième type** close encounter of the first/second/third kind ◆ **"Rencontre du troisième type"** (Ciné) "Close Encounters of the Third Kind"

**b** [éléments] conjunction; [rivières] confluence; [routes] junction; [voitures] collision; [voyelles] juxtaposition ◆ **la rencontre des deux lignes/routes/rivières se fait ici** the two lines/roads/rivers meet ou join here ◆ **point de rencontre** meeting point

**c** (Athlétisme) meeting; (Ftbl etc ) fixture, game ◆ **la rencontre (des deux équipes) aura lieu le 15** the two teams will meet on the 15th ◆ **rencontre de boxe** boxing match

**d** (Mil) skirmish, encounter, engagement; (= duel) encounter, meeting

**e** (LOC) **aller à la rencontre de qn** to go and meet sb, go to meet sb ◆ **(partir) à la rencontre des Incas** (to go) in search of the Incas ◆ **amours/amis de rencontre** casual love affairs/friends ◆ **compagnons de rencontre** chance companions

**rencontre**[2] [ʀɑ̃kɔ̃tʀ] **nm** (Hér) attire

**rencontrer** [ʀɑ̃kɔ̃tʀe] → SYN ▸ conjug 1 ◂ [1] **vt** **a** (gén) to meet; (par hasard) to meet, run ou bump into * ◆ **j'ai rencontré Paul en ville** I met ou ran into * ou bumped into * Paul in town ◆ **le Premier ministre a rencontré son homologue allemand** the Prime Minister has had a meeting with ou has met his German counterpart ◆ **mon regard rencontra le sien** our eyes met, my eyes met his

**b** (= trouver) [+ expression] to find, come across; [+ occasion] to meet with ◆ **des gens/sites comme on n'en rencontre plus** the sort of people/places you don't find any more ◆ **arrête-toi au premier garage que nous rencontrerons** stop at the first garage you come across ou find ◆ **avec lui, j'ai rencontré le bonheur** I have found happiness with him

**c** (= heurter) to strike; (= toucher) to meet (with) ◆ **la lame rencontra un os** the blade struck a bone ◆ **sa main ne rencontra que le vide** his hand met with nothing but empty space

**d** [+ obstacle, difficulté, opposition] to meet with, encounter, come up against; [+ résistance] to meet with, come up against

**e** (Sport) [+ équipe] to meet, play (against); [+ boxeur] to meet, fight (against)

[2] **se rencontrer vpr** **a** [personnes, regards] to meet; [rivières, routes] to meet, join; [équipes] to meet, play (each other); [boxeurs] to meet, fight (each other); [véhicules] to collide (with each other) ◆ **faire se rencontrer deux personnes** to arrange for two people to meet, arrange a meeting between two people ◆ **je me suis déjà rencontré avec lui** (frm) I have already met him ◆ **nous nous sommes déjà rencontrés** we have already met

**b** (= avoir les mêmes idées) **se rencontrer (avec qn)** to be of the same opinion ou mind (as sb); → **esprit**

**c** (= exister) [coïncidence, curiosité] to be found ◆ **cela ne se rencontre plus de nos jours** that isn't found ou one doesn't come across that any more nowadays ◆ **il se rencontre des gens qui ...** you do find people who ..., there are people who ...

**rendement** [ʀɑ̃dmɑ̃] → SYN **nm** [champ] yield; [machine] output; [entreprise] (= productivité) productivity; (= production) output; [personne] output; (Phys) efficiency; (Fin) [investissement] return (*de* on), yield (*de* of) ◆ **taux de rendement** [investissement] (rate of) return, yield ◆ **l'entreprise marche à plein rendement** the business is working at full capacity ◆ **placement d'un rendement médiocre** low-yielding investment ◆ **il travaille beaucoup, mais il n'a pas de rendement** * he works hard but he isn't very productive

**rendez-vous** [ʀɑ̃devu] → SYN [1] **nm inv** **a** (gén) appointment; (d'amoureux) date ◆ **donner** ou **fixer un rendez-vous à qn, prendre rendez-vous avec qn** (pour affaires, consultation) to make an appointment with sb; (entre amis) to arrange to see ou meet sb ◆ **j'ai (un) rendez-vous à 10 heures** I have an appointment ou I have to meet someone at 10 o'clock ◆ **nous nous étions donné rendez-vous à l'aéroport** we had arranged to meet at the airport ◆ **ma parole, vous vous êtes donné rendez-vous !** my goodness, you must have seen each other coming! ◆ **le soleil était au rendez-vous pour le mariage** it was a sunny day for the wedding ◆ **la croissance espérée n'est pas au rendez-vous** the expected growth has not materialized ◆ **manquer un rendez-vous avec l'histoire** to miss a date with destiny ◆ **avoir rendez-vous avec la mort** (littér) to have an appointment with death ◆ **rendez-vous d'affaires** business appointment ◆ **rendez-vous spatial** docking (in space) ◆ **prendre (un) rendez-vous chez le dentiste/coiffeur** to make a dental/hair appointment ◆ **j'ai rendez-vous chez le médecin** I've got a doctor's appointment ou an appointment at the doctor's ◆ **le médecin ne reçoit que sur rendez-vous** the doctor only sees patients by appointment ◆ **ce match sera le grand rendez-vous sportif de l'année** this match will be the big sporting event of the year ◆ **le festival est le rendez-vous annuel des cinéphiles** the festival brings cinema lovers together once a year ◆ **rendez-vous manqué** (fig) missed ou wasted opportunity; → **galant**

**b** (= lieu) meeting place ◆ **rendez-vous de chasse** meet; → **maison**

**c** ( * = personne) **votre rendez-vous est arrivé** the person you're waiting for has arrived

[2] COMP ▷ **rendez-vous citoyen** *training course replacing military service in France*

**rendormir** [ʀɑ̃dɔʀmiʀ] ▸ conjug 16 ◂ [1] **vt** to put to sleep again, put back to sleep

[2] **se rendormir vpr** to go back to sleep, fall asleep again

**rendosser** [ʀɑ̃dose] ▸ conjug 1 ◂ **vt** to put on again

**rendre** [ʀɑ̃dʀ] → SYN ▸ conjug 41 ◂ [1] **vt** **a** (= restituer) (gén) to give back, return, take ou bring back; [+ marchandises défectueuses, bouteille vide] to return, take back; [+ argent] to pay ou give back, return; [+ objet volé] to give back, return; [+ otage] to return; [+ cadeau, bague] to return, give back; (Scol) [+ copie] to hand in ◆ **quand pourriez-vous me rendre votre réponse ?** when will you be able to give me ou let me have your reply? ◆ **rendre son devoir en retard** to hand ou give in one's essay late ◆ **rendre sa parole à qn** to release sb from a promise, let sb off (his promise) ◆ **rendre la liberté à qn** to set sb free, give sb his freedom ◆ **rendre la santé à qn** to restore sb to health ◆ **rendre la vue à qn** to restore sb's sight, give sb back his sight ◆ **cela lui a rendu toutes ses forces/son courage** that gave him back ou restored all his strength/his courage ◆ **rendre la vie à qn** to save sb's life (fig) ◆ **rendu à la vie civile** back in civilian life ◆ **cette lessive rend à votre linge l'éclat du neuf** this powder makes your washing as good as new

**b** (Jur) [+ jugement, arrêt] to pronounce, render; [+ verdict] to return

**c** (= donner en retour) [+ hospitalité, invitation] to return, repay; [+ salut, coup, baiser] to return ◆ **je lui ai rendu sa visite** I returned ou repaid his visit ◆ **rendre coup pour coup** to return blow for blow ◆ **il m'a joué un sale tour, mais je le lui rendrai** he played a dirty trick on me, but I'll get even with him ou I'll get my own back on him * ◆ **je lui ai rendu injure pour injure** I gave him as good as I got ◆ **Dieu vous le rendra au centuple** God will return it to you a hundredfold ◆ **rendre la politesse à qn** to return sb's kindness ◆ **il la déteste, et elle le lui rend bien** he hates her and she feels exactly the same (way) about him ◆ **rendre la monnaie à qn** to give sb his change ◆ **il m'a donné 10 F et je lui en ai rendu 5** he gave me 10 francs and I gave him 5 francs back ou 5 francs change ◆ **rendre la pareille à qn** to pay sb back in his own coin; voir aussi **monnaie**

**d** (avec adj) to make ◆ **rendre qn heureux** to make sb happy ◆ **rendre qch public** to make sth public ◆ **rendre qn responsable de qch** to make sb responsible for sth ◆ **son discours l'a rendu célèbre** his speech has made him famous ◆ **c'est à vous rendre fou !** it's enough to drive you mad!

**e** (= exprimer par un autre moyen) [+ mot, expression, atmosphère] to render ◆ **cela ne rend pas bien sa pensée** that doesn't render ou convey his thoughts very well ◆ **le portrait ne rend pas son expression** this portrait has not caught ou captured his expression

**f** (= produire) [+ liquide] to give out; [+ son] to produce, make ◆ **le concombre rend beaucoup d'eau** cucumbers give out a lot of water ◆ **l'enquête n'a rien rendu** the inquiry drew a blank ou didn't come to anything ou produced nothing ◆ **ça ne rend pas grand-chose** [photo, décor, musique] it's a bit disappointing

**g** (= vomir) [+ bile] to vomit, bring up; [+ déjeuner] to vomit, bring back ou up ◆ **rendre tripes et boyaux** * to be as sick as a dog * ◆ **rendre du sang (par la bouche)** to cough up ou vomit blood

**h** (Sport) **rendre du poids** [cheval] to have a weight handicap ◆ **rendre 3 kg** to give ou carry 3 kg ◆ **rendre de la distance** [coureur] to have a handicap ◆ **rendre 100 mètres** to have a 100-metre handicap ◆ **rendre des points à qn** (fig) to give sb points ou a head start

**i** (Mil) [+ place forte] to surrender ◆ **rendre les armes** to lay down one's arms

**j** (Loc) **rendre l'âme** ou **le dernier soupir** [personne] to breathe one's last, give up the ghost ◆ **ma voiture/mon frigo a rendu l'âme** * my car/my fridge has given up the ghost * ◆ **rendre gloire à** [+ Dieu] to glorify; [+ hommes] to pay homage to ◆ **rendre grâce(s) à qn** to give ou render (frm) thanks to sb; → **compte**, **service**, **visite** etc

**2** vi **a** [arbres, terre] to yield, be productive ◆ **les pommiers ont bien rendu** the apple trees have given a good yield ou crop ◆ **la pêche a bien rendu** we have got a good catch (of fish) ◆ **ma petite expérience n'a pas rendu** (fig) my little experiment didn't pay off ou didn't come to anything

**b** (= vomir) to be sick, vomit ◆ **avoir envie de rendre** to feel sick

**c** (= produire un effet) **la pendule rendrait mieux dans l'entrée** the clock would look better in the hall ◆ **ça rend mal en photo** a photograph doesn't do it justice

**3** **se rendre** vpr **a** (= céder) [soldat, criminel] to give o.s. up, surrender; [troupe] to surrender ◆ **se rendre à l'avis de qn** to bow to sb's opinion ◆ **se rendre à l'évidence** (= regarder les choses en face) to face facts; (= admettre son tort) to bow before the evidence ◆ **se rendre aux prières de qn** to give way ou give in ou yield to sb's pleas ◆ **se rendre aux raisons de qn** to bow to ou accept sb's reasons

**b** (= aller) **se rendre à** to go to ◆ **il se rend à son travail à pied/en voiture** he walks/drives to work, he goes to work on foot/by car ◆ **alors qu'il se rendait à ...** as he was on his way to ... ou going to ... ◆ **la police s'est rendue sur les lieux** the police went to ou arrived on the scene ◆ **se rendre à l'appel de qn** to respond to sb's appeal; → **lieu**[1]

**c** (avec adj) **se rendre utile/indispensable** to make o.s. useful/indispensable ◆ **il se rend ridicule** he's making a fool of himself, he's making himself look foolish ◆ **vous allez vous rendre malade** you're going to make yourself ill

**rendu, e** [ʀɑ̃dy] → SYN (ptp de **rendre**) **1** adj **a** (= arrivé) **être rendu** to have arrived ◆ **nous voilà rendus !** here we are then! ◆ **on est plus vite rendu par le train** you get there quicker by train

**b** (= remis) **rendu à domicile** delivered to the house

**c** (= fatigué) exhausted, tired out, worn out

**2** nm **a** (Comm) return; → **prêté**

**b** (Art) rendering

**rêne** [ʀɛn] → SYN nf rein ◆ **prendre les rênes d'une affaire** (fig) to take over a business, assume control ou take control of a business ◆ **lâcher les rênes** (lit) to loosen ou slacken the reins; (fig) to let go ◆ **c'est lui qui tient les rênes du gouvernement** (fig) it's he who holds the reins of government ou who is in the saddle

**renégat, e** [ʀənega, at] → SYN nm,f (Rel) renegade; (gén, Pol) renegade, turncoat

**renégociation** [ʀ(ə)negɔsjasjɔ̃] nf renegotiation

**renégocier** [ʀ(ə)negɔsje] ▸ conjug 7 ◂ vt, vi to renegotiate

**reneiger** [ʀ(ə)neʒe] ▸ conjug 3 ◂ vb impers to snow again

**renfermé, e** [ʀɑ̃fɛʀme] → SYN (ptp de **renfermer**) **1** adj personne withdrawn, uncommunicative

**2** nm ◆ **ça sent le renfermé** it smells musty ou stuffy (in here); → **odeur**

**renfermer** [ʀɑ̃fɛʀme] → SYN ▸ conjug 1 ◂ **1** vt **a** (= contenir) [+ trésors] to contain, hold; [+ erreurs, vérités] to contain ◆ **phrase qui renferme plusieurs idées** sentence that encompasses ou contains several ideas

**b** († : à clé) to lock again, lock back up

**2** **se renfermer** vpr ◆ **se renfermer (en soi-même)** to withdraw into o.s. ◆ **se renfermer dans sa coquille** to withdraw into one's shell

**renfiler** [ʀɑ̃file] ▸ conjug 1 ◂ vt [+ perles] to restring; [+ aiguille] to thread again, rethread; [+ bas, manteau] to slip back into

**renflé, e** [ʀɑ̃fle] → SYN (ptp de **renfler**) adj bulging (épith), bulbous

**renflement** [ʀɑ̃fləmɑ̃] → SYN nm bulge

**renfler** [ʀɑ̃fle] ▸ conjug 1 ◂ **1** vt to make a bulge in; [+ joues] to blow out

**2** **se renfler** vpr to bulge (out)

**renflouage** [ʀɑ̃fluaʒ] → SYN, **renflouement** [ʀɑ̃flumɑ̃] nm **a** [navire] refloating

**b** [entreprise] refloating, bailing out; [personne] bailing out

**renflouer** [ʀɑ̃flue] → SYN ▸ conjug 1 ◂ **1** vt **a** [+ navire] to refloat

**b** [+ entreprise] to refloat, bail out; [+ personne] to set back on their feet again, bail out

**2** **se renflouer** vpr [personne] to get back on one's feet again *(financially)*

**renfoncement** [ʀɑ̃fɔ̃smɑ̃] → SYN nm recess ◆ **caché dans le renfoncement d'une porte** hidden in a doorway

**renfoncer** [ʀɑ̃fɔ̃se] → SYN ▸ conjug 3 ◂ vt **a** [+ clou] to knock further in; [+ bouchon] to push further in ◆ **il renfonça son chapeau (sur sa tête)** he pulled his hat down (further)

**b** (Typo) to indent

**renforçateur** [ʀɑ̃fɔʀsatœʀ] nm (Photo) intensifier; (Psych) reinforcer ◆ **renforçateur de goût** flavour enhancer

**renforcement** [ʀɑ̃fɔʀsəmɑ̃] → SYN nm **a** [vêtement, mur] reinforcement; [poutre] reinforcement, trussing; [régime, position, monnaie, amitié] strengthening; [paix, pouvoir] consolidating

**b** [équipe, armée] reinforcement ◆ **renforcement des effectifs de la police** increasing the number of police officers

**c** [crainte, soupçon] reinforcement, increase; [argument] reinforcement, strengthening

**d** [pression, effort, surveillance, contrôle] intensification, stepping up; [couleur, ton, expression] intensification ◆ **un renforcement des sanctions économiques** toughening ou stepping up economic sanctions ◆ **un renforcement du dialogue Nord-Sud** stepping up dialogue between North and South

**renforcer** [ʀɑ̃fɔʀse] → SYN ▸ conjug 3 ◂ **1** vt **a** [+ vêtement, mur] to reinforce; [+ poutre] to reinforce, truss; [+ régime, position, monnaie, amitié] to strengthen; [+ paix, pouvoir] to consolidate ◆ **bas à talon renforcé** stocking with reinforced heel

**b** [+ équipe, armée, effectifs] to reinforce ◆ **ils sont venus renforcer nos effectifs** they came to strengthen ou swell our numbers

**c** [+ crainte, soupçon] to reinforce, increase; [+ argument] to reinforce, strengthen ◆ **renforcer qn dans une opinion** to confirm sb's opinion, confirm sb in an opinion ◆ **ça renforce ce que je dis** that backs up ou reinforces what I'm saying

**d** [+ pression, effort, surveillance, contrôle] to intensify, step up; [+ couleur, son, expression] to intensify ◆ **(cours d')anglais renforcé** (Scol) remedial English (class)

**2** **se renforcer** vpr [craintes, amitié] to strengthen; [pression] to intensify ◆ **notre équipe s'est renforcée de deux nouveaux joueurs** our team has been strengthened by two new players

**renformir** [ʀɑ̃fɔʀmiʀ] ▸ conjug 2 ◂ vt to repair and roughcast

**renformis** [ʀɑ̃fɔʀmi] nm repairing and roughcasting

**renfort** [ʀɑ̃fɔʀ] → SYN nm **a** (gén) help, helpers ◆ **renforts** (Mil) (en hommes) reinforcements; (en matériel) (further) supplies ◆ **recevoir un renfort de troupes/d'artillerie** to receive more troops/guns, receive reinforcements/a further supply of guns

**b** (Tech) reinforcement, strengthening piece

**c** (Couture) patch ◆ **collants avec renforts aux talons** tights with reinforced heels

**d** (Loc) **de renfort** barre, toile strengthening; troupe back-up, supporting; personnel extra, additional ◆ **envoyer qn en renfort** to send sb as an extra ou sb to augment the numbers ◆ **les 500 soldats appelés en renfort** the 500 soldiers called in as reinforcements ◆ **embaucher du personnel en renfort** to employ extra ou additional staff

◆ **à grand renfort de** ◆ **parfum lancé à grand renfort de publicité** perfume launched amid much publicity ou a blaze of publicity ◆ **à grand renfort de gestes/d'explications** with a great many gestures/explanations ◆ **à grand renfort de citations/d'arguments** with the help ou support of a great many quotations/arguments

**renfrogné, e** [ʀɑ̃fʀɔɲe] → SYN (ptp de **se renfrogner**) adj visage sullen, scowling (épith), sulky; air, personne sullen, sulky

**renfrognement** [ʀɑ̃fʀɔɲmɑ̃] nm scowling, sullenness

**renfrogner (se)** [ʀɑ̃fʀɔɲe] ▸ conjug 1 ◂ vpr [personne] to scowl, pull a sour face

**rengagé** [ʀɑ̃gaʒe] **1** adj m soldat re-enlisted

**2** nm re-enlisted soldier

**rengagement** [ʀɑ̃gaʒmɑ̃] nm **a** [discussion] starting up again; [combat] re-engagement

**b** (= réinvestissement) reinvestment

**c** (= nouveau recrutement) [soldat] re-enlistment; [ouvrier] taking back

**rengager** [ʀɑ̃gaʒe] → SYN ▸ conjug 3 ◂ **1** vt **a** [+ discussion] to start up again; [+ combat] to re-engage

**b** (= réinvestir) to reinvest

**c** (= recruter de nouveau) [+ soldat] to re-enlist; [+ ouvrier] to take back

**d** (= réintroduire) **rengager une clé dans une serrure** to put a key back into a lock ◆ **rengager sa voiture dans une rue** to drive (back) into a street again

**2** vi (Mil) to join up again, re-enlist

**3** **se rengager** vpr **a** (Mil) to join up again, re-enlist

**b** [discussion] to start up again

**c** (= entrer à nouveau) **se rengager dans une rue** to enter a street again

**rengaine** [ʀɑ̃gɛn] → SYN nf (= formule) hackneyed expression; (= chanson) old (repetitive) song ou melody ◆ **c'est toujours la même rengaine** * it's always the same old refrain (Brit) ou song * (US)

**rengainer** [ʀɑ̃gene] → SYN ▸ conjug 1 ◂ vt **a** * [+ compliment] to save, withhold; [+ sentiments] to contain, hold back ◆ **rengaine tes beaux discours !** (you can) save ou keep your fine speeches!

**b** [+ épée] to sheathe, put up; [+ revolver] to put back in its holster

**rengorger (se)** [ʀɑ̃gɔʀʒe] → SYN ▸ conjug 3 ◂ vpr [oiseau] to puff out its throat; [personne] to puff o.s. up ◆ **se rengorger d'avoir fait qch** to be full of o.s. for having done sth

**rengrener** [ʀɑ̃gʀene] ▸ conjug 5 ◂ vt **a** [+ roues dentées] to re-engage

**b** (= remplir de grain) to feed again with grain, refill with grain

**reniement** [ʀənimɑ̃] → SYN nm [foi, opinion] renunciation; [frère, patrie, signature, passé, cause, parti] disowning, repudiation; [promesse, engagement] breaking; (Rel) denial ◆ **le reniement de Jésus par saint Pierre** St Peter's denial of Christ

**renier** [ʀənje] → SYN ▸ conjug 7 ◂ **1** vt [+ foi, opinion] to renounce; [+ personne, patrie, signature, passé, cause, parti] to disown; [+ promesse, engagement] to go back on, break ◆ **il renia Jésus-Christ** (Rel) he denied Christ ◆ **renier Dieu** to renounce God

**2** **se renier** vpr to go back on what one has said ou done

**reniflard** [ʀ(ə)niflaʀ] → SYN nm [chaudière, voiture] breather

**reniflement** [ʀ(ə)nifləmɑ̃] nm a (= action) [fleur, objet] sniffing (NonC); [cheval] snorting (NonC); (à cause d'un rhume, en pleurant) sniffing (NonC), snuffling (NonC), sniffling (NonC)
b (= bruit) sniff, sniffle, snuffle; (plus fort) snort

**renifler** [ʀ(ə)nifle] → SYN ▸ conjug 1 ◂ 1 vt a [+ cocaïne] to snort, take a snort of; [+ colle] to sniff
b [+ fleur, objet, odeur] to sniff
c (* = pressentir) [+ bonne affaire, arnaque] to sniff out* ◆ **renifler quelque chose de louche** to smell a rat
2 vi [personne] to sniff; (en pleurant) to sniff, snuffle, sniffle; [cheval] to snort ◆ **arrête de renifler, mouche-toi !** stop sniffing and blow your nose!

**renifleur, -euse** [ʀ(ə)niflœʀ, øz] 1 adj sniffling, snuffling
2 nm,f * sniffler, snuffler; → **avion**

**réniforme** [ʀenifɔʀm] adj kidney-shaped, reniform (SPÉC)

**rénine** [ʀenin] nf renin

**rénitence** [ʀenitɑ̃s] nf renitence, renitency

**rénitent, e** [ʀenitɑ̃, ɑ̃t] adj renitent

**renne** [ʀɛn] → SYN nm reindeer

**renom** [ʀənɔ̃] → SYN nm a (= notoriété) renown, repute, fame ◆ **vin de grand renom** famous wine ◆ **restaurant en renom** celebrated ou renowned ou famous restaurant ◆ **acquérir du renom** to win renown, become famous ◆ **avoir du renom** to be famous ou renowned
b (frm = réputation) reputation ◆ **son renom de sévérité** his reputation for severity ◆ **bon/mauvais renom** good/bad reputation ou name

**renommé, e**[1] [ʀ(ə)nɔme] → SYN (ptp de **renommer**) adj celebrated, renowned, famous ◆ **renommé pour** renowned ou famed for

**renommée**[2] [ʀ(ə)nɔme] nf a (= célébrité) fame, renown ◆ **marque/savant de renommée mondiale** world-famous make/scholar ◆ **de grande renommée** of great renown
b (littér = opinion publique) public report
c (littér = réputation) reputation ◆ **bonne/mauvaise renommée** good/bad reputation ou name

**renommer** [ʀ(ə)nɔme] ▸ conjug 1 ◂ vt a [+ personne] to reappoint
b (Ordin) [+ fichier, répertoire] to rename

**renonce** [ʀ(ə)nɔ̃s] nf (Cartes) ◆ **faire une renonce** to revoke, renegue, fail to follow suit

**renoncement** [ʀ(ə)nɔ̃smɑ̃] → SYN nm (= action) renouncement (*à* of); (= sacrifice) renunciation ◆ **renoncement à soi-même** self-abnegation, self-renunciation ◆ **mener une vie de renoncement** to live a life of renunciation ou abnegation

**renoncer** [ʀ(ə)nɔ̃se] → SYN ▸ conjug 3 ◂ 1 **renoncer à** vt indir [+ projet, lutte] to give up, renounce; [+ fonction, héritage, titre, pouvoir, trône] to renounce, relinquish; [+ habitude] to give up; [+ métier] to abandon, give up ◆ **renoncer à un voyage/au mariage** to give up ou abandon the idea of a journey/of marriage ◆ **renoncer à qn** to give sb up ◆ **renoncer au tabac** to give up smoking ◆ **renoncer à lutter/à comprendre** to give up struggling/trying to understand ◆ **renoncer à se marier** to give up ou abandon the idea of getting married ◆ **renoncer aux plaisirs/au monde** to renounce pleasures/the world ◆ **je ou j'y renonce** I give up ◆ **renoncer à cœur** (Cartes) to fail to follow (in) hearts ◆ **renoncer à toute prétention** (Jur) to abandon any claim
2 vt (littér) [+ ami] to give up

**renonciataire** [ʀənɔ̃sjatɛʀ] nmf (Jur) *person for whom a right is renounced*

**renonciateur, -trice** [ʀənɔ̃sjatœʀ, tʀis] nm,f *person who renounces a right*

**renonciation** [ʀənɔ̃sjasjɔ̃] → SYN nf [fonction, héritage, titre, pouvoir, trône] renunciation, relinquishment (*à* of); [opinion, croyance, idée, projet, lutte] giving up

**renoncule** [ʀənɔ̃kyl] → SYN nf (sauvage) buttercup; (cultivée) globeflower, ranunculus (SPÉC)

**renouer** [ʀənwe] → SYN ▸ conjug 1 ◂ 1 vt [+ lacet, nœud] to tie (up) again, re-tie; [+ cravate] to reknot, knot again; [+ conversation, liaison] to renew, resume
2 vi ◆ **renouer avec qn** to take up with sb again, become friends with sb again ◆ **renouer avec une habitude** to take up a habit again ◆ **renouer avec une tradition** to revive a tradition ◆ **ils ont renoué avec la victoire** they came back on top

**renouveau**, pl **renouveaux** [ʀ(ə)nuvo] → SYN nm a (= transformation) revival ◆ **le renouveau des sciences et des arts à la Renaissance** the revival of the sciences and the arts ou the renewed interest in ou the renewal of interest in the sciences and arts during the Renaissance
b (= regain) **renouveau de succès/faveur** renewed success/favour ◆ **connaître un renouveau de faveur** to enjoy renewed favour, come back into favour
c (littér = printemps) **le renouveau** springtide (littér)

**renouvelable** [ʀ(ə)nuv(ə)labl] → SYN adj bail, contrat, énergie, passeport renewable; expérience which can be tried again ou repeated; congé which can be re-granted; assemblée that must be re-elected ◆ **le mandat présidentiel est renouvelable tous les 7 ans** the president must run ou stand (Brit) for re-election every 7 years ◆ **ressources naturelles non renouvelables** non-renewable natural resources ◆ **crédit renouvelable** revolving credit

**renouvelant, e** [ʀ(ə)nuv(ə)lɑ̃, ɑ̃t] nm,f *communicant who renews his (ou her) religious vows*

**renouveler** [ʀ(ə)nuv(ə)le] → SYN ▸ conjug 4 ◂ 1 vt a [+ matériel, personnel, équipe] to renew, replace; [+ stock] to renew, replenish; [+ pansement] to renew, change; [+ conseil d'administration] to re-elect ◆ **renouveler l'air d'une pièce** to air a room ◆ **renouveler l'eau d'une piscine** to renew the water in a swimming pool ◆ **renouveler sa garde-robe** to renew one's wardrobe, buy some new clothes ◆ **la chambre doit être renouvelée tous les cinq ans** (Pol) the house must be re-elected every five years
b [+ mode, théorie] to renew, revive ◆ **cette découverte a complètement renouvelé notre vision des choses** this discovery has given us a whole new insight into things ou has cast a whole new light on things for us ◆ **les poètes de la Pléiade renouvelèrent la langue française** the poets of the Pléiade gave new ou renewed life to the French language
c [+ passeport, contrat, abonnement, bail, prêt, mandat] to renew ◆ **à renouveler** (Méd) to be renewed
d [+ douleur] to revive
e [+ candidature] to renew; [+ demande, offre, promesse, erreur] to renew, repeat; [+ expérience, exploit] to repeat, do again; (Rel) [+ vœux] to renew ◆ **l'énergie sans cesse renouvelée que requiert ce métier** the constantly renewed energy which this job requires ◆ **avec mes remerciements renouvelés** (dans une lettre) with renewed thanks, thanking you once more ou once again ◆ **la chambre a renouvelé sa confiance au gouvernement** the house reaffirmed ou reasserted its confidence in the government
f (littér = emprunter) **épisode renouvelé de l'Antiquité** episode taken ou borrowed from Antiquity
2 **se renouveler** vpr a (= se répéter) [incident] to recur, be repeated ◆ **cette petite scène se renouvelle tous les jours** this little scene recurs ou is repeated every day ◆ **et que ça ne se renouvelle plus !** and don't let it happen again!
b (= être remplacé) to be renewed ou replaced ◆ **les cellules de notre corps se renouvellent constamment** the cells of our body are constantly being renewed ou replaced ◆ **les hommes au pouvoir ne se renouvellent pas assez** men in power aren't replaced often enough
c (= innover) [auteur, peintre] to change one's style, try something new ◆ **il ne se renouvelle pas** [comique] he always tells the same old jokes ou stories

**renouvellement** [ʀ(ə)nuvɛlmɑ̃] → SYN nm a [matériel, personnel, équipe] renewal, replacement; [stock] renewal, replenishment; [pansement] renewal, changing; [garde-robe] changing; [cellules] renewal
b [mode, théorie, art, langue] renewal, revival; [genre littéraire] revival ◆ **elle éprouve un besoin de renouvellement** she feels she needs to start afresh
c [passeport, contrat, abonnement, bail, prêt] renewal ◆ **solliciter le renouvellement de son mandat** (Pol) to run ou stand (Brit) for re-election
d [candidature] renewal; [demande, offre, promesse, erreur] renewal, repetition; [expérience, exploit] repetition; [incident] recurrence; [douleur] revival; (Rel) [vœux] renewal ◆ **faire son renouvellement** to renew one's first communion promises

**rénovateur, -trice** [ʀenɔvatœʀ, tʀis] → SYN 1 adj doctrine which seeks a renewal, reformist; influence renewing (épith), reforming (épith)
2 nm,f (de la morale, Pol) reformer ◆ **il est considéré comme le rénovateur de cette science/de cet art** he's considered as having been the one who injected new life into this science/into this art form
3 nm (= produit d'entretien) restorer

**rénovation** [ʀenɔvasjɔ̃] → SYN nf a [maison] renovation; (= nouvelle décoration) refurbishment; [quartier] renovation; [meuble] restoration ◆ **en (cours de) rénovation** under renovation ◆ **travaux de rénovation** renovations, renovation work
b [enseignement, institution] reform; [science] renewal, bringing up to date; [méthode] reform

**rénover** [ʀenɔve] → SYN ▸ conjug 1 ◂ vt a [+ maison] to renovate; (nouvelle décoration) to refurbish; [+ quartier] to renovate; [+ meuble] to restore
b [+ enseignement, institution] to reform; [+ science] to renew, bring up to date; [+ méthode, parti] to reform

**renquiller**‡ [ʀɑ̃kije] ▸ conjug 1 ◂ vt [+ argent] to repocket, put back in one's pocket

**renseignement** [ʀɑ̃sɛɲmɑ̃] GRAMMAIRE ACTIVE 27.1, 27.5, 20.1 → SYN nm a (gén) information (NonC), piece of information ◆ **un renseignement intéressant** an interesting piece of information, some interesting information ◆ **demander un renseignement ou des renseignements à qn** to ask sb for (some) information ◆ **il est allé aux renseignements** he has gone to make inquiries ou to see what he can find out (about it) ◆ **prendre ses renseignements** ou **demander des renseignements sur qn** to make inquiries ou ask for information about sb ◆ **renseignements pris** upon inquiry ◆ **avoir de bons renseignements sur le compte de qn** to have good ou favourable reports about ou on sb ◆ **pourriez-vous me donner un renseignement ?** I'd like some information, could you give me some information? ◆ **veuillez m'envoyer de plus amples renseignements sur ...** please send me further details of ... ou further information about ... ◆ **je peux te demander un renseignement ?** can you give me some information?, can I ask you something?, could you tell me something? ◆ **merci pour le renseignement** thanks for the information, thanks for telling me ou letting me know ◆ **guichet/bureau des renseignements** information ou inquiry (Brit) desk/office ◆ **"renseignements"** (panneau) "information", "inquiries" (Brit) ◆ **(service des) renseignements** (Téléc) directory inquiries (Brit), information (US)
b (Mil) intelligence (NonC), piece of intelligence ◆ **agent/service de renseignements** intelligence agent/service ◆ **travailler dans le renseignement** to work in intelligence ◆ **les renseignements généraux** *the security branch of the police force*

**renseigner** [ʀɑ̃seɲe] → SYN ▸ conjug 1 ◂ 1 vt a **renseigner un client/un touriste** to give some information to a customer/a tourist ◆ **renseigner la police/l'ennemi** to give information to the police/the enemy (*sur* about) ◆ **renseigner un passant/un automobiliste** (sur le chemin à prendre) to give directions to a passer-by/a driver, tell a passer-by/a driver the way ◆ **qui pourrait me renseigner sur le prix de la voiture/sur lui ?** who could tell me the price of the car/something about him?, who could give me some information ou particulars about the price of the car/about him? ◆ **puis-je vous renseigner ?** can I help you? ◆ **il pourra peut-être te renseigner** perhaps he'll be able to give you some information (about it), perhaps he'll be able to tell you ou to help you ◆ **document qui renseigne utilement** document which gives useful information ◆ **ça ne nous renseigne pas beaucoup !** that doesn't get us very far!, that doesn't tell us very much! ou give us much to go on! ◆ **il a l'air bien renseigné** he seems to be well informed ou to know a lot about it ◆ **il est mal renseigné** he doesn't know much about it, he isn't very well informed ◆ **j'ai été mal renseigné** I was misinformed ou given the wrong information

**b** (= remplir) [+ case, champ de données] to fill in

**2** **se renseigner** vpr (= demander des renseignements) to make enquiries, ask for information (*sur* about); (= obtenir des renseignements) to find out (*sur* about) ◆ **je vais me renseigner auprès de lui** I'll ask him for information ou for particulars, I'll ask him about it ◆ **renseignez-vous auprès de l'office du tourisme/à l'accueil** enquire at ou ask at the tourist office/at reception (for details) ◆ **j'essaierai de me renseigner** I'll try to find out, I'll try and get some information ◆ **je vais me renseigner sur son compte** I'll make enquiries about him, I'll find out about him ◆ **je voudrais me renseigner sur les caméscopes** I'd like some information ou particulars about camcorders

**rentabilisation** [ʀɑ̃tabilizasjɔ̃] nf [produit, entreprise] making profitable; [invention] marketing, commercializing ◆ **la rentabilisation des investissements** securing a return on investments, making investments pay

**rentabiliser** [ʀɑ̃tabilize] ► conjug 1 ◄ vt [+ entreprise, activité] to make profitable, make pay; [+ investissements] to secure a return on, make pay; [+ équipements] to make cost-effective, make pay ◆ **notre investissement a été très vite rentabilisé** we got a quick return on our investment ◆ **rentabiliser son temps** to make the best use of one's time

**rentabilité** [ʀɑ̃tabilite] → SYN nf profitability ◆ **rentabilité des investissements** return on investments ◆ **ce placement a une faible/forte rentabilité** this is a low-return ou low-yield/high-return ou high-yield investment

**rentable** [ʀɑ̃tabl] → SYN adj entreprise, activité profitable ◆ **c'est une affaire très rentable** this is a very profitable business, this business really pays ◆ **au prix où est l'essence, les transports privés ne sont pas rentables** with fuel the price it is, private transport isn't a paying ou viable proposition ou private transport doesn't pay ◆ **il travaille beaucoup mais il n'est pas rentable** he works a lot but he isn't very productive ◆ **ce n'est plus du tout rentable** (lit) it's no longer financially viable; (fig) it just isn't worth it any more ◆ **cette prise de position s'est avérée politiquement rentable** taking this stand paid off ou was a good move politically

**rentamer** [ʀɑ̃tame] → SYN ► conjug 1 ◄ vt [+ discours] to begin ou start again

**rente** [ʀɑ̃t] → SYN nf **a** (= pension) annuity, pension; (fournie par la famille) allowance ◆ **rente de situation** secure ou guaranteed income ◆ **rente viagère** life annuity ◆ **faire une rente à qn** to give an allowance to sb

**b** (= emprunt d'État) government stock ou loan ou bond ◆ **rentes perpétuelles** perpetual loans, irredeemable securities

**c** (LOC) **avoir des rentes** to have a private ou an unearned income, have private ou independent means ◆ **vivre de ses rentes** to live on ou off one's private income

**rentier, -ière** [ʀɑ̃tje, jɛʀ] → SYN nm,f person of independent ou private means ◆ **c'est un petit rentier** he has a small private income ◆ **mener une vie de rentier** to live a life of ease ou leisure

**rentoilage** [ʀɑ̃twalaʒ] nm [tableau] remounting

**rentoiler** [ʀɑ̃twale] ► conjug 1 ◄ vt [+ tableau] to remount

**rentrant, e** [ʀɑ̃tʀɑ̃, ɑ̃t] → SYN adj train d'atterrissage retractable; (Math) angle reflex

**rentré, e**[1] [ʀɑ̃tʀe] (ptp de **rentrer**) **1** adj colère suppressed; yeux sunken; joues sunken, hollow

**2** nm (Couture) hem

**rentre-dedans** * [ʀɑ̃t(ʀə)dədɑ̃] nm inv ◆ **il m'a fait du rentre-dedans** [dragueur] he came on really strong to me*; [vendeur] he was really pushy *

**rentrée**[2] [ʀɑ̃tʀe] → SYN nf **a** **rentrée (scolaire** ou **des classes)** start of the new school year, time when the schools go back ◆ **rentrée universitaire** start of the new academic year; (du trimestre) start of the new (school ou university) term ◆ **acheter des cahiers pour la rentrée (des classes)** to buy exercise books for the new school year ◆ **la rentrée aura lieu lundi** the new term begins on Monday, school starts again on Monday ◆ **la rentrée s'est bien passée** the term began well ◆ **"les affaires de la rentrée"** (Comm) "back-to-school bargains" ◆ **à la rentrée de Noël** at the start of (the) term after the Christmas holidays ◆ **cette langue sera enseignée à partir de la rentrée 2004** this language will be part of the syllabus as from autumn 2004 ou as from the start of the 2004-5 school year

**b** [tribunaux] reopening; [parlement] reopening, reassembly ◆ **la rentrée parlementaire aura lieu cette semaine** parliament reassembles ou reopens this week, the new session of parliament starts this week ◆ **les députés font leur rentrée aujourd'hui** the deputies are returning ou reassembling today (for the start of the new session) ◆ **faire sa rentrée politique** (après les vacances d'été) to start the new political season, begin one's autumn campaign; (après avoir fait autre chose) to make a ou one's political comeback ◆ **c'est la rentrée des théâtres parisiens** it's the start of the theatrical season in Paris ◆ **la rentrée littéraire** the start of the literary season ou calendar ◆ **on craint une rentrée sociale agitée** it is feared that there will be some social unrest this autumn ◆ **la réforme entrera en vigueur à la rentrée prochaine** the reform will come into effect next autumn ◆ **leur album sortira à la rentrée de septembre** their album will come out in September ◆ **la mode de la rentrée** the autumn fashions ◆ **on verra ça à la rentrée** we'll see about that after the holidays ou when we come back from holiday

**c** [acteur, sportif] comeback

**d** (= retour) return ◆ **pour faciliter la rentrée dans la capitale** to make getting back into ou the return into the capital easier ◆ **la rentrée des ouvriers à l'usine le lundi matin** the workers' return to work on a Monday morning ◆ **à l'heure des rentrées dans Paris** when everyone is coming back into Paris ◆ **il m'a reproché mes rentrées tardives** he told me off for coming in late ◆ **rentrée dans l'atmosphère** (Espace) re-entry into the atmosphere ◆ **effectuer sa rentrée dans l'atmosphère** to re-enter the atmosphere ◆ **rentrée en touche** (Sport) throw-in

**e** [récolte] bringing in ◆ **faire la rentrée du blé** to bring in the wheat

**f** (Cartes) cards picked up

**g** (Comm, Fin) **rentrées** income ◆ **rentrée d'argent** sum of money (coming in) ◆ **je compte sur une rentrée d'argent très prochaine** I'm expecting a sum of money ou some money very soon ◆ **les rentrées de l'impôt** tax revenue

> **RENTRÉE**
>
> **La rentrée (des classes)** in September each year is not only the time when French children and teachers go back to school; it is also the time when political and social life begins again after the long summer break. The expression "à la rentrée" is thus not restricted to an educational context, but can refer in general to the renewed activity that takes place throughout the country in the autumn.

**rentrer** [ʀɑ̃tʀe] → SYN ► conjug 1 ◄ **1** vi (avec aux être) **a** (= entrer à nouveau) (vu de l'extérieur) to go back in; (vu de l'intérieur) to come back in ◆ **il pleut trop, rentrez un instant** it's raining too hard so come back in for a while ◆ **il est rentré dans la maison/la pièce** he went back (ou came back) into the house/the room ◆ **la navette est rentrée dans l'atmosphère** the shuttle re-entered the atmosphere ◆ **il était sorti sans ses clés, il a dû rentrer par la fenêtre** he'd gone out without his keys and he had to get back in through the window ◆ **l'acteur est rentré en scène** the actor came on again

**b** (= revenir chez soi) to come back, come (back) home, return (home); (= s'en aller chez soi) to go (back) home, return home; (= arriver chez soi) to get (back) home, return home ◆ **rentrer déjeuner/dîner** to go (back) home for lunch/dinner ◆ **est-ce qu'il est rentré ?** is he back? ◆ **elle est rentrée très tard hier soir** she came ou got in ou back very late last night ◆ **je l'ai rencontré en rentrant** I met him on my way home ◆ **rentrer de l'école/du bureau** to come back from school/from the office, come (ou go) home from school/from the office ◆ **il a dû rentrer de voyage d'urgence** he had to come back ou come home from his trip urgently, he had to return home urgently ◆ **rentrer à Paris/de Paris** to go back ou come back ou return to Paris/from Paris ◆ **je rentre en voiture** I'm driving back, I'm going back by car ◆ **dépêche-toi de rentrer, ta mère a besoin de toi** hurry home ou back, your mother needs you ◆ **rentrer à sa base** (Aviat) to return ou go back to base ◆ **le navire rentre au port** the ship is coming back in

**c** (= reprendre ses activités) [élèves] to go back to school, start school again; [université] to start again; [tribunaux] to reopen; [parlement] to reassemble; [députés] to return, reassemble ◆ **les enfants rentrent en classe** ou **à l'école lundi** the children go back to school ou start school again on Monday ◆ **le trimestre prochain, on rentrera un lundi** next term starts ou next term we start on a Monday ◆ **elle rentre au lycée l'année prochaine** she's starting secondary school next year

**d** (= entrer) [personne] to go in, come in; [chose] to go in ◆ **il pleuvait, nous sommes rentrés dans un café** it was raining so we went into a cafe ◆ **les voleurs sont rentrés par la fenêtre** the thieves got in by the window ◆ **cette clé ne rentre pas (dans la serrure)** this key doesn't fit (into the lock), I can't get this key in (the lock) ◆ **j'ai grossi, je ne rentre plus dans cette jupe** I've put on weight, I can't get into this skirt any more ◆ **faire rentrer qch dans la tête de qn** to get sth into sb's head ◆ **il a le cou qui lui rentre dans les épaules** he has a very short neck ◆ **il était exténué, les jambes lui rentraient dans le corps** he was so exhausted his legs were giving way under him ◆ **tout cela ne rentrera pas dans ta valise** that won't all go ou fit into your suitcase, you won't get all that into your suitcase ◆ **cubes qui rentrent les uns dans les autres** cubes that fit into one another; voir aussi **entrer**

**e** (= devenir membre de) **rentrer dans** [+ police, entreprise, fonction publique] to join, go into; [+ industrie, banque] to go into ◆ **c'est son père qui l'a fait rentrer dans l'usine** his father helped him (to) get a job in the factory ou (to) get into the factory

**f** (= se heurter à) **rentrer dans** to crash into, collide with ◆ **sa voiture a dérapé, il est rentré dans un arbre** his car skidded and he crashed into a tree ◆ **furieux, il voulait lui rentrer dedans** * ou **dans le chou** * (= agresser) he was so furious he felt like smashing his head in * ◆ **rentrez-leur dedans !** * get them! * ◆ **il lui est rentré dans le lard** * ou **le mou** * ou **le buffet** * he beat him up *

**g** (= être compris dans) **rentrer dans** to be included in, be part of ◆ **cela ne rentre pas dans ses attributions** that is not included in ou part of his duties ◆ **les frais de déplacement ne devraient pas rentrer dans la note** travelling expenses should not be included in the bill ou should not be put on the bill ◆ **rentrer dans une catégorie** to fall ou come into a category

**h** [argent] to come in ◆ **l'argent ne rentre pas en ce moment** the money isn't coming in at the moment ◆ **l'argent rentre difficilement/bien en ce moment** there isn't much money/there's plenty of money coming in at the moment ◆ **faire rentrer les impôts/les fonds** to collect the taxes/the funds ◆ **faire rentrer l'argent** to get the money in

**i** * **la grammaire/les maths, ça ne rentre pas** [connaissances] he can't take grammar/maths in, he can't get the hang of grammar/maths * ◆ **l'anglais, ça commence à rentrer** English is beginning to sink in

**j** (LOC) **rentrer dans ses droits** to recover one's rights ◆ **rentrer dans son argent/dans ses frais** to recover *ou* get back one's money/ one's expenses ◆ **rentrer dans ses fonds** to recoup one's costs ◆ **tout est rentré dans l'ordre** (dans son état normal) everything is back to normal again; (dans le calme) order has returned, order has been restored; (= tout a été clarifié) everything is sorted out now ◆ **rentrer dans le rang** to come *ou* fall back into line; → **coquille, grâce, terre** etc

**2** vt (avec aux avoir) **a** [+ foins, moisson] to bring in, get in; [+ marchandises, animaux] (en venant) to bring in; (en allant) to take in ◆ **rentrer sa voiture (au garage)** to put the car away (in the garage) ◆ **ne laisse pas ton vélo sous la pluie, rentre-le** don't leave your bicycle out in the rain, put it away *ou* bring it in ◆ **rentrer les bêtes à l'étable** to bring the cattle into the cowshed

**b** [+ train d'atterrissage] to raise; (lit, fig) [+ griffes] to draw in ◆ **rentrer sa chemise (dans son pantalon)** to tuck one's shirt in (one's trousers) ◆ **rentrer le cou dans les épaules** to hunch up one's shoulders ◆ **ne me rentre pas ton coude dans le ventre** don't jab *ou* stick your elbow in(to) my stomach ◆ **rentrer le** *ou* **son ventre** to pull one's stomach in ◆ **rentrer ses larmes** to hold back *ou* choke back the tears ◆ **rentrer sa rage** to hold back *ou* suppress one's anger ◆ **rentrer un but** (Sport) to score a goal

**c** (Ordin) [+ données] to enter

**3** **se rentrer** vpr **a** (= pouvoir être rentré) **ce lit se rentre sous l'autre** this bed fits under the other one

**b** (mutuellement) **ils se sont rentrés dedans** (= heurtés) they crashed into each other; * (= battus) they laid into each other

**renversant, e** * [ʀɑ̃vɛʀsɑ̃, ɑ̃t] → SYN adj nouvelle staggering *, astounding; personne amazing, incredible

**renverse** [ʀɑ̃vɛʀs] nf **a** (Naut) [vent] change; [courant] turn

**b** **tomber à la renverse** to fall backwards, fall flat on one's back ◆ **il y a de quoi tomber à la renverse !** (fig) it's astounding! *ou* staggering! *

**renversé, e** [ʀɑ̃vɛʀse] → SYN (ptp de **renverser**) adj **a** (= à l'envers) objet upside down (attrib); fraction inverted; image inverted, reversed; → **crème**

**b** (= stupéfait) **être renversé** to be bowled over, be staggered *

**c** (= penché) écriture backhand (épith)

**renversement** [ʀɑ̃vɛʀsəmɑ̃] → SYN nm **a** [image, fraction] inversion; [ordre des mots] inversion, reversal; [vapeur] reversing; [situation] reversal; (Mus) [intervalles, accord] inversion

**b** [alliances, valeurs, rôles] reversal; [ministre] removal from office; [gouvernement] (par un coup d'État) overthrow; (par un vote) defeat, voting *ou* turning out of office ◆ **un renversement de tendance de l'opinion publique** a shift *ou* swing in public opinion

**c** [buste, tête] tilting *ou* tipping back

**d** [courant] changing of direction; [marée, vent] turning, changing of direction

**renverser** [ʀɑ̃vɛʀse] → SYN ▸ conjug 1 ◂ **1** vt **a** (= faire tomber) [+ personne] to knock over; [+ chaise] to knock over, overturn; [+ vase, bouteille] to knock over, upset; [+ piéton] to knock down, run over ◆ **elle l'a renversé d'un coup de poing** she knocked him to the ground ◆ **un camion a renversé son chargement sur la route** a lorry has shed its load

**b** (= répandre) [+ liquide] to spill, upset ◆ **renverser du vin sur la nappe** to spill *ou* upset some wine on the tablecloth

**c** (= mettre à l'envers) to turn upside down ◆ **renverser un seau (pour monter dessus)** to turn a bucket upside down (so as to stand on it)

**d** (= abattre) [+ obstacles], (lit) to knock down; (fig) to overcome; [+ ordre établi, tradition, royauté] to overthrow; [+ ministre] to put *ou* throw out of office, remove from office ◆ **renverser le gouvernement** (par un coup d'État) to overthrow *ou* overturn *ou* topple the government; (par un vote) to defeat the government, vote *ou* throw the government out of office

**e** (= pencher) **renverser la tête en arrière** to tip *ou* tilt one's head back ◆ **renverser le corps en arrière** to lean back ◆ **elle lui renversa la tête en arrière** she tipped *ou* put his head back

**f** (= inverser) [+ ordre des mots, courant] to reverse; [+ fraction] to invert; (Opt) [+ image] to invert, reverse ◆ **renverser la situation** to reverse the situation, turn things (a)round ◆ **il ne faudrait pas renverser les rôles** don't try to turn the situation round ◆ **renverser la vapeur** (lit) [bateau] to go astern; (fig) to change tack

**g** (* = étonner) to bowl over, stagger ◆ **la nouvelle l'a renversé** the news bowled him over *ou* staggered him

**2** vi (Naut) [marée] to turn

**3** **se renverser** vpr **a** **se renverser en arrière** to lean back ◆ **se renverser sur le dos** to lie down (on one's back) ◆ **se renverser sur sa chaise** to lean back on one's chair, tip one's chair back

**b** [voiture, camion] to overturn; [bateau] to overturn, capsize; [verre, vase] to fall over, be overturned

**renvidage** [ʀɑ̃vidaʒ] nm [fil] winding

**renvider** [ʀɑ̃vide] ▸ conjug 1 ◂ vt [+ fil] to wind

**renvideur** [ʀɑ̃vidœʀ] nm (métier à renvider) winder

**renvoi** [ʀɑ̃vwa] → SYN nm **a** [employé] dismissal, sacking (Brit); [élève, étudiant] (définitif) expulsion; (temporaire) suspension ◆ **menacer de renvoi** [+ employé] to threaten with dismissal; (Scol) to threaten to expel *ou* with expulsion ◆ **j'ai demandé son renvoi du club** I asked for him to be expelled from the club

**b** [accusé, troupes] discharge

**c** [lettre, colis, cadeau] sending back, return

**d** (Sport) [balle] sending back; (au pied) kicking back; (à la main) throwing back; (Tennis) return ◆ **renvoi aux 22 mètres** (Rugby) drop-out ◆ **à la suite d'un mauvais renvoi du gardien, la balle a été interceptée** as a result of a poor return *ou* throw by the goalkeeper the ball was intercepted

**e** (Télec) [appel] transfer ◆ **renvoi temporaire de ligne** call diversion

**f** [lecteur] referral (*à* to)

**g** [rendez-vous] postponement ◆ **renvoi à date ultérieure** postponement to a later date ◆ **renvoi à huitaine** (Jur) adjournment for a week

**h** (= envoi, Jur) **le renvoi d'un projet de loi en commission** referral of a bill to a committee ◆ **demande de renvoi devant une autre juridiction** application for transfer of proceedings

**i** (= référence) cross-reference; (en bas de page) footnote ◆ **faire un renvoi aux notes de l'appendice** to cross-refer to the notes in the appendix

**j** (= rot) belch, burp ◆ **avoir un renvoi** (gén) to belch, burp; [bébé] to burp ◆ **avoir des renvois** to have wind (Brit) *ou* gas (US) ◆ **ça me donne des renvois** it makes me belch, it gives me wind (Brit)

**k** (Tech) **levier de renvoi** reversing lever ◆ **poulie de renvoi** return pulley

**l** (Mus) repeat mark *ou* sign

**renvoyer** [ʀɑ̃vwaje] → SYN ▸ conjug 8 ◂ vt **a** [+ employé] to dismiss, fire *, sack (Brit); [+ membre d'un club] to expel; [+ élève, étudiant] (définitivement) to expel; (temporairement) to suspend ◆ **il s'est fait renvoyer de son travail** he was dismissed *ou* fired * *ou* sacked (Brit) from his job

**b** (= faire retourner) to send back; (= faire repartir) to send away; (= libérer) [+ accusé, troupes] to discharge; [+ importun, créancier] to send away ◆ **je l'ai renvoyé chez lui** I sent him back home ◆ **renvoyer dans leurs foyers** [+ soldats] to discharge, send (back) home; [+ femmes, enfants] to send (back) home ◆ **les électeurs ont renvoyé les démocrates dans leurs foyers** the voters sent the democrats packing * ◆ **renvoyer un projet de loi en commission** to refer a bill back *ou* send a bill for further discussion

**c** (= réexpédier) [+ lettre, colis] to send back, return; [+ cadeau non voulu, bague de fiançailles] to return, give back ◆ **je te renvoie le compliment !** and the same to you!

**d** (= relancer) [+ balle] to send back; (au pied) to kick back; (à la main) to throw back; (Tennis) to return (*à* to) ◆ **il m'a renvoyé la balle** (fig : argument) he threw the *ou* my argument back at me, he came back at me with the same argument; (responsabilité) he handed the responsibility over to me, he left it up to me ◆ **ils se renvoient la balle** (argument) they come back at each other with the same argument; (responsabilité) they each refuse to take responsibility, they're both trying to pass the buck * ◆ **renvoyer l'ascenseur** (fig) to return the favour

**e** (= référer) [+ lecteur] to refer (*à* to) ◆ **renvoyer aux notes de l'appendice** to (cross-) refer to notes in the appendix ◆ **renvoyer un procès en Haute Cour** to refer a case to the high court ◆ **renvoyer le prévenu en cour d'assises** to send the accused for trial by the Crown Court ◆ **renvoyer qn de service en service** to send sb from one department to another ◆ **cela (nous) renvoie à l'Antiquité/à la notion d'éthique** this takes us back to ancient times/to the notion of ethics

**f** (Télec) [+ appel] to transfer

**g** (= différer) [+ rendez-vous] to postpone, put off ◆ **l'affaire a été renvoyée à huitaine** (Jur) the case was postponed *ou* put off for a week ◆ **renvoyer qch aux calendes grecques** to postpone sth *ou* put sth off indefinitely

**h** (= réfléchir) [+ lumière, chaleur, image] to reflect; [+ son] to echo

**i** (Cartes) **renvoyer carreau/pique** to play diamonds/spades again, lead diamonds/ spades again

**réoccupation** [ʀeɔkypasjɔ̃] nf (Mil) reoccupation ◆ **depuis la réoccupation du village sinistré par les habitants** since the inhabitants of the stricken village moved back in *ou* came back

**réoccuper** [ʀeɔkype] ▸ conjug 1 ◂ vt [+ territoire] to reoccupy; [+ fonction] to take up again ◆ **les grévistes ont réoccupé les locaux** the strikers have staged another sit-in ◆ **réoccuper une maison** to move back into a house

**réopérer** [ʀeɔpeʀe] ▸ conjug 1 ◂ vt to operate again ◆ **elle s'est fait réopérer** she had another operation, she was operated on again

**réorchestration** [ʀeɔʀkɛstʀasjɔ̃] nf reorchestration

**réorchestrer** [ʀeɔʀkɛstʀe] ▸ conjug 1 ◂ vt to reorchestrate

**réorganisateur, -trice** [ʀeɔʀganizatœʀ, tʀis] nm,f reorganizer

**réorganisation** [ʀeɔʀganizasjɔ̃] nf reorganization

**réorganiser** [ʀeɔʀganize] ▸ conjug 1 ◂ **1** vt to reorganize

**2** **se réorganiser** vpr [pays, parti] to get reorganized, reorganize itself

**réorientation** [ʀeɔʀjɑ̃tasjɔ̃] nf [politique] redirecting, reorientation ◆ **réorientation scolaire** streaming

**réorienter** [ʀeɔʀjɑ̃te] ▸ conjug 1 ◂ vt [+ politique] to redirect, reorient(ate); [+ élève] to put into a new stream

**réouverture** [ʀeuvɛʀtyʀ] nf [magasin, théâtre] reopening; [débat] resumption, reopening

**repaire** [ʀ(ə)pɛʀ] → SYN nm (Zool) den, lair; (fig) den, hideout ◆ **cette taverne est un repaire de brigands** this inn is a thieves' den *ou* a haunt of robbers

**repairer** [ʀ(ə)peʀe] ▸ conjug 1 ◂ vi [animal] to hide in its den (*ou* lair)

**repaître** [ʀəpɛtʀ] → SYN ▸ conjug 57 ◂ **1** vt (littér) ◆ **repaître ses yeux de qch** to feast one's eyes on sth ◆ **repaître son esprit de lectures** to feed one's mind on books

**2** **se repaître** vpr **a** **se repaître de** [+ crimes] to wallow in; [+ lectures, films] to revel in; [+ illusions] to revel in, feed on

**b** (= manger) [animal] to eat its fill; [personne] to eat one's fill ◆ **se repaître de qch** to gorge o.s. on sth

**répandre** [ʀepɑ̃dʀ] → SYN ▸ conjug 41 ◂ **1** vt **a** (= renverser) [+ soupe, vin] to spill; [+ grains] to scatter; (volontairement) [+ sciure, produit] to spread ◆ **le camion a répandu son chargement sur la chaussée** the truck shed its load ◆ **répandre du sable sur le sol** to spread *ou* sprinkle sand on the ground ◆ **la rivière répand ses eaux dans la vallée** the waters of the river spread over ou out across the valley

**b** (littér) [+ larmes] to shed ◆ **répandre son sang** to shed one's blood ◆ **répandre le sang** to spill ou shed blood ◆ **beaucoup de sang a été répandu** a lot of blood was shed ou spilled, there was a lot of bloodshed

**c** (= être source de) [+ lumière] to shed, give out; [+ odeur] to give off; [+ chaleur] to give out ou off ◆ **répandre de la fumée** [cheminée] to give out smoke; [feu] to give off ou out smoke

**d** (= propager) [+ nouvelle, mode, joie, terreur] to spread; [+ dons] to lavish, pour out

**2** **se répandre** vpr **a** (= couler) [liquide] to spill, be spilled; [grains] to scatter, be scattered (*sur* over) ◆ **le verre a débordé, et le vin s'est répandu par terre** the glass overflowed and the wine spilled onto the floor ◆ **le sang se répand dans les tissus** blood spreads through the tissues ◆ **la foule se répand dans les rues** the crowd spills out ou pours out into the streets

**b** (= se dégager) [chaleur, odeur, lumière] to spread (*dans* through); [son] to carry (*dans* through) ◆ **il se répandit une forte odeur de caoutchouc brûlé** a strong smell of burning rubber was given off

**c** (= se propager) [doctrine, mode, nouvelle] to spread (*dans, à travers* through); [méthode, opinion] to become widespread (*dans, parmi* among); [coutume, pratique] to take hold, become widespread ◆ **la peur se répandit sur son visage** a look of fear spread over his face; → **traînée**

**d** **se répandre en calomnies/condoléances/excuses/menaces** to pour out ou pour forth slanderous remarks/condolences/excuses/threats ◆ **se répandre en invectives** to let out a torrent of abuse, pour out a stream of abuse

**répandu, e** [ʀepɑ̃dy] → SYN (ptp de **répandre**) adj opinion, préjugé widespread; méthode widespread, widely used ◆ **idée très répandue** widely ou commonly held idea ◆ **une pratique largement répandue dans le monde** a practice that is very common throughout the world ◆ **profession peu répandue** rather unusual profession ◆ **les ordinateurs individuels étaient encore peu répandus** personal computers were still not very widespread ou common

**réparable** [ʀepaʀabl] → SYN adj objet repairable, which can be repaired ou mended; erreur which can be put right ou corrected; perte, faute which can be made up for ◆ **ce n'est pas réparable** [objet] it is beyond repair; [faute] there's no way of making up for it; [erreur] it can't be put right ◆ **les dégâts sont facilement réparables** the damage can easily be repaired ◆ **cette maladresse sera difficilement réparable** it will be hard to put such a blunder right ou to make up for such a blunder

**reparaître** [ʀ(ə)paʀɛtʀ] ▸ conjug 57 ◂ vi [personne, trait héréditaire] to reappear; [lune] to reappear, come out again; [roman, texte] to be republished; [journal, magazine] to be back in print

**réparateur, -trice** [ʀepaʀatœʀ, tʀis] **1** adj sommeil refreshing ◆ **crème réparatrice** (Cosmétique) conditioning cream; → **chirurgie**

**2** nm,f repairer ◆ **réparateur d'objets d'art** restorer of works of art ◆ **réparateur de porcelaine** porcelain restorer ◆ **le réparateur de télévision** the television ou TV repairman ou engineer

**réparation** [ʀepaʀasjɔ̃] → SYN nf **a** [machine, montre, chaussures, voiture] mending, repairing, fixing; [accroc, fuite] mending; [maison] repairing; [objet d'art] repairing, restoring; (= résultat) repair ◆ **la voiture est en réparation** the car is being repaired ◆ **on va faire des réparations dans la maison** we're going to have some repairs done in the house ◆ **pendant les réparations** during the repairs, while the repairs are (ou were) being carried out ◆ **atelier de réparation** repair shop

**b** [erreur] correction; [oubli, négligence] putting right, rectification

**c** [faute, offense] atonement (*de* for); [tort] redress (*de* for); [perte] compensation (*de* for) ◆ **en réparation du dommage causé** to make up for the harm that has been done ◆ **obtenir réparation (d'un affront)** to obtain redress (for an insult) ◆ **demander réparation par les armes** to demand a duel

**d** (Ftbl) **coup de pied/points/surface de réparation** penalty kick/points/area

**e** (= recouvrement) [forces] restoring, restoration, recovery ◆ **la réparation des tissus sera longue** the tissues will take a long time to heal ◆ **réparation cellulaire** cell repair

**f** (= dommages-intérêts) damages, compensation ◆ **réparations** (Hist) reparations

**réparer** [ʀepaʀe] → SYN ▸ conjug 1 ◂ vt **a** [+ chaussures, montre, machine, voiture] to mend, repair, fix; [+ accroc, fuite] to mend; [+ maison] to repair; [+ route] to mend, repair; [+ objet d'art] to restore, repair ◆ **donner qch à réparer** to take sth to be mended ou repaired ◆ **faire réparer qch** to get ou have sth mended ou repaired ◆ **réparer sommairement qch** to patch sth up ◆ **j'ai emmené la voiture à réparer** * I took the car in (to be repaired)

**b** (= corriger) [+ erreur] to correct, put right; [+ oubli, négligence] to put right, rectify

**c** (= compenser) [+ faute] to make up for, make amends for; [+ tort] to put right, redress; [+ offense] to atone for, make up for; [+ perte] to make good, make up for, compensate for ◆ **tu ne pourras jamais réparer le mal que tu m'as fait** you'll never put right ou never undo the harm you've done me ◆ **comment pourrais-je réparer ?** what could I do to make up for it? ou to make amends? ◆ **comment pourrais-je réparer ma bêtise ?** how could I make amends for ou make up for my stupidity? ◆ **cela ne pourra jamais réparer le dommage que j'ai subi** that'll never make up for ou compensate for the harm I've suffered ◆ **vous devez réparer en l'épousant** † you'll have to make amends by marrying her, you'll have to make an honest woman of her

**d** (= recouvrer) [+ forces, santé] to restore

**e** (LOC) **il va falloir réparer les dégâts** (lit) we'll have to repair the damage; ( * fig) we'll have to repair the damage ou pick up the pieces ◆ **réparer le désordre de sa toilette** (littér) to straighten ou tidy one's dress

**reparler** [ʀ(ə)paʀle] ▸ conjug 1 ◂ **1** vi ◆ **reparler de qch** to talk about sth again ◆ **reparler à qn** to speak to sb again ◆ **nous en reparlerons** (lit) we'll talk about it again ou discuss it again later; (dit avec scepticisme) we'll see about that ◆ **c'est un romancier dont on reparlera** he's a very promising novelist, we'll be hearing more of this novelist ◆ **il commence à reparler** [accidenté, malade] he's starting to speak again

**2** **se reparler** vpr to speak to each other again, be on speaking terms again, be back on speaking terms

**repartie, répartie** [ʀeparti] → SYN nf retort, rejoinder (frm) ◆ **avoir de la repartie, avoir la repartie facile** to be good ou quick at repartee ◆ **avoir l'esprit de repartie** to have a talent ou gift for repartee

**repartir**[1] [ʀepaʀtiʀ, ʀ(ə)paʀtiʀ] → SYN, **répartir**[1] [ʀepaʀtiʀ] ▸ conjug 16 ◂ vt (littér = répliquer) to retort, reply

**repartir**[2] [ʀ(ə)paʀtiʀ] → SYN ▸ conjug 16 ◂ vi [voyageur] to set ou start off again; [machine] to start (up) again, restart; [affaire, discussion] to get going again ◆ **repartir chez soi** to go back ou return home ◆ **il est reparti hier** he left again yesterday ◆ **il est reparti comme il était venu** he left as he came ◆ **repartir en campagne** (Pol) to go back on the campaign trail, start campaigning again ◆ **repartir à l'assaut** to launch another attack (*de* on) ◆ **repartir sur des bases nouvelles** to make a fresh start ◆ **les achats de véhicules neufs sont repartis à la hausse** sales of new cars have taken off ou picked up again ◆ **la croissance repart** growth is picking up again ◆ **heureusement, c'est bien reparti** fortunately, things have got off to a good start this time ◆ **ça y est, les voilà repartis sur la politique !** (dans une discussion) that's it, they're off again ou there they go again, talking politics! ◆ **c'est reparti pour un tour !** * ou **comme en 14 !** * ou **comme en 40 !** * here we go again! ◆ **faire repartir** [+ entreprise, économie] to get going again; [+ moteur] to start up again; → **zéro**

**répartir**[2] [ʀepaʀtiʀ] → SYN ▸ conjug 2 ◂ **1** vt **a** (= diviser) [+ ressources, travail] to share out, distribute (*entre* among); [+ impôts, charges] to share out (*en* into; *entre* among), apportion; [+ butin, récompenses] to share out, divide up (*entre* among); [+ rôles] to distribute (*entre* among); [+ poids, volume, chaleur] to distribute ◆ **on avait réparti les joueurs en deux groupes** the players had been divided ou split (up) into two groups ◆ **répartissez le mélange dans des coupelles** (Culin) divide the mixture equally into small bowls

**b** (= étaler) [+ paiement, cours, horaire] to spread (*sur* over) ◆ **on a mal réparti les bagages dans le coffre** the luggage hasn't been evenly distributed in the boot ◆ **les troupes sont réparties le long de la frontière** troops are spread out along the border ◆ **le programme est réparti sur deux ans** the programme is spread (out) over a two-year period

**2** **se répartir** vpr **a** (= se décomposer) **les charges se répartissent comme suit** the expenses are divided up as follows ◆ **ils se répartissent en deux ensembles** they can be divided into two sets ◆ **ils se sont répartis en deux groupes** they divided themselves ou they split into two groups

**b** (= se partager) **ils se sont réparti le travail** they shared the work out ou divided the work up among themselves

**répartiteur, -trice** [ʀepaʀtitœʀ, tʀis] → SYN **1** nm,f (gén, littér) distributor, apportioner; [impôt] assessor ◆ **répartiteur d'avaries** averager, average adjuster

**2** nm (Tech) [électricité] divider; [fluides] regulator

**répartition** [ʀepaʀtisjɔ̃] → SYN nf **a** [ressources, travail] sharing out (NonC), distribution; [impôts, charges] sharing out (NonC); [butin, récompenses] sharing out (NonC), dividing up (NonC); [poids, volume, chaleur] dividing up (NonC), distribution; [population, faune, flore, richesses, rôles] distribution; (= agencement) [pièces, salles] layout, distribution ◆ **répartition par âge/sexe** distribution by age/sex ◆ **répartition géographique** geographical distribution ◆ **la répartition des pouvoirs entre le Président et le Premier ministre** the distribution of power between the President and the Prime Minister

**b** [paiement, cours, horaires] spreading (NonC); (Comm) dispatching

**reparution** [ʀ(ə)paʀysjɔ̃] nf [journal] reappearance ◆ **depuis la reparution du magazine en 1989** since the magazine resumed publication in 1989, since the magazine's reappearance in 1989 ◆ **la reparution de l'album en disque compact** the release of the CD version of the album

**repas** [ʀ(ə)pɑ] → SYN nm meal ◆ **repas d'affaires** (= déjeuner) business lunch; (= dîner) business dinner ◆ **repas à la carte** à la carte meal ◆ **repas léger** light meal ◆ **repas de midi** midday ou noon (US) meal, lunch ◆ **repas de noces** reception ◆ **repas de Noël** Christmas dinner ◆ **repas scolaire** school lunch ◆ **repas du soir** evening meal, dinner ◆ **il prend tous ses repas au restaurant** he always eats out ◆ **faire 3 repas par jour** to have 3 meals a day ◆ **repas complet** three-course meal ◆ **médicament à prendre avant/à chaque repas** medicine to be taken before/with meals ◆ **assister au repas des fauves** to watch the big cats being fed ◆ **à l'heure du repas, aux heures des repas** at mealtimes ◆ **manger en dehors des repas** ou **entre les repas** to eat between meals ◆ **repas d'épreuve** (Méd) meal test

**repassage** [ʀ(ə)pɑsaʒ] nm [linge] ironing; [couteau] sharpening ◆ **faire le repassage** to do the ironing ◆ **"repassage superflu"** "wash-and-wear", "non-iron"

**repasser** [ʀ(ə)pɑse] → SYN ▸ conjug 1 ◂ **1** vt **a** [+ rivière, montagne, frontière] to cross again, go ou come back across

**b** [+ examen] to take again, resit (Brit); [+ permis de conduire] to take again ◆ **repasser une visite médicale** to have another medical

**c** [+ plat] to hand round again; [+ film] to show again; [+ émission] to repeat; [+ disque, chanson] to play again ◆ **repasser un plat au four** to put a dish in the oven again ou back in the oven

**d** (au fer à repasser) to iron; (à la pattemouille) to press ◆ **le nylon ne se repasse pas** nylon doesn't need ironing; → **fer, planche, table**

**e** [+ couteau, lame] to sharpen (up)

**f** [+ souvenir, leçon, rôle] to go (back) over, go over again ◆ **repasser qch dans son esprit** to go over sth again ou go back over sth in one's mind

**g** (* = transmettre) [+ affaire, travail] to hand over ou on; [+ maladie] to pass on (*à qn* to sb) ◆ **il m'a repassé le tuyau** he passed the tip on to me ◆ **je te repasse ta mère** (au téléphone) I'll hand you back to your mother ◆ **je vous repasse le standard** I'll put you back through to the operator

**2** vi **a** (= retourner) to come back, go back ◆ **je repasserai** I'll come back, I'll call (in) again ◆ **si vous repassez par Paris** (au retour) if you come back through Paris; (une autre fois) if you're passing through Paris again ◆ **ils sont repassés en Belgique** they crossed back ou went back over into Belgium ◆ **il va falloir que je repasse sur le billard** * I've got to have another operation ◆ **tu peux toujours repasser !** * you don't have a prayer!, you've got a hope! * (Brit)

**b** (devant un même lieu) to go ou come past again; (sur un même trait) to go over again, go back over ◆ **je passai et repassai devant la vitrine** I kept walking backwards and forwards in front of the shop window ◆ **souvenirs qui repassent dans la mémoire** memories that are running through one's mind ◆ **quand il fait un travail, il faut toujours repasser derrière lui** when he does some work you always have to go over it again

**repasseur** [ʀ(ə)pɑsœʀ] nm (= rémouleur) knife-grinder ou -sharpener

**repasseuse** [ʀ(ə)pɑsøz] nf (= femme) ironer; (= machine) ironer, ironing machine

**repavage** [ʀ(ə)pavaʒ] nm repaving

**repaver** [ʀ(ə)pave] ▸ conjug 1 ◂ vt to repave

**repayer** [ʀ(ə)peje] ▸ conjug 8 ◂ vt to pay again

**repêchage** [ʀ(ə)peʃaʒ] nm **a** [objet, noyé] recovery

**b** (Scol) [candidat] letting through, passing ◆ **épreuve/question de repêchage** exam/question to give candidates a second chance

**repêcher** [ʀ(ə)peʃe] → SYN ▸ conjug 1 ◂ vt **a** [+ objet, noyé] to recover, fish out ◆ **je suis allé repêcher la lettre dans la poubelle** I went and fished the letter out of the bin

**b** (Scol) [+ candidat] to let through, pass (*with less than the official pass mark*); [+ athlète] to give a second chance to ◆ **il a été repêché à l'oral** he scraped through ou just got a pass thanks to the oral

**repeindre** [ʀ(ə)pɛ̃dʀ] ▸ conjug 52 ◂ vt to repaint

**repeint** [ʀəpɛ̃] nm (Art) repainted part (*of a painting*)

**rependre** [ʀ(ə)pɑ̃dʀ] ▸ conjug 41 ◂ vt to re-hang, hang again

**repenser** [ʀ(ə)pɑ̃se] → SYN ▸ conjug 1 ◂ **1 repenser à** vt indir ◆ **repenser à qch** to think about sth again ◆ **plus j'y repense** the more I think of it ◆ **je n'y ai plus repensé** (plus avant) I haven't thought about it again (since), I haven't given it any further thought (since); (= j'ai oublié) it completely slipped my mind ◆ **j'y repenserai** I'll think about it again, I'll have another think about it

**2** vt [+ concept] to rethink ◆ **il faut repenser tout l'enseignement** the whole issue of education will have to be rethought ◆ **repenser la question** to rethink the question

**repentant, e** [ʀ(ə)pɑ̃tɑ̃, ɑ̃t] → SYN adj repentant, penitent

**repenti, e** [ʀ(ə)pɑ̃ti] (ptp de **se repentir**) **1** adj repentant, penitent ◆ **buveur/joueur repenti** reformed drinker/gambler

**2** nm,f (gén) reformed man (ou woman); (= ancien malfaiteur) criminal turned informer ◆ **un repenti de la Mafia** a Mafia turncoat

**repentir (se)**[1] [ʀ(ə)pɑ̃tiʀ] ▸ conjug 16 ◂ vpr **a** (Rel) to repent ◆ **se repentir d'une faute/d'avoir commis une faute** to repent of a fault/of having committed a fault

**b** (= regretter) **se repentir de qch/d'avoir fait qch** to regret sth/having done sth, be sorry for sth/for having done sth ◆ **tu t'en repentiras !** you'll be sorry!

**repentir**[2] [ʀ(ə)pɑ̃tiʀ] → SYN nm (Rel) repentance (NonC); (= regret) regret

**repérable** [ʀ(ə)peʀabl] adj which can be spotted ◆ **repérable de loin** easily spotted from a distance ◆ **difficilement repérable** (gén) difficult to spot; (Mil) difficult to locate

**repérage** [ʀ(ə)peʀaʒ] nm (Aviat, Mil) location ◆ **le repérage d'un point sur la carte** locating a point on the map, pinpointing a spot on the map ◆ **faire des repérages** (Ciné) to research locations ◆ **partir en repérage** (Ciné) to go looking for locations

**repercer** [ʀ(ə)pɛʀse] ▸ conjug 3 ◂ vt (= perforer) to repierce, make another hole in; (avec perceuse) to redrill, bore another hole in; [+ lobe d'oreille] to repierce

**répercussion** [ʀepɛʀkysjɔ̃] → SYN nf (gén) repercussion (*sur, dans* on) ◆ **la hausse des taux d'intérêt a eu des répercussions sur l'économie** the rise in interest rates has had a knock-on effect on the economy ◆ **la répercussion d'une taxe sur le client** (Fin) passing a tax on ou along (US) to the customer

**répercuter** [ʀepɛʀkyte] → SYN ▸ conjug 1 ◂ **1** vt **a** [+ son] to echo; [+ écho] to send back, throw back; [+ lumière] to reflect

**b** (= transmettre) **répercuter une augmentation sur le client** to pass an increase in cost on to the customer ◆ **répercuter un impôt sur le consommateur** to pass on ou along (US) a tax to the consumer

**2 se répercuter** vpr **a** [son] to reverberate, echo; [lumière] to be reflected, reflect

**b se répercuter sur** to have repercussions on, affect

**reperdre** [ʀ(ə)pɛʀdʀ] ▸ conjug 41 ◂ vt to lose again

**repère** [ʀ(ə)pɛʀ] → SYN nm (= marque, trait) line, mark; (= jalon, balise) marker; (= monument, accident de terrain) landmark; (= événement) landmark; (= date) reference point ◆ **repère de niveau** bench mark ◆ **j'ai laissé des branches comme repères pour retrouver notre chemin** I've left branches as markers so that we can find the way back again ◆ **perdre ses repères** [personne] to lose one's bearings, become disorientated; [société] to lose its points of reference ◆ **dans un monde sans repères** in a world that has lost its way ◆ **la disparition des repères traditionnels** the loss of traditional points of reference ◆ **point de repère** (dans l'espace) landmark; (dans le temps, fig) point of reference

**repérer** [ʀ(ə)peʀe] → SYN ▸ conjug 6 ◂ **1** vt **a** (* = localiser) [+ erreur, personne] to spot; [+ endroit, chemin] to locate, find ◆ **se faire repérer** (lit) to be spotted; (fig) to be found out, get caught ◆ **il avait repéré un petit restaurant** he had discovered a little restaurant ◆ **tu vas nous faire repérer** we'll be spotted because of you, you'll get us caught

**b** (Mil) to locate, pinpoint

**c** (Tech = jalonner) [+ niveau, alignement] to mark out ou off, stake out

**2 se repérer** vpr (gén = se diriger) to find one's way about ou around; (= établir sa position) to find ou get one's bearings ◆ **j'ai du mal à me repérer dans cette intrigue** I have difficulty getting my bearings in this plot

**répertoire** [ʀepɛʀtwaʀ] → SYN **1** nm **a** (= carnet) index notebook, notebook with alphabetical thumb index; (= liste) (alphabetical) list; (= catalogue) catalogue ◆ **noter un mot dans un répertoire** to write a word down in an alphabetical index, index a word

**b** (Théât) repertoire, repertory; [chanteur, musicien] repertoire ◆ **les plus grandes œuvres du répertoire classique/contemporain/ lyrique/symphonique** the greatest classical works/contemporary works/operas/symphonies ◆ **jouer une pièce du répertoire** to put on a stock play ◆ **elle n'a que deux chansons à son répertoire** she's only got two songs in her repertoire ◆ **elle a tout un répertoire de jurons/d'histoires drôles** (fig) she has quite a repertoire of swearwords/of jokes

**c** (Ordin) directory, folder

**2** COMP ▷ **répertoire d'adresses** address book ▷ **répertoire alphabétique** alphabetical index ou list ▷ **répertoire des rues** (sur un plan) street index

**répertorier** [ʀepɛʀtɔʀje] → SYN ▸ conjug 7 ◂ vt [+ information] to list; [+ cas, maladie] to record; [+ œuvre] to index ◆ **non répertorié** unlisted ◆ **les restaurants sont répertoriés par quartiers** the restaurants are listed by area ◆ **90 espèces de coccinelles ont été répertoriées** 90 species of ladybird have been listed ou recorded

**repeser** [ʀ(ə)pəze] ▸ conjug 5 ◂ vt to reweigh, weigh again

**répète** * [ʀepɛt] nf abrév de **répétition**

**répéter** [ʀepete] GRAMMAIRE ACTIVE 27.5 → SYN ▸ conjug 6 ◂

**1** vt **a** (= redire) [+ explication, question] to repeat; [+ mot] to repeat, say again; [+ histoire] to repeat, tell again ◆ **répéter à qn que ...** to tell sb again that ... ◆ **pourriez-vous me répéter cette phrase ?** could you repeat that sentence?, could you say that sentence (to me) again? ◆ **répète-moi le numéro du code** tell me ou give me the code number again, tell me what the code number is again ◆ **je l'ai répété/je te l'ai répété dix fois** I've said that/I've told you that a dozen times ◆ **il répète toujours la même chose** he keeps saying ou repeating the same thing ◆ **répète !** (ton de menace) say that again! ◆ **il ne se l'est pas fait répéter** he didn't have to be told ou asked twice, he didn't need asking ou telling twice ◆ **on ne répétera jamais assez que ...** it cannot be said often enough that ...

**b** (= rapporter) [+ calomnie] to repeat, spread about; [+ histoire] to repeat ◆ **elle est allée tout répéter à son père** she went and repeated everything to her father, she went and told her father everything ◆ **je vais vous répéter exactement ce qu'il m'a dit** I'll repeat exactly what he said ◆ **c'est un secret, ne le répétez pas !** it's a secret, don't repeat it! ou don't tell anyone! ◆ **il m'a répété tous les détails de l'événement** he went over all the details of the event for me, he related all the details of the event to me

**c** (= refaire) [+ expérience, exploit] to repeat, do again; [+ proposition] to repeat, renew; [+ essai] to repeat ◆ **nous répéterons une nouvelle fois la tentative** we'll repeat the attempt one more time, we'll have another try ◆ **tentatives répétées de suicide/d'évasion** repeated suicide/escape attempts

**d** [+ pièce, symphonie, émission] to rehearse; [+ rôle, leçon] to learn, go over; [+ morceau de piano] to practise ◆ **nous répétons à 4 heures** we rehearse at 4 o'clock, the rehearsal is at 4 o'clock ◆ **ma mère m'a fait répéter ma leçon/mon rôle** I went over my homework/my part with my mother

**e** (= reproduire) [+ motif] to repeat; (Mus) [+ thème] to repeat, restate ◆ **les miroirs répétaient son image** his image was reflected again and again in the mirrors

**2 se répéter** vpr **a** (= redire, radoter) to repeat o.s. ◆ **se répéter qch à soi-même** to repeat sth to o.s. ◆ **la nouvelle que toute la ville se répète** the news which is being repeated all round the town ◆ **je ne voudrais pas me répéter, mais ...** I don't want to repeat myself ou say the same thing twice, but ...

**b** (= se reproduire) to be repeated, reoccur, recur ◆ **ces incidents se répétèrent fréquemment** these incidents were frequently repeated, these incidents kept recurring ou occurred repeatedly ◆ **que cela ne se répète pas !** (just) don't let that happen again! ◆ **l'histoire ne se répète jamais** history never repeats itself

**répéteur** [ʀepetœʀ] nm (Téléc) repeater

**répétiteur, -trice** [ʀepetitœʀ, tʀis] → SYN **1** nm,f (Scol) tutor, coach

**2** nm (Tech) ◆ **répétiteur de signaux** repeater

**répétitif, -ive** [ʀepetitif, iv] → SYN adj repetitive

**répétition** [ʀepetisjɔ̃] → SYN nf **a** (= redite) repetition ◆ **il y a beaucoup de répétitions** there is a lot of repetition, there are numerous repetitions

**b** (= révision) repetition; [pièce, symphonie] rehearsal; [rôle] learning; [morceau de piano] practising ◆ **répétition générale** (final) dress rehearsal ◆ **pour éviter la répétition d'une telle mésaventure** to prevent such a mishap happening again ◆ **la répétition d'un tel exploit est difficile** repeating a feat like that ou doing a feat like that again is difficult ◆ **la chorale est en répétition** the choir is rehearsing ou practising

**c** (= nouvelle occurrence) **pour éviter la répétition d'une telle mésaventure** to prevent such a mishap happening again

♦ **à répétition** ♦ **faire des rhumes/des angines à répétition** to have one cold/one sore throat after another ♦ **scandales/grèves à répétition** one scandal/strike after another, endless scandals/strikes ♦ **fusil/montre à répétition** repeater rifle/watch

**d** († = leçon particulière) private lesson, private coaching (NonC)

**répétitivité** [ʀepetitivite] nf repetitiveness

**repeuplement** [ʀ(ə)pœpləmɑ̃] nm [région] repopulation; [étang, chasse] restocking; [forêt] replanting

**repeupler** [ʀ(ə)pœple] → SYN ▸ conjug 1 ◂ 1 vt [+ région] to repopulate; [+ étang, chasse] to restock (*de* with); [+ forêt] to replant (*de* with)

2 **se repeupler** vpr [région] to be ou become repopulated ♦ **le village commence à se repeupler** people have started moving back into the village

**repincer** [ʀ(ə)pɛ̃se] ▸ conjug 3 ◂ vt (lit) to pinch ou nip again; (* fig) to catch again, nab* again ♦ **se faire repincer** to get caught ou nabbed* again

**repiquage** [ʀ(ə)pikaʒ] → SYN nm **a** (Bot) pricking out; [riz] transplanting

**b** (Bio) subculturing

**c** (Photo) touching up, retouching

**d** (= réenregistrement) rerecording; (= copie) recording, tape

**repiquer** [ʀ(ə)pike] → SYN ▸ conjug 1 ◂ 1 vt **a** (Bot) to prick out; [+ riz] to transplant ♦ **plantes à repiquer** bedding plants

**b** (Bio) to subculture

**c** (Photo) to touch up, retouch; (Tech : = repaver) to repave

**d** (= réenregistrer) to rerecord; (= faire une copie de) [+ disque] to record, tape; [+ logiciel] to make a copy of

**e** (* = reprendre) to catch again ♦ **il s'est fait repiquer à la frontière** the police caught up with him again at the border

**f** [moustique] to bite again; [épine] to prick again ♦ **repiquer un vêtement à la machine** (Couture) to restitch a garment

2 **repiquer à*** vt indir ♦ **repiquer au plat** to take a second helping ♦ **repiquer au truc** to go back to one's old ways, be at it again* ♦ **elle a repiqué aux somnifères** she's back on sleeping tablets again

**répit** [ʀepi] → SYN nm (= rémission) respite (frm); (= repos) respite (frm), rest ♦ **la douleur ne lui laisse pas de répit** the pain never gives him any respite ♦ **s'accorder un peu de répit** to have a bit of a rest ♦ **donnez-moi un petit répit pour vous payer** give me a bit more time to pay you ♦ **accordez-nous 5 minutes de répit** give us 5 minutes' rest ou respite

♦ **sans répit** ♦ **travailler sans répit** to work continuously ou without respite ♦ **harceler qn sans répit** to harass sb relentlessly

**replacement** [ʀ(ə)plasmɑ̃] nm [objet] replacing, putting back; [employé] redeployment

**replacer** [ʀ(ə)plase] → SYN ▸ conjug 3 ◂ 1 vt **a** (= remettre) [+ objet] to replace, put back (in its place) ♦ **replacer une vertèbre** to put ou ease a vertebra back into place

**b** (= resituer) **il faut replacer les choses dans leur contexte** we must put things back in their context

**c** [+ employé] to find a new job for, redeploy

**d** * **il faudra que je la replace, celle-là !** [+ plaisanterie, expression] I must remember to use that one again!

2 **se replacer** vpr **a** [employé] to find a new job

**b** (= s'imaginer) **se replacer dans les mêmes conditions** to put o.s. in the same situation ♦ **replaçons-nous au 16e siècle** let's go ou look back to the 16th century

**replantation** [ʀ(ə)plɑ̃tasjɔ̃] nf [forêt] replanting

**replanter** [ʀ(ə)plɑ̃te] → SYN ▸ conjug 1 ◂ vt [+ plante] to replant, plant out; [+ forêt, arbre] to replant ♦ **replanter un bois en conifères** to replant a wood with conifers

**replat** [ʀəpla] nm projecting ledge ou shelf

**replâtrage** [ʀ(ə)plɑtʀaʒ] nm **a** [mur] replastering

**b** * [amitié, gouvernement] patching up ♦ **replâtrage ministériel** (Pol) patching together ou patch-up of the cabinet

**replâtrer** [ʀ(ə)plɑtʀe] ▸ conjug 1 ◂ vt **a** [+ mur] to replaster; [+ membre] to put another cast on

**b** * [+ amitié, gouvernement] to patch up

**replet, -ète** [ʀəplɛ, ɛt] → SYN adj personne podgy, fat; visage chubby

**repleuvoir** [ʀ(ə)pløvwaʀ] ▸ conjug 23 ◂ vb impers to rain again, start raining again ♦ **il repleut** it is raining again, it has started raining again

**repli** [ʀəpli] → SYN nm **a** [terrain, papier] fold; [intestin, serpent] coil; [rivière] bend, twist; [peau] (dû à l'âge) wrinkle; (d'embonpoint) fold (*de* in)

**b** (Couture) [ourlet, étoffe] fold, turn (*de* in)

**c** (Mil) withdrawal, falling back ♦ **position de repli** (Mil, fig) fallback position ♦ **repli stratégique** (Mil, fig) strategic withdrawal

**d** (Bourse) fall, drop ♦ **le cours de l'étain a accentué son repli** the price of tin has weakened further ♦ **le dollar est en repli à 1 €** the dollar has fallen back to €1 ♦ **mouvement de repli des taux d'intérêt** downward trend in interest rates

**e** (= réserve) withdrawal ♦ **repli sur soi-même** withdrawal (into oneself), turning in on oneself

**f** (= recoin) [cœur, conscience] hidden ou innermost recess, innermost reaches

**repliable** [ʀ(ə)plijabl] adj folding (épith)

**réplication** [ʀeplikasjɔ̃] nf (Bio) replication

**repliement** [ʀ(ə)plimɑ̃] → SYN nm ♦ **repliement (sur soi-même)** withdrawal (into oneself), turning in on oneself

**replier** [ʀ(ə)plije] → SYN ▸ conjug 7 ◂ 1 vt **a** [+ carte, journal, robe] to fold up (again), fold back up; [+ manche, bas de pantalon] to roll up, fold up; [+ coin de feuille] to fold over; [+ ailes] to fold (back); [+ jambes] to tuck up; [+ couteau] to close ♦ **les jambes repliées sous lui** sitting back with his legs tucked under him ♦ **replier le drap sur la couverture** to fold the sheet back over ou down over the blanket

**b** (Mil) [+ troupes] to withdraw; [+ civils] to move back ou away

2 **se replier** vpr [serpent] to curl up, coil up; [chat] to curl up; [lame de couteau] to fold back; (Mil) to fall back, withdraw (*sur* to); (Bourse) [valeurs] to fall (back), drop ♦ **se replier (sur soi-même)** to withdraw into oneself, turn in on oneself ♦ **communauté repliée sur elle-même** inward-looking community

**réplique** [ʀeplik] → SYN nf **a** (= réponse) retort, rejoinder (frm) ♦ **il a la réplique facile** he's always ready with a quick answer, he's never at a loss for an answer ou a reply ♦ **et pas de réplique !** and don't answer back!, and let's not have any backchat!* (Brit) ♦ **"non", dit-il d'un ton sans réplique** "no", he said in a tone that brooked no reply ♦ **argument sans réplique** unanswerable ou irrefutable argument

**b** (= contre-attaque) counter-attack ♦ **la réplique ne se fit pas attendre** they weren't slow to retaliate

**c** (Théât) line ♦ **dialogue aux répliques spirituelles** dialogue with some witty lines ♦ **oublier sa réplique** to forget one's lines ou words ♦ **l'acteur a manqué sa réplique** the actor missed his cue ♦ **c'est Belon qui vous donnera la réplique** (pour répéter) Belon will give you your cue; (dans une scène) Belon will play opposite you ♦ **je saurai lui donner la réplique** (fig) I can match him (in an argument), I can give as good as I get

**d** (Art) replica ♦ **il est la réplique de son jumeau** (fig) he's the (spitting) image of his twin brother

**e** [tremblement de terre] after-shock

**répliquer** [ʀeplike] → SYN ▸ conjug 1 ◂ 1 vt to reply ♦ **il (lui) répliqua que ...** he replied ou retorted that ... ♦ **il n'y a rien à répliquer à cela** there's no answer to that ♦ **il trouve toujours quelque chose à répliquer** he's always got an answer for everything

2 vi **a** (= répondre) to reply ♦ **répliquer à la critique** to reply to criticism ♦ **et ne réplique pas !** (insolence) and don't answer back!; (protestation) and no protests!

**b** (= contre-attaquer) to retaliate ♦ **il répliqua par des coups de poing/des injures** he retaliated with his fists/with foul language

**replonger** [ʀ(ə)plɔ̃ʒe] ▸ conjug 3 ◂ 1 vt [+ rame, cuiller] to dip back (*dans* into) ♦ **replongé dans la pauvreté/la guerre/l'obscurité** plunged into poverty/war/darkness again, plunged back into poverty/war/darkness ♦ **replongeant sa main dans l'eau** dipping his hand into the water again ♦ **ce film nous replonge dans l'univers des années 30** this film takes us right back to the 1930s ♦ **elle replongea son nez dans ses dossiers** she buried herself in her files again

2 vi **a** (dans une piscine) to dive back, dive again (*dans* into)

**b** * [drogué] to become hooked* again; [délinquant] to go back to one's old ways; [alcoolique] to go back to drinking

3 **se replonger** vpr to dive back ou again (*dans* into) ♦ **il se replongea dans sa lecture** he immersed himself in his book again, he went back to his reading ♦ **se replonger dans les études** to throw oneself into one's studies again

**repolir** [ʀ(ə)pɔliʀ] ▸ conjug 2 ◂ vt [+ objet] to repolish; (fig) [+ discours] to polish up again, touch up again

**repolissage** [ʀ(ə)pɔlisaʒ] nm [objet] repolishing; [discours] polishing up again, touching up again

**répondant, e** [ʀepɔ̃dɑ̃, ɑ̃t] → SYN 1 nm,f guarantor, surety ♦ **servir de répondant à qn** (Fin) to stand surety for sb, be sb's guarantor; (fig) to vouch for sb

2 nm **a** (Fin) **il a du répondant** (compte approvisionné) he has money behind him; (* : beaucoup d'argent) he has something to fall back on; (* : le sens de la répartie) he has a talent for repartee

**b** (Rel) server

**répondeur, -euse** [ʀepɔ̃dœʀ, øz] 1 adj * impertinent, cheeky* (Brit), sassy* (US) ♦ **je n'aime pas les enfants répondeurs** I don't like children who answer back

2 nm ♦ **répondeur (téléphonique)** (telephone) answering machine *(simply giving a recorded message)* ♦ **répondeur (enregistreur)** (telephone) answering machine, answerphone *(on which you can leave a message)* ♦ **je suis tombé sur un répondeur** I got a recorded message; → **interrogeable**

**répondre** [ʀepɔ̃dʀ] GRAMMAIRE ACTIVE 27.4, 27.5, 27.7 → SYN ▸ conjug 41 ◂

1 vt **a** (gén) to answer, reply ♦ **il a répondu une grossièreté** he replied with a rude remark, he made a rude remark in reply ♦ **il m'a répondu oui/non** he said ou answered yes/no ♦ **il m'a répondu (par) une lettre** he sent me a written reply ♦ **il a répondu qu'il le savait** he answered ou replied that he knew ♦ **il m'a répondu qu'il viendrait** he told me (in reply) that he would come ♦ **je lui ai répondu de se taire** ou **qu'il se taise** I told him to be quiet ♦ **vous me demandez si j'accepte, je (vous) réponds que non** you're asking me if I accept and I'm telling you I don't ou and my answer is no ♦ **je me suis vu répondre que ..., il me fut répondu que ...** I was told that ... ♦ **répondre présent à l'appel** (lit) to answer present at roll call; (fig) to come forward, make oneself known ♦ **réponds quelque chose, même si c'est faux** give an answer, even if it's wrong ♦ **(c'est) bien répondu !** well said! ♦ **qu'avez-vous à répondre ?** what have you got to say in reply? ♦ **il n'y a rien à répondre** there's no answer to that ♦ **qu'est-ce que vous voulez répondre à cela ?** what can you say to that?

**b** (Rel) **répondre la messe** to serve (at) mass

2 vi **a** (gén) to answer, reply ♦ **réponds donc !** well answer (then)! ♦ **répondre en claquant la porte** to slam the door by way of reply ou by way of an answer ♦ **répondre à qn/à une question/à une convocation** to reply to ou answer sb/a question/a summons ♦ **seul l'écho lui répondit** only the echo answered him ♦ **je ne lui ai pas encore répondu** I haven't yet replied to his letter ou answered his letter ou written back to him ♦ **je lui répondrai par écrit** I'll reply ou answer in writing, I'll let him have a written reply ou answer ♦ **avez-vous répondu à son invitation ?** did you reply to his invitation? ♦ **il répond au nom de Louis** he answers to the name of Louis ♦ **répondre par oui ou par non** to reply ou answer ou say

yes or no ◆ **répondre par monosyllabes** to reply in words of one syllable ◆ **instruments de musique qui se répondent** musical instruments that answer each other ◆ **répondre par un sourire/en hochant la tête** to smile/nod in reply ◆ **elle répondit à son salut par un sourire** she replied to ou answered his greeting with a smile ◆ **il a répondu par des injures** he replied with a string of insults, he replied by insulting us (ou them etc )

**b** (= aller ouvrir ou décrocher) **répondre (à la porte** ou **à la sonnette)** to answer the door ◆ **répondre (au téléphone)** to answer the telephone ◆ **son poste ne répond pas** there's no reply from his extension ◆ **personne ne répond, ça ne répond pas** there's no answer ou reply, no one's answering ◆ **on a sonné, va répondre** there's the doorbell – go and see who it is ◆ **personne n'a répondu à mon coup de sonnette** no one answered the door ou the bell when I rang, I got no answer when I rang the bell

**c** (= être impertinent) to answer back ◆ **il a répondu à la maîtresse** he answered the teacher back

**d** (= réagir) [voiture, commandes, membres] to respond (*à* to) ◆ **son cerveau ne répond plus aux excitations** his brain no longer responds to stimuli ◆ **les freins ne répondaient plus** the brakes were no longer responding

**3** **répondre à** vt indir **a** (= correspondre à) [+ besoin] to answer, meet; [+ signalement] to answer, fit; [+ norme, condition] to meet ◆ **ça répond tout à fait à l'idée que je m'en faisais** that corresponds exactly to what I imagined it to be like ◆ **cela répond/ne répond pas à ce que nous cherchons** this meets/doesn't meet ou falls short of our requirements ◆ **ça répond/ne répond pas à mon attente** ou **à mes espérances** it comes up to/falls short of my expectations ◆ **cela répond à une certaine logique** it's quite logical

**b** (= payer de retour) [+ attaque, avances] to respond to; [+ amour, affection, salut] to return; [+ politesse, gentillesse, invitation] to repay, pay back ◆ **peu de gens ont répondu à cet appel** few people responded to this appeal, there was little response to this appeal ◆ **répondre à la force par la force** to answer ou meet force with force ◆ **s'ils lancent une attaque, nous saurons y répondre** if they launch an attack we'll fight back ou retaliate

**c** (= être identique à) [+ dessin, façade] to match ◆ **les deux ailes du bâtiment se répondent** the two wings of the building match (each other)

**4** **répondre de** vt indir **a** (= être garant de) [+ personne] to answer for ◆ **répondre de l'innocence/l'honnêteté de qn** to answer ou vouch for sb's innocence/honesty ◆ **répondre des dettes de qn** to answer for sb's debts, be answerable for sb's debts ◆ **si vous agissez ainsi, je ne réponds plus de rien** if you behave like that, I'll accept no further responsibility ◆ **il viendra, je vous en réponds !** he'll come all right, you can take my word for it! ◆ **ça ne se passera pas comme ça, je t'en réponds !** you can take it from me that it won't happen like that!, it won't happen like that, you take it from me!

**b** (= rendre compte de) [+ actes, décision] to be accountable for ◆ **répondre de ses crimes** (Jur) to answer for one's crimes

**répons** [ʀepɔ̃] nm (Rel) response

**réponse** [ʀepɔ̃s] GRAMMAIRE ACTIVE 19.4 → SYN nf

**a** (à demande, lettre, objection) reply, response; (à coup de sonnette, prière, question,) answer, reply; (à énigme, examen, problème) answer (*à* to); (Mus) answer ◆ **en réponse à votre question** in answer ou reply ou response to your question ◆ **en réponse aux accusations portées contre lui** in response ou reply to the accusations brought against him ◆ **pour toute réponse, il grogna** he just grunted in reply ◆ **pour toute réponse, il me raccrocha au nez** he just hung up on me ◆ **ma réponse est non** my answer is no ◆ **télégramme avec réponse payée** reply-paid telegram ◆ **ma lettre est restée sans réponse** my letter remained unanswered ◆ **sa demande est restée sans réponse** there has been no reply ou response to his request ◆ **apporter une réponse au problème de la délinquance** to find an answer to the problem of delinquency ◆ **la réponse ne s'est pas fait attendre** (Mil, fig) they were (ou he was etc ) quick to retaliate

**b** (Physiol, Tech = réaction) response; (à un appel, un sentiment = écho) response ◆ **réponse immunitaire** immune response

**c** (Loc) **avoir réponse à tout** to have an answer for everything ◆ **c'est la réponse du berger à la bergère** it's tit for tat ◆ **il me fit une réponse de Normand** he wouldn't say yes or no, he wouldn't give me a straight answer ◆ **il fait les demandes et les réponses** he doesn't let anyone get a word in edgeways * (Brit) ou edgewise (US)

**repopulation** [ʀ(ə)pɔpylasjɔ̃] nf [ville] repopulation; [étang] restocking

**report** [ʀəpɔʀ] → SYN nm **a** [match] postponement, putting off; [procès] postponement; [décision] putting off, deferment; [date] putting off, putting back, deferment ◆ **report d'échéance** (Fin) extension of due date ◆ **"report"** (en bas de page) "carried forward"; (en haut de page) "brought forward"

**b** [chiffres, indications] transfer, writing out, copying out; (Comm) [écritures] posting; [somme] carrying forward ou over; (Photo) transfer ◆ **faire le report de** [+ somme] to carry forward ou over; [+ écritures] to post ◆ **les reports de voix entre les deux partis se sont bien effectués au deuxième tour** (Pol) the votes were satisfactorily transferred to the party with more votes after the first round of the election

**reportage** [ʀ(ə)pɔʀtaʒ] → SYN nm **a** (Presse, Radio, TV) report (*sur* on); (sur le vif) [match, événement] commentary ◆ **reportage photographique/télévisé** illustrated/television report ◆ **reportage en direct** live commentary ◆ **faire un reportage sur** (Presse) to write a report on; (Radio, TV) to report on ◆ **faire** ou **assurer le reportage d'une cérémonie** to cover a ceremony, do the coverage of a ceremony ◆ **être en reportage** (Presse) to be out on a story, be covering a story; (Radio, TV) to be (out) reporting ◆ **c'était un reportage de Julie Durand** that report was from Julie Durand, that was Julie Durand reporting

**b** (= métier) (news) reporting ◆ **il fait du reportage** he's a (news) reporter ◆ **le grand reportage** the coverage of major international events ◆ **il a fait plusieurs grands reportages pour ...** he has covered several big stories for ...

**reporter¹** [ʀ(ə)pɔʀte] GRAMMAIRE ACTIVE 21.3 → SYN ▸ conjug 1 ◂

**1** vt **a** (= ramener) [+ objet] to take back; (par la pensée) to take back (*à* to) ◆ **cette chanson nous reporte aux années trente** this song takes us back to the thirties

**b** (= différer) [+ match] to postpone, put off; [+ décision] to put off, defer; [+ date] to put off ou back (Brit), defer ◆ **la réunion est reportée à demain/d'une semaine** the meeting has been postponed until tomorrow/until next week ou for a week ◆ **le jugement est reporté à huitaine** (Jur) (the) sentence has been deferred for a week

**c** [+ chiffres, indications] to transfer (*sur* to), write out, copy out (*sur* on); (Comm) [+ écritures] to post; (Photo) to transfer (*sur* to) ◆ **reporter une somme sur la page suivante** to carry an amount forward ou over to the next page

**d** (= transférer) **reporter son affection/son vote sur** to transfer one's affection/one's vote to ◆ **reporter son gain sur un autre cheval/numéro** to put ou place one's winnings on ou transfer one's bet to another horse/number

**2** **reporter à** vt indir (= en référer à) to report to

**3** **se reporter** vpr **a** (= se référer à) **se reporter à** to refer to ◆ **reportez-vous à la page 5** turn to ou refer to ou see page 5

**b** (par la pensée) **se reporter à** to think back to, cast one's mind back to ◆ **reportez-vous (par l'esprit) aux années 50** cast your mind back to the fifties ◆ **si l'on se reporte à l'Angleterre de cette époque** if one thinks back to the England of that period

**c** (= se transférer) **son affection s'est reportée sur ses chats** he transferred his affection to his cats

**reporter²** [ʀ(ə)pɔʀtɛʀ] → SYN nm reporter ◆ **grand reporter** special correspondent ◆ **reporter(-)photographe** reporter and photographer ◆ **reporter-cameraman** news reporter and cameraman; → **radioreporter**

**reporteur** [ʀ(ə)pɔʀtœʀ] nm **a** (Bourse) taker (of stock)

**b** (Typo) transfer

**c** (TV) reporter ◆ **reporteur d'images** reporter-cameraman

**repos** [ʀ(ə)po] → SYN nm **a** (= détente) rest ◆ **prendre du repos/un peu de repos** to take ou have a rest/a bit of a rest ◆ **il ne peut pas rester ou demeurer en repos 5 minutes** he can't rest ou relax for (even) 5 minutes ◆ **le médecin lui a ordonné le repos complet** the doctor has ordered him to rest ou ordered complete rest ◆ **après une matinée/journée de repos, il allait mieux** after a morning's/day's rest he felt better ◆ **respecter le repos dominical** to observe Sunday as a day of rest ◆ **le repos du guerrier** (hum) a well-earned rest; → **lit, maison**

**b** (= congé) **avoir droit à deux jours de repos hebdomadaire** to be entitled to two days off a week ◆ **le médecin lui a donné du repos/huit jours de repos** the doctor has given him some time off/a week off

**c** (= tranquillité) peace and quiet; (= quiétude morale) peace of mind; (littér = sommeil, mort) rest, sleep ◆ **il n'y aura pas de repos pour lui tant que ...** he'll have no peace of mind until ..., he won't get any rest until ... ◆ **le repos de la tombe** the sleep of the dead ◆ **le repos éternel** eternal rest

**d** (= pause) [discours] pause; [vers] rest; (Mus) cadence

**e** (= petit palier) half landing

**f** (Loc) **repos !** (Mil) (stand) at ease! ◆ **muscle à l'état de repos** relaxed muscle

◆ **au repos** soldat standing at ease; masse, machine, animal at rest; muscle relaxed

◆ **de + repos** ◆ **être de repos** to be off ◆ **de tout repos** situation, entreprise secure, safe; placement gilt-edged, safe; travail easy ◆ **ce n'est pas de tout repos !** it's not exactly restful!, it's no picnic! *

◆ **en repos** ◆ **être en repos** to be resting ◆ **avoir la conscience en repos** to have an easy ou a clear conscience ◆ **pour avoir l'esprit en repos** to put my (ou your etc ) mind at rest ◆ **laisser qn en repos** (frm) to leave sb in peace ou alone

◆ **sans repos** travailler without stopping, relentlessly; marcher without a break ou a rest, without stopping; quête uninterrupted, relentless

**reposant, e** [ʀ(ə)pozɑ̃, ɑ̃t] → SYN adj sommeil refreshing; couleur, lieu restful; musique, vacances restful, relaxing ◆ **c'est reposant pour la vue** it's (very) restful on ou to the eyes

**repose** [ʀ(ə)poz] nf [appareil] refitting, reinstallation; [tapis] relaying, putting (back) down again

**reposé, e¹** [ʀ(ə)poze] → SYN (ptp de **reposer**) adj air, teint, cheval fresh, rested (attrib) ◆ **elle avait le visage reposé** she looked rested ◆ **j'ai l'esprit reposé** my mind is fresh ◆ **maintenant que vous êtes bien reposé ...** now (that) you've had a good rest ...; → **tête**

**repose-bras** [ʀ(ə)pozbʀɑ] → SYN nm inv armrest

**reposée²** [ʀ(ə)poze] → SYN nf [animal] den, lair

**repose-pied**, pl **repose-pieds** [ʀ(ə)pozpje] nm footrest

**reposer** [ʀ(ə)poze] → SYN ▸ conjug 1 ◂ **1** vt **a** (= poser à nouveau) [+ verre, livre] to put back down, put down again; [+ tapis] to relay, put back down; [+ objet démonté] to put back together ◆ **reposer ses yeux sur qch** to look at sth again ◆ **va reposer ce livre où tu l'as trouvé** go and put that book back where you found it ◆ **reposez armes !** (Mil) order arms!

**b** (= soulager, délasser) [+ yeux, corps, membres] to rest; [+ esprit] to rest, relax ◆ **se reposer l'esprit** to rest one's mind, give one's mind ou brain a rest ◆ **les lunettes de soleil reposent les yeux** ou **la vue** sunglasses rest the eyes, sunglasses are restful to the eyes ◆ **reposer sa tête/jambe sur un coussin** to rest one's head/leg on a cushion ◆ **cela repose de ne voir personne (pendant une journée)** it makes a restful change not to see anyone (for a whole day); → **tête**

**c** (= répéter) [+ question] to repeat, ask again; [+ problème] to bring up again, raise again ◆ **cela va reposer le problème** that will raise the (whole) problem again ou bring the (whole) problem up again ◆ **cet incident va (nous) reposer un problème** this incident is going to pose us a new problem ou bring up a new problem for us

**2 reposer sur** vt indir [bâtiment] to be built on; [route] to rest on, be supported by; [supposition] to rest on, be based on; [résultat] to depend on ◆ **sa jambe reposait sur un coussin** his leg was resting on a cushion ◆ **sa théorie ne repose sur rien de précis** his theory doesn't rest on ou isn't based on anything specific ◆ **tout repose sur son témoignage** everything hinges on ou rests on his evidence

**3** vi **a** (littér) (= être étendu) to rest, lie (down); (= dormir) to sleep, rest; (= être enterré) to rest ◆ **faire reposer son cheval** to rest one's horse ◆ **tout reposait dans la campagne** everything was sleeping ou resting in the countryside ◆ **ici repose ...** here lies ... ◆ **qu'il repose en paix** may he rest in peace ◆ **l'épave repose par 20 mètres de fond** the wreck is lying 20 metres down

**b laisser reposer** [+ liquide] to leave to settle, let settle ou stand; [+ pâte à pain] to leave to rise, let rise; [+ pâte feuilletée] to (allow to) rest; [+ pâte à crêpes] to leave (to stand) ◆ **laisser reposer la terre** to let the earth lie fallow

**4 se reposer** vpr **a** (= se délasser) to rest ◆ **se reposer sur ses lauriers** to rest on one's laurels

**b se reposer sur qn** to rely on sb ◆ **je me repose sur vous pour régler cette affaire** I'll leave it to you ou I'm relying on you to sort this business out ◆ **elle se repose sur lui pour tout** she relies on him for everything

**c** (= se poser à nouveau) [oiseau, poussière] to settle again; [problème] to crop up again

**repose-tête,** pl **repose-têtes** [ʀ(ə)poztɛt] nm headrest

**repositionner** [ʀ(ə)pɔzisjɔne] ▸ conjug 1 ◂ vt to reposition ◆ **nous cherchons à nous repositionner dans le haut de gamme** we are seeking to position ourselves at the higher end of the market

**reposoir** [ʀ(ə)pozwaʀ] nm [église, procession] altar of repose; [maison privée] household altar

**repoussage** [ʀ(ə)pusaʒ] nm [cuir, métal] repoussé work, embossing

**repoussant, e** [ʀ(ə)pusɑ̃, ɑ̃t] → SYN adj odeur, saleté, visage repulsive, repugnant ◆ **d'une laideur repoussante** repulsive

**repousse** [ʀ(ə)pus] nf [cheveux, gazon] regrowth ◆ **pour accélérer la repousse des cheveux** to help the hair grow again ou grow back in

**repoussé, e** [ʀ(ə)puse] (ptp de **repousser**) **1** adj repoussé (épith)

**2** nm (= technique) repoussé (work); (= objet) repoussé

**repousse-peaux** [ʀəpuspo] nm inv orange stick

**repousser** [ʀ(ə)puse] → SYN ▸ conjug 1 ◂ **1** vt **a** (= écarter, refouler) [+ objet encombrant] to push out of the way, push away; [+ ennemi, attaque] to repel, repulse, drive back; [+ coups] to ward off; [+ soupirant, quémandeur, malheureux] to turn away ◆ **repousser qch du pied** to kick sth out of the way, kick sth away ◆ **il me repoussa avec brusquerie** he pushed me away ou out of the way roughly ◆ **elle parvint à repousser son agresseur** she managed to drive off ou beat off her attacker ◆ **les électrons se repoussent** electrons repel each other

**b** (= refuser) [+ demande, conseil, aide] to turn down, reject; [+ hypothèse] to dismiss, rule out; [+ tentation] to reject, resist, repel; [+ projet de loi] to reject; [+ objections, arguments] to brush aside, dismiss ◆ **la police ne repousse pas l'hypothèse du suicide** the police do not rule out the possibility of suicide

**c** (= remettre en place) [+ meuble] to push back; [+ tiroir] to push back in; [+ porte] to push to ◆ **repousse la table contre le mur** push the table back ou up against the wall

**d** (= différer) [+ date, réunion] to put off ou back (Brit), postpone, defer ◆ **la date de l'examen a été repoussée (à huitaine/à lundi)** the exam has been put off ou postponed (for a week/till Monday), the date of the exam has been put back (Brit) (a week/till Monday)

**e** (= dégoûter) to repel, repulse ◆ **tout en lui me repousse** everything about him repels ou repulses me

**f** (Tech) [+ cuir, métal] to emboss (by hand), work in repoussé ◆ **en cuir/métal repoussé** in repoussé leather/metal

**2** vi [feuilles, cheveux] to grow again ◆ **laisser repousser sa barbe** to let one's beard grow again

**repoussoir** [ʀ(ə)puswaʀ] nm **a** (à cuir, métal) snarling iron; (à ongles) orange stick

**b** (Art) repoussoir, high-toned foreground; (fig = faire-valoir) foil ◆ **servir de repoussoir à qn** to act as a foil to sb

**c** (péj, * = personne laide) ugly so-and-so* ◆ **c'est un repoussoir !** he's (ou she's) ugly as sin!*

**répréhensible** [ʀepʀeɑ̃sibl] → SYN adj acte, personne reprehensible ◆ **je ne vois pas ce qu'il y a de répréhensible à ça !** I don't see what's wrong with (doing) that!

**reprendre** [ʀ(ə)pʀɑ̃dʀ] → SYN ▸ conjug 58 ◂ **1** vt **a** (= récupérer) [+ ville] to recapture; [+ prisonnier] to recapture, catch again; [+ employé] to take back; [+ objet prêté] to take back, get back ◆ **reprendre sa place** (sur un siège) to go back to one's seat, resume one's seat; (dans un emploi) to go back to work ◆ **la photo avait repris sa place sur la cheminée** the photo was back in its (usual) place on the mantelpiece ◆ **passer reprendre qn** to go back ou come back for sb ◆ **il a repris sa parole** he went back on his word ◆ **j'irai reprendre mon manteau chez le teinturier** I'll go and get my coat (back) from the cleaner's ◆ **reprendre son nom de jeune fille** to take one's maiden name again, go back to ou revert to one's maiden name

**b** (= se resservir de) [+ plat] to have ou take (some) more ◆ **voulez-vous reprendre des légumes ?** would you like a second helping of ou some more vegetables?

**c** (= retrouver) [+ espoir, droits, forces] to regain, recover ◆ **reprendre des couleurs** to get some colour back in one's cheeks ◆ **reprendre confiance/courage** to regain ou recover one's confidence/courage ◆ **reprendre ses droits** to reassert itself ◆ **reprendre ses habitudes** to get back into one's old habits, take up one's old habits again ◆ **reprendre contact avec qn** to get in touch with sb again ◆ **reprendre ses esprits** ou **ses sens** to come to, regain consciousness, come round (Brit) ◆ **reprendre sa liberté** to regain one's freedom ◆ **reprendre haleine** ou **son souffle** to get one's breath back; → **connaissance, conscience, dessus** etc

**d** (Comm) [+ marchandises] to take back; (contre un nouvel achat) to take in part exchange; [+ fonds de commerce, usine] to take over ◆ **les articles en solde ne sont ni repris ni échangés** sale goods cannot be returned or exchanged ◆ **ils m'ont repris ma vieille télé** they bought my old TV set off me (in part exchange) ◆ **j'ai acheté une voiture neuve et ils ont repris la vieille** I bought a new car and traded in the old one ou and they took the old one in part exchange ◆ **il a repris l'affaire de son père** he has taken on ou over his father's business

**e** (= recommencer, poursuivre) [+ travaux] to resume; [+ études, fonctions, lutte] to take up again, resume; [+ livre] to pick up again, go back to; [+ lecture] to go back to, resume; [+ conversation, récit] to resume, carry on (with); [+ promenade] to resume, continue; [+ hostilités] to reopen, start again; [+ pièce de théâtre] to put on again ◆ **reprendre la route** ou **son chemin** [voyageur] to set off again ◆ **reprendre la route** [routier] to go back on the road again ◆ **reprendre la mer** [marin] to go back to sea ◆ **après déjeuner ils reprirent la route** after lunch they continued their journey ou they set off again ◆ **reprendre la plume** to take up the pen again ◆ **reprenez votre histoire au début** start your story from the beginning again, go back to the beginning of your story again ◆ **reprenons les faits un par un** let's go over the facts again one by one ◆ **il reprendra la parole après vous** he will speak again after you ◆ **reprendre le travail** (après maladie, grève) to go back to work, start work again; (après le repas) to get back to work, start work again ◆ **la vie reprend son cours** life is back to normal again ◆ **il a repris le rôle de Hamlet** (Théât) he has taken on the role of Hamlet; → **collier**

**f** (= saisir à nouveau) **son mal de gorge l'a repris** his sore throat is troubling ou bothering him again ◆ **ses douleurs l'ont repris** he is in pain again ◆ **voilà que ça le reprend !** (iro) there he goes again!, he's off again!* ◆ **ses doutes le reprirent** he started feeling doubtful again

**g** (= attraper à nouveau) to catch again ◆ **on ne m'y reprendra plus** (fig) I won't let myself be caught (out) again ◆ **que je ne t'y reprenne pas !** (menace) don't let me catch you doing that again!

**h** (Sport = rattraper) [+ balle] to catch ◆ **revers bien repris par Legrand** (Tennis) backhand well returned by Legrand

**i** (= retoucher, corriger) [+ tableau] to touch up; [+ article, chapitre] to go over again; [+ manteau] (gén) to alter; (trop grand) to take in; (trop petit) to let out; (trop long) to take up; (trop court) to let down ◆ **il n'y a rien à reprendre** there's not a single correction ou alteration to be made ◆ **il y a beaucoup de choses à reprendre dans ce travail** there are lots of improvements to be made to this work, there are a lot of things that need improving in this work ◆ **il faut reprendre un centimètre à droite** (Couture) we'll have to take it in half an inch on the right

**j** (= réprimander) [+ personne] to reprimand, tell off*; (pour faute de langue) to pull up ◆ **reprendre un élève qui se trompe** to correct a pupil

**k** (= répéter) [+ refrain] to take up; [+ critique] to repeat ◆ **il reprend toujours les mêmes arguments** he always repeats the same arguments, he always comes out with the same old arguments ◆ **reprenez les 5 dernières mesures** (Mus) let's have ou take the last 5 bars again ◆ **ils reprirent la chanson en chœur** they all joined in ou took up the song

**l** (= réutiliser) [+ idée, suggestion] to take up (again), use (again) ◆ **l'incident a été repris par les journaux** the incident was taken up by the newspapers

**2** vi **a** (= retrouver de la vigueur) [plante] to recover; [affaires] to pick up ◆ **la vie reprenait peu à peu** life gradually returned to normal ◆ **il a bien repris depuis son opération** he has made a good recovery since his operation ◆ **pour faire reprendre le feu** to get the fire going (again); → **affaire**

**b** (= recommencer) [bruit, pluie, incendie, grève] to start again; [fièvre, douleur] to come back again; (Scol, Univ) to start again, go back ◆ **le froid a repris depuis hier** it has turned cold again since yesterday

**c** (= dire) **"ce n'est pas moi", reprit-il** "it's not me", he went on

**3 se reprendre** vpr **a** (= se corriger) to correct o.s.; (= s'interrompre) to stop o.s. ◆ **il allait plaisanter, il s'est repris à temps** he was going to make a joke but he stopped himself ou pulled himself up in time

**b** (= recommencer) **se reprendre à plusieurs fois pour faire qch** to make several attempts to do sth ou at doing sth ◆ **il a dû s'y reprendre à deux fois pour ouvrir la porte** he had to make two attempts before he could open the door ◆ **il se reprit à penser à elle** he went back to thinking about her, his thoughts went back to her ◆ **il se reprit à craindre que ...** once more he began to be afraid that ... ◆ **chacun se reprit à espérer** everyone began to hope again, everyone's hopes began to revive again

**c** (= se ressaisir) **après une période de découragement, il s'est repris** after feeling quite despondent for a while he's got a grip on himself ou pulled himself together (again) ◆ **le coureur s'est bien repris sur la fin** the runner made a good recovery ou caught up well towards the end

**repreneur** [ʀ(ə)pʀənœʀ] nm (Ind) (corporate) rescuer; (péj) raider ◆ **trouver repreneur** to find a buyer

**représailles** [ʀ(ə)pʀezɑj] → SYN nfpl (Pol, fig) reprisals, retaliation (NonC) ◆ **user de représailles, exercer des représailles** to take reprisals, retaliate (*envers, contre, sur* against)

◆ **par représailles** in retaliation, as a reprisal ◆ **en représailles de** as a reprisal for, in retaliation for ◆ **menacer un pays de représailles commerciales** to threaten a country with trade reprisals ◆ **mesures de représailles** retaliatory measures ◆ **attends-toi à des représailles !** you can expect reprisals!

**représentable** [ʀ(ə)pʀezɑ̃tabl] adj phénomène representable, that can be represented ◆ **c'est difficilement représentable** it is difficult to represent it

**représentant, e** [ʀ(ə)pʀezɑ̃tɑ̃, ɑ̃t] → SYN nm,f (gén) representative ◆ **représentant du personnel** staff representative ◆ **représentant syndical** union representative, shop steward (Brit) ◆ **représentant de commerce** sales representative, rep * ◆ **représentant des forces de l'ordre** police officer ◆ **représentant en justice** legal representative ◆ **il est représentant en cosmétiques** he's a representative ou a rep * for a cosmetics firm ◆ **représentant multicarte** sales representative acting for several firms

**représentatif, -ive** [ʀ(ə)pʀezɑ̃tatif, iv] → SYN adj (gén) representative ◆ **représentatif de** (= typique de) representative of ◆ **signes représentatifs d'une fonction** signs representing ou which represent a function ◆ **échantillon représentatif de la population** representative sample of the population

**représentation** [ʀ(ə)pʀezɑ̃tasjɔ̃] → SYN nf **a** (= notation, transcription) [objet, phénomène, son] representation; [paysage, société] portrayal; [faits] representation, description ◆ **représentation graphique** graphic(al) representation ◆ **c'est une représentation erronée de la réalité** it's a misrepresentation of reality ◆ **représentation en arbre** (Ling) tree diagram

**b** (= évocation, perception) representation ◆ **représentations visuelles/auditives** visual/auditory representations

**c** (Théât = action, séance) performance ◆ **troupe en représentation** company on tour ◆ **on a toujours l'impression qu'il est en représentation** (fig) he always seems to be playing a role

**d** [pays, citoyens, mandant] representation; (= mandataires, délégation) representatives ◆ **il assure la représentation de son gouvernement auprès de notre pays** he represents his government in our country ◆ **représentation diplomatique/proportionnelle/en justice** diplomatic/proportional/legal representation

**e** (Comm) sales representation ◆ **faire de la représentation** to be a (sales) representative ou a rep * ◆ **la représentation entre pour beaucoup dans les frais** sales representation is a major factor in costs

**f** (= réception) entertainment

**g** (frm = reproches) **faire des représentations à** to make representations to

**représentativité** [ʀ(ə)pʀezɑ̃tativite] → SYN nf representativeness ◆ **reconnaître la représentativité d'une organisation** to recognize an organization as a representative body

**représenter** [ʀ(ə)pʀezɑ̃te] → SYN ▸ conjug 1 ◂ **1** vt **a** (= décrire) [peintre, romancier] to depict, portray, show; [photographie] to represent, show ◆ **la scène représente une rue** (Théât) the scene represents a street ◆ **représenter fidèlement les faits** to describe ou set out the facts faithfully ◆ **on le représente comme un escroc** he's represented as a crook, he's made out to be a crook ◆ **il a voulu représenter un paysage sous la neige/la société du 19ᵉ siècle** he wanted to show ou depict a snowy landscape/to depict ou portray 19th-century society

**b** (= symboliser) to represent; (= signifier) to represent, mean ◆ **les parents représentent l'autorité** parents represent ou embody authority ◆ **ce poste représente beaucoup pour moi** this job means a lot to me ◆ **ce trait représente un arbre** this line represents a tree ◆ **ça va représenter beaucoup de travail** that will mean ou represent ou involve a lot of work ◆ **ça représente une part importante des dépenses** it accounts for ou represents a large part of the costs ◆ **ils représentent 12% de la population** they make up ou represent 12% of the population

**c** (Théât) (= jouer) to perform, play; (= mettre à l'affiche) to perform, put on, stage ◆ **on va représenter quatre pièces cette année** we (ou they etc ) will perform ou put on four plays this year ◆ **"Hamlet" fut représenté pour la première fois en 1603** "Hamlet" was first performed ou staged in 1603

**d** (= agir au nom de) [+ ministre, pays] to represent ◆ **il s'est fait représenter par son notaire** he was represented by his lawyer ◆ **les personnes qui ne peuvent pas assister à la réunion doivent se faire représenter (par un tiers)** those who are unable to attend the meeting should send someone to replace them

**e** **représenter une maison de commerce** to represent a firm, be a representative for a firm

**f** (littér) **représenter qch à qn** to point sth out to sb, (try to) impress sth on sb ◆ **il lui représenta les inconvénients de la situation** he pointed out the drawbacks to him

**2** vi † ◆ **il représente bien/ne représente pas bien** (= en imposer) he cuts a fine/a poor ou sorry figure

**3** **se représenter** vpr **a** (= s'imaginer) to imagine ◆ **je ne pouvais plus me représenter son visage** I could no longer bring his face to mind ou visualize his face ◆ **on se le représente bien en Hamlet** you can well imagine him as Hamlet ◆ **tu te représentes la scène quand il a annoncé sa démission !** you can just imagine the scene when he announced his resignation!

**b** (= survenir à nouveau) **l'idée se représenta à lui** the idea occurred to him again ◆ **si l'occasion se représente** if the occasion presents itself ou arises again ◆ **le même problème va se représenter** the same problem will crop up again

**c** (= se présenter à nouveau) (Scol, Univ) to retake, resit (Brit); (Pol) to run again, stand again (Brit) ◆ **se représenter à un examen** to retake ou resit (Brit) an exam ◆ **se représenter à une élection** to run ou stand (Brit) for re-election

**répresseur** [ʀepʀesœʀ] nm (Biochimie) repressor

**répressif, -ive** [ʀepʀesif, iv] → SYN adj repressive

**répression** [ʀepʀesjɔ̃] → SYN nf **a** [crime, abus] curbing; [révolte] suppression, quelling, repression ◆ **la répression** (Pol) repression ◆ **la répression qui a suivi le coup d'État** the repression ou crackdown which followed the coup ◆ **prendre des mesures de répression contre le crime** to crack down on crime ◆ **le service de la répression des fraudes** the Fraud Squad

**b** (Bio, Psych) repression

**réprimande** [ʀepʀimɑ̃d] → SYN nf reprimand, rebuke ◆ **adresser une sévère réprimande à un enfant** to scold ou rebuke a child severely ◆ **son attitude mérite une réprimande** he deserves a reprimand for his attitude ◆ **faire des réprimandes à qn** to reprimand ou rebuke sb

**réprimander** [ʀepʀimɑ̃de] → SYN ▸ conjug 1 ◂ vt to reprimand, rebuke ◆ **se faire réprimander par** to be reprimanded ou rebuked by

**réprimer** [ʀepʀime] → SYN ▸ conjug 1 ◂ vt [+ insurrection] to quell, repress, put down; [+ crimes, abus] to curb, crack down on; [+ sentiment, désir] to repress, suppress; [+ rire, bâillement] to suppress, stifle; [+ larmes, colère] to hold back, swallow

**reprint** [ʀəpʀint] nm (= procédé, ouvrage) reprint

**repris** [ʀ(ə)pʀi] nm inv ◆ **il s'agit d'un repris de justice** the man has previous convictions, the man is an ex-prisoner ou an ex-convict ◆ **un dangereux repris de justice** a dangerous known criminal

**reprisage** [ʀ(ə)pʀizaʒ] nm [chaussette, lainage] darning; [collant, drap, accroc] mending

**reprise** [ʀ(ə)pʀiz] → SYN nf **a** (= recommencement) [activité, cours, travaux] resumption; [hostilités] resumption, re-opening, renewal; [froid] return; (Théât) revival; (Ciné) rerun, reshowing (NonC); (Mus = passage répété) repeat; (Radio, TV = rediffusion) repeat ◆ **la reprise des violons** (Mus) the re-entry of the violins ◆ **la reprise des combats est imminente** fighting will begin again ou will be resumed again very soon ◆ **pour éviter la reprise de l'inflation** to stop inflation taking off again ◆ **avec la reprise du mauvais temps** with the return of the bad weather ◆ **les ouvriers ont décidé la reprise du travail** the men have decided to go back to ou to return to work ◆ **on espère une reprise des affaires** we're hoping that business will pick up again ◆ **la reprise (économique) est assez forte dans certains secteurs** the (economic) revival ou recovery is quite marked in certain sectors

**b** (Aut) **avoir de bonnes reprises** ou **de la reprise** to have good acceleration, accelerate well ◆ **sa voiture n'a pas de reprises** his car has no acceleration

**c** (Boxe) round; (Escrime) reprise; (Équitation) (pour le cavalier) riding lesson; (pour le cheval) dressage lesson ◆ **à la reprise** (Ftbl) at the start of the second half ◆ **reprise de volée** (Tennis) volleyed return ◆ **reprise !** (après arrêt) time!

**d** (Comm) [marchandise] taking back; (pour nouvel achat) trade-in, part exchange (Brit); (pour occuper des locaux) key money ◆ **valeur de reprise d'une voiture** trade-in value ou part-exchange value (Brit) of a car ◆ **nous vous offrons une reprise de 1 000 € pour l'achat d'un nouveau modèle** (Aut) we'll give you €1,000 when you trade your old car in ◆ **reprise des bouteilles vides** return of empties ◆ **la maison ne fait pas de reprise** goods cannot be returned ou exchanged ◆ **payer une reprise de 1 000 € à l'ancien locataire** to pay the outgoing tenant €1,000 for improvements made to the property

**e** (= réutilisation) [idée, suggestion] re-using, taking up again

**f** [chaussette] darn; [drap, chemise] mend ◆ **faire une reprise perdue** to darn (ou mend) invisibly ◆ **faire une reprise** ou **des reprises à un drap** to mend a sheet

**g** (Constr) **reprise en sous-œuvre** underpinning

**h** (Loc) **à deux ou trois reprises** on two or three occasions, two or three times ◆ **à maintes/plusieurs reprises** on many/several occasions, many/several times

**repriser** [ʀ(ə)pʀize] → SYN ▸ conjug 1 ◂ vt [+ chaussette, lainage] to darn; [+ collant, drap] to mend; [+ accroc] to mend, stitch up; → **aiguille, coton, œuf**

**réprobateur, -trice** [ʀepʀɔbatœʀ, tʀis] → SYN adj reproachful, reproving ◆ **elle me lança un regard réprobateur** she gave me a reproachful ou reproving look, she looked at me reproachfully ◆ **d'un ton réprobateur** reproachfully

**réprobation** [ʀepʀɔbasjɔ̃] → SYN nf **a** (= blâme) disapproval, reprobation (frm) ◆ **air/ton de réprobation** reproachful ou reproving look/tone

**b** (Rel) reprobation

**reproche** [ʀ(ə)pʀɔʃ] → SYN nm reproach ◆ **faire** ou **adresser des reproches à qn** to criticize ou reproach sb ◆ **conduite qui mérite des reproches** blameworthy ou reprehensible behaviour ◆ **faire reproche à qn d'avoir menti** (frm) to reproach ou upbraid (frm) sb for having lied ◆ **je me fais de grands reproches** I blame myself entirely ◆ **avec reproche** reproachfully ◆ **ton/regard de reproche** reproachful tone/look ◆ **il est sans reproche** he's beyond ou above reproach ◆ **sans reproche, permettez-moi de vous dire que ..., je ne vous fais pas de reproche mais permettez-moi de vous dire que ...** I'm not blaming ou criticizing ou reproaching you but let me say that ... ◆ **ce n'est pas un reproche !** I'm not criticizing!, it's not a criticism! ou a reproach! ◆ **soit dit sans reproche, tu devrais maigrir un peu** no offence meant but you should lose a bit of weight ◆ **le seul reproche que je ferais à cette cuisine ...** the only criticism I have to make about the kitchen ...

**reprocher** [ʀ(ə)pʀɔʃe] → SYN ▸ conjug 1 ◂ vt **a** **reprocher qch à qn** to criticize ou reproach sb for sth ◆ **reprocher à qn de faire qch** to criticize ou reproach sb for doing sth ◆ **les faits qui lui sont reprochés** (Jur) the charges against him ◆ **on lui a reproché sa maladresse** they criticized him for being clumsy ◆ **on lui reproche de nombreuses malhonnêtetés** he is accused of several instances of dishonesty ◆ **il me reproche mon succès/ma fortune** he resents my success/my wealth, he holds my success/my wealth against me ◆ **je ne te reproche rien** I'm not blaming you for anything ◆ **je me reproche de ne pas l'avoir fait** I regret not doing it ◆ **je n'ai rien à me reprocher** I've nothing to reproach myself with, I've nothing to be ashamed of ◆ **qu'est-ce qu'elle lui reproche ?** what has she got against him? ◆ **qu'est-ce que tu me reproches ?** what have I done wrong? ◆ **il est très minutieux mais on ne peut pas le lui reprocher** he's very meticulous but there's nothing wrong with that ou but that's no bad thing

**b** (= critiquer) **qu'as-tu à reprocher à mon plan/ce tableau ?** what have you got against my plan/this picture?, what don't you like about my plan/this picture? ◆ **je reproche à ce tissu d'être trop salissant** my main criticism of this material is that it gets dirty too easily ◆ **je ne vois rien à reprocher à son travail** I can't find any faults ou I can't find anything to criticize in his work

**reproducteur, -trice** [ʀ(ə)pʀɔdyktœʀ, tʀis] → SYN **1** adj (Bio) reproductive ◆ **cheval reproducteur** studhorse, stallion

**2** nm **a** (= animal) breeder ◆ **reproducteurs** breeding stock (NonC)

**b** (Tech = gabarit) template

**reproductibilité** [ʀ(ə)pʀɔdyktibilite] nf reproducibility

**reproductible** [ʀ(ə)pʀɔdyktibl] adj which can be reproduced, reproducible

**reproductif, -ive** [ʀ(ə)pʀɔdyktif, iv] adj reproductive

**reproduction** [ʀ(ə)pʀɔdyksjɔ̃] → SYN nf **a** [son, mouvement] reproduction; [modèle, tableau] reproduction, copying; (par reprographie) reproduction, duplication; [texte] reprinting; [clé] copying ◆ **"reproduction interdite"** "all rights (of reproduction) reserved"

**b** (= copie) reproduction ◆ **livre contenant de nombreuses reproductions** book containing many reproductions ◆ **ce n'est qu'une reproduction** it's only a copy

**c** (Bio, Bot) reproduction, breeding ◆ **reproduction artificielle** artificial reproduction ◆ **organes de reproduction** reproductive organs ◆ **reproduction par mitose** ou **par division cellulaire** replication

**reproduire** [ʀ(ə)pʀɔdɥiʀ] → SYN ▸ conjug 38 ◂ **1** vt **a** (= restituer) [+ son, mouvement] to reproduce

**b** (= copier) [+ modèle, tableau] to reproduce, copy; (par reprographie) to reproduce, duplicate; (par moulage) to reproduce; [+ clé] to make a copy of ◆ **la photo est reproduite en page 3** the picture is shown ou reproduced on page 3 ◆ **le texte de la conférence sera reproduit dans notre magazine** the text of the lecture will be printed in our magazine

**c** (= répéter) [+ erreur, expérience] to repeat

**d** (= imiter) to copy ◆ **essayant de reproduire les gestes de son professeur** trying to copy his teacher's gestures

**2** **se reproduire** vpr **a** (Bio, Bot) to reproduce, breed ◆ **se reproduire par mitose** ou **par division cellulaire** (Bio) to replicate

**b** (= se répéter) [phénomène] to recur, happen again; [erreur] to reappear, recur ◆ **et que cela ne se reproduise plus !** and don't let it happen again! ◆ **ce genre d'incident se reproduit régulièrement** this kind of thing happens quite regularly

**reprogrammation** [ʀ(ə)pʀɔgʀamasjɔ̃] nf **a** (Ordin) reprogram(m)ing

**b** (Ciné, TV) rescheduling

**reprogrammer** [ʀ(ə)pʀɔgʀame] ▸ conjug 1 ◂ vt **a** [+ ordinateur, magnétoscope] to reprogram

**b** (Ciné, TV) to reschedule

**reprographie** [ʀ(ə)pʀɔgʀafi] nf reprography (SPÉC), reprographics (SPÉC), repro (SPÉC) ◆ **le service de reprographie** the photocopying department

**reprographier** [ʀ(ə)pʀɔgʀafje] ▸ conjug 7 ◂ vt to (photo)copy, duplicate

**réprouvé, e** [ʀepʀuve] → SYN (ptp de **réprouver**) nm,f (Rel) reprobate; (fig) outcast, reprobate

**réprouver** [ʀepʀuve] GRAMMAIRE ACTIVE 14 → SYN ▸ conjug 1 ◂ vt **a** [+ personne] to reprove; [+ attitude, comportement] to reprove, condemn; [+ projet] to condemn, disapprove of ◆ **des actes que la morale réprouve** immoral acts

**b** (Rel) to damn, reprobate

**reps** [ʀɛps] nm rep(p)

**reptation** [ʀɛptasjɔ̃] → SYN nf crawling

**reptile** [ʀɛptil] → SYN nm (Zool) reptile; (= serpent) snake; (péj = personne) reptile

**reptilien, -ienne** [ʀɛptiljɛ̃, jɛn] adj reptilian

**repu, e** [ʀəpy] → SYN (ptp de **repaître**) adj animal sated; personne full up* (attrib) ◆ **je suis repu** I'm full, I've eaten my fill ◆ **il est repu de cinéma** he has had his fill of the cinema

**républicain, e** [ʀepyblikɛ̃, ɛn] → SYN adj, nm,f republican; (Pol US) Republican ◆ **le calendrier républicain** the French Revolutionary calendar; → **garde²**

**republication** [ʀ(ə)pyblikasjɔ̃] nf republication

**republier** [ʀəpyblije] ▸ conjug 7 ◂ vt to republish

**république** [ʀepyblik] → SYN nf republic ◆ **on est en république !** it's a free country! ◆ **la république des Lettres** the republic of letters ◆ **la République française** the French Republic ◆ **la Cinquième République** the Fifth Republic ◆ **la République arabe unie** (Hist) the United Arab Republic ◆ **la République d'Irlande** the Irish Republic ◆ **la République démocratique allemande** (Hist) the German Democratic Republic ◆ **la République fédérale d'Allemagne** the Federal Republic of Germany ◆ **la République islamique d'Iran** the Islamic Republic of Iran ◆ **la République populaire de Chine** the Chinese People's Republic, the People's Republic of China ◆ **la République tchèque** the Czech Republic ◆ **sous la République de Weimar** in the Weimar Republic ◆ **république bananière** banana republic

> **LA CINQUIÈME RÉPUBLIQUE**
>
> The term "the Fifth Republic" refers to the French Republic since the presidency of General de Gaulle (1959-1969), during which a new Constitution was established.

**répudiation** [ʀepydjasjɔ̃] → SYN nf **a** [épouse] repudiation

**b** [opinion, foi, engagement] renouncement

**c** (Jur) [nationalité, succession] renouncement, relinquishment

**répudier** [ʀepydje] → SYN ▸ conjug 7 ◂ vt **a** [+ épouse] to repudiate

**b** [+ opinion, foi] to renounce; [+ engagement] to renounce, go back on

**c** (Jur) [+ nationalité, succession] to renounce, relinquish

**répugnance** [ʀepyɲɑ̃s] → SYN nf **a** (= répulsion) (pour personnes) repugnance (*pour* for), disgust (*pour* for), loathing (*pour* of); (pour nourriture, mensonge) disgust (*pour* for), loathing (*pour* of) ◆ **avoir de la répugnance pour** to loathe, have a loathing of ◆ **j'éprouve de la répugnance à la vue de ce spectacle** this sight fills me with disgust, I find this sight quite repugnant ou disgusting

**b** (= hésitation) reluctance (*à faire qch* to do sth) ◆ **il éprouvait une certaine répugnance à nous le dire** he was rather loath ou reluctant to tell us ◆ **faire qch avec répugnance** to do sth reluctantly ou unwillingly

**répugnant, e** [ʀepyɲɑ̃, ɑ̃t] → SYN adj individu repugnant; laideur revolting; action disgusting, loathsome; travail, odeur, nourriture disgusting, revolting

**répugner** [ʀepyɲe] → SYN ▸ conjug 1 ◂ **1** **répugner à** vt indir **a** (= dégoûter) to repel, disgust, be repugnant to ◆ **cet individu me répugne profondément** I find that man quite repugnant ◆ **manger du poisson lui répugnait** it was (quite) repugnant to him to eat fish ◆ **cette odeur lui répugnait** the smell was repugnant to him, he was repelled by the smell ◆ **cette idée ne lui répugnait pas du tout** he didn't find this idea off-putting in the least

**b** (= hésiter) **répugner à faire qch** to be loath ou reluctant to do sth ◆ **il répugnait à parler en public/à accepter cette aide** he was loath ou reluctant to speak in public/to accept this help ◆ **il ne répugnait pas à mentir quand cela lui semblait nécessaire** he had no qualms about lying if he thought he needed to

**2** vb impers (frm) ◆ **il me répugne de devoir vous le dire** it's very distasteful to me to have to tell you this

**3** vt (littér) → **1a**

**répulsif, -ive** [ʀepylsif, iv] **1** adj (gén, Phys) repulsive

**2** nm repellent, repellant

**répulsion** [ʀepylsjɔ̃] → SYN nf (gén) repulsion, disgust; (Phys) repulsion ◆ **éprouver** ou **avoir de la répulsion pour** to feel repulsion for, be absolutely repelled by

**réputation** [ʀepytasjɔ̃] → SYN nf **a** (= honneur) reputation, good name ◆ **préserver sa réputation** to keep up ou protect one's reputation ou good name

**b** (= renommée) reputation ◆ **avoir bonne/mauvaise réputation** to have a good/bad reputation ◆ **se faire une réputation** to make a name ou a reputation for o.s. ◆ **sa réputation n'est plus à faire** his reputation is firmly established ◆ **ce film a fait sa réputation** this film made his reputation ou name ◆ **produit de réputation mondiale** product which has a world-wide reputation ◆ **connaître qn/qch de réputation (seulement)** to know sb/sth (only) by repute ◆ **sa réputation de gynécologue** his reputation as a gynaecologist ◆ **il a une réputation d'avarice** he has a reputation for miserliness ◆ **il a la réputation d'être avare** he has a reputation for ou of being miserly, he is reputed to be miserly

**réputé, e** [ʀepyte] → SYN adj **a** (= célèbre) vin, artiste reputable, renowned, of repute ◆ **l'un des médecins les plus réputés de la ville** one of the town's most reputable doctors, one of the best-known doctors in town ◆ **c'est un fromage/vin hautement réputé** it's a cheese/wine of great repute ou renown ◆ **orateur réputé pour ses bons mots** speaker renowned for his witticisms ◆ **ville réputée pour sa cuisine/ses monuments** town which is renowned for ou which has a great reputation for its food/its monuments ◆ **il n'est pas réputé pour son honnêteté !** he's not exactly renowned ou famous for his honesty!

**b** (= considéré comme) reputed ◆ **remède réputé infaillible** cure which is reputed ou supposed ou said to be infallible ◆ **professeur réputé pour être très sévère** teacher who has the reputation of being ou who is reputed to be ou said to be very strict

**requalification** [ʀ(ə)kalifikasjɔ̃] nf **a** (= recyclage) retraining

**b** (Jur) **la requalification des faits** amendment of the charges

**requalifier** [ʀ(ə)kalifje] ▸ conjug 7 ◂ vt **a** [+ personne] to retrain

**b** (Jur) [+ faits, délit] to amend

**requérant, e** [ʀəkeʀɑ̃, ɑ̃t] → SYN nm,f (Jur) applicant

**requérir** [ʀəkeʀiʀ] → SYN ▸ conjug 21 ◂ vt **a** (= nécessiter) [+ soins, prudence] to call for, require ◆ **ceci requiert toute notre attention** this calls for ou requires ou demands our full attention

**b** (= solliciter) [+ aide, service] to request; (= exiger) [+ justification] to require; (= réquisitionner) [+ personne] to call upon ◆ **requérir l'intervention de la police** to require ou necessitate police intervention ◆ **je vous requiers de me suivre** (frm) I call on you to follow me

**c** (Jur) [+ peine] to call for, demand ◆ **le procureur était en train de requérir** the prosecutor was summing up

**requête** [ʀəkɛt] → SYN nf **a** (Jur) petition ◆ **adresser une requête à un juge** to petition a judge ◆ **requête en cassation** appeal ◆ **requête civile** *appeal to a court against its judgment*

**b** (= supplique) request, petition ◆ **à** ou **sur la requête de qn** at sb's request, at the request of sb

**c** (Ordin) query

**requiem** [ʀekɥijɛm] nm inv requiem

**requin** [ʀəkɛ̃] → SYN nm (Zool, fig) shark ◆ **requin marteau** hammerhead (shark) ◆ **requin blanc/bleu/pèlerin** white/blue/basking shark ◆ **requin-baleine/-tigre** whale/tiger shark ◆ **les requins de la finance** the sharks of the financial world

**requinquer*** [ʀ(ə)kɛ̃ke] ▸ conjug 1 ◂ **1** vt to pep up*, buck up* ◆ **un whisky vous requinquera** a whisky will pep you up* ou buck you up* ◆ **avec un peu de repos, dans trois jours vous serez requinqué** with a bit of a rest in three days you'll be your old (perky) self again* ou you'll be back on form again (Brit)

**2** **se requinquer** vpr to perk up*

**requis, e** [ʀəki, iz] → SYN (ptp de **requérir**) adj **a** (= nécessaire) majorité, niveau required, necessary; qualités, compétence, diplômes necessary, required, requisite ◆ **avoir les qualifications**

**requises pour un poste** to have the necessary ou requisite qualifications for a job ◆ **dans les temps** ou **délais requis** in the required time ◆ **satisfaire aux conditions requises** to meet the requirements ou the necessary conditions ◆ **avoir l'âge requis** to meet the age requirements ◆ **il a la voix requise pour ce rôle** he's got the right (kind of) voice for this part

**b** (= réquisitionné) conscripted

**réquisit** [ʀekwizit] nm requisite

**réquisition** [ʀekizisjɔ̃] [→ SYN] nf **a** [biens] requisitioning, commandeering; [hommes] conscription, requisitioning ◆ **réquisition de la force armée** requisitioning of ou calling out of the army

**b** (Jur) **réquisitions** (= plaidoirie) summing-up for the prosecution

**réquisitionner** [ʀekizisjɔne] [→ SYN] ▸ conjug 1 ◂ vt [+ biens] to requisition, commandeer; [+ hommes] to conscript, requisition ◆ **j'ai été réquisitionné pour faire la vaisselle** (hum) I have been drafted in ou requisitioned to do the dishes (hum)

**réquisitoire** [ʀekizitwaʀ] [→ SYN] nm **a** (Jur) (= plaidoirie) summing-up for the prosecution *(specifying appropriate sentence)*; (= acte écrit) instruction, brief *(to examining magistrate)*

**b** (fig) indictment (*contre* of) ◆ **son discours fut un réquisitoire contre le capitalisme** his speech was an indictment of capitalism

**réquisitorial, e,** mpl **-iaux** [ʀekizitɔʀjal, jo] adj ◆ **plaidoyer réquisitorial** closing speech for the prosecution *(specifying appropriate sentence)*

**RER** [ɛʀøɛʀ] nm (abrév de **réseau express régional**) → **réseau**

**RES** [ʀɛs, ɛʀøɛs] nm (abrév de **rachat d'entreprise par ses salariés**) → **rachat**

**resaler** [ʀ(ə)sale] ▸ conjug 1 ◂ vt to add more salt to, put more salt in

**resalir** [ʀ(ə)saliʀ] ▸ conjug 2 ◂ vt [+ tapis, mur, sol, vêtement] to get dirty again ◆ **ne va pas te resalir** don't go and get yourself dirty ou in a mess again ◆ **se resalir les mains** to get one's hands dirty again, dirty one's hands again

**resarcelé, e** [ʀəsaʀsəle] adj (Hér) resarcelled

**rescapé, e** [ʀɛskape] [→ SYN] **1** adj personne surviving

**2** nm,f (lit, fig) survivor (*de* of, from)

**rescinder** [ʀesɛ̃de, ʀəsɛ̃de] [→ SYN] ▸ conjug 1 ◂ vt to rescind

**rescision** [ʀesizjɔ̃] nf rescission

**rescousse** [ʀɛskus] [→ SYN] nf ◆ **venir** ou **aller à la rescousse de qn** to go to sb's rescue ou aid ◆ **appeler qn à la rescousse** to call to sb for help ◆ **ils arrivèrent à la rescousse** they came to the rescue

**rescrit** [ʀɛskʀi] [→ SYN] nm rescript

**réseau,** pl **réseaux** [ʀezo] [→ SYN] nm **a** (gén) network ◆ **réseau routier/ferroviaire/téléphonique** road/rail/telephone network ◆ **réseau bancaire** banking network ◆ **réseau de communication/d'information/ de distribution** communications/information/distribution network ◆ **réseau commercial** ou **de vente** sales network ◆ **réseau électrique** electricity network ou grid (Brit) ◆ **réseau express régional** *rapid-transit train service between Paris and the suburbs* ◆ **réseau d'assainissement** sewer ou sewerage system ◆ **réseau fluvial** river system, network of rivers ◆ **réseau de transports en commun** public transport system ou network ◆ **les abonnés du réseau sont avisés que ...** (Téléc) telephone subscribers are advised that ... ◆ **sur l'ensemble du réseau** over the whole network; → **câblé, hertzien**

**b** [amis, relations] network; [prostitution, trafiquants, terroristes] ring ◆ **réseau d'espionnage** spy network ou ring ◆ **réseau de résistants** resistance network ◆ **réseau d'intrigues** web of intrigue ◆ **réseau d'influence** network of influence

**c** (Ordin, Sci) network ◆ **le réseau des réseaux** (= Internet) the Internet ◆ **réseau étendu** wide-area network, WAN ◆ **réseau local** local area network, LAN ◆ **réseau logique programmable par l'utilisateur** (Ordin) field-programmable logic array ◆ **réseau numérique à intégration de service** (Téléc) integrated service digital network ◆ **réseau neuronal** neural net(work) ◆ **sur le réseau Internet** on the Internet

◆ **en réseau** ◆ **être en réseau** [personnes, entreprises] to be on the network ◆ **mettre des ordinateurs en réseau** to network computers ◆ **entreprise en réseau** networked company, company on the network ◆ **travailler en réseau** to work on a network ◆ **la mise en réseau de l'information** information networking

**d** (Zool) reticulum

**e** (Phys) **réseau de diffraction** diffraction pattern ◆ **réseau cristallin** crystal lattice

**résection** [ʀesɛksjɔ̃] [→ SYN] nf (Méd) resection

**réséda** [ʀezeda] nm reseda, mignonette

**réséquer** [ʀeseke] [→ SYN] ▸ conjug 6 ◂ vt to resect

**réserpine** [ʀezɛʀpin] nf reserpine

**réservataire** [ʀezɛʀvatɛʀ] adj, nm ◆ **(héritier) réservataire** *rightful heir to the réserve légale*

**réservation** [ʀezɛʀvasjɔ̃] GRAMMAIRE ACTIVE 21.3 [→ SYN] nf (à l'hôtel) reservation; (des places) reservation, booking; (Jur) reservation ◆ **réservation de groupes** (Tourisme) group booking ◆ **bureau de réservation** booking office ◆ **faire une réservation dans un hôtel/restaurant** to make a booking ou a reservation in a hotel/restaurant, book ou reserve a room (in a hotel)/a table (in a restaurant) ◆ **"réservation obligatoire"** (Rail) "passengers with reservations only"

**réserve** [ʀezɛʀv] GRAMMAIRE ACTIVE 26.6 [→ SYN] nf **a** (= provision) reserve; [marchandises] reserve, stock ◆ **les enfants ont une réserve énorme d'énergie** children have an enormous reserve ou have enormous reserves of energy ◆ **faire des réserves de sucre** to get in ou lay in a stock of ou reserves of sugar ◆ **heureusement, ils avaient une petite réserve (d'argent)** fortunately they had a little money put by ou a little money in reserve ◆ **monnaie de réserve** (Fin) reserve currency ◆ **les réserves mondiales de pétrole** the world's oil reserves ◆ **les réserves (nutritives) de l'organisme** the organism's food reserves ◆ **il peut jeûner, il a des réserves !** (hum) he can afford to do without food – he's quite fat enough as it is!

◆ **de** ou **en réserve** ◆ **avoir des provisions de** ou **en réserve** to have provisions in reserve ou put by ◆ **mettre qch en réserve** to put sth by, put sth in reserve ◆ **avoir/garder qch en réserve** (gén) to have/keep sth in reserve; (Comm) to have/keep sth in stock

**b** (= restriction) reservation, reserve ◆ **faire** ou **émettre des réserves sur qch** to have reservations ou reserves about sth

◆ **sans réserve** soutien unreserved; admiration, consentement unreserved, unqualified; approuver, accepter unreservedly, without reservation, unhesitatingly

◆ **sous réserve de** subject to

◆ **sous réserve que** ◆ **le projet est accepté sous réserve que les délais soient respectés** the project has been approved on condition that the deadlines are met

◆ **sous toutes réserves** publier with all reserve, with all proper reserves ◆ **je vous le dis sous toutes réserves** I can't vouch for ou guarantee the truth of what I'm telling you ◆ **tarif/horaire publié sous toutes réserves** prices/timetable correct at time of going to press

**c** (= prudence, discrétion) reserve ◆ **être/demeurer** ou **se tenir sur la réserve** to be/remain very reserved ◆ **il m'a parlé sans réserve** he talked to me quite unreservedly ou openly ◆ **elle est d'une grande réserve** she's very reserved, she keeps herself to herself ◆ **devoir** ou **obligation de réserve** duty to preserve secrecy

**d** (Mil) **la réserve** the reserve ◆ **les réserves** the reserves ◆ **officiers/armée de réserve** reserve officers/army

**e** (Sport) **équipe/joueur de réserve** reserve ou second string (US) team/player

**f** (= territoire) [nature, animaux] reserve; [Indiens] reservation ◆ **réserve de pêche/chasse** fishing/hunting preserve ◆ **réserve naturelle** nature reserve ◆ **réserve ornithologique** ou **d'oiseaux** bird sanctuary

**g** [bibliothèque, musée] reserve collection ◆ **le livre est à la réserve** the book is in reserve

**h** (= entrepôt) storehouse; (= pièce) storeroom; (d'un magasin) stockroom

**i** (Jur) **réserve (héréditaire** ou **légale)** *part of the legacy which cannot be withheld from the rightful heirs*

**réservé, e** [ʀezɛʀve] [→ SYN] (ptp de **réserver**) adj **a** place, salle reserved (*à qn/qch* for sb/sth) ◆ **chasse/pêche réservée** private hunting/fishing ◆ **cuvée réservée** vintage cuvée ◆ **j'ai une table réservée** I've got a table reserved ou booked ◆ **tous droits réservés** all rights reserved ◆ **voie réservée aux autobus** bus lane; → **quartier**

**b** (= discret) caractère, personne reserved

**c** (= dubitatif) **il s'est montré très réservé sur la faisabilité du projet** he sounded very doubtful as to the feasibility of the project ◆ **je suis très réservé quant à sa réussite** I'm not too optimistic about his chances of success

**réserver** [ʀezɛʀve] GRAMMAIRE ACTIVE 21.3 [→ SYN] ▸ conjug 1 ◂

**1** vt **a** (= mettre à part) [+ objets] to keep, save, reserve (*à, pour* for); [+ marchandises] to keep, put aside ou on one side (*à* for) ◆ **il nous a réservé deux places à côté de lui** he's kept ou saved us two seats beside him ◆ **on vous a réservé ce bureau** we've reserved you this office, we've set this office aside for you ◆ **réserver le meilleur pour la fin** to keep ou save the best till last ◆ **ils réservent ces fauteuils pour les cérémonies** they reserve ou keep these armchairs for (special) ceremonies ◆ **pouvez-vous me réserver 5 mètres de ce tissu ?** could you put 5 metres of that material aside ou on one side for me? ◆ **ces emplacements sont strictement réservés aux voitures du personnel** these parking places are strictly reserved for staff cars ◆ **nous réservons toujours un peu d'argent pour les dépenses imprévues** we always keep ou put a bit of money on one side for unexpected expenses

**b** (= louer) [+ place, chambre, table] [voyageur] to book, reserve; [agence] to reserve

**c** (= destiner) [+ dangers, désagréments, joies] to have in store (*à* for); [+ accueil, châtiment] to have in store, reserve (*à* for) ◆ **cette expédition devait leur réserver bien des surprises** there were many surprises in store for them on that expedition ◆ **nous ne savons pas ce que l'avenir nous réserve** we don't know what the future has in store for us ou holds for us ◆ **le sort qui lui est réservé est peu enviable** he has an unenviable fate in store for him ou reserved for him ◆ **c'est à lui qu'il était réservé de marcher le premier sur la Lune** he was to be the first man to walk on the Moon ◆ **c'est à lui que fut réservé l'honneur de porter le drapeau** the honour of carrying the flag fell to him ◆ **tu me réserves ta soirée ?** are you free tonight? ou this evening?, could we do something this evening?

**d** (= remettre à plus tard) [+ réponse, opinion] to reserve ◆ **le médecin préfère réserver son diagnostic** the doctor would rather reserve his diagnosis

**2** **se réserver** vpr **a** (= prélever) to keep ou reserve for o.s. ◆ **il s'est réservé le meilleur morceau** he kept ou saved the best bit for himself

**b** (= se ménager) to save o.s. ◆ **se réserver pour une autre occasion** to save o.s. for another opportunity, save o.s. until another opportunity crops up ◆ **il ne mange pas maintenant, il se réserve pour le banquet/pour plus tard** he isn't eating now – he's saving himself for the banquet/for later ◆ **il faut savoir se réserver** (Sport) one must learn to conserve ou save one's strength

**c** **il se réserve d'intervenir plus tard** he's waiting to see whether he'll need to intervene later ◆ **se réserver le droit de faire qch** to reserve the right to do sth

**réserviste** [ʀezɛʀvist] nm reservist

**réservoir** [ʀezɛʀvwaʀ] [→ SYN] nm (= cuve) tank; (= plan d'eau) reservoir; [poissons] fishpond; [usine à gaz] gasometer, gasholder; (Bio) [infection] reservoir ◆ **ce pays est un réservoir de talents/de main-d'œuvre** (fig) this country has a wealth of talent/a huge pool of labour to draw on ◆ **réservoir d'eau** (gén, Aut) water tank; (pour une maison) water cistern; (pour eau de pluie) (en bois) water butt; (en ciment) water tank ◆ **réservoir d'essence** petrol (Brit) ou gas (US) tank

**résidant, e** [ʀezidɑ̃, ɑ̃t] adj resident

**résidence** [ʀezidɑ̃s] → SYN **1** nf (gén) residence; (= immeuble) (block of) residential flats (Brit), residential apartment building (US) ◆ **établir sa résidence à** to take up residence in ◆ **changer de résidence** to move (house) ◆ **en résidence à** (Admin) in residence at ◆ **en résidence surveillée** ou **forcée** under house arrest ◆ **la résidence** (Diplomatie) the residency; → **assigner, certificat**

**2** COMP ▷ **résidence hôtelière** residential ou apartment (US) hotel ▷ **résidence principale** main home ▷ **résidence secondaire** second home ▷ **résidence universitaire** (university) hall(s) of residence, residence hall (US), dormitory (US)

**résident, e** [ʀezidɑ̃, ɑ̃t] → SYN **1** nm,f (= étranger) foreign national ou resident; (= diplomate) resident ◆ **ministre résident** resident minister ◆ **avoir le statut de résident permanent en France** to have permanent resident status in France

**2** adj (Ordin) resident

**résidentiel, -ielle** [ʀezidɑ̃sjɛl] adj (= riche) banlieue, quartier affluent, plush

**résider** [ʀezide] → SYN ▸ conjug 1 ◂ vi (lit, fig) to reside; [difficulté] to lie (*en, dans* in) ◆ **il réside à cet hôtel/à Dijon** he resides (frm) at this hotel/in Dijon ◆ **après avoir résidé quelques temps en France** after living ou residing (frm) in France for some time, after having been resident in France for some time ◆ **le problème réside en ceci que ...** the problem lies in the fact that ...

**résidu** [ʀezidy] → SYN nm **a** (= reste, Chim, fig) residue (NonC); (Math) remainder

**b** (= déchets) **résidus** remnants, residue (NonC) ◆ **résidus industriels** industrial waste

**résiduaire** [ʀezidɥɛʀ] adj residuary

**résiduel, -elle** [ʀezidɥɛl] adj residual

**résignation** [ʀeziɲasjɔ̃] → SYN nf resignation (*à* to) ◆ **avec résignation** with resignation, resignedly

**résigné, e** [ʀeziɲe] → SYN (ptp de **résigner**) adj air, geste, ton resigned ◆ **résigné à son sort** resigned to his fate ◆ **il est résigné** he is resigned to it ◆ **dire qch d'un air résigné** to say sth resignedly

**résigner** [ʀeziɲe] → SYN ▸ conjug 1 ◂ **1 se résigner** vpr to resign o.s. (*à* to) ◆ **il faudra s'y résigner** we'll have to resign ourselves to it ou put up with it

**2** vt (littér) [+ charge, fonction] to relinquish, resign

**résiliable** [ʀeziljabl] → SYN adj contrat (à terme) which can be terminated, terminable; (en cours) which can be cancelled, cancellable, which can be rescinded

**résiliation** [ʀeziljasjɔ̃] → SYN nf [contrat, bail, marché, abonnement] (à terme) termination; (en cours) cancellation, rescinding; [engagement] cancellation

**résilience** [ʀeziljɑ̃s] nf (Tech) ductility

**résilient, e** [ʀeziljɑ̃, jɑ̃t] adj (Tech) ductile

**résilier** [ʀezilje] → SYN ▸ conjug 7 ◂ vt [+ contrat, bail, marché, abonnement] (à terme) to terminate; (en cours) to cancel, rescind; [+ engagement] to cancel

**résille** [ʀezij] → SYN nf (gén = filet) net, netting (NonC); (pour les cheveux) hairnet; [vitrail] cames (SPÉC), lead(s), leading (NonC); → **bas**[2]

**résine** [ʀezin] → SYN nf resin ◆ **résine époxy** epoxy (resin) ◆ **résine de synthèse** synthetic resin

**résiné, e** [ʀezine] adj, nm ◆ **(vin) résiné** retsina

**résiner** [ʀezine] ▸ conjug 1 ◂ vt (= enduire de résine) to resinate; (= gemmer) to tap

**résineux, -euse** [ʀezinø, øz] → SYN **1** adj resinous

**2** nm coniferous tree ◆ **forêt de résineux** coniferous forest

**résinier, -ière** [ʀezinje, jɛʀ] **1** adj industrie resin (épith)

**2** nm,f resin tapper

**résinifère** [ʀezinifɛʀ] adj resiniferous

**résipiscence** [ʀesipisɑ̃s] → SYN nf resipiscence

**résistance** [ʀezistɑ̃s] → SYN nf **a** (= opposition) resistance (NonC) (*à, contre* to) ◆ **la Résistance** (Hist) the (French) Resistance ◆ **résistance active/passive/armée** active/passive/armed resistance ◆ **l'armée dut se rendre après une résistance héroïque** the army was forced to surrender after putting up a heroic resistance ou a heroic fight ◆ **opposer une résistance farouche à un projet** to put up a fierce resistance to a project, make a very determined stand against a project ◆ **malgré les résistances des syndicats** in spite of resistance from the trade unions ◆ **cela ne se fera pas sans résistance** that won't be done without some opposition ou resistance; → **noyau**

**b** (= endurance) resistance, stamina ◆ **résistance à la fatigue** resistance to fatigue ◆ **il a une grande résistance** ou **beaucoup de résistance** he has great ou a lot of resistance ou stamina ◆ **coureur qui a de la résistance/qui n'a pas de résistance** runner who has lots of/who has no staying power ◆ **ce matériau offre une grande résistance au feu/aux chocs** this material is very heat-/shock-resistant ◆ **acier/béton à haute résistance** high-tensile ou high-strength steel/concrete; → **pièce, plat**[2]

**c** (Élec) [réchaud, radiateur] element; (= mesure) resistance ◆ **unité de résistance** unit of (electrical) resistance

**d** (Phys = force) resistance ◆ **résistance d'un corps/de l'air** resistance of a body/of the air ◆ **résistance mécanique** mechanical resistance ◆ **résistance des matériaux** strength of materials ◆ **quand il voulut ouvrir la porte, il sentit une résistance** when he tried to open the door he felt some resistance

**résistant, e** [ʀezistɑ̃, ɑ̃t] → SYN **1** adj personne robust, tough; plante hardy; tissu, vêtements strong, hard-wearing; couleur fast; acier resistant; métal resistant, strong; bois resistant, hard ◆ **il est très résistant** (gén) he has a lot of resistance ou stamina; (athlète) he has lots of staying power ◆ **résistant à la chaleur** heatproof, heat-resistant ◆ **résistant aux chocs** shockproof, shock-resistant ◆ **bactéries résistantes aux antibiotiques** bacteria that are resistant to antibiotics, antibiotic-resistant bacteria

**2** nm,f (Hist) (French) Resistance fighter ◆ **il a été résistant** he was in the Resistance

**résister** [ʀeziste] GRAMMAIRE ACTIVE 26.3 → SYN ▸ conjug 1 ◂ **résister à** vt indir **a** (= s'opposer à) [+ ennemi, agresseur, police, passion, tentation, argument] to resist; [+ attaque] to hold out against, withstand, resist ◆ **inutile de résister** it's useless to resist, it's ou there's no use resisting ◆ **résister au courant d'une rivière** to fight against the current of a river ◆ **résister à la volonté de qn** to hold out against ou resist sb's will ◆ **il n'ose pas résister à sa fille** he doesn't dare (to) stand up to his daughter ◆ **je n'aime pas que mes enfants me résistent** I don't like my children opposing me ◆ **je n'ai pas résisté à cette petite robe** I couldn't resist (buying) this dress

**b** (= surmonter) [+ fatigue, émotion, privations] to stand up to, withstand; [+ chagrin, adversité] to withstand; [+ douleur] to stand, withstand ◆ **leur amour ne résista pas à cette infidélité** their love could not stand up to ou could not withstand this infidelity

**c** (= supporter) [+ sécheresse, gelée, vent] to withstand, stand up to, resist ◆ **ça a bien résisté à l'épreuve du temps** it has really stood the test of time ◆ **le plancher ne pourra pas résister au poids** the floor won't support ou withstand ou take the weight ◆ **la porte a résisté** the door held ou didn't give ◆ **ça n'a pas résisté longtemps** it didn't resist ou hold out for long ◆ **couleur qui résiste au lavage** colour which is fast in the wash, fast colour ◆ **tissu qui résiste au lavage en machine** machine-washable material, material which can be machine-washed ◆ **cette vaisselle résiste au feu** this crockery is heat-resistant ou heatproof ◆ **ce raisonnement ne résiste pas à l'analyse** this reasoning does not stand up to analysis

**résistif, -ive** [ʀezistif, iv] adj (Sci) resistant

**résistivité** [ʀezistivite] nf (Élec) resistivity ◆ **la résistivité du cuivre est très faible** copper has a very low resistance

**resituer** [ʀ(ə)sitɥe] ▸ conjug 1 ◂ vt [+ action, événement] to put back in its context ◆ **resituons cet événement dans son contexte économique** let's place this event in its economic context

**résolu, e** [ʀezɔly] GRAMMAIRE ACTIVE 8.2 → SYN (ptp de **résoudre**) adj personne, ton, air resolute ◆ **il est bien résolu à partir** he is firmly resolved ou he is determined to leave, he is set on leaving

**résoluble** [ʀezɔlybl] → SYN adj problème soluble; (Chim) resolvable; (Jur) contrat annullable, cancellable

**résolument** [ʀezɔlymɑ̃] → SYN adv (= totalement) resolutely; (= courageusement) resolutely, steadfastly ◆ **je suis résolument contre** I'm firmly against it, I'm resolutely opposed to it

**résolutif, -ive** [ʀezɔlytif, iv] adj, nm resolvent

**résolution** [ʀezɔlysjɔ̃] → SYN nf **a** (gén, Pol = décision) resolution ◆ **prendre la résolution de faire qch** to make a resolution to do sth, resolve to do sth ◆ **ma résolution est prise** I've made my resolution ◆ **bonnes résolutions** good resolutions ◆ **prendre de bonnes résolutions pour le nouvel an** to make New Year's resolutions ◆ **adopter une résolution** to adopt a resolution ◆ **la résolution 240 du Conseil de sécurité** Security Council resolution 240 ◆ **projet/proposition de résolution** draft/proposed resolution

**b** (= énergie) resolve, resolution ◆ **la résolution se lisait sur son visage** he had a determined ou resolute expression on his face

**c** (= solution) solution ◆ **il attendait de moi la résolution de son problème** he expected me to give him a solution to his problem ou to solve his problem for him ◆ **la résolution du conflit** the resolution of the conflict ◆ **résolution d'une équation** (Math) (re)solution of an equation ◆ **résolution d'un triangle** resolution of a triangle

**d** (Jur = annulation) [contrat, vente] cancellation, annulment

**e** (Méd, Mus, Phys) resolution ◆ **résolution de l'eau en vapeur** resolution of water into steam

**f** [image] resolution ◆ **image de haute résolution** high-resolution image ◆ **écran (à) haute résolution** high-resolution screen

**résolutoire** [ʀezɔlytwaʀ] adj (Jur) resolutive

**résolvante** [ʀezɔlvɑ̃t] nf ◆ **résolvante d'une équation** resolvant equation

**résonance** [ʀezɔnɑ̃s] → SYN nf (gén, Élec, Phon, Phys) resonance (NonC); (fig) echo ◆ **être/entrer en résonance** to be/start resonating ◆ **résonance magnétique nucléaire** nuclear magnetic resonance ◆ **ce poème éveille en moi des résonances** (littér) this poem strikes a chord with me ◆ **le peintre a su rester en résonance avec son époque** the painter managed to stay in tune with his times; → **caisse**

**résonateur** [ʀezɔnatœʀ] nm resonator ◆ **résonateur nucléaire** nuclear resonator

**résonnant, e** [ʀezɔnɑ̃, ɑ̃t] → SYN adj voix resonant

**résonner** [ʀezɔne] → SYN ▸ conjug 1 ◂ vi [son] to resonate, reverberate, resound; [pas] to resound; [salle] to be resonant ◆ **cloche qui résonne bien/faiblement** bell which resounds well/rings feebly ◆ **ne parle pas trop fort, ça résonne** don't speak too loudly because it echoes ◆ **résonner de** to resound ou ring ou resonate with

**résorber** [ʀezɔʀbe] → SYN ▸ conjug 1 ◂ **1** vt **a** (Méd) [+ tumeur, épanchement] to resorb ◆ **les cicatrices sont résorbées** the scar tissue has healed

**b** (= éliminer) [+ chômage, inflation] to bring down, reduce (gradually); [+ déficit, surplus] to absorb; [+ stocks] to reduce ◆ **trouver un moyen pour résorber la crise économique** to find some way of resolving the economic crisis

**2 se résorber** vpr **a** (Méd) to be resorbed

**b** [chômage] to be brought down ou reduced; [déficit] to be absorbed ◆ **l'embouteillage se résorbe peu à peu** the traffic jam is gradually breaking up

**résorcine** [ʀezɔʀsin] nf, **résorcinol** [ʀezɔʀsinɔl] nm resorcinol

**résorption** [ʀezɔʀpsjɔ̃] nf **a** (Méd) [tumeur, épanchement] resorption

**b** [chômage, inflation] bringing down, gradual reduction (*de* in); [déficit, surplus] absorption

**résoudre** [ʀezudʀ] ▸ conjug 51 ◂ **1** vt **a** [+ mystère, équation, problème de maths] to solve; [+ dilemme, crise] to solve, resolve; [+ difficultés] to solve, resolve, settle; [+ conflit] to settle, resolve ♦ **j'ignore comment ce problème va se résoudre** ou **va être résolu** I can't see how this problem will be solved ou resolved

**b** (= décider) [+ exécution, mort] to decide on, determine on ♦ **résoudre de faire qch** to decide ou resolve to do sth, make up one's mind to do sth ♦ **résoudre qn à faire qch** to prevail upon sb ou induce sb to do sth

**c** (Méd) [+ tumeur] to resolve

**d** (Jur = annuler) [+ contrat, vente] to cancel, annul

**e** (Mus) [+ dissonance] to resolve

**f** (= transformer) **résoudre qch en cendres** to reduce sth to ashes ♦ **les nuages se résolvent en pluie/grêle** the clouds turn into rain/hail

**2** **se résoudre** vpr ♦ **se résoudre à faire qch** (= se décider) to resolve ou decide to do sth, make up one's mind to do sth; (= se résigner) to resign ou reconcile o.s. to doing sth ♦ **il n'a pas pu se résoudre à la quitter** he couldn't bring himself to leave her

**respect** [ʀɛspɛ] → SYN nm **a** (= considération) respect (*de, pour* for) ♦ **le respect des principes démocratiques** respect for democratic principles ♦ **le respect humain** † fear of the judgment of others ♦ **respect de soi** self-respect ♦ **avoir du respect pour qn** to respect sb, have respect for sb ♦ **il n'a aucun respect pour le bien d'autrui** he has no respect ou consideration ou regard for other people's property ♦ **manquer de respect à** ou **envers qn** to be disrespectful to(wards) sb ♦ **agir dans le respect des règles/des droits de l'homme** to act in accordance with the rules/with human rights ♦ **par respect pour sa mémoire** out of respect ou consideration for his memory ♦ **malgré** ou **sauf le respect que je vous dois, sauf votre respect** († ou hum) with (all) respect, with all due respect

**b** (= formule de politesse) **présenter ses respects à qn** to pay one's respects to sb ♦ **présentez mes respects à votre femme** give my regards ou pay my respects to your wife ♦ **mes respects, mon colonel** good day to you, sir

**c** (LOC) **tenir qn en respect** (avec une arme) to keep sb at a respectful distance ou at bay; (fig) to keep sb at bay

**respectabiliser** [ʀɛspɛktabilize] ► conjug 1 ◄ vt to make (more) respectable

**respectabilité** [ʀɛspɛktabilite] → SYN nf respectability

**respectable** [ʀɛspɛktabl] → SYN adj (= honorable) respectable; (= important) respectable, sizeable ♦ **il avait un ventre respectable** * (hum) he had quite a paunch

**respecter** [ʀɛspɛkte] GRAMMAIRE ACTIVE 11.3 → SYN ► conjug 1 ◄

**1** vt **a** [+ personne] to respect, have respect for ♦ **respecter une femme** † to respect a woman's honour ♦ **se faire respecter** to be respected (*par* by), command respect (*par* from) ♦ **notre très respecté confrère** our highly respected colleague

**b** [+ formes, loi, droits, environnement] to respect; [+ traditions] to respect, have respect for, honour (Brit), honor (US); [+ calendrier, délais] to keep to, respect; [+ cahier des charges, clause contractuelle] to respect, abide by; [+ cessez-le-feu] to observe, respect; [+ interdiction] to observe, obey; [+ parole donnée, promesse] to keep ♦ **respecter ses engagements** to honour one's commitments ♦ **respecter les opinions/sentiments de qn** to respect ou show consideration for sb's opinions/feelings ♦ **respectez son sommeil** let him sleep, don't disturb him while he's asleep ♦ **respectez le matériel !** treat the equipment with respect!, show some respect for the equipment! ♦ **lessive qui respecte les couleurs** washing powder that is kind on colours ♦ **"respectez les pelouses"** "keep off the grass" ♦ **respecter une minute de silence** to observe a minute's silence ♦ **ces voyous ne respectent rien** those louts show no respect for anything ou don't respect anything ♦ **classer des livres en respectant l'ordre alphabétique** to classify books in alphabetical order ♦ **faire respecter la loi** to enforce the law ♦ **le programme a été scrupuleusement respecté** the programme was strictly adhered to

**2** **se respecter** vpr to respect o.s. ♦ **tout professeur/juge/plombier qui se respecte** (hum) any self-respecting teacher/judge/plumber ♦ **il se respecte trop pour faire cela** he has too much self-respect to do that sort of thing

**respectif, -ive** [ʀɛspɛktif, iv] → SYN adj respective

**respectivement** [ʀɛspɛktivmɑ̃] adv respectively ♦ **ils ont respectivement 9 et 12 ans** they are 9 and 12 years old respectively

**respectueusement** [ʀɛspɛktɥøzmɑ̃] adv respectfully, with respect

**respectueux, -euse** [ʀɛspɛktɥø, øz] → SYN **1** adj langage, personne, silence respectful (*envers, pour* to) ♦ **se montrer respectueux du bien d'autrui** to show respect ou consideration for other people's property ♦ **respectueux des traditions** respectful of traditions ♦ **respectueux de la loi** respectful of the law, law-abiding ♦ **projet respectueux de l'environnement** environment-friendly ou environmentally sound project ♦ **pays respectueux des droits de l'homme** country that respects human rights ♦ **être peu respectueux des autres** to show little respect for others ♦ **veuillez agréer, Monsieur** (ou **Madame**), **mes salutations respectueuses** yours sincerely ou faithfully (Brit) ♦ **voulez-vous transmettre à votre mère mes hommages respectueux** please give my best regards ou my respects to your mother; → **distance**

**2** **respectueuse** * nf (= prostituée) whore, prostitute, tart *

**respirable** [ʀɛspiʀabl] adj breathable ♦ **l'air n'y est pas respirable** the air there is unbreathable ♦ **l'atmosphère n'est pas respirable dans cette famille** (fig) the atmosphere in this family is suffocating

**respirateur** [ʀɛspiʀatœʀ] nm ♦ **respirateur (artificiel)** (gén) respirator; (pour malade dans le coma) ventilator

**respiration** [ʀɛspiʀasjɔ̃] → SYN nf **a** (= fonction, action naturelle) breathing, respiration (SPÉC); (= souffle) breath ♦ **respiration pulmonaire/cutanée/artificielle** ou **assistée** pulmonary/cutaneous/artificial respiration ♦ **respiration entrecoupée** irregular breathing ♦ **respiration courte** shortness of breath ♦ **avoir la respiration difficile** to have difficulty (in) ou trouble breathing ♦ **avoir la respiration bruyante** to breathe heavily ou noisily ♦ **faites trois respirations complètes** breathe in and out three times; → **couper, retenir**

**b** (Mus) phrasing ♦ **respecter les respirations d'un poème** to respect the phrasing of a poem

**respiratoire** [ʀɛspiʀatwaʀ] adj système, voies respiratory; troubles breathing (épith), respiratory

**respirer** [ʀɛspiʀe] → SYN ► conjug 1 ◄ **1** vi **a** (lit, Bio) to breathe, respire (SPÉC) ♦ **"respirez !"** (chez le médecin) "breathe in!", "take a deep breath!" ♦ **respirer par la bouche/le nez** to breathe through one's mouth/one's nose ♦ **est-ce qu'il respire (encore) ?** is he (still) breathing? ♦ **respirer avec difficulté** to have difficulty (in) ou trouble breathing, breathe with difficulty ♦ **respirer profondément** to breathe deeply, take a deep breath ♦ **respirer à pleins poumons** to breathe deeply; → **mentir**

**b** (fig) (= se détendre) to get one's breath; (= se rassurer) to breathe again ou easy ♦ **ouf, on respire !** phew, we can breathe again!

**2** vt **a** (= inhaler) to breathe (in), inhale ♦ **respirer un air vicié/le grand air** to breathe in foul air/the fresh air ♦ **faire respirer des sels à qn** to make sb inhale smelling salts

**b** (= exprimer) [+ calme, bonheur, santé] to radiate; [+ honnêteté, franchise, orgueil, ennui] to exude, emanate ♦ **son attitude respirait la méfiance** his whole attitude was mistrustful, his attitude was clearly one of mistrust

**resplendir** [ʀɛsplɑ̃diʀ] → SYN ► conjug 2 ◄ vi [soleil, lune] to shine; [surface métallique] to gleam, shine ♦ **le lac/la neige resplendissait sous le soleil** the lake/the snow glistened ou glittered in the sun ♦ **le ciel resplendit au coucher du soleil** the sky is radiant ou ablaze at sunset ♦ **toute la cuisine resplendissait** the whole kitchen shone ou gleamed ♦ **il resplendissait de joie/de bonheur** he was aglow ou radiant with joy/with happiness

**resplendissant, e** [ʀɛsplɑ̃disɑ̃, ɑ̃t] → SYN adj **a** (lit = brillant) soleil radiant, dazzling; lune shining, beaming; surface métallique gleaming, shining; lac, neige glistening, glittering; ciel radiant

**b** (fig = éclatant) beauté, santé radiant; visage, yeux shining ♦ **avoir une mine resplendissante** to look radiant ♦ **être resplendissant de santé/de joie** to be glowing ou radiant with health/with joy

**resplendissement** [ʀɛsplɑ̃dismɑ̃] nm [beauté, soleil] brilliance

**responsabilisation** [ʀɛspɔ̃sabilizasjɔ̃] nf ♦ **pour encourager la responsabilisation des employés/des parents** to encourage employees/parents to assume more responsibility

**responsabiliser** [ʀɛspɔ̃sabilize] ► conjug 1 ◄ vt ♦ **responsabiliser qn** (= le rendre conscient de ses responsabilités) to make sb aware of their responsibilities, give sb a sense of responsibility; (= lui donner des responsabilités) to give sb responsibilities

**responsabilité** [ʀɛspɔ̃sabilite] GRAMMAIRE ACTIVE 20.3 → SYN

**1** nf **a** (légale) liability (*de* for); (morale) responsibility (*de* for); (ministérielle) responsibility; (financière) (financial) accountability ♦ **emmener ces enfants en montagne, c'est une responsabilité** it's a responsibility taking these children to the mountains ♦ **le Premier ministre a engagé la responsabilité de son gouvernement** ≃ the prime minister has sought a vote of confidence in his government ♦ **porter la responsabilité de qch** to take responsibility for sth ♦ **faire porter la responsabilité de qch à** ou **sur qn** to hold sb responsible for sth, blame sb for sth ♦ **les bagages sont sous ta responsabilité** you're responsible for ou in charge of the luggage, the luggage is your responsibility ♦ **ces élèves sont sous ma responsabilité** I'm responsible for these pupils, these pupils are my responsibility ou are in my charge; → **assurance, société**

**b** (= charge) responsibility ♦ **de lourdes responsabilités** heavy responsibilities ♦ **assumer la responsabilité d'une affaire** to take on the responsibility for a matter ♦ **avoir la responsabilité de qn** to take ou have responsibility for sb ♦ **avoir la responsabilité de la gestion/de la sécurité** to be responsible for management/for security ♦ **il fuit les responsabilités** he shuns (any) responsibility ♦ **il serait temps qu'il prenne ses responsabilités** it's (high) time he faced up to his responsibilities ♦ **ce poste comporte d'importantes responsabilités** this post involves ou carries considerable responsibilities ♦ **il a un poste de responsabilité** he's in a position of responsibility ♦ **accéder à de hautes responsabilités** to reach a position of great responsibility

**2** COMP ▷ **responsabilité atténuée** diminished responsibility ▷ **responsabilité civile** civil liability ▷ **responsabilité collective** collective responsibility ▷ **responsabilité contractuelle** contractual liability ▷ **responsabilité pénale** criminal responsibility ▷ **responsabilité pleine et entière** full and entire responsibility

**responsable** [ʀɛspɔ̃sabl] → SYN **1** adj **a** (= comptable) (légalement) (de dégâts) liable, responsible (*de* for); (de délits) responsible (*de* for); (moralement) responsible, accountable (*de* for; *devant qn* to sb) ♦ **reconnu responsable de ses actes** recognized as responsible ou accountable for his actions ♦ **il n'est pas responsable des délits/dégâts commis par ses enfants** he is not responsible for the misdemeanours of/liable ou responsible for damage caused by his children ♦ **je le tiens pour responsable de l'accident** I hold him responsible ou I blame him for the accident ♦ **civilement/pénalement responsable** liable in civil/criminal law ♦ **le ministre est responsable de ses décisions (devant le parlement)** the minister is responsible ou accountable (to Parliament) for his decisions

**b** (= chargé de) **responsable de** responsible for, in charge of

**c** (= coupable) responsible, to blame ♦ **Dupont, responsable de l'échec, a été renvoyé** Dupont, who was responsible ou to blame for the failure, has been dismissed ♦ **ils considèrent l'état défectueux des freins comme**

**responsable (de l'accident)** they consider that defective brakes were to blame ou were responsible for the accident

**d** (= sérieux) attitude, employé, étudiant responsible ◆ **agir de manière responsable** to behave responsibly

**2** nmf **a** (= coupable) person responsible ou who is to blame ◆ **il faut trouver les responsables (de cette erreur)** we must find those responsible ou those who are to blame (for this error) ◆ **le seul responsable est l'alcool** alcohol alone is to blame ou is the culprit

**b** (= personne compétente) person in charge ◆ **adressez-vous au responsable** see the person in charge

**c** (= dirigeant) official ◆ **les responsables du parti** the party officials ◆ **des responsables de l'industrie** heads ou leaders of industry ◆ **responsable syndical** trade union official ◆ **responsable politique** politician

**resquillage** * [ʀɛskijaʒ] nm, **resquille** * [ʀɛskij] nf (dans l'autobus, le métro) fare-dodging *, grabbing a free ride; (au match, cinéma) sneaking in, getting in on the sly

**resquiller** * [ʀɛskije] ▸ conjug 1 ◂ **1** vi (= ne pas payer) (dans l'autobus, le métro) to sneak a free ride, dodge the fare; (au match, cinéma) to get in on the sly, sneak in; (= ne pas faire la queue) to jump the queue (Brit), cut in (at the beginning of) the line (US)

**2** vt [+ place] to wangle *, fiddle *

**resquilleur, -euse** * [ʀɛskijœʀ, øz] → SYN nm,f (= qui n'attend pas son tour) *person who doesn't wait his or her turn*, queue-jumper (Brit); (= qui ne paie pas) (dans l'autobus) fare-dodger * ◆ **expulser les resquilleurs** (au stade) to throw out the people who have wangled their way in without paying

**ressac** [ʀəsak] nm ◆ **le ressac** (= mouvement) the backwash, the undertow; (= vague) the surf

**ressaigner** [ʀ(ə)seɲe] ▸ conjug 1 ◂ vi to bleed again

**ressaisir** [ʀ(ə)seziʀ] → SYN ▸ conjug 2 ◂ **1** vt **a** [+ branche, bouée] to catch hold of again; [+ pouvoir, occasion, prétexte] to seize again; (Jur) [+ biens] to recover possession of

**b** [peur] to grip (once) again; [délire, désir] to take hold of again

**c** (Jur) **ressaisir un tribunal d'une affaire** to lay a matter before a court again

**2** **se ressaisir** vpr **a** (= reprendre son sang-froid) to regain one's self-control; (Sport : après avoir flanché) to rally, recover ◆ **ressaisissez-vous !** pull yourself together!, get a grip on yourself! ◆ **le coureur s'est bien ressaisi sur la fin** the runner rallied ou recovered well towards the end

**b** **se ressaisir de** [+ objet] to recover; [+ pouvoir] to seize again

**ressaisissement** [ʀ(ə)sezismɑ̃] nm recovery

**ressassé, e** [ʀ(ə)sase] (ptp de **ressasser**) adj plaisanterie, thème worn out, hackneyed

**ressasser** [ʀ(ə)sase] → SYN ▸ conjug 1 ◂ vt [+ pensées, regrets] to keep turning over; [+ plaisanteries, conseil] to keep trotting out

**ressaut** [ʀəso] → SYN nm (Géog) (= plan vertical) rise; (= plan horizontal) shelf; (Archit) projection

**ressauter** [ʀ(ə)sote] ▸ conjug 1 ◂ **1** vi to jump again

**2** vt [+ obstacle] to jump (over) again

**ressayer** [ʀeseje] ▸ conjug 8 ◂ vt, vi (gén) to try again; (Couture) ⇒ **réessayer**

**ressemblance** [ʀ(ə)sɑ̃blɑ̃s] → SYN nf **a** (= similitude visuelle) resemblance, likeness; (= analogie de composition) similarity ◆ **ressemblance presque parfaite entre deux substances** near perfect similarity of two substances ◆ **avoir ou offrir une ressemblance avec qch** to bear a resemblance ou likeness to sth ◆ **la ressemblance entre père et fils/ces montagnes est frappante** the resemblance between father and son/these mountains is striking ◆ **ce peintre s'inquiète peu de la ressemblance** this painter cares very little about getting a good likeness ◆ **toute ressemblance avec des personnes existant ou ayant existé est purement fortuite** any resemblance to any person living or dead is purely accidental

**b** (= trait) resemblance; (= analogie) similarity

**ressemblant, e** [ʀ(ə)sɑ̃blɑ̃, ɑ̃t] → SYN adj photo, portrait lifelike, true to life ◆ **vous êtes très ressemblant sur cette photo** this is a very good photo of you ◆ **il a fait d'elle un portrait très ressemblant** he painted a very good likeness of her

**ressembler** [ʀ(ə)sɑ̃ble] GRAMMAIRE ACTIVE 5.4, 5.5 → SYN ▸ conjug 1 ◂

**1** **ressembler à** vt indir **a** (= être semblable à) [personne] (physiquement) to resemble, be ou look like; (moralement, psychologiquement) to resemble, be like; [choses] (visuellement) to resemble, look like; (par la composition) to resemble, be like; [faits, événements] to resemble, be like ◆ **il me ressemble beaucoup physiquement/moralement** he is very like me ou he resembles me closely in looks/in character ◆ **juste quelques accrochages, rien qui ressemble à une offensive** just a few skirmishes – nothing that would pass as ou that you could call a real offensive ◆ **il ne ressemble en rien à l'image que je me faisais de lui** he's nothing like how I imagined him ◆ **à quoi ressemble-t-il ?** * what does he look like?, what's he like? ◆ **ton fils s'est roulé dans la boue, regarde à quoi il ressemble !** * your son has been rolling in the mud – just look at the state of him! ◆ **ça ne ressemble à rien !** * [attitude] it makes no sense at all!; [peinture, objet] it's like nothing on earth! ◆ **à quoi ça ressemble de crier comme ça !** * what's the idea of ou what do you mean by shouting like that!

**b** (= être digne de) **cela lui ressemble bien de dire ça** it's just like him ou it's typical of him to say that ◆ **cela ne te ressemble pas** that's (most) unlike you ou not like you

**2** **se ressembler** vpr (physiquement, visuellement) to look ou be alike, resemble each other; (moralement, par ses éléments) to be alike, resemble each other ◆ **ils se ressemblent comme deux gouttes d'eau** they're as like as two peas (in a pod) ◆ **tu ne te ressembles plus depuis ton accident** you're not yourself since your accident ◆ **aucune ville ne se ressemble** no town is like another, no two towns are alike ◆ **dans cette rue, il n'y a pas deux maisons qui se ressemblent** no two houses look alike in this street ◆ **toutes les grandes villes se ressemblent** all big towns are alike ou the same ◆ (Prov) **qui se ressemble s'assemble** birds of a feather flock together (Prov); → **jour**

**ressemelage** [ʀ(ə)səm(ə)laʒ] nm soling, resoling

**ressemeler** [ʀ(ə)səm(ə)le] ▸ conjug 4 ◂ vt to sole, resole

**ressemer** [ʀəs(ə)me, ʀ(ə)səme] ▸ conjug 5 ◂ **1** vt to resow, sow again

**2** **se ressemer** vpr ◆ **ça s'est ressemé tout seul** it (re)seeded itself

**ressentiment** [ʀ(ə)sɑ̃timɑ̃] → SYN nm resentment (*contre* against; *de* at) ◆ **éprouver du ressentiment** to feel resentful (*à l'égard de* towards) ◆ **il en a gardé du ressentiment** it has remained a sore point with him ◆ **avec ressentiment** resentfully, with resentment

**ressentir** [ʀ(ə)sɑ̃tiʀ] → SYN ▸ conjug 16 ◂ **1** vt [+ douleur, sentiment, coup] to feel; [+ sensation] to feel, experience; [+ perte, insulte, privation] to feel, be affected by ◆ **il ressentit les effets de cette nuit de beuverie** he felt the effects of that night's drinking ◆ **il ressent toute chose profondément** he feels everything deeply, he is deeply affected by everything

**2** **se ressentir** vpr **a** **se ressentir de** [travail, qualité] to show the effects of; [personne, communauté] to feel the effects of ◆ **la qualité/son travail s'en ressent** the quality/his work is affected, it is telling on the quality/his work ◆ **l'athlète se ressentait du manque de préparation** the athlete's lack of preparation told on his performance

**b** * **s'en ressentir pour** to feel up to ◆ **il ne s'en ressent pas pour faire ça** he doesn't feel up to doing that

**resserrage** [ʀ(ə)seʀaʒ] nm [boulon, souliers, nœud] tightening up

**resserre** [ʀəsɛʀ] → SYN nf (= cabane) shed; (= réduit) store, storeroom

**resserré, e** [ʀ(ə)seʀe] → SYN (ptp de **resserrer**) adj chemin, vallée narrow ◆ **maison resserrée entre des immeubles** house squeezed between high buildings ◆ **veste resserrée à la taille** jacket fitted at the waist

**resserrement** [ʀ(ə)sɛʀmɑ̃] → SYN nm **a** (= action) [nœud, étreinte] tightening; [pores] closing; [liens, amitié] strengthening; [vallée] narrowing; [crédits] tightening, squeezing

**b** (= goulet) [route, vallée] narrow part

**resserrer** [ʀ(ə)seʀe] → SYN ▸ conjug 1 ◂ **1** vt **a** [+ vis] to tighten (up); [+ nœud, ceinture, étreinte] to tighten ◆ **produit qui resserre les pores** product which helps (to) close the pores; → **boulon**

**b** [+ discipline] to tighten up; [+ cercle, filets] to draw tighter, tighten; [+ liens, amitié] to strengthen; [+ récit] to tighten up, compress; [+ crédits] to tighten, squeeze ◆ **l'armée resserre son étau autour de la capitale** the army is tightening its grip ou the noose around the capital

**2** **se resserrer** vpr **a** [nœud, étreinte] to tighten; [pores, mâchoire] to close; [chemin, vallée] to narrow ◆ **l'étau se resserre** (fig) the noose is tightening

**b** [liens affectifs] to grow stronger; [cercle, groupe] to draw in ◆ **le filet/l'enquête se resserrait autour de lui** the net/the inquiry was closing in on him

**resservir** [ʀ(ə)sɛʀviʀ] ▸ conjug 14 ◂ **1** vt **a** (= servir à nouveau) [+ plat] to serve (up) again (*à* to), dish up again * (péj) (*à* for)

**b** (= servir davantage) [+ dîneur] to give another ou a second helping to ◆ **resservir de la soupe/viande** to give another ou a second helping of soup/meat

**c** [+ thème, histoire] to trot out again ◆ **les thèmes qu'ils nous resservent depuis des années** the themes that they have been feeding us with ou trotting out to us for years

**2** vi **a** [vêtement usagé, outil] to serve again, do again ◆ **ça peut toujours resservir** it may come in handy ou be useful again ◆ **cet emballage peut resservir** this packaging can be used again ◆ **ce manteau pourra te resservir** you may find this coat useful again (some time)

**b** (Tennis) to serve again

**3** **se resservir** vpr **a** [dîneur] to help o.s. again, take another helping ◆ **se resservir de fromage/viande** to help o.s. to some more cheese/meat, take another helping of cheese/meat

**b** (= réutiliser) **se resservir de** [+ outil] to use again; [+ vêtement] to wear again

**ressort¹** [ʀ(ə)sɔʀ] → SYN **1** nm **a** (= pièce de métal) spring ◆ **faire ressort** to spring back ◆ **à ressort** mécanisme, pièce spring-loaded; → **matelas, mouvoir**

**b** (= énergie) spirit ◆ **avoir du/manquer de ressort** to have/lack spirit ◆ **un être sans ressort** a spiritless individual

**c** (littér = motivation) **les ressorts psychologiques de qn** sb's psychological motives ◆ **les ressorts qui le font agir** what motivates him, what makes him tick * ◆ **les ressorts secrets de l'esprit humain/de l'organisation** the inner ou secret workings of the human mind/the organization ◆ **les ressorts secrets de cette affaire** the hidden undercurrents of this affair

**d** († = élasticité) resilience

**2** COMP ▷ **ressort à boudin** spiral spring ▷ **ressort hélicoïdal** helical ou coil spring ▷ **ressort à lames** leafspring ▷ **ressort de montre** hairspring ▷ **ressort de suspension** suspension spring ▷ **ressort de traction** drawspring

**ressort²** [ʀ(ə)sɔʀ] → SYN nm **a** (Admin, Jur = compétence) **être du ressort de** to be ou fall within the competence of ◆ **c'est du ressort de la justice/du chef de service** that is for the law/the head of department to deal with, that is the law's/the head of department's responsibility ◆ **ce n'est pas de mon ressort** (fig) this is not my responsibility, this is outside my remit

**b** (Jur = circonscription) jurisdiction ◆ **dans le ressort du tribunal de Paris** in the jurisdiction of the courts of Paris

**c** (Jur) **en dernier ressort** without appeal; (fig = en dernier recours) as a last resort; (= finalement) in the last resort ou instance

**ressortir¹** [ʀ(ə)sɔʀtiʀ] → SYN ▸ conjug 16 ◂ **1** vi (avec aux être) **a** [personne] to go ou come out; [objet] to come out; (une nouvelle fois) to go (ou come) out again ◆ **je suis ressorti faire des courses** I went out shopping again ◆ **il a jeté un coup d'œil aux journaux et il est ressorti**

he glanced at the newspapers and went (back) out again ◆ **des désirs refoulés/des souvenirs qui ressortent** repressed desires/ memories which resurface ou come back up to the surface ◆ **le rouge/7 est ressorti** the red/7 came out ou up again ◆ **ce film ressort sur nos écrans** this film is showing again ou has been re-released

b (= contraster) [détail, couleur, qualité] to stand out ◆ **faire ressortir qch** to make sth stand out, bring out sth

2 **ressortir de** vt indir (= résulter) to emerge from, be the result of ◆ **il ressort de tout cela que personne ne savait** what emerges from all that is that no one knew

3 vt (avec aux avoir : à nouveau) [+ vêtements d'hiver, outil] to take out again; [+ film] to re-release, bring out again; (Comm) [+ modèle] to bring out again ◆ **le soleil revenant, ils ont ressorti les chaises sur la terrasse** when the sun came out again, they took ou brought the chairs back onto the terrace ◆ **j'ai encore besoin du registre, ressors-le** I still need the register so take ou get it (back) out again ◆ **il (nous) ressort toujours les mêmes blagues** he always trots out the same old jokes ◆ **ressortir un vieux projet d'un tiroir** to dust off an old project

**ressortir²** [ʀ(ə)sɔʀtiʀ] → SYN ▸ conjug 2 ◂ **ressortir à** vt indir [+ tribunal] to come under the jurisdiction of; (frm) [+ domaine] to be the concern ou province of, pertain to ◆ **ceci ressort à une autre juridiction** this comes under ou belongs to a separate jurisdiction

**ressortissant, e** [ʀ(ə)sɔʀtisɑ̃, ɑ̃t] → SYN nm,f national ◆ **ressortissant français** French national ou citizen

**ressouder** [ʀ(ə)sude] ▸ conjug 1 ◂ 1 vt [+ objet brisé] to solder together again; (= souder à nouveau) [+ petite pièce] to resolder; [+ grosse pièce] to reweld; [+ amitié] to patch up, renew the bonds of; [+ équipe, parti] to reunite

2 **se ressouder** vpr [os, fracture] to knit, mend; [amitié] to mend ◆ **l'opposition s'est ressoudée autour de son chef** the opposition has reunited around its leader

**ressource** [ʀ(ə)suʀs] → SYN nf a (= moyens matériels, financiers) **ressources** [pays] resources; [famille, personne] resources, means ◆ **ressources personnelles** personal resources ◆ **avoir de maigres ressources** to have limited ou slender resources ou means ◆ **une famille sans ressources** a family with no means of support ou no resources ◆ **ressources naturelles/pétrolières** natural/petroleum resources ◆ **les ressources en hommes d'un pays** the manpower resources of a country ◆ **les ressources de l'État** ou **du Trésor** the financial resources of the state ◆ **directeur/responsable des ressources humaines** director/head of human resources

b (= possibilités) **ressources** [artiste, aventurier, sportif] resources; [art, technique, système] possibilities ◆ **les ressources de son talent/imagination** the resources of one's talent/ imagination ◆ **ce système a des ressources variées** this system has a wide range of possible applications ◆ **les ressources de la langue française** the resources of the French language ◆ **les ressources de la photographie** the various possibilities of photography ◆ **être à bout de ressources** to have exhausted all the possibilities, be at the end of one's resources ◆ **homme/femme de ressource(s)** man/woman of resource, resourceful man/woman

c (= recours) **n'ayant pas la ressource de lui parler** having no means ou possibility of speaking to him ◆ **je n'ai d'autre ressource que de lui téléphoner** the only course open to me is to phone him, I have no other option but to phone him ◆ **sa seule ressource était de ...** the only way ou course open to him was to ... ◆ **vous êtes ma dernière ressource** you are my last resort ◆ **en dernière ressource** as a last resort

d (Ordin) resource

e **avoir de la ressource** [cheval, sportif] to have strength in reserve ◆ **il y a de la ressource*** there's plenty more where that came from

**ressourcer (se)** [ʀ(ə)suʀse] ▸ conjug 3 ◂ vpr (= retrouver ses racines) to go back to one's roots; (= recouvrer ses forces) to recharge one's batteries

**ressouvenir (se)** [ʀ(ə)suv(ə)niʀ] → SYN ▸ conjug 22 ◂ vpr (littér) ◆ **se ressouvenir de** to remember, recall ◆ **faire (se) ressouvenir qn de qch** to remind sb of sth ◆ **ce bruit le fit se ressouvenir** ou (littér) **lui fit ressouvenir de son accident** when he heard the noise he was reminded of his accident

**ressurgir** [ʀ(ə)syʀʒiʀ] ▸ conjug 2 ◂ vi ⇒ **resurgir**

**ressusciter** [ʀesysite] → SYN ▸ conjug 1 ◂ 1 vi a (Rel) to rise (from the dead) ◆ **Christ est ressuscité !** Christ is risen! ◆ **le Christ ressuscité** the risen Christ ◆ **ressuscité d'entre les morts** risen from the dead

b (fig = renaître) [malade] to come back to life, revive; [sentiment, souvenir] to revive, reawaken; [pays] to come back to life, get back on its feet again

2 vt a (lit) [+ mourant] to resuscitate, restore ou bring back to life; (Rel) to raise (from the dead) ◆ **buvez ça, ça ressusciterait un mort*** drink that – it'll put new life into you ◆ **bruit à ressusciter les morts** noise that would wake ou awaken the dead

b (= régénérer) [+ malade, projet, entreprise] to bring back to life, inject new life into, revive

c (= faire revivre) [+ sentiment] to revive, reawaken, bring back to life; [+ héros, mode] to bring back, resurrect (péj); [+ passé, coutume, loi] to revive, resurrect (péj)

**restant, e** [ʀɛstɑ̃, ɑ̃t] → SYN 1 adj remaining ◆ **le seul cousin restant** the sole ou one remaining cousin, the only ou one cousin left ou remaining; → **poste¹**

2 nm a (= l'autre partie) **le restant** the rest, the remainder ◆ **tout le restant des provisions était perdu** all the rest ou remainder of the supplies were lost ◆ **pour le restant de mes jours** ou **de ma vie** for the rest of my life

b (= ce qui est en trop) **accommoder un restant de poulet** to make a dish with some leftover chicken ◆ **faire une écharpe dans un restant de tissu** to make a scarf out of some left-over material

**restau*** [ʀɛsto] nm ⇒ **resto**

**restaurant** [ʀɛstɔʀɑ̃] → SYN 1 nm restaurant ◆ **on va au restaurant ?** shall we go to a restaurant?, shall we eat out?

2 COMP ▷ **restaurant d'entreprise** staff canteen, staff dining room ▷ **restaurant gastronomique** gourmet restaurant ▷ **restaurant libre-service** self-service restaurant, cafeteria ▷ **restaurant rapide** fast-food restaurant ▷ **restaurant scolaire** (Admin) school canteen ▷ **restaurant self-service** ⇒ **restaurant libre-service** ▷ **restaurant à thème** themed restaurant ▷ **restaurant universitaire** university refectory ou canteen ou cafeteria

**restaurateur, -trice** [ʀɛstɔʀatœʀ, tʀis] → SYN nm,f a [tableau, dynastie] restorer

b (= aubergiste) restaurant owner, restaurateur

**restauration** [ʀɛstɔʀasjɔ̃] → SYN nf a [dynastie, tableau, tapisserie] restoration; [bâtiment, ville] restoration, rehabilitation ◆ **la Restauration** (Hist) the Restoration *(of the Bourbons in 1830)* ◆ **la restauration de la démocratie est en bonne voie dans ce pays** democracy is well on the way to being restored in this country

b (= hôtellerie) catering ◆ **il travaille dans la restauration** he works in catering ◆ **la restauration rapide** the fast-food industry ou trade ◆ **la restauration collective/scolaire** institutional/school catering

c (Ordin) [fichier] restore

**restaurer** [ʀɛstɔʀe] → SYN ▸ conjug 1 ◂ 1 vt a [+ dynastie, paix, tableau] to restore

b (= nourrir) to feed

c (Ordin) to restore

2 **se restaurer** vpr to have something to eat

**restauroute** [ʀɛstoʀut] nm ⇒ **restoroute**

**reste** [ʀɛst] → SYN 1 nm a (= l'autre partie) **le reste** the rest ◆ **le reste de sa vie/du temps/des hommes** the rest of his life/of the time/of humanity ◆ **j'ai lu trois chapitres, je lirai le reste (du livre) demain** I've read three chapters and I'll read the rest (of the book) tomorrow ◆ **le reste du lait** the rest of the milk, what is left of the milk ◆ **préparez les bagages, je m'occupe du reste** get the luggage ready and I'll see to the rest ou to everything else

b (= ce qui est en trop) **il y a un reste de fromage/de tissu** there's some ou a piece of cheese/material left over ◆ **s'il y a un reste, je fais une omelette/une écharpe** if there's some ou any left ou left over I'll make an omelette/a scarf ◆ **ce reste de poulet ne suffira pas** this left-over chicken won't be enough ◆ **s'il y a un reste (de laine), j'aimerais faire une écharpe** if there's some spare (wool) ou some (wool) to spare, I'd like to make a scarf ◆ **un reste de tendresse/de pitié la poussa à rester** a last trace ou a remnant of tenderness/of pity moved her to stay

c (Math = différence) remainder

d (LOC) **avoir de l'argent/du temps de reste** to have money/time left over ou in hand ou to spare ◆ **il ne voulait pas être** ou **demeurer en reste avec eux** he didn't want to be outdone by them ou one down on them* (Brit) ◆ **sans demander son reste** (= sans plus de cérémonie) without further ado; (= sans protester) without a murmur ◆ **il a empoché l'argent sans demander son reste** he pocketed the money without asking any questions ◆ **il est menteur, paresseux et (tout) le reste** he's untruthful, lazy and everything else as well ◆ **avec la grève, la neige et (tout) le reste, ils ne peuvent pas venir** what with the strike, the snow and everything else ou all the rest, they can't come ◆ **pour le reste** ou **quant au reste (nous verrons bien)** (as) for the rest (we'll have to see) ◆ **il a été opéré, le temps fera le reste** he's had an operation, time will do the rest

◆ **du reste, au reste** (littér) (and) besides, (and) what's more ◆ **nous la connaissons, du reste, très peu** besides ou moreover, we hardly know her at all

2 **restes** nmpl (= nourriture) the left-overs; (frm = dépouille mortelle) the (mortal) remains ◆ **les restes de** [+ repas] the remains of, the left-overs from; [+ fortune, bâtiment] the remains of, what is (ou was) left of ◆ **donner les restes au chien** to give the scraps ou leftovers to the dog ◆ **elle a de beaux restes** (hum) she's still a fine(-looking) woman

**rester** [ʀɛste] → SYN ▸ conjug 1 ◂ 1 vi a (dans un lieu) to stay, remain; (* = habiter) to live ◆ **rester au lit** [paresseux] to stay ou lie in bed; [malade] to stay in bed ◆ **rester à la maison** to stay ou remain in the house ou indoors ◆ **rester chez soi** to stay at home ou in ◆ **rester au** ou **dans le jardin/à la campagne/à l'étranger** to stay ou remain in the garden/in the country/abroad ◆ **rester (à) dîner/déjeuner** to stay for ou to dinner/ lunch ◆ **je ne peux rester que 10 minutes** I can only stay ou stop* 10 minutes ◆ **la voiture est restée dehors/au garage** the car stayed ou remained outside/in the garage ◆ **la lettre va certainement rester dans sa poche** the letter is sure to stay in his pocket ◆ **un os lui est resté dans la gorge** a bone got stuck in his throat ◆ **ça m'est resté là*** ou **en travers de la gorge** (lit, fig) it stuck in my throat ◆ **restez où vous êtes** stay ou remain where you are ◆ **rester à regarder la télévision** to stay watching television ◆ **nous sommes restés deux heures à l'attendre** we stayed there waiting for him for two hours ◆ **naturellement, ça reste entre nous** of course we shall keep this to ourselves ou this is strictly between ourselves ◆ **il ne peut pas rester en place** he can't keep still

b (dans un état) to stay, remain ◆ **rester éveillé/immobile** to keep ou stay awake/still ◆ **rester sans bouger/sans rien dire** to stay ou remain motionless/silent ◆ **rester indifférent devant qch/insensible à qch** to remain indifferent to sth/impervious to sth ◆ **rester maître de soi** to maintain one's composure ◆ **rester célibataire** to stay single, remain unmarried ◆ **rester handicapé à vie** to be handicapped for life ◆ **rester dans l'ignorance** to remain in ignorance ◆ **rester en fonction** to remain in office ◆ **rester debout** (lit) to stand, remain standing; (= ne pas se coucher) to stay up ◆ **je suis resté assis/debout toute la journée** I've been sitting/standing (up) all day ◆ **rester en contact avec qn** to keep in touch ou in contact with sb ◆ **ne reste pas là les bras croisés** don't just stand there with your arms folded ◆ **il est resté très timide** he has remained ou he is still very shy ◆ **il est et restera toujours maladroit** he is clumsy and he always will be ◆ **cette**

**coutume est restée en honneur dans certains pays** this custom is still honoured in certain countries ◆ **le centre-ville est resté paralysé toute la journée** the city centre was choked with traffic ou gridlocked all day; → **lettre, panne[1], plan[1]**

**c** (= subsister) to be left, remain ◆ **rien ne reste de l'ancien château** nothing is left ou remains of the old castle ◆ **c'est le seul parent qui leur reste** he's their only remaining relative, he's the only relative they have left ◆ **c'est tout l'argent qui leur reste** that's all the money they have left ◆ **10 km restaient à faire** there were still 10 km to go

**d** (= durer) to last, live on ◆ **c'est une œuvre qui restera** it's a work which will live on ou which will last ◆ **le désir passe, la tendresse reste** desire passes, tenderness lives on ◆ **le surnom lui est resté** the nickname stayed with him, the nickname stuck

**e** **rester sur une impression** to retain an impression ◆ **je suis resté sur ma faim** (après un repas) I still felt hungry; (à la fin d'une histoire) I felt there was something missing ◆ **sa remarque m'est restée sur le cœur** his remark (still) rankles (in my mind) ◆ **mon déjeuner m'est resté sur l'estomac** my lunch is still sitting there ◆ **ça m'est resté sur l'estomac** * (fig) it still riles me *, I still feel sore about it * ◆ **ne restons pas sur un échec** let's not give up just because we failed

**f** **en rester à** (= ne pas dépasser) to go no further than ◆ **ils en sont restés à quelques baisers/des discussions préliminaires** they got no further than a few kisses/preliminary discussions ◆ **les gens du village en sont restés à la bougie** the villagers are still using candles ◆ **les pourparlers en sont restés là** they only got that far ou that is as far as they got in their discussions ◆ **les choses en sont restées là jusqu'à ...** nothing more happened until ..., nothing more was done (about it) until ... ◆ **où en étions-nous restés dans notre lecture ?** where did we leave off in our reading? ◆ **restons-en là** let's leave off there, let's leave it at that

**g** ( * = mourir) **y rester** to die ◆ **il a bien failli y rester** that was nearly the end of him

[2] vb impers ◆ **il reste encore un peu de jour/de pain** there's still a little daylight/bread left ◆ **il leur reste juste de quoi vivre** they have just enough left to live on ◆ **il me reste à faire ceci** I still have this to do, there's still this for me to do ◆ **il reste beaucoup à faire** much remains to be done, there's a lot left to do ◆ **il nous reste son souvenir** we still have our memories of him ◆ **il ne me reste que toi** you're all I have left ◆ **il n'est rien resté de leur maison/des provisions** nothing remained ou was left of their house/of the supplies ◆ **le peu de temps qu'il lui restait à vivre** the short time that he had left to live ◆ **il ne me reste qu'à vous remercier** it only remains for me to thank you ◆ **il restait à faire 50 km** there were 50 km still ou left to go ◆ **est-ce qu'il vous reste assez de force pour terminer ce travail ?** do you have enough strength left to finish this job? ◆ **quand on a été en prison, il en reste toujours quelque chose** when you've been in prison something of it always stays with you ◆ **(il) reste à savoir si/à prouver que ...** it remains to be seen if/to be proved that ... ◆ **il reste que ..., il n'en reste pas moins que ...** the fact remains (nonetheless) that ..., it is nevertheless a fact that ... ◆ **il reste entendu que ...** it remains ou is still quite understood that ...

**restituable** [ʀɛstitɥabl] adj somme d'argent returnable, refundable

**restituer** [ʀɛstitɥe] [→ SYN] ▸ conjug 1 ◂ vt **a** (= redonner) [+ objet volé] to return, restore (*à qn* to sb); [+ argent] to return, refund (*à qn* to sb)

**b** (= reconstituer) [+ fresque, texte, inscription] to reconstruct, restore; [+ son] to reproduce ◆ **un texte enfin restitué dans son intégralité** a text finally restored in its entirety

**c** (= recréer) to recreate ◆ **le film restitue bien l'atmosphère de l'époque** the film successfully recreates the atmosphere of the period ◆ **appareil qui restitue fidèlement les sons** apparatus which gives faithful sound reproduction ◆ **il n'a pas su restituer la complexité des sentiments du héros** he wasn't able to render the complexity of the hero's feelings

**d** (= libérer) [+ énergie, chaleur] to release ◆ **l'énergie emmagasinée est entièrement restituée sous forme de chaleur** the energy stored up is entirely released in the form of heat

**restitution** [ʀɛstitysjɔ̃] [→ SYN] nf **a** [objet volé, argent] return ◆ **pour obtenir la restitution des territoires** to secure the return of the territories

**b** [fresque, texte, inscription] reconstruction, restoration; [son] reproduction

**c** [énergie, chaleur] release

**resto** * [ʀɛsto] nm (abrév de **restaurant**) restaurant ◆ **resto U** university refectory ou canteen ou cafeteria ◆ **les Restos du cœur** *charity set up to provide food for the homeless during the winter*

**restoroute** ® [ʀɛstoʀut] nm [route] roadside restaurant; [autoroute] motorway (Brit) ou highway (US) restaurant

**restreindre** [ʀɛstʀɛ̃dʀ] [→ SYN] ▸ conjug 52 ◂ [1] vt [+ quantité, production, dépenses] to restrict, limit, cut down; [+ ambition] to restrict, limit, curb ◆ **nous restreindrons notre étude à quelques exemples** we will restrict our study to a few examples ◆ **restreindre le crédit** to restrict credit

[2] **se restreindre** vpr **a** (dans ses dépenses, sur la nourriture) to cut down (*sur* on)

**b** (= diminuer) [production, tirage] to decrease, go down; [espace] to decrease, diminish; [ambition, champ d'action] to narrow; [sens d'un mot] to become more restricted ◆ **le champ de leur enquête se restreint** the scope of their inquiry is narrowing

**restreint, e** [ʀɛstʀɛ̃, ɛ̃t] [→ SYN] (ptp de **restreindre**) adj autorité, emploi, production, vocabulaire limited, restricted; espace, moyens, nombre, personnel limited; sens restricted ◆ **restreint à** confined ou restricted ou limited to; → **comité, suffrage**

**restrictif, -ive** [ʀɛstʀiktif, iv] [→ SYN] adj restrictive

**restriction** [ʀɛstʀiksjɔ̃] [→ SYN] nf **a** (= action) restriction, limiting, limitation

**b** (= réduction) restriction ◆ **restrictions** [personnel, consommation, crédit] restrictions ◆ **restrictions budgétaires** budget(ary) constraints ou restrictions ◆ **prendre des mesures de restriction** to adopt restrictive measures ◆ **restrictions à l'exportation/importation** export/import restraints

**c** (= condition) qualification; (= réticence) reservation ◆ **restriction mentale** mental reservation ◆ **faire** ou **émettre des restrictions** to express some reservations ◆ **avec restriction** ou **des restrictions** with some qualification(s) ou reservation(s)

◆ **sans restriction** soutien, attachement unqualified, unconditional; accepter, soutenir unreservedly ◆ **approuver qch sans restriction** to give one's unqualified approval to sth, accept sth without reservation ◆ **ce régime alimentaire autorise sans restriction les fruits** this diet places no restriction on the consumption of fruit ◆ **ce pays accueille sans restriction les immigrants** this country allows unrestricted entry to ou has an open door policy towards immigrants

**d** (Bio) **enzyme de restriction** restriction enzyme

**restructuration** [ʀəstʀyktyʀasjɔ̃] nf (gén, Écon) restructuring ◆ **notre groupe est en pleine restructuration** our company is going through a major restructuring (programme) ◆ **la restructuration du quartier** the reorganization of the area

**restructurer** [ʀəstʀyktyʀe] ▸ conjug 1 ◂ [1] vt to restructure

[2] **se restructurer** vpr to restructure

**resucée** * [ʀ(ə)syse] nf **a** [boisson] **veux-tu une resucée de whisky ?** would you like another drop ou shot of whisky?

**b** (fig) [film, musique, théorie] rehash *

**résultante** [ʀezyltɑ̃t] [→ SYN] nf (Sci) resultant; (fig = conséquence) outcome, result, consequence

**résultat** [ʀezylta] GRAMMAIRE ACTIVE 26.4 [→ SYN] nm **a** (= conséquence) result, outcome ◆ **cette tentative a eu des résultats désastreux** this attempt had disastrous results ou a disastrous outcome ◆ **cette démarche eut pour résultat une amélioration de la situation** ou **d'améliorer la situation** this measure resulted in ou led to an improvement in the situation ◆ **on l'a laissé seul : résultat, il a fait des bêtises** we left him alone, and what happens? – he goes and does something silly ◆ **il n'y a que le résultat qui compte** the only thing that matters is the result ◆ **on a voulu lui faire confiance, le résultat est là !** we trusted him and look what happened!

**b** (= chose obtenue, réalisation) result ◆ **c'est un résultat remarquable** it is a remarkable result ou achievement ◆ **il a promis d'obtenir des résultats** he promised to get results ◆ **beau résultat !** (iro) well done! (iro) ◆ **il essaya, sans résultat, de le convaincre** he tried to convince him but to no effect ou avail ◆ **le traitement fut sans résultat** the treatment had no effect ou didn't work

**c** (= solution) [addition, problème] result

**d** (= classement) [élection, examen] results ◆ **et maintenant, les résultats sportifs** and now for the sports results ◆ **le résultat des courses** (Sport) the racing results; (fig) the upshot ◆ **voici quelques résultats partiels de l'élection** here are some of the election results so far

**e** (Fin gén) result; (= chiffres) figures; (= bénéfices) profit; (= revenu) income; (= gains) earnings ◆ **résultats** results ◆ **résultat bénéficiaire** profit ◆ **résultat net** net profit ou income ou earnings ◆ **résultat brut d'exploitation** gross trading profit

**résulter** [ʀezylte] [→ SYN] ▸ conjug 1 ◂ [1] vi ◆ **résulter de** to result from, be the result of ◆ **rien de bon ne peut en résulter** no good can come of it ◆ **les avantages économiques qui en résultent** the resulting economic benefits ◆ **ce qui a résulté de la discussion est que ...** the result ou outcome of the discussion was that ..., what came out of the discussion was that ...

[2] vb impers ◆ **il résulte de tout ceci que ...** the result of all this is that ... ◆ **il en résulte que c'est impossible** the result is that it's impossible ◆ **qu'en résultera-t-il ?** what will be the result? ou outcome?

**résumé** [ʀezyme] GRAMMAIRE ACTIVE 26.4 [→ SYN] nm (= texte, ouvrage) summary ◆ **"résumé des chapitres précédents"** "the story so far" ◆ **résumé des informations** (Radio, TV) news roundup ◆ **faire un résumé de** to sum up, give a brief summary of

◆ **en résumé** (= en bref) in short, in brief; (= pour conclure) to sum up; (= en miniature) in miniature

**résumer** [ʀezyme] GRAMMAIRE ACTIVE 26.1, 26.4 [→ SYN] ▸ conjug 1 ◂

[1] vt (= abréger) to summarize; (= récapituler, aussi Jur) to sum up; (= symboliser) to epitomize, typify

[2] **se résumer** vpr **a** [personne] to sum up (one's ideas)

**b** (= être contenu) **les faits se résument en quelques mots** the facts can be summed up ou summarized in a few words

**c** (= se réduire à) **se résumer à** to amount to, come down to, boil down to ◆ **l'affaire se résume à peu de chose** the affair amounts to ou comes down to nothing really

**résurgence** [ʀezyʀʒɑ̃s] [→ SYN] nf (Géol) reappearance *(of river)*, resurgence; [idée, mythe] resurgence

**résurgent, e** [ʀezyʀʒɑ̃, ɑ̃t] [→ SYN] adj (Géol) eaux re-emergent

**resurgir** [ʀ(ə)syʀʒiʀ] ▸ conjug 2 ◂ vi [cours d'eau] to come up again, resurface; [personne, passé, souvenir] to resurface; [problème, idée, débat, menace] to resurface, re-emerge; [conflit] to blow up again

**résurrection** [ʀezyʀɛksjɔ̃] [→ SYN] nf [mort] resurrection; (fig = renouveau) revival ◆ **la Résurrection** (Rel) the Resurrection ◆ **c'est une véritable résurrection !** he has really come back to life!

**retable** [ʀətabl] nm altarpiece, reredos

**rétablir** [ʀetabliʀ] GRAMMAIRE ACTIVE 23.4 [→ SYN] ▸ conjug 2 ◂

[1] vt **a** [+ courant, communications] to restore

**b** [+ démocratie, monarchie] to restore, re-establish; [+ droit, ordre, équilibre, confiance, forces, santé] to restore; [+ fait, vérité] to re-establish; [+ cessez-le-feu, paix] to restore ◆ **rétablir les relations diplomatiques** to restore diplomatic relations ◆ **rétablir la situation** to rectify the situation, get the situation back to normal ◆ **il était mené 5 jeux à rien mais il a réussi à rétablir la situation** he was losing 5 games to love but managed to pull back

c (= réintégrer) to reinstate ◆ **rétablir qn dans ses fonctions** to reinstate sb in ou restore sb to their post ◆ **rétablir qn dans ses droits** to restore sb's rights

d (= guérir) **rétablir qn** to restore sb to health, bring about sb's recovery

2 **se rétablir** vpr a [personne, économie] to recover ◆ **il s'est vite rétabli** he soon recovered

b (= revenir) [silence, calme] to return, be restored

c (Sport) to pull o.s. up *(onto a ledge etc)*; (après perte d'équilibre) to regain one's balance

**rétablissement** [ʀetablismɑ̃] GRAMMAIRE ACTIVE 23.4 → SYN nm a [courant, communications] restoring; [démocratie, monarchie, droit, ordre, équilibre, forces, santé] restoration; [fait, vérité] re-establishment; [cessez-le-feu] restoration ◆ **rétablissement des relations diplomatiques** restoring diplomatic relations

b [personne, économie] recovery ◆ **en vous souhaitant un prompt rétablissement** with my (ou our) good wishes for your swift recovery, hoping you will be better soon ◆ **tous nos vœux de prompt rétablissement** our best wishes for a speedy recovery

c (Sport) **faire** ou **opérer un rétablissement** to do a pull-up *(into a standing position, onto a ledge etc)*

**retaille** [ʀətɑj] nf [diamant] re-cutting

**retailler** [ʀ(ə)tɑje] ▸ conjug 1 ◂ vt [+ diamant, vêtement] to re-cut; [+ crayon] to sharpen; [+ arbre] to (re-)prune

**rétamage** [ʀetamaʒ] nm re-coating, re-tinning *(of pans)*

**rétamé, e** ‡ [ʀetame] (ptp de **rétamer**) adj (= fatigué) worn out*, knackered‡ (Brit); (= ivre) plastered‡, sloshed‡; (= détruit, démoli) wiped out; (= sans argent) broke* ◆ **il a été rétamé en un mois** (= mort) he was dead within a month, he was a goner within a month‡

**rétamer** [ʀetame] ▸ conjug 1 ◂ 1 vt a [+ casseroles] to re-coat, re-tin

b ‡ (= fatiguer) to wear out*, knacker‡ (Brit); (= rendre ivre) to knock out‡; (= démolir) to wipe out; (= dépouiller au jeu) to clean out*; (à un examen) to flunk* ◆ **se faire rétamer au poker** to be cleaned out* at poker

2 **se rétamer** ‡ vpr [candidat] to flunk* ◆ **se rétamer (par terre)** (= tomber) to take a dive*, crash to the ground ◆ **la voiture s'est rétamée contre un arbre** the car crashed into a tree

**rétameur** [ʀetamœʀ] nm tinker

**retapage** [ʀ(ə)tapaʒ] nm [maison, vêtement] doing up; [voiture] fixing up; [lit] straightening

**retape** ‡ [ʀ(ə)tap] nf ◆ **faire (de) la retape** [prostituée] to walk the streets*, be on the game‡ (Brit); [agent publicitaire] to tout (around) for business ◆ **faire de la retape pour une compagnie de bateaux-mouches** to tout for a pleasure boat company

**retaper** [ʀ(ə)tape] → SYN ▸ conjug 1 ◂ 1 vt a (* = remettre en état) [+ maison, vêtement] to do up; [+ voiture] to fix up; [+ lit] to straighten; [+ malade, personne fatiguée] to buck up* ◆ **la maison a été entièrement retapée** the house has been entirely redone ou redecorated ◆ **ça m'a retapé, ce whisky** that whisky has really bucked me up*

b (= dactylographier) to retype, type again

2 **se retaper** * vpr a (= guérir) to get back on one's feet ◆ **il va se retaper en quelques semaines** he'll be back on his feet in a few weeks

b (= refaire) **j'ai dû me retaper tout le trajet à pied** I had to walk all the way back home ◆ **j'ai dû me retaper la vaisselle** I got lumbered with the washing-up again

**retapisser** [ʀ(ə)tapise] ▸ conjug 1 ◂ vt (de papier peint) [+ pièce] to repaper; (de tissu) [+ fauteuil] to reupholster ◆ **j'ai retapissé la chambre de papier bleu** I repapered the bedroom in blue

**retard** [ʀ(ə)taʀ] → SYN 1 nm a [personne attendue] lateness (NonC) ◆ **ces retards continuels seront punis** this constant lateness will be punished ◆ **plusieurs retards dans la même semaine, c'est inadmissible** it won't do being late several times in one week ◆ **il a eu quatre retards** (Scol) he was late four times ◆ **son retard m'inquiète** I'm worried that he hasn't arrived yet ◆ **vous avez du retard** you're late ◆ **vous avez deux heures de retard** ou **un retard de deux heures** you're two hours late ◆ **tu as un métro** ou **un train de retard !** * (hum) (= tu n'es pas au courant) you must have been asleep!; (= tu es lent à comprendre) you're slow on the uptake!; (= tu ne vis pas avec ton époque) you're behind the times!; → **billet**

b [train, concurrent] delay ◆ **un retard de trois heures est annoncé sur la ligne Paris-Brest** there will be a delay of three hours ou trains will run three hours late on the Paris-Brest line ◆ **le conducteur essayait de combler son retard** the driver was trying to make up the time he had lost ◆ **avoir 2 secondes de retard sur le champion/le record** (Sport) to be 2 seconds slower than ou behind the champion/outside the record ◆ **elle a un retard de règles** (Méd) her period's late, she's late with her period

c (Horlogerie) **cette montre a du retard** this watch is slow ◆ **la pendule prend du retard** the clock is slow ◆ **la pendule prend un retard de 3 minutes par jour** the clock loses 3 minutes a day

d (= non-observation des délais) delay ◆ **des retards successifs** a series of delays ◆ **s'il y a du retard dans l'exécution d'une commande** if there is a delay in carrying out an order ◆ **sans retard** without delay ◆ **livrer qch avec retard** to deliver sth late, be late (in) delivering sth

e (sur un programme) delay ◆ **il avait un retard scolaire considérable** he had fallen a long way behind at school ◆ **il doit combler son retard en anglais** he has a lot of ground to make up in English ◆ **j'ai pris du retard dans mes révisions** I have fallen behind in ou I am behind with my revision

f (= infériorité) [pays, peuple] backwardness ◆ **retard de croissance** [enfant] growth retardation; (Écon) slow growth ◆ **retard industriel** industrial backwardness ◆ **retard mental** backwardness ◆ **il vit avec un siècle de retard** he's a hundred years behind the times, he's living in the last century

g (Mus) retardation

2 **en retard** loc adj, loc adv ◆ **tu es en retard** you're late ◆ **ils sont en retard de deux heures** they're two hours late ◆ **ça/il m'a mis en retard** it/he made me late ◆ **je me suis mis en retard** I made myself late ◆ **paiement en retard** (effectué) late payment; (non effectué) overdue payment, payment overdue ◆ **vous êtes en retard pour les inscriptions** you are late (in) registering ◆ **il est toujours en retard pour payer sa cotisation** he is always behind with his subscription ◆ **payer qch en retard** to pay sth late, be late (in) paying sth ◆ **j'ai du travail/courrier en retard** I'm behind with my work/mail, I have a backlog of work/mail ◆ **il est en retard pour son âge** he's backward for his age ◆ **région en retard** under-developed ou economically backward region ◆ **ce pays est en retard de cent ans du point de vue économique** this country's economy is one hundred years behind, this country is economically one hundred years behind ◆ **ils sont toujours en retard d'une guerre** they're always fighting yesterday's battles ◆ **ils ne sont jamais en retard d'une idée** they're never short of ideas

◆ **en retard sur** ◆ **nous sommes/les recherches sont en retard sur le programme** we are/the research is behind schedule ◆ **le train est en retard sur l'horaire** the train is running behind schedule ◆ **être en retard (de 2 heures/2 km) sur le peloton** (Sport) to be (2 hours/2 km) behind the pack ◆ **être en retard sur son temps** ou **siècle** to be behind the times

3 adj inv (Pharm) ◆ **insuline/effet retard** delayed insulin/effect

4 COMP ▷ **retard à l'allumage** (Aut) retarded spark ou ignition ◆ **il a du retard à l'allumage** * (fig) he's a bit slow on the uptake*

**retardataire** [ʀ(ə)taʀdatɛʀ] → SYN 1 adj arrivant late; théorie, méthode obsolete, outmoded

2 nmf latecomer

**retardateur, -trice** [ʀ(ə)taʀdatœʀ, tʀis] 1 adj (Sci, Tech) retarding

2 nm (Photo) self-timer; (Chim) retarder

**retardé, e** [ʀ(ə)taʀde] → SYN (ptp de **retarder**) adj (scolairement) backward, slow; (intellectuellement) retarded, backward; (économiquement) backward

**retardement** [ʀ(ə)taʀdəmɑ̃] → SYN nm [processus, train] delaying ◆ **manœuvres de retardement** delaying tactics

◆ **à retardement** [+ engin, torpille] with a timing device; [+ dispositif] delayed-action (épith); (Photo) [+ mécanisme] self-timing; * [+ excuses, souhaits] belated; comprendre, se fâcher, rire after the event, in retrospect ◆ **il comprend tout à retardement** (péj) he's always a bit slow on the uptake* ◆ **il rit toujours à retardement** (péj) it always takes him a while to see the joke

**retarder** [ʀ(ə)taʀde] → SYN ▸ conjug 1 ◂ 1 vt a (= mettre en retard sur un horaire) [+ arrivant, arrivée] to delay, make late; [+ personne ou véhicule en chemin] to delay, hold up ◆ **une visite inattendue m'a retardé** I was delayed by an unexpected visitor ◆ **je ne veux pas vous retarder** I don't want to delay you ou make you late ◆ **ne te retarde pas (pour ça)** don't make yourself late for that ◆ **il a été retardé par les grèves** he has been delayed ou held up by the strikes

b (= mettre en retard sur un programme) [+ employé, élève] to hinder, set back; [+ opération, vendange, chercheur] to delay, hold up ◆ **ça l'a retardé dans sa mission/ses études** this has set him back in ou hindered him in his mission/his studies

c (= remettre) [+ départ, moment, opération] to delay; [+ date] to put back; (Aut) [+ allumage] to retard ◆ **retarder son départ d'une heure** to put back one's departure by an hour, delay one's departure for an hour ◆ **porte à ouverture retardée** door with a time lock ◆ **parachute à ouverture retardée** parachute with fail-safe delayed opening

d [+ montre, réveil] to put back ◆ **retarder l'horloge d'une heure** to put the clock back an hour

2 vi a [montre] to be slow; (régulièrement) to lose time ◆ **je retarde (de 10 minutes)** my watch is (10 minutes) slow, I'm (10 minutes) slow

b (= être à un stade antérieur) **retarder sur son époque** ou **temps** ou **siècle** to be behind the times

c (* = être dépassé) to be out of touch, be behind the times* ◆ **ma voiture ? tu retardes, je l'ai vendue il y a deux ans** (= n'être pas au courant) my car? you're a bit behind the times* ou you're a bit out of touch — I sold it two years ago

**retâter** [ʀ(ə)tɑte] ▸ conjug 1 ◂ 1 vt [+ objet, pouls] to feel again

2 vi ◆ **retâter de** * [+ prison] to get another taste of; [+ métier] to have another go at

**reteindre** [ʀ(ə)tɛ̃dʀ] ▸ conjug 52 ◂ vt to dye again, redye

**retéléphoner** [ʀ(ə)telefɔne] ▸ conjug 1 ◂ vi to phone again, call back ◆ **je lui retéléphonerai demain** I'll phone him again ou call him back tomorrow, I'll give him another call tomorrow

**retendoir** [ʀ(ə)tɑ̃dwaʀ] nm piano tuning key

**retendre** [ʀ(ə)tɑ̃dʀ] ▸ conjug 41 ◂ vt a [+ câble] to stretch again, pull taut again; [+ peau, tissu] to tauten; [+ cordes de guitare, de raquette] to (re)tighten

b [+ piège, filets] to reset, set again

c **retendre la main à qn** to stretch out one's hand again to sb

**retenir** [ʀət(ə)niʀ, ʀ(ə)təniʀ] → SYN ▸ conjug 22 ◂ 1 vt a (lit, fig = maintenir) [+ personne, objet qui glisse] to hold back; [+ chien] to hold back; [+ cheval] to rein in, hold back ◆ **retenir qn par le bras** to hold sb back by the arm ◆ **il allait tomber, une branche l'a retenu** he was about to fall but a branch held him back ◆ **le barrage retient l'eau** the dam holds back the water ◆ **retenir la foule** to hold back the crowd ◆ **il se serait jeté par la fenêtre si on ne l'avait pas retenu** he would have thrown himself out of the window if he hadn't been held back ou stopped ◆ **retenez-moi ou je fais un malheur !** * hold me back ou stop me or I'll do something I'll regret! ◆ **une certaine timidité le retenait** a certain shyness held him back ◆ **retenir qn de faire qch** to keep sb from doing sth, stop sb doing sth ◆ **je ne sais pas ce qui me retient de lui dire ce que je pense** I don't know what keeps me from ou stops me telling him what I think

**b** (= garder) [+ personne] to keep ◆ **retenir qn à dîner** to have sb stay for dinner, keep sb for dinner ◆ **j'ai été retenu** I was kept back ou detained ou held up ◆ **il m'a retenu une heure** he kept me for an hour ◆ **si tu veux partir, je ne te retiens pas** if you want to leave, I won't hold you back ou stop you ◆ **c'est la maladie de sa femme qui l'a retenu à Brest** it was his wife's illness that detained him in Brest ◆ **son travail le retenait ailleurs** his work detained ou kept him elsewhere ◆ **la grippe l'a retenu au lit/à la maison** flu kept him in bed/at home ◆ **retenir qn prisonnier/en otage** to hold sb prisoner/hostage

**c** (= empêcher de se dissiper) [+ eau d'infiltration, odeur] to retain; [+ chaleur] to retain, keep in; [+ lumière] to reflect ◆ **cette terre retient l'eau** this soil retains water ◆ **le noir retient la chaleur** black retains the heat ou keeps in the heat

**d** (= fixer) [clou, nœud] to hold ◆ **c'est un simple clou qui retient le tableau au mur** there's just a nail holding the picture on the wall ◆ **un ruban retenait ses cheveux** a ribbon kept ou held her hair in place, her hair was tied up with a ribbon

**e** **retenir l'attention de qn** to hold sb's attention ◆ **ce détail retient l'attention** this detail holds one's attention ◆ **votre demande a retenu toute notre attention** (frm) your request has been given full consideration

**f** (= louer, réserver) [+ chambre, place, table] to book, reserve; [+ date] to reserve, set aside; [+ domestique] to engage

**g** (= se souvenir de) [+ donnée, leçon, nom] to remember; [+ impression] to retain ◆ **je n'ai pas retenu son nom/la date** I can't remember his name/the date ◆ **je retiens de cette aventure qu'il est plus prudent de bien s'équiper** I've learnt from this adventure that it's wiser to be properly equipped ◆ **j'en retiens qu'il est pingre et borné, c'est tout** the only thing that stands out ou that sticks in my mind is that he's stingy and narrow-minded ◆ **un nom qu'on retient** a name that stays in your mind, a name you remember ◆ **retenez bien ce qu'on vous a dit** don't forget ou make sure you remember what you were told ◆ **celui-là, je le retiens !** * I'll remember him all right!, I won't forget him in a hurry! ◆ **ah ! toi, je te retiens** *, **avec tes idées lumineuses !** you and your bright ideas!

**h** (= contenir, réprimer) [+ cri, larmes] to hold back ou in, suppress; [+ colère] to hold back ◆ **retenir son souffle** ou **sa respiration** to hold one's breath ◆ **retenir sa langue** to hold one's tongue ◆ **il ne put retenir un sourire/un rire** he could not hold back ou suppress a smile/a laugh, he could not help smiling/laughing ◆ **il retint les mots qui lui venaient à la bouche** he held back ou bit back (Brit) the words that came to him

**i** (Math) to carry ◆ **je pose 4 et je retiens 2** 4 down and 2 to carry, put down 4 and carry 2

**j** (= garder) [+ salaire] to stop, withhold; [+ possessions, bagages d'un client] to retain

**k** (= prélever, retrancher) to deduct, keep back ◆ **ils nous retiennent 200 € (sur notre salaire) pour les assurances** they deduct €200 (from our wages) for insurance ◆ **retenir une certaine somme pour la retraite** to deduct a certain sum for a pension scheme ◆ **retenir les impôts à la base** to deduct taxes at source

**l** (= accepter) [+ plan, proposition] to accept; [+ candidature, nom] to retain, accept ◆ **le jury a retenu la préméditation** (Jur) the jury accepted the charge of premeditation ◆ **c'est notre projet qui a été retenu** it's our project that has been accepted

**2** **se retenir** vpr **a** (= s'accrocher) **se retenir à qch** to hold on to sth

**b** (= se contenir) to restrain o.s.; (= s'abstenir) to stop o.s. (*de faire* doing); (de faire ses besoins naturels) to hold on, hold o.s. in ◆ **se retenir de pleurer** ou **pour ne pas pleurer** to hold back one's tears ◆ **malgré sa colère, il essaya de se retenir** despite his anger, he tried to restrain ou contain himself ◆ **il se retint de lui faire remarquer que ...** he refrained from pointing out to him that ...

**retenter** [ʀ(ə)tɑ̃te] ▸ conjug 1 ◂ vt (gén) to try again, make another attempt at, have another go at; [+ épreuve, saut] to try again; [+ action, opération] to reattempt ◆ **retenter sa chance** to try one's luck again ◆ **retenter de faire qch** to try to do sth again

**rétention** [ʀetɑ̃sjɔ̃] → SYN nf **a** (Méd) retention ◆ **rétention d'eau/d'urine** retention of water/of urine ◆ **rétention placentaire** ou **du placenta** retention of placenta

**b** **rétention d'informations** withholding information ◆ **rétention administrative** (Jur) detention (*of asylum seekers*) ◆ **centre de rétention** detention centre

**retentir** [ʀ(ə)tɑ̃tiʀ] → SYN ▸ conjug 2 ◂ vi **a** [sonnerie] to ring; [bruit métallique, cris, détonation, explosion] to ring out; [écho, tonnerre] to reverberate ◆ **à minuit, des explosions retentirent** explosions were heard at midnight ◆ **des tirs sporadiques ont à nouveau retenti dans la ville** sporadic gunfire rang out again in the city ◆ **ces mots retentissent encore à mes oreilles** those words are still ringing ou echoing in my ears

**b** (= résonner de) **retentir de** to ring with, be full of the sound of

**c** (= affecter) **retentir sur** to have an effect upon, affect

**retentissant, e** [ʀ(ə)tɑ̃tisɑ̃, ɑ̃t] → SYN adj **a** (= fort, sonore) son, voix ringing (épith); bruit, choc, claque resounding (épith)

**b** (= éclatant, frappant) échec, succès resounding (épith); scandale tremendous; faillite, procès spectacular; déclaration, discours sensational ◆ **son film a fait un bide retentissant** * his film was a resounding flop *

**retentissement** [ʀ(ə)tɑ̃tismɑ̃] → SYN nm **a** (= répercussion) repercussion, (after-)effect ◆ **les retentissements de l'affaire** the repercussions of the affair

**b** (= éclat) stir, effect ◆ **cette nouvelle eut un grand retentissement dans l'opinion** this piece of news created a considerable stir in public opinion ◆ **son œuvre fut sans grand retentissement** his work went virtually unnoticed ◆ **l'affaire a eu un énorme retentissement médiatique** the affair created a media sensation

**c** (littér) [son, cloche] ringing; [voix] echoing sound

**retenu, e**[1] [ʀət(ə)ny] → SYN (ptp de **retenir**) adj (littér = discret) charme, grâce reserved, restrained

**retenue**[2] [ʀət(ə)ny] → SYN nf **a** (= prélèvement) deduction ◆ **opérer une retenue de 10% sur un salaire** to deduct 10% from a salary ◆ **retenue pour la retraite** deductions for a pension scheme ◆ **système de retenue à la source** *system of deducting income tax at source*, ≃ PAYE ou pay-as-you-earn system (Brit)

**b** (= modération) self-control, (self-)restraint; (= réserve) reserve ◆ **avoir de la retenue** to be reserved ◆ **faire preuve de retenue** to show restraint ◆ **parler/s'exprimer sans retenue** to talk/express o.s. quite openly ◆ **rire sans retenue** to laugh without restraint ou unrestrainedly ◆ **il n'a aucune retenue dans ses propos** he shows no restraint in what he says ◆ **il s'est confié à moi sans aucune retenue** he confided in me quite freely ou unreservedly ◆ **un peu de retenue !** show some restraint!, control yourself! ◆ **dans sa colère, elle perdit toute retenue** she was so enraged that she lost all self-control

**c** (Math) **n'oublie pas la retenue** don't forget what to carry (over)

**d** (Scol) detention ◆ **être en retenue** to be in detention, be kept in ◆ **il les a mis en retenue** he kept them in, he gave them detention ◆ **il a eu deux heures de retenue** he got two hours' detention, he was kept in for two hours (after school)

**e** (Tech) **la retenue du barrage** the volume of water behind the dam ◆ **barrage à faible retenue** low-volume dam ◆ **bassin de retenue** balancing ou compensating reservoir

**f** (Aut = embouteillage) tailback (Brit), (traffic) backup (US)

**g** (Naut) guest rope

**h** (Constr) (under)pinning

**retercer** [ʀ(ə)tɛʀse] ▸ conjug 3 ◂ vt (Agr) to plough for the fourth time

**rétiaire** [ʀetjɛʀ] nm (Antiq) retiarius

**réticence** [ʀetisɑ̃s] → SYN nf **a** (= hésitation) hesitation, reluctance (NonC) ◆ **avec réticence** reluctantly, grudgingly, with some hesitation ◆ **sans réticence** without (any) hesitation ◆ **cette proposition suscite quelques réticences chez les éditeurs** publishers are a bit hesitant about ou are reluctant to go along with this proposal ◆ **compte tenu des réticences manifestées par les syndicats** (= réserve) given the misgivings ou reservations expressed by the unions

**b** († = omission) reticence (NonC) ◆ **parler sans réticence** to speak openly, conceal nothing

**réticent, e** [ʀetisɑ̃, ɑ̃t] → SYN adj **a** (= hésitant) hesitant, reluctant ◆ **se montrer réticent** to be hesitant ou reluctant (*pour faire* to do)

**b** (= réservé) reticent

**réticulaire** [ʀetikylɛʀ] adj reticular

**réticulation** [ʀetikylasjɔ̃] nf (Chim) cross-link(age)

**réticule** [ʀetikyl] → SYN nm (Opt) reticle; (= sac) reticule

**réticulé, e** [ʀetikyle] adj (Anat, Géol) reticulate; (Archit) reticulated

**réticulocyte** [ʀetikylɔsit] nm reticulocyte

**réticuloendothélial, e,** mpl **-iaux** [ʀetikylo ɑ̃dɔteljal, jo] adj reticuloendothelial

**réticulum** [ʀetikylɔm] nm reticulum ◆ **réticulum endoplasmique** endoplasmic reticulum

**rétif, -ive** [ʀetif, iv] → SYN adj animal stubborn; personne rebellious, restive

**rétine** [ʀetin] nf retina

**rétinien, -ienne** [ʀetinjɛ̃, jɛn] adj retinal

**rétinite** [ʀetinit] nf retinitis

**rétinol** [ʀetinɔl] nm retinol

**rétinopathie** [ʀetinɔpati] nf retinopathy

**rétique** [ʀetik] adj ⇒ **rhétique**

**retirage** [ʀ(ə)tiʀaʒ] nm (Photo, Typo) reprint

**retiration** [ʀ(ə)tiʀasjɔ̃] nf (Typo) perfecting, backing-up ◆ **presse à retiration** perfector, perfecter

**retiré, e** [ʀ(ə)tiʀe] → SYN (ptp de **retirer**) adj **a** (= solitaire) lieu remote, out-of-the-way; maison isolated; vie secluded ◆ **vivre retiré, mener une vie retirée** to live in isolation ou seclusion, lead a secluded life ◆ **il vivait retiré du reste du monde** he lived withdrawn ou cut off from the rest of the world ◆ **retiré quelque part dans le Béarn** living quietly somewhere in the Béarn

**b** (= en retraite) retired ◆ **retiré des affaires** retired from business

**retirer** [ʀ(ə)tiʀe] → SYN ▸ conjug 1 ◂ **1** vt **a** (lit, fig = enlever) [+ gants, lunettes, manteau] to take off, remove; [+ privilèges] to withdraw ◆ **retirer son collier au chien** to take the dog's collar off, remove the dog's collar ◆ **retire-lui ses chaussures** take his shoes off (for him) ◆ **retire-lui ce couteau des mains** take that knife (away) from him ◆ **retirer à qn son emploi** to take sb's job away (from them), deprive sb of their job ◆ **retirer son permis (de conduire) à qn** to take away ou revoke sb's (driving) licence, disqualify sb from driving ◆ **retirer une pièce de l'affiche** to take off ou close a play ◆ **on lui a retiré la garde des enfants** he was deprived of custody of the children ◆ **je lui ai retiré ma confiance** I don't trust him any more ◆ **retirer la parole à qn** to make sb stand down (Brit), take the floor from sb (US)

**b** (= sortir) to take out, remove (*de* from) ◆ **retirer un bouchon** to pull out ou take out ou remove a cork ◆ **retirer un corps de l'eau/qn de dessous les décombres** to pull a body out of the water/sb out of ou out from under the rubble ◆ **retirer un plat du four/les bagages du coffre** to take a dish out of the oven/the luggage out of the boot ◆ **ils ont retiré leur fils du lycée** they have taken their son away from ou removed their son from the school ◆ **se faire retirer une dent** to have a tooth out ◆ **je ne peux pas retirer la clé de la serrure** I can't get the key out of the lock ◆ **retire les mains de tes poches** take your hands out of your pockets ◆ **on lui retirera difficilement de l'idée** ou **de la tête**

**qu'il est menacé*** we'll have difficulty ou a job convincing him that he's not being threatened

**c** (= reprendre possession de) [+ bagages, billets réservés] to collect, pick up; [+ argent en dépôt] to withdraw, take out; [+ gage] to redeem ◆ **retirer de l'argent (de la banque)** to withdraw money (from the bank), take money out (of the bank) ◆ **votre commande est prête à être retirée** your order is now awaiting collection ou ready for collection

**d** (= ramener en arrière) to take away, remove, withdraw ◆ **retirer sa tête/sa main (pour éviter un coup)** to remove ou withdraw one's head/one's hand (to avoid being hit) ◆ **il retira prestement sa main** he whisked ou snatched his hand away

**e** (= annuler) [+ candidature] to withdraw; [+ accusation, plainte] to withdraw, take back ◆ **je retire ce que j'ai dit** I take back what I said ◆ **retirer sa candidature** (Pol) to withdraw one's candidature, stand down (Brit) ◆ **retirer un journal de la circulation** to take a newspaper out of circulation ◆ **retirer un produit du commerce** ou **du marché** to take a product off the market

**f** (= obtenir) [+ avantages] to get, gain ou derive (*de* from) ◆ **les bénéfices qu'on en retire** the profits to be had ou gained from it ◆ **il en a retiré un grand profit** he profited ou gained greatly by it ◆ **il n'en a retiré que des ennuis** it caused him nothing but trouble ◆ **tout ce qu'il en a retiré, c'est ...** the only thing he has got out of it is ..., all he has gained is ...

**g** (= extraire) [+ extrait, huile, minerai] to obtain ◆ **une substance dont on retire une huile précieuse** a substance from which a valuable oil is obtained

**h** (Photo) to reprint ◆ **faire retirer des photos** to have reprints of one's photographs done

**2** **se retirer** vpr **a** (= partir) to retire, withdraw; (= aller se coucher) to retire (to bed); (= prendre sa retraite) to retire; (= retirer sa candidature) to withdraw, stand down (Brit) (*en faveur de* in favour of) ◆ **se retirer discrètement** to withdraw discreetly ◆ **ils se sont retirés dans un coin pour discuter affaires** they withdrew ou retired to a corner to talk business ◆ **se retirer dans sa chambre** to go ou withdraw (frm) ou retire (frm) to one's room ◆ **se retirer dans sa tour d'ivoire** (fig) to take refuge ou lock o.s. up in an ivory tower ◆ **ils ont décidé de se retirer à la campagne** they've decided to retire to the country ◆ **elle s'est retirée dans un couvent** she retired ou withdrew to a convent

**b** (= reculer) (pour laisser passer qn, éviter un coup) to move out of the way; [troupes] to withdraw; [marée, mer] to recede, go back, ebb; [eaux d'inondation] to recede, go down; [glacier] to recede ◆ **retire-toi d'ici** ou **de là, tu me gênes** stand somewhere else – you're in my way

**c** (= quitter) **se retirer de** to withdraw from ◆ **se retirer d'une compétition/d'un marché** to withdraw from a competition/from a market ◆ **se retirer des affaires** to retire from business ◆ **se retirer du monde** to withdraw from society ◆ **se retirer de la partie** to drop out

**retombant, e** [ʀ(ə)tɔ̃bɑ̃, ɑ̃t] adj moustache drooping; branches hanging ◆ **plantes à port retombant** hanging plants

**retombé** [ʀ(ə)tɔ̃be] nm (Danse) retombé

**retombée** [ʀ(ə)tɔ̃be] → SYN nf **a** **retombées (radioactives** ou **atomiques)** (radioactive) fallout (NonC)

**b** (gén pl = répercussion) [scandale] consequence, effect; [invention] spin-off ◆ **les retombées financières d'une opération** the financial spin-offs of a deal ◆ **l'accord a eu des retombées économiques immédiates** the agreement had an immediate knock-on effect on the economy ou immediate economic repercussions ◆ **retombées de presse** press play ◆ **le gouvernement redoute les retombées médiatiques de l'événement** the government is concerned about the effects media coverage of this event might have

**c** (Archit) spring, springing

**retomber** [ʀ(ə)tɔ̃be] → SYN ▸ conjug 1 ◂ vi **a** (= faire une nouvelle chute) to fall again ◆ **le lendemain, il est retombé dans la piscine** the next day he fell into the swimming pool again ◆ **retomber dans la misère** to fall on hard times again ◆ **retomber dans le découragement** to lose heart again ◆ **retomber dans l'erreur/le péché** to fall back ou lapse into error/sin ◆ **son roman est retombé dans l'oubli** his novel has sunk back into oblivion ◆ **le pays retomba dans la guerre civile** the country lapsed into civil war again ◆ **je vais retomber dans l'ennui** I'll start being bored again ◆ **la conversation retomba sur le même sujet** the conversation turned once again ou came round again to the same subject

**b** (= redevenir) **retomber amoureux/enceinte/malade** to fall in love/get pregnant/fall ill again ◆ **ils sont retombés d'accord** they reached agreement again

**c** [neige, pluie] to fall again, come down again ◆ **la neige retombait de plus belle** the snow was falling again still more heavily

**d** (= tomber après s'être élevé) [personne] to land; [chose lancée, liquide] to come down; [gâteau, soufflé] to collapse; [abattant, capot, herse] to fall back down; [fusée, missile] to land, come back to earth; [conversation] to fall away, die; [intérêt] to fall away, fall off; (Pol) [tension] to subside; [vent] to subside, die down; [silence] to fall ou descend again ◆ **retomber comme un soufflé** (fig) to fade away to nothing ◆ **il est retombé lourdement (sur le dos)** he landed heavily (on his back) ◆ **elle saute bien mais elle ne sait pas retomber** she can jump well but she doesn't know how to land ◆ **le chat retombe toujours sur ses pattes** cats always land on their feet ◆ **il retombera toujours sur ses pattes** ou **pieds** (fig) he'll always land ou fall on his feet ◆ **se laisser retomber sur son oreiller** to fall back ou sink back onto one's pillow ◆ **laissez retomber les bras** (Sport) let your arms drop ou fall (by your sides) ◆ **il laissa retomber le rideau** he let the curtain fall back ◆ **l'eau retombait en cascades** the water fell back in cascades ◆ **ça lui est retombé sur le nez*** (fig) it backfired on him ◆ **le brouillard est retombé en fin de matinée** the fog fell again ou came down again ou closed in again towards lunchtime ◆ **l'inflation est retombée à 4%** inflation has fallen to 4%

**e** (= pendre) [cheveux, rideaux] to fall, hang (down) ◆ **de petites boucles blondes retombaient sur son front** little blond curls tumbled ou fell onto her forehead

**f** (= échoir à) **la responsabilité retombera sur toi** the responsibility will fall ou land* on you ◆ **les frais retombèrent sur nous** we were landed* ou saddled with the expense ◆ **faire retomber sur qn la responsabilité de qch/les frais de qch** to pass the responsibility for sth/the cost of sth on to sb, land* sb with the responsibility for sth/the cost of sth ◆ **ça va me retomber dessus*** (gén) I'll get the blame ou take the flak* (for it); [travail] I'll get lumbered ou landed with it* ◆ **le péché du père retombera sur la tête des enfants** the sins of the fathers will be visited on the sons

**g** **Noël retombe un samedi** Christmas falls on a Saturday again ◆ **retomber en enfance** to lapse into second childhood ◆ **je suis retombé sur lui le lendemain, au même endroit** I came across him again the next day in the same place ◆ **ils nous sont retombés dessus le lendemain** they landed* on us again the next day

**retordre** [ʀ(ə)tɔʀdʀ] ▸ conjug 41 ◂ vt [+ câbles] to twist again; [+ linge] to wring (out) again; → **fil**

**rétorquer** [ʀetɔʀke] → SYN ▸ conjug 1 ◂ vt to retort

**retors, e** [ʀətɔʀ, ɔʀs] → SYN adj **a** (Tex) **fil retors** twisted yarn

**b** (= rusé) sly, wily, underhand

**rétorsion** [ʀetɔʀsjɔ̃] → SYN nf (frm, Jur, Pol) retortion, retaliation ◆ **user de rétorsion envers un État** to retaliate ou use retortion against a state; → **mesure**

**retouche** [ʀ(ə)tuʃ] → SYN nf [photo, peinture] touching up (NonC); [texte, vêtement] alteration ◆ **faire une retouche à une photo** to touch up a photo ◆ **faire une retouche** (à une photo, une peinture) to do some touching up; (à un vêtement) to make an alteration ◆ **retouche d'images** retouching

**retoucher** [ʀ(ə)tuʃe] → SYN ▸ conjug 1 ◂ **1** vt **a** (= améliorer) [+ peinture, photo] to touch up, retouch; [+ texte, vêtement] to alter, make alterations to ◆ **il faudra retoucher cette veste au col** this jacket will have to be altered at the neck ◆ **on voit tout de suite que cette photo est retouchée** you can see straight away that this photo has been touched up

**b** (= toucher de nouveau) to touch again; (= blesser de nouveau) to hit again

**2** vi ◆ **retoucher à qch** to touch sth again ◆ **s'il retouche à ma sœur, gare à lui !** if he lays hands on ou touches my sister again he'd better look out! ◆ **je n'ai plus jamais retouché à l'alcool** I never touched a drop of alcohol again

**retoucheur, -euse** [ʀ(ə)tuʃœʀ, øz] nm,f ◆ **retoucheur (en confection)** dressmaker in charge of alterations ◆ **retoucheur photographe** retoucher

**retour** [ʀ(ə)tuʀ] → SYN **1** nm **a** (= fait d'être revenu) (gén) return; (à la maison) homecoming, return home; (= chemin, trajet) return (journey), way back, journey back; (= billet) return (ticket) ◆ **il fallait déjà penser au retour** it was already time to think about going back ou about the return journey ◆ **être sur le (chemin du) retour** to be on one's way back ◆ **pendant le retour** on the way back, during the return journey (Brit), on our trip ou journey back (Brit) ◆ **elle n'a pas assez pour payer son retour** she hasn't enough to pay for her return trip ou journey (Brit) ◆ **(être) de retour (de)** (to be) back (from) ◆ **à votre retour, écrivez-nous** write to us when you are ou get back ◆ **à leur retour, ils trouvèrent la maison vide** when they got back ou on their return, they found the house empty ◆ **de retour à la maison** back home ◆ **au retour de notre voyage** when we got back from our trip ou journey (Brit) ◆ **à son retour d'Afrique/du service militaire** on his return ou on returning from Africa/from military service; → **cheval**

**b** (à un état antérieur) **retour à** return to ◆ **le retour à une vie normale** the return ou reversion to (a) normal life ◆ **ils considèrent le retour à l'emploi comme une priorité** they believe that getting people back to work is a priority ◆ **retour à la nature/la terre** return to nature/the land ◆ **retour aux sources** (gén : aux origines) return to basics; (à la nature) return to the basic ou simple life; (à son village natal) return to one's roots ◆ **retour à la normale** return to normal ◆ **retour au calme/à l'Antiquité** return to a state of calm/to Antiquity ◆ **son retour à la politique** his return to politics, his political comeback

**c** (= réapparition) return; (= répétition régulière) [cadence, motif, thème] recurrence ◆ **le retour du printemps/de la paix** the return of spring/of peace ◆ **on prévoit un retour du froid** a return of the cold weather is forecast ◆ **un retour offensif de la grippe** a renewed outbreak of flu

**d** (Comm, Poste) [emballage, objets invendus, récipient] return ◆ **retour à l'envoyeur** ou **à l'expéditeur** return to sender ◆ **avec faculté de retour** on approval, on sale or return ◆ **clause de retour** (Fin) no protest clause

**e** (Jur) **(droit de) retour** reversion

**f** (littér = changement d'avis) change of heart ◆ **retours** (= revirements) reversals ◆ **les retours de la fortune** the turns of fortune ◆ **un retour soudain dans l'opinion publique** a sudden turnabout in public opinion

**g** (Tech) [chariot de machine, pièce mobile] return; (= partie de bureau) (desk) extension ◆ **touche retour** (Ordin) return key

**h** (Élec) **retour à la terre** ou **à la masse** earth (Brit) ou ground (US) return

**i** (Tennis) return ◆ **retour de service** return of service ou serve ◆ **match retour** (Sport) return match, second ou return leg

**j** (Fin) return ◆ **retour sur investissements** return on investments

**k** (LOC) **en retour** in return ◆ **choc** ou **effet en retour** backlash ◆ **bâtiment en retour (d'équerre)** building constructed at right angles ◆ **être sur le retour*** (péj) to be over the hill*, be a bit past it* (Brit) ◆ **faire retour** à to revert to ◆ **par un juste retour des choses, il a été cette fois récompensé** events went his way ou fate was fair to him this time and he got his just reward ◆ **par un juste retour des choses, il a été puni** he was punished, which served him right ◆ **par retour (du courrier)** by return (of post) ◆ **sans retour** partir for ever ◆ **voyage sans retour** journey from which there is no return ◆ **faire un retour sur soi-même** to take stock of o.s., do some soul-searching; → **payer**

2 COMP ▷ **retour d'âge** change of life ▷ **retour en arrière** (Ciné, Littérat) flashback; (= souvenir) look back; (= mesure rétrograde) retreat ◆ **faire un retour en arrière** to take a look back, look back; (Ciné) to flash back ▷ **retour de bâton** (= contrecoup) backlash ◆ **ils ont dépensé sans compter pendant des années, maintenant c'est le retour de bâton** they spent money recklessly for years – but now the chickens are coming home to roost ▷ **retour de couches** first period (after pregnancy), return of menstruation ▷ **retour éternel** (Philos) eternal recurrence ▷ **retour de flamme** (dans un moteur) backfire; (fig) rekindling of passion ◆ **il y a eu un retour de flamme** (feu) the flames leapt out ▷ **retour en force: il y a eu un retour en force du racisme** racism is back with a vengeance ◆ **on assiste à un retour en force de leur parti sur la scène politique** their party is making a big comeback ▷ **retour de manivelle** (lit) kick ◆ **il y aura un retour de manivelle** (fig) it'll backfire (on them)

**retourne** [ʀ(ə)tuʀn] nf **a** (Ftbl) overhead kick
**b** (Cartes) *card turned over to determine the trump*

**retournement** [ʀ(ə)tuʀnəmɑ̃] → SYN nm [situation, opinion publique] reversal (*de* of), turnaround (*de* in)

**retourner** [ʀ(ə)tuʀne] → SYN ▸ conjug 1 ◂ 1 vt (avec aux avoir) **a** (= mettre dans l'autre sens) [+ caisse, seau] to turn upside down; [+ matelas] to turn (over); [+ carte] to turn up ou over; [+ omelette, poisson, viande] to turn over; [+ crêpe] (avec une spatule) to turn over; (en lançant) to toss ◆ **retourner un tableau/une carte contre le mur** to turn a picture/a map against the wall ◆ **elle l'a retourné (comme une crêpe ou un gant)** * (fig) she soon changed his mind for him ◆ **retourner la situation** to reverse the situation, turn the situation round

**b** (en remuant, secouant) [+ sol, terre] to turn over; [+ salade] to toss; [+ foin] to toss, turn (over)

**c** (= mettre l'intérieur à l'extérieur) [+ parapluie, sac, vêtement] to turn inside out; (Couture) [+ col, vêtement] to turn ◆ **retourner ses poches pour trouver qch** to turn one's pockets inside out ou turn out one's pockets to find sth ◆ **son col/revers est retourné** (par mégarde) his collar/lapel is turned up; → **veste**

**d** (= orienter dans le sens opposé) [+ mot, phrase] to turn round ◆ **retourner un argument contre qn** to turn an argument back on sb ou against sb ◆ **il retourna le pistolet contre lui-même** he turned the gun on himself ◆ **retourner un compliment** to return a compliment ◆ **je pourrais vous retourner votre critique** I could criticize you in the same way

**e** (= renvoyer) [+ lettre, marchandise] to return, send back

**f** (* fig = bouleverser) [+ maison, pièce] to turn upside down; [+ personne] to shake ◆ **il a tout retourné dans la maison pour retrouver ce livre** he turned the whole house upside down to find that book ◆ **la nouvelle l'a complètement retourné** the news has severely shaken him ◆ **ce spectacle m'a retourné** seeing it gave me quite a turn *

**g** (= tourner plusieurs fois) **retourner une pensée/une idée dans sa tête** to turn a thought/an idea over (and over) in one's mind ◆ **retourner le couteau ou le poignard dans la plaie** (fig) to twist the knife in the wound; → **tourner**

2 vi (avec aux être) **a** (= aller à nouveau) to return, go back ◆ **retourner en Italie/à la mer** to return ou go back to Italy/to the seaside ◆ **je devrai retourner chez le médecin** I'll have to go back to the doctor's ◆ **retourner en arrière ou sur ses pas** to turn back, retrace one's steps ◆ **il retourne demain à son travail/à l'école** he's going back to work/to school tomorrow ◆ **elle est retournée chez elle chercher son parapluie** she went back home to get her umbrella

**b** (à un état antérieur) **retourner à** to return to, go back to ◆ **retourner à la vie sauvage** to revert ou go back to the wild state ◆ **retourner à Dieu** to return to God ◆ **il est retourné à son ancien métier/à la physique** he has gone back to his old job/to physics

**c** (= être restitué) **la maison retournera à son frère** the house will revert to his brother

3 vb impers ◆ **nous voudrions bien savoir de quoi il retourne** we should really like to know what is going on ou what it's all about

4 **se retourner** vpr **a** [personne couchée] to turn over; [automobiliste, véhicule] to turn over, overturn; [bateau] to capsize, keel over, overturn ◆ **se retourner sur le dos/le ventre** to turn (over) onto one's back/one's stomach ◆ **se retourner dans son lit toute la nuit** to toss and turn all night in bed ◆ **il doit se retourner dans sa tombe !** (hum) he must be turning in his grave! (hum) ◆ **la voiture s'est retournée ou ils se sont retournés (dans un fossé)** the car ou they overturned (into a ditch) ◆ **laissez-lui le temps de se retourner** (fig) give him time to sort himself out ◆ **il sait se retourner** (fig) he knows how to cope

**b** (= tourner la tête) to turn round ◆ **partir sans se retourner** to leave without looking back ou without a backward glance ◆ **tout le monde se retournait sur lui ou sur son passage** everyone turned round as he went by

**c** (fig) [situation] to be reversed, be turned round ◆ **se retourner contre qn** [personne] to turn against sb; [acte, situation] to backfire on sb, rebound on sb; (Jur = poursuivre) to take (court) action ou proceedings against sb ◆ **il ne savait vers qui se retourner** he didn't know who to turn to

**d** (= tordre) [+ pouce] to wrench, twist

**e** (littér = cheminer) **s'en retourner** to journey back; (= partir) to depart, leave ◆ **il s'en retourna comme il était venu** he left as he had come ◆ **s'en retourner dans son pays (natal)** to return to one's native country

**retracer** [ʀ(ə)tʀase] → SYN ▸ conjug 3 ◂ vt **a** (= raconter) [+ histoire, vie] to relate, recount ◆ **le film retrace la carrière de l'artiste** the film goes back over ou traces the artist's career
**b** (= tracer à nouveau) [+ trait effacé] to redraw, draw again

**rétractable** [ʀetʀaktabl] adj (Jur) revocable ◆ **crayon à pointe rétractable** retractable pencil ◆ **volant rétractable (en cas de choc)** collapsible steering wheel ◆ **clavier rétractable** (Ordin) pull-out keyboard ◆ **emballé sous film rétractable** shrink-wrapped

**rétractation** [ʀetʀaktasjɔ̃] → SYN nf [aveux, promesse, témoignage] retraction, withdrawal

**rétracter** [ʀetʀakte] → SYN ▸ conjug 1 ◂ 1 vt **a** (= contracter, rentrer) [+ griffe] to draw in, retract
**b** (littér = revenir sur) [+ parole, opinion] to retract, withdraw, take back
2 **se rétracter** vpr **a** (= se retirer) [griffe, antenne] to retract ◆ **au moindre reproche, elle se rétractait** (littér) she would shrink at the slightest reproach
**b** (= se dédire, Jur) to retract, withdraw one's statement ◆ **je ne veux pas avoir l'air de me rétracter** I don't want to appear to back down

**rétractibilité** [ʀetʀaktibilite] nf [bois] (= retrait) contractibility; (= gonflement) expansibility

**rétractif, -ive** [ʀetʀaktif, iv] adj retractive

**rétractile** [ʀetʀaktil] adj retractile

**rétractilité** [ʀetʀaktilite] nf retractility

**rétraction** [ʀetʀaksjɔ̃] → SYN nf (Méd) retraction

**retraduction** [ʀ(ə)tʀadyksjɔ̃] nf retranslation

**retraduire** [ʀ(ə)tʀadɥiʀ] ▸ conjug 38 ◂ vt (= traduire de nouveau) to retranslate, translate again; (= traduire dans la langue de départ) to translate back

**retrait** [ʀ(ə)tʀɛ] nm **a** (= départ) [mer] ebb; [eaux, glacier] retreat; [candidat, candidature, troupes] withdrawal ◆ **on vient d'annoncer le retrait du marché de ce produit** it's just been announced that this product has been withdrawn from sale ou taken off the market

**b** [somme d'argent] withdrawal; [bagages] collection; [objet en gage] redemption ◆ **le retrait des bagages peut se faire à toute heure** luggage may be collected at any time ◆ **faire un retrait de 50 €** to withdraw €50 ◆ **retrait à vue** withdrawal on demand

**c** (= suppression) [demande, projet] withdrawal ◆ **retrait du permis (de conduire)** disqualification from driving, driving ban, revocation of a driving licence ◆ **il a eu un retrait de deux points** his licence was endorsed with two points ◆ **retrait d'emploi** (Admin) deprivation of office ◆ **retrait de plainte** (Jur) nonsuit ◆ **les étudiants réclament le retrait du projet de loi** the students are demanding that the bill be withdrawn ou shelved

**d** (= rétrécissement) [ciment] shrinkage, contraction; [tissu] shrinkage ◆ **il y a du retrait** there's some shrinkage

**e** (LOC)

♦ **en + retrait** ◆ **situé en retrait** set back ◆ **se tenant en retrait** standing back ◆ **rester en retrait** [personne] to stay in the background ◆ **faire une passe en retrait** (Ftbl) to pass back ◆ **ces propositions sont en retrait sur les précédentes** these offers do not go as far as the previous ones ◆ **notre chiffre d'affaires est en léger retrait par rapport aux années précédentes** our turnover is slightly down ou has fallen slightly compared to previous years

♦ **en retrait de** set back from ◆ **une petite maison, un peu en retrait de la route** a little house, set back a bit from the road

**retraitant, e** [ʀ(ə)tʀɛtɑ̃, ɑ̃t] nm,f retreatant

**retraite** [ʀ(ə)tʀɛt] → SYN 1 nf **a** (Mil = fuite) retreat ◆ **battre/sonner la retraite** to beat/sound the retreat ◆ **battre en retraite** to beat a retreat

**b** (= cessation de travail) retirement ◆ **être en ou à la retraite** to be retired ou in retirement ◆ **travailleur en retraite** retired worker, pensioner ◆ **mettre qn à la retraite** to pension sb off, superannuate sb ◆ **mise à la retraite (d'office)** (compulsory) retirement ◆ **mettre qn à la retraite d'office** to make sb take compulsory retirement ◆ **prendre sa retraite** to retire, go into retirement ◆ **prendre une retraite anticipée** to retire early, take early retirement ◆ **pour lui, c'est la retraite forcée** he has had retirement forced on him, he has had to retire early

**c** (= pension) pension ◆ **toucher ou percevoir une petite retraite** to receive ou draw a small pension; → **caisse, maison**

**d** (littér = refuge) [poète, amants] retreat, refuge; [ours, loup] lair; [voleurs] hideout, hiding place

**e** (Rel = récollection) retreat ◆ **faire ou suivre une retraite** to be in retreat, go into retreat

**f** (Constr) tapering

2 COMP ▷ **retraite des cadres** management pension ▷ **retraite par capitalisation** self-funded retirement scheme (Brit) ou plan (US) ▷ **retraite complémentaire** supplementary pension ▷ **retraite aux flambeaux** torchlight procession ▷ **retraite par répartition** contributory pension scheme (Brit) ou plan (US) ▷ **retraite des vieux** † * (old age) pension ▷ **retraite des vieux travailleurs** retirement pension

**retraité, e** [ʀ(ə)tʀete] 1 adj **a** personne retired
**b** déchets reprocessed
2 nm,f (old age) pensioner ◆ **les retraités** retired people, pensioners ◆ **retraités actifs** active retired people

**retraitement** [ʀ(ə)tʀɛtmɑ̃] nm reprocessing ◆ **usine de retraitement des déchets nucléaires** nuclear reprocessing plant

**retraiter** [ʀ(ə)tʀete] ▸ conjug 1 ◂ vt to reprocess

**retranchement** [ʀ(ə)tʀɑ̃ʃmɑ̃] → SYN nm (Mil) entrenchment, retrenchment ◆ **pousser qn dans ses derniers retranchements** (fig) to drive ou hound sb into a corner ◆ **poussé dans ses derniers retranchements, il dut admettre les faits** he was driven into a corner and had to admit the facts

**retrancher** [ʀ(ə)tʀɑ̃ʃe] → SYN ▸ conjug 1 ◂ 1 vt **a** (= enlever) [+ quantité] to take away, subtract (*de* from); [+ somme d'argent] to deduct, dock, take off; [+ passage, mot] to take out, remove, omit (*de* from) ◆ **retrancher 10 de 15** to take 10 (away) from 15, subtract 10 from 15 ◆ **retrancher une somme d'un salaire** to deduct ou dock a sum from a salary ◆ **si**

**l'on retranche ceux qui n'ont pas de licence** if you leave out ou omit the non-graduates ◆ **ils étaient décidés à me retrancher du monde des vivants** (hum) they were set on removing me from the land of the living

**b** (littér = couper) [+ chair gangrenée] to remove, cut off; [+ organe malade] to remove, cut out

**c** (littér = séparer) to cut off ◆ **son argent le retranchait des autres** his money cut him off from other people

**d** († Mil = fortifier) to entrench

**2** **se retrancher** vpr **a** (Mil = se fortifier) **se retrancher derrière/dans** to entrench o.s. behind/in ◆ **se retrancher sur une position** to entrench o.s. in a position

**b** (fig) **se retrancher dans son mutisme** to take refuge in silence ◆ **se retrancher dans sa douleur** to shut o.s. away with one's grief ◆ **se retrancher derrière la loi/le secret professionnel** to take refuge behind ou hide behind the law/professional secrecy

**retranscription** [ʀ(ə)tʀɑ̃skʀipsjɔ̃] nf (= action) retranscription; (= résultat) new transcript

**retranscrire** [ʀ(ə)tʀɑ̃skʀiʀ] ▸ conjug 39 ◂ vt to retranscribe

**retransmettre** [ʀ(ə)tʀɑ̃smɛtʀ] ▸ conjug 56 ◂ vt **a** [+ match, émission, concert] (Radio) to broadcast, relay; (TV) to show, broadcast, relay ◆ **retransmettre qch en différé** (Radio) to broadcast a recording of sth; (TV) to show ou broadcast a recording of sth ◆ **retransmettre qch en direct** (Radio) to relay ou broadcast sth live; (TV) to show ou broadcast sth live ◆ **retransmis par satellite** relayed by satellite

**b** [+ nouvelle, ordre] to pass on

**retransmission** [ʀ(ə)tʀɑ̃smisjɔ̃] nf **a** [match, émission, concert] (Radio) broadcast; (TV) broadcast, showing ◆ **retransmission en direct/différé** live/recorded broadcast ◆ **la retransmission du match aura lieu à 23 heures** the match will be shown at 11 p.m

**b** [nouvelle, ordre] passing on

**retravailler** [ʀ(ə)tʀavaje] ▸ conjug 1 ◂ **1** vi **a** (= recommencer le travail) to start work again ◆ **il retravaille depuis le mois dernier** he has been back at work since last month

**b** (= se remettre à) **retravailler à qch** to start work on sth again, work at sth again

**2** vt [+ question] to give (some) more thought to; [+ discours, ouvrage] to work on again; [+ pâte à pain] to knead again; [+ argile] to work again; [+ minerai] to reprocess

**retraverser** [ʀ(ə)tʀavɛʀse] ▸ conjug 1 ◂ vt (de nouveau) to recross; (dans l'autre sens) to cross back over

**rétréci, e** [ʀetʀesi] → SYN (ptp de **rétrécir**) adj tricot, vêtement shrunk, shrunken; pupille contracted; (péj) esprit narrow; (Écon) marché shrinking ◆ **"chaussée rétrécie"** (Aut) "road narrows"

**rétrécir** [ʀetʀesiʀ] → SYN ▸ conjug 2 ◂ **1** vt [+ vêtement] to take in; [+ tissu] to shrink; [+ pupille] to contract; [+ conduit, orifice, rue] to narrow, make narrower; [+ bague] to tighten, make smaller; (fig) [+ champ d'activité, esprit] to narrow

**2** vi [laine, tissu] to shrink; [pupille] to contract; [rue, vallée] to narrow, become ou get narrower; [esprit] to grow narrow; [cercle d'amis] to grow smaller, dwindle; (Écon) [marché] to shrink, contract ◆ **rétrécir au lavage** to shrink in the wash ◆ **faire rétrécir** [+ tissu] to shrink

**3** **se rétrécir** vpr → **2**

**rétrécissement** [ʀetʀesismɑ̃] → SYN nm [laine, tricot] shrinkage; [pupille] contraction; [conduit, rue, vallée] narrowing; (Écon) [marché] shrinking, contracting; [vêtement] taking in; (Méd) [aorte, rectum] stricture

**retrempe** [ʀətʀɑ̃p] nf [acier] requenching

**retremper** [ʀ(ə)tʀɑ̃pe] → SYN ▸ conjug 1 ◂ **1** vt **a** (Tech) [+ acier] to requench ◆ **retremper son courage aux dangers du front** (fig) to try ou test one's courage again amid the dangers at the front

**b** (= réimprégner) to resoak

**2** **se retremper** vpr [baigneur] to go back into the water ◆ **se retremper dans l'ambiance familiale** (fig) to reimmerse o.s. in the family atmosphere

**rétribuer** [ʀetʀibɥe] → SYN ▸ conjug 1 ◂ vt [+ ouvrier] to pay ◆ **rétribuer le travail/les services de qn** to pay sb for their work/their services

**rétribution** [ʀetʀibysjɔ̃] → SYN nf (= paiement) payment, remuneration (NonC); (littér = récompense) reward, recompense (*de* for)

**retriever** [ʀetʀivœʀ] nm retriever

**rétro**[1] * [ʀetʀo] nm **a** (abrév de **rétroviseur**)

**b** (Billard) screw-back stroke

**rétro**[2] [ʀetʀo] **1** adj inv ◆ **la mode/le style rétro** retro fashions/style ◆ **robe rétro** retro-style dress

**2** nm ◆ **le rétro** retro

**rétroactes** [ʀetʀoakt] nmpl (Belg = antécédents) antecedents ◆ **elle ignorait les rétroactes de l'affaire** she knew nothing about the background to the affair

**rétroactif, -ive** [ʀetʀoaktif, iv] → SYN adj retroactive, retrospective ◆ **mesure/augmentation de salaire avec effet rétroactif** retroactive ou backdated measure/pay rise ◆ **loi à effet rétroactif** ex post facto law ◆ **la loi est entrée en vigueur avec effet rétroactif à compter du 1er octobre** the law came into force, retroactive to October 1st

**rétroaction** [ʀetʀoaksjɔ̃] → SYN nf retroactive ou retrospective effect

**rétroactivement** [ʀetʀoaktivmɑ̃] adv retroactively, retrospectively

**rétroactivité** [ʀetʀoaktivite] nf retroactivity

**rétroagir** [ʀetʀoaʒiʀ] ▸ conjug 2 ◂ vi to retroact

**rétrocéder** [ʀetʀosede] → SYN ▸ conjug 6 ◂ vt (Jur) to retrocede, cede back

**rétrocession** [ʀetʀosesjɔ̃] → SYN nf (Jur) retrocession, retrocedence ◆ **la rétrocession de Hong-Kong à la Chine** the handover of Hong Kong to China

**rétrofléchi, e** [ʀetʀɔfleʃi] adj retroflex(ed)

**rétroflexe** [ʀetʀɔflɛks] adj retroflex

**rétroflexion** [ʀetʀɔflɛksjɔ̃] nf retroflexion

**rétrofusée** [ʀetʀofyze] nf retrorocket

**rétrogradation** [ʀetʀɔgʀadasjɔ̃] → SYN nf (littér = régression) regression, retrogression; (Admin) [officier] demotion; [fonctionnaire] demotion, downgrading; (Astron) retrogradation

**rétrograde** [ʀetʀɔgʀad] → SYN adj **a** (péj = arriéré) esprit reactionary; idées, mesures, politique retrograde, reactionary

**b** (= de recul) mouvement, sens backward, retrograde; (Littérat) rimes, vers palindromic; (Astron) retrograde ◆ **effet rétrograde** (Billard) screw-back ◆ **amnésie rétrograde** (Méd) retrograde amnesia

**rétrograder** [ʀetʀɔgʀade] → SYN ▸ conjug 1 ◂ **1** vi **a** (Aut) to change down ◆ **rétrograder de troisième en seconde** to change down from third to second

**b** (= régresser) (dans une hiérarchie) to regress, move down; (contre le progrès) to go backward, regress; (= perdre son avance) to fall back; (= reculer) to move back ◆ **il rétrograde de la 2e à la 6e place** he's moved back from second to sixth place

**c** (Astron) to retrograde

**2** vt [+ officier] to demote; [+ fonctionnaire] to demote, downgrade

**rétrogression** [ʀetʀɔgʀesjɔ̃] nf retrogression

**rétropédalage** [ʀetʀopedalaʒ] nm backpedalling (lit)

**rétroprojecteur** [ʀetʀopʀɔʒɛktœʀ] nm overhead projector

**rétroprojection** [ʀetʀopʀɔʒɛksjɔ̃] nf overhead projection

**rétropropulsion** [ʀetʀopʀɔpylsjɔ̃] nf reverse thrust

**rétrospectif, -ive** [ʀetʀɔspɛktif, iv] **1** adj étude, peur retrospective

**2** **rétrospective** nf (Art = exposition) retrospective ◆ **rétrospective Buster Keaton** (Ciné = projections) Buster Keaton season

**rétrospectivement** [ʀetʀɔspɛktivmɑ̃] adv apparaître in retrospect, retrospectively; avoir peur, être jaloux in retrospect, looking back ◆ **ces faits me sont apparus rétrospectivement sous un jour inquiétant** looking back on it ou in retrospect I saw the worrying side of these facts

**retroussé, e** [ʀ(ə)tʀuse] (ptp de **retrousser**) adj jupe hitched up; manche, pantalon rolled up; nez turned-up, snub; moustaches, lèvres curled up

**retrousser** [ʀ(ə)tʀuse] → SYN ▸ conjug 1 ◂ vt [+ jupe] to hitch up; [+ manche, pantalon] to roll up; [+ lèvres] to curl up ◆ **retrousser ses manches** (lit, fig) to roll up one's sleeves ◆ **retrousser ses babines** [animal] to snarl

**retroussis** [ʀ(ə)tʀusi] nm (= partie retroussée) lip

**retrouvable** [ʀ(ə)tʀuvabl] adj findable

**retrouvailles** [ʀ(ə)tʀuvɑj] → SYN nfpl (après une séparation) reunion ◆ **ses retrouvailles avec son pays natal** his homecoming, his return to his homeland ◆ **aspirer aux retrouvailles avec la nature** to dream of getting back to nature ◆ **les retrouvailles franco-vietnamiennes** (Pol) the renewal of ties between France and Vietnam

**retrouver** [ʀ(ə)tʀuve] → SYN ▸ conjug 1 ◂ **1** vt **a** (= récupérer) [+ objet personnel, enfant] to find (again); [+ fugitif, objet égaré par un tiers] to find ◆ **retrouver son chemin** to find one's way again ◆ **on retrouva son cadavre sur une plage** his body was found on a beach ◆ **on les a retrouvés vivants** they were found alive ◆ **après sa maladie, il a retrouvé son poste** he got his job back again after his illness ◆ **une chienne ou une chatte n'y retrouverait pas ses petits, une poule n'y retrouverait pas ses poussins** it's in absolute chaos, it's an absolute shambles ou an unholy mess *

**b** (= se remémorer) to think of, remember, recall ◆ **je ne retrouve plus son nom** I can't think of ou remember ou recall his name

**c** (= revoir) [+ personne] to meet (up with) again; [+ endroit] to be back in, see again ◆ **je l'ai retrouvé par hasard en Italie** I met up with him again by chance in Italy, I happened to come across him again in Italy ◆ **je l'ai retrouvé grandi/vieilli** I found him taller/looking older ◆ **et que je ne te retrouve pas ici !** and don't let me catch you find you here again! ◆ **je serai ravi de vous retrouver** I'll be delighted to see ou meet you again

**d** (= rejoindre) to join, meet (again), see (again) ◆ **je vous retrouve à 5 heures au Café de la Poste** I'll join ou meet ou see you at 5 o'clock at the Café de la Poste ◆ **après le pont, vous retrouverez la route de Caen** after the bridge you'll be back on the road to Caen

**e** (= recouvrer) [+ forces, santé, calme] to regain; [+ joie, foi] to find again ◆ **retrouver le sommeil** to go ou get back to sleep (again) ◆ **elle mit longtemps à retrouver la santé/le calme** she took a long time to regain her health/composure, it was a long time before she regained her health/composure ◆ **très vite elle retrouva son sourire** she very soon found her smile again

**f** (= redécouvrir) [+ secret] to rediscover; [+ recette] to rediscover, uncover; [+ article en vente, situation, poste] to find again ◆ **je voudrais retrouver des rideaux de la même couleur** I'd like to find curtains in the same colour again ◆ **retrouver du travail** to find work again ◆ **il a bien cherché, mais une situation pareille ne se retrouve pas facilement** he looked around but it's not easy to come by ou find another job like that ◆ **une telle occasion ne se retrouvera jamais** an opportunity like this will never occur again ou crop up again

**g** (= reconnaître) to recognize ◆ **on retrouve chez Louis le sourire de son père** you can see ou recognize his father's smile in Louis, you can see Louis has his father's smile ◆ **je retrouve bien là mon fils !** that's my son all right!

**h** (= trouver, rencontrer) to find, encounter ◆ **on retrouve sans cesse les mêmes tournures dans ses romans** you find the same expressions all the time in his novels

**2** **se retrouver** vpr **a** (= se réunir) to meet, meet up; (= se revoir après une absence) to meet again ◆ **après le travail, ils se sont tous retrouvés au café** after work they all met in the café ◆ **ils se sont retrouvés par hasard à Paris** they met again by chance in Paris ◆ **un club où l'on se retrouve entre sportifs** a club where sportsmen get together ◆ **comme on se retrouve !** fancy ou imagine meeting ou seeing you here! ◆ **on se retrouvera !** (menace) I'll get even with you!, I'll get my own back! (Brit)

**b** (= être de nouveau) to find o.s. back ◆ **il se retrouva place de la Concorde** he found himself back at the Place de la Concorde ◆ **se retrouver dans la même situation** to find o.s. back in the same situation ◆ **se retrouver seul** (sans amis) to be left on one's own ou with no one; (loin des autres, de la foule) to be alone ou on one's own

**c** (* = finir) **il s'est retrouvé en prison/dans le fossé** he ended up in prison/in the ditch, he wound up* ou landed up* (Brit) in prison/in the ditch ◆ **se retrouver sur le trottoir*** to be back on the streets* ◆ **se retrouver à la rue** (= sans logement) to be out on the street(s)

**d** (= voir clair, mettre de l'ordre) **il ne se** ou **s'y retrouve pas dans ses calculs/la numération binaire** he can't make sense of his calculations/binary notation ◆ **on a de la peine à s'y retrouver, dans ces digressions/raisonnements** it's hard to find one's way through ou to make sense of these digressions/arguments ◆ **allez donc vous (y) retrouver dans un désordre pareil !** let's see you try and straighten out this awful mess! ◆ **je ne m'y retrouve plus** I'm completely lost

**e** (* = rentrer dans ses frais) **s'y retrouver** to break even ◆ **les frais furent énormes mais il s'y est largement retrouvé** his costs were enormous but he did very well out of the deal ◆ **tout ce que j'espère, c'est qu'on s'y retrouve** all I hope is that we don't lose on it ou that we break even ◆ **s'il te prête cet argent c'est qu'il s'y retrouve** if he's lending you this money it's because there's something in it for him

**f** (= trouver son chemin) **se retrouver, s'y retrouver** to find one's way ◆ **la ville a tellement changé que je ne m'y retrouve plus** the town has changed so much I can't find my way around any more

**g** (littér = faire un retour sur soi-même) to find o.s. again

**h** (= être présent) **ces caractéristiques se retrouvent aussi chez les cervidés** these characteristics are also found ou encountered in the deer family

**rétroversion** [ʀetʀɔvɛʀsjɔ̃] nf retroversion

**rétroviral, e,** mpl **-aux** [ʀetʀoviʀal, o] adj retroviral

**rétrovirologie** [ʀetʀoviʀolɔʒi] nf retrovirology

**rétrovirus** [ʀetʀoviʀys] nm retrovirus

**rétroviseur** [ʀetʀɔvizœʀ] nm rear-view mirror, (driving) mirror ◆ **rétroviseur latéral** wing mirror (Brit), side-view mirror (US)

**rets** [ʀɛ] → SYN nmpl (littér = piège) snare ◆ **prendre** ou **attraper qn dans ses rets** to ensnare sb ◆ **se laisser prendre** ou **tomber dans les rets de qn** to be ensnared by sb

**reubeu**‡ [ʀøbø] nm Arab

**reum**‡ [ʀœm] nf (= mère) Mum

**réuni, e** [ʀeyni] (ptp de **réunir**) adj **a** (= pris ensemble) **réunis** (put) together, combined ◆ **aussi fort que les Français et les Anglais réunis** as strong as the French and the English put together ou combined

**b** (Comm = associés) **réunis** associated ◆ **les Transporteurs Réunis** Associated Carriers

**réunification** [ʀeynifikasjɔ̃] nf reunification

**réunifier** [ʀeynifje] ▸ conjug 7 ◂ **1** vt to reunify, reunite ◆ **l'Allemagne réunifiée** reunited ou reunified Germany

**2** **se réunifier** vpr to reunify

**Réunion** [ʀeynjɔ̃] nf (Géog) ◆ **(l'île de) la Réunion** Réunion (Island)

**réunion** [ʀeynjɔ̃] → SYN nf **a** [faits, objets] collection, gathering; [fonds] raising; [amis, membres d'une famille, d'un club] bringing together, reunion, reuniting; [éléments, parties] combination; (Math) [ensembles] union ◆ **la réunion d'une province à un État** the union of a province with a state ◆ **réunion de famille** family gathering

**b** [entreprises] merging; [États] union; [fleuves] confluence, merging; [rues] junction, joining; [idées] meeting

**c** (= séance) meeting ◆ **notre prochaine réunion sera le 10** our next meeting will be on the 10th ◆ **dans une réunion** at ou in a meeting ◆ **réunion d'information** briefing (session) ◆ **réunion syndicale** union meeting ◆ **réunion de travail** work session ◆ **être en réunion** to be at ou in a meeting

**d** (Sport) **réunion cycliste** cycle rally ◆ **réunion d'athlétisme** athletics meeting ◆ **réunion hippique** (= concours) horse show; (= course) race meeting ◆ **réunion sportive** sports meeting

**réunionite*** [ʀeynjɔnit] nf mania for meetings

**réunionnais, e** [ʀeynjɔnɛ, ɛz] **1** adj of ou from Réunion

**2** **Réunionnais(e)** nm,f inhabitant ou native of Réunion

**réunir** [ʀeyniʀ] → SYN ▸ conjug 2 ◂ **1** vt **a** (= rassembler) [+ objets] to gather ou collect (together); [+ faits, preuves] to put together ◆ **réunir tout son linge en un paquet** to collect all one's washing into a bundle ◆ **réunir des papiers par une épingle** to pin papers together, fix papers together with a pin

**b** (= recueillir) [+ fonds] to raise, get together; [+ preuves] to collect, gather (together); [+ pièces de collection, timbres] to collect

**c** (= cumuler) to combine ◆ **ce livre réunit diverses tendances stylistiques** this book combines various styles, this book is a combination of different styles ◆ **réunir toutes les conditions exigées** to satisfy ou meet all the requirements

**d** (= assembler) [+ participants] to gather, collect; (= convoquer) [+ membres d'un parti] to call together, call a meeting of; (= inviter) [+ amis, famille] to entertain, have over ou round (Brit); (= rapprocher) [+ antagonistes, ennemis] to bring together, reunite; [+ anciens amis] to bring together again, reunite ◆ **on avait réuni les participants dans la cour** they had gathered those taking part in the yard ◆ **ce congrès a réuni des écrivains de toutes tendances** this congress gathered ou brought together writers of all kinds ◆ **nous réunissons nos amis tous les mercredis** we entertain our friends every Wednesday, we have our friends over ou round (Brit) every Wednesday ◆ **après une brouille de plusieurs années, ce deuil les a réunis** after a quarrel which lasted several years, this bereavement brought them together again ou reunited them

**e** (= raccorder) [+ éléments, parties] to join ◆ **le couloir réunit les deux ailes du bâtiment** the corridor joins ou links the two wings of the building

**f** (= relier) to join (up ou together) ◆ **réunir deux fils** to tie two threads together ◆ **réunir les bords d'une plaie/d'un accroc** to bring together the edges of a wound/of a tear

**g** (= rattacher à) **réunir à** [+ province] to unite to

**2** **se réunir** vpr **a** (= se rencontrer) to meet, get together ◆ **se réunir entre amis** to get together with (some) friends, have a friendly get-together ◆ **le petit groupe se réunissait dans un bar** the little group would meet ou get together in a bar

**b** (= s'associer) [entreprises] to combine, merge; [États] to unite

**c** (= se joindre) [États] to unite; [fleuves] to flow into each other, merge; [rues] to join, converge; [idées] to unite, be united

**reup**‡ [ʀœp] nm (= père) Dad

**réussi, e** [ʀeysi] → SYN (ptp de **réussir**) adj (= couronné de succès) dîner, mariage, soirée successful; (= bien exécuté) mouvement good, well executed (frm); photo, roman successful; mélange, tournure effective ◆ **c'était vraiment très réussi** it really was a great success ou very successful ◆ **eh bien, c'est réussi !** (iro) well that's just great!* (iro), very clever! (iro)

**réussir** [ʀeysiʀ] GRAMMAIRE ACTIVE 23.5 → SYN ▸ conjug 2 ◂

**1** vi **a** [affaire, entreprise, projet] to succeed, be a success, be successful; [culture, plantation] to thrive, do well; [manœuvre, ruse] to pay off ◆ **pourquoi l'entreprise n'a-t-elle pas réussi ?** why wasn't the venture a success?, why didn't the venture come off ou succeed? ◆ **le culot réussit parfois où la prudence échoue** sometimes nerve succeeds ou works where caution fails ◆ **la vigne ne réussit pas partout** vines don't thrive everywhere ou do not do well everywhere ◆ **tout lui/rien ne lui réussit** everything/nothing goes right for him, everything/nothing works for him ◆ **cela lui a mal réussi, cela ne lui a pas réussi** that didn't do him any good

**b** [personne] (dans une entreprise) to succeed, be successful; (à un examen) to pass ◆ **réussir dans la vie** to succeed ou get on in life ◆ **réussir dans les affaires/dans ses études** to succeed ou do well in business/in one's studies ◆ **et leur expédition au Pôle, ont-ils réussi ? – ils n'ont pas réussi** what about their expedition to the Pole, did they succeed? ou did they pull it off*? – they failed ◆ **il a réussi/il n'a pas réussi à l'examen** he passed/he failed the exam ◆ **il a réussi dans tout ce qu'il a entrepris** he has made a success of ou been successful ou succeeded in all his undertakings ◆ **tous leurs enfants ont bien réussi** all their children have done well ◆ **il réussit bien en anglais/à l'école** he's a success at ou he does well at English/at school

**c** **réussir à faire qch** to succeed in doing sth, manage to do sth ◆ **il a réussi à les convaincre** he succeeded in convincing them, he managed to convince them ◆ **cette maladroite a réussi à se brûler*** (iro) this clumsy girl has managed to burn herself ou has gone and burnt herself*

**d** (= être bénéfique à) **réussir à** to agree with ◆ **l'air de la mer/la vie active lui réussit** sea air/an active life agrees with him ◆ **le curry ne me réussit pas** curry doesn't agree with me

**2** vt **a** (= bien exécuter) [+ entreprise, film] to make a success of ◆ **réussir sa carrière** to have a successful career ◆ **réussir sa vie** to make a success of one's life ◆ **ce plat est facile/difficile à réussir** this dish is easy/difficult to make ◆ **elle a bien réussi sa sauce** her sauce was a great success ◆ **le Premier ministre a réussi son examen de passage** the Prime Minister has passed the test ◆ **vont-ils réussir leur coup ?** will they manage to carry ou pull it off? ◆ **il a réussi son coup : 1 500 € de raflés* en 10 minutes !** he pulled the job off – €1,500 swiped in 10 minutes flat* ◆ **je l'ai bien réussi, mon fils** (hum) I did a good job on my son (hum) ◆ **réussir l'impossible** to manage to do the impossible ◆ **il a réussi le tour de force** ou **la prouesse de les réconcilier** he miraculously managed to bring about a reconciliation between them ◆ **elle a réussi une prouesse** she pulled off a remarkable feat ◆ **elle a réussi son effet** she achieved the effect she wanted

**b** (= exécuter) [+ but, essai] to bring off, pull off; [+ tâche] to bring off, manage successfully ◆ **il a réussi deux très jolies photos** he managed two very nice photographs, he took two very successful photographs

**réussite** [ʀeysit] → SYN nf **a** [entreprise] success, successful outcome; [culture, soirée] success ◆ **ce fut une réussite complète** it was a complete ou an unqualified success

**b** [personne] success ◆ **sa réussite sociale a été fulgurante** his rise to success was dazzling ◆ **c'est un signe de réussite sociale** it's a sign of social success ◆ **je me suis fait teindre les cheveux mais ce n'est pas une réussite !** I had my hair dyed but it hasn't turned out very well! ◆ **réussite scolaire** academic success ◆ **le taux de réussite au concours est de 10%** there is a 10% success rate in the exam ◆ **les chances de réussite de cet accord** the agreement's chances of success ou of succeeding ◆ **ce n'est pas une franche réussite** it's not a great success

**c** (Cartes) patience ◆ **faire une réussite** to play patience

**réutilisable** [ʀeytilizabl] adj reusable ◆ **emballage non-réutilisable** disposable ou non-reusable packaging

**réutilisation** [ʀeytilizasjɔ̃] nf reuse

**réutiliser** [ʀeytilize] ▸ conjug 1 ◂ vt to reuse

**revaccination** [ʀ(ə)vaksinasjɔ̃] nf revaccination

**revacciner** [ʀ(ə)vaksine] ▸ conjug 1 ◂ vt to revaccinate

**revaloir** [ʀ(ə)valwaʀ] ▸ conjug 29 ◂ vt to pay back ◆ **je te revaudrai ça, je te le revaudrai** (hostile) I'll pay you back for this, I'll get even with you for this, I'll get back at you for this; (reconnaissant) I'll repay you some day

**revalorisation** [ʀ(ə)valɔʀizasjɔ̃] → SYN nf [monnaie] revaluation ◆ **revalorisation salariale** ou **des salaires** wage increase ◆ **ils prônent la revalorisation des carrières de l'enseignement** they want to improve the image ou to restore the prestige of the teaching profession

**revaloriser** [ʀ(ə)valɔʀize] → SYN ▸ conjug 1 ◂ vt a [+ monnaie] to revalue; [+ titre] to increase the value of
b [+ salaire] to raise; [+ conditions de travail] to improve
c (= promouvoir) [+ méthode] to promote again; [+ valeur morale, institution, tradition] to reassert the value of ◆ **l'entreprise veut revaloriser son image** the company wants to boost its image

**revanchard, e** [ʀ(ə)vɑ̃ʃaʀ, aʀd] (péj) 1 adj politique of revenge *(especially against enemy country)*; politicien who is an advocate of ou who advocates revenge; pays bent on revenge (attrib); attitude, propos vengeful
2 nm,f advocate of revenge, revanchist (frm)

**revanche** [ʀ(ə)vɑ̃ʃ] → SYN nf (après défaite, humiliation) revenge; (Sport) revenge match; (Jeux) return game; (Boxe) return fight ou bout ◆ **prendre sa revanche (sur qn)** to take one's revenge (on sb), get one's own back (on sb)* (Brit) ◆ **prendre une revanche éclatante (sur qn)** to take a spectacular revenge (on sb) ◆ **donner sa revanche à qn** (Jeux, Sport) to let sb have ou give sb their revenge ◆ **le mépris est la revanche des faibles** contempt is the revenge of the weak
◆ **en revanche** on the other hand

**revanchisme** [ʀ(ə)vɑ̃ʃism] nm (Pol) revanchism

**rêvasser** [ʀɛvase] → SYN ▸ conjug 1 ◂ vi to daydream, let one's mind wander, muse (littér)

**rêvasserie** [ʀɛvasʀi] nf (= rêve) daydreaming (NonC); (= chimère) (idle) dream, (idle) fancy, daydreaming (NonC)

**rêve** [ʀɛv] → SYN nm a (pendant le sommeil) dream; (éveillé) dream, daydream; (fig = chimère) dream ◆ **le rêve et la réalité** dream and reality ◆ **le rêve, les rêves** (Psych) dreaming, dreams ◆ **le rêve éveillé** (Psych) daydreaming ◆ **j'ai fait un rêve affreux** I had a horrible dream ◆ **rêve prémonitoire** premonitory dream ◆ **mauvais rêve** bad dream, nightmare ◆ **faire des rêves** to dream, have dreams ◆ **faites de beaux rêves !** sweet dreams! ◆ **il est perdu dans ses rêves** he's (day)dreaming, he's in a world of his own ◆ **sortir d'un rêve** to come out of a dream
b (LOC) **c'était un beau rêve !** it was a lovely dream! ◆ **le rêve américain** the American dream ◆ **c'est un de mes rêves de jeunesse** it's one of the things I've always dreamt of ou wanted ◆ **c'est le rêve de leur vie** it's their life-long dream ◆ **mon rêve s'est enfin réalisé** my dream has finally come true ◆ **disparaître** ou **s'évanouir comme un rêve** to vanish ou fade like a dream ◆ **disparaître comme dans un rêve** to be gone ou disappear in a trice ◆ **ça, c'est le rêve*** that would be ideal ou (just) perfect ◆ **une maison comme ça, ce n'est pas le rêve*** it's not exactly a dream house
◆ **de rêve** ◆ **voiture/maison de rêve** dream car/house ◆ **créature de rêve** gorgeous ou lovely creature ◆ **il fait un temps de rêve pour une balade à la campagne** it's perfect weather for a walk in the country ◆ **il mène une vie de rêve** he leads an idyllic life ◆ **il a un corps de rêve** he's got a superb body
◆ **de mes/ses** etc **rêves** ◆ **la voiture/la femme de ses rêves** the car/the woman of his dreams, his dream car/woman
◆ **en rêve** ◆ **voir/entendre qch en rêve** to see/hear sth in a dream ◆ **créer qch en rêve** to dream sth up

**rêvé, e** [ʀeve] → SYN (ptp de **rêver**) adj ideal, perfect ◆ **c'est l'occasion rêvée !** it's the ideal ou a golden opportunity!

**revêche** [ʀəvɛʃ] → SYN adj air, ton surly; personne sour-tempered

**réveil** [ʀevɛj] → SYN nm a [dormeur] waking (up) (NonC), wakening (littér); [personne évanouie] coming to (NonC); (fig = retour à la réalité) awakening ◆ **à mon réveil, je vis qu'il était parti** when I woke up ou on waking I found he was gone ◆ **il a le réveil difficile** he finds it hard to wake up, he finds waking up difficult ◆ **il eut un réveil brutal** he was rudely woken up ou awakened ◆ **dès le réveil, il chante** as soon as he's awake ou he wakes up he starts singing ◆ **il a passé une nuit entrecoupée de réveils en sursaut** he had a bad night, waking with a start every so often ◆ **réveil téléphonique** alarm call ◆ **le réveil fut pénible** (fig) he (ou I etc ) had a rude awakening
b (fig = renaissance) [nature, sentiment, souvenir] reawakening; [volcan] fresh stirrings; [douleur] return ◆ **le réveil des nationalismes** the resurgence of nationalism
c (Mil) reveille ◆ **sonner le réveil** to sound the reveille ◆ **battre le réveil** *to wake soldiers up to the sound of drums* ◆ **réveil en fanfare** reveille on the bugle ◆ **ce matin, j'ai eu droit à un réveil en fanfare !** (fig) I was treated to a rowdy awakening this morning!
d (= réveille-matin) alarm (clock) ◆ **mets le réveil à 8 heures** set the alarm for 8 (o'clock) ◆ **réveil de voyage** travel alarm (clock)

**réveillé, e** [ʀeveje] (ptp de **réveiller**) adj (= à l'état de veille) awake; (* = dégourdi) bright, all there* (attrib) ◆ **à moitié réveillé** half asleep ◆ **il était mal réveillé** he was still half asleep, he hadn't woken up properly

**réveille-matin** [ʀevɛjmatɛ̃] → SYN nm inv alarm clock

**réveiller** [ʀeveje] → SYN ▸ conjug 1 ◂ 1 vt a [+ dormeur] to wake (up), waken, awaken (littér); (= ranimer) [+ personne évanouie] to bring round, revive; (= ramener à la réalité) [+ rêveur] to wake up, waken ◆ **réveillez-moi à 5 heures** wake me (up) at 5 (o'clock) ◆ **voulez-vous qu'on vous réveille ?** (dans un hôtel) would you like a wake-up call? ◆ **se faire réveiller tous les matins à la même heure** to be woken up every morning at the same time ◆ **être réveillé en sursaut** to be woken (up) with a start ◆ **faire un vacarme à réveiller les morts** to make a racket that would waken the dead ◆ (Prov) **ne réveillez pas le chat qui dort** let sleeping dogs lie (Prov)
b (= raviver) [+ appétit, courage] to rouse, awaken; [+ douleur] (physique) to start up again; (mentale) to revive, reawaken; [+ jalousie, rancune] to reawaken, rouse; [+ souvenir] to awaken, revive, bring back
c (= ranimer) [+ membre ankylosé] to bring some sensation ou feeling back into ◆ **réveiller les consciences** to awaken ou stir people's consciences
2 **se réveiller** vpr a [dormeur] to wake (up), awake, awaken (littér); [personne évanouie] to come round (Brit) ou around (US), come to, regain consciousness; [paresseux, rêveur] to wake up (*de* from) ◆ **réveille-toi !** wake up! ◆ **se réveillant de sa torpeur** rousing himself from his lethargy ◆ **se réveiller en sursaut** to wake up with a start
b (= se raviver) [appétit, courage] to be roused; [douleur] to return; [jalousie, rancune] to be reawakened ou roused; [souvenir] to return, come back, reawaken (littér)
c (= se ranimer) [nature] to reawaken; [volcan] to stir again ◆ **mon pied se réveille** the feeling's coming back into my foot, I'm getting some feeling back in my foot

**réveillon** [ʀevɛjɔ̃] → SYN nm ◆ **réveillon (de Noël/du Nouvel An)** (= repas) Christmas Eve/New Year's Eve dinner; (= fête) Christmas Eve/New Year's (Eve) party; (= date) Christmas/New Year's Eve ◆ **on ne va pas passer le réveillon là-dessus !*** let's not make a meal of this!

**réveillonner** [ʀevɛjɔne] ▸ conjug 1 ◂ vi to celebrate Christmas ou New Year's Eve *(with a dinner and a party)*

**révélateur, -trice** [ʀevelatœʀ, tʀis] GRAMMAIRE ACTIVE 26.6 → SYN
1 adj détail telling, revealing; indice, symptôme revealing ◆ **film révélateur d'une mode/d'une tendance** film revealing a fashion/a tendency ◆ **c'est révélateur d'un malaise profond** it reveals a deep malaise; → **lapsus**
2 nm a (Photo) developer
b (littér) (= personne) enlightener; (= événement, expérience) revelation ◆ **ce conflit a été le révélateur d'une crise plus profonde** this conflict revealed a much deeper crisis

**révélation** [ʀevelasjɔ̃] → SYN nf a [fait, projet, secret] revelation, disclosure
b [artiste] revelation, discovery ◆ **ce livre est une révélation** this book is a revelation ◆ **ce fut une véritable révélation !** it was quite a revelation! ◆ **ce jeune auteur a été la révélation de l'année** this young author was the discovery of the year
c [sensations, talent, tendances] revelation ◆ **avoir la révélation de qch** to discover sth
d (= confidence, aveu) disclosure, revelation ◆ **faire des révélations importantes** to make important disclosures ou revelations
e (Rel) revelation
f (Photo) [image] developing

**révélé, e** [ʀevele] (ptp de **révéler**) adj (Rel) dogme, religion revealed

**révéler** [ʀevele] → SYN ▸ conjug 6 ◂ 1 vt a (= divulguer) [+ fait, projet] to reveal, make known, disclose; [+ secret] to disclose, give away, reveal; [+ opinion] to make known ◆ **je ne peux encore rien révéler** I can't disclose ou reveal anything yet, I can't give anything away yet ◆ **révéler que** to reveal that ◆ **ça l'avait révélée à elle-même** this had given her a new awareness of herself
b (= témoigner de) [+ aptitude, caractère] to reveal, show; [+ sentiments] to show ◆ **œuvre qui révèle une grande sensibilité** work which reveals ou displays great sensitivity ◆ **sa physionomie révèle la bonté/une grande ambition** his features show kindness/great ambition ◆ **son décolleté révélait la délicatesse de sa peau** her low neckline showed ou revealed her delicate skin
c (= faire connaître) [+ artiste] [imprésario] to discover; [œuvre] to bring to fame; (Rel) to reveal ◆ **le roman qui l'a révélé au public** the novel that introduced him to the public
d (Photo) to develop
2 **se révéler** vpr a [vérité, talent, tendance] to be revealed, reveal itself; (Rel) to reveal o.s. ◆ **des sensations nouvelles se révélaient à lui** he was becoming aware of new feelings
b [artiste] to come into one's own ◆ **il ne s'est révélé que vers la quarantaine** he didn't really come into his own until he was nearly forty
c (= s'avérer) **se révéler cruel/ambitieux** to show o.s. ou prove to be cruel/ambitious ◆ **se révéler difficile/aisé** to prove difficult/easy ◆ **son hypothèse se révéla fausse** his hypothesis proved (to be) ou was shown to be false

**revenant, e** [ʀ(ə)vənɑ̃, ɑ̃t] → SYN nm,f ghost ◆ **tiens, un revenant !*** hello stranger!*; → **histoire**

**revendeur, -euse** [ʀ(ə)vɑ̃dœʀ, øz] → SYN nm,f (= détaillant) retailer, dealer, stockist (Brit); (d'occasion) secondhand dealer ◆ **chez votre revendeur habituel** at your local dealer ou stockist (Brit) ◆ **revendeur (de drogue)** (drug-) pusher* ou dealer

**revendicateur, -trice** [ʀ(ə)vɑ̃dikatœʀ, tʀis] 1 nm,f protester
2 adj ◆ **lettre revendicatrice** letter putting forward one's claims ◆ **déclaration revendicatrice** declaration of claims ◆ **avoir une attitude revendicatrice** to make a lot of demands

**revendicatif, -ive** [ʀ(ə)vɑ̃dikatif, iv] adj mouvement protest (épith) ◆ **action revendicative** protest campaign ◆ **organiser une journée d'action revendicative** to organize a day of action ou protest (in support of one's claims) ◆ **les syndicats ont adopté une position plus revendicative** the unions have stepped up their demands

**revendication** [ʀ(ə)vɑ̃dikasjɔ̃] → SYN nf a (= action) claiming ◆ **il n'y a pas eu de revendication de l'attentat** no one claimed responsibility for the attack
b (Pol, Syndicats = demande) claim, demand ◆ **journée de revendication** day of action ou of protest (in support of one's claims) ◆ **lettre de revendication** letter putting forward one's claims ◆ **mouvement de revendication** protest movement ◆ **revendications salariales/territoriales** wage/territorial claims ◆ **revendications sociales** workers' demands ◆ **revendications d'autonomie** demands for autonomy; → **catégoriel**

**revendiquer** [ʀ(ə)vɑ̃dike] → SYN ▸ conjug 1 ◂ 1 vt a (= demander) [+ chose due, droits] to claim, demand ◆ **ils passent leur temps à revendiquer**

they're forever making demands ◆ **revendiquer l'égalité des salaires** to demand equal pay

**b** (= assumer) [+ paternité, responsabilité] to claim; [+ attentat, explosion] to claim responsibility for ◆ **l'attentat n'a pas été revendiqué** no one has claimed responsibility for the attack ◆ **il revendique son appartenance à la communauté juive** he asserts ou proclaims his Jewish identity

**2** **se revendiquer** vpr ◆ **il se revendique (comme) Basque** he asserts ou proclaims his Basque identity ◆ **elle se revendiquait du féminisme** she was a feminist and proud of it

**revendre** [ʀ(ə)vɑ̃dʀ] ▸ conjug 41 ◂ vt **a** (= vendre d'occasion ou au détail) to resell, sell; [+ actions, terres, filiale] to sell off ◆ **acheté 5 €, cet article est revendu** ou **se revend 30 €** purchased for €5, this item is being resold at €30 ◆ **ça se revend facilement** that's easily resold ou sold again ◆ **il a revendu sa voiture pour payer ses dettes** he sold his car to pay off his debts

**b** (= vendre davantage) **j'en ai vendu deux en janvier et j'en ai revendu quatre en février** I sold two in January and I sold another four in February ◆ **j'en ai vendu la semaine dernière mais je n'en ai pas revendu depuis** I sold some last week but I've sold no more since then

**c** (LOC) **avoir de l'énergie/de l'intelligence à revendre** to have energy/brains to spare ◆ **si tu veux un tableau, on en a à revendre** if you want a picture, we've got lots of them ◆ **des chapeaux, elle en a à revendre** she's got more hats than she knows what to do with

**revenez-y** [ʀəv(ə)nezi, ʀ(ə)vənezi] nm inv → **goût**

## revenir [ʀəv(ə)niʀ, ʀ(ə)vəniʀ]

▸ conjug 22 ◂ → SYN

1 VERBE INTRANSITIF
2 VERBE PRONOMINAL

### 1 VERBE INTRANSITIF

**a** [= repasser, venir de nouveau] to come back, come again ◆ **il doit revenir nous voir demain** he's coming back to see us tomorrow, he's coming to see us again tomorrow ◆ **pouvez-vous revenir plus tard ?** can you come back later? ◆ **reviens ! je plaisantais** come back! I was joking ◆ **revenir sur ses pas** to retrace one's steps

**b** [= réapparaître] [saison, mode] to come back, return; [soleil, oiseaux] to return, reappear; [fête, date] to come (round) again; [calme, ordre] to return; [thème, idée] to recur, reappear ◆ **revenir à la mémoire** [souvenir, idée] to come back to mind ◆ **cette expression revient souvent dans ses livres** that expression often crops up in his books ◆ **Noël revient chaque année à la même date** Christmas comes (round) on the same date every year ◆ **sa lettre est revenue parce qu'il avait changé d'adresse** his letter was returned ou came back because he had changed his address

**c** [= rentrer] to come back, return ◆ **revenir quelque part/de quelque part** to come back ou return (to) somewhere/from somewhere ◆ **revenir chez soi** to come back ou return home ◆ **revenir dans son pays** to come back ou return to one's country ◆ **revenir en bateau/avion** to sail/fly back, come back by boat/air ◆ **revenir à la hâte** to hurry back ◆ **revenir de voyage** to return from a trip ◆ **en revenant de l'école** on the way back ou home from school ◆ **je lui téléphonerai en revenant** I'll phone him when I get back ◆ **sa femme lui est revenue** his wife has come back to him ◆ **je reviens dans un instant** I'll be back in a minute, I'll be right back * ◆ **on va à la piscine ? – j'en reviens !** shall we go to the swimming pool? – I've just come back from there!

**d** [= retourner] **revenir en arrière** (gén) to go back ◆ **on ne peut pas revenir en arrière** (dans le temps) you can't turn ou put back the clock

**e** [= coûter] **ça revient cher** it's expensive

**f** [Culin] **faire revenir** to brown ◆ **"faire revenir les oignons dans le beurre"** "brown ou fry the onions gently in the butter"

**g** **revenir à qch** (= recommencer, reprendre) [+ études, sujet] to go back to, return to; [+ méthode, procédé] to go back to, return to, revert to ◆ **revenir à ses premières amours** to go back ou return to one's first love ◆ **revenir à de meilleurs sentiments** to return to a better frame of mind ◆ **revenir à la religion** to come back to religion ◆ **revenir à la vie** to come back to life ◆ **on y reviendra, à cette mode** this fashion will come back ◆ **nous y reviendrons dans un instant** we'll come back to that in a moment ◆ **n'y revenez plus !** (= ne recommencez plus) don't do that again!; (= n'en redemandez plus) that's all you're getting!, don't bother coming back! ◆ **j'en reviens toujours là, il faut ...** I still come back to this, we must ... ◆ **il n'y a pas à y revenir** there's no going back on it ◆ **revenir à la charge** to return to the attack

(= équivaloir à) to come down to, amount to, boil down to ◆ **cette hypothèse revient à une proposition très simple** this hypothesis comes down ou amounts to a very simple proposition ◆ **ça revient à une question d'argent** it all boils down to a question of money ◆ **cela revient à dire que ...** it amounts to saying that ... ◆ **ça revient au même** it amounts ou comes to the same thing

(= coûter) to amount to, come to, cost ◆ **ça revient à 20 €** it comes to ou amounts to €20 ◆ **à combien est-ce que cela va vous revenir ?** how much will that cost you?, how much will that set you back? *

◆ **revenir à la marque** ou **au score** (Sport) to draw (even ou level)

**h** **revenir à qn** [souvenir, idée] to come back to sb ◆ **son nom me revient maintenant** his name has come back to me now ◆ **ça me revient !** I've got it now!, it's coming back to me now!

[courage, appétit, parole] to come back to sb, return (to sb) ◆ **le courage me revint** my courage came back to me ou returned ◆ **l'appétit m'est revenu** my appetite returned, I got my appetite back

[rumeur] ◆ **revenir à qn** ou **aux oreilles de qn** to reach sb's ears, get back to sb ◆ **il m'est revenu que ...** (frm) word has come back to me ou reached me that ...

(= appartenir à) [droit, honneur, responsabilité] to fall to sb; [biens, somme d'argent] (= échoir à) to come ou pass to sb; (= être la part de) to come ou go to sb ◆ **il lui revient de décider** (= incomber à) it is for him ou up to him to decide ◆ **ce titre lui revient de droit** this title is his by right ◆ **cet honneur lui revient** this honour is due to him ou is his by right ◆ **tout le mérite vous revient** all the credit goes to you, the credit is all yours ◆ **les biens de son père sont revenus à l'État** his father's property passed to the state ◆ **là-dessus, 15 € me reviennent** €15 of that comes to me

( * = plaire à) ◆ **il a une tête qui ne me revient pas** I don't like the look of him ◆ **elle ne me revient pas du tout cette fille** I don't like that girl at all

◆ **revenir à soi** [personne] to come to, come round (Brit)

**i** **revenir de** (= se remettre de) [+ maladie] to recover from, get over; [+ syncope] to come to after, come round from (Brit); [+ égarement, surprise] to get over; [+ illusions] to lose, shake off; [+ erreurs, théories] to leave behind, throw over, put ou cast aside ◆ **il revient de loin** it was a close shave ou a near thing for him, he had a close shave ◆ **crois-tu qu'il en reviendra ?** (= qu'il en réchappera) do you think he'll pull through? ◆ **je n'en reviens pas !** (surprise) I can't get over it! ◆ **ils sont déjà revenus de ces théories** they have already thrown over ou put aside these theories ◆ **elle est revenue de tout** she's seen it all before

**j** **revenir sur** (= réexaminer) [+ affaire, problème] to go back over ◆ **ne revenons pas là-dessus** let's not go back over that ◆ **revenir sur le passé** to go back over the past; → **tapis**

(= se dédire de) [+ promesse] to go back on; [+ décision] to go back on, reconsider

(Sport = rattraper) to catch up with

### 2 s'en revenir VERBE PRONOMINAL

† ou littér ◆ **comme il s'en revenait (du village)**, **il aperçut un aigle** as he was coming back (from the village), he noticed an eagle ◆ **il s'en revint la queue basse** he came back with his tail between his legs ◆ **il s'en revint, le cœur plein d'allégresse** he came away with a joyful heart

**revente** [ʀ(ə)vɑ̃t] → SYN nf resale ◆ **valeur à la revente** resale value ◆ **il a été inculpé de revente de drogue** he was charged with drug dealing ◆ **la revente de l'entreprise lui a rapporté beaucoup d'argent** he made a lot of money on the sale of the company

**revenu** [ʀəv(ə)ny] → SYN **1** nm [particulier] income (NonC) (*de* from); [État] revenue (*de* from); [domaine, terre] income (*de* from); [capital, investissement] yield (*de* from, on) ◆ **revenu annuel/brut/imposable/par habitant** annual/gross/assessed/per capita income ◆ **à revenu fixe** (Fin) valeurs fixed-yield ◆ **les pays à revenu élevé** high-income countries ◆ **famille/ménage à revenus modestes** low-income family/household ◆ **avoir de gros revenus** to have a large income, have substantial means ◆ **personne sans revenus réguliers** person who has no regular income

**2** COMP ▷ **revenus de l'État** public revenue ▷ **revenu fiscal** tax revenue ▷ **revenu intérieur brut** gross domestic income ▷ **revenu minimum d'insertion** *minimum welfare payment given to those who are not entitled to unemployment benefit*, ≃ income support (Brit), ≃ welfare (US) ▷ **revenu national** gross national product ▷ **revenu net d'impôts** disposable income ▷ **revenu du travail** earned income

**rêver** [ʀeve] → SYN ▸ conjug 1 ◂ **1** vi **a** [dormeur] to dream (*de, à* of, about) ◆ **rêver que** to dream that ◆ **j'ai rêvé de toi** I dreamt about ou of you ◆ **il en rêve la nuit** he dreams about it at night ◆ **rêver tout éveillé** to be lost in a daydream ◆ **je ne rêve pas, c'est bien vrai ?** I'm not imagining it ou dreaming, am I? – it's really true! ◆ **tu m'as appelé ? – moi ? tu rêves !** did you call me? – me? you must have been dreaming! ou you're imagining things! ◆ **une révolution, maintenant ? vous rêvez !** a revolution now? your imagination's running away with you! ◆ **on croit rêver !** * I can hardly believe it!, the mind boggles! * ◆ **(non,) mais je rêve !** * he (ou they etc ) can't be serious! ◆ **(il ne) faut pas rêver** * I wouldn't count on it * ◆ **on peut toujours rêver** there's no harm in dreaming

**b** (= rêvasser) to dream, muse (littér), daydream ◆ **travaille au lieu de rêver !** get on with your work instead of (day)dreaming! ◆ **rêver à des jours meilleurs** to dream of better days

**c** (= désirer) to dream ◆ **rêver tout haut** to dream aloud ◆ **rêver de qch/de faire** to dream of sth/of doing ◆ **elle rêve d'une chaumière en pleine forêt** she dreams of a cottage in the heart of a forest ◆ **rêver de réussir** to long to succeed, long for success ◆ **rêver de rencontrer la femme idéale** to dream of meeting ou long to meet the ideal woman ◆ **des images qui font rêver** pictures that fire the imagination ◆ **ça fait rêver de l'entendre parler de ses voyages** hearing him talk about his travels really gets the imagination going

**2** vt **a** (en dormant) to dream ◆ **j'ai rêvé la même chose qu'hier** I dreamt the same (thing) as last night

**b** (littér = imaginer) to dream ◆ **il rêve sa vie au lieu de la vivre** he's dreaming his life away instead of living it ◆ **je n'ai jamais dit ça, c'est toi qui l'as rêvé !** (péj) I never said that – you must have dreamt it!

**c** (= désirer) to dream of ◆ **rêver mariage/succès** (littér) to dream of marriage/success ◆ **il se rêve conquérant** (littér) he dreams of being a conqueror ◆ **il ne rêve que plaies et bosses** his mind is full of heroic dreams

**réverbération** [ʀevɛʀbeʀasjɔ̃] → SYN nf [son] reverberation; [chaleur, lumière] reflection

**réverbère** [ʀevɛʀbɛʀ] → SYN nm (d'éclairage) street lamp ou light; (Tech) reflector; → **allumeur**

**réverbérer** [ʀevɛʀbeʀe] → SYN ▸ conjug 6 ◂ vt [+ son] to send back, reverberate; [+ chaleur, lumière] to reflect

**reverdir** [ʀ(ə)vɛʀdiʀ] ► conjug 2 ◄ 1 vi [plantes] to grow green again
2 vt (Tech) [peaux] to soak

**révérence** [ʀeveʀɑ̃s] → SYN nf a (= salut) [homme] bow; [femme] curtsey ◆ **faire une révérence** [homme] to bow; [femme] to curtsey (*à qn* to sb) ◆ **tirer sa révérence (à qn)** (lit) to bow out, make one's bow (and leave); (fig) to take one's leave (of sb)
b (littér = respect) reverence (*envers, pour* for) ◆ **révérence parler** † with all due respect

**révérenciel, -ielle** [ʀeveʀɑ̃sjɛl] → SYN adj reverential ◆ **crainte révérencielle** awe

**révérencieux, -ieuse** [ʀeveʀɑ̃sjø, jøz] → SYN adj (littér) reverent ◆ **être peu révérencieux envers** to show scant respect for

**révérend, e** [ʀeveʀɑ̃, ɑ̃d] adj, nm reverend ◆ **le Révérend Père Martin** Reverend Father Martin

**révérendissime** [ʀeveʀɑ̃disim] adj most reverend

**révérer** [ʀeveʀe] → SYN ► conjug 6 ◄ vt (littér) (gén) to revere; (Rel) to revere, reverence

**rêverie** [ʀɛvʀi] → SYN nf a (= activité) daydreaming, reverie (littér), musing (littér)
b (= rêve) daydream, reverie (littér)
c (péj = chimère) **rêveries** daydreams, delusions, illusions

**revérifier** [ʀ(ə)veʀifje] ► conjug 7 ◄ vt to double-check

**revernir** [ʀ(ə)vɛʀniʀ] ► conjug 2 ◄ vt to revarnish

**revers** [ʀ(ə)vɛʀ] GRAMMAIRE ACTIVE 26.3 → SYN nm
a [feuille, papier] back; [étoffe] wrong side ◆ **le revers de la charité** (littér) the reverse of charity ◆ **prendre l'ennemi de** ou **à revers** to take the enemy from ou in the rear
b [médaille, pièce d'argent] reverse, reverse side, back ◆ **pièce frappée au revers d'une effigie** coin struck with a portrait on the reverse ◆ **c'est le revers de la médaille** (fig) that's the other side of the coin ◆ **toute médaille a son revers** (fig) every rose has its thorn (Prov)
c [main] back ◆ **d'un revers de main** (lit) with the back of one's hand ◆ **il a balayé** ou **écarté nos arguments d'un revers de (la) main** (fig) he brushed aside all our arguments, he dismissed all our arguments out of hand
d (Tennis) backhand ◆ **faire un revers** to play a backhand shot ◆ **volée de revers** backhand volley ◆ **revers à deux mains** double-handed ou two-handed backhand
e (Habillement) [manteau, veste] lapel, revers; [pantalon] turn-up (Brit), cuff (US); [bottes] top; [manche] (turned-back) cuff ◆ **bottes à revers** turned-down boots ◆ **pantalons à revers** trousers with turn-ups (Brit) ou cuffs (US)
f (= coup du sort) setback ◆ **revers (de fortune)** reverse (of fortune) ◆ **revers économiques/militaires** economic/military setbacks ou reverses

**reversement** [ʀ(ə)vɛʀsəmɑ̃] nm (Fin) [excédent, somme] putting back, paying back (*dans, sur* into); [titre] transfer

**reverser** [ʀ(ə)vɛʀse] → SYN ► conjug 1 ◄ vt a [+ liquide] (= verser davantage) to pour out some more ◆ **reverse-moi du vin/un verre de vin** pour me (out) some more wine/another glass of wine ◆ **reversez le vin dans la bouteille** (= remettre) pour the wine back into the bottle
b (Fin) [+ excédent, somme] to put back, pay back (*dans, sur* into); [+ titre] to transfer

**réversibilité** [ʀevɛʀsibilite] nf [pension] revertibility; [mouvement] (Chim) reversibility

**réversible** [ʀevɛʀsibl] adj mouvement, vêtement, réaction chimique reversible; (Jur) revertible (*sur* to) ◆ **l'histoire n'est pas réversible** history cannot be undone ou altered

**réversion** [ʀevɛʀsjɔ̃] nf (Bio, Jur) reversion ◆ **pension de réversion** reversion pension

**reversoir** [ʀ(ə)vɛʀswaʀ] nm weir

**révertant** [ʀevɛʀtɑ̃] nm revertant

**revêtement** [ʀ(ə)vɛtmɑ̃] → SYN nm (= enduit) coating; (= surface) [route] surface; (= garniture, placage) [mur extérieur] facing, cladding; [mur intérieur] covering ◆ **revêtement (du sol)** floor-ing (NonC), floor-covering (NonC) ◆ **revêtement mural** wall-covering (NonC) ◆ **revêtement antiadhésif** [poêle] nonstick coating

**revêtir** [ʀ(ə)vetiʀ] → SYN ► conjug 20 ◄ 1 vt a (frm, hum = mettre) [+ uniforme, habit] to don (frm), put on, array o.s. in (frm)
b (= prendre, avoir) [+ caractère, importance] to take on, assume; [+ apparence, forme] to assume, take on ◆ **une rencontre qui revêt une importance particulière** a meeting which is especially important ◆ **cela ne revêt aucun caractère d'urgence** it is by no means urgent ◆ **le langage humain revêt les formes les plus variées** human language appears in ou takes on the most varied forms
c (frm, hum = habiller) [vêtement] to adorn ◆ **revêtir qn de** to dress ou array (frm) sb in ◆ **revêtir un prélat des vêtements sacerdotaux** to array (frm) ou clothe a prelate in his priestly robes
d (= couvrir, déguiser) **revêtir qch de** to cloak sth in, cover sth with
e (frm) **revêtir qn de** [+ dignité, autorité] (= investir de) to endow ou invest sb with
f (Admin, Jur) **revêtir un document de sa signature/d'un sceau** to append one's signature/a seal to a document
g (Tech) (= enduire) to coat (*de* with); (= couvrir) [+ route] to surface (*de* with); [+ mur, sol] to cover (*de* with) ◆ **revêtir un mur de boiseries** to (wood-)panel a wall ◆ **revêtir un mur de carreaux** to tile a wall, cover a wall with tiles ◆ **revêtir de plâtre** to plaster ◆ **revêtir de crépi** to face with roughcast, roughcast ◆ **revêtir d'un enduit imperméable** to cover with a waterproof coating, give a waterproof coating to ◆ **rue revêtue d'un pavage** street which has been paved over ◆ **sommets revêtus de neige** snow-clad ou snow-covered summits
2 **se revêtir** vpr (= mettre) ◆ **se revêtir de** (frm) to array o.s. in (frm), don (frm), dress o.s. in ◆ **vers l'automne les sommets se revêtent de neige** (littér) as autumn draws near, the mountain tops don their snowy mantle (littér) ou are bedecked (frm) with snow

**revêtu, e** [ʀ(ə)vety] → SYN (ptp de **revêtir**) adj a (= habillé de) **revêtu de** dressed in, wearing
b (Tech) route surfaced ◆ **chemin non revêtu** unsurfaced road
c (Tech) **revêtu de** (= enduit de) coated with

**rêveur, -euse** [ʀɛvœʀ, øz] → SYN 1 adj air, personne dreamy ◆ **il a l'esprit rêveur** he's inclined to be a dreamer ◆ **ça vous laisse rêveur** * it makes you wonder
2 nm,f (lit, péj) dreamer

**rêveusement** [ʀɛvøzmɑ̃] adv (= distraitement) dreamily, as (if) in a dream; (= avec perplexité) distractedly

**revient** [ʀəvjɛ̃] nm → **prix**

**revif** [ʀəvif] nm (Naut) *rise of water between tides*

**revigorant, e** [ʀ(ə)vigɔʀɑ̃, ɑ̃t] adj vent, air frais invigorating; repas, boisson reviving (épith); discours, promesse cheering, invigorating

**revigorer** [ʀ(ə)vigɔʀe] → SYN ► conjug 1 ◄ vt [vent, air frais] to invigorate; [repas, boisson] to revive, put new life into, buck up *; [discours, promesse] to cheer, invigorate, buck up * ◆ **un petit vent frais qui revigore** a bracing ou an invigorating cool breeze ◆ **ces mesures vont revigorer l'économie locale** these measures will give a boost to the local economy

**revirement** [ʀ(ə)viʀmɑ̃] → SYN nm (= changement d'avis) change of mind, reversal (of opinion); (= changement brusque) [tendances] reversal (*de* of); [goûts] (abrupt) change (*de* in) ◆ **revirement d'opinion** change ou U-turn ou turnaround in public opinion ◆ **un revirement soudain de la situation** a sudden reversal of the situation

**révisable** [ʀevizabl] adj a (= qui peut être sujet à modification) contrat, salaire revisable ◆ **prix révisable à la baisse/hausse** price that can be revised downwards/upwards ◆ **prêt à taux révisable** (gén) loan with adjustable interest rate; (immobilier) ≃ adjustable-rate mortgage
b (Jur) procès reviewable

**réviser** [ʀevize] → SYN ► conjug 1 ◄ vt a [+ procès, règlement, constitution] to review; [+ croyance, opinion] to review, reappraise ◆ **j'ai révisé mon jugement sur lui** I've revised my opinion of him
b [+ comptes] to audit; [+ moteur, installation] to overhaul, service; [+ montre] to service ◆ **faire réviser sa voiture** to have one's car serviced ◆ **j'ai fait réviser les freins** I've had the brakes looked at
c (= mettre à jour) [+ liste, estimation] to revise ◆ **réviser à la hausse/à la baisse** to revise upwards/downwards
d (= corriger) [+ texte, manuscrit, épreuves] to revise ◆ **nouvelle édition complètement révisée** new and completely revised edition
e (Scol) [+ sujet] to revise ◆ **réviser son histoire** to revise history, do one's history revision ◆ **commencer à réviser** to start revising ou (one's) revision

**réviseur** [ʀevizœʀ] → SYN nm reviser ◆ **réviseur-comptable** independent auditor

**révision** [ʀevizjɔ̃] → SYN nf a [procès, règlement, constitution] review; [croyance, opinion] review, reappraisal
b (= vérification) [comptes] auditing (NonC); [moteur, installation] overhaul (NonC), servicing (NonC) ◆ **prochaine révision après 10 000 km** (Aut) next major service after 10,000 km; → **conseil**
c (= mise à jour) [liste] revision (NonC) ◆ **révision des listes électorales** revision ou revising of the electoral register
d (= correction) [texte, manuscrit, épreuves] revision
e (Scol) [sujet] revising ◆ **faire ses révisions** to do one's revision, revise

**révisionnel, -elle** [ʀevizjɔnɛl] adj revisionary

**révisionnisme** [ʀevizjɔnism] nm revisionism

**révisionniste** [ʀevizjɔnist] → SYN adj, nmf revisionist

**revisiter** [ʀ(ə)vizite] ► conjug 1 ◄ vt [+ musée, ville] to revisit, visit again; [+ théorie] to reexamine ◆ **la mode des années 30/la pièce de Molière revisitée par Anne Morand** thirties fashions/Molière's play reinterpreted by Anne Morand, a new take on thirties fashions/Molière's play by Anne Morand

**revisser** [ʀ(ə)vise] ► conjug 1 ◄ vt to screw back again

**revitalisant, e** [ʀ(ə)vitalizɑ̃, ɑ̃t] adj séjour, vacances revitalizing, restorative; crème de soin, lotion, shampoing revitalizing, regenerative

**revitalisation** [ʀ(ə)vitalizasjɔ̃] nf revitalization

**revitaliser** [ʀ(ə)vitalize] ► conjug 1 ◄ vt to revitalize

**revivification** [ʀ(ə)vivifikasjɔ̃] nf revivification

**revivifier** [ʀ(ə)vivifje] → SYN ► conjug 7 ◄ vt (littér) [+ personne, souvenir] to revive

**reviviscence** [ʀəvivisɑ̃s] nf a (littér) reviviscence
b (Bio) anabiosis, reviviscence

**reviviscent, e** [ʀ(ə)vivisɑ̃, ɑ̃t] adj (Bio) anabiotic, reviviscent

**revivre** [ʀ(ə)vivʀ] → SYN ► conjug 46 ◄ 1 vi a (= être ressuscité) to live again ◆ **on peut vraiment dire qu'il revit dans son fils** it's really true to say that he lives on in his son
b (= être revigoré) to come alive again ◆ **je me sentais revivre** I felt alive again, I felt (like) a new man (ou woman) ◆ **ouf, je revis !** whew! what a relief! ou I can breathe again! *
c (= se renouveler) [coutumes, institution, mode] to be revived
d **faire revivre** (= ressusciter) to bring back to life, restore to life; (= revigorer) to revive, put new life in ou into; (= remettre en honneur) [+ mode, époque, usage] to revive; (= remettre en mémoire) to bring back ◆ **faire revivre un personnage/une époque dans un roman** to bring a character/an era back to life in a novel ◆ **le grand air m'a fait revivre** the fresh air put new life in me ◆ **cela faisait revivre tout un monde que j'avais cru oublié** it brought back a whole world I thought had been forgotten
2 vt [+ passé, période] (lit) to relive, live (through) again; (en imagination) to relive, live (over) again

**révocabilité** [ʀevɔkabilite] nf [contrat] revocability; [fonctionnaire] removability

**révocable** [ʀevɔkabl] → SYN adj legs, contrat revocable; fonctionnaire removable, dismissible

**révocation** [ʀevɔkasjɔ̃] → SYN nf **a** (= destitution) [magistrat, fonctionnaire] removal (from office), dismissal

**b** (= annulation) [legs, contrat, édit] revocation ◆ **la révocation de l'Édit de Nantes** (Hist) the Revocation of the Edict of Nantes

**révocatoire** [ʀevɔkatwaʀ] adj revocatory

**revoici** * [ʀ(ə)vwasi], **revoilà** * [ʀ(ə)vwala] prép ◆ **revoici Paul !** Paul's back (again)!, here's Paul again! ◆ **me revoici !** it's me again!, here I am again! ◆ **nous revoici à la maison/en France** here we are, back home/in France (again) ◆ **revoici la mer** here's the sea again ◆ **le revoilà qui se plaint !** there he goes complaining again! ◆ **les revoilà !** there they are again!

**revoir** [ʀ(ə)vwaʀ] → SYN ▸ conjug 30 ◂ **1** vt **a** (= retrouver) [+ personne] to see ou meet again; [+ patrie, village] to see again ◆ **je l'ai revu deux ou trois fois depuis** I've seen him ou we've met two or three times since ◆ **quand le revois-tu ?** when are you seeing ou meeting him again?, when are you meeting again?

♦ **au revoir!** goodbye! ◆ **au revoir Monsieur/Madame** goodbye (Mr X/Mrs X) ◆ **dire au revoir à qn** to say goodbye to sb ◆ **faire au revoir de la main** to wave goodbye ◆ **ce n'était heureusement qu'un au revoir** fortunately it was farewell and not adieu

**b** (= apercevoir de nouveau) to see again ◆ **filez, et qu'on ne vous revoie plus ici !** clear off, and don't show your face here again!

**c** (= regarder de nouveau) to see again ◆ **je suis allé revoir ce film** I went to (see) that film again

**d** (= être à nouveau témoin de) [+ atrocités, scène] to witness ou see again; [+ conditions] to see again ◆ **craignant de revoir augmenter le chômage** afraid of seeing unemployment increase again

**e** (= imaginer de nouveau) to see again ◆ **je le revois encore, dans sa cuisine** I can still see him there in his kitchen

**f** (= réviser) [+ édition, texte] to revise; (Scol) [+ leçons] to revise, go over again; (= examiner de nouveau) [+ position, stratégie] to review, reconsider ◆ **édition revue et corrigée/augmentée** revised and updated/expanded edition ◆ **l'histoire de France revue et corrigée par A. Leblanc** (fig) the history of France revised and updated ou given a new treatment by A. Leblanc ◆ **nos tarifs/objectifs ont été revus à la baisse/hausse** our prices/targets have been revised downwards/upwards ◆ **revoir sa copie** (fig) to review one's plans, go back to the drawing board

**2** **se revoir** vpr **a** (réciproque) to see each other again ◆ **on se revoit quand ?** when shall we see each other again? ◆ **nous nous revoyons de temps en temps** we still see each other from time to time

**b** (réfléchi) **je me revoyais écolier, dans mon village natal** I saw myself as a schoolboy again, back in the village where I was born

**revoler** [ʀ(ə)vɔle] ▸ conjug 1 ◂ vi [oiseau, pilote] to fly again

**révoltant, e** [ʀevɔltɑ̃, ɑ̃t] → SYN adj revolting, appalling

**révolte** [ʀevɔlt] → SYN nf revolt, rebellion ◆ **les paysans sont en révolte contre ...** the peasants are in revolt against ... ou up in arms against ... ◆ **adolescent en révolte** rebellious adolescent ◆ **devant ce refus, elle a eu un mouvement de révolte** she bridled at this refusal ◆ **à 17 ans, Alex était en pleine révolte** at 17 Alex was going through a rebellious phase

**révolté, e** [ʀevɔlte] → SYN (ptp de **révolter**) **1** adj **a** paysans, adolescent rebellious

**b** (= outré) outraged, incensed

**2** nm,f rebel

**révolter** [ʀevɔlte] → SYN ▸ conjug 1 ◂ **1** vt (= indigner) to revolt, outrage, appal ◆ **ceci nous révolte** we are revolted ou outraged by this

**2** **se révolter** vpr **a** [personne] (= s'insurger) to revolt, rebel, rise up (*contre* against); (= se cabrer) to rebel (*contre* against)

**b** (= s'indigner) to be revolted ou repelled ou appalled (*contre* by) ◆ **à cette vue tout mon être se révolte** my whole being revolts at this sight ◆ **l'esprit se révolte contre une telle propagande** the mind revolts at ou is repelled ou revolted by such propaganda

**révolu, e** [ʀevɔly] → SYN adj **a** (littér = de jadis) époque past, bygone (épith), gone by ◆ **des jours révolus** past ou bygone days, days gone by ◆ **l'époque révolue des diligences** the bygone days of stagecoaches

**b** (= fini) époque, jours past, in the past (attrib) ◆ **cette époque est révolue, nous devons penser à l'avenir** that era is in the past – we have to think of the future

**c** (Admin = complété) **âgé de 20 ans révolus** over 20 years of age ◆ **avoir 20 ans révolus** to be over 20 years of age ◆ **après deux ans révolus** when two full years had (ou have) passed

**révolution** [ʀevɔlysjɔ̃] → SYN nf **a** (= rotation) revolution ◆ **escalier à double révolution** double staircase

**b** (culturelle, industrielle = changement) revolution ◆ **révolution pacifique/permanente/violente** peaceful/permanent/violent revolution ◆ **la Révolution (française)** the French Revolution ◆ **la révolution d'Octobre/de velours** the October/Velvet Revolution ◆ **révolution de palais** palace revolution ou coup ◆ **la révolution silencieuse/verte/sexuelle** the silent/green/sexual revolution ◆ **la révolution technologique** the technological revolution, the revolution in technology ◆ **ce nouveau produit constitue une véritable révolution** this new product is truly revolutionary ◆ **notre profession a subi une véritable révolution** our profession has been revolutionized ou has undergone a radical transformation

**c** (= parti, forces de la révolution) **la révolution** the forces of revolution

**d** (LOC) **être en révolution** [rue, quartier] to be in turmoil ◆ **créer une petite révolution** [idée, invention, procédé] to cause a stir

> **LA RÉVOLUTION TRANQUILLE**
>
> The term **la Révolution tranquille** refers to the important social, political and cultural transition that took place in Quebec from the early 1960s. As well as rapid economic expansion and a reorganization of political institutions, there was a growing sense of pride among Québécois in their specific identity as French-speaking citizens. The **Révolution tranquille** is thus seen as a strong affirmation of Quebec's identity as a French-speaking province. → OFFICE DE LA LANGUE FRANÇAISE; QUÉBEC

**révolutionnaire** [ʀevɔlysjɔnɛʀ] → SYN **1** adj (gén) revolutionary; (Hist) Revolutionary, of the French Revolution

**2** nmf (gén) revolutionary; (Hist) Revolutionary *(in the French Revolution)*

**révolutionnairement** [ʀevɔlysjɔnɛʀ(ə)mɑ̃] adv revolutionarily

**révolutionnarisme** [ʀevɔlysjɔnaʀism] nm revolutionism

**révolutionnariste** [ʀevɔlysjɔnaʀist] adj, nmf revolutionist

**révolutionner** [ʀevɔlysjɔne] → SYN ▸ conjug 1 ◂ vt **a** (= transformer radicalement) to revolutionize

**b** (* = bouleverser) [+ personnes] to stir up ◆ **son arrivée a révolutionné le quartier** his arrival stirred up the whole neighbourhood ou caused a great stir in the neighbourhood

**revolver** [ʀevɔlvɛʀ] → SYN nm (= pistolet) (gén) pistol, (hand)gun; (à barillet) revolver ◆ **coup de revolver** pistol shot, gunshot ◆ **tué de plusieurs coups de revolver** gunned down ◆ **microscope à revolver** microscope with a revolving nosepiece ◆ **tour revolver** capstan lathe, turret lathe; → **poche¹**

**revolving** [ʀevɔlviŋ] adj inv ◆ **crédit revolving** revolving credit

**révoquer** [ʀevɔke] → SYN ▸ conjug 1 ◂ vt **a** (= destituer) [+ magistrat, fonctionnaire] to remove from office, dismiss

**b** (= annuler) [+ legs, contrat, édit] to revoke

**c** (littér = contester) **révoquer qch en doute** to call sth into question, question sth

**revoter** [ʀ(ə)vɔte] ▸ conjug 1 ◂ **1** vi to vote again

**2** vt ◆ **revoter un texte de loi** to vote on a bill again

**revouloir** * [ʀ(ə)vulwaʀ] ▸ conjug 31 ◂ vt [+ pain] to want more; [+ orange] to want another ◆ **qui en reveut ?** (gén) who wants (some) more?; (nourriture) anyone for seconds? * ◆ **tu reveux du café/un morceau de gâteau ?** would you like some more coffee/another slice of cake? ◆ **il reveut le livre** (qui est à lui) he wants his book back; (qu'on lui a déjà prêté) he wants the book again

**revoyure** * [ʀ(ə)vwajyʀ] **à la revoyure** excl see you! *, (I'll) be seeing you! *

**revue** [ʀ(ə)vy] → SYN **1** nf **a** (= examen) review ◆ **faire la revue de** to review, go through ◆ **une revue de la presse hebdomadaire** a review of the weekly press

**b** (Mil) (= inspection) inspection, review; (= parade) march-past, review

**c** (= magazine) (à fort tirage, illustrée) magazine; (érudite) review, journal ◆ **revue automobile/de mode** car/fashion magazine ◆ **revue littéraire/scientifique** literary/scientific journal ou review

**d** (= spectacle) (satirique) revue; (de variétés) variety show ou performance ◆ **revue à grand spectacle** extravaganza

**e** (LOC) **passer en revue** (Mil) to pass in review, review, inspect; (fig = énumérer mentalement) to go over in one's mind, pass in review, go through; (= faire la liste de) to list ◆ **être de la revue** * to lose out

**2** COMP ▷ **revue d'armement** (Mil) arms inspection ▷ **revue de détail** (Mil) kit inspection ▷ **revue de presse** review of the press ou papers

**revuiste** [ʀ(ə)vyist] nmf revue writer

**révulsé, e** [ʀevylse] (ptp de **se révulser**) adj yeux rolled upwards (attrib); visage contorted

**révulser** [ʀevylse] → SYN ▸ conjug 1 ◂ **1** vt (= dégoûter) to disgust ◆ **ça me révulse** I find it repulsive ou disgusting

**2** **se révulser** vpr [visage] to contort; [yeux] to roll upwards

**révulsif, -ive** [ʀevylsif, iv] → SYN (Méd) **1** adj revulsant

**2** nm revulsant, revulsive

**révulsion** [ʀevylsjɔ̃] nf (Méd, fig) revulsion

**rewriter¹** [ʀiʀajte] ▸ conjug 1 ◂ vt to edit, rewrite (US)

**rewriter²** [ʀiʀajtœʀ] → SYN nm editor, rewriter (US)

**rewriting** [ʀiʀajtiŋ] → SYN nm editing, rewriting (US)

**Reykjavik** [ʀekjavik] n Reykjavik

**rez-de-chaussée** [ʀed(ə)ʃose] → SYN nm inv ground floor (surtout Brit), first floor (US) ◆ **au rez-de-chaussée** on the ground floor ◆ **habiter un rez-de-chaussée** to live in a ground-floor flat (Brit) ou in a first-floor apartment (US)

**rez-de-jardin** [ʀed(ə)ʒaʀdɛ̃] nm inv garden level ◆ **appartement en rez-de-jardin** garden flat (Brit) ou apartment (US)

**RF** (abrév de **République française**) → **république**

**RFA** [ɛʀɛfa] nf (abrév de **République fédérale d'Allemagne**) → **république**

**RG** [ɛʀʒe] nmpl (abrév de **renseignements généraux**) → **renseignement**

**Rh** (abrév de **rhésus**) Rh

**rhabdomancie** [ʀabdɔmɑ̃si] nf rhabdomancy

**rhabdomancien, -ienne** [ʀabdɔmɑ̃sjɛ̃, jɛn] nm,f rhabdomantist, rhabdomancer

**rhabiller** [ʀabije] → SYN ▸ conjug 1 ◂ **1** vt **a** **rhabiller qn** (lit) to dress sb again, put sb's clothes back on; (= lui racheter des habits) to fit sb out again, reclothe sb

**b** [+ édifice] to renovate ◆ **immeuble rhabillé façon moderne** renovated and modernized building

**c** (Tech) [+ montre, pendule] to repair

**2** **se rhabiller** vpr to put one's clothes back on, dress (o.s.) again ◆ **tu peux aller te rhabiller !** * you can forget it! *

**rhabilleur, -euse** [ʀabijœʀ, øz] nm,f [horloge, montre] repair person

**rhapsode** [ʀapsɔd] → SYN nm rhapsode

**rhapsodie** [ʀapsɔdi] [→ SYN] nf rhapsody ◆ **"Rhapsodie en bleu"** (Mus) "Rhapsody in Blue"

**rhapsodique** [ʀapsɔdik] adj rhapsodic

**Rhéa** [ʀea] nf Rhea

**rhème** [ʀɛm] nm rheme

**rhénan, e** [ʀenɑ̃, an] adj (Géog) Rhine (épith), of the Rhine; (Art) Rhenish

**Rhénanie** [ʀenani] nf Rhineland ◆ **la Rhénanie-Palatinat** the Rhineland-Palatinate

**rhénium** [ʀenjɔm] nm rhenium

**rhéobase** [ʀeobɑz] nf rheobasis

**rhéologie** [ʀeɔlɔʒi] nf rheology

**rhéologique** [ʀeɔlɔʒik] adj rheological

**rhéomètre** [ʀeɔmɛtʀ] nm rheometer

**rhéophile** [ʀeɔfil] adj rheophile

**rhéostat** [ʀeɔsta] nm rheostat

**rhésus** [ʀezys] nm **a** (Méd) rhesus ◆ **rhésus positif/négatif** rhesus ou Rh positive/negative; → **facteur**
**b** (Zool) rhesus monkey

**rhéteur** [ʀetœʀ] [→ SYN] nm (Hist) rhetor

**rhétien, -ienne** [ʀesjɛ̃, jɛn] adj Rh(a)etic

**rhétique** [ʀetik] adj rhetic

**rhétoricien, -ienne** [ʀetɔʀisjɛ̃, jɛn] nm,f (lit, péj) rhetorician

**rhétorique** [ʀetɔʀik] [→ SYN] **1** nf rhetoric; → **figure, fleur**
**2** adj rhetorical

**rhéto-roman, e,** pl **rhéto-romans** [ʀetoʀɔmɑ̃, an]
**1** adj Rhaeto-Romanic
**2** nm (Ling) Rhaeto-Romanic

**Rhin** [ʀɛ̃] nm ◆ **le Rhin** the Rhine

**rhinanthe** [ʀinɑ̃t] nm yellow rattle, rhinanthus (SPÉC)

**rhinencéphale** [ʀinɑ̃sefal] nm rhinencephalon

**rhingrave** [ʀɛ̃gʀav] nm Rhinegrave

**rhinite** [ʀinit] nf rhinitis (NonC) (SPÉC)

**rhinocéros** [ʀinɔseʀɔs] nm rhinoceros, rhino ◆ **rhinocéros d'Asie** Indian rhinoceros ◆ **rhinocéros d'Afrique** (African) white rhinoceros

**rhinolaryngite** [ʀinolaʀɛ̃ʒit] nf sore throat, throat infection, rhinolaryngitis (NonC) (SPÉC)

**rhinologie** [ʀinɔlɔʒi] nf rhinology

**rhinolophe** [ʀinɔlɔf] nm horseshoe bat

**rhinopharyngé, e** [ʀinofaʀɛ̃ʒe], **rhinopharyngien, -ienne** [ʀinofaʀɛ̃ʒjɛ̃, jɛn] adj nose and throat (épith), rhinopharyngeal (SPÉC)

**rhinopharyngite** [ʀinofaʀɛ̃ʒit] nf sore throat, throat infection, rhinopharyngitis (NonC) (SPÉC)

**rhinopharynx** [ʀinofaʀɛ̃ks] nm nose and throat, rhinopharynx (SPÉC)

**rhinoplastie** [ʀinoplasti] nf rhinoplasty

**rhinoscope** [ʀinɔskɔp] nm rhinoscope

**rhinoscopie** [ʀinɔskɔpi] nf rhinoscopy

**rhinovirus** [ʀinoviʀys] nm rhinovirus

**rhizobium** [ʀizɔbjɔm] nm rhizobium

**rhizocarpé, e** [ʀizokaʀpe] adj rhizocarpous

**rhizoctone** [ʀizɔktɔn; ʀizoktɔn] nm, **rhizoctonie** [ʀizɔktɔni] nf rhizoctonia

**rhizoïde** [ʀizɔid] nm rhizoid

**rhizome** [ʀizom] [→ SYN] nm rhizome

**rhizophore** [ʀizɔfɔʀ] nm mangrove

**rhizopodes** [ʀizɔpɔd] nmpl rhizopods, the Rhizopoda (SPÉC)

**rhizosphère** [ʀizɔsfɛʀ] nf rhizosphere

**rhizostome** [ʀizostom, ʀizɔstɔm] nm rhizostome, rhizostoma

**rhizotomie** [ʀizɔtɔmi] nf rhizotomy

**rho** [ʀo] nm (= lettre grecque) rho

**rhodamine** [ʀɔdamin] nf rhodamine

**rhodanien, -ienne** [ʀɔdanjɛ̃, jɛn] adj Rhone (épith), of the Rhone; → **sillon**

**Rhode Island** [ʀɔdajlɑ̃d] nm Rhode Island

**Rhodes** [ʀɔd] n Rhodes ◆ **l'île de Rhodes** the island of Rhodes; → **colosse**

**Rhodésie** [ʀɔdezi] nf Rhodesia

**rhodésien, -ienne** [ʀɔdezjɛ̃, jɛn] **1** adj Rhodesian
**2** **Rhodésien(ne)** nm,f Rhodesian

**rhodiage** [ʀɔdjaʒ] nm rhodium, plating

**rhodié, e** [ʀɔdje] adj (contenant du rhodium) rhodic; (recouvert de rhodium) rodium-plated

**rhodinol** [ʀɔdinɔl] nm citronellal, rhodinal

**rhodium** [ʀɔdjɔm] nm rhodium

**rhododendron** [ʀɔdɔdɛ̃dʀɔ̃] nm rhododendron

**rhodoïd** ® [ʀɔdɔid] nm Rhodoid ®

**rhodophycées** [ʀɔdɔfise] nfpl ◆ **les rhodophycées** the Rhodophyceae (SPÉC)

**rhodopsine** [ʀɔdɔpsin] nf rhodopsin

**rhombe** [ʀɔ̃b] [→ SYN] nm († = losange) rhomb, rhombus; (= instrument) bullroarer

**rhombencéphale** [ʀɔ̃bɑ̃sefal] nm rhombencephalon

**rhombiforme** [ʀɔ̃bifɔʀm] adj ⇒ **rhombique**

**rhombique** [ʀɔ̃bik] adj rhombic

**rhomboèdre** [ʀɔ̃bɔɛdʀ] nm rhombohedron

**rhomboédrique** [ʀɔ̃bɔedʀik] adj (Géom) rhombohedral

**rhomboïdal, e,** mpl **-aux** [ʀɔ̃bɔidal, o] adj rhomboid

**rhomboïde** [ʀɔ̃bɔid] nm rhomboid

**Rhône** [ʀon] nm (= fleuve) ◆ **le Rhône** the (river) Rhone

**rhotacisme** [ʀɔtasism] nm rhotacism

**rhovyl** ® [ʀɔvil] nm Rhovyl ®

**rhubarbe** [ʀybaʀb] nf rhubarb

**rhum** [ʀɔm] [→ SYN] nm rum ◆ **rhum blanc** ou **agricole/brun** white/dark rum ◆ **sorbet au rhum** rum-flavoured sorbet ◆ **glace rhum-raisin** rum and raisin ice cream

**rhumatisant, e** [ʀymatizɑ̃, ɑ̃t] [→ SYN] adj, nm,f rheumatic

**rhumatismal, e,** mpl **-aux** [ʀymatismal, o] adj rheumatic

**rhumatisme** [ʀymatism] [→ SYN] nm rheumatism (NonC) ◆ **avoir un rhumatisme** ou **des rhumatismes dans le bras** to have rheumatism in one's arm ◆ **rhumatisme articulaire** rheumatoid arthritis (NonC) ◆ **rhumatisme déformant** polyarthritis (NonC)

**rhumato** * [ʀymato] **1** nf (abrév de **rhumatologie**)
**2** nmf (abrév de **rhumatologue**)

**rhumatologie** [ʀymatɔlɔʒi] nf rheumatology

**rhumatologique** [ʀymatɔlɔʒik] adj rheumatological

**rhumatologue** [ʀymatɔlɔg] nmf rheumatologist

**rhumb** [ʀɔ̃b] nm rhumb (line)

**rhume** [ʀym] [→ SYN] nm cold ◆ **attraper un (gros) rhume** to catch a (bad ou heavy) cold ◆ **rhume de cerveau** head cold ◆ **rhume des foins** hay fever

**rhumerie** [ʀɔmʀi] nf (= distillerie) rum distillery

**rhynchite** [ʀɛ̃kit] nm rhynchitis

**rhynchonelle** [ʀɛ̃kɔnɛl] nf rhynchonelloid

**rhynchotes** [ʀɛ̃kɔt] nmpl rhynchotous insects, the Rhynchota (SPÉC)

**rhyolit(h)e** [ʀjɔlit] nf rhyolite

**rhythm and blues** [ʀitmɛndbluz], **rhythm'n'blues** [ʀitmənbluz] nm rhythm and blues, rhythm'n'blues

**rhytidome** [ʀitidom] nm rhytidome

**rhyton** [ʀitɔn] nm rhyton

**ria** [ʀija] nf ria

**rial** [ʀ(i)jal] nm rial

**riant, e** [ʀ(i)jɑ̃, ɑ̃t] [→ SYN] adj paysage pleasant; atmosphère, perspective cheerful, happy; visage cheerful, smiling, happy

**RIB** [ʀib] nm (abrév de **relevé d'identité bancaire**) → **relevé**

**ribambelle** [ʀibɑ̃bɛl] [→ SYN] nf ◆ **une ribambelle de** [+ enfants] a swarm ou herd ou flock of; [+ animaux] a herd of; [+ noms] a string of; [+ objets] a row of; [+ choses à faire] stacks of

**ribaud** [ʀibo] [→ SYN] nm (†† ou hum) bawdy ou ribald fellow

**ribaude** †† [ʀibod] nf trollop † *, bawdy wench †

**riboflavine** [ʀiboflavin] nf riboflavin

**ribonucléase** [ʀibonykleɑz] nf ribonuclease

**ribonucléique** [ʀibonykleik] adj ◆ **acide ribonucléique** ribonucleic acid

**ribose** [ʀiboz] nm ribose

**ribosomal, e,** mpl **-aux** [ʀibozomal, o] adj ribosomal

**ribosome** [ʀibozom] nm ribosome

**ribosomique** [ʀibozomik] adj ⇒ **ribosomal**

**ribote** † * [ʀibɔt] [→ SYN] nf merrymaking (NonC), revel, carousing † (NonC) ◆ **être en ribote, faire ribote** to make merry, carouse †

**ribouldingue** * † [ʀibuldɛ̃g] nf spree, binge * ◆ **deux jours de ribouldingue** a two-day spree * ou binge * ◆ **faire la ribouldingue** to go on a spree ou a binge *

**ribozyme** [ʀibozim] nm ribozyme

**ricain, e** * [ʀikɛ̃, ɛn] (hum, péj) **1** adj Yank(ee) * (péj)
**2** **Ricain(e)** nm,f Yank(ee) *

**ricanant, e** [ʀikanɑ̃, ɑ̃t] adj personne, voix sniggering

**ricanement** [ʀikanmɑ̃] [→ SYN] nm (méchant) snigger, sniggering (NonC); (sot) giggle, giggling (NonC); (gêné) nervous laughter (NonC) ◆ **j'ai entendu des ricanements** I heard someone sniggering

**ricaner** [ʀikane] [→ SYN] ▸ conjug 1 ◂ vi (méchamment) to snigger; (sottement) to giggle; (avec gêne) to laugh nervously, give a nervous laugh

**ricaneur, -euse** [ʀikanœʀ, øz] [→ SYN] **1** adj (méchant) sniggering; (bête) giggling
**2** nm,f (= personne méchante) sniggerer; (= personne bête) giggler

**Richard** [ʀiʃaʀ] nm Richard ◆ **Richard Cœur de Lion** Richard (the) Lionheart

**richard, e** * [ʀiʃaʀ, aʀd] nm,f (péj) rich person ◆ **un hôtel pour richards** a posh * hotel

**riche** [ʀiʃ] [→ SYN] **1** adj **a** (= nanti) personne rich, wealthy, well-off (attrib); pays rich ◆ **riche à millions** enormously wealthy ◆ **riche comme Crésus** as rich as Croesus, fabulously rich ou wealthy ◆ **faire un riche mariage** to marry into a wealthy family, marry (into) money ◆ **riche héritière** wealthy heiress ◆ **nous ne sommes pas riches** we're by no means rich, we're not very well-off
**b** (= luxueux) bijoux, étoffes rich, costly; coloris rich; mobilier sumptuous, costly ◆ **je vous donne ce stylo, mais ce n'est pas un riche cadeau** I'll give you this pen but it's not much of a gift ◆ **ça fait riche** * it looks expensive ou posh *
**c** (= consistant, fertile) aliment, mélange, sujet, terre rich ◆ **le français est une langue riche** French is a rich language ◆ **c'est une riche nature** he (ou she) is a person of immense resources ou qualities ◆ **c'est une riche idée** * that's a great * ou grand idea
**d** (= abondant) moisson rich; végétation rich, lush; collection large, rich; vocabulaire rich, wide ◆ **il y a une documentation très riche sur ce sujet** there is a wealth of ou a vast amount of information on this subject
**e** (LOC)

◆ **riche de** [+ espérances, possibilités] full of ◆ **c'est une expérience riche d'enseignements** you learn a great deal from this experience, it's a tremendous learning experience ◆ **il est revenu, riche de souvenirs** he returned with a wealth of memories ◆ **acteur/marché riche de promesses** highly promising actor/market ◆ **bibliothèque riche de plusieurs millions d'ouvrages** library boasting several million books ◆ **riche de cette expérience, il ...** thanks to this experience, he ...

◆ **riche en** calories, gibier, monuments rich in ◆ **alimentation riche en protéines/cellulose végétale** high-protein/high-fibre diet ◆ **région riche en eau/pétrole** region rich in water/oil resources ◆ **je ne suis pas riche en sucre** (hum) I'm not very well-off for sugar ◆ **année**

**riche en événements spectaculaires** year full of dramatic incidents, action-packed year

[2] nmf rich ou wealthy person ◆ **les riches** the rich, the wealthy ◆ **de riche(s)** vêtements, nourriture fancy ◆ **voiture de riche(s)** (péj) fancy ou flashy car; → **gosse, prêter**

**richelieu** [ʀiʃəljø] nm (= chaussure) Oxford (shoe)

**richement** [ʀiʃmɑ̃] adv récompenser, vêtir richly; décoré, meublé richly, sumptuously ◆ **richement illustré** richly ou lavishly illustrated, with lavish ou copious illustrations; → **doter**

**richesse** [ʀiʃɛs] → SYN [1] nf a [pays, personne] wealth ◆ **la richesse ne l'a pas changé** wealth ou being rich hasn't altered him ◆ **ce n'est pas la richesse, mais c'est mieux que rien** * it's not exactly the lap of luxury but it's better than nothing ◆ **être d'une richesse insolente** to be obscenely rich ◆ **le tourisme est notre principale (source de) richesse** tourism is our greatest asset ◆ **la richesse nationale** the country's national wealth

b [ameublement, décor] sumptuousness, richness; [coloris, étoffe] richness

c [aliment, collection, sol, texte] richness; [végétation] richness, lushness ◆ **la richesse de son vocabulaire** the richness of his vocabulary, his wide ou rich vocabulary ◆ **la richesse de cette documentation** the abundance of the information ◆ **la richesse en calcium de cet aliment** the high calcium content of this food ◆ **la richesse en matières premières/en gibier de cette région** the abundance of raw materials/of game in this region ◆ **la richesse en pétrole/en minéraux du pays** the country's abundant ou vast oil/mineral resources ◆ **une culture d'une richesse inouïe** an extraordinarily rich culture

d (= bien) **notre ferme, c'est notre seule richesse** this farm is all we have ◆ **la santé est une richesse** good health is a great blessing ou is a boon, it's a blessing to be healthy

[2] **richesses** nfpl (= argent) riches, wealth; (= ressources) wealth; (fig = trésors) treasures ◆ **entasser des richesses** to pile up riches ◆ **la répartition des richesses d'un pays** the distribution of a country's wealth ◆ **l'exploitation des richesses naturelles** the exploitation of natural resources ◆ **les richesses de l'art tibétain** the treasures of Tibetan art ◆ **montrez-nous toutes vos richesses** show us your treasures

**richissime** [ʀiʃisim] adj fabulously rich ou wealthy

**ricin** [ʀisɛ̃] nm castor oil plant; → **huile**

**riciné, e** [ʀisine] adj with castor oil

**rickettsie** [ʀikɛtsi] nf rickettsia

**rickettsiose** [ʀikɛtsjoz] nf rickettsial disease

**ricocher** [ʀikɔʃe] → SYN ▸ conjug 1 ◂ vi [balle de fusil] to ricochet (*sur* off); [pierre] to rebound (*sur* off); (sur l'eau) to bounce (*sur* on) ◆ **faire ricocher un galet sur l'eau** to skim a pebble across the water, make a pebble bounce on the water

**ricochet** [ʀikɔʃɛ] → SYN nm (gén) rebound; [balle de fusil] ricochet; [caillou sur l'eau] bounce ◆ **faire ricochet** (lit, fig) to rebound ◆ **il a été blessé par ricochet** he was wounded by a ricocheting bullet ◆ **par ricochet, il a perdu son emploi** (fig) as an indirect result he lost his job ◆ **(s'amuser à) faire des ricochets** to skim pebbles ◆ **il a fait quatre ricochets** he made the pebble bounce four times

**ric-rac** * [ʀikʀak] adv a (= très exactement) payer on the nail *

b (= de justesse) réussir, échapper by the skin of one's teeth ◆ **côté finances, ce mois-ci, c'est ric-rac** money is going to be tight this month, we'll just about make it through the month moneywise ◆ **ça va se jouer ric-rac** it's going to be touch and go ◆ **j'ai eu mon train ric-rac** I caught the train, but only just

**rictus** [ʀiktys] → SYN nm (grimaçant) grin; (effrayant) snarl ◆ **rictus moqueur/cruel** mocking ou sardonic/cruel grin

**ridage** [ʀidaʒ] nm (Naut) tightening

**ride** [ʀid] → SYN nf [peau, pomme] wrinkle (*de* in); [eau, sable] ripple (*de* on, in), ridge (*de* in) ◆ **les rides de son front** the wrinkles ou lines on his forehead ◆ **visage creusé de rides** deeply lined face, wrinkled face ◆ **elle/ce roman n'a pas pris une ride** (lit, fig) she/this novel hasn't aged a bit

**ridé, e** [ʀide] → SYN (ptp de **rider**) adj peau, fruit wrinkled; front furrowed; eau, mer rippled ◆ **ridée comme une vieille pomme** as wrinkled as a prune

**rideau, pl rideaux** [ʀido] → SYN [1] nm a (= draperie) curtain ◆ **tirer les rideaux** (fermer) to draw ou close the curtains ou drapes (US), draw the curtains to; (ouvrir) to draw the curtains, pull ou draw the curtains back ◆ **tirer le rideau sur** (fig) [+ défaut, passé] to draw a veil over ◆ **tomber en rideau** * to break down ◆ **je me suis retrouvé en rideau en pleine campagne** * there I was, broken down in the middle of nowhere

b (Théât) curtain ◆ **rideau à 20 heures** the curtain rises at 8 o'clock, the curtain's at 8 o'clock ◆ **rideau !** (= cri des spectateurs) curtain!; (* fig = assez) that's enough!, I've had enough! ◆ **le rideau est tombé sur l'affaire** (fig) the curtain came down on the affair

c [boutique] shutter; [cheminée] register, blower; [classeur, secrétaire] roll shutter; [appareil-photo] shutter

d (= écran) **rideau de** [+ arbres, verdure] curtain ou screen of; [+ policiers, troupes] curtain of; [+ pluie] curtain ou sheet of ◆ **rideau de fumée** smoke screen ◆ **rideau de feu** sheet of flame ou fire

[2] COMP ▹ **rideaux bonne femme** looped curtains ou drapes (US) ▹ **rideau de douche** shower curtain ▹ **rideau de fer** ou **métallique** [boutique] metal shutter(s); [théâtre] (metal) safety curtain, fire curtain ◆ **le rideau de fer** (Hist) the Iron Curtain ◆ **les pays au-delà du rideau de fer** the Iron Curtain countries, the countries behind the Iron Curtain ▹ **rideaux de lit** bed hangings ou curtains

**ridelle** [ʀidɛl] nf [camion, charrette] slatted side

**rider** [ʀide] → SYN ▸ conjug 1 ◂ [1] vt [+ fruit, peau] to wrinkle; [+ front] [colère, soucis] to wrinkle; [âge] to line with wrinkles; [+ eau] to ripple, ruffle the surface of; [+ neige, sable] to ruffle ou wrinkle the surface of; (Naut) to tighten

[2] **se rider** vpr [peau, fruit, visage] to become wrinkled, become lined with wrinkles; [eau, surface] to ripple, become rippled ◆ **à ces mots, son front se rida** his forehead wrinkled ou he wrinkled his forehead at these words

**ridicule** [ʀidikyl] → SYN [1] adj a (= grotesque) conduite, personne, vêtement ridiculous, ludicrous, absurd; prétentions ridiculous, laughable; superstition ridiculous, silly ◆ **se rendre ridicule aux yeux de tous** to make o.s. (look) ridiculous ou make a fool of o.s. ou make o.s. look a fool in everyone's eyes ◆ **ça le rend ridicule** it makes him look ridiculous ou (like) a fool ◆ **ne sois pas ridicule** don't be ridiculous ou silly ou absurd

b (= infime) prix ridiculous, ridiculously low; quantité ridiculous, ridiculously small

[2] nm a (= absurdité) ridiculousness, absurdity ◆ **le ridicule de la conversation ne lui échappait pas** he was well aware of the absurdity of the conversation ◆ **je ne sais pas si vous saisissez tout le ridicule de la situation** I don't know if you realize just how absurd ou ridiculous the situation is ou if you realize the full absurdity of the situation ◆ **il y a quelque ridicule à faire ...** it is rather ridiculous to do ... ◆ **c'est d'un ridicule achevé** it's perfectly ou utterly ridiculous ◆ **se donner le ridicule de ...** to be ridiculous enough to ...; → **tourner**

b **le ridicule** ridicule ◆ **tomber dans le ridicule** [personne] to make o.s. ridiculous, become ridiculous; [film] to become ridiculous ◆ **s'exposer au ridicule** to expose o.s. ou lay o.s. open to ridicule ◆ **avoir le sens du ridicule** to have a sense of the ridiculous ◆ **la peur du ridicule** (the) fear of ridicule ou of appearing ridiculous ◆ **le ridicule ne tue pas** ridicule has never been the unmaking of anyone, ridicule never killed anyone ◆ **tourner qn/qch en ridicule** to ridicule sb/sth, make sb/sth an object of ridicule ◆ **couvrir qn de ridicule** to heap ridicule on sb, make sb look ridiculous, make a laughing stock of sb ◆ **il y en a qui n'ont pas peur du ridicule !** some people aren't afraid of looking ridiculous!

[3] **ridicules** nmpl (= travers) silliness (NonC), ridiculous ou silly ways, absurdities ◆ **les ridicules humains** the absurdities of human nature ◆ **les ridicules d'une classe sociale** the ridiculous ways ou the (little) absurdities of a social class

**ridiculement** [ʀidikylmɑ̃] adv bas, vêtu ridiculously; chanter, marcher in a ridiculous way

**ridiculiser** [ʀidikylize] → SYN ▸ conjug 1 ◂ [1] vt [+ défaut, doctrine, personne] to ridicule, hold up to ridicule

[2] **se ridiculiser** vpr to make o.s. (look) ridiculous, make a fool of o.s.

**ridule** [ʀidyl] nf fine line ou wrinkle

**riel** [ʀjɛl] nm riel

**riemannien, -ienne** [ʀimanjɛ̃, jɛn] adj Riemannian ◆ **géométrie riemannienne** Riemannian geometry

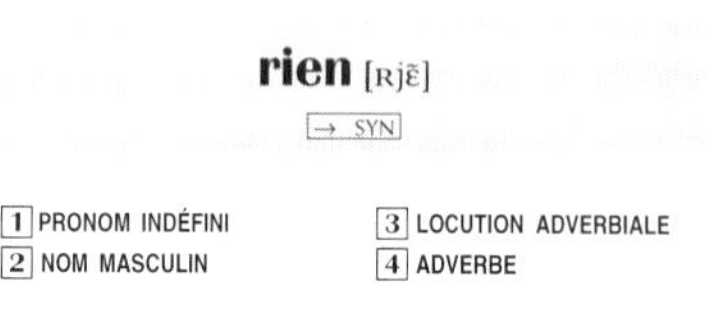

## rien [ʀjɛ̃]

→ SYN

[1] PRONOM INDÉFINI
[2] NOM MASCULIN
[3] LOCUTION ADVERBIALE
[4] ADVERBE

[1] PRONOM INDÉFINI

a avec **ne** (= nulle chose) nothing ◆ **rien ne le fera reculer** nothing will make him turn back ◆ **il n'y a rien qui puisse m'empêcher de faire cela** there's nothing that could prevent me from doing that ◆ **il n'y a rien que je ne fasse pour elle** there's nothing I wouldn't do for her ◆ **il n'y a plus rien** there's nothing left ◆ **on ne pouvait plus rien pour elle** there was nothing more ou else to be done for her, nothing more could be done for her ◆ **je n'ai rien entendu/compris** I didn't hear/understand anything ou a thing, I heard/understood nothing ◆ **je ne crois plus à rien** I don't believe in anything any more ◆ **elle ne mange presque rien** she hardly eats a thing, she eats hardly anything ◆ **il n'en sait rien** he has no idea ◆ **je n'en sais trop rien** I haven't a clue ◆ **(dans la vie) on n'a rien sans rien** you only get out of life what you put into it ◆ **cela atteint des millions comme rien** * it comes to millions no problem * ◆ (Prov) **rien ne sert de courir, il faut partir à point** ou **temps** slow and steady wins the race (Prov); → **risquer, valoir**

◆ avec **avoir** ◆ **ils n'ont rien** (possessions) they have nothing; (maladie, blessure) there's nothing wrong with them ◆ **ça va, tu n'as rien ?** are you OK? ◆ **n'avoir rien contre qn** to have nothing against sb ◆ **il n'a rien d'un politicien/d'un dictateur** he's got nothing of the politician/dictator in ou about him ◆ **il n'a rien de son père** he is nothing ou not a bit like his father ◆ **j'en ai rien à faire** * ou **à foutre** * I don't give a damn * ou toss *;

◆ avec **être** ◆ **n'être rien** [personne] to be a nobody; [chose] to be nothing ◆ **pour lui, 50 km à vélo, ce n'est rien** he thinks nothing of cycling 50 kilometres ◆ **n'être rien en comparaison de ...** to be nothing compared to ... ◆ **il n'est rien dans l'entreprise** he's a nobody ou he's nothing in the firm ◆ **il ne nous est rien** he's not connected with us, he's nothing to do with us ◆ **il n'est plus rien pour moi** he means nothing to me anymore ◆ **il n'en est rien** it's nothing of the sort, that's not it at all ◆ **on le croyait blessé, mais il n'en est rien** we thought he was injured but he's not at all ou he's nothing of the sort ◆ **élever quatre enfants, ça n'est pas rien** bringing up four children is not exactly a picnic * ou is no mean feat ◆ **tu t'es fait mal ? – non, ce n'est** ou **c'est** * **rien** did you hurt yourself? – no, it's nothing ◆ **pardon ! – c'est** * **rien** sorry! – it doesn't matter ou it's alright ◆ **c'est rien de le dire** * (and) that's putting it mildly *, (and) that's an understatement;

◆ avec **faire** ◆ **il ne fait (plus) rien** he doesn't work (any more) ◆ **huit jours sans rien faire** a week doing nothing ◆ **il ne nous a rien fait** he hasn't done anything to us ◆ **cela ne lui fait rien** he doesn't mind ou care ◆ **ça ne fait rien** it doesn't matter, never mind ◆ **ça ne fait rien si j'amène un ami ?** is it all right if I bring a friend along? ◆ **il n'y a rien à faire** (gén) there's nothing we can do, there's nothing to be done; (= c'est inutile) it's useless ou hopeless ◆ **rien à faire !** it's no good! ◆ **rien n'y fait !** nothing's any good!

◆ **en rien** (= absolument pas) ◆ **cela ne nous gêne en rien** it doesn't bother us in any way ou in the least ou at all ◆ **il n'est en rien responsable de la situation** he's not in any way ou at all responsible for the situation, he's not the slightest bit responsible for the situation ◆ **ce tableau ne ressemble en rien au reste de son œuvre** this picture is nothing like his other works;

◆ **rien de** + adjectif ou adverbe nothing ◆ **rien d'autre** nothing else ◆ **rien de plus** nothing more ou else ou further ◆ **rien de moins** nothing less ◆ **rien de neuf** nothing new ◆ **rien de plus facile** nothing easier ◆ **il n'y a rien eu de volé** nothing was stolen, there was nothing stolen ◆ **nous n'avons rien d'autre** ou **de plus à ajouter** we have nothing else ou more ou further to add ◆ **ça n'a rien d'impossible** it's perfectly possible ◆ **(il n'y a) rien de tel qu'une bonne douche chaude !** there's nothing like ou nothing to beat a nice hot shower!, you can't beat a nice hot shower! ◆ **je t'achèterai le journal ; rien d'autre ?** (sans ne) I'll get you a newspaper – do you want anything else? ◆ **rien de grave, j'espère ?** (après un accident, un incident) nothing serious, I hope? ◆ **elle a fait ce qu'il fallait, rien de plus, rien de moins** she did all she had to, nothing more nor less ou nothing more, nothing less

**b** = quelque chose anything ◆ **avez-vous jamais rien fait pour l'aider ?** have you ever done anything to help him? ◆ **as-tu jamais rien lu de plus drôle ?** did you ever read anything quite so funny? ◆ **as-tu jamais rien vu de pareil ?** have you ever seen such a thing? ou anything like it? ou the like? ◆ **sans rien qui le prouve** without anything to prove it ◆ **sans que/avant que tu en saches rien** without your knowing/before you know anything about it

**c** locutions intensives

◆ **deux** ou **trois fois rien** next to nothing

◆ **rien à rien** ◆ **il ne comprend rien à rien** he hasn't got a clue

◆ **rien au monde** nothing on earth ou in the world ◆ **je ne connais rien au monde de plus bête** I can't think of anything more stupid ◆ **il ne quitterait son pays pour rien au monde** he wouldn't leave his country for anything ou for all the tea in China

◆ **rien de rien** * nothing, absolutely nothing ◆ **il ne fait rien, mais rien de rien** * he does nothing, and I mean nothing ou but nothing (at all)

◆ **rien du tout** nothing at all ◆ **une petite blessure de rien du tout** a trifling ou trivial little injury, a mere scratch ◆ **qu'est-ce que c'est que cette pomme/ce cadeau de rien du tout ?** what on earth can I (ou you etc ) do with this stupid little apple/present?

◆ **rien qui vaille** ◆ **ne faire/n'écrire rien qui vaille** to do/write nothing useful ou worthwhile ou of any use ◆ **ça ne me dit rien qui vaille** (= je me méfie) I don't like the look of that, that looks suspicious to me; (= ça ne me tente pas) it doesn't appeal to me in the least ou slightest

**d** Sport nil; (Tennis) love ◆ **rien partout** (Sport) nil all; (Tennis) love all ◆ **15 à rien** (Tennis) 15 love ◆ **il mène par deux sets à rien** he's leading by two sets to love

**e** Jeux **rien ne va plus !** rien ne va plus!

**f** **pour rien** (= inutilement) for nothing ◆ **ce n'est pas pour rien que ...** (= sans cause) it is not without cause ou good reason that ..., it's not for nothing that ...

(= pour peu d'argent) for a song, for next to nothing ◆ **on n'a rien pour rien** everything has its price; → **compter, coup, être**

**g** **rien que** (= seulement) ◆ **la vérité, rien que la vérité** the truth and nothing but the truth ◆ **rien que la chambre coûte déjà très cher** the room alone already costs a great deal ◆ **rien que dans cet immeuble, il y a eu six cambriolages** in this apartment building alone there have been six burglaries ◆ **rien qu'à le voir, j'ai deviné** I guessed by just looking at him ◆ **je voudrais vous voir, rien qu'une minute** could I see you just for a minute? ◆ **je voudrais une pièce rien que pour moi** I would like a room of my own ◆ **il le fait rien que pour l'embêter** * he does it just to annoy him ◆ **rien que d'y penser** *, **ça me rend furieux** the very idea of it makes me furious ◆ **c'est à moi, rien qu'à moi** it's mine and mine alone, it's mine and mine only ◆ **il voulait 100 €, rien que ça !** (iro) he wanted a mere €100 (iro), he just ou only wanted €100 (iro) ◆ **elle veut être actrice, rien que ça !** (iro) she wants to be an actress, no less!

**h** **rien moins que** (= nullement) ◆ **rien moins que sûr** anything but sure, not at all sure

(= absolument) ◆ **un monument rien moins que colossal** an absolutely huge monument ◆ **il s'agit là de rien moins qu'un crime** it's nothing less than a crime ◆ **il n'est question de rien moins que d'abattre deux forêts** it will mean nothing less than chopping down two forests

**i** LOC **rien à signaler/déclarer** nothing to report/declare ◆ **rien dans les mains, rien dans les poches !** (formule du prestidigitateur) there's nothing up my sleeve! ◆ **je vous remercie – de rien** * thank you – you're welcome ou don't mention it ou not at all ◆ **excusez-moi ! – de rien** * sorry! – no bother * ou no trouble (at all) ◆ **une fille de rien** † (péj) a worthless girl ◆ **c'est mieux que rien** it's better than nothing ◆ **c'est ça ou rien** it's that or nothing, take it or leave it ◆ **ce que tu fais ou rien !** you may as well not bother!; → **comme, dire** etc

2 NOM MASCULIN

**a** = néant nothingness

**b** = petite chose sans importance **un rien** a mere nothing ◆ **des riens** trivia ◆ **un rien l'effraie, il a peur d'un rien** every little thing ou the slightest thing frightens him ◆ **un rien la fait rire** she laughs at every little thing ou at anything at all ◆ **un rien l'habille** she looks good in anything ◆ **j'ai failli rater le train, il s'en est fallu d'un rien** I came within a hair's breadth of missing the train ◆ **il suffirait d'un rien pour qu'ils se réconcilient** it would take nothing at all for them to make up

◆ **comme un rien** ◆ **il pourrait te casser le bras comme un rien** * he could break your arm, no trouble ◆ **ces vieilles savates, ça tue l'amour comme un rien !** those old slippers are a real passion killer!

◆ **pour un rien** ◆ **il pleure pour un rien** he cries at the drop of a hat ou at the slightest little thing ◆ **il s'inquiète pour un rien** he worries about the slightest little thing

**c** = petite quantité

◆ **un rien de** a touch ou hint of ◆ **mettez-y un rien de muscade** add a touch ou a tiny pinch of nutmeg ◆ **un rien de vin** a taste of wine ◆ **un rien de fantaisie** a touch of fantasy ◆ **avec un rien d'ironie** with a hint ou touch of irony ◆ **en un rien de temps** in no time (at all), in next to no time

**d** péj : désignant une personne **c'est un/une rien du tout** (socialement) he/she is a nobody; (moralement) he/she is no good

3 LOCUTION ADVERBIALE

◆ **un rien** (= un peu) a (tiny) bit, a shade ◆ **c'est un rien bruyant ici** it's a bit ou a shade noisy in here ◆ **un rien plus grand/petit** a fraction bigger/smaller ◆ **moi pas, dit-elle un rien insolente** I'm not, she said rather insolently

4 ADVERBE

†, ‡ = très really, not half * (Brit) ◆ **il fait rien froid ici** it's damned cold ‡ ou it isn't half cold * (Brit) here ◆ **ils sont rien snobs** they're really stuck-up *, they aren't half snobs * (Brit)

**rieur, rieuse** [R(i)jœR, R(i)jøz] → SYN 1 **adj** personne cheerful, merry; expression, yeux cheerful, laughing; → **mouette**

2 **nm,f** ◆ **les rieurs se turent** people stopped laughing ◆ **il avait les rieurs de son côté** he had people laughing with him rather than at him

**rif** [Rif] **nm** (arg Crime) (= rififi) trouble; (= arme à feu) hardware (NonC)

**rifampicine** [Rifɑ̃pisin] **nf** rifampicin, rifampin (US)

**riff** [Rif] **nm** riff

**riffe** [Rif] **nm** ⇒ **rif**

**rififi** [Rififi] **nm** (arg Crime) trouble

**riflard** [RiflaR] **nm** **a** (Tech) (= rabot) jack plane; (= lime à métaux) rough file

**b** ( * = parapluie) brolly * (Brit), umbrella

**rifle** [Rifl] **nm** rifle; → **vingt-deux**

**rifler** [Rifle] ▸ conjug 1 ◂ **vt** to plane

**rifloir** [RiflwaR] **nm** jack plane

**rift** [Rift] **nm** rift

**Riga** [Riga] **n** Riga

**rigaudon** [Rigɔdɔ̃, Rigodɔ̃] **nm** rigadoon

**rigide** [Riʒid] → SYN **adj** **a** armature, tige rigid, stiff; muscle, col, carton stiff ◆ **livre à couverture rigide** hardback (book)

**b** caractère rigid, inflexible; règle strict, rigid, hard-and-fast; classification, éducation strict; morale, politique, discipline strict, rigid; personne rigid

**rigidement** [Riʒidmɑ̃] **adv** élever un enfant strictly; appliquer un règlement strictly, rigidly

**rigidifier** [Riʒidifje] ▸ conjug 7 ◂ **vt** (lit) to make rigid ou stiff; (fig) to rigidify

**rigidité** [Riʒidite] → SYN **nf** **a** [armature, tige] rigidity, rigidness, stiffness; [muscle, carton, col] stiffness ◆ **rigidité cadavérique** rigor mortis

**b** [caractère, personne] rigidity, inflexibility; [règle, morale, politique] strictness, rigidity; [classification, éducation] strictness

**rigodon** [Rigɔdɔ̃] **nm** ⇒ **rigaudon**

**rigolade** * [Rigɔlad] **nf** **a** (= rire, amusement) **il aime la rigolade** he likes a bit of fun ou a laugh * ◆ **on a eu une bonne partie** ou **séance de rigolade** it was ou we had a good laugh * ou a lot of fun ◆ **quelle rigolade, quand il est entré !** what a laugh * when he came in! ◆ **le dîner s'est terminé dans la plus franche rigolade** the dinner ended in uproarious laughter ◆ **il n'y a pas que la rigolade dans la vie** having fun isn't the only thing in life ◆ **il prend tout à la rigolade** he thinks everything's a big joke ou laugh *, he makes a joke of everything

**b** (= plaisanterie) **ce procès est une (vaste) rigolade** this trial is a (big) joke ou farce ◆ **démonter ça, c'est une** ou **de la rigolade** taking that to pieces is child's play ou is a cinch * ◆ **ce qu'il dit là, c'est de la rigolade** what he says is a lot of ou a load of hooey ‡ ◆ **ce régime, c'est de la rigolade** this diet is a complete con *

**rigolard, e** * [RigɔlaR, aRd] **adj** air, personne jovial ◆ **c'est un rigolard** he's always ready for a laugh *, he likes a good laugh *

**rigole** [Rigɔl] → SYN **nf** (= canal) channel; (= filet d'eau) rivulet; (Agr = sillon) furrow ◆ **la pluie avait creusé des rigoles dans le sol** the rain had cut channels ou furrows in the earth ◆ **rigole d'irrigation** irrigation channel ◆ **rigole d'écoulement** drain

**rigoler** * [Rigɔle] ▸ conjug 1 ◂ **vi** **a** (= rire) to laugh ◆ **quand il l'a su, il a bien rigolé** when he found out, he had a good laugh about it * ◆ **il nous a bien fait rigoler** he had us all laughing ou in stitches * ◆ **tu me fais rigoler** (iro) you make me laugh (iro) ◆ **ne me fais pas rigoler** (iro) don't make me laugh ◆ **il n'y a pas de quoi rigoler !** that's nothing to laugh about!, what's so funny? ◆ **quand tu verras les dégâts, tu rigoleras moins** you'll be laughing on the other side of your face ou you won't be laughing when you see the damage

**b** (= s'amuser) to have (a bit of) fun, have a (bit of a) laugh * ◆ **il aime rigoler** he likes a bit of fun ou a good laugh * ◆ **on a bien rigolé** we had great fun ou a good laugh * ◆ **chez eux, on ne doit pas rigoler tous les jours !** it can't be much fun in their house!

**c** (= plaisanter) to joke ◆ **tu rigoles !** you're kidding! * ou joking! ◆ **je ne rigole pas** I'm not joking ou kidding * ◆ **le patron est quelqu'un qui ne rigole pas** the boss won't take any nonsense ◆ **il ne faut pas rigoler avec ces médicaments** you shouldn't mess about * ou fool about * with medicines like these ◆ **il ne faut pas rigoler avec ce genre de maladie** an illness like this has to be taken seriously ou can't be taken lightly ◆ **j'ai dit ça pour rigoler** it was only a joke, I only said it in fun ou for a laugh *

**rigolo, -ote** * [ʀigɔlo, ɔt] → SYN **1** adj histoire, film funny; personne funny, comical ◆ **il est rigolo** (plaisantin) he's funny, he's a laugh *; (original) he's comical ou funny ◆ **ce qui lui est arrivé n'est pas rigolo** what's happened to him is no joke ou is not funny ◆ **vous êtes rigolo, vous, mettez-vous à ma place !** (iro) you make me laugh – put yourself in my shoes! ◆ **c'est rigolo, je n'avais jamais remarqué cela** that's funny ou odd, I'd never noticed that ◆ **c'est rigolo comme les gens sont égoïstes** (iro) it's funny how selfish people can be (iro)
**2** nm,f (= comique) comic, wag; (péj = fumiste) fraud, phoney ◆ **c'est un sacré rigolo** he likes a good laugh *, he's a real comic ◆ **c'est un (petit) rigolo** (péj) he's a (little) fraud
**3** nm († ⁑ = revolver) gun, rod (US)

**rigorisme** [ʀigɔʀism] → SYN nm rigorism, austerity, rigid moral standards

**rigoriste** [ʀigɔʀist] → SYN **1** adj rigoristic, austere, rigid
**2** nmf rigorist, rigid moralist

**rigoureusement** [ʀiguʀøzmɑ̃] → SYN adv **a** punir, traiter harshly; démontrer, raisonner, sélectionner rigorously; appliquer, classifier rigorously, strictly ◆ **respecter rigoureusement les consignes** to observe the regulations strictly
**b** (= absolument) authentique, vrai absolutely, utterly, entirely; exact rigorously; interdit strictly; impossible utterly; identique absolutely ◆ **ça ne changera rigoureusement rien** that'll change absolutely nothing

**rigoureux, -euse** [ʀiguʀø, øz] → SYN adj **a** (= sévère) discipline, punition rigorous, harsh, severe; mesures rigorous, stringent, harsh; maître, moraliste rigorous, strict, rigid; sélection, gestion, suivi rigorous; climat rigorous, harsh ◆ **hiver rigoureux** hard ou harsh winter ◆ **avoir l'esprit rigoureux** to have a rigorous mind ◆ **de façon rigoureuse** rigorously
**b** (= exact) méthode, raisonnement, style, examen rigorous; classification, définition rigorous, strict
**c** (= absolu) interdiction, sens d'un mot strict ◆ **l'application rigoureuse de la loi** the strict enforcement of the law ◆ **ce n'est pas une règle rigoureuse** it's not a hard-and-fast rule

**rigueur** [ʀigœʀ] → SYN nf **a** (= sévérité) [condamnation, discipline] harshness, severity, rigour; [mesures] harshness, stringency, rigour; [climat, hiver] rigour, harshness ◆ **punir qn avec toute la rigueur de la loi** to punish sb with the utmost rigour of the law ◆ **faire preuve de rigueur à l'égard de qn** to be strict ou harsh with sb, be hard on sb ◆ **traiter qn avec la plus grande rigueur** to treat sb with the utmost rigour ou harshness ou severity ◆ **les rigueurs du sort/de l'hiver** (littér) the rigours of fate/of winter; → **arrêt, délai**
**b** (= austérité) [morale] rigour, rigidness, strictness; [personne] sternness, strictness ◆ **la politique de rigueur du gouvernement** the government's austerity measures ◆ **la rigueur économique** economic austerity
**c** (= précision) [pensée, raisonnement, style] rigour; [calcul] precision, exactness; [classification, définition] strictness, rigour, rigorousness ◆ **manquer de rigueur** to lack rigour
**d** (LOC) **tenir rigueur à qn** to hold it against sb ◆ **il lui a tenu rigueur de n'être pas venu** he held it against him that he didn't come ◆ **je ne vous en tiens pas rigueur** I don't hold it against you ◆ **en toute rigueur** strictly speaking
◆ **à la rigueur** at a pinch, if need be ◆ **on peut à l'extrême rigueur remplacer le curry par du poivre** at a pinch ou if you really have to you can use pepper instead of curry powder ◆ **un délit, à la rigueur, mais un crime non : le mot est trop fort** a minor offence possibly ou perhaps, but not a crime – that's too strong a word ◆ **il pourrait à la rigueur avoir gagné la côte, mais j'en doute** there is a faint possibility that he made it ou he may just possibly have made it back to the shore but I doubt it
◆ **de rigueur** ◆ **il est de rigueur d'envoyer un petit mot de remerciement** it is the done thing to send a note of thanks ◆ **la tenue de rigueur est ...** the dress to be worn is ..., the accepted dress ou attire (frm) is ... ◆ **"tenue de soirée de rigueur"** "evening dress", "dress: formal"

**rikiki** * [ʀikiki] adj inv → **riquiqui**

**rillettes** [ʀijɛt] nfpl rillettes *(type of potted meat or fish)* ◆ **rillettes pur porc** 100% pork rillettes

**rillons** [ʀijɔ̃] nmpl *pork cooked in fat and served cold*

**rimailler** † [ʀimɑje] ▸ conjug 1 ◂ vi (péj) to write doggerel, versify

**rimailleur, -euse** † [ʀimɑjœʀ, øz] nm,f (péj) would-be poet, rhymester, poetaster †

**rimaye** [ʀimaj] nf bergschrund

**rime** [ʀim] → SYN nf rhyme ◆ **rime masculine/féminine** masculine/feminine rhyme ◆ **rime pauvre/riche** poor/rich rhyme ◆ **rimes croisées** ou **alternées** alternate rhymes ◆ **rimes plates** ou **suivies** rhyming couplets ◆ **rimes embrassées** abba rhyme scheme ◆ **rimes tiercées** terza rima ◆ **rime pour l'œil/l'oreille** rhyme for the eye/the ear ◆ **faire qch sans rime ni raison** to do sth without either rhyme or reason ◆ **cela n'a ni rime ni raison** there's neither rhyme nor reason to it

**rimer** [ʀime] → SYN ▸ conjug 1 ◂ **1** vi **a** [mot] to rhyme (*avec* with) ◆ **cela ne rime à rien** (fig) it doesn't make sense, there's no sense ou point in it ◆ **à quoi cela rime-t-il ?** what's the point of it? ou sense in it? ◆ **économie ne rime pas toujours avec profit** saving doesn't necessarily go together with profit, saving and profit don't necessarily go hand in hand
**b** [poète] to write verse ou poetry
**2** vt to put into verse ◆ **poésie rimée** rhyming poetry ou verse

**rimeur, -euse** [ʀimœʀ, øz] → SYN nm,f (péj) rhymester, would-be poet, poetaster †

**rimmel** ® [ʀimɛl] nm mascara

**rinçage** [ʀɛ̃saʒ] nm **a** (= fait de passer à l'eau) rinsing out ou through; (pour enlever le savon) rinsing; (= opération) rinse ◆ **cette machine à laver fait 3 rinçages** this washing machine does 3 rinses ◆ **ajouter du vinaigre dans la dernière eau de rinçage** add some vinegar in the final rinse
**b** (pour cheveux) (colour (Brit) ou color (US)) rinse ◆ **elle s'est fait faire un rinçage** she had a colour rinse

**rinceau**, pl **rinceaux** [ʀɛ̃so] nm (Archit) foliage (NonC), foliation (NonC)

**rince-bouteille(s)**, pl **rince-bouteilles** [ʀɛ̃sbutɛj] nm (= machine) bottle-washing machine; (= brosse) bottlebrush

**rince-doigts** [ʀɛ̃sdwa] nm inv (= bol) finger-bowl; (en papier) finger wipe

**rincée** * [ʀɛ̃se] → SYN nf (= averse) downpour; (= défaite, volée) thrashing *, licking *

**rincer** [ʀɛ̃se] → SYN ▸ conjug 3 ◂ **1** vt **a** [+ bouteille, verre] to rinse (out); (pour enlever le savon) to rinse ◆ **rince l'assiette** give the plate a rinse, rinse the plate
**b** (⁑ = offrir à boire) **c'est lui qui rince** the drinks are on him
**c** **se faire rincer** * (par la pluie) to get drenched ou soaked; (au jeu) to get cleaned out * ◆ **il est rincé** * he's lost everything
**2** **se rincer** vpr (= laver) ◆ **se rincer la bouche** to rinse out one's mouth ◆ **se rincer les mains/les cheveux** to rinse one's hands/one's hair ◆ **se rincer l'œil** ⁑ to get an eyeful * ◆ **se rincer le gosier** ou **la dalle** ⁑ to wet one's whistle *

**rincette** * [ʀɛ̃sɛt] nf nip of brandy etc, little drop of wine (ou brandy etc )

**rinçure** [ʀɛ̃syʀ] nf (= eau de lavage) rinsing water; (péj = mauvais vin) plonk * (Brit), cheap wine

**rinforzando** [ʀinfɔʀtsando, ʀinfɔʀdzɑ̃do] adv rinforzando, sforzando, sforzato

**ring** [ʀiŋ] → SYN nm (boxing) ring ◆ **les champions du ring** boxing champions ◆ **monter sur le ring** (pour un match) to go into the ring; (= faire carrière) to take up boxing

**ringard[1]** [ʀɛ̃gaʀ] → SYN nm (= tisonnier) poker

**ringard[2], e** * [ʀɛ̃gaʀ, aʀd] → SYN **1** adj (= dépassé) personne square *; vêtement dowdy, naff * (Brit); (= de piètre qualité) film, roman, chanson corny *; décor tacky *, naff * (Brit)
**2** nm,f (dépassé) square *; (médiocre) loser *

**ringardise** * [ʀɛ̃gaʀdiz] nf [vêtement] dowdiness ◆ **ses films/chansons sont d'une ringardise !** his films/songs are unbelievably corny! *

**ringardisme** [ʀɛ̃gaʀsizm] nm ⇒ **ringardise**

**Rio de Janeiro** [ʀijɔd(ə)ʒanɛʀo] n Rio de Janeiro

**RIP** [ʀip] nm (abrév de **relevé d'identité postal**) → **relevé**

**ripaille** † * [ʀipɑj] nf (= festin) feast ◆ **faire ripaille** to have a feast, have a good blow-out * (Brit)

**ripailler** † * [ʀipɑje] ▸ conjug 1 ◂ vi (= festoyer) to feast, have a good blow-out * (Brit)

**ripailleur, -euse** † * [ʀipɑjœʀ, øz] **1** adj revelling
**2** nm,f reveller

**ripaton** ⁑ [ʀipatɔ̃] nm (= pied) foot

**ripe** [ʀip] nf scraper

**riper** [ʀipe] → SYN ▸ conjug 1 ◂ **1** vi **a** (= déraper) to slip
**b** ( * = s'en aller) to take off
**2** vt **a** (Tech = gratter) to scrape
**b** **(faire) riper** (= déplacer) [+ meuble, pierre, véhicule] to slide along

**ripieno** [ʀipjeno] nm ripieno

**ripolin** ® [ʀipɔlɛ̃] nm gloss paint

**ripoliner** [ʀipɔline] ▸ conjug 1 ◂ vt to paint with gloss paint ◆ **murs ripolinés de vert** walls painted in green gloss

**riposte** [ʀipɔst] → SYN nf (= réponse) retort, riposte; (= contre-attaque) counterattack, reprisal; (Escrime) riposte ◆ **en riposte à** in reply to ◆ **notre riposte sera impitoyable** we will retaliate mercilessly ◆ **il est prompt à la riposte** he always has a ready answer ou a quick retort ◆ **la riposte ne s'est pas fait attendre** the reaction was not long in coming

**riposter** [ʀipɔste] → SYN ▸ conjug 1 ◂ **1** vi **a** (= répondre) to answer back, riposte, retaliate ◆ **riposter à une insulte** to reply to an insult ◆ **il riposta (à cela) par une insulte** he answered back ou retorted with an insult, he flung back an insult ◆ **riposter à une accusation par une insulte** to counter an accusation with an insult
**b** (= contre-attaquer) to counterattack, retaliate ◆ **riposter à coups de grenades** to retaliate by throwing grenades ◆ **riposter à une attaque** to counter an attack
**c** (Escrime) to riposte
**2** vt ◆ **riposter que** to retort ou riposte ou answer back that

**ripou** ⁑, pl **ripous, ripoux** [ʀipu] **1** adj crooked
**2** nm (gén) crook; (= policier) crooked cop *, bent copper ⁑ (Brit)

**ripper, rippeur** [ʀipœʀ] → SYN nm (= engin) ripper

**ripple-mark**, pl **ripple-marks** [ʀipœlmaʀk] nf ripple mark

**riquiqui** * [ʀikiki] adj inv tiny ◆ **ça fait un peu riquiqui** [portion] it's a bit stingy *; [manteau] it's much too small

**rire** [ʀiʀ] → SYN ▸ conjug 36 ◂ **1** vi **a** (gén) to laugh ◆ **rire aux éclats** ou **à gorge déployée** to roar with laughter, laugh one's head off ◆ **rire aux larmes** to laugh until one cries ◆ **rire franchement** ou **de bon cœur** to laugh heartily ◆ **rire bruyamment** to guffaw, roar with laughter ◆ **rire comme un bossu** ou **comme une baleine** (péj) to laugh o.s. silly, be doubled up with laughter, split one's sides (laughing) ◆ **c'est à mourir** ou **crever** * **de rire** it's hilarious, it's awfully funny ◆ **la plaisanterie fit rire** the joke raised a laugh ou made everyone laugh ◆ **ça ne me fait pas rire** I don't find it funny, I'm not amused, it doesn't make me laugh ◆ **nous avons bien ri (de notre mésaventure)** we had a good laugh * (over our mishap) ◆ **ça m'a bien fait rire** it really made me laugh, it had me in fits * ◆ **on va rire : il va essayer de sauter** we're in for a laugh * – he's going to try and jump ◆ **il vaut mieux en rire qu'en pleurer** it's better to look on the bright side ◆ **il a pris les choses en riant** (avec bonne humeur) he saw the funny side of it; (à la légère) he laughed it off ◆ **il n'y a pas de quoi rire** there's nothing to laugh about, it's no laughing matter ◆ (Prov) **rira bien qui rira le dernier** he who laughs last laughs longest (Brit) ou best (US) ; (Prov)
**b** (littér) [yeux] to sparkle ou shine with happiness ou laughter; [visage] to shine with happiness

**c** (= s'amuser) to have fun, have a laugh* ♦ **il ne pense qu'à rire** he only thinks of having fun ♦ **il passe son temps à rire avec ses camarades** he spends his time fooling around ou playing about ou larking about (Brit) with his friends ♦ **rire aux dépens de qn** to laugh ou have a laugh at sb's expense ♦ **c'est un homme qui aime bien rire** he is a man who likes a bit of fun ou a good laugh* ♦ **c'est maintenant qu'on va rire !** this is where the fun starts!; → **histoire**

**d** (= plaisanter) to be joking ♦ **vous voulez rire !** you're joking!, you must be joking! ou kidding!* ♦ **et je ne ris pas** and I'm not joking ♦ **il a dit cela pour rire** he was only joking, he said it in fun ♦ **il a fait cela pour rire** he did it for a joke ou laugh* ♦ **c'était une bagarre pour rire** it was only a pretend fight, it wasn't a real fight; → **mot**

**e** (LOC) **rire dans sa barbe** ou **tout bas** to laugh to o.s., chuckle (away) to o.s. ♦ **rire sous cape** to laugh up one's sleeve, have a quiet laugh ♦ **rire au nez** ou **à la barbe de qn** to laugh in sb's face ♦ **rire du bout des dents** ou **des lèvres** to force o.s. to laugh, laugh politely ♦ **il faisait semblant de trouver ça drôle, mais en fait il riait jaune** he pretended he found it funny but in fact he had to force himself to laugh ♦ **quand il apprendra la nouvelle, il rira jaune** when he hears the news he won't find it funny ou he'll be laughing on the other side of his face (Brit) ♦ **vous me faites rire !, laissez-moi rire !** (iro) don't make me laugh!, you make me laugh! (iro) ♦ **sans rire, c'est vrai ?** joking apart ou aside, is it true?, seriously, is it true? ♦ **elle l'a quitté – oh ! sans rire ?** she has left him – really? ou you're joking? (iro)

**2** **rire de** vt indir (= se moquer de) [+ personne, défaut, crainte] to laugh at, scoff at ♦ **il fait rire de lui** people laugh at him ou make fun of him, he's a laughing stock

**3** **se rire** vpr ♦ **se rire de** (= se jouer de) [+ difficultés, épreuve] to make light of, take in one's stride; (= se moquer de) [+ menaces, recommandations] to laugh at; [+ personne] to laugh at, scoff at

**4** nm (= façon de rire) laugh; (= éclat de rire) laughter (NonC), laugh ♦ **rires** laughter ♦ **le rire** laughter ♦ (Prov) **le rire est le propre de l'homme** laughter is unique to man ♦ **un gros rire** a loud laugh, a guffaw ♦ **un rire homérique** a hearty ou booming laugh ♦ **un petit rire bête** a stupid giggle ou titter ♦ **un rire moqueur** a mocking ou scornful laugh ♦ **rires préenregistrés** ou **en boîte*** (Radio, TV) canned laughter ♦ **il y eut des rires dans la salle quand ...** there was laughter in the audience when ... ♦ **elle a un rire bête** she has a silly ou stupid laugh ♦ **elle eut un petit rire méchant** she gave a wicked little laugh, she laughed wickedly ♦ **il eut un petit rire de satisfaction** he gave a little chuckle of satisfaction, he chuckled with satisfaction ♦ **les rires l'obligèrent à se taire** the laughter forced him to stop speaking, he was laughed down; → **éclater, fou**

**ris**[1] [ʀi] → SYN nm **a** (Culin) **ris de veau** calf's sweetbread; (sur un menu) calves' sweetbreads

**b** (Naut) reef

**ris**[2] [ʀi] → SYN nm (littér = rire) laugh, laughter (NonC)

**RISC** [ɛʀiɛsse] adj (abrév de **Reduced Instruction Set Computing**) (Ordin) RISC ♦ **technologie/système RISC** RISC technology/system

**risée** [ʀize] → SYN nf **a** (= moquerie) **s'exposer à la risée générale** to lay o.s. open to ridicule ♦ **être un objet de risée** to be a laughing stock, be an object of ridicule ♦ **être la risée de toute l'Europe** to be the laughing stock of Europe

**b** (Naut) **risée(s)** light breeze

**risette** [ʀizɛt] → SYN nf (langage enfantin) ♦ **faire (une) risette à qn** to give sb a nice ou little smile ♦ **fais risette (au monsieur)** smile nicely (at the gentleman) ♦ **être obligé de faire des risettes au patron** (fig) to have to smile politely to the boss

**risible** [ʀizibl] → SYN adj (= ridicule) attitude laughable, ridiculous, silly; (= comique) aventure laughable, funny

**risiblement** [ʀizibləmɑ̃] adv ridiculously, laughably

**risorius** [ʀizɔʀjys] nm risorius

**risque** [ʀisk] GRAMMAIRE ACTIVE 15.3 → SYN nm **a** (gén, Assurances, Jur) risk ♦ **risque calculé** calculated risk ♦ **entreprise pleine de risques** high-risk business ♦ **c'est un risque à courir** it's a risk one has to take ou run, one has to take ou run the risk ♦ **il y a du risque à faire cela** there's a risk in doing that, it's taking a risk doing that, it's risky doing ou to do that ♦ **le goût du risque** a taste for danger ♦ **ce qui paie, c'est le risque** it pays off to take risks, taking risks pays off ♦ **on n'a rien sans risque** you don't get anywhere without taking risks, nothing ventured, nothing gained (Prov) ♦ **il y a un (un) risque d'émeute/d'épidémie** there's a risk of an uprising/an epidemic ♦ **à cause du risque d'incendie** because of the fire risk ou the risk of fire ♦ **cela constitue un risque pour la santé** that is a health hazard ou a health risk ♦ **risque de change** (Fin) exchange risk ou exposure ♦ **prendre des risques** to take risks ♦ **ne prendre aucun risque** (fig) to play (it) safe, take no risks ♦ **prise de risque(s)** risk-taking; → **assurance**

**b** (LOC) **le risque zéro n'existe pas** there's no such thing as zero risk ♦ **ce sont les risques du métier** (hum) that's an occupational hazard (hum) ♦ **il n'y a pas de risque qu'il refuse** there's no risk ou chance of his refusing ♦ **au risque de le mécontenter/de se tuer/de sa vie** at the risk of displeasing him/of killing himself/of his life ♦ **c'est à tes risques et périls** you do it at your own risk, on your own head be it!

♦ **à risque** (Méd) groupe high-risk; (Fin) placement risky ♦ **à haut risque** high-risk (épith) ♦ **pratique à risque** (high-)risk behaviour (NonC) (Brit) ou behavior (NonC) (US)

**risqué, e** [ʀiske] → SYN (ptp de **risquer**) adj (= hasardeux) risky, dicey* (Brit); (= licencieux) risqué, daring, off-color (US)

**risquer** [ʀiske] GRAMMAIRE ACTIVE 2.3 → SYN ▸ conjug 1 ◂

**1** vt **a** (= mettre en danger) [+ fortune, réputation, vie] to risk

**b** (= s'exposer à) [+ ennuis, prison, renvoi] to risk ♦ **il risque la mort** he's risking death, he risks being killed ♦ **tu risques gros** you're taking a big risk ♦ **tu risques qu'on te le vole** you risk having it stolen ♦ **qu'est-ce qu'on risque ?** (= quels sont les risques ?) what do we risk?, what are the risks? ou dangers?; (= c'est sans danger) what have we got to lose?, where's ou what's the risk? ♦ **bien emballé, ce vase ne risque rien** packed like this the vase is ou will be quite safe ♦ **ce vieux chapeau ne risque rien** it doesn't matter what happens to this old hat

**c** (= tenter) to risk ♦ **risquer le tout pour le tout, risquer le paquet*** to risk ou chance the lot ♦ **risquons le coup** let's chance it, let's take the chance ♦ (Prov) **qui ne risque rien n'a rien** nothing ventured, nothing gained (Prov)

**d** (= hasarder) [+ allusion, regard] to venture, hazard ♦ **je ne risquerais pas un gros mot devant mon grand-père** I wouldn't dare to use bad language in front of my grandfather ♦ **risquer un œil au dehors** to take a peep ou a quick look outside, poke one's nose outside ♦ **risquer un orteil dans l'eau** (hum) to venture a toe in the water

**e** **tu risques de le perdre** (éventualité) you might (well) ou could (well) lose it; (forte possibilité) you could easily lose it; (probabilité) you're likely to lose it ♦ **il risque de pleuvoir** it could ou may (well) rain, there's a chance of rain ♦ **le feu risque de s'éteindre** the fire may (well) go out, there's a risk the fire may go out ♦ **avec ces embouteillages, il risque d'être en retard** with these traffic jams he's likely to be late, these traffic jams could well make him late ♦ **on risque fort d'être en retard** we're very likely to be late ♦ **pourquoi risquer de tout perdre ?** why should we risk losing ou take the risk of losing everything? ♦ **ça ne risque pas (d'arriver) !** not a chance!, there's no chance ou danger of that (happening)!, that's not likely to happen! ♦ **il ne risque pas de gagner** he hasn't got much chance of winning, there isn't much chance of him winning, he isn't likely to win

**2** **se risquer** vpr ♦ **se risquer dans une grotte/sur une corniche** to venture inside a cave/onto a ledge ♦ **se risquer dans une entreprise** to venture (up)on ou take a gamble on an enterprise ♦ **se risquer dans une aventure dangereuse** to set out on a dangerous course ♦ **se risquer à faire qch** to venture ou dare to do sth ♦ **à ta place, je ne m'y risquerais pas** if I were you, I wouldn't risk it ♦ **je vais me risquer à faire un soufflé** I'm going to try my hand ou have a go at making a soufflé

**risque-tout** [ʀiskətu] → SYN nmf inv daredevil ♦ **elle est risque-tout, c'est une risque-tout** she's a daredevil

**rissole** [ʀisɔl] nf rissole

**rissoler** [ʀisɔle] → SYN ▸ conjug 1 ◂ **1** vt (Culin) ♦ **(faire) rissoler** to brown ♦ **pommes rissolées** fried potatoes

**2** vi (Culin) to brown

**ristourne** [ʀistuʀn] → SYN nf (sur achat) discount; (sur cotisation) rebate; (= commission) commission ♦ **faire une ristourne à qn** to give sb a discount ♦ **je lui ai demandé 10% de ristourne** I asked him for a 10% discount

**ristourner** [ʀistuʀne] → SYN ▸ conjug 1 ◂ vt **a** (= accorder une réduction de) to give a discount of; (= rembourser un trop-perçu de) to refund the difference of; (= donner une commission de) to give a commission of ♦ **ils m'ont ristourné 500 F** they gave me 500 francs back ♦ **une partie de la taxe est ristournée au pays exportateur** part of the tax is refunded to the exporting country

**b** (Jur, Naut) [+ police d'assurance] to cancel

**ristrette** [ʀistʀɛt], **ristretto** [ʀistʀeto] nm (Helv) strong black coffee *(served in a small cup)*

**rital**** [ʀital] nm (injurieux = Italien) wop** (injurieux), Eyetie** (injurieux)

**rite** [ʀit] → SYN nm (gén, Rel) rite; (fig = habitude) ritual ♦ **rites sociaux** social rituals ♦ **rites d'initiation** ou **initiatiques** initiation rites ♦ **rite de passage** rite of passage

**ritournelle** [ʀituʀnɛl] → SYN nf (Mus) ritornello ♦ **c'est toujours la même ritournelle** (fig) it's always the same (old) story

**ritualisation** [ʀitɥalizasjɔ̃] nf ritualization

**ritualiser** [ʀitɥalize] ▸ conjug 1 ◂ vt to ritualize

**ritualisme** [ʀitɥalism] nm ritualism

**ritualiste** [ʀitɥalist] **1** adj ritualistic

**2** nmf ritualist

**rituel, -elle** [ʀitɥɛl] → SYN **1** adj ritual

**2** nm ritual ♦ **le rituel du départ était toujours le même** the ritual was always the same when we left

**rituellement** [ʀitɥɛlmɑ̃] adv (= religieusement) religiously, ritually; (hum = invariablement) invariably, unfailingly

**rivage** [ʀivaʒ] → SYN nm shore

**rival, e**, mpl **-aux** [ʀival, o] → SYN adj, nm,f rival ♦ **sans rival** unrivalled

**rivaliser** [ʀivalize] GRAMMAIRE ACTIVE 5.2, 5.3 → SYN ▸ conjug 1 ◂ vi ♦ **rivaliser avec** [personne] to rival, compete with, vie with; [chose] to hold its own against, compare with ♦ **rivaliser de générosité/de bons mots avec qn** to vie with sb ou try to outdo sb in generosity/wit, rival sb in generosity/wit ♦ **il essaie de rivaliser avec moi** he's trying to emulate me ou to vie with me ♦ **ses tableaux rivalisent avec les plus grands chefs-d'œuvre** his paintings rival the greatest masterpieces ou can hold their own against the greatest masterpieces

**rivalité** [ʀivalite] → SYN nf rivalry ♦ **rivalités internes** (gén) internal rivalries; (Pol) internecine strife ou rivalries ♦ **rivalités de personnes** rivalry between people

**rive** [ʀiv] → SYN nf **a** [mer, lac] shore; [rivière] bank ♦ **la rive gauche/droite de la Tamise** the north/south bank of the Thames ♦ **la rive gauche/droite (de la Seine)** the left/right bank (of the Seine) ♦ **ils sont très rive gauche** they are very Left Bank, they are very arty (péj)

**b** (Tech) [four] lip ♦ **planche de rive** [toit] eaves fascia

**RIVE GAUCHE, RIVE DROITE**

The terms **rive gauche** and **rive droite** are social and cultural notions as well as geographical ones. The Left Bank of the Seine (ie, the southern half of Paris) is traditionally associated with the arts (especially literature), with students and with a somewhat bohemian lifestyle. The Right Bank is generally viewed as being more traditionalist, commercially-minded and conformist.

**rivé, e** [ʀive] (ptp de **river**) adj ◆ **rivé à** [+ bureau, travail] tethered ou tied to; [+ chaise] glued ou riveted to ◆ **les yeux rivés sur moi/la tache de sang** (with) his eyes riveted on me/the bloodstain ◆ **rester rivé sur place** to be ou stand riveted ou rooted to the spot ◆ **rivé à la télé** * glued to the TV *

**river** [ʀive] → SYN ▸ conjug 1 ◂ vt **a** (Tech) [+ clou] to clinch; [+ plaques] to rivet together ◆ **river son clou à qn** * (fig) to shut sb up *
**b** (littér = fixer) **river qch au mur/sol** to nail sth to the wall/floor ◆ **il la rivait au sol** he pinned her to the ground ◆ **la haine/le sentiment qui les rivait ensemble** ou **l'un à l'autre** the hatred/the emotional bond which held them to each other

**riverain, e** [ʀiv(ə)ʀɛ̃, ɛn] → SYN **1** adj (d'un lac) lakeside, riparian (SPÉC); (d'une rivière) riverside, riparian (SPÉC) ◆ **les propriétés riveraines** (d'une route) the houses along the road ◆ **les propriétés riveraines de la Seine** the houses bordering on the Seine ou along the banks of the Seine
**2** nm,f [lac] lakeside resident, riparian (SPÉC); [fleuve, rivière] riverside resident, riparian (SPÉC) ◆ **les riverains se plaignent du bruit des voitures** [route] the residents of ou in the street complain about the noise of cars ◆ **"interdit sauf aux riverains"** "no entry except for access", "residents only"

**riveraineté** [ʀiv(ə)ʀɛnte] nf (Jur) riparian rights

**rivet** [ʀivɛ] → SYN nm rivet

**rivetage** [ʀiv(ə)taʒ] nm riveting

**riveter** [ʀiv(ə)te] ▸ conjug 4 ◂ vt to rivet (together)

**riveteuse** [ʀiv(ə)tøz], **riveuse** [ʀivøz] nf riveting machine

**rivière** [ʀivjɛʀ] → SYN nf (lit, fig) river; (Équitation) water jump ◆ **rivière de diamants** diamond rivière; → **petit**

**rivoir** [ʀivwaʀ] nm (marteau à river) riveter

**rivulaire** [ʀivylɛʀ] nf rivularia

**rivure** [ʀivyʀ] nf (= action) riveting

**rixe** [ʀiks] → SYN nf brawl, fight, scuffle

**Riyad** [ʀijad] n Riyadh

**riyal** [ʀijal] nm riyal

**riz** [ʀi] nm rice ◆ **riz Caroline** ou **à grains longs** long-grain rice ◆ **riz à grains ronds** round-grain rice ◆ **riz basmati** basmati rice ◆ **riz brun** ou **complet** brown rice ◆ **riz cantonais** fried rice ◆ **riz créole** creole rice ◆ **riz gluant** sticky rice ◆ **riz au lait** rice pudding ◆ **riz pilaf** pilaf(f) ou pilau rice ◆ **riz sauvage** wild rice; → **gâteau, paille**

**rizerie** [ʀizʀi] nf rice-processing factory

**riziculteur, -trice** [ʀizikyltœʀ, tʀis] nm,f rice grower

**riziculture** [ʀizikyltyʀ] nf rice-growing

**rizière** [ʀizjɛʀ] nf paddy-field, ricefield

**RM** [ɛʀɛm] nm (abrév de **règlement mensuel**) → **règlement**

**RMI** [ɛʀɛmi] nm (abrév de **revenu minimum d'insertion**) → **revenu**

**RMiste, rmiste** [ɛʀɛmist] nmf *person receiving welfare payment,* ≃ person on income support (Brit), ≃ person on welfare (US)

**RMN** [ɛʀɛmɛn] nf (abrév de **résonance magnétique nucléaire**) NMR

**RN** [ɛʀɛn] **1** nf (abrév de **route nationale**) → **route**
**2** nm (abrév de **revenu national**) → **revenu**

**RNIS** [ɛʀɛnis] nm (abrév de **Réseau Numérique à Intégration de Service**) ISDN

**rob** [ʀɔb] → SYN nm (au bridge, au whist) rubber

**robe** [ʀɔb] → SYN **1** nf **a** [femme, fillette] dress ◆ **robe courte/décolletée/d'été** short/low-necked/summer dress
**b** [magistrat, prélat] robe; [professeur] gown ◆ **la robe** (Hist Jur) the legal profession; → **gens¹, homme, noblesse**
**c** (= pelage) [cheval, fauve] coat
**d** (= peau) [oignon] skin; [fève] husk
**e** [cigare] wrapper, outer leaf
**f** (= couleur) [vin] colour (Brit), color (US)
**2** COMP ▷ **robe bain de soleil** sundress ▷ **robe de bal** ball gown ou dress ▷ **robe de baptême** christening ou baptism robe ▷ **robe bustier** off-the-shoulder dress ▷ **robe de chambre** dressing gown ◆ **pommes de terre en robe de chambre** ou **des champs** (Culin) baked ou jacket (Brit) potatoes, potatoes in their jackets ▷ **robe chasuble** pinafore dress ▷ **robe chaussette** ⇒ **robe tube** ▷ **robe chemisier** shirtwaister (dress) (Brit), shirtwaist (dress) (US) ▷ **robe de cocktail** cocktail dress ▷ **robe de communion** ou **de communiant(e)** first communion dress ▷ **robe de grossesse** maternity dress ▷ **robe d'hôtesse** hostess gown ▷ **robe d'intérieur** housecoat ▷ **robe kimono** kimono (dress) ▷ **robe de mariée** wedding dress ou gown ▷ **robe du soir** evening dress ou gown ▷ **robe tube** tube ▷ **robe tunique** smock

**robe-manteau,** pl **robes-manteaux** [ʀɔbmɑ̃to] nf coat dress

**rober** [ʀɔbe] ▸ conjug 1 ◂ vt [+ cigare] to wrap

**roberts**‡ [ʀɔbɛʀ] nmpl (= seins) tits‡, boobs‡

**robe-sac,** pl **robes-sacs** [ʀɔbsak] nf sack dress

**robe-tablier,** pl **robes-tabliers** [ʀɔbtablije] nf overall

**Robin** [ʀɔbɛ̃] nm Robin ◆ **Robin des Bois** Robin Hood ◆ **"Robin des Bois"** (Littérat) "Robin Hood" ◆ **c'est le Robin des Bois de la politique française** (hum = justicier) he's the Robin Hood of French politics

**robin** †† [ʀɔbɛ̃] nm (péj) lawyer

**robinet** [ʀɔbinɛ] → SYN nm **a** [évier, baignoire, tonneau] tap (Brit), faucet (US) ◆ **robinet d'eau chaude/froide** hot/cold (water) tap (Brit) ou faucet (US) ◆ **robinet mélangeur, robinet mitigeur** mixer tap (Brit) ou faucet (US) ◆ **robinet du gaz** gas tap ◆ **robinet d'arrêt** stopcock; → **problème**
**b** (*, langage enfantin = pénis) willy * (Brit), peter * (US)

**robinetier** [ʀɔbinetje] nm (= fabricant) tap (Brit) ou faucet (US) manufacturer; (= commerçant) tap (Brit) ou faucet (US) merchant

**robinetterie** [ʀɔbinɛtʀi] → SYN nf (= installations) taps (Brit), faucets (US), plumbing (NonC); (= usine) tap (Brit) ou faucet (US) factory; (= commerce) tap (Brit) ou faucet (US) trade

**robinier** [ʀɔbinje] nm locust tree, false acacia

**Robinson Crusoé** [ʀɔbɛ̃sɔ̃kʀyzɔe] nm Robinson Crusoe

**robinsonnade** [ʀɔbɛ̃sɔnad] nf *island adventure story*

**Roboam** [ʀɔbɔam] nm Rehoboam

**roboratif, -ive** [ʀɔbɔʀatif, iv] → SYN adj (littér) climat bracing; activité invigorating; liqueur, vin tonic, stimulating

**robot** [ʀɔbo] → SYN nm (lit, fig) robot ◆ **robot ménager** ou **de cuisine** food processor

**roboticien, -ienne** [ʀɔbɔtisjɛ̃, jɛn] nm,f robotics specialist

**robotique** [ʀɔbɔtik] → SYN nf robotics sg

**robotisation** [ʀɔbɔtizasjɔ̃] nf [atelier, usine] automation ◆ **il redoute la robotisation de l'humanité** he fears that human beings are being turned into robots

**robotiser** [ʀɔbɔtize] ▸ conjug 1 ◂ vt [+ atelier, usine] to automate ◆ **des gens complètement robotisés** people who have been turned into robots

**robre** [ʀɔbʀ] nm (Bridge) rubber

**robusta** [ʀɔbysta] nm (= café) robusta

**robuste** [ʀɔbyst] → SYN adj personne, animal robust, sturdy; santé robust, sound; plante, arbre robust, hardy; voiture solid; meuble, moteur, machine robust; foi firm, strong ◆ **de robuste constitution** of strong ou robust constitution

**robustement** [ʀɔbystəmɑ̃] adv robustly, sturdily

**robustesse** [ʀɔbystɛs] → SYN nf [personne, animal] robustness, sturdiness; [santé] robustness, soundness; [plante, arbre] robustness, hardiness; [voiture] solidity; [meuble, moteur, machine] robustness; [foi] firmness, strength

**roc¹** [ʀɔk] → SYN nm (lit, fig) rock; → **bâtir, dur**

**roc²** [ʀɔk] nm (Myth) ◆ **(oiseau) roc** roc

**rocade** [ʀɔkad] → SYN nf (= route) bypass; (Mil) communications line

**rocaille** [ʀɔkaj] → SYN **1** adj objet, style rocaille
**2** nf **a** (= cailloux) loose stones; (= terrain) rocky ou stony ground
**b** (= jardin) rockery, rock garden ◆ **plantes de rocaille** rock plants
**c** (Constr) **grotte/fontaine en rocaille** grotto/fountain in rockwork

**rocailleur** [ʀɔkajœʀ] nm rocaille worker

**rocailleux, -euse** [ʀɔkajø, øz] → SYN adj terrain rocky, stony; style rugged; son, voix harsh, grating

**rocambole** [ʀɔkɑ̃bɔl] nf rocambole

**rocambolesque** [ʀɔkɑ̃bɔlɛsk] → SYN adj aventures, péripéties fantastic, incredible

**rocelle** [ʀɔsɛl] nf orchil, archil

**rochage** [ʀɔʃaʒ] nm (Métal) spitting

**rochassier, -ière** [ʀɔʃasje, jɛʀ] nm,f rock climber

**roche** [ʀɔʃ] → SYN nf (gén) rock ◆ **roches sédimentaires/volcaniques** sedimentary/volcanic rock(s) ◆ **roche lunaire** moon rock ◆ **roche mère** parent rock ◆ **la roche Tarpéienne** the Tarpeian Rock ◆ **fond de roche** (Naut) rock bottom; → **anguille, coq¹, cristal**

**roche-magasin,** pl **roches-magasins** [ʀɔʃmagazɛ̃] nf reservoir rock

**rocher¹** [ʀɔʃe] nm **a** (= bloc) rock; (gros, lisse) boulder; (= substance) rock ◆ **le rocher de Sisyphe** the rock of Sisyphus ◆ **le rocher de Gibraltar, le Rocher** the Rock (of Gibraltar) ◆ **faire du rocher** (Alpinisme) to go rock-climbing
**b** (Anat) petrosal bone
**c** (en chocolat) chocolate

**rocher²** [ʀɔʃe] ▸ conjug 1 ◂ vi **a** (Métal) to spit
**b** [bière] to froth

**roche-réservoir,** pl **roches-réservoirs** [ʀɔʃʀezɛʀvwaʀ] nf ⇒ **roche-magasin**

**rochet** [ʀɔʃɛ] → SYN nm **a** (Rel) ratchet
**b** (Tech) **roue à rochet** ratchet wheel

**rocheux, -euse** [ʀɔʃø, øz] → SYN **1** adj rocky ◆ **paroi rocheuse** rock face
**2** **Rocheuses** nfpl ◆ **les (montagnes) Rocheuses** the Rocky Mountains, the Rockies

**rock¹** [ʀɔk] nm (Myth) ⇒ **roc²**

**rock²** [ʀɔk] (Mus) **1** adj rock
**2** nm (= musique) rock; (= danse) jive, rock 'n' roll ◆ **le rock punk/alternatif** punk/alternative rock ◆ **danser le rock** to rock, jive ◆ **rock and roll, rock 'n' roll** rock 'n' roll ◆ **rock acrobatique** acrobatic dancing

**rocker** [ʀɔkœʀ] nm ⇒ **rockeur**

**rockeur, -euse** [ʀɔkœʀ, øz] nm,f (= chanteur) rock singer; (= musicien) rock musician, rocker; (= fan) rock fan, rocker

**rocking-chair,** pl **rocking-chairs** [ʀɔkiŋ(t)ʃɛʀ] nm rocking chair

**rococo** [ʀɔkɔko] → SYN **1** nm (Art) rococo
**2** adj inv (Art) rococo; (péj) old-fashioned, outdated

**rocou** [ʀɔku] nm an(n)atto

**rocouer** [ʀɔkue] ▸ conjug 1 ◂ vt to dye with an(n)atto

**rocouyer** [ʀɔkuje] nm an(n)atto (tree)

**rodage** [ʀɔdaʒ] nm **a** [véhicule, moteur] running in (Brit), breaking in (US) ◆ **"en rodage"** "running in" (Brit), "breaking in" (US) ◆ **pendant le rodage** during the running-in (Brit) ou breaking-in (US) period ◆ **la voiture était en rodage** the car was being run in (Brit) ou broken in (US)
**b** (Aut) [soupape] grinding
**c** (= mise au point) **on a dû prévoir une période de rodage** we had to allow some time to get up to speed ◆ **ce spectacle a demandé un**

**certain rodage** the show took a little while to get over its teething troubles ou get into its stride ◆ **le nouveau gouvernement est encore en rodage** the new government is still cutting its teeth

**rodéo** [ʀɔdeo] nm (= sport) rodeo; (= poursuite) high-speed car chase ◆ **rodéo (automobile** ou **motorisé), rodéo de voitures volées** joy riding (NonC)

**roder** [ʀɔde] [→ SYN] ▸ conjug 1 ◂ vt **a** [+ véhicule, moteur] to run in (Brit), break in (US)
**b** (Tech) [+ soupape] to grind
**c** (= mettre au point) **il faut roder ce spectacle/ce nouveau service** we have to let this show/this new service get into its stride, we have to give this show/this new service time to get over its teething troubles ◆ **ce spectacle est maintenant bien rodé** the show is really running well ou smoothly now, all the initial problems in the show have been ironed out ◆ **il n'est pas encore rodé** [personne] he hasn't quite got the hang of it yet; [organisme] it hasn't yet got into its stride

**rôder** [ʀode] [→ SYN] ▸ conjug 1 ◂ vi (au hasard) to roam ou wander about; (de façon suspecte) to loiter ou lurk (about ou around); (= être en maraude) to prowl about, be on the prowl ◆ **rôder autour d'un magasin** to hang ou lurk around a shop ◆ **rôder autour de qn** to hang around sb

**rôdeur, -euse** [ʀodœʀ, øz] [→ SYN] nm,f prowler

**rodomontade** [ʀɔdɔmɔ̃tad] [→ SYN] nf (littér) (= vantardise) bragging (NonC), boasting (NonC); (= menace) sabre rattling (NonC)

**rœntgen** [ʀœntgɛn] nm ⇒ **röntgen**

**Rogations** [ʀɔgasjɔ̃] nfpl (Rel) Rogations

**rogatoire** [ʀɔgatwaʀ] adj (Jur) rogatory; → **commission**

**rogatons** [ʀɔgatɔ̃] nmpl (péj) (= nourriture) scraps (of food), left-overs; (= objets) pieces of junk; (= vêtements) old rags

**rogne** * [ʀɔɲ] nf anger ◆ **être en rogne** to be (really ou hopping * (Brit)) mad ou really ratty * (Brit) ◆ **se mettre en rogne** to get (really ou hopping * (Brit)) mad ou really ratty * (Brit), blow one's top * (*contre* at) ◆ **mettre qn en rogne** to make sb (really ou hopping * (Brit)) mad ou really ratty * (Brit), make sb lose their temper ◆ **il était dans une telle rogne que ...** he was in such a (foul) temper that ..., he was so mad * ou ratty * (Brit) that ... ◆ **ses rognes duraient des jours** his tempers lasted for days

**rogner** [ʀɔɲe] [→ SYN] ▸ conjug 1 ◂ vt **a** (= couper) [+ ongle, page, plaque] to trim; [+ griffe] to clip, trim; [+ aile, pièce d'or] to clip ◆ **rogner les ailes à qn** to clip sb's wings
**b** (= réduire) [+ prix] to whittle down, cut down; [+ salaire] to cut back ou down, whittle down ◆ **rogner sur** [+ dépense, prix] to cut down on, cut back on; [+ nourriture, sorties] to cut down on

**rognon** [ʀɔɲɔ̃] [→ SYN] nm (Culin) kidney; (Géol) nodule ◆ **rognons blancs** (Culin) ram's testicles

**rognures** [ʀɔɲyʀ] nfpl [métal] clippings, trimmings; [cuir, papier] clippings; [ongles] clippings, parings; [viande] scraps

**rogomme** [ʀɔgɔm] nm ◆ **voix de rogomme** hoarse ou rasping voice

**rogue**[1] [ʀɔg] [→ SYN] adj (= arrogant) haughty, arrogant

**rogue**[2] [ʀɔg] nf (Pêche) *herring (*ou *cod) roe used as bait*

**rogué, e** [ʀɔge] adj poisson with roe

**rohart** [ʀɔaʀ] nm [morse] walrus ivory; [hippopotame] hippopotamus ivory

**roi** [ʀwa] [→ SYN] **1** nm **a** (= souverain, Cartes, Échecs) king ◆ **le livre des Rois** (Bible) (the Book of) Kings ◆ **le jour des Rois** (gén) Twelfth Night; (Rel) Epiphany ◆ **tirer les rois** to eat Twelfth Night cake ◆ **le roi n'est pas son cousin !** he's very full of himself! ◆ **travailler pour le roi de Prusse** to receive no reward for one's pains ◆ **"Le Roi des aulnes"** (Littérat) "The Erl King" ◆ **"Le Roi Lear"** (Littérat) "King Lear"; → **bleu, camelot, heureux** etc
**b** (fig) king ◆ **le roi des animaux/de la forêt** the king of the beasts/of the forest ◆ **roi du pétrole** oil king ◆ **les rois de la finance** the kings of finance ◆ **un des rois de la presse/du textile** one of the press/textile barons ou magnates ou tycoons ◆ **c'est le roi des fromages** it's the prince of cheeses ◆ **c'est le roi de la resquille !** * he's a master ou an ace * at getting something for nothing ◆ **tu es vraiment le roi (des imbéciles) !** * you really are a prize idiot! *, you really take the cake (for sheer stupidity)! * ◆ **c'est le roi des cons** *̣* he's an utter cretin *̣* (Brit) ou a total asshole *̣* (US) ◆ **c'est le roi des salauds** *̣* he's the world's biggest bastard *̣*
**2** COMP ▷ **les rois fainéants** (Hist) *the last Merovingian kings* ▷ **le Roi des Juifs** the King of the Jews ▷ **le Roi des Rois** the King of Kings ▷ **le Roi Très Chrétien** the King of France; → **mage**

> **LES ROIS**
>
> At Epiphany, it is traditional for French people to get together and share a "galette des rois", a round, flat pastry filled with almond paste. A small figurine ("la fève") is baked inside the pastry, and the person who finds it in his or her portion is given a cardboard crown to wear. This tradition is known as "tirer les rois". In some families, a child goes under the table while the pastry is being shared out and says who should receive each portion.

**roide** [ʀwad] adj, **roideur** [ʀwadœʀ] nf, **roidir** [ʀwadiʀ] vt ( †† ou littér) ⇒ **raide, raideur, raidir**

**Roi-Soleil** [ʀwasɔlɛj] nm ◆ **le Roi-Soleil** the Sun King

**roitelet** [ʀwat(ə)lɛ] nm **a** (péj = roi) kinglet, petty king
**b** (= oiseau) wren ◆ **roitelet (huppé)** goldcrest

**rôle** [ʀol] [→ SYN] nm **a** (Théât, fig) role, part ◆ **jouer un rôle** [personne] (Théât) to play a part (*dans* in); (fig) to put on an act; [fait, circonstance] to play a part (*dans* in) ◆ **premier rôle** lead, leading ou major role ou part ◆ **avoir le premier rôle dans une affaire** (fig) to play the leading part in an affair ◆ **second/petit rôle** supporting/minor role ou part ◆ **jouer les seconds rôles** (Ciné) to play minor parts ou supporting roles; (fig : en politique) to play second fiddle ◆ **rôle muet** non-speaking part ◆ **rôle de composition** character part ou role ◆ **savoir son rôle** to know one's part ou lines ◆ **distribuer les rôles** to cast the parts ◆ **je lui ai donné le rôle de Lear** I gave him the role ou part of Lear, I cast him as Lear ◆ **il joue bien son rôle de jeune cadre** he acts his role of young executive ou plays the part of a young executive well ◆ **inverser** ou **renverser les rôles** to reverse the roles ◆ **avoir le beau rôle** to show o.s. in a good light, come off best; → **jeu**
**b** (= fonction, statut) [personne] role, part; [institution, système] role, function; (= contribution) part; (= devoir, travail) job ◆ **il a un rôle important dans l'organisation** he plays an important part ou he has an important role in the organization ◆ **quel a été son rôle dans cette affaire ?** what part did he play in this business? ◆ **ce n'est pas mon rôle de vous sermonner mais ...** it isn't my job ou place to lecture you but ... ◆ **en donnant cet avertissement, il est dans son rôle** (= il fait ce qu'il a à faire) in issuing this warning, he's simply doing his job ◆ **le rôle de la métaphore chez Lawrence** the role of metaphor ou the part played by metaphor in Lawrence ◆ **la télévision a pour rôle de ...** the role ou function of television is to ...
**c** (= registre, Admin) roll; (Jur) cause list ◆ **rôle d'équipage** muster (roll) ◆ **rôle des impôts** tax list ou roll; → **tour**[2]

**rôle-titre**, pl **rôles-titres** [ʀoltitʀ] nm title role

**roller** [ʀɔlœʀ] nm roller skate ◆ **roller en ligne** rollerblade, in-line roller skate ◆ **faire du roller** to roller-skate ◆ **faire du roller en ligne** to rollerblade

**rollier** [ʀɔlje] nm (Zool) roller

**rollmops** [ʀɔlmɔps] nm rollmop

**Rolls ®** [ʀɔls] nf (lit) Rolls, Rolls Royce ®; (fig) Rolls Royce

**ROM** [ʀɔm] nf (abrév de **Read Only Memory**) (Ordin) ROM

**romain, e** [ʀɔmɛ̃, ɛn] **1** adj (gén) Roman
**2** nm (Typo) roman
**3** **Romain(e)** nm,f Roman; → **travail**[1]
**4** **romaine** nf ◆ **(laitue) romaine** cos (lettuce) (Brit), romaine (lettuce) (US) ◆ **(balance) romaine** steelyard ◆ **être bon comme la romaine** (trop bon) to be too nice for one's own good; (menacé) to be in for it *

**romaïque** [ʀɔmaik] adj, nm Romaic, demotic Greek

**roman**[1] [ʀɔmɑ̃] [→ SYN] **1** nm **a** (= livre) novel; (fig = récit) story ◆ **le roman** (genre) the novel ◆ **ils ne publient que des romans** they only publish novels ou fiction ◆ **ça n'arrive que dans les romans** it only happens in novels ou fiction ou stories ◆ **sa vie est un vrai roman** his life is like something out of a novel ◆ **c'est tout un roman** * it's a long story, it's a real saga ◆ **Éric et sa mère, c'est un vrai roman** ou **tout un roman !** you could write a book about Eric and his mother! ◆ **ça se lit comme un roman** it reads like a novel; → **eau, nouveau**
**b** (Littérat) (= œuvre médiévale) romance ◆ **roman courtois** courtly romance ◆ **"le Roman de Renart"** (Littérat) "the Romance of Renart" ◆ **"le Roman de la Rose"** (Littérat) "the Romance of the Rose", "the Roman de la Rose"
**2** COMP ▷ **roman d'amour** (lit) love story; (fig) love story, (storybook) romance ▷ **roman d'analyse** psychological novel ▷ **roman d'anticipation** futuristic novel, science-fiction novel ▷ **roman d'aventures** adventure story ▷ **roman de cape et d'épée** swashbuckler ▷ **roman de chevalerie** tale of chivalry ▷ **roman à clés** roman à clés ▷ **roman d'épouvante** horror story ▷ **roman d'espionnage** spy thriller ou story ▷ **roman familial** (Psych) family romance ▷ **roman de gare** airport novel ▷ **roman historique** historical novel ▷ **roman de mœurs** social novel ▷ **roman noir** (Hist) Gothic novel; (policier) violent thriller ▷ **roman policier** detective novel ou story, whodunit * ▷ **roman de science-fiction** science-fiction novel ▷ **roman (de) série noire** thriller

**roman**[2]**, e** [ʀɔmɑ̃, an] **1** adj (Ling) Romance (épith), Romanic; (Archit) Romanesque; (en Grande-Bretagne) Norman
**2** nm (Ling) ◆ **le roman (commun)** late vulgar Latin ◆ **le roman** (Archit) the Romanesque

**romance** [ʀɔmɑ̃s] [→ SYN] nf **a** (= chanson) sentimental ballad, lovesong ◆ **les romances napolitaines** the Neapolitan lovesongs; → **pousser**
**b** (Littérat, Mus) ballad, romance

**romancer** [ʀɔmɑ̃se] [→ SYN] ▸ conjug 3 ◂ vt (= présenter sous forme de roman) to make into a novel; (= agrémenter) to romanticize ◆ **histoire romancée** fictionalized history; → **biographie**

**romanche** [ʀɔmɑ̃ʃ] adj, nm (Ling) Romans(c)h

**romancier** [ʀɔmɑ̃sje] [→ SYN] nm novelist

**romancière** [ʀɔmɑ̃sjɛʀ] nf (woman) novelist

**romand, e** [ʀɔmɑ̃, ɑ̃d] [→ SYN] adj of French-speaking Switzerland ◆ **les Romands** the French-speaking Swiss; → **suisse**

**romanesque** [ʀɔmanɛsk] [→ SYN] **1** adj **a** histoire fabulous, fantastic; amours storybook (épith); aventures storybook (épith), fabulous; imagination, personne, tempérament romantic
**b** (Littérat) traitement, récit novelistic ◆ **la technique romanesque** the technique(s) of the novel ◆ **œuvres romanesques** novels, fiction (NonC)
**2** nm [imagination, personne] romantic side ◆ **elle se réfugiait dans le romanesque** she took refuge in fancy

**roman-feuilleton**, pl **romans-feuilletons** [ʀɔmɑ̃fœjtɔ̃] nm serialized novel, serial ◆ **son histoire, c'est un vrai roman-feuilleton** his story is like something out of a soap opera

**roman-fleuve**, pl **romans-fleuves** [ʀɔmɑ̃flœv] nm roman fleuve, saga

**romanichel, -elle** *̣* [ʀɔmaniʃɛl] [→ SYN] nm,f (souvent injurieux) gipsy, gyppo *̣* (injurieux)

**romanisant, e** [ʀɔmanizɑ̃, ɑ̃t] **1** adj (Rel) romanist; (Ling) specializing in Romance languages

2 nm,f (= linguiste) romanist, specialist in Romance languages

**romanisation** [ʀɔmanizasjɔ̃] nf Romanization

**romaniser** [ʀɔmanize] ▸ conjug 1 ◂ vt (gén) to romanize

**romanisme** [ʀɔmanism] nm Romanism

**romaniste** [ʀɔmanist] nmf (Jur, Rel) romanist; (Ling) romanist, specialist in Romance languages

**romanité** [ʀɔmanite] nf (= civilisation) Roman civilization; (= pays) Roman Empire

**romano** **[ʀɔmano] nmf (injurieux) gyppo **(injurieux)

**roman-photo**, pl **romans-photos** [ʀɔmɑ̃fɔto] nm photo romance, photo love story ◆ **une héroïne de roman-photo** (hum) a Mills and Boon (Brit) ou Harlequin Romance (US) type heroine

**romantique** [ʀɔmɑ̃tik] → SYN 1 adj romantic
2 nmf romantic

**romantisme** [ʀɔmɑ̃tism] nm romanticism ◆ **le romantisme** (Art, Littérat) the Romantic Movement

**romarin** [ʀɔmaʀɛ̃] nm rosemary

**rombière** * [ʀɔ̃bjɛʀ] nf (péj) ◆ **(vieille) rombière** old biddy * (péj)

**Rome** [ʀɔm] n Rome ◆ **la Rome antique** Ancient Rome; → **tout**

**roméique** [ʀɔmeik] adj, nm ⇒ **romaïque**

**Roméo** [ʀɔmeo] nm Romeo ◆ **"Roméo et Juliette"** (Littérat) "Romeo and Juliet"

**rompre** [ʀɔ̃pʀ] → SYN ▸ conjug 41 ◂ 1 vt a (= faire cesser) [+ fiançailles, pourparlers, relations diplomatiques] to break off; [+ enchantement, monotonie, silence] to break; [+ solitude, isolement] to put an end to; [+ liens, contrat, traité] to break ◆ **rompre l'équilibre** to upset the balance ◆ **l'équilibre écologique est rompu** the ecological balance has been upset ou disturbed ◆ **rompre le Carême** to break Lent ou the Lenten fast ◆ **rompre le charme** (littér) to break the spell
b (= casser) [+ branche] to break; [+ pain] to break (up) ◆ **rompre ses chaînes** (lit, fig) to break one's chains ◆ **rompre ses amarres** (Naut) to break (loose from) its moorings ◆ **il a rompu les amarres avec son pays natal** (fig) he has cut himself off completely from ou broken all links with his native country ◆ **rompre le front de l'ennemi** to break through the enemy front ◆ **la mer a rompu les digues** the sea has broken (through) ou burst the dykes; → **applaudir, glace**[1]
c (littér = habituer) **rompre qn à un exercice** to break sb in to an exercise
d (Loc) **rompre une lance** ou **des lances pour qn** to take up the cudgels for sb ◆ **rompre une lance** ou **des lances contre qn** to cross swords with sb ◆ **rompre les rangs** (Mil) to fall out, dismiss ◆ **rompez (les rangs) !** (Mil) dismiss!, fall out!
2 vi a (= se séparer de) **rompre avec qn** to break with sb, break off one's relations with sb ◆ **il n'a pas le courage de rompre** he hasn't got the courage to break it off ◆ **rompre avec de vieilles habitudes/la tradition** to break with old habits/tradition
b [corde] to break, snap; [digue] to burst, break
c (Boxe, Escrime) to break ◆ **rompre en visière avec** (fig) to quarrel openly with ◆ **rompre le combat** (Mil) to withdraw from the engagement
3 **se rompre** vpr (= se briser) [branche, câble, chaîne, corde] to break, snap; [digue] to burst, break; [vaisseau sanguin] to burst, rupture ◆ **il va se rompre les os** ou **le cou** he's going to break his neck

**rompu, e** [ʀɔ̃py] → SYN (ptp de **rompre**) adj a (= fourbu) **rompu (de fatigue)** exhausted, worn-out, tired out ◆ **rompu de travail** exhausted by overwork
b (= expérimenté) **être rompu aux affaires** to have wide business experience ◆ **rompu aux privations/à la discipline** accustomed ou inured to hardship/to discipline ◆ **il est rompu à toutes les ficelles du métier/au maniement des armes** he is experienced in ou familiar with all the tricks of the trade/the handling of firearms ◆ **rompu aux techniques militaires/à l'art de la diplomatie** well-versed in military techniques/in the art of diplomacy; → **bâton**

**romsteck** [ʀɔmstɛk] nm (= viande) rumpsteak (NonC); (= tranche) piece of rumpsteak

**ronce** [ʀɔ̃s] → SYN nf a (= branche) bramble branch ◆ **ronces** (= buissons) brambles, thorns ◆ **ronce (des haies)** (Bot) blackberry bush, bramble (bush) ◆ **il a déchiré son pantalon dans les ronces** he tore his trousers on ou in the brambles
b (Menuiserie) burr ◆ **ronce de noyer** burr walnut ◆ **ronce d'acajou** figured mahogany

**ronceraie** [ʀɔ̃sʀɛ] → SYN nf bramble patch, briar patch

**ronceux, -euse** [ʀɔ̃sø, øz] adj a (littér) brambly, thorny
b (Menuiserie) figured

**Roncevaux** [ʀɔ̃s(ə)vo] n Roncesvalles

**ronchon, -onne** [ʀɔ̃ʃɔ̃, ɔn] → SYN 1 adj grumpy, grouchy *
2 nm,f grumbler, grouch(er) *, grouser *

**ronchonnement** [ʀɔ̃ʃɔnmɑ̃] → SYN nm grumbling, grousing *, grouching *

**ronchonner** [ʀɔ̃ʃɔne] → SYN ▸ conjug 1 ◂ vi to grumble, grouse *, grouch * (*après* at)

**ronchonneur, -euse** [ʀɔ̃ʃɔnœʀ, øz] → SYN 1 adj grumpy, grouchy *
2 nm,f grumbler, grouser *, grouch(er) *

**roncier** [ʀɔ̃sje] nm bramble bush

**rond, e**[1] [ʀɔ̃, ʀɔ̃d] → SYN 1 adj a forme, objet round; pièce, lit circular, round; → **dos, œil, table**
b (= rebondi) joues, visage round; épaules fleshy; fesses plump, well-rounded; hanches rounded, curvaceous; mollet well-rounded; poitrine full, (well-)rounded; ventre tubby, round; bébé chubby ◆ **une petite femme toute ronde** a plump little woman ◆ **un petit homme rond** a chubby ou tubby little man
c (= net) round ◆ **chiffre rond** round number ou figure ◆ **ça fait 10 € tout rond** it comes to exactly €10 ◆ **ça fait un compte rond** it makes a round number ou figure ◆ **être rond en affaires** to be straightforward ou straight * ou on the level * in business matters
d ( * = soûl) drunk, tight * ◆ **être rond comme une bille** ou **comme une queue de pelle** to be blind ou rolling drunk *
2 nm a (= cercle) circle, ring ◆ **faire des ronds de fumée** to blow smoke rings ◆ **faire des ronds dans l'eau** to make rings ou circular ripples in the water; (en bateau) to potter about (Brit) ou putter around (US) in a boat ◆ **le verre a fait des ronds sur la table** the glass has made rings on the table
◆ **en rond** in a circle ou ring ◆ **s'asseoir/danser en rond** to sit/dance in a circle ou ring ◆ **tourner en rond** (à pied) to walk round and round; (en voiture) to drive round in circles; [enquête, discussion] to get nowhere, go round in circles ◆ **nous tournons en rond depuis trois mois** we've been marking time ou going round in circles for three months
b (= objet) [cuisinière] ring ◆ **rond de serviette** napkin ou serviette (Brit) ring ◆ **il en est resté comme deux ronds de flan** * you could have knocked him down with a feather; → **baver**
c ( * = sou) **ronds** lolly * (NonC), cash * (NonC) ◆ **avoir des ronds** to be loaded *, be rolling in it *, have plenty of cash * ◆ **il n'a pas le** ou **un rond** he hasn't got a penny (to his name) ou a (red) cent (US), he doesn't have two pennies ou cents (US) to rub together ◆ **il n'a plus un** ou **le rond** he's (flat ou stony (Brit) ou stone (US)) broke * ◆ **je l'ai eu pour pas un rond** it didn't cost me a penny ou a cent (US) ◆ **ça doit valoir des ronds !** that must be worth a mint! * ou a pretty penny! * ou a penny or two! (Brit)
3 adv ◆ **avaler qch tout rond** to swallow sth whole ◆ **tourner rond** to run smoothly ◆ **ça ne tourne pas rond chez elle** *, **elle ne tourne pas rond** * she's got a screw loose * ◆ **qu'est-ce qui ne tourne pas rond ?** * what's the matter?, what's wrong?, what's up? *
4 COMP ▷ **rond de jambes** (Danse) rond de jambe ◆ **faire des ronds de jambes** (péj) to bow and scrape (péj) ▷ **rond de sorcière** (Bot) fairy ring

**rond-de-cuir**, pl **ronds-de-cuir** [ʀɔ̃d(ə)kɥiʀ] → SYN nm (péj) penpusher (Brit), pencil pusher (US)

**ronde**[2] [ʀɔ̃d] 1 nf a (= tour de surveillance) [gardien, vigile, soldats] rounds, patrol; [policier] beat, patrol, rounds; (= patrouille) patrol ◆ **faire sa ronde** to be on one's rounds ou on the beat ou on patrol ◆ **sa ronde dura plus longtemps** he took longer doing his rounds ◆ **il a fait trois rondes aujourd'hui** he has been on his rounds three times today, he has covered his beat three times today ◆ **ronde de nuit** (= action) night rounds, night watch ou patrol; (= soldats) night patrol ◆ **ils virent passer la ronde** they saw the soldiers pass on their rounds ◆ **"La Ronde de nuit"** (Art) "Nightwatch"; → **chemin**
b (= danse) round (dance), dance in a ring; (= danseurs) circle, ring ◆ **ronde villageoise/enfantine** villagers'/children's dance (*in a ring*) ◆ **faites la ronde** dance round in a circle ou ring ◆ **la ronde des hélicoptères dans le ciel** the helicopters coming and going in the sky ◆ **la ronde des voitures sur la place** the constant flow of traffic round the square ◆ **la ronde des saisons** (littér) the cycle of the seasons ◆ **sa vie n'est qu'une ronde continue de fêtes et de sorties** his life is a non-stop social whirl
c (Mus = note) semibreve (Brit), whole note (US)
d (Écriture) roundhand
2 **à la ronde** loc adv ◆ **à 10 km à la ronde** within a 10-km radius ◆ **à des kilomètres à la ronde** for miles around ◆ **passer qch à la ronde** to pass sth round

**rondeau**, pl **rondeaux** [ʀɔ̃do] → SYN nm (Littérat) rondeau; (Mus) rondo

**ronde-bosse**, pl **rondes-bosses** [ʀɔ̃dbɔs] nf (= technique) sculpture in the round ◆ **personnages en ronde-bosse** figures in the round

**rondelet, -ette** [ʀɔ̃dlɛ, ɛt] → SYN adj adulte plumpish; enfant chubby; salaire, somme tidy (épith)

**rondelle** [ʀɔ̃dɛl] → SYN nf a [carotte, saucisson] slice, round (Brit) ◆ **rondelle de citron/d'orange** slice of lemon/of orange ◆ **couper en rondelles** to slice, cut into slices ou rounds (Brit)
b (= disque de carton, plastique) disc; [boulon] washer; [bâton de ski] basket

**rondement** [ʀɔ̃dmɑ̃] → SYN adv a (= efficacement) efficiently ◆ **il a mené rondement cette enquête/réunion** he conducted the investigation/meeting quickly and efficiently ◆ **c'est quelqu'un qui mène rondement les affaires** he's someone who gets things done ◆ **le film est rondement mené** the film is well-paced
b (= franchement) frankly, outspokenly

**rondeur** [ʀɔ̃dœʀ] → SYN nf a [bras, joues, personne] plumpness, chubbiness; [visage] roundness, chubbiness; [poitrine] fullness; [mollet] roundness ◆ **les rondeurs d'une femme** (hum) a woman's curves
b (= forme sphérique) roundness
c (= bonhomie) friendly straightforwardness, easy-going directness ◆ **avec rondeur** with (an) easy-going directness

**rondin** [ʀɔ̃dɛ̃] nm log; → **cabane**

**rondo** [ʀɔ̃do] → SYN nm rondo

**rondouillard, e** * [ʀɔ̃dujaʀ, aʀd] → SYN adj tubby, podgy (Brit), pudgy (US) ◆ **c'est un petit rondouillard** he's a tubby ou podgy little guy * ou chap (Brit)

**rond-point**, pl **ronds-points** [ʀɔ̃pwɛ̃] → SYN nm (= carrefour) roundabout (Brit), traffic circle (US); (dans un nom de lieu = place) ≈ circus (Brit)

**Ronéo** ® [ʀɔneo] nf mimeo, Roneo ®

**ronéoter** [ʀɔneɔte], **ronéotyper** [ʀɔneɔtipe] ▸ conjug 1 ◂ vt to duplicate, roneo ®, mimeo

**ronflant, e** [ʀɔ̃flɑ̃, ɑt] → SYN adj moteur purring; (péj) discours high-flown, grand(-sounding); titre grand(-sounding); style bombastic

**ronflement** [ʀɔ̃fləmɑ̃] → SYN nm a [dormeur] snore, snoring (NonC) ◆ **j'entendais des ronflements** I could hear (somebody) snoring
b [poêle, feu] (sourd) hum(ming) (NonC); (plus fort) roar, roaring (NonC); [moteur] purr(ing) (NonC), throbbing (NonC); (= vrombissement) roar, roaring (NonC)

**ronfler** [ʀɔ̃fle] → SYN ▸ conjug 1 ◂ vi **a** [dormeur] to snore
**b** [poêle, feu] to hum; (plus fort) to roar; [moteur] (sourdement) to purr, throb ◆ **faire ronfler son moteur** to rev up one's engine ◆ **il actionna le démarreur et le moteur ronfla** he pressed the starter and the engine throbbed ou roared into action
**c** (* = dormir) to snore away, be out for the count * (Brit)

**ronfleur, -euse** [ʀɔ̃flœʀ, øz] **1** nm,f snorer
**2** nm [téléphone] buzzer

**ronger** [ʀɔ̃ʒe] → SYN ▸ conjug 3 ◂ **1** vt **a** [souris] to gnaw ou eat away at, gnaw ou eat into; [acide, pourriture, rouille, vers] to eat into; [mer] to wear away, eat into; [eczéma] to pit ◆ **ronger un os** [chien] to gnaw (at) a bone; [personne] to pick a bone, gnaw (at) a bone ◆ **les chenilles rongent les feuilles** caterpillars are eating away ou are nibbling (at) the leaves ◆ **rongé par les vers** worm-eaten ◆ **rongé par la rouille** eaten into by rust, pitted with rust ◆ **fresques rongées par l'humidité** mildewed frescoes ◆ **ronger son frein** (fig) [cheval] to champ at the bit; → **os**
**b** [maladie] to sap (the strength of); [chagrin, pensée] to gnaw ou eat away at ◆ **le mal qui le ronge** the evil which is gnawing ou eating away at him ◆ **rongé par la maladie** sapped by illness ◆ **rongé par la drogue** ravaged by drugs ◆ **le chômage, ce cancer qui ronge la société** the cancer of unemployment that is eating away at society ◆ **une démocratie rongée de l'intérieur** a democracy that is being undermined from within
**2 se ronger** vpr **a se ronger les ongles** to bite one's nails; → **sang**
**b** (fig : de chagrin) **elle se ronge** she's eating her heart out, she's tormented with grief; (d'inquiétude) she's worrying herself sick, she's making herself sick with worry

**rongeur, -euse** [ʀɔ̃ʒœʀ, øz] → SYN adj, nm rodent

**ronron** [ʀɔ̃ʀɔ̃] → SYN nm [chat] purr(ing) (NonC); * [moteur] purr(ing) (NonC), hum(ming) (NonC); (péj) [discours] drone (NonC), droning (on) (NonC) ◆ **le ronron de la vie quotidienne** * the humdrum routine of daily life

**ronronnement** [ʀɔ̃ʀɔnmɑ̃] nm [chat] purr(ing) (NonC); [moteur] purr(ing) (NonC), hum(ming) (NonC) ◆ **un ronronnement conformiste** stultifying conformism

**ronronner** [ʀɔ̃ʀɔne] → SYN ▸ conjug 1 ◂ vi [chat] to purr; [moteur] to purr, hum ◆ **il ronronnait de satisfaction** (fig) he was purring with satisfaction ◆ **ça ronronne dans ce service** things are ticking over nicely in the department

**röntgen** [ʀøntgɛn, ʀœntgɛn] nm roentgen, röntgen

**rookerie** [ʀukʀi] nf rookery

**roque** [ʀɔk] nm (Échecs) castling ◆ **grand/petit roque** castling queen's/king's side

**roquefort** [ʀɔkfɔʀ] nm Roquefort (cheese)

**roquer** [ʀɔke] ▸ conjug 1 ◂ vi (Échecs) to castle; (Croquet) to roquet

**roquerie** [ʀɔkʀi] nf ⇒ **rookerie**

**roquet** [ʀɔkɛ] → SYN nm (péj) (= chien) (nasty little) dog; (= personne) ill-tempered little runt *

**roquette**[1] [ʀɔkɛt] nf (Mil) rocket ◆ **roquette antichar** anti-tank rocket

**roquette**[2] [ʀɔkɛt] nf (Bot) rocket

**rorqual,** pl **rorquals** [ʀɔʀk(w)al] nm rorqual, finback

**rosace** [ʀozas] → SYN nf [cathédrale] rose window, rosace; [plafond] (ceiling) rose; (Broderie) Tenerife motif; (= figure géométrique) rosette

**rosacé, e** [ʀozase] **1** adj (Bot) rosaceous
**2 rosacée** nf **a** (Méd) rosacea
**b** (Bot) rosaceous plant ◆ **rosacées** Rosaceae, rosaceous plants

**rosaire** [ʀozɛʀ] → SYN nm rosary ◆ **réciter son rosaire** to say ou recite the rosary, tell one's beads †

**rosaniline** [ʀozanilin] nf rosanilin(e)

**rosat** [ʀoza] adj inv miel, pommade rose (épith) ◆ **huile rosat** attar of roses

**rosâtre** [ʀozɑtʀ] adj pinkish

**rosbif** [ʀɔsbif] nm **a** (= rôti) roast beef (NonC); (à rôtir) roasting beef (NonC) ◆ **un rosbif** a joint of (roast) beef, a joint of (roasting) beef
**b** († *, péj = Anglais) Brit *

**rose** [ʀoz] → SYN **1** nf (= fleur) rose; (= vitrail) rose window; (= diamant) rose diamond ◆ (Prov) **il n'y a pas de roses sans épines** there's no rose without a thorn (Prov); → **bois, découvrir, envoyer**
**2** nm (= couleur) pink; → **vieux**
**3** adj **a** (gén) pink; joues, teint pink; (= plein de santé) rosy ◆ **rose bonbon** candy pink ◆ **rose saumoné** ou **saumon** salmon pink ◆ **rose indien** hot pink ◆ **la ville rose** Toulouse *(so called because of the pink stone of which it is largely built)*; → **crevette, flamant**
**b** (hum = socialiste) left-wing, pink (hum)
**c** (= érotique) **messageries roses** sex chatlines *(on Minitel)* ◆ **téléphone rose** sex chatlines, phone sex; → **Minitel**
**d** (LOC) **voir la vie** ou **tout en rose** to see life through rose-tinted ou rose-coloured glasses ◆ **ce roman montre la vie en rose** this novel gives a rosy picture ou view of life ◆ **tout n'est pas rose, ce n'est pas tout rose** it's not all roses ou all rosy, it's no bed of roses ◆ **sa vie n'était pas bien rose** his life was no bed of roses
**4** COMP ▷ **rose d'Inde** African marigold ▷ **rose de Jéricho** resurrection plant, rose of Jericho ▷ **rose de Noël** Christmas rose ▷ **rose pompon** button rose ▷ **rose des sables** gypsum flower ▷ **rose trémière** hollyhock ▷ **rose des vents** compass rose

**rosé, e**[1] [ʀoze] **1** adj couleur pinkish; vin rosé; viande cuite pink
**2** nm (= vin) rosé (wine) ◆ **rosé (des prés)** (= champignon) field mushroom

**roseau,** pl **roseaux** [ʀozo] → SYN nm reed

**rose-croix** [ʀozkʀwa] **1** nf inv ◆ **la Rose-Croix** (= confrérie) the Rosicrucians
**2** nm inv (= membre) Rosicrucian; (= grade de franc-maçonnerie) Rose-croix

**rosé-des-prés,** pl **rosés-des-prés** [ʀozedepʀe] nm meadow mushroom

**rosée**[2] [ʀoze] → SYN nf dew ◆ **couvert** ou **humide de rosée** herbe, prés dewy, covered in ou with dew; sac de couchage, objet laissé dehors wet with dew ◆ **point de rosée** (Phys) dew point; → **goutte**

**roselet** [ʀozlɛ] nm (Zool) stoat; (= fourrure) ermine

**roselier, -ière** [ʀozəlje, jɛʀ] **1** adj marais reedy
**2 roselière** nf reedy marsh

**roséole** [ʀozeɔl] nf (Méd = éruption) roseola

**roser** [ʀoze] ▸ conjug 1 ◂ vt to make pink

**roseraie** [ʀozʀɛ] nf (= jardin) rose garden; (= plantation) rose-nursery

**rose(-)thé,** pl **roses(-)thé** [ʀozte] **1** nf tea rose
**2** adj tea-rose (épith)

**rosette** [ʀozɛt] nf (= nœud) bow; (= insigne) rosette; (Archit, Art, Bot) rosette ◆ **avoir la rosette** to be an officer of the Légion d'honneur ◆ **rosette de Lyon** (Culin) *type of slicing sausage* → LÉGION D'HONNEUR

**Rosh Hashana** [ʀɔʃaʃana] nm Rosh Hashana(h)

**rosicrucien, -ienne** [ʀozikʀysjɛ̃, jɛn] adj, nm,f Rosicrucian

**rosier** [ʀozje] nm rosebush, rose tree ◆ **rosier nain/grimpant** dwarf/climbing rose

**rosière** [ʀozjɛʀ] → SYN nf (Hist) *village maiden publicly rewarded for her chastity*; (hum) innocent maiden

**rosiériste** [ʀozjeʀist] nmf rose grower

**rosir** [ʀoziʀ] ▸ conjug 2 ◂ **1** vi [ciel, neige] to grow ou turn pink; [personne, visage] (de confusion) to go pink, blush slightly; (de santé) to get one's colour back
**2** vt [+ ciel, neige] to give a pink(ish) hue ou tinge to

**rossard, e** * [ʀɔsaʀ, aʀd] → SYN **1** adj beastly * (Brit), nasty, vicious, horrid
**2** nm beast *, swine *
**3 rossarde** nf beast *, bitch *

**rosse** [ʀɔs] → SYN **1** nf **a** († , péj = cheval) nag
**b** ( * = méchant) (homme) swine *, beast *; (femme) cow *, beast * ◆ **ah les rosses !** the (rotten) swine! *, the (rotten) beasts! *
**2** adj (péj) critique, chansonnier, caricature nasty, vicious; coup, action lousy *, rotten *; homme horrid; femme bitchy *, horrid ◆ **tu as vraiment été rosse (avec lui)** you were really horrid (to him)

**rossée** † * [ʀɔse] → SYN nf thrashing, (good) hiding, hammering *

**rosser** [ʀɔse] → SYN ▸ conjug 1 ◂ vt **a** (= frapper) to thrash, give a (good) hiding to ◆ **se faire rosser** to get a (good) hiding ou a thrashing ou a hammering *
**b** ( * = vaincre) to thrash, lick *, hammer *

**rosserie** [ʀɔsʀi] → SYN nf **a** (= méchanceté) (gén) horridness; [critique, chansonnier, caricature] nastiness, viciousness; [action] lousiness *, rottenness *
**b** (= propos) nasty ou bitchy * remark; (= acte) lousy * ou rotten * trick

**rossignol** [ʀɔsiɲɔl] → SYN nm **a** (= oiseau) nightingale
**b** ( * = invendu) unsaleable article, piece of junk *
**c** (= clé) picklock

**rossinante** † [ʀɔsinɑ̃t] → SYN nf (hum) (old) jade, old nag

**rostral, e,** mpl **-aux** [ʀɔstʀal, o] adj (Anat) rostral

**rostre** [ʀɔstʀ] **1** nm (= éperon) rostrum
**2 rostres** nmpl (= tribune) rostrum

**rot**[1] [ʀo] → SYN nm (= renvoi) belch, burp *; [bébé] burp ◆ **faire** ou **lâcher un rot** to belch, burp *, let out a belch ou burp * ◆ **le bébé a fait son rot** the baby has done his (little) burp ◆ **faire faire son rot à un bébé** to burp ou wind (Brit) a baby

**rot**[2] [ʀɔt] nm (Agr) (vine) rot

**rôt** †† [ʀo] nm roast

**rotacé, e** [ʀɔtase] adj rotate

**rotang** [ʀɔtɑ̃g] nm rat(t)an

**rotateur, -trice** [ʀɔtatœʀ, tʀis] adj, nm ◆ **(muscle) rotateur** rotator

**rotatif, -ive** [ʀɔtatif, iv] → SYN **1** adj rotary ◆ **mouvement rotatif** rotating movement, rotary movement ou motion
**2 rotative** nf rotary press

**rotation** [ʀɔtasjɔ̃] → SYN nf **a** (= mouvement) rotation ◆ **mouvement de rotation** rotating movement, rotary movement ou motion ◆ **corps en rotation** rotating body, body in rotation ◆ **vitesse de rotation** speed of rotation ◆ **la Terre effectue une rotation sur elle-même en 24 heures** the Earth completes a full rotation in 24 hours
**b** (= alternance) [matériel, stock] turnover; [avions, bateaux] frequency (of service) ◆ **la rotation du personnel** (à des tâches successives) the rotation of staff; (= départs et embauches) the turnover of staff ◆ **taux de rotation (du personnel)** (staff) turnover rate ◆ **rotation des cultures** rotation of crops, crop rotation ◆ **15 rotations quotidiennes Paris-Lyon** (Aviat) 15 daily return flights between Paris and Lyon ◆ **les médecins sont de garde par rotation tous les mois** the doctors are on duty each month on a rota basis ou system

**rotativiste** [ʀɔtativist] nmf rotary press operator

**rotatoire** [ʀɔtatwaʀ] adj rotatory, rotary

**rote** [ʀɔt] nf (Rel) Rota

**rotengle** [ʀɔtɑ̃gl] nm rudd

**roténone** [ʀɔtenɔn] nf rotenone

**roter** * [ʀɔte] ▸ conjug 1 ◂ vi to burp *, belch

**roteuse** * [ʀɔtøz] nf bottle of bubbly *

**rôti** [ʀoti] → SYN nm (Culin) (cru) joint, roasting meat (NonC); (cuit) joint, roast, roast meat (NonC) ◆ **un rôti de bœuf/porc** a joint of beef/pork ◆ **du rôti de bœuf/porc** (cru) roasting beef/pork; (cuit) roast beef/pork

**rôtie** [ʀoti] → SYN nf (Can ou ††) piece ou slice of toast

**rotifères** [ʀɔtifɛʀ] nmpl ◆ **les rotifères** rotifers, wheel animalcules, the Rotifera (SPÉC)

**rotin** [ʀɔtɛ̃] nm **a** (= fibre) rattan (cane) ◆ **chaise de** ou **en rotin** rattan chair b (†, * = sou) penny, cent ◆ il n'a pas un rotin he hasn't got a penny ou cent to his name

**rôtir** [ʀotiʀ] → SYN ▸ conjug 2 ◂ 1 vt (Culin) ◆ (faire) rôtir to roast ◆ poulet/agneau rôti roast chicken/lamb ◆ il attend toujours que ça lui tombe tout rôti dans le bec * (fig) he expects everything to be handed to him on a plate ou a silver platter (US)

2 vi (Culin) to roast; * [baigneur, estivants] to roast ◆ mettre un canard à rôtir to put a duck in the oven to roast

3 se rôtir vpr ◆ se rôtir au soleil * to bask in the sun

**rôtisserie** [ʀɔtisʀi] → SYN nf (dans nom de restaurant) steakhouse, grill; (= boutique) *shop selling roast meat*

**rôtisseur, -euse** [ʀɔtisœʀ, øz] nm,f (= traiteur) *seller of roast meat;* (= restaurateur) steakhouse proprietor

**rôtissoire** [ʀɔtiswaʀ] → SYN nf rotisserie, (roasting) spit

**roto** * [ʀɔto] nf abrév de rotative

**rotogravure** [ʀɔtɔgʀavyʀ] nf rotogravure

**rotonde** [ʀɔtɔ̃d] → SYN nf (Archit) rotunda; (Rail) engine shed (Brit), roundhouse (US); (dans un bus) *row of seats at rear of bus* ◆ édifice en rotonde circular building

**rotondité** [ʀɔtɔ̃dite] → SYN nf a (= sphéricité) roundness, rotundity (frm)

b (hum = embonpoint) plumpness, rotundity (hum)

**rotor** [ʀɔtɔʀ] nm rotor

**rottweiller** [ʀɔtvajlœʀ] nm rottweiler

**rotule** [ʀɔtyl] nf a (Anat) kneecap, patella (SPÉC) ◆ être sur les rotules * to be dead beat * ou all in *

b (Tech) ball-and-socket joint

**rotulien, -ienne** [ʀɔtyljɛ̃, jɛn] adj patellar; → réflexe

**roture** [ʀɔtyʀ] → SYN nf (= absence de noblesse) common rank; [fief] roture ◆ la roture (= roturiers) the commoners, the common people

**roturier, -ière** [ʀɔtyʀje, jɛʀ] → SYN 1 adj (Hist) common, of common birth; (fig = vulgaire) common, plebeian

2 nm,f commoner

**rouage** [ʀwaʒ] nm [engrenage] cog(wheel), gearwheel; [montre] part ◆ les rouages d'une montre the works ou parts of a watch ◆ il n'est qu'un rouage dans cette organisation he's merely a cog in this organization ◆ les rouages de l'État the machinery of state ◆ les rouages administratifs the administrative machinery ◆ organisation aux rouages compliqués organization with complex structures

**rouan, rouanne** [ʀwɑ̃, ʀwan] adj, nm,f roan

**roubignoles** *✻ [ʀubiɲɔl] nfpl (= testicules) balls *✻, nuts *✻

**roublard, e** * [ʀublaʀ, aʀd] → SYN 1 adj crafty, wily, artful

2 nm,f crafty ou artful devil * ◆ ce roublard de Paul crafty old Paul *

**roublardise** * [ʀublaʀdiz] → SYN nf (= caractère) craftiness, wiliness, artfulness; (= acte, tour) crafty ou artful trick

**rouble** [ʀubl] nm rouble

**roucoulade** [ʀukulad] nf, **roucoulement** [ʀukulmɑ̃] nm (gén pl) [oiseau] cooing (NonC); * [amoureux] (billing and) cooing (NonC); (péj) [chanteur] crooning (NonC)

**roucouler** [ʀukule] → SYN ▸ conjug 1 ◂ 1 vi [oiseau] to coo; * [amoureux] to bill and coo; (péj) [chanteur] to croon

2 vt (péj) [+ chanson] to croon; * [+ mots d'amour] to coo ◆ il lui roucoulait des mots tendres he was whispering sweet nothings to her

**roudoudou** [ʀududu] nm *children's sweet in the form of a small shell filled with hard confectionery*

**roue** [ʀu] → SYN 1 nf [véhicule, loterie, moulin] wheel; [engrenage] cog(wheel), (gear)wheel ◆ véhicule à deux/quatre roues two-/four-wheeled vehicle ◆ roue avant/arrière front/back wheel ◆ (supplice de) la roue (Hist) (torture of) the wheel ◆ la roue de la Fortune the wheel of Fortune ◆ la roue tourne ! how things change! ◆ faire la roue [paon] to spread ou fan its tail; [personne] (= se pavaner) to strut about, swagger (about); (Gym) to do a cartwheel ◆ la grande roue (fête foraine) the big wheel (Brit), the Ferris Wheel (US) ◆ il s'est jeté sous les roues de la voiture he threw himself under the car ◆ son bureau est à quelques tours de roue de la tour Eiffel his office is a short car-ride away from the Eiffel Tower ◆ le coureur est revenu dans la roue de son adversaire the cyclist closed in right behind his opponent ◆ être roue à roue ou dans roue to be neck and neck; → bâton, chapeau, cinquième, pousser

2 COMP ▷ roue à aubes [bateau] paddle wheel ▷ roue dentée cogwheel ▷ roue à friction friction wheel ▷ roue à godets bucket wheel ▷ roue de gouvernail (steering) wheel, helm ▷ roue hydraulique waterwheel ▷ roue libre freewheel ◆ descendre une côte en roue libre to freewheel ou coast down a hill ◆ pédaler en roue libre to freewheel, coast (along) ◆ il s'est mis en roue libre * (= il ne se surmène pas) he's taking it easy ▷ roue motrice driving wheel ◆ véhicule à 4 roues motrices 4-wheel drive vehicle ▷ roue de secours (Aut) spare wheel (Brit) ou tire (US) ▷ roue de transmission driving wheel

**roué, e** [ʀwe] → SYN (ptp de rouer) 1 adj (= rusé) cunning, wily, sly

2 nm,f cunning ou sly individual ◆ c'est une petite rouée she's a cunning ou wily ou sly little minx

3 nm (Hist = débauché) rake, roué

4 rouée nf (Hist = débauchée) hussy

**rouelle** [ʀwɛl] → SYN nf ◆ rouelle (de veau) slice of calf's leg

**roue-pelle,** pl **roues-pelles** [ʀupɛl] nf bucket dredge(r)

**rouer** [ʀwe] → SYN ▸ conjug 1 ◂ vt a rouer qn de coups to give sb a beating ou thrashing, beat sb black and blue

b (Hist) [+ condamné] to put on the wheel

**rouerie** [ʀuʀi] → SYN nf (littér) (= caractère) cunning, wiliness, slyness; (= action) cunning ou wily ou sly trick

**rouet** [ʀwɛ] nm a (à filer) spinning wheel

b (= garde de serrure) ward

**rouf** [ʀuf] nm deckhouse

**rouflaquettes** * [ʀuflakɛt] nfpl (= favoris) sideburns, sideboards (Brit)

**rouge** [ʀuʒ] → SYN 1 adj a (gén, Pol) red; → armée²

b (= incandescent) métal red-hot; tison glowing red (attrib), red-hot

c visage, yeux red ◆ rouge de colère/confusion/honte red ou flushed with anger/embarrassment/shame ◆ rouge d'émotion flushed with emotion ◆ devenir rouge comme une cerise to blush, go quite pink, go red in the face ◆ il est rouge comme un coq ou un coquelicot ou un homard ou une pivoine ou une écrevisse ou une tomate he's as red as a beetroot ou a lobster ◆ il était rouge d'avoir couru he was red in the face ou his face was flushed from running

d (= roux) cheveux, pelage red

2 adv ◆ voir rouge to see red ◆ voter rouge (Pol) to vote Communist; → fâcher

3 nm a (= couleur) red ◆ le feu est au rouge (Aut) the lights are red ◆ passer au rouge [feu] to change to red; (= redémarrer trop tôt) to jump the lights; (= ne pas s'arrêter) to go through a red light, run a red light (US) ◆ tout miser sur le rouge (Jeux) to put all one's chips on the red ◆ être dans le rouge * (Fin) to be in the red * ◆ sortir du rouge * to get out of the red * ◆ "Le Rouge et le Noir" (Littérat) "The Red and the Black"; → bordeaux

b (= signe d'émotion) ça lui a fait monter le rouge aux joues it made him blush ◆ le rouge lui monta aux joues his cheeks flushed, he went red (in the face) ◆ le rouge (de la confusion/de la honte) lui monta au front his face went red ou flushed ou he blushed (with embarrassment/with shame)

c (= vin) red wine ◆ boire un coup de rouge * to have a glass of red wine; → gros

d (= fard) (à joues) rouge †, blusher; (à lèvres) lipstick; → bâton, tube

e (= incandescence) fer porté ou chauffé au rouge red-hot iron

4 nmf (péj = communiste) Red * (péj), Commie * (péj)

5 COMP ▷ rouge brique adj inv brick red ▷ rouge cerise adj inv cherry-red ▷ rouge à joues rouge †, blusher ◆ se mettre du rouge à joues to rouge one's cheeks †, put blusher on ▷ rouge à lèvres lipstick ▷ rouge sang adj inv blood red

**rougeâtre** [ʀuʒɑtʀ] adj reddish

**rougeaud, e** [ʀuʒo, od] adj red-faced ◆ ce gros rougeaud la dégoûtait she found this fat red-faced man repellent

**rouge-gorge,** pl **rouges-gorges** [ʀuʒgɔʀʒ] nm robin

**rougeoiement** [ʀuʒwamɑ̃] nm [couchant, incendie] red ou reddish glow; [ciel] reddening

**rougeole** [ʀuʒɔl] nf ◆ la rougeole (the) measles sg ◆ il a eu une très forte rougeole he had a very bad bout of measles

**rougeoyant, e** [ʀuʒwajɑ̃, ɑ̃t] adj ciel reddening; cendres glowing red (attrib), glowing ◆ des reflets rougeoyants a glimmering red glow

**rougeoyer** [ʀuʒwaje] ▸ conjug 8 ◂ vi [couchant, feu, incendie] to glow red; [ciel] to turn red, take on a reddish hue

**rouge-queue,** pl **rouges-queues** [ʀuʒkø] nm redstart

**rouget** [ʀuʒɛ] → SYN nm mullet ◆ rouget barbet ou de vase red ou striped mullet, goatfish (US) ◆ rouget grondin gurnard ◆ rouget de roche surmullet

**rougeur** [ʀuʒœʀ] → SYN nf a (= teinte) redness

b [personne] (due à la course, un échauffement, une émotion) red face, flushing (NonC); (due à la honte, gêne) red face, blushing (NonC), blushes; [visage, joues] redness, flushing (NonC) ◆ sa rougeur a trahi son émotion/sa gêne her red face ou her blushes betrayed her emotion/her embarrassment ◆ la rougeur de ses joues his red face ou cheeks, his blushing ◆ avoir des rougeurs de jeune fille to blush like a young girl ◆ elle était sujette à des rougeurs subites she was inclined to blush suddenly

c (Méd = tache) red blotch ou patch

**rough** [ʀœf] nm a (Golf) rough

b (= ébauche) mock-up

**rougir** [ʀuʒiʀ] → SYN ▸ conjug 2 ◂ 1 vi a (de honte, gêne) to blush, go red, redden (*de* with); (de plaisir, d'émotion) to flush, go red, redden (*de* with) ◆ il rougit de colère he ou his face flushed ou reddened with anger ◆ à ces mots, elle rougit she blushed ou went red ou reddened at the words ◆ rougir jusqu'au blanc des yeux ou jusqu'aux yeux, rougir jusqu'aux oreilles, rougir jusqu'à la racine des cheveux to go bright red, blush to the roots of one's hair ◆ faire rougir qn (lit, fig) to make sb blush ◆ dire qch sans rougir to say sth without blushing ou unblushingly

b (fig = avoir honte) rougir de to be ashamed of ◆ je n'ai pas à rougir de cela that is nothing for me to be ashamed of ◆ il ne rougit de rien he's quite shameless, he has no shame ◆ j'en rougis pour lui I blush for him, I'm ashamed for him

c (après un coup de soleil) to go red

d [ciel, feuille, neige] to go ou turn red, redden; [métal] to become ou get red-hot; (Culin) [crustacés] to go ou turn red, redden; (Agr) [fraises, tomates] to redden, turn red

2 vt [+ ciel] to turn red, give a red glow to, redden; [+ arbres, feuilles] to turn red, redden; [+ métal] to heat to red heat, make red-hot ◆ rougir son eau to put a dash ou drop of red wine in one's water ◆ boire de l'eau rougie to drink water with a few drops of red wine in it ◆ rougir la terre de son sang (lit) to stain the ground with one's blood; (fig) to shed one's blood ◆ les yeux rougis (par les larmes) with red eyes, red-eyed; (par l'alcool, la drogue) with bloodshot eyes

**rougissant, e** [ʀuʒisɑ̃, ɑ̃t] → SYN adj personne, visage blushing; ciel, feuille reddening

**rougissement** [ʀuʒismɑ̃] nm (de honte) blush, blushing (NonC); (d'émotion) flush, flushing (NonC)

**rouille** [ʀuj] → SYN 1 nf a (Bot, Chim) rust

b (Culin) *spicy Provençal sauce eaten with fish*

2 adj inv rust(-coloured), rusty

**rouillé, e** [ʀuje] (ptp de rouiller) adj a métal rusty, rusted; (littér) écorce, roche rust-coloured

**b** personne (intellectuellement) rusty; (physiquement) out of practice; mémoire rusty; muscles stiff

**c** (Bot) blé rusty

**rouiller** [ʀuje] → SYN ▸ conjug 1 ◂ **1** vi to rust, go ou get rusty ◆ **laisser rouiller qch** to let sth go ou get rusty

**2** vt [+ esprit, métal] to make rusty

**3** **se rouiller** vpr [métal] to go ou get rusty, rust; [esprit, mémoire] to become ou go rusty; [corps, muscles] to grow ou get stiff; [sportif] to get rusty, get out of practice ◆ **mon italien se rouille** my Italian is getting a bit rusty

**rouir** [ʀwiʀ] ▸ conjug 2 ◂ vt, vi ◆ **(faire) rouir** to ret

**rouissage** [ʀwisaʒ] nm retting

**rouissoir** [ʀwiswaʀ] nm retting workshop

**roulade** [ʀulad] → SYN nf **a** (Mus) roulade, run; [oiseau] trill

**b** (Culin) roulade ◆ **roulade de veau** veal roulade

**c** (Sport) roll ◆ **roulade avant/arrière** forward/backward roll ◆ **faire des roulades** to do rolls

**roulage** [ʀulaʒ] → SYN nm († Min = camionnage, transport) haulage; (Agr) rolling

**roulant, e** [ʀulɑ̃, ɑ̃t] → SYN **1** adj **a** (= mobile) meuble on wheels; → **cuisine, fauteuil, table**

**b** (Rail) **matériel roulant** rolling stock ◆ **personnel roulant** train crews

**c** trottoir, surface transporteuse moving; → **escalier, feu¹, pont**

**d** route, piste fast

**2** **roulants** nmpl ◆ (arg Rail) **les roulants** train crews

**3** **roulante** nf (arg Mil) field kitchen

**roulé, e** [ʀule] (ptp de **rouler**) **1** adj **a** bord de chapeau curved; bord de foulard, morceau de boucherie rolled; journal, tapis rolled up; → **col**

**b** * **elle est bien roulée** she's got all the right curves in all the right places, she's well put together

**c** (Ling) rolled ◆ **r roulé** trilled ou rolled r

**2** nm (= gâteau) Swiss roll; (= viande) rolled meat (NonC) ◆ **roulé de veau** rolled veal (NonC) ◆ **roulé au fromage** *puff-pastry roll with cheese filling*

**rouleau**, pl **rouleaux** [ʀulo] → SYN **1** nm **a** (= bande enroulée) roll ◆ **rouleau de papier/tissu/pellicule** roll of paper/material/film ◆ **un rouleau de cheveux blonds** (= boucle) a ringlet of blond hair; (= cheveux roulés sur la nuque) a coil of blond hair *(rolled at the nape of the neck)*; → **bout**

**b** (= cylindre) [pièces, tabac] roll ◆ **rouleau de réglisse** liquorice roll

**c** (= outil, ustensile) roller; [machine à écrire] platen, roller ◆ **passer une pelouse au rouleau** to roll a lawn ◆ **avoir des rouleaux dans les cheveux** to have one's hair in curlers ou rollers, have curlers ou rollers in one's hair ◆ **peindre au rouleau** to paint with a roller

**d** (= vague) roller

**e** (Sport = saut) roll

**2** COMP ▷ **rouleau compresseur** (lit) steamroller, roadroller; (fig) steamroller, bulldozer ▷ **rouleau dorsal** (Sport) Fosbury flop ▷ **rouleau encreur** ⇒ **rouleau imprimeur** ▷ **rouleau essuie-mains** roller towel ▷ **rouleau imprimeur** ink roller ▷ **rouleau de papier hygiénique** toilet roll, roll of toilet paper ou tissue ▷ **rouleau de papyrus** papyrus scroll ▷ **rouleau de parchemin** scroll ou roll of parchment ▷ **rouleau à pâtisserie** rolling pin ▷ **rouleau de printemps** (Culin) spring roll ▷ **rouleau ventral** (Sport) western roll

**roulé-boulé**, pl **roulés-boulés** [ʀulebule] nm roll ◆ **faire un roulé-boulé** to roll over, curl up ◆ **tomber en roulé-boulé** to roll (down)

**roulement** [ʀulmɑ̃] → SYN **1** nm **a** (= rotation) [équipe, ouvriers] rotation ◆ **travailler par roulement** to work on a rota basis ou system, work in rotation ◆ **pour le ménage, on fait un roulement** we take it in turns to do the housework

**b** (= circulation) [train, voiture] movement ◆ **route usée/pneu usé par le roulement** road/tyre worn through use; → **bande¹**

**c** (= bruit) [camion, train] rumble, rumbling (NonC); [charrette] rattle, rattling (NonC) ◆ **entendre le roulement du tonnerre** to hear thunder ◆ **il y eut un roulement de tonnerre** there was a rumble ou peal ou roll of thunder ◆ **roulement de tambour** drum roll

**d** [capitaux] circulation; → **fonds**

**e** (= mouvement) [œil] rolling; [hanche] wiggling

**2** COMP ▷ **roulement (à billes)** ball bearings ◆ **monté sur roulement à billes** mounted on ball bearings

**rouler** [ʀule] → SYN ▸ conjug 1 ◂ **1** vt **a** (= pousser) [+ meuble] to wheel (along), roll (along); [+ chariot, brouette] to wheel (along), trundle along; [+ boule, tonneau] to roll (along)

**b** (= enrouler) [+ tapis, tissu, carte] to roll up; [+ cigarette] to roll; [+ ficelle, fil de fer] to wind up, roll up; [+ viande, parapluie, mèche de cheveux] to roll (up) ◆ **rouler qn dans une couverture** to wrap ou roll sb (up) in a blanket ◆ **rouler un pansement autour d'un bras** to wrap ou wind a bandage round an arm ◆ **rouler ses manches jusqu'au coude** to roll up one's sleeves to one's elbows

**c** (= tourner et retourner) to roll ◆ **rouler des boulettes dans de la farine** to roll meatballs in flour ◆ **la mer roulait les galets sur la plage** the sea rolled the pebbles along the beach ◆ **il roulait mille projets dans sa tête** (fig) he was turning thousands of plans over (and over) in his mind ◆ **le fleuve roulait des flots boueux** (littér) the river flowed muddily along

**d** (= passer au rouleau) [+ court de tennis, pelouse] to roll; (Culin) [+ pâte] to roll out

**e** ( * = duper) to con **; (sur le prix, le poids) to diddle * (Brit), do * (*sur* over) ◆ **je l'ai bien roulé** I really conned him **, I really took him for a ride * ◆ **elle m'a roulé de 5 €** she's diddled * (Brit) ou done * me out of €5 ◆ **se faire rouler** to be conned ** ou had * ou done * ou diddled * (Brit) ◆ **il s'est fait rouler dans la farine** * he was had *

**f** (= balancer, faire bouger) **rouler les** ou **des épaules (en marchant)** to sway one's shoulders (as one walks along) ◆ **rouler les** ou **des mécaniques** ** (en marchant) to (walk with a) swagger; (= montrer sa force, ses muscles) to show off one's muscles; (intellectuellement) to show off ◆ **rouler les** ou **des hanches** to wiggle one's hips ◆ **rouler les yeux** to roll one's eyes ◆ **il a roulé sa bosse** * (fig) he's been around *; → **patin, pelle**

**g** (Ling) **rouler les "r"** to roll one's r's

**2** vi **a** [voiture, train] to go, run ◆ **le train roulait/roulait à vive allure à travers la campagne** the train was going along/was racing (along) through the countryside ◆ **cette voiture a très peu/beaucoup roulé** this car has a very low/high mileage ◆ **cette voiture a 10 ans et elle roule encore** this car is 10 years old but it's still going ou running ◆ **la voiture roule bien depuis la révision** the car is running ou going well since its service ◆ **les voitures ne roulent pas bien sur le sable** cars don't run well on sand ◆ **le véhicule roulait à gauche** the vehicle was driving (along) on the left ◆ **rouler au pas** (par prudence) to go at a walking pace, go dead slow (Brit); (dans un embouteillage) to crawl along ◆ **le train roulait à 150 à l'heure au moment de l'accident** the train was doing 150 ou going at 150 kilometres an hour at the time of the accident ◆ **sa voiture roule au super/au gazole** his car runs on four-star/diesel

**b** [passager, conducteur] to drive ◆ **rouler à 80 km à l'heure** to do 80 km per hour, drive at 80 km per hour ◆ **on a bien roulé** * we made good time ◆ **ça roule/ça ne roule pas bien** the traffic is/is not flowing well ◆ **nous roulions sur la N7 quand soudain ...** we were driving along the N7 when suddenly ... ◆ **dans son métier, il roule beaucoup** he does a lot of driving in his job ◆ **il roule en 2CV** he drives a 2CV ◆ **il roule en Rolls** he drives (around in) a Rolls ◆ **rouler carrosse** ( †, hum) to live in high style ◆ **rouler pour qn** * (= être à la solde de qn) to be for sb ◆ **il roule tout seul** * (fig) he's a loner

**c** [boule, bille, dé] to roll; [presse] to roll, run ◆ **allez, roulez !** let's roll it! *, off we go! ◆ **une larme roula sur sa joue** a tear rolled down his cheek ◆ **une secousse le fit rouler à bas de sa couchette** there was a jolt and he rolled off his couchette ◆ **il a roulé en bas de l'escalier** he rolled right down the stairs ◆ **un coup de poing l'envoya rouler dans la poussière** a punch sent him rolling in the dust ◆ **il a roulé sous la table** (ivre) he was legless * ou under the table ◆ **faire rouler** [+ boule] to roll; [+ cerceau] to roll along; → **pierre**

**d** [bateau] to roll ◆ **ça roulait** * the boat was rolling quite a bit

**e** ( * = bourlinguer) to knock about * ◆ **il a pas mal roulé** he has knocked about * quite a bit, he's been around *

**f** [argent, capitaux] to turn over, circulate

**g** (= faire un bruit sourd) [tambour] to roll; [tonnerre] to roll, rumble

**h** [conversation] **rouler sur** to turn on, be centred on

**i** ( * = aller bien) **ça roule ?** how's things? *, how's life? ◆ **c'est une affaire qui roule** it's going well

**j** **rouler sur l'or** to be rolling in money *, have pots of money * ◆ **ils ne roulent pas sur l'or depuis qu'ils sont à la retraite** they're not exactly living in the lap of luxury ou they're not terribly well-off now they've retired

**3** **se rouler** vpr **a** (allongé sur le sol ou sur qch) to roll (about) ◆ **se rouler par terre/dans l'herbe** to roll (about) on the ground/in the grass ◆ **se rouler par terre de rire** (fig) to roll on the ground with laughter, fall about * (laughing) (Brit) ◆ **c'est à se rouler (par terre)** * it's a scream *; → **pouce**

**b** (= s'enrouler) **se rouler dans une couverture** to roll ou wrap o.s. up in a blanket ◆ **se rouler en boule** to roll o.s. (up) into a ball

**c** (= ne rien faire) **se les rouler** * to twiddle one's thumbs

**roulette** [ʀulɛt] → SYN nf **a** [meuble] caster, castor ◆ **fauteuil à roulettes** armchair on casters ou castors ◆ **ça a marché** ou **été comme sur des roulettes** * [plan] it went like clockwork ou very smoothly; [interview, soirée] it went off very smoothly ou like a dream; → **patin**

**b** (= outil) [pâtissier] pastry (cutting) wheel; [relieur] fillet; [couturière] tracing wheel; [vitrier] steel(-wheel) glass cutter ◆ **roulette de dentiste** dentist's drill

**c** (= jeu) roulette; (= instrument) roulette wheel ◆ **jouer à la roulette** to play roulette ◆ **roulette russe** Russian roulette

**rouleur** [ʀulœʀ] → SYN nm (Cyclisme) flat racer ◆ **c'est un bon rouleur** he's good on the flat ◆ **quel rouleur de mécaniques !** ** (fig) he likes to strut his stuff! *

**roulier** [ʀulje] → SYN nm (Hist) cart driver, wagoner; (Naut) roll-on roll-off ferry, ro-ro ferry

**roulis** [ʀuli] → SYN nm (Naut) roll(ing) (NonC) ◆ **il y a beaucoup de roulis** the ship is rolling a lot ◆ **coup de roulis** roll

**roulotte** [ʀulɔt] → SYN nf caravan (Brit), trailer (US) ◆ **visitez l'Irlande en roulotte** tour around Ireland in a horse-drawn ou gypsy caravan

**roulotté, e** [ʀulɔte] **1** adj (Couture) rolled ◆ **foulard roulotté (à la) main** hand-rolled scarf

**2** nm rolled hem

**roulure** ** [ʀulyʀ] nf (péj) slut (péj), trollop † (péj)

**roumain, e** [ʀumɛ̃, ɛn] **1** adj Romanian, Rumanian

**2** nm (Ling) Romanian, Rumanian

**3** **Roumain(e)** nm,f Romanian, Rumanian

**Roumanie** [ʀumani] nf Romania, Romania

**round** [ʀaund] → SYN nm (Boxe) round

**roupettes** *** [ʀupɛt] nfpl (= testicules) balls ***, nuts ***

**roupie** [ʀupi] → SYN nf **a** (= monnaie) rupee

**b** † * **c'est de la roupie de sansonnet** it's a load of (old) rubbish ou junk *, it's absolute trash * ◆ **ce n'est pas de la roupie de sansonnet** it's none of your cheap rubbish ou junk *

**roupiller** * [ʀupije] ▸ conjug 1 ◂ vi (= dormir) to sleep; (= faire un petit somme) to have a snooze * ou a nap ou a kip ** (Brit) ◆ **j'ai besoin de roupiller** I must get some shut-eye ** ◆ **je n'arrive pas à roupiller** I can't get any shut-eye ** ◆ **je vais roupiller** I'll be turning in *, I'm off to hit the hay * ◆ **viens roupiller chez nous** come and bed down ou kip down (Brit) at our place ** ◆ **secouez-vous,**

**vous roupillez !** pull yourself together – you're half asleep! ou you're dozing!

**roupillon** * [ʀupijɔ̃] nm snooze *, nap, kip *,* (Brit) ◆ **piquer** ou **faire un roupillon** to have a snooze * ou a nap ou a kip *,* (Brit)

**rouquin, e** * [ʀukɛ̃, in] → SYN 1 adj personne red-haired; cheveux red, carroty * (péj)
2 nm,f redhead
3 nm (= vin rouge) (cheap) red wine, red plonk * (Brit)

**rouscailler** *,* [ʀuskɑje] ▸ conjug 1 ◂ vi to moan *, bellyache *,*

**rouspétance** * [ʀuspetɑ̃s] nf (= ronchonnement) moaning * (NonC), grousing * (NonC), grouching * (NonC); (= protestation) moaning * (NonC), grumbling (NonC) ◆ **pas de rouspétance !** no grumbling!

**rouspéter** * [ʀuspete] ▸ conjug 6 ◂ vi (= ronchonner) to moan *, grouse *, grouch *; (= protester) to moan *, grumble (*après, contre* at) ◆ **se faire rouspéter par qn** to get an earful from sb *

**rouspéteur, -euse** * [ʀuspetœʀ, øz] → SYN 1 adj grumpy
2 nm,f moaner *

**roussâtre** [ʀusɑtʀ] → SYN adj reddish, russet

**rousse**[1] † *,* [ʀus] nf ◆ (arg Crime) **la rousse** (= police) the fuzz (arg) (Crime), the cops *

**rousseau** [ʀuso] nm red sea bream

**rousserolle** [ʀus(ə)ʀɔl] nf ◆ **rousserolle verderolle** marsh warbler ◆ **rousserolle effarvatte** reed warbler

**roussette** [ʀusɛt] nf (= poisson) dogfish; (= chauve-souris) flying fox; (= grenouille) common frog

**rousseur** [ʀusœʀ] nf a [cheveux, barbe] redness; (orangé) gingery colour; [pelage, robe, feuille] russet colour; → **tache**
b (sur le papier) **rousseurs** brownish marks ou stains; (sur la peau) liver spots

**roussi** [ʀusi] nm ◆ **odeur de roussi** smell of (something) burning ou scorching ou singeing ◆ **ça sent le roussi !** (lit) there's a smell of (something) burning ou scorching ou singeing; (fig) I can smell trouble

**roussir** [ʀusiʀ] → SYN ▸ conjug 2 ◂ 1 vt [fer à repasser] to scorch, singe; [flamme] to singe ◆ **roussir l'herbe** [gelée] to turn the grass brown ou yellow; [chaleur] to scorch the grass
2 vi a [feuilles, forêt] to turn ou go brown ou russet
b (Culin) **faire roussir** to brown

**rouste** * [ʀust] nf (= coups) hiding, thrashing; (= défaite) hammering * ◆ **prendre une rouste** (lit) to get a hiding, get thrashed; (fig) to get a hammering *, get thrashed * ◆ **flanquer** ou **filer une rouste à qn** (lit) to give sb a hiding ou thrashing; (fig) to give sb a hammering *, thrash sb

**roustons** *,* [ʀustɔ̃] nmpl (= testicules) balls *,*, nuts *,*

**routage** [ʀutaʒ] nm a (= distribution) sorting and mailing ◆ **entreprise de routage** mailing firm ou service
b (Naut) plotting a course (*de* for)

**routard, e** [ʀutaʀ, aʀd] → SYN nm,f backpacker

**route** [ʀut] → SYN nf a (= voie de communication) road ◆ **route nationale** main road, ≃ A road (Brit) trunk road (Brit) ◆ **route départementale** minor road, ≃ B road (Brit) ◆ **route secondaire** minor ou secondary road ◆ **route de montagne** mountain road ◆ **prenez la route de Lyon** take the road to Lyon ou the Lyon road ◆ **"route barrée"** "road closed"; → **barrer, grand-route**
b (= moyen de transport) **la route** road ◆ **la route est plus économique que le rail** road is cheaper than rail ◆ **la route est meurtrière** the road is a killer ◆ **arriver par la route** to arrive by road ◆ **faire de la route** to do a lot of mileage; → **accident, blessé, code**
c (= chemin à suivre) way; (Naut = direction, cap) course ◆ **je ne l'emmène pas, ce n'est pas (sur) ma route** I'm not taking him – it's not on my way ◆ **indiquer/montrer la route à qn** to point out/show the way to sb ◆ **perdre/retrouver sa route** to lose/find one's way
d (= ligne de communication) route ◆ **route aérienne/maritime** air/sea route ◆ **la route du sel/de l'opium/des épices** the salt/opium/spice route ou trail ◆ **la route de la soie** the Silk Road ou Route ◆ **la route des vins** the wine trail ◆ **la route des Indes** the route to India ◆ **"La Route des Indes"** (Littérat) "A Passage to India"
e (= trajet) trip, journey (Brit) ◆ **bonne route !** have a good trip! ou journey! (Brit) ◆ **carnet** ou **journal de route** travel diary ou journal ◆ **la route sera longue** (gén) it'll be a long journey; (en voiture) it'll be a long drive ou ride ◆ **il y a trois heures de route** (en voiture) it's a three-hour drive ou ride ou journey (Brit); (à bicyclette) it's a three-hour (cycle-)ride ◆ **ils ont fait toute la route à pied/à bicyclette** they walked/cycled the whole way, they did the whole journey (Brit) on foot/by bicycle; → **compagnon**
f (= ligne de conduite, voie) path, road, way ◆ **la route à suivre** the path ou road to follow ◆ **la route du bonheur** the road ou path ou way to happinesss ◆ **nos routes se sont croisées** our paths crossed ◆ **votre route est toute tracée** your path is set out for you ◆ **être sur la bonne route** (dans la vie) to be on the right road ou path; (dans un problème) to be on the right track ◆ **remettre qn sur la bonne route** to put sb back on the right road ou path ou track ◆ **c'est lui qui a ouvert la route** he's the one who opened (up) the road ou way; → **faux**[2]
g (LOC) **faire route** (Naut) to be under way ◆ **faire route avec qn** to travel with sb ◆ **prendre la route** to start out, set off ou out, get under way ◆ **reprendre la route, se remettre en route** to start out again, set off ou out again, resume one's journey (Brit) ◆ **en cours de route** (lit, fig) along the way ◆ **tenir la route** [voiture] to hold the road; * [matériel] to be well-made ou serviceable; * [argument, raisonnement] to hold water; [solution, politique] to be viable ◆ **tracer la route** * to push ahead
♦ **en route** on the way ou journey (Brit), en route ◆ **en route !** let's go!, let's be off! ◆ **en route, mauvaise troupe !** (hum) off we go! ◆ **en route pour** bound for, heading for, on its way to ◆ **avoir plusieurs projets en route** to have several projects on the go ◆ **mettre en route** [+ machine, moteur] to start (up); [+ processus, projet, réforme] to set in motion, get under way ◆ **mettre le repas en route** to get the meal started ◆ **ils ont attendu longtemps avant de mettre un bébé en route** they waited a long time before starting a family ◆ **remettre en route le moteur/le processus de paix** to restart the engine/the peace process, get the engine/peace process going again ◆ **mise en route** [machine] starting up; [processus, projet] setting in motion ◆ **la mise en route des réformes sera difficile** it will be difficult to implement the reforms ou to get the reforms under way ◆ **depuis la remise en route des machines** since the machines have been restarted ou started up again ◆ **ils envisagent la remise en route de l'usine** they're considering bringing the factory back into operation ◆ **se mettre en route** to start out, set off ou out, get under way ◆ **se remettre en route** to start out again, set off ou out again, resume one's journey (Brit)

**router** [ʀute] ▸ conjug 1 ◂ vt a [+ journaux] to pack and mail; (Ordin) [+ informations, fichiers, messages] to route
b (Naut) to plot a course for

**routeur, -euse** [ʀutœʀ, øz] 1 nm,f (Naut) route planner
2 nm (Ordin) router

**routier, -ière** [ʀutje, jɛʀ] → SYN 1 adj carte, circulation, réseau, transport road (épith); → **gare**[1]
2 nm (= camionneur) long-distance truck ou lorry (Brit) driver; (= restaurant) ≃ roadside café, ≃ transport café (Brit), ≃ truckstop (US); (= cycliste) road racer ou rider; (Naut = carte) route chart; († = scout) rover ◆ **un vieux routier de la politique** a wily old politician, an old hand at politics
3 **routière** nf (= voiture) touring car, tourer (Brit); (= moto) road bike ◆ **grande routière** high-performance touring car ou tourer (Brit)

**routine** [ʀutin] → SYN nf a (= habitude) routine ◆ **la routine quotidienne** the daily routine ou grind ◆ **s'enfoncer/tomber dans la routine** to settle/fall into a routine ◆ **par routine** as a matter of routine ◆ **contrôle/opération de routine** routine check/operation
b (Ordin) routine

**routinier, -ière** [ʀutinje, jɛʀ] → SYN adj procédé, travail, vie humdrum, routine; personne routine-minded, addicted to routine (attrib) ◆ **il a l'esprit routinier** he's completely tied to (his) routine ◆ **c'est un travail un peu routinier** the work is a bit routine ou humdrum ◆ **c'est un routinier** he's a creature of habit

**rouverain, rouverin** [ʀuvʀɛ̃] adj m ◆ **fer rouverain** short iron

**rouvraie** [ʀuvʀɛ] nf durmast ou sissile oak grove

**rouvre** [ʀuvʀ] adj, nm ◆ **(chêne) rouvre** durmast ou sessile oak

**rouvrir** [ʀuvʀiʀ] ▸ conjug 18 ◂ 1 vt (gén) to reopen; [+ porte, yeux] to reopen, open again ◆ **le stade rouvrira ses portes dimanche** the stadium will reopen its doors on Sunday
2 vi [magasin, musée, théâtre] to reopen, open again
3 **se rouvrir** vpr [porte] to reopen, open again; [plaie, blessure] to open up again, reopen

**roux, rousse**[2] [ʀu, ʀus] → SYN 1 adj cheveux (foncé) red, auburn; (clair) ginger; barbe (foncé) red; (clair) ginger; pelage, robe, feuilles russet, reddish-brown; → **blond, lune**
2 nm,f redhead
3 nm a (= couleur) [cheveux] red, auburn; [barbe] red; (= orangé) ginger; [pelage, robe feuille] russet, reddish-brown ◆ **cheveux d'un roux flamboyant** flaming red hair
b (Culin) roux

**royal, e**[1], mpl **-aux** [ʀwajal, o] → SYN 1 adj a (gén) royal ◆ **la famille royale** the Royal Family ou royal family; → **gelée, voie**
b magnificence, maintien kingly, regal; cadeau, demeure, repas fit for a king (attrib); salaire princely; → **aigle, tigre**
c (intensif) indifférence, mépris majestic, lofty, regal ◆ **il m'a fichu une paix royale** * he left me in perfect peace
2 nf a * **la Royale** (Naut) the French Navy
b (Culin) **lièvre à la royale** hare royale

**royale**[2] [ʀwajal] nf (= barbe) imperial

**royalement** [ʀwajalmɑ̃] → SYN adv vivre in (a) royal fashion; recevoir, traiter royally, in (a) regal ou royal fashion ◆ **il se moque royalement de sa situation** * he couldn't care less * ou he doesn't care two hoots * about his position ◆ **il m'a royalement offert 100 F d'augmentation** (iro) he offered me a princely 100-franc rise (iro)

**royalisme** [ʀwajalism] nm royalism

**royaliste** [ʀwajalist] → SYN 1 adj royalist ◆ **être plus royaliste que le roi** (fig) to carry things to extremes, be more Catholic than the Pope ◆ **puisqu'on ne te demande rien, pourquoi être plus royaliste que le roi ?** since you haven't be been asked to do anything, why put yourself out? ou why be so zealous?
2 nmf royalist

**royalties** [ʀwajalti] nfpl royalties ◆ **toucher des royalties** to receive royalties

**royaume** [ʀwajom] → SYN nm (lit) kingdom, realm; (fig = domaine) domain ◆ **le vieux grenier était son royaume** the old attic was his domain ◆ **le royaume céleste** ou **des cieux** ou **de Dieu** (Rel) the kingdom of heaven ou God ◆ **le royaume des morts** the kingdom of the dead ◆ **le royaume des ombres** the land of the shades, the valley of the shadows ◆ (Prov) **au royaume des aveugles les borgnes sont rois** in the kingdom of the blind the one-eyed man is king (Prov)

**Royaume-Uni** [ʀwajomyni] nm ◆ **le Royaume-Uni (de Grande-Bretagne et d'Irlande du Nord)** the United Kingdom (of Great Britain and Northern Ireland)

**royauté** [ʀwajote] → SYN nf (= régime) monarchy; (= fonction, dignité) kingship

**RP** 1 nm (abrév de **Révérend Père**) → **révérend**
2 nf (abrév de **recette principale**) → **recette**
3 nfpl (abrév de **relations publiques**) PR

**RPR** [ɛʀpeɛʀ] nm (abrév de **Rassemblement pour la République**) *French political party*

**RSVP** [ɛʀɛsvepe] (abrév de **répondez s'il vous plaît**) R.S.V.P

**Rte** abrév de **route**

**RTT** nf (abrév de **réduction du temps de travail**) reduction of working hours

**RU** [ʀy] nm (abrév de **restaurant universitaire**) → **restaurant**

**ru** † [ʀy] nm brook, rivulet (littér)

**ruade** [ʀɥad] → SYN nf kick ◆ **tué par une ruade** killed by a kick from a horse ◆ **le cheval lui a cassé la jambe d'une ruade** the horse kicked ou lashed out at him and broke his leg ◆ **décocher** ou **lancer une ruade** to lash ou kick out

**ruban** [ʀybɑ̃] → SYN 1 nm (gén, fig) ribbon; [machine à écrire] ribbon; [couture, ourlet] binding, tape ◆ **le ruban (rouge)** (de la Légion d'honneur) *the ribbon of the Légion d'Honneur* ◆ **le ruban argenté du Rhône** (fig) the silver ribbon of the Rhone ◆ **le double ruban de l'autoroute** the two ou twin lines of the motorway; → LÉGION D'HONNEUR

2 COMP ▷ **ruban d'acier** steel band ou strip ▷ **ruban adhésif** adhesive tape, sticky tape ▷ **le ruban bleu** (Naut) the Blue Riband ou Ribbon *(of the Atlantic)* ◆ **détenir le ruban bleu (de qch)** (fig) to be the world leader (in sth) ▷ **ruban de chapeau** hat band ▷ **ruban d'eau** (Bot) bur reed ▷ **ruban encreur** typewriter ribbon ▷ **ruban isolant** insulating tape ▷ **ruban perforé** (Ordin) paper tape

**rubanerie** [ʀybanʀi] nf (= fabrication) ribbon manufacturing

**rubanier, -ière** [ʀybanje, jɛʀ] 1 adj industrie ribbon (épith)

2 nm,f (= fabricant) ribbon manufacturer

3 nm (Bot) bur reed

**rubato** [ʀybato] adv, nm rubato

**rubéfaction** [ʀybefaksjɔ̃] nf rubefaction

**rubéfiant, e** [ʀybefjɑ̃, jɑ̃t] adj, nm rubefacient

**rubellite** [ʀybelit] nf rubellite

**rubéole** [ʀybeɔl] nf German measles sg, rubella (SPÉC)

**rubescent, e** [ʀybesɑ̃, ɑ̃t] adj rubescent

**rubican** [ʀybikɑ̃] adj m roan

**Rubicon** [ʀybikɔ̃] nm Rubicon; → **franchir**

**rubicond, e** [ʀybikɔ̃, ɔ̃d] → SYN adj rubicund, ruddy

**rubidium** [ʀybidjɔm] nm rubidium

**rubigineux, -euse** [ʀybiʒinø, øz] adj rubiginous

**rubis** [ʀybi] 1 nm (= pierre) ruby; (= couleur) ruby (colour); [horloge, montre] jewel; → **payer**

2 adj inv ruby(-coloured)

**rubrique** [ʀybʀik] → SYN nf **a** (= article, chronique) column ◆ **rubrique sportive/littéraire/des spectacles** sports/literary/entertainments column ◆ **il tient la rubrique scientifique du journal** he writes the newspaper's science column

**b** (= catégorie, titre) heading, rubric ◆ **sous cette même rubrique** under the same heading ou rubric

**c** (Rel) rubric

**ruche** [ʀyʃ] nf **a** (en bois) (bee) hive; (en paille) (bee) hive, skep (SPÉC); (= essaim) hive ◆ **nos bureaux sont une véritable ruche** ou **une ruche bourdonnante** (fig) our offices are a real hive of activity

**b** (Couture) ruche

**ruché** [ʀyʃe] nm (Couture) ruching (NonC), ruche

**ruchée** [ʀyʃe] nf (= population) hive

**rucher**[1] [ʀyʃe] nm apiary

**rucher**[2] [ʀyʃe] ▸ conjug 1 ◂ vt (Couture) (= plisser) to fold into a ruche; (= garnir) to adorn with a ruche

**rudbeckia** [ʀydbekja] nm rudbeckia

**rude** [ʀyd] → SYN adj **a** (= rêche) surface, barbe, peau rough; (= rauque) voix, sons harsh

**b** métier, vie, combat hard, tough; montée stiff, tough, hard; adversaire tough; climat, hiver harsh, hard, severe ◆ **c'est un rude coup pour elle/notre équipe** it's a hard ou harsh ou severe blow for her/our team ◆ **être mis à rude épreuve** [personne] to be severely tested, be put through the mill; [tissu, métal] to receive ou have rough treatment ◆ **mes nerfs ont été mis à rude épreuve** it was a great strain on my nerves ◆ **il a été à rude école dans sa jeunesse** he learned life the hard way when he was young, he went to the school of hard knocks ◆ **en faire voir de rudes à qn** to give sb a hard ou tough time ◆ **en voir de rudes** to have a hard ou tough time (of it)

**c** (= fruste) manières unpolished, crude, unrefined; traits rugged; montagnards rugged, tough

**d** (= sévère, bourru) personne, caractère harsh, hard, severe; manières rough ◆ **tu as été trop rude avec elle** you were too hard on her

**e** (* : intensif) **un rude gaillard** a hearty fellow ◆ **avoir un rude appétit/estomac** to have a hearty appetite/an iron stomach ◆ **il a une rude veine** he's a lucky beggar * (Brit) ou son-of-a-gun * (US) ◆ **ça m'a fait une rude peur** it gave me a dreadful ou real fright ◆ **recevoir un rude coup de poing** to get a real ou proper * (Brit) thump

**rudement** [ʀydmɑ̃] → SYN adv **a** heurter, frapper, tomber hard; répondre harshly; traiter roughly, harshly

**b** (* = très) bon, content terribly *, awfully *, jolly * (Brit); cher, fatigant, mauvais dreadfully, terribly, awfully ◆ **il a fallu rudement travailler** we had to work really hard ◆ **elle danse rudement bien** she dances awfully ou jolly (Brit) well, she's quite a dancer ◆ **ça me change rudement de faire ça** it's a real change ou quite a change for me to do that ◆ **elle avait rudement changé** she had really changed, she hadn't half changed * (Brit) ◆ **il est rudement plus généreux que toi** he's a great deal ou darned sight * more generous than you ◆ **j'ai eu rudement peur** it gave me a dreadful ou real fright

**rudéral, e,** mpl **-aux** [ʀydeʀal, o] adj ruderal

**rudesse** [ʀydɛs] → SYN nf **a** [surface, barbe, peau] roughness; [voix, sons] harshness

**b** [métier, vie, combat, montée] hardness, toughness; [adversaire] toughness; [climat, hiver] harshness, hardness, severity

**c** [manières] crudeness; [traits] ruggedness; [montagnards] ruggedness, toughness

**d** [personne, caractère] harshness, hardness, severity; [manières] roughness ◆ **traiter qn avec rudesse** to treat sb roughly ou harshly

**rudiment** [ʀydimɑ̃] → SYN 1 nm **a** (littér = principes de base) basics ◆ **il n'a pas le moindre rudiment d'informatique** he doesn't know the first ou slightest thing about computers

**b** (Anat, Zool) rudiment

2 **rudiments** nmpl [discipline] rudiments; [système, théorie] principles ◆ **rudiments d'algèbre** principles ou rudiments of algebra ◆ **avoir quelques rudiments de chimie** to have some basic ou rudimentary notions ou some basic knowledge of chemistry, have a rudimentary knowledge of chemistry ◆ **avoir quelques rudiments d'anglais** to have a smattering of English ou some basic knowledge of English ◆ **nous n'en sommes qu'aux rudiments, on en est encore aux rudiments** we're still at a rudimentary stage

**rudimentaire** [ʀydimɑ̃tɛʀ] → SYN adj (gén) rudimentary; connaissances rudimentary, elementary ◆ **les installations de l'hôpital sont très rudimentaires** the hospital facilities are rather rough-and-ready ou a bit basic ◆ **elle parle un anglais rudimentaire** she speaks basic English

**rudoiement** [ʀydwamɑ̃] nm (littér) rough ou harsh treatment

**rudoyer** [ʀydwaje] → SYN ▸ conjug 8 ◂ vt to treat harshly

**rue**[1] [ʀy] → SYN nf **a** (= voie, habitants) street ◆ **rue à sens unique** one-way street ◆ **scènes de la rue** street scenes ◆ **élevé dans la rue** brought up in the street(s) ◆ **être à la rue** to be on the streets ◆ **jeter qn à la rue** to put sb out ou throw sb out (into the street) ◆ **descendre dans la rue** (= manifester) to take to the streets; → **coin, combat, piéton, plein** etc

**b** (péj = populace) **la rue** the mob

> **RUE**
>
> Many Paris street names are used, especially in the press, to refer to the famous institutions that have their homes there. The Ministry of Education is on the **rue de Grenelle**; the **rue de Solférino** refers to Socialist Party headquarters; the **rue d'Ulm** is where the "École normale supérieure" is situated, and the **rue de Valois** is the home of the Ministry of Culture.
>
> → QUAI

**rue**[2] [ʀy] nf (= plante) rue

**ruée** [ʀɥe] → SYN nf rush; (péj) stampede ◆ **à l'ouverture, ce fut la ruée vers l'entrée du magasin** when the shop opened, there was a (great) rush ou a stampede for the entrance, as soon as the doors opened there was a stampede ou a mad scramble to get into the shop ◆ **la ruée des touristes ne prend fin qu'à l'automne** the influx of tourists doesn't tail off until the autumn, the tourist invasion doesn't end until the autumn ◆ **dès que quelqu'un prend sa retraite ou démissionne, c'est la ruée** (fig) the moment someone retires or resigns there's a scramble for their job ◆ **dans la ruée, il fut renversé** he was knocked over in the rush ou stampede ◆ **cet événement a entraîné une ruée sur le dollar** this event caused a run on the dollar ◆ **la ruée vers l'or** the gold rush

**ruelle** [ʀɥɛl] → SYN nf (= rue) alley(way), lane; †† [chambre] ruelle †, space (between bed and wall); (Hist, Littérat) ruelle *(room used in 17th century to hold literary salons)*

**ruer** [ʀɥe] → SYN ▸ conjug 1 ◂ 1 vi [cheval] to kick (out) ◆ **ruer dans les brancards** (fig) to rebel, kick over the traces

2 **se ruer** vpr ◆ **se ruer sur** [+ article en vente, nourriture, personne] to pounce on; [+ emplois vacants] to fling o.s. at, pounce at ◆ **se ruer vers** [+ porte, sortie] to dash ou rush for ou towards ◆ **se ruer dans/hors de** [+ maison, pièce] to dash ou rush ou tear into/out of ◆ **se ruer dans l'escalier** (monter) to tear ou dash up the stairs; (descendre) to tear down the stairs, hurl o.s. down the stairs ◆ **se ruer à l'assaut** to hurl ou fling o.s. into the attack

**ruf(f)ian** [ʀyfjɑ̃] nm (littér, = aventurier) ruffian

**rufflette** ® [ʀyflɛt] nf curtain ou heading tape

**rugby** [ʀygbi] → SYN nm rugby (football) ◆ **rugby à quinze** Rugby Union ◆ **rugby à treize** Rugby League ◆ **jouer au rugby, faire du rugby** to play rugby

**rugbyman** [ʀygbiman], pl **rugbymen** [ʀygbimɛn] nm rugby player

**rugine** [ʀyʒin] nf raspatory

**rugir** [ʀyʒiʀ] → SYN ▸ conjug 2 ◂ 1 vi [fauve, mer, moteur] to roar; [vent, tempête] to howl, roar ◆ **rugir de douleur** to howl ou roar with pain ◆ **rugir de colère** to bellow ou roar with anger ◆ **faire rugir son moteur** to rev (up) one's engine

2 vt [+ ordres, menaces] to roar ou bellow out

**rugissant, e** [ʀyʒisɑ̃, ɑ̃t] adj roaring, howling; → **quarantième**

**rugissement** [ʀyʒismɑ̃] → SYN nm [fauve, mer, moteur] roar, roaring (NonC); [vent, tempête] howl, howling (NonC) ◆ **rugissement de douleur** howl ou roar of pain ◆ **rugissement de colère** roar of anger ◆ **j'entendais des rugissements de lions** I could hear lions roaring ou the roar of lions ◆ **pousser un rugissement de rage** to roar with anger

**rugosité** [ʀygozite] → SYN nf **a** (NonC) [écorce, surface, vin] roughness; [peau, tissu] roughness, coarseness; [sol] ruggedness, roughness, bumpiness

**b** (= aspérité) rough patch, bump ◆ **poncer les rugosités** to sand down the rough areas

**rugueux, -euse** [ʀygø, øz] → SYN adj écorce, surface, vin rough; peau, tissu rough, coarse; sol rugged, rough, bumpy

**Ruhr** [ʀuʀ] nf ◆ **la Ruhr** the Ruhr

**ruiler** [ʀɥile] ▸ conjug 1 ◂ vt to fix with plaster

**ruine** [ʀɥin] → SYN nf **a** (= décombres, destruction, perte de fortune) ruin ◆ **ruines romaines** Roman ruins ◆ **acheter une ruine à la campagne** to buy a ruin in the country ◆ **ruine (humaine)** (péj) (human) wreck ◆ **causer la ruine de** [+ monarchie] to bring about the ruin ou downfall of; [+ carrière, réputation, santé] to ruin, bring about the ruin of; [+ banquier, entreprise] to ruin, bring ruin upon ◆ **c'est la ruine de tous mes espoirs** that means the ruin of ou that puts paid to (Brit) all my hopes ◆ **courir** ou **aller à sa ruine** to be on the road to ruin, be heading for ruin

◆ **en ruine(s)** in ruin(s), ruined (épith) ◆ **tomber en ruine** to fall in ruins

**b** (= acquisition coûteuse) **cette voiture est une vraie ruine** that car will ruin me ◆ **50 F, c'est pas la ruine !** * 50 francs won't break the bank! *

**ruiner** [ʀɥine] → SYN ▸ conjug 1 ◂ **1** vt **a** [+ pays, personne] to ruin, cause the ruin of ◆ **ça ne va pas te ruiner !** * it won't break * ou ruin you!

**b** [+ réputation, santé] to ruin; [+ carrière] to ruin, wreck; [+ espoirs] to shatter, dash, ruin; [+ efforts] to destroy, ruin

**2** **se ruiner** vpr (= dépenser tout son argent) to ruin ou bankrupt o.s.; (fig = dépenser trop) to spend a fortune ◆ **se ruiner en fleurs** to spend a fortune on flowers ◆ **quelques conseils pour partir en vacances sans se ruiner** a few tips for going on holiday without spending a fortune ou breaking the bank * ◆ **se ruiner au jeu** to lose all one's money gambling

**ruineux, -euse** [ʀɥinø, øz] → SYN adj goût extravagant, ruinously expensive; dépense ruinous; acquisition, voiture (prix élevé) ruinous, ruinously expensive; (entretien coûteux) expensive to run (ou keep) ◆ **ce n'est pas ruineux !** it won't break * ou ruin us!

**ruiniforme** [ʀɥinifɔʀm] adj ruiniform

**ruiniste** [ʀɥinist] nmf painter of ruins

**ruinure** [ʀɥinyʀ] nf [solive, poteau] groove

**ruisseau**, pl **ruisseaux** [ʀɥiso] → SYN nm **a** (= cours d'eau) stream, brook ◆ **des ruisseaux de** (fig) [+ larmes] floods of; [+ lave, sang] streams of; → **petit**

**b** (= caniveau) gutter ◆ **élevé dans le ruisseau** (fig) brought up in the gutter ◆ **tirer qn du ruisseau** (fig) to pull ou drag sb out of the gutter

**ruisselant, e** [ʀɥis(ə)lɑ̃, ɑ̃t] → SYN adj visage streaming; personne dripping wet, streaming ◆ **le mur était ruisselant** the wall had water running down it ◆ **son front ruisselant de sueur** his forehead bathed in ou dripping with sweat ◆ **le visage ruisselant de larmes** his face streaming with tears, with tears streaming down his face

**ruisseler** [ʀɥis(ə)le] → SYN ▸ conjug 4 ◂ vi **a** (= couler) [lumière] to stream; [cheveux] to flow, stream (*sur* over); [liquide, pluie] to stream, flow (*sur* down)

**b** (= être couvert d'eau) **ruisseler (d'eau)** [mur] to have water running down it; [visage] to stream (with water) ◆ **ruisseler de lumière/larmes** to stream with light/tears ◆ **ruisseler de sueur** to drip ou stream with sweat

**ruisselet** [ʀɥis(ə)lɛ] nm rivulet, brooklet

**ruissellement** [ʀɥisɛlmɑ̃] → SYN **1** nm ◆ **le ruissellement de la pluie/de l'eau sur le mur** the rain/water streaming ou running ou flowing down the wall ◆ **eaux de ruissellement** runoff ◆ **le ruissellement de sa chevelure sur ses épaules** her hair flowing ou tumbling over her shoulders ◆ **un ruissellement de pierreries** a glistening ou glittering cascade of jewels ◆ **ébloui par ce ruissellement de lumière** dazzled by this stream of light

**2** COMP ▷ **ruissellement pluvial** (Géol) runoff

**rumb** [ʀɔ̃b] nm ⇒ **rhumb**

**rumba** [ʀumba] nf rumba

**rumen** [ʀymɛn] nm rumen

**rumeur** [ʀymœʀ] → SYN nf **a** (= nouvelle imprécise) rumour ◆ **selon certaines rumeurs, elle ...** rumour has it that she ..., it is rumoured that she ... ◆ **il dément les rumeurs selon lesquelles le boxeur était dopé** he denies the rumours that the boxer was doped ◆ **si l'on en croit la rumeur publique, il ...** if you believe what is publicly rumoured, he ... ◆ **faire courir de fausses rumeurs** to spread rumours

**b** (= son) [vagues, vent] murmur(ing) (NonC); [circulation, rue, ville] hum (NonC); [émeute] rumbling; [bureau, conversation] buzz (NonC)

**c** (= protestation) rumblings ◆ **rumeur de mécontentement** rumblings of discontent ◆ **une rumeur s'éleva** ou **des rumeurs s'élevèrent de la foule** angry sounds rose up from the crowd

**ruminant, e** [ʀyminɑ̃] → SYN adj, nm (Zool) ruminant

**rumination** [ʀyminasjɔ̃] nf (Zool) rumination

**ruminer** [ʀymine] → SYN ▸ conjug 1 ◂ **1** vt (Zool) to ruminate; [+ projet] to ruminate on ou over, chew over; [+ chagrin] to brood over; [+ vengeance] to ponder, meditate ◆ **toujours dans son coin à ruminer (ses pensées)** always in his corner chewing the cud ou chewing things over ou pondering (things)

**2** vi (Zool) to ruminate, chew the cud

**rumsteck** [ʀɔmstɛk] nm ⇒ **romsteck**

**runabout** [ʀœnabaut] nm runabout

**rune** [ʀyn] nf (Ling) rune

**runique** [ʀynik] adj (Ling) runic

**ruolz** [ʀɥɔls] nm ≃ silver plating

**rupestre** [ʀypɛstʀ] → SYN adj (Bot) rupestrine (SPÉC), rock (épith); (Art) rupestrian (SPÉC), rupestral (SPÉC), rock (épith) ◆ **peintures rupestres** (gén) rock paintings; (dans une grotte) cave ou rock paintings

**rupicole** [ʀypikɔl] nm (Zool) cock of the rock

**rupin, e** * [ʀypɛ̃, in] → SYN **1** adj appartement, quartier ritzy *, plush *, swanky *; personne stinking ou filthy rich *

**2** nm,f rich person ◆ **c'est un rupin** he's rolling in it * ◆ **les rupins** the rich

**rupteur** [ʀyptœʀ] nm (contact) breaker

**rupture** [ʀyptyʀ] → SYN **1** nf **a** (= annulation) [relations diplomatiques] breaking off, severing, rupture; [fiançailles, pourparlers] breaking off ◆ **la rupture du traité/contrat par ce pays** this country's breaking the treaty/contract, the breach of the treaty/contract by this country ◆ **après la rupture des négociations** after negotiations broke down, after the breakdown of ou in the negotiations ◆ **la rupture de leurs fiançailles m'a surpris** I was surprised when they broke off their engagement

◆ **en rupture avec** ◆ **il est en rupture avec son parti** he's at odds with his party, he disagrees with his party's line ◆ **être en rupture avec le monde/les idées de son temps** to be at odds with the world/the ideas of one's time ◆ **il est en rupture avec sa famille** he's estranged from his family ◆ **cette initiative est en rupture avec la tradition** this initiative marks a break with tradition

**b** (= séparation amoureuse) break-up, split ◆ **sa rupture (d')avec Louise** his split ou break-up with Louise ◆ **rupture passagère** temporary break-up

**c** (= cassure, déchirure) [câble, branche, corde, poutre] breaking; [digue] bursting, breach(ing); [veine] bursting, rupture; [organe] rupture; [tendon] rupture, tearing ◆ **en cas de rupture du barrage** should the dam burst ◆ **point de rupture** (gén) breaking point; (Ordin) breakpoint

**d** (= solution de continuité) break ◆ **rupture entre le passé et le présent** break between the past and the present ◆ **rupture de rythme** (sudden) break in (the) rhythm ◆ **rupture de ton** abrupt change in ou of tone ◆ **la rupture d'approvisionnement provoquée par les grèves** the disruption in supplies caused by the strikes

**2** COMP ▷ **rupture d'anévrisme** aneurysmal rupture ▷ **rupture de ban** *illegal return from banishment* ◆ **en rupture de ban** (Jur) *illegally returning from banishment*; (fig) in defiance of the accepted code of conduct ◆ **en rupture de ban avec la société** at odds with society ▷ **rupture de charge** (Transport) transshipment ▷ **rupture de circuit** (Élec) break in the circuit ▷ **rupture de contrat** breach of contract ▷ **rupture de direction** steering failure ▷ **rupture d'équilibre** (lit) loss of balance ◆ **une rupture d'équilibre est à craindre entre ces nations** (fig) an upset in the balance of power is to be feared among these states ▷ **rupture d'essieu** broken axle ▷ **rupture du jeûne** breaking of a fast ▷ **rupture de pente** change of incline ou gradient ▷ **rupture de séquence** (Ordin) jump ▷ **rupture de stock** stock shortage, stockout (US) ◆ **être en rupture de stock** to be out of stock

**rural, e**, mpl **-aux** [ʀyʀal, o] → SYN **1** adj (gén) country (épith), rural; (Admin) rural ◆ **le monde rural** (gén) rural society; (= agriculteurs) the farming community; → **exode**

**2** nm,f country person, rustic ◆ **les ruraux** country people, countryfolk

**rurbain, e** [ʀyʀbɛ̃, ɛn] **1** adj ◆ **l'espace rurbain** the outer suburbs

**2** nm,f person who lives in the outer suburbs

**ruse** [ʀyz] → SYN nf **a** (NonC) (pour gagner, obtenir un avantage) cunning, craftiness, slyness; (pour tromper) trickery, guile ◆ **obtenir qch par ruse** to obtain sth by ou through trickery ou by guile

**b** (= subterfuge) trick, ruse ◆ **ruse de guerre** (lit, hum) stratagem, tactics ◆ **avec des ruses de Sioux** with crafty tactics

**rusé, e** [ʀyze] → SYN (ptp de **ruser**) adj personne cunning, crafty, sly, wily; air sly, wily ◆ **rusé comme un (vieux) renard** as sly ou cunning as a fox ◆ **c'est un rusé** he's a crafty ou sly one

**ruser** [ʀyze] → SYN ▸ conjug 1 ◂ vi (= être habile) (pour gagner, obtenir un avantage) to use cunning; (pour tromper) to use trickery ◆ **ne ruse pas avec moi !** don't try and be clever ou smart * with me! ◆ **il va falloir ruser si l'on veut entrer** we'll have to use a bit of cunning ou be a bit crafty if we want to get in

**rush** [ʀœʃ] → SYN nm (= afflux) rush; (Ciné) rush

**russe** [ʀys] **1** adj Russian ◆ **boire à la russe** to drink (and cast one's glass aside) in the Russian style; → **montagne, roulette**

**2** nm (Ling) Russian

**3** **Russe** nmf Russian ◆ **Russe blanc(he)** White Russian

**Russie** [ʀysi] nf Russia ◆ **la Russie blanche** White Russia ◆ **la Russie soviétique** Soviet Russia

**russification** [ʀysifikasjɔ̃] nf russianization, russification

**russifier** [ʀysifje] ▸ conjug 7 ◂ vt to russianize, russify

**russophile** [ʀysɔfil] adj, nmf Russophil(e)

**russophobe** [ʀysɔfɔb] adj, nmf Russophobe

**russophone** [ʀysɔfɔn] **1** adj population, communauté, minorité Russian-speaking

**2** nmf (= personne) Russian speaker

**russule** [ʀysyl] nf rusulla ◆ **russule émétique** sickener

**rustaud, e** [ʀysto, od] → SYN **1** adj countrified, rustic

**2** nm,f (péj) country bumpkin, yokel, hillbilly (US)

**rusticage** [ʀystikaʒ] nm (= opération) rustication

**rusticité** [ʀystisite] → SYN nf **a** [manières, personne] rustic simplicity, rusticity (littér)

**b** (Agr) hardiness

**rustine** ® [ʀystin] nf rubber repair patch *(for bicycle tyre)* ◆ **il ne suffira pas de coller quelques rustines pour sauver l'entreprise** (fig) it'll take more than stopgap measures ou cosmetic improvements to save the company

**rustique** [ʀystik] → SYN **1** adj **a** mobilier rustic; maçonnerie rustic, rusticated ◆ **bois rustique** rustic wood

**b** (littér) maison rustic (épith); manières, vie rustic, country (épith)

**c** (Agr) hardy

**2** nm (= style) rustic style ◆ **meubler une maison en rustique** to furnish a house in the rustic style ou with rustic furniture

**rustiquer** [ʀystike] ▸ conjug 1 ◂ vt to rusticate

**rustre** [ʀystʀ] → SYN **1** nm **a** (péj = brute) lout, boor

**b** († = paysan) peasant

**2** adj brutish, boorish

**rut** [ʀyt] → SYN nm (= état) [mâle] rut; [femelle] heat; (= période) [mâle] rutting (period); [femelle] heat period ◆ **être en rut** [mâle] to be rutting; [femelle] to be on (Brit) ou in (US) heat

**rutabaga** [ʀytabaga] nm swede, rutabaga (US)

**ruthénium** [ʀytenjɔm] nm ruthenium

**rutilance** [rytilɑ̃s] → SYN nf gleam, shine

**rutilant, e** [rytilɑ̃, ɑ̃t] → SYN adj (= brillant) brightly shining, gleaming; (= rouge ardent) rutilant ◆ **vêtu d'un uniforme rutilant** very spick and span ou very spruce in his uniform

**rutile** [rytil] nm rutile

**rutiler** [rytile] → SYN ▸ conjug 1 ◂ vi to gleam, shine brightly

**rutoside** [rytozid] nm rutin

**rv** abrév de **rendez-vous**

**Rwanda** [rwɑ̃da] nm Rwanda

**rwandais, e** [rwɑ̃dɛ, ɛz] 1 adj Rwandan
2 **Rwandais(e)** nm,f Rwandan

**rye** [raj] nm rye

**rythme** [ritm] → SYN nm a (Art, Littérat, Mus) rhythm ◆ **marquer le rythme** to beat time ◆ **au rythme de** (Mus) to the beat ou rhythm of ◆ **avoir le sens du rythme** to have a sense of rhythm ◆ **pièce qui manque de rythme** (Théât) play which lacks tempo, slow-moving play

b (= cadence) [cœur, respiration, saisons] rhythm ◆ **interrompant le rythme de sa respiration** interrupting the rhythm of his breathing

c (= vitesse) [respiration] rate; [battements du cœur] rate, speed; [travail, vie] tempo, pace; [production] rate ◆ **à un rythme infernal/régulier** at a phenomenal ou terrific/steady rate ◆ **le rythme soutenu de la croissance économique** the sustained rate of economic growth ◆ **rythme cardiaque** (rate of) heartbeat ◆ **rythme biologique** biological rhythm ◆ **les rythmes scolaires** the way the school year is organized ou divided up ◆ **à ce rythme-là, il ne va plus en rester** at that rate there won't be any left ◆ **il n'arrive pas à suivre le rythme** he can't keep up (the pace) ◆ **produire des voitures au rythme de 1 000 par jour** to produce cars at the rate of 1,000 a ou per day

**rythmé, e** [ritme] → SYN (ptp de **rythmer**) adj rhythmic(al) ◆ **bien rythmé** highly rhythmic(al)

**rythmer** [ritme] → SYN ▸ conjug 1 ◂ vt (= cadencer) [+ phrase, prose, travail] to give rhythm to, punctuate ◆ **les saisons rythmaient leur vie** their lives were governed by the rhythm of the seasons

**rythmicité** [ritmisite] nf rythmicity

**rythmique** [ritmik] → SYN 1 adj rhythmic(al); → **section**
2 nf (Littérat) rhythmics sg ◆ **la (danse) rythmique** rhythmics sg

# S

**S[1], s[1]** [ɛs] nm **a** (= lettre) S, s
**b** (= figure) zigzag; (= virages) double bend, S bend ◆ **faire des s** to zigzag ◆ **en s** route zigzagging (épith), winding; barre S-shaped

**S[2]** (abrév de **Sud**) S

**s[2]** (abrév de **seconde**) s

**s'** [s] → **se, si[1]**

**s/** abrév de **sur**

**SA** [ɛsa] nf (abrév de **société anonyme**) (gén) limited company; (ouverte au public) public limited company ◆ **Raymond SA** Raymond Ltd (Brit), Raymond Inc. (US); (ouverte au public) Raymond plc

**sa** [sa] adj poss → **son[1]**

**Saba** [saba] nf Sheba ◆ **la reine de Saba** the Queen of Sheba

**sabayon** [sabajɔ̃] nm zabaglione

**sabbat** [saba] [→ SYN] nm **a** (Rel) Sabbath
**b** (* = bruit) racket, row *
**c** [sorcières] (witches') sabbath

**sabbathien, -ienne** [sabatjɛ̃, jɛn] nm,f sabbatian

**sabbatique** [sabatik] adj (Rel, Univ) année, congé sabbatical ◆ **prendre une année sabbatique** (Univ) to take a sabbatical year ou a year's sabbatical (leave); [étudiant, employé] to take a year off ou out ◆ **être en congé sabbatique** (Univ) to be on sabbatical (leave); [employé] to be taking a year off ou out

**sabéen[1], -enne[2]** [sabeɛ̃, ɛn] adj, nm,f (Rel) Sabaist

**sabéen[1], -enne[2]** [sabeɛ̃, ɛn] adj, nm,f (Hist) Sab(a)ean

**sabéisme** [sabeism] nm Sabeanism, Sabianism

**sabelle** [sabɛl] nf sabella

**sabellianisme** [sabeljanism] nm Sabellinism

**sabin, e[1]** [sabɛ̃, in] [1] adj Sabine
[2] **Sabin(e)** nm,f Sabine; → **enlèvement**

**sabine[2]** [sabin] nf (Bot) savin(e)

**sabir** [sabiʀ] [→ SYN] nm (= parlé dans le Levant) sabir; (Ling) ≃ pidgin; (péj = jargon) jargon; (incompréhensible) mumbo jumbo * ◆ **un curieux sabir fait de français et d'arabe** a strange mixture of French and Arabic

**sablage** [sɑblaʒ] nm [allée, route] sanding; [façade] sandblasting

**sable[1]** [sɑbl] [→ SYN] [1] nm sand ◆ **de sable** dune sand (épith); fond, plage sandy ◆ **vent de sable** sandstorm ◆ **sables mouvants** quicksand(s) ◆ **ville ensevelie sous les sables** city buried in the sands ◆ **être sur le sable** * (sans argent) to be (stony (Brit) ou stone (US)) broke *, be skint * (Brit); (sans travail) to be out of a job, be jobless; → **bac[2], bâtir, grain, marchand**
[2] adj inv sandy, sand-coloured (Brit) ou -colored (US)

**sable[2]** [sɑbl] nm (Hér) sable

**sablé, e** [sɑble] (ptp de **sabler**) [1] adj **a** (gâteau) **sablé** shortbread biscuit (Brit) ou cookie (US); → **pâte**
**b** route sandy, sanded

**sabler** [sɑble] [→ SYN] ▸ conjug 1 ◂ vt **a** [+ route] to sand; [+ façade] to sandblast
**b** **sabler le champagne** (lit) to crack open a bottle of champagne; (fig) to celebrate with champagne

**sableur** [sɑblœʀ] nm (de fonderie) sand moulder; (sur sableuse) sandblaster operator

**sableux, -euse** [sɑblø, øz] [→ SYN] [1] adj alluvions, sol sandy; coquillages gritty, sandy
[2] **sableuse** nf (= machine) sandblaster

**sablier** [sɑblije] nm (gén) hourglass, sandglass; (Culin) egg timer

**sablière** [sɑblijɛʀ] [→ SYN] nf (= carrière) sand quarry; (Constr) string-piece; (Rail) sand-box

**sablon** [sɑblɔ̃] nm fine sand

**sablonner** [sɑblɔne] ▸ conjug 1 ◂ vt (= couvrir de sable) to cover with sand

**sablonneux, -euse** [sɑblɔnø, øz] [→ SYN] adj sandy

**sablonnière** [sɑblɔnjɛʀ] nf sand quarry

**sabord** [sabɔʀ] [→ SYN] nm (Naut) scuttle ◆ **mille sabords !** * (hum) blistering barnacles! * (hum)

**sabordage** [sabɔʀdaʒ] [→ SYN], **sabordement** [sabɔʀdəmɑ̃] nm (Naut) scuppering, scuttling; (fig) [entreprise] winding up

**saborder** [sabɔʀde] [→ SYN] ▸ conjug 1 ◂ [1] vt (Naut) to scupper, scuttle; (fig) [+ entreprise] to wind up; [+ négociations, projet] to put paid to, scupper
[2] **se saborder** vpr (Naut) to scupper ou scuttle one's ship; [candidat] to write o.s. off, scupper one's chances; [parti] to wind (itself) up; [entreprise] to wind (itself) up, fold ◆ **il a décidé de se saborder** (patron) he decided to wind up the company

**sabot** [sabo] [→ SYN] nm **a** (= chaussure) clog; → **baignoire, venir**
**b** (Zool) hoof ◆ **animal à sabots** hoofed animal ◆ **le cheval lui donna un coup de sabot** the horse kicked out at him
**c** (* : péj) **c'est un vrai sabot** † (voiture, machine) it's a piece of old junk * ◆ **il travaille comme un sabot** he's a shoddy worker ◆ **il joue comme un sabot** he's a hopeless ou pathetic * player
**d** (= toupie) (whipping) top
**e** (Tech) [pied de table, poteau] ferrule ◆ **sabot de frein** brake shoe ◆ **sabot (de Denver)** (Aut) wheel clamp, Denver boot (US) ◆ **mettre un sabot à une voiture** to clamp a car

**sabotage** [sabɔtaʒ] [→ SYN] nm **a** (Mil, Pol, fig) (= action) sabotage; (= acte) act of sabotage ◆ **sabotage industriel** industrial sabotage
**b** (= bâclage) botching

**sabot-de-Vénus,** pl **sabots-de-Vénus** [sabo d(ə)venys] nm (Bot) lady's slipper

**saboter** [sabɔte] [→ SYN] ▸ conjug 1 ◂ vt **a** (Mil, Pol, fig) to sabotage
**b** (= bâcler) to make a (proper) mess of, botch; (= abîmer) to mess up, ruin

**saboteur, -euse** [sabɔtœʀ, øz] [→ SYN] nm,f (Mil, Pol) saboteur; (= bâcleur) shoddy worker

**sabotier, -ière** [sabɔtje, jɛʀ] nm,f (= fabricant) clog-maker; (= marchand) clog-seller

**sabra** [sabʀa] nmf sabra

**sabre** [sɑbʀ] [→ SYN] nm sabre (Brit), saber (US) ◆ **sabre d'abordage** cutlass ◆ **sabre de cavalerie** riding sabre ◆ **mettre sabre au clair** to draw one's sword ◆ **charger sabre au clair** to charge with swords drawn ◆ **le sabre et le goupillon** the Army and the Church ◆ **bruits de sabre** (Pol) sabre-rattling

**sabre-baïonnette,** pl **sabres-baïonnettes** [sabʀəbajɔnɛt] nm knife bayonet

**sabrer** [sɑbʀe] [→ SYN] ▸ conjug 1 ◂ vt **a** (Mil) to sabre (Brit), saber (US), cut down ◆ **sabrer le champagne** *to open a bottle of champagne using a sabre*; (fig) to celebrate with champagne
**b** (littér = marquer) **la ride qui sabrait son front** the deep line across his brow ◆ **dessin sabré de coups de crayon rageurs** drawing scored with angry pencil strokes
**c** (* = biffer) [+ texte] to slash (great) chunks out of *; [+ passage, phrase] to cut out, scrub (out) *; [+ projet] to axe, chop *
**d** (* = recaler) [+ étudiant] to flunk *; (= renvoyer) [+ employé] to fire *, sack * (Brit) ◆ **se faire sabrer** [étudiant] to be flunked *; [employé] to get fired * ou sacked * (Brit), get the sack * (Brit)
**e** (* = critiquer) [+ devoir] to tear to pieces ou to shreds; [+ livre, pièce] to slam *, pan *
**f** (* = bâcler) [+ travail] to knock off * (in a rush)

**sabretache** †† [sabʀətaʃ] nf sabretache

**sabreur** [sɑbʀœʀ] nm (péj = soldat) fighting cock (péj); (= escrimeur) swordsman

**sac[1]** [sak] [→ SYN] [1] nm **a** (gén) bag; (de grande taille, en toile) sack; (= cartable) (school) bag; (à bretelles) satchel; (pour achats) shopping bag, carrier bag (Brit) ◆ **sac (en) plastique** plastic bag ◆ **sac (à poussières)** (pour aspirateur) dust bag, vacuum cleaner bag, Hoover ® bag (Brit) ◆ **mettre en sac(s)** to bag; → **course**
**b** (= contenu) (gén) bag(ful); (de grande taille, en toile) sack(ful)
**c** (⁑ = 10 francs) **dix/trente sacs** one hundred/three hundred francs
**d** (Loc) **habillé comme un sac** dressed like a tramp ◆ **ils sont tous à mettre dans le même sac** * (péj) they're all as bad as each other ◆ **l'affaire est** ou **c'est dans le sac** * it's in the bag * ◆ **des gens de sac et de corde** †† gallows birds ◆ **le sac et la cendre** (Rel) sackcloth and ashes; → **main, tour[2]**
**e** (Anat) sac ◆ **sac embryonnaire/lacrymal** embryo/lacrimal sac
[2] COMP ▷ **sac à bandoulière** shoulder bag ▷ **sac de couchage** sleeping bag ▷ **sac à dos** rucksack, backpack ▷ **sac d'em-**

**brouilles*** muddle ▷ **sac gonflable** [voiture] airbag ▷ **sac isotherme** insulated bag ▷ **sac à main** handbag, purse (US), pocketbook (US) ▷ **sac à malice** bag of tricks ▷ **sac de marin** kitbag ▷ **sac de nœuds*** ⇒ **sac d'embrouilles** ▷ **sac d'os*** (péj) bag of bones ▷ **sac à ouvrage** workbag ▷ **sac de plage** beach bag ▷ **sac polochon** sausage bag ▷ **sac à provisions** shopping bag ▷ **sac à puces*** (péj = lit) fleabag* ▷ **sac reporter** organizer bag ▷ **sac de sable** (Constr, Mil) sandbag; (Boxe) punching bag, punchbag (Brit) ▷ **sac de sport** sports bag ▷ **sac à viande** (Camping) sleeping bag sheet ▷ **sac à vin*** (old) soak*, wino*, drunkard ▷ **sac de voyage** travelling bag; (pour l'avion) flight bag, carry-on bag

**sac²** [sak] → SYN nm ◆ **(mise à) sac** [ville] sack, sacking (NonC); [maison, pièce] ransacking (NonC) ◆ **mettre à sac** [+ ville] to sack; [+ maison, pièce] to ransack

**saccade** [sakad] → SYN nf jerk ◆ **avancer par saccades** to jerk along, move along in fits and starts ou jerkily ◆ **parler par saccades** to speak haltingly

**saccadé, e** [sakade] → SYN adj démarche, gestes, style jerky; débit, respiration spasmodic, halting; bruit staccato; sommeil fitful

**saccage** [sakaʒ] → SYN nm (= destruction) [pièce, bâtiment] ransacking; [jardin] wrecking; [forêt, littoral, planète] destruction; (= pillage) [pays, ville] sack, sacking (NonC); [maison] ransacking

**saccager** [sakaʒe] → SYN ▸ conjug 3 ◂ vt **a** (= dévaster) [+ pièce] to turn upside down, wreck; [+ jardin, bâtiment] to wreck; [+ forêt, littoral, planète] to destroy ◆ **ils ont tout saccagé dans la maison** they turned the whole house upside down ◆ **l'appartement était entièrement saccagé** the flat was completely wrecked ◆ **champ saccagé par la grêle** field laid waste ou devastated by the hail

**b** (= piller) [+ pays, ville] to sack, lay waste; [+ maison] to ransack

**saccageur, -euse** [sakaʒœʀ, øz] nm,f (= dévastateur) vandal; (= pillard) pillager, plunderer

**saccharase** [sakaʀɑz] nf invertase, saccharase

**saccharate** [sakaʀat] nm saccharate

**saccharifère** [sakaʀifɛʀ] adj sacchariferous

**saccharification** [sakaʀifikasjɔ̃] nf saccharification

**saccharifier** [sakaʀifje] ▸ conjug 7 ◂ vt to saccharify

**saccharimètre** [sakaʀimɛtʀ] nm saccharimeter

**saccharimétrie** [sakaʀimetʀi] nf saccharimetry

**saccharimétrique** [sakaʀimetʀik] adj saccharimetric(al)

**saccharine** [sakaʀin] nf saccharin(e)

**sacchariné, e** [sakaʀine] adj boisson sweetened with saccharin(e)

**saccharique** [sakaʀik] adj ◆ **acide saccharique** saccharic acid

**saccharoïde** [sakaʀɔid] adj saccharoid(al)

**saccharomyces** [sakaʀɔmisɛs] nm saccharomyces

**saccharose** [sakaʀoz] nm sucrose, saccharose

**saccule** [sakyl] nm saccule, sacculus

**SACEM** [sasɛm] nf (abrév de **Société des auteurs, compositeurs et éditeurs de musique**) *French body responsible for collecting and distributing music royalties*, ≃ PRS (Brit)

**sacerdoce** [sasɛʀdɔs] → SYN nm (Rel) priesthood; (fig) calling, vocation

**sacerdotal, e,** mpl **-aux** [sasɛʀdɔtal, o] adj priestly, sacerdotal

**sachem** [saʃɛm] nm sachem

**sachet** [saʃɛ] → SYN nm [bonbons, thé] bag; [levure, sucre vanillé] sachet; [drogue] (small) bag; [soupe] packet ◆ **sachet de lavande** lavender bag ou sachet ◆ **sachet d'aspirine** sachet of (powdered) aspirin ◆ **soupe en sachet(s)** packet soup ◆ **thé en sachet(s)** tea bags ◆ **café en sachets individuels** individual sachets of coffee

**sacoche** [sakɔʃ] → SYN nf (gén) bag; (pour outils) toolbag; [cycliste] (de selle) saddlebag; (de porte-bagages) pannier; [écolier] (school) bag; (à bretelles) satchel; [encaisseur] (money) bag; [facteur] (post-)bag

**sacoléva** [sakɔleva] nf, **sacolève** [sakɔlɛv] nm Levantine three-master

**sac-poubelle, sac poubelle,** pl **sacs(-) poubelles** [sakpubɛl] nm bin liner (Brit), garbage bag (US)

**sacquer*** [sake] ▸ conjug 1 ◂ vt **a** [+ employé] **sacquer qn** to fire sb, kick sb out*, give sb the push* ou the boot* ou the sack* (Brit) ◆ **se faire sacquer** to get the push* ou boot* ou sack* (Brit), get (o.s.) kicked out*

**b** [+ élève] to mark (Brit) ou grade (US) strictly ◆ **je me suis fait sacquer à l'examen** the examiner gave me lousy* marks (Brit) ou grades (US)

**c** (= détester) **je ne peux pas le sacquer** I can't stand him, I hate his guts*

**sacral, e,** mpl **-aux** [sakʀal, o] adj sacred

**sacralisation** [sakʀalizasjɔ̃] nf **a** **la sacralisation des loisirs/de la famille** regarding leisure time/the family as sacred

**b** (Méd) sacralization

**sacraliser** [sakʀalize] → SYN ▸ conjug 1 ◂ vt to regard as sacred, make sacred ◆ **sacraliser la réussite sociale/la famille** to regard social success/the family as sacred

**sacralité** [sakʀalite] nf [personne] sacred status; [institution] sacredness

**sacramentaire** [sakʀamɑ̃tɛʀ] **1** adj sacramental

**2** nmf Sacramentarian

**sacramental,** pl **-aux** [sakʀamɑ̃tal, o] nm sacramental

**sacramentel, -elle** [sakʀamɑ̃tɛl] adj **a** (fig = rituel) ritual, ritualistic

**b** (Rel) rite, formule sacramental

**sacre** [sakʀ] → SYN nm **a** [roi] coronation; [évêque] consecration ◆ **"le Sacre du Printemps"** (Mus) "the Rite of Spring"

**b** (Orn) saker

**c** (Can = juron) (blasphemous) swearword

**sacré¹, e** [sakʀe] → SYN (ptp de **sacrer**) **1** adj **a** (après n : Rel) lieu, objet, texte sacred, holy; art, musique sacred; horreur, terreur holy; droit hallowed, sacred ◆ **le Sacré Collège** the Sacred College (of Cardinals); → **feu¹, union**

**b** (après n = inviolable) droit, promesse sacred ◆ **son sommeil, c'est sacré** his sleep is sacred; → **monstre**

**c** (*: avant n = maudit) blasted*, confounded*, damned* ◆ **sacré nom de nom !*** hell and damnation!* ◆ **elle a un sacré caractère** she's got a lousy* temper

**d** (*: avant n = considérable) **c'est un sacré imbécile** he's a real idiot ◆ **c'est un sacré menteur** he's a terrible liar ◆ **il a un sacré toupet** he's got a ou one heck* ou hell* of a nerve, he's got a right cheek* (Brit) ◆ **elle a eu une sacrée chance** she was damn(ed) lucky*

**e** (*: avant n : admiration, surprise) **sacré farceur !** you old devil (you)!* ◆ **ce sacré Paul a encore gagné aux courses** Paul's gone and won on the horses again, the lucky devil*

**2** nm ◆ **le sacré** the sacred

**sacré², e** [sakʀe] adj (Anat) sacral

**sacrebleu*** [sakʀəblø] excl (††, hum) confound it!*, strewth!* (Brit)

**Sacré-Cœur** [sakʀekœʀ] nm **a** (Rel) **le Sacré-Cœur** the Sacred Heart ◆ **la fête du Sacré-Cœur** the Feast of the Sacred Heart

**b** (= église) **le Sacré-Cœur, la basilique du Sacré-Cœur** the Sacré-Cœur

**sacredieu*** †† [sakʀədjø] excl ⇒ **sacrebleu**

**sacrement** [sakʀəmɑ̃] → SYN nm sacrament ◆ **recevoir les derniers sacrements** to receive the last rites ou sacraments ◆ **il est mort, muni des sacrements de l'Église** he died fortified with the (last) rites ou sacraments of the Church

**sacrément*** [sakʀemɑ̃] adv froid, intéressant, laid damned*, jolly* (Brit) ◆ **j'ai eu sacrément peur** I was damned* ou jolly* (Brit) scared ◆ **ça m'a sacrément plu** I really liked it, I liked it ever so much ◆ **il est sacrément menteur** he's a downright ou an out-and-out liar

**sacrer** [sakʀe] → SYN ▸ conjug 1 ◂ **1** vt [+ roi] to crown; [+ évêque] to consecrate ◆ **il a été sacré champion du monde/meilleur joueur** he was crowned world champion/best player

**2** vi (††, * = jurer) to curse, swear

**sacret** [sakʀɛ] nm sakeret, male saker

**sacrificateur, -trice** [sakʀifikatœʀ, tʀis] → SYN nm,f (Hist) sacrificer ◆ **grand sacrificateur** high priest

**sacrifice** [sakʀifis] → SYN nm (Rel, fig) sacrifice ◆ **sacrifice financier/humain** financial/human sacrifice ◆ **faire un sacrifice/des sacrifices** to make a sacrifice/sacrifices ◆ **faire le sacrifice de sa vie/d'une journée de vacances** to sacrifice one's life/a day's holiday ◆ **offrir qch en sacrifice** to offer sth as a sacrifice (*à* to) ◆ **être prêt à tous les sacrifices pour qn/qch** to be prepared to sacrifice everything for sb/sth ◆ **sacrifice de soi** self-sacrifice; → **saint**

**sacrificiel, -ielle** [sakʀifisjɛl] → SYN adj sacrificial

**sacrifié, e** [sakʀifje] (ptp de **sacrifier**) adj **a** peuple, troupe sacrificed ◆ **les sacrifiés du plan de restructuration** the victims of ou those who have been sacrificed in the restructuring plan

**b** (Comm) **articles sacrifiés** give-aways*, items given away at knockdown prices ◆ **"prix sacrifiés"** "giveaway prices", "rock-bottom prices", "prices slashed"

**sacrifier** [sakʀifje] → SYN ▸ conjug 7 ◂ **1** vt **a** (gén) to sacrifice (*à* to; *pour* for); (= abandonner) to give up ◆ **sacrifier sa vie pour sa patrie** to lay down ou sacrifice one's life for one's country ◆ **il a sacrifié sa carrière au profit de sa famille** he sacrificed his career for (the sake of) his family ◆ **il a dû sacrifier ses vacances** he had to give up his holidays

**b** (Comm) [+ marchandises] to give away (at a knockdown price)

**2** **sacrifier à** vt indir [+ mode, préjugés, tradition] to conform to

**3** **se sacrifier** vpr to sacrifice o.s. (*à* to) (*pour* for) ◆ **il ne reste qu'un chocolat ... je me sacrifie !** (iro) there's only one chocolate left ... I'll just have to eat it myself!

**sacrilège** [sakʀilɛʒ] → SYN **1** adj (Rel, fig) sacrilegious ◆ **acte sacrilège** sacrilegious act, act of sacrilege

**2** nm (Rel, fig) sacrilege ◆ **ce serait un sacrilège de ...** it would be (a) sacrilege to ... ◆ **commettre un sacrilège** to commit sacrilege ◆ **il a coupé son vin avec de l'eau, quel sacrilège !** he put water in his wine, what sacrilege!

**3** nmf sacrilegious person

**sacripant** [sakʀipɑ̃] → SYN nm (††, hum) rogue, scoundrel

**sacristain** [sakʀistɛ̃] → SYN nm [sacristie] sacristan; [église] sexton

**sacristaine** [sakʀistɛn] nf sacristan

**sacristi** † * [sakʀisti] excl (= colère) for God's sake!*; (= surprise) good grief!*, (good) heavens! †

**sacristie** [sakʀisti] nf (catholique) sacristy; (protestante) vestry; → **punaise**

**sacristine** [sakʀistin] nf ⇒ **sacristaine**

**sacro-iliaque** [sakʀoiljak] adj sacroiliac

**sacro-saint, e** [sakʀosɛ̃, sɛ̃t] adj (lit, iro) sacrosanct

**sacrum** [sakʀɔm] nm sacrum

**sadducéen, -enne** [sadyseɛ̃, ɛn] **1** adj Sadducean

**2** nm,f Sadducee

**sadique** [sadik] → SYN **1** adj sadistic ◆ **stade sadique anal** (Psych) anal stage

**2** nmf sadist

**sadiquement** [sadikmɑ̃] adv sadistically

**sadisme** [sadism] → SYN nm sadism

**sado*** [sado] **1** adj sadistic ◆ **il est sado-maso** he's into S&M

**2** nmf sadist

**sadomasochisme** [sadomazɔʃism] nm sadomasochism

**sadomasochiste** [sadomazɔʃist] 1 adj sadomasochistic

2 nmf sadomasochist

**saducéen, -enne** [sadyseɛ̃, ɛn] adj, nm,f ⇒ **sadducéen, -enne**

**SAE** [ɛsaø] adj (abrév de **Society of Automotive Engineers**) SAE ◆ **classification/numéro SAE** SAE classification/number

**safari** [safaʀi] → SYN nm safari ◆ **faire un safari** to go on safari

**safari-photo,** pl **safaris-photos** [safaʀifɔto] nm photo(graphic) safari

**safran** [safʀɑ̃] → SYN 1 nm a (= couleur, Bot, Culin) saffron ◆ **safran des prés** autumn crocus, meadow saffron, colchium (SPÉC) ◆ **riz au safran** saffron rice

b (Naut) rudder blade

2 adj inv saffron(-coloured (Brit) ou -colored (US)) ◆ **jaune safran** saffron yellow

**safrané, e** [safʀane] (ptp de **safraner**) adj plat, sauce with saffron; tissu saffron(-coloured (Brit) ou -colored (US)), saffron (yellow) ◆ **de couleur safranée** saffron-coloured

**safre** [safʀ] nm zaffer, zaffre

**saga** [saga] → SYN nf saga

**sagace** [sagas] → SYN adj (littér) sagacious, shrewd

**sagacité** [sagasite] → SYN nf sagacity, shrewdness ◆ **avec sagacité** shrewdly

**sagaie** [sagɛ] → SYN nf assegai, assagai

**sage** [saʒ] → SYN 1 adj a (= avisé) conseil sound, sensible, wise; action, démarche, décision, précaution wise, sensible; personne wise ◆ **il serait plus sage de ...** it would be wiser ou more sensible to ..., you (ou he etc ) would be better advised to ...

b (euph = chaste) jeune fille good, well-behaved ◆ **elle n'est pas très sage** she's a bit wild

c (= docile) animal, enfant good, well-behaved ◆ **sois sage** be good, behave yourself, be a good boy (ou girl) ◆ **sage comme une image** (as) good as gold ◆ **il a été très sage chez son oncle** he was very well-behaved ou he behaved (himself) very well at his uncle's ◆ **est-ce que tu as été sage ?** have you been a good boy (ou girl)?

d (= décent, modéré) goûts sober, moderate; roman restrained, tame; prix moderate; vêtement sensible

2 nm wise man; (Antiq) sage

**sage-femme,** pl **sages-femmes** [saʒfam] → SYN nf midwife

**sagement** [saʒmɑ̃] adv a (= avec bon sens) conseiller, agir wisely, sensibly; décider wisely

b (= chastement) properly ◆ **se conduire sagement** to be good, behave o.s. (properly)

c (= docilement) quietly ◆ **il est resté sagement assis sans rien dire** [enfant] he sat quietly ou he sat like a good boy and said nothing ◆ **va bien sagement te coucher** be a good boy (ou girl) and go to bed, off you go to bed like a good boy (ou girl) ◆ **des paires de chaussures sagement alignées** pairs of shoes neatly lined up

d (= modérément) wisely, moderately ◆ **savoir user sagement de qch** to know how to use sth wisely ou in moderation ou moderately

**sagesse** [saʒɛs] → SYN nf a (= bon sens) [personne] wisdom, (good) sense; [conseil] soundness; [action, démarche, décision] wisdom ◆ **faire preuve de sagesse** to be sensible ◆ **il a eu la sagesse de ...** he had the wisdom ou (good) sense to ..., he was wise ou sensible enough to ... ◆ **dans son infinie sagesse, il m'a conseillé de ...** in his infinite wisdom, he advised me to ... ◆ **écouter la voix de la sagesse** to listen to the voice of reason ◆ **la sagesse populaire/des nations** popular/traditional wisdom

b (euph = chasteté) chastity

c (= docilité) [enfant] good behaviour (Brit) ou behavior (US) ◆ **il est la sagesse même** he's incredibly well-behaved ◆ **il a été d'une sagesse exemplaire** he has been very good, he has behaved himself very well; → **dent**

d (= modération) moderation ◆ **savoir utiliser qch avec sagesse** to know how to use sth wisely ou in moderation

**sagette** [saʒɛt] → SYN nf (Bot) arrowhead

**sagine** [saʒin] nf pearlwort

**Sagittaire** [saʒitɛʀ] nm ◆ **le Sagittaire** Sagittarius ◆ **il est Sagittaire, il est (du signe) du Sagittaire** he's (a) Sagittarius ou a Sagittarian

**sagittaire** [saʒitɛʀ] nf (Bot) arrowhead

**sagittal, e,** mpl **-aux** [saʒital, o] adj sagittal

**sagitté, e** [saʒite] adj sagittate, sagittiform

**sagou** [sagu] nm sago

**sagouin, e** [sagwɛ̃, in] → SYN 1 nm a (= singe) marmoset

b (* = homme) (sale) filthy pig*, filthy slob*; (méchant) swine*; (incompétent) bungling idiot*

2 **sagouine*** nf (sale) filthy slob*; (méchante) bitch**, cow* (Brit); (incompétente) bungling idiot*

**sagoutier** [sagutje] nm sago palm

**Sahara** [saaʀa] nm ◆ **le Sahara** the Sahara (desert) ◆ **au Sahara** in the Sahara ◆ **le Sahara occidental** the Western Sahara

**saharien, -ienne** [saaʀjɛ̃, jɛn] 1 adj (= du Sahara) Saharan; chaleur, climat desert (épith) ◆ **ensemble saharien** (= costume) safari suit

2 **saharienne** nf (= veste) safari jacket; (= chemise) safari shirt

**Sahel** [saɛl] nm ◆ **le Sahel** the Sahel

**sahélien, -ienne** [saeljɛ̃, jɛn] 1 adj Sahelian

2 **Sahélien(ne)** nm,f Sahelian

**sahraoui, e** [saʀawi] 1 adj Western Saharan

2 **Sahraoui(e)** nm,f Western Saharan

**saï** [sai, saj] nm capuchin monkey

**saie** [sɛ] → SYN nf (pig) bristle brush

**saietter** [sejete, sɛj(ə)te] ▸ conjug 1 ◂ vt to clean with a (pig) bristle brush

**saïga** [sajga, saiga] nm saiga

**saignant, e** [sɛɲɑ̃, ɑ̃t] → SYN adj plaie bleeding; entrecôte rare;* critique scathing, savage, biting; mésaventure nasty ◆ **je n'aime pas le saignant** I don't like rare ou underdone meat

**saignée** [sɛɲe] → SYN nf a (Méd) (= épanchement) bleeding (NonC); (= opération) bloodletting (NonC), bleeding (NonC) ◆ **faire une saignée à qn** to bleed sb, let sb's blood

b [budget] savage cut (*à, dans* in) ◆ **les saignées que j'ai dû faire sur mon salaire/mes économies pour ...** the huge holes I had to make in my salary/my savings to ... ◆ **les saignées faites dans le pays par la guerre** the heavy losses incurred by the country in the war

c (Anat) **la saignée du bras** the crook of the elbow

d (= sillon) [sol] trench, ditch; [mur] groove ◆ **faire une saignée à un arbre** to make a tap-hole in a tree

**saignement** [sɛɲmɑ̃] → SYN nm bleeding (NonC) ◆ **saignement de nez** nosebleed

**saigner** [sɛɲe] → SYN ▸ conjug 1 ◂ 1 vi a (lit) to bleed ◆ **il saignait comme un bœuf*** the blood was pouring out of him ◆ **il saignait du nez** he had a nosebleed, his nose was bleeding ◆ **ça va saigner !*** (fig) the fur will fly!*

b (littér) [dignité, orgueil] to sting ◆ **mon cœur saigne** ou **le cœur me saigne encore** my heart is still bleeding (littér)

2 vt a [+ animal] to kill *(by bleeding)*; [+ malade] to bleed

b (= exploiter) to bleed ◆ **saigner qn à blanc** to bleed sb dry ou white ◆ **nation/ville saignée à blanc** nation/town that has been bled dry ou white

c [+ arbre] to tap

3 **se saigner** vpr ◆ **se saigner (aux quatre veines) pour qn** to bleed o.s. dry ou white for sb

**saignoir** [sɛɲwaʀ] nm sticking knife, sticker

**Saïgon** [saigɔ̃] n Saigon

**saillant, e** [sajɑ̃, ɑ̃t] → SYN 1 adj a menton prominent, protruding (épith); front, pommette, muscle, veine protruding (épith), prominent, protuberant; yeux bulging (épith); corniche projecting (épith); → **angle**

b événement, point, trait salient, outstanding

c (Hér) salient

2 nm (= avancée) salient

**saillie** [saji] → SYN nf a (= aspérité) projection ◆ **faire saillie** to project, jut out ◆ **qui forme saillie, en saillie** projecting, overhanging ◆ **rocher qui s'avance en saillie** rock which sticks ou juts out, overhang

b (littér = boutade) sally, witticism

c (Zool = accouplement) covering, servicing, serving

**saillir**[1] [sajiʀ] → SYN ▸ conjug 13 ◂ vi [balcon, corniche] to jut out, stick out, project; [menton, poitrine, pommette] to be prominent; [muscle, veine] to protrude, stand out; [yeux] to bulge

**saillir**[2] [sajiʀ] → SYN ▸ conjug 2 ◂ 1 vi (littér = jaillir) to gush forth

2 vt (Zool) to cover, service, serve

**saïmiri** [saimiʀi] nm squirrel monkey

**sain, saine** [sɛ̃, sɛn] → SYN adj a (= en bonne santé) personne, cellules healthy; constitution, dents healthy, sound ◆ **être/arriver sain et sauf** to be/arrive safe and sound ◆ **il est sorti sain et sauf de l'accident** he escaped unharmed ou unscathed from the accident ◆ **sain de corps et d'esprit** (gén) sound in body and mind; (dans testament) being of sound mind ◆ **être sain d'esprit** to be of sound mind, be sane; → **porteur**

b (= salubre, bon pour la santé) climat, vie healthy; nourriture healthy, wholesome ◆ **il n'est pas sain de si peu manger** it's not good ou it's not healthy to eat so little ◆ **il est sain de rire de temps en temps** it does you good to laugh from time to time

c (= non abîmé) fondations, mur sound; affaire, économie, gestion sound ◆ **établir qch sur des bases saines** to establish sth on a sound basis

d (moralement) personne sane; jugement, politique sound, sane; goûts, idées healthy; lectures wholesome ◆ **ce n'est pas sain pour la démocratie/notre économie** it's not healthy for democracy/our economy

e (Naut) côte safe

**sainbois** [sɛ̃bwa] → SYN nm (Bot) spurge flax

**saindoux** [sɛ̃du] → SYN nm lard

**sainement** [sɛnmɑ̃] adv manger healthily; juger sanely; raisonner soundly ◆ **vivre sainement** to lead a healthy life, live healthily

**sainfoin** [sɛ̃fwɛ̃] → SYN nm sainfoin

**saint, sainte** [sɛ̃, sɛ̃t] → SYN 1 adj a (= sacré) image, semaine holy ◆ **la sainte Bible** the Holy Bible ◆ **les Saintes Écritures** the Holy Scriptures, Holy Scripture ◆ **les saintes huiles** the holy oils ◆ **la sainte Croix/Sainte Famille** the Holy Cross/Family ◆ **les saintes femmes** the holy women ◆ **la semaine sainte** Holy Week ◆ **le mardi/ mercredi saint** Tuesday/ Wednesday before Easter, the Tuesday/ Wednesday of Holy Week ◆ **le jeudi saint** Maundy Thursday ◆ **le vendredi saint** Good Friday ◆ **le samedi saint** Holy ou Easter Saturday ◆ **s'approcher de la sainte table** to take communion; → **guerre, lieu**[1]**, semaine, terre**

b (devant prénom) Saint ◆ **saint Pierre/Paul** (apôtre) Saint Peter/Paul ◆ **Saint-Pierre/-Paul** (église) Saint Peter's/Paul's ◆ **ils ont fêté la Saint-Pierre** (fête) they celebrated the feast of Saint Peter ◆ **le jour de la Saint-Pierre, à la Saint-Pierre** (jour) (on) Saint Peter's day ◆ **à la Saint-Michel/-Martin** at Michaelmas/ Martinmas; *voir* aussi **saint-pierre**

c (= pieux) pensée, personne saintly, godly; vie, action pious, saintly, holy ◆ **sa mère est une sainte femme** his mother is a real saint

d (* LOC) **toute la sainte journée** the whole blessed day* ◆ **avoir une sainte horreur de qch** to have a holy horror of sth* ◆ **être saisi d'une sainte colère** to fly into an almighty ou a holy rage

2 nm,f (lit, fig) saint ◆ **il veut se faire passer pour un (petit) saint** he wants to pass for a saint ◆ **ce n'est pas un saint** he's no saint ◆ **elle a la patience d'une sainte** she has the patience of a saint ou of Job ◆ **un saint de bois/pierre** a wooden/stone statue of a saint ◆ **la fête de tous les saints** All Saints' Day ◆ **saint laïc** secular saint ◆ (Prov) **comme on connaît ses saints on les honore** we treat people according to their merits; → **prêcher, savoir**

3 COMP ▷ **le saint chrême** the chrism, the holy oil ▷ **le Saint Empire romain germanique** the Holy Roman Empire ▷ **les saints de glace** the 11th, 12th and 13th of May ▷ **Saint-Jacques-de-Compostelle** Santiago

de Compostela ▻ **Saint Louis** Saint Louis ▻ **sainte nitouche** (péj) (pious ou saintly) hypocrite ◆ **c'est une sainte nitouche** she looks as if butter wouldn't melt in her mouth ◆ **de sainte nitouche** attitude, air hypocritically pious ▻ **saint patron** patron saint ▻ **le saint sacrifice** the Holy Sacrifice of the Mass ▻ **le Saint des Saints** (Rel) the Holy of Holies; (fig) the holy of holies ▻ **le saint suaire** the Holy Shroud ◆ **le saint suaire de Turin** the Turin Shroud ▻ **la sainte Trinité** the Holy Trinity ▻ **la Sainte Vierge** the Blessed Virgin

**Saint-Barthélemy** [sɛ̃baʀtelemi] 1 n (Géog) Saint-Barthélemy, Saint Bartholomew, Saint Bart's
2 nf ◆ **(le massacre de) la Saint-Barthélemy** the Saint Bartholomew's Day Massacre

**saint-bernard,** pl **saint(s)-bernard(s)** [sɛ̃bɛʀnaʀ] nm (= chien) St Bernard; (hum = personne) good Samaritan

**Saint-Cyr** [sɛ̃siʀ] n *French military academy*

**saint-cyrien,** pl **saint-cyriens** [sɛ̃siʀjɛ̃] nm (military) cadet *(of the Saint-Cyr academy)*

**Saint-Domingue** [sɛ̃dɔmɛ̃g] n Santo Domingo

**Sainte-Alliance** [sɛ̃taljɑ̃s] nf ◆ **la Sainte-Alliance** the Holy Alliance

**Sainte-Hélène** [sɛ̃telɛn] n Saint Helena

**Sainte-Lucie** [sɛ̃tlysi] n Saint Lucia

**saintement** [sɛ̃tmɑ̃] adv agir, mourir like a saint ◆ **vivre saintement** to lead a saintly ou holy life, live like a saint

**Sainte-Sophie** [sɛ̃tsɔfi] nf Saint Sophia

**saint-esprit** [sɛ̃tɛspʀi] nm (= croix) *type of cross bearing the emblem of the Holy Ghost, sometimes worn by French Protestant women* ◆ **le Saint-Esprit** the Holy Spirit ou Ghost; → **opération**

**sainteté** [sɛ̃tte] → SYN nf a [personne] saintliness, godliness; [Évangile, Vierge] holiness; [lieu] holiness, sanctity; [mariage] sanctity; → **odeur**
b **Sa Sainteté (le pape)** His Holiness (the Pope)

**saint-frusquin** † [sɛ̃fʀyskɛ̃] nm ◆ **il est arrivé avec tout son saint-frusquin** he arrived with all his gear * ou clobber (Brit) * ◆ **et tout le saint-frusquin** (= et tout le reste) and all the rest

**saint-glinglin** [sɛ̃glɛ̃glɛ̃] **à la saint-glinglin** * loc adv ◆ **il te le rendra à la saint-glinglin** he'll never give it back to you in a month of Sundays ◆ **attendre jusqu'à la saint-glinglin** to wait forever ◆ **on ne va pas rester là jusqu'à la saint-glinglin** we're not going to hang around here forever *

**saint-honoré,** pl **saint-honoré(s)** [sɛ̃tɔnɔʀe] nm (Culin) Saint Honoré (gâteau)

**Saint-Jean** [sɛ̃ʒɑ̃] nf ◆ **la Saint-Jean** Midsummer('s) Day ◆ **les feux de la Saint-Jean** *bonfires lit to celebrate Midsummer Night*

**Saint-Laurent** [sɛ̃lɔʀɑ̃] nm ◆ **le Saint-Laurent** the St Lawrence (river)

**Saint-Marin** [sɛ̃maʀɛ̃] nm San Marino

**Saint-Martin** [sɛ̃maʀtɛ̃] nm Saint Martin

**Saint-Nicolas** [sɛ̃nikɔla] nf ◆ **la Saint-Nicolas** St Nicholas's Day

**Saint-Office** [sɛ̃tɔfis] nm ◆ **le Saint-Office** the Holy Office

**saintpaulia** [sɛ̃polja] nm African violet, saintpaulia

**Saint-Père** [sɛ̃pɛʀ] nm ◆ **le Saint-Père** the Holy Father

**saint-pierre** [sɛ̃pjɛʀ] nm inv (= poisson) dory, John Dory

**Saint-Pierre-et-Miquelon** [sɛ̃pjɛʀemiklɔ̃] n Saint Pierre and Miquelon

**Saint-Sacrement** [sɛ̃sakʀəmɑ̃] nm ◆ **le Saint-Sacrement** the Blessed Sacrament ◆ **porter qch comme le Saint-Sacrement** † to carry sth with infinite care ou as if it were the Crown Jewels

**Saint-Sépulcre** [sɛ̃sepylkʀ] nm ◆ **le Saint-Sépulcre** the Holy Sepulchre

**Saint-Siège** [sɛ̃sjɛʒ] nm ◆ **le Saint-Siège** the Holy See

**saint-simonien, -ienne,** mpl **saint-simoniens** [sɛ̃simɔnjɛ̃, jɛn] adj, nmf Saint-Simonian

**saint-simonisme** [sɛ̃simɔnism] nm Saint-Simonism

**Saints-Innocents** [sɛ̃zinɔsɑ̃] nmpl ◆ **le jour des Saints-Innocents** Holy Innocents' Day

**Saint-Sylvestre** [sɛ̃silvɛstʀ] nf ◆ **la Saint-Sylvestre** New Year's Eve

**Saint-Synode** [sɛ̃sinɔd] nm ◆ **le Saint-Synode** the Holy Synod

**Saint-Valentin** [sɛ̃valɑ̃tɛ̃] nf ◆ **la Saint-Valentin** (Saint) Valentine's Day

**Saint-Vincent et (les) Grenadines** [sɛ̃vɛ̃sɑ̃e(le)gʀənadn] npl Saint Vincent and the Grenadines

**saisi, e** [sezi] → SYN (ptp de **saisir**) 1 adj (Jur) ◆ **tiers saisi** garnishee
2 nm (Jur) distrainee

**saisie** [sezi] → SYN 1 nf a [biens] seizure, distraint (SPÉC), distress (SPÉC) ◆ **opérer une saisie** to make a seizure
b [documents, articles prohibés] seizure, confiscation; [drogue] seizure
c (= capture) capture
d (Ordin) **saisie de données** (gén) data capture; (sur clavier) keyboarding ◆ **saisie manuelle** (manual) data entry ◆ **saisie automatique** (gén) automatic data capture; (au scanner) optical reading ou scanning ◆ **faire de la saisie (de données)** (gén) to capture data; (sur clavier) to key(board) data
2 COMP ▻ **saisie conservatoire** seizure of goods *(to prevent sale etc)* ▻ **saisie immobilière** seizure of property ▻ **saisie mobilière** ⇒ **saisie-exécution**

**saisie-arrêt,** pl **saisies-arrêts** [seziaʀɛ] nf distraint, attachment

**saisie-exécution,** pl **saisies-exécutions** [seziɛgzekysjɔ̃] nf distraint *(for sale by court order)*

**saisie-gagerie,** pl **saisies-gageries** [sezigaʒʀi] nf seizure of goods *(by landlord in lieu of unpaid rent)*

**saisine** [sezin] nf a (Jur) submission of a case to the court
b (Naut = cordage) lashing

**saisir** [seziʀ] → SYN ▸ conjug 2 ◂ 1 vt a (= prendre) to take hold of, catch hold of; (= s'emparer de) to seize, grab (hold of) ◆ **saisir qn à la gorge** to grab ou seize sb by the throat ◆ **saisir un ballon au vol** to catch a ball (in mid air) ◆ **il lui saisit le bras pour l'empêcher de sauter** he grabbed (hold of) ou seized his arm to stop him jumping ◆ **ils le saisirent à bras-le-corps** they took hold of ou seized him bodily
b [+ occasion] to seize; [+ prétexte] to seize (on) ◆ **saisir sa chance** to seize ou grab one's chance ◆ **saisir l'occasion/la chance au vol** to jump at the opportunity/the chance, grasp the opportunity/the chance when it arises ◆ **saisir la balle au bond** to jump at the opportunity (while the going is good)
c (= entendre) [+ nom, mot] to catch, get; (= comprendre) [+ explications] to grasp, understand, get ◆ **il a saisi quelques noms au vol** he caught ou overheard a few names in passing ◆ **d'un coup d'œil, il saisit ce qui se passait** he understood what was going on at a glance ◆ **tu saisis ce que je veux dire ?** do you get it? *, do you get what I mean?
d [peur] to take hold of, seize, grip; [allégresse, colère] to take hold of, come over; [malaise] to come over ◆ **le froid l'a saisi** ou **il a été saisi par le froid en sortant** he was gripped by the cold as he went out ◆ **il a été saisi de mouvements convulsifs** he was seized with convulsions ◆ **saisi de joie** overcome with joy ◆ **saisi de peur** seized ou gripped by fear, transfixed with fear ◆ **saisi de panique/d'horreur** panic-/horror-stricken ◆ **je fus saisi de l'envie de ...** I suddenly had the urge to ...
e (= impressionner, surprendre) to strike ◆ **la ressemblance entre les deux sœurs le saisit** he was struck by the resemblance between the two sisters ◆ **elle fut tellement saisie que ...** she was so surprised that ...
f (Jur) [+ biens] to seize, distrain (SPÉC); [+ documents, drogue] to seize, confiscate; [+ personne] to take into custody, seize
g (Jur) [+ juridiction] to submit ou refer a case to ◆ **saisir le Conseil de sécurité d'une affaire** to submit ou refer a matter to the Security Council ◆ **saisir la Cour de justice** to complain to the Court of Justice ◆ **la cour a été saisie de l'affaire** ou **du dossier** the case has been submitted ou referred to the court
h (Culin) [+ viande] to seal, sear
i (Ordin) [+ données] (gén) to capture; (sur clavier) to key (in), keyboard
2 **se saisir** vpr ◆ **se saisir de qch/qn** to seize sth/sb, catch ou grab hold of sth/sb ◆ **le gouvernement/le Conseil de sécurité s'est saisi du dossier** the government/Security Council has taken up the issue

**saisissable** [sezisabl] adj a nuance, sensation perceptible
b (Jur) seizable, distrainable (SPÉC)

**saisissant, e** [sezisɑ̃, ɑ̃t] → SYN 1 adj a spectacle gripping; contraste, ressemblance striking, startling; froid biting, piercing
b (Jur) distraining
2 nm (Jur) distrainer

**saisissement** [sezismɑ̃] → SYN nm (= émotion) shock; († = frisson de froid) sudden chill

**saison** [sɛzɔ̃] → SYN nf a (= division de l'année) season ◆ **la belle/mauvaise saison** the summer/winter months ◆ **en cette saison** at this time of year ◆ **en toutes saisons** all (the) year round ◆ **il n'y a plus de saisons !** there are no seasons any more!
b (= époque) season ◆ **saison des amours/des fraises/théâtrale/touristique** mating/strawberry/theatre/tourist season ◆ **la saison des pluies** the rainy ou wet season ◆ **la saison sèche** the dry season ◆ **la saison des moissons/des vendanges** harvest/grape-harvesting time ◆ **les nouvelles couleurs de la saison** the new season's colours ◆ **nous faisons la saison sur la Côte d'Azur** we're working on the Côte d'Azur during the season ◆ **les hôteliers ont fait une bonne saison** hoteliers have had a good season ◆ **haute/basse saison** high ou peak/low ou off season ◆ **en (haute) saison les prix sont plus chers** in the high season ou at the height of the season prices are higher ◆ **en pleine saison** at the height ou peak of the season; → **marchand, voiture**
c (= cure) stay *(at a spa)*, cure
d (LOC)
◆ **de saison** fruits, légumes seasonal ◆ **il fait un temps de saison** the weather is right ou what one would expect for the time of year, the weather is seasonable ◆ **faire preuve d'un optimisme de saison** to show fitting optimism ◆ **vos plaisanteries ne sont pas de saison** (frm) your jokes are totally out of place
◆ **hors saison** plante out of season (attrib); prix off-season (épith), low-season (épith) ◆ **prendre ses vacances hors saison** to go on holiday in the off season ou low season
◆ **hors de saison** (lit) out of season; (frm) (= inopportun) untimely, out of place

**saisonnalité** [sɛzɔnalite] nf seasonality

**saisonnier, -ière** [sɛzɔnje, jɛʀ] → SYN 1 adj commerce, emploi, travailleur seasonal ◆ **variations saisonnières** seasonal variations ou fluctuations ◆ **dépression saisonnière** (Psych) seasonal affective disorder, SAD
2 nm,f (= ouvrier) seasonal worker

**saïte** [sait] adj Saitic

**sajou** [saʒu] nm ⇒ **sapajou**

**saké** [sake] nm sake

**Sakhaline** [sakalin] nf Sakhalin, Saghalien

**saki** [saki] nm saki

**sakièh** [sakjɛ] → SYN nf saki(y)eh

**salace** [salas] → SYN adj (littér) salacious

**salacité** [salasite] → SYN nf (littér) salaciousness, salacity

**salade** [salad] → SYN nf a (= plante) lettuce; (= scarole) escarole ◆ **la laitue est une salade** lettuce is a salad vegetable
b (= plat) green salad ◆ **salade de tomates/de fruits/russe** tomato/fruit/Russian salad ◆ **salade niçoise** salade niçoise ◆ **salade composée** mixed salad ◆ **salade cuite** cooked salad greens ◆ **haricots en salade** bean salad; → **panier**
c (* = confusion) tangle, muddle

d (* = mensonge) **salades** stories * ◆ **raconter des salades** to spin yarns, tell stories * ◆ **vendre sa salade** [représentant] to make one's sales pitch *

e [armure] sallet

**saladier** [saladje] **nm** (= récipient) salad bowl; (= contenu) bowlful

**salage** [salaʒ] **nm** salting

**salaire** [salɛʀ] GRAMMAIRE ACTIVE 19.2 → SYN **nm** a (mensuel, annuel) salary; (journalier, hebdomadaire) wage(s), pay ◆ **salaire horaire** hourly wage ◆ **famille à salaire unique** single income family ◆ **toucher le salaire unique** (allocation) ≃ to get income support (Brit) ◆ **salaire de famine** ou **de misère** starvation wage ◆ **salaire minimum** minimum wage ◆ **salaire minimum agricole garanti** *guaranteed minimum agricultural wage* ◆ **salaire minimum interprofessionnel de croissance, salaire minimum interprofessionnel garanti** † (index-linked) guaranteed minimum wage ◆ **salaire d'embauche** starting salary ◆ **salaire de base** basic pay ou salary ◆ **salaire indirect** employer's contributions ◆ **salaire brut/net** gross/net ou take-home pay ◆ **salaire nominal/réel** nominal/real wage ◆ **salaire imposable** taxable income ◆ **les petits salaires** (= personnes) low-wage earners ◆ **les gros salaires** high earners; → **bulletin, échelle, peine** etc

b (= récompense) reward (*de* for); (= châtiment) reward, retribution, recompense (*de* for) → **peine**

**salaison** [salɛzɔ̃] **nf** a (= procédé) salting

b (= viande) salt meat; (= poisson) salt fish

**salamalecs** * [salamalɛk] **nmpl** (péj) bowing and scraping ◆ **faire des salamalecs** to bow and scrape

**salamandre** [salamɑ̃dʀ] **nf** a (= animal) salamander

b (= poêle) slow-combustion stove

**salami** [salami] **nm** salami

**Salamine** [salamin] **n** Salamis

**salangane** [salɑ̃gan] **nf** salangane

**salant** [salɑ̃] **adj m, nm** ◆ **(marais) salant** (gén) salt marsh; (exploité) saltern

**salarial, e,** mpl **-iaux** [salaʀjal, jo] **adj** a (= des salaires) accord, politique, exigences, revendications wage (épith), pay (épith)

b (= des salariés) **cotisations salariales** employee contributions ◆ **charges salariales** payroll ou wage costs; → **masse**

**salariat** [salaʀja] **nm** a (= salariés) wage-earners ◆ **le salariat et le patronat** employees and employers

b (= rémunération) (au mois) payment by salary; (au jour, à la semaine) payment by wages

c (= état) (being in) employment ◆ **être réduit au salariat après avoir été patron** to be reduced to the ranks of the employees ou of the salaried staff after having been in a senior position

**salarié, e** [salaʀje] → SYN 1 **adj** travailleur (au mois) salaried (épith); (à la journée, à la semaine) wage-earning; travail, emploi paid ◆ **elle est salariée** she gets a salary, she's on the payroll ◆ **travailleur non salarié** non-salaried worker

2 **nm,f** (payé au mois) salaried employee; (payé au jour, à la semaine) wage-earner ◆ **le statut de salarié** employee status ◆ **notre entreprise compte 55 salariés** our company has 55 employees on the payroll ou has a payroll of 55 employees

**salarier** [salaʀje] ▸ conjug 7 ◂ **vt** to put on a salary ◆ **il préférerait se faire salarier** he would prefer to have a salaried job ou to be put on a salary ◆ **la direction a salarié cinq personnes** management have put five people on the company payroll

**salarisation** [salaʀizasjɔ̃] **nf** putting on a salary

**salaud** ‡ [salo] 1 **nm** bastard *‡, swine ‡ ◆ **quel beau salaud !** what an absolute bastard! *‡ ◆ **alors mon salaud, tu ne t'en fais pas !** well you old bugger *‡, you're not exactly over-doing it! ◆ **1 500 € ? ben, mon salaud !** €1,500? I'll be damned * ◆ **tous des salauds !** they're all bastards! *‡

2 **adj** ◆ **tu es salaud** you're an absolute bastard *‡ ou swine ‡ ◆ **il a été salaud avec elle** he was a real bastard to her *‡ ◆ **il n'a pas été salaud avec toi** he's been nice to you ◆ **c'est salaud d'avoir fait ça** that was a shitty ‡ thing to do ◆ **sois pas salaud !, ne fais pas ton salaud !** don't be so mean!

**sale** [sal] → SYN 1 **adj** a (= crasseux) dirty ◆ **sale comme un cochon** ou **un porc** ou **un peigne** filthy (dirty) ◆ **oh la sale !** you dirty girl! ◆ **c'est pas sale !** * it's not bad! * ◆ **l'argent sale** dirty money; → **laver**

b (= ordurier) histoire dirty, filthy

c (* : avant n = mauvais) affaire, maladie, habitude nasty; guerre dirty ◆ **sale coup** (= mauvais tour) dirty trick; (= choc) terrible ou dreadful blow ◆ **faire un sale coup à qn** to play a (dirty) trick on sb ◆ **c'est un sale coup pour l'entreprise** it's bad news for the company, it's dealt a heavy blow to the company ◆ **(c'est un) sale coup pour la fanfare** it's a real blow ◆ **sale tour** dirty trick ◆ **sale temps** filthy * ou foul ou lousy * weather ◆ **sale temps pour les petites entreprises** bad days ou hard times for small businesses ◆ **sale démago** ‡ bloody ‡ (Brit) ou goddamn * (US) demagogue ◆ **avoir une sale tête** * (= sembler malade) to look awful, look like death warmed up * (Brit) ou over * (US); (= faire peur) to look evil ◆ **faire une sale tête** (= être mécontent) to have a face like thunder ◆ **il a fait une sale tête** (= il était dépité) his face fell ◆ **il m'est arrivé une sale histoire** something awful happened to me ◆ **faire le sale travail** ou **boulot** * to do the dirty work; → **besogne, délit**

2 **nm** ◆ **mettre qch au sale** to put sth in the wash ◆ **aller/être au sale** to go/be in the wash

**salé, e** [sale] → SYN (ptp de **saler**) 1 **adj** a (= contenant du sel) mer, saveur salty; (= additionné de sel) amande, plat salted; gâteau (= non sucré) savoury (Brit), savory (US); (= au goût salé) salty; (= conservé au sel) poisson, viande salt (épith); beurre salted; → **eau**

b (* = grivois) spicy, juicy, fruity * ◆ **plaisanterie salée** dirty joke

c (* = sévère) punition stiff; facture steep

2 **nm** (= nourriture) ◆ **le salé** (gén) salty foods; (par opposition à sucré) savoury (Brit) ou savory (US) foods ◆ **petit salé** (= porc) salt pork

3 **adv** ◆ **manger salé** to like a lot of salt on one's food, like one's food well salted ◆ **il ne peut pas manger trop salé** he can't have his food too salty

**salement** [salmɑ̃] → SYN **adv** a (= malproprement, bassement) dirtily

b (‡ = très, beaucoup) dur, embêtant damned ‡, bloody ‡ (Brit) ◆ **j'ai salement mal** it's damned ou bloody (Brit) painful ‡, it hurts like mad * ◆ **j'ai eu salement peur** I had a ou one hell of a fright ‡, I was damned ou bloody (Brit) scared ‡

**salep** [salɛp] **nm** salep

**saler** [sale] → SYN ▸ conjug 1 ◂ **vt** a [+ plat, soupe] to put salt in, salt; (pour conserver) to salt; [+ chaussée] to salt ◆ **tu ne sales pas assez** you don't put enough salt in, you don't use enough salt

b * [+ client] to do *, fleece; [+ facture] to bump up *; [+ inculpé] to be tough on *

**saleron** [salʀɔ̃] **nm** (petite salière) small saltcellar ou salt shaker

**salésien, -ienne** [salezjɛ̃, jɛn] **adj, nm,f** Salesian

**saleté** [salte] → SYN **nf** a (= malpropreté) [lieu, personne] dirtiness ◆ **il est/c'est d'une saleté incroyable** he's/it's absolutely filthy

b (= crasse) dirt, filth ◆ **murs couverts de saleté** walls covered in dirt ou filth ◆ **vivre dans la saleté** to live in filth ou squalor ◆ **le chauffage au charbon fait de la saleté** coal heating makes a lot of mess ou dirt

c (= ordure, impureté) dirt (NonC) ◆ **il y a une saleté par terre/sur ta robe** there's some dirt on the floor/on your dress ◆ **j'ai une saleté dans l'œil** I've got some dirt in my eye ◆ **tu as fait des saletés partout en perçant le mur** you've made a mess all over the place drilling the wall ◆ **enlève tes saletés de ma chambre** get your junk * ou rubbish (Brit) ou trash (US) out of my room ◆ **le chat a fait des saletés** ou **ses saletés dans le salon** the cat has made a mess in the lounge

d (* = chose sans valeur) piece of junk * ◆ **ce réfrigérateur est une saleté** ou **de la vraie saleté** this fridge is a piece of junk * ◆ **c'est une saleté qu'ils ont achetée hier** it's some (old) junk * ou rubbish (Brit) ou trash * (US) they bought yesterday ◆ **chez eux, il n'y a que des saletés** their place is full of junk * ou trash (US) ◆ **il se bourre de saletés avant le repas** he stuffs himself * with junk food before meals

e (* = maladie) **je me demande où j'ai bien pu attraper cette saleté-là** I wonder where on earth I could have caught this blasted thing * ◆ **je récolte toutes les saletés qui traînent** I catch every blasted thing going *

f (* = obscénité) dirty ou filthy thing (to say) * ◆ **dire des saletés** to say filthy things *, talk dirty *

g (* = méchanceté) dirty trick ◆ **faire une saleté à qn** to play a dirty trick on sb ◆ **on en a vu des saletés pendant la guerre** we saw plenty of disgusting things during the war

h (* = personne méprisable) nasty piece of work *, nasty character

i (* : intensif) **saleté de virus !** this blasted virus! ◆ **saleté de guerre !** what a damned ‡ ou bloody ‡ (Brit) awful war!

**saleur, -euse** [salœʀ, øz] 1 **nm,f** (Culin) salter

2 **saleuse nf** (= machine) salt spreader, salt truck (US)

**salicaire** [salikɛʀ] **nf** loosestrife, willowherb

**salicine** [salisin] **nf** salicin(e)

**salicole** [salikɔl] **adj** salt (épith)

**salicorne** [salikɔʀn] **nf** salicornia

**salicoside** [salikozid] **nm** salicin(e)

**salicylate** [salisilat] **nm** salicylate

**salicylique** [salisilik] **adj** ◆ **acide salicylique** salicylic acid

**salien, -ienne** [saljɛ̃, jɛn] **adj** ◆ **Francs saliens** Salic Franks

**salière** [saljɛʀ] **nf** a (= récipient) saltcellar; (à trous) saltcellar (Brit), salt shaker (US)

b [clavicule] saltcellar

**salifère** [salifɛʀ] **adj** saliferous

**salifiable** [salifjabl] **adj** salifiable

**salification** [salifikasjɔ̃] **nf** salification

**salifier** [salifje] ▸ conjug 7 ◂ **vt** to salify

**saligaud** ‡ [saligo] **nm** (= malpropre) dirty ou filthy pig ‡; (= salaud) swine ‡, bastard *‡

**salin, e** [salɛ̃, in] 1 **adj** saline

2 **nm** salt marsh

3 **saline nf** (= entreprise) saltworks; (= salin) salt marsh

**salinier, -ière** [salinje, jɛʀ] → SYN 1 **adj** salt (épith)

2 **nm,f** salt marsh worker

**salinisation** [salinizasjɔ̃] **nf** increase in salt content

**salinité** [salinite] → SYN **nf** salinity

**salique** [salik] **adj** Salic, Salian ◆ **loi salique** Salic law

**salir** [saliʀ] → SYN ▸ conjug 2 ◂ 1 **vt** a [+ lieu] to make dirty, mess up *, make a mess in; [+ objet] to make dirty ◆ **le charbon salit** coal is messy ou dirty

b [+ imagination] to corrupt, defile; [+ réputation] to sully, soil, tarnish ◆ **salir qn** to sully ou soil ou tarnish sb's reputation

2 **se salir vpr** a [tissu] to get dirty ou soiled; [personne] to get dirty ◆ **le blanc se salit facilement** white shows the dirt (easily), white soils easily ◆ **se salir les mains** (lit, fig) to get one's hands dirty, dirty one's hands

b (= se déshonorer) to sully ou soil ou tarnish one's reputation

**salissant, e** [salisɑ̃, ɑ̃t] **adj** étoffe which shows the dirt, which soils easily; travail dirty, messy

**salissure** [salisyʀ] → SYN **nf** (= saleté) dirt, filth; (= tache) dirty mark

**salivaire** [salivɛʀ] **adj** salivary

**salivation** [salivasjɔ̃] → SYN **nf** salivation

**salive** [saliv] → SYN **nf** saliva, spittle ◆ **avaler sa salive** to gulp ◆ **épargne** ou **ne gaspille pas ta salive** save your breath, don't waste your breath ◆ **dépenser beaucoup de salive pour convaincre qn** to have to do a lot of talking ou use a lot of breath to persuade sb

**saliver** [salive] → SYN ▸ conjug 1 ◂ **vi** to salivate; [animal] (péj) to drool ◆ **ça le faisait saliver**

[nourriture] it made his mouth water; [spectacle] it made him drool

**salle** [sal] → SYN 1 nf a [café, musée] room; [château] hall; [restaurant] (dining) room; [hôpital] ward ♦ **en salle** (Sport) record, athlétisme indoor; → **fille, garçon**

b (Ciné, Théât) (= auditorium) auditorium, theatre (Brit), theater (US); (= cinéma) cinema (Brit), movie theater (US); (= public) audience ♦ **plusieurs salles de quartier ont dû fermer** several local cinemas had to close down ♦ **faire salle comble** ou **pleine** [comédien] to play to a packed ou full house, have a full house; [spectacle] to play to a packed ou full house ♦ **cinéma à plusieurs salles** cinema with several screens ♦ **film projeté dans la salle 3** film showing on screen 3 ♦ **le film sort en salle** ou **dans les salles mercredi prochain** the film will be in cinemas ou on general release next Wednesday ♦ **sortie en salle** [film] cinema release

2 COMP ▷ **salle d'armes** arms room ▷ **salle d'attente** waiting room ▷ **salle d'audience** courtroom ▷ **salle de bain(s)** bathroom ▷ **salle de bal** ballroom ▷ **salle de banquets** [château] banqueting hall ▷ **salle basse** lower hall ▷ **salle de billard** billiard room ▷ **salle blanche** clean room ▷ **salle du chapitre** (Rel) chapter room ▷ **salle de cinéma** cinema (Brit), movie theater (US) ▷ **salle de classe** classroom ▷ **salle des coffres** strongroom, vault ▷ **salle commune** [colonie de vacances] commonroom; [hôpital] ward ▷ **salle de concert** concert hall ▷ **salle de conférences** lecture ou conference room; (grande) lecture hall ou theatre ▷ **salle de cours** classroom ▷ **salle de douches** shower-room, showers ▷ **salle d'eau** shower-room ▷ **salle d'embarquement** (Aviat) departure lounge ▷ **salle d'étude(s)** prep room ▷ **salle d'exposition** (Comm) showroom ▷ **salle des fêtes** village hall ▷ **salle de garde** staff waiting room *(in hospital)* ▷ **salle des gardes** [château] guardroom ▷ **salle de jeu** (pour enfants) playroom, rumpus room (US); [casino] gaming room ▷ **salle de lecture** reading room ▷ **salle des machines** engine room ▷ **salle à manger** (= pièce) dining room; (= meubles) dining-room suite ▷ **salle de montage** cutting room ▷ **salle de musculation** weights room ▷ **les salles obscures** cinemas (Brit), movie theaters (US) ▷ **salle d'opération** operating theatre (Brit) ou room (US) ▷ **salle des pas perdus** (waiting) hall ▷ **salle de permanence** ⇒ **salle d'étude(s)** ▷ **salle de police** guardhouse, guardroom ▷ **salle des professeurs** common room, staff room ▷ **salle de projection** film theatre ▷ **salle de réanimation** recovery room ▷ **salle de rédaction** (newspaper) office ▷ **salle de réunion** meeting room ▷ **salle de réveil** observation ward ▷ **salle de séjour** living room ▷ **salle de soins** treatment room ▷ **salle de spectacle** (= cinéma) cinema, movie theater (US); (= théâtre) theatre (Brit), theater (US) ▷ **salle de sport** gym ▷ **salle de travail** [hôpital] labour room ▷ **salle du trône** throne room ▷ **salle des ventes** saleroom, auction room

**salmanazar** [salmanazaʀ] nm Salmanazar

**salmigondis** [salmigɔ̃di] → SYN nm (Culin, fig) hotchpotch (Brit), hodgepodge (US)

**salmis** [salmi] nm salmi *(rich stew)*

**salmonella** [salmɔnɛla], **salmonelle** [salmɔnɛl] nf salmonella

**salmonellose** [salmɔneloz] nf salmonellosis

**salmoniculteur, -trice** [salmɔnikyltœʀ, tʀis] nm salmon farmer

**salmoniculture** [salmɔnikyltyʀ] nf salmon farming

**salmonidés** [salmɔnide] nmpl ♦ **les salmonidés** salmonids, the Salmonidae (SPÉC)

**saloir** [salwaʀ] nm salting-tub

**salol** [salɔl] nm salol

**Salomé** [salɔme] nf Salome

**Salomon** [salɔmɔ̃] nm Solomon ♦ **le jugement de Salomon** the judgment of Solomon ♦ **les îles Salomon** the Solomon Islands

**salon** [salɔ̃] → SYN 1 nm a [maison] sitting ou living room, lounge (Brit); [navire] saloon, lounge ♦ **coin salon** living area

b [hôtel] (pour les clients) lounge; (pour conférences, réceptions) function room

c (= meubles) living-room suite; (= canapé et deux fauteuils) three-piece suite ♦ **salon de jardin** set of garden furniture

d (= exposition) exhibition, show

e (= cercle littéraire) salon ♦ **tenir salon** (Littérat) to hold a salon ♦ **faire** ou **tenir salon** (hum) to have a natter * ♦ **c'est le dernier salon où l'on cause !** (péj hum) what a lot of chatterboxes (you are)! *

2 COMP ▷ **Salon des Arts ménagers** *home improvements exhibition,* ≃ Ideal Home Exhibition (Brit) ▷ **salon d'attente** waiting room ▷ **le Salon de l'Auto** the Motor ou Car Show ▷ **salon de beauté** beauty salon ou parlour (Brit) ou parlor (US) ▷ **salon de coiffure** hairdressing salon ▷ **salon d'essayage** fitting room ▷ **salon funéraire** (Can) funeral home, funeral parlour (Brit) ou parlor (US) ▷ **le Salon du Livre** the Book Fair ▷ **salon particulier** private room ▷ **salon professionnel** trade fair ou show ▷ **salon de réception** [maison] reception room; [hôtel] function room ▷ **salon-salle à manger** living-cum-dining room (Brit), living room-dining room (US) ▷ **salon de thé** tearoom

**salonnard, e** [salɔnaʀ, aʀd] nm,f (péj) lounge lizard *

**saloon** [salun] nm (Far-West) saloon

**salop** ‡ [salo] nm ⇒ **salaud**

**salopard** ‡ [salɔpaʀ] nm bastard **, swine ‡

**salope** ** [salɔp] nf (= déloyale, méchante) bitch **, cow ‡ (Brit); (= dévergondée, sale) slut ‡

**saloper** ‡ [salɔpe] ► conjug 1 ◄ vt (= bâcler) to botch, bungle, make a mess of; (= salir) to mess up *, muck up *

**saloperie** ‡ [salɔpʀi] nf a (= chose sans valeur) piece of junk * ♦ **cette radio est une saloperie** ou **de la vraie saloperie** this radio is a piece of junk * ou is absolute crap ** ♦ **ils n'achètent que des saloperies** they only buy junk * ou crap ** ♦ **le grenier est plein de saloperies** the attic is full of junk ou rubbish * (Brit)

b (= mauvaise nourriture) muck * (NonC), rubbish * (NonC) (Brit) ♦ **ils nous ont fait manger de la saloperie** ou **des saloperies** they gave us some awful muck ou rubbish (Brit) to eat * ♦ **c'est bon, ces petites saloperies** these little things are really good ♦ **il se bourre de saloperies avant le repas** he stuffs himself * with junk food before meals

c (= maladie) **il a dû attraper une saloperie** he must have caught some blasted bug * ♦ **il récolte toutes les saloperies** he gets every blasted thing going *

d (= ordure) dirt (NonC), mess (NonC), muck * (NonC) ♦ **quand on ramone la cheminée, ça fait des saloperies** ou **de la saloperie partout** when the chimney's swept the dirt gets everywhere ♦ **va faire tes saloperies ailleurs** go and make your mess somewhere else

e (= action) dirty trick; (= parole) bitchy remark ‡ ♦ **faire une saloperie à qn** to play a dirty ou a lousy * trick on sb, do the dirty on sb *

f (= obscénités) **saloperies** dirty ou filthy remarks ♦ **dire des saloperies** to talk dirty *

g (= crasse) filth

**salopette** [salɔpɛt] → SYN nf [ouvrier] overall(s); [enfant, femme] dungarees; (Ski) ski pants, salopettes (Brit)

**salpe** [salp] nf salpa

**salpêtre** [salpɛtʀ] nm saltpetre (Brit), saltpeter (US) ♦ **salpêtre du Chili** (Chile) salpetre

**salpêtrer** [salpetʀe] ► conjug 1 ◄ vt a (Agr) [+ terre] to add saltpetre (Brit) ou saltpeter (US) to

b [+ mur] to cover with saltpetre (Brit) ou saltpeter (US) ♦ **cave salpêtrée** cellar covered with saltpetre

**salpingite** [salpɛ̃ʒit] nf salpingitis

**salsa** [salsa] nf salsa ♦ **danser la salsa** to dance ou do the salsa

**salsepareille** [salsəpaʀɛj] nf sarsaparilla

**salsifis** [salsifi] nm (= plante) salsify, oyster-plant

**SALT** [salt] (abrév de **Strategic Arms Limitation Talks**) SALT

**saltarelle** [saltaʀɛl] nf saltarello

**saltation** [saltasjɔ̃] nf saltation

**saltatoire** [saltatwaʀ] adj saltatorial, saltatory

**saltimbanque** [saltɛ̃bɑ̃k] → SYN nmf (= acrobate) acrobat; (= forain) (travelling) performer; (= professionnel du spectacle) entertainer

**salto** [salto] nm (Sport) somersault, flip ♦ **salto avant/arrière** forward/backward somersault ♦ **double salto** double somersault ou flip

**salubre** [salybʀ] → SYN adj air, climat healthy, salubrious (frm); logement salubrious (frm)

**salubrité** [salybʀite] → SYN nf [lieu, climat] healthiness, salubrity (frm), salubriousness (frm) ♦ **par mesure de salubrité** as a health measure ♦ **salubrité publique** public health

**saluer** [salɥe] → SYN ► conjug 1 ◄ vt a (= dire bonjour à) to greet ♦ **se découvrir/s'incliner pour saluer qn** to raise one's hat/bow to sb (in greeting) ♦ **saluer qn** to wave to sb (in greeting) ♦ **saluer qn d'un signe de tête** to nod (a greeting) to sb ♦ **saluer qn à son arrivée** to greet sb on their arrival ♦ **saluez-le de ma part** give him my regards

b (= dire au revoir à) to say goodbye to, take one's leave of ♦ **il nous salua et sortit** he said goodbye ou took his leave and went out ♦ **il salua (le public)** he bowed (to the audience)

c (Mil, Naut) [+ supérieur, drapeau, navire] to salute

d (= témoigner son respect pour) [+ ennemi vaincu, courage, héroïsme] to salute ♦ **saluer la mémoire/les efforts de qn** to pay tribute to sb's memory/efforts ♦ **nous saluons en vous l'homme qui a sauvé tant de vies** we salute you as the man who has saved so many lives

e (= accueillir) [+ initiative] to welcome; (= acclamer) to hail ♦ **"je vous salue, Marie"** (Rel) "Hail, Mary" ♦ **saluer qch comme un succès/une victoire** to hail sth as a success/a victory ♦ **l'événement a été salué comme historique** it was hailed as an historic event ♦ **cette déclaration a été saluée par une ovation** this announcement was greeted with thunderous applause ♦ **elle/son arrivée fut saluée par des huées** (hum) she/her arrival was greeted with ou by booing

**salut** [saly] → SYN 1 nm a (de la main) wave (of the hand); (de la tête) nod (of the head); (du buste) bow; (Mil, Naut) salute ♦ **faire un salut** (de la main) to wave (one's hand); (de la tête) to nod (one's head); (du buste) to bow ♦ **faire le salut militaire** to give the military salute ♦ **salut au drapeau** salute to the colours

b (= sauvegarde) [personne] (personal) safety; [nation] safety ♦ **trouver/chercher son salut dans la fuite** to find/seek safety ou refuge in flight ♦ **elle n'a dû son salut qu'à son courage** only her courage saved her ♦ **mesures de salut public** state security measures, measures to protect national security ♦ **ancre** ou **planche de salut** sheet anchor (fig)

c (Rel = rédemption) salvation; → **armée²**, **hors**

2 excl a * (= bonjour) hello!, hi! *; (= au revoir) see you! *, bye! *, cheerio! * (Brit) ♦ **salut, les gars !** hi guys! * ♦ **salut !** (= rien à faire) no thanks!

b (littér) (all) hail ♦ **salut (à toi) puissant seigneur !** (all) hail (to thee) mighty lord! ♦ **salut, forêt de mon enfance !** hail (to thee), o forest of my childhood!

**salutaire** [salytɛʀ] → SYN adj a conseil salutary (épith), profitable (épith); choc, épreuve salutary (épith); influence healthy (épith), salutary (épith); dégoût healthy (épith) ♦ **cette déception lui a été salutaire** that disappointment was good for him ou did him some good

b air healthy, salubrious (frm); remède beneficial ♦ **ce petit repos m'a été salutaire** that little rest did me good ou was good for me

**salutation** [salytasjɔ̃] → SYN nf greeting, salutation (frm) ♦ **après les salutations d'usage** after the usual greetings ♦ **la salutation angélique** (Rel) the Angelic Salutation

**salutiste** [salytist] adj, nmf Salvationist

**Salvador** [salvadɔʀ] nm ♦ **le Salvador** El Salvador ♦ **au Salvador** in El Salvador

**salvadorien, -ienne** [salvadɔʀjɛ̃, jɛn] 1 adj Salvadorian, Salvadorean, Salvadoran

2 **Salvadorien(ne)** nm,f Salvadorian, Salvadorean, Salvadoran

**salvateur, -trice** [salvatœʀ, tʀis] [→ SYN] adj (littér) saving (épith)

**salve** [salv] [→ SYN] nf [artillerie, roquettes] salvo ◆ **une salve de 21 coups de canon** a 21-gun salute ◆ **tirer une salve d'honneur** to fire a salute ◆ **une salve d'applaudissements** a burst ou round of applause ◆ **une salve de critiques/d'injures** a volley of criticism/of abuse

**Salzbourg** [salzbuʀ] n Salzburg

**samare** [samaʀ] nf samara, key fruit

**Samarie** [samaʀi] nf Samaria

**samaritain, e** [samaʀitɛ̃, ɛn] [1] adj Samaritan [2] **Samaritain(e)** nm,f Samaritan ◆ **les Samaritains** the Samaritans ◆ **bon Samaritain** (Bible) good Samaritan ◆ **jouer les bons Samaritains** (souvent iro) to play the good Samaritan

**samba** [sɑ̃(m)ba] nf samba

**samedi** [samdi] nm Saturday ◆ **nous irons samedi** we'll go on Saturday ◆ **samedi nous sommes allés ...** on Saturday ou last Saturday we went ... ◆ **pas samedi qui vient mais l'autre** not this (coming) Saturday but the next ou but the one after that ◆ **ce samedi(-ci), samedi qui vient** this (coming) Saturday ◆ **un samedi sur deux** every other ou second Saturday ◆ **nous sommes samedi (aujourd'hui)** it's Saturday (today) ◆ **samedi, le 18 décembre** Saturday December 18th ◆ **le samedi 23 janvier** on Saturday January 23rd ◆ **samedi matin/après-midi** Saturday morning/afternoon ◆ **samedi soir** Saturday evening ou night ◆ **la nuit de samedi** Saturday night ◆ **dans la nuit de samedi à dimanche** on Saturday night ◆ **l'édition de samedi** ou **du samedi** the Saturday edition; → **huit**

**samit** [sami] nm samite

**samizdat** [samizdat] nm (= diffusion) samizdat; (= ouvrage) samizdat publication

**Samoa** [samɔa] nm ◆ **les îles Samoa** Samoa, the Samoa Islands ◆ **les Samoa-occidentales/-américaines** Western/American Samoa

**samoan, e** [samɔɑ̃, an] [1] adj Samoan [2] **Samoan(e)** nm,f Samoan

**samole** [samɔl] nm brookweed, water pimpernel

**samouraï** [samuʀaj] nm samurai

**samovar** [samɔvaʀ] nm samovar

**samoyède** [samɔjɛd] nm (Ling) Samoyed(e)

**sampan(g)** [sɑ̃pɑ̃] nm sampan

**Samson** [sɑ̃sɔ̃] nm Samson ◆ **Samson et Dalila** Samson and Delilah

**SAMU** [samy] nm (abrév de **Service d'assistance médicale d'urgence**) ◆ **SAMU social** *mobile emergency medical service for homeless people*; → **service**

**samuraï** [samuʀaj] nm ⇒ **samouraï**

**sana** * [sana] nm abrév de **sanatorium**

**Sanaa** [sanaa] n San'a, Sanaa

**sanatorium** [sanatɔʀjɔm] [→ SYN] nm sanatorium, sanitarium (US)

**sancerre** [sɑ̃sɛʀ] nm Sancerre *(type of wine from the Loire valley)*

**Sancho Pança** [sɑ̃ʃopɑ̃sa] nm Sancho Panza

**sanctifiant, e** [sɑ̃ktifjɑ̃, jɑ̃t] adj sanctifying (épith)

**sanctification** [sɑ̃ktifikasjɔ̃] nf sanctification

**sanctifié, e** [sɑ̃ktifje] (ptp de **sanctifier**) adj blessed

**sanctifier** [sɑ̃ktifje] [→ SYN] ▸ conjug 7 ◂ vt to sanctify, hallow, bless ◆ **sanctifier le jour du Seigneur** to observe the Sabbath ◆ **"que ton nom soit sanctifié"** (Rel) "hallowed be Thy name"

**sanction** [sɑ̃ksjɔ̃] [→ SYN] nf **a** (= condamnation) (Jur) sanction, penalty; (Écon, Pol) sanction; (Scol) punishment; (fig = conséquence) penalty (*de* for) ◆ **sanction administrative/disciplinaire** administrative/disciplinary action (NonC) ◆ **sanction pénale** penalty ◆ **sanctions commerciales/économiques** trade/economic sanctions ◆ **prendre des sanctions** (Écon, Pol) to impose sanctions (*contre, à l'encontre de* on) ◆ **prendre des sanctions contre un joueur/club/ministre** to take disciplinary action against a player/club/minister ◆ **prendre des sanctions contre un élève** to punish ou discipline a pupil ◆ **la sanction électorale a été sévère** the electorate's rejection was complete

**b** (= ratification) sanction (NonC), approval (NonC) ◆ **recevoir la sanction de qn** to obtain sb's sanction ou approval ◆ **c'est la sanction du progrès** (= conséquence) it's the price of progress ◆ **ce mot a reçu la sanction de l'usage** this word has been sanctioned by use

**sanctionner** [sɑ̃ksjɔne] [→ SYN] ▸ conjug 1 ◂ vt **a** (= punir) [+ faute, personne] to punish; [+ joueur, club sportif] to take disciplinary action against; [+ pays] to impose sanctions on ◆ **tout manquement à ce principe sera sévèrement sanctionné** any breach of this principle will be severely punished ◆ **les électeurs ont sanctionné la politique du précédent gouvernement** the electorate rejected the policy of the previous government

**b** (= consacrer) (gén) to sanction, approve; [+ loi] to sanction ◆ **ce diplôme sanctionne les études secondaires** this diploma marks the successful conclusion of secondary education

**sanctuaire** [sɑ̃ktɥɛʀ] [→ SYN] nm **a** (Rel = lieu saint) sanctuary, shrine; [temple, église] sanctuary

**b** (fig littér) sanctuary

**c** (Pol) sanctuary

**sanctuariser** [sɑ̃ktɥaʀize] ▸ conjug 1 ◂ vt to give the status of sanctuary to

**sanctus** [sɑ̃ktys] nm Sanctus

**sandale** [sɑ̃dal] [→ SYN] nf sandal

**sandalette** [sɑ̃dalɛt] nf (light) sandal

**sandaraque** [sɑ̃daʀak] nf (= résine) sandarac(h)

**sanderling** [sɑ̃dɛʀliŋ] nm ◆ **(bécasseau) sanderling** sanderling

**sandinisme** [sɑ̃dinism] nm Sandinist(a) ideology

**sandiniste** [sɑ̃dinist] adj, nmf Sandinist(a)

**sandjak** [sɑ̃dʒak] nm sanjak

**sandow** ® [sɑ̃do] nm (= attache) luggage elastic; (Aviat) catapult

**sandre** [sɑ̃dʀ] [→ SYN] nm pikeperch, zander

**sandwich,** pl **sandwiches** ou **sandwichs** [sɑ̃dwi(t)ʃ] [→ SYN] nm sandwich ◆ **sandwich au jambon** ham sandwich ◆ **(pris) en sandwich (entre)** * sandwiched (between) ◆ **les deux voitures l'ont pris en sandwich** * he was sandwiched between the two cars

**sandwicherie** [sɑ̃dwi(t)ʃəʀi] nf sandwich shop ou bar

**San Francisco** [sɑ̃ fʀɑ̃sisko] n San Francisco

**sang** [sɑ̃] [→ SYN] nm **a** (lit, fig) blood ◆ **sang artériel/veineux** arterial/venous blood ◆ **sang contaminé** infected ou contaminated blood ◆ **animal à sang froid/chaud** cold-/warm-blooded animal ◆ **le sang a coulé** blood has flowed ◆ **verser** ou **faire couler le sang** to shed ou spill blood ◆ **cela finira dans le sang** blood will be shed ◆ **il va y avoir du sang !** * (fig) the fur will fly! * ◆ **avoir du sang sur les mains** (fig) to have blood on one's hands ◆ **son sang crie vengeance** his blood cries (for) vengeance ◆ **il était en sang** he was covered in ou with blood ◆ **pincer qn (jusqu')au sang** to pinch sb till he bleeds ou till the blood comes ◆ **mordre qn jusqu'au sang** to bite sb and draw blood ◆ **payer son crime de son sang** to pay for one's crime with one's life ◆ **donner son sang pour un malade** to give ou donate one's blood for somebody who is ill ◆ **donner son sang pour sa patrie** to shed one's blood for one's country ◆ **le sang du Christ, le Précieux Sang** (Rel) the blood of Christ, the Precious Blood; → **donneur, feu**[1]**, noyer**[2]**, pinte**

**b** (= race, famille) blood ◆ **de sang royal** of royal blood ◆ **avoir du sang bleu** to have blue blood, be blue-blooded ◆ **du même sang** of the same flesh and blood ◆ **liens du sang** blood ties, ties of blood; → **prince, voix**

**c** (LOC) **avoir le sang chaud** (= s'emporter facilement) to be hotheaded; (= être sensuel) to be hot-blooded ◆ **un apport de sang neuf** an injection of new ou fresh blood (*dans* into) ◆ **se faire un sang d'encre** to be worried sick ou stiff * ◆ **se faire du mauvais sang** to worry, get in a state ◆ **avoir du sang dans les veines** to have courage ou guts * ◆ **il n'a pas de sang dans les veines, il a du sang de navet** ou **de poulet** (manque de courage) he's a spineless individual, he's got no guts *; (manque d'énergie) he's very lethargic ◆ **il a le jeu/le jazz dans le sang** he's got gambling/jazz in his blood ◆ **le sang lui monta au visage** the blood rushed to his face ◆ **bon sang !** ** damn it! ** ◆ **coup de sang** (Méd) stroke ◆ **attraper un coup de sang** (fig = colère) to fly into a rage ◆ **mon sang n'a fait qu'un tour** (émotion, peur) my heart missed ou skipped a beat; (colère, indignation) I saw red ◆ **se ronger ou se manger les sangs** to worry (o.s.), fret ◆ **se ronger les sangs pour savoir comment faire qch** to agonize over how to do sth ◆ **tourner les sangs à qn** to shake sb up ◆ **histoire à glacer le sang** bloodcurdling story ◆ **son sang se glaça** ou **se figea dans ses veines** his blood froze ou ran cold in his veins; → **suer**

**sang-de-dragon** [sɑ̃d(ə)dʀagɔ̃], **sang-dragon** [sɑ̃dʀagɔ̃] nm inv (= résine) dragon's blood

**sang-froid** [sɑ̃fʀwa] [→ SYN] nm inv calm, cool *, sangfroid (frm) ◆ **garder/perdre son sang-froid** to keep/lose one's head ou one's cool * ◆ **faire qch de sang-froid** to do sth in cold blood ou cold-bloodedly ◆ **répondre avec sang-froid** to reply coolly ou calmly ◆ **crime commis de sang-froid** cold-blooded murder

**sanglant, e** [sɑ̃glɑ̃, ɑ̃t] [→ SYN] adj **a** couteau, plaie bloody; bandage, habits blood-soaked, bloody; mains, visage covered in blood, bloody

**b** combat, guerre bloody

**c** insulte, reproche, défaite cruel

**d** (littér = couleur) blood-red

**sangle** [sɑ̃gl] [→ SYN] nf (gén) strap; [selle] girth ◆ **sangles** [siège] webbing ◆ **sangle d'ouverture automatique** [parachute] ripcord ◆ **sangle abdominale** (Anat) abdominal muscles; → **lit**

**sangler** [sɑ̃gle] [→ SYN] ▸ conjug 1 ◂ [1] vt [+ cheval] to girth; [+ colis, corps] to strap up ◆ **sanglé dans son uniforme** done up ou strapped up tight in one's uniform

[2] **se sangler** vpr to do one's belt up tight

**sanglier** [sɑ̃glije] [→ SYN] nm (wild) boar

**sanglot** [sɑ̃glo] [→ SYN] nm sob ◆ **avec des sanglots dans la voix** in a voice choked with emotion ◆ **elle répondit dans un sanglot que ...** she answered with a sob that ... ◆ **elle essayait de me parler entre deux sanglots** she tried to speak to me between sobs; → **éclater**

**sangloter** [sɑ̃glɔte] [→ SYN] ▸ conjug 1 ◂ vi to sob

**sang-mêlé** [sɑ̃mele] [→ SYN] nmf inv *person of mixed blood*

**sangria** [sɑ̃gʀija] nf sangria

**sangsue** [sɑ̃sy] [→ SYN] nf (lit, fig) leech

**sanguin, e** [sɑ̃gɛ̃, in] [→ SYN] [1] adj **a** caractère, personne fiery; visage ruddy, sanguine (frm)

**b** (Anat) blood (épith) ◆ **produits sanguins** blood products

[2] **sanguine** nf **a** **(orange) sanguine** blood orange

**b** (= dessin) red chalk drawing; (= crayon) red chalk, sanguine (SPÉC)

**sanguinaire** [sɑ̃ginɛʀ] [→ SYN] [1] adj personne bloodthirsty, sanguinary (littér); combat, dictature bloody, sanguinary (littér) ◆ **monstre sanguinaire** bloodthirsty monster

[2] nf (= plante) bloodroot, sanguinaria

**sanguinolent, e** [sɑ̃ginɔlɑ̃, ɑ̃t] [→ SYN] adj crachat streaked with blood; plaie oozing blood (attrib), bloody

**sanguisorbe** [sɑ̃g(ɥ)isɔʀb] nf burnet

**sanhédrin** [sanedʀɛ̃] nm Sanhedrin

**sanicle** [sanikl] nf sanicle

**sanie** [sani] [→ SYN] nf sanies sg

**Sanisette** ® [sanizɛt] nf *coin-operated public toilet*, Superloo ® (Brit)

**sanitaire** [sanitɛʀ] [→ SYN] [1] adj **a** (Méd) services, mesures health (épith); conditions sanitary ◆ **campagne sanitaire** campaign to improve sanitary conditions; → **cordon, train**

**b** (Plomberie) **l'installation sanitaire est défectueuse** the bathroom plumbing is faulty ◆ **appareil sanitaire** bathroom ou sanitary appliance

[2] nm ◆ **le sanitaire** bathroom installations ◆ **les sanitaires** (= lieu) the bathroom; (= appareils) the bathroom (suite); (= plomberie) the bathroom plumbing

**San José** [sɑ̃ʒoze] n San José

**San Juan** [sɑ̃ʒyɑ̃] n San Juan

**sans** [sɑ̃] [→ SYN] 1 prép a (privation, absence) without ◆ **être sans père/mère** to have no father/mother, be fatherless/motherless ◆ **il est sans secrétaire en ce moment** he is without a secretary at the moment, he has no secretary at the moment ◆ **ils sont sans argent** they have no money, they are penniless ◆ **je suis sorti sans chapeau ni manteau** I went out without a hat or coat ou with no hat or coat ◆ **repas à 10 € sans le vin** meal at €10 exclusive of wine ou not including wine ◆ **on a retrouvé le sac, mais sans l'argent** they found the bag minus the money ou but without the money ◆ **être sans abri** to be homeless

b (manière, caractérisation) without ◆ **manger sans fourchette** to eat without a fork ◆ **boire sans soif** to drink without being thirsty ◆ **il est parti sans même** ou **sans seulement un mot de remerciement** he left without even a word of thanks ◆ **l'histoire n'est pas sans intérêt** the story is not devoid of interest ou is not without interest ◆ **nous avons trouvé sa maison sans mal** we found his house with no difficulty ou with no trouble ou without difficulty ◆ **la situation n'est pas sans nous inquiéter** the situation is somewhat disturbing ◆ **marcher sans chaussures** to walk barefoot ◆ **promenade sans but** aimless walk ◆ **une Europe sans frontières** a Europe without borders ◆ **je le connais, sans plus** I know him but no more than that ◆ **tu as aimé ce film ? – sans plus** did you like the film? – it was all right (I suppose); → **cesse, doute, effort** etc

c (cause ou condition négative) but for ◆ **sans moi, il ne les aurait jamais retrouvés** but for me ou had it not been for me, he would never have found them ◆ **sans cette réunion, il aurait pu partir ce soir** if it had not been for ou were it not for ou but for this meeting he could have left tonight ◆ **sans sa présence d'esprit, il se tuait** had he not had such presence of mind ou without ou but for his presence of mind he would have been killed

d (avec infin ou subj) without ◆ **il est entré sans faire de bruit** he came in without making a noise ou noiselessly ◆ **il est entré sans (même** ou **seulement) que je l'entende** he came in without my (even) hearing him ◆ **sans (même) que nous le sachions, il avait écrit** he had written without our (even) knowing ◆ **je n'irai pas sans être invité** I won't go without being invited ou unless I am invited ◆ **sans que cela (ne) vous dérange** as long as ou provided that it doesn't put you out ◆ **j'y crois sans y croire** I believe it and I don't ◆ **je ne suis pas sans avoir des doutes sur son honnêteté** I have my doubts ou I am not without some doubts as to his honesty ◆ **il ne se passe pas de jour sans qu'il lui écrive** not a day passes without his writing to him; → **attendre, dire, jamais, savoir**

e (LOC)

♦ **sans ça***, **sans quoi*** otherwise ◆ **si on m'offre un bon prix je vends ma voiture, sans ça** ou **sans quoi je la garde** I'll sell my car if I'm offered a good price for it but otherwise ou if not, I'll keep it ◆ **sois sage, sans ça ... !** be good or else ...!

♦ **non sans** ◆ **non sans peine** ou **mal** ou **difficulté** not without difficulty ◆ **il l'a fait non sans rechigner** he did it albeit reluctantly ◆ **l'incendie a été maîtrisé, non sans que les pompiers aient dû intervenir** the fire was brought under control but not until the fire brigade were brought in

2 adv* ◆ **votre parapluie ! vous alliez partir sans** your umbrella! you were going to go off without it ◆ **il a oublié ses lunettes et il ne peut pas conduire sans** he's forgotten his glasses, and he can't drive without them

3 COMP ▷ **sans domicile fixe** adj inv of no fixed abode nmf inv homeless person ◆ **les sans domicile fixe** the homeless ▷ **sans faute** téléphoner, prévenir without fail

**sans-abri** [sɑ̃zabʀi] [→ SYN] nmf inv homeless person ◆ **les sans-abri** the homeless

**San Salvador** [sɑ̃salvadɔʀ] n San Salvador

**sans-cœur** [sɑ̃kœʀ] [→ SYN] 1 adj inv heartless
2 nmf inv heartless person

**sanscrit, e** [sɑ̃skʀi, it] adj, nm ⇒ **sanskrit**

**sanscritisme** [sɑ̃skʀitism] nm ⇒ **sanskritisme**

**sanscritiste** [sɑ̃skʀitist] nmf ⇒ **sanskritiste**

**sans-culotte**, pl **sans-culottes** [sɑ̃kylɔt] nm (Hist) sans culotte

**sans-emploi** [sɑ̃zɑ̃plwa] [→ SYN] nmf inv unemployed person ◆ **les sans-emploi** the jobless, the unemployed ◆ **le nombre des sans-emploi** the number of unemployed ou of people out of work, the jobless figure

**sansevière** [sɑ̃s(ə)vjɛʀ] nf sansevieria

**sans-façon** [sɑ̃fasɔ̃] nm inv casualness, offhandedness

**sans-faute** [sɑ̃fot] nm inv (Équitation) clear round; (Sport) faultless performance ◆ **faire un sans-faute** (Équitation) to do a clear round; (Sport) to put up a faultless performance, not to put a foot wrong ◆ **son cursus scolaire est un sans-faute** his academic record is impeccable ◆ **jusqu'à présent, il a réussi un sans-faute** (gén) he hasn't put a foot wrong so far; (dans un jeu avec questions) he has got all the answers right so far

**sans-fil** [sɑ̃fil] nm (= téléphone) cordless telephone; († = radio) wireless telegraphy ◆ **le marché du sans-fil** the cordless telephone market; voir aussi **fil**

**sans-filiste** †, pl **sans-filistes** [sɑ̃filist] nmf wireless enthusiast

**sans-gêne** [sɑ̃ʒɛn] [→ SYN] 1 adj inv inconsiderate ◆ **il est vraiment sans-gêne !** he's got a nerve!*
2 nm inv lack of consideration (for others), inconsiderateness ◆ **elle est d'un sans-gêne incroyable !** she's got an incredible nerve!*
3 nmf inv inconsiderate person

**sans-grade** [sɑ̃gʀad] nmf inv a (Mil) serviceman, enlisted man (US)
b (= subalterne) underling, peon (US) ◆ **les sans-grade** (dans une hiérarchie) the underlings, the small fry; (dans la société, un milieu) the nobodies, the nonentities

**sanskrit, e** [sɑ̃skʀi, it] adj, nm Sanskrit

**sanskritisme** [sɑ̃skʀitism] nm Sanskrit studies

**sanskritiste** [sɑ̃skʀitist] nmf Sanskritist

**sans-le-sou*** [sɑ̃l(ə)su] nmf inv ◆ **c'est un sans-le-sou** he's penniless ◆ **les sans-le-sou** the have-nots

**sans-logis** [sɑ̃lɔʒi] nmf (gén pl) homeless person ◆ **les sans-logis** the homeless

**sansonnet** [sɑ̃sɔnɛ] [→ SYN] nm starling; → **roupie**

**sans-papiers** [sɑ̃papje] nmf inv *immigrant without the proper identity or working papers*

**sans-parti** [sɑ̃paʀti] [→ SYN] nmf inv (gén) *person who is not a member of a political party;* (= candidat) independent (candidate)

**sans-patrie** [sɑ̃patʀi] [→ SYN] nmf inv stateless person

**sans-soin** † [sɑ̃swɛ̃] [→ SYN] nmf inv careless person

**sans-souci** † [sɑ̃susi] [→ SYN] nmf inv carefree ou happy-go-lucky person

**sans-travail** [sɑ̃tʀavaj] nmf inv ⇒ **sans-emploi**

**santal** [sɑ̃tal] nm sandal, sandalwood ◆ **bois de santal** sandalwood ◆ **huile de santal** sandalwood oil

**santé** [sɑ̃te] [→ SYN] nf a [personne, esprit, pays] health ◆ **santé mentale** mental health ◆ **en bonne/mauvaise santé** in good/bad health ◆ **avoir des problèmes** ou **ennuis de santé** to have health problems ◆ **la bonne santé du franc** the good health of the Franc ◆ **la mauvaise santé financière d'une entreprise** a company's poor financial health ◆ **c'est bon/mauvais pour la santé** it's good/bad for the health ou for you ◆ **être en pleine santé** to be in perfect health ◆ **avoir la santé** to be healthy, be in good health ◆ **il a la santé !*** (fig = énergie) he must have lots of energy! ◆ **il n'a pas de santé, il a une petite santé** he's in poor health ◆ **avoir une santé de fer** to have an iron constitution ◆ **comment va la santé ?*** how are you doing?* ou keeping?* (Brit) ◆ **meilleure santé !** get well soon!; → **maison, raison, respirer**

b (Admin) **la santé publique** public health ◆ **la santé** (Naut) the quarantine service ◆ **services de santé** (Admin) health services ◆ **les dépenses de santé** health spending ◆ **le système de santé** the health system ◆ **les professions de santé** health (care) professions; → **ministère, ministre**

c (en trinquant) **à votre santé !**, **santé !*** cheers!, (your) good health! ◆ **à la santé de Paul !** (here's) to Paul! ◆ **boire à la santé de qn** to drink to sb's health

**santiag** [sɑ̃tjag] nm cowboy boot

**Santiago** [sɑ̃tjago] n Santiago

**santoline** [sɑ̃tɔlin] nf santolina

**santoméen, -enne** [sɑ̃tomeɛ̃, ɛn] 1 adj of ou from São Tomé e Principe
2 **Santoméen(ne)** nm,f inhabitant of São Tomé e Principe

**santon** [sɑ̃tɔ̃] [→ SYN] nm (ornamental) figure *(in a Christmas crib)*

**santonine** [sɑ̃tɔnin] nf santonin

**Santorin** [sɑ̃tɔʀɛ̃] n Thera, Santorini

**São Paulo** [saopolo] n São Paulo

**São Tomé** [saotɔme] n ◆ **São Tomé et Principe** São Tomé e Principe

**São Tomé et Principe** [saotɔmeepʀɛ̃sip] n São Tomé e Principe

**saoudien, -ienne** [saudjɛ̃, jɛn] 1 adj Saudi Arabian
2 **Saoudien(ne)** nm,f Saudi Arabian

**saoul, e** [su, sul] [→ SYN] adj ⇒ **soûl**

**saoulard, e**‡ [sulaʀ, aʀd] nm,f ⇒ **soûlard**

**sapajou** [sapaʒu] [→ SYN] nm (Zool) capuchin monkey, sapajou

**sape** [sap] [→ SYN] nf a (lit, fig) (= action) undermining, sapping; (= tranchée) approach ou sapping trench ◆ **travail de sape** (Mil) sap; (fig) chipping away
b (= habits) **sapes**‡ gear* (NonC), clobber‡ (NonC) (Brit)

**saper** [sape] [→ SYN] ▸ conjug 1 ◂ 1 vt (lit, fig) to undermine, sap ◆ **saper le moral à qn*** to knock the stuffing out of sb*
2 **se saper**‡ vpr to get all dressed up* ◆ **il s'était sapé pour aller danser** he'd got all dressed up to go dancing* ◆ **bien sapé** well-dressed

**saperlipopette** †* [sapɛʀlipɔpɛt] excl (hum) gad! † (hum), gadzooks! † (hum)

**sapeur** [sapœʀ] [→ SYN] nm (Mil) sapper; → **fumer**

**sapeur-pompier**, pl **sapeurs-pompiers** [sapœʀpɔ̃pje] nm firefighter, fireman (Brit)

**saphène** [safɛn] 1 adj saphenous
2 nf saphena

**saphique** [safik] adj, nm (Littérat) Sapphic

**saphir** [safiʀ] 1 nm (= pierre) sapphire; (= aiguille) needle; [tourne-disque] stylus
2 adj inv sapphire

**saphisme** [safism] [→ SYN] nm sapphism

**sapide** [sapid] [→ SYN] adj sapid

**sapidité** [sapidite] [→ SYN] nf sapidity; → **agent**

**sapience** † [sapjɑ̃s] nf sapience (frm), wisdom

**sapiential, e**, mpl **-iaux** [sapjɑ̃sjal, sapjɛ̃sjal, jo] adj ◆ **livres sapientiaux** sapiential books

**sapin** [sapɛ̃] [→ SYN] nm (= arbre) fir (tree); (= bois) fir ◆ **sapin de Noël** Christmas tree ◆ **toux qui sent le sapin*** graveyard cough ◆ **costume en sapin**‡ wooden overcoat‡ ◆ **ça sent le sapin** (hum)* he's (ou you've etc ) got one foot in the grave

**sapine** [sapin] nf a (= planche) fir plank
b (Constr) jib crane

**sapinette** [sapinɛt] nf spruce (tree)

**sapinière** [sapinjɛʀ] nf fir plantation ou forest

**saponacé, e** [sapɔnase] adj saponaceous

**saponaire** [sapɔnɛʀ] nf saponin

**saponase** [sapɔnɑz] nf lipase

**saponifiable** [sapɔnifjabl] adj saponifiable

**saponification** [sapɔnifikasjɔ̃] nf saponification

**saponifier** [sapɔnifje] ▸ conjug 7 ◂ vt to saponify

**saponine** [sapɔnin] nf saponine

**saponite** [sapɔnit] nf saponite

**sapotier** [sapɔtje] nm ⇒ **sapotillier**

**sapotille** [sapɔtij] nf sapodilla

**sapotillier** [sapɔtije] nm sapodilla (tree)

**sapristi** * † [sapʀisti] excl (colère) for God's sake! *; (surprise) good grief! *, (good) heavens!

**sapropèle** [sapʀɔpɛl] nm sapropel

**saprophage** [sapʀɔfaʒ] 1 adj saprophagous
2 nm saprophagous animal

**saprophile** [sapʀɔfil] adj saprophilous

**saprophyte** [sapʀɔfit] adj, nm (Bio, Méd) saprophyte

**saquer** * [sake] ▸ conjug 1 ◂ vt ⇒ **sacquer**

**S.A.R.** (abrév de **Son Altesse Royale**) HRH

**sarabande** [saʀabɑ̃d] [→ SYN] nf (= danse) saraband; (* = tapage) racket, hullabaloo *; (= succession) jumble ◆ **faire la sarabande** * to make a racket ou a hullabaloo * ◆ **les souvenirs/chiffres qui dansent la sarabande dans ma tête** the memories/figures whirling around in my head

**Saragosse** [saʀagɔs] n Saragossa

**sarajévien, -ienne** [saʀajevjɛ̃, ɛn] 1 adj Sarajevan
2 **Sarajévien(ne)** nm,f Sarajevan

**Sarajevo** [saʀajevo] n Sarajevo

**Sarasvati** [saʀasvati] nf Sarasvati

**sarbacane** [saʀbakan] nf (= arme) blowpipe, blowgun; (= jouet) peashooter

**sarcasme** [saʀkasm] [→ SYN] nm (= ironie) sarcasm; (= remarque) sarcastic remark

**sarcastique** [saʀkastik] [→ SYN] adj sarcastic

**sarcastiquement** [saʀkastikmɑ̃] adv sarcastically

**sarcelle** [saʀsɛl] nf teal

**sarcine** [saʀsin] nf sarcina

**sarclage** [saʀklaʒ] nm [jardin, culture] weeding; [mauvaise herbe] hoeing

**sarcler** [saʀkle] [→ SYN] ▸ conjug 1 ◂ vt [+ jardin, culture] to weed; [+ mauvaises herbes] to hoe

**sarclette** [saʀklɛt] nf (small) hoe

**sarcleur, -euse** [saʀklœʀ, øz] nm,f [jardin, culture] weeder; [mauvaises herbes] hoer

**sarcloir** [saʀklwaʀ] nm spud, weeding hoe

**sarcoïde** [saʀkɔid] nf sarcoid

**sarcomateux, -euse** [saʀkɔmatø, øz] adj sarcomatoid, sarcomatous

**sarcome** [saʀkom] nm sarcoma ◆ **sarcome de Kaposi** Kaposi's Sarcoma

**sarcomère** [saʀkɔmɛʀ] nm sarcomere

**sarcophage** [saʀkɔfaʒ] [→ SYN] nm (Antiq, Nucl, Phys) sarcophagus

**sarcopte** [saʀkɔpt] nm itch mite, sarcoptid (SPÉC)

**Sardaigne** [saʀdɛɲ] nf Sardinia

**sardane** [saʀdan] nf sardana

**sarde** [saʀd] 1 adj Sardinian
2 nm (Ling) Sardinian
3 **Sarde** nmf Sardinian

**sardine** [saʀdin] [→ SYN] nf **a** (= poisson) sardine ◆ **une boîte de sardines à l'huile** a tin (Brit) ou can (US) of sardines in oil ◆ **serrés** ou **tassés comme des sardines (en boîte)** packed ou squashed together like sardines (in a tin (Brit) ou can (US))
**b** (* Camping) tent peg
**c** (arg Mil) stripe

**sardinerie** [saʀdinʀi] nf sardine cannery

**sardinier, -ière** [saʀdinje, jɛʀ] 1 adj sardine (épith)
2 nm,f (= ouvrier) sardine canner
3 nm (= bateau) sardine boat; (= pêcheur) sardine fisher

**sardoine** [saʀdwan] nf (Minér) sard, sardius

**sardonique** [saʀdɔnik] [→ SYN] adj sardonic

**sardoniquement** [saʀdɔnikmɑ̃] adv sardonically

**sardonyx** [saʀdɔniks] nf sardonyx

**sargasse** [saʀgas] nf sargasso, gulfweed; → **mer**

**sari** [saʀi] nm sari, saree

**sarigue** [saʀig] [→ SYN] nf (o)possum

**SARL** [ɛsaɛʀɛl] nf (abrév de **société à responsabilité limitée**) limited liability company ◆ **Raymond SARL** Raymond Ltd (Brit), Raymond Inc. (US); → **société**

**sarment** [saʀmɑ̃] nm (= tige) twining ou climbing stem, bine (SPÉC) ◆ **sarment (de vigne)** vine shoot

**sarmenter** [saʀmɑ̃te] ▸ conjug 1 ◂ vi to pick up vine shoots

**sarmenteux, -euse** [saʀmɑ̃tø, øz] adj plante climbing (épith); tige climbing (épith), twining (épith)

**sarong** [saʀɔ̃(g)] nm sarong

**saros** [saʀos, saʀɔs] nm saros

**saroual** [saʀwal], **sarouel** [saʀwɛl] nm baggy trousers *(worn in North Africa)*

**sarracéniale** [saʀasenjal] nf pitcher plant

**sarrasin[1], e[1]** [saʀazɛ̃, in] (Hist) 1 adj Saracen
2 **Sarrasin(e)** nm,f Saracen

**sarrasin[2]** [saʀazɛ̃] [→ SYN] nm (Bot) buckwheat

**sarrasine[2]** [saʀazin] [→ SYN] nf (Archéol) portcullis

**sarrau** [saʀo] [→ SYN] nm smock

**sarrette** [saʀɛt] nf saw-wort

**sarriette** [saʀjɛt] nf savory

**S.A.S.** [ɛsaɛs] (abrév de **Son Altesse Sérénissime**) HSH

**sas** [sɑs] [→ SYN] nm **a** (Espace, Naut) airlock; [écluse] lock; [banque] double-entrance security door ◆ **sas de décompression** decompression airlock
**b** (= tamis) sieve, screen

**sashimi** [saʃimi] nm sashimi

**sassafras** [sasafʀa] nm sassafras

**sassage** [sɑsaʒ] nm [semoule] sifting, screening; [métal] polishing (with sand)

**sassanide** [sasanid] 1 adj Sassanian
2 nmf ◆ **Sassanide** Sassanid

**sasser** [sɑse] [→ SYN] ▸ conjug 1 ◂ vt [+ farine] to sift, screen; [+ péniche] to take through a lock

**sasseur, -euse** [sɑsœʀ, øz] nm,f [farine] sifter, screener

**Satan** [satɑ̃] nm Satan

**satané, e** * [satane] adj blasted *, confounded * ◆ **c'est un satané menteur !** he's a damned liar! * ◆ **satanés embouteillages !** blasted traffic jams! *

**satanique** [satanik] [→ SYN] adj (= de Satan) satanic; (fig) plaisir, rire fiendish, satanic, wicked; ruse fiendish

**satanisme** [satanism] nm (= culte) Satanism; (fig) fiendishness, wickedness

**satellisable** [satelizabl] adj fusée which can be put into orbit

**satellisation** [satelizasjɔ̃] nf **a** [fusée] (launching and) putting into orbit ◆ **programme de satellisation** satellite launching programme
**b** [pays] satellization ◆ **la satellisation de cet État est à craindre** it is feared that this state will become a satellite

**satelliser** [satelize] [→ SYN] ▸ conjug 1 ◂ vt [+ fusée] to put into orbit (round the earth); [+ pays] to make a satellite of, make into a satellite

**satellitaire** [satelitɛʀ] adj diffusion, système, téléphone satellite (épith); → **antenne**

**satellite** [satelit] [→ SYN] nm **a** (Astron, Espace, Pol) satellite ◆ **satellite artificiel/naturel** artificial/natural satellite ◆ **satellite de communication / télécommunications / radiodiffusion** communications/telecommunications/broadcast satellite ◆ **satellite géostationnaire** geostationary satellite ◆ **satellite habité/inhabité** manned/unmanned satellite ◆ **satellite météorologique/d'observation** weather/observation satellite ◆ **satellite antisatellite, satellite d'intervention** killer satellite ◆ **satellite-espion** spy satellite, spy-in-the-sky * ◆ **diffusion par satellite** satellite broadcasting, broadcasting by satellite
**b** (en apposition) chaîne, image, photo, liaison, pays, ville satellite (épith) ◆ **ordinateur satellite** satellite ou peripheral computer
**c** [aérogare] satellite ◆ **satellite numéro 5** satellite number 5
**d** (Tech) **(pignon) satellite** bevel pinion

**sati** [sati] nf inv, nm inv suttee

**satiété** [sasjete] [→ SYN] nf satiation, satiety ◆ **(jusqu')à satiété** répéter ad nauseam ◆ **boire/manger jusqu'à satiété** to eat/drink until one can eat/drink no more ◆ **j'en ai à satiété** I've got more than enough

**satin** [satɛ̃] [→ SYN] nm satin ◆ **satin de laine/de coton** wool/cotton satin ◆ **elle avait une peau de satin** her skin was (like) satin, she had satin(-smooth) skin

**satiné, e** [satine] [→ SYN] (ptp de **satiner**) 1 adj aspect, tissu satiny, satin-like; peau satin (épith), satin-smooth; papier, peinture with a silk finish
2 nm satin(-like) ou satiny quality

**satiner** [satine] [→ SYN] ▸ conjug 1 ◂ vt [+ étoffe] to put a satin finish on, satinize; [+ papier, photo] to give a silk finish to ◆ **la lumière satinait sa peau** the light gave her skin a satin-like quality ou gloss

**satinette** [satinɛt] nf (en coton et soie) satinet; (en coton) sateen

**satineur, -euse** [satinœʀ, øz] nm,f satinizer

**satire** [satiʀ] [→ SYN] nf (gén) satire; (écrite) satire, lampoon ◆ **faire la satire de qch** to satirize sth, lampoon sth

**satirique** [satiʀik] [→ SYN] adj satirical, satiric

**satiriquement** [satiʀikmɑ̃] adv satirically

**satiriste** [satiʀist] nmf satirist

**satisfaction** [satisfaksjɔ̃] [→ SYN] nf **a** (= contentement) satisfaction ◆ **éprouver une certaine satisfaction à faire qch** to feel a certain satisfaction in doing sth, get a certain satisfaction out of doing sth ou from doing sth ◆ **cet employé/cette lessive me donne (toute** ou **entière) satisfaction** I'm (completely) satisfied with this employee/this washing powder ◆ **je vois avec satisfaction que ...** I'm pleased ou gratified to see that ... ◆ **à la satisfaction générale** ou **de tous** to everybody's satisfaction ◆ **à leur grande satisfaction** to their great satisfaction ◆ **la satisfaction du devoir accompli** the satisfaction of having done one's duty
**b** (= sujet de contentement) satisfaction ◆ **mon travail/mon fils me procure de grandes satisfactions** my job/my son gives me great satisfaction, I get a lot of satisfaction out of ou from my job/my son ◆ **ma fille ne m'a donné que des satisfactions** my daughter has always been a (source of) great satisfaction to me ◆ **c'est une satisfaction qu'il pourrait m'accorder** he might grant me that satisfaction ◆ **satisfaction d'amour-propre** gratification of one's self-esteem
**c** (en réponse à une attente, des exigences) **donner satisfaction à qn** to satisfy sb ◆ **il ne faut pas donner satisfaction aux terroristes** we mustn't give in to the terrorists' demands ◆ **obtenir satisfaction** to get ou obtain satisfaction, get what one wants ◆ **ils ont obtenu satisfaction (sur tous les points)** they got what they wanted (on all counts)
**d** (frm = assouvissement) [faim, passion] satisfaction, appeasement; [soif] satisfaction, quenching; [envie] satisfaction; [désir] satisfaction, gratification
**e** (Rel) satisfaction

**satisfaire** [satisfɛʀ] [→ SYN] ▸ conjug 60 ◂ 1 vt [+ curiosité, personne] to satisfy; [+ désir] to satisfy, fulfil (Brit), fulfill (US); [+ faim, passion] to satisfy, appease; [+ soif] to quench, satisfy; [+ besoin, demande, revendications, goûts] to meet, satisfy; [+ clientèle] to satisfy, please ◆ **votre nouvel assistant vous satisfait-il ?** are you satisfied with your new assistant? ◆ **j'espère que cette solution vous satisfait** I hope you find this solution satisfactory, I hope you are satisfied ou happy with this solution ◆ **je suis désolé que vous n'en soyez pas satisfait** I am sorry it was not satisfactory ou you were not satisfied ◆ **satisfaire l'attente de qn** to come up to sb's expectations ◆ **arriver à satisfaire la demande** (Ind) to keep up with demand
2 **satisfaire à** vt indir [+ désir] to satisfy, fulfil (Brit), fulfill (US); [+ engagement, promesse] to fulfil (Brit), fulfill (US); [+ demande, revendication, critères] to meet, satisfy; [+ condition, exigences] to meet, fulfil (Brit), fulfill (US), satisfy; [+ test de qualité] to pass ◆ **avez-vous satisfait à vos obligations militaires ?** have you completed your military service? ◆ **cette installation ne satisfait pas aux normes** this installation does not comply with ou satisfy standard requirements

**3** **se satisfaire** vpr to be satisfied (*de* with); (euph) to relieve o.s. ◆ **se satisfaire de peu** to be easily satisfied ◆ **tu as vu son mari ?, elle se satisfait de peu !** (hum) have you seen her husband? she's not exactly choosy! * ◆ **il ne se satisfait pas de mots, il a besoin d'agir** words aren't enough for him, he needs to act

**satisfaisant, e** [satisfəzɑ̃, ɑ̃t] → SYN adj (= acceptable) satisfactory; (= qui fait plaisir) satisfying ◆ **de façon satisfaisante** satisfactorily ◆ **ces questions n'ont toujours pas reçu de réponses satisfaisantes** these questions have still not been answered satisfactorily ◆ **son état est jugé satisfaisant** [malade] his condition is said to be satisfactory ◆ **peu satisfaisant** bilan, résultats, solution, travail unsatisfactory

**satisfait, e** [satisfɛ, ɛt] → SYN (ptp de **satisfaire**) adj air, besoin, désir, personne satisfied ◆ **"satisfait ou remboursé"** (Comm) "satisfaction or your money back" ◆ **être satisfait de** [+ personne] to be satisfied with; [+ décision, solution] to be satisfied with, be happy with ou about; [+ soirée] to be pleased with ◆ **être satisfait de soi** to be satisfied ou pleased with o.s. ◆ **il est toujours très satisfait de lui** he's so self-satisfied ◆ **il est satisfait de son sort** he is satisfied ou happy with his lot ◆ **te voilà satisfait !** (iro) are you satisfied?

**satisfecit** [satisfesit] → SYN nm inv (Scol) ≃ star, merit point ◆ **je lui donne un satisfecit pour la façon dont il a mené l'affaire** I'll give him full marks (Brit) ou full points (US) for the way he conducted the business

**satrape** [satʀap] → SYN nm (Hist) satrap; (littér = despote) satrap, despot; (menant grand train) nabob

**satrapie** [satʀapi] nf satrapy

**saturabilité** [satyʀabilite] nf saturability

**saturant, e** [satyʀɑ̃, ɑ̃t] adj saturating ◆ **vapeur saturante** saturated vapour

**saturateur** [satyʀatœʀ] nm [radiateur] humidifier; (Sci) saturator

**saturation** [satyʀasjɔ̃] → SYN nf (gén, Sci) saturation (*de* of) ◆ **arriver à saturation** to reach saturation point ◆ **à cause de la saturation des lignes téléphoniques** because the telephone lines are all engaged (Brit) ou busy (US) ◆ **pour éviter la saturation du réseau routier** to prevent the road network from getting clogged up ou becoming saturated ◆ **j'en ai jusqu'à saturation** I've had more than I can take

**saturé, e** [satyʀe] → SYN (ptp de **saturer**) adj **a** (Chim) solution saturated

**b** (= imprégné) sol, terre saturated (*de* with)

**c** (= encombré) autoroute heavily congested; marché saturated, glutted; (Téléc) réseau overloaded, saturated; standard, lignes jammed; (Ordin) mémoire exhausted

**d** personne **je suis saturé** (par trop de travail) I'm up to my eyes in work, I've got more work than I can cope with ◆ **les gens sont saturés de publicité** people have had their fill of ou are sick of advertising ◆ **j'ai mangé tant de fraises que j'en suis saturé** I couldn't eat another strawberry, I've had so many

**e** (Peinture) **couleur saturée** saturated colour (Brit) ou color (US)

**saturer** [satyʀe] → SYN ▸ conjug 1 ◂ **1** vt **a** (gén, Sci) to saturate (*de* with) ◆ **saturer les électeurs de promesses** to swamp the electors with promises

**2** vi **a** [appareil hi-fi] to distort

**b** * **après six heures de ce travail, je sature** after six hours of this work, I've had enough

**saturnales** [satyʀnal] nfpl (lit) Saturnalia; (fig) saturnalia

**Saturne** [satyʀn] **1** nm (Myth) Saturn

**2** nf (Astron) Saturn ◆ **extrait** ou **sel de saturne** (Pharm) lead acetate

**saturnie** [satyʀni] nf saturniid

**saturnien, -ienne** [satyʀnjɛ̃, jɛn] → SYN adj (littér) saturnine

**saturnin, e** [satyʀnɛ̃, in] adj saturnine

**saturnisme** [satyʀnism] nm lead poisoning, saturnism (SPÉC)

**satyre** [satiʀ] → SYN nm (Myth, Zool) satyr; (* = obsédé) sex maniac

**satyriasis** [satiʀjazis] nm satyriasis

**satyrique** [satiʀik] adj satyric

**satyrisme** [satiʀism] nm satyrism

**sauce** [sos] → SYN nf **a** (Culin) sauce; [salade] dressing; (= jus de viande) gravy ◆ **viande en sauce** meat cooked in a sauce ◆ **sauce béarnaise / béchamel / blanche / moutarde / piquante/tomate** béarnaise/béchamel/white/ mustard/piquant/ tomato sauce ◆ **sauce vinaigrette** vinaigrette, French dressing (Brit) ◆ **sauce à l'orange/aux câpres** orange/ caper sauce ◆ **sauce chasseur/mousseline** sauce chasseur/mousseline ◆ **sauce madère/suprême/hollandaise** Madeira/ suprême/hollandaise sauce

**b** * (= remplissage) padding * ◆ **reprendre un vieux discours en changeant la sauce** (= présentation) to take an old speech and dress it up ◆ **c'est la même chose avec une autre sauce** same meat, different gravy ◆ **il faudrait rallonger la sauce pour ce devoir** you'll have to pad out this essay

**c** (LOC) **à quelle sauce allons-nous être mangés ?** I wonder what fate has in store for us ◆ **mettre qn à toutes les sauces** to make sb do any job going * ◆ **mettre un exemple à toutes les sauces** to turn ou adapt an example to fit any case ◆ **mettre la sauce** * (Aut) to step on the gas *; (gén = se dépêcher) to step on it * ◆ **mettre toute la sauce** (Aut, gén) to go flat out ◆ **recevoir la sauce** * to get soaked ou drenched

**d** (= crayon à estomper) soft black crayon

**saucé, e**[1] [sose] adj (Tech) silver-plated

**saucée**[2] * [sose] → SYN nf downpour ◆ **recevoir** ou **prendre une saucée** to get soaked ou drenched

**saucer** [sose] → SYN ▸ conjug 3 ◂ vt [+ assiette] to mop up the sauce from; [+ pain] to use to mop up the sauce ◆ **prends du pain pour saucer** have some bread to mop up the sauce ◆ **se faire saucer** * ◆ **être saucé** * to get soaked ou drenched

**saucier** [sosje] nm sauce chef ou cook

**saucière** [sosjɛʀ] nf (gén) sauceboat; [jus de viande] gravy boat

**sauciflard** ✱ [sosiflaʀ] nm (slicing) sausage, ≃ salami

**saucisse** [sosis] → SYN nf **a** (Culin) sausage ◆ **saucisse de Morteau** *type of smoked sausage* ◆ **saucisse de Strasbourg** *type of beef sausage* ◆ **saucisse de Francfort** frankfurter; → **attacher, chair**

**b** (Aviat) sausage

**c** (= idiot) **(grande) saucisse** ✱ nincompoop *, great ninny *

**saucisson** [sosisɔ̃] → SYN nm **a** (Culin) sausage *(eaten cold in slices)* ◆ **saucisson à l'ail** garlic sausage ◆ **saucisson sec** (dry) pork and beef sausage ◆ **saucisson pur porc** 100% pork sausage; → **ficeler**

**b** (= pain) (cylindrical) loaf

**c** [poudre] *canvas tube filled with gunpowder*, saucisson (US)

**saucissonnage** * [sosisɔnaʒ] nm [livre, émission] chopping up ◆ **les gens se plaignent du saucissonnage des émissions par la publicité** people are complaining about television programmes being chopped up ou constantly interrupted by commercial breaks

**saucissonné, e** * [sosisɔne] → SYN (ptp de **saucissonner**) adj (= ligoté) trussed up

**saucissonner** [sosisɔne] ▸ conjug 1 ◂ **1** vi († * = pique-niquer) to (have a) picnic

**2** vt **a** (hum = ligoter) [+ personne] to truss up

**b** (= découper) [+ crédits] to stagger; [+ livre, émission] to chop up; [+ entreprise, territoire] to carve ou slice up (*en* into) ◆ **des films saucissonnés par la publicité** films chopped up by commercials

**sauf**[1], **sauve** [sof, sov] → SYN adj personne unharmed, unhurt; honneur intact ◆ **il a eu la vie sauve** his life was spared ◆ **laisser la vie sauve à qn** to spare sb's life ◆ **il dut à sa franchise d'avoir la vie sauve** he owed his life to his frankness, it was thanks to his frankness that his life was spared; → **sain**

**sauf**[2] [sof] → SYN prép **a** (= à part) except, but, save (frm) ◆ **tout le monde sauf lui** everyone except ou but ou save (frm) him ◆ **sauf avis contraire** unless you hear ou are told otherwise, unless you hear to the contrary ◆ **sauf erreur de ma part** if I'm not mistaken ◆ **sauf imprévu** barring accidents, unless anything unforeseen happens ◆ **sauf accord** ou **convention contraire** (Jur) unless otherwise agreed ◆ **sauf dispositions contraires** except as otherwise provided ◆ **sauf cas exceptionnel** except in exceptional circumstances ◆ **le repas était excellent sauf le dessert** ou **sauf pour ce qui est du dessert** the meal was excellent except for ou apart from ou aside from (surtout US) the dessert

**b** (avec conj) **sauf si** unless ◆ **nous irons demain, sauf s'il pleut** we'll go tomorrow unless it rains ◆ **nous sortons tout le temps sauf quand il pleut** we always go out except when it's raining ◆ **sauf que** except that

**c** (LOC : littér) **il accepte de nous aider, sauf à nous critiquer si nous échouons** he agrees to help us even if he does (reserve the right to) criticize us if we fail ◆ **sauf le respect que je vous dois, sauf votre respect** with all due respect

**sauf-conduit,** pl **sauf-conduits** [sofkɔ̃dɥi] → SYN nm safe-conduct

**sauge** [soʒ] nf (Culin) sage; (ornementale) salvia

**saugrenu, e** [sogʀəny] → SYN adj preposterous, ludicrous ◆ **voilà une question bien saugrenue !** what a ridiculous question! ◆ **quelle idée saugrenue !** what a ridiculous idea!

**Saül** [sayl] nm Saul

**saulaie** [solɛ] → SYN nf willow plantation

**saule** [sol] nm willow (tree) ◆ **saule blanc/ pleureur** white/weeping willow

**saumâtre** [somɑtʀ] → SYN adj eau brackish; goût briny; humeur, impression, plaisanterie nasty, unpleasant ◆ **il l'a trouvée saumâtre** * he was not amused

**saumon** [somɔ̃] → SYN **1** nm **a** (Zool) salmon ◆ **saumon fumé** smoked salmon, lox (US) ◆ **saumon cru mariné à l'aneth** gravadlax, gravlax, salmon marinated in dill

**b** (Tech) pig

**2** adj inv salmon (pink)

**saumoné, e** [somɔne] adj couleur salmon (pink); → **truite**

**saumure** [somyʀ] nf brine

**saumuré, e** [somyʀe] adj hareng pickled (in brine)

**saumurer** [somyʀe] ▸ conjug 1 ◂ vt to pickle (in brine)

**sauna** [sona] nm sauna

**saunage** [sonaʒ] nm, **saunaison** [sonɛzɔ̃] nf (= saison) salt-making season; (= récolte) salt production

**sauner** [sone] ▸ conjug 1 ◂ vi to yield salt

**saunier** [sonje] nm (= ouvrier) worker in a saltworks; (= exploitant) salt merchant

**saupiquet** [sopikɛ] nm (= sauce, ragoût) *spicy sauce or stew*

**saupoudrage** [sopudʀaʒ] nm **a** (gén) sprinkling; (Culin) sprinkling, dusting

**b** crédits, subventions spreading thinly

**saupoudrer** [sopudʀe] → SYN ▸ conjug 1 ◂ vt (gén) to sprinkle; (Culin) to sprinkle, dust (*de* with); [+ crédits] to spread thinly, give sparingly ◆ **se saupoudrer les mains de talc** to sprinkle talc on one's hands ◆ **il saupoudre sa conversation de mots anglais** he peppers ou sprinkles his conversation with English words

**saupoudreuse** [sopudʀøz] nf (sugar ou flour etc ) dredger

**saur** [sɔʀ] adj m → **hareng**

**saurage** [sɔʀaʒ] nm ⇒ **saurissage**

**saurer** [sɔʀe] ▸ conjug 1 ◂ vt to smoke, cure

**saurien** [sɔʀjɛ̃] → SYN nm saurian ◆ **sauriens** Sauria (SPÉC), saurians

**sauris** [sɔʀi] nm (herring) brine

**saurissage** [sɔʀisaʒ] nm smoking, curing

**saurisserie** [sɔʀisʀi] nf [harengs] herring-smoking ou herring-curing factory

**saurisseur, -euse** [sɔʀisœʀ, øz] nm,f [harengs] herring curer

**saut** [so] → SYN **1** nm **a** (lit, fig = bond) jump, leap ◆ **saut avec/sans élan** (Sport) running/ standing jump ◆ **faire un saut** to (make a) jump ou leap ◆ **faire un saut dans l'inconnu/le vide** to (make a) leap into the unknown/ the void ◆ **le véhicule fit un saut de 100 mètres dans le ravin** the vehicle fell ou dropped 100 metres into the ravine ◆ **se lever d'un saut** to jump ou leap up, jump ou leap to one's feet

◆ **quittons Louis XIV et faisons un saut d'un siècle** let us leave Louis XIV and jump forward a century ◆ **progresser** ou **avancer par sauts** (fig) to go forward by ou in stages

**b** (Sport) jumping ◆ **épreuves de saut** jumping events; → **triple**

**c** (Géog = cascade) waterfall, falls

**d** (Math, Ordin) jump

**e** (LOC) **faire qch au saut du lit** to do sth as soon as one gets up ou gets out of bed ◆ **prendre qn au saut du lit** to find sb just out of bed (when one calls) ◆ **faire le saut** to take the plunge ◆ **faire le grand saut** (= mourir) to pass on ◆ **faire un saut chez qn** to pop over ou round (Brit) to sb's place *, drop in on sb ◆ **faire un saut à la banque** to drop in at the bank ◆ **il a fait un saut jusqu'à Bordeaux** he made a flying visit to Bordeaux

2 COMP ▷ **saut de l'ange** (Natation) swallow dive (Brit), swan dive (US) ▷ **saut de carpe** jack-knife dive, pike (Brit) ▷ **saut de chat** pas de chat ▷ **saut en chute libre** (= sport) free-fall parachuting; (= bond) free-fall jump ▷ **saut en ciseaux** scissors (jump) ▷ **saut à la corde** skipping (Brit), jumping rope (US) ▷ **saut à l'élastique** bungee jumping ▷ **saut groupé** tuck ▷ **saut de haies** hurdling ▷ **saut en hauteur** (= sport) high jump; (= bond) (high) jump ▷ **saut en longueur** (= sport) long jump; (= bond) (long) jump ▷ **saut de ligne** (Ordin) line break ▷ **saut de la mort** leap of death ▷ **saut de page** page break ▷ **saut en parachute** (= sport) parachuting, parachute jumping; (= bond) parachute jump ▷ **saut à la perche** (= sport) pole vaulting; (= bond) (pole) vault ▷ **saut périlleux** somersault ▷ **saut à pieds joints** standing jump ▷ **saut de puce: l'avion fait des sauts de puce** the plane makes several stopovers ▷ **saut en rouleau** western roll ▷ **saut de séquence** (Ordin) jump ▷ **saut à skis** (= sport) skijumping; (= bond) jump

**saut-de-lit,** pl **sauts-de-lit** [sod(ə)li] nm negligée

**saut-de-loup,** pl **sauts-de-loup** [sod(ə)lu] nm (wide) ditch

**saut-de-mouton,** pl **sauts-de-mouton** [sod(ə)mutɔ̃] nm flyover (Brit), overpass (US)

**saute** [sot] → SYN nf sudden change ◆ **saute de vent** sudden change (in the direction) of the wind ◆ **saute d'humeur** sudden change of mood ◆ **saute de température** jump in temperature ◆ **pour empêcher les sautes d'images** (TV) to stop the picture jumping, keep the picture steady

**sauté, e** [sote] (ptp de **sauter**) adj, nm sauté ◆ **sauté de veau** sauté of veal

**saute-mouton** [sotmutɔ̃] nm inv leapfrog ◆ **jouer à saute-mouton** (lit) to play leapfrog ◆ **le scénario joue à saute-mouton par dessus les siècles** (fig) the film script leapfrogs from one century to the next

**sauter** [sote] → SYN ▸ conjug 1 ◂ 1 vi **a** [personne] to jump, leap (*dans* into; *par-dessus* over); (vers le bas) to jump ou leap (down); (vers le haut) to jump ou leap (up); [oiseau] to hop; [insecte] to jump, hop; [kangourou] to jump ◆ **sauter à pieds joints** to make a standing jump ◆ **sauter à pieds joints dans qch** (fig) to jump into sth with both feet, rush headlong into sth ◆ **sauter à cloche-pied** to hop ◆ **sauter à la corde** to skip (Brit), jump rope (US) ◆ **sauter à la perche** to pole-vault ◆ **sauter en parachute** (gén, Sport) to parachute, make a parachute jump; [parachutistes] to parachute, be dropped (*sur* over); (en cas d'accident) to bale out (Brit), bail out (US), make an emergency (parachute) jump ◆ **sauter en ciseaux** to do a scissors jump ◆ **sauter en hauteur/en longueur** to do the high/the long jump ◆ **faire sauter un enfant sur ses genoux** to bounce ou dandle † a child on one's knee ◆ **les cahots faisaient sauter les passagers** the passengers jolted ou bounced along over the bumps ◆ **il sauta de la table** he jumped ou leapt (down) off ou from the table ◆ **sauter en l'air** to jump ou leap ou spring into the air ◆ **sauter en l'air** ou **au plafond** (de colère) to hit the roof *; (de joie) to jump for joy; (de surprise, de peur) to jump (out of one's skin) ◆ **sauter de joie** (lit, fig) to jump for joy

**b** (= se précipiter) **sauter (à bas) du lit** to jump ou leap ou spring out of bed ◆ **sauter en selle** to jump ou leap ou spring into the saddle ◆ **sauter à la gorge de qn** to fly ou leap at sb's throat ◆ **sauter au cou de qn** to fly into sb's arms ◆ **sauter dans un taxi/un autobus** to jump ou leap into a taxi/onto a bus ◆ **sauter par la fenêtre** to jump ou leap out of the window ◆ **sauter d'un train en marche** to jump ou leap from a moving train ◆ **sauter sur une occasion/une proposition** to jump ou leap at an opportunity/an offer ◆ **il m'a sauté dessus** he pounced on me ◆ **saute-lui dessus** * **quand il sortira du bureau pour lui demander ...** (fig) grab him when he comes out of the office and ask him ... ◆ **va faire tes devoirs, et que ça saute !** * go and do your homework and be quick about it! ◆ **il est malade, cela saute aux yeux** he's ill – it sticks out a mile ou it's (quite) obvious ◆ **sa malhonnêteté saute aux yeux** his dishonesty sticks out a mile ou is (quite) obvious

**c** (indiquant la discontinuité) to jump, leap ◆ **sauter d'un sujet à l'autre** to jump ou skip from one subject to another

**d** [bouchon] to pop ou fly out; [bouton] to fly ou pop off; [chaîne de vélo] to come off; * [classe, cours] to be cancelled ◆ **faire sauter un cours** to cancel a class ou a lecture ◆ **faire sauter une crêpe** to toss a pancake ◆ **faire sauter une serrure** to burst ou break open a lock ◆ **faire sauter le(s) verrou(s)** (fig) to break down the barrier(s) ◆ **faire sauter une contravention** * to get a fine taken care of ou quashed (Brit)

**e** (= exploser) [bâtiment, bombe, pont] to blow up, explode; (Élec) [fil, circuit] to fuse; [fusible] to blow ◆ **sauter sur une mine** [personne] to step on a mine; [véhicule] to go over a mine ◆ **faire sauter** [+ train, édifice] to blow up; (Élec) [+ plombs] to blow ◆ **faire sauter une mine** (pour la détruire) to blow up a mine; (pour détruire un bâtiment) to set off a mine ◆ **il s'est fait sauter avec les otages** he blew himself up with the hostages ◆ **se faire sauter la cervelle** * ou **le caisson** ‡ to blow one's brains out * ◆ **faire sauter la banque** (Casino) to break the bank

**f** (* = être renvoyé) [directeur] to get fired, get the push ‡ ou the sack * (Brit); [gouvernement] to get kicked out * ◆ **faire sauter qn** (gén) to fire sb, give sb the push ‡ ou the sack * (Brit); [+ gouvernement] to kick out *

**g** (Culin) **faire sauter** to sauté, (shallow) fry

**h** (= clignoter) [paupière] to twitch; [image de télévision] to flicker, jump

2 vt **a** (= franchir) [+ obstacle, mur] to jump (over), leap (over) ◆ **il saute 5 mètres** he can jump 5 metres ◆ **il sauta le fossé d'un bond** he jumped ou cleared the ditch with one bound ◆ **sauter le pas** (fig) to take the plunge

**b** (= omettre) [+ étape, page, repas] to skip, miss ◆ **sauter une classe** (Scol) to skip a year ◆ **ces caractères héréditaires peuvent sauter une génération** these hereditary characteristics can skip a generation ◆ **on la saute ici !** ‡ we're starving to death here! *

**c** (‡ = avoir des rapports sexuels avec) to fuck *‡, screw *‡ ◆ **elle s'est fait sauter par Pierre** ‡ she had it off with Pierre ‡, she got laid by Pierre ‡

**sautereau,** pl **sautereaux** [sotʀo] nm (Mus) jack

**sauterelle** [sotʀɛl] → SYN nf **a** (gén) grasshopper; (= criquet) locust ◆ **nuage** ou **nuée de sauterelles** (lit, fig) swarm of locusts ◆ **(grande) sauterelle** * (fig) beanpole (Brit), string bean (US)

**b** (= fausse équerre) bevel; (= appareil de manutention) conveyor belt

**sauterie** † [sotʀi] → SYN nf party, thrash * (Brit) ◆ **je donne une petite sauterie demain** I'm giving ou throwing a little party tomorrow

**saute-ruisseau,** pl **saute-ruisseaux** [sotʀɥiso] nm († ou littér) errand boy, office boy *(in a lawyer's office)*

**sauteur, -euse** [sotœʀ, øz] → SYN 1 adj insecte jumping (épith); oiseau hopping (épith); → **scie**

2 nm,f **a** (= athlète, cheval) jumper

**b** (* = fumiste) unreliable person

3 **sauteuse** nf **a** (Culin) high-sided frying pan

**b** (* = dévergondée) floozy *

4 COMP ▷ **sauteur en hauteur** high jumper ▷ **sauteur en longueur** long jumper ▷ **sauteur à la perche** pole vaulter ▷ **sauteur à skis** skijumper

**sautillant, e** [sotijɑ̃, ɑ̃t] → SYN adj démarche hopping, skipping; oiseau hopping; enfant skipping; (sur un pied) hopping; musique bouncy; style jumpy, jerky ◆ **les images sautillantes des films d'époque** the flickering images of vintage films

**sautillement** [sotijmɑ̃] → SYN nm [oiseau] hopping; [enfant] skipping; (sur un pied) hopping

**sautiller** [sotije] → SYN ▸ conjug 1 ◂ vi [oiseau] to hop; [enfant] to skip; (sur un pied) to hop

**sautoir** [sotwaʀ] nm **a** (Bijouterie) chain ◆ **sautoir de perles** string of pearls ◆ **porter qch en sautoir** to wear sth (on a chain) round one's neck

**b** (Sport) jumping pit

**c** (Hér) saltire ◆ **épées en sautoir** crossed swords

**sauvage** [sovaʒ] → SYN 1 adj **a** animal, plante, fleur, lieu wild; peuplade primitive, savage ◆ **côte sauvage** wild coast ◆ **enfant sauvage** wild child ◆ **vivre à l'état sauvage** to live wild ◆ **retourner à l'état sauvage** [jardin] to go wild; [animal] to revert to its wild state; → **soie**

**b** (= farouche) animal wild; personne unsociable

**c** (= brutal) cri wild; conduite savage, wild; combat savage

**d** (= illégal) vente unauthorized; concurrence unfair; crèche, école unofficial; urbanisation unplanned; immigration, importations illegal; capitalisme, libéralisme unrestrained, untrammelled ◆ **faire du camping sauvage** (illégal) to camp on unauthorized sites; (dans la nature) to camp in the wild, go wilderness camping (US) ◆ **décharge sauvage** illicit rubbish (Brit) ou garbage (US) dump ◆ **il a été condamné pour affichage sauvage** he was prosecuted for flyposting; → **grève, parking**

2 nmf **a** (= solitaire) recluse ◆ **vivre en sauvage** to live a secluded life, live as a recluse

**b** (= brute) brute, savage ◆ **mœurs de sauvages** brutish ou savage ways

**c** (= indigène) savage ◆ **on n'est pas des sauvages !** * we're not savages!

**sauvagement** [sovaʒmɑ̃] adv frapper, tuer savagely, brutally

**sauvageon, -onne** [sovaʒɔ̃, ɔn] → SYN 1 nm,f little savage

2 nm wild stock *(for grafting)*

**sauvagerie** [sovaʒʀi] → SYN nf (= cruauté) savagery, savageness, brutality; (= insociabilité) unsociability, unsociableness

**sauvagin, e** [sovaʒɛ̃, in] 1 adj odeur, goût of wildfowl

2 **sauvagine** nf wildfowl ◆ **chasse à la sauvagine** wildfowling

**sauve** [sov] adj f → **sauf**[1]

**sauvegarde**[1] [sovgaʀd] → SYN nf **a** (= action) [droits, emploi, environnement] protection, safeguarding; [dignité, réputation] protecting, safeguarding; [ordre public, paix] upholding, maintenance; (Ordin) saving ◆ **sous la sauvegarde de** under the protection of ◆ **clause de sauvegarde** safety clause ◆ **la sauvegarde des droits de l'homme** the protection of human rights, safeguarding human rights ◆ **faire la sauvegarde d'un fichier** (Ordin) to save a file ◆ **de sauvegarde** (Ordin) copie, disquette, fichier backup (épith)

**b** (= garantie) safeguard ◆ **être la sauvegarde de** to safeguard, be the safeguard of ou for

**sauvegarde**[2] [sovgaʀd] nf (Naut) protective rope

**sauvegarder** [sovgaʀde] → SYN ▸ conjug 1 ◂ vt [+ droits, emploi, environnement, dignité, réputation] to protect, safeguard; [+ ordre public, paix] to uphold, maintain; (Ordin) to save

**sauve-qui-peut** [sovkipø] → SYN nm inv (= cri) (cry of) run for your life; (= panique) stampede, mad rush

**sauver** [sove] → SYN ▸ conjug 1 ◂ 1 vt **a** (= épargner la mort, la faillite à) to save; (= porter secours à) to rescue ◆ **elle est sauvée !** [malade] she's come through!; [accidentée, otage] she's been rescued! ◆ **nous sommes sauvés !** * we're saved! ◆ **sauver qn/qch de** [+ danger, désastre] to save ou rescue sb/sth from ◆ **un mot de lui peut tout sauver** a word from him can save the day ou situation

**b** (= sauvegarder) [+ biens, cargaison, mobilier] to salvage, save, rescue; [+ honneur, emplois, planète, processus de paix] to save

**c** (Rel) [+ âme, pécheurs] to save

**d** (= racheter) to save, redeem ◆ **ce sont les illustrations qui sauvent le livre** it's the illustrations which save ou redeem the book, the illustrations are the redeeming feature ou the saving grace of the book

**e** (Loc) **sauver la vie à** ou **de qn** to save sb's life ◆ **sauver sa peau** * ou **sa tête** * to save one's skin ou hide * ◆ **sauver les meubles** * (fig) to salvage ou save something from the wreckage ◆ **sauver la situation** to save ou retrieve the situation ◆ **sauver les apparences** to keep up appearances ◆ **sauver la face** to save face ◆ **il m'a sauvé la mise** he bailed me out, he got me out of a tight corner ◆ **être sauvé par le gong** [boxeur, candidat] to be saved by the bell

**2** **se sauver** vpr **a** (= s'enfuir) to run away (*de* from); ( * = partir) to be off *, get going ◆ **il s'est sauvé à toutes jambes** he ran away as fast as his legs could carry him ◆ **sauve-toi** *, **il est déjà 8 heures** you'd better be off * ou get going, it's already 8 o'clock ◆ **bon, je me sauve** * right, I'm off * ◆ **vite, le lait se sauve** * quick, the milk's boiling over ◆ **sauve qui peut !** run for your life!; *voir* aussi **sauve-qui-peut**

**b** **se sauver de** [+ danger, désastre] to escape

**sauvetage** [sov(ə)taʒ] → SYN nm **a** [personnes] rescue; (moral) salvation; [biens] salvaging ◆ **sauvetage en mer/montagne** sea/mountain rescue ◆ **le sauvetage des naufragés** rescuing the survivors of the shipwreck ◆ **opérer le sauvetage de** [+ personnes] to rescue; [+ biens] to salvage ◆ **de sauvetage** matériel, équipe rescue (épith) ◆ **opération de sauvetage** [personnes] rescue operation; [biens] salvage operation ◆ **plan de sauvetage d'une entreprise** (Écon) rescue plan for a firm; → **bateau, bouée, canot** etc

**b** (= technique) **le sauvetage** life-saving ◆ **cours de sauvetage** life-saving lessons

**sauveté** [sov(ə)te] nf (Apiculture) ◆ **cellules de sauveté** queen cells ◆ **reine de sauveté** replacement queen

**sauveteur** [sov(ə)tœʀ] nm rescuer

**sauvette** * [sovɛt] **à la sauvette** loc adv (= vite) hastily, hurriedly; (= en cachette) on the sly ◆ **ils se sont mariés à la sauvette** they married in haste ◆ **la réforme a été votée à la sauvette** the reform was rushed through parliament ◆ **images tournées à la sauvette** pictures shot on the sly ◆ **vente à la sauvette** (unauthorized) street hawking ou peddling ◆ **vendre qch à la sauvette** to hawk ou peddle sth on the streets *(without authorization)* ◆ **vendeur** ou **marchand à la sauvette** street hawker ◆ **acheter son billet à un revendeur à la sauvette** to buy one's ticket from an unauthorized source ou from a ticket tout (Brit)

**sauveur** [sovœʀ] → SYN **1** adj m ◆ **le Dieu sauveur** God the Saviour (Brit) ou Savior (US)

**2** nm saviour (Brit), savior (US) ◆ **le Sauveur** (Rel) the Saviour ◆ **tu es mon sauveur !** (hum) you're my saviour!

**sauvignon** [soviɲɔ̃] nm Sauvignon *(type of wine from the Loire valley)*

**SAV** [ɛsave] nm (abrév de **service après-vente**) → **service**

**savamment** [savamɑ̃] adv (= avec érudition) learnedly; (= adroitement) cleverly, skilfully (Brit), skillfully (US) ◆ **j'en parle savamment** (= par expérience) I know what I'm talking about ◆ **savamment dosé/entretenu/orchestré** skilfully controlled/maintained/orchestrated

**savane** [savan] nf savannah; ( * Can) swamp

**savant, e** [savɑ̃, ɑt] → SYN **1** adj **a** (= érudit) personne learned, scholarly; édition scholarly; mot, société learned ◆ **être savant en qch** to be learned in sth ◆ **c'est trop savant pour moi** (hum) [discussion, livre] it's too highbrow for me; [problème] it's too difficult ou complicated for me

**b** (= habile) arrangement, dosage, stratagème clever, skilful (Brit), skillful (US) ◆ **le savant désordre de sa tenue** the studied carelessness of his dress

**c** chien, puce performing (épith)

**2** nm (sciences) scientist; (lettres) scholar

**savarin** [savaʀɛ̃] nm (Culin) savarin

**savate** * [savat] nf **a** (= pantoufle) worn-out old slipper; (= chaussure) worn-out old shoe ◆ **être en savates** to be in one's slippers; → **traîner**

**b** ( * = maladroit) clumsy idiot ou oaf

**c** (Sport) **la savate** kickboxing

**savetier** †† [sav(ə)tje] nm cobbler †

**saveur** [savœʀ] → SYN nf (lit = goût) flavour (Brit), flavor (US); (fig = piment) savour (Brit), savor (US) ◆ **sans saveur** flavourless (Brit), flavorless (US) ◆ **venez déguster les saveurs de notre terroir** come and taste our local specialities

**Savoie** [savwa] nf (= région) ◆ **la Savoie** Savoy; → **biscuit**

**savoir** [savwaʀ] GRAMMAIRE ACTIVE 16.1, 16.4, 26.1 → SYN ▸ conjug 32 ◂

**1** vt **a** (gén) to know ◆ **savoir le nom/l'adresse de qn** to know sb's name/address ◆ **c'est difficile à savoir** it's difficult to know ou ascertain ◆ **je ne savais quoi** ou **que dire/faire** I didn't know what to say/do ◆ **oui, je (le) sais** yes, I know ◆ **j'en sais quelque chose** * I can relate to that * ◆ **je savais qu'elle était malade, je la savais malade** I knew (that) she was ill ◆ **on ne lui savait pas de parents/de fortune** we didn't know whether ou if he had any relatives/money; (en fait il en a) we didn't know (that) he had any relatives/money ◆ **savez-vous quand/comment il vient ?** do you know when/how he's coming? ◆ **vous savez la nouvelle ?** have you heard ou do you know the news? ◆ **tu sais quoi ?** * you know what ? * ◆ **elle sait cela par** ou **de son boucher** she heard it from her butcher ◆ **tout le village sut bientôt la catastrophe** the whole village soon knew ou heard about the disaster ◆ **il ne savait pas s'il devait accepter** he didn't know whether to accept (or not) ◆ **je crois savoir que ...** I believe ou understand that ..., I am led to believe ou understand that ... ◆ **je n'en sais rien** I don't know, I have no idea ◆ **il ment – qu'en savez-vous ?** he is lying — how do you know? ◆ **leur politique ne marchera jamais – qu'en sais-tu ?** their policy will never work — what do you know about it? ◆ **je voudrais en savoir davantage** I'd like to know more about it ◆ **il nous a fait savoir que ...** he informed us ou let us know that ... ◆ **ça se saurait si c'était vrai** if it was true people would know about it ◆ **ça finira bien par se savoir** it'll get out in the end

**b** (= avoir des connaissances sur) to know ◆ **savoir, c'est pouvoir** knowledge is power ◆ **savoir le grec/son rôle/sa leçon** to know Greek/one's part/one's lesson ◆ **dites-nous ce que vous savez de l'affaire** tell us what you know about ou of the matter ◆ **en savoir trop (long)** to know too much ◆ **il croit tout savoir** he thinks he knows everything ou knows it all ◆ **Monsieur** (ou **Madame** ou **Mademoiselle**) **je-sais-tout** * (péj) smart-alec(k) *, know-all ◆ **tu en sais, des choses** * you certainly know a thing or two, don't you! ◆ **il ne sait ni A ni B, il ne sait rien de rien** he hasn't a clue about anything

**c** (avec infin = être capable de) to know how to ◆ **elle sait lire et écrire** she can read and write, she knows how to read and write ◆ **il ne sait pas nager** he can't swim, he doesn't know how to swim ◆ **savoir plaire** to know how to please ◆ **il sait parler aux enfants** he's good at talking to children, he knows how to talk to children, he can talk to children ◆ **elle saura bien se défendre** she'll be quite capable of looking after herself ◆ **il sait y faire** he's good at getting things his own way ◆ **il a toujours su y faire** ou **s'y prendre** he's always known how to go about things (the right way) ◆ **il sait écouter** he's a good listener ◆ **il faut savoir attendre/se contenter de peu** you have to learn to be patient ou to wait/be content with little ◆ **on ne saurait penser à tout** (littér hum) you can't think of everything ◆ **je ne saurais vous exprimer toute ma gratitude** (littér) I shall never be able to express my gratitude ◆ **je ne saurais pas vous répondre/vous renseigner** I'm afraid I can't answer you/give you any information ◆ **ces explications ont su éclairer et rassurer** these explanations proved both enlightening and reassuring; → **vivre**

**d** (= se rendre compte de) to know ◆ **il ne sait plus ce qu'il dit** he doesn't know ou realize what he's saying, he isn't aware of what he's saying ◆ **je ne sais plus ce que je dis** I no longer know what I'm saying ◆ **il ne sait pas ce qu'il veut** he doesn't know what he wants, he doesn't know his own mind ◆ **il se savait très malade** he knew he was very ill ◆ **elle sait bien qu'il ment** she's well aware of the fact that he's lying, she knows very well ou full well that he's lying ◆ **sans le savoir** (= sans s'en rendre compte) without knowing ou realizing (it), unknowingly; (= sans le faire exprès) unwittingly, unknowingly ◆ **c'est un artiste sans le savoir** he's an artist but he doesn't know it

**e** (Loc) **sachant que a = b, démontrez que ...** (Math) if a = b, show that ... ◆ **qui sait ?** who knows? ◆ **et que sais-je encore** and I don't know what else ◆ **(à) savoir si ça va lui plaire !** there's no knowing whether he'll like it or not! ◆ **tu veux celui-ci ou celui-là, faudrait savoir !** * do you want this one or that one, make up your mind, will you? ◆ **ils vont renouveler nos contrats ou pas, faudrait savoir !** * so are they going to renew our contracts or not, it's about time we knew! ◆ **je sais ce que je sais** I know what I know ◆ **je sais bien, mais ...** I know, but ... ◆ **et puis, tu sais, nous serons très heureux de t'aider** and you know, we'll be very happy to help you ◆ **il nous a emmenés je ne sais où** he took us goodness knows where ◆ **je ne sais qui de ses amis m'a dit que ...** one of his friends, whose name I forget, told me that ... ◆ **il y a je ne sais combien de temps qu'il ne l'a vue** it's been I don't know how long since he last saw her, I don't how long it is ou it has been since he (last) saw her ◆ **cette pièce avait je ne sais quoi de sinistre** the room had something strangely sinister about it ◆ **elle ne sait pas quoi faire** ou **elle ne sait que faire pour l'aider/le consoler** she's at a loss to know how to help him/comfort him ◆ **il n'a rien voulu savoir** he didn't want to know ◆ **je ne veux pas le savoir** * I really don't care ◆ **on ne sait jamais** you never know ◆ **(pour autant) que je sache** as far as I know, to the best of my knowledge ◆ **je ne l'y ai pas autorisé, que je sache** I didn't give him permission to do so, as far as I know ◆ **pas que je sache** not as far as I know, not to my knowledge ◆ **je ne sache pas que je vous ai invité !** I'm not aware that ou I didn't know that I invited you! ◆ **sachons-le bien, si ...** let's be quite clear, if ... ◆ **sachez (bien) que jamais je n'accepterai !** I'll have you know ou let me tell you I shall never accept! ◆ **oui, mais sachez qu'à l'origine, c'est elle-même qui ne le voulait pas** yes, but you should know that it was she who didn't want to in the first place ◆ **à savoir** that is, namely, i.e. ◆ **l'objet/la personne que vous savez sera là demain** (hum) you-know-what/you-know-who will be there tomorrow ◆ **vous n'êtes pas sans savoir que ...** (frm) you are not ou will not be unaware (of the fact) that ... (frm), you will not be ignorant of the fact that ... (frm) ◆ **il m'a su gré/il ne m'a su aucun gré de l'avoir averti** he was grateful to me/he wasn't in the least grateful to me for having warned him ◆ **il ne savait à quel saint se vouer** he didn't know which way to turn ◆ **si je savais, j'irais la chercher** if I knew (for sure) ou if I could be sure, I would go and look for her ◆ **si j'avais su** had I known, if I had known ◆ **elle ne savait où donner de la tête** she didn't know whether she was coming or going ◆ **il ne savait où se mettre** he didn't know where to put himself ◆ **tout ce que vous avez toujours voulu savoir sur ...** everything you always wanted to know about ... ◆ **elle a pleuré tout ce qu'elle savait** * she cried for all she was worth *, she cried her eyes out; → **dieu, qui**

**2** nm ◆ **le savoir** learning, knowledge

**savoir-être** [savwaʀɛtʀ] nm inv inter-personal skills

**savoir-faire** [savwaʀfɛʀ] → SYN nm inv (gén) know-how *; (dans un métier) expertise ◆ **acquérir un savoir-faire** to acquire expertise ◆ **il a beaucoup/il manque de savoir-faire avec les enfants** he's very good/isn't very good with children

**savoir-vivre** [savwaʀvivʀ] → SYN nm inv manners ◆ **il n'a aucun savoir-vivre** he has no manners ◆ **les règles du savoir-vivre** the rules of (social) etiquette

**savon** [savɔ̃] nm **a** (= matière) soap (NonC); (= morceau) bar of soap ◆ **savon liquide/noir** liquid/soft soap ◆ **savon à barbe/de**

**toilette/de Marseille** shaving/toilet/household soap ◆ **savon en paillettes/en poudre** soap flakes/powder; → **bulle, pain**

**b** (* = remontrance) **il m'a passé/j'ai reçu un (bon) savon** he gave me/I got a (real) telling-off * ou dressing-down *, he really tore me off a strip * (Brit)

**savonnage** [savɔnaʒ] nm soaping (NonC)

**savonner** [savɔne] → SYN ▸ conjug 1 ◂ vt [+ enfant, linge, corps] to soap; [+ barbe] to lather, soap ◆ **savonner la tête de qn** * to give sb a dressing-down *, haul sb over the coals ◆ **savonner la planche à qn** * to make life difficult for sb * ◆ **se savonner les mains/le visage** to soap one's hands/one's face, put soap on one's hands/one's face

**savonnerie** [savɔnʀi] nf **a** (= usine) soap factory

**b** (= tapis) Savonnerie carpet

**savonnette** [savɔnɛt] nf bar of (toilet) soap

**savonneux, -euse** [savɔnø, øz] adj soapy; → **pente**

**savonnier, -ière** [savɔnje, jɛʀ] **1** adj soap (épith)

**2** nm **a** (= fabricant) soap maker

**b** (Bot) soapberry tree

**savourer** [savuʀe] → SYN ▸ conjug 1 ◂ vt [+ plat, boisson, plaisanterie, triomphe] to savour (Brit), savor (US)

**savoureux, -euse** [savuʀø, øz] → SYN adj plat delicious, very tasty; anecdote, moment, personne delightful

**savoyard, e** [savwajaʀ, aʀd] **1** adj Savoyard; → **fondue**

**2** **Savoyard(e)** nm,f Savoyard

**sax** * [saks] nm (abrév de **saxophone**) sax *

**saxatile** [saksatil] → SYN adj saxatile, saxicole, saxicolous

**Saxe** [saks] nf Saxony; → **porcelaine**

**saxe** [saks] nm (= matière) Dresden china (NonC); (= objet) piece of Dresden china

**saxhorn** [saksɔʀn] nm saxhorn

**saxicole** [saksikɔl] adj saxicolous, saxicole, saxatile

**saxifragacées** [saksifʀagase] nfpl ◆ **les saxifragacées** saxifragaceous herbs, the Saxifragaceae (SPÉC)

**saxifrage** [saksifʀaʒ] nf saxifrage

**saxo** * [sakso] **1** nm (= instrument) sax *

**2** nm,f (= musicien) sax player *

**saxon, -onne** [saksɔ̃, ɔn] **1** adj Saxon

**2** nm (Ling) Saxon

**3** **Saxon(ne)** nm,f Saxon

**saxophone** [saksɔfɔn] nm saxophone

**saxophoniste** [saksɔfɔnist] nmf saxophonist, saxophone player

**saynète** [sɛnɛt] → SYN nf playlet

**sbire** [sbiʀ] → SYN nm (péj) henchman

**s/c** (abrév de **sous couvert de**) ≃ c/o

**scabieux, -ieuse** [skabjø, jøz] **1** adj scabious

**2** **scabieuse** nf scabious

**scabreux, -euse** [skabʀø, øz] → SYN adj (= indécent) improper, shocking; (= dangereux) risky

**scaferlati** [skafɛʀlati] nm finely cut tobacco

**scalaire** [skalɛʀ] **1** adj (Math) scalar

**2** nm (= poisson) angel fish, scalare

**scalde** [skald] nm scald, skald

**scalène** [skalɛn] **1** adj (Anat, Math) scalene

**2** nm ◆ **(muscle) scalène** scalenus

**scalp** [skalp] nm (= action) scalping; (= chevelure) scalp

**scalpel** [skalpɛl] nm scalpel

**scalper** [skalpe] ▸ conjug 1 ◂ vt to scalp

**scampi** [skɑ̃pi] nmpl scampi

**scandale** [skɑ̃dal] → SYN nm **a** (= fait choquant, affaire, Rel) scandal ◆ **scandale financier/public** financial/public scandal ◆ **c'est un scandale !** it's scandalous! ou outrageous!, it's a scandal! ◆ **sa tenue a fait scandale** people were shocked by his outfit ◆ **son livre a fait scandale** his book caused a scandal ◆ **au grand scandale de mon père, j'ai voulu épouser un étranger** I wanted to marry a foreigner, which scandalized my father ◆ **elle va crier au scandale** she'll make a big fuss about it ◆ **les gens vont crier au scandale** there'll be an outcry ◆ **à scandale** couple, livre controversial, headline-hitting * (épith) ◆ **journal à scandale** scandal sheet

**b** (= scène, tapage) scene, fuss ◆ **faire un** ou **du scandale** to make a scene, kick up a fuss * ◆ **et pas de scandale !** and don't make a fuss! ◆ **condamné pour scandale sur la voie publique** fined for disturbing the peace ou for creating a public disturbance

**scandaleusement** [skɑ̃daløzmɑ̃] adv se comporter scandalously, outrageously, shockingly; cher scandalously, outrageously, prohibitively; laid, mauvais appallingly; exagéré, sous-estimé grossly

**scandaleux, -euse** [skɑ̃dalø, øz] → SYN adj conduite, prix, propos scandalous, outrageous, shocking; chronique, littérature outrageous, shocking ◆ **vie scandaleuse** life of scandal, scandalous life ◆ **c'est scandaleux !** it's scandalous! ◆ **50 € pour ça, ce n'est pas scandaleux** €50 for that is hardly exorbitant

**scandaliser** [skɑ̃dalize] → SYN ▸ conjug 1 ◂ vt to scandalize, shock deeply ◆ **se scandaliser de qch** to be deeply shocked at sth, be scandalized by sth

**scander** [skɑ̃de] → SYN ▸ conjug 1 ◂ vt [+ vers] to scan; [+ discours] to give emphasis to; [+ mots] to articulate separately; [+ nom, slogan] to chant

**scandinave** [skɑ̃dinav] **1** adj Scandinavian

**2** **Scandinave** nmf Scandinavian

**Scandinavie** [skɑ̃dinavi] nf Scandinavia

**scandium** [skɑ̃djɔm] nm scandium

**scanner**[1] [skanɛʀ] nm (Opt) (optical) scanner ◆ **(examen au) scanner** (Méd) scan ◆ **passer un scanner** to have a scan

**scanner**[2] [skane], **scannériser** [skaneʀize] ▸ conjug 1 ◂ vt (Ordin) to scan

**scanneur** [skanœʀ] nm ⇒ **scanner**[1]

**scanographe** [skanɔgʀaf] nm (Méd) scanner

**scanographie** [skanɔgʀafi] nf (= science) (body) scanning; (= photo) scan ◆ **scanographie du cerveau** brain scan

**scansion** [skɑ̃sjɔ̃] nf scanning, scansion

**scaphandre** [skafɑ̃dʀ] nm [plongeur] diving suit; [cosmonaute] spacesuit ◆ **scaphandre autonome** aqualung, scuba

**scaphandrier** [skafɑ̃dʀije] nm (deep-sea) diver

**scaphite** [skafit] nm scaphitoid mollusc

**scaphoïde** [skafɔid] **1** adj navicular

**2** nm navicular(e)

**scapulaire** [skapylɛʀ] → SYN adj, nm (Anat, Méd, Rel) scapular

**scapulohuméral, e,** mpl **-aux** [skapyloymeʀal, o] adj scapulohumeral

**scarabée** [skaʀabe] nm (= insecte) beetle, scarab (SPÉC); (= bijou) scarab

**scarabéidés** [skaʀabeide] nmpl ◆ **les scarabéidés** scarabeids, the Scarabaeidae (SPÉC)

**scare** [skaʀ] nm parrotfish

**scarieux, -ieuse** [skaʀjø, jøz] adj scarious

**scarifiage** [skaʀifjaʒ] nm (Agr) scarifying

**scarificateur** [skaʀifikatœʀ] nm (Méd) scarificator; (Agr) scarifier

**scarification** [skaʀifikasjɔ̃] → SYN nf scarification

**scarifier** [skaʀifje] → SYN ▸ conjug 7 ◂ vt (Agr, Méd) to scarify

**scarlatine** [skaʀlatin] nf scarlet fever, scarlatina (SPÉC)

**scarole** [skaʀɔl] nf escarole

**scat** [skat] nm (Mus) scat

**scato** * [skato] adj abrév de **scatologique**

**scatologie** [skatɔlɔʒi] → SYN nf scatology

**scatologique** [skatɔlɔʒik] → SYN adj scatological, lavatorial (Brit)

**scatophage** [skatɔfaʒ] adj scatophagous

**scatophile** [skatɔfil] → SYN adj stercoricolous

**sceau,** pl **sceaux** [so] → SYN nm (= cachet, estampille) seal; (fig = marque) stamp, mark ◆ **mettre son sceau sur** to put one's seal to ou on ◆ **apposer son sceau sur** to affix one's seal to ◆ **porter le sceau du génie** (fig) to bear the stamp ou mark of genius ◆ **sous le sceau du secret** under the seal of secrecy; → **garde**[2]

**sceau-de-Salomon,** pl **sceaux-de-Salomon** [sod(ə)salɔmɔ̃] nm Salomon's seal

**scélérat, e** † [seleʀa, at] → SYN **1** adj (littér) (= criminel) villainous, blackguardly †; (= méchant) wicked

**2** nm,f (littér = criminel) villain, blackguard † ◆ **petit scélérat !** * (you) little rascal!

**scélératesse** † [seleʀatɛs] → SYN nf (littér) (= caractère) villainy, wickedness; (= acte) villainy, villainous ou wicked ou blackguardly † deed

**scellement** [sɛlmɑ̃] → SYN nm **a** [acte, document, sac] sealing

**b** (Constr) embedding (NonC)

**c** (Méd) couronne, prothèse lute, luting

**sceller** [sele] → SYN ▸ conjug 1 ◂ vt **a** (= cacheter) [+ acte, document, sac] to seal

**b** (Constr) to embed

**c** (Méd) [+ couronne, prothèse] to lute

**d** (= sanctionner) [+ amitié, pacte, réconciliation] to seal ◆ **son destin était scellé** his fate was sealed

**scellés** [sele] nmpl seals ◆ **apposer** ou **mettre les scellés sur une porte** to put the seals on a door, affix the seals to a door ◆ **lever les scellés** to take the seals off ◆ **mettre** ou **placer qch sous scellés** to put ou place sth under seal

**scellofrais ®** [sɛlɔfʀɛ] nm clingfilm ® (Brit), clingwrap (Brit), Saran Wrap ® (US)

**scénario** [senaʀjo] → SYN nm **a** (Ciné, Théât = plan) scenario; (Ciné = découpage et dialogues) screenplay, (film) script

**b** (= évolution possible) scenario ◆ **ça s'est déroulé selon le scénario habituel** it followed the usual pattern ◆ **c'est toujours le même scénario** * it's always the same old ritual ou carry-on * (Brit); → **catastrophe**

**scénarisation** [senaʀizasjɔ̃] nf scripting

**scénariser** [senaʀize] ▸ conjug 1 ◂ vt (TV) to script

**scénariste** [senaʀist] nmf (Ciné) scriptwriter

**scène** [sɛn] → SYN nf **a** (= estrade) stage ◆ **scène tournante** revolving stage ◆ **sortir de scène, quitter la scène** to go off stage, exit ◆ **occuper le devant de la scène** (lit) to be in the foreground, be at the front of the stage; (fig) to be in the forefront ◆ **en fond de scène** at the back of the stage, in the background ◆ **sur (la) scène** on stage ◆ **il se produira** ou **sera sur la scène de l'Olympia en janvier** he'll be performing ou appearing at the Olympia in January

**b** (= le théâtre) **la scène** the stage ◆ **une vedette de la scène française** a star of the French stage ◆ **il a quitté la scène à 75 ans** he gave up the stage at the age of 75 ◆ **à la scène comme à la ville** (both) on stage and off, both on and off (the) stage ◆ **porter une œuvre à la scène** to bring a work to the stage, stage a work ◆ **adapter un film pour la scène** to adapt a film for the stage

**c** (Ciné, Théât = division) scene ◆ **dans la première scène** in the first ou opening scene, in scene one ◆ **scène d'action** (Ciné) action scene ou sequence ◆ **scène d'amour** love scene ◆ **elle m'a joué la grande scène du deux** * she made an almighty fuss

**d** (= décor) scene ◆ **changement de scène** scene change

**e** (Ciné, Théât = lieu de l'action) scene ◆ **la scène est** ou **se passe à Rome** the scene is set in Rome

**f** (= spectacle) scene ◆ **il a assisté à toute la scène** he witnessed the whole scene ◆ **scène de panique/de violence** scene of panic/of violence ◆ **la scène originaire** ou **primitive** (Psych) the primal scene

**g** (= confrontation, dispute) scene ◆ **scène de jalousie/de rupture** jealous/break-up scene ◆ **il m'a fait une scène de jalousie** he exploded at me in a fit of jealousy ◆ **scène de ménage** domestic fight ou quarrel ◆ **faire une scène** to make a scene ◆ **il m'a fait une scène parce que j'avais oublié la clé** he made a scene because I had forgotten the key ◆ **avoir une scène (avec qn)** to have a scene (with sb)

**h** (= domaine) scene ◆ **sur la scène politique/internationale/littéraire** on the political/international/literary scene ◆ **la scène publique** the public arena ◆ **il s'est retiré de la scène publique** he has retired from public life

**i** (Art = tableau) scene ◆ **scène d'intérieur/mythologique** indoor/mythological scene ◆ **scène de genre** genre painting

**j** (LOC)

◆ **en scène** on stage ◆ **tout le monde en scène !** everybody on stage! ◆ **être en scène** to be on stage ◆ **entrer en scène** (Théât) to come on stage; [politicien, sportif] to arrive on ou enter the scene ◆ **c'est là que l'informatique entre en scène** this is where computing comes in ◆ **entrée en scène** (Théât) entrance; (fig) arrival on the scene ◆ **par ordre d'entrée en scène** in order of appearance

◆ **mettre en scène** (Théât) [+ histoire, personnage] to present; [+ auteur] to stage ou produce the play(s) of; [+ pièce de théâtre] to stage, direct; [+ film] to direct

◆ **mise en scène** (Ciné, Théât = production) production ◆ **il a révolutionné la mise en scène** (= art) he revolutionized directing ou stagecraft ◆ **mise en scène de Vilar** directed by Vilar ◆ **c'est de la mise en scène** (fig, péj) it's all put on ◆ **toute cette mise en scène pour nous faire croire que ...** this whole performance was to make us believe that ...; → **metteur**

**scénique** [senik] [→ SYN] adj theatrical; → **indication**

**scéniquement** [senikmɑ̃] adv (Théât) theatrically

**scénographe** [senɔgʀaf] nmf (Théât) stage ou theatre (Brit) ou theater (US) designer

**scénographie** [senɔgʀafi] nf **a** (Art) scenography

**b** (Théât) stage design

**scénographique** [senɔgʀafik] adj (Théât) conditions relating to stage ou theatre (Brit) ou theater (US) design ◆ **quelle que soit la solution scénographique retenue** whatever way the director decides to handle the scene

**scénopégies** [senɔpeʒi] [→ SYN] nfpl Feast of Tabernacles, Sukkoth

**scepticisme** [sɛptisism] [→ SYN] nm scepticism (Brit), skepticism (US) ◆ **exprimer son scepticisme à l'égard de** ou **sur qch** to express scepticism about sth

**sceptique** [sɛptik] [→ SYN] [1] adj sceptical (Brit), skeptical (US) ◆ **d'un air sceptique** sceptically (Brit), skeptically (US) ◆ **être** ou **se montrer sceptique** to be sceptical (*à l'égard de, sur, quant à* about) ◆ **ses arguments me laissent sceptique** his arguments don't convince me

[2] nmf sceptic (Brit), skeptic (US); (Philos) Sceptic (Brit), Skeptic (US)

**sceptre** [sɛptʀ] [→ SYN] nm (lit, fig) sceptre (Brit), scepter (US)

**schappe** [ʃap] nm ou f waste silk ◆ **tissu de schappe** schappe

**Schéhérazade** [ʃeeʀazad] nf Sheherazade

**schelling** [ʃ(ə)lɛ̃] nm ⇒ **schilling**

**schéma** [ʃema] [→ SYN] nm **a** (= diagramme) diagram, sketch ◆ **schéma de montage** assembly diagram ou instructions ◆ **schéma de principe** (wiring) diagram ◆ **schéma d'aménagement, schéma directeur** (Admin) urban development plan

**b** (= résumé) outline ◆ **faire le schéma de l'opération** to give an outline of the operation

**c** (Psych) **schéma corporel** body image

**schématique** [ʃematik] [→ SYN] adj dessin diagrammatic(al), schematic; (péj) interprétation, conception oversimplified

**schématiquement** [ʃematikmɑ̃] [→ SYN] adv représenter diagrammatically, schematically ◆ **il exposa l'affaire schématiquement** he gave an outline of the affair, he outlined the affair ◆ **très schématiquement, voici de quoi il s'agit** briefly, this is what it's all about

**schématisation** [ʃematizasjɔ̃] nf schematization; (péj) (over)simplification

**schématiser** [ʃematize] [→ SYN] ▸ conjug 1 ◂ vt to schematize; (péj) to (over)simplify

**schématisme** [ʃematism] nm (péj) oversimplicity

**schème** [ʃɛm] nm (Philos) schema; (Art) design, scheme

**Schengen** [ʃɛngɛn] n ◆ **l'espace Schengen** the Schengen zone ◆ **les accords de Schengen** the Schengen agreement

**schéol** [ʃeɔl] nm Sheol

**scherzando** [skɛʀtsando] adv scherzando

**scherzo** [skɛʀdzo] [1] nm scherzo

[2] adv scherzando

**schibboleth** [ʃibɔlɛt] nm shibboleth

**schiisme** [ʃiism] nm ⇒ **chiisme**

**schilling** [ʃiliŋ] nm schilling

**schismatique** [ʃismatik] [→ SYN] adj, nmf schismatic

**schisme** [ʃism] [→ SYN] nm (Rel) schism; (Pol) split ◆ **faire schisme** to split away

**schiste** [ʃist] nm (métamorphique) schist, shale ◆ **schiste bitumineux** oil shale ◆ **huile de schiste** shale oil

**schisteux, -euse** [ʃistø, øz] adj schistose

**schizo** * [skizo] adj, nmf (abrév de **schizophrène**) schizo *

**schizogamie** [skizɔgami] nf schizogamy

**schizogenèse** [skizɔʒənɛz] nf schizogenesis

**schizogonie** [skizɔgɔni] nf schizogony

**schizoïde** [skizɔid] adj, nmf schizoid

**schizoïdie** [skizɔidi] nf schizoid disorder

**schizométamérie** [skizometameʀi] nf metameric segmentation

**schizophasie** [skizɔfazi] nf schizophasia

**schizophrène** [skizɔfʀɛn] adj, nmf (Méd, fig) schizophrenic

**schizophrénie** [skizɔfʀeni] nf (Méd, fig) schizophrenia

**schizophrénique** [skizɔfʀenik] adj schizophrenic

**schizothymie** [skizɔtimi] nf schizothymia

**schlague** [ʃlag] [→ SYN] nf ◆ (Mil Hist) **la schlague** drubbing, flogging ◆ **ils n'obéissent qu'à la schlague** ‡ they only do as they're told if you really lay into them ‡ ou if you give them what-for ‡

**schlamm** [ʃlam] nm (Tech) tailings pl

**schlass** ‡ [ʃlɑs] [1] adj inv (= ivre) sozzled ‡, plastered ‡

[2] nm (= couteau) knife

**schleu** [ʃlø] adj, nmf ⇒ **chleuh**

**schlich** [ʃlik] nm (Tech) slime, schlich

**schlinguer** ‡ [ʃlɛ̃ge] ▸ conjug 1 ◂ vi to pong ‡, stink to high heaven *

**schlitte** [ʃlit] nf sledge *(for transporting wood)*

**schlitter** [ʃlite] ▸ conjug 1 ◂ vt to sledge *(wood)*

**schlitteur** [ʃlitœʀ] nm (wood) sledger

**schmilblik** * [ʃmilblik] nm ◆ **faire avancer le schmilblik** to help things along ◆ **ça ne fait pas avancer le schmilblik** that doesn't get anybody anywhere, that doesn't get us very far

**schnaps** [ʃnaps] nm schnap(p)s

**schnauzer** [ʃnozɛʀ, ʃnaozɛʀ] nm schnauzer

**schnock** ‡ [ʃnɔk] nm ⇒ **chnoque**

**schnorchel, schnorkel** [ʃnɔʀkɛl] nm snorkel

**schnouff** † [ʃnuf] nf (arg Drogue) dope ‡

**schofar** [ʃɔfaʀ] nm shophar, shofar

**scholiaste** [skɔljast] nm ⇒ **scoliaste**

**scholie** [skɔli] nf ⇒ **scolie**

**schooner** [skunœʀ; ʃunœʀ] nm schooner

**schorre** [ʃɔʀ] nm salt meadow

**Schtroumpf** [ʃtʀumf] nm Smurf

**schuss** [ʃus] [1] nm schuss

[2] adv ◆ **descendre (tout) schuss** to schuss (down)

**schwa** [ʃva] nm schwa(h)

**Schweppes ®** [ʃwɛps] nm tonic (water)

**SCI** [ɛssei] nf (abrév de **société civile immobilière**) → **société**

**sciage** [sjaʒ] nm [bois, métal] sawing

**scialytique ®** [sjalitik] nm operating lamp

**sciatique** [sjatik] [1] nf sciatica

[2] adj sciatic

**scie** [si] [→ SYN] nf **a** (= outil) saw ◆ **scie à bois** wood saw ◆ **scie circulaire** circular saw ◆ **scie à chantourner** ou **découper** fretsaw ◆ **scie électrique** power saw ◆ **scie à guichet** panel saw ◆ **scie à métaux** hacksaw ◆ **scie musicale** musical saw ◆ **scie à ruban** bandsaw ◆ **scie sauteuse** jigsaw ◆ **scie à chaîne** chainsaw; → **dent**

**b** (péj) (= chanson) repetitive song; (= personne) bore

**sciemment** [sjamɑ̃] [→ SYN] adv knowingly

**science** [sjɑ̃s] [→ SYN] nf **a** (= domaine scientifique) science ◆ **les sciences** (gén) the sciences; (Scol) science ◆ **la science du beau** the science of beauty ◆ **sciences appliquées/exactes/pures/ humaines/occultes** applied/exact/pure/social/ occult sciences ◆ **sciences expérimentales** experimental sciences ◆ **institut des sciences sociales** (Univ) institute of social science ◆ **sciences naturelles** † (Scol) natural science † ◆ **sciences physiques** physical science ◆ **sciences marines** ou **de la mer** marine science ◆ **les sciences de la vie** the life sciences ◆ **sciences d'observation** observational sciences ◆ **sciences économiques** economics sg ◆ **sciences politiques** political science ◆ **Sciences Po** (Univ) *French school of political science;* → **homme**

**b** (= art, habileté) **la science de la guerre** the science ou art of war ◆ **faire qch avec une science consommée** to do sth with consummate skill ◆ **sa science des couleurs** his skilful use of colour

**c** (= érudition) knowledge ◆ **je n'ai pas la science infuse** I have no way of knowing ◆ **la science du bien et du mal** (Rel) the knowledge of good and evil ◆ **savoir de science certaine que ...** to know for a fact ou for certain that ... ◆ **il faut toujours qu'il étale sa science** he's always showing off his knowledge; → **puits**

**science-fiction** [sjɑ̃sfiksjɔ̃] nf science fiction, sci-fi * ◆ **film/roman de science-fiction** science fiction ou sci-fi * film/novel ◆ **c'est** ou **ça relève de la science-fiction** it's like something out of science fiction

**sciène** [sjɛn] nf sciaenid

**scientificité** [sjɑ̃tifisite] nf scientific character ou nature

**scientifique** [sjɑ̃tifik] [→ SYN] [1] adj scientific

[2] nmf scientist

**scientifiquement** [sjɑ̃tifikmɑ̃] adv scientifically

**scientisme** [sjɑ̃tism] nm scientism

**scientiste** [sjɑ̃tist] [1] nmf adept of scientism

[2] adj scientistic

**scientologie** [sjɑ̃tɔlɔʒi] nf Scientology ®

**scientologue** [sjɑ̃tɔlɔg] adj, nmf Scientologist

**scier** [sje] [→ SYN] ▸ conjug 7 ◂ vt **a** [+ bois, métal] to saw; [+ bûche] to saw (up); [+ partie en trop] to saw off ◆ **scier une branche pour faire des bûches** to saw (up) a branch into logs ◆ **scier la branche sur laquelle on est assis** (fig) to dig one's own grave

**b** (* = stupéfier) **ça m'a scié !** it bowled me over! *, it staggered me! * ◆ **c'est vraiment sciant !** it's absolutely staggering! *

**c** (* = ennuyer) **scier qn** to bore sb rigid * ou stiff *

**scierie** [siʀi] nf sawmill

**scieur** [sjœʀ] [→ SYN] nm sawyer ◆ **scieur de long** pit sawyer

**scieuse** [sjøz] nf mechanical saw

**scille** [sil] nf scilla

**Scilly** [sili] n ◆ **les îles Scilly** the Scilly Isles

**scincidés** [sɛ̃side] nmpl ◆ **les scincidés** skinks, the Scincidae (SPÉC)

**scinder** [sɛ̃de] [→ SYN] ▸ conjug 1 ◂ [1] vt to split (up), divide (up) (*en* in, into)

[2] **se scinder** vpr to split (up) (*en* in, into)

**scintigramme** [sɛ̃tigʀam] nm scintigram

**scintigraphie** [sɛ̃tigʀafi] nf scintigraphy

**scintillant, e** [sɛ̃tijɑ̃, ɑ̃t] [→ SYN] adj diamant, yeux sparkling; étoile, lumières twinkling; goutte d'eau glistening; esprit sparkling, scintillating

**scintillateur** [sɛ̃tijatœʀ] nm scintillation counter

**scintillation** [sɛ̃tijasjɔ̃] nf (Astron, Phys) scintillation ◆ **compteur à scintillations** scintillation counter

**scintillement** [sɛ̃tijmɑ̃] → SYN nm [diamant, yeux] sparkling; [étoile, lumières] twinkling; [goutte d'eau] glistening; [esprit] sparkling, scintillating ◆ **le scintillement de son esprit** his scintillating mind ◆ **le scintillement de ses yeux** his sparkling eyes

**scintiller** [sɛ̃tije] → SYN ▸ conjug 1 ◂ vi [diamant, yeux] to sparkle; [étoile, lumières] to twinkle; [goutte d'eau] to glisten; [esprit] to sparkle, scintillate

**scion** [sjɔ̃] → SYN nm (Bot) (gén) twig; (= greffe) scion; (Pêche) top piece

**sciotte** [sjɔt] nf (stonecutter's) handsaw

**Scipion** [sipjɔ̃] nm Scipio ◆ **Scipion l'Africain** Scipio Africanus

**scirpe** [siʀp] nm bulrush, club rush

**scission** [sisjɔ̃] → SYN nf **a** (= schisme) split, scission (frm) ◆ **faire scission** to split away, secede
**b** (Écon) demerger
**c** (Bot, Phys) fission

**scissionniste** [sisjɔnist] adj, nmf secessionist

**scissipare** [sisipaʀ] adj fissiparous, schizogenetic

**scissiparité** [sisipaʀite] nf fissiparousness, schizogenesis

**scissure** [sisyʀ] nf fissure, sulcus ◆ **scissure inter-hémisphérique** longitudinal fissure of the cerebrum ◆ **scissure latérale** ou **de Sylvius** fissure of Sylvius, lateral fissure

**sciure** [sjyʀ] nf ◆ **sciure (de bois)** sawdust

**sciuridés** [sjyʀide] nmpl ◆ **les sciuridés** sciurines, the Sciuridae (SPÉC)

**scléral, e,** mpl **-aux** [skleʀal, o] adj scleral, sclerotic

**scléranthe** [skleʀɑ̃t] nm scleranthus ◆ **scléranthe annuel** knawel

**sclérenchyme** [skleʀɑ̃ʃim] nm sclerenchyma

**scléreux, -euse** [skleʀø, øz] adj sclerotic, sclerous

**sclérodermie** [skleʀɔdɛʀmi] nf scleroderm(i)a, scleriasis

**sclérogène** [skleʀɔʒɛn] adj causing sclerosis

**scléroprotéine** [skleʀopʀɔtein] nf scleroprotein

**sclérosant, e** [skleʀozɑ̃, ɑ̃t] adj (fig) ossifying

**sclérose** [skleʀoz] → SYN nf **a** (Méd) sclerosis ◆ **sclérose artérielle** hardening of the arteries, arteriosclerosis (SPÉC) ◆ **sclérose en plaques** multiple sclerosis ◆ **sclérose latérale amyotrophique** amyotrophic lateral sclerosis
**b** (fig) ossification

**sclérosé, e** [skleʀoze] → SYN (ptp de **se scléroser**) adj (lit) sclerosed, sclerotic; (fig) ossified

**scléroser** [skleʀoze] ▸ conjug 1 ◂ **1** **se scléroser** vpr (Méd) to become sclerotic ou sclerosed; (fig) to become ossified
**2** vt [+ tissus] to cause sclerosis of

**sclérotique** [skleʀɔtik] nf sclera, sclerotic

**scolaire** [skɔlɛʀ] adj **a** (gén) school (épith) ◆ **ses succès scolaires** his success in ou at school ◆ **enfant d'âge scolaire** child of school age ◆ **en milieu scolaire** in schools ◆ **les scolaires** schoolchildren; → **établissement, groupe, livret** etc
**b** (péj) style unimaginative ◆ **son livre est un peu scolaire par endroits** his book is a bit starchy in places

**scolairement** [skɔlɛʀmɑ̃] adv ◆ **il réussit très bien scolairement** he's doing very well at school

**scolarisable** [skɔlaʀizabl] adj handicapé educable, capable of attending school

**scolarisation** [skɔlaʀizasjɔ̃] nf [enfant] schooling ◆ **la scolarisation d'une population/d'un pays** providing a population with schooling/a country with schools ◆ **taux de scolarisation** percentage of children in full-time education

**scolariser** [skɔlaʀize] ▸ conjug 1 ◂ vt [+ enfant] to provide with schooling, send to school; [+ pays] to provide with schools ou schooling

**scolarité** [skɔlaʀite] → SYN nf schooling ◆ **scolarité primaire/secondaire** primary/secondary schooling ou education ◆ **la scolarité a été prolongée jusqu'à 16 ans** the school-leaving age has been raised to 16 ◆ **pendant mes années de scolarité** during my school years ou years at school ◆ **scolarité obligatoire** compulsory education ou schooling ◆ **service de la scolarité** (Univ) registrar's office ◆ **il a suivi une scolarité normale** he had a normal education ◆ **il a eu une scolarité difficile** he had difficulties at school; → **certificat, frais**[2]

**scolasticat** [skɔlastika] nm (= séminaire) theological school; (= études) theological studies pl

**scolastique** [skɔlastik] **1** adj (Philos, péj) scholastic
**2** nf scholasticism
**3** nm (Philos) scholastic, schoolman; (= séminariste) seminarian, seminarist; (péj) scholastic

**scolex** [skɔlɛks] nm scolex

**scoliaste** [skɔljast] → SYN nm scholiast

**scolie** [skɔli] → SYN nf scholium

**scoliose** [skɔljoz] nf curvature of the spine, scoliosis (SPÉC)

**scolopendre** [skɔlɔpɑ̃dʀ] nf **a** (Zool) centipede, scolopendra (SPÉC)
**b** (Bot) hart's-tongue, scolopendrium (SPÉC)

**scolyte** [skɔlit] nm elm bark beetle

**scombridés** [skɔ̃bʀide] nmpl ◆ **les scombridés** scombroids, the Scombroidea (SPÉC)

**sconse** [skɔ̃s] nm skunk (fur)

**scoop** * [skup] nm (Presse) scoop

**scooter** [skutœʀ] nm (motor) scooter ◆ **scooter des mers** jet ski ◆ **scooter des neiges** Skidoo ® ◆ **faire du scooter** to ride a scooter

**scootériste** [skuteʀist] nmf scooter rider

**scopie** * [skɔpi] nf abrév de **radioscopie**

**scopolamine** [skɔpɔlamin] nf scopolamine

**scorbut** [skɔʀbyt] nm scurvy

**scorbutique** [skɔʀbytik] **1** adj symptômes of scurvy, scorbutic (SPÉC); personne suffering from scurvy, scorbutic (SPÉC)
**2** nmf person with ou suffering from scurvy

**score** [skɔʀ] → SYN nm (gén, Sport) score ◆ **faire un bon/mauvais score** (Pol, Scol, Sport) to do well/badly ◆ **obtenir un score de 48% aux élections** to get 48% of the votes ◆ **mener au score** to be in the lead

**scoriacé, e** [skɔʀjase] adj scoriaceous

**scorie** [skɔʀi] → SYN nf (gén pl) **a** (Ind) slag (NonC), scoria (NonC), clinker (NonC) ◆ **scories (volcaniques)** (volcanic) scoria
**b** (fig) dross (NonC)

**scorifier** [skɔʀifje] ▸ conjug 7 ◂ vt to scorify, reduce to slag ou scoria

**scorpène** [skɔʀpɛn] → SYN nf scorpene ◆ **scorpène scrofa** hogfish

**scorpion** [skɔʀpjɔ̃] nm **a** (Zool) scorpion ◆ **scorpion d'eau** water-scorpion ◆ **scorpion de mer** scorpion-fish
**b** (Astron) **le Scorpion** Scorpio ◆ **il est Scorpion, il est (du signe) du Scorpion** he's (a) Scorpio

**scorsonère** [skɔʀsɔnɛʀ] nf black salsify

**scotch** [skɔtʃ] nm **a** (= boisson) scotch (whisky (Brit) ou whiskey (US, Ir))
**b** (= adhésif) **Scotch** ® Sellotape ® (Brit), Scotchtape ® (US)

**scotcher** [skɔtʃe] ▸ conjug 1 ◂ vt to sellotape (Brit), stick with Scotchtape ® (US) ◆ **je suis resté scotché** * (= stupéfait) I was gobsmacked * ◆ **elle était scotchée sur son siège** she was glued to her seat ◆ **il reste des heures scotché** * **devant sa télévision** he spends hours glued to the television

**scotch-terrier,** pl **scotch-terriers** [skɔtʃtɛʀje] nm Scottish ou Scotch terrier

**scotie** [skɔti] nf scotia

**scotome** [skɔtɔm] nm (Méd) scotoma

**scotomisation** [skɔtɔmizasjɔ̃] → SYN nf (Psych) blocking out

**scotomiser** [skɔtɔmize] → SYN ▸ conjug 1 ◂ vt (Psych) to block out

**scotopie** [skɔtɔpi] nf scotopia

**scotopique** [skɔtɔpik] adj scotopic

**scottish-terrier,** pl **scottish-terriers** [skɔtiʃtɛʀje] nm ⇒ **scotch-terrier**

**scoubidou** [skubidu] nm *strip of plaited plastic threads*

**scoumoune** * [skumun] nf (arg Crime) tough ou rotten luck *

**scoured** [skuʀɛd] nm scoured wool

**scout, e** [skut] → SYN **1** adj camp, mouvement scout (épith) ◆ **avoir un côté scout** (péj) to be a bit of a boy scout
**2** nm (boy) scout ◆ **les scouts de France** French scouts
**3** **scoute** nf (girl) scout

**scoutisme** [skutism] nm (= mouvement) scout movement; (= activité) scouting ◆ **faire du scoutisme** to be a scout

**SCP** [ɛssepe] nf (abrév de **société civile professionnelle**) → **société**

**SCPI** [ɛssepei] nf (abrév de **société civile de placement immobilier**) → **société**

**Scrabble ®** [skʀabl] nm Scrabble ® ◆ **faire un Scrabble** to play Scrabble ®, have a game of Scrabble ®

**scrabbleur, -euse** [skʀablœʀ, øz] nm,f Scrabble ® player

**scraper** [skʀapœʀ, skʀɛpœʀ] nm ⇒ **scrapeur**

**scrapeur** [skʀapœʀ] nm scraper

**scratcher** [skʀatʃe] ▸ conjug 1 ◂ **1** vt (Sport) to scratch
**2** **se scratcher** * vpr to get smashed up *

**scriban** [skʀibɑ̃] → SYN nm (avec cabinet) bureau bookcase; (sans cabinet) slant-front bureau

**scribe** [skʀib] → SYN nm (péj = bureaucrate) penpusher (Brit), pencil pusher (US); (Hist) scribe

**scribouillard, e** [skʀibujaʀ, aʀd] nm,f (péj) penpusher (Brit), pencil pusher (US)

**scribouilleur, -euse** * [skʀibujœʀ, øz] nm,f (péj) hack (writer), scribbler

**script**[1] [skʀipt] **1** nm **a** (écriture) **script** printing ◆ **apprendre le script** to learn how to print (letters) ◆ **écrire en script** to print
**b** (Ciné) (shooting) script
**2** nf ⇒ **script-girl**

**script**[2] [skʀipt] nm (Bourse) scrip

**scripte** [skʀipt] nf (Ciné) continuity girl

**scripteur** [skʀiptœʀ] nm (Ling) writer

**script-girl** †, pl **script-girls** [skʀiptgœʀl] nf continuity girl

**scripturaire** [skʀiptyʀɛʀ] → SYN adj scriptural ◆ **exégèse scripturaire** scriptural exegesis

**scriptural, e,** mpl **-aux** [skʀiptyʀal, o] adj → **monnaie**

**scrofulaire** [skʀɔfylɛʀ] nf figwort

**scrofule** [skʀɔfyl] → SYN nf (Méd) scrofula ◆ **scrofules** (Hist Méd) scrofula, king's evil

**scrofuleux, -euse** [skʀɔfylø, øz] → SYN adj tumeur scrofulous; personne scrofulous, suffering from scrofula

**scrogneugneu** [skʀɔɲøɲø] excl damnation!

**scrotal, e,** mpl **-aux** [skʀɔtal, o] adj scrotal

**scrotum** [skʀɔtɔm] nm scrotum

**scrub** [skʀœb] → SYN nm (Géog) scrub

**scrupule** [skʀypyl] → SYN nm **a** (gén) scruple ◆ **avoir des scrupules** to have scruples ◆ **avoir des scrupules à faire qch, se faire scrupule de faire qch** to have scruples ou misgivings ou qualms about doing sth ◆ **faire taire ses scrupules** to silence one's scruples ◆ **je n'aurais aucun scrupule à refuser** I wouldn't have any scruples ou qualms ou misgivings about refusing ◆ **son honnêteté est poussée jusqu'au scrupule** he's scrupulously honest ◆ **il est dénué de scrupules** he has no scruples, he is completely unscrupulous ◆ **sans scrupules** personne unscrupulous, without scruples; agir unscrupulously ◆ **vos scrupules vous honorent** your scrupulousness is a credit to you ◆ **je comprends votre scrupule** ou **vos scrupules** I understand your scruples

**b** (= par souci de) **dans** ou **par un scrupule d'honnêteté/d'exactitude historique** in scrupulous regard for honesty/for historical exactness

**scrupuleusement** [skʀypyløzmɑ̃] adv scrupulously

**scrupuleux, -euse** [skʀypylø, øz] → SYN adj honnêteté, personne scrupulous ◆ **peu scrupuleux** unscrupulous ◆ **ils réclament le respect scrupuleux des règles démocratiques** they demand that the rules of democracy be scrupulously respected

**scrutateur, -trice** [skʀytatœʀ, tʀis] → SYN **1** adj (littér) caractère, regard searching
**2** nm (Pol) teller, scrutineer (Brit)

**scrutation** [skʀytasjɔ̃] nf (Ordin) scanning

**scruter** [skʀyte] → SYN ▸ conjug 1 ◂ vt [+ horizon] to scan, search, scrutinize; [+ objet, personne] to scrutinize, examine; [+ pénombre] to peer into, search

**scrutin** [skʀytɛ̃] → SYN nm **a** (= vote) ballot ◆ **par voie de scrutin** by ballot ◆ **voter au scrutin secret** to vote by secret ballot ◆ **il a été élu au troisième tour de scrutin** he was elected on ou at the third ballot ou round ◆ **dépouiller le scrutin** to count the votes
**b** (= élection) poll ◆ **le jour du scrutin** polling day ◆ **ouverture/clôture du scrutin** start/close of polling
**c** (= modalité) **scrutin de liste** list system ◆ **scrutin d'arrondissement** district election system ◆ **scrutin majoritaire** election on a majority basis ◆ **scrutin proportionnel** proportional representation ◆ **scrutin de ballottage** second ballot, second round of voting ◆ **scrutin uninominal** uninominal system

**sculpter** [skylte] → SYN ▸ conjug 1 ◂ vt [+ marbre, statue] to sculpt; [+ meuble] to carve, sculpt; [+ bâton, bois] to carve ◆ **sculpter qch dans du bois** to carve sth out of wood

**sculpteur** [skyltœʀ] → SYN nm (= homme) sculptor; (= femme) sculptor, sculptress ◆ **sculpteur sur bois** woodcarver

**sculptural, e,** mpl **-aux** [skyltyʀal, o] → SYN adj (Art) sculptural; (fig) beauté, corps, formes statuesque

**sculpture** [skyltyʀ] → SYN nf **a** (= art, objet) sculpture ◆ **faire de la sculpture** to sculpt ◆ **sculpture sur bois** woodcarving ◆ **une sculpture sur marbre/neige/glace** a marble/snow/an ice sculpture
**b** (Aut) [pneu] tread (pattern) ◆ **sculptures** tread

**scutellaire** [skytelɛʀ] nf skullcap

**scutiforme** [skytifɔʀm] adj scutiform

**scutum** [skytɔm] nm scutum

**Scylla** [sila] nf Scylla; → **Charybde**

**scyphoméduses** [sifomedyz] nfpl ◆ **les scyphoméduses** scyphomedusans, the Scyphomedusae (SPÉC)

**scyphozoaires** [sifɔzɔɛʀ] nmpl ◆ **les scyphozoaires** scyphozoans, the Scyphozoa (SPÉC)

**scythe** [sit] **1** adj Scythian
**2** nm (Ling) Scythian
**3** **Scythe** nmf Scythian

**Scythie** [siti] nf Scythia

**SDF** [ɛsdeɛf] nmf inv (abrév de **sans domicile fixe**) homeless person ◆ **les SDF** the homeless

**SDN** [ɛsdeɛn] nf (abrév de **Société des Nations**) → **société**

**S.E.** (abrév de **Son Excellence**) HE

**se** [sə] pron **a** (réfléchi) (sg) (indéfini) oneself; (homme) himself; (femme) herself; (sujet non humain) itself; (pl) themselves ◆ **se regarder dans la glace** to look at o.s. in the mirror ◆ **se raser/laver** to shave/wash ◆ **se mouiller/salir** to get wet/dirty ◆ **se brûler/couper** to burn/cut o.s.; → **écouter, faire**
**b** (réciproque) each other, one another ◆ **deux personnes qui s'aiment** two people who love each other ou one another ◆ **des gens qui se haïssent** people who hate each other ou one another
**c** (possessif) **se casser la jambe** to break one's leg ◆ **il se lave les mains** he is washing his hands ◆ **elle s'est coupé les cheveux** she has cut her hair
**d** (passif) **cela ne se fait pas** that's not done ◆ **cela se répare/recolle facilement** it can easily be repaired/glued together again ◆ **la vérité finira par se savoir** the truth will out in the end, the truth will finally be found out ◆ **l'anglais se parle dans le monde entier** English is spoken throughout the world ◆ **cela se vend bien** it sells well ◆ **les escargots se servent dans la coquille** snails are served in their shells
**e** (impersonnel) **il se peut que ...** it may be that ..., it is possible that ... ◆ **comment se fait-il que ... ?** how is it that ...?

**S.É.** (abrév de **Son Éminence**) HE

**sea-line,** pl **sea-lines** [silajn] nm undersea pipeline

**séance** [seɑ̃s] → SYN nf **a** (= réunion) [conseil municipal] meeting, session; [parlement, tribunal] session, sitting; [comité] session ◆ **être en séance** to be in session, sit ◆ **la séance est levée** the meeting is over ◆ **séance extraordinaire** extraordinary meeting ◆ **la proposition sera examinée en séance publique** the proposal will be considered at ou in a public session ou meeting ◆ **ils l'ont fusillé séance tenante** they shot him there and then ou on the spot ◆ **nous partirons séance tenante** we shall leave forthwith ou without further ado; → **suspension**
**b** (= période) session ◆ **séance de photographie/rééducation/gymnastique** photographic ou photography/physiotherapy/gymnastics session ◆ **séance de pose** sitting ◆ **séance de spiritisme** séance ◆ **séance de travail** working session ◆ **séance de torture** torture session
**c** (= représentation) (Théât) performance ◆ **séance privée** private showing ou performance ◆ **séance (de cinéma)** film ◆ **première/dernière séance** (Ciné) first/last showing ◆ **la séance est à 21h, et le film 15 minutes plus tard** the programme starts at 9 o'clock and the film 15 minutes later
**d** (Bourse) day of trading, session ◆ **après plusieurs séances de hausse** after several sessions ou days of bullish trading ◆ **en début/fin de séance** at the opening/close (of the day's trading) ◆ **l'indice a gagné 10 points en cours de séance** the index gained 10 points during (the day's) trading
**e** († * = dispute) scene * ◆ **il m'a fait une séance** he made a scene *

**séant**[1] [seɑ̃] → SYN nm (hum = derrière) posterior (hum) ◆ **se mettre sur son séant** (frm) to sit up *(from a lying position)*

**séant**[2], **séante** [seɑ̃, seɑ̃t] → SYN adj (littér = convenable) seemly, fitting ◆ **il n'est pas séant de dire cela** it is unseemly ou unfitting to say such things

**seau,** pl **seaux** [so] → SYN nm (= récipient) bucket, pail (surtout US); (= contenu) bucket(ful), pail(ful) (surtout US) ◆ **il pleut à seaux, la pluie tombe à seaux** it's coming ou pouring down in buckets *, it's raining buckets * ◆ **seau à champagne/glace** champagne/ice bucket ◆ **seau à charbon** coal scuttle ◆ **seau hygiénique** slop pail

**sébacé, e** [sebase] adj glande sebaceous

**sébaste** [sebast] nm rosefish

**sébile** [sebil] nf begging bowl ◆ **tendre la sébile** (lit) to beg; (fig) to bring out ou hold out the begging bowl

**séborrhée** [sebɔʀe] nf seborrhoea (Brit), seborrhea (US)

**séborrhéique** [sebɔʀeik] adj seborrhoeal (Brit), seborrhoeic (Brit), seborrheal (US), seborrheic (US)

**sébum** [sebɔm] nm sebum

**sec, sèche**[1] [sɛk, sɛʃ] → SYN **1** adj **a** air, bois, climat, linge, temps, saison, toux dry; fruit dried ◆ **elle le regarda partir, l'œil sec** she watched him go, dry-eyed ◆ **j'avais la gorge sèche** my throat was dry ◆ **il est au régime sec** he's not allowed to drink alcohol; → **cale**[1], **cinq, cul**
**b** (= sans graisse) cheveu, peau dry
**c** (= maigre) bras, personne lean ◆ **il est sec comme un coup de trique** * ou **comme un hareng** * he's as thin as a rake
**d** (= sans douceur) rire, vin dry; style terse; cœur cold, hard; réponse curt ◆ **elle a été très sèche avec moi** she was very curt with me ◆ **il lui a écrit une lettre très sèche** he wrote him a very curt letter ◆ **se casser avec un bruit sec** to break with a (sharp) snap, snap ◆ **"non", dit-il d'un ton sec** "no", he said curtly ◆ **placage sec** (Sport) hard tackle; → **coup**
**e** (= sans eau) alcool neat ◆ **il prend son whisky sec** he takes ou drinks his whisky neat ou straight
**f** (Cartes) **atout/valet sec** singleton trump/jack ◆ **son valet était sec** his jack was a singleton
**g** (Tennis) **il a été battu en trois sets secs** he was beaten in three straight sets
**h** (= sans prestations supplémentaires) **le vol sec coûte 250 €** the flight-only price is €250 ◆ **licenciement sec** compulsory lay-off ou redundancy (Brit) *(without any compensation)*
**i** (LOC) **être** ou **rester sec** * to be stumped * ◆ **je suis resté sec sur ce sujet** I drew a blank on the subject
**2** adv * frapper hard ◆ **il boit sec** he really knocks it back *, he's a hard ou heavy drinker ◆ **démarrer sec** (Aut) (sans douceur) to start (up) with a jolt ou jerk; (rapidement) to tear off ◆ **ça démarre sec ce soir** the evening's off to a good start ◆ **conduire sec** to drive like a racing driver ◆ **et lui, aussi sec, a répondu que ...** and he replied straight off that ... ◆ **il est arrivé et reparti aussi sec** he arrived and left again just as quickly ◆ **je l'ai eu sec** * I was really shocked
**3** nm
◆ **au sec** ◆ **tenir** ou **conserver qch au sec** to keep sth in a dry place ◆ **rester au sec** to stay in the dry ◆ **pour garder les pieds au sec** to keep your feet dry
◆ **à sec** ◆ **être à sec** [puits, torrent] to be dry ou dried-up; ( * = être sans argent) [personne] to be broke * ou skint ‡ (Brit); [caisse] to be empty ◆ **mettre à sec un étang** [personne] to drain a pond; [soleil] to dry up a pond ◆ **il l'a mis à sec** (au jeu) [+ joueur] he cleaned him out *, he took him to the cleaner's * ◆ **à sec de toile** (Naut) under bare poles

**sécable** [sekabl] → SYN adj divisible, scored

**SECAM** [sekam] adj, nm (abrév de **séquentiel couleur à mémoire**) SECAM

**sécant, e** [sekɑ̃, ɑ̃t] **1** adj secant
**2** **sécante** nf secant

**sécateur** [sekatœʀ] nm (pair of) secateurs, (pair of) pruning shears

**sécession** [sesesjɔ̃] → SYN nf secession ◆ **faire sécession** to secede, break away; → **guerre**

**sécessionniste** [sesesjɔnist] → SYN adj, nmf secessionist ◆ **république sécessionniste** breakaway republic

**séchage** [seʃaʒ] nm [cheveux, linge] drying; [bois] seasoning ◆ **le séchage (en) machine n'est pas recommandé pour ce tissu** it is not recommended that this fabric be dried in a clothes dryer ◆ **"séchage à plat"** "dry flat" ◆ **vernis/colle à séchage rapide** quick-drying varnish/glue

**séchant, e** [seʃɑ̃, ɑ̃t] adj drying (épith)

**sèche**[2] * [sɛʃ] nf (= cigarette) cigarette, cig *, fag * (Brit)

**sèche-cheveux** [sɛʃʃəvø] nm inv hairdryer

**sèche-linge** [sɛʃlɛ̃ʒ] nm inv (= armoire) drying cabinet; (= machine) tumble-dryer

**sèche-mains** [sɛʃmɛ̃] nm inv hand-dryer, blower

**sèchement** [sɛʃmɑ̃] adv répondre curtly

**sécher** [seʃe] → SYN ▸ conjug 6 ◂ **1** vt **a** (gén) to dry ◆ **sèche tes larmes** dry your tears ou eyes ◆ **sécher les larmes** ou **les pleurs de qn** (fig) to wipe away sb's tears ◆ **sécher son verre** ‡ to drain one's glass
**b** (arg Scol = manquer) [+ cours] to skip * ◆ **il a séché l'école pendant trois jours** he skipped school * ou skived off school (Brit) * for three days
**c** ( * = faire tomber) [+ adversaire] to bring down
**2** vi **a** [surface mouillée, peinture] to dry (off); [substance imbibée de liquide] to dry (out); [linge] to dry ◆ **faire** ou **laisser sécher du linge, mettre du linge à sécher** (à l'intérieur) to put ou hang washing up to dry; (à l'extérieur) to put ou hang washing out to dry ◆ **"faire sécher sans essorer"** "do not spin (dry)" ◆ **"faire sécher à plat"** "dry flat"

**b** (= se déshydrater) [bois] to dry out; [fleur] to dry up ou out ◆ **le caoutchouc a séché** the rubber has dried up ou gone dry ◆ **sécher sur pied** [plante] to wither on the stalk; (fig) [personne] to languish ◆ **faire sécher** [+ fleurs, fruits, viande] to dry; [+ bois] to season ◆ **boue/fleur/viande séchée** dried mud/flower/meat

**c** (arg Scol = rester sec) to be stumped * ◆ **j'ai séché en chimie** I drew a (complete) blank ou I dried up * completely in chemistry

**3** **se sécher** vpr to dry o.s. (off) ◆ **se sécher les cheveux/mains** to dry one's hair/hands ◆ **se sécher au soleil/avec une serviette** to dry o.s. in the sun/with a towel ◆ **se sécher devant le feu** to dry o.s. ou dry (o.s.) off in front of the fire

**sécheresse** [sɛʃʀɛs] SYN nf **a** [climat, sol, style, ton] dryness; [réponse] curtness; [cœur] coldness, hardness ◆ **sécheresse vaginale** vaginal dryness ◆ **sécheresse cutanée/oculaire** dry skin/eyes, dryness of the skin/eyes ◆ **dire qch avec sécheresse** to say sth curtly

**b** (= absence de pluie) drought ◆ **année/période de sécheresse** year/period of drought

**sécherie** [sɛʃʀi] nf (= machine) drier, dryer, drying machine; (= installations) drying plant

**sécheur** [seʃœʀ] nm dryer

**sécheuse** [seʃøz] nf (pour linge) tumble-dryer

**séchoir** [seʃwaʀ] SYN nm (= local) (pour nourriture) drying shed; (pour linge) drying room; (= appareil) dryer ◆ **séchoir à linge** (pliant) clothes-horse; (rotatif) tumble dryer; (à cordes) clothes airer ◆ **séchoir à chanvre/à tabac** hemp/tobacco drying shed ◆ **séchoir à cheveux** hairdryer ◆ **séchoir à tambour** tumble-dryer

**second, e**[1] [s(ə)gɔ̃, ɔ̃d] SYN **1** adj **a** (chronologiquement) second ◆ **la seconde fois** the second time ◆ **je vous le dis pour la seconde fois, vous n'aurez rien** I repeat, you'll get nothing ◆ **second chapitre, chapitre second** chapter two; → **main, noce**

**b** (hiérarchiquement) second ◆ **intelligence/malhonnêteté à nulle autre seconde** unparalleled intelligence/dishonesty; → **couteau, marché, plan**[1]

**c** (= autre, nouveau) second ◆ **une seconde jeunesse** a second youth ◆ **dans une seconde vie** in a second life ◆ **cet écrivain est un second Hugo** this writer is a second Hugo ◆ **chez lui, c'est une seconde nature** with him it's second nature; → **état, habitude, souffle, vue**

**d** (= dérivé) cause secondary

**2** nm,f second ◆ **le second de ses fils** his second son ◆ **il a été reçu second (en physique)** he came ou was second (in physics) ◆ **sans second** (littér) second to none, peerless (littér) ◆ **second (de cordée)** (Alpinisme) second (on the rope)

**3** nm **a** (= adjoint) second in command; (Naut) first mate; (en duel) second

◆ **en second** ◆ **officier** ou **capitaine en second** first mate ◆ **passer en second** to be second ◆ **sa famille passe en second** his family comes second ou takes second place

**b** (= étage) second floor (Brit), third floor (US) ◆ **la dame du second** the lady on the second floor (Brit) ou the third floor (US)

**c** (dans une charade) second ◆ **mon second est ...** my second is ...

**4** **seconde** nf **a** (Transport) second class; (billet) second-class ticket ◆ **les secondes sont à l'avant** (Rail) the second-class seats ou carriages are at the front ou in front ◆ **voyager en seconde** to travel second-class

**b** (Scol) **(classe de) seconde** ≃ fifth form (Brit) *(in secondary school),* ≃ tenth grade (US) *(in high school),* ≃ sophomore year (US) *(in high school)*; → LYCÉE

**c** (Aut) second (gear) ◆ **être en/passer la** ou **en seconde** to be in/change into second (gear)

**d** (Mus) second

**e** (Danse) second (position)

**f** (Escrime) seconde; *voir* aussi **seconde**[2]

**secondaire** [s(ə)gɔ̃dɛʀ] SYN **1** adj (gén, Chim, Scol) secondary; (Géol) mesozoic, secondary † ◆ **c'est secondaire** that's of secondary importance ◆ **caractères sexuels secondaires** (Psych) secondary sexual characteristics ◆ **intrigue secondaire** (Littérat) subplot ◆ **effets secondaires** side effects ◆ **ligne secondaire** (Rail) branch line; → **route, secteur**

**2** nm **a** (Scol) **le secondaire** secondary (school) (Brit) ou high-school (US) education ◆ **les professeurs du secondaire** secondary school (Brit) ou high-school (US) teachers

**b** (Écon) **le secondaire** the secondary sector

**c** (Géol) **le secondaire** the Mesozoic, the Secondary Era †

**d** (Élec = enroulement) secondary (winding)

**secondairement** [s(ə)gɔ̃dɛʀmɑ̃] SYN adv secondarily

**seconde**[2] [s(ə)gɔ̃d] nf (gén, Géom) second ◆ **(attends) une seconde !** just a ou one second! ou sec! * ◆ **à la seconde où il la vit ...** the (very) moment he saw her ..., the second he saw her ... ◆ **avec elle, tout doit être fait à la seconde** with her, things have to be done instantly; → **fraction, quart**

**secondement** [s(ə)gɔ̃dmɑ̃] adv second(ly)

**seconder** [s(ə)gɔ̃de] SYN ▸ conjug 1 ◂ vt (lit, fig) to assist, aid, help ◆ **bien secondé par ...** ably assisted by ...

**secouer** [s(ə)kwe] SYN ▸ conjug 1 ◂ **1** vt **a** [+ arbre, salade] to shake; [+ miettes, poussière, oppression, paresse] to shake off; [+ tapis] to shake (out) ◆ **secouer le joug de** [+ dictature, tyrannie] to throw off ou cast off the yoke of ◆ **arrête de me secouer comme un prunier !** * stop shaking me! ◆ **secouer la tête** (pour dire oui) to nod (one's head); (pour dire non) to shake one's head ◆ **l'explosion secoua l'hôtel** the explosion shook ou rocked the hotel ◆ **on est drôlement secoué** (dans un autocar) you really get shaken about; (dans un bateau) you really get tossed about ◆ **le vent secouait le petit bateau** the wind tossed the little boat about ◆ **la ville a été fortement secouée par le tremblement de terre** the town was rocked by the earthquake ◆ **le malade était secoué de spasmes/sanglots** spasms/great sobs shook the patient's body, the patient was racked with ou by spasms/great sobs ◆ **j'en ai rien à secouer** ‡ I don't give a damn ‡ ou toss ‡

**b** (= traumatiser) to shake ◆ **ce deuil l'a beaucoup secoué** this bereavement has really shaken him

**c** (= ébranler) to shake, rock ◆ **cela a durement secoué le franc** this has severely shaken the franc ◆ **un gouvernement secoué par des affaires de corruption** a government rocked ou shaken by corruption scandals

**d** (= bousculer) to shake up ◆ **il ne travaille que lorsqu'on le secoue** he only works if you push him ◆ **il faut secouer la torpeur de notre pays** this country needs to be shaken from ou out of its torpor ◆ **secouer les puces à qn** * (= le réprimander) to tell ou tick * (Brit) sb off, give sb a telling-off ou a ticking-off * (Brit); (= le stimuler) to give sb a good shake ◆ **secoue tes puces** * ou **ta graisse** ‡ (= cesse de te morfondre) snap out of it *; (= fais vite) get a move on * ◆ **secouer le cocotier** * to get rid of the deadwood *

**2** **se secouer** vpr (lit) to shake o.s.; ( * = faire un effort) to make an effort; ( * = se dépêcher) to get a move on *

**secoueur** [s(ə)kwœʀ] nm (Métal) mould breaker; (Agr) shaker

**secourable** [s(ə)kuʀabl] SYN adj personne helpful; → **main**

**secourir** [s(ə)kuʀiʀ] SYN ▸ conjug 11 ◂ vt [+ blessé, pauvre] to help, assist, aid; [+ alpiniste, skieur] to rescue; [+ misère] to help relieve ou ease

**secourisme** [s(ə)kuʀism] nm first aid ◆ **brevet de secourisme** first-aid certificate ◆ **apprendre les gestes élémentaires de secourisme** to learn basic first-aid skills

**secouriste** [s(ə)kuʀist] nmf first-aid worker

**secours** [s(ə)kuʀ] SYN nm **a** (= aide) help, aid, assistance ◆ **appeler qn à son secours** to call to sb for help ◆ **demander du secours** to ask for help ou assistance ◆ **crier au secours** to shout ou call (out) for help ◆ **au secours !** help! ◆ **aller au secours de qn** to go to sb's aid ou assistance ◆ **porter secours à qn** to give sb help ou assistance ◆ **le Secours catholique** *Catholic charity organization giving assistance to the poor* ◆ **le Secours populaire** *charity organization giving assistance to the poor*

**b** (= vivres, argent) aid (NonC) ◆ **distribuer/recevoir des secours** to distribute/receive aid ◆ **secours humanitaires** humanitarian aid ou assistance ◆ **société de secours mutuel** (Hist) friendly (Brit) ou benefit (US) society

**c** (= sauvetage) aid (NonC), assistance (NonC) ◆ **secours aux blessés** aid ou assistance for the wounded ◆ **secours d'urgence** emergency aid ou assistance ◆ **le secours en montagne/en mer** mountain/sea rescue ◆ **équipe de secours** rescue party ou team ◆ **quand les secours arrivèrent** when help ou the rescue party arrived ◆ **porter secours à un alpiniste** to rescue a mountaineer ◆ **les premiers secours sont arrivés très rapidement** the emergency services were soon at the scene ◆ **apporter les premiers secours à qn** to give first aid to sb; → **poste**[2]

**d** (Mil) relief (NonC) ◆ **la colonne de secours** the relief column ◆ **les secours sont attendus** relief is expected

**e** (Rel) **mourir avec/sans les secours de la religion** to die with/without the last rites

**f** (LOC) **cela m'a été/ne m'a pas été d'un grand secours** this has been a ou of great help/of little help to me ◆ **éclairage de secours** emergency lighting ◆ **batterie de secours** spare battery; → **escalier, issue, poste, roue**

**secousse** [s(ə)kus] SYN nf **a** (= cahot) [train, voiture] jolt, bump; [avion] bump ◆ **sans (une) secousse** s'arrêter without a jolt, smoothly; transporter smoothly ◆ **avancer par secousses** to jolt along

**b** (= choc) jerk, jolt; (= traction) tug, pull ◆ **secousse (électrique)** (electric) shock ◆ **il a donné des secousses à la corde** he tugged the rope ◆ **secousse (tellurique** ou **sismique)** (earth) tremor ◆ **il n'en fiche pas une secousse** † * he never does a stroke of work

**c** (= bouleversement) jolt, shock ◆ **secousses politiques/monétaires** political/monetary upheavals

**secret, -ète** [səkʀɛ, ɛt] SYN **1** adj **a** (= confidentiel) document, rite secret ◆ **garder** ou **tenir qch secret** to keep sth secret ◆ **des informations classées secrètes** classified information; → **agent, fonds, service**

**b** (= caché) tiroir, porte, pressentiment, vie secret ◆ **nos plus secrètes pensées** our most secret ou our innermost thoughts ◆ **avoir un charme secret** to have a hidden charm

**c** (= renfermé) personne secretive

**2** nm **a** (= cachotterie) secret ◆ **c'est son secret** it's his secret ◆ **il a gardé le secret de notre projet** he kept our plan secret ◆ **ne pas avoir de secret pour qn** [personne] to have no secrets from sb, keep nothing from sb; [sujet] to have ou hold no secrets for sb ◆ **confier un secret à qn** to confide a secret to sb ◆ **il n'en fait pas un secret** he makes no secret about ou of it ◆ **secrets d'alcôve** intimate talk ◆ **un secret d'État** a state ou official secret ◆ **faire de qch un secret d'État** (fig) to make a big secret of sth, act as if sth were a state secret ◆ **"secret(-)défense"** "official secret" ◆ **couvert par le secret(-)défense** ≃ covered by the Official Secrets Act ◆ **secret de Polichinelle** open secret ◆ **ce n'est un secret pour personne que ...** it's no secret that ...

**b** (= mécanisme, moyen) secret ◆ **secret industriel/ de fabrication** industrial/trade secret ◆ **le secret du bonheur/de la réussite** the secret of happiness/of success ◆ **une sauce/un tour de passe-passe dont il a le secret** a sauce/a conjuring trick of which he (alone) has the secret ◆ **il a le secret de ces plaisanteries stupides** he's got a knack for telling stupid jokes ◆ **tiroir à secret** drawer with a secret lock ◆ **cadenas à secret** combination lock

**c** (= discrétion, silence) secrecy ◆ **demander/exiger/promettre le secret (absolu)** to ask for/demand/promise (absolute) secrecy ◆ **trahir le secret** to betray the oath of secrecy ◆ **le secret professionnel/bancaire** professional/bank secrecy ◆ **le secret médical** medical confidentiality ◆ **le secret de la confession** the seal of the confessional ◆ **le gouvernement a gardé le secret sur les négociations** the government has maintained silence ou remained silent about the negotiations; → **sceau**

**d** (= mystère) secret ◆ **les secrets de la nature** the secrets of nature, nature's secrets ◆ **pénétrer dans le secret des cœurs** to penetrate the secrets of the heart

**e** (LOC) **dans le secret** in secret ou secrecy, secretly ◆ **négociations menées dans le plus grand secret** negotiations carried out in the strictest ou utmost secrecy ◆ **mettre qn dans le secret** to let sb into ou in on the secret, let sb in on it * ◆ **être dans le secret** to be in on the secret, be in on it * ◆ **je ne suis pas dans le secret des dieux** I don't share the secrets of the powers that be ◆ **faire secret de tout** to be secretive about everything ◆ **en secret** (= sans témoins) in secret ou secrecy, secretly; (= intérieurement) secretly, inwardly ◆ **au secret** (Prison) in solitary confinement, in solitary *

**secrétage** [səkʀetaʒ] **nm** carrotage

**secrétaire** [s(ə)kʀetɛʀ] → SYN **1** **nmf** secretary ◆ **secrétaire médicale/commerciale/particulière/juridique** medical/business ou commercial/private/legal secretary ◆ **premier secrétaire** (Pol) first secretary

**2** **nm** (= meuble) writing desk, secretaire (Brit), secretary (US)

**3** **COMP** ▷ **secrétaire d'ambassade** embassy secretary ▷ **secrétaire de direction** executive secretary, personal assistant ▷ **secrétaire d'État** ≃ junior minister; (US Pol = ministre des Affaires étrangères) Secretary of State ◆ **le secrétaire d'État américain au Trésor** the American Treasury Secretary ▷ **secrétaire général** secretary-general, general secretary ◆ **le secrétaire général des Nations unies** the Secretary-General of the United Nations ▷ **secrétaire de mairie** ≃ town clerk *(in charge of records and legal business)* ▷ **secrétaire perpétuel** permanent secretary *(of one of the Académies françaises)* ▷ **secrétaire de production** (Ciné) production secretary ▷ **secrétaire de rédaction** sub-editor (Brit), copy editor (US)

**secrétariat** [s(ə)kʀetaʀja] → SYN **nm** **a** (= fonction officielle) secretaryship, post ou office of secretary; (= durée de fonction) secretaryship, term (of office) as secretary ◆ **secrétariat d'État** (= fonction) post of junior minister; (= bureau) ≃ junior minister's office ◆ **secrétariat général des Nations Unies** United Nations Secretariat

**b** (= profession, travail) secretarial work; (= bureaux) [école] (secretary's) office; [usine, administration] secretarial offices; [organisation internationale] secretariat; (= personnel) secretarial staff ◆ **école de secrétariat** secretarial college ◆ **secrétariat de rédaction** editorial office

**secrètement** [səkʀɛtmɑ̃] → SYN **adv** négocier, se rencontrer secretly, in secret; espérer secretly

**secréter** [səkʀete] ▸ conjug 6 ◂ **vt** to carrot

**sécréter** [sekʀete] → SYN ▸ conjug 6 ◂ **vt** (Bot, Physiol) to secrete; [+ ennui] to exude

**secréteur** [səkʀetœʀ] **nm** carroter

**sécréteur, -euse** ou **-trice** [sekʀetœʀ, øz, tʀis] **adj** secretory

**sécrétine** [sekʀetin] **nf** secretin

**sécrétion** [sekʀesjɔ̃] → SYN **nf** secretion

**sécrétoire** [sekʀetwaʀ] **adj** secretory

**sectaire** [sɛktɛʀ] → SYN **adj, nmf** sectarian

**sectarisme** [sɛktaʀism] → SYN **nm** sectarianism

**secte** [sɛkt] → SYN **nf** sect

**secteur** [sɛktœʀ] → SYN **nm** **a** (gén, Mil) sector; (Admin) district; (= zone, domaine) area; (= partie) part; [agent de police] beat ◆ **secteur postal** (Mil) postal area, ≃ BFPO area (Brit) ◆ **dans le secteur** * (= ici) round here; (= là-bas) round there ◆ **changer de secteur** * to move elsewhere ◆ **secteur sauvegardé** (Admin) conservation area ◆ **secteur géographique** ou **de recrutement scolaire** (Scol) catchment area (Brit), school district (US)

**b** (Élec) (= zone) local supply area ◆ **le secteur** (= circuit) the mains (supply) ◆ **panne de secteur** local supply breakdown ◆ **fonctionne sur pile et secteur** battery or mains operated

**c** (Écon) **secteur (économique)** (economic) sector ◆ **secteur agricole/bancaire/industriel/pétrolier** agricultural/banking/industrial/oil sector ◆ **secteur public/semi-public/privé** public ou state/semi-public/private sector ◆ **le secteur nationalisé** nationalized industries ◆ **secteur d'activité** branch of industry ◆ **secteur primaire** primary sector ◆ **secteur secondaire** manufacturing ou secondary sector ◆ **secteur tertiaire** service industries, service ou tertiary sector

**d** (Géom) sector ◆ **secteur angulaire** sector ◆ **secteur circulaire** sector of circle ◆ **secteur sphérique** spherical sector, sector of sphere

**e** (Ordin) sector

**section** [sɛksjɔ̃] → SYN **nf** **a** (= coupe) (gén) section; [fil électrique] gauge ◆ **fil de petite/grosse section** thin-/heavy-gauge wire ◆ **prenons un tube de section double** let's use a tube which is twice the bore ◆ **dessiner la section d'un os/d'une tige** to draw the section of a bone/of a stem, draw a bone/a stem in section ◆ **la section (de ce câble) est toute rouillée** the end (of this cable) is all rusted

**b** (Scol) ≃ course **il est en section littéraire/scientifique** he's doing a literature/science course

**c** (Univ) department

**d** (Admin) section, department; (Pol) branch ◆ **section du Conseil d'État** department of the Council of State ◆ **section (du) contentieux** legal section ou department ◆ **section électorale** ward ◆ **section syndicale** (trade) union group ◆ **section homogène** (Écon) cost centre

**e** (= partie) [ouvrage] section; [route, rivière, voie ferrée] section; (en autobus) fare stage; → **fin²**

**f** (Mus) section ◆ **section mélodique/rythmique** melody/rhythm section

**g** (Mil) platoon

**h** (Math) section ◆ **section conique/plane** conic/plane section

**i** (Méd = ablation) severing

**j** (Nucl Phys) **section efficace** cross section

**sectionnement** [sɛksjɔnmɑ̃] → SYN **nm** **a** [tube, fil, artère] severing

**b** [circonscription, groupe] division

**sectionner** [sɛksjɔne] → SYN ▸ conjug 1 ◂ **1** **vt** **a** [+ tube, fil, artère, membre] to sever

**b** [+ circonscription, groupe] to divide (up), split (up) (*en* into)

**2** **se sectionner** **vpr** **a** [tube, fil, artère, membre] to be severed

**b** [circonscription, groupe] to divide ou split (up)

**sectionneur** [sɛksjɔnœʀ] **nm** (Élec) cutout

**sectoriel, -ielle** [sɛktɔʀjɛl] **adj** sectional

**sectorisation** [sɛktɔʀizasjɔ̃] **nf** division into sectors

**sectoriser** [sɛktɔʀize] ▸ conjug 1 ◂ **vt** to divide into sectors, sector

**Sécu** * [seky] **nf** (abrév de **Sécurité sociale**) → **sécurité**

**séculaire** [sekylɛʀ] → SYN **adj** (= très vieux) arbre ancient; croyance age-old; (= qui a lieu tous les cent ans) fête, jeux centennial ◆ **ces forêts/maisons sont quatre fois séculaires** these forests/houses are four centuries old ◆ **année séculaire** last year of the century

**sécularisation** [sekylaʀizasjɔ̃] **nf** secularization

**séculariser** [sekylaʀize] ▸ conjug 1 ◂ **vt** to secularize

**séculier, -ière** [sekylje, jɛʀ] → SYN **1** **adj** clergé, autorité secular; → **bras**

**2** **nm** secular

**secundo** [səgɔ̃do] **adv** second(ly), in the second place

**sécurisant, e** [sekyʀizɑ̃, ɑ̃t] **adj** (gén) reassuring; climat of security, reassuring

**sécurisation** [sekyʀizasjɔ̃] **nf** [personne] reassuring ◆ **des opérations de sécurisation de la population** measures to reassure the population ou to make the population feel more secure

**sécuriser** [sekyʀize] → SYN ▸ conjug 1 ◂ **vt** **a** (= rassurer) **sécuriser qn** to give (a feeling of) security to sb, make sb feel secure ◆ **sécuriser l'opinion** to reassure people ◆ **être/se sentir sécurisé par qn/qch** to be/feel reassured by sb/sth

**b** (= accroître la sécurité de) **sécuriser les transports de fonds** to increase the security of transfers of funds ◆ **sécuriser l'accès à qch** to make access to sth more secure

**Securit ®** [sekyʀit] **nm** ◆ **verre Securit** Triplex (glass) ®

**sécuritaire** [sekyʀitɛʀ] **adj** discours, politique law-and-order (épith); idéologie that concentrates on law and order ◆ **mesures sécuritaires** security measures

**sécurité** [sekyʀite] → SYN **1** **nf** **a** (= absence de danger) safety; (= conditions d'ordre, absence de troubles) security ◆ **une fausse impression de sécurité** a false sense of security ◆ **cette retraite représentait pour lui une sécurité** this pension meant security for him ◆ **la sécurité de l'emploi** security of employment, job security ◆ **la sécurité matérielle** material security ◆ **assurer la sécurité d'un personnage important/des ouvriers/des installations** to ensure the safety of an important person/of workers/of the equipment ◆ **l'État assure la sécurité des citoyens** the state looks after the security ou safety of its citizens ◆ **la sécurité nationale/internationale** national/international security ◆ **pacte/traité de sécurité collective** collective security pact/treaty ◆ **mesures de sécurité** (contre incendie) safety measures ou precautions; (contre attentat) security measures ◆ **des mesures de sécurité très strictes avaient été prises** very strict security precautions ou measures had been taken, security was very tight

◆ **en** + **sécurité** ◆ **être/se sentir en sécurité** to be/feel safe, be/feel secure ◆ **mettre qch en sécurité** to put sth in a safe place ◆ **en toute sécurité** safely, in complete safety

**b** (= mécanisme) safety catch, safety (US) ◆ **mettre la sécurité** [arme à feu] to put on the safety catch ou the safety (US) ◆ **de sécurité** dispositif safety (épith) ◆ **(porte à) sécurité enfants** (Aut) childproof lock, child lock ◆ **sécurité informatique** computer security ◆ **assurer la sécurité d'un système** to ensure that a system is secure, ensure system security; → **cran**

**c** (= service) security ◆ **la sécurité militaire** military security

**2** **COMP** ▷ **la sécurité civile** *emergency services dealing with natural disasters, bomb disposal etc* ▷ **la sécurité publique** law and order ◆ **agent de la sécurité publique** officer of the law ▷ **la sécurité routière** road safety ▷ **la Sécurité sociale** (pour la santé) ≃ the National Health Service (Brit), ≃ Medicaid (US); (pour vieillesse etc) ≃ the Social Security, ≃ Medicare (US) ◆ **prestations de la Sécurité sociale** ≃ Social Security benefits

> **SÉCURITÉ SOCIALE**
>
> The French public welfare system is financed by compulsory contributions paid directly from salaries and by employers. It covers essential health care, pensions and other basic benefits. In many cases, costs not covered by the **Sécurité sociale** may be met by a **mutuelle**. The deficit of the **Sécurité sociale**, popularly known as the "trou de la Sécurité sociale", has reached massive proportions in recent years, and efforts to stabilize the situation include an extra contribution from salaries, paid at source, called the "CRDS" ("contribution au remboursement de la dette sociale"). → MUTUELLE

**sédatif, -ive** [sedatif, iv] → SYN **1** **adj** sedative

**2** **nm** sedative ◆ **sous sédatifs** under sedation

**sédation** [sedasjɔ̃] → SYN **nf** sedation

**sédentaire** [sedɑ̃tɛʀ] → SYN **adj** personne, travail, vie, sedentary; population settled, sedentary; (Mil) permanently garrisoned

**sédentarisation** [sedɑ̃taʀizasjɔ̃] **nf** settling process

**sédentariser** [sedɑ̃taʀize] ▸ conjug 1 ◂ **vt** to settle ◆ **population sédentarisée** settled population

**sédentarité** [sedɑ̃taʀite] **nf** [population] settled way of life; [travail] sedentary nature

**sédiment** [sedimɑ̃] → SYN **nm** (Méd, fig) sediment; (Géol) deposit, sediment

**sédimentaire** [sedimɑ̃tɛʀ] **adj** sedimentary

**sédimentation** [sedimɑ̃tasjɔ̃] nf sedimentation; → **vitesse**

**sédimenter** [sedimɑ̃te] ▸ conjug 1 ◂ vi to deposit sediment

**sédimentologie** [sedimɑ̃tɔlɔʒi] nf sedimentology

**séditieux, -ieuse** [sedisjø, jøz] → SYN 1 adj (= en sédition) général, troupes insurrectionary (épith), insurgent (épith); (= agitateur) esprit, propos, réunion seditious

2 nm,f insurrectionary, insurgent

**sédition** [sedisjɔ̃] → SYN nf insurrection, sedition ◆ **esprit de sédition** spirit of sedition ou insurrection ou revolt

**sédon** [sedɔ̃] nm ⇒ **sedum**

**séducteur, -trice** [sedyktœʀ, tʀis] → SYN 1 adj seductive

2 nm (= débaucheur) seducer; (péj = Don Juan) womanizer (péj)

3 **séductrice** nf seductress

**séduction** [sedyksjɔ̃] → SYN nf **a** (= charme) charm; (= action) seduction ◆ **il a un grand pouvoir de séduction** he has great charm ◆ **scène de séduction** seduction scene ◆ **il y a toujours un jeu de séduction entre un homme et une femme** there is always an element of seduction between a man and a woman ◆ **le pouvoir de séduction de l'argent** (fig) the lure ou seductive power of money ◆ **leur opération de séduction en direction du public/des électeurs** the charm offensive they aimed at the public/the voters ◆ **leurs tentatives de séduction pour se concilier l'ONU** their attempts to win over the UN

**b** (= attrait) style, projet, idéologie appeal ◆ **exercer une forte séduction sur qn** to have a great deal of appeal for sb ◆ **les séductions de la vie estudiantine** the attractions ou appeal of student life

**c** (Jur) [femme] seduction; [mineur] corruption

**séduire** [sedɥiʀ] → SYN ▸ conjug 38 ◂ vt **a** (par son physique, son charme) to charm ◆ **qu'est-ce qui t'a séduit chez** ou **en elle ?** what attracted you to her? ◆ **elle sait séduire** she knows how to use her charms

**b** (= plaire) [style, qualité, projet] to appeal to ◆ **une des qualités qui me séduisent le plus** one of the qualities which most appeal to me ou which I find most appealing ◆ **ils ont essayé de nous séduire avec ces propositions** they tried to win us over ou to tempt us with these proposals ◆ **cette idée va-t-elle les séduire ?** is this idea going to tempt them? ou appeal to them? ◆ **leur projet/style de vie me séduit mais ...** their plan/lifestyle does appeal to me ou does have some appeal for me but ... ◆ **essayez cette crème, vous serez séduite** try this cream, you'll love it ◆ **séduit par les apparences** (= tromper) taken in by appearances

**c** († : sexuellement) to seduce

**séduisant, e** [sedɥizɑ̃, ɑ̃t] → SYN adj personne, visage attractive; beauté seductive; genre de vie, projet, style, tenue appealing, attractive

**sedum** [sedɔm] nm sedum

**séfarade** [sefaʀad] 1 adj Sephardic

2 nmf Sephardi

**seghia** [segja] nf ⇒ **seguia**

**segment** [sɛgmɑ̃] → SYN nm (gén) segment ◆ **segment de frein** brake shoe ◆ **segment de piston** piston ring ◆ **segment de programme** (Ordin) segment ◆ **segment de marché** market segment, segment of the market

**segmentaire** [sɛgmɑ̃tɛʀ] adj segmental

**segmental, e**, mpl **-aux** [sɛgmɑ̃tal, o] adj (Ling) segmental

**segmentation** [sɛgmɑ̃tasjɔ̃] → SYN nf (gén) segmentation

**segmenter** [sɛgmɑ̃te] → SYN ▸ conjug 1 ◂ 1 vt to segment

2 **se segmenter** vpr to segment, form ou break into segments

**ségrégatif, -ive** [segʀegatif, iv] adj segregative

**ségrégation** [segʀegasjɔ̃] → SYN nf segregation ◆ **ségrégation raciale** racial segregation

**ségrégationnisme** [segʀegasjɔnism] nm racial segregation, segregationism

**ségrégationniste** [segʀegasjɔnist] 1 adj manifestant segregationist; problème of segregation; troubles due to segregation

2 nmf segregationist

**ségréger** [segʀeʒe] ▸ conjug 3 ou 6 ◂, **ségréguer** [segʀege] ▸ conjug 6 ◂ vt to segregate ◆ **une nation de plus en plus ségréguée** a nation that has become increasingly segregated

**ségrégué, e** [segʀege] adj segregated

**ségréguer** [segʀege] ▸ conjug 6 ◂ vt to segregate

**séguedille** [segədij] nf seguidilla

**seguia** [segja] nf irrigation channel *(in North Africa)*

**seiche**[1] [sɛʃ] → SYN nf (Zool) cuttlefish; → **os**

**seiche**[2] [sɛʃ] nf (Géog) seiche

**séide** [seid] → SYN nm (fanatically devoted) henchman

**seigle** [sɛgl] nm rye; → **pain**

**seigneur** [sɛɲœʀ] → SYN nm **a** (Hist = suzerain, noble) lord; (fig = maître) overlord ◆ **mon seigneur et maître** (hum) my lord and master ◆ **grand seigneur** great ou powerful lord ◆ **se montrer grand seigneur avec qn** to behave in a lordly fashion towards sb ◆ **faire le grand seigneur** to play ou act the grand ou fine gentleman ◆ **faire le grand seigneur avec qn** to lord it over sb ◆ (Prov) **à tout seigneur tout honneur** honour to whom honour is due (Prov) ◆ **"Le Seigneur des anneaux"** (Littérat) "The Lord of the Rings"

**b** (Rel) **le Seigneur** the Lord ◆ **Notre-Seigneur Jésus-Christ** Our Lord Jesus Christ ◆ **Seigneur Dieu !** good Lord!; → **jour, vigne**

**seigneuriage** [sɛɲœʀjaʒ] nm (droit du seigneur) seigniorage

**seigneurial, e**, mpl **-iaux** [sɛɲœʀjal, jo] adj château, domaine seigniorial; allure, luxe lordly, stately

**seigneurie** [sɛɲœʀi] nf **a** **Votre/Sa Seigneurie** your/his Lordship

**b** (= terre) (lord's) domain, seigniory; (= droits féodaux) seigniory

**seime** [sɛm] nf (Vét) sand crack

**sein** [sɛ̃] → SYN nm **a** (= mamelle) breast ◆ **donner le sein à un bébé** (= méthode) to breast-feed a baby, suckle ou nurse a baby; (= être en train d'allaiter) to feed a baby (at the breast), suckle ou nurse a baby; (= présenter le sein) to give a baby the breast ◆ **prendre le sein** to take the breast ◆ **elle était seins nus** she was topless ◆ **ça me ferait mal aux seins*** (fig) that would really get (to) me*; → **faux**[2], **nourrir**

**b** (littér) (= poitrine) breast (littér), bosom (littér); (= matrice) womb; (fig = giron, milieu) bosom ◆ **serrer qn/qch contre son sein** to clasp sb/sth to one's bosom ◆ **porter un enfant dans son sein** to carry a child in one's womb ◆ **dans le sein de la terre/de l'église** in the bosom of the earth/of the church ◆ **le sein de Dieu** the bosom of the Father; → **réchauffer**

**c** (= parmi, dans) **au sein de** within

**Seine** [sɛn] nf ◆ **la Seine** the Seine

**seine** [sɛn] nf (= filet) seine

**seing** [sɛ̃] → SYN nm †† signature ◆ **acte sous seing privé** (Jur) private agreement *(document not legally certified)*

**séisme** [seism] → SYN nm (Géog) earthquake, seism (SPÉC); (fig) upheaval

**séismicité** [seismisite] nf ⇒ **sismicité**

**séismique** [seismik] adj ⇒ **sismique**

**séismographe** [seismɔgʀaf] nm ⇒ **sismographe**

**séismologie** [seismɔlɔʒi] nf ⇒ **sismologie**

**seizain** [sɛzɛ̃] nm sixteen-line poem

**seize** [sɛz] adj inv, nm inv sixteen ◆ **film tourné en seize millimètres** film shot in sixteen millimetres; pour loc voir **six**

**seizième** [sɛzjɛm] adj, nmf sixteenth ◆ **seizièmes de finale** (Sport) first round *(of 5-round knockout competition)* ◆ **le seizième (arrondissement)** the sixteenth arrondissement *(wealthy area in Paris)* ◆ **être très seizième** to be typical of the sixteenth arrondissement, ≃ be a Sloane Ranger* (Brit) ou a preppy* (US); pour loc voir **sixième**

**seizièmement** [sɛzjɛmmɑ̃] adv in the sixteenth place, sixteenth

**séjour** [seʒuʀ] → SYN nm **a** (= visite) stay ◆ **faire un séjour de trois semaines à Paris** to stay (for) three weeks in Paris, have a three-week stay in Paris ◆ **faire un séjour à l'étranger** to spend time abroad ◆ **j'ai fait plusieurs séjours en Australie** I've been to Australia several times ◆ **c'est mon deuxième séjour aux États-Unis** it's my second stay in ou trip to the United States, it's the second time I've been to the United States ◆ **il a fait trois séjours en prison** he has been in prison three times before, he has had three spells in prison ◆ **elle a fait plusieurs séjours à l'hôpital** she has had several stays ou spells in hospital ◆ **séjour officiel** (Pol) official visit ◆ **le ministre était en séjour privé en France** the minister was on a private holiday (Brit) ou on vacation (US) in France ◆ **il a fait un séjour linguistique en Irlande** he went to Ireland on a language course; → **interdit**[1], **permis, taxe**

**b** (= salon) living room, lounge (Brit) ◆ **séjour double** living-cum-dining room (Brit), living room-dining room (US); → **salle**

**c** (littér) (= endroit) abode (littér), dwelling place (littér); (= demeure temporaire) sojourn (littér) ◆ **le séjour des dieux** the abode ou dwelling place of the gods

**séjourner** [seʒuʀne] → SYN ▸ conjug 1 ◂ vi [personne] to stay; [eau, neige] to lie ◆ **séjourner chez qn** to stay with sb

**Sekhmet** [sɛkmɛt] nf Sekhmet

**sel** [sɛl] → SYN 1 nm **a** (gén, Chim) salt ◆ **sans sel** biscottes, pain, régime salt-free (épith) ◆ **je mange sans sel** I don't put salt on my food; → **gros, poivre**

**b** (fig) (= humour) wit; (= piquant) spice ◆ **la remarque ne manque pas de sel** it's quite a witty remark ◆ **c'est ce qui fait tout le sel de l'aventure** that's what gives the adventure its spice ◆ **ils sont le sel de la terre** (littér) they are the salt of the earth; → **grain**

2 **sels** nmpl (à respirer) smelling salts

3 COMP ▷ **sel d'Angleterre** ⇒ **sel d'Epsom** ▷ **sel attique** Attic salt ou wit ▷ **sels de bain** bath salts ▷ **sels biliaires** bile salts ▷ **sel de céleri** celery salt ▷ **sel de cuisine** cooking salt ▷ **sel d'Epsom** Epsom salts ▷ **sel fin** ⇒ **sel de table** ▷ **sel gemme** rock salt ▷ **sel marin** ou **de mer** sea salt ▷ **sels minéraux** mineral salts ▷ **sel de table** table salt ▷ **sel de Vichy** sodium bicarbonate

**sélacien, -ienne** [selasjɛ̃, jɛn] adj, nm selachian

**sélaginelle** [selaʒinɛl] nf resurrection plant, selaginella

**select*** [selɛkt] adj inv, **sélect, e*** [selɛkt] adj personne posh*, high-class; clientèle, club, endroit select, posh*

**sélecter** [selɛkte] → SYN ▸ conjug 1 ◂ vt to select

**sélecteur** [selɛktœʀ] 1 nm [ordinateur, télévision, central téléphonique] selector; [motocyclette] gear lever

2 adj n ◆ **comité sélecteur** selection committee

**sélectif, -ive** [selɛktif, iv] adj selective

**sélection** [selɛksjɔ̃] → SYN nf **a** (= action) selection ◆ **sélection naturelle** (Bio) natural selection ◆ **il y a une sélection (à l'entrée)** (Scol, Univ) admission is by selective entry ◆ **faire** ou **opérer** ou **effectuer une sélection parmi** to make a selection from among

**b** (= choix, gamme) [articles, produits, œuvres] selection

**c** (Sport) (= choix) selection; (= équipe) (gén) team; (Ftbl, Rugby etc ) line-up ◆ **la sélection française au festival de Cannes** the French films selected to be shown at the Cannes film festival ◆ **comité de sélection** selection committee ◆ **il a plus de 20 sélections à son actif en équipe nationale** he's been selected over 20 times for the national team, he's been capped more than 20 times (Brit), he has more than 20 caps to his credit (Brit) ◆ **match de sélection** trial match ◆ **épreuves de sélection** (selection) trials, heats

**sélectionné, e** [selɛksjɔne] (ptp de **sélectionner**) 1 adj (= soigneusement choisi) specially selected, choice (épith)

2 nm,f (Ftbl etc ) selected player; (Athlétisme) selected competitor ◆ **les sélectionnés** (Ftbl, Rugby) the line-up ◆ **figurer parmi les sélectionnés** to be in the line-up

**sélectionner** [selɛksjɔne] → SYN ▸ conjug 1 ◂ vt to select (*parmi* from (among)) ◆ **un film sélectionné à Cannes** a film selected at the Cannes film festival ◆ **il a été sélectionné trois fois en équipe nationale** (Ftbl, Rugby) he was selected three times for the national team, he was capped three times (Brit)

**sélectionneur, -euse** [selɛksjɔnœʀ, øz] → SYN nm,f (Sport) selector

**sélectivement** [selɛktivmɑ̃] adv selectively

**sélectivité** [selɛktivite] nf (Radio) selectivity

**sélène** [selɛn] adj, nmf ⇒ **sélénite**[2]

**séléniate** [selenjat] nm selenate

**sélénien, -ienne** [selenjɛ̃, jɛn] adj, nm,f ⇒ **sélénite**[2]

**sélénieux** [selenjø] adj m selenious

**sélénique** [selenik] adj m ◆ **acide sélénique** selenic acid

**sélénite**[1] [selenit] 1 adj moon (épith)
2 **Sélénite** nmf moon-dweller

**sélénite**[2] [selenit] nm (Chim) selenite

**sélénium** [selenjɔm] nm selenium

**séléniure** [selenjyʀ] nm selenide

**sélénographie** [selenɔgʀafi] nf selenography

**sélénographique** [selenɔgʀafik] adj selenographic

**sélénologie** [selenɔlɔʒi] nf selenology

**sélénologue** [selenɔlɔg] nmf selenologist

**self** [sɛlf] 1 nm (* = restaurant) self-service restaurant, cafeteria
2 nf (Élec) (= propriété) self-induction; (= bobine) self-induction coil

**self-control** [sɛlfkɔ̃tʀol] nm self-control

**self-government**, pl **self-governments** [sɛlf gɔvɛʀnmɛnt] nm self-government

**self-inductance** [sɛlfɛ̃dyktɑ̃s] nf self-inductance

**self-induction** [sɛlfɛ̃dyksjɔ̃] nf self-induction

**self-made-man** [sɛlfmɛdman], pl **self-made-men** [sɛlfmɛdmɛn] nm self-made man

**self-service**, pl **self-services** [sɛlfsɛʀvis] → SYN nm self-service; (= restaurant) self-service restaurant, cafeteria; (= station-service) self-service petrol (Brit) ou gas (US) station

**selle** [sɛl] → SYN 1 nf a (Cyclisme, Équitation) saddle ◆ **monter sans selle** to ride bareback ◆ **se mettre en selle** to mount, get into the saddle ◆ **mettre qn en selle** (lit) to put sb in the saddle; (fig) to give sb a boost ou a leg-up ◆ **se remettre en selle** (lit) to remount, get back into the saddle; (fig) to get back in the saddle ◆ **être bien en selle** (lit, fig) to be firmly in the saddle; → **cheval**
b (Boucherie) saddle
c (Art) [sculpteur] turntable
d **êtes-vous allé à la selle aujourd'hui ?** have your bowels moved today?
2 **selles** nfpl (Méd) stools, motions

**seller** [sele] → SYN ▸ conjug 1 ◂ vt to saddle

**sellerie** [sɛlʀi] → SYN nf (= articles, métier, selles) saddlery; (= lieu de rangement) tack room, harness room, saddle room

**sellette** [sɛlɛt] nf a (pour sculpteur) turntable; (pour statue, pot de fleur) stand
b (Constr) cradle
c (LOC) **être/mettre qn sur la sellette** to be/put sb in the hot seat

**sellier** [selje] → SYN nm saddler

**selon** [s(ə)lɔ̃] GRAMMAIRE ACTIVE 6.2, 26.3, 26.5 → SYN prép a (= conformément à) in accordance with ◆ **agir selon sa conscience** to follow the dictates of one's conscience, act according to one's conscience ◆ **selon la volonté de qn** in accordance with sb's wishes ◆ **selon la formule** ou **l'expression consacrée** as the saying goes
b (= en proportion de, en fonction de) according to ◆ **vivre selon ses moyens** to live within one's means ◆ **donner selon ses moyens** to give according to one's means ◆ **le nombre varie selon la saison** the number varies (along) with ou according to the season ◆ **c'est selon le cas/les circonstances** it all depends on the individual case/on the circumstances ◆ **c'est selon** * it (all) depends ◆ **il acceptera ou n'acceptera pas, selon son humeur** he may or may not accept, depending on ou according to his mood ou how he feels
c (= suivant l'opinion de) according to ◆ **selon lui** according to him ◆ **selon ses propres termes** in his own words ◆ **selon moi, c'est une mauvaise idée** in my opinion, it's a bad idea ◆ **qui l'a cassé ? – selon toi ?** who broke it? – who do you think?
d (LOC) **selon toute apparence** to all appearances ◆ **selon toute vraisemblance** in all probability ◆ **selon que** according to ou depending on whether

**Seltz** [sɛls] nf → **eau**

**selve** [sɛlv] nf selva

**semailles** [s(ə)mɑj] → SYN nfpl (= action) sowing (NonC); (= période) sowing period; (= graine) seed, seeds

**semaine** [s(ə)mɛn] nf a (gén) week ◆ **la première semaine de mai** the first week in ou of May ◆ **en semaine** during the week, on weekdays ◆ **louer à la semaine** to let by the week ◆ **dans 2 semaines à partir d'aujourd'hui** 2 weeks ou a fortnight (Brit) (from) today ◆ **la semaine de 39 heures** the 39-hour (working) week ◆ **à la semaine prochaine !** I'll see you (ou talk to you) next week!; → **courant, fin**[2]
b (= salaire) week's wages ou pay, weekly wage ou pay; (= argent de poche) week's ou weekly pocket money
c (Publicité) week ◆ **semaine publicitaire/commerciale** publicity/business week ◆ **la semaine du livre/du bricolage** book/do-it-yourself week ◆ **la semaine contre la faim** feed the hungry week ◆ **la semaine contre le SIDA** AIDS week ◆ **c'est sa semaine de bonté !** * (hum) it must be charity week! * (hum)
d (Bijouterie) (= bracelet) (seven-band) bracelet; (= bague) (seven-band) ring
e (LOC) **il te le rendra la semaine des quatre jeudis** he'll never give it back to you in a month of Sundays ◆ **faire la semaine anglaise** to work ou do a five-day week; (Mil) ◆ **être de semaine** to be on duty *(for the week)* ◆ **officier de semaine** officer on duty *(for the week)*, officer of the week ◆ **gestion à la petite semaine** short-sighted management ◆ **trafiquants à la petite semaine** small-time dealers

**semainier, -ière** [s(ə)menje, jɛʀ] 1 nm,f (= personne) person on duty *(for the week)*
2 nm (= agenda) desk diary; (= meuble) chest of (seven) drawers, semainier; (= bracelet) (seven-band) bracelet

**sémanticien, -ienne** [semɑ̃tisjɛ̃, jɛn] nm,f semantician, semanticist

**sémantique** [semɑ̃tik] → SYN 1 adj semantic
2 nf semantics sg

**sémaphore** [semafɔʀ] nm (Naut) semaphore; (Rail) semaphore signal

**sémaphorique** [semafɔʀik] adj semaphoric(al)

**sémasiologie** [semazjɔlɔʒi] nf semasiology

**semblable** [sɑ̃blabl] → SYN 1 adj a (= similaire) similar ◆ **semblable à** like, similar to ◆ **dans un cas semblable** in a similar case ◆ **je ne connais rien de semblable** I've never come across anything like it ◆ **une maison semblable à tant d'autres** a house like any other, a house like so many others ou similar to so many others ◆ **il a prononcé un discours très semblable à celui de l'année dernière** he delivered a speech very much like ou very much in the same vein as last year's ◆ **en cette circonstance, il a été semblable à lui-même** on this occasion he behaved true to form ou as usual ◆ **elle était là, semblable à elle-même** she was there, the same as ever
b (avant n = tel) such ◆ **de semblables calomnies sont inacceptables** such calumnies ou calumnies of this kind are unacceptable
c (= qui se ressemblent) **semblables** alike ◆ **les deux frères étaient semblables (en tout)** the two brothers were alike (in every way); → **triangle**
2 nmf fellow creature ◆ **aimer son semblable** to love one's fellow creatures ou fellow men ◆ **toi et tes semblables** (péj) you and your kind (péj), you and people like you (péj) ◆ **il n'a pas son semblable** there's no-one like him

**semblablement** [sɑ̃blabləmɑ̃] → SYN adv similarly, likewise

**semblant** [sɑ̃blɑ̃] → SYN nm (= apparence) ◆ **un semblant de calme/bonheur/vie/vérité** a semblance of calm/happiness/life/truth ◆ **un semblant de réponse** some vague attempt at a reply ◆ **un semblant de soleil** a glimmer of sun ◆ **un semblant de sourire** the shadow ou ghost of a smile ◆ **nous avons un semblant de jardin** we've got a garden of sorts ◆ **pour redonner un semblant de cohérence à leur politique** to make their policy look more consistent
◆ **faire semblant** ◆ **il fait semblant** he's pretending ◆ **faire semblant de dormir/lire** to pretend to be asleep/to be reading ◆ **il a fait semblant de ne pas me voir** he pretended not to see me, he acted as if he didn't see me ◆ **il fait semblant de rien** *, **mais il entend tout** he's pretending to take no notice but he can hear everything

**sembler** [sɑ̃ble] GRAMMAIRE ACTIVE 6.2, 26.4, 26.5 → SYN ▸ conjug 1 ◂
1 vb impers a (= paraître) **il semble bon/inutile de ...** it seems a good idea/useless to ... ◆ **il semblerait qu'il ne soit pas venu** it would seem ou appear that he didn't come, it looks as though ou as if he didn't come
b (= estimer) **il peut te sembler démodé de ...** it may seem ou appear old-fashioned to you to ... ◆ **c'était lundi, il me semble** I think it was on Monday ◆ **il me semble que ...** it seems ou appears to me that ... ◆ **il me semble que oui/que non** I think so/I don't think so ◆ **il me semble que tu n'as pas le droit de ...** it seems ou appears to me that you don't have the right to ... ◆ **comme bon me/te semble** as I/you see fit, as I/you think best ou fit ◆ **ils se marieront quand bon leur semblera** they will get married when they see fit ◆ **prenez qui/ce que bon vous semble** take who/what you please ou wish
c (= croire) **il me semble que** I think (that) ◆ **il me semblait bien que je l'avais posé là** I really thought ou did think I had put it down here ◆ **il me semble revoir mon grand-père** it's as though I were seeing ou it's like seeing my grandfather again ◆ **il me semble vous l'avoir déjà dit** I think ou I have a feeling I've already told you
d (LOC) **je vous connais, ce me semble** † methinks I know you †, it seems to me that I know you ◆ **je suis déjà venu ici, me semble-t-il** it seems to me (that) I've been here before, I seem to have been here before ◆ **il a, semble-t-il, essayé de me contacter** apparently he tried to contact me ◆ **à ce qu'il me semble, notre organisation est mauvaise** to my mind ou it seems to me (that) our organization is bad, our organization seems bad to me ◆ **que vous en semble ?** (frm, hum) what do you think (of it)?
2 vi to seem ◆ **la maison lui sembla magnifique** the house seemed magnificent to him ◆ **il semblait content/nerveux** he seemed (to be) ou appeared ou looked happy/nervous ◆ **elle me semble bien fatiguée** she seems ou looks very tired to me ◆ **vous me semblez bien pessimiste !** you do sound ou seem very pessimistic! ◆ **il ne semblait pas convaincu** he didn't seem (to be) convinced, he didn't look ou sound convinced ◆ **les frontières de la science semblent reculer** the frontiers of science seem ou appear to be retreating ◆ **tout semble indiquer que leur départ fut précipité** all the signs are that they left in a hurry ◆ **mes arguments ne semblent pas l'avoir convaincu** apparently he has not been convinced by my arguments

**semé, e** [s(ə)me] → SYN (ptp de semer) adj ◆ **questions semées de pièges** questions full of pitfalls ◆ **la route de la démocratie est semée d'embûches/n'est pas semée de roses** the road to democracy is fraught with difficulties/is not easy ◆ **mer semée d'écueils** sea scattered ou dotted with reefs ◆ **robe semée de pierreries** dress studded with gems ◆ **récit semé d'anecdotes** story interspersed ou sprinkled with anecdotes ◆ **tissu semé de fleurs** flowery material ◆ **gazon semé de fleurs** lawn dotted with flowers ◆ **campagne semée d'arbres** countryside dotted with trees ◆ **la vie est semée de joies et de peines** life is full of joys and sorrows

**sème** [sɛm] nm seme

**séméiologie** [semejɔlɔʒi] nf ⇒ **sémiologie**

**séméiologique** [semejɔlɔʒik] adj ⇒ **sémiologique**

**semelle** [s(ə)mɛl] nf a [chaussure] sole ◆ **semelles (intérieures)** insoles ◆ **semelles compensées** platform soles ◆ **chaussures à semelles compensées** ou **à plate-forme** platform shoes ◆ **semelles de plomb** lead boots ◆ **j'avais des**

**semelles de plomb** (fig) my feet felt like lead weights ◆ **c'est de la vraie semelle*** [viande] it's as tough as old boots* (Brit) ou shoe leather (US), it's like leather; → **battre, crêpe**[2]

**b** (LOC) **il n'a pas avancé/reculé d'une semelle** he hasn't moved forward/moved back (so much as) a single inch ou an inch ◆ **il ne m'a pas quitté** ou **lâché d'une semelle** he didn't leave me for a single second, he stuck to me like a leech ◆ **ne le lâche pas d'une semelle !** don't let him out of your sight!

**c** (Tech) [rail] base plate pad; [machine] bedplate; [fer à repasser] sole plate; [ski] running surface

**sémème** [semɛm] **nm** sememe

**semence** [s(ə)mɑ̃s] → SYN **nf** **a** (Agr, fig) seed ◆ **blé/pommes de terre de semence** seed corn/potatoes

**b** (= sperme) semen, seed (littér)

**c** (= clou) tack

**d** (Bijouterie) **semence de diamants** diamond sparks ◆ **semence de perles** seed pearls

**semencier, -ière** [s(ə)mɑ̃sje, jɛʀ] **1** **adj** seed (épith)

**2** **nm,f** (= industriel) seed manufacturer

**semer** [s(ə)me] → SYN ▸ conjug 5 ◂ **vt** **a** (= répandre) [+ discorde, graines] to sow; [+ confusion, terreur] to spread; [+ clous, confettis] to scatter; [+ faux bruits] to spread, disseminate (frm) ◆ **semer la panique** to spread panic ◆ **ils ont semé la mort dans la région** they brought death and destruction to the region ◆ **semer le doute dans l'esprit de qn** to sow doubts in sb's mind ◆ **semer ses propos de citations** to intersperse ou sprinkle one's remarks with quotations ◆ (Prov) **qui sème le vent récolte la tempête** he who sows the wind shall reap the whirlwind (Prov)

**b** (* = perdre) [+ mouchoir] to lose; [+ poursuivant] to lose, shake off

**semestre** [s(ə)mɛstʀ] **nm** **a** (= période) half-year, six-month period ◆ **tous les semestres** every six months, twice yearly ou a year ◆ **taxe payée par semestre** tax paid half-yearly ◆ **pendant le premier/second semestre (de l'année)** during the first/second half of the year, during the first/second six-month period (of the year)

**b** (Univ) semester

**c** (= loyer) half-yearly ou six months' rent ◆ **je vous dois un semestre** I owe you six months' ou half a year's rent

**d** rente, pension half-yearly payment

**semestriel, -ielle** [s(ə)mɛstʀijɛl] **adj** **a** assemblée six-monthly; revue, bulletin biannual; résultats half-yearly

**b** (Univ) examen end-of-semester (épith); cours one-semester (épith)

**c** [rente, pension] half-yearly

**semestriellement** [s(ə)mɛstʀijɛlmɑ̃] **adv** (gén) half-yearly; (Univ) every ou each semester ◆ **les montants sont fixés semestriellement** the amounts are set every six months

**semeur, -euse** [s(ə)mœʀ, øz] **nm,f** sower ◆ **semeur de trouble(s)** troublemaker ◆ **semeur de discorde** sower of discord ◆ **la Semeuse** *symbolic figure of a female sower that appears on some French coins*

**semi-** [səmi] **préf** (dans les mots composés à trait d'union, le préfixe reste invariable au pluriel) semi- ◆ **semi-autonome/-professionnel** semi-autonomous/-professional

**semi-aride** [səmiaʀid] **adj** semiarid

**semi-automatique** [səmiɔtɔmatik] **adj** semi-automatic

**semi-auxiliaire** [səmioksiljɛʀ] **1** **adj** semiauxiliary

**2** **nm** semiauxiliary verb

**semi-chenillé, e** [səmiʃ(ə)nije] **1** **adj** half-tracked

**2** **nm** half-track

**semi-circulaire** [səmisiʀkylɛʀ] **adj** semicircular

**semi-coke** [səmikɔk] **nm** semicoke

**semi-conducteur, -trice** [səmikɔ̃dyktœʀ, tʀis]

**1** **adj** propriétés, cristaux semiconducting

**2** **nm** semiconductor

**semi-conserve** [səmikɔ̃sɛʀv] **nf** semi-preserve

**semi-consonne** [səmikɔ̃sɔn] **nf** semiconsonant

**semi-fini, e** [səmifini] **adj** semi-finished ◆ **produits semi-finis** semi-finished goods ou products

**semi-liberté** [səmilibɛʀte] **nf** [prisonnier] ≃ partial release ◆ **les animaux vivent en semi-liberté** the animals live in relative liberty

**sémillant, e** [semijɑ̃, ɑ̃t] → SYN **adj** (= alerte, vif) personne vivacious, spirited; allure, esprit vivacious; (= fringant) dashing (épith)

**semi-lunaire** [səmilynɛʀ] **1** **adj** ganglion, os semilunar

**2** **nm** semilunar (bone), lunatum

**séminaire** [seminɛʀ] → SYN **nm** (Rel) seminary; (Univ) seminar ◆ **grand séminaire** (Rel) (theological) seminary ◆ **petit séminaire** Catholic secondary school

**séminal, e,** mpl **-aux** [seminal, o] **adj** (Bio) seminal

**séminariste** [seminaʀist] → SYN **nm** seminarian, seminarist

**semi-nasal, e** [səminazal], mpl **semi-nasals** **1** **adj** consonne, phonème seminasal

**2** **semi-nasale** **nf** seminasal

**séminifère** [seminifɛʀ] **adj** seminiferous

**semi-nomade** [səminɔmad] **1** **adj** seminomadic

**2** **nmf** seminomad

**semi-nomadisme** [səminɔmadism] **nm** seminomadism

**semi-officiel, -elle** [səmiɔfisjɛl] **adj** semi-official

**sémiologie** [semjɔlɔʒi] **nf** (Ling, Méd) semiology

**sémiologique** [semjɔlɔʒik] **adj** semiological

**sémiologue** [semjɔlɔg] **nmf** semiologist

**sémioticien, -ienne** [semjɔtisjɛ̃, jɛn] **nm,f** semiotician

**sémiotique** [semjɔtik] **1** **adj** semiotic

**2** **nf** semiotics sg

**semi-ouvert, e** [səmiuvɛʀ, ɛʀt] **adj** (Math) ◆ **intervalle semi-ouvert** half-open interval

**semi-ouvré, e** [səmiuvʀe] **adj** semifinished

**semi-perméable** [səmipɛʀmeabl] **adj** semipermeable

**semi-polaire** [səmipɔlɛʀ] **adj** semipolar

**semi-précieux, -ieuse** [səmipʀesjø, jøz] **adj** pierre semiprecious

**semi-produit** [səmipʀɔdɥi] **nm** semifinished product

**semi-public, -ique** [səmipyblik] **adj** semi-public

**sémique** [semik] **adj** semic ◆ **acte sémique** semic ou meaningful act

**Sémiramis** [semiʀamis] **nf** Semiramis

**semi-remorque** [səmiʀ(ə)mɔʀk] **1** **nm** (= camion) articulated lorry (Brit), artic* (Brit), trailer truck (US)

**2** **nf** (= remorque) trailer (Brit), semitrailer (US)

**semi-rigide** [səmiʀiʒid] **adj** ◆ **dirigeable semi-rigide** semirigid airship

**semis** [s(ə)mi] → SYN **nm** (= plante) seedling; (= opération) sowing; (= terrain) seedbed, seed plot; (= motif) pattern, motif

**semi-submersible** [səmisybmɛʀsibl] **adj** semisubmersible

**sémite** [semit] → SYN **1** **adj** Semitic

**2** **Sémite** **nmf** Semite

**sémitique** [semitik] **adj** Semitic

**sémitisant, e** [semitizɑ̃, ɑ̃t] **nm,f** Semitist

**sémitisme** [semitism] **nm** Semitism

**semi-voyelle** [səmivwajɛl] **nf** semivowel

**semnopithèque** [sɛmnɔpitɛk] **nm** semnopithecus

**semoir** [səmwaʀ] **nm** **a** (= machine) sower, seeder ◆ **semoir à engrais** muckspreader, manure spreader

**b** (= sac) seed-bag, seed-lip

**semonce** [səmɔ̃s] → SYN **nf** reprimand ◆ **coup de semonce** (Naut) warning shot across the bows; (fig) warning ◆ **un coup de semonce pour le gouvernement** (Pol) a warning shot across the government's bows

**semoule** [s(ə)mul] **nf** ◆ **semoule (de blé dur)** (gén) semolina; (pour couscous) couscous ◆ **semoule de maïs** corn meal; → **gâteau, sucre**

**semoulerie** [s(ə)mulʀi] **nf** (= usine) semolina factory; (= fabrication) semolina production

**semoulier, -ière** [s(ə)mulje, jɛʀ] **nm,f** (= industriel) semolina manufacturer; (= ouvrier) semolina worker

**semper virens** [sɛ̃pɛʀviʀɛ̃s] **adj inv** ⇒ **sempervirent, e**

**sempervirent, e** [sɛ̃pɛʀviʀɑ̃, ɑ̃t] **adj** sempervirent

**sempervivum** [sɛ̃pɛʀvivɔm] **nm inv** houseleek, sempervivum

**sempiternel, -elle** [sɑ̃pitɛʀnɛl] → SYN **adj** plaintes, reproches eternal (épith), never-ending

**sempiternellement** [sɑ̃pitɛʀnɛlmɑ̃] → SYN **adv** eternally

**semtex** [sɛmtɛks] **nm** Semtex ®

**sen** [sɛn] **nm** sen

**sénat** [sena] → SYN **nm** (gén, Hist) senate ◆ **le Sénat** (Pol) the Senate ◆ **le Sénat américain** the American Senate → SÉNAT

> **SÉNAT**
>
> The **Sénat**, the upper house of the French parliament, sits at the Palais du Luxembourg in Paris. One third of its members, known as "sénateurs", are elected for a nine-year term every three years by an electoral college consisting of "députés" and other electoral representatives. The **Sénat** has a wide range of powers but is overruled by the "Assemblée nationale" in cases of disagreement. → ASSEMBLÉE NATIONALE; DÉPUTÉ; ÉLECTIONS

**sénateur, -trice** [senatœʀ, tʀis] → SYN **nm,f** senator; → **train**

**sénatorial, e,** mpl **-iaux** [senatɔʀjal, jo] **1** **adj** commission senatorial; mission, rapport Senate (épith) ◆ **la majorité sénatoriale** the majority in the Senate

**2** **nfpl** ◆ **les (élections) sénatoriales** (gén) the senatorial elections; (aux USA) the Senate elections → ÉLECTIONS

**sénatus-consulte,** pl **sénatus-consultes** [senatyskɔ̃sylt] **nm** (Antiq, Hist) senatus consultum

**sendériste** [sɑ̃deʀist] **nmf** member of the Shining Path, member of the Sendero Luminoso

**séné** [sene] **nm** senna

**sénéchal,** pl **-aux** [seneʃal, o] **nm** (Hist) seneschal

**séneçon** [sɛnsɔ̃] **nm** groundsel

**Sénégal** [senegal] **nm** Senegal

**sénégalais, e** [senegalɛ, ɛz] **1** **adj** Senegalese

**2** **Sénégalais(e)** **nm,f** Senegalese

**sénégalisme** [senegalism] **nm** Senegalese-French word (ou expression)

**Sénèque** [senɛk] **nm** Seneca

**sénescence** [senesɑ̃s] → SYN **nf** senescence

**sénescent, e** [senesɑ̃, ɑ̃t] **adj** senescent

**senestre, sénestre** [sənɛstʀ] → SYN **adj** **a** (Hér) sinister

**b** (Zool) **coquille senestre** sinistral shell

**sénevé** [sɛnve] **nm** (= plante) wild mustard; (= graine) wild mustard seed

**sénile** [senil] → SYN **adj** (péj, Méd) senile

**sénilisme** [senilism] **nm** premature ag(e)ing

**sénilité** [senilite] → SYN **nf** senility

**senior** [senjɔʀ] **adj, nmf** (Sport) senior ◆ **les seniors** (= personnes de plus de 50 ans) the over-fifties

**senne** [sɛn] **nf** ⇒ **seine**

**sens** [sɑ̃s] → SYN **1** **nm** **a** (= goût, vue etc ) sense ◆ **les sens** the senses ◆ **avoir le sens de l'odorat/de l'ouïe très développé** to have a highly developed ou a very keen sense of smell/of hearing ◆ **reprendre ses sens** to regain consciousness ◆ **sixième sens** sixth sense; → **organe**

**b** (= instinct) sense ◆ **avoir le sens du rythme/de l'humour/du ridicule** to have a sense of rhythm/of humour/of the ridiculous ◆ **il n'a aucun sens moral/pratique** he has no moral/practical sense ◆ **avoir le sens des réalités** to have a sense of reality ◆ **avoir le sens de l'orientation** to have a (good) sense of direction ◆ **avoir le sens des responsabilités/des valeurs** to have a sense of responsibility/of moral values ◆ **avoir le sens des affaires** to have business acumen ou good business sense, have a good head for business

**c** (= avis, jugement) sense ◆ **ce qu'il dit est plein de sens** what he is saying makes (good) sense ou is very sensible ◆ **cela n'a pas de sens** that doesn't make (any) sense ◆ **il a perdu le sens (commun)** he's lost his hold on common sense ◆ **cela tombe sous le sens** it's (perfectly) obvious, it stands to reason ◆ **à mon sens** to my mind, in my opinion, the way I see it

◆ **bon sens** common sense ◆ **homme de bon sens** man of (good) sense ◆ **le bon sens voudrait qu'il refuse** the sensible thing would be for him to refuse, the sensible thing for him to do would be to refuse ◆ **c'est une question de bon sens** it's a matter of common sense ◆ **interprétations qui défient le bon sens** interpretations that fly in the face of common sense ◆ **ça semble de bon sens** it seems to make sense ◆ **c'est le bon sens même de ...** it's only common sense ou it only makes sense to ...

**d** (= signification) [parole, geste] meaning ◆ **ce qui donne un sens à la vie/à son action** what gives (a) meaning to life/to what he did ◆ **au sens propre/figuré** in the literal ou true/figurative sense ◆ **au sens large/strict du terme** in the general/strict sense of the word ◆ **dans tous les sens du terme** in every sense of the word ◆ **dans le bon sens du terme** in the best sense of the word ◆ **faire sens** to make sense ◆ **qui n'a pas de sens, dépourvu de sens, vide de sens** meaningless, which has no meaning ◆ **en un (certain) sens** in a (certain) sense ◆ **en ce sens que ...** in the sense that ... ◆ **la culture, au sens où il l'entend** culture, as he understands it; → **double, faux(-)sens**

**e** (= direction) direction ◆ **aller** ou **être dans le bon/mauvais sens** to go ou be in the right/wrong direction, go the right/wrong way ◆ **mesurer/fendre qch dans le sens de la longueur** to measure/split sth along its length ou lengthwise ou lengthways ◆ **ça fait dix mètres dans le sens de la longueur** it's ten metres in length ◆ **dans le sens de la largeur** across its width, in width, widthwise ◆ **dans le sens du bois** with the grain (of the wood) ◆ **arriver/venir en sens contraire** ou **inverse** to arrive/come from the opposite direction ◆ **aller en sens contraire** to go in the opposite direction ◆ **dans le sens des aiguilles d'une montre** clockwise ◆ **dans le sens inverse des aiguilles d'une montre** anticlockwise (Brit), counterclockwise (US) ◆ **dans le sens de la marche** facing the front (of the train), facing the engine ◆ **il retourna la boîte dans tous les sens avant de l'ouvrir** he turned the box this way and that before opening it ◆ **ça va** ou **part dans tous les sens** (fig) it's going all over the place ◆ **une voie de circulation a été mise en sens inverse sur ...** there is a contraflow system in operation on ... ◆ **la circulation dans le sens Paris-province/dans le sens province-Paris** traffic out of Paris/into Paris

◆ **sens dessus dessous** ◆ **être/mettre sens dessus dessous** (lit, fig) to be/turn upside down

◆ **sens devant derrière** back to front, the wrong way round

**f** (= ligne directrice) **il a répondu dans le même sens** he replied more or less in the same way ou along the same lines ◆ **il a agi dans le même sens** he acted along the same lines, he did more or less the same thing ◆ **j'ai donné des directives dans ce sens** I've given instructions to that effect ou end ◆ **dans quel sens allez-vous orienter votre politique ?** along what lines are you going to direct your policy? ◆ **cette réforme va dans le bon sens** this reform is a step in the right direction ◆ **le sens de l'histoire** the course of history

**2** COMP ▷ **sens giratoire** (Aut) roundabout (Brit), traffic circle (US) ◆ **la place est en sens giratoire** the square forms a roundabout ▷ **sens interdit** (Aut) one-way street ◆ **vous êtes en sens interdit** you are in a one-way street, you are going the wrong way (up a one-way street) ▷ **sens unique** (Aut) one-way street ◆ **à sens unique** rue one-way; concession one-sided ◆ **c'est toujours à sens unique avec lui** everything is so one-sided with him

**sensass** * [sɑ̃sas] adj inv fantastic *, terrific *, sensational

**sensation** [sɑ̃sasjɔ̃] → SYN nf **a** (= perception) sensation; (= impression) feeling, sensation ◆ **il eut une sensation d'étouffement** he felt he was suffocating ◆ **éprouver une sensation de bien-être** to have a feeling of well-being ◆ **éprouver une sensation de faim/froid** to feel cold/hungry ◆ **avoir une sensation de malaise** (psychologiquement) to feel ill at ease; (physiquement) to feel weak ◆ **sensation de brûlure** burning sensation ◆ **ça laisse une sensation de fraîcheur** [déodorant] it leaves you feeling refreshed ◆ **sensation de liberté/plénitude/puissance** feeling ou sense of freedom/bliss/power ◆ **j'ai la sensation de l'avoir déjà vu** I have a feeling I've seen him before ◆ **quelle sensation cela te procure-t-il ?** how does it make you feel?, what kind of sensation does it give you? ◆ **les amateurs de sensations fortes** thrill-seekers, people who like big thrills

**b** (= effet) **faire sensation** to cause ou create a sensation

◆ **à sensation** littérature, roman sensational ◆ **la presse à sensation** the tabloid ou gutter (péj) press ◆ **journal à sensation** tabloid (newspaper), scandal sheet

**sensationnalisme** [sɑ̃sasjɔnalism] nm sensationalism

**sensationnel, -elle** [sɑ̃sasjɔnɛl] → SYN **1** adj (* = merveilleux) fantastic *, terrific *, sensational; (= qui fait sensation) sensational

**2** nm ◆ **le sensationnel** the sensational ◆ **des journalistes à l'affût du sensationnel** journalists on the lookout for sensational stories

**sensé, e** [sɑ̃se] → SYN adj question, personne, mesure sensible ◆ **tenir des propos sensés** to talk sense

**sensément** [sɑ̃semɑ̃] adv sensibly ◆ **je ne peux sensément pas lui proposer cela** it would be unreasonable of me to suggest that to him

**senseur** [sɑ̃sœʀ] nm (Tech) sensor

**sensibilisateur, -trice** [sɑ̃sibilizatœʀ, tʀis] **1** adj sensitizing

**2** nm sensitizer

**sensibilisation** [sɑ̃sibilizasjɔ̃] → SYN nf **a** [personnes] **la sensibilisation de l'opinion publique à ce problème est récente** public opinion has only recently become sensitive ou alive to this problem ◆ **campagne de sensibilisation** public awareness campaign, consciousness-raising campaign ◆ **mener des actions de sensibilisation à l'écologie** to attempt to raise public awareness of ecological issues

**b** (Bio, Photo) sensitization

**sensibilisé, e** [sɑ̃sibilize] (ptp de **sensibiliser**) adj **sensibilisé à** (gén) sensitive ou alive to ◆ **sensibilisé aux problèmes sociaux** socially aware ◆ **sensibilisé aux problèmes de santé** aware of health issues

**sensibiliser** [sɑ̃sibilize] → SYN ▸ conjug 1 ◂ vt **a** **sensibiliser qn** to make sb sensitive (à to) ◆ **sensibiliser l'opinion publique à un problème** to heighten public awareness of a problem, make the public aware of a problem

**b** (Bio, Photo) to sensitize

**sensibilité** [sɑ̃sibilite] → SYN nf **a** [personne] (gén) sensitivity, sensitiveness; [artiste] sensibility, sensitivity ◆ **être d'une grande sensibilité** to be extremely sensitive ◆ **faire preuve d'une sensibilité exacerbée** to be hypersensitive ◆ **certaines scènes peuvent heurter la sensibilité des plus jeunes** some scenes may be unsuitable for a younger audience

**b** (Pol) **il a une sensibilité de gauche/de droite** his sympathies lie with the left/the right ◆ **les maires, toutes sensibilités politiques confondues, sont d'accord** mayors of all political tendencies agree

**c** [instrument, muscle, pellicule, marché, secteur] sensitivity

**sensible** [sɑ̃sibl] GRAMMAIRE ACTIVE 22 → SYN adj **a** (= impressionnable) personne sensitive (à to) ◆ **film déconseillé aux personnes sensibles** film not recommended for people of a nervous disposition ◆ **elle a le cœur sensible** she is tender-hearted ◆ **être sensible au charme de qn** to be susceptible to sb's charm ◆ **j'ai été très sensible à ses attentions** I was really touched by how considerate he was ◆ **les gens sont de plus en plus sensibles à la qualité du cadre de vie** people are more and more aware of the importance of their surroundings ◆ **il est très sensible à la poésie** he has a great feeling for poetry ◆ **il est peu sensible à ce genre d'argument** he's unlikely to be convinced by that kind of argument ◆ **ils ne sont pas du tout sensibles à notre humour** they don't appreciate our sense of humour at all ◆ **l'opinion publique est très sensible aux problèmes des réfugiés** public opinion is very much alive to the refugees' problems; → **âme, point[1]**

**b** (= notable) hausse, changement, progrès appreciable, noticeable, palpable (épith) ◆ **la différence n'est pas sensible** the difference is hardly noticeable ou appreciable ◆ **de façon sensible** appreciably

**c** (= tangible) perceptible ◆ **le vent était à peine sensible** the wind was scarcely ou hardly perceptible ◆ **sensible à la vue/l'ouïe** perceptible to the eye/the ear

**d** blessure, organe, peau sensitive ◆ **avoir l'ouïe sensible** to have sensitive ou keen hearing ◆ **sensible au chaud/froid** sensitive to (the) heat/cold ◆ **être sensible de la bouche/gorge** to have a sensitive mouth/throat

**e** (= qui varie) **sensible à** marché, secteur sensitive to ◆ **les valeurs (les plus) sensibles à l'évolution des taux d'intérêt** shares that are (most) sensitive to fluctuating interest rates

**f** (= difficile) dossier, projet, secteur sensitive; établissement scolaire, quartier problem (épith) ◆ **zone sensible** (= quartier) problem area; (Mil) sensitive area

**g** (Tech) balance, baromètre, papier sensitive; → **corde**

**h** (Mus) **(note) sensible** leading note

**i** (Philos) **intuition sensible** sensory intuition ◆ **un être sensible** a sentient being ◆ **le monde sensible** the physical world, the world as perceived by the senses

**sensiblement** [sɑ̃sibləmɑ̃] → SYN adv **a** (= presque) approximately, more or less ◆ **être sensiblement du même âge/de la même taille** to be approximately ou more or less the same age/the same height

**b** (= notablement) appreciably, noticeably, markedly

**sensiblerie** [sɑ̃sibləʀi] → SYN nf (= sentimentalité) sentimentality, mawkishness; (= impressionnabilité) squeamishness

**sensitif, -ive** [sɑ̃sitif, iv] **1** adj (Anat) nerf sensory; (littér) oversensitive

**2** **sensitive** nf (Bot) sensitive plant

**sensitométrie** [sɑ̃sitɔmetʀi] nf sensitometry

**sensitométrique** [sɑ̃sitɔmetʀik] adj sensitometric

**sensoriel, -ielle** [sɑ̃sɔʀjɛl] adj sensory, sensorial ◆ **organe sensoriel** sense organ, sensory organ

**sensorimoteur, -trice** [sɑ̃sɔʀimɔtœʀ, tʀis] adj sensorimotor

**sensualisme** [sɑ̃sɥalism] nm (Philos) sensualism

**sensualiste** [sɑ̃sɥalist] (Philos) **1** adj sensualist, sensualistic

**2** nmf sensualist

**sensualité** [sɑ̃sɥalite] → SYN nf (gén) sensuality; [langage, style] sensuousness

**sensuel, -uelle** [sɑ̃sɥɛl] → SYN adj (gén) sensual; langage, style sensuous

**sensuellement** [sɑ̃sɥɛlmɑ̃] adv sensually

**sent-bon** [sɑ̃bɔ̃] nm inv (langage enfantin) perfume

**sente** [sɑ̃t] → SYN nf (littér) (foot)path

**sentence** [sɑ̃tɑ̃s] → SYN nf (= verdict) sentence; (= adage) maxim

**sentencieusement** [sɑ̃tɑ̃sjøzmɑ̃] adv sententiously

**sentencieux, -ieuse** [sɑ̃tɑ̃sjø, jøz] → SYN adj sententious

**senteur** [sɑ̃tœʀ] → SYN nf (littér) scent, perfume; → **pois**

**senti, e** [sɑ̃ti] → SYN (ptp de **sentir**) adj (= sincère) heartfelt, sincere ◆ **quelques vérités bien senties** a few home truths ◆ **quelques mots bien sentis** (bien choisis) a few well-chosen ou well-expressed words; (de blâme) a few well-chosen words ◆ **un discours bien senti** a well-delivered ou heartfelt speech

**sentier** [sɑ̃tje] → SYN nm (lit) (foot)path; (fig) path ◆ **sortir des sentiers battus** to go ou venture off the the beaten track ◆ **hors** ou **loin des sentiers battus** off the beaten track ◆ **les sentiers de la gloire** (littér) the path to glory ◆ **être sur le sentier de la guerre** (lit, fig) to be on the warpath ◆ **le Sentier lumineux** (Pol) the Shining Path; → **randonnée**

**sentiment** [sɑ̃timɑ̃] GRAMMAIRE ACTIVE 6.1 → SYN nm **a** (= émotion) feeling, sentiment (frm) ◆ **sentiment de pitié/tendresse/haine** feeling of pity/tenderness/hatred ◆ **sentiment de culpabilité** feeling of guilt, guilty feeling ◆ **avoir de bons/mauvais sentiments à l'égard de qn** to be well-/ill-disposed towards sb ◆ **bons sentiments** finer feelings ◆ **dans ce cas, il faut savoir oublier les sentiments** in this case, we have to put sentiment to one side ou to disregard our own feelings ◆ **prendre qn par les sentiments** to appeal to sb's feelings ◆ **ça n'empêche pas les sentiments** * (souvent iro) that doesn't mean we (ou they etc ) don't love each other

**b** (= sensibilité) **le sentiment** feeling, emotion ◆ **être capable de sentiment** to be capable of emotion ◆ **être dépourvu de sentiment** to be devoid of all feeling ou emotion ◆ **jouer/danser avec sentiment** to play/dance with feeling ◆ **agir par sentiment** to be guided by ou listen to one's feelings ◆ **faire du sentiment** (péj) to sentimentalize, be sentimental ◆ **tu ne m'auras pas au sentiment** * you won't get round me like that, you can't sweet-talk me *

**c** (= conscience) **avoir le sentiment de** to be aware of ◆ **elle avait le sentiment très vif de sa valeur** she was keenly aware of her worth, she had a keen sense of her worth ◆ **avoir le sentiment que quelque chose va arriver** to have a feeling that something is going to happen

**d** (formule de politesse) **transmettez-lui nos meilleurs sentiments** give him our best wishes; → **agréer**

**e** (littér = opinion) feeling ◆ **quel est votre sentiment ?** what are your feelings ou what is your feeling (about that)?

**sentimental, e,** mpl **-aux** [sɑ̃timɑ̃tal, o] → SYN **1** adj **a** (= tendre) personne romantic

**b** (= affectif) raisons, voyage sentimental ◆ **cette bague a pour moi une grande valeur sentimentale** this ring is of great sentimental value to me

**c** (= amoureux) aventure, vie love (épith) ◆ **sur le plan sentimental** (dans horoscope) on the romantic ou love front ◆ **sa vie était un échec sur le plan sentimental** as far as relationships were concerned, his life was a failure ◆ **il a des problèmes sentimentaux** he has problems with his love life ◆ **déception sentimentale** disappointment in love ◆ **drame sentimental** tragic love story

**d** (péj) chanson, film, personne sentimental, soppy * ◆ **ne sois pas si sentimental** don't be so soft ou soppy * ou sentimental

**2** nm,f sentimentalist ◆ **c'est un grand sentimental** he's a great romantic

**sentimentalement** [sɑ̃timɑ̃talmɑ̃] adv sentimentally; (péj) soppily *

**sentimentalisme** [sɑ̃timɑ̃talism] → SYN nm sentimentalism

**sentimentalité** [sɑ̃timɑ̃talite] nf sentimentality; (péj) soppiness *

**sentine** [sɑ̃tin] → SYN nf **a** (Naut) bilge

**b** (littér) cesspool, cesspit

**sentinelle** [sɑ̃tinɛl] → SYN nf sentry, sentinel (littér) ◆ **être en sentinelle** (Mil) to be on sentry duty, stand sentry ◆ **mets-toi en sentinelle à la fenêtre** (fig) stand guard ou keep watch at the window

**sentir** [sɑ̃tiʀ] → SYN ▸ conjug 16 ◂ **1** vt **a** (= percevoir) (par l'odorat) to smell; (au goût) to taste; (au toucher, contact) to feel ◆ **sentir un courant d'air** to feel a draught ◆ **sentir son cœur battre/ses yeux se fermer** to feel one's heart beating/one's eyes closing ◆ **il ne sent pas la différence entre le beurre et la margarine** he can't taste ou tell the difference between butter and margarine ◆ **elle sentit une odeur de gaz/de brûlé** she smelled ou smelt (Brit) gas/burning ◆ **on sent qu'il y a de l'ail dans ce plat** you can taste the garlic in this dish, you can tell there's garlic in this dish ◆ **il ne sent jamais le froid/la fatigue** he never feels the cold/feels tired ◆ **elle sentit qu'on lui tapait sur l'épaule** she felt somebody tapping her on the shoulder ◆ **je suis enrhumé, je ne sens plus rien** I have a cold and can't smell anything ou and I've lost my sense of smell ◆ **je ne sens plus mes doigts** (fig : de froid) I have lost all sensation in my fingers, I can't feel my fingers ◆ **je ne sens plus mes jambes** (de fatigue) my legs are dropping off * (Brit), my legs are folding under me (US) ◆ **je l'ai senti passer** * [+ facture, opération] I really felt it * ◆ **sentir l'écurie** * [personne] to get the smell ou scent of home in one's nostrils ◆ **je ne le sens pas, ce type** * I don't like the look of him ◆ **je le sens mal ce voyage** * I'm not (at all) happy about this trip ◆ **fais comme tu le sens** * do as you see fit

**b** (= dégager une certaine odeur) to smell; (= avoir un certain goût) to taste ◆ **sentir bon/mauvais** to smell good ou nice/bad ◆ **sentir des pieds/de la bouche** to have smelly feet/bad breath ◆ **son manteau sent la fumée** his coat smells of smoke ◆ **ce poisson commence à sentir** this fish is beginning to smell ◆ **ce thé sent le jasmin** (goût) this tea tastes of jasmine; (odeur) this tea smells of jasmine ◆ **la pièce sent le renfermé/le moisi** the room smells stale/musty ◆ **ça ne sent pas la rose !** * that doesn't smell too good!

**c** (= dénoter) to be indicative of, reveal, smack of ◆ **une certaine arrogance qui sent la petite bourgeoisie** a certain arrogance indicative of ou which reveals ou suggests a middle-class background

**d** (= annoncer) **ça sent le fagot/l'autoritarisme** it smacks of heresy/of authoritarianism ◆ **ça sent le piège** there's a trap ou catch ◆ **ça sent la pluie/la neige** it looks ou feels like rain/snow ◆ **ça sent l'orage** there's a storm in the air ◆ **ça sent le printemps** spring is in the air ◆ **ça sent la punition** someone's in for a telling off *, someone's going to be punished ◆ **cela sent la poudre** things could flare up; → **roussi, sapin**

**e** (= avoir conscience de) [+ changement, fatigue] to feel, be aware ou conscious of; [+ importance de qch] to be aware ou conscious of; (= apprécier) [+ beauté, élégance de qch] to appreciate; (= pressentir) [+ danger, difficulté] to sense ◆ **il sentait la panique le gagner** he felt panic rising within him ◆ **sentant le but proche ...** sensing the goal was at hand ... ◆ **il ne sent pas sa force** he doesn't know ou realize his own strength ◆ **elle sent maintenant le vide causé par son départ** now she is feeling the emptiness left by his departure ◆ **sentez-vous la beauté de ce passage ?** do you feel ou appreciate the beauty of this passage? ◆ **le cheval sentait (venir) l'orage** the horse sensed the storm (coming) ◆ **nul besoin de réfléchir, cela se sent** there's no need to think about it – you can feel ou sense it ◆ **c'est sa façon de sentir (les choses)** that's the way he feels (about things) ◆ **sentir que** to be aware ou conscious that; (= pressentir) to sense that ◆ **il sentit qu'il ne reviendrait jamais** he sensed ou felt that he would never come back (again) ◆ **faire sentir son autorité** to make one's authority felt ◆ **faire sentir la beauté d'une œuvre d'art** to bring out ou demonstrate the beauty of a work of art ◆ **il m'a fait sentir que j'étais de trop** he let me know I wasn't wanted ◆ **j'ai senti le coup** * I knew what was coming

**f** (= supporter) **il ne peut pas le sentir** * he can't stand ou bear (the sight of) him

**2 se sentir** vpr **a** [personne] **se sentir mal** (physiquement) to feel ill ou unwell ou sick, not to feel very well; (psychologiquement) to be unhappy ◆ **se sentir bien** (physiquement, psychologiquement) to feel good ◆ **se sentir mieux/fatigué** to feel better/tired ◆ **se sentir revivre/rajeunir** to feel o.s. coming alive again/growing young again ◆ **il ne se sent pas la force/le courage de le lui dire** he doesn't feel strong/brave enough to tell him ◆ **ne pas se sentir de joie** to be beside o.s. with joy ◆ **il ne se sent plus !** * he really thinks he's arrived! ◆ **non, mais tu ne te sens plus !** * ou **tu ne te sens pas bien !** * are you out of your mind! *

**b** (= être perceptible) [effet] to be felt, show ◆ **cette amélioration/augmentation se sent** this improvement/increase can be felt ou shows ◆ **les effets des grèves vont se faire sentir à la fin du mois** the effect of the strikes will be felt ou will show at the end of the month

**c** (= se supporter) **ils ne peuvent pas se sentir** * they can't stand ou bear each other

**d** (* = être d'accord) **tu te sens pour aller faire un tour ?** do you feel like going for a walk?

**seoir** [swaʀ] → SYN ▸ conjug 26 ◂ (frm) **1** vi (= convenir) ◆ **seoir à qn** to become sb

**2** vb impers ◆ **il sied de/que** it is proper ou fitting to/that ◆ **comme il sied** as is proper ou fitting ◆ **il lui sied/ne lui sied pas de faire** it befits ou becomes/ill befits ou ill becomes him to do

**Séoul** [seul] n Seoul

**sep** [sɛp] nm ⇒ **cep**

**sépale** [sepal] nm sepal

**sépaloïde** [sepalɔid] adj sepaloid, sepaline

**séparable** [sepaʀabl] → SYN adj separable (*de* from) ◆ **deux concepts difficilement séparables** two concepts which are difficult to separate

**séparateur, -trice** [sepaʀatœʀ, tʀis] **1** adj separating (épith), separative ◆ **pouvoir séparateur de l'œil/d'un instrument d'optique** resolving power of the eye/of an optical instrument

**2** nm (Élec, Tech) separator; (Ordin) delimiter ◆ **séparateur d'isotopes** isotope separator

**séparation** [sepaʀasjɔ̃] → SYN nf **a** (= dissociation) éléments, gaz, liquides separation ◆ **séparation isotopique** ou **des isotopes** isotope separation

**b** (= division) [territoire] division, splitting

**c** [amis, parents] separation ◆ **une longue séparation avait transformé leurs rapports** a long (period of) separation had changed their relationship ◆ **après cinq ans de séparation** after five years' separation ◆ **au moment de la séparation** [manifestants] when they dispersed; [convives] when they parted ◆ **séparation de corps** (Jur) legal separation ◆ **séparation de fait** de facto separation ◆ **séparation à l'amiable** voluntary separation

**d** [notions, services] separation ◆ **la séparation des pouvoirs** (Pol) the separation of powers ◆ **la séparation de l'Église et de l'État** (Pol) the separation of the Church and the State ◆ **mariés sous le régime de la séparation de biens** (Jur) married under separation of property

**e** (= démarcation) division, partition ◆ **mur de séparation** separating ou dividing wall ◆ **un paravent sert de séparation entre les deux parties de la pièce** a screen separates the two parts of the room

**f** (= distinction) dividing line ◆ **il faut établir une séparation très nette entre ces problèmes** you must draw a very clear dividing line between these problems

**séparatisme** [sepaʀatism] → SYN nm (Pol, Rel) separatism

**séparatiste** [sepaʀatist] → SYN adj, nmf (Pol) separatist; (Hist US = sudiste) secessionist ◆ **mouvement/organisation séparatiste** separatist movement/organization

**séparé, e** [sepaʀe] → SYN (ptp de **séparer**) adj **a** (= distinct) analyses, entités, mondes, notions, paix separate ◆ **ces colis feront l'objet d'un envoi séparé** these parcels will be sent separately ◆ **accord séparé** separate agreement ◆ **ils dorment dans deux chambres séparées** they sleep in separate rooms ◆ **le développement séparé** (Pol) (racial) separate development

**b** personnes (Jur = désuni) separated; (gén = éloigné) parted (attrib), apart (attrib) ◆ **vivre séparé** to live apart, be separated (*de* from)

**séparément** [sepaʀemɑ̃] → SYN adv separately

**séparer** [sepaʀe] → SYN ▸ conjug 1 ◂ **1** vt **a** (= détacher) (gén) to separate; [+ écorce, peau, enveloppe] to pull off, pull away (*de* from); (= extraire) [+ éléments, gaz, liquides] to separate (out) (*de* from) ◆ **séparer la tête du tronc** to separate ou sever the head from the trunk ◆ **séparer la noix de sa coquille** to separate the nut from its shell ◆ **séparer le grain du son** to separate the grain from the bran ◆ **séparer un minerai de ses impuretés** to separate an ore from its impurities ◆ **séparez les blancs des jaunes** (Culin) separate the whites from the yolks ◆ **séparer le bon grain de l'ivraie** (Bible) to separate the wheat from the chaff

**b** (= diviser) to part, split, divide ◆ **séparer un territoire (en deux) par une frontière** to split ou divide a territory (in two) by a frontier

**c** (= désunir) [+ amis, alliés] to part, drive apart; [+ adversaires, combattants] to separate, pull apart, part ◆ **ils se battaient, je les ai séparés** they were fighting and I separated them ou pulled them apart ou parted them ◆ **séparer qn et** ou **de qn d'autre** to separate ou part sb from sb else ◆ **dans cet hôpital, les hommes et les femmes sont séparés** men and women are separated in this hospital ◆ **ils avaient séparé l'enfant de sa mère** they had separated the child from its mother ◆ **rien ne pourra jamais nous séparer** nothing will ever come between us ou drive us apart ◆ **la vie les a séparés** they went their separate ways in life ◆ **la mort les a séparés** they were parted by death

**d** (= se dresser entre) [+ territoires, classes sociales, générations] to separate ◆ **une barrière sépare les spectateurs des** ou **et les joueurs** a barrier separates the spectators from the players ◆ **un simple grillage nous séparait des lions** a wire fence was all that separated us from the lions ◆ **une chaîne de montagnes sépare la France et** ou **de l'Espagne** a chain of mountains separates France from ou and Spain ◆ **un seul obstacle le séparait encore du but** only one obstacle stood ou remained between him and his goal ◆ **près de deux heures le séparaient de la ville** he was nearly two hours away from the city ◆ **3 kilomètres séparent le village de la mer** the village is 3 kilometres from the sea ◆ **les 200 mètres qui séparent la poste et la gare** the 200 metres between the post office and the station ◆ **les six ans qui séparent l'audience de la date du drame** the six years that have elapsed between the hearing and the date of the tragedy ◆ **tout les séparait** they were worlds apart, they had nothing in common

**e** (= différencier) [+ questions, aspects] to distinguish between ◆ **séparer l'érudition de** ou **et l'intelligence** to distinguish ou differentiate between learning and intelligence

**2** **se séparer** vpr **a** (= se défaire de) **se séparer de** [+ employé, objet personnel] to part with ◆ **en voyage, ne vous séparez jamais de votre passeport** keep your passport on you at all times when travelling

**b** (= s'écarter) to divide, part (*de* from); (= se détacher) to split off, separate off (*de* from) ◆ **l'écorce se sépare du tronc** the bark is coming away from the trunk ◆ **l'endroit où les branches se séparent du tronc** the place where the branches split ou separate off from the trunk ◆ **le premier étage de la fusée s'est séparé (de la base)** the first stage of the rocket has split off (from the base) ou separated (off) from the base ◆ **à cet endroit, le fleuve/la route se sépare en deux** at this point the river/the road forks ◆ **les routes/branches se séparent** the roads/branches divide ou part ◆ **c'est là que nos routes** ou **chemins se séparent** this is where we go our separate ways

**c** (= se disperser) [adversaires] to separate, break apart; [manifestants, participants] to disperse; [assemblée] to break up

**d** (= se quitter) [convives] to leave each other, part; [époux] to separate (aussi Jur), part, split up ◆ **se séparer de son mari/sa femme** to part ou separate from one's husband/one's wife ◆ **ils se sont séparés à l'amiable** their separation was amicable

**sépia** [sepja] nf (Zool = sécrétion) cuttlefish ink, sepia; (= couleur, dessin, substance) sepia ◆ **(dessin à la) sépia** sepia (drawing)

**sépiolite** [sepjɔlit] nf meerschaum, sepiolite

**seppuku** [sepuku] nm seppuku

**seps** [sɛps] nm seps

**sept** [sɛt] adj inv, nm inv seven ◆ **les sept péchés capitaux** the seven deadly sins ◆ **les Sept Merveilles du monde** the seven wonders of the world ◆ **les sept collines de Rome** the seven hills of Rome ◆ **"Les Sept Mercenaires"** (Ciné) "The Magnificent Seven" ◆ **"Les Sept Samouraïs"** (Ciné) "The Seven Samurai" ◆ **les sept familles** (Cartes) Happy Families ◆ **les sept pays les plus industrialisés** the Group of Seven (industrialized nations) ◆ **les Sept d'or** *television awards*; pour loc voir **six**

**septain** [sɛtɛ̃] nm *seven-line stanza or poem*

**septal, e,** mpl **-aux** [sɛptal, o] adj septal

**septantaine** [sɛptɑ̃tɛn] nf (Belg, Helv) about seventy, seventy or so ◆ **il doit avoir la septantaine** he must be about seventy

**septante** [sɛptɑ̃t] adj inv (Belg, Helv) seventy ◆ **la version des Septante** (Bible) the Septuagint

**septantième** [sɛptɑ̃tjɛm] adj, nmf (Belg, Helv) seventieth

**septembre** [sɛptɑ̃bʀ] nm September ◆ **le mois de septembre** the month of September ◆ **le premier/dix septembre tombe un mercredi** the first/tenth of September falls on a Wednesday ◆ **nous avons rendez-vous le premier/dix septembre** we have an appointment on the first/tenth of September ◆ **en septembre** in September ◆ **au mois de septembre** in (the month of) September ◆ **au début (du mois) de septembre, début septembre** at the beginning of September, in early September ◆ **au milieu (du mois) de septembre, à la mi-septembre** in the middle of September, in mid-September ◆ **à la fin (du mois) de septembre, fin septembre** at the end of September ◆ **pendant le mois de septembre** during September ◆ **vers la fin de septembre** late in September, in late September, towards the end of September ◆ **septembre a été très froid** September was very cold ◆ **septembre prochain/dernier** next/last September

**septemvir** [sɛptɛmviʀ] nm septemvir

**septénaire** [sɛptenɛʀ] nm (= sept jours, sept ans) septenary

**septennal, e,** mpl **-aux** [sɛptenal, o] adj (durée) mandat, période seven-year (épith); (fréquence) festival septennial

**septennat** [sɛptena] nm [président] seven-year term (of office) ◆ **au cours de son septennat** during his time in office ou his presidency ◆ **briguer un second septennat** to run for a second term in office, seek a second term of office

**septentrion** [sɛptɑ̃tʀijɔ̃] nm († † littér) north

**septentrional, e,** mpl **-aux** [sɛptɑ̃tʀijɔnal, o] → SYN adj northern

**septicémie** [sɛptisemi] nf blood poisoning, septicaemia (SPÉC) (Brit), septicemia (SPÉC) (US)

**septicémique** [sɛptisemik] adj septicaemic (Brit), septicemic (US)

**septicité** [sɛptisite] nf septicity

**septième** [sɛtjɛm] **1** adj, nm seventh ◆ **le septième art** the cinema ◆ **être au septième ciel** to be in seventh heaven, be on cloud nine* ◆ **"Le Septième Sceau"** (Ciné) "The Seventh Seal"; pour autres loc voir **sixième**

**2** nf **a** (Scol) *sixth year in primary school*, fifth grade (US)

**b** (Mus) seventh

**septièmement** [sɛtjɛmmɑ̃] adv seventhly; pour loc voir **sixièmement**

**septime** [sɛptim] nf septime

**septique** [sɛptik] → SYN adj bactérie, fièvre septic; → **fosse**

**septuagénaire** [sɛptɥaʒenɛʀ] **1** adj septuagenarian, seventy-year-old (épith)

**2** nmf septuagenarian, seventy-year-old man (ou woman)

**septuagésime** [sɛptɥaʒezim] nf Septuagesima

**septuor** [sɛptɥɔʀ] nm septet(te)

**septuple** [sɛptypl] **1** adj nombre, quantité, rangée septuple ◆ **une quantité septuple de l'autre** a quantity seven times (as great as) the other ◆ **en septuple exemplaire** in seven copies

**2** nm ◆ (gén, Math) **je l'ai payé le septuple/le septuple de l'autre** I paid seven times as much for it/seven times as much as the other for it ◆ **je vous le rendrai au septuple** I'll repay you seven times over ◆ **augmenter au septuple** to increase sevenfold ou seven times

**septupler** [sɛptyple] ▸ conjug 1 ◂ vti to increase sevenfold ou seven times

**sépulcral, e,** mpl **-aux** [sepylkʀal, o] → SYN adj atmosphère, voix sepulchral; salle tomb-like

**sépulcre** [sepylkʀ] → SYN nm sepulchre (Brit), sepulcher (US)

**sépulture** [sepyltyʀ] → SYN nf **a** († littér = inhumation) sepulture (littér), burial ◆ **être privé de sépulture** to be refused burial

**b** (= lieu) burial place; (= tombe) grave; (= pierre tombale) gravestone, tombstone; → **violation**

**séquelle** [sekɛl] nf (souvent pl) [maladie, accident] after-effect; (= conséquence) [guerre] aftermath (NonC) ◆ **les séquelles du colonialisme** the legacy of colonialism ◆ **elle n'a gardé aucune séquelle psychologique de son agression** she was not psychologically scarred by the attack ◆ **ça a laissé des séquelles** [blessure, incident] it had serious after-effects ou consequences ◆ **la lutte entre les différents courants du parti a laissé des séquelles** the struggle between the different factions has left its mark on the party

**séquençage** [sekɑ̃saʒ] nm (Bio) sequencing

**séquence** [sekɑ̃s] → SYN nf (Ciné, Mus, Rel) sequence; (Cartes) run; (Ling, Ordin) sequence, string ◆ **séquence d'ADN/d'ARN** DNA/RNA sequence ◆ **séquence génétique** gene sequence; → **plan**[1]

**séquencer** [sekɑ̃se] ▸ conjug 3 ◂ vt (Bio) [+ génome] to sequence

**séquenceur** [sekɑ̃sœʀ] nm sequencer

**séquentiel, -ielle** [sekɑ̃sjɛl] → SYN adj sequential ◆ **accès séquentiel** (Ordin) sequential ou serial access ◆ **accomplir des tâches de façon séquentielle** to perform tasks in sequence ou sequentially ◆ **pilule séquentielle** (Méd) combined pill

**séquestration** [sekɛstʀasjɔ̃] → SYN nf **a** [otage] holding ◆ **séquestration (arbitraire)** (Jur) false imprisonment

**b** [biens] sequestration, impoundment

**c** (Chim, Méd) sequestration

**séquestre** [sekɛstʀ] → SYN nm **a** (Jur, Pol) (= action) confiscation, impoundment, sequestration; (= dépositaire) depository ◆ **mettre** ou **placer des biens sous séquestre** to sequester goods ◆ **biens sous séquestre** sequestrated property ◆ **mise sous séquestre** sequestration

**b** (Méd) sequestrum

**séquestrer** [sekɛstʀe] → SYN ▸ conjug 1 ◂ vt **a** (Jur) [+ personne] to confine illegally; [+ otage] to hold ◆ **les ouvriers en grève ont séquestré le directeur dans son bureau** the strikers confined the manager to his office

**b** (= saisir) [+ biens] to sequester, impound *(pending decision over ownership)*

**sequin** [səkɛ̃] nm (Hist = pièce d'or) sequin

**séquoia** [sekɔja] nm sequoia, redwood

**sérac** [seʀak] nm serac

**sérail** [seʀaj] → SYN nm (lit) seraglio, serail; (fig) inner circle ◆ **c'est un homme du sérail** he's an establishment figure ou man ◆ **il est issu du sérail politique** he's from a political background

**sérancer** [seʀɑ̃se] ▸ conjug 3 ◂ vt to heckle, hackle, hatchel

**serapeum** [seʀapeɔm] nm serapeum

**séraphin** [seʀafɛ̃] → SYN nm seraph

**séraphique** [seʀafik] → SYN adj (Rel, fig) seraphic

**serbe** [sɛʀb] **1** adj Serbian

**2** nm (Ling) Serbian

**3** **Serbe** nmf Serb

**Serbie** [sɛʀbi] nf Serbia ◆ **la République de Serbie** the Serbian Republic

**serbo-croate,** pl **serbo-croates** [sɛʀbokʀɔat] **1** adj Serbo-Croat(ian)

**2** nm (Ling) Serbo-Croat

**Sercq** [sɛʀk] nm Sark

**serdab** [sɛʀdab] nm serdab

**serdeau,** pl **serdeaux** [sɛʀdo] nm cupbearer

**séré** [seʀe] nm (Helv) *soft white cheese*

**serein, e** [sɔʀɛ̃, ɛn] → SYN adj **a** ciel, nuit, jour clear

**b** âme, foi, visage, personne serene, calm ◆ **je suis tout à fait serein, je suis sûr que son innocence sera prouvée** I'm quite confident, I'm sure he'll be proven innocent

**c** (= impartial) jugement, critique calm, dispassionate

**sereinement** [sərɛnmɑ̃] **adv** regarder serenely; parler, attendre calmly; juger impartially, dispassionately ◆ **ils envisagent l'avenir sereinement** they view the future with equanimity ou calmly

**sérénade** [seʀenad] → SYN **nf a** (Mus = concert, pièce) serenade ◆ **donner une sérénade à qn** to serenade sb

**b** (* hum = charivari) racket, hullabaloo * ◆ **faire toute une sérénade à propos de qch** to make a big fuss ou a song and dance about sth ◆ **c'est toujours la même sérénade !** it's always the same scenario!

**sérénissime** [seʀenisim] **adj** ◆ **Son Altesse sérénissime** His (ou Her) Most Serene Highness ◆ **la république sérénissime, la Sérénissime** (Hist) the Venetian Republic, the ou la Serenissima

**sérénité** [seʀenite] → SYN **nf a** [ciel, nuit, jour] clearness, clarity

**b** [âme, foi, visage] serenity, calmness ◆ **elle affiche une sérénité étonnante** she's incredibly serene ou calm ◆ **j'ai retrouvé la sérénité** I feel serene ou calm again ◆ **il envisage l'avenir avec une relative sérénité** he views the future with relative equanimity, he feels quite calm about the future

**c** [jugement, critique] impartiality, dispassionateness

**séreux, -euse** [seʀø, øz] **1 adj** serous

**2 séreuse nf** serous membrane, serosa

**serf, serve** [sɛʀ(f), sɛʀv] → SYN **1 adj** personne in serfdom (attrib) ◆ **condition serve** (state of) serfdom ◆ **terre serve** land held in villein tenure

**2 nm,f** serf

**serfouette** [sɛʀfwɛt] **nf** hoe-fork, weeding hoe

**serfouir** [sɛʀfwiʀ] ▸ conjug 2 ◂ **vt** to hoe

**serfouissage** [sɛʀfwisaʒ] **nm** hoeing

**serge** [sɛʀʒ] **nf** serge

**sergé** [sɛʀʒe] **nm** twill

**sergent[1]** [sɛʀʒɑ̃] **nm** (Mil) sergeant ◆ **sergent-chef** staff sergeant ◆ **sergent de ville** † policeman ◆ **sergent(-)fourrier** quartermaster sergeant ◆ **sergent instructeur** drill sergeant ◆ **sergent-major** ≃ quartermaster sergeant *(in charge of accounts etc)*

**sergent[2]** [sɛʀʒɑ̃] **nm** (= serre-joint) cramp, clamp

**sérialisme** [seʀjalism] **nm** (Mus) dodecaphonism

**sériation** [seʀjasjɔ̃] **nf** [problèmes, questions] classification, arrangement

**séricicole** [seʀisikɔl] **adj** silkworm-breeding (épith), sericultural (SPÉC)

**sériciculteur, -trice** [seʀisikyltœʀ, tʀis] **nm,f** silkworm breeder, sericulturist (SPÉC)

**sériciculture** [seʀisikyltyʀ] **nf** silkworm breeding, sericulture (SPÉC)

**séricigène** [seʀisiʒɛn] **adj** silk-producing (épith)

**séricine** [seʀisin] **nf** sericin

**série** [seʀi] → SYN **nf a** (= suite) [timbres] set, series; [clés, casseroles, volumes] set; [tests] series, battery; [accidents, ennuis, succès] series, string; [mesures, réformes] series ◆ **(toute) une série de ...** (beaucoup) a (whole) series ou string of ... ◆ **dans la série les ennuis continuent, la voiture est tombée en panne !** (hum) and now something else has gone wrong, the car has broken down! ◆ **(ouvrages de) série noire** (Littérat) crime thrillers, whodunnits * ◆ **c'est la série noire** (fig) it's one disaster after another, it's a chain of disasters; → **loi**

**b** (Radio, TV) series ◆ **série télévisée** television series

**c** (= catégorie, Naut) class; (Sport = épreuve de qualification) qualifying heat ou round ◆ **joueur de deuxième série** second-rank player ◆ **film de série B** B film ou movie ◆ **les différentes séries du baccalauréat** the different baccalauréat options; → **tête**; → BACCALAURÉAT

**d** (Comm, Ind) **série limitée/spéciale** limited/special series ◆ **série de prix** list of rates ◆ **article/voiture de série** standard article/car ◆ **modèle de série** production model ◆ **hors série** table, machine made-to-order, custom-built; talent, don incomparable, outstanding ◆ **numéro hors série** (Presse) special issue; → **fin²** voir aussi **hors-série**

**e** (Chim, Math, Mus, Phon) series; (Billard) break ◆ **monté en série** (Élec) connected in series ◆ **imprimante/port série** serial printer/port ◆ **série convergente/divergente** (Math) convergent/divergent series

**f** (Jeux) **série impériale** royal straight

**g** (LOC)

◆ **de série** ◆ **numéro de série** [véhicule] serial number ◆ **prix de série** standard price

◆ **en série** ◆ **fabrication** ou **production en série** mass production ◆ **fabriqué** ou **produit en série** mass-produced ◆ **la direction assistée est (livrée) en série** power steering is standard ◆ **meurtres en série** serial killings ◆ **tueur en série** serial killer

**sériel, -ielle** [seʀjɛl] → SYN **adj** ordre serial; musique serial, twelve-note (épith), dodecaphonic; compositeur dodecaphonic

**sérier** [seʀje] → SYN ▸ conjug 7 ◂ **vt** [+ problèmes, questions] to classify, arrange

**sérieusement** [seʀjøzmɑ̃] → SYN **adv a** (= consciencieusement) travailler conscientiously

**b** (= sans rire) parler, envisager seriously ◆ **elle envisage sérieusement de divorcer** she's seriously considering divorce ◆ **(tu parles) sérieusement ?** are you serious?, do you really mean it? ◆ **non, il l'a dit sérieusement** no – he was quite serious, no – he really meant it

**c** (= vraiment) really ◆ **ça commence sérieusement à m'agacer** it's really beginning to annoy me

**d** (= gravement) blesser seriously ◆ **l'un des reins est sérieusement atteint** one of the kidneys is seriously damaged

**sérieux, -ieuse** [seʀjø, jøz] → SYN **1 adj a** (= grave) personne, air serious ◆ **sérieux comme un pape** * deadly serious

**b** (= digne de confiance) personne reliable, dependable; (= fiable) acquéreur, promesses, raison, proposition, annonce genuine, serious; renseignement, source genuine, reliable ◆ **un client sérieux** a good customer ◆ **"pas sérieux s'abstenir"** "no time wasters", "genuine inquiries only"

**c** (= réfléchi) personne serious, serious-minded; (= consciencieux) employé, élève, apprenti conscientious; études serious; travail, artisan careful, painstaking ◆ **elle est très sérieuse dans son travail** she's a very conscientious worker ◆ **vous annulez le rendez-vous une heure avant, ce n'est pas sérieux !** you cancel the appointment just one hour beforehand – it's just not good enough! ◆ **ça ne fait pas très sérieux** it doesn't look good ◆ **partir skier pendant les examens, ce n'est vraiment pas sérieux !** it's not very responsible to go off skiing during the exams! ◆ **un nom comme ça, ça fait sérieux** a name like that makes a good impression ou is quite impressive ◆ **si tu veux faire sérieux, mets un costume** if you want to be taken seriously ou if you want to come across, well you should wear a suit

**d** (= convenable) jeune homme, jeune fille responsible, trustworthy

**e** (= qui ne plaisante pas) serious ◆ **ce n'est pas sérieux !, vous n'êtes pas sérieux !** you can't be serious!, you must be joking! ◆ **ce n'est pas sérieux, il ne le fera jamais** he doesn't really mean it – he'll never do it! ◆ **non, il était sérieux** no, he was serious ou he meant it ◆ **c'est sérieux, ce que vous dites ?** are you serious?, do you really mean that?

**f** (= important) conversation, livre, projet serious ◆ **passons aux affaires** ou **choses sérieuses** let's move on to more serious matters, let's get down to business

**g** (= préoccupant) situation, affaire, maladie, blessure serious

**h** (intensif) coup serious; somme, différence considerable, sizeable ◆ **de sérieuses chances de ...** a strong ou good chance of ... ◆ **il a de sérieuses raisons de ...** he has very good reasons to ... ◆ **je n'avais aucune raison sérieuse de penser qu'il mettrait sa menace à exécution** I had no real reason to think he would carry out his threat ◆ **ils ont une sérieuse avance** they have a strong ou good ou sizeable lead ◆ **ils ont un sérieux retard** they're seriously behind schedule ◆ **il pourrait avoir de sérieux ennuis** he could have real ou serious problems ◆ **elle a un sérieux besoin d'argent/de vacances** she's in real ou serious need of money/of a holiday ◆ **il devra faire de sérieux efforts pour rattraper son retard** he'll have to make a real effort to catch up

**2 nm a** (= gravité) [personne, air] seriousness, earnestness; [conversation, livre, projet] seriousness ◆ **garder son sérieux** to keep a straight face ◆ **perdre son sérieux** to give way to laughter ◆ **prendre qch/qn au sérieux** to take sth/sb seriously ◆ **se prendre au sérieux** to take o.s. seriously ◆ **c'est du sérieux** it's to be taken seriously

**b** (= fiabilité) [personne] reliability, dependability; [acquéreur, promesses, intentions] genuineness, seriousness; [renseignement, sources] genuineness, reliability; [employé, élève, apprenti] conscientiousness ◆ **travailler avec sérieux** to be a conscientious worker ◆ **il fait preuve de beaucoup de sérieux dans son travail/ses études** he takes his work/his studies very seriously, he's a conscientious worker/student

**c** (= sagesse) [jeune homme, jeune fille] trustworthiness

**d** (= caractère préoccupant) [situation, affaire, maladie] seriousness

**sérigraphie** [seʀigʀafi] **nf** (= technique) silk-screen printing, serigraphy (SPÉC); (= estampe) screen print, serigraph (SPÉC)

**sérigraphié, e** [seʀigʀafje] **adj** vêtement silk-screened

**serin** [s(ə)ʀɛ̃] → SYN **nm** (= oiseau) canary; († : péj = niais) ninny *

**sérine** [seʀin] **nf** serine

**seriner** [s(ə)ʀine] → SYN ▸ conjug 1 ◂ **vt a** (péj = rabâcher) **seriner qch à qn** to drum sth into sb ◆ **tais-toi, tu nous serines !** * oh, be quiet, we're tired of hearing the same thing over and over again!

**b seriner (un air à) un oiseau** to teach a bird a tune *(using a bird organ)*

**serinette** [s(ə)ʀinɛt] **nf** bird-organ

**seringa(t)** [s(ə)ʀɛ̃ga] **nm** syringa, mock orange

**seringue** [s(ə)ʀɛ̃g] → SYN **nf** (Méd, Tech) syringe

**sérique** [seʀik] **adj** serum (épith) ◆ **accident/albumine sérique** serum sickness/albumin

**serment** [sɛʀmɑ̃] → SYN **nm a** (solennel) oath ◆ **faire un serment** to take an oath ◆ **serment sur l'honneur** solemn oath ◆ **sous serment** on ou under oath ◆ **serment d'Hippocrate** Hippocratic oath ◆ **le serment du Jeu de paume** (Hist) the Tennis Court Oath ◆ **"Le Serment des Horaces"** (Art) "The Oath of the Horatii" ◆ **serment professionnel** oath of office; → **prestation, prêter**

**b** (= promesse) pledge ◆ **échanger des serments (d'amour)** to exchange vows ou pledges of love ◆ **serment d'ivrogne** (fig) empty vow, vain resolution ◆ **je te fais le serment de ne plus jouer** I (solemnly) swear to you ou I'll make you a solemn promise that I'll never gamble again; → **faux²**

**sermon** [sɛʀmɔ̃] → SYN **nm** (Rel) sermon; (fig péj) lecture, sermon

**sermonnaire** [sɛʀmɔnɛʀ] → SYN **nm a** (= auteur) sermon writer

**b** (= recueil) sermon collection

**sermonner** [sɛʀmɔne] → SYN ▸ conjug 1 ◂ **vt** ◆ **sermonner qn** to lecture sb, sermonize sb

**sermonneur, -euse** [sɛʀmɔnœʀ, øz] → SYN **nm,f** (péj) sermonizer, preacher

**SERNAM** [sɛʀnam] **nf** (abrév de **Service national des messageries**) *French national parcels service*

**séroconversion** [seʀokɔ̃vɛʀsjɔ̃] **nf** seroconversion

**sérodiagnostic** [seʀodjagnɔstik] **nm** serodiagnosis

**sérologie** [seʀɔlɔʒi] **nf** serology

**sérologique** [seʀɔlɔʒik] **adj** serologic(al)

**sérologiste** [seʀɔlɔʒist] **nmf** serologist

**séronégatif, -ive** [seʀonegatif, iv] **1 adj** (gén) seronegative; (Sida) HIV negative

2 nm,f (gén) person who is seronegative; (Sida) person who is HIV negative

**séronégativité** [seʀonegativite] nf (gén) seronegativity; (Sida) HIV-negative status

**séropo** * [seʀopo] abrév de **séropositif, ive**

**séropositif, -ive** [seʀopozitif, iv] 1 adj (gén) seropositive; (Sida) HIV positive

2 nm,f (gén) person who is seropositive; (Sida) person who is HIV positive, person with HIV

**séropositivité** [seʀopozitivite] nf (gén) seropositivity; (Sida) HIV infection, seropositivity (SPÉC) ◆ **quand il a appris sa séropositivité** when he learned that he was HIV positive ou that he was infected with HIV

**séroprévalence** [seʀopʀevalɑ̃s] nf HIV positivity ◆ **taux de séroprévalence** HIV positivity rate

**sérosité** [seʀozite] nf serous fluid, serosity

**sérothérapie** [seʀoteʀapi] nf serotherapy

**sérothérapique** [seʀoteʀapik] adj serotherapeutic

**sérotonine** [seʀɔtɔnin] nf serotonin

**sérovaccination** [seʀovaksinasjɔ̃] nf serovaccination

**serpe** [sɛʀp] → SYN nf billhook, bill ◆ **visage taillé à la serpe** ou **à coups de serpe** craggy ou rugged face

**serpent** [sɛʀpɑ̃] → SYN 1 nm a (Zool) snake; (péj = personne) viper (péj) ◆ **le serpent** (Rel) the serpent ◆ **c'est le serpent qui se mord la queue** (fig) it's a vicious circle; → **charmeur, réchauffer**

b (Mus) bass horn

c (= ruban) ribbon ◆ **un serpent de fumée** a ribbon of smoke ◆ **le serpent argenté du fleuve** the silvery ribbon of the river

2 COMP ▷ **serpent d'eau** water snake ▷ **serpent à lunettes** Indian cobra ▷ **serpent de mer** (hum Presse) trite news story *(that journalists fall back on in the absence of more important news)* ▷ **le serpent monétaire (européen)** (Fin) the (European) currency snake ▷ **serpent à plumes** (Myth) plumed serpent ▷ **serpent à sonnettes** rattlesnake

**serpentaire** [sɛʀpɑ̃tɛʀ] 1 nm (= oiseau) secretary bird, serpent-eater

2 nf (= plante) snakeroot

**serpenteau**, pl **serpenteaux** [sɛʀpɑ̃to] nm (= animal) young snake; (= feu d'artifice) serpent

**serpenter** [sɛʀpɑ̃te] → SYN ▸ conjug 1 ◂ vi [chemin, rivière] to snake, meander, wind; [vallée] to wind ◆ **la route descendait en serpentant vers la plaine** the road snaked ou wound (its way) down to the plain

**serpentin, e** [sɛʀpɑ̃tɛ̃, in] → SYN 1 adj (gén) serpentine

2 nm (= ruban) streamer; (Chim) coil

3 **serpentine** nf (Minér) serpentine

**serpette** [sɛʀpɛt] nf pruning knife

**serpigineux, -euse** [sɛʀpiʒinø, øz] adj serpiginous

**serpillière** [sɛʀpijɛʀ] → SYN nf floorcloth ◆ **passer la serpillière** to mop the floor

**serpolet** [sɛʀpɔlɛ] → SYN nm mother-of-thyme, wild thyme

**serpule** [sɛʀpyl] nf serpulid

**serrage** [seʀaʒ] nm (gén, Tech) [écrou, vis] tightening; [joint] clamping; [nœud] tightening, pulling tight; → **bague, collier, vis**

**serran** [seʀɑ̃] nm sea perch

**serratule** [seʀatyl] nf saw-wort

**serre¹** [sɛʀ] → SYN nf (Agr) greenhouse, glasshouse; (attenant à une maison) conservatory ◆ **pousser en serre** to grow under glass ◆ **serre chaude** hothouse ◆ **serre froide** cold greenhouse; → **effet**

**serre²** [sɛʀ] → SYN nf (= griffe) talon, claw

**serré, e** [seʀe] → SYN (ptp de **serrer**) 1 adj a chaussures, vêtement tight ◆ **robe serrée à la taille** dress fitted at the waist ◆ **elle porte des jeans serrés** she wears tight-fitting jeans

b passagers, spectateurs (tightly) packed ◆ **être serrés comme des harengs** ou **sardines** to be packed like sardines ◆ **mettez-vous ailleurs, nous sommes trop serrés à cette table** sit somewhere else, it's too crowded at this table; → **rang**

c tissu closely woven; réseau dense; écriture, mailles close; blés, herbe, forêt dense; virage sharp; style tight, concise; horaire tight ◆ **une petite pluie fine et serrée** a steady drizzle ◆ **un café (bien) serré** a (good) strong coffee ◆ **pousser en touffes serrées** to grow in thick clumps ◆ **nous avons un calendrier très serré** we have a very tight schedule ◆ **plan serré** (Ciné) tight shot, close-up

d (= bloqué) bandage, nœud tight ◆ **trop serré** too tight ◆ **pas assez serré** not tight enough

e (= contracté) **les mâchoires/dents serrées** with set jaws/clenched teeth ◆ **les lèvres serrées** with tight lips, tight-lipped ◆ **les poings serrés** with clenched fists ◆ **avoir le cœur serré** to feel a pang of anguish ◆ **je le regardai partir, le cœur serré** I felt sick at heart as I watched him go ◆ **avoir la gorge serrée** to have a lump in one's throat

f discussion, négociations closely argued; jeu, lutte, match tight, close-fought; budget tight; prix keen; gestion strict ◆ **arrivée serrée** (Sport) close finish ◆ **les deux candidats sont en ballottage très serré** the two candidates are fighting it out in a very close second round, the two candidates are running neck and neck in the second round of voting ◆ **la partie est serrée, nous jouons une partie serrée** it's a tight game, we're in a tight game

2 adv ◆ **écrire serré** to write one's letters close together, write in a cramped hand ◆ **jouer serré** (fig) to play it tight, play a tight game ◆ **vivre serré** to live on a tight budget

**serre-file**, pl **serre-files** [sɛʀfil] nm (Mil) file closer, serrefile; (Naut) tail-end Charlie

**serre-fils** [sɛʀfil] nm inv binding screw

**serre-joint**, pl **serre-joints** [sɛʀʒwɛ̃] nm clamp, cramp

**serre-livres** [sɛʀlivʀ] nm inv bookend

**serrement** [sɛʀmɑ̃] → SYN nm a **serrement de main** handshake ◆ **serrement de cœur** pang of anguish ◆ **serrement de gorge** tightening in the throat

b (Min) dam

**serrer** [seʀe] → SYN ▸ conjug 1 ◂ 1 vt a (= maintenir, presser) to grip, hold tight ◆ **serrer qch dans sa main** to clutch sth ◆ **serrer une pipe/un os entre ses dents** to clench ou have a pipe/a bone between one's teeth ◆ **serrer qn dans ses bras/contre son cœur** to clasp sb in one's arms/to one's chest ◆ **serrer la main à** ou **de qn** (= la donner) to shake sb's hand, shake hands with sb; (= la presser) to squeeze ou press sb's hand ◆ **se serrer la main** to shake hands ◆ **serrer qn à la gorge** to grab sb by the throat; → **kiki**

b (= contracter) **serrer le poing/les mâchoires** to clench one's fist/one's jaws ◆ **serrer les lèvres** to set one's lips ◆ **avoir le cœur serré par l'émotion** to feel a pang of emotion ◆ **avoir la gorge serrée par l'émotion** to be choked by emotion ◆ **cela serre le cœur** ou **c'est à vous serrer le cœur de les voir si malheureux** it makes your heart bleed to see them so unhappy ◆ **serrer les dents** (lit) to clench one's teeth; (fig) to grit one's teeth ◆ **serrer les fesses** (= se retenir) to hold on; (* = avoir peur) to be scared stiff ou out of one's wits *

c (= comprimer) to be too tight for; (= mouler) to fit tightly ◆ **mon pantalon me serre** my trousers are too tight (for me) ◆ **cette jupe me serre (à) la taille** this skirt is too tight round the waist ◆ **ces chaussures me serrent (le pied)** these shoes are too tight

d (= bloquer) [+ écrou, vis] to tighten; [+ pansement] to wind tightly; [+ joint] to clamp; [+ robinet] to turn off tight; [+ ceinture, lacet, nœud] to tighten, pull tight; (= tendre) [+ câble] to tauten, make taut, tighten; (Naut) [+ voile] to make fast, belay (SPÉC) ◆ **serrer les prix** to keep prices down ◆ **serrer le frein à main** to put on the handbrake ◆ **serrer la vis à qn** * to crack down on sb *

e (= se tenir près de) (par derrière) to keep close behind; (latéralement) [+ automobile, concurrent] to squeeze (*contre* up against) ◆ **serrer qn de près** to follow close behind sb ◆ **serrer une femme de près** * (fig) to come on strong * to a woman ◆ **serrer de près l'ennemi** to be snapping at the enemy's heels ◆ **serrer qn dans un coin** to wedge sb in a corner ◆ **serrer un cycliste contre le trottoir** to squeeze a cyclist against the pavement ◆ **serrer le trottoir** to hug the kerb ◆ **serrer sa droite** (Aut) to keep to the right ◆ **ne serre pas cette voiture de trop près** don't get too close to ou behind that car ◆ **serrer une question de plus près** to study a question more closely ◆ **serrer le texte** to follow the text closely, keep close to the text ◆ **serrer la côte** (Naut) to sail close to the shore, hug the shore ◆ **serrer le vent** (Naut) to hug the wind

f (* = emprisonner) to nab * ◆ **se faire serrer par la police** to get nabbed * by the police

g (= rapprocher) [+ objets alignés, lignes, mots] to close up, put close together ◆ **serrer les rangs** (Mil) to close ranks ◆ **serrez !** (Mil) close ranks! ◆ **serrer son style** to write concisely, write in a condensed ou concise style ◆ **il faudra serrer les invités, la table est petite** we'll have to squeeze the guests up ou together as the table is so small

h (dial, † = ranger) to put away

2 vi ◆ (Aut = obliquer) **serrer à droite/gauche** to move in to the right-/left-hand lane ◆ **"véhicules lents serrez à droite"** "slow-moving vehicles keep to the right"

3 **se serrer** vpr a (= se rapprocher) **se serrer contre qn** to huddle (up) against sb; (tendrement) to cuddle ou snuggle up to sb ◆ **se serrer autour de la table/du feu** to squeeze ou crowd round the table/the fire ◆ **se serrer pour faire de la place** to squeeze up to make room ◆ **serrez-vous un peu** squeeze up a bit; → **ceinture, coude**

b (= se contracter) **à cette vue, son cœur se serra** at the sight of this he felt a pang of anguish ◆ **ses poings se serrèrent, presque malgré lui** his fists clenched ou he clenched his fists almost in spite of himself

**serre-tête**, pl **serre-tête(s)** [sɛʀtɛt] nm (= bandeau) headband; [cycliste, skieur] skullcap

**serrette** [seʀɛt] nf ⇒ **sarrette**

**serriste** [seʀist] nmf greenhouse gardener

**serrure** [seʀyʀ] → SYN nf [porte, coffre-fort, valise] lock; (Rail) interlocking switch ◆ **serrure encastrée** mortise lock ◆ **serrure de sûreté** safety lock ◆ **serrure à pompe** spring lock ◆ **serrure à combinaison** combination lock ◆ **serrure trois points** three-point security lock; → **trou**

**serrurerie** [seʀyʀʀi] nf (= métier) locksmithing, locksmith's trade; (= ferronnerie, objets) ironwork ◆ **serrurerie d'art** ornamental ironwork, wrought-iron work ◆ **grosse serrurerie** heavy ironwork

**serrurier** [seʀyʀje] nm (= fabricant de clés, serrures) locksmith; (= ferronnier) ironsmith

**sertão** [sɛʀtɑ̃] nm (Géog) sertão

**serte** [sɛʀt] nf [pierre précieuse] setting

**sertir** [sɛʀtiʀ] → SYN ▸ conjug 2 ◂ vt a (= monter) [+ pierre précieuse] to set ◆ **bague sertie de diamants** ring set with diamonds

b (Tech) [+ pièces de tôle] to crimp

**sertissage** [sɛʀtisaʒ] nm a [pierre précieuse] setting

b (Tech) [pièces de tôle] crimping

**sertisseur, -euse** [sɛʀtisœʀ, øz] nm,f a [pierre précieuse] setter

b (Tech) [pièces de tôle] crimper

**sertissure** [sɛʀtisyʀ] nf [pierre précieuse] (= procédé) setting; (= objet) bezel

**sérum** [seʀɔm] → SYN nm a (Physiol) **sérum (sanguin)** (blood) serum ◆ **sérum artificiel** ou **physiologique** normal ou physiological salt solution

b (Méd) serum ◆ **sérum antidiphtérique/antitétanique/antivenimeux** anti-diphtheric/antitetanus/snakebite serum ◆ **sérum de vérité** truth drug

**sérumalbumine** [seʀɔmalbymin] nf serum albumin

**servage** [sɛʀvaʒ] → SYN nm (Hist) serfdom; (fig) bondage, thraldom

**serval**, pl **-s** [sɛʀval] nm serval

**servant, e** [sɛʀvɑ̃, ɑ̃t] → SYN 1 adj ◆ **chevalier** ou **cavalier servant** escort

2 nm (Rel) server; (Mil) [pièce d'artillerie] server ◆ **servant d'autel** altar boy

3 **servante** nf (= domestique) servant, maidservant

**serveur** [sɛʀvœʀ] → SYN nm **a** [restaurant] waiter; [bar] barman

**b** (= ouvrier) [machine] feeder

**c** (Tennis) server

**d** (Cartes) dealer

**e** (Ordin) server ◆ **centre serveur** service centre, retrieval centre ◆ **serveur Internet** Internet server ◆ **serveur de fichiers** file server ◆ **serveur vocal** answering service

**serveuse** [sɛʀvøz] nf [restaurant] waitress; [bar] barmaid

**serviabilité** [sɛʀvjabilite] → SYN nf helpfulness

**serviable** [sɛʀvjabl] → SYN adj helpful

## service [sɛʀvis]

→ SYN

1 NOM MASCULIN
2 COMPOSÉS

1 NOM MASCULIN

**a** = travail duty; [domestique] (domestic) service ◆ **service de jour/nuit** day/night duty ◆ **on ne fume pas pendant le service** smoking is not allowed while on duty ◆ **un peu de vin ? – non merci, jamais pendant le service** a little wine? – no, thank you, not while I'm on duty ◆ **heures de service** hours of service ou duty ◆ **il est très service(-)service** * he's a stickler for the regulations ◆ **avoir 25 ans de service** (Admin, Mil) to have completed 25 years' service ◆ **10 ans de service chez le même employeur** 10 years with the same employer ◆ **après 10 ans de bons et loyaux services** after 10 years' loyal service ◆ **qui est de service cette nuit ?** who's on duty tonight?, who's on night duty? ◆ **être en service commandé** to be acting under orders, be on an official assignment ◆ **prendre/quitter son service** to come on/off duty ◆ **reprendre du service** [personne] to come back to work; [objet] to have a new lease of life ◆ **être en service chez qn** [domestique] to be in service with sb; → **escalier, note, règlement**

◆ **au service de** ◆ **être au service de** [+ maître, Dieu] to be in the service of; [+ cause] to serve ◆ **nos conseillers sont à votre service** our advisers are at your service ◆ **se mettre au service de** [+ maître] to enter the service of, go into service with; [+ cause] to begin to serve; [+ Dieu, État] to place o.s. in the service of ◆ **prendre qn à son service** to take sb into one's service

**b** = prestation service ◆ **s'assurer les services de qn** to enlist sb's services ◆ **offrir** ou **proposer ses services à qn** to offer sb one's services ◆ **nous serons obligés de nous passer de vos services** we will have to let you go ◆ **service de base d'un réseau câblé** (Téléc) basic range of channels available to cable television subscribers

**c** Écon: au pl **les biens et les services** goods and services ◆ **la part des services dans l'économie** (= secteur) the role of service industries in the economy; → **emploi, société**

**d** Mil **le service (militaire** ou **national)** military ou national service ◆ **service civil** non-military national service ◆ **bon pour le service** fit for military service ◆ **faire son service** to do one's military ou national service ◆ **service armé** combatant service; → **état**

**e** Admin (= administration) service; (= département) department ◆ **les services d'un ministère** the departments of a ministry ◆ **les services de santé/postaux** health (care)/postal services ◆ **les services de police** the police department (US) ◆ **les services financiers de la Ville de Paris** the treasury department of the City of Paris ◆ **les services sociaux** the social services ◆ **le service social de la ville** the local social services ◆ **service hospitalier** hospital service ◆ **service de réanimation** intensive care unit ◆ **service du contentieux/des achats/de la communication** legal/buying/PR department ◆ **service consommateurs** customer service department ◆ **les services généraux** (dans une entreprise) the maintenance department ◆ **service informatique** computer department ◆ **service de surveillance/contrôle** surveillance/monitoring service; → **chef**[1]

**f** Rel = office, messe service ◆ **service funèbre** funeral service

**g** = faveur, aide service ◆ **rendre service à qn** (= aider qn) to do sb a service ou a good turn; (= s'avérer utile) to come in useful ou handy for sb, be of use to sb ◆ **il aime rendre service** he likes to do good turns ou be helpful ◆ **rendre un petit service à qn** (fig) to do sb a favour, do sb a small service ◆ **tous les services qu'il m'a rendus** all the favours ou services he has done me ◆ **décoré pour services rendus pendant la guerre** decorated for services rendered during the war ◆ **rendre un mauvais service à qn** to do sb a disservice ◆ **qu'y-a-t-il pour votre service ?** (frm) how can I be of service to you?

**h** à table, au restaurant service; (= pourboire) service charge ◆ **Marc fera le service** Marc will serve ◆ **passe-moi les amuse-gueules, je vais faire le service** hand me the appetizers, I'll pass them round ◆ **la nourriture est bonne mais le service est trop lent** the food is good but the service is too slow ◆ **ils ont oublié de compter le service** they have forgotten to include the service (charge) on the bill ◆ **service compris/non compris** service included/not included, inclusive/exclusive of service ◆ **premier/deuxième service** (= série de repas) first/second sitting

**i** = assortiment [couverts, linge de table] set; [verres, vaisselle] service, set ◆ **service de table** (= linge) set of table linen; (= vaisselle) set of tableware ◆ **service à café/thé** coffee/tea set ou service ◆ **service à liqueurs** set of liqueur glasses ◆ **service à poisson** (= vaisselle) set of fish plates; (= couverts) fish service ◆ **service à fondue** fondue set ◆ **service à gâteaux** (= couverts) set of cake knives and forks; (= vaisselle) set of cake plates ◆ **service trois pièces** ** (= sexe masculin) wedding tackle * (hum)

**j** Transport service ◆ **un service d'autocars dessert ces localités** there is a coach service to these districts ◆ **assurer le service entre** to provide a service between ◆ **service d'hiver/d'été** winter/summer service ◆ **service partiel** [autobus] limited service ◆ **le service est interrompu sur la ligne 3** service is suspended on line 3

**k** Tennis service ◆ **être au service** to have the service ◆ **prendre le service (de qn)** to win the service (from sb) ◆ **il a un excellent service** he has an excellent service ou serve ◆ **service Dupont !** Dupont to serve! ◆ **service canon** bullet-like serve ou service ◆ **service-volée** serve and volley

**l** = fonctionnement [machine, installation] operation, working ◆ **faire le service d'une pièce d'artillerie** to operate ou work a piece of artillery

◆ **en service** installation, usine in service ◆ **entrer en service** to come into service ◆ **mettre en service** to put ou bring into service ◆ **la mise en service des nouveaux autobus est prévue pour juin** the new buses are due to be put into service in June ◆ **remise en service** [aéroport, réacteur, voie ferrée] reopening

◆ **hors service** appareil out of order (attrib); * personne shattered *, done in *

2 COMPOSÉS

▷ **service après-vente** after-sales service ▷ **Service d'assistance médicale d'urgence** mobile emergency medical service ▷ **service en ligne** (Ordin) on-line service ▷ **service minimum** skeleton service ▷ **service d'ordre** (= policiers) police contingent; (= manifestants) team of stewards *(responsible for crowd control etc)* ◆ **pour assurer le service d'ordre** to maintain (good) order ▷ **service de presse** [ministère, entreprise] press relations department; (= distribution) distribution of review copies; (= ouvrage) review copy ◆ **ce livre m'a été envoyé en service de presse** I got a review copy of the book ▷ **service public** public service ◆ **les services publics** the (public) utilities ◆ **une télévision de service public** a public television company ▷ **service régional de police judiciaire** regional crime squad ▷ **les services secrets** the secret service ▷ **service de sécurité** (d'un pays) security service ◆ **le service de sécurité de l'aéroport** airport security ▷ **les services spéciaux** the secret service ▷ **Service du travail obligatoire** (Hist) *forced labour instituted in France by the Nazis during World War II*

> **SERVICE MILITAIRE**
>
> Until 1997, all French men over eighteen years of age were required to do ten months' **service militaire** if passed fit. The call-up could be delayed if the conscript was a full-time student in higher education. Conscientious objectors were required to do two years' public service. The entire system is now being phased out.
> → COOPÉRATION

**serviette** [sɛʀvjɛt] → SYN 1 nf **a** (en tissu) **serviette (de toilette)** (hand) towel ◆ **serviette (de table)** (table) napkin, serviette (Brit); → **mélanger, rond**

**b** (= cartable) [écolier, homme d'affaires] briefcase

2 COMP ▷ **serviette de bain** bath towel ▷ **serviette(-)éponge** terry towel ▷ **serviette hygiénique** sanitary towel (Brit) ou napkin (US) ▷ **serviette en papier** paper (table) napkin, paper serviette (Brit) ▷ **serviette périodique** ⇒ **serviette hygiénique** ▷ **serviette de plage** beach towel

**servile** [sɛʀvil] → SYN adj **a** (= obséquieux) personne servile; obéissance slavish; flatterie fawning

**b** (= sans originalité) traduction, imitation slavish

**c** (littér = de serf) condition, travail servile

**servilement** [sɛʀvilmɑ̃] adv obéir, imiter, traduire, copier slavishly ◆ **flatter qn servilement** to fawn on sb

**servilité** [sɛʀvilite] → SYN nf **a** (= obséquiosité) servility

**b** [traduction, imitation] slavishness

**c** (littér) [condition, travail] servility

**servir** [sɛʀviʀ] → SYN ▸ conjug 14 ◂ 1 vt **a** (= être au service de) [+ pays, cause] to serve; (emploi absolu = être soldat) to serve (*dans* in) ◆ **servir la messe** (Rel) to serve mass

**b** [domestique] [+ patron] to serve, wait on ◆ **il sert comme chauffeur** he works as a chauffeur ◆ **il servait dans la même famille depuis 20 ans** he had been in service with the same family for 20 years ◆ **elle aime se faire servir** she likes to be waited on ◆ (Prov) **on n'est jamais si bien servi que par soi-même** if you want something doing, do it yourself

**c** (= aider) [+ personne] to be of service to, aid ◆ **servir les ambitions/intérêts de qn** to serve ou aid sb's ambitions/interests ◆ **ceci nous sert** this serves our interests ◆ **sa prudence l'a servi auprès des autorités** his caution served him well ou stood him in good stead in his dealings with the authorities ◆ **il a été servi par les circonstances** he was aided by circumstances ◆ **il a été servi par une bonne mémoire** his memory served him well

**d** (dans un magasin) [+ client] to serve, attend to; [+ consommateur] to serve; [+ dîneur] to wait on; (chez soi, à table) to serve ◆ **ce boucher nous sert depuis des années** this butcher has supplied us for years, we've been going to this butcher for years ◆ **le boucher m'a bien servi** (en qualité) the butcher has given me good meat; (en quantité) the butcher has given me a good amount for my money ◆ **on vous sert, Madame ?** are you being served? ◆ **on n'arrive pas à se faire servir ici** it's difficult to get served here ◆ **prenez, n'attendez pas qu'on vous serve** help yourself – don't wait to be served ◆ **"Madame est servie"** "dinner is served" ◆ **pour vous servir** † at your service ◆ **des garçons en livrée servaient** waiters in livery waited ou served at table ◆ **les paysans voulaient la pluie, ils ont été servis !** (fig) the farmers wanted rain – well, they've certainly got what they wanted! ◆ **en fait d'ennuis, elle a été servie** (fig) she's had more than her fair share of problems

**e** (Mil) [+ pièce d'artillerie] to serve

**f** (= donner) [+ rafraîchissement, plat] to serve ◆ **servir qch à qn** to serve sb with sth, help sb to sth ◆ **servir le déjeuner/dîner** to serve (up) lunch/dinner ◆ **"servir frais"** "serve chilled" ◆ **servir à déjeuner/dîner** to serve lunch/dinner (*à qn* to sb) ◆ **servir à boire** to serve drinks ◆ **servir à boire à qn** to serve a drink to sb ◆ **servir le café** to serve ou pour the coffee ◆ **on nous a servi le petit déjeuner au lit** we were served (our) breakfast in bed ◆ **il a faim, servez-le bien** he's hungry so give him a good helping ◆ **à table, c'est servi !** come and sit down now, it's ready! ◆ **il nous sert toujours les mêmes plaisanteries** (fig) he always trots out the same old jokes ou treats us to the same old jokes ◆ **toutes ces émissions stupides qu'ils nous servent** all these stupid programmes they expect us to watch; → **soupe**

**g** (= verser) to pay ◆ **servir une rente/une pension/des intérêts à qn** to pay sb an income/a pension/interest

**h** (Cartes) to deal

**i** (Tennis, Ping-pong, Volley) to serve ◆ **à vous de servir** your service, it's your turn to serve

**2** **servir à** vt indir (= être utile à) [+ personne] to be of use ou help to; [+ usage, opération] to be of use in, be useful for ◆ **servir à faire qch** to be used for doing sth ◆ **ça m'a servi à réparer ce fauteuil** I used it to mend this armchair ◆ **ça ne sert à rien** [objet] it's no use, it's useless; [démarche] there's no point ◆ **cela ne sert à rien de pleurer/réclamer** it's no use ou there's no point crying/complaining, crying/complaining won't help ◆ **à quoi sert cet objet ?** what's this thing used for? ◆ **à quoi servirait de réclamer ?** what use would it be to complain?, what would be the point of complaining? ◆ **cela ne servirait pas à grand-chose de dire ...** there's little point in saying ..., it wouldn't be much use saying ... ◆ **est-ce que cela pourrait vous servir ?** could this be (of) any use to you?, could you make use of this? ◆ **vos conseils lui ont bien servi** your advice has been very useful ou helpful to him ◆ **ces projecteurs servent à guider les avions** these floodlights are used to guide ou for guiding the planes ◆ **cet instrument sert à beaucoup de choses** this instrument has many uses ou is used for many things ◆ **cela a servi à nous faire comprendre les difficultés** this served to help us understand the difficulties ◆ **cet héritage n'a servi qu'à les brouiller** the inheritance only served to drive a wedge between them ◆ **ne jette pas cette boîte, ça peut toujours servir** don't throw that box away – it may still come in handy ou still be of some use ◆ **ce mot a beaucoup servi dans les années 60** the word was much used in the sixties ◆ **cette valise n'a jamais servi** this suitcase has never been used; → **rien**

**3** **servir de** vt indir (= être utilisé comme) [personne] to act as; [ustensile, objet] to serve as ◆ **elle lui a servi d'interprète/de témoin** she acted as his interpreter/as a witness (for him) ◆ **cette pièce sert de chambre d'amis** this room serves as ou is used as a guest room ◆ **cela pourrait te servir de table** you could use that as a table, that would serve ou do as a table for you; → **exemple, leçon**

**4** **se servir** vpr **a** (à table, dans une distribution) to help o.s. ◆ **se servir chez Leblanc** (chez un fournisseur) to buy ou shop at Leblanc's ◆ **se servir en viande chez Leblanc** to buy one's meat at Leblanc's, go to Leblanc's for one's meat ◆ **servez-vous donc de viande** do help yourself to some meat ◆ **tu t'es mal servi** you haven't given yourself a very big portion ◆ **ne te gêne pas, sers-toi !** (iro) go ahead, help yourself! (iro)

**b** **se servir de** (= utiliser) [+ outil, mot, main-d'œuvre] to use; [+ personne] to use, make use of ◆ **il sait bien se servir de cet outil** he knows how to use this tool ◆ **t'es-tu servi de ce vêtement ?** have you ever worn this? ◆ **il se sert de sa voiture pour aller au bureau** he uses his car to go to the office ◆ **se servir de ses relations** to make use of ou use one's acquaintances ◆ **il s'est servi de moi** he used me

**c** (sens passif) **ce vin se sert très frais** this wine should be served chilled

**serviteur** [sɛʀvitœʀ] → SYN nm (gén) servant ◆ **en ce qui concerne votre serviteur ...** (hum) as far as yours truly is concerned ... (hum)

**servitude** [sɛʀvityd] → SYN nf **a** (= esclavage) servitude, bondage

**b** (gén pl = contrainte) constraint

**c** (Jur) easement ◆ **servitude de passage** right of way

**servocommande** [sɛʀvokɔmɑ̃d] nf servo-mechanism

**servodirection** [sɛʀvodiʀɛksjɔ̃] nf servo (-assisted) steering

**servofrein** [sɛʀvofʀɛ̃] nm servo(-assisted) brake

**servomécanisme** [sɛʀvomekanism] nm servo system

**servomoteur** [sɛʀvomɔtœʀ] nm servo-motor

**servovalve** [sɛʀvovalv] nf servo valve

**ses** [se] adj poss → **son¹**

**sésame** [sezam] nm (Bot) sesame ◆ **graines de sésame** sesame seeds ◆ **pain au sésame** sesame seed loaf ◆ **"Sésame ouvre-toi"** "open Sesame" ◆ **ce diplôme est un sésame pour l'emploi** this degree opens doors in the job market

**sésamoïde** [sezamɔid] adj ◆ **os sésamoïdes** sesamoid bones

**sessile** [sesil] adj (Bot) sessile; → **chêne**

**session** [sesjɔ̃] → SYN nf **a** (Jur, Parl) session, sitting ◆ **session extraordinaire** (Parl) special session

**b** (Scol, Univ) session ◆ **la session de printemps/d'automne** the spring/autumn session ◆ **session d'examen** exam session ◆ **la session de juin** the June exams ◆ **la session de septembre** the (September) retakes ou resits (Brit) ◆ **session de rattrapage** *special session of the baccalauréat for students who are unable to take the exam the first time around*

**c** (= cours, stage) course ◆ **session de formation** training course

**sesterce** [sɛstɛʀs] nm (Hist) (= monnaie) sesterce, sestertius; (= mille unités) sestertium

**set** [sɛt] → SYN nm **a** (Tennis) set; → **balle¹**

**b** **set (de table)** (= ensemble) set of tablemats ou place mats; (= napperon) tablemat, place mat

**Seth** [sɛt] nm Seth

**Séthi** [seti] nm Seti

**setter** [setɛʀ] nm setter ◆ **setter irlandais** Irish setter

**seuil** [sœj] → SYN nm **a** [porte] (= marche) doorstep; (= entrée) doorway, threshold †; (fig) threshold ◆ **se tenir sur le seuil de sa maison** to stand in the doorway of one's house ◆ **il m'a reçu sur le seuil** he kept me on the doorstep ou at the door ◆ **avoir la campagne au seuil de sa maison** to have the country on ou at one's doorstep ◆ **le seuil de** (fig = début) [+ période] the threshold of ◆ **au seuil de la mort** at death's door ◆ **le seuil du désert** the edge of the desert

**b** (Géog, Tech) sill

**c** (fig = limite) threshold; (Psych) threshold, limen (SPÉC) ◆ **seuil auditif** auditory threshold ◆ **seuil d'excitation** (Bio, Méd) neurological threshold ◆ **seuil de la douleur** pain threshold ◆ **seuil de rentabilité** break-even point ◆ **seuil de tolérance** threshold of tolerance ◆ **seuil de pauvreté** poverty line ou level ◆ **vivre en dessous du seuil de pauvreté** to live below ou beneath the poverty line ◆ **seuil de résistance** (Bourse) resistance level ◆ **le dollar est passé sous le seuil des 6 F** the dollar fell below the 6 franc level ◆ **seuil d'imposition** tax threshold ◆ **relever les seuils sociaux** (Jur) *to raise the minimum number of employees required to establish works councils, delegates' committees etc*

**seul, e** [sœl] → SYN **1** adj **a** (après n ou attrib) personne (= sans compagnie, non accompagné) alone (attrib), on one's own (attrib), by oneself (attrib); (= isolé) lonely; objet, mot alone (attrib), on its own (attrib), by itself (attrib) ◆ **être/rester seul** to be/remain alone ou on one's own ou by oneself ◆ **laissez-moi seul quelques instants** leave me alone ou on my own ou by myself for a moment ◆ **seul avec qn/ses pensées/son chagrin** alone with sb/one's thoughts/one's grief ◆ **ils se retrouvèrent enfin seuls** they were alone (together) ou on their own ou by themselves at last ◆ **un homme seul/une femme seule peut très bien se débrouiller** a man on his own/a woman on her own ou a single man/woman can manage perfectly well ◆ **au bal, il y avait beaucoup d'hommes seuls** at the dance there were many men on their own ◆ **se sentir (très) seul** to feel (very) lonely ou lonesome ◆ **seul au monde** alone in the world ◆ **les amoureux sont seuls au monde** lovers behave as if they are the only ones in the world ◆ **être seul contre tous** to be alone against the world ◆ **il s'est battu, seul contre tous** he fought single-handedly ◆ **mot employé seul** word used alone ou on its own ou by itself ◆ **la lampe seule ne suffit pas** the lamp alone ou on its own is not enough, the lamp is not enough on its own ou by itself ◆ **il est tout seul** he's all alone ◆ **il était tout seul dans un coin** he was all by himself ou all alone in a corner ◆ **il l'a fait tout seul** he did it all by himself ou (all) on his own ◆ **cette tasse ne s'est pas cassée toute seule !** this cup didn't break all by itself!; → **cavalier**

**b** (avant n = unique) **un seul homme/livre** (et non plusieurs) one man/book, a single man/book; (à l'exception de tout autre) only one man/book ◆ **le seul homme/livre** the one man/book, the only man/book, the sole man/book ◆ **les seules personnes/conditions** the only people/conditions ◆ **un seul livre suffit** one book ou a single book will do ◆ **un seul homme peut vous aider : Paul** only one man can help you and that's Paul ◆ **pour cette seule raison** for this reason alone ou only, for this one reason ◆ **son seul souci est de ...** his only ou sole ou one concern is to ... ◆ **un seul moment d'inattention** one ou a single moment's lapse of concentration ◆ **il n'y a qu'un seul Dieu** there is only one God, there is one God only ou alone ◆ **une seule fois** only once, once only ◆ **la seule chose, c'est que ça ferme à 6 heures** the only thing is (that) it shuts at 6

**c** (en apposition) only ◆ **seul le résultat compte** the result alone counts, only the result counts ◆ **seuls les parents sont admis** only parents are admitted ◆ **seule Gabrielle peut le faire** only Gabrielle ou Gabrielle alone can do it ◆ **seule l'imprudence peut être la cause de cet accident** only carelessness can have caused this accident ◆ **lui seul est venu en voiture** he alone ou only he came by car ◆ **à eux seuls, ils ont bu dix bouteilles** they drank ten bottles between them ◆ **je l'ai fait à moi (tout) seul** I did it (all) on my own ou (all) by myself, I did it single-handed

**d** (LOC) **seul et unique** one and only ◆ **c'est la seule et même personne** they're one and the same (person) ◆ **seul de son espèce** the only one of its kind ◆ **d'un seul coup** (= subitement) suddenly; (= en une seule fois) in one go ◆ **vous êtes seul juge** you alone can judge ◆ **à seule fin de ...** with the sole purpose of ... ◆ **dans la seule intention de ...** with the one ou sole intention of ... ◆ **du seul fait que ...** by the very fact that ... ◆ **à la seule pensée de ...** at the mere thought of ... ◆ **la seule pensée d'y retourner la remplissait de frayeur** the mere ou very thought of going back there filled her with fear ◆ **parler à qn seul à seul** to speak to sb in private ou privately ou alone ◆ **se retrouver seul à seul avec qn** to find o.s. alone with sb ◆ **comme un seul homme** (fig) as one man ◆ **d'une seule voix** with one voice

**2** adv **a** (= sans compagnie) **parler/rire seul** to talk/laugh to oneself ◆ **vivre/travailler seul** to live/work alone ou by oneself ou on one's own

**b** (= sans aide) by oneself, on one's own, unaided ◆ **faire qch (tout) seul** to do sth (all) by oneself ou (all) on one's own, do sth unaided ou single-handed ◆ **ça va tout seul** it's all going smoothly

**3** nm,f ◆ **un seul peut le faire** (et non plusieurs) one man can do it, a single man can do it; (à l'exception de tout autre) only one man can do it ◆ **un seul contre tous** one (man) against all ◆ **le seul que j'aime** the only one I love ◆ **vous n'êtes pas la seule à vous plaindre** you aren't the only one to complain, you aren't alone in complaining ◆ **une seule de ses peintures n'a pas été détruite dans l'incendie** only one of his paintings was not destroyed in the fire ◆ **il n'en reste pas un seul** there isn't a single ou solitary one left

**seulement** [sœlmɑ̃] → SYN adv **a** (quantité = pas davantage) only ◆ **cinq personnes seulement sont venues** only five people came ◆ **nous**

**serons seulement quatre** there will only be four of us ◆ **je pars pour deux jours seulement** I'm only going away for two days

**b** (= exclusivement) only, alone, solely ◆ **on ne vit pas seulement de pain** you can't live on bread alone ◆ **ce n'est pas seulement sa maladie qui le déprime** it's not only ou just his illness that depresses him ◆ **250 €, c'est seulement le prix de la chambre** €250 is the price for just the room ou is the price for the room only ◆ **on leur permet de lire seulement le soir** they are only allowed to read at night ◆ **il fait cela seulement pour nous ennuyer** he only does that to annoy us

**c** (temps = pas avant) only ◆ **il vient seulement d'entrer** he's only just (now) come in ◆ **ce fut seulement vers 10 heures qu'il arriva** he only got there at about 10 o'clock ◆ **il est parti seulement ce matin** he left only this morning, he only left this morning

**d** (en tête de proposition = mais, toutefois) only, but ◆ **je connais un bon chirurgien, seulement il est cher** I know a good surgeon, only ou but he is expensive ◆ **j'avais tout organisé, seulement voilà, ils ne sont même pas venus** I'd organized everything, the only thing was they didn't turn up

**e** (LOC) **non seulement il ne travaille pas mais (encore) il empêche les autres de travailler** not only does he not work but he stops the others working too ◆ **non seulement le directeur mais aussi ou encore les employés** not only ou just the manager but the employees too ou as well ◆ **non seulement il a plu, mais (encore) il a fait froid** it didn't only rain but it was cold too, it not only rained but it was also cold ◆ **on ne nous a pas seulement donné un verre d'eau** (même pas) we were not even given a glass of water, we were not given so much as a glass of water ◆ **il n'a pas seulement de quoi se payer un costume** he hasn't even got enough to buy himself a suit ◆ **il est parti sans seulement nous prévenir** he left without so much as ou without even telling us ◆ **si seulement** if only; → **si[1]**

**seulet, -ette** † * [sœlɛ, ɛt] adj (hum) lonesome, lonely, all alone ◆ **se sentir bien seulet** to feel all alone ou very lonesome

**sève** [sɛv] → SYN nf [arbre] sap; (fig) sap, life, vigour (Brit), vigor (US) ◆ **sève ascendante/brute/descendante élaborée** rising/crude/falling elaborated sap ◆ **les arbres sont en pleine sève** the sap has risen in the trees ◆ **la jeunesse est débordante de sève** young people are brimming with strength and vigour

**sévère** [sevɛʀ] → SYN [1] adj **a** (= dur, strict) maître, juge, climat, mesures, règlement severe, harsh; parent, éducation, ton strict, severe; jugement severe, harsh; regard, visage severe, stern; verdict harsh ◆ **elle suit un régime sévère** she's on a strict diet ◆ **après une sélection sévère** after a rigorous selection process ◆ **une morale sévère** a strict ou stern moral code ◆ **ne soyez pas trop sévère avec elle** don't be too harsh on her ou strict with her ◆ **la critique a été très sévère avec son film** the critics were very hard on his film

**b** (= austère) style, architecture severe; traits du visage, tenue severe, stern ◆ **une beauté sévère** a severe beauty

**c** (= lourd) pertes, échec severe, heavy

[2] adv (* : intensif) ◆ **il s'est fait engueuler, (mais alors) sévère !** he got a real bollocking *

**sévèrement** [sevɛʀmɑ̃] adv **a** (= durement) punir severely; juger, critiquer harshly, severely; contrôler, réglementer strictly ◆ **les visites sont sévèrement contrôlées** visits are under strict control

**b** (= gravement) éprouver, affecter severely ◆ **cette ville est sévèrement affectée par la crise** the town has been severely hit by the crisis ◆ **un malade sévèrement atteint** a severely affected patient

**sévérité** [seveʀite] → SYN nf **a** (= dureté, rigueur) [maître, juge, jugement, climat, mesures, règlement] severity, harshness; [parent, éducation, ton] strictness, severity; [regard] severity, sternness; [verdict] harshness ◆ **elle a élevé ses enfants avec une grande sévérité** she was very strict with her children ◆ **il se juge avec trop de sévérité** he's too hard on himself ◆ **tu manques de sévérité avec lui** you're not strict enough with him, you're too soft on him

**b** (= austérité) [style, architecture] severity; [tenue, mœurs, traits du visage] severity, sternness

**c** (= gravité) [pertes, échec, récession] severity

**sévices** [sevis] → SYN nmpl physical cruelty (NonC), ill treatment (NonC) ◆ **sévices corporels/sexuels** physical/sexual abuse (NonC) ◆ **faire subir des sévices à la population** to treat the population brutally ou cruelly ◆ **exercer des sévices sur un enfant** (gén) to ill-treat a child; (sexuels) to abuse a child ◆ **être victime de sévices** to be ill-treated ou abused

**Séville** [sevil] n Seville

**sévir** [seviʀ] → SYN ▸ conjug 2 ◂ vi **a** (= punir) to act ruthlessly ◆ **sévir contre** [+ personne, abus, pratique] to deal ruthlessly with ◆ **si vous continuez, je vais devoir sévir** if you carry on, I shall have to deal severely with you ou use harsh measures

**b** (= exercer ses ravages) [virus] to be rife; [doctrine] to hold sway ◆ **ce fléau sévit encore en Asie** the illness is still rife in Asia ◆ **la pauvreté sévissait** poverty was rampant ou rife ◆ **il sévit à la télé/dans notre service depuis 20 ans** (hum) he's been plaguing our screens/our department for 20 years now (hum) ◆ **est-ce qu'il sévit encore à l'université ?** (hum) do they still let him loose on the students? (hum)

**sevrage** [səvʀaʒ] nm **a** [nourrisson, jeune animal] weaning

**b** (Hort) separation

**c** (Méd) **une méthode de sevrage des toxicomanes** a method of weaning addicts off drugs ◆ **les cures de sevrage des toxicomanes** drug withdrawal programmes ◆ **pour faciliter le sevrage tabagique** to make it easier for people to give up ou to stop smoking ◆ **il lui faudra un sevrage pharmacologique** he'll need some kind of prop ou substitute product to help him give up

**sevrer** [səvʀe] → SYN ▸ conjug 5 ◂ vt **a** [+ nourrisson, jeune animal] to wean ◆ **sevrer un toxicomane** to wean an addict off drugs ◆ **pour sevrer les fumeurs** to help smokers give up

**b** (Hort) to separate

**c** (littér = priver) **sevrer qn de qch** to deprive sb of sth ◆ **nous avons été sevrés de théâtre** we have been deprived of theatre outings

**sèvres** [sɛvʀ] nm (= porcelaine) Sèvres porcelain; (= objet) piece of Sèvres porcelain

**sévrienne** [sevʀijɛn] nf *student (or former student) of the École normale supérieure de jeunes filles (which was located in Sèvres)*

**sévruga** [sevʀyga] nm sevruga

**sexage** [sɛksaʒ] nm sexing

**sexagénaire** [sɛksaʒenɛʀ] [1] adj sixty-year-old (épith), sexagenarian

[2] nmf sixty-year-old, sexagenarian

**sexagésimal, e,** mpl **-aux** [sɛgzaʒezimal, o] adj sexagesimal

**sexagésime** [sɛgzaʒezim] nf (Rel) Sexagesima (Sunday)

**sex-appeal** [sɛksapil] → SYN nm sex appeal

**sexe** [sɛks] → SYN nm **a** (= catégorie) sex ◆ **enfant de ou du sexe masculin/féminin** male/female child ◆ **nous recherchons une personne de sexe féminin/masculin** we are looking for a woman/man ◆ **le sexe faible/fort** the weaker/stronger sex ◆ **le (beau) sexe** (littér) the fair sex ◆ **discuter du sexe des anges** * to discuss futilities

**b** (= sexualité) sex ◆ **ce journal ne parle que de sexe** this paper is full of nothing but sex

**c** (= organes génitaux) genitals, sex organs; (= verge) penis

**sexisme** [sɛksism] → SYN nm sexism ◆ **être accusé de sexisme** to be accused of sexism ou of being sexist

**sexiste** [sɛksist] → SYN adj, nmf sexist

**sexologie** [sɛksɔlɔʒi] nf sexology

**sexologue** [sɛksɔlɔg] nmf sexologist, sex specialist

**sexothérapeute** [sɛksɔteʀapøt] nmf sex therapist

**sex-ratio,** pl **sex-ratios** [sɛksʀasjo] nf sex ratio

**sex-shop,** pl **sex-shops** [sɛksʃɔp] nm sex-shop

**sex-symbol,** pl **sex-symbols** [sɛkssɛ̃bɔl] nm sex symbol

**sextant** [sɛkstɑ̃] nm (= instrument) sextant; (Math = arc) sextant arc

**sexte** [sɛkst] nf sext

**sextolet** [sɛkstɔlɛ] nm sextuplet

**sextuor** [sɛkstɥɔʀ] nm (Mus) sextet(te)

**sextuple** [sɛkstypl] [1] adj nombre, quantité, rangée sextuple ◆ **une quantité sextuple de l'autre** a quantity six times (as great as) the other ◆ **en sextuple exemplaire** in six copies

[2] nm ◆ (gén, Math) **je l'ai payé le sextuple/le sextuple de l'autre** I paid six times as much for it/six times as much as the other for it ◆ **je vous le rendrai au sextuple** I'll repay you six times over ◆ **augmenter au sextuple** to increase sixfold ou six times

**sextupler** [sɛkstyple] ▸ conjug 1 ◂ vti to increase six times ou sixfold

**sextuplés, -ées** [sɛkstyple] nm,f pl sextuplets

**sexualisation** [sɛksɥalizasjɔ̃] nf sexualisation

**sexualiser** [sɛksɥalize] ▸ conjug 1 ◂ vt to sexualize

**sexualité** [sɛksɥalite] → SYN nf sexuality ◆ **troubles de la sexualité** sexual problems ◆ **avoir une sexualité épanouie** to have a full sex life

**sexué, e** [sɛksɥe] adj mammifères, plantes sexed, sexual; reproduction sexual

**sexuel, -elle** [sɛksɥɛl] → SYN adj caractère, instinct, plaisir sexual; éducation, hormone, organe, partenaire sexual, sex (épith); abus, comportement, sévices sexual ◆ **avoir une activité sexuelle importante** to have a very active sex life; → **rapport**

**sexuellement** [sɛksɥɛlmɑ̃] adv sexually; → **maladie**

**sexy** * [sɛksi] adj inv sexy *

**seyant, e** [sɛjɑ̃, ɑ̃t] → SYN adj vêtement becoming ◆ **elle portait une jupe très seyante** she was wearing a skirt that really suited her

**Seychelles** [seʃɛl] nfpl ◆ **les Seychelles** the Seychelles

**seychellois, e** [seʃelwa, az] [1] adj of ou from the Seychelles

[2] **Seychellois(e)** nm,f inhabitant ou native of the Seychelles

**SF** * [ɛsɛf] nf (abrév de **science-fiction**) sci-fi * ◆ **film/roman de SF** sci-fi * film/novel

**sfumato** [sfumato] nm sfumato

**SG** [ɛsʒe] nm (abrév de **secrétaire général**) → **secrétaire**

**SGBD** [ɛsʒebede] nm (abrév de **système de gestion de bases de données**) → **système**

**shabbat** [ʃabat] nm ⇒ **sabbat**

**shah** [ʃa] → SYN nm shah

**shaker** [ʃɛkœʀ] nm cocktail shaker

**shakespearien, -ienne** [ʃɛkspiʀjɛ̃, jɛn] adj Shakespearian

**shako** [ʃako] nm shako

**shampoing, shampooing** [ʃɑ̃pwɛ̃] nm (= lavage, produit) shampoo ◆ **faire un shampoing à qn** to give sb a shampoo, to shampoo ou wash sb's hair ◆ **se faire un shampoing** to shampoo one's hair ◆ **à appliquer après chaque shampoing** apply every time after shampooing ◆ **shampoing colorant** shampoo-in hair colourant (Brit) ou colorant (US) ◆ **shampoing crème** cream shampoo ◆ **shampoing à moquette** carpet shampoo

**shampouiner, shampooiner** [ʃɑ̃pwine] ▸ conjug 1 ◂ vt to shampoo ◆ **se shampouiner la tête** to shampoo one's hair

**shampouineur, -euse, shampooineur, -euse** [ʃɑ̃pwinœʀ, øz] [1] nm,f trainee hairdresser *(who washes hair)*, junior

[2] **shampouineuse, shampooineuse** nf (= machine) carpet shampooer

**shant(o)ung** [ʃɑ̃tuŋ] nm shantung (silk)

**Shavouoth** [ʃavwɔt] nfpl Shavuot, Shabuoth

**shekel** [ʃekɛl] nm shekel

**shérif** [ʃeʀif] nm [western] sheriff, marshal

**sherpa** [ʃɛʀpa] nm (= guide) Sherpa; (Pol) aide *(helping with preparations for summit talks)*

**sherry** [ʃeʀi] nm sherry

**shetland** [ʃɛtlɑ̃d] [1] nm (= laine) Shetland wool; (= tricot) Shetland pullover

2 **Shetland** nfpl ◆ **les (îles) Shetland** the Shetlands, the Shetland Islands ◆ **les (îles) Shetland-du-Sud** the South Shetlands

**shetlandais, e** [ʃɛtlɑ̃dɛ, ɛz] 1 adj Shetland (épith)
2 **Shetlandais(e)** nm,f Shetlander

**shilling** [ʃiliŋ] nm shilling

**shilom** [ʃilɔm] nm chillum

**shimmy** [ʃimi] nm (= danse) shimmy; (Aut) shimmy

**shintô** [ʃinto], **shintoïsme** [ʃintɔism] nm Shinto, Shintoism

**shintoïste** [ʃintɔist] adj, nmf Shintoist

**shit** [ʃit] nm (arg Drogue) dope *, hash *

**Shiva** [ʃiva] nm ⇒ **Siva**

**Shoah** [ʃɔa] nf Shoah

**shog(o)un** [ʃɔgun] nm shogun

**shoot** [ʃut] nm a (Ftbl) shot
b (arg Drogue) fix * ◆ **se faire un shoot d'héroïne** to shoot up * with heroin

**shooter** [ʃute] ▸ conjug 1 ◂ 1 vi (Ftbl) to shoot, make a shot
2 vt ◆ **shooter un penalty** to take a penalty (kick ou shot)
3 **se shooter** vpr (arg Drogue) to shoot up * ◆ **se shooter à l'héroïne** to mainline * heroin, shoot up * with heroin ◆ **il s'est shooté pendant dix ans** he mainlined * drugs for ten years ◆ **je me shoote au café** * I need to have my daily fix * of coffee ◆ **on l'a complètement shooté aux médicaments** * he's been drugged ou doped up to the eyeballs *

**shopping** [ʃɔpiŋ] → SYN nm shopping ◆ **faire du shopping** to go shopping ◆ **faire son shopping** to do one's shopping

**short** [ʃɔʀt] → SYN nm ◆ **short(s)** pair of shorts, shorts ◆ **être en short(s)** to be in shorts ou wearing shorts; → **tailler**

**show** [ʃo] → SYN nm show

**showbiz** * [ʃobiz] nm inv (abrév de **show-business**) show biz *

**show-business** [ʃobiznɛs] → SYN nm inv show business

**show-room,** pl **show-rooms** [ʃoʀum] nm showroom

**shrapnel(l)** [ʃʀapnɛl] nm shrapnel

**shunt** [ʃœt] → SYN nm (Élec) shunt

**shunter** [ʃœte] ▸ conjug 1 ◂ vt (Élec) to shunt; * [+ personne, service] to bypass

**SI** a (abrév de **syndicat d'initiative**) → **syndicat**
b (abrév de **Système international (d'unités)**) SI

**si**[1] [si] GRAMMAIRE ACTIVE 3 → SYN
1 conj a (éventualité, condition) if ◆ **s'il fait beau demain (et si j'en ai** ou **et que j'en aie le temps), je sortirai** if it's fine tomorrow (and (if) I have time), I'll go out
b (hypothèse) if ◆ **si et seulement si** (Math) if and only if ◆ **si j'avais de l'argent, j'achèterais une voiture** if I had any money ou had I any money, I would buy a car ◆ **même s'il s'excusait, je ne lui pardonnerais pas** even if he were to apologize I wouldn't forgive him ◆ **si nous n'avions pas été prévenus, nous serions arrivés** ou **nous arrivions trop tard** if we hadn't been warned, we would have arrived too late ◆ **il a déclaré que si on ne l'augmentait pas, il partirait** ou **il partait** he said that if he didn't get a rise he would leave ou he was leaving ◆ **viendras-tu ? si oui, préviens-moi à l'avance** are you coming? if so ou if you are, tell me in advance; → **comme**
c (répétition = toutes les fois que) if, when ◆ **s'il faisait beau, il allait se promener** if ou when it was nice he used to go for a walk ◆ **si je sors sans parapluie, il pleut** if ou whenever I go out without an umbrella it always rains
d (opposition) while, whilst (surtout Brit) ◆ **si lui est aimable, sa femme (par contre) est arrogante** while ou whereas he is very pleasant his wife (on the other hand) is arrogant
e (exposant un fait) **s'il ne joue plus, c'est qu'il s'est cassé la jambe** if he doesn't play any more it's because he has broken his leg, the reason he no longer plays is that he has broken his leg ◆ **c'est un miracle si la voiture n'a pas pris feu** it's a miracle (that) the car didn't catch fire ◆ **excusez-nous** ou **pardonnez-nous si nous n'avons pas pu venir** please excuse ou forgive us for not being able to come
f (dans une interrogation indirecte) if, whether ◆ **il ignore/se demande si elle viendra (ou non)** he doesn't know/is wondering whether ou if she'll come (or not) ◆ **il faut s'assurer si la télé marche** we must make sure that the TV is working ◆ **vous imaginez s'ils étaient fiers !** you can imagine how proud they were! ◆ **si je veux y aller ! quelle question !** do I want to go! what a question!
g (en corrélation avec proposition implicite) if ◆ **si j'avais su !** if I had only known!, had I (only) known! ◆ **si je le tenais !** if I could (only) lay my hands on him! ◆ **et s'il refusait ?** and what if he refused?, and what if he should refuse?, and supposing he refused? ◆ **si tu lui téléphonais ?** how ou what about phoning him?, supposing ou suppose you phoned him? ◆ **si nous allions nous promener ?** what ou how about going for a walk?, what would you say to a walk?
h (LOC) **si je ne me trompe, si je ne m'abuse** (frm, iro) if I'm not ou unless I'm mistaken ◆ **si j'ai bien compris/entendu** if I understood correctly/heard properly ◆ **si seulement il venait/était venu** if only he was coming/had come ◆ **brave homme s'il en fut** a fine man if ever there was one ◆ **si c'est ça** *, **je m'en vais** if that's how it is, I'm off *
◆ **si + dire** ◆ **si j'ose dire** (frm, hum) if I may say so ◆ **si je puis dire** (frm) if I may put it like that ◆ **si l'on peut dire** (frm) in a way, as it were, so to speak, in a manner of speaking
◆ **si ce n'est** ◆ **qui peut le savoir, si ce n'est lui ?** if he doesn't know, who will? ◆ **si ce n'est elle, qui aurait osé ?** who but she would have dared? ◆ **si ce n'était la crainte de les décourager** if it were not ou were it not for the fear of putting them off ◆ **il n'avait rien emporté, si ce n'est quelques biscuits et une pomme** he had taken nothing with him apart from ou other than a few biscuits and an apple ◆ **une des plus belles, si ce n'est la plus belle** one of the most beautiful, if not the most beautiful ◆ **elle se porte bien, si ce n'est qu'elle est très fatiguée** she's quite well apart from the fact that she is very tired ou apart from feeling very tired
◆ **si tant est que** so long as, provided ou providing that ◆ **invite-les tous, si tant est que nous ayons assez de verres** invite them all, so long as we have enough glasses ou if we have enough glasses that is ◆ **ils sont sous-payés, si tant est qu'on les paie** they are underpaid, if they are paid at all
2 nm inv if ◆ **avec des si (et des mais), on mettrait Paris en bouteille** if ifs and ands were pots and pans there'd be no need for tinkers

**si**[2] [si] → SYN adv a (affirmatif) **vous ne venez pas ? – si/mais si/que si** aren't you coming? – yes I am/of course I am/indeed I am ou I certainly am ◆ **vous n'avez rien mangé ? – si, une pomme** haven't you had anything to eat? – yes (I have), an apple ◆ **si, si, il faut venir** oh but you must come! ◆ **il n'a pas voulu, moi si** he didn't want to, but I did ◆ **il n'a pas écrit ? – il semble bien** ou **il paraît que si** hasn't he written? – yes, it seems that he has ◆ **je pensais qu'il ne viendrait pas, mais quand je lui en ai parlé il m'a répondu que si** I thought he wouldn't come but when I mentioned it to him he told me he would ◆ **je croyais qu'elle ne voulait pas venir, mais il m'a dit que si** I thought she didn't want to come but he said she did ◆ **si fait** † indeed yes
b (intensif = tellement) (modifiant attrib, adv) so ◆ **un ami si gentil** (modifiant épith) such a kind friend, so kind a friend (frm) ◆ **des amis si gentils, de si gentils amis** such kind friends ◆ **il parle si bas qu'on ne l'entend pas** he speaks so low ou in such a low voice that you can't hear him ◆ **j'ai si faim** I'm so hungry ◆ **elle n'est pas si stupide qu'elle ne puisse comprendre ceci** she's not so stupid that she can't understand this ◆ **il est stupide, non ? – si peu !** (iro) he's stupid, isn't he? – and how! * ou too right! *
◆ **si bien que** so that, with the result that
c (concessif = aussi) however ◆ **si bête soit-il** ou **qu'il soit, il comprendra** however stupid he is he will understand ◆ **si rapidement qu'il progresse** however rapidly he progresses ◆ **si adroitement qu'il ait parlé, il n'a convaincu personne** for all that he spoke very cleverly ou however cleverly he may have spoken he didn't convince anyone ◆ **si beau qu'il fasse, il ne peut encore sortir** however good the weather is, he can't go out yet ◆ **si peu que ce soit** however little it may be, little as ou though it may be
d (égalité = aussi) as, so ◆ **elle n'est pas si timide que vous croyez** she's not so ou as shy as you think ◆ **il ne travaille pas si lentement qu'il en a l'air** he doesn't work as slowly as he seems to ◆ **ce n'est pas si facile** ou **simple** it's not as simple as that

**si**[3] [si] nm inv (Mus) B; (en chantant la gamme) ti, te

**sialagogue** [sjalagɔg] 1 adj sialagogic
2 nm sialagogue

**sialis** [sjalis] nm sialid

**Siam** [sjam] nm Siam

**siamois, e** [sjamwa, waz] 1 adj († Géog) Siamese; chat Siamese ◆ **frères siamois, sœurs siamoises** Siamese twins
2 nm,f a († Géog) **Siamois(e)** Siamese
b (pl = jumeaux) Siamese twins
3 nm (= chat) Siamese

**Sibérie** [sibeʀi] nf Siberia

**sibérien, -ienne** [sibeʀjɛ̃, jɛn] → SYN 1 adj (Géog, fig) Siberian
2 **Sibérien(ne)** nm,f Siberian

**sibilant, e** [sibilɑ̃, ɑt] → SYN adj (Méd) sibilant

**sibylle** [sibil] → SYN nf sibyl

**sibyllin, e** [sibilɛ̃, in] → SYN adj (Myth) sibylline; phrase, personne cryptic, sibylline (frm) ◆ **tenir des propos sibyllins** to talk in riddles ◆ **de façon** ou **de manière sibylline** cryptically

**sic** [sik] adv sic

**SICAV, sicav** [sikav] nf inv (abrév de **société d'investissement à capital variable**) (= fonds) unit trust (Brit), open-end investment trust (US), mutual fund (US); (= part) share in a unit trust (Brit) ou an open-end investment trust (US) ou a mutual fund (US) ◆ **sicav monétaire** money market fund ◆ **sicav obligataire** bond fund ◆ **sicav de trésorerie** cash management unit trust ou mutual fund

**siccatif, -ive** [sikatif, iv] adj, nm siccative

**siccité** [siksite] → SYN nf siccity

**Sicile** [sisil] nf Sicily

**sicilien, -ienne** [sisiljɛ̃, jɛn] 1 adj Sicilian
2 nm a (= dialecte) Sicilian
b **Sicilien** Sicilian
3 **sicilienne** nf a **Sicilienne** Sicilian
b (= danse) Siciliano, Sicilienne

**SIDA, sida** [sida] nm (abrév de **syndrome d'immunodéficience acquise**) AIDS, Aids ◆ **avoir le/être atteint du sida** to have/be suffering from AIDS ◆ **le virus du sida** the AIDS virus ◆ **la lutte contre le sida** the battle against AIDS

**side-car,** pl **side-cars** [sidkaʀ] nm (= habitacle) sidecar; (= véhicule entier) motorcycle and sidecar

**sidéen, -enne** [sideɛ̃, ɛn] 1 adj personne (infected) with AIDS ou Aids
2 nm,f AIDS ou Aids sufferer, person with AIDS, PWA

**sidéral, e,** mpl **-aux** [sideʀal, o] → SYN adj sidereal

**sidérant, e** * [sideʀɑ̃, ɑt] → SYN adj staggering *, shattering *

**sidération** [sideʀasjɔ̃] nf (Méd) sideration

**sidérer** [sideʀe] → SYN ▸ conjug 6 ◂ vt a ( * = abasourdir) to stagger * ◆ **cette nouvelle m'a sidéré** I was staggered * ou dumbfounded by the news ◆ **je suis sidéré par son intelligence/son insolence** I'm dumbfounded ou amazed by his intelligence/his insolence ◆ **la foule regardait, sidérée** the crowd watched, dumbfounded
b (Méd) to siderate

**sidérite** [sideʀit] nf siderite, chalybite

**sidérose** [sideʀoz] nf a (Géol) siderite, chalybite
b (Méd) siderosis

**sidérostat** [sideʀɔsta] nm siderostat

**sidéroxylon** [sideʀɔksilɔ̃] nm ironwood (tree)

**sidérurgie** [sideʀyʀʒi] → SYN nf (= fabrication) (iron and) steel metallurgy; (= industrie) (iron and) steel industry

**sidérurgique** [sideʀyʀʒik] adj procédé (iron-and) steel-manufacturing (épith); industrie iron and steel (épith)

**sidérurgiste** [sideʀyʀʒist] nmf (= industriel) steel manufacturer; (= ouvrier) steel worker

**sidi** † [sidi] nm (injurieux) *North African immigrant (resident in France)*

**sidologue** [sidɔlɔg] nmf AIDS specialist

**Sidon** [sidɔ̃] n Sidon

**siècle** [sjɛkl] → SYN nm **a** (gén) century ♦ **au 3e siècle avant Jésus-Christ/après Jésus-Christ** ou **de notre ère** in the 3rd century B.C./A.D. ♦ **au siècle dernier** in the last century ♦ **le Grand Siècle** the 17th century *(in France)*, the grand siècle ♦ **le hold-up/match du siècle** * the hold-up/match of the century ♦ **cet arbre a/ces ruines ont des siècles** this tree is/these ruins are centuries old ♦ **après des siècles de colonisation, le pays ...** after centuries of colonial rule, the country ... ♦ **il est né avec le siècle, il a l'âge du siècle** he's as old as the century; → **consommation, fin², mal**

**b** (= époque) age ♦ **être de son siècle/d'un autre siècle** to belong to one's age/to another age ♦ **de siècle en siècle** from age to age, through the ages ♦ **le siècle de Périclès/d'Auguste** the age of Pericles/of Augustus ♦ **le Siècle des lumières** (the Age of) the Enlightenment ♦ **il y a un siècle** ou **des siècles que nous ne nous sommes vus** * it has been ou it is years ou ages since we last saw each other

**c** (Rel = monde) **le siècle** the world ♦ **les plaisirs du siècle** worldly pleasures, the pleasures of the world

**siège¹** [sjɛʒ] → SYN nm **a** (= meuble) seat ♦ **siège de jardin/de bureau** garden/office chair ♦ **le siège des toilettes** the toilet seat ♦ **donner/offrir un siège à qn** to give/offer sb a seat ♦ **prenez un siège** take a seat ♦ **Dupont, le spécialiste du siège de bureau** Dupont, the specialist in office seating ♦ **siège avant/arrière** (Aut) front/back seat ♦ **siège éjectable** (Aviat) ejector seat ♦ **siège baquet** (Aut) bucket seat ♦ **siège pour bébé(s), siège-auto** (Aut) baby (car) seat

**b** (frm, Méd = postérieur) seat ♦ **l'enfant se présente par le siège** the baby's in the breech position; → **bain**

**c** (Pol = fonction) seat ♦ **siège vacant** vacant seat ♦ **retrouver son siège de député** to win back one's parliamentary seat

**d** (Jur) [magistrat] bench; → **magistrature**

**e** (= résidence principale) [firme] head office; [parti, organisation internationale] headquarters; [assemblée, tribunal] seat ♦ **siège social** registered office ♦ **siège épiscopal/pontifical** episcopal/pontifical see ♦ **cette organisation, dont le siège est à Genève** this Geneva-based organization, this organization which is based in Geneva ou which has its headquarters in Geneva

**f** (fig = centre) [maladie, passions, rébellion] seat; (Physiol) [faculté, sensation] centre (Brit), center (US)

**siège²** [sjɛʒ] → SYN nm [place forte] siege ♦ **mettre le siège devant une ville** to besiege a town ♦ **faire le siège de** (lit, fig) to lay siege to; → **état, lever**

**siéger** [sjeʒe] → SYN ▸ conjug 3 et 6 ◂ vi **a** (= être en session) [assemblée, tribunal] to be in session

**b** (= être membre de) **siéger à** [+ conseil, comité] to sit ou be on

**c** (= être situé à) **siéger à** [tribunal, organisme] to have its headquarters in, be headquartered in (US)

**d** (fig = résider) **voilà où siège le mal** that's where the trouble lies

**siemens** [simɛns, sjemɛ̃s] nm siemens

**sien, sienne** [sjɛ̃, sjɛn] → SYN **1** pron poss ♦ **le sien, la sienne, les siens, les siennes** [homme] his (own); [femme] hers, her own; [chose, animal] its own; [nation] its own, hers, her own; (indéf) one's own ♦ **ce sac/cette robe est le sien/la sienne** this bag/this dress is hers, this is her bag/dress ♦ **il est parti avec une veste qui n'est pas la sienne** he left with a jacket which isn't his ou with somebody else's jacket ♦ **mes enfants sont sortis avec deux des siens/les deux siens** my children have gone out with two of hers/her two ♦ **cet oiseau préfère les nids des autres au sien** this bird prefers other birds' nests to its own ♦ **je préfère mes ciseaux, les siens ne coupent pas** I prefer my scissors because hers don't cut ♦ **la sienne de voiture est plus rapide** * (emphatique) his car is faster, his is a faster car ♦ **de tous les pays, on préfère toujours le sien** of all countries one always prefers one's own

**2** nm **a** **les choses s'arrangent depuis qu'elle y a mis du sien** things are beginning to sort themselves out since she began to pull her weight ♦ **chacun doit être prêt à y mettre du sien** everyone must be prepared to pull his weight ou to make some effort

**b** **les siens** (= famille) one's family, one's folks *; (= partisans) one's (own) people ♦ **Dieu reconnaît les siens** God knows his own ou his people

**3** **siennes** nfpl ♦ **il/elle a encore fait des siennes** * he/she has (gone and) done it again * ♦ **le mal de mer commençait à faire des siennes parmi les passagers** seasickness was beginning to claim some victims among the passengers

**4** adj poss († ou littér) ♦ **un sien cousin** a cousin of his (ou hers) ♦ **il fait siennes toutes les opinions de son père** he adopts all his father's opinions

**Sienne** [sjɛn] n Siena; → **terre**

**sierra** [sjeʀa] nf sierra ♦ **la sierra Madre/Nevada** the Sierra Madre/Nevada

**Sierra Leone** [sjeʀaleɔn(e)] nf Sierra Leone

**sierra-léonien, -ienne** [sjeʀaleɔnjɛ̃, jɛn] **1** adj Sierra Leonean

**2** **Sierra-Léonien(ne)** nm,f Sierra Leonean

**sieste** [sjɛst] → SYN nf (gén) nap, snooze *; (en Espagne etc ) siesta ♦ **faire la sieste** (gén) to have ou take a nap; (en Espagne etc ) to have a siesta ♦ **je vais faire une petite sieste** I'm going to take a little nap ♦ **c'est l'heure de la sieste !** it's time for a snooze! * ou an afternoon nap!

**sieur** [sjœʀ] → SYN nm ♦ **le sieur Leblanc** († †, Jur) Mr Leblanc; (péj, hum) Master Leblanc

**sievert** [sivɛʀt] nm sievert

**sifflage** [siflaʒ] nm cornage

**sifflant, e** [siflɑ̃, ɑ̃t] → SYN **1** adj sonorité whistling; toux wheezing; prononciation hissing, whistling

**2** **sifflante** nf ♦ **(consonne) sifflante** sibilant

**sifflement** [sifləmɑ̃] → SYN nm **a** [personne, oiseau, train, bouilloire, vent] whistling (NonC); [serpent, vapeur, gaz, machine à vapeur] hissing (NonC); [voix, respiration] wheezing (NonC); [projectile] whistling (NonC), hissing (NonC) ♦ **un sifflement** a whistle, a hiss ♦ **un sifflement d'admiration** ou **admiratif** a whistle of admiration ♦ **un sifflement mélodieux** a tuneful whistle ♦ **des sifflements se firent entendre** there was the sound of whistling ♦ **j'entendis le sifflement aigu/les sifflements de la locomotive** I heard the shrill whistle/the whistling of the locomotive ♦ **des sifflements** whistling noises, hissing noises ♦ **sifflement d'oreilles** ringing in the ears

**b** (gén pl = huées) booing (NonC), hissing (NonC) ♦ **il quitta la scène sous les sifflements du public** he left the stage to hisses and boos from the audience, he was booed off the stage

**siffler** [sifle] → SYN ▸ conjug 1 ◂ **1** vi [personne] to whistle; (avec un sifflet) to blow one's ou a whistle; [oiseau, train, bouilloire, vent] to whistle; [serpent, vapeur, gaz, machine à vapeur] to hiss; [voix, respiration] to wheeze; [projectile] to whistle, hiss ♦ **siffler comme un merle** to whistle like a bird ♦ **la balle/l'obus siffla à ses oreilles** the bullet/the shell whistled past his ears ♦ **il siffle en respirant** he wheezes ♦ **j'ai les oreilles qui sifflent** my ears are ringing

**2** vt **a** (= appeler) [+ chien, personne] to whistle for; [+ fille] to whistle at; [+ automobiliste ou joueur en faute] to blow one's whistle at; (= signaler) [+ départ, faute] to blow one's whistle for ♦ **siffler la fin du match/la mi-temps** (Ftbl) to blow the final whistle/the half-time whistle, blow for time/for half time ♦ **elle s'est fait siffler dans la rue** someone wolf-whistled at her in the street

**b** (= huer) [+ orateur, acteur, pièce] to hiss, boo ♦ **se faire siffler** to get booed

**c** (= moduler) [+ air, chanson] to whistle

**d** (* = avaler) to guzzle *, knock back *

**sifflet** [siflɛ] → SYN nm **a** (= instrument, son) whistle ♦ **sifflet à roulette** whistle ♦ **sifflet à vapeur** steam whistle ♦ **sifflet d'alarme** alarm whistle ♦ **coup de sifflet** whistle; → **couper**

**b** (= huées) **sifflets** whistles of disapproval, hissing, booing, catcalls ♦ **il est sorti sous les sifflets du public** he was booed off the stage

**siffleur, -euse** [siflœʀ, øz] **1** adj merle whistling; serpent hissing ♦ **(canard) siffleur** widgeon

**2** nm,f (= qui sifflote) whistler; (= qui hue) hisser, booer

**siffleux** * [siflø] nm (Can) groundhog, woodchuck, whistler (US, Can)

**sifflotement** [siflɔtmɑ̃] nm whistling (NonC)

**siffloter** [siflɔte] ▸ conjug 1 ◂ **1** vi to whistle (a tune) ♦ **siffloter entre ses dents** to whistle under one's breath

**2** vt [+ air] to whistle

**sifilet** [sifilɛ] nm bird of paradise

**sigillaire** [siʒilɛʀ] **1** adj sigillary

**2** nf (Sci) sigillarid

**sigillé, e** [siʒile] adj sigillated

**sigillographie** [siʒilɔgʀafi] nf sigillography

**sigillographique** [siʒilɔgʀafik] adj sigillographical

**sigisbée** † [siʒizbe] → SYN nm (hum = amant) beau †

**sigle** [sigl] → SYN nm (prononcé lettre par lettre) (set of) initials, abbreviation; (= acronyme) acronym

**siglé, e** [sigle] adj objet bearing the initials of a designer ♦ **sac siglé** designer bag ♦ **boutons siglés ARA** buttons with ARA, engraved on them

**sigma** [sigma] nm sigma

**sigmoïde** [sigmɔid] **1** adj (Anat, Math) sigmoid

**2** nm (Anat) ♦ **le sigmoïde** the sigmoid flexure

**3** nf (Math) sigmoid curve

**signal, pl -aux** [siɲal, o] → SYN nm **a** (= signe convenu) (Psych = stimulus) signal; (= indice) sign ♦ **donner le signal de** (lit) to give the signal for; (fig = déclencher) to be the signal ou sign for, signal ♦ **cette émeute fut le signal d'une véritable révolution** the riot was the signal for the start of ou signalled the outbreak of a virtual revolution ♦ **à mon signal tous se levèrent** when I gave the signal everyone got up ♦ **donner le signal du départ** (gén) to give the signal for departure; (Sport) to give the starting signal ♦ **signal de détresse** distress signal

**b** (Naut, Rail = écriteau, avertisseur) signal; (Aut = écriteau) (road) sign ♦ **signaux (lumineux)** (= feux) traffic signals ou lights ♦ **signal automatique** (Rail) automatic signal ♦ **signal d'alarme** (Rail) alarm ♦ **tirer le signal d'alarme** (lit) to pull the alarm, pull the communication cord † (Brit); (fig) to sound the alarm ou alert ♦ **signal sonore** ou **acoustique** sound ou acoustic signal ♦ **signal optique/lumineux** visual/light signal ♦ **signal avancé** (Rail) advance signal

**c** (Ling, Ordin, Téléc) signal ♦ **signal horaire** time signal ♦ **"signal d'appel"** (Téléc : option) "call waiting"

**signalé, e** [siɲale] → SYN (ptp de **signaler**) adj (littér = remarquable) récompense, service signal (littér) (épith)

**signalement** [siɲalmɑ̃] → SYN nm [personne, véhicule] description, particulars ♦ **donner le signalement de qn** to describe sb

**signaler** [siɲale] GRAMMAIRE ACTIVE 20.4 → SYN ▸ conjug 1 ◂

**1** vt **a** (= être l'indice de) to indicate, be a sign of ♦ **des empreintes qui signalent la présence de qn** footprints indicating sb's presence

**b** [écriteau, sonnerie] to signal; [personne] (= faire un signe) to signal; (en mettant un écriteau ou une indication) to indicate ♦ **on signale l'arrivée d'un train au moyen d'une sonnerie** the arrival of a train is signalled by a bell ringing, a bell warns of ou signals the arrival of a train ♦ **sur ma carte, on signale l'existence d'une source près du village** my map indicates that there's a spring near the village, on my map there's a spring marked near the village ◆ **signalez que vous allez tourner en tendant le bras** indicate ou signal that you are turning by putting out your arm

c [+ détail, erreur] to indicate, point out; [+ fait nouveau, perte, vol] to report ◆ **on a signalé leur présence à Paris** they are reported to be in Paris ◆ **on signale l'arrivée du bateau** it has been reported that the boat will arrive shortly ◆ **rien à signaler** nothing to report ◆ **signaler qn à l'attention de qn** to bring sb to sb's attention ◆ **signaler qn à la vindicte publique** to expose sb to public condemnation ◆ **nous vous signalons en outre que ...** we would further point out to you that ... ◆ **nous vous signalons qu'il ...** for your information, he ... ◆ **je te signale que je t'attends depuis une heure !** I'd like you to know that I've been waiting for you for an hour!

2 **se signaler** vpr a (= s'illustrer) to distinguish o.s., stand out ◆ **il se signale par sa bravoure** he distinguishes himself by his courage, his courage makes him stand out

b (= attirer l'attention) to draw attention to o.s. ◆ **se signaler à l'attention de qn** to attract sb's attention, bring o.s. to sb's attention

**signalétique** [siɲaletik] → SYN 1 adj détail identifying, descriptive ◆ **fiche signalétique** identification sheet

2 nf means of signalling

**signaleur** [siɲalœʀ] nm (Mil, Naut) signaller

**signalisation** [siɲalizasjɔ̃] → SYN nf a (= balisage) [route, réseau] erection of (road)signs (and signals) (*de* on); [piste] laying out of runway markings and lights (*de* on); [voie] putting signals (*de* on) ◆ **"absence de signalisation"** "no road markings" ◆ **signalisation automatique** (Rail) automatic signalling ◆ **erreur de signalisation** (Aut) signposting error; (Rail) signalling error ◆ **moyens de signalisation** means of signalling; → **feu¹, panneau**

b (Aut = panneaux) signs; (Rail = signaux) signals ◆ **signalisation routière** roadsigns and markings ◆ **signalisation horizontale** (Aut) road markings ◆ **signalisation verticale** roadsigns

**signaliser** [siɲalize] → SYN ▸ conjug 1 ◂ vt [+ route, réseau] to put up (road)signs on; [+ piste] to put runway markings and lights on; [+ voie de chemin de fer] to put signals on ◆ **bien signalisé** [+ route] well signposted; [+ piste] clearly marked; [+ voie de chemin de fer] with clear signals ◆ **la frontière n'est pas toujours signalisée** the border isn't always marked

**signataire** [siɲatɛʀ] 1 adj signatory ◆ **pays signataires** signatory countries

2 nmf [traité, paix] signatory ◆ **les signataires** those signing, the signatories

**signature** [siɲatyʀ] → SYN nf a (= action) signing; (= marque, nom) signature ◆ **avant la signature du contrat** before the contract is signed ◆ **les fondés de pouvoir ont la signature** the senior executives may sign for the company ◆ **honorer sa signature** to honour one's signature ◆ **signature légalisée/sociale** (Jur) authenticated/authorized signature ◆ **ouvrage publié sous la signature d'un journaliste** work published under the name of a journalist

b (= signe distinctif) mark ◆ **l'attentat porte leur signature** the attack bears their mark ou has their name written all over it *

c (Typo = cahier) signature

**signe** [siɲ] → SYN 1 nm a (= geste) (de la main) sign, gesture; (de l'expression) sign ◆ **s'exprimer par signes** to use signs to communicate ◆ **langage** ou **langue des signes** sign language ◆ **faire un signe à qn** to make a sign to sb, sign to sb ◆ **un signe de tête affirmatif/négatif** a nod/a shake of the head ◆ **ils se faisaient des signes** they were making signs to each other ◆ **un signe d'adieu/de refus** a sign of farewell/of refusal ◆ **elle m'a fait un signe d'adieu** she waved goodbye to me

b (= indice) sign ◆ **signe précurseur** ou **avant-coureur** portent, omen, forewarning ◆ **elle t'a invité ? c'est un signe !** she invited you? that's a good sign! ◆ **il recommence à manger, c'est bon signe** he's beginning to eat again, that's a good sign ◆ **c'est (un) signe de pluie** it's a sign of rain ◆ **c'est signe qu'il va pleuvoir/qu'il est de retour** it shows ou it's a sign that it's going to rain/that he's back ◆ **c'est mauvais signe** it's a bad sign ◆ **y a-t-il des signes de vie sur Mars ?** are there signs of life on Mars? ◆ **il n'a plus jamais donné signe de vie** we've never heard from him since ◆ **c'est un signe des temps** it's a sign of the times ◆ **c'est un signe révélateur** it's very revealing ◆ **c'est un signe qui ne trompe pas** the signs are unmistakable ◆ **montrer** ou **donner des signes de faiblesse** ou **de fatigue** [personne] to show signs of tiredness; [appareil, montre] to be on its last legs; [coalition] to be showing signs of strain; [monnaie] to be weakening ◆ **signe clinique** (Méd) clinical sign

c (= trait) mark ◆ **"signes particuliers : néant"** "distinguishing marks: none" ◆ **signe distinctif** distinguishing feature ◆ **leur argot est un signe de reconnaissance** using slang is a way for them to recognize each other

d (= symbole) (gén, Ling, Math, Mus) sign; (Typo) [correcteurs] mark ◆ **le signe moins/plus/égal** the minus/plus/equal(s) sign ◆ **signe (typographique)** character ◆ **signes d'expression** (Mus) expression marks ◆ **signe accidentel** (Mus) accidental

e (Astrol) **signe du zodiaque** sign of the zodiac ◆ **sous quel signe es-tu né ?** what sign were you born under?, what's your sign? ◆ **rencontre placée sous le signe de l'amitié franco-britannique** meeting where the keynote was Franco-British friendship ou where the dominant theme was Franco-British friendship ◆ **ministère qui a vécu sous le signe du mécontentement** term of office for the government where the dominant ou prevailing mood was one of discontent

f (LOC) **faire signe à qn** (lit) to make a sign to sb; (fig = contacter) to get in touch with sb, contact sb ◆ **faire signe à qn d'entrer** to motion sb in, make a sign for sb to come in ◆ **de la tête, il m'a fait signe de ne pas bouger** he shook his head to tell me not to move ◆ **il a fait signe à la voiture de franchir les grilles** he waved the car through the gates ◆ **faire signe du doigt à qn** to beckon (to) sb ◆ **faire signe que oui** to nod (in agreement) ◆ **faire signe que non** (de la tête) to shake one's head (in disagreement ou disapproval); (de la main) to make a gesture of refusal (ou disagreement ou disapproval)

◆ **en signe de** ◆ **en signe de protestation** as a sign ou mark of protest ◆ **en signe de reconnaissance** as a token of gratitude ◆ **en signe de respect** as a sign ou mark ou token of respect ◆ **en signe de solidarité/de deuil** as a sign of solidarity/of mourning

2 COMP ▷ **signe cabalistique** cabalistic sign ▷ **signe de la croix** sign of the cross ◆ **faire le signe de la croix** ou **un signe de croix** to make the sign of the cross, cross o.s. ▷ **signes extérieurs de richesse** outward signs of wealth ▷ **signes héraldiques** coat of arms ▷ **signe de ponctuation** punctuation mark ▷ **signe de ralliement** rallying symbol

**signer** [siɲe] → SYN ▸ conjug 1 ◂ 1 vt a [+ document, traité, œuvre d'art] to sign ◆ **signer la paix** to sign a peace treaty ◆ **signez au bas de la page/en marge** sign at the bottom of the page/in the margin ◆ **signer un chèque en blanc** (lit, fig) to sign a blank cheque ◆ **signer son nom** to sign one's name ◆ **elle signe "Malou"** she signs herself "Malou" ◆ **il a signé avec le club italien** (Sport) he's signed for the Italian club ◆ **signer d'une croix/de son vrai nom** to sign with a cross/with one's real name ◆ **signer de son sang** to sign in blood ◆ **tableau non signé** unsigned painting ◆ **œuvre signée de la main de l'artiste** work signed by the artist ◆ **cela a signé la fin de leur collaboration** that signalled the end of their collaboration; → **arrêt**

b (= être l'auteur de) to make ◆ **elle vient de signer son deuxième film** she's just made her second film ◆ **il signe le troisième but de la partie** (Sport) he's scored the third goal of the match ◆ **cravate/carrosserie signée Paul** tie/coachwork by Paul ◆ **c'est signé !** * (fig) it's obvious who did it! ◆ **c'est signé Louis !** * (fig) it has Louis written all over it! *

c (Tech) to hallmark

2 **se signer** vpr (Rel) to cross o.s.

**signet** [siɲɛ] → SYN nm (livre, Internet) bookmark

**signifiant, e** [siɲifjɑ̃, jɑ̃t] 1 adj (littér) significative, meaningful

2 nm (Ling) signifier, signifiant

**significatif, -ive** [siɲifikatif, iv] → SYN adj a (= révélateur) exemple, mot significant, revealing; geste, sourire meaningful ◆ **ces oublis sont significatifs de son état d'esprit** his forgetfulness reflects his state of mind

b (= visible) amélioration, baisse, changement, progrès significant, considerable ◆ **de manière significative** significantly

c (= expressif) symbole meaningful, significant

**signification** [siɲifikasjɔ̃] → SYN nf a [fait, chiffres] significance (NonC) ◆ **une omission lourde de signification** a highly significant omission ◆ **cette mesure n'a pas grande signification** this measure is not very significant

b [mot, symbole] meaning ◆ **la signification** (Ling) signification ◆ **quelle est la signification de ce dessin ?** what does this drawing mean?

c (Jur) [décision judiciaire] notification ◆ **signification d'actes** service of documents

**significativement** [siɲifikativmɑ̃] adv améliorer, augmenter, réduire significantly, to a significant extent; meilleur, supérieur significantly ◆ **les commentaires ont été assez significativement unanimes** significantly, most people made the same kind of comments

**signifié** [siɲifje] nm (Ling) signified, signifié

**signifier** [siɲifje] → SYN ▸ conjug 7 ◂ vt a (= avoir pour sens) to mean, signify ◆ **que signifie ce mot/son silence ?** what is the meaning of this word/his silence?, what does this word/his silence mean ou signify? ◆ **les symboles signifient** (Ling) symbols convey meaning ◆ **que signifie cette cérémonie ?** what is the significance of this ceremony?, what does this ceremony signify? ◆ **ses colères ne signifient rien** his tempers don't mean anything ◆ **bonté ne signifie pas forcément faiblesse** kindness does not necessarily mean ou signify ou imply weakness ou is not necessarily synonymous with weakness ◆ **cela signifie que l'automne est proche** it means ou shows that autumn is near, it marks ou signifies the approach of autumn ◆ **qu'est-ce que cela signifie ?** (gén) what's the meaning of this?; (après remarque hostile) what's that supposed to mean?; (à un enfant qui fait une scène) what's all this in aid of?

b (frm = faire connaître) to make known ◆ **signifier ses intentions/sa volonté à qn** to make one's intentions/one's wishes known to sb, inform sb of one's intentions/one's wishes ◆ **signifier son congé à qn** (= renvoyer qn) to give sb notice of dismissal, give sb their notice ◆ **son regard me signifiait tout son mépris** his look conveyed to me his utter scorn ◆ **signifiez-lui qu'il doit se rendre à cette convocation** inform him that he is to answer this summons

c (Jur) [+ exploit, décision judiciaire] to serve notice of (*à* on), notify (*à* to)

**sikh** [sik] 1 adj Sikh

2 **Sikh** nmf Sikh

**silane** [silan] nm silane

**silence** [silɑ̃s] → SYN nm a (= absence de bruits, de conversation) silence ◆ **garder le silence** to keep silent, say nothing ◆ **faire silence** to be silent ◆ **faire qch en silence** to do sth in silence ◆ **réclamer le silence** to ask for silence ◆ **il n'arrive pas à faire le silence dans sa classe** he can't get his pupils to be quiet ◆ **sortez vos livres et en silence !** get out your books and no talking! ◆ **(faites) silence !** (gén) silence!; (en classe) silence!, no talking! ◆ **silence ! on tourne** (Ciné) quiet everybody, action! ◆ **il prononça son discours dans un silence absolu** there was dead silence while he made his speech ◆ **un silence de mort** a deathly hush ou silence; → **minute, parole**

b (= pause) (dans la conversation, un récit) pause; (Mus) rest ◆ **récit entrecoupé de longs silences** account broken by lengthy pauses ◆ **il y eut un silence gêné** there was an embarrassed silence ◆ **à son entrée il y eut un silence** there was a hush when he came in

c (= impossibilité ou refus de s'exprimer) silence ◆ **les journaux gardèrent le silence sur cette grève** the newspapers kept silent ou were silent on this strike ◆ **promets-moi un silence absolu** promise me you won't breathe a word ◆ **garder un silence absolu sur qch** to say absolutely nothing about sth, keep completely quiet about sth ◆ **contraindre l'oppo-**

sition au silence to force the opposition to keep silent ◆ **réduire qn au silence** to silence sb, reduce sb to silence ◆ **acheter le silence de qn** to buy sb's silence ◆ **briser** ou **rompre le silence** to break one's silence ◆ **passer qch sous silence** to pass sth over in silence ◆ **le sujet est passé sous silence** the subject was not mentioned ◆ **souffrir en silence** to suffer in silence ◆ **aimer qn en silence** to love sb secretly ◆ **surprise préparée dans le plus grand silence** surprise prepared in the greatest secrecy ◆ **silence radio** (lit) radio silence, blackout; (fig) total silence ◆ **le célèbre compositeur vient de sortir de 12 années de silence** the famous composer has just broken 12 years of silence ◆ **le silence de la loi sur ce sujet** the lack ou absence of legislation on this matter; → **loi**

**d** (= paix) silence, still(ness) ◆ **dans le grand silence de la plaine** in the great silence ou stillness of the plain ◆ **vivre dans la solitude et le silence** to live in solitary silence

**silencieusement** [silɑ̃sjøzmɑ̃] → SYN adv se déplacer silently, quietly ◆ **la cérémonie s'est déroulée silencieusement** the ceremony took place in silence

**silencieux, -ieuse** [silɑ̃sjø, jøz] → SYN **1** adj **a** (= peu bruyant) mouvement, pas, personne silent, quiet; moteur, machine quiet, noiseless; lieu, cloître silent, still ◆ **le voyage du retour fut silencieux** the return journey took place in silence

**b** (= peu communicatif) quiet; (= qui ne veut ou ne peut s'exprimer) silent ◆ **rester silencieux** to remain silent (*sur, à propos de* about) → **majorité**

**2** nm [arme à feu] silencer; [pot d'échappement] silencer (Brit), muffler (US)

**silène** [silɛn] nm catchfly

**Silésie** [silezi] nf Silesia

**silex** [silɛks] → SYN nm flint ◆ **des (armes en) silex** (Archéol) flints

**silhouette** [silwɛt] → SYN nf **a** (= contours) outline, silhouette; [voiture] shape ◆ **la silhouette du château se détache sur le couchant** the outline ou silhouette of the château stands out ou the château is silhouetted against the sunset ◆ **on le voyait en silhouette, à contre-jour** he could be seen silhouetted against the light

**b** (= personne) figure ◆ **je distinguais une silhouette dans le brouillard** I could make out a figure in the fog ◆ **silhouettes de tir** (Mil) figure targets

**c** (= allure) figure ◆ **une silhouette massive/élégante** a heavy/an elegant figure

**silhouetter** [silwete] ▸ conjug 1 ◂ **1** vt **a** (Art) to outline ◆ **l'artiste silhouetta un corps de femme** the artist outlined ou drew an outline of a woman's body

**b** (Photo) to block out

**2** **se silhouetter** vpr to be silhouetted ◆ **le clocher se silhouette sur le ciel** the bell tower is silhouetted ou outlined against the sky

**silicate** [silikat] nm silicate

**silice** [silis] → SYN nf silica ◆ **silice fondue** ou **vitreuse** silica glass

**siliceux, -euse** [silisø, øz] adj siliceous, silicious

**silicicole** [silisikɔl] adj siliceous, silicious

**silicium** [silisjɔm] nm silicon

**siliciure** [silisjyʀ] nm silicide

**silicone** [silikon] nf silicone ◆ **gel de silicone** silicone gel

**siliconer** [silikone] ▸ conjug 1 ◂ vt to cover with silicone ◆ **pare-brise siliconé** silicone-coated windscreen ◆ **sa poitrine siliconée** (péj ou hum) her silicone-implanted bosom

**silicose** [silikoz] → SYN nf silicosis

**silicotique** [silikɔtik] adj, nmf silicotic

**silique** [silik] nf silique

**sillage** [sijaʒ] → SYN nm **a** [embarcation] wake; [avion à réaction] (= déplacement d'air) slipstream; (= trace) (vapour (Brit) ou vapor (US)) trail; (fig) [personne, animal, parfum] trail ◆ **dans le sillage de qn** (lit, fig) (following) in sb's wake ◆ **marcher dans le sillage de qn** to follow in sb's footsteps

**b** (Phys) wake

**sillet** [sijɛ] nm (Mus) nut (Brit), frog (US)

**sillon** [sijɔ̃] → SYN nm **a** [champ] furrow ◆ **les sillons** (littér) the (ploughed (Brit) ou plowed (US)) fields

**b** (fig = ride, rayure) furrow

**c** (Anat) fissure

**d** [disque] groove

**e** **le sillon rhodanien** the Rhone valley

**sillonner** [sijɔne] → SYN ▸ conjug 1 ◂ vt **a** (= traverser) [avion, bateau, routes] to cut across, cross ◆ **les canaux qui sillonnent la Hollande** the canals which cut across ou which crisscross Holland ◆ **région sillonnée de canaux/routes** region criss-crossed by canals/roads ◆ **des avions ont sillonné le ciel toute la journée** planes have been droning backwards and forwards ou to and fro across the sky all day ◆ **des éclairs sillonnaient le ciel** flashes of lightning criss-crossed the sky ◆ **sillonner les routes** to travel the country ◆ **les touristes sillonnent la France en été** tourists travel to every corner ou throughout the length and breadth of France in the summer

**b** (= creuser) [rides, ravins, crevasses] to furrow ◆ **visage sillonné de rides** face furrowed with wrinkles ◆ **front sillonné d'une ride profonde** deeply furrowed brow

**silo** [silo] → SYN nm (Aviat, Mil) silo ◆ **silo à céréales** ou **à grains/fourrage** grain/fodder silo ◆ **mettre en silo** to put in a silo, silo

**silotage** [silɔtaʒ] nm (Tech) ensilage

**silphe** [silf] nm silphid

**silure** [silyʀ] nm silurid

**silurien, -ienne** [silyʀjɛ̃, jɛn] **1** adj Silurian

**2** nm ◆ **le silurien** the Silurian

**sima** [sima] nm (Géol) sima

**simagrée** [simagʀe] → SYN nf (gén pl) fuss (NonC), playacting (NonC) ◆ **faire des simagrées** to playact ◆ **arrête tes simagrées !** stop your playacting! ◆ **elle a fait beaucoup de simagrées avant d'accepter son cadeau** she made a great fuss (about it) ou she put on a great show of reluctance before she accepted his present

**simarre** [simaʀ] nf (Rel) zimarra

**simbleau** [sɛ̃blo] nm cord *(used to draw large circles)*

**simien, -ienne** [simjɛ̃, jɛn] adj, nm simian

**simiesque** [simjɛsk] adj monkey-like, ape-like

**similaire** [similɛʀ] → SYN adj similar (*à* to) ◆ **le rouge à lèvres, le fond de teint et produits similaires** lipstick, foundation and similar products ou products of a similar nature

**similarité** [similaʀite] nf similarity (*entre* between; *avec* with)

**simili** [simili] → SYN **1** préf imitation (épith), artificial ◆ **en simili fourrure** fun fur (épith)

**2** nm imitation ◆ **bijoux en simili** imitation ou costume jewellery

**3** nf * (abrév de **similigravure**)

**similicuir** [similikɥiʀ] nm imitation leather, Leatherette ®

**similigravure** [similigʀavyʀ] → SYN nf half-tone engraving

**similisage** [similizaʒ] nm schreinerization

**similiser** [similize] ▸ conjug 1 ◂ vt to schreinerize

**similiste** [similist] nm half-tone engraver

**similitude** [similityd] → SYN nf **a** (= ressemblance) similarity ◆ **il y a certaines similitudes entre ces méthodes** there are certain similarities between these methods

**b** (Géom) similarity

**similor** [similɔʀ] → SYN nm imitation gold

**simoniaque** [simɔnjak] → SYN adj simoniac(al)

**simonie** [simɔni] → SYN nf simony

**simoun** [simun] → SYN nm simoom, simoon

**simple** [sɛ̃pl] → SYN **1** adj **a** (= non composé, non multiple) fleur simple; nœud, cornet de glace single; (Chim) corps simple; (Math) racine simple ◆ **en simple épaisseur** in a single layer ou thickness; → **passé**

**b** (= peu complexe) simple ◆ **réduit à sa plus simple expression** reduced to a minimum ◆ **sa situation est loin d'être simple** his situation is far from being simple ou straightforward ◆ **simple comme bonjour** * (as) easy as falling off a log * ou as pie * ◆ **dans ce cas, c'est bien simple : je m'en vais** * in that case it's quite simple ou straightforward – I'm leaving ◆ **pourquoi faire simple quand on peut faire compliqué ?** * (hum) why not make things really complicated! (hum) ◆ **ce serait trop simple !** that would be too easy! ou too simple! ◆ **ce n'est pas si simple** it's not as simple as that ◆ **il y a un moyen simple pour ...** there is an easy way of ...

**c** (= modeste) personne unaffected ◆ **il a su rester simple** he hasn't let it go to his head

**d** (= peu sophistiqué) vie, goûts simple; robe, repas, style simple, plain ◆ **être simple dans sa mise** to dress simply ou plainly ◆ **dans le plus simple appareil** (hum) in one's birthday suit, in the altogether *

**e** (= de condition modeste) modest ◆ **ce sont des gens simples** they are simple folk

**f** (= naïf) simple ◆ **il est un peu simple** he's a bit simple ◆ **il est simple d'esprit, c'est un simple d'esprit** he's simple-minded

**g** (= ordinaire) particulier, salarié ordinary ◆ **un simple soldat** a private

**h** (valeur restrictive) **une simple formalité** a mere formality ◆ **un simple regard/une simple remarque la déconcertait** just a ou a mere look/comment would upset her ◆ **d'un simple geste de la main** with a simple movement ou with just a movement of his hand ◆ **par simple curiosité** out of pure curiosity ◆ **sur simple présentation de votre carte d'étudiant** simply ou just show your student card ◆ **vous obtiendrez des informations sur simple appel (téléphonique)** simply pick up the phone and you will get all the information you need; → **pur**

**2** nm **a** **passer du simple au double** to double ◆ **les prix peuvent varier du simple au double** prices can vary by as much as 100%

**b** (Bot) medicinal plant, simple †

**c** (Tennis) singles ◆ **simple messieurs/dames** men's/women's ou ladies' singles

**simplement** [sɛ̃pləmɑ̃] → SYN adv **a** (= sans sophistication) simply ◆ **elle s'habille très simplement** she dresses very simply ◆ **ils vivent très simplement** they lead a very simple life

**b** (= seulement) simply, merely, just ◆ **je vous demande simplement de me prévenir** I simply ou just want you to warn me, all I ask is that you warn me ◆ **je veux simplement dire que ...** I simply ou merely ou just want to say that ...

**c** (= tout à fait) **tout simplement** remarquable, insupportable, incroyable quite simply, just ◆ **c'est tout simplement inadmissible** it's quite simply intolerable; → **purement**

**d** (= facilement) easily ◆ **cela s'explique très simplement** that's easily explained

**simplet, -ette** [sɛ̃plɛ, ɛt] → SYN adj **a** personne simple(-minded), ingenuous

**b** question, raisonnement simplistic, naïve; intrigue, roman simple, unsophisticated

**simplex** [sɛ̃plɛks] nm (Ordin) simplex

**simplicité** [sɛ̃plisite] → SYN nf **a** (= facilité) simplicity ◆ **un appareil d'une grande simplicité d'emploi** an easy-to-use appliance, an appliance that is very easy to use ◆ **cet exercice est d'une simplicité biblique** ou **enfantine** this exercise is child's play ou is simplicity itself

**b** (= manque de sophistication) [vie, goûts] simplicity; [robe, repas, style] simplicity, plainness ◆ **habillé avec simplicité** dressed simply ◆ **décor d'une grande simplicité** very simple decor ◆ **"c'est une vocation", dit-elle en toute simplicité** "it's a vocation", she said modestly ◆ **venez dîner demain, ce sera en toute simplicité** come for dinner tomorrow – it won't be anything fancy ◆ **il dit en toute simplicité être un sculpteur de génie** (iro) he very modestly says that he's a brilliant sculptor (iro)

**c** (= naïveté) simpleness ◆ **j'avais la simplicité de croire que cela durerait toujours** I was naïve enough to think that it would last forever

**d** (= modestie, naturel) unaffectedness ◆ **il manque de simplicité** he's rather affected

**simplifiable** [sɛ̃plifjabl] adj (gén) méthode that can be simplified; (Math) fraction reducible

**simplificateur, -trice** [sɛ̃plifikatœʀ, tʀis] adj simplifying (épith)

**simplification** [sɛ̃plifikasjɔ̃] → SYN nf simplification

**simplifier** [sɛ̃plifje] [→ SYN] ▸ conjug 7 ◂ vt (gén, Math) to simplify ◆ **disons, pour simplifier les choses, que ...** to simplify matters, let's say that ... ◆ **simplifier à l'extrême** ou **à l'excès, trop simplifier** to oversimplify ◆ **des procédures très simplifiées** streamlined procedures

**simplisme** [sɛ̃plism] nm (péj) simplism

**simplissime** [sɛ̃plisim] adj ◆ **c'est simplissime** it couldn't be simpler

**simpliste** [sɛ̃plist] [→ SYN] adj (péj) simplistic

**simulacre** [simylakʀ] [→ SYN] nm **a** (= action simulée) enactment ◆ **les acteurs firent un simulacre de sacrifice humain** the actors enacted a human sacrifice
**b** (péj = fausse apparence) **un simulacre de justice** a pretence of justice ◆ **un simulacre de gouvernement/de procès** a sham government/trial, a mockery of a government/of a trial

**simulateur, -trice** [simylatœʀ, tʀis] [→ SYN] **1** nm,f (gén) pretender; (= qui feint la maladie) malingerer
**2** nm simulator ◆ **simulateur de conduite** (Aut) (driving) simulator ◆ **simulateur de vol** (Aviat) flight simulator

**simulation** [simylasjɔ̃] [→ SYN] nf simulation ◆ **il n'est pas malade, c'est de la simulation** he isn't ill – it's all put on ou he's just malingering ◆ **logiciel de simulation** simulation software

**simulé, e** [simyle] (ptp de **simuler**) adj (= feint) attaque, retraite simulated; amabilité, gravité feigned; accident, suicide fake (épith); (Tech = reproduit) conditions, situation, essais nucléaires simulated ◆ **simulé sur ordinateur** computer-simulated

**simuler** [simyle] [→ SYN] ▸ conjug 1 ◂ vt **a** (= feindre) [+ sentiment, attaque] to feign, simulate (frm) ◆ **simuler une maladie** to feign illness, pretend to be ill, malinger
**b** (= avoir l'apparence de) to simulate ◆ **ce papier peint simule une boiserie** this wallpaper is made to look like ou simulates wood panelling
**c** (Ordin, Tech = reproduire) to simulate
**d** (Jur) [+ contrat, vente] to effect fictitiously

**simulie** [simyli] nf simulid

**simultané, e** [simyltane] [→ SYN] **1** adj simultaneous ◆ **la présence simultanée de deux personnes dans un même lieu** the presence of two people in the same place at the same time ◆ **de manière simultanée** at the same time, simultaneously ◆ **diffusion en simultané** simultaneous broadcast ◆ **c'était en simultané** it was shown ou broadcast simultaneously; → **traduction**
**2** **simultanée** nf (Échecs) simultaneous, simul

**simultanéisme** [simyltaneism] nm (Littérat = procédé narratif) (use of) simultaneous action

**simultanéité** [simyltaneite] [→ SYN] nf simultaneousness, simultaneity

**simultanément** [simyltanemɑ̃] [→ SYN] adv simultaneously

**Sinaï** [sinai] nm Sinai; → **mont**

**sinanthrope** [sinɑ̃tʀɔp] nm sinanthropus

**sinapisé** [sinapize] adj ◆ **bain/cataplasme sinapisé** mustard bath/poultice

**sinapisme** [sinapism] [→ SYN] nm mustard poultice ou plaster

**sincère** [sɛ̃sɛʀ] GRAMMAIRE ACTIVE 22 [→ SYN] adj **a** (= franc, loyal) personne, aveu, paroles sincere; réponse, explication sincere, honest ◆ **est-il sincère dans son amitié ?** is he sincere in his friendship?, is his friendship sincere? ou genuine? ◆ **sois sincère avec toi-même** be honest with yourself
**b** (= réel) repentir, amour, partisan, admiration sincere, genuine, true ◆ **son chagrin est sincère** he's genuinely upset, his sorrow is genuine ◆ **un ami sincère des arts** a true ou genuine friend of the arts ◆ **mes sincères condoléances** (formules épistolaires) my sincere ou heartfelt condolences ◆ **mes regrets les plus sincères** my sincerest regrets ◆ **mes sincères salutations** yours sincerely ◆ **nos vœux les plus sincères** with our best wishes

**sincèrement** [sɛ̃sɛʀmɑ̃] adv **a** (= réellement) espérer, croire, penser, regretter, remercier sincerely; aimer truly ◆ **je vous souhaite sincèrement de réussir** I sincerely hope you will succeed ◆ **je suis sincèrement désolé que ...** I am sincerely ou truly ou genuinely sorry that ... ◆ **il a paru sincèrement étonné** he seemed genuinely surprised
**b** (= franchement) honestly, really ◆ **sincèrement, vous feriez mieux de refuser** to be honest you'd be better off saying no

**sincérité** [sɛ̃seʀite] [→ SYN] nf **a** (= franchise, loyauté) [personne, aveu, paroles] sincerity; [réponse, explications] sincerity, honesty ◆ **en toute sincérité** in all sincerity ◆ **répondez-moi en toute sincérité** give me an honest answer
**b** [repentir, amour, admiration] sincerity, genuineness

**sincipital, e,** mpl **-aux** [sɛ̃sipital, o] adj sincipital

**sinciput** [sɛ̃sipyt] nm sinciput

**sinécure** [sinekyʀ] [→ SYN] nf sinecure ◆ **ce n'est pas une sinécure** * it's no picnic *

**sine die** [sinedje] loc adv sine die

**sine qua non** [sinekwanɔn] GRAMMAIRE ACTIVE 10.1 loc adj ◆ **une condition sine qua non** an indispensable condition, a sine qua non

**singalette** [sɛ̃galɛt] nf mull

**Singapour** [sɛ̃gapuʀ] n Singapore

**singapourien, -ienne** [sɛ̃gapuʀjɛ̃, jɛn] **1** adj Singaporean
**2** **Singapourien(ne)** nm,f Singaporean

**singe** [sɛ̃ʒ] [→ SYN] nm **a** (Zool) (à longue queue) monkey; (à queue courte ou sans queue) ape ◆ **les grands singes** the big apes
**b** (péj) (= personne laide) horror; (= enfant espiègle) monkey ◆ **c'est un vrai singe** (très agile) he's very agile
**c** (arg Mil = corned beef) bully beef *
**d** (‡ = patron) boss *
**e** (Loc) **faire le singe** to monkey about ◆ **être laid comme un singe** to be as ugly as sin; → **apprendre, malin, monnaie**

**singer** [sɛ̃ʒe] [→ SYN] ▸ conjug 3 ◂ vt [+ démarche, personne] to ape, mimic, take off; [+ sentiments] to feign

**singerie** [sɛ̃ʒʀi] [→ SYN] nf **a** (gén pl = grimaces et pitreries) antics, clowning (NonC) ◆ **faire des singeries** to clown about, play the fool
**b** (= simagrées) **singeries** antics
**c** (= cage) monkey house

**single** [siŋgœl] nm (= chambre) single room; (= disque) single

**singleton** [sɛ̃glətɔ̃] nm singleton

**singulariser** [sɛ̃gylaʀize] [→ SYN] ▸ conjug 1 ◂ **1** vt to mark out, make conspicuous
**2** **se singulariser** vpr (= se faire remarquer) to call attention to o.s., make o.s. conspicuous ◆ **se singulariser par qch** to distinguish o.s. by sth ◆ **cette église se singularise par son étrange clocher** this church is remarkable for its strange steeple

**singularité** [sɛ̃gylaʀite] [→ SYN] nf **a** (= particularité) singularity ◆ **cet orchestre a pour singularité** ou **présente la singularité de jouer sans chef** this orchestra is unusual in that it doesn't have a conductor ◆ **il cultive sa singularité** he likes to stand out from the crowd ou to be different
**b** (= bizarrerie) peculiarity ◆ **le manuscrit présente plusieurs singularités** the manuscript is odd in several respects

**singulier, -ière** [sɛ̃gylje, jɛʀ] [→ SYN] **1** adj **a** (= étonnant, peu commun) remarkable, singular (frm) ◆ **un visage d'une beauté singulière** a face of remarkable ou singular (frm) beauty ◆ **c'est un personnage singulier** he's an unusual character
**b** (= étrange) odd, strange ◆ **je trouve singulier qu'il n'ait pas jugé bon de ...** I find it odd ou strange that he didn't see fit to ... ◆ **singulière façon de se comporter !** what a strange way to behave!
**c** (Ling) singular
**2** nm (Ling) singular ◆ **au singulier** in the singular ◆ **à la deuxième personne du singulier** in the second person singular

**singulièrement** [sɛ̃gyljɛʀmɑ̃] adv **a** (= étrangement) in a peculiar way, oddly, strangely
**b** (= beaucoup, très) intéressant, fort remarkably, extremely ◆ **cela leur complique singulièrement la tâche** that makes things particularly difficult for them ◆ **il manque singulièrement d'imagination** he is singularly lacking in imagination ◆ **sa marge de manœuvre est singulièrement réduite** his room for manoeuvre has been greatly ou severely reduced ◆ **trancher** ou **contraster singulièrement avec qch** to be in singular contrast with sth
**c** (= en particulier) particularly, especially

**sinisation** [sinizasjɔ̃] nf sinicization

**siniser** [sinize] ▸ conjug 1 ◂ **1** vt [+ culture, région] to sinicize ◆ **une population fortement sinisée** a people strongly influenced by Chinese culture
**2** **se siniser** vpr to become sinicized

**sinistre** [sinistʀ] [→ SYN] **1** adj **a** (= de mauvais augure) bruit, endroit, projet sinister
**b** (avant n) personnage, réputation sinister, unsavoury (Brit), unsavory (US) ◆ **un sinistre voyou/imbécile** an absolute lout/idiot ◆ **un pénitencier de sinistre réputation** a prison of evil repute ◆ **ce pays détient le sinistre record du nombre de tués sur la route** this country holds the gruesome record for road fatalities; → **mémoire**
**c** (= lugubre) voix, air funereal; personne grim-looking; soirée, réunion grim *, deadly (boring) * ◆ **tu es sinistre ce soir !** you're in a very morbid mood tonight! ◆ **le patron est sinistre** the boss gives me the creeps *
**2** nm (= catastrophe) disaster; (= incendie) blaze; (Assurances = cas) accident ◆ **l'assuré doit déclarer le sinistre dans les 24 heures** any (accident) claim must be notified within 24 hours ◆ **évaluer l'importance d'un sinistre** (Assurances) to appraise the extent of the damage (ou loss etc)

**sinistré, e** [sinistʀe] [→ SYN] **1** adj région, pays (disaster-)stricken (épith); secteur économique devastated ◆ **zone sinistrée** disaster area ◆ **ville sinistrée sur le plan de l'emploi** town devastated ou blighted by unemployment ◆ **les personnes sinistrées** the disaster victims
**2** nm,f disaster victim

**sinistrement** [sinistʀəmɑ̃] adv in a sinister way ◆ **nom sinistrement célèbre** infamous name

**sinistrose** [sinistʀoz] nf pessimism

**Sinn Féin** [sinfɛjn] nm (Pol) Sinn Féin

**sino-** [sinɔ] préf Sino- ◆ **sino-américain/tibétain** Sino-American/Tibetan

**sinologie** [sinɔlɔʒi] nf sinology

**sinologue** [sinɔlɔg] nmf sinologist, specialist in Chinese affairs

**sinon** [sinɔ̃] [→ SYN] conj **a** (frm = sauf) except, other than, save (frm) ◆ **on ne possède jamais rien, sinon soi-même** there is nothing one ever possesses, except (for) ou other than oneself ◆ **à quoi peut bien servir cette manœuvre sinon à nous intimider ?** what can be the purpose of this manoeuvre other than ou if not to intimidate us? ◆ **je ne sais pas grand-chose, sinon qu'il a démissionné** I don't know much about it, only that ou other than that he has resigned ◆ **un homme courageux, sinon qu'il était un tant soit peu imprudent** † a courageous man, save † for being rather reckless
**b** (de concession = si ce n'est) if not ◆ **il faut le faire, sinon pour le plaisir, du moins par devoir** it must be done, if not for pleasure, (then) at least out of a sense of duty ◆ **il avait leur approbation, sinon leur enthousiasme** he had their approval, if not their enthusiasm ◆ **cette histoire est savoureuse, sinon très morale** (frm) this story is spicy, if not very moral ◆ **ils y étaient opposés, sinon hostiles** (frm) they were opposed, if not (actively) hostile, to it
**c** (= autrement) otherwise, or else ◆ **fais-le, sinon nous aurons des ennuis** do it, otherwise ou or else we will be in trouble ◆ **faites-le, vous vous exposerez sinon à des ennuis** do it – you're likely to get into trouble otherwise ◆ **elle doit être malade, sinon elle serait déjà venue** she must be ill, otherwise ou or else she would have already come ◆ **fais-le, sinon ...** (pour indiquer la menace) do it, or else ...

**sinophile** [sinɔfil] adj, nmf sinophile

**sinople** [sinɔpl] nm (Hér) vert, sinople †

**sinoque** ‡ † [sinɔk] **1** adj crazy *, batty *, nutty *
**2** nmf loony *, nutcase *

**sinuer** [sinɥe] [→ SYN] ▸ conjug 1 ◂ vi (littér) [rivière, route] to meander, wind

**sinueux, -euse** [sinɥø, øz] → SYN adj **a** rivière winding (épith), meandering (épith); route, chemin winding (épith); ligne sinuous

**b** pensée, raisonnement tortuous ◆ **il a eu un parcours sinueux** his career followed a tortuous path ou route

**sinuosité** [sinɥozite] → SYN nf (NonC) [route] winding; [rivière] winding, meandering; [pensée, raisonnement] tortuousness ◆ **les sinuosités du chemin/de la rivière** the twists and turns of the path/of the river ◆ **les sinuosités de sa pensée** his tortuous train of thought, his convoluted thought processes ◆ **les sinuosités de la politique** the tortuous course of politics

**sinus**[1] [sinys] → SYN nm (Anat) sinus ◆ **sinus frontal/maxillaire** frontal/maxillary sinus

**sinus**[2] [sinys] nm (Math) sine

**sinusite** [sinyzit] nf sinusitis (NonC)

**sinusoïdal, e,** mpl **-aux** [sinyzɔidal, o] adj sinusoidal

**sinusoïde** [sinyzɔid] nf sinusoid, sine curve

**Sion** [sjɔ̃] n Zion

**sionisme** [sjɔnism] nm Zionism

**sioniste** [sjɔnist] adj, nmf Zionist

**sioux** [sju] 1 adj inv Sioux

2 nm (Ling) Sioux

3 **Sioux** nmf Sioux; → **ruse**

**siphoïde** [sifɔid] adj siphonal, siphonic, siphon-shaped (épith)

**siphomycètes** [sifɔmisɛt] nmpl ◆ **les siphomycètes** the Phycomycetes (SPÉC)

**siphon** [sifɔ̃] nm (= tube, bouteille, Zool) siphon; [évier, W-C] U-bend; (Spéléologie) sump

**siphonnage** [sifɔnaʒ] nm siphoning

**siphonné, e** * [sifɔne] (ptp de **siphonner**) adj (= fou) crazy *, batty *, nutty *

**siphonner** [sifɔne] → SYN ▸ conjug 1 ◂ vt to siphon

**siphonophore** [sifɔnɔfɔʀ] nm siphonophore

**sipo** [sipo] nm African mahogany

**sire** [siʀ] → SYN nm **a** (au roi) **Sire** Sire

**b** (Hist = seigneur) lord

**c** **un triste sire** an unsavoury (Brit) ou unsavory (US) individual ◆ **un pauvre sire** † a poor ou penniless fellow

**sirène** [siʀɛn] nf **a** (Myth) siren; (à queue de poisson) mermaid ◆ **écouter le chant des sirènes** to listen to the sirens' song ◆ **céder à l'appel des sirènes protectionnistes/nationalistes** to give in to the lure of protectionist/nationalist ideas

**b** (= appareil) [ambulance, bateau] siren; [usine] hooter (Brit), siren (US); [pompiers] fire siren ◆ **sirène d'alarme** (en temps de guerre) air-raid siren; (en temps de paix) fire alarm ◆ **la police est arrivée toutes sirènes hurlantes** the police cars arrived with their sirens wailing

**siréniens** [siʀenjɛ̃] nmpl ◆ **les siréniens** sirenians, the Sirenia (SPÉC)

**sirex** [siʀɛks] nm sawfly

**Sirius** [siʀjys] nm Sirius

**sirli** [siʀli] nm ◆ **sirli du désert** hoopoe ou bifasciated lark

**sirocco** [siʀɔko] → SYN nm sirocco

**sirop** [siʀo] → SYN nm **a** (= médicament) syrup, mixture; (= boisson) fruit drink ou cordial (Brit) ◆ **sirop d'orgeat** barley water ◆ **sirop de groseille/d'ananas/de menthe** redcurrant/pineapple/mint cordial (Brit) ou beverage (US) ◆ **sirop d'érable** maple syrup ◆ **sirop de maïs** corn syrup ◆ **sirop contre la toux** cough mixture ou syrup ou linctus (Brit)

**b** ( * : péj) schmaltz * ◆ **cette musique, c'est du sirop** this music is schmaltz * ou very syrupy

**siroter** * [siʀɔte] ▸ conjug 1 ◂ vt to sip

**sirtaki** [siʀtaki] nm sirtaki

**sirupeux, -euse** [siʀypø, øz] → SYN adj liquide syrupy; (péj) musique schmaltzy *, syrupy

**sis, sise** [si, siz] → SYN adj (Admin, Jur) located

**sisal** [sizal] nm sisal

**sismal, e,** mpl **-aux** [sismal, o] adj ◆ **ligne sismale** path of an earthquake

**sismicité** [sismisite] nf seismicity

**sismique** [sismik] adj seismic; → **secousse**

**sismogramme** [sismɔgʀam] nm seismogram

**sismographe** [sismɔgʀaf] nm seismograph

**sismographie** [sismɔgʀafi] nf seismography

**sismologie** [sismɔlɔʒi] nf seismology

**sismologique** [sismɔlɔʒik] adj seismologic(al)

**sismologue** [sismɔlɔg] nmf seismologist

**sismothérapie** [sismoteʀapi] nf shock therapy

**sistre** [sistʀ] nm sistrum

**sisymbre** [sizɛ̃bʀ] nm (Bot) rocket

**Sisyphe** [sizif] nm Sisyphus; → **rocher**

**Sita** [sita] nf Sita

**sitar** [sitaʀ] nm sitar

**sitariste** [sitaʀist] nmf sitarist

**sitcom** [sitkɔm] nm ou f (abrév de **situation comedy**) sitcom

**site** [sit] → SYN nm **a** (= environnement) setting; (= endroit remarquable) beauty spot ◆ **dans un site merveilleux/très sauvage** in a marvellous/very wild setting ◆ **site naturel/historique** natural/historic site ◆ **les sites pittoresques de la région** the beauty spots of the area ◆ **site touristique** tourist spot ou attraction ◆ **la protection des sites** the conservation of places of interest ◆ **site protégé** ou **classé** conservation area ◆ **"Beaumanoir, ses plages, ses hôtels, ses sites"** "Beaumanoir for beaches, hotels and places to visit"

**b** (= emplacement) (industriel, militaire) site ◆ **site archéologique/olympique/de production** archeological/Olympic/production site ◆ **pistes cyclables en site propre** (Transport) separate bicycle lanes

**c** (Mil) **(angle de) site** (angle of) sight ◆ **ligne de site** line of sight

**d** (Ordin) site ◆ **site Web** website ◆ **dépannage sur site** on-site repairs

**e** (Chim) site

**sit-in** [sitin] → SYN nm inv sit-in ◆ **faire un sit-in** to stage a sit-in

**sitologie** [sitɔlɔʒi] nf site studies pl

**sitologue** [sitɔlɔg] nmf site specialist

**sitostérol** [sitosteʀɔl] nm sitosterol

**sitôt** [sito] 1 adv **a** (= dès que) **sitôt couchée, elle s'endormit** as soon as she was in bed she fell asleep, she was no sooner in bed ou no sooner was she in bed than she fell asleep ◆ **sitôt dit, sitôt fait** no sooner said than done ◆ **sitôt après la guerre** immediately ou straight (Brit) ou right after the war, immediately the war was over (Brit)

**b** (avec nég) **il ne reviendra pas de sitôt** he won't be back for quite a while ou for (quite) some time, he won't be back in a hurry ◆ **il a été si bien puni qu'il ne recommencera pas de sitôt !** he was so severely punished that he won't be doing that again for a while! ou in a hurry!

2 prép (littér) ◆ **sitôt ton retour, il faudra que ...** as soon as you're back, we must ... ◆ **sitôt les vacances, elle partait** she would go away as soon as the holidays started, the holidays had no sooner begun than she would go away

3 **sitôt (après) que** loc conj as soon as, no sooner than ◆ **sitôt (après) que le docteur fut parti, elle se sentit mieux** as soon as the doctor had left she felt better, the doctor had no sooner left than she felt better ◆ **sitôt qu'il sera guéri, il reprendra le travail** as soon as he is better he'll go back to work

**sittelle** [sitɛl] nf nuthatch

**situation** [sitɥasjɔ̃] GRAMMAIRE ACTIVE 19.2 → SYN nf **a** (= emplacement) situation, location ◆ **la situation de cette villa est excellente** this villa is very well situated ou is in an excellent location

**b** (= conjoncture, circonstances) situation ◆ **tu vois la situation où je me trouve** you see the situation ou position I'm in ◆ **être dans une situation délicate** ou **difficile** to be in a difficult position ou situation ◆ **être en situation de faire qch** to be in a position to do sth ◆ **situation de fait** de facto situation ◆ **situation de famille** marital status ◆ **situation financière/politique** financial/political situation ◆ **étranger en situation irrégulière** foreigner whose papers are not in order ◆ **dans une situation désespérée** in a desperate plight ◆ **l'entreprise est en situation de monopole** the company has a monopoly on the market ◆ **faire face à une situation d'urgence** to cope with an emergency situation ◆ **c'est l'homme de la situation** he's the right man for the job; → **comique, renverser**

**c** (= emploi) post, job, position ◆ **chercher une/perdre sa situation** to look for a/lose one's post ou job ◆ **il a une belle situation** he has an excellent job ◆ **il s'est fait une belle situation dans l'édition** he's worked up to a good position in publishing

**d** (Fin = état) statement of finances ◆ **situation de trésorerie** cash flow statement

**e** (Loc) **en situation** in a real-life situation

**situationnel, -elle** [sitɥasjɔnɛl] adj situational

**situationnisme** [sitɥasjɔnism] nm situationism

**situationniste** [sitɥasjɔnist] → SYN nmf situationist

**situé, e** [sitɥe] → SYN (ptp de **situer**) adj situated ◆ **bien/mal situé** well/poorly situated

**situer** [sitɥe] → SYN ▸ conjug 1 ◂ 1 vt **a** (lit = placer, construire) to site, situate, locate

**b** (par la pensée) (= localiser) to set, place; ( * = catégoriser) [+ personne] to place ◆ **on ne le situe pas bien** * you just can't figure him out *

2 **se situer** vpr **a** (emploi réfléchi) to place o.s. ◆ **essayer de se situer par rapport à qn/qch** to try to place o.s. in relation to sb/sth ◆ **il se situe à gauche** (Pol) he's on the left, he leans towards the left

**b** (= se trouver) (dans l'espace) to be situated; (dans le temps) to take place; (par rapport à des notions) to stand ◆ **l'action/cette scène se situe à Paris** the action/this scene is set ou takes place in Paris ◆ **la hausse des prix se situera entre 5% et 10%** prices will rise by between 5% and 10%, there will be price rises of between 5% and 10% ◆ **la France se situe dans le peloton de tête** France is among the leading countries

**Siva** [ʃiva] nm Siva, Shiva

**six** [sis, devant n commençant par consonne si, devant n commençant par voyelle ou h muet siz] 1 adj cardinal inv six ◆ **il y avait six mille personnes** there were six thousand people ◆ **ils sont six enfants** there are six children ◆ **je suis resté six heures/jours** I stayed six hours/days ◆ **les six huitièmes de cette somme** six eighths of this sum ◆ **il a six ans** he is six (years old) ◆ **un enfant de six ans** a six-year-old (child), a child of six ◆ **un objet de 6 €** an item costing €6 ◆ **polygone à six faces** six-sided polygon ◆ **couper qch en six morceaux** to cut sth into six pieces ◆ **j'en ai pris trois, il en reste six** I've taken three (of them) and there are six (of them) left ◆ **il est six heures** it's six o'clock ◆ **il est six heures du soir** it's 6 pm, it's six in the evening ◆ **il est six heures du matin** it's 6 am, it's six in the morning ◆ **il est trois heures moins six** it is six minutes to three ◆ **il est trois heures six** it is six minutes past ou after (US) three ◆ **par vingt voix contre six** by twenty votes to six ◆ **cinq jours/fois sur six** five days/times out of six ◆ **ils sont venus tous les six** all six of them came ◆ **ils ont porté la table à eux six** the six of them carried the table ◆ **ils ont mangé le jambon à eux six** the six of them ate the ham, they ate the ham between the six of them ◆ **partagez cela entre vous six** share that among the six of you ◆ **ils viennent à six pour déjeuner** there are six coming to lunch ◆ **on peut s'asseoir à six autour de cette table** this table can seat six (people) ◆ **ils vivent à six dans une seule pièce** there are six of them living in one room ◆ **se battre à six contre un/à un contre six** to fight six against one/one against six ◆ **entrer six par six** to come in by sixes ou six at a time ou six by six ◆ **se mettre en rangs par six** to form rows of six

2 adj ordinal inv ◆ **arriver le six septembre** to arrive on the sixth of September ou (on) September the sixth ou (on) September sixth ◆ **Louis six** Louis the Sixth ◆ **chapitre/page/article six** chapter/page/article six ◆ **le numéro six gagne un lot** number six wins a prize ◆ **il habite au numéro six de la rue Arthur** he lives at number six Rue Arthur

3 nm inv **a** (= nombre) six ◆ **trente-/quarante-six** thirty-/forty-six ◆ **quatre et deux font six**

four and two are ou make six ◆ **il fait mal ses six** he writes his sixes badly ◆ **c'est le six qui a gagné** number six has won ◆ **il habite au six (de la rue)** he lives at number six ◆ **il habite six rue de Paris** he lives at six, Rue de Paris ◆ **nous sommes le six aujourd'hui** it's the sixth today ◆ **il est venu le six** he came on the sixth ◆ **il est payé le six** ou **tous les six de chaque mois** he is paid on the sixth of each month ◆ **le six de cœur** (Cartes) the six of hearts ◆ **le six et deux** (Dominos) the six-two ◆ **la facture est datée du six** the bill is dated the 6th

**b** (Pol) **les Six, l'Europe des Six** (jusqu'en 1973) the Six, the Europe of the Six

**sixain** [sizɛ̃] nm ⇒ **sizain**

**six-huit** [sisɥit] nm inv (Mus) six-eight (time) ◆ **mesure à six-huit** bar in six-eight (time)

**sixième** [sizjɛm] 1 adj sixth ◆ **vingt-/trente-sixième** twenty-/thirty-sixth ◆ **recevoir la sixième partie d'un héritage** to receive a sixth of a bequest ◆ **demeurer dans le sixième (arrondissement)** to live in the sixth arrondissement *(in Paris)* ◆ **habiter au sixième (étage)** to live on the sixth floor (Brit) ou the seventh floor (US)

2 nmf (gén) sixth (person) ◆ **se classer sixième** to come sixth ◆ **nous avons besoin d'un sixième pour compléter l'équipe** we need a sixth (person) to complete the team ◆ **elle est arrivée (la) sixième dans la course** she came (in) sixth in the race

3 nm (= portion) sixth ◆ **calculer le sixième d'un nombre** to work out the sixth of a number ◆ **recevoir le sixième** ou **un sixième d'une somme** to receive a sixth of a sum ◆ **(les) deux sixièmes du budget seront consacrés à ...** two sixths of the budget will be given over to ...

4 nf (Scol) ≃ first form (Brit), ≃ sixth grade (US) ◆ **entrer en (classe de) sixième** ≃ to go into the first form (Brit) ou sixth grade (US) ◆ **élève de sixième** ≃ first form (Brit) ou sixth-grade (US) pupil

**sixièmement** [sizjɛmmɑ̃] adv in the sixth place, sixthly

**six-mâts** [sima] nm inv (Naut) six-master

**six-quatre-deux** * [siskatdø] **à la six-quatre-deux** loc adv faire in a slapdash way, any old way, any old how * (Brit)

**sixte** [sikst] nf (Mus) sixth; (Escrime) sixte

**Sixtine** [sikstin] adj, nf ◆ **la (chapelle) Sixtine** the Sistine Chapel

**sizain** [sizɛ̃] nm (Littérat) six-line stanza; (Cartes) *packet of six packs of cards*

**sizerin** [sizʀɛ̃] nm redpoll

**ska** [ska] nm ska

**Skaï ®** [skaj] nm Leatherette ® ◆ **en skaï** Leatherette (épith)

**skate(-board)** [skɛt(bɔʀd)] nm skateboard ◆ **le skate(-board)** (= activité) skateboarding ◆ **faire du skate(-board)** to skateboard

**skateur, -euse** [skɛtœʀ, øz] nm, f skateboarder

**sketch,** pl **sketches** [skɛtʃ] → SYN nm (variety) sketch; → **film**

**ski** [ski] 1 nm (= objet) ski; (= sport) skiing ◆ **s'acheter des skis** to buy o.s. a pair of skis ou some skis ◆ **ski amont/aval** uphill/downhill ski ◆ **aller quelque part à** ou **en skis** to go somewhere on skis, ski somewhere ◆ **faire du ski** to ski, go skiing ◆ **aller au ski** * to go skiing ◆ **vacances/équipement de ski** ski(ing) holiday/equipment ◆ **chaussures/moniteur/épreuve/station de ski** ski boots/instructor/race/resort; → **lunette, piste**

2 COMP ▷ **ski acrobatique** hot-dogging, free-styling ▷ **ski alpin** (= discipline) Alpine skiing; (opposé à ski de fond) downhill skiing ▷ **ski artistique** ski ballet ▷ **ski sur bosses** mogul skiing ▷ **ski court** short ski ▷ **ski de descente** downhill skiing ▷ **ski d'été** glacier skiing ▷ **ski évolutif** short ski method, ski évolutif ▷ **ski de fond** (= sport) cross-country skiing, ski touring (US), langlauf; (= objet) cross-country ski ▷ **ski sur glacier** glacier skiing ▷ **ski de haute montagne** ski-mountaineering ▷ **ski nautique** water-skiing ▷ **ski nordique** Nordic skiing ▷ **ski parabolique** parabolic ski ▷ **ski de piste** downhill skiing ▷ **ski de randonnée** ⇒ **ski de fond**

**skiable** [skjabl] adj neige, piste skiable ◆ **ils ont un grand domaine skiable** they have a lot of ski slopes ou pistes

**skiascopie** [skjaskɔpi] nf skiascopy

**ski-bob,** pl **ski-bobs** [skibɔb] nm skibob ◆ **faire du ski-bob** to go skibobbing

**skidoo** [skidu] nm skidoo, snow scooter ◆ **faire du skidoo** to skidoo ◆ **il y est allé en skidoo** he went there on a skidoo ou on a snow scooter

**skier** [skje] ▸ conjug 7 ◂ vi to ski

**skieur, skieuse** [skjœʀ, skjøz] nm,f skier; (Ski nautique) water-skier ◆ **skieur de fond** cross-country ou langlauf skier ◆ **skieur hors piste** off-piste skier ◆ **deux skieurs hors piste ont été tués** two people skiing off-piste were killed

**skif(f)** [skif] nm skiff

**skifeur** [skifœʀ] nm ⇒ **skiffeur**

**skiffeur** [skifœʀ] nm skiff sailor

**skin** * [skin] nm skin *

**skinhead** [skinɛd] nm skinhead

**skipper** [skipœʀ] → SYN nm (Voile) skipper

**Skopje** [skɔpje] n Skopje

**skye-terrier,** pl **skye-terriers** [skajtɛʀje] nm Skye terrier

**slalom** [slalɔm] → SYN nm (= épreuve, piste) slalom; (= mouvement) slalom ou weaving movement; (entre divers obstacles) zigzag ◆ **faire du slalom** to slalom (*entre, parmi* between) ◆ **slalom géant/spécial** giant/special slalom ◆ **le slalom nautique** slalom canoeing; → **descente**

**slalomer** [slalɔme] ▸ conjug 1 ◂ vi (Sport) to slalom ◆ **il slalomait entre les voitures** he was weaving in and out of the traffic ou zigzagging through the traffic ◆ **le serveur slalomait entre les tables** the waiter was weaving between the tables

**slalomeur, -euse** [slalɔmœʀ, øz] nm,f slalom skier ou specialist ou racer

**slave** [slav] 1 adj Slav(onic), Slavic; langue Slavic, Slavonic ◆ **le charme slave** Slavonic charm

2 **Slave** nmf Slav

**slavisant, e** [slavizɑ̃, ɑ̃t] nm,f Slavist

**slaviser** [slavize] ▸ conjug 1 ◂ vt to Slavify

**slaviste** [slavist] nmf ⇒ **slavisant, e**

**slavistique** [slavistik] nf *study of Slavic* ou *Slavonic languages*

**slavon, -onne** [slavɔ̃, ɔn] 1 adj Slavonian

2 nm (Ling) Slavonic

3 nm,f ◆ **Slavon(ne)** Slavonian

**Slavonie** [slavɔni] nf Slavonia

**slavophile** [slavɔfil] adj, nmf Slavophile

**sleeping** † [slipiŋ] nm sleeping car

**slice** [slajs] nm (Tennis etc ) slice

**slicer** [slajse] ▸ conjug 3 ◂ vt (Tennis etc ) to slice ◆ **revers slicé** sliced backhand

**slip** [slip] → SYN nm **a** [homme] briefs, underpants; [femme] pants (Brit), panties (US), briefs ◆ **slip de bain** [homme] (bathing ou swimming) trunks; (bikini) bikini bottom(s) ◆ **slip brésilien** tanga ◆ **slip kangourou** Y-fronts ◆ **j'ai acheté deux slips** I bought two pairs of briefs ou pants ◆ **se retrouver en slip** * (fig) to lose one's shirt

**b** (Naut) slipway

**slogan** [slɔgɑ̃] → SYN nm slogan

**sloop** [slup] nm sloop

**sloughi** [slugi] nm Saluki, Persian greyhound

**slovaque** [slɔvak] 1 adj Slovak

2 **Slovaque** nmf Slovak

**Slovaquie** [slɔvaki] nf Slovakia

**slovène** [slɔvɛn] 1 adj Slovene

2 nm (Ling) Slovene

3 **Slovène** nmf Slovene

**Slovénie** [slɔveni] nf Slovenia

**slow** [slo] nm (= danse) slow dance; (= musique) slow number; (= fox-trot) slow fox trot ◆ **danser un slow** to do ou dance a slow dance

**SMAG** [smag] nm (abrév de **salaire minimum agricole garanti**) → **salaire**

**smala** * [smala] nf (péj = troupe) tribe * ◆ **ils ont débarqué avec toute la smala** they turned up with all their family in tow

**smalt** [smalt] nm smalt

**smaltite** [smaltit] nf smaltite

**smaragdin, e** [smaʀagdɛ̃, in] adj smaragdine

**smaragdite** [smaʀagdit] nf smaragdite

**smash** [sma(t)ʃ] nm (Tennis) smash ◆ **faire un smash** to do a smash, smash (the ball)

**smasher** [sma(t)ʃe] ▸ conjug 1 ◂ (Tennis) 1 vt to smash

2 vi to do a smash, smash (the ball)

**SME** [ɛsɛmə] nm (abrév de **système monétaire européen**) EMS

**smectique** [smɛktik] adj **a** (Minér) **argile smectique** fuller's earth

**b** (Phys) **phase smectique** smectic phase

**SMIC** [smik] nm (abrév de **salaire minimum interprofessionnel de croissance**) → **salaire**

**smicard, e** * [smikaʀ, aʀd] → SYN nm,f minimum wage earner

**SMIG** † [smig] nm (abrév de **salaire minimum interprofessionnel garanti**) → **salaire**

**smille** [smij] nf spalling hammer

**smithsonite** [smitsɔnit] nf smithsonite (Brit), calamine (US)

**smocks** [smɔk] nmpl (= fronces) smocking (NonC) ◆ **robe à smocks** smocked dress

**smog** [smɔg] nm smog

**smok** * [smɔk] nm (abrév de **smoking**) DJ * (Brit), tux * (US)

**smoking** [smɔkiŋ] → SYN nm (= costume) dinner suit, evening suit, dress suit; (= veston) dinner jacket, DJ * (Brit), tuxedo (US), tux * (US)

**smolt** [smɔlt] nm smolt

**SMUR** [smyʀ] nm (abrév de **Service médical d'urgence et de réanimation**) *mobile emergency unit*

**smurf** [smœʀf] nm (Danse) break dancing ◆ **danser le smurf** to break-dance

**smurfer** [smœʀfe] ▸ conjug 1 ◂ vi to break-dance

**smurfeur, -euse** [smœʀfœʀ, øz] nm,f break dancer

**snack** [snak], **snack-bar,** pl **snack-bars** [snakbaʀ] nm snack bar

**SNCF** [ɛsɛnseɛf] nf (abrév de **Société nationale des chemins de fer français**) → **société**

**snif(f)** [snif] excl boo hoo!

**sniffer** * [snife] ▸ conjug 1 ◂ vt to sniff ◆ **sniffer de la cocaïne/de la colle** to sniff cocaine/glue

**sniper** [snajpœʀ] nm sniper

**snob** [snɔb] → SYN 1 nmf snob

2 adj personne, attitude snobbish; quartier snobbish, posh *

**snober** [snɔbe] → SYN ▸ conjug 1 ◂ vt [+ personne] to snub, give the cold shoulder to; [+ endroit, réception] to turn one's nose up at

**snobinard, e** * [snɔbinaʀ, aʀd] (péj) 1 adj snooty *, stuck-up *, snobbish

2 nm,f stuck-up thing *, snob

**snobisme** [snɔbism] → SYN nm snobbery, snobbishness ◆ **snobisme à l'envers** ou **à rebours** inverted snobbery

**snowboard** [snobɔʀd] nm (Sport) snowboard ◆ **faire du snowboard** to snowboard

**snowboardeur, -euse** [snobɔʀdœʀ, øz] nm,f snowboarder

**soap** * [sop] nm (abrév de **soap-opéra**) soap *

**soap-opéra,** pl **soap-opéras** [sopɔpeʀa] nm soap opera

**sobre** [sɔbʀ] → SYN adj **a** personne (= qui mange et boit peu) abstemious; (= qui ne boit pas d'alcool) teetotal; (= qui n'est pas ivre) sober ◆ **sobre comme un chameau** * as sober as a judge

**b** (= mesuré, simple) décor, style, éloquence sober; tenue simple, plain; commentaire, vie simple ◆ **sobre de gestes/en paroles** sparing of gestures/of words ◆ **des vêtements de coupe sobre** clothes cut simply

**sobrement** [sɔbʀəmɑ̃] adv **a** vivre abstemiously

**b** (= simplement) s'habiller simply, plainly; commenter, expliquer simply

**sobriété** [sɔbʀijete] → SYN nf **a** [personne] (= fait de boire et manger peu) temperance; (= fait de ne pas boire d'alcool) abstinence
**b** (= simplicité) [style, éloquence] sobriety; [mise en scène, décor] simplicity ◆ **sobriété de gestes/paroles** restraint in one's gestures/words

**sobriquet** [sɔbʀikɛ] → SYN nm nickname

**soc** [sɔk] nm ploughshare (Brit), plowshare (US)

**soca** [sɔka] nf (Mus) soca

**sociabilité** [sɔsjabilite] → SYN nf **a** (Sociol) sociability, social nature
**b** (= civilité) [personne, caractère] sociability

**sociable** [sɔsjabl] → SYN adj **a** (Sociol) social
**b** (= ouvert, civil) personne, caractère sociable; milieu hospitable ◆ **je ne suis pas d'humeur sociable aujourd'hui** I'm not in a sociable mood today, I don't feel like socializing today

**social, e,** mpl **-iaux** [sɔsjal, jo] → SYN **1** adj **a** animal, créature, rapports, conventions social; → **science**
**b** classe, questions, loi, politique, système social ◆ **œuvres sociales** charity activities; → **assistant, sécurité, siège**[1]
**c** (= du travail) **revendications sociales** workers' demands ◆ **conflit social** industrial ou trade dispute ◆ **plan social** restructuring programme
**2** nm ◆ **le social** (= questions) social issues ◆ **faire du social** to tackle social issues

**social-démocrate, sociale-démocrate,** mpl **sociaux-démocrates** [sɔsjaldemɔkʀat, sɔsjodemɔkʀat] adj, nm,f Social Democrat

**social-démocratie,** pl **social-démocraties** [sɔsjaldemɔkʀasi] nf social democracy

**socialement** [sɔsjalmɑ̃] → SYN adv socially

**socialisant, e** [sɔsjalizɑ̃, ɑ̃t] adj with socialist leanings ou tendencies

**socialisation** [sɔsjalizasjɔ̃] → SYN nf **a** (Écon) [moyens de production] collectivization
**b** (Sociol) [personne] socialization

**socialiser** [sɔsjalize] → SYN ▸ conjug 1 ◂ vt **a** (Écon) [+ moyens de production] to collectivize
**b** (Sociol) [+ personne] to socialize

**socialisme** [sɔsjalism] → SYN nm socialism ◆ **socialisme utopique/scientifique/révolutionnaire** utopian/scientific/revolutionary socialism ◆ **socialisme d'État** state socialism

**socialiste** [sɔsjalist] → SYN adj, nmf socialist

**sociétaire** [sɔsjetɛʀ] → SYN nmf member *(of a society)* ◆ **sociétaire de la Comédie-Française** (shareholding) member of the Comédie-Française

**sociétal, e,** mpl **-aux** [sɔsjetal, o] adj changement, structure societal

**sociétariat** [sɔsjetaʀja] nm membership *(in a society)*

**Société** [sɔsjete] nf ◆ **l'archipel de la Société** the Society Islands

**société** [sɔsjete] → SYN **1** nf **a** (= groupe, communauté) society ◆ **la société** society ◆ **la vie en société** life in society ◆ **société sans classe** classless society ◆ **la société de consommation** the consumer society ◆ **la société de loisirs** the leisure society
**b** (= club) (littéraire) society; (sportif) club ◆ **société de pêche/tir** angling/shooting club ◆ **société secrète/savante** secret/learned society ◆ **la Société protectrice des animaux** ≃ the Royal Society for the Prevention of Cruelty to Animals (Brit), ≃ the American Society for the Prevention of Cruelty to Animals (US)
**c** (= firme) company, firm ◆ **société financière** finance company ◆ **société immobilière** (= compagnie) property (Brit) ou real estate (US) company; [copropriétaires] housing association
**d** (= classes supérieures) **la société** society ◆ **dans la bonne société** in polite society ◆ **la haute société** high society
**e** (= assemblée) company, gathering ◆ **il y venait une société assez mêlée/une société d'artistes et d'écrivains** a fairly mixed company ou gathering/a company ou gathering of artists and writers used to come ◆ **toute la société se leva pour l'acclamer** the whole company rose to acclaim him
**f** (= compagnie) company, society (frm) (littér) ◆ **rechercher/priser la société de qn** to seek/value sb's company ou society (littér) ou companionship ◆ **dans la société de qn** in the company ou society (frm, littér) of sb; → **jeu, talent**[1]
**2** COMP ▷ **société par actions** joint-stock company ▷ **société anonyme** (gén) ≃ limited (liability) company; (ouverte au public) ≃ public limited company ▷ **Société des auteurs, compositeurs et éditeurs de musique** *French body responsible for collecting and distributing music royalties,* ≃ Publishing Rights Society (Brit) ▷ **société de Bourse** brokerage ou broking firm ▷ **société à capital variable** company with variable capital ▷ **société de capitaux** joint-stock company ▷ **société civile** (Comm) non-trading company; (Philos) civil society ◆ **personne de la société civile** (Pol) lay person ▷ **société civile immobilière** non-trading property (Brit) ou real estate (US) company ▷ **société civile de placement immobilier** non-trading property (Brit) ou real estate (US) investment trust ▷ **société civile professionnelle** professional partnership ▷ **société en commandite** limited partnership ▷ **société commerciale** trading company ▷ **société commune** joint-venture company ▷ **société de crédit** credit ou finance company ▷ **société d'économie mixte** semi-public company ▷ **société écran** bogus ou dummy company ▷ **société d'exploitation** development company ▷ **société d'investissement** investment trust ◆ **société d'investissement à capital variable** unit trust (Brit), open-end investment trust (US), mutual fund (US) ▷ **la société de Jésus** the Society of Jesus ▷ **Société nationale des chemins de fer français** *French national railway company* ▷ **la Société des Nations** (Hist Pol) the League of Nations ▷ **société en nom collectif** general partnership ▷ **société en participation** joint-venture company ▷ **société de personnes** partnership ▷ **société de portefeuille** holding company ▷ **société de production** (Audiov) production company ▷ **société à responsabilité limitée** limited liability company ▷ **société de services** service company ◆ **société de services informatiques** software house ▷ **société de tempérance** temperance society

**socio** * [sɔsjo] nf abrév de **sociologie**

**sociobiologie** [sɔsjobjɔlɔʒi] nf sociobiology

**sociobiologiste** [sɔsjobjɔlɔʒist] nmf sociobiologist

**socioculturel, -elle** [sɔsjokyltyʀɛl] adj sociocultural

**sociodrame** [sɔsjodʀam] → SYN nm sociodrama

**socio-économique,** pl **socio-économiques** [sɔsjoekɔnɔmik] adj socioeconomic

**socio-éducatif, -ive,** mpl **socio-éducatifs** [sɔsjoedykatif, iv] adj socioeducational

**sociogéographique** [sɔsjoʒeɔgʀafik] adj sociogeographic

**sociogramme** [sɔsjogʀam] nm sociogram

**sociolinguiste** [sɔsjolɛ̃gɥist] nmf sociolinguist

**sociolinguistique** [sɔsjolɛ̃gɥistik] **1** adj sociolinguistic
**2** nf sociolinguistics sg

**sociologie** [sɔsjɔlɔʒi] nf sociology

**sociologique** [sɔsjɔlɔʒik] adj sociological

**sociologiquement** [sɔsjɔlɔʒikmɑ̃] adv sociologically

**sociologisme** [sɔsjɔlɔʒism] nm sociologism

**sociologue** [sɔsjɔlɔg] nmf sociologist

**sociométrie** [sɔsjɔmetʀi] nf sociometry

**sociométrique** [sɔsjɔmetʀik] adj sociometric

**sociopolitique** [sɔsjopɔlitik] adj sociopolitical

**socioprofessionnel, -elle** [sɔsjopʀɔfesjɔnɛl] adj socio-professional

**sociothérapie** [sɔsjoteʀapi] nf sociotherapy

**socle** [sɔkl] → SYN nm **a** [statue, colonne] plinth, pedestal, socle (SPÉC); [lampe, vase] base
**b** (Géog) platform

**socque** [sɔk] → SYN nm (= sabot) clog

**socquette** [sɔkɛt] nf ankle sock (Brit), anklet (US)

**Socrate** [sɔkʀat] nm Socrates

**socratique** [sɔkʀatik] adj Socratic

**soda** [sɔda] nm fizzy drink (Brit), soda (US), pop * ◆ **soda à l'orange** orangeade ◆ **whisky soda** whisky and soda

**sodé, e** [sɔde] adj sodium (épith)

**sodique** [sɔdik] adj sodic

**sodium** [sɔdjɔm] nm sodium

**sodoku** [sɔdɔku] nm rat-bite fever, sodoku

**Sodome** [sɔdɔm] n Sodom ◆ **Sodome et Gomorrhe** Sodom and Gomorrah ◆ **"Sodome et Gomorrhe"** (Littérat) "The Cities of the Plain"

**sodomie** [sɔdɔmi] → SYN nf sodomy, buggery

**sodomiser** [sɔdɔmize] → SYN ▸ conjug 1 ◂ vt to bugger, have anal intercourse with

**sodomite** [sɔdɔmit] nm sodomite

**sœur** [sœʀ] → SYN nf **a** (lit, fig) sister ◆ **avec un dévouement de sœur** with a sister's ou with sisterly devotion ◆ **la poésie, sœur de la musique** poetry, sister of ou to music ◆ **les sœurs filandières** the Parcae, the Fates ◆ **peuplades/organisations sœurs** sister peoples/organizations ◆ **sœur d'infortune** (littér) fellow sufferer ◆ **j'ai trouvé la sœur de cette commode chez un antiquaire** (hum) I found the partner to this chest of drawers in an antique shop ◆ **et ta sœur !** ** get lost! **; → **âme, lait**
**b** (Rel) nun, sister; (comme titre) Sister ◆ **sœur Jeanne** Sister Jeanne ◆ **elle a été élevée chez les sœurs** she was convent-educated ◆ **elle était en pension chez les sœurs** she went to a convent (boarding) school ◆ **les Petites sœurs des pauvres** the Little Sisters of the Poor ◆ **les sœurs de la Charité** the Sisters of Charity; → **bon**[1]

**sœurette** * [sœʀɛt] nf little sister, kid * sister ◆ **salut sœurette !** hi sis! *

**sofa** [sɔfa] → SYN nm sofa

**soffite** [sɔfit] nm (Archit) [larmier] soffit

**Sofia** [sɔfja] n Sofia

**SOFRES** [sɔfʀɛs] nf (abrév de **Société française d'enquêtes par sondage**) *French public opinion poll institute,* ≃ Gallup, ≃ MORI (Brit)

**soft** [sɔft] **1** adj inv film soft-porn *, soft-core * ◆ **érotisme soft** soft(-core) porn * ◆ **l'ambiance soft d'un salon de thé** the cosy atmosphere of a tearoom ◆ **c'est la version soft de son premier livre** it's the watered-down version of his first book ◆ **la campagne électorale est plus soft que la précédente** the electoral campaign is less aggressive than the previous one
**2** nm ◆ **le soft** (Ordin) software; (Ciné) soft(-core) porn films *

**software** [sɔftwɛʀ] nm software

**soi** [swa] **1** pron pers **a** (gén) one(self); (fonction d'attribut) oneself ◆ **n'aimer que soi** to love only oneself ◆ **regarder devant/derrière soi** to look in front of/behind one ◆ **malgré soi** in spite of oneself ◆ **avoir confiance en soi** to be self-confident ◆ **rester chez soi** to stay at home
**b** † (= lui) himself; (= elle) herself; (= chose) itself ◆ **il n'agissait que pour soi** (frm) he was only acting for himself ou in his own interests ◆ **elle comprenait qu'il fût mécontent de soi** (évite une ambiguïté) she understood his not being pleased with himself ◆ **il allait droit devant soi** (frm) he was going straight ahead
**c** (Loc) **aller de soi** to be self-evident, be obvious ◆ **cela va de soi** it goes without saying, it's obvious, it stands to reason ◆ **il va de soi que ...** it goes without saying ou it stands to reason that ... ◆ **en soi** (= intrinsèquement) in itself ◆ **n'exister que pour soi** to exist only for oneself ◆ **dans un groupe, on peut se rendre service entre soi** in a group, people can help each other ou one another (out) ◆ **être/rester soi** to be/remain oneself; → **chacun, hors, maître**
**d** **soi-même** oneself ◆ **on le fait soi-même** you do it yourself, one does it oneself (frm) ◆ **le respect de soi-même** self-respect ◆ **Monsieur Leblanc ? – soi-même !** (hum) Mr Leblanc? – in person! ou none other!; pour autres loc voir **même**

2 nm (Philos, littér = personnalité, conscience) self; (Psych = inconscient) id ◆ **la conscience de soi** self-awareness, awareness of self; → **en-soi, pour-soi**

**soi-disant** [swadizɑ̃] → SYN 1 adj inv so-called ◆ **un soi-disant poète/professeur** a so-called ou would-be poet/teacher
2 adv supposedly ◆ **il était soi-disant parti à Rome** he had supposedly left for Rome, he was supposed to have left for Rome ◆ **il était venu soi-disant pour discuter** he had come to talk – or so he said, he had come ostensibly for a talk ◆ **soi-disant que** * ... it would appear that ..., apparently ...

**soie** [swa] → SYN nf a (Tex) silk ◆ **soie sauvage/végétale** wild/vegetal silk ◆ **soie grège/lavée** raw/washed silk; → **papier, ver**
b (= poil) [sanglier] bristle ◆ **brosse en soies de sanglier** (boar) bristle brush ◆ **brosse à dents en soies de nylon** nylon (bristle) tooth brush, tooth brush with nylon bristles
c (Tech) [lime, couteau] tang

**soierie** [swaʀi] nf (= tissu) silk; (= industrie, commerce) silk trade; (= filature) silk mill

**soif** [swaf] → SYN nf a (lit) thirst ◆ **avoir soif** [personne] to be thirsty; [plante, terre] to be dry ou thirsty ◆ **avoir grand soif** † to be very thirsty ◆ **ça donne soif** it makes you thirsty ◆ **il fait soif** * I'm parched * ◆ **jusqu'à plus soif** (lit) till one's thirst is quenched; (fig) till one can't take any more ◆ **rester sur sa soif** (lit) to remain thirsty; (fig) to be left unsatisfied; → **boire, étancher, garder, mourir**
b (= désir) **soif de** [+ richesse, connaissances, vengeance, pouvoir] thirst ou craving for ◆ **soif de faire qch** craving to do sth

**soiffard, e** * † [swafaʀ, aʀd] → SYN (péj) 1 adj boozy *
2 nm,f boozer *

**soignable** [swaɲabl] adj treatable

**soignant, e** [swaɲɑ̃, ɑ̃t] adj personnel nursing (épith) ◆ **équipe soignante** (team of) doctors and nurses

**soigné, e** [swaɲe] → SYN (ptp de **soigner**) adj a (= propre) personne, chevelure well-groomed, neat, tidy; ongles manicured, well-kept; mains well-cared-for (épith), well cared for (attrib) ◆ **peu soigné** personne untidy; cheveux unkempt, untidy; ongles, mains neglected(-looking) ◆ **il est très soigné de sa personne** he is very well turned-out ou well-groomed
b (= consciencieux) travail, style, présentation careful, meticulous; vitrine neat, carefully laid out; jardin well-kept; repas carefully prepared ◆ **peu soigné** travail careless, sloppy
c (* : intensif) note massive *, whopping * (épith); punition stiff * ◆ **avoir un rhume (quelque chose de) soigné** to have a real beauty * ou a whopper * of a cold ◆ **la note était soignée** it was some bill *, it was a massive * ou whopping * bill

**soigner** [swaɲe] → SYN ▸ conjug 1 ◂ 1 vt a (= traiter) [+ patient, maladie] [médecin] to treat; [infirmière, mère] to look after, nurse ◆ **j'ai été très bien soigné dans cette clinique** I had very good treatment ou I was very well looked after in this clinic ◆ **soigner les blessés** to tend ou nurse the wounded ◆ **tu devrais te faire soigner** you should see a doctor ◆ **il faut te faire soigner !** * you need your head examined ou examining! ◆ **rentrez chez vous pour soigner votre rhume** go back home and look after ou nurse that cold (of yours) ◆ **je soigne mes rhumatismes avec des pilules** I'm taking pills for my rheumatism
b (= entretenir) [+ chien, plantes, invité] to look after; [+ ongles, chevelure, outils, livres] to look after, take (good) care of; [+ cheval] to groom; [+ tenue, travail, repas, style, présentation] to take care over ◆ **soigner sa clientèle** to look after one's customers ◆ **soigner son image (de marque)** to be careful about one's image ◆ **le pays essaie de soigner son image à l'étranger** the country is trying to cultivate its image abroad
c (* = maltraiter) **soigner qn** to let sb have it * ◆ **5 € le café – ils nous ont soignés !** €5 for a coffee – what a rip-off! * ou we've been had! * ou done! * (Brit) ◆ **ils lui sont tombés dessus à quatre : j'aime autant te dire qu'ils l'ont soigné** four of them laid into him – I can tell you they really let him have it *; → **oignon**

2 **se soigner** vpr a [personne] (= prendre des médicaments) to take medicine ◆ **se soigner par les plantes** to take herbal medicine ◆ **soigne-toi bien** take good care of yourself, look after yourself ◆ **ils se soignent : champagne, saumon ... !** (hum) they take good care of ou they look after themselves (all right) – champagne, salmon, the lot!
b [maladie] **de nos jours, la tuberculose se soigne** these days tuberculosis can be treated ◆ **ça se soigne, tu sais !** * (hum) there's a cure for that, you know!

**soigneur** [swaɲœʀ] → SYN nm (Boxe) second; (Cyclisme, Ftbl) trainer

**soigneusement** [swaɲøzmɑ̃] → SYN adv ranger, nettoyer, entretenir, éviter, choisir carefully; écrire, plier carefully, neatly ◆ **soigneusement préparé** carefully prepared, prepared with care ◆ **il pèse soigneusement ses mots** he weighs his words carefully

**soigneux, -euse** [swaɲø, øz] → SYN adj a (= propre, ordonné) tidy, neat ◆ **ce garçon n'est pas assez soigneux** that boy isn't tidy enough
b (= appliqué, minutieux) travailleur careful, painstaking; travail careful, meticulous; recherche, examen careful ◆ **être soigneux dans son travail** to take care over one's work
c (= soucieux) **être soigneux de sa santé** to be careful about one's health ◆ **être soigneux de ses affaires** to be careful with one's belongings ◆ **être soigneux de sa personne** to be careful about ou take care over one's appearance ◆ **être soigneux de ses vêtements** to take care of ou look after one's clothes

**soi-même** [swamɛm] pron → **même, soi**

**soin** [swɛ̃] → SYN 1 nm a (= application) care; (= ordre et propreté) tidiness, neatness ◆ **être sans soin, n'avoir aucun soin** to be careless ou untidy ou sloppy ◆ **faire qch sans soin** to do sth carelessly ◆ **faire qch avec (grand) soin** to do sth with (great) care ou (very) carefully ◆ **il nous évite avec un certain soin, il met un certain soin à nous éviter** he takes great care ou he goes to some lengths to avoid us
b (= charge, responsabilité) care ◆ **confier à qn le soin de ses affaires** to entrust sb with the care of one's affairs ◆ **confier à qn le soin de faire qch** to entrust sb with the job ou task of doing sth ◆ **je vous laisse ce soin** I leave this to you, I leave you to take care of this ◆ **son premier soin fut de ...** his first concern was to ... ◆ **le soin de son salut/avenir l'occupait tout entier** (littér) his thoughts were filled with the care of his salvation/future (littér)
c (= traitement) **le soin du cheveu** hair care
d (Loc) **avoir** ou **prendre soin de faire qch** to take care to do sth, make a point of doing sth ◆ **avoir** ou **prendre soin de qn/qch** to take care of ou look after sb/sth ◆ **il prend bien soin/grand soin de sa petite personne** he takes good care/great care of his little self ou of number one * ◆ **ayez** ou **prenez soin d'éteindre** take care ou be sure to turn out the lights, make sure you turn out the lights ◆ **avoir soin que ...** to make sure that ...

2 **soins** nmpl a (= entretien, hygiène) care (NonC); (= traitement) treatment (NonC) ◆ **les soins du ménage** ou **domestiques** † the care of the home ◆ **soins esthétiques** ou **de beauté** beauty care ◆ **pour les soins des cheveux/des ongles utilisez ...** for hair-/nail-care use ... ◆ **les soins du visage** facial care ◆ **soins médicaux** medical ou health care, medical treatment ◆ **soins dentaires** dental treatment ou care ◆ **son état demande des soins** his condition requires treatment ou (medical) attention ◆ **le blessé a reçu les premiers soins** the injured man has been given first aid
b (= attention) care (and attention) (NonC) ◆ **l'enfant a besoin des soins d'une mère** the child needs a mother's care (and attention) ◆ **confier qn/qch aux (bons) soins de qn** to leave sb/sth in the hands ou care of sb ◆ **aux bons soins de** (sur lettre : frm) care of, c/o ◆ **être aux petits soins pour qn** to attend to sb's every need, wait on sb hand and foot
c (Rel) **donner ses soins à qn** to minister to sb

**soir** [swaʀ] → SYN nm a (= fin du jour) evening ◆ **les soirs d'automne/d'hiver** autumn/winter evenings ◆ **le soir descend** ou **tombe** night is falling, evening is closing in ◆ **le soir où j'y suis allé** the evening I went ◆ **viens nous voir un de ces soirs** come and see us one evening ou night ◆ **être du soir** to be a night owl * ◆ **au soir de la/de sa vie** (littér) in the evening of life/of his life (littér) ◆ **le grand soir** the big night; (Pol) the revolution; → **matin**
b **repas/journal du soir** evening meal/paper ◆ **5 heures du soir** 5 (o'clock) in the afternoon ou evening, 5 pm ◆ **8 heures du soir** 8 (o'clock) in the evening, 8 o'clock at night, 8 pm ◆ **11 heures du soir** 11 (o'clock) at night, 11 pm; → **cours, robe**
c (Loc : compléments de temps) **le soir, je vais souvent les voir** I often go to see them in the evening ◆ **le soir, je suis allé les voir/il a plu** I went to see them/it rained in the evening ◆ **il pleut assez souvent le soir** it quite often rains in the evening(s) ◆ **sortir le soir** to go out in the evening ◆ **j'y vais ce soir** I'm going this evening ou tonight ◆ **à ce soir !** (I'll) see you (ou I'll talk to you) this evening! ou tonight! ◆ **vivement ce soir qu'on se couche** * I can't wait until bedtime, roll on bedtime * (Brit) ◆ **tous les soirs, chaque soir** every evening ou night ◆ **hier soir** last night, yesterday evening ◆ **demain soir** tomorrow evening ou night ◆ **dimanche soir** Sunday evening ou night ◆ **hier au soir** yesterday evening ◆ **le 17 au soir** on the evening of the 17th ◆ **la veille au soir** the previous evening ◆ **il est arrivé un (beau) soir** he turned up one (fine) evening

**soirée** [swaʀe] GRAMMAIRE ACTIVE 25.2 → SYN nf a (= soir) evening ◆ **bonne soirée !** have a nice evening! ◆ **les longues soirées d'hiver** the long winter evenings
b (= réception) party ◆ **soirée dansante** dance ◆ **soirée mondaine** society party; → **tenue**
c (Ciné, Théât = séance) evening performance ◆ **donner un spectacle/une pièce en soirée** to give an evening performance of a show/play ◆ **soirée thématique** (TV) *evening of programmes devoted to a theme* ◆ **soirée électorale** election night

**soit** [swa] → SYN 1 adv (frm = oui) very well, so be it (frm) ◆ **eh bien, soit, qu'il y aille !** very well then, let him go!; → **tant**
2 conj a (= ou) **soit l'un soit l'autre** (either) one or the other ◆ **soit avant soit après** (either) before or after ◆ **soit timidité, soit mépris** ou **soit timidité ou mépris, elle ne lui adressait jamais la parole** be it (out of) ou whether out of shyness or contempt, she never spoke to him ◆ **soit qu'il soit fatigué, soit qu'il en ait assez** whether he is tired or whether he has had enough ◆ **soit qu'il n'entende pas, ou ne veuille pas entendre** whether he cannot hear or (whether) he does not wish to hear
b (= à savoir) that is to say ◆ **des détails importants, soit l'approvisionnement, le transport, etc** important details, that is to say ou for instance provisions, transport, etc
c (Math = posons) **soit un rectangle ABCD** let ABCD be a rectangle ◆ **soient deux triangles isocèles** given two isosceles triangles

**soixantaine** [swasɑ̃tɛn] nf a (= environ soixante) sixty or so, (round) about sixty, sixty-odd * ◆ **il y avait une soixantaine de personnes/de livres** there were sixty or so ou about sixty people/books, there were sixty-odd * people/books ◆ **la soixantaine de spectateurs qui étaient là** the sixty or so ou the sixty-odd * people there ◆ **ils étaient une bonne soixantaine** there were a good sixty of them ◆ **il y a une soixantaine/une bonne soixantaine d'années** sixty or so ou sixty-odd */a good sixty years ago ◆ **ça doit coûter une soixantaine de mille (francs)** that must cost sixty thousand or so francs ou (round) about sixty thousand francs ou some sixty thousand francs
b (= soixante unités) sixty ◆ **sa collection n'atteint pas encore/a dépassé la soixantaine** his collection has not yet reached/has passed the sixty mark, there are not yet sixty/are now over sixty in his collection
c (= âge) sixty ◆ **approcher de la/atteindre la soixantaine** to near/reach sixty ◆ **un homme dans la soixantaine** a man in his sixties ◆ **d'une soixantaine d'années** personne of about sixty; arbre sixty or so years old ◆ **elle a la soixantaine** she's sixtyish, she's about sixty

**soixante** [swasɑ̃t] adj inv, nm inv sixty ◆ **à la page soixante** on page sixty ◆ **habiter au soixante** to live at number sixty ◆ **les années soixante** the sixties, the 60s ◆ **soixante et un** sixty-one ◆ **soixante et unième** sixty-first ◆ **soixante-dix**

seventy ◆ **soixante-dixième** seventieth ◆ **soixante mille** sixty thousand ◆ **le (numéro) soixante** (jeu, rue) number sixty ◆ **un soixante-neuf** ‡ (= position sexuelle) a soixante-neuf ‡, a sixty-nine ‡

**soixante-huitard, e,** mpl **soixante-huitards** [swasɑ̃tɥitaʀ, aʀd] **1** adj personne who took part in the events of May 1968; idéologie, slogan inspired by the events of May 1968
**2** nm,f (en mai 68) participant in the events of May 1968; (après 1968) proponent of the ideals of May 1968 → MAI 68

**soixantième** [swasɑ̃tjɛm] adj, nm sixtieth

**soja** [sɔʒa] nm (= plante) soya; (= graines) soya beans

**sol¹** [sɔl] → SYN nm (gén) ground; (= plancher) floor; (= revêtement) floor, flooring (NonC); (= territoire, terrain, Agr, Géol) soil ◆ **étendu sur le sol** spread out on the ground ◆ **posé au sol** ou **à même le sol** (placed) on the ground (ou floor) ◆ **sol carrelé/cimenté** tiled/concrete floor ◆ **la surface au sol** the floor surface ◆ **la pose des sols** (Constr) the laying of floors ou of flooring ◆ **sol natal** native soil ◆ **sur le sol français** on French soil ◆ **personnel au sol** (Aviat) ground staff ou personnel ◆ **essais/vitesse au sol** (Aviat) ground tests/speed ◆ **exercices au sol** (Sport) floor exercises

**sol²** [sɔl] nm inv (Mus) G; (en chantant la gamme) so(h); → **clé**

**sol³** [sɔl] nm (Chim) sol

**sol⁴** [sɔl] nm (= monnaie) sol

**sol-air** [sɔlɛʀ] adj inv ground-to-air

**solaire** [sɔlɛʀ] **1** adj (Astrol, Astron) énergie, panneaux solar; crème, filtre sun (attrib); calculatrice solar-powered; → **cadran, plexus, spectre**
**2** nm (= énergie) ◆ **le solaire** solar energy

**solanacées** [sɔlanase] nfpl ◆ **les solanacées** solanaceous plants, the Solanaceae (SPÉC)

**solarisation** [sɔlaʀizasjɔ̃] nf (= chauffage) solar heating; (Photo) solarization

**solarium** [sɔlaʀjɔm] → SYN nm solarium

**soldanelle** [sɔldanɛl] nf (Bot) (= primulacée) soldanella; (= liseron) sea bindweed

**soldat** [sɔlda] → SYN nm (gén) soldier ◆ **(simple) soldat, soldat de 2ᵉ classe** (armée de terre) private; (armée de l'air) aircraftman (Brit), basic airman (US) ◆ **soldat de 1ᵉ classe** (armée de terre) ≃ private (Brit), ≃ private first class (US); (armée de l'air) leading aircraftman (Brit), airman first class (US) ◆ **soldat d'infanterie** infantryman ◆ **se faire soldat** to join the army, enlist ◆ **le Soldat inconnu** the Unknown Soldier ou Warrior ◆ **soldat de la liberté/du Christ** (fig, littér) soldier of liberty/of Christ ◆ **soldats de la paix** peacekeepers ◆ **soldat de plomb** tin ou toy soldier ◆ **jouer aux (petits) soldats** to play (at) soldiers ◆ **jouer au petit soldat** (fig) to throw one's weight around; → **fille**

**soldate** [sɔldat] nf woman soldier

**soldatesque** [sɔldatɛsk] → SYN (péj) **1** nf army rabble
**2** adj † barrack-room (épith)

**solde¹** [sɔld] → SYN nf **a** [soldat, matelot] pay
**b** (péj) **être à la solde de qn** to be in the pay of sb ◆ **avoir qn à sa solde** to have sb in one's pay

**solde²** [sɔld] → SYN **1** nm **a** (Fin = reliquat) (gén) balance; (= reste à payer) balance outstanding ◆ **il y a un solde de 25 € en votre faveur** there is a balance of €25 in your favour ◆ **solde débiteur/créditeur** debit/credit balance ◆ **solde de trésorerie** cash balance ◆ **pour solde de (tout) compte** in settlement
**b** (Comm) **solde (de marchandises)** remaining goods ◆ **vente de soldes** sale, sale of reduced items ◆ **mettre des marchandises en solde** to put goods in a sale ◆ **vendre/acheter qch en solde** to sell (off)/buy sth at sale price ◆ **article (vendu) en solde** sale(s) item ou article
**2 soldes** nmpl (parfois nfpl) ◆ **"soldes"** (pancarte) "sale" ◆ **les soldes** the sales ◆ **je l'ai acheté dans les soldes** I bought it in the sales ◆ **faire les soldes** to go to the sales ◆ **la saison des soldes** the sales season

**solder** [sɔlde] → SYN ▸ conjug 1 ◂ **1** vt **a** [+ compte] (= arrêter) to wind up, close; (= acquitter) to pay (off) the balance of, settle
**b** [+ marchandises] to sell (off) at sale price ◆ **ils soldent ces pantalons à 20 €** they are selling off these trousers at ou for €20, they are selling these trousers in the sale at ou for €20 ◆ **je vous le solde à 5 €** I'll let you have it for €5, I'll knock it down* ou reduce it to €5 for you
**2 se solder** vpr ◆ **se solder par** (Comm) [exercice, budget] to show; (fig) [entreprise, opération] to end in ◆ **les comptes se soldent par un bénéfice** the accounts show a profit ◆ **l'exercice se solde par un déficit/bénéfice de 50 millions** the end-of-year figures show a loss/profit of 50 million ◆ **l'entreprise/la conférence s'est soldée par un échec** the undertaking/the conference ended in failure ou came to nothing

**solderie** [sɔldəʀi] nf discount store

**soldeur, -euse** [sɔldœʀ, øz] nm,f (= propriétaire) discount store owner; (= entreprise) discount store

**sole¹** [sɔl] → SYN nf (= poisson) sole ◆ **sole meunière** (Culin) sole meunière

**sole²** [sɔl] → SYN nf (Tech) [four] hearth; [sabot, bateau] sole

**sole³** [sɔl] → SYN nf (Agr) individual field

**soléaire** [sɔleɛʀ] adj, nm ◆ **le (muscle) soléaire** the soleus

**solécisme** [sɔlesism] → SYN nm solecism *(in language)*

**soleil** [sɔlɛj] → SYN **1** nm **a** (= astre, gén) sun ◆ **le Soleil** (Astron, Myth) the Sun ◆ **orienté au soleil levant/couchant** facing the rising/setting sun ◆ **le soleil de minuit** the midnight sun ◆ **les soleils pâles/brumeux de l'hiver** (littér) the pale/misty winter sun ◆ **tu es mon (rayon de) soleil** (fig) you are my sunshine; → **coucher, lever, rayon**
**b** (= chaleur) sun, sunshine; (= lumière) sun, sunshine, sunlight ◆ **au soleil** in the sun ◆ **être assis/se mettre au soleil** to be sitting in/go into the sun(shine) ◆ **vivre au soleil** to live in the sun ◆ **il y a du soleil, il fait du soleil, il fait soleil*** the sun's shining, it's sunny ◆ **il fait un beau soleil** it's nice and sunny ◆ **il fait un soleil de plomb** the sun is blazing down, there's a blazing sun ◆ **être en plein soleil** to be right in the sun ◆ **rester en plein soleil** to stay (out) in the sun ◆ **c'est une plante de plein soleil** this plant thrives in full sun ◆ **des jours sans soleil** sunless days ◆ **se chercher un coin au soleil** to look for a spot in the sun(shine) ou a sunny spot ◆ **la couleur a passé au soleil** the colour has faded in the sun
◆ **coup de soleil** sunburn (NonC) ◆ **attraper** ou **prendre un coup de soleil** to get sunburned ◆ **j'ai (pris) un coup de soleil dans le dos** I burned my back, my back is sunburned
**c** (= motif, ornement) sun
**d** (= feu d'artifice) Catherine wheel
**e** (= acrobatie) grand circle ◆ **faire un soleil** (fig = culbute) to turn ou do a somersault, somersault
**f** (= fleur) sunflower
**g** (Loc) **se lever avec le soleil** to rise with the sun, be up with the sun ou the lark (Brit) ◆ (Prov) **le soleil brille pour tout le monde** nature belongs to everyone ◆ **rien de nouveau** ou **neuf sous le soleil** there's nothing new under the sun ◆ **avoir du bien** ou **des biens au soleil** to be the owner of property, have property ◆ **se faire/avoir une place au soleil** (fig) to find oneself/have a place in the sun

**solen** [sɔlɛn] nm razor-shell (Brit), razor clam (US), solen (SPÉC)

**solennel, -elle** [sɔlanɛl] → SYN adj (gén) solemn; promesse, ton, occasion solemn, formal; séance ceremonious; → **communion**

**solennellement** [sɔlanɛlmɑ̃] adv (gén) solemnly; offrir, ouvrir ceremoniously

**solenniser** [sɔlanize] → SYN ▸ conjug 1 ◂ vt to solemnize

**solennité** [sɔlanite] → SYN nf **a** (= caractère) solemnity
**b** (= fête) grand ou formal occasion
**c** (gén pl = formalité) formality, solemnity

**solénoïde** [sɔlenɔid] nm solenoid

**soleret** [sɔlʀɛ] nm (Hist) solleret

**Solex** ® [sɔlɛks] nm ≃ moped

**solfatare** [sɔlfataʀ] nm solfatara

**solfège** [sɔlfɛʒ] nm (= théorie) music theory, musical notation; (= livre) (music) theory book; († = gamme) (tonic) sol-fa ◆ **apprendre le solfège** to learn music theory ou musical notation

**solfier** [sɔlfje] ▸ conjug 7 ◂ vti to sing naming the notes

**solidage** [sɔlidaʒ] nf (Bot) goldenrod

**solidaire** [sɔlidɛʀ] → SYN adj **a** [personnes] **être solidaires** to show solidarity, stand ou stick together ◆ **pendant les grèves les ouvriers sont solidaires** during strikes workers stand ou stick together ou show solidarity ◆ **être solidaire de** to stand by, be behind ◆ **nous sommes solidaires du gouvernement** we stand by ou are behind ou are backing the government ◆ **nous sommes solidaires de leur combat** we support their struggle ◆ **être solidaire des victimes d'un régime** to show solidarity with ou stand by ou support the victims of a régime ◆ **ils ne sont pas très solidaires l'un de l'autre** they're not very supportive of each other ◆ **ces pays se sentent solidaires** these countries feel they have each others' support ou feel a sense of solidarity ◆ **se montrer solidaire de qn** to show solidarity with sb ◆ **il rêve d'une société plus solidaire** he dreams of a more united society
**b** mécanismes, pièces, systèmes interdependent ◆ **cette pièce est solidaire de l'autre** the two parts are interdependent ◆ **ces trois objectifs sont étroitement solidaires** these three objectives are closely interlinked
**c** (Jur) contrat, engagement binding all parties; débiteurs jointly liable; → **caution**

**solidairement** [sɔlidɛʀmɑ̃] → SYN adv jointly, jointly and severally (SPÉC)

**solidariser** [sɔlidaʀize] → SYN ▸ conjug 1 ◂ **1** vt [+ personnes] to unify; [+ objets] to interlock
**2 se solidariser** vpr ◆ **se solidariser avec** to show solidarity with

**solidarité** [sɔlidaʀite] → SYN nf **a** [personnes] solidarity ◆ **solidarité de classe/professionnelle** class/professional solidarity ◆ **solidarité ministérielle** ministerial solidarity *(whereby all ministers assume responsibility for a government's decisions)* ◆ **cesser le travail par solidarité avec des grévistes** to come out ou stop work in sympathy with the strikers; → **grève**
**b** [mécanismes, systèmes] interdependence
**c** (Jur) joint and several liability

**solide** [sɔlid] → SYN **1** adj **a** (= non liquide) nourriture, état, corps solid; (Géom, Phys) solid ◆ **ne lui donnez pas encore d'aliments solides** don't give him any solid food ou any solids yet
**b** (= robuste) matériaux, construction, meuble solid, sturdy; outil solid, strong; monnaie, économie strong ◆ **c'est du solide*** [meuble] it's solid stuff ◆ **être solide sur ses jambes** to be steady on one's legs ◆ **avoir une position solide** to have a secure position
**c** (= durable, sérieux) institutions, qualités, vertus solid, sound; bases solid, firm, sound; preuve, alibi, liens, expérience, amitié solid, firm; argument, formation, culture, connaissances, raisons sound ◆ **être doué d'un solide bon sens** to have sound common sense ◆ **ces opinions/raisonnements ne reposent sur rien de solide** these opinions/arguments have no solid ou sound foundation ◆ **leur couple, c'est du solide*** they have a solid ou strong relationship
**d** (= vigoureux) personne sturdy, robust; poigne, jambes, bras sturdy, solid; santé, poumons, cœur, esprit, psychisme sound ◆ **avoir la tête solide** (lit) to have a hard head; (fig) to have a good head on one's shoulders ◆ **il n'a plus la tête bien solide** his mind's not what it was ◆ **il n'a pas l'estomac très solide** he has a rather weak ou delicate stomach ◆ **il faut avoir les nerfs solides** you need strong nerves ou nerves of steel; → **rein**
**e** (intensif) coup de poing hefty*; revenus substantial; engueulade good, proper* (Brit) ◆ **il a un solide appétit** ou **coup de fourchette*** he has a hearty appetite, he's a hearty eater ◆ **un solide repas le remit d'aplomb** a (good) solid meal put him back on his feet

f (Loc) **être solide au poste** (Mil) to be loyal to one's post; (fig) to be completely dependable ou reliable ◆ **solide comme un roc** as solid as a rock

2 nm (Géom, Phys) solid

**solidement** [sɔlidmɑ̃] adv a fixer, tenir firmly; fabriquer, construire solidly ◆ **résister solidement** to put up a solid ou firm resistance

b s'établir, s'installer securely, firmly, solidly; raisonner soundly ◆ **rester solidement attaché aux traditions locales** to remain firmly attached to local traditions ◆ **être solidement attaché à qn/qch** to be deeply attached to sb/sth ◆ **une certitude solidement ancrée dans les esprits** a conviction firmly entrenched in people's minds ◆ **tradition solidement établie** long ou solidly established tradition

**solidification** [sɔlidifikasjɔ̃] nf solidification

**solidifier** vt, **se solidifier** vpr [sɔlidifje] → SYN ▸ conjug 7 ◂ to solidify

**solidité** [sɔlidite] → SYN nf a (= robustesse) [matériaux, construction, meuble] solidity, sturdiness; [outil] solidity ◆ **d'une solidité à toute épreuve** [construction, meuble] strong enough to resist anything

b (= stabilité) [institutions] solidity, soundness; [bases] solidity, firmness, soundness; [amitié, liens] solidity, firmness; [monnaie, économie] strength; [raisonnement] soundness

c (= vigueur) [personne] sturdiness, robustness; [poigne, jambes, bras] sturdiness, solidity

**soliflore** [sɔliflɔʀ] nm bud vase

**solifluxion** [sɔliflyksjɔ̃] nf solifluction, soliflux-ion

**soliloque** [sɔlilɔk] → SYN nm soliloquy

**soliloquer** [sɔlilɔke] → SYN ▸ conjug 1 ◂ vi to soliloquize

**Soliman** [sɔlimɑ̃] nm ◆ **Soliman le Magnifique** Suleiman the Magnificent

**solin** [sɔlɛ̃] nm (entre deux solives) space between two joists

**solipède** [sɔlipɛd] adj, nm solidungulate

**solipsisme** [sɔlipsism] nm solipsism

**soliste** [sɔlist] nmf soloist

**solitaire** [sɔlitɛʀ] → SYN 1 adj a (= isolé) passant solitary (épith), lone (épith); arbre, maison, rocher solitary (épith), lonely (épith), isolated ◆ **là vivaient quelques chasseurs/bûcherons solitaires** a few solitary ou lone hunters/woodcutters lived there

b (= désert) chemin, demeure, parc lonely (épith), deserted

c (= sans compagnie) adolescent, vieillard, vie solitary, lonely, lonesome (US); caractère, passe-temps solitary; → **plaisir**

d (Bot) fleur solitary; → **ver**

2 nmf (= ermite) solitary person, recluse, hermit; (fig = ours) lone wolf, loner

♦ **en solitaire** ◆ **il préfère travailler en solitaire** he prefers to work on his own ◆ **ascension/traversée en solitaire** solo climb/crossing ◆ **course en solitaire** single-handed ou solo race ◆ **partir/voyager en solitaire** to leave/travel alone ou on one's own ◆ **elle a fait le tour du monde en solitaire** [navigatrice] she sailed single-handed ou solo around the world

3 nm a (= sanglier) old boar

b (= diamant) solitaire

c (= jeu) solitaire

**solitairement** [sɔlitɛʀmɑ̃] → SYN adv souffrir alone ◆ **vivre solitairement** to lead a solitary life

**solitude** [sɔlityd] → SYN nf a [personne] (= tranquillité) solitude; (= manque de compagnie) loneliness, lonesomeness (US); [endroit] loneliness ◆ **solitude morale** moral isolation ◆ **la solitude à deux** shared solitude ◆ **éprouver un sentiment de solitude** to feel lonely ◆ **dans les moments de grande solitude** at times of great loneliness ◆ **aimer la solitude** to like being on one's own, like one's own company

b (= désert) solitude ◆ **les solitudes glacées du Grand Nord** (littér) the icy solitudes ou wastes of the far North (littér)

**solive** [sɔliv] → SYN nf joist

**soliveau** [sɔlivo] → SYN nm small joist

**sollicitation** [sɔlisitasjɔ̃] → SYN nf a (= démarche) entreaty, appeal ◆ **céder/répondre aux sollicitations de qn** to yield/respond to sb's entreaties

b (littér : gén pl = tentation) solicitation (littér), enticement

c (Tech = impulsion) prompting ◆ **l'engin répondait aux moindres sollicitations de son pilote** the craft responded to the slightest touch (from the pilot)

**solliciter** [sɔlisite] → SYN ▸ conjug 1 ◂ vt a (frm = demander) [+ poste, explication] to seek; [+ faveur, audience] to seek, solicit (frm) (*de qn* from sb)

b (frm = faire appel à) [+ personne] to appeal to ◆ **solliciter qn de faire qch** to appeal to sb ou request sb to do sth ◆ **je l'ai déjà sollicité à plusieurs reprises à ce sujet** I have already appealed to him ou approached him on several occasions over this matter ◆ **il est très sollicité** he's very much in demand

c (= agir sur) [+ curiosité, sens de qn] to appeal to; [+ attention] to attract, solicit ◆ **les attractions qui sollicitent le touriste** the attractions that are there to tempt ou entice the tourist ◆ **le moteur répondait immédiatement lorsque le pilote le sollicitait** the engine responded immediately to the pilot's touch ◆ **solliciter un cheval** to urge a horse on

**solliciteur, -euse** [sɔlisitœʀ, øz] → SYN 1 nm,f supplicant

2 nm (Can) ◆ **solliciteur général** Solicitor General

**sollicitude** [sɔlisityd] → SYN nf concern (NonC), solicitude (frm) ◆ **demander/dire qch avec sollicitude** to ask/say sth solicitously ou with concern ◆ **être** ou **se montrer plein de sollicitude envers qn** to be very attentive ou solicitous (frm) to(wards) sb ◆ **toutes leurs sollicitudes finissaient par nous agacer** we found their constant concern (for our welfare) ou their solicitude (frm) annoying in the end

**solo** [sɔlo], pl **solos** ou **soli** [sɔli] adj inv, nm solo ◆ **solo de violon** violin solo ◆ **violon/flûte solo** solo violin/flute ◆ **(spectacle) solo** one-man (ou one-woman) show

♦ **en solo** ◆ **jouer/chanter en solo** to play/sing a solo ◆ **escalade en solo** solo climbing ◆ **travailler en solo** to work on one's own ◆ **il a décidé d'agir en solo** he decided to go it alone *

**sol-sol** [sɔlsɔl] adj inv ground-to-ground

**solstice** [sɔlstis] nm solstice ◆ **solstice d'hiver/d'été** winter/summer solstice

**solubilisation** [sɔlybilizasjɔ̃] nf solubilization

**solubiliser** [sɔlybilize] ▸ conjug 1 ◂ vt to make soluble

**solubilité** [sɔlybilite] nf solubility

**soluble** [sɔlybl] → SYN adj a substance soluble; → **café**

b problème soluble, solvable

**soluté** [sɔlyte] nm (Chim, Pharm) solution

**solution** [sɔlysjɔ̃] → SYN 1 nf a [problème, énigme, équation] (= action) solution, solving (*de* of); (= résultat) solution, answer (*de* to)

b [difficulté, situation] (= issue) solution, answer (*de* to); (= moyens employés) solution (*de* to) ◆ **c'est une solution de facilité** it's the easy way out ◆ **ce n'est pas une solution à la crise qu'ils traversent** that's no way to resolve the crisis they're in ◆ **ce n'est pas une solution !** that won't solve anything! ◆ **hâter la solution d'une crise** to hasten the resolution ou settling of a crisis

c (Chim = action, mélange) solution ◆ **en solution** in solution

2 COMP ▷ **solution de continuité** (frm) solution of continuity (frm) ▷ **la solution finale** (Hist Pol) the Final Solution

**solutionner** [sɔlysjɔne] → SYN ▸ conjug 1 ◂ vt to solve

**solutréen, -enne** [sɔlytʀeɛ̃, ɛn] 1 adj Solutrean

2 nm ◆ **le solutréen** the Solutrean

**solvabilité** [sɔlvabilite] → SYN nf solvency, creditworthiness

**solvable** [sɔlvabl] → SYN adj solvent, creditworthy

**solvant** [sɔlvɑ̃] nm (Chim) solvent

**solvatation** [sɔlvatasjɔ̃] nf solvation

**soma** [sɔma] nm soma

**somali** [sɔmali] 1 nm (Ling) Somali

2 **Somalis** nmpl Somalis

**Somalie** [sɔmali] nf (= région) Somaliland; (= État) Somalia

**somalien, -ienne** [sɔmaljɛ̃, jɛn] 1 adj Somalian

2 **Somalien(ne)** nm,f Somalian

**somation** [sɔmasjɔ̃] → SYN nf (Bio) somatic modification

**somatique** [sɔmatik] adj (Bio, Psych) somatic

**somatisation** [sɔmatizasjɔ̃] nf somatization

**somatiser** [sɔmatize] ▸ conjug 1 ◂ vt to somatize ◆ **il a tendance à somatiser** he tends to have psychosomatic problems

**somatostatine** [sɔmatostatin] nf somatostatin

**somatotrope** [sɔmatɔtʀɔp] adj somatotrop(h)ic ◆ **hormone somatotrope** growth ou somatotrop(h)ic hormone

**somatotrophine** [sɔmatɔtʀɔfin], **somatotropine** [sɔmatɔtʀɔpin] nf growth hormone, somatotrop(h)in

**sombre** [sɔ̃bʀ] → SYN adj a (= obscur, foncé) ciel, nuit, pièce dark ◆ **il fait déjà sombre** it's already dark ◆ **bleu/vert sombre** dark blue/green ◆ **de sombres abîmes** (littér) dark abysses ◆ **le sombre empire, les sombres rivages** (Myth) the underworld, the nether world; → **coupe²**

b (= mélancolique) sombre (Brit), somber (US), gloomy, dismal; (= sinistre, funeste) période dark ◆ **d'un air sombre** sombrely (Brit), somberly (US), gloomily ◆ **il avait le visage sombre** he looked gloomy ou sombre ◆ **de sombres pensées** sombre ou gloomy ou dark thoughts ◆ **un sombre avenir** a dark ou gloomy ou dismal future ◆ **les moments** ou **heures sombres de notre histoire** the dark moments in our history

c (*: valeur intensive) **sombre idiot/brute** absolute idiot/brute ◆ **une sombre histoire de meurtre** a dark tale of murder ◆ **ils se sont disputés pour une sombre histoire d'argent** they argued over a sordid financial matter

d (Phon) voyelle dark

**sombrement** [sɔ̃bʀ(ə)mɑ̃] adv dire sombrely (Brit), somberly (US), gloomily

**sombrer** [sɔ̃bʀe] → SYN ▸ conjug 1 ◂ vi [bateau] to sink, go down, founder; [empire] to founder; [fortune] to be swallowed up; [entreprise] to collapse ◆ **sa raison a sombré** he has lost his reason, his mind has gone ◆ **sombrer dans** [+ désespoir, sommeil, misère, alcool, oubli] to sink into ◆ **évitons de sombrer dans le sordide** let's not get sordid

**sombrero** [sɔ̃bʀeʀo] nm sombrero

**somite** [sɔmit] nm somite

**sommaire** [sɔmɛʀ] → SYN 1 adj a (= court) exposé, explication basic, summary (épith), brief; réponse brief, summary (épith); (= expéditif) justice, procédure, exécution summary (épith)

b (= rudimentaire, superficiel) connaissances, éducation basic; examen brief, cursory, perfunctory; analyse, description brief, cursory; instruction, réparation, repas basic; décoration minimal

2 nm (= exposé) summary; (= résumé de chapitre) summary, argument; [revue] (table of) contents ◆ **au sommaire du numéro spécial** appearing in ou featured in the special issue ◆ **au sommaire de notre émission ce soir ...** in our programme tonight ...

**sommairement** [sɔmɛʀmɑ̃] → SYN adv a exposer, juger, exécuter summarily ◆ **il me l'a expliqué assez sommairement** he gave me a fairly basic explanation of it

b (= rudimentairement) réparer superficially; meubler basically

**sommation¹** [sɔmasjɔ̃] → SYN nf (Jur) summons sg; (frm = injonction) demand; (avant de faire feu) warning ◆ **recevoir sommation de payer une dette** (Jur) to be served notice to pay a debt ◆ **faire les sommations d'usage** (Mil, Police) to give the standard ou customary warnings ◆ **tirer sans sommation** to shoot without warning

**sommation²** [sɔmasjɔ̃] nf (Math, Physiol) summation

**somme¹** [sɔm] → SYN nf → **bête**

**somme**[2] [sɔm] [→ SYN] **nm** (= sieste) nap, snooze ♦ **faire un petit somme** to have a (short) nap or a (little) snooze or forty winks *

**somme**[3] [sɔm] **GRAMMAIRE ACTIVE 20.5** [→ SYN] **nf** **a** (Math) sum; (= quantité) amount ♦ **somme algébrique** algebraic sum ♦ **la somme totale** the grand total, the sum total ♦ **faire la somme de** to add up ♦ **la somme des dégâts est considérable** the (total) amount of damage or the total damage is considerable ♦ **une somme de travail énorme** an enormous amount of work

**b** **somme (d'argent)** sum or amount (of money) ♦ **dépenser des sommes folles** * to spend vast amounts or sums of money ♦ **c'est une somme !** (intensif) it's quite a sum! ♦ **payer/toucher/atteindre une somme de 150 €** to pay/get/fetch €150 ♦ **pour la coquette somme de 2 millions d'euros** for the tidy sum of 2 million euros

**c** (= ouvrage de synthèse) comprehensive survey ♦ **une somme littéraire/scientifique** a comprehensive survey of literature/of science

**d** (LOC)

♦ **en somme** (= tout bien considéré) all in all; (= bref) in short ♦ **en somme, il ne s'agit que d'un incident sans importance** in fact, it's only an incident of minor importance ♦ **en somme, vous n'en voulez plus ?** in short, you don't want any more?

♦ **somme toute** when all is said and done

**sommeil** [sɔmɛj] [→ SYN] **nm** **a** (= fait de dormir) sleep; (= envie de dormir) drowsiness, sleepiness ♦ **avoir sommeil** to be or feel sleepy ♦ **tomber de sommeil** to be asleep on one's feet, be ready or fit to drop * ♦ **chercher le sommeil** to try to sleep ♦ **il ne pouvait pas trouver le sommeil** he couldn't get to sleep ♦ **un sommeil agréable l'envahissait** he was beginning to feel pleasantly sleepy ♦ **huit heures de sommeil** eight hours' sleep ♦ **avoir le sommeil léger/profond** to be a light/heavy sleeper, sleep lightly/deeply ♦ **avoir un bon sommeil** to be a sound sleeper ♦ **dormir d'un sommeil agité** to sleep fitfully ♦ **un sommeil profond** or **de plomb** a heavy or deep sleep ♦ **le sommeil paradoxal** REM sleep ♦ **premier sommeil** first hours of sleep ♦ **nuit sans sommeil** sleepless night ♦ **être en plein sommeil** to be fast asleep ♦ **la sonnerie du téléphone l'a tirée de son sommeil** she was woken (up) by the phone ringing ♦ **il en a perdu le sommeil** he lost sleep over it ♦ **le sommeil éternel, le dernier sommeil** (littér) eternal rest ♦ **le sommeil des morts** (littér) the sleep of the dead; → **cure**[1], **dormir**, **maladie**

**b** (= inactivité) **le sommeil de la nature** nature's sleep (littér), the dormant state of nature ♦ **laisser une affaire en sommeil** to leave a matter (lying) dormant, leave a matter in abeyance ♦ **le sommeil de la petite ville pendant l'hiver** the sleepiness of the little town during winter

**sommeiller** [sɔmeje] [→ SYN] ▸ conjug 1 ◂ **vi** [personne] to doze; [qualité, défaut, nature] to lie dormant; → **cochon**

**sommelier** [sɔmalje] [→ SYN] **nm** wine waiter

**sommelière** [sɔmaljɛʀ] **nf** (= caviste) wine waitress; (Helv = serveuse) waitress

**sommellerie** [sɔmɛlʀi] **nf** **a** (= fonction) wine waiter's duties

**b** (= cave) (wine) cellar

**sommer**[1] [sɔme] [→ SYN] ▸ conjug 1 ◂ **vt** ♦ (frm = enjoindre) **sommer qn de faire qch** to command or enjoin sb to do sth (frm) ♦ **sommer qn de** or **à comparaître** (Jur) to summon sb to appear

**sommer**[2] [sɔme] [→ SYN] ▸ conjug 1 ◂ **vt** (= additionner) to add

**sommet** [sɔmɛ] [→ SYN] **nm** **a** (= point culminant) [montagne] summit, top; [tour, arbre, toit, pente, hiérarchie] top; [vague] crest; [crâne] crown, vertex (SPÉC); [angle] vertex; [solide, figure, parabole] vertex, apex ♦ **présentation du sommet** (Méd) vertex presentation ♦ **au sommet de l'échelle sociale** at the top of the social ladder ♦ **les sommets de la gloire/des honneurs** the summits or heights of fame/of honour ♦ **redescendons de ces sommets** (littér, hum) let us climb down from these lofty heights (littér) (hum)

**b** (= cime, montagne) summit, mountain top ♦ **l'air pur des sommets** the pure air of the summits or the mountain tops

**c** (Pol) summit ♦ **au sommet** réunion, discussions summit (épith); → **conférence**

**sommier** [sɔmje] [→ SYN] **nm** **a** [lit] **sommier (à ressorts), sommier tapissier** (s'encastrant dans le lit, fixé au lit) springing (NonC) (Brit), springs *(of bedstead)*; (avec pieds) bed base, box springs (US) ♦ **sommier (métallique)** mesh-springing (Brit), mesh-sprung bed base, mesh springs (US) ♦ **sommier à lattes** slatted bed base ♦ **sommier extra-plat** metal-framed bed base

**b** (Tech) [voûte] impost, springer; [clocher] stock; [porte, fenêtre] transom; [grille] lower crossbar; [orgue] windchest

**c** (= registre) ledger ♦ **les sommiers** * the Criminal Records Office

**sommital, e**, mpl **-aux** [sɔ(m)mital, o] **adj** summital

**sommité** [sɔ(m)mite] [→ SYN] **nf** **a** (= personne) prominent person, leading light (*de* in) ♦ **les sommités du monde médical** leading medical experts

**b** (Bot) head

**somnambule** [sɔmnɑ̃byl] **1** **nmf** sleepwalker, somnambulist (SPÉC) ♦ **marcher/agir comme un somnambule** to walk/act like a sleepwalker or as if in a trance

**2** **adj** ♦ **être somnambule** to be a sleepwalker, sleepwalk

**somnambulique** [sɔmnɑ̃bylik] **adj** sleepwalking (épith), somnambulistic (SPÉC)

**somnambulisme** [sɔmnɑ̃bylism] **nm** sleepwalking, somnambulism (SPÉC)

**somnifère** [sɔmnifɛʀ] [→ SYN] **1** **nm** sleeping drug, soporific; (= pilule) sleeping pill, sleeping tablet

**2** **adj** somniferous (frm), sleep-inducing, soporific

**somnolence** [sɔmnɔlɑ̃s] [→ SYN] **nf** [personne] sleepiness (NonC), drowsiness (NonC), somnolence (NonC) (frm); [marché, économie] sluggishness ♦ **être dans un état de somnolence** to be in a drowsy state ♦ **"risques de somnolence attachés à ce médicament"** "this medicine can cause drowsiness"

**somnolent, e** [sɔmnɔlɑ̃, ɑ̃t] [→ SYN] **adj** personne sleepy, drowsy, somnolent (frm); vie, province sleepy; faculté dormant, inert

**somnoler** [sɔmnɔle] [→ SYN] ▸ conjug 1 ◂ **vi** [personne] to doze; [ville] to be sleepy; [économie, marché] to be sluggish

**somptuaire** [sɔ̃ptɥɛʀ] [→ SYN] **adj** **a** loi, réforme sumptuary

**b** projet, dépenses extravagant

**somptueusement** [sɔ̃ptɥøzmɑ̃] **adv** décorer, meubler sumptuously, lavishly; illustrer lavishly ♦ **il nous a reçus somptueusement** he received us royally

**somptueux, -euse** [sɔ̃ptɥø, øz] [→ SYN] **adj** habit, résidence, palais, décor sumptuous, magnificent; train de vie, illustration lavish; cadeau handsome, lavish; repas, festin sumptuous, lavish ♦ **tu es somptueuse ce soir** you look magnificent tonight

**somptuosité** [sɔ̃ptɥozite] [→ SYN] **nf** [habit, résidence] sumptuousness, magnificence; [train de vie] lavishness; [cadeau] handsomeness, sumptuousness; [repas, festin] sumptuousness, lavishness ♦ **impressionné par la somptuosité des images** impressed by the sumptuous images

**son**[1] [sɔ̃], **sa** [sa], pl **ses** [se] **adj poss** **a** (homme) his; (emphatique) his own; (femme) her; (emphatique) her own; (nation) its, her; (emphatique) its own, her own ♦ **Son Altesse Royale** (prince) His Royal Highness; (princesse) Her Royal Highness ♦ **Sa Majesté** (roi) His Majesty; (reine) Her Majesty ♦ **Sa Sainteté le pape** His Holiness the Pope ♦ **ce n'est pas son genre** he (or she) is not that sort, it's not like him (or her) ♦ **quand s'est passé son accident ?** when did he have his accident? ♦ **son père et sa mère, ses père et mère** his (or her) father and (his or her) mother ♦ **son jardin à lui/à elle est une vraie jungle** (emphatique) his or his own/her or her own garden is a real jungle ♦ **ses date et lieu de naissance** his (or her) date and place of birth ♦ **à sa vue, elle poussa un cri** she screamed at the sight of him (or her) ♦ **un de ses amis** one of his (or her) friends, a friend of his (or hers) ♦ **son idiote de sœur** * that stupid sister of his (or hers)

**b** [objet, abstraction] its ♦ **l'hôtel est réputé pour sa cuisine** the hotel is famous for its food ♦ **pour comprendre ce crime il faut chercher son mobile** to understand this crime we must try to find the motive ♦ **ça a son importance** it has its or a certain importance

**c** (à valeur d'indéfini) one's; (après chacun, personne) his, her ♦ **faire ses études** to study ♦ **on ne connaît pas son bonheur** one never knows how fortunate one is, you never know how fortunate you are ♦ **être satisfait de sa situation** to be satisfied with one's situation ♦ **chacun selon ses possibilités** each according to his (own) capabilities ♦ **personne ne sait comment finira sa vie** no-one knows how his or their life will end ♦ **quelqu'un a-t-il oublié sa veste ?** has someone left their jacket?

**d** ( * : valeur affective, ironique, intensive) **il doit (bien) gagner son million par an** he must be (easily) earning a million a year ♦ **avoir son samedi/dimanche** to have (one's) Saturday(s)/Sunday(s) off ♦ **il a passé tout son dimanche à travailler** he spent the whole of or all Sunday working ♦ **son M. Dupont ne me plaît pas du tout** I don't care for his (or her) Mr Dupont at all ♦ **avoir ses petites manies** to have one's funny little ways ♦ **elle a ses jours !** she has her (good and bad) days! ♦ **il a sa crise de foie** he is having one of his bilious attacks ♦ **cet enfant ne ferme jamais ses portes** that child never shuts the door behind him ♦ **alors, on est content de revoir ses camarades ?** so, are you happy to see your friends again?; → **sentir**

**son**[2] [sɔ̃] [→ SYN] **nm** **a** (gén, Ling, Phys) sound ♦ **son articulé/inarticulé** articulate/inarticulate sound ♦ **le timbre et la hauteur du son d'une cloche/d'un tambour/d'un avertisseur** the tone and pitch of (the sound of) a bell/of a drum/of an alarm ♦ **réveillé par le son des cloches/tambours/klaxons** woken by the sound of bells/drums/horns, woken by the ringing of bells/the beat of drums/the blare of horns ♦ **défiler au son d'une fanfare** to march past to the sound of a band ♦ **elle dansait au son de l'accordéon** she was dancing to the accordion ♦ **elle tressaillit au son de sa voix** she started at the sound of his voice ♦ **proclamer qch à son de trompe** to proclaim sth from the rooftops or the housetops ♦ **n'entendre qu'un/entendre un autre son de cloche** (fig) to hear only one/another side of the story ♦ **j'aimerais bien entendre un autre son de cloche** I'd like to have a second opinion ♦ **même son de cloche chez les patrons/à l'ambassade** the bosses are/the embassy is telling the same story ♦ **c'est un autre son de cloche** that's quite another story ♦ (Prov) **qui n'entend qu'une cloche n'entend qu'un son** you should always get both sides of the story

**b** (Ciné, Radio, TV) sound ♦ **baisser le son** to turn down the sound or volume ♦ **équipe/ingénieur du son** sound team/engineer ♦ **synchroniser le son et l'image** to synchronize the sound and the picture ♦ **(spectacle) son et lumière** son et lumière (show); → **numérique**, **stéréo**

**son**[3] [sɔ̃] [→ SYN] **nm** (Bot) bran ♦ **farine de son** bran flour; → **pain**, **poupée**, **tache**

**sonar** [sɔnaʀ] [→ SYN] **nm** sonar

**sonate** [sɔnat] **nf** sonata ♦ **sonates pour piano** sonatas for piano, piano sonatas

**sonatine** [sɔnatin] **nf** sonatina

**sondage** [sɔ̃daʒ] [→ SYN] **nm** **a** (= enquête) (succincte) poll; (approfondie) survey ♦ **sondage d'opinion** opinion poll ♦ **sondage par téléphone** telephone poll ♦ **il remonte/baisse dans les sondages** he is going up again/down in the polls ♦ **faire un sondage** to take a poll, conduct a survey (*auprès de* among) ♦ **procéder par sondage** to do a spot check; → **institut**

**b** (Tech = forage) boring, drilling; (Mét, Naut) sounding; (Méd) probing (NonC), probe; (pour évacuer) catheterization ♦ **puits de sondage** borehole

**sonde** [sɔ̃d] [→ SYN] **nf** **a** (Naut) (= instrument) lead line, sounding line; (gén pl = relevé) soundings ♦ **naviguer à la sonde** to navigate by soundings ♦ **jeter une sonde** to cast the lead; → **île**

**b** (Tech : de forage) borer, drill

**c** (Méd) probe; (à canal central) catheter; (d'alimentation) feeding tube ◆ **mettre une sonde à qn** to put a catheter in sb ◆ **alimenter un malade avec une sonde** to feed a patient through a tube

**d** (Aviat, Mét) sonde ◆ **sonde aérienne** sounding balloon ◆ **sonde atmosphérique** sonde ◆ **sonde moléculaire/spatiale** molecular/space probe

**e** (Douane : pour fouiller) probe; (Comm : pour prélever) taster; (à avalanche) pole *(for locating victims)* ◆ **sonde à fromage** cheese taster

**sondé, e** [sɔ̃de] nm,f *person taking part in an opinion poll* ◆ **la majorité des sondés était pour** the majority of those polled were in favour of the idea

**sonder** [sɔ̃de] → SYN ▸ conjug 1 ◂ vt **a** (Naut) to sound; (Tech) [+ terrain] to bore, drill; [+ bagages] to probe, search (with a probe); [+ avalanche] to probe; (Méd) [+ plaie] to probe; [+ organe, malade] to catheterize ◆ **sonder l'atmosphère** to make soundings in the atmosphere ◆ **il sonda l'abîme du regard** (littér) his eyes probed the depths of the abyss

**b** [+ personne] (gén) to sound out; (par sondage d'opinion) to poll; [+ conscience, avenir] to sound out, probe ◆ **je l'ai sondé sur ses intentions** I sounded him out, I asked him what his intentions were ◆ **sonder les esprits** to sound out opinion ◆ **sonder l'opinion** to make a survey of (public) opinion; → **terrain**

**sondeur, -euse** [sɔ̃dœʀ, øz] [1] nm (Tech) sounder

[2] nm,f [sondage d'opinion] pollster

**songe** [sɔ̃ʒ] → SYN nm (littér) dream ◆ **en songe** in a dream ◆ **faire un songe** to have a dream ◆ (Prov) **songe, mensonge** dreams are just illusions ◆ **"Songe d'une nuit d'été"** (Littérat) "A Midsummer Night's Dream"

**songe-creux** † [sɔ̃ʒkʀø] → SYN nm inv (littér) visionary

**songer** [sɔ̃ʒe] GRAMMAIRE ACTIVE 1.1, 8.2 → SYN ▸ conjug 3 ◂

[1] vi (littér = rêver) to dream

[2] vt ◆ **songer que ...** to reflect ou consider that ... ◆ **ils pourraient refuser, songeait-il** they could refuse, he reflected ou mused ◆ **songez que cela peut présenter de grands dangers** remember ou you must be aware that it can be very dangerous ◆ **il n'avait jamais songé qu'ils puissent réussir** he had never imagined they might be successful ◆ **cela me fait songer que je voulais lui téléphoner** that reminds me — I wanted to phone him ◆ **songez donc !** just imagine! ou think!

[3] **songer à** vt indir (= considérer) to consider, think about ◆ **songer à se marier** ou **au mariage** to contemplate marriage, think of getting married ◆ **j'y ai sérieusement songé** I gave it some serious thought ◆ **elle songe sérieusement à s'expatrier** she's seriously thinking about ou considering going to live abroad ◆ **songez-y** think it over, give it some thought ◆ **il ne songe qu'à son avancement** all he thinks about is his own advancement ◆ **quand on songe à tout ce gaspillage** when you think of all this waste ◆ **il ne faut pas y songer, inutile d'y songer** it's no use (even) thinking about it ◆ **vous n'y songez pas !** you must be joking!, you're not serious! ◆ **vous me faites songer à mon frère** you remind me of my brother; → **mal 2e**

**songerie** [sɔ̃ʒʀi] → SYN nf (littér) reverie

**songeur, -euse** [sɔ̃ʒœʀ, øz] → SYN [1] adj pensive ◆ **cela me laisse songeur** I just don't know what to think

[2] nm,f dreamer

**sonique** [sɔnik] adj vitesse sonic ◆ **barrière sonique** sound barrier

**sonnaille** [sɔnɑj] nf (= cloche) bell; (= bruit) ringing (NonC)

**sonnailler**[1] [sɔnɑje] nm (= mouton) bellwether

**sonnailler**[2] [sɔnɑje] ▸ conjug 1 ◂ vi to ring, chime

**sonnant, e** [sɔnɑ̃, ɑ̃t] → SYN adj **a** (= précis) à **4 heures sonnantes** on the stroke of 4, at 4 (o'clock) sharp

**b** horloge chiming, striking

**c** voix resonant; → **espèce**

**sonné, e** [sɔne] → SYN (ptp de **sonner**) adj **a** (= annoncé) **il est midi sonné** it's past ou gone (Brit) twelve ◆ **avoir trente ans bien sonnés** * (= révolu) to be on the wrong side of thirty *

**b** (* = fou) cracked *, off one's rocker * (attrib)

**c** ( * = assommé) groggy

**sonner** [sɔne] GRAMMAIRE ACTIVE 27.5 → SYN ▸ conjug 1 ◂

[1] vt **a** [+ cloche] to ring; [+ tocsin, glas] to sound, toll; [+ clairon] to sound ◆ **sonner trois coups à la porte** to ring three times at the door ◆ **se faire sonner les cloches** * to get a good telling-off * ou ticking-off * (Brit) ◆ **sonner les cloches à qn** * to give sb a roasting * ou a telling-off *

**b** (= annoncer) [+ messe, matines] to ring the bell for; [+ réveil, rassemblement, retraite] to sound ◆ **sonner l'alarme** to sound the alarm ◆ **sonner la charge** (Mil) to sound the charge ◆ **sonner l'heure** to strike the hour ◆ **la pendule sonnait 3 heures** the clock was striking 3 (o'clock)

**c** (= appeler) [+ portier, infirmière] to ring for ◆ **on ne t'a pas sonné !** * nobody asked you!

**d** ( * = étourdir) [chute, grippe] to knock out; [nouvelle] to stagger *, take aback ◆ **la nouvelle l'a un peu sonné** he was rather taken aback by the news

[2] vi **a** [cloches, téléphone] to ring; [réveil] to go off; [clairon] to sound; [tocsin, glas] to sound, toll ◆ **elle a mis le réveil à sonner pour** ou **à 7 heures** she set the alarm for 7 o'clock ◆ **la cloche a sonné** (Scol) the bell has gone ou rung ◆ **sonner à toute volée** to peal (out) ◆ **les oreilles lui sonnent** his ears are ringing

**b** (son métallique) [marteau] to ring; [clés, monnaie] to jangle, jingle ◆ **sonner clair** to give a clear ring ◆ **sonner creux** (lit) to sound hollow; [discours] to have a hollow ring, ring hollow ◆ **sonner faux** (lit) to sound out of tune; [rire, paroles] to ring ou sound false ◆ **sonner juste** (lit) to sound in tune; [déclaration] to ring true ◆ **sonner bien/mal** (fig) to sound good/bad ◆ **ce prénom sonne bien à l'oreille** that name has a nice ring to it, it's a nice-sounding name ◆ **l'argent sonna sur le comptoir** the money clattered onto the counter

**c** (= être annoncé) [midi, minuit] to strike ◆ **3 heures venaient de sonner** it had just struck 3 o'clock, 3 o'clock had just struck ◆ **la récréation a sonné** the bell has gone for break ◆ **la messe sonne** the bells are ringing ou going for mass; → **heure**

**d** (= actionner une sonnette) to ring ◆ **on a sonné** the bell has just gone, I just heard the bell, somebody just rang (the bell) ◆ **sonner chez qn** to ring at sb's door, ring sb's doorbell ◆ **"sonner avant d'entrer"** "please ring before you enter"

**e** **faire sonner** [+ nom, mot] to say in a resonant voice

[3] **sonner de** vt indir [+ clairon, cor] to sound

**sonnerie** [sɔnʀi] → SYN nf **a** (= son) [sonnette, cloches] ringing ◆ **la sonnerie du clairon** the bugle call, the sound of the bugle ◆ **j'ai entendu la sonnerie du téléphone** I heard the telephone ringing ◆ **la sonnerie du téléphone l'a réveillé** he was woken by the telephone (ringing) ◆ **elle sursautait à chaque sonnerie du téléphone** she jumped every time the phone rang ◆ **sonnerie d'alarme** alarm bell

**b** (Mil = air) call ◆ **la sonnerie du réveil** (the sounding of) reveille ◆ **la sonnerie aux morts** the last post

**c** (= mécanisme) [réveil] alarm (mechanism), bell; [pendule] chimes, chiming ou striking mechanism; (= sonnette) bell ◆ **sonnerie électrique/téléphonique** electric/telephone bell

**sonnet** [sɔnɛ] → SYN nm sonnet

**sonnette** [sɔnɛt] → SYN nf **a** (électrique, de porte) bell; (= clochette) (hand) bell ◆ **coup de sonnette** ring ◆ **je n'ai pas entendu le coup de sonnette** I didn't hear the bell (ring) ◆ **sonnette de nuit** night bell ◆ **sonnette d'alarme** alarm bell ◆ **tirer la sonnette d'alarme** (fig) to set off ou sound the alarm (bell) ◆ **tirer les sonnettes** (jeu d'enfants) to ring doorbells (and run away); (fig = démarcher) to go knocking on doors; → **serpent**

**b** (Tech) pile driver

**sonneur** [sɔnœʀ] → SYN nm **a** [cloches] bell ringer

**b** (Tech) pile driver operator

**sono** * [sɔno] nf (abrév de **sonorisation**) [salle de conférences] P.A. (system); [discothèque] sound system ◆ **la sono est trop forte** the sound's too loud

**sonomètre** [sɔnɔmɛtʀ] nm (Tech) sound-level meter

**sonore** [sɔnɔʀ] → SYN [1] adj **a** objet, surface en métal resonant; voix ringing (épith), sonorous, resonant; rire ringing (épith), resounding (épith); baiser, gifle resounding (épith)

**b** salle resonant; voûte echoing

**c** (péj) paroles, mots high-sounding, sonorous

**d** (Acoustique) niveau, onde, vibrations sound (épith) ◆ **fond sonore** (= bruits) background noise; (= musique) background music

**e** (Ciné) film, effets sound (épith) ◆ **bande** ou **piste sonore** soundtrack

**f** (Ling) voiced

[2] nf (Ling) voiced consonant

**sonorisation** [sɔnɔʀizasjɔ̃] nf **a** (Ciné) adding the soundtrack (*de* to), dubbing (*de* of)

**b** (= action) [salle de conférences] fitting with a public address system; [discothèque] fitting with a sound system; (= équipement) [salle de conférences] public address system, P.A. (system); [discothèque] sound system

**c** (Phon) voicing

**sonoriser** [sɔnɔʀize] ▸ conjug 1 ◂ vt **a** [+ film] to add the soundtrack to, dub; [+ salle de conférences] to fit with a public address system ou a P.A. (system)

**b** (Phon) to voice

**sonorité** [sɔnɔʀite] → SYN nf **a** (= timbre, son) [radio, instrument de musique] tone; [voix] sonority, tone ◆ **sonorités** [voix, instrument] tones

**b** (Ling) voicing

**c** (= résonance) [air] sonority, resonance; [salle] acoustics sg; [cirque rocheux, grotte] resonance

**sonothèque** [sɔnɔtɛk] nf sound (effects) library

**sonotone ®** [sɔnɔtɔn] nm hearing aid

**sophisme** [sɔfism] → SYN nm sophism

**sophiste** [sɔfist] → SYN nmf sophist

**sophistication** [sɔfistikasjɔ̃] → SYN nf sophistication; († = altération) adulteration

**sophistique** [sɔfistik] [1] adj sophistic

[2] nf sophistry

**sophistiqué, e** [sɔfistike] → SYN (ptp de **sophistiquer**) adj (gén) sophisticated; († = altéré) adulterated

**sophistiquer** [sɔfistike] → SYN ▸ conjug 1 ◂ [1] vt (= raffiner) to make (more) sophisticated; († = altérer) to adulterate

[2] **se sophistiquer** vpr to become (more) sophisticated

**Sophocle** [sɔfɔkl] nm Sophocles

**sophora** [sɔfɔʀa] nm sophora (tree) ◆ **sophora du Japon** Japanese pagoda tree

**sophrologie** [sɔfʀɔlɔʒi] nf relaxation therapy

**sophrologue** [sɔfʀɔlɔg] nmf relaxation therapist

**soporifique** [sɔpɔʀifik] → SYN [1] adj (lit) soporific, sleep-inducing; (fig péj) soporific

[2] nm sleeping drug, soporific

**soprane** [sɔpʀan] nmf ⇒ **soprano 3**

**sopraniste** [sɔpʀanist] nm (male) soprano

**soprano** [sɔpʀano], pl **sopranos** ou **soprani** [sɔpʀani] [1] adj ◆ **saxophone soprano** soprano (saxophone)

[2] nm (= voix) soprano (voice); (= voix d'enfant) soprano, treble

[3] nmf (= personne) soprano ◆ **soprano dramatique/lyrique** dramatic/lyric soprano

**sorbe** [sɔʀb] nf sorb (apple)

**sorbet** [sɔʀbɛ] → SYN nm sorbet, water ice (Brit), sherbet (US) ◆ **sorbet au citron/à l'orange** lemon/orange sorbet

**sorbetière** [sɔʀbətjɛʀ] nf ice cream maker

**sorbier** [sɔʀbje] → SYN nm service tree, sorb ◆ **sorbier des oiseleurs** European mountain ash, rowan tree

**sorbitol** [sɔʀbitɔl] nm sorbitol

**sorbonnard, e** [sɔʀbɔnaʀ, aʀd] (péj) 1 adj pedantic
2 nm,f *student or teacher at the Sorbonne*

**sorcellerie** [sɔʀsɛlʀi] → SYN nf witchcraft, sorcery ◆ **c'est de la sorcellerie !** it's magic! ◆ **procès en sorcellerie** (fig) witch hunt

**sorcier** [sɔʀsje] → SYN 1 nm (lit) sorcerer ◆ **il ne faut pas être sorcier pour ...** (fig) you don't have to be a wizard to ...; → **apprenti**
2 adj ◆ **ce n'est pas sorcier !** * it's dead easy! *

**sorcière** [sɔʀsjɛʀ] → SYN nf witch, sorceress ◆ **vieille sorcière !** (péj) old witch! ou hag!; → **chasse**[1]

**sordide** [sɔʀdid] → SYN adj a ruelle, quartier, hôtel, banlieue sordid, squalid ◆ **des conditions de vie sordides** squalid living conditions
b action, mentalité, avarice, égoïsme base; crime, querelle, affaire sordid ◆ **le sordide de la situation** the sordidness of the situation ◆ **épargnez-moi les détails sordides** spare me the sordid details

**sordidement** [sɔʀdidmɑ̃] adv vivre in squalor; agir basely ◆ **il a fini sordidement** he came to a squalid ou sordid end

**sorgho** [sɔʀgo] nm sorghum

**sorite** [sɔʀit] → SYN nm sorites sg

**Sorlingues** [sɔʀlɛ̃g] nfpl ◆ **les (îles) Sorlingues** the Scilly Isles, the Isles of Scilly, the Scillies

**sornettes** † [sɔʀnɛt] nfpl twaddle, balderdash ◆ **sornettes !** fiddlesticks!

**sororité** [sɔʀɔʀite] nf sisterhood

**sort** [sɔʀ] → SYN nm a (= condition) lot ◆ **être content** ou **satisfait de son sort** to be happy with one's lot (in life) ◆ **améliorer le sort des pauvres/handicapés** to improve the lot of the poor/the handicapped ◆ **envier le sort de qn** to envy sb's lot
b (= destinée) fate ◆ **le sort qui l'attend** the fate that awaits him ◆ **abandonner qn à son triste sort** (hum) to abandon sb to his sad fate ◆ **sa proposition a eu** ou **subi le même sort que les précédentes** his proposal met with the same fate as the previous ones ◆ **le sort décidera** fate will decide ◆ **pour essayer de conjurer le (mauvais) sort** to try to ward off fate ◆ **c'est un coup du sort** it's a stroke of fate ◆ **faire un sort à** (= mettre en valeur) to stress, emphasize; ( * = se débarrasser de) to get rid of, get shot of * (Brit); [+ plat, bouteille] to polish off *; → **caprice, ironie**
c (= hasard) fate ◆ **le sort est tombé sur lui** he was chosen by fate, it fell to him ◆ **le sort en est jeté** the die is cast ◆ **tirer au sort** to draw lots ◆ **tirer qch au sort** to draw lots for sth; → **tirage**
d (Sorcellerie) spell; (= malédiction) curse ◆ **il y a un sort sur qn** there is a curse on sb ◆ **jeter un sort à** ou **sur qn** to put ou cast a spell on, put a curse ou jinx * on sb

**sortable** * [sɔʀtabl] adj (gén nég) personne presentable ◆ **tu n'es pas sortable !** we (ou I) can't take you anywhere!

**sortant, e** [sɔʀtɑ̃, ɑ̃t] 1 adj député, maire outgoing (épith) ◆ **les numéros sortants** the numbers which come up
2 nm ◆ (= personne : gén pl) **les sortants** the outgoing crowd; (Pol) the outgoing deputies

**sorte** [sɔʀt] → SYN nf a (= espèce) sort, kind ◆ **toutes sortes de gens/choses** all kinds ou sorts ou manner of people/things ◆ **des vêtements de toutes (les) sortes** all kinds ou sorts ou manner of clothes ◆ **nous avons trois sortes de fleurs** we have three kinds ou types ou sorts of flower(s) ◆ **des roches de même sorte** rocks of the same sort ou kind ou type
b **une sorte de** a sort ou kind of ◆ **une sorte de médecin/voiture** (péj) a doctor/car of sorts ◆ **robe taillée dans une sorte de satin** dress cut out of some sort ou kind of satin
c (LOC)
◆ **de la sorte** (= de cette façon) in that way ◆ **accoutré de la sorte** dressed in that way ◆ **il n'a rien fait de la sorte** he did nothing of the kind ou no such thing
◆ **de sorte à** so as to, in order to
◆ **de (telle) sorte que, en sorte que** (littér) (= de façon à ce que) so that, in such a way that; (= si bien que) so much so that ◆ **faire en sorte que** to see to it that ◆ **faites en sorte que vous ayez fini** ou **d'avoir fini demain** see to it ou arrange it ou arrange things so that you finish tomorrow
◆ **en aucune sorte** † not at all, not in the least
◆ **en quelque sorte** in a way, as it were ◆ **vous avouez l'avoir dit, en quelque sorte** you are in a way ou as it were admitting to having said it

**sortie** [sɔʀti] → SYN 1 nf a (= action, moment) [personne] exit; [véhicule, bateau, armée occupante] departure; (Mil = mission) sortie; (Théât) exit ◆ **elle attend la sortie des artistes** she's waiting for the performers to come out ◆ **à sa sortie, tous se sont tus** when he went out ou left everybody fell silent ◆ **à sa sortie du salon** when he went out of ou left the lounge ◆ **il a fait une sortie remarquée** he made a dramatic exit ◆ **il a fait une sortie discrète** he made a discreet exit, he left discreetly ◆ **faire une sortie** (Aviat, Mil) to make a sortie ◆ **faire une sortie dans l'espace** to take ou make a space walk ◆ **tenter une sortie** (Mil) to attempt a sortie ◆ **les sauveteurs ont fait 30 sorties en mer cette semaine** the lifeboatmen were called out 30 times this week ◆ **la sortie des classes est fixée au 29 juin** the schools will close for the summer on 29th June ◆ **à la sortie des ouvriers/bureaux/théâtres** when the workers/offices/theatres come out ◆ **sa mère l'attend tous les jours à la sortie de l'école** his mother waits for him every day after school ou when school comes out ou finishes ◆ **retrouvons-nous à la sortie (du concert)** let's meet at the end (of the concert) ◆ **à sa sortie de prison** when he comes (ou came) out of prison ◆ **c'est sa première sortie depuis sa maladie** it's the first time he's been out since his illness ◆ **elle a manqué sa sortie à l'acte 2** (Théât) she missed ou fluffed (Brit) her exit in act 2 ◆ **pousser qn vers la sortie** (fig) to push sb out; → **faux**[2]
b (= fin) end ◆ **à la sortie de l'enfance** at the end of childhood ◆ **à la sortie de l'hiver** at the end of winter
c (= congé) day off; (= promenade) outing; (le soir : au théâtre, au cinéma etc) evening ou night out ◆ **c'est le jour de sortie de la bonne** it's the maid's day off ◆ **c'est le jour de sortie des pensionnaires** it's the boarders' day out ◆ **il est de sortie** [soldat, domestique] it's his day off ◆ **nous sommes de sortie ce soir** we're going out tonight, we're having an evening out tonight ◆ **ils viennent déjeuner le dimanche, cela leur fait une petite sortie** they come to lunch on Sundays — it gives them a little outing ou it's a day out for them ◆ **elle s'est acheté une robe du soir pour leurs sorties** she's bought herself an evening dress for when they go out ou have a night out ◆ **faire une sortie en mer** to go on a boat trip *(at sea)* ◆ **sortie éducative** ou **scolaire** (Scol) field-trip, school outing (Brit), school visit (Brit) ◆ **il dépense tout son argent pour ses sorties** he spends all his money on going out
d (= lieu) exit, way out ◆ **sortie d'autoroute** motorway exit (Brit), highway exit (US) ◆ **sortie de métro** metro exit, underground (Brit) ou subway (US) exit ◆ **sortie de secours** emergency exit ◆ **sortie des artistes** stage door ◆ **"attention, sortie d'usine"** "caution, factory entrance ou exit" ◆ **"sortie de camions"** "vehicle exit" ◆ **garé devant la sortie de l'école** parked in front of the school gates ou entrance ◆ **sa maison se trouve à la sortie du village** his house is at the edge of the village ou just as you come out of the village ◆ **les sorties de Paris sont encombrées** the roads out of Paris are congested ◆ **par ici la sortie !** this way out! ◆ **trouver une (porte de) sortie** (fig) to find a way out ◆ **il faut se ménager une (porte de) sortie** you must try to leave yourself a way out
e (= écoulement) [eau, gaz] outflow ◆ **cela empêche la sortie des gaz** it prevents the gases from coming out ou escaping
f (= emportement) outburst; (= remarque drôle) sally; (= remarque incongrue) peculiar ou odd remark ◆ **elle est sujette à ce genre de sortie** she's given to that kind of outburst ◆ **faire une sortie à qn** to let fly at sb ◆ **faire une sortie contre qch/qn** to lash out against sth/sb
g (Comm = mise en vente) [voiture, modèle] launching; [livre] appearance, publication; [disque, film] release ◆ **à la sortie du livre** when the book comes (ou came) out
h (Comm) [marchandises, devises] export ◆ **sortie (de capitaux)** outflow (of capital) ◆ **la sortie de l'or/des devises/de certains produits est contingentée** there are controls on gold/currency/certain products leaving the country ou on the export of gold/currency/certain products ◆ **il y a eu d'importantes sorties de devises** large amounts of currency have been flowing out of ou leaving the country
i (Comm, Fin = somme dépensée) item of expenditure ◆ **il y a eu plus de sorties que de rentrées** there have been more outgoings than receipts ◆ **sorties de caisse** cash payments
j (Ordin) output, readout ◆ **sortie laser** laser print-out ◆ **sortie (sur) imprimante** print-out
k (Sport) **sortie en touche** going into touch ◆ **il y a sortie en touche si le ballon touche la ligne** the ball is in touch ou has gone into touch if it touches the line ◆ **ils ont marqué l'essai sur une sortie de mêlée** (Rugby) they scored a try straight out of the scrum ◆ **le ballon est allé en sortie de but** (Ftbl) the ball has gone into touch behind the back line ◆ **faire une sortie** [gardien de but] to leave the goalmouth, come out of goal ◆ **lors de la dernière sortie de l'équipe de France contre l'Angleterre** when France last played (against) England ◆ **faire une sortie de route** (Aut) to go off the track
2 COMP ▷ **sortie de bain** bathrobe

**sortilège** [sɔʀtilɛʒ] → SYN nm (magic) spell

**sortir**[1] [sɔʀtiʀ] → SYN ▸ conjug 16 ◂ 1 vi (avec aux être) a [personne] (= aller) to go out, leave; (= venir) to come out, leave; (à pied) to walk out; (en voiture) to drive out, go ou come out; [véhicule] to drive out, go ou come out; (Ordin) to exit, log out; (Théât) to exit, leave (the stage) ◆ **sortir en voiture/à bicyclette** to go out for a drive/a cycle ride, go out in one's car/on one's bike ◆ **sortir en courant** to run out ◆ **sortir en boitant** to limp out ◆ **sortir par la porte/par la fenêtre** to go ou get out ou leave by the door/by the window ◆ **ça me sort par les yeux** ou **les oreilles** * I've had more than I can take (of it) ◆ **sortir en mer** to put out to sea ◆ **depuis trois jours, les bateaux ne sont pas sortis** the boats haven't been out for three days ◆ **faites sortir ces gens** make these people go ou leave, get these people out ◆ **Madame, est-ce que je peux sortir ?** (Scol) Miss, can I be excused please? ◆ **sortir de** [+ pièce] to go ou come out of, leave; [+ région, pays] to leave ◆ **sortir de chez qn** to go ou come out of sb's house, leave sb's house ◆ **mais d'où sort-il (donc) ?** * (= il est tout sale) where has he been!; (= il ne sait pas la nouvelle) where has he been (all this time)?; (= il est mal élevé) where was he brought up? (iro); (= il est bête) where did they find him? (iro) ◆ **il sortit discrètement (de la pièce)** he went out (of the room) ou left (the room) discreetly, he slipped out (of the room) ◆ **sors (d'ici) !** get out (of here)! ◆ **le train sort du tunnel** the train is coming out of the tunnel ◆ **les voiliers sortaient du port** the sailing boats were leaving the harbour ◆ **"la servante sort"** (Théât) "exit the maid" ◆ **"les 3 gardes sortent"** (Théât) "exeunt 3 guards" ◆ **laisser sortir qn** to let sb out, let sb leave ◆ **ne laissez sortir personne** don't let anybody out ou leave ◆ **laisser sortir qn de** [+ pièce, pays] to let sb out of, let sb leave; → **gond**
b (= partir de chez soi) to go out ◆ **sortir faire des courses/prendre l'air** to go out shopping/for some fresh air ◆ **sortir acheter du pain** to go out to buy ou for some bread ◆ **sortir dîner/déjeuner** to go out for ou to dinner/lunch ◆ **mon père est sorti, puis-je prendre un message ?** (au téléphone) my father's gone out, can I take a message? ◆ **ils sortent beaucoup/ne sortent pas beaucoup** they go out a lot/don't go out much ◆ **tu ne les connais pas ? il faut sortir un peu** ou **le dimanche** * you don't know them? where have you been? * ◆ **mes parents ne me laissent pas sortir** my parents don't let me (go) out ◆ **le médecin lui a permis de sortir** the doctor has allowed him (to go) out ◆ **c'est le soir que les moustiques sortent** the mosquitoes come out

in the evening ◆ **il n'est jamais sorti de son village** he has never been out of ou gone outside his village

**c** (Comm) [marchandises, devises] to leave ◆ **tout ce qui sort (du pays) doit être déclaré** everything going out (of the country) ou leaving (the country) must be declared

**d** (= quitter) to leave, come out; [élèves] to get out; [objet, pièce] to come out ◆ **le joint est sorti de son logement** the joint has come out of its socket ◆ **sortir du théâtre** to go ou come out of ou leave the theatre ◆ **sortir de l'hôpital/de prison** to come out of hospital/of prison ◆ **quand sort-il ?** (de prison) when does he come ou get out?; (de l'hôpital) when is he coming out? ou leaving? ◆ **je sors à 6 heures** (du bureau, du lycée) I finish at 6 ◆ **sortir de table** to leave the table ◆ **sortir de l'eau** to come out of the water ◆ **sortir du lit** to get out of bed, get up ◆ **sortir de son lit** [fleuve] to overflow its banks ◆ **sortir de terre** [plante] to sprout ◆ **sortir des rails** (Rail) to go off the rails ◆ **la voiture est sortie de la route** the car left ou came off the road ◆ **sortir de convalescence/d'un profond sommeil** to come out of ou emerge from convalescence/a deep sleep ◆ **sortir de son calme** to lose one's calm ◆ **sortir de son indifférence** to overcome one's indifference ◆ **sortir indemne d'un accident** to come out of an accident unscathed ◆ **ce secret ne doit pas sortir de la famille** this secret must not go beyond ou outside family ◆ **c'est confidentiel, ça ne doit pas sortir d'ici** it's confidential, it must not leave this room ◆ **sortir de la récession** to get out of the recession ◆ **il a trop de copies à corriger, il n'en sort pas** he has too many papers to correct – there's no end to them ◆ **on n'est pas sortis de l'auberge** * we're not out of the woods yet ◆ **cela lui est sorti de la mémoire** ou **de l'esprit** it slipped his mind ◆ **ça m'est sorti de la tête** it went right out of my head; → **impasse, mauvais**

**e** (= fréquenter) **sortir avec qn** to go out with sb ◆ **ils sortent ensemble depuis 2 ans** they've been going out together for 2 years

**f** (marquant le passé immédiat) **sortir de l'enfance** to leave childhood behind ◆ **on sortait de l'hiver** it was getting near the end of winter ◆ **il sort d'ici** he's just left ◆ **il sort du lit** he's just got up, he's just out of bed ◆ **on ne dirait pas qu'elle sort de chez le coiffeur !** you'd never believe she'd just had her hair done! ◆ **il sort d'une bronchite** he's just had bronchitis, he's just recovering from a bout of bronchitis ◆ **il sort d'une période de cafard** he's just gone through ou had a spell of depression ◆ **il en est sorti grandi** (d'une épreuve) he came out of it a stronger person, he was better for it ◆ **je sors de lui parler** * I've just been talking to him ◆ **je sors d'en prendre** * I've had quite enough thank you (iro)

**g** (= s'écarter de) **sortir du sujet/de la question** to go ou get off the subject/the point ◆ **sortir de la légalité** to overstep ou go outside ou go beyond the law ◆ **sortir des limites de** to go beyond the bounds of, overstep the limits of ◆ **sortir (du jeu)** (Sport) [balle, ballon] to go out (of play) ◆ **sortir en touche** [ballon] to go into touch ◆ **la balle est sortie** (Tennis) the ball is out ◆ **cela sort de mon domaine/ma compétence** that's outside my field/my authority ◆ **vous sortez de votre rôle** that is not your responsibility ou part of your brief; → **ordinaire**

**h** (= être issu de) **sortir d'une bonne famille/du peuple** to come from a good family/from the working class ◆ **il sort du lycée Victor Duruy** he was (educated) at the lycée Victor Duruy ◆ **il sort de l'université de Perpignan** he was ou he studied at the University of Perpignan ◆ **pas besoin de** ou **il ne faut pas sortir de Polytechnique pour comprendre ça** * you don't need a Ph.D. to understand that

**i** (= dépasser) to stick out; (= commencer à pousser) [blé, plante] to come up; [dent] to come through; [bouton] to appear

**j** (= être fabriqué, publié) to come out; [disque, film] to be released ◆ **le film sort sur les écrans le 2 mai** the film is on general release from 2nd May ◆ **cette encyclopédie sort par fascicules** this encyclopaedia comes out ou is published in instalments ◆ **sa robe sort de chez un grand couturier** her dress is by one of the top fashion designers

**k** (Jeux, Loterie) [numéro, couleur] to come up; (Scol) [sujet d'examen] to come up

**l** (= provenir de) **sortir de** to come from ◆ **sait-on ce qui sortira de ces entrevues !** (fig) (= résulter) who knows what will come (out) of these talks! ou what these talks will lead to! ◆ **il n'est rien sorti de nos recherches** (fig) nothing came (out) of our research ◆ **que va-t-il sortir de tout cela ?** what will come of all this? ◆ **des mots qui sortent du cœur** words which come from the heart, heartfelt words ◆ **une odeur de brûlé sortait de la cuisine** a smell of burning came from the kitchen ◆ **une épaisse fumée sortait par les fenêtres** thick smoke was pouring out of the windows

**m** (= être dit) **c'est sorti tout seul** * [propos, remarque] it just came out * ◆ **il fallait que ça sorte** * I (ou he etc ) just had to say it

**2** vt (avec aux avoir) **a** (= mener dehors) [+ personne, chien] to take out; ( * = accompagner lors d'une sortie) to take out; (= expulser) [+ personne] to throw out ◆ **sortez-le !** throw him out!, get him out of here! ◆ **va au cinéma, cela te sortira** go and see a film, that'll get you out a bit ou give you a change of scene

**b** (= extraire) to take out; (Aviat) [+ train d'atterrissage] to lower ◆ **sortir des vêtements d'une armoire/une voiture du garage** to get ou take clothes out of a wardrobe/the car out of the garage ◆ **ils ont réussi à sortir les enfants de la grotte/le car du ravin** they managed to get the children out of the cave/the coach out of the ravine ◆ **il sortit de sa poche un mouchoir** he took ou brought ou pulled a handkerchief out of his pocket ◆ **sortir les mains de ses poches** to take one's hands out of one's pockets ◆ **il a sorti son passeport** he took out ou produced his passport ◆ **les douaniers ont tout sorti de sa valise** the customs men took everything out of his suitcase ◆ **sortons les fauteuils dans le jardin** let's take the armchairs out into the garden ◆ **il nous a sorti son vieux bordeaux** he got his old claret out for us ◆ **il faut le sortir de là** (lit, fig) (d'un lieu) we must get him out of there; (d'une situation difficile) we must get him out of it; → **affaire 1a**

**c** (Comm) **(faire) sortir** [+ marchandises] (par la douane) to take out; (en fraude) to smuggle out

**d** (= mettre en vente) [+ voiture, modèle] to bring out; [+ livre] to bring out, publish; [+ disque, film] [artiste] to bring out; [compagnie] to release ◆ **ils viennent de sortir un nouveau logiciel** they've just brought out a new software package

**e** ( * = dire) to come out with * ◆ **il vous sort de ces réflexions !** the things he comes out with! * ◆ **elle en a sorti une bien bonne** she came out with a good one * ◆ **qu'est-ce qu'il va encore nous sortir ?** what will he come out with next? * ◆ **c'est un journal qui a sorti l'affaire** (Journalisme = révéler) this was the newspaper that first broke the story

**f** ( * = éliminer d'un concours) [+ concurrent, adversaire] to knock out (fig) ◆ **il s'est fait sortir dès le premier match** he was knocked out in the first match

**3** **se sortir** vpr ◆ **se sortir d'une situation difficile** to manage to get out of a difficult situation ou to extricate o.s. from a difficult situation ◆ **la voiture est en miettes, mais il s'en est sorti sans une égratignure** the car's a write-off but he came out of it without a scratch ◆ **tu crois qu'il va s'en sortir ?** (il est malade) do you think he'll pull through?; (il est surchargé de travail) do you think he'll ever get to ou see the end of it?; (il est sur la sellette) do you think he'll come through all right? ◆ **avec son salaire, il ne peut pas s'en sortir** he can't get by on what he earns ◆ **va l'aider, il ne s'en sort pas** go and help him, he can't cope ou manage ◆ **j'ai trop de travail, je ne m'en sors pas** I've got too much work, I can't see the end of it ◆ **bravo, tu t'en es très bien sorti !** you've done really well!

**sortir**[2] [sɔʀtiʀ] nm (littér) ◆ **au sortir de l'hiver/de l'enfance** as winter/childhood draws (ou drew) to a close ◆ **au sortir de la réunion** at the end of the meeting, when the meeting broke up

**sortir**[3] [sɔʀtiʀ] ▸ conjug 2 ◂ vt (Jur) to obtain

**SOS** [ɛsoɛs] nm SOS ◆ **lancer un SOS** (Aviat, Naut) to put out an SOS ◆ **envoyer un SOS à qn** (fig) to send an SOS to sb ◆ **SOS médecins/dépannage** etc emergency medical/repair etc service ◆ **SOS-Racisme** *French organization formed to fight racism*

**sosie** [sɔzi] → SYN nm (= personne) double ◆ **c'est le sosie de son frère** he's the (spitting) image of his brother

**sostenuto** [sɔstenuto] adv sostenuto

**sot, sotte** [so, sɔt] → SYN **1** adj silly, foolish, stupid ◆ (Prov) **il n'y a pas de sot métier(, il n'y a que de sottes gens)** every trade has its value ◆ **il est facteur – il n'y a pas de sot métier !** he's a postman – well, there's nothing wrong with that!

**2** nm,f († , frm) (= niais) fool; (= enfant) (little) idiot; (Hist, Littérat = bouffon) fool

**sotie** [sɔti] nf (Hist Littérat) *satirical farce of 15th and 16th centuries*

**sot-l'y-laisse** [solilɛs] nm inv [volaille] oyster *(in chicken)*

**sottement** [sɔtmɑ̃] adv foolishly, stupidly

**sottie** [sɔti] nf ⇒ **sotie**

**sottise** [sɔtiz] → SYN nf **a** (= caractère) stupidity, foolishness ◆ **avoir la sottise de faire** to be foolish ou stupid enough to do sth, have the stupidity to do sth

**b** (= parole) silly ou foolish remark; (= action) silly ou foolish thing to do, folly † (frm) ◆ **dire des sottises** to say silly ou stupid ou foolish things, make silly ou foolish remarks ◆ **faire une sottise** [adulte] to do a silly ou foolish thing, do something stupid ◆ **faire des sottises** [enfant] to misbehave, be naughty

**sottisier** [sɔtizje] → SYN nm (= livre) collection of howlers *; (Radio, TV) collection of out-takes

**sou** [su] → SYN nm **a** (= monnaie) (Hist) sou, ≃ shilling (Brit); († , Helv = cinq centimes) 5 centimes; ( * Can) cent ◆ **un trente sous** ⁑ (Can) a quarter (US, Can)

**b** (LOC) **un sou est un sou** every penny counts ◆ **c'est une affaire** ou **une histoire de gros sous** (péj) there's big money involved ◆ **donner/compter/économiser sou à** ou **par sou** to give/count/save penny by penny ◆ **il n'a pas le (premier) sou, il n'a pas un sou vaillant** he hasn't got a penny ou a cent (US) (to his name) ◆ **il est sans le** ou **un sou** he's penniless ◆ **il est toujours en train de compter ses sous** he's always counting the pennies ◆ **ils en sont à leurs derniers sous** they're down to their last few pennies ◆ **dépenser jusqu'à son dernier sou** to spend every last penny ◆ **y laisser jusqu'à son dernier sou** to lose everything, lose one's last buck * (US) ◆ **il n'a pas pour un sou de méchanceté/bon sens** he hasn't got an ounce of unkindness/good sense (in him) ◆ **il n'est pas hypocrite/raciste pour un sou** ou **deux sous** he isn't at all ou (in) the least bit hypocritical/racist ◆ **propre/reluisant** ou **brillant comme un sou neuf** (as) clean/bright as a new pin, spick and span; → **appareil, cent**[1]**, machine, près, quatre**

**souahéli, e** [swaeli] adj, nm,f ⇒ **swahili, e**

**soubassement** [subɑsmɑ̃] → SYN nm [maison] base; [murs, fenêtre] dado; [colonne] crepidoma; (Géol) bedrock; (fig) [thèse] basis

**soubresaut** [subʀəso] → SYN nm **a** (= cahot) jolt ◆ **le véhicule fit un soubresaut** the vehicle gave a jolt

**b** (= tressaillement) (de peur) start; (d'agonie) convulsive movement ◆ **avoir** ou **faire un soubresaut** to give a start, start

**soubrette** [subʀɛt] → SYN nf († , hum = femme de chambre) maid; (Théât) soubrette

**souche** [suʃ] → SYN nf **a** (Bot) [arbre] stump; [vigne] stock ◆ **rester planté comme une souche** to stand stock-still; → **dormir**

**b** [famille, race] founder ◆ **faire souche** to found a line ◆ **de vieille souche** of old stock ◆ **elle est française de souche** she's of French origin ou extraction

**c** (Ling) root ◆ **mot de souche latine** word with a Latin root ◆ **mot souche** root word

**d** (Bio) [bactéries, virus] clone, strain ◆ **cellule souche** original cell

**e** (= talon) counterfoil, stub ◆ **carnet à souches** counterfoil book

**f** (Archit) [cheminée] (chimney) stack

**souchet[1]** [suʃɛ] nm (Bot) ◆ **souchet comestible** chufa ◆ **souchet à papier** papyrus

**souchet[2]** [suʃɛ] nm (Zool) shoveler

**souchong** [suʃɔ̃] nm souchong

**souci[1]** [susi] nm (= fleur) ◆ **souci (des jardins)** marigold ◆ **souci d'eau** ou **des marais** marsh marigold

**souci[2]** [susi] → SYN nm **a** (= inquiétude) worry ◆ **se faire du souci** to worry ◆ **être sans souci** to be free of worries ou care(s) ◆ **cela t'éviterait bien du souci** it would save ou spare you a lot of worry ◆ **cela lui donne (bien) du souci** it worries him (a lot), he worries (a great deal) over it ◆ **soucis d'argent** money worries, worries about money

**b** (= préoccupation) concern (*de* for) ◆ **avoir souci du bien-être de son prochain** to be concerned about other people's well-being ◆ **sa carrière est son unique souci** his career is his sole concern ou is all he worries about ◆ **cet enfant est un souci perpétuel pour ses parents** that child is a constant source of worry for his parents ◆ **avoir le souci de bien faire** to be concerned about doing things well ◆ **dans le souci de lui plaire** in his concern to please her ◆ **nous avons fait ce choix dans un souci de cohérence** we made this choice with a view to being consistent ou for the sake of consistency ◆ **par souci d'honnêteté** for honesty's sake ◆ **ils produisent sans souci de qualité** they churn out products regardless of quality ◆ **c'est le moindre** ou **le cadet** ou **le dernier de mes soucis** that's the least of my worries

**soucier** [susje] → SYN ▸ conjug 7 ◂ 1 **se soucier** vpr ◆ **se soucier de** to care about ◆ **se soucier des autres** to care about ou for others, show concern for others ◆ **je ne m'en soucie guère** I am quite indifferent to it ◆ **il s'en soucie comme de sa première chemise** ou **comme de l'an quarante** * he doesn't give ou care a hoot * (about it) *, he couldn't care less (about it) * ◆ **il se soucie peu de plaire** (littér) he cares little ou he doesn't bother whether he is liked or not ◆ **il se soucie fort de ce qu'ils pensent** (littér) he cares very much what they think ◆ **sans se soucier de leur réaction** without worrying about their reaction ◆ **sans se soucier de fermer la porte à clé** without bothering to lock the door ◆ **elle a accepté sans se soucier des conséquences** she accepted without giving any thought to the consequences ◆ **se soucier que** (littér) (+ subj) to care that

2 vt to worry, trouble

**soucieux, -ieuse** [susjø, jøz] → SYN adj **a** (= inquiet) personne, air, ton concerned, worried

**b** **être soucieux de qch** to be concerned with ou about sth, be preoccupied with sth ◆ **soucieux de son seul intérêt** concerned ou preoccupied solely with his own interests ◆ **être soucieux de faire** to be anxious to do ◆ **soucieux que** (frm) concerned ou anxious that ◆ **peu soucieux qu'on le voie** caring little ou unconcerned whether he be ou is seen or not

**soucoupe** [sukup] nf saucer ◆ **soucoupe volante** flying saucer; → **œil**

**soudable** [sudabl] adj (par brasure ou fil à souder) solderable; (par soudure autogène) weldable

**soudage** [sudaʒ] nm (avec brasure, fil à souder) soldering; (autogène) welding

**soudain, e** [sudɛ̃, ɛn] → SYN 1 adj (gén) sudden; mort sudden, unexpected

2 adv (= tout à coup) suddenly, all of a sudden ◆ **soudain, il se mit à pleurer** all of a sudden he started to cry, he suddenly started to cry

**soudainement** [sudɛnmɑ̃] → SYN adv suddenly, all of a sudden

**soudaineté** [sudɛnte] → SYN nf suddenness

**Soudan** [sudɑ̃] nm ◆ **le Soudan** (the) Sudan

**soudanais, e** [sudanɛ, ɛz] 1 adj Sudanese, of ou from (the) Sudan

2 **Soudanais(e)** nm,f Sudanese, inhabitant ou native of (the) Sudan

**soudant, e** [sudɑ̃, ɑ̃t] adj welding (épith)

**soudard** [sudaʀ] → SYN nm (péj) ruffianly ou roughneck soldier

**soude** [sud] nf **a** (industrielle) soda ◆ **soude caustique** caustic soda; → **bicarbonate, cristal**

**b** (Bot) saltwort ◆ **(cendre de) soude** † (Chim) soda ash

**soudé, e** [sude] (ptp de **souder**) adj organes, pétales joined (together); couple close, united; équipe closely-knit ◆ **notre équipe n'est pas assez soudée** our team isn't united enough ◆ **l'opposition est soudée derrière lui** the opposition is united behind him

**souder** [sude] → SYN ▸ conjug 1 ◂ 1 vt **a** (Tech) [+ métal] (avec brasure, fil à souder) to solder; (soudure autogène) to weld; [+ plastique] to weld, seal ◆ **souder à chaud/froid** to hot-/cold-weld; → **fer, fil, lampe**

**b** (Méd) [+ os] to knit

**c** (= unir) [+ choses, organismes] to fuse (together); (littér) [+ cœurs, êtres] to bind ou knit together (littér), unite

**d** (Culin) [+ bords] to seal

2 **se souder** vpr **a** [os] to knit together; [vertèbres] to fuse

**b** [équipe, parti] to pull together, unite; (= s'unir) to be knit together (littér)

**soudeur, -euse** [sudœʀ, øz] 1 nm,f [métal] (avec brasure, fil à souder) solderer; (soudure autogène) welder

2 **soudeuse** nf (= machine) welder

**soudier, -ière** [sudje, jɛʀ] 1 adj soda (épith)

2 nm soda worker

3 **soudière** nf soda factory

**soudoyer** [sudwaje] → SYN ▸ conjug 8 ◂ vt to bribe

**soudure** [sudyʀ] → SYN nf **a** (Tech) (= opération) [métal] (avec brasure, fil à souder) soldering; (autogène) welding; [plastique] welding, sealing; (= endroit) soldered joint, weld; (= substance) solder ◆ **soudure à l'arc** arc welding ◆ **soudure autogène** welding ◆ **soudure au chalumeau** torch welding ◆ **faire la soudure (entre)** (fig) to bridge the gap (between) ◆ **je dois faire la soudure** (= remplacer qn) I've got to fill in

**b** [os] knitting; [organes, pétales] join; (littér) [partis, cœurs] binding ou knitting (littér) together, uniting

**soufflage** [suflaʒ] nm **a** (Métal) blowing ◆ **soufflage du verre** glass-blowing

**b** (Naut) sheathing

**soufflant, e** [suflɑ̃, ɑ̃t] → SYN 1 adj **a** (machine) **soufflante** blower ◆ **(radiateur) soufflant** fan heater

**b** († * = étonnant) staggering, stunning

2 nm (arg Crime = pistolet) pistol, rod ** (US)

**soufflard** [suflaʀ] nm **a** (= grisou) firedamp

**b** (Géol) fumarole

**souffle** [sufl] → SYN nm **a** (= expiration) (en soufflant) blow, puff; (en respirant) breath ◆ **éteindre une bougie d'un souffle** to blow a candle out ◆ **il murmura mon nom dans un souffle** he breathed my name ◆ **le dernier souffle d'un agonisant** the last breath of a dying man ◆ **pour jouer d'un instrument à vent, il faut du souffle** you need a lot of breath ou puff * (Brit) to play a wind instrument

**b** (= respiration) breathing ◆ **on entendait un souffle dans l'obscurité** we heard (someone) breathing in the darkness ◆ **manquer de souffle** (lit) to be short of breath; (fig) [prose] to be lacklustre (Brit) ou lackluster (US); [campagne électorale] to be lacklustre (Brit) ou lackluster (US), be lacking (in) oomph * ◆ **son roman manque de souffle** his novel flags in parts ◆ **il ne manque pas de souffle !** * (= il a du toupet) he's got a nerve! * ◆ **avoir le souffle court** to be short of breath, be short-winded ◆ **retenir son souffle** to hold one's breath ◆ **reprendre son souffle** to get one's breath back ◆ **ne plus avoir de souffle, être à bout de souffle** to be out of breath ◆ **"À Bout de souffle"** (Ciné) "Breathless" ◆ **couper le souffle à qn** (lit) to wind sb; (fig) to take sb's breath away ◆ **j'en ai eu le souffle coupé** (fig) it (quite) took my breath away ◆ **c'est à vous couper le souffle** it's breathtaking, it's enough to take your breath away ◆ **donner un souffle nouveau** ou **redonner du souffle à qch** to give sth a new lease of life, breathe new life into sth ◆ **la dévaluation va redonner du souffle aux exportations** devaluation will give a fillip to exports ◆ **trouver son second souffle** (Sport) to get one's second wind; (fig) to find a new lease of life; → **bout, second**

**c** (= déplacement d'air) [incendie, ventilateur, explosion] blast

**d** (= vent) puff ou breath of air, puff of wind ◆ **le souffle du vent dans les feuilles** the wind blowing through the leaves ◆ **un souffle d'air faisait bruire le feuillage** a slight breeze was rustling the leaves ◆ **il n'y avait pas un souffle (d'air** ou **de vent)** there was not a breath of air

**e** (fig = force créatrice) inspiration ◆ **le souffle du génie** the inspiration born of genius ◆ **le souffle créateur** (Rel) the breath of God

**f** (Méd) **souffle cardiaque** ou **au cœur** cardiac ou heart murmur; → **bruit**

**g** (Téléc) background noise

**soufflé, e** [sufle] → SYN (ptp de **souffler**) 1 adj **a** (Culin) soufflé (épith)

**b** ( * = surpris) flabbergasted *, staggered *

2 nm (Culin) soufflé ◆ **soufflé au fromage** cheese soufflé; → **retomber**

**souffler** [sufle] → SYN ▸ conjug 1 ◂ 1 vi **a** [vent, personne] to blow ◆ **souffler dans un instrument à vent** to blow (into) a wind instrument ◆ **souffler sur une bougie (pour l'éteindre)** to blow out a candle ◆ **souffler sur sa soupe (pour la faire refroidir)** to blow on one's soup (to cool it down) ◆ **souffler sur ses doigts (pour les réchauffer)** to blow on one's fingers (to warm them up) ◆ **voir de quel côté souffle le vent** (lit, fig) to see which way the wind is blowing ◆ **le vent a soufflé si fort qu'il a abattu deux arbres** the wind was so strong ou blew so hard that it brought two trees down ◆ **le vent soufflait en rafales** the wind was blowing in gusts ◆ **le vent soufflait en tempête** it was blowing a gale ◆ **j'ai dû souffler dans le ballon** * (alcootest) I was breathalyzed, they gave me a breath test ◆ **souffler sur le feu** (lit) to blow on the fire; (fig) to add fuel to the fire ◆ **il croit qu'il va y arriver en soufflant dessus** (fig) * he thinks it's going to be a cinch *

**b** (= respirer avec peine) to puff (and blow) ◆ **il ne peut monter les escaliers sans souffler** he can't go up the stairs without puffing (and blowing) ◆ **souffler comme un bœuf** ou **une locomotive** ou **un phoque** * to puff and blow like an old steam engine

**c** (= se reposer) to get one's breath back ◆ **laisser souffler qn/un cheval** to let sb/a horse get his breath back ◆ **il ne prend jamais le temps de souffler** he never lets up, he never stops to catch his breath ◆ **donnez-lui un peu de temps pour souffler** (pour se reposer) give him time to get his breath back, give him a breather *; (avant de payer) give him a breather *

2 vt **a** [+ bougie, feu] to blow out; [+ ballon] to blow up

**b** (= envoyer) **souffler de la fumée au nez de qn** to blow smoke in(to) sb's face ◆ **souffler des odeurs d'ail au visage de qn** to breathe garlic over sb ou into sb's face ◆ **le ventilateur soufflait des odeurs de graillon** the fan was blowing out greasy smells ◆ **le vent leur soufflait le sable dans les yeux** the wind was blowing the sand into their eyes ◆ **souffler le chaud et le froid** (fig) to blow hot and cold

**c** ( * = prendre) to pinch *, swipe *, nick * (Brit) (*à qn* from sb) ◆ **il lui a soufflé sa petite amie/son poste** he's pinched * his girlfriend/his job ◆ **souffler un pion** (Dames) to huff a draught ◆ **souffler n'est pas jouer** (Dames) huffing isn't a real move

**d** [bombe, explosion] to destroy ◆ **leur maison a été soufflée par une bombe** their house was destroyed by the blast from a bomb

**e** (= dire) [+ conseil, réponse, réplique] to whisper (*à qn* to sb) ◆ **on lui a soufflé sa leçon** (fig) he was told what to say ◆ **souffler son rôle à qn** (Théât) to prompt sb, give sb a prompt ◆ **souffler qch à l'oreille de qn** to whisper sth in sb's ear ◆ **on ne souffle pas !** (en classe, dans un jeu) no whispering! ◆ **il n'a pas soufflé mot** he didn't breathe a word ◆ **c'est lui qui m'en avait soufflé l'idée** he's the one who gave me the idea

**f** ( * = étonner) to flabbergast *, stagger * ◆ **elle a été soufflée d'apprendre leur échec** she was flabbergasted * ou staggered * to hear they had failed ◆ **leur toupet m'a soufflé** I was flabbergasted * ou staggered * at their nerve

**g** (Tech) **souffler le verre** to blow glass

**soufflerie** [sufləʀi] **nf** [orgue, forge] bellows; (Tech : d'aération) ventilating fan; (Ind) blower ◆ **soufflerie (aérodynamique)** (Aviat) wind tunnel

**soufflet¹** [suflɛ] → SYN **nm** a [forge] bellows
b (Rail) vestibule; (Couture) gusset; [sac, classeur] extendible gusset; [appareil photographique, instrument de musique] bellows ◆ **classeur à soufflets** accordion file

**soufflet²** [suflɛ] → SYN **nm** (littér = gifle) slap in the face

**souffleter** [suflǝte] → SYN ▸ conjug 4 ◂ **vt** (littér) ◆ **souffleter qn** to give sb a slap in the face

**souffleur, -euse** [suflœʀ, øz] 1 **nm** a (Géol) fumarole
b (Zool) (= baleine) blower; (= dauphin) bottlenose(d) dolphin
c (Tech) **souffleur de verre** glass-blower
2 **nm,f** (Théât) prompter; → **trou**
3 **souffleuse** **nf** (Can) snowblower

**soufflure** [suflyʀ] **nf** (Tech) blowhole

**souffrance** [sufʀɑ̃s] → SYN **nf** a (= douleur) suffering ◆ **souffrance physique/morale** physical/mental suffering ◆ **les souffrances infligées à la population** the suffering inflicted on the population ◆ **elle est morte dans d'atroces souffrances** she died in agony ou great pain ◆ **"Les Souffrances du jeune Werther"** (Littérat) "The Sorrows of Young Werther"
b **être en souffrance** [marchandises, colis] to be awaiting delivery, be held up; [affaire, dossier] to be pending, be waiting to be dealt with

**souffrant, e** [sufʀɑ̃, ɑ̃t] → SYN **adj** a (= malade) personne unwell, poorly ◆ **avoir l'air souffrant** to look unwell ou poorly
b (littér) **l'humanité souffrante** suffering humanity ◆ **l'Église souffrante** the Church suffering

**souffre-douleur** [sufʀədulœʀ] → SYN **nmf inv** whipping boy, punch bag (Brit), punching bag (US)

**souffreteux, -euse** [sufʀǝtø, øz] → SYN **adj** personne, plante sickly, puny

**souffrir** [sufʀiʀ] → SYN ▸ conjug 18 ◂ 1 **vi** a (physiquement) to suffer ◆ **elle souffre beaucoup** she is in great pain ou is suffering a great deal ◆ **souffrir comme un damné** to suffer torture ou torment(s) ◆ **il faut souffrir pour être belle** (hum) you have to suffer to be beautiful, no pain no gain ◆ **faire souffrir qn** [personne, blessure] to hurt sb ◆ **mon bras me fait souffrir** my arm hurts ou is painful ◆ **souffrir de l'estomac/des reins** to have stomach/kidney trouble ◆ **il souffre d'une grave maladie/de rhumatismes** he is suffering from a serious illness/from rheumatism ◆ **souffrir du froid/de la chaleur** to suffer from the cold/from the heat
b (moralement) to suffer (*de* from) ◆ **faire souffrir qn** [personne] to make sb suffer; [attitude, événement] to cause sb pain ◆ **il a beaucoup souffert d'avoir été chassé de son pays** he has suffered a great deal from being forced to leave his country ◆ **je souffre de le voir si affaibli** it pains ou grieves me to see him so weak ◆ **j'en souffrais pour lui** I felt bad for him
c (= pâtir) to suffer ◆ **les fraises souffrent de la chaleur** strawberries suffer in the heat ◆ **les fraises ont souffert du gel** the strawberries have suffered from ou have been hard hit by the frost ◆ **sa réputation en a souffert** his reputation suffered by it ◆ **le pays a souffert de la guerre** the country has suffered from the war
d (* = éprouver de la difficulté) to have a hard time of it ◆ **on a fini par gagner, mais ils nous ont fait souffrir** ou **mais on a souffert** we won in the end but we had a hard time of it ou they gave us a rough time ◆ **je l'ai réparé mais j'ai souffert** I fixed it, but it wasn't easy
2 **vt** a (= éprouver) **souffrir le martyre** to go through agonies, go through hell ◆ **sa jambe lui fait souffrir le martyre** he goes through hell with that leg of his ◆ **souffrir mille morts** to die a thousand deaths
b (littér = supporter) to bear ◆ **il ne peut pas souffrir cette fille/le mensonge/les épinards** he can't stand ou bear that girl/lies/spinach ◆ **je ne peux souffrir de te voir malheureux** I can't bear to see you unhappy ◆ **il ne peut pas souffrir que ...** he cannot bear that ... ◆ **je ne souffrirai pas qu'il me donne des ordres** I won't take him giving me orders ◆ **souffrez que je vous contredise** allow ou permit me to contradict you
c (frm = admettre) to admit of, allow of ◆ **la règle souffre quelques exceptions** the rule admits of ou allows of a few exceptions ◆ **la règle ne peut souffrir aucune exception** the rule admits of no exception ◆ **cette affaire ne peut souffrir aucun retard** this matter simply cannot be delayed
3 **se souffrir** **vpr** (= se supporter) ◆ **ils ne peuvent pas se souffrir** they can't stand ou bear each other

**soufi, e** [sufi] 1 **adj** Sufi, Sufic
2 **nm,f** Sufi

**soufisme** [sufism] **nm** Sufism

**soufrage** [sufʀaʒ] **nm** [vigne, laine] sulphuration (Brit), sulfuration (US); [allumettes] sulphuring (Brit), sulfuring (US)

**soufre** [sufʀ] **nm** sulphur (Brit), sulfur (US) ◆ **jaune soufre** sulphur (Brit) ou sulfur (US) yellow ◆ **sentir le soufre** (fig) to smack of heresy

**soufré, e** [sufʀe] **adj** a (= enduit de soufre) coated with sulphur (Brit) ou sulfur (US)
b (= jaune) sulphur (Brit) ou sulfur (US) yellow

**soufrer** [sufʀe] ▸ conjug 1 ◂ **vt** [+ vigne] to (treat with) sulphur (Brit) ou sulfur (US); [+ allumettes] to sulphur (Brit) ou sulfur (US); [+ laine] to sulphurate (Brit) ou sulfurate (US)

**soufreur, -euse** [sufʀœʀ, øz] 1 **nm,f** sulphur worker
2 **soufreuse** **nf** (= machine) sulphurator

**soufrière** [sufʀijɛʀ] **nf** sulphur (Brit) ou sulfur (US) mine ◆ **la Soufrière** (Géog) the Soufrière

**souhait** [swɛ] → SYN **nm** wish ◆ **formuler des souhaits pour qch** to express one's best wishes for sth ◆ **les souhaits de bonne année** New Year greetings, good wishes for the New Year ◆ **tous nos souhaits de réussite** our best wishes for your success ◆ **à vos souhaits !** bless you!, gesundheit! (US) ◆ **la viande était rôtie à souhait** the meat was done to perfection ou done to a turn ◆ **le vin était fruité à souhait** the wine was delightfully fruity ◆ **tout marchait à souhait** everything went perfectly ou went like a dream ◆ **une chanson niaise à souhait** (hum) an incredibly silly song

**souhaitable** [swɛtabl] → SYN **adj** desirable ◆ **ce n'est guère souhaitable** it is not really to be desired ◆ **sa présence n'a pas été jugée souhaitable** his presence was deemed undesirable

**souhaiter** [swete] GRAMMAIRE ACTIVE 1.1, 4, 23.1, 23.3 → SYN ▸ conjug 1 ◂ **vt** a (= espérer) [+ réussite, changements] to wish for ◆ **souhaiter que** to hope that ◆ **il est à souhaiter que ...** it is to be hoped that ... ◆ **ce n'est pas à souhaiter** it's not really to be desired ◆ **je souhaite qu'il réussisse** I hope he succeeds ◆ **je souhaite réussir** I hope to succeed ◆ **souhaiter pouvoir étudier/partir à l'étranger** to hope to be able to study/go abroad ◆ **je le souhaitais différent/plus affectueux** I wished he were different/more affectionate ◆ **je souhaiterais parler à Jean** I'd like to speak to Jean, please ◆ **à quelle heure souhaitez-vous partir ?** what time would you like to leave? ◆ **"anglais souhaité"** (dans une offre d'emploi) "knowledge of English desirable"
b (= exprimer ses vœux) **souhaiter à qn le bonheur/la réussite** to wish sb happiness/success ◆ **je vous souhaite bien des choses** all the best ◆ **souhaiter à qn de réussir** to wish sb success ◆ **je vous souhaite bien du plaisir !, je vous en souhaite !** * (iro) (and the) best of luck to you! * (iro) ◆ **souhaiter la bonne année/bonne chance à qn** to wish sb a happy New Year/(the best of) luck ◆ **je vous la souhaite bonne et heureuse !** * here's hoping you have a really good New Year! ◆ **je ne souhaite à personne de connaître une telle horreur** I wouldn't wish such an awful thing on anybody ◆ **tout ce que je souhaite, c'est que tu sois heureux** all I want is for you to be happy

**souillard** [sujaʀ] **nm** drainage hole

**souille** [suj] **nf** a (Chasse) wallow
b (Naut) bed *(of a sunken ship)*
c (Tech) strike

**souiller** [suje] → SYN ▸ conjug 1 ◂ **vt** (littér) [+ drap, vêtement] to soil, dirty; [+ atmosphère] to pollute; [+ réputation, pureté, âme] to sully, tarnish ◆ **souillé de boue** spattered with mud ◆ **souiller ses mains du sang des innocents** to stain one's hands with the blood of innocents

**souillon** [sujɔ̃] → SYN **nf** slattern, slut

**souillure** [sujyʀ] → SYN **nf** (littér, lit) stain; (fig) blemish, stain ◆ **la souillure du péché** the stain of sin

**soui-manga**, pl **soui-mangas** [swimɑ̃ga] **nm** sunbird

**souk** [suk] → SYN **nm** a (= marché) souk
b (* = désordre) **c'est le souk ici !** this place is absolute chaos! ◆ **c'est fini, ce souk ?** (= tintamarre) will you stop that racket?

**Soukkoth** [sukɔt] **nfpl** Succoth, Sukkoth

**soul** [sul] (Mus) 1 **adj inv** soul (épith)
2 **nf** ou **nm** soul

**soûl, soûle** [su, sul] → SYN 1 **adj** (= ivre) drunk, drunken (épith) ◆ **soûl comme une bourrique** * ou **un Polonais** * ou **une grive** blind drunk *, (as) drunk as a lord (surtout Brit)
2 **nm** (= à satiété) ◆ **manger tout son soûl** to eat one's fill ◆ **chanter tout son soûl** to sing one's heart out ◆ **elle a ri/pleuré tout son soûl** she laughed/cried till she could laugh/cry no more

**soulagement** [sulaʒmɑ̃] → SYN **nm** relief ◆ **j'ai éprouvé un immense soulagement** I felt an immense sense of relief, I felt immensely relieved ◆ **un murmure de soulagement parcourut la foule** the crowd murmured in relief ◆ **ça a été un soulagement d'apprendre que ...** it was a relief ou I was (ou we were etc ) relieved to learn that ... ◆ **cette annonce a été accueillie avec soulagement** the announcement came as a relief ◆ **à mon grand soulagement** to my great relief

**soulager** [sulaʒe] → SYN ▸ conjug 3 ◂ 1 **vt** a [+ personne] (physiquement) to relieve; (moralement) to relieve, soothe; [+ douleur] to relieve, soothe; [+ maux] to relieve; [+ conscience] to ease ◆ **ça le soulage de s'étendre** it relieves the pain when he stretches out ◆ **ça le soulage de prendre ces pilules** these pills bring him relief ◆ **buvez, ça vous soulagera** drink this – it'll make you feel better ◆ **être soulagé d'avoir fait qch** to be relieved that one has done ou to have done sth ◆ **cet aveu l'a soulagé** this confession made him feel better ou eased his conscience ◆ **cela me soulage d'un grand poids** it's a great weight off my mind ◆ **soulager les pauvres/les déshérités** to bring relief to ou relieve the poor/the underprivileged ◆ **si ça peut te soulager, sache que tu n'es pas le seul dans ce cas** if it's any consolation you should know that you're not the only one in this situation ◆ **mets de la crème, ça soulage** put some cream on, it's soothing ◆ **pleure un bon coup, ça soulage !** have a good cry, it'll make you feel better!
b (= décharger) [+ personne] to relieve (*de* of); (Archit) [+ mur, poutre] to relieve the strain on ◆ **soulager qn de son portefeuille** (hum) to relieve sb of their wallet (hum)
2 **se soulager** **vpr** a (= se décharger d'un souci) to find relief, ease one's feelings, make o.s. feel better; (= apaiser sa conscience) to ease one's conscience ◆ **elle se soulageait en lui prodiguant des insultes** she found relief in ou eased her feelings by throwing insults at him ◆ **leur conscience se soulage à bon marché** their consciences can be eased at little expense
b (euph = uriner) to relieve o.s.

**soûlant, e** * [sulɑ̃, ɑ̃t] **adj** wearing ◆ **tu es soûlant avec tes questions** you're wearing me out ou tiring me out with your questions

**soûlard, e** ⁑ [sulaʀ, aʀd] → SYN , **soûlaud, e** ⁑ [sulo, od] **nm,f** drunkard, old soak ⁑

**soûler** [sule] → SYN ▸ conjug 1 ◂ 1 **vt** a (* = rendre ivre) **soûler qn** [personne] to get sb drunk; [boisson] to make sb drunk
b (* = fatiguer) **soûler qn** to make sb's head spin ou reel ◆ **tu nous soûles avec tes questions** you're driving us mad with all your questions ◆ **soûler qn de** [+ théories] to make sb's head spin ou reel with; [+ questions, conseils] to wear ou tire sb out with; [+ luxe, sensations] to intoxicate sb with ◆ **chaque fois**

**qu'il vient, il nous soûle de paroles** every time he comes, he wears us out with all his talking

**c** (= griser qn) [parfum] to go to sb's head, intoxicate sb; [vent, vitesse, théories] to intoxicate sb, make sb's head spin ou reel

**2** **se soûler** vpr (* = s'enivrer) to get drunk ◆ **se soûler à la bière/au whisky** to get drunk on beer/on whisky ◆ **se soûler la gueule**‡ to get blind drunk*, get pissed*‡ (Brit) ◆ **se soûler de** [+ bruit, vitesse, vent, parfums] to get drunk on; [+ sensations] to make o.s. drunk with ou on

**soûlerie** [sulʀi] → SYN nf (péj) drunken binge

**soulevé** [sul(ə)ve] nm lifting

**soulèvement** [sulɛvmɑ̃] → SYN nm **a** (= révolte) uprising

**b** (Géol) upthrust, upheaval

**soulever** [sul(ə)ve] GRAMMAIRE ACTIVE 26.2, 26.6 → SYN ▸ conjug 5 ◂

**1** vt **a** (= lever) [+ fardeau, malade, couvercle, rideau] to lift (up) ◆ **soulever qn de terre** to lift sb (up) off the ground ◆ **cela me soulève le cœur** [odeur] it makes me feel sick ou want to heave*, it turns my stomach; [attitude] it makes me sick, it turns my stomach ◆ **odeur/spectacle qui soulève le cœur** nauseating ou sickening smell/sight ◆ **cette déclaration a permis de soulever un coin du voile** (fig) this declaration has thrown a little light on the matter

**b** (= remuer) [+ poussière] to raise ◆ **le véhicule soulevait des nuages de poussière** the vehicle sent up ou raised clouds of dust ◆ **le bateau soulevait de grosses vagues** the boat was making great waves ◆ **le vent soulevait les vagues/le sable** the wind whipped up the waves/blew ou whipped up the sand

**c** (= indigner) to stir up; (= pousser à la révolte) to stir up ou rouse (to revolt); (= exalter) to stir ◆ **soulever l'opinion publique (contre qn)** to stir up ou rouse public opinion (against sb)

**d** (= provoquer) [+ enthousiasme, colère] to arouse; [+ protestations, applaudissements] to raise; [+ difficultés, questions] to raise, bring up

**e** (= évoquer) [+ question, problème] to raise, bring up

**f** (‡ = voler) **soulever qch (à qn)** to pinch* ou swipe‡ sth (from sb) ◆ **il lui a soulevé sa femme** he stole his wife

**2** **se soulever** vpr **a** (= se lever) [personne] to lift o.s. up; [poitrine] to heave ◆ **soulève-toi pour que je redresse ton oreiller** lift yourself up ou sit up a bit so that I can plump up your pillow ◆ **il s'est soulevé sur un bras** he raised himself on one elbow

**b** [véhicule, couvercle, rideau] to lift; [vagues, mer] to swell (up) ◆ **à cette vue, son cœur se souleva** his stomach turned at the sight

**c** (= s'insurger) to rise up (*contre* against)

**soulier** [sulje] → SYN nm shoe ◆ **souliers bas/plats** low-heeled/flat shoes ◆ **souliers montants** ankle boots ◆ **souliers de marche** walking shoes ◆ **"Le Soulier de satin"** (Littérat) "The Satin Slipper" ◆ **être dans ses petits souliers** (fig) to feel awkward ou ill at ease

**soulignage** [suliɲaʒ], **soulignement** [suliɲmɑ̃] nm underlining

**souligner** [suliɲe] GRAMMAIRE ACTIVE 26.6 → SYN ▸ conjug 1 ◂ vt **a** (lit) to underline; (fig = accentuer) to accentuate, emphasize ◆ **souligner qch d'un trait double** to underline sth twice, double underline sth ◆ **souligner qch en rouge** to underline sth in red ◆ **souligner ses yeux de noir** to put on black eye-liner ◆ **ce tissu à rayures soulignait son embonpoint** that striped material emphasized ou accentuated his stoutness

**b** (= faire remarquer) to underline, stress, emphasize ◆ **il souligna l'importance de cette rencontre** he underlined ou stressed ou emphasized the importance of this meeting

**soûlographe*** [sulɔgʀaf] nmf (hum) lush*, piss artist‡ (Brit), boozer‡ (Brit)

**soûlographie*** [sulɔgʀafi] nf (hum) drunkenness, boozing‡ (Brit)

**soulte** [sult] → SYN nf (Fin, Jur) balancing cash adjustment

**soumettre** [sumɛtʀ] → SYN ▸ conjug 56 ◂ **1** vt **a** (= dompter) [+ pays, peuple] to subject, subjugate; [+ personne] to subject; [+ rebelles] to put down, subdue, subjugate

**b** (= asservir) **soumettre qn à** [+ maître, loi] to subject sb to

**c** (= astreindre) **soumettre qn à** [+ traitement, formalité, régime, impôt] to subject sb to ◆ **soumettre qch à** [+ traitement, essai, taxe] to subject sth to ◆ **être soumis à des règles strictes** to be subject to strict rules ◆ **soumis aux droits de douane** dutiable, subject to (customs) duty ◆ **soumis à l'impôt** subject to tax(ation), taxable

**d** (= présenter) [+ idée, cas, manuscrit] to submit (*à* to) ◆ **soumettre une idée/un projet/une question à qn** to submit an idea/a plan/a matter to sb, put an idea/a plan/a matter before sb ◆ **soumettre un document à la signature** to submit a document for signature ◆ **soumettre un projet de loi à référendum** to submit ou put a bill to referendum

**2** **se soumettre** vpr **a** (= obéir) to submit (*à* to)

**b** **se soumettre à** [+ traitement, formalité] to submit to; [+ entraînement, régime] to submit to, subject o.s. to

**soumis, e** [sumi, iz] → SYN (ptp de **soumettre**) adj (= docile) personne, air submissive ◆ **fille soumise** † ≃ registered prostitute

**soumission** [sumisjɔ̃] → SYN nf **a** (= obéissance) submission (*à* to) ◆ **il est toujours d'une parfaite soumission à leur égard** he is always totally submissive to their wishes ◆ **il exigeait de moi une totale soumission** he demanded that I submit completely to him, he demanded my complete submission

**b** (= reddition) submission ◆ **ils ont fait leur soumission** they have submitted (*à* to)

**c** (Comm) tender ◆ **faire une soumission pour un contrat** to tender for a contract ◆ **soumission cachetée** sealed bid

**soumissionnaire** [sumisjɔnɛʀ] nmf (Comm) bidder, tenderer

**soumissionner** [sumisjɔne] ▸ conjug 1 ◂ vt (Comm) to bid for, tender for

**soupape** [supap] → SYN nf valve ◆ **moteur 16 soupapes** 16-valve engine ◆ **soupape d'admission/d'échappement** inlet/exhaust valve ◆ **soupapes en tête/latérales** overhead/side valves ◆ **soupape de sûreté** ou **de sécurité** (lit, fig) safety valve

**soupçon** [supsɔ̃] → SYN nm **a** (= suspicion) suspicion ◆ **conduite exempte de tout soupçon** conduct above suspicion ◆ **personne à l'abri de** ou **au-dessus de tout soupçon** person free from ou person above all ou any suspicion ◆ **de graves soupçons pèsent sur lui** he's under serious suspicion ◆ **avoir des soupçons (sur)** to have one's suspicions (about), be suspicious (about) ◆ **j'en avais le soupçon !** I suspected as much! ◆ **sa femme eut bientôt des soupçons** his wife soon became suspicious ◆ **des difficultés dont il n'avait pas soupçon** difficulties of which he had no inkling ou no suspicion

**b** (= petite quantité) [assaisonnement, maquillage, vulgarité] hint, touch; [vin, lait] drop

**soupçonnable** [supsɔnabl] adj (gén nég) that arouses suspicion(s) ◆ **il est peu soupçonnable de sympathies racistes** he can hardly be accused of being a racist

**soupçonner** [supsɔne] → SYN ▸ conjug 1 ◂ vt to suspect ◆ **il est soupçonné de vol** he is suspected of theft ◆ **on le soupçonne d'avoir participé, on soupçonne qu'il y a participé** he is suspected of having taken part in it ◆ **il soupçonnait un piège** he suspected a trap ◆ **vous ne soupçonnez pas ce que ça demande comme travail** you've no idea how much work it involves

**soupçonneux, -euse** [supsɔnø, øz] → SYN adj suspicious ◆ **il me lança un regard soupçonneux** he gave me a suspicious glance, he glanced at me suspiciously

**soupe** [sup] → SYN **1** nf **a** (Culin) soup ◆ **soupe à l'oignon/aux légumes/de poisson** onion/vegetable/fish soup; → **cheveu, marchand, plein**

**b** (hum = nourriture) grub‡, nosh‡ ◆ **à la soupe !** grub's up!‡, come and get it!

**c** (* : Ski) porridge*

**d** (Loc) **il a eu droit à la soupe à la grimace** he was given a frosty reception when he got home ◆ **il est (très) soupe au lait, c'est une soupe au lait** he flies off the handle easily, he's very quick-tempered ◆ **par ici la bonne soupe !*** roll up! roll up! ◆ **il est allé à la soupe*** (fig) he has taken a backhander* ◆ **servir la soupe à qn*** (fig) to crawl to sb*

**2** COMP ▷ **soupe populaire** (= lieu) soup kitchen; (= nourriture) free meals ◆ **se retrouver à la soupe populaire** (fig) to end up penniless ▷ **soupe primitive** (Bio) primeval soup

**soupente** [supɑ̃t] → SYN nf cupboard (Brit) ou closet (US) (under the stairs)

**souper** [supe] → SYN **1** nm supper; (Belg, Can, Helv = dîner) dinner, supper

**2** ▸ conjug 1 ◂ vi **a** (lit) to have supper; (Belg, Can, Helv) to have dinner ou supper ◆ **après le spectacle, nous sommes allés souper** after the show we went for supper

**b** * **j'en ai soupé de ces histoires !** I'm sick and tired* ou I've had a bellyful‡ of all this fuss!

**soupeser** [supəze] → SYN ▸ conjug 5 ◂ vt (lit) to weigh in one's hand(s), feel the weight of; (fig) to weigh up

**soupière** [supjɛʀ] nf (soup) tureen

**soupir** [supiʀ] → SYN nm **a** (gén) sigh ◆ **soupir de satisfaction** sigh of satisfaction, satisfied sigh ◆ **pousser un soupir de soulagement** to give ou heave a sigh of relief ◆ **pousser un gros soupir** to let out ou give a heavy sigh, sigh heavily ◆ **"oui", dit-il dans un soupir** "yes", he said with a sigh ou he sighed ◆ **rendre le dernier soupir** (littér) to breathe one's last (littér) ◆ **l'objet de ses soupirs** (littér) the object of his desire

**b** (Mus) crotchet rest (Brit), quarter(-note) rest (US); → **quart**

**soupirail, pl -aux** [supiʀaj, o] nm (small) basement window *(gen with bars)*

**soupirant** [supiʀɑ̃] → SYN nm († ou hum) suitor † (aussi hum), wooer † (aussi hum)

**soupirer** [supiʀe] → SYN ▸ conjug 1 ◂ vi to sigh ◆ **soupirer d'aise** to sigh with contentment, heave a contented sigh ◆ **soupirer après** ou **pour qch/qn** (littér) to sigh for sth/sb (littér), yearn for sth/sb ◆ **"j'ai tout perdu", soupira-t-il** "I've lost everything," he sighed ◆ **... dit-il en soupirant** ... he said with a sigh ou he sighed

**souple** [supl] → SYN adj **a** (= flexible) corps, membres, poignet supple; branche, tige, lame flexible, pliable; plastique soft; cuir, peau, cheveux supple; trait gentle; brosse à dents, lentilles cornéennes soft; col soft, floppy ◆ **il est souple comme un verre de lampe** he's as stiff as a board ◆ **avoir une conduite souple** (Aut) to be a smooth driver; → **disque, échine**

**b** (= accommodant) personne, caractère, esprit flexible, adaptable; discipline, forme d'expression, règlement flexible ◆ **horaires souples** flexible hours

**c** (= gracieux, fluide) corps, silhouette lithe, lissom (littér); démarche, taille lithe, supple; style fluid, flowing (épith) ◆ **souple comme un chat** ou **une chatte** as agile as a cat

**souplement** [supləmɑ̃] adv utiliser flexibly ◆ **les mesures sont appliquées plus souplement dans ce pays** the measures are applied with greater flexibility in this country

**souplesse** [suplɛs] → SYN nf **a** (= flexibilité) [corps, membres] suppleness; [branche, tige, lame] flexibility, pliability; [plastique] softness; [cuir] suppleness ◆ **pour entretenir la souplesse de la peau/des cheveux** to keep the skin/the hair supple ◆ **d'une grande souplesse d'utilisation** very easy to use ◆ **je manque de souplesse** I'm not very supple

**b** (= adaptabilité) [personne, caractère, esprit] flexibility, adaptability; [discipline, forme d'expression, règlement] flexibility ◆ **il manque de souplesse** he's quite inflexible ◆ **il faut introduire plus de souplesse dans les horaires** we must bring in more flexible working hours

**c** (= grâce, fluidité) [corps, silhouette] litheness, lissomness (littér); [démarche, taille] litheness, suppleness; [style] fluidity ◆ **faire qch en souplesse** to do sth smoothly ◆ **un démarrage en souplesse** a smooth start

**souquenille** [suknij] → SYN nf (Hist) smock

**souquer** [suke] → SYN ▸ conjug 1 ◂ **1** vt (= serrer) to tighten

**2** vi (= ramer) ◆ **souquer ferme** ou **dur** to pull hard (at the oars)

**sourate** [suʀat] nf sura

**source** [suʀs] → SYN nf a (= point d'eau) spring ◆ **source thermale/d'eau minérale** hot ou thermal/mineral spring; → **couler, eau**

b (= foyer) source ◆ **source de chaleur/d'énergie** source of heat/of energy ◆ **source lumineuse** ou **de lumière** source of light, light source ◆ **source sonore** source of sound

c [cours d'eau] source ◆ **cette rivière prend sa source dans le Massif central** this river has its source in the Massif Central

d (= origine) source ◆ **source de ridicule/d'inspiration** source of ridicule/of inspiration ◆ **source de revenus** source of income ◆ **l'argent est la source de tous les maux** money is the root of all evil ◆ **cette voiture est une source de tracas** this car causes me a lot of trouble ◆ **de source sûre, de bonne source** from a reliable source, on good authority ◆ **tenir qch de source sûre** to have sth on good authority, get sth from a reliable source ◆ **de source généralement bien informée** from a usually well-informed ou accurate source ◆ **de source officielle** ou **autorisée** from an official source ◆ **citer ses sources** to quote one's sources ◆ **langage/programme/fichier source** (Ordin) source language/program/file ◆ **langue source** (Ling) departure ou source language; → **retenue²**, **retour**

**sourcier, -ière** [suʀsje, jɛʀ] → SYN nm,f water diviner; → **baguette**

**sourcil** [suʀsi] nm (eye)brow ◆ **aux sourcils épais** heavy-browed, beetle-browed; → **froncer**

**sourcilier, -ière** [suʀsilje, jɛʀ] adj superciliary; → **arcade**

**sourciller** [suʀsije] → SYN ▸ conjug 1 ◂ vi ◆ **il n'a pas sourcillé** he didn't turn a hair ou bat an eyelid ◆ **écoutant sans sourciller mes reproches** listening to my reproaches without turning a hair ou batting an eyelid

**sourcilleux, -euse** [suʀsijø, øz] → SYN adj (= pointilleux) finicky; (littér = hautain) haughty

**sourd, e** [suʀ, suʀd] → SYN 1 adj a personne deaf ◆ **sourd d'une oreille** deaf in one ear ◆ **être sourd comme un pot** * to be as deaf as a post ◆ **faire la sourde oreille** to turn a deaf ear (*à* to) → **naissance**

b **sourd à** [+ conseils, prières] deaf to; [+ vacarme, environnement] oblivious of ou to ◆ **rester sourd aux appels de qn** to remain deaf to sb's appeals

c son, voix muffled, muted; couleur muted, subdued; (Phon) consonne voiceless, unvoiced ◆ **chambre sourde** anechoic room; → **lanterne**

d (= vague) douleur dull; désir, angoisse, inquiétude muted, gnawing; colère subdued, muted

e (= caché) lutte silent, hidden ◆ **se livrer à de sourdes manigances** to be engaged in hidden manoeuvring

2 nm,f deaf person ◆ **les sourds** the deaf ◆ **taper** ou **frapper** ou **cogner comme un sourd** * to bang with all one's might ◆ **crier** ou **hurler comme un sourd** * to yell at the top of one's voice ou for all one is worth; → **dialogue, pire**

3 **sourde** nf (Phon) voiceless ou unvoiced consonant

**sourdement** [suʀdəmɑ̃] → SYN adv (= avec un bruit assourdi) dully; (littér = secrètement) silently ◆ **le tonnerre grondait sourdement au loin** there was a muffled rumble of thunder ou thunder rumbled dully in the distance

**sourdine** [suʀdin] → SYN nf a [trompette, violon] mute ◆ **jouer en sourdine** to play softly ou quietly ◆ **on entendait une musique en sourdine** there was music playing softly in the background

b (fig) **en sourdine** faire, suggérer on the quiet, quietly ◆ **mettre une sourdine à** [+ prétentions] to tone down; [+ enthousiasme] to dampen, mute ◆ **mettre en sourdine** [+ débat] to relegate to the background; [+ idée, querelle] to pass over ◆ **mets-là en sourdine !** ‡ put a sock in it! ‡, shut your mouth! ‡

**sourdingue** ‡ [suʀdɛ̃g] 1 adj deaf, cloth-eared ‡

2 nmf cloth ears ‡ sg

**sourd-muet, sourde-muette**, mpl **sourds-muets** [suʀmɥɛ, suʀd(ə)mɥɛt] 1 adj deaf-and-dumb

2 nm,f deaf-mute, deaf-and-dumb person

**sourdre** [suʀdʀ] → SYN vi (littér) [source] to rise; [eau] to spring up, rise; [émotions] to well up, rise

**souriant, e** [suʀjɑ̃, jɑ̃t] → SYN adj visage smiling; personne cheerful; pensée, philosophie benign, agreeable ◆ **la standardiste est très souriante** the receptionist is always smiling ou is very cheerful

**souriceau**, pl **souriceaux** [suʀiso] nm young mouse

**souricière** [suʀisjɛʀ] → SYN nf (lit) mousetrap; (fig) trap ◆ **établir une souricière** (Police) to set a trap

**sourire** [suʀiʀ] → SYN 1 nm smile ◆ **le sourire aux lèvres** with a smile on his lips ◆ **avec le sourire** accueillir qn with a smile; travailler cheerfully ◆ **gardez le sourire !** keep smiling! ◆ **avoir le sourire** (lit, fig) to have a smile on one's face ◆ **il avait un sourire jusqu'aux oreilles** he was grinning from ear to ear ◆ **faire** ou **adresser un sourire à qn** to give sb a smile ◆ **faire des sourires à qn** to keep smiling at sb ◆ **être tout sourire** to be all smiles ◆ **un large sourire** (chaleureux) a broad smile; (amusé) a (broad) grin, a broad smile; → **coin**

2 ▸ conjug 36 ◂ vi a (gén) to smile (*à qn* at sb) ◆ **sourire à la vie** to delight in living ◆ **sourire aux anges** [personne] to have a great beam ou vacant grin on one's face; [bébé] to smile happily in one's sleep ◆ **cette remarque les fit sourire** (lit) this remark made them smile ou brought a smile to their faces ◆ **ce projet fait sourire** (fig) this project is laughable ◆ **il est difficile d'en sourire** it's nothing to smile about ◆ **je souris de le voir si vaniteux** it makes me smile to see how vain he is ◆ **il sourit de nos efforts** he laughs at our efforts, our efforts make him smile ◆ **il ne faut pas sourire de ces menaces** these threats can't just be laughed ou shrugged off

b **sourire à** (= plaire à) to appeal to; (= être favorable à) to smile on, favour (Brit), favor (US) ◆ **cette idée ne me sourit guère** that idea doesn't appeal to me, I don't fancy that idea * (Brit) ◆ **l'idée de faire cela ne me sourit pas** I don't relish the thought of doing that, the idea of doing that doesn't appeal to me ◆ **la chance lui souriait** luck smiled on him ◆ **tout lui sourit** everything goes his way

**souris¹** [suʀi] → SYN nf a (= animal) mouse ◆ **souris blanche** white mouse ◆ **souris grise** house mouse ◆ **je voudrais bien être une petite souris** (fig : pour espionner) I'd love to be a fly on the wall; → **gris, jouer, trotter**

b (‡ = femme) chick * ◆ **souris d'hôtel** sneak thief *(operating in hotels)*

c [gigot] knuckle-joint ◆ **souris d'agneau** knuckle of lamb

d (Ordin) mouse

**souris²** †† [suʀi] → SYN nm (= sourire) smile

**sournois, e** [suʀnwa, waz] → SYN 1 adj personne, regard, air sly, shifty; méthode, attaque, manœuvres underhand; douleur, virus, maladie insidious

2 nm,f sly person ◆ **c'est un petit sournois** he's a sly little devil *

**sournoisement** [suʀnwazmɑ̃] adv agir, regarder slyly ◆ **il s'approcha sournoisement de lui** he stole ou crept stealthily up to him

**sournoiserie** [suʀnwazʀi] → SYN nf (littér) [personne, regard, air] slyness, shiftiness; [méthode, attaque] underhand nature

**sous** [su] GRAMMAIRE ACTIVE 26.6

1 prép a (position) under, underneath, beneath; (atmosphère) in ◆ **sous terre** under the ground, underground ◆ **sous le canon** ou **le feu de l'ennemi** under enemy fire ◆ **nager sous l'eau** to swim under water ◆ **s'abriter sous un arbre/un parapluie** to shelter under ou underneath ou beneath a tree/an umbrella ◆ **porter son sac sous le bras** to carry one's bag under one's arm ◆ **dormir sous la tente** to sleep under canvas ou in a tent ◆ **une mèche dépassait de sous son chapeau** a lock of hair hung down from under her hat ◆ **vous trouverez le renseignement sous tel numéro/telle rubrique** you will find the information under such-and-such a number/such-and-such a heading ◆ **sous des dehors frustes/une apparence paisible, il ...** beneath ou under ou behind his rough/peaceful exterior, he ... ◆ **se promener sous la pluie/sous le soleil** to take a walk in the rain/in the sunshine ◆ **le village est plus joli sous la lune/la clarté des étoiles** the village is prettier in the ou by moonlight/by starlight ◆ **le pays était sous la neige** the country was covered with ou in snow ◆ **"Sous le soleil de Satan"** (Ciné) "Under the Sun of Satan"; → **clé, coup, manteau** etc

b (temps) (= à l'époque de) under; (= dans un délai de) within ◆ **sous le règne/le pontificat de ...** under ou during the reign/the pontificate of ... ◆ **sous Charles X** under Charles X ◆ **sous la Révolution/la Ve République** at the time of ou during the Revolution/the Vth Republic ◆ **sous peu** shortly, before long ◆ **sous huitaine/quinzaine** within a week/two weeks ou a fortnight (Brit)

c (cause) under ◆ **sous l'influence de qn/qch** under the influence of sb/sth ◆ **le rocher s'est effrité sous l'action du soleil/du gel** the rock has crumbled away due to the action of the sun/of the frost ◆ **plier sous le poids de qch** to bend beneath ou under the weight of sth

d (manière) **examiner une question sous tous ses angles** ou **toutes ses faces** to examine every angle ou facet of a question, look at a question from every angle ◆ **sous un faux nom/une identité d'emprunt** under a false name/an assumed identity ◆ **sous certaines conditions, j'accepte** I accept on certain conditions ◆ **sous ce rapport** on that score, in this ou that respect ◆ **il a été peint sous les traits d'un berger** he was painted as a shepherd ou in the guise of a shepherd

e (dépendance) under ◆ **être sous les ordres de qn** to be under sb's orders ◆ **sous un régime capitaliste/socialiste** under a capitalist/socialist régime ◆ **la valise est sous sa garde** the suitcase is in his care ◆ **se mettre sous la protection/la garde de qn** to commit o.s. to sb's protection/care ◆ **l'affaire est sous sa direction** he is running ou managing the affair, the affair is under his management ◆ **l'affaire est sous sa responsabilité** the affair is his responsibility ou comes within his sphere of responsibility

f (Méd) **il est sous calmants/antibiotiques** he's on tranquilizers/antibiotics

g (Tech) **câble sous gaine** sheathed ou encased cable ◆ **(emballé) sous plastique** plastic-wrapped ◆ **sous tube** in (a) tube ◆ **(emballé) sous vide** vacuum-packed

h (Ordin) **travailler sous DOS ®/UNIX ®** to work in DOS ®/UNIX ®

2 **préf** (pour les composés les plus fréquents, voir à l'ordre alphabétique) a (infériorité) **c'est du sous-Chagall/de la sous-littérature** it's pseudo-Chagall/pseudo-literature ◆ **il fait du sous-Giono** he's a sort of substandard Giono

b (subordination) sub- ◆ **sous-catégorie** sub-category ◆ **sous-agence** (Écon) sub-branch

c (insuffisance) **sous-industrialisé** underindustrialized ◆ **sous-peuplement** underpopulation ◆ **les dangers de la sous-productivité** the dangers of underproductivity ◆ **sous-rémunéré** underpaid ◆ **la région est sous-urbanisée** the region is insufficiently urbanized

**sous-admissible** [suzadmisibl] nmf *candidate having passed the written part of a competitive examination*

**sous-alimentation** [suzalimɑ̃tasjɔ̃] → SYN nf undernourishment, malnutrition

**sous-alimenté, e** [suzalimɑ̃te] adj undernourished, underfed

**sous-amendement** [suzamɑ̃dmɑ̃] nm *amendment to an amendment*

**sous-arbrisseau**, pl **sous-arbrisseaux** [suzaʀbʀiso] nm subshrub

**sous-bibliothécaire** [subiblijɔtekɛʀ] nmf assistant librarian, sub-librarian

**sous-bois** [subwa] nm inv undergrowth ◆ **se promener dans les** ou **en sous-bois** to walk through the trees

**sous-brigadier** [subʀigadje] nm deputy sergeant

**sous-calibré, e** [sukalibʀe] adj subcalibre

**sous-chef** [suʃɛf] nmf (gén) second-in-command ◆ **sous-chef de bureau** (Admin) deputy chief clerk ◆ **sous-chef de gare** deputy ou sub-stationmaster

**sous-classe** [suklɑs] nf sub-class

**sous-clavier, -ière** [suklavje, jɛʀ] adj subclavian

**sous-comité** [sukɔmite] nm subcommittee

**sous-commission** [sukɔmisjɔ̃] nf subcommittee

**sous-consommation** [sukɔ̃sɔmasjɔ̃] nf underconsumption

**sous-continent** [sukɔ̃tinɑ̃] nm subcontinent

**sous-couche** [sukuʃ] nf peinture undercoat; parquet, moquette underlay ◆ **la sous-couche de glace** the underlying layer of ice

**souscripteur, -trice** [suskʀiptœʀ, tʀis] nm,f [emprunt, publication] subscriber (*de* to)

**souscription** [suskʀipsjɔ̃] nf (Fin) [actions] subscription, application (*de* for); [police d'assurance] taking out; (= somme) subscription, contribution ◆ **ouvrir une souscription en faveur de qch** to start a fund in aid of sth ◆ **livre en souscription** book sold on a subscription basis ◆ **ce livre est offert en souscription jusqu'au 15 novembre au prix de 100 €** this book is available to subscribers until November 15th at the prepublication price of €100

**souscrire** [suskʀiʀ] [→ SYN] ▸ conjug 39 ◂ [1] **souscrire à** vt indir a [+ emprunt, publication] to subscribe to; [+ émission d'actions] to subscribe for, apply for ◆ **il a souscrit pour 1 000 F à l'emprunt** he subscribed ou applied for 1,000 francs' worth of shares in the scheme
b [+ idée, opinion, projet] to subscribe to ◆ **c'est une excellente idée et j'y souscris** it's an excellent idea and I subscribe to it ou and I'm all in favour of it
[2] vt [+ abonnement, assurance] to take out; [+ actions] to subscribe for, apply for; [+ emprunt] to subscribe to; [+ billet de commerce] to sign ◆ **le capital a été entièrement souscrit** the capital was fully subscribed

**souscrit, e** [suskʀi, it] (ptp de **souscrire**) adj ◆ **capital souscrit** subscribed capital

**sous-cutané, e** [sukytane] adj subcutaneous ◆ **piqûre en sous-cutané** subcutaneous injection

**sous-développé, e** [sudev(ə)lɔpe] adj underdeveloped ◆ **les pays sous-développés** the underdeveloped countries

**sous-développement** [sudev(ə)lɔpmɑ̃] nm underdevelopment

**sous-diaconat** [sudjakɔna] nm subdiaconate

**sous-diacre** [sudjakʀ] nm subdeacon

**sous-directeur, -trice** [sudiʀɛktœʀ, tʀis] nm,f assistant manager, sub-manager

**sous-dominante** [sudɔminɑ̃t] nf subdominant

**sous-doué, e** [sudwe] (péj ou hum) [1] adj dim
[2] nm,f dimwit *

**sous-effectif** [suzefɛktif] nm understaffing ◆ **en sous-effectif** (Mil) undermanned; entreprise, service understaffed; usine, police undermanned ◆ **nous travaillons en sous-effectif** we are understaffed

**sous-embranchement** [suzɑ̃bʀɑ̃ʃmɑ̃] nm sub-branch

**sous-emploi** [suzɑ̃plwa] nm underemployment

**sous-employer** [suzɑ̃plwaje] ▸ conjug 8 ◂ vt to underuse

**sous-ensemble** [suzɑ̃sɑ̃bl] nm subset

**sous-entendre** [suzɑ̃tɑ̃dʀ] ▸ conjug 41 ◂ vt to imply, infer ◆ **qu'est-ce qu'il sous-entend par là ?** what's he trying to imply ou what does he mean by that?

**sous-entendu, e** [suzɑ̃tɑ̃dy] [→ SYN] [1] adj implied, understood ◆ **il me faut une personne jeune, sous-entendu : plus jeune que vous** I need a young person, meaning: younger than you
[2] nm insinuation; (surtout sexuel) innuendo ◆ **d'une voix pleine** ou **chargée** ou **lourde de sous-entendus** (gén) in a voice full of hidden meaning; (avec connotations sexuelles) in a voice full of ou charged with innuendo

**sous-entrepreneur** [suzɑ̃tʀəpʀənœʀ] nm subcontractor

**sous-équipé, e** [suzekipe] adj underequipped

**sous-équipement** [suzekipmɑ̃] nm lack of equipment

**sous-espace** [suzɛspas] nm subspace

**sous-espèce** [suzɛspɛs] nf subspecies

**sous-estimation** [suzɛstimasjɔ̃] nf underestimate

**sous-estimer** [suzɛstime] [→ SYN] ▸ conjug 1 ◂ vt to underestimate

**sous-évaluation** [suzevalɥasjɔ̃] nf [bijou, meuble, monnaie] undervaluation; [compétence, adversaire] underestimation

**sous-évaluer** [suzevalɥe] ▸ conjug 1 ◂ vt [+ objet, entreprise, monnaie] to undervalue; [+ sentiment, risque, conséquence] to underestimate

**sous-exploitation** [suzɛksplwatasjɔ̃] nf underexploitation, underuse

**sous-exploiter** [suzɛksplwate] ▸ conjug 1 ◂ vt to underexploit, underuse

**sous-exposer** [suzɛkspoze] ▸ conjug 1 ◂ vt to underexpose

**sous-exposition** [suzɛkspozisjɔ̃] nf underexposure

**sous-famille** [sufamij] nf subfamily

**sous-fifre** * [sufifʀ] nm underling

**sous-filiale** [sufiljal] nf sub-branch

**sous-garde** [sugaʀd] nf trigger guard

**sous-genre** [suʒɑ̃ʀ] nm subgenus

**sous-gorge** [sugɔʀʒ] nf throatlatch

**sous-gouverneur** [suguvɛʀnœʀ] nm deputy governor

**sous-groupe** [sugʀup] nm subgroup

**sous-homme** [suzɔm] nm subhuman

**sous-information** [suzɛ̃fɔʀmasjɔ̃] nf lack of information

**sous-informé, e** [suzɛ̃fɔʀme] adj poorly informed

**sous-jacent, e** [suʒasɑ̃, ɑ̃t] [→ SYN] adj terrain, couche subjacent, underlying; raison, problème underlying

**sous-lieutenant** [suljøt(ə)nɑ̃] nm (armée de terre) second lieutenant; (marine) sub-lieutenant; (aviation) pilot officer (Brit), second lieutenant (US)

**sous-locataire** [sulɔkatɛʀ] nmf subtenant

**sous-location** [sulɔkasjɔ̃] nf (= action) subletting; (= logement) house ou apartment that is sublet

**sous-louer** [sulwe] ▸ conjug 1 ◂ vt to sublet

**sous-main** [sumɛ̃] [→ SYN] nm inv desk blotter ◆ **en sous-main** (fig) agir, négocier secretly, behind the scenes

**sous-maîtresse** [sumɛtʀɛs] nf brothel-keeper, madam

**sous-marin, e** [sumaʀɛ̃, in] [→ SYN] [1] adj pêche, chasse underwater (épith); végétation, faune submarine (épith), underwater (épith); câble undersea (épith); → **plongée, plongeur**
[2] nm a (lit) submarine ◆ **sous-marin nucléaire d'attaque** nuclear hunter-killer (submarine), nuclear attack submarine ◆ **sous-marin de poche** pocket ou midget submarine
b (= espion) mole

**sous-marinier** [sumaʀinje] nm submariner

**sous-marque** [sumaʀk] nf sub-brand

**sous-maxillaire** [sumaksilɛʀ] adj submaxillary

**sous-médicalisé, e** [sumedikalize] adj population, région underprovided with medical care; hôpital with inadequate medical facilities

**sous-menu** [sumәny] nm (Ordin) sub-menu

**sous-merde** *,* [sumɛʀd] nf (péj) ◆ **ce type est une sous-merde** that guy is scum *,* ou trash *,*

**sous-ministre** [suministʀ] nm (Can) deputy minister

**sous-multiple** [sumyltipl] nm submultiple

**sous-nappe** [sunap] nf undercloth

**sous-normale** [sunɔʀmal] nf subnormal

**sous-nutrition** [sunytʀisjɔ̃] nf malnutrition

**sous-occipital, e,** mpl **-aux** [suzɔksipital, o] adj suboccipital

**sous-œuvre** [suzœvʀ] [→ SYN] nm (lit, fig) ◆ **reprendre qch en sous-œuvre** to underpin sth ◆ **reprise en sous-œuvre** underpinning

**sous-off** * [suzɔf] nm (abrév de **sous-officier**) non-com *

**sous-officier** [suzɔfisje] nm non-commissioned officer, NCO

**sous-orbitaire** [suzɔʀbitɛʀ] adj (Anat) suborbital

**sous-ordre** [suzɔʀdʀ] [→ SYN] GRAMMAIRE ACTIVE 26.6 nm a (Zool) suborder
b (= subalterne) subordinate, underling

**sous-payer** [supeje] ▸ conjug 8 ◂ vt to underpay

**sous-peuplé, e** [supœple] adj underpopulated

**sous-peuplement** [supœpləmɑ̃] nm underpopulation

**sous-pied** [supje] nm (under)strap

**sous-plat,** pl **sous-plats** [supla] nm (Belg = dessous-de-plat) table mat *(for hot serving dishes)*

**sous-préfectoral, e,** mpl **-aux** [supʀefɛktɔʀal, o] adj sub-prefectorial

**sous-préfecture** [supʀefɛktyʀ] [→ SYN] nf subprefecture

**sous-préfet** [supʀefɛ] nm sub-prefect

**sous-préfète** [supʀefɛt] nf (= fonctionnaire) subprefect; (= épouse) sub-prefect's wife

**sous-production** [supʀɔdyksjɔ̃] nf underproduction

**sous-produit** [supʀɔdɥi] nm (Ind) by-product; (péj) inferior product

**sous-programme** [supʀɔgʀam] nm subroutine, subprogram

**sous-prolétaire** [supʀɔletɛʀ] nmf member of the urban underclass

**sous-prolétariat** [supʀɔletaʀja] nm underclass

**sous-pull** [supyl] nm thin poloneck jersey

**sous-qualifié, e** [sukalifje] adj emploi, main-d'œuvre underqualified

**sous-scapulaire** [suskapylɛʀ] adj subscapular

**sous-secrétaire** [sus(ə)kʀetɛʀ] nm ◆ **sous-secrétaire d'État** Under-Secretary

**sous-secrétariat** [sus(ə)kʀetaʀja] nm (= fonction) post of Under-Secretary; (= bureau) Under-Secretary's office

**sous-seing** [susɛ̃] nm inv (Jur) private agreement *(that has not been legally certified)*

**soussigné, e** [susiɲe] adj, nm,f undersigned ◆ **je soussigné, Dupont Charles-Henri, déclare que ...** I the undersigned, Charles-Henri Dupont, certify that ... ◆ **les (témoins) soussignés** we the undersigned

**sous-sol** [susɔl] [→ SYN] nm (Géol) subsoil, substratum; [maison] basement; [magasin] basement, lower ground floor ◆ **les richesses de notre sous-sol** our mineral resources ◆ **parking en sous-sol** underground car park ◆ **sous-sol total** full basement

**sous-soleuse** [susɔløz] nf subsoil plough

**sous-station** [sustasjɔ̃] nf substation

**sous-tangente** [sutɑ̃ʒɑ̃t] nf subtangent

**sous-tasse** [sutɑs] nf (Belg, Helv) saucer

**sous-tendre** [sutɑ̃dʀ] ▸ conjug 41 ◂ vt (Géom) to subtend; (fig) to underlie, underpin ◆ **l'idéologie qui sous-tend toutes ces publicités** the underlying ideology behind all these advertisements

**sous-tension** [sutɑ̃sjɔ̃] nf undervoltage

**sous-titrage** [sutitʀaʒ] nm subtitling (NonC)

**sous-titre** [sutitʀ] nm [journal, livre] subheading, subhead; [film] subtitle

**sous-titrer** [sutitʀe] ▸ conjug 1 ◂ vt to subtitle ◆ **en version originale sous-titrée** in the original (version) with subtitles

**soustractif, -ive** [sustʀaktif, iv] adj subtractive

**soustraction** [sustʀaksjɔ̃] [→ SYN] nf a (Math) subtraction ◆ **faire la soustraction de** [+ somme] to take away, subtract ◆ **et il faut encore déduire les frais de réparation : faites la soustraction vous-même** and then you have to deduct repair costs – you can work it out for yourself ou you can do the sum yourself
b (frm = vol) removal, abstraction

**soustraire** [sustʀɛʀ] [→ SYN] ▸ conjug 50 ◂ [1] vt a (gén, Math = défalquer) to subtract, take away (*de* from)

**b** (frm) (= dérober) to remove, abstract; (= cacher) to conceal, shield (*à* from) ◆ **soustraire qn à la justice/à la colère de qn** to shield sb from justice/from sb's anger ◆ **soustraire à la compétence de** (Jur) to exclude from the jurisdiction of

**2** **se soustraire** vpr (frm) ◆ **se soustraire à** [+ devoir] to shirk; [+ obligation, corvée] to escape, shirk; [+ autorité] to elude, escape from; [+ curiosité] to conceal o.s. from, escape from; [+ regards, vue] to conceal o.s. from ◆ **se soustraire à la justice** to elude justice; (en s'enfuyant) to abscond ◆ **quelle corvée ! comment m'y soustraire ?** what a chore! how can I get out of it?

**sous-traitance** [sutʀɛtɑ̃s] nf subcontracting

**sous-traitant** [sutʀɛtɑ̃] nm subcontractor

**sous-traiter** [sutʀete] ▸ conjug 1 ◂ **1** vi [maître d'œuvre] to subcontract work or jobs, contract out work; [exécutant] to be subcontracted ◆ **son entreprise sous-traite pour une grosse société** his company does contract work for a big firm

**2** vt [+ affaire, tâche] to subcontract, contract out ◆ **cette marque sous-traite la fabrication des vêtements** this company contracts out or subcontracts clothes manufacturing

**sous-utiliser** [suzytilize] ▸ conjug 1 ◂ vt [+ capacités, réseau] to underuse

**sous-ventrière** [suvɑ̃tʀijɛʀ] nf [cheval] girth, bellyband ◆ **manger à s'en faire péter* la sous-ventrière** (fig) to stuff o.s.

**sous-verre** [suvɛʀ] nm (= encadrement) clip frame; (= image encadrée) clip-framed picture

**sous-vêtement** [suvɛtmɑ̃] → SYN nm item of underwear, undergarment ◆ **sous-vêtements** underwear

**sous-virer** [suviʀe] ▸ conjug 1 ◂ vi to understeer

**sous-vireur, -euse** [suviʀœʀ, øz] adj ◆ **voiture sous-vireuse** car which understeers

**soutache** [sutaʃ] nf (Couture) frog, braid

**soutacher** [sutaʃe] ▸ conjug 1 ◂ vt (Mil) to decorate with frogs

**soutane** [sutan] → SYN nf cassock, soutane ◆ **prendre la soutane** (fig) to enter the Church ◆ **la soutane** (péj = le clergé) priests, the cloth

**soute** [sut] nf [navire] hold ◆ **soute (à bagages)** [bateau, avion] baggage hold ◆ **soute à charbon** coal bunker ◆ **soute à munitions** ammunition store ◆ **soute à mazout** oil tank ◆ **soute à bombes** bomb bay

**soutenable** [sut(ə)nabl] → SYN adj opinion tenable, defensible ◆ **ce film est d'une violence difficilement soutenable** this film is almost unbearably violent

**soutenance** [sut(ə)nɑ̃s] nf (Univ) ◆ **soutenance de thèse** ≃ viva (voce) (Brit) defense (US)

**soutènement** [sutɛnmɑ̃] → SYN nm ◆ **travaux de soutènement** support(ing) works ◆ **ouvrage de soutènement** support(ing) structure ◆ **mur de soutènement** retaining or breast wall

**souteneur** [sut(ə)nœʀ] → SYN nm (= proxénète) pimp, procurer

**soutenir** [sut(ə)niʀ] GRAMMAIRE ACTIVE 13.2, 26.2, 26.5 → SYN ▸ conjug 22 ◂

**1** vt **a** (= servir d'appui à) [+ personne, toit, mur] to support, hold up; [médicament, traitement] to sustain ◆ **on lui a fait une piqûre pour soutenir le cœur** they gave him an injection to sustain his heart or to keep his heart going ◆ **ses jambes peuvent à peine le soutenir** his legs can hardly support him, he can hardly stand ◆ **prenez un peu d'alcool, cela soutient** have a little drink – it'll give you a lift* or keep you going

**b** (= aider) [+ gouvernement, parti, candidat] to support, back; [+ famille] to support ◆ **soutenir le franc/l'économie** to support or bolster the franc/the economy ◆ **elle soutient les enfants contre leur père** she takes the children's part or she stands up for the children against their father ◆ **son amitié/il les a beaucoup soutenus dans leur épreuve** his friendship/he was a real support or prop to them in their time of trouble, his friendship was something/he was someone for them to lean on in their time of trouble ◆ **soutenir le moral des troupes** to keep the troops' morale up or high

**c** (= faire durer) [+ attention, conversation, effort] to keep up, sustain; [+ réputation] to keep up, maintain

**d** (= résister à) [+ assaut, combat] to stand up to, withstand; [+ siège] to withstand; [+ regard] to bear, support ◆ **soutenir la comparaison avec** to bear or stand comparison with, compare (favourably) with

**e** (= affirmer) [+ opinion, doctrine] to uphold, support; (= défendre) [+ droits] to uphold, defend ◆ **soutenir sa thèse** (Univ) to attend or have one's viva (Brit), defend one's dissertation (US) ◆ **c'est une doctrine que je ne pourrai jamais soutenir** it is a doctrine which I shall never be able to support or uphold ◆ **elle soutient toujours le contraire de ce qu'il dit** she always maintains the opposite of what he says ◆ **il a soutenu jusqu'au bout qu'il était innocent** he maintained to the end that he was innocent ◆ **il m'a soutenu (mordicus) qu'il avait écrit*** he swore (blind) that he'd written

**2** **se soutenir** vpr **a** (= se maintenir) (sur ses jambes) to hold o.s. up, support o.s.; (dans l'eau) to keep (o.s.) afloat or up ◆ **il n'arrivait plus à se soutenir sur ses jambes** his legs could no longer support him, he could no longer stand

**b** (fig) **ça peut se soutenir** it's a tenable point of view ◆ **un tel point de vue ne peut se soutenir** a point of view like that is indefensible or untenable ◆ **l'intérêt se soutient jusqu'à la fin** the interest is kept up or sustained or maintained right to the end

**c** (= s'entraider) to stand by each other ◆ **dans la famille, ils se soutiennent tous** the family all stand by each other or stick together

**soutenu, e** [sut(ə)ny] → SYN (ptp de **soutenir**) adj (= châtié) style, langue formal, elevated; (= constant, assidu) attention, effort sustained, unflagging; travail sustained; (= intense) couleur strong; marché buoyant

**souterrain, e** [sutɛʀɛ̃, ɛn] → SYN **1** adj parking, laboratoire, autoroute, explosion underground; cours d'eau, galerie subterranean, underground; action, influence subterranean ◆ **économie souterraine** underground economy; → **passage**

**2** nm (= passage) (gén) underground or subterranean passage; (pour piétons) underpass, subway (Brit); (= cave) underground or subterranean room; (Archéol) souterrain

**soutien** [sutjɛ̃] GRAMMAIRE ACTIVE 11.1, 11.2, 13.2 → SYN nm **a** (= aide) support ◆ **soutien financier** financial backing ◆ **soutien logistique/moral** logistical/moral support ◆ **cours de soutien** (Scol) remedial course ◆ **soutien en français** extra teaching in French ◆ **apporter son soutien à qn/qch** to give sb/sth one's support ◆ **psychothérapie de soutien** supportive psychotherapy ◆ **unité de soutien** (Mil) support or reserve unit ◆ **tissus de soutien** (Bot) supporting tissues

**b** (= personne) support, prop; [parti] supporter ◆ **tu es mon seul soutien** you're my only support ◆ **l'un des soutiens du régime** one of the mainstays of the regime ◆ **être soutien de famille** (Admin) to be the main wage-earner in the family

**c** (= action) [voûte] supporting ◆ **soutien des prix** price support

**soutien-gorge**, pl **soutiens-gorge** [sutjɛ̃gɔʀʒ] → SYN nm bra ◆ **soutien-gorge d'allaitement** nursing bra

**soutier** [sutje] nm (Naut) coal-trimmer

**soutif**‡ [sutif] nm (abrév de **soutien-gorge**) bra

**soutirage** [sutiʀaʒ] nm [vin] decanting

**soutirer** [sutiʀe] → SYN ▸ conjug 1 ◂ vt **a** (= prendre) **soutirer qch à qn** [+ argent] to squeeze or get sth out of sb; [+ promesse] to extract sth from sb, worm sth out of sb

**b** [+ vin] to decant, rack

**soutra** [sutʀa] nm sutra

**souvenance** [suv(ə)nɑ̃s] → SYN nf (littér) recollection ◆ **avoir souvenance de** to recollect, have a recollection of ◆ **à ma souvenance** (frm) as I recall

**souvenir** [suv(ə)niʀ] GRAMMAIRE ACTIVE 21.2 → SYN

**1** nm **a** (= réminiscence) memory ◆ **souvenirs** (= mémoires écrits) memoirs ◆ **elle a gardé de lui un bon/mauvais souvenir** she has good/bad memories of him ◆ **j'ai gardé un souvenir ému de cette soirée** I have fond memories of that evening ◆ **ce n'est plus qu'un mauvais souvenir** it's just a bad memory now ◆ **je n'ai qu'un vague souvenir de l'incident/de l'avoir rencontré** I have only a vague or dim recollection of the incident/of having met him or of meeting him ◆ **raconter des souvenirs d'enfance/de guerre** to recount memories of one's childhood/of the war ◆ **si mes souvenirs sont exacts** if my memory serves me right or correctly, if memory serves ◆ **souvenir-écran** (Psych) screen memory

**b** (littér = fait de se souvenir) recollection, remembrance (littér) ◆ **avoir le souvenir de qch** to remember sth ◆ **garder** or **conserver le souvenir de qch** to remember sth, retain the memory of sth ◆ **perdre le souvenir de qch** to lose all recollection of sth ◆ **évoquer le souvenir de qn** to recall or evoke the memory of sb ◆ **je n'ai pas souvenir d'avoir ...** (frm) I have no recollection or memory of having ...

◆ **en souvenir de** [+ personne disparue] in memory or remembrance of; [+ occasion] in memory of ◆ **en souvenir du passé** for old times' sake

**c** (= objet à valeur sentimentale) keepsake, memento; (pour touristes, marque d'un événement) souvenir ◆ **photo souvenir** souvenir photo ◆ **garder qch comme souvenir (de qn)** to keep sth as a memento (of sb) ◆ **cette cicatrice est un souvenir de la guerre** this scar is a souvenir from the war ◆ **cette montre est un souvenir de famille** this watch is a family heirloom ◆ **boutique** or **magasin de souvenirs** souvenir shop

**d** (= formule de politesse) **amical** or **affectueux souvenir** yours (ever) ◆ **meilleur** or **amical souvenir de Rome** (sur une carte) greetings from Rome ◆ **mon bon souvenir à Jean, transmettez mon meilleur souvenir à Jean** remember me to Jean, (give my) regards to Jean ◆ **rappelez-moi au bon souvenir de votre mère** remember me to your mother, give my (kind) regards to your mother ◆ **croyez à mon fidèle souvenir** yours ever, yours sincerely

**2** **se souvenir** ▸ conjug 22 ◂ vpr to remember ◆ **se souvenir de qn** to remember sb ◆ **se souvenir de qch/d'avoir fait qch/que ...** to remember or recall or recollect sth/doing sth/that ... ◆ **il a plu tout l'été, tu t'en souviens ?** or **tu te souviens ?*** it rained all summer, do you remember?, it rained all summer, remember?* ◆ **elle lui a donné une leçon dont il se souviendra** she taught him a lesson he won't forget (in a hurry) ◆ **souvenez-vous qu'il est très puissant** bear in mind or remember that he is very powerful ◆ **souviens-toi de ta promesse !** remember your promise! ◆ **autant que je m'en souvienne ...** as or so far as I (can) remember ... ◆ **tu m'as fait me souvenir que ..., tu m'as fait souvenir que ...** (littér) you have reminded me that ... ◆ **je m'en souviendrai !** (menace) I won't forget!

**3** vb impers (littér) ◆ **il me souvient d'avoir entendu raconter cette histoire** I recollect or recall or remember having heard or hearing that story

**souvent** [suvɑ̃] → SYN adv often ◆ **le plus souvent, ça marche bien** more often than not it works well ◆ **il ne vient pas souvent nous voir** he doesn't come to see us often, he doesn't often come and see us ◆ **on se voit souvent ces derniers temps** we have seen a lot of each other recently ◆ **il se trompe plus souvent qu'à son tour** he's very often mistaken ◆ **bien souvent** very often ◆ **peu souvent** seldom

**souverain, e** [suv(ə)ʀɛ̃, ɛn] → SYN **1** adj **a** État, puissance sovereign; assemblée, cour, juge supreme ◆ **le souverain pontife** the Supreme Pontiff, the Pope

**b** (= suprême) sovereign ◆ **le souverain bien** the sovereign good ◆ **remède souverain contre qch** sovereign remedy against sth

**c** (intensif) mépris supreme

2 nm,f a (= monarque) sovereign, monarch ◆ **souverain absolu/constitutionnel** absolute/ constitutional monarch ◆ **la souveraine britannique** the British sovereign, the Queen
b (fig) sovereign ◆ **s'imposer en souverain** to reign supreme ◆ **la philosophie est la souveraine des disciplines de l'esprit** philosophy is the most noble ou the highest of the mental disciplines
3 nm a (Jur, Pol) **le souverain** the sovereign power
b (Hist Brit = monnaie) sovereign

**souverainement** [suv(ə)ʀɛnmɑ̃] → SYN adv a (= intensément) supremely ◆ **ça me déplaît souverainement** I dislike it intensely
b (= en tant que souverain) with sovereign power

**souveraineté** [suv(ə)ʀɛnte] → SYN nf sovereignty

**souverainiste** [suv(ə)ʀɛnist] adj, nmf (Can) Quebec separatist

**souvlaki** [suvlaki] nm souvlakia

**soviet** † [sɔvjɛt] nm soviet † ◆ **le Soviet suprême** the Supreme Soviet † ◆ **les Soviets** * (péj) the Soviets †

**soviétique** [sɔvjetik] 1 adj Soviet
2 **Soviétique** nmf Soviet citizen

**soviétisation** [sɔvjetizasjɔ̃] nf sovietization

**soviétiser** [sɔvjetize] ▸ conjug 1 ◂ vt to sovietize

**soviétologue** [sɔvjetɔlɔg] nmf Kremlinologist

**sovkhoze** [sɔvkoz] nm sovkhoz

**soya** [sɔja] nm ⇒ **soja**

**soyeux, -euse** [swajø, øz] → SYN 1 adj silky
2 nm silk manufacturer *(of Lyons)*, silk merchant *(of Lyons)*

**SPA** [ɛspea] nf (abrév de **Société protectrice des animaux**) ≃ R.S.P.C.A. (Brit), ≃ A.S.P.C.A. (US)

**spacieusement** [spasjøzmɑ̃] → SYN adv spaciously ◆ **spacieusement aménagé** spaciously laid out ◆ **nous sommes spacieusement logés** we have ample room where we are staying

**spacieux, -ieuse** [spasjø, jøz] → SYN adj spacious, roomy

**spadassin** [spadasɛ̃] → SYN nm (littér, † = mercenaire) hired killer ou assassin; († = bretteur) swordsman

**spadice** [spadis] nm spadix

**spaghetti** [spageti] nm ◆ **des spaghettis** spaghetti ◆ **spaghettis bolognaise** spaghetti Bolognaise ◆ **un spaghetti** a strand of spaghetti; → **western**

**spahi** [spai] nm (Hist, Mil) Spahi *(soldier of native cavalry corps of French army in North Africa)*

**spalax** [spalaks] nm mole rat

**spallation** [spalasjɔ̃] nf spallation

**sparadrap** [spaʀadʀa] nm Band-Aid ®, plaster (Brit)

**spardeck** [spaʀdɛk] nm spar deck

**sparganier** [spaʀganje] nm bur reed

**spart** [spaʀt] nm ⇒ **sparte**

**Spartacus** [spaʀtakys] nm Spartacus

**spartakisme** [spaʀtakism] nm Spartacism

**spartakiste** [spaʀtakist] nmf Spartacist

**Sparte** [spaʀt] n Sparta

**sparte** [spaʀt] nm esparto (grass)

**spartéine** [spaʀtein] nf sparteine

**sparterie** [spaʀt(ə)ʀi] nf (= objets) esparto goods

**spartiate** [spaʀsjat] → SYN 1 adj (Hist, fig) Spartan
2 nmf (Hist) ◆ **Spartiate** Spartan
3 **spartiates** nfpl (= chaussures) Roman sandals

**spasme** [spasm] → SYN nm spasm

**spasmodique** [spasmɔdik] adj spasmodic

**spasmolytique** [spasmɔlitik] adj, nm antispasmodic

**spasmophile** [spasmɔfil] 1 adj ≃ tetany (épith)
2 nmf ≃ person suffering from tetany

**spasmophilie** [spasmɔfili] nf ≃ tetany

**spasticité** [spastisite] nf spasticity

**spatangue** [spatɑ̃g] nm spatangoid

**spath** [spat] nm (Minér) spar ◆ **spath fluor** fluorspar, fluorite (US) ◆ **spath d'Islande** Iceland spar

**spathe** [spat] nf (Bot) spath

**spathique** [spatik] adj spathic

**spatial, e,** mpl **-iaux** [spasjal, jo] adj (opposé à temporel) spatial; (Espace) space (épith); → **combinaison, engin, station**

**spatialisation** [spasjalizasjɔ̃] nf spatialization

**spatialiser** [spasjalize] ▸ conjug 1 ◂ vt to spatialize

**spatialité** [spasjalite] nf spatiality

**spationaute** [spasjonot] → SYN 1 nm astronaut, spaceman
2 nf astronaut, spacewoman

**spationef** [spasjɔnɛf] → SYN nm spaceship, spacecraft

**spatiotemporel, -elle** [spasjotɑ̃pɔʀɛl] adj spatiotemporal

**spatule** [spatyl] nf a (= ustensile) [peintre, cuisinier] spatula ◆ **doigts en spatule** spatula-shaped fingers
b (= bout) [ski, manche de cuiller] tip
c (= oiseau) spoon-bill

**spatulé, e** [spatyle] adj spatulate

**speaker** [spikœʀ] → SYN nm (Radio, TV) (= annonceur) announcer; (= journaliste) newscaster, newsreader ◆ **le speaker** (Pol Brit et US) the Speaker

**speakerine** † [spikʀin] → SYN nf (Radio, TV) (= annonceuse) announcer; (= journaliste) newsreader, newscaster

**spécial, e,** mpl **-iaux** [spesjal, jo] → SYN 1 adj a (= spécifique) special ◆ **une (émission) spéciale élections** an election special ◆ **le prix spécial du jury** (Ciné) the special jury prize ◆ **crème spécial visage** face cream; → **édition, envoyé, service**
b (= bizarre) peculiar ◆ **il a des mœurs un peu spéciales** (euph) he's that way inclined * (euph) ◆ **il est très spécial** he's very peculiar ou odd ◆ **la cuisine japonaise, c'est spécial** Japanese food is not to everybody's taste
2 **spéciale** nf (= huître) top-quality oyster ◆ **(épreuve) spéciale** (Rallye) special stage

**spécialement** [spesjalmɑ̃] adv (= plus particulièrement) especially, particularly; (= tout exprès) specially ◆ **pas spécialement intéressant** not particularly ou especially interesting ◆ **tu es pressé ? – pas spécialement** * are you in a hurry? – not really ou especially ◆ **c'est très intéressant, spécialement vers la fin** it is very interesting, especially ou particularly towards the end ◆ **on l'a choisi spécialement pour ce travail** he was specially chosen for this job ◆ **spécialement construit pour cet usage** specially built for this purpose

**spécialisation** [spesjalizasjɔ̃] nf specialization ◆ **faire une spécialisation en qch** (Univ) to specialize in sth

**spécialisé, e** [spesjalize] (ptp de **spécialiser**) adj travail, personne, ouvrage, revue specialized ◆ **être spécialisé dans** [personne] to be a specialist in; [entreprise] to specialize in; → **ouvrier**

**spécialiser** [spesjalize] → SYN ▸ conjug 1 ◂ 1 **se spécialiser** vpr to specialize (*dans* in)
2 vt to specialize

**spécialiste** [spesjalist] → SYN nmf (gén, Méd) specialist ◆ **c'est un spécialiste de la gaffe** * he's always putting his foot in it * ◆ **lecteur/public non spécialiste** non-specialist reader/audience

**spécialité** [spesjalite] → SYN nf (gén, Culin) speciality (Brit), specialty (US); (Univ = branche) special field, specialism (Brit) ◆ **spécialité pharmaceutique** patent medicine ◆ **spécialité médicale** area of medical specialization ◆ **sa spécialité, c'est la chirurgie** he specializes in surgery ◆ **spécialités régionales** (Culin) regional specialties ◆ **"la spécialité du chef"** (Culin) "the chef's special ou speciality" ◆ **il est le meilleur dans sa spécialité** he's the best in his field ◆ **les gaffes, c'est sa spécialité** he's always putting his foot in it ◆ **il a la spécialité de faire ...** * he has a special ou particular knack of doing ..., he specializes in doing ...

**spéciation** [spesjasjɔ̃] nf speciation

**spécieusement** [spesjøzmɑ̃] adv speciously

**spécieux, -ieuse** [spesjø, jøz] → SYN adj specious

**spécification** [spesifikasjɔ̃] → SYN nf specification

**spécificité** [spesifisite] → SYN nf specificity

**spécifier** [spesifje] → SYN ▸ conjug 7 ◂ vt (= préciser) to specify, state; (= indiquer, mentionner) to state ◆ **veuillez spécifier le modèle que vous désirez** please specify the model that you require ◆ **en passant votre commande, n'oubliez pas de spécifier votre adresse** when placing your order, don't forget to state your address ◆ **a-t-il spécifié l'heure ?** did he specify ou state the time? ◆ **j'avais bien spécifié qu'il devait venir le matin** I had stated specifically that he should come in the morning

**spécifique** [spesifik] GRAMMAIRE ACTIVE 26.1 → SYN adj specific

**spécifiquement** [spesifikmɑ̃] adv (= tout exprès) specifically; (= typiquement) typically

**spécimen** [spesimɛn] → SYN nm (= échantillon, exemple) specimen; (= exemplaire publicitaire) specimen ou sample copy ◆ **spécimen de signature** specimen signature ◆ **c'est un drôle de spécimen** * (iro) he's an odd character ou a queer fish * (Brit)

**spéciosité** [spesjozite] → SYN nf speciosity

**spectacle** [spɛktakl] → SYN nm a (= vue, tableau) sight; (grandiose, magnifique) sight, spectacle ◆ **au spectacle de** at the sight of ◆ **se donner** ou **s'offrir en spectacle (à qn)** (péj) to make a spectacle ou an exhibition of o.s. (in front of sb) ◆ **une vieille dame qui assistait au spectacle de la foule/de la rue** an old lady who was watching the crowd/the bustle of the street
b (Ciné, Théât = représentation) show ◆ **le spectacle** (= branche) show business, show biz * ◆ **les arts du spectacle** the performing arts ◆ **"spectacles"** (= rubrique) "entertainment" ◆ **le spectacle va commencer** the show is about to begin ◆ **un spectacle lyrique** an opera ◆ **un spectacle dramatique** a play ◆ **spectacle de variétés** variety show ◆ **aller au spectacle** to go to a show ◆ **donner un spectacle** to put on a show ◆ **donner un spectacle de danse/marionnettes** to put on a dance/puppet show ◆ **l'industrie du spectacle** the entertainment(s) industry ◆ **film à grand spectacle** epic (film), blockbuster ◆ **procès-spectacle** show trial ◆ **politique-spectacle** showbiz politics; → **salle**

**spectaculaire** [spɛktakylɛʀ] → SYN adj spectacular

**spectaculairement** [spɛktakylɛʀmɑ̃] adv augmenter, améliorer, renforcer greatly

**spectateur, -trice** [spɛktatœʀ, tʀis] → SYN nm,f [événement, accident] onlooker, witness; [œuvre d'art] viewer; (Sport) spectator; (Ciné, Théât) member of the audience ◆ **les spectateurs** (Ciné, Théât) the audience ◆ **traverser la vie en spectateur** (fig) to go through life as an onlooker ou a spectator ◆ **allons-nous assister en spectateurs impuissants à cette horreur ?** are we just going to stand by helplessly and watch this horrific spectacle?

**spectral, e,** mpl **-aux** [spɛktʀal, o] adj a (= fantomatique) ghostly, spectral
b (Phys) spectral; → **analyse**

**spectre** [spɛktʀ] → SYN nm a (= fantôme) ghost; (fig) spectre (Brit), specter (US) ◆ **comme s'il avait vu un spectre** as if he'd seen a ghost ◆ **le spectre du chômage** the spectre of unemployment ◆ **brandir le spectre de la guerre civile** to raise the spectre of civil war
b (Phys) spectrum; (fig = éventail) [thèmes, partis politiques] spectrum ◆ **spectre d'absorption/de masse/de résonance** absorption/mass/resonance spectrum ◆ **spectre d'émission** emission spectrum ◆ **spectre solaire** solar spectrum
c (Pharm) spectrum ◆ **antibiotique à large spectre** broad-spectrum antibiotic

**spectrogramme** [spɛktʀɔgʀam] nm spectrogram

**spectrographe** [spɛktʀɔgʀaf] nm spectrograph

**spectrographie** [spɛktʀɔgʀafi] nf spectrography

**spectrohéliographe** [spɛktʀoeljɔgʀaf] nm spectroheliograph

**spectromètre** [spɛktʀɔmɛtʀ] nm spectrometer ◆ **spectromètre de masse** mass spectrometer

**spectrométrie** [spɛktʀɔmetʀi] nf spectrometry ◆ **spectrométrie de masse** mass spectrometry

**spectrophotomètre** [spɛktʀofɔtɔmɛtʀ] nm spectrophotometer

**spectroscope** [spɛktʀɔskɔp] nm spectroscope

**spectroscopie** [spɛktʀɔskɔpi] nf spectroscopy

**spectroscopique** [spɛktʀɔskɔpik] adj spectroscopic

**spéculaire** [spekylɛʀ] [1] adj (gén) specular ◆ **écriture/image spéculaire** mirror writing/image

[2] nf (Bot) Venus's looking-glass

**spéculateur, -trice** [spekylatœʀ, tʀis] → SYN nm,f speculator ◆ **spéculateur à la baisse** bear ◆ **spéculateur à la hausse** bull ◆ **spéculateur boursier/immobilier** stock-market/property (Brit) ou real-estate (US) speculator

**spéculatif, -ive** [spekylatif, iv] → SYN adj (Fin, Philos) speculative

**spéculation** [spekylasjɔ̃] → SYN nf (gén) speculation ◆ **spéculation à la baisse/à la hausse** bear/bull operation ◆ **spéculation boursière/immobilière** stock-market/property (Brit) ou real-estate (US) speculation ◆ **ce ne sont que des spéculations (hasardeuses)** it's pure speculation ou conjecture ◆ **cela a relancé les spéculations sur l'éventualité d'un accord** this prompted new speculation about the possibility of an agreement

**spéculer** [spekyle] → SYN ▸ conjug 1 ◂ vi **a** (Bourse) to speculate (*sur* in) ◆ **spéculer à la hausse/à la baisse** to bull/bear

**b** (Philos) to speculate (*sur* on, about) ◆ **spéculer sur** (fig = tabler sur) to bank on, rely on

**spéculoos, spéculos** [spekylos] nm (Belg) brown-sugar biscuit

**spéculum** [spekylɔm] nm speculum

**speech** * [spitʃ] → SYN nm (= laïus) speech ◆ **faire un speech** to make a speech ◆ **elle nous a fait son speech sur le machisme** she gave us her speech ou spiel * on male chauvinism

**speed** * [spid] [1] adj (= agité) hyper * ◆ **elle est très speed** she's really hyper *

[2] nm (arg Drogue) speed

**speedé, e** * [spide] adj (= agité) hyper *, hyped up *

**speeder** * [spide] ▸ conjug 1 ◂ vi **a** **elle speede tout le temps** (= va vite) she just never stops; (= est hyperactive) she's really hyper *

**b** (= se droguer) to take speed

**speiss** [spɛs] nm speiss

**spéléo** * [speleo] [1] nf (abrév de **spéléologie**)

[2] nmf (abrév de **spéléologue**)

**spéléologie** [speleɔlɔʒi] nf (= étude) speleology; (= exploration) caving, potholing (Brit), spelunking (US)

**spéléologique** [speleɔlɔʒik] adj recherche speleological; expédition caving (épith), potholing (Brit) (épith), spelunking (US) (épith)

**spéléologue** [speleɔlɔg] nmf (= spécialiste) speleologist; (= explorateur) caver, potholer (Brit), spelunker (US)

**spencer** [spɛnsœʀ] nm short jacket, spencer; (Mil) mess jacket

**spéos** [speos] nm speos

**spergule** [spɛʀgyl] nf spurr(e)y

**spermaceti** [spɛʀmaseti] nm spermaceti

**spermaphytes** [spɛʀmafit] nmpl ◆ **les spermaphytes** sperm(at)ophytes, the Spermatophyta (SPÉC)

**spermatide** [spɛʀmatid] nf spermatid

**spermatie** [spɛʀmasi, spɛʀmati] nf spermatium

**spermatique** [spɛʀmatik] adj spermatic ◆ **cordon spermatique** spermatic cord

**spermatocyte** [spɛʀmatɔsit] nm spermatocyte

**spermatogénèse** [spɛʀmatɔʒenɛz] nf spermatogenesis

**spermatogonie** [spɛʀmatɔgɔni] nf spermatogonium

**spermatophytes** [spɛʀmatɔfit] nmpl ⇒ **spermaphytes**

**spermatozoïde** [spɛʀmatɔzɔid] → SYN nm sperm, spermatozoon

**sperme** [spɛʀm] → SYN nm semen, sperm

**spermicide** [spɛʀmisid] [1] adj spermicide (épith), spermicidal

[2] nm spermicide

**spermogramme** [spɛʀmɔgʀam] nm semen analysis

**spermophile** [spɛʀmɔfil] nm spermophile

**sphacèle** [sfasɛl] nm sphacelus

**sphagnales** [sfagnal] nfpl ◆ **les sphagnales** sphagna, the Sphagnales (SPÉC)

**sphaigne** [sfɛɲ] nf peat ou bog moss

**sphénoïdal, e,** mpl **-aux** [sfenɔidal, o] adj sphenoid(al)

**sphénoïde** [sfenɔid] nm sphenoid bone

**sphère** [sfɛʀ] → SYN nf (Astron, fig) sphere ◆ **sphère céleste/terrestre** celestial/terrestrial sphere ◆ **sphère d'influence/d'activité** sphere of influence/of activity ◆ **dans toutes les sphères de la vie privée/publique** in all spheres of private/public life ◆ **les hautes sphères de l'État** the higher ou highest echelons ou levels of government ◆ **il évolue dans les hautes sphères** he moves in influential circles

**sphéricité** [sfeʀisite] nf sphericity

**sphérique** [sfeʀik] → SYN adj spherical; → **calotte**

**sphéroïdal, e,** mpl **-aux** [sfeʀɔidal, o] adj spheroidal

**sphéroïde** [sfeʀɔid] nm spheroid

**sphéromètre** [sfeʀɔmɛtʀ] nm spherometer

**sphex** [sfɛks] nm sphex

**sphincter** [sfɛ̃ktɛʀ] nm sphincter

**sphinctérien, -ienne** [sfɛ̃kteʀjɛ̃, jɛn] adj sphincteral

**sphinge** [sfɛ̃ʒ] nf sphinx

**sphinx** [sfɛ̃ks] nm **a** (Art, Myth, fig) sphinx ◆ **le Sphinx** (Myth) the Sphinx ◆ **sourire de sphinx** sphinx-like smile

**b** (Zool) hawkmoth (Brit), sphinx moth (US)

**sphygmomanomètre** [sfigmomanɔmɛtʀ] nm sphygmomanometer

**sphyrène** [sfiʀɛn] nf sphyrna

**spi** [spi] nm ⇒ **spinnaker**

**spic** [spik] nm spike lavender

**spica** [spika] nm spica

**spicilège** [spisilɛʒ] nm spicilege

**spicule** [spikyl] nm **a** (Bio) spicule, spiculum

**b** (Astron) spicule

**spider** [spidɛʀ] nm (= voiture) spider (phaeton); (= coffre) spider

**spiegel** [spigœl, ʃpigœl] nm spiegeleisen

**spin** [spin] nm (Phys) spin

**spina-bifida** [spinabifida] nm inv spina bifida

**spinal, e,** mpl **-aux** [spinal, o] adj spinal

**spinelle** [spinɛl] nm spinel

**spinnaker** [spinakɛʀ] nm spinnaker

**spinosisme** [spinozism] nm ⇒ **spinozisme**

**spinozisme** [spinozism] nm Spinozism

**spiracle** [spiʀakl] nm spiracle

**spiral, e,** mpl **-aux** [spiʀal, o] [1] adj spiral

[2] nm ◆ **(ressort) spiral** hairspring

[3] **spirale** nf spiral ◆ **s'élever/tomber en spirale** to spiral up(wards)/down(wards) ◆ **la spirale de l'inflation** ou **inflationniste** the inflationary spiral; → **cahier**

**spiralé, e** [spiʀale] adj spiral (épith)

**spirante** [spiʀɑ̃t] adj f, nf ◆ **(consonne) spirante** spirant, fricative

**spire** [spiʀ] nf [hélice, spirale] (single) turn; [coquille] whorl; [ressort] spiral

**spirée** [spiʀe] nf spiraea (Brit), spirea (US)

**spirifer** [spiʀifɛʀ] nm spire bearer, spirifer (SPÉC)

**spirille** [spiʀij] nm spirillum

**spirillose** [spiʀiloz] nf spirillosis

**spirite** [spiʀit] adj, nmf spiritualist

**spiritisme** [spiʀitism] nm spiritualism

**spiritualisation** [spiʀitɥalizasjɔ̃] nf spiritualization

**spiritualiser** [spiʀitɥalize] ▸ conjug 1 ◂ vt to spiritualize

**spiritualisme** [spiʀitɥalism] → SYN nm spiritualism

**spiritualiste** [spiʀitɥalist] → SYN [1] adj spiritualist(ic)

[2] nmf spiritualist

**spiritualité** [spiʀitɥalite] → SYN nf spirituality

**spirituel, -elle** [spiʀitɥɛl] → SYN adj **a** (= vif, fin) personne, remarque witty

**b** (Philos, Rel) chef, maître, père, fils, pouvoir spiritual ◆ **musique spirituelle** sacred music ◆ **concert spirituel** concert of sacred music ◆ **le spirituel et le temporel** the spiritual and the temporal

**spirituellement** [spiʀitɥɛlmɑ̃] adv **a** remarquer wittily

**b** (Philos, Rel) spiritually

**spiritueux, -euse** [spiʀitɥø, øz] → SYN [1] adj spirituous

[2] nm spirit ◆ **les spiritueux** spirits

**spirochète** [spiʀɔkɛt] nm spirochaete (Brit), spirochete (US)

**spirochétose** [spiʀɔketoz] nf spirochaetosis (Brit), spirochetosis (US)

**spirographe** [spiʀɔgʀaf] nm spirographis

**spiroïdal, e,** mpl **-aux** [spiʀɔidal, o] adj spiroid

**spiromètre** [spiʀɔmɛtʀ] nm spirometer

**spirorbe** [spiʀɔʀb] nm spirorbis

**spitant, e** [spitɑ̃, ɑ̃t] adj **a** (Belg = pétillant) eau sparkling (épith)

**b** (= vif) esprit keen, quick

**splanchnique** [splɑ̃knik] adj splanchnic

**spleen** [splin] → SYN nm (littér) melancholy, spleen †† ◆ **avoir le spleen** to feel melancholy

**splendeur** [splɑ̃dœʀ] → SYN nf **a** [paysage, réception, résidence] magnificence, splendour (Brit), splendor (US) ◆ **ce tapis est une splendeur** this carpet is quite magnificent ◆ **les splendeurs de l'art africain** the splendours of African art ◆ **quelle splendeur !** it's magnificent!

**b** (= gloire) glory, splendour (Brit), splendor (US) ◆ **du temps de sa splendeur** in the days of its (ou his etc ) glory ou splendour ◆ **dans toute sa/leur splendeur** (iro) in all its/their splendour ou glory

**c** (littér = éclat, lumière) brilliance, splendour (Brit), splendor (US)

**splendide** [splɑ̃did] → SYN adj temps, journée splendid, gorgeous, glorious; soleil glorious; réception, résidence, spectacle splendid, magnificent; femme magnificent, gorgeous ◆ **splendide isolement** splendid isolation ◆ **tu as un teint** ou **une mine splendide** you look wonderful

**splendidement** [splɑ̃didmɑ̃] adv splendidly, magnificently

**splénectomie** [splenɛktɔmi] nf splenectomy

**splénétique** † [splenetik] adj (littér) splenetic

**splénique** [splenik] adj splenic

**splénomégalie** [splenomegali] nf splenomegaly

**spoiler** [spɔjlɛʀ] nm (Aut) spoiler

**spoliateur, -trice** [spɔljatœʀ, tʀis] [1] adj loi spoliatory

[2] nm,f despoiler

**spoliation** [spɔljasjɔ̃] → SYN nf despoilment (*de* of)

**spolier** [spɔlje] → SYN ▸ conjug 7 ◂ vt to despoil (*de* of)

**spondaïque** [spɔ̃daik] adj spondaic

**spondée** [spɔ̃de] nm spondee

**spondylarthrite** [spɔ̃dilaʀtʀit] nf spondylarthritis

**spondyle** [spɔ̃dil] nm spondylus

**spondylite** [spɔ̃dilit] nf spondylitis

**spongiaires** [spɔ̃ʒjɛʀ] nmpl ◆ **les spongiaires** sponges, the Porifera (SPÉC)

**spongieux, -ieuse** [spɔ̃ʒjø, jøz] → SYN adj (gén, Anat) spongy

**spongiforme** [spɔ̃ʒifɔʀm] adj spongiform

**spongille** [spɔ̃ʒil] nf spongilla

**sponsor** [spɔ̃sɔʀ] → SYN nm sponsor

**sponsorisation** [spɔ̃sɔʀizasjɔ̃] nf sponsoring

**sponsoriser** [spɔ̃sɔʀize] ▸ conjug 1 ◂ vt to sponsor ◆ **se faire sponsoriser par une société** to get sponsorship from a company

**spontané, e** [spɔ̃tane] → SYN adj (gén) spontaneous; candidature, témoignage unsolicited; → **génération**

**spontanéisme** [spɔ̃taneism] nm *belief in political revolution by spontaneous action*

**spontanéiste** [spɔ̃taneist] 1 adj *believing in political revolution by spontaneous action*
2 nmf *believer in political revolution by spontaneous action*

**spontanéité** [spɔ̃taneite] → SYN nf spontaneity

**spontanément** [spɔ̃tanemɑ̃] → SYN adv spontaneously

**Sporades** [spɔʀad] nfpl ◆ **les Sporades** the Sporades

**sporadicité** [spɔʀadisite] nf sporadic nature ou occurrence

**sporadique** [spɔʀadik] → SYN adj sporadic

**sporadiquement** [spɔʀadikmɑ̃] adv sporadically

**sporange** [spɔʀɑ̃ʒ] nm spore case, sporangium (SPÉC)

**spore** [spɔʀ] → SYN nf spore

**sporogone** [spɔʀɔgɔn] nm sporogonium

**sporophyte** [spɔʀɔfit] nm [spores] sporophyte

**sporotriche** [spɔʀɔtʀiʃ] nm Sporotrichium

**sporotrichose** [spɔʀɔtʀikoz] nf sporotrichosis

**sporozoaires** [spɔʀɔzɔɛʀ] nmpl ◆ **les sporozoaires** sporozans, the Sporozoa (SPÉC)

**sport** [spɔʀ] → SYN 1 nm **a** (= activité) sport ◆ **faire du sport** to do sport ◆ **sport individuel/d'équipe** ou **collectif** individual/team sport ◆ **sport amateur/professionnel** amateur/professional sport ◆ **sport en salle/de plein air** indoor/outdoor sport ◆ **sport de compétition/de combat** competitive/combat sport ◆ **sport de loisir** recreational sport ◆ **les sports d'hiver** winter sports ◆ **aller aux sports d'hiver** to go on a winter sports holiday ◆ **sports nautiques/mécaniques** water/motor sports ◆ **sport olympique** Olympic sport ◆ **sport cérébral** mental exercise ◆ **la corruption/la fraude fiscale est devenue un véritable sport national** corruption/tax fraud has become a national pastime ◆ **(section) sport-études** (Scol) *special course in secondary school for athletically-gifted pupils* ◆ **de sport** vêtements, terrain, voiture sports (épith)
**b** (* = action) **il va y avoir du sport !** we're going to see some fun! * ou action! * ◆ **faire ça, c'est vraiment du sport** it's no picnic * ◆ **faire qch pour le sport** to do sth for the hell of it *
2 adj inv **a** (= décontracté) vêtement, coupe casual
**b** († = chic, fair-play) sporting, fair

**sportif, -ive** [spɔʀtif, iv] 1 adj **a** épreuve, journal, résultats sports (épith); pêche, marche competitive (épith) ◆ **pratiquer une activité sportive** to play ou practise a sport
**b** personne, jeunesse athletic, fond of sports (attrib); allure, démarche athletic ◆ **elle a une conduite sportive** she handles a car like a rally driver
**c** attitude, mentalité, comportement sporting, sportsmanlike ◆ **faire preuve d'esprit sportif** to be sportsmanlike
2 nm sportsman
3 **sportive** nf sportswoman

**sportivement** [spɔʀtivmɑ̃] adv sportingly

**sportivité** [spɔʀtivite] nf sportsmanship

**sportswear** [spɔʀtswɛʀ] adj inv, nm ⇒ **sportwear**

**sportule** [spɔʀtyl] nf sportula

**sportwear** [spɔʀtwɛʀ] 1 adj inv sportswear (épith)
2 nm sportswear

**sporulation** [spɔʀylasjɔ̃] nf sporulation

**sporuler** [spɔʀyle] ▸ conjug 1 ◂ vi to sporulate

**spot** [spɔt] → SYN 1 nm **a** (Phys) light spot; (Élec) scanning spot; [radar] blip
**b** (= lampe, Ciné, Théât) spotlight, spot
**c** (= publicité) **spot (publicitaire)** commercial, advert * (Brit), ad *
2 adj inv (Écon) crédit, marché, prix spot (épith)

**spoule** [spul] nm (Ordin) spool

**spoutnik** [sputnik] nm sputnik

**sprat** [spʀat] nm sprat

**spray** [spʀɛ] nm (= aérosol) spray, aerosol ◆ **déodorant en spray** spray(-on) deodorant

**springbok** [spʀiŋbɔk] nm springbok

**springer** [spʀiŋgɛʀ] nm springer (spaniel)

**sprint** [spʀint] → SYN nm (de fin de course) (final) sprint, final spurt; (= épreuve) sprint ◆ **battu au sprint (final)** beaten in the (final) sprint; → **piquer 1f**

**sprinter**[1] [spʀinte] → SYN ▸ conjug 1 ◂ vi to sprint; (en fin de course) to put on a final spurt

**sprinter**[2] [spʀintœʀ] → SYN nm, **sprinteur, -euse** [spʀintœʀ, øz] nm,f sprinter; (en fin de course) fast finisher

**sprue** [spʀy] nf sprue

**spumescent, e** [spymesɑ̃, ɑ̃t] adj spumescent

**spumeux, -euse** [spymø, øz] → SYN adj spumous, spumy

**spumosité** [spymozite] nf spumescence

**squale** [skwal] → SYN nm shark

**squame** [skwam] → SYN nf (Méd) scale, squama (SPÉC)

**squamé, e** [skwame] 1 adj squamate
2 nmpl ◆ **les squamés** the Squamata (SPÉC)

**squameux, -euse** [skwamø, øz] adj (Méd) squamous, squamose; (littér) scaly

**squamifère** [skwamifɛʀ] adj squamulose

**squamule** [skwamyl] nf squamula

**square** [skwaʀ] → SYN nm public garden(s)

**squash** [skwaʃ] nm squash ◆ **faire du squash** to play squash

**squat** * [skwat] nm (= logement) squat

**squatine** [skwatin] nm ou f angelfish, squatina (SPÉC)

**squatter**[1] [skwatœʀ] nm squatter

**squatter**[2] [skwate], **squattériser** [skwateʀize] ▸ conjug 1 ◂ vt (= loger) to squat (in)

**squatteur** [skwatœʀ] nm ⇒ **squatter**[1]

**squaw** [skwo] nf squaw

**squeezer** [skwize] ▸ conjug 1 ◂ vt **a** (au bridge) to squeeze
**b** (* = évincer) to bypass

**squelette** [skəlɛt] → SYN nm (lit, fig) skeleton ◆ **après sa maladie, c'était un vrai squelette** after his illness he was just a bag of bones ou he was like a skeleton ◆ **c'est un squelette ambulant** * he's a walking skeleton ◆ **un squelette dans le placard** * (= scandale) a skeleton in the cupboard (Brit) ou closet (US)

**squelettique** [skəletik] → SYN adj personne, arbre scrawny; exposé sketchy, skimpy; (Anat) skeletal ◆ **d'une maigreur squelettique** all skin and bone ◆ **il est squelettique** he's an absolute skeleton, he's all skin and bone ◆ **des effectifs squelettiques** a skeleton staff

**squille** [skij] nf mantis crab

**squirre** [skiʀ] nm scirrhus

**squirreux, -euse** [skiʀø, øz] adj scirrhous

**squirrhe** [skiʀ] nm ⇒ **squirre**

**squirrheux, -euse** [skiʀø, øz] adj ⇒ **squirreux, -euse**

**Sri Lanka** [sʀilɑ̃ka] nm Sri Lanka

**sri-lankais, e** [sʀilɑ̃kɛ, ɛz] 1 adj Sri-Lankan
2 **Sri-Lankais(e)** nm,f Sri-Lankan

**SRPJ** [ɛsɛʀpeʒi] nm (abrév de **service régional de la police judiciaire**) ≃ regional crime squad, ≃ CID (Brit)

**S.S.** [ɛsɛs] 1 nf **a** (abrév de **Sécurité sociale**) → **sécurité**
**b** (abrév de **Sa Sainteté**) HH
2 nm (= soldat) SS man

**SSII** [ɛsɛsii] nf (abrév de **société de service et d'ingénierie en informatique**) computer engineering and maintenance company

**St** (abrév de **Saint**) St

**stabilisant** [stabilizɑ̃] nm (Chim) stabilizer

**stabilisateur, -trice** [stabilizatœʀ, tʀis] 1 adj stabilizing
2 nm (Tech) [véhicule] anti-roll device; [navire, vélo] stabilizer; [avion] (horizontal) tailplane; (vertical) fixed fin; (Chim : pour aliments) stabilizer

**stabilisation** [stabilizasjɔ̃] → SYN nf stabilization

**stabiliser** [stabilize] → SYN ▸ conjug 1 ◂ 1 vt [+ situation, prix] to stabilize; [+ terrain] to consolidate ◆ **à 90 km/h en vitesse stabilisée** (Aut) at a constant 90 km/h; → **accotement**
2 **se stabiliser** vpr [situation, prix, cours] to stabilize, become stabilized; [courbe de graphe] to plateau; [personne] (physiquement) to find one's balance; (dans la vie) to settle down

**stabilité** [stabilite] → SYN nf stability ◆ **stabilité des prix** price stability ◆ **stabilité monétaire/économique/politique** monetary/economic/political stability

**stable** [stabl] → SYN adj monnaie, gouvernement, personne (Chim, Phys) stable; position, échelle stable, steady ◆ **stable sur ses jambes** steady on one's legs

**stabulation** [stabylasjɔ̃] nf [bétail] stalling; [chevaux] stabling; [poissons] storing in tanks

**staccato** [stakato] 1 adv staccato
2 nm staccato passage

**stade** [stad] → SYN nm **a** (sportif) stadium
**b** (= période, étape) stage ◆ **à ce stade** at this stage ◆ **à ce stade de la maladie** at this stage in the development of the disease ◆ **il en est resté au stade de l'adolescence** he never got beyond adolescence ou the adolescent phase ◆ **stade oral/anal/génital** (Psych) oral/anal/genital stage

**stadia** [stadja] nm stadia

**staff**[1] [staf] → SYN nm **a** (= personnel) staff
**b** (Méd = réunion de travail) staff meeting

**staff**[2] [staf] nm (= plâtre) staff

**staffer** [stafe] ▸ conjug 1 ◂ vt to build in staff

**staffeur** [stafœʀ] nm plasterer *(working in staff)*

**stage** [staʒ] GRAMMAIRE ACTIVE 19.1 → SYN nm (= période) training period, internship (US); (= cours) training course; [avocat] articles ◆ **stage de perfectionnement** advanced training course ◆ **stage de formation (professionnelle)** vocational (training) course ◆ **stage en entreprise** work experience scheme ou placement ◆ **stage d'insertion (professionnelle)** *training scheme for the young unemployed to help them find work* ◆ **stage de réinsertion** retraining course ◆ **stage qualifiant** certificate course ◆ **stage-parking** * useless training course ◆ **stage d'initiation** introductory course ◆ **stage pédagogique** teaching practice ◆ **il a fait son stage chez Maître Legrand** he did his articles in Mr Legrand's practice ou under Mr Legrand ◆ **faire** ou **suivre un stage** to undergo a period of training, go on a (training) course ◆ **faire un stage d'informatique** (gén) to go on a computing course; (sur son lieu de travail) to have in-service ou in-house training in computing

**stagflation** [stagflasjɔ̃] nf stagflation

**stagiaire** [staʒjɛʀ] 1 nmf trainee, intern (US)
2 adj trainee (épith) ◆ **professeur stagiaire** student ou trainee teacher

**stagnant, e** [stagnɑ̃, ɑ̃t] → SYN adj (lit, fig) stagnant

**stagnation** [stagnasjɔ̃] → SYN nf (lit, fig) stagnation ◆ **marché en stagnation** stagnating market

**stagner** [stagne] → SYN ▸ conjug 1 ◂ vi (lit, fig) to stagnate

**stakhanovisme** [stakanɔvism] nm Stakhanovism

**stakhanoviste** [stakanɔvist] 1 adj Stakhanovist
2 nmf Stakhanovite

**stalactite** [stalaktit] → SYN nf stalactite

**stalag** [stalag] nm stalag

**stalagmite** [stalagmit] nf stalagmite

**stalagmomètre** [stalagmɔmɛtʀ] nm stalagmometer

**stalagmométrie** [stalagmɔmetʀi] nf stalagmometry

**Staline** [stalin] nm Stalin

**stalinien, -ienne** [stalinjɛ̃, jɛn] adj, nm,f Stalinist

**stalinisme** [stalinism] nm Stalinism

**stalle** [stal] → SYN nf [cheval] stall, box; (Rel) stall

**staminal, e,** mpl **-aux** [staminal, o] adj staminal

**staminé, e** [stamine] adj ♦ **fleur staminée** staminate flower

**staminifère** [staminifɛʀ] adj staminate

**stance** [stɑ̃s] → SYN nf (†= strophe) stanza ♦ **stances** (= poème) *type of verse form (of lyrical poem)*

**stand** [stɑ̃d] → SYN nm [exposition] stand; [foire] stall ♦ **stand (de tir)** [foire] (Sport) shooting range; (Mil) firing range ♦ **stand de ravitaillement** (Sport) pit

**standard**[1] [stɑ̃daʀ] → SYN nm (Téléc) switchboard

**standard**[2] [stɑ̃daʀ] → SYN 1 nm a (= norme) standard ♦ **standard de vie** standard of living
b (Mus) (jazz) standard
2 adj inv (Comm, Tech) standard (épith); → **échange**

**standardisation** [stɑ̃daʀdizasjɔ̃] → SYN nf standardization

**standardiser** [stɑ̃daʀdize] → SYN ▸ conjug 1 ◂ vt to standardize

**standardiste** [stɑ̃daʀdist] nmf switchboard operator ♦ **demandez à la standardiste** ask the operator

**stand-by** [stɑ̃dbaj] → SYN 1 adj inv stand-by (épith) ♦ **en stand-by** on stand-by
2 nm inv stand-by passenger

**standing** [stɑ̃diŋ] → SYN nm standing ♦ **immeuble de grand standing** block of luxury flats (Brit) ou apartments (US)

**stanneux, -euse** [stanø, øz] adj stannous

**stannifère** [stanifɛʀ] adj stanniferous

**stannique** [stanik] adj stannic

**staphisaigre** [stafizɛgʀ] → SYN nf stavesacre

**staphylier** [stafilje] nm bladdernut

**staphylin**[1] [stafilɛ̃] nm (Zool) rove beetle

**staphylin**[2], **e** [stafilɛ̃, in] adj uvular

**staphylo** * [stafilo] nm (abrév de **staphylocoque**) staph *

**staphylococcie** [stafilɔkɔksi] nf staphylococcia

**staphylococcique** [stafilɔkɔksik] adj staphylococcal

**staphylocoque** [stafilɔkɔk] nm staphylococcus ♦ **staphylocoque doré** staphylococcus aureus

**staphylome** [stafilom] nm staphyloma

**star** [staʀ] → SYN nf (Ciné) star ♦ **star médiatique** media star ♦ **c'est une star du journalisme/de la politique** he's (ou she's) a big name in journalism/in politics ♦ **star du tennis** top name in tennis, star tennis player

**starets** [staʀɛts] nm inv starets sg

**starie** [staʀi] nf ♦ **jours de starie** lay days

**starisation** [staʀizasjɔ̃] nf ♦ **il refuse la starisation** he refuses to be made into a star

**stariser** * [staʀize] ▸ conjug 1 ◂ vt to make into a star, lionize

**starking** [staʀkiŋ] nf starking (apple)

**starlette** [staʀlɛt] → SYN nf starlet

**staroste** [staʀɔst] nm starost

**star-system,** pl **star-systems** [staʀsistɛm] nm star system

**START** [staʀt] (abrév de **Strategic Arms Reduction Talks**) START

**starter** [staʀtɛʀ] → SYN nm a (Aut) choke ♦ **mettre le starter** to pull the choke out ♦ **marcher au starter** to run with the choke out ♦ **starter automatique** automatic choke
b (Sport) starter

**starting-block,** pl **starting-blocks** [staʀtiŋblɔk] nm starting block ♦ **être dans les starting-blocks** to be on the starting blocks

**starting-gate,** pl **starting-gates** [staʀtiŋgɛt] nm starting gate

**start-up** [staʀtœp] nf inv (= entreprise) start-up

**stase** [stɑz] → SYN nf stasis

**stat** * [stat] nf (abrév de **statistique**) stat * ♦ **faire des stats** to do stats *

**statère** [statɛʀ] nm stater

**stathouder** [statudɛʀ] nm stad(t)holder

**stathoudérat** [statudeʀa] nm stad(t)holdership, stad(t)holderate

**statice** [statis] nm sea lavender, statice

**statif** [statif] nm [microscope] stand

**station** [stasjɔ̃] → SYN nf a (= lieu d'arrêt) **station (de métro)** (underground (Brit) ou subway (US)) station ♦ **station (d'autobus)** (bus) stop ♦ **station (de chemin de fer)** halt ♦ **station de taxis** taxi rank
b (= poste, établissement) station ♦ **station d'observation/de recherches** observation/research station ♦ **station agronomique/météorologique** agricultural research/meteorological station ♦ **station d'épuration** water-treatment plant ♦ **station de pompage** pumping station ♦ **station géodésique** geodesic ou geodetic station ♦ **station d'émission** ou **émettrice** transmitting station ♦ **station (de) radar** radar tracking station ♦ **station de radio** radio station ♦ **station spatiale/orbitale** space/orbiting station ♦ **station d'essence** service ou filling station, petrol (Brit) ou gas (US) station ♦ **station de lavage** carwash
c (= site) site; (Bot, Zool) station ♦ **station préhistorique** prehistoric site ♦ **une station de gentianes** (Bot) a gentian station
d (de vacances) resort ♦ **station balnéaire/climatique** sea ou seaside/health resort ♦ **station de ski** ou **de sports d'hiver** winter sports ou (winter) ski resort ♦ **station de montagne** ou **d'altitude** mountain resort ♦ **station thermale** thermal spa
e (= posture) posture, stance ♦ **station verticale** upright position ♦ **la station debout lui est pénible** he finds standing upright painful
f (= halte) stop ♦ **faire des stations prolongées devant les vitrines** to linger in front of the shop windows
g (Rel) station ♦ **les stations de la Croix** the Stations of the Cross
h (Marine) station
i (Astron) stationary point
j (Ordin) **station d'accueil** docking station ♦ **station de travail** workstation

**stationnaire** [stasjɔnɛʀ] → SYN 1 adj stationary ♦ **son état est stationnaire** (Méd) his condition is stable ♦ **ondes stationnaires** (Phys) standing waves ♦ **l'hélicoptère était en vol stationnaire** the helicopter was hovering overhead
2 nm (Naut) station ship

**stationnement** [stasjɔnmɑ̃] → SYN nm a [véhicule] parking ♦ **stationnement alterné** parking on alternate sides ♦ **stationnement bilatéral/unilatéral** parking on both sides/on one side only ♦ **"stationnement gênant"** "limited parking" ♦ **"stationnement réglementé"** "restricted parking" ♦ **"stationnement interdit"** "no parking", "no waiting"; (sur autoroute) "no stopping" ♦ **"stationnement payant"** (avec parcmètres) "meter zone"; (avec tickets) "parking with ticket only" ♦ **en stationnement** véhicule parked; (Mil) stationed; → **disque, feu**[1]
b (Can = parking) car park (Brit), parking lot (US)

**stationner** [stasjɔne] → SYN ▸ conjug 1 ◂ vi a (= être garé) to be parked; (= se garer) to park
b (= rester sur place) [personne] to stay, remain
c (Mil) **armes nucléaires/troupes stationnées en Europe** nuclear weapons/troops stationed in Europe

**station-service,** pl **stations-service(s)** [stasjɔ̃sɛʀvis] nf service ou filling station, petrol (Brit) ou gas (US) station

**statique** [statik] → SYN 1 adj static
2 nf statics sg

**statiquement** [statikmɑ̃] adv statically

**statisme** [statism] nm stasis

**statisticien, -ienne** [statistisjɛ̃, jɛn] nm,f statistician

**statistique** [statistik] → SYN 1 nf (= science) ♦ **la statistique** statistics sg ♦ **des statistiques** (= données) statistics ♦ **une statistique** a statistic
2 adj statistical ♦ **données statistiques** statistical data

**statistiquement** [statistikmɑ̃] adv statistically

**stator** [statɔʀ] nm stator

**statuaire** [statɥɛʀ] → SYN 1 nf statuary
2 adj statuary
3 nm (littér) sculptor

**statue** [staty] → SYN nf statue ♦ **rester immobile comme une statue** to stand as still as a statue, stand stock-still ♦ **elle était la statue du désespoir** she was the picture of despair ♦ **changé en statue de sel** (Bible) turned into a pillar of salt; (fig) transfixed, rooted to the spot

**statuer** [statɥe] → SYN ▸ conjug 1 ◂ vi to give a verdict ♦ **statuer sur** to rule on, give a ruling on ♦ **statuer sur le cas de qn** to decide sb's case

**statuette** [statɥɛt] → SYN nf statuette

**statufier** [statyfje] ▸ conjug 7 ◂ vt (= immortaliser) to erect a statue to; (= pétrifier) to transfix, root to the spot

**statu quo** [statykwo] → SYN nm inv status quo

**stature** [statyʀ] → SYN nf (= taille) stature; (fig = calibre) calibre (Brit), caliber (US) ♦ **de haute stature** of (great) stature ♦ **cet écrivain est d'une tout autre stature** this writer is in a different league altogether

**statut** [staty] → SYN 1 nm (= position) status ♦ **statut social/fiscal/juridique** social/tax/legal status ♦ **avoir/obtenir le statut de salarié** to be on/be put on the payroll ♦ **il a obtenu le statut de réfugié politique** he has been given ou granted political refugee status
2 **statuts** nmpl (= règlement) statutes

**statutaire** [statytɛʀ] → SYN adj statutory ♦ **horaire statutaire** regulation ou statutory number of working hours

**statutairement** [statytɛʀmɑ̃] adv in accordance with the statutes ou regulations, statutorily

**Ste** (abrév de **Sainte**) St

**Sté** (abrév de **société**) **et Sté** and Co.

**steak** [stɛk] nm steak ♦ **steak au poivre** steak au poivre, peppered steak ♦ **steak tartare** steak tartar(e) ♦ **steak frites** steak and chips (Brit) ou French fries (US) ♦ **steak haché** minced beef (Brit), ground beef (US); (moulé) hamburger ♦ **steak de thon** tuna steak

**stéarate** [steaʀat] nm stearate

**stéarine** [steaʀin] nf stearin

**stéarique** [steaʀik] adj ♦ **acide stéarique** stearic acid

**stéatite** [steatit] nf steatite

**stéatopyge** [steatopiʒ] adj steatopygic, steatopygous

**stéatose** [steatoz] nf steatosis

**steeple** [stipœl] nm ♦ **steeple(-chase)** (Athlétisme, Équitation) steeplechase ♦ **le 3 000 mètres steeple** the 3,000 metres steeplechase

**stégocéphales** [stegosefal] nmpl ♦ **les stégocéphales** stegocephalians, the Stegocephalia (SPÉC)

**stégomyie** [stegɔmii] nf aedes, stegomyia

**stégosaure** [stegɔzɔʀ] nm stegosaur(us)

**steinbock** [stɛnbɔk, stɛjnbɔk] nm steenbok, steinbok

**stèle** [stɛl] → SYN nf stele

**stellage** [stelaʒ] nm (Bourse) (= activité) options trading; (= opération) put and call option, double option

**stellaire** [stelɛʀ] 1 adj stellar
2 nf stitchwort

**stellite** ® [stelit] nm Stellite ®

**stem(m)** [stɛm] nm (Ski) stem ♦ **faire du stem(m)** to stem

**stemmate** [stemat] nm (Zool) stemma

**stencil** [stɛnsil] nm (pour polycopie) stencil

**sténo** [steno] 1 nmf (abrév de **sténographe**) shorthand typist, steno * (US)
2 nf (abrév de **sténographie**) shorthand ♦ **prendre une lettre en sténo** to take a letter (down) in shorthand

**sténodactylo**[1] [stenodaktilo], **sténodactylographe** † [stenodaktilɔgʀaf] nmf shorthand typist

**sténodactylo**[2] [stenodaktilo], **sténodactylographie** † [stenodaktilɔgʀafi] nf shorthand typing

**sténographe** † [stenɔgʀaf] nmf shorthand typist, stenographer (US)

**sténographie** [stenɔgʀafi] nf shorthand, stenography

**sténographier** [stenɔgʀafje] ▸ conjug 7 ◂ vt to take down in shorthand

**sténographique** [stenɔgʀafik] adj shorthand (épith), stenographic

**sténopé** [stenɔpe] nm (Photo) pinhole

**sténose** [stenoz] nf stenosis

**sténotype** [stenɔtip] nf stenotype

**sténotypie** [stenɔtipi] nf stenotypy

**sténotypiste** [stenɔtipist] nmf stenotypist

**stentor** [stɑ̃tɔʀ] nm a (= homme) stentor ◆ **une voix de stentor** a stentorian voice
b (Zool) stentor

**steppage** [stepaʒ] nm steppage gate

**steppe** [stɛp] → SYN nf steppe ◆ **"Dans les steppes de l'Asie centrale"** (Mus) "In the Steppes of Central Asia"

**steppeur** [stepœʀ] nm (= cheval) stepper

**steppique** [stepik] adj steppe (épith)

**stéradian** [steʀadjɑ̃] nm steradian

**stercoraire** [stɛʀkɔʀɛʀ] → SYN nm skua

**stercoral, e,** mpl **-aux** [stɛʀkɔʀal, o] adj stercoral

**stère** [stɛʀ] nm stere

**stéréo** [steʀeo] 1 nf (abrév de **stéréophonie**) stereo ◆ **émission (en) stéréo** programme in stereo ◆ **enregistrement (en) stéréo** stereo recording ◆ **c'est en stéréo** it's in stereo
2 adj inv (abrév de **stéréophonique**) stereo ◆ **son stéréo** stereo sound

**stéréochimie** [steʀeoʃimi] nf stereochemistry

**stéréocomparateur** [steʀeokɔ̃paʀatœʀ] nm stereocomparator

**stéréognosie** [steʀeognozi] nf stereognosis

**stéréogramme** [steʀeɔgʀam] nm stereogram

**stéréographie** [steʀeɔgʀafi] nf stereography

**stéréographique** [steʀeɔgʀafik] adj stereographic

**stéréo-isomère,** pl **stéréo-isomères** [steʀeoizɔmɛʀ] nm stereoisomer

**stéréométrie** [steʀeɔmetʀi] nf stereometry

**stéréométrique** [steʀeɔmetʀik] adj stereometric

**stéréophonie** [steʀeɔfɔni] nf stereophony

**stéréophonique** [steʀeɔfɔnik] adj stereophonic

**stéréophotographie** [steʀeofɔtɔgʀafi] nf stereoscopic photography

**stéréoscope** [steʀeɔskɔp] nm stereoscope

**stéréoscopie** [steʀeɔskɔpi] nf stereoscopy

**stéréoscopique** [steʀeɔskɔpik] adj stereoscopic

**stéréospécificité** [steʀeospesifisite] nf stereospecificity

**stéréospécifique** [steʀeɔspesifik] adj stereospecific

**stéréotaxie** [steʀeotaksi] nf stereotaxy

**stéréotomie** [steʀeɔtɔmi] nf stereotomy

**stéréotomique** [steʀeɔtɔmik] adj stereotomic

**stéréotype** [steʀeɔtip] → SYN nm (lit, fig) stereotype

**stéréotypé, e** [steʀeɔtipe] → SYN adj stereotyped

**stéréotypie** [steʀeɔtipi] nf stereotypy

**stérer** [steʀe] ▸ conjug 6 ◂ vt to measure in steres

**stéride** [steʀid] nm sterid(e)

**stérile** [steʀil] → SYN adj a personne sterile, infertile; animal, plante, union sterile; terre, sol barren
b (= aseptique) milieu, compresse, flacon sterile
c sujet, réflexions, pensées sterile; discussion, effort, débat fruitless, futile; écrivain, artiste unproductive

**stérilement** [steʀilmɑ̃] adv sterilely

**stérilet** [steʀilɛ] nm coil, I.U.D., intra-uterine device

**stérilisant, e** [steʀilizɑ̃, ɑ̃t] adj (lit) sterilizing; (fig) unproductive, fruitless

**stérilisateur** [steʀilizatœʀ] nm sterilizer

**stérilisation** [steʀilizasjɔ̃] → SYN nf sterilization

**stériliser** [steʀilize] → SYN ▸ conjug 1 ◂ vt to sterilize ◆ **lait stérilisé** sterilized milk

**stérilité** [steʀilite] → SYN nf a [personne] infertility, sterility; [animal, plante, union] sterility; [terre, sol] barrenness
b [milieu, compresse, flacon] sterility
c [sujet, réflexion, pensées] sterility; [discussion, débat, effort] fruitlessness, futility; [écrivain, artiste] lack of creativity

**stérique** [steʀik] adj steric

**sterlet** [stɛʀlɛ] nm sterlet

**sterling** [stɛʀliŋ] adj inv, nm inv sterling; → **livre**[2]

**sternal, e,** mpl **-aux** [stɛʀnal, o] adj sternal

**sterne** [stɛʀn] nf tern ◆ **sterne arctique** Arctic tern

**sterno-cléido-mastoïdien** [stɛʀnokleidomastɔidjɛ̃] adj m, nm sternocleidomastoid

**sternum** [stɛʀnɔm] nm breastbone, sternum (SPÉC)

**sternutation** [stɛʀnytasjɔ̃] nf sternutation

**sternutatoire** [stɛʀnytatwaʀ] adj sternutative, sternutatory

**stéroïde** [steʀɔid] 1 nm steroid ◆ **stéroïdes anabolisants** anabolic steroids
2 adj steroidal

**stérol** [steʀɔl] nm sterol

**stertoreux, -euse** [stɛʀtɔʀø, øz] adj stertorous

**stéthoscope** [stetɔskɔp] nm stethoscope

**Stetson** ® [stɛtsɔn] nm Stetson ®

**steward** [stiwaʀt] → SYN nm steward, flight attendant

**stibié, e** [stibje] adj stibiate(d)

**stibine** [stibin] nf stibine

**stichomythie** [stikɔmiti] nf stichomythia, stichomythy

**stick** [stik] → SYN nm [colle] stick; (Hockey) stick; (= groupe de parachutistes) stick ◆ **déodorant en stick** stick deodorant

**stigmate** [stigmat] → SYN nm a (= marque, Méd) mark, scar ◆ **stigmates** (Rel) stigmata ◆ **stigmates du vice/de la bêtise** (fig) marks of vice/of stupidity
b (= orifice) (Zool) stigma, spiracle; (Bot) stigma

**stigmatique** [stigmatik] adj (ana)stigmatic

**stigmatisation** [stigmatizasjɔ̃] → SYN nf (Rel) stigmatization; (= blâme) condemnation, denunciation

**stigmatisé, e** [stigmatize] adj stigmatized

**stigmatiser** [stigmatize] → SYN ▸ conjug 1 ◂ vt a (= blâmer) to denounce, condemn ◆ **stigmatisé comme égoïste/criminel** stigmatized ou branded as an egoist/a murderer
b (Méd) to mark, scar

**stigmatisme** [stigmatism] nm stigmatism

**stilligoutte** [stiligut] nm (= tube) dropper

**stimulant, e** [stimylɑ̃, ɑ̃t] → SYN 1 adj stimulating
2 nm (physique) stimulant; (intellectuel) stimulus, spur, incentive; (= drogue) upper*

**stimulateur** [stimylatœʀ] nm ◆ **stimulateur cardiaque** pacemaker

**stimulation** [stimylasjɔ̃] → SYN nf stimulation ◆ **mesures de stimulation de la demande** (Écon) measures to stimulate ou boost demand

**stimuler** [stimyle] → SYN ▸ conjug 1 ◂ vt [+ personne] to stimulate, spur on; [+ économie, croissance, demande] to stimulate, boost; [+ appétit] to stimulate ◆ **cet élève a besoin d'être stimulé sans arrêt** this pupil needs constant stimulation

**stimuline** [stimylin] nf stimulating hormone

**stimulus** [stimylys], pl **stimuli** [stimyli] nm (Physiol, Psych) stimulus

**stipe** [stip] → SYN nm stipe

**stipendié, e** [stipɑ̃dje] (ptp de **stipendier**) adj (littér, péj) hired

**stipendier** [stipɑ̃dje] → SYN ▸ conjug 7 ◂ vt (littér, péj) to hire, take into one's pay

**stipité, e** [stipite] adj stipitate

**stipulation** [stipylasjɔ̃] → SYN nf stipulation

**stipule** [stipyl] nf stipule

**stipuler** [stipyle] → SYN ▸ conjug 1 ◂ vt [clause, loi, condition] to state, stipulate; (= faire savoir expressément) to stipulate, specify

**STO** [ɛsteo] nm (abrév de **Service du travail obligatoire**) → **service**

**stochastique** [stɔkastik] 1 adj stochastic
2 nf stochastic processes

**stock** [stɔk] → SYN nm a (Comm) stock; (fig) stock, supply ◆ **stock d'or** gold reserves ◆ **faire des stocks** to stock up (*de* on) ◆ **avoir qch en stock** to have ou keep sth in stock ◆ **prends un crayon, j'en ai tout un stock** take a pencil, I've got a whole stock of them ◆ **dans la limite des stocks disponibles** while stocks last ◆ **stocks stratégiques/régulateurs** strategic/regulatory stocks; → **rupture**
b (Bio) stock

**stockage** [stɔkaʒ] nm a (= accumulation) stocking; (= entreposage) storage ◆ **le stockage de l'énergie** energy storage ◆ **le stockage des déchets radioactifs** the storage of nuclear waste
b (Ordin) storage

**stock-car,** pl **stock-cars** [stɔkkaʀ] nm (= sport) stock-car racing; (= voiture) stock car ◆ **une course de stock-car** a stock-car race

**stocker** [stɔke] → SYN ▸ conjug 1 ◂ vt (= accumuler) to stock; (= entreposer) to store; (péj : pour spéculer, amasser) to stockpile ◆ **stocker (sur mémoire)** (Ordin) to store (in the memory)

**stockfisch** [stɔkfiʃ] nm inv (= poisson) stockfish; (= morue) dried cod

**Stockholm** [stɔkɔlm] n Stockholm

**stockiste** [stɔkist] nmf (Comm) stockist (Brit), dealer (US); (Aut) agent

**stœchiométrie** [stekjɔmetʀi] nf stoich(e)iometry, stoechiometry

**stœchiométrique** [stekjɔmetʀik] adj stoich(e)iometric, stoechiometric

**stoïcien, -ienne** [stɔisjɛ̃, jɛn] → SYN adj, nm,f stoic

**stoïcisme** [stɔisism] → SYN nm (Philos) Stoicism; (fig) stoicism

**stoïque** [stɔik] → SYN 1 adj stoical, stoic
2 nmf (gén) stoic; (Philos) Stoic

**stoïquement** [stɔikmɑ̃] adv stoically

**stokes** [stɔks] nm stoke(s)

**stolon** [stɔlɔ̃] → SYN nm (Bio, Bot) stolon

**stolonifère** [stɔlɔnifɛʀ] adj stoloniferous

**stomacal, e,** mpl **-aux** [stɔmakal, o] → SYN adj stomach (épith), gastric

**stomachique** [stɔmaʃik] adj, nm stomachic

**stomate** [stɔmat] nm stoma

**stomatite** [stɔmatit] nf stomatitis

**stomato** * [stɔmato] nmf abrév de **stomatologue**

**stomatologie** [stɔmatɔlɔʒi] nf stomatology

**stomatologiste** [stɔmatɔlɔʒist], **stomatologue** [stɔmatɔlɔg] nmf stomatologist

**stomatoplastie** [stɔmatoplasti] nf stomatoplasty

**stomoxe** [stɔmɔks] nm stable fly stomoxys (SPÉC)

**stop** [stɔp] → SYN 1 excl a **stop !** stop! ◆ **tu me diras stop – stop !** (en servant qn) say when – when! ◆ **il faut savoir dire stop** you have to know when to say no ◆ **après deux ans sans vacances, j'ai dit stop !** after two years without a holiday, I said enough is enough!
b (Téléc) stop
2 nm a (Aut) (= panneau) stop ou halt sign; (= feu arrière) brake-light
b * (abrév de **auto-stop**) **faire du stop** to hitch(hike), thumb * a lift ou a ride ◆ **faire le tour de l'Europe en stop** to hitch round Europe ◆ **il a fait du stop pour rentrer chez lui, il est rentré chez lui en stop** he hitched (a lift)

home ◆ **j'ai pris deux personnes en stop** I picked up two hitchhikers ◆ **je l'ai pris en stop** I gave him a lift ou ride

**stop and go** [stɔpɛndgo] nm inv (Écon) stop and go ◆ **politique de stop and go** stop-go policy

**stoppage** [stɔpaʒ] nm invisible mending

**stopper** [stɔpe] → SYN ▸ conjug 1 ◂ 1 vi to halt, stop

2 vt a (= arrêter) to stop, halt

b (Couture) [+ bas] to mend ◆ **faire stopper un vêtement** to get a garment (invisibly) mended

**stoppeur, -euse** [stɔpœʀ, øz] nm,f a (Couture) invisible mender

b (* = auto-stoppeur) hitchhiker

c (Ftbl) fullback

**store** [stɔʀ] → SYN nm a (en plastique, bois, tissu) blind; [magasin] (en toile) awning, shade; (en métal) shutters ◆ **store vénitien** ou **à lamelles orientables** Venetian blind

b (= voilage) net curtain

**storiste** [stɔʀist] nmf (= fabricant) blind ou shade maker; (= commerçant) blind ou shade merchant

**story-board,** pl **story-boards** [stɔʀibɔʀd] → SYN nm storyboard

**stoupa** [stupa] nm ⇒ **stûpa**

**stout** [staut] nm ou f stout

**strabique** [stʀabik] 1 adj strabismal, strabismic(al)

2 nmf person suffering from squinting (Brit) ou strabismus (SPÉC)

**strabisme** [stʀabism] → SYN nm squinting (Brit), strabismus (SPÉC) ◆ **strabisme divergent** divergent squint ◆ **strabisme convergent** convergent strabismus (SPÉC) ◆ **il souffre d'un léger strabisme** he is slightly cross-eyed, he suffers from a slight strabismus (SPÉC), he has a slight squint (Brit)

**stradivarius** [stʀadivaʀjys] nm Stradivarius

**stramoine** [stʀamwan] nf thorn apple, stramonium (SPÉC)

**strangulation** [stʀɑ̃gylasjɔ̃] nf strangulation

**stranguler** [stʀɑ̃gyle] → SYN ▸ conjug 1 ◂ vt to strangulate

**strapontin** [stʀapɔ̃tɛ̃] nm (Aut, Théât) jump seat, foldaway seat; (fig = position subalterne) minor role

**Strasbourg** [stʀazbuʀ] n Strasbourg

**strasbourgeois, e** [stʀazbuʀʒwa, waz] 1 adj of ou from Strasbourg

2 **Strasbourgeois(e)** nm,f inhabitant ou native of Strasbourg

**strass** [stʀas] nm (lit) paste; (fig péj) show, gloss ◆ **broche/collier en strass** paste brooch/necklace

**stratagème** [stʀataʒɛm] → SYN nm stratagem

**strate** [stʀat] → SYN nf stratum

**stratège** [stʀatɛʒ] → SYN nm (Mil, fig) strategist

**stratégie** [stʀateʒi] → SYN nf strategy ◆ **stratégie de communication/de vente** communication/selling strategy ◆ **stratégie d'entreprise** corporate strategy

**stratégique** [stʀateʒik] → SYN adj strategic

**stratégiquement** [stʀateʒikmɑ̃] adv strategically

**stratification** [stʀatifikasjɔ̃] nf stratification

**stratifié, e** [stʀatifje] (ptp de **stratifier**) 1 adj stratified; (Tech) laminated

2 nm laminate ◆ **en stratifié** laminated

**stratifier** [stʀatifje] → SYN ▸ conjug 7 ◂ vt to stratify

**stratigraphie** [stʀatigʀafi] nf (Géol) stratigraphy

**stratigraphique** [stʀatigʀafik] adj (Géol) stratigraphic(al)

**stratiome** [stʀatjom] nm soldier fly

**stratocumulus** [stʀatokymylys] nm inv stratocumulus

**stratopause** [stʀatopoz] nf stratopause

**stratosphère** [stʀatɔsfɛʀ] nf stratosphere

**stratosphérique** [stʀatɔsfeʀik] adj stratospheric

**stratum** [stʀatɔm] nm stratum

**stratus** [stʀatys] nm inv stratus

**strelitzia** [stʀelitzja] nm strelitzia

**streptococcie** [stʀɛptɔkɔksi] nf streptococcal ou streptococcic infection

**streptococcique** [stʀɛptɔkɔksik] adj streptococcal, streptococcic

**streptocoque** [stʀɛptɔkɔk] nm streptococcus

**streptomycine** [stʀɛptɔmisin] nf streptomycin

**stress** [stʀɛs] → SYN nm (gén, Méd) stress ◆ **être dans un état de stress permanent** to be under constant stress

**stressant, e** [stʀesɑ̃, ɑ̃t] adj situation, vie, métier stressful

**stresser** [stʀese] ▸ conjug 1 ◂ 1 vt to put under stress, stress out* ◆ **cette réunion m'a complètement stressé** the meeting really stressed me out*, I felt completely stressed after the meeting ◆ **être stressé** to be under stress ◆ **se sentir stressé** to feel stressed ◆ **les cadres stressés d'aujourd'hui** today's stressed(-out) executives

2 **se stresser** vpr to get stressed

**stretch** [stʀɛtʃ] 1 adj inv stretch (épith), stretchy

2 nm ◆ **Stretch** ® stretch fabric ◆ **jupe en Stretch** stretch skirt

**stretching** [stʀɛtʃiŋ] nm (Sport) stretches ◆ **faire du stretching** to do stretches ◆ **cours de stretching** stretch class

**strette** [stʀɛt] nf [fugue] stretto

**striation** [stʀijasjɔ̃] nf striation

**strict, e** [stʀikt] → SYN adj a (= astreignant, étroit) obligation, sens strict; interprétation literal; (Math) strict ◆ **au sens strict du terme** in the strict sense of the word ◆ **la stricte observation du règlement** the strict observance of the rules

b (= sévère) discipline, maître, morale, principes strict ◆ **il est très strict sur la ponctualité** he is a stickler for punctuality, he's very strict about punctuality ◆ **il était très strict avec nous** ou **à notre égard** he was very strict with us

c (= absolu) **c'est son droit le plus strict** it is his most basic right ◆ **le strict nécessaire/minimum** the bare essentials/minimum ◆ **c'est la stricte vérité** it is the plain ou simple truth ◆ **dans la plus stricte intimité** in the strictest privacy

d (= sobre) tenue severe, plain; coiffure austere, severe ◆ **un uniforme/costume très strict** a very austere ou plain uniform/suit

**strictement** [stʀiktəmɑ̃] adv a (= rigoureusement) confidentiel, personnel strictly ◆ **les sanctions seront strictement appliquées** the sanctions will be strictly enforced ◆ **strictement inférieur/supérieur** (Math) strictly lesser/greater

b (= sévèrement) strictly ◆ **il a été élevé très strictement** he had a very strict upbringing

c (= sobrement) plainly

**striction** [stʀiksjɔ̃] nf a (Méd) stricture

b (Phys) contraction

**stricto sensu** [stʀiktosɛ̃sy] loc adv strictly speaking

**strident, e** [stʀidɑ̃, ɑ̃t] → SYN adj shrill, strident; (Phon) strident

**stridor** [stʀidɔʀ] nm stridor

**stridulant, e** [stʀidylɑ̃, ɑ̃t] adj stridulous, stridulant

**stridulation** [stʀidylasjɔ̃] nf stridulation, chirring (NonC)

**striduler** [stʀidyle] ▸ conjug 1 ◂ vi to stridulate, chirr

**striduleux, -euse** [stʀidylø, øz] adj (Méd) stridulous, stridulant

**strie** [stʀi] → SYN nf (de couleur) streak; (en relief) ridge; (en creux) groove; (Anat, Géol) stria

**strié, e** [stʀije] → SYN adj a coquille, roche, tige striated

b (Anat) muscle striated ◆ **corps strié** (corpus) striatum

**strier** [stʀije] → SYN ▸ conjug 7 ◂ vt (de couleurs) to streak; (en relief) to ridge; (en creux) to groove; (Anat, Géol) to striate ◆ **cheveux striés de blanc** hair streaked with grey ◆ **l'orage striait le ciel d'éclairs** lightning ripped through the sky; → **muscle**

**strige** [stʀiʒ] nf *kind of female vampire*

**strigile** [stʀiʒil] nm strigil

**string** [stʀiŋ] → SYN nm (= sous-vêtement) G-string; (= maillot de bain) tanga

**strioscopie** [stʀijɔskɔpi] nf (Sci) schlieren photography

**strioscopique** [stʀijɔskɔpik] adj (Sci) schlieric

**stripage** [stʀipaʒ] nm (Nucl, Phys) stripping

**stripper**[1] [stʀipœʀ] → SYN nm (= tire-veine) stripper

**stripper**[2] [stʀipe] ▸ conjug 1 ◂ vt (Tech) to strip

**stripping** [stʀipiŋ] → SYN nm (Méd, Tech) stripping

**striptease, strip-tease,** pl **strip-teases** [stʀiptiz] nm a (= spectacle) striptease ◆ **faire un striptease** to do a striptease ◆ **faire du striptease** to be a striptease artist, be a stripper

b (= aveux complaisants) outpouring, gut-spilling‡

**strip-teaseur, -euse,** mpl **strip-teaseurs** [stʀiptizœʀ, øz] nm,f stripper, striptease artist

**striure** [stʀijyʀ] nf [couleurs] streaking (NonC) ◆ **la striure** ou **les striures de la pierre** the ridges ou grooves in the stone

**strobile** [stʀɔbil] nm a (Bot) strobilus, strobile

b (Zool) strobila

**stroboscope** [stʀɔbɔskɔp] nm stroboscope

**stroboscopie** [stʀɔbɔskɔpi] nf stroboscopy

**stroboscopique** [stʀɔbɔskɔpik] adj stroboscopic, strobe (épith) ◆ **lumière stroboscopique** strobe lighting

**stroma** [stʀɔma] nm (Bio, Bot) stroma

**strombe** [stʀɔ̃b] nm ◆ **strombe gigas** conch ou fountain shell

**strombolien, -ienne** [stʀɔ̃bɔljɛ̃, jɛn] adj Strombolian

**strongyle** [stʀɔ̃ʒil] nm strongyl(e)

**strongylose** [stʀɔ̃ʒiloz] nf strongyloidiasis, strongyloidiosis

**strontiane** [stʀɔ̃sjan] nf strontium hydroxyde

**strontium** [stʀɔ̃sjɔm] nm strontium

**strophe** [stʀɔf] → SYN nf (Littérat) verse, stanza; (Théât grec) strophe

**structural, e,** mpl **-aux** [stʀyktyʀal, o] adj structural

**structuralisme** [stʀyktyʀalism] nm structuralism

**structuraliste** [stʀyktyʀalist] adj, nmf structuralist

**structurant, e** [stʀyktyʀɑ̃, ɑ̃t] adj principe founding; expérience formative; → **gel**

**structuration** [stʀyktyʀasjɔ̃] nf structuring

**structure** [stʀyktyʀ] → SYN nf a (= architecture, lit, fig) structure ◆ **la structure familiale** the family structure ◆ **structures d'accueil** (gén) facilities; [hôpital] reception facilities ◆ **la structure des dépenses s'est modifiée** spending patterns have changed ◆ **structure profonde/superficielle** ou **de surface** (Ling) deep/surface structure ◆ **structure mentale** mindset ◆ **réformes de structure** structural reforms

b (= organisme) organization

**structuré, e** [stʀyktyʀe] (ptp de **structurer**) adj structured

**structurel, -elle** [stʀyktyʀɛl] adj structural

**structurellement** [stʀyktyʀɛlmɑ̃] adv structurally ◆ **cette entreprise est structurellement déficitaire** the way the company is structured means it's bound to run up debts

**structurer** [stʀyktyʀe] ▸ conjug 1 ◂ 1 vt to structure, to give structure to

2 **se structurer** vpr [parti] to develop a structure; [enfant] to form

**strudel** [ʃtʀudœl] nm strudel

**strychnine** [stʀiknin] nf strychnine

**strychnos** [stʀiknos] nm Strychnos

**stryge** [stʀiʒ] nf ⇒ **strige**

**stuc** [styk] → SYN nm stucco ◆ **en stuc** stucco (épith)

**stucateur** [stykatœʀ] nm stucco worker

**stud-book,** pl **stud-books** [stœdbuk] nm stud-book

**studette** [stydɛt] nf small studio flat (Brit) ou apartment (surtout US)

**studieusement** [stydjøzmɑ̃] adv studiously

**studieux, -ieuse** [stydjø, jøz] → SYN adj personne studious; vacances study (épith) ◆ **passer une soirée studieuse** to spend an evening studying

**studio** [stydjo] → SYN nm **a** (d'habitation) studio flat (Brit) ou apartment (surtout US); (d'artiste) studio
**b** (Ciné, TV : de prise de vues) studio; (= salle de cinéma) film theatre (Brit) ou theater (US) ◆ **tourner en studio** to film ou shoot in the studio ◆ **studio d'enregistrement** recording studio ◆ **à vous les studios !** (TV) and now back to the studio!

**stûpa** [stupa] nm stupa, tope

**stupéfaction** [stypefaksjɔ̃] → SYN nf (= étonnement) amazement, astonishment, stupefaction ◆ **à la stupéfaction générale** to everyone's astonishment ou amazement

**stupéfaire** [stypefɛʀ] ▸ conjug 60 ◂ vt to stun, astound, dumbfound

**stupéfait, e** [stypefɛ, ɛt] → SYN (ptp de **stupéfaire**) adj stunned, dumbfounded, astounded (*de qch* at sth) ◆ **stupéfait de voir que ...** astounded ou stunned to see that ...

**stupéfiant, e** [stypefjɑ̃, jɑ̃t] → SYN **1** adj (= étonnant) astounding, staggering; (Méd) stupefying, stupefacient (SPÉC)
**2** nm drug, narcotic, stupefacient (SPÉC); → **brigade**

**stupéfié, e** [stypefje] → SYN (ptp de **stupéfier**) adj staggered, dumbfounded

**stupéfier** [stypefje] → SYN ▸ conjug 7 ◂ vt (= étonner) to stagger, astound; (Méd, littér) to stupefy

**stupeur** [stypœʀ] → SYN nf (= étonnement) astonishment, amazement; (Méd) stupor ◆ **être frappé de stupeur** to be dumbfounded ou stunned ◆ **c'est avec stupeur que j'appris la nouvelle** I was stunned when I heard the news ◆ **à la stupeur générale** to everyone's astonishment ou amazement

**stupide** [stypid] → SYN adj (= inepte) stupid; (= hébété) stunned, bemused; (= imprévisible) accident stupid, silly ◆ **c'est stupide, j'ai oublié !** how stupid of me, I forgot!

**stupidement** [stypidmɑ̃] adv stupidly

**stupidité** [stypidite] → SYN nf (= caractère) stupidity; (= parole) stupid thing to say; (= acte) stupid thing to do ◆ **c'est une vraie stupidité** ou **de la stupidité** that's a really stupid ou silly ou foolish thing to say (ou do)

**stupre** † [stypʀ] → SYN nm (littér) debauchery, depravity

**stups** * [styp] nmpl (abrév de **stupéfiants**) → **brigade**

**stuquer** [styke] ▸ conjug 1 ◂ vt to stucco

**Stuttgart** [ʃtutgaʀt] n Stuttgart

**style** [stil] → SYN **1** nm **a** (gén, Art, Littérat, Sport) style ◆ **meubles/reliure de style** period furniture/binding ◆ **meubles de style Directoire/Louis XVI** Directoire/Louis XVI furniture ◆ **je reconnais bien là son style** that is just his style ◆ **ce n'est pas son style** (vêtements) it's not his style; (comportement étonnant) it's not like him ◆ **ou quelque chose de ce style** (fig) or something along those lines ◆ **cet athlète a du style** this athlete has style ◆ **offensive/opération de grand style** full-scale ou large-scale offensive/operation ◆ **il a fait style * celui qui ne m'entendait pas** he made as if * he didn't hear me; → **exercice**
**b** (= pointe, Bot) style; [cylindre enregistreur] stylus; [cadran solaire] style, gnomon; (Hist = poinçon) style, stylus
**2** COMP ▷ **style direct** (Ling) direct speech ▷ **style indirect** (Ling) indirect ou reported speech ◆ **style indirect libre** indirect free speech ▷ **style journalistique** journalistic style, journalese (péj) ▷ **style télégraphique** telegraphic style ▷ **style de vie** lifestyle

**stylé, e** [stile] adj domestique, personnel perfectly trained

**stylet** [stilɛ] → SYN nm (= poignard) stiletto, stylet; (Méd) stylet; (Zool) proboscis, stylet

**stylique** [stilik] nf ◆ **la stylique** design

**stylisation** [stilizasjɔ̃] nf stylization

**styliser** [stilize] → SYN ▸ conjug 1 ◂ vt to stylize ◆ **colombe/fleur stylisée** stylized dove/flower

**stylisme** [stilism] nm (= métier) dress designing; (= snobisme) concern for style

**styliste** [stilist] → SYN nmf (= dessinateur industriel) designer; (= écrivain) stylist ◆ **styliste de mode** clothes ou dress designer

**stylisticien, -ienne** [stilistisjɛ̃, jɛn] nm,f stylistician, specialist in stylistics

**stylistique** [stilistik] **1** nf stylistics sg
**2** adj analyse, emploi stylistic

**stylite** [stilit] nm stylite

**stylo** [stilo] → SYN nm pen ◆ **stylo-bille, stylo à bille** ball-point (pen), Biro ® (Brit), Bic ® (US) ◆ **stylo à encre** ou **(à) plume** ou **à réservoir** fountain pen ◆ **stylo-feutre** felt-tip pen ◆ **stylo à cartouche** cartridge pen

**stylobate** [stilɔbat] nm stylobate

**stylographe** † [stilɔgʀaf] nm fountain pen

**styloïde** [stilɔid] adj styloid

**stylomine ®** [stilomin] nm propelling pencil

**styptique** [stiptik] adj, nm stypic

**styrax** [stiʀaks] nm (= arbre, baume) styrax

**styrène** [stiʀɛn], **styrolène** [stiʀɔlɛn] nm styrene

**Styx** [stiks] nm ◆ **le Styx** the Styx

**su, e** [sy] (ptp de **savoir**) **1** adj known
**2** nm ◆ **au su de** → **vu¹**

**suage** [sɥaʒ] nm (Tech) [bois] sweating

**suaire** [sɥɛʀ] → SYN nm (littér = linceul) shroud, winding sheet; (fig) shroud; → **saint**

**suant, suante** [sɥɑ̃, sɥɑ̃t] adj (= en sueur) sweaty; (* = ennuyeux) livre, cours deadly (dull) * ◆ **ce film est suant** * this film is a real drag ‡ ou is deadly * ◆ **ce qu'il est suant !** * what a drag ‡ ou a pain (in the neck) * he is!

**suave** [sɥav] → SYN adj personne, manières, voix, regard suave, smooth; musique, parfum sweet; couleurs mellow; formes smooth

**suavement** [sɥavmɑ̃] adv s'exprimer suavely

**suavité** [sɥavite] → SYN nf [personne, manières, voix, regard] suavity, smoothness; [musique, parfum] sweetness; [couleurs] mellowness; [formes] smoothness

**subaérien, -ienne** [subaeʀjɛ̃, jɛn] adj subaerial

**subaigu, -uë** [sybegy] adj subacute

**subalpin, e** [sybalpɛ̃, in] adj subalpine

**subalterne** [sybaltɛʀn] → SYN **1** adj rôle subordinate, subsidiary; employé, poste junior (épith) ◆ **officier subalterne** subaltern
**2** nmf subordinate, inferior

**subantarctique** [sybɑ̃taʀktik] adj subantarctic

**subaquatique** [sybakwatik] adj subaquatic, underwater (épith)

**subarctique** [sybaʀktik] adj subarctic

**subatomique** [sybatɔmik] adj subatomic

**subconscient, e** [sypkɔ̃sjɑ̃, jɑ̃t] → SYN adj, nm subconscious

**subdésertique** [sybdezɛʀtik] adj semidesert

**subdiviser** [sybdivize] → SYN ▸ conjug 1 ◂ **1** vt to subdivide (*en* into)
**2** **se subdiviser** vpr to be subdivided, be further divided (*en* into)

**subdivision** [sybdivizjɔ̃] → SYN nf (gén) subdivision; [classeur] section

**subdivisionnaire** [sybdivizjɔnɛʀ] adj subdivisional

**subduction** [sybdyksjɔ̃] nf subduction

**subéquatorial, e,** mpl **-iaux** [sybekwatɔʀjal, jo] adj subequatorial

**suber** [sybɛʀ] nm suber

**subéreux, -euse** [sybeʀø, øz] adj subereous, suberic

**subérine** [sybeʀin] nf suberin(e)

**subintrant, e** [sybɛ̃tʀɑ̃, ɑ̃t] adj subintrant

**subir** [sybiʀ] → SYN ▸ conjug 2 ◂ vt **a** (= être victime de) [+ affront] to be subjected to, suffer; [+ violences, attaque, critique] to undergo, suffer, be subjected to; [+ perte, défaite, dégâts] to suffer, sustain; [+ choc] to suffer ◆ **faire subir un affront/des tortures à qn** to subject sb to an insult/to torture ◆ **faire subir des pertes/une défaite à l'ennemi** to inflict losses/defeat on the enemy
**b** (= être soumis à) [+ charme] to be subject to, be under the influence of; [+ influence] to be under; [+ peine de prison] to serve; [+ examen] to undergo, go through; [+ opération, interrogatoire] to undergo ◆ **subir les effets de qch** to be affected by sth ◆ **subir la loi du plus fort** to be subjected to the law of the strongest ◆ **subir les rigueurs de l'hiver** to undergo ou be subjected to the rigours of winter ◆ **faire subir son influence à qn** to exert an influence over sb ◆ **faire subir un examen à qn** to put sb through ou subject sb to an examination, make sb undergo an examination
**c** (= endurer) to suffer, put up with, endure ◆ **il faut subir et se taire** you must suffer in silence ◆ **il va falloir le subir pendant toute la journée** * we're going to have to put up with him all day ◆ **on subit sa famille, on choisit ses amis** you can pick your friends but not your family
**d** (= recevoir) [+ modification, transformation] to undergo, go through ◆ **les prix ont subi une hausse importante** there has been a considerable increase in prices, prices have undergone a considerable increase

**subit, e** [sybi, it] → SYN adj sudden

**subitement** [sybitmɑ̃] → SYN adv suddenly, all of a sudden

**subito (presto)** * [sybito(pʀesto)] loc adv (= brusquement) all of a sudden; (= immédiatement) at once

**subjacent, e** [sybʒasɑ̃, ɑ̃t] adj (littér) subjacent

**subjectif, -ive** [sybʒɛktif, iv] → SYN adj subjective ◆ **un danger subjectif** a danger which one creates for oneself

**subjectile** [sybʒɛktil] nm subjectile

**subjectivement** [sybʒɛktivmɑ̃] adv subjectively

**subjectivisme** [sybʒɛktivism] nm subjectivism

**subjectiviste** [sybʒɛktivist] **1** adj subjectivistic
**2** nmf subjectivist

**subjectivité** [sybʒɛktivite] → SYN nf subjectivity

**subjonctif, -ive** [sybʒɔ̃ktif, iv] adj, nm subjunctive ◆ **au subjonctif** in the subjunctive

**subjuguer** [sybʒyge] → SYN ▸ conjug 1 ◂ vt [+ auditoire] to captivate, enthrall; (littér) [+ esprits, personne malléable] to render powerless; [+ peuple vaincu] to subjugate ◆ **être subjugué par le charme/la personnalité de qn** to be captivated by sb's charm/personality

**sublimation** [syblimasjɔ̃] → SYN nf (Chim, Psych) sublimation

**sublime** [syblim] → SYN **1** adj (gén) sublime; personne magnificent, wonderful ◆ **sublime de dévouement** sublimely dedicated ◆ **la Sublime Porte** (Hist) the Sublime Porte
**2** nm ◆ **le sublime** the sublime

**sublimé, e** [syblime] (ptp de **sublimer**) **1** adj sublimate(d)
**2** nm sublimate

**sublimement** [syblimmɑ̃] → SYN adv sublimely

**sublimer** [syblime] → SYN ▸ conjug 1 ◂ vt (Psych) to sublimate; (Chim) to sublimate, sublime

**subliminaire** [sybliminɛʀ], **subliminal, e,** mpl **-aux** [subliminal, o] adj subliminal

**sublimité** [syblimite] → SYN nf (littér) sublimeness (NonC), sublimity

**sublingual, e,** mpl **-aux** [syblɛ̃gwal, o] adj sublingual ◆ **comprimé sublingual** tablet to be dissolved under the tongue

**sublunaire** [syblynɛʀ] adj sublunary

**submergé, e** [sybmɛʀʒe] (ptp de **submerger**) adj **a** terres, plaine flooded, submerged; récifs submerged
**b** (= débordé, dépassé) swamped, snowed under ◆ **submergé de** [+ appels téléphoniques, commandes] snowed under ou swamped ou inundated with; [+ douleur, plaisir, inquiétude] overwhelmed ou overcome with ◆ **le standard est submergé d'appels** the switchboard is inundated ou flooded ou swamped with calls ◆ **les hôpitaux sont submergés de blessés** the hospitals are overflowing with wounded people ◆ **submergé de travail** snowed under ou swamped with work, up to one's eyes (Brit) ou ears (US) in work *

◆ **nous étions complètement submergés** we were completely snowed under, we were up to our eyes (Brit) ou ears (US) in it*

**submerger** [sybmɛʀʒe] → SYN ▸ conjug 3 ◂ vt (= inonder) [+ terres, plaine] to flood, submerge; [+ barque] to submerge ◆ **submerger qn** [foule] to engulf sb; [ennemi] to overwhelm sb; [émotion] to overcome sb, overwhelm sb ◆ **ils nous submergeaient de travail** they swamped ou inundated us with work ◆ **les policiers ont été submergés par les manifestants** the police were overwhelmed by the demonstrators

**submersible** [sybmɛʀsibl] → SYN 1 adj (Bot) plante submerged
2 nm (Naut) submersible

**submersion** [sybmɛʀsjɔ̃] nf [terres] flooding, submersion ◆ **mort par submersion** (Méd) death by drowning

**subodorer** [sybɔdɔʀe] → SYN ▸ conjug 1 ◂ vt (hum = soupçonner) [+ irrégularité, malversation] to scent ◆ **il subodora quelque chose de pas très catholique** he smelt a rat

**subordination** [sybɔʀdinasjɔ̃] → SYN nf subordination ◆ **je m'élève contre la subordination de cette décision à leurs plans** I object to this decision being subject to their plans ◆ **relation** ou **rapport de subordination** (Ling) relation of subordination; → **conjonction**

**subordonnant, e** [sybɔʀdɔnɑ̃, ɑ̃t] 1 adj subordinating
2 nm subordinating word

**subordonné, e** [sybɔʀdɔne] → SYN (ptp de **subordonner**) 1 adj (gén, Ling) subordinate (*à* to) ◆ **proposition subordonnée** (Ling) dependent ou subordinate clause
2 nm,f subordinate
3 **subordonnée** nf (Ling) dependent ou subordinate clause

**subordonner** [sybɔʀdɔne] → SYN ▸ conjug 1 ◂ vt
a (dans une hiérarchie) **subordonner qn à** to subordinate sb to ◆ **accepter de se subordonner à qn** to agree to subordinate o.s. to sb, accept a subordinate position under sb
b (Ling) to subordinate ◆ **subordonner qch à** (= placer au second rang) to subordinate sth to ◆ **nous subordonnons notre décision à ses plans** (= faire dépendre de) our decision will be subject to his plans ◆ **leur départ est subordonné au résultat des examens** their departure is subject to ou depends on the exam results

**subornation** [sybɔʀnasjɔ̃] → SYN nf (Jur) [témoins] bribing, subornation (SPÉC)

**suborner** [sybɔʀne] → SYN ▸ conjug 1 ◂ vt (Jur) [+ témoins] to bribe, suborn (SPÉC); (littér) [+ jeune fille] to lead astray, seduce

**suborneur** † [sybɔʀnœʀ] nm seducer

**subrécargue** [sybʀekaʀg] nm supercargo

**subreptice** [sybʀɛptis] → SYN adj moyen stealthy, surreptitious ◆ **acte subreptice** (Jur) subreption

**subrepticement** [sybʀɛptismɑ̃] → SYN adv stealthily, surreptitiously

**subrogation** [sybʀɔgasjɔ̃] → SYN nf (Jur) subrogation

**subrogatoire** [sybʀɔgatwaʀ] adj (Jur) ◆ **acte subrogatoire** act of subrogation

**subrogé, e** [sybʀɔʒe] (ptp de **subroger**) 1 adj (Jur) ◆ **subrogé(-)tuteur** surrogate guardian ◆ **langage subrogé** (Ling) subrogate language
2 nmf (Jur) surrogate

**subroger** [sybʀɔʒe] → SYN ▸ conjug 3 ◂ vt (Jur) to subrogate, substitute

**subsaharien, -ienne** [sybsaaʀjɛ̃, jɛn] adj désert, pays sub-Saharan; → **Afrique**

**subséquemment** [sypsekamɑ̃] → SYN adv († , Jur) subsequently

**subséquent, e** [sypsekɑ̃, ɑ̃t] → SYN adj († , Jur, Géog) subsequent

**subside** [sybzid] → SYN nm grant ◆ **les modestes subsides qu'il recevait de son père** the small allowance he received from his father

**subsidence** [sypsidɑ̃s, sybzidɑ̃s] nf (Géol) subsidence

**subsidiaire** [sybzidjɛʀ] → SYN adj raison, motif subsidiary; → **question**

**subsidiairement** [sybzidjɛʀmɑ̃] → SYN adv subsidiarily

**subsidiarité** [sybzidjaʀite] nf (Pol) subsidiarity ◆ **le principe de subsidiarité** (Europe) the principle of subsidiarity

**subsistance** [sybzistɑ̃s] → SYN nf a (= moyens d'existence) subsistence ◆ **assurer la subsistance de sa famille/de qn** to support ou maintain ou keep one's family/sb ◆ **assurer sa (propre) subsistance** to keep ou support o.s. ◆ **ma subsistance était assurée** I had enough to live on ◆ **pour toute subsistance** ou **tous moyens de subsistance, ils n'avaient que deux chèvres** their sole means of subsistence was two goats ◆ **ils tirent leur subsistance de certaines racines** they live on certain root crops ◆ **elle contribue à la subsistance du ménage** she contributes towards the maintenance of the family ou towards the housekeeping money ◆ **économie/agriculture de subsistance** subsistence economy/agriculture
b (Mil) **militaire en subsistance** seconded serviceman

**subsistant, e** [sybzistɑ̃, ɑ̃t] 1 adj remaining (épith)
2 nm (Mil) seconded serviceman

**subsister** [sybziste] → SYN ▸ conjug 1 ◂ vi [personne] (= ne pas périr) to live on, survive; (= se nourrir, gagner sa vie) to live, stay alive, subsist; (= rester) [erreur, vestiges] to remain ◆ **ils ont tout juste de quoi subsister** they have just enough to live on ou to keep body and soul together ◆ **le doute subsiste** ou **il subsiste un doute quant à** ou **sur** there is still some doubt as to, there remains some doubt as to ◆ **du château primitif, il ne subsiste que l'aile gauche** only the left wing of the original castle remains intact

**subsonique** [sypsɔnik] adj subsonic

**substance** [sypstɑ̃s] → SYN nf (gén, Philos) substance ◆ **la substance de notre discussion** the substance ou gist of our discussion ◆ **c'était un discours sans substance, ce discours manquait de substance** the speech had no substance to it ◆ **substance blanche/grise** (Anat) white/grey matter ◆ **substance étrangère** foreign substance ou matter (NonC) ◆ **le lait est une substance alimentaire** milk is a food ◆ **en substance** in substance ◆ **voilà, en substance, ce qu'ils ont dit** here is, in substance, what they said, here is the gist of what they said

**substantialisme** [sypstɑ̃sjalism] nm substantialism

**substantialiste** [sypstɑ̃sjalist] nmf substantialist

**substantialité** [sypstɑ̃sjalite] nf substantiality

**substantiel, -ielle** [sypstɑ̃sjɛl] → SYN adj (gén, Philos) substantial

**substantiellement** [sypstɑ̃sjɛlmɑ̃] → SYN adv substantially

**substantif, -ive** [sypstɑ̃tif, iv] → SYN 1 adj proposition noun (épith); emploi nominal, substantival; style nominal
2 nm noun, substantive

**substantifique** [sypstɑ̃tifik] adj (hum) ◆ **la substantifique moelle** the very substance

**substantivation** [sypstɑ̃tivasjɔ̃] nf nominalization, substantivization

**substantivement** [sypstɑ̃tivmɑ̃] adv nominally, as a noun, substantively

**substantiver** [sypstɑ̃tive] ▸ conjug 1 ◂ vt to nominalize, substantivize

**substituable** [sypstitɥabl] adj substitutable

**substituer** [sypstitɥe] → SYN ▸ conjug 1 ◂ 1 vt a (= remplacer) **substituer qch/qn à** to substitute sth/sb for
b (Jur) [+ legs] to entail
2 **se substituer** vpr ◆ **se substituer à qn** (en l'évinçant) to substitute o.s. for sb; (en le représentant) to substitute for sb, act as a substitute for sb ◆ **l'adjoint s'est substitué au chef** the deputy is substituting for the boss

**substitut** [sypstity] → SYN nm (= magistrat) deputy public prosecutor (Brit), assistant district attorney (US); (= succédané) substitute (*de* for); (Ling) pro-form substitute ◆ **substitut maternel** (Psych) substitute mother ◆ **substitut de repas** meal replacement

**substitutif, -ive** [sypstitytif, iv] adj (Méd) ◆ **traitement substitutif** replacement therapy ◆ **traitement hormonal substitutif** hormone replacement therapy

**substitution** [sypstitysjɔ̃] → SYN nf (gén, Chim) (intentionnelle) substitution (*à* for); (accidentelle) [vêtements, bébés] mix-up (*de* of, in) ◆ **il y a eu substitution d'enfants** the babies were switched ◆ **produit de substitution** substitute (product) ◆ **produit** ou **drogue de substitution à l'héroïne** heroin substitute ◆ **traitement de substitution** *treatment of drug addicts with substitute drugs* ◆ **hormones de substitution** replacement hormones ◆ **énergies de substitution** alternative (sources of) energy ◆ **carburant de substitution** substitute fuel ◆ **effet de substitution** (dans l'emploi) substitution effect; → **mère, peine**

**substrat** [sypstʀa] → SYN , **substratum** † [sypstʀatɔm] nm (Géol, Ling, Philos) substratum

**subsumer** [sypsyme] → SYN ▸ conjug 1 ◂ vt to subsume

**subterfuge** [sypteʀfyʒ] → SYN nm subterfuge ◆ **user de subterfuges** to use subterfuge

**subtil, e** [syptil] → SYN adj a (= sagace) personne, esprit, intelligence subtle, discerning; réponse, calcul subtle ◆ **c'est un négociateur subtil** he's a skilful negotiator
b (= raffiné) nuance, distinction subtle, fine; parfum, goût, raisonnement subtle ◆ **un subtil mélange d'autorité et de tendresse** a subtle blend of authority and tenderness ◆ **c'est trop subtil pour moi** it's too subtle for me

**subtilement** [syptilmɑ̃] adv subtly, in a subtle way

**subtilisation** [syptilizasjɔ̃] → SYN nf spiriting away

**subtiliser** [syptilize] → SYN ▸ conjug 1 ◂ 1 vt (= dérober) to steal, spirit away (hum) ◆ **il s'est fait subtiliser sa valise** his suitcase has been spirited away (hum) ou stolen
2 vi (littér = raffiner) to subtilize

**subtilité** [syptilite] → SYN nf a (= sagacité) [personne, esprit, intelligence, réponse] subtlety
b (= raffinement) [nuance, distinction] subtlety, nicety; [raisonnement] subtlety ◆ **des subtilités** subtleties, niceties ◆ **les subtilités de la langue française** the subtleties of the French language

**subtropical, e,** mpl **-aux** [sybtʀɔpikal, o] adj subtropical ◆ **régions subtropicales** subtropical regions, subtropics

**subulé, e** [sybyle] → SYN adj subulate

**suburbain, e** [sybyʀbɛ̃, ɛn] adj suburban

**suburbicaire** [sybyʀbikɛʀ] adj suburbicarian

**subvenir** [sybvəniʀ] → SYN ▸ conjug 22 ◂ **subvenir à** vt indir [+ besoins] to provide for, meet; [+ frais] to meet, cover ◆ **subvenir aux besoins de sa famille** to provide for ou support one's family ◆ **subvenir à ses propres besoins** to support o.s.

**subvention** [sybvɑ̃sjɔ̃] → SYN nf (gén) grant; (pour baisser les prix de vente) subsidy

**subventionner** [sybvɑ̃sjɔne] → SYN ▸ conjug 1 ◂ vt (gén) to grant funds to; (pour baisser les prix de vente) to subsidize ◆ **école subventionnée** grant-maintained school ◆ **théâtre subventionné** subsidized theatre

**subversif, -ive** [sybvɛʀsif, iv] → SYN adj subversive

**subversion** [sybvɛʀsjɔ̃] → SYN nf subversion

**subversivement** [sybvɛʀsivmɑ̃] adv subversively

**subvertir** [sybvɛʀtiʀ] → SYN ▸ conjug 2 ◂ vt [+ structure, valeurs] to subvert

**suc** [syk] → SYN nm [plante] sap; [viande, fleur, fruit] juice; (fig littér) [œuvre] pith, meat ◆ **sucs digestifs** ou **gastriques** gastric juices

**succédané** [syksedane] → SYN nm (= substitut) substitute (*de* for); (= médicament) substitute, succedaneum (SPÉC) ◆ **un succédané de ...** (péj = imitation) a pale imitation of ...

**succéder** [syksede] → SYN ▸ conjug 6 ◂ 1 **succéder à** vt indir [+ directeur, roi] to succeed; [+ période, chose, personne] to succeed, follow; (Jur) [+ titres, héritage] to inherit, succeed to ◆ **succéder à qn à la tête d'une entreprise** to succeed sb ou take over from sb at the head of a firm ◆ **des prés succédèrent aux champs de blé** cornfields were followed ou replaced by meadows, cornfields gave way to meadows ◆ **le rire succéda à la peur** fear gave way to laughter
2 **se succéder** vpr to follow one another, succeed one another ◆ **ils se succédèrent de père en fils** son followed father ◆ **les mois se**

**succédèrent** month followed month ◆ **les échecs se succédèrent** one failure followed another ◆ **trois gouvernements se sont succédé en trois ans** there have been three successive governments in three years ◆ **les visites se sont succédé toute la journée dans la chambre du malade** visitors filed in and out of the patient's room all day

**succès** [syksɛ] → SYN nm **a** (= réussite) [entreprise, roman] success ◆ **succès militaires/sportifs** military/sporting successes ◆ **félicitations pour votre succès** congratulations on your success ◆ **le succès ne l'a pas changé** success hasn't changed him ◆ **succès d'estime** succès d'estime, praise from the critics *(with poor sales)* ◆ **avoir du succès auprès des femmes** to be successful with women

**b** (= livre) success, bestseller; (= chanson, disque) success, hit *; (= film, pièce) box-office success, hit * ◆ **succès de librairie** bestseller ◆ **tous ses livres ont été des succès** all his books were bestsellers, every one of his books was a success ◆ **succès commercial** commercial success ◆ **succès d'audience** success ou hit * with the audience(s), ratings success

**c** (= conquête amoureuse) **succès (féminin)** conquest ◆ **son charme lui vaut de nombreux succès** numerous women have fallen for his charms

**d** (LOC) **avec succès** successfully ◆ **avec un égal succès** equally successfully, with equal success ◆ **sans succès** unsuccessfully, without success ◆ **pour ce film, c'est le succès assuré** ou **garanti** this film is sure to be a success ◆ **avoir du succès, être un succès** to be successful, be a success ◆ **cette pièce a eu un grand succès** ou **beaucoup de succès** ou **un succès fou** * the play was a great success ou was very successful ou was a smash hit * ◆ **ce chanteur a eu un succès monstre** * ou **bœuf** * this singer was a big hit *, this singer knocked everybody's socks off * (US)

◆ **à succès** auteur, livre successful, bestselling ◆ **film à succès** hit film *, blockbuster * ◆ **chanson/pièce à succès** hit *, successful song/play ◆ **roman à succès** successful novel, bestseller

**successeur** [syksesœʀ] → SYN nm (gén) successor

**successibilité** [syksesibilite] nf (= droit à la succession) right to succession ou inheritance ◆ **ordre de successibilité au trône** (Pol) line of succession to the throne

**successible** [syksesibl] **1** adj ayant-droit entitled to inherit ◆ **parent au degré successible** relative entitled to inherit

**2** nmf person entitled to inherit

**successif, -ive** [syksesif, iv] → SYN adj successive

**succession** [syksesjɔ̃] → SYN nf **a** (= enchaînement, série) succession ◆ **la succession des saisons** the succession ou sequence of the seasons ◆ **toute une succession de visiteurs/malheurs** a whole succession ou series of visitors/misfortunes

**b** (= transmission de pouvoir) succession; (Jur) (= transmission de biens) succession; (= patrimoine) estate, inheritance ◆ **partager une succession** to share an estate ou an inheritance ◆ **la succession est ouverte** (Jur) ≃ the will is going through probate ◆ **succession vacante** estate in abeyance ◆ **par voie de succession** by right of inheritance ou succession ◆ **prendre la succession de** [+ ministre, directeur] to succeed, take over from; [+ roi] to succeed; [+ maison de commerce] to take over; → **droit³**, **guerre**

**successivement** [syksesivmɑ̃] → SYN adv successively

**successoral, e,** mpl **-aux** [syksesɔʀal, o] adj ◆ **droits successoraux** inheritance tax

**succin** [syksɛ̃] → SYN nm succin

**succinct, e** [syksɛ̃, ɛ̃t] → SYN adj écrit succinct; repas frugal ◆ **soyez succinct** be brief ◆ **il a été très succinct** he was very brief

**succinctement** [syksɛ̃tmɑ̃] adv raconter succinctly; manger frugally

**succinique** [syksinik] adj ◆ **acide succinique** succinic acid

**succion** [sy(k)sjɔ̃] nf (Phys, Tech) suction; (Méd) [plaie] sucking ◆ **bruit de succion** sucking noise

**succomber** [sykɔ̃be] → SYN ▸ conjug 1 ◂ vi **a** (= mourir) to die, succumb (frm) ◆ **succomber à ses blessures** to die from ou succumb to one's injuries

**b** (= être vaincu) to succumb (frm); (par tentations) to succumb, give way ◆ **succomber sous le nombre** to be overcome by numbers ◆ **succomber à** [+ tentation] to succumb ou yield ou give way to; [+ promesses] to succumb to; [+ charme] to succumb to, fall under; [+ fatigue, désespoir, sommeil] to give way to, succumb to ◆ **succomber sous le poids de qch** (littér : lit, fig) to yield to ou give way beneath the weight of sth ◆ **ce gâteau était trop tentant, j'ai succombé !** this cake was so tempting I just couldn't resist! ◆ **la ville a succombé sous les assauts répétés de l'armée** the town fell under the repeated attacks of the army

**succube** [sykyb] → SYN nm succubus

**succulence** [sykylɑ̃s] → SYN nf (littér) succulence

**succulent, e** [sykylɑ̃, ɑ̃t] → SYN adj **a** (Bot) plante succulent

**b** (= délicieux) fruit, rôti succulent; mets, repas delicious; récit juicy *

**c** († † = juteux) succulent

**succursale** [sykyʀsal] → SYN nf [magasin, firme] branch; → **magasin**

**succursalisme** [sykyʀsalism] nm (= système) chain-store ou multiple(-store) distribution; (= ensemble de la profession) chains, multiples

**succursaliste** [sykyʀsalist] **1** adj distribution, système chain-store, multiple(-store) (épith)

**2** nm (= entreprise) chain store, multiple (store)

**3** nmf (= gérant) chain-store ou multiple operator

**sucer** [syse] → SYN ▸ conjug 3 ◂ vt **a** (lit) to suck ◆ **toujours à sucer des bonbons** always sucking sweets ◆ **ces pastilles se sucent** these tablets are to be sucked ◆ **sucer son pouce/ses doigts** to suck one's thumb/one's fingers ◆ **ce procès lui a sucé toutes ses économies** * this lawsuit has bled him of all his savings ◆ **sucer qn jusqu'à la moelle** * ou **jusqu'au dernier sou** * to suck sb dry *, bleed sb dry * ◆ **se sucer la poire** ‡ ou **la pomme** ‡ to neck ‡, kiss passionately ◆ **on voit bien qu'il ne suce pas de la glace !** * (hum) he really knocks it back! ‡

**b** (‡ = boire) to tipple *, booze * ◆ **cette voiture suce beaucoup** this car guzzles * a lot of petrol (Brit) ou gas (US)

**c** *‡ (fellation) to suck off *‡; (cunnilingus) to go down on *‡

**sucette** [sysɛt] nf (= bonbon) lollipop, lolly (Brit); (= tétine) comforter, dummy (Brit), pacifier (US)

**suceur, -euse** [sysœʀ, øz] **1** nm **a** (Zool) **(insecte) suceur** sucking insect

**b** [aspirateur] nozzle

**2** nm,f (fig) ◆ **suceur de sang** bloodsucker

**3** **suceuse** nf (= machine) suction dredge

**suçoir** [syswaʀ] nm [insecte] sucker

**suçon** * [sysɔ̃] nm love bite * (Brit), hickey * (US) ◆ **faire un suçon à qn** to give sb a love bite (Brit) ou a hickey (US)

**suçoter** [sysɔte] ▸ conjug 1 ◂ vt to suck

**sucrage** [sykʀaʒ] → SYN nm [vin] sugaring, sweetening

**sucrant, e** [sykʀɑ̃, ɑ̃t] adj sweetening ◆ **c'est très sucrant** it's very sweet

**sucrase** [sykʀɑz] nf sucrase

**sucre** [sykʀ] → SYN **1** nm **a** (= substance) sugar; (= morceau) lump of sugar, sugar lump ◆ **prendre deux sucres dans son café** to take two lumps of sugar ou two sugars in one's coffee ◆ **combien de sucres ?** how many sugars (do you take)? ◆ **fraises au sucre** strawberries sprinkled with sugar ◆ **chewing-gum sans sucre** sugarless ou sugar-free chewing gum ◆ **cet enfant n'est pas en sucre quand même !** for goodness sake, the child won't break! ◆ **être tout sucre tout miel** (fig) to be all sweetness and light ◆ **mon petit trésor en sucre** my little honey-bun ou sugarplum ◆ **partie de sucre** (au Canada) sugaring-off party; → **casser**

**b** (= unité monétaire) sucre

**2** COMP ▷ **sucre de betterave** beet sugar ▷ **sucre brun** brown sugar ▷ **sucre candi** sugar candy ▷ **sucre de canne** cane sugar ▷ **sucre cristallisé** (coarse) granulated sugar ▷ **sucre d'érable** * (Can) maple sugar ▷ **sucre glace** icing sugar (Brit), confectioners' sugar (US) ▷ **sucres lents** complex sugars ▷ **sucre en morceaux** lump ou cube sugar ▷ **sucre d'orge** (= substance) barley sugar; (= bâton) stick of barley sugar ▷ **sucre en poudre** fine granulated sugar, caster sugar (Brit) ▷ **sucres rapides** simple sugars ▷ **sucre roux** brown sugar ▷ **sucre semoule** ⇒ **sucre en poudre** ▷ **sucre vanillé** vanilla sugar

> **LE TEMPS DES SUCRES**
>
> Maple sugar and syrup production is an important traditional industry in Quebec, and the sugar harvest is a time for festivities in rural areas. The local community traditionally gets together for a celebration with music and dancing, and boiling maple sugar is thrown into the snow where it hardens into a kind of toffee known as "tire".

**sucré, e** [sykʀe] → SYN (ptp de **sucrer**) **1** adj **a** fruit, saveur, vin sweet; jus de fruits, lait condensé sweetened ◆ **eau sucrée** sugar water ◆ **ce thé est trop sucré** this tea is too sweet, there's too much sugar in this tea ◆ **prenez-vous votre café sucré ?** do you take sugar (in your coffee)? ◆ **tasse de thé bien sucrée** well-sweetened cup of tea, cup of nice sweet tea ◆ **non sucré** unsweetened

**b** (péj) ton sugary, honeyed; air sickly-sweet ◆ **elle fait sa sucrée** she's turning on the charm

**2** nm ◆ **le sucré et le salé** sweet and savoury food ◆ **je préfère le sucré au salé** I prefer sweet things to savouries

**sucrer** [sykʀe] → SYN ▸ conjug 1 ◂ **1** vt **a** [+ boisson] to sugar, put sugar in, sweeten; [+ produit alimentaire] to sweeten ◆ **le miel sucre autant que le sucre lui-même** honey sweetens as much as sugar, honey is as good a sweetener as sugar ◆ **on peut sucrer avec du miel** honey may be used as a sweetener ou may be used to sweeten things ◆ **sucrez à volonté** sweeten ou add sugar to taste ◆ **sucrer les fraises** ‡ (fig) to be a bit doddery *

**b** (‡ = supprimer) **sucrer son argent de poche à qn** to stop sb's pocket money ◆ **il s'est fait sucrer ses heures supplémentaires** he's had his overtime money stopped ◆ **il s'est fait sucrer son permis de conduire** he had his driving licence taken away ◆ **ils m'ont sucré mes vacances à la dernière minute** I was told at the last minute I couldn't take my holiday

**2** **se sucrer** vpr **a** (* lit = prendre du sucre) to help o.s. to sugar, have some sugar

**b** (‡ fig = s'enrichir) to line one's pockets *

**sucrerie** [sykʀəʀi] → SYN nf **a** (= bonbon) sweet (Brit), candy (US) ◆ **sucreries** sweets, sweet things ◆ **aimer les sucreries** to have a sweet tooth, like sweet things

**b** (= usine) sugar house; (= raffinerie) sugar refinery; (Can) (maple) sugar house

**Sucrette** ® [sykʀɛt] nf artificial sweetener

**sucrier, -ière** [sykʀije, ijɛʀ] → SYN **1** adj industrie, betterave sugar (épith); région sugar-producing

**2** nm **a** (= récipient) sugar basin, sugar bowl ◆ **sucrier (verseur)** sugar dispenser ou shaker

**b** (= industriel) sugar producer

**sud** [syd] → SYN **1** nm **a** (= point cardinal) south ◆ **le vent du sud** the south wind ◆ **un vent du sud** a south(erly) wind, a southerly (Naut) ◆ **le vent tourne/est au sud** the wind is veering south(wards) ou towards the south/is blowing from the south ◆ **regarder vers le sud** ou **dans la direction du sud** to look south(wards) ou towards the south ◆ **au sud** (situation) in the south; (direction) to the south, south(wards) ◆ **au sud de** south of, to the south of ◆ **la maison est (exposée) au sud/exposée plein sud** the house faces (the) south ou southwards/due south, the house looks south(wards)/due south

**b** (= régions) south ◆ **le sud de la France, le Sud** the South of France ◆ **l'Europe/l'Italie du Sud** Southern Europe/Italy ◆ **le Pacifique**

**Sud** the South Pacific ◆ **les mers du Sud** the South Seas ◆ **le dialogue Nord-Sud** (Pol) the North-South dialogue; → **Amérique, Corée, croix**

2 adj inv région, partie southern; entrée, paroi south; versant, côte south(ern); côté south(ward); direction southward, southerly (Mét) ◆ **il habite (dans) la banlieue sud** he lives in the southern suburbs; → **hémisphère, pôle**

**sud-africain, e,** mpl **sud-africains** [sydafʀikɛ̃, ɛn] 1 adj South African
2 **Sud-Africain(e)** nm,f South African

**sud-américain, e,** mpl **sud-américains** [sydameʀikɛ̃, ɛn] 1 adj South American
2 **Sud-Américain(e)** nm,f South American

**sudation** [sydasjɔ̃] → SYN nf sweating, sudation (SPÉC)

**sudatoire** [sydatwaʀ] adj sudatory

**sud-coréen, -enne,** mpl **sud-coréens** [sydkɔʀeɛ̃, ɛn] 1 adj South Korean
2 **Sud-Coréen(ne)** nm,f South Korean

**sud-est** [sydɛst] 1 adj inv south-east; banlieue south-eastern; côte south-east(ern)
2 nm south-east ◆ **le Sud-Est asiatique** South-East Asia ◆ **aller dans le Sud-Est (de la France)** to go to the south-east (of France) ◆ **au sud-est de Rome** (à l'extérieur) south-east of Rome; (dans la ville) in the south-east of Rome ◆ **regarder vers le sud-est** to look south-east(wards) ou towards the south-east ◆ **en direction du sud-est** in a south-easterly direction ◆ **vent du** ou **de sud-est** southeasterly (wind), southeaster

**sudiste** [sydist] → SYN (Hist US) 1 nmf Southerner
2 adj Southern

**sudoral, e,** mpl **-aux** [sydɔʀal, o] adj sudoral

**sudorifère** [sydɔʀifɛʀ] adj ⇒ **sudoripare**

**sudorifique** [sydɔʀifik] adj, nm sudorific

**sudoripare** [sydɔʀipaʀ] adj sudoriferous, sudoriparous ◆ **glande sudoripare** sweat gland

**sud-ouest** [sydwɛst] 1 adj inv south-west; banlieue south-western; côte south-west(ern)
2 nm southwest ◆ **aller dans le Sud-Ouest (de la France)** to go to the south-west (of France) ◆ **au sud-ouest de Rome** (à l'extérieur) south-west of Rome; (dans la ville) in the south-west of Rome ◆ **regarder vers le sud-ouest** to look south-west(wards) ou towards the southwest ◆ **en direction du sud-ouest** in a south-westerly direction ◆ **vent du** ou **de sud-ouest** southwesterly (wind), southwester

**sud-sud-est** [sydsydɛst] nm, adj inv south-southeast

**sud-sud-ouest** [sydsydwɛst] nm, adj inv south-southwest

**sud-vietnamien, -ienne,** mpl **sud-vietnamiens** [sydvjɛtnamjɛ̃, jɛn] 1 adj South Vietnamese
2 **Sud-Vietnamien(ne)** nm,f South Vietnamese

**suédé, e** [sɥede] adj, nm suede

**Suède** [sɥɛd] nf Sweden

**suède** [sɥɛd] nm (= peau) suede ◆ **en** ou **de suède** suede

**suédine** [sɥedin] nf suedette

**suédois, e** [sɥedwa, waz] 1 adj Swedish; → **allumette, gymnastique**
2 nm (Ling) Swedish
3 **Suédois(e)** nm,f Swede

**suée** * [sɥe] nf sweat ◆ **prendre** ou **attraper une bonne suée** to work up a good sweat ◆ **à l'idée de cette épreuve, j'en avais la suée** I was in a (cold) sweat at the thought of the test * ◆ **je dois aller le voir, quelle suée !** I've got to go and see him – what a drag! * ou pain! *

**suer** [sɥe] → SYN ▸ conjug 1 ◂ 1 vi a (= transpirer) to sweat; (fig = peiner) to sweat * (*sur* over) ◆ **suer de peur** to be in a cold sweat ◆ **suer à grosses gouttes** to sweat profusely ◆ **suer sur une dissertation** to sweat over an essay *
b (= suinter) [murs] to ooze, sweat (*de* with)
c (Culin) **faire suer** to sweat
d (LOC) **faire suer qn** (lit) [médicament] to make sb sweat ◆ **tu me fais suer** * (fig) you're a pain (in the neck) * ou a drag * ◆ **on se fait suer ici** * it's such a drag here * ◆ **ce qu'on se fait suer à ses cours** * his classes are such a drag * ◆ **je me suis fait suer à le réparer** * I sweated blood to repair that ◆ **faire suer le burnous** ** (péj) to use sweated labour, exploit native labour
2 vt a [+ sueur, sang] to sweat ◆ **suer sang et eau à** ou **pour faire qch** (fig) to sweat blood to get sth done, sweat blood over sth
b [+ humidité] to ooze
c (= révéler, respirer) [+ pauvreté, misère, avarice, lâcheté] to exude, reek of ◆ **cet endroit sue l'ennui** this place reeks of boredom
d (†, ** = danser) **en suer une** to shake a leg *

**suette** [sɥɛt] nf ◆ **suette miliaire** sweating sickness, miliary fever (SPÉC)

**sueur** [sɥœʀ] → SYN nf sweat (NonC) ◆ **en sueur** in a sweat, sweating ◆ **être en sueur** to be bathed in sweat ◆ **à la sueur de son front** by the sweat of one's brow ◆ **donner des sueurs froides à qn** to put sb in a cold sweat ◆ **j'en avais des sueurs froides** I was in a cold sweat about it ◆ **vivre de la sueur du peuple** (fig) to live off the backs of the people

**Suez** [sɥɛz] n Suez ◆ **le canal de Suez** the Suez Canal ◆ **le golfe de Suez** the Gulf of Suez

**suffire** [syfiʀ] → SYN ▸ conjug 37 ◂ 1 vi a (= être assez) [somme, durée, quantité] to be enough, be sufficient, suffice ◆ **cette explication ne (me) suffit pas** this explanation isn't enough ou isn't sufficient (for me) ou won't do ◆ **cinq hommes suffisent (pour ce travail)** five men will do (for this job) ◆ **un rien suffirait pour** ou **à bouleverser nos plans** it would only take the smallest thing to upset our plans; → **peine**
b (= satisfaire, combler) **suffire à** [+ besoins] to meet; [+ personne] to be enough for ◆ **ma femme me suffit** ou **suffit à mon bonheur** my wife is all I need to make me happy, my wife is enough to make me happy ◆ **il ne suffit pas aux besoins de la famille** he does not meet the needs of his family ◆ **il ne peut suffire à tout** he can't manage (to do) everything, he can't cope with everything ◆ **les week-ends, il ne suffisait plus à servir les clients** at weekends he couldn't manage to serve all the customers by himself
c (LOC) **ça suffit** that's enough, that'll do ◆ **(ça) suffit !** that's enough!, that will do! ◆ **comme ennuis, ça suffit (comme ça)** we've had enough trouble as it is thank you very much ◆ **ça ne te suffit pas de l'avoir tourmentée ?** isn't it enough for you to have tormented her? ◆ **ça suffira pour aujourd'hui** that's enough for today ou for one day
2 vb impers a (avec de) **il suffit de s'inscrire pour devenir membre** all you have to do to become a member is sign up ◆ **il suffit de (la) faire réchauffer et la soupe est prête** just heat (up) the soup and it's ready (to serve) ◆ **il suffit d'un accord verbal pour conclure l'affaire** a verbal agreement is sufficient ou is enough ou will suffice (frm) to conclude the matter ◆ **il suffisait d'y penser** it's obvious when you think about it ◆ **il suffit d'un rien pour l'inquiéter** (intensif) it only takes the smallest thing to worry him, the smallest thing is enough to worry him ◆ **il suffit d'une fois : on n'est jamais trop prudent** once is enough – you can never be too careful
b (avec que) **il suffit que vous leur écriviez** all you have to do is write to them ◆ **il suffit que tu me dises comment me rendre à l'aéroport** all you have to do is tell me how to get to the airport ◆ **il suffit qu'il ouvre la bouche pour que tout le monde se taise** he has only to open his mouth and everyone stops talking ◆ **il suffit qu'il soit démotivé pour faire du mauvais travail** if he feels the least bit demotivated he doesn't produce very good work
3 **se suffire** vpr ◆ **se suffire (à soi-même)** [pays, personne] to be self-sufficient ◆ **la beauté se suffit (à elle-même)** beauty is sufficient unto itself (littér) ◆ **ils se suffisent (l'un à l'autre)** they have each other and don't need anyone else

**suffisamment** [syfizamɑ̃] → SYN adv sufficiently, enough ◆ **suffisamment fort/clair** sufficiently strong/clear, strong/clear enough ◆ **être suffisamment vêtu** to have enough clothes on ◆ **lettre suffisamment affranchie** letter with enough stamps on ◆ **suffisamment de nourriture/d'argent** sufficient ou enough food/money ◆ **y a-t-il suffisamment à boire ?** is there enough ou sufficient to drink? ◆ **nous ne sommes pas suffisamment nombreux** there aren't enough of us

**suffisance** [syfizɑ̃s] → SYN nf a (= vanité) self-importance, smugness
b (littér, †) **avoir sa suffisance de qch, avoir qch en suffisance** to have sth in plenty, have a sufficiency of sth † ◆ **il y en a en suffisance** there is sufficient of it ◆ **des livres, il en a sa suffisance** † ou **à sa suffisance** he has books aplenty ou in abundance

**suffisant, e** [syfizɑ̃, ɑ̃t] → SYN adj a (= adéquat) sufficient; (Scol) résultats satisfactory ◆ **c'est suffisant pour qu'il se mette en colère** it's enough to make him lose his temper ◆ **je n'ai pas la place/la somme suffisante** I haven't got sufficient ou enough room/money ◆ **75 €, c'est amplement** ou **plus que suffisant** €75 is more than enough; → **condition, grâce**
b (= prétentieux) personne, ton self-important, smug ◆ **faire le suffisant** to put on airs

**suffixal, e,** mpl **-aux** [syfiksal, o] adj suffixal

**suffixation** [syfiksasjɔ̃] nf suffixation

**suffixe** [syfiks] → SYN nm suffix

**suffixer** [syfikse] ▸ conjug 1 ◂ vt to suffix, add a suffix to ◆ **mot suffixé** word with a suffix

**suffocant, e** [syfɔkɑ̃, ɑ̃t] → SYN adj a fumée, chaleur suffocating, stifling
b (= étonnant) staggering

**suffocation** [syfɔkasjɔ̃] → SYN nf (= action) suffocation; (= sensation) suffocating feeling ◆ **il avait des suffocations** he had fits of choking

**suffoquer** [syfɔke] → SYN ▸ conjug 1 ◂ 1 vi (lit) to choke, suffocate, stifle (*de* with) ◆ **suffoquer de** (fig) [+ rage, indignation] to choke with
2 vt a [fumée] to suffocate, choke, stifle; [colère, joie] to choke ◆ **les larmes la suffoquaient** she was choking with tears
b (= étonner) [nouvelle, comportement de qn] to stagger ◆ **la nouvelle nous a suffoqués** we were staggered by the news

**suffragant** [syfʀagɑ̃] adj m, nm (Rel) suffragan

**suffrage** [syfʀaʒ] → SYN 1 nm a (Pol = voix) vote ◆ **suffrages exprimés** valid votes ◆ **le parti obtiendra peu de/beaucoup de suffrages** the party will poll badly/heavily, the party will get a poor/good share of the vote
b (= approbation) [public, critique] approval (NonC), approbation (NonC) ◆ **accorder son suffrage à qn/qch** to give one's approval to sb/sth ◆ **ce livre a remporté tous les suffrages** this book met with universal approval ◆ **cette nouvelle voiture mérite tous les suffrages** this new car deserves everyone's approval
2 COMP ▷ **suffrage censitaire** suffrage on the basis of property qualification ▷ **suffrage direct** direct suffrage ▷ **suffrage indirect** indirect suffrage ▷ **suffrage restreint** restricted suffrage ▷ **suffrage universel** universal suffrage ou franchise

**suffragette** [syfʀaʒɛt] nf suffragette

**suffusion** [syfyzjɔ̃] → SYN nf (Méd) suffusion

**suggérer** [sygʒeʀe] GRAMMAIRE ACTIVE 1.1, 15.3 → SYN ▸ conjug 6 ◂ vt (gén) to suggest; [+ solution, projet] to suggest, put forward ◆ **suggérer une réponse à qn** to suggest a reply to sb ◆ **je lui suggérai que c'était moins facile qu'il ne pensait** I suggested to him ou I put it to him that it was not as easy as he thought ◆ **suggérer à qn une solution** to put forward ou suggest ou put a solution to sb ◆ **j'ai suggéré d'aller au cinéma/que nous allions au cinéma** I suggested going to the cinema/that we went to the cinema ◆ **elle lui a suggéré de voir un médecin** she suggested he should see a doctor ◆ **mot qui en suggère un autre** word which brings another to mind

**suggestibilité** [sygʒɛstibilite] nf suggestibility

**suggestible** [sygʒɛstibl] adj suggestible

**suggestif, -ive** [sygʒɛstif, iv] → SYN adj (= évocateur, indécent) suggestive

**suggestion** [sygʒɛstjɔ̃] GRAMMAIRE ACTIVE 1 → SYN nf suggestion ◆ **faire une suggestion** to make a suggestion

**suggestionner** [sygʒɛstjɔne] → SYN ▸ conjug 1 ◂ vt to influence by suggestion

**suggestivité** [sygʒɛstivite] nf suggestiveness

**suicidaire** [sɥisidɛʀ] → SYN 1 adj (lit, fig) suicidal
2 nmf person with suicidal tendencies

**suicidant, e** [sɥisidɑ̃, ɑ̃t] nm,f (= suicidaire) person with suicidal tendencies

**suicide** [sɥisid] → SYN nm (lit, fig) suicide ♦ **c'est un** ou **du suicide !** (fig) it's suicide! ♦ **opération** ou **mission suicide** suicide mission ♦ **attaque/commando suicide** suicide attack/commando squad ♦ **suicide collectif/rituel** group/ritual suicide ♦ **pousser qn au suicide** to push sb to suicide ♦ **ce serait un véritable suicide politique** it would be political suicide; → **tentative**

**suicidé, e** [sɥiside] (ptp de **se suicider**) 1 adj who has committed suicide
2 nm,f (= personne) suicide

**suicider** [sɥiside] ▸ conjug 1 ◂ 1 **se suicider** vpr to commit suicide
2 vt * ♦ **ils ont suicidé le témoin** (= tuer) they made it look as if the witness had committed suicide

**suidés** [sɥide] nmpl ♦ **les suidés** suid(ian)s, the Suidae (SPEC)

**suie** [sɥi] nf soot; → **noir**

**suif** [sɥif] → SYN nm tallow ♦ **suif de mouton** mutton suet ♦ **chercher du suif à qn** (arg Crime) to needle sb * ♦ **il va y avoir du suif** (arg Crime) there's going to be trouble

**suiffer** [sɥife] ▸ conjug 1 ◂ vt to tallow

**suiffeux, -euse** [sɥifø, øz] adj (lit) tallowy

**sui generis** [sɥiʒeneʀis] → SYN loc adj sui generis ♦ **l'odeur sui generis d'un hôpital** the distinctive ou peculiar ou characteristic smell of a hospital ♦ **odeur sui generis** (hum) foul smell

**suint** [sɥɛ̃] nm [laine] suint

**suintant, e** [sɥɛ̃tɑ̃, ɑ̃t] adj pierre, roche, mur oozing, sweating

**suintement** [sɥɛ̃tmɑ̃] → SYN nm [eau] seepage; [sève] oozing; [mur] oozing, sweating; [plaie, ulcère] weeping ♦ **des suintements sur le mur** moisture oozing out of the wall ♦ **le suintement des eaux entraîne des fissures** water seepage causes cracks to form

**suinter** [sɥɛ̃te] → SYN ▸ conjug 1 ◂ vi [eau] to seep; [sève] to ooze; [mur] to ooze, sweat; [plaie] to weep ♦ **des gouttes de pluie suintent du plafond** rainwater is seeping through the ceiling

**Suisse** [sɥis] 1 nf (= pays) Switzerland ♦ **Suisse romande/allemande** ou **alémanique** French-speaking/German-speaking Switzerland
2 nmf (= personne) Swiss ♦ **Suisse romand** French-speaking Swiss ♦ **Suisse allemand** German-speaking Swiss, Swiss German ♦ **boire/manger en Suisse** † (fig) to drink/eat alone

**suisse** [sɥis] → SYN 1 adj Swiss ♦ **suisse romand** Swiss French ♦ **suisse allemand** Swiss German
2 nm **a** (= bedeau) ≃ verger
**b** [Vatican] Swiss Guard
**c** (Zool) chipmunk

**Suissesse** [sɥisɛs] nf Swiss (woman)

**suite** [sɥit] GRAMMAIRE ACTIVE 17.1, 20.1 → SYN nf **a** (= escorte) retinue, suite
**b** (= nouvel épisode) continuation, following episode; (= second roman, film) sequel; (= rebondissement d'une affaire) follow-up; (= reste) remainder, rest ♦ **voici la suite de notre feuilleton** here is the next episode in ou the continuation of our serial ♦ **ce roman/film a une suite** there is a sequel to this novel/film ♦ **voici la suite de l'affaire que nous évoquions hier** (Presse) here is the follow-up to ou further information on the item we mentioned yesterday ♦ **la suite du film/du repas/de la lettre était moins bonne** the remainder ou the rest of the film/the meal/the letter was not so good ♦ **la suite au prochain numéro** (journal) to be continued (in the next issue); (* : fig) we'll talk about this later ♦ **suite et fin** concluding ou final episode ♦ **la suite des événements devait lui donner raison** what followed was to prove him right ♦ **le projet n'a pas eu de suite** the project came to nothing ♦ **attendons la suite** (d'un repas) let's wait for the next course; (d'un discours) let's see what comes next; (d'un événement) let's (wait and) see how it turns out ♦ **lisez donc la suite** please read on
**c** (= aboutissement) result ♦ **suites** (= prolongements) [maladie] effects; [accident] results; [affaire, incident] consequences, repercussions ♦ **la suite logique de qch** the obvious ou logical result of sth ♦ **cet incident a eu des suites fâcheuses/n'a pas eu de suites** the incident has had annoying consequences ou repercussions/has had no repercussions ♦ **il est mort des suites de ses blessures/d'un cancer** he died as a result of his injuries/died of cancer ♦ **mourir des suites d'un accident de cheval** to die following a riding accident
**d** (= succession, Math) series; (Ling) sequence ♦ **suite de** [personnes, maisons] succession ou string ou series of; [événements] succession ou train of ♦ **article sans suite** (Comm) discontinued line
**e** (frm = cohérence) coherence ♦ **il y a beaucoup de suite dans son raisonnement/ses réponses** his reasoning is/his replies are very coherent ♦ **ses propos n'avaient guère de suite** what he said lacked coherence ou consistency ♦ **travailler avec suite** to work steadily ♦ **des propos sans suite** disjointed words ♦ **il a de la suite dans les idées** (réfléchi, décidé) he's very single-minded; (iro : entêté) he's not easily put off; → **esprit**
**f** (= appartement) suite
**g** (Mus) suite ♦ **suite instrumentale/orchestrale** instrumental/orchestral suite
**h** (LOC) **donner suite à** [+ projet] to pursue, follow up; [+ demande, commande, lettre] to follow up ♦ **ils n'ont pas donné suite à notre lettre** they have taken no action concerning our letter, they have not followed up our letter ♦ **faire suite à** [+ événement] to follow; [+ chapitre] to follow (after); [+ bâtiment] to adjoin ♦ **prendre la suite de** [+ directeur] to succeed, take over from; [+ entreprise] to take over ♦ **entraîner qn à sa suite** (lit) to drag sb along behind one ♦ **entraîner qn à sa suite dans une affaire** (fig) to drag sb into an affair
♦ **suite à** ♦ (comme) **suite à votre lettre/notre entretien** further to your letter/our conversation
♦ **à la suite** (= successivement) one after the other ♦ **mettez-vous à la suite** (= derrière) join on at the back, go to ou join the back of the queue (Brit) ou line (US)
♦ **à la suite de** (objet, personne) behind ♦ **à la suite de sa maladie** (= événement) following his illness
♦ **de suite** ( * = immédiatement) at once ♦ **je reviens de suite** * I'll be right ou straight (Brit) back
(= d'affilée) ♦ **boire trois verres de suite** to drink three glasses in a row ou one after another ♦ **pendant trois jours de suite** for three days in succession ♦ **il est venu trois jours de suite** he came three days in a row ou three days running ♦ **il n'arrive pas à dire trois mots de suite** he can't string two words together
♦ **par suite** consequently, therefore
♦ **par suite de** (= à cause de) owing to, as a result of
♦ **par la suite, dans la suite** afterwards, subsequently

**suitée** [sɥite] adj f (Zool) followed by its young

**suivant[1], e** [sɥivɑ̃, ɑ̃t] → SYN 1 adj **a** (dans le temps) following, next; (dans une série) next ♦ **le mardi suivant je la revis** I saw her again the following Tuesday ♦ **vendredi et les jours suivants** Friday and the following days ♦ **le malade suivant était très atteint** the next patient was very badly affected ♦ **"voir page suivante"** "see next page"
**b** (= ci-après) following ♦ **faites l'exercice suivant** do the following exercise
2 nm,f **a** (= prochain) (dans une série) next (one); (dans le temps) following (one), next (one) ♦ **(au) suivant !** next (please)! ♦ **cette année fut mauvaise et les suivantes ne le furent guère moins** that year was bad and the following ones were scarcely any better ♦ **pas jeudi prochain, le suivant** not this (coming) Thursday, the one after (that) ♦ **je descends à la suivante** * I'm getting off at the next stop
**b** (littér = membre d'escorte) attendant
3 **suivante** nf (Théât) handmaiden, lady-in-waiting; †† companion

**suivant[2]** [sɥivɑ̃] → SYN prép (= selon) according to ♦ **suivant son habitude** as usual, as is (ou was) his wont ♦ **suivant l'usage** according to custom ♦ **suivant l'expression consacrée** as the saying goes, as they say ♦ **suivant les jours/les cas** depending on the day/the circumstances ♦ **découper suivant le pointillé** cut along the dotted line ♦ **suivant un axe** along an axis ♦ **suivant que ...** according to whether ...

**suiveur, -euse** [sɥivœʀ, øz] 1 adj véhicule following behind (attrib)
2 nm **a** (Sport) (official) follower *(of a race)*
**b** (= imitateur) imitator ♦ **ils n'innovent pas, ce ne sont que des suiveurs** they don't innovate, they just follow along
**c** († = dragueur) **elle se retourna, son suiveur avait disparu** she turned round and the man who was following her had disappeared ♦ **elle va me prendre pour un suiveur** she'll think I'm the sort who follows women

**suivi, e** [sɥivi] → SYN (ptp de **suivre**) 1 adj **a** (= régulier) travail steady; correspondance regular; (= constant) qualité consistent; effort consistent, sustained; (Comm) demande constant, steady; (= cohérent) conversation, histoire, raisonnement coherent; politique consistent
**b** (Comm) article in general production (attrib)
**c** (= apprécié) **très suivi** cours well-attended; mode, recommandation widely adopted; exemple widely followed ♦ **le match était très suivi** a lot a people watched the match ♦ **cours peu suivi** poorly-attended course ♦ **mode peu suivie** fashion that has a limited following ♦ **exemple peu suivi** example which is not widely followed ♦ **procès très suivi** trial that is being closely followed by the public ♦ **feuilleton très suivi** serial with a large following
2 nm (= accompagnement) [dossier, travaux, négociations] monitoring ♦ **assurer le suivi de** [+ affaire] to follow through; [+ produit en stock] to go on stocking ♦ **il n'y a pas eu de suivi** there was no follow-up ♦ **suivi médical** aftercare, follow-up treatment ♦ **assurer le suivi pédagogique des élèves** to provide pupils with continuous educational support ♦ **assurer le suivi psychologique des victimes** to provide victims with counselling

**suivisme** [sɥivism] nm (Pol) follow-my-leader attitude

**suiviste** [sɥivist] 1 adj attitude, politique follow-my-leader (épith)
2 nmf person with a follow-my-leader attitude

**suivre** [sɥivʀ] → SYN ▸ conjug 40 ◂ 1 vt **a** (gén) (= accompagner, marcher derrière, venir après) to follow ♦ **elle le suit comme un petit chien** ou **un caniche** ou **un toutou** * she follows him (around) like a little dog ♦ **il me suit comme mon ombre** he follows me about like a shadow ♦ **ralentis, je ne peux pas (te) suivre** slow down, I can't keep up (with you) ♦ **pars sans moi, je te suis** go on without me and I'll follow (on) ♦ **si vous voulez bien me suivre** if you'll just follow me, come this way please ♦ **suivre qn de près** [garde du corps] to stick close to sb; [voiture, coureur] to follow close behind sb ♦ **faire suivre qn** to have sb followed ♦ **suivez le guide !** this way, please! ♦ **son image me suit sans cesse** (fig) his image is constantly with me ♦ **cette préposition est toujours suivie de ...** this preposition is always followed by ... ♦ **il la suivit des yeux** ou **du regard** he followed her with his eyes, his eyes followed her ♦ **certains députés, suivez mon regard, ont ...** (iro) certain deputies, without mentioning any names ou no names mentioned, have ... ♦ **suivre sa balle** (Tennis, Golf) to follow through ♦ **l'été suit le printemps** (dans le temps) summer follows spring ou comes after spring ♦ **le mariage sera suivi d'une réception** the wedding ceremony will be followed by a reception ♦ **le jour qui suivit son arrivée** the day following ou after his arrival, the day after he arrived ♦ **suivent deux mois d'intense activité** two months of intense activity will follow; → **aimer, lettre, trace**
**b** (dans une série) to follow ♦ **la maison qui suit la mienne** the house after mine; → **jour**
**c** (= longer) [personne] to follow, keep to; [route, itinéraire] to follow ♦ **suivez la N7 sur 10 km** keep to ou go along ou follow the N7 for 10 km ♦ **prenez la route qui suit la Loire**

take the road which goes alongside ou which follows the Loire ◆ **suivre une piste** (fig) to follow up a clue ◆ **ces deux amis ont suivi des voies bien différentes** (fig) the two friends have gone very different ways ◆ **découpez en suivant le pointillé** cut along the dotted line ◆ **suivez les flèches** follow the arrows

**d** (= se conformer à) [+ exemple, mode, conseil, consigne] to follow ◆ **suivre un régime** to be on a diet ◆ **il me fait suivre un régime sévère** he has put me on a strict diet ◆ **suivre son instinct** to follow one's instinct ou one's nose * ◆ **il suit son idée** he does things his (own) way ◆ **il se leva et chacun suivit son exemple** he stood up and everyone else followed suit ◆ **on n'a pas voulu le suivre** we didn't want to follow his advice ◆ **je ne vous suivrai pas sur ce terrain** I won't follow you down that road ◆ **tout le monde vous suivra** everybody will back you up ou support you ◆ **la maladie/l'enquête suit son cours** the illness/the inquiry is running ou taking its course ◆ **laisser la justice suivre son cours** to let justice take its course ◆ **suivre le mouvement** to follow the crowd ◆ **si les prix augmentent, les salaires doivent suivre** if prices rise, salaries must do the same; → **marche**[1], **traitement**

**e** (Scol) [+ classe, cours] (= être inscrit à) to attend, go to; (= être attentif à) to follow; (= assimiler) [+ programme] to keep up with

**f** (= observer l'évolution de) [+ carrière de qn, affaire, match] to follow; [+ feuilleton] to follow, keep up with ◆ **suivre un malade/un élève** to follow ou monitor the progress of a patient/a pupil ◆ **suivre la messe** to follow (the) mass ◆ **elle suit de près l'actualité** she keeps abreast of ou up with the news ◆ **il se fait suivre ou il est suivi par un médecin** he's seeing a doctor ◆ **j'ai suivi ses articles avec intérêt** I've followed his articles with interest ◆ **"à suivre"** feuilleton "to be continued" ◆ **(c'est une) affaire à suivre** watch this space, it's worth keeping an eye on

**g** (Comm = avoir en stock) [+ article] to (continue to) stock ◆ **nous ne suivons plus cet article** this is a discontinued line

**h** (= comprendre) [+ argument, personne, exposé] to follow ◆ **jusqu'ici je vous suis** I'm with you ou I follow you so far ◆ **il parlait si vite qu'on le suivait mal** he spoke so fast he was difficult to follow ◆ **là, je ne vous suis pas très bien** I don't really follow you ou I'm not really with you there

**i** (Jeux) [+ numéro, cheval] to follow

**2** vi **a** [élève] (= être attentif) to pay attention ◆ **suivez avec votre voisin** share with the person sitting next to you

**b** [élève] (= assimiler le programme) to keep up, follow ◆ **elle suit bien en physique** she's keeping up well in physics

**c** (Cartes) to follow ◆ **je suis** (Poker) I'm in, count me in

**d** **faire suivre son courrier** to have one's mail forwarded ◆ **"faire suivre"** (sur enveloppe) "please forward"

**e** (= venir après) to follow ◆ **lisez ce qui suit** read what follows ◆ **les enfants suivent à pied** the children are following on foot ◆ **les personnes dont les noms suivent** the following people ◆ **comme suit** as follows

**3** vb impers ◆ **il suit de ce que vous dites que ...** it follows from what you say that ...

**4** **se suivre** vpr **a** (dans une série) to follow each other ◆ **ils se suivaient sur l'étroit sentier** [deux personnes] they were walking one behind the other along the narrow path; [plusieurs personnes] they were walking one behind the other ou in single file along the narrow path ◆ **leurs enfants se suivent (de près)** there's not much of an age difference between their children ◆ **trois démissions qui se suivent** three resignations in a row ou in close succession

**b** (dans le bon ordre) to be in (the right) order ◆ **les pages ne se suivent pas** the pages are not in (the right) order, the pages are in the wrong order

**sujet, -ette** [syʒɛ, ɛt] → SYN **1** adj ◆ **sujet à** [+ vertige, mal de mer] prone to; [+ lubies, sautes d'humeur] subject to, prone to; [+ impôt, modification] liable to, subject to ◆ **question sujette à controverse** ou **polémique** controversial issue ◆ **sujet aux accidents** accident-prone ◆ **il était sujet aux accidents les plus bizarres** he used to have the strangest accidents ◆ **sujet à faire qch** liable ou inclined ou prone to do sth ◆ **il n'est pas sujet à faire des imprudences** he is not one to do anything careless ◆ **sujet à caution** renseignement, nouvelle unconfirmed; moralité, vie privée, honnêteté questionable ◆ **je vous dis ça mais c'est sujet à caution** I'm telling you that but I can't guarantee it's true

**2** nm,f (= gouverné) subject

**3** nm **a** (= matière, question, thème) subject (*de* for) ◆ **un excellent sujet de conversation** an excellent topic (of conversation) ◆ **revenons à notre sujet** let's get back to the subject at hand ◆ **c'était devenu un sujet de plaisanterie** it had become a standing joke ou something to joke about ◆ **ça ferait un bon sujet de comédie** that would be a good subject ou theme for a comedy ◆ **bibliographie par sujets** bibliography arranged by subject ◆ **sujet d'examen** examination question ◆ **quel sujet ont-ils donné ?** what did you have to write about? ◆ **distribuer les sujets** to give out the examination papers ◆ **votre dissertation est hors sujet** your essay is off the point ◆ **faire du hors sujet** to wander off the point; → **or**[1], **vif**

**b** (= motif, cause) **sujet de mécontentement** cause ou grounds for dissatisfaction ◆ **il n'avait vraiment pas sujet de se mettre en colère/se plaindre** he really had no cause to lose his temper/for complaint ◆ **il a sujet de se plaindre** he has every reason to complain ◆ **protester/réclamer sans sujet** to protest/complain without good cause

**c** (= individu) subject ◆ **le sujet parlant** (Ling) the speaker ◆ **les rats qui servent de sujets (d'expérience)** the rats which serve as experimental subjects ◆ **son frère est un sujet brillant/un sujet d'élite** his brother is a brilliant/an exceptionally brilliant student ◆ **un mauvais sujet** (= enfant) a bad boy; (= jeune homme) a bad sort ou lot (Brit)

**d** (Ling, Mus, Philos) subject ◆ **sujet grammatical/réel/apparent** grammatical/real/apparent subject ◆ **nom/pronom sujet** noun/pronoun subject

**e** (Mus, Peinture) subject

**f** (= figurine) figurine ◆ **des petits sujets en ivoire** small ivory figurines

**g** (Jur) **sujet de droit** holder of a right

**h** (= à propos de) **au sujet de** about, concerning ◆ **que sais-tu à son sujet ?** what do you know about him? ◆ **au sujet de cette fille, je peux vous dire que ...** about ou concerning that girl, I can tell you that ... ◆ **à ce sujet, je voulais vous dire que ...** on that subject ou about that *, I wanted to tell you that ... ◆ **c'est à quel sujet ?** can I ask what it's about?

**sujétion** [syʒesjɔ̃] → SYN nf **a** (= asservissement) subjection ◆ **maintenir un peuple dans la sujétion** ou **sous sa sujétion** to keep a nation in subjection ◆ **tomber sous la sujétion de qn** to fall into sb's power ou under sb's sway ◆ **sujétion aux passions/au désir** (littér) (= asservissement) subjection to passions/to desire

**b** (= obligation, contrainte) constraint ◆ **les enfants étaient pour elle une sujétion** the children were a real constraint to her ou were like a millstone round her neck ◆ **des habitudes qui deviennent des sujétions** habits which become compulsions ◆ **indemnité de sujétion spéciale** (Scol) *bonus paid to teachers working in schools in problem areas*

**sulcature** [sylkatyʀ] nf sulcation

**sulciforme** [sylsifɔʀm] adj sulciform

**sulfamides** [sylfamid] nmpl sulpha drugs, sulphonamides (SPÉC)

**sulfatage** [sylfataʒ] nm [vigne] spraying (with copper sulphate ou sulfate (US))

**sulfate** [sylfat] nm sulphate, sulfate (US) ◆ **sulfate de cuivre** copper sulphate

**sulfaté, e** [sylfate] (ptp de **sulfater**) adj sulphated

**sulfater** [sylfate] ▸ conjug 1 ◂ vt [+ vigne] to spray (with copper sulphate ou sulfate (US))

**sulfateuse** [sylfatøz] nf **a** (Agr) (copper sulphate ou sulfate (US)) spraying machine

**b** (arg Crime = mitraillette) machine gun, MG *

**sulfhydrique** [sylfidʀik] adjm ◆ **acide sulfhydrique** hydrogen sulphide

**sulfitage** [sylfitaʒ] nm [moûts] addition of sulphur dioxide

**sulfite** [sylfit] nm sulphite, sulfite (US)

**sulfone** [sylfɔn] nm sulphone

**sulfoné, e** [sylfɔne] adj sulphonated

**sulfosel** [sylfosɛl] nm sulphosalt

**sulfurage** [sylfyʀaʒ] nm sulphuring

**sulfuration** [sylfyʀasjɔ̃] nf sulphurization

**sulfure** [sylfyʀ] nm **a** (Chim) sulphide, sulfide (US) ◆ **sulfure de fer/mercure** iron/mercuric sulphide ◆ **sulfure de carbone** carbon disulphide

**b** (= presse-papier) millefiore glass paperweight

**sulfuré, e** [sylfyʀe] (ptp de **sulfurer**) adj sulphurated, sulfurated (US), sulphurized, sulphuretted ◆ **hydrogène sulfuré** hydrogen sulphide ou sulfide (US), sulphuretted ou sulfuretted (US) hydrogen

**sulfurer** [sylfyʀe] ▸ conjug 1 ◂ vt to sulphurate, sulphurize

**sulfureux, -euse** [sylfyʀø, øz] adj **a** (Chim) sulphurous ◆ **anhydride** ou **gaz sulfureux** sulphur dioxide ◆ **source sulfureuse** sulphur spring

**b** (= diabolique) personnage, réputation nefarious; propos heretical; charme demonic

**sulfurique** [sylfyʀik] adj sulphuric ◆ **acide sulfurique** sulphuric acid ◆ **anhydride sulfurique** sulphur trioxide

**sulfurisé, e** [sylfyʀize] adj ◆ **papier sulfurisé** greaseproof paper

**sulky** [sylki] nm (Courses) sulky

**sulpicien, -ienne** [sylpisjɛ̃, jɛn] nm,f Sulpician, Sulpitian

**sultan** [syltɑ̃] nm sultan

**sultanat** [syltana] nm sultanate

**sultane** [syltan] nf **a** (= épouse) sultana

**b** (= canapé) couch

**sumac** [symak] nm sumach (Brit), sumac (US)

**Sumatra** [symatʀa] n Sumatra

**sumérien, -ienne** [symeʀjɛ̃, jɛn] **1** adj Sumerian

**2** nm (Ling) Sumerian

**3** **Sumérien(ne)** nm,f Sumerian

**summum** [sɔ(m)mɔm] → SYN nm [gloire, civilisation] acme, climax; [bêtise, hypocrisie] height

**sumo** [symo] nm (= lutteur) sumo wrestler; (= lutte) sumo (wrestling)

**sumotori** [symotɔʀi] nm sumo wrestler

**sunna** [syna] nf Sunna

**sunnisme** [synism] nm Sunni

**sunnite** [synit] adj, nmf Sunni

**sup**[1] * [syp] adj (abrév de **supplémentaire**) ◆ **heures sup** overtime ◆ **faire des heures sup** to do overtime ◆ **être payé en heures sup** to be paid overtime

**sup**[2] * [syp] adj (abrév de **supérieur**) ◆ **Sup de Co** *grande école for business students;* → **école, lettres, math**

**super**[1] [sypɛʀ] nm (abrév de **supercarburant**) four-star (petrol) (Brit), extra (US), premium (US), super (US) ◆ **super plombé** super leaded petrol ◆ **super sans plomb** super unleaded (petrol)

**super**[2] * [sypɛʀ] adj inv (= sensationnel) terrific *, great *, fantastic *

**super-** * [sypɛʀ] préf (dans les mots composés à trait d'union, le préfixe reste invariable) **a** (avant adj) **super-cher/-chic** ultra-expensive/ultra-chic ◆ **c'est super-intéressant** it's ever so interesting ◆ **il est super-sympa** he's really nice

**b** (avant nom) **une super-moto** a fantastic * motorbike ◆ **un super-flic** * a supercop *

**superalliage** [sypɛʀaljaʒ] nm superalloy

**superamas** [sypɛʀamɑ] nm supergalaxy

**superbe** [sypɛʀb] → SYN **1** adj **a** (= splendide) temps, journée superb, glorious, gorgeous; femme, enfant beautiful; homme handsome; maison, cheval, corps, yeux superb, beautiful; résultat, salaire, performance, vue, voix superb, magnificent ◆ **tu as une mine superbe** you look wonderful ◆ **superbe d'indifférence** (littér) superbly indifferent

**b** (littér = orgueilleux) arrogant, haughty
[2] **nf** (littér) arrogance, haughtiness ◆ **il a perdu de sa superbe** he's no longer quite so high and mighty

**superbement** [sypɛʀbəmɑ̃] **adv** (= magnifiquement) superbly, wonderfully, beautifully ◆ **il m'a superbement ignorée** (= orgueilleusement) he loftily ignored me

**superbénéfice** [sypɛʀbenefis] **nm** immense profit

**supercarburant** [sypɛʀkaʀbyʀɑ̃] **nm** high-octane petrol (Brit), high-octane ou high-test gasoline (US)

**superchampion, -ionne** [sypɛʀʃɑ̃pjɔ̃, jɔn] **nm,f** (sporting) superstar

**supercherie** [sypɛʀʃəʀi] → SYN **nf** trick, trickery (NonC) ◆ **il s'aperçut de la supercherie** he saw through the trick ◆ **user de supercheries pour tromper qn** to trick sb ◆ **supercherie littéraire** literary hoax ou fabrication

**supercritique** [sypɛʀkʀitik] **adj** supercritical

**supère** [sypɛʀ] **adj** (Bot) ovaire superior

**supérette** [sypeʀɛt] **nf** mini-market, superette (US)

**superfamille** [sypɛʀfamij] **nf** superfamily

**superfétation** [sypɛʀfetasjɔ̃] → SYN **nf** (littér) superfluity

**superfétatoire** [sypɛʀfetatwaʀ] → SYN **adj** (littér) superfluous, supererogatory (littér)

**superficialité** [sypɛʀfisjalite] **nf** superficiality

**superficie** [sypɛʀfisi] → SYN **nf** (= aire) (surface) area; (= surface) surface; [terrain] area ◆ **couvrir une superficie de** to cover an area of ◆ **un appartement d'une superficie de 80 m²** an apartment of 80 square metres ◆ **s'en tenir à la superficie des choses** (fig) to skim the surface of things

**superficiel, -ielle** [sypɛʀfisjɛl] → SYN **adj** (gén) superficial; idées, esprit, personne superficial, shallow; beauté superficial, skin-deep; modification cosmetic; (= près de la surface) couche de liquide superficial, upper; (= fin) couche de peinture thin; → **tension**

**superficiellement** [sypɛʀfisjɛlmɑ̃] → SYN **adv** superficially

**superfin, e** [sypɛʀfɛ̃, in] → SYN **adj** beurre, produit top-quality (épith); qualité top (épith), superior

**superfinition** [sypɛʀfinisjɔ̃] **nf** superfinishing

**superflu, e** [sypɛʀfly] → SYN [1] **adj** **a** (= pas nécessaire) précaution, travail unnecessary ◆ **il est superflu d'insister** there is no point (in) insisting
**b** (= en trop) discours, détails, explications superfluous, redundant; kilos surplus; poils unwanted ◆ **un brin d'humour ne serait pas superflu** a bit of humour wouldn't go amiss ◆ **il n'est pas superflu de rappeler que ...** it's worth bearing in mind that ...
[2] **nm** ◆ **le superflu** (gén) non-essentials; (= produits de luxe) luxuries ◆ **distinguer le superflu de l'indispensable** to differentiate between essentials and non-essentials ◆ **maintenant, je peux m'offrir le superflu** now I can afford to spend money on luxuries ◆ **débarrasser son style du superflu** to pare down one's style

**superfluide** [sypɛʀflyid] **adj, nm** superfluid

**superfluidité** [sypɛʀflyidite] **nf** superfluidity

**superfluité** [sypɛʀflyite] → SYN **nf** (littér) superfluity

**superforme** * [sypɛʀfɔʀm] **nf** ◆ **être en superforme** (moralement) to feel great *; (physiquement) to be in great shape * ◆ **c'est la superforme** (morale) I'm (ou he's etc ) feeling great *; (physique) I'm (ou he's etc ) in great shape *

**superforteresse** [sypɛʀfɔʀtəʀɛs] **nf** superfortress

**super-G** [sypɛʀʒe], **super-géant** [sypɛʀʒeɑ̃] **nm** (Ski) super-giant slalom

**supergrand** * [sypɛʀgʀɑ̃] **nm** superpower

**super-huit** [sypɛʀɥit] **adj inv, nm inv** super-8 ◆ **caméra super-huit** super-8 camera

**supérieur, e** [sypeʀjœʀ] GRAMMAIRE ACTIVE 5.2 → SYN
[1] **adj** **a** (dans l'espace) (gén) upper (épith); planètes superior ◆ **dans la partie supérieure du clocher** in the highest ou upper ou top part of the bell tower ◆ **la partie supérieure de l'objet** the top part of the object ◆ **le feu a pris dans les étages supérieurs** fire broke out on the upper floors ◆ **montez à l'étage supérieur** go to the next floor up ou to the floor above, go up to the next floor ◆ **mâchoire/lèvre supérieure** upper jaw/lip ◆ **le lac Supérieur** Lake Superior
**b** (dans un ordre) vitesse higher, greater; nombre higher, greater, bigger; classes sociales upper (épith); niveaux, échelons upper (épith), topmost; animaux, végétaux higher (épith) ◆ **passer dans la classe supérieure** (Scol) to go up to the next class ◆ **Père supérieur** (Rel) Father Superior ◆ **Mère supérieure** (Rel) Mother Superior ◆ **commandement supérieur** (Mil) senior command ◆ **à l'échelon supérieur** on the next rung up ◆ **faire une offre supérieure** (aux enchères) to make a higher bid ◆ **forces supérieures en nombres** forces superior in number; → **cadre, enseignement, mathématique, officier[1]**
**c** (= excellent, qui prévaut) intérêts, principe higher (épith); intelligence, esprit superior ◆ **produit de qualité supérieure** product of superior quality ◆ **des considérations d'ordre supérieur** considerations of a higher order
**d** (= hautain) air, ton, regard superior
**e** **supérieur à** nombre greater ou higher than, above; somme greater ou bigger than; production greater than, superior to ◆ **intelligence/qualité supérieure à la moyenne** above-average ou higher than average intelligence/quality ◆ **il a obtenu un score nettement supérieur à la moyenne nationale** he scored well above the national average ◆ **il est d'une taille supérieure à la moyenne** he's of above average height ◆ **des températures supérieures à 300°** temperatures in excess of ou higher than ou of more than 300° ◆ **parvenir à un niveau supérieur à ...** to reach a higher level than ... ◆ **il est d'un niveau bien supérieur à celui de son adversaire** he is of a far higher standard than his opponent ◆ **il se croit supérieur à tout le monde** he thinks he's better than ou superior to everybody else ◆ **être supérieur à qn (dans une hiérarchie)** to be higher up than sb (in a hierarchy), be sb's superior ◆ **faire une offre supérieure à celle de qn** (aux enchères) to outbid sb
[2] **nm,f** (Admin, Mil, Rel) superior ◆ **mon supérieur hiérarchique direct** my immediate superior
[3] **nm** (Univ) ◆ **le supérieur** higher education

**supérieurement** [sypeʀjœʀmɑ̃] **adv** exécuter qch, dessiner exceptionally well ◆ **supérieurement doué/ennuyeux** exceptionally gifted/boring

**supériorité** [sypeʀjɔʀite] → SYN **nf** **a** (= prééminence) superiority ◆ **supériorité militaire/technologique** military/technological superiority ◆ **nous avons la supériorité du nombre** we outnumber them, we are superior in number(s) ◆ **ce pays s'est révélé d'une écrasante supériorité sur ses adversaires** this country has turned out to be overwhelmingly superior to its enemies
**b** (= condescendance) superiority ◆ **air de supériorité** superior air, air of superiority ◆ **sourire de supériorité** superior smile ◆ **avoir un sentiment de supériorité** to feel superior; → **complexe**

**super-jumbo** [sypɛʀdʒœbo] **nm** (= avion) super-jumbo

**superlatif, -ive** [sypɛʀlatif, iv] → SYN [1] **adj** superlative
[2] **nm** superlative ◆ **superlatif absolu/relatif** absolute/relative superlative ◆ **au superlatif** * in the superlative ◆ **il m'ennuie au superlatif** * (fig) I find him extremely boring

**superlativement** [sypɛʀlativmɑ̃] **adv** superlatively

**superléger** [sypɛʀleʒe] **adj, nm** (Sport) light welterweight

**superman** [sypɛʀman], pl **supermans** ou **supermen** [sypɛʀmɛn] **nm** superman ◆ **il aime jouer les supermans** ou **supermen** (péj) he likes to let everybody know what a great guy * he is

**supermarché** [sypɛʀmaʀʃe] → SYN **nm** supermarket

**superministère** [sypɛʀministɛʀ] **nm** superministry

**supernova** [sypɛʀnɔva], pl **supernovae** [sypɛʀnɔve] **nf** supernova

**superordinateur, super-ordinateur** [sypɛʀɔʀdinatœʀ] **nm** supercomputer

**superordre** [sypɛʀɔʀdʀ] **nm** superorder

**superovarié, e** [sypɛʀɔvaʀje] **adj** (Bot) having a superior ovary

**superpétrolier** [sypɛʀpetʀɔlje] **nm** supertanker

**superphosphate** [sypɛʀfɔsfat] **nm** superphosphate

**superposable** [sypɛʀpozabl] **adj** (gén) that may be superimposed, superimposable (à on); éléments de mobilier stacking (épith)

**superposé, e** [sypɛʀpoze] (ptp de **superposer**) **adj** visions, images superimposed ◆ **il y avait plusieurs couches superposées** there were several layers ◆ **des blocs superposés** blocks one on top of the other; → **lit**

**superposer** [sypɛʀpoze] → SYN ▸ conjug 1 ◂ [1] **vt** **a** (= empiler) [+ blocs, briques, éléments de mobilier] to stack ◆ **superposer des couches de peinture** to apply several layers of paint ◆ **superposer les consignes aux consignes** to give one instruction after another
**b** (= faire chevaucher) [+ cartes, clichés] to superimpose; [+ figures géométriques] to superpose ◆ **superposer qch à** to superimpose ou superpose sth on
[2] **se superposer vpr** **a** [clichés photographiques, images] to be superimposed (on one another)
**b** (= s'ajouter) [couches de sédiments] to be superposed; [éléments de mobilier] to be stackable

**superposition** [sypɛʀpozisjɔ̃] → SYN **nf** **a** (= action) [blocs] stacking; [cartes, clichés, visions] superimposition; [figures géométriques] superposing
**b** (Photo) superimposition ◆ **la superposition de ces couches de sédiments** the way these strata of sediment are superposed ◆ **la superposition de plusieurs influences** the cumulative effect of several influences

**superpréfet** [sypɛʀpʀefɛ] **nm** superprefect *(in charge of a region)*

**superproduction** [sypɛʀpʀɔdyksjɔ̃] **nf** (Ciné) spectacular, blockbuster

**superprofit** [sypɛʀpʀɔfi] **nm** immense profit

**superpuissance** [sypɛʀpɥisɑ̃s] **nf** superpower

**supersonique** [sypɛʀsɔnik] [1] **adj** supersonic; → **bang**
[2] **nm** supersonic aircraft

**superstitieusement** [sypɛʀstisjøzmɑ̃] **adv** superstitiously

**superstitieux, -ieuse** [sypɛʀstisjø, jøz] → SYN
[1] **adj** superstitious
[2] **nm,f** superstitious person

**superstition** [sypɛʀstisjɔ̃] → SYN **nf** superstition ◆ **il a la superstition du chiffre 13** he's superstitious about the number 13

**superstrat** [sypɛʀstʀa] → SYN **nm** (Ling) superstratum

**superstructure** [sypɛʀstʀyktyʀ] → SYN **nf** (gén) superstructure

**supertanker** [sypɛʀtɑ̃kœʀ] → SYN **nm** supertanker

**superviser** [sypɛʀvize] → SYN ▸ conjug 1 ◂ **vt** to supervise, oversee

**superviseur** [sypɛʀvizœʀ] **nm** **a** (= personne) supervisor
**b** (Ordin) supervisor

**supervision** [sypɛʀvizjɔ̃] **nf** supervision

**superwelter** [sypɛʀwɛltɛʀ] **adj, nm** light middleweight

**superwoman** [sypɛʀwuman], pl **superwomans** ou **superwomen** [sypɛʀwumɛn] **nf** superwoman

**supin** [sypɛ̃] **nm** supine

**supinateur** [sypinatœʀ] [1] **adj** supine
[2] **nm** (= muscle) supinator

**supination** [sypinasjɔ̃] **nf** [main] supination

**supion** [sypjɔ̃] **nm** small cuttlefish

**supplanter** [syplɑ̃te] → SYN ▸ conjug 1 ◂ [1] **vt** to supplant ◆ **le disque compact a supplanté le microsillon** the compact disc has replaced the record
[2] **se supplanter vpr** to supplant one another

**suppléance** [sypleɑ̃s] → SYN nf (= poste) supply post (Brit), substitute post (US); (= action) temporary replacement ◆ **faire des suppléances** to take supply posts, do supply (Brit) ou substitute (US) teaching

**suppléant, e** [sypleɑ̃, ɑ̃t] → SYN 1 adj (gén) deputy (épith), substitute (épith) (US); professeur supply (épith) (Brit), substitute (épith) (US) ◆ **médecin suppléant** locum (Brit), replacement doctor (US) ◆ **verbe suppléant** substitute verb

2 nm,f (= professeur) supply (Brit) ou substitute (US) teacher; (= juge) deputy (judge); (Pol) deputy; (= médecin) locum (Brit), replacement doctor (US) ◆ **pendant les vacances, on fait appel à des suppléants** during the holidays we take on relief ou temporary staff

**suppléer** [syplee] → SYN ▸ conjug 1 ◂ 1 vt a (= ajouter) [+ mot manquant] to supply, provide; [+ somme complémentaire] to make up, supply

b (= compenser) [+ lacune] to fill in; [+ manque, défaut] to make up for, compensate for

c (frm = remplacer) [+ professeur] to stand in for, replace; [+ juge] to deputize for ◆ **la machine a suppléé l'homme dans ce domaine** (littér) men have been replaced by machines in this area

2 **suppléer à** vt indir (= compenser) [+ défaut, manque] to make up for, compensate for; (= remplacer) [+ chose, personne, qualité] to substitute for

**supplément** [syplemɑ̃] → SYN nm a (= surcroît) **un supplément de travail/salaire** extra ou additional work/pay ◆ **avoir droit à un supplément de 50 €** to be allowed a supplement of €50 ou a €50 supplement, be allowed an extra ou an additional €50 ◆ **demander un supplément d'information** to ask for additional ou further ou supplementary information ◆ **supplément d'imposition** additional tax

b [journal, dictionnaire] supplement ◆ **supplément illustré** illustrated supplement

c (à payer) (au théâtre, au restaurant) extra charge, supplement; (dans le train pour prolongement de trajet) excess fare; (sur trains spéciaux) supplement ◆ **supplément de 1re classe** supplement for travelling 1st class, 1st-class supplement ◆ **sans supplément de prix** without additional charge ou surcharge ◆ **payer un supplément pour excès de bagages** to pay (for) excess luggage, pay excess on one's luggage

◆ **en supplément** extra ◆ **le vin est en supplément** wine is extra, an additional charge is made for wine ◆ **le tableau de bord en bois est en supplément** the wooden dashboard is an optional extra

d [angle] supplement

**supplémentaire** [syplemɑ̃tɛʀ] → SYN adj dépenses, crédits, retards additional, further (épith); travail, vérifications additional, extra (épith); trains, autobus relief (épith); angle supplementary ◆ **lignes supplémentaires** (Mus) ledger lines ◆ **accorder un délai supplémentaire** to grant an extension of the deadline, allow additional time ◆ **faire des/10 heures supplémentaires** to work ou do overtime/10 hours' overtime ◆ **les heures supplémentaires sont bien payées** you get well paid for (doing) overtime, overtime hours are well-paid

**supplétif, -ive** [sypletif, iv] → SYN 1 adj additional

2 nm (Mil) back-up soldier ◆ **les supplétifs** the back-up troops

**supplétoire** [sypletwaʀ] adj ◆ **serment supplétoire** suppletory oath

**suppliant, e** [syplijɑ̃, ijɑ̃t] → SYN 1 adj regard, voix beseeching, imploring; personne imploring

2 nm,f suppliant, supplicant

**supplication** [syplikasjɔ̃] → SYN nf (gén) plea, entreaty; (Rel) supplication

**supplice** [syplis] → SYN 1 nm a (= peine corporelle) form of torture, torture (NonC) ◆ **le (dernier) supplice** (peine capitale) execution, death ◆ **conduire qn au supplice** to take sb to be executed ◆ **le supplice de la roue** (torture on) the wheel ◆ **le supplice du fouet** flogging, the lash ◆ **le supplice du collier** necklacing

b (= souffrance) torture ◆ **supplices moraux** moral tortures ou torments ◆ **éprouver le supplice de l'incertitude** to be tormented by uncertainty ◆ **cette lecture est un (vrai) supplice !** reading this is absolute torture!

c (Loc) **être au supplice** (appréhension) to be in agonies ou on the rack; (gêne, douleur) to be in misery ◆ **mettre qn au supplice** to torture sb

2 COMP ▷ **supplice chinois** Chinese torture (NonC) ▷ **le supplice de la Croix** the Crucifixion ▷ **supplice de Tantale** (lit) torment of Tantalus ◆ **c'est un vrai supplice de Tantale** (fig) it's so frustrating

**supplicié, e** [syplisje] (ptp de **supplicier**) nm,f victim of torture, torture victim ◆ **les corps/cris des suppliciés** the bodies/cries of the torture victims

**supplicier** [syplisje] → SYN ▸ conjug 7 ◂ vt (lit, fig) to torture; (à mort) to torture to death

**supplier** [syplije] → SYN ▸ conjug 7 ◂ vt to implore, beseech (frm), entreat (frm) (*de faire* to do) ◆ **supplier qn à genoux** to beseech ou implore ou entreat sb on one's knees ◆ **tais-toi, je t'en supplie !** will you please be quiet! ◆ **il m'a suppliée de rester** he begged me to stay

**supplique** [syplik] → SYN nf petition ◆ **présenter une supplique au roi** to petition the king, bring a petition before the king

**suppo** * [sypo] nm abrév de **suppositoire**

**support** [sypɔʀ] → SYN nm a (gén = soutien) support; (= béquille, pied) prop, support; [instruments de laboratoire, outils, livre] stand

b (= moyen) medium; (= aide) aid ◆ **support publicitaire** advertising medium ◆ **conférence faite à l'aide d'un support écrit/magnétique/visuel** lecture given with the help of a written text/a tape/visual aids ◆ **les différents supports d'information** the different media through which information is transmitted ◆ **support pédagogique** teaching aid

c (Peinture) [dessin] support; (Math) [vecteur] directed line segment; (Ordin) [information codée] medium ◆ **passer du support papier au support informatique** to go from using paper ou hard copy to using computers ◆ **les chaînes d'ADN, support de l'hérédité** DNA sequences, the carriers of genetic information ◆ **le symbole est le support du concept** the symbol is the physical medium through which the concept is expressed

**supportable** [sypɔʀtabl] → SYN adj douleur, température bearable; conduite tolerable; (* = passable, pas trop mauvais) tolerable, passable

**supporter¹** [sypɔʀte] GRAMMAIRE ACTIVE 7.3, 14 → SYN ▸ conjug 1 ◂

1 vt a (= endurer) [+ maladie, solitude, revers] to bear, endure, put up with; [+ douleur] to bear, endure; [+ conduite, ingratitude] to tolerate, put up with; [+ recommandations, personne] to put up with, bear ◆ **il ne pouvait plus supporter la vie** life had become unbearable for him ◆ **il supportait leurs plaisanteries avec patience** he patiently put up with their jokes ◆ **la mort d'un être cher est difficile à supporter** the death of a loved one is hard to bear ◆ **il va falloir le supporter pendant toute la journée !** we're going to have to put up with him all day long! ◆ **elle supporte tout d'eux, sans jamais rien dire** she puts up with everything they do without a word ◆ **je ne supporte pas ce genre de comportement/qu'on me parle sur ce ton** I won't put up with ou stand for ou tolerate this sort of behaviour/being spoken to in that tone of voice ◆ **je ne peux pas supporter l'hypocrisie** I can't bear ou abide ou stand hypocrisy ◆ **je ne peux pas les supporter** I can't bear ou stand them ◆ **je ne supporte pas de voir ça** I can't bear seeing ou to see that, I can't stand seeing that

b (= subir) [+ frais] to bear; [+ conséquences, affront, malheur] to suffer, endure ◆ **il m'a fait supporter les conséquences de son acte** he made me suffer the consequences of his action

c (= servir de base à) to support, hold up

d (= résister à) [+ température, conditions atmosphériques, épreuve] to withstand ◆ **verre qui supporte la chaleur** heatproof ou heat-resistant glass ◆ **il a bien/mal supporté l'opération** he took the operation well/badly ◆ **il ne supporte pas l'alcool** he can't take alcohol ◆ **elle ne supporte pas la vue du sang** she can't bear ou stand the sight of blood ou seeing blood ◆ **il ne supporte pas la chaleur** he can't take ou stand ou bear the heat ◆ **je ne supporte pas les épinards** (= je ne les aime pas) I can't stand spinach; (= ils me rendent malade) spinach doesn't agree ou disagrees with me ◆ **lait facile à supporter** easily-digested milk ◆ **tu as de la chance de supporter l'ail** you're lucky being able to eat garlic ◆ **ce roman ne supporte pas l'examen** this novel does not stand up to analysis ◆ **cette règle ne supporte aucune exception** this rule admits of no exception

e (Ordin, Pol, Sport) to support

f * **on supporte un gilet, par ce temps** you can do with a cardigan in this weather ◆ **je pensais avoir trop chaud avec un pull, mais on le supporte** I thought I'd be too hot with a pullover but I can do with it after all

2 **se supporter** vpr (= se tolérer) ◆ **ils ne peuvent pas se supporter** they can't stand ou bear each other

**supporter²** [sypɔʀtɛʀ] nm, **supporteur, -trice** [sypɔʀtœʀ, tʀis] nm,f (Pol, Sport) supporter

**supposé, e** [sypoze] → SYN (ptp de **supposer**) adj (= présumé) nombre, total estimated; meurtrier alleged; (Jur) père putative; nom assumed; (= faux) testament, signature forged ◆ **l'auteur supposé de cet article** (= prétendu) the presumed ou alleged author of this article ◆ **un supposé âge d'or** a supposed ou so-called golden age

**supposer** [sypoze] GRAMMAIRE ACTIVE 26.6 → SYN ▸ conjug 1 ◂ vt a (à titre d'hypothèse) to suppose, assume ◆ **supposons une nouvelle guerre** (let's) suppose another war broke out ◆ **supposez que vous soyez malade** suppose you were ill ◆ **en supposant que, à supposer que** supposing (that), assuming (that) ◆ **pour les besoins de l'expérience, la pression est supposée constante** (Sci) for the purposes of the experiment the pressure is taken to be ou assumed (to be) constant ◆ **supposons une ligne A-B** let there be a line A-B

b (= présumer) to suppose, assume ◆ **supposer qn amoureux/jaloux** to imagine ou suppose sb to be in love/jealous ◆ **je lui suppose une grande ambition** I imagine him to have great ambition ◆ **on vous supposait malade** we thought you were ill ◆ **je ne peux que le supposer** I can only make a supposition, I can only surmise ◆ **cela laisse supposer que ...** it leads one to suppose that ... ◆ **je suppose que tu es contre** I assume ou I suppose ou I presume you are against it

c (= impliquer, présupposer) to presuppose; (= suggérer, laisser deviner) to imply ◆ **la gestation suppose la fécondation** gestation presupposes fertilization ◆ **cela suppose du courage** that takes courage ◆ **ta réponse suppose que tu n'as rien compris** your reply implies ou indicates that you haven't understood a thing

d (Jur) [+ testament, signature] to forge

**supposition** [sypozisjɔ̃] → SYN nf supposition, assumption ◆ **on ne peut que faire des suppositions** we can only surmise, we can only make suppositions ou assumptions ◆ **je l'ignore, c'est une simple supposition** I don't know, I'm just guessing ou it's pure conjecture on my part ◆ **une supposition que ...** * supposing ..., let us suppose ... ◆ **supposition de part** ou **d'enfant** (Jur) declaring a supposititious child

**suppositoire** [sypozitwaʀ] nm suppository

**suppôt** [sypo] → SYN nm (littér) henchman ◆ **suppôt de Satan** ou **du diable** fiend, hellhound ◆ **les suppôts d'un tyran/de l'impérialisme** the lackeys of a tyrant/of imperialism

**suppresseur** [sypʀesœʀ] adj m, nm (Sci) suppressor

**suppression** [sypʀesjɔ̃] → SYN nf a (= fait d'enlever, d'abolir) [mot, clause] deletion, removal; [mur, obstacle] removal; [avantage, crédits] withdrawal; [loi, taxe, peine de mort] abolition; [libertés] suppression; [discrimination, concurrence, pauvreté, chômage, douleur, fatigue] elimination ◆ **la suppression des inégalités** the elimination ou abolition of inequalities ◆ **faire des suppressions dans un texte** to make some deletions in a text ◆ **il y a eu 7 000 suppressions d'emplois** ou **d'effectifs** 7,000 jobs were axed ou shed

b [avion, train, vol] cancellation ◆ **pour éviter la suppression des petites lignes de province** to prevent small regional lines being taken out of service

c [témoin gênant] elimination

**d** (Jur) **suppression de part** ou **d'enfant** concealment of birth ◆ **suppression d'état** *depriving someone of the means to prove their civil status*

**supprimer** [sypʀime] → SYN ▸ conjug 1 ◂ **1** vt **a** (= enlever, abolir) [+ mot, clause] to delete, remove (*de* from); [+ mur, obstacle] to remove; [+ emploi, poste] to axe, shed; [+ crédits, avantage] to withdraw; [+ loi, taxe] to do away with, abolish; [+ libertés] to suppress; [+ peine de mort] to abolish; [+ publication] to ban; [+ document] to suppress; [+ discrimination, inégalité, concurrence, pauvreté, chômage] to do away with, put an end to, eliminate ◆ **ce fortifiant aide à supprimer la fatigue** this tonic helps to eliminate tiredness ◆ **ce médicament supprime la douleur** this medicine is a pain-killer ◆ **on ne parviendra jamais à supprimer la douleur** we shall never succeed in doing away with ou in eliminating pain ◆ **cette technique supprime des opérations inutiles** this technique does away with ou cuts out unnecessary operations ◆ **il faut supprimer les intermédiaires** we must cut out the middleman ◆ **l'avion supprime les distances** air travel shortens distances ◆ **supprimer qch à qn** to deprive sb of sth ◆ **supprimer les permissions aux soldats** to put a stop ou an end to the soldiers' leave ◆ **on lui a supprimé sa prime/pension** he's had his bonus/pension stopped ◆ **supprimer qch de son alimentation** to cut sth out of one's diet, eliminate sth from one's diet

**b** [+ avion, train, vol] to cancel ◆ **la ligne a été supprimée** the line was taken out of service

**c** (= tuer) [+ témoin gênant] to do away with, eliminate

**2** **se supprimer** vpr to take one's own life

**suppurant, e** [sypyʀɑ̃, ɑ̃t] adj suppurating

**suppuration** [sypyʀasjɔ̃] → SYN nf suppuration

**suppurer** [sypyʀe] → SYN ▸ conjug 1 ◂ vi to suppurate

**supputation** [sypytasjɔ̃] → SYN nf **a** [dépenses, frais] calculation, computation; [chances, possibilités] calculation

**b** (frm = hypothèse) guess, prognostication (frm) ◆ **ce ne sont que des supputations** this is just a guess

**supputer** [sypyte] → SYN ▸ conjug 1 ◂ vt [+ dépenses, frais] to calculate, compute; [+ chances, possibilités] to calculate ◆ **je suppute que ...** I presume that ..., my guess is that ...

**supra** [sypʀa] adv above ◆ **voir supra** see above

**supra-** [sypʀa] préf supra ... ◆ **une autorité supra-humaine** a suprahuman ou superhuman authority

**supraconducteur, -trice** [sypʀakɔ̃dyktœʀ, tʀis] **1** adj superconductive, superconducting (épith)

**2** nm superconductor

**supraconductivité** [sypʀakɔ̃dyktivite] nf superconductivity

**supraliminaire** [sypʀaliminɛʀ] adj supraliminal

**supranational, e,** mpl **-aux** [sypʀanasjɔnal, o] adj supranational

**supranationalisme** [sypʀanasjɔnalism] nm supranationalism

**supranationaliste** [sypʀanasjɔnalist] adj supranationalist

**supranationalité** [sypʀanasjɔnalite] nf ◆ **il craint de voir l'Europe basculer dans la supranationalité** he's afraid that Europe will end up as a supranational state

**suprasegmental, e,** mpl **-aux** [sypʀasɛgmɑ̃tal, o] adj suprasegmental

**suprasensible** [sypʀasɑ̃sibl] → SYN adj suprasensitive

**supraterrestre** [sypʀatɛʀɛstʀ] adj superterrestrial

**suprématie** [sypʀemasi] → SYN nf supremacy

**suprématisme** [sypʀematism] nm Suprematism

**suprématiste** [sypʀematist] adj, nmf Suprematist

**suprême** [sypʀɛm] → SYN **1** adj (= supérieur) chef, autorité, cour supreme; (= très grand, ultime) raffinement, élégance, effort, ennui extreme; indifférence sublime; affront ultimate ◆ **bonheur suprême, notre chambre a vue sur la mer** joy of joys, our room overlooks the sea ◆ **au suprême degré** to the highest degree ◆ **le pouvoir suprême** the supreme power ◆ **le moment/l'heure suprême** (= la mort) the moment/the hour of reckoning; → **sauce, soviet**

**2** nm (Culin) ◆ **suprême de volaille** chicken supreme

**suprêmement** [sypʀɛmmɑ̃] adv supremely

**sur**[1] [syʀ] **1** prép **a** (position) on, upon (frm); (= sur le haut de) on top of, on; (avec mouvement) on, onto; (= dans) in; (= par-dessus) over; (= au-dessus de) above ◆ **il y a un sac sur la table/une affiche sur le mur** there's a bag on the table/a poster on the wall ◆ **mettre une annonce sur un tableau** to put a notice (up) on a board ◆ **il a laissé tous ses papiers sur la table** he left all his papers (lying) on the table ◆ **je n'ai pas d'argent/la lettre sur moi** I haven't got any money on me/the letter on ou with me ◆ **se promener sur la rivière** to go boating on the river ◆ **il y avait beaucoup de circulation sur la route** there was a lot of traffic on the road ◆ **sur ma route** ou **mon chemin** on my way ◆ **sur les grandes/petites ondes** (Radio) on long/short wave ◆ **elle rangea ses chapeaux sur l'armoire** she put her hats away on top of the wardrobe ◆ **pose ta valise sur une chaise** put your case (down) on a chair ◆ **elle a jeté son sac sur la table** she threw her bag onto the table ◆ **retire tes livres de sur la table** take your books off the table ◆ **il grimpa sur le toit** he climbed (up) onto the roof ◆ **une chambre (qui donne) sur la rue** a room that looks out onto the street ◆ **il n'est jamais monté sur un bateau** he's never been in ou on a boat ◆ **sur la place (du marché)** in the (market) square ◆ **la clé est restée sur la porte** the key was left in the door ◆ **lire qch sur le journal** * to read sth in the paper ◆ **chercher qch sur une carte** to look for sth on a map ◆ **des orages sont prévus sur l'Alsace** storms are forecast in Alsace ◆ **il a 250 € sur son compte** he has €250 in his account ◆ **livraison gratuite sur Paris** free delivery in ou within Paris ◆ **il neige sur Paris/sur toute l'Europe** snow is falling on ou in Paris/over the whole of Europe, it's snowing in Paris/all over Europe ◆ **mettre du papier d'aluminium sur un plat/un couvercle sur une casserole** to put silver foil over a dish/a lid on a saucepan ◆ **un pont sur la rivière** a bridge across ou on ou over the river ◆ **s'endormir sur un livre/son travail** (fig) to fall asleep over a book/over ou at one's work ◆ **elle a acheté des poires sur le marché** she bought some pears at the market ◆ **sur terre et sur mer** on land and (at) sea ◆ **s'étendre sur 3 km** to spread over 3 km ◆ **"travaux sur 5 km"** "roadworks for 5 km" ◆ **vivre les uns sur les autres** (fig) to live on top of each other ◆ **gravure sur bois/verre** wood/glass engraving; → **appuyer, pied, place** etc

**b** (direction) to, towards ◆ **tourner sur la droite** to turn (to the) right ◆ **l'église est sur votre gauche** the church is on ou to your left ◆ **revenir sur Paris** to return to Paris ◆ **les vols sur Lyon** flights to Lyons ◆ **concentrer son attention sur un problème** to concentrate on a problem, focus one's attention on a problem ◆ **fermez bien la porte sur vous** be sure and close the door behind ou after you

**c** (temps : proximité, approximation) **il est arrivé sur les 2 heures** he came (at) about ou (at) around 2 ◆ **il va sur la quarantaine** he's getting on for (Brit) ou going on (US) forty ◆ **la pièce s'achève sur une réconciliation** the play ends with a reconciliation ◆ **il est sur le départ, il est sur le point de partir** he's just going, he's (just) about to leave ◆ **sur le moment** ou **sur le coup, je n'ai pas compris** at the time ou at first I didn't understand ◆ **sur une période de 3 mois** over a period of 3 months ◆ **juger les résultats sur une année** to assess the results over a year ◆ **boire du café sur de la bière** to drink coffee on top of beer

**d** (cause) on, by ◆ **sur invitation/commande** by invitation/order ◆ **sur présentation d'une pièce d'identité** on presentation of identification ◆ **nous l'avons nommé sur la recommandation/les conseils de Marc** we appointed him on Marc's recommendation/advice ◆ **sur un signe/une remarque du patron, elle sortit** at the boss's signal/at a word from the boss, she left

**e** (moyen, manière) on ◆ **ils vivent sur son salaire/ses économies** they live on ou off his salary/his savings ◆ **rester sur la défensive/ses gardes** to stay on the defensive/one's guard ◆ **travailler sur écran** to work on screen ◆ **renseignements disponibles sur Minitel** information available on Minitel ◆ **choisir sur catalogue** to choose from a catalogue ◆ **chanter** ou **entonner qch sur l'air de la Marseillaise** to sing sth to the tune of the Marseillaise ◆ **fantaisie sur un air de Brahms** (Mus) fantasy on an air by ou from Brahms ◆ **sur le mode mineur** (Mus) in the minor key ou mode

**f** (matière, sujet) on, about ◆ **conférence/renseignements sur la Grèce/la drogue** lecture/information on ou about Greece/drug addiction ◆ **roman/film sur Louis XIV** novel/film about Louis XIV ◆ **questionner** ou **interroger qn sur qch** to question sb about ou on sth ◆ **gémir** ou **se lamenter sur ses malheurs** to lament (over) ou bemoan one's misfortunes ◆ **être sur un travail** to be occupied with a job, be (in the process of) doing a job ◆ **être sur un projet** to be working on a project ◆ **être sur une bonne affaire/une piste/un coup** * to be onto a bargain/on a trail/in on a job * ◆ **"réductions importantes sur les chaussures"** "big discounts on shoes" ◆ **il touche une commission de 10% sur les ventes** he gets a 10% commission on sales

**g** (rapport de proportion) out of, in; (prélèvement) from; (mesure) by ◆ **sur douze verres, six sont ébréchés** out of twelve glasses six are chipped ◆ **un homme sur dix** one man in (every) ou out of ten ◆ **neuf fois sur dix** nine times out of ten ◆ **il a une chance sur deux de réussir** he has a fifty-fifty chance of success ◆ **il y a une chance sur dix pour que cela arrive** there's a one in ten chance that it will happen ◆ **il mérite 7 sur 10** (Scol, Univ) he deserves 7 out of 10 ◆ **un jour/un vendredi sur trois** every third day/Friday ◆ **il vient un jour/mercredi sur deux** he comes every other day/Wednesday ◆ **les cotisations sont retenues sur le salaire** contributions are deducted from salaries ◆ **la cuisine fait 2 mètres sur 3** the kitchen is ou measures 2 metres by 3

**h** (accumulation) after ◆ **faire faute sur faute** to make one mistake after another ◆ **il a eu rhume sur rhume** he's had one cold after another ou the other; → **coup**

**i** (influence, supériorité) over, on ◆ **avoir de l'influence/de l'effet sur qn** to have influence on ou over/an effect on sb ◆ **avoir des droits sur qn/qch** to have rights over sb/to sth ◆ **cela a influé sur sa décision** that has influenced ou had an influence on his decision ◆ **elle n'a aucun pouvoir sur lui** she has no hold ou influence over him

**2** **sur ce** loc adv (= sur ces mots) so saying, with this ou that ◆ **sur ce, il est sorti** whereupon ou upon which he went out ◆ **sur ce, il faut que je vous quitte** and now I must leave you

**sur**[2]**, e** [syʀ] → SYN adj (= aigre) sour

**sur...** [syʀ] préf over... ◆ **suractif** overactive ◆ **surdiplômé** overqualified

**sûr, e** [syʀ] GRAMMAIRE ACTIVE 15.1, 16.1, 25.6, 26.6 → SYN

**1** adj **a** **sûr de** [+ résultats, succès] sure ou certain of; [+ allié, réflexes, moyens] sure of; [+ fait, diagnostic, affirmation] sure ou certain of ou about ◆ **il avait le moral et était sûr du succès** he was in good spirits and was sure ou certain ou confident of success ◆ **s'il s'entraîne régulièrement, il est sûr du succès** if he trains regularly he's sure of success ◆ **il est sûr/il n'est pas sûr de venir** he's/he's not sure ou certain that he'll be able to come ◆ **il est sûr de son fait** ou **coup** * (qu'il réussira) he's sure ou confident he'll pull it off; (qu'il a raison) he's sure he's right ◆ **sûr de soi** self-assured, self-confident, sure of oneself ◆ **elle n'est pas sûre d'elle(-même)** she's lacking in self-assurance ou self-confidence, she's not very sure of herself ◆ **j'en étais sûr !** I knew it!, just as I thought! ◆ **j'en suis sûr et certain** I'm positive (about it), I'm absolutely sure ou certain (of it) ◆ **soyez-en sûr** you can depend upon it, you can be sure of it

**b** (= certain) certain, sure ◆ **la chose est sûre** that's certain, that's for sure ou certain ◆ **ce** ou **il n'est pas sûr qu'elle aille au Maroc** it's not definite ou certain that she's going to Morocco ◆ **est-ce si sûr qu'il gagne ?** is he so certain ou sure to win? ◆ **c'est sûr et certain** that's absolutely certain ◆ **ça, c'est sûr** that's for sure ◆ **ce n'est pas (si) sûr** * not necessarily ◆ **c'est le plus sûr moyen de réussir** it is the surest way to succeed ◆ **ce qui est sûr, c'est qu'ils ...** one thing is for sure – they ...

◆ **à coup sûr** definitely, without a doubt ◆ **à coup sûr il ne viendra pas** he definitely won't come, there's no way he'll come

◆ **pour sûr** ◆ **tenir qch pour sûr** to be sure about sth ◆ **il tient pour sûr que ...** he's sure that ... ◆ **pour sûr !** * absolutely!

**c** (= sans danger) quartier, rue safe ◆ **peu sûr** unsafe ◆ **il est plus sûr de ne pas compter sur lui** it's safer not to rely on him ◆ **le plus sûr est de mettre sa voiture au garage** the safest thing is to put your car in the garage ◆ **en lieu sûr** in a safe place ◆ **en mains sûres** in safe hands

**d** (= digne de confiance) personne reliable, trustworthy; renseignements, diagnostic, entreprise reliable; valeurs morales, raisonnement sound; remède, moyen reliable, sure; dispositif, arme, valeurs boursières safe; investissement sound, safe; main, pied, œil steady; goût, instinct reliable, sound ◆ **le temps n'est pas assez sûr pour une ascension** the weather's not reliable enough to go climbing ◆ **avoir la main sûre** to have a steady hand ◆ **raisonner sur des bases peu sûres** to argue on unsound ou shaky premises ◆ **nous apprenons de source sûre que ...** we have been informed by a reliable source that ... ◆ **peu sûr** allié unreliable, untrustworthy; renseignements unreliable; moyen, méthode unreliable, unsafe

**2** adv * ◆ **sûr qu'il y a quelque chose qui ne tourne pas rond** there must be something wrong ◆ **tu penses qu'il viendra ? – pas sûr** do you think he'll come? – I'm not so sure; → **bien, pour**

**surabondamment** [syʀabɔ̃damɑ̃] → SYN adv (littér) expliquer in excessive detail ◆ **surabondamment décoré de** overabundantly decorated with ◆ **ce thème a été surabondamment exploité** this theme has been dealt with more than amply ◆ **surabondamment informé** over-informed

**surabondance** [syʀabɔ̃dɑ̃s] → SYN nf (= quantité excessive) overabundance, superabundance; (= grande abondance) profusion

**surabondant, e** [syʀabɔ̃dɑ̃, ɑ̃t] → SYN adj (= trop abondant) overabundant, superabundant ◆ **recevoir un courrier surabondant** (= très abondant) to receive a huge amount of mail

**surabonder** [syʀabɔ̃de] → SYN ▸ conjug 1 ◂ vi **a** [richesses, plantes, matières premières] to be overabundant ◆ **une station où surabondent les touristes** a resort overflowing with tourists ◆ **des circulaires où surabondent les fautes d'impression** circulars riddled ou littered with printing errors ◆ **un port où surabondent les tavernes** a port with an inordinate number ou a plethora (frm) of taverns

**b** (littér) **surabonder de** ou **en** to abound with ou in ◆ **surabonder de richesses** to have an overabundance of riches, have overabundant riches

**suractivé, e** [syʀaktive] adj superactivated

**suractivité** [syʀaktivite] nf superactivity

**surah** [syʀa] nm surat

**suraigu, -uë** [syʀegy] adj very high-pitched, very shrill

**surajouter** [syʀaʒute] ▸ conjug 1 ◂ vt to add ◆ **raisons auxquelles se surajoutent celles-ci** reasons to which one might add the following ◆ **ornements surajoutés** superfluous ornaments

**suralimentation** [syʀalimɑ̃tasjɔ̃] → SYN nf **a** [personne] (thérapeutique) feeding up; (par excès) overeating

**b** [animal] fattening

**c** [moteur] supercharging, boosting

**suralimenter** [syʀalimɑ̃te] ▸ conjug 1 ◂ **1** vt **a** [+ personne] to feed up

**b** (= engraisser) [+ animal] to fatten

**c** [+ moteur] to supercharge, boost ◆ **moteur diesel suralimenté** supercharged diesel engine

**2** **se suralimenter** vpr to overeat

**suramplificateur** [syʀɑ̃plifikatœʀ] nm (Hi-fi) booster

**suranné, e** [syʀane] → SYN adj idées, mode outmoded, outdated, antiquated; beauté, tournure, style outdated, outmoded

**surarbitre** [syʀaʀbitʀ] nm (Jur) referee

**surarmement** [syʀaʀməmɑ̃] nm (= action) stockpiling of weapons; (= armes) massive stock of weapons

**surarmer** [syʀaʀme] ▸ conjug 1 ◂ vt (surtout passif) ◆ **pays surarmé** country with a massive stock of weapons

**surate** [syʀat] nf ⇒ **sourate**

**surbaissé, e** [syʀbese] (ptp de **surbaisser**) adj plafond lowered; voûte surbased; châssis underslung; voiture low-slung ◆ **plancher surbaissé** (Rail) platform-height floor

**surbaissement** [syʀbɛsmɑ̃] nm (Archit) surbasement

**surbaisser** [syʀbese] → SYN ▸ conjug 1 ◂ vt [+ plafond] to lower; [+ voûte] to surbase; [+ voiture, châssis] to make lower

**surbooké, e** [syʀbuke] adj double-booked, overbooked

**surbooking** [syʀbukiŋ] → SYN nm double booking, overbooking

**surboum** † * [syʀbum] nf party

**surbrillance** [syʀbʀijɑ̃s] nf (Ordin) ◆ **mettre qch en surbrillance** to highlight sth ◆ **texte en surbrillance** highlighted text

**surcapacité** [syʀkapasite] nf overcapacity

**surcapitalisation** [syʀkapitalizasjɔ̃] nf overcapitalization

**surcharge** [syʀʃaʀʒ] → SYN nf **a** [véhicule] overloading

**b** (= poids en excédent) extra load, excess load; [cheval de course] weight handicap ◆ **surcharge pondérale** excess weight ◆ **surcharge électrique** overload ◆ **une tonne de surcharge** an extra ou excess load of a ton ◆ **les passagers/marchandises en surcharge** the excess ou extra passengers/goods ◆ **prendre des passagers en surcharge** to take on excess passengers ◆ **ascenseur en surcharge** overloaded lift (Brit) ou elevator (US) ◆ **payer un supplément pour une surcharge de bagages** to pay (for) excess luggage, pay excess on one's luggage

**c** (fig) **cela me cause une surcharge de travail** it gives me extra work ◆ **la surcharge des programmes scolaires** the overloaded school syllabus ◆ **il y a une surcharge de détails/d'ornements** there is a surfeit ou an overabundance of detail/of ornamentation

**d** (= ajout manuscrit ou imprimé) [document, chèque] alteration; [timbre-poste] surcharge, overprint

**surcharger** [syʀʃaʀʒe] → SYN ▸ conjug 3 ◂ vt [+ voiture, cheval, mémoire] to overload; [+ timbre] to surcharge; [+ mot écrit] to alter; (Élec) [+ circuit] to overload; (Écon) [+ marché] to overload, glut ◆ **surcharger qn de travail/d'impôts** to overload ou overburden sb with work/with taxes ◆ **je suis surchargé (de travail)** I'm overloaded ou snowed under with work ◆ **emploi du temps surchargé** crowded timetable ◆ **programmes scolaires surchargés** overloaded syllabuses ◆ **classes surchargées** overcrowded classes ◆ **train surchargé** overcrowded train ◆ **palais surchargé de dorures** palace smothered in gilt ◆ **manuscrit surchargé de corrections** manuscript covered ou littered with corrections

**surchauffe** [syʀʃof] nf (Écon) overheating; (Tech) superheating; (Phys) superheat ◆ **il y a une surchauffe de l'économie** the economy is overheating

**surchauffé, e** [syʀʃofe] (ptp de **surchauffer**) adj pièce overheated; (Phys, Tech) superheated; (= exalté) overexcited ◆ **le procès s'est déroulé dans une ambiance surchauffée** the trial took place in a highly charged atmosphere ◆ **les esprits étaient surchauffés** emotions were running very high ou were at fever pitch

**surchauffer** [syʀʃofe] ▸ conjug 1 ◂ vt [+ pièce] to overheat; (Phys, Tech) to superheat

**surchauffeur** [syʀʃofœʀ] nm (Tech) superheater

**surchemise** [syʀʃəmiz] nf overshirt

**surchoix** [syʀʃwa] → SYN adj inv viande prime (épith), top-quality; produit, fruit top-quality

**surclasser** [syʀklɑse] → SYN ▸ conjug 1 ◂ vt to outclass

**surcompensation** [syʀkɔ̃pɑ̃sasjɔ̃] nf (Psych) overcompensation

**surcomposé, e** [syʀkɔ̃poze] adj double-compound

**surcompression** [syʀkɔ̃pʀesjɔ̃] nf [gaz] supercharging

**surcomprimer** [syʀkɔ̃pʀime] ▸ conjug 1 ◂ vt [+ gaz] to supercharge

**surconsommation** [syʀkɔ̃sɔmasjɔ̃] nf overconsumption

**surcontrer** [syʀkɔ̃tʀe] ▸ conjug 1 ◂ vt (Cartes) to redouble

**surcostal, e,** mpl **-aux** [syʀkɔstal, o] adj supercostal

**surcot** [syʀko] nm (Hist) surcoat

**surcote** [syʀkɔt] nf overvaluation

**surcoter** [syʀkɔte] ▸ conjug 1 ◂ vt to overvalue

**surcoupe** [syʀkup] nf (Cartes) overtrumping

**surcouper** [syʀkupe] ▸ conjug 1 ◂ vt (Cartes) to overtrump

**surcoût** [syʀku] nm extra ou additional cost ou expenditure

**surcreusement** [syʀkʀøzmɑ̃] nm (Géol) overdeepening

**surcroît** [syʀkʀwa] → SYN nm **a** **cela lui a donné un surcroît de travail/d'inquiétudes** it gave him additional ou extra work/worries ◆ **ça lui a valu un surcroît de respect** this won him even more respect ◆ **par (un) surcroît d'honnêteté/de scrupules** through an excess of honesty/of scruples, through excessive honesty/scrupulousness

**b** (= de plus) **de** ou **par surcroît** what is more, moreover ◆ **il est avare et paresseux de** ou **par surcroît** he's miserly and idle, he's miserly and what's more he's idle

**surdétermination** [syʀdetɛʀminasjɔ̃] nf (Psych) overdetermination

**surdéterminé, e** [syʀdetɛʀmine] adj (Psych) overdetermined

**surdéveloppé, e** [syʀdevlɔpe] adj overdeveloped

**surdéveloppement** [syʀdevlɔpmɑ̃] nm overdevelopment

**surdimensionné, e** [syʀdimɑ̃sjɔne] adj chantier, équipement inordinately large ◆ **le réservoir est surdimensionné par rapport à nos besoins** the reservoir is far too big for our needs

**surdimutité** [syʀdimytite] nf deaf-and-dumbness

**surdité** [syʀdite] nf deafness ◆ **surdité verbale** word deafness

**surdosage** [syʀdozaʒ] nm (Méd) overdosage

**surdose** [syʀdoz] nf (lit, fig) overdose

**surdoué, e** [syʀdwe] → SYN **1** adj enfant gifted, exceptional (US)

**2** nm,f gifted ou exceptional (US) child

**sureau,** pl **sureaux** [syʀo] nm elder (tree) ◆ **baies de sureau** elderberries

**sureffectif** [syʀefɛktif] nm overmanning (NonC), overstaffing (NonC) ◆ **personnel en sureffectif** excess staff

**surélévation** [syʀelevasjɔ̃] → SYN nf (= action) raising, heightening; (= état) extra height

**surélever** [syʀel(ə)ve] → SYN ▸ conjug 5 ◂ vt [+ plafond, étage] to raise, heighten; [+ mur] to heighten ◆ **surélever une maison d'un étage** to heighten a house by one storey ◆ **rez-de-chaussée surélevé** raised ground floor, ground floor higher than street level

**sûrement** [syʀmɑ̃] → SYN adv **a** (= sans risques, efficacement) cacher qch, progresser in safety; attacher securely; fonctionner safely ◆ **l'expérience instruit plus sûrement que les livres** experience is a surer teacher than books; → **lentement**

**b** (= vraisemblablement) **il viendra sûrement** he's sure to come ◆ **sûrement qu'il a été retenu** * he must have been held up ◆ **tu connais sûrement des gens importants** you must know some important people ◆ **ça lui plaira sûrement** she's bound to like it, I'm sure she'll like it ◆ **il me trouve sûrement trop sévère** no doubt he thinks I'm being too harsh

**c** **sûrement pas** (= pas du tout) certainly not ◆ **il n'est sûrement pas très intelligent, mais ...** (= peut-être pas) he might not be very clever but ... ◆ **ce n'est sûrement pas difficile** it can't be that difficult

**suréminent, e** [syʀeminɑ̃, ɑ̃t] adj (littér) supereminent

**surémission** [syʀemisjɔ̃] nf (Fin) overissue

**suremploi** [syʀɑ̃plwa] nm overemployment

**surenchère** [syʀɑ̃ʃɛʀ] → SYN nf **a** (Comm) (sur prix fixé) overbid; (= enchère plus élevée) higher bid ◆ **faire une surenchère (sur)** to make a higher bid (than) ◆ **une douzaine de surenchères successives firent monter le prix** a dozen bids one after the other put up the price ◆ **faire une surenchère de 150 €** to bid €150 more ou higher (*sur* than), bid €150 over the previous bid ou bidder

**b** (fig = exagération, excès) **la presse, royaume de la surenchère** the press, where overstatement is king ◆ **faire de la surenchère** to try to outdo one's rivals ◆ **la surenchère électorale** political one-upmanship ◆ **une surenchère de violence** a build-up of violence

**surenchérir** [syʀɑ̃ʃeʀiʀ] ▸ conjug 2 ◂ vi (= offrir plus qu'un autre) to bid higher; (= élever son offre) to raise one's bid; (lors d'élections) to try to outdo each other (*de* with) ◆ **surenchérir sur une offre** to bid higher than an offer, top a bid * ◆ **surenchérir sur qn** to bid higher than sb, outbid ou overbid sb

**surenchérissement** [syʀɑ̃ʃeʀismɑ̃] nm rise ou increase in price

**surenchérisseur, -euse** [syʀɑ̃ʃeʀisœʀ, øz] nm,f (higher) bidder

**surencombré, e** [syʀɑ̃kɔ̃bʀe] adj rue overcrowded; lignes téléphoniques overloaded

**surencombrement** [syʀɑ̃kɔ̃bʀəmɑ̃] nm [rue] overcrowding; [lignes téléphoniques] overloading

**surendetté, e** [syʀɑ̃dete] adj overburdened with debt

**surendettement** [syʀɑ̃dɛtmɑ̃] nm excessive debt

**surentraînement** [syʀɑ̃tʀɛnmɑ̃] nm overtraining

**surentraîner** vt, **se surentraîner** vpr [syʀɑ̃tʀene] ▸ conjug 1 ◂ to overtrain

**suréquipement** [syʀekipmɑ̃] nm overequipment

**suréquiper** [syʀekipe] ▸ conjug 1 ◂ vt to overequip

**surestarie** [syʀɛstaʀi] → SYN nf (Jur) demurrage

**surestimation** [syʀɛstimasjɔ̃] nf [importance, forces, capacité, frais] overestimation; [tableau, maison à vendre] overvaluation ◆ **la surestimation des devis est fréquente** estimates are often inflated ou made too high

**surestimer** [syʀɛstime] → SYN ▸ conjug 1 ◂ **1** vt [+ importance, forces, frais] to overestimate; [+ tableau, maison à vendre] to overvalue

**2** **se surestimer** vpr to overestimate one's abilities

**suret, -ette** [syʀɛ, ɛt] → SYN adj goût sharp, tart

**sûreté** [syʀte] → SYN nf **a** (= sécurité) safety ◆ **complot contre la sûreté de l'État** plot against state security ◆ **pour plus de sûreté** as an extra precaution, to be on the safe side ◆ **être en sûreté** to be in safety, be safe ◆ **mettre qn/qch en sûreté** to put sb/sth in a safe ou secure place ◆ **de sûreté** serrure, verrou safety (épith) ◆ **c'est une sûreté supplémentaire** it's an extra precaution ◆ **20 ans de réclusion assortis d'une peine de sûreté de 13 ans** a 20-year prison sentence with a minimum recommendation of 13 years

**b** (= exactitude, efficacité) [renseignements, méthode] reliability; → **cour, prudence**

**c** (= précision) [coup d'œil, geste] steadiness; [goût] reliability, soundness; [réflexe, diagnostic] reliability ◆ **il a une grande sûreté de main** he has a very sure hand ◆ **sûreté d'exécution** sureness of touch

**d** (= dispositif) safety device ◆ **mettre la sûreté à une arme** to put the safety catch ou lock on a gun; → **cran**

**e** (= garantie) assurance, guarantee ◆ **demander/donner des sûretés à qn** to ask sb for/give sb assurances ou a guarantee ◆ **sûreté individuelle** (Jur) protection against unlawful detention ◆ **sûreté personnelle** guaranty ◆ **sûreté réelle** security

**f** (Police) **la Sûreté (nationale)** the (French) criminal investigation department, ≃ the CID (Brit), ≃ the FBI (US)

**surévaluation** [syʀevalɥasjɔ̃] → SYN nf overvaluation

**surévaluer** [syʀevalɥe] → SYN ▸ conjug 1 ◂ vt [+ monnaie, coûts] to overvalue; [+ difficultés, influence] to overestimate ◆ **l'euro est surévalué par rapport au dollar** the euro is overvalued against the dollar

**surexcitable** [syʀɛksitabl] adj overexcitable

**surexcitant, e** [syʀɛksitɑ̃, ɑ̃t] adj overexciting

**surexcitation** [syʀɛksitasjɔ̃] → SYN nf overexcitement

**surexcité, e** [syʀɛksite] (ptp de **surexciter**) adj (= enthousiaste, énergique) overexcited; (= énervé) all worked up ◆ **il me parlait d'une voix surexcitée** he spoke to me in a very excited voice

**surexciter** [syʀɛksite] → SYN ▸ conjug 1 ◂ vt to overexcite

**surexploitation** [syʀɛksplwatasjɔ̃] nf [terre] overexploitation; [main-d'œuvre] gross exploitation

**surexploiter** [syʀɛksplwate] ▸ conjug 1 ◂ vt [+ terres, ressources] to overexploit; [+ main-d'œuvre] to grossly exploit; [+ thème, idée] to overdo

**surexposer** [syʀɛkspoze] ▸ conjug 1 ◂ vt to overexpose

**surexposition** [syʀɛkspozisjɔ̃] nf overexposure

**surf** [sœʀf] → SYN nm **a** (= activité) surfing ◆ **faire du surf** to surf, go surfing ◆ **surf sur neige** snowboarding ◆ **faire du surf sur neige** to snowboard, go snowboarding

**b** (= objet) **(planche de) surf** surfboard ◆ **surf des neiges** snowboard

**surfaçage** [syʀfasaʒ] nm surfacing

**surface** [syʀfas] → SYN **1** nf **a** (gén, Géom) surface; (= aire) [champ, chambre] surface area ◆ **faire surface** to surface ◆ **refaire surface** (lit, fig) to resurface ◆ **le plongeur est remonté à la surface** the diver came back up to the surface ◆ **l'appartement fait 100 mètres carrés de surface** the flat has a surface area of 100 square metres ◆ **il ne voit que la surface des choses** he can't see below the surface ◆ **il dispose d'une surface financière rassurante** he has a sound financial base, his financial situation is sound ◆ **avoir de la surface** * (fig, Fin) to have great standing ◆ **de surface** politesse superficial; modifications cosmetic; eaux, température surface (épith) ◆ **navire de surface** surface vessel ◆ **réseau/installations de surface** aboveground ou overground network/installations

◆ **en surface** nager, naviguer at the surface; travailler, apprendre superficially ◆ **tout en surface** personne superficial, shallow

**b** (Comm) **grande surface** hypermarket

**2** COMP ▷ **surface de but** (Ftbl) goal area ▷ **surface de chauffe** heating surface ▷ **surface corrigée** (Admin) amended area *(calculated on the basis of amenities etc for assessing rent)* ▷ **surface habitable** living space ▷ **surface porteuse** (Aviat) aerofoil (Brit), airfoil (US) ▷ **surface de réparation** (Ftbl) penalty area ▷ **surface de séparation** (Phys) interface ▷ **surface au sol** floor surface ▷ **surface de sustentation** (Aviat) ⇒ **surface porteuse** ▷ **surface utile** (Constr) floor space ▷ **surface de vente** (Comm) sales area ▷ **surface de voilure** sail area

**surfacer** [syʀfase] ▸ conjug 3 ◂ vt to surface

**surfaceuse** [syʀfasøz] nf (Tech) surfacer

**surfacturation** [syʀfaktyʀasjɔ̃] nf [produit, prestations] overbilling; [client] overcharging ◆ **ils ont procédé à une surfacturation systématique des travaux** they systematically overcharged for the building work

**surfacturer** [syʀfaktyʀe] ▸ conjug 1 ◂ vt [+ produit, prestations] to overbill; [+ client] to overcharge ◆ **il a surfacturé de 10% ses prestations** he overcharged customers by 10% for his services

**surfaire** [syʀfɛʀ] → SYN ▸ conjug 60 ◂ vt [+ réputation, auteur] to overrate; [+ marchandise] to overprice

**surfait, e** [syʀfɛ, ɛt] → SYN (ptp de **surfaire**) adj ouvrage, auteur overrated ◆ **c'est très surfait** it's highly overrated

**surfaix** [syʀfɛ] → SYN nm surcingle

**surfer** [sœʀfe] ▸ conjug 1 ◂ vi (Sport) to surf, go surfing; (Ordin) to surf ◆ **surfer sur Internet** to surf (on) the Internet ◆ **le Premier ministre a longtemps surfé sur la vague des opinions favorables** the Prime Minister has been riding on a wave of popularity for a long time ◆ **ces industriels surfent sur la vague écologique** these industrialists are cashing in on the ecology trend ou have jumped on the green bandwagon

**surfeur, -euse** [sœʀfœʀ, øz] nm,f surfer

**surfil** [syʀfil] → SYN nm (Couture) oversewing, overcasting

**surfilage** [syʀfilaʒ] nm (Couture) oversewing, overcasting

**surfiler** [syʀfile] ▸ conjug 1 ◂ vt (Couture) to oversew, overcast

**surfin, e** [syʀfɛ̃, in] → SYN adj beurre, produit top-quality (épith); qualité top (épith), superior

**surfondu, e** [syʀfɔ̃dy] adj supercooled

**surfusion** [syʀfyzjɔ̃] nf ◆ **corps en surfusion** supercooled body

**surgélateur** [syʀʒelatœʀ] nm deep-freezer, deep-freeze (Brit)

**surgélation** [syʀʒelasjɔ̃] nf deep-freezing, fast-freezing

**surgelé, e** [syʀʒəle] **1** adj deep-frozen ◆ **produits surgelés** frozen foods

**2** nm ◆ **les surgelés** (deep-)frozen food ◆ **magasin de surgelés** freezer centre

**surgeler** [syʀʒəle] ▸ conjug 1 ◂ vt to deep-freeze, fast-freeze

**surgénérateur** [syʀʒeneʀatœʀ] adj m, nm ◆ **(réacteur) surgénérateur** fast breeder (reactor)

**surgeon** [syʀʒɔ̃] → SYN nm (Bot) sucker

**surgir** [syʀʒiʀ] → SYN ▸ conjug 2 ◂ vi **a** [animal, véhicule en mouvement, spectre] to appear suddenly; [montagne, navire] to loom up (suddenly); [plante, immeuble] to shoot up, spring up ◆ **deux hommes ont surgi de derrière un camion** two men suddenly appeared ou came out from behind a truck

**b** [problèmes, difficultés] to arise, crop up; [dilemme] to arise ◆ **des obstacles surgissent de toutes parts** obstacles are cropping up all over the place ◆ **cela a fait surgir plusieurs questions** this raised several questions

**surgissement** [syʀʒismɑ̃] → SYN nm (littér) [animal, véhicule en mouvement, spectre] sudden appearance; [montagne, navire] sudden looming up; [plante, immeuble] shooting up, springing up

**surhaussé, e** [syʀose] (ptp de **surhausser**) adj (Archit) raised

**surhaussement** [syʀosmɑ̃] nm (Archit) raising

**surhausser** [syʀose] → SYN ▸ conjug 1 ◂ vt (gén, Archit) to raise

**surhomme** [syʀɔm] nm superman

**surhumain, e** [syʀymɛ̃, ɛn] → SYN adj superhuman

**surhumanité** [syʀymanite] nf superhumanity, superhumanness

**suri, e** [syʀi] → SYN (ptp de **surir**) adj (lit, fig) soured

**suricate** [syʀikat] nm slender-tailed meerkat, suricate

**surimi** [syʀimi] nm surimi ◆ **bâtonnets de surimi** crab ou ocean sticks

**surimposé, e** [syʀɛ̃poze] (ptp de **surimposer**) adj (Géol) superimposed; (Fin) overtaxed

**surimposer** [syʀɛ̃poze] ▸ conjug 1 ◂ vt (Fin) to overtax

**surimposition** [syʀɛ̃pozisjɔ̃] nf **a** (Fin) overtaxation

**b** (Géol) epigenesis

**surimpression** [syʀɛ̃pʀesjɔ̃] nf (Photo) double exposure; (fig) [idées, visions] superimposition ◆ **en surimpression** superimposed ◆ **on**

**voyait apparaître un visage en surimpression** a face appeared superimposed (on it)

**surin** † ⁑ [syʀɛ̃] nm (= couteau) knife

**Surinam, Suriname** [syʀinam] nm Surinam

**surinamais, e** [syʀinamɛ, ɛz] 1 adj Surinamese

2 **Surinamais(e)** nm,f Surinamese

**suriner** † ⁑ [syʀine] ▸ conjug 1 ◂ vt to knife, dagger ††

**surinfecter (se)** [syʀɛ̃fɛkte] ▸ conjug 1 ◂ vpr to develop a secondary infection

**surinfection** [syʀɛ̃fɛksjɔ̃] nf secondary infection

**surinformation** [syʀɛ̃fɔʀmasjɔ̃] nf information overload ◆ **le public est victime d'une surinformation quotidienne** the public are subjected to information overload every day

**surinformé, e** [syʀɛ̃fɔʀme] adj personne suffering from information overload ◆ **dans notre monde surinformé** in today's world of information overload

**surintendance** [syʀɛ̃tɑ̃dɑ̃s] nf (Hist) superintendency

**surintendant** [syʀɛ̃tɑ̃dɑ̃] nm (Hist) ◆ **surintendant (des finances)** superintendent (of finances)

**surintendante** [syʀɛ̃tɑ̃dɑ̃t] nf (Hist) superintendent's wife

**surintensité** [syʀɛ̃tɑ̃site] nf (Élec) overload

**surinvestir** [syʀɛ̃vɛstiʀ] ▸ conjug 2 ◂ vt (Fin) to overinvest (*dans* in); (Psych) to invest too much of o.s. in

**surinvestissement** [syʀɛ̃vɛstismɑ̃] nm (Écon, Psych) overinvestment

**surir** [syʀiʀ] ▸ conjug 2 ◂ vi [lait, vin] to turn sour, (go) sour

**surjectif, -ive** [syʀʒɛktif, iv] adj surjective ◆ **application surjective** surjection

**surjection** [syʀʒɛksjɔ̃] nf surjection

**surjet** [syʀʒɛ] → SYN nm a (Couture) overcast seam ◆ **point de surjet** overcast stitch

b (Chir) continuous suture

**surjeter** [syʀʒəte] ▸ conjug 4 ◂ vt (Couture) to overcast

**sur-le-champ** [syʀləʃɑ̃] → SYN adv immediately, at once, right away, straightaway (Brit)

**surlendemain** [syʀlɑ̃d(ə)mɛ̃] nm ◆ **le surlendemain de son arrivée** two days after his arrival ◆ **il est mort le surlendemain** he died two days later ◆ **il revint le lendemain et le surlendemain** he came back the next day and the day after (that) ◆ **le surlendemain matin** two days later in the morning

**surligner** [syʀliɲe] ▸ conjug 1 ◂ vt to highlight

**surligneur** [syʀliɲœʀ] nm highlighter (pen)

**surloyer** [syʀlwaje] nm extra rent

**surmédiatisation** [syʀmedjatizasjɔ̃] nf [affaire, événement] excessive media coverage ◆ **la surmédiatisation de l'affaire a entraîné des polémiques** the excessive coverage given to the case in the media caused controversy ◆ **il y a risque de surmédiatisation** there's a danger of media overkill

**surmédiatisé, e** [syʀmedjatize] adj affaire, événement that has received too much media exposure ou coverage

**surmédicalisation** [syʀmedikalizasjɔ̃] nf [problème, cas, grossesse] excessive medicalization; [population, pays] overprovision of medical care (*de* to)

**surmédicaliser** [syʀmedikalize] ▸ conjug 1 ◂ vt [+ problème, cas] to overmedicalize; [+ population, pays] to overprovide with medical care

**surmenage** [syʀmənaʒ] → SYN nm a (= action de surmener qn) overworking, overtaxing ◆ **éviter le surmenage des élèves** to avoid overworking schoolchildren ou pushing schoolchildren too hard

b (= action de se surmener) overwork(ing) ◆ **éviter à tout prix le surmenage** to avoid overwork(ing) ou overtaxing o.s. at all costs

c (= état maladif) overwork ◆ **souffrant de surmenage** suffering from (the effects of) overwork ◆ **le surmenage intellectuel** mental fatigue ◆ **surmenage physique** overexertion

**surmené, e** [syʀməne] → SYN (ptp de **surmener**) adj (par le travail) overworked ◆ **je suis vraiment surmené en ce moment** I've got an awful lot on my plate at the moment

**surmener** [syʀməne] → SYN ▸ conjug 5 ◂ 1 vt [+ personne] to overwork, overtax; [+ animal] to overtax

2 **se surmener** vpr (gén) to overwork ou overtax (o.s.), push o.s. too hard; (physiquement) to overexert o.s.

**surmoi** [syʀmwa] nm superego

**surmontable** [syʀmɔ̃tabl] → SYN adj surmountable ◆ **obstacle difficilement surmontable** obstacle that is difficult to surmount ou overcome

**surmonter** [syʀmɔ̃te] → SYN ▸ conjug 1 ◂ 1 vt a (= être au-dessus de) to surmount, top ◆ **surmonté d'un dôme/clocheton** surmounted ou topped by a dome/bell-turret ◆ **un clocheton surmontait l'édifice** the building was surmounted ou topped by a bell-turret

b (= vaincre) [+ obstacle, difficultés] to overcome, get over, surmount; [+ dégoût, peur] to overcome, get the better of, fight down

2 **se surmonter** vpr [personne] to master o.s., control o.s. ◆ **la peur peut se surmonter** fear can be overcome

**surmortalité** [syʀmɔʀtalite] nf comparatively high deathrate ◆ **il y a eu une surmortalité masculine de 12%** the deathrate was 12% higher among men

**surmoule** [syʀmul] nm master mould

**surmouler** [syʀmule] ▸ conjug 1 ◂ vt to cast from a master mould

**surmulet** [syʀmylɛ] nm red mullet, surmullet (US)

**surmulot** [syʀmylo] nm brown ou Norway rat

**surmultiplication** [syʀmyltiplikasjɔ̃] nf overdrive (device)

**surmultiplié, e** [syʀmyltiplije] 1 adj ◆ **vitesse surmultipliée** overdrive

2 **surmultipliée** nf overdrive ◆ **passer la surmultipliée** (fig) to get a move on*, step on it*

**surnager** [syʀnaʒe] → SYN ▸ conjug 3 ◂ vi [huile, objet] to float (on the surface); [sentiment, souvenir] to linger on

**surnatalité** [syʀnatalite] nf comparatively high birthrate

**surnaturel, -elle** [syʀnatyʀɛl] → SYN 1 adj (gén) supernatural; (= inquiétant) uncanny, eerie

2 nm ◆ **le surnaturel** the supernatural

**surnom** [syʀnɔ̃] → SYN nm (gén) nickname; [roi, héros] name ◆ **"le Courageux", surnom du roi Richard** "the Brave", the name by which King Richard was known

**surnombre** [syʀnɔ̃bʀ] → SYN nm surplus ◆ **en surnombre** effectifs, personnel surplus (épith), excess (épith) ◆ **nous étions en surnombre** there were too many of us ◆ **plusieurs élèves en surnombre** several pupils too many ◆ **nous étions en surnombre** there were too many of us ◆ **Marie, qui était arrivée à l'improviste, était en surnombre** Marie, who had turned up unexpectedly, was one too many ◆ **ils ont fait sortir les spectateurs en surnombre** they asked the excess spectators to leave

**surnommer** [syʀnɔme] → SYN ▸ conjug 1 ◂ vt ◆ **surnommer qn le gros** to nickname sb "fatty" ◆ **surnommer un roi "le Fort"** to give a king the name "the Strong" ◆ **cette infirmité l'avait fait surnommer "le Crapaud"** this disability had earned him the nickname of "the Toad" ◆ **le roi Richard surnommé "le Courageux"** King Richard known as ou named "the Brave"

**surnotation** [syʀnɔtasjɔ̃] nf (Scol) overmarking (Brit), overgrading (US)

**surnoter** [syʀnɔte] ▸ conjug 1 ◂ vt (Scol) to overmark (Brit), overgrade (US)

**surnuméraire** [syʀnymeʀɛʀ] adj, nmf supernumerary ◆ **embryons surnuméraires** spare ou surplus embryos

**suroffre** [syʀɔfʀ] nf (Jur) higher offer ou bid

**suroît** [syʀwa] nm (= vent) south-wester, sou'wester; (= chapeau) sou'wester ◆ **vent de suroît** south-westerly wind

**suros** [syʀo] nm (Vét) splint

**suroxydation** [syʀɔksidasjɔ̃] nf peroxidation

**suroxyder** [syʀɔkside] ▸ conjug 1 ◂ vt to peroxidize

**surpassement** [syʀpɑsmɑ̃] nm (littér) ◆ **surpassement de soi** surpassing (of) oneself

**surpasser** [syʀpɑse] → SYN ▸ conjug 1 ◂ 1 vt a (= l'emporter sur) [+ concurrent, rival] to surpass, outdo ◆ **surpasser qn en agilité/connaissances** to surpass sb in agility/knowledge ◆ **sa gloire surpassait en éclat celle de Napoléon** his glory outshone that of Napoleon

b (= dépasser) to surpass ◆ **le résultat surpasse toutes les espérances** the result surpasses ou is beyond all our hopes

2 **se surpasser** vpr to surpass o.s., excel o.s. ◆ **le cuisinier s'est surpassé aujourd'hui** the cook has excelled ou surpassed himself today ◆ **encore un échec, décidément tu te surpasses !** (iro) failed again – you're really excelling ou surpassing yourself!

**surpaye** [syʀpɛj] nf [salariés, marchandises] overpayment ◆ **la surpaye des marchandises** paying too much for goods

**surpayer** [syʀpeje] ▸ conjug 8 ◂ vt [+ employé] to overpay; [+ marchandise] to pay too much for

**surpêche** [syʀpɛʃ] nf overfishing

**surpeuplé, e** [syʀpœple] adj overpopulated

**surpeuplement** [syʀpœpləmɑ̃] → SYN nm overpopulation

**surpiquer** [syʀpike] ▸ conjug 1 ◂ vt to topstitch

**surpiqûre** [syʀpikyʀ] nf topstitch

**sur-place, surplace** [syʀplas] nm ◆ **faire du sur-place** (= ne pas avancer) (à vélo) to do a track-stand; (en voiture) (= être immobilisé) to be stuck; (= avancer très lentement) to move at a snail's pace; [oiseau] to hover; (= ne pas progresser) [enquête] to hang fire, mark time; [négociations] to be getting nowhere, stall; [projet] to be getting nowhere ◆ **notre économie fait du sur-place** our economy is stagnating ou is stalling

**surplis** [syʀpli] → SYN nm surplice

**surplomb** [syʀplɔ̃] nm overhang ◆ **en surplomb** overhanging

**surplombant, e** [syʀplɔ̃bɑ̃, ɑ̃t] adj overhanging (épith)

**surplombement** [syʀplɔ̃bmɑ̃] nm overhang

**surplomber** [syʀplɔ̃be] → SYN ▸ conjug 1 ◂ 1 vi to overhang; (Tech) to be out of plumb

2 vt to overhang

**surplus** [syʀply] → SYN nm a (= excédent non écoulé) surplus (NonC) ◆ **vendre le surplus de son stock** to sell off one's surplus stock ◆ **avoir des marchandises en surplus** to have surplus goods

b (= reste non utilisé) **il me reste un surplus de clous/de papier dont je ne me suis pas servi** I've got some nails/paper left over ou some surplus nails/paper that I didn't use ◆ **avec le surplus (de bois), je vais essayer de me faire une bibliothèque** with what's left over (of the wood) ou with the leftover ou surplus (wood) I'm going to try to build myself a bookcase ◆ **ce sont des surplus qui restent de la guerre/de l'exposition** they're left over ou it's surplus from the war/the exhibition ◆ **surplus américains** American army surplus

c (= d'ailleurs) **au surplus** moreover, what is more

**surpoids** [syʀpwa] nm overweight, excess weight

**surpopulation** [syʀpɔpylasjɔ̃] → SYN nf overpopulation

**surprenant, e** [syʀpʀənɑ̃, ɑ̃t] → SYN adj surprising ◆ **il n'y a rien de surprenant à cela** that's not at all surprising ◆ **cette tendance n'est guère surprenante** this trend hardly comes as a surprise ou is hardly surprising ◆ **chose surprenante, il n'a jamais répondu** surprisingly (enough), he never replied ◆ **de façon surprenante** surprisingly

**surprendre** [syʀpʀɑ̃dʀ] → SYN ▸ conjug 58 ◂ 1 vt a (= prendre sur le fait) [+ voleur] to surprise, catch in the act

**b** (= découvrir) [+ secret, complot] to discover; [+ conversation] to overhear; [+ regard, sourire complice] to intercept ◆ **je crus surprendre en lui de la gêne** I thought I detected signs of some embarrassment in him

**c** (= prendre au dépourvu) (par attaque) [+ ennemi] to surprise; (par visite inopinée) [+ amis, voisins] to catch unawares, catch on the hop * (Brit) ◆ **surprendre des amis chez eux** to drop in unexpectedly on friends, pay a surprise visit to friends ◆ **espérant la surprendre au bain** hoping to catch her while she was in the bath

**d** [pluie, marée, nuit] to catch out ◆ **se laisser surprendre par la marée** to be caught (out) by the tide ◆ **se laisser surprendre par la pluie** to be caught in the rain ◆ **se laisser surprendre par la nuit** to be overtaken by darkness

**e** (= étonner) [nouvelle, conduite] to surprise ◆ **tu me surprends** you amaze me ◆ **cela me surprendrait fort** that would greatly surprise me ◆ **cela m'a agréablement surpris** I was pleasantly surprised ◆ **cela semble te surprendre** you seem ou look surprised ◆ **il a réussi, ce qui n'est pas pour nous surprendre** he succeeded, which is hardly surprising ou which hardly comes as a surprise ◆ **cette question a de quoi** ou **peut surprendre** this question may seem surprising

**f** (littér) **surprendre la vigilance de qn** to catch sb out ◆ **surprendre la bonne foi de qn** to betray sb's good faith ◆ **surprendre la confiance de qn** † to win sb's trust fraudulently

**2** **se surprendre** vpr ◆ **se surprendre à faire qch** to catch ou find o.s. doing sth

**surpression** [syʀpʀesjɔ̃] nf (gén) extremely high pressure; (Tech) overpressure

**surprime** [syʀpʀim] nf (Assurances) additional premium

**surpris, e**[1] [syʀpʀi, iz] → SYN (ptp de **surprendre**) adj air, regard surprised ◆ **surpris de qch** surprised at sth ◆ **surpris de me voir là/que je sois encore là** surprised at seeing me there ou to see me there/that I was still there ◆ **il va être désagréablement surpris** he has an unpleasant surprise in store for him, he's in for an unpleasant surprise ◆ **j'ai été le premier surpris de cette victoire** this victory came as a real surprise to me ◆ **vous ne seriez pas surpris si je vous disais que ...** it wouldn't surprise you ou come as a surprise to you if I told you that ...

**surprise**[2] [syʀpʀiz] → SYN nf **a** (= étonnement) surprise ◆ **regarder qn avec surprise** to look at sb with ou in surprise ◆ **muet de surprise** speechless with surprise ◆ **avoir la surprise de voir que ...** to be surprised to see that ... ◆ **avoir la bonne/mauvaise surprise de constater que ...** to be pleasantly/unpleasantly surprised to find that ... ◆ **à ma grande surprise** much to my surprise, to my great surprise ◆ **à la surprise générale** to everybody's surprise ◆ **avec lui, on va de surprise en surprise** it's one surprise after another with him ◆ **créer la surprise** to create a stir ou a sensation

**b** (= cause d'étonnement, cadeau) surprise ◆ **avec ça, pas de (mauvaises) surprises !** you'll have no nasty ou unpleasant surprises with this! ◆ **il m'a apporté une petite surprise** he brought me a little surprise ◆ **quelle bonne surprise !** what a nice ou pleasant ou lovely surprise! ◆ **"la surprise du chef"** (Culin) "the chef's surprise"

◆ **sans surprise** ◆ **il a été réélu sans surprise avec 64% des suffrages** his re-election with 64% of the votes came as no surprise to anyone ◆ **victoire sans surprise** unsurprising victory ◆ **c'est un film/scénario sans surprise** it's a rather unexciting film/script ◆ **voyage sans surprise** uneventful ou unremarkable journey ◆ **prix sans surprise** (all-)inclusive price ◆ **avec cette entreprise, c'est sans surprise** you always know what you're getting with this company

◆ **par surprise** attaquer by surprise ◆ **il m'a pris par surprise** he took me by surprise, he caught me off guard ou unawares

**c** (en apposition) **attaque-surprise** surprise attack ◆ **échappée-surprise** (Sport) sudden breakaway ◆ **grève-surprise** unofficial strike ◆ **invité-surprise** surprise guest ◆ **visite-surprise** surprise visit ◆ **voyage-surprise** [homme politique] surprise ou unexpected trip ou visit

**surprise-partie** †, pl **surprises-parties** [syʀpʀizpaʀti] → SYN nf party

**surproducteur, -trice** [syʀpʀɔdyktœʀ, tʀis] adj overproductive

**surproduction** [syʀpʀɔdyksjɔ̃] nf overproduction

**surproduire** [syʀpʀɔdɥiʀ] ▸ conjug 38 ◂ vt to overproduce

**surprotection** [syʀpʀɔtɛksjɔ̃] nf overprotection

**surprotéger** [syʀpʀɔteʒe] ▸ conjug 6 et 3 ◂ vt to overprotect

**surpuissance** [syʀpɥisɑ̃s] nf ultra-powerfulness

**surpuissant, e** [syʀpɥisɑ̃, ɑ̃t] adj voiture, moteur ultra-powerful

**surqualification** [syʀkalifikasjɔ̃] nf overqualification ◆ **malgré sa surqualification, il a accepté le poste** despite the fact that he was overqualified, he accepted the job

**surqualifié, e** [syʀkalifje] adj overqualified

**surréalisme** [syʀʀealism] nm surrealism

**surréaliste** [syʀʀealist] **1** adj écrivain, peintre surrealist; tableau, poème surrealist, surrealistic; (= bizarre) surreal, surrealistic

**2** nmf surrealist

**surrection** [sy(ʀ)ʀɛksjɔ̃] nf (Géol) uplift

**surréel, -elle** [syʀʀeɛl] adj surreal

**surrégénérateur** [syʀʀeʒeneʀatœʀ] nm ⇒ **surgénérateur**

**surrégime** [syʀʀeʒim] nm ◆ **être** ou **tourner en surrégime** [voiture, moteur] to be over-revving; [économie] to be overheating

**surrénal, e,** mpl **-aux** [sy(ʀ)ʀenal, o] **1** adj suprarenal

**2** **surrénales** nfpl ◆ **(glandes) surrénales** suprarenals

**surreprésentation** [sy(ʀ)ʀəpʀezɑ̃tasjɔ̃] nf [catégorie de personnes] over-representation

**surreprésenté, e** [sy(ʀ)ʀəpʀezɑ̃te] adj catégorie de personnes over-represented

**sur-réservation,** pl **sur-réservations** [syʀʀezɛʀvasjɔ̃] nf double booking, overbooking

**surround** [səʀaund] adj ◆ **son surround** surround sound

**sursalaire** [syʀsalɛʀ] nm bonus, premium

**sursaturation** [syʀsatyʀasjɔ̃] nf (Sci) supersaturation

**sursaturé, e** [syʀsatyʀe] adj **a** (Sci) solution supersaturated

**b** (Écon) marché saturated

**sursaut** [syʀso] → SYN nm **a** (= mouvement brusque) start, jump ◆ **se réveiller en sursaut** to wake up with a start ou jump ◆ **elle a eu un sursaut** she gave a start, she jumped

**b** (= élan, accès) **sursaut d'énergie** (sudden) burst ou fit of energy ◆ **l'élève a eu un sursaut au troisième trimestre** the pupil put on a spurt in the third term

**sursauter** [syʀsote] → SYN ▸ conjug 1 ◂ vi to start, jump, give a start ◆ **faire sursauter qn** to make sb jump, give sb a start ◆ **sursauter de peur** to jump with fright

**sursemer** [syʀsəme] ▸ conjug 5 ◂ vt to oversow

**surseoir** [syʀswaʀ] → SYN ▸ conjug 26 ◂ **surseoir à** vt indir [+ publication, délibération] to defer, postpone; [+ poursuites, jugement, sentence, exécution] to stay ◆ **surseoir à l'exécution d'un condamné** to grant a stay of execution ou a reprieve to a condemned man

**sursis** [syʀsi] → SYN nm **a** (Jur) [condamnation à mort] reprieve ◆ **peine avec sursis** ou **assortie du sursis** suspended ou deferred sentence ◆ **il a eu deux ans avec sursis** he was given a two-year suspended ou deferred sentence ◆ **sursis à exécution** ou **d'exécution** stay of execution ◆ **sursis avec mise à l'épreuve** conditional discharge

**b** (Mil) **sursis (d'incorporation)** deferment

**c** (= temps de répit) reprieve ◆ **c'est un mort en sursis** he's a condemned man, he's living under a death sentence ou on borrowed time ◆ **gouvernement/entreprise en sursis** government/company living on borrowed time ◆ **demander un sursis de paiement** to ask for an extension *(on the deadline for a debt)* ◆ **on a eu un sursis de trois jours** we got three days' grace

**sursitaire** [syʀsitɛʀ] **1** adj (Mil) deferred (épith); (Jur) with a suspended ou deferred sentence

**2** nm (Mil) deferred conscript

**sursouscrit, e** [syʀsuskʀi, it] adj (Bourse) action oversubscribed

**surstock** [syʀstɔk] nm overstock

**surstockage** [syʀstɔkaʒ] nm overstocking

**surstocker** [syʀstɔke] ▸ conjug 1 ◂ vt to overstock

**surtaux** [syʀto] nm excessive rate

**surtaxe** [syʀtaks] nf (Fin) surcharge; [lettre mal affranchie] surcharge; [envoi exprès] additional charge, surcharge ◆ **surtaxe à l'importation** import surcharge

**surtaxer** [syʀtakse] ▸ conjug 1 ◂ vt to surcharge

**surtension** [syʀtɑ̃sjɔ̃] nf (Élec) overvoltage

**surtitre** [syʀtitʀ] nm surtitle

**surtitrer** [syʀtitʀe] ▸ conjug 1 ◂ vt [+ opéra, pièce de théâtre] to surtitle ◆ **"surtitré"** "with surtitles" ◆ **l'opéra était surtitré** the opera had surtitles

**surtout**[1] [syʀtu] → SYN adv **a** (= avant tout, d'abord) above all; (= spécialement) especially, particularly ◆ **rapide, efficace et surtout discret** quick, efficient and above all discreet ◆ **il est assez timide, surtout avec les femmes** he's quite shy, especially ou particularly with women ◆ **j'aime surtout les romans, mais je lis aussi de la poésie** I particularly like novels, but I also read poetry ◆ **dernièrement, j'ai surtout lu des romans** lately I've been reading mostly ou mainly novels ◆ **j'aime les romans, surtout les romans policiers** I like novels, especially ou particularly detective novels ◆ **le poulet, je l'aime surtout à la broche** I like chicken best (when it's) spit-roasted

**b** **surtout que** * especially as ou since

**c** (intensif) **surtout, n'en parle pas !** don't forget, mum's the word! ◆ **surtout pas maintenant** certainly not now ◆ **je ne veux surtout pas vous déranger** the last thing I want is to disturb you, I certainly don't want to disturb you ◆ **surtout pas !** certainly not! ◆ **surtout ne vous mettez pas en frais** whatever you do, don't go to any expense ◆ **ne m'aide pas, surtout !** (iro) don't help me, will you!

**surtout**[2] [syʀtu] → SYN nm **a** († = manteau) greatcoat †

**b** (= milieu de table) centrepiece (Brit), centerpiece (US), epergne (SPÉC)

**survaloriser** [syʀvalɔʀize] ▸ conjug 1 ◂ vt [+ personne] to overrate, over-value; [+ critère, fonction] to attach too much importance to

**surveillance** [syʀvɛjɑ̃s] → SYN **1** nf **a** (= garde) [enfant, élève, bagages] watch ◆ **sous la surveillance attentive de qn** under the watchful eye of sb ◆ **laisser un enfant sans surveillance** to leave a child unsupervised

**b** (Mil, Police) [personne, maison] surveillance; [frontières] surveillance, monitoring; [cessez-le-feu] monitoring, supervision ◆ **surveillance aérienne** air surveillance ◆ **sous la surveillance de la police, sous surveillance policière** under police surveillance ◆ **mission/service de surveillance** surveillance mission/personnel ◆ **société de surveillance** security firm ◆ **navire/avion en surveillance** ship/plane carrying out surveillance ◆ **être/rester en surveillance à l'hôpital** to be/remain under observation at the hospital ◆ **sous surveillance médicale** under medical supervision ◆ **placer qn/qch sous haute surveillance** (lit, fig) to keep a close watch on sb/sth

**c** (= contrôle) [éducation, études, réparation, construction] supervision; (Scol, Univ) [examen] invigilation ◆ **déjouer** ou **tromper la surveillance de ses gardiens** to slip by ou evade the guards ◆ **l'enseignant qui assure la surveillance de l'épreuve** the teacher invigilating

**d** (= fait d'épier) [personne, mouvement, proie] watch; (Sport) watch ◆ **exercer une surveillance continuelle/une étroite surveillance sur** to keep a constant/a close watch over

**2** COMP ▷ **surveillance à distance** remote electronic surveillance ▷ **surveillance**

**électronique** electronic surveillance; (Méd) electronic monitoring ▷ **surveillance légale** legal surveillance *(of impounded property)*

**surveillant, e** [syʀvɛjɑ̃, ɑ̃t] → SYN nm,f [prison] warder (Brit), guard (US); [usine, chantier] supervisor, overseer; [magasin] shopwalker; (Méd) head nurse, charge nurse; (Scol : aux examens) invigilator (Brit), proctor (US) ◆ **surveillant (d'étude)** supervisor ◆ **surveillant général** † (Scol) chief supervisor ◆ **surveillant d'internat** (Scol) dormitory supervisor, dormitory monitor (US) ◆ **surveillante générale** (Méd) nursing officer, matron (Brit)

**surveillé, e** [syʀveje] (ptp de **surveiller**) adj → **liberté**

**surveiller** [syʀveje] → SYN ▸ conjug 1 ◂ 1 vt a (= garder) [+ enfant, élève, bagages] to watch, keep an eye on; [+ prisonnier] to keep watch over, keep (a) watch on; [+ malade] to watch over, keep watch over

b (= contrôler) [+ éducation, études de qn, récréation] to supervise; [+ réparation, construction] to supervise, oversee; (Scol, Univ) [+ examen] to invigilate ◆ **surveille la soupe** keep an eye on the soup, watch the soup ◆ **surveille la cuisson du rôti** watch the roast ◆ **je surveille l'heure, il ne faut pas être en retard** I'm keeping an eye on the time, we mustn't be late

c (= défendre) [+ locaux] to keep watch on; [+ territoire] to watch over, keep watch over; [+ frontières, espace aérien] to monitor; [+ cessez-le-feu] to monitor, supervise

d (= épier) [+ personne, mouvements, proie] to watch; [+ adversaire] (Mil) to keep watch on; (Sport) to watch ◆ **se sentant surveillé, il partit** feeling he was being watched, he left ◆ **surveiller qn de près** to keep a close eye or watch on sb ◆ **surveiller qn du coin de l'œil** to watch sb out the corner of one's eye

e (= être attentif à) **surveiller son langage/sa tension/sa ligne** to watch one's language/one's blood pressure/one's figure ◆ **tu devrais surveiller ta santé** you should look after your health

2 **se surveiller** vpr to keep a check or a watch on o.s. ◆ **il devrait se surveiller, il grossit de plus en plus** he ought to watch himself because he's getting fatter and fatter ◆ **ils sont obligés de se surveiller devant les enfants** they have to watch themselves or be careful in front of the children

**survenance** [syʀvənɑ̃s] → SYN nf unexpected arrival or appearance

**survenir** [syʀvəniʀ] → SYN ▸ conjug 22 ◂ vi [événement] to take place; [incident, complications, retards] to occur, arise; [personne] to appear, arrive (unexpectedly) ◆ **s'il survenait quelque chose de nouveau** if anything new comes up ◆ **s'il survient des complications ...** should any complications arise ...

**survente** [syʀvɑ̃t] nf (Comm) overcharging

**survenue** [syʀvəny] nf [personne] unexpected arrival or appearance; [maladie] onset; [mutations, symptômes] appearance

**survêt** * [syʀvɛt] nm (abrév de **survêtement**) tracksuit, sweat suit, sweats *

**survêtement** [syʀvɛtmɑ̃] nm [sportif] tracksuit, sweat suit; [alpiniste, skieur] overgarments

**survie** [syʀvi] → SYN nf [malade, accidenté, auteur, amitié, entreprise, mode] survival; (Rel : dans l'au-delà) afterlife ◆ **ce médicament lui a donné quelques mois de survie** this drug has given him a few more months to live ◆ **une survie de quelques jours, à quoi bon, dans son état ?** what's the use of prolonging his life for a few more days in his condition? ◆ **maintenir qn en survie** to keep sb alive artificially ◆ **de survie** instinct, réflexe survival (épith) ◆ **équipement/combinaison/couverture de survie** survival equipment/suit/blanket ◆ **radeau de survie** life-raft ◆ **ses chances de survie sont importantes** he has or stands a good chance of survival or surviving

**survirage** [syʀviʀaʒ] nm (Aut) oversteering

**survirer** [syʀviʀe] ▸ conjug 1 ◂ vi (Aut) to oversteer

**survireur, -euse** [syʀviʀœʀ, øz] adj (Aut) ◆ **voiture survireuse** car which oversteers

**survitrage** [syʀvitʀaʒ] nm double-glazing

**survivance** [syʀvivɑ̃s] → SYN nf (= vestige) relic, survival ◆ **cette coutume est une survivance du passé** this custom is a survival or relic from the past ◆ **survivance de l'âme** (littér) survival of the soul (after death), afterlife

**survivant, e** [syʀvivɑ̃, ɑ̃t] → SYN 1 adj surviving

2 nm,f (= rescapé, Jur) survivor ◆ **des sœurs, la survivante ...** the surviving sister ... ◆ **un survivant d'un âge révolu** a survivor from a past age

**survivre** [syʀvivʀ] → SYN ▸ conjug 46 ◂ 1 vi a (= continuer à vivre : lit, fig) to survive ◆ **va-t-il survivre ?** (après accident) will he live? or survive? ◆ **il n'avait aucune chance de survivre** he had no chance of survival or surviving ◆ **survivre à** [+ accident, maladie, humiliation] to survive ◆ **rien ne survivait de leurs anciennes coutumes** nothing survived of their old customs

b (= vivre plus longtemps que) **survivre à** [personne] to outlive; [œuvre, idée] to outlive, outlast

2 **se survivre** vpr a (= se perpétuer) **se survivre dans** [+ œuvre, enfant, souvenir] to live on in

b (péj) [auteur] to outlive one's talent; [aventurier] to outlive one's time

**survol** [syʀvɔl] nm ◆ **le survol de** (lit) flying over; [livre] skimming through, skipping through; [question] skimming over ◆ **faire un survol à basse altitude** to make a low flight

**survoler** [syʀvɔle] → SYN ▸ conjug 1 ◂ vt (lit) to fly over; [+ livre] to skim through, skip through; [+ question] to skim over

**survoltage** [syʀvɔltaʒ] nm (Élec) boosting

**survolté, e** [syʀvɔlte] adj a (= surexcité) foule over-excited; ambiance electric, highly charged

b (Élec) stepped up, boosted

**survolter** [syʀvɔlte] ▸ conjug 1 ◂ vt a (= surexciter) to work up, overexcite

b (Élec) to step up, boost

**survolteur** [syʀvɔltœʀ] nm (Élec) booster

**survolteur-dévolteur**, pl **survolteurs-dévolteurs** [syʀvɔltœʀdevɔltœʀ] nm (Élec) induction regulator

**sus** [sy(s)] adv a (Admin) **en sus** in addition ◆ **en sus de** in addition to, over and above

b (††, hum) **courir sus à l'ennemi** to rush upon the enemy ◆ **sus à l'ennemi !** at them! ◆ **sus au tyran !** death to the tyrant!

**susceptibilité** [sysɛptibilite] → SYN nf a (= sensibilité) touchiness (NonC), sensitiveness (NonC) ◆ **afin de ménager** or **de ne pas froisser les susceptibilités** so as not to offend people's susceptibilities or sensibilities ◆ **être d'une grande susceptibilité** to be extremely touchy, be hypersensitive

b (Phys) **susceptibilité magnétique** magnetic susceptibility

**susceptible** [sysɛptibl] → SYN adj a (= ombrageux) touchy, thin-skinned, sensitive

b (= de nature à) **ces axiomes ne sont pas susceptibles de démonstration** or **d'être démontrés** these axioms cannot be proved ◆ **texte susceptible d'être amélioré** or **d'améliorations** text open to improvement or that can be improved upon ◆ **ces gens ne sont pas susceptibles d'éprouver du chagrin** these people are not susceptible to grief ◆ **des conférences susceptibles de l'intéresser** lectures liable or likely to be of interest to him or that may well be of interest to him

c (= en mesure de) **est-il susceptible de le faire ?** (capacité) is he able to do it?, is he capable of doing it?; (hypothèse) is he likely to do it? ◆ **il est susceptible de gagner** he may well win, he is liable to win ◆ **un second susceptible lui aussi de prendre l'initiative des opérations** a second-in-command who is also in a position to or who is also able to direct operations

**susciter** [sysite] → SYN ▸ conjug 1 ◂ vt a (= donner naissance à) [+ admiration, intérêt] to arouse; [+ passions, jalousies, haine] to arouse, incite; [+ controverse, critiques, querelle] to give rise to, provoke; [+ obstacles] to give rise to, create

b (= provoquer volontairement) to create ◆ **susciter des obstacles/difficultés à qn** to create obstacles/difficulties for sb ◆ **susciter des ennemis à qn** to make enemies for sb

**suscription** [syskʀipsjɔ̃] → SYN nf (Admin) address

**susdit, e** [sysdi, dit] → SYN adj (Jur) aforesaid

**sus-dominante** [sysdɔminɑ̃t] nf submediant

**sus-hépatique**, pl **sus-hépatiques** [syzepatik] adj suprahepatic

**sushi** [suʃi] nm sushi

**sus-maxillaire**, pl **sus-maxillaires** [sysmaksilɛʀ] adj supramaxillary

**susmentionné, e** [sysmɑ̃sjɔne] adj (Admin) above-mentioned, aforementioned

**susnommé, e** [sysnɔme] adj, nm,f (Admin, Jur) above-named

**suspect, e** [syspɛ(kt), ɛkt] → SYN 1 adj a (= louche) individu, conduite, colis suspicious ◆ **sa générosité m'est** or **me paraît suspecte** his generosity seems suspect or suspicious to me ◆ **il est mort dans des conditions suspectes** he died in suspicious circumstances

b (= douteux) opinion, témoignage suspect; viande, poisson suspect ◆ **elle était suspecte aux yeux de la police** the police were suspicious of her ◆ **pensées suspectes à la majorité conservatrice** thoughts which the conservative majority find suspect

c (= soupçonné) **les personnes suspectes** those under suspicion

d **suspect de** suspected of ◆ **ils sont suspects de collusion avec l'ennemi** they are suspected of collusion with the enemy ◆ **Leblanc, pourtant bien peu suspect de royalisme, a proposé que ...** Leblanc, though hardly likely to be suspected of royalism, did propose that ...

2 nm,f suspect ◆ **principal suspect** chief or prime suspect

**suspecter** [syspɛkte] → SYN ▸ conjug 1 ◂ vt [+ personne] to suspect; [+ bonne foi, honnêteté] to suspect, have (one's) suspicions about, question ◆ **suspecter qn de faire qch** to suspect sb of doing sth ◆ **on le suspecte de sympathies gauchistes** he is suspected of having leftist sympathies

**suspendre** [syspɑ̃dʀ] → SYN ▸ conjug 41 ◂ 1 vt a (= accrocher) [+ vêtements] to hang up; [+ lampe, décoration] to hang, suspend (*à* from); [+ hamac] to sling (up) ◆ **suspendre qch à** [+ clou, crochet, portemanteau] to hang sth on ◆ **suspendre un lustre au plafond par une chaîne** to hang or suspend a chandelier from the ceiling on or by or with a chain ◆ **suspendre un hamac à des crochets/à deux poteaux** to sling a hammock between two hooks/between two posts

b (= interrompre) [+ publication, combat, paiement, mouvement de grève, transactions] to suspend; [+ récit, négociations, relations diplomatiques] to break off; [+ audience, séance] to adjourn; [+ permis de conduire] to suspend; [+ jugement] to suspend, defer; [+ décision] to postpone, defer; [+ recherche, projet] to suspend, break off ◆ **suspendre la cotation d'une action** (Bourse) to suspend a share

c (= destituer) [+ prélat, fonctionnaire] to suspend; (= mettre à pied) [+ joueur] to suspend ◆ **suspendre qn de ses fonctions** to suspend sb from office

2 **se suspendre** vpr ◆ **se suspendre à** [+ branche, barre] to hang from (*par* by) ◆ **les enfants se suspendaient aux jupes de leur mère** the children were hanging onto their mother's skirt

**suspendu, e** [syspɑ̃dy] → SYN (ptp de **suspendre**) adj a (= accroché) **vêtement suspendu à** garment hanging on ◆ **lustre suspendu à** light hanging or suspended from ◆ **benne suspendue à un câble/dans le vide** skip suspended by a cable/in mid air ◆ **montre suspendue à une chaîne** watch hanging on a chain ◆ **être suspendu aux lèvres de qn** to be hanging on sb's every word or on sb's lips ◆ **chalets suspendus au-dessus d'une gorge** chalets perched or suspended over a gorge; → **jardin, pont**

b (= interrompu) séance adjourned; jugement suspended, deferred; fonctionnaire, magistrat suspended

c (Aut) **voiture bien/mal suspendue** car with good/poor suspension

**suspens** [syspɑ̃] → SYN nm a (= en attente) **en suspens** projet, travail in abeyance ◆ **question laissée en suspens** question that has been shelved ◆ **laisser une affaire en suspens** to leave an affair in abeyance

b (= dans l'incertitude) **en suspens** in suspense ◆ **tenir les lecteurs en suspens** to keep the reader in suspense

**c** (= en suspension) **en suspens** poussière, flocons de neige in suspension ◆ **en suspens dans l'air** hanging ou suspended in the air

**d** (littér = suspense) suspense

**suspense¹** [syspɛns, syspɑ̃s] [→ SYN] nm [film, roman] suspense ◆ **un moment de suspense** a moment's suspense ◆ **un suspense angoissant** an agonizing feeling of suspense ◆ **film à suspense** suspense film, thriller

**suspense²** [syspɑ̃s] [→ SYN] nf (Rel) suspension

**suspenseur** [syspɑ̃sœʀ] [1] adj m suspensory
[2] nm suspensor

**suspensif, -ive** [syspɑ̃sif, iv] adj (Jur) suspensive

**suspension** [syspɑ̃sjɔ̃] [→ SYN] [1] nf **a** [vêtements] hanging; [lampe, décoration] hanging, suspending

**b** (= interruption) [publication, combats, paiement, permis de conduire] suspension; [récit] breaking off; [audience, séance] adjournment ◆ **le juge a ordonné la suspension de l'audience** the judge ordered that the hearing be adjourned ◆ **il a eu un an de suspension de permis** he had his driving licence suspended for a year ◆ **la suspension des relations diplomatiques entre les deux pays** the breaking off ou suspension of diplomatic relations between the two countries

**c** (= fait de différer) [jugement] suspension, deferment; [décision] postponement, deferment

**d** [prélat, fonctionnaire] suspension; [joueur] suspension ◆ **prononcer la suspension de qn pour 2 ans** to suspend sb for 2 years ◆ **suspension à vie** lifetime ban

**e** (Aut) suspension ◆ **suspension active/hydraulique** active/hydraulic suspension

**f** (= lustre) ceiling light

**g** (= installation, système) suspension ◆ **suspension florale** hanging basket

**h** (Chim) suspension

[2] **en suspension** loc adj particule, poussière in suspension, suspended ◆ **en suspension dans l'air** poussière hanging ou suspended in the air ◆ **en suspension dans l'air** ou **dans le vide** personne, câble hanging ou suspended in mid-air

[3] COMP ▷ **suspension d'audience** adjournment ▷ **suspension des hostilités** suspension of hostilities ▷ **suspension de paiement** suspension of payment(s) ▷ **suspension des poursuites** suspension of proceedings ▷ **suspension de séance** ⇒ **suspension d'audience**

**suspensoir** [syspɑ̃swaʀ] nm athletic support, jockstrap

**suspente** [syspɑ̃t] nf **a** (Naut) sling
**b** [parachute] suspending rope

**suspicieusement** [syspisjøzmɑ̃] adv suspiciously

**suspicieux, -ieuse** [syspisjø, jøz] [→ SYN] adj suspicious

**suspicion** [syspisjɔ̃] [→ SYN] nf suspicion ◆ **avoir de la suspicion à l'égard de qn** to be suspicious of sb, have one's suspicions about sb ◆ **regard plein de suspicion** suspicious look ◆ **suspicion légitime** (Jur) reasonable suspicion *(about the fairness of a trial)*

**sustentateur, -trice** [systɑ̃tatœʀ, tʀis] adj (Aviat) lifting ◆ **surface sustentatrice** aerofoil (Brit), airfoil (US)

**sustentation** [systɑ̃tasjɔ̃] nf (Aviat) lift ◆ **plan de sustentation** (Aviat) aerofoil (Brit), airfoil (US) ◆ **polygone** ou **base de sustentation** (Géom) base ◆ **train à sustentation magnétique** magnetic levitation train, maglev train

**sustenter** [systɑ̃te] [→ SYN] ▸ conjug 1 ◂ [1] vt († = nourrir) to sustain ◆ **la lecture sustente l'esprit** (fig) reading nourishes the mind
[2] **se sustenter** vpr (hum, frm) to take sustenance (hum, frm)

**sus-tonique** [systɔnik] adj (Mus) supertonic

**susurrement** [sysyʀmɑ̃] nm [personne] whisper, whispering; [eau] murmuring

**susurrer** [sysyʀe] [→ SYN] ▸ conjug 1 ◂ vti [personne] to whisper; [eau] to murmur ◆ **il lui susurrait des mots doux à l'oreille** he whispered sweet nothings in her ear ◆ **les mauvaises langues susurrent qu'il a fait de la prison** malicious gossips are putting it about that he has been to prison ◆ **on susurre qu'il a été impliqué** it's whispered that ou the whisper is that he was involved

**susvisé, e** [sysvize] adj (Admin) above-mentioned, aforementioned

**sûtra** [sutʀa] nm ⇒ **soutra**

**sutural, e,** mpl **-aux** [sytyʀal, o] adj sutural

**suture** [sytyʀ] [→ SYN] nf (Anat, Bot, Méd) suture; → **point²**

**suturer** [sytyʀe] [→ SYN] ▸ conjug 1 ◂ vt to suture (SPÉC), stitch up

**Suva** [syva] n Suva

**suzerain, e** [syz(ə)ʀɛ̃, ɛn] [→ SYN] [1] nm,f suzerain, overlord
[2] adj suzerain

**suzeraineté** [syz(ə)ʀɛnte] nf suzerainty

**svastika** [svastika] nm swastika

**svelte** [svɛlt] [→ SYN] adj personne svelte, slender; édifice, silhouette slender, slim

**sveltesse** [svɛltɛs] [→ SYN] nf slenderness

**SVP** [ɛsvepe] (abrév de **s'il vous plaît**) please

**swahili, e** [swaili] [1] adj Swahili(an)
[2] nm (Ling) Swahili
[3] **Swahili(e)** nm,f Swahili

**swastika** [svastika] nm ⇒ **svastika**

**swazi, e** [swazi] [1] adj Swazi
[2] **Swazi(e)** nm,f Swazi

**Swaziland** [swazilɑ̃d] nm Swaziland

**sweat** [swit, swɛt] nm sweatshirt

**sweater** [switœʀ, swɛtœʀ] [→ SYN] nm sweater

**sweat-shirt,** pl **sweat-shirts** [switʃœʀt, swɛtʃœʀt] nm sweatshirt

**sweepstake** [swipstɛk] nm sweepstake

**swing** [swiŋ] nm (= musique) swing; (= danse) jive ◆ **danser le swing** to jive

**swinguer*** [swiŋge] ▸ conjug 1 ◂ vi to swing* ◆ **ça swingue !** it's really swinging!*

**sybarite** [sibaʀit] [→ SYN] nmf sybarite

**sybaritique** [sibaʀitik] adj sybaritic

**sybaritisme** [sibaʀitism] [→ SYN] nm sybaritism

**sycomore** [sikɔmɔʀ] nm sycamore (tree)

**sycophante** [sikɔfɑ̃t] [→ SYN] nm (littér = délateur) informer

**sycosis** [sikozis] nm sycosis

**Sydney** [sidnɛ] n Sydney

**syénite** [sjenit] nf syenite

**syllabaire** [si(l)labɛʀ] [→ SYN] nm (= livre) syllabic speller; (Ling) syllabary

**syllabation** [si(l)labasjɔ̃] nf syllabication, syllabification

**syllabe** [si(l)lab] [→ SYN] nf syllable ◆ **syllabe ouverte/fermée** open/closed syllable ◆ **syllabe finale/muette/accentuée** final/silent/accented ou stressed syllable ◆ **il n'a pas prononcé une syllabe** he didn't say a single word

**syllabique** [si(l)labik] adj syllabic

**syllabisme** [si(l)labism] nm syllabism

**syllabus** [si(l)labys] nm (Rel) syllabus

**syllepse** [silɛps] nf syllepsis

**syllogisme** [silɔʒism] [→ SYN] nm syllogism

**syllogistique** [silɔʒistik] [1] adj syllogistic
[2] nf syllogistics sg

**sylphe** [silf] [→ SYN] nm sylph

**sylphide** [silfid] nf sylphid; (= femme) sylphlike creature ◆ **sa taille de sylphide** her sylphlike figure

**sylvain** [silvɛ̃] [→ SYN] nm (Myth) Silvanus, Sylvanus

**sylve** [silv] [→ SYN] nf (littér) forest, wood

**sylvestre** [silvɛstʀ] [→ SYN] adj forest (épith), silvan (littér); → **pin**

**sylvicole** [silvikɔl] adj forestry (épith)

**sylviculteur, -trice** [silvikyltœʀ, tʀis] [→ SYN] nmf forester

**sylviculture** [silvikyltyʀ] nf forestry, silviculture (SPÉC)

**sylvinite** [silvinit] nf sylvite, sylvine

**symbiose** [sɛ̃bjoz] nf (lit, fig) symbiosis ◆ **en symbiose** in symbiosis

**symbiote** [sɛ̃bjɔt] nm symbiont

**symbiotique** [sɛ̃bjɔtik] adj symbiotic

**symbole** [sɛ̃bɔl] [→ SYN] nm **a** (gén) symbol ◆ **une ville(-)symbole/des années(-)symbole de la liberté** a city that has come to symbolize/years that have come to symbolize freedom ◆ **la colombe, symbole de la paix** the dove, symbol of peace

**b** (Rel) Creed ◆ **le Symbole des apôtres** the Apostles' Creed ◆ **le symbole de saint Athanase** the Athanasian Creed

**symbolique** [sɛ̃bɔlik] [→ SYN] [1] adj (gén) symbolic(al); (= très modique) donation, augmentation, amende token (épith), nominal; cotisation, contribution, dommages-intérêts nominal; (= sans valeur) solution cosmetic ◆ **c'est un geste purement symbolique** it's a purely symbolic gesture, it's just a token gesture ◆ **logique symbolique** symbolic logic; → **franc²**

[2] nf (= science) symbolics sg; (= système de symboles) symbolic system ◆ **la symbolique des rêves** the symbolism of dreams, dream symbolism

**symboliquement** [sɛ̃bɔlikmɑ̃] adv symbolically

**symbolisation** [sɛ̃bɔlizasjɔ̃] nf symbolization

**symboliser** [sɛ̃bɔlize] [→ SYN] ▸ conjug 1 ◂ vt to symbolize

**symbolisme** [sɛ̃bɔlism] [→ SYN] nm (gén) symbolism; (Littérat) Symbolism

**symboliste** [sɛ̃bɔlist] adj, nmf Symbolist

**symétrie** [simetʀi] [→ SYN] nf (gén) symmetry (*par rapport à* in relation to) ◆ **centre/axe de symétrie** centre/axis of symmetry

**symétrique** [simetʀik] [→ SYN] [1] adj symmetrical (*de* to; *par rapport à* in relation to)
[2] nm [muscle, point] symmetry
[3] nf [figure plane] symmetrical figure

**symétriquement** [simetʀikmɑ̃] adv symmetrically

**sympa*** [sɛ̃pa] adj inv (abrév de **sympathique**) personne, soirée, robe nice; endroit, ambiance nice, friendly ◆ **un type vachement sympa** a really nice guy* ou bloke* (Brit) ◆ **sois sympa, prête-le-moi** be a pal* and lend it to me ◆ **ce n'est pas très sympa de sa part** that's not very nice of him

**sympathectomie** [sɛ̃patɛktɔmi] nf sympathectomy

**sympathie** [sɛ̃pati] GRAMMAIRE ACTIVE 24.4 [→ SYN] nf **a** (= amitié) liking ◆ **ressentir de la sympathie à l'égard de qn** to (rather) like sb, feel drawn to ou towards sb ◆ **se prendre de sympathie pour qn** to take a liking to sb ◆ **j'ai beaucoup de sympathie pour lui** I like him a great deal ◆ **il inspire la sympathie** he's very likeable, he's a likeable sort ◆ **s'attirer la sympathie de qn** to win sb over ◆ **n'ayant que peu de sympathie pour cette nouvelle théorie** having little time for this new theory

**b** (= affinité) friendship ◆ **la sympathie qui existe entre eux** the friendship there is between them, the affinity they feel for each other ◆ **des relations de sympathie les unissaient** they were united by friendship ◆ **il n'y a guère de sympathie entre ces factions/personnes** there's no love lost between these factions/people ◆ **être en sympathie avec qn** to be at one with sb (frm)

**c** (= compassion) sympathy; (frm = condoléances) sympathy ◆ **ce drame lui a attiré la sympathie du public** the tragedy earned him the sympathy of the public ◆ **croyez à notre sympathie** please accept our deepest ou most heartfelt sympathy, you have our deepest sympathy ◆ **témoignages de sympathie** (pour deuil) expressions of sympathy

**d** (= tendance) sympathy ◆ **on le suspecte de sympathie avec le nazisme** he is suspected of having Nazi sympathies ou leanings ◆ **il ne cache pas ses sympathies communistes** he doesn't hide his communist sympathies

**sympathique** [sɛ̃patik] [→ SYN] [1] adj **a** (= agréable, aimable) personne likeable, nice; geste, accueil friendly, kindly; soirée, réunion, ambiance pleasant, friendly; plat good, nice; appartement nice, pleasant ◆ **il m'est très sympathique, je le trouve très sympathique** I like him very much, I think he's very nice ◆ **elle est d'un caractère peu sympathique** she is rather unfriendly ◆ **il a une tête sympathique*** he has a friendly ou nice face

**b** (Anat) sympathetic

2 nm (Anat) ◆ **le (grand) sympathique** the sympathetic nervous system

**sympathiquement** [sɛ̃patikmɑ̃] adv accueillir, traiter in a friendly manner ◆ **ils ont sympathiquement offert de nous aider** they have kindly offered to help us ◆ **ils nous ont sympathiquement reçus** they gave us a friendly reception

**sympathisant, e** [sɛ̃patizɑ̃, ɑ̃t] → SYN (Pol) 1 adj sympathizing (épith)
2 nm,f sympathizer

**sympathiser** [sɛ̃patize] → SYN ▸ conjug 1 ◂ vi (= bien s'entendre) to get on (well) (*avec* with); (= se prendre d'amitié) to hit it off* (*avec* with) ◆ **ils ne sympathisent pas avec les voisins** (= fréquenter) they don't have much contact with ou much to do with* the neighbours ◆ **je suis heureux de voir qu'il sympathise avec Lucien** I'm pleased to see he gets on (well) with Lucien ◆ **ils ont tout de suite sympathisé** they took to each other immediately, they hit it off* straight away ◆ **il sympathise avec l'extrême droite** he has sympathies ou he sympathizes with the far right

**symphonie** [sɛ̃fɔni] → SYN nf (Mus, fig) symphony ◆ **symphonie concertante** symphonia concertante ◆ **"La Symphonie fantastique"** "La Symphonie Fantastique" ◆ **"La Symphonie inachevée"** "The Unfinished Symphony" ◆ **"La Symphonie du Nouveau Monde"** "The New World Symphony"

**symphonique** [sɛ̃fɔnik] → SYN adj symphonic; → **orchestre, poème**

**symphoniste** [sɛ̃fɔnist] nmf symphonist

**symphorine** [sɛ̃fɔʀin] nf snowberry

**symphyse** [sɛ̃fiz] nf (Anat, Méd) symphysis ◆ **symphyse pubienne** pubic symphysis ◆ **symphyse mentonnière** symphysis of the mandible

**symposium** [sɛ̃pozjɔm] → SYN nm symposium

**symptomatique** [sɛ̃ptɔmatik] → SYN adj (Méd) symptomatic; (= révélateur) significant ◆ **symptomatique de** symptomatic of

**symptomatiquement** [sɛ̃ptɔmatikmɑ̃] adv symptomatically

**symptomatologie** [sɛ̃ptɔmatɔlɔʒi] nf symptomatology

**symptôme** [sɛ̃ptom] → SYN nm (Méd) symptom; (= signe, indice) sign, symptom

**synagogue** [sinagɔg] nf synagogue

**synalèphe** [sinalɛf] nf synal(o)epha

**synallagmatique** [sinalagmatik] → SYN adj contrat synallagmatic

**synapse** [sinaps] nf [neurones] synapse, synapsis; [gamètes] synapsis

**synaptique** [sinaptik] adj synaptic ◆ **vésicules synaptiques** synaptic vesicles

**synarchie** [sinaʀʃi] → SYN nf synarchy

**synarthrose** [sinaʀtʀoz] nf synarthrosis

**synchro** * [sɛ̃kʀo] 1 adj (abrév de **synchronisé, e**)
2 nf (abrév de **synchronisation**)

**synchrocyclotron** [sɛ̃kʀosiklɔtʀɔ̃] nm synchrocyclotron

**synchrone** [sɛ̃kʀon] → SYN adj synchronous

**synchronie** [sɛ̃kʀɔni] nf synchronic level, synchrony

**synchronique** [sɛ̃kʀɔnik] adj linguistique, analyse synchronic; → **tableau**

**synchroniquement** [sɛ̃kʀɔnikmɑ̃] adj synchronically

**synchronisation** [sɛ̃kʀɔnizasjɔ̃] → SYN nf synchronization

**synchronisé, e** [sɛ̃kʀɔnize] (ptp de **synchroniser**) adj synchronized

**synchroniser** [sɛ̃kʀɔnize] ▸ conjug 1 ◂ vt to synchronize

**synchroniseur** [sɛ̃kʀɔnizœʀ] nm (Élec) synchronizer; (Aut) synchromesh

**synchroniseuse** [sɛ̃kʀɔnizøz] nf (Ciné) synchronizer

**synchronisme** [sɛ̃kʀɔnism] → SYN nm [oscillations, dates] synchronism; (Philos) synchronicity ◆ **avec un synchronisme parfait** with perfect synchronization

**synchrotron** [sɛ̃kʀɔtʀɔ̃] nm synchrotron ◆ **rayonnement synchrotron** synchrotron radiation

**synclinal, e,** mpl **-aux** [sɛ̃klinal, o] 1 adj synclinal
2 nm syncline

**syncopal, e,** mpl **-aux** [sɛ̃kɔpal, o] adj syncopal

**syncope** [sɛ̃kɔp] → SYN nf a (= évanouissement) blackout, fainting fit, syncope (SPÉC) ◆ **avoir une syncope** to have a blackout, faint, pass out
b (Mus) syncopation
c (Ling) syncope

**syncopé, e** [sɛ̃kɔpe] → SYN adj a (Littérat, Mus) syncopated
b (* = stupéfait) staggered, flabbergasted*

**syncoper** [sɛ̃kɔpe] ▸ conjug 1 ◂ vt (Mus) to syncopate

**syncrétique** [sɛ̃kʀetik] adj syncretic

**syncrétisme** [sɛ̃kʀetism] → SYN nm syncretism

**syncrétiste** [sɛ̃kʀetist] 1 adj syncret(ist)ic
2 nmf syncretist

**syncytium** [sɛ̃sitjɔm] nm syncytium

**syndactyle** [sɛ̃daktil] adj syndactyl

**syndactylie** [sɛ̃daktili] nf syndactylism

**synderme** [sɛ̃dɛʀm] nm synthetic leather

**syndic** [sɛ̃dik] → SYN nm (Hist) syndic; (Jur) receiver ◆ **syndic (d'immeuble** ou **de copropriété)** managing agent ◆ **syndic de faillite** (Jur, Fin) official assignee, trustee (in bankruptcy), judicial factor (US)

**syndical, e,** mpl **-aux** [sɛ̃dikal, o] adj (Ind) (trade-)union (épith) ◆ **le mouvement syndical** the trade-union (Brit) ou labor-union (US) movement ◆ **conseil syndical d'un immeuble** ≈ management committee of a block of flats (Brit) ou of an apartment building (US); → **central, chambre, tarif**

**syndicalisation** [sɛ̃dikalizasjɔ̃] nf unionization

**syndicaliser** [sɛ̃dikalize] ▸ conjug 1 ◂ vt to unionize ◆ **un secteur fortement syndicalisé** a highly unionized sector

**syndicalisme** [sɛ̃dikalism] nm (= mouvement) trade unionism; (= activité) (trade-)union activities; (= doctrine politique) syndicalism ◆ **faire du syndicalisme** to participate in (trade-)union activities, be a (trade-)union activist

**syndicaliste** [sɛ̃dikalist] 1 nmf (= responsable d'un syndicat) (trade) union official, trade unionist; (= doctrinaire) syndicalist
2 adj chef trade-union (épith); doctrine, idéal unionist (épith)

**syndicat** [sɛ̃dika] → SYN 1 nm a [travailleurs] (trade) union; [employeurs] union, syndicate; [producteurs agricoles] union ◆ **syndicat de mineurs/de journalistes** miners'/journalists' union ◆ **syndicat du crime** crime syndicate
b (non professionnel) association; → **2**
2 COMP ▷ **syndicat de banques** banking syndicate ▷ **syndicat de communes** association of communes ▷ **syndicat financier** syndicate of financiers ▷ **syndicat d'initiative** tourist (information) office ou bureau ou centre ▷ **syndicat interdépartemental** association of regional authorities ▷ **syndicat de locataires** tenants' association ▷ **syndicat ouvrier** trade union ▷ **syndicat patronal** employers' syndicate, federation of employers, bosses' union* ▷ **syndicat de propriétaires** (gén) association of property owners; (d'un même immeuble) householders' association

**syndicataire** [sɛ̃dikatɛʀ] 1 adj of a syndicate
2 nmf syndicate member

**syndiqué, e** [sɛ̃dike] (ptp de **syndiquer**) 1 adj belonging to a (trade) union ◆ **ouvrier syndiqué** union member ◆ **est-il syndiqué ?** is he in a ou the union?, is he a union man ou member? ◆ **les travailleurs non syndiqués** non-union ou non-unionized workers
2 nm,f union member

**syndiquer** [sɛ̃dike] → SYN ▸ conjug 1 ◂ 1 vt to unionize
2 **se syndiquer** vpr (= se grouper) to form a trade union, unionize; (= adhérer) to join a trade union

**syndrome** [sɛ̃dʀom] → SYN nm syndrome ◆ **syndrome chinois** China syndrome ◆ **le syndrome de Down** Down's syndrome ◆ **syndrome prémenstruel** premenstrual syndrome ◆ **syndrome d'immunodéficience acquise** acquired immuno-deficiency syndrome ◆ **syndrome de fatigue chronique** chronic fatigue syndrome

**synecdoque** [sinɛkdɔk] nf synecdoche

**synéchie** [sineʃi] nf synechia

**synérèse** [sineʀɛz] nf (Ling) synaeresis; (Chim) syneresis

**synergie** [sinɛʀʒi] nf synergy, synergism ◆ **travailler en synergie** to work in synergy (*avec* with) ◆ **opérer des synergies entre différents services** to bring about synergies between different departments

**synergique** [sinɛʀʒik] adj synergetic

**synesthésie** [sinɛstezi] nf synaesthesia

**syngnathe** [sɛ̃gnat] nm syngnathid

**synodal, e,** mpl **-aux** [sinɔdal, o] adj synodal

**synode** [sinɔd] → SYN nm synod

**synodique** [sinɔdik] adj (Astron) synodic(al); (Rel) synod(ic)al

**synonyme** [sinɔnim] → SYN 1 adj synonymous (*de* with)
2 nm synonym

**synonymie** [sinɔnimi] nf synonymy

**synonymique** [sinɔnimik] adj synonymic(al)

**synopsis** [sinɔpsis] nf ou m synopsis

**synoptique** [sinɔptik] adj synoptic ◆ **les (Évangiles) synoptiques** the synoptic gospels

**synostose** [sinɔstoz] nf (Anat, Méd) synosteosis

**synovial, e,** mpl **-iaux** [sinɔvjal, jo] adj synovial

**synovie** [sinɔvi] nf synovia; → **épanchement**

**synovite** [sinɔvit] nf synovitis

**syntacticien, -ienne** [sɛ̃taktisjɛ̃, jɛn] nm,f syntactician

**syntactique** [sɛ̃taktik] 1 adj ⇒ **syntaxique**
2 nf syntactics sg

**syntagmatique** [sɛ̃tagmatik] 1 adj syntagmatic, phrasal
2 nf syntagmatic analysis

**syntagme** [sɛ̃tagm] nm (word) group, phrase, syntagm (SPÉC) ◆ **syntagme adjoint** adjunctive phrase, adjunct ◆ **syntagme nominal** nominal group, noun phrase ◆ **syntagme verbal** verb phrase

**syntaxe** [sɛ̃taks] → SYN nf (Ling, Ordin) syntax ◆ **erreur de syntaxe** syntax error

**syntaxique** [sɛ̃taksik] adj syntactic

**synthé** * [sɛ̃te] nm (abrév de **synthétiseur**) synth*

**synthèse** [sɛ̃tɛz] → SYN nf synthesis ◆ **faire la synthèse d'un exposé** to summarize the major points of a talk ◆ **synthèse vocale/de la parole** (Ordin) voice/speech synthesis
♦ **de synthèse** drogue, molécule, produit synthetic; édulcorant artificial ◆ **document de synthèse** (= résumé) summary; → **esprit**

**synthétique** [sɛ̃tetik] → SYN 1 adj a textile, fibre synthetic, man-made; résine, caoutchouc, revêtement synthetic ◆ **matières synthétiques** synthetic materials, synthetics ◆ **c'est de la fourrure synthétique** it's fake fur ou fun fur
b (= artificiel) images, voix, son synthetic
c (= qui envisage la totalité) exposé that gives an overall picture (of a subject); ouvrage that takes a global perspective ◆ **avoir l'esprit synthétique** to be good at synthesizing information ◆ **avoir une vision synthétique des choses** to (be able to) see the overall picture ◆ **présenter un sujet de façon synthétique** to give an overall picture of a subject
2 nm (Tex) synthetics ◆ **c'est du synthétique** it's synthetic ◆ **vêtement/chaussures en synthétique** garment/shoes made of synthetic material

**synthétiquement** [sɛ̃tetikmɑ̃] adv synthetically

**synthétiser** [sɛ̃tetize] → SYN ▸ conjug 1 ◂ vt to synthetize, synthesize

**synthétiseur** [sɛ̃tetizœʀ] nm synthesizer ◆ **synthétiseur de (la) parole** speech synthesizer

**synthétisme** [sɛ̃tetism] nm (Art) Synthetism

**syntone** [sɛ̃tɔn] adj (Psych) syntonic

**syntonie** [sɛ̃tɔni] nf (Psych) syntonia; (Phys) syntonism

**syntonisation** [sɛ̃tɔnizasjɔ̃] nf syntonizing, tuning

**syntoniser** [sɛ̃tɔnize] ► conjug 1 ◄ **vt** to syntonize, tune

**syntoniseur** [sɛ̃tɔnizœʀ] **nm** tuner

**syphilis** [sifilis] → SYN **nf** syphilis

**syphilitique** [sifilitik] **adj, nmf** syphilitic

**syriaque** [siʀjak] 1 **adj** Syriac (épith)
2 **nm** (Ling) Syriac

**Syrie** [siʀi] **nf** Syria

**syrien, -ienne** [siʀjɛ̃, jɛn] 1 **adj** Syrian ◆ **République arabe syrienne** Syrian Arab Republic
2 **Syrien(ne)** **nm,f** Syrian

**syringe** [siʀɛ̃ʒ] **nf** Egyptian tomb

**syringomyélie** [siʀɛ̃gomjeli] **nf** syringomyelia

**syrinx** [siʀɛ̃ks] **nf** (Zool) syrinx

**syrphe** [siʀf] **nm** syrphus fly

**syrte** [siʀt] **nf** (région côtière) syrtis ◆ **syrtes** † (sables mouvants) syrts †, quicksand (NonC)

**systématicien, -ienne** [sistematisjɛ̃, jɛn] **nm,f** systematist

**systématique** [sistematik] → SYN 1 **adj** opposition, classement, esprit systematic; soutien, aide unconditional ◆ **opposer un refus systématique à qch** to refuse sth systematically ◆ **avec l'intention systématique de nuire** systematically intending to harm ◆ **il est trop systématique** he's too dogmatic, his views are too set ◆ **chaque fois qu'elle est invitée quelque part il l'est aussi, c'est systématique** every time she's invited somewhere, he's automatically invited too
2 **nf** (gén) systematics sg; (Bio) taxonomy

**systématiquement** [sistematikmɑ̃] **adv** systematically

**systématisation** [sistematizasjɔ̃] **nf** systematization

**systématisé, e** [sistematize] (ptp de **systématiser**) **adj** systematized

**systématiser** [sistematize] ► conjug 1 ◄ 1 **vt** [+ recherches, mesures] to systematize ◆ **il n'a pas le sens de la nuance, il systématise (tout)** he has no sense of nuance – he systematizes everything
2 **se systématiser vpr** to become the rule

**système** [sistɛm] → SYN 1 **nm** a (gén) (= structure) system ◆ **système de vie** way of life, lifestyle ◆ **entrer dans le système** (= institution) to join ou enter the system ◆ **système casuel** (Ling) case system ◆ **troubles du système** (Méd) systemic disorders; → **esprit**
b (= moyen) system ◆ **il connaît un système pour entrer sans payer** he's got a system for getting in without paying ◆ **il connaît le système** he knows the system ◆ **le meilleur système, c'est de se relayer** the best plan ou system is to take turns
c (Loc) **par système** agir in a systematic way; contredire systematically ◆ **il me tape** ou **court** ou **porte sur le système** ⁑ he gets on my nerves * ou wick * (Brit)
2 COMP ▷ **système ABS** ABS ▷ **système d'alarme** alarm system ▷ **système d'alimentation** (électrique) electricity supply system; (en eau) water supply system ▷ **système d'arme** (Mil) weapon system ▷ **système D** * resourcefulness ◆ **recourir au système D** to rely on one's own resources, fend for o.s. ▷ **système décimal** decimal system ▷ **système de défense** (Mil) defence system; (Physiol) defence mechanism ▷ **système d'éducation** education system ▷ **système d'équations** system of equations ▷ **système expert** expert system ▷ **système d'exploitation** operating system ▷ **système de gestion de bases de données** database management system ▷ **système immunitaire** immune system ▷ **Système international d'unités** International System of Units ▷ **système métrique** metric system ▷ **système monétaire européen** European monetary system ▷ **système nerveux** nervous system ◆ **système nerveux central/périphérique** central/peripheral nervous system ▷ **système pénitentiaire** prison ou penal system ▷ **système pileux: avoir un système pileux très développé** to have a lot of body hair ▷ **système respiratoire** respiratory system ▷ **système de santé** health system ▷ **système de sécurité sociale** social security system ▷ **système solaire** solar system ▷ **système de traitement de l'information** data-processing system

**systémique** [sistemik] 1 **adj** systemic
2 **nf** systems analysis

**systole** [sistɔl] **nf** systole

**systolique** [sistɔlik] **adj** systolic

**systyle** [sistil] **nm** systyle

**syzygie** [siziʒi] **nf** syzygy

# T

**T, t**[1] [te] **nm** **a** (= lettre) T, t ◆ **en T** table, immeuble T-shaped ◆ **bandage/antenne/équerre en T** T-bandage/-aerial/-square

**b** (Méd) **T4** T4

**t**[2] **a** (abrév de **tonne**) t

**b** (abrév de **tome**) vol.

**t'** [t] → **te, tu**

**ta** [ta] **adj poss** → **ton**[1]

**ta, ta, ta** [tatata] **excl** (stuff and) nonsense!, rubbish!

**tabac** [taba] → SYN **1** **nm** **a** (= plante, produit) tobacco; (= couleur) buff, tobacco (brown); (= magasin) tobacconist's (shop) (Brit), tobacco ou smoke shop (US); → **blague, bureau, débit**

**b** (* : Loc) **passer qn à tabac** to beat sb up, do sb over* (Brit) ◆ **faire un tabac** to be a big hit ou a roaring success, hit it big * (US) ◆ **c'est toujours le même tabac** it's always the same old thing ◆ **quelque chose du même tabac** something like that ◆ **coup de tabac** squall; → **passage**

**2** **adj inv** buff, tobacco (brown)

**3** **COMP** ▷ **tabac blond** light ou mild ou Virginia tobacco ▷ **tabac brun** dark tobacco ▷ **tabac à chiquer** chewing tobacco ▷ **tabac gris** shag ▷ **tabac à priser** snuff

**tabagie** [tabaʒi] → SYN **nf** (= lieu enfumé) smoke-filled room; (au Canada = bureau de tabac) tobacconist's (shop) (Brit), tobacco ou smoke shop (US) ◆ **ce bureau, quelle tabagie !** it's really smoky in this office!

**tabagique** [tabaʒik] **1** **adj** consommation, publicité tobacco (épith)

**2** **nmf** chain smoker

**tabagisme** [tabaʒism] → SYN **nm** addiction to smoking, nicotine addiction ◆ **tabagisme passif** passive smoking ◆ **lutte contre le tabagisme** anti-smoking campaign

**tabasco ®** [tabasko] **nm** (Culin) Tabasco (sauce) ®

**tabasser** * [tabase] ▸ conjug 1 ◂ **1** **vt** (= passer à tabac) ◆ **tabasser qn** to beat sb up, do sb over* (Brit) ◆ **se faire tabasser** to get beaten up, get one's face smashed in* (*par* by)

**2** **se tabasser** **vpr** (= se bagarrer) to have a fight ou punch-up * (Brit)

**tabatière** [tabatjɛʀ] → SYN **nf** **a** (= boîte) snuffbox ◆ **tabatière anatomique** anatomical snuffbox

**b** (= lucarne) skylight; → **fenêtre**

**T.A.B.D.T.** [teabedete] **nm** (abrév de **vaccin antityphoïdique et anti-paratyphoïdique A et B, antidiphtérique et tétanique**) *vaccine against typhoid, paratyphoid A and B, diphtheria and tetanus*

**tabellaire** [tabelɛʀ] **adj** xylographic(al)

**tabellion** [tabeljɔ̃] → SYN **nm** (hum péj : = notaire) lawyer

**tabernacle** [tabɛʀnakl] **nm** (Rel) tabernacle

**tabès** [tabɛs] → SYN **nm** tabes (dorsalis), locomotor ataxia

**tabétique** [tabetik] **1** **adj** tabetic

**2** **nmf** person suffering from tabes (dorsalis)

**tabla** [tabla] **nm** tabla

**tablar(d)** [tablaʀ] **nm** (Helv = étagère) shelf

**tablature** [tablatyʀ] → SYN **nf** (Mus) tablature

**table** [tabl] → SYN **1** **nf** **a** (= meuble) table ◆ **table de salle à manger/de cuisine/de billard** dining-room/kitchen/billiard table ◆ **table de** ou **en bois/marbre** wooden/marble table ◆ **s'asseoir à la table des grands** to play with the big boys * ou in the major league (US); → **dessous, carte, tennis**

**b** (pour le repas) **mettre** ou (littér) **dresser la table** to lay ou set the table ◆ **débarrasser** ou (littér) **desservir la table** to clear the table ◆ **présider la table** to sit at the head of the table ◆ **recevoir qn à sa table** to have sb to lunch (ou dinner etc ) ◆ **se lever de table** to get up from the table ◆ **quitter la table, sortir de table** to leave the table ◆ **table de 12 couverts** table set for 12 ◆ **une table pour quatre** (au restaurant) a table for four ◆ **linge/vin/propos de table** table linen/wine/talk ◆ **tenir table ouverte** to keep open house

◆ **à table** ◆ **être à table** to be having a meal, be eating ◆ **nous étions huit à table** there were eight of us at ou round the table ◆ **à table !** come and eat!, dinner (ou lunch etc) is ready! ◆ **si vous voulez bien passer à table** if you'd like to come through ◆ **se mettre à table** to sit down to eat, sit down at the table; ( * = avouer) to talk, come clean*

**c** (= tablée) table ◆ **toute la table éclata de rire** everyone round the table ou the whole table burst out laughing ◆ **soldats et officiers mangeaient à la même table** soldiers and officers ate at the same table

**d** (= nourriture) **une table frugale** frugal fare (NonC) ◆ **avoir une bonne table** to keep a good table; [restaurant] to serve very good food ◆ **aimer (les plaisirs de) la table** to enjoy one's food

**e** (= tablette avec inscriptions) **table de marbre** marble tablet ◆ **les Tables de la Loi** the Tables of the Law ◆ **la Loi des Douze Tables** (Antiq) the Twelve Tables

**f** (= liste) table ◆ **table de logarithmes/de multiplication** log/multiplication table ◆ **table de vérité** truth table ◆ **table alphabétique** alphabetical table ◆ **il sait sa table de 8** he knows his 8 times table

**g** (Géol = plateau) tableland, plateau

**2** **COMP** ▷ **table à abattants** drop-leaf table ▷ **table anglaise** gate-legged table ▷ **table d'architecte** drawing board ▷ **table d'autel** altar stone ▷ **table basse** coffee table, occasional table ▷ **table de bridge** card ou bridge table ▷ **table à cartes** (Naut) chart house ▷ **table de chevet** bedside table, night stand ou table (US) ▷ **table de communion** communion table ▷ **table de conférence** conference table ▷ **table de cuisson** hob ▷ **table à dessin** drawing board ▷ **table à digitaliser** digitizer ▷ **table d'écoute** wire-tapping set ◆ **mettre qn sur table d'écoute** to tap sb's phone ▷ **tables gigognes** nest of tables ▷ **table d'harmonie** sounding board ▷ **table d'honneur** top table ▷ **table d'hôte** table d'hôte ◆ **faire table d'hôte** to serve table d'hôte dinners, serve dinner for residents ▷ **table de jeu** gaming table ▷ **table de lancement** launch(ing) pad ▷ **table à langer** changing table ▷ **table de lecture** [chaîne haute fidélité] turntable ▷ **table lumineuse** light table ▷ **table de malade** bedtable ▷ **table des matières** (table of) contents ▷ **table de Mendeleïev** Mendeleyev's periodic table ▷ **table de mixage** mixing desk ▷ **la table des négociations** the negotiating table ▷ **table de nuit** ⇒ **table de chevet** ▷ **table d'opération** operating table ▷ **table d'orientation** viewpoint indicator ▷ **table à ouvrage** worktable ▷ **table de ping-pong** table-tennis table ▷ **table pliante** folding table ▷ **table de Pythagore** Pythagorean table ▷ **table à rallonges** extending table ▷ **table rase** (Philos) tabula rasa ◆ **faire table rase** to make a clean sweep (*de* of) ◆ **on a fait table rase du passé** we put the past behind us ▷ **table à repasser** ironing board ▷ **table ronde** (lit) round table; (fig) round table, panel ▷ **la Table ronde** (Hist) the Round Table ▷ **table roulante** trolley (Brit), cart (US) ▷ **table de survie** life table ▷ **tables de tir** range tables ▷ **table de toilette** (pour lavabo) washstand; (= coiffeuse) dressing table ▷ **table tournante** séance table ▷ **table traçante** (Ordin) (graph) plotter ▷ **table de travail** work table

**tableau,** pl **tableaux** [tablo] → SYN **1** **nm** **a** (= peinture) painting; (= reproduction, gravure) picture ◆ **exposition de tableaux** art exhibition ◆ **"Tableaux d'une exposition"** (Mus) "Pictures from an Exhibition"; → **galerie**

**b** (fig = scène) picture, scene ◆ **le tableau l'émut au plus haut point** he was deeply moved by the scene ◆ **un tableau tragique/idyllique** a tragic/an idyllic picture ou scene ◆ **le tableau changeant de la vallée du Rhône** the changing landscape of the Rhone valley

**c** (Théât) scene ◆ **acte un, premier tableau** act one, scene one

**d** (= description) picture ◆ **un tableau de la guerre** a picture ou depiction of war ◆ **il m'a fait un tableau très noir de la situation** he drew a very black picture of the situation for me

**e** (Scol) **tableau (noir)** (black)board ◆ **tableau blanc** (white)board ◆ **aller au tableau** (lit) to go up to the blackboard; (= se faire interroger) to be asked questions *(on a school subject)*

**f** (= support mural) [sonneries] board; [fusibles] box; [clés] rack, board

**g** (= panneau) board; (Rail) train indicator; [bateau] escutcheon, name board ◆ **tableau des départs/arrivées** departure(s)/arrival(s) board ◆ **tableau des horaires** timetable

**h** (= carte, graphique) table, chart; (Ordin : fait par tableur) spreadsheet ◆ **tableau généalogique/chronologique** genealogical/

chronological table ou chart ◆ **tableau des conjugaisons** conjugation table, table of conjugations ◆ **présenter qch sous forme de tableau** to show sth in tabular form

**i** (Admin = liste) register, list ◆ **tableau de l'ordre des avocats** ≈ register of the association of barristers ◆ **médicament au tableau A/B/C** class A/B/C drug *(according to French classification of toxicity)*

**j** (Loc) **vous voyez (d'ici) le tableau !** you can (just) imagine! ◆ **pour compléter** ou **achever le tableau** to cap it all ◆ **jouer** ou **miser sur les deux tableaux** (fig) to back both horses (fig) ◆ **il a gagné sur les deux/sur tous les tableaux** he won on both/on all counts

**2** COMP ▷ **tableau d'affichage** (gén) notice board; (Sport) scoreboard ▷ **tableau d'amortissement** depreciation schedule ▷ **tableau d'avancement** (Admin) promotion table ▷ **tableau de bord** [voiture] dashboard; [avion, bateau] instrument panel; (fig) (performance) indicators ▷ **tableau de chasse** [chasseur] bag; [aviateur] tally of kills; [séducteur] list of conquests ◆ **ajouter qch à son tableau de chasse** to add sth to one's list of successes ▷ **tableau clinique** clinical picture ▷ **tableau électronique** (gén) electronic noticeboard; (Sport) electronic scoreboard ▷ **tableau d'honneur** merit ou prize list (Brit), honor roll (US) ◆ **être inscrit au tableau d'honneur** to appear on the merit ou prize list (Brit), make the honor roll (US) ◆ **au tableau d'honneur du sport français cette semaine, Luc Legrand ...** pride of place in French sport this week goes to Luc Legrand ... ▷ **tableau de maître** masterpiece ▷ **tableau de marche** schedule ▷ **tableau de service** (gén) work notice board; (= horaire de service) duty roster ▷ **tableau synchronique** synchronic table of events etc ▷ **tableau synoptique** synoptic table ▷ **tableau vivant** (Théât) tableau (vivant)

**tableautin** [tablotɛ̃] nm little picture

**tablée** [table] → SYN nf table *(of people)* ◆ **toute la tablée éclata de rire** the whole table ou everyone round the table burst out laughing

**tabler** [table] → SYN ▸ conjug 1 ◂ **tabler sur** vt indir ◆ **tabler sur qch** to count ou bank on sth ◆ **il avait tablé sur une baisse des taux** he had counted ou banked on the rates going down ◆ **table sur ton travail plutôt que sur la chance** rely on your work rather than on luck

**tablette** [tablɛt] → SYN nf **a** (= plaquette) [chocolat] bar; [médicament] tablet; [chewing-gum] stick; [métal] block ◆ **tablette de bouillon** stock cube

**b** (= planchette, rayon) [lavabo, radiateur, cheminée] shelf; [secrétaire] flap ◆ **tablette à glissière** pull-out flap

**c** (Archéol, Hist : pour écrire) tablet ◆ **tablette de cire/d'argile** wax/clay tablet ◆ **je vais l'inscrire sur mes tablettes** (hum) I'll make a note of it ◆ **ce n'est pas écrit sur mes tablettes** (hum) I have no record of it

**d** (Ordin) tablet ◆ **tablette graphique** graphic tablet

**tabletterie** [tablɛtʀi] nf (= fabrication) luxury goods manufacturing; (= objets) luxury goods

**tableur** [tablœʀ] nm spreadsheet (program)

**tablier** [tablije] → SYN nm **a** (Habillement) (gén) apron; [ménagère] (sans manches) apron, pinafore; (avec manches) overall; [écolier] overall, smock ◆ **rendre son tablier** [domestique] to hand ou give in one's notice; [homme politique] to resign, step down ◆ **ça lui va comme un tablier à une vache** * [vêtement] it looks really weird on him; [poste] he's totally out of place in that job ◆ **tablier de sapeur** (Culin) *tripe in breadcrumbs*

**b** [pont] roadway

**c** (Tech = plaque protectrice) [cheminée] (flue-)shutter; [magasin] (iron ou steel) shutter; [machine-outil] apron; [scooter] fairing; (Aut : entre moteur et habitacle) bulkhead

**tabloïd(e)** [tablɔid] adj, nm tabloid

**tabou, e** [tabu] → SYN **1** adj (= sacré, frappé d'interdit) taboo; (fig = intouchable) personnage untouchable ◆ **sujet tabou** taboo subject ◆ **une société où la sexualité reste tabou(e)** a society where sexuality is still taboo

**2** nm taboo ◆ **briser un tabou** to break a taboo

**tabouiser** [tabuize] ▸ conjug 1 ◂ vt to taboo, tabu

**taboulé** [tabule] nm tabbouleh

**tabouret** [tabuʀɛ] → SYN nm (pour s'asseoir) stool; (pour les pieds) footstool ◆ **tabouret de piano/de bar** piano/bar stool

**tabulaire** [tabylɛʀ] adj tabular

**tabulateur** [tabylatœʀ] nm tab key, tabulator

**tabulation** [tabylasjɔ̃] nf tabulation ◆ **poser des tabulations** to set tabs

**tabulatrice** [tabylatʀis] nf tabulator *(for punched cards)*

**tabuler** [tabyle] ▸ conjug 1 ◂ vt to tabulate, tabularize, tab

**tac** [tak] nm **a** (= bruit) tap ◆ **le tac tac des mitrailleuses** the rat-a-tat(-tat) of the machine guns; → **tic-tac**

**b** **il répond** ou **riposte du tac au tac** he always has a ready answer ◆ **il lui a répondu du tac au tac que ...** he came back at him immediately ou quick as a flash that ...

**tacaud** [tako] → SYN nm (Zool) bib, whiting pout

**tacca** [taka] nm tacca

**tacet** [tasɛt] nm tacet

**tache** [taʃ] → SYN **1** nf **a** (= moucheture) [fruit] mark; [léopard] spot; [plumage, pelage] mark(ing), spot; [peau] blotch, mark ◆ **faire tache** (fig) to jar, stick out like a sore thumb ◆ **les taches des ongles** the white marks on the fingernails

**b** (= salissure) stain, mark ◆ **tache de graisse** greasy mark, grease stain ◆ **tache de brûlure/de suie** burn/sooty mark ◆ **des draps couverts de taches** sheets covered in stains ◆ **sa robe n'avait pas une tache** her dress was spotless ◆ **il a fait une tache à sa cravate** he got a stain on his tie ◆ **tu t'es fait une tache** you've got a stain on your shirt (ou dress ou tie etc)

**c** (littér = flétrissure) blot, stain ◆ **c'est une tache à sa réputation** it's a blot ou stain on his reputation ◆ **sans tache** vie, réputation spotless, unblemished; → **agneau, pur**

**d** (= impression visuelle) patch, spot ◆ **le soleil parsemait la campagne de taches d'or** the sun scattered patches of gold over the countryside ◆ **des taches d'ombre çà et là** patches of shadow here and there

**e** (Peinture) spot, blob ◆ **tache de couleur** patch of colour

**f** (‡ = nullité) jerk ‡

**2** COMP ▷ **tache d'encre** (sur les doigts) ink stain; (sur le papier) (ink) blot ou blotch ◆ **test des taches d'encre** (Psych) Rorschach ou inkblood test ▷ **tache d'huile** oily mark, oil stain ◆ **faire tache d'huile** (fig) to spread, gain ground ▷ **tache jaune (de l'œil)** yellow spot (of the eye) ▷ **tache originelle** (Rel) stain of original sin ▷ **tache de rousseur** freckle ◆ **visage couvert de taches de rousseur** freckled face, face covered in freckles ▷ **tache de sang** bloodstain ▷ **tache solaire** (Astron) sunspot ▷ **tache de son** ⇒ **tache de rousseur** ▷ **tache de vin** (sur la nappe) wine stain; (sur la peau = envie) strawberry mark

**tâche** [taʃ] → SYN nf (= besogne) task, work (NonC); (= mission) task, job; (Ordin) task ◆ **il a la lourde tâche de ...** he has the difficult task of ... ◆ **il a pour tâche de ...** his task is to ... ◆ **assigner une tâche à qn** to give ou set (Brit) sb a task ◆ **s'atteler à une tâche** to get down to work ◆ **tâche de fond** ou **d'arrière-plan** (Ordin) background task ◆ **prendre à tâche de faire qch** (†, littér) to set o.s. the task of doing sth, take it upon o.s. to do sth

◆ **à la tâche** payer by the piece ◆ **ouvrier à la tâche** pieceworker ◆ **travail à la tâche** piecework ◆ **être à la tâche** to be on piecework ◆ **je ne suis pas à la tâche** * (fig) I'll do it in my own good time ◆ **mourir à la tâche** to die in harness

**tachéomètre** [takeɔmɛtʀ] nm (= théodolite) tacheometer, tachymeter

**tachéométrie** [takeɔmetʀi] nf tacheometry

**tacher** [taʃe] → SYN ▸ conjug 1 ◂ **1** vt **a** [encre, vin] to stain; [graisse] to mark, stain ◆ **le café tache** coffee stains (badly) ou leaves a stain ◆ **taché de sang** bloodstained

**b** (littér = colorer) [+ pré, robe] to spot, dot; [+ peau, fourrure] to spot, mark ◆ **pelage blanc taché de noir** white coat with black spots ou markings, white coat flecked with black

**c** († = souiller) to tarnish, sully

**2** **se tacher** vpr **a** (= se salir) [personne] to get stains on one's clothes, get o.s. dirty; [nappe, tissu] to get stained ou marked ◆ **tissu qui se tache facilement** fabric that stains ou marks easily

**b** (= s'abîmer) [fruits] to become marked

**tâcher** [taʃe] → SYN ▸ conjug 1 ◂ **1** **tâcher de** vt indir (= essayer de) ◆ **tâcher de faire qch** to try ou endeavour (frm) to do sth ◆ **tâchez de venir avant samedi** try to ou try and come before Saturday ◆ **et tâche de ne pas recommencer !** * and make sure ou mind it doesn't happen again! ◆ **tâcher moyen de faire qch** * to try to do sth

**2** vt ◆ **tâche qu'il n'en sache rien** * make sure that he doesn't get to know about it

**tâcheron** [taʃ(ə)ʀɔ̃] → SYN nm **a** (péj) drudge ◆ **un tâcheron de la littérature/politique** a literary/political drudge ou hack

**b** (= ouvrier) (dans le bâtiment) jobber; (agricole) pieceworker

**tacheter** [taʃ(ə)te] → SYN ▸ conjug 4 ◂ vt [+ peau, fourrure] to spot, speckle; [+ tissu, champ] to spot, dot, fleck ◆ **pelage blanc tacheté de brun** white coat with brown spots ou markings, white coat flecked with brown

**tachine** [takin] nm ou f tachina fly

**tachisme** [taʃism] nm (= art abstrait) tachisme

**tachiste** [taʃist] adj, nmf tachiste

**tachistoscope** [takistɔskɔp] nm tachistoscope

**Tachkent** [taʃkɛnt] n Tashkent

**tachycardie** [takikaʀdi] nf tachycardia

**tachygraphe** [takigʀaf] nm tachograph, black box

**tachymètre** [takimɛtʀ] nm (Aut) tachometer

**tachyon** [takjɔ̃] nm tachyon

**tachyphémie** [takifemi] nf tachyphemia

**Tacite** [tasit] nm Tacitus

**tacite** [tasit] → SYN adj tacit ◆ **tacite reconduction** (Jur) renewal of contract by tacit agreement

**tacitement** [tasitmɑ̃] adv tacitly

**taciturne** [tasityʀn] → SYN adj taciturn, silent

**tacle** [takl] nm (Sport) tackle ◆ **faire un tacle** to make a tackle ◆ **faire un tacle à qn** to tackle sb

**tacler** [takle] ▸ conjug 1 ◂ vi (Sport) to tackle

**taco** [tako] nm (Culin) taco

**tacot** * [tako] nm (= voiture) jalopy *, old rattletrap *, banger * (Brit)

**tact** [takt] → SYN nm **a** (= délicatesse) tact ◆ **avoir du tact** to have tact, be tactful ◆ **homme de tact/sans tact** tactful/tactless man ◆ **faire qch avec/sans tact** to do sth tactfully/tactlessly ◆ **manquer de tact** to be tactless, be lacking in tact

**b** († = toucher) touch, tact ††

**tacticien, -ienne** [taktisjɛ̃, jɛn] nm,f tactician

**tactile** [taktil] adj tactile ◆ **affichage tactile** touch-sensitive display

**tactique** [taktik] → SYN **1** adj tactical

**2** nf (gén) tactics ◆ **changer de tactique** to change (one's) tactics ◆ **il y a plusieurs tactiques possibles** there are several different tactics one might adopt ◆ **la tactique de l'adversaire est très simple** the opponent's tactics are very simple

**tactiquement** [taktikmɑ̃] adv tactically

**tactisme** [taktism] nm taxis

**tadjik** [tadʒik] **1** adj Tadzhiki

**2** nm (Ling) Tadzhiki

**3** **Tadjik** nmf Tadzhik, Tadjik, Tajik

**Tadjikistan** [tadʒikistɑ̃] nm Tadzhikistan

**tadorne** [tadɔʀn] → SYN nm ◆ **tadorne de Bellon** shelduck

**taekwondo** [tekwɔ̃do] nm tae kwon do

**tænia** [tenja] nm ⇒ **ténia**

**taffe** ‡ [taf] nf [cigarette] drag *, puff; [pipe] puff

**taffetas** [tafta] → SYN nm (Tex) taffeta ◆ **robe de taffetas** taffeta dress ◆ **taffetas (gommé)** sticking plaster (Brit), bandaid ®

**tag** [tag] nm (= graffiti) tag

**tagal** [tagal], **tagalog** [tagalɔg] nm (Ling) Tagalog

**Tage** [tɑʒ] nm ◆ **le Tage** the Tagus

**tagète** [taʒɛt] nm ◆ **les tagètes** marigolds, the Tagetes (SPÉC)

**tagine** [taʒin] nm ⇒ **tajine**

**tagliatelles** [taljatɛl] nfpl tagliatelle (NonC)

**taguer** [tage] ▸ conjug 1 ◂ vti (= faire des graffiti) to tag

**tagueur, -euse** [tagœʀ, øz] nm,f tagger

**Tahiti** [taiti] nf Tahiti

**tahitien, -ienne** [taisjɛ̃, jɛn] [1] adj Tahitian
[2] **Tahitien(ne)** nm,f Tahitian

**taïaut** †† [tajo] excl tallyho!

**taie** [tɛ] → SYN nf **a** **taie (d'oreiller)** pillowcase, pillowslip ◆ **taie de traversin** bolster case
**b** (Méd) opaque spot, leucoma (SPÉC)

**taïga** [tajga] nf taiga

**taillable** [tɑjabl] adj ◆ **taillable et corvéable (à merci)** (Hist) subject to tallage; (fig) employé, main-d'œuvre who can be exploited at will

**taillade** [tɑjad] → SYN nf (dans la chair) gash, slash; (dans un tronc d'arbre) gash

**taillader** [tɑjade] → SYN ▸ conjug 1 ◂ vt to slash, gash ◆ **se taillader les poignets** to slash one's wrists

**taillage** [tɑjaʒ] nm (Métal) cutting, milling

**taillanderie** [tɑjɑ̃dʀi] nf (= fabrication) edge-tool making; (= outils) edge-tools

**taillandier** [tɑjɑ̃dje] nm edge-tool maker

**taille[1]** [tɑj] → SYN nf **a** (= hauteur) [personne, cheval, objet] height ◆ **être de petite taille** [personne] to be short ou small; [animal] to be small ◆ **homme de petite taille** short ou small man ◆ **les personnes de petite taille** small people *(especially dwarves and midgets)* ◆ **homme de taille moyenne** man of average ou medium height ◆ **homme de grande taille** tall man ◆ **ils sont de la même taille, ils ont la même taille** they're the same height ◆ **il a atteint sa taille adulte** he's fully grown
**b** (= grosseur, volume) size ◆ **de petite taille** small ◆ **de taille moyenne** medium-sized ◆ **de grande taille** large, big ◆ **un chien de belle taille** quite a big ou large dog ◆ **le paquet est de la taille d'une boîte à chaussures** the parcel is the size of a shoebox ◆ **taille de mémoire** (Ordin) memory capacity
**c** (Comm = mesure) size ◆ **les grandes/petites tailles** large/small sizes ◆ **taille 40** size 40 ◆ **"taille unique"** "one size (fits all)" ◆ **il ne reste plus de tailles moyennes** there are no medium sizes ou mediums left ◆ **il lui faut la taille au-dessous/au-dessus** he needs the next size down/up, he needs one ou a size smaller/larger ◆ **deux tailles au-dessous/au-dessus** two sizes smaller/larger ◆ **ce pantalon n'est pas à sa taille** these trousers aren't his size, these trousers don't fit him ◆ **avez-vous quelque chose dans ma taille ?** do you have anything in my size? ◆ **si je trouvais quelqu'un de ma taille** if I found someone my size ◆ **avoir la taille mannequin** to have a perfect figure
**d** (LOC)
♦ **à la taille de** in keeping with ◆ **c'est un poste/sujet à la taille de ses capacités** ou **à sa taille** it's a job/subject in keeping with ou which matches his capabilities ◆ **il a trouvé un adversaire à sa taille** he's met his match
♦ **de taille** erreur serious, major; objet sizeable; surprise, concession, décision big; difficulté, obstacle huge, big ◆ **la gaffe est de taille !** it's a major blunder! ◆ **l'enjeu est de taille** the stakes are high ◆ **il n'est pas de taille** (pour une tâche) he isn't up ou equal to it; (face à un concurrent, dans la vie) he doesn't measure up
♦ **être de taille à faire qch** to be up to doing sth, be quite capable of doing sth
**e** (= partie du corps) waist; (= partie du vêtement) waist, waistband ◆ **elle n'a pas de taille** she has no waist(line), she doesn't go in at the waist ◆ **avoir la taille fine** to have a slim waist, be slim-waisted ◆ **avoir une taille de guêpe** to have an hour-glass figure, have a wasp waist ◆ **avoir la taille bien prise** to have a neat waist(line) ◆ **prendre qn par la taille** to put one's arm round sb's waist ◆ **ils se tenaient par la taille** they had their arms round each other's waists ◆ **avoir de l'eau jusqu'à la taille** to be in water up to one's waist, be waist-deep in water ◆ **robe serrée à la taille** dress fitted at the waist ◆ **robe à taille basse/haute** low-/high-waisted dress ◆ **pantalon (à) taille basse** low-waisted trousers, hipsters; → **tour²**

**taille²** [tɑj] → SYN nf **a** [pierre précieuse] cutting; [pierre] cutting, hewing; [bois] carving; [verre] engraving; [crayon] sharpening; [arbre, vigne] pruning, cutting back; [haie] trimming, clipping, cutting; [tissu] cutting (out); [cheveux, barbe] trimming ◆ **diamant de taille hexagonale/en étoile** diamond with a six-sided/star-shaped cut; → **pierre**
**b** (= taillis) **tailles** coppice
**c** (= tranchant) [épée, sabre] edge ◆ **il a reçu un coup de taille** he was hit with the sharp edge of the sword; → **frapper**
**d** (Chir) cystotomy
**e** (Hist = redevance) tallage, taille
**f** (Min = galerie) tunnel

**taillé, e** [tɑje] → SYN (ptp de **tailler**) adj **a** (= bâti) **il est taillé en athlète** personne he's built like an athlete, he has an athletic build
**b** (= destiné à) personne **taillé pour être/faire** cut out to be/do ◆ **taillé pour qch** cut out for sth
**c** (= coupé) arbre pruned; haie clipped, trimmed; moustache, barbe trimmed ◆ **crayon taillé en pointe** pencil sharpened to a point ◆ **verre/cristal taillé** cut glass/crystal ◆ **costume bien taillé** well-cut suit ◆ **il avait les cheveux taillés en brosse** he had a crew-cut ◆ **visage taillé à la serpe** rough-hewn ou craggy features; → **âge**

**taille-crayon**, pl **taille-crayons** [tɑjkʀɛjɔ̃] nm pencil sharpener

**taille-douce**, pl **tailles-douces** [tɑjdus] nf (= technique, tableau) line-engraving ◆ **gravure en taille-douce** line-engraving

**taille-haie**, pl **taille-haies** [tɑjɛ] nm hedge trimmer

**tailler** [tɑje] → SYN ▸ conjug 1 ◂ [1] vt **a** (= couper) [+ pierre précieuse] to cut; [+ pierre] to cut, hew; [+ bois] to carve; [+ verre] to engrave; [+ crayon] to sharpen; [+ arbre, vigne] to prune, cut back; [+ haie] to trim, clip, cut; [+ tissu] to cut (out); [+ barbe, cheveux] to trim ◆ **tailler qch en pointe** to cut sth to a point ◆ **bien taillé** haie neatly trimmed ou clipped; moustache neatly trimmed; crayon well-sharpened ◆ **tailler un if en cône** to trim ou clip a yew tree into a cone shape; → **serpe**
**b** (= confectionner) [+ vêtement] to make; [+ statue] to carve; [+ tartines] to cut, slice; (Alpinisme) [+ marche] to cut ◆ **il a un rôle taillé à sa mesure** ou **sur mesure** the role is tailor-made for him
**c** (LOC) **tailler une bavette** * to have a natter * (Brit) ou a rap * (US) ◆ **tailler des croupières à qn** † (ou littér) to make difficulties for sb ◆ **tailler une armée en pièces** to hack an army to pieces ◆ **il s'est fait tailler en pièces par les journalistes** the journalists tore him to pieces ◆ **il préférerait se faire tailler en pièces plutôt que de révéler son secret** he'd go through fire ou he'd suffer tortures rather than reveal his secret ◆ **tailler un costard** ou **une veste à qn** * to run sb down behind their back * ◆ **attention ! tu vas te faire tailler un short** * careful! you'll get flattened! * ◆ **tailler la route** * to hit the road *
[2] vi **a** [vêtement, marque] **tailler petit/grand** to be cut on the small/large side
**b** (= couper) **tailler dans la chair** ou **dans le vif** to cut into the flesh ◆ **tailler dans les dépenses** to make cuts in expenditure
[3] **se tailler** vpr **a** (= se couper) **se tailler la moustache** to trim one's moustache ◆ **elle s'est taillé une robe dans un coupon de taffetas** she made a dress for herself from a remnant of taffeta
**b** (= se faire) **se tailler une belle part de marché** to carve o.s. ou corner a large share of the market ◆ **il s'est taillé une réputation d'honnêteté/de manager** he has earned a reputation for honesty/as a manager ◆ **se tailler un beau** ou **franc succès** to be a great success ◆ **se tailler la part du lion** to take the lion's share ◆ **se tailler un empire/une place** to carve out an empire/a place for o.s.
**c** (‡ = partir) to beat it *, clear off ‡, split * ◆ **taille-toi !** beat it! *, clear off! * ◆ **allez, on se taille !** come on, let's split! * ◆ **il est onze heures, je me taille** it's eleven o'clock, I'm off * ◆ **j'ai envie de me tailler de cette boîte** I want to get out of this place

**taillerie** [tɑjʀi] nf (= atelier) gem-cutting workshop; (= industrie) gem-cutting trade

**tailleur** [tɑjœʀ] → SYN [1] nm **a** (= couturier) tailor ◆ **tailleur pour dames** ladies' tailor
**b** (= costume) (lady's) suit ◆ **tailleur-pantalon** trouser suit (Brit), pantsuit (surtout US) ◆ **un tailleur Chanel** a Chanel suit
**c** **en tailleur** assis, s'asseoir cross-legged
[2] COMP ▷ **tailleur de diamants** diamond-cutter ▷ **tailleur à façon** bespoke tailor (Brit), custom tailor (US) ▷ **tailleur de pierre(s)** stone-cutter ▷ **tailleur de verre** glass engraver ▷ **tailleur de vignes** vine pruner

**taillis** [tɑji] → SYN nm copse, coppice, thicket ◆ **dans les taillis** in the copse ou coppice ou thicket

**tailloir** [tɑjwaʀ] → SYN nm (Archit) abacus

**tain** [tɛ̃] → SYN nm **a** [miroir] silvering ◆ **glace sans tain** two-way mirror
**b** (Tech = bain) tin bath

**T'ai-pei** [tajpɛ] n Taipei, T'ai-pei

**taire** [tɛʀ] → SYN ▸ conjug 54 ◂ [1] **se taire** vpr **a** (= être silencieux) [personne] to be silent ou quiet; (littér) [nature, forêt] to be silent, be still; [vent] to be still; [bruit] to disappear ◆ **les élèves se taisaient** the pupils kept ou were quiet ou silent ◆ **taisez-vous !** be quiet!, stop talking! ◆ **ils ne voulaient pas se taire** they (just) wouldn't stop talking ou be quiet ou keep quiet ◆ **les dîneurs se sont tus** the diners stopped talking, the diners fell silent ◆ **l'orchestre s'était tu** the orchestra had fallen silent ou was silent
**b** (= s'abstenir de s'exprimer) to keep quiet, remain silent ◆ **dans ces cas il vaut mieux se taire** in these cases it's best to keep quiet ou to remain silent ou to say nothing ◆ **il sait se taire** he can keep a secret ◆ **se taire sur qch** to say nothing ou keep quiet about sth ◆ **tais-toi !** * (= ne m'en parle pas) don't talk to me about it!
[2] vt **a** (= passer sous silence) [+ fait, vérité, raisons] to keep silent about ◆ **une personne dont je tairai le nom** a person who shall be ou remain nameless ◆ **taire la vérité, c'est déjà mentir** not telling the truth is as good as lying ◆ **il a préféré taire le reste de l'histoire** he preferred not to reveal the rest of the story
**b** (= garder pour soi) [+ douleur, amertume] to conceal, keep to o.s. ◆ **taire son chagrin** to hide one's grief
[3] vi ◆ **faire taire** [+ témoin gênant, opposition, récriminations] to silence; [+ craintes, désirs] to suppress; [+ scrupules, réticences] to overcome ◆ **fais taire les enfants** make the children keep ou be quiet, make the children shut up *

**taiseux, -euse** [tɛzø, øz] (Belg, Can) [1] adj taciturn
[2] nm,f taciturn person

**Taiwan, Taïwan** [tajwan] n Taiwan

**taiwanais, e, taïwanais, e** [tajwanɛ, ɛz] [1] adj Taiwanese
[2] **Taiwanais(e) Taïwanais(e)** nm,f Taiwanese

**tajine** [taʒin] nm (= récipient) earthenware cooking pot; (= plat cuisiné) *North African stew*

**take-off** [tɛkɔf] nm inv (Écon) take-off

**tala** [tala] nmf (arg Scol) hard-core Catholic

**talc** [talk] nm [toilette] talc, talcum powder; (Chim) talc(um)

**talé, e** [tale] (ptp de **taler**) adj fruits bruised

**talent[1]** [talɑ̃] → SYN nm **a** (= disposition, aptitude) talent ◆ **il a des talents dans tous les domaines** he's multitalented ◆ **un talent littéraire** a literary talent ◆ **il n'a pas le métier d'un professionnel mais un beau talent d'amateur** he's not a professional but he's a talented amateur ◆ **montrez-nous vos talents** * (hum) show us what you can do ◆ **décidément, vous avez tous les talents !** what a talented young man (ou woman etc) you are! ◆ **ses talents d'imitateur/d'organisateur** his talents ou gifts as an impersonator/as an organizer
**b** **le talent** talent ◆ **avoir du talent** to have talent, be talented ◆ **avoir beaucoup de talent** to have a great deal of talent, be highly talented ◆ **auteur de (grand) talent** (highly) talented author

c (= personnes douées) **talents** talent (NonC) ◆ **encourager les jeunes talents** to encourage young talent ◆ **faire appel aux talents disponibles** to call on (all) the available talent
d (iro) **il a le talent de se faire des ennemis** he has a talent ou gift for making enemies

**talent²** [talɑ̃] nm (= monnaie) talent

**talentueusement** [talɑ̃tɥøzmɑ̃] adv with talent

**talentueux, -euse** [talɑ̃tɥø, øz] → SYN adj talented

**taler** [tale] → SYN ▸ conjug 1 ◂ vt [+ fruits] to bruise

**taleth** [talɛt] nm ⇒ **talith**

**talion** [taljɔ̃] nm → **loi**

**talisman** [talismɑ̃] → SYN nm talisman

**talismanique** [talismanik] adj talismanic

**talith** [talit] nm tallith

**talitre** [talitʀ] nm sand hopper ou flea, beach flea

**talkie-walkie**, pl **talkies-walkies** [tokiwoki] nm walkie-talkie

**talle** [tal] nf (Agr) sucker

**taller** [tale] ▸ conjug 1 ◂ vi (Agr) to sucker, put out suckers

**Tallin** [talin] n Tallin(n)

**tallipot** [talipo] nm talipot (palm)

**Talmud** [talmyd] nm ◆ **le Talmud** the Talmud

**talmudique** [talmydik] adj Talmudic

**talmudiste** [talmydist] nm Talmudist

**taloche** [talɔʃ] → SYN nf a (* = gifle) cuff, clout * (Brit) ◆ **flanquer une taloche à qn** to slap sb
b (Constr) float

**talocher** [talɔʃe] → SYN ▸ conjug 1 ◂ vt a (* = gifler) to cuff, clout * (Brit)
b (Constr) to float

**talon** [talɔ̃] → SYN 1 nm a (Anat) [cheval, chaussure] heel ◆ **être sur les talons de qn** to be hot on sb's heels ◆ **tourner les talons** to turn on one's heel (and walk away); → **estomac, pivoter**
b (= croûton, bout) [jambon, fromage] heel; [pain] crust, heel
c [pipe] spur
d [chèque] stub, counterfoil; [carnet à souche] stub
e (Cartes) talon
f (Mus) [archet] heel
g [ski] tail
2 COMP ▷ **talon d'Achille** Achilles' heel ▷ **talons aiguilles** stiletto heels ▷ **talons bottier** medium heels ▷ **talons compensés** wedge heels ▷ **talons hauts** high heels ◆ **des chaussures à talons hauts** high-heeled shoes, high heels ▷ **talon-minute** heel bar ▷ **talons plats** flat heels ◆ **chaussures à talons plats** flat shoes, flatties * (Brit), flats * (US) ▷ **talon rouge** (Hist) aristocrat

**talonnade** [talɔnad] nf (Rugby) heel; (Ftbl) backheel

**talonnage** [talɔnaʒ] nm heeling

**talonner** [talɔne] → SYN ▸ conjug 1 ◂ 1 vt a (= suivre) [+ fugitifs, coureurs] to follow (hot) on the heels of ◆ **talonné par qn** hotly pursued by sb
b (= harceler) [+ débiteur, entrepreneur] to hound; [faim] to gnaw at
c (= frapper du talon) [+ cheval] to kick, spur on ◆ **talonner (le ballon)** (Rugby) to heel (the ball)
2 vi (Naut) to touch ou scrape the bottom with the keel ◆ **le bateau talonne** the boat is touching the bottom

**talonnette** [talɔnɛt] nf [chaussures] heelpiece; [pantalon] binding

**talonneur** [talɔnœʀ] nm (Rugby) hooker

**talonnière** [talɔnjɛʀ] nf (= cale) block *(put under a model's heel)* ◆ **talonnières** [Mercure] talaria

**talquer** [talke] ▸ conjug 1 ◂ vt to put talcum powder ou talc on

**talqueux, -euse** [talkø, øz] adj talcose

**talure** [talyʀ] nf [fruit] bruise

**talus¹** [taly] → SYN 1 nm a [route, voie ferrée] embankment; [terrassement] bank, embankment
b (Mil) talus
2 COMP ▷ **talus continental** (Géol) continental slope ▷ **talus de déblai** excavation slope ▷ **talus d'éboulis** (Géol) scree ▷ **talus de remblai** embankment slope

**talus²** [taly] adj m ◆ **pied talus** talipes calcaneus

**talweg** [talvɛg] nm ⇒ **thalweg**

**tamago(t)chi** [tamagɔ(t)ʃi] nm tamagochi

**tamandua** [tamɑ̃dɥa] nm tamandu(a)

**tamanoir** [tamanwaʀ] nm anteater

**tamarin** [tamaʀɛ̃] nm a (= animal) tamarin
b (= fruit) tamarind
c ⇒ **tamarinier**
d ⇒ **tamaris**

**tamarinier** [tamaʀinje] nm tamarind (tree)

**tamaris** [tamaʀis], **tamarix** [tamaʀiks] nm tamarisk

**tambouille** * [tɑ̃buj] nf (péj = nourriture) grub * ◆ **faire la tambouille** to cook the grub * ◆ **ça, c'est de la bonne tambouille !** that's what I call food!

**tambour** [tɑ̃buʀ] → SYN 1 nm a (= instrument de musique) drum; → **roulement**
b (= musicien) drummer
c (à broder) embroidery hoop, tambour
d (= porte) (sas) tambour; (à tourniquet) revolving door(s)
e (= cylindre) [machine à laver, treuil, roue de loterie] drum; [moulinet] spool; [montre] barrel ◆ **moulinet à tambour fixe** fixed-spool reel; → **frein**
f (Archit) [colonne, coupole] drum
g (Loc) **tambour battant** briskly ◆ **sans tambour ni trompette** without any fuss, unobtrusively ◆ **il est parti sans tambour ni trompette** he left quietly, he slipped away unobtrusively
h (Ordin) drum ◆ **tambour magnétique** magnetic drum
2 COMP ▷ **tambour de basque** tambourine ▷ **tambour d'église** tambour ▷ **tambour de frein** brake drum ▷ **tambour plat** side drum ▷ **tambour à timbre** snare drum ▷ **tambour de ville** (Hist) ≃ town crier

**tambourin** [tɑ̃buʀɛ̃] nm (= tambour de basque) tambourine; (= tambour haut et étroit) tambourin

**tambourinage** [tɑ̃buʀinaʒ] nm drumming (NonC)

**tambourinaire** [tɑ̃buʀinɛʀ] nm (= joueur de tambourin) tambourin player; (Hist) (= tambour de ville) ≃ town crier

**tambourinement** [tɑ̃buʀinmɑ̃] nm drumming (NonC)

**tambouriner** [tɑ̃buʀine] → SYN ▸ conjug 1 ◂ 1 vi (avec les doigts) to drum ◆ **tambouriner contre** ou **à/sur** to drum (one's fingers) against ou at/on ◆ **la pluie tambourinait sur le toit** the rain was beating down ou drumming on the roof ◆ **tambouriner à la porte** to hammer at the door
2 vt a (= jouer) [+ marche] to drum ou beat out
b († = annoncer) [+ nouvelle, décret] to cry (out) ◆ **tambouriner une nouvelle** (fig) to shout a piece of news from the rooftops

**tambourineur, -euse** [tɑ̃buʀinœʀ, øz] nm,f drummer

**tambour-major**, pl **tambours-majors** [tɑ̃buʀmaʒɔʀ] nm drum major

**Tamerlan** [tamɛʀlɑ̃] nm Tamburlaine, Tamerlane

**tamia** [tamja] nm chipmunk

**tamier** [tamje] nm black bryony

**tamil** [tamil] adj, nmf ⇒ **tamoul**

**tamis** [tami] → SYN nm (gén) sieve; (à sable) riddle, sifter; [raquette] (= surface) head; (= cordage) strings ◆ **raquette grand tamis** large-headed racket ◆ **passer au tamis** [+ farine, plâtre] to sieve, sift; [+ sable] to riddle, sift; (fig) [+ campagne, bois] to comb, search, scour; [+ personnes] to vet thoroughly; [+ dossier] to sift ou search through ◆ **tamis moléculaire** molecular sieve

**tamisage** [tamizaʒ] nm [farine, plâtre] sifting, sieving; [sable] riddling, sifting

**Tamise** [tamiz] nf ◆ **la Tamise** the Thames

**tamiser** [tamize] → SYN ▸ conjug 1 ◂ vt a [+ farine, plâtre] to sift, sieve; [+ sable] to riddle, sift ◆ **farine tamisée** sifted flour
b (= voiler) [+ lumière] to filter

**tamoul, e** [tamul] 1 adj Tamil
2 nm (Ling) Tamil
3 **Tamoul(e)** nm,f Tamil

**tampico** [tɑ̃piko] nm Tampico fibre, istle

**tampon** [tɑ̃pɔ̃] → SYN 1 nm a (pour boucher) (gén) stopper, plug; (en bois) plug, bung; (en coton) wad, plug; (pour hémorragie, règles) tampon; (pour nettoyer une plaie) swab; (pour étendre un liquide, un vernis) pad ◆ **rouler qch en tampon** to roll sth (up) into a ball; → **vernir**
b (Menuiserie = cheville) (wall-)plug
c (pour timbrer) (= instrument) (rubber) stamp; (= cachet) stamp ◆ **le tampon de la poste** the postmark ◆ **apposer** ou **mettre un tampon sur qch** to stamp sth, put a stamp on sth
d (Rail, fig = amortisseur) buffer ◆ **servir de tampon entre deux personnes** to act as a buffer between two people
e (Chim) **(solution) tampon** buffer (solution)
2 adj inv ◆ **État/zone tampon** buffer state/zone ◆ **mémoire tampon** (Ordin) buffer (memory)
3 COMP ▷ **tampon buvard** blotter ▷ **tampon encreur** inking-pad ▷ **tampon hygiénique** tampon ▷ **tampon Jex**® Brillo pad® ▷ **tampon à nettoyer** cleaning pad ▷ **tampon à récurer** scouring pad, scourer

**tamponnade** [tɑ̃pɔnad] nf [cœur] tamponade

**tamponnage** [tɑ̃pɔnaʒ] nm (Chim) buffering; (Méd) dabbing

**tamponnement** [tɑ̃pɔnmɑ̃] → SYN nm a (= collision) collision, crash
b (Méd) [plaie] tamponade, tamponage
c (Tech) [mur] plugging

**tamponner** [tɑ̃pɔne] → SYN ▸ conjug 1 ◂ 1 vt a (= essuyer) [+ plaie] to mop up, dab; [+ yeux] to dab (at); [+ front] to mop, dab; [+ surface à sécher, à vernir] to dab
b (= heurter) [+ train, véhicule] to ram (into), crash into
c (avec un timbre) [+ document, lettre] to stamp ◆ **faire tamponner un reçu** to have a receipt stamped
d (Tech = percer) [+ mur] to plug, put (wall-)plugs in
2 **se tamponner** vpr a (= s'essuyer) [+ yeux] to dab; [+ front] to mop ◆ **se tamponner le visage avec un coton** to dab one's face with a piece of cotton wool
b (= se heurter) (accident) to crash into each other; (exprès) to ram each other
c (Loc) **je m'en tamponne (le coquillard)**‡ I don't give a damn‡

**tamponneuse** [tɑ̃pɔnøz] adj f → **auto**

**tamponnoir** [tɑ̃pɔnwaʀ] nm masonry drill bit

**tam-tam**, pl **tam-tams** [tamtam] → SYN nm a (= tambour) tomtom
b (* = battage, tapage) fuss ◆ **faire du tam-tam autour de** [+ affaire, événement] to make a lot of fuss ou a great ballyhoo * ou hullaballoo * about

**tan** [tɑ̃] nm tan *(for tanning)*

**tanagra** [tanagʀa] nm ou f (= statuette) Tanagra ◆ **c'est une vraie tanagra** (fig) she's very statuesque

**tanaisie** [tanezi] nf tansy

**tancer** [tɑ̃se] → SYN ▸ conjug 3 ◂ vt (littér) to scold, berate, rebuke

**tanche** [tɑ̃ʃ] nf tench

**tandem** [tɑ̃dɛm] → SYN nm (= bicyclette) tandem; (fig = duo) pair, duo ◆ **travailler en tandem** to work in tandem

**tandis** [tɑ̃di] → SYN **tandis que** loc conj (simultanéité) while, whilst (frm), as; (pour marquer le contraste, l'opposition) whereas, while, whilst (frm)

**tandoori, tandouri** [tɑ̃duʀi] nm tandoori ◆ **poulet tandoori** tandoori chicken

**tangage** [tɑ̃gaʒ] → SYN nm [navire, avion] pitching ◆ **il y a du tangage** (Naut) the boat's pitching

**Tanganyika** [tɑ̃ganika] nf Tanganyika ◆ **le lac Tanganyika** Lake Tanganyika

**tangara** [tɑ̃gaʀa] nm tanager

**tangence** [tɑ̃ʒɑ̃s] nf tangency

**tangent, e** [tɑ̃ʒɑ̃, ɑ̃t] → SYN [1] adj **a** (Géom) tangent, tangential ♦ **tangent à** tangent ou tangential to

**b** (* = qui se fait de justesse) close, touch-and-go (attrib) ♦ **on est passé mais c'était tangent** we made it but it was a near ou close thing ou it was touch-and-go ♦ **il était tangent** he was a borderline case ♦ **il a eu son examen mais c'était tangent** he passed his exam by the skin of his teeth ou but it was a near thing

[2] **tangente** nf (Géom) tangent ♦ **prendre la tangente** * (fig) (= partir) to make off *, make o.s. scarce; (= éluder) to dodge the issue, wriggle out of it

**tangentiel, -ielle** [tɑ̃ʒɑ̃sjɛl] adj tangential

**tangentiellement** [tɑ̃ʒɑ̃sjɛlmɑ̃] adv tangentially

**Tanger** [tɑ̃ʒe] n Tangier(s)

**tangerine** [tɑ̃ʒ(ə)ʀin] nf tangerine

**tangibilité** [tɑ̃ʒibilite] nf tangibility, tangibleness

**tangible** [tɑ̃ʒibl] → SYN adj tangible

**tangiblement** [tɑ̃ʒibləmɑ̃] adv tangibly

**tango** [tɑ̃go] [1] adj inv tangerine

[2] nm **a** (= danse) tango ♦ **danser le tango** to tango, do the tango

**b** (= boisson) *beer with grenadine*

**c** (= couleur) tangerine

**tangue** [tɑ̃g] nf sea sand

**tanguer** [tɑ̃ge] → SYN ▸ conjug 1 ◂ vi **a** [navire, avion] to pitch ♦ **l'embarcation tanguait dangereusement** the boat pitched dangerously

**b** (= vaciller) to reel ♦ **tout tanguait autour de lui** (gén) everything around him was reeling; (dans une pièce) the room was spinning

**c** (= tituber) to reel, sway ♦ **des marins ivres tanguaient dans la rue** drunken sailors were reeling ou swaying along the street

**tanguière** [tɑ̃gjɛʀ] nf sea-sand bank

**tanière** [tanjɛʀ] → SYN nf [animal] den, lair; [malfaiteur] lair; [poète, solitaire] (= pièce) den; (= maison) hideaway, retreat

**tanin** [tanɛ̃] nm tannin

**taniser** [tanize] ▸ conjug 1 ◂ vt (avec du tan) to add tan to; (avec du tanin) to add tannin to

**tank** [tɑ̃k] → SYN nm tank

**tanker** [tɑ̃kœʀ] → SYN nm tanker

**tankiste** [tɑ̃kist] nm member of a tank crew

**tannage** [tanaʒ] nm tanning

**tannant, e** [tanɑ̃, ɑ̃t] → SYN adj **a** (* = ennuyeux) maddening *, sickening * ♦ **il est tannant avec ses remarques idiotes** his stupid remarks are enough to drive you mad *

**b** (Tech) tanning

**tanne** [tan] nf (Méd) wen

**tannée** * [tane] → SYN nf **a** (* = coups, défaite) hammering * ♦ **(se) prendre une tannée** to get hammered *

**b** (Tech) (spent) tanbark

**tanner** [tane] → SYN ▸ conjug 1 ◂ vt **a** [+ cuir] to tan; [+ visage] to weather ♦ **visage tanné** weather-beaten face ♦ **tanner le cuir à qn** ‡ to give sb a hammering *, tan sb's hide *

**b** * **tanner qn** (= harceler) to badger sb, pester sb; (= ennuyer) to drive sb mad *, drive sb up the wall * ♦ **ça fait des semaines qu'il me tanne pour aller voir ce film** he's been badgering ou pestering me for weeks to go and see that film

**tannerie** [tanʀi] → SYN nf (= endroit) tannery; (= activité) tanning

**tanneur** [tanœʀ] nm tanner

**tannin** [tanɛ̃] nm ⇒ **tanin**

**tannique** [tanik] adj acide, vin tannic

**tanniser** [tanize] ▸ conjug 1 ◂ vt ⇒ **taniser**

**tanrec** [tɑ̃ʀɛk] nm ⇒ **tenrec**

**tansad** [tɑ̃sad] nm pillion

## tant [tɑ̃]

adverbe

Lorsque **tant** s'emploie dans des locutions figées commençant par un autre mot, telles que **si tant est que, tous tant qu'ils sont** etc, cherchez au premier mot.

**a** = tellement

♦ avec verbe so much ♦ **il mange tant !** he eats so much! ou such a lot! ♦ **il l'aime tant !** he loves her so much! ♦ **j'ai tant marché que je suis épuisé** I've walked so much that I'm exhausted ♦ **tu m'en diras** ou **vous m'en direz tant !** really! ♦ (Prov) **tant va la cruche à l'eau qu'à la fin elle se casse** people who play with fire must expect to get burnt

♦ avec adjectif, participe so ♦ **il est rentré tant le ciel était menaçant** he went home because the sky looked so overcast, the sky looked so overcast that he went home ♦ **cet enfant tant désiré** this child they had longed for so much ♦ **le jour tant attendu arriva** the long-awaited day arrived

♦ **tant de** + nom ou pronom singulier [+ temps, eau, argent] so much; [+ gentillesse, mauvaise foi] such, so much ♦ **fait avec tant d'habileté** done with so much ou such skill ♦ **elle a tant de sensibilité** she's so sensitive, she has such sensitivity ♦ **il a tant de mal** ou **de peine à se décider** he has so much ou such trouble making up his mind ♦ **il gagne tant d'argent qu'il ne sait pas quoi en faire** he earns so much money ou such a lot (of money) that he doesn't know what to do with it all ♦ **il y avait tant de brouillard qu'il n'est pas parti** it was so foggy ou there was so much fog about that he didn't go

♦ **tant de** + nom ou pronom pluriel [+ choses, livres, arbres, gens] so many ♦ **tant de fois** so many times, so often ♦ **comme tant d'autres** like so many others ♦ **tant de précautions semblaient suspectes** it seemed suspicious to take so many precautions ♦ **des gens comme il y en a tant** ordinary people ♦ **c'est une histoire comme il y en a tant** it's a familiar story

♦ **tant il est vrai que ...** since ..., as ... ♦ **le dialogue sera difficile, tant il est vrai que les attentats ont altéré les relations entre les deux pays** dialogue will not be easy, as ou since the bombings have damaged the relationship between the two countries ♦ **il sera difficile de sauver l'entreprise, tant il est vrai que sa situation financière est désastreuse** the financial situation is so disastrous that it will be difficult to save the company

**b** quantité non précisée so much ♦ **gagner tant par mois** to earn so much a month, earn such-and-such an amount a month ♦ **ça coûte tant** it costs so much ♦ **il devrait donner tant à l'un, tant à l'autre** he should give so much to one, so much to the other ♦ **tant pour cent** so many per cent

**c** comparaison = autant **les enfants, tant filles que garçons** the children, both girls and boys ou girls as well as boys ou (both) girls and boys alike ♦ **ses œuvres tant politiques que lyriques** both his political and his poetic works ♦ **il criait tant qu'il pouvait** he shouted as loud as he could ou for all he was worth ♦ **je n'aime rien tant que l'odeur des sous-bois** (littér) there is nothing I love more than woodland smells ♦ **ce n'est pas tant leur maison qui me plaît que leur jardin** it's not so much their house that I like as their garden ♦ **tant que ça ?** that much?, as much as that? ♦ **pas tant que ça** not that much ♦ **tu la paies tant que ça ?** do you pay her that much? ou as much as that? ♦ **je ne l'ai pas vu tant que ça pendant l'été** I didn't see him (all) that much during the summer

**d** expressions figées

♦ **tant bien que mal** ♦ **la centrale nucléaire continue de fonctionner tant bien que mal** the nuclear power station is still more or less operational ♦ **ils résistent tant bien que mal à l'influence de la publicité** they resist the influence of advertising as best they can ♦ **il essaie, tant bien que mal, d'égayer l'atmosphère** he's doing his best to liven things up ♦ **la plupart survivent tant bien que mal avec leurs économies** most of them manage to get by on what they've saved

♦ **tant et plus** ♦ **il y en a tant et plus** [eau, argent] there is a great deal; [objets, personnes] there are a great many ♦ **il a protesté tant et plus, mais sans résultat** he protested for all he was worth ou over and over again but to no avail

♦ **tant et si bien que** so much so that, to such an extent that ♦ **il a fait tant et si bien qu'elle l'a quitté** he finally succeeded in making her leave him

♦ **tant mieux** (= à la bonne heure) good; (avec une certaine réserve) so much the better, that's fine ♦ **tant mieux pour lui** good for him

♦ **tant pis** (= ça ne fait rien) never mind, (that's) too bad; (= peu importe, qu'à cela ne tienne) (that's just) too bad ♦ **tant pis pour lui** (that's just) too bad for him ♦ **je ne peux pas venir – tant pis pour toi !** I can't come – tough!;

♦ **tant qu'à** + infinitif ♦ **tant qu'à faire, allons-y maintenant** we might ou may as well go now ♦ **tant qu'à faire, tu aurais pu ranger la vaisselle** you could have put away the dishes while you were at it ♦ **j'aurais préféré être mince, beau et riche, tant qu'à faire** I would have preferred to have been slim, handsome and rich for that matter ♦ **tant qu'à faire, je préfère payer tout de suite** (since I have to pay) I might ou may as well pay right away ♦ **tant qu'à faire, faites-le bien** if you're going to do it, do it properly ♦ **tant qu'à marcher, allons en forêt** if we have to walk ou if we are walking, let's go to the woods

♦ **tant s'en faut** not by a long way, far from it, not by a long shot ou chalk (Brit) ♦ **il n'a pas la gentillesse de son frère, tant s'en faut** he's not nearly as ou he's nothing like as nice as his brother, he's not as nice as his brother – not by a long way ou shot

♦ **tant soit peu** ♦ **s'il est tant soit peu intelligent il saura s'en tirer** if he is (even) remotely intelligent ou if he has the slightest grain of intelligence he'll be able to get out of it ♦ **si vous craignez tant soit peu le froid, restez chez vous** if you feel the cold at all ou the slightest bit, stay at home ♦ **il est un tant soit peu prétentieux** he's ever so slightly ou he's just a little bit pretentious

♦ **tant que** (= aussi longtemps que) as long as ♦ **tant qu'elle aura de la fièvre, elle restera au lit** while ou as long as she has a temperature she'll stay in bed ♦ **tant que tu n'auras pas fini tes devoirs, tu resteras à la maison** you'll have to stay indoors until you've finished your homework ♦ **(tout va bien) tant qu'on a la santé !** * (you're all right) as long as you've got your health! ♦ (Prov) **tant qu'il y a de la vie, il y a de l'espoir** where there's life, there's hope (Prov)

(= pendant que) while ♦ **tant que vous y êtes, achetez les deux volumes** while you are about it ou at it, buy both volumes ♦ **tant que vous êtes ici, donnez-moi un coup de main** * seeing (as) ou since you're here, give me a hand ♦ **je veux une moto – pourquoi pas une voiture tant que tu y es !** * I want a motorbike – why not a car while you're at it! *

♦ **en tant que** (= comme) as ♦ **en tant qu'ami de la famille** as a family friend ♦ **en tant que tel** as such

**tantale** [tɑ̃tal] nm **a** (Myth) **Tantale** Tantalus; → **supplice**

**b** (Chim) tantalum

**tante** [tɑ̃t] nf (= parente) aunt, auntie *; (‡ = homosexuel) queer ‡, fairy ‡, fag ‡ (US) ♦ **la tante Marie** Aunt ou Auntie * Marie ♦ **tante à héritage** rich (childless) aunt ♦ **ma tante** * † (= mont de piété) uncle's ‡, the pawnshop

**tantième** [tɑ̃tjɛm] → SYN [1] nm (= pourcentage) percentage; (d'une copropriété) percentage share; (= jeton de présence) director's percentage of profits

[2] adj ♦ **la tantième partie de qch** such (and such) a proportion of sth

**tantine** [tɑ̃tin] nf (langage enfantin) auntie *

**tantinet** * [tɑ̃tinɛ] → SYN nm ♦ **un tantinet fatigant/ridicule** a tiny bit tiring/ridiculous ♦ **un tantinet de** a tiny bit of

**tantôt** [tɑ̃to] → SYN adv **a** (= cet après-midi) this afternoon; († † = tout à l'heure) shortly ♦ **mardi tantôt** † * on Tuesday afternoon

**b** (= parfois) **tantôt à pied, tantôt en voiture** sometimes on foot, sometimes by car ◆ **tantôt riant, tantôt pleurant** (littér) now laughing, now crying

**tantouse**⁑, **tantouze**⁑ [tɑ̃tuz] **nf** (= homosexuel) queer⁑, fairy⁑, fag⁑ (US)

**tantras** [tɑ̃tʀas] **nmpl** Tantras

**tantrique** [tɑ̃tʀik] **adj** Tantric

**tantrisme** [tɑ̃tʀism] **nm** Tantrism

**Tanzanie** [tɑ̃zani] **nf** Tanzania ◆ **la République unie de Tanzanie** the United Republic of Tanzania

**tanzanien, -ienne** [tɑ̃zanjɛ̃, jɛn] [1] **adj** Tanzanian

[2] **Tanzanien(ne)** **nm,f** Tanzanian

**TAO** [teao] **nf** (abrév de **traduction assistée par ordinateur**) machine-aided translation

**Tao** [tao] **nm** Tao

**taoïsme** [taoism] **nm** Taoism

**taoïste** [taoist] **adj, nm,f** Taoist

**taon** [tɑ̃] **nm** horsefly, gadfly

**tapage** [tapaʒ] [→ SYN] [1] **nm** **a** (= vacarme) row, racket ◆ **faire du tapage** to kick up* ou make a row, make a racket

**b** (= battage) fuss, talk ◆ **ils ont fait un tel tapage autour de cette affaire que ...** there was so much fuss made about ou so much talk over this affair that ...

[2] **COMP** ▷ **tapage nocturne** (Jur) disturbance of the peace *(at night)* ◆ **porter plainte pour tapage nocturne** to make a complaint about the noise at night

**tapageur, -euse** [tapaʒœʀ, øz] [→ SYN] **adj** **a** (= bruyant) enfant, hôtes noisy, rowdy

**b** (= peu discret, voyant) publicité obtrusive; élégance, toilette flashy, loud, showy; luxe ostentatious ◆ **liaison tapageuse** (= qui fait scandale) lurid affair

**tapageusement** [tapaʒøzmɑ̃] **adv** → **tapageur** noisily, obstrusively, loudly

**tapant, e** [tapɑ̃, ɑ̃t] [→ SYN] **adj** ◆ **à 8 heures tapant(es)** at 8 (o'clock) sharp, on the stroke of 8, at 8 o'clock on the dot*

**tapas** [tapas] **nfpl** tapas

**tape**[1] [tap] [→ SYN] **nf** (= coup) slap ◆ **il m'a donné une grande tape dans le dos** he slapped me hard on the back ◆ **petite tape amicale** friendly little tap

**tape**[2] [tap] **nf** (Naut) hawse(hole) plug

**tapé, e**[1] [tape] (ptp de **taper**) **adj** **a** fruit (= talé) bruised; * personne (= marqué par l'âge) wizened

**b** (* = fou) cracked*, bonkers⁑ (Brit)

**tape-à-l'œil** [tapalœj] (péj) [1] **adj inv** décoration, vêtements flashy, showy

[2] **nm inv** ◆ **c'est du tape-à-l'œil** it's all show

**tapecul, tape-cul**, pl **tape-culs** [tapky] **nm** (= voile) jigger; (* = balançoire) see-saw; (* = voiture) rattletrap*, bone-shaker* (Brit); (* = trot assis) close trot ◆ **faire du tapecul** to trot close

**tapée**[2]⁑ [tape] [→ SYN] **nf** ◆ **une tapée de** ◆ **des tapées de** loads of*, masses of*

**tapement** [tapmɑ̃] **nm** banging (NonC), banging noise

**tapenade** [tap(ə)nad] **nf** tapenade *(savoury spread made with pureed olives)*

**taper**[1] [tape] [→ SYN] ▸ conjug 1 ◂ [1] **vt** **a** (= battre) [+ tapis] to beat; * [+ enfant] to slap, smack; (= claquer) [+ porte] to bang, slam ◆ **taper le carton** * to have a game of cards

**b** (= frapper) **taper un coup/deux coups à la porte** to knock once/twice at the door, give a knock/two knocks at the door ◆ **taper un air sur le piano** (péj) to bang ou thump out a tune on the piano

**c** (à la machine, sur un ordinateur) to type (out) ◆ **apprendre à taper à la machine** to learn (how) to type ◆ **elle tape bien** she types well, she's a good typist ◆ **elle tape 60 mots à la minute** her typing speed is 60 words a minute ◆ **tapé à la machine** typed, typewritten ◆ **lettre tapée sur ordinateur** letter done on computer ◆ **tapez 36 15, code ...** (sur Minitel) type in 36 15, code ... ◆ **tape sur la touche "Retour"** hit ou press "Return"

**d** (* = demander de l'argent) **il tape tous ses collègues** he scrounges* ou cadges (Brit) off all his colleagues ◆ **taper qn de 50 €** to scrounge* ou cadge (Brit) €50 off sb

[2] **vi** **a** (= frapper) **taper sur un clou** to hit a nail ◆ **taper sur la table** to bang ou rap on the table ◆ **taper sur un piano** (péj) to bang ou thump away on a piano ◆ **taper sur qn** * to thump sb ◆ **taper sur la gueule de qn**⁑ to belt sb⁑ ◆ **taper sur le ventre de** ou **à qn** * (fig) to be a bit pushy with sb*, be overfamiliar with sb ◆ **taper à la porte/au mur** to knock on the door/on the wall ◆ **il tapait comme un sourd** he was thumping away for all he was worth ◆ **il tape (dur), le salaud**⁑ the bastard's got one hell of a punch⁑ ◆ **taper dans un ballon** to kick a ball about ou around

**b** (* = dire du mal de) **taper sur qn** to run sb down*, have a go at sb* (behind their back)

**c** (* = entamer) **taper dans** [+ provisions, caisse] to dig into*

**d** (= être fort, intense) [soleil] to beat down; * [vin] to go to one's head ◆ **ça tape fort aujourd'hui !** * the sun's beating down today, it's scorching hot today

**e** (⁑ = sentir mauvais) to stink*, pong⁑ (Brit)

**f** (LOC) **taper des pieds** to stamp one's feet ◆ **taper des mains** to clap one's hands ◆ **se faire taper sur les doigts** * (fig) to be rapped over the knuckles ◆ **il a tapé à côté** * he was wide of the mark ◆ **taper sur les nerfs** ou **le système de qn** * to get on sb's nerves* ou wick* (Brit) ◆ **taper dans l'œil de qn** * to take sb's fancy* ◆ **elle lui a tapé dans l'œil** * he took a fancy to her, she took his fancy ◆ **taper dans le tas** * (bagarre) to pitch into the crowd; (repas) to tuck in*, dig in*; → **mille**[1]

[3] **se taper** **vpr** **a** (⁑ = prendre) [+ repas] to put away*; [+ corvée] to get landed with*; [+ importun] to get landed* ou lumbered* (Brit) with ◆ **je me taperais bien un petit cognac** I could murder a brandy*, I'd love a brandy ◆ **on s'est tapé les 10 km à pied** we did the whole 10 km on foot ◆ **se taper qn** (sexuellement) to have it off with sb⁑

**b** (LOC) **se taper sur les cuisses de contentement** * to slap one's thighs with satisfaction ◆ **il y a de quoi se taper le derrière** * ou **le cul**⁑ **par terre** it's damned* ou bloody⁑ (Brit) ridiculous ◆ **c'est à se taper la tête contre les murs** it's enough to drive you up the wall* ◆ **se taper la cloche** * to feed one's face⁑, have a blow-out* (Brit) ou nosh-up* (Brit) ◆ **il peut toujours se taper**⁑ he knows what he can do⁑ ◆ **se taper sur le ventre** * to be buddies* ou pals* ◆ **il s'en tape complètement** * he couldn't give a damn⁑

**taper**[2] [tape] [→ SYN] ▸ conjug 1 ◂ **vt** (Naut) to plug

**tapette** [tapɛt] [→ SYN] **nf** **a** (= petite tape) little tap

**b** (pour tapis) carpet beater; (pour mouches) flyswatter

**c** (pour souris) mousetrap

**d** † * **il a une bonne tapette** ou **une de ces tapettes** (= langue) he's a real chatterbox*

**e** (⁑ = homosexuel) queer⁑, poof⁑ (Brit), fag⁑ (US)

**tapeur, -euse** * [tapœʀ, øz] [→ SYN] **nm,f** (= emprunteur) cadger*

**tapin** [tapɛ̃] [→ SYN] **nm** **a** **faire le tapin**⁑ to be on the game⁑ (Brit), hustle* (US)

**b** († = tambour) drummer

**tapiner**⁑ [tapine] ▸ conjug 1 ◂ **vi** to be on the game⁑ (Brit), hustle* (US)

**tapineuse**⁑ [tapinøz] **nf** streetwalker, hustler* (US)

**tapinois** [tapinwa] [→ SYN] **nm** ◆ **en tapinois** s'approcher stealthily, furtively; agir on the sly

**tapioca** [tapjɔka] **nm** tapioca

**tapir** [tapiʀ] **nm** (= animal) tapir

**tapir (se)** [tapiʀ] [→ SYN] ▸ conjug 2 ◂ **vpr** (= se blottir) to crouch; (= se cacher) to hide away; (= s'embusquer) to lurk ◆ **maison tapie au fond de la vallée** house hidden away at the bottom of the valley

**tapis** [tapi] [→ SYN] [1] **nm** **a** [sol] (gén) carpet; (petit) rug; (= natte) mat; (dans un gymnase) mat ◆ **tapis mécanique** machine-woven carpet ◆ **exercices au tapis** (Gym) floor exercises; → **marchand**

**b** [meuble] cloth; [table de jeu] baize (NonC), cloth, covering ◆ **le tapis vert des tables de conférence** the green baize ou covering of conference tables ◆ **le tapis brûle** (Casino) place your stakes

**c** (fig) carpet ◆ **tapis de verdure/neige** carpet of greenery/snow

**d** (LOC) **aller au tapis** to go down for the count ◆ **envoyer qn au tapis** (lit, fig) to floor sb ◆ **mettre une entreprise au tapis** to sink a company ◆ **mettre** ou **porter sur le tapis** [+ affaire, question] to lay on the table, bring up for discussion ◆ **être/revenir sur le tapis** to come up/come back up for discussion

[2] **COMP** ▷ **tapis à bagages** (dans un aéroport) carousel ▷ **tapis de bain** bath mat ▷ **tapis de billard** baize (NonC) ▷ **tapis de bombes** carpet of bombs ▷ **tapis de chœur** altar carpet ▷ **tapis de couloir** runner ▷ **tapis de haute laine** long-pile carpet ▷ **tapis d'Orient** oriental carpet ▷ **tapis persan** Persian carpet ▷ **tapis de prière** prayer mat ▷ **tapis ras** short-pile carpet ▷ **tapis rouge** red carpet ◆ **dérouler le tapis rouge** to roll out the red carpet ▷ **tapis roulant** (pour colis, marchandises) conveyor belt; (pour piétons) moving walkway, travelator; (pour bagages) carousel ▷ **tapis de selle** saddlecloth ▷ **tapis de sol** (Camping) groundsheet; (Gym) (exercise) mat ▷ **tapis de souris** (Ordin) mouse mat ▷ **tapis de table** table cover ▷ **tapis végétal** ground cover ▷ **tapis volant** magic ou flying carpet

**tapis-brosse**, pl **tapis-brosses** [tapibʀɔs] **nm** doormat

**tapissé, e** [tapise] (ptp de **tapisser**) **adj** ◆ **tapissé de neige** sol carpeted with snow; sommet snow-clad, covered in snow ◆ **mur tapissé de photos/d'affiches** wall covered ou plastered with photos/with posters ◆ **murs tapissés de livres** walls lined with books ◆ **tapissé de lierre/de mousse** ivy-/moss-clad ◆ **carrosse tapissé de velours** carriage with velvet upholstery

**tapisser** [tapise] [→ SYN] ▸ conjug 1 ◂ **vt** **a** [personne] (de papier peint) to (wall)paper; (Culin) [+ plat, moule] to line ◆ **tapisser un mur/une pièce de tentures** to hang a wall/a room with drapes, cover a wall/a room with hangings ◆ **tapisser un mur d'affiches/de photos** to plaster ou cover a wall with posters/with photos

**b** [tenture, papier] to cover, line; [mousse, neige, lierre] to carpet, cover; (Anat, Bot) [membranes, tissus] to line ◆ **le lierre tapissait le mur** the wall was covered with ivy

**tapisserie** [tapisʀi] [→ SYN] **nf** **a** (= tenture) tapestry; (= papier peint) wallpaper; (= activité) tapestry-making ◆ **faire tapisserie** [subalterne] to stand on the sidelines; [danseur] to be a wallflower, sit out ◆ **j'ai dû faire tapisserie pendant que ma femme dansait** I had to sit out while my wife was dancing

**b** (= broderie) tapestry; (= activité) tapestry-work ◆ **faire de la tapisserie** to do tapestry work ◆ **fauteuil recouvert de tapisserie** tapestried armchair ◆ **pantoufles en tapisserie** embroidered slippers ◆ **les tapisseries d'Aubusson/des Gobelins** the Aubusson/Gobelins tapestries; → **point**[2]

**tapissier, -ière** [tapisje, jɛʀ] **nm,f** (= fabricant) tapestry-maker; (= commerçant) upholsterer ◆ **tapissier-décorateur** interior decorator

**tapon** † [tapɔ̃] **nm** ◆ **en tapon** in a ball ◆ **mettre en tapon** to roll (up) into a ball

**tapotement** [tapɔtmɑ̃] **nm** (sur la table) tapping (NonC); (sur le piano) plonking (NonC)

**tapoter** [tapɔte] [→ SYN] ▸ conjug 1 ◂ [1] **vt** [+ joue] to pat; [+ baromètre] to tap ◆ **tapoter sa cigarette pour faire tomber la cendre** to flick (the ash off) one's cigarette

[2] **vi** ◆ **tapoter sur** ou **contre** to tap on; (nerveusement) to drum one's fingers on ◆ **tapoter sur un clavier d'ordinateur** to tap away at a computer keyboard

**tapuscrit** [tapyskʀi] **nm** typescript

**taquet** [takɛ] [→ SYN] **nm** (= coin, cale) wedge; (= cheville, butée) peg; (pour enrouler un cordage) cleat; [machine à écrire] stop ◆ **taquet de tabulation** (Ordin) tab stop

**taquin, e** [takɛ̃, in] [→ SYN] **adj** caractère, personne teasing (épith); sourire mischievous, cheeky ◆ **il est très taquin, c'est un taquin** he's a real tease

**taquiner** [takine] → SYN ▸ conjug 1 ◂ vt [personne] to tease; [fait, douleur] to bother, worry ◆ **taquiner le goujon** (hum) to do a bit of fishing ◆ **taquiner le cochonnet** (hum) to have a game of petanque ◆ **taquiner la muse** (hum) to dabble in poetry, court the Muse (hum) ◆ **ils n'arrêtent pas de se taquiner** they're always teasing each other

**taquinerie** [takinʀi] → SYN nf teasing (NonC) ◆ **agacé par ses taquineries** annoyed by his teasing

**tarabiscoté, e** [taʀabiskɔte] → SYN adj meuble (over-)ornate, fussy; style involved, (over-) ornate, fussy; explication (overly) involved

**tarabuster** [taʀabyste] → SYN ▸ conjug 1 ◂ vt [personne] to badger, pester; [fait, idée] to bother, worry ◆ **il m'a tarabusté pour que j'y aille** he badgered ou pestered me to go

**tarage** [taʀaʒ] nm (Comm) taring

**tarama** [taʀama] nm taramasalata

**taratata** [taʀatata] excl (stuff and) nonsense!, rubbish!

**taraud** [taʀo] nm (Tech) tap

**taraudage** [taʀodaʒ] nm (Tech) tapping ◆ **taraudage à la machine/à la main** machine-/hand-tapping

**tarauder** [taʀode] → SYN ▸ conjug 1 ◂ vt (Tech) [+ plaque, écrou] to tap; [+ vis, boulon] to thread; (fig) [insecte] to bore into; [remords, angoisse] to pierce

**taraudeur, -euse** [taʀodœʀ, øz] 1 nm,f (= ouvrier) tapper

2 **taraudeuse** nf (= machine) tapping-machine; (à fileter) threader

**Tarawa** [taʀawa] n Tarawa

**tarbouch(e)** [taʀbuʃ] nm tarboosh, tarbush, tarbouche

**tard** [taʀ] → SYN 1 adv (dans la journée, dans la saison) late ◆ **il est tard** it's late ◆ **il se fait tard** it's getting late ◆ **se coucher/travailler tard** to go to bed/work late ◆ **travailler tard dans la nuit** to work late (on) into the night ◆ **il vint nous voir tard dans la matinée/journée** he came to see us late in the morning ou in the late morning/late in the day ◆ **c'est un peu tard pour t'excuser** it's a bit late in the day to apologize, it's a bit late to apologize now → **jamais, mieux, tôt**

◆ **plus tard** later (on) ◆ **remettre qch à plus tard** to put sth off till later, postpone sth ◆ **pas plus tard qu'hier** only yesterday ◆ **pas plus tard que la semaine dernière** just ou only last week, as recently as last week

◆ **au plus tard** at the latest ◆ **il vous faut arriver jeudi au plus tard** you must come on Thursday at the latest

2 **sur le tard** loc adv (dans la vie) late (on) in life, late in the day (fig); (dans la journée) late in the day

**tarder** [taʀde] → SYN ▸ conjug 1 ◂ 1 vi **a** (= différer, traîner) to delay ◆ **tarder à entreprendre qch** to put off ou delay starting sth ◆ **ne tardez pas (à le faire)** don't delay, do it without delay ◆ **tarder en chemin** to loiter ou dawdle on the way ◆ **sans (plus) tarder** without (further) delay ou ado ◆ **pourquoi tant tarder ?** why delay it ou put it off so long?

**b** (= se faire attendre) [réaction, moment] to be a long time coming; [lettre] to take a long time (coming), be a long time coming ◆ **l'été tarde (à venir)** summer is a long time coming ◆ **sa réponse a trop tardé** his reply took too long

**c** (Loc nég) **ça ne va pas tarder** it won't be long (coming) ◆ **ça n'a pas tardé** it wasn't long (in) coming ◆ **leur réaction ne va pas tarder** they won't take long to react ◆ **il est 2 heures : ils ne vont pas tarder** it's 2 o'clock – they won't be long (now) ◆ **ils n'ont pas tardé à être endettés** before long they were in debt, it wasn't long before they were in debt ◆ **il n'a pas tardé à s'en apercevoir** it didn't take him long to notice, he noticed soon enough ◆ **ils n'ont pas tardé à réagir, leur réaction n'a pas tardé** they didn't take long to react ◆ **l'élève ne tarda pas à dépasser le maître** the pupil soon outstripped the teacher

**d** (= sembler long) **le temps** ou **le moment me tarde d'être en vacances** I can't wait to be on holiday

2 vb impers (littér) ◆ **il me tarde de le revoir/que ces travaux soient finis** I am longing ou I can't wait to see him again/for this work to be finished

**tardif, -ive** [taʀdif, iv] → SYN adj late; regrets, remords belated ◆ **rentrer à une heure tardive** to come home late at night ◆ **cette prise de conscience a été tardive** this realization was slow in coming

**tardivement** [taʀdivmɑ̃] adv (= à une heure tardive) rentrer late; (= après coup, trop tard) s'apercevoir belatedly

**tare** [taʀ] → SYN nf **a** (= contrepoids) tare ◆ **faire la tare** to allow for the tare

**b** (= défaut) [personne, marchandise] defect (*de* in, of); [cheval] vice; [société, système] flaw (*de* in), defect (*de* of) ◆ **tare héréditaire** (Méd) hereditary defect ◆ **ce n'est pas une tare !** (hum) it's not a sin! ou crime!

**taré, e** [taʀe] → SYN 1 adj **a** enfant, animal with a defect

**b** (péj) régime, politicien tainted, corrupt ◆ **il faut être taré pour faire cela** * (= pervers) you have to be sick to do that * ◆ **il est complètement taré, ce type !** * (= fou) that guy's completely crazy * ou out to lunch! *

2 nm,f (Méd) degenerate ◆ **regardez-moi ce taré** * (péj) look at that cretin *

**Tarente** [taʀɑ̃t] n Taranto

**tarentelle** [taʀɑ̃tɛl] nf tarantella

**tarentule** [taʀɑ̃tyl] nf tarantula

**tarer** [taʀe] → SYN ▸ conjug 1 ◂ vt (Comm) to tare, allow for the tare

**taret** [taʀɛ] nm shipworm, taredo (SPÉC)

**targe** [taʀʒ] nf targe

**targette** [taʀʒɛt] nf (= verrou) bolt

**targuer (se)** [taʀge] → SYN ▸ conjug 1 ◂ vpr (= se vanter) ◆ **se targuer de qch** to boast about sth ◆ **se targuer de ce que ...** to boast that ... ◆ **se targuer d'avoir fait qch** to pride o.s. on having done sth ◆ **se targuant d'y parvenir aisément ...** boasting that he would easily manage it ...

**targui, e** [taʀgi] 1 adj Tuareg

2 **Targui(e)** nm,f Tuareg

**tarière** [taʀjɛʀ] → SYN nf **a** (Tech) (pour le bois) auger; (pour le sol) drill

**b** (Zool) drill, ovipositor (SPÉC)

**tarif** [taʀif] → SYN 1 nm (= tableau) price list, tariff (Brit); (= prix) (gén) rate; (Transport) fare ◆ **consulter/afficher le tarif des consommations** to check/put up the price list for drinks ou the bar tariff (Brit) ◆ **le tarif postal pour l'étranger/le tarif des taxis va augmenter** overseas postage rates/taxi fares are going up ◆ **payé au tarif syndical** paid according to union rates, paid the union rate ◆ **quels sont vos tarifs ?** (réparateur) how much do you charge?; (profession libérale) what are your fees? ◆ **est-ce le tarif habituel ?** is this the usual ou going rate? ◆ **voyager à plein tarif/à tarif réduit** to travel at full/at reduced fare ◆ **billet plein tarif/à tarif réduit** (Transport) full-fare/reduced-fare ticket; (Ciné, Théât) full-price/reduced-price ticket ◆ **"tarifs réduits pour étudiants"** "special prices for students", "student concessions" (Brit) ◆ **envoyer une lettre au tarif lent** ou **économique** ≃ to send a letter second class, ≃ to send a letter by second-class mail ou post (Brit) ◆ **500 F d'amende/deux mois de prison, c'est le tarif !** * (hum) a 500-franc fine/two months' prison is what you get!

2 comp ▷ **tarif de base** (gén) standard ou basic rate; (Publicité) open rate, transient rate (US) ▷ **tarif dégressif** (gén) tapering charges; (Publicité) earned rate ▷ **tarif étudiant** (pour transports) student fare; (pour loisirs) student concession ▷ **tarif extérieur commun** (Europe) common external tariff ▷ **tarif jeunes** (pour transports) youth ou under-26 fare ▷ **tarif de nuit** night ou off-peak rate

**tarifaire** [taʀifɛʀ] adj tariff (épith)

**tarifer** [taʀife] → SYN ▸ conjug 1 ◂ vt to fix the price ou rate for ◆ **marchandises tarifées** fixed-price goods

**tarification** [taʀifikasjɔ̃] nf (= action) setting ou fixing of prices (*de* for); (= prix) prices ◆ **nouvelle tarification à compter du 23 mai** new prices as of 23rd May

**tarin** [taʀɛ̃] → SYN nm **a** (‡ = nez) nose, conk ‡ (Brit), snoot ‡ (US)

**b** (= oiseau) siskin

**tarir** [taʀiʀ] → SYN ▸ conjug 2 ◂ 1 vi **a** [cours d'eau, puits, ressource] to run dry, dry up; [larmes] to dry (up); [pitié, conversation, imagination] to dry up

**b** [personne] **il ne tarit pas sur ce sujet** he can't stop talking about it, he's unstoppable * on that subject ◆ **il ne tarit pas d'éloges sur elle** he never stops ou he can't stop singing her praises

2 vt (lit, fig) to dry up ◆ **tarir les larmes de qn** (littér) to dry sb's tears

3 **se tarir** vpr [source] to run dry, dry up; [rentrées d'argent, imagination] to dry up

**tarissable** [taʀisabl] adj source, ressources which can dry up

**tarissement** [taʀismɑ̃] nm [cours d'eau, puits] drying up; [gisement, ressource] depletion; [commandes, débouchés, offre, demande] drying up

**tarlatane** [taʀlatan] nf tarlatan

**tarmac** [taʀmak] nm (Aviat) tarmac

**taro** [taʀo] nm (Bot) taro, elephant's ear

**tarot** [taʀo] nm (= jeu) tarot; (= paquet de cartes) tarot (pack)

**tarpan** [taʀpɑ̃] nm tarpan

**tarpé** ‡ [taʀpe] nm (= joint) joint

**tarpon** [taʀpɔ̃] nm tarpon

**Tarse** [taʀs] nm Tarsus

**tarse** [taʀs] nm (Anat, Zool) tarsus ◆ **tarse palpébral** tarsal plate

**tarsien, -ienne** [taʀsjɛ̃, jɛn] adj tarsal

**tarsier** [taʀsje] nm tarsier

**Tartan** ® [taʀtan] nm (= revêtement) Tartan ®; (= piste) tartan track

**tartan** [taʀtɑ̃] → SYN nm (= tissu) tartan

**tartane** [taʀtan] nf (Naut) tartan

**tartare** [taʀtaʀ] 1 adj **a** (Hist) Tartar

**b** (Culin) **sauce tartare** tartar(e) sauce; → **steak**

2 nmf (Hist) ◆ **Tartare** Tartar

**tarte** [taʀt] → SYN 1 nf **a** (Culin) tart ◆ **tarte aux fruits/à la crème** fruit/cream tart ◆ **tarte aux pommes** apple tart ◆ **tarte Tatin** tarte Tatin, ≃ apple upside-down tart ◆ **tarte à la crème** (fig péj) (= formule vide) pet theme; (= comique, comédie) slapstick (comedy) ◆ **c'est pas de la tarte** ‡ it's no joke *, it's no easy matter

**b** (‡ = gifle) clout, clip round the ear ◆ **elle lui a filé une tarte** she slapped him in the face

2 adj inv * (= laid) personne plain-looking; chaussures, vêtement tacky *, naff * (Brit); (= bête) stupid, daft * (Brit) ◆ **j'ai l'air tarte dans cette robe** I look stupid in this dress

**tartelette** [taʀtəlɛt] nf tartlet, tart

**Tartempion** * [taʀtɑ̃pjɔ̃] nm thingumabob *, so-and-so *, what's-his (ou -her)-name ◆ **un Tartempion quelconque** someone or other

**tartiflette** [taʀtiflɛt] nf *dish made with potatoes, bacon and cheese*

**tartignol(l)e** * [taʀtiɲɔl] adj personne, film stupid, daft * (Brit); vêtement, chaussures tacky *

**tartine** [taʀtin] → SYN nf **a** (= tranche) slice ou piece of bread; (beurrée) slice of bread and butter; (à la confiture) slice of bread and jam ◆ **le matin, on mange des tartines** in the morning we have bread and butter ◆ **tu as déjà mangé trois tartines, ça suffit** you've already had three slices ou three pieces of bread, that's enough ◆ **couper des tranches de pain pour faire des tartines** to cut (slices of) bread for buttering ◆ **tartine au** ou **de miel** slice ou piece of bread and honey ◆ **tartine grillée et beurrée** piece of toast and butter

**b** (* fig = lettre, article) **il en a mis une tartine** he wrote reams ◆ **il y a une tartine dans le journal à propos de ...** there's a great spread in the paper about ...

**tartiner** [taʀtine] → SYN ▸ conjug 1 ◂ vt [+ pain] to spread (*de* with); [+ beurre] to spread ◆ **pâté de foie/fromage à tartiner** liver/cheese spread ◆ **pâte à tartiner** spread ◆ **tartiner du pain de beurre** to butter bread ◆ **il en a tartiné plusieurs pages** * (fig) he went on about it for several pages

**tartrate** [taʀtʀat] nm tartrate

**tartre** [taʀtʀ] nm [dents, tonneau] tartar, scale; [chaudière, bouilloire] scale, fur (Brit)

**tartré, e** [taʀtʀe] adj tartarized

**tartreux, -euse** [taʀtʀø, øz] adj tartarous

**tartrique** [taʀtʀik] adj ◆ **acide tartrique** tartaric acid

**tartu(f)fe** [taʀtyf] [1] nm (sanctimonious) hypocrite ◆ **"Tartuffe"** (Littérat) "Tartuffe", "The Imposter"

[2] adj hypocritical ◆ **il est un peu tartu(f)fe** he's something of a hypocrite

**tartu(f)ferie** [taʀtyfʀi] nf hypocrisy

**Tarzan** [taʀzɑ̃] nm Tarzan; (* fig) muscleman

**tas** [tɑ] → SYN [1] nm **a** (= amas) pile, heap ◆ **mettre en tas** to make a pile of, put into a heap, heap ou pile up

**b** (LOC)

◆ **un** ou **des tas de** * (= beaucoup de) loads of *, heaps of *, lots of ◆ **il connaît un tas de choses/gens** he knows loads * ou heaps * ou lots of things/people ◆ **il y avait tout un tas de gens** there was a whole load * of people there ◆ **j'ai appris des tas de choses sur lui** I found out a lot about him ◆ **il m'a raconté un tas de mensonges** he told me a pack of lies ◆ **tas de crétins !** * you load ou bunch of idiots! *

◆ **dans le tas** * ◆ **tirer dans le tas** to fire into the crowd ◆ **foncer dans le tas** to charge in ◆ **dans le tas, on en trouvera bien un qui sache conduire** we're bound to find ONE who can drive ◆ **dans le tas, tu trouveras bien un stylo qui marche** you're bound to find ONE pen that works ◆ **j'ai acheté des cerises, tape** ou **pioche dans le tas** I've bought some cherries so dig in * ou tuck in * ou help yourself

◆ **sur le tas** (= par la pratique) ◆ **apprendre un métier sur le tas** to learn a trade on the job ou as one goes along ◆ **il a appris/s'est formé sur le tas** he learned/was trained on the job ◆ **formation sur le tas** on-the-job training; → **grève**

[2] COMP ▷ **tas de boue** * (= voiture) heap *, wreck *, banger * (Brit) ▷ **tas de charge** (Archit) tas de charge ▷ **tas de ferraille** scrapheap ◆ **cette voiture/ce vélo, c'est un vrai tas de ferraille !** * that car/that bike's only fit for the scrapheap ▷ **tas de fumier** dung ou manure heap ▷ **tas d'ordures** rubbish (Brit) ou garbage (US) heap

**Tasmanie** [tasmani] nf Tasmania

**tasmanien, -ienne** [tasmanjɛ̃, jɛn] [1] adj Tasmanian

[2] **Tasmanien(ne)** nm,f Tasmanian

**tassage** [tɑsaʒ] → SYN nm (Sport) boxing in

**Tasse** [tas] nm ◆ **le Tasse** Tasso

**tasse** [tɑs] → SYN nf cup ◆ **tasse de porcelaine** china cup ◆ **tasse à thé** teacup ◆ **tasse à café** coffee cup ◆ **tasse de thé** cup of tea ◆ **ce n'est pas ma tasse de thé** (hum) it's not my cup of tea; → **boire**

**tassé, e** [tɑse] (ptp de **tasser**) adj **a** (= affaissé) façade, mur that has settled ou sunk ou subsided; vieillard shrunken ◆ **tassé sur sa chaise** slumped on his chair

**b** (= serrés) **tassés** spectateurs, passagers packed (tight)

◆ **bien tassé** * (= fort) whisky stiff (épith); (= bien rempli) verre well-filled, full to the brim (attrib) ◆ **café bien tassé** good strong coffee ◆ **trois kilos bien tassés** a good three kilos ◆ **il a 50 ans bien tassés** he's well into his fifties, he's well over fifty

**tasseau**, pl **tasseaux** [tɑso] → SYN nm (= morceau de bois) piece ou length of wood; (= support) bracket

**tassement** [tɑsmɑ̃] → SYN nm **a** [sol, neige] packing down

**b** [mur, terrain] settling, subsidence ◆ **tassement de la colonne (vertébrale)** compression of the spinal column

**c** (= diminution) **le tassement des voix en faveur du candidat** the drop ou fall-off in votes for the candidate ◆ **un tassement de l'activité économique** a downturn ou a slowing down in economic activity

**tasser** [tɑse] → SYN ▸ conjug 1 ◂ [1] vt **a** (= comprimer) [+ sol, neige] to pack down, tamp down; [+ foin, paille] to pack ◆ **tasser des vêtements dans une valise** to cram clothes into a suitcase ◆ **tasser le contenu d'une valise** to push down the contents of a case ◆ **tasser le tabac dans sa pipe** to pack ou tamp down the tobacco in one's pipe ◆ **tasser des prisonniers dans un camion** to cram ou pack prisoners into a truck

**b** (Sport) [+ concurrent] to box in

[2] **se tasser** vpr **a** (= s'affaisser) [façade, mur, terrain] to sink, subside; [vieillard, corps] to shrink; [demande] to slow down; [électorat] to shrink

**b** (= se serrer) to bunch up ◆ **on s'est tassé à dix dans la voiture** ten of us crammed into the car ◆ **tassez-vous, il y a encore de la place** bunch ou squeeze up, there's still room

**c** (* = s'arranger) to settle down ◆ **ne vous en faites pas, ça va se tasser** don't worry – things will settle down ou iron themselves out *

**d** (⁑ = engloutir) [+ petits fours, boissons] to down *, get through *

**tassette** [tasɛt] nf tasse(t), tace

**tassili** [tasili] nm sandstone massif

**taste-vin** [tastəvɛ̃] nm inv (wine-)tasting cup

**TAT** [teate] nm (abrév de **Thematic Apperception Test**) TAT

**tata** [tata] nf (langage enfantin = tante) auntie *; (⁑ = homosexuel) queer ⁑, fairy ⁑, poof ⁑ (Brit), fag ⁑ (US)

**tatami** [tatami] nm tatami

**tatane** * [tatan] nf shoe

**tatar, e** [tataʀ] [1] adj Ta(r)tar

[2] nm (Ling) Ta(r)tar

[3] **Tatar(e)** nm,f Ta(r)tar

**tâter** [tɑte] → SYN ▸ conjug 1 ◂ [1] vt **a** (= palper) [+ objet, étoffe, pouls] to feel ◆ **tâter qch du bout des doigts** to feel ou explore sth with one's fingertips ◆ **marcher en tâtant les murs** to feel ou grope one's way along the walls

**b** (= sonder) [+ adversaire, concurrent] to try (out) ◆ **tâter l'opinion** to sound ou test out opinion ◆ **tâter le terrain** (fig) to find out how the land lies, put out feelers, find out the lie (Brit) ou lay (US) of the land

[2] **tâter de** vt indir **a** (†, littér = goûter à) [+ mets] to taste, try

**b** (= essayer, passer par) to sample, try out ◆ **tâter de la prison** to sample prison life, have a taste of prison ◆ **il a tâté de tous les métiers** he's had a go at * ou he's tried his hand at lots of jobs

[3] **se tâter** vpr **a** (après une chute) to feel o.s. *(for injuries)*; (pensant avoir perdu qch) to feel one's pocket(s) ◆ **il se releva, se tâta : rien de cassé** he got up and felt himself but there was nothing broken

**b** (* = hésiter) to be in (Brit) ou of (US) two minds ◆ **viendras-tu ? – je ne sais pas, je me tâte** are you coming? – I don't know, I haven't made up my mind

**tâte-vin** [tɑtvɛ̃] nm inv ⇒ **taste-vin**

**tati(e)** [tati] nf (langage enfantin) auntie *

**tatillon, -onne** [tatijɔ̃, ɔn] → SYN adj finicky, pernickety (Brit), persnickety (US) ◆ **il est tatillon, c'est un tatillon** he's very finicky ou pernickety (Brit)

**tâtonnant, e** [tɑtɔnɑ̃, ɑ̃t] adj geste, main groping (épith); style hesitant ◆ **leurs recherches étaient tâtonnantes** they were feeling their way in their research

**tâtonnement** [tɑtɔnmɑ̃] → SYN nm (gén pl = essai) trial and error (NonC), experimentation (NonC) ◆ **après bien des tâtonnements** after a lot of trial and error ◆ **procéder par tâtonnement(s)** to proceed by trial and error ◆ **les premiers tâtonnements d'une technique** the first tentative steps in a new technique

**tâtonner** [tɑtɔne] → SYN ▸ conjug 1 ◂ vi **a** (pour se diriger) to grope ou feel one's way (along), grope along; (pour trouver qch) to grope ou feel around ou about

**b** (fig = essayer) to grope around; (par méthode) to proceed by trial and error

**tâtons** [tɑtɔ̃] → SYN **à tâtons** loc adv ◆ **avancer à tâtons** (lit) to grope along, grope ou feel one's way along; (fig) to feel one's way along ◆ **chercher qch à tâtons** (lit, fig) to grope ou feel around for sth

**tatou** [tatu] nm armadillo

**tatouage** [tatwaʒ] → SYN nm (= action) tattooing; (= dessin) tattoo ◆ **son dos est couvert de tatouages** his back is covered with ou in tattoos

**tatouer** [tatwe] → SYN ▸ conjug 1 ◂ vt to tattoo ◆ **se faire tatouer le dos** to have one's back tattooed ◆ **mon chat est tatoué à l'oreille** my cat has a tattoo in its ear *(for identification)*

**tatoueur, -euse** [tatwœʀ, øz] nm,f tattooer

**tau** [to] nm inv **a** (= lettre grecque) tau

**b** (Hér) tau cross, Saint Anthony's cross

**taud** [to] → SYN nm (= abri) awning

**taudis** [todi] → SYN nm (= logement) hovel; (pl) (Admin) slums ◆ **ta chambre est un vrai taudis** (fig : en désordre) your room's a real pigsty

**taulard, -arde** ⁑ [tolaʀ, aʀd] nm,f convict, con ⁑

**taule** ⁑ [tol] nf **a** (= prison) jail, clink ⁑, nick ⁑ (Brit) ◆ **être en taule** to be inside *, be in the nick ⁑ (Brit) ◆ **aller en taule** to go down *, get banged up ⁑ (Brit) ◆ **mettre** ou **foutre** ⁑ **qn en taule** to put sb in jail ◆ **il a fait de la taule** he's done time * ou a stretch *, he's been inside * ◆ **il a eu cinq ans de taule** he's been given a five-year stretch * ou five years in the nick ⁑ (Brit)

**b** (= chambre) room

**taulier, -ière** ⁑ [tolje, jɛʀ] nm,f (hotel) boss *

**taupe** [top] nf **a** (= animal, fig = espion) mole; (= fourrure) moleskin ◆ **une vieille taupe** (fig péj) an old crone ou hag, an old bag ⁑; → **myope**

**b** (arg Scol = classe) *advanced maths class preparing for the Grandes Écoles*

**taupe-grillon**, pl **taupes-grillons** [topgʀijɔ̃] nm mole cricket

**taupière** [topjɛʀ] nf mole trap

**taupin** [topɛ̃] nm **a** (= animal) click beetle, elaterida (SPÉC)

**b** (arg Scol) *maths student preparing for the Grandes Écoles*

**taupinière** [topinjɛʀ] nf (= tas) molehill; (= galeries, terrier) mole tunnel; (fig péj = immeuble, bureaux) rabbit warren

**taureau**, pl **taureaux** [tɔʀo] nm **a** (= animal) bull ◆ **taureau de combat** fighting bull ◆ **il avait une force de taureau** he was as strong as an ox ◆ **une encolure** ou **un cou de taureau** a bull neck ◆ **prendre le taureau par les cornes** to take the bull by the horns

**b** (Astron) **le Taureau** Taurus ◆ **il est Taureau, il est (du signe) du Taureau** he's (a) Taurus; → **course**

**taurides** [tɔʀid] nfpl Taurids

**taurillon** [tɔʀijɔ̃] nm bull-calf

**taurin, e** [tɔʀɛ̃, in] adj bullfighting (épith)

**taurobole** [tɔʀɔbɔl] nm taurobolium

**tauromachie** [tɔʀɔmaʃi] nf bullfighting, tauromachy (SPÉC)

**tauromachique** [tɔʀɔmaʃik] adj bullfighting (épith)

**tautochrone** [totokʀon] adj ◆ **courbe tautochrone** tautochrone

**tautologie** [totɔlɔʒi] → SYN nf tautology

**tautologique** [totɔlɔʒik] adj tautological

**tautomère** [totɔmɛʀ] adj (Anat) tautomeral ◆ **corps tautomères** (Chim) tautomers

**tautomérie** [totɔmeʀi] nf tautomerism

**taux** [to] → SYN nm **a** (Fin) rate ◆ **taux actuariel (brut)** annual percentage rate ◆ **taux de base bancaire** minimum ou base ou prime (US) lending rate ◆ **taux de change** exchange rate, rate of exchange ◆ **taux court/moyen/long** short-term/medium-term/long-term rate ◆ **taux de croissance** growth rate ◆ **taux d'escompte** discount rate ◆ **taux d'intérêt** interest rate, rate of interest ◆ **taux officiel d'escompte** bank rate ◆ **taux de prêt** lending rate ◆ **taux de TVA** VAT rate ◆ **prêt à taux zéro** interest-free loan

**b** (Stat) rate ◆ **taux de natalité/mortalité** birth/death ou mortality rate ◆ **taux de chômage** unemployment rate ◆ **taux de réussite** (à un examen) pass rate ◆ **taux d'audience** (TV) audience figures ◆ **taux d'écoute** (Radio) audience figures ◆ **taux de fréquentation** (Ciné, Théât) attendance ou audience figures c (Méd, Sci = niveau, degré) [cholestérol, sucre] level ◆ **taux de pollution/radioactivité** level of pollution/radioactivity, pollution/radioactivity level ◆ **taux d'invalidité** (Méd) degree of disability ◆ **taux de compression** [moteur] compression ratio

**tauzin** [tozɛ̃] nm *type of oak tree*, quercus tozza (SPÉC)

**tavaïolle** [tavajɔl] nf [baptême] chris(o)m

**tavelé, e** [tav(ə)le] → SYN (ptp de **taveler**) adj fruit marked ◆ **visage tavelé de taches de son** face covered in freckles ◆ **visage tavelé par la petite vérole** pockmarked face, face pitted with pockmarks

**taveler** [tav(ə)le] ▸ conjug 4 ◂ 1 vt [+ fruit] to mark

2 **se taveler** vpr [fruit] to become marked

**tavelure** [tav(ə)lyʀ] nf mark

**taverne** [tavɛʀn] → SYN nf (Hist) inn, tavern; (Can) tavern, beer parlor (Can)

**tavernier, -ière** [tavɛʀnje, jɛʀ] → SYN nm,f (Hist, hum) innkeeper

**tavillon** [tavijɔ̃] nm (Helv) small shingle

**taxable** [taksabl] → SYN adj (gén) taxable; (à la douane) liable to duty (épith), dutiable

**taxateur, -trice** [taksatœʀ, tʀis] nm,f (Admin) taxer ◆ **(juge) taxateur** taxing master

**taxation** [taksasjɔ̃] → SYN nf a (= imposition) [marchandise, service, particuliers] taxing, taxation ◆ **seuil de taxation** tax threshold

b (Admin, Comm) [valeur] fixing (the rate); [marchandise] fixing the price; (Jur) [dépens] taxation ◆ **taxation d'office** estimation of tax(es)

**taxe** [taks] → SYN 1 nf a (= impôt, redevance) tax; (à la douane) duty ◆ **taxes locales/municipales** local/municipal taxes ◆ **toutes taxes comprises** inclusive of tax ◆ **hors taxe(s)** boutique, article duty-free; (sur facture) exclusive of VAT; prix before tax (attrib)

b (Admin, Comm = tarif) statutory price ◆ **vendre des marchandises à la taxe/plus cher que la taxe** to sell goods at/for more than the statutory price

c (Jur) [dépens] taxation, assessment

2 COMP ▷ **taxes d'aéroport** airport tax(es) ▷ **taxe d'apprentissage** apprenticeship tax *(paid by French employers to finance apprenticeships)* ▷ **taxe d'habitation** *local tax paid by residents*, ≃ council tax (Brit) ▷ **taxe professionnelle** local tax on businesses, ≃ business rate (Brit) ▷ **taxe de raccordement** (Téléc) connection fee ▷ **taxe de séjour** tourist tax ▷ **taxe à** ou **sur la valeur ajoutée** ≃ sales tax, value-added tax (Brit)

**taxer** [takse] → SYN ▸ conjug 1 ◂ vt a (= imposer) [+ marchandises, service] to put ou impose a tax on, tax; (à la douane) to impose ou put duty on; [+ personne, entreprise] to tax ◆ **produits taxés à 5,5%** products taxed at 5.5% ◆ **taxer qn d'office** to assess sb for tax ou taxation (purposes)

b (Admin, Comm) [+ valeur] to fix (the rate of); [+ marchandise] to fix the price of; (Jur) [+ dépens] to tax, assess

c (⁑ = voler) to pinch*, nick⁑ (Brit) ◆ **il l'a taxé au supermarché** he pinched* ou nicked⁑ (Brit) it from the supermarket

d (* = prendre) **je peux te taxer une cigarette ?** can I pinch a cigarette? ◆ **il m'a taxé 100 F** he got 100 francs out of me*

e **taxer qn de qch** (= le qualifier de qch) to call sb sth; (= l'accuser de qch) to accuse sb of sth, tax sb with sth (frm) ◆ **une méthode que l'on a taxée de charlatanisme** a method which has been referred to as charlatanism ◆ **on le taxe d'avarice** he's accused of miserliness ou of being a miser

**taxi** [taksi] nm a (= voiture) taxi, (taxi)cab ◆ **taxi-brousse** bush taxi ◆ **bateau-/vélo-taxi** (en apposition) boat/bicycle taxi; → **chauffeur, station**

b (* = chauffeur) cabby* (Brit), taxi ou cab driver ◆ **elle fait (le) taxi** she's a cabby*, she's a taxi ou cab driver ◆ **j'en ai assez de faire le taxi** (fig) I'm fed up* driving everyone around

**taxidermie** [taksidɛʀmi] → SYN nf taxidermy

**taxidermiste** [taksidɛʀmist] nmf taxidermist

**taxie** [taksi] nf taxis

**taxi-girl**, pl **taxi-girls** [taksigœʀl] → SYN nf (= danseuse) taxigirl

**taximètre** [taksimɛtʀ] nm (taxi)meter

**taxinomie** [taksinɔmi] nf taxonomy

**taxinomique** [taksinɔmik] adj taxonomic(al)

**taxinomiste** [taksinɔmist] nmf taxonomist

**taxiphone ®** [taksifɔn] nm payphone, public (tele)phone

**taxiway** [taksiwɛ] nm taxiway

**taxodium** [taksɔdjɔm] nm bald cypress, taxodium (SPÉC)

**taxonomie** [taksɔnɔmi] nf ⇒ **taxinomie**

**taxonomique** [taksɔnɔmik] adj ⇒ **taxinomique**

**taxonomiste** [taksɔnɔmist] nmf ⇒ **taxinomiste**

**taylorisation** [tɛlɔʀizasjɔ̃] nf Taylorization

**tayloriser** [tɛlɔʀize] ▸ conjug 1 ◂ vt [+ production] to Taylorize ◆ **usine taylorisée** mass production factory

**taylorisme** [tɛlɔʀism] nm Taylorism

**TB** (abrév de **très bien**) VG

**TBB** [tebebe] nm (abrév de **taux de base bancaire**) → **taux**

**Tbilissi** [tbilisi] n Tbilisi

**Tchad** [tʃad] nm ◆ **le Tchad** Chad ◆ **le lac Tchad** Lake Chad

**tchadien, -ienne** [tʃadjɛ̃, jɛn] 1 adj Chad

2 **Tchadien(ne)** nm,f Chad

**tchador** [tʃadɔʀ] nm chador

**tchao** [tʃao] excl bye!, ciao!, cheerio! (Brit)

**tchatche**⁑ [tʃatʃ] nf (gén) talk; (péj) yacking* ◆ **il a une de ces tchatches !** he's got the gift of the gab!*

**tchatcher**⁑ [tʃatʃe] ▸ conjug 1 ◂ vi (péj) to yack* ◆ **il ne fait que tchatcher** he never stops yacking*, all he does is yak yak yak*

**tchatcheur, -euse**⁑ [tʃatʃœʀ, øz] nm,f smooth talker

**tchécoslovaque** [tʃekɔslɔvak] 1 adj Czechoslovak(ian)

2 **Tchécoslovaque** nmf Czechoslovakian

**Tchécoslovaquie** [tʃekɔslɔvaki] nf Czechoslovakia

**Tchekhov** [tʃekɔv] nm Chek(h)ov

**tchèque** [tʃɛk] 1 adj Czech ◆ **la République tchèque** the Czech Republic

2 nm (Ling) Czech

3 **Tchèque** nmf Czech

**tchérémisse** [tʃeʀemis] nm Cheremis(s), Mari

**Tchernobyl** [tʃɛʀnɔbil] n Chernobyl

**tchernoziom** [tʃɛʀnozjɔm] nm chernozem, tchernosem

**tchétchène** [tʃetʃɛn] 1 adj Chechen

2 **Tchétchène** nmf Chechen

**Tchétchénie** [tʃetʃeni] nf Chechnya

**tchin(-tchin)*** [tʃin(tʃin)] excl cheers!

**TD** [tede] nm (abrév de **travaux dirigés**) (Univ) → **travail**[1]

**TDF** [tedeɛf] nf (abrév de **Télédiffusion de France**) ≃ IBA (Brit), ≃ FCC (US)

**te** [tə] pron pers a (objet direct ou indirect) you ◆ **te l'a-t-il dit ?** did he tell you? ◆ **t'en a-t-il parlé ?** did he speak to you about it?

b (réfléchi) yourself ◆ **si tu te poses des questions** if you ask yourself questions ◆ **tu t'es fait mal ?** did you hurt yourself? ◆ **comment te sens-tu ?** (souvent non traduit) how do you feel? ◆ **tu devrais te doucher** you should have a shower ◆ **va te laver les dents/les mains** go and brush your teeth/wash your hands

**té**[1] [te] → SYN nm (= règle) T-square; (= ferrure) T(-shaped) bracket ◆ **fer en té** T-shaped iron

**té**[2] [te] excl (dial) well! well!, my!

**TEC** [teəse] nf (abrév de **tonne équivalent charbon**) TCE

**technétium** [tɛknesjɔm] nm technetium

**technicien, -ienne** [tɛknisjɛ̃, jɛn] → SYN nm,f technician ◆ **il est technicien en électronique** he's an electronics engineer ◆ **technicien de surface** (Admin) cleaning operative ◆ **technicien de (la) télévision** television technician ◆ **c'est un technicien de la politique/finance** he's a political/financial expert ou wizard

**techniciser** [tɛknisize] ▸ conjug 1 ◂ vt to make (more) technical

**technicité** [tɛknisite] nf [recherche, sujet, langage] technical nature; [personne] technical skill ◆ **produit de haute technicité** technically advanced ou high-tech product

**technico-commercial, e**, mpl **technico-commerciaux** [tɛknikokɔmɛʀsjal, jo] adj, nm,f ◆ **(agent) technico-commercial** technical salesman ◆ **(ingénieur) technico-commercial** sales engineer

**Technicolor ®** [tɛknikɔlɔʀ] nm Technicolor ® ◆ **film en Technicolor** Technicolor film, film in Technicolor

**technique** [tɛknik] → SYN 1 adj technical; → **contrôle, escale, incident**

2 nf a (= méthode) technique ◆ **il n'a pas la (bonne) technique*** he hasn't got the knack* ou the right technique ◆ **c'est toute une technique !** it's quite an art! ◆ **manquer de technique** to lack technique

b (= aire de la connaissance) **la technique** technology

3 nm (enseignement) ◆ **le technique** technical education, industrial arts (US) ◆ **il est professeur dans le technique** he's a technical teacher

**techniquement** [tɛknikmɑ̃] adv technically

**techno**[1] [tɛkno] adj, nf (Mus) techno ◆ **la (musique) techno** techno (music)

**techno**[2]* [tɛkno] nf abrév de **technologie**

**technobureaucratique** [tɛknobyʀokʀatik] adj technobureaucratic

**technocrate** [tɛknɔkʀat] → SYN nmf technocrat

**technocratie** [tɛknɔkʀasi] nf technocracy

**technocratique** [tɛknɔkʀatik] adj technocratic

**technocratiser** [tɛknɔkʀatize] ▸ conjug 1 ◂ vt [+ institution] to make (more) technocratic

**technocratisme** [tɛknɔkʀatism] nm [gestionnaire] technocratic attitude; [institution] technocratic ethos

**technologie** [tɛknɔlɔʒi] nf (gén) technology; (Scol) *subject area covering basic technological skills taught in French schools* ◆ **technologie de pointe** ou **avancée** leading-edge ou advanced technology ◆ **technologie de l'information** information technology ◆ **la haute technologie** high technology ◆ **technologie des systèmes automatisés** automated systems technology

**technologique** [tɛknɔlɔʒik] adj technological ◆ **révolution technologique** technological revolution

**technologiquement** [tɛknɔlɔʒikmɑ̃] adv technologically

**technologue** [tɛknɔlɔg] nmf technologist

**technophobe** [tɛknɔfɔb] nmf technophobe

**technopole** [tɛknɔpɔl] nf town with high-tech industrial research and development facilities

**technopôle** [tɛknopol] nm science and technology park *(with research facilities)*

**technostructure** [tɛknostʀyktyʀ] nf technostructure

**teck** [tɛk] nm teak

**teckel** [tekɛl] nm dachshund

**tectonique** [tɛktɔnik] 1 adj tectonic

2 nf tectonics sg ◆ **tectonique des plaques** plate tectonics

**tectrice** [tɛktʀis] adj, nf ◆ **(plume) tectrice** covert, tectrix

**teddy-bear**, pl **teddy-bears** [tedibɛʀ] nm (= jouet) teddy bear; (= fourrure) fun fur

**Te Deum** [tedeɔm] nm inv Te Deum

**tee** [ti] nm tee ◆ **partir du tee** to tee off

**tee(-)shirt** [tiʃœʀt] nm T-shirt, tee shirt

**Téflon ®** [teflɔ̃] nm Teflon ®

**téflonisé, e** [teflɔnize] adj Teflon (épith), coated in Teflon

**tégénaire** [teʒenɛʀ] nf *type of house spider*, tegenaria (SPÉC)

**Tegucigalpa** [tegusigalpa] n Tegucigalpa

**tégument** [tegymɑ̃] [→ SYN] nm (Bot, Zool) (in)tegument

**tégumentaire** [tegymɑ̃tɛʀ] adj (in)tegumental, (in)tegumentary

**Téhéran** [teeʀɑ̃] n Teheran

**teigne** [tɛɲ] [→ SYN] nf **a** (Zool) moth, tinea (SPÉC)
**b** (Méd) ringworm, tinea (SPÉC)
**c** (fig péj) (= homme) bastard **, swine * (Brit); (= femme) shrew, vixen ◆ **mauvais** ou **méchant comme une teigne** as nasty as anything

**teigneux, -euse** [tɛɲø, øz] [→ SYN] adj (Méd) suffering from ringworm ◆ **il est teigneux** (lit) he has ou is suffering from ringworm; (péj = pouilleux) he's scabby *; (péj = acariâtre) he's very cantankerous, he's real ornery * (US)

**teiller** [teje] ▸ conjug 1 ◂ vt to scutch

**teilleur, -euse** [tɛjœʀ, øz] [1] nm,f (= personne) scutcher
[2] **teilleuse** nf (= machine) scutcher

**teindre** [tɛ̃dʀ] [→ SYN] ▸ conjug 52 ◂ [1] vt [+ vêtement, cheveux] to dye; (littér) to tint, tinge
[2] **se teindre** vpr **a** **se teindre (les cheveux)** to dye one's hair ◆ **se teindre la barbe/la moustache** to dye one's beard/one's moustache
**b** (littér = se colorer) **les montagnes se teignaient de pourpre** the mountains took on a purple hue ou tinge ou tint, the mountains were tinged with purple

**teint[1]** [tɛ̃] [→ SYN] nm **a** (= couleur de peau) (permanent) complexion, colouring (Brit), coloring (US); (momentané) colour (Brit), color (US) ◆ **avoir le teint frais** to be looking well ◆ **teint de rose/de porcelaine** rosy/porcelain complexion
**b** (= couleur d'un tissu) **grand teint** couleur fast; tissu colourfast (Brit), colorfast (US) ◆ **bon teint** couleur fast; syndicaliste staunch, dyed-in-the-wool; → **fond**

**teint[2], e[1]** [tɛ̃, tɛ̃t] (ptp de **teindre**) adj cheveux, laine dyed ◆ **elle est teinte** (péj) her hair is dyed, she dyes her hair

**teintant, e** [tɛ̃tɑ̃, ɑ̃t] adj → **teinter** tinting, staining

**teinte[2]** [tɛ̃t] nf (= nuance) shade, hue, tint; (= couleur) colour (Brit), color (US); (fig) tinge, hint ◆ **pull aux teintes vives** brightly-coloured sweater ◆ **avec une teinte de tristesse dans la voix** with a tinge ou hint of sadness in his voice

**teinté, e** [tɛ̃te] (ptp de **teinter**) adj bois stained; verre tinted ◆ **crème teintée** tinted day cream ◆ **table teintée acajou** mahogany-stained table ◆ **blanc teinté de rose** white with a hint of pink ◆ **discours teinté de puritanisme** speech tinged with puritanism

**teinter** [tɛ̃te] [→ SYN] ▸ conjug 1 ◂ [1] vt [+ papier, verre] to tint; [+ meuble, bois] to stain ◆ **un peu d'eau teintée de vin** a little water with a hint of wine ou just coloured with wine
[2] **se teinter** vpr (littér) ◆ **se teinter d'amertume** to become tinged with bitterness ◆ **les sommets se teintèrent de pourpre** the peaks took on a purple tinge ou hue ou tint, the peaks were tinged with purple

**teinture** [tɛ̃tyʀ] [→ SYN] nf **a** (= colorant) dye; (= action) dyeing ◆ **une teinture de philosophie** (fig, littér) a nodding acquaintance with philosophy
**b** (Pharm) tincture ◆ **teinture d'arnica/d'iode** tincture of arnica/of iodine

**teinturerie** [tɛ̃tyʀʀi] [→ SYN] nf (= métier, industrie) dyeing; (= magasin) (dry) cleaner's

**teinturier, -ière** [tɛ̃tyʀje, jɛʀ] [→ SYN] nm,f (qui nettoie) dry cleaner; (qui teint) dyer

**tek** [tɛk] nm ⇒ **teck**

**tel, telle** [tɛl] [→ SYN] [1] adj **a** (similitude) (sg : avec nom concret) such, like; (avec nom abstrait) such; (pl) such ◆ **une telle ignorance/réponse est inexcusable** such ignorance/such an answer is inexcusable ◆ **tel père, tel fils** like father like son ◆ **nous n'avons pas de tels orages en Europe** we don't get such storms ou storms like this in Europe ◆ **as-tu jamais rien vu de tel ?** have you ever seen such a thing?, have you ever seen anything like it? ◆ **s'il n'est pas menteur, il passe pour tel** perhaps he isn't a liar but that's the reputation he has ◆ **il a filé tel un zèbre** he was off like a shot ◆ **tels sont ces gens que vous croyiez honnêtes** that's what the people you thought were honest are really like ◆ **prenez telles décisions qui vous sembleront nécessaires** (frm) take such decisions as you deem ou whatever decisions you deem necessary ◆ **telles furent ses dernières paroles** those ou such (frm) were his last words ◆ **il est le patron, en tant que tel** ou **comme tel il aurait dû agir** he is the boss and as such he ought to have taken action, he's the boss and in that capacity he should have acted ◆ **tel il était enfant, tel je le retrouve** thus he was as a child, and thus he has remained ◆ **le lac tel un miroir** (littér) the lake like a mirror ou mirror-like; → **rien**
**b** (valeur d'indéfini) such-and-such ◆ **tel et tel** such-and-such ◆ **venez tel jour/à telle heure** come on such-and-such a day/at such-and-such a time ◆ **telle quantité d'arsenic peut tuer un homme et pas un autre** a given quantity of arsenic can kill one man and not another ◆ **telle ou telle personne vous dira que ...** someone ou somebody or other will tell you that ... ◆ **j'ai lu dans tel ou tel article que ...** I read in some article or other that ... ◆ **tel enfant qui se croit menacé devient agressif** any child that feels threatened will become aggressive ◆ **l'on connaît tel bureau où ...** there's ou I know a certain office ou one office where ...
**c** **tel(le) que, tel(s) que** like, (such ou the same ou just) as; (énumération) like, such as ◆ **il est resté tel que je le connaissais** he is still the same ou just as he used to be, he's stayed just as I remember him ◆ **un homme tel que lui doit comprendre** a man like him ou such a man as he (frm) must understand ◆ **tel que je le connais, il ne viendra pas** if I know him, he won't come ◆ **tel que vous me voyez, je reviens d'Afrique** I'm just back from Africa ◆ **tel que vous me voyez, j'ai 72 ans** you wouldn't think it to look at me but I'm 72 ◆ **restez tel que vous êtes** stay (just) as you are ◆ **là il se montre tel qu'il est** now he's showing himself in his true colours ou as he really is ◆ **les métaux tels que l'or, l'argent et le platine** metals like ou such as gold, silver and platinum ◆ **le ciel à l'occident tel qu'un brasier** (littér) the western sky like a fiery furnace ◆ **il m'a dit : "sortez d'ici ou je vous sors", tel que !** * he said to me "get out of here or I'll throw you out" – just like that!
◆ **tel(le) quel(le), tel(s) quel(s)** ◆ **il a acheté la maison telle quelle** * he bought the house (just) as it was ou stood ◆ **laissez tous ces dossiers tels que** * leave all those files as they are ou as you find them ◆ **"à vendre tel quel"** (sur objet en solde) "sold as seen" (Brit), "sold as is" (US)
**d** (intensif) (sg : avec nom concret) such a; (avec nom abstrait) such; (pl) such ◆ **on n'a jamais vu une telle cohue** you've never seen such a crush ◆ **c'est une telle joie de l'entendre !** what a joy ou it's such a joy to hear him!
**e** (avec conséquence) **de telle façon** ou **manière** in such a way ◆ **ils ont eu de tels ennuis avec leur voiture qu'ils l'ont vendue** they had such (a lot of) trouble ou so much trouble with their car that they sold it ◆ **de telle sorte que** so that ◆ **à telle(s) enseigne(s) que** so much so that; → **point[1]**
[2] pron indéf ◆ **tel vous dira qu'il faut voter oui, tel autre ...** one will tell you you must vote yes, another ... ◆ **si tel ou tel vous dit ...** if somebody ou anybody tells you that ... ◆ (Prov) **tel est pris qui croyait prendre** it's the biter bit ◆ (Prov) **tel qui rit vendredi, dimanche pleurera** you can be laughing on Friday but crying by Sunday; → **un**

**tél.** (abrév de **téléphone**) tel.

**télamon** [telamɔ̃] nm telamon, atlas

**télé** * [tele] [1] nf (abrév de **télévision**) **a** (= organisme) TV ◆ **il travaille à la télé** he works on TV
**b** (= programmes) TV ◆ **qu'est-ce qu'il y a à la télé ce soir ?** what's on TV ou the box * ou telly * (Brit) tonight? ◆ **son mari est passé à la télé** her husband has been ou appeared on TV
**c** (= poste) TV, telly * (Brit) ◆ **allume la télé** turn on the TV ou the telly * (Brit)
[2] nm (abrév de **téléobjectif**)

**téléachat** [teleaʃa] nm teleshopping (NonC), armchair shopping (NonC)

**téléacteur, -trice** [teleaktœʀ, tʀis] nm,f telesales operator ou clerk

**téléaffichage** [teleafiʃaʒ] nm electronic information display

**téléalarme** [telealaʀm] nf remote alarm

**télébenne** [telebɛn] nf ⇒ **télécabine**

**téléboutique ®** [telebutik] nf phone shop

**télécabine** [telekabin] nf cable car

**télécarte ®** [telekaʀt] nf phonecard

**téléchargeable** [teleʃaʀʒabl] adj downloadable

**téléchargement** [teleʃaʀʒəmɑ̃] nm downloading

**télécharger** [teleʃaʀʒe] vti to download

**télécinéma** [telesinema] nm (= appareil) telecine

**télécommande** [telekɔmɑ̃d] [→ SYN] nf remote control

**télécommander** [telekɔmɑ̃de] ▸ conjug 1 ◂ vt (Tech) to operate by remote control ◆ **un complot télécommandé de l'étranger** a plot masterminded from abroad

**télécommunication** [telekɔmynikasjɔ̃] [→ SYN] nf telecommunications ◆ **réseau de télécommunication(s)** telecommunications ou telecoms network ◆ **les télécommunications sont en pleine expansion** the telecommunications industry is booming

**télécoms** * [telekɔm] nfpl (abrév de **télécommunications**) ◆ **les télécoms** telecommunications, the telecommunications industry ◆ **ingénieur télécom(s)** telecommunications engineer

**téléconférence** [telekɔ̃feʀɑ̃s] nf (= méthode) teleconferencing; (= discussion) teleconference, conference call

**télécopie** [telekɔpi] nf (= procédé) fax; (= document) fax ◆ **transmettre par télécopie** to send by fax, fax

**télécopieur** [telekɔpjœʀ] nm fax (machine)

**télédétection** [teledetɛksjɔ̃] nf remote sensing ◆ **satellite de télédétection** remote-sensing satellite

**télédiffuser** [teledifyze] ▸ conjug 1 ◂ vt to broadcast by television

**télédiffusion** [teledifyzjɔ̃] nf television broadcasting ◆ **Télédiffusion de France** *French broadcasting authority,* ≈ Independent Broadcasting Authority (Brit), ≈ Federal Communications Commission (US)

**télédistribution** [teledistʀibysjɔ̃] nf cable broadcasting

**téléécriture** [teleekʀityʀ] nf telewriting

**téléenseignement** [teleɑ̃sɛɲmɑ̃] nm distance learning

**téléférique** [telefeʀik] [→ SYN] nm (= installation) cableway; (= cabine) cable-car

**téléfilm** [telefilm] nm television ou TV film, made-for-TV movie

**télégénique** [teleʒenik] adj telegenic

**télégestion** [teleʒɛstjɔ̃] nf remote management

**télégramme** [telegʀam] [→ SYN] nm telegram, wire, cable

**télégraphe** [telegʀaf] [→ SYN] nm telegraph

**télégraphie** [telegʀafi] nf (= technique) telegraphy ◆ **télégraphie optique** signalling ◆ **télégraphie sans fil** † wireless telegraphy †

**télégraphier** [telegʀafje] [→ SYN] ▸ conjug 7 ◂ vt [+ message] to telegraph, wire, cable ◆ **tu devrais lui télégraphier** you should send him a telegram ou wire ou cable, you should wire (to) him ou cable him

**télégraphique** [telegʀafik] [→ SYN] adj **a** poteau, fils telegraph (épith); alphabet, code Morse (épith); message telegram (épith), telegraphed, telegraphic ◆ **adresse télégraphique** telegraphic address
**b** (fig) style, langage telegraphic

**télégraphiquement** [telegʀafikmɑ̃] adv telegraphically

**télégraphiste** [telegʀafist] nmf (= technicien) telegrapher, telegraphist; (= messager) telegraph boy

**téléguidage** [telegidaʒ] [→ SYN] nm remote control

**téléguider** [telegide] ▸ conjug 1 ◂ vt **a** (Tech) to operate by remote control ◆ **voiture télégui-**

**dée** remote-controlled ou radio-controlled car ◆ **engin téléguidé** guided missile

**b** (fig) (= manipuler) [+ personne, organisation] to control (from a distance); (= diriger) [+ action, complot, campagne de presse] to mastermind

**téléimprimeur** [teleɛ̃pʀimœʀ] **nm** teleprinter

**téléinformatique** [teleɛ̃fɔʀmatik] **nf** telecomputing, remote computing

**téléjournal** [teleʒuʀnal] **nm** (Helv = journal télévisé) television news (bulletin)

**télékinésie** [telekinezi] **nf** telekinesis

**télémaintenance** [telemɛ̃t(ə)nɑ̃s] **nf** remote maintenance

**télémanipulateur** [telemanipylatœʀ] **nm** remote control handling device

**télémanipulation** [telemanipylasjɔ̃] **nf** remote control handling

**Télémaque** [telemak] **nm** Telemachus

**télémark** [telemaʀk] **nm** (= discipline) telemark skiing; (= virage) telemark turn ◆ **skis télémark** telemark skis

**télémarketing** [telemaʀketiŋ] **nm** telemarketing

**télématique** [telematik] **1** **adj** serveur, service, réseau data communications (épith)

**2** **nf** computer telephone integration, CTI, telematics sg

**télémesure** [telem(ə)zyʀ] **nf** telemetry

**télémètre** [telemɛtʀ] **nm** (Mil, Photo) rangefinder

**télémétrie** [telemetʀi] **nf** telemetry

**télémétrique** [telemetʀik] **adj** telemetric(al)

**télencéphale** [telɑ̃sefal] **nm** telencephalon

**téléobjectif** [teleɔbʒɛktif] **nm** telephoto lens

**téléologie** [teleɔlɔʒi] **nf** teleology

**téléologique** [teleɔlɔʒik] **adj** teleologic(al)

**téléosaure** [teleɔzɔʀ] **nm** teleosaur

**téléostéens** [teleɔsteɛ̃] **nmpl** ◆ **les téléostéens** teleosts, the Teleostei (SPÉC)

**télépaiement** [telepɛmɑ̃] **nm** electronic payment

**télépathe** [telepat] → SYN **1** **adj** telepathic

**2** **nmf** telepathist

**télépathie** [telepati] → SYN **nf** telepathy

**télépathique** [telepatik] **adj** telepathic

**télépayer** [telepeje] ▸ conjug 8 ◂ **vt** to pay for *(via electronic payment system)*

**télépéage** [telepeaʒ] **nm** *motorway toll system based on electronic tagging of cars*

**téléphérage** [telefeʀaʒ] **nm** transport by cableway

**téléphérique** [telefeʀik] → SYN **nm** ⇒ **téléférique**

**téléphone** [telefɔn] GRAMMAIRE ACTIVE 27.7 → SYN

**1** **nm** (= système) telephone; (= appareil) (tele)phone ◆ **le téléphone marche très bien dans notre pays** (= service) our country has an excellent telephone service ◆ **je paie cher en téléphone** I've got a large phonebill ◆ **avoir le téléphone** to be on the (tele)phone (Brit), have a (tele)phone ◆ **donne-moi ton téléphone** * (= numéro) give me your phone number → **abonné, numéro**

♦ **au/par téléphone** ◆ **demande-le-lui au** ou **par téléphone** phone him (and ask) about it, give him a call about it ◆ **on vous demande au téléphone** there's someone on the phone for you, you're wanted on the phone ◆ **j'avais Jean au téléphone quand on nous a coupés** I was on the phone to Jean when we were cut off ◆ **je l'ai/il est au téléphone** I have him/he's on the phone ◆ **tu peux me donner les renseignements par téléphone** you can give me the information over the phone ◆ **réserver par téléphone** to reserve by telephone, make a (tele)phone booking ◆ **jouer au téléphone** to play Chinese whispers

♦ **coup de téléphone** (phone) call ◆ **j'ai eu un coup de téléphone de Richard** I had ou got a phone call from Richard ◆ **donner** ou **passer un coup de téléphone à qn** to phone sb, call sb, give sb a call ou ring (Brit), ring sb up (Brit) ◆ **il faut que je donne un coup de téléphone** I've got to make a phone call ◆ **recevoir un coup de téléphone (de qn)** to get a (phone) call (from sb)

**2** COMP ▷ **téléphone arabe** bush telegraph ◆ **apprendre qch par le téléphone arabe** to hear sth through the grapevine ou on the bush telegraph ▷ **téléphone automatique** automatic telephone system ▷ **téléphone de brousse** ⇒ **téléphone arabe** ▷ **téléphone à cadran** dial (tele)phone ▷ **téléphone à carte (magnétique)** cardphone ▷ **téléphone cellulaire** cellular (tele)phone ▷ **téléphone interne** internal (tele)phone ▷ **téléphone à manivelle** magneto telephone ▷ **téléphone mobile** mobile (tele)phone ▷ **téléphone de poche** pocket (tele)phone ▷ **téléphone portable** portable (tele)phone ▷ **téléphone public** public (tele)phone, pay-phone ▷ **téléphone rose** (= service) telephone sex line, phone sex chatline; (= concept) telephone sex ▷ **le téléphone rouge** (Pol) the hot line ◆ **il l'a appelé par le téléphone rouge** he called him on the hot line ▷ **téléphone sans fil** cordless (tele)phone ▷ **téléphone à touches** push-button (tele)phone ▷ **téléphone de voiture** car phone

**téléphoner** [telefɔne] GRAMMAIRE ACTIVE 27.1, 27.2 → SYN ▸ conjug 1 ◂

**1** **vt** **a** [+ message] to give by (tele)phone ◆ **il m'a téléphoné la nouvelle** he phoned me and told me the news ◆ **téléphone-lui de venir** phone him and tell him to come ◆ **télégramme téléphoné** telegram sent by telephone

**b** (*, fig = prévisible) **leur manœuvre était téléphonée** you could see what they were up to from a mile off * ◆ **ses passes/attaques sont téléphonées** (Sport) his passes/attacks are telegraphed

**2** **vi** to (tele)phone ◆ **téléphoner à qn** to (tele)phone sb, call ou ring (Brit) sb (up) ◆ **où est Paul ? – il téléphone** where's Paul? — he's on the phone ou he's making a call ◆ **j'étais en train de téléphoner à Paul** I was on the phone to Paul ◆ **je téléphone beaucoup, je n'aime pas écrire** I phone people a lot ou I use the phone a lot as I don't like writing

**3** **se téléphoner** **vpr** to (tele)phone each other

**téléphonie** [telefɔni] **nf** telephony ◆ **téléphonie sans fil** wireless telephony, radiotelephony ◆ **téléphonie mobile** mobile telephony

**téléphonique** [telefɔnik] **adj** telephone (épith)

**téléphoniquement** [telefɔnikmɑ̃] **adv** by telephone, telephonically

**téléphoniste** [telefɔnist] **nmf** [poste] telephonist (Brit), (telephone) operator; [entreprise] switchboard operator

**téléphotographie** [telefɔtɔgʀafi] **nf** telephotography

**téléprompteur** [telepʀɔ̃ptœʀ] → SYN **nm** Autocue ® (Brit), Teleprompter ® (US)

**téléradiographie** [teleʀadjɔgʀafi] **nf** teleradiography

**téléreportage** [teleʀ(ə)pɔʀtaʒ] **nm** (= activité) television reporting ◆ **un téléreportage** a television report ◆ **le car de téléreportage** the outside-broadcast coach

**téléreporteur** [teleʀəpɔʀtœʀ] **nm** television reporter

**télescopage** [telɛskɔpaʒ] → SYN **nm** [véhicules] concertinaing (NonC); [trains] telescoping (NonC), concertinaing (NonC)

**télescope** [telɛskɔp] → SYN **nm** telescope ◆ **télescope spatial** space telescope

**télescoper** [telɛskɔpe] → SYN ▸ conjug 1 ◂ **1** **vt** [+ véhicule] to smash up; [+ faits, idées] to mix up, jumble together

**2** **se télescoper** **vpr** [véhicules] to concertina; [trains] to telescope, concertina; [souvenirs] to become confused and mixed up

**télescopique** [telɛskɔpik] **adj** telescopic

**téléscripteur** [teleskʀiptœʀ] → SYN **nm** teleprinter, Teletype ® (machine)

**télésecrétariat** [telesəkʀetaʀja] **nm** secretarial teleworking

**téléservice** [teleseʀvis] **nm** on-line ou remote services

**télésiège** [telesjɛʒ] **nm** chairlift

**téléski** [teleski] **nm** (ski) lift, (ski) tow ◆ **téléski à fourche** T-bar tow ◆ **téléski à archets** T-bar lift

**télésouffleur** [telesuflœʀ] **nm** Autocue ® (Brit), Teleprompter ® (US)

**téléspectateur, -trice** [telespɛktatœʀ, tʀis] **nm,f** (television ou TV) viewer

**télesthésie** [telɛstezi] **nf** telaesthesia (Brit), telesthesia (US)

**télésurveillance** [telesyʀvɛjɑ̃s] **nf** electronic surveillance ◆ **caméra de télésurveillance** security ou surveillance camera

**Télétel** ® [teletɛl] **nm** electronic telephone directory

**télétex** ® [teletɛks] **nm** teletex

**télétexte** [teletɛkst] **nm** Teletext ®, Viewdata ®

**téléthèque** [teletɛk] **nf** television archives

**Téléthon** [teletɔ̃] **nm** Telethon

**télétraitement** [teletʀɛtmɑ̃] **nm** (Ordin) teleprocessing

**télétransmission** [teletʀɑ̃smisjɔ̃] **nf** remote transmission

**télétravail** [teletʀavaj] **nm** teleworking, telecommuting

**télétravailler** [teletʀavaje] ▸ conjug 1 ◂ **vi** to telework, telecommute

**télétravailleur, -euse** [teletʀavajœʀ, øz] **nm,f** teleworker, telecommuter

**Télétype** ® [teletip] **nm** teleprinter, Teletype ® (machine)

**télévangéliste** [televɑ̃ʒelist] **nmf** televangelist, television ou TV evangelist

**télévendeur, -euse** [televɑ̃dœʀ, øz] **nm,f** telesales operator

**télévente** [televɑ̃t] **nf** (= technique) telephone selling, telesales; (= action) telephone sales

**téléviser** [televize] ▸ conjug 1 ◂ **vt** to televise; → **journal**

**téléviseur** [televizœʀ] **nm** television (set), TV (set)

**télévision** [televizjɔ̃] → SYN **nf** **a** (= organisme, technique) television, TV ◆ **la télévision par satellite** satellite television ou TV ◆ **la télévision câblée** ou **par câble** cable television ou TV, cablevision (US) ◆ **télévision (à) haute définition** high definition television ou TV, HDTV ◆ **télévision 16/9^ème^** wide-screen television ◆ **télévision payante** pay television ou TV ◆ **il travaille pour la télévision allemande** he works for German television

**b** (= programmes) television, TV ◆ **à la télévision** on television ou TV ◆ **il est passé à la télévision** [personne] he has been ou appeared on television ou TV; [film] it has been on television ou TV ◆ **regarder la télévision** to watch television ou TV ◆ **la télévision du matin** breakfast television ou TV; → **carte, interactif**

**c** (= chaîne) television channel ◆ **les télévisions étrangères** foreign channels ◆ **télévision privée** independent ou private channel

**d** (= poste) television (set) ◆ **télévision (en) noir et blanc/couleur** black-and-white/colour television

**télévisuel, -elle** [televizɥɛl] **adj** television (épith), televisual

**télex** [telɛks] **nm inv** telex ◆ **envoyer qch par télex** to telex sth

**télexer** [telɛkse] ▸ conjug 1 ◂ **vt** to telex

**télexiste** [telɛksist] **nmf** telex operator

**tell** [tɛl] → SYN **nm** (Archéol) tell

**tellement** [tɛlmɑ̃] **adv** **a** (= si) (avec adj ou adv) so; (avec compar) so much ◆ **il est tellement gentil** he's so nice ◆ **tellement mieux/plus fort/plus beau** so much better/stronger/more beautiful ◆ **j'étais tellement fatigué que je me suis couché immédiatement** I was so tired (that) I went straight to bed

**b** (= tant) so much ◆ **tellement de gens** (= tant de) so many people ◆ **tellement de temps** so much time, so long ◆ **il a tellement insisté que ...** he insisted so much that ..., he was so insistent that ... ◆ **il travaille tellement qu'il se rend malade** he works so much ou hard (that) he's making himself ill

**c** (introduisant une causale = tant) **on ne le comprend pas, tellement il parle vite** he talks so fast (that) you can't understand him ◆ **il**

trouve à peine le temps de dormir, tellement il travaille he works so much ou hard that he hardly finds time to sleep

d (avec nég)

♦ **pas tellement** ♦ **pas tellement fort/lentement** not (all) that strong/slowly, not so (very) strong/slowly ♦ **il ne travaille pas tellement** he doesn't work (all) that much ou hard, he doesn't work so (very) much ou hard ♦ **tu aimes le cinéma ? – pas tellement** do you like the cinema? – not (all) that much ou not particularly ou not especially ♦ **il n'est pas tellement pauvre qu'il ne puisse ...** (littér) he's not so poor that he cannot ... ♦ **il ne travaille pas tellement qu'il ait besoin de repos** (littér) he does not work to such an extent ou so very much that he needs rest

♦ **plus tellement** ♦ **on ne la voit plus tellement** we don't really see (very) much of her any more ♦ **y allez-vous toujours ? – plus tellement, maintenant qu'il y a le bébé** do you still go there? – not (very) much ou not all that much now that there's the baby ♦ **cet article n'est plus tellement demandé** this article is no longer very much in demand ♦ **ce n'est plus tellement à la mode** it's not really ou all that fashionable any more ♦ **cela ne se fait plus tellement** people no longer do that very much

**tellière** [teljɛʀ] adj m, nm ♦ **(papier) tellière** foolscap

**tellurate** [telyʀat] nm tellurate

**tellure** [telyʀ] nm tellurium

**tellureux, -euse** [telyʀø, øz] adj tellurous

**tellurhydrique** [telyʀidʀik] adj ♦ **acide tellurhydrique** hydrogen telluride

**tellurique[1]** [telyʀik] adj eaux, courants telluric; → **secousse**

**tellurique[2]** [telyʀik] adj ♦ **acide tellurique** telluric acid

**tellurure** [telyʀyʀ] nm telluride

**téloche** * [telɔʃ] nf TV, box *, telly * (Brit) ♦ **à la téloche** on TV, on the box * ou telly (Brit), on the (boob)tube * (US)

**télolécithe** [telɔlesit] adj telolecithal

**télophase** [telɔfɑz] nf telophase

**telson** [tɛlsɔ̃] nm telson

**téméraire** [temeʀɛʀ] → SYN adj action, entreprise, personne rash, reckless, foolhardy; jugement rash ♦ **téméraire dans ses jugements** rash in one's judgments ♦ **courageux** ou **audacieux, mais pas téméraire !** * (hum) brave maybe, but not foolhardy!

**témérairement** [temeʀɛʀmɑ̃] adv entreprendre rashly, recklessly; décider, juger rashly

**témérité** [temeʀite] → SYN nf [action, entreprise] rashness, recklessness, foolhardiness; [jugement] rashness; [personne] (= imprudence) recklessness, foolhardiness, rashness; (= audace) temerity ♦ **avoir la témérité de faire qch** to have the temerity to do sth

**témoignage** [temwaɲaʒ] → SYN nm a (en justice) (= déclaration) testimony (NonC), evidence (NonC); (= faits relatés) evidence (NonC) ♦ **recueillir des témoignages** to gather evidence ♦ **d'après le témoignage de M. Lebrun** according to Mr Lebrun's testimony ou evidence, according to the evidence of ou given by Mr Lebrun ♦ **j'étais présent lors de son témoignage** I was present when he gave evidence ou gave his testimony ♦ **ces témoignages sont contradictoires** these are contradictory pieces of evidence ♦ **c'est un témoignage écrasant/irrécusable** the evidence is overwhelming/incontestable ♦ **porter** ou **rendre témoignage de qch** to testify to sth, bear witness to sth ♦ **rendre témoignage au courage de qn** to praise sb's courage; → **faux²**

b (= récit, rapport) account, testimony ♦ **ce livre est un merveilleux témoignage sur notre époque** this book gives a marvellous account of the age we live in

c (= attestation) **témoignage de probité/de bonne conduite** evidence (NonC) ou proof (NonC) of honesty/of good conduct ♦ **invoquer le témoignage de qn pour prouver sa bonne foi** to call on sb's evidence ou testimony to prove one's good faith ♦ **en témoignage de quoi ...** in witness whereof ...

d (= manifestation) expression ♦ **témoignage d'amitié/de reconnaissance** (= geste) expression ou gesture of friendship/of gratitude; (= cadeau) token ou mark of friendship/of gratitude ♦ **leurs témoignages de sympathie nous ont touchés** we were touched by their expressions ou gestures of sympathy ♦ **en témoignage de ma reconnaissance** as a token ou mark of my gratitude ♦ **le témoignage émouvant de leur confiance** the touching expression of their trust

**témoigner** [temwaɲe] → SYN ▸ conjug 1 ◂ 1 vi (Jur) to testify ♦ **témoigner en faveur de qn/contre qn** to testify ou give evidence in sb's favour/against sb ♦ **témoigner en justice** to testify in court ♦ **témoigner de vive voix/par écrit** to give spoken/written evidence, testify in person/in writing

2 vt a (= attester que) **témoigner que ...** to testify that ... ♦ **il a témoigné qu'il ne l'avait jamais vu** ou **ne l'avoir jamais vu** he testified that he had never seen him

b (= faire preuve de, faire paraître) (gén) to show, display; [+ reconnaissance] to show, evince (frm) ♦ **témoigner un goût pour qch** to show ou display a taste ou liking for sth ♦ **témoigner de l'aversion à qn** to show ou evince (frm) dislike of sb

c (= démontrer) **témoigner que ...** to show that ... ♦ **témoigner de qch** to show sth ♦ **son attitude témoigne de sa préoccupation** ou **qu'il est préoccupé** his attitude shows how preoccupied he is ♦ **tout cela témoigne que les temps changent** all this shows how times change

3 **témoigner de** vt indir a (= confirmer) to testify to, bear witness to ♦ **témoigner de Dieu** to bear witness to God ♦ **je peux en témoigner** I can testify to that, I can bear witness to that (frm)

b (= manifester) to indicate, attest, bespeak (frm) ♦ **ce livre témoigne d'une certaine originalité** this book indicates ou attests ou bespeaks (frm) a certain originality

**témoin** [temwɛ̃] → SYN 1 nm a (gén, Jur) (= personne) witness; [duel] second; (à un mariage) (gén) witness ♦ **c'est le témoin du marié** he's the best man ♦ **témoin auriculaire** earwitness ♦ **témoin oculaire** eyewitness ♦ **témoin direct/indirect** direct/indirect witness ♦ **témoin de moralité** character witness, character reference *(person)* ♦ **témoin gênant** embarrassing witness ♦ **être témoin à charge/à décharge** (Jur) to be (a) witness for the prosecution/for the defence ♦ **être témoin de** [+ crime, scène] to witness, be a witness to; [+ la sincérité de qn] to vouch for ♦ **prendre qn à témoin (de qch)** to call sb to witness (to ou of sth) ♦ **parler devant témoin(s)** to speak in front of witnesses ♦ **faire qch sans témoin** to do sth unwitnessed ♦ **cela doit être signé devant témoin** this must be signed in front of a witness ♦ **il a été entendu comme témoin dans l'affaire Lebrun** he was a witness in the Lebrun case ♦ **que Dieu m'en soit témoin** as God is my witness ♦ **Dieu m'est témoin que je n'ai pas voulu le tuer** as God is my witness, I didn't mean to kill him ♦ **les Témoins de Jéhovah** Jehovah's Witnesses ♦ **ces lieux témoins de notre enfance** these places which witnessed our childhood; → **faux²**

b (= preuve) evidence (NonC), testimony ♦ **ces ruines sont le témoin de la férocité des combats** these ruins are (the) evidence of ou a testimony to the fierceness of the fighting ♦ **ils sont les témoins d'une époque révolue** they are the survivors of a bygone age ♦ **la région est riche, témoin les constructions nouvelles qui se dressent partout** the region is rich – witness the new buildings going up everywhere

c (Sport) baton ♦ **passer le témoin** to hand on ou pass the baton

d (Géol) outlier; [excavations] dumpling; → **butte**

e (Constr : posé sur une fente) telltale

f (= borne) boundary marker

g **(lampe) témoin** warning light

2 adj (après n) control (épith) ♦ **animaux/sujets témoins** control animals/subjects ♦ **appartement témoin** show-flat (Brit), model apartment (US) ♦ **réalisation témoin** pilot ou test development; → **lampe**

**tempe** [tɑ̃p] nf (Anat) temple ♦ **avoir les tempes grisonnantes** to have greying temples, be going grey at the temples

**tempera** [tɑ̃peʀa] **a tempera** loc adj in ou with tempera

**tempérament** [tɑ̃peʀamɑ̃] → SYN nm a (= constitution) constitution ♦ **tempérament robuste/faible** strong/weak constitution ♦ **se tuer** ou **s'esquinter le tempérament** * to wreck one's health ♦ **tempérament sanguin/lymphatique** sanguine/lymphatic constitution ♦ **tempérament nerveux** nervous disposition

b (= nature, caractère) disposition, temperament, nature ♦ **elle a un tempérament actif/réservé** she is of ou has an active/a reserved disposition ♦ **tempérament romantique** romantic nature ou temperament ♦ **moqueur par tempérament** naturally given to ou disposed to mockery ♦ **avoir du tempérament** to have a strong personality ♦ **c'est un tempérament** he (ou she) has a strong personality

c (= sensualité) sexual nature ♦ **être de tempérament ardent/froid** to have a passionate/cold nature ♦ **avoir du tempérament** to be hot-blooded ou highly sexed

d (Comm) **vente à tempérament** hire purchase (Brit), installment plan (US) ♦ **acheter qch à tempérament** to buy sth on hire purchase (Brit) ou on an installment plan (US) ♦ **trop d'achats à tempérament l'avaient mis dans une situation difficile** too many hire purchase commitments (Brit) ou too many installment purchases (US) had got him into a difficult situation

e (Mus) temperament

**tempérance** [tɑ̃peʀɑ̃s] → SYN nf temperance; → **société**

**tempérant, e** [tɑ̃peʀɑ̃, ɑ̃t] → SYN adj temperate

**température** [tɑ̃peʀatyʀ] → SYN nf a (Mét, Phys) temperature ♦ **les températures sont en hausse/en baisse** temperatures are rising/falling ♦ **température d'ébullition/de fusion** boiling/melting point ♦ **température absolue** ou **en degrés absolus** absolute temperature ♦ **lavage à basse/haute température** low-/high-temperature wash

b (= chaleur du corps) temperature ♦ **animaux à température fixe/variable** warm-blooded/cold-blooded animals ♦ **avoir** ou **faire de la température** to have a temperature, be running a temperature ♦ **prendre la température de** [+ malade] to take the temperature of; (fig) [+ auditoire, groupe] to sound out; → **courbe, feuille**

**tempéré, e** [tɑ̃peʀe] → SYN (ptp de **tempérer**) adj climat, zone temperate; (Mus) tempered

**tempérer** [tɑ̃peʀe] → SYN ▸ conjug 6 ◂ vt [+ froid, rigueur du climat] to temper; (littér) [+ peine, douleur] to soothe, ease; (littér) [+ ardeur, sévérité] to temper

**tempête** [tɑ̃pɛt] → SYN nf a (lit) storm, gale, tempest (littér) ♦ **tempête de neige** snowstorm, blizzard ♦ **tempête de sable** sandstorm ♦ **"La Tempête"** (Littérat) "The Tempest"; → **briquet¹, semer, souffler**

b (fig = agitation) storm ♦ **une tempête dans un verre d'eau** a storm in a teacup (Brit), a tempest in a teapot (US) ♦ **cela va déchaîner des tempêtes** that's going to raise a storm ♦ **il est resté calme dans la tempête** he remained calm in the midst of the storm ♦ **les tempêtes de l'âme** inner turmoil

c (= déchaînement) **une tempête d'applaudissements** a storm of applause, thunderous applause (NonC) ♦ **une tempête d'injures** a storm of abuse

**tempêter** [tɑ̃pete] → SYN ▸ conjug 1 ◂ vi to rant and rave (*contre* about), rage (*contre* against)

**tempétueux, -euse** [tɑ̃petɥø, øz] adj (littér) région, côte tempestuous (littér), stormy; vie, époque tempestuous, stormy, turbulent

**temple** [tɑ̃pl] → SYN nm a (Hist, littér) temple

b (Rel) (Protestant) church ♦ **l'Ordre du Temple, le Temple** the Order of the Temple

**templier** [tɑ̃plije] nm (Knight) Templar

**tempo** [tɛmpo] → SYN nm (Mus) tempo; (fig) tempo, pace

**temporaire** [tɑ̃pɔʀɛʀ] → SYN adj personnel, mesures, crise temporary ♦ **nomination à titre temporaire** temporary appointment, appointment on a temporary basis; → **travail¹**

**temporairement** [tɑ̃pɔʀɛʀmɑ̃] → SYN adv temporarily

**temporal, e,** mpl **-aux** [tɑ̃pɔʀal, o] (Anat) 1 adj temporal

2 nm temporal (bone)

**temporalité** [tɑ̃pɔʀalite] nf (Ling, Philos) temporality

**temporel, -elle** [tɑ̃pɔʀɛl] → SYN adj **a** (Rel) (= non spirituel) worldly, temporal; (= non éternel) temporal ◆ **biens temporels** temporal ou worldly goods, temporals
**b** (Ling, Philos) temporal

**temporellement** [tɑ̃pɔʀɛlmɑ̃] adv temporally

**temporisateur, -trice** [tɑ̃pɔʀizatœʀ, tʀis] 1 adj tactique delaying (épith), stalling (épith); effet delaying (épith)
2 nm,f (= personne) temporizer
3 nm (Tech) timer

**temporisation** [tɑ̃pɔʀizasjɔ̃] → SYN nf (= attentisme) delaying, stalling, playing for time; (Tech) time delay

**temporiser** [tɑ̃pɔʀize] → SYN ▸ conjug 1 ◂ 1 vi to delay, stall, play for time
2 vt (Tech) to delay

## temps[1] [tɑ̃]

→ SYN

1 NOM MASCULIN
2 COMPOSÉS

### 1 NOM MASCULIN

**a** = passage des ans **le temps** time ◆ **le Temps** (personnifié) (Old) Father Time ◆ **l'usure du temps** the ravages of time ◆ **avec le temps, ça s'arrangera** things will sort themselves out in time ◆ **il faut laisser** ou **donner du temps au temps** you must give these things time; → **tuer**

**b** = durée time ◆ **cela prend trop de temps** it takes (up) too much time, it's too time-consuming ◆ **la blessure mettra du temps à guérir** the wound will take (some) time to heal ◆ **il a mis beaucoup de temps à se préparer** he took a long time to get ready ◆ **la jeunesse n'a qu'un temps** youth doesn't last ◆ **travailler à plein temps** ou **à temps plein/à temps partiel** to work full-time/part-time ◆ **(travail à) temps choisi** flexitime ◆ **en peu de temps** in a short time ◆ **peu de temps avant/après Noël** shortly before/after Christmas ◆ **je l'ai vu peu de temps après** I saw him a short time after(wards), I saw him shortly after(wards) ◆ **dans peu de temps** before (very) long ◆ **pendant ce temps(-là)** meanwhile, in the meantime ◆ **il y a beau temps que je le sais** I've known that for a long time; → **depuis, hors, quelque**

**c** = portion de temps time ◆ **s'accorder un temps de réflexion** to give o.s. time to think ◆ **avoir le temps (de faire)** to have time (to do) ◆ **je n'ai pas le temps** I haven't got (the) time ◆ **je n'ai pas le temps de le faire** I haven't got the time ou I can't spare the time to do it ◆ **vous avez tout votre temps** you have all the time in the world ou plenty of time ou all the time you need ◆ **avoir** ou **se donner** ou **prendre du bon temps** to enjoy o.s., have a good time ◆ **(donnez-moi) le temps de m'habiller et je suis à vous** just give me time ou a moment to get dressed and I'll be with you ◆ **faire son temps** [soldat] to serve one's time (in the army); [prisonnier] to do ou serve one's time ◆ **il a fait son temps** [personnage] he has had his day; [objet] it has had its day ◆ **je me suis arrêté juste le temps de prendre un verre** I stopped just long enough for a drink ou to have a drink ◆ **il passe son temps à la lecture** ou **à lire** he spends his time reading ◆ **passer tout son temps à faire qch/à qch** to spends all one's time doing sth/on sth ◆ **il faut bien passer le temps** you've got to pass the time somehow ◆ **cela fait passer le temps** it passes the time ◆ **comme le temps passe !** how time flies! ◆ **perdre du/son temps (à faire qch)** to waste time/waste one's time (doing sth) ◆ **il n'y a pas de temps à perdre** there's no time to lose ◆ (Prov) **le temps perdu ne se rattrape jamais** time and tide wait for no man (Prov) ◆ **prendre le temps de faire** to find time to do ◆ **prendre le temps de vivre** to make time to enjoy life ◆ **prenez donc votre temps** do take your time ◆ **il a pris son temps !** he took his time (over ou about it)! ◆ **le temps presse** time is short, time presses ◆ (Prov) **le temps c'est de l'argent** time is money (Prov); → **clair, devant, plupart**

**d** = moment précis time ◆ **il est temps de partir** it's time to go, it's time we left ◆ **il est** ou **il serait (grand) temps qu'il parte** it's (high) time he went, it's time for him to go ◆ **le temps est venu de supprimer les frontières** the time has come to abolish frontiers, it's time frontiers were abolished ◆ **ce n'est ni le temps ni le lieu de discuter** this is neither the time nor the place for discussions ◆ **il était temps !** (= ce n'est pas trop tôt) not before time!, about time too!; (c'était juste) it came in the nick of time! ◆ **il n'est plus temps de se plaindre** the time for complaining is past ou over ◆ **il n'est que temps de s'en préoccuper** it's high time we started worrying about it ◆ (Prov) **il y a un temps pour tout** there's a right time for everything; → **chaque**

**e** = époque time, times ◆ **le temps des moissons/des vacances** (= saison) harvest/holiday time ◆ **les temps modernes** modern times ◆ **au** ou **du temps où ..., dans le temps où ..., du temps que ...** (littér) in the days when ..., at the time when ... ◆ **au temps de la marine à voile** in the days of sailing ships ◆ **ces derniers temps, ces temps derniers** lately, recently, of late ◆ **dans les derniers temps du colonialisme** towards the end of the colonial period ◆ **les premiers temps** at the beginning, at first, at the outset ◆ **dans les premiers temps de la crise** at the beginning of the crisis ◆ **dans les temps anciens** in ancient times ou days ◆ **en temps de guerre/paix** in wartime/peacetime ◆ **en temps de crise** in times of crisis ◆ **en un temps où ...** at a time when ... ◆ **en ces temps troublés** (actuellement) in these troubled times; (dans le passé) in those troubled times ◆ **les temps ont bien changé** times have changed ◆ **le temps n'est plus où ...** gone are the days when ... ◆ **il fut un temps** (frm) **où l'on pensait que ...** time was ou there was a time when people thought that ... ◆ **c'était le bon temps** those were the days ◆ **dans le** ou **au bon vieux temps** in the good old days ◆ **quels temps nous vivons !** what times we live in! ◆ **les temps sont durs !** times are hard! ◆ **"Les Temps difficiles"** (Littérat) "Hard Times"; → **ancien, nuit, signe**

**f** = époque délimitée par rapport à qn time(s), day(s) ◆ **du temps de Néron** in Nero's time ou day, at the time of Nero ◆ **au temps des Tudors** in Tudor times, in the days of the Tudors ◆ **de mon temps** in my day ou time ◆ **dans mon jeune temps** in my younger days ◆ **être de son temps** [homme] to be a man of his time; [femme] to be a woman of her time ◆ **il faut être de son temps** you have to move with the times ◆ **les jeunes de notre temps** young people today

**g** = phase **l'opération s'est déroulée en trois temps** there were three phases to the operation ◆ **dans un premier temps** at first, to start ou begin with ◆ **dans un deuxième temps** subsequently

**h** marquant un rythme (Mus) beat; (Gym) [exercice, mouvement] stage ◆ **temps fort/faible** strong/weak beat ◆ **les temps forts et les temps faibles d'un roman** (fig) the powerful and the weak moments of a novel ◆ **temps frappé** (Mus) downbeat ◆ **trois temps** three beats to the bar ◆ **à deux/trois temps** in duple/triple time ◆ **temps de valse** waltz time; → **deux**

**i** Ling [verbe] tense ◆ **temps simple/composé** simple/compound tense ◆ **temps surcomposé** double-compound tense ◆ **adverbe/complément de temps** adverb/complement of time, temporal adverb/complement; → **concordance**

**j** Tech stroke ◆ **moteur à 4 temps** 4-stroke engine ◆ **un 2 temps** a 2-stroke

**k** Sport [coureur, concurrent] time ◆ **le skieur a réalisé un très bon temps** the skier achieved a very good time ◆ **dans les meilleurs temps** among the best times

**l** expressions figées

◆ **à temps** in time ◆ **j'arrive à temps !** I've come just in time!
◆ **à temps perdu** in my (ou your etc) spare time
◆ **au temps pour moi!** my mistake!
◆ **ces temps-ci** these days
◆ **dans ce temps-là, en ce temps-là** at that time
◆ **dans le temps** in the old days, in the past, formerly
◆ **dans les temps** ◆ **être dans les temps** (Sport) to be within the time limit; (travail) to be on schedule; (fig = pas en retard) to be in time ◆ **il ne reste que 12 jours avant la fin, mais nous sommes dans les temps** there are only 12 days left, but we're on schedule ◆ **cette commande sera livrée dans les temps** the order will be delivered on time
◆ **de tout temps** from time immemorial, since the beginning of time
◆ **de temps à autre, de temps en temps** from time to time, now and again, every now and then
◆ **du temps que*** ◆ **du temps que tu y es, rapporte des fruits** (= pendant que) while you're at it* ou about it*, get some fruit
◆ **en temps et en heure** in due course
◆ **en temps et lieu** in due course, at the proper time (and place);
◆ **en temps** + adjectif ◆ **en temps normal** ou **ordinaire** usually, under normal circumstances ◆ **en temps opportun** at the appropriate time ◆ **en temps voulu** ou **utile** in due time ou course
◆ **entre temps** ⇒ **entre-temps**
◆ **par les temps qui courent** these days, nowadays
◆ **pour un temps** for a time ou while
◆ **tout le temps** all the time ◆ **l'air est presque tout le temps pollué** the air is polluted almost all the time ◆ **il se plaint tout le temps** he complains all the time, he's forever complaining ◆ **je ne vis pas tout le temps à Rome** I don't live in Rome all the time

### 2 COMPOSÉS

▷ **temps d'accès** (Ordin) access time ▷ **temps d'antenne** airtime ▷ **temps d'arrêt** pause, halt ◆ **marquer un temps d'arrêt** to pause ▷ **temps astronomique** (Sci) mean ou astronomical time ▷ **temps atomique** (Phys) atomic time ▷ **temps de cuisson** cooking time ▷ **temps différé** (Ordin) batch mode ▷ **temps libre** spare time ◆ **comment occupes-tu ton temps libre ?** what do you do in your spare time? ▷ **temps mort** (Ftbl, Rugby) injury time (NonC), stoppage for injury; (fig) (dans le commerce, le travail) slack period; (dans la conversation) lull ▷ **temps de parole** (dans une émission) air time ▷ **temps partagé** (Ordin) time-sharing ◆ **utilisation en temps partagé** (Ordin) time-sharing ◆ **cadres à temps partagé** managers working on a job-share basis ▷ **temps de pose** (Photo) exposure ou value index ▷ **temps de réaction** reaction time ▷ **temps réel** (Ordin) real time ◆ **ordinateur exploité en temps réel** real-time computer ▷ **temps de réponse** response time ▷ **temps de saignement** (Méd) bleeding time ▷ **temps sidéral** (Astron) sideral time ▷ **temps solaire vrai** apparent ou real solar time ▷ **temps universel** universal time

**temps[2]** [tɑ̃] → SYN nm (= conditions atmosphériques) weather ◆ **quel temps fait-il ?** what's the weather like? ◆ **il fait beau/mauvais temps** the weather's fine/bad ◆ **le temps s'est mis au beau** the weather has turned fine ◆ **le temps se gâte** the weather is changing for the worse ◆ **par temps pluvieux/mauvais temps** in wet/bad weather ◆ **sortir par tous les temps** to go out in all weathers ◆ **avec le temps qu'il fait !** in this weather! ◆ **il fait un temps de chien*** the weather's awful ou lousy* ◆ **temps de saison** seasonable weather ◆ **il faisait un beau temps sec** (pendant une période) it was beautiful dry weather; (ce jour-là) it was a lovely dry day ◆ **le temps est lourd aujourd'hui** it's very humid ou close (Brit) today ◆ **prendre le temps comme il vient** (fig) to take things as they come; → **air[1]**

**tenable** [t(ə)nabl] → SYN adj (gén nég) température, situation bearable; position tenable ◆ **il fait trop chaud ici, ce n'est pas tenable** it's too hot here, it's unbearable ◆ **quand ils sont ensemble, ce n'est plus tenable** when they're together it becomes ou they become unbearable

**tenace** [tənas] → SYN adj **a** (= persistant) douleur, rhume stubborn, persistent; maladie, toux, rumeur, souvenir persistent; croyance, préjugés deep-seated, deep-rooted, stubborn; espoir, illusions tenacious, stubborn; rancune, méfiance lingering; odeur, parfum lingering, persistent; tache stubborn

**b** (= têtu, obstiné) quémandeur persistent; chercheur dogged, tenacious; résistance, volonté tenacious, stubborn

**ténacité** [tenasite] → SYN **nf** **a** (= persistance) [douleur, rhume] stubbornness, persistence; [croyance, préjugés] deep-seated nature, stubbornness; [rumeur, souvenir, odeur, parfum] persistence; [espoir, illusion] tenacity, stubbornness

**b** (= entêtement, obstination) [quémandeur] persistence; [chercheur] tenacity; [résistance, volonté] tenacity, doggedness ◆ **avec ténacité** persistently, tenaciously, doggedly ◆ **ils ont fait preuve de ténacité** they were persistent ou tenacious

**c** (Tech) tenacity, toughness

**tenaille** [t(ə)nɑj] → SYN **nf** **a** (gén pl) [menuisier, bricoleur] pliers, pincers; [forgeron] tongs; [cordonnier] nippers, pincers

**b** (Mil) [fortification] tenaille, tenail ◆ **prendre en tenaille** (manœuvre) to catch in a pincer movement ◆ **mouvement de tenaille** pincer movement

**tenailler** [tənɑje] → SYN ▸ conjug 1 ◂ **vt** [remords, inquiétude] to torture, torment ◆ **la faim le tenaillait** hunger gnawed at him ◆ **le remords le tenaillait** he was racked with remorse ◆ **l'inquiétude le tenaillait** he was desperately worried

**tenancier** [tənɑ̃sje] → SYN **nm** **a** [maison de jeu, hôtel, bar] manager

**b** [ferme] tenant farmer; (Hist) [terre] (feudal) tenant

**tenancière** [tənɑ̃sjɛʀ] **nf** [maison close] brothel-keeper, madam; [maison de jeu, hôtel, bar] manageress

**tenant, e** [tənɑ̃, ɑ̃t] → SYN **1** **adj** ◆ **chemise à col tenant** shirt with an attached collar ou with collar attached; → **séance**

**2** **nm** **a** (gén pl = partisan) [doctrine] supporter, upholder (*de* of), adherent (*de* to); [homme politique] supporter

**b** (Sport) [coupe] holder ◆ **le tenant du titre** the titleholder, the reigning champion

**c** (Loc) **les tenants et (les) aboutissants d'une affaire** the ins and outs of a question ◆ **d'un seul tenant** terrain all in one piece ◆ **100 hectares d'un seul tenant** 100 unbroken ou uninterrupted hectares

**d** (Hér) supporter

**tendance** [tɑ̃dɑ̃s] **GRAMMAIRE ACTIVE 26.1** → SYN **nf** **a** (= inclination, Psych) tendency ◆ **tendances refoulées/inconscientes** repressed/unconscious tendencies ◆ **la tendance principale de son caractère est l'égoïsme** the chief tendency in his character ou his chief tendency is selfishness ◆ **manifester des tendances homosexuelles** to show homosexual leanings ou tendencies ◆ **tendance à l'exagération/à s'enivrer** tendency to exaggerate ou to exaggeration/to get drunk

**b** (= opinions) [parti, politicien] leanings, sympathies; [groupe artistique, artiste] leanings; [livre] drift, tenor ◆ **il est de tendance gauchiste/surréaliste** he has leftist/surrealist leanings ◆ **à quelle tendance (politique) appartient-il ?** what are his (political) leanings? ou sympathies? ◆ **les députés, toutes tendances confondues …** deputies from across the political spectrum ou on all sides …

**c** (= évolution) [art, langage, système économique ou politique] trend ◆ **tendances démographiques** population trends ◆ **tendance à la hausse/baisse** [prix] upward/downward trend, rising/falling trend; [température] upward/downward trend ◆ **la récente tendance à la baisse des valeurs mobilières** the recent downward ou falling trend in stocks and shares ◆ **les tendances actuelles de l'opinion publique** the current trends in public opinion; → **indicateur**

**d** (Loc) **avoir tendance à** [+ paresse, exagération] to have a tendency to, tend towards ◆ **avoir tendance à s'enivrer/être impertinent** to have a tendency to get drunk/to be impertinent, tend to get drunk/to be impertinent ◆ **cette roue a tendance à se bloquer** this wheel tends ou has a tendency ou is inclined to lock ◆ **le temps a tendance à se gâter vers le soir** the weather tends to deteriorate towards the evening ◆ **en période d'inflation, les prix ont tendance à monter** in a period of inflation, prices tend ou have a tendency ou are inclined to go up ◆ **j'aurais tendance à penser que …** I'd be inclined to think that …

**tendanciel, -ielle** [tɑ̃dɑ̃sjɛl] **adj** underlying

**tendancieusement** [tɑ̃dɑ̃sjøzmɑ̃] **adv** tendentiously

**tendancieux, -ieuse** [tɑ̃dɑ̃sjø, jøz] → SYN **adj** tendentious

**tender** [tɑ̃dɛʀ] **nm** (Rail) tender

**tendeur** [tɑ̃dœʀ] **nm** (= dispositif) [fil de fer] wire-strainer; [ficelle de tente] runner; [chaîne de bicyclette] chain-adjuster; [porte-bagages] bungee (cord ou rope) ◆ **tendeur de chaussures** shoe-stretcher

**tendineux, -euse** [tɑ̃dinø, øz] **adj** viande stringy; (Anat) tendinous

**tendinite** [tɑ̃dinit] **nf** tendinitis (NonC)

**tendon** [tɑ̃dɔ̃] → SYN **nm** tendon, sinew ◆ **tendon d'Achille** Achilles' tendon

**tendre[1]** [tɑ̃dʀ] → SYN ▸ conjug 41 ◂ **1** **vt** **a** (= raidir) [+ corde, câble, corde de raquette] to tighten, tauten; [+ corde d'arc] to brace, draw tight; [+ arc] to bend, draw back; [+ ressort] to set; [+ muscles] to tense; [+ pièce de tissu] to stretch, pull ou draw tight ◆ **tendre la peau d'un tambour** to brace a drum ◆ **tendre le jarret** to flex one's leg muscles ◆ **tendre son esprit vers …** (littér) to bend one's mind to …

**b** (= installer, poser) [+ tapisserie, tenture] to hang; [+ piège] to set ◆ **tendre une bâche sur une remorque** to pull a tarpaulin over a trailer ◆ **tendre une chaîne entre deux poteaux** to hang ou fasten a chain between two posts ◆ **tendre ses filets** (lit) to set one's nets; (fig) to set one's snares ◆ **tendre un piège/une embuscade (à qn)** to set a trap/an ambush (for sb)

**c** († littér = tapisser) **tendre une pièce de tissu** to hang a room with material ◆ **tendre une pièce de soie bleue** to line the walls of a room with blue silk

**d** (= avancer) **tendre le cou** to crane one's neck ◆ **tendre l'oreille** to prick up one's ears ◆ **tendre la joue** to offer one's cheek ◆ **tendre l'autre joue** (fig) to turn the other cheek ◆ **tendre la gorge au couteau** (fig) to put ou lay one's head on the block ◆ **tendre le poing** to raise one's fist ◆ **tendre la main** (pour attraper, mendier) to hold out one's hand ◆ **tendre la main à qn** (pour saluer) to hold out one's hand to sb; (pour aider) to lend ou offer sb a helping hand; (pour se réconcilier) to hold out ou extend the hand of friendship to sb ◆ **tendre le bras** to stretch out one's arm ◆ **il me tendit les bras** he stretched out his arms to me ◆ **tendre une main secourable** to offer a helping hand ◆ **tendre le dos** (lit, fig) to brace oneself

**e** (= présenter, donner) **tendre qch à qn** [+ briquet, objet demandé] to hold sth out to ou for sb; [+ cigarette offerte, bonbon] to offer sth to sb ◆ **il lui tendit un paquet de cigarettes** he held out a packet of cigarettes to him ◆ **il lui tendit un bonbon/une cigarette** he offered him a sweet/a cigarette ◆ **tendre une perche à qn** (fig) to throw sb a line

**2** **se tendre** **vpr** [corde] to become taut, tighten; [rapports] to become strained

**3** **vi** **a** (= avoir tendance à) **tendre à qch/à faire qch** to tend towards sth/to do sth ◆ **le langage tend à se simplifier** language tends to become simpler ◆ **la situation tend à s'améliorer** the situation seems to be improving ◆ **ceci tend à prouver/confirmer que …** (sens affaibli) this seems ou tends to prove/confirm that …

**b** (littér = viser à) **tendre à qch/à faire** to aim at sth/to do ◆ **cette mesure tend à faciliter les échanges** this measure aims to facilitate ou at facilitating exchanges ◆ **tendre à** ou **vers la perfection** to strive towards perfection, aim at perfection

**c** (Math) **tendre vers l'infini** to tend towards infinity

**tendre[2]** [tɑ̃dʀ] → SYN **1** **adj** **a** (= délicat) peau, pierre, bois soft; haricots, viande tender ◆ **crayon à mine tendre** soft(-lead) pencil ◆ **un steak bien tendre** a nice tender steak ◆ **avoir la bouche tendre** [cheval] to be tender-mouthed ◆ **couché dans l'herbe tendre** (littér) lying in the sweet grass ou the fresh young grass ◆ **tendres bourgeons/fleurettes** (littér) tender shoots/little flowers ◆ **depuis sa plus tendre enfance** from his earliest days ◆ **dans ma tendre enfance** (hum) in my innocent childhood days ◆ **tendre comme la rosée** wonderfully tender; → **âge**

**b** (= affectueux) ami, amitié loving; amour tender; regard, mot tender, loving ◆ **tendre aveu** tender confession ◆ **il la regardait d'un air tendre** he looked at her tenderly ou lovingly, he gave her a tender ou loving look ◆ **dire des mots tendres à qn** to say tender ou loving things to sb ◆ **ne pas être tendre pour** ou **avec qn** * to be hard on sb

**c** (= cher) [+ ami, époux] dear ◆ **à mon tendre époux** to my dear(est) husband

**d** couleur soft, delicate ◆ **rose/vert/bleu tendre** soft ou delicate pink/green/blue

**2** **nmf** ◆ **c'est un tendre** he's tender-hearted ou soft-hearted ◆ **en affaires, ce n'est pas un tendre** * he's a tough businessman

**tendrement** [tɑ̃dʀəmɑ̃] → SYN **adv** aimer tenderly; regarder, embrasser tenderly, lovingly ◆ **époux tendrement unis** loving couple

**tendresse** [tɑ̃dʀɛs] → SYN **nf** **a** (= affection) tenderness ◆ **un geste de tendresse** a tender ou loving gesture ◆ **privé de tendresse maternelle** denied maternal affection ◆ **avoir** ou **ressentir** ou **éprouver de la tendresse pour qn** to feel tenderness ou affection for sb

**b** (= câlineries) **tendresses** tokens of affection, tenderness (NonC) ◆ **combler qn de tendresses** to overwhelm sb with tenderness ou with tokens of (one's) affection ◆ **mille tendresses** (sur lettre) lots of love, much love

**c** (= penchant) **n'avoir aucune tendresse pour qn** to have no fondness for sb ◆ **il avait gardé des tendresses royalistes** he had retained (his) royalist sympathies

**tendreté** [tɑ̃dʀəte] **nf** [viande] tenderness; [bois, métal] softness

**tendron** [tɑ̃dʀɔ̃] → SYN **nm** **a** (Culin) **tendron de veau** tendron of veal (Brit), plate of veal (US)

**b** (= pousse, bourgeon) (tender) shoot

**c** († hum = jeune fille) young ou little girl

**tendu, e** [tɑ̃dy] → SYN (ptp de **tendre[1]**) **adj** **a** (= raide) corde, toile tight, taut; muscles tensed; ressort set; (Ling) voyelle, prononciation tense ◆ **tir tendu** (Mil) straight shot; (Ftbl) straight kick ◆ **la corde est trop tendue/bien tendue** the rope is too tight ou taut/is taut ◆ **la corde est mal tendue** the rope is slack ou isn't tight ou taut enough

**b** (= appliqué) esprit concentrated

**c** (= empreint de nervosité) rapports, relations strained, fraught; personne (gén) tense; (= nerveux, inquiet) strained; situation tense, fraught; climat, ambiance tense, strained ◆ **il entra, le visage tendu** he came in looking tense ◆ **avant le match il était tendu** he was all keyed-up before the match

**d** (= en avant, pointé) **les bras tendus** with arms outstretched, with outstretched arms ◆ **s'avancer la main tendue** to come forward with one's hand held out ◆ **la politique de la main tendue à l'égard de …** a policy of friendly cooperation with … ou friendly exchanges with … ◆ **le poing tendu** with one's fist raised

**e** (= tapissé de) **tendu de** [+ velours, soie] hung with ◆ **chambre tendue de bleu/de soie bleue** bedroom with blue hangings/blue silk hangings

**ténèbres** [tenɛbʀ] → SYN **nfpl** (littér) [nuit, cachot] darkness, gloom ◆ **plongé dans les ténèbres** plunged in darkness ◆ **s'avançant à tâtons dans les ténèbres** groping his way forward in the dark(ness) ou gloom ◆ **les ténèbres de la mort** the shades of death (littér) ◆ **le prince/l'empire des ténèbres** the prince/the world of darkness ◆ **les ténèbres de l'ignorance** the darkness of ignorance ◆ **les ténèbres de l'inconscient** the dark regions ou murky depths of the unconscious ◆ **une lueur au milieu des ténèbres** a ray of light in the darkness ou amidst the gloom

**ténébreux, -euse** [tenebʀø, øz] → SYN **adj** **a** (littér) (= obscur) prison, forêt dark, gloomy; (= mystérieux et dangereux) intrigue, dessein dark (épith); (= sombre) époque, temps obscure; (= incompréhensible) affaire, philosophie dark (épith), mysterious

**b** (littér) personne saturnine ◆ **un beau ténébreux** (hum) a man with dark, brooding good looks

**ténébrion** [tenebʀijɔ̃] **nm** darkling beetle

**Ténéré** [teneʀe] **nm** ◆ **le Ténéré** Ténéré

**Tenerife** [teneʀif] **n** Tenerife

**ténesme** [tenɛsm] [→ SYN] **nm** tenesmus

**teneur**[1] [tənœʀ] [→ SYN] **nf** **a** [traité] terms; [lettre] content, terms; [article] content ◆ **il n'a pu révéler la teneur exacte de leurs entretiens** he couldn't reveal the actual content ou the exact nature of their conversations

**b** [minerai] grade, content; [solution] content ◆ **de haute/faible teneur** high-/low-grade (épith) ◆ **teneur en cuivre/alcool/matières grasses** copper/alcohol/fat content ◆ **la forte teneur en fer d'un minerai** the high iron content of an ore, the high percentage of iron in an ore ◆ **la teneur en hémoglobine du sang** the haemoglobin content of the blood

**teneur**[2], **-euse** [tənœʀ, øz] **nm,f** (Comm) ◆ **teneur de livres** bookkeeper ◆ **teneur de copie** copyholder

**ténia** [tenja] [→ SYN] **nm** tapeworm, taenia (SPÉC)

## tenir [t(ə)niʀ]

▸ conjug 22 ◂

[→ SYN] **GRAMMAIRE ACTIVE 26.3, 26.6**

[1] VERBE TRANSITIF
[2] VERBE INTRANSITIF
[3] VERBE TRANSITIF INDIRECT
[4] VERBE TRANSITIF INDIRECT
[5] VERBE IMPERSONNEL
[6] VERBE PRONOMINAL

Lorsque **tenir** s'emploie dans des expressions figées telles que **tenir compagnie/compte/rigueur, tenir chaud, tenir en haleine** etc, cherchez à l'autre mot.

### [1] VERBE TRANSITIF

**a** [avec les mains] to hold ◆ **la clé qu'il tient à la main** ou **dans sa main** the key that he's holding ou that he's got in his hand ◆ **il tient son fils par la main** he's holding his son's hand ◆ **elle le tenait par le cou** (pour l'empêcher de s'enfuir) she had got him by the neck; (par affection) she had her arm around his neck

**b** [= maintenir dans un certain état] to keep; (maintenir dans une certaine position) to hold, keep ◆ **tenir les yeux fermés/les bras levés** to keep one's eyes shut/one's arms raised ou up ◆ **le café le tient éveillé** coffee keeps him awake ◆ **elle tient ses enfants très propres** she keeps her children very neat ◆ **tenir qch en place/en position** to hold ou keep sth in place/in position ◆ **ses livres sont tenus par une courroie** his books are held (together) by a strap ◆ **il m'a tenu la tête sous l'eau** he held my head under the water ◆ **tenir la porte à qn** to hold the door open for sb

**c** [Mus = garder] [+ note] to hold ◆ **tenir l'accord** to stay in tune

**d** [= avoir, détenir] [+ voleur] [+ maladie] * to have, have caught; [+ vérité, preuve, solution] to hold, have ◆ **faire tenir qch à qn** (littér) [+ lettre, objet] to transmit ou communicate sth to sb ◆ **si je le tenais !** (menace) if I could get my hands ou lay hands on him! ◆ **nous le tenons** (lit) (= nous l'avons attrapé) we've got ou caught him; (= il ne peut se dérober) we've got him (where we want him) ◆ **je tiens le mot de l'énigme/la clé du mystère** I've found ou got the secret of the riddle/the key to the mystery ◆ **parfait, je tiens mon article/mon sujet** great, now I have my article/my subject ◆ **je tiens un de ces rhumes !** * I've got ou caught a nasty cold ◆ **qu'est-ce qu'il tient !** ‡, **il en tient une bonne !** ‡ (= il est ivre) he's plastered ‡ ou loaded! ‡ (US); (= il est idiot) he's such a wally ‡ (Brit) ou clot ‡ (Brit)! ◆ (Prov) **un tiens vaut mieux que deux tu l'auras** ◆ (Prov) **mieux vaut tenir que courir** a bird in the hand is worth two in the bush (Prov)

**e** [Comm = avoir en stock] [+ article, marchandise] to stock, keep

**f** [= avoir le contrôle de] [+ enfant, classe] to have under control, keep under control ou on a tight rein; [+ pays] to have under one's control ◆ **il tient (bien) sa classe** he has ou keeps his class (well) under control, he controls his class well ◆ **les enfants sont très tenus** the children are held very much in check ou are kept on a very tight rein ◆ **les soldats tiennent la plaine** the soldiers are holding the plain, the soldiers control the plain

**g** [= gérer] [+ hôtel, magasin] to run, keep; [+ comptes, registre, maison, ménage] to keep

**h** [= faire que qch ait lieu] [+ séance, réunion, conférence] to hold; → **langage, propos, raisonnement** etc

**i** [= occuper] [+ place, largeur] to take up; [+ rôle] to fulfill; [+ emploi] to hold ◆ **tu tiens trop de place !** you're taking up too much room! ◆ **le camion tenait toute la largeur/la moitié de la chaussée** the lorry took up the whole width of/half the roadway ◆ **il tenait sa droite** (Aut) he was keeping to the right ◆ **elle a bien tenu son rôle de femme au foyer/de chef** she was the perfect housewife/manager ◆ **elle tient le rôle d'Ophélie** (Théât, Ciné) she plays the role of Ophelia, she's cast as Ophelia ou in the role of Ophelia

**j** [= contenir] [récipient] to hold

**k** [= résister à, bien se comporter] **tenir l'alcool** * to be able to hold ou take (Brit) one's drink ◆ **tenir la mer** [bateau] to be seaworthy ◆ **tenir le coup** [personne] to survive; [chose] (= durer) to last ◆ **financièrement, ils n'auraient pas tenu le coup** financially they wouldn't have survived ou been able to hold out ◆ **avec tout ce travail, est-ce qu'il pourra tenir le coup ?** with all that work will he be able to cope? ◆ **leur mariage tient le coup malgré tout** their marriage has survived ou lasted in spite of everything ◆ **si on danse, est-ce que la moquette tiendra le coup ?** if we dance, will the carpet stand up to it?

**l** [= respecter] [+ promesse] to keep; [+ pari] to keep to, honour (Brit), honor (US); (= se conformer à) [+ planning] to keep to ◆ **tenir le rythme** to keep up (the pace)

**m** [= immobiliser] **il m'a tenu dans son bureau pendant une heure** he kept me in his office for an hour ◆ **il est très tenu par ses affaires** he's very tied (Brit) ou tied up by his business ◆ **la colère le tenait** (littér) anger had him in its grip ◆ **l'envie me tenait de ...** (littér) I was filled ou gripped by the desire to ... ◆ **cette maladie le tient depuis deux mois** he's had this illness for two months (now)

**n** **tenir qch de qn** (= avoir reçu) [+ renseignement, meuble, bijou] to have (got) sth from sb; [+ trait physique, de caractère] to get sth from sb ◆ **il tient cela de son père** he gets that from his father ◆ **je tiens ce renseignement d'un voisin** I have ou I got this information from a neighbour

**o** **tenir qn/qch pour** (= considérer comme) to regard sb/sth as, consider sb/sth (as), hold sb/sth to be (frm) ◆ **je le tenais pour un honnête homme** I regarded him as ou considered him (to be) ou held him to be (frm) an honest man ◆ **elle le tient pour responsable de l'accident** she holds him responsible ou considers him to be responsible for the accident ◆ **tenir pour certain** ou **assuré que ...** to be quite sure that ...

**p** **en tenir pour qch** (= être partisan de) [+ solution] to be keen on sth, be in favour (Brit) ou favor (US) of sth

◆ **en tenir pour qn** (= l'aimer) to fancy sb * (Brit), be keen on sb *, have a crush on sb * ◆ **il en tient pour l'équipe d'Irlande** he's for the Irish team

**q** **tiens!, tenez!** (en donnant) here (you are) ◆ **tiens, voilà mon frère !** (surprise) ah ou hullo, there's my brother! ◆ **tiens, tiens** well, well!, fancy that! ◆ **tenez, je vais vous expliquer** (pour attirer l'attention) look, I'll explain ◆ **tenez, ça m'écœure** you know, that sickens me

### [2] VERBE INTRANSITIF

**a** [= rester en place, en position] [objet fixe, nœud] to hold; [objets empilés, échafaudage] to stay up, hold (up) ◆ **croyez-vous que le clou va tenir ?** do you think the nail will hold? ◆ **l'armoire tient au mur** the cupboard is fixed to the wall ◆ **ce chapeau ne tient pas sur ma tête** this hat won't stay on (my head) ◆ **la branche est cassée mais elle tient encore** the branch is broken but it's still attached to the tree ◆ **il tient bien sur ses jambes** he's very steady on his legs

**b** [= être valable] to be on ◆ **ça tient toujours, notre pique-nique ?** * is our picnic still on? ◆ **il n'y a pas de bal/match qui tienne** there's no question of going to any dance/match

**c** [= résister] (Mil, gén) to hold out ◆ **tenir bon** ou **ferme** to stand fast ou firm, hold out ◆ **il fait trop chaud, on ne tient plus ici** it's too hot – we can't stand it here any longer ◆ **il n'a pas pu tenir : il a protesté violemment** he couldn't contain himself and protested vehemently

**d** [= pouvoir être contenu dans] **tenir dans** ou **à** ou **en** to fit in(to) ◆ **est-ce que la caisse tiendra en hauteur ?** will the box fit in vertically? ◆ **ils ne tiendront pas dans la pièce/la voiture** the room/the car won't hold them, they won't fit into the room/the car ◆ **à cette table, on peut tenir à huit** this table can seat eight, we can get eight round this table ◆ **son discours tient en quelques pages** his speech takes up just a few pages, his speech is just a few pages long ◆ **ma réponse tient en un seul mot : non** in a word, my answer is no

**e** [= durer] [accord, beau temps] to hold; [couleur] to be fast; [mariage] to last; [fleurs] to last (well) ◆ **sa coiffure a tenu 2 jours** her hairstyle held for 2 days

### [3] tenir à VERBE TRANSITIF INDIRECT

**a** [= aimer, être attaché à] [+ réputation, opinion de qn] to value, care about; [+ objet] to be attached to, be fond of; [+ personne] to be attached to, be fond of, care for ◆ **il ne tenait plus à la vie** he had lost his will to live, he no longer had any desire to live ◆ **voudriez-vous un peu de vin ? – je n'y tiens pas** would you like some wine? – not really ou not particularly ou I'm not that keen * (Brit)

**b** [= vouloir]

◆ **tenir à** + infinitif, **tenir à ce que** + subjonctif to be anxious to, be anxious that ◆ **il tient beaucoup à vous connaître** he's very anxious ou keen (Brit) ou eager to meet you ◆ **elle tenait absolument à parler** she insisted on speaking ◆ **il tient à ce que nous sachions ...** he insists ou is anxious that we should know ... ◆ **si vous y tenez** if you really want to, if you insist ◆ **tu viens avec nous ? – si tu y tiens** are you coming with us? – if you really want me to ou if you insist

**c** [= avoir pour cause] to be due to, stem from ◆ **ça tient au climat** it's because of the climate, it's due to the climate ◆ **à quoi tient sa popularité ?** what's the reason for his popularity? ◆ **son succès tient à peu de chose** his success hangs on very little

**d** [= être contigu à] to adjoin ◆ **le jardin tient à la ferme** the garden adjoins the farmhouse

### [4] tenir de VERBE TRANSITIF INDIRECT

[= ressembler à] [+ parent] to take after ◆ **il tient de son père** he takes after his father ◆ **il a de qui tenir** it runs in the family ◆ **sa réussite tient du prodige** his success is something of a miracle ◆ **cela tient du comique et du tragique** there's something (both) comic and tragic about it, there are elements of both the comic and the tragic in it

### [5] VERBE IMPERSONNEL

[= dépendre de] to depend ◆ **il ne tient qu'à vous de décider** it's up to you to decide, the decision rests with you ◆ **il ne tient qu'à elle que cela se fasse** it's entirely up to her whether it's done ◆ **ça ne tient pas qu'à lui** it doesn't depend on him alone ◆ **à quoi cela tient-il qu'il n'écrive pas ?** how is it ou why is it that he doesn't write? ◆ **ça tient à peu de chose** it can easily go one way or the other

◆ **qu'à cela ne tienne** never mind (that), that needn't matter, that's no problem

### [6] se tenir VERBE PRONOMINAL

**a** [avec les mains ou une partie du corps] **il se tenait le ventre de douleur** he was clutching ou holding his stomach in pain ◆ **se tenir à qch** to hold onto sth ◆ **l'acrobate se tenait par les pieds** the acrobat hung on by his feet ◆ **ils se tenaient (par) la main** (mutuellement) they were holding hands ou holding each other by the hand ◆ **ils se tenaient par la taille/le cou** they had their arms round each other's waists/necks

**b** [= être dans une position, un état *ou* un lieu] **se tenir debout/couché/à genoux** to be standing (up)/lying (down)/kneeling (down) ou on one's knees ◆ **tiens-toi droit** ou **bien** (debout) stand up straight; (assis) sit up (straight) ◆ **redresse-toi, tu te tiens mal** stand up straight, you're not holding yourself properly ◆ **tenez-vous prêts à partir** be ready to leave ◆ **elle se tenait à sa fenêtre/dans un coin de la pièce** she was standing at her window/in a corner of the room

**c** [= se conduire] to behave ◆ **il ne sait pas se tenir** he doesn't know how to behave ◆ **se tenir tranquille** to be quiet ◆ **tiens-toi tranquille** (lit) keep still; (fig = n'agis pas) lie low ◆ **se tenir bien/mal** (à table) to have good/bad table manners; (en société) to behave well/badly ◆ **devant cette dame, tâche de te tenir comme il faut** ou **de bien te tenir** when you meet the lady, try to behave properly ◆ **il se tient mieux à table qu'à cheval** * (hum) he's a healthy eater, he's got a healthy appetite ◆ **il n'a qu'à bien se tenir** (avertissement) (bien se conduire) he'd better behave himself; (faire attention) he'd better watch out

**d** [= avoir lieu] [réunion, séance] to be held; [festival] to take place ◆ **le marché se tient là chaque semaine** the market is held there every week

**e** [= être cohérent] [raisonnement] to hold together; (= être liés, solidaires) [événements, faits] to be connected ou interlinked ◆ **tout se tient** it's all connected

**f** [= se retenir] (gén nég) **il ne peut se tenir de rire/critiquer** he can't help laughing/criticizing ◆ **il ne se tenait pas de joie** he couldn't contain his joy ◆ **tiens-toi bien !** wait till you hear the next bit! ◆ **tu sais combien elle a gagné ? tiens-toi bien : 3 millions !** do you know how much she won? wait for it! ou you won't believe it! – 3 million!; → **quatre**

**g** **s'en tenir à** (= se limiter à) to confine o.s. to, stick to; (= se satisfaire de) to content o.s. with ◆ **nous nous en tiendrons là pour aujourd'hui** we'll leave it at that for today ◆ **il aimerait savoir à quoi s'en tenir** he'd like to know where he stands ◆ **je sais à quoi m'en tenir sur son compte** I know exactly who I'm dealing with, I know just the sort of man he is

**h** **se tenir pour** (= se considérer comme) ◆ **il se tient pour responsable** he holds himself responsible ◆ **il ne se tient pas pour battu** he doesn't consider himself beaten ◆ **tenez-vous-le pour dit !** (avertissement) you've been warned!, you won't be told again!

**Tennessee** [tenesi] **nm** Tennessee

**tennis** [tenis] **1** **nm** **a** (= sport) tennis ◆ **tennis sur gazon** lawn tennis ◆ **tennis sur terre battue** clay-court tennis ◆ **tennis en salle** indoor tennis ◆ **tennis de table** table tennis

**b** (= terrain) (tennis) court

**c** (= partie) game of tennis ◆ **faire un tennis** to have a game of tennis, play tennis

**2** **nmpl** (= chaussures) tennis shoes; (par extension = chaussures de gym) gym shoes, trainers (Brit), sneakers (US)

**tennis-elbow**, pl **tennis-elbows** [tenisɛlbo] **nm** tennis elbow

**tennisman** [tenisman], pl **tennismen** [tenismɛn] **nm** tennis player

**tennistique** [tenistik] **adj** tennis (épith)

**tenon** [tənɔ̃] [→ SYN] **nm** (Menuiserie) tenon ◆ **assemblage à tenon et mortaise** mortice and tenon joint

**ténor** [tenɔʀ] **1** **nm** **a** (Mus) tenor ◆ **ténor léger** light tenor

**b** (fig) (Pol) leading light, big name (*de* in); (Sport) star player, big name

**2** **adj** tenor

**ténoriser** [tenɔʀize] ▸ conjug 1 ◂ **vi** to tenor

**ténorite** [tenɔʀit] **nf** tenorite

**ténotomie** [tenɔtɔmi] **nf** tenotomy

**tenrec** [tɑ̃ʀɛk] **nm** tenrec

**tenseur** [tɑ̃sœʀ] **nm, adj m** (Anat, Math) tensor

**tensioactif, -ive** [tɑ̃sjoaktif, iv] **adj, nm** ◆ **(agent) tensioactif** surface-active agent

**tensiomètre** [tɑ̃sjɔmɛtʀ] **nm** tensiometer

**tension** [tɑ̃sjɔ̃] [→ SYN] **nf** **a** [ressort, cordes de piano, muscles] tension; [courroie] tightness, tautness, tension ◆ **chaîne à tension réglable** adjustable tension chain ◆ **corde de tension d'une scie** tightening-cord of a saw

**b** (Phon) (= phase d'articulation) attack; (= état d'un phonème tendu) tension, tenseness

**c** (Élec) voltage, tension ◆ **tension de 220 volts** tension of 220 volts ◆ **à haute/basse tension** high-/low-voltage ou -tension (épith) ◆ **baisse** ou **chute de tension** voltage drop, drop in voltage ◆ **sous tension** live ◆ **mettre un appareil sous tension** to switch on a piece of equipment

**d** (Méd) **tension nerveuse** nervous tension ou strain ◆ **tension (artérielle)** blood pressure ◆ **avoir** ou **faire de la tension, avoir trop de tension** to have high blood pressure ◆ **prendre la tension de qn** to take ou check sb's blood pressure ◆ **baisse** ou **chute de tension** sudden drop in blood pressure

**e** (fig) [relations, situation] tension (*de* in) ◆ **tensions sociales/ethniques/politiques** social/ethnic/political tensions ◆ **tensions inflationnistes/monétaires** inflationary/monetary pressures ◆ **on note un regain de tension dans la région** there is renewed tension in the region ◆ **tension entre deux pays/personnes** tension ou strained relationship between two countries/people

**f** (= concentration, effort) **tension d'esprit** sustained mental effort ◆ **tension vers un but/idéal** (littér) striving ou straining towards a goal/an ideal

**g** (Phys) [liquide] tension; [vapeur] pressure; (Tech) stress ◆ **tension superficielle** surface tension

**tenson** [tɑ̃sɔ̃] [→ SYN] **nf** (Hist Littérat) tenson

**tensoriel, -ielle** [tɑ̃sɔʀjɛl] **adj** tensorial

**tentaculaire** [tɑ̃takylɛʀ] [→ SYN] **adj** (Zool) tentacular ◆ **villes tentaculaires** (fig) sprawling towns ◆ **firmes tentaculaires** monster (international) combines

**tentacule** [tɑ̃takyl] **nm** (Zool, fig) tentacle

**tentant, e** [tɑ̃tɑ̃, ɑ̃t] [→ SYN] **adj** plat tempting; offre, projet tempting, attractive

**tentateur, -trice** [tɑ̃tatœʀ, tʀis] [→ SYN] **1** **adj** beauté tempting, alluring, enticing; propos tempting, enticing ◆ **l'esprit tentateur** (Rel) the Tempter

**2** **nm** tempter ◆ **le Tentateur** (Rel) the Tempter

**3** **tentatrice** **nf** temptress

**tentation** [tɑ̃tasjɔ̃] [→ SYN] **nf** temptation ◆ **la tentation de saint Antoine** (Rel) the temptation of Saint Anthony ◆ **résister à la tentation** to resist temptation ◆ **succomber à la tentation** to yield ou give in to temptation

**tentative** [tɑ̃tativ] [→ SYN] **nf** (gén) attempt, endeavour; (sportive, style journalistique) bid, attempt ◆ **de vaines tentatives** vain attempts ou endeavours ◆ **tentative d'évasion** attempt ou bid to escape, escape bid ou attempt ◆ **tentative de meurtre/de suicide** (gén) murder/suicide attempt; (Jur) attempted murder/suicide ◆ **faire une tentative auprès de qn (en vue de ...)** to approach sb (with a view to ...)

**tente** [tɑ̃t] [→ SYN] **1** **nf** (gén) tent ◆ **tente de camping** (camping) tent ◆ **coucher sous la tente** to sleep under canvas, camp out ◆ **se retirer sous sa tente** (fig) to go and sulk in one's corner ◆ **il est allé planter sa tente en province** (fig) he's gone and set up shop in the provinces

**2** COMP ▷ **tente de cirque** circus tent, marquee ▷ **tente(-)igloo** igloo tent ▷ **tente à oxygène** oxygen tent ▷ **tente de plage** beach tent

**tenté, e** [tɑ̃te] (ptp de **tenter**) **adj** ◆ **être tenté de faire/croire qch** to be tempted to do/believe sth

**tente-abri**, pl **tentes-abris** [tɑ̃tabʀi] **nf** shelter tent

**tenter** [tɑ̃te] GRAMMAIRE ACTIVE 1.1 [→ SYN] ▸ conjug 1 ◂ **vt** **a** (= chercher à séduire) [+ personne] (gén, Rel) to tempt ◆ **tenter qn (par une offre)** to tempt sb (with an offer) ◆ **ce n'était pas cher, elle s'est laissée tenter** it wasn't expensive and she let herself be tempted ◆ **se laisser tenter par une offre** to be tempted by an offer ◆ **qu'est-ce qui te tente comme gâteau ?** * what kind of cake do you feel like? ou do you fancy? * ◆ **un match de tennis, ça te tenterait ?** do you feel like ou do you fancy * (Brit) a game of tennis?, how about a game of tennis? ◆ **tu peux venir si ça te tente** you can come if you feel like it ◆ **c'est vraiment tenter le diable** it's really tempting fate ou Providence ◆ **il ne faut pas tenter le diable** don't tempt fate, don't push your luck *

**b** (= risquer) [+ expérience, démarche] to try, attempt ◆ **on a tout tenté pour le sauver** they tried everything to save him ◆ **on a tenté l'impossible pour le sauver** they attempted the impossible to save him ◆ **tenter le tout pour le tout** to risk one's all ◆ **tenter la** ou **sa chance** to try one's luck ◆ **tenter le coup** * to have a go * ou a bash *, give it a try * ou a whirl * ◆ **tenter l'aventure** to take the plunge, try one's luck

**c** (= essayer) **tenter de faire qch** to attempt ou try to do sth ◆ **je vais tenter de le convaincre** I'll try to ou try and convince him

**tenthrède** [tɑ̃tʀɛd] **nf** sawfly

**tenture** [tɑ̃tyʀ] [→ SYN] **nf** **a** (= tapisserie) hanging ◆ **tenture murale** wall covering

**b** (= grand rideau) hanging, curtain, drape (US); (derrière une porte) door curtain

**c** (de deuil) funeral hangings

**tenu, e**[1] [t(ə)ny] (ptp de **tenir**) **adj** **a** (= entretenu) **bien tenu** enfant well ou neatly turned out; maison well-kept, well looked after; comptes, registres well-kept, tidy ◆ **mal tenu** enfant poorly turned out, untidy; maison poorly kept, poorly looked after; comptes, registres badly kept, untidy

**b** (= strictement surveillé) **leurs filles sont très tenues** their daughters are kept on a tight rein ou are held very much in check

**c** (= obligé) **être tenu de faire qch** to be obliged to do sth, have to do sth ◆ **être tenu au secret professionnel** to be bound by professional secrecy; → **impossible**

**d** (Mus) note held, sustained

**e** (Bourse) valeurs firm, steady

**ténu, e** [teny] [→ SYN] **adj** (littér) **a** point, particule, fil fine; brume thin; voix thin, reedy

**b** raison tenuous, flimsy; nuance, cause tenuous, subtle; souvenir, espoir faint

**tenue**[2] [t(ə)ny] **1** **nf** **a** [maison] upkeep, running; [magasin] running; [classe] handling, control; [séance] holding; (Mus) [note] holding, sustaining ◆ **la tenue des livres de comptes** the book-keeping ◆ **tenue fautive de la plume** wrong way of holding one's pen

**b** (= conduite) (good) manners, good behaviour (Brit) ou behavior (US) ◆ **bonne tenue en classe/à table** good behaviour in class/at (the) table ◆ **avoir de la tenue** to have good manners, know how to behave (o.s.) ◆ **allons ! un peu de tenue !** come on, behave yourself! ou watch your manners!

**c** (= qualité) [journal] standard, quality ◆ **publication qui a de la tenue** publication of a high standard, quality publication

**d** (= maintien) posture ◆ **mauvaise tenue d'un écolier** bad posture of a schoolboy

**e** (Bourse) performance ◆ **la bonne/mauvaise tenue du franc face au dollar** the good/poor performance of the franc against the dollar

**f** (= habillement, apparence) dress, appearance; (= vêtements, uniforme) dress ◆ **leur tenue négligée** their sloppy dress ou appearance ◆ **en tenue négligée** wearing ou in casual clothes ◆ **ce n'est pas une tenue pour aller au golf !** that's no way to dress to play golf! ◆ **"tenue correcte exigée"** "strict dress code" ◆ **tenue d'intérieur** indoor clothes ◆ **en tenue légère** (d'été) wearing ou in light clothing; (osée) scantily dressed ou clad ◆ **en petite tenue** scantily dressed ou clad ◆ **en tenue d'Adam (ou d'Ève)** (hum) in one's birthday suit * ◆ **en grande tenue** in full dress (uniform) ◆ **des touristes en tenue estivale/d'hiver** tourists in summer/winter clothes ◆ **se mettre en tenue** to get dressed ◆ **être en tenue** (Mil) to be in uniform ◆ **les policiers en tenue** uniformed policemen, policemen in uniform ◆ **tenue camouflée** ou **de camouflage/de campagne** (Mil) camouflage/combat dress

**2** COMP ▷ **tenue de combat** battle dress ▷ **tenue de route** road holding ▷ **tenue de service** uniform ▷ **tenue de soirée** formal ou evening dress ◆ **"tenue de soirée de rigueur"** ≃ black tie ▷ **tenue de sport** sports clothes, sports gear ▷ **tenue de ville**

[homme] lounge suit (Brit), town suit (US); [femme] town dress ou suit ▷ **tenue de vol** flying gear

**ténuirostre** [tenɥiʀɔstʀ] adj tenuirostral

**ténuité** [tenɥite] [→ SYN] nf (littér) **a** [point, particule, fil] fineness; [brume] thinness; [voix] thinness, reediness
**b** [raison] tenuousness, tenuity, flimsiness; [nuance, cause] tenuousness, tenuity, subtlety

**tenure** [tənyʀ] [→ SYN] nf (Hist, Jur) tenure

**tenuto** [tenuto] adv tenuto

**téocalli** [teɔkali] nm teocalli

**TEP** [teəpe] (abrév de **tonne équivalent pétrole**) TOE

**tépale** [tepal] nm tepal

**tephillim, téphillim** [tefilim] nmpl tephillin

**téphrosie** [tefʀozi] nf tephrosia

**tepidarium, tépidarium** [tepidaʀjɔm] nm tepidarium

**tequila** [tekila] nf tequila

**ter** [tɛʀ] **1** adj (dans une adresse) ◆ **il habite au 10 ter** he lives at (number) 10b
**2** adv (Mus) three times, ter

**TER** [teəɛʀ] nm (abrév de **train express régional**) → **train**

**tératogène** [teʀatɔʒɛn] adj teratogenic

**tératogenèse** [teʀatɔʒənɛz] nf teratogenesis

**tératogénie** [teʀatɔʒeni] nf teratogeny

**tératologie** [teʀatɔlɔʒi] nf teratology

**tératologique** [teʀatɔlɔʒik] adj teratological

**tératologue** [teʀatɔlɔg] nmf teratologist

**tératome** [teʀatom] nm teratoma

**terbium** [tɛʀbjɔm] nm terbium

**tercet** [tɛʀsɛ] nm (Poésie) tercet, triplet

**térébelle** [teʀebɛl] nf terebellid

**térébenthine** [teʀebɑ̃tin] nf turpentine ◆ **nettoyer à l'essence de térébenthine** ou **à la térébenthine** to clean with turpentine ou turps* (Brit) ou turp (US)

**térébinthe** [teʀebɛ̃t] nm terebinth

**térébrant, e** [teʀebʀɑ̃, ɑ̃t] [→ SYN] adj (Zool) terebrate; (Méd) terebrant, terebrating

**térébratule** [teʀebʀatyl] nf terebratula

**téréphtalique** [teʀeftalik] adj ◆ **acide téréphtalique** terephthalic acid

**Tergal** ® [tɛʀgal] nm Terylene ®

**tergiversations** [tɛʀʒivɛʀsasjɔ̃] nfpl prevarication, equivocation ◆ **après des semaines de tergiversations** after weeks of prevarication ◆ **trêve de tergiversations !** stop beating about the bush!, stop prevaricating!

**tergiverser** [tɛʀʒivɛʀse] [→ SYN] ▸ conjug 1 ◂ vi to prevaricate, equivocate, shilly-shally ◆ **cessez donc de tergiverser !** stop beating about the bush!, stop prevaricating!

**termaillage** [tɛʀmajaʒ] nm (Écon) leads and lags

**terme** [tɛʀm] [→ SYN] **1** nm **a** (Ling = mot, expression) term; (Math, Philos = élément) term ◆ **terme de marine/de métier** nautical/professional term ◆ **aux termes du contrat** according to the terms of the contract ◆ **en termes clairs/voilés/flatteurs** in clear/veiled/flattering terms ◆ **en d'autres termes** in other words ◆ **il ne l'a pas dit en ces termes** he didn't put it like that ◆ **il raisonne en termes d'efficacité** he thinks in terms of efficiency ◆ **... et le terme est faible** ... and that's putting it mildly, ... and that's an understatement ◆ **moyen terme** (gén) middle course; (Logique) middle term; → **acception, force**
**b** (= date limite) time limit, deadline; (littér = fin) [vie, voyage, récit] end ◆ **passé ce terme** after this date ◆ **se fixer un terme pour ...** to set o.s. a time limit ou a deadline for ... ◆ **mettre un terme à qch** to put an end ou a stop to sth
**c** (Méd) **elle a dépassé le terme de trois jours** she's three days overdue
**d** [loyer] (= date) term, date for payment; (= période) quarter, rental term ou period; (= somme) (quarterly) rent (NonC) ◆ **payer à terme échu** to pay at the end of the rental term, pay a quarter ou term in arrears ◆ **le (jour du) terme** (= loyer) the quarterday ◆ **il a un terme de retard** he's one quarter ou one payment behind (with his rent) ◆ **devoir/payer son terme** to owe/pay one's rent
**e** (loc) ◆ **à terme** accouchement full term; naître at term; (Bourse, Fin) forward ◆ **être à terme** [femme enceinte] to be at full term ◆ **acheter/vendre à terme** to buy/sell forward ◆ **transaction à terme** (Bourse de marchandises) forward transaction; (Bourse des valeurs) settlement bargain ◆ **crédit/emprunt à court/long terme** short-term ou short-dated/long-term ou long-dated credit/loan, short/long credit/loan; → **marché** ◆ **arriver à terme** [délai, mandat, contrat] to expire; [opération] to reach its ou a conclusion; [paiement] to fall due ◆ **à terme, c'est ce qui arrivera** this is what will happen eventually ou in the long run ou in the end ◆ **mener qch à (son) terme** to bring sth to completion, carry sth through (to completion) ◆ **prévisions à court/moyen/long terme** (gén) short-/medium-/long-term forecasts; (Mét) short-/medium-/long-range forecasts ◆ **ce sera rentable à court/moyen/long terme** it will be profitable in the short/medium/long term ◆ **au terme de** (= au bout de) after ◆ **au terme de dix jours de grève, ils sont parvenus à un accord** after ten days of strike action, they reached an agreement ◆ **arrivé au terme de sa vie** having reached the end of his life ◆ **avant terme** naître, accoucher prematurely ◆ **bébé né/naissance avant terme** premature baby/birth ◆ **un bébé né deux mois avant terme** a baby born two months premature, a two-months premature baby
**2** **termes** nmpl (= relations) terms ◆ **être en bons/mauvais termes avec qn** to be on good ou friendly/bad terms with sb ◆ **ils sont dans les meilleurs termes** they are on the best of terms

**terminaison** [tɛʀminɛzɔ̃] [→ SYN] nf (Ling) ending ◆ **terminaisons nerveuses** (Anat) nerve endings

**terminal, e,** mpl **-aux** [tɛʀminal, o] [→ SYN] **1** adj élément, bourgeon, phase de maladie terminal ◆ **classe terminale** (Scol) final year ≃ upper sixth (form) (Brit) twelfth grade (US), ≃ senior year (US) ◆ **élève de terminale** ≃ upper sixth former (Brit) senior (US), twelfth grader (US) ◆ **malade au stade terminal** ou **en phase terminale** terminally ill patient
**2** nm **a** (= aérogare) (air) terminal
**b** [pétrole, marchandises] terminal ◆ **terminal pétrolier** oil terminal ◆ **terminal maritime** shipping terminal
**c** (= ordinateur) terminal ◆ **terminal intelligent/passif** smart ou intelligent/dumb terminal ◆ **terminal graphique** terminal with graphic capabilities ◆ **terminal vocal** vocal terminal ◆ **terminal de paiement électronique** electronic payment terminal ◆ **terminal point de vente** point-of-sale ou POS terminal
**3** **terminale** nf (Scol) → **1**

**terminer** [tɛʀmine] [→ SYN] ▸ conjug 1 ◂ **1** vt **a** (= clore) [+ débat, séance] to bring to an end ou to a close, terminate
**b** (= achever) [+ travail] to finish (off), complete; [+ repas, temps d'exil] to end, finish; [+ récit, débat] to finish, close, end ◆ **il termina en nous remerciant** he finished (up ou off) ou he ended by thanking us ◆ **nous avons terminé la journée/soirée chez un ami/par une promenade** we finished off ou ended the day/evening at a friend's house/with a walk ◆ **terminer ses jours à la campagne/à l'hôpital** to end one's days in the country/in hospital ◆ **terminer un repas par un café** to finish off ou round off ou end a meal with a coffee ◆ **terminer un livre par quelques conseils pratiques** to end a book with a few pieces of practical advice ◆ **en avoir terminé avec un travail** to be finished with a job ◆ **j'en ai terminé avec eux** I am ou have finished with them, I have done with them ◆ **pour terminer je dirais que ...** in conclusion ou to conclude I would say that ..., and finally I would say that ... ◆ **j'attends qu'il termine** I'm waiting for him to finish, I'm waiting till he's finished
**c** (= former le dernier élément de) **le café termina le repas** the meal finished ou ended with coffee, coffee finished off the meal ◆ **un bourgeon termine la tige** the stalk ends in a bud
**2** **se terminer** vpr **a** (= prendre fin) [rue, domaine] to end, terminate (frm); [affaire, repas] to (come to an) end ◆ **les vacances se terminent demain** the holidays finish ou (come to an) end tomorrow ◆ **le parc se termine ici** the park ends here ◆ **ça s'est bien/mal terminé** it ended well/badly, it turned out well ou all right/badly (in the end) ◆ **alors ces travaux, ça se termine ?** (gén) well, is the work just about complete? ou done?; (impatience) when's the work going to be finished?
**b** (= s'achever sur) **se terminer par** to end with ◆ **la thèse se termine par une bibliographie** the thesis ends with a bibliography ◆ **la soirée se termina par un jeu** the evening ended with a game ◆ **ces verbes se terminent par le suffixe "ir"** these verbs end in the suffix "ir"
**c** (= finir en) **se terminer en** to end in ◆ **les mots qui se terminent en "ation"** words which end in "ation" ◆ **cette comédie se termine en tragédie** this comedy ends in tragedy ◆ **se terminer en pointe** to taper to a point, end in a point

**terminologie** [tɛʀminɔlɔʒi] [→ SYN] nf terminology

**terminologique** [tɛʀminɔlɔʒik] adj terminological

**terminologue** [tɛʀminɔlɔg] nmf terminologist

**terminus** [tɛʀminys] nm [autobus, train] terminus ◆ **terminus ! tout le monde descend !** (last stop!) all change!

**termite** [tɛʀmit] nm termite, white ant

**termitière** [tɛʀmitjɛʀ] nf termites' nest, termitarium (SPÉC)

**ternaire** [tɛʀnɛʀ] adj ternary

**terne**[1] [tɛʀn] [→ SYN] adj teint lifeless, colourless (Brit), colorless (US); regard lifeless, lacklustre (Brit), lackluster (US); personne dull, drab, colourless (Brit), colorless (US); style, conversation dull, drab, lacklustre (Brit), lackluster (US); couleur, journée, vie dull, drab; cheveux dull, lifeless

**terne**[2] [tɛʀn] nm **a** (à la loterie) tern; (au loto) *three numbers on the same line;* (aux dés) two treys ou threes
**b** (Élec) three-phase line

**terni, e** [tɛʀni] (ptp de **ternir**) adj (lit, fig) tarnished

**ternir** [tɛʀniʀ] [→ SYN] ▸ conjug 2 ◂ **1** vt **a** [+ métal, glace] to tarnish
**b** [+ mémoire, honneur, réputation] to stain, tarnish, sully
**2** **se ternir** vpr [métal, glace] to tarnish, become tarnished; [réputation] to become tarnished ou stained

**ternissement** [tɛʀnismɑ̃] nm [métal] tarnishing

**ternissure** [tɛʀnisyʀ] nf (= aspect) [argenterie, métal, glace] tarnish, tarnished condition; (= tâche) tarnished ou dull spot

**terrain** [teʀɛ̃] [→ SYN] **1** nm **a** (= relief) ground, terrain (SPÉC) (littér); (= sol) soil, ground ◆ **terrain caillouteux/vallonné** stony/hilly ground ◆ **terrain meuble/lourd** loose/heavy soil ou ground ◆ **c'est un bon terrain pour la culture** it's (a) good soil for cultivation; → **accident, glissement, tout-terrain**
**b** (Ftbl, Rugby) pitch, field; (avec les installations) ground; (Courses, Golf) course; (Basket, Volley, Hand-ball) court ◆ **sur le terrain** on the field ◆ **disputer un match sur terrain adverse/sur son propre terrain** to play an away/a home match
**c** (= étendue de terre) land (NonC); (= parcelle) plot (of land), piece of land; (à bâtir) site ◆ **terrain à lotir** land for dividing into plots ◆ **"terrain à bâtir"** "site ou building land for sale" ◆ **une maison avec deux hectares de terrain** a house with two hectares of land ◆ **le prix du terrain à Paris** the price of land in Paris
**d** (Géog, Géol : souvent pl) formation ◆ **les terrains primaires/glaciaires** primary/glacial formations
**e** (Mil = lieu d'opérations) terrain; (gagné ou perdu) ground ◆ **en terrain ennemi** on enemy ground ou territory ◆ **disputer le terrain** (Mil) to fight for every inch of ground; (fig) to

fight every inch of the way ◆ **céder/gagner/perdre du terrain** (lit, fig) to give/gain/lose ground ◆ **céder du terrain à l'ennemi** to lose ou yield ground to the enemy, fall back before the enemy ◆ **ils finiront par céder du terrain** [négociateurs] in the end they'll make concessions ◆ **l'épidémie cède du terrain devant les efforts des médecins** the epidemic is receding before the doctors' efforts ◆ **la livre a cédé/gagné du terrain** the pound has lost/gained ground (*par rapport à* against) ◆ **reconnaître le terrain** (lit) to reconnoitre the terrain; (fig) to see how the land lies, get the lie (Brit) ou lay (US) of the land ◆ **sonder ou tâter le terrain** (fig) to test the ground, put out feelers ◆ **avoir l'avantage du terrain** (lit) to have territorial advantage; (fig) to have the advantage of being on (one's) home ground ◆ **préparer/déblayer le terrain** to prepare/clear the ground ◆ **aller/être sur le terrain** to go out into/be out in the field ◆ **de terrain** politicien grass-roots ◆ **le nouveau P.D.G. est un homme de terrain** the new managing director has a practical rather than an academic background ou has done his stint at the coalface (fig, Brit)

**f** (fig = domaine) ground ◆ **être sur son terrain** to be on home ground ou territory ◆ **trouver un terrain d'entente** to find common ground ou an area of agreement ◆ **chercher un terrain favorable à la discussion** to seek an area conducive to (useful) discussion ◆ **je ne le suivrai pas sur ce terrain** I can't go along with him there ou on that, I'm not with him on that ◆ **être en ou sur un terrain mouvant** to be on uncertain ground ◆ **être sur un terrain glissant** to be on slippery ou dangerous ground ◆ **le journaliste s'aventura sur un terrain brûlant** the journalist ventured onto dangerous ground ou brought up a highly sensitive ou ticklish issue ◆ **l'épidémie a trouvé un terrain très favorable chez les réfugiés** the epidemic found an ideal breeding ground amongst the refugees ◆ **terrain allergique** (Méd) conditions likely to produce allergies ◆ **il a un mauvais terrain** (Méd) he's quite susceptible to illness ◆ **il a un terrain arthritique** (Méd) he's quite susceptible to arthritis

**2** COMP ▷ **terrain d'atterrissage** landing ground ▷ **terrain d'aviation** airfield ▷ **terrain de camping** campsite, camping ground ▷ **terrain de chasse** hunting ground ▷ **terrain d'exercice** training ground ▷ **terrain de jeu** playing field ▷ **terrain de manœuvre** (Mil) training ground; (= domaine) stomping ground ▷ **terrain militaire** army ground ▷ **terrain de sport** sports ground ▷ **terrain de tennis** tennis court ▷ **terrain de tir** shooting ou firing range ▷ **terrain vague** waste ground (NonC), wasteland (NonC)

**terra incognita** [teʀaɛ̃kɔgnita], pl **terrae incognitae** [teʀaeɛ̃kɔgnitae] nf (littér) terra incognita

**terramare¹** [teʀamaʀ] nf (Agr) terramara

**terramare²** [teʀamaʀ] nf (= habitat) terramara

**terra rossa** [teʀaʀɔsa] nf terra rossa

**terrasse** [teʀas] → SYN nf **a** [parc, jardin] terrace ◆ **cultures en terrasses** terrace cultivation ◆ **terrasse fluviale** (Géog) river terrace

**b** [appartement] terrace; (sur le toit) terrace roof ◆ **toiture en terrasse, toit-terrasse** flat roof

**c** [café] terrace, pavement (area) ◆ **j'ai aperçu Charles attablé à la terrasse du Café Royal** I saw Charles sitting at the terrace of the Café Royal ou outside the Café Royal ◆ **à la ou en terrasse** outside ◆ **il refusa de me servir à la ou en terrasse** he refused to serve me outside

**d** (Constr = métier) excavation work ◆ **faire de la terrasse** to do excavation work

**terrassement** [teʀasmɑ̃] → SYN nm **a** (= action) excavation ◆ **travaux de terrassement** excavation work ◆ **engins de terrassement** earth-moving ou excavating equipment

**b** (= terres creusées) **terrassements** excavations, earthworks; [voie ferrée] embankments

**terrasser** [teʀase] → SYN ▸ conjug 1 ◂ vt **a** [adversaire] to floor, bring down; [attaque] to bring down; [fatigue] to overcome; [émotion, nouvelle] to overwhelm; [maladie] to strike down ◆ **cette maladie l'a terrassé** this illness laid him low ◆ **terrassé par une crise cardiaque** struck down ou felled by a heart attack

**b** (Tech) to excavate, dig out; (Agr) to dig over

**terrassier** [teʀasje] nm unskilled road worker, navvy (Brit)

**terre** [tɛʀ] → SYN **1** nf **a** (= planète) earth; (= monde) world ◆ **la planète Terre** (the) planet Earth ◆ **sur la terre comme au ciel** (Rel) on earth as it is in heaven ◆ **Dieu créa le Ciel et la Terre** God created the Heavens and the Earth, God created Heaven and Earth ◆ **il a parcouru la terre entière** he has travelled the world over, he has travelled all over the world ou globe ◆ **prendre à témoin la terre entière** to take the world as one's witness ◆ **tant qu'il y aura des hommes sur la terre** as long as there are men on (the) earth ◆ **être seul sur (la) terre** to be alone in the world ◆ **il ne faut pas s'attendre au bonheur sur (cette) terre** happiness is not to be expected in this world ou on this earth ◆ **redescendre ou revenir sur terre** (fig) to come (back) down to earth; → **remuer, sel, ventre**

**b** (= sol, surface) ground, land; (= matière) earth, soil; (pour la poterie) clay ◆ **pipe/vase en terre** clay pipe/vase ◆ **ne t'allonge pas par terre, la terre est humide** don't lie on the ground – it's damp, don't lie down – the ground is damp ◆ **une terre fertile/aride** a fertile/an arid ou a barren soil ◆ **retourner/labourer la terre** to turn over/work the soil ◆ **travailler la terre** to work the soil ou land ◆ **planter un arbre en pleine terre** to plant a tree in the ground → **chemin, motte, ver**

◆ **à/par terre** ◆ **être à terre** [lutteur] to be down ◆ **il ne faut pas frapper quelqu'un qui est à terre** (lit, fig) you shouldn't kick a man when he's down ou somebody when they're down ◆ **poser qch à ou par terre** to put sth (down) on the ground ◆ **jeter qch à ou par terre** to throw sth (down) on the ground, throw sth to the ground ◆ **cela fiche ou flanque tous nos projets par terre*** that really messes up all our plans, that puts paid to all our plans (Brit)

◆ **en terre** ◆ **mettre qn en terre** to bury sb ◆ **mettre qch en terre** to put sth into the soil

◆ **sous terre** ◆ **cinq mètres sous terre** five metres underground ◆ **être à six pieds sous terre** (fig) to be six feet under, be pushing up the daisies* ◆ **j'aurais voulu rentrer sous terre** (de honte) I wished the ground would swallow me up, I could have died*

**c** (= étendue, campagne) **terre(s)** land (NonC) ◆ **une bande ou langue de terre** a strip ou tongue of land ◆ **des terres à blé** wheat-growing land ◆ **il a acheté un bout ou un lopin de terre** he's bought a piece ou patch ou plot of land ◆ **terres cultivées** cultivated land ◆ **terres en friche ou en jachère/incultes** fallow/uncultivated land

**d** (par opposition à mer) land (NonC) ◆ **sur la terre ferme** on dry land, on terra firma ◆ **apercevoir la terre** to sight land ◆ **terre !** (Naut) land ho! ◆ **aller à terre** (Naut) to go ashore ◆ **dans les terres** inland ◆ **aller/voyager par (voie de) terre** to go/travel by land ou overland ◆ **toucher terre** [navire, avion] to land

**e** (= propriété, domaine) land (gén NonC) ◆ **la terre** land ◆ **une terre** an estate ◆ **il a acheté une terre en Normandie** he's bought an estate ou some land in Normandy ◆ **vivre sur/de ses terres** to live on/off one's lands ou estates ◆ **se retirer sur ses terres** to go and live on one's country estate ◆ **la terre est un excellent investissement** land is an excellent investment

**f** (= pays, région) land, country ◆ **sa terre natale** his native land ou country ◆ **la France, terre d'accueil** France, (the) land of welcome ◆ **terres lointaines/australes** distant/southern lands ◆ **la Terre promise** the Promised Land

**g** (Élec) earth (Brit), ground (US) ◆ **mettre ou relier à la terre** to earth (Brit), ground (US); → **prise**

**2** COMP ▷ **la Terre Adélie** the Adélie Coast, Adélie Land ▷ **terre d'asile** country of refuge ou asylum ▷ **terre battue** beaten earth ◆ **sol en terre battue** beaten-earth floor ◆ **jouer sur terre battue** (Tennis) to play on a clay court ▷ **terre brûlée** (fig) ◆ **politique de la terre brûlée** scorched earth policy ▷ **terre de bruyère** heath-mould, heath-peat ▷ **terre cuite** (pour briques, tuiles) baked clay; (pour jattes, statuettes) terracotta ◆ **objets en terre cuite, terres cuites** terracotta ware (NonC) ◆ **une terre cuite** a terracotta (object) ▷ **terre d'exil** land ou country of exile ▷ **la Terre de Feu** Tierra del Fuego ▷ **terre à foulon** fuller's earth ▷ **terre glaise** clay ▷ **terre noire** (Géog) chernozem ▷ **terre à potier** potter's clay ▷ **terres rares** (Chim) rare earths ▷ **la Terre sainte** the Holy Land ▷ **terre de Sienne** sienna ▷ **terre végétale** topsoil ▷ **terres vierges** virgin lands

**terre à terre, terre-à-terre** [tɛʀatɛʀ] adj inv esprit matter-of-fact; personne down-to-earth; préoccupations mundane, workaday, prosaic

**terreau** [teʀo] nm (soil-based) compost ◆ **terreau de feuilles** leaf mould ◆ **les rumeurs trouvent ici un terreau très favorable** this is an ideal breeding ground for rumours

**terreauter** [teʀote] ▸ conjug 1 ◂ vt to compost

**terre-neuvas** [tɛʀnœva] nm inv (= bateau) fishing boat *(for fishing off Newfoundland)*; (= marin) fisherman, trawlerman *(who fishes off Newfoundland)*

**Terre-Neuve** [tɛʀnœv] nf Newfoundland

**terre-neuve** [tɛʀnœv] nm inv (= chien) Newfoundland terrier; (hum = personne) good Samaritan

**terre-neuvien, -ienne,** mpl **terre-neuviens** [tɛʀnœvjɛ̃, jɛn] **1** adj Newfoundland (épith)

**2** **Terre-Neuvien(ne)** nm,f Newfoundlander

**terre-neuvier,** pl **terre-neuviers** [tɛʀnœvje] nm ⇒ **terre-neuvas**

**terre-plein,** pl **terre-pleins** [tɛʀplɛ̃] → SYN nm (Mil) terreplein; (Constr) platform ◆ **terre-plein (central)** (sur chaussée) central reservation (Brit), median strip (US)

**terrer** [teʀe] → SYN ▸ conjug 1 ◂ **1** **se terrer** vpr **a** [personne poursuivie] to flatten o.s., crouch down; [criminel] to lie low, go to ground ou earth; [personne peu sociable] to hide (o.s.) away ◆ **terrés dans la cave pendant les bombardements** hidden ou buried (away) in the cellar during the bombings

**b** [lapin, renard] (dans son terrier) to go to earth ou ground; (contre terre) to crouch down, flatten itself

**2** vt (Agr) [+ arbre] to earth round ou up; [+ pelouse] to spread with soil; [+ semis] to earth over; (Tech) [+ drap] to full

**terrestre** [teʀɛstʀ] → SYN adj **a** faune, flore, transports, habitat land (épith); surface, magnétisme earth's (épith), terrestrial, of earth ◆ **effectifs terrestres** (Mil) land forces ◆ **missile terrestre** land-based missile; → **croûte, écorce, globe**

**b** (= d'ici-bas) biens, plaisirs, vie earthly, terrestrial; → **paradis**

**terreur** [teʀœʀ] → SYN nf **a** (= peur) terror (gén NonC) ◆ **avec terreur** with terror ou dread ◆ **vaines terreurs** vain ou empty fears ◆ **le dentiste était ma grande terreur** the dentist was my greatest fear, I was terrified of the dentist ◆ **il vivait dans la terreur d'être découvert/de la police** he lived in terror of being discovered/of the police ◆ **faire régner la terreur** to conduct ou impose a reign of terror ◆ **semer la terreur** to spread terror ◆ **climat/régime de terreur** climate/reign of terror

**b** (= terrorisme) terror ◆ **la Terreur** (Hist) the (Reign of) Terror

**c** (* hum = personne) terror ◆ **petite terreur** little terror ou horror ◆ **jouer les terreurs** to play the tough guy* ◆ **on l'appelait Joe la terreur** he was known as Joe, the tough guy* ◆ **c'est la terreur de la ville** he's the terror of the town

**terreux, -euse** [teʀø, øz] → SYN adj **a** goût, odeur earthy

**b** semelles, chaussures muddy; mains grubby, soiled; salade gritty, dirty

**c** teint sallow, muddy; ciel muddy, leaden, sullen

**terrible** [teʀibl] → SYN **1** adj **a** (= effroyable) accident, maladie, châtiment terrible, dreadful, awful; arme terrible

**b** (= terrifiant, féroce) guerrier, air, menaces terrible, fearsome

**c** (intensif) vent, force, pression, bruit terrific, tremendous; colère, erreur terrible ◆ **c'est un terrible menteur** he's a terrible ou an awful liar ◆ **c'est terrible ce qu'il peut manger** he can eat an incredible amount
**d** (= affligeant, pénible) terrible, dreadful, awful ◆ **c'est terrible d'en arriver là** it's terrible ou awful ou dreadful to come to this ◆ **le (plus) terrible, c'est que ...** the (most) terrible ou awful thing about it is that ... ◆ **il est terrible, avec sa manie de toujours vous contredire** he's got a dreadful habit of always contradicting you ◆ **c'est terrible de devoir toujours tout répéter** it's awful ou dreadful always having to repeat everything; → **enfant**
**e** (* = formidable) film, soirée, personne terrific *, great *, tremendous * ◆ **ce film n'est pas terrible** this film is nothing special ou nothing to write home about ou no great shakes *
**2** adv ◆ **ça marche terrible** ⁑ it's working fantastically (well) * ou really great ⁑

**terriblement** [teʀibləmɑ̃] → SYN adv **a** (= extrêmement) terribly, dreadfully, awfully
**b** († = affreusement) terribly †

**terricole** [teʀikɔl] adj terricolous

**terrien, -ienne** [teʀjɛ̃, jɛn] → SYN **1** adj **a** (= qui possède des terres) landed (épith), landowning (épith) ◆ **propriétaire terrien** landowner, landed proprietor
**b** (= rural) rural, country ◆ **vertus terriennes** virtues of the soil ou land ◆ **avoir une vieille ascendance terrienne** to come of old country stock
**2** nm **a** (= paysan) man of the soil, countryman
**b** (= habitant de la Terre) Earthman, earthling
**c** (Naut) landsman
**3 terrienne** nf **a** (= paysanne) countrywoman
**b** (= habitante de la Terre) Earthwoman, earthling
**c** (Naut) landswoman

**terrier** [teʀje] → SYN nm **a** (= tanière) [lapin, taupe] burrow, hole; [renard] earth; [blaireau] set
**b** (= chien) terrier

**terrifiant, e** [teʀifjɑ̃, jɑ̃t] → SYN adj **a** (= effrayant) terrifying
**b** (sens affaibli) progrès, appétit fearsome, incredible ◆ **c'est terrifiant comme il a maigri/grandi !** it's frightening how much weight he's lost/how much he's grown!

**terrifier** [teʀifje] → SYN ▸ conjug 7 ◂ vt to terrify

**terrigène** [teʀiʒɛn] adj terrigenous

**terril** [teʀi(l)] → SYN nm (coal) tip, slag heap

**terrine** [teʀin] → SYN nf (= pot) earthenware vessel, terrine; (Culin) (= récipient) terrine; (= pâté) pâté, terrine ◆ **terrine du chef** chef's special pâté ◆ **terrine de lapin/de légumes** rabbit/vegetable terrine ou pâté

**territoire** [teʀitwaʀ] → SYN nm (gén, Pol, Zool) territory; [département, commune] area; [évêque, juge] jurisdiction ◆ **territoires d'outre-mer** (French) overseas territories; → **aménagement, surveillance**

**territorial, e,** mpl **-iaux** [teʀitɔʀjal, jo] **1** adj **a** puissance land (épith); intégrité, modifications territorial ◆ **eaux territoriales** territorial waters ◆ **armée territoriale** Territorial Army
**b** (Jur : opposé à personnel) territorial
**2** nm (Mil) Territorial
**3 territoriale** nf (Mil) Territorial Army

**territorialement** [teʀitɔʀjalmɑ̃] adv territorially ◆ **être territorialement compétent** (Jur) to have jurisdiction

**territorialité** [teʀitɔʀjalite] nf (Jur) territoriality

**terroir** [teʀwaʀ] → SYN nm **a** (Agr) soil ◆ **vin qui a un goût de terroir** wine which has a taste ou tang of its soil
**b** (fig = région rurale) land ◆ **accent du terroir** country ou rural accent ◆ **cuisine du terroir** country cooking ◆ **mots du terroir** words with a rural flavour ◆ **il sent son terroir** he is very much of his native heath ou soil ◆ **poète du terroir** poet of the land

**terrorisant, e** [teʀɔʀizɑ̃, ɑ̃t] adj terrifying

**terroriser** [teʀɔʀize] → SYN ▸ conjug 1 ◂ vt to terrorize

**terrorisme** [teʀɔʀism] → SYN nm terrorism

**terroriste** [teʀɔʀist] → SYN adj, nmf terrorist

**tertiaire** [tɛʀsjɛʀ] **1** adj (Écon, Géol, Méd) tertiary
**2** nm ◆ **le tertiaire** (Géol) the Tertiary; (Écon) the service ou tertiary sector

**tertiairisation** [tɛʀsjɛʀizasjɔ̃], **tertiarisation** [tɛʀsjaʀizasjɔ̃] nf expansion ou development of the service sector

**tertio** [tɛʀsjo] adv third(ly)

**tertre** [tɛʀtʀ] → SYN nm (= monticule) hillock, mound, knoll (littér) ◆ **tertre (funéraire)** (burial) mound

**terza rima** [tɛʀtsaʀima] nf terza rima

**tes** [te] adj poss → **ton¹**

**tesla** [tɛsla] nm tesla

**tessiture** [tesityʀ] → SYN nf [voix] tessitura; [instrument] range

**tesson** [tesɔ̃] → SYN nm ◆ **tesson (de bouteille)** shard, sliver ou piece of broken glass ou bottle

**test¹** [tɛst] → SYN **1** nm (gén) test ◆ **faire passer un test à qn** to give sb a test ◆ **soumettre qn à des tests** to subject sb to tests, test sb ◆ **test d'intelligence** IQ test ◆ **test d'orientation professionnelle** vocational ou occupational test ◆ **test d'aptitude/psychologique** ou **de personnalité** aptitude/personality test ◆ **test de grossesse/d'allergie** pregnancy/allergy test; → **dépistage**
**2** adj ◆ **groupe-/région-test** test group/area

**test²** [tɛst] nm (Zool) test

**test³** [tɛst] nm ⇒ **têt**

**testable** [tɛstabl] adj testable

**testacé, e** [tɛstase] adj testaceous

**testage** [tɛstaʒ] nm progeny testing

**testament** [tɛstamɑ̃] → SYN **1** nm **a** (Rel) **l'Ancien/le Nouveau Testament** the Old/the New Testament
**b** (Jur) will, testament (Jur) ◆ **mourir sans testament** to die intestate ou without leaving a will ◆ **ceci est mon testament** this is my last will and testament ◆ **il peut faire son testament** * (hum) he can ou he'd better make out his will (hum); → **coucher, léguer**
**c** (fig) [homme politique, artiste] legacy ◆ **testament politique** political legacy
**2** COMP ▷ **testament par acte public, testament authentique** *will dictated to notary in the presence of witnesses* ▷ **testament mystique** *will written or dictated by testator, signed by him, and handed to notary in a sealed envelope, before witnesses* ▷ **testament olographe** *will written, dated and signed by the testator* ▷ **testament secret** ⇒ **testament mystique**

**testamentaire** [tɛstamɑ̃tɛʀ] adj ◆ **dispositions testamentaires** clauses ou provisions of a will, devises (SPÉC) ◆ **donation testamentaire** bequest, legacy ◆ **héritier testamentaire** legatee; (de biens immobiliers) devisee; → **exécuteur**

**testateur** [tɛstatœʀ] → SYN nm testator, legator; (léguant des biens immobiliers) devisor

**testatrice** [tɛstatʀis] nf testatrix, legator; (léguant des biens immobiliers) devisor

**tester¹** [tɛste] → SYN ▸ conjug 1 ◂ vt [+ personne, produit, connaissances] to test ◆ **produit testé en laboratoire** laboratory-tested product ◆ **cosmétiques non testés sur animaux** cosmetics that have not been tested on animals, non-animal-tested cosmetics ◆ **il cherchait à tester ma détermination** he was testing my resolve

**tester²** [tɛste] → SYN ▸ conjug 1 ◂ vi (Jur) to make (out) one's will

**testeur** [tɛstœʀ] nm (= personne, machine) tester

**testiculaire** [tɛstikylɛʀ] adj testicular

**testicule** [tɛstikyl] → SYN nm testicle, testis (SPÉC)

**testimonial, e,** mpl **-iaux** [tɛstimɔnjal, jo] adj testimonial ◆ **preuve testimoniale** testimony

**test-match,** pl **test-match(e)s** [tɛstmatʃ] nm (Rugby) rugby international

**testostérone** [tɛstosteʀɔn] nf testosterone

**têt** [tɛ(t)] → SYN nm (Chim) ◆ **têt à rôtir** roasting dish ou crucible ◆ **têt à gaz** beehive shelf

**tétanie** [tetani] nf tetany

**tétanique** [tetanik] adj convulsions tetanic; patient tetanus (épith), suffering from tetanus (attrib)

**tétanisation** [tetanizasjɔ̃] nf [muscle] tetanization

**tétaniser** [tetanize] ▸ conjug 1 ◂ vt (Méd) to tetanize ◆ **muscle qui se tétanise** muscle that becomes tetanized ◆ **il était tétanisé par la peur** (fig) he was paralyzed with fear ◆ **le public était tétanisé de surprise** the audience was stunned

**tétanos** [tetanos] nm (= maladie) tetanus, lockjaw; (= contraction) tetanus ◆ **tétanos musculaire** ou **physiologique** tetanus (of a muscle) ◆ **vaccin contre le tétanos** tetanus vaccine

**têtard** [tɛtaʀ] nm tadpole

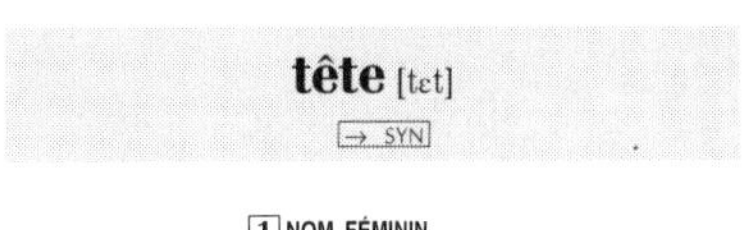


**1** NOM FÉMININ
**2** COMPOSÉS

**1** NOM FÉMININ

**a** Anat [personne, animal] head; (= chevelure) hair (NonC) ◆ **être tête nue, n'avoir rien sur la tête** to be bareheaded, have nothing on one's head ◆ **avoir mal à la tête** to have a headache ◆ **j'ai la tête lourde** my head feels heavy ◆ **sa tête brune/bouclée** his brown/curly hair ◆ **avoir la tête sale/propre** to have dirty/clean hair ◆ **veau à deux têtes** two-headed calf ◆ **se tenir la tête à deux mains** to hold one's head in one's hands ◆ **tomber la tête la première** to fall headfirst ◆ **c'est à se cogner** ou **se taper la tête contre les murs** it's enough to drive you up the wall * ◆ **j'en donnerais ma tête à couper** I would stake my life on it ◆ **faire une** ou **la tête au carré à qn** ⁑ to smash sb's face in ⁑, knock sb's block off ⁑ ◆ **tenir tête à qn/qch** to stand up to sb/sth

◆ **tête baissée** ◆ **courir** ou **foncer tête baissée** (lit) to rush ou charge headlong ◆ **y aller tête baissée** (fig) to charge in blindly ◆ **se jeter** ou **donner tête baissée dans** [+ entreprise, piège] to rush headlong into

◆ **la tête basse** ◆ **marcher la tête basse** to walk along with one's head bowed ◆ **il est reparti la tête basse** (fig) he left hanging his head

◆ **la tête haute** (fig) ◆ **aller** ou **marcher la tête haute** to walk with one's head held high, carry one's head high ◆ **battu aux élections, il peut néanmoins se retirer la tête haute** although beaten in the elections he can nevertheless withdraw with his head held high

◆ **de la tête aux pieds** from head to foot ou toe, from top to toe

◆ **coup de tête** (lit) head-butt; (fig) sudden impulse ◆ **donner un coup de tête à qn** to head-butt sb ◆ **donner des coups de tête contre qch** to bang one's head against sth ◆ **agir sur un coup de tête** (fig) to act on impulse

**b** fig = vie **mettre à prix la tête de qn** to put a price on sb's head ◆ **réclamer la tête de qn** to demand sb's head ◆ **jurer sur la tête de qn** to swear on sb's life ◆ **risquer sa tête** to risk one's neck ◆ **sauver sa tête** to save one's skin ou neck ◆ **il y va de sa tête** his life is at stake

**c** = visage, expression face ◆ **il a une tête sympathique** he has a nice ou friendly face ◆ **il a une tête sinistre** he has a sinister look about him, he looks an ugly customer ◆ **il a une bonne tête** he looks a decent sort ◆ **quand il a appris la nouvelle il a fait une (drôle de) tête !** he pulled a face when he heard the news!, you should have seen his face when he heard the news! ◆ **il en fait une tête !** what a face!, just look at his face! ◆ **faire la tête** to sulk, have the sulks * (Brit) ◆ **tu as vu la tête qu'il a !** ou **sa tête !** have you seen his face! ◆ **je connais cette tête-là !** I know that face! ◆ **mettre un nom sur une tête** to put a name to a face ◆ **il a** ou **c'est une tête à claques** * he has got the sort of face you'd love to smack ou that just asks to be smacked ◆ **jeter** ou **lancer à la tête de qn que ...** to hurl in sb's face that.. ◆ **c'est à la tête du client** * it depends on the person ◆ **il fait son prix à la**

tête du client he charges what he feels like; → **enterrement, payer** etc

**d** [= personne] head ♦ tête couronnée crowned head ♦ de nouvelles têtes new faces ♦ des têtes connues familiar faces ♦ des têtes vont tomber heads will roll ♦ avoir ses têtes* to have one's favourites ♦ le repas coûtera 25 € par tête (de pipe*) the meal will cost €25 a head ou €25 per person ou €25 apiece

**e** [= animal] 20 têtes de bétail 20 head of cattle

**f** [mesure] head ♦ il a une tête/demi-tête de plus que moi he's a head/half a head taller than me ♦ gagner d'une tête (Courses) to win by a head

**g** [= partie supérieure] [clou, marteau] head; [arbre] top ♦ tête d'ail head of garlic ♦ tête d'artichaut artichoke head ♦ tête d'épingle pinhead ♦ gros comme une tête d'épingle no bigger than a pinhead ♦ tête de l'humérus (Anat) head of the humerus

**h** [= partie antérieure] [train, procession] front, head; (Mil) [colonne, peloton] head; (= première place) [liste, chapitre, classe] top, head ♦ l'équipe conserve la tête du classement the team retains its lead ♦ prendre la tête to take the lead ♦ prendre la tête du cortège to lead the procession, take one's place at the head of the procession ♦ être la tête d'un mouvement to be the leader of a movement ♦ être la tête d'une affaire to head up a business

♦ **à la tête de** ♦ à la tête du cortège at the head of the procession ♦ tué à la tête de ses troupes killed leading his troops ou at the head of his troops ♦ être à la tête d'un mouvement/d'une affaire (= diriger) to be at the head of a movement/of a business, head (up) a movement/a business ♦ se trouver à la tête d'une petite fortune/de deux maisons to find o.s. the owner ou possessor of a small fortune/of two houses

♦ **de tête** (Sport, fig) ♦ il est dans le peloton de tête he's among the leaders ♦ voiture de tête (Rail) front coach ♦ article de tête (Presse) leading article, leader (column)

♦ **en tête** ♦ ils sont entrés dans la ville, musique en tête they came into the town led ou headed by the band ♦ on monte en tête ou en queue ? (Rail) shall we get on at the front or (at) the back? ♦ être en tête to be in the lead ou in front ♦ dans les sondages, il arrive largement en tête he's well ahead in the polls

♦ **en tête de** ♦ en tête de phrase at the beginning of the sentence ♦ monter dans le métro en tête de ligne to get on the metro at the beginning of the line ♦ être ou venir en tête de liste to head the list, come at the head ou top of the list ♦ il arrive en tête du scrutin he's leading in the elections

**i** [= facultés mentales] avoir (toute) sa tête to have (all) one's wits about one ♦ n'avoir rien dans la tête to be empty-headed ♦ où ai-je la tête ? whatever am I thinking of? ♦ avoir une petite tête to be dim-witted ♦ avoir ou être une tête sans cervelle ou de linotte, être tête en l'air to be scatterbrained, be a scatterbrain ♦ avoir de la tête to have a good head on one's shoulders ♦ ce type-là, c'est une tête* that guy's really brainy* ♦ c'est une tête en maths* he ou she's really good at maths ♦ femme/homme de tête level-headed ou capable woman/man ♦ avoir la tête bien faite to have a good mind ♦ avoir la tête sur les épaules to be level-headed ♦ calculer qch de tête to work sth out in one's head ♦ chercher qch dans sa tête to search one's memory for sth ♦ il est vieux dans sa tête he behaves like an old man ♦ mettre ou fourrer* qch dans la tête de qn to put sth into sb's head ♦ se mettre dans la tête que (= s'imaginer) to get it into one's head that ♦ se mettre dans la tête de faire qch (= décider) to take it into one's head to do sth ♦ j'ai la tête vide my mind is a blank ou has gone blank ♦ avoir la tête à ce que l'on fait to have one's mind on what one is doing ♦ avoir la tête ailleurs to have one's mind on other matters ou elsewhere ♦ n'en faire qu'à sa tête to do (exactly) as one pleases, please o.s., go one's own (sweet) way ♦ il me prend la tête* he drives me nuts* ou mad ♦ la géométrie, ça me prend la tête* geometry does my head in* ♦ les maths, quelle prise de tête !* maths does my head in!* ♦ j'y réfléchirai à tête reposée I'll think about it when I've got a quiet moment; → **creuser, monter, perdre** etc

♦ **en tête** ♦ je n'ai plus le chiffre/le nom en tête I can't recall the number/the name, the number/the name has gone (clean) out of my head ♦ avoir des projets en tête to have plans ♦ se mettre en tête que (= s'imaginer) to get it into one's head that ♦ se mettre en tête de faire qch (= décider) to take it into one's head to do sth

**j** [= tempérament] avoir la tête chaude/froide to be quick- ou fiery-tempered/cool-headed ♦ garder la tête froide to keep a cool head, remain cool, keep one's head ♦ avoir la tête dure to be a blockhead* ♦ avoir ou être une tête de mule* ou de bois* ou de lard* ou de cochon*, être une tête de pioche* to be as stubborn as a mule, be mulish ou pigheaded ♦ avoir la tête près du bonnet to be quick-tempered, have a short fuse; → **fort, mauvais**

**k** [Ftbl] header ♦ faire une tête to head the ball

[2] COMPOSÉS

▷ **tête d'affiche** (Théât) top of the bill ♦ être la tête d'affiche to head the bill, be top of the bill ▷ **tête de bielle** (Aut) big end ▷ **tête blonde*** (fig) (= enfant) little one ▷ **tête brûlée** (= baroudeur) desperado ▷ **tête chercheuse** (lit) homing device; (fig = personne) pioneering researcher; (= groupe) pioneering research group ♦ fusée à tête chercheuse homing rocket ▷ **tête de cuvée** tête de cuvée ▷ **tête de Delco** ® (Aut) distributor ▷ **tête d'écriture** (Ordin) writing head ▷ **tête d'enregistrement** recording head ▷ **tête d'injection** (Tech) swivel ▷ **tête de lecture** [pick-up] pickup head; [magnétophone, magnétoscope] play-back head; (Ordin) reading head ♦ tête de lecture-écriture (Ordin) read-write head ▷ **tête de ligne** terminus, start of the line (Rail) ▷ **tête de liste** (Pol) chief candidate *(in list system of voting)* ▷ **tête de lit** bedhead ▷ **tête de mort** (= emblème) death's-head; [pavillon] skull and crossbones, Jolly Roger; (Zool) death's-head moth; (Culin) Gouda cheese ▷ **tête de nœud**** prick**, dickhead** ▷ **tête nucléaire** nuclear warhead ▷ **tête d'œuf** (péj) egghead ▷ **tête pensante** brains* ▷ **tête de pont** (au-delà d'un fleuve) bridgehead; (au-delà de la mer) beachhead; (fig) bridgehead ▷ **tête de série** (Tennis) seeded player ♦ il était classé troisième tête de série he was seeded third ♦ il est tête de série numéro 2 he's the number 2 seed ▷ **tête de Turc** whipping boy

**tête-à-queue** [tɛtakø] nm inv spin ♦ faire un tête-à-queue [cheval] to turn about; [voiture] to spin round

**tête-à-tête** [tɛtatɛt] nm inv **a** (= conversation) tête-à-tête, private conversation ♦ en tête-à-tête alone together ♦ discussion en tête-à-tête discussion in private ♦ on a dîné en tête-à-tête the two of us had dinner together
**b** (= service) breakfast set for two, tea ou coffee set for two; (= meuble) tête-à-tête

**tête-bêche** [tɛtbɛʃ] adv head to foot ou tail ♦ timbre tête-bêche tête-bêche stamp

**tête-de-clou**, pl **têtes-de-clou** [tɛtdəklu] nm nail-head(ed) moulding

**tête-de-loup**, pl **têtes-de-loup** [tɛtdəlu] nf ceiling brush

**tête-de-nègre** [tɛtdənɛgʀ] [1] adj inv dark brown, chocolate brown (Brit)
[2] nf **a** (Culin) chocolate-covered meringue
**b** (= champignon) brown boletus

**tétée** [tete] [→ SYN] nf (= action) sucking; (repas, lait) nursing, feed (Brit) ♦ cinq tétées par jour five nursings ou feeds (Brit) a day ♦ l'heure de la tétée nursing ou feeding (Brit) time

**téter** [tete] [→ SYN] ▸ conjug 6 ◂ vt **a** [+ lait] to suck; [+ biberon, sein] to suck at ♦ téter sa mère to suck at one's mother's breast ♦ donner à téter à un bébé to feed a baby (at the breast), suckle ou nurse a baby
**b** * [+ pouce] to suck; [+ pipe] to suck at ou on
**c** * elle tête du 13 litres au cent [voiture] ≃ it does 20 miles to the gallon ♦ elle tête énormément it's a real gas-guzzler*

**têtière** [tɛtjɛʀ] nf [cheval] headstall; [siège] (en tissu, dentelle) antimacassar; (= repose-tête) head rest

**tétine** [tetin] [→ SYN] nf [vache] udder, dug (SPÉC); [truie] teat, dug (SPÉC); [biberon] teat (Brit), nipple (US); (= sucette) comforter, dummy (Brit), pacifier (US)

**téton** [tetɔ̃] [→ SYN] nm **a** (* = sein) breast, tit**
**b** (Tech = saillie) stud, nipple

**tétra** [tetʀa] nm tetra

**tétrachlorure** [tetʀaklɔʀyʀ] nm tetrachloride ♦ tétrachlorure de carbone carbon tetrachloride

**tétracorde** [tetʀakɔʀd] nm tetrachord

**tétracycline** [tetʀasiklin] nf tetracycline

**tétradactyle** [tetʀadaktil] adj tetradactyl(ous)

**tétrade** [tetʀad] nf (Bio) tetrad ♦ tétrade de Fallot (Méd) tetralogy of Fallot

**tétraèdre** [tetʀaɛdʀ] nm tetrahedron

**tétraédrique** [tetʀaedʀik] adj tetrahedral

**tétragone** [tetʀagɔn] nf New Zealand spinach

**tétraline** [tetʀalin] nf Tetralin ®

**tétralogie** [tetʀalɔʒi] nf tetralogy ♦ la Tétralogie de Wagner Wagner's Ring

**tétramère** [tetʀamɛʀ] adj tetramerous

**tétramètre** [tetʀamɛtʀ] nm tetrameter

**tétraphonie** [tetʀafɔni] nf quadraphonia

**tétraphonique** [tetʀafɔnik] adj quadraphonic

**tétraplégie** [tetʀapleʒi] nf tetraplegia

**tétraplégique** [tetʀapleʒik] adj, nmf quadraplegic, tetraplegic

**tétraploïde** [tetʀaplɔid] adj tetraploid

**tétraploïdie** [tetʀaplɔidi] nf tetraploidy

**tétrapode** [tetʀapɔd] nm tetrapod

**tétraptère** [tetʀaptɛʀ] [1] adj tetrapterous
[2] nm tetrapteron

**tétrarchat** [tetʀaʀka] nm tetrarchate

**tétrarchie** [tetʀaʀʃi] nf tetrarchy

**tétrarque** [tetʀaʀk] nm tetrarch

**tétras** [tetʀɑ(s)] nm grouse ♦ tétras-lyre black grouse ♦ grand tétras capercaillie

**tétrastyle** [tetʀastil] adj, nm tetrastyle

**tétrasyllabe** [tetʀasi(l)lab] [1] adj tetrasyllabic
[2] nm tetrasyllable

**tétrasyllabique** [tetʀasi(l)labik] adj tetrasyllabic

**tétratomique** [tetʀatɔmik] adj tetratomic

**tétravalent, e** [tetʀavalɑ̃, ɑ̃t] adj tetravalent

**tétrode** [tetʀɔd] nf tetrode

**tétrodon** [tetʀɔdɔ̃] nm (Zool) puffer, globefish

**têtu, e** [tety] [→ SYN] [1] adj stubborn, obstinate ♦ têtu comme une mule ou une bourrique ou un âne as stubborn as a mule ♦ les faits sont têtus there's no getting away from the facts
[2] nm,f ♦ c'est un têtu he's stubborn

**teuf*** [tøf] nf party ♦ faire la teuf to party

**teuf-teuf**, pl **teufs-teufs** [tœftœf] nm **a** (= bruit) [train] puff-puff, chuff-chuff; [voiture] chug-chug
**b** (* = automobile) bone-shaker, rattle-trap*; (langage enfantin = train) chuff-chuff, puff-puff

**Teutatès** [tøtatɛs] nm Teutates

**teuton, -onne** [tøtɔ̃, ɔn] [1] adj (Hist, péj, hum) Teutonic
[2] **Teuton(ne)** nm,f (Hist, hum) Teuton ♦ les Teutons (péj) the Huns (péj)

**teutonique** [tøtɔnik] adj (Hist, péj) Teutonic; → **chevalier**

**texan, e** [tɛksɑ̃, an] [1] adj Texan
[2] **Texan(e)** nm,f Texan

**Texas** [tɛksas] nm Texas

**tex-mex** [tɛksmɛks] adj musique, restaurant, repas Tex-Mex

**texte** [tɛkst] [→ SYN] nm **a** (= partie écrite) [contrat, livre, pièce de théâtre] text ♦ texte de loi (adopté) law; (en discussion) bill ♦ il y a des erreurs dans le texte there are textual errors ou errors in the text ♦ lire Shakespeare dans le texte (original) to read Shakespeare in the original (text) ◆ **"texte et illustrations de Julien Leduc"** "written and illustrated by Julien Leduc" ◆ **apprendre son texte** (Théât) to learn one's lines ◆ **il écrit lui-même le texte de ses chansons** ou **ses textes** he writes his own lyrics ◆ **en français dans le texte** (lit) in French in the original (text); (iro) those were the very words used ◆ **recherche en texte intégral** (Ordin) full text search

**b** (= œuvre littéraire) text; (fragment) passage, piece ◆ **textes choisis** selected passages ◆ **les grands textes classiques** the great classics ◆ **expliquez ce texte de Gide** comment on this passage ou piece from ou by Gide; → **explication**

**c** (Scol = énoncé) [devoir, dissertation] subject, topic ◆ **texte libre** free composition; → **cahier**

**textile** [tɛkstil] → SYN **1** nm **a** (= matière) textile ◆ **textiles artificiels** man-made fibres ◆ **textiles synthétiques** synthetic ou man-made fibres

**b** (Ind) **le textile** the textile industry, textiles

**2** adj textile

**texto** * [tɛksto] adv word for word

**textuel, -elle** [tɛkstɥɛl] → SYN adj **a** (= conforme au texte) traduction literal, word for word; copie exact; citation verbatim (épith), exact ◆ **elle m'a dit d'aller me faire cuire un œuf : textuel !** * she told me to get lost — those were her very words! ◆ **c'est textuel !** those were his (ou her) very ou exact words!

**b** (= du texte) textual; analyse, sens textual

**textuellement** [tɛkstɥɛlmɑ̃] adv literally, word for word, verbatim ◆ **alors il m'a dit, textuellement, que j'étais un imbécile** so he told me I was a fool — those were his very words ◆ **il m'a textuellement rapporté ses paroles** he told me what he had said word for word

**texture** [tɛkstyʀ] → SYN nf (gén) texture; (= agencement des parties) structure ◆ **agent de texture** texturizing agent

**texturer** [tɛkstyʀe] ▸ conjug 1 ◂ vt to texturize

**TF1** [teɛfœ̃] n (abrév de **Télévision française un**) *independent French television channel*

**TG** [teʒe] nf (abrév de **Trésorerie générale**) → **trésorerie**

**TGV** [teʒeve] nm (abrév de **train à grande vitesse**) → **train**

**thaï** [taj] **1** nm (Ling) Thai

**2** adj Thai

**thaïlandais, e** [tajlɑ̃dɛ, ɛz] **1** adj Thai

**2** **Thaïlandais(e)** nm,f Thai

**Thaïlande** [tailɑ̃d] nf Thailand

**thalamique** [talamik] adj thalamic

**thalamus** [talamys] nm thalamus

**thalassémie** [talasemi] nf thalassemia

**thalasso** * [talaso] nf abrév de **thalassothérapie**

**thalassothérapie** [talasoteʀapi] nf thalassotherapy

**thalidomide** [talidɔmid] nf thalidomide

**thalle** [tal] nm thallus

**thallium** [taljɔm] nm thallium

**thallophytes** [talɔfit] nfpl, nmpl thallophytes

**thalweg** [talvɛg] → SYN nm thalweg

**thanatologie** [tanatɔlɔʒi] nf thanatology

**Thanatos** [tanatɔs] nm Thanatos

**thaumaturge** [tomatyʀʒ] → SYN **1** nm miracle-worker, thaumaturge (SPÉC), thaumaturgist (SPÉC)

**2** adj miracle-working (épith), thaumaturgic(al) (SPÉC)

**thaumaturgie** [tomatyʀʒi] nf miracle-working, thaumaturgy (SPÉC)

**thaumaturgique** [tomatyʀʒik] adj pouvoir thaumaturgic(al)

**thé** [te] nm **a** (= feuilles séchées, boisson) tea ◆ **thé de Chine** China tea ◆ **les thés de Ceylan** Ceylon teas ◆ **thé vert/noir** green/black tea ◆ **thé au lait/nature** tea with milk/without milk ◆ **thé glacé** iced tea ◆ **thé au citron/au jasmin/à la menthe** lemon/jasmine/mint tea ◆ **thé à la bergamote** tea scented with bergamot, ≃ Earl Grey ◆ **faire le** ou **du thé** to make some tea ◆ **prendre le thé** to have tea ◆ **à l'heure du thé** at teatime; → **feuille, rose, salon**

**b** (= arbre) tea plant

**c** (= réunion) tea party ◆ **thé dansant** tea dance, thé-dansant

**d** (Helv = infusion) herbal tea, tisane

**théâtral, e,** mpl **-aux** [teɑtʀal, o] → SYN adj **a** œuvre, situation theatrical, dramatic; rubrique, chronique stage (épith), theatre (Brit) (épith), theater (US) (épith); saison theatre (Brit) (épith), theater (US) (épith); représentation stage (épith), theatrical

**b** (péj) air, personne theatrical, histrionic ◆ **ses attitudes théâtrales m'agacent** his theatricals ou histrionics irritate me

**théâtralement** [teɑtʀalmɑ̃] adv (lit) theatrically; (péj) histrionically

**théâtralisation** [teɑtʀalizasjɔ̃] nf [roman] dramatization ◆ **la théâtralisation de ses discours politiques** (péj) the way he turns his political speeches into theatrical performances

**théâtraliser** [teɑtʀalize] ▸ conjug 1 ◂ vt to dramatize

**théâtralisme** [teɑtʀalism] nm (Psych) theatricality, theatricalness

**théâtralité** [teɑtʀalite] nf (littér) theatricality

**théâtre** [teɑtʀ] → SYN nm **a** (= genre artistique) theatre (Brit), theater (US); (= ensemble de techniques) drama, theatre (Brit), theater (US); (= activité, profession) stage, theatre (Brit), theater (US) ◆ **faire du théâtre** (comme acteur) to be a stage actor, be on the stage; (comme metteur en scène) to be in the theatre ◆ **elle a fait du théâtre** she has appeared on the stage, she has done some acting ◆ **elle veut faire du théâtre** she wants to go on the stage ◆ **je n'aime pas le théâtre à la télévision** I do not like televised stage dramas ou stage productions on television ◆ **c'est du théâtre filmé** it's a filmed stage production, it's a film of the play ◆ **ce n'est pas du bon théâtre** it doesn't make good theatre ◆ **technique** ou **art du théâtre** stagecraft ◆ **théâtre d'essai** experimental theatre ou drama ◆ **le théâtre musical** musicals ◆ **il fait du théâtre d'amateur** he's involved in ou he does some amateur dramatics ◆ **un roman adapté pour le théâtre** a novel adapted for the stage ou the theatre; → **critique**²

**b** (= genre littéraire) drama, theatre (Brit), theater (US); (= œuvres théâtrales) plays, dramatic works, theatre (Brit), theater (US) ◆ **le théâtre de Sheridan** Sheridan's plays ou dramatic works, the theatre of Sheridan ◆ **le théâtre classique/élisabéthain** the classical/Elizabethan theatre, classical/Elizabethan drama ◆ **le théâtre antique** (gén) ancient theatre; (grec) Greek theatre ◆ **le théâtre de caractères/de situation** the theatre of character/of situation ◆ **le théâtre de l'absurde** the theatre of the absurd ◆ **le théâtre de boulevard** light comedies *(as performed in the theatres of the Paris Boulevards)*, → **pièce**

**c** (= lieu, entreprise) theatre (Brit), theater (US) ◆ **théâtre de rue** street theatre ◆ **théâtre de marionnettes/de verdure** puppet/open-air theatre ◆ **théâtre d'ombres** shadow theatre ◆ **théâtre de guignol** ≃ Punch and Judy show ◆ **il ne va jamais au théâtre** he never goes to the theatre, he is not a theatregoer ◆ **le théâtre est plein ce soir** it's a full house tonight, the performance is sold out tonight

**d** (LOC) **homme/femme de théâtre** man/woman of the theatre ◆ **les gens de théâtre** theatre ou stage people ◆ **cours de théâtre** drama lessons ◆ **accessoires/costumes/décors de théâtre** stage props/costumes/sets ◆ **artifices de théâtre** stage tricks ◆ **directeur de théâtre** theatre ou stage director ◆ **festival de théâtre** drama festival ◆ **voix/gestes de théâtre** theatrical ou histrionic ou stagey * voice/gestures

◆ **coup de théâtre** (Théât) coup de théâtre; (gén) dramatic turn of events ◆ **et coup de théâtre, il a démissionné** to everybody's amazement, he resigned

**e** (péj) (= exagération) theatricals, histrionics; (= simulation) playacting ◆ **c'est du théâtre** it's just playacting

**f** [événement, crime] scene ◆ **les Flandres ont été le théâtre de combats sanglants** Flanders was the scene of bloody fighting ◆ **le théâtre des opérations** (Mil) the theatre of operations ◆ **les émeutes ont eu pour théâtre la capitale** the riots took place in the capital, the capital was the scene of the riots ou rioting

**théâtreux, -euse** * [teɑtʀø, øz] nm,f (hum) Thespian; (péj) second-rate ou ham actor

**thébaïde** [tebaid] → SYN nf (littér) solitary retreat

**thébain, e** [tebɛ̃, ɛn] **1** adj Theban

**2** **Thébain(e)** nm,f Theban

**thébaïne** [tebain] nf thebaine, paramorphine

**Thèbes** [tɛb] n Thebes

**théier** [teje] nm tea plant

**théière** [tejɛʀ] nf teapot

**théine** [tein] nf theine

**théisme** [teism] → SYN nm **a** (Rel) theism

**b** (Méd) tea poisoning

**théiste** [teist] **1** adj theistic(al), theist

**2** nmf theist

**thématique** [tematik] **1** adj (gén) thematic; voyelle thematic; chaîne de télévision specialized; exposition, supplément d'un journal thematic, based on a theme (attrib) ◆ **index thématique** subject index

**2** nf set of themes

**thème** [tɛm] → SYN nm **a** (= sujet : gén, Littérat, Mus) theme; [débat] theme, subject ◆ **le thème de composition d'un peintre** a painter's theme ◆ **ce livre propose plusieurs thèmes de réflexion** this book raises several issues

**b** (Scol = traduction) translation *(into a foreign language)*, prose (translation) ◆ **thème allemand/espagnol** German/Spanish prose (translation), translation into German/Spanish; → **fort**

**c** (Ling) stem, theme ◆ **thème nominal/verbal** noun/verb stem ou theme

**d** (Astrol) **thème astral** birth chart

**thénar** [tenaʀ] nm ◆ **(éminence) thénar** thenar

**théobromine** [teɔbʀɔmin] nf theobromine

**théocratie** [teɔkʀasi] nf theocracy

**théocratique** [teɔkʀatik] adj theocratic

**Théocrite** [teɔkʀit] nm Theocritus

**théodicée** [teɔdise] nf theodicy

**théodolite** [teɔdɔlit] nm theodolite

**théogonie** [teɔgɔni] → SYN nf theogony

**théogonique** [teɔgɔnik] adj theogonic

**théologal, e,** mpl **-aux** [teɔlɔgal, o] adj → **vertu**

**théologie** [teɔlɔʒi] → SYN nf theology ◆ **études de théologie** theological studies ◆ **faire sa théologie** to study theology ou divinity

**théologien, -ienne** [teɔlɔʒjɛ̃, jɛn] → SYN nm,f theologian, theologist

**théologique** [teɔlɔʒik] → SYN adj (Rel) theological

**Théophraste** [teɔfʀast] nm Theophrastus

**théorbe** [teɔʀb] nm theorbo

**théorématique** [teɔʀematik] adj theorem(at)ic

**théorème** [teɔʀɛm] → SYN nm theorem ◆ **le théorème d'Archimède/de Pythagore** Archimedes'/Pythagoras' theorem

**théorétique** [teɔʀetik] adj theoretic(al)

**théoricien, -ienne** [teɔʀisjɛ̃, jɛn] → SYN nm,f theoretician, theorist

**théorie**¹ [teɔʀi] GRAMMAIRE ACTIVE 26.2 → SYN nf (= doctrine, hypothèse) theory ◆ **la théorie et la pratique** theory and practice ◆ **en théorie** in theory ◆ **la théorie, c'est bien joli, mais ...** theory ou theorizing is all very well, but ... ◆ **théorie des catastrophes/du chaos/des jeux/des ensembles** catastrophe/chaos/game/set theory

**théorie**² [teɔʀi] → SYN nf (littér = procession) procession, file

**théorique** [teɔʀik] → SYN adj theoretical ◆ **c'est une liberté toute théorique** it's a purely theoretical freedom

**théoriquement** [teɔʀikmɑ̃] adv theoretically, in theory ◆ **théoriquement, c'est vrai** in theory ou theoretically it's true

**théorisation** [teɔʀizasjɔ̃] nf theorization

**théoriser** [teɔʀize] ▸ conjug 1 ◂ **1** vi to theorize (*sur* about)

**2** vt to theorize about

**théosophe** [teɔzɔf] nmf theosophist

**théosophie** [teɔzɔfi] → SYN nf theosophy

**théosophique** [teɔzɔfik] adj theosophic

**thèque** [tɛk] nf theca

**thérapeute** [teʀapøt] → SYN nmf therapist

**thérapeutique** [teʀapøtik] → SYN 1 adj usage, effet, avortement therapeutic ◆ **essais thérapeutiques** drug trials ◆ **les moyens thérapeutiques actuels** current methods of treatment
2 nf (= branche de la médecine) therapeutics sg; (= traitement) therapy

**thérapie** [teʀapi] nf (Méd) therapy, treatment; (Psych) therapy ◆ **thérapie de groupe/comportementale** group/behavioural therapy ◆ **thérapie génique** gene therapy ◆ **suivre une thérapie** to undergo ou have therapy

**thermal, e,** mpl **-aux** [tɛʀmal, o] → SYN adj source thermal, hot ◆ **cure thermale** water cure ◆ **faire une cure thermale** to take the waters ◆ **eaux thermales** hot springs ◆ **établissement thermal** hydropathic ou water-cure establishment ◆ **station thermale** spa ◆ **ville thermale** spa town

**thermalisme** [tɛʀmalism] nm (= science) balneology; (= cures) water cures

**thermes** [tɛʀm] → SYN nmpl (Hist) thermae; (= établissement thermal) thermal baths

**thermidor** [tɛʀmidɔʀ] nm Thermidor *(11th month of French Republican calendar)*

**thermidorien, -ienne** [tɛʀmidɔʀjɛ̃, jɛn] 1 adj of the 9th Thermidor
2 nm,f revolutionary of the 9th Thermidor

**thermie** [tɛʀmi] nf (Phys) therm

**thermique** [tɛʀmik] adj unité, équilibre thermal; énergie thermic ◆ **moteur thermique** heat engine ◆ **carte thermique** temperature map ◆ **ascendance thermique** thermal, thermal current; → **central**

**thermistance** [tɛʀmistɑ̃s] nf thermistor

**thermite** [tɛʀmit] nf Thermit(e)

**thermocautère** [tɛʀmɔkotɛʀ] nm diathermy, electro-cautery

**thermochimie** [tɛʀmoʃimi] nf thermochemistry

**thermochimique** [tɛʀmoʃimik] adj thermochemical

**thermocline** [tɛʀmoklin] nf thermocline

**thermocouple** [tɛʀmokupl] nm thermocouple, thermoelectric couple

**thermodurcissable** [tɛʀmodyʀsisabl] adj thermosetting

**thermodynamicien, -ienne** [tɛʀmodinamisjɛ̃, jɛn] nm,f thermodynamics specialist

**thermodynamique** [tɛʀmodinamik] 1 nf thermodynamics sg
2 adj thermodynamic(al)

**thermoélectricité** [tɛʀmoelɛktʀisite] nf thermoelectricity

**thermoélectrique** [tɛʀmoelɛktʀik] adj thermoelectric(al) ◆ **couple thermoélectrique** thermoelectric couple, thermocouple ◆ **effet thermoélectrique** thermoelectric ou Seebeck effect ◆ **pile thermoélectrique** thermopile, thermoelectric pile

**thermoformage** [tɛʀmofɔʀmaʒ] nm thermal compression moulding

**thermoformé, e** [tɛʀmofɔʀme] adj thermally moulded

**thermogène** [tɛʀmɔʒɛn] adj → **ouate**

**thermogénèse** [tɛʀmɔʒenɛz], **thermogenèse** [tɛʀmɔʒənɛz] nf thermogenesis

**thermographe** [tɛʀmɔgʀaf] → SYN nm thermograph

**thermographie** [tɛʀmɔgʀafi] nf thermography

**thermoïonique** [tɛʀmojɔnik] adj thermionic

**thermoluminescence** [tɛʀmolyminesɑ̃s] nf thermoluminescence

**thermolyse** [tɛʀmɔliz] nf thermolysis

**thermomètre** [tɛʀmɔmɛtʀ] nm thermometer ◆ **le thermomètre indique 38°** the thermometer is (standing) at ou is showing 38° ◆ **le thermomètre monte** the temperature is rising, the thermometer is showing a rise in temperature ◆ **thermomètre à mercure/à alcool** mercury/alcohol thermometer ◆ **thermomètre à maxima et minima** maximum and minimum thermometer ◆ **thermomètre médical** clinical thermometer

**thermométrie** [tɛʀmɔmetʀi] nf thermometry

**thermométrique** [tɛʀmɔmetʀik] adj thermometric(al)

**thermonucléaire** [tɛʀmonykleɛʀ] adj thermonuclear

**thermopile** [tɛʀmopil] nf thermopile

**thermoplastique** [tɛʀmoplastik] adj thermoplastic

**thermoplongeur** [tɛʀmoplɔ̃ʒœʀ] nm immersion heater

**thermopompe** [tɛʀmopɔ̃p] nf heat pump

**thermopropulsé, e** [tɛʀmopʀɔpylse] adj thermopropulsion (épith)

**thermopropulsion** [tɛʀmopʀɔpylsjɔ̃] nf thermal propulsion

**Thermopyles** [tɛʀmɔpil] nfpl ◆ **les Thermopyles** Thermopylae

**thermorégulateur, -trice** [tɛʀmoʀegylatœʀ, tʀis] adj thermotaxic, thermoregulation (épith)

**thermorégulation** [tɛʀmoʀegylasjɔ̃] nf thermotaxis, thermoregulation (épith)

**thermorésistant, e** [tɛʀmoʀezistɑ̃, ɑ̃t] adj (gén) heat-resistant; plastique thermosetting

**thermos ®** [tɛʀmos] nm ou nf ◆ **(bouteille) thermos** vacuum ou Thermos ® flask (Brit) ou bottle (US)

**thermoscope** [tɛʀmɔskɔp] nm thermoscope

**thermosiphon** [tɛʀmosifɔ̃] nm thermosiphon

**thermosphère** [tɛʀmɔsfɛʀ] nf thermosphere

**thermostat** [tɛʀmɔsta] nm thermostat ◆ **préchauffez le four, thermostat 7** preheat the oven to gas mark 7

**thermostatique** [tɛʀmɔstatik] adj thermostatic

**thermothérapie** [tɛʀmoteʀapi] nf (deep) heat treatment, thermotherapy

**thésard, e** * [tezaʀ, aʀd] nm,f Ph.D. student

**thésaurisation** [tezɔʀizasjɔ̃] → SYN nf hoarding *(of money)*; (Écon) building up of capital

**thésauriser** [tezɔʀize] → SYN ▸ conjug 1 ◂ 1 vi to hoard money
2 vt to hoard (up)

**thésauriseur, -euse** [tezɔʀizœʀ, øz] → SYN nm,f hoarder *(of money)*

**thésaurus** [tezɔʀys] → SYN nm *dictionary of specialized terms*

**thèse** [tɛz] → SYN nf **a** (= doctrine) thesis, argument ◆ **pièce/roman à thèse** *play/novel expounding a philosophical or social message* pièce/roman à thèse (SPÉC)
**b** (Univ) thesis ◆ **thèse de doctorat (d'État)** Ph.D., doctoral thesis (Brit), doctoral dissertation (US) ◆ **thèse de 3e cycle** ≃ M.A. ou M.Sc. thesis, ≃ Master's thesis; → **soutenance, soutenir**
**c** (Philos) thesis ◆ **thèse, antithèse, synthèse** thesis, antithesis, synthesis
**d** (= théorie) theory, possibility ◆ **selon la thèse officielle, il ...** the official line is that he ... ◆ **la thèse du suicide a été écartée** suicide has been ruled out

**Thésée** [teze] nm Theseus

**Thessalie** [tɛsali] nf Thessaly

**thessalien, -ienne** [tɛsaljɛ̃, jɛn] 1 adj Thessalian
2 **Thessalien(ne)** nm,f Thessalian

**Thessalonique** [tesalɔnik] n Thessalonica

**Thétis** [tetis] nf Thetis

**théurgie** [teyʀʒi] nf theurgy

**thiamine** [tjamin] nf thiamin(e)

**thibaude** [tibod] nf anti-slip undercarpeting (NonC), carpet underlay (NonC) ◆ **moquette sur thibaude** fitted carpet (Brit) ou wall-to-wall carpet (US) with underlay

**Thimbou** [timbu] n Thimbu

**thioalcool** [tjoalkɔl] nm thioalcohol

**thiol** [tjɔl] nm thiol

**thionine** [tjɔnin] nf thionin(e)

**thionique** [tjɔnik] adj thionic

**thiosulfate** [tjosylfat] nm thiosulphate

**thiosulfurique** [tjosylfyʀik] adj ◆ **acide thiosulfurique** thiosulphuric acid

**thio-urée** [tjoyʀe] nf thiourea

**thixotrope** [tiksɔtʀɔp] adj thixotropic

**thlaspi** [tlaspi] nm pennycress

**tholos** [tɔlɔs] nf tholos

**Thomas** [tɔma] nm Thomas ◆ **saint Thomas** Saint Thomas ◆ **je suis comme saint Thomas, je ne crois que ce que je vois** I'm a real doubting Thomas, I'll believe it when I see it, seeing is believing ◆ **saint Thomas d'Aquin** (Saint) Thomas Aquinas

**thomise** [tɔmiz] nm crab spider

**thomisme** [tɔmism] nm Thomism

**thomiste** [tɔmist] 1 adj Thomistic(al)
2 nmf Thomist

**thon** [tɔ̃] → SYN nm **a** (Zool) tuna, tunny (fish) (Brit); (en boîte) tuna(-fish) (NonC) ◆ **thon blanc** long fin tuna ◆ **thon rouge** blue fin tuna ◆ **miettes de thon** flaked tuna ◆ **thon au naturel/à l'huile** tuna(-fish) in brine/in oil
**b** (* : péj) lump *

**thonier** [tɔnje] nm tuna boat

**Thor** [tɔʀ] nm Thor

**Thora, Torah** [tɔʀa] nf ◆ **la Thora** the Torah

**thoracentèse** [tɔʀasɛ̃tɛz] nf thora(co)centesis, pleurocentesis

**thoracique** [tɔʀasik] adj cavité, canal thoracic ◆ **capacité thoracique** respiratory ou vital capacity; → **cage**

**thoracoplastie** [tɔʀakɔplasti] nf thoracoplasty

**thorax** [tɔʀaks] → SYN nm thorax

**thorite** [tɔʀit] nf thorite

**thorium** [tɔʀjɔm] nm thorium

**thoron** [tɔʀɔ̃] nm thoron

**Thrace** [tʀas] nf Thrace

**thrène** [tʀɛn] nm threnody

**thréonine** [tʀeɔnin] nf threonine

**thridace** [tʀidas] nf thridace

**thrips** [tʀips] nm thrips

**thrombine** [tʀɔ̃bin] nf thrombin

**thrombocyte** [tʀɔ̃bɔsit] nm thrombocyte

**thrombokinase** [tʀɔ̃bokinɑz] nf thrombokinase

**thrombose** [tʀɔ̃boz] nf thrombosis

**thrombotique** [tʀɔ̃bɔtik] adj thrombotic

**thrombus** [tʀɔ̃bys] nm thrombus

**Thucydide** [tysidid] nm Thucydides

**Thulé** [tyle] n Thule

**thulium** [tyljɔm] nm thulium

**thune** [tyn] nf **a** († * = pièce) 5-franc piece
**b** (* = argent) **de la thune, des thunes** cash *, dosh * (Brit) ◆ **j'ai plus une thune** I'm flat ou stony (Brit) broke ◆ **il se fait pas mal de thune(s)** he makes loads of ou a pile of money *

**thuriféraire** [tyʀifeʀɛʀ] → SYN nm (Rel) thurifier; (fig littér) flatterer, sycophant

**thuya** [tyja] nm thuja

**thylacine** [tilasin] nm thylacine, Tasmanian wolf

**thym** [tɛ̃] → SYN nm thyme ◆ **thym sauvage** wild thyme

**thymique** [timik] adj (Méd, Psych) thymic

**thymoanaleptique** [timoanalɛptik] adj, nm antidepressant

**thymol** [timɔl] nm thymol

**thymus** [timys] nm thymus

**thyratron** [tiʀatʀɔ̃] nm thyratron

**thyréotrope** [tiʀeɔtʀɔp] adj ◆ **hormone thyréotrope** thyrotrop(h)in, thyroid-stimulating hormone, TSH

**thyristor** [tiʀistɔʀ] nm silicon-controlled rectifier, thyristor

**thyroïde** [tiʀɔid] 1 adj thyroid (épith)
2 nf ◆ **(glande) thyroïde** thyroid (gland)

**thyroïdectomie** [tiʀɔidɛktɔmi] **nf** thyroidectomy

**thyroïdien, -ienne** [tiʀɔidjɛ̃, jɛn] **adj** thyroid (épith)

**thyroïdite** [tiʀɔidit] **nf** thyroiditis

**thyroxine** [tiʀɔksin] **nf** thyroxin

**thyrse** [tiʀs] **nm** (Bot, Myth) thyrsus

**thysanoures** [tizanuʀ] **nmpl** ◆ **les thysanoures** bristletails, thysanurans, the Thysanura (SPÉC)

**tiare** [tjaʀ] → SYN **nf** tiara

**tiaré** [tjaʀe] **nm** ◆ **fleur de tiaré** *Tahitian flower*

**Tibère** [tibɛʀ] **nm** Tiberius

**Tibériade** [tibeʀjad] **n** ◆ **le lac de Tibériade** Lake Tiberias, the Sea of Galilee

**Tibesti** [tibɛsti] **nm** ◆ **le (massif du) Tibesti** the Tibesti (Massif)

**Tibet** [tibɛ] **nm** Tibet

**tibétain, e** [tibetɛ̃, ɛn] 1 **adj** Tibetan
2 **nm** (Ling) Tibetan
3 **Tibétain(e) nm,f** Tibetan

**tibia** [tibja] **nm** (Anat) (= os) tibia (SPÉC), shinbone; (= partie antérieure de la jambe) shin ◆ **donner un coup de pied dans les tibias à qn** to kick sb in the shins

**tibial, e,** mpl **-iaux** [tibjal, jo] **adj** tibial

**Tibre** [tibʀ] **nm** ◆ **le Tibre** the Tiber

**tic** [tik] → SYN **nm** a (facial) (facial) twitch ou tic; (du corps) twitch, mannerism, tic; (= manie) habit, mannerism ◆ **tic (nerveux)** nervous twitch ou tic ◆ **tic verbal** ou **de langage** verbal tic ◆ **c'est un tic chez lui** (manie) it's a habit with him; (geste) it's a tic he has ◆ **il est plein de tics** he never stops twitching
b (Vét = déglutition) cribbing (NonC), cribbiting (NonC)

**ticket** [tikɛ] → SYN 1 **nm** a (= billet) ticket ◆ **ticket de métro/consigne/vestiaire** underground (Brit) ou subway (US)/left-luggage/cloakroom ticket
b (†* = 10 francs) 10-franc note
c **j'ai le** ou **un ticket avec sa sœur** * I've made a hit with his sister *
d (Pol) ticket
2 COMP ▷ **ticket d'alimentation** ≈ ration card, food stamp (US) ▷ **ticket de caisse** sales slip ou receipt ▷ **ticket d'entrée** (entrance) ticket ◆ **leur ticket d'entrée sur le marché européen** their ticket into the European market ▷ **ticket modérateur** patient's contribution *(towards cost of medical treatment)* ▷ **ticket de quai** platform ticket ▷ **ticket de rationnement** ≈ ration card

**ticket-repas,** pl **tickets-repas** [tikɛʀəpa] **nm** luncheon voucher (Brit), ≈ meal ticket (US)

**Ticket-Restaurant ®,** pl **Tickets-Restaurant** [tikɛʀɛstɔʀɑ̃] **nm** ⇒ **ticket-repas**

**tic-tac** [tiktak] **nm inv** ticking, tick-tock ◆ **faire tic-tac** to tick, go tick tock

**tie-break,** pl **tie-breaks** [tajbʀɛk] **nm** tie break ◆ **il a remporté le premier set au tie-break** he won the first set on ou in a tie-break

**tiédasse** [tjedas] **adj** (péj) lukewarm, tepid

**tiède** [tjɛd] → SYN 1 **adj** a (= refroidi) boisson, bain (désagréablement) lukewarm, tepid; (agréablement) warm; (= doux) vent, saison, température mild, warm; atmosphère balmy ◆ **salade tiède** warm salad
b (= sans conviction) sentiment, foi, accueil lukewarm, half-hearted, tepid; chrétien, militant half-hearted, lukewarm ◆ **tu lui as proposé ? – oui, mais il était plutôt tiède** did you suggest it to him? – yes, but he wasn't very enthusiastic
2 **nmf** (péj) lukewarm ou half-hearted individual ◆ **des mesures qui risquent d'effaroucher les tièdes** (Pol) measures likely to scare the wets
3 **adv** ◆ **elle boit son café tiède** she drinks her coffee lukewarm, she doesn't like her coffee too hot ◆ **ils boivent leur bière tiède** they drink their beer (luke)warm ◆ **je n'aime pas boire tiède** I don't like drinking things when they're lukewarm ◆ **servir tiède/à peine tiède** (dans une recette) serve warm/just warm

**tièdement** [tjɛdmɑ̃] **adv** accueillir in a lukewarm way, half-heartedly ◆ **tièdement soutenu par son parti** with the half-hearted support of his party

**tiédeur** [tjedœʀ] → SYN **nf** a [bain] tepidness; [vent, saison, température] mildness, warmth; [atmosphère] balminess ◆ **les premières tiédeurs du printemps** the first warm days of spring ◆ **la tiédeur du vent/de la nuit** the warm wind/night air
b [sentiment, foi, accueil] lukewarmness, half-heartedness, tepidness; [chrétien, militant] half-heartedness, lukewarmness ◆ **la tiédeur du public à l'égard du référendum** the public's lack of enthusiasm for ou half-hearted attitude towards the referendum

**tiédir** [tjediʀ] → SYN ▸ conjug 2 ◂ 1 **vi** a (= refroidir) to cool (down) ◆ **laisser tiédir un café trop chaud** to let a cup of coffee cool down
b (= se réchauffer) to grow warm(er) ◆ **faire tiédir de l'eau** to warm ou heat up some water ◆ **dans un bol, versez le lait tiédi** pour the warmed milk into a bowl
c (= faiblir) [sentiment, foi, ardeur] to cool (off) ◆ **l'enthousiasme tiédit avec le temps** enthusiasm wanes with time
2 **vt** a (= réchauffer) to warm (up)
b (= rafraîchir) to cool (down)

**tien, tienne** [tjɛ̃, tjɛn] 1 **pron poss** ◆ **le tien, la tienne, les tiens, les tiennes** yours; (†, Rel) thine ◆ **ce sac n'est pas le tien** this bag is not yours, this is not your bag ◆ **mes fils sont stupides comparés aux tiens** my sons are stupid compared to yours ◆ **à la tienne !** * your (good) health!, cheers! ◆ **tu vas faire ce travail tout seul ?** †* (iro) you're going to do the job all by yourself? – **à la tienne !** good luck to you!; pour autres loc voir **sien**
2 **nm** a **il n'y a pas à distinguer le tien du mien** what's mine is yours; ; pour autres loc voir **sien**
b **les tiens** your family, your (own) folks * ◆ **toi et tous les tiens** you and yours; pour autres loc voir **sien**
3 **adj poss** († ou hum) ◆ **un tien cousin** a cousin of yours

**tierce¹** [tjɛʀs] 1 **nf** a (Mus) third ◆ **tierce majeure/mineure** major/minor third
b (Cartes) tierce ◆ **tierce majeure** tierce major
c (Typo) final proof
d (Rel) terce
e (Escrime) tierce
f (= unité de temps) sixtieth of a second
2 **adj** → **tiers**

**tiercé, e** [tjɛʀse] 1 **adj** (Hér) tiercé, tierced; → **rime**
2 **nm** *French triple forecast system for horse-racing*, tierce (Austral) ◆ **réussir le tiercé dans l'ordre/dans le désordre** ou **dans un ordre différent** to win on the tiercé with the right placings/without the right placings ◆ **un beau tiercé** a good win on the tiercé ◆ **toucher** ou **gagner le tiercé** to win the tiercé ◆ **le tiercé gagnant** (lit, fig) the three winners, the first three

**tiercelet** [tjɛʀsəlɛ] **nm** t(i)ercel

**tierceron** [tjɛʀsəʀɔ̃] **nm** tierceron

**tiers, tierce²** [tjɛʀ, tjɛʀs] → SYN 1 **adj** third ◆ **b tierce** (Math) b triple dash ◆ **une tierce personne** a third party ◆ **pays tiers** (Europe) third country ◆ **tierce épreuve** (Typo) final proof ◆ **tiers porteur** (Jur) endorsee ◆ **tierce opposition** (Jur) opposition by third party *(to outcome of litigation)*
2 **nm** a (= fraction) third ◆ **le premier tiers/les deux premiers tiers de l'année** the first third/the first two thirds of the year ◆ **j'ai lu le** ou **un tiers/les deux tiers du livre** I have read a third/two thirds of the book ◆ **j'en suis au tiers** I'm a third of the way through ◆ **les deux tiers des gens pensent que ...** the majority of people think that ... ◆ **l'article est trop long d'un tiers** the article is a third too long ou over length, the article is too long by a third ◆ **remplissez la casserole aux deux tiers** fill the pan two-thirds full ◆ **la ville était détruite aux deux tiers** two thirds of the city was destroyed
b (= troisième personne) third party ou person; (= étranger, inconnu) outsider; (Jur) third party ◆ **il a appris la nouvelle par un tiers** he learnt the news through a third party ou through an outsider ◆ **l'assurance ne couvre pas les tiers** the insurance does not cover third party risks ◆ **il se moque du tiers comme du quart** † he doesn't care a fig ou a hoot * ou a damn *; → **assurance**
c (= troisième élément) **principe du tiers exclu** (Logique) law of excluded middle
3 COMP ▷ **le Tiers État nm** (Hist) the third estate ▷ **tiers ordre** (Rel) third order ▷ **tiers payant** direct payment by insurers *(for medical treatment)* ▷ **tiers provisionnel** provisional ou interim payment *(of tax)*

**tiers-arbitre, tiers arbitre,** pl **tiers(-)arbitres** [tjɛʀaʀbitʀ] **nm** independent arbitrator

**Tiers-Monde** [tjɛʀmɔ̃d] **nm** ◆ **le Tiers-Monde** the Third World

**tiers-mondisme** [tjɛʀmɔ̃dism] **nm** third-worldism

**tiers-mondiste** [tjɛʀmɔ̃dist] 1 **adj** (= du Tiers-Monde) Third-World (épith); (= en faveur du Tiers-Monde) supporting the Third World
2 **nmf** (= spécialiste) specialist of the Third World; (= partisan) supporter of the Third World

**tiers-point,** pl **tiers-points** [tjɛʀpwɛ̃] **nm** (Archit) crown; (= lime) saw-file

**tif** * [tif] **nm** (gén pl) hair ◆ **tifs** hair

**TIG** [teiʒe] **nm** (abrév de **travaux d'intérêt général**) → **travail¹**

**tige** [tiʒ] → SYN **nf** a [fleur, arbre] stem; [céréales, graminées] stalk ◆ **fleurs à longues tiges** long-stemmed flowers ◆ **(arbre de) haute/basse tige** standard/half-standard tree ◆ **tige aérienne/souterraine** overground/underground stem
b (= plant) sapling
c [colonne, plume, démarreur] shaft; [botte, chaussette, bas] leg (part); [chaussure] ankle (part); [clé, clou] shank; [pompe] rod ◆ **chaussures à tige** boots ◆ **tige de métal** metal rod ◆ **tige de culbuteur** pushrod ◆ **tige de forage** drill pipe
d (†, littér) [arbre généalogique] stock ◆ **faire tige** to found a line
e (†, * = cigarette) cig *, smoke *, fag * (Brit)

**tigelle** [tiʒɛl] **nf** hypocotyl

**tigette** [tiʒɛt] **nf** cauliculus

**tiglon** [tiglɔ̃] **nm** ⇒ **tigron**

**tignasse** [tiɲas] **nf** (= chevelure mal peignée) shock of hair, mop (of hair); (* = cheveux) hair

**Tigre** [tigʀ] **nm** ◆ **le Tigre** the Tigris

**tigre** [tigʀ] **nm** a (= animal) tiger ◆ **tigre royal** ou **du Bengale** Bengal tiger
b (= homme cruel) monster ◆ **tigre de papier** paper tiger ◆ **les tigres asiatiques** (Écon) the tiger economies, the Asian tigers

**tigré, e** [tigʀe] → SYN **adj** a (= tacheté) spotted (*de* with); cheval piebald
b (= rayé) striped, streaked ◆ **chat tigré** tabby (cat)

**tigresse** [tigʀɛs] **nf** (= animal) tigress; (= harpie) tigress, hellcat *

**tigridia** [tigʀidja] **nm, tigridie** [tigʀidi] **nf** tiger-flower

**tigron** [tigʀɔ̃] **nm** tig(l)on

**tilbury** [tilbyʀi] **nm** tilbury

**tilde** [tild(e)] **nm** tilde

**tillac** [tijak] **nm** (Hist Naut) upper deck

**tillandsia** [tilɑ̃dsja] **nm, tillandsie** [tilɑ̃dsi] **nf** tillandsia

**tiller** [tije] ▸ conjug 1 ◂ **vt** ⇒ **teiller**

**tilleul** [tijœl] **nm** (= arbre) lime (tree), linden (tree); (= infusion) lime(-blossom) tea ◆ **(vert) tilleul** lime green

**tilt** [tilt] **nm** (Jeux) tilt sign ou signal ◆ **faire tilt** (lit) to show tilt ◆ **ce mot a fait tilt dans mon esprit** * (fig) the word rang a bell ◆ **soudain, ça a fait tilt** * it suddenly clicked, the penny suddenly dropped

**tilter** * [tilte] ▸ conjug 1 ◂ **vi** (= comprendre) to understand, twig *

**timbale** [tɛ̃bal] → SYN **nf** a (Mus) kettledrum ◆ **les timbales** the timpani, the timps *, the kettledrums
b (= gobelet) (metal) cup *(without handle)*, (metal) tumbler

**c** (Culin) (= moule) timbale (mould) ◆ **timbale de langouste** (= mets) lobster timbale

**timbalier** [tɛ̃balje] → SYN nm timpanist

**timbrage** [tɛ̃bʀaʒ] nm **a** (= affranchissement) [lettre, envoi] stamping ◆ **dispensé de timbrage** postage paid (Brit), post paid (US)

**b** (= apposition d'un cachet) [document, acte] stamping; [lettre, envoi] postmarking

**timbre** [tɛ̃bʀ] → SYN **1** nm **a** (= vignette) stamp ◆ **timbre(-poste)** (postage) stamp ◆ **timbre neuf/oblitéré** new/used stamp ◆ **marché** ou **Bourse aux timbres** stamp market ◆ **timbres antituberculeux/anticancéreux** TB/cancer research stamps ◆ **timbre (thérapeutique)** (Méd) patch ◆ **timbre à la nicotine** ou **antitabac** * nicotine patch; → **collection**

**b** (= marque) stamp ◆ **mettre** ou **apposer son timbre sur** to put one's stamp on, affix one's stamp to ◆ **timbre sec/humide** embossed/ink(ed) stamp; → **droit**³

**c** (= instrument) stamp ◆ **timbre de caoutchouc/de cuivre** rubber/brass stamp

**d** (Mus) [tambour] snares

**e** (= son) [instrument, voix] timbre, tone; [voyelle] timbre ◆ **avoir le timbre voilé** to have a muffled voice ◆ **voix qui a du timbre** sonorous ou resonant voice ◆ **voix sans timbre** voice lacking in resonance

**f** (= sonnette) bell

**2** COMP ▷ **timbre fiscal** excise ou revenue ou fiscal stamp ▷ **timbre horodateur** time and date stamp ▷ **timbre de quittance** receipt stamp

**timbré, e** [tɛ̃bʀe] → SYN (ptp de **timbrer**) **1** adj **a** (Admin, Jur) document, acte stamped, bearing a stamp (attrib); → **papier**

**b** voix resonant, sonorous; sonorité resonant ◆ **voix bien timbrée** beautifully resonant voice ◆ **mal timbré** lacking in resonance

**c** (* = fou) cracked *, nuts *

**2** nm,f (* = fou) loony *, nutcase *, head case *

**timbre-amende**, pl **timbres-amendes** [tɛ̃bʀamɑ̃d] nm *stamp purchased to pay a fine for a parking offence*

**timbre-prime**, pl **timbres-primes** [tɛ̃bʀpʀim] nm trading stamp

**timbre-quittance**, pl **timbres-quittances** [tɛ̃bʀkitɑ̃s] nm receipt stamp

**timbrer** [tɛ̃bʀe] → SYN ▸ conjug 1 ◂ vt **a** (= affranchir) [+ lettre, envoi] to stamp, put a stamp (ou stamps) on ◆ **"joindre une enveloppe timbrée"** "send a stamped addressed envelope ou an sae" (Brit), "send a self-addressed envelope" (US)

**b** (= apposer un cachet sur) [+ document, acte] to stamp; [+ lettre, envoi] to postmark ◆ **lettre timbrée de** ou **à Paris** letter with a Paris postmark, letter postmarked Paris

**timbre-taxe**, pl **timbres-taxes** [tɛ̃bʀtaks] nm postage-due stamp

**timide** [timid] → SYN adj **a** (= gauche) personne, air, sourire, voix, amoureux shy, timid, bashful ◆ **ne sois pas si timide, approche !** don't be shy, come over here! ◆ **faussement timide** coy ◆ **d'une voix timide** shyly, in a shy voice ◆ **c'est un grand timide** he's awfully shy

**b** (= hésitant) personne, critique, réponse, tentative timid, timorous; réforme timid; politique, reprise économique tentative ◆ **une timide amélioration de l'économie** a slight ou faint improvement in the economy ◆ **des mesures timides** half measures ◆ **des protestations bien timides** half-hearted protests ◆ **le soleil fera de timides apparitions au nord** there will be intermittent sunshine in the north

**timidement** [timidmɑ̃] adv **a** (= gauchement) shyly, timidly ◆ **il l'a abordée timidement** he approached her shyly ou timidly ◆ **..., demanda-t-il timidement** ..., he asked shyly

**b** (= légèrement) **l'activité a timidement repris** business has picked up slightly ◆ **la région s'ouvre timidement au tourisme** the region is tentatively opening up to tourism

**timidité** [timidite] → SYN nf **a** (= embarras) [personne, air, sourire, voix, amoureux] shyness, timidity, bashfulness ◆ **avec timidité** shyly, timidly ◆ **il n'a pas osé, par timidité** he was too shy to dare, he didn't dare, he was too shy

**b** (= pusillanimité) [personne, critique, réponse, tentative] timidity, timorousness; [entreprise, style] timidity ◆ **étant donné la timidité de la reprise économique** given the fact that there has been only a slight ou faint improvement in the economy

**timing** [tajmiŋ] → SYN nm timing

**timon** [timɔ̃] → SYN nm [char] shaft; [charrue] beam; [embarcation] tiller

**timonerie** [timɔnʀi] nf **a** (Naut) (= poste, service) wheelhouse; (= marins) wheelhouse crew

**b** (Aut) steering and braking systems

**timonier** [timɔnje] → SYN nm **a** (Naut) helmsman, steersman

**b** (= cheval) wheel-horse, wheeler

**timoré, e** [timɔʀe] → SYN adj (gén) caractère, personne timorous, fearful; (Rel, littér) conscience over-scrupulous

**tin** [tɛ̃] → SYN nm (Naut) block

**tinamou** [tinamu] nm tinamou

**tincal** [tɛ̃kal] nm tincal

**tinctorial, e**, mpl **-iaux** [tɛ̃ktɔʀjal, jo] adj opération, produit tinctorial (SPÉC), dyeing (épith) ◆ **matières tinctoriales** dyestuffs ◆ **plantes tinctoriales** plants used in dyeing

**tinette** [tinɛt] → SYN nf (pour la vidange) sanitary tub ◆ **tinettes** (arg Mil = toilettes) latrines

**tintamarre** [tɛ̃tamaʀ] → SYN nm racket, din, hullabaloo * ◆ **faire du tintamarre** to make a racket ou din ◆ **on a entendu un tintamarre de klaxons** we heard horns blaring

**tintement** [tɛ̃tmɑ̃] → SYN nm [cloche] ringing, chiming; [clochette] tinkling, jingling; [sonnette] ringing; [objets métalliques, pièces de monnaie] jingling, chinking; [verres entrechoqués] clinking; [verre frotté] ringing ◆ **tintement d'oreilles** ringing in the ears, tinnitus (SPÉC)

**tinter** [tɛ̃te] → SYN ▸ conjug 1 ◂ **1** vi [cloche] to ring, chime; [clochette] to tinkle, jingle; [sonnette] to ring; [objets métalliques, pièces de monnaie] to jingle, chink; [verres entrechoqués] to clink; [verre frotté] to ring ◆ **faire tinter** [+ cloche] to ring; [+ pièces de monnaie] to jingle; [+ verres] to clink ◆ **trois coups tintèrent** the bell rang ou chimed three times ◆ **les oreilles me tintent** my ears are ringing, there's a ringing in my ears ◆ **les oreilles ont dû vous tinter** (fig) your ears must have been burning

**2** vt [+ cloche, heure, angélus] to ring; [+ messe] to ring for

**tintin** * [tɛ̃tɛ̃] excl nothing doing! *, no way! * ◆ **faire tintin** to go without

**tintinnabuler** [tɛ̃tinabyle] ▸ conjug 1 ◂ vi (littér) to tinkle, tintinnabulate (littér)

**Tintoret** [tɛ̃tɔʀɛ] nm ◆ **le Tintoret** Tintoretto

**tintouin** * [tɛ̃twɛ̃] nm **a** (= tracas) bother, worry ◆ **quel tintouin pour y aller** it was such a hassle * getting there ◆ **donner du tintouin à qn** to give sb a lot of trouble ◆ **se donner du tintouin** to go to a lot of trouble ◆ **et tout le tintouin** and all the rest, and what have you *

**b** († = bruit) racket, din

**TIP** [tip] nm (abrév de **titre interbancaire de paiement**) → **titre**

**tipi** [tipi] nm te(e)pee

**Tipp-Ex ®** [tipɛks] nm Tipp-Ex ® (Brit), liquid paper ® (US), White out ® (US)

**tippexer** * [tipɛkse] ▸ conjug 1 ◂ vt to tippex out (Brit), white out

**tipule** [tipyl] nf crane-fly, daddy-long-legs sg

**tique** [tik] → SYN nf (= parasite) tick

**tiquer** [tike] → SYN ▸ conjug 1 ◂ vi **a** [personne] to make ou pull (Brit) a face, raise an eyebrow ◆ **sans tiquer** without turning a hair ou batting an eyelid ou raising an eyebrow

**b** [cheval] to crib(-bite), suck wind

**tiqueté, e** [tik(ə)te] → SYN adj (littér) speckled, mottled

**tiqueur, -euse** [tikœʀ, øz] nm,f (Psych) twitcher

**TIR** [tiʀ] nmpl (abrév de **transports internationaux routiers**) TIR

**tir** [tiʀ] → SYN **1** nm **a** (= discipline sportive ou militaire) shooting ◆ **tir au pistolet/à la carabine** pistol/rifle shooting; → **stand**

**b** (= action de tirer) firing (NonC) ◆ **en position de tir** in firing position ◆ **commander/déclencher le tir** to order/set off ou open the firing ◆ **puissance/vitesse de tir d'une arme** fire-power/firing speed of a gun ◆ **des tirs d'exercice** practice rounds ◆ **des tirs à blanc** firing blank rounds ou blanks ◆ **secteur** ou **zone de tir libre** free-fire zone ◆ **corriger** ou **rectifier** ou **ajuster le tir** (lit) to adjust the fire; (fig) to make some adjustments

**c** (= manière de tirer) firing; (trajectoire des projectiles) fire ◆ **arme à tir automatique/rapide** automatic/rapid-firing gun ◆ **arme à tir courbe/tendu** gun with curved/flat trajectory fire ◆ **tirs croisés** (lit, fig) crossfire ◆ **être pris sous des tirs croisés** to be caught in the crossfire ◆ **tir groupé** (lit) grouped fire; (fig) (= série d'attaques) combined attack; (= série de succès) string of successes ◆ **un tir groupé de mesures/films** a string of measures/films ◆ **plan/angle/ligne de tir** plane/angle/line of fire; → **table**

**d** (= feu, rafales) fire (NonC) ◆ **stoppés par un tir** ou **des tirs de mitrailleuses/d'artillerie** halted by machine-gun/artillery fire ◆ **tirs de roquettes** rocket fire ◆ **tir de harcèlement** harassing fire ◆ **tirs de sommation** warning shots

**e** (Boules) shot *(at another bowl)*; (Ftbl) shot ◆ **tir au but** (gén) shot at goal; (de pénalité) penalty kick ◆ **épreuve des tirs au but** penalty shootout

**f** (= stand) **tir (forain)** shooting gallery, rifle range

**g** (Espace = lancement) launch

**2** COMP ▷ **tir d'appui** ⇒ **tir de soutien** ▷ **tir à l'arbalète** crossbow archery ▷ **tir à l'arc** archery ▷ **tir de barrage** barrage fire; (fig) attack ▷ **tir au pigeon** clay pigeon shooting ▷ **tir de soutien** support fire

**tirade** [tiʀad] → SYN nf (Théât) monologue, speech; (fig, péj) tirade

**tirage** [tiʀaʒ] → SYN **1** nm **a** [chèque] drawing; [vin] drawing off; [carte] taking, drawing

**b** (Photo, Typo) printing ◆ **faire le tirage de clichés/d'une épreuve** to print negatives/a proof ◆ **tirage à la main** hand-printing ◆ **un tirage sur papier glacé** a print on glazed paper ◆ **tirage par contact/inversion** contact/reversal print

**c** [journal] circulation; [livre] (= nombre d'exemplaires) (print) run; (= édition) edition ◆ **tirage de luxe/limité** de luxe/limited edition ◆ **cet auteur réalise de gros tirages** this author's works have huge print runs ou are printed in great numbers ◆ **quel est le tirage de cet ouvrage ?** how many copies of this work were printed? ◆ **les gros tirages de la presse quotidienne** the high circulation figures of the daily press ◆ **magazine à faible tirage** small-circulation magazine ◆ **tirage de 2 000 exemplaires** run ou impression of 2,000 copies

**d** [cheminée] draught (Brit), draft (US) ◆ **avoir du tirage** to draw well, have a good draught ◆ **cette cheminée a un bon/mauvais tirage** this chimney draws well/badly

**e** (Loterie) draw ◆ **le tirage des numéros gagnants** the draw for the winning numbers

**f** (* = désaccord) friction ◆ **il y avait du tirage entre eux** there was some friction between them

**g** [métaux] drawing

**2** COMP ▷ **tirage à part** off-print ▷ **tirage au sort** drawing lots ◆ **procéder par tirage au sort** to draw lots ◆ **le gagnant sera désigné par tirage au sort** the winner will be chosen by drawing lots ◆ **le tirage au sort des équipes de football** the selection ou choice of the football teams by drawing lots

**tiraillement** [tiʀɑjmɑ̃] → SYN **1** nm **a** (sur une corde) tugging (NonC), pulling (NonC)

**b** (= douleur) [intestin] gnawing pain; [peau, muscles] tightness ◆ **tiraillements d'estomac** gnawing pains in the stomach

**2** **tiraillements** nmpl (= hésitations) agonizing indecision (NonC); (= conflits) friction (NonC), conflict (NonC) ◆ **après quelques tiraillements, les deux groupes se sont mis d'accord** after some tussling, the two groups came to an agreement

**tirailler** [tiʀɑje] → SYN ▸ conjug 1 ◂ **1** vt **a** [+ corde, moustache, manche] to pull at, tug at

♦ **tirailler qn par le bras** ou **la manche** to pull ou tug at sb's sleeve

**b** [douleurs] to gnaw at, stab at ♦ **douleurs qui tiraillent l'estomac** gnawing pains in the stomach ♦ **des élancements lui tiraillaient l'épaule** he had sharp ou shooting ou stabbing pains in his shoulder

**c** [doutes, remords] to tug at, plague, pester; [choix, contradictions] to beset, plague ♦ **être tiraillé entre plusieurs possibilités** to be torn between several possibilities ♦ **la crainte et l'ambition le tiraillaient** he was torn between fear and ambition

**2** vi (en tous sens) to shoot wild; (Mil : par tir de harcèlement) to fire at random ♦ **ça tiraillait de tous côtés dans le bois** there was firing on all sides in the wood

**tirailleur** [tiʀɑjœʀ] nm **a** (Mil, fig) skirmisher ♦ **se déployer/avancer en tirailleurs** to be deployed/advance as a skirmish contingent

**b** (Hist Mil : originaire des colonies) soldier, infantryman

**tiramisu** [tiʀamisu] nm tiramisu

**Tirana** [tiʀana] n Tirana

**tirant** [tiʀɑ̃] → SYN nm **a** (= cordon) (draw) string; (= tirette) [botte] bootstrap; (= partie de la tige) [chaussure] facing

**b** (Constr) [arcades] tie-rod; [comble] tie-beam ♦ **tirant d'air** [pont] headroom

**c** (Naut) **tirant (d'eau)** draught (Brit), draft (US) ♦ **navire de faible tirant d'eau** ship with a shallow draught ♦ **tirant avant/arrière** draught (Brit) ou draft (US) at the bows/stern ♦ **avoir six mètres de tirant (d'eau)** to draw six metres of water ♦ **tirant d'air** [navire] clearance height

**tire**[1] ⁑ [tiʀ] → SYN nf (= voiture) wagon *, car ♦ **vieille tire** old rattletrap * ou crate * ou banger * (Brit)

**tire**[2] [tiʀ] → SYN nf ♦ **vol à la tire** picking pockets ♦ **voleur à la tire** pickpocket

**tire**[3] [tiʀ] nf (Can) (= caramel) toffee, taffy (Can, US); (= sirop d'érable) molasses, maple candy ♦ **tire d'érable** maple toffee ou taffy (Can, US) ♦ **tire sur la neige** taffy-on-the-snow (Can, US)

**tire**[4] [tiʀ] nf (Hér) row, line

**tiré, e** [tiʀe] → SYN (ptp de **tirer**) **1** adj **a** (= tendu) traits, visage drawn, haggard ♦ **avoir les traits tirés** to look drawn ou haggard ♦ **les cheveux tirés en arrière** with one's hair pulled back ♦ **tiré à quatre épingles** impeccably ou well turned-out, done up ou dressed up to the nines * ♦ **tiré par les cheveux** (fig) far-fetched; → **couteau**

**b** (Fin) **la personne tirée** the drawee

**c** (= bas) **prix tirés** rock-bottom prices

**2** nm (Fin) drawee; (Mus) down-bow

**3** **tirée** * nf (= long trajet) long haul, long trek ♦ **une tirée de** (= quantité) a load * of, heaps * ou tons * of

**4** COMP ▷ **tiré à part** adj, nm off-print

**tire-au-cul** ⁑ [tiʀoky] nmf inv ⇒ **tire-au-flanc**

**tire-au-flanc** * [tiʀoflɑ̃] nmf inv skiver * (Brit), layabout, shirker

**tire-bonde,** pl **tire-bondes** [tiʀbɔ̃d] nm bung-drawer

**tire-botte,** pl **tire-bottes** [tiʀbɔt] nm (pour se chausser) boot-hook; (pour se déchausser) boot-jack

**tire-bouchon, tirebouchon,** pl **tire(-)bouchons** [tiʀbuʃɔ̃] nm (= ustensile) corkscrew; (= mèche de cheveux) corkscrew curl ♦ **en tire-bouchon** corkscrew (épith) ♦ **cochon avec la queue en tire-bouchon** pig with a corkscrew ou curly tail ♦ **avec ses chaussettes en tire-bouchon** with his socks all crumpled ou wrinkled

**tire-bouchonner, tirebouchonner** [tiʀbuʃɔne] ▸ conjug 1 ◂ **1** vt [+ mèche] to twiddle, twirl

**2** vi [pantalon] to crumple (up); [chaussettes] to become crumpled ou wrinkled ♦ **pantalon tire-bouchonné** crumpled trousers

**3** **se tire-bouchonner** vpr * (de rire) to fall about laughing * (Brit), be in stitches *

**tire-clou,** pl **tire-clous** [tiʀklu] nm nail puller

**tire-d'aile** [tiʀdɛl] **à tire-d'aile** loc adv voler swiftly ♦ **passer à tire-d'aile** to pass by in full flight ♦ **s'envoler à tire-d'aile** to take flight in a flurry of feathers ♦ **le temps s'enfuit à tire-d'aile** (fig) time flies past

**tire-fesses** * [tiʀfɛs] nm inv (gén, à perche) ski tow; (à archet) T-bar tow

**tire-fond,** pl **tire-fond(s)** [tiʀfɔ̃] nm (avec anneau) *long screw with ring attachment;* (Rail) sleeper (Brit) ou tie (US) screw

**tire-jus** ⁑ [tiʀʒy] nm inv nose-wipe *, snot-rag ⁑

**tire-laine** †† [tiʀlɛn] nm inv footpad ††

**tire-lait,** pl **tire-laits** [tiʀlɛ] nm breast-pump

**tire-larigot** * [tiʀlaʀigo] **à tire-larigot** loc adv boire, manger to one's heart's content, like there's no tomorrow ♦ **il téléphone à tire-larigot** he's forever ou continually telephoning

**tire-ligne,** pl **tire-lignes** [tiʀliɲ] nm drawing pen

**tirelire** [tiʀliʀ] → SYN nf **a** (= récipient) money-box; (en forme de cochon) piggy bank ♦ **casser la tirelire** to break open the piggy bank

**b** ⁑ (= estomac, ventre) belly *, gut(s) ⁑; (= tête) nut *, noddle *, bonce ⁑ (Brit); (= visage) face

**tire-nerf,** pl **tire-nerfs** [tiʀnɛʀ] nm broach *(used to remove nerve from tooth)*

**tirer** [tiʀe] GRAMMAIRE ACTIVE 26.4 → SYN ▸ conjug 1 ◂

**1** vt **a** (= amener vers soi) [+ pièce mobile, poignée, corde] to pull; [+ manche, robe] to pull down; [+ chaussette] to pull up ♦ **ne tire pas, ça risque de tomber/ça va l'étrangler** don't pull or it'll fall/it'll strangle him ♦ **tirer les cheveux à qn** to pull sb's hair ♦ **tirer l'aiguille** to ply the needle ♦ **tirer qch à soi** (lit) to pull sth to(wards) one ♦ **tirer un texte/un auteur à soi** (fig) to turn a text/an author round to suit one

**b** [+ rideaux] to draw; [+ tiroir] to pull open; [+ verrou] (= fermer) to slide to, shoot; (= ouvrir) to draw ♦ **tire la porte** pull the door to ♦ **as-tu tiré le verrou ?** have you bolted the door?

**c** [+ personne] to pull ♦ **tirer qn par le bras** to pull sb's arm, pull sb by the arm ♦ **tirer qn par la manche** to tug ou pluck sb's sleeve ♦ **tirer qn de côté** ou **à l'écart** to draw sb aside, take sb on one side

**d** (= haler, remorquer) [+ véhicule, charge] to pull, draw; [+ navire, remorque] to tow; [+ charrue] to draw, pull ♦ **une charrette tirée par un tracteur** a cart drawn ou pulled by a tractor, a tractor-drawn cart ♦ **carrosse tiré par huit chevaux** carriage drawn by eight horses; → **jambe, patte**

**e** (= retirer, extraire) [+ épée, couteau] to draw, pull out; [+ vin, cidre] to draw; [+ conclusions, morale, argument, idée, thème] to draw; [+ plaisir, satisfaction] to draw, derive (*de* from) ♦ **tirer une substance d'une matière première** to extract a substance from a raw material ♦ **tirer le jus d'un citron** to extract the juice from a lemon, squeeze the juice from a lemon ou out of a lemon ♦ **tirer un son d'un instrument** to get a sound out of ou draw a sound from an instrument ♦ **tirer un objet d'un tiroir/d'un sac** to pull an object out of a drawer/a bag ♦ **tirer son chapeau/sa casquette à qn** to raise one's hat/one's cap to sb ♦ **tirer de l'argent d'une activité/d'une terre** to make money from an activity/a piece of land ♦ **il a tiré 5 000 € de sa vieille voiture** he managed to get €5,000 for his old car ♦ **savoir tirer qch de la vie/d'un moment** (to know how) to get sth out of life/a moment ♦ **tirer qch de qn** to obtain sth from sb, get sth out of sb ♦ **tirer de l'argent de qn** to get money out of sb ♦ **on ne peut rien en tirer** (enfant têtu) you can't do anything with him; (personne qui refuse de parler) you can't get anything out of him ♦ **tirer qn du sommeil** to arouse sb from sleep ♦ **tirer qn du lit** to get ou drag sb out of bed ♦ **tirer qn de son travail** to take ou drag sb away from his work ♦ **ce bruit le tira de sa rêverie** this noise brought him out of ou roused him from his daydream ♦ **tirer des larmes/gémissements à qn** to draw tears/moans from sb

**f** (= délivrer) **tirer qn de prison/des décombres/d'une situation dangereuse** to get sb out of prison/the rubble/a dangerous situation ♦ **tirer qn du doute** to remove ou dispel sb's doubts ♦ **tirer qn de l'erreur** to disabuse sb ♦ **tirer qn de la misère/de l'obscurité** to rescue sb from poverty/from obscurity ♦ **il faut le tirer de là** we'll have to help him out; → **affaire, embarras**

**g** (indiquant l'origine) **tirer son origine d'une vieille coutume** to have an old custom as its origin ♦ **mots tirés du latin** words taken ou derived from (the) Latin ♦ **tirer son nom de** to take one's name from ♦ **pièce tirée d'un roman** play taken from ou adapted from ou derived from a novel ♦ **on tire de l'huile des olives** oil is extracted from olives ♦ **l'opium est tiré du pavot** opium is obtained from the poppy

**h** (Jeux) [+ billet, numéro, loterie] to draw; [+ carte] to take, draw ♦ **tirer qch au sort** to draw lots for sth ♦ **qui est-ce qui donne ? on tire ?** whose deal is it? shall we pick a card? ♦ **tirer les rois** (à l'Épiphanie) to cut the Twelfth Night cake ♦ **tirer la fève** to win the charm; → **carte, court**[1]

**i** (Photo, Typo) to print ♦ **ce journal est tiré à 100 000 exemplaires** this paper has a circulation of 100,000 ♦ **tirer un roman à 8 000 exemplaires** to print 8,000 copies of a novel ♦ **tirons quelques épreuves de ce texte** let's run off ou print a few proofs of the text ♦ **tiré à des centaines d'exemplaires** (fig) turned out ou churned out by the hundred ♦ **se faire tirer le portrait** * (photographier) to have one's photograph taken; (dessiner) to have one's portrait drawn; → **bon**[2]

**j** (= tracer) [+ ligne, trait] to draw; [+ plan] to draw up; *voir* aussi **plan**[1]

**k** [+ coup de feu, balle] to fire; [+ flèche] to shoot; [+ boule] to throw *(so as to hit another or the jack)*; [+ feu d'artifice] to set off; [+ gibier] to shoot ♦ **il a tiré plusieurs coups de revolver sur l'agent** he fired several shots at the policeman, he shot ou fired at the policeman several times ♦ **tirer le canon** to fire the cannon ♦ **la balle a été tirée avec un gros calibre** the bullet was fired from a large-bore gun ♦ **il a tiré un faisan** he shot a pheasant ♦ **tirer un coup** ⁂ (sexuellement) to have a bang ⁂, have it off ⁂

**l** (Ftbl) to shoot ♦ **tirer un corner/un penalty** to take a corner/a penalty

**m** [+ chèque, lettre de change] to draw ♦ **tirer de l'argent sur son compte** to draw money out of one's account, withdraw money from one's account ♦ **prête-moi ta carte bleue pour que j'aille tirer de l'argent** lend me your credit card so that I can go and get some money out

**n** (Naut) **tirer 6 mètres** to draw 6 metres of water ♦ **tirer un bord** ou **une bordée** to tack

**o** ( * = passer) to get through ♦ **encore une heure/un mois à tirer** another hour/month to get through ♦ **tirer deux ans de prison/de service** to do two years in prison ou a two-year stretch */two years in the army ♦ **voilà une semaine de tirée** that's one week over with

**p** ( ⁑ = voler) to pinch *, nick ⁑ (Brit) ♦ **il s'est fait tirer son blouson** he got his jacket pinched * ou nicked ⁑ (Brit)

**q** (Tech = étirer) [+ métal] to draw

**r** (= limiter aussi bas que possible) [+ délais] to get down to an absolute minimum ♦ **tirer ses prix** to sell at rock-bottom prices

**s** (dial = traire) [+ vache] to milk

**2** vi **a** (= faire feu) to fire; (= se servir d'une arme à feu, viser) to shoot ♦ **il leur donna l'ordre de tirer** he gave the order for them to fire ♦ **apprendre à tirer** to learn to shoot ♦ **tirer à l'arbalète/à la carabine** to shoot with a crossbow/a rifle ♦ **savez-vous tirer à l'arc ?** can you use a bow (and arrow)? ♦ **le canon tirait sans arrêt** the cannon fired continuously ♦ **tirer en l'air** to fire into the air ♦ **tirer à vue** to shoot on sight ♦ **tirer à balles (réelles)/à blanc** to fire (real) bullets/blanks ♦ **tirer sans sommation** to shoot without warning ♦ **il lui a tiré dans le dos** (lit) he shot him in the back; (fig) he stabbed him in the back ♦ **tirer dans les jambes** ou **pattes de qn** * (fig) to make life difficult for sb

**b** (Sport, Ftbl) to shoot, take a shot; (Boules) to throw *(one boule at another or at the jack)* ♦ **tirer au but** (gén) to take a shot at goal, shoot at goal; (pénalité) to take a penalty kick

**c** (Presse) **tirer à 10 000 exemplaires** to have a circulation of 10,000

**d** [cheminée, poêle] to draw ♦ **la cheminée tire bien** the chimney draws well

**e** [moteur, voiture] to pull ◆ **le moteur tire bien en côte** the engine pulls well on hills

**f** [points de suture, sparadrap] to pull ◆ **le matin, j'ai la peau qui tire** my skin feels tight in the morning

[3] **tirer à** vt indir **a** (= aller vers) **tirer à sa fin** [journée] to be drawing to a close; [épreuve] to be nearly over; [provisions] to be nearly finished ◆ **la voiture tire à gauche** the car pulls to the left ◆ **tirer au flanc** * ou **au cul** ⁑ to skive * (Brit), shirk; → **ligne**[1]

**b** (= entraîner) **tirer à conséquence** to matter ◆ **cela ne tire pas à conséquence** it's of no consequence, it doesn't matter

[4] **tirer sur** vt indir **a** [+ corde, poignée] to pull at ou on, tug at ◆ **tirer sur les rênes** to pull in ou on the reins ◆ **tirer sur la ficelle** * ou **la corde** * (fig) to push one's luck *, go too far, overstep the mark

**b** (= approcher de) [+ couleur] to border on, verge on ◆ **il tire sur la soixantaine** he's getting on for (Brit) ou going on sixty

**c** (= faire feu sur) to shoot at, fire (a shot ou shots) at; (= critiquer) to criticize ◆ **il m'a tiré dessus** he shot ou fired at me ◆ **ils tirent sans cesse sur les médias** they're always criticizing the media ◆ **ne tirez pas sur le pianiste** (fig) he's (ou I'm etc) doing his (ou my etc) best ◆ **se tirer dessus** (lit) to shoot ou fire at each other; (= se critiquer, se quereller) to shoot each other down; → **boulet**

**d** (= aspirer) [+ pipe] to pull at, draw on; [+ cigarette, cigare] to puff at, draw on, take a drag at *

**e** (= prélever) **ils tirent sur leur épargne pour maintenir leur niveau de vie** they're drawing on their savings to maintain their standard of living

[5] **se tirer** vpr **a** **se tirer de** (= échapper à) [+ danger, situation] to get (o.s.) out of ◆ **il s'est tiré sans dommage de l'accident** he came out of the accident unharmed ◆ **sa voiture était en mille morceaux mais lui s'en est tiré** * his car was smashed to pieces but he escaped unharmed ◆ **il est très malade mais je crois qu'il va s'en tirer** he's very ill but I think he'll pull through ◆ **la première fois il a eu un sursis mais cette fois il ne va pas s'en tirer si facilement** the first time he got a suspended sentence but he won't get off so lightly this time ◆ **il s'en est tiré avec une amende** he got off with a fine ◆ **il s'en est tiré avec une jambe cassée** he got out of it with a broken leg; → **affaire, flûte, patte**

**b** **bien/mal se tirer de qch** [+ tâche] to manage ou handle sth well/badly, make a good/bad job of sth ◆ **comment va-t-il se tirer de ce sujet/travail ?** how will he get on with ou cope with this subject/job? ◆ **les questions étaient difficiles mais il s'en est bien tiré** the questions were difficult but he managed ou handled them well ou coped very well with them ◆ **on n'a pas beaucoup d'argent mais on s'en tire** we haven't got a lot of money but we get by ou we manage ◆ **on s'en tire tout juste** we just scrape by, we just (about) get by

**c** (⁑ = déguerpir) to push off *, shove off *, clear off * ◆ **allez, on se tire** come on, let's be off ou push off * ou clear off *

**d** ( * = toucher à sa fin) [période, travail] to be nearly over ◆ **ça se tire** the end is in sight

**e** (= être tendu) [traits, visage] to become drawn

**tiret** [tirɛ] [→ SYN] nm (= trait) dash; († = trait d'union) hyphen

**tirette** [tirɛt] nf **a** [bureau, table] (pour écrire) (writing) leaf; (pour ranger des crayons) (pencil) tray; (pour soutenir un abattant) support; [fermeture à glissière] pull, tab

**b** (Belg = fermeture à glissière) zip (Brit), zipper (US)

**c** [cheminée] damper

**d** (= cordon) [sonnette] bell-pull; [rideaux] (curtain) cord ou pull

**tireur, -euse** [tirœr, øz] [→ SYN] [1] nm,f **a** (avec arme à feu) **tireur embusqué** sniper ◆ **tireur isolé** lone gunman ◆ **tireur d'élite** marksman, sharpshooter ◆ **c'est un bon tireur** he's a good shot ◆ **concours ouvert aux tireurs débutants et entraînés** shooting competition open to beginners and advanced classes

**b** (Boules) *player who tries to dislodge the opponents' bowls*

**c** (= photographe) printer

**d** (= escrimeur) **tireur (d'épée** ou **d'armes)** swordsman, fencer

**e** **tireuse** ou **tireur de cartes** fortune-teller

[2] nm (chèque, lettre de change) drawer

[3] **tireuse** nf **a** (Tech) (hand) pump ◆ **bière à la tireuse** draught beer ◆ **vin à la tireuse** wine from the barrel

**b** (Photo) contact printer

**tire-veille,** pl **tire-veille(s)** [tirvɛj] nm [planche à voile] uphaul; [gouvernail] steering line

**tire-veine,** pl **tire-veines** [tirvɛn] nm (Méd) stripper

**tiroir** [tirwar] nm **a** [table, commode] drawer ◆ **tiroir (à) secret** secret drawer ◆ **roman/pièce à tiroirs** novel/play made up of episodes, roman/pièce à tiroirs (SPÉC); → **fond, nom**

**b** (Tech) slide valve

**tiroir-caisse,** pl **tiroirs-caisses** [tirwarkɛs] nm till, cash register

**tisane** [tizan] [→ SYN] nf (= boisson) herb(al) tea ◆ **tisane de tilleul/de menthe** lime(-blossom)/mint tea ◆ **c'est de la tisane** * (hum) it's really watery

**tisanière** [tizanjɛr] nf (= pot) teapot *(for making herbal tea)*; (= tasse) (large) teacup *(for herbal tea)*

**tison** [tizɔ̃] [→ SYN] nm brand; → **allumette, Noël**

**tisonner** [tizɔne] [→ SYN] ▸ conjug 1 ◂ vt to poke

**tisonnier** [tizɔnje] [→ SYN] nm poker

**tissage** [tisaʒ] nm weaving ◆ **usine de tissage** cloth ou weaving mill

**tisser** [tise] [→ SYN] ▸ conjug 1 ◂ [1] vt **a** [+ étoffe, vêtement] to weave ◆ **l'araignée tisse sa toile** the spider spins its web ◆ **tisser sa toile** (fig) to spin a web; → **métier**

**b** [+ liens] to forge; [+ réseau de relations] to build up; [+ intrigue] to weave

[2] **se tisser** vpr [liens] to be forged; [amitié, complicité] to grow

**tisserand, e** [tisrɑ̃, ɑd] nm,f weaver

**tisserin** [tisrɛ̃] nm weaver(bird)

**tisseur, -euse** [tisœr, øz] [→ SYN] nm,f weaver

**tissu** [tisy] [→ SYN] [1] nm **a** (Tex) fabric, material, cloth ◆ **c'est un tissu très délicat** it's a very delicate fabric ou material ◆ **acheter du tissu/trois mètres de tissu pour faire une robe** to buy some material ou fabric/three metres of material ou fabric to make a dress ◆ **choisir un tissu pour faire une robe** to choose material to make a dress, choose a dress fabric ou material ◆ **tissu imprimé/à fleurs** printed/floral-patterned material ou fabric ◆ **tissu synthétique** synthetic material ou fabric ◆ **tissus d'ameublement** soft furnishings ◆ **étoffe à tissu lâche/serré** loosely-/finely-woven material ou fabric ou cloth

**b** (fig péj) **un tissu de mensonges/contradictions** a web ou tissue of lies/contradictions ◆ **un tissu d'intrigues** a web of intrigue ◆ **un tissu d'horreurs/d'obscénités/d'inepties** a catalogue of horrors/of obscenities/of blunders

**c** (Anat, Bot) tissue ◆ **tissu sanguin/osseux/cicatriciel** blood/bone/scar ou cicatricial (SPÉC) tissue

**d** (Sociol) fabric ◆ **le tissu social/industriel/urbain** the social/industrial/urban fabric

[2] COMP ▻ **tissu-éponge** nm, pl **tissus-éponge** (terry) towelling (NonC) (Brit) ou toweling (NonC) (US)

**tissulaire** [tisylɛr] adj (Bio) tissue (épith) ◆ **culture tissulaire** tissue culture

**Titan** [titɑ̃] nm Titan ◆ **les Titans** the Titans ◆ **œuvre/travail de Titan** titanic work/task

**titane** [titan] nm titanium

**titanesque** [titanɛsk] [→ SYN], **titanique** [titanik] adj titanic

**Tite-Live** [titliv] nm Livy

**titi** [titi] [→ SYN] nm ◆ **titi (parisien)** Parisian street urchin

**Titicaca** [titikaka] nm ◆ **le (lac) Titicaca** Lake Titicaca

**Titien** [tisjɛ̃] nm ◆ **le Titien** Titian

**titillation** [titijasjɔ̃] [→ SYN] nf (littér, hum) titillation

**titiller** [titije] [→ SYN] ▸ conjug 1 ◂ vt (littér, hum) (= exciter) to titillate; (= chatouiller légèrement) to tickle; (= agacer pour provoquer) to tease, goad ◆ **l'envie le titillait de devenir comédien** he was quite taken with the idea of becoming an actor

**titisme** [titism] nm (Hist) Titoism

**titiste** [titist] adj, nmf (Hist) Titoist

**titrage** [titraʒ] nm **a** [alliage] assaying; [solution] titration

**b** (Ciné) titling

**titre** [titr(ə)] [→ SYN] nm **a** [œuvre] title; [chapitre] heading, title; (Jur) [code] title; (= manchette de journal) headline; (= journal) newspaper ◆ **les (gros) titres** the headlines ◆ **titre sur cinq colonnes à la une** five-column front page headline ◆ **titre courant** (Typo) running head ◆ **les principaux titres de la presse parisienne** the major Parisian newspapers ◆ **(page de) titre** (Typo) title page ◆ **titre budgétaire** budgetary item

**b** (honorifique, de fonctions professionnelles) title; (= formule de politesse) form of address; (littér = nom) title, name ◆ **titre nobiliaire** ou **de noblesse** title ◆ **conférer à qn le titre de maréchal/prince** to confer the title of marshal/prince on sb ◆ **il ne mérite pas le titre de citoyen** he doesn't deserve to be called a citizen

**c** (Sport) title

**d** **en titre** (Admin) titular; (Jur) propriétaire legal; (Comm) fournisseur appointed; (hum) maîtresse official ◆ **le champion du monde en titre** the world title-holder

**e** (= document) title; (= certificat) certificate; (= reçu) receipt ◆ **titre de créance** evidence ou proof of debt ◆ **titre de pension** pension book ◆ **titre de propriété** title deed ◆ **titre de séjour** residence permit ◆ **titre de transport** ticket ◆ **titre de paiement** order to pay, remittance ◆ **titre universel de paiement** universal payment order ◆ **titre interbancaire de paiement** *payment slip allowing automatic withdrawal from a bank account*

**f** (Bourse, Fin) security ◆ **acheter/vendre des titres** to buy/sell securities ou stock ◆ **titres cotés/non cotés** listed/unlisted securities ◆ **titre de Bourse, titre boursier** stock-exchange security, stock certificate ◆ **titre d'obligation** debenture (bond) ◆ **titre participatif** non-voting share *(in a public sector enterprise)* ◆ **titre au porteur** bearer bond ou share ◆ **titres d'État** government securities ◆ **titres nominatifs** registered securities

**g** (= preuve de capacité, diplôme) (gén) qualification; (Univ) degree, qualification ◆ **titres universitaires** academic ou university qualifications ◆ **nommer/recruter sur titres** to appoint/recruit according to qualifications ◆ **il a tous les titres (nécessaires) pour enseigner** he is fully qualified ou he has all the necessary qualifications to teach

**h** (littér, gén pl = droit, prétentions) **avoir des titres à la reconnaissance de qn** to have a right to sb's gratitude ◆ **ses titres de gloire** his claims to fame

**i** [or, argent, monnaie] fineness; [solution] titre ◆ **or/argent au titre** standard gold/silver ◆ **titre d'alcool** ou **alcoolique** alcohol content

**j** (LOC) **à ce titre** (= en cette qualité) as such; (= pour cette raison) on this account, therefore ◆ **à quel titre ?** on what grounds? ◆ **au même titre** in the same way ◆ **il y a droit au même titre que les autres** he is entitled to it in the same way as the others ◆ **à aucun titre** on no account ◆ **nous ne voulons de lui à aucun titre** we don't want him on any account ◆ **à des titres divers, à plusieurs titres, à plus d'un titre** on several accounts, on more than one account ◆ **à double titre** on two accounts ◆ **à titre privé/personnel** in a private/personal capacity ◆ **à titre permanent/provisoire** on a permanent/temporary basis, permanently/provisionally ◆ **à titre exceptionnel** ou **d'exception** (dans ce cas) exceptionally, in this exceptional case; (dans certains cas) in exceptional cases ◆ **à titre d'ami/de client fidèle** as a friend/a loyal customer ◆ **à titre gratuit** freely, free of charge ◆ **à titre gracieux** free of ou without charge ◆ **à titre lucratif** for payment ◆ **à titre d'essai** on a trial basis ◆ **à titre d'exemple** as an example, by way of example ◆ **à titre onéreux** (frm) against payment ◆ **à titre indicatif** for information only ◆ **il travaille à titre de secrétaire** he works as a secretary ◆ **à titre consultatif** collaborer in an advisory ou a consultative capacity ◆ **on vous donne 250 € à titre d'indemnité** we are giving you €250 by way of indemnity ou as an indemnity; → **juste**

**titré, e** [titʀe] (ptp de **titrer**) adj **a** (= noble) personne titled; terres carrying a title (attrib) ◆ **l'athlète le plus titré de ces Jeux olympiques** the athlete who has won the most medals in these Olympic Games

**b** (Tech) liqueur standard

**titrer** [titʀe] ▸ conjug 1 ◂ vt **a** (gén ptp = anoblir) to confer a title on

**b** (Chim) [+ alliage] to assay; [+ solution] to titrate

**c** [+ livre, œuvre d'art] to title; (Ciné) to title

**d** (Presse) to run as a headline ◆ **titrer sur 2/5 colonnes : "Défaite de la Droite"** to run a 2/5-column headline: "Defeat of the Right"

**e** [alcool, vin] **titrer 10°/38°** to be 10°/38° proof *(on the Gay Lussac scale),* ≃ to be 17°/66° proof

**titreuse** [titʀøz] nf (Ciné) titler

**titrisation** [titʀizasjɔ̃] nf securitization

**titubant, e** [titybɑ̃, ɑ̃t] → SYN adj personne (de faiblesse, fatigue) staggering; (d'ivresse) staggering, reeling; démarche unsteady

**tituber** [titybe] → SYN ▸ conjug 1 ◂ vi [personne] (de faiblesse, fatigue) to stagger (along); (d'ivresse) to stagger (along), reel (along) ◆ **il avança vers nous/sortit de la cuisine en titubant** he came staggering ou tottering towards us/out of the kitchen, he staggered ou tottered towards us/out of the kitchen ◆ **nous titubions de fatigue** we were so tired that we could hardly keep upright, we were so tired we were staggering ou stumbling along

**titulaire** [titylɛʀ] → SYN **1** adj **a** (Admin) professeur with tenure ◆ **être titulaire** to have tenure

**b être titulaire de** (Univ) [+ chaire] to occupy, hold; (Pol) [+ portefeuille] to hold; [+ droit] to be entitled to; [+ permis, diplôme, carte, compte] to hold, have

**c** (Rel) évêque titular (épith) ◆ **saint/patron titulaire d'une église** (titular) saint/patron of a church

**2** nmf (Admin) [poste] incumbent; (Jur) [droit] person entitled (*de* to); [permis, bail, compte bancaire, carte de crédit] holder; [+ passeport] holder, bearer

**titularisation** [titylaʀizasjɔ̃] → SYN nf [enseignant, fonctionnaire] appointment to a permanent post; [professeur d'université] granting of tenure; [sportif] signing up as a full team member ◆ **sa titularisation a été refusée** his application for a permanent post ou for tenure was refused

**titulariser** [titylaʀize] → SYN ▸ conjug 1 ◂ vt [+ enseignant, fonctionnaire] to give a permanent appointment to; [+ professeur d'université] to give tenure to; [+ sportif] to sign up (as a full team member)

**TMS** [teɛmɛs] nmpl (abrév de **troubles musculosquelettiques**) RSI

**TNT** [teɛnte] nm (abrév de **trinitrotoluène**) TNT

**toast** [tost] → SYN nm **a** (= pain grillé) slice ou piece of toast ◆ **un toast beurré** a slice ou piece of buttered toast

**b** (= discours) toast ◆ **toast de bienvenue** welcoming toast ◆ **porter un toast en l'honneur de qn** to drink (a toast) to sb, toast sb

**toasteur** [tostœʀ] → SYN nm toaster

**toboggan** [tɔbɔgɑ̃] nm **a** (= traîneau) toboggan ◆ **faire du toboggan** to go tobogganing ◆ **piste de toboggan** toboggan run

**b** (= glissière, jeu) slide; [piscine] waterslide ◆ **faire du toboggan** (une fois) to go on a slide; (plusieurs fois) to play on a slide

**c** (Tech : pour manutention) chute; (Aviat) emergency chute; (Aut = viaduc) flyover (Brit), overpass (US)

**toc¹** [tɔk] **1** excl **a** (= bruit) **toc toc !** knock knock!, rat-a-tat(-tat)!

**b** (* = repartie) **et toc !** (en s'adressant à qn) so there! *; (en racontant la réaction de qn) and serves him (ou her etc ) damned ou jolly (Brit) well right! *

**2** adj * ◆ **il est toc toc, celui-là !** (= fou) he's cracked * ou nuts *!, he's got a screw loose! *

**toc²** [tɔk] → SYN **1** nm ◆ **c'est du toc** (= imitation, faux) it's (a) fake; (= camelote) it's trash ou junk ◆ **en toc** bijou fake

**2** adj inv (= imitation) fake; (= camelote) rubbishy, trashy ◆ **ça fait toc** (= imité, faux) it looks fake; (= camelote) it looks cheap ou rubbishy, it's junk

**tocante** * [tɔkɑ̃t] nf watch, ticker * (Brit)

**tocard, e** ✻ [tɔkaʀ, aʀd] → SYN **1** adj meubles, décor cheap and nasty, trashy *

**2** nm (= personne) dead loss *, useless twit *, washout *; (= cheval) (old) nag (péj)

**toccata** [tɔkata] nf toccata

**tocophérol** [tɔkɔfeʀɔl] nm tocopherol

**tocsin** [tɔksɛ̃] → SYN nm alarm (bell), tocsin (littér) ◆ **sonner le tocsin** to ring the alarm, sound the tocsin (littér)

**toge** [tɔʒ] → SYN nf **a** (Hist) toga ◆ **toge virile/prétexte** toga virilis/praetexta

**b** (Jur, Scol) gown

**Togo** [tɔgo] nm Togo

**togolais, e** [tɔgɔlɛ, ɛz] **1** adj of ou from Togo

**2 Togolais(e)** nm,f native of Togo

**tohu-bohu** [tɔybɔy] → SYN nm (= désordre) jumble, confusion; (= agitation) hustle (and bustle); (= tumulte) hubbub, commotion

**toi** [twa] pron pers **a** (sujet, objet) you ◆ **toi et lui, vous êtes tous les deux aussi têtus** you're both as stubborn as one another ◆ **si j'étais toi, j'irais** if I were you ou in your shoes I'd go ◆ **il n'obéit qu'à toi** you are the only one he obeys, he obeys only you ◆ **il a accepté, toi non** ou **pas toi** he accepted but you didn't ou but not you ◆ **c'est enfin toi !** here you are at last! ◆ **qui l'a vu ? toi ?** who saw him? did you? ◆ **toi mentir ? ce n'est pas possible** YOU tell a lie? I can't believe it ◆ **toi qui sais tout, explique-moi** you're the one who knows everything so explain to me ◆ **va devant, c'est toi qui connais le chemin** you go first, you know the way ou you're the one who knows the way ◆ **toi, tu n'as pas à te plaindre** you have no cause to complain ◆ **pourquoi ne le ferais-je pas, tu l'as bien fait, toi !** why shouldn't I do it? YOU did it, didn't you? ◆ **tu l'as vu, toi ?** did you see him?, have you seen him? ◆ **t'épouser, toi ? jamais !** marry you? never! ◆ **toi, je te connais** I know you ◆ **aide-moi, toi !** you there * ou hey you *, give me a hand! ◆ **toi, tu m'agaces !, tu m'agaces, toi !** you really get on my nerves! ◆ **toi, pauvre innocent, tu n'as rien compris !** you, poor fool, haven't understood a thing!, you poor fool – you haven't understood a thing!

**b** (avec vpr : souvent non traduit) **assieds-toi !** sit down! ◆ **mets-toi là !** stand over there! ◆ **toi, tais-toi !** you be quiet! ◆ **montre-toi un peu aimable !** be nice!

**c** (avec prép) you, yourself ◆ **à toi tout seul, tu ne peux pas le faire** you can't do it on your own ou by yourself ◆ **cette maison est-elle à toi ?** does this house belong to you?, is this house yours? ◆ **tu n'as même pas une chambre à toi tout seul ?** you don't even have a room of your own? ou a room to yourself? ◆ **tu ne penses qu'à toi** you only think of yourself, you think only of yourself ◆ **je compte sur toi** I'm counting on you

**d** (dans des comparaisons) you ◆ **il me connaît mieux que toi** (qu'il ne te connaît) he knows me better than (he knows) you; (que tu ne me connais) he knows me better than you (do) ◆ **il est plus/moins fort que toi** he is stronger than/not so strong as you ◆ **il a fait comme toi** he did what you did, he did the same as you

**toile** [twal] → SYN **1** nf **a** (= tissu) (gén) cloth (NonC); (grossière, de chanvre) canvas (NonC); (pour pneu) canvas (NonC) ◆ **grosse toile** (rough ou coarse) canvas ◆ **toile de lin/de coton** linen/cotton (cloth) ◆ **en toile, de toile** draps linen; pantalon, blazer (heavy) cotton; sac canvas ◆ **en toile tergal** in Terylene fabric ◆ **toile caoutchoutée/plastifiée** rubberized/plastic-coated cloth ◆ **relié toile** cloth bound ◆ **toile d'amiante/métallique** asbestos/metal cloth ◆ **toile imprimée** printed cotton, cotton print ◆ **reliure toile** cloth binding; → **chanson, village**

**b** (= morceau) piece of cloth ◆ **poser qch sur une toile** to put sth on a piece of cloth ◆ **se mettre dans les toiles** * (= draps) to hit the hay * ou the sack *

**c** (Art) (= support) canvas; (= œuvre) canvas, painting ◆ **il expose ses toiles chez Legrand** he exhibits his canvasses ou paintings at Legrand's ◆ **une toile de maître** an old master ◆ **gâcher** ou **barbouiller de la toile** to daub on canvas

**d** (Naut = ensemble des voiles) sails ◆ **faire de la/réduire la toile** to make/take in sail ◆ **navire chargé de toiles** ship under canvas, ship under full sail

**e** [araignée] web ◆ **la toile de l'araignée** the spider's web ◆ **une belle toile d'araignée** a beautiful spider's web ◆ **le grenier est plein de toiles d'araignées** the attic is full of cobwebs ◆ **la Toile** the Web

**f** (* = film) film, movie (surtout US) ◆ **se faire une toile** to go and see a film, go to a movie (surtout US)

**2** COMP ▹ **toile d'avion** aeroplane cloth ou linen ▹ **toile de bâche** tarpaulin ◆ **une parka en toile de bâche** a heavy canvas parka ▹ **toile cirée** oilcloth ▹ **toile émeri** emery cloth ▹ **toile de fond** (Théât) backdrop, backcloth ◆ **un moulin avec un lac en toile de fond** (fig) a windmill with a lake in the background ◆ **une histoire d'amour, avec en toile de fond la guerre** a love story set against the backdrop of the war ▹ **toile goudronnée** tarpaulin, tarp ▹ **toile de Jouy** ≃ Liberty print ▹ **toile de jute** hessian ▹ **toile à matelas** ticking ▹ **toile à sac** sacking, sackcloth ▹ **toile de tente** (Camping) canvas; (Mil) tent sheet ▹ **toile à voile** sailcloth

**toilé, e** [twale] adj papier linen (épith)

**toilerie** [twalʀi] nf (= fabrication) textile manufacture *(of cotton, linen, canvas etc)*; (= commerce) textile trade; (= atelier) textile mill

**toilettage** [twalɛtaʒ] nm [chien] grooming; [texte de loi] tidying up ◆ **"toilettage pour chiens"**, **"salon de toilettage"** (enseigne) "grooming parlour"

**toilette** [twalɛt] → SYN **1** nf **a** (= ablutions) **faire sa toilette** to have a wash, get washed ◆ **être à sa toilette** (= habillage) to be dressing, be getting ready ◆ **faire une grande toilette/une toilette rapide** ou **un brin de toilette** to have a thorough/quick wash ◆ **faire une toilette de chat** to give o.s. a lick and a promise ou a cat-lick (Brit) ◆ **toilette intime** personal hygiene ◆ **elle passe des heures à sa toilette** she spends hours getting ready ou washing and dressing ou at her toilet (frm) ◆ **la toilette des enfants prend toujours du temps** it always takes a long time to get the children washed ou ready ◆ **une lotion pour la toilette de bébé** a cleansing lotion for babies ◆ **produits de toilette** toiletries ◆ **j'ai oublié mes affaires de toilette** I've forgotten my toothbrush and things ◆ **faire la toilette d'un mort** to lay out a corpse ◆ **la toilette d'un condamné à mort** the washing of a prisoner before execution ◆ **(table de) toilette** (pour lavabo) washstand; (= coiffeuse) dressing table; → **cabinet, gant, trousse**

**b** (= nettoyage) [voiture] cleaning; [maison, monument] facelift ◆ **faire la toilette de** [+ voiture] to clean; [+ monument, maison] to give a facelift to, tart up * (Brit) (hum); [+ texte] to tidy up, polish up

**c** [animal] **faire sa toilette** to wash itself ◆ **faire la toilette de son chien** to groom one's dog

**d** (= habillement, parure) clothes ◆ **en toilette de bal** wearing a ballgown ◆ **toilette de mariée** wedding ou bridal dress ou gown ◆ **être en grande toilette** to be (dressed) in all one's finery, be all dressed up ◆ **aimer la toilette** to like clothes ◆ **elle porte bien la toilette** she wears her clothes well

**e** (= costume) outfit ◆ **elle a changé trois fois de toilette !** she's changed her outfit ou clothes three times! ◆ **"nos toilettes d'été"** "summer wear ou outfits" ◆ **on voit déjà les toilettes d'été** you can already see people in summer outfits ou clothes

**f** (Boucherie) **toilette (de porc)** pig's caul

**g** (Tech) reed casing

**2 toilettes** nfpl (= W.-C.) toilet, bathroom (US); (publiques) public lavatory ou conveniences (Brit), restroom (US) ◆ **aller aux toilettes** to go to the toilet ◆ **où sont les toilettes ?** (dans un lieu public) (gén) where's the toilet? ou the restroom? (US); (pour femmes) where's the ladies' room? ou the ladies? * (Brit); (pour hommes) where's the men's room? ou the gents? * (Brit)

**toiletter** [twalete] ▸ conjug 1 ◂ vt [+ chien, chat] to groom; [+ texte de loi] to tidy up, polish up

**toiletteur, -euse** [twalɛtœʀ, øz] nm,f groomer ◆ **toiletteur pour chiens** dog groomer

**toi-même** [twamɛm] pron → **même**

**toise** [twaz] [→ SYN] nf **a** (= instrument) height gauge ◆ **passer qn à la toise** to measure sb's height ◆ **il est passé à** ou **sous la toise** he had his height measured
**b** (Hist = mesure) toise, ≃ 6 ft

**toiser** [twaze] [→ SYN] ▸ conjug 1 ◂ vt **a** (= regarder avec dédain) to look up and down, eye scornfully ◆ **ils se toisèrent** they looked each other up and down
**b** (†, littér = évaluer) to estimate

**toison** [twazɔ̃] [→ SYN] nf **a** [mouton] fleece ◆ **la Toison d'or** the Golden Fleece
**b** (= chevelure) (épaisse) mop; (longue) mane
**c** (= poils) abundant growth

**toit** [twa] [→ SYN] nm **a** (gén) roof ◆ **toit de chaume/de tuiles/d'ardoises** thatched/tiled/slate roof ◆ **toit plat** ou **en terrasse/en pente** flat/sloping roof ◆ **habiter sous les toits** to live in an attic flat (Brit) ou apartment (US) *(with a sloping ceiling)* ◆ **le toit du monde** the roof of the world ◆ **voiture à toit ouvrant** car with a sunroof ◆ **double toit** [tente] fly sheet; → **crier**
**b** (fig = maison) **avoir un toit** to have a roof over one's head, have a home ◆ **chercher un toit** to look for somewhere to live ◆ **être sans toit** to have no roof over one's head, have nowhere to call home ou one's own ◆ **sous le toit de qn** under sb's roof, in sb's house ◆ **vivre sous le même toit** to live under the same roof ◆ **vivre sous le toit paternel** to live in the paternal home ◆ **recevoir qn sous son toit** to have sb as a guest in one's house

**toiture** [twatyʀ] nf roof, roofing

**tokai** [tɔkɛ], **tokaï** [tɔkaj], **tokay** [tɔkɛ] nm Tokay

**tokamak** [tɔkamak] nm tokamak

**tokay** [tɔkɛ] nm ⇒ **tokai**

**tokharien** [tɔkaʀjɛ̃, jɛn] nm (Ling) Tocharian, Tokharian

**Tokyo** [tɔkjo] n Tokyo

**tôlard, e** * [tolaʀ, aʀd] nm,f ⇒ **taulard**

**tolbutamide** [tɔlbytamid] nf tolbutamide

**tôle¹** [tol] [→ SYN] nf (= matériau) sheet metal (NonC); (= pièce) steel (ou iron) sheet ◆ **tôle d'acier/d'aluminium** sheet steel/aluminium ◆ **tôle étamée** tinplate ◆ **tôle galvanisée/émaillée** galvanized/enamelled iron ◆ **tôle froissée** (Aut) dented bodywork ◆ **tôle ondulée** (lit) corrugated iron; (= route) rugged dirt track ◆ **se payer une tôle** * (= échouer) to fall flat on one's face (fig)

**tôle²** * [tol] [→ SYN] nf ⇒ **taule**

**Tolède** [tɔlɛd] n Toledo

**tôlée** [tole] adj f ◆ **neige tôlée** crusted snow

**tolérable** [tɔleʀabl] [→ SYN] **1** adj comportement, retard tolerable; douleur, attente tolerable, bearable ◆ **cette attitude n'est pas tolérable** this attitude is intolerable ou cannot be tolerated
**2** nm ◆ **c'est à la limite du tolérable** it's barely tolerable

**tolérance** [tɔleʀɑ̃s] [→ SYN] nf **a** (= compréhension, largeur d'esprit) tolerance (*à l'égard de, envers* toward(s)) ◆ **faire preuve de tolérance** to be tolerant (*à l'égard de, envers* with)
**b** (= liberté limitée) **c'est une tolérance, pas un droit** it's tolerated rather than allowed as of right ◆ **il y a une tolérance de 2 litres d'alcool/200 cigarettes** (Comm : produits hors taxe) there's an allowance of 2 litres of spirits/200 cigarettes ◆ **tolérance orthographique/grammaticale** permitted departure in spelling/grammar; → **maison**
**c** (Méd, Tech) tolerance ◆ **tolérance aux antibiotiques** antibiotic tolerance ◆ **tolérance immunitaire** immunological tolerance; → **marge**
**d** (Hist, Rel) toleration

**tolérant, e** [tɔleʀɑ̃, ɑ̃t] [→ SYN] adj tolerant ◆ **il est trop tolérant avec ses élèves** he's too lenient ou easy-going with his pupils

**tolérantisme** [tɔleʀɑ̃tism] nm (Hist Rel) tolerationism

**tolérer** [tɔleʀe] [→ SYN] ▸ conjug 6 ◂ vt **a** (= ne pas sévir contre) [+ culte, pratiques, abus, infractions] to tolerate; (= autoriser) to allow ◆ **ils tolèrent un excédent de bagages de 15 kg** they allow 15 kg (of) excess baggage
**b** (= supporter) [+ comportement, excentricités, personne] to put up with, tolerate; [+ douleur] to bear, endure, stand ◆ **ils ne s'aimaient guère : disons qu'ils se toléraient** they didn't like each other much – you could say that they put up with ou tolerated each other ◆ **je ne tolérerai pas cette impertinence** I will not stand for ou put up with ou tolerate this impertinence ◆ **il tolérait qu'on l'appelle par son prénom** he allowed people to call him by his first name ◆ **il ne tolère pas qu'on le contredise** he won't tolerate being contradicted
**c** (Bio, Méd) [organisme] to tolerate; (Tech) [matériau, système] to tolerate ◆ **il ne tolère pas l'alcool** he can't tolerate ou take alcohol, alcohol doesn't agree with him

**tôlerie** [tolʀi] nf **a** (= fabrication) sheet metal manufacture; (= commerce) sheet metal trade; (= atelier) sheet metal workshop
**b** (= tôles) [voiture] panels, coachwork (NonC); [bateau, chaudière] plates, steelwork (NonC)

**tolet** [tɔlɛ] nm rowlock, thole

**tôlier¹** [tolje] nm (= industriel) sheet iron ou steel manufacturer ◆ **(ouvrier-)tôlier** sheet metal worker ◆ **tôlier en voitures** panel beater

**tôlier², -ière** * [tolje, jɛʀ] nm,f ⇒ **taulier**

**tolite** [tɔlit] nf trinitrotoluene, trinitrotoluol

**tollé** [tɔ(l)le] [→ SYN] nm general outcry ou protest ◆ **ce fut un tollé (général)** there was a general outcry

**Tolstoï** [tɔlstɔj] nm Tolstoy

**toluène** [tɔlɥɛn] nm toluene

**toluidine** [tɔlɥidin] nf toluidine

**toluol** [tɔlɥɔl] nm toluol

**TOM** [tɔm] nm (abrév de **territoire d'outre-mer**) → **territoire**

**tomahawk** [tɔmaok] nm tomahawk

**tomaison** [tɔmɛzɔ̃] nf volume numbering

**tomate** [tɔmat] [→ SYN] nf **a** (= plante) tomato (plant); (= fruit) tomato ◆ **tomates farcies** stuffed tomatoes ◆ **tomates en grappes** vine tomatoes ◆ **tomates (à la) provençale** tomatoes (à la) Provençale ◆ **tomates cerises/vertes** cherry/green tomatoes ◆ **il va recevoir des tomates** (fig) he'll get a hostile reception; → **rouge**
**b** (= boisson) *pastis with grenadine*

**tombac** [tɔ̃bak] nm tombac, tambac

**tombal, e,** mpl **tombals** ou **tombaux** [tɔ̃bal, o] [→ SYN] adj dalle funerary; (littér = funèbre) tomb-like, funereal (épith) ◆ **inscription tombale** tombstone inscription; → **pierre**

**tombant, e** [tɔ̃bɑ̃, ɑ̃t] [→ SYN] adj draperies hanging (épith); épaules sloping (épith); moustache, paupières drooping (épith); bouche down-turned, turned down at the corners (attrib); oreilles de chien floppy; → **nuit**

**tombe** [tɔ̃b] [→ SYN] nf **a** (gén) grave; (avec monument) tomb; (= pierre) gravestone, tombstone ◆ **aller sur la tombe de qn** to visit sb's grave ◆ **froid comme la tombe** cold as the tomb ◆ **muet** ou **silencieux comme la tombe** (as) silent as the grave ou tomb; → **recueillir, retourner**
**b** (Loc) **suivre qn dans la tombe** to follow sb to the grave ◆ **descendre dans la tombe** (littér) to go to one's grave; → **pied**

**tombeau,** pl **tombeaux** [tɔ̃bo] nm **a** (lit) tomb ◆ **mettre qn au tombeau** to commit sb to the grave, entomb sb ◆ **mise au tombeau** entombment
**b** (fig) (= endroit lugubre ou solitaire) grave, tomb; (= ruine) [espérances, amour] death (NonC); (= lieu du trépas) grave ◆ **jusqu'au tombeau** to the grave ◆ **descendre au tombeau** to go to one's grave ◆ **cette pièce est un tombeau** this room is like a grave ou tomb ◆ **je serai un vrai tombeau** (secret) my lips are sealed, I'll be as silent as the grave
**c** **à tombeau ouvert** at breakneck speed

**tombée** [tɔ̃be] [→ SYN] nf ◆ **(à) la tombée de la nuit** (at) nightfall ◆ **(à) la tombée du jour** (at) the close of the day

**tombelle** [tɔ̃bɛl] nf burial mound, tumulus (SPÉC), barrow (SPÉC)

## tomber¹ [tɔ̃be]

▸ conjug 1 ◂ [→ SYN]

**1** VERBE INTRANSITIF
**2** VERBE TRANSITIF

Lorsque **tomber** s'emploie dans des locutions figées telles que **tomber malade/amoureux, tomber d'accord, tomber de sommeil, tomber en désuétude** etc, cherchez au nom ou à l'adjectif.

### 1 VERBE INTRANSITIF

(avec aux **être**)

**a** [de la station debout] to fall (over ou down) ◆ **il est tombé et s'est cassé la jambe** he fell (over ou down) and broke his leg ◆ **le chien l'a fait tomber** the dog knocked him over ou down ◆ **tomber par terre** to fall down, fall to the ground ◆ **tomber de (tout) son haut** to fall ou crash ou topple to the ground, fall headlong ◆ **se laisser tomber dans un fauteuil** to drop ou fall into an armchair

**b** [de la position verticale] [arbre, bouteille, poteau] to fall (over ou down); [chaise, pile d'objets] to fall (over); [échafaudage, mur] to fall down, collapse ◆ **faire tomber** (gén) to knock down; (en renversant) to knock over

**c** [d'un endroit élevé] [personne, objet] to fall (down); [avion] to fall; (fig, littér = pécher) to fall ◆ **attention ! tu vas tomber** careful! you'll fall ◆ **tomber dans** ou **à l'eau** to fall into the water ◆ **tomber d'un arbre** to fall from a tree, fall out of a tree ◆ **tomber d'une chaise/d'une échelle** to fall off a chair/off a ladder ◆ **tomber de bicyclette/de cheval** to fall off one's bicycle/from ou off one's horse ◆ **tomber à bas de son cheval** to fall from ou off one's horse ◆ **tomber du cinquième étage** to fall from the fifth floor ◆ **tomber de haut** (lit) to fall from a height; (fig) to come down with a bump ◆ **il est tombé sur la tête !** * he's got a screw loose *; → **ciel, lune**

**d** [= se détacher] [feuilles, fruits] to fall; [cheveux] to fall (out) ◆ **ramasser des fruits tombés** to pick up fruit that has fallen, pick up windfalls ◆ **le journal tombe (des presses) à 6 heures** the paper comes off the press at 6 o'clock ◆ **la nouvelle vient de tomber à l'instant** the news has just this minute broken ◆ **un télex vient de tomber** a telex has just come through ◆ **la plume me tombe des mains** the pen is falling from my hand ◆ **faire tomber** (en lâchant) to drop ◆ **porte le vase sur la table sans le faire tomber** carry the vase to the table without dropping it

**e** [= s'abattre, descendre] [eau, lumière] to fall; [neige, pluie] to fall, come down; [brouillard] to come down ◆ **il tombe de la neige** it's snowing ◆ **qu'est-ce qu'il tombe !** * it's coming down in buckets! *, it's tipping it down * (Brit) ◆ **l'eau tombait en cascades** the water was cascading down ◆ **il tombe quelques gouttes** it's raining slightly, there are a few drops of rain (falling), it's spitting (with rain) (Brit) ou sprinkling lightly (US) ◆ **la nuit tombe** night is falling, it's getting dark ◆ **la foudre est tombée deux fois/tout près** the lightning has struck twice/nearby

**f** [= baisser] [fièvre] to drop; [vent] to drop, abate, die down; [baromètre] to fall; [jour] to draw to a close; [voix] to drop, fall away; [prix, nombre, température] to fall, drop (*à* to) (*de* by); [colère, conversation] to die down; [exaltation, assurance, enthousiasme] to fall away ◆ **le dollar est tombé à 5 F** the dollar has fallen ou dropped to 5 francs ◆ **les prix ne sont jamais tombés aussi bas** prices have reached a new low ou an all-time low, prices have never fallen so low ◆ **ils sont tombés bien bas** (fig) they've sunk really low ◆ **faire tomber** [+ température, vent, prix] to bring down

**g** [= disparaître] [obstacle, objection] to disappear; [poursuites] to lapse; [record] to fall ◆ **l'as et le**

**roi sont tombés** (Cartes) the ace and king have gone ou have been played ◆ **faire tomber les atouts** to force out the trumps

**h** [= pendre, descendre] [draperie, robe, chevelure] to fall, hang; [pantalon] to hang; [moustaches] to droop; [épaules] to slope ◆ **ses cheveux lui tombaient sur les épaules** his hair fell to ou hung down to his shoulders ◆ **les rideaux tombaient jusqu'au plancher** the curtains hung down to the floor ◆ **sa jupe tombe bien** her skirt hangs nicely ou well

**i** [= échoir] [date, choix, sort] to fall; [verdict, sanction] to be pronounced ◆ **Pâques tombe tard cette année** Easter falls late this year ◆ **Noël tombe un mardi** Christmas falls on a Tuesday ◆ **les deux concerts tombent le même jour** the two concerts fall on the same day

**j** [= arriver, se produire] **il est tombé en pleine réunion/scène de ménage** he walked straight into a meeting/a domestic row ◆ **je tombe toujours aux heures de fermeture** I always manage to come at closing time ◆ **bien/mal tomber** (moment) to come at the right/wrong moment; (chance) to be lucky/unlucky ◆ **ça tombe bien** that's fortunate ou convenient ◆ **ça tombe à point** ou **à pic** * that's perfect timing ◆ **ça ne pouvait pas mieux tomber** that couldn't have come at a better time ◆ **il est vraiment bien/mal tombé avec son nouveau patron** he's really lucky/unlucky ou he's really in luck/out of luck with his new boss ◆ **si ça tombe, il viendra même pas** ⁑ he may not even come; → **juste**

**k** [= être tué] [combattant] to fall

**l** [= être vaincu] [ville, régime, garnison] to fall ◆ **faire tomber le gouvernement** to bring down the government, bring the government down

**m** [⁑ = être arrêté] to be ou get busted ⁑ ou nicked ⁑ (Brit)

**n** **laisser tomber** [+ objet que l'on porte] to drop; [+ amis, activité] to drop; [+ métier] to drop, give up, chuck in *; [+ fiancé] to jilt, throw over *; [+ vieux parents] to let down, leave in the lurch ◆ **il a voulu faire du droit mais il a vite laissé tomber** he wanted to do law but he soon gave it up ou dropped it ◆ **la famille nous a bien laissé tomber** the family really let us down ou left us in the lurch ◆ **laisse tomber !** * (gén) forget it!; (nuance d'irritation) give it a rest! *

**o** **tomber dans** [+ état] ◆ **tomber dans la misère** to become destitute ◆ **tomber dans l'alcool/la drogue** to take to drinking/to drugs ◆ **tomber dans le coma** to fall into a coma ◆ **son œuvre est tombée dans l'oubli** his work fell into oblivion ◆ **ce roman tombe dans le mélo/la vulgarité** the novel tends to lapse into melodrama/vulgarity ◆ **tomber dans l'excès** to lapse into excess ◆ **tomber dans l'excès inverse** to go to the opposite extreme ◆ **tomber d'un excès dans un autre** to go from one extreme to another ◆ **le tennis, il est tombé dedans quand il était petit** (fig hum) he learnt how to play tennis almost as soon as he could walk; → **domaine, pomme, piège** etc

**p** **tomber sur** [regard] to fall ou light upon; [conversation] to come round to

(= rencontrer par hasard) [+ personne] to run ou bump into; (= trouver par hasard) [+ objet, piste, détail] to come across ou upon ◆ **j'ai eu la chance de tomber sur un spécialiste** I was lucky enough to come across a specialist ◆ **en prenant cette rue, vous tombez sur le boulevard/la gare** if you go along this street, you'll come out onto the boulevard/you'll find the station ◆ **je suis tombé sur une vieille photo** I came across ou upon an old photo; → **bec, os**

(= échoir à) ◆ **on a tiré au sort et c'est tombé sur moi** we drew straws and I was the lucky winner *(iro)* ◆ **et il a fallu que ça tombe sur moi !** it (just) had to be me!

( * = arriver à l'improviste) [personne] to land on * ◆ **il nous est tombé dessus le jour de Noël** he landed on us on Christmas day * ◆ **une quantité de problèmes leur est tombée dessus** they had a whole series of problems ◆ **la maladie, ça peut vous tomber dessus n'importe quand** you can fall ill any time ◆ **quand la solitude vous tombe dessus ...** when you suddenly find yourself alone ... ◆ **je ne voulais pas d'une nouvelle relation amoureuse, ça m'est tombé dessus** I didn't want to have another love affair, it just happened

( * = attaquer) to set about *, go for *; (= critiquer) to go for * ◆ **il m'est tombé sur le râble** ⁑ ou **le paletot** ⁑ ou **le dos** ⁑ he laid into me *, he went for me * ◆ **ils nous sont tombés dessus à huit contre trois** eight of them laid into the three of us ⁑

**2** VERBE TRANSITIF

(avec aux **avoir**)

**a** [* = vaincre] **tomber qn** (Sport) to throw sb; (Pol) to beat sb ◆ **il les tombe toutes** (= séduire) he's a real ladykiller

**b** [* = enlever] **tomber la veste** to take off one's jacket ◆ **tomber le masque** to drop the mask

**tomber²** [tɔ̃be] **nm** **a** (littér) **au tomber du jour** ou **de la nuit** at nightfall

**b** [vêtement, étoffe] **le tomber de ce tissu/de cette robe** the way the material/the dress hangs

**tombereau**, pl **tombereaux** [tɔ̃bʀo] → SYN **nm** (= charrette) tipcart; (= contenu) cartload; (pour terrassement) dump truck, dumper-truck ◆ **des tombereaux de** (fig) masses of

**tombeur** [tɔ̃bœʀ] **nm** (= lutteur) thrower; ( * = don Juan) ladykiller, Casanova ◆ **le tombeur du tenant du titre/du sénateur** * the man who defeated the title holder/the senator

**tombola** [tɔ̃bɔla] → SYN **nf** tombola, raffle

**tombolo** [tɔ̃bɔlo] **nm** tombolo

**Tombouctou** [tɔ̃buktu] **n** Timbuktoo

**tome** [tɔm] → SYN **nm** (= division) part, book; (= volume) volume

**tomenteux, -euse** [tɔmɑ̃tø, øz] **adj** tomentose

**tomette** [tɔmɛt] **nf** ⇒ **tommette**

**tomme** [tɔm] → SYN **nf** tomme (cheese)

**tommette** [tɔmɛt] **nf** (red, hexagonal) floor-tile

**tomographie** [tɔmɔgʀafi] **nf** tomography

**tom-pouce** * [tɔmpus] **nm** (= nain) Tom Thumb, dwarf, midget

**ton¹** [tɔ̃], **ta** [ta], pl **tes** [te] **adj poss** **a** (possession, relation) your; (emphatique) your own; († Rel) thy ◆ **ton fils et ta fille** your son and (your) daughter ◆ **que ta volonté soit faite** (Rel) Thy will be done; pour autres loc voir **son¹**

**b** (valeur affective, ironique, intensive) **tu as de la chance d'avoir ton samedi !** * you're lucky to have Saturday(s) off! ◆ **ton Paris est devenu très bruyant** your beloved Paris is getting very noisy ◆ **tu vas avoir ta crise de foie si tu manges ça** you'll upset your stomach if you eat that ◆ **ferme donc ta porte !** shut the door behind you!; pour autres loc voir **son¹**

**ton²** [tɔ̃] → SYN **nm** **a** (= hauteur de la voix) pitch; (= timbre) tone; (= manière de parler) tone (of voice) ◆ **ton aigu/grave** shrill/low pitch ◆ **ton nasillard** twang ◆ **d'un ton détaché/brusque/pédant** in a detached/an abrupt/a pedantic tone (of voice) ◆ **d'un ton sec** curtly ◆ **avec un ton de supériorité** in a superior tone ◆ **sur le ton de la conversation/plaisanterie** conversationally/jokingly, in a conversational/joking tone (of voice) ◆ **le ton est à la conciliation/à la prudence** the prevailing mood is one of conciliation/of caution, conciliation/caution is the order of the day ◆ **hausser le ton** (lit) to raise one's voice; (fig) (= se fâcher) to raise one's voice; (= être arrogant) to adopt an arrogant tone ◆ **baisser le ton** (lit) to lower one's voice; (fig) to soften ou moderate one's tone ◆ **baisse un peu le ton !** pipe down! * ◆ **faire baisser le ton à qn** (fig) to bring sb down a peg (or two) ◆ **les débats ont changé de ton** the tone of the debates has changed ◆ **il devra changer de ton** (fig) he'll have to change his tune ◆ **ne me parle pas sur ce ton !** don't use that tone (of voice) with me!, don't you talk to me like that! ◆ **ne le prenez pas sur ce ton** don't take it like that ◆ **alors là, si vous le prenez sur ce ton** well if that's the way you're going to take it, well if you're going to take it like that ◆ **dire/répéter sur tous les tons** to say/repeat in every possible way

**b** (Mus = intervalle) tone; [morceau] key; [instrument à vent] crook; (= hauteur d'un instrument) pitch ◆ **le ton de si majeur** the key of B major ◆ **passer d'un ton à un autre** to change from one key to another ◆ **il y a un ton majeur entre do et ré** there is a whole ou full tone between C and D ◆ **prendre le ton** to tune up (*de* to) ◆ **donner le ton** to give the pitch ◆ **sortir du ton** to go out of tune ◆ **il/ce n'est pas dans le ton** he/it is not in tune ◆ **le ton est trop haut pour elle** it's set in too high a key for her, it's pitched too high for her

**c** (Ling, Phon) tone ◆ **langue à tons** tone language

**d** (= style) tone ◆ **le ton soutenu de son discours** the elevated tone of his speech ◆ **le bon ton** (= manière de se comporter) good manners, good form (Brit) ◆ **plaisanteries/remarques de bon ton** jokes/remarks in good taste ◆ **il est de bon ton de ...** it's considered polite to ..., it is good manners ou form (Brit) to ... ◆ **plaisanteries de mauvais ton** tasteless jokes ◆ **être dans le ton** to fit in ◆ **il s'est vite mis dans le ton** he soon fitted in ◆ **donner le ton** to set the tone; (en matière de mode) to set the fashion

**e** (= couleur, nuance) shade, tone ◆ **être dans le ton** to tone in, match ◆ **la ceinture n'est pas du même ton** ou **dans le même ton que la robe** the belt doesn't match the dress ◆ **tons chauds** warm tones ou shades ◆ **tons dégradés** gradual shadings ◆ **ton sur ton** in matching tones

**tonal, e,** mpl **tonals** [tɔnal] **adj** (Ling, Mus) tonal

**tonalité** [tɔnalite] → SYN **nf** **a** (Mus) (= système) tonality; (= ton) key; (Phon) [voyelle] tone

**b** (= fidélité) [poste, amplificateur] tone

**c** (= timbre, qualité) [voix] tone; (fig) [texte, impression] tone; [couleurs] tonality

**d** (Téléc) dialling tone (Brit), dial tone (US) ◆ **je n'ai pas la tonalité** I'm not getting the dialling tone

**tonca** [tɔ̃ka] **nm** ⇒ **tonka**

**tondeur, -euse** [tɔ̃dœʀ, øz] **1** **nm,f** (gén) shearer

**2** **tondeuse** **nf** (à cheveux) clippers; (pour les moutons) shears; (Tex : pour les draps) shears ◆ **tondeuse (à gazon)** (lawn)mower ◆ **passer la tondeuse** to mow the lawn ◆ **tondeuse à main/à moteur** hand-/motor-mower ◆ **tondeuse électrique** (pour le gazon) electric (lawn) mower; (pour les cheveux) electric clippers

**tondre** [tɔ̃dʀ] → SYN ▸ conjug 41 ◂ **vt** **a** [+ mouton, toison] to shear; [+ gazon] to mow; [+ haie] to clip, cut; [+ caniche, poil] to clip; [+ cheveux] to crop; [+ drap, feutre] to shear

**b** (* = couper les cheveux à) **tondre qn** to cut sb's hair; (= escroquer) to fleece sb; (au jeu) to clean sb out ◆ **je vais me faire tondre** I'm going to get my hair cut really short; → **laine**

**tondu, e** [tɔ̃dy] (ptp de **tondre**) **adj** cheveux, tête (closely-)cropped; personne with closely-cropped hair, close-cropped; pelouse sommet closely-cropped; → **pelé**

**Tonga** [tɔ̃ga] **nm** Tonga ◆ **les îles Tonga** Tonga

**tongs** [tɔ̃g] **nfpl** (= sandales) flip-flops, thongs (US)

**tonicardiaque** [tɔnikaʀdjak] **1** **adj** cardiotonic

**2** **nm** heart tonic, cardiotonic

**tonicité** [tɔnisite] → SYN **nf** **a** (Méd) [tissus] tone, tonicity (SPÉC), tonus (SPÉC)

**b** [air, mer] tonic ou bracing effect

**tonie** [tɔni] **nf** (Physiol) pitch

**tonifiant, e** [tɔnifjɑ̃, jɑ̃t] **1** **adj** air bracing, invigorating; massage, lotion toning (épith), tonic (épith), stimulating; lecture, expérience stimulating

**2** **nm** tonic

**tonifier** [tɔnifje] → SYN ▸ conjug 7 ◂ **vt** [+ muscles] to tone (up); [+ esprit, personne] to stimulate; [+ peau] to tone; [+ cheveux] to put new life into ◆ **cela tonifie l'organisme** it tones up the whole system

**tonique** [tɔnik] → SYN **1** **adj** **a** médicament, vin, boisson tonic (épith), fortifying; lotion toning (épith), tonic (épith) ◆ **c'est quelqu'un de très tonique** (dynamique) he's very dynamic; (physiquement) he's in really good shape

**b** air, froid invigorating, bracing; idée, expérience, lecture stimulating

**c** (Ling) syllabe, voyelle tonic, accented; → **accent**

**2** **nm** (Méd, fig) tonic; (= lotion) toning lotion ◆ **tonique du cœur** heart tonic

**3** **nf** (Mus) tonic, keynote

**tonitruant, e** [tɔnitʀyɑ̃, ɑ̃t] [→ SYN] **adj** voix thundering (épith), booming (épith)

**tonitruer** [tɔnitʀye] [→ SYN] ▸ **conjug 1** ◂ **vi** to thunder

**tonka** [tɔ̃ka] **nm** tonka bean

**Tonkin** [tɔ̃kɛ̃] **nm** Tonkin

**tonkinois, e** [tɔ̃kinwa, waz] [1] **adj** Tonkinese
[2] **Tonkinois(e) nm,f** Tonkinese

**tonnage** [tɔnaʒ] [→ SYN] **nm** [navire] tonnage, burden; [port, pays] tonnage ◆ **tonnage brut/net** gross/net tonnage

**tonnant, e** [tɔnɑ̃, ɑ̃t] [→ SYN] **adj** voix, acclamation thunderous, thundering (épith)

**tonne** [tɔn] **nf** **a** (= unité de poids) (metric) ton, tonne ◆ **une tonne de bois** a ton ou tonne (Brit) of wood ◆ **tonne américaine** ou **courte** short ou net ton ◆ **tonne anglaise** ou **longue** ou **forte** long ou gross ou imperial ton ◆ **tonne-kilomètre** ton kilometre ◆ **un navire de 10 000 tonnes** a 10,000-ton ou -tonne (Brit) ship, a ship of 10,000 tons ou tonnes (Brit) ◆ **un (camion de) 5 tonnes** a 5-ton truck, a 5-tonner* ◆ **tonne équivalent charbon** ton coal equivalent ◆ **tonne équivalent pétrole** ton oil equivalent ◆ **ses plaisanteries pèsent des tonnes** his jokes are very laboured ou heavy-handed
**b** (* = énorme quantité) **des tonnes de, une tonne de** tons of*, loads of* ◆ **il y en a des tonnes** there are tons* ou loads* of them ◆ **des gens comme lui, (il n') y en a pas des tonnes** you don't come across people like him every day ◆ **en faire des tonnes** to overdo it, go over the top*
**c** (Tech = récipient) tun; (Naut = bouée) tun-buoy

**tonneau, pl tonneaux** [tɔno] [→ SYN] **nm** **a** (= récipient) barrel, cask; (= contenu) barrel(ful), cask(ful) ◆ **vin au tonneau** wine from the barrel ou cask ◆ **vieillir en tonneau** to age in the barrel ou cask ◆ **le tonneau de Diogène** Diogenes' tub ◆ **le tonneau des Danaïdes** (Myth) the Danaides' jar ◆ **c'est le tonneau des Danaïdes** (fig) (= gouffre financier) it's a bottomless pit; (= tâche sans fin) it is a Sisyphean task ◆ **être du même tonneau*** (péj) to be of the same kind; → **perce**
**b** (Aviat) hesitation flick roll (Brit), hesitation snap roll (US)
**c** (Aut) somersault ◆ **faire un tonneau** to roll over, somersault ◆ **leur voiture a fait trois tonneaux** their car rolled (over) ou somersaulted three times
**d** (Naut) ton ◆ **tonneau de jauge brute** gross register ton ◆ **un bateau de 1 500 tonneaux** a 1,500-ton ou -tonne (Brit) ship

**tonnelet** [tɔnlɛ] **nm** keg, (small) cask

**tonnelier** [tɔnəlje] **nm** cooper

**tonnelle** [tɔnɛl] [→ SYN] **nf** (= abri) bower, arbour (Brit), arbor (US); (Archit) barrel vault

**tonnellerie** [tɔnɛlʀi] **nf** cooperage

**tonner** [tɔne] [→ SYN] ▸ **conjug 1** ◂ [1] **vi** **a** [canons, artillerie] to thunder, boom, roar
**b** [personne] to thunder, rage, inveigh (*contre* against)
[2] **vb impers** to thunder ◆ **il tonne** it's thundering ◆ **il a tonné vers 2 heures** there was some thunder about 2 o'clock ◆ **il tonnait sans discontinuer** the thunder rumbled continuously

**tonnerre** [tɔnɛʀ] [→ SYN] [1] **nm** **a** (= détonation) thunder; († = foudre) thunderbolt ◆ **j'entends le tonnerre qui gronde** I can hear thunder ◆ **coup de tonnerre** thunderbolt ◆ **comme un coup de tonnerre dans un ciel serein** ou **bleu** (fig) like a bolt from the blue ◆ **un bruit/une voix de tonnerre** a noise/a voice like thunder, a thunderous noise/voice ◆ **un tonnerre d'applaudissements** thunderous applause ◆ **le tonnerre des canons** the roar ou the thundering of the guns
**b** (* : valeur intensive) **du tonnerre** terrific*, fantastic* ◆ **ça marchait du tonnerre** it was going great guns* ou tremendously well ◆ **un livre du tonnerre de Dieu**⁑ one ou a hell of a book⁑, a fantastic book*
[2] **excl** ◆ **tonnerre !*** † ye gods!* † ◆ **mille tonnerres !***, **tonnerre de Brest !*** shiver me timbers!* † (aussi hum) ◆ **tonnerre de Dieu !**⁑ hell and damnation!⁑, hell's bells!*

**tonométrie** [tɔnɔmetʀi] **nf** tonometry

**tonométrique** [tɔnɔmetʀik] **adj** tonometric

**tonsure** [tɔ̃syʀ] **nf** (Rel) tonsure; (* = calvitie) bald spot ou patch ◆ **porter la tonsure** to wear the tonsure

**tonsuré, e** [tɔ̃syʀe] (ptp de **tonsurer**) [1] **adj** tonsured
[2] **nm** (péj = moine) monk

**tonsurer** [tɔ̃syʀe] ▸ **conjug 1** ◂ **vt** to tonsure

**tonte** [tɔ̃t] **nf** **a** (= action) [moutons] shearing; [haie] clipping; [gazon] mowing
**b** (= laine) fleece
**c** (= époque) shearing-time

**tontine** [tɔ̃tin] **nf** (Fin, Jur) tontine

**tonton** [tɔ̃tɔ̃] **nm** (langage enfantin) uncle

**tonture** [tɔ̃tyʀ] **nf** (Naut) sheer

**tonus** [tɔnys] [→ SYN] **nm** **a** (Physiol) tone, tonus (SPÉC) ◆ **tonus musculaire** muscle tone, muscular tonus (SPÉC) ◆ **tonus nerveux** nerve tone
**b** (fig = dynamisme) energy, dynamism; (au travail) drive ◆ **redonner du tonus à l'économie** to give the economy a boost ◆ **ce shampoing donnera du tonus à vos cheveux** this shampoo will put new life into your hair

**toon*** [tun] **nm** cartoon character

**top** [tɔp] [1] **nm** **a** (= signal électrique) beep ◆ **au 4ᵉ top il sera midi** (Radio) at the 4th stroke it will be twelve o'clock
**b** (Courses) **donner le top (de départ)** to give the starting signal ◆ **attention, top, partez !** ou **top départ !** on your marks, get set, go!
**c** **top 10/30** etc top 10 ou ten/30 ou thirty etc ◆ **le top 50** (Mus) the top 50 (singles), ≃ the singles charts ◆ **numéro un du top 50** number one in the charts
**d** (* = le mieux) **c'est le (top du) top !** it's the best! ◆ **être au top** [athlète, chercheur] to be the best in one's field ◆ **être au top de sa forme** to be in tip-top condition ou shape, be in great shape*
[2] **adj** ◆ **top secret** top secret ◆ **top modèle** top model; [athlète, chercheur] ◆ **être au top niveau** to be at the top of one's field

**topaze** [tɔpɑz] [1] **nf** topaz ◆ **topaze brûlée** burnt topaz
[2] **adj inv** (= couleur) topaz ◆ **liquide topaze** topaz-coloured liquid

**toper** [tɔpe] [→ SYN] ▸ **conjug 1** ◂ **vi** ◆ **tope-là !** ◆ **topez-là !** let's shake on it!, done!, you're on!*, it's a deal!*

**tophus** [tɔfys] **nm** tophus, chalkstone

**topiaire** [tɔpjɛʀ] **adj, nf** ◆ **(art) topiaire** topiary

**topinambour** [tɔpinɑ̃buʀ] **nm** Jerusalem artichoke

**topique** [tɔpik] [→ SYN] [1] **adj** (frm) argument, explication pertinent; citation apposite; remède, médicament topical, local
[2] **nm** (Méd) topical ou local remedy; (Philos) topic
[3] **nf** (Philos) topics sg

**topless*** [tɔplɛs] [1] **adj** bar, serveuse topless
[2] **nm** ◆ **faire du topless** to go topless

**topo*** [tɔpo] **nm** (= exposé, rapport) rundown*; (péj = laïus) spiel* ◆ **faire un topo sur qch** to give a rundown* on sth ◆ **c'est toujours le même topo** it's always the same old story* ◆ **tu vois un peu le topo ?** get the picture?

**topographe** [tɔpɔgʀaf] **nm** topographer

**topographie** [tɔpɔgʀafi] [→ SYN] **nf** (= technique) topography; (= configuration) layout, topography; † (= description) topographical description; (= croquis) topographical plan

**topographique** [tɔpɔgʀafik] [→ SYN] **adj** topographic(al)

**topographiquement** [tɔpɔgʀafikmɑ̃] **adv** topographically

**topoguide** [tɔpɔgid] **nm** topographical guide

**topologie** [tɔpɔlɔʒi] **nf** topology

**topologique** [tɔpɔlɔʒik] **adj** topologic(al)

**topométrie** [tɔpɔmetʀi] **nf** topometry

**toponyme** [tɔpɔnim] **nm** place name, toponym (SPÉC)

**toponymie** [tɔpɔnimi] **nf** (= étude) toponymy (SPÉC), study of place names; (= noms de lieux) toponymy (SPÉC), place names

**toponymique** [tɔpɔnimik] **adj** toponymic

**toquade** [tɔkad] [→ SYN] **nf** (péj) (pour qn) infatuation, crush*; (pour qch) fad, craze ◆ **avoir une toquade pour qn** to have a crush on sb*, be infatuated with sb

**toquante*** [tɔkɑ̃t] **nf** ⇒ **tocante**

**toquard, e**⁑ [tɔkaʀ, aʀd] **adj, nm** ⇒ **tocard, e**

**toque** [tɔk] [→ SYN] **nf** (en fourrure) fur hat; [juge, jockey] cap ◆ **toque de cuisinier** chef's hat ◆ **l'une des toques les plus renommées** (= chef cuisinier) one of the most famous chefs

**toqué, e*** [tɔke] [→ SYN] [1] **adj** crazy*, cracked*, nuts* (attrib) ◆ **être toqué de qn** to be crazy ou mad ou nuts about sb*
[2] **nm,f** loony⁑, nutcase*, nutter⁑ (Brit)

**toquer*** [tɔke] ▸ **conjug 1** ◂ **vi** to tap, rap ◆ **toquer (à la porte)** to tap ou rap at the door

**toquer (se)*** [tɔke] ▸ **conjug 1** ◂ **vpr** ◆ **se toquer de qn** to lose one's head over sb, go crazy over sb* ◆ **se toquer de qch** to go crazy over sth

**Tor** [tɔʀ] **nm** ⇒ **Thor**

**Torah** [tɔʀa] **nf** ⇒ **Thora**

**torche** [tɔʀʃ] [→ SYN] **nf** **a** (= flambeau) torch ◆ **torche électrique** (electric) torch (Brit), flashlight (US) ◆ **être transformé en torche vivante** to be turned into a human torch ◆ **se mettre en torche** (Parachutisme) to candle
**b** (Ind = torchère) flare

**torche-cul**⁑, pl **torche-culs** [tɔʀʃəky] **nm** toilet paper, bog-paper⁑ (Brit); (fig, † = écrit) drivel (NonC)

**torchée**⁑ [tɔʀʃe] **nf** (= correction) hammering, thrashing

**torcher** [tɔʀʃe] [→ SYN] ▸ **conjug 1** ◂ [1] **vt** **a** * [+ assiette] to wipe (clean); [+ jus] to mop up
**b** ⁑ [+ derrière] to wipe ◆ **torcher un bébé** to wipe a baby's bottom
**c** (péj) [+ travail, rapport] (= produire) to toss off; (= bâcler) to make a mess of, botch (up) ◆ **rapport/article bien torché** well-written report/article
[2] **se torcher**⁑ **vpr** **a** (= s'essuyer) **se torcher (les fesses)** to wipe one's bottom ◆ **je m'en torche** (fig) (= je m'en moque) I don't give ou care a damn*
**b** (= boire) **il s'est torché la bouteille de vodka** he polished off* ou downed* the bottle of vodka ◆ **il était complètement torché** (= saoul) he was completely pissed⁑ (Brit) ou wasted⁑ (US)

**torchère** [tɔʀʃɛʀ] [→ SYN] **nf** **a** (Ind) flare
**b** (= candélabre) torchère; (= chandelier) candelabrum; (= vase) cresset

**torchis** [tɔʀʃi] [→ SYN] **nm** cob (*for walls*)

**torchon** [tɔʀʃɔ̃] [→ SYN] **nm** **a** (gén) cloth; (pour épousseter) duster (Brit), dustcloth (US); (à vaisselle) tea towel, dish towel ◆ **coup de torchon** (= bagarre) scrap; (= épuration) clear-out ◆ **donner un coup de torchon** (ménage) to give a room a dust, flick a duster over a room; (vaisselle) to give the dishes a wipe; (fig : épuration) to have a clear-out ◆ **le torchon brûle** (fig) there's a running battle (going on) (*entre* between) → **mélanger**
**b** (péj) (= devoir mal présenté) mess; (= écrit sans valeur) drivel (NonC), tripe* (NonC); (= mauvais journal) rag ◆ **ce devoir est un torchon** this homework is a mess

**torchonner*** [tɔʀʃɔne] ▸ **conjug 1** ◂ **vt** (péj) [+ travail] to do a rushed job on ◆ **un devoir torchonné** a slipshod ou badly done piece of homework

**torcol** [tɔʀkɔl] **nm** wryneck

**tordage** [tɔʀdaʒ] **nm** (Tech) twisting

**tordant, e*** [tɔʀdɑ̃, ɑ̃t] [→ SYN] **adj** hilarious ◆ **il est tordant** he's a scream*

**tord-boyaux*** † [tɔʀbwajo] **nm inv** rotgut*, hooch* (US)

**tordre** [tɔʀdʀ] [→ SYN] ▸ **conjug 41** ◂ [1] **vt** **a** (entre ses mains) to wring; (pour essorer) to wring (out); [+ tresses] to wind; (Tex) [+ brins, laine] to twist; [+ bras, poignet] to twist ◆ **"ne pas tordre"** (sur étiquette) "do not wring" ◆ **sa robe était à tordre** (très mouillée) her dress was wringing wet ◆ **tordre le cou à un poulet** to wring a chicken's neck ◆ **je vais lui tordre le cou*** (fig) I'll wring his neck (for him) ◆ **tordre le cou à une rumeur** to put an end to ou kill a rumour ◆ **cet alcool vous tord les boyaux*** this stuff is real rot-gut⁑ ◆ **la peur**

**lui tordait l'estomac** his stomach was churning with fear

**b** (= plier) [+ barre de fer] to twist; [+ cuiller, branche de lunette] to bend

**c** (= déformer) [+ traits, visage] to contort, twist ♦ **une joie sadique lui tordait la bouche** his mouth was twisted into a sadistic leer ♦ **la colère lui tordait le visage** his face was twisted ou contorted with anger ♦ **tordre le nez (devant qch)** * to screw up one's face in disgust (at sth)

**2** **se tordre** vpr **a** [personne] **se tordre de douleur** to be doubled up with pain ♦ **se tordre (de rire)** to be doubled up ou creased up (Brit) with laughter ♦ **c'est à se tordre (de rire) !** it's hilarious! ♦ **ça les a fait se tordre de rire** it had them in stitches * ♦ **mon estomac se tord** I've got a terrible pain in my stomach

**b** [barre, poteau] to bend; [roue] to buckle, twist; (littér) [racine, tronc] to twist round, writhe (littér)

**c** (= se faire mal à) **se tordre le pied/le poignet/la cheville** to twist one's foot/one's wrist/one's ankle ♦ **se tordre les mains (de désespoir)** to wring one's hands (in despair)

**tordu, e** [tɔʀdy] → SYN (ptp de **tordre**) **1** adj nez crooked; jambes bent, crooked; tronc twisted; règle, barre bent; roue bent, buckled, twisted; idée weird; raisonnement twisted ♦ **avoir l'esprit tordu** to have a warped mind ♦ **être (complètement) tordu** ‡ to be off one's head *, be round the bend * (Brit) ou the twist * (Brit) ♦ **il m'a fait un coup tordu** he played a dirty trick on me

**2** nm,f ‡ (= fou) loony *, nutcase *; (= crétin) twit *

**tore** [tɔʀ] → SYN nm (Géom) torus; (Archit) torus, tore ♦ **tore magnétique** magnetic core ♦ **tore de ferrite** ferrite core

**toréador** [tɔʀeadɔʀ] nm toreador

**toréer** [tɔʀee] ► conjug 1 ◄ vi (ponctuellement) to fight ou work a bull; (habituellement) to be a bullfighter

**torero** [tɔʀeʀo] nm bullfighter, torero

**torgnole** * [tɔʀɲɔl] nf clout, wallop * ♦ **flanquer * une torgnole à qn** to clout * ou wallop * sb

**torii** [tɔʀii] nm inv torii

**toril** [tɔʀil] nm bullpen

**tornade** [tɔʀnad] → SYN nf tornado ♦ **entrer comme une tornade** to come in like a whirlwind

**toroïdal, e**, mpl **-aux** [tɔʀɔidal, o] adj toroid(al)

**toron** [tɔʀɔ̃] nm (= brin) strand

**toronner** [tɔʀɔne] ► conjug 1 ◄ vt [+ fils] to strand

**toronneuse** [tɔʀɔnøz] nf stranding machine

**torpédo** [tɔʀpedo] nf † open tourer (Brit), open touring car (US)

**torpeur** [tɔʀpœʀ] → SYN nf torpor ♦ **faire sortir ou tirer qn de sa torpeur** to bring sb out of his torpor

**torpide** [tɔʀpid] adj (littér, Méd) torpid

**torpillage** [tɔʀpijaʒ] nm (lit, fig) torpedoing

**torpille** [tɔʀpij] nf **a** (Mil) (sous-marine) torpedo ♦ **torpille (aérienne)** (= bombe) (aerial) torpedo

**b** (= poisson) torpedo

**torpiller** [tɔʀpije] → SYN ► conjug 1 ◄ vt (lit, fig) to torpedo

**torpilleur** [tɔʀpijœʀ] nm torpedo boat

**torque** [tɔʀk] nm torque, torc

**torr** [tɔʀ] nm torr

**torréfacteur** [tɔʀefaktœʀ] nm **a** (= appareil) [café, malt, cacao] roaster; [tabac] toasting machine

**b** (= commerçant) coffee merchant

**torréfaction** [tɔʀefaksjɔ̃] nf [café, malt, cacao] roasting; [tabac] toasting

**torréfier** [tɔʀefje] → SYN ► conjug 7 ◄ vt [+ café, malt, cacao] to roast; [+ tabac] to toast ♦ **café torréfié** roast(ed) coffee

**torrent** [tɔʀɑ̃] → SYN nm **a** (= cours d'eau) torrent ♦ **torrent de montagne** (fast-flowing) mountain stream, mountain torrent

**b** (= écoulement rapide) **torrent de lave** torrent ou flood of lava ♦ **torrent de boue** torrent of mud ♦ **des torrents d'eau** (pluie) torrential rain; (inondation) torrents of water ♦ **il pleut à torrents** it's pouring

**c** (= grande abondance) **un torrent de** [+ injures, paroles] a torrent ou stream ou flood of; [+ musique] a flood of ♦ **des torrents de** [+ fumée, lumière, larmes] streams of

**torrentiel, -elle** [tɔʀɑ̃sjɛl] → SYN adj eaux, régime, pluie torrential

**torrentueux, -euse** [tɔʀɑ̃tɥø, øz] adj (littér) **a** cours d'eau torrential, surging (épith)

**b** (fig) vie hectic; discours torrent-like

**torride** [tɔʀid] → SYN adj (= très chaud) région, climat torrid; journée, chaleur scorching, torrid; (= sensuel, ardent) scène d'amour, ambiance torrid

**tors, torse**[1] [tɔʀ, tɔʀs] → SYN **1** adj fil twisted; colonne wreathed; pied de verre twist (épith); jambes crooked, bent

**2** nm (Tech) twist

**torsade** [tɔʀsad] → SYN nf [fils] twist; (Archit) cable moulding; (Tricot) cable-stitch ♦ **torsade de cheveux** twist ou coil of hair ♦ **en torsade** embrasse, cheveux twisted ♦ **colonne à torsades** cabled column ♦ **pull à torsades** cable(-knit ou -stitch) sweater; → **point²**

**torsader** [tɔʀsade] → SYN ► conjug 1 ◄ vt [+ frange, corde, cheveux] to twist ♦ **colonne torsadée** cabled column ♦ **pull torsadé** cable(-knit ou -stitch) sweater

**torse**[2] [tɔʀs] → SYN nm (gén) chest; (Anat, Sculp) torso ♦ **torse nu** stripped to the waist, bare-chested ♦ **se mettre torse nu** to strip to the waist; → **bomber**

**torseur** [tɔʀsœʀ] nm torque

**torsion** [tɔʀsjɔ̃] → SYN nf (= action) twisting; (Phys, Tech) torsion ♦ **exercer sur qn une torsion du bras** to twist sb's arm back ♦ **moment de torsion** torque; → **couple**

**tort** [tɔʀ] GRAMMAIRE ACTIVE 2.2, 12.1, 14 → SYN nm **a** (= action, attitude blâmable) fault ♦ **il a un tort, c'est de trop parler** his one fault is that he talks too much ♦ **il a le tort d'être trop jeune** the only trouble with him is that he's too young ♦ **il a eu le tort d'être impoli avec le patron** he made the mistake of being rude to the boss ♦ **je n'ai eu qu'un seul tort, celui de t'écouter** the only mistake I made was to listen to you ♦ **ils ont tous les torts de leur côté** the fault is entirely on their side, they are completely in the wrong ♦ **les torts sont du côté du mari/cycliste** (Jur) the fault lies with the husband/cyclist, the husband/cyclist is at fault ♦ **avoir des torts envers qn** to have wronged sb ♦ **il n'a aucun tort** he's not at fault, he's in no way to blame ♦ **il a reconnu ses torts** he acknowledged ou admitted that he had done something wrong ♦ **vous avez refusé ? c'est un tort** did you refuse? — you were wrong (to do that) ou you shouldn't have (done that) ♦ **tu ne le savais pas ? c'est un tort** you didn't know? — you should have ou that was a mistake ou that was unfortunate

**b** (= dommage, préjudice) wrong ♦ **redresser un tort** to right a wrong ♦ **faire ou causer du tort à qn, faire ou porter tort à qn** † to harm sb, do ou cause sb harm ♦ **ça ne fait de tort à personne** it doesn't harm ou hurt anybody ♦ **il s'est fait du tort** he has harmed himself, he has done himself no good ♦ **cette mesure va faire du tort aux produits laitiers** this measure will harm ou be harmful to ou be detrimental to the dairy industry ♦ **il ne me ferait pas tort d'un centime** † he wouldn't do me out of a penny; → **redresseur**

**c** (LOC)

♦ **avoir tort** to be wrong ♦ **il a tort de se mettre en colère** he's wrong ou it's wrong of him to get angry ♦ **il n'a pas tout à fait tort de dire que ...** he's not altogether ou entirely wrong in saying that ... ♦ **elle a grand ou bien tort de le croire** she's very wrong to believe it ♦ **tu aurais bien tort de te gêner !** you'd be quite wrong to bother yourself! ♦ **on aurait tort de croire que ...** it would be wrong to think ou believe that ...

♦ **donner tort à qn** (= blâmer) to lay the blame on sb, blame sb; (= ne pas être d'accord avec) to disagree with sb ♦ **les statistiques donnent tort à son rapport** statistics show ou prove his report to be wrong ou inaccurate ♦ **les événements lui ont donné tort** events proved him wrong ou showed that he was wrong

♦ **à tort** wrongly ♦ **soupçonner/accuser qn à tort** to suspect/accuse sb wrongly ♦ **c'est à tort qu'on l'avait dit malade** he was wrongly ou mistakenly said to be ill

♦ **à tort ou à raison** rightly or wrongly

♦ **à tort et à travers** ♦ **dépenser à tort et à travers** to spend wildly, spend money like water ♦ **il parle à tort et à travers** he talks a lot of rubbish *

♦ **dans** + **tort** ♦ **être/se mettre/se sentir dans son tort** to be/put o.s./feel o.s. in the wrong ♦ **il venait de ma droite, j'étais dans mon tort** (Aut) he was coming from the right, I was at fault ♦ **mettre qn dans son tort** to put sb in the wrong

♦ **en tort** ♦ **être en tort** to be in the wrong ou at fault

**torticolis** [tɔʀtikɔli] nm stiff neck, torticollis (SPÉC) ♦ **avoir/attraper un torticolis** to have/get a stiff neck

**tortil** [tɔʀtil] nm (Hér) (= collier) baron's pearls; (= couronne) baron's coronet

**tortillard** [tɔʀtijaʀ] nm (hum péj = train) local train

**tortillement** [tɔʀtijmɑ̃] → SYN nm [serpent] writhing; [ver] wriggling, squirming; [personne] (en dansant, en se débattant etc) wriggling; (d'impatience) fidgeting, wriggling; (d'embarras, de douleur) squirming ♦ **elle marchait avec un léger tortillement des hanches** she wiggled her hips slightly as she walked

**tortiller** [tɔʀtije] → SYN ► conjug 1 ◄ **1** vt [+ corde, mouchoir] to twist; [+ cheveux, cravate] to twiddle (with); [+ moustache] to twirl; [+ doigts] to twiddle ♦ **il tortillait son chapeau entre ses mains** he was fiddling with his hat

**2** vi **a** (= remuer) **tortiller des hanches** to wiggle one's hips ♦ **tortiller des fesses ou du derrière** * to wiggle one's bottom

**b** (* = tergiverser) **il n'y a pas à tortiller** there's no wriggling out of it

**3** **se tortiller** vpr **a** [serpent] to writhe; [ver] to wriggle, squirm; [personne] (en dansant, en se débattant etc) to wiggle; (d'impatience) to fidget, wriggle; (d'embarras, de douleur) to squirm ♦ **se tortiller comme une anguille ou un ver** to wriggle like a worm ou an eel, squirm like an eel

**b** [fumée] to curl upwards; [racine, tige] to curl, writhe

**tortillon** [tɔʀtijɔ̃] nm **a** (Dessin) stump, tortillon

**b** **tortillon (de papier)** twist (of paper)

**tortionnaire** [tɔʀsjɔnɛʀ] → SYN nm, adj torturer ♦ **les militaires tortionnaires seront jugés** the army torturers will be taken to court

**tortore** ‡ [tɔʀtɔʀ] nf grub ‡, nosh ‡ (Brit), chow ‡ (US)

**tortorer** ‡ [tɔʀtɔʀe] ► conjug 1 ◄ vt, vi to nosh ‡ (Brit), chow ‡ (US)

**tortu, e** [tɔʀty] → SYN adj (littér) jambes crooked, bent; esprit warped

**tortue** [tɔʀty] → SYN nf **a** (Zool) (terrestre) tortoise ♦ **tortue d'eau douce** terrapin ♦ **tortue marine ou de mer** turtle ♦ **fausse tortue** leatherback (turtle); → **île**

**b** (= personne lente) slowcoach (Brit), slowpoke (US) ♦ **avancer comme une tortue** to crawl along at a snail's pace

**c** (Hist Mil) testudo, tortoise

**tortue-luth**, pl **tortues-luths** [tɔʀtylyt] nf leatherback (turtle)

**tortueusement** [tɔʀtɥøzmɑ̃] adv windingly, tortuously

**tortueux, -euse** [tɔʀtɥø, øz] → SYN adj **a** (= sinueux) chemin, escalier winding, twisting, tortuous (littér); rivière winding

**b** (péj) esprit tortuous; langage, discours, raisonnement tortuous, convoluted; manœuvres, conduite devious

**torturant, e** [tɔʀtyʀɑ̃, ɑ̃t] → SYN adj agonizing

**torture** [tɔʀtyʀ] → SYN nf (lit) torture (NonC); (fig) torture (NonC), torment ♦ **c'est une torture atroce** it's an appalling form ou kind of torture ♦ **instruments de torture** instruments of torture ♦ **chambre ou salle de(s) tortures** torture chamber ♦ **sous la torture** under torture ◆ **cette attente fut pour elle une véritable torture** it was real torture for her to wait around like that ◆ **mettre qn à la torture** (fig) to torture sb, make sb suffer

**torturer** [tɔʀtyʀe] → SYN ▸ conjug 1 ◂ [1] vt **a** (lit) [+ prisonnier, animal] to torture ◆ **le doute/la crainte/le remords le torturait** (fig) he was racked with ou by doubt/fear/remorse ◆ **la faim le torturait** hunger was gnawing at his belly ◆ **cette pensée le torturait** he was tormented by the thought

**b** (littér = dénaturer) [+ texte] to distort, torture (littér) ◆ **son visage était torturé par le chagrin** his face was twisted ou racked with grief ◆ **sa poésie torturée, déchirante** his tormented, heartrending poetry ◆ **c'est quelqu'un d'assez torturé** he's a tormented soul

[2] **se torturer** vpr (= se faire du souci) to fret, worry o.s. sick (*pour* over) ◆ **se torturer le cerveau** ou **l'esprit** to rack ou cudgel one's brains

**torve** [tɔʀv] → SYN adj regard, œil menacing, grim

**tory**, pl **tories** ou **torys** [tɔʀi] → SYN adj, nm Tory

**torysme** [tɔʀism] nm Toryism

**toscan, e** [tɔskɑ̃, an] [1] adj Tuscan
[2] nm (Ling) Tuscan

**Toscane** [tɔskan] nf Tuscany

**tosser** [tɔse] ▸ conjug 1 ◂ vi (Naut) to toss

**tôt** [to] → SYN adv **a** (= de bonne heure) early ◆ **se lever/se coucher (très) tôt** to get up/go to bed (very) early ◆ **il se lève tôt** he's an early riser, he gets up early ◆ **il arrive toujours tôt le jeudi** he's always early on Thursdays ◆ **venez tôt dans la matinée/soirée** come early (on) in the morning/evening ou in the early morning/evening ◆ **tôt dans l'année** early (on) in the year, in the early part of the year ◆ **tôt le matin, il n'est pas très lucide** he's not very clear-headed first thing (in the morning) ou early in the morning ◆ **il n'est pas si tôt que je croyais** it's not as early as I thought ◆ **Pâques tombe tôt cette année** Easter falls early this year; → **avenir**

**b** (= avant un moment déterminé, habituel ou prévu) soon, early ◆ **il est un peu (trop) tôt pour le juger** it's a little too soon ou early to judge him ◆ **si tu étais venu une heure plus tôt, tu l'aurais rencontré** if you'd come an hour sooner ou earlier you would have met him ◆ **elle m'avait téléphoné une semaine plus tôt** she'd called me a week earlier ◆ **ce n'est pas trop tôt !** and about time too! *

**c** (= vite) soon, early ◆ **si seulement vous me l'aviez dit plus tôt !** if only you'd told me sooner! ou earlier! ◆ **il n'était pas plus tôt parti que la voiture est tombée en panne** no sooner had he set off ou he had no sooner set off than the car broke down ◆ **venez le plus tôt possible** come as early ou as soon as you can ◆ **le plus tôt sera le mieux** the sooner the better ◆ **je ne m'attendais pas à le revoir si tôt** I didn't expect to see him (again) so soon ◆ **cette soirée, je ne l'oublierai pas de si tôt !** I won't forget that party in a hurry! ◆ **une occasion pareille ne se représentera pas de si tôt** you don't get an opportunity like that every day

**d** (LOC)

◆ **avoir tôt fait de** + infinitif ◆ **il a eu tôt fait de s'en apercevoir !** he was quick ou it didn't take him long to notice it!, it wasn't long before he noticed it! ◆ **il aura tôt fait de s'en apercevoir !** it won't be long before he notices it!, it won't take him long to notice it!

◆ **au plus tôt** ◆ **il peut venir jeudi au plus tôt** Thursday is the earliest ou soonest he can come ◆ **c'est au plus tôt en mai qu'il prendra la décision** it'll be May at the earliest that he takes ou he'll take the decision, he'll decide in May at the earliest ◆ **il faut qu'il vienne au plus tôt** he must come as soon as possible ou as soon as he possibly can

◆ **tôt ou tard** sooner or later

**total, e**, mpl **-aux** [tɔtal, o] → SYN [1] adj **a** (= complet) (gén) total, complete; contrôle complete; ruine, désespoir utter (épith), total ◆ **grève totale** all-out strike ◆ **l'arrêt total des hostilités** the complete ou total cessation of hostilities ◆ **dans la confusion la plus totale** in utter ou total confusion; → **guerre**

**b** (= global) hauteur, coût, revenu total ◆ **la somme totale est plus élevée que nous ne pensions** the total (sum ou amount) is higher than we thought ◆ **la longueur totale de la voiture** the overall length of the car

[2] adv ◆ **total, il a tout perdu** the net result ou outcome was that he lost everything

[3] nm (= quantité) total (number); (= résultat) total ◆ **le total s'élève à 25 €** the total amounts to €25 ◆ **le total de la population** the total (number of the) population ◆ **total général** (Fin) grand total ◆ **faire le total** to work out the total ◆ **si on fait le total, ils n'ont pas réalisé grand-chose** (fig) if you add it all up ou together they didn't achieve very much

◆ **au total** (dans un compte) in total; (= finalement) all things considered, all in all

[4] **totale** * nf **a** (Méd) (total) hysterectomy ◆ **on lui a fait la totale** she had her works out‡

**b** **la totale** (= tout ce qu'on peut imaginer) the works * ◆ **alors là, c'est la totale !** (= le comble) that's the last straw!

**totalement** [tɔtalmɑ̃] → SYN adv totally

**totalisant, e** [tɔtalizɑ̃, ɑ̃t] adj (Philos) totalizing (épith)

**totalisateur, -trice** [tɔtalizatœʀ, tʀis] [1] adj appareil, machine adding (épith)

[2] nm adding machine; (Ordin) accumulator ◆ **totalisateur kilométrique** (Aut) kilometre counter ≃ mileometer

**totalisation** [tɔtalizasjɔ̃] nf adding up, addition

**totaliser** [tɔtalize] → SYN ▸ conjug 1 ◂ vt **a** (= additionner) to add up, total, totalize

**b** (= avoir au total) to total, have a total of ◆ **à eux deux ils totalisent 60 ans de service** between the two of them they have a total of 60 years' service ou they total 60 years' service ◆ **le candidat qui totalise le plus grand nombre de points** the candidate with the highest total ou who gets the highest number of points

**totalitaire** [tɔtalitɛʀ] → SYN adj (Pol) régime totalitarian; (Philos) conception all-embracing, global

**totalitarisme** [tɔtalitaʀism] nm totalitarianism

**totalité** [tɔtalite] → SYN nf **a** (gén) **la totalité de** all of ◆ **la totalité du sable/des livres** all (of) the sand/the books ◆ **la totalité du livre/de la population** all the book/the population, the whole ou entire book/population ◆ **la totalité de son salaire** his whole ou entire salary, all of his salary ◆ **la totalité de ses biens** all of his possessions ◆ **vendu en totalité aux États-Unis** all sold to the USA ◆ **édité en totalité par Dubosc** published entirely by Dubosc ◆ **pris dans sa totalité** taken as a whole ou in its entirety ◆ **j'en connais la quasi-totalité** I know virtually all of them ou just about all of them ◆ **la presque totalité de la population** almost the entire population

**b** (Philos) totality

**totem** [tɔtɛm] → SYN nm (gén) totem; (= poteau) totem pole

**totémique** [tɔtemik] adj totemic

**totémisme** [tɔtemism] nm totemism

**totipotence** [tɔtipɔtɑ̃s] nf totipotency

**totipotent, e** [tɔtipɔtɑ̃, ɑ̃t] adj totipotent

**toto** ‡ [toto] nm (= pou) louse, cootie * (US)

**totoche** * [tɔtɔʃ] nf (= tétine) dummy

**toton** [tɔtɔ̃] → SYN nm teetotum

**touage** [twaʒ] → SYN nm (Naut) warping, kedging

**touareg, -ègue** [twaʀɛg] [1] adj Tuareg
[2] nm (Ling) Tuareg
[3] **Touareg, Touarègue** nm,f Tuareg

**toubib** * [tubib] nm doctor ◆ **elle est toubib** she's a doctor ◆ **aller chez le toubib** to go and see the doctor

**toucan** [tukɑ̃] nm toucan

**touchant**[1] [tuʃɑ̃] → SYN prép (= au sujet de) concerning, with regard to, about

**touchant**[2], **e** [tuʃɑ̃, ɑ̃t] → SYN adj (= émouvant) histoire, lettre, situation, adieux touching, moving; (= attendrissant) geste, reconnaissance, enthousiasme touching ◆ **touchant de naïveté/d'ignorance** touchingly naïve/ignorant

**touchau** [tuʃo] nm touch needle

**touche** [tuʃ] → SYN nf **a** [piano, ordinateur] key; [téléphone, télécommande, lave-vaisselle] button; [instrument à corde] fingerboard; [guitare] fret ◆ **touche de fonction/programmable** (Ordin) function/user-defined key ◆ **touche bis** (Téléc) redial button

**b** (Peinture) (= tache de couleur) touch, stroke; (fig = style) [peintre, écrivain] touch ◆ **appliquer la couleur par petites touches** to apply the colour with small strokes ou in small touches ou dabs, dab the colour on ◆ **finesse de touche d'un peintre/auteur** deftness of touch of a painter/an author ◆ **une touche exotique** an exotic touch ◆ **une touche de gaieté** a touch ou note of gaiety ◆ **avec une touche d'humour** with a hint ou suggestion ou touch of humour ◆ **mettre la dernière touche** ou **la touche finale à qch** to put the finishing touches to sth

**c** (Pêche) bite ◆ **avoir** ou **faire une touche** (lit) to get a bite ◆ **faire une touche** * (= séduire) to make a hit * ◆ **avoir la touche** *, **avoir fait une touche** * to have made a hit * (*avec* with)

**d** (Escrime) hit, touch

**e** (Sport) (= sortie) touch; (= ligne) touchline; (= remise en jeu) (Ftbl) (Hand-ball) throw-in; (Rugby) line-out; (Basket) return to play; (Hockey) roll-in ◆ **botter en touche** to kick into touch ◆ **envoyer** ou **mettre la balle en touche** to kick the ball into touch ◆ **le ballon est sorti en touche** the ball has gone into touch ◆ **coup de pied en touche** kick to touch ◆ **jouer la touche** (Ftbl) to play for time *(by putting the ball repeatedly into touch)* ◆ **il a trouvé la touche** (Rugby) he found touch ◆ **rester sur la touche** (lit) to stay on the bench ◆ **être mis/rester sur la touche** (fig) to be put/stay on the sidelines; → **juge**

**f** ( * = allure) look, appearance ◆ **quelle drôle de touche !** what a sight! *, what does he (ou she etc ) look like! * ◆ **il a une de ces touches !** you should see the way he dresses! ◆ **il a la touche de quelqu'un qui sort de prison** he looks as though he's just out of prison; → **pierre**

**touche-à-tout** [tuʃatu] → SYN nmf inv, adj inv ◆ **c'est un touche-à-tout, il est touche-à-tout** (= enfant) his little fingers are ou he's into everything; (= dilettante) he dabbles in everything

**touche-pipi** * [tuʃpipi] nm inv ◆ **jouer à touche-pipi** [enfants] to play doctors and nurses; [adultes] to pet *, make out ‡ (US)

**toucher**[1] [tuʃe] → SYN ▸ conjug 1 ◂ [1] vt **a** (pour sentir, prendre) (gén) to touch; (pour palper) [+ fruits, tissu, enflure] to feel ◆ **il me toucha l'épaule** he touched my shoulder ◆ **"prière de ne pas toucher"** "please do not touch" ◆ **pas touche !** * hands off! * ◆ **il n'a pas touché un verre de vin depuis son accident** he hasn't touched a drop of wine since his accident ◆ **je n'avais pas touché une raquette/touché une carte depuis 6 mois** I hadn't picked up a racket/touched a pack of cards for 6 months ◆ **toucher la main à qn** (fig) to give sb a quick handshake; → **bois, doigt**

**b** (= entrer en contact avec) to touch ◆ **il ne faut pas que ça touche (le mur/le plafond)** it mustn't touch (the wall/the ceiling) ◆ **il lui fit toucher le sol des épaules** (Lutte) he got his shoulders down on the floor ◆ **l'avion toucha le sol** the plane touched down ou landed ◆ **au football on ne doit pas toucher le ballon (de la main)** in football you mustn't touch the ball (with your hand) ou you mustn't handle the ball; → **fond, terre**

**c** (= être proche de) (lit) to adjoin; (fig) [affaire] to concern ◆ **son jardin touche le nôtre** his garden (ad)joins ours ou is adjacent to ours ◆ **une personne qui vous touche de près** (fig) someone close to you

**d** (= atteindre) (lit, fig) [+ adversaire, objectif] to hit ◆ **il l'a touché au menton/foie** (Boxe) he hit him on the chin/in the stomach ◆ **il s'affaissa, touché d'une balle en plein cœur** he slumped to the ground, hit by a bullet in the heart ◆ **deux immeubles ont été touchés par l'explosion** two buildings have been hit ou damaged by the explosion ◆ **touché !** (Escrime) touché!; (bataille navale) hit! ◆ **il n'a pas touché une balle pendant ce match** he didn't hit a single ball throughout the match ◆ **il voudrait toucher un public plus large** (fig) he'd like to reach a wider audience

**e** (= contacter) to reach, get in touch with, contact ◆ **où peut-on le toucher par téléphone ?** where can he be reached ou contacted by phone?, where can one get in touch with him by phone?

**f** (= faire escale à) [+ port] to put in at, call at, touch

**g** (= recevoir) [+ prime, allocation, traitement] to receive, get; [+ chèque] to cash; (Mil) [+ ration, équipement] to draw; (Scol) [+ fournitures] to receive, get ◆ **toucher le tiercé/le gros lot** to win the tiercé/the jackpot ◆ **toucher le chômage** * to be on the dole * ◆ **il touche une petite retraite** he gets a small pension ◆ **il touche sa pension le 10 du mois** he draws ou gets his pension on the 10th of the month ◆ **il est allé à la poste toucher sa pension** he went to draw (out) ou collect his pension at the post office ◆ **à partir du mois prochain, ils toucheront 150 € par mois/des primes** as from next month they'll get ou they'll be paid €150 a month/bonuses ◆ **il a fini le travail mais n'a encore rien touché** he's finished the work but he hasn't been paid yet

**h** (= émouvoir) [drame, deuil] to affect, shake; [scène attendrissante] to touch, move; [critique, reproche] to have an effect on ◆ **cette tragédie les a beaucoup touchés** this tragedy affected them greatly ou has shaken them very badly ◆ **rien ne le touche** there is nothing that can move him ◆ **votre cadeau/geste nous a vivement touchés** we were deeply touched by your gift/gesture; → **corde, vif**

**i** (= concerner) to affect ◆ **ce problème ne nous touche pas** this problem doesn't affect ou concern us ◆ **le chômage touche surtout les jeunes** unemployment affects the young especially ◆ **ils n'ont pas été touchés par la dévaluation** they haven't been affected ou hit by devaluation

[2] **toucher à** vt indir **a** [+ objet dangereux, drogue] to touch; [+ capital, économies] to break into, touch ◆ **n'y touche pas !** don't touch! ◆ **"prière de ne pas toucher aux objets exposés"** "please do not touch the exhibits", "kindly refrain from handling the exhibits" ◆ **toucher à tout** [enfant] to touch everything, fiddle with everything; (fig) [amateur curieux] to try one's hand at everything ◆ **elle n'a pas touché à son déjeuner/au fromage** she didn't touch her lunch/the cheese ◆ **on n'a pas touché au fromage** we haven't touched the cheese, the cheese hasn't been touched ◆ **il n'a jamais touché à un fusil** he's never handled a gun

**b** (= malmener) [+ personne] to touch, lay a finger on; (= porter atteinte à) [+ réputation, légende] to question ◆ **s'il touche à cet enfant/à ma sœur, gare à lui !** if he lays a finger on ou touches that child/my sister, he'd better watch out! ◆ **touche pas à ma bagnole !** * hands off my car! ◆ **toucher aux intérêts d'un pays** (Pol) to interfere with a country's interests ◆ **la réforme touche au statut des salariés/au principe du droit d'asile** the reform affects the status of employees/the right of asylum

**c** (= modifier) [+ règlement, loi, tradition] to meddle with; [+ mécanisme] to tamper with; [+ monument, site classé] to touch ◆ **quelqu'un a touché au moteur** someone has tampered with the engine ◆ **on peut rénover sans toucher à la façade** it's possible to renovate without touching the façade ou interfering with the façade ◆ **c'est parfait, n'y touche pas** it's perfect, don't change a thing

**d** (= concerner) [+ intérêts] to affect; [+ problème, domaine] to touch, have to do with ◆ **tout ce qui touche à l'enseignement** everything connected with ou to do with teaching

**e** (= aborder) [+ période, but] to near, approach; [+ sujet, question] to broach, come onto ◆ **je touche ici à un problème d'ordre très général** here I am coming onto ou broaching a problem of a very general nature ◆ **vous touchez là à une question délicate** that is a very delicate matter you have raised ou broached ◆ **nous touchons au but** we're nearing our goal, our goal is in sight ◆ **l'hiver/la guerre touche à sa fin ou son terme** winter/the war is nearing its end ou is drawing to a close ◆ **toucher au port** (fig, littér) to be within sight of home; → **air**

**f** (= être en contact avec) to touch; (= être contigu à) to border on, adjoin; (= confiner à) to verge on, border on ◆ **le jardin touche à la forêt** the garden adjoins the forest ou borders on the forest ◆ **cela touche à la folie/pornographie** that verges ou borders on madness/pornography

[3] **se toucher** vpr **a** (mutuellement) to touch ◆ **leurs mains se touchèrent** their hands touched ◆ **les deux lignes se touchent** the two lines touch ◆ **nos deux jardins se touchent** our two gardens are adjacent (to each other) ◆ **les deux villes se sont tellement développées qu'elles se touchent presque** the two towns have been developed to such an extent that they almost meet ◆ **ils ont passé une nuit ensemble sans se toucher** they spent the night together without touching each other

**b** **il se toucha le front** (lit) he touched his forehead; (pour indiquer que qn est fou) he screwed a finger against his temple

**c** (*, euph = se masturber) to play with * ou touch o.s.

**toucher**[2] [tuʃe] nm **a** (= sens) (sense of) touch

**b** (= action, manière de toucher) touch; (= impression produite) feel ◆ **doux au toucher** soft to the touch ◆ **cela a le toucher de la soie** it feels like silk, it has the feel of silk ◆ **s'habituer à reconnaître les objets au toucher** to become used to recognizing objects by touch ou feel(ing) ◆ **on reconnaît la soie au toucher** you can tell silk by the feel of it

**c** (Mus) touch

**d** (Méd) (internal) examination ◆ **toucher rectal/vaginal** rectal/vaginal examination

**e** (Sport) **avoir un bon toucher de balle** to have a nice touch

**touche-touche** * [tuʃtuʃ] adv [trains, voitures] ◆ **être à touche-touche** to be nose to tail

**touchette** [tuʃɛt] nf (Mus) fret

**toucouleur** [tukulœʀ] [1] adj Toucouleur, Tukulor

[2] **Toucouleur** nmf member of the Toucouleur ou Tukulor people

**touée** [twe] [→ SYN] nf (Naut) (= câble) warp, cable; (= longueur de chaîne) scope

**touer** [twe] [→ SYN] ▸ conjug 1 ◂ vt (Naut) to warp, kedge

**toueur** [twœʀ] nm warping tug

**touffe** [tuf] [→ SYN] nf [herbe] tuft, clump; [arbres, buissons] clump; [cheveux, poils] tuft; [fleurs] cluster, clump (*de* of) ◆ **touffe de lavande** lavender bush, clump of lavender

**touffeur** † [tufœʀ] [→ SYN] nf (littér) suffocating ou sweltering heat (NonC)

**touffu, e** [tufy] [→ SYN] adj **a** (= épais) barbe, sourcils bushy; arbres with thick ou dense foliage; haie thick, bushy; bois, maquis, végétation dense, thick

**b** roman, style dense

**touillage** * [tujaʒ] nm stirring

**touiller** * [tuje] ▸ conjug 1 ◂ vt [+ sauce, café] to stir; [+ salade] to toss

**toujours** [tuʒuʀ] [→ SYN] adv **a** (= tout le temps) always; (péj = sempiternellement) forever, always, all the time ◆ **je l'avais toujours cru célibataire** I (had) always thought he was a bachelor ◆ **je t'aimerai toujours** I'll always love you, I'll love you forever ◆ **je déteste et détesterai toujours l'avion** I hate flying and always will ◆ **la vie se déroule toujours pareille** life goes on the same as ever ◆ **il est toujours à** * ou **en train de critiquer** he's always ou forever criticizing ◆ **cette rue est toujours encombrée** this street is always ou constantly jammed with traffic ◆ **les saisons toujours pareilles** the never-changing seasons ◆ **il n'est pas toujours très ponctuel** he's not always very punctual ◆ **il est toujours à l'heure** he's always ou invariably on time ◆ **il fut toujours modeste** he was always ou ever (littér) modest ◆ **les journaux sont toujours plus pessimistes** the newspapers are more and more pessimistic ◆ **les jeunes veulent toujours plus d'indépendance** young people want more and more ou still more independence ◆ **comme toujours** as ever, as always ◆ **ce sont des amis de toujours** they are lifelong friends ◆ **il est parti pour toujours** he's gone forever ou for good ◆ **presque toujours** almost always; → **depuis**

**b** (= encore) still ◆ **bien qu'à la retraite il travaillait toujours** although he had retired he was still working ou he had kept on working ◆ **j'espère toujours qu'elle viendra** I keep hoping ou I'm still hoping she'll come ◆ **ils n'ont toujours pas répondu** they still haven't replied ◆ **est-ce que Paul est rentré ? – non il est toujours à Paris/non toujours pas** is Paul back? – no, he's still in Paris/no not yet ou no he's still not back ◆ **il est toujours le même/toujours aussi désagréable** he's (still) the same as ever/(still) as unpleasant as ever

**c** (intensif) anyway, anyhow ◆ **écrivez toujours, il vous répondra peut-être** write anyway ou anyhow ou you may as well write – he (just) might answer you ◆ **il vient toujours un moment où ...** there must ou will come a time when ... ◆ **buvez toujours un verre avant de partir** at least have a drink before you go ◆ **c'est toujours pas toi qui l'auras** * at any rate it won't be you that gets it * ◆ **où est-elle ? – pas chez moi toujours !** where is she? – not at my place anyway! ou at any rate! ◆ **je trouverai toujours (bien) une excuse** I can always think up an excuse ◆ **passez à la gare, vous aurez toujours bien un train** go (along) to the station – you're sure ou bound to get a train ou there's bound to be a train ◆ **tu peux toujours courir !** * ou **te fouiller !** ** you haven't got a chance! ou a hope! (Brit) ◆ **il aime donner des conseils, mais toujours avec tact** he likes to give advice but he always does it tactfully ◆ **vous pouvez toujours crier, il n'y a personne** shout as much as you like ou shout by all means – there's no one about ◆ **il était peut-être là, toujours est-il que je ne l'ai pas vu** he may well have around, but the fact remains ou that doesn't alter the fact that I didn't see him ◆ **cette politique semblait raisonnable, toujours est-il qu'elle a échoué** the policy seemed reasonable but the fact remains it was a failure ou but it still failed ◆ **c'est toujours ça de pris** * that's something anyway, (well) at least that's something ◆ **ça peut toujours servir** it might come in handy some day; → **causer**[2]

**touloupe** [tulup] nf (= manteau) lambskin coat

**toundra** [tundʀa] nf tundra

**toungouze** [tunguz] [1] adj Tungusic, Tungusian

[2] nm Tungusic

**toupet** [tupɛ] [→ SYN] nm **a** [cheveux] tuft (of hair), quiff (Brit); (postiche) toupee

**b** (* = culot) nerve *, cheek * (Brit) ◆ **avoir du toupet** to have a nerve * ou a cheek * (Brit) ◆ **il avait le toupet de prétendre que ...** he had the nerve * ou cheek * (Brit) to make out that ... ◆ **il ne manque pas de toupet !** he's got a nerve! * ou cheek! * (Brit)

**toupie** [tupi] [→ SYN] nf **a** (= jouet) (spinning) top ◆ **toupie à musique** humming-top; → **tourner**

**b** (péj = femme désagréable) **vieille toupie** ** silly old trout **

**c** (Tech) [menuisier] spindle moulding-machine; [plombier] turn-pin; (= bétonnière) cement mixer

**tour**[1] [tuʀ] [→ SYN] [1] nf **a** (= édifice) tower; (Hist = machine de guerre) siege tower; (= immeuble très haut) tower block, high-rise building; (Ordin) tower ◆ **c'est une vraie tour, il est gros comme une tour** (fig, péj) he's massive ou enormous

**b** (Échecs) castle, rook

[2] COMP ▷ **la tour de Babel** the Tower of Babel ◆ **c'est une tour de Babel** (fig) it's a real Tower of Babel ▷ **tour de contrôle** (Aviat) control tower ▷ **la tour Eiffel** the Eiffel Tower ▷ **tour de forage** drilling rig, derrick ▷ **tour de guet** watchtower, look-out tower ▷ **tour hertzienne** radio mast ▷ **tour d'ivoire** (fig) ivory tower ◆ **enfermé dans sa** ou **une tour d'ivoire** shut away in an ivory tower ▷ **la tour de Londres** the Tower of London ▷ **la tour de Pise** the Leaning Tower of Pisa

**tour²** [tuʀ]

→ SYN

1 NOM MASCULIN
2 COMPOSÉS

1 NOM MASCULIN

a = parcours, exploration **tour de ville** (pour touristes) city tour ◆ **le tour du parc prend bien une heure** it takes a good hour to walk around the park ◆ **si on faisait le tour ?** shall we go round (it)? ou walk round (it)? ◆ **faire un tour d'Europe** to go on a European tour, tour Europe ◆ **faire un tour d'Europe en auto-stop** to hitch-hike around Europe ◆ **ils ont fait un tour du monde en bateau** they sailed round the world ◆ **on en a vite fait le tour** [lieu] there's not much to see; [livre, théorie] there isn't much to it; [personne] there isn't much to him (or her etc)

◆ **faire le tour de** [+ parc, pays, circuit, montagne] to go round; [+ magasins] to go round, look round; [+ possibilités] to explore; [+ problème] to consider from all angles ◆ **la route fait (tout) le tour de leur propriété** the road goes (right) round their estate ◆ **faire le tour du propriétaire** to look round ou go round ou over one's property ◆ **je vais te faire faire le tour du propriétaire** I'll show you over ou round the place ◆ **faire le tour du cadran** [aiguille] to go round the clock; [dormeur] to sleep (right) round the clock ◆ **faire le tour du monde** to go round the world ◆ **faire le tour des invités** to do the rounds of the guests ◆ **la bouteille/plaisanterie a fait le tour de la table** the bottle/joke went round the table → **repartir**

b = excursion trip, outing; (= promenade) (à pied) walk, stroll; (en voiture) run, drive, ride, spin *; (en vélo) ride; (en bateau) trip ◆ **allons faire un (petit) tour à pied** let's go for a (short) walk ou stroll ◆ **faire un tour de manège** ou **de chevaux de bois** to have a ride on a merry-go-round ◆ **faire un tour en ville/sur le marché** to go for a walk round town/round the market ◆ **faire un tour en Italie** to go for a trip round Italy ◆ **un tour de jardin/en voiture vous fera du bien** a walk ou stroll round the garden/a run ou drive (in the car) will do you good

c = parcours sinueux **la rivière fait des tours et des détours** (littér) the river meanders along ou winds its way in and out, the river twists and turns (along its way)

d dans un ordre, une succession turn, go ◆ **c'est votre tour** it's your turn ◆ **à ton tour (de jouer)** (gén) (it's) your turn ou go; (Échecs, Dames) (it's) your move ◆ **attendre/perdre son tour** to wait/miss one's turn ◆ **prendre/passer son tour** to take/miss one's turn ou go ◆ **parler à son tour** to speak in turn ◆ **ils parleront chacun à leur tour** they will each speak in turn ◆ **attends, tu parleras à ton tour** wait – you'll have your turn to speak ◆ **chacun son tour !** wait your turn! ◆ **nous le faisons chacun à notre tour** (deux personnes) we do it in turn, we take turns at it; (plusieurs personnes) we take turns at it, we do it by turns ◆ **c'est au tour de Marc de parler** it's Marc's turn to speak ◆ **à qui le tour ?** whose turn ou go is it?, who is next? ◆ **votre tour viendra** (lit, fig) your turn will come; → **faveur, souvent**

◆ **à tour de rôle** alternately, in turn ◆ **ils vinrent à tour de rôle nous vanter leurs mérites** they each came in turn to sing their own praises ◆ **ils sont de garde à tour de rôle** they take turns being on duty

◆ **tour à tour** alternately, in turn ◆ **le temps était tour à tour pluvieux et ensoleillé** the weather was alternately wet and sunny ◆ **elle se sentait tour à tour optimiste et désespérée** she felt optimistic and despairing by turns

e Pol **tour (de scrutin)** ballot ◆ **élu au premier/second tour** elected in the first/second round ◆ **un troisième tour social** a post-election backlash (of social unrest) ◆ **ils ont été éliminés au premier tour de la Coupe d'Europe** (Sport) they were eliminated in the first round of the European Cup

f = circonférence [partie du corps] measurement; [tronc, colonne] girth; [visage] contour, outline; [surface] circumference; [bouche] outline ◆ **le tour des yeux** (= périphérie) the area around the eyes ◆ **tour de tête** (= mensuration) head measurement; (pour chapeau) hat size ◆ **quel est son tour de taille ?** what's his waist measurement?, what size waist is he? ◆ **tour de poitrine** [homme] chest measurement; [femme] bust measurement ◆ **tour de hanches** hip measurement ◆ **mesurer le tour d'une table** to measure round a table, measure the circumference of a table ◆ **la table fait 3 mètres de tour** the table measures 3 metres round (the edge) ◆ **le tronc a 3 mètres de tour** the trunk measures 3 metres round ou has a girth of 3 metres

g = rotation [roue, hélice] turn, revolution; [écrou, clé] turn; [axe, arbre] revolution ◆ **l'hélice a fait deux tours** the propeller turned ou revolved twice ◆ **régime de 2 000 tours (minute)** (Aut) speed of 2,000 revs ou revolutions per minute ◆ **donner un tour de clé** to turn the key, give the key a turn ◆ **"Le Tour d'écrou"** (Littérat) "The Turn of the Screw" ◆ **battre un concurrent d'un tour de roue** (Cyclisme) to beat a competitor by a wheel's turn ◆ **faire un tour/plusieurs tours sur soi-même** to spin round once/several times (on oneself) ◆ **faire un tour de valse** to waltz round the floor ◆ **après quelques tours de valse** after waltzing round the floor a few times ◆ **donnez 4 tours à la pâte** (Culin) roll and fold the dough 4 times, turning it as you go; → **double, quart**

◆ **à tour de bras** frapper, taper with all one's strength ou might; (fig) composer, produire prolifically; critiquer with a vengeance ◆ **il écrit des chansons à tour de bras** he writes songs by the dozen, he runs off ou churns out songs one after the other ◆ **il prescrit des antibiotiques à tour de bras** he hands out antibiotics like candy ◆ **l'industrie textile licenciait à tour de bras** the textile industry was laying people off left, right and centre

h = disque **un 33 tours** an LP ◆ **un 45 tours** a single ◆ **un 78 tours** a 78

i = tournure [situation, conversation] turn, twist ◆ **tour (de phrase)** (= expression) turn of phrase ◆ **la situation prend un tour dramatique/désagréable** the situation is taking a dramatic/an unpleasant turn ou twist ◆ **un certain tour d'esprit** a certain turn ou cast of mind

j = exercice [acrobate] feat, stunt; [jongleur, prestidigitateur] trick ◆ **tour d'adresse** feat of skill, skilful trick ◆ **tours d'agilité** acrobatics ◆ **tour de cartes** card trick ◆ **et le tour est joué !** and there you have it!, and Bob's your uncle! * (Brit) ◆ **c'est un tour à prendre !** it's just a knack one picks up! ◆ **avoir plus d'un tour dans son sac** to have more than one trick up one's sleeve

k = duperie trick ◆ **faire** ou **jouer un tour à qn** to play a trick on sb ◆ **un tour pendable** a rotten trick ◆ **un sale tour, un tour de cochon** * ou **de salaud** ‡ a dirty ou lousy trick *, a mean trick ◆ **je lui réserve un tour à ma façon !** I'll pay him back in my own way!; → **jouer**

2 COMPOSÉS

▷ **tour de chant** song recital ▷ **tour de cou** (= ruban) choker; (= fourrure) fur collar; (= mensuration) collar measurement ◆ **faire du 39 de tour de cou** to take a size 39 collar ▷ **tour de force** (lit) feat of strength, tour de force (fig), amazing feat ▷ **le Tour de France** (= course cycliste) the Tour de France ◆ **le tour de France d'un compagnon** (Hist) a journeyman's tour of France ▷ **tour de garde** spell ou turn of duty ◆ **mon prochain tour de garde est à 8 heures** my next spell ou turn of duty is at 8 o'clock ▷ **tour d'honneur** (Sport) lap of honour ▷ **tour d'horizon** (fig) (general) survey ▷ **tour de lit** (bed) valance ▷ **tour de main** (= adresse) dexterity ◆ **avoir/acquérir un tour de main** to have/pick up a knack ◆ **en un tour de main** in no time at all ▷ **tour de manivelle** (lit) turn of the handle ◆ **le premier tour de manivelle est prévu pour octobre** (Ciné) the cameras should begin rolling in October ▷ **tour de piste** (Sport) lap; (dans un cirque) circuit (of the ring) ▷ **tour de reins: souffrir d'un tour de reins** to suffer from a strained ou sprained back ◆ **attraper un tour de reins** to strain one's back ▷ **tour de table** (Fin) capital structure ◆ **procéder à un tour de table** (dans une réunion) to seek the views of all those present ◆ **la société immobilière a bouclé son tour de table** the property company has finalized its capital structure ▷ **tour de vis** (turn of a) screw ◆ **il faudra donner un tour de vis** you'll have to give the screw a turn ou tighten the screw a little ◆ **donner un tour de vis au crédit** (fig) to freeze credit, put a squeeze on credit ◆ **donner un tour de vis aux libertés** to clamp down on civil rights ◆ **tour de vis fiscal** tax squeeze ◆ **tour de vis militaire/politique** military/political crackdown ou clampdown (*à l'encontre de* on) → **chauffe, passe-passe**

> **LE TOUR DE FRANCE**
>
> The famous annual cycle race takes about three weeks to complete in daily stages ("étapes") of approximately 110 miles. The leading cyclist wears a yellow jersey, the "maillot jaune". There are a number of time trials. The route varies and is not usually confined only to France, but the race always ends on the Champs-Élysées in Paris.

**tour³** [tuʀ] nm a (Tech) lathe ◆ **tour de potier** potter's wheel ◆ **objet fait au tour** object turned on the lathe ◆ **travail au tour** lathe-work ◆ **jambes/cuisses faites au tour** (fig littér) shapely legs/thighs
b (= passe-plat) hatch

**tourbe¹** [tuʀb] nf (Agr) peat ◆ **tourbe limoneuse** alluvial peat

**tourbe²** [tuʀb] → SYN nf (péj) ◆ **la tourbe** hoi polloi

**tourber** [tuʀbe] ▸ conjug 1 ◂ vi to remove the peat

**tourbeux, -euse** [tuʀbø, øz] → SYN adj a terrain (= qui contient de la tourbe) peat (épith), peaty; (= de la nature de la tourbe) peaty
b plante found in peat

**tourbière** [tuʀbjɛʀ] nf peat bog

**tourbillon** [tuʀbijɔ̃] → SYN nm a (atmosphérique) **tourbillon (de vent)** whirlwind ◆ **tourbillon de fumée/sable/neige/poussière** swirl ou eddy of smoke/sand/snow/dust ◆ **le sable s'élevait en tourbillons** the sand was swirling up
b (dans l'eau) eddy; (plus important) whirlpool ◆ **l'eau faisait des tourbillons** the water was making eddies
c (Phys) vortex
d (fig) whirl ◆ **tourbillon de plaisirs** whirl of pleasure, giddy round of pleasure(s) ◆ **le tourbillon de la vie/des affaires** the hurly-burly ou hustle and bustle of life/of business ◆ **il regardait le tourbillon des danseurs** he was looking at the whirling ou swirling group of dancers ◆ **le pays plongea dans un tourbillon de violence** the country was plunged into a maelstrom of violence

**tourbillonnant, e** [tuʀbijɔnɑ̃, ɑ̃t] → SYN adj feuilles swirling, eddying; vie whirlwind (épith); jupes swirling

**tourbillonnement** [tuʀbijɔnmɑ̃] → SYN nm [poussière, sable, feuilles mortes, flocons de neige] whirling, swirling, eddying; [danseurs] whirling, swirling, twirling; [idées] swirling, whirling

**tourbillonner** [tuʀbijɔne] → SYN ▸ conjug 1 ◂ vi [poussière, sable, feuilles mortes, flocons de neige] to whirl, swirl, eddy; [danseurs] to whirl (round), swirl (round), twirl (round); [idées] to swirl (round), whirl (round)

**tourd** [tuʀ] nm (= labre) wrasse

**tourelle** [tuʀɛl] → SYN nf a (= petite tour) turret
b (Mil, Naut) (gun) turret; [caméra] lens turret; [sous-marin] conning tower

**tourie** [tuʀi] nf carboy

**tourière** [tuʀjɛʀ] adj f, nf ◆ **(sœur) tourière** sister at the convent gate, extern sister

**tourillon** [tuʀijɔ̃] nm [mécanisme] bearing, journal; [canon] trunnion; meuble dowel

**tourisme** [tuʀism] → SYN nm a (= action de voyager) **faire du tourisme en Irlande** to go touring round Ireland ◆ **faire du tourisme**

**dans Paris** (= action de visiter) to go sightseeing in Paris

b (= industrie) **le tourisme** tourism, the tourist industry ou trade ◆ **le tourisme d'hiver/d'été** winter/summer tourism, the winter/summer tourist trade ◆ **le tourisme français se porte bien** the French tourist industry ou trade is in good shape ◆ **tourisme industriel** industrial tourism ◆ **tourisme de masse/d'affaires** mass/business tourism ◆ **tourisme rural** ou **vert** green tourism, ecotourism ◆ **tourisme culturel/sexuel** cultural/sex tourism ◆ **promouvoir le tourisme rural** to promote tourism in rural areas ◆ **avion/voiture de tourisme** private plane/car ◆ **voiture (de) grand tourisme** GT saloon car (Brit), 4-door sedan (US); → **agence, office**

**touriste** [tuʀist] → SYN **nmf** tourist ◆ **faire qch en touriste** (fig) to do sth half-heartedly; → **classe**

**touristique** [tuʀistik] → SYN **adj** itinéraire, billet, activités, saison, guide tourist (épith); région, ville with great tourist attractions, popular with (the) tourists (attrib) ◆ **trop touristique** touristy* ◆ **route touristique** scenic route; → **menu**

**tourmaline** [tuʀmalin] **nf** tourmaline

**tourment** [tuʀmɑ̃] → SYN **nm** (littér) (physique) agony; (moral) torment, torture (NonC) ◆ **les tourments de la jalousie** the torments of jealousy

**tourmente** [tuʀmɑ̃t] → SYN **nf** (= tempête) storm, gale, tempest (littér); (fig : sociale, politique) upheaval, turmoil ◆ **tourmente de neige** snowstorm, blizzard ◆ **tourmente monétaire** upheaval ou turmoil in the currency markets

**tourmenté, e** [tuʀmɑ̃te] → SYN (ptp de **tourmenter**) **adj** a personne, expression, visage, esprit tormented, tortured

b relief rugged; paysage, formes tortured (littér); style, art tortured, anguished

c (littér) vie, mer, ciel stormy, turbulent, tempestuous ◆ **l'histoire tourmentée de ce pays** this country's turbulent history ◆ **nous vivons une époque tourmentée** we're living in troubled ou turbulent times

**tourmenter** [tuʀmɑ̃te] → SYN ▸ conjug 1 ◂ 1 **vt** a [personne] to torment ◆ **ses créanciers continuaient à le tourmenter** his creditors continued to harass ou hound him ◆ **tourmenter qn de questions** to plague ou harass sb with questions

b [douleur, rhumatismes, faim] to rack, torment; [remords, doute] to rack, torment, plague; [ambition, envie, jalousie] to torment ◆ **ce qui me tourmente dans cette affaire** what worries ou bothers ou bugs* me in this business

2 **se tourmenter vpr** to fret, worry (o.s.) ◆ **ne vous tourmentez pas, ce n'était pas de votre faute** don't distress ou worry yourself – it wasn't your fault ◆ **il se tourmente à cause de son fils** he's fretting ou worrying about his son

**tourmenteur, -euse** [tuʀmɑ̃tœʀ, øz] **nm,f** (littér = persécuteur) tormentor

**tourmentin** [tuʀmɑ̃tɛ̃] **nm** a (Naut = foc) storm jib

b (= oiseau) stormy petrel

**tournage** [tuʀnaʒ] → SYN **nm** a (Ciné) shooting ◆ **être en tournage en Italie** to be filming in Italy, be on a shoot in Italy ◆ **pendant le tournage** during the shoot, while the film was being made ou shot ◆ **l'équipe de tournage** the film ou camera crew ◆ **il l'emmène sur tous ses tournages** he takes her with him on all the shoots

b (Menuiserie) turning ◆ **le tournage sur bois/métal** wood-/metal-turning

c (Naut) belaying cleat

**tournailler*** [tuʀnaje] ▸ conjug 1 ◂ **vi** (péj) to wander aimlessly ◆ **tournailler autour de** to hang round

**tournant, e** [tuʀnɑ̃, ɑ̃t] → SYN 1 **adj** a fauteuil, dispositif swivel (épith); feu, scène revolving (épith); → **grève, plaque, pont, table**

b mouvement, manœuvre encircling (épith)

c escalier spiral (épith); (littér) ruelle, couloir winding, twisting

2 **nm** a (= virage) bend ◆ **prendre bien/mal son tournant** to take a bend well/badly, corner well/badly ◆ **cette entreprise a bien su prendre le tournant** this company has managed the change ou switch well, this company has adapted well to the new circumstances ◆ **attendre qn au tournant*** to wait for the chance to trip sb up ou catch sb out (Brit) ◆ **avoir** ou **rattraper qn au tournant*** to get even with sb, get one's own back on sb (Brit)

b (= changement) turning point ◆ **tournant décisif** watershed ◆ **les tournants de l'histoire/de sa vie** the turning points in history/in his life ◆ **c'est à la 50ᵉ minute qu'a eu lieu le tournant du match** the decisive ou turning point of the match came in the 50th minute ◆ **il arrive à un tournant de sa carrière** he's coming to a turning point in his career ◆ **au tournant du siècle** at the turn of the century ◆ **un tournant de la politique française** a watershed in French politics ◆ **marquer un tournant** to be a turning point

**tourne** [tuʀn] → SYN **nf** (Presse) continuation

**tourné, e¹** [tuʀne] → SYN (ptp de **tourner**) **adj** a **bien tourné** personne shapely, with a good figure; jambes shapely; taille neat, trim; compliment, poème, expression well-turned; article, lettre well-worded, well-phrased

b **mal tourné** article, lettre badly expressed ou phrased ou worded; expression unfortunate ◆ **avoir l'esprit mal tourné** to have a dirty mind

c lait, vin sour; poisson, viande off (attrib), high (attrib); fruits rotten, bad

d (Menuiserie) pied, objet turned

**tourne-à-gauche** [tuʀnagoʃ] **nm inv** [serrurier] tap wrench

**tournebouler*** [tuʀnəbule] ▸ conjug 1 ◂ **vt** [+ personne] to put in a whirl ◆ **tournebouler la cervelle à qn** to turn sb's head ou brain, put sb's head in a whirl ◆ **il en était tourneboulé** (mauvaise nouvelle) he was very upset by it; (heureuse surprise) his head was in a whirl over it

**tournebroche** [tuʀnəbʀɔʃ] → SYN **nm** roasting spit, rotisserie ◆ **poulet au tournebroche** spit-roasted chicken

**tourne-disque**, pl **tourne-disques** [tuʀnədisk] → SYN **nm** record player

**tournedos** [tuʀnədo] **nm** tournedos

**tournée²** [tuʀne] → SYN **nf** a (= tour) [conférencier, artiste] tour; [inspecteur, livreur, représentant] round ◆ **tournée de conférences/théâtrale** lecture/theatre tour ◆ **tournée d'inspection** round ou tour of inspection ◆ **partir/être en tournée** [artiste, troupe de théâtre] to set off on/be on tour; [livreur, représentant] to set off on/be on one's rounds ◆ **faire une tournée électorale** to go on a campaign tour ou the campaign trail ◆ **faire la tournée de** [+ magasins, musées, cafés] to do the rounds of, go round ◆ **faire la tournée des grands ducs*** to go out on the town ou on a spree ◆ **faire la tournée des popotes*** to go on a tour of inspection

b (= consommations) round (of drinks) ◆ **payer une/sa tournée** to buy ou stand a/one's round (of drinks) ◆ **c'est ma tournée** it's my round ◆ **il a payé une tournée générale** he paid for drinks all round ◆ **c'est la tournée du patron** the drinks are on the house

c (* = raclée) hiding, thrashing

**tournemain** [tuʀnəmɛ̃] **en un tournemain loc adv** in no time at all, in the twinkling of an eye, (as) quick as a flash

**tourne-pierre**, pl **tourne-pierres** [tuʀnəpjɛʀ] **nm** turnstone

**tourner** [tuʀne] → SYN ▸ conjug 1 ◂ 1 **vt** a [+ manivelle, clé, poignée] to turn; [+ sauce] to stir; [+ salade] to toss; [+ page] to turn (over) ◆ **tournez s.v.p** please turn over, P.T.O. ◆ **tourner et retourner** [+ chose] to turn over and over; [+ pensée, problème] to turn over and over (in one's mind), mull over; → **dos, page, talon**

b (= diriger, orienter) [+ appareil, tête, yeux] to turn ◆ **elle tourna son regard** ou **les yeux vers la fenêtre** she turned her eyes towards the window ◆ **tourner la tête à droite/à gauche** to turn one's head to the right/to the left ◆ **quand il m'a vu, il a tourné la tête** when he saw me he looked away ou he turned his head away ◆ **tourner les pieds en dedans/en dehors** to turn one's toes ou feet in/out ◆ **tourne le tableau de l'autre côté/contre le mur** turn the picture the other way round/round to face the wall ◆ **tourner ses pas vers** (littér) to wend one's way towards (littér) ◆ **tourner ses pensées/efforts vers** to turn ou bend one's thoughts/efforts towards ou to; → **bride, casaque**

c (= contourner) (Naut) [+ cap] to round; [+ armée] to turn, outflank; [+ obstacle] to round; (fig = éluder) [+ difficulté, règlement] to get round ou past ◆ **tourner la loi** to get round the law, find a loophole in the law ◆ **il vient de tourner le coin de la rue** he has just turned the corner ◆ **tourner la mêlée** (Rugby) to turn the scrum, wheel the scrum round

d (frm = exprimer) [+ phrase, compliment] to turn; [+ demande, lettre] to phrase, express

e (= transformer) **il a tourné l'incident en plaisanterie** he made light of the incident, he made a joke out of the incident ◆ **tourner qn/qch en ridicule** to make sb/sth a laughing stock, ridicule sb/sth, hold sb/sth up to ridicule ◆ **il tourne tout à son avantage** he turns everything to his (own) advantage; → **dérision**

f (Ciné) **tourner une scène** [cinéaste] to shoot ou film a scene; [acteur] to act in ou do a scene ◆ **tourner un film** (= faire les prises de vues) to shoot a film; (= produire) to make a film; (= jouer) to make ou do a film ◆ **ils ont dû tourner en studio** they had to do the filming in the studio; → **extérieur, silence**

g (Tech) [+ bois, ivoire] to turn; [+ pot] to throw

h (Loc) **tourner le cœur** ou **l'estomac à qn** † to turn sb's stomach, make sb heave ◆ **tourner la tête à qn** [vin] to go to sb's head; [succès] to go to ou turn sb's head; [personne] to turn sb's head; voir aussi **2a**

2 **vi** a [manège, compteur, aiguille d'horloge] to turn, go round; [disque, cylindre, roue] to turn, revolve; [pièce sur un axe, clé, danseur] to turn; [toupie] to spin; [taximètre] to tick away; [usine, moteur] to run ◆ **tourner sur soi-même** to turn round on o.s.; (très vite) to spin round and round ◆ **tourner comme un lion en cage** to pace angrily up and down ◆ **la grande aiguille tourne plus vite que la petite** the big hand goes round faster than the small one ◆ **l'heure tourne** time's getting on ◆ **les éléphants tournent sur la piste** the elephants move round the ring ◆ **tourner comme une toupie** to spin like a top ◆ **tout d'un coup, j'ai vu tout tourner** all of a sudden my head began to spin ou swim ◆ **usine qui tourne à plein (régime)** factory working at full capacity ou flat out* ◆ **la machine à laver tourne surtout la nuit** the washing machine runs mostly at night ◆ **ce représentant tourne sur Lyon** (Comm) this sales representative covers Lyons ◆ **son spectacle va tourner dans le Midi cet été** his show is on tour in the South of France this summer ◆ **faire tourner le moteur** to run the engine ◆ **faire tourner les tables** (Spiritisme) to hold seances, do table-turning ◆ **c'est elle qui va faire tourner l'affaire** she's going to manage ou run the business ◆ **faire tourner la tête à qn** [compliments, succès] to go to sb's head ◆ **ça me fait tourner la tête** [vin] it goes to my head; [bruit, altitude] it makes my head spin, it makes me dizzy ou giddy; → **ours, ralenti, rond, vide** etc

b (Ordin) [programme] to work ◆ **arriver à faire tourner un programme** to get a program working ou to work ◆ **ça tourne sur quelles machines ?** which machines does it work on?, which machines is it compatible with?

c **tourner autour de** (gén) to turn ou go round; [terre, roue] to revolve ou go round; [chemin] to wind ou go round; [oiseau] to wheel ou circle ou fly round; [mouches] to buzz ou fly round; [discussion, sujet] to centre ou focus on; [prix] to be around ou about (Brit) ◆ **tourner autour de la piste** to go round the track ◆ **tourner autour de qn** (péj) (= importuner) to hang round sb; (pour courtiser) to hang round sb; (par curiosité) to hover round sb ◆ **un individu tourne autour de la maison depuis une heure** somebody has been hanging round outside the house for an hour ◆ **l'enquête tourne autour de ces trois suspects/de cet indice capital** the inquiry centres on ou around these three suspects/this vital clue ◆ **le prix doit tourner autour de 10 000 €** the price must be around €10,000 ou the €10,000 mark ou in the region of €10,000; → **pot**

**d** (= changer de direction) [vent, opinion] to turn, shift, veer (round); [chemin, promeneur] to turn ◆ **la chance a tourné** his (ou her etc ) luck has turned ◆ **la voiture a tourné à gauche** the car turned left ou turned off to the left ◆ **tournez à droite au prochain feu rouge** turn right ou take a right at the next traffic lights

**e** (= évoluer) **bien tourner** to turn out well ◆ **mal tourner** [farce, entreprise] to go wrong, turn out badly; [personne] to go to the dogs *, turn out badly ◆ **ça va mal tourner** no good will come of it, it'll end in trouble ◆ **si les choses avaient tourné autrement** if things had turned out ou gone differently ◆ **tourner à l'avantage de qn** to turn to sb's advantage ◆ **le débat tournait à la polémique** the debate was becoming increasingly heated ◆ **le temps a tourné au froid/à la pluie** the weather has turned cold/rainy ou wet ◆ **le ciel tournait au violet** the sky was turning purple ◆ **tourner au drame/au tragique** to take a dramatic/tragic turn ◆ **la discussion a tourné en** ou **à la bagarre** the argument turned ou degenerated into a fight ◆ **sa bronchite a tourné en pneumonie** his bronchitis has turned ou developed into pneumonia; → **bourrique**

**f** [lait] to turn (sour); [poisson, viande] to go off, go bad; [fruits] to go rotten ou bad ◆ **tourner (au vinaigre)** [vin] to turn (vinegary) ◆ **la chaleur a fait tourner le lait** the milk's gone sour in the heat

**g** (= se relayer) [personnes] to take turns

**h** (LOC) **j'ai la tête qui tourne, la tête me tourne** my head's spinning ◆ **tourner de l'œil** * to pass out, faint; → **court, rond** etc

**3** **se tourner** vpr ◆ **se tourner du côté de** ou **vers qn/qch** to turn towards sb/sth ◆ **se tourner vers qn pour lui demander de l'aide** to turn to sb for help ◆ **se tourner vers une profession/la politique/une question** to turn to a profession/to politics/to a question ◆ **une société tournée vers l'avenir** a forward-looking company ◆ **se tourner contre qn** to turn against sb ◆ **se tourner et se retourner dans son lit** to toss and turn in bed ◆ **de quelque côté que l'on se tourne** whichever way one turns ◆ **tourne-toi (de l'autre côté)** turn round ou the other way; → **pouce**

**tournesol** [tuʀnəsɔl] → SYN nm **a** (Bot) sunflower; → **huile**

**b** (Chim) litmus

**tourneur, -euse** [tuʀnœʀ, øz] **1** nm,f (Tech) turner ◆ **tourneur sur bois/métaux** wood/metal turner

**2** adj → **derviche**

**tournevis** [tuʀnəvis] nm screwdriver ◆ **usine tournevis** screwdriver plant; → **cruciforme**

**tournicoter** * [tuʀnikɔte], **tourniquer** [tuʀnike] ▸ conjug 1 ◂ vi (péj) to wander aimlessly ◆ **tournicoter autour d'un arbre** to turn round and round a tree ◆ **tournicoter autour de qn** (= importuner, courtiser) to hang round sb; (par curiosité) to hover round sb

**tourniquet** [tuʀnikɛ] → SYN nm **a** (= barrière) turnstile; (= porte) revolving door

**b** (Tech) **tourniquet (hydraulique)** reaction turbine; (d'arrosage) (lawn-)sprinkler

**c** (= présentoir) revolving stand

**d** (Méd) tourniquet

**e** (arg Mil) court-martial ◆ **passer au tourniquet** to come up before a court-martial

**tournis** [tuʀni] → SYN nm **a** (Vét) sturdy

**b** * **avoir le tournis** to feel dizzy ou giddy ◆ **ça/il me donne le tournis** it/he makes my head spin, it/he makes me (feel) dizzy ou giddy

**tournoi** [tuʀnwa] → SYN nm **a** (Hist) tournament, tourney

**b** (Sport) tournament ◆ **tournoi d'échecs/de tennis** chess/tennis tournament ◆ **tournoi d'éloquence/d'adresse** (fig littér) contest of eloquence/of skill ◆ **le Tournoi des cinq nations** (Rugby) the Five Nations Championship ◆ **disputer** ou **faire un tournoi** to play in ou enter a tournament

**tournoiement** [tuʀnwamɑ̃] → SYN nm **a** [danseurs] whirling, twirling; [eau, fumée] swirling, eddying, whirling; [feuilles mortes] swirling, eddying ◆ **les tournoiements des danseurs** the whirling (of the) dancers ◆ **des tournoiements de feuilles** swirling ou eddying leaves

**b** [oiseaux] wheeling

**tournoyer** [tuʀnwaje] → SYN ▸ conjug 8 ◂ vi [danseurs] to whirl (round), twirl (round); [eau, fumée] to swirl, eddy; [boomerang] to spin; [papiers] to flutter around; [oiseaux] to wheel, circle; [feuilles mortes] to swirl ou eddy around; [abeille, moustique] to fly around (in circles) ◆ **faire tournoyer** danseur, canne to twirl; robe to swirl ◆ **les feuilles tombaient en tournoyant** the leaves were twirling ou whirling down ◆ **la fumée s'élevait en tournoyant** the smoke spiralled up ◆ **tout s'est mis à tournoyer et je me suis évanoui** everything started to spin and I fainted

**tournure**[1] [tuʀnyʀ] → SYN nf **a** (= tour de phrase) turn of phrase; (= forme) form ◆ **tournure négative/impersonnelle** negative/impersonal form ◆ **la tournure précieuse de ses phrases** the affected way (in which) he phrases his sentences

**b** (= apparence) **la tournure des événements** the turn of events ◆ **la tournure que prenaient les événements** the way the situation was developing, the turn events were taking ◆ **la situation a pris une mauvaise/meilleure tournure** the situation took a turn for the worse/for the better ◆ **donner une autre tournure à une affaire** to put a matter in a different light, put a new face on a matter ◆ **prendre tournure** to take shape

**c** **tournure d'esprit** turn ou cast of mind

**d** († = allure) bearing ◆ **il a belle tournure** he carries himself well, he has a very upright bearing

**tournure**[2] [tuʀnyʀ] nf (Tech) turnings

**touron** [tuʀɔ̃] nm *kind of nougat*

**tour-opérateur,** pl **tour-opérateurs** [tuʀɔpeʀatœʀ] → SYN nm tour operator

**tourte** [tuʀt] **1** adj (‡ = bête) dense *, thick ‡ (Brit)

**2** nf (Culin) pie ◆ **tourte à la viande/au poisson** meat/fish pie

**tourteau**[1], pl **tourteaux** [tuʀto] → SYN nm (Agr) oilcake, cattle-cake; (Hér) roundel ◆ **tourteau fromagé** (Culin) *round spongecake made with fromage frais*

**tourteau**[2], pl **tourteaux** [tuʀto] nm (= crabe) common ou edible crab

**tourtereau,** pl **tourtereaux** [tuʀtəʀo] → SYN nm (= oiseau) young turtledove ◆ **tourtereaux** (= amoureux) lovebirds

**tourterelle** [tuʀtəʀɛl] nf turtledove ◆ **gris tourterelle** dove ou soft grey

**tourtière** [tuʀtjɛʀ] nf (à tourtes) pie tin; (à tartes) pie dish ou plate

**tous** → **tout**

**toussailler** [tusɑje] ▸ conjug 1 ◂ vi to have a bit of a cough ◆ **arrête de toussailler !** stop coughing and spluttering like that!

**Toussaint** [tusɛ̃] nf ◆ **la Toussaint** All Saints' Day ◆ **nous partirons en vacances à la Toussaint** we're going on holiday at the beginning of November ◆ **il fait un temps de Toussaint** it's real November weather, it's grim cold weather

> **TOUSSAINT**
>
> All Saints' Day (November 1) is a public holiday in France. It is the day when people traditionally visit cemeteries to lay heather and chrysanthemums on the graves of relatives and friends.

**tousser** [tuse] → SYN ▸ conjug 1 ◂ vi **a** [personne] to cough ◆ **ne sors pas, tu tousses encore un peu** don't go out – you've still got a bit of a cough

**b** [moteur] to splutter, cough

**toussotement** [tusɔtmɑ̃] nm (slight) coughing (NonC)

**toussoter** [tusɔte] ▸ conjug 1 ◂ vi (Méd) to have a bit of a ou a slight cough; (pour avertir, signaler) to cough softly, give a little cough ◆ **je l'entendais toussoter dans la pièce à côté** I could hear him coughing in the next room ◆ **il toussote, je vais lui faire prendre du sirop** he's got a bit of a ou a slight cough – I'm going to give him some cough mixture

## tout [tu] toute [tut]

mpl **tous**, fpl **toutes** → SYN

| | |
|---|---|
| **1** ADJECTIF QUALIFICATIF | **3** PRONOM INDÉFINI |
| **2** ADJECTIF INDÉFINI | **4** ADVERBE |
| **5** NOM MASCULIN | |

Lorsque **tout** fait partie d'une expression figée telle que **à tout bout de champ, de tout repos, en tout cas, tout le temps** etc, cherchez au premier nom.

**1** ADJECTIF QUALIFICATIF

**a** = complet, entier, total

◆ **tout, toute** + article ou possessif ou démonstratif ◆ **tout le, toute la** all (the), the whole (of the) ◆ **tout le reste** (all) the rest ◆ **il a tout le temps/l'argent qu'il lui faut** he has all the time/the money he needs ◆ **toute la France regardait le match** the whole of ou all France was watching the match ◆ **pendant tout le voyage** during the whole (of the) trip, throughout the trip ◆ **il a plu toute la nuit/toute une nuit** it rained all night (long) ou throughout the night/for a whole night ◆ **il a plu toute cette nuit** it rained all (of) ou throughout last night ◆ **il a dépensé tout son argent** he has spent all (of) his money ◆ **mange toute ta viande** eat up your meat, eat all (of) your meat ◆ **il a passé toutes ses vacances à lire** he spent the whole of ou all (of) his holidays reading ◆ **il courait de toute la vitesse de ses petites jambes** he was running as fast as his little legs would carry him

◆ **tout le monde** everybody, everyone ◆ **tout le monde le dit/le sait** everybody says so/knows ◆ **la nature appartient à tout le monde** the countryside belongs to everybody ◆ **ils veulent vivre/être comme tout le monde** they want to live/be like everybody else ◆ **il ne fait jamais comme tout le monde** he always has to be different;

◆ **tout, toute** + nom ◆ **il a lu tout Balzac** he has read the whole of ou all of Balzac ◆ **elle a visité tout Londres** she has been round the whole of London ◆ **le tout-Londres/-Rome** the London/Rome smart set, everybody who is anybody in London/Rome ◆ **en toute illégalité** quite illegally ◆ **donner toute satisfaction** to give complete satisfaction, be entirely ou completely satisfactory

**b** = seul, unique only ◆ **c'est tout l'effet que ça lui fait** that's all the effect ou the only effect it has on him ◆ **cet enfant est toute ma joie** this child is my only ou sole joy, all my joy in life lies with this child ◆ **c'est là tout le problème** that's the whole problem, that's just where the problem lies ◆ **tout le secret est dans la rapidité** the whole secret lies in speed ◆ **pour tout mobilier, il avait un lit et une table** all he had in the way of furniture ou the only furniture he had was a bed and a table

**2** ADJECTIF INDÉFINI

**a** **tout, toute** + nom singulier (= n'importe quel) any, all ◆ **toute personne susceptible de nous aider** any person ou anyone able to help us ◆ **une empreinte digitale, un cheveu, tout indice qui pourrait être utile** a fingerprint, a hair, any clue that might be useful ◆ **toute trace d'agitation a disparu** all ou any trace of agitation has gone ◆ **tout autre (que lui) aurait deviné** anybody ou anyone (but him) would have guessed ◆ **à tout âge** at any age, at all ages ◆ **pour tout renseignement, téléphoner ...** for all information, ring ...

◆ **tout un chacun** everybody, everyone ◆ **comme tout un chacun, il a le droit de ...** like everybody else, he has a right to ... ◆ **le fait que tout un chacun puisse librement donner son avis** the fact that anybody can freely express their opinion

**b** **tous, toutes (les)** + nom pluriel (= chaque) every ◆ **tous les jours/ans/mois** every day/year/month ◆ **tous les deux jours/mois** every other ou second day/month, every two days/months ◆ **tous les 10 mètres** every 10 metres ◆ **toutes les trois heures** every three hours, at three-hourly intervals

(= l'ensemble, la totalité des) all, every ◆ **toutes les personnes que nous connaissons** all the people ou everyone ou everybody (that) we know ◆ **toutes les fois que je le vois** every time

I see him ◆ **il avait toutes les raisons d'être mécontent** he had every reason to be ou for being displeased ◆ **tous les hommes sont mortels** all men are mortal ◆ **courir dans tous les sens** to run all over the place ◆ **film (pour) tous publics** film suitable for all audiences ◆ **des individus de toutes tendances/tous bords** people of all tendencies/shades of opinion ◆ **le saut en hauteur, la course, le lancer du javelot, toutes disciplines qui exigent ...** (frm : servant à récapituler) the high jump, running, throwing the javelin, all (of them) disciplines requiring ...

◆ **tous, toutes (les)** + numéral (= ensemble) ◆ **tous (les) deux** both (of them), the two of them, each (of them) ◆ **tous (les) trois/quatre** all three/four (of them) ◆ **ils sont arrivés tous les six hier soir** all six of them arrived last night

3 PRONOM INDÉFINI

**a** [= l'ensemble des choses] everything, all; (sans discrimination) anything ◆ **il a tout organisé** he organized everything, he organized it all ◆ **on ne peut pas tout faire** you can't do everything ◆ **tout va bien** all's (going) well, everything's fine ◆ **son travail, ses enfants, tout l'exaspère** his work, the children, everything annoys him ◆ **tout lui est bon** everything is grist to his mill (*pour* to) ◆ **ses enfants mangent de tout** her children will eat anything ◆ **il vend de tout** he sells anything and everything ◆ **il est capable de tout** he's capable of anything ◆ **il a tout pour réussir** he's got everything going for him ◆ **il a tout pour plaire** * (iro) he's got nothing going for him ◆ **il est capable d'improviser un discours sur tout et n'importe quoi** he can improvise a speech on just about anything ◆ **il promet tout et son contraire** he makes the wildest promises ◆ **au cours du débat, on a entendu tout et son contraire** the discussion was a real ragbag of ideas

◆ **avoir tout de** + nom ◆ **elle a tout d'une star** she's every inch a star ◆ **avec ce chapeau, elle a tout d'une sorcière** she looks just like a witch in that hat ◆ **ça a tout d'un canular** it's obviously a practical joke ◆ **l'organisation a tout d'une secte** the organization is nothing less than a sect

◆ **à tout va** * licencier, investir, recruter like mad; libéralisme, communication, consommation unbridled ◆ **à l'époque, on construisait à tout va** at that time there were buildings going up everywhere ◆ **il répète à tout va ce que tu lui as raconté** he's going round telling everyone what you told him

◆ **ce n'est pas tout de** + infinitif (= ça ne suffit pas) ◆ **ce n'est pas tout d'en parler** there's more to it than just talking about it ◆ **ce n'est pas tout de faire son métier, il faut le faire bien** it's not enough just to do your job, you have to do it well

◆ **en tout** (= au total) in all ◆ **nous étions 16 (personnes) en tout** there were 16 of us in all ◆ **ça coûte 150 € en tout** it costs €150 in all ou in total
(= en tous points) ◆ **cette pratique est en tout contraire aux droits de l'homme** this practice is a violation of human rights in every respect ◆ **leurs programmes politiques s'opposent en tout** their political programmes clash in every way

◆ **en tout et pour tout** all in all ◆ **il lui reste trois jours/25 € en tout et pour tout** he only has a total of three days/€25 left ◆ **j'avais une valise en tout et pour tout** all I had was a suitcase

◆ **... et tout (et tout)** * ... and everything ◆ **j'avais préparé le dîner, fait le ménage et tout et tout** I'd made the dinner, done the housework and everything ◆ **je lui avais expliqué et tout, mais il n'a pas compris** I'd explained and everything, but he didn't understand ◆ **avec les vacances et tout, je n'ai pas eu le temps** what with the holidays and all *, I didn't have time

◆ avec **être** ◆ **c'est tout** that's all ◆ **ce sera tout ?** will that be all?, (will there be) anything else? ◆ **et ce n'est pas tout !** and that's not all!, and there's more to come! ◆ **c'est pas tout ça** *, **mais il est tard** all this is very nice, but it's getting late ◆ **être tout pour qn** to be everything to sb

◆ **pour tout dire** ◆ **cette idée audacieuse avait surpris et pour tout dire n'avait pas convaincu** this daring idea surprised everybody and, to be honest, wasn't convincing ◆ **il est vaniteux, égoïste, pour tout dire c'est un sale type** he's vain, he's selfish, in a word he's a swine

◆ **tout ce qui, tout ce que** ◆ **tout ce que je sais, c'est qu'il est parti** all I know is that he's gone ◆ **c'est tout ce qu'il m'a dit/laissé** that's all he told me/left me ◆ **tout ce que le pays compte de sportifs/savants** all the country has in the way of sportsmen/scientists, the country's entire stock of sportsmen/scientists ◆ **est-ce que vous avez tout ce dont vous avez besoin ?** ou **ce qu'il vous faut ?** have you everything ou all (that) you need? ◆ **ne croyez pas tout ce qu'il raconte** don't believe everything he tells you ◆ **tout ce qui lui appartient** everything ou all that belongs to him ◆ (Prov) **tout ce qui brille n'est pas or** all that glitters is not gold (Prov)

◆ **tout ce qu'il y a de** + adjectif (= extrêmement) most ◆ **il a été tout ce qu'il y a de gentil/serviable** he was most kind/obliging, he couldn't have been kinder/more obliging ◆ **des gens tout ce qu'il y a de plus distingué(s)** most distinguished people ◆ **c'était tout ce qu'il y a de chic** it was the last word in chic ou the ultimate in chic

◆ **tout est là** ◆ **la persévérance, tout est là** all that counts is perseverance, perseverance is all that matters

**b** **tous, toutes** (= l'ensemble des personnes) all ◆ **tous** ou **toutes tant qu'ils** ou **elles sont** all of them, every single one of them ◆ **tous sont arrivés** they have all arrived ◆ **il les déteste tous** ou **toutes** he hates them all ou all of them ◆ **écoutez bien tous !** listen, all of you! ◆ **tous ensemble** all together ◆ **il parle en leur nom à tous** he's speaking for them all ou for all of them ◆ **film pour tous** film suitable for all audiences

◆ pronom personnel + **tous** ou **toutes** ◆ **nous avons tous nos défauts** we all ou all of us have our faults ◆ **nous mourrons tous** we shall all die ◆ **vous toutes qui m'écoutez** all of you who are listening to me ◆ **il s'attaque à nous tous** he's attacking us all ou all of us

**c** [locutions] **tout a une fin** there is an end to everything, everything comes to an end ◆ **tout est bien qui finit bien** all's well that ends well ◆ **tout finit par des chansons** everything ends with a song ◆ **tout passe, tout casse** nothing lasts for ever ◆ (Prov) **tout vient à point à qui sait attendre** everything comes to he who waits (Prov)

4 ADVERBE

S'accorde en genre et en nombre devant un adjectif féminin qui commence par une consonne ou un **h** aspiré.

**a** **tout** + adjectif (= très) very; (= entièrement) quite ◆ **il est tout étonné** he's very ou most surprised ◆ **c'est une toute jeune femme** she's a very young woman ◆ **elles étaient tout heureuses/toutes contentes** they were very ou extremely happy/pleased ◆ **les toutes premières années** the very first ou early years ◆ **c'est tout autre chose** that's quite another matter ◆ **c'est une tout autre histoire** that's quite another story ◆ **il a mangé sa viande toute crue** he ate his meat quite ou completely raw ◆ **c'est tout naturel** it's perfectly ou quite natural ◆ **toute petite, elle aimait la campagne** as a (very) small child she liked the country;

◆ **tout** + article + nom ◆ **c'est tout le contraire** it's quite the opposite ou the very opposite ◆ **avec toi c'est tout l'un ou tout l'autre** there's no in between with you, you see everything in black and white;

◆ **tout** (+ préposition) + nom ◆ **être tout yeux/oreilles** to be all eyes/ears ◆ **je suis tout ouïe !** (hum) I'm all ears! ◆ **tout (en) laine/coton** all wool/cotton ◆ **il était tout à son travail** he was entirely taken up by ou absorbed in his work ◆ **habillé tout en noir** dressed all in black, dressed entirely in black ◆ **un style tout en nuances** a very subtle style, a style full of nuances ◆ **un jeu tout en douceur** a very delicate style of play ◆ **il était tout en sueur** he was dripping with sweat ◆ **elle était tout en larmes** she was in floods of tears ◆ **le jardin est tout en fleurs** the garden is a mass of flowers;

◆ **tout** + adverbe ◆ **tout près** ou **à côté** very near ou close ◆ **tout là-bas** right over there ◆ **tout en bas de la colline** right at the bottom of the hill ◆ **tout au fond** right at the bottom, at the very bottom ◆ **tout simplement** ou **bonnement** quite simply ◆ **je vois cela tout autrement** I see it quite differently ◆ **je le sais tout autant que toi** I know it as well as you do, I'm as aware of it as you are ◆ **j'aime ça tout aussi peu que lui** I like that as little as he does ◆ **tout plein** * **de cartes postales** loads * of postcards ◆ **il est gentil/mignon tout plein** * he's really very ou really awfully * nice/sweet

◆ **tout** + verbe ◆ **tu t'es tout sali** you've got yourself all dirty ◆ **tu as tout sali tes habits** you've got your clothes all dirty

**b** [= déjà] **tout prêt, tout préparé** ready-made ◆ **phrases toutes faites** ready-made ou set ou standard phrases ◆ **idées toutes faites** preconceived ideas, unquestioning ideas

**c** **tout en** + participe présent (simultanéité) ◆ **tout en marchant/travaillant** as ou while you walk/work, while walking/working ◆ **elle tricotait tout en regardant la télévision** she was knitting while watching television ◆ **je suis incapable de travailler tout en écoutant de la musique** I can't work and listen to music at the same time

(opposition) ◆ **tout en prétendant le contraire il voulait être élu** (al)though he pretended otherwise he wanted to be elected ◆ **tout en reconnaissant ses mérites je ne suis pas d'accord avec lui** (al)though ou even though I recognize his strengths I don't agree with him

**d** **tout** + nom ou adjectif + **que** (concession) ◆ **tout médecin qu'il soit** even though ou although he's a doctor, I don't care if he's a doctor ◆ **toute malade qu'elle se prétende** however ill ou no matter how ill she says she is ◆ **leur appartement, tout grand qu'il est, ne suffira pas** however large ou no matter how large their flat is, it won't be enough

**e** [expressions figées]

◆ **tout à fait** quite, entirely, altogether ◆ **ce n'est pas tout à fait la même chose** it's not quite the same thing ◆ **c'est tout à fait faux/exact** it's quite ou entirely wrong/right ◆ **il est tout à fait charmant** he's absolutely ou quite charming ◆ **je suis tout à fait d'accord avec vous** I'm in complete agreement with you, I agree completely ou entirely with you ◆ **vous êtes d'accord ? – tout à fait !** do you agree? – absolutely!

◆ **tout à l'heure** (= plus tard) later, in a short ou little while; (= peu avant) just now, a short while ago, a moment ago ◆ **je repasserai tout à l'heure** I'll come back later ◆ **tout à l'heure tu as dit que ...** (à l'instant) you said just now that ...; (il y a plus longtemps) you said earlier that ... ◆ **à tout à l'heure !** see you later!

◆ **tout de suite** straightaway, at once, immediately ◆ **j'ai tout de suite compris que ...** I understood straightaway that ... ◆ **alors, tu es prêt ? – tout de suite !** are you ready then? – just a second! ◆ **vous le voulez pour quand ? – pas tout de suite** when do you want it for? – there's no rush ◆ **ce n'est pas pour tout de suite** (= ce n'est pas près d'arriver) it won't happen overnight; (= c'est assez improbable) it's hardly likely to happen

5 NOM MASCULIN

**a** [= ensemble] whole ◆ **ces éléments forment un tout** these elements make up a whole ◆ **acheter/vendre/prendre le tout** to buy/sell/take the (whole) lot ou all of it (ou them) ◆ **le grand Tout** (Rel) the Great Whole ◆ **jouer** ou **tenter** ou **risquer le tout pour le tout** to stake one's all

**b** avec **être** (= l'essentiel) ◆ **le tout est qu'il parte à temps** the main ou most important thing is that he leaves in time ◆ **le tout c'est de faire vite** the main thing is to be quick about it ◆ **c'est pas le tout** * **mais j'ai du travail** this is all very well but I've got work to do ◆ **ce n'est pas le tout de s'amuser, il faut travailler** we can't just enjoy ourselves, we must get down to work

**c** [dans une charade] **mon tout est un roi de France** my whole ou all is a king of France d **du tout** (en réponse) ◆ **(pas) du tout !** not at all! ◆ **il n'y a pas de pain du tout** there's no bread at all ◆ **il n'y a plus du tout de pain** there's no bread left at all ◆ **je n'entends/ne vois rien du tout** I can't hear/see a thing, I can't hear/see anything at all ◆ **sans s'inquiéter du tout** without worrying at all

◆ **du tout au tout** (= complètement) completely ◆ **il avait changé du tout au tout** he had changed completely ◆ **la situation s'est modifiée du tout au tout** the situation has completely changed

**tout-à-l'égout** [tutalegu] nm inv (= système) mains drainage (NonC); (= tuyau) main sewer

**Toutankhamon** [tutɑ̃kamɔ̃] nm Tutankhamen, Tutankhamun

**Toutatis** [tutatis] nm Teutates

**toute-épice,** pl **toutes-épices** [tutepis] nf allspice, pimento, Jamaica pepper

**toutefois** [tutfwa] → SYN adv however ◆ **sans toutefois que cela les retarde** without that delaying them, however ◆ **si toutefois il est d'accord** if he agrees, that is

**tout-en-un** [tutɑ̃nœ̃] adj inv all-in-one

**toute-puissance,** pl **toutes-puissances** [tutpɥisɑ̃s] → SYN nf omnipotence (NonC)

**tout-fou** *, pl **tout-fous** [tufu] 1 adj m over-excited

2 nm ◆ **il fait son tout-fou** he's a bit over-excited

**toutim** * [tutim] nm ◆ **et (tout) le toutim** the whole caboodle *, the whole lot (Brit)

**toutou** [tutu] nm (langage enfantin) doggie, bow-wow (langage enfantin) ◆ **suivre qn/obéir à qn comme un toutou** to follow sb about/obey sb as meekly as a lamb

**Tout-Paris** [tupaʀi] nm ◆ **le Tout-Paris** the Paris smart set, the tout-Paris ◆ **le Tout-Paris artistique assistait au vernissage** the artistic elite of Paris attended the preview of the exhibition

**tout-petit,** pl **tout-petits** [tup(ə)ti] nm toddler, tiny tot ◆ **jeu pour les tout-petits** game for the very young ou for toddlers ou tiny tots

**tout-puissant, toute-puissante,** mpl **tout-puissants** [tupɥisɑ̃, tutpɥisɑ̃t] → SYN 1 adj almighty, omnipotent, all-powerful

2 nm ◆ **le Tout-Puissant** the Almighty

**tout-terrain,** pl **tout-terrains** [tuteʀɛ̃] 1 adj véhicule four-wheel drive (épith), cross-country (épith) ◆ **vélo tout-terrain** mountain bike ◆ **moto tout-terrain** trail bike

2 nm ◆ **le tout-terrain** (Sport) (en voiture) cross-country racing; (en vélo) mountain biking; (en moto) trail-biking ◆ **faire du tout-terrain** (en voiture) to go cross-country racing; (en vélo) to go mountain-biking; (en moto) to go trail-biking

**tout(-)va** [tuva] **à tout(-)va** loc adv left, right and centre

**tout-venant** [tuv(ə)nɑ̃] nm inv (= charbon) raw coal ◆ **le tout-venant** (= articles, marchandises) the run-of-the-mill ou ordinary stuff

**toux** [tu] → SYN nf cough ◆ **toux grasse/sèche/nerveuse** loose/dry/nervous cough; → **quinte**

**toxémie** [tɔksemi] nf blood poisoning, toxaemia (Brit), toxemia (US)

**toxicité** [tɔksisite] → SYN nf toxicity

**toxico** * [tɔksiko] nmf (abrév de **toxicomane**) junkie *

**toxicodépendance** [tɔksikodepɑ̃dɑ̃s] nf drug-dependency

**toxicodépendant, e** [tɔksikodepɑ̃dɑ̃, ɑ̃t] nm,f drug-dependent

**toxicologie** [tɔksikɔlɔʒi] nf toxicology

**toxicologique** [tɔksikɔlɔʒik] adj toxicological

**toxicologue** [tɔksikɔlɔg] nmf toxicologist

**toxicomane** [tɔksikɔman] → SYN 1 adj drug-addicted, addicted to drugs

2 nmf drug addict

**toxicomaniaque** [tɔksikɔmanjak] adj habitude, pratique (drug) addiction-related

**toxicomanie** [tɔksikɔmani] nf drug addiction

**toxicose** [tɔksikoz] nf toxicosis

**toxidermie** [tɔksidɛʀmi] nf toxicodermatitis

**toxi-infectieux, -ieuse** [tɔksiɛ̃fɛksjø, jøz] adj toxinfectious

**toxi-infection,** pl **toxi-infections** [tɔksiɛ̃fɛksjɔ̃] nf toxinfection

**toxine** [tɔksin] → SYN nf toxin

**toxique** [tɔksik] 1 adj toxic ◆ **substance toxique pour l'organisme** substance that is toxic ou poisonous to the system

2 nm toxin, poison

**toxocarose** [tɔksokaʀoz] nf toxocariasis

**toxoplasme** [tɔksoplasm] nm toxoplasma

**toxoplasmose** [tɔksoplasmoz] nf toxoplasmosis

**TP** [tepe] 1 nm a (abrév de **Trésor public**) → **trésor**

b (abrév de **travaux pratiques**) (Univ) practical

2 nf (abrév de **trésorerie principale**) → **trésorerie**

3 nmpl (abrév de **travaux publics**) → **travail**[1]

**TPE** [tepeə] nm (abrév de **terminal de paiement électronique**) EFTPOS

**TPG** [tepeʒe] nm (abrév de **trésorier-payeur général**) → **trésorier**

**TPV** [tepeve] nm (abrév de **terminal point de vente**) POST

**trac**[1] [tʀak] → SYN nm (Théât, en public) stage fright; (aux examens) (exam) nerves ◆ **avoir le trac** (Théât, en public) (sur le moment) to have stage fright; (à chaque fois) to get stage fright; (aux examens) (sur le moment) to be nervous; (à chaque fois) to get nervous, get (an attack ou fit of) nerves ◆ **ficher le trac à qn** * to give sb a fright, put the wind up sb * (Brit)

**trac**[2] [tʀak] **tout à trac** loc adv dire, demander right out of the blue

**traçabilité** [tʀasabilite] nf traceability

**traçage** [tʀasaʒ] nm a [ligne, triangle, plan, chiffre, mot] drawing; [courbe de graphique] plotting

b [route, piste] (= déblaiement) opening up; (= balisage) marking out

c (Min) heading

d (Tech) tracing

**traçant, e** [tʀasɑ̃, ɑ̃t] adj a racine running, creeping

b obus, balle tracer (épith); → **table**

**tracas** [tʀaka] → SYN 1 nm (littér † = embarras) bother, upset ◆ **se donner bien du tracas** to give o.s. a great deal of trouble

2 nmpl (= soucis, ennuis) worries

**tracasser** [tʀakase] → SYN ▸ conjug 1 ◂ 1 vt (gén) to worry, bother; [administration] to harass, bother ◆ **qu'est-ce qui te tracasse ?** what's bothering ou worrying ou bugging * you?

2 **se tracasser** vpr (= se faire du souci) to worry, fret ◆ **ne te tracasse pas pour si peu !** don't worry ou fret over a little thing like that!

**tracasserie** [tʀakasʀi] → SYN nf (gén pl) harassment ◆ **j'en ai assez de toutes ces tracasseries administratives !** I'm fed up with all this irritating red tape! ◆ **à la suite de cette loi, beaucoup d'étrangers ont subi des tracasseries administratives** in the aftermath of this law many foreigners were hassled * ou harassed by the authorities

**tracassier, -ière** [tʀakasje, jɛʀ] → SYN adj fonctionnaire, bureaucratie pettifogging

**trace** [tʀas] → SYN nf a (= empreinte) [animal, fugitif, pneu] tracks ◆ **la trace du renard diffère de celle de la belette** the fox's tracks differ from those of the weasel ◆ **suivre une trace de blaireau** to follow some badger tracks ◆ **traces de doigt** (sur disque, meuble) finger marks ◆ **traces de pas** footprints ◆ **traces de pneus** tyre tracks

b (= chemin frayé) track, path; (Ski) track ◆ **s'ouvrir une trace dans les broussailles** to open up a track ou path through the undergrowth ◆ **faire la trace** (Alpinisme, Ski) to be the first to ski (ou walk etc) on new snow ◆ **on voyait leur trace dans la face nord** we could see their tracks on the north face ◆ **trace directe** (Ski) direct descent

c (= marque) [sang] trace; [brûlure, encre] mark; [outil] mark; [blessure, maladie] mark ◆ **traces de freinage** brake marks ◆ **traces d'effraction** signs of a break-in ◆ **il n'y avait pas de trace écrite** nothing had been put down in writing ◆ **la victime portait des traces de coups au visage** there were bruises on the victim's face ◆ **le corps ne présentait aucune trace de violence** there were no signs of violence on the body ◆ **les traces de la souffrance** (littér) the marks of suffering ◆ **des traces de fatigue se lisaient sur son visage** his face showed signs of tiredness ou bore the marks of tiredness ◆ **cet incident avait laissé une trace durable/profonde dans son esprit** the incident had left an indelible/a definite mark on his mind

d (= indice) trace ◆ **il n'y avait pas trace des documents volés/du fugitif dans l'appartement** there was no trace of the stolen documents/of the fugitive in the flat ◆ **on ne trouve pas trace de cet événement dans les journaux** there's no trace of this event to be found in the papers

e (= vestige : gén pl) [bataille, civilisation] trace; (= indice) [bagarre] sign ◆ **on voyait encore les traces de son passage** there was still evidence that he had recently passed by ◆ **retrouver les traces d'une civilisation disparue** to discover the traces ou signs of a lost civilisation

f (= quantité minime) [poison, substance] trace ◆ **on y a trouvé de l'albumine à l'état de trace** traces of albumen have been found ◆ **il ne montrait nulle trace de repentir/de chagrin** he showed no trace of regret/of sorrow ou no sign(s) of being sorry/of sorrow ◆ **sans une trace d'accent étranger** without a ou any trace of a foreign accent ◆ **il parlait sans la moindre trace d'émotion dans la voix** he spoke without the slightest trace ou hint of emotion in his voice

g (Loc) **disparaître sans laisser de traces** [personne] to disappear without trace; [tache] to disappear completely without leaving a mark ◆ **être sur les traces** ou **la trace de** [+ fugitif] to be on the trail of; [+ complot, document] to be on the track of ◆ **perdre la trace d'un fugitif** to lose track of ou lose the trail of a fugitive ◆ **retrouver la trace d'un fugitif** to pick up the trail of a fugitive again ◆ **marcher sur** ou **suivre les traces de qn** (fig) to follow in sb's footsteps ◆ **suivre à la trace** [+ gibier, fugitif] to track ◆ **les journalistes la suivaient à la trace** reporters followed her wherever she went ◆ **on peut le suivre à la trace !** (iro) you can always tell when he has been here!

**tracé** [tʀase] → SYN nm a (= plan) [réseau routier ou ferroviaire, installations] layout, plan; [frontière] line ◆ **corriger le tracé de la frontière entre deux pays** to redraw the border between two countries

b (= parcours) [ligne de chemin de fer, autoroute] route; [rivière] line, course; [itinéraire] course; (= contour) [côte, crête] line

c (= graphisme) [dessin, écriture] line

**tracer** [tʀase] → SYN ▸ conjug 3 ◂ 1 vt a (= dessiner) [+ ligne, triangle, plan, trait] to draw; [+ courbe de graphique] to plot; (= écrire) [+ chiffre, mot] to write ◆ **tracer le tableau d'une époque** (fig) to draw ou paint the picture of a period

b [+ frontière] to mark out; [+ route, piste] (= frayer) to open up; (= baliser) to mark out ◆ **tracer le chemin** ou **la voie à qn** (fig) to show sb the way ◆ **son avenir est tout tracé** his future is all mapped out ◆ **tracer une frontière entre ce qui est possible et ce qui est souhaitable** to mark a boundary between what is possible and what is desirable ◆ **tracer le parcours d'une autoroute** to mark out the path of a motorway

c (= définir) [+ programme d'action] to outline ◆ **tracer les grandes lignes d'un projet** to give a broad outline of a project

d (= retrouver l'origine de) [+ produit] to trace the origin of

2 vi a (‡ = aller vite) to belt along *, shift * (Brit) ◆ **il trace sur ses rollers/sa moto !** he really belts along * on those roller skates/on that motorbike! ◆ **allez, trace !** ou **que ça trace !** get a move on! *

b (Bot) to creep (horizontally)

**traceur, -euse** [tʀasœʀ, øz] 1 adj (Sci) substance tracer (épith)

[2] nm (= appareil enregistreur) pen; (Sci) tracer ◆ **traceur radioactif** radioactive tracer ◆ **traceur (de courbes)** (Ordin) (graph) plotter ◆ **traceur de cartes** chart plotter

**trachéal, e,** mpl **-aux** [trakeal, o] adj tracheal

**trachée** [traʃe] nf **a** (Anat) **trachée(-artère)** windpipe, trachea (SPÉC)
**b** (Zool) trachea

**trachéen, -enne** [trakeɛ̃, ɛn] adj (Zool) tracheal

**trachéite** [trakeit] nf tracheitis (NonC) ◆ **avoir une trachéite, faire de la trachéite** to have tracheitis

**trachéobronchite** [trakeobrɔ̃ʃit] nf tracheobronchitis

**trachéotomie** [trakeɔtɔmi] nf tracheotomy

**trachome** [trakom] nm trachoma

**traçoir** [traswar] nm [dessinateur, graveur] scriber; [jardinier] drill marker

**tract** [trakt] → SYN nm leaflet, handout

**tractable** [traktabl] adj caravane towable

**tractation** [traktasjɔ̃] → SYN nf (gén péj) negotiation, dealings, bargaining (NonC)

**tracté, e** [trakte] adj tractor-drawn

**tracter** [trakte] → SYN ▸ conjug 1 ◂ vt to tow

**tracteur, -trice** [traktœr, tris] [1] adj véhicule towing ◆ **force tractrice** [cours d'eau] tractive force
[2] nm tractor

**tractif, -ive** [traktif, iv] adj tractive

**traction** [traksjɔ̃] → SYN nf **a** (Sci, gén = action, mouvement) traction ◆ **être en traction** to be in traction ◆ **résistance à la traction** (Sci) tensile strength ◆ **effort de traction** tensile stress ◆ **faire des tractions** (Sport) (en se suspendant) to do pull-ups; (au sol) to do push-ups ou press-ups (Brit)
**b** (= mode d'entraînement d'un véhicule) traction, haulage; (Rail) traction ◆ **traction animale/mécanique** animal/mechanical traction ou haulage ◆ **à traction animale** drawn ou hauled by animals ◆ **à traction mécanique** mechanically drawn ◆ **traction à vapeur/électrique** steam/electric traction ◆ **traction arrière** (Aut) rear-wheel drive ◆ **traction avant** (Aut) (= dispositif) front-wheel drive; (= voiture) car with front-wheel drive
**c** (Rail = service) **la traction** the engine and driver section ◆ **service du matériel et de la traction** mechanical and electrical engineer's department

**tractopelle** [traktɔpɛl] nm backhoe

**tractoriste** [traktɔrist] nmf tractor driver

**tractus** [traktys] nm (Anat) tract ◆ **tractus digestif** digestive tract

**tradescantia** [tradɛskɑ̃sja] nm tradescantia

**traditeur** [traditœr] nm traditor

**tradition** [tradisjɔ̃] → SYN nf **a** (gén) tradition ◆ **la Tradition** (Rel) Tradition ◆ **la tradition orale** the oral tradition ◆ **pays de tradition catholique/musulmane** Catholic/Muslim country ◆ **il est de tradition de faire/que** (+ subj) it is a tradition ou traditional to do/that ◆ **fidèle à la tradition** true to tradition ◆ **c'était bien dans la tradition française** it was very much in the French tradition ◆ **par tradition** traditionally ◆ **ce pays a une longue tradition artistique/de violence** this country has a long artistic tradition/a long history of violence
**b** (Jur = livraison) tradition, transfer

**traditionalisme** [tradisjɔnalism] nm traditionalism

**traditionaliste** [tradisjɔnalist] → SYN [1] adj traditionalist(ic)
[2] nm,f traditionalist

**traditionnel, -elle** [tradisjɔnɛl] → SYN adj pratique, interprétation, opinion traditional; (* = habituel) good old * (épith), usual ◆ **sa traditionnelle robe noire** * her good old * ou usual black dress

**traditionnellement** [tradisjɔnɛlmɑ̃] adv traditionally; (= habituellement) as always, as usual ◆ **traditionnellement vêtue de noir** dressed in black as always ou as is (ou was) her wont (hum) ◆ **un électorat traditionnellement favorable à la droite** an electorate who have traditionally voted for the Right

**traducteur, -trice** [tradyktœr, tris] → SYN [1] nm,f translator ◆ **traducteur-interprète** translator-interpreter
[2] nm (Ordin) translator

**traduction** [tradyksjɔ̃] → SYN nf **a** (= action, opération, technique) translation, translating (*de* from; *dans, en* into); (Scol = exercice) translation ◆ **la traduction de ce texte a pris trois semaines** it took three weeks to translate the text ◆ **école d'interprétariat et de traduction** institute of translation and interpreting ◆ **c'est une traduction assez libre** it's a fairly free translation ou rendering ◆ **une excellente traduction de Proust** an excellent translation of Proust ◆ **traduction fidèle/littérale** faithful ou accurate/literal translation ◆ **traduction automatique** machine ou automatic translation ◆ **traduction assistée par ordinateur** machine-aided translation ◆ **traduction simultanée** simultaneous translation ◆ **ce mot a plusieurs traductions différentes en anglais** this word can be translated in several different ways in English ◆ **il publie son troisième roman en traduction française** his third novel is being published in a French translation ◆ **son œuvre est disponible en traduction** his work is available in translation ◆ **ce poème perd beaucoup à la traduction** this poem loses a lot in translation
**b** (fig = interprétation) [sentiments] expression ◆ **la traduction concrète de ses promesses électorales se fait attendre** it's taking a long time for his election promises to be translated into concrete action

**traduire** [tradɥir] → SYN ▸ conjug 38 ◂ vt **a** [+ mot, texte, auteur] to translate (*en, dans* into) ◆ **traduit de l'allemand** translated from (the) German ◆ **comment se traduit ce mot en anglais ?** how does this word translate into English?
**b** (= exprimer) to convey, render, express; (= rendre manifeste) to be the expression of ◆ **les mots traduisent la pensée** words convey ou render ou express thought ◆ **ce tableau traduit un sentiment de désespoir** this picture conveys ou expresses a feeling of despair ◆ **sa peur se traduisait par une grande volubilité** his fear found expression in great volubility ◆ **cela s'est traduit par une baisse du pouvoir d'achat** the effect of this was a drop in buying power, it was translated into a drop in buying power
**c** (Jur) **traduire qn en justice/en correctionnelle** to bring sb before the courts/before the criminal court

**traduisible** [tradɥizibl] adj translatable ◆ **ce titre est difficilement traduisible** this title is difficult to translate, this title does not translate easily

**Trafalgar** [trafalgar] nm Trafalgar ◆ **coup de Trafalgar** underhand trick

**trafic** [trafik] → SYN nm **a** (péj) (= commerce clandestin) traffic; (= activité) trafficking; († = commerce) trade (*de* in) ◆ **trafic d'armes** arms dealing, gunrunning ◆ **faire le** ou **du trafic d'armes** to be engaged in arms dealing ou gunrunning ◆ **trafic de stupéfiants** ou **de drogue** drug trafficking ◆ **faire du trafic de stupéfiants** ou **de drogue** [gros trafiquant] to traffic in drugs; [revendeur] to deal in drugs ◆ **trafic d'enfants/de voitures volées** trafficking ou trade in children/in stolen cars
**b** (fig = activités suspectes) dealings; (* = manigances) funny business *, goings-on * ◆ **trafic des bénéfices** (Hist) selling of benefices ◆ **trafic d'influence** (Jur) influence peddling ◆ **il se fait ici un drôle de trafic** * there's some funny business going on here *, there are some strange goings-on here *
**c** (Aut, Aviat, Rail) traffic ◆ **trafic maritime/routier/aérien/ferroviaire** sea/road/air/rail traffic ◆ **ligne à fort trafic** line carrying dense ou heavy traffic ◆ **trafic (de) marchandises/(de) voyageurs** goods/passenger traffic ◆ **trafic fluide/dense sur le périphérique** light/heavy traffic on the ring road ◆ **le trafic est perturbé sur la ligne 6 du métro parisien** there are delays ou problems on line 6 of the Paris metro ◆ **trafic téléphonique** telephone traffic

**traficoter** * [trafikɔte] ▸ conjug 1 ◂ [1] vt **a** (= altérer) [+ vin] to doctor *; [+ moteur] to tamper ou fiddle with ◆ **traficoter les comptes** to fiddle ou cook * (Brit) the books
**b** (= réparer) [+ serrure, transistor, robinet] to mend, fix
**c** (= faire) **qu'est-ce qu'il traficote dans la cuisine ?** what's he up to ou doing in the kitchen?
[2] vi (péj) to traffic

**trafiquant, e** [trafikɑ̃, ɑ̃t] → SYN nm,f (péj) trafficker ◆ **trafiquant de drogue** drug trafficker ◆ **trafiquant d'armes** arms dealer, gunrunner ◆ **c'est un trafiquant de voitures volées** he deals in stolen cars

**trafiquer** [trafike] → SYN ▸ conjug 1 ◂ [1] vi (péj) to traffic, trade (illicitly) ◆ **trafiquer de son influence** to use one's influence to corrupt ends ◆ **trafiquer de ses charmes** † (hum) to offer one's charms for sale
[2] vt * **a** (= altérer) [+ vin] to doctor *; [+ moteur] to tamper ou fiddle with; [+ document] to tamper with; [+ chiffres] to fiddle, doctor ◆ **compteur trafiqué** meter that has been tampered with
**b** (= réparer) [+ serrure, appareil] to mend, fix
**c** (= gonfler) [+ moteur] to soup up *
**d** (= manigancer) **mais qu'est-ce que tu trafiques ?** what are you up to?

**tragédie** [traʒedi] → SYN nf (gén, Théât) tragedy ◆ **tragédie humaine/familiale** (fig) human/family tragedy ◆ **la manifestation a tourné à la tragédie** the demonstration ended in tragedy ◆ **ce n'est pas une tragédie !** * it's not the end of the world!

**tragédien** [traʒedjɛ̃] nm tragedian, tragic actor

**tragédienne** [traʒedjɛn] nf tragedienne, tragic actress

**tragicomédie** [traʒikɔmedi] nf (Théât, fig) tragicomedy

**tragicomique** [traʒikɔmik] adj (Théât, fig) tragicomic

**tragique** [traʒik] → SYN [1] adj (lit, fig) tragic ◆ **ce n'est pas tragique !** * it's not the end of the world!
[2] nm **a** (= auteur) tragedian, tragic author
**b** (= genre) **le tragique** tragedy
**c** (= caractère dramatique) [situation] tragedy ◆ **le tragique de la condition humaine** the tragedy of the human condition ◆ **la situation tourne au tragique** the situation is taking a tragic turn ◆ **prendre qch au tragique** to act as if sth were a tragedy, make a tragedy out of sth

**tragiquement** [traʒikmɑ̃] → SYN adv tragically

**tragus** [tragys] nm tragus

**trahir** [trair] → SYN ▸ conjug 2 ◂ [1] vt **a** [+ ami, patrie, cause, idéal] to betray; [+ promesse, engagement] to break ◆ **trahir la confiance/les intérêts de qn** to betray sb's confidence/interests ◆ **sa rougeur l'a trahie** her blushes gave her away ou betrayed her
**b** (= révéler, manifester) [+ secret, émotion] to betray, give away ◆ **trahir sa pensée** to betray ou reveal one's thoughts ◆ **son intonation trahissait sa colère** his intonation betrayed his anger
**c** (= lâcher) [forces, santé] to fail ◆ **ses forces l'ont trahi** his strength failed him ◆ **ses nerfs l'ont trahi** his nerves let him down ou failed him
**d** (= mal exprimer) (gén) to misrepresent; [+ vérité] to distort ◆ **ces mots ont trahi ma pensée** those words misrepresented what I had in mind ◆ **ce traducteur/cet interprète a trahi ma pièce** this translator/this performer has given a totally false rendering of my play
[2] **se trahir** vpr to betray o.s., give o.s. away ◆ **il s'est trahi par cette question** his question gave him away, by asking this question he gave himself away ◆ **sa peur se trahissait par un flot de paroles** his fear betrayed itself in a great flow of words

**trahison** [traizɔ̃] → SYN nf (gén) betrayal, treachery (NonC); (Jur, Mil = crime) treason ◆ **il est capable des pires trahisons** he is capable of the worst treachery; → **haut**

**train** [trɛ̃] → SYN [1] nm **a** (Rail) train ◆ **train omnibus/express/rapide** slow ou stopping/fast/express train ◆ **train express régional** local train ◆ **train direct** fast ou non-stop train ◆ **train à vapeur/électrique** steam/electric train ◆ **train de marchandises/voyageurs** goods/passenger train ◆ **train auto-couchettes** car-sleeper train, ≃ Motorail (Brit) ◆ **trains supplémentaires** extra trains ◆ **train à supplément** fast train *(on which one* *has to pay a supplement)* ◆ **c'est un train à supplément** you have to pay a supplement on this train ◆ **le train de Paris/Lyon** the Paris/Lyons train ◆ **train à grande vitesse** high-speed train ◆ **les trains de neige** the winter-sports trains ◆ **il est dans ce train** he's on ou aboard this train ◆ **mettre qn dans le train** ou **au train** * to see sb to the train, see sb off on the train ou at the station ◆ **voyager par le train, prendre le train** to travel by rail ou train, take the train ◆ **attraper/rater le train de 10 h 50** to catch/miss the 10.50 train ◆ **monter dans** ou **prendre le train en marche** (lit) to get on the moving train; (fig) to jump on ou climb onto the bandwagon ◆ **"Le Train sifflera trois fois"** (Ciné) "High Noon"

**b** (= allure) pace ◆ **ralentir/accélérer le train** to slow down/speed up, slow/quicken the pace ◆ **aller son train** to carry along ◆ **aller son petit train** to go along at one's own pace ◆ **l'affaire va son petit train** things are chugging ou jogging along (nicely) ◆ **aller bon train** [affaire, travaux] to make good progress; [voiture] to go at a good pace, make good progress ◆ **aller grand train** to make brisk progress, move along briskly ◆ **les langues des commères allaient bon train** the old wives' tongues were wagging away ou were going nineteen to the dozen (Brit) ◆ **mener/suivre le train** to set/follow the pace ◆ **mener grand train** (= dépenser beaucoup) to live in grand style, spend money like water ◆ **il allait à un train d'enfer** he was going flat out *, he was tearing along * ◆ **à un train de sénateur** ponderously ◆ **au train où il travaille** (at) the rate he's working ◆ **au** ou **du train où vont les choses, à ce train-là** the rate things are going, at this rate; → **fond**

**c** (LOC)

◆ **en train** ◆ **être en train** (= en action) to be under way; (= de bonne humeur) to be in good spirits ◆ **mettre qn en train** (= l'égayer) to put sb in good spirits ◆ **mettre un travail en train** (= le commencer) to get a job under way ou started ◆ **je suis long à me mettre en train le matin** it takes me a long time to get going * in the morning ◆ **mise en train** [travail] starting (up), start; (Typo) make-ready; (= exercices de gym) warm-up ◆ **être/se sentir en train** (= en bonne santé) to be/feel in good form ou shape ◆ **elle ne se sent pas très en train** she doesn't feel too good ou too bright *

◆ **être en train de faire qch** to be doing sth ◆ **être en train de manger/regarder la télévision** to be eating/watching television ◆ **j'étais juste en train de manger** I was (right) in the middle of eating, I was just eating ◆ **on l'a pris en train de voler** he was caught stealing

**d** (= file) [bateaux, mulets] train, line ◆ **le train (des équipages)** (Mil) ≃ the (Army) Service Corps ◆ **train de bois (de flottage)** timber raft ◆ **train spatial** (Espace) space train

**e** (Tech = jeu) **train d'engrenages** train of gears ◆ **train de pneus** set of (four) tyres

**f** (Admin = série) batch ◆ **train d'arrêtés/de mesures** batch of decrees/of measures ◆ **un premier train de réformes** a first batch ou set of reforms

**g** (= partie) **train avant/arrière** (Aut) front/rear wheel-axle unit ◆ **train de devant** [animal] forequarters ◆ **train de derrière** hindquarters

**h** ( * = derrière) backside *, rear (end) * ◆ **recevoir un coup de pied dans le train** to get a kick in the pants * ou up the backside ‡; → **filer, magner**

**2** COMP ▷ **train d'atterrissage** undercarriage, landing gear ▷ **train fantôme** ghost train ▷ **train de maison** † (= domestiques) household, retainers †; (= dépenses, installation) (household) establishment ▷ **train mixte** goods and passenger train ▷ **train d'ondes** wave train ▷ **train postal** mail train ▷ **train sanitaire** hospital train ▷ **train de sonde** drilling bit and pipe ▷ **train de vie** lifestyle, style of living ◆ **le train de vie de l'État** the government's rate of expenditure

**traînage** [tʀɛnaʒ] nm (par traîneaux) sledging, sledding (US); (Min) haulage

**traînailler** [tʀɛnaje] ▸ conjug 1 ◂ vi **a** (= être lent) to dawdle, dillydally

**b** (= vagabonder) to loaf ou hang about

**traînant, e** [tʀɛnɑ̃, ɑ̃t] → SYN adj voix, accent drawling (épith); robe, aile trailing (épith); démarche shuffling (épith)

**traînard, e** [tʀɛnaʀ, aʀd] → SYN nm,f (péj) (gén) slowcoach * (Brit), slowpoke * (US); (toujours en queue d'un groupe) straggler

**traînasser** [tʀɛnase] ▸ conjug 1 ◂ vi ⇒ **traînailler**

**traîne** [tʀɛn] → SYN nf **a** [robe] train

**b** (Pêche) dragnet ◆ **pêche à la traîne** dragnet fishing

**c** (fig) **être à la traîne** (en remorque) to be in tow; (* : en retard, en arrière) to lag behind

**traîneau, pl traîneaux** [tʀɛno] → SYN nm **a** (= véhicule) sleigh, sledge (Brit), sled (US) ◆ **promenade en traîneau** sleigh ride

**b** (Pêche) dragnet

**traînée** [tʀene] → SYN nf **a** (= laissée par un véhicule, un animal) trail, tracks; [humidité, sang] (sur un mur) streak, smear; (= bande, raie : dans le ciel, sur un tableau) streak ◆ **traînées de brouillard** wisps of fog ◆ **traînée de poudre** powder trail ◆ **la nouvelle s'est répandue** ou **propagée comme une traînée de poudre** the news spread like wildfire

**b** ‡ (péj = femme de mauvaise vie) slut, hussy †

**c** (Tech = force) drag

**traînement** [tʀɛnmɑ̃] nm [jambes, pieds] trailing, dragging; [voix] drawl

**traîne-misère** [tʀɛnmizɛʀ] nm inv wretch

**traîne-patins** * [tʀɛnpatɛ̃] nm inv ⇒ **traîne-savates**

**traîner** [tʀene] → SYN ▸ conjug 1 ◂ **1** vt **a** (= tirer) [+ sac, objet lourd, personne] to pull, drag ◆ **traîner un meuble à travers une pièce** to pull ou drag a piece of furniture across a room ◆ **traîner qn par les pieds** to drag sb along by the feet ◆ **traîner les pieds** (lit) to drag one's feet, shuffle along; (fig = hésiter) to drag one's feet ◆ **traîner la jambe** ou **la patte** * to limp, hobble ◆ **elle traînait sa poupée dans la poussière** she was trailing ou dragging her doll through the dust ◆ **traîner ses guêtres** * (fig) to knock around * ◆ **il a traîné ses guêtres en Afrique** * he knocked around Africa * ◆ **traîner la savate** * (fig) to bum around ‡ ◆ **traîner qn dans la boue** ou **fange** (fig) to drag sb ou sb's name through the mud ◆ **traîner un boulet** (fig) to have a millstone round one's neck

**b** (= emmener : péj) to drag ◆ **elle est obligée de traîner ses enfants partout** she has to trail ou drag her children along (with her) everywhere ◆ **il traîne toujours une vieille valise avec lui** he's always dragging ou lugging * an old suitcase around with him ◆ **traîner de vieilles idées/des conceptions surannées** to cling to old ideas/to outdated conceptions

**c** (= subir) **elle traîne cette bronchite depuis janvier** this bronchitis has been with her ou plaguing her since January ◆ **elle traîne un mauvais rhume** she's got a bad cold she can't get rid of ou shake off ◆ **traîner une existence misérable** to drag out a wretched existence

**d** (= faire durer) to drag out, draw out ◆ **traîner les choses en longueur** to drag things out

**e** **(faire) traîner** [+ mots] to drawl; [+ fin de phrase] to drag out, drawl ◆ **(faire) traîner sa voix** to drawl

**2** vi **a** [personne] (= rester en arrière) to lag ou trail behind; (= aller lentement) to dawdle; (péj = errer) to hang about ◆ **traîner en chemin** to dawdle on the way ◆ **traîner dans les rues** to roam the streets, hang about the streets ◆ **elle laisse ses enfants traîner dans la rue** she lets her children hang about the street(s) ◆ **il traîne pour se préparer** he dawdles when he gets dressed, he takes ages to get dressed ◆ **traîner en peignoir dans la maison** to trail round ou hang about in one's dressing-gown in the house ◆ **traîner au lit** to lounge in bed ◆ **on est en retard, il ne s'agit plus de traîner** we're late – we must stop hanging around ou dawdling ◆ **traîner dans les cafés** to hang around the cafés ◆ **après sa maladie, il a encore traîné 2 ans** after his illness he lingered on for 2 years

**b** [chose] (= être éparpillé) to lie about ou around ◆ **ses livres traînent sur toutes les chaises** his books are lying about on all the chairs ◆ **ne laisse pas traîner ton argent/tes affaires** don't leave your money/your things lying about ou around ◆ **des histoires/idées qui traînent partout** stories/ideas that float around everywhere ◆ **elle attrape tous les microbes qui traînent** ou **tout ce qui traîne** she catches anything that's going

**c** (= durer trop longtemps) to drag on ◆ **un procès qui traîne** a case which is dragging on ◆ **une maladie qui traîne** a lingering illness, an illness which drags on ◆ **la discussion a traîné en longueur** the discussion dragged on for ages ou dragged on and on ◆ **ça n'a pas traîné !** * that wasn't long coming! ◆ **il n'a pas traîné (à répondre)** * he was quick (with his answer), his answer wasn't long in coming, he replied immediately ◆ **ça ne traînera pas, il vous mettra tous à la porte** * he'll throw you all out before you know what's happening ou where you are ◆ **faire traîner qch en longueur** to drag sth out ◆ **doctrine où traînent des relents de fascisme** doctrine which still has a whiff of fascism about it

**d** [robe, manteau] to trail ◆ **ta ceinture/ton lacet traîne par terre** your belt/your shoelace is trailing ou dragging on the ground

**3** **se traîner** vpr **a** [personne fatiguée] to drag o.s.; [train, voiture] to crawl along ◆ **on se traînait à 20 à l'heure** we were crawling along at 20 ◆ **se traîner par terre** to crawl on the ground ◆ **avec cette chaleur, on se traîne** it's all you can do to drag yourself around in this heat ◆ **elle a pu se traîner jusqu'à son fauteuil** she managed to drag ou haul herself (over) to her chair ◆ **je ne peux même plus me traîner** I can't even drag myself about any more ◆ **se traîner aux pieds de qn** (fig) to grovel at sb's feet

**b** [conversation, journée, hiver] to drag on

**traîne-savates** * [tʀɛnsavat] nm inv (= vagabond) tramp, bum *; (= traînard) slowcoach (Brit), slowpoke (US)

**traîneur, -euse** [tʀɛnœʀ, øz] nm,f (péj) loafer

**training** [tʀeniŋ] → SYN nm **a** (= entraînement) training ◆ **training autogène** autogenic training

**b** (= chaussure) trainer; (= survêtement) tracksuit top

**train-train, traintrain** [tʀɛ̃tʀɛ̃] → SYN nm inv humdrum routine ◆ **le train-train de la vie quotidienne** the humdrum routine of everyday life, the daily round

**traire** [tʀɛʀ] → SYN ▸ conjug 50 ◂ vt [+ vache] to milk; [+ lait] to draw ◆ **machine à traire** milking machine

**trait** [tʀɛ] GRAMMAIRE ACTIVE 26.1 → SYN

**1** nm **a** (= ligne) (en dessinant) stroke; (en soulignant, dans un graphique) line ◆ **faire** ou **tirer** ou **tracer un trait** to draw a line ◆ **tirer un trait sur son passé** to make a complete break with one's past, sever all connections with one's past ◆ **tirons un trait sur cette affaire** let's put this business behind us ◆ **ta promotion ? tu peux tirer un trait dessus !** your promotion? you can forget about it! ou kiss it goodbye! * ◆ **dessin au trait** (Art) line drawing ◆ **le trait est ferme** (Art) the line is firm ◆ **d'un trait de plume** (lit, fig) with one stroke of the pen ◆ **trait de repère** reference mark ◆ **biffer qch d'un trait** to score ou cross sth out, put a line through sth ◆ **les traits d'un dessin/portrait** the lines of a drawing/portrait ◆ **dessiner qch à grands traits** to sketch sth roughly, make a rough sketch of sth ◆ **décrire qch à grands traits** to describe sth in broad outline ◆ **il l'a décrit en traits vifs et émouvants** he drew a vivid and moving picture of it

◆ **trait pour trait** ◆ **copier** ou **reproduire qch trait pour trait** to copy sth line by line, make a line for line copy of sth ◆ **ça lui ressemble trait pour trait** (fig) that's just ou exactly like him, that's him all over

**b** (= élément caractéristique) feature, trait ◆ **c'est un trait de cet auteur** this is a (characteristic) trait ou feature of this author ◆ **les traits dominants d'une époque/œuvre** the dominant features of an age/a work ◆ **avoir des traits de ressemblance avec** to have certain features in common with ◆ **il tient ce trait de caractère de son père** this trait comes to him from his father, he gets that from his father

**c** (= acte révélateur) **trait de générosité/courage/perfidie** act of generosity/courage/wickedness

**d** († = projectile) arrow, dart; (littér = attaque malveillante) taunt, gibe ◆ **filer** ou **partir comme un trait** to be off like a shot ◆ **trait mordant** biting taunt ◆ **un trait satirique/d'ironie** a shaft of satire/of irony (littér) ◆ **les traits de la calomnie** the darts of slander (littér)

**e** (= courroie) trace

**f** (= traction) **animal** ou **bête/cheval de trait** draught (Brit) ou draft (US) animal/horse

**g** (Mus) virtuosic passage

**h** (Rel) tract

**i** (= gorgée) gulp, draught (Brit), draft (US) ◆ **boire qch à longs** ou **grands traits** to take big ou large gulps of sth

◆ **d'un trait** dire in one breath; boire in one gulp, at one go; dormir uninterruptedly, without waking

**j** (Ling) **trait distinctif** distinctive feature

**k** (Échecs) **avoir le trait** to have the move ◆ **en début de partie les blancs ont toujours le trait** at the start of the game white always has first move ◆ **il avait le trait** it was his move, it was his turn to move

**l** **avoir trait à** to relate to, be connected with, have to do with, concern ◆ **tout ce qui a trait à cette affaire** everything relating to ou connected with ou (having) to do with ou concerning this matter

**2** **traits** nmpl (= physionomie) features ◆ **avoir des traits fins/réguliers** to have delicate/regular features ◆ **avoir les traits tirés/creusés** to have drawn/sunken features

**3** COMP ▷ **trait (d'esprit)** flash ou shaft of wit, witticism ▷ **trait de génie** brainwave, flash of inspiration ou genius ▷ **trait de lumière** (lit) shaft ou ray of light; (fig) flash of inspiration, sudden revelation (NonC) ▷ **trait de scie** cutting-line ▷ **trait d'union** (Typo) hyphen; (fig) link

**traitable** [tʀɛtabl] → SYN adj **a** (littér) personne accommodating, tractable (frm)

**b** sujet, matière manageable

**traitant, e** [tʀɛtɑ̃, ɑ̃t] adj **a** shampoing medicated; → **médecin**

**b** (Espionnage) **(officier) traitant** contact

**traite** [tʀɛt] → SYN nf **a** (= trafic) **traite des Noirs** slave trade ◆ **traite des Blanches** white slave trade

**b** (Comm = billet) draft, bill ◆ **tirer/escompter une traite** to draw/discount a draft ◆ **traite de cavalerie** accommodation bill, kite

**c** (= parcours) stretch

◆ **d'une (seule) traite** parcourir in one go, without stopping on the way; dire in one breath; boire in one gulp, at one go; dormir uninterruptedly, without waking

**d** [vache] milking ◆ **traite mécanique** machine milking ◆ **l'heure de la traite** milking time

**traité** [tʀete] → SYN nm **a** (= livre) treatise; (Rel = brochure) tract

**b** (= convention) treaty ◆ **traité de paix** peace treaty ◆ **le traité de Versailles/Paris** the Treaty of Versailles/Paris ◆ **conclure/ratifier un traité** to conclude/ratify a treaty

**traitement** [tʀɛtmɑ̃] → SYN nm **a** (= manière d'agir) treatment ◆ **traitement de faveur** special ou preferential treatment ◆ **le traitement social du chômage** social measures for fighting unemployment

**b** (Méd) treatment ◆ **suivre/prescrire un traitement douloureux** to undergo/prescribe painful treatment ou a painful course of treatment ◆ **traitement hormonal** (gén) hormone therapy; (après la ménopause) hormone replacement therapy ◆ **traitement chirurgical** surgery ◆ **traitement de fond** (lit) long term (course of) treatment ◆ **le problème du chômage nécessite un traitement de fond** what is required is a sustained approach to tackling unemployment ◆ **traitement de choc** (lit) intensive (course of) treatment; (fig) shock treatment ◆ **être en traitement (à l'hôpital)** to be having treatment (in hospital) ◆ **être sous traitement** to be undergoing treatment ◆ **les nouveaux traitements de** ou **contre la stérilité** new ways of treating sterility ◆ **les médicaments utilisés dans le traitement du cancer** cancer drugs, drugs used in the treatment of cancer

**c** (= rémunération) salary, wage; (Rel) stipend ◆ **toucher un bon traitement** to get a good wage ou salary

**d** (Tech) [matières premières, déchets] processing, treating

**e** (Ordin) processing ◆ **le traitement (automatique) de l'information** ou **des données** (automatic) data processing ◆ **traitement de texte** (= technique) word-processing; (= logiciel) word-processing package ◆ **machine** ou **système de traitement de texte** word processor ◆ **traitement par lots** batch processing ◆ **traitement d'images/du signal** image/(digital) signal processing ◆ **traitement de surface** surface treatment

**traiter** [tʀete] GRAMMAIRE ACTIVE 26.2 → SYN ▸ conjug 1 ◂

**1** vt **a** [+ personne, animal] to treat; (= soigner) [+ malade, maladie] to treat ◆ **traiter qn bien/mal/comme un chien** to treat sb well/badly/like a dog ◆ **traiter qn d'égal à égal** to treat sb as an equal ◆ **traiter qn en enfant/malade** to treat sb as ou like a child/an invalid ◆ **traiter durement qn** to be hard on sb, give sb a hard time ◆ **les congressistes ont été magnifiquement traités** the conference members were entertained magnificently ou treated royally ◆ **se faire traiter pour une affection pulmonaire** to undergo treatment for ou be treated for lung trouble ◆ **cette infection se traite facilement** this infection is easily treated

**b** (= qualifier) **traiter qn de fou/menteur** to call sb a fool/a liar ◆ **traiter qn de tous les noms** to call sb all the names imaginable ou all the names under the sun ◆ **ils se sont traités de voleur(s)** they called each other thieves ◆ **je me suis fait traiter d'imbécile** they called me a fool

**c** (= examiner, s'occuper de) [+ question] to treat, deal with; (Art) [+ thème, sujet] to treat; (Comm) [+ affaire] to handle, deal with; (Jur) [+ dossier, plainte] to deal with; (Mil) [+ objectif] to handle ◆ **il n'a pas traité le sujet** he hasn't dealt with the subject ◆ **le volume des affaires traitées a augmenté** (Bourse) the volume of trading has increased ◆ **le dollar se traitait à 5 F en fin de séance** the dollar was trading at 5 francs at the close ◆ **les valeurs qui se traitent à Paris** shares that are traded on the Paris stock exchange

**d** (Tech) [+ cuir, minerai, pétrole] to treat, process; [+ déchets] to process; (Ordin) [+ données] to process ◆ **non traité** untreated

**e** (Agr) [+ cultures] to treat, spray; [+ aliments] to treat ◆ **fruits non traités** unsprayed fruit

**2** **traiter de** vt indir to deal with, treat of (frm) ◆ **le livre/romancier traite des problèmes de la drogue** the book/novelist deals with ou treats of (frm) the problems of drugs

**3** vi (= négocier, parlementer) to negotiate, make ou do* a deal ◆ **traiter avec qn** to negotiate ou deal with sb, have dealings with sb ◆ **les pays doivent traiter entre eux** countries must deal ou have dealings with each other

**traiteur** [tʀɛtœʀ] → SYN nm caterer ◆ **épicier-traiteur** grocer and caterer

**traître, traîtresse** [tʀɛtʀ, tʀɛtʀɛs] → SYN **1** adj **a** personne treacherous, traitorous; allure treacherous; douceur, paroles perfidious, treacherous ◆ **être traître à une cause/à sa patrie** to be a traitor to a cause/to one's country, betray a cause/one's country

**b** (fig = dangereux) animal vicious; vin deceptive; escalier, virage treacherous ◆ **le soleil est traître aujourd'hui** the sun is hotter than it looks today

**c** (LOC) **il n'a pas dit un traître mot** he didn't breathe a word

**2** nm **a** (gén) traitor; (Théât) villain ◆ **le traître, il complotait pour m'offrir cette robe !** (hum) he's a sly one, he was planning to buy me this dress all along!

**b** († = perfide) scoundrel †

**c** **prendre/attaquer qn en traître** to take/attack sb off-guard, play an underhand trick/make an insidious attack on sb ◆ **je ne veux pas vous prendre en traître** I want to be up front with you ◆ **un coup en traître** a stab in the back

**3** **traîtresse** nf traitress

**traîtreusement** [tʀɛtʀøzmɑ̃] adv treacherously

**traîtrise** [tʀetʀiz] → SYN nf **a** (= caractère) treachery, treacherousness

**b** (= acte) piece ou act of treachery; (= danger) treacherousness (NonC), peril

**trajectographie** [tʀaʒɛktɔgʀafi] nf trajectory determination

**trajectoire** [tʀaʒɛktwaʀ] → SYN nf (gén) trajectory; [projectile] path ◆ **la trajectoire de la balle passa très près du cœur** the bullet passed very close to the heart ◆ **trajectoire de vol** flight path ◆ **les deux hommes n'ont pas du tout la même trajectoire politique** the two men have followed very different paths in politics ou have pursued very different political careers

**trajet** [tʀaʒɛ] → SYN nm **a** (= distance à parcourir) distance; (= itinéraire) route; (= parcours, voyage) trip, journey (Brit); (= par mer) voyage ◆ **un trajet de 8 km** a distance of 8 km ◆ **le trajet aller/retour** the outward/return trip ou journey (Brit) ◆ **choisir le trajet le plus long** to choose the longest route ou way ◆ **elle fait à pied le court trajet de son bureau à la gare** she walks the short distance from her office to the station ◆ **il a une heure de trajet pour se rendre à son travail** it takes him an hour to get to work ◆ **elle a dû refaire le trajet en sens inverse** she had to walk (ou drive etc ) back ◆ **faire le trajet de Paris à Lyon en voiture/train** to do the trip ou the journey (Brit) from Paris to Lyon by car/train ◆ **le trajet par mer est plus intéressant** the sea voyage ou crossing is more interesting ◆ **il prend l'autobus puis termine son trajet en métro** he takes the bus and goes the rest of the way on the metro ◆ **quel trajet il a parcouru depuis son dernier roman !** (fig) what a distance ou a long way he has come since his last novel!

**b** (Anat) [nerf, artère] course; [projectile] path

**tralala*** [tʀalala] **1** nm (= luxe, apprêts) fuss (NonC), frills; (= accessoires) fripperies ◆ **faire du tralala** to make a lot of fuss ◆ **en grand tralala** with all the works*, with a great deal of fuss ◆ **avec tout le tralala** with all the frills ou trimmings ◆ **et tout le tralala** and the whole kit and caboodle*, and the whole shebang* (US)

**2** excl ha ha! ◆ **tralala ! j'ai gagné !** ha ha! I've won!

**tram** [tʀam] nm ⇒ **tramway**

**tramail, pl tramails** [tʀamaj] nm trammel (net)

**trame** [tʀam] → SYN nf **a** [tissu] weft, woof ◆ **usé jusqu'à la trame** threadbare

**b** [roman] framework; [vie] web

**c** (Typo = quadrillage) screen; (TV = lignes) frame

**d** (Géog) network, system ◆ **la trame urbaine** the urban network ou system

**tramer** [tʀame] → SYN ▸ conjug 1 ◂ vt **a** [+ évasion, coup d'État] to plot; [+ complot] to hatch, weave ◆ **il se trame quelque chose** there's something brewing

**b** (Tex) to weave

**c** (Typo, Photo) to screen ◆ **cliché tramé** halftone

**traminot** [tʀamino] nm tram(way) (Brit) ou streetcar (US) worker

**tramontane** [tʀamɔ̃tan] nf tramontana

**tramp** [tʀɑ̃p] → SYN nm (Naut) tramp

**trampoline** [tʀɑ̃pɔlin] nm trampoline ◆ **faire du trampoline** to go ou do trampolining

**tramway** [tʀamwɛ] nm (= moyen de transport) tram(way); (= voiture) tram(car) (Brit), streetcar (US) ◆ **"Un Tramway nommé Désir"** (Littérat) "A Streetcar Named Desire"

**tranchant, e** [tʀɑ̃ʃɑ̃, ɑ̃t] → SYN **1** adj **a** couteau, arête sharp ◆ **du côté tranchant/non tranchant** with the sharp ou cutting/blunt edge

**b** (fig) personne, ton assertive, peremptory, curt

**2** nm **a** [couteau] sharp ou cutting edge ◆ **avec le tranchant de la main** with the edge of one's hand; → **double**

**b** (= instrument) [apiculteur] scraper; [tanneur] fleshing knife

**c** (fig) [argument, réprimande] force, impact

**tranche** [tʀɑ̃ʃ] → SYN nf **a** (= portion) [pain, jambon] slice; [bacon] rasher ◆ **tranche de bœuf** beefsteak ◆ **tranche de saumon** salmon steak ◆ **tranche napolitaine** neapolitan slice ◆ **en tranches** sliced, in slices ◆ **couper en tranches** to slice, cut into slices ◆ **tranche de silicium** (Ordin) silicon wafer ◆ **ils s'en sont payé une tranche*** they had a great time* ou a whale of a time*, they had great fun ou a lot of fun

**b** (= bord) [livre, pièce de monnaie, planche] edge; → **doré**

**c** (= section) (gén) section; (Fin) [actions, bons] block, tranche; [crédit, prêt] instalment; (Admin) [revenus] bracket; [imposition] band, bracket ◆ **tranche (d'émission)** (Loterie) issue ◆ **tranche d'âge/de salaires** (Admin) age/wage bracket ◆ **tranche horaire** (TV, Radio) (time) slot ◆ **tranche de temps** period of time ◆ **tranche de vie** slice of life ◆ **la première tranche des travaux** the first phase of the work

**d** (Boucherie = morceau) **tranche grasse** silverside ◆ **bifteck dans la tranche** ≈ piece of silverside steak

**tranché, e**[1] [tʀɑ̃ʃe] → SYN (ptp de **trancher**) **adj** **a** (= coupé) pain, saumon sliced

**b** (= distinct) couleurs clear, distinct; limite clear-cut, definite; opinion clear-cut, cut-and-dried

**tranchée**[2] [tʀɑ̃ʃe] → SYN **nf** **a** (gén, Mil = fossé) trench; → **guerre**

**b** (Sylviculture) cutting

**tranchées** [tʀɑ̃ʃe] **nfpl** (Méd) colic, gripes, tormina pl (SPÉC) ◆ **tranchées utérines** afterpains

**tranchefile** [tʀɑ̃ʃfil] **nf** [reliure] headband

**trancher** [tʀɑ̃ʃe] → SYN ▸ conjug 1 ◂ **1** **vt** **a** (= couper) [+ corde, nœud, lien] to cut, sever ◆ **trancher le cou** ou **la tête à qn** to cut off ou sever sb's head ◆ **trancher la gorge à qn** to cut ou slit sb's throat ◆ **le prisonnier s'est tranché la gorge** the prisoner slit ou cut his throat ◆ **la mort** ou **la Parque tranche le fil des jours** (littér) death severs ou the Fates sever the thread of our days; → **nœud, vif**

**b** (†, frm = mettre fin à) [+ discussion] to conclude, bring to a close ◆ **trancher court** ou **net** to bring things to an abrupt conclusion ◆ **tranchons là** let's close the matter there

**c** (= résoudre) [+ question, difficulté] to settle, decide, resolve; (sans complément = décider) to take a decision ◆ **trancher un différend** to settle a disagreement ◆ **le juge a dû trancher/a tranché que ...** the judge had to make a ruling/ruled that ... ◆ **il ne faut pas avoir peur de trancher** you mustn't be afraid of taking decisions ◆ **le gouvernement a tranché en faveur de ce projet** the government has decided ou has come out in favour of this plan

**2** **vi** (= faire contraste) [couleur] to stand out clearly (*sur, avec* against); [trait, qualité] to contrast strongly ou sharply (*sur, avec* with) ◆ **cette vallée sombre tranche sur le paysage environnant** this dark valley stands out against the surrounding countryside ◆ **la journée du dimanche a tranché sur une semaine très agitée** Sunday formed a sharp contrast to a very busy week ◆ **son silence tranchait avec** ou **sur l'hystérie générale** his silence was in stark contrast to the general mood of hysteria

**tranchet** [tʀɑ̃ʃɛ] **nm** [bourrelier, sellier] leather knife; [plombier] hacking knife

**trancheuse** [tʀɑ̃ʃøz] **nf** (à bois) cutter; (de terrassement) trencher; (à pain, à jambon) slicer

**tranchoir** [tʀɑ̃ʃwaʀ] → SYN **nm** **a** (Culin) (= plateau) trencher †, platter; (= couteau) chopper

**b** (= poisson) zanclus

**tranquille** [tʀɑ̃kil] → SYN **adj** **a** (= calme) eau, mer, air quiet, tranquil (littér); sommeil gentle, peaceful, tranquil (littér); vie, journée, vacances, endroit, quartier quiet, peaceful, tranquil (littér) ◆ **un coin tranquille** a quiet corner ◆ **un tranquille bien-être l'envahissait** a feeling of quiet ou calm well-being crept over him ◆ **c'est l'heure la plus tranquille de la journée** it's the quietest ou most peaceful time of day ◆ **aller/entrer d'un pas tranquille** to walk/go in calmly ◆ **ils mènent une petite vie bien tranquille** they have a nice quiet life

**b** (= serein) courage, conviction quiet, calm ◆ **avec une tranquille assurance** with quiet ou calm assurance

**c** (= paisible) tempérament, personne quiet, placid; voisins, enfants, élèves quiet ◆ **il veut être tranquille** he wants to have some peace (and quiet) ◆ **rester/se tenir tranquille** to keep ou stay/be quiet ◆ **nous étions bien tranquilles et il a fallu qu'il nous dérange** we were having a nice quiet ou peaceful time and he had to come and disturb us ◆ **j'aime être tranquille après le repas** I like (to have) some peace (and quiet) after my meal ◆ **ferme la porte, tu seras plus tranquille pour travailler** close the door, it'll be quieter for you to work ◆ **laisser qn tranquille** to leave sb in peace, give sb a bit of peace ◆ **laisser qch tranquille** to leave sth alone ou in peace ◆ **laisse-le donc tranquille, tu vois bien qu'il travaille/qu'il est moins fort que toi** leave him in peace ou let him be – you can see he's working/he's not as strong as you are ◆ **laissez-moi tranquille avec vos questions** stop bothering me with your questions ◆ **il est tranquille comme Baptiste** he's got nothing to worry about; → **père**

**d** (= sans souci) **être tranquille** to feel ou be easy in one's mind ◆ **tu peux être tranquille** you needn't worry, you can set your mind at rest ◆ **soyez tranquille, tout ira bien** don't worry – everything will be all right ◆ **je ne suis pas tranquille lorsqu'il est sur la route** I worry when he's out on the road ◆ **je serais plus tranquille si j'avais un poste stable** I'd feel easier in my mind if I had a steady job ◆ **pouvoir dormir tranquille** (lit) to be able to sleep easy (in one's bed) ◆ **tu peux dormir tranquille** (= être rassuré) you can rest easy, you needn't worry ◆ **comme ça, nous serons tranquilles** that way our minds will be at rest ◆ **maintenant je peux mourir tranquille** now I can die in peace ◆ **il a l'esprit tranquille** his mind is at rest ou at ease ◆ **pour avoir l'esprit tranquille** to set one's mind at rest, to feel easy in one's mind ◆ **avoir la conscience tranquille** to be at peace with one's conscience, have a clear conscience

**e** (* = certain) **être tranquille (que ...)** to be sure (that ...) ◆ **il n'ira pas, je suis tranquille** he won't go, I'm sure of it ◆ **tu peux être tranquille que ...** you may be sure that ..., rest assured that ... ◆ **soyez tranquille, je me vengerai** don't (you) worry ou rest assured – I shall have my revenge

**f** (Pharm) **baume tranquille** soothing balm ◆ **vin tranquille** still wine

**g** (* = facilement) easily ◆ **il l'a fait en trois heures tranquille** he did it in three hours easily ou no trouble* ◆ **il a gagné en trois sets, tranquille** he won easily in three sets ◆ **tu peux y aller tranquille** (= sans risque) you can go there quite safely

**tranquillement** [tʀɑ̃kilmɑ̃] **adv** **a** (= paisiblement) dormir, vivre peacefully; jouer quietly; (= sereinement) affirmer, annoncer calmly ◆ **tranquillement installé dans un fauteuil** sitting quietly in an armchair ◆ **il attendait tranquillement son tour** he calmly ou quietly waited his turn ◆ **on peut y aller tranquillement, ça ne risque plus rien*** we can go ahead safely – there's no risk now

**b** (= sans se presser) **vous pouvez y aller tranquillement en deux heures** you can get there easily ou without hurrying in two hours

**c** (= sans être dérangé) travailler in peace, quietly ◆ **j'aimerais pouvoir lire tranquillement** I'd like to have a quiet read, I'd like to read in peace ou quietly

**tranquillisant, e** [tʀɑ̃kilizɑ̃, ɑ̃t] → SYN **1** **adj** nouvelle reassuring; effet, produit soothing, tranquillizing

**2** **nm** (Méd) tranquillizer

**tranquilliser** [tʀɑ̃kilize] → SYN ▸ conjug 1 ◂ **1** **vt** ◆ **tranquilliser qn** to reassure sb, set sb's mind at rest ◆ **je suis tranquillisé** I'm reassured ou relieved

**2** **se tranquilliser** **vpr** to set one's mind at rest ◆ **tranquillise-toi, il ne lui arrivera rien** calm down ou take it easy, nothing will happen to him

**tranquillité** [tʀɑ̃kilite] → SYN **nf** **a** [eau, mer] quietness, tranquillity (littér); [sommeil] gentleness, peacefulness, tranquillity (littér); [vie, journée, vacances, endroit] quietness, peacefulness, tranquillity (littér)

**b** [courage, conviction, assurance] quietness; [personne] quietness, peacefulness

**c** (= paix) peace, tranquillity (littér) ◆ **en toute tranquillité** without being bothered ou disturbed ◆ **ils ont cambriolé la villa en toute tranquillité** they burgled the house without being disturbed (at all) ou without any disturbance ◆ **troubler la tranquillité publique** to disturb the peace ◆ **travailler dans la tranquillité** to work in peace ◆ **il tient beaucoup à sa tranquillité** all he wants is to be left in peace ◆ **je n'ai pas eu un seul moment de tranquillité** I haven't had a moment's peace

**d** (= absence d'inquiétude) **tranquillité (d'esprit)** peace of mind ◆ **tranquillité matérielle** material security ◆ **en toute tranquillité** with complete peace of mind, free from all anxiety ◆ **vous pouvez le lui confier en toute tranquillité** you can entrust it to him with absolute confidence

**trans...** [tʀɑ̃z] **préf** trans... ◆ **ligne trans(-)Pacifique** trans-Pacific route ◆ **réseau de communication transeuropéen** trans-European communications network ◆ **une éducation transculturelle** a cross-cultural education

**transaction** [tʀɑ̃zaksjɔ̃] → SYN **nf** **a** (Comm) transaction ◆ **transactions commerciales/financières/boursières** commercial/financial/stock exchange transactions ou dealings

**b** (Jur = compromis) settlement, compromise

**c** (Ordin) transaction

**transactionnel, -elle** [tʀɑ̃zaksjɔnɛl] **adj** (Ordin) transactional; (Jur) compromise (épith), settlement (épith) ◆ **formule transactionnelle** compromise formula ◆ **règlement transactionnel** compromise settlement ◆ **analyse transactionnelle** (Psych) transactional analysis

**transafricain, e** [tʀɑ̃zafʀikɛ̃, ɛn] **adj** transafrican

**transalpin, e** [tʀɑ̃zalpɛ̃, in] **adj** transalpine

**transamazonien, -ienne** [tʀɑ̃zamazɔnjɛ̃, jɛn] **adj** trans-Amazonian ◆ **(autoroute) transamazonienne** trans-Amazonian highway

**transaméricain, e** [tʀɑ̃zameʀikɛ̃, ɛn] **adj** trans-american

**transaminase** [tʀɑ̃zaminaz] **nf** transaminase

**transandin, e** [tʀɑ̃zɑ̃dɛ̃, in] **adj** trans-Andean

**transat** [tʀɑ̃zat] **1** **nm** (abrév de **transatlantique**) (= chaise longue) deckchair; (pour bébé) bouncer chair, bouncing cradle

**2** **nf** (abrév de **course transatlantique**) ◆ **transat en solitaire** single-handed transatlantic race ◆ **transat en double** two-man (ou two-woman) transatlantic race

**transatlantique** [tʀɑ̃zatlɑ̃tik] → SYN **1** **adj** transatlantic ◆ **course transatlantique** transatlantic race

**2** **nm** (= paquebot) transatlantic liner; (= fauteuil) deckchair

**transbahuter*** [tʀɑ̃sbayte] ▸ conjug 1 ◂ **1** **vt** to shift, lug along*, hump along* (Brit)

**2** **se transbahuter** **vpr** to traipse along*

**transbordement** [tʀɑ̃sbɔʀdəmɑ̃] **nm** (Naut, Rail) [marchandises] tran(s)shipment, transfer; [passagers] transfer ◆ **quai de transbordement** transfer dock

**transborder** [tʀɑ̃sbɔʀde] → SYN ▸ conjug 1 ◂ **vt** (Naut, Rail) [+ marchandises] to tran(s)ship, transfer; [+ passagers] to transfer

**transbordeur** [tʀɑ̃sbɔʀdœʀ] **nm** ◆ **(pont) transbordeur** transporter bridge

**transcanadien, -ienne** [tʀɑ̃skanadjɛ̃, jɛn] **1** **adj** trans-Canada (épith)

**2** **Transcanadienne** **nf** ◆ **la Transcanadienne** the Trans-Canada highway

**Transcaucasie** [tʀɑ̃skokazi] **nf** Transcaucasia

**transcaucasien, -ienne** [tʀɑ̃skokazjɛ̃, jɛn] **adj** Transcaucasian

**transcendance** [tʀɑ̃sɑ̃dɑ̃s] → SYN **nf** (Philos) transcendence, transcendency; (littér, †) (= excellence) transcendence (littér); (= fait de se surpasser) self-transcendence (littér)

**transcendant, e** [tʀɑ̃sɑ̃dɑ̃, ɑ̃t] → SYN **adj** **a** (littér = sublime) génie, mérite transcendent (littér) ◆ **ce n'est pas transcendant*** film, livre it's nothing special*, it's nothing to write home about*

**b** (Philos) transcendent(al) ◆ **être transcendant à** to transcend

**c** (Math) transcendental

**transcendantal, e,** mpl **-aux** [tʀɑ̃sɑ̃dɑ̃tal, o] → SYN **adj** transcendental

**transcendantalisme** [tʀɑ̃sɑ̃dɑ̃talism] **nm** transcendentalism

**transcender** [tʀɑ̃sɑ̃de] → SYN ▸ conjug 1 ◂ **1** vt to transcend
**2** **se transcender** vpr to transcend o.s.

**transcodage** [tʀɑ̃skɔdaʒ] **nm** (Ordin) compiling; (TV) transcoding

**transcoder** [tʀɑ̃skɔde] → SYN ▸ conjug 1 ◂ vt (Ordin) [+ programme] to compile; (TV) to transcode

**transcodeur** [tʀɑ̃skɔdœʀ] **nm** (Ordin) compiler; (TV) transcoder

**transconteneur** [tʀɑ̃skɔ̃t(ə)nœʀ] **nm** (= navire) container ship

**transcontinental, e,** mpl **-aux** [tʀɑ̃skɔ̃tinɑ̃tal, o] **adj** transcontinental

**transcriptase** [tʀɑ̃skʀiptɑz] **nf** ◆ **transcriptase inverse** reverse transcriptase

**transcripteur** [tʀɑ̃skʀiptœʀ] **nm** transcriber

**transcription** [tʀɑ̃skʀipsjɔ̃] → SYN **nf** **a** (= fait de copier) copying out, transcribing, transcription
**b** (= copie) transcript
**c** (= translittération) transcription, transliteration ◆ **transcription en braille** braille transcription
**d** (Mus, Ling, Bio) transcription ◆ **transcription phonétique** phonetic transcription ◆ **transcription génétique** genetic transcription

**transcrire** [tʀɑ̃skʀiʀ] → SYN ▸ conjug 39 ◂ vt **a** (= copier) to copy out, transcribe
**b** (= translittérer) to transcribe, transliterate
**c** (Mus, Ling, Bio) to transcribe
**d** (= restituer) [+ ambiance, réalité] to translate

**transculturel, -elle** [tʀɑ̃skyltyʀɛl] **adj** cross-cultural

**transdermique** [tʀɑ̃sdɛʀmik] **adj** substance transdermal ◆ **timbre autocollant transdermique** skin ou transdermal (SPÉC) patch

**transdisciplinaire** [tʀɑ̃sdisiplinɛʀ] **adj** interdisciplinary

**transdisciplinarité** [tʀɑ̃sdisiplinaʀite] **nf** interdisciplinary nature

**transducteur** [tʀɑ̃sdyktœʀ] **nm** transducer

**transduction** [tʀɑ̃sdyksjɔ̃] **nf** (Bio) transduction

**transe** [tʀɑ̃s] → SYN **1** **nf** (= état second) trance ◆ **être en transe** to be in a trance ◆ **entrer en transe** (lit) to go into a trance; (fig = s'énerver) to go into a rage, see red *
**2** **transes** nfpl (= affres) agony ◆ **être dans les transes** to be in ou suffer agony, go through agony ◆ **être dans les transes de l'attente/des examens** to be in agonies of anticipation/over the exams

**transept** [tʀɑ̃sɛpt] **nm** transept

**transférable** [tʀɑ̃sfeʀabl] → SYN **adj** transferable

**transférase** [tʀɑ̃sfeʀaz] **nf** transferase

**transfèrement** [tʀɑ̃sfɛʀmɑ̃] → SYN **nm** [prisonnier] transfer ◆ **transfèrement cellulaire** transfer by prison van

**transférentiel, -ielle** [tʀɑ̃sfeʀɑ̃sjɛl] **adj** transferential

**transférer** [tʀɑ̃sfeʀe] → SYN ▸ conjug 6 ◂ vt **a** [+ fonctionnaire, assemblée, bureaux] to transfer, move; [+ joueur, prisonnier] to transfer ◆ **transférer la production dans une autre usine** to transfer ou switch production to another factory ◆ **nos bureaux sont transférés au 5 rue de Lyon** our offices have transferred ou moved to 5 rue de Lyon
**b** (Ordin, Téléc) to transfer ◆ **faire transférer ses appels à un autre numéro** to have one's calls transferred to another number
**c** [+ dépouille mortelle, reliques] to transfer, translate (littér)
**d** (Fin) [+ capitaux] to transfer, move; (Comptab : par virement) to transfer
**e** (Jur) [+ propriété, droit] to transfer, convey (SPÉC)
**f** (Psych) to transfer (*sur* onto)

**transferrine** [tʀɑ̃sfeʀin] **nf** transferrin, beta globulin, siderophilin

**transfert** [tʀɑ̃sfɛʀ] → SYN **nm** **a** [fonctionnaire, assemblée, bureau, prisonnier, joueur] transfer ◆ **demander son transfert dans une filiale** to ask to be transferred to ou for a transfer to a subsidiary company ◆ **il est décédé pendant son transfert à l'hôpital** he died while he was being taken to hospital ◆ **transfert de technologie** (Écon) transfer of technology, technology transfer ◆ **transfert d'embryon** (Méd) embryo transfer
**b** (Ordin, Téléc) transfer ◆ **transfert (électronique) de données** (electronic) data transfer ◆ **transfert d'appel** call forwarding
**c** [dépouille mortelle, reliques] transfer, translation (littér)
**d** (Fin, Comptab) transfer ◆ **transfert de fonds** transfer of funds ◆ **tranferts sociaux** welfare transfers
**e** (Jur) [propriété, droit] transfer, conveyance
**f** (= décalcomanie) transfer (Brit), decal (US)
**g** (Psych) transference ◆ **faire un transfert sur qn** to transfer onto sb

**transfiguration** [tʀɑ̃sfigyʀasjɔ̃] → SYN **nf** transfiguration ◆ **la Transfiguration** (Rel) the Transfiguration

**transfigurer** [tʀɑ̃sfigyʀe] → SYN ▸ conjug 1 ◂ vt (= transformer) to transform, transfigure (frm); (Rel) to transfigure

**transfini, e** [tʀɑ̃sfini] **adj** ◆ **nombre transfini** transfinite number

**transfo** * [tʀɑ̃sfo] **nm** abrév de **transformateur**

**transformable** [tʀɑ̃sfɔʀmabl] → SYN **adj** structure convertible; aspect transformable; (Rugby) essai convertible

**transformateur, -trice** [tʀɑ̃sfɔʀmatœʀ, tʀis] → SYN **1** **adj** processus transformation (épith); action transforming (épith) ◆ **pouvoir transformateur** power to transform
**2** **nm** transformer

**transformation** [tʀɑ̃sfɔʀmasjɔ̃] → SYN **nf** **a** (= modification) [personne, caractère, pays] change, alteration; (radicale) transformation; [vêtement] alteration; (Bot, Zool) [larve, embryon] transformation; (Chim, Phys) [énergie, matière] conversion ◆ **travaux de transformation, transformations** alterations ◆ **subir des transformations** (gén) to be changed, undergo changes; (plus radical) to be transformed; (Chim, Phys) to be converted ◆ **opérer des transformations sur qch** to change sth; (plus radical) to transform sth ◆ **depuis son mariage, nous assistons chez lui à une véritable transformation** since he married we've seen a real transformation in him ou a complete change come over him; → **industrie**
**b** (Rugby) conversion ◆ **il a réussi la transformation** he converted the try
**c** (Géom, Math, Ling) transformation

**transformationnel, -elle** [tʀɑ̃sfɔʀmasjɔnɛl] **adj** transformational

**transformée** [tʀɑ̃sfɔʀme] **nf** (Math) transform

**transformer** [tʀɑ̃sfɔʀme] → SYN ▸ conjug 1 ◂ **1** vt **a** (= modifier) [+ personne, caractère, pays] to change, alter; (= changer radicalement, améliorer) to transform; [+ matière première] to convert; [+ vêtement] to alter, remake ◆ **on a transformé toute la maison** we've made massive alterations to the house, we've transformed the house ◆ **on a mis du papier peint et la pièce en a été transformée** we put up wallpaper and it has completely altered the look of the room ou it has transformed the room ◆ **le bonheur/son mariage l'a transformé** happiness/being married has transformed him ou made a new man of him ◆ **rêver de transformer la société/les hommes** to dream of transforming society/mankind ◆ **depuis qu'il va à l'école, il est transformé** he's been a different child since he started school
**b** (= convertir) **transformer qn/qch en** to turn sb/sth into ◆ **transformer la houille en énergie** to convert coal into energy ◆ **transformer du plomb en or** to turn ou change ou transmute lead into gold ◆ **on a transformé la grange en atelier** the barn has been converted ou turned ou made into a studio ◆ **elle a transformé leur maison en palais** she has transformed their house into a palace
**c** (Rugby) [+ essai] to convert ◆ **maintenant il faut transformer l'essai** (fig) now they (ou we etc) must consolidate their (ou our etc) gains ou ram their (ou our etc) advantage home
**d** (Géom, Math, Ling) to transform
**2** **se transformer** vpr **a** (= changer, évoluer) [personne, pays] to change, alter ◆ **la manifestation risque de se transformer en émeute** the demonstration could well turn into a riot
**b** (= se métamorphoser) (gén) to be transformed (*en* into); [énergie, matière] to be converted (*en* into) ◆ **la chenille se transforme en papillon** the caterpillar turns into a butterfly ◆ **la ville s'est étonnamment transformée en deux ans** the town has been transformed over the last two years ou has undergone amazing changes in two years ◆ **il s'est transformé depuis qu'il a ce poste** there's been a real transformation ou change in him ou a real change has come over him since he has had this job

**transformisme** [tʀɑ̃sfɔʀmism] → SYN **nm** transformism

**transformiste** [tʀɑ̃sfɔʀmist] **1** **adj, nmf** (= évolutionniste) transformist
**2** **nm** (= artiste qui se change très rapidement) quick-change artist; (= travesti) drag artist

**transfrontalier, -ière** [tʀɑ̃sfʀɔ̃talje, jɛʀ] **adj** cross-border

**transfuge** [tʀɑ̃sfyʒ] → SYN **nmf** (Mil, Pol) renegade

**transfusé, e** [tʀɑ̃sfyze] (ptp de **transfuser**) **adj** produit transfused ◆ **personne transfusée** person who has had a blood transfusion

**transfuser** [tʀɑ̃sfyze] → SYN ▸ conjug 1 ◂ vt [+ sang, liquide] to transfuse; [+ malade] to give a blood transfusion to; (fig, littér) to transfuse (littér) (*à* into), instil (*à* into), impart (*à* to)

**transfuseur** [tʀɑ̃sfyzœʀ] **nm** transfuser

**transfusion** [tʀɑ̃sfyzjɔ̃] → SYN **nf** ◆ **transfusion (sanguine)** (blood) transfusion ◆ **faire une transfusion à qn** to give sb a blood transfusion ◆ **centre de transfusion sanguine** blood transfusion centre

**transfusionnel, -elle** [tʀɑ̃sfyzjɔnɛl] **adj** système blood transfusion (épith) ◆ **il a été contaminé par voie transfusionnelle** he contracted the disease through a contaminated blood transfusion

**transgenèse** [tʀɑ̃sʒənɛz] **nf** transgenesis

**transgénique** [tʀɑ̃sʒenik] **adj** transgenic

**transgresser** [tʀɑ̃sgʀese] → SYN ▸ conjug 1 ◂ vt [+ règle, code] to infringe, contravene; [+ interdit] to defy; [+ tabou] to break; [+ ordre] to disobey, go against, contravene ◆ **transgresser la loi** to break the law

**transgresseur** [tʀɑ̃sgʀesœʀ] **nm** (littér) transgressor (littér)

**transgression** [tʀɑ̃sgʀesjɔ̃] → SYN **nf** [règle, code] infringement, contravention; [interdit] defiance; [ordre] disobedience, contravention; [tabou, loi] breaking ◆ **transgression marine** encroachment of the sea

**transhumance** [tʀɑ̃zymɑ̃s] → SYN **nf** transhumance

**transhumant, e** [tʀɑ̃zymɑ̃, ɑ̃t] **adj** transhumant

**transhumer** [tʀɑ̃zyme] ▸ conjug 1 ◂ vti to move to summer pastures

**transi, e** [tʀɑ̃zi] → SYN (ptp de **transir**) **adj** ◆ **être transi (de froid)** to be numb with cold ou chilled to the bone ou frozen to the marrow, be perished (Brit) ◆ **être transi de peur** to be paralyzed by fear, be transfixed ou numb with fear; → **amoureux**

**transiger** [tʀɑ̃ziʒe] → SYN ▸ conjug 3 ◂ vi **a** (dans un différend) to compromise, come to terms ou an agreement
**b** (fig) **transiger avec sa conscience** to come to terms ou to a compromise with one's conscience, make a deal with one's conscience ◆ **transiger avec le devoir** to come to a compromise with duty ◆ **ne pas transiger sur l'honneur/le devoir** to make no compromise in matters of honour/of duty ◆ **je me refuse à transiger sur ce point** I refuse to compromise on this point, I am adamant on this point

**transir** [tʀɑ̃ziʀ] → SYN ▸ conjug 2 ◂ vt (littér) [froid] to chill to the bone, numb, freeze to the marrow; [peur] to paralyze, transfix, numb

**transistor** [tʀɑ̃zistɔʀ] → SYN **nm** (= élément, poste de radio) transistor ◆ **transistor à effet de champ** field-effect transistor, FET

**transistorisation** [tʀɑ̃zistɔʀizasjɔ̃] **nf** transistorization

**transistoriser** [tʀɑ̃zistɔʀize] ▸ conjug 1 ◂ vt to transistorize ◆ **transistorisé** transistorized

**transit** [tʀɑ̃zit] → SYN nm transit ◆ **en transit** marchandises, voyageurs in transit ◆ **de transit** document, port, zone transit (épith) ◆ **le transit intestinal** digestion, intestinal transit (SPÉC) ◆ **les fibres alimentaires favorisent le transit intestinal** high-fibre foods relieve constipation ou facilitate regular bowel movements

**transitaire** [tʀɑ̃zitɛʀ] → SYN **1** adj pays of transit; commerce which is done in transit
**2** nmf forwarding ou freight agent ◆ **transitaires en douane** customs clearance agents

**transiter** [tʀɑ̃zite] → SYN ▸ conjug 1 ◂ **1** vt [+ marchandises] to pass ou convey in transit
**2** vi to pass in transit (*par* through)

**transitif, -ive** [tʀɑ̃zitif, iv] adj (Ling, Math, Philos) transitive

**transition** [tʀɑ̃zisjɔ̃] → SYN nf (gén, Art, Ciné, Mus, Sci) transition (*vers* to, towards; *entre* between) ◆ **période/gouvernement de transition** transitional ou transition period/government ◆ **mesure de transition** transitional measure ou step ◆ **sans transition, il enchaîna avec la météo** he moved straight onto the weather forecast ◆ **une tribu passée sans transition de l'âge de fer au vingtième siècle** a tribe who've gone straight from the Iron Age into the twentieth century ◆ **l'auteur passait sans transition du tragique au comique** the writer switched abruptly from tragedy to comedy

**transitionnel, -elle** [tʀɑ̃zisjɔnɛl] adj transitional

**transitivement** [tʀɑ̃zitivmɑ̃] adv transitively

**transitivité** [tʀɑ̃zitivite] nf (Ling, Philos) transitivity

**transitoire** [tʀɑ̃zitwaʀ] → SYN adj **a** (= fugitif) transitory, transient
**b** (= provisoire) régime, mesures transitional, provisional; fonction interim (épith), provisional ◆ **à titre transitoire** provisionally

**transitoirement** [tʀɑ̃zitwaʀmɑ̃] → SYN adv **a** (= de manière fugitive) transitorily, transiently
**b** (= provisoirement) provisionally

**Transjordanie** [tʀɑ̃sjɔʀdani] nf (Hist) Transjordan

**translatif, -ive** [tʀɑ̃slatif, iv] adj ◆ **acte translatif de propriété** deed of conveyance ou transfer ou assignment ◆ **procédure translative** conveyancing

**translation** [tʀɑ̃slasjɔ̃] → SYN nf **a** (Admin) [tribunal, évêque] translation (frm), transfer; (Jur) [droit, propriété] transfer, conveyance; (littér) [dépouille, cendres] translation (littér); (Rel) [fête] transfer, translation (frm)
**b** (Géom, Sci) translation ◆ **mouvement de translation** translatory movement ◆ **la translation de la Terre autour du soleil** the rotation ou the orbit of the Earth around the Sun

**translit(t)ération** [tʀɑ̃sliteʀasjɔ̃] nf transliteration

**translit(t)érer** [tʀɑ̃sliteʀe] ▸ conjug 6 ◂ vt to transliterate

**translocation** [tʀɑ̃slɔkasjɔ̃] nf (Bio) translocation

**translucide** [tʀɑ̃slysid] → SYN adj translucent

**translucidité** [tʀɑ̃slysidite] nf translucence, translucency

**transmanche** [tʀɑ̃smɑ̃ʃ] adj inv liaison, trafic cross-Channel (épith)

**transmetteur** [tʀɑ̃smetœʀ] nm (Téléc, Bio) transmitter ◆ **transmetteur d'ordres** (Naut) speaking tube

**transmettre** [tʀɑ̃smɛtʀ] GRAMMAIRE ACTIVE 21.2, 22, 23.1 → SYN ▸ conjug 56 ◂ vt **a** (= léguer) [+ biens, secret, autorité] to hand down, pass on; [+ qualité, recette] to pass on ◆ **sa mère lui avait transmis le goût de la nature** his mother had passed her love of nature on to him ◆ **c'est une recette qui se transmet de mère en fille** it's a recipe that's passed down from mother to daughter ◆ **un savoir-faire que l'on se transmet de génération en génération** knowledge that is passed down from generation to generation
**b** (= transférer) [+ autorité, pouvoir] to pass on, hand over, transmit (frm)
**c** (= communiquer) [+ message, ordre, renseignement] to pass on; (= faire parvenir) [+ lettre, colis] to send on, forward ◆ **ils se sont transmis tous les renseignements nécessaires** they exchanged all the necessary information ◆ **veuillez transmettre mes amitiés à Paul** kindly give ou convey my best wishes to Paul ◆ **veuillez transmettre mon meilleur souvenir à Paul** kindly give my regards to ou remember me to Paul ◆ **d'accord, je transmettrai** * OK, I'll pass on the message
**d** (Téléc) [+ signal] to transmit, send; (Radio, TV) [+ émission, discours] to broadcast ◆ **transmettre sur ondes courtes** (Téléc) to transmit on short wave; (Radio, TV) to broadcast on short wave
**e** (Sport) [+ ballon] to pass; [+ flambeau] to hand over, pass on
**f** (Sci) [+ énergie, impulsion] to transmit
**g** (Méd) [+ maladie] to pass on, transmit (*à* to); [+ microbe] to transmit (*à* to) ◆ **cette maladie se transmet par contact** the disease is passed on or transmitted by contact ◆ **une maladie qui se transmet sexuellement** a sexually transmitted disease, a disease transmitted by sexual contact ◆ **il risque de transmettre son rhume aux autres** he may pass on his cold to the others

**transmigration** [tʀɑ̃smigʀasjɔ̃] → SYN nf transmigration

**transmigrer** [tʀɑ̃smigʀe] ▸ conjug 1 ◂ vi to transmigrate

**transmissibilité** [tʀɑ̃smisibilite] → SYN nf transmissibility

**transmissible** [tʀɑ̃smisibl] → SYN adj **a** (Jur) patrimoine, droit, caractère transmissible, transmittable ◆ **ce document est transmissible par fax** this document can be sent by fax
**b** (Méd) maladie transmittable ◆ **virus transmissible par voie sanguine** virus that can be transmitted by the blood; → **maladie**

**transmission** [tʀɑ̃smisjɔ̃] → SYN nf **a** (= legs) [biens, secret, tradition] handing down, passing on; [qualité, recette] passing on ◆ **grâce à la transmission de ce savoir de génération en génération** because this knowledge has been passed down from generation to generation
**b** (= transfert) [autorité, pouvoir] passing on, handing over, transmission ◆ **transmission des pouvoirs** (Pol) handing over ou transfer of power
**c** (= communication) [message, ordre, renseignement] passing on; (= remise) [lettre, colis] sending on, forwarding ◆ **la transmission du savoir** transmission of knowledge ◆ **transmission des données** (Ordin) data transmission ◆ **transmission de pensées** thought transmission, telepathy ◆ **c'est de la transmission de pensée !** (hum) you (ou he etc) must be telepathic!
**d** (Téléc) [signal] transmission; (Radio, TV) [émission, discours] broadcasting ◆ **les transmissions** (Mil = service) ≃ the Signals (corps)
**e** (Sport) [ballon] passing
**f** (Sci) [énergie, impulsion] transmission ◆ **les organes de transmission, la transmission** (Aut, Tech) the parts of the transmission system, the transmission ◆ **transmission automatique** (Aut) automatic transmission; → **arbre, courroie**
**g** (Méd) [maladie] passing on, transmission; [microbe] passing on ◆ **le mode de transmission du virus** the mode of transmission of the virus

**transmodulation** [tʀɑ̃smɔdylasjɔ̃] nf intermodulation

**transmuer** [tʀɑ̃smɥe] → SYN ▸ conjug 1 ◂ vt (Chim, littér) to transmute

**transmutabilité** [tʀɑ̃smytabilite] nf transmutability

**transmutation** [tʀɑ̃smytasjɔ̃] → SYN nf (Chim, Phys, littér) transmutation

**transmuter** [tʀɑ̃smyte] ▸ conjug 1 ◂ vt ⇒ **transmuer**

**transnational, e,** mpl **-aux** [tʀɑ̃snasjɔnal, o] adj transnational

**transocéanique** [tʀɑ̃zɔseanik] adj transoceanic

**Transpac ®** [tʀɑ̃spak] nm packet switch network, ≃ PSS (Brit)

**transparaître** [tʀɑ̃spaʀɛtʀ] → SYN ▸ conjug 57 ◂ vi to show (through) ◆ **laisser transparaître un sentiment** to let an emotion show (through), betray an emotion ◆ **il n'a rien laissé transparaître de ses intentions** he gave no sign of what his intentions were

**transparence** [tʀɑ̃spaʀɑ̃s] → SYN nf **a** [verre, porcelaine, papier, tissu] transparency; [eau, ciel] transparency, limpidity; [regard, yeux] limpidity, clearness; [teint, peau] transparency, translucency ◆ **regarder qch par transparence** to look at sth against the light ◆ **voir qch par transparence** to see sth showing through ◆ **éclairé par transparence** with the light shining through
**b** [allusion, sentiment, intentions, texte, âme, personne] transparency; [négociations, comptes] openness ◆ **réclamer la transparence du financement des partis politiques** to call for openness in the financing of political parties ◆ **société dotée de la transparence fiscale** ≃ partnership ◆ **adopter une politique de transparence** to adopt a policy of openness ◆ **transparence financière** financial accountability
**c** (Ciné) back projection

**transparent, e** [tʀɑ̃spaʀɑ̃, ɑ̃t] → SYN **1** adj **a** (= translucide) verre, porcelaine transparent; papier, tissu transparent, see-through; teint, peau transparent, translucent
**b** (= limpide) eau, ciel transparent, limpid; regard, yeux limpid, clear
**c** (= clair, sans secret) allusion, sentiment, intentions transparent, evident; négociations, comptes open; âme, personne transparent ◆ **nous sommes pour une gestion transparente** we favour complete openness where management is concerned ◆ **société transparente** (Écon) ≃ partnership
**2** nm **a** (= écran) transparent screen; (pour rétroprojecteur) transparency
**b** (Archit) openwork motif
**c** (= feuille réglée) ruled sheet *(placed under writing paper)*

**transpercer** [tʀɑ̃spɛʀse] → SYN ▸ conjug 3 ◂ vt **a** (gén) to pierce; (d'un coup d'épée) to run through, transfix; (d'un coup de couteau) to stab; [épée, lame] to pierce; [balle] to go through ◆ **transpercé de douleur** (fig) pierced by sorrow ◆ **transpercer qn du regard** to give sb a piercing look
**b** [froid, pluie] to go through, pierce ◆ **malgré nos chandails, le froid nous transperçait** despite our sweaters, the cold was going ou cutting straight through us ◆ **la pluie avait finalement transpercé la toile de tente** the rain had finally come through ou penetrated the tent canvas

**transpiration** [tʀɑ̃spiʀasjɔ̃] → SYN nf (= processus) perspiration, perspiring; (Bot) transpiration; (= sueur) perspiration, sweat ◆ **être en transpiration** to be perspiring ou sweating ou in a sweat

**transpirer** [tʀɑ̃spiʀe] → SYN ▸ conjug 1 ◂ vi **a** (lit) to perspire, sweat; (Bot) to transpire ◆ **il transpire des mains/pieds** * his hands/feet perspire ou sweat, he has sweaty hands/feet ◆ **transpirer à grosses gouttes** to be running ou streaming with sweat ◆ **transpirer sur un devoir** * to sweat over an exercise *
**b** (fig) [secret, projet, détails] to come to light, leak out, transpire ◆ **rien n'a transpiré** nothing transpired (*de* from)

**transplant** [tʀɑ̃splɑ̃] nm (Bio) transplant

**transplantable** [tʀɑ̃splɑ̃tabl] adj transplantable

**transplantation** [tʀɑ̃splɑ̃tasjɔ̃] nf [arbre, peuple, traditions] transplantation, transplanting; (Méd) (= technique) transplantation; (= intervention) transplant ◆ **transplantation cardiaque/du rein** heart/kidney transplant

**transplanté, e** [tʀɑ̃splɑ̃te] (ptp de **transplanter**) nm,f (Méd) (gén) receiver of a transplant; (= patient à l'hôpital) transplant patient ◆ **les transplantés du cœur** people who have received heart transplants

**transplanter** [tʀɑ̃splɑ̃te] → SYN ▸ conjug 1 ◂ vt (Bot, Méd, fig) to transplant ◆ **se transplanter dans un pays lointain** to uproot o.s. and move to a distant country, resettle in a distant country

**transpolaire** [tʀɑ̃spɔlɛʀ] adj transpolar

**transpondeur** [tʀɑ̃spɔ̃dœʀ] nm transponder, transpondor

**transport** [tʀɑ̃spɔʀ] → SYN **1** nm **a** (à la main, à dos) carrying; (avec un véhicule) [marchandises, passagers] transport, transportation (surtout

US) ◆ **transport de voyageurs** transport of passengers ◆ **un car se chargera du transport des bagages** the luggage will be taken ou transported by coach ◆ **pour faciliter le transport des blessés** to facilitate the transport of the injured, enable the injured to be moved more easily ◆ **transport de troupes** (Mil) (= action) troop transportation; (= navire, train) troop transport ◆ **transport de fonds** transfer of funds ◆ **endommagé pendant le transport** damaged in transit ◆ **mode de transport** means ou mode of transport ◆ **matériel/frais de transport** transportation ou transport equipment/costs ◆ **transport maritime** ou **par mer** shipping, sea transport ◆ **transport maritime à la demande** tramping ◆ **transport en ambulance** ambulance transport ◆ **transport ferroviaire** rail transport, transport by rail ◆ **transport aérien** ou **par air** ou **par avion** air transport ◆ **transport(s) maritime(s)** sea transport ◆ **transport(s) routier(s)** road haulage ou transport ◆ **transport par hélicoptère** helicopter transport ◆ **entreprise de transport(s)** haulage company, trucking company (US); → **avion**, **moyen**

**b** (Tech) [énergie, son] carrying

**c** (= transfert) [traditions, conflit] carrying, bringing; [thème, idée] carrying over, transposition

**d** (littér = élan) transport ◆ **(avec) des transports de joie/d'enthousiasme** (with) transports of delight/of enthusiasm ◆ **transport de colère** fit of rage ou anger ◆ **embrasser qn avec transport** to embrace sb enthusiastically ◆ **transports amoureux** amorous transports

**2** **transports** nmpl transport, transportation (surtout US) ◆ **les transports publics** ou **en commun** public transport ou transportation (US) ◆ **prendre les transports en commun** to use public transport ◆ **elle passe trois heures par jour dans les transports en commun pour aller travailler** she spends three hours a day commuting to work ◆ **transports urbains** city ou urban transport ◆ **transports fluviaux** transport by inland waterway ◆ **mal des transports** travel-sickness (Brit), motion sickness (US) ◆ **médicament contre le mal des transports** travel sickness drug (Brit), anti-motion-sickness drug (US)

**3** COMP ▷ **transport au cerveau** † seizure, stroke ▷ **transport de justice, transport sur les lieux** (Jur) *visit by public prosecutor's office to the scene of a crime*

**transportable** [tʀɑ̃spɔʀtabl] adj marchandise transportable; blessé, malade fit to be moved (attrib)

**transportation** [tʀɑ̃spɔʀtasjɔ̃] nf [condamnés] transportation

**transporter** [tʀɑ̃spɔʀte] → SYN ▸ conjug 1 ◂ **1** vt

**a** (à la main, à dos) to carry; (avec un véhicule) [+ marchandises, voyageurs] to transport, carry; (Tech) [+ énergie, son] to carry ◆ **le train transportait les écoliers/touristes** the train was carrying schoolchildren/tourists, the train had schoolchildren/tourists on board ◆ **le train a transporté les soldats/le matériel au camp de base** the train took ou transported the soldiers/the equipment to base camp ◆ **on a transporté le blessé à l'hôpital** the injured man was taken to hospital ◆ **on l'a transporté d'urgence à l'hôpital** he was rushed to hospital ◆ **transporter qch par mer** to ship sth, transport sth by sea ◆ **transporter des marchandises par terre/train/avion** to transport goods by land/train/plane ◆ **ils ont dû transporter tout le matériel à bras** they had to move all the equipment by hand, they had to carry all the equipment ◆ **le sable/vin est transporté par péniche** the sand/wine is transported by barge ◆ **elle transportait une forte somme d'argent** she was carrying a large sum of money (on her) ◆ **ce roman nous transporte dans un autre monde/siècle** this novel transports us into another world/century ◆ **on se retrouve transporté au seizième siècle** we find ourselves transported back to the sixteenth century

**b** (= transférer) [+ traditions, conflit] to carry, bring; [+ thème, idée] to carry over, transpose ◆ **transporter la guerre/la maladie dans un autre pays** to carry ou spread war/disease into another country ◆ **transporter un fait divers à l'écran** to bring a news item to the screen ◆ **dans sa traduction, il transporte la scène à Moscou** in his translation, he shifts the scene to Moscow

**c** (littér = exalter) to carry away, send into raptures ◆ **transporter qn de joie** to send sb into transports of delight ou into raptures ◆ **être** ou **se sentir transporté de joie/d'admiration** to be beside o.s. with joy/with admiration ◆ **transporté de fureur** beside o.s. with fury ◆ **cette musique m'a transporté** the music carried me away ◆ **se laisser transporter par la musique** to let o.s. be carried away by the music

**2** **se transporter** vpr (= se déplacer) to go, betake o.s. (frm), repair (frm) ◆ **le parquet s'est transporté sur les lieux** (Jur) the public prosecutor's office visited the scene of the crime ◆ **se transporter quelque part par la pensée** to let one's imagination carry one away somewhere

**transporteur, -euse** [tʀɑ̃spɔʀtœʀ, øz] → SYN

**1** adj ◆ **navire transporteur de marchandises en vrac** bulk carrier ◆ **(navires) transporteurs de pétrole/gaz/produits chimiques** oil/gas/chemical tankers ◆ **bande transporteuse** conveyor belt

**2** nm **a** (= entrepreneur, entreprise) carrier, haulage contractor, haulier (Brit); (Jur) carrier ◆ **transporteur aérien** airline company ◆ **transporteur routier** road haulage contractor, road haulier (Brit) ◆ **transporteur maritime** shipping agent ou company ◆ **transporteur de fonds** security company *(transporting money)*, ≈ Securicor ®

**b** (Tech = appareil) conveyor

**c** (Chim, Bio) carrier

**transposable** [tʀɑ̃spozabl] → SYN adj ◆ **roman facilement transposable à l'écran** novel that can easily be adapted for the screen ou that lends itself to screen adaptation ◆ **ces résultats/idées sont transposables dans d'autres domaines** these results/ideas can be applied to other areas

**transposée** [tʀɑ̃spoze] adj f, nf (Math) ◆ **(matrice) transposée** transpose

**transposer** [tʀɑ̃spoze] → SYN ▸ conjug 1 ◂ vti to transpose ◆ **transposer un roman à l'écran** to adapt a novel for the screen ◆ **ils ont transposé l'action dans les années 30** they have transposed the action to the 1930s

**transpositeur** [tʀɑ̃spozitœʀ] adj m (Mus) transposing

**transposition** [tʀɑ̃spozisjɔ̃] → SYN nf transposition ◆ **la transposition en droit français d'une directive européenne** the adaptation of a European directive to French law ◆ **la transposition d'un roman à l'écran** the adaptation of a novel for the screen

**transposon** [tʀɑ̃spozɔ̃] nm transposon

**transputeur** [tʀɑ̃spytœʀ] nm transputer

**transpyrénéen, -enne** [tʀɑ̃spiʀeneɛ̃, ɛn] adj trans-Pyrenean

**transrhénan, e** [tʀɑ̃sʀenɑ̃, an] adj transrhenane

**transsaharien, -ienne** [tʀɑ̃(s)saaʀjɛ̃, jɛn] adj trans-Saharan

**transsexualisme** [tʀɑ̃(s)sɛksɥalism] nm transsexualism

**transsexualité** [tʀɑ̃(s)sɛksɥalite] nf transsexuality

**transsexuel, -elle** [tʀɑ̃(s)sɛksɥɛl] → SYN adj, nm,f transsexual

**transsibérien, -ienne** [tʀɑ̃(s)sibeʀjɛ̃, jɛn] **1** adj trans-Siberian

**2** nm ◆ **le transsibérien** the Trans-Siberian Railway

**transsonique** [tʀɑ̃(s)sɔnik] adj transonic

**transsubstantiation** [tʀɑ̃(s)sypstɑ̃sjasjɔ̃] → SYN nf transubstantiation

**transsudat** [tʀɑ̃(s)syda] nm transudate

**transsudation** [tʀɑ̃(s)sydasjɔ̃] nf transudation

**transsuder** [tʀɑ̃(s)syde] → SYN ▸ conjug 1 ◂ vi to transude

**transuranien, -ienne** [tʀɑ̃zyʀanjɛ̃, jɛn] **1** adj transuranic, transuranian

**2** nm transuranic ou transuranian element

**Transvaal** [tʀɑ̃sval] nm ◆ **le Transvaal** the Transvaal

**transvasement** [tʀɑ̃svɑzmɑ̃] → SYN nm decanting

**transvaser** [tʀɑ̃svɑze] → SYN ▸ conjug 1 ◂ vt (= soutirer) to decant; (= transvider) to transfer to another container

**transversal, e,** mpl **-aux** [tʀɑ̃svɛʀsal, o] → SYN adj coupe, fibre, pièce cross (épith), transverse (SPÉC); chemin which runs across ou at right angles; vallée transverse; (Naut) cloison horizontal ◆ **rue transversale** side street ◆ **axe transversal, (route) transversale** cross-country link, cross-country trunk road (Brit) ou highway (US) ◆ **(ligne) transversale** (Rail) (entre deux régions) cross-country line; (entre deux villes) Intercity line ◆ **moteur transversal** transverse engine ◆ **thème transversal** cross-disciplinary theme ◆ **relations transversales** lateral relations ◆ **l'organisation transversale des entreprises** horizontal management structure in companies; → **barre**

**transversalement** [tʀɑ̃svɛʀsalmɑ̃] adv across, crosswise, transversely (SPÉC)

**transverse** [tʀɑ̃svɛʀs] adj (Anat) transverse

**transvestisme** [tʀɑ̃svɛstism] nm ⇒ **travestisme**

**transvider** [tʀɑ̃svide] ▸ conjug 1 ◂ vt to transfer to another container

**Transylvanie** [tʀɑ̃silvani] nf Transylvania

**trapèze** [tʀapɛz] → SYN nm **a** (Géom) trapezium (Brit), trapezoid (US)

**b** (Sport) trapeze ◆ **trapèze volant** flying trapeze ◆ **faire du trapèze** to perform on the trapeze

**c** (Anat) **(muscle) trapèze** trapezius (muscle)

**trapéziste** [tʀapezist] → SYN nmf trapeze artist

**trapézoèdre** [tʀapezɔɛdʀ] nm (Minér) trapezohedron

**trapézoïdal, e,** mpl **-aux** [tʀapezɔidal, o] adj trapezoid (épith)

**trapézoïde** [tʀapezɔid] adj, nm ◆ **(os) trapézoïde** trapezoid

**Trappe** [tʀap] nf (= monastère) Trappist monastery; (= ordre) Trappist order

**trappe** [tʀap] → SYN nf **a** (dans le plancher) trap door; (Tech : d'accès, d'évacuation) hatch; (Théât) trap door; (Aviat : pour parachutistes) exit door ◆ **mettre qn à la trappe** (fig) to give sb the push * ◆ **passer à la trappe** [projet] to be written off *; [personne] to be given the push *, be shown the door

**b** (= piège) trap

**trappeur** [tʀapœʀ] → SYN nm trapper, fur trader

**trappillon** [tʀapijɔ̃] nm (Théât) trap

**trappiste** [tʀapist] nm Trappist (monk)

**trappistine** [tʀapistin] nf (= religieuse) Trappistine; (= liqueur) trappistine

**trapu, e** [tʀapy] → SYN adj **a** personne squat, stocky, thickset; maison squat

**b** (arg Scol = calé) élève brainy *; question, problème tough, hard, stiff ◆ **une question trapue** a stinker * of a question, a really tough question, a poser ◆ **il est trapu en latin** he's terrific * at Latin

**traque** [tʀak] → SYN nf ◆ **la traque (du gibier)** (the) tracking (of game)

**traquenard** [tʀaknaʀ] → SYN nm (= piège) trap; (fig) [grammaire, loi] pitfall, trap ◆ **tomber dans un traquenard** to fall into a trap

**traquer** [tʀake] → SYN ▸ conjug 1 ◂ vt [+ gibier] to track (down); [+ fugitif] to track down, run to earth, hunt down; (fig, littér) [+ abus, injustice] to hunt down; (= harceler) [journalistes, percepteur] to hound, pursue ◆ **air/regard de bête traquée** look/gaze of a hunted animal ◆ **c'était maintenant un homme traqué** he was now a hunted man

**traquet** [tʀakɛ] → SYN nm (= oiseau) ◆ **traquet (pâtre)** stonechat ◆ **traquet (motteux)** wheatear

**traqueur, -euse** [tʀakœʀ, øz] nm,f (Chasse) tracker

**trauma** [tʀoma] → SYN nm (Méd, Psych) trauma

**traumatique** [tʀomatik] adj traumatic

**traumatisant, e** [tʀomatizɑ̃, ɑ̃t] adj traumatic

**traumatiser** [tʀomatize] → SYN ▸ conjug 1 ◂ vt to traumatize

**traumatisme** [tʀomatism] → SYN nm trauma ◆ **traumatisme crânien** cranial trauma (SPÉC), head injury ◆ **traumatisme psychologique** (psychological) trauma ◆ **subir un traumatisme** to undergo ou suffer a traumatic experience ◆ **provoquer un traumatisme chez qn** to traumatize sb

**traumatologie** [tʀomatɔlɔʒi] **nf** traumatology ◆ **service de traumatologie** trauma unit

**traumatologique** [tʀomatɔlɔʒik] **adj** traumatological

**traumatologiste** [tʀomatɔlɔʒist(ə)], **traumatologue** [tʀomatɔlɔg] **nmf** trauma specialist, accident and emergency specialist

**travail[1]**, pl **-aux** [tʀavaj, o] → SYN **1** **nm** **a** (= labeur) **le travail** work ◆ **travail intellectuel** brainwork, intellectual ou mental work ◆ **travail manuel** manual work ou labour (NonC) ◆ **ce mouvement demande des semaines de travail** it takes weeks of work to perfect this movement ◆ **il est en plein travail** he's right in the middle of something ◆ **son ardeur au travail** his enthusiasm for work ◆ **se mettre au travail** to get down to work ◆ **allez, au travail !** (it's) time to get down to work! ◆ **observer qn au travail** to watch sb at work, watch sb working ◆ **avoir du travail/beaucoup de travail** to have (some) work/a lot of work to do ◆ **j'ai un travail fou en ce moment** * I'm up to my eyes in work at the moment *, I'm snowed under with work at the moment * ◆ **horaire/vêtements de travail** work schedule/clothes ◆ **conditions/méthodes/groupe/déjeuner de travail** working conditions/methods/group/lunch ◆ **le travail c'est la santé** * work is good for you ◆ **à travail égal, salaire égal** equal pay for equal work ◆ **améliorer la communication, c'est tout un travail !** improving communications is quite a task!

**b** (= tâche) work (NonC), job; (= ouvrage) work (NonC) ◆ **c'est un travail de spécialiste** (difficile à faire) it's a job for a specialist; (bien fait) it's the work of a specialist ◆ **je n'y touche pas : c'est le travail de l'électricien** I'm not touching it – that's the electrician's job ◆ **fais-le tout seul, c'est ton travail** do it yourself, it's your job ◆ **commencer/achever/interrompre un travail** to start/complete/interrupt a piece of work ou a job ◆ **ce n'est pas du travail !** (= c'est mal fait) that's shoddy work!; (= ce n'est pas fatigant) (do you) call that work! ◆ **et voilà le travail !** * not bad, eh? ◆ **les travaux de la commission seront publiés** the committee's work ou deliberations ou findings will be published ◆ **il est l'auteur d'un gros travail sur le romantisme** he has written a major work on romanticism ◆ **travaux scientifiques/de recherche** scientific/research work ◆ **travaux sur bois** woodwork ◆ **travaux sur métal** metalwork ◆ **les travaux de la ferme** farm work ◆ **les gros travaux, les travaux de force** the heavy work ◆ **travaux de réfection/de réparation/de construction** renovation/repair/building work ◆ **travaux de plomberie** plumbing work ◆ **travaux d'aménagement** alterations, alteration work ◆ **faire faire des travaux dans la maison** to have some work done in the house ◆ **entreprendre de grands travaux d'assainissement/d'irrigation** to undertake large-scale sanitation/irrigation work ◆ **les grands travaux présidentiels/européens** the major projects undertaken by the president/by the European Union ◆ **"pendant les travaux, le magasin restera ouvert"** "business as usual during alterations", "the shop will remain open (as usual) during alterations" ◆ **il y a des travaux (sur la chaussée)** the road is up, there are roadworks in progress ◆ **"attention ! travaux !"** "caution! work in progress!"; (sur la route) "roadworks (Brit) ou roadwork (US) ahead!"; → **inspecteur**

**c** (= métier, profession) job, occupation; (= situation) work (NonC), job, situation ◆ **le travail** (= activité rétribuée) work (NonC) ◆ **avoir un travail intéressant/lucratif** to have an interesting/a highly paid job ◆ **apprendre un travail** to learn a job ◆ **être sans travail, ne pas avoir de travail** to be out of work ou without a job ou unemployed ◆ **chercher/trouver du travail** to look for/find work ou a job ◆ **travail à mi-temps/à plein temps** part-time/full-time work ◆ **travail temporaire** temporary job ou work (NonC) ◆ **travail de bureau** office work ◆ **travail d'équipe** ou **en équipe** team work ◆ **travail en équipes** shift work ◆ **travail précaire** casual labour ◆ **travail en usine** factory work ◆ **cesser le travail** (Ind) to stop work, down tools ◆ **reprendre le travail** to go back to work

**d** (Écon : opposé au capital) labour (Brit), labor (US) ◆ **l'exploitation du travail** the exploitation of labour ◆ **association capital-travail** cooperation between workers and management ou workers and the bosses * ◆ **les revenus du travail** earned income ◆ **le monde du travail** the world of work

**e** (= facture) work (NonC) ◆ **dentelle d'un travail très fin** finely-worked lace ◆ **sculpture d'un travail délicat** finely-wrought sculpture ◆ **c'est un très joli travail** it's a very nice piece of handiwork ou craftsmanship ou work ◆ **travail soigné** ou **d'artiste/d'amateur** quality/amateurish workmanship (NonC) ◆ **c'est du beau** ou **joli travail !** (iro) nice work! * (iro), well done! * (iro)

**f** (= façonnage) [bois, cuir, fer] working ◆ **le travail de la pâte** (Peinture) working the paste ◆ **le travail du marbre requiert une grande habileté** working with marble requires great skill

**g** [machine, organe] work ◆ **travail musculaire** muscular effort, work of the muscles

**h** (= effet) [gel, érosion, eaux] work; (= évolution) [bois] warp, warping; [vin, cidre] working ◆ **le travail de l'imagination/l'inconscient** the workings of the imagination/the unconscious ◆ **le travail du temps** the work of time

**i** (Phys) work ◆ **unité de travail** unit of work

**j** (Méd = accouchement) labour (Brit), labor (US) ◆ **femme en travail** woman in labour ◆ **le travail n'a pas encore commencé** she hasn't gone into labour yet, labour hasn't started yet; → **salle**

**2** **COMP** ▷ **travaux agricoles** agricultural ou farm work ▷ **travaux d'aiguille** needlework ▷ **travaux d'approche** (Mil) sapping ou approach works; (fig) initial overtures (*auprès de* to) ◆ **tu as fait des travaux d'approche auprès du patron pour ton augmentation ?** have you broached the subject of a rise with the boss? ▷ **un travail de bénédictin** (fig) a painstaking task ▷ **travail à la chaîne** assembly-line work ▷ **travaux des champs** ⇒ **travaux agricoles** ▷ **travaux dirigés** (Univ) tutorial (class) (Brit), section (of a course) (US) ▷ **travail de forçat** (fig) hard labour (fig) ◆ **c'est un travail de forçat** it's hard labour ▷ **travaux forcés** (Jur) hard labour ◆ **être condamné aux travaux forcés** (lit) to be sentenced to hard labour ◆ **dans cette entreprise c'est vraiment les travaux forcés** (fig) it's real slave labour in this company ▷ **un travail de fourmi** (fig) a long, painstaking job ▷ **les travaux d'Hercule** the labours of Hercules ▷ **travaux d'intérêt général** *community work carried out by young people*, ≈ community service (Brit) ▷ **travaux manuels** (Scol) handicrafts ▷ **travaux ménagers** housework ▷ **travail au noir** (gén) undeclared work; (en plus d'un autre) moonlighting ▷ **travaux pratiques** (Scol, Univ) (gén) practical work; (en laboratoire) lab work (Brit), lab (US) ▷ **travaux préparatoires** [projet de loi] preliminary documents ▷ **travaux publics** civil engineering ◆ **ingénieur des travaux publics** civil engineer; → **entreprise** ▷ **un travail de Romain** a Herculean task ▷ **travaux d'utilité collective** (paid) community work *(done by the unemployed)*, ≈ employment training (Brit), ≈ YTS (Brit)

**travail[2]**, pl **travails** [tʀavaj] **nm** (= appareil) trave

**travaillé, e** [tʀavaje] → SYN (ptp de **travailler**) **adj** **a** (= façonné) bois, cuivre worked, wrought **b** (= fignolé) style, phrases polished, studied; meuble, ornement intricate, finely-worked ◆ **une balle très travaillée** (Tennis) a ball with a lot of spin

**c** (= tourmenté) **travaillé par le remords/la peur/la jalousie** tormented by remorse/fear/jealousy

**d** (= ouvré) **heures travaillées** hours worked ◆ **le nombre de journées non travaillées** the number of days not worked

**travailler** [tʀavaje] **GRAMMAIRE ACTIVE 19.2** → SYN ▸ conjug 1 ◂

**1** **vi** **a** (= faire sa besogne) to work ◆ **travailler dur** to work hard ◆ **travailler comme un forçat/une bête de somme** to work like a galley slave/a horse ou a Trojan ◆ **travailler comme un nègre** * to work like a slave, slave away ◆ **il aime travailler au jardin** he likes working in the garden ◆ **je vais travailler un peu à la bibliothèque** I'm going to do some work in the library ◆ **faire travailler sa tête** ou **sa matière grise** to set one's mind ou the grey matter to work ◆ **va travailler** (go and) do some work ◆ **fais travailler ta tête !** get your brain working!, use your head! ◆ **faire travailler ses bras** to exercise one's arms ◆ **travailler du chapeau** * to be a bit cracked * ou nuts * ou touched * (Brit) ◆ **travailler pour le roi de Prusse** to receive no reward for one's pains

**b** (= exercer un métier) to work ◆ **travailler en usine/à domicile** to work in a factory/at ou from home ◆ **travailler 39 heures par semaine** to work a 39-hour week ◆ **travailler dans les assurances/l'enseignement** to work in insurance/education ◆ **travailler aux pièces** to do piecework ◆ **tu pourras te l'offrir quand tu travailleras** you'll be able to buy ou afford it once you start work ◆ **dans ce pays on fait travailler les enfants à huit ans** in this country they put children to work at the age of eight ou they make children work from the age of eight ◆ **il a commencé à travailler chez Legrand hier** he started work ou he went to work at Legrand's yesterday ◆ **sa femme travaille** his wife goes out to work, his wife works ◆ **on finit de travailler à 17 heures** we finish ou stop work at 5 o'clock; → **temps[1]**

**c** (= s'exercer) [artiste, acrobate] to practise, train; [boxeur] to have a workout, train; [musicien] to practise ◆ **son père le fait travailler tous les soirs** [+ enfant] his father makes him work every evening; → **filet**

**d** (= agir, fonctionner) [firme, argent] to work ◆ **l'industrie travaille pour le pays** industry works for the country ◆ **travailler à perte** to work ou be working at a loss ◆ **faites travailler votre argent** make your money work for you ◆ **le temps travaille pour/contre eux** time is on their side/against them

**e** [métal, bois] to warp; [vin, cidre] to work, ferment; [pâte] to work, rise; (fig) [imagination] to work

**2** **vt** **a** (= façonner) [+ matière, verre, fer] to work, shape ◆ **travailler la terre** to work ou cultivate the land ◆ **travailler la pâte** (Culin) to knead ou work the dough; (Peinture) to work the paste

**b** (= potasser) [+ branche, discipline] to work at ou on; [+ morceau de musique] to work on, practise; [+ rôle, scène] to work on; (= fignoler) [+ style, phrase] to polish up, work on; (Sport) [+ mouvement, coup] to work on ◆ **travailler son anglais** to work on one's English ◆ **travailler le chant/piano** to practise singing/the piano ◆ **travailler son piano/violon** to do one's piano/violin practice ◆ **travailler une balle** (Tennis) to put some spin on a ball

**c** (= agir sur) [+ personne] to work on ◆ **travailler l'opinion/les esprits** to work on public opinion/people's minds ◆ **travailler qn au corps** (Boxe) to punch ou pummel sb around the body; (fig) to put pressure on sb, pressurize sb

**d** (= faire s'exercer) [+ taureau, cheval] to work

**e** (= préoccuper) [doutes, faits] to worry; (= tourmenter) [douleur, fièvre] to torment ◆ **cette idée/ce projet le travaille** this idea/this plan is very much on his mind

**3** **travailler à** **vt indir** [+ livre, projet] to work on; [+ cause, but] to work for; (= s'efforcer d'obtenir) to work towards ◆ **travailler à la perte de qn** to work towards sb's downfall, endeavour to bring about sb's downfall

**travailleur, -euse** [tʀavajœʀ, øz] → SYN **1** **adj** (= consciencieux) hard-working, painstaking, diligent (frm)

**2** **nm,f** **a** (gén) worker ◆ **un bon/mauvais travailleur, une bonne/mauvaise travailleuse** a good/bad worker

**b** (= personne consciencieuse) (hard) worker

**3** **nm** (= personne exerçant un métier) worker ◆ **les travailleurs** the workers, working people ◆ **les revendications des travailleurs** the claims made by the workers ◆ **le problème des travailleurs étrangers** the problem of immigrant labour ou workers ◆ **travailleur en situation irrégulière** illegal worker

**4** **travailleuse** **nf** (= meuble) worktable

**5** **COMP** ▷ **travailleur agricole** agricultural ou farm worker ▷ **travailleur clandestin** illegal ou clandestine worker ▷ **travailleur à domicile** homeworker ▷ **travailleuse familiale** home help ▷ **travailleur de force** labourer ▷ **travailleur frontalier** cross-border worker ▷ **travailleur indépendant**

self-employed person, freelance worker ▷ **travailleur intellectuel** non-manual ou intellectual worker ▷ **travailleur manuel** manual worker ▷ **travailleur au noir** moonlighter ▷ **travailleur précaire** casual worker, worker on a casual contract ▷ **travailleur saisonnier** seasonal worker ou labourer ▷ **travailleur salarié** salaried employee, employee on a permanent contract ▷ **travailleur social** social worker ▷ **travailleur temporaire** temporary worker

**travaillisme** [tʀavajism] nm Labour philosophy, Labour brand of socialism

**travailliste** [tʀavajist] 1 adj Labour
2 nmf Labour Party member ◆ **il est travailliste** he is Labour, he supports Labour ◆ **les travaillistes** Labour, the Labour Party

**travailloter** [tʀavajɔte] ▸ conjug 1 ◂ vi (péj) to work a little

**travée** [tʀave] nf a (= section) [mur, voûte, rayon, nef] bay; [pont] span
b (Tech = portée) span
c (= rangée) [église, amphithéâtre] row (of benches); [théâtre] row (of seats) ◆ **les travées du fond manifestèrent leur mécontentement** the back rows showed their displeasure

**travelage** [tʀav(ə)laʒ] nm (= traverses) sleepers (Brit), ties (US); (nombre au km) number of sleepers (Brit) ou ties (US) per kilometre

**traveller** [tʀavlœʀ] nm abrév de **traveller's chèque** ou **check**

**traveller's chèque, traveller's check** [tʀavlœʀ(s)ʃɛk] nm traveller's cheque (Brit), traveler's check (US)

**travelling** [tʀavliŋ] nm (Ciné) (= dispositif) dolly, travelling platform; (= mouvement) tracking ◆ **travelling avant/arrière/latéral** tracking in/out/sideways ◆ **travelling optique** zoom shots ◆ **faire un travelling** to track, dolly

**travelo** * [tʀavlo] nm (= travesti) drag queen *

**travers**[1] [tʀavɛʀ] → SYN nm (= défaut) failing, fault ◆ **chacun a ses petits travers** everyone has his little failings ou faults ◆ **tomber dans le travers qui consiste à faire ...** to make the mistake of doing ...

**travers**[2] [tʀavɛʀ] → SYN nm a (Boucherie) **travers (de porc)** sparerib of pork
b (LOC)
♦ **à travers** [+ vitre, maille, trou, foule] through; [+ campagne, bois] across, through ◆ **voir qn à travers la vitre** to see sb through the window ◆ **ce n'est pas opaque, on voit à travers** it's not opaque – you can see through it ◆ **le renard est passé à travers le grillage** the fox went through the fence ◆ **sentir le froid à travers un manteau** to feel the cold through a coat ◆ **passer à travers champs/bois** to go through ou across fields ou across country/through woods ◆ **la couche de glace est mince, tu risques de passer à travers** the ice is thin – you could fall through ◆ **juger qn à travers son œuvre** to judge sb through his work ◆ **à travers les siècles** through ou across the centuries ◆ **à travers les divers rapports, on entrevoit la vérité** through the various reports we can get some idea of the truth ◆ **passer à travers les mailles du filet** (lit, fig) to slip through the net
♦ **au travers** through ◆ **au travers de** through ◆ **la palissade est délabrée : on voit au travers/le vent passe au travers** the fence is falling down and you can see (right) through/the wind comes (right) through ◆ **au travers de ses mensonges, on devine sa peur** through his lies you can tell he's frightened ◆ **passer au travers** (fig) to escape ◆ **le truand est passé au travers** the criminal slipped through the net ou escaped ◆ **passer au travers d'une corvée** to get out of doing a chore ◆ **tout le monde a eu la grippe mais je suis passé au travers** everyone had flu but I managed to avoid ou escape it
♦ **de travers**
(= pas droit) crooked, askew ◆ **vent de travers** (Naut) wind on the beam ◆ **avoir la bouche/le nez de travers** to have a crooked mouth/nose ◆ **marcher de travers** [ivrogne] to stagger ou totter along ◆ **planter un clou de travers** to hammer a nail in crooked ◆ **se mettre de travers** [véhicule] to stop sideways on ◆ **elle a mis son chapeau de travers** she has put her hat on crooked, her hat is not on straight
◆ **il lui a jeté un regard** ou **il l'a regardé de travers** he looked askance at him, he gave him a funny look ◆ **il a avalé sa soupe de travers, sa soupe est passée de travers** his soup has gone down the wrong way
(= mal) ◆ **répondre de travers** to give a silly answer ◆ **comprendre de travers** to misunderstand ◆ **aller** ou **marcher de travers** to be going wrong ◆ **tout va de travers chez eux en ce moment** everything is going wrong ou nothing is going right for them at the moment ◆ **il prend tout de travers** he takes everything the wrong way ou amiss
♦ **en travers** across, crosswise; navire abeam, on the beam ◆ **couper/scier en travers** to cut/saw across ◆ **se mettre en travers** [navire] to heave to
♦ **en travers de** across ◆ **un arbre était en travers de la route** there was a tree lying across the road ◆ **le véhicule dérapa et se mit en travers de la route** the vehicle skidded and stopped sideways on ou stopped across the road ◆ **se mettre en travers des projets de qn** to stand in the way of sb's plans
♦ **par le travers** navire abeam, on the beam

**traversable** [tʀavɛʀsabl] adj which can be crossed, traversable (frm) ◆ **rivière traversable à gué** fordable river

**traverse** [tʀavɛʀs] → SYN nf a (Rail) sleeper (Brit), tie (US)
b (= pièce, barre transversale) strut, crosspiece
c (= raccourci) **chemin de traverse, traverse** † road which cuts across, shortcut

**traversée** [tʀavɛʀse] → SYN 1 nf a [rue, mer, pont] crossing; [ville, forêt, tunnel] going through ◆ **la traversée des Alpes/de l'Atlantique en avion** the crossing of the Alps/of the Atlantic by plane ◆ **la traversée de la ville en voiture peut prendre deux heures** driving through the town can take two hours, it can take two hours to cross the town by car ◆ **faire la traversée d'un fleuve à la nage** to swim across a river ◆ **faire la traversée de Dieppe à Newhaven** to cross from Dieppe to Newhaven
b (Naut = trajet) crossing
c (Alpinisme) (= course) through-route; (= passage) traverse ◆ **descendre en traversée** (Ski) to traverse
2 COMP ▷ **traversée du désert** [politicien, parti, artiste] time (spent) in the wilderness ◆ **après une traversée du désert de cinq ans, il est revenu au pouvoir** after spending five years in the political wilderness, he returned to power

**traverser** [tʀavɛʀse] → SYN ▸ conjug 1 ◂ vt a [personne, véhicule] [+ rue, pont] to cross; [+ chaîne de montagnes, mer] to cross, traverse (littér); [+ ville, forêt, tunnel] to go through ◆ **traverser une rivière à la nage** to swim across a river ◆ **traverser une rivière en bac** to take a ferry across a river, cross a river by ferry ◆ **traverser (une rivière) à gué** to ford a river, wade across a river ◆ **il traversa le salon à grands pas** he strode across the living room ◆ **avant de traverser, assurez-vous que la chaussée est libre** before crossing, make sure that the road is clear
b [pont, route] to cross, run across; [tunnel] to cross under; [barre, trait] to run across ◆ **le fleuve/cette route traverse tout le pays** the river/this road runs ou cuts right across the country ◆ **ce tunnel traverse les Alpes** this tunnel crosses under the Alps ◆ **un pont traverse le Rhône en amont de Valence** a bridge crosses ou there is a bridge across the Rhone upstream from Valence ◆ **une cicatrice lui traversait le front** he had a scar (right) across his forehead, a scar ran right across his forehead
c (= percer) [projectile, infiltration] to go ou come through ◆ **traverser qch de part en part** to go right through sth ◆ **les clous ont traversé la semelle** the nails have come through the sole ◆ **la pluie a traversé la tente** the rain has come through the tent ◆ **une balle lui traversa la tête** a bullet went through his head ◆ **il s'effondra, la cuisse traversée d'une balle** he collapsed, shot through the thigh ◆ **une douleur lui traversa le poignet** a pain shot through his wrist ◆ **ça ne m'a jamais traversé l'esprit** it never occurred to me ou crossed my mind
d (= passer à travers) **traverser la foule** to make one's way through the crowd
e (dans le temps) [+ période] to go ou live through; [+ crise] to pass ou go through, undergo ◆ **sa gloire a traversé les siècles** his glory travelled down the ages

**traversier, -ière** [tʀavɛʀsje, jɛʀ] 1 adj a rue which runs across
b (Naut) navire cutting across the bows
c (Mus) → **flûte**
2 nm (Can) ferryboat

**traversin** [tʀavɛʀsɛ̃] → SYN nm [lit] bolster

**travertin** [tʀavɛʀtɛ̃] nm travertin(e)

**travesti, e** [tʀavɛsti] → SYN (ptp de **travestir**) 1 adj (= déguisé) (gén) disguised; acteur playing a female role; rôle female *(played by man)*; → **bal**
2 nm a (= acteur) actor playing a female role; (= artiste de cabaret) female impersonator, drag artist; (= homosexuel) transvestite ◆ **numéro de travesti** drag act
b (= déguisement) fancy dress ◆ **en travesti** in fancy dress

**travestir** [tʀavɛstiʀ] → SYN ▸ conjug 2 ◂ 1 vt a (= déguiser) [+ personne] to dress up; [+ acteur] to cast in a female role ◆ **travestir un homme en femme** to dress a man up as a woman
b [+ vérité, paroles] to misrepresent
2 **se travestir** vpr (pour un bal) to put on fancy dress; (Théât) to put on a woman's costume; (pour un numéro de cabaret) to put on drag; (Psych) to dress as a woman, cross-dress ◆ **se travestir en Arlequin** to dress up as Harlequin

**travestisme** [tʀavɛstism] nm (Psych) transvestism

**travestissement** [tʀavɛstismɑ̃] → SYN nm a (= action) [personne] (gén) dressing-up; (Psych) cross-dressing; [vérité, paroles] travesty, misrepresentation
b (= habit) fancy dress (NonC)

**traviole** [tʀavjɔl] → SYN **de traviole** * loc adj, loc adv skew-whiff *, crooked ◆ **être/mettre de traviole** to be/put skew-whiff * ou crooked ◆ **il comprend tout de traviole** he gets hold of the wrong end of the stick every time *, he gets in a muddle about everything ◆ **elle fait tout de traviole** she does everything wrong ◆ **tout va de traviole en ce moment/dans ce service** everything's going wrong these days/in this department

**trayeur, -euse** [tʀɛjœʀ, øz] 1 nm,f milker
2 **trayeuse** nf (= machine) milking machine

**trayon** [tʀɛjɔ̃] → SYN nm teat

**trébuchant, e** [tʀebyʃɑ̃, ɑ̃t] adj (= chancelant) démarche, ivrogne tottering (épith), staggering (épith); diction, voix halting (épith); → **espèce**

**trébucher** [tʀebyʃe] → SYN ▸ conjug 1 ◂ vi (lit, fig) to stumble ◆ **faire trébucher qn** to trip sb up ◆ **trébucher sur** ou **contre** [+ racine, pierre] to stumble over, trip against; [+ mot, morceau difficile] to stumble over

**trébuchet** [tʀebyʃɛ] → SYN nm a (= piège) bird-trap
b (= balance) assay balance

**trécheur** [tʀeʃœʀ] nm ⇒ **trescheur**

**tréfilage** [tʀefilaʒ] nm wiredrawing

**tréfiler** [tʀefile] ▸ conjug 1 ◂ vt to wiredraw

**tréfilerie** [tʀefilʀi] nf wireworks

**tréfileur** [tʀefilœʀ] nm (= ouvrier) wireworker, wiredrawer

**tréfileuse** [tʀefiløz] nf (= machine) wiredrawing machine

**tréflé, e** [tʀefle] adj trefoil (épith)

**trèfle** [tʀɛfl] → SYN nm a (Bot) clover ◆ **trèfle à quatre feuilles** four-leaf clover ◆ **trèfle blanc/rouge** white/red clover ◆ **trèfle cornu** trefoil ◆ **trèfle d'eau** bogbean
b (Cartes) clubs ◆ **jouer trèfle** to play a club ou clubs ◆ **le 8 de trèfle** the 8 of clubs
c (Aut) **(carrefour en) trèfle** cloverleaf (junction ou intersection)
d (Archit) trefoil
e (= emblème de l'Irlande) **le trèfle** the shamrock ◆ **le Trèfle (irlandais)** (Rugby) the Irish team

**tréflière** [tʀeflijɛʀ] nf field of clover

**tréfonds** [tʀefɔ̃] → SYN nm (littér) ◆ **le tréfonds de** the inmost depths of ◆ **ébranlé jusqu'au tréfonds** deeply ou profoundly shaken, shaken to the core ◆ **dans le** ou **au tréfonds de mon cœur** deep down in my heart ◆ **dans le** ou **au tréfonds de son âme** in the depths of his soul

**tréhalose** [tʀealoz] nm trehalose

**treillage** [tʀɛjaʒ] → SYN nm (sur un mur) lattice work, trellis(work); (= clôture) trellis fence ◆ **treillage en voûte** trellis archway

**treillager** [tʀɛjaʒe] ▸ conjug 3 ◂ vt [+ mur] to trellis, lattice; [+ fenêtre] to lattice ◆ **treillagé de rubans** criss-crossed with tape

**treille** [tʀɛj] → SYN nf (= tonnelle) vine arbour (Brit) ou arbor (US); (= vigne) climbing vine; → **jus**

**treillis**[1] [tʀeji] nm (en bois) trellis; (en métal) wire-mesh; (Constr) lattice work

**treillis**[2] [tʀeji] nm (Tex) canvas; (Mil = tenue de combat) battledress, combat uniform; (= tenue d'exercice) fatigues

**treillisser** [tʀejise] ▸ conjug 1 ◂ vt to trellis

**treize** [tʀɛz] adj inv, nm inv thirteen ◆ **il m'en a donné treize à la douzaine** he gave me a baker's dozen ◆ **vendre des huîtres treize à la douzaine** to sell oysters at thirteen for the price of twelve ◆ **le (nombre) treize porte malheur** thirteen is unlucky; pour autres loc voir **six**

**treizième** [tʀɛzjɛm] adj, nmf thirteenth ◆ **treizième mois** (de salaire) (bonus) thirteenth month's salary; pour autres loc voir **sixième**

**treizièmement** [tʀɛzjɛmmɑ̃] adv in the thirteenth place

**treiziste** [tʀezist] nm Rugby League player

**trekking** [tʀekiŋ] nm (= activité) trekking (NonC); (= randonnée) trek ◆ **faire un trekking** to go on a trek ◆ **faire du trekking** to go trekking

**tréma** [tʀema] nm dieresis ◆ **i tréma** i dieresis

**trémail**, pl **trémails** [tʀemaj] nm ⇒ **tramail**

**trémater** [tʀemate] ▸ conjug 1 ◂ vt (Naut) to pass, overtake

**trématodes** [tʀematɔd] nmpl ◆ **les trématodes** trematodes, the Trematoda (SPÉC)

**tremblaie** [tʀɑ̃blɛ] → SYN nf aspen grove

**tremblant, e** [tʀɑ̃blɑ̃, ɑ̃t] → SYN **1** adj personne, membre, main trembling, shaking; voix trembling, shaky, quavering, tremulous; lèvres trembling; lumière trembling, flickering, quivering ◆ **il vint me trouver, tremblant** he came looking for me in fear and trembling ◆ **il se présenta tremblant devant son chef** he appeared trembling ou shaking before his boss ◆ **tremblant de froid** shivering ou trembling with cold ◆ **tremblant de peur** trembling ou shaking ou shivering with fear ◆ **tremblant de colère** quivering with rage

**2** **tremblante** nf (Vét) ◆ **la tremblante (du mouton)** scrapie

**tremble** [tʀɑ̃bl] → SYN nm aspen

**tremblé, e** [tʀɑ̃ble] (ptp de **trembler**) adj **a** écriture, dessin shaky; voix trembling, shaky, tremulous, quavering (épith); note quavering (épith)

**b** (Typo) **(filet) tremblé** wavy ou waved rule

**tremblement** [tʀɑ̃bləmɑ̃] → SYN **1** nm **a** [personne] (de froid, de fièvre) shiver, trembling (NonC), shaking (NonC); (de peur, d'indignation, de colère) trembling (NonC), shaking (NonC); (de fatigue) trembling (NonC) ◆ **un tremblement le parcourut** a shiver ran through him ◆ **il fut saisi d'un tremblement convulsif** he suddenly started shivering ou trembling violently ◆ **j'ai été prise de tremblements incontrôlables** I was shaking ou trembling uncontrollably

**b** [feuille] trembling (NonC), fluttering (NonC); [main] trembling (NonC), shaking (NonC); [menton] quivering (NonC); [paupières] fluttering (NonC); [lèvres] trembling (NonC)

**c** [lumière, lueur] trembling (NonC), flickering (NonC), quivering (NonC); [flamme] trembling (NonC), flickering (NonC), wavering (NonC); [reflet] shimmering (NonC)

**d** [voix] trembling (NonC), shaking (NonC), quavering (NonC); [son] trembling (NonC), quavering (NonC) ◆ **avec des tremblements dans la voix** in a trembling ou quavering ou shaky voice

**e** [bâtiment, vitres, plancher, terre] shaking (NonC), trembling (NonC)

**f** (LOC) **et tout le tremblement** * the whole (kit and) caboodle *

**2** COMP ▷ **tremblement de terre** earthquake ◆ **léger tremblement de terre** earth tremor

**trembler** [tʀɑ̃ble] → SYN ▸ conjug 1 ◂ vi **a** [personne] (de froid, de fièvre) to shiver, tremble, shake (*de* with); (de peur, d'indignation, de colère) to tremble, shake (*de* with); (de fatigue) to tremble (*de* with) ◆ **il tremblait de tout son corps** ou **de tous ses membres** he was shaking ou trembling all over ◆ **trembler comme une feuille** to shake ou tremble like a leaf

**b** [feuille] to tremble, flutter; [main] to tremble, shake; [menton] to quiver; [paupières] to flutter; [lèvres] to tremble

**c** [lumière, lueur] to tremble, flicker, quiver; [flamme] to tremble, flicker, waver; [reflet] to shimmer

**d** [voix] to tremble, shake, quaver; [son] to quaver

**e** [bâtiment, vitres, plancher] to shake, tremble ◆ **faire trembler le sol** to make the ground tremble, shake the ground ◆ **la terre a tremblé** the ground shook ◆ **la terre a encore tremblé en Arménie** there has been another earthquake in Armenia

**f** (= avoir peur) to tremble ◆ **trembler pour qn/qch** to fear for sb/sth ◆ **trembler à la pensée** ou **à l'idée de qch** to tremble at the (very) thought of sth ◆ **il fait trembler ses subordonnés** he strikes fear (and trembling) into his subordinates, his subordinates live in dread of him ◆ **il tremble devant son patron** he lives in fear (and trembling) of his boss ◆ **il tremble de l'avoir perdu** he's terrified that he might have lost it ◆ **je tremble qu'elle ne s'en remette pas** I'm terrified she might not recover

**trembleur** [tʀɑ̃blœʀ] → SYN nm (Élec) trembler

**tremblotant, e** [tʀɑ̃blɔtɑ̃, ɑ̃t] adj personne, main trembling, shaking; voix quavering (épith), tremulous; flamme trembling (épith), flickering (épith), wavering (épith); lumière trembling (épith), quivering (épith), flickering (épith)

**tremblote** * [tʀɑ̃blɔt] nf ◆ **avoir la tremblote** (de froid) to have the shivers *; (de peur) to have the jitters *; [vieillard] to have the shakes *

**tremblotement** [tʀɑ̃blɔtmɑ̃] nm **a** [personne, main] trembling (NonC), shaking (NonC)

**b** [voix] quavering (NonC), trembling (NonC) ◆ **avec un tremblotement dans sa voix** with a tremble in his voice

**c** [lumière, lueur, flamme] flickering (NonC)

**trembloter** [tʀɑ̃blɔte] → SYN ▸ conjug 1 ◂ vi **a** [personne, mains] to tremble ou shake (slightly)

**b** [voix] to quaver, tremble

**c** [lumière, lueur, flamme] to flicker, waver

**trémelle** [tʀemɛl] nf tremella

**trémie** [tʀemi] → SYN nf **a** (Tech = entonnoir) [concasseur, broyeur, trieuse] hopper

**b** (= mangeoire) feedbox

**c** (Constr) [cheminée] hearth cavity ou space; [escalier] stair cavity

**trémière** [tʀemjɛʀ] adj f → **rose**

**trémolo** [tʀemɔlo] → SYN nm [instrument] tremolo; [voix] quaver, tremor ◆ **avec des trémolos dans la voix** with a quaver ou tremor in one's voice

**trémoussement** [tʀemusmɑ̃] → SYN nm wriggling (NonC), jigging about (Brit) (NonC)

**trémousser (se)** [tʀemuse] → SYN ▸ conjug 1 ◂ vpr to wriggle, jig about (Brit) ◆ **se trémousser sur sa chaise** to wriggle ou jig about (Brit) on one's chair ◆ **marcher en se trémoussant** to wriggle as one walks

**trempabilité** [tʀɑ̃pabilite] nf quenchableness

**trempage** [tʀɑ̃paʒ] nm [linge, graines, semences] soaking; [papier] damping, wetting

**trempe** [tʀɑ̃p] → SYN nf **a** (Tech) [acier] (= processus) quenching; (= qualité) temper ◆ **de bonne trempe** well-tempered

**b** (fig) [personne, âme] calibre (Brit), caliber (US) ◆ **un homme de sa trempe** a man of his calibre ou of his moral fibre

**c** (Tech = trempage) [papier] damping, wetting; [peaux] soaking

**d** * (= correction) walloping *, hiding *; (= gifle) slap, clout * (Brit) ◆ **flanquer une trempe à qn** to slap ou clout * (Brit) sb

**trempé, e** [tʀɑ̃pe] → SYN (ptp de **tremper**) adj **a** (= mouillé) vêtement, personne soaked, drenched ◆ **trempé de sueur** bathed ou soaked in ou streaming with sweat ◆ **trempé jusqu'aux os** ou **comme une soupe** * wet through, soaked to the skin ◆ **visage trempé de pleurs** face bathed in tears

**b** (Tech) acier, verre tempered ◆ **caractère bien trempé** (fig) sturdy character

**tremper** [tʀɑ̃pe] → SYN ▸ conjug 1 ◂ **1** vt **a** (= mouiller) to soak, drench ◆ **la pluie a trempé sa veste/le tapis** the rain has soaked ou drenched his jacket/the carpet ◆ **je me suis fait tremper** I got soaked ou drenched

**b** (= plonger) [+ mouchoir, plume] to dip (*dans* into, in); [+ pain, biscuit] to dip, dunk (*dans* in) ◆ **tremper sa main dans l'eau** to dip one's hand in the water ◆ **il a trempé ses lèvres** he just took a sip ◆ **il n'aime pas qu'on lui trempe la tête dans l'eau** he doesn't like having his head ducked in the water

**c** (Tech) [+ métal, lame] to quench; → **acier**

**d** (littér = aguerrir, fortifier) [+ personne, caractère, âme] to steel, strengthen

**2** vi **a** [tige de fleur] to stand in water; [linge, graines, semences] to soak ◆ **tes manches trempent dans ton assiette !** your sleeves are trailing in your plate!

**b** **(faire) tremper** [+ linge, graines] to soak; [+ aliments] to soak, steep; [+ papier] to damp, wet; [+ tige de fleur] to stand in water ◆ **mettre le linge à tremper** to soak the washing, put the washing to soak ◆ **faire tremper des légumes secs** to soak pulses

**c** (fig péj) **tremper dans** (= participer) [+ crime, affaire, complot] to take part in, have a hand in, be involved in

**3** **se tremper** vpr (= prendre un bain rapide) to have a quick dip; (= se mouiller) to get (o.s.) soaked ou soaking wet, get drenched ◆ **je ne fais que me tremper** I'm just going for a quick dip

**trempette** [tʀɑ̃pɛt] nf **a** (* = baignade) **faire trempette** to have a (quick) dip

**b** (Can : Culin) dips

**trempeur** [tʀɑ̃pœʀ] nm (Métal) quencher; [papier] damper, wetter

**tremplin** [tʀɑ̃plɛ̃] → SYN nm **a** [piscine] diving-board, springboard; [gymnase] springboard; (Ski) ski-jump

**b** (fig) springboard ◆ **servir de tremplin à qn** to be a springboard for sb

**trémulation** [tʀemylasjɔ̃] → SYN nf (Méd) tremor

**trench-coat**, pl **trench-coats** [tʀɛnʃkot] → SYN nm trench coat

**trentain** [tʀɑ̃tɛ̃] nm trental

**trentaine** [tʀɑ̃tɛn] nf (= âge, nombre) about thirty, thirty or so ◆ **il a la trentaine** he's about thirty, he's thirty-ish ◆ **il approche de la trentaine** he's coming up to ou he's nearly thirty

**trente** [tʀɑ̃t] **1** adj inv, nm inv thirty ◆ **les années trente** the (nineteen) thirties; → **concile, guerre, tour,** pour loc voir **six**

**2** COMP ▷ **trente et un** (lit, Cartes) thirty-one ◆ **être/se mettre sur son trente et un** * to be wearing/put on one's Sunday best ou one's glad rags *, be/get all dressed up to the nines *, be/get dressed to kill *; → **glorieux**

**trente-et-quarante** [tʀɑ̃tekaʀɑ̃t] nm inv (Jeux) trente et quarante

**trentenaire** [tʀɑ̃t(ə)nɛʀ] adj thirty-year ◆ **(concession) trentenaire** thirty-year lease ◆ **(personne) trentenaire** thirty-year-old (person)

**trente-six** [tʀɑ̃tsis] **1** adj inv (lit) thirty-six; (* = beaucoup) umpteen * ◆ **il y en a trente-six modèles** there are umpteen * models ◆ **il n'y a pas trente-six possibilités** there aren't all that many choices ◆ **faire trente-six choses en même temps** ou **à la fois** to (try to) do too many things at once, (try to) do a hundred things at once ◆ **j'ai trente-six mille choses à faire** I've a thousand and one things to do ◆ **voir trente-six chandelles** * to see stars

2 nm inv thirty-six ◆ **tous les trente-six du mois** * once in a blue moon

**trente-sixième** [tʀɑ̃tsizjɛm] adj thirty-sixth ◆ **être dans le** ou **au trente-sixième dessous** to be in the depths of depression

**trentième** [tʀɑ̃tjɛm] adj, nmf thirtieth; pour loc voir **sixième**

**trépan** [tʀepɑ̃] → SYN nm (Méd) trephine, trepan; (Tech) trepan

**trépanation** [tʀepanasjɔ̃] nf (Méd) trephination, trepanation

**trépané, e** [tʀepane] (ptp de **trépaner**) 1 nmf (Méd) patient who has undergone trephination ou trepanation

2 adj ◆ **être trépané** to have undergone trephination ou trepanation

**trépaner** [tʀepane] ▸ conjug 1 ◂ vt (Méd) to trephine, trepan

**trépas** [tʀepɑ] → SYN nm (littér) demise, death; → **vie**

**trépassé, e** [tʀepɑse] (ptp de **trépasser**) adj (littér) deceased, dead ◆ **les trépassés** the departed ◆ **le jour** ou **la fête des Trépassés** (Rel) All Souls' (Day)

**trépasser** [tʀepɑse] → SYN ▸ conjug 1 ◂ vi (littér) to pass away, depart this life

**tréphone** [tʀefɔn] nf trephone

**trépidant, e** [tʀepidɑ̃, ɑ̃t] → SYN adj plancher vibrating, quivering; machine vibrating, throbbing; rythme pulsating (épith), thrilling (épith); vie hectic, busy

**trépidation** [tʀepidasjɔ̃] → SYN nf [moteur, navire, train] vibration; (Méd) trembling; (fig) [ville] hustle and bustle

**trépider** [tʀepide] → SYN ▸ conjug 1 ◂ vi [plancher] to vibrate, reverberate; [machine] to vibrate, throb

**trépied** [tʀepje] nm (gén) tripod; (dans l'âtre) trivet

**trépignement** [tʀepiɲmɑ̃] nm stamping (of feet) (NonC)

**trépigner** [tʀepiɲe] → SYN ▸ conjug 1 ◂ vi to stamp one's feet ◆ **trépigner d'impatience/d'enthousiasme** to stamp (one's feet) with impatience/with enthusiasm ◆ **trépigner de colère** to stamp one's feet with rage, be hopping mad *

**trépointe** [tʀepwɛ̃t] nf welt

**tréponématose** [tʀepɔnematoz] nf treponematosis

**tréponème** [tʀepɔnɛm] nm treponema

**très** [tʀɛ] → SYN adv a (avec adj) very, most; (devant certains ptp etc ) (very) much, greatly, highly ◆ **très intelligent/difficile** very ou most intelligent/difficult ◆ **il est très conscient de ...** he is very much aware of ... ou very conscious of ... ◆ **très admiré** greatly ou highly ou (very) much admired ◆ **très industrialisé/automatisé** highly industrialized/automatized ◆ **c'est un garçon très travailleur** he's a very hard-working lad, he's a very hard worker ◆ **elle est très grande dame** she is very much the great lady ou every bit a great lady ◆ **avoir très peur/faim** to be very frightened/hungry ◆ **elle a été vraiment très aimable** she was really most ou very kind ◆ **c'est très nécessaire** it's most ou absolutely essential ◆ **ils sont très amis/très liés** they are great friends/very close (friends) ◆ **je suis très, très content** I'm very, very ou terribly, terribly * pleased ◆ **j'ai très envie de le rencontrer** I would very much like to meet him, I'm very ou most anxious to meet him ◆ **un jeune homme très comme il faut** a well brought-up young man, a very respectable young man ◆ **un hebdomadaire très lu dans les milieux économiques** a magazine that's widely read ou that's read a lot in economic circles ◆ **être très à la page** * ou **dans le vent** * to be very ou terribly with-it * ◆ **je ne suis jamais très à mon aise avec lui** I never feel very ou particularly ou terribly * comfortable with him ◆ **êtes-vous fatigué ? – très/pas très** are you tired? – very ou terribly */not very ou not terribly *

b (avec adv) very ◆ **très peu de gens** very few people ◆ **c'est très bien écrit/fait** it's very well written/done ◆ **il est très en avant/arrière** (sur le chemin) he is well ou a long way ahead/behind; (dans une salle) he is well forward ou a long way to the front/well back ou a long way back ◆ **très bien, si vous insistez** all right ou very well, if you insist ◆ **très bien, je vais le lui expliquer** all right ou fine * ou very good ou O.K. *, I'll explain to him ◆ **travailler le samedi ? très peu pour moi !** work on Saturday? not likely! * ou not me!; → **peu**

**trescheur** [tʀɛʃœʀ] nm tressure

**trésor** [tʀezɔʀ] → SYN nm a (= richesses enfouies) treasure (NonC); (Jur : trouvé) treasure-trove; (fig = chose, personne, vertu précieuse) treasure ◆ **découvrir un trésor** to find some treasure ou a treasure-trove ◆ **course** ou **chasse au/chercheur de trésor** treasure hunt/hunter

b (= petit musée) treasure-house, treasury ◆ **le trésor de Notre-Dame** the treasure-house of Notre-Dame

c (gén pl = richesses) treasure ◆ **les trésors du Louvre/de l'océan** the treasures ou riches of the Louvre/of the ocean ◆ **je vais chercher dans mes trésors** (hum) I'll look through my treasures ou precious possessions

d (= abondance) **des trésors de dévouement/de patience** a wealth of devotion/of patience, boundless devotion/patience ◆ **dépenser des trésors d'ingéniosité** to expend boundless ingenuity

e (= ouvrage) treasury

f (Admin, Fin = ressources) [roi, État] exchequer, finances; [organisation secrète] finances, funds ◆ **le Trésor (public)** (= service) the public revenue department, ≃ the Treasury (Brit), ≃ the Treasury Department (US); → **bon²**

g (affectif) **mon (petit) trésor** my (little) treasure, my precious ◆ **tu es un trésor de m'avoir acheté ce livre** you're a (real) treasure for buying me this book

h (Fin) **trésor de guerre** war chest

**trésorerie** [tʀezɔʀʀi] → SYN nf a (= bureaux) [association] accounts department ◆ **Trésorerie (générale** ou **principale)** [Trésor public] ≃ public revenue office

b (= gestion) accounts ◆ **leur trésorerie est bien/mal tenue** their accounts are well/badly kept; → **moyen**

c (= argent disponible) finances, funds ◆ **difficultés** ou **problèmes de trésorerie** cash shortage, cash (flow) problems, shortage of funds ◆ **trésorerie nette** net liquid assets

d (= fonction de trésorier) treasurership

**trésorier, -ière** [tʀezɔʀje, jɛʀ] → SYN nm,f (gén) [club, association] treasurer ◆ **trésorier-payeur général** (Admin) paymaster *(for a département)* ◆ **trésorier d'entreprise** (Fin) company treasurer

**tressage** [tʀesaʒ] nm a [cheveux, rubans] plaiting, braiding (US); [paille, fil] plaiting; [câble, corde, cordon] twisting

b [panier, guirlande] weaving

**tressaillement** [tʀesajmɑ̃] → SYN nm a (= frémissement) (de plaisir) thrill, quiver; (de peur) shudder; (de douleur) wince ◆ **des tressaillements parcoururent l'animal** the animal twitched

b (= sursaut) start

c [plancher, véhicule] shaking (NonC), vibration

**tressaillir** [tʀesajiʀ] → SYN ▸ conjug 13 ◂ vi a (= frémir) (de plaisir) to thrill, quiver; (de peur) to shudder, shiver; (de douleur) to wince; [muscle, personne ou animal à l'agonie] to twitch ◆ **son cœur tressaillait** his heart was fluttering

b (= sursauter) to start, give a start ◆ **faire tressaillir qn** to startle sb, make sb jump

c [plancher, véhicule] to shake, vibrate

**tressautement** [tʀesotmɑ̃] → SYN nm (= sursaut) start, jump; (= secousses) [voyageurs] jolting (NonC), tossing (NonC); [objets] shaking (NonC)

**tressauter** [tʀesote] → SYN ▸ conjug 1 ◂ vi a (= sursauter) to start, jump ◆ **faire tressauter qn** to startle sb, make sb jump

b (= être secoué) [voyageurs] to be jolted, tossed about; [objets] to be shaken about, jump about ◆ **faire tressauter les voyageurs** to toss the passengers about ◆ **les tasses tressautent sur le plateau** the cups are shaking ou jumping about on the tray

**tresse** [tʀɛs] → SYN nf a (= cheveux) plait, braid (US) ◆ **se faire des tresses** to plait (Brit) ou braid (US) one's hair ◆ **tresses africaines** dreadlocks

b (= cordon) braid (NonC)

c (Archit = motif) strapwork

**tresser** [tʀese] → SYN ▸ conjug 1 ◂ vt a [+ cheveux, rubans] to plait, braid (US); [+ paille, fil] to plait; [+ câble, corde, cordon] to twist ◆ **chaussures en cuir tressé** lattice-work leather shoes

b [+ panier, guirlande] to weave ◆ **tresser des couronnes** ou **des lauriers à qn** (fig) to praise ou laud sb to the skies, sing sb's praises

**tréteau**, pl **tréteaux** [tʀeto] → SYN nm a (= support) trestle ◆ **table à tréteaux** trestle table

b (Théât fig) **les tréteaux** the boards, the stage ◆ **monter sur les tréteaux** to go on the boards ou the stage

**treuil** [tʀœj] → SYN nm winch, windlass

**treuillage** [tʀœjaʒ] nm winching up

**treuiller** [tʀœje] ▸ conjug 1 ◂ vt to winch up

**trêve** [tʀɛv] → SYN nf a (Mil, Pol) truce; (Sport) midwinter break ◆ **trêve de Dieu** (Hist) truce of God ◆ **trêve des confiseurs** (hum) Christmas ou New Year (political) truce

b (= répit) respite, rest ◆ **s'accorder une trêve** to allow o.s. a (moment's) respite ou a rest ◆ **faire trêve à** (littér) [+ disputes, travaux] to rest from

c **trêve de** (= assez de) ◆ **trêve de plaisanteries/polémique** enough of this joking/arguing ◆ **trêve de plaisanteries, tu veux vraiment te marier avec lui ?** joking apart, do you really want to marry him?

d **sans trêve** (= sans cesse) unremittingly, unceasingly, relentlessly

**trévire** [tʀeviʀ] nf parbuckle

**trévirer** [tʀeviʀe] → SYN ▸ conjug 1 ◂ vt to parbuckle

**trévise** [tʀeviz] nf radicchio lettuce

**tri** [tʀi] → SYN nm a (gén) sorting out; [fiches, lettres, dossiers, linge] sorting; [personnes] selection; [wagons] shunting, marshalling; (= calibrage) grading; (= tamisage) sifting ◆ **le tri sélectif des ordures ménagères** the selective sorting of household waste ◆ **faire le tri de** (gén) to sort out; [+ lettres, fiches, dossiers, linge] to sort; [+ personnes] to select; [+ wagons] to marshal; [+ déchets] to sort through; (en calibrant) to grade; (en tamisant) to sift ◆ **faire le tri entre les rumeurs et les faits** to sift ou separate fact from rumour ◆ **le chômage m'a permis de faire le tri entre mes vrais et mes faux amis** when I became unemployed I found out who my real friends were ◆ **on a procédé à des tris successifs pour sélectionner les meilleurs candidats** they used a series of selection procedures to sift out the best candidates

b (Poste) sorting; (Ordin) sort, sorting ◆ **tri postal** sorting of mail ◆ **le (bureau de) tri** the sorting office

**tri...** [tʀi] préf tri... ◆ **triacétate** triacetate

**triacide** [tʀiasid] nm triacid

**triade** [tʀijad] nf triad

**triage** [tʀijaʒ] nm ⇒ **tri** → **gare¹**

**triaire** [tʀijɛʀ] nm ◆ **les triaires** triarii

**trial** [tʀijal] nm motocross, scrambling (Brit) ◆ **faire du trial** to do motocross, go scrambling (Brit); → **moto**

**triandrie** [tʀi(j)ɑ̃dʀi] nf Triandria

**triangle** [tʀijɑ̃gl] → SYN nm (Géom, Mus) triangle ◆ **en triangle** in a triangle ◆ **triangle isocèle/équilatéral/rectangle/scalène** isosceles/equilateral/right-angled/scalene triangle ◆ **triangles semblables/égaux** similar/equal triangles ◆ **triangle quelconque** ordinary triangle ◆ **soit un triangle quelconque ABC** let ABC be any triangle ◆ **triangle de signalisation** (Aut) warning triangle ◆ **le triangle des Bermudes** the Bermuda Triangle ◆ **le Triangle d'or** the Golden Triangle

**triangulaire** [tʀijɑ̃gylɛʀ] 1 adj section, voile, prisme triangular; débat, tournoi three-cornered ◆ **commerce** ou **trafic triangulaire** (Hist) triangular slave trade

2 nf (= élection) three-cornered (election) contest ou fight

**triangulation** [tʀijɑ̃gylasjɔ̃] nf triangulation

**trianguler** [tʀijɑ̃gyle] ▸ conjug 1 ◂ vt to triangulate

**trias** [tʀijɑs] nm (= terrain) trias ◆ **le trias** (= période) the Triassic, the Trias

**triasique** [tʀijɑzik] adj Triassic

**triathlète** [tʀi(j)atlɛt] nmf triathlete

**triathlon** [tʀi(j)atlɔ̃] nm triathlon

**triathlonien, -ienne** [tʀi(j)atlɔnjɛ̃, jɛn] nmf triathlete

**triatomique** [tʀiatɔmik] adj triatomic

**tribade** [tʀibad] → SYN nf tribade

**tribal, e,** mpl **-aux** [tʀibal, o] adj tribal

**tribalisme** [tʀibalism] nm (littér) tribalism

**tribasique** [tʀibɑzik] adj tribasic

**tribo-électricité** [tʀiboelɛktʀisite] nf tribo-electricity

**tribo-électrique** [tʀiboelɛktʀik] adj triboelectric

**tribologie** [tʀibɔlɔʒi] nf (Tech) tribology

**triboluminescence** [tʀibolyminesɑ̃s] nf triboluminescence

**triboluminescent, e** [tʀibolyminesɑ̃, ɑ̃t] adj triboluminescent

**tribomètre** [tʀibɔmɛtʀ] nm tribometer

**tribord** [tʀibɔʀ] nm starboard ◆ **à tribord** to starboard, on the starboard side ◆ **hauban tribord arrière** aft starboard shroud

**triboulet** [tʀibulɛ] nm (tige graduée) triblet

**tribu** [tʀiby] → SYN nf (gén) tribe; (fig) clan ◆ **chef de tribu** tribal chief

**tribulations** [tʀibylasjɔ̃] nfpl (littér = mésaventures) tribulations, trials, troubles

**tribun** [tʀibœ̃] → SYN nm (Hist romaine) tribune; (= orateur) powerful orator; (littér = défenseur) tribune (littér)

**tribunal,** pl **-aux** [tʀibynal, o] → SYN 1 nm a (lit) court ◆ **tribunal judiciaire/d'exception** judicial/special court ◆ **tribunal révolutionnaire/militaire** revolutionary/military tribunal ◆ **porter une affaire devant les tribunaux** to bring a case before the courts ◆ **déposer une plainte auprès des tribunaux** to instigate legal proceedings ◆ **comparaître devant un tribunal** to appear before a court ◆ **traduire qn devant un tribunal** to bring sb to court ou justice ◆ **traduire qn devant un tribunal militaire** to court-martial sb ◆ **affaire renvoyée d'un tribunal à l'autre** case referred from one court to another

b (fig) **le tribunal des hommes** the justice of men ◆ **être jugé par le tribunal suprême** ou **de Dieu** to appear before the judgment seat of God ◆ **être condamné par le tribunal de l'histoire** to be condemned by the judgment of history, be judged and condemned by history ◆ **s'ériger en tribunal du goût/des mœurs** to set o.s. up as an arbiter of (good) taste/of morals

2 COMP ▷ **tribunal administratif** *tribunal dealing with internal disputes in the French civil service* ▷ **tribunal arbitral** arbitration court, court of arbitration ▷ **tribunal de commerce** commercial court ▷ **tribunal des conflits** jurisdictional court ▷ **tribunal correctionnel** ≃ magistrates' court *(dealing with criminal matters)* ▷ **tribunal pour enfants** juvenile court ▷ **tribunal de grande instance** ≃ county court ▷ **le Tribunal de l'Inquisition** the Tribunal of the Inquisition ▷ **tribunal d'instance** ≃ magistrates' court *(dealing with civil matters)* ▷ **tribunal pénal international** international criminal court ▷ **tribunal de police** police court ▷ **tribunal de première instance** † ⇒ **tribunal de grande instance**

**tribunat** [tʀibyna] nm (= charge, exercice) tribunate

**tribune** [tʀibyn] → SYN 1 nf a (pour le public) [église, assemblée, tribunal] gallery; [stade, champ de courses] stand; (couverte) grandstand ◆ **tribune d'honneur, tribune officielle** VIP stand ◆ **les tribunes du public/de la presse** the public/press gallery ◆ **les applaudissements des tribunes** applause from the stands ◆ **il avait une tribune** he had a seat in the stand ◆ **tribune du public** (Parl) visitors' gallery

b (pour un orateur) platform, rostrum ◆ **monter à la tribune** to mount the platform ou rostrum, stand up to speak; (Parl = parler) to address the House, take the floor

c (fig = débat) forum ◆ **tribune radiophonique** radio forum ◆ **offrir une tribune à la contestation** to offer a forum ou platform for protest ◆ **tribune libre d'un journal** opinion column in ou of a newspaper ◆ **organiser une tribune sur un sujet d'actualité** to organize an open forum ou a free discussion on a topical issue ◆ **se présenter à l'élection pour avoir une tribune afin de faire connaître ses vues** to stand for election to give o.s. a platform from which to publicize one's views

2 COMP ▷ **tribune d'orgue** organ loft

**tribut** [tʀiby] → SYN nm (lit, fig) tribute ◆ **payer tribut au vainqueur** (= argent) to pay tribute to the conqueror ◆ **ils ont payé un lourd tribut à la maladie/guerre** disease/war has cost them dear, disease/war has taken a heavy toll (among them) ◆ **payer tribut à la nature** (littér) to go the way of all flesh, pay the debt of nature

**tributaire** [tʀibytɛʀ] → SYN adj a (= dépendant) **être tributaire de** to be dependent ou reliant on

b (Géog) **être tributaire de** to be a tributary of, flow into ◆ **rivière tributaire** tributary

c (Hist = qui paie tribut) tributary ◆ **être tributaire de qn** to be a tributary of sb, pay tribute to sb

**tric** [tʀik] nm ⇒ **trick**

**tricard** [tʀikaʀ] nm (arg Crime) *ex-convict prohibited from entering certain French cities* ◆ **il est tricard dans le milieu du cyclisme** (fig) he's an outcast in the cycling world

**tricennal, e,** mpl **-aux** [tʀisenal, o] adj tricennial

**tricentenaire** [tʀisɑ̃t(ə)nɛʀ] 1 adj three-hundred-year-old (épith)

2 nm tercentenary, tricentennial

**tricéphale** [tʀisefal] adj (littér) three-headed

**triceps** [tʀisɛps] adj, nm ◆ **(muscle) triceps** triceps (muscle) ◆ **triceps brachial/crural** brachial/crural triceps

**tricératops** [tʀiseʀatɔps] nm triceratops

**triche** * [tʀiʃ] nf cheating ◆ **c'est de la triche** it's cheating ou a cheat

**tricher** [tʀiʃe] → SYN ▸ conjug 1 ◂ vi (gén) to cheat ◆ **tricher au jeu** to cheat at gambling ◆ **tricher sur son âge** to lie about ou cheat over one's age ◆ **tricher sur le poids/la longueur** to cheat over ou on the weight/the length, give short weight/short measure ◆ **tricher sur les prix** to cheat over the price, overcharge ◆ **tricher en affaires/en amour** to cheat in business/in love ◆ **on a dû tricher un peu : un des murs est en contre-plaqué** we had to cheat a bit – one of the walls is plywood

**tricherie** [tʀiʃʀi] → SYN nf (= tromperie) cheating (NonC) ◆ **gagner par tricherie** to win by cheating ◆ **c'est une tricherie** it's cheating ou a cheat ◆ **on s'en tire avec une petite tricherie** (= astuce) we get round the problem by cheating a bit

**tricheur, -euse** [tʀiʃœʀ, øz] → SYN nm,f (gén) cheat; (en affaires) swindler, trickster, cheat

**trichine** [tʀikin] nf trichina

**trichiné, e** [tʀikine] adj trichinous

**trichineux, -euse** [tʀikinø, øz] adj trichinous

**trichinose** [tʀikinoz] nf trichinosis

**trichite** [tʀikit] nf trichite

**trichloréthylène** [tʀiklɔʀetilɛn] nm trichlorethylene, trichloroethylene

**trichocéphale** [tʀikosefal] nm whipworm

**trichoma** [tʀikɔma] nm plica

**trichomonas** [tʀikɔmɔnɑs] nm trichomonad

**trichophyton** [tʀikɔfitɔ̃] nm trichophyton

**trichrome** [tʀikʀom] adj (Tech) three-colour (épith) (Brit), three-color (épith) (US), trichromatic

**trichromie** [tʀikʀɔmi] nf (Tech) three-colour (Brit) ou three-color (US) process

**trick** [tʀik] nm (Bridge) seventh trick

**triclinique** [tʀiklinik] adj triclinic, anorthic

**triclinium** [tʀiklinjɔm] nm triclinium

**tricoises** [tʀikwaz] nfpl pincers

**tricolore** [tʀikɔlɔʀ] adj (gén) three-coloured (Brit), three-colored (US), tricolour(ed) (frm) (Brit), tricolor(ed) (frm) (US); (= aux couleurs françaises) red, white and blue ◆ **le drapeau tricolore** the (French) tricolour ◆ **le chauvinisme tricolore** (fig) French ou Gallic chauvinism ◆ **l'équipe tricolore** *, **les tricolores** * (Sport) the French team

**tricorne** [tʀikɔʀn] nm three-cornered hat, tricorn(e)

**tricot** [tʀiko] → SYN nm a (= vêtement) sweater, jersey, jumper (Brit) ◆ **tricot de corps** vest (Brit), undershirt (US) ◆ **emporte des tricots** take some woollens ou woollies * (Brit) with you

b (= technique) knitting (NonC); (= ouvrage) (gén) knitting (NonC); (Comm) knitwear (NonC) ◆ **faire du tricot** to knit, do some knitting ◆ **tricot jacquard** Jacquard knitwear ◆ **tricot plat** ordinary knitting, knitting on 2 needles ◆ **tricot rond** knitting on 4 needles; → **point²**

c (= tissu) knitted fabric ◆ **en tricot** knitted ◆ **vêtements de tricot** knitwear

**tricotage** [tʀikɔtaʒ] nm knitting

**tricoter** [tʀikɔte] ▸ conjug 1 ◂ 1 vt [+ vêtement, maille] to knit ◆ **écharpe tricotée (à la) main** hand-knit(ted) scarf

2 vi a (lit) to knit ◆ **tricoter serré/lâche** to be a tight/loose knitter ◆ **tricoter à la main** to knit by hand ◆ **tricoter à la machine** to machine-knit; → **aiguille, laine, machine**

b (* fig) [cycliste] to pedal fast, twiddle * (Brit); [danseur] to prance about ou jig about like crazy ou like a mad thing * (Brit) ◆ **tricoter des jambes** [fugitif] to run like mad *; [danseur] to prance about ou jig about madly *; [bébé] to kick its legs

**tricoteur, -euse** [tʀikɔtœʀ, øz] 1 nm,f knitter ◆ **tricoteur de filets** netmaker

2 **tricoteuse** nf (= machine) knitting machine; (= meuble) tricoteuse

**trictrac** [tʀiktʀak] nm (Hist) (= jeu) backgammon; (= partie) game of backgammon; (= plateau) backgammon board

**tricuspide** [tʀikyspid] adj tricuspid

**tricycle** [tʀisikl] nm [enfant] tricycle ◆ **faire du tricycle** to ride a tricycle ◆ **tricycle à moteur** motorized tricycle

**tridacne** [tʀidakn] nm giant clam

**tridactyle** [tʀidaktil] adj tridactyl, tridactylous

**trident** [tʀidɑ̃] nm (Myth) trident; (Pêche) trident, fish-spear; (Agr) three-pronged fork

**tridimensionnel, -elle** [tʀidimɑ̃sjɔnɛl] adj three-dimensional

**trièdre** [tʀi(j)ɛdʀ] 1 adj trihedral

2 nm trihedron

**triennal, e,** mpl **-aux** [tʀijenal, o] adj prix, foire, élection triennial, three-yearly; charge, mandat, plan three-year (épith); magistrat, président elected ou appointed for three years ◆ **assolement triennal** (Agr) three-year rotation of crops

**trier** [tʀije] → SYN ▸ conjug 7 ◂ vt a (= classer) (gén) to sort out; [+ lettres, fiches] to sort; [+ wagons] to marshal; [+ fruits] to sort; (en calibrant) to grade

b (= sélectionner) [+ grains, visiteurs] to sort out; [+ candidats] to select, pick; [+ lentilles] to pick over; (en tamisant) to sift ◆ **triés sur le volet** (fig) hand-picked ◆ **il raconte un peu n'importe quoi, il faut trier** he talks a lot of nonsense sometimes, you have to decide what to listen to ◆ **mets ça sur la table, on va trier** (hum) say what you want to say and we'll decide

**trière** [tʀijɛʀ] nf trireme

**trieur, trieuse** [tʀijœʀ, tʀijøz] 1 nm,f (= personne) sorter; (en calibrant) grader ◆ **trieur de minerai/de légumes** ore/vegetable grader

2 nm (= machine) sorter ◆ **trieur de grains** grain sorter ◆ **trieur-calibreur** [fruits] sorter; [œufs] grader, grading machine

3 **trieuse** nf (= machine) sorter; [ordinateur, photocopieur] sorting machine

**trifide** [tʀifid] adj trifid

**trifolié, e** [tʀifɔlje] adj trifoliate, trifoliated

**triforium** [tʀifɔʀjɔm] n triforium

**trifouiller** * [tʀifuje] ▸ conjug 1 ◂ 1 vt to rummage about in, root about in

2 vi to rummage about, root about ◆ **il trifouillait dans le moteur** he was poking about * in the engine

**trigémellaire** [tʀiʒemelɛʀ] adj ◆ **grossesse trigémellaire** triplet pregnancy

**triglycéride** [tʀigliseʀid] nm triglyceride

**triglyphe** [tʀiglif] nm triglyph

**trigo** * [tʀigo] nf (abrév de **trigonométrie**) trig *

**trigone** [tʀigɔn] 1 adj trigonal
2 nm triangle

**trigonelle** [tʀigɔnɛl] nf Trigonella

**trigonocéphale** [tʀigɔnɔsefal] nm *type of pit viper*, trigonocephalus (SPÉC)

**trigonométrie** [tʀigɔnɔmetʀi] nf trigonometry

**trigonométrique** [tʀigɔnɔmetʀik] adj trigonometric(al)

**trijumeau**, pl **trijumeaux** [tʀiʒymo] adj m, nm ◆ **(nerf) trijumeau** trigeminal ou trifacial nerve

**trilatéral, e**, mpl **-aux** [tʀilateʀal, o] adj a (Géom) trilateral, three-sided
b (Écon) accords tripartite ◆ **la (commission) trilatérale** the Trilateral Commission

**trilingue** [tʀilɛ̃g] adj dictionnaire, secrétaire trilingual ◆ **il est trilingue** he's trilingual, he speaks three languages

**trilitère** [tʀilitɛʀ] adj triliteral

**trille** [tʀij] nm [oiseau, flûte] trill ◆ **faire des trilles** to trill

**triller** [tʀije] → SYN ▸ conjug 1 ◂ vt, vi to trill

**trillion** [tʀiljɔ̃] nm trillion

**trilobé, e** [tʀilɔbe] adj feuille trilobate; ogive trefoil (épith)

**trilobites** [tʀilɔbit] nmpl ◆ **les trilobites** trilobites, the Trilobita (SPÉC)

**triloculaire** [tʀilɔkylɛʀ] adj trilocular

**trilogie** [tʀilɔʒi] nf trilogy

**trimaran** [tʀimaʀɑ̃] nm trimaran

**trimard** † * [tʀimaʀ] nm road ◆ **prendre le trimard** to take to ou set out on the road

**trimarder** † * [tʀimaʀde] ▸ conjug 1 ◂ 1 vi (= vagabonder) to walk the roads, be on the road
2 vt (= transporter) to lug * ou cart * along

**trimardeur, -euse** † * [tʀimaʀdœʀ, øz] → SYN nm,f (= vagabond) tramp, hobo (US)

**trimbal(l)age** * [tʀɛ̃balaʒ], **trimbal(l)ement** * [tʀɛ̃balmɑ̃] nm [bagages, marchandises] carting ou lugging around *

**trimbal(l)er** [tʀɛ̃bale] ▸ conjug 1 ◂ 1 vt * [+ bagages, marchandises] to lug * ou cart * around; (péj) [+ personne] to trail along; [+ rhume] to carry around ◆ **qu'est-ce qu'il trimballe !** ‡ he's as dumb ou thick (Brit) as they come ‡
2 **se trimbal(l)er** ‡ vpr to trail along ◆ **on a dû se trimbal(l)er en voiture jusque chez eux** we had to trail over to their place in the car ◆ **il a fallu que je me trimballe jusqu'à la gare avec mes valises** I had to trail all the way to the station with my suitcases

**trimer** * [tʀime] ▸ conjug 1 ◂ vi to slave away ◆ **faire trimer qn** to keep sb's nose to the grindstone, drive sb hard, keep sb hard at it *

**trimère** [tʀimɛʀ] 1 adj trimeric
2 nm trimer

**trimestre** [tʀimɛstʀ] nm a (= période) (gén, Comm) quarter; (Scol) term ◆ **premier/second/troisième trimestre** (Scol) autumn/winter/summer term ◆ **payer par trimestre** to pay quarterly
b (= loyer) quarter, quarter's rent; (= frais de scolarité) term's fees; (= salaire) quarter's income

**trimestriel, -elle** [tʀimɛstʀijɛl] adj publication quarterly; paiement three-monthly, quarterly; fonction, charge three-month (épith), for three months (attrib); (Scol) bulletin, examen end-of-term (épith), termly (épith)

**trimestriellement** [tʀimɛstʀijɛlmɑ̃] adv payer on a quarterly ou three-monthly basis, every quarter, every three months; publier quarterly; (Scol) once a term

**trimètre** [tʀimɛtʀ] nm trimeter

**trimmer** [tʀimœʀ, tʀimɛʀ] nm trimmer

**trimoteur** [tʀimɔtœʀ] nm three-engined aircraft

**trin** [tʀɛ̃], **trine** [tʀin] adj (Rel, Astron) trine

**tringle** [tʀɛ̃gl] → SYN nf a (Tech) rod ◆ **tringle à rideaux** curtain rod ou rail
b (Archit = moulure) tenia

**tringler** [tʀɛ̃gle] ▸ conjug 1 ◂ vt a (Tech) to mark with a line
b (*‡: sexuellement) to lay ‡, screw *‡, fuck *‡ ◆ **se faire tringler** to get laid ‡

**trinidadien, -ienne** [tʀinidadjɛ̃, jɛn] 1 adj Trinidadian
2 **Trinidadien(ne)** nm,f Trinidadian

**trinitaire** [tʀinitɛʀ] adj, nmf (Rel) Trinitarian

**trinité** [tʀinite] nf a (= triade) trinity ◆ **la Trinité** (= dogme) the Trinity; (= fête) Trinity Sunday ◆ **à la Trinité** on Trinity Sunday ◆ **la sainte Trinité** the Holy Trinity; → **Pâques**
b (Géog) **Trinité-et-Tobago** Trinidad and Tobago ◆ **(l'île de) la Trinité** Trinidad

**trinitrine** [tʀinitʀin] nf nitroglycerin(e), trinitroglycerin

**trinitrobenzène** [tʀinitʀobɛ̃zɛn] nm trinitrobenzene

**trinitrotoluène** [tʀinitʀotɔlɥɛn] nm trinitrotoluene, trinitrotoluol

**trinôme** [tʀinom] nm (Math) trinomial

**trinquer** [tʀɛ̃ke] → SYN ▸ conjug 1 ◂ vi a (= porter un toast) to clink glasses; (= boire) to drink ◆ **trinquer à qch** to drink to sth ◆ **trinquer à la santé de qn** to drink to sb's health
b (* = être puni) to take the rap * ◆ **il a trinqué pour les autres** he took the rap for the others *
c (= être endommagé) to be damaged ◆ **c'est l'aile qui a trinqué** the wing got the worst of the damage
d († * = trop boire) to booze *
e († = se heurter) to knock ou bump into one another

**trinquet** [tʀɛ̃kɛ] nm (Naut) foremast

**trinquette** [tʀɛ̃kɛt] nf (Naut) fore(-topmast) staysail

**trio** [tʀijo] nm (Mus) trio; (= groupe) threesome, trio ◆ **trio urbain** (Courses) *system of betting on three horses in any order*

**triode** [tʀijɔd] nf triode

**triolet** [tʀijɔlɛ] nm (Mus) triplet; (Hist Littérat) triolet

**triomphal, e**, mpl **-aux** [tʀijɔ̃fal, o] → SYN adj marche triumphal; succès triumphant, resounding; entrée, accueil, geste, air triumphant; (Hist romaine) triumphal ◆ **son élection triomphale** his triumphant election

**triomphalement** [tʀijɔ̃falmɑ̃] adv accueillir, saluer in triumph; annoncer triumphantly

**triomphalisme** [tʀijɔ̃falism] nm triumphalism ◆ **ne faisons pas de triomphalisme** let's not gloat

**triomphaliste** [tʀijɔ̃falist] adj discours, slogan triumphalist ◆ **sur un ton triomphaliste** gloatingly, exultantly

**triomphant, e** [tʀijɔ̃fɑ̃, ɑ̃t] → SYN adj triumphant ◆ **l'Église triomphante** the Church triumphant

**triomphateur, -trice** [tʀijɔ̃fatœʀ, tʀis] 1 adj parti, nation triumphant
2 nm,f (= vainqueur) triumphant victor
3 nm (Hist romaine) triumphant general

**triomphe** [tʀijɔ̃f] → SYN nm a (Mil, Pol, Sport, gén) triumph ◆ **cet acquittement représente le triomphe de la justice/du bon sens** this acquittal represents the triumph of ou is a triumph for justice/common sense
b (Hist romaine, gén = honneurs) triumph ◆ **en triomphe** in triumph ◆ **porter qn en triomphe** to bear ou carry sb in triumph, carry sb shoulder-high (in triumph); → **arc**
c (= exultation) triumph ◆ **air/cri de triomphe** air/cry of triumph, triumphant air/cry
d (= succès) triumph ◆ **cette pièce/cet artiste a remporté ou fait un triomphe** this play/this artist has been ou had a triumphant success ◆ **ce film/livre est un vrai triomphe** this film/book is a triumphant success ◆ **j'ai le triomphe modeste** I'm not one to boast ◆ **le public lui a fait un triomphe** the audience gave him an ovation

**triompher** [tʀijɔ̃fe] → SYN ▸ conjug 1 ◂ 1 vi a (militairement) to triumph; (aux élections, en sport, gén) to triumph, win; [cause, raison] to prevail, be triumphant ◆ **faire triompher une cause** to bring ou give victory to a cause ◆ **ses idées ont fini par triompher** his ideas eventually prevailed ou won the day; → **vaincre**
b (= crier victoire) to exult, rejoice
c (= exceller) to triumph, excel ◆ **triompher dans un rôle** [acteur] to give a triumphant performance in a role
2 **triompher de** vt indir [+ ennemi] to triumph over, vanquish; [+ concurrent, rival] to triumph over, overcome; [+ obstacle, difficulté] to triumph over, surmount, overcome; [+ peur, timidité] to conquer, overcome

**trip** * [tʀip] nm (arg Drogue) trip (arg) ◆ **il est en plein trip, il fait un trip** he's tripping ◆ **c'est pas mon trip** (fig) it's not my thing * ou my scene * ◆ **elle est dans son trip végétarien** she's going through a vegetarian phase at the moment

**tripaille** ‡ [tʀipɑj] nf (péj) guts *, innards

**tripale** [tʀipal] adj hélice three-bladed

**triparti, e** [tʀipaʀti] adj (Bot, Pol = à trois éléments) tripartite; (Pol = à trois partis) three-party (épith)

**tripartisme** [tʀipaʀtism] nm three-party government

**tripartite** [tʀipaʀtit] adj ⇒ **triparti**

**tripartition** [tʀipaʀtisjɔ̃] nf tripartition

**tripatouillage** * [tʀipatujaʒ] nm (péj) a (= remaniement) [texte] fiddling about * (*de* with); [comptes, résultats électoraux] fiddling * (*de* with); statistiques fiddling, juggling (*de* with)
b (= opération malhonnête) fiddle * ◆ **tripatouillage électoral** election rigging

**tripatouiller** * [tʀipatuje] ▸ conjug 1 ◂ vt (péj) a (= remanier) [+ texte] to fiddle about with *; [+ comptes, résultats électoraux] to fiddle *, tamper with; [+ statistiques] to fiddle with, massage *
b (= tripoter) [+ objet] to fiddle ou mess about with *, toy with; [+ moteur, moto, machine] to tinker with *; [+ personne] to paw *

**tripatouilleur, -euse** * [tʀipatujœʀ, øz] nm,f (péj) (= touche-à-tout) fiddler *; (= affairiste) grafter * (péj)

**tripe** [tʀip] 1 **tripes** nfpl a (Culin) tripe ◆ **tripes à la mode de Caen/à la lyonnaise** tripe à la mode de Caen/à la Lyonnaise
b (* = intestins) guts * ◆ **rendre tripes et boyaux** to be as sick as a dog * ◆ **il joue avec ses tripes** [comédien] he puts his heart and soul into it ◆ **ça vous prend aux tripes** it gets you right there * ◆ **c'est un spectacle qui vous remue les tripes** it's a gut-wrenching performance
2 nf (* = fibre) ◆ **avoir la tripe républicaine/royaliste** to be a republican/a royalist through and through ou to the core

**triperie** [tʀipʀi] nf (= boutique) tripe shop; (= commerce) tripe trade

**tripette** * [tʀipɛt] nf → **valoir**

**triphasé, e** [tʀifɑze] 1 adj three-phase
2 nm three-phase current

**triphénylméthane** [tʀifenilmetan] nm triphenylmethane

**triphtongue** [tʀiftɔ̃g] nf triphthong

**tripier, -ière** [tʀipje, jɛʀ] nm,f tripe butcher

**triplace** [tʀiplas] adj, nm three-seater

**triplan** [tʀiplɑ̃] nm triplane

**triple** [tʀipl] 1 adj a (= à trois éléments ou aspects) triple; (= trois fois plus grand) treble, triple ◆ **le prix est triple de ce qu'il était** the price is three times ou treble what it was, the price has trebled ◆ **faire qch en triple exemplaire** to make three copies of sth, do sth in triplicate ◆ **ce livre, je l'ai en triple** I've got three copies of this book ◆ **il faut que l'épaisseur soit triple** three thicknesses are needed, a treble thickness is needed ◆ **avec triple couture** triple stitched ◆ **avec triple semelle** with a three-layer sole ◆ **l'inconvénient est triple, il y a un triple inconvénient** there are three disadvantages, the disadvantages are threefold ◆ **naissance triple** birth of triplets ◆ **prendre une triple dose** to take three times the dose, take a triple dose (*de* of)
b (intensif) **c'est un triple idiot** he's a prize idiot ◆ **triple idiot !** you stupid idiot! ou fool!
2 nm ◆ **9 est le triple de 3** 9 is three times 3 ◆ **manger/gagner le triple (de qn)** to eat/earn

three times as much (as sb ou as sb does) ◆ **celui-ci pèse le triple de l'autre** this one weighs three times as much as the other ou is three times ou treble the weight of the other ◆ **c'est le triple du prix normal/de la distance Paris-Londres** it's three times ou treble the normal price/the distance between Paris and London ◆ **on a mis le triple de temps à le faire** it took three times as long ou treble the time to do it

3 COMP ▷ **la Triple Alliance** the Triple Alliance ▷ **triple saut** triple jump ▷ **triple saut périlleux** triple somersault; → **croche, entente, galop, menton**

**triplé, e** [tʀiple] (ptp de **tripler**) 1 nm a (Courses) [chevaux] treble *(betting on three different horses in three different races)*

b (Sport) [athlète] triple success; (Ftbl) hat trick ◆ **il a réussi un beau triplé** [athlète] he came first in three events; [footballeur] he scored a hat trick ◆ **réussir le triplé dans le 4 000 mètres** [équipe] to win the first three places ou come 1st, 2nd and 3rd in the 4,000 metres

2 **triplés** nmpl (= bébés) triplets; (= garçons) boy triplets

3 **triplées** nfpl (= bébés) girl triplets

**triplement** [tʀipləmɑ̃] 1 adv a (= pour trois raisons) in three ways

b (= à un degré triple) trebly, three times over

2 nm [prix, bénéfices, nombre] trebling, tripling, threefold increase (*de* in) ◆ **cette politique s'est traduite par un triplement de l'endettement public** this policy has caused national debt to treble ou triple, this policy has brought about a threefold increase in the national debt

**tripler** [tʀiple] ▸ conjug 1 ◂ 1 vt (gén) to treble, triple; (Scol, Univ) [+ classe] to do for the third time ◆ **il tripla la dose** he made the dose three times as big, he tripled ou trebled the dose ◆ **tripler la longueur/l'épaisseur de qch** to treble ou triple the length/the thickness of sth, make sth three times as long/thick ◆ **tripler sa mise** to treble one's stake

2 vi to triple, treble, increase threefold ◆ **tripler de valeur/de poids/de volume** to treble in value/in weight/in volume ◆ **le chiffre d'affaires a triplé en un an** turnover has tripled ou trebled in a year ◆ **la population de la ville a triplé depuis la guerre** the town's population has tripled ou trebled since the war, there has been a threefold increase in the town's population since the war

**triplet** [tʀiplɛ] nm (Math) triplet; (Opt) triple lens

**triplette** [tʀiplɛt] nf (Boules) threesome

**Triplex ®** [tʀiplɛks] nm (= verre) laminated safety glass, Triplex ® (Brit)

**triplex** [tʀiplɛks] nm (= appartement) three-storey apartment ou flat (Brit), triplex (US)

**triplicata** [tʀiplikata] nm triplicate

**triploïde** [tʀiplɔid] adj triploid

**triploïdie** [tʀiplɔidi] nf triploidy

**triplure** [tʀiplyʀ] nf buckram

**tripode** [tʀipɔd] 1 adj tripodal ◆ **mât tripode** tripod (mast)

2 nm tripod

**Tripoli** [tʀipɔli] n Tripoli

**tripoli** [tʀipɔli] nm (Géol) tripoli

**triporteur** [tʀipɔʀtœʀ] nm delivery tricycle

**tripot** [tʀipo] → SYN nm (péj) dive *, joint *

**tripotage** * [tʀipɔtaʒ] → SYN nm (péj) a (= attouchements) [personne, partie du corps] groping *, feeling up *

b (= manigances) jiggery-pokery * (NonC) ◆ **tripotages électoraux** election rigging

**tripotée** ‡ [tʀipɔte] nf a (= correction) belting ‡, hiding *, thrashing

b (= grand nombre) **une tripotée de ...** loads * of ..., lots of ... ◆ **avoir toute une tripotée d'enfants** to have a whole string of children *

**tripoter** * [tʀipɔte] ▸ conjug 1 ◂ (péj) 1 vt a [+ objet, fruit] to fiddle with, finger; (machinalement) [+ montre, stylo, bouton] to fiddle with, play with, toy with ◆ **se tripoter le nez/la barbe** to fiddle with one's nose/one's beard ◆ **elle tripotait nerveusement ses bagues** she was playing with ou fiddling with her rings nervously

b [+ personne, partie du corps] to grope *, feel up * ◆ **se faire tripoter** to be groped *, be felt up * ◆ **se tripoter** to play with o.s.

2 vi a (= fouiller) to root about, rummage about ◆ **tripoter dans les affaires de qn/dans un tiroir** to root about ou rummage about in sb's things/in a drawer

b (= trafiquer) to be involved in some shady business

**tripoteur, -euse** * [tʀipɔtœʀ, øz] → SYN nm,f (péj) (= affairiste) shark *, shady dealer *; (‡ = peloteur) groper *

**tripous, tripoux** [tʀipu] → SYN nmpl *dish (from Auvergne) of sheep's offal and sheep's feet*

**triptyque** [tʀiptik] nm a (Art, Littérat) triptych

b (Admin = classement) triptyque

**triquard** [tʀikaʀ] nm → **tricard**

**trique** [tʀik] → SYN nf cudgel ◆ **il les mène à la trique** (fig) he's a real slave driver ◆ **donner des coups de trique à** to cudgel, thrash ◆ **maigre** ou **sec comme un coup de trique** as skinny as a rake ◆ **avoir la trique** *‡ to have a hard-on *‡

**trique-madame** [tʀikmadam] nf inv white stonecrop

**trirectangle** [tʀiʀɛktɑ̃gl] adj trirectangular

**trirème** [tʀiʀɛm] nf trireme

**trisaïeul,** pl **trisaïeuls** [tʀizajœl, ø] nm great-great-grandfather

**trisaïeule** [tʀizajœl] nf great-great-grandmother

**trisannuel, -elle** [tʀizanɥɛl] adj fête, plante triennial

**trisecteur, -trice** [tʀisɛktœʀ, tʀis] adj trisecting (épith)

**trisection** [tʀisɛksjɔ̃] nf (Géom) trisection

**triskèle** [tʀiskɛl] nm triskelion, triskele

**trismus** [tʀismys] nm lockjaw, trismus (SPÉC)

**trisomie** [tʀizɔmi] nf trisomy ◆ **trisomie 21** Down's syndrome, trisomy 21

**trisomique** [tʀizɔmik] 1 adj trisomic

2 nmf trisome ◆ **trisomique 21** person with Down's syndrome

**trisser (se)**[1] ‡ [tʀise] ▸ conjug 1 ◂ vpr (= partir) to clear off *, skedaddle *

**trisser**[2] [tʀise] ▸ conjug 1 ◂ vt [+ artiste] to ask for a second encore from

**trissyllabe** [tʀisi(l)lab] adj, nm ⇒ **trisyllabe**

**trissyllabique** [tʀisi(l)labik] adj ⇒ **trisyllabique**

**Tristan** [tʀistɑ̃] nm Tristan, Tristram ◆ **Tristan et Iseu(l)t** Tristan and Isolde

**triste** [tʀist] → SYN adj a (= malheureux, affligé) personne sad, unhappy; regard, sourire sad, sorrowful ◆ **d'un air triste** sadly, with a sad look ◆ **d'une voix triste** sadly, in a sad ou sorrowful voice ◆ **un enfant à l'air triste** a sad-looking ou an unhappy-looking child ◆ **les animaux en cage ont l'air triste** caged animals look sad ou miserable ◆ **être triste à l'idée** ou **à la pensée de partir** to be sad at the idea ou thought of leaving ◆ **elle était triste de voir partir ses enfants** she was sad to see her children go

b (= sombre, maussade) personne sad, gloomy; pensée sad, depressing; couleur, temps, journée dreary, depressing, dismal; paysage bleak, dreary ◆ **il aime les chansons tristes** he likes sad ou melancholy songs ◆ **triste à pleurer** terribly sad ◆ **triste à mourir** personne, ambiance, musique utterly depressing ◆ **il est triste comme un bonnet de nuit** he's as miserable as sin ◆ **son père est un homme triste** his father is a rather joyless man ◆ **avoir** ou **faire triste mine** ou **figure** to cut a sorry figure, look a sorry sight ◆ **faire triste mine** ou **figure à qn** to give sb a cool reception, greet sb unenthusiastically; → **vin**

c (= attristant, pénible) nouvelle, épreuve, destin sad ◆ **depuis ces tristes événements** since these sad events took place ◆ **c'est une triste nécessité** it's a painful necessity, it's sadly necessary ◆ **c'est la triste réalité** that's the grim ou sad reality ◆ **il se lamente toujours sur son triste sort** he's always bewailing his unhappy ou sad fate ◆ **ce furent des mois bien tristes** these were very sad ou unhappy months ◆ **ce pays détient le triste record de l'alcoolisme** this country holds the unenviable record for having the highest rate of alcoholism ◆ **il aura le triste privilège d'annoncer ...** he'll have the dubious privilege of announcing ... ◆ **c'est triste à dire mais ...** it's sad to say but ... ◆ **triste chose que ...** it is sad that ... ◆ **depuis son accident, il est dans un triste état** (ever) since his accident he has been in a sad ou sorry state ◆ **c'est pas triste !** * (= c'est amusant) it's a laugh a minute! *; (= c'est difficile) it's really tough! *, it's no joke! *; (= c'est la pagaille) it's a real mess!; → **abandonner**

d (avant n : péj = lamentable) **quelle triste époque !** what sad times we live in! ◆ **une triste réputation/affaire** a sorry reputation/business ◆ **un triste sire** ou **personnage** an unsavoury ou dreadful individual ◆ **ses tristes résultats à l'examen** his wretched ou deplorable exam results

**tristement** [tʀistəmɑ̃] adv a (= d'un air triste) sadly, sorrowfully

b (= de façon lugubre) sadly, gloomily, glumly

c (valeur intensive, péjorative) sadly, regrettably ◆ **tristement célèbre** notorious (*pour* for) ◆ **c'est tristement vrai** it's sad but true

**tristesse** [tʀistɛs] GRAMMAIRE ACTIVE 24.4 → SYN nf a (= caractère, état) [personne, pensée] sadness, gloominess; [couleur, temps, journée] dreariness; [paysage] sadness, bleakness, dreariness ◆ **il sourit toujours avec une certaine tristesse** there is always a certain sadness in his smile ◆ **enclin à la tristesse** given to melancholy, inclined to be gloomy ou sad

b (= chagrin) sadness (NonC), sorrow ◆ **avoir un accès de tristesse** to be overcome by sadness ◆ **les tristesses de la vie** life's sorrows, the sorrows of life ◆ **c'est avec une grande tristesse que nous apprenons son décès** it is with deep sadness ou sorrow that we have learned of his death

**tristounet, -ette** * [tʀistunɛ, ɛt] adj temps, nouvelles gloomy, depressing ◆ **il avait l'air tristounet** he looked a bit down in the mouth * ou down in the dumps *

**trisyllabe** [tʀisi(l)lab] 1 adj trisyllabic

2 nm trisyllable

**trisyllabique** [tʀisi(l)labik] adj trisyllabic

**trithérapie** [tʀiteʀapi] nf triple therapy

**triticale** [tʀitikal] → SYN nm triticale

**tritium** [tʀitjɔm] nm tritium

**Triton** [tʀitɔ̃] nm (Myth) Triton

**triton**[1] [tʀitɔ̃] nm (= mollusque) triton; (= amphibien) newt

**triton**[2] [tʀitɔ̃] nm (Mus) tritone, augmented fourth

**triton**[3] [tʀitɔ̃] nm (Chim) triton

**triturateur** [tʀityʀatœʀ] nm (Sci) grinder

**trituration** [tʀityʀasjɔ̃] nf a (= broyage) grinding up, trituration (SPÉC) ◆ **bois de trituration** wood pulp

b [pâte] pummelling, kneading

c (= manipulation) manipulation

**triturer** [tʀityʀe] → SYN ▸ conjug 1 ◂ vt a (= broyer) [+ sel, médicament, fibres] to grind up, triturate (SPÉC)

b (= malaxer) [+ pâte] to pummel, knead ◆ **ce masseur vous triture les chairs** this masseur really pummels you

c (= manipuler) [+ objet] to fiddle with ◆ **elle triturait nerveusement son mouchoir** she was twisting her handkerchief nervously ◆ **se triturer la cervelle** * ou **les méninges** * to rack ou cudgel one's brains *

**triumvir** [tʀijɔmviʀ] nm triumvir

**triumviral, e,** mpl **-aux** [tʀijɔmviʀal, o] adj triumviral

**triumvirat** [tʀijɔmviʀa] nm triumvirate

**trivalence** [tʀivalɑ̃s] nf trivalence, trivalency

**trivalent, e** [tʀivalɑ̃, ɑ̃t] adj trivalent

**trivalve** [tʀivalv] adj trivalve

**trivial, e,** mpl **-iaux** [tʀivjal, jo] → SYN adj a (= vulgaire) langage, plaisanterie, manières coarse, crude

b (= commun) objet, acte mundane, commonplace; détail trivial

**trivialement** [tʀivjalmɑ̃] adv **a** (= vulgairement) appeler coarsely, crudely

**b** (= banalement) trivially, tritely

**trivialité** [tʀivjalite] → SYN nf **a** (= vulgarité) [langage, plaisanterie, manières] coarseness, crudeness

**b** (= banalité) [objet, acte] mundanity; [détail] triviality

**c** (= remarque vulgaire) coarse ou crude remark; (= remarque banale) commonplace ou trite remark; (= détail vulgaire) coarse ou crude detail; (= détail banal) mundane ou trivial detail

**trivium** [tʀivjɔm] nm trivium

**troc** [tʀɔk] → SYN nm (= échange) exchange; (= système) barter ◆ **l'économie de troc** the barter economy ◆ **faire du troc** to barter ◆ **on a fait un troc** we did a swap ◆ **le troc de qch contre qch d'autre** bartering ou exchanging ou swapping sth for sth else

**trocart** [tʀɔkaʀ] nm trocar

**trochaïque** [tʀɔkaik] adj trochaic

**trochanter** [tʀɔkɑ̃tɛʀ] nm trochanter

**troche** [tʀɔʃ] nf top shell

**trochée** [tʀɔʃe] nm trochee

**trochile** [tʀɔkil] nm hummingbird, trochilus (SPÉC)

**trochilidés** [tʀɔkilide] nmpl ◆ **les trochilidés** hummingbirds, the Trochilidae (SPÉC)

**trochin** [tʀɔʃɛ̃] nm lesser tuberosity of the humerus

**trochiter** [tʀɔkitɛʀ] nm greater tuberosity of the humerus

**trochlée** [tʀɔkle] nf trochlea

**trochléen, -enne** [tʀɔkleɛ̃, ɛn] adj trochlear

**troène** [tʀɔɛn] nm privet

**troglodyte** [tʀɔglɔdit] nm (Ethnol) cave dweller; (fig) troglodyte; (Orn) wren

**troglodytique** [tʀɔglɔditik] adj (Ethnol) troglodytic (SPÉC), cave-dwelling (épith) ◆ **habitation troglodytique** cave dwelling, cave-dweller's settlement

**trogne** ‡ [tʀɔɲ] → SYN nf (= visage) mug ‡, face

**trognon** [tʀɔɲɔ̃] → SYN **1** nm [fruit] core; [chou] stalk ◆ **trognon de pomme** apple core ◆ **se faire avoir jusqu'au trognon** ‡ to be well and truly had ‡ ◆ **mon petit trognon** * sweetie pie *

**2** adj inv ( * = mignon) enfant, objet, vêtement cute *, lovely

**Troie** [tʀwa] n Troy ◆ **la guerre/le cheval de Troie** the Trojan War/Horse

**troïka** [tʀɔika] nf (gén, Pol) troika

**trois** [tʀwa] **1** adj inv **a** (= nombre) three; (= troisième) third ◆ **volume/acte trois** volume/act three ◆ **le trois (janvier)** the third (of January) ◆ **Henri III** Henry the Third ◆ **"Les Trois Mousquetaires"** (Littérat) "The Three Musketeers"; pour autres loc voir **six** et **fois**

**b** (= quelques) **je pars dans trois minutes** I'm off in a couple of ou a few minutes ◆ **il n'a pas dit trois mots** he hardly opened his mouth ou said a word; → **cuiller, deux**

**2** nm inv three; (= troisième) third; (Cartes, Dés) three ◆ **c'est trois fois rien** [égratignure, cadeau] it's nothing at all, it's hardly anything ◆ **ça coûte trois fois rien** it costs next to nothing ◆ **et de trois !** that makes three!; pour autres loc voir **six**

**3** COMP ▷ **les trois coups** (Théât) the three knocks *(announcing beginning of play)* ▷ **les trois ordres** (Hist) the three estates ▷ **trois quarts** three-quarters ◆ **portrait de trois quarts** three-quarter(s) portrait ◆ **j'ai fait les trois quarts du travail** I've done three-quarters of the work ◆ **les trois quarts des gens l'ignorent** the great majority of people ou most people don't know this ◆ **aux trois quarts détruit** almost totally destroyed; → **trois-quarts, dimension, étoile, glorieux, grâce, temps**

**trois-deux** [tʀwadø] nm inv (Mus) three-two time

**trois-huit** [tʀwaɥit] nm inv **a** (Mus) three-eight (time)

**b** (Ind) **faire les trois-huit** to operate three eight-hour shifts, operate round the clock in eight-hour shifts

**troisième** [tʀwazjɛm] **1** adj, nmf third ◆ **le troisième sexe** the third sex ◆ **le troisième âge** (= période) retirement (years); (= groupe social) senior citizens ◆ **personne du troisième âge** senior citizen ◆ **troisième cycle d'université** graduate school ◆ **étudiant de troisième cycle** graduate ou post-graduate (Brit) student ◆ **être ou faire le troisième larron dans une affaire** to take advantage of the other two quarrelling over something; pour autres loc voir **sixième**

**2** nf **a** (Scol) **(classe de) troisième** fourth form ou year (Brit), 8th grade (US)

**b** (Aut) third (gear) ◆ **en troisième** in third (gear)

**troisièmement** [tʀwazjɛmmɑ̃] GRAMMAIRE ACTIVE 26.5 adv third(ly), in the third place

**trois-mâts** [tʀwamɑ] nm inv (Naut) three-master

**trois-pièces** [tʀwapjɛs] nm inv (= complet) three-piece suit; (= appartement) three-room flat (Brit) ou apartment (surtout US)

**trois-points** [tʀwapwɛ̃] adj → **frère**

**trois-portes** [tʀwapɔʀt] nf inv (Aut) two-door hatchback

**trois-quarts** [tʀwakaʀ] nm inv **a** (= manteau) three-quarter (length) coat

**b** (Rugby) three-quarter ◆ **il joue trois-quarts aile** he plays wing three-quarter ◆ **trois-quarts centre** centre three-quarter ◆ **la ligne des trois-quarts** the three-quarter line

**c** (= violon) three-quarter violin

**trois-quatre** [tʀwakatʀ] nm inv (Mus) three-four time

**troll** [tʀɔl] nm troll

**trolley** [tʀɔlɛ] nm (= dispositif) trolley(-wheel); ( * = bus) trolley bus

**trolleybus** [tʀɔlɛbys] nm trolley bus

**trombe** [tʀɔ̃b] → SYN nf **a** (Mét) waterspout ◆ **une trombe d'eau, des trombes d'eau** (= pluie) a cloudburst, a downpour ◆ **des trombes de lave/débris** streams ou torrents of lava/debris

**b** **entrer/sortir/passer en trombe** to sweep in/out/by like a whirlwind ◆ **démarrer en trombe** [voiture] to take off at top speed, roar off; (fig) to get off to a flying start

**trombidion** [tʀɔ̃bidjɔ̃] nm chigger, trombidium (SPÉC)

**trombidiose** [tʀɔ̃bidjoz] nf trombidiasis

**trombine** ‡ [tʀɔ̃bin] nf (= visage) face, mug ‡ (péj); (= tête) nut *

**trombinoscope** ‡ [tʀɔ̃binɔskɔp] nm **a** (= photographie collective) group photo

**b** (= annuaire de l'Assemblée nationale) *register, with photographs, of French deputies,* ≈ rogues' gallery * of MPs (Brit) ou representatives (US)

**tromblon** [tʀɔ̃blɔ̃] → SYN nm **a** (Mil Hist) blunderbuss; [fusil lance-roquettes] grenade launcher

**b** ( ‡ = chapeau) hat

**trombone** [tʀɔ̃bɔn] → SYN nm **a** (Mus) (= instrument) trombone; (= tromboniste) trombonist, trombone (player) ◆ **trombone à coulisse/à pistons** slide/valve trombone ◆ **trombone basse** bass trombone

**b** (= agrafe) paper clip

**tromboniste** [tʀɔ̃bɔnist] nmf trombonist, trombone (player)

**trommel** [tʀɔmɛl] nm trommel

**trompe** [tʀɔ̃p] → SYN **1** nf **a** (Mus) trumpet, horn; († = avertisseur, sirène) horn ◆ **trompe de chasse** hunting horn ◆ **trompe de brume** fog horn; → **son²**

**b** (Zool) [éléphant] trunk, proboscis (SPÉC); [insecte] proboscis; [tapir] snout, proboscis (SPÉC); ( * = nez) proboscis (hum), snout *

**c** (Tech) **trompe à eau/mercure** water/mercury pump

**d** (Archit) squinch

**2** COMP ▷ **trompe d'Eustache** Eustachian tube ▷ **trompe de Fallope** ou **utérine** Fallopian tube

**trompe-la-mort** [tʀɔ̃plamɔʀ] nmf inv death-dodger

**trompe-l'œil** [tʀɔ̃plœj] nm inv **a** (Art) trompe-l'œil ◆ **peinture en trompe-l'œil** trompe-l'œil painting ◆ **décor en trompe-l'œil** decor done in trompe-l'œil ◆ **peint en trompe-l'œil sur un mur** painted in trompe-l'œil on a wall

**b** (= esbroufe) eyewash (Brit) *, hogwash (US) ◆ **c'est du trompe-l'œil** it's all eyewash (Brit) * ou hogwash (US)

**tromper** [tʀɔ̃pe] GRAMMAIRE ACTIVE 12.1, 18.2 → SYN ▸ conjug 1 ◂

**1** vt **a** (= duper) to deceive, trick, fool; (= être infidèle à) [+ époux] to be unfaithful to, deceive, cheat on * ◆ **tromper qn sur qch** to deceive ou mislead sb about ou over sth ◆ **on m'a trompé sur la marchandise** I was misled ◆ **tromper sa femme** to cheat on * one's wife, be unfaithful ◆ **elle trompait son mari avec le patron** she was having an affair with her boss behind her husband's back ◆ **une femme trompée** a woman who has been deceived ◆ **cela ne trompe personne** that doesn't fool anybody ◆ **il trompe son monde** he's fooling everybody around him

**b** (= induire en erreur par accident) [personne] to mislead; [symptômes] to deceive, mislead ◆ **les apparences trompent** appearances are deceptive ou misleading ◆ **c'est ce qui vous trompe** that's where you're mistaken ou wrong ◆ **c'est un signe qui ne trompe pas** it's a clear ou an unmistakable sign

**c** (= déjouer) [+ poursuivants] [personne] to elude, escape from, outwit; [manœuvre] to fool, trick ◆ **tromper la vigilance** ou **surveillance de qn** (pour entrer ou sortir) to slip past sb's guard ◆ **il a trompé le gardien de but** ou **la vigilance du gardien de but** he managed to slip the ball past the goalkeeper

**d** (= décevoir) **tromper l'attente/l'espoir de qn** to fall short of ou fail to come up to sb's expectations/one's hopes ◆ **être trompé dans son attente/ses espoirs** to be disappointed in one's expectations/one's hopes ◆ **tromper la faim/la soif** to stave off one's hunger/thirst ◆ **pour tromper le temps** to kill time, to pass the time ◆ **pour tromper l'ennui** ou **son ennui** to keep boredom at bay ◆ **pour tromper leur longue attente** to while away their long wait

**2** **se tromper** vpr **a** (= faire erreur) to make a mistake, be mistaken ◆ **se tromper de 5 € dans un calcul** to be €5 out (Brit) ou off (US) in one's calculations ◆ **tout le monde peut se tromper** anybody can make a mistake ◆ **se tromper sur les intentions de qn** to be mistaken about sb's intentions, misjudge ou mistake sb's intentions ◆ **on pourrait s'y tromper, c'est à s'y tromper** you'd hardly know the difference ◆ **ne vous y trompez pas, il arrivera à ses fins** make no mistake, he'll get what he wants ◆ **si je ne me trompe** if I'm not mistaken, unless I'm very much mistaken

**b** **se tromper de route/chapeau** to take the wrong road/hat ◆ **se tromper d'adresse** (lit) to get the wrong address ◆ **tu te trompes d'adresse** ou **de porte** (fig) you've come to the wrong place, you've got the wrong person ◆ **se tromper de jour/date** to get the day/date wrong

**tromperie** [tʀɔ̃pʀi] → SYN nf **a** (= duperie) deception, deceit, trickery (NonC) ◆ **il y a eu tromperie sur la marchandise** the goods are not what they were described to be

**b** (littér = illusion) illusion

**trompeter** [tʀɔ̃pete] → SYN ▸ conjug 4 ◂ vt (péj) [+ nouvelle] to trumpet abroad, shout from the housetops

**trompette** [tʀɔ̃pɛt] → SYN **1** nf **a** (Mus) trumpet ◆ **trompette de cavalerie** bugle ◆ **trompette d'harmonie/à pistons/chromatique/naturelle** orchestral/valve/chromatic/natural trumpet ◆ **trompette basse/bouchée** bass/muted trumpet ◆ **la trompette du Jugement (dernier)** (Bible) the last Trump ◆ **la trompette de la Renommée** (littér) the Trumpet of Fame ◆ **avoir la queue en trompette** to have a turned-up tail; → **nez, tambour**

**b** (= coquillage) trumpet shell

**2** nm (= trompettiste) trumpeter, trumpet (player); (Mil) bugler

**trompette-de-la-mort**, pl **trompettes-de-la-mort** [tʀɔ̃pɛtdəlamɔʀ] nf (= champignon) horn of plenty

**trompettiste** [tʀɔ̃petist] nmf trumpet player, trumpeter

**trompeur, -euse** [trɔ̃pœʀ, øz] → SYN 1 adj a (= hypocrite) personne, paroles, discours deceitful
b (= fallacieux) distance, profondeur, virage deceptive ◆ **les apparences sont trompeuses** appearances are deceptive ou misleading
2 nm,f deceiver ◆ (Prov) **à trompeur, trompeur et demi** every rogue has his match

**trompeusement** [trɔ̃pøzmɑ̃] adv (= hypocritement) deceitfully; (= faussement) deceptively

**tronc** [trɔ̃] → SYN 1 nm a [arbre] trunk; [colonne] shaft, trunk; (Géom) [cône, pyramide] frustum; (Anat) [nerf, vaisseau] trunk, mainstem ◆ **tronc d'arbre** tree trunk ◆ **tronc de cône/pyramide** truncated cone/pyramid
b (Anat = thorax et abdomen) trunk; [cadavre mutilé] torso
c (= boîte) (collection) box ◆ **le tronc des pauvres** the poor box
2 COMP ▷ **tronc commun** (Scol) common-core syllabus

**troncation** [trɔ̃kasjɔ̃] nf (Ling) truncating; (Ordin) truncation ◆ **recherche par troncation à droite/gauche** search by truncating a word on the right/left

**troncature** [trɔ̃katyʀ] nf (Minér) truncation

**tronche*** [trɔ̃ʃ] nf (= visage) mug*; (= tête) nut *, noggin* (US) ◆ **faire** ou **tirer la tronche** (ponctuellement) to make a face; (durablement) to sulk ◆ **il a une sale tronche** he's got a nasty face, he's a nasty-looking customer * ◆ **il lui a envoyé un coup de poing dans la tronche** he punched him in the face ou the kisser* ou the gob* (Brit) ◆ **il a fait une drôle de tronche quand je lui ai dit ça** you should have seen the look on his face when I told him that

**tronchet** [trɔ̃ʃɛ] nm cooper's block

**tronçon** [trɔ̃sɔ̃] → SYN nm a [tube, colonne, serpent] section
b [route, voie] section, stretch; [convoi, colonne] section; [phrase, texte] part

**tronconique** [trɔ̃kɔnik] adj like a flattened cone ou a sawn-off cone

**tronçonnage** [trɔ̃sɔnaʒ], **tronçonnement** [trɔ̃sɔnmɑ̃] nm [tronc] sawing ou cutting up; [tube, barre] cutting into sections

**tronçonner** [trɔ̃sɔne] → SYN ▸ conjug 1 ◂ vt [+ tronc] to saw ou cut up; [+ tube, barre] to cut into sections; (Culin) to cut into small pieces ◆ **le film a été tronçonné en épisodes** the film was divided up into episodes

**tronçonneur** [trɔ̃sɔnœʀ] nm chain saw operator

**tronçonneuse** [trɔ̃sɔnøz] nf chain saw

**trône** [tʀon] → SYN nm a (= siège, fonction) throne ◆ **trône pontifical** papal throne ◆ **placer qn/monter sur le trône** to put sb on/come to ou ascend the throne ◆ **chasser du trône** to dethrone, remove from the throne ◆ **le trône et l'autel** King and Church
b (* hum = W.-C.) throne * (hum) ◆ **être sur le trône** to be on the throne *

**trôner** [tʀone] → SYN ▸ conjug 1 ◂ vi a [roi, divinité] to sit enthroned, sit on the throne
b (= avoir la place d'honneur) [personne] to sit enthroned; [chose] to sit imposingly; (péj = faire l'important) to lord it ◆ **la photo dédicacée de son joueur préféré trônait sur son bureau** the signed photograph of his favourite player had pride of place on his desk

**tronquer** [trɔ̃ke] → SYN ▸ conjug 1 ◂ vt a (= couper) [+ colonne, statue] to truncate
b (= retrancher) [+ citation, texte] to truncate, shorten; [+ détails, faits] to abbreviate, cut out ◆ **version tronquée** shortened ou truncated version

**trop** [tʀo] → SYN 1 adv a (avec vb = à l'excès) too much; (devant adv, adj) too ◆ **beaucoup** ou **bien trop** manger, fumer, parler far ou much too much ◆ **beaucoup** ou **bien** ou **par** (littér) **trop** (avec adj) far too, much too, excessively ◆ **il a trop mangé/bu** he has had too much to eat/drink, he has eaten/drunk too much ◆ **elle en a déjà bien trop dit** she has said far ou much too much already ◆ **je suis exténué d'avoir trop marché** I'm exhausted from having walked too far ou too much ◆ **il a trop travaillé** he has worked too hard, he has done too much work ◆ **vous en demandez trop** you're asking for too much ◆ **elle a trop peu dormi** she hasn't had enough sleep, she's had too little sleep ◆ **il faut régler le problème sans trop attendre** ou **tarder** we must solve the problem quickly ou without too much delay ◆ **tu as trop conduit** you've been driving (for) too long ◆ **il ne faut pas trop aller le voir** we mustn't go to visit him too often, we mustn't overdo the visits ◆ **en faire trop** (= exagérer) to go a bit far ◆ **aller beaucoup trop loin** to go overboard *, go too far, overdo it ◆ **elle en fait trop pour qu'on la croie vraiment malade** she makes so much fuss it's difficult to believe she's really ill ◆ **un trop grand effort l'épuiserait** too great an effort would exhaust him ◆ **des restrictions trop sévères aggraveraient la situation économique** excessively severe restrictions would aggravate the economic situation ◆ **la maison est trop grande pour eux** the house is too large for them ◆ **la pièce est trop chauffée** the room is overheated ◆ **une trop forte dose** an overdose ◆ **tu conduis bien trop vite/lentement** you drive far too fast/slowly ◆ **vous êtes trop (nombreux)/trop peu (nombreux)** there are too many/too few of you

b **trop de** (quantité) too much; (nombre) too many ◆ **j'ai acheté trop de pain/d'oranges** I've bought too much bread/too many oranges ◆ **n'apportez pas de pain, il y en a déjà trop** don't bring any bread — there's too much already ◆ **n'apportez pas de verres, il y en a déjà trop** don't bring any glasses — there are too many already ◆ **s'il te reste trop de dollars, vends-les moi** if you have dollars left over ou to spare, sell them to me ◆ **nous avons trop de personnel** we are overstaffed ◆ **il y a trop de monde dans la salle** the hall is overcrowded ou overfull, there are too many people in the hall ◆ **j'ai trop de travail** I'm overworked, I've got too much work (to do) ◆ **trop de bonté/d'égoïsme** excessive kindness/selfishness ◆ **nous n'avons pas trop de place chez nous** we haven't got very much room ou (all) that much * room at our place ◆ **on peut le faire sans trop de risques/de mal** it can be done without too much risk/difficulty ◆ **ils ne seront pas trop de deux pour faire ça** it'll take at least the two of them to do it

c **trop ... pour** (introduisant une conséquence) (avec verbe) too much ... to; (devant adj, adv) too ... to ◆ **elle a trop de travail pour partir en week-end** she has too much work to go away for the weekend ◆ **il n'aura pas trop de problèmes pour rentrer à Paris** he won't have too much difficulty getting back to Paris ◆ **il se donne trop peu de mal pour trouver du travail** he's not making enough effort to find work ◆ **le village est trop loin pour qu'il puisse y aller à pied** the village is too far for him to walk there ◆ **il est bien trop idiot pour comprendre** he's far too stupid ou too much of an idiot to understand ◆ **c'est trop beau pour être vrai !** it's too good to be true! ◆ **les voyages à l'étranger sont trop rares pour ne pas en profiter** trips abroad are too rare to be missed

d (intensif) too ◆ **j'ai oublié mes papiers, c'est vraiment trop bête** how stupid (of me) ou it's too stupid for words — I've forgotten my papers ◆ **c'est trop drôle !** it's too funny for words!, it's hilarious!, how funny! ◆ **c'est par trop injuste** (littér) it's too unfair for words ◆ **il y a vraiment par trop de gens égoïstes** there are far too many selfish people about ◆ **il n'est pas trop satisfait/mécontent du résultat** he's not over-pleased ou too satisfied ou too pleased/not too unhappy ou dissatisfied with the result ◆ **vous êtes trop aimable** you are too ou most kind ◆ **cela n'a que trop duré** it's gone on (far) too long already ◆ **je ne le sais que trop** I know only too well, I'm only too well aware of that ◆ **je ne sais trop que faire** I am not too ou quite sure what to do ou what I should do, I don't really know what to do ◆ **cela ne va pas trop bien** things are not going so ou terribly well ◆ **je n'ai pas trop confiance en lui** I haven't much ou all that much * confidence in him ◆ **je n'en sais trop rien** I don't really know ◆ **il n'aime pas trop ça** * he doesn't like it overmuch ou (all) that much *, he isn't too keen (Brit) ou overkeen (Brit) (on it) ◆ **c'est trop !, c'en est trop !, trop c'est trop !** that's going too far!, enough is enough! ◆ **elle est trop, ta copine !** * your girlfriend's too much! * ◆ **c'est trop génial !** * it's fantastic!; → **tôt**

e **de trop, en trop** ◆ **il y a une personne/deux personnes de trop** ou **en trop dans l'ascenseur** there's one person/there are two people too many in the lift ◆ **s'il y a du pain en trop, j'en emporterai** if there's any bread (left) over ou any bread extra ou any surplus bread I'll take some away ◆ **il m'a rendu 2 € de trop** ou **en trop** he gave me back €2 too much ◆ **ces 5 F sont de trop** that's 5 francs too much ◆ **l'argent versé en trop** the excess payment ◆ **il pèse 3 kg de trop** he's 3 kg overweight ◆ **ce régime vous fait perdre les kilos en trop** this diet will help you lose those extra pounds ◆ **si je suis de trop, je peux m'en aller !** if I'm in the way ou not welcome I can always leave! ◆ **cette remarque est de trop** that remark is uncalled-for ◆ **un petit café ne serait pas de trop** a cup of coffee wouldn't go amiss ◆ **il a bu un verre** ou **un coup** * **de trop** he's had a drink ou one * too many ◆ **tu manges/bois de trop** * you eat/drink too much
2 nm excess, surplus ◆ **le trop d'importance accordé à ...** the excessive importance attributed to ...

**trope** [tʀɔp] nm (Littérat) trope

**trophée** [tʀɔfe] → SYN nm trophy ◆ **trophée de chasse** hunting trophy

**trophique** [tʀɔfik] adj trophic

**trophoblaste** [tʀɔfoblast] nm trophoblast

**tropical, e,** mpl **-aux** [tʀɔpikal, o] → SYN adj tropical

**tropicalisation** [tʀɔpikalizasjɔ̃] nf tropicalization

**tropicaliser** [tʀɔpikalize] ▸ conjug 1 ◂ vt [+ matériel] to tropicalize

**tropique**[1] [tʀɔpik] 1 adj année tropical
2 nm (Géog = ligne) tropic ◆ **tropique du Cancer/Capricorne** tropic of Cancer/Capricorn
3 **tropiques** nmpl (= zone) tropics ◆ **le soleil des tropiques** the tropical sun ◆ **vivre sous les tropiques** to live in the tropics

**tropique**[2] [tʀɔpik] adj (Rhétorique) tropic

**tropisme** [tʀɔpism] nm (Bio) tropism

**tropopause** [tʀɔpopoz] nf tropopause

**troposphère** [tʀɔpɔsfɛʀ] nf troposphere

**trop-perçu,** pl **trop-perçus** [tʀopɛʀsy] nm (Admin, Comm) excess (tax) payment, overpayment (of tax)

**trop-plein,** pl **trop-pleins** [tʀoplɛ̃] nm a (= excès d'eau) [réservoir, barrage] overflow; [vase] excess water; (= tuyau d'évacuation) overflow (pipe); (= déversoir) overflow outlet
b (= excès de contenu) [grains, terre, informations] excess, surplus ◆ **le trop-plein de terre** the excess earth
c (fig) **trop-plein d'amour/d'amitié** overflowing love/friendship ◆ **trop-plein de vie** ou **d'énergie** surplus ou boundless energy ◆ **déverser le trop-plein de son cœur/âme** to pour out one's heart/soul

**troquer** [tʀɔke] → SYN ▸ conjug 1 ◂ vt (= échanger) to swap, exchange; (Comm) to trade, barter (*contre, pour* for) ◆ **elle a troqué son sari pour un jean** she swapped her sari for a pair of jeans

**troquet** * [tʀɔkɛ] nm (small) café

**trot** [tʀo] nm [cheval] trot ◆ **petit/grand trot** jog/full trot ◆ **trot de manège** dressage trot ◆ **trot assis/enlevé** close/rising trot ◆ **course de trot attelé** trotting race ◆ **course de trot monté** *trotting race under saddle* ◆ **aller au trot** (lit) to trot along ◆ **vas-y, et au trot !** * off you go, at the double ou and be quick about it! ◆ **partir au trot** (lit, * : fig) to set off at a trot ◆ **prendre le trot** to break into a trot

**Trotski** [tʀɔtski] nm Trotsky

**trotskisme, trotskysme** [tʀɔtskism] nm Trotskyism

**trotskiste, trotskyste** [tʀɔtskist] adj, nmf Trotskyist, Trotskyite (péj)

**trotte** * [tʀɔt] nf ◆ **il y a** ou **ça fait une trotte (d'ici au village)** it's a fair distance (from here to the village) ◆ **on a fait une (jolie) trotte** we've come a good way, we covered a good distance

**trotte-menu** [tʀɔtmɑ̃ny] adj inv (hum) ◆ **la gent trotte-menu** mice

**trotter** [tʀɔte] → SYN ▸ conjug 1 ◂ **1** vi **a** [cheval, cavalier] to trot

**b** (fig) [personne] (= marcher à petits pas) to trot about (ou along); (= marcher beaucoup) to run around, run hither and thither; [souris, enfants] to scurry (about), scamper (about); [bébé] to toddle along ◆ **un air/une idée qui vous trotte dans** ou **par la tête** ou **la cervelle** a tune/an idea which keeps running through your head

**2 se trotter*** vpr (= se sauver) to dash (off)

**trotteur, -euse** [tʀɔtœʀ, øz] **1** nm,f (= cheval) trotter, trotting horse

**2** nm **a** (= chaussure) flat shoe

**b** (pour apprendre à marcher) baby-walker

**3 trotteuse** nf (= aiguille) sweep ou second hand

**trottin** †† [tʀɔtɛ̃] nm (dressmaker's) errand girl

**trottinement** [tʀɔtinmɑ̃] nm [cheval] jogging; [souris] scurrying, scampering; [personne] trotting; [bébé] toddling

**trottiner** [tʀɔtine] ▸ conjug 1 ◂ vi [cheval] to jog along; [souris] to scurry ou scamper about ou along; [personne] to trot along; [bébé] to toddle along

**trottinette** [tʀɔtinɛt] → SYN nf (= jouet) (child's) scooter; (* = voiture) mini (car) ◆ **faire de la trottinette** to ride a scooter

**trottoir** [tʀɔtwaʀ] → SYN nm **a** (= accotement) pavement (Brit), sidewalk (US) ◆ **trottoir roulant** moving walkway, travelator (Brit) ◆ **se garer le long du trottoir** to park alongside the kerb ◆ **changer de trottoir** (pour éviter qn) to cross the street

**b** (péj) **faire le trottoir*** to be a streetwalker ou a hooker*, be on the game‡ (Brit) ◆ **elle s'est retrouvée sur le trottoir** she ended up as a prostitute ou on the streets

**trou** [tʀu] → SYN **1** nm **a** (gén, Golf) hole; (= terrier) hole, burrow; [flûte] (finger-)hole; [aiguille] eye ◆ **par le trou de la serrure** through the keyhole ◆ **le trou du souffleur** (Théât) the prompt box ◆ **faire un trou** (dans le sol) to dig ou make a hole; (dans une haie) to make a hole ou a gap; (dans un mur avec une vrille) to bore ou make a hole; (en perforant : dans le cuir, papier) to punch ou make a hole; (avec des ciseaux, un couteau) to cut a hole; (en usant, frottant) to wear a hole (*dans* in) ◆ **faire un trou en un** (Golf) to get a hole in one ◆ **un 9/18 trous** (Golf) a 9-hole/an 18-hole course ◆ **il a fait un trou à son pantalon** (usure) he has (worn) a hole in his trousers; (brûlure, acide) he has burnt a hole in his trousers; (déchirure) he has torn a hole in his trousers ◆ **ses chaussettes sont pleines de trous** ou **ont des trous partout** his socks are in holes ou are full of holes ◆ **sol/rocher creusé de trous** ground/rock pitted with holes ◆ **le trou dans la couche d'ozone** the hole in the ozone layer

**b** (fig) (= moment de libre) gap; (= déficit) deficit; (Sport = trouée) gap, space ◆ **un trou (de 10 millions) dans la comptabilité** a deficit (of 10 million) in the accounts ◆ **faire le trou** (Sport) to break ou burst through ◆ **il y a des trous dans ma collection** there are some gaps in my collection ◆ **il y a des trous dans son témoignage** there are gaps in ou things missing from his account of what happened ◆ **il a des trous en physique** there are gaps in his knowledge of physics ◆ **cela a fait un gros trou dans ses économies** it made quite a hole in his savings ◆ **le trou de la Sécurité sociale** the deficit in the Social Security budget ◆ **j'ai un trou demain dans la matinée, venez me voir** I have a gap in my schedule tomorrow morning so come and see me ◆ **j'ai un trou d'une heure** I have an hour free ◆ **j'ai eu un trou (de mémoire)** my mind went blank ◆ **texte à trous** (Scol) cloze test

**c** (Anat) foramen ◆ **trou optique** optic foramen ◆ **trous intervertébraux** intervertebral foramina ◆ **trou vertébral** vertebral canal ou foramen; → **œil**

**d** (péj = localité) place, hole* (péj) ◆ **ce village est un trou** this village is a real hole* ou dump* ◆ **il n'est jamais sorti de son trou** he has never been out of his own backyard ◆ **chercher un petit trou pas cher** to look for a little place that's not too expensive ◆ **un trou perdu** ou **paumé*** a dead-and-alive hole*, a god forsaken hole* ou dump*

**e** (LOC) **(se) faire son trou*** to make a niche for o.s. ◆ **vivre tranquille dans son trou** to live quietly in one's little hideaway ou hidey-hole* (Brit) ◆ **mettre/être au trou*** (= prison) to put/be in clink‡ ou in the nick (Brit)‡ ◆ **quand on sera dans le trou*** when we're dead and buried ou dead and gone, when we're six feet under*; → **boire**

**2** COMP ▷ **trou d'aération** airhole, (air) vent ▷ **trou d'air** (Aviat) air pocket ▷ **trou de balle**** (lit, fig) arse-hole** (Brit), asshole** (US) ▷ **trou du chat** (Naut) lubber's hole ▷ **trou de cigarette** cigarette burn ▷ **trou du cul**** ⇒ **trou de balle** ▷ **trou d'homme** manhole ▷ **trou de nez*** nostril ▷ **trou noir** (Astron) black hole ◆ **c'était le trou noir** (fig = désespoir) I (ou he etc ) was in the depths of despair ▷ **trou normand** *glass of spirits, often Calvados, drunk between courses of a meal* ▷ **trou d'obus** shell-hole, shell-crater ▷ **trou de souris** mousehole ◆ **elle était si gênée qu'elle serait rentrée dans un trou de souris** she was so embarrassed that she wished the ground would swallow her up ▷ **trou de ver** wormhole

**troubadour** [tʀubaduʀ] → SYN nm troubadour

**troublant, e** [tʀublɑ̃, ɑ̃t] → SYN adj (= déconcertant) disturbing, disquieting, unsettling; (= sexuellement provocant) disturbing, arousing

**trouble[1]** [tʀubl] → SYN **1** adj **a** eau, vin unclear, cloudy, turbid (littér); regard misty, dull; image blurred, misty, indistinct; photo blurred, out of focus ◆ **avoir la vue trouble** to have blurred vision; → **pêcher[1]**

**b** (= équivoque) personnage, rôle shady, suspicious, dubious; atmosphère, passé shady; affaire shady, murky, fishy; désir dark (épith); joie perverse (épith); (= vague, pas franc) regard shifty, uneasy ◆ **une période trouble de l'histoire** a murky chapter ou period in history

**2** adv ◆ **voir trouble** to have blurred vision, see things dimly ou as if through a mist

**trouble[2]** [tʀubl] → SYN nm **a** (= agitation, remue-ménage) tumult, turmoil; (= zizanie, désunion) discord, trouble

**b** (= émeute) **troubles** unrest (NonC), disturbances, troubles ◆ **troubles politiques/sociaux** political/social unrest (NonC) ou disturbances ou upheavals ◆ **des troubles ont éclaté dans le sud du pays** rioting has broken out ou disturbances have broken out in the south of the country ◆ **troubles à l'ordre public** disturbance ou breach of the peace; → **fauteur**

**c** (= émoi affectif ou sensuel) (inner) turmoil, agitation; (= inquiétude, désarroi) distress; (= gêne, perplexité) confusion, embarrassment ◆ **le trouble étrange qui s'empara d'elle** the strange feeling of turmoil ou agitation which overcame her ◆ **le trouble profond causé par ces événements traumatisants** the profound distress caused by these traumatic events ◆ **le trouble de son âme/cœur** (littér) the tumult ou turmoil in his soul/heart ◆ **le trouble de son esprit** the agitation in his mind, the turmoil his mind was in ◆ **dominer/se laisser trahir par son trouble** to overcome/give o.s. away by one's confusion ou embarrassment ◆ **semer le trouble dans l'esprit des gens** to sow confusion in peoples' minds

**d** (gén pl : Méd) trouble (NonC), disorder ◆ **troubles physiologiques/psychiques** physiological/psychological trouble ou disorders ◆ **troubles respiratoires/cardiaques** respiratory/heart ailments ou disorders ◆ **troubles du sommeil** sleeping disorders ◆ **il a des troubles de la vision** he has trouble with his (eye)sight ou vision ◆ **elle souffre de troubles de la mémoire** she has memory problems ◆ **troubles de la personnalité** ou **du caractère** personality problems ou disorders ◆ **troubles du comportement** behavioural problems ◆ **troubles du langage** speech difficulties ◆ **troubles musculo-squelettiques** repetitive strain injury, RSI ◆ **trouble obsessionnel compulsif** (Psych) obsessive-compulsive disorder ◆ **ce n'est qu'un trouble passager** it's only a passing disorder

**trouble-fête** [tʀubləfɛt] → SYN nmf inv spoilsport, killjoy* ◆ **jouer les trouble-fête** to be a spoilsport ou killjoy*

**troubler** [tʀuble] → SYN ▸ conjug 1 ◂ **1** vt **a** (= perturber) [+ ordre] to disturb, disrupt; [+ sommeil, tranquillité, silence] to disturb; [+ représentation, réunion] to disrupt; [+ jugement, raison, esprit] to cloud; [+ digestion] to upset ◆ **troubler l'ordre public** to disturb public order, cause a breach of public order, disturb the peace ◆ **en ces temps troublés** in these troubled times

**b** [+ personne] (= démonter, impressionner) to disturb, disconcert; (= inquiéter) to trouble, perturb; (= gêner, embrouiller) to bother, confuse; (= émouvoir) to disturb, unsettle; (= exciter sexuellement) to arouse ◆ **elle le regarda, toute troublée** she looked at him, all of a tremble ou all in a fluster ◆ **ce film/cet événement l'a profondément troublé** this film/this event has disturbed him deeply ◆ **la perspective d'un échec ne le trouble pas du tout** the prospect of failure doesn't perturb ou trouble him in the slightest ◆ **il y a quand même un détail qui me trouble** there's still a detail which is bothering ou confusing me ◆ **cesse de parler, tu me troubles (dans mes calculs)** stop talking – you're disturbing me ou putting me off (in my calculations) ◆ **troubler un candidat** to disconcert a candidate, put a candidate off ◆ **troubler (les sens de) qn** to disturb ou agitate sb

**c** (= brouiller) [+ eau] to make cloudy ou muddy ou turbid (littér); [+ vin] to cloud, make cloudy; [+ atmosphère] to cloud; [+ ciel] to darken, cloud; (TV) [+ image] to blur ◆ **les larmes lui troublaient la vue** tears clouded ou blurred her vision

**2 se troubler** vpr **a** (= devenir trouble) [eau] to cloud, become cloudy ou muddy ou turbid (littér); [temps] to become cloudy ou overcast; [ciel] to become cloudy ou overcast, darken; [lignes, images, vue] to become blurred

**b** (= perdre contenance) to become flustered ◆ **il se trouble facilement lorsqu'il doit parler en public** he's easily flustered when he has to speak in public ◆ **il répondit sans se troubler** he replied calmly

**troué, e[1]** [tʀue] (ptp de **trouer**) adj ◆ **bas/sac troué** stocking/bag with a hole ou with holes in it ◆ **avoir une chaussette trouée** to have a hole in one's sock ◆ **ce sac est troué** this bag has a hole ou holes (in it) ◆ **ses chaussettes sont toutes trouées** ou **trouées de partout** his socks are full of holes ◆ **ce seau est troué de partout** ou **comme une passoire** ou **comme une écumoire** this bucket's like a sieve ◆ **corps troué comme une passoire** ou **écumoire** body riddled with bullets ◆ **son gant troué laissait passer son pouce** his thumb stuck ou poked out through a hole in his glove

**trouée[2]** [tʀue] nf **a** [haie, forêt, nuages] gap, break (*de* in) ◆ **trouée de lumière** shaft of light

**b** (Mil) breach ◆ **faire une trouée** to make a breach, break through

**c** (Géog = défilé) gap ◆ **la trouée de Belfort** the Belfort Gap

**trouer** [tʀue] → SYN ▸ conjug 1 ◂ vt **a** [+ vêtement] to make ou wear a hole in; [+ ticket] to punch (a hole in); (= transpercer) to pierce ◆ **il a troué son pantalon** (avec une cigarette) he's burnt a hole in his trousers; (dans les ronces) he's torn ou ripped a hole in his trousers; (par usure) he's worn a hole in his trousers ◆ **ces chaussettes se sont trouées très vite** these socks soon got holes in them ◆ **trouer qch de part en part** to pierce sth through, pierce a hole right through sth ◆ **après le bombardement, les rues étaient trouées de cratères** after the bombing, the streets were pockmarked with craters ◆ **des immeubles troués par les obus** buildings full of gaping shell-holes ◆ **trouer la peau à qn**‡ to put a bullet in sb ◆ **se faire trouer la peau**‡ to get a bullet in one's hide* ◆ **un culot pareil, ça me troue**‡ such cheek is bloody‡ (Brit) ou damn‡ unbelievable

**b** (fig = traverser) [+ silence, nuit] to pierce ◆ **une fusée troua l'obscurité** a rocket pierced the darkness ◆ **le soleil troue les nuages** the sun's breaking through the clouds

**c** (= parsemer : gén ptp) to dot ◆ **la plaine trouée d'ombres** the plain dotted with shadows

**troufignon** †‡ [tʀufiɲɔ̃] nm (= derrière) backside*, arse** (Brit), ass** (US); (= anus) arsehole** (Brit), asshole** (US)

**troufion** * [tʀufjɔ̃] nm soldier, squaddie * ◆ **quand j'étais troufion** when I was in the army ou was a soldier

**trouillard, e** ‡ [tʀujaʀ, aʀd] → SYN (péj) 1 adj yellow *, chicken * (attrib), yellow-bellied ‡
2 nm,f yellowbelly ‡

**trouille** ‡ [tʀuj] nf ◆ **avoir la trouille** to be scared stiff * ou to death ◆ **j'ai eu la trouille de ma vie** I got the fright of my life ou a hell of a fright * ◆ **flanquer** ou **ficher la trouille à qn** to scare the pants off sb *, put the wind up sb * (Brit)

**trouillomètre** ‡ [tʀujɔmɛtʀ] nm ◆ **avoir le trouillomètre à zéro** to be scared witless *

**troupe** [tʀup] → SYN nf a (Mil, Scoutisme) troop ◆ **la troupe** (Mil) (= l'armée) the army; (= les simples soldats) the troops, the rank and file ◆ **les troupes** the troops ◆ **troupes de choc/de débarquement** shock/landing troops ◆ **lever des troupes** to raise troops ◆ **faire intervenir la troupe** to call ou bring in the army ◆ **réservé à la troupe** reserved for the troops ◆ **il y avait de la troupe cantonnée au village** there were some army units billeted in the village; → **enfant, homme**
b [chanteurs, danseurs] troupe ◆ **troupe (de théâtre)** (theatre ou drama) company
c [gens, animaux] band, group, troop ◆ **se déplacer en troupe** to go about in a band ou group ou troop

**troupeau,** pl **troupeaux** [tʀupo] → SYN nm [bœufs, chevaux] (dans un pré) herd; (transhumant) drove; [moutons, chèvres] flock; [éléphants, buffles, girafes] herd; [oies] gaggle; (péj) [touristes, prisonniers] herd (péj) ◆ **le troupeau du Seigneur** (Rel) the Lord's flock

**troupier** [tʀupje] → SYN 1 nm († = soldat) private
2 adj → **comique**

**troussage** [tʀusaʒ] nm (Culin) trussing

**trousse** [tʀus] → SYN 1 nf a (= étui) (gén) case, kit; [médecin, chirurgien] instrument case; [écolier] pencil case ou wallet ◆ **trousse à aiguilles** needle case ◆ **trousse à couture** sewing case ou kit ◆ **trousse de maquillage** (= mallette) vanity case ou bag; (= sac) make-up bag ◆ **trousse à outils** toolkit ◆ **trousse à ongles** nail kit, manicure set ◆ **trousse de secours** first-aid kit ◆ **trousse de toilette** ou **de voyage** (= sac) toilet bag, sponge bag; (= mallette) travelling case, grip
2 **aux trousses de** loc prép hot on the heels of, on the tail of ◆ **les créanciers/policiers étaient à ses trousses** the creditors/policemen were on his tail ou hot on his heels ◆ **avoir la police aux trousses** to have the police on one's tail ou hot on one's heels

**trousseau,** pl **trousseaux** [tʀuso] → SYN nm a **trousseau de clés** bunch of keys
b (= vêtements, linge) [mariée] trousseau; [écolier] outfit

**troussequin** [tʀuskɛ̃] nm a (Équitation) cantle
b (= outil) ⇒ **trusquin**

**trousser** [tʀuse] → SYN ▸ conjug 1 ◂ vt a (Culin) [+ volaille] to truss
b († = retrousser) [+ robe, jupes] to pick ou tuck up ◆ **se trousser** to pick ou tuck up one's skirts
c († , hum) [+ femme] to tumble †
d († = expédier) [+ poème, article, discours] to dash off, throw together ◆ **compliment bien troussé** well-phrased compliment

**trousseur** † [tʀusœʀ] nm (hum) ◆ **trousseur de jupons** womanizer, ladykiller

**trou-trou,** pl **trou(s)-trou(s)** [tʀutʀu] nm (Tricot) *row of holes through which ribbon is passed;* (Couture) *lace trimming through which ribbon is passed* ◆ **chemisier à trous-trous** openwork blouse

**trouvable** [tʀuvabl] adj which can be found

**trouvaille** [tʀuvɑj] → SYN nf (= objet) find; (= idée, métaphore, procédé) stroke of inspiration, brainwave (Brit); (= mot) coinage ◆ **quelle est sa dernière trouvaille ?** (iro) what's his latest brainwave?

**trouver** [tʀuve] GRAMMAIRE ACTIVE 6.2, 26.5 → SYN ▸ conjug 1 ◂
1 vt a (en cherchant) [+ objet, emploi, main-d'œuvre, renseignement] to find ◆ **je ne le trouve pas** I can't find it ◆ **où peut-on le trouver ?** where can he be found?, where is he to be found? ◆ **on lui a trouvé une place dans un lycée** he was found a place in a lycée, they found him a place ou a place for him in a lycée ◆ **est-ce qu'ils trouveront le chemin ?** will they find the way? ou their way? ◆ **trouver le temps/l'énergie/le courage de faire qch** to find (the) time/the energy/the courage to do sth ◆ **comment avez-vous trouvé un secrétaire si compétent ?** how did you come by ou find such a competent secretary? ◆ **elle a trouvé en lui un ami sûr/un associé compétent** she has found in him a faithful friend/a competent partner ◆ **trouver son maître** to find one's master
b (= rencontrer par hasard) [+ document, information, personne] to find, come across; [+ difficultés] to meet with, come across, come up against; [+ idée, plan] to hit on ◆ **on trouve cette plante sous tous les climats humides** this plant is found ou is to be found in all damp climates ◆ **trouver la mort (dans un accident)** to meet one's death (in an accident)
c (= découvrir) to find ◆ **trouver qch cassé/vide** (avec attribut du complément) to find sth broken/empty ◆ **je l'ai trouvé en train de pleurer** I found him crying ◆ **je ne lui trouve aucun défaut** I can find no fault with him ◆ **mais qu'est-ce qu'elle lui trouve ?** what on earth does she see in him?
d **trouver à** (+ infin) ◆ **trouver à manger/boire** to find something to eat/drink ◆ **trouver à se distraire/à s'occuper** to find a way to amuse/occupy o.s., find something to amuse/occupy o.s. with ◆ **il trouve toujours à faire dans la maison** he can always find something to do in the house ◆ **si tu trouves à te garer dans ma rue ...** if you manage to find a parking space in my street ... ◆ **elle trouvera bien à les loger quelque part** she's bound to find somewhere to put them up ◆ **il n'a rien trouvé à répondre** he couldn't think of anything to say in reply; → **redire**
e (= penser, juger) to think, find ◆ **trouver que** to find ou think that ◆ **elle trouve qu'il fait trop chaud ici** she finds it too hot (in) here ◆ **trouver qch à son goût/trop cher** to find sth to one's liking/too expensive ◆ **je trouve cela trop sucré/lourd** I find it too sweet/heavy, it's too sweet/heavy for me ◆ **il a trouvé bon de nous écrire** he saw fit to write to us ◆ **trouver le temps long** to find that time passes slowly ou hangs heavy on one's hands ◆ **je le trouve fatigué** I think he looks tired ◆ **tu lui trouves bonne mine ?** do you think he's looking well? ◆ **comment l'as-tu trouvé ?** what did you think of him?, how did you find him? ◆ **vous la trouvez sympathique ?** do you like her?, do you think she's nice? ◆ **trouvez-vous ça normal ?** do you think that's right? ◆ **tu trouves ça drôle !, tu trouves que c'est drôle !** so you think that's funny!, so you find that funny! ◆ **vous trouvez ?** (do) you think so?
f (= imaginer, inventer) [+ solution, prétexte, moyen] to find, come up with ◆ **comment as-tu fait pour trouver ?** (énigme) how did you work it out? ◆ **j'ai trouvé !** I've got it! * ◆ **solution/explication/excuse toute trouvée** ready-made solution/explanation/excuse ◆ **c'est un sujet tout trouvé pour ta rédaction** it's an obvious topic for your essay ◆ **formule bien trouvée** clever ou happy phrase ◆ **tu as trouvé ça tout seul ?** (iro) did you work it out all by yourself? (iro) ◆ **où est-il allé trouver ça ?** where (on earth) did he get that idea from?, whatever gave him that idea?; → **moyen, remède** etc
g (= rendre visite à) **aller/venir trouver qn** to go/come and see sb ◆ **quand il a des ennuis, c'est moi qu'il vient trouver** when he has problems, it's me he comes to
h (= éprouver) **trouver (du) plaisir à qch/à faire qch** to take pleasure in sth/in doing sth, enjoy sth/doing sth ◆ **trouver une consolation dans le travail** to find consolation in work ou in working
i (LOC) **ne pas trouver ses mots** to be at a loss for words ◆ **trouver le sommeil** to get to sleep, fall asleep ◆ **il a trouvé à qui parler** he met his match ◆ **il va trouver à qui parler** he'll get more than he bargained for ◆ **cet objet n'avait pas trouvé d'amateur** no one had expressed ou shown any interest in the object ◆ **tu as trouvé ton bonheur dans ce bric-à-brac ?** can you find what you're after ou what you're looking for in this jumble? ◆ **je la trouve mauvaise !** * ou **saumâtre !** * I don't like it at all, I think it's a bit off * (Brit); → **compte, grâce, preneur** etc
2 **se trouver** vpr a (= être dans une situation) [personne] to find o.s.; [chose] to be ◆ **il se trouva nez à nez avec Paul** he found himself face to face with Paul ◆ **la question se trouva reléguée au second plan** the question was relegated to the background ◆ **la voiture se trouva coincée entre ...** the car was jammed between ... ◆ **nous nous trouvons dans une situation délicate** we are in a delicate situation ◆ **je me suis trouvé dans l'impossibilité de répondre** I found myself unable to reply ◆ **il se trouve dans l'impossibilité de venir** he's unable to come, he's not in a position to come ◆ **il se trouve dans l'obligation de partir** he has to ou is compelled to leave
b (= être situé) [personne] to be; [chose] to be, be situated ◆ **son nom ne se trouve pas sur la liste** his name isn't on ou doesn't appear on the list ◆ **je me trouvais près de l'entrée** I was (standing ou sitting etc ) near the entrance ◆ **il ne fait pas bon se trouver dehors par ce froid** it's not pleasant to be out in this cold ◆ **la maison se trouve au coin de la rue** the house is (situated) ou stands on the corner of the street ◆ **où se trouve la poste ?** where is the post office? ◆ **les toilettes se trouvent près de l'entrée** the toilets are (situated) near the entrance
c (= pouvoir être trouvé) **un crayon, ça se trouve facilement** you can find a pencil anywhere ◆ **ça ne se trouve pas sous le pas** ou **le sabot d'un cheval** it's not easy to find ou to come by
d (= se sentir) to feel ◆ **se trouver bien** (dans un fauteuil etc ) to be ou feel comfortable; (santé) to feel well ◆ **il se trouve mieux en montagne** he feels better in the mountains ◆ **elle se trouvait bien dans ce pays** she was happy in this country ◆ **se trouver mal** (= s'évanouir) to faint, pass out ◆ **elle s'est trouvée mal à cause de la chaleur/en entendant la nouvelle** she fainted ou passed out in the heat/on hearing the news ◆ **se trouver bien/mal d'avoir fait qch** to be glad/to regret having done sth ◆ **il s'en est bien trouvé** he benefited from it ◆ **il s'en est mal trouvé** he lived to regret it ◆ **je me suis trouvé fin !** (iro) a fine ou right * fool I looked!
e (= se juger) **il se trouve beau dans son nouveau costume** he thinks he looks good in his new suit ◆ **tu te trouves malin** ou **intelligent/spirituel ?** I suppose you think that's clever/funny!
f (exprimant la coïncidence : souvent avec infin) **se trouver être/avoir ...** to happen to be/have ... ◆ **elles se trouvaient avoir la même robe** it turned out that they had ou they happened to have the same dress ◆ **pour une fois, ils se trouvaient d'accord** for once they happened to agree
g (= découvrir sa personnalité, son style) **à cette époque, l'artiste ne s'était pas encore trouvé** at this time, the artist hadn't yet developed his own distinctive style
3 **se trouver** vpr impers
◆ **il se trouve** (ou **se trouvera** etc) + nom (= il y a) ◆ **il se trouve toujours des gens qui disent ...** ou **pour dire ...** there are always people ou you'll always find people who will say ... ◆ **il se trouvera peut-être des journalistes pour l'approuver** there'll probably be ou there may (well) be some journalists who approve
◆ **il se trouve** (ou **se trouvait** etc) **que** ◆ **il se trouve que c'est moi** it happens to be me, it's me as it happens ◆ **il s'est trouvé que j'étais là quand ...** I happened ou chanced to be there when ..., it so happened that I was there when ... ◆ **il se trouvait qu'elle avait menti** it turned out that she had been lying
◆ **si ça se trouve** * ◆ **ils sont sortis, si ça se trouve** they may well be out, they're probably out ◆ **si ça se trouve, il ne viendra pas** maybe he won't come

**trouvère** [tʀuvɛʀ] → SYN nm trouvère

**troyen, -enne** [tʀwajɛ̃, ɛn] 1 adj (Antiq) Trojan
2 **Troyen(ne)** nm,f (Antiq) Trojan

**truand, e** [tʀyɑ̃, ɑ̃d] → SYN 1 nm (= gangster) gangster, mobster (US); (= escroc) crook
2 nm,f († = mendiant) beggar

**truander** ⁑ [tʀyɑ̃de] ▸ conjug 1 ◂ [1] vt to swindle, do ⁑ ◆ **se faire truander** to be swindled *ou* done ⁑
[2] vi to cheat

**truble** [tʀybl] nf drop-net

**trublion** [tʀyblijɔ̃] → SYN nm troublemaker, agitator

**truc¹** [tʀyk] GRAMMAIRE ACTIVE 7.3 → SYN nm **a** (* = moyen, combine) way, trick ◆ **il a trouvé le truc (pour le faire)** he's got the hang * of it ◆ **il n'a pas encore compris le truc** he hasn't got the hang * of it yet ◆ **avoir le truc** to have the knack ◆ **cherche un truc pour venir me voir** try to find some way of coming to see me ◆ **on le connaît, leur truc** we know what they're up to * *ou* playing at *, we're onto their little game * ◆ **les trucs du métier** the tricks of the trade ◆ **j'ai un truc infaillible contre les taches** I've got just the thing for getting rid of stains, I know a great way of getting rid of stains
**b** (= tour) [prestidigitateur] trick; (= trucage : Ciné, Théât) trick, effect ◆ **c'est impressionnant mais ce n'est qu'un truc** it's impressive but it's only a trick *ou* an effect ◆ **il y a un truc !** there's a trick in it!
**c** ( * = chose, idée) thing ◆ **on m'a raconté un truc extraordinaire** I've been told an extraordinary thing ◆ **j'ai pensé (à) un truc** I've thought of something, I've had a thought ◆ **il y a un tas de trucs à faire** there's a heap of things to do * ◆ **je lui ai offert un petit truc pour son anniversaire** I gave him a little something for his birthday ◆ **il a dit un truc dans ce style** he said something along those lines *ou* something of the sort ◆ **le ski, c'est pas mon truc** skiing isn't my thing * ◆ **la médecine/l'équitation, c'est son truc** he's really into * medicine/horseriding ◆ **chacun son truc** each to his own
**d** ( * = machin) (dont le nom échappe) thingumajig *, thingummy *, whatsit *; (inconnu, jamais vu) contraption, thing, thingumajig *; (= chose bizarre) thing ◆ **c'est quoi, ce truc-là ?** what's that thing? *ou* thingumajig? * ◆ **méfie-toi de ces trucs-là** be careful of *ou* beware of those things
**e** ( ⁑ = personne) **Truc (Chouette), Machin Truc** what's-his-(*ou* her-) name *, what-d'you-call-him (*ou* -her) *

**truc²** [tʀyk] nm (Rail) truck, waggon

**trucage** [tʀykaʒ] nm ⇒ **truquage**

**truchement** [tʀyʃmɑ̃] → SYN nm **a** **par le truchement de qn** through (the intervention *ou* agency of) sb ◆ **par le truchement de qch** with the aid of sth
**b** ( ††, littér = moyen d'expression, intermédiaire) medium, means of expression

**trucider** * [tʀyside] ▸ conjug 1 ◂ vt (hum) to knock off ⁑, bump off ⁑ ◆ **je vais me faire trucider si jamais j'arrive en retard !** I'll get killed * *ou* I'll get my head bitten off * if I arrive late!

**trucmuche** ⁑ [tʀykmyʃ] nm **a** (= chose) thingumajig *, thingummy *, whatsit *
**b** (= personne) **Trucmuche** what's-his-(*ou* her-) name *, what-d'you-call-him (*ou* -her) *

**truculence** [tʀykylɑ̃s] → SYN nf [langage] vividness, colourfulness (Brit), colorfulness (US); [style] colourfulness (Brit), colorfulness (US) ◆ **la truculence de ce personnage** the liveliness *ou* verve of this character

**truculent, e** [tʀykylɑ̃, ɑ̃t] → SYN adj langage vivid, colourful (Brit), colorful (US); style colourful (Brit), colorful (US); personnage colourful (Brit), colorful (US), larger-than-life (épith), larger than life (attrib)

**truelle** [tʀyɛl] → SYN nf [maçon] trowel ◆ **truelle à poisson** (Culin) fish slice

**truffe** [tʀyf] → SYN nf **a** (Bot) truffle ◆ **truffe noire/blanche** black/white truffle
**b** (Culin) **truffes (au chocolat)** (chocolate) truffles
**c** (= nez du chien) nose; ( * = nez) nose, conk * (Brit), hooter * (Brit)
**d** ( * = idiot) nitwit *, twit *

**truffer** [tʀyfe] → SYN ▸ conjug 1 ◂ vt **a** (Culin) to garnish with truffles
**b** (= remplir) **truffer qch de** to pepper sth with ◆ **truffé de citations** peppered *ou* larded with quotations ◆ **truffé de fautes** *ou* **d'erreurs** riddled with mistakes ◆ **région truffée de mines** area littered with mines ◆ **truffé de pièges** bristling with traps ◆ **pièce truffée de micros** room bristling with hidden bugging devices ◆ **film truffé d'effets spéciaux** film laden with special effects

**trufficulteur, -trice** [tʀyfikyltœʀ, tʀis] nm,f truffle grower

**trufficulture** [tʀyfikyltyʀ] nf truffle growing

**truffier, -ière** [tʀyfje, jɛʀ] [1] adj région truffle (épith); chêne truffle-producing ◆ **chien truffier** truffle hound
[2] **truffière** nf truffle field

**truie** [tʀɥi] → SYN nf (Zool) sow

**truisme** [tʀyism] → SYN nm (littér) truism

**truite** [tʀɥit] nf trout inv ◆ **truite saumonée** salmon trout ◆ **truite de mer** sea trout ◆ **truite arc-en-ciel** rainbow trout ◆ **truite meunière** (Culin) truite *ou* trout meunière; → **bleu**

**truité, e** [tʀɥite] → SYN adj **a** (= tacheté) cheval mottled, speckled; chien spotted, speckled
**b** (= craquelé) porcelaine crackled

**trumeau**, pl **trumeaux** [tʀymo] nm **a** (= pilier) pier; (entre portes, fenêtres) pier; (panneau ou glace) pier glass; [cheminée] overmantel
**b** (Culin) shin of beef

**truquage** [tʀykaʒ] → SYN nm **a** [serrure, verrou] adapting, fixing *; [cartes, dés] fixing *; [élections] rigging, fixing *; [combat] fixing *
**b** († = falsification) [dossier] doctoring *; [comptes] fiddling *; [œuvre d'art, meuble] faking ◆ **le truquage d'une scène** (Ciné) using special effects in a scene
**c** (Ciné) **un truquage très réussi** a very successful effect ◆ **truquages optiques** optical effects *ou* illusions ◆ **truquages de laboratoire** lab effects

**truqué, e** [tʀyke] (ptp de **truquer**) adj élections rigged; combat fixed *; cartes, dés fixed * ◆ **une scène truquée** (Ciné) a scene involving special effects

**truquer** [tʀyke] → SYN ▸ conjug 1 ◂ vt **a** [+ serrure, verrou, cartes] to fix *; [+ dés] to load; [+ combat, élections] to rig, fix * ◆ **truquer une scène** (Ciné) to use special effects in a scene
**b** († = falsifier) [+ dossier] to doctor *; [+ comptes] to fiddle *; [+ œuvre d'art, meuble] to fake

**truqueur, -euse** [tʀykœʀ, øz] → SYN nm,f **a** (= fraudeur) cheat
**b** (Ciné) special effects man (*ou* woman)

**truquiste** [tʀykist(ə)] nm ⇒ **truqueur b**

**trusquin** [tʀyskɛ̃] nm marking gauge

**trust** [tʀœst] → SYN nm (= cartel) trust; (= grande entreprise) corporation; → **antitrust**

**truster** [tʀœste] → SYN ▸ conjug 1 ◂ vt [+ secteur du marché] to monopolize, corner; [+ produit] to have the monopoly of, monopolize; ( * = accaparer) to monopolize ◆ **ils ont trusté les médailles aux derniers Jeux olympiques** they carried off all the medals *ou* they made a clean sweep of the medals at the last Olympic Games

**trypanosome** [tʀipanozom] nm trypanosome

**trypanosomiase** [tʀipanozomjɑz] nf trypanosomiasis

**trypsine** [tʀipsin] nf trypsin

**trypsinogène** [tʀipsinɔʒɛn] nm trypsinogen

**tryptamine** [tʀiptamin] nf tryptamine

**tryptophane** [tʀiptɔfan] nm tryptophan

**TSA** [teɛsa] nf (abrév de **technologie des systèmes automatisés**) → **technologie**

**tsar** [dzaʀ] → SYN nm tsar, czar, tzar

**tsarévitch** [dzaʀevitʃ] nm tsarevich, czarevich, tzarevich

**tsarine** [dzaʀin] nf tsarina, czarina, tzarina

**tsarisme** [dzaʀism] nm tsarism, czarism, tzarism

**tsariste** [dzaʀist] adj tsarist, czarist, tzarist

**tsé-tsé** [tsetse] nf ◆ **(mouche) tsé-tsé** tsetse fly

**TSF** † [teɛsɛf] nf (abrév de **télégraphie sans fil**) (= procédé) wireless telegraphy; (= radio) wireless, radio; (= poste) wireless ◆ **à la TSF** on the radio *ou* wireless

**T(-)shirt** [tiʃœʀt] nm ⇒ **tee(-)shirt**

**tsigane** [tsigan] → SYN [1] adj (Hungarian) gypsy *ou* gipsy, tzigane ◆ **violoniste/musique tsigane** (Hungarian) gypsy violinist/music
[2] nm (Ling) Romany
[3] **Tsigane** nmf (Hungarian) Gypsy *ou* Gipsy, Tzigane

**tsoin-tsoin** *, **tsouin-tsouin** * [tswɛ̃tswɛ̃] excl boom-boom!

**tss-tss** [tsts] excl tut-tut!

**tsunami** [tsunami] nm tsunami

**TSVP** (abrév de **tournez s'il vous plaît**) PTO

**TTC** [tetese] (abrév de **toutes taxes comprises**) inclusive of (all) tax

**TU** [tey] nm (abrév de **temps universel**) UT; → **temps**

**tu, t'** * [ty, t] [1] pron pers you *(as opposed to vous: familiar form of address)*; (Rel) thou ◆ **t'as * de la chance** you're lucky
[2] nm ◆ **employer le tu** to use the "tu" form ◆ **dire tu à qn** to address sb as "tu" ◆ **être à tu et à toi avec qn** * to be on first-name terms with sb, be a great pal of sb *

**tuant, tuante** * [tɥɑ̃, tɥɑ̃t] → SYN adj (= fatigant) killing, exhausting; (= énervant) exasperating, tiresome

**tub** [tœb] nm (= bassin) (bath)tub; (= bain) bath

**tuba** [tyba] nm (Mus) tuba; (Sport) snorkel, breathing tube ◆ **tuba d'orchestre** bass tuba

**tubage** [tybaʒ] → SYN nm (Méd) intubation, cannulation

**tubaire** [tybɛʀ] adj (Méd) tubal

**tubard, e** ⁑ [tybaʀ, aʀd] (abrév de **tuberculeux**) (péj) [1] adj suffering from TB
[2] nm,f TB case

**tube** [tyb] → SYN nm **a** (= tuyau) (gén, de mesure, en verre) tube; (de canalisation, tubulure, métallique) pipe; [canon] barrel ◆ **tube capillaire** capillary tube ◆ **tube à essai** test tube ◆ **tube lance-torpilles** torpedo tube ◆ **tube au néon** neon tube ◆ **tube redresseur** (Élec) vacuum diode ◆ **tube régulateur de potentiel** triode ◆ **tube cathodique** (Élec, TV, Ordin) cathode ray tube ◆ **tube à vide** vacuum valve *ou* tube ◆ **tube électronique** electronic valve *ou* tube ◆ **tube de Crookes/Pitot** Crookes/Pitot tube
◆ **à pleins tubes** * ◆ **marcher à pleins tubes** [moteur] to be running full throttle *ou* at maximum revs ◆ **il a mis sa chaîne hi-fi à pleins tubes** he turned his stereo on full blast * ◆ **délirer** *ou* **déconner** ⁑ **à pleins tubes** to be raving mad *, be off one's head * *ou* rocker ⁑
**b** (= emballage) [aspirine, dentifrice, peinture] tube ◆ **tube de rouge (à lèvres)** lipstick ◆ **en tube** in a tube
**c** (Anat, Bot = conduit) **tube digestif** digestive tract, alimentary canal ◆ **tubes urinifères/séminaux** urinary/seminiferous tubules ◆ **tube pollinique** pollen tube
**d** ( * = chanson à succès) hit ◆ **le tube de l'été** the summer hit, the hit-song of the summer
**e** (= vêtement) **jupe tube** pull tube, skinny-rib (sweater *ou* jumper)
**f** († * = téléphone) **donner un coup de tube à qn** to give sb a buzz * *ou* a tinkle *
**g** († * = haut-de-forme) topper *

**tuber** [tybe] ▸ conjug 1 ◂ vt [+ trou de sondes] to tube; [+ puits de pétrole] to rase

**tubéracées** [tybeʀase] nfpl ◆ **les tubéracées** tubers, the Tuberaceae (SPÉC)

**tubercule** [tybɛʀkyl] → SYN nm (Anat, Méd) tubercle; (Bot) tuber ◆ **tubercules quadrijumeaux** corpora quadrigemina, quadrigeminal *ou* quadrigeminate bodies

**tuberculeux, -euse** [tybɛʀkylø, øz] → SYN [1] adj **a** (Méd) tuberculous, tubercular ◆ **être tuberculeux** to suffer from tuberculosis *ou* TB, have tuberculosis *ou* TB
**b** (Bot) tuberous, tuberose
[2] nm,f tuberculosis *ou* tubercular *ou* TB patient

**tuberculine** [tybɛʀkylin] nf tuberculin

**tuberculinique** [tybɛʀkylinik] adj test tuberculinic, tuberculin

**tuberculisation** [tybɛʀkylizasjɔ̃] nf tuberculation

**tuberculose** [tybɛʀkyloz] → SYN nf tuberculosis, TB ◆ **tuberculose pulmonaire** pulmonary tuberculosis ◆ **tuberculose osseuse** tuberculosis of the bones

**tubéreux, -euse** [tybeʀø, øz] → SYN [1] adj tuberous
[2] **tubéreuse** nf (Bot) tuberose

**tubérisation** [tybeʀizasjɔ̃] nf tuberization

**tubérisé, e** [tybeʀize] adj tuberous, tuberose

**tubérosité** [tybeʀozite] → SYN nf (Anat) tuberosity

**tubicole** [tybikɔl] nm tubicolous worm

**tubifex** [tybifɛks] nm tubifex

**tubipore** [tybipɔʀ] nm organ-pipe coral, tubipora (SPÉC)

**tubiste** [tybist] nmf tuba player

**tubulaire** [tybylɛʀ] → SYN adj tubular

**tubule** [tybyl] nm tubule

**tubulé, e** [tybyle] adj plante tubulate; flacon tubulated

**tubuleux, -euse** [tybylø, øz] adj tubulous, tubulate

**tubuliflore** [tybyliflɔʀ] adj tubuliflorous

**tubulure** [tybylyʀ] → SYN nf a (= tube) pipe
b (Tech) (= ouverture) tubulure ♦ **tubulures** (= tubes) piping ♦ **tubulure d'échappement/d'admission** (Aut) exhaust/inlet manifold ♦ **tubulure d'alimentation** feed ou supply pipe

**TUC** [tyk] 1 nmpl (abrév de **travaux d'utilité collective**) → **travail**[1]
2 nmf ⇒ **tucard, e**

**tucard, e** [tykaʀ, aʀd] nm,f, **tuciste** [tysist] nmf (paid) community worker *(otherwise unemployed)*, ≃ employment trainee (Brit), ≃ YTS trainee (Brit)

**tudieu** †† [tydjø] excl zounds! †, 'sdeath! †

**tué, e** [tɥe] → SYN (ptp de **tuer**) nm,f (dans un accident, au combat) person killed ♦ **les tués** the dead, those killed ♦ **il y a eu cinq tués** there were five (people) killed ou five dead

**tue-mouche** [tymuʃ] 1 nm inv (Bot) ♦ **(amanite) tue-mouche** fly agaric
2 adj ♦ **papier** ou **ruban tue-mouche(s)** flypaper

**tuer** [tɥe] → SYN ▸ conjug 1 ◂ 1 vt a [+ personne, animal] to kill; (à la chasse) to shoot ♦ **tu ne tueras point** (Bible) thou shalt not kill ♦ **tuer qn à coups de pierre/de couteau** to stone/stab ou knife sb to death ♦ **tuer qn d'une balle** to shoot sb dead ♦ **l'alcool tue** alcohol can kill ou is a killer ♦ **la route tue des milliers de gens chaque année** thousands of people are killed on the roads every year ♦ **se faire tuer** to get killed ♦ **il était prêt à se faire tuer pour son pays** he was prepared to die for his country ♦ **tuer le père** (Psych) to kill the father ♦ **cet enfant me tuera** this child will be the death of me ♦ **il est à tuer !** (fig) you (ou I) could kill him! ♦ **il n'a jamais tué personne !** he wouldn't hurt a fly, he's quite harmless ♦ **ça n'a jamais tué personne, ça ne va pas te tuer** it won't kill you ♦ **ça tue !** ⁑ (= c'est génial) it's great! ♦ **quelle odeur ! ça tue les mouches à 15 pas !** * what a stink! * it's enough to kill a man at twenty paces! ♦ **un culot pareil, ça me tue !** * he's (ou she's etc ) got a nerve! ♦ **ça m'a tué d'apprendre qu'ils divorçaient** * I was flabbergasted * ou staggered when I heard that they were getting divorced; → **poule, veau**
b (= ruiner) to kill; (= exténuer) to exhaust, wear out ♦ **la bureaucratie tue toute initiative** bureaucracy kills (off) all initiative ♦ **les supermarchés n'ont pas tué le petit commerce** supermarkets have not killed off small traders ♦ **ce rouge tue tout leur décor** this red kills (the effect of) their whole decor ♦ **ces escaliers/querelles me tuent** these stairs/quarrels will be the death of me ♦ **tuer qch dans l'œuf** to nip sth in the bud ♦ **tuer le temps** to kill time
2 **se tuer** vpr a (l'un l'autre) to kill each other ♦ **séparez-les, ils vont se tuer !** pull them apart, they're going to kill each other!
b (soi-même, par accident) to be killed ♦ **il s'est tué en montagne/en voiture** he was killed in a mountaineering/car accident
c (= se suicider) to kill o.s. ♦ **il s'est tué d'une balle dans la tête** he put a bullet through his head, he shot himself in the head
d (= s'épuiser) **se tuer au travail, se tuer à la tâche** to work o.s. to death, kill o.s. with work ♦ **se tuer à répéter/expliquer qch à qn** to repeat/explain sth to sb until one is blue in the face, wear o.s. out repeating/explaining sth to sb ♦ **je me tue à te le dire !** I've told you again and again!

**tuerie** [tyʀi] → SYN nf (= carnage) slaughter, carnage

**tue-tête** [tytɛt] **à tue-tête** loc adv ♦ **crier/chanter à tue-tête** to shout/sing at the top of one's voice, shout/sing one's head off *

**tueur, tueuse** [tɥœʀ, tɥøz] → SYN 1 nm,f a (= assassin) killer; (fig = personne impitoyable) shark ♦ **tueur (à gages)** hired ou professional killer, contract killer, hitman * ♦ **tueur en série** serial killer
b (= chasseur) **tueur de lions/d'éléphants** lion-/elephant-killer
2 nm (d'abattoir) slaughterman, slaughterer

**tuf** [tyf] → SYN nm (Géol) (volcanique) tuff; (calcaire) tufa

**tuf(f)eau** [tyfo] nm tufa

**tuilage** [tɥilaʒ] nm [opérations] overlapping

**tuile** [tɥil] → SYN nf a (lit) tile ♦ **tuile creuse** ou **romaine** ou **ronde** curved tile ♦ **tuile faîtière** ridge tile ♦ **tuiles mécaniques** industrial ou interlocking tiles ♦ **couvrir un toit de tuiles** to tile a roof ♦ **toit de tuiles** tiled roof ♦ **tuiles de pierre/d'ardoise** stone/slate tiles ♦ **nous préférons la tuile à l'ardoise** we prefer tiles to slate
b (* = coup de malchance) stroke ou piece of bad luck ♦ **quelle tuile !** what rotten luck!, what a pain! * ♦ **il vient de m'arriver une tuile** I've just had a piece of bad luck
c (Culin) (thin sweet) biscuit (Brit) ou cookie (US)

**tuileau** [tɥilo] nm tile fragment

**tuiler** [tɥile] ▸ conjug 1 ◂ vt [+ opérations] to overlap

**tuilerie** [tɥilʀi] nf (= fabrique) tilery; (= four) tilery, tile kiln

**tuilier, -ière** [tɥilje, jɛʀ] 1 adj tile (épith)
2 nm,f tile maker ou manufacturer

**tularémie** [tylaʀemi] nf tularaemia (Brit), tularemia (US)

**tulipe** [tylip] nf (= fleur) tulip; (= lampe) tulip-shaped lamp ♦ **verre tulipe** tulip glass

**tulipier** [tylipje] nm tulip tree

**tulle** [tyl] → SYN nm tulle ♦ **robe de tulle** tulle dress ♦ **tulle gras** (Méd) sofra-tulle

**tullier, -ière** [tylje, jɛʀ] adj tulle (épith)

**tulliste** [tylist] nmf (= ouvrier) tulle maker

**tumbling** [tœmbliŋ] → SYN nm (Sport) tumbling

**tuméfaction** [tymefaksjɔ̃] → SYN nf (= effet) swelling ou puffing up, tumefaction (SPÉC); (= partie tuméfiée) swelling

**tuméfier** [tymefje] ▸ conjug 7 ◂ 1 vt to cause to swell, tumefy (SPÉC) ♦ **visage/œil tuméfié** puffed-up ou swollen face/eye
2 **se tuméfier** vpr to swell up, puff up, tumefy (SPÉC)

**tumescence** [tymesɑ̃s] → SYN nf tumescence

**tumescent, e** [tymesɑ̃, ɑ̃t] → SYN adj tumescent

**tumeur** [tymœʀ] nf tumour (Brit), tumor (US) (*de* of), growth (*de* in) ♦ **tumeur bénigne/maligne** benign/malignant tumour ♦ **tumeur au cerveau** brain tumour

**tumoral, e,** mpl **-aux** [tymɔʀal, o] adj tumorous, tumoral

**tumorectomie** [tymɔʀɛktɔmi] nf lumpectomy

**tumulaire** [tymylɛʀ] → SYN adj tumular

**tumulte** [tymylt] → SYN nm a (= bruit) [foule] commotion; [voix] hubbub; [acclamations] thunder, tumult ♦ **un tumulte d'applaudissements** thunderous applause, a thunder of applause ♦ **le tumulte des flots/de l'orage** (littér) the tumult of the waves/of the storm ♦ **la réunion s'est achevée dans un tumulte général** the meeting ended in uproar ou in pandemonium
b (= agitation) [affaires] hurly-burly; [passions] turmoil, tumult; [rue, ville] hustle and bustle (*de* in, of), commotion (*de* in)

**tumultueusement** [tymyltɥøzmɑ̃] adv stormily, turbulently, tumultuously

**tumultueux, -euse** [tymyltɥø, øz] → SYN adj séance stormy, turbulent, tumultuous; foule turbulent, agitated; (littér) flots, bouillonnement turbulent; vie, période, jeunesse stormy, turbulent; passion tumultuous, turbulent

**tumulus** [tymylys] → SYN nm burial mound, tumulus (SPÉC), barrow (SPÉC)

**tune** [tyn] nf ⇒ **thune**

**tuner** [tynɛʀ] → SYN nm (= amplificateur) tuner

**tungstate** [tœ̃kstat] nm tungstate

**tungstène** [tœ̃kstɛn] → SYN nm tungsten, wolfram

**tungstique** [tœ̃kstik] adj ♦ **acide tungstique** tungstic acid

**tuniciers** [tynisje] nmpl ♦ **les tuniciers** tunicates, the Tunicata (SPÉC)

**tunique** [tynik] → SYN nf a [soldat, écolier] tunic; [prêtre] tunicle, tunic; [femme] (droite) tunic; (à forme ample) smock; (longue) gown ♦ **la tunique de Nessus** (Myth) the shirt of Nessus
b (Anat) tunic, tunica; (Bot) tunic ♦ **tunique de l'œil** tunica albuginea of the eye

**Tunis** [tynis] n Tunis

**Tunisie** [tynizi] nf Tunisia

**tunisien, -ienne** [tynizjɛ̃, jɛn] → SYN 1 adj a (de Tunisie) Tunisian
b **(T-shirt) tunisien** *Grandad-style T-shirt*
2 **Tunisien(ne)** nmf Tunisian

**tunnel** [tynɛl] → SYN nm a (lit) (gén) tunnel; (Hort) tunnel ♦ **tunnel ferroviaire/routier** railway/road tunnel ♦ **tunnel aérodynamique** wind tunnel ♦ **le tunnel sous la Manche** the Channel Tunnel, the Chunnel *; → **effet**
b (fig) tunnel ♦ **voir le bout du tunnel** to see (the) light at the end of the tunnel

**tunnelier** [tynəlje] nm (= ouvrier) tunneller; (= machine) mole

**TUP** [typ] nm (abrév de **titre universel de paiement**) *voir* aussi **titre**

**tupaïa, tupaja** [typaja] nm tree shrew

**tupi** [typi] 1 nm (Ling) Tupi
2 nmf ♦ **Tupi** Tupi

**tuque** [tyk] nf (Can) woollen cap, tuque (Can)

**turban** [tyʀbɑ̃] → SYN nm turban

**turbé, turbeh** [tyʀbe] nm turbeh

**turbide** [tyʀbid] adj (littér) flots turbid

**turbidité** [tyʀbidite] → SYN nf (littér) turbidity, turbidness

**turbin** ⁑ [tyʀbɛ̃] nm (= emploi) work ♦ **aller au turbin** to go off to work ♦ **se remettre au turbin** to get back to work ♦ **après le turbin** after work

**turbine** [tyʀbin] nf turbine ♦ **turbine hydraulique** water ou hydraulic turbine ♦ **turbine à réaction/à impulsion** reaction/impulse turbine ♦ **turbine à vapeur/à gaz** steam/gas turbine

**turbiné, e** [tyʀbine] adj turbinate(d), turbinal

**turbiner**[1] ⁑ [tyʀbine] ▸ conjug 1 ◂ vi to graft (away) *, slog away *, slave away ♦ **faire turbiner qn** to make sb work, keep sb at it * ou with his nose to the grindstone *

**turbiner**[2] [tyʀbine] ▸ conjug 1 ◂ vt (Tech) to put through a turbine

**turbith** [tyʀbit] nm turpeth

**turbo** [tyʀbo] 1 adj inv a (Aut) turbo
b (Ordin) **turbo pascal/C** turbo pascal/C
2 nm (= moteur) turbo ♦ **mettre le turbo** * to get a move on *, step on it *
3 nf (= voiture) turbo, turbocar

**turboalternateur** [tyʀboaltɛʀnatœʀ] nm turboalternator

**turbocompressé, e** [tyʀbokɔ̃pʀese] adj turbocharged

**turbocompresseur** [tyʀbokɔ̃pʀesœʀ] nm turbocharger ♦ **turbocompresseur de suralimentation** turbosupercharger

**turbodiesel** [tyʀbodjezɛl] adj, nm turbodiesel

**turbo-enseignant, e,** pl **turbo-enseignants** [tyʀboɑ̃sɛɲɑ, ɑ̃t] nm,f *teacher commuting long distances*

**turboforage** [tyʀbofɔʀaʒ] nm turbodrilling

**turbomachine** [tyʀbomaʃin] nf turbomachine

**turbomoteur** [tyʀbomɔtœʀ] nm turbine engine

**turbopompe** [tyʀbopɔ̃p] nf turbopump, turbine-pump

**turbo-prof** *, pl **turbo-profs** [tyʀbopʀɔf] nmf *teacher commuting long distances*

**turbopropulseur** [tyʀbopʀɔpylsœʀ] n turboprop

**turboréacteur** [tyʀboʀeaktœʀ] nm turbojet (engine) ◆ **turboréacteur à double flux** bypass turbojet ou engine

**turbosoufflante** [tyʀbosuflɑ̃t] nf turboblower

**turbot** [tyʀbo] nm turbot

**turbotière** [tuʀbɔtjɛʀ] nf fish kettle

**turbotin** [tyʀbɔtɛ̃] nm young turbot

**turbotrain** [tyʀbotʀɛ̃] nm turbotrain

**turbulence** [tyʀbylɑ̃s] → SYN nf a (= dissipation) boisterousness, unruliness

b (= agitation) (gén Sci) turbulence (NonC) ◆ **entrer dans une zone de turbulences** (Aviat) to go into an area of turbulence ◆ **le franc traverse une nouvelle zone de turbulences** (fig) the franc is going through a new period of turbulence ◆ **turbulences politiques/sociales** political/social unrest

**turbulent, e** [tyʀbylɑ̃, ɑ̃t] → SYN adj a (= agité) enfant, élève unruly, boisterous, obstreperous; jeunesse, foule unruly, turbulent; époque turbulent

b (littér = tumultueux) passion turbulent, stormy; (Sci) turbulent

**turc, turque** [tyʀk] → SYN 1 adj Turkish ◆ **à la turque** (= accroupi, assis) cross-legged; cabinets seatless; (Mus) alla turca

2 nm a (= personne) **Turc** Turk ◆ **le Grand Turc** (Hist) the Sultan ◆ **les Jeunes Turcs** (Hist, fig) the Young Turks

b (Ling) Turkish

3 **Turque** nf Turkish woman

**turcique** [tyʀsik] adj ◆ **selle turcique** sella turcica

**turcophone** [tyʀkɔfɔn] 1 adj Turkish-speaking

2 nmf Turkish speaker

**turdidés** [tyʀdide] nmpl ◆ **les turdidés** the Turdidae (SPÉC)

**turf** [tyʀf] → SYN nm a (Sport) (= terrain) racecourse ◆ **le turf** (= activité) racing, the turf

b (arg Crime = prostitution) **le turf** streetwalking ◆ **aller au turf** to go and walk the streets

c (‡ = travail) **aller au turf** to go off to work

**turfiste** [tyʀfist] → SYN nmf racegoer

**turgescence** [tyʀʒesɑ̃s] → SYN nf turgescence

**turgescent, e** [tyʀʒesɑ̃, ɑ̃t] → SYN adj turgescent

**turgide** [tyʀʒid] adj (littér) swollen

**turion** [tyʀjɔ̃] nm turion

**turista** * [tuʀista] nf ≃ Delhi belly *, ≃ Montezuma's revenge * ◆ **avoir/attraper la turista** to have/get Montezuma's revenge *

**turkmène** [tyʀkmɛn] 1 adj Turkoman, Turkman

2 nm (Ling) Turkmen, Turk(o)man

3 **Turkmène** nmf Turkoman, Turkman

**Turkménistan** [tyʀkmenistɑ̃] nm Turkmenistan

**turlupiner** * [tyʀlypine] ▸ conjug 1 ◂ vt to bother, worry ◆ **ce qui me turlupine** what bugs me * ou worries me

**turlute** [tyʀlyt] nf a (Can) hummed tune

b *‡ blow-job *‡ ◆ **faire une turlute à qn** to give sb a blow-job *‡

**turluter** [tyʀlyte] ▸ conjug 1 ◂ (Can) 1 vt [+ chanson] to hum

2 vi to hum a tune

**turlutte** [tyʀlyt] → SYN nf (Pêche) jig

**turne** * [tyʀn] → SYN nf a († péj = logement) digs *

b (Scol = chambre) room

**turonien, -ienne** [tyʀɔnjɛ̃, jɛn] adj Turonian

**turpide** [tyʀpid] → SYN adj (littér) âme base

**turpitude** [tyʀpityd] → SYN nf a (caractère) turpitude

b (gén pl = acte) base act

**turquerie** [tyʀk(ə)ʀi] nf Turkism

**Turquie** [tyʀki] nf Turkey

**turquin** [tyʀkɛ̃] adj m (littér) deep blue

**turquoise** [tyʀkwaz] nf, adj inv turquoise

**turriculé, e** [tyʀikyle] adj turreted, turriculate(d)

**turriforme** [tyʀifɔʀm] adj turriform

**turritelle** [tyʀitɛl] nf turritella

**tussah** [tysa] nm tussore, tusser, tussah (US)

**tussilage** [tysilaʒ] nm coltsfoot

**tussor** [tysɔʀ] nm tussore, tusser, tussah (US)

**tutélaire** [tytelɛʀ] → SYN adj (littér = protecteur) tutelary, protecting (épith); (Jur = de la tutelle) tutelary

**tutelle** [tytɛl] → SYN nf a (Jur) [mineur] guardianship, wardship; [aliéné] guardianship ◆ **avoir la tutelle de qn** to be sb's guardian ◆ **mettre qn en tutelle** to put sb in the care of a guardian ◆ **enfant en tutelle** child under guardianship ◆ **être placé sous tutelle judiciaire** to be made a ward of court

b (= contrôle financier, administratif, politique) supervision; (= protection) tutelage, protection ◆ **tutelle administrative/de l'État** administrative/state supervision ◆ **organisme de tutelle** regulator, regulating body ◆ **autorité de tutelle** regulatory authority ◆ **ministère de tutelle** (Admin) *ministry in charge* ◆ **régime de tutelle** (Pol) trusteeship ◆ **territoires sous tutelle** (Pol) trust territories ◆ **pays sous la tutelle de l'ONU** country under UN trusteeship ◆ **mettre sous tutelle** to put under supervision ◆ **la banque a été mise sous tutelle** control of the bank has been put in the hands of trustees ◆ **être sous la tutelle de qn** (dépendant) to be under sb's supervision; (protégé) to be in sb's tutelage ◆ **tenir** ou **garder en tutelle** [+ pays] to hold sway over; [+ personne] to keep a tight rein on ◆ **exercer sa tutelle sur** to control

**tuteur, -trice** [tytœʀ, tʀis] → SYN 1 nm,f (Jur, fig littér = protecteur) guardian; (Univ) tutor ◆ **tuteur légal/testamentaire** legal/testamentary guardian ◆ **tuteur ad hoc** *specially appointed guardian*

2 nm (Agr) stake, support

**tuteurage** [tytœʀaʒ] nm (Agr) staking

**tuteurer** [tytœʀe] ▸ conjug 1 ◂ vt (Agr) to stake (up)

**tutoiement** [tytwamɑ̃] nm use of (the familiar) tu *(instead of vous)*

> **TUTOIEMENT/VOUVOIEMENT**
>
> There are no hard-and-fast rules about when to use "tu" or "vous" to address people. Small children can be addressed as "tu", and will often reply using the "tu" form as well. In informal contexts among young people of the same age, "tu" is often used even at first meeting. Among the older generation, "vous" is standard until people know each other well; some older married couples even use the "vous" form to address their spouse. As a general rule for non-native speakers, "vous" should always be used to address adults until the other person uses "tu", or asks permission to do so.

**tutorat** [tytɔʀa] nm (Scol) guidance; (Univ) tutorial system

**tutoriel** [tytɔʀjɛl] nm tutorial

**tutoyer** [tytwaje] ▸ conjug 8 ◂ vt a (= dire tu à) **tutoyer qn** to use (the familiar) "tu" when speaking to sb, address sb as "tu" *(instead of "vous")*

b (littér = fréquenter) to be on familiar ou intimate terms with

c (= frôler) **le cheval a tutoyé l'obstacle** the horse brushed the fence ◆ **le nombre des chômeurs tutoie la barre des trois millions** unemployment is nearing the three million mark

**tutti** [tu(t)ti] nm inv tutti

**tutti frutti** [tutifʀuti] loc adj inv glace tutti-frutti

**tutti quanti** [tutikwɑ̃ti] **et tutti quanti** loc adv and all the rest (of them), and all that lot * ou crowd *

**tutu** [tyty] nm tutu, ballet skirt

**Tuvalu** [tuvalu] n Tuvalu

**tuyau,** pl **tuyaux** [tɥijo] → SYN 1 nm a (gén, rigide) pipe, length of piping; (flexible, en caoutchouc, vendu au mètre) length of rubber tubing, rubber tubing (NonC); [pipe] stem ◆ **il me l'a dit dans le tuyau de l'oreille** * he whispered it to me

b (Habillement = pli) flute

c * (= conseil) tip; (= renseignement) gen * (NonC) ◆ **quelques tuyaux pour le bricoleur** a few tips for the do-it-yourself enthusiast ◆ **il nous a donné des tuyaux sur leurs activités/projets** he gave us some gen * on their activities/plans ◆ **tuyau crevé** useless tip

2 COMP ▷ **tuyau d'alimentation** feeder pipe ▷ **tuyau d'arrosage** hosepipe, garden hose ▷ **tuyau de cheminée** chimney pipe ou flue ▷ **tuyau de descente** (pluvial) downpipe, fall pipe; [lavabo, W-C] wastepipe ▷ **tuyau d'échappement** exhaust (pipe), tailpipe ▷ **tuyau de gaz** gas pipe ▷ **tuyau d'orgue** (Géol, Mus) organ pipe ▷ **tuyau de pipe** stem of a pipe ◆ **avoir les artères en tuyau de pipe** to have hardened arteries ▷ **tuyau de poêle** stovepipe ◆ **(chapeau en) tuyau de poêle** * † stovepipe hat ◆ **quelle famille tuyau de poêle !** ‡ (à problèmes) what a mixed-up family! *; (incestueuse) everybody sleeps with everybody in that family! ▷ **tuyau de pompe** pump pipe

**tuyautage** [tɥijɔtaʒ] → SYN nm a [linge] fluting, goffering

b ( * = renseignement) tipping off

**tuyauter** [tɥijɔte] ▸ conjug 1 ◂ vt a [+ linge] to flute, goffer ◆ **un tuyauté** a fluted frill

b ( * = conseiller) **tuyauter qn** to give sb a tip; (= mettre au courant) to give sb some gen *, put sb in the know *, give sb the tip-off *

**tuyauterie** [tɥijɔtʀi] nf [machines, canalisations] piping (NonC); [orgue] pipes

**tuyère** [tyjɛʀ] → SYN nf [turbine] nozzle; [four, haut fourneau] tuyère, twyer ◆ **tuyère d'éjection** exhaust ou propulsion nozzle

**TV** [teve] (abrév de **télévision**) TV

**TVA** [teveа] nf (abrév de **taxe sur la valeur ajoutée**) VAT

**TVHD** [teve'aʃde] nf (abrév de **télévision haute définition**) HDTV

**tweed** [twid] nm tweed

**tweeter** [twitœʀ] nm (Mus) tweeter

**twin-set,** pl **twin-sets** [twinsɛt] nm twinset

**twist** [twist] nm (= danse) twist

**twister** [twiste] ▸ conjug 1 ◂ vi (Danse) to twist

**tylenchus** [tilɛ̃kys] nm Tylenchus

**tympan** [tɛ̃pɑ̃] → SYN nm a (Anat) eardrum, tympanum (SPÉC) ◆ **bruit à vous déchirer** ou **crever les tympans** earsplitting noise; → **caisse**

b (Archit) tympan(um)

c (Tech = pignon) pinion

**tympanal, e,** mpl **-aux** [tɛ̃panal, o] adj, nm ◆ **(os) tympanal** tympanic bone

**tympanique** [tɛ̃panik] adj (Anat) tympanic

**tympanisme** [tɛ̃panism] nm (Méd) tympanitis

**tympanon** [tɛ̃panɔ̃] nm (Mus) dulcimer

**tyndallisation** [tɛ̃dalizasjɔ̃] nf Tyndallization

**type** [tip] → SYN 1 nm a (= modèle) type ◆ **il y a plusieurs types de bicyclettes** there are several types of bicycle ◆ **une pompe du type B5** a pump of type B5, a type B5 pump ◆ **une pompe du type réglementaire** a regulation-type pump ◆ **une voiture (de) type break** an estate-type (Brit) ou station-wagon-type (US) car ◆ **"convient à tous les types de peau"** "suitable for all skin types" ◆ **certains types humains** certain human types ◆ **avoir le type oriental/nordique** to be Oriental-/Nordic-looking, have Oriental/Nordic looks ◆ **un beau type de femme/d'homme** a fine specimen of womanhood/of manhood ◆ **c'est le type d'homme à faire cela** he's the type ou sort of man who would do that ◆ **plusieurs opérations de ce type ont déjà eu lieu** several operations of that nature ou kind ou type have already taken place ◆ **des contrats d'un type nouveau** new types of contract ◆ **rien ne peut justifier ce type de comportement** nothing can justify that kind ou type of behaviour ◆ **pour étudier certains types de comportements** to study certain behaviour patterns ◆ **ce** ou **il/elle n'est pas mon type** * he/she is not my type ou sort

b (= exemple) classic example ◆ **c'est le type (parfait** ou **même) de l'intellectuel/du vieux garçon** he's the typical intellectual/bachelor, he's a perfect ou classic example of the intellectual/ of the bachelor ◆ **c'est le type même de la machination politique** it's a classic example of political intrigue

**c** (* = individu) guy *, chap * (Brit), bloke * (Brit); († = individu remarquable) character; (= amant) boyfriend ◆ **un sale type** a nasty character, a nasty piece of work * ◆ **quel sale type !** he's such a swine * ou bastard *!; → **chic**

**d** (Typo) typeface; (Numismatique) type

**2** adj inv typical, classic; (Stat) standard ◆ **l'erreur/le politicien type** the typical ou classic mistake/politician ◆ **l'exemple/la situation type** the typical ou classic example/situation ◆ **lettre/contrat type** standard letter/contract; → **écart**

**typé, e** [tipe] (ptp de **typer**) adj **a** (physiquement) **une femme brune et très typée** a dark-haired woman with the characteristic features of her race ◆ **elle est allemande mais pas très typée** she's German but she doesn't look typically German ou doesn't have typical German looks

**b** attitudes, goûts typical, characteristic ◆ **les personnages fortement typés de la commedia dell'arte** the stock characters of the commedia dell'arte

**typer** [tipe] → SYN ▸ conjug 1 ◂ vt **a** (= caractériser) **auteur/acteur qui type son personnage** author/actor who brings out the features of the character well ◆ **un personnage bien typé** a character well rendered as a type

**b** (Tech) to stamp, mark

**typesse** † * [tipɛs] nf (péj) female * (péj)

**typha** [tifa] nm reed mace, (false) bulrush, cat's-tail

**typhique** [tifik] **1** adj (= du typhus) typhous; (= de la typhoïde) typhic ◆ **bacille typhique** typhoid bacillus

**2** nmf typhoid sufferer

**typhoïde** [tifɔid] adj, nf ◆ **(fièvre) typhoïde** typhoid (fever)

**typhoïdique** [tifɔidik] adj typhic

**Typhon** [tifɔ̃] nm Typhon

**typhon** [tifɔ̃] → SYN nm typhoon

**typhose** [tifoz] nf fowl pest

**typhus** [tifys] nm typhus (fever)

**typique** [tipik] → SYN adj **a** (gén, Bio) typical (*de* of) ◆ **sa réaction est typique** his reaction is typical (of him) ou true to form ou type ◆ **un cas typique de ...** a typical case of ... ◆ **il a encore oublié, c'est typique !** he's forgotten again – typical!

**b** † musique, orchestre Latin American

**typiquement** [tipikmɑ̃] adv typically

**typo** * [tipo] **1** nf (abrév de **typographie**)

**2** nm (abrév de **typographe**)

**typographe** [tipɔgʀaf] → SYN nmf (gén) typographer; (= compositeur à la main) hand compositor

**typographie** [tipɔgʀafi] → SYN nf **a** (= procédé d'impression) letterpress (printing); (= opérations de composition, art) typography

**b** (= aspect) typography

**typographique** [tipɔgʀafik] adj procédé, impression letterpress (épith); opérations, art typographic(al) ◆ **erreur** ou **faute typographique** typographic(al) ou printer's error, misprint, typo * ◆ **argot typographique** typographers' jargon ◆ **cet ouvrage est une réussite typographique** this work is a success typographically ou as regards typography

**typographiquement** [tipɔgʀafikmɑ̃] adv imprimer by letter-press ◆ **livre typographiquement réussi** book that is a success typographically ou successful as regards typography

**typolithographie** [tipolitɔgʀafi] nf typolithography

**typologie** [tipɔlɔʒi] nf typology

**typologique** [tipɔlɔʒik] adj typological

**typomètre** [tipɔmɛtʀ] nm line ou type gauge

**Tyr** [tiʀ] n Tyre

**tyran** [tiʀɑ̃] → SYN nm (lit, fig) tyrant ◆ **c'est un tyran domestique** he's a tyrant at home

**tyranneau,** pl **tyranneaux** [tiʀano] nm (hum, péj) petty tyrant

**tyrannicide** [tiʀanisid] nmf, nm tyrannicide

**tyrannie** [tiʀani] → SYN nf (lit, fig) tyranny ◆ **la tyrannie de la mode/d'un mari** the tyranny of fashion/of a husband ◆ **exercer sa tyrannie sur qn** to tyrannize sb, wield one's tyrannical powers over sb

**tyrannique** [tiʀanik] → SYN adj personne, régime, pouvoir tyrannical ◆ **il est tyrannique envers** ou **avec ses étudiants** he bullies his students

**tyranniquement** [tiʀanikmɑ̃] adv tyrannically

**tyranniser** [tiʀanize] → SYN ▸ conjug 1 ◂ vt to bully, tyrannize ◆ **un élève tyrannisé par ses camarades d'école** a pupil bullied by his classmates

**tyrannosaure** [tiʀanɔzɔʀ] nm tyrannosaur, tyrannosaurus

**tyrien** [tiʀjɛ̃] adj m ◆ **rose tyrien** Tyrian purple

**Tyrol** [tiʀɔl] nm ◆ **le Tyrol** the Tyrol

**tyrolien, -ienne** [tiʀɔljɛ̃, jɛn] **1** adj Tyrolean; → **chapeau**

**2** **Tyrolien(ne)** nm,f Tyrolean

**3** **tyrolienne** nf **a** (= chant) yodel, Tyrolienne

**b** (Alpinisme) (= technique) Tyrolean traverse; (= pont) rope bridge

**tyrosinase** [tiʀozinaz] nf tyrosinase

**tyrosine** [tiʀozin] nf tyrosine

**tyrothricine** [tiʀɔtʀisin] nf tyrothricin

**Tyrrhénienne** [tiʀenjɛn] nf → **mer**

**tzar** [dzaʀ] nm, **tzarévitch** [dzaʀevitʃ] nm, **tzarine** [dzaʀin] nf ⇒ **tsar, tsarévitch, tsarine**

**tzigane** [dzigan] → SYN adj, nmf ⇒ **tsigane**

# U

**U, u** [y] **nm** (= lettre) U, u ◆ **poutre en U** U(-shaped) beam ◆ **vallée en U** U-shaped valley ◆ **disposer des tables en U** to arrange tables in a U-shape

**ubac** [ybak] **nm** (Géog) north(-facing) side, ubac (SPÉC)

**ubiquité** [ybikɥite] [→ SYN] **nf** ubiquity ◆ **avoir le don d'ubiquité** to be ubiquitous, be everywhere at once (hum)

**ubuesque** [ybyɛsk] [→ SYN] **adj** (= grotesque) grotesque; (Littérat) Ubuesque

**UDF** [ydeɛf] **nf** (abrév de **Union pour la démocratie française**) *French political party*

**UE** [yə] **nf** a (abrév de **Union européenne**) EU
b (abrév de **unité d'enseignement**) → **unité**

**UEFA** [yefa] **nf** (abrév de **Union of European Football Associations**) UEFA ◆ **la coupe de l'UEFA** the UEFA cup

**UEM** [yəɛm] **nf** (abrév de **Union économique et monétaire**) EMU

**UEO** [yəo] **nf** (abrév de **Union de l'Europe occidentale**) WEU

**UER** † [yəɛʀ] **nf** (abrév de **Unité d'enseignement et de recherche**) → **unité**

**ufologie** [yfɔlɔʒi] **nf** ufology

**ufologue** [yfɔlɔg] **nmf** ufologist

**UFR** [yɛfɛʀ] **nf** (abrév de **Unité de formation et de recherche**) → **unité**

**UHF** [yaʃɛf] **nf** (abrév de **ultra-high frequency**) UHF

**uhlan** [ylɑ̃] **nm** uhlan

**UHT** [yaʃte] **nf** (abrév de **ultra-haute température**) UHT

**ukase** [ukɑz] [→ SYN] **nm** ⇒ **oukase**

**Ukraine** [ykʀɛn] **nf** ◆ **l'Ukraine** the Ukraine

**ukrainien, -ienne** [ykʀɛnjɛ̃, jɛn] [1] **adj** Ukrainian
[2] **nm** (Ling) Ukrainian
[3] **Ukrainien(ne)** **nm,f** Ukrainian

**ukulélé** [jukulele] **nm** ukulele

**ulcératif, -ive** [ylseʀatif, iv] **adj** ulcerative

**ulcération** [ylseʀasjɔ̃] [→ SYN] **nf** ulceration

**ulcère** [ylsɛʀ] **nm** ulcer ◆ **ulcère à l'estomac** stomach ulcer ◆ **ulcère variqueux** varicose ulcer

**ulcérer** [ylseʀe] [→ SYN] ▸ conjug 6 ◂ **vt** a (= révolter) to sicken, appal ◆ **le verdict/cette accusation l'a ulcéré** he was outraged by ou appalled at the verdict/the accusation ◆ **être ulcéré (par l'attitude de qn)** to be sickened ou appalled (by sb's attitude)
b (Méd) to ulcerate ◆ **plaie ulcérée** festering ou ulcerated wound

**ulcéreux, -euse** [ylseʀø, øz] **adj** ulcerated, ulcerous

**uléma** [ylema] [→ SYN] **nm** ulema

**ULM** [yɛlɛm] **nm** (abrév de **ultra-léger motorisé**) microlight, microlite ◆ **faire de l'ULM** to go microlighting

**ulmaire** [ylmɛʀ] [→ SYN] **nf** (= plante) meadowsweet

**Ulster** [ylstɛʀ] **nm** Ulster

**ulstérien, -ienne** [ylsteʀjɛ̃, jɛn] [1] **adj** Ulster (épith)
[2] **Ulstérien** **nm** Ulsterman
[3] **Ulstérienne** **nf** Ulsterwoman

**ultérieur, e** [ylteʀjœʀ] [→ SYN] **adj** later, subsequent ◆ **à une date ultérieure** at a later date ◆ **cela devrait faire l'objet de discussions ultérieures** this should be the subject of later ou future discussions ◆ **la question sera abordée dans une phase ultérieure (des négociations)** the question will be discussed at a later stage (of the negotiations)

**ultérieurement** [ylteʀjœʀmɑ̃] **adv** later, subsequently

**ultimatum** [yltimatɔm] [→ SYN] **nm** ultimatum ◆ **envoyer** ou **adresser un ultimatum à qn** to present sb with an ultimatum

**ultime** [yltim] [→ SYN] **adj** étape, avertissement, réunion, hommage last, final; recours, chance last; objectif, responsabilité ultimate; tentative last(-ditch), final

**ultra** [yltʀa] [→ SYN] [1] **nm** (= réactionnaire) extreme reactionary; (= extrémiste) extremist ◆ **Ultra(-royaliste)** (Hist) ultra(-royalist)
[2] **préf** (dans les mots composés à trait d'union, le préfixe reste invariable) ◆ **ultra-chic/-long** ultra-chic/-long ◆ **ultra-conservateur/-nationaliste/-orthodoxe** ultra-conservative/-nationalist/-orthodox ◆ **ultra-court** (gén) ultra-short ◆ **ondes ultra-courtes** (Radio) ultra-high frequency ◆ **ultra-plat** boîtier, montre slimline ◆ **ultra-fin** tranche wafer-thin; poudre, texture ultra-fine; collant, tissu sheer

**ultracentrifugation** [yltʀasɑ̃tʀifygasjɔ̃] **nf** ultracentrifugation

**ultracentrifugeuse** [yltʀasɑ̃tʀifyʒøz] **nf** ultracentrifuge

**ultra-confidentiel, -ielle** [yltʀakɔ̃fidɑ̃sjɛl] **adj** (gén, sur un dossier) top secret

**ultrafiltration** [yltʀafiltʀasjɔ̃] **nf** ultra filtration

**ultra-léger, ultraléger, -ère** [yltʀaleʒe, ɛʀ] **adj** équipement ultra-light; cigarette ultra-mild; tissu, vêtement very light; → **ULM**

**ultra-libéral, ultralibéral, e,** mpl **-aux** [yltʀa libeʀal, o] [1] **adj** idéologie, politique ultra-free market (épith); personne who advocates an ultra-free market
[2] **nm,f** ultra-free marketeer

**ultra-libéralisme, ultralibéralisme** [yltʀa libeʀalism] **nm** doctrine of the ultra-free market

**ultramarin, e** [yltʀamaʀɛ̃, in] **adj** ultramarine

**ultramicroscope** [yltʀamikʀɔskɔp] **nm** ultramicroscope

**ultramicroscopique** [yltʀamikʀɔskɔpik] **adj** ultramicroscopic

**ultramoderne** [yltʀamɔdɛʀn] **adj** (gén) ultramodern; équipement high-tech, hi-tech, state-of-the-art (épith)

**ultramontain, e** [yltʀamɔ̃tɛ̃, ɛn] [→ SYN] (Rel) [1] **adj** ultramontane
[2] **nmpl** ◆ **les ultramontains** ultramontanists, ultramontanes

**ultrapression** [yltʀapʀesjɔ̃] **nf** ultrahigh pressure

**ultra-rapide, ultrarapide** [yltʀaʀapid] **adj** bateau, ordinateur high-speed (épith) ◆ **formule ultra-rapide** (dans un restaurant) express menu

**ultraroyaliste** [yltʀaʀwajalist] **adj, nmf** ultraroyalist

**ultrasecret, -ète** [yltʀasəkʀɛ, ɛt] **adj** top secret

**ultra-sensible, ultrasensible** [yltʀasɑ̃sibl] **adj** appareil, balance, dossier, problème ultrasensitive; personne, peau hypersensitive ◆ **film** ou **pellicule ultra-sensible** high-speed film

**ultrason** [yltʀasɔ̃] **nm** ultrasonic sound ◆ **les ultrasons** ultrasound (NonC)

**ultrasonique** [yltʀasɔnik], **ultrasonore** [yltʀa sɔnɔʀ] **adj** ultrasonic

**ultraviolet, -ette** [yltʀavjɔlɛ, ɛt] [1] **adj** ultraviolet
[2] **nm** ultraviolet ray ◆ **faire des séances d'ultraviolets** to have sunbed sessions

**ululation** [ylylasjɔ̃] **nf**, **ululement** [ylylmɑ̃] **nm** ⇒ **hululement**

**ululer** [ylyle] ▸ conjug 1 ◂ **vi** ⇒ **hululer**

**Ulysse** [ylis] **nm** Ulysses

## un, une [œ̃, yn]

[→ SYN]

[1] ARTICLE INDÉFINI
[2] PRONOM
[3] ADJECTIF
[4] NOM MASCULIN INVARIABLE
[5] NOM FÉMININ

Lorsque **un, une** s'emploient dans des locutions figées telles que **pour un rien, un de ces jours, il n'en rate pas une** etc, cherchez au nom ou au verbe.

[1] ARTICLE INDÉFINI

a [gén] a, an *(devant voyelle)*; (= un, une quelconque) some ◆ **ne venez pas un dimanche** don't come on a Sunday ◆ **le témoignage d'un enfant n'est pas valable** a child's evidence ou the evidence of a child is not valid ◆ **un chien sent tout de suite si quelqu'un a peur de lui** dogs know straight away when you're afraid of them ◆ **c'est l'œuvre d'un poète** it's the work of a poet ◆ **retrouvons-nous dans un café** let's meet in a café ◆ **un jour/soir il partit** one day/evening he went away ◆ **un jour, tu comprendras** one day ou some day you'll understand ◆ **passez un soir** drop in one ou some evening ◆ **une fois, il est venu avec un ami et ...** once he came with a friend and ...

**b** [avec nom abstrait] **avec une grande sagesse/violence** with great wisdom/violence, very wisely/violently ♦ **des hommes d'un courage sans égal** men of unparalleled courage ♦ **un amour qui frôlait la passion** a love which bordered on passion

**c** [avec nom propre] a, an ♦ **ce n'est pas un Picasso** (hum) [personne] he's no Picasso, he's not exactly (a) Picasso; [tableau] it's not a Picasso ♦ **un certain M. Legrand** a (certain) Mr Legrand, one Mr Legrand ♦ **on a élu un (nommé** ou **certain) Dupont** they've appointed a man called Dupont ♦ **c'est encore un Kennedy qui fait parler de lui** that's yet another Kennedy in the news ♦ **il a le talent d'un Hugo** he has the talent of a Hugo ♦ **cet enfant sera un Paganini** this child will be another Paganini

**d** [intensif] **elle a fait une scène !** ou **une de ces scènes !** she made a dreadful scene! ou such a scene! ♦ **j'ai une faim/une soif !** ou **une de ces faims/une de ces soifs !** I'm so hungry/thirsty!, I'm starving/parched! ♦ **il est d'un sale !** ou **d'une saleté !** he's so dirty!, he's filthy!

[2] PRONOM

**a** [gén] one ♦ **un seul** (just) one ♦ **pas un (seul)** not one; (emphatique) not a single one ♦ **six contre un** six against one ♦ **prêtez-moi un de vos livres** lend me one of your books ♦ **une des trois a dû mentir** one of the three must have been lying ♦ **il est un des rares qui m'ont écrit** he's one of the few (people) who wrote to me ♦ **c'est un de ces enfants qui s'ennuient partout** he's the kind of child ou one of those children who gets bored wherever he goes ♦ **un à qui je voudrais parler, c'est Jean** there's one person I'd like to speak to and that's John, one person I'd like to speak to is John ♦ (Prov) **un(e) de perdu(e), dix de retrouvé(e)s** there are plenty more fish in the sea

♦ **comme pas un** * ♦ **il est arrogant/bête comme pas un** he's as arrogant/stupid as they come ♦ **elle chante/danse comme pas une** she's a great * singer/dancer

♦ **et d'un** * (= voilà une chose faite, terminée) that's one done ou finished ou out of the way

♦ **et d'une!** * (= d'abord) for a start! ♦ **personne ne t'a forcé de venir, et d'une !** no one forced you to come for one thing!, for a start no one forced you to come!

♦ **un(e) à un(e), un(e) par un(e)** one by one ♦ **ajouter les œufs un par un** add the eggs one by one ou one at a time ♦ **pris un par un, ces indices ne font pas une preuve** taken individually, these clues do not constitute proof

**b** avec le pronom **en** (= personne) ♦ **en voilà un qui ne se gêne pas !** well, he's got a nerve! ♦ **j'en connais un qui sera content !** I know someone ou somebody ou one person who'll be pleased! ♦ **il n'y en a pas eu un pour m'aider** nobody lifted a finger to help me

(= chose) ♦ **prête-m'en un** lend me one (of them) ♦ **il n'en reste qu'une** there's only one left ♦ **j'en ai vu un très joli, de chapeau** * I've seen a very nice hat

♦ **il m'en a raconté une drôle sur le directeur** (= histoire) he told me a really funny story about the manager; → **bon**[1]

**c** [avec article défini] **l'un d'eux, l'un d'entre eux** one of them ♦ **l'une des meilleures chanteuses** one of the best singers ♦ **les uns disent ..., les autres répondent ...** some say ..., others reply ... ♦ **l'un après l'autre** one after the other ♦ **serrés l'un contre l'autre** huddled together ♦ **elles étaient assises en face l'une de l'autre** they were sitting opposite one another ou each other ♦ **ils sont belges l'un et l'autre** ou **l'un comme l'autre** they're both Belgian, both of them are Belgian ♦ **l'une et l'autre solution sont acceptables** either solution is acceptable, both solutions are acceptable ♦ **malgré ce que peuvent dire les uns et les autres** despite what some ou other people may say ♦ **prenez l'un ou l'autre** take either one, take one or the other; → **ni**

♦ **l'un dans l'autre** (= tout bien considéré) all in all ♦ **l'un dans l'autre il s'y retrouve** all in all he manages to break even ♦ **l'un dans l'autre, cela fera dans les 300 €** it'll come to around €300 in all

♦ **l'un l'autre, les uns les autres** one another, each other ♦ **ils se regardaient l'un l'autre** they looked at one another ou at each other ♦ **ils s'invitent régulièrement les uns les autres** they have each other round regularly ♦ **aimez-vous les uns les autres** (Bible) love one another

[3] ADJECTIF

**a** [numéral cardinal] one ♦ **vingt/trente et un ans** twenty-/thirty-one years ♦ **il reviendra dans un an ou deux** he'll come back in a year or two ♦ **il n'y a pas une seule voiture dans les rues** there's not a single car in the streets ♦ **dix heures une (minute)** one minute past ten ♦ **sans un (sou)** * penniless, broke * ♦ **ils ont gagné deux à un** (Sport) they won two-one ♦ **un partout, (la) balle au centre !** * (fig) we're even!; → **fois, moins**

**b** [numéral ordinal] **page/chapitre un** page/chapter one ♦ **en deux mille un** in two thousand and one

**c** [= formant un tout] **le Dieu un et indivisible** the one and indivisible God

♦ **c'est tout un** it's all one, it's one and the same thing ♦ **pour moi c'est tout un** as far as I'm concerned it amounts to the same thing

[4] NOM MASCULIN INVARIABLE

[= chiffre] one ♦ **un et un font deux** one and one are two ♦ **compter de un à cent** to count from one to a hundred ♦ **tu écris mal tes un** you don't write your ones very clearly ♦ **j'ai fait deux un** (aux dés) I've got two ones ♦ **il habite au 1, rue Léger** he lives at number 1, rue Léger ♦ **le cavalier ne faisait qu'un avec son cheval** horse and rider were as one ♦ **les deux frères ne font qu'un** the two brothers are like one person

[5] **une** NOM FÉMININ

(Presse) ♦ **la une** the front page ♦ **cet accident fait la une des journaux** the accident made the front pages ou the headlines ♦ **la Une** (TV) channel one ♦ **l'addition de la une !** (au restaurant) bill for table number one please! ♦ **une, deux ! une, deux !** (Mil) left, right! left, right! ♦ **à la une, à la deux, à la trois !** with a one and a two and a three! ♦ **il n'a fait ni une ni deux, il a accepté** he accepted without a second's hesitation ou like a shot ♦ **il n'a fait ni une ni deux et il est parti** he left there and then ou without further ado; → **colonne**

**unanime** [ynanim] [→ SYN] adj témoins, sentiment, vote unanimous ♦ **de l'avis unanime des observateurs** in the unanimous view of the observers ♦ **unanimes pour** ou **à penser que** unanimous in thinking that ♦ **la presse et les politiques sont unanimes à condamner ce meurtre** the press and politicians are unanimous in condemning this murder ♦ **de manière unanime** unanimously

**unanimement** [ynanimmɑ̃] [→ SYN] adv unanimously, with one accord

**unanimisme** [ynanimism] nm **a** (= accord) universal consensus ♦ **il dénonçait l'unanimisme de la presse** he condemned the way in which the papers were all taking the same line

**b** (Littérat) unanimism, unanism

**unanimiste** [ynanimist] [1] adj discours that reflects generally held beliefs ♦ **une idéologie unanimiste** an ideology to which the majority of people subscribe

[2] nmf (Littérat) unanimist

**unanimité** [ynanimite] [→ SYN] nf unanimity ♦ **vote acquis à l'unanimité** unanimous vote ♦ **ils ont voté à l'unanimité pour** they voted unanimously for ♦ **élu/voté à l'unanimité** elected/voted unanimously ♦ **élu à l'unanimité moins une voix** elected with only one vote against ou with only one dissenting vote ♦ **il y a unanimité pour dire que ...** the unanimous opinion is that ..., everyone agrees that ... ♦ **cette décision a fait l'unanimité** the decision was approved unanimously ♦ **il fait l'unanimité** there is general agreement about him ♦ **il fait l'unanimité contre lui** everybody disapproves of him

**unau** [yno] [→ SYN] nm unau, two-toed sloth

**unciforme** [ɔ̃sifɔʀm] adj unciform

**unciné, e** [ɔ̃sine] adj uncinate

**une-deux** [yndø] nm inv (Ftbl) one-two

**UNEDIC** [ynedik] nf (abrév de **Union nationale pour l'emploi dans l'industrie et le commerce**) *French national organization managing unemployment benefit schemes*

**UNEF** [ynɛf] nf (abrév de **Union nationale des étudiants de France**) *French national students' union*

**une-pièce** [ynpjɛs] nm ♦ **(maillot de bain) une-pièce** one-piece swimsuit

**UNESCO** [ynɛsko] nf (abrév de **United Nations Educational, Scientific and Cultural Organization**) UNESCO

**Unetelle** [yntɛl] nf → **Untel**

**unguéal, e,** mpl **-aux** [ɔ̃gɥeal, o] adj ungual

**uni, e** [yni] [→ SYN] (ptp de **unir**) adj **a** (= sans ornements) tissu, jupe plain, self-coloured (Brit); couleur plain, solid (US) ♦ **tissu de couleur unie** plain ou self-coloured (Brit) fabric ♦ **l'imprimé et l'uni** printed and plain ou self-coloured (Brit) fabrics ou material, prints and solids (US)

**b** (= soudé) couple, amis close; famille close (-knit) ♦ **ils sont unis comme les deux doigts de la main, ils sont très unis** they're very close ♦ **ils forment un couple très uni** they're a very close couple ♦ **unis par les liens du mariage** (frm) joined in marriage, married ♦ **présenter un front uni contre l'adversaire** to present a united front to the enemy ♦ **nous devons rester unis** we must stay ou stand united

**c** (= uniforme, lisse) surface smooth, even; mer calm, unruffled ♦ **une vie unie et sans nuages** (littér) a serene, untroubled life

**uniate** [ynjat] adj, nmf Uniat(e)

**uniaxe** [yniaks] adj uniaxial

**UNICEF** [ynisɛf] nf ou rare nm (abrév de **United Nations Children's Fund**) (anciennt) (abrév de **United Nations International Children's Emergency Fund**) UNICEF

**unicellulaire** [yniselylɛʀ] adj unicellular

**unicité** [ynisite] [→ SYN] nf uniqueness, unicity (SPÉC)

**unicolore** [ynikɔlɔʀ] adj plain, self-coloured (Brit)

**unicorne** [ynikɔʀn] [1] adj unicornous

[2] nm unicorn

**unidimensionnel, -elle** [ynidimɑ̃sjɔnɛl] adj one-dimensional, unidimensional

**unidirectionnel, -elle** [ynidiʀɛksjɔnɛl] adj unidirectional

**unidose** [ynidoz] [1] adj single-dose (épith)

[2] nf single dose

**unième** [ynjɛm] adj ♦ **vingt/trente et unième** twenty-/thirty-first

**unièmement** [ynjɛmmɑ̃] adv ♦ **vingt/trente et unièmement** in the twenty-/thirty-first place

**unificateur, -trice** [ynifikatœʀ, tʀis] adj unifying

**unification** [ynifikasjɔ̃] [→ SYN] nf [pays, système, parti] unification ♦ **unification européenne** European unification ♦ **l'unification allemande** ou **de l'Allemagne** the unification of Germany ♦ **l'unification monétaire** monetary union

**unifier** [ynifje] [→ SYN] ► conjug 7 ◄ vt **a** [+ pays, systèmes] to unify; [+ parti] to unify, unite ♦ **l'Allemagne unifiée** united ou unified Germany ♦ **des pays qui s'unifient lentement** countries that are slowly becoming unified

**b** [+ procédures, tarifs] to standardize

**unifilaire** [ynifilɛʀ] adj unifilar

**uniflore** [ynifIɔʀ] adj single-flowered (épith), uniflorous (SPÉC)

**unifolié, e** [ynifɔlje] adj unifoliate

**uniforme** [ynifɔʀm] [→ SYN] [1] adj vitesse, mouvement regular, uniform; terrain, surface even; style, couleur, ciel, paysage uniform; vie, conduite unchanging, uniform

[2] nm uniform ♦ **être en uniforme** to be in uniform; [étudiant] to be wearing one's uniform ♦ **policier en uniforme** uniformed police officer ♦ **en grand uniforme** in dress

uniform, in full regalia ◆ **endosser/quitter l'uniforme** to join/leave the forces ◆ **servir sous l'uniforme** to be in the army ◆ **il y avait beaucoup d'uniformes à ce dîner** there were a great many officers at the dinner ◆ **uniforme scolaire** school uniform

**uniformément** [ynifɔʀmemɑ̃] **adv** uniformly, regularly ◆ **le temps s'écoule uniformément** time goes steadily by ◆ **répartissez le caramel uniformément dans le moule** spread the caramel evenly around the mould ◆ **appliquer uniformément la crème** apply the cream evenly ◆ **un ciel uniformément bleu/gris** a uniformly blue/grey sky ◆ **vitesse uniformément accélérée** (Phys) uniform change of speed

**uniformisation** [ynifɔʀmizasjɔ̃] **nf** standardization

**uniformiser** [ynifɔʀmize] ▸ conjug 1 ◂ **vt** [+ mœurs, tarifs] to standardize; [+ teinte] to make uniform

**uniformité** [ynifɔʀmite] → SYN **nf** [vitesse, mouvement] regularity, uniformity, steadiness; [terrain, surface] evenness; [style, vie, conduite, ciel, paysage] uniformity

**unijambiste** [yniʒɑ̃bist] **1** **adj** one-legged
**2** **nmf** one-legged man (ou woman)

**unilatéral, e,** mpl **-aux** [ynilateʀal, o] → SYN **adj** (gén, Bot, Jur) unilateral; → **stationnement**

**unilatéralement** [ynilateʀalmɑ̃] **adv** unilaterally

**unilingue** [ynilɛ̃g] **adj** unilingual

**unilobé, e** [ynilɔbe] **adj** unilobar

**uniloculaire** [ynilɔkylɛʀ] **adj** unilocular

**uniment** [ynimɑ̃] → SYN **adv** (littér = uniformément) smoothly ◆ **(tout) uniment** † (= simplement) (quite) plainly

**uninominal, e,** mpl **-aux** [yninɔminal, o] **adj** ◆ **scrutin uninominal** voting for a single member (attrib)

**union** [ynjɔ̃] → SYN **1** **nf** **a** (= alliance) [États, partis, fortunes] union ◆ **en union avec** in union with ◆ (Prov) **l'union fait la force** united we stand, divided we fall, strength through unity
**b** (= mariage) union ◆ **deux enfants sont nés de cette union** two children were born of this union
**c** (= juxtaposition) [éléments, couleurs] combination, blending; → **trait**
**d** (= groupe) association, union ◆ **l'Union sportive de Strasbourg** the Strasbourg sports club
**2** COMP ▷ **union charnelle** union of the flesh ▷ **union conjugale** marital union ▷ **union de consommateurs** consumers' association ▷ **union douanière** customs union ▷ **Union économique et monétaire** Economic and Monetary Union ▷ **Union européenne** European Union ▷ **Union de l'Europe occidentale** Western European Union ▷ **l'union libre** cohabitation ▷ **union monogame** (Zool) pair-bonding ▷ **union mystique** (Rel) mystic union ▷ **Union des républiques socialistes soviétiques** Union of Soviet Socialist Republics ▷ **union sacrée** (Hist) union sacrée *(united front presented by the French against the enemy in 1914)* ◆ **l'union sacrée des syndicats contre la nouvelle loi** (fig) the trade unions' united front against the new law ▷ **l'Union soviétique** the Soviet Union ▷ **Union sportive** sports club ou association

**unionisme** [ynjɔnism] **nm** (gén) unionism; (Hist) Unionism

**unioniste** [ynjɔnist] **adj, nmf** (gén) unionist; (Hist) Unionist

**uniovulé, e** [ynjɔvyle] **adj** uniovular

**unipare** [ynipaʀ] **adj** uniparous

**unipersonnel, -elle** [ynipɛʀsɔnɛl] **1** **adj** (Ling) impersonal
**2** **nm** (= verbe) impersonal verb

**unipolaire** [ynipɔlɛʀ] **adj** unipolar

**unique** [ynik] GRAMMAIRE ACTIVE 5.2 → SYN **adj** **a** (= seul) only ◆ **mon unique souci/espoir** my only ou sole (frm) ou one concern/hope ◆ **fils/fille unique** only son/daughter ◆ **c'est un fils/une fille unique** he's/she's an only child ◆ **système à parti unique** (Pol) one-party system ◆ **le candidat unique du parti** the party's sole candidate ◆ **ce n'est pas un cas unique** this is not an isolated case ◆ **croire en un Dieu unique** to believe in one God ◆ **unique en France/en Europe** unique ou the only one of its kind in France/in Europe ◆ **l'argent est son unique sujet de préoccupation** money is the only thing he cares about ◆ **deux aspects d'un même et unique problème** two aspects of one and the same problem ◆ **rayon à prix unique** department where all items are at one price ◆ **"places : prix unique 10 €"** (dans un cinéma) "all seats €10"; → **monnaie, salaire, sens, seul**
**b** (après nom = exceptionnel) livre, talent unique ◆ **il est/c'est unique en son genre** he's/it's one of a kind ◆ **c'est un livre/une expérience unique en son genre** it's a truly ou an absolutely unique book/experience ◆ **il se croit unique** he thinks he's unique ◆ **unique au monde** quite unique ◆ **un paysage unique au monde** a landscape that is quite unique ◆ **c'est une pièce unique** (Art) it's unique
**c** ( * = impayable) priceless * ◆ **il est unique ce gars-là !** that guy's priceless! *

**uniquement** [ynikmɑ̃] → SYN **adv** **a** (= exclusivement) only, solely, exclusively ◆ **tu ne fais que du secrétariat ? – pas uniquement** do you only have secretarial duties? – not exclusively ◆ **il était venu uniquement pour me voir** he had come just to see me, he had come for the sole purpose of seeing me ◆ **il pense uniquement à l'argent** he only ever thinks of money, he thinks only of money, money is all he ever thinks about
**b** (= simplement) only, merely, just ◆ **c'était uniquement par curiosité** it was only ou just ou merely out of curiosity

**unir** [yniʀ] → SYN ▸ conjug 2 ◂ **1** **vt** **a** (= associer) [+ États, partis, fortunes] to unite (*à* with) ◆ **unir ses forces** to join forces ◆ **le sentiment commun qui les unit** the shared feeling which unites them
**b** (= marier) **unir (en mariage)** to marry ◆ **le prêtre qui les a unis** the priest who married them ◆ **ce que Dieu a uni** (Rel) whom God has joined together ◆ **ils ont voulu unir leurs destinées** they wanted to get married
**c** (= juxtaposer, combiner) [+ couleurs, qualités] to combine (*à* with) ◆ **il unit l'intelligence au courage** he combines intelligence with courage
**d** (= relier) [+ continents, villes] to link, join up
**2** **s'unir** **vpr** **a** (= s'associer) [pays, partis, fortunes] to unite (*à*, *avec* with) ◆ **s'unir contre un ennemi commun** to unite against a common enemy
**b** (= se marier) to get married ◆ **des jeunes gens qui vont s'unir** a young couple who are going to be married
**c** (= s'accoupler) **s'unir dans une étreinte fougueuse** to come together in a passionate embrace
**d** (= se combiner) [mots, formes, couleurs, qualités] to combine (*à*, *avec* with)

**unisexe** [ynisɛks] **adj inv** unisex

**unisexué, e** [ynisɛksɥe] **adj** (Bio, Bot) unisexual

**unisson** [ynisɔ̃] → SYN **nm** (Mus) unison ◆ **à l'unisson** chanter in unison ◆ **répondre à l'unisson** to answer as one ◆ **ils ont dit à l'unisson que ...** they all said that ... ◆ **les deux présidents sont à l'unisson sur ce problème** the two presidents are of one mind about this problem ◆ **l'Espagne s'est mise à l'unisson de ses partenaires européens** Spain has come into line with its European partners

**unitaire** [ynitɛʀ] **1** **adj** (Comm, Math, Phys) unitary, unit (épith); (Pol) unitarian; (Rel) Unitarian ◆ **prix unitaire** unit price
**2** **nmf** (Rel) Unitarian

**unitarien, -ienne** [ynitaʀjɛ̃, jɛn] **adj, nm,f** (Pol) unitarian; (Rel) Unitarian

**unitarisme** [ynitaʀism] **nm** (Pol) unitarianism; (Rel) Unitarianism

**unité** [ynite] → SYN **nf** **a** (= cohésion) unity ◆ **l'unité nationale** national unity ◆ **unité de vues** unity ou unanimity of views ◆ **l'unité d'action des syndicats** the united action of the unions ◆ **réaliser l'unité européenne** to build a united Europe ◆ **les trois unités** (Littérat) the three unities ◆ **unité de lieu/de temps/d'action** unity of place/of time/of action ◆ **roman qui manque d'unité** novel lacking in unity ou cohesion
**b** (gén, Comm, Math = élément) unit ◆ **unité de mesure/de poids** unit of measure/of weight ◆ **unité administrative** administrative unit ◆ **unité monétaire** monetary unit ◆ **unité monétaire européenne** European monetary ou currency unit ◆ **unité de compte** unit of account ◆ **unité de compte européenne** European Unit of Account ◆ **unité lexicale** lexical item ◆ **la colonne des unités** the units column ◆ **antibiotique à 100 000 unités** antibiotic with 100,000 units ◆ **prix de vente à l'unité** unit selling price, selling price per item ◆ **nous ne les vendons pas à l'unité** we don't sell them singly ou individually
**c** (= troupe) unit; (= bateau) ship ◆ **rejoindre son unité** (Mil) to go back to ou rejoin one's unit ◆ **unité mobile de police** mobile police unit ◆ **unité de combat** combat ou fighting unit ◆ **unité d'élite** crack unit
**d** (= établissement, service) unit ◆ **unité de production/fabrication** production/manufacturing unit ◆ **unité de soins palliatifs** (Méd) care unit for the terminally ill
**e** (Univ) **unité de formation et de recherche, unité d'enseignement et de recherche** † university department ◆ **unité d'enseignement, unité de valeur** † ≃ credit, ≃ course
**f** (Ordin) **unité arithmétique et logique** arithmetic logic unit ◆ **unité centrale** mainframe, central processing unit ◆ **unité de commande** control unit ◆ **unité de (lecteur de) disquettes** disk drive unit ◆ **unité périphérique de sortie** output device
**g** ( * = dix mille francs) ten thousand francs ◆ **32 unités** 320,000 francs

**unitif, -ive** [ynitif, iv] → SYN **adj** (Rel) unitive

**univalent, e** [ynivalɑ̃, ɑ̃t] → SYN **adj** univalent, monovalent

**univalve** [ynivalv] **adj** univalve (épith)

**univers** [ynivɛʀ] → SYN **nm** (gén) universe; (= milieu, domaine) world ◆ **dans tout l'univers** throughout the world ◆ **son univers se borne à son travail** his work is his whole world ◆ **l'univers du discours** (Ling) the universe of discourse ◆ **l'univers mathématique** the world of mathematics ◆ **univers virtuel** virtual world, world of virtual reality ◆ **l'univers impitoyable de la mode** the cut-throat world of fashion; → **face**

**universalisation** [ynivɛʀsalizasjɔ̃] → SYN **nf** universalization

**universaliser** [ynivɛʀsalize] → SYN ▸ conjug 1 ◂ **vt** to universalize

**universalisme** [ynivɛʀsalism] → SYN **nm** (Rel) Universalism; (Philos) universalism

**universaliste** [ynivɛʀsalist] → SYN **adj, nmf** (Rel) Universalist; (Philos) universalist

**universalité** [ynivɛʀsalite] → SYN **nf** universality

**universaux** [ynivɛʀso] **nmpl** ◆ **les universaux (du langage)** (language) universals ◆ **les universaux** (Philos) the universals

**universel, -elle** [ynivɛʀsɛl] → SYN **adj** **a** (gén) universal ◆ **esprit universel** polymath ◆ **c'est un homme universel** he's a polymath, he's a man of vast knowledge ◆ **produit de réputation universelle** world-famous product, product which is universally renowned ◆ **il a une réputation universelle d'honnêteté** he is well-known for his honesty, his honesty is universally recognized; → **exposition, légataire, suffrage**
**b** (= aux applications multiples) outil, appareil universal, all-purpose (épith); → **pince, remède**

**universellement** [ynivɛʀsɛlmɑ̃] **adv** universally ◆ **des valeurs universellement partagées** universally shared values ◆ **un auteur universellement connu** an author known throughout the world ◆ **il est universellement reconnu comme le plus grand paysagiste français** he is universally recognized as the greatest French landscape artist

**universitaire** [ynivɛʀsitɛʀ] → SYN **1** **adj** vie étudiante, restaurant university (épith); études, milieux, carrière, diplôme university (épith), academic; → **année, centre, cité**
**2** **nmf** academic

**université** [ynivɛʀsite] → SYN **nf** university ◆ **entrer à l'université** to start university ◆ **entrée à l'université** university entrance ◆ **depuis son entrée à l'université** since he started university ◆ **université du troisième**

**âge** university of the third age, u3a, post-retirement ou senior citizens' university ◆ **université d'été** (Univ) summer school; (Pol = rencontre) party conference; (= session de formation) *summer school organized by a political party for young or potential members*

**univitellin, e** [ynivitelɛ̃, in] → SYN adj ◆ **jumeaux univitellins** identical ou monozygotic (SPÉC) twins

**univocité** [ynivɔsite] nf (Math, Philos) univocity

**univoque** [ynivɔk] → SYN adj mot univocal; relation one-to-one

**Untel, Unetelle** [œ̃tɛl, yntɛl] nm so-and-so ◆ **Monsieur Untel** Mr so-and-so

**upas** [ypa(s)] nm upas, antiar

**upérisation** [ypeʀizasjɔ̃] → SYN nf ultra heat treatment

**upériser** [ypeʀize] ▸ conjug 1 ◂ vt to sterilize at ultrahigh temperature ◆ **upérisé** ultra heat treated ◆ **lait upérisé** UHT milk

**UPF** [ypeɛf] nf (abrév de **Union pour la France**) *French political party*

**uppercut** [ypɛʀkyt] nm uppercut

**upsilon** [ypsilɔn] nm upsilon

**uracile** [yʀasil] nm uracil

**uraète** [yʀaɛt] → SYN nm wedge-tailed eagle

**uræus** [yʀeys] nm uraeus

**uranate** [yʀanat] nm uranate

**urane** [yʀan] nm uranium oxide

**uranie** [yʀani] nf (Zool) uranid

**uranifère** [yʀanifɛʀ] adj uranium-bearing

**uraninite** [yʀaninit] → SYN nf uraninite

**uranique** [yʀanik] adj uranic, uranous

**uranisme** [yʀanism] nm uranism

**uranium** [yʀanjɔm] nm uranium ◆ **uranium enrichi** enriched uranium

**uranoscope** [yʀanɔskɔp] nm (Zool) stargazer

**Uranus** [yʀanys] [1] nm (Myth) Uranus
[2] nf (Astron) Uranus

**uranyle** [yʀanil] nm uranyl

**urate** [yʀat] nm urate

**urbain, e** [yʀbɛ̃, ɛn] → SYN adj **a** (= de la ville) (gén) urban; transports city (épith), urban
**b** (littér = poli) urbane

**urbanisation** [yʀbanizasjɔ̃] nf urbanization

**urbaniser** [yʀbanize] ▸ conjug 1 ◂ vt to urbanize ◆ **région fortement urbanisée** heavily built-up ou highly urbanized area ◆ **la campagne environnante s'urbanise rapidement** the surrounding countryside is quickly becoming urbanized ou is becoming rapidly built up; → **zone**

**urbanisme** [yʀbanism] → SYN nm town planning

**urbaniste** [yʀbanist] → SYN [1] nmf town planner
[2] adj ⇒ **urbanistique**

**urbanistique** [yʀbanistik] adj réglementation, impératifs town-planning (épith), urbanistic ◆ **nouvelles conceptions urbanistiques** new concepts in town planning

**urbanité** [yʀbanite] → SYN nf (= politesse) urbanity

**urbi et orbi** [yʀbiɛtɔʀbi] → SYN loc adv (Rel) urbi et orbi ◆ **proclamer qch urbi et orbi** (fig) to proclaim sth from the rooftops

**urdu** [uʀdu] adj ⇒ **ourdou**

**urédinales** [yʀedinal] nfpl ◆ **les urédinales** rust fungi, the Uredinales (SPÉC)

**urédospore** [yʀedɔspɔʀ] nf uredospore

**urée** [yʀe] nf urea

**uréide** [yʀeid] nm ureide

**urémie** [yʀemi] nf uraemia (Brit), uremia (US) ◆ **faire de l'urémie** to get uraemia (Brit) ou uremia (US)

**urémique** [yʀemik] adj uraemic (Brit), uremic (US)

**urétéral, e,** mpl **-aux** [yʀeteʀal, o] adj ureteral, ureteric

**uretère** [yʀ(ə)tɛʀ] nm ureter

**urétérite** [yʀeteʀit] nf ureteritis

**uréthan(n)e** [yʀetan] nm urethane, ethyl carbamate

**urétral, e,** mpl **-aux** [yʀetʀal, o] adj urethral

**urètre** [yʀɛtʀ] nm urethra

**urétrite** [yʀetʀit] nf urethritis

**urgence** [yʀʒɑ̃s] → SYN nf **a** [décision, départ, situation] urgency ◆ **il y a urgence** it's urgent, it's a matter of (great) urgency ◆ **y a-t-il urgence à ce que nous fassions ... ?** is it urgent for us to do ...? ◆ **il n'y a pas (d')urgence** there's no rush, it's not urgent ◆ **c'est une urgence absolue** it's a matter of the utmost urgency ◆ **il faut le faire de toute urgence** it's very ou extremely urgent ◆ **faire qch dans l'urgence** (= très vite) to do sth in a rush; (= dans un état d'urgente nécessité) to do sth urgently ou as a matter of urgency ◆ **affaire à traiter en première urgence** question to be dealt with as a matter of the utmost urgency ou as (a) top priority

◆ **d'urgence** mesures, situation, aide emergency (épith) ◆ **procédure d'urgence** emergency procedure ◆ **déclencher la procédure d'extrême urgence** (Pol) to invoke emergency powers ◆ **transporté d'urgence à l'hôpital** rushed to hospital (Brit), rushed to the hospital (US) ◆ **être opéré d'urgence** to have an emergency operation ◆ **on l'a appelé d'urgence** he was asked to come immediately ◆ **à envoyer d'urgence** to be sent immediately, for immediate dispatch ◆ **convoquer d'urgence les actionnaires** to call an emergency meeting of the shareholders ◆ **faire qch d'urgence** to do sth urgently

**b** (= cas urgent) emergency ◆ **service/salle des urgences** emergency department/ward, casualty department/ward (Brit)

**urgent, e** [yʀʒɑ̃, ɑ̃t] → SYN adj besoin, problème urgent, pressing; mesure, réunion emergency (épith); appel, réforme urgent ◆ **c'est urgent** it's urgent ◆ **rien d'urgent** nothing urgent ◆ **l'urgent est de ...** the most urgent thing is to ... ◆ **il est urgent de réparer le toit** the roof is in urgent need of repair ou needs repairing urgently ◆ **il est urgent qu'une décision soit prise** a decision must be taken urgently ou as a matter of urgency ◆ **on a décidé qu'il était urgent d'attendre** (hum) they decided it was better to wait ◆ **avoir un besoin urgent de capitaux** to need capital urgently, be in urgent need of capital ◆ **de façon urgente** urgently

**urgentissime** [yʀʒɑ̃tisim] adj very urgent ◆ **ce n'est pas urgentissime** it's not desperately urgent

**urgentiste** [yʀʒɑ̃tist] nmf (accident and) emergency physician

**urger** * [yʀʒe] ▸ conjug 3 ◂ vi ◆ **ça urge !** it's urgent! ◆ **je dois lui téléphoner mais ça urge pas** ou **il n'y a rien qui urge** I've got to phone him but there's no rush ou it's not urgent

**uricémie** [yʀisemi] nf uricaemia (Brit), uricemia (US)

**urinaire** [yʀinɛʀ] adj urinary

**urinal, pl -aux** [yʀinal, o] → SYN nm (bed) urinal

**urine** [yʀin] → SYN nf urine (NonC) ◆ **sucre dans les urines** sugar in the urine

**uriner** [yʀine] → SYN ▸ conjug 1 ◂ vi to urinate, pass ou make water (SPÉC)

**urineux, -euse** [yʀinø, øz] adj urinous

**urinifère** [yʀinifɛʀ] adj uriniferous

**urinoir** [yʀinwaʀ] → SYN n (public) urinal

**urique** [yʀik] adj uric

**URL** [yɛʀɛl] nf (abrév de **Universal Resource Locator**) URL

**urne** [yʀn] → SYN nf **a** (Pol) **urne (électorale)** ballot box ◆ **aller** ou **se rendre aux urnes** to vote, go to the polls ◆ **le verdict des urnes** the result of the polls
**b** (= vase) urn ◆ **urne funéraire** funeral urn

**urobiline** [yʀɔbilin] nf urobilin

**urobilinurie** [yʀɔbilinyʀi] nf urobilinuria

**urodèles** [yʀɔdɛl] nmpl ◆ **les urodèles** urodeles, the Urodela (SPÉC)

**urogénital, e,** mpl **-aux** [yʀoʒenital, o] adj urogenital

**urographie** [yʀɔgʀafi] nf intravenous pyelogram

**urolagnie** [yʀɔlagni] nf urolagnia

**urologie** [yʀɔlɔʒi] nf urology

**urologue** [yʀɔlɔg] nmf urologist

**uromètre** [yʀɔmɛtʀ] nm urinometer

**uropode** [yʀɔpɔd] nm uropod

**uropygial, e,** mpl **-aux** [yʀɔpiʒjal, jo] adj uropygial

**uropygien, -ienne** [yʀɔpiʒjɛ̃, jɛn] adj ◆ **glande uropygienne** uropygial gland

**ursidés** [yʀside] nmpl ursids

**URSS** [yʀs] nf (Hist) (abrév de **Union des républiques socialistes soviétiques**) USSR

**URSSAF** [yʀsaf] nf (abrév de **Union pour le recouvrement des cotisations de la Sécurité sociale et des allocations familiales**) *social security contribution collection agency*

**ursuline** [yʀsylin] nf Ursuline

**urticaire** [yʀtikɛʀ] → SYN nf nettle rash, hives, urticaria (SPÉC) ◆ **faire** ou **avoir des crises d'urticaire** to suffer from nettle rash ◆ **donner de l'urticaire à qn** (lit) to bring sb out in a rash; (* fig) to make sb's skin crawl

**urticant, e** [yʀtikɑ̃, ɑ̃t] → SYN adj urticant

**urtication** [yʀtikasjɔ̃] → SYN nf urtication

**urubu** [yʀyby] → SYN nm buzzard

**Uruguay** [yʀygwɛ] nm (= pays) Uruguay; (= fleuve) Uruguay river

**uruguayen, -enne** [yʀygwajɛ̃, ɛn] [1] adj Uruguayan
[2] **Uruguayen(ne)** nm,f Uruguayan

**US** [yɛs] nf (abrév de **Union sportive**) → **union**

**US(A)** [yɛs(a)] nmpl (abrév de **United States (of America)**) US(A)

**us** †† [ys] nmpl ◆ **us (et coutumes)** customs

**usage** [yzaʒ] → SYN nm **a** (= utilisation) use ◆ **apprendre l'usage de la boussole** to learn how to use a compass ◆ **elle fait un usage immodéré de parfum** she uses (far) too much ou an excessive amount of perfume ◆ **abîmé par l'usage** damaged through constant use ◆ **elle nous laisse l'usage de son jardin** she lets us use her garden, she gives us ou allows us the use of her garden ◆ **l'usage de stupéfiants** drug use ou abuse ◆ **dépénaliser l'usage des drogues douces** to decriminalize (the use of) soft drugs; → **faux**[2]

**b** (= exercice, pratique) [membre, langue] use; [faculté] use, power ◆ **perdre l'usage de ses yeux/membres** to lose the use of one's eyes/limbs ◆ **perdre l'usage de la parole** to lose the power of speech

**c** (= fonction, application) [instrument] use ◆ **outil à usages multiples** multi-purpose tool ◆ **document à usage interne** document for internal use only ◆ **à usage externe** (Méd) for external use (only) ◆ **à usage unique** matériel stérile, seringues single-use ◆ **servir à divers usages** to have several uses, serve several purposes ◆ **moquette/pile à usage intensif** heavy-duty carpeting/battery; → **valeur**

**d** (= coutume, habitude) custom ◆ **un usage qui se perd** a vanishing custom, a custom which is dying out ◆ **c'est l'usage** it's the done thing, it's the custom ◆ **ce n'est pas l'usage (de)** it's not done (to), it's not the custom (to) ◆ **entrer dans l'usage (courant)** [objet, mot] to come into common ou current use; [mœurs] to become common practice ◆ **contraire aux usages** contrary to common practice ou to custom ◆ **il n'est pas dans les usages de la compagnie de faire cela** the company is not in the habit of doing that, it is not the usual policy of the company to do that, it is not customary for the company to do that ◆ **il était d'usage** ou **c'était un usage de** it was customary ou a custom ou usual to ◆ **formule d'usage** set formula ◆ **après les compliments/recommandations d'usage** after the usual ou customary compliments/recommendations

**e** (Ling) **l'usage** usage ◆ **expression consacrée par l'usage** expression fixed by usage ◆ **l'usage écrit/oral** written/spoken usage ◆ **l'usage décide** (common) usage decides; → **bon**[1]

**f** (littér = politesse) **avoir de l'usage** to have breeding ◆ **manquer d'usage** to lack breeding, be lacking in the social graces ◆ **il n'a pas l'usage du monde** he lacks savoir-faire ou the social graces

**g** (LOC) **à son usage personnel, pour son propre usage** for his personal use

♦ **avoir l'usage de qch** (= droit d'utiliser) to have the use of sth ♦ **en aurez-vous l'usage ?** (= occasion d'utiliser) will you have any use for it?

♦ **faire usage de** [+ pouvoir, droit] to exercise; [+ permission, avantage, objet, thème] to make use of; [+ violence, force, procédé] to use, employ; [+ expression] to use ♦ **faire usage de son arme** to use one's gun ♦ **faire (un) bon/mauvais usage de qch** to put sth to good/bad use, make good/bad use of sth

♦ **faire de l'usage** ♦ **ces souliers ont fait de l'usage** these shoes have lasted a long time, I've (ou we've etc ) had good use out of these shoes

♦ **à l'usage** ♦ **vous verrez à l'usage comme c'est utile** you'll see when you use it how useful it is ♦ **ça s'assouplira à l'usage** it will soften with use ♦ **son français s'améliorera à l'usage** his French will improve with practice

♦ **à l'usage de** for use of, for ♦ **notice à l'usage de** notice for (the attention of) ♦ **à l'usage des écoles** émission for schools; manuel for use in schools

♦ **en usage** dispositif, mot in use

♦ **hors d'usage** éclairage, installation out of service; véhicule, machine à laver broken down ♦ **mettre hors d'usage** to put out of action

**usagé, e** [yzaʒe] [→ SYN] **adj** (= qui a beaucoup servi) pneu, habits worn, old; (= d'occasion) used, secondhand; (qui ne peut plus être utilisé) seringue, préservatif, ticket, pile used ♦ **quelques ustensiles usagés** some old utensils ♦ **huiles usagées** waste oil

**usager, -ère** [yzaʒe, ɛʀ] [→ SYN] **nm,f** user ♦ **usager des transports en commun/du téléphone** public transport/telephone user ♦ **usager de la route** road user ♦ **usager de drogue** drug user ♦ **les usagers de la langue française** French (language) speakers

**usant, e** * [yzɑ̃, ɑ̃t] **adj** (= fatigant) travail exhausting, wearing; personne tiresome, wearing ♦ **il est usant avec ses discours** he wears ou tires you out with his talking

**usé, e** [yze] (ptp de **user**) **adj** **a** (= détérioré) objet worn; vêtement, tapis worn, worn-out; (Nucl Phys) combustibles spent; (fig) personne (= épuisé) worn-out; (par le stress) burnt-out ♦ **un parti/homme politique usé par le pouvoir** a party/politician jaded by too many years in power ♦ **usé jusqu'à la corde** threadbare; → **eau**

**b** (= banal) thème, expression hackneyed, well-worn; plaisanterie well-worn

**user** [yze] [→ SYN] ▸ conjug 1 ◂ **1** **vt** **a** (= détériorer) [+ outil, roches] to wear away; [+ vêtements] to wear out ♦ **user un manteau jusqu'à la corde** to wear out a coat, wear a coat threadbare ♦ **ils ont usé leurs fonds de culottes sur les mêmes bancs** (hum) they were at school together

**b** (fig = épuiser) [+ personne, forces] to wear out; [+ nerfs] to wear down; [+ influence] to weaken, sap ♦ **la maladie l'avait usé** illness had worn him out

**c** (= consommer) [+ essence, charbon] to use, burn; [+ papier, huile, eau] to use ♦ **il use deux paires de chaussures par mois** he gets through two pairs of shoes (in) a month

**2** **vi** (littér) ♦ **en user mal/bien avec** ou **à l'égard de qn** (= se comporter) to treat ou use (littér) sb badly/well

**3** **user de** **vt indir** (= utiliser) [+ pouvoir, patience, droit] to exercise; [+ charme, influence, liberté] to use; [+ autorité] to use, exercise; [+ permission, avantage] to make use of; [+ violence, force, procédé] to use, employ; [+ expression, mot] to use; (littér) [+ objet, thème] to make use of ♦ **ce journaliste a usé de moyens déloyaux pour obtenir cette information** this journalist used underhand means to get this information ♦ **usant de douceur** using gentle means ♦ **il en a usé et abusé** he has used and abused it ♦ **il faut en user avec parcimonie** it should be used sparingly

**4** **s'user** **vpr** [tissu, vêtement, semelle] to wear out; [sentiments, passion] to wear off ♦ **mon manteau s'use** my coat's showing signs of wear ♦ **elle s'use les yeux à trop lire** she's straining her eyes by reading too much ♦ **elle s'est usée au travail** she wore herself out with work ♦ **c'est ce que tout le monde s'use à lui dire** it's what everyone's been telling him all this time ou over and over again

**usinage** [yzinaʒ] [→ SYN] **nm** (= façonnage) machining; (= fabrication) manufacturing

**usine** [yzin] [→ SYN] **1** **nf** factory ♦ **un copain de l'usine** ou **d'usine** a friend from the works ou factory ♦ **travail en usine** factory work ♦ **ce bureau est une vraie usine !** * (fig) this office is a hive of activity! ♦ **l'usine à rêves hollywoodienne** (fig) the Hollywood dream factory ♦ **ce pays est une véritable usine à champions** * this country churns out one champion after the other; → **cheminée, travailler**

**2** **COMP** ▷ **usine d'armement** arms ou armaments factory ▷ **usine d'assemblage** assembly plant ▷ **usine atomique** atomic energy ou power station, atomic plant ▷ **usine automatisée** automated factory ▷ **usine d'automobiles** car factory ou plant ▷ **usine de fabrication** manufacturing plant ▷ **usine à gaz** (lit) gasworks; (fig) huge labyrinthine system ▷ **usine d'incinération (d'ordures ménagères)** (household waste) incineration plant ▷ **usine métallurgique** ironworks ▷ **usine de montage** assembly plant ▷ **usine de pâte à papier** paper mill ▷ **usine de production** production plant ▷ **usine de raffinage** refinery ▷ **usine de retraitement (des déchets nucléaires)** (nuclear waste) reprocessing plant ▷ **usine sidérurgique** steelworks, steel mill ▷ **usine textile** textile plant ou factory, mill ▷ **usine de traitement des ordures** sewage works ou farm ou plant

**usiner** [yzine] [→ SYN] ▸ conjug 1 ◂ **1** **vt** (= façonner) to machine; (= fabriquer) to manufacture

**2** **vi** * ♦ **ça usine dans le coin !** (= travaille dur) they're hard at it round here! *

**usinier, -ière** † [yzinje, jɛʀ] **adj** vie, monde factory (épith); faubourg industrial ♦ **bâtiments usiniers** factories

**usité, e** [yzite] [→ SYN] **adj** in common use, common ♦ **un temps très/peu usité** a very commonly-used/a rarely-used tense ♦ **le moins usité** the least (commonly) used ♦ **ce mot n'est plus usité** this word is no longer used ou in use

**ustensile** [ystɑ̃sil] [→ SYN] **nm** (gén = outil, instrument) implement ♦ **ustensiles** * (= attirail) implements, tackle (NonC), gear (NonC) ♦ **ustensile (de cuisine)** (kitchen) utensil ♦ **ustensiles de ménage** household cleaning stuff ou things ♦ **ustensiles de jardinage** gardening tools ou implements ♦ **qu'est-ce que c'est que cet ustensile ?** * what's that gadget? ou contraption?

**ustilaginales** [ystilaʒinal] **nfpl** ♦ **les ustilaginales** smut fungi, the Ustilaginales (SPÉC)

**usucapion** [yzykapjɔ̃] [→ SYN] **nf** usucapion, acquisitive prescription

**usuel, -elle** [yzɥɛl] [→ SYN] **1** **adj** objet everyday (épith), ordinary; mot, expression, vocabulaire everyday (épith) ♦ **dénomination usuelle d'une plante** common name for ou of a plant ♦ **il est usuel de faire** it is usual to do, it is common practice to do

**2** **nm** (= livre) book on the open shelf ♦ **c'est un usuel** it's on the open shelves

**usuellement** [yzɥɛlmɑ̃] [→ SYN] **adv** ordinarily, commonly

**usufructuaire** [yzyfʀyktɥɛʀ] **adj** usufructuary

**usufruit** [yzyfʀɥi] [→ SYN] **nm** usufruct ♦ **avoir l'usufruit de qch** to hold sth in usufruct

**usufruitier, -ière** [yzyfʀɥitje, jɛʀ] [→ SYN] **adj, nm,f** usufructuary

**usuraire** [yzyʀɛʀ] [→ SYN] **adj** taux, prêt usurious

**usure[1]** [yzyʀ] [→ SYN] **nf** **a** (= processus) [vêtement] wear (and tear); [objet] wear; [terrain, roche] wearing away; [forces, énergie] wearing out; (Ling) [mot] weakening ♦ **usure normale** fair wear and tear ♦ **résiste à l'usure** wears well, hard-wearing ♦ **subir l'usure du temps** to be worn away by time ♦ **résister à l'usure du temps** to stand the test of time ♦ **c'est l'usure du pouvoir** (Pol) it's the wearing effect of being in power ♦ **usure de la monnaie** debasement of the currency ♦ **on l'aura à l'usure** * we'll wear him down in the end; → **guerre**

**b** (= état) [objet, vêtement] worn state

**usure[2]** [yzyʀ] [→ SYN] **nf** (= intérêt) usury ♦ **prêter à usure** to lend at usurious rates of interest ♦ **je te le rendrai avec usure** (fig littér) I will pay you back (with interest), I will get my own back (on you) with interest (Brit)

**usurier, -ière** [yzyʀje, jɛʀ] [→ SYN] **nm,f** usurer

**usurpateur, -trice** [yzyʀpatœʀ, tʀis] **1** **adj** tendance, pouvoir usurping (épith)

**2** **nm,f** usurper

**usurpation** [yzyʀpasjɔ̃] [→ SYN] **nf** [pouvoir, honneur, titre, nom] usurpation; (littér = empiètement) encroachment

**usurpatoire** [yzyʀpatwaʀ] [→ SYN] **adj** usurpatory

**usurper** [yzyʀpe] [→ SYN] ▸ conjug 1 ◂ **1** **vt** [+ pouvoir, honneur, titre, nom, réputation] to usurp ♦ **il a usurpé le titre de docteur en médecine** he wrongfully took ou assumed the title of Doctor of Medicine ♦ **sa réputation n'est pas usurpée** he well deserves his reputation

**2** **vi** (littér) ♦ **usurper sur** (= empiéter) to encroach (up)on

**ut** [yt] **nm** (Mus) C; → **clé**

**Utah** [yta] **nm** Utah

**utérin, e** [yteʀɛ̃, in] [→ SYN] **adj** (Anat, Jur) uterine

**utérus** [yteʀys] [→ SYN] **nm** womb, uterus *(SPÉC)* ♦ **location** ou **prêt d'utérus** womb-leasing; → **col**

**utile** [ytil] [→ SYN] **1** **adj** **a** objet, appareil, action useful; aide, conseil useful, helpful (*à qn* to ou for sb) ♦ **livre utile à lire** useful book to read ♦ **"adresses utiles"** "useful addresses" ♦ **cela vous sera certainement utile** that'll certainly be of use to you ♦ **veux-tu que je lui en parle ? – ce ne sera pas utile** do you want me to speak to him about it? – that won't be necessary ♦ **ça peut toujours être utile** it could always come in handy ♦ **ton parapluie m'a été bien utile ce matin** your umbrella came in very handy (for me) this morning ♦ **est-il vraiment utile d'y aller** ou **que j'y aille ?** do I really need to go?, is there really any point in (my) going? ♦ **il est utile de rappeler que ...** it's worth remembering that ... ♦ **il n'a pas jugé utile de prévenir la police** he didn't think it was ou he didn't deem it necessary to tell the police, he didn't think it was worth telling the police ♦ **la vie utile d'un bien** (Écon) the productive life of an asset; → **charge, temps[1], voter**

**b** collaborateur, relation useful ♦ **il adore se rendre utile** he loves to make himself useful ♦ **puis-je vous être utile ?** can I be of help?, can I do anything for you?

**2** **nm** ♦ **l'utile** what is useful; → **joindre**

**utilement** [ytilmɑ̃] **adv** (= avec profit) profitably, usefully ♦ **conseiller utilement qn** to give sb useful advice ♦ **une bibliographie vient très utilement compléter l'article** there is a very helpful bibliography at the end of the article, the article is accompanied by a very useful bibliography ♦ **ces mesures ont utilement contribué au redressement du pays** these measures were effective in putting ou helped put the country back on its feet

**utilisable** [ytilizabl] [→ SYN] **adj** usable ♦ **est-ce encore utilisable ?** [cahier, vêtement] can it still be used?, is it still usable?; [appareil] is it still usable? ou working? ♦ **facilement utilisable** easy to use ♦ **ces listes incomplètes sont difficilement utilisables** it's hard to use these incomplete lists ♦ **une carte de crédit utilisable dans le monde entier** a credit card that can be used throughout the world

**utilisateur, -trice** [ytilizatœʀ, tʀis] [→ SYN] **nm,f** [appareil] user ♦ **utilisateur final** (Comm, Ordin) end user

**utilisation** [ytilizasjɔ̃] [→ SYN] **nf** (gén) use; (Culin) [restes] using (up) ♦ **notice d'utilisation** instructions for use

**utiliser** [ytilize] [→ SYN] ▸ conjug 1 ◂ **vt** **a** (= employer) (gén) to use; [+ appareil, système] to use, utilize; [+ force, moyen] to use, employ ♦ **produit facile à utiliser** user-friendly product, product that is easy to use ♦ **"à utiliser avant le ..."** (sur un emballage) "use by ..."

**b** (= tirer parti de) [+ personne] to use; [+ incident] to use, make use of; (Culin) [+ restes] to use (up) ♦ **savoir utiliser les compétences** to know how to make the most of ou make use of people's abilities ♦ **utiliser qch au mieux** to make the most of sth, use sth to its best advantage

**utilitaire** [ytilitɛʀ] [→ SYN] **1** **adj** utilitarian; → **véhicule**

**2** **nm** (Ordin) utility

**utilitarisme** [ytilitaʀism] **nm** utilitarianism

**utilitariste** [ytilitaʀist] adj, nmf (Philos) utilitarian

**utilité** [ytilite] → SYN nf (= caractère utile) usefulness; (= utilisation possible) use ◆ **je ne conteste pas l'utilité de cet appareil** I don't deny the usefulness of this apparatus ◆ **cet outil a son utilité** this tool has its uses ◆ **cet outil peut avoir son utilité** this tool might come in handy ou useful ◆ **d'une grande utilité** very useful, of great use ou usefulness ou help ◆ **ce livre ne m'est pas d'une grande utilité** this book isn't much use ou help ou a great deal of use ou help to me ◆ **de peu d'utilité** of little use ou help ◆ **d'aucune utilité** (of) no use ou help ◆ **sans utilité** useless ◆ **auras-tu l'utilité de cet objet ?** can you make use of this object?, will you have any use for this object? ◆ **de quelle utilité est-ce que cela peut (bien) vous être ?** what earthly use is it to you?, what on earth can you use it for? ◆ **reconnu** ou **déclaré d'utilité publique** (Jur) state-approved ◆ **jouer les utilités** (Théât) to play small ou bit parts; (fig) to play second fiddle

**utopie** [ytɔpi] → SYN nf **a** (= genre, ouvrage, idéal politique) utopia, Utopia

**b** (= idée, plan chimérique) utopian view (ou idea etc ) ◆ **utopies** utopianism, utopian views ou ideas ◆ **ceci est une véritable utopie** that's sheer utopianism ◆ **c'est de l'utopie !** it's just a pipedream!, it's all pie in the sky!

**utopique** [ytɔpik] → SYN adj utopian, Utopian; → **socialisme**

**utopisme** [ytɔpism] nm Utopianism

**utopiste** [ytɔpist] → SYN nmf utopian, Utopian

**Utrecht** [ytʀɛʃt] n Utrecht

**utriculaire** [ytʀikylɛʀ] nf bladderwort

**utricule** [ytʀikyl] nm utricle, utriculus

**UV** [yve] **1** nf (abrév de **unité de valeur**) († Univ) → **unité**

**2** nm (abrév de **ultraviolet**) ultraviolet ray ◆ **filtre UVA/UVB** UVA/UVB filter

**uval, e,** mpl **-aux** [yval, o] adj uval

**uva-ursi** [yvayʀsi] nm inv bearberry

**uvée** [yve] nf uvea

**uvéite** [yveit] nf uveitis

**uvulaire** [yvylɛʀ] adj uvular

**uvule** [yvyl] → SYN nf (= luette) uvula

**V[1], v[1]** [ve] nm (= lettre) V, v ◆ **en V** V-shaped ◆ **moteur en V** V-engine ◆ **encolure en V** V-neck ◆ **décolleté en V** V-neckline ◆ **le V de la victoire** the victory sign, the V for victory; → **vitesse**

**V[2] v[2]** (abrév de **voir, voyez**) V

**V[3]** (abrév de **volt**) V

**va** [va] → **aller**

**vacance** [vakɑ̃s] [→ SYN] [1] nf **a** (Admin) [poste] vacancy
**b** (Jur) **vacance de succession** abeyance of succession ◆ **vacance du pouvoir** power vacuum
[2] **vacances** nfpl **a** (gén) holiday(s) (Brit), vacation (US); (Univ) vacation ◆ **les grandes vacances, les vacances d'été** the summer holiday(s) (Brit) ou vacation (US); (Univ) the long vacation ◆ **les vacances scolaires/de Noël/d'hiver** the school/Christmas/winter holiday(s) (Brit) ou vacation (US) ◆ **vacances de** ou **à la neige** winter sports holiday(s) (Brit) ou vacation (US) ◆ **vacances actives** activity holiday(s) (Brit) ou vacation (US) ◆ **maison/lieu de vacances** holiday (Brit) ou (US) vacation home/spot ◆ **au moment de partir en vacances, nous ...** just as we were about to set off on (our) holiday (Brit) ou vacation (US), we ... ◆ **aller en vacances en Angleterre** to go on holiday (Brit) ou vacation (US) to England ◆ **il n'a jamais pris de vacances** he has never taken a holiday (Brit) ou vacation (US) ◆ **prendre ses vacances en une fois** to take all one's holiday (Brit) ou vacation (US) at once ◆ **avoir droit à 5 semaines de vacances** to be entitled to 5 weeks' holiday (Brit) ou vacation (US) ◆ **j'ai besoin de vacances/de quelques jours de vacances** I need a holiday (Brit) ou vacation (US)/a few days' holiday (Brit) ou vacation (US) ◆ **il est parti ? ça va nous faire des vacances !** (hum) has he gone? that'll give us a break!; → **colonie, devoir**
**b** (Jur) **vacances judiciaires** recess, vacation ◆ **vacances parlementaires** parliamentary recess

**vacancier, -ière** [vakɑ̃sje, jɛʀ] [→ SYN] nm,f holidaymaker (Brit), vacationer (US)

**vacant, e** [vakɑ̃, ɑ̃t] [→ SYN] adj **a** poste, siège vacant; appartement unoccupied, vacant
**b** (Jur) biens, succession in abeyance (attrib)

**vacarme** [vakaʀm] [→ SYN] nm racket, row, din ◆ **faire du vacarme** to make a racket ou row ou din ◆ **il y avait un vacarme de klaxons** horns were blaring ◆ **il y avait un vacarme continuel de camions** trucks roared past constantly ◆ **il démarra dans un vacarme assourdissant** he set off with a deafening roar

**vacataire** [vakatɛʀ] [→ SYN] nmf temporary replacement, stand-in; (Univ) part-time lecturer (on contract) ◆ **il est vacataire** he's on a temporary contract

**vacation** [vakasjɔ̃] [→ SYN] [1] nf **a** (= temps de travail) [expert, notaire, commissaire de police] session; [médecin] shift; [enseignant] (= travail) supply work; (= honoraires) fee; (= vente aux enchères) auction ◆ **faire des vacations** to work on a short-term basis ◆ **être payé à la vacation** to be paid on a sessional basis
**b** **vacation (radio)** radio contact time
[2] **vacations** nfpl (= vacances judiciaires) recess, vacation

**vaccaire** [vakɛʀ] nf cow basil

**vaccin** [vaksɛ̃] [→ SYN] nm (= substance) vaccine; (= vaccination) vaccination, inoculation ◆ **faire un vaccin à qn** to give sb a vaccination ou an inoculation ◆ **vaccin contre la grippe** flu vaccine ◆ **un vaccin contre qch** (fig) a safeguard against sth

**vaccinal, e,** mpl **-aux** [vaksinal, o] adj essai, efficacité vaccine (épith) ◆ **complication vaccinale** complication arising from a vaccination ◆ **taux de couverture vaccinale** vaccination rate

**vaccinateur, -trice** [vaksinatœʀ, tʀis] [1] adj vaccinating (épith), inoculating (épith)
[2] nm,f vaccinator, inoculator

**vaccination** [vaksinasjɔ̃] nf vaccination, inoculation ◆ **vaccination contre la rage** ou **antirabique/contre l'hépatite B** rabies/hepatitus B vaccination

**vaccine** [vaksin] nf (= maladie) cowpox, vaccinia (SPÉC); († = inoculation) inoculation of cowpox ◆ **fausse vaccine** false vaccinia

**vacciner** [vaksine] [→ SYN] ▸ conjug 1 ◂ vt (Méd) to vaccinate, inoculate (*contre* against) ◆ **se faire vacciner** to have a vaccination ou an inoculation, get vaccinated ou inoculated ◆ **les personnes vaccinées** the people who have been vaccinated ◆ **être vacciné contre qch** * (fig) [+ amour, tentation, illusion] to be cured of sth; [+ critiques] to be immune to sth ◆ **merci, maintenant je suis vacciné !** * thanks, I've learnt my lesson! ou I'm cured of that!; → **majeur**

**vaccinide** [vaksinid] nf vaccinoid reaction

**vaccinostyle** [vaksinɔstil] nm scarificator

**vaccinothérapie** [vaksinoteʀapi] nf vaccine therapy

**vachard, e** ** [vaʃaʀ, aʀd] [→ SYN] adj (= méchant) nasty, rotten *, mean

**vache** [vaʃ] [→ SYN] [1] nf **a** (Zool) cow; (= cuir) cowhide ◆ **vache laitière** dairy cow ◆ **vache marine** sea cow ◆ **maladie de la vache folle** (Vét) mad cow disease; → **plancher[1]**
**b** (** péj = police) **les vaches** the pigs **, the filth **; → **mort[1]**
**c** (** = personne méchante) (femme) bitch ***, cow **; (homme) swine **, sod ** ◆ **ah les vaches !** the bastards! ***; → **peau**
**d** (** : intensif) **une vache de surprise/bagnole** a ou one hell of a surprise/car **
**e** (LOC) **comme une vache qui regarde passer les trains** vacantly ◆ **il parle français comme une vache espagnole** * he absolutely murders the French language ◆ **manger de la vache enragée** to go through hard ou lean times, have a very hard ou lean time of it ◆ **période de vaches grasses/maigres pour l'économie française** good ou prosperous/lean ou hard times for the French economy ◆ **donner des coups de pied en vache à qn** to kick sb slyly ◆ **faire un coup en vache à qn** to play a dirty trick on sb, do the dirty on sb ** ◆ **ah la vache !** ** (surprise, admiration) wow! *, blimey! ** (Brit); (douleur, indignation) hell! **, damn (me)! **
[2] adj ( * = méchant, sévère) rotten *, mean ◆ **il est vache** he's really rotten * ou mean, he's a (rotten) swine ** ou sod ** (Brit) ◆ **elle est vache** she's really rotten * ou mean, she's a (mean ou rotten) cow ** (Brit) ◆ **il n'a pas été vache avec toi** he was quite kind ou good to you ◆ **c'est vache pour eux** it's really rotten for them *
[3] COMP ▷ **vache à eau** (canvas) water bag ▷ **vache à lait** * (péj) cash cow, milch cow (péj) ▷ **vache sacrée** (lit, fig) sacred cow

**vachement** * [vaʃmɑ̃] adv (= très) really ◆ **vachement bon/difficile** really ou damned ** ou bloody ** (Brit) good/hard ◆ **on s'est vachement dépêchés** we rushed like mad * ou hell ** ◆ **ça m'a vachement aidé** it helped me no end *, it was a big help ◆ **c'est vachement important pour moi** it's really important to me ◆ **il était vachement bien, ce film !** it was a brilliant film! ◆ **il est vachement plus grand qu'elle** he's a hell of a lot bigger than she is ** ◆ **il pleut vachement** it's pouring (down), it's tipping it down * (Brit)

**vacher** [vaʃe] [→ SYN] nm cowherd

**vachère** [vaʃɛʀ] nf cowgirl

**vacherie** [vaʃʀi] [→ SYN] nf **a** * (= méchanceté) [personne, remarque] rottenness *, meanness; (= action) dirty trick *; (= remarque) nasty ou bitchy ** remark ◆ **faire une vacherie à qn** to play a dirty * ou mean trick on sb ◆ **dire des vacheries** to make nasty remarks
**b** (** : intensif) **c'est une sacrée vacherie, cette maladie** it's a hell of a nasty illness * ◆ **cette vacherie d'appareil ne veut pas marcher** this damned ** ou blasted * ou bloody ** (Brit) machine won't work ◆ **quelle vacherie de temps !** what damned ** ou bloody ** (Brit) awful weather!
**c** († = étable) cowshed, byre

**vacherin** [vaʃʀɛ̃] [→ SYN] nm (= glace) vacherin; (= fromage) vacherin cheese

**vachette** [vaʃɛt] nf **a** (= jeune vache) young cow
**b** (= cuir) calfskin

**vacillant, e** [vasijɑ̃, ɑ̃t] [→ SYN] adj **a** jambes, démarche unsteady, shaky, wobbly; lueur, flamme flickering (épith)
**b** santé, mémoire shaky, failing; raison failing; courage wavering, faltering; caractère indecisive, wavering (épith)

**vacillation** [vasijasjɔ̃] [→ SYN] nf ⇒ **vacillement**

**vacillement** [vasijmɑ̃] nm **a** [personne, blessé, ivrogne] swaying; [bébé, meuble] wobbling; [poteau] swaying; [flamme, lumière] flickering
**b** [résolution, courage] faltering, wavering; [raison] failure; [santé, mémoire] shakiness

**vaciller** [vasije] [→ SYN] ▸ conjug 1 ◂ vi **a** (= chanceler) [personne] to sway (to and fro); [blessé, ivrogne] to sway, reel; [bébé] to wobble

◆ **vaciller sur ses jambes** to be unsteady on one's legs, sway (to and fro) ◆ **il s'avança en vacillant vers la porte** he reeled ou staggered towards the door

**b** [poteau] to sway (to and fro); [meuble] to wobble ◆ **il lui semblait que les murs vacillaient autour d'elle** she felt as if the room was spinning around her

**c** [flamme, lumière] to flicker

**d** [résolution, courage] to falter, waver; [raison, intelligence] to fail; [santé, mémoire] to be shaky, be failing ◆ **il vacillait dans ses résolutions** he wavered in his resolve

**va-comme-je-te-pousse** [vakɔmʒtəpus] **à la va-comme-je-te-pousse*** loc adv in a slapdash manner, any old how*

**vacuité** [vakɥite] → SYN nf (littér = vide) vacuity (littér), emptiness; (intellectuelle, spirituelle) vacuity, vacuousness

**vacuolaire** [vakɥɔlɛʀ] adj vacuolar, vacuolate

**vacuole** [vakɥɔl] → SYN nf (Bio) vacuole

**vacuome** [vakɥɔm, vakɥom] nm vacuome

**vacuum** [vakɥɔm] nm vacuum

**vade-mecum** [vademekɔm] → SYN nm inv (littér) handbook, vade mecum

**vadrouille** [vadʀuj] → SYN nf **a** (* = balade) ramble, jaunt ◆ **partir en vadrouille** to go on a ramble ou jaunt ◆ **être en vadrouille** to be out on a ramble ◆ **elle est toujours en vadrouille à l'étranger** she's always off gallivanting abroad ou around the world

**b** (Can = balai) mop

**vadrouiller*** [vadʀuje] ▸ conjug 1 ◂ vi to rove around ou about ◆ **vadrouiller dans les rues de Paris** to knock* ou rove about the streets of Paris

**vadrouilleur, -euse*** [vadʀujœʀ, øz] → SYN nm,f rover

**Vaduz** [vadyz] n Vaduz

**va-et-vient** [vaevjɛ̃] → SYN nm inv **a** [personnes, véhicules] comings and goings ◆ **il y a beaucoup de va-et-vient dans ce café** it's a very busy café, there are a lot of comings and goings in this café ◆ **j'en ai assez de ce va-et-vient incessant dans mon bureau** I'm sick of this constant stream of people coming in and out of my office ◆ **faire le va-et-vient entre** [personne, train, bus] (lit) to go to and fro ou backwards and forwards between; [bateau] to ply between ◆ **le dossier a fait le va-et-vient d'un bureau à l'autre** the file has been passed backwards and forwards from one office to the other ◆ **l'interprète faisait le va-et-vient entre les deux langues** (fig) the interpreter was switching back and forth between the two languages

**b** [piston, pièce] **(mouvement de) va-et-vient** (gén) to and fro (motion), backwards and forwards motion; (verticalement) up-and-down movement

**c** (Élec) (= circuit) two-way wiring (NonC) ou wiring system; (= interrupteur) two-way switch

**d** (= gond) helical hinge ◆ **porte à va-et-vient** swing door

**e** (= bac) (small) ferryboat

**vagabond, e** [vagabɔ̃, ɔd] → SYN **1** adj peuple, vie wandering (épith); imagination roaming (épith), roving (épith), restless ◆ **son humeur vagabonde** his restless mood

**2** nm,f (péj = rôdeur) tramp, vagrant; (littér = personne qui voyage beaucoup) wanderer, vagabond

**vagabondage** [vagabɔ̃daʒ] → SYN nm **a** (= errance) wandering, roaming ◆ **leurs vagabondages à travers l'Europe** their wanderings across Europe ◆ **le vagabondage de son imagination** (littér) the meanderings of his imagination

**b** (Jur, péj = vie sans domicile fixe) vagrancy

**vagabonder** [vagabɔ̃de] → SYN ▸ conjug 1 ◂ vi [personne] to roam, wander; [imagination, esprit] to wander, roam ◆ **vagabonder à travers l'Europe** to roam the length and breadth of Europe, wander across Europe

**vagal, e,** mpl **-aux** [vagal, o] adj vagal

**vagin** [vaʒɛ̃] → SYN nm vagina

**vaginal, e,** mpl **-aux** [vaʒinal, o] adj vaginal; → **frottis**

**vaginisme** [vaʒinism] nm vaginismus

**vaginite** [vaʒinit] nf vaginitis (NonC)

**vagir** [vaʒiʀ] → SYN ▸ conjug 2 ◂ vi [bébé] to wail, cry

**vagissant, e** [vaʒisɑ̃, ɑ̃t] adj wailing, crying

**vagissement** [vaʒismɑ̃] → SYN nm wail, cry

**vagotonie** [vagɔtɔni] nf vagotonia

**vagotonique** [vagɔtɔnik] **1** adj vagotonic

**2** nmf person suffering from vagotonia

**vague[1]** [vag] → SYN **1** adj (= imprécis) renseignement, geste vague; notion, idée vague, hazy; sentiment, forme vague, indistinct; (= distrait) air, regard faraway (épith), vague; (= ample) robe, manteau loose(-fitting) ◆ **j'ai le vague sentiment que ...** I have a vague feeling that ... ◆ **un vague cousin** some distant cousin ◆ **il avait un vague diplôme** he had a diploma of sorts ou some kind of (a) diploma; → **nerf, terrain**

**2** nm **a** (littér) [forme] vagueness, indistinctness; [passions, sentiments] vagueness

**b** **le vague** vagueness ◆ **nous sommes dans le vague** things are rather unclear to us ◆ **il est resté dans le vague** he kept it all ou he remained rather vague ◆ **la police a préféré rester dans le vague quant aux causes de cet incident** the police preferred not to give any details about the causes of the incident ◆ **laisser qn dans le vague** to keep sb guessing, keep sb in the dark ◆ **laisser qch dans le vague** to leave sth up in the air ◆ **regarder dans le vague** to stare into space ◆ **les yeux perdus dans le vague** with a faraway look in his eyes ◆ **vague à l'âme** melancholy ◆ **avoir du vague à l'âme** to feel melancholic

**vague[2]** [vag] → SYN nf **a** (lit) wave ◆ **vague de fond** (lit) groundswell; (fig) groundswell of opinion ◆ **le multimédia est une vague de fond qui déferle sur le monde** multimedia is a tidal wave sweeping over the world ◆ **faire des vagues** (lit, fig) to make waves ◆ **surtout, pas de vagues !** whatever you do, don't rock the boat!; → **déferlante**

**b** (fig = déferlement) wave ◆ **vague d'enthousiasme/de tendresse** wave ou surge of enthusiasm/of tenderness ◆ **la première vague d'immigrants/de départs en vacances** the first wave of immigrants/of holiday departures ◆ **vague d'attentats/d'arrestations** wave of bombings/of arrests ◆ **vague de criminalité** crime wave ◆ **vague d'assaut** (Mil) wave of assault ◆ **vague de chaleur** heatwave ◆ **vague de froid** cold spell ou snap; → **nouveau**

**c** (= émanations) wave ◆ **une vague de gaz se propagea jusqu'à nous** a smell of gas drifted ou wafted up to us

**d** (fig = ondulation) (Archit) waved motif; [chevelure] wave; (littér) [blés, fougères] wave, undulation (littér) ◆ **effet de vague** ripple effect

**vaguelette** [vaglɛt] nf wavelet, ripple

**vaguement** [vagmɑ̃] → SYN adv vaguely ◆ **ils sont vaguement parents** they're vaguely related ◆ **sourire vaguement ironique** vaguely ou faintly ironic smile ◆ **il était vaguement inquiet** he was slightly ou vaguely worried ◆ **à 18 ans, elle pensait vaguement devenir professeur** when she was 18, she toyed with the idea of becoming a teacher ◆ **il était vaguement question d'organiser une réunion** there was vague talk of planning a meeting ◆ **on entendait vaguement parler dans le couloir** muffled voices could be heard in the corridor

**vaguemestre** [vagmɛstʀ] → SYN nm (Mil, Naut) *officer responsible for the delivery of mail*

**vaguer** [vage] → SYN ▸ conjug 1 ◂ vi (littér = errer) [personne] to wander, roam ◆ **laisser vaguer son imagination/son regard** to let one's imagination/one's eyes wander

**vahiné** [vaine] nf Tahitian woman, wahine

**vaillamment** [vajamɑ̃] adv bravely, courageously, valiantly

**vaillance** [vajɑ̃s] → SYN nf (= courage) courage, bravery; (au combat) gallantry, valour (Brit), valor (US) ◆ **avec vaillance** courageously, valiantly

**vaillant, e** [vajɑ̃, ɑ̃t] → SYN adj **a** (littér = courageux) brave, courageous; (au combat) valiant, gallant ◆ (Prov) **à cœur vaillant rien d'impossible** nothing is impossible to a willing heart (Prov); → **sou**

**b** (= vigoureux) personne vigorous, hale and hearty, robust; monnaie, économie healthy ◆ **je ne me sens pas très vaillant** I'm feeling a bit under the weather*, I don't feel too good

**vaille que vaille** [vajkəvaj] loc adv → **valoir**

**vain, e** [vɛ̃, vɛn] → SYN **1** adj **a** (= sans fondement) paroles, promesse empty, hollow, vain (épith); craintes, espoir, plaisirs vain (épith), empty ◆ **pour lui la loyauté n'est pas un vain mot** loyalty is not an empty word for him, the word loyalty really means something to him

**b** (= frivole) personne shallow, superficial

**c** (= infructueux) effort, tentative, attente vain (épith), in vain (attrib), futile, fruitless; regrets, discussion vain (épith), idle (épith) ◆ **son sacrifice n'aura pas été vain** his sacrifice will not have been in vain ◆ **il est vain d'essayer de ...** it is futile to try to ...

**d** (littér = vaniteux) personne vain

**2** **en vain** loc adv in vain ◆ **elle essaya en vain de s'en souvenir** she tried vainly ou in vain to remember ◆ **ce ne fut pas en vain que ...** it was not in vain that ... ◆ **je réessayai, mais en vain** I tried again, but in vain ou but to no avail ◆ **invoquer le nom de Dieu en vain** (frm) to take the Lord's name in vain

**3** COMP ▷ **vaine pâture** (Jur) common grazing land

**vaincre** [vɛ̃kʀ] → SYN ▸ conjug 42 ◂ vt **a** [+ rival, concurrent] to defeat, beat; [+ armée, ennemi] to defeat, vanquish (littér), conquer ◆ **les meilleurs ont fini par vaincre** the best men finally won ◆ **à vaincre sans péril, on triomphe sans gloire** triumph without peril brings no glory ◆ **nous vaincrons** we shall overcome

**b** [+ obstacle, préjugé, maladie, sentiment] to overcome; [+ chômage] to conquer ◆ **vaincu par le sommeil** overcome by sleep

**vaincu, e** [vɛ̃ky] → SYN (ptp de **vaincre**) **1** adj beaten, defeated, vanquished (littér) ◆ **s'avouer vaincu** to admit defeat, confess o.s. beaten ◆ **il part vaincu d'avance** he feels he's beaten ou defeated before he begins

**2** nm,f defeated man (ou woman) ◆ **les vaincus** the vanquished (littér), the defeated ◆ **malheur aux vaincus !** woe to the vanquished! (littér) ◆ **mentalité/attitude de vaincu** defeatist mentality/attitude

**vainement** [vɛnmɑ̃] → SYN adv vainly, in vain ◆ **j'ai vainement essayé de lui expliquer** I tried in vain to explain to him, I tried to explain to him (but) to no avail

**vainqueur** [vɛ̃kœʀ] → SYN **1** nm (à la guerre) victor, conqueror; (en sport) winner; [concours, élection] winner ◆ **le vainqueur de l'Everest** the conqueror of Everest ◆ **les vainqueurs de cette équipe** the conquerors of this team ◆ **les vainqueurs de cette compétition** the winners in ou of this competition ◆ **accueillir qn en vainqueur** to welcome sb as a conquering hero ◆ **il est sorti vainqueur des élections** he emerged victorious from the election, he emerged as the winner of the election ◆ **ce film est le grand vainqueur du festival** this film scooped all the awards at the festival

**2** adj m victorious, triumphant

**vair** [vɛʀ] → SYN nm vair ◆ **la pantoufle de vair** the glass slipper

**vairé, e** [veʀe] adj (Hér) vairy

**vairon[1]** [vɛʀɔ̃] → SYN nm (= poisson) minnow

**vairon[2]** [vɛʀɔ̃] → SYN adj m ◆ **yeux vairons** (cerclés de blanc) wall eyes; (de couleur différente) eyes of different colours (Brit) ou colors (US), wall eyes

**vaisseau,** pl **vaisseaux** [vɛso] → SYN nm **a** (Naut) vessel (frm), ship ◆ **vaisseau amiral** flagship ◆ **vaisseau de guerre** warship ◆ **vaisseau fantôme** ghost ship ◆ **"le Vaisseau fantôme"** (Mus) "the Flying Dutchman" ◆ **vaisseau spatial** spaceship; → **brûler, capitaine, enseigne, lieutenant**

**b** (Anat) vessel ◆ **vaisseau sanguin/lymphatique/capillaire** blood/lymphatic/capillary vessel

**c** (Bot) vessel ◆ **plante à vaisseaux** vascular plant

**d** (Archit) nave

**vaisselier** [vɛsəlje] nm (= meuble) dresser

**vaisselle** [vɛsɛl] → SYN nf (= plats) crockery; (= plats à laver) dishes; (= lavage) dishes, washing-up (Brit) ◆ **vaisselle de porcelaine**

china ◆ **vaisselle de faïence** earthenware ◆ **vaisselle plate** (gold ou silver) plate ◆ **faire la vaisselle** to do the dishes ou the washing-up (Brit), wash up (Brit) ◆ **la vaisselle était faite en deux minutes** the dishes were done ou the washing-up (Brit) was done in two minutes ◆ **on peut discuter sans s'envoyer la vaisselle à la tête !** we can talk without throwing things at each other!; → **eau**

**VAL** [val] nm (abrév de **véhicule automatique léger**) automated (driverless) train

**val,** pl **vals** ou **vaux** [val, vo] → SYN nm (gén dans noms de lieux) valley ◆ **le Val de Loire** the Val de Loire, the Loire Valley ◆ **le Val d'Aoste** Valle d'Aosta; → **mont**

**valable** [valabl] → SYN adj **a** (= valide) contrat, passeport valid ◆ **billet valable un an** ticket valid for one year ◆ **"offre valable jusqu'au 31 mai"** "offer valid until 31st May"

**b** (= acceptable, recevable) excuse, raison valid, legitimate; loi, critère, théorie, motif valid ◆ **elle n'a aucune raison valable de le faire** she has no good ou valid reason for doing it ◆ **ce n'est valable que dans certains cas** it is only valid ou it only holds ou applies in certain cases ◆ **ce que j'ai dit reste valable dans ce cas aussi** what I said is valid ou applies in this case as well

**c** (= de qualité) œuvre, solution, commentaire worthwhile; auteur, équipements decent; concurrent worthy; → **interlocuteur**

**d** (= rentable) worthwhile ◆ **financièrement, ce n'est pas valable** it's not financially viable, it's not worthwhile financially

**valablement** [valabləmɑ̃] adv **a** (= légitimement) validly, legitimately ◆ **ce billet ne peut pas être valablement utilisé** this ticket isn't valid ◆ **ne pouvant valablement soutenir que ...** not being able to uphold legitimately ou justifiably that ...

**b** (= de façon satisfaisante) **pour en parler valablement, il faut être spécialiste** you need to be a specialist to be able to make valid comments ou to have anything worth saying about it

**Valais** [valɛ] nm ◆ **le Valais** Valais

**valaisan, -anne** [valɛzɑ̃, an] **1** adj of ou from Valais

**2** **Valaisan(ne)** nm,f inhabitant ou native of Valais

**valdinguer** * [valdɛ̃ge] ▸ conjug 1 ◂ vi (= tomber) ◆ **aller valdinguer** [personne] to fall flat on one's face *, go sprawling ◆ **les boîtes ont failli valdinguer (par terre)** the boxes nearly came crashing down ou nearly went flying * ◆ **envoyer valdinguer qn** (lit) to send sb flying; (fig) to tell sb to clear off * ou buzz off *, send sb off with a flea in his ear * (Brit) ◆ **envoyer valdinguer qch** to send sth flying * ◆ **j'ai bien envie de tout envoyer valdinguer !** I'd like to jack it all in! *

**valence** [valɑ̃s] nf (Ling, Phys) valency (Brit), valence (US) ◆ **valence-gramme** gramme-equivalent

**valentinite** [valɑ̃tinit] nf valentinite

**valériane** [valeʀjan] nf valerian

**valérianelle** [valeʀjanɛl] nf corn salad, lamb's lettuce

**valet** [valɛ] → SYN **1** nm **a** (= domestique) (man) servant; (Hist) [seigneur] valet; (péj Pol) lackey (péj) ◆ **premier valet de chambre du roi** king's first valet ◆ **valet de comédie** (Théât) manservant (part ou role) ◆ **jouer les valets** (Théât) to play servant parts ou roles

**b** (Cartes) jack, knave ◆ **valet de cœur** jack ou knave of hearts

**c** (= cintre) **valet (de nuit)** valet

**d** (Tech) **valet (de menuisier)** (woodworker's) clamp

**2** COMP ▷ **valet d'âtre** companion set ▷ **valet de chambre** manservant, valet ▷ **valet de chiens** (hunt) kennel attendant ▷ **valet d'écurie** groom, stableboy, stable lad (Brit) ▷ **valet de ferme** farmhand ▷ **valet de pied** footman

**valetaille** [valtɑj] nf († ou péj) menials, flunkeys †

**valétudinaire** [valetydinɛʀ] → SYN adj, nmf (littér) valetudinarian

**valeur** [valœʀ] → SYN **1** nf **a** (= prix) value, worth; (Fin) [devise, action] value, price ◆ **valeur marchande** (Comm) market value ◆ **en valeur déclarée** (Poste) value declared ◆ **valeur ajoutée** (Écon) added value ◆ **valeur d'usage/d'échange** use/exchange value, value in use/in exchange ◆ **valeur nominale** ou **faciale** face ou nominal value, face amount (US) ◆ **valeur vénale** monetary value ◆ **quelle est la valeur de cet objet/de l'euro ?** what is this object/the euro worth?, what is the value of this object/the euro? ◆ **prendre/perdre de la valeur** to go up/down in value, lose/gain in value ◆ **la valeur intrinsèque de qch** the intrinsic value ou worth of sth ◆ **cette monnaie/cette pièce n'a plus de valeur** this currency/this coin is worthless ◆ **estimer la valeur d'un terrain/d'un tableau à 100 000 €** to value a piece of land/a picture at €100,000, put the value ou estimate the value of a piece of land/of a picture at €100,000 ◆ **ces tableaux sont de même valeur** ou **ont la même valeur** these pictures are of equal value ou have the same value ou are worth the same amount ◆ **manuscrit d'une valeur inestimable** priceless manuscript; → **taxe**

**b** (Bourse : gén pl = titre) security ◆ **valeurs mobilières** securities, stocks and shares ◆ **valeurs disponibles** liquid assets ◆ **valeurs de premier ordre** ou **de tout repos** ou **de père de famille** gilt-edged ou blue-chip securities, gilts ◆ **valeurs de haute technologie** technology stocks; (Internet) Internet stocks; → **bourse, refuge, vedette**

**c** (= qualité) [personne, auteur] worth, merit; [roman, tableau] value, merit; [science, théorie] value; (littér = courage) valour (Brit), valor (US) ◆ **la valeur de cette méthode/découverte reste à prouver** the value of this method/discovery is still to be proved ◆ **estimer** ou **juger qn/qch à sa (juste) valeur** to estimate ou judge sb/sth at his/its true value ou worth ◆ **son œuvre n'est pas sans valeur** his work is not without value ou merit ◆ **ce meuble n'a qu'une valeur sentimentale** this piece of furniture has sentimental value only ◆ **accorder** ou **attacher de la valeur à qch** to value sth, place value on sth; → **jugement**

**d** (Jeux, Math, Mus) value ◆ **la valeur affective/poétique/symbolique** the emotive/poetic/symbolic value ◆ **valeur absolue** (Math) absolute value ◆ **donnez-lui la valeur d'un verre à liqueur/d'une cuiller à café** give him the equivalent of a liqueur glass/a teaspoonful ◆ **en valeur absolue/relative, le prix des voitures a diminué** in absolute/relative terms the price of cars has gone down

**e** (LOC)

◆ **en valeur** ◆ **mettre en valeur** [+ bien, patrimoine, terrain] to develop, exploit; [+ détail, caractéristique] to bring out, highlight, emphasize; [+ yeux, jambes] to set off, enhance; [+ taille] to emphasize; [+ objet décoratif] to set off, show (off) to advantage; [+ personne] to show to advantage ou in a flattering light ◆ **se mettre en valeur** to show o.s. off to advantage ◆ **ce chapeau te met en valeur** that hat (of yours) is very flattering ou becoming, that hat really suits you ◆ **son discours a mis en valeur l'importance de la culture/le rôle des syndicats** in his speech he emphasized the importance of culture/the role of the unions ◆ **mise en valeur** [terrain, ressources naturelles, patrimoine] development; [forêt] exploitation; [meuble, tableau] setting-off; [détail, caractéristique, mot] emphasizing, highlighting

◆ **de valeur** bijou, meuble valuable, of value ◆ **objets de valeur** valuables, articles of value ◆ **professeur/acteur de valeur** teacher/actor of considerable merit

◆ **sans valeur** objet, témoignage worthless, valueless

**2** **valeurs** nfpl (morales, intellectuelles) values ◆ **échelle** ou **hiérarchie des valeurs** scale of values ◆ **système de valeurs** value system ◆ **nous n'avons pas les mêmes valeurs** we don't have ou share the same values

**valeureusement** [valœʀøzmɑ̃] → SYN adv (littér) valiantly, valorously (littér)

**valeureux, -euse** [valœʀø, øz] → SYN adj (littér) valiant, valorous (littér)

**valgus** [valgys] **1** adj valgus

**2** nm ◆ **valgus du pied** talipes valgus

**validation** [validasjɔ̃] → SYN nf [passeport, billet] validation; [document] authentication; [décision] ratification; [bulletin] validation, stamping

**valide** [valid] → SYN adj **a** personne (= non blessé ou handicapé) able, able-bodied; (= en bonne santé) fit, well (attrib); membre good (épith) ◆ **la population valide** the able-bodied population ◆ **se sentir assez valide pour faire** to feel fit ou well enough to do, feel up to doing

**b** billet, carte d'identité valid

**valider** [valide] → SYN ▸ conjug 1 ◂ vt [+ passeport, billet] to validate; [+ document] to authenticate; [+ décision] to ratify ◆ **faire valider un bulletin** (Jeux) to get a coupon validated ou stamped ◆ **l'élection ne sera validée que si le taux de participation est suffisant** the election will only be valid if the turnout is high enough

**validité** [validite] → SYN nf [billet, élection, argument, accord] validity ◆ **quelle est la durée de validité de votre passeport ?** how long is your passport valid for?

**valine** [valin] nf valine

**valise** [valiz] → SYN nf (suit)case, bag ◆ **faire sa valise** ou **ses valises** (lit) to pack; (fig = partir) to pack one's bags, pack up and leave ◆ **la valise (diplomatique)** the diplomatic bag ou pouch (US) ◆ **avoir des valises sous les yeux** * to have bags under one's eyes; → **boucler**

**Valkyrie** [valkiʀi] nf Valkyrie, Walkyrie

**vallée** [vale] → SYN nf (Géog) valley ◆ **les gens de la vallée** the lowland people ◆ **vallée suspendue/en U/glaciaire** hanging/U-shaped/glaciated valley ◆ **vallée sèche** ou **morte** dry valley ◆ **la vallée de la Loire/du Nil** the Loire/Nile valley ◆ **la Vallée des Rois/Reines** the Valley of the Kings/Queens ◆ **la vie est une vallée de larmes** (fig littér) life is a vale of tears (littér) ◆ **la vallée de la mort** (Bible) the valley of the shadow of death; (Géog) Death Valley

**vallisnérie** [valisneʀi] nf tape grass, wild celery

**vallon** [valɔ̃] nm small valley

**vallonné, e** [valɔne] → SYN adj undulating, hilly

**vallonnement** [valɔnmɑ̃] → SYN nm undulation

**valoche** * [valɔʃ] nf case, bag

## valoir [valwaʀ]

▸ conjug 29 ◂

→ SYN GRAMMAIRE ACTIVE 1.1, 2.2

**1** VERBE INTRANSITIF
**2** VERBE TRANSITIF
**3** VERBE PRONOMINAL

**1** VERBE INTRANSITIF

**a** valeur marchande [propriété, bijou] to be worth ◆ **valoir 150 €** to be worth €150 ◆ **ça vaut combien ?** (gén) how much is it worth?; (à un commerçant) how much is it? ◆ **valoir de l'argent** to be worth a lot of money ◆ **ça vaut bien 400 €** (estimation) it must easily be worth €400; (jugement) it's well worth €400 ◆ **valoir cher/encore plus cher** to be worth a lot/still more ◆ **ça alors, ça vaut mille !** * (fig) that's priceless! *; → **pesant**

◆ **à valoir** (Comm) to be deducted, on account ◆ **paiement/acompte à valoir sur ...** payment/deposit to be deducted from ... ◆ **100 € à valoir sur votre prochaine facture** €100 credit against your next bill; → **à-valoir**

◆ **faire valoir** (= exploiter) [+ domaine] to farm; [+ titres, capitaux] to invest profitably

**b** qualités **que vaut cet auteur/cette émission/le nouveau maire ?** is this author/this programme/the new mayor any good? ◆ **que valent ses promesses ?** what are his promises worth? ◆ **cette pièce vaut surtout par son originalité** the chief ou principal merit of this play is its originality ◆ **prendre une chose pour ce qu'elle vaut** to take a thing for what it's worth ◆ **ça vaut ce que ça vaut** *, **mais j'ai entendu dire que ...** take this for what it's worth, but I've heard that ... ◆ **il a conscience de ce qu'il vaut** he's aware of his worth, he knows his (own) worth ◆ **leur fils ne vaut pas cher !** their son's no good! ◆ **il ne vaut pas la corde pour le pendre** he's not worth bothering with ◆ **sa dernière pièce ne valait pas grand-chose** his last play wasn't particularly good, his last play wasn't up to much * (Brit) ◆ **ce tissu/cette**

**marchandise ne vaut rien** this material/this article is no good ◆ **votre argument ne vaut rien** your argument is worthless ◆ **cet outil ne vaut rien** this tool is useless ou no good ou no use ◆ **ce climat ne vaut rien pour les rhumatismes** this climate is no good for rheumatism ◆ **ça/il ne vaut pas tripette** * ou **un clou** * ou **un pet de lapin** * it's/he's a dead loss *; voir aussi **rien**

♦ **faire valoir** (= mettre en avant) [+ droit] to assert; [+ fait] to emphasize; [+ argument] to put forward; [+ caractéristique] to highlight, bring out ◆ **je lui fis valoir que ...** I impressed upon him that ..., I pointed out to him that ... ◆ **il peut faire valoir ses droits à la retraite** he is eligible for retirement ◆ **il s'entoure de gens faibles/ignorants parce que ça le fait valoir** he surrounds himself with weak/ignorant people because it makes him appear stronger/more intelligent ◆ **se faire valoir** to sell o.s. ◆ **il ne sait pas se faire valoir** he doesn't know how to sell himself; voir aussi **faire-valoir**

♦ **valoir mieux** (= avoir plus de qualités, être meilleur) ◆ **tu vaux mieux que lui** you're better than he is ou than him ◆ **c'est un travail sans intérêt, tu vaux mieux que ça !** it's not a very good job, you're cut out ou made for better things! ◆ **cet endroit vaut mieux que sa réputation** this place is better than its reputation allows ◆ **ils ne valent pas mieux l'un que l'autre** they're both as bad as each other

(= être préférable) ◆ **dans ce cas, il vaut mieux refuser** ou **mieux vaut refuser** in that case, it's better to refuse ◆ **il vaudrait mieux que vous refusiez** you had ou you'd better refuse, you would ou you'd do better to refuse ◆ **ça vaut mieux comme ça** it's better that way ◆ **avertis-le, ça vaut mieux** I'd tell him if I were you, it would be better if you told him ◆ **il vaut mieux le prévenir** we'd (ou you'd etc) better tell him ◆ **j'aurais dû lui téléphoner – oui, il aurait mieux valu** I should have phoned him – yes, you should (have) ou yes, that would have been the best thing to do ◆ **je le fais tout de suite – il vaudrait mieux (pour toi) !** I'll do it straight away – you'd better! ◆ **il vaut mieux entendre ça que d'être sourd !** * what a stupid thing to say!; voir aussi **mieux**

♦ **vaille que vaille** somehow ◆ **la police assurait vaille que vaille un semblant d'ordre** the police somehow managed to maintain order ◆ **pendant la révolution, les gens ont continué à vivre vaille que vaille** during the revolution people somehow managed to go on living their lives

**c** [= être valable] to hold, apply, be valid ◆ **ceci ne vaut que dans certains cas** this only holds ou applies ou is only valid in certain cases ◆ **la décision vaut pour tout le monde** the decision applies to everyone

**d** [= équivaloir à] **la campagne vaut bien la mer** the countryside is just as good ou is every bit as good as the seaside ◆ **une blanche vaut deux noires** (Mus) one minim (Brit) ou half note (US) is equivalent to two crochets (Brit) ou quarter notes (US) ◆ **un as vaut quatre points** (Bridge) an ace is worth four points ◆ **il vaut largement son frère** he is every bit as good as his brother ◆ **ce nouveau médicament/traitement ne vaut pas le précédent** this new medicine/treatment is not as good as ou isn't a patch on * (Brit) the previous one ◆ **cette méthode en vaut une autre** it's as good a method as any ◆ **tout ça ne vaut pas la mer/la liberté** this is all very well but it's not like the seaside/having one's freedom ◆ **rien ne vaut un bon bain chaud** there's nothing like a nice warm bath, there's nothing to beat a nice warm bath ◆ **ça ne vaut pas la réflexion qu'il m'a faite hier** you should have heard what he said to me yesterday ◆ **ça vaut pas René** *, **tu sais ce qu'il m'a fait ?** that's nothing on René * – do you know what he did to me?

**e** [= justifier] to be worth; (= mériter) to deserve ◆ **Lyon vaut (bien) une visite/le déplacement** ou **voyage** Lyons is (well) worth a visit/the journey ◆ **une soirée pareille, ça valait le voyage** * (hum) it was well worth going to a party like that ◆ **ça valait bien un merci** he (ou they etc) could have said thank you ◆ **un service en vaut un autre** one good turn deserves another; → **coup**, **détour**, **peine**

**2** VERBE TRANSITIF

♦ **valoir qch à qn** (= rapporter, procurer) to earn sb sth ◆ **ceci lui a valu des louanges/des reproches** this earned ou brought him praise/criticism ◆ **les soucis/ennuis que nous a valus cette affaire !** the worry/trouble that this business has caused us! ◆ **qu'est-ce qui nous vaut l'honneur de cette visite ?** to what do we owe the honour of this visit? ◆ **l'incident lui a valu d'être accusé d'imprudence** the incident meant he was accused of carelessness ◆ **un bon rhume, c'est tout ce que ça lui a valu de sortir sous la pluie** all he got for going out in the rain was a bad cold ◆ **l'inaction ne lui vaut rien** it isn't good for him to remain inactive ◆ **ça ne lui a rien valu** it didn't do him any good

**3** **se valoir** VERBE PRONOMINAL

[= être équivalents] ◆ **ces deux candidats/méthodes se valent** there's not much to choose between the two applicants/methods, the two applicants/methods are of equal merit ◆ **aux échecs, nous nous valons** (en bien) we're just as good as each other at chess, we're equally good at chess; (en mal) we're both as bad as each other at chess ◆ **ça se vaut** * it's all the same ◆ **et pour le prix ? – ça se vaut** and pricewise? – there's hardly any difference

**Valois** [valwa] **nmpl** ◆ **les Valois** the Valois

**valorisant, e** [valɔʀizɑ̃, ɑ̃t] **adj** status-enhancing (épith) ◆ **des responsabilités valorisantes pour eux** (à leurs propres yeux) responsibilities that give them a sense of self-worth; (aux yeux des autres) responsibilities that give them a certain amount of prestige ◆ **tâches peu valorisantes** menial tasks ◆ **il est très attentionné avec moi, c'est très valorisant** he's very attentive with me, it makes me feel very worthwhile

**valorisation** [valɔʀizasjɔ̃] → SYN **nf** **a** (Écon, Fin) (= mise en valeur) [région, terrain, patrimoine] development; (= augmentation de la valeur) [produit, monnaie, titres] increase in value

**b** (= augmentation du mérite, du prestige) [diplôme, compétences] increased prestige; [profession, activité] improved status; [personne] improved standing; (Psych) self-actualization (SPÉC)

**c** (École) [déchets] recovering

**valoriser** [valɔʀize] → SYN ▸ conjug 1 ◂ **1** **vt** **a** (Écon, Fin) [+ région, patrimoine, capital] to develop; [+ produit, titre] to increase the value of ◆ **ces aménagements vont valoriser la maison** these improvements will increase the value of the house ◆ **le yen est fortement valorisé sur le marché des changes** the yen has risen sharply on the foreign exchange market

**b** (= donner plus de prestige à) [+ diplôme] to increase the prestige of; [+ personne] to increase the standing of; [+ profession] to enhance the status of ◆ **pour valoriser l'image de l'entreprise** to enhance the image of the company

**c** (École) [+ déchets] to recover

**d** (= évaluer la valeur de) [+ entreprise] to value

**2** **se valoriser** **vpr** [immeuble, monnaie, titres] to increase in value; [personne] to increase one's standing

**Valparaiso** [valpaʀezo] **n** Valparaiso

**valse** [vals] → SYN **nf** **a** (= danse, air) waltz ◆ **valse lente/viennoise** slow/Viennese waltz ◆ **valse musette** waltz *(to accordion accompaniment)* ◆ **"La Valse de l'empereur"** (Mus) "The Emperor Waltz"

**b** (fig = remplacement fréquent) **la valse des étiquettes** ou **des prix** constant price rises ◆ **la valse des ministres** ou **des portefeuilles** the ministerial musical chairs ◆ **valse-hésitation** pussyfooting * (NonC)

**valser** [valse] → SYN ▸ conjug 1 ◂ **vi** **a** (= danser) to waltz

**b** (*: LOC) **envoyer valser qch/qn** to send sth/sb flying ◆ **il est allé valser contre le mur** he went flying against the wall ◆ **faire valser l'argent** to spend money like water, throw money around ◆ **faire valser les étiquettes** ou **les prix** to jack up * the prices ◆ **faire valser les ministres/les employés** to play musical chairs with ministerial/staff posts

**valseur, -euse** [valsœʀ, øz] **1** **nm,f** (Danse) waltzer

**2** **valseuses** ** **nfpl** (= testicules) balls **

**valvaire** [valvɛʀ] **adj** valvular

**valve** [valv] **nf** (Bot, Élec, Tech, Zool) valve ◆ **valve cardiaque** heart valve

**valvé, e** [valve] **adj** valvate

**valvulaire** [valvylɛʀ] **adj** (Anat, Méd) valvular

**valvule** [valvyl] **nf** (Anat, Tech) valve; (Bot) valvule ◆ **valvule mitrale** mitral valve

**vamp** [vɑ̃p] → SYN **nf** vamp

**vamper** * [vɑ̃pe] ▸ conjug 1 ◂ **vt** to vamp

**vampire** [vɑ̃piʀ] → SYN **nm** **a** (= fantôme) vampire

**b** (fig, † = escroc) vampire, bloodsucker

**c** (Zool) vampire bat

**vampirique** [vɑ̃piʀik] **adj** vampiric

**vampiriser** [vɑ̃piʀize] ▸ conjug 1 ◂ **vt** (lit) to suck the blood of; (fig) to suck the lifeblood out of

**vampirisme** [vɑ̃piʀism] → SYN **nm** vampirism

**van¹** [vɑ̃] → SYN **nm** (= panier) winnowing basket

**van²** [van] → SYN **nm** (= véhicule) horse-box (Brit), horse trailer (US)

**vanadinite** [vanadinit] **nf** vanadinite

**vanadique** [vanadik] **adj** vanadic

**vanadium** [vanadjɔm] **nm** vanadium

**Vancouver** [vɑ̃kuvɛʀ] **n** Vancouver ◆ **l'île de Vancouver** Vancouver Island

**vanda** [vɑ̃da] **nf** vanda

**vandale** [vɑ̃dal] → SYN **1** **nmf** vandal; (Hist) Vandal

**2** **adj** vandal (épith); (Hist) Vandalic

**vandaliser** [vɑ̃dalize] ▸ conjug 1 ◂ **vt** to vandalize

**vandalisme** [vɑ̃dalism] → SYN **nm** vandalism ◆ **acte de vandalisme** act of vandalism ◆ **c'est du vandalisme !** it's vandalism!

**vandoise** [vɑ̃dwaz] **nf** dace, chub

**vanesse** [vanɛs] → SYN **nf** vanessa

**vanille** [vanij] **nf** (Bot, Culin) vanilla ◆ **crème/glace à la vanille** vanilla cream/ice cream

**vanillé, e** [vanije] **adj** sucre, thé vanilla (épith); parfum vanilla-scented

**vanillier** [vanije] **nm** vanilla plant

**vanilline** [vanilin] **nf** vanillin

**vanilliné, e** [vaniline] **adj** sucre flavoured with vanillin

**vanillon** [vanijɔ̃] **nm** vanillon

**vanité** [vanite] → SYN **nf** **a** (= fatuité) vanity, conceit ◆ **avoir la vanité de croire que ...** to be conceited enough to think that ... ◆ **il avait des petites vanités d'artiste** he had the little conceits of an artist ◆ **je le dis sans vanité** I say it with all due modesty ou without wishing to boast ◆ **tirer vanité de** to pride o.s. on ◆ **elle n'a jamais tiré vanité de sa beauté** she has never been conceited about her beauty ◆ **blesser qn dans sa vanité** to wound sb's pride ◆ **flatter la vanité de qn** to flatter sb's ego

**b** (littér) [paroles, promesse] emptiness, hollowness, vanity; [craintes, espoir, plaisirs] vanity, emptiness; [personne] shallowness, superficiality; [effort, tentative, attente] vanity, futility, fruitlessness; [regrets, discussion] vanity, uselessness ◆ **vanité, vanité, tout n'est que vanité** (Bible) vanity of vanities, all is vanity

**c** (Art) vanitas

**vaniteusement** [vanitøzmɑ̃] **adv** vainly, conceitedly

**vaniteux, -euse** [vanitø, øz] → SYN **1** **adj** vain, conceited

**2** **nm,f** vain ou conceited person

**vanity-case**, pl **vanity-cases** [vanitikɛz] **nm** vanity case

**vannage** [vanaʒ] **nm** (Agr) winnowing

**vanne** [van] → SYN **nf** **a** [écluse] (lock) gate, sluice (gate); [barrage, digue] floodgate, (sluice) gate; [moulin] (weir) hatch; [canalisation] gate ◆ **vanne thermostatique** (Aut) thermostat ◆ **ouvrir les vannes** (fig) (= laisser passer ou s'exprimer librement) to open the floodgates; (* = pleurer) to turn on the waterworks *

b (* = remarque) dig *, jibe ◆ **envoyer une vanne à qn** to have a dig at sb *, jibe at sb

**vanneau,** pl **vanneaux** [vano] nm peewit, lapwing ◆ **vanneau huppé** Northern lapwing

**vannelle** [vanɛl] nf [écluse] paddle

**vanner** [vane] → SYN ▸ conjug 1 ◂ vt a (Agr) to winnow

b (‡ = fatiguer) to do in *, knacker (out) ‡ (Brit) ◆ **je suis vanné** I'm dead-beat * ou knackered ‡ (Brit)

**vannerie** [vanʀi] → SYN nf (= métier) basketry, basketwork; (= objets) wickerwork, basketwork

**vanneur, -euse** [vanœʀ, øz] nm,f winnower

**vannier** [vanje] nm basket maker, basket worker

**vantail,** pl **-aux** [vɑ̃taj, o] → SYN nm [porte] leaf; [armoire] door ◆ **porte à double vantail** ou **à (deux) vantaux** stable door (Brit), Dutch door (US)

**vantard, e** [vɑ̃taʀ, aʀd] → SYN 1 adj boastful

2 nm,f boaster, braggart

**vantardise** [vɑ̃taʀdiz] → SYN nf (= caractère) boastfulness; (= action) boasting (NonC), bragging (NonC); (= propos) boast

**vanter** [vɑ̃te] → SYN ▸ conjug 1 ◂ 1 vt [+ personne] to praise, sing the praises of; [+ qualité, méthode, avantage] to speak highly of, praise, vaunt (frm) ◆ **vanter la marchandise** to peddle one's wares ◆ **film dont on vante les mérites** much-praised film

2 **se vanter** vpr a (= fanfaronner) to boast, brag ◆ **sans (vouloir) me vanter** without wishing to blow my own trumpet, without wishing to boast ou brag, I don't want to boast

b (= se targuer) **se vanter de** to pride o.s. on ◆ **se vanter d'avoir fait qch** to pride o.s. on having done sth ◆ **il se vante de (pouvoir) faire ...** he boasts he can ou will do ... ◆ **il ne s'en est pas vanté** (iro) he kept quiet about it ◆ **il n'y a pas de quoi se vanter** there's nothing to be proud of ou to boast about ◆ **et il s'en vante !** and he's proud of it!

**Vanuatu** [vanwatu] n Vanuatu

**va-nu-pieds** [vanypje] → SYN nmf inv (péj) tramp, beggar

**vapes** ‡ [vap] nfpl ◆ **tomber dans les vapes** to fall into a dead faint, pass out ◆ **être dans les vapes** (= évanoui) to be out for the count * ou out cold *; (= étourdi par un choc) to be woozy * ou in a daze; (= abruti par le travail) to be punch-drunk ou in a daze; (= distrait) to have one's head in the clouds

**vapeur** [vapœʀ] → SYN 1 nf a (littér = brouillard) haze (NonC), vapour (Brit) (NonC), vapor (US) (NonC)

b **vapeur (d'eau)** steam, (water) vapour (Brit) ou vapor (US) ◆ **vapeur atmosphérique** atmospheric vapour ◆ **à vapeur** (Tech) steam (épith) ◆ **repassage à la vapeur** steam-ironing ◆ **(cuit à la) vapeur** (Culin) steamed

c (Chim, Phys = émanation) vapour (Brit) (NonC), vapor (US) (NonC) ◆ **vapeurs** (nocives) fumes ◆ **vapeurs d'essence** petrol (Brit) ou gasoline (US) fumes ◆ **vapeur saturante** saturated vapour ◆ **vapeur sèche** dry steam

d († : gén pl) **vapeurs** (= malaises) vapours † ◆ **avoir ses vapeurs** (bouffées de chaleur) to have hot flushes (Brit) ou flashes (US, malaise) to have the vapours †

e (gén pl) **les vapeurs de l'ivresse/de la gloire** (= griserie) the heady fumes of intoxication/of glory

f (Loc) **aller à toute vapeur** [navire] to sail full steam ahead; (* fig) to go at full speed, go full steam ahead (fig); → **renverser**

2 nm (= bateau) steamship, steamer

**vapo** * [vapo] nm abrév de **vaporisateur**

**vapocraquage** [vapokʀakaʒ] nm steam reforming

**vapocraqueur** [vapɔkʀakœʀ] nm steam reformer

**vaporeusement** [vapɔʀøzmɑ̃] adv vaporously

**vaporeux, -euse** [vapɔʀø, øz] → SYN adj tissu, robe diaphanous, gossamer (épith) (littér); (littér) lumière, atmosphère hazy, misty, vaporous; nuage, cheveux gossamer (épith) (littér) ◆ **lointain vaporeux** (Art) sfumato background

**vaporisage** [vapɔʀizaʒ] nm (Tex) steaming

**vaporisateur** [vapɔʀizatœʀ] → SYN nm (à parfum) spray, atomizer; (Agr) spray; (Tech) vaporizer ◆ **parfum en vaporisateur** perfume in a spray bottle ou in an atomizer

**vaporisation** [vapɔʀizasjɔ̃] → SYN nf a [parfum, insecticide, surface] spraying ◆ **une vaporisation suffit** one spray is enough

b (Phys) vaporization

**vaporiser** [vapɔʀize] → SYN ▸ conjug 1 ◂ 1 vt a [+ parfum, insecticide, surface] to spray ◆ **vaporisez le produit sur la plaie** spray the product onto the wound

b (Phys) to vaporize

2 **se vaporiser** vpr (Phys) to vaporize

**vaquer** [vake] → SYN ▸ conjug 1 ◂ 1 **vaquer à** vt indir (= s'occuper de) to attend to, see to ◆ **vaquer à ses occupations** to attend to one's affairs, go about one's business

2 vi a († = être vacant) to stand ou be vacant

b (Admin = être en vacances) to be on vacation

**var** [vaʀ] nm var

**varan** [vaʀɑ̃] → SYN nm varanus

**varangue**[1] [vaʀɑ̃g] nf (Naut) floor plate

**varangue**[2] [vaʀɑ̃g] nf [maison] veranda(h)

**varappe** [vaʀap] nf (= sport) rock-climbing; (= ascension) (rock) climb ◆ **faire de la varappe** to go rock-climbing

**varapper** [vaʀape] ▸ conjug 1 ◂ vi to rock-climb

**varappeur, -euse** [vaʀapœʀ, øz] nm,f (rock-)climber

**varech** [vaʀɛk] → SYN nm wrack, kelp, varec

**vareuse** [vaʀøz] → SYN nf [pêcheur, marin] pea jacket; (d'uniforme) tunic; (de ville) jacket

**varia** [vaʀja] nmpl varia

**variabilité** [vaʀjabilite] → SYN nf a [temps, humeur] changeableness, variableness

b (Math, Sci) variability

**variable** [vaʀjabl] → SYN 1 adj a (= incertain) temps variable, changeable, unsettled; humeur changeable, variable; vent variable ◆ **le baromètre est au variable** the barometer is at or reads "change"

b (= susceptible de changements) montant, allocation, part variable; dimensions, modalités, formes adaptable, variable; (Math, Sci) grandeur, quantité, facteur variable; (Ling) forme, mot inflectional, inflected (épith) ◆ **à revenu variable** (Fin) variable yield (épith) ◆ **l'effet est (très) variable selon les individus** the effect varies (greatly) from person to person ou according to the individual ◆ **mot variable en genre** word that is inflected ou marked for gender; → **foyer, géométrie**

c (au pl = varié) résultats, réactions varied, varying (épith)

2 nf (Chim, Ling, Math, Phys, Stat) variable ◆ **variable aléatoire/continue/discrète** random/continuous/discrete variable ◆ **variable entière/numérique** (Ordin) integer/numeric variable

**variance** [vaʀjɑ̃s] nf (Sci) variance

**variante** [vaʀjɑ̃t] → SYN nf (gén) variant (*de* of), variation (*de* on); (Ling, Littérat) variant (*de* of)

**variateur** [vaʀjatœʀ] nm ◆ **variateur de vitesse** speed variator ◆ **variateur (de lumière)** dimmer

**variation** [vaʀjasjɔ̃] → SYN nf a (= écart, changement) variation (*de* in) ◆ **les variations de (la) température** variations in (the) temperature, temperature variations ◆ **variations climatiques** climatic ou climate variations ◆ **les variations orthographiques/phonétiques au cours des siècles/selon les régions** spelling/phonetic variations ou variants throughout the centuries/from region to region ◆ **les variations du mode de vie au cours des siècles** the changes in life-style through the centuries ◆ **corrigé des variations saisonnières** (Écon) seasonally adjusted, adjusted for seasonal variations ◆ **variations monétaires** currency fluctuations ◆ **variations hormonales** hormonal fluctuations ◆ **variations d'humeur** mood swings ◆ **les variations de l'opinion** swings ou changes in public opinion ◆ **subir** ou **connaître de fortes variations** to vary ou fluctuate considerably

b (Mus) variation ◆ **variations pour piano** variations for piano ◆ **variations sur un thème connu** (hum) variations on the same old theme ou on a well-worn theme

**varice** [vaʀis] nf (Méd) varicose vein, varix (SPÉC); → **bas**[2]

**varicelle** [vaʀisɛl] nf chickenpox, varicella (SPÉC)

**varicocèle** [vaʀikɔsɛl] nf varicocele

**varicosité** [vaʀikɔzite] nf varicosity

**varié, e** [vaʀje] → SYN (ptp de **varier**) adj a (= non monotone) style, existence, paysage varied, varying (épith); programme, menu (= qu'on change souvent) varying (épith); (= diversifié) varied ◆ **un travail très varié** a very varied job ◆ **en terrain varié** (Mil) on irregular terrain ◆ **air varié** (Mus) theme with ou and variations

b (littér = non uni) tissu, couleur variegated

c (= divers) résultats various, varying (épith), varied; produits, sujets, objets various ◆ **hors-d'œuvre variés** selection of hors d'œuvres, hors d'œuvres variés ◆ **avoir recours à des arguments variés** to use various arguments ◆ **on rencontre les opinions les plus variées** you come across the most varied ou diverse opinions on the subject

**varier** [vaʀje] → SYN ▸ conjug 7 ◂ 1 vi a (= changer) to vary, change ◆ **faire varier une fonction** (Math) to vary a function ◆ **pour varier un peu** for a bit of a change, for a bit of variety

b (= différer) to vary ◆ **son témoignage n'a pas varié** he stuck to his story ◆ **ma réponse ne variera pas** I will not change my reply ◆ **les prix varient de 15 à 25 €/entre 15 et 25 €** prices vary from €15 to €25/between €15 and €25 ◆ **le taux peut varier du simple au double** rates can vary by as much as 100% ◆ **les tarifs varient selon les pays** prices vary from country to country ◆ **le dosage varie en fonction de l'âge et du poids** the dose varies according to age and weight

c (Ling) [mot, forme] to be inflected ◆ **ce mot varie en genre et en nombre** this word inflects in gender and number

d (= changer d'opinion) **ils varient souvent dans leurs opinions sur ...** their opinions often vary on the subject of ... ◆ **elle n'a jamais varié sur ce point** she has never changed her opinion on that

2 vt a [+ style, vie] (= changer) to vary; (= rendre moins monotone) to vary, lend ou give variety to ◆ **pour varier les plaisirs** (iro) just for a pleasant change (iro) ◆ **elle variait souvent sa coiffure/le menu** she often changed her hair style/the menu

b (= diversifier) [+ thèmes, produits] to vary, diversify

**variétal, e,** mpl **-aux** [vaʀjetal, o] adj varietal

**variété** [vaʀjete] → SYN 1 nf a (= diversité) variety ◆ **étonné par la grande variété des produits/opinions** surprised at the great variety ou the wide range of products/opinions ◆ **aimer la variété** to like variety ◆ **variété des langues** language variety

b (Bot, Zool) variety; (= aspect, forme) variety, type ◆ **il cultive exclusivement cette variété de rose** he only grows this variety of rose ◆ **on y rencontrait toutes les variétés de criminels/de costumes** there you could find every possible variety ou type of criminal/of costume

2 **variétés** nfpl (Littérat) miscellanies; (Music hall) variety show; (Radio, TV = musique) light music (NonC) ◆ **émission/spectacle/théâtre de variétés** variety programme/show/hall

**variole** [vaʀjɔl] → SYN nf smallpox, variola (SPÉC)

**variolé, e** [vaʀjɔle] adj pockmarked

**varioleux, -euse** [vaʀjɔlø, øz] 1 adj suffering from smallpox, variolous (SPÉC)

2 nm smallpox case, patient suffering from smallpox

**variolique** [vaʀjɔlik] adj smallpox (épith), variolous (SPÉC)

**variomètre** [vaʀjɔmɛtʀ] nm variometer

**variqueux, -euse** [vaʀikø, øz] adj ulcère varicose

**varlope** [vaʀlɔp] nf trying-plane

**varloper** [vaʀlɔpe] ▸ conjug 1 ◂ vt to plane (down)

**Varsovie** [vaʀsɔvi] n Warsaw

**Varuna** [vaʀuna] nm Varuna

**varus** [vaʀys] [1] adj varus

[2] nm talipes varus

**varve** [vaʀv] nf varve

**vasculaire** [vaskylɛʀ] adj (Anat, Bot) vascular ◆ **système vasculaire sanguin** blood-vascular system

**vascularisation** [vaskylaʀizasjɔ̃] nf (= processus) vascularization; (= réseau) vascularity

**vascularisé, e** [vaskylaʀize] adj vascular

**vase**[1] [vɑz] → SYN [1] nm (à fleurs, décoratif) vase, bowl ◆ **en vase clos** vivre, croître in isolation, cut off from the world, in seclusion; étudier, discuter behind closed doors ◆ **taillé en vase** (Hort) cut in the shape of a vase, vase-shaped; → **goutte**

[2] COMP ▷ **vases communicants** communicating vessels ▷ **vase d'expansion** (Aut) expansion bottle ou tank ▷ **le vase de Mariotte** Mariotte's bottle ou flask ▷ **vase de nuit** chamber(pot) ▷ **vases sacrés** (Rel) sacred vessels

**vase**[2] [vɑz] → SYN nf (= boue) silt, mud, sludge *(on riverbed)*

**vasectomie** [vazɛktɔmi] nf vasectomy

**vaseline** [vaz(ə)lin] → SYN nf Vaseline ®, petroleum jelly

**vaseliner** [vaz(ə)line] ▸ conjug 1 ◂ vt to put Vaseline ® ou petroleum jelly on

**vaseux, -euse** [vɑzø, øz] → SYN adj **a** (= boueux) muddy, silty, sludgy

**b** (* = fatigué) in a daze ◆ **je me sens un peu vaseux** I'm in a bit of a daze, I feel a bit out of it *

**c** * (= confus) raisonnement woolly, muddled; explication muddled; (= médiocre) astuce, plaisanterie pathetic *, lousy *

**vasière** [vɑzjɛʀ] nf [marais salant] tidal reservoir; (= fonds vaseux) (tidal) mud flats; (= parc à moules) mussel bed

**vasistas** [vazistɑs] → SYN nm [porte] (opening) window, fanlight; [fenêtre] fanlight

**vasoconstricteur** [vazokɔ̃stʀiktœʀ] [1] adj m vasoconstrictor (épith)

[2] nm vasoconstrictor

**vasoconstriction** [vazokɔ̃stʀiksjɔ̃] nf vasoconstriction

**vasodilatateur** [vazodilatatœʀ] [1] adj m vasodilator (épith)

[2] nm vasodilator

**vasodilatation** [vazodilatasjɔ̃] nf vasodil(at)ation

**vasomoteur, -trice** [vazomɔtœʀ, tʀis] adj vasomotor (épith)

**vasopressine** [vazopʀesin] nf vasopressin, antidiuretic hormone, ADH

**vasouillard, e** * [vazujaʀ, aʀd] adj personne in a daze; raisonnement woolly, muddled; explication muddled

**vasouiller** * [vazuje] ▸ conjug 1 ◂ vi [personne] to flounder; [opération, affaire] to struggle along, limp along

**vasque** [vask] → SYN nf (= bassin, lavabo) basin; (= coupe) bowl

**vassal, e,** mpl **-aux** [vasal, o] → SYN nm,f (Hist, fig) vassal

**vassaliser** [vasalize] ▸ conjug 1 ◂ vt [+ pays] to reduce to the status of a vassal state

**vassalité** [vasalite] → SYN nf, **vasselage** [vaslaʒ] nm (Hist, fig) vassalage

**vaste** [vast] → SYN adj **a** surface, édifice, salle vast, immense, enormous, huge; vêtement huge, enormous; organisation, groupement vast, huge ◆ **à la tête d'un vaste empire industriel** at the head of a vast ou huge industrial empire ◆ **de par le vaste monde** throughout the whole wide world

**b** connaissances, érudition, ambitions vast, immense; génie, culture immense; domaine, sujet wide(-ranging), huge, vast; problème wide-ranging, far-reaching ◆ **un homme d'une vaste culture** an extremely cultured man, a man of immense learning, a highly cultured man ◆ **ce sujet est trop vaste** this subject is far too wide(-ranging) ou vast

**c** (*: intensif) **c'est une vaste rigolade** ou **plaisanterie** ou **fumisterie** (intensif) it's a huge ou an enormous joke

**vastitude** [vastityd] → SYN nf (littér) vastness

**va-t-en-guerre** [vatɑ̃gɛʀ] nm inv warmonger

**Vatican** [vatikɑ̃] nm ◆ **le Vatican** the Vatican

**vaticane** [vatikan] adj f politique, bibliothèque, grottes Vatican

**vaticinateur, -trice** [vatisinatœʀ, tʀis] → SYN nm,f (littér) vaticinator (frm, littér)

**vaticination** [vatisinasjɔ̃] → SYN nf (littér) vaticination (frm, littér) ◆ **vaticinations** (péj) pompous predictions ou prophecies

**vaticiner** [vatisine] → SYN ▸ conjug 1 ◂ vi (littér = prophétiser) to vaticinate (frm) (littér); (péj) to make pompous predictions ou prophecies

**va-tout** [vatu] nm inv ◆ **jouer son va-tout** to stake ou risk one's all

**vauchérie** [voʃeʀi] nf vaucheria

**Vaud** [vo] nm ◆ **le canton de Vaud** the canton of Vaud

**vaudeville** [vod(ə)vil] → SYN nm vaudeville, light comedy ◆ **ça tourne au vaudeville** it's turning into a farce

**vaudevillesque** [vod(ə)vilɛsk] adj vaudeville (épith); (fig) farcical

**vaudevilliste** [vod(ə)vilist] nm writer of vaudeville

**vaudois, e** [vodwa, waz] [1] adj (Hist) Waldensian; (Géog) Vaudois, of ou from the canton of Vaud

[2] nm,f (Hist) Waldensian ◆ **Vaudois(e)** (Géog) Vaudois

**vaudou** [vodu] [1] nm ◆ **le (culte du) vaudou** voodoo

[2] adj inv voodoo (épith)

**vau-l'eau** [volo] **à vau-l'eau** loc adv (lit) with the stream ou current ◆ **aller** ou **s'en aller à vau-l'eau** (fig) to be on the road to ruin, go to the dogs * ◆ **voilà tous mes projets à vau-l'eau !** there are all my plans in ruins! ou down the drain! *

**vaurien, -ienne** [voʀjɛ̃, jɛn] → SYN [1] nm,f (= voyou) good-for-nothing; (= garnement) little devil * ◆ **petit vaurien !** little devil! *

[2] nm (Naut) small yacht ou sailing boat

**vautour** [votuʀ] → SYN nm (Zool, fig) vulture

**vautrait** [votʀɛ] → SYN nm pack of hounds *(for wild boar hunting)*

**vautrer (se)** [votʀe] → SYN ▸ conjug 1 ◂ vpr **a** (= se rouler) to wallow ◆ **se vautrer dans** [+ boue, vice, obscénité, oisiveté] to wallow in ◆ **se vautrer dans la fange** (fig littér) to wallow in the mire

**b** (= s'avachir) **se vautrer dans un fauteuil** to loll ou slouch in an armchair ◆ **se vautrer sur** [+ tapis, canapé] to sprawl on ◆ **vautré à plat ventre** ou **par terre** sprawling ou sprawled (flat) on the ground ◆ **vautré dans l'herbe/sur le tapis** sprawling ou sprawled in the grass/on the carpet

**c se vautrer à un examen** * (= le rater) to fall flat on one's face in an exam

**vauvert** [vovɛʀ] → **diable**

**vaux** [vo] nmpl → **val**

**vavasseur** [vavasœʀ] nm vavas(s)or, vavasour

**va-vite** [vavit] **à la va-vite** * loc adv in a rush ou hurry ◆ **faire qch à la va-vite** to rush sth, do sth in a rush ou hurry

**VDQS** (abrév de **vin délimité de qualité supérieure**) VDQS *(label guaranteeing quality and origin of wine)*

> **VDQS**
>
> **VDQS**, on a bottle of French wine, indicates that it contains wine from an approved regional vineyard. It is the second highest French wine classification after "AOC", and is followed by "vin de pays". Unlike the previous categories, "vin de table" or "vin ordinaire" is table wine of unspecified origin, and is often blended. → AOC

**veau,** pl **veaux** [vo] → SYN nm **a** (Zool) calf ◆ **veau marin** seal ◆ **le Veau d'or** (Bible) the golden calf ◆ **adorer le Veau d'or** to worship Mammon ◆ **tuer le veau gras** to kill the fatted calf ◆ **veau de lait** ou **(élevé) sous la mère** suckling calf; → **pleurer**

**b** (Culin) veal ◆ **escalope/côte de veau** veal escalope/chop ◆ **foie/pied/tête de veau** calf's liver/foot/head ◆ **rôti de veau** roast veal; → **marengo**

**c** (= cuir) calfskin; → **velours**

**d** (*: péj) (= personne) sheep; (= cheval) nag (péj); (= automobile) tank * (péj)

**vécés** * [vese] nmpl ◆ **les vécés** the toilet

**vecteur** [vɛktœʀ] → SYN [1] adj m ◆ (Astron, Géom) **rayon vecteur** radius vector

[2] nm (Math) vector; (Mil = véhicule) carrier; (Bio) [virus] carrier, vector (SPEC); (fig) vehicle, medium ◆ **vecteur glissant** (Math) sliding vector ◆ **les médias, vecteurs de l'information** the media, conveyor ou carrier of information

**vectoriel, -elle** [vɛktɔʀjɛl] adj espace, produit, fonction, image, écran vector (épith) ◆ **calcul vectoriel** vector analysis

**vectoriser** [vɛktɔʀize] ▸ conjug 1 ◂ vt (Ordin) to vectorize

**vécu, e** [veky] (ptp de **vivre**) [1] adj histoire, aventure real(-life) (épith), true(-life) (épith); roman real-life (épith), based on fact (attrib); (Philos) temps, durée lived ◆ **échec mal vécu** failure that is hard to come to terms with ◆ **un licenciement mal vécu peut mener à une dépression** redundancy can lead to depression if the person cannot come to terms with it

[2] nm (Philos) ◆ **le vécu** real life ◆ **ce que le lecteur veut, c'est du vécu** what the reader wants is real-life ou actual experience

**Véda** [veda] nm Veda

**vedettariat** [vədetaʀja] nm (= état) stardom; (= vedettes) stars

**vedette** [vədɛt] → SYN nf **a** (= artiste, personnage en vue) star ◆ **les vedettes de l'écran/du cinéma** screen/film stars ◆ **une vedette de la politique** a leading figure ou a big name in politics ◆ **joueur vedette** star ou top player ◆ **mannequin vedette** top model ◆ **présentateur vedette** star presenter ◆ **produit-vedette** (fig) leading product, flagship product ◆ **l'émission vedette d'une chaîne** the flagship (programme) of a channel ◆ **valeurs** ou **titres vedettes** (Bourse) leaders ◆ **(mot) vedette** (dictionnaire) headword, entry word (US)

**b** (Ciné, Théât = première place) **avoir la vedette** to top the bill, have star billing ◆ **avoir** ou **tenir la vedette (de l'actualité)** (fig) to be in the spotlight, make the headlines ◆ **pendant toute la soirée, il a eu la vedette** (fig) he was in the limelight ou was the centre of attraction all evening ◆ **avec, en vedette, Lulu** film, pièce starring Lulu; concert, gala with Lulu as top of the bill ◆ **mettre qn en vedette** (Ciné, Théât) to give sb star billing; (fig) to push sb into the limelight, put the spotlight on sb ◆ **partager la vedette avec qn** (Ciné, Théât) to share star billing with sb, top the bill alongside sb; (fig) to share the limelight ou spotlight with sb ◆ **il passe en vedette américaine** he's the support (act) ◆ **ravir la vedette à qn** (fig) to steal the show from sb ◆ **jouer les vedettes** * to act like a star

**c** (= embarcation) launch; (Mil) patrol boat; (= munie de canons) gun boat ◆ **vedette lance-torpilles** motor torpedo boat ◆ **vedette lance-missiles** missile-carrying launch

**d** (†† Mil = guetteur) sentinel

**vedettisation** [vədetizasjɔ̃] nf ◆ **la vedettisation de qn** pushing sb into the limelight, putting the spotlight on sb

**védique** [vedik] adj, nm Vedic

**védisme** [vedism] nm Vedaism

**Véga** [vega] nf Vega

**végétal, e,** mpl **-aux** [veʒetal, o] → SYN [1] adj graisses, teintures, huiles vegetable (épith); biologie, histologie, fibres, cellules plant (épith); sol rich in humus; ornementation plant-like; → **règne**

[2] nm vegetable, plant

**végétalien, -ienne** [veʒetaljɛ̃, jɛn] → SYN adj, nm,f vegan

**végétalisme** [veʒetalism] nm veganism

**végétarien, -ienne** [veʒetaʀjɛ̃, jɛn] adj, nm,f vegetarian

**végétarisme** [veʒetaʀism] nm vegetarianism

**végétatif, -ive** [veʒetatif, iv] → SYN adj (Bot, Physiol) vegetative ◆ **vie végétative** (Méd) vegetative life; (fig péj) vegetable-like existence

**végétation** [veʒetasjɔ̃] → SYN nf **a** (Bot) vegetation

**b** (Méd) **végétations (adénoïdes)** adenoids ◆ **se faire opérer des végétations** to have one's adenoids removed ou out *

**végéter** [veʒete] → SYN ▸ conjug 6 ◂ vi **a** (péj) [personne] to vegetate; [affaire] to stagnate

**b** (Agr) (= être chétif) to grow poorly, be stunted; (†† = pousser) to grow, vegetate

**véhémence** [veemɑ̃s] → SYN nf (littér) vehemence ◆ **la véhémence de ses propos** the vehemence of his words ◆ **avec véhémence** protester, refuser, dénoncer vehemently ◆ **plaider avec véhémence en faveur de** ou **pour qch** to make a passionate plea for sth

**véhément, e** [veemɑ̃, ɑ̃t] → SYN adj (littér) vehement ◆ **d'un ton véhément** vehemently

**véhémentement** [veemɑ̃tmɑ̃] adv (littér) vehemently

**véhiculaire** [veikylɛʀ] adj (Ling) ◆ **langue véhiculaire** lingua franca, common language

**véhicule** [veikyl] → SYN nm **a** (= moyen de transport, agent de transmission) vehicle ◆ **véhicule automobile/utilitaire/industriel** motor/commercial/industrial vehicle ◆ **véhicule spatial** spacecraft

**b** (fig) vehicle, medium ◆ **le langage est le véhicule de la pensée** language is the vehicle ou medium of thought

**c** (Rel) **petit/grand véhicule** Hinayana/Mahayana Buddhism

**d** (Pharm) vehicle

**véhiculer** [veikyle] → SYN ▸ conjug 1 ◂ vt [+ marchandises, troupes] to convey, transport; [+ substance, idées] to convey, serve as a vehicle for; [+ information, images] to convey; [+ virus] to carry

**veille** [vɛj] → SYN nf **a** (= état) wakefulness; (= période) period of wakefulness ◆ **en état de veille** in a waking state, awake ◆ **entre la veille et le sommeil** between waking and sleeping ◆ **nuit de veille** (sans dormir) sleepless night ◆ **en veille** machine, ordinateur in sleep mode

**b** (= garde) (night) watch ◆ **homme de veille** (night) watch ◆ **prendre la veille** to take one's turn on watch ◆ **nuit de veille** (en montant la garde) night on watch; (auprès d'un malade) all-night vigil ◆ **faire de la veille technologique** to monitor technological development

**c** (= jour précédent) **la veille** the day before ◆ **la veille au soir** the previous evening, the night ou evening before ◆ **la veille de Pâques/de l'examen** the day before Easter/the exam ◆ **la veille de Noël/du jour de l'an** Christmas/New Year's Eve ◆ **la veille de sa mort** on the eve of his death, on the day before his death; → **demain**

**d** (fig) **à la veille de** [+ guerre, révolution] on the eve of ◆ **tu es à la veille de commettre une grave injustice/une grosse erreur** you are on the brink ou verge of committing a grave injustice/of making a big mistake ◆ **ils étaient à la veille d'être renvoyés/de manquer de vivres** they were on the point of being dismissed/of running out of supplies

**veillée** [veje] → SYN nf **a** (= période) evening *(spent in company)*; (= réunion) evening gathering ou meeting ◆ **faire une veillée autour d'un feu de camp** to spend the evening around a campfire ◆ **il se souvient de ces veillées d'hiver** he remembers those winter evening gatherings ◆ **veillée d'armes** (Hist) knightly vigil ◆ **il régnait une ambiance de veillée d'armes** it felt like the night before a battle

**b** [malade] vigil ◆ **veillée funèbre** wake, funeral vigil ◆ **veillée pascale** Easter vigil ◆ **veillée de prières** prayer vigil

**veiller** [veje] → SYN ▸ conjug 1 ◂ **1** vi **a** (= ne pas se coucher) to stay up, sit up ◆ **veiller tard** to stay ou sit up late ◆ **veiller au chevet d'un malade** to sit up ou keep a vigil at the bedside of a sick person ◆ **veiller auprès du mort** to keep watch ou vigil over the body

**b** (= être de garde) to be on watch; (= rester vigilant) to be watchful, be vigilant

**c** (= être en état de veille) to be awake

**d** (= faire la veillée) to spend the evening in company

**2** vt [+ mort, malade] to watch over, sit up with ◆ **on veille les morts ici !** (fig) it's pitch dark in here!

**3** vt indir **a** **veiller à** [+ intérêts, approvisionnement] to attend to, see to, look after ◆ **veiller au bon fonctionnement d'une machine** to make sure a machine is working properly ◆ **veiller à ce que ...** to see to it that ..., make sure that ... ◆ **veillez à ce que tout soit prêt** make sure that ou ensure that everything is ready ◆ **veiller au grain** (fig) to keep an eye open for trouble ou problems, look out for squalls (fig)

**b** **veiller sur** [+ personne, santé, bonheur de qn] to watch over, keep a watchful eye on; [+ trésor, lieu] to watch over, guard

**veilleur** [vɛjœʀ] → SYN nm **a** **veilleur (de nuit)** (night) watchman

**b** (Mil) look-out

**veilleuse** [vɛjøz] → SYN nf **a** (= lampe) night light; (Aut) sidelight ◆ **mettre en veilleuse** [+ lampe] to dim; [+ projet] to put on the back burner ◆ **mettre ses phares** ou **se mettre en veilleuses** (Aut) (= allumer) to put one's sidelights on; (= baisser) to switch to sidelights ◆ **mets-la en veilleuse !** ‡ (= tais-toi !) shut your face! ‡, put a sock in it! * (Brit); (= du calme !) cool it! ‡

**b** (= flamme) pilot light

**veinard, e** * [vɛnaʀ, aʀd] → SYN **1** adj lucky, jammy ‡ (Brit)

**2** nm,f lucky devil * ou dog *, jammy so-and-so ‡ (Brit)

**veine** [vɛn] → SYN nf **a** (Anat) vein ◆ **veine coronaire/pulmonaire** coronary/pulmonary vein ◆ **veine cave** vena cava ◆ **veine porte** portal vein; → **ouvrir, saigner, sang**

**b** (= nervure) vein; (= filon) [houille] seam, vein; [minerai non ferreux] vein; [minerai de fer] lode, vein

**c** (fig = inspiration) inspiration ◆ **veine poétique/dramatique** poetic/dramatic inspiration ◆ **sa veine est tarie** his inspiration has dried up ◆ **de la même veine** in the same vein ◆ **être en veine** to be inspired ◆ **être en veine de patience/bonté/confidences** to be in a patient/benevolent/confiding mood ou frame of mind

**d** ( * = chance) luck ◆ **c'est une veine** that's a bit of luck, what a bit of luck ◆ **c'est une veine que ...** it's lucky that ... ◆ **un coup de veine** a stroke of luck ◆ **pas de veine !** hard ou bad ou rotten * luck! ◆ **avoir de la veine** to be lucky ◆ **il n'a pas de veine** (dans la vie) he has no luck; (aujourd'hui) he's out of luck ◆ **ce type a de la veine** that fellow's a lucky devil * ou dog * ◆ **avoir une veine de cocu** ‡ ou **pendu** * to have the luck of the devil * ◆ **il a eu de la veine aux examens** he was lucky ou in luck at the exams, his luck was in at the exams ◆ **il n'a pas eu de veine aux examens** he was unlucky in the exams, his luck was out at the exams ◆ **c'est bien ma veine !** (iro) that's just my luck!

**veiné, e** [vene] → SYN (ptp de **veiner**) adj **a** bras, peau veined, veiny ◆ **bras à la peau veinée** arm with the veins apparent on the skin

**b** bois grained; marbre veined ◆ **marbre veiné de vert** marble with green veins, green-veined marble

**veiner** [vene] ▸ conjug 1 ◂ vt (aspect du bois) to grain; (aspect du marbre) to vein ◆ **les stries qui veinent le marbre** the veins that can be seen in marble ◆ **les nervures qui veinent une feuille** the pattern of veins on a leaf

**veineux, -euse** [vɛnø, øz] adj **a** système, sang venous

**b** bois grainy; marbre veined

**veinule** [venyl] nf (Anat) veinlet, venule (SPÉC); (Bot) venule

**veinure** [venyʀ] nf [bois] graining; [pierre] veining ◆ **la veinure du marbre** the veins ou veining of the marble

**vêlage** [vɛlaʒ] nm (Géog, Zool) calving

**vélaire** [velɛʀ] adj, nf ◆ **(consonne/voyelle) vélaire** velar (consonant/vowel)

**vélani** [velani] nm valonia oak

**vélar** [velaʀ] nm hedge mustard

**vélarisation** [velaʀizasjɔ̃] nf velarization

**vélariser** [velaʀize] ▸ conjug 1 ◂ vt to velarize

**velarium, vélarium** [velaʀjɔm] nm velarium

**velche** [vɛlʃ] nmf (Helv) French-speaking Swiss

**Velcro ®** [vɛlkʀo] nm Velcro ® ◆ **bande/fermeture Velcro** Velcro strip/fastening

**veld(t)** [vɛlt] nm veld(t)

**vêlement** [vɛlmɑ̃] nm ⇒ **vêlage**

**vêler** [vele] ▸ conjug 1 ◂ vi to calve

**vélie** [veli] nf water cricket

**vélin** [velɛ̃] nm (= peau) vellum ◆ **(papier) vélin** vellum (paper)

**véliplanchiste** [veliplɑ̃ʃist] nmf windsurfer

**vélique** [velik] adj sails (épith) ◆ **point vélique** centre of effort

**vélite** [velit] nm (Hist) velite

**vélivole** [velivɔl] **1** adj gliding (épith)

**2** nmf glider pilot

**velléitaire** [veleitɛʀ] → SYN **1** adj irresolute, indecisive, wavering (épith)

**2** nmf waverer

**velléité** [veleite] → SYN nf vague desire, vague impulse ◆ **ces mesures ont découragé toute velléité de changement** these measures have discouraged any thought of change ◆ **il a des velléités de carrière littéraire** he has a vague desire to take up a literary career

**vélo** [velo] → SYN nm bike, cycle ◆ **vélo de course** racing bike ou cycle, racer ◆ **vélo d'appartement** exercise bike ◆ **vélo tout-chemin** hybrid bike ◆ **vélo tout-terrain** mountain bike ◆ **faire du vélo tout-terrain** to go mountain-biking ◆ **vélo-cross** (= sport) stunt-riding; (= vélo) stunt bike ◆ **faire du vélo-cross** to go stunt-riding ◆ **être à** ou **en vélo** to be on a bike ◆ **venir à** ou **en vélo** to come by bike ou on a bike ◆ **il sait faire du vélo** he can ride a bike ◆ **je fais beaucoup de vélo** I cycle a lot, I do a lot of cycling ◆ **on va faire un peu de vélo** we're going out (for a ride) on our bikes ◆ **à cinq ans, il allait déjà à vélo** he could already ride a bike at five ◆ **on y va à** ou **en vélo ?** shall we go by bike? ou on our bikes?, shall we cycle there? ◆ **il a un (petit) vélo dans la tête** * he's got a screw loose *, he isn't all there *

**véloce** [velɔs] → SYN adj (littér) swift, fleet (littér)

**vélocimétrie** [velɔsimetʀi] nf velocimetry ◆ **vélocimétrie Doppler** Doppler's method

**vélocipède** †† [velɔsipɛd] nm velocipede

**vélocité** [velɔsite] → SYN nf **a** (Mus) nimbleness, swiftness ◆ **exercices de vélocité** five-finger exercises

**b** (Tech) velocity; (littér = vitesse) swiftness, fleetness (littér)

**vélodrome** [velodʀom] nm velodrome

**vélomoteur** [velɔmɔtœʀ] → SYN nm moped

**vélomotoriste** [velɔmɔtɔʀist] nmf moped rider

**vélopousse** nm, **vélo-pousse** [velopus] nm inv bicycle rickshaw

**véloski** [veloski] nm skibob

**velot** [vəlo] nm (= veau) stillborn calf; (= peau) (stillborn) calfskin

**velours** [v(ə)luʀ] → SYN nm **a** (= tissu) velvet ◆ **velours de coton/de laine** cotton/wool velvet ◆ **velours côtelé** ou **à côtes** corduroy, cord ◆ **velours frappé** crushed velvet ◆ **il joue sur du velours** (fig) he's sitting pretty *; → **main**

**b** (= velouté) velvet ◆ **le velours de la pêche** the bloom of the peach ◆ **le velours de sa joue** the velvety texture of her cheek, her velvet(y) cheek ◆ **voix/yeux/peau de velours** velvet(y) voice/eyes/skin ◆ **ce potage/cette crème est un vrai velours** this soup/this cream dessert is velvety-smooth ◆ **agneau/veau velours** (lambskin)/(calfskin) suede; → **œil, patte**[1]

**velouté, e** [vəlute] → SYN (ptp de **velouter**) **1** adj **a** (Tex) brushed; (à motifs) with a raised velvet pattern

**b** (= doux) joues velvet (épith), velvety, velvet-smooth; pêche velvety, downy; crème, potage, vin smooth, velvety; lumière, regard soft, mellow; voix velvet-smooth, mellow

**2** nm **a** (= douceur) [joues] smoothness; [pêche] smoothness, downiness; [lumière, regard] softness; [voix] mellowness

**b** (Culin) (= sauce) velouté sauce; (= potage) velouté ◆ **velouté de tomates/d'asperges** cream of tomato/asparagus soup

**veloutement** [vəlutmɑ̃] nm (= aspect) velvety appearance, velvetiness

**velouter** [vəlute] ▸ conjug 1 ◂ 1 vt a [+ papier] to put a velvety finish on

b [+ joues, pêche] to give a velvet(y) texture to; [+ vin, crème, potage] to make smooth; [+ lumière, regard] to soften, mellow; [+ voix] to mellow ◆ **le duvet qui veloutait ses joues** the down that gave a velvet softness to her cheeks

2 **se velouter** vpr [joues, pêche] to take on a velvety texture; [regard] to soften; [voix] to mellow

**velouteux, -euse** [vəlutø, øz] adj velvet-like, velvety

**veloutier** [vəlutje] nm velvet weaver

**veloutine** [vəlutin] nf velveteen

**Velpeau ®** [vɛlpo] nm → **bande**[1]

**velu, e** [vəly] → SYN adj main hairy; plante hairy, villous (SPÉC)

**velum, vélum** [veləm] nm canopy

**Vélux ®** [velyks] nm skylight, Velux window ®

**velvote** [vɛlvɔt] nf toadflax, butter-and-eggs

**venaison** [vənɛzɔ̃] → SYN nf venison

**vénal, e,** mpl **-aux** [venal, o] → SYN adj a personne venal, mercenary; activité, amour venal

b (Hist) office venal; → **valeur**

**vénalité** [venalite] → SYN nf venality

**vendable** [vɑ̃dabl] → SYN adj saleable, marketable ◆ **ces produits seront difficilement vendables** these products will be difficult to sell

**vendange** [vɑ̃dɑ̃ʒ] → SYN nf (parfois pl = récolte) wine harvest, grape harvest ou picking; (= raisins récoltés) grapes (harvested), grape crop; (gén pl = période) grape harvest ou picking (time) ◆ **pendant les vendanges** during the grape harvest ou picking (time) ◆ **faire la vendange** ou **les vendanges** to harvest ou pick the grapes ◆ **vendange tardive** late harvest

**vendangeoir** [vɑ̃dɑ̃ʒwaʀ] nm grape-picker's basket

**vendanger** [vɑ̃dɑ̃ʒe] ▸ conjug 3 ◂ 1 vt [+ vigne] to gather ou pick ou harvest grapes from; [+ raisins] to pick, harvest

2 vi (= faire la vendange) to pick ou harvest the grapes; (= presser le raisin) to press the grapes

**vendangeur, -euse** [vɑ̃dɑ̃ʒœʀ, øz] → SYN 1 nm,f grape-picker

2 **vendangeuse** nf (= machine) grape harvester; (Bot) aster

**Vendée** [vɑ̃de] nf ◆ **la Vendée** the Vendée ◆ **les guerres de Vendée** *pro-royalist uprising in the Vendée during the French revolution*

**vendéen, -enne** [vɑ̃deɛ̃, ɛn] → SYN 1 adj of ou from the Vendée

2 **Vendéen(ne)** nm,f inhabitant ou native of the Vendée

**vendémiaire** [vɑ̃demjɛʀ] nm Vendémiaire *(1st month of French Republican calendar)*

**venderesse** [vɑ̃dʀɛs] nf (Jur) vendor

**vendetta** [vɑ̃deta] → SYN nf vendetta

**vendeur, -euse** [vɑ̃dœʀ, øz] → SYN 1 nm a (dans un magasin) shop assistant (Brit), salesclerk (US); (dans un grand magasin) sales assistant, salesman, shop assistant (Brit) ◆ **"cherchons 2 vendeurs, rayon librairie"** "2 sales assistants required for our book department"

b (= marchand) seller, salesman ◆ **vendeur ambulant** street peddler ◆ **vendeur de journaux** newsvendor, newspaper seller ◆ **vendeur à domicile** door-to-door salesman; → **sauvette**

c (Comm = chargé des ventes) salesman ◆ **c'est un excellent vendeur** (fig) he's an excellent salesman, he has a flair for selling

d (Jur) vendor, seller; (Écon) seller ◆ **je ne suis pas vendeur** I'm not selling ◆ **il serait vendeur** he'd be ready ou willing to sell ◆ **les pays vendeurs de cacao** the cocoa-selling countries

2 **vendeuse** nf a (dans un magasin) shop assistant (Brit), salesclerk (US); (dans un grand magasin) sales assistant, saleswoman, shop assistant (Brit); (jeune) salesgirl

b (= marchande) seller, saleswoman ◆ **vendeuse de glaces** ice-cream seller

3 adj slogan effective

**vendre** [vɑ̃dʀ] → SYN ▸ conjug 41 ◂ 1 vt a [+ marchandise, valeurs] to sell (*à* to) ◆ **vendre qch à qn** to sell sb sth, sell sth to sb ◆ **vendre au détail/au poids/au mètre/au kilo** to sell retail/by weight/by the metre/by the kilo ◆ **elle vend des foulards à 75 €** she sells scarves for ou at €75 ◆ **il m'a vendu un tableau 500 €** he sold me a picture for €500 ◆ **l'art de vendre** salesmanship, the art of selling ◆ **elle vend cher** her prices are high, she's expensive ◆ **ces affiches publicitaires font vendre** (Comm) these advertising posters get things sold ou are boosting sales ◆ **vendre qch aux enchères** to sell sth by auction ◆ **vendre sa part d'une affaire** to sell (out) one's share of a business ◆ **"(maison/terrain) à vendre"** "(house/land) for sale" ◆ **vendre son droit d'aînesse pour un plat de lentilles** (Bible) to sell one's birthright for a mess of potage; → **perte, prix** etc

b (péj) [+ droit, charge] to sell ◆ **vendre son âme/honneur** to sell one's soul/honour ◆ **vendre son silence** to be paid for one's silence ◆ **il vendrait père et mère pour réussir/pour ce tableau** he would sell his grandmother to succeed/for this picture

c (= faire payer) **ils nous ont vendu très cher ce droit/cet avantage** they made us pay dear ou dearly for this right/this advantage ◆ **vendre chèrement sa vie** ou **sa peau** * to sell one's life ou one's skin dearly

d (* = trahir) [+ personne, complice] to sell

e (LOC) **vendre la peau de l'ours (avant de l'avoir tué)** to count one's chickens (before they are hatched); → **mèche**

2 **se vendre** vpr a [marchandise] to sell, be sold ◆ **se vendre à la pièce/douzaine** to be sold singly/by the dozen ◆ **ça se vend bien** it sells well ◆ **ses romans vendent comme des petits pains** his novels are selling like hot cakes ◆ **ouvrage/auteur qui se vend bien** work/author that sells well

b [personne] (aussi péj) to sell o.s. ◆ **se vendre à un parti/l'ennemi** to sell o.s. to a party/the enemy

**vendredi** [vɑ̃dʀədi] nm Friday ◆ **Vendredi** (= personnage de Robinson Crusoé) Man Friday ◆ **c'était un vendredi treize** it was Friday the thirteenth; pour autres loc voir **samedi**

**vendu, e** [vɑ̃dy] → SYN (ptp de **vendre**) 1 adj fonctionnaire, juge corrupt; → **adjuger**

2 nm (péj) Judas, mercenary traitor

**venelle** [vənɛl] → SYN nf alley

**vénéneux, -euse** [venenø, øz] → SYN adj plante, champignon, fleur poisonous; (littér) charme, beauté deadly; idée, plaisir pernicious, harmful

**vénérable** [veneʀabl] → SYN 1 adj (littér, hum = respectable) venerable ◆ **(d'un âge) vénérable** (hum = très vieux) personne, chose venerable, ancient

2 nm (Rel) Venerable; (Franc-Maçonnerie) Worshipful Master

**vénération** [veneʀasjɔ̃] → SYN nf (Rel) veneration; (gén = grande estime) veneration, reverence ◆ **avoir de la vénération pour qn** to venerate ou revere sb

**vénéréologie** [veneʀeɔlɔʒi] nf ⇒ **vénérologie**

**vénéréologue** [veneʀeɔlɔg] nmf ⇒ **vénérologue**

**vénérer** [veneʀe] → SYN ▸ conjug 6 ◂ vt (Rel) to venerate; (gén) to venerate, revere

**vénéricarde** [veneʀikaʀd] nf heart shell

**vénerie** [vɛnʀi] → SYN nf a (= art) venery (SPÉC), hunting

b (= administration) **la vénerie** the Hunt

**vénérien, -ienne** [veneʀjɛ̃, jɛn] 1 adj a (Méd) venereal; → **maladie**

b († † = sexuel) venereal †, sexual

2 nm (= malade) V.D. patient, person with V.D. ou venereal disease

**vénérologie** [veneʀɔlɔʒi] nf venereology

**vénérologue** [veneʀɔlɔg] nmf venereologist

**Vénétie** [venesi] nf Venetia

**veneur** [vənœʀ] nm (Hist) huntsman, venerer † ◆ **grand veneur** master of the royal hounds

**Venezuela** [venezɥela] nm Venezuela

**vénézuélien, -ienne** [venezɥeljɛ̃, jɛn] 1 adj Venezuelan

2 **Vénézuélien(ne)** nm,f Venezuelan

**vengeance** [vɑ̃ʒɑ̃s] → SYN nf revenge, vengeance ◆ **soif/désir de vengeance** thirst/desire for revenge ou vengeance ◆ **tirer vengeance de qch** to get revenge for sth ◆ **exercer sa vengeance sur** to take (one's) revenge on ◆ **préparer sa vengeance contre qn** to plan (one's) revenge on sb ◆ **crier vengeance** to cry out for revenge ou vengeance ◆ **agir par vengeance** to act out of revenge ◆ **assouvir une vengeance personnelle** to satisfy a desire for personal revenge ◆ **de petites vengeances** petty acts of revenge ou vengeance ◆ **la vengeance divine** divine retribution ou vengeance ◆ **ma vengeance sera terrible !** (hum) my revenge will be terrible! ◆ (Prov) **la vengeance est un plat qui se mange froid** revenge is a dish best eaten cold (Prov)

**venger** [vɑ̃ʒe] → SYN ▸ conjug 3 ◂ 1 vt a [+ personne, honneur, mémoire] to avenge (*de* for)

b [+ injustice, affront] to avenge ◆ **rien ne vengera cette injustice** nothing will avenge this injustice, there is no revenge for this injustice

2 **se venger** vpr to avenge o.s., take (one's) revenge ou vengeance ◆ **se venger de qn** to take revenge ou vengeance on sb, get one's own back on sb ◆ **se venger de qch** to avenge o.s. for sth, take one's revenge for sth ◆ **il l'a fait pour se venger** he did it out of revenge ◆ **je me vengerai** I shall get ou have ou take my revenge, I shall be avenged ◆ **je n'ai pas pris de fromage mais je me vengerai sur les fruits** I haven't had any cheese but I'll make up for it with the fruit

**vengeur, -geresse** [vɑ̃ʒœʀ, ʒ(ə)ʀɛs] → SYN 1 adj personne, geste, lettre vengeful

2 nm,f avenger

**véniel, -elle** [venjɛl] → SYN adj faute, oubli venial (littér), pardonable, excusable; → **péché**

**venimeux, -euse** [vənimø, øz] → SYN adj a (lit) serpent, piqûre venomous, poisonous

b (fig) personne, voix venomous, vicious; remarque, haine venomous, vicious ◆ **une langue venimeuse** a poisonous ou venomous ou vicious tongue

**venin** [vənɛ̃] → SYN nm a (lit) venom, poison ◆ **venin de serpent** snake venom ◆ **crochets à venin** poison fangs

b (fig) venom, viciousness ◆ **jeter** ou **cracher son venin** to spit out one's venom ◆ **répandre son venin contre qn** to pour out one's venom against sb ◆ **paroles pleines de venin** venomous words, words full of venom ou viciousness

## venir [v(ə)niʀ]

▸ conjug 22 ◂ → SYN

| | |
|---|---|
| 1 VERBE INTRANSITIF | 3 VERBE IMPERSONNEL |
| 2 VERBE AUXILIAIRE | 4 VERBE PRONOMINAL |

1 VERBE INTRANSITIF

a dans l'espace to come ◆ **je viens !** I'm coming! ◆ **venez ! venez !** come on! come on! ◆ **viens voir !** come and see! ◆ **je viens dans un instant** I'll be there in a moment ◆ **quand doit-il venir ?** when is he coming? ◆ **comment est-il venu ? – en avion/en voiture** how did he get here? – by plane/by car ◆ **le voisin est venu** the man from next door came round ou called ◆ **il est venu à moi pour me demander si ...** he came to ask me if ... ◆ **il ne vient jamais aux réunions** he never comes to meetings ◆ **il vient chez nous tous les jeudis** he comes (round) to our house every Thursday ◆ **il venait sur nous l'air furieux** he bore down on us looking furious ◆ **le camion venait droit sur nous** the lorry was coming straight at us ou heading straight for us ou was bearing down on us ◆ **il vint vers moi** he came up to ou towards me; → **monde**

◆ **faire venir** [+ médecin, plombier] to send for, call ◆ **le patron l'a fait venir dans son bureau** the boss called him into his office ◆ **tu nous as fait venir pour rien** you got us to come ou you made us come for nothing ◆ **il fait venir son vin de Provence** he has ou gets his wine sent from Provence ◆ **on va prendre l'apéritif, ça les fera peut-être venir** (hum) let's have a drink, then they'll turn up ◆ **ferme la fenêtre, tu vas faire venir les moustiques** shut the window or you'll attract the mosquitoes ou bring in the mosquitoes

♦ **venir à** ou **jusqu'à** + nom (= atteindre) (vers le haut) to come up to, reach (up to); (vers le bas) to come down to, reach (down to); (en longueur, en superficie) to come to ◆ **l'eau nous venait aux genoux** the water came up to our knees, we were knee-deep in water ◆ **il me vient à l'épaule** he comes up to my shoulder ◆ **la forêt vient jusqu'à la route** the forest comes right up to the road

**b** **venir de** (provenance, cause) to come from; (Ling) to derive from ◆ **ils viennent de Paris** (en voyage) they're coming from Paris; (origine) they come ou are from Paris ◆ **ce produit vient du Maroc** this product comes from Morocco ◆ **l'épée lui vient de son oncle** (il l'a reçue en cadeau) he got the sword from his uncle; (il en a hérité) the sword was passed down to him by his uncle ◆ **ces troubles viennent du foie** this trouble comes ou stems from the liver ◆ **cette substance vient d'un coquillage** this substance comes from shellfish ◆ **ceci vient de son imprudence** this is the result of his carelessness, this comes from his being careless ◆ **d'où vient que ... ?** how is it that ...?, what is the reason that ...? ◆ **de là vient que ...** the result of this is that ... ◆ **d'où vient cette hâte soudaine ?** why the hurry all of a sudden? ◆ **ça vient de ce que ...** it comes ou results ou stems from the fact that ...

**c** [= se débloquer, se détacher] **j'ai tiré et la poignée est venue toute seule** I pulled the handle and it just came off in my hands ◆ **une fois que tu as mouillé le papier peint, ça vient tout seul** once you've dampened the wallpaper, it comes off all by itself

**d** [= arriver, survenir] to come ◆ **quand l'aube vint** when dawn came ◆ **la nuit vient vite** night is coming (on) fast ◆ **ceci vient à point/mal à propos** this has come (along) just at the right/wrong moment ◆ **les idées ne viennent pas** I'm short of ideas ◆ **une idée m'est venue (à l'esprit)** I had an idea, something occurred to me ◆ **l'idée lui est venue de ...** it occurred to him to ... ◆ **ça ne me serait pas venu à l'idée** ou **à l'esprit** that would never have occurred to me ou entered my head, I would never have thought of that ◆ **dis le premier mot qui te vient à l'esprit** say the first word that comes into your head ◆ **le bruit est venu jusqu'à nous que ...** word has reached us ou come to us that ... ◆ **comment est-il venu au sport/à la religion ?** [personne] how did he (first) come to sport/religion? ◆ **il ne sait pas encore nager, mais ça va venir** he can't swim yet, but it'll come ◆ **ça vient ?** (impatience) come on! ◆ **alors ce dossier, ça vient ?** so when's that file going to be ready?, how much longer have I got to wait for that file? ◆ **et ma bière ? – ça vient !** where's my beer? – it's coming!; → **tout, voir**

**e** [dans le temps, dans une série] to come ◆ **ça vient avant/après** it comes before/after ◆ **le moment viendra où ...** the time will come when ... ◆ **l'heure est venue** ou **le moment est venu d'agir/de changer** the time has come to act ou for action/to change ou for change ◆ **la semaine/l'année qui vient** the coming week/year ◆ **samedi qui vient** this Saturday, next Saturday; voir aussi **venu**

♦ **à venir** ◆ **les années/générations à venir** the years/generations to come, future years/generations ◆ **nous le saurons dans les jours/les mois à venir** we'll know in the next few days/months

**f** [= pousser] **cette plante vient bien dans un sol argileux** this plant does well in a clayey soil

**g** [LOC]

♦ **en venir à** ◆ **j'en viens maintenant à votre question/à cet aspect du problème** I shall now come ou turn to your question/to that aspect of the problem ◆ **venons-en au fait** let's get to the point ◆ **j'en viens à la conclusion que ...** I have come to ou reached the conclusion that ..., I'm coming to the conclusion that ... ◆ **en venir aux mains** ou **aux coups** to come to blows ◆ **où voulez-vous en venir ?** what are you getting ou driving at? ◆ **j'en viens à me demander si ...** I'm beginning to wonder if ... ◆ **il en est venu à mendier** he was reduced to begging, he had to resort to begging ◆ **il en est venu à haïr ses parents** he has come to hate his parents, he has got to the stage where he hates his parents ◆ **comment les choses en sont-elles venues là ?** how did things come to this? ou get into this state? ◆ **il faudra bien en venir là** that's what it'll come to in the end

♦ **y venir** ◆ **il y viendra, mais ne le brusquez pas** he'll come round to it ou to the idea, but don't rush him ◆ **il faudra bien qu'il y vienne** he'll just have to get used to it ◆ **et le budget ? – j'y viens** and the budget? – I'm coming ou getting to that ◆ **viens-y !** (menace) just (you) come here! ◆ **qu'il y vienne !** (menace) just let him come!

**2** VERBE AUXILIAIRE

♦ **venir** + infinitif (= se déplacer pour) ◆ **je suis venu travailler** I have come to work ◆ **il va venir la voir** he's going to come to ou and see her ◆ **viens m'aider** come and help me ◆ **elle doit venir passer une semaine chez nous** she's coming to spend a week with us ◆ **après cela ne viens pas te plaindre !** and don't (you) come and complain ou come complaining afterwards!;

♦ **venir de** + infinitif (passé récent) ◆ **il vient d'arriver** he has just arrived ◆ **elle venait de se lever** she had just got up;

♦ **venir à** + infinitif ◆ **s'il venait à mourir** if he were to die, if he should die ◆ **s'il venait à passer par là** if he should (happen ou chance to) go that way ◆ **quand l'eau vint à manquer** when the water started running out ◆ **vint à passer un officier** an officer happened to pass by

**3** VERBE IMPERSONNEL

**a** [= arriver, survenir] **il vient beaucoup d'enfants** a lot of children are coming, there are a lot of children coming ◆ **il lui est venu des boutons*** he came out in spots ◆ **il ne lui viendrait pas à l'idée** ou **à l'esprit que j'ai besoin d'aide** it wouldn't occur to him ou enter his head ou cross his mind that I might need help ◆ **il m'est venu un doute** I had a doubt

**b** [temps] **il vient un moment/une heure où ...** the time/the hour comes when ...

**c** [éventualité] **s'il vient à pleuvoir/neiger** if it should (happen to) rain/snow

**4** **s'en venir** VERBE PRONOMINAL

[† ou littér = venir] to come, approach ◆ **il s'en venait tranquillement** he was approaching unhurriedly ◆ **il s'en vint nous voir** he came to see us

**Venise** [vəniz] **n** Venice

**vénitien, -ienne** [venisjɛ̃, jɛn] **1** **adj** Venetian; → **lanterne, store**

**2** **Vénitien(ne)** **nm,f** Venetian

**vent** [vɑ̃] [→ SYN] **1** **nm** **a** (gén) wind ◆ **vent du nord/d'ouest** North/West wind ◆ **le vent du large** the sea breeze ◆ **il y a** ou **il fait du vent** it's windy, there's a wind blowing ◆ **le vent tourne** (lit, fig) the wind is turning ◆ **un vent d'orage** a stormy wind ◆ **un vent à décorner les bœufs** a fierce gale, a howling wind ◆ **coup de vent** (Naut) gale ◆ **un coup ou une rafale de vent a emporté son chapeau** a gust of wind blew his hat off ◆ **entrer en coup de vent** to burst in, come bursting in ◆ **flotter/claquer au vent** to flutter/flap in the wind ◆ **elle courait cheveux au vent** she was running along with her hair streaming in the wind ◆ **observer d'où vient le vent** (lit) to see which way the wind blows; (fig) to see which way the wind blows ou how the land lies ◆ **il a senti le vent du boulet** (fig) he had a narrow escape ◆ **être en plein vent** to be exposed to the wind ◆ **marché/atelier en plein vent** outdoor market/workshop ◆ **rapide comme le vent** swift as the wind, like the wind; → **moulin**

**b** (fig = tendance) **le vent est à l'optimisme** there's a (general) mood of optimism, there's optimism in the air ◆ **un vent de révolte/contestation** a wind of revolt/protest ◆ **un vent de panique soufflait sur les marchés financiers** a wave of panic swept the financial markets

**c** (euph, † = gaz intestinal) wind (NonC) ◆ **il a des vents** he has wind ◆ **lâcher un vent** to break wind

**d** (Naut, Chasse) **au vent (de)** to windward (of) ◆ **sous le vent (de)** to leeward (of) ◆ **venir au vent** (Naut) to turn into the wind ◆ **chasser au vent** ou **dans le vent** to hunt upwind ◆ **vent arrière/debout** ou **contraire** rear/head wind ◆ **avoir le vent debout** to head into the wind ◆ **aller contre le vent** to go into the wind ◆ **avoir le vent arrière** ou **en poupe** to have the wind astern, sail ou run before the wind ◆ **il a le vent en poupe** (fig) he has the wind in his sails, he's on a roll* ◆ **l'entreprise a le vent en poupe** the company is on a roll* ◆ **prendre le vent** (lit) to test the wind; (fig) to test the waters ◆ **avoir bon vent** to have a fair wind ◆ **bon vent !** (Naut) fair journey!; (* = fichez le camp) good riddance!

**e** (LOC) **les quatre vents** the four winds ◆ **aux quatre vents, à tous les vents** to the four winds, to all (four) points of the compass ◆ **être dans le vent*** to be trendy ◆ **c'est du vent*** it's just hot air* ◆ **du vent !*** (= allez-vous-en) off with you! ◆ **avoir vent de** to get wind of ◆ **quel bon vent vous amène ?** (aussi hum) what brings you here? ◆ **elle l'a fait contre vents et marées** she did it against all the odds ou despite all the obstacles ◆ **je le ferai contre vents et marées** I'll do it come hell or high water ◆ **faire du vent** [éventail] to create a breeze; (sur le feu) to fan the flame, blow up the fire ◆ **il fait beaucoup de vent mais c'est tout** (péj = être inefficace) he's always busying about but he doesn't do anything ◆ **avoir du vent dans les voiles*** (= être ivre) to be three sheets to the wind*, be half-seas over* (Brit)

**2** **COMP** ▷ **vent coulis** draught (Brit), draft (US) ▷ **vent solaire** (Astron) solar wind

**ventail**, pl **-aux** [vɑ̃taj, o] **nm** (= visière) ventail

**vente** [vɑ̃t] [→ SYN] **1** **nf** **a** (= action) sale ◆ **la vente de cet article est interdite** the sale of this article is forbidden ◆ **bureau de vente** sales office ◆ **nous n'en avons pas la vente** we have no demand ou sale for that, we can't sell that

♦ **en vente** ◆ **être en vente libre** (gén) to be freely sold, have no sales restrictions ◆ **médicament en vente libre** over-the-counter medicine ◆ **en vente dès demain** available ou on sale (as) from tomorrow ◆ **en vente dans toutes les pharmacies/chez votre libraire** available ou on sale at all chemists/at your local bookshop ◆ **tous les articles exposés sont en vente** all (the) goods on show are for sale ◆ **mettre en vente** [+ produit] to put on sale; [+ maison, objet personnel] to put up for sale ◆ **mise en vente** [maison] putting up for sale; [produit] putting on sale ◆ **les articles en vente dans ce magasin** the goods on sale in this store

**b** (Comm) (= transaction) sale; (= technique) selling ◆ **avoir l'expérience de la vente** to have sales experience, have experience in selling ◆ **s'occuper de la vente** (dans une affaire) to deal with the sales ◆ **il a un pourcentage sur les ventes** he gets a percentage on sales ◆ **directeur/direction/service des ventes** sales director/management/department

**c** **vente (aux enchères)** (auction) sale, auction ◆ **courir les ventes** to do the rounds of the sales ou auctions; → **hôtel, salle**

**d** (Bourse) selling ◆ **la livre vaut 10 F à la vente** the selling rate for (the pound) sterling is 10 francs; → **terme**

**2** **COMP** ▷ **vente par adjudication** sale by auction ▷ **vente ambulante** (dans les rues) street vending ou peddling; (dans un train) trolley service ▷ **vente de charité** charity sale ou bazaar, jumble sale ▷ **vente par correspondance** mail-order selling ▷ **vente par courtage** direct selling ▷ **vente directe** direct selling ou sales ▷ **vente à domicile** door-to-door ou house-to-house selling ▷ **vente judiciaire** auction by order of the court ▷ **vente paroissiale** church sale ou bazaar ▷ **vente publique** public sale ▷ **vente par téléphone** telephone sales, telesales, telemarketing; → **tempérament**

**venté, e** [vɑ̃te] [→ SYN] (ptp de **venter**) **adj** windswept, windy

**venter** [vɑ̃te] [→ SYN] ▸ conjug 1 ◂ **vb impers** (littér) ◆ **il vente** the wind is blowing, it is windy; → **pleuvoir**

**venteux, -euse** [vɑ̃tø, øz] **adj** lieu windswept, windy; temps windy

**ventilateur** [vɑ̃tilatœʀ] → SYN nm (gén) fan; (dans un mur, une fenêtre) ventilator, fan; (Ciné) wind machine ◆ **ventilateur électrique** electric fan ◆ **ventilateur à hélice/à turbine** blade/turbine ventilator ◆ **ventilateur de plafond** ceiling fan; → **courroie**

**ventilation** [vɑ̃tilasjɔ̃] → SYN nf **a** (= aération) ventilation ◆ **il y a une bonne ventilation dans cette pièce** this room is well ventilated, this room has good ventilation
**b** (Méd) **ventilation respiratoire** respiratory ventilation ◆ **ventilation artificielle/assistée** artificial/assisted ventilation
**c** (Jur = évaluation) separate valuation; (Comptab) [sommes] breaking down; (= répartition) [subventions, aides] allocation, distribution ◆ **voici la ventilation des ventes pour cette année-là** here is the breakdown of sales for that year

**ventiler** [vɑ̃tile] → SYN ▸ conjug 1 ◂ vt **a** (= aérer) [+ pièce, tunnel] to ventilate ◆ **pièce bien/mal ventilée** well/poorly ventilated room
**b** (Méd) to ventilate
**c** (= décomposer) [+ total, chiffre, somme] to break down; (Jur) [+ produit d'une vente] to value separately; (= répartir) [+ touristes, élèves] to divide up (into groups) ◆ **ventiler les dépenses entre différents comptes** to spread the expenses over different accounts

**ventis** [vɑ̃ti] nmpl *trees blown down by the wind*

**ventôse** [vɑ̃toz] nm Ventôse *(6th month of French Republican calendar)*

**ventouse** [vɑ̃tuz] nf **a** (Méd) cupping glass ◆ **poser des ventouses à qn** to place cupping glasses on sb, cup sb
**b** (Zool) sucker
**c** (= dispositif adhésif) suction disc, suction pad; (pour déboucher) plunger ◆ **faire ventouse** to cling, adhere ◆ **porte-savon à ventouse** suction-grip soap holder, self-adhering soap holder; → **voiture**
**d** (Tech = ouverture) airhole, air-vent

**ventral, e,** mpl **-aux** [vɑ̃tʀal, o] → SYN adj ventral; → **parachute, rouleau**

**ventre** [vɑ̃tʀ] → SYN nm **a** (= abdomen) stomach, belly ◆ **dormir/être étendu sur le ventre** to sleep/be lying on one's stomach ou front ◆ **avoir/prendre du ventre** to have/be getting rather a paunch, have/be getting a bit of a tummy * ◆ **rentrer le ventre** to hold ou pull in one's stomach ◆ **passer sur le ventre de qn** (fig) to ride roughshod over sb, walk over sb ◆ **il faudra me passer sur le ventre !** over my dead body!; → **danse, plat[1]**
**b** (= estomac) stomach ◆ **se coucher le ventre vide** ou **creux** to go to bed hungry ou on an empty stomach ◆ **ne partez pas le ventre vide !** ou **creux !** don't leave on an empty stomach! ◆ **avoir le ventre plein** * to be full ◆ **avoir mal au ventre, avoir des maux de ventre** to have stomach ache ou (a) tummy ache * ◆ **ça me ferait mal au ventre !** * (fig) it would sicken me!, it would make me sick! ◆ (Prov) **ventre affamé n'a point d'oreilles** words are wasted on a starving man ◆ **le ventre de la terre** the bowels of the earth; → **œil, reconnaissance, taper**
**c** (= utérus) womb ◆ **quand tu étais dans le ventre de ta mère** when you were in mummy's tummy *
**d** [animal] (under)belly
**e** [cruche, vase] bulb, bulbous part; [bateau] belly, bilge; [avion] belly; → **atterrissage**
**f** (Tech) **faire ventre** [mur] to bulge; [plafond] to sag, bulge
**g** (Phys) [onde] antinode
**h** (LOC) **courir** ou **aller ventre à terre** to go flat out * ou at top speed ◆ **galoper ventre à terre** to gallop flat out *, go at full gallop ◆ **nous allons voir s'il a quelque chose dans le ventre** we'll see what he's made of, we'll see if he's got guts * ◆ **il n'a rien dans le ventre** he has no guts *, he's spineless ◆ **j'aimerais bien savoir ce qu'il a dans le ventre** (ce qu'il pense) I'd like to know what's going on in his mind; (quelles sont ses qualités) I'd like to see what he's made of ◆ **ouvrir sa montre pour voir ce qu'elle a dans le ventre** * to open (up) one's watch to see what it has got inside ou what's inside it ◆ **le ventre mou de l'Europe** the soft underbelly of Europe; → **cœur**

**ventrebleu** †† [vɑ̃tʀəblø] excl gadzooks! †, zounds! †

**ventrée** * † [vɑ̃tʀe] nf ◆ **une ventrée de pâtes** a good bellyful * of pasta ◆ **on s'en est mis une bonne ventrée** we pigged * ou stuffed * ourselves on it

**ventre-saint-gris** †† [vɑ̃tʀəsɛ̃gʀi] excl gadzooks! †, zounds! †

**ventriculaire** [vɑ̃tʀikylɛʀ] adj ventricular

**ventricule** [vɑ̃tʀikyl] nm ventricle

**ventrière** [vɑ̃tʀijɛʀ] nf **a** (= sangle) girth; (= toile de transport) sling
**b** (Constr) purlin; (Naut) bilge block

**ventriloque** [vɑ̃tʀilɔk] nmf ventriloquist ◆ **il est ventriloque** he can throw his voice; (de profession) he's a ventriloquist

**ventriloquie** [vɑ̃tʀilɔki] nf ventriloquy, ventriloquism

**ventripotent, e** [vɑ̃tʀipɔtɑ̃, ɑ̃t] → SYN adj potbellied

**ventru, e** [vɑ̃tʀy] → SYN adj personne potbellied; pot, commode bulbous

**venturi** [vɑ̃tyʀi] nm Venturi meter

**venu, e[1]** [v(ə)ny] (ptp de **venir**) adj **a** (= fondé, placé) [personne] **être mal venu de faire** to be in no position to do ◆ **elle serait mal venue de se plaindre/refuser** she is in no position to complain/refuse, she should be the last to complain/refuse
**b** **bien venu** (= à propos) événement, question, remarque timely, apposite, opportune ◆ **mal venu** (= inopportun) événement, question untimely, inapposite, inopportune ◆ **sa remarque était plutôt mal venue** his remark was rather out of place ou uncalled-for, his remark was a bit off * ◆ **un empressement mal venu** unseemly ou unfitting haste ◆ **il serait mal venu de lui poser cette question** (impers) it would not be fitting ou it would be a bit out of place to ask him (that)
**c** (= développé) **bien venu** enfant sturdy, sturdily built; plante, arbre well-developed, fine; pièce, œuvre well-written ◆ **mal venu** enfant, arbre (= chétif) stunted; (= mal conformé) malformed
**d** (= arrivé) **tard venu** late ◆ **tôt venu** early ◆ **le premier/dernier venu** the first/last to come ◆ **il n'est pas le premier venu** (fig) he isn't just anybody ◆ **elle n'épousera pas le premier venu** she won't marry the first man that comes along; → **nouveau**

**venue[2]** [v(ə)ny] nf **a** [personne] arrival, coming ◆ **à l'occasion de la venue de la reine** (dans le passé) when the queen visited; (dans le futur) when the queen visits ◆ **il a annoncé sa venue** he announced that he was coming; → **allée**
**b** (littér = avènement) coming ◆ **la venue du printemps/du Christ** the coming of spring/of Christ ◆ **lors de ma venue au monde** when I came into the world
**c** (LOC : littér) **d'une seule venue, tout d'une venue** arbre straight-growing (épith) ◆ **d'une belle venue** finely ou beautifully developed

**Vénus** [venys] nf (Astron, Myth) Venus ◆ **une Vénus** (fig = femme) a venus, a great beauty; → **mont**

**vénus** [venys] nf (= mollusque) *type of clam*

**vénusien, -ienne** [venyzjɛ̃, jɛn] adj Venusian

**vépéciste** [vepesist] nm (= entreprise) mail-order firm

**vêpres** [vɛpʀ] nfpl vespers ◆ **sonner les vêpres** to ring the vespers bell

**ver** [vɛʀ] → SYN **1** nm (gén) worm; (= larve) grub; [viande, fruits, fromage] maggot; [bois] woodworm (NonC) ◆ **mangé** ou **rongé aux vers** worm-eaten ◆ **avoir des vers** (Méd) to have worms ◆ **mes poireaux ont le ver** (Agr) my leeks have been eaten ou attacked by grubs ◆ **le ver est dans le fruit** (fig) the rot has already set in ◆ **tirer les vers du nez à qn** * to worm information out of sb ◆ **se tordre** ou **se tortiller comme un ver** to wriggle like an eel; → **nu, piqué**
**2** COMP ▷ **ver blanc** May beetle grub ▷ **ver d'eau** caddis worm ▷ **ver luisant** glow-worm ▷ **ver de sable** sea slug ▷ **ver à soie** silkworm ▷ **ver solitaire** tapeworm ◆ **avoir/attraper le ver solitaire** to have/get tapeworm ▷ **ver de terre** (lit) earthworm; (fig péj) worm ▷ **ver de vase** bloodworm

**véracité** [veʀasite] → SYN nf [rapport, récit, témoin] veracity (frm), truthfulness; [déclaration, fait] truth, veracity (frm)

**véraison** [veʀɛzɔ̃] → SYN nf [fruits] ripening

**véranda** [veʀɑ̃da] → SYN nf veranda(h)

**vératre** [veʀatʀ] nm false hellebore

**vératrine** [veʀatʀin] nf veratrin(e)

**verbal, e,** mpl **-aux** [vɛʀbal, o] → SYN adj **a** (= oral) verbal
**b** (Ling) adjectif, locution verbal; système, forme, terminaison verb (épith), verbal; → **groupe**

**verbalement** [vɛʀbalmɑ̃] adv dire, faire savoir verbally, by word of mouth; approuver, donner son accord verbally

**verbalisateur** [vɛʀbalizatœʀ] adj m ◆ **l'agent verbalisateur doit toujours ...** an officer reporting an offence must always ... ◆ **l'agent verbalisateur a oublié de ...** the officer who reported ou booked * (Brit) me (ou him etc ) forgot to ...

**verbalisation** [vɛʀbalizasjɔ̃] nf **a** (Police) *reporting (by an officer) of an offence*
**b** (Psych) verbalization

**verbaliser** [vɛʀbalize] ▸ conjug 1 ◂ **1** vi **a** (Police) **l'agent a dû verbaliser** the officer had to report ou book * (Brit) him (ou me etc )
**b** (Psych) to verbalize
**2** vt (Psych) to verbalize

**verbalisme** [vɛʀbalism] → SYN nm verbalism

**verbe** [vɛʀb] → SYN nm **a** (Gram) verb ◆ **verbe défectif/impersonnel** defective/impersonal verb ◆ **verbe transitif/intransitif** transitive/intransitive verb ◆ **verbe pronominal** reflexive verb ◆ **verbe actif/passif** active/passive verb, verb in the active/passive (voice) ◆ **verbe d'action/d'état** action/stative verb ◆ **verbe fort** strong verb ◆ **verbe à particule** phrasal verb
**b** (Rel) **le Verbe** the Word ◆ **le Verbe s'est fait chair** the Word was made flesh ◆ **le Verbe incarné** the Word incarnate
**c** (littér = mots, langage) language, word ◆ **la magie du verbe** the magic of language ou the word
**d** (littér = ton de voix) tone (of voice) ◆ **avoir le verbe haut** to speak in a high and mighty tone, sound high and mighty

**verbeusement** [vɛʀbøzmɑ̃] adv verbosely

**verbeux, -euse** [vɛʀbø, øz] → SYN adj verbose, wordy, prolix

**verbiage** [vɛʀbjaʒ] → SYN nm verbiage

**verbicruciste** [vɛʀbikʀysist] nmf crossword compiler, compiler of crossword puzzles

**verbigération** [vɛʀbiʒeʀasjɔ̃] nf verbigeration

**verbosité** [vɛʀbozite] → SYN nf verbosity, wordiness, prolixity

**Vercingétorix** [vɛʀsɛ̃ʒetɔʀiks] nm Vercingetorix

**verdage** [vɛʀdaʒ] nm green manure

**verdâtre** [vɛʀdɑtʀ] → SYN adj greenish

**verdelet, -ette** [vɛʀdəlɛ, ɛt] adj vin youngish

**verdet** [vɛʀdɛ] nm verdigris

**verdeur** [vɛʀdœʀ] → SYN nf **a** (= jeunesse) vigour (Brit), vigor (US), vitality
**b** [fruit] tartness, sharpness; [vin] acidity
**c** [langage] forthrightness

**verdict** [vɛʀdik(t)] → SYN nm (Jur, gén) verdict ◆ **verdict de culpabilité/d'acquittement** (Jur) verdict of guilty/of not guilty ◆ **rendre** ou **prononcer un verdict** [tribunal] to return ou bring in a verdict ◆ **le verdict est tombé** the verdict was announced ◆ **il attend le verdict des critiques** he's waiting for the critics' verdict

**verdier** [vɛʀdje] nm greenfinch

**verdir** [vɛʀdiʀ] → SYN ▸ conjug 2 ◂ **1** vi [feuilles, arbres] to turn ou go green; [personne] to turn pale, blanch ◆ **verdir de peur** to turn white with fear
**2** vt to turn green

**verdissant, e** [vɛʀdisɑ̃, ɑ̃t] adj (littér) arbre, champ greening (épith) (littér)

**verdissement** [vɛʀdismɑ̃] nm turning ou going green, greening

**verdoiement** [vɛʀdwamɑ̃] nm (= état) verdancy (littér), greenness ◆ **le verdoiement des prés au printemps** (= action) the greening of the meadows ou the verdant hue taken on by the meadows in spring (littér)

**verdoyant, e** [vɛʀdwajɑ̃, ɑ̃t] → SYN adj verdant (littér), green

**verdoyer** [vɛʀdwaje] ▸ conjug 8 ◂ vi (= être vert) to be verdant (littér) ou green; (= devenir vert) to become verdant (littér) ou green

**verdure** [vɛʀdyʀ] → SYN nf **a** (= végétation) greenery (NonC), verdure (NonC) (littér) ◆ **tapis de verdure** greensward (littér) ◆ **rideau de verdure** curtain of greenery ou verdure (littér) ◆ **tapisserie de verdure** ou **à verdures** verdure *(tapestry)* ◆ **je vous mets un peu de verdure ?** (pour un bouquet) shall I put some greenery in for you?; → **théâtre**
**b** (littér = couleur) verdure (littér), greenness
**c** (= salade) lettuce

**vérétille** [veʀetij] nm ou f veretillum

**véreux, -euse** [veʀø, øz] → SYN adj **a** (lit) aliment maggoty, worm-eaten
**b** (fig) policier, financier corrupt; affaire dubious, fishy *, shady *

**verge** [vɛʀʒ] → SYN nf **a** († = baguette) stick, cane ◆ **les verges** (pour fouetter) the birch ◆ **ce serait lui donner des verges pour nous faire battre** that would be giving him a stick to beat us with ◆ **verge d'or** (Bot) goldenrod
**b** (Hist = insigne d'autorité) [huissier] wand; [bedeau] rod
**c** (Anat) penis
**d** (Tech = tringle) shank
**e** (Can) yard *(0,914 m)*

**vergé, e** [vɛʀʒe] → SYN adj, nm ◆ **(papier) vergé** laid paper

**vergence** [vɛʀʒɑ̃s] nf (Phys) vergency

**vergeoise** [vɛʀʒwaz] nf brown sugar *(made from waste refining products)*

**verger** [vɛʀʒe] → SYN nm orchard

**vergeté, e** [vɛʀʒəte] → SYN adj peau stretch marked

**vergette** [vɛʀʒɛt] nf (Hér) palet

**vergeture** [vɛʀʒətyʀ] nf stretch mark

**verglaçant, e** [vɛʀglasɑ̃, ɑ̃t] adj ◆ **pluie verglaçante** freezing rain

**verglacé, e** [vɛʀglase] adj icy ◆ **les routes sont verglacées** there's (black) ice on the roads, the roads are icy

**verglas** [vɛʀglɑ] nm (black) ice *(on road etc)* ◆ **plaque de verglas** icy patch, patch of black ice

**vergogne** [vɛʀgɔɲ] → SYN **sans vergogne** loc adj, loc adv personne, concurrence shameless; parler, agir shamelessly

**vergue** [vɛʀg] → SYN nf (Naut) yard ◆ **grand-vergue** main yard ◆ **vergue de misaine** fore-yard ◆ **vergue de hune** topsail yard

**véridicité** [veʀidisite] → SYN nf (littér) [récit, témoignage] veracity (frm), truthfulness, truth

**véridique** [veʀidik] → SYN adj récit, témoignage truthful, true, veracious (frm); témoin truthful, veracious (frm); repentir, douleur genuine, authentic

**véridiquement** [veʀidikmɑ̃] → SYN adv truthfully, veraciously (frm)

**vérifiable** [veʀifjabl] → SYN adj verifiable ◆ **c'est aisément vérifiable** it can easily be checked

**vérificateur, -trice** [veʀifikatœʀ, tʀis] → SYN
**1** adj appareil, système checking (épith), verifying (épith)
**2** nm,f controller, checker ◆ **vérificateur des douanes** Customs inspector ◆ **vérificateur des comptes** (Fin) auditor ◆ **vérificateur général** (Can) Auditor General ◆ **vérificateur orthographique** ou **d'orthographe** (Ordin) spellchecker, spelling checker
**3** **vérificatrice** nf (Tech) verifier

**vérification** [veʀifikasjɔ̃] → SYN nf **a** (= contrôle) [affirmation, fait, récit, alibi] checking, verification; [adresse, renseignement, rumeur] checking; [véracité, authenticité, exactitude] ascertaining, checking; (Fin) [comptes] auditing; [poids, mesure, classement] check, checking ◆ **procéder à** ou **effectuer plusieurs vérifications** to carry out several checks ◆ **vérification faite** ou **après vérification, il se trouve que ...** on checking, we find that ... ◆ **vérification d'identité** (Police) identity check ◆ **vérification des pouvoirs** (lors d'une assemblée générale) check on proxies given to shareholders ◆ **vérification du scrutin** ou **des votes** (Pol) scrutiny of votes ◆ **vérification comptable** auditing, audit ◆ **vérification fiscale** tax investigation ◆ **mission de vérification** investigative mission
**b** (= confirmation) confirmation; [affirmation, fait] establishing, confirming, proving (to be true); [axiome, témoignage] establishing, confirming; [soupçons, conjecture] confirming; [hypothèse, théorie] confirming, proving (to be true)

**vérifier** [veʀifje] → SYN ▸ conjug 7 ◂ **1** vt **a** (= contrôler) [+ affirmation, fait, récit, alibi] to check, verify; [+ adresse, renseignement, rumeur, identité] to check; [+ véracité, authenticité, exactitude] to ascertain, check; (Fin) [+ comptes] to audit; [+ poids, mesure, classement] to check ◆ **ne vous faites pas de souci, cela a été vérifié et revérifié** don't worry – it has been checked and double-checked ou cross-checked ◆ **vérifie que/si la porte est bien fermée** check that/if the door's properly closed ◆ **vérifier ses freins/le niveau d'huile** to check one's brakes/the oil (level)
**b** (= confirmer, prouver) [+ affirmation, fait] to establish the truth of, confirm (the truth of), prove to be true; [+ axiome] to establish ou confirm the truth of; [+ témoignage] to establish the truth ou veracity (frm) of, confirm; [+ soupçons, conjecture] to bear out, confirm; [+ hypothèse, théorie] to bear out, confirm, prove ◆ **cet accident a vérifié mes craintes** this accident has borne out ou confirmed my fears
**2** **se vérifier** vpr [craintes] to be borne out, be confirmed; [théorie] to be borne out, be proved ◆ **l'adage s'est encore vérifié** the old saying has once again proved true ◆ **cette tendance se vérifie dans tous les secteurs** the tendency is clearly visible in all sectors

**vérin** [veʀɛ̃] nm jack ◆ **vérin hydraulique/pneumatique** hydraulic/pneumatic jack ◆ **monté sur vérin** raised on a jack

**vérisme** [veʀism] nm verism

**vériste** [veʀism] adj, nmf verist

**véritable** [veʀitabl] → SYN adj **a** (= authentique) argent, or, cuir, perles, larmes, colère real, genuine; ami, artiste, vocation real, genuine, true ◆ **l'art/l'amour véritable se reconnaît d'emblée** true art/love is immediately recognizable
**b** (= vrai, réel) identité, raisons true, real; nom real ◆ **la véritable religion/joie** true religion/joy ◆ **sous son jour véritable** in his true light ◆ **ça n'a pas de véritable fondement** it has no real foundation
**c** (intensif = qui mérite bien son nom) real ◆ **un véritable coquin** an absolute ou a real ou a downright rogue ◆ **véritable provocation** real ou downright ou sheer provocation ◆ **c'est une véritable folie** it's absolute ou sheer madness ◆ **c'est une véritable expédition/révolution** it's a real ou veritable (frm) expedition/revolution

**véritablement** [veʀitabləmɑ̃] → SYN adv really ◆ **est-il véritablement fatigué/diplômé ?** is he really ou truly tired/qualified? ◆ **il l'a véritablement fait/rencontré** he actually ou really did it/met him ◆ **ce n'est pas truqué : ils traversent véritablement les flammes** it isn't fixed – they really ou genuinely do go through the flames ◆ **ce n'est pas véritablement un roman/dictionnaire** it's not really ou exactly a novel/dictionary, it's not a real ou proper novel/dictionary ◆ **c'est véritablement délicieux** (intensif) it's absolutely ou positively ou really delicious

**vérité** [veʀite] GRAMMAIRE ACTIVE 26.4 → SYN nf **a** **la vérité** (= connaissance du vrai) truth; (= conformité aux faits) the truth ◆ **nul n'est dépositaire de la vérité** no one has a monopoly on (the) truth ◆ **la vérité d'un fait/principe** the truth of a fact/principle ◆ **c'est l'entière vérité** it's the whole truth ◆ **c'est la vérité vraie** * it's the honest truth * ◆ **la vérité toute nue** the naked ou unadorned truth ◆ **son souci de (la) vérité** his desire ou concern for (the) truth ◆ **dire la vérité** to tell ou speak the truth ◆ **jurez de dire la vérité, toute la vérité, rien que la vérité** (Jur, hum) do you swear to tell the truth, the whole truth and nothing but the truth? ◆ **la vérité dépasse souvent la fiction** truth is often stranger than fiction ◆ (Prov) **la vérité sort de la bouche des enfants** out of the mouths of babes and sucklings (comes forth truth) (Prov) ◆ (Prov) **toute vérité n'est pas bonne à dire** some things are better left unsaid
**b** (= vraisemblance, ressemblance au réel) [portrait] lifelikeness, trueness to life; [tableau, personnage] trueness to life ◆ **s'efforcer à la vérité en art** to strive to be true to life in art
**c** (= sincérité, authenticité) truthfulness, sincerity ◆ **un air/un accent de vérité** an air/a note of sincerity ou truthfulness
**d** (= fait vrai, évidence) truth ◆ **une vérité bien sentie** a heartfelt truth ◆ **vérités éternelles/premières** eternal/first truths ou verities (frm); → **La Palice, quatre**
**e** (LOC) **la vérité, c'est que je n'en sais rien** the truth (of the matter) is that ou to tell the truth I know nothing about it ◆ **l'heure** ou **la minute de vérité** the moment of truth
◆ **en vérité** (= en fait) in fact, actually; (= à dire vrai) to tell the truth, to be honest ◆ **c'est (bien) peu de chose, en vérité** it's really ou actually nothing very much ◆ **en vérité je vous le dis** (Bible) verily I say unto you
◆ **à la vérité** (frm) ◆ **à la vérité il préfère s'amuser que de travailler** to tell the truth ou to be honest he prefers to enjoy himself rather than work ◆ **j'étais à la vérité loin de m'en douter** to tell the truth ou truth to tell I was far from suspecting it

**verjus** [vɛʀʒy] nm verjuice

**verjuter** [vɛʀʒyte] ▸ conjug 1 ◂ vt to prepare with verjuice ◆ **sauce verjutée** verjuice sauce

**verlan** [vɛʀlɑ̃] nm (back) slang

> **VERLAN**
>
> **Verlan** is a particular kind of backslang that has become extremely popular among young people in France. It consists of inverting the syllables of words, and often then truncating the result to make a new word. The slang words "meuf", "keuf", "keum" and "beur" are **verlan** renderings of the words "femme", "flic", "mec" and "Arabe". The expression "laisse béton" ("forget it") is **verlan** for "laisse tomber", and the word **verlan** itself comes from the expression "à l'envers" ("back to front").

**vermeil, -eille** [vɛʀmɛj] → SYN **1** adj tissu, objet vermilion, bright red; bouche ruby (épith), cherry (épith), ruby- ou cherry-red; teint rosy; → **carte**
**2** nm (= métal) vermeil ◆ **cuiller/médaille de vermeil** silver-gilt spoon/medal

**vermet** [vɛʀmɛ] → SYN nm worm shell

**vermicelle** [vɛʀmisɛl] nm (= pâtes) ◆ **vermicelle(s)** vermicelli, angel hair pasta (US); (= granules en sucre) hundreds and thousands ◆ **potage au vermicelle** vermicelli soup ◆ **vermicelle chinois** fine rice noodles

**vermiculaire** [vɛʀmikylɛʀ] → SYN adj (Anat) vermicular, vermiform ◆ **appendice vermiculaire** vermiform appendix ◆ **éminence vermiculaire** vermis ◆ **contraction vermiculaire** peristalsis (NonC)

**vermiculé, e** [vɛʀmikyle] → SYN adj vermiculated

**vermiculure** [vɛʀmikylyʀ] nf (gén pl) vermiculation (NonC)

**vermiforme** [vɛʀmifɔʀm] adj vermiform

**vermifuge** [vɛʀmifyʒ] → SYN adj, nm vermifuge (SPÉC) ◆ **poudre vermifuge** worm powder

**vermille** [vɛʀmij] nf ground line

**vermiller** [vɛʀmije] → SYN ▸ conjug 1 ◂ vi [sanglier] to root

**vermillon** [vɛʀmijɔ̃] → SYN **1** nm (= poudre) vermilion, cinnabar ◆ **(rouge) vermillon** (= couleur) vermilion, scarlet
**2** adj inv vermilion, scarlet

**vermillonner** [vɛʀmijɔne] ▸ conjug 1 ◂ vi to burrow

**vermine** [vɛʀmin] → SYN nf **a** (= parasites) vermin (NonC) ◆ **couvert de vermine** crawling with vermin, lice-ridden
**b** (littér, péj = racaille) vermin; († , péj = vaurien) knave †, cur †

**vermineux, -euse** [vɛʀminø, øz] → SYN adj verminous

**vermis** [vɛʀmis] nm vermis

**vermisseau,** pl **vermisseaux** [vɛʀmiso] nm (= ver) small worm, vermicule (SPÉC)

**vermivore** [vɛʀmivɔʀ] **adj** vermivorous

**Vermont** [vɛʀmɔ̃] **nm** Vermont

**vermoulu, e** [vɛʀmuly] → SYN **adj** bois full of woodworm, worm-eaten; (fig) régime politique, institutions moth-eaten ◆ **cette commode est vermoulue** there is woodworm in this chest, this chest is full of woodworm ou is worm-eaten

**vermoulure** [vɛʀmulyʀ] **nf** (= traces) woodworm (NonC), worm holes

**vermout(h)** [vɛʀmut] **nm** vermouth

**vernaculaire** [vɛʀnakylɛʀ] → SYN **adj** vernacular ◆ **langue vernaculaire** vernacular

**vernal, e,** mpl **-aux** [vɛʀnal, o] **adj** (Astron, Bot) vernal

**vernalisation** [vɛʀnalizasjɔ̃] **nf** vernalization

**vernation** [vɛʀnasjɔ̃] **nf** vernation

**verni, e** [vɛʀni] (ptp de **vernir**) **adj** **a** bois varnished; (fig = luisant) feuilles shiny, glossy ◆ **cuir verni** patent leather ◆ **souliers vernis** patent (leather) shoes ◆ **poterie vernie** glazed earthenware

**b** (* = chanceux) lucky, jammy* (Brit) ◆ **il est verni, c'est un verni** he's lucky ou jammy* (Brit), he's a lucky devil* ou dog*

**vernier** [vɛʀnje] **nm** vernier (scale)

**vernir** [vɛʀniʀ] → SYN ▸ conjug 2 ◂ **vt** [+ bois, tableau, cuir] to varnish; [+ poterie] to glaze; [+ ongles] to put nail varnish on, varnish ◆ **vernir au tampon** (Ébénisterie) to French polish

**vernis** [vɛʀni] → SYN **nm** **a** [bois, tableau, mur] varnish; [poterie] glaze ◆ **vernis (à ongles)** nail varnish ou polish ◆ **vernis cellulosique/synthétique** cellulose/synthetic varnish ◆ **vernis au tampon** French polish

**b** (= éclat) shine, gloss

**c** (Bot) **(faux) vernis du Japon** varnish tree, tree of heaven

**d** (fig) veneer (fig) ◆ **un vernis de culture** a veneer of culture

**vernissage** [vɛʀnisaʒ] → SYN **nm** **a** [bois, tableau, ongles, cuir] varnishing; [poterie] glazing

**b** (= exposition) private viewing, preview *(at an art gallery)*

**vernissé, e** [vɛʀnise] → SYN (ptp de **vernisser**) **adj** poterie, tuile glazed; (fig = luisant) feuillage shiny, glossy

**vernisser** [vɛʀnise] → SYN ▸ conjug 1 ◂ **vt** to glaze

**vernisseur, -euse** [vɛʀnisœʀ, øz] **nm,f** [bois] varnisher; [poterie] glazer

**vérole** [veʀɔl] → SYN **nf** **a** (= variole) → **petit**

**b** (* = syphilis) pox* ◆ **il a/il a attrapé la vérole** he's got/he has caught the pox*

**vérolé, e*** [veʀɔle] **adj** **a** (= atteint de syphilis) pox-ridden

**b** (= mauvais) contrat poxy*, lousy*; (= abîmé par un virus) fichier, disquette infected by a virus

**véronal** [veʀɔnal] **nm** (Pharm) veronal

**Vérone** [veʀɔn] **n** Verona

**véronique** [veʀɔnik] **nf** (Bot) speedwell, veronica; (Tauromachie) veronica

**verrat** [veʀa] → SYN **nm** boar

**verre** [vɛʀ] → SYN **1** **nm** **a** (= substance) glass ◆ **verre moulé/étiré/coulé** pressed/cast/drawn glass ◆ **cela se casse** ou **se brise comme du verre** it's as brittle as glass; → **laine, papier, pâte**

**b** (= objet) [vitre, cadre] glass; [lunettes] lens ◆ **mettre qch sous verre** to put sth under glass ◆ **verre grossissant/déformant** magnifying/distorting glass ◆ **porter des verres** to wear glasses

**c** (= récipient) glass; (= contenu) glass, glassful ◆ **ajouter un verre de lait** (Culin) ≈ add one cup of milk ◆ **un verre d'eau/de bière** a glass of water/of beer ◆ **verre à bière** beer glass; → **casser, noyer[2], tempête**

**d** (= boisson) drink ◆ **boire** ou **prendre un verre** to have a drink ◆ **payer un verre à qn** to buy sb a drink ◆ **lever son verre** to raise one's glass ◆ **boire le verre de l'amitié** to drink a toast to friendship ◆ **videz vos verres !** drink up! ◆ **un petit verre*** a quick one*, a quickie* ◆ **il a bu un verre de trop*, il a un verre dans le nez*** he's had one too many* ou a drop too much*, he's had one over the eight* (Brit)

**2** **COMP** ▹ **verre armé** wired glass ▹ **verre ballon** balloon glass, brandy glass ▹ **verre blanc** plain glass ▹ **verre cathédrale** cathedral glass ▹ **verres de contact (souples/durs)** (soft/hard) contact lenses ▹ **verres correcteurs** corrective lenses ▹ **verre à dégustation** wine-tasting glass ▹ **verre à dents** tooth mug ou glass ▹ **verre dépoli** frosted glass ▹ **verre feuilleté** laminated glass ▹ **verre fumé** smoked glass ▹ **verres fumés** [lunettes] tinted lenses ▹ **verre incassable** unbreakable glass ▹ **verre de lampe** lamp glass, (lamp) chimney ▹ **verre à liqueur** liqueur glass ◆ **verser la valeur d'un verre à liqueur de ...** ≈ add two tablespoons of ... ▹ **verre mesureur** measuring glass ▹ **verre de montre** watch glass ▹ **verre à moutarde** (glass) mustard jar ▹ **verre à pied** stemmed glass ▹ **verres progressifs** multifocal lenses, multifocals ▹ **verre de sécurité** safety glass ▹ **verre trempé** toughened glass ▹ **verre à vin** wineglass ▹ **verre à vitre** window glass ▹ **verre à whisky** whisky glass ou tumbler

**verré, e[1]** [veʀe] **adj** ◆ **papier verré** sandpaper

**verrée[2]** [veʀe] **nf** (Helv) toast

**verrerie** [vɛʀʀi] **nf** (= usine) glassworks pl inv, glass factory; (= fabrication du verre) glassmaking; (= manufacture d'objets) glassworking; (= objets) glassware; (= commerce) glass trade ou industry

**verrier** [vɛʀje] **1** **nm** (= ouvrier) glassworker; (= souffleur de verre) glassblower; (= artiste) artist in glass ◆ **maître verrier** master glazier ◆ **peintre verrier** stained-glass artist

**2** **adj m** (Ind) groupe, établissement glass-making

**verrière** [vɛʀjɛʀ] → SYN **nf** **a** (= fenêtre) [église, édifice] window

**b** (= toit vitré) glass roof

**c** (= paroi vitrée) glass wall

**d** (Aviat) canopy

**verroterie** [vɛʀɔtʀi] → SYN **nf** ◆ **(bijoux en) verroterie** glass jewellery (Brit) ou jewelry (US) ◆ **un collier de verroterie** a necklace of glass beads

**verrou** [veʀu] → SYN **nm** **a** [porte] bolt ◆ **tire/pousse le verrou** unbolt/bolt the door ◆ **as-tu mis le verrou ?** have you bolted the door? ◆ **verrou de sécurité** (lit) safety ou security lock; (fig) safety net ◆ **mettre qn sous les verrous** to put sb under lock and key ◆ **être sous les verrous** to be behind bars; → **sauter**

**b** (Tech) [aiguillage] facing point lock; [culasse] bolt

**c** (Géol) constriction

**d** (Mil) stopper *(in breach)*

**e** (Ordin) lock

**verrouillage** [veʀujaʒ] **nm** **a** (= fermeture) [porte, fenêtre] bolting, locking; [culasse] locking ◆ **verrouillage automatique des portes, verrouillage centralisé** (Aut) central locking

**b** (= fait de rendre inaccessible) (Mil) [brèche] closing; [frontière] sealing; (Ordin) locking

**c** (= muselage) **le verrouillage des médias** the muzzling of the media

**d** (= dispositif) locking mechanism

**verrouiller** [veʀuje] → SYN ▸ conjug 1 ◂ **vt** **a** (= fermer) [+ porte, fenêtre] to bolt; (à clé) to lock; [+ culasse] to lock

**b** (= rendre inaccessible) (Mil) [+ brèche] to close; (Ordin) to lock; [+ frontière] to seal ◆ **la police a verrouillé le quartier** the police cordoned off ou sealed (off) the area

**c** (= enfermer) **ses parents le verrouillent** (lit, fig) his parents keep him locked in ◆ **se verrouiller chez soi** (fig) to shut o.s. away at home

**d** (= bloquer) [+ capital, marché, processus] to block

**e** (= contrôler) **j'ai tout verrouillé** I've got everything under control

**verrouilleur** [veʀujœʀ] **nm** (Rugby) last man in the line-out

**verrucosité** [veʀykozite] **nf** verrucosity

**verrue** [veʀy] → SYN **nf** (lit) wart; (fig) eyesore ◆ **verrue plantaire** verruca ◆ **cette usine est une verrue au milieu du paysage** this factory is a blot on the landscape ou an eyesore in the middle of the countryside

**verruqueux, -euse** [veʀykø, øz] **adj** warty, verrucose (SPÉC)

**vers[1]** [vɛʀ] → SYN **prép** **a** (direction) toward(s), to ◆ **en allant vers Aix/la gare** going to ou toward(s) Aix/the station ◆ **le lieu vers lequel il nous menait** the place he was leading us to ou to which he was leading us ◆ **vers la droite, la brume se levait** to ou toward(s) the right the mist was rising ◆ **la foule se dirigeait vers la plage** the crowd was making for ou heading towards the beach ◆ **"vers la plage"** "to the beach" ◆ **elle fit un pas vers la fenêtre** she took a step toward(s) the window ◆ **notre chambre regarde vers le sud/la colline** our bedroom faces ou looks south/faces the hills ou looks toward(s) the hills ◆ **il tendit la main vers la bouteille** he reached out for the bottle, he stretched out his hand toward(s) the bottle ◆ **le pays se dirige droit vers l'abîme** the country is heading straight for disaster ◆ **c'est un pas vers la paix/la vérité** it's a step toward(s) (establishing) peace/(finding out) the truth ◆ **"Vers une sémantique de l'anglais"** (titre) "Towards a Semantics of English" ◆ **traduire vers le français/l'espagnol** to translate into French/Spanish

**b** (= aux environs de) around ◆ **c'est vers Aix que nous avons eu une panne** it was (somewhere) near Aix ou round about Aix that we broke down ◆ **vers 2 000 mètres l'air est frais** at around the 2,000 metres mark ou at about 2,000 metres the air is cool

**c** (temps : approximation) about, around ◆ **vers quelle heure doit-il venir ?** around ou about what time is he due? ◆ **il est arrivé vers 6 heures** he arrived (at) about ou around 6 o'clock ◆ **elle a commencé à lire vers 6 ans** she started reading at about 6 ou around 6 ◆ **il était vers (les) 3 heures quand je suis rentré** it was about ou around 3 when I came home ◆ **vers la fin de la soirée/de l'année** toward(s) the end of the evening/the year ◆ **vers 1900/le début du siècle** toward(s) ou about 1900/the turn of the century

**vers[2]** [vɛʀ] → SYN **nm** **a** (sg = ligne) line ◆ **au 3e vers** in line 3, in the 3rd line ◆ **vers de dix syllabes, vers décasyllabe** line of ten syllables, decasyllabic line ◆ **un vers boiteux** a short line, a hypometric line (SPÉC) ◆ **je me souviens d'un vers de Virgile** I recall a line by Virgil ◆ **réciter quelques vers** to recite a few lines of poetry

**b** (pl = poésie) verse (NonC) ◆ **vers blancs/libres** blank/free verse ◆ **vers de circonstance** occasional verse ◆ **traduction en vers** verse translation ◆ **faire** ou **écrire des vers** to write verse, versify (péj) ◆ **mettre en vers** to put into verse ◆ **il fait des vers de temps en temps** he writes a little verse from time to time ◆ **écrire des vers de mirliton** to write a bit of doggerel

**versaillais, e** [vɛʀsajɛ, ɛz] **1** **adj** from ou of Versailles ◆ **l'armée versaillaise** (Hist) *army which suppressed the Commune of 1871*

**2** **Versaillais(e)** **nm,f** inhabitant ou native of Versailles ◆ **les Versaillais** (Hist) *the government troops who suppressed the Commune of 1871*

**Versailles** [vɛʀsaj] **n** Versailles ◆ **le château de Versailles** the palace of Versailles ◆ **c'est Versailles !** (fig) [appartement] it's like a palace!, it's palatial!; [événement, réception] it's really spectacular!

**versant** [vɛʀsɑ̃] → SYN **nm** [vallée, toit] side; [massif] slopes ◆ **les Pyrénées ont un versant français et un versant espagnol** the Pyrenees have a French side and a Spanish side ◆ **le versant nord/français de ce massif** the northern/French slopes of this range ◆ **les deux versants d'une même politique** (fig) the two sides of the same policy

**versatile** [vɛʀsatil] → SYN **adj** fickle, changeable, capricious

**versatilité** [vɛʀsatilite] → SYN **nf** fickleness, changeability, capriciousness

**verse** [vɛʀs] **à verse loc adv** in torrents ◆ **il pleut à verse** it's pouring down, it's coming down in torrents ou in buckets*

**versé, e** [vɛʀse] (ptp de **verser**) **adj** (= savant, expérimenté) ◆ **versé/peu versé dans l'histoire ancienne** (well-)versed/ill-versed in ancient history ◆ **versé/peu versé dans l'art de l'escrime** (highly) skilled ou accomplished/unaccomplished in the art of fencing

◆ **l'homme le plus versé de France dans l'art chaldéen** the most learned man in France in the field of Chaldean art

**Verseau** [vɛʀso] nm (Astron) ◆ **le Verseau** Aquarius, the Water-carrier ◆ **il est Verseau, il est (du signe) du Verseau** he's (an) Aquarius

**versement** [vɛʀsəmɑ̃] → SYN nm payment; (échelonné) instalment, installment (US) ◆ **le versement d'une somme sur un compte** the payment of a sum into an account ◆ **versement par chèque/virement** payment by cheque/credit transfer ◆ **par versements échelonnés** in ou by instalments ◆ **je veux faire un versement sur mon compte** I want to put some money into my account, I want to make a deposit into my account ◆ **le versement de ces sommes se fera le mois prochain** these sums will be paid next month ◆ **versement en espèces** cash deposit ◆ **versement à une œuvre** donation to a charity ◆ **bulletin** ou **bordereau de versement** paying-in (Brit) ou deposit (US) slip ◆ **un premier versement** ou **un versement initial de 150 €** a first ou an initial payment of €150

**verser** [vɛʀse] → SYN ▸ conjug 1 ◂ 1 vt a [+ liquide, grains] to pour, tip (*dans* into; *sur* onto); (= servir) [+ thé, café, vin] to pour (out) (*dans* into) ◆ **verser le café dans les tasses** to pour the coffee into the cups ◆ **verser des haricots (d'un sac) dans un bocal** to pour ou tip beans (from a bag) into a jar ◆ **verser du vin/un verre de vin à qn** to pour sb some wine/a glass of wine ◆ **verse-lui/-toi à boire** pour him/yourself a drink ◆ **veux-tu verser à boire/le vin s'il te plaît ?** will you pour (out) ou serve the drinks/the wine please?; → **huile**

b (= répandre) [+ larmes, sang] to shed; (= déverser) to pour out, scatter (*sur* onto) ◆ **verser le sang** (= tuer) to shed ou spill blood ◆ **sans verser une goutte de sang** without shedding ou spilling a drop of blood ◆ **verser un pleur/quelques pleurs** (littér, hum) to shed a tear/a few tears

c (= classer) **verser une pièce à un dossier** to add an item to a file

d (gén, Fin = payer) to pay ◆ **verser une somme à un compte** to pay a sum of money into an account, deposit a sum of money in an account ◆ **verser des intérêts à qn** to pay sb interest ◆ **verser des arrhes** to put down ou pay a deposit ◆ **verser une rente à qn** to pay sb a pension

e (= affecter, incorporer) **verser qn dans** to assign ou attach sb to ◆ **se faire verser dans l'infanterie** to get o.s. assigned ou attached to the infantry

2 vi a (= basculer) [véhicule] to overturn ◆ **il va nous faire verser dans le fossé** he'll tip us into the ditch, we'll end up in the ditch because of him ◆ **il a déjà versé deux fois** he has already overturned twice

b (= tomber dans) **verser dans** [+ sentimentalité, démagogie] to lapse into

**verset** [vɛʀsɛ] → SYN nm (Rel) [Bible, Coran] verse; (= prière) versicle; (Littérat) verse

**verseur, -euse** [vɛʀsœʀ, øz] 1 adj ◆ **bouchon verseur** pour-through stopper ◆ **sucrier verseur** sugar dispenser; → **bec**

2 nm (= dispositif) pourer

3 **verseuse** nf (= cafetière) coffeepot

**versicolore** [vɛʀsikɔlɔʀ] → SYN adj versicolour (Brit), versicolor (US)

**versificateur** [vɛʀsifikatœʀ] → SYN nm writer of verse, versifier (péj), rhymester (péj)

**versification** [vɛʀsifikasjɔ̃] → SYN nf versification

**versifier** [vɛʀsifje] → SYN ▸ conjug 7 ◂ 1 vt to put into verse ◆ **une œuvre versifiée** a work put into verse

2 vi to write verse, versify (péj)

**version** [vɛʀsjɔ̃] → SYN nf a (Scol = traduction) translation *(into the mother tongue)*, unseen (translation) ◆ **version grecque/anglaise** Greek/English unseen (translation), translation from Greek/English

b (= variante) [œuvre, texte] version ◆ **film en version originale** film in the original language ou version ◆ **"Casablanca" en version originale (sous-titrée)** "Casablanca" in English (with French subtitles) ◆ **la version française du film** the French version of the film ◆ **film italien en version française** Italian film dubbed into French ◆ **version 4 portes** (Aut) 4-door model

c (= modèle) model

d (= interprétation) [incident, faits] version ◆ **donner sa version des faits** to give one's (own) version of the facts

e (Ordin) version ◆ **version bêta** beta version

**vers-libriste**, pl **vers-libristes** [vɛʀlibʀist] nmf free verse writer

**verso** [vɛʀso] → SYN nm back ◆ **au verso** on the back (of the page) ◆ **"voir au verso"** "see over(leaf)"

**versoir** [vɛʀswaʀ] nm mouldboard

**verste** [vɛʀst] nf verst

**versus** [vɛʀsys] prép versus

**vert, verte** [vɛʀ, vɛʀt] → SYN 1 adj a (= couleur) green ◆ **vert de jalousie** green with envy ◆ **vert de rage** purple with rage ◆ **vert de peur** white with fear ◆ **les petits hommes verts** (hum) the little green men (hum); → **feu¹, haricot, numéro, tapis** etc

b (= pas mûr) céréale, fruit unripe, green; vin young; (= frais, non séché) foin, bois green ◆ **être au régime vert** to be on a green-vegetable diet ou a diet of green vegetables; → **cuir**

c (fig) vieillard vigorous, sprightly, spry ◆ **au temps de sa verte jeunesse** in the first bloom of his youth

d († = sévère) réprimande sharp, stiff

e propos, histoire spicy, saucy ◆ **elle en a vu des vertes et des pas mûres** * she has been through it, she has had a hard ou rough time (of it) ◆ **il en a dit des vertes (et des pas mûres)** * he came out with some pretty risqué stuff * ◆ **j'en ai entendu des vertes et des pas mûres sur son compte !** * you wouldn't believe the things I've heard about him!; → **langue**

f (Agr) **tourisme vert** country holidays ◆ **classe verte** school camp ◆ **avoir les pouces verts** ou **la main verte** to have green fingers (Brit), have a green thumb (US)

g (= écologique) green (épith) ◆ **le parti vert** (Pol) the Green Party ◆ **les produits verts** green products

2 nm a (= couleur) green; (Golf) green ◆ **vert olive/pistache/émeraude** olive/pistachio/emerald(-green) ◆ **vert pomme/d'eau/bouteille** apple-/sea-/bottle-green ◆ **vert amande/mousse** almond/moss green ◆ **vert menthe** mint green ◆ **vert sapin** forest green ◆ **tu as du vert sur ta jupe** you've got a green stain on your skirt ◆ **mettre un cheval au vert** to put a horse out to grass ou to pasture ◆ **se mettre au vert** (fig) [vacancier] to take a rest ou a refreshing break in the country; [gangster] to lie low ou hole up for a while in the country ◆ **passer au vert** [voiture] to go when the lights are on green ◆ **le feu est passé au vert** the lights turned green; → **tendre²**

b (Pol = écologistes) **les Verts** the Greens

3 **verte** nf († * = absinthe) absinth(e)

**vert-de-gris** [vɛʀdəgʀi] 1 nm inv verdigris ◆ **les vert-de-gris** (péj = soldats allemands) German soldiers *(during the Second World War)*

2 adj inv grey(ish)-green

**vert-de-grisé, e**, mpl **vert-de-grisés** [vɛʀdəgʀize] adj coated with verdigris; (fig) grey(ish)-green

**vertébral, e**, mpl **-aux** [vɛʀtebʀal, o] adj vertebral; → **colonne**

**vertébré, e** [vɛʀtebʀe] adj, nm vertebrate

**vertèbre** [vɛʀtɛbʀ] → SYN nf vertebra ◆ **se déplacer une vertèbre** to slip a disc, dislocate a vertebra (SPÉC) ◆ **vertèbres cervicales/lombaires** cervical/lumbar vertebrae

**vertébrothérapie** [vɛʀtebʀoteʀapi] nf ≃ chiropractic

**vertement** [vɛʀtəmɑ̃] adv rappeler à l'ordre, répliquer sharply, in no uncertain terms; critiquer, réagir strongly ◆ **se faire vertement réprimander** to get a severe dressing-down, be hauled over the coals

**vertex** [vɛʀtɛks] nm (Anat) vertex

**vertical, e**, mpl **-aux** [vɛʀtikal, o] → SYN 1 adj (gén, Écon) ligne, plan, éclairage vertical; position du corps, station vertical, upright; → **avion, concentration**

2 **verticale** nf a **la verticale** the vertical ◆ **à la verticale** s'élever, tomber vertically ◆ **falaise à la verticale** vertical ou sheer cliff ◆ **écarté de la verticale** off the vertical

b (= ligne, Archit) vertical line

3 nm (Astron) vertical circle

**verticalement** [vɛʀtikalmɑ̃] → SYN adv monter vertically, straight up; descendre vertically, straight down

**verticalité** [vɛʀtikalite] nf verticalness, verticality

**verticille** [vɛʀtisil] nm verticil

**verticillé, e** [vɛʀtisile] adj verticillate

**vertige** [vɛʀtiʒ] → SYN nm a (= peur du vide) **le vertige** vertigo ◆ **avoir le vertige** to suffer from vertigo, get dizzy ou giddy ◆ **il eut soudain le vertige** ou **fut soudain pris de vertige** he suddenly felt dizzy ou giddy, he was suddenly overcome by vertigo ◆ **un précipice à donner le vertige** a precipice that would make you (feel) dizzy ou giddy ◆ **cela me donne le vertige** it makes me feel dizzy ou giddy, it gives me vertigo ◆ **ces chiffres donnent le vertige** these figures make your head swim ou spin

b (= étourdissement) dizzy ou giddy spell, dizziness (NonC), giddiness (NonC) ◆ **avoir un vertige** to have a dizzy ou giddy spell ou turn ◆ **être pris de vertiges** to get dizzy ou giddy turns ou spells

c (= égarement) fever ◆ **les spéculateurs étaient gagnés par ce vertige** the speculators had caught this fever ◆ **le vertige de la gloire** the intoxication of glory ◆ **d'autres, gagnés eux aussi par le vertige de l'expansion ...** others, who had also been bitten by the expansion bug ... ou who had also caught the expansion fever ... ◆ **le vertige de la violence** the heady lure of violence

**vertigineusement** [vɛʀtiʒinøzmɑ̃] adv monter, chuter at a dizzying rate ◆ **les prix augmentent vertigineusement** prices are rising at a dizzying rate, prices are rocketing ou are going sky-high *

**vertigineux, -euse** [vɛʀtiʒinø, øz] → SYN adj a plongée, descente vertiginous, breathtaking; précipice breathtakingly high; vitesse, hauteur breathtaking, dizzy (épith), giddy (épith)

b (= très rapide) breathtaking ◆ **une hausse/baisse vertigineuse** a spectacular ou dramatic rise/fall

c (Méd) vertiginous

**vertigo** [vɛʀtigo] → SYN nm (Vét) (blind) staggers

**vertu** [vɛʀty] → SYN nf a (= morale) virtue ◆ **les vertus bourgeoises** the bourgeois virtues ◆ **les (quatre) vertus cardinales** the (four) cardinal virtues ◆ **vertus théologales** theological virtues ◆ **Vertus** (= anges) Virtues ◆ **femme** ou **dame** (hum) **de petite vertu** † woman of easy virtue; → **nécessité, parer¹, prix**

b (littér) (= pouvoir) power; (= propriété) property; (= courage) courage, bravery ◆ **vertu curative/magique** healing/magic power ◆ **les vertus thérapeutiques du chocolat** the healing properties of chocolate ◆ **les vertus pédagogiques d'un débat** the educational qualities of a debate

c **en vertu de** in accordance with ◆ **en vertu des pouvoirs qui me sont conférés** in accordance with ou by virtue of the powers conferred upon me ◆ **en vertu de l'article 4 de la loi** in accordance ou compliance with article 4 of the law ◆ **en vertu de quoi pouvez-vous exiger ... ?** by what right can you demand ...? ◆ **en vertu de quoi je déclare ...** in accordance with which I declare ..., by virtue of which I declare ...

**vertueusement** [vɛʀtɥøzmɑ̃] adv virtuously

**vertueux, -euse** [vɛʀtɥø, øz] → SYN adj virtuous

**vertugadin** [vɛʀtygadɛ̃] → SYN nm (Hist = vêtement) farthingale

**verve** [vɛʀv] → SYN nf a (= esprit, éloquence) witty eloquence ◆ **être en verve** to be in brilliant form ◆ **il nous a raconté l'entrevue avec verve** he gave us a spirited account of the interview

b (littér = fougue, entrain) verve, vigour (Brit), vigor (US), zest ◆ **la verve de son style** the verve ou vigour of his style

**verveine** [vɛʀvɛn] nf (= plante) vervain, verbena; (= tisane) verbena tea; (= liqueur) vervain liqueur

**verveux**[1] [vɛʀvø] nm hoop net

**verveux**[2], **-euse** [vɛʀvø, øz] adj (littér) personne, discussion vigorous, zestful

**vésanie** [vezani] → SYN nf vesania

**vesce** [vɛs] → SYN nf vetch

**vésical, e**, mpl **-aux** [vezikal, o] adj vesical

**vésicant, e** [vezikɑ̃, ɑ̃t] adj vesicant, vesicatory

**vésication** [vezikasjɔ̃] nf vesication

**vésicatoire** [vezikatwaʀ] → SYN adj, nm vesicatory

**vésiculaire** [vezikylɛʀ] adj vesicular

**vésicule** [vezikyl] → SYN nf (Méd) (= organe) vesicle; (= ampoule) blister; (Bot) vesicle ◆ **la vésicule (biliaire)** the gall-bladder ◆ **vésicules séminales** seminal vesicles

**vésiculeux, -euse** [vezikylø, øz] → SYN adj ⇒ **vésiculaire**

**vesou** [vəzu] nm sugar cane juice

**Vespa** ® [vɛspa] nf Vespa ®

**vespasienne** [vɛspazjɛn] → SYN nf urinal *(in the street)*

**vespéral, e**, mpl **-aux** [vɛspeʀal, o] 1 adj (littér) evening (épith)

2 nm (Rel) vesperal

**vespertilion** [vɛspɛʀtiljɔ̃] nm vespertilio

**vespidés** [vɛspide] nmpl ◆ **les vespidés** vespid insects, the Vespidae (SPÉC)

**vesse-de-loup**, pl **vesses-de-loup** [vɛsdəlu] nf (Bot) puffball

**vessie** [vesi] nf (Anat) bladder, vesica (SPÉC); (animale : utilisée comme sac) bladder ◆ **vessie natatoire** swim bladder ◆ **elle veut nous faire prendre des vessies pour des lanternes** * she would have us believe that the moon is made of green cheese, she's trying to pull the wool over our eyes

**Vesta** [vɛsta] nf Vesta

**vestale** [vɛstal] nf (Hist) vestal; (fig littér) vestal, vestal virgin

**veste** [vɛst] → SYN nf a (= habit) jacket ◆ **veste droite/croisée** single-/double-breasted jacket ◆ **veste de pyjama** pyjama jacket ou top ◆ **veste d'intérieur** smoking jacket

b (* LOC) **ramasser** ou **(se) prendre une veste** (dans une élection) to be beaten hollow ◆ **retourner sa veste** to change sides

**vestiaire** [vɛstjɛʀ] nm a [théâtre, restaurant] cloakroom; [stade, piscine] changing-room ◆ **la dame du vestiaire** the cloakroom attendant ou lady ◆ **réclamer son vestiaire** to collect one's things from the cloakroom ◆ **au vestiaire ! au vestiaire !** * get off! ◆ **il a dû laisser sa fierté/ses convictions au vestiaire** he had to forget his pride/his convictions

b (= meuble) **(armoire-)vestiaire** locker

**vestibulaire** [vɛstibylɛʀ] adj vestibular

**vestibule** [vɛstibyl] → SYN nm a [maison] hall; [hôtel] lobby; [église] vestibule

b (Anat) vestibule

**vestige** [vɛstiʒ] → SYN nm (= objet) relic; (= fragment) trace; [coutume, splendeur, gloire] vestige, remnant ◆ **vestiges** [ville] remains, vestiges; [civilisation, passé] vestiges, remnants ◆ **vestiges archéologiques/antiques** arch(a)eological/classical remains ◆ **les vestiges de leur armée décimée** the remnants of their decimated army ◆ **les vestiges de la guerre** the vestiges of war

**vestimentaire** [vɛstimɑ̃tɛʀ] adj ◆ **modes/styles vestimentaires** fashions/styles in clothing ou clothes ◆ **dépenses vestimentaires** clothing expenditure, expenditure on clothing ◆ **élégance vestimentaire** sartorial elegance ◆ **ses goûts vestimentaires** his taste in clothes ◆ **code vestimentaire** dress code ◆ **ces fantaisies vestimentaires n'étaient pas de son goût** these eccentricities of dress were not to his taste ◆ **il se préoccupait beaucoup de détails vestimentaires** he was very preoccupied with the details of his dress ◆ **sa fonction exigeait une tenue vestimentaire adéquate** his position required that he dress appropriately

**veston** [vɛstɔ̃] nm jacket; → **complet**

**Vésuve** [vezyv] nm Vesuvius

**vêtement** [vɛtmɑ̃] → SYN nm a (= article d'habillement) garment, item ou article of clothing; (= ensemble de vêtements, costume) clothes, clothing (NonC); (frm = manteau, veste) coat ◆ **le vêtement** (Comm = industrie) the clothing industry, the rag trade *, the garment industry (US) ◆ **le vêtement masculin évolue** men's clothes are changing ◆ **c'est un vêtement très pratique** it's a very practical garment ou item of clothing ou article of clothing

b **vêtements** clothes ◆ **où ai-je mis mes vêtements ?** where did I put my clothes? ou things? * ◆ **emporte des vêtements chauds** take (some) warm clothes ou clothing ◆ **porter des vêtements de sport/de ville** to wear sports/town clothes ou gear * ◆ **acheter des vêtements de bébé** to buy baby garments ou clothes ◆ **il portait des vêtements de tous les jours** he was wearing ordinary ou everyday clothes ◆ **vêtements sacerdotaux** vestments ◆ **vêtements de travail/de deuil** working/mourning clothes ◆ **vêtements du dimanche** Sunday clothes, Sunday best (parfois hum)

c (= rayon de magasin) **(rayon) vêtements** clothing department ◆ **vêtements pour dames** ladies' wear (NonC) ◆ **vêtements pour hommes** menswear (NonC) ◆ **vêtements de sport** sportswear (NonC) ◆ **vêtements de ski** skiwear (NonC) ◆ **vêtements de bébé** babywear (NonC)

d (= parure) garment (fig) ◆ **le langage est le vêtement de la pensée** language clothes thought

**vétéran** [veteʀɑ̃] → SYN nm (Mil) veteran, old campaigner; (fig) veteran, old hand *; (Sport) veteran ◆ **un vétéran de l'enseignement primaire** (= personne expérimentée) an old hand * at primary teaching

**vétérinaire** [veteʀinɛʀ] → SYN 1 nmf vet, veterinary surgeon (Brit), veterinarian (US)

2 adj veterinary ◆ **école vétérinaire** veterinary college ou school

**vététiste** [vetetist] nmf mountain biker

**vétille** [vetij] → SYN nf trifle, triviality ◆ **ergoter sur des vétilles** to quibble over trifles ou trivia ou trivialities

**vétilleux, -euse** [vetijø, øz] → SYN adj (littér) quibbling, punctilious

**vêtir** [vetiʀ] → SYN ▸ conjug 20 ◂ 1 vt a (= habiller) [+ enfant, miséreux] to clothe, dress (*de* in)

b (= revêtir) [+ uniforme] to don, put on

2 **se vêtir** vpr to dress (o.s.) ◆ **aider qn à se vêtir** to help sb (to) get dressed ◆ **les monts se vêtaient de neige** (littér) the mountains were clad in snow

**vétiver** [vetivɛʀ] nm vetiver

**veto** [veto] nm (Pol, gén) veto ◆ **opposer son veto à qch** to veto sth ◆ **droit de veto** right of veto ◆ **je mets mon veto** I veto that

**véto** * [veto] nmf (abrév de **vétérinaire**) vet

**vêtu, e** [vety] → SYN (ptp de **vêtir**) adj dressed ◆ **bien/mal vêtu** well-/badly-dressed ◆ **court vêtue** short-skirted ◆ **à demi-vêtu** half-dressed ◆ **chaudement vêtu** warmly dressed ◆ **vêtu de** dressed in, wearing ◆ **vêtue d'une jupe** wearing a skirt, dressed in a skirt, with a skirt on ◆ **vêtu de bleu** dressed in ou wearing blue ◆ **toute de blanc vêtue** dressed all in white ◆ **colline vêtue des ors de l'automne** (littér) hill clad in the golden hues of autumn (littér)

**vêture** [vetyʀ] nf (Rel) taking of the habit

**vétuste** [vetyst] → SYN adj dilapidated, ancient, timeworn

**vétusté** [vetyste] → SYN nf [maison] dilapidation ◆ **étant donné la vétusté des installations** because the facilities are in such a bad state of repair ◆ **clause de vétusté** obsolescence clause

**veuf, veuve** [vœf, vœv] 1 adj a (lit) widowed ◆ **il est deux fois veuf** he has been twice widowed, he is a widower twice over ◆ **rester veuf/veuve de qn** to be left sb's widower/widow

b (fig littér) **veuf de** bereft of

2 nm widower

3 **veuve** nf a (gén) widow ◆ **Madame veuve Durand** (Jur ou †) the widow Durand ◆ **la veuve** †† (= guillotine) the guillotine ◆ **la veuve poignet** † ‡ masturbation ◆ **"La Veuve joyeuse"** (Mus) "The Merry Widow"

b (= oiseau) whydah (bird), widow bird

**veule** [vøl] → SYN adj personne, air spineless

**veulerie** [vølʀi] → SYN nf spinelessness

**veuvage** [vœvaʒ] → SYN nm [femme] widowhood; [homme] widowerhood

**vexant, e** [vɛksɑ̃, ɑ̃t] adj a (= contrariant) annoying ◆ **c'est vexant de ne pas pouvoir profiter de l'occasion** it's annoying ou a nuisance not to be able to take advantage of the opportunity

b (= blessant) paroles hurtful (*pour* to) ◆ **il s'est montré très vexant** he said some very hurtful things

**vexation** [vɛksasjɔ̃] → SYN nf (= humiliation) humiliation ◆ **être en butte à de multiples vexations** to be a victim of harassment

**vexatoire** [vɛksatwaʀ] → SYN adj procédés, attitude persecutory, hurtful ◆ **mesures vexatoires** harassment

**vexer** [vɛkse] → SYN ▸ conjug 1 ◂ 1 vt (= offenser) to hurt, offend ◆ **être vexé par qch** to be hurt by sth, be offended at sth ◆ **elle était vexée de n'avoir pas été informée** she was hurt ou offended that she hadn't been told ◆ **vexé comme un pou** * livid *, hopping mad *

2 **se vexer** vpr to be hurt (*de* by), be ou get offended (*de* at) ◆ **se vexer facilement** ou **pour un rien** to be easily hurt ou offended

**vexillaire** [vɛksilɛʀ] nm (Hist) standard bearer

**vexille** [vɛksil] nm vexillum

**vexillologie** [vɛksilɔlɔʒi] nf vexillology

**VF** [veɛf] nf (abrév de **version française**) → **version**

**VHF** [veaʃɛf] (abrév de **very high frequency**) VHF

**VHS** [veaʃɛs] nm (abrév de **Video Home System**) VHS ◆ **filmer en VHS** to film in VHS

**via** [vja] prép via

**viabilisé, e** [vjabilize] adj terrain with services (laid on), serviced ◆ **entièrement viabilisé** fully serviced

**viabiliser** [vjabilize] ▸ conjug 1 ◂ vt [+ terrain] to service

**viabilité** [vjabilite] → SYN nf a [chemin] practicability ◆ **avec/sans viabilité** terrain with/without services (laid on), serviced/unserviced

b [organisme, entreprise] viability

**viable** [vjabl] → SYN adj situation, enfant, compromis viable

**viaduc** [vjadyk] → SYN nm viaduct

**viager, -ère** [vjaʒe, ɛʀ] 1 adj (Jur) rente, revenus life (épith), for life (attrib) ◆ **à titre viager** for as long as one lives, for the duration of one's life

2 nm (= rente) life annuity; (= bien) *property mortgaged for a life annuity* ◆ **mettre/acheter une maison en viager** to sell/buy a house in return for a life annuity ◆ **placer son argent en viager** to buy an annuity

**Viagra** ® [vjagʀa] nm Viagra ®

**viande** [vjɑ̃d] → SYN nf a (gén) meat ◆ **viande rouge/blanche** red/white meat ◆ **viande de boucherie** fresh meat, (butcher's) meat ◆ **viande froide** (lit) cold meat(s); (‡ = cadavre) dead meat ‡ ◆ **viande hachée** minced meat (Brit), mince (Brit), ground meat (US), hamburger (US) ◆ **viande fraîche/séchée** fresh/dried meat ◆ **viande de bœuf** beef ◆ **viande de cheval** horse meat ◆ **viande de mouton** mutton ◆ **viande de porc** pork ◆ **viande de veau** veal ◆ **évitez les viandes grasses** avoid fatty meats; → **plat**[2]

b ‡ **montrer sa viande** to bare one's flesh ◆ **amène ta viande !** shift your carcass ou butt (US) over here! ‡; → **sac**[1]

**viander (se)** * [vjɑ̃de] ▸ conjug 1 ◂ vpr to smash o.s. up * ou get smashed up * in an accident

**viatique** [vjatik] → SYN nm (= argent) money (for the journey); (= provisions) provisions (for the journey); (Rel = communion) viaticum ◆ **il avait pour seul viatique ses principes** (littér = soutien) the only thing he had to sustain him in life was his principles ◆ **la culture est un viatique** culture is a precious asset

**vibices** [vibis] nfpl vibices

**vibrage** [vibʀaʒ] nm (Tech) vibration

**vibrant, e** [vibʀɑ̃, ɑ̃t] → SYN 1 adj a (lit) corde, membrane vibrating
b son, voix vibrant, resonant; (Phon) consonne lateral, vibrant ◆ **voix vibrante d'émotion** voice vibrant ou resonant with emotion
c discours (powerfully) emotive; nature emotive ◆ **vibrant d'émotion contenue** vibrant with suppressed emotion
2 **vibrante** nf (= consonne) vibrant

**vibraphone** [vibʀafɔn] nm vibraphone, vibes

**vibraphoniste** [vibʀafɔnist] nmf vibraphone player, vibes player

**vibrateur** [vibʀatœʀ] nm vibrator

**vibratile** [vibʀatil] adj vibratile; → **cil**

**vibration** [vibʀasjɔ̃] → SYN nf (gén, Phys) vibration ◆ **la vibration de sa voix** the vibration ou resonance of his voice ◆ **la vibration de l'air (due à la chaleur)** the heat haze

**vibrato** [vibʀato] nm vibrato ◆ **jouer qch avec vibrato** to play sth (with) vibrato

**vibratoire** [vibʀatwaʀ] adj vibratory

**vibrer** [vibʀe] → SYN ▸ conjug 1 ◂ 1 vi a (gén, Phys) to vibrate; [+ air chaud] to shimmer ◆ **faire vibrer qch** to cause sth to vibrate, vibrate sth
b (d'émotion) [voix] to quiver, be vibrant ou resonant ◆ **vibrer en entendant qch** to thrill to the sound of sth ◆ **vibrer en écoutant Beethoven** to be stirred when listening to Beethoven ◆ **faire vibrer qn/un auditoire** to stir ou thrill sb/an audience, send a thrill through sb/an audience ◆ **vibrer d'enthousiasme** to be vibrant with enthusiasm ◆ **vibrer de colère** to quiver with rage ◆ **des accents qui font vibrer l'âme** accents which stir ou thrill the soul; → **corde, fibre**
2 vt (Tech) [+ béton] to vibrate

**vibreur** [vibʀœʀ] nm vibrator

**vibrion** [vibʀijɔ̃] nm a (= bacille) vibrio ◆ **le vibrion du choléra** vibrio cholerae
b (* = enfant) fidget *

**vibrionnant, e** * [vibʀijɔnɑ̃, ɑ̃t] adj (hum) personne buzzing with energy; atmosphère effervescent ◆ **il régnait dans la salle de rédaction une agitation vibrionnante** the newsroom was buzzing with activity

**vibrionner** [vibʀijɔne] ▸ conjug 1 ◂ vi to fidget *

**vibrisse** [vibʀis] nf vibrissa

**vibromasseur** [vibʀomasœʀ] nm vibrator

**vicaire** [vikɛʀ] → SYN nm [paroisse] curate ◆ **grand vicaire, vicaire général** [évêque] vicar-general ◆ **vicaire apostolique** [pape] vicar apostolic ◆ **le vicaire de Jésus-Christ** the vicar of Christ

**vicariance** [vikaʀjɑ̃s] nf vicariousness

**vicariant, e** [vikaʀjɑ̃, jɑ̃t] adj vicarious

**vicariat** [vikaʀja] nm curacy

**vice** [vis] → SYN nm a (= défaut moral, mauvais penchant) vice ◆ **le vice** (= mal, débauche) vice ◆ **le tabac est mon vice** (hum) tobacco is my vice ◆ **elle travaille quinze heures par jour : c'est du vice !** * it's perverted ou it's sheer perversion the way she works 15 hours a day like that! ◆ **vivre dans le vice** to live a life of vice; → **oisiveté, pauvreté**
b (= défectuosité) fault, defect; (Jur) defect ◆ **vice de prononciation** slight speech defect ◆ **vice de conformation** congenital malformation ◆ **vice de construction** building fault ◆ **vice de fabrication** manufacturing fault ◆ **vice rédhibitoire** (Jur) redhibitory defect ◆ **vice de forme** (Jur) technicality ◆ **cassé pour vice de forme** thrown out on a technicality ◆ **vice de procédure** procedural error ◆ **vice caché** latent defect

**vice-** [vis] (dans les composés à trait d'union, le préfixe reste invariable) préf vice- ◆ **vice-Premier ministre** deputy Prime Minister ◆ **le vice-champion du monde de judo** the world's number two in judo

**vice-amiral,** pl **-aux** [visamiʀal, o] nm vice-admiral, rear admiral ◆ **vice-amiral d'escadre** vice-admiral

**vice-chancelier** [visʃɑ̃səlje] nm vice-chancellor

**vice-consul** [viskɔ̃syl] nm vice-consul

**vice-consulat** [viskɔ̃syla] nm vice-consulate

**vicelard, e** * [vis(ə)laʀ, aʀd] 1 adj (= pervers) air, regard, personne depraved; (= rusé) question trick (épith); plan cunning
2 nm,f (= pervers) pervert ◆ **vieux vicelard** dirty old man, old lecher

**vice-légat** [vislega] nm vice-legate

**vice-légation** [vislegasjɔ̃] nf vice-legateship

**vicennal, e,** mpl **-aux** [visenal, o] adj vicennial

**vice-présidence** [vispʀezidɑ̃s] nf [pays] vice-presidency; [comité] vice-chairmanship; [congrès, conseil d'administration] vice-presidency, vice-chairmanship

**vice-président** [vispʀezidɑ̃] nm,f [pays] vice-president; [comité] vice-chairman; [congrès, conseil d'administration] vice-president, vice-chairman

**vice-présidente** [vispʀezidɑ̃t] nf [pays] vice-president; [comité] vice-chairwoman; [congrès, conseil d'administration] vice-president, vice-chairwoman

**vice-reine** [visʀɛn] nf lady viceroy, vicereine

**vice-roi,** pl **vice-rois** [visʀwa] nm viceroy

**vice-royauté** [visʀwajote] nf viceroyalty

**vicésimal, e,** mpl **-aux** [visezimal, o] adj vigesimal, vicenary

**vice versa** [viseveʀsa] → SYN adv vice versa

**vichy** [viʃi] nm a (Tex) gingham
b (eau de) **Vichy** vichy ou Vichy water ◆ **vichy fraise** strawberry syrup with vichy water ◆ **carottes vichy** boiled carrots, carrots vichy ◆ **le gouvernement de Vichy** (Hist) the Vichy government

**vichyssois, e** [viʃiswa, waz] adj gouvernement Vichy (épith); population of Vichy

**vichyste** [viʃist] 1 adj idéologie, régime of the Vichy government
2 nmf supporter of the Vichy government

**viciation** [visjasjɔ̃] → SYN nf a [atmosphère] pollution, tainting; [sang] contamination, tainting
b (fig) [rapports] tainting; [esprit, ambiance] tainting, pollution
c (Jur) [acte juridique] vitiation

**vicié, e** [visje] (ptp de **vicier**) adj a atmosphère polluted, tainted; sang contaminated, tainted
b rapports tainted; esprit, ambiance tainted, polluted
c (Jur) acte juridique vitiated

**vicier** [visje] → SYN ▸ conjug 7 ◂ vt a [+ atmosphère] to pollute, taint; [+ sang] to contaminate, taint
b (fig) [+ rapports] to taint; [+ esprit, ambiance] to taint, pollute
c (Jur) [+ élection] to invalidate; [+ acte juridique] to vitiate, invalidate

**vicieusement** [visjøzmɑ̃] adv a (= sournoisement) cunningly, slyly
b (= lubriquement) regarder lecherously, lustfully

**vicieux, -ieuse** [visjø, jøz] → SYN 1 adj a (= pervers) personne, penchant lecherous, perverted; air, regard, geste depraved, licentious
b (littér = dépravé) depraved, vice-ridden, vicious (littér)
c (= rétif) cheval restive, unruly
d (= sournois) attaque, balle, coup, question nasty; → **cercle**
e (= fautif) prononciation, expression incorrect, wrong
2 nm,f pervert ◆ **c'est un petit vicieux** he's a little lecher ◆ **un vieux vicieux** a dirty old man, an old lecher

**vicinal, e,** mpl **-aux** [visinal, o] adj ◆ **chemin vicinal** by-road, byway

**vicinalité** [visinalite] nf (= statut) vicinal status; (= chemins) by-road, byways, vicinal roads

**vicissitudes** [visisityd] nfpl (= infortunes) vicissitudes; (littér = variations, événements) vicissitudes, vagaries ◆ **les vicissitudes de la vie** the vicissitudes ou the trials and tribulations of life ◆ **il a connu bien des vicissitudes** he has had his ups and downs

**vicomtal, e,** mpl **-aux** [vikɔ̃tal, o] adj (= de vicomte) of a viscount; (= de vicomtesse) of a viscountess; (= de vicomté) of a viscountcy

**vicomte** [vikɔ̃t] nm viscount

**vicomté** [vikɔ̃te] nf viscountcy, viscounty

**vicomtesse** [vikɔ̃tɛs] nf viscountess

**victime** [viktim] → SYN nf (gén) victim; [accident, catastrophe] casualty, victim; (Jur) aggrieved party, victim ◆ **être victime de** [+ escroc, accident, calomnie] to be the victim of ◆ **il a été victime de son imprudence/imprévoyance** he was the victim of his own imprudence/lack of foresight ◆ **il est mort, victime d'une crise cardiaque** he died of a heart attack ◆ **l'incendie a fait de nombreuses victimes** the fire claimed many casualties ou victims ◆ **l'attentat n'a pas fait de victimes** there were no casualties ou no one was hurt in the bomb attack ◆ **l'entreprise est victime de la concurrence/de son succès** the company is a victim of the competition/the victim of its own success ◆ **victimes de guerre** war victims ◆ **les victimes de la route** (gén) road casualties; (= morts) road deaths ou fatalities

**victimologie** [viktimɔlɔʒi] nf victimology

**victoire** [viktwaʀ] → SYN nf (gén) victory; (Sport) win, victory ◆ **victoire aux points** (Boxe) win on points ◆ **victoire à la Pyrrhus** Pyrrhic victory ◆ **crier** ou **chanter victoire** to crow (over one's victory) ◆ **ne criez pas victoire trop tôt** don't count your chickens before they're hatched

**Victoria** [viktɔʀja] 1 nf Victoria ◆ **le lac Victoria** Lake Victoria
2 nm (Géog) Victoria

**victoria** [viktɔʀja] nf (Hist = voiture, Bot) victoria

**victorien, -ienne** [viktɔʀjɛ̃, jɛn] adj, nm,f Victorian

**victorieusement** [viktɔʀjøzmɑ̃] → SYN adv (gén) victoriously; combattre, résister, défendre successfully

**victorieux, -ieuse** [viktɔʀjø, jøz] → SYN adj général, campagne, armée, parti victorious; équipe winning (épith), victorious; air, sourire triumphant ◆ **son parti est sorti victorieux des élections** his party emerged victorious from the elections

**victuailles** [viktɥɑj] → SYN nfpl food, victuals (littér)

**vidage** [vidaʒ] nm a [récipient] emptying
b (* = expulsion) kicking out *, chucking out *
c (Ordin) dump ◆ **vidage de mémoire** memory ou storage dump

**vidame** [vidam] nm (Hist) vidame

**vidamé** [vidame] nm, **vidamie** [vidami] nf (= dignité) vidame's office; (= terre) vidame's land

**vidange** [vidɑ̃ʒ] → SYN nf a [fosse, tonneau, réservoir] emptying; (Aut) oil change ◆ **entreprise de vidange** sewage disposal business ◆ **faire la vidange** (Aut) to change the oil, do an ou the oil change; → **bouchon, huile**
b (= matières) **vidanges** sewage
c (= dispositif) [lavabo] waste outlet

**vidanger** [vidɑ̃ʒe] → SYN ▸ conjug 3 ◂ vt a [+ réservoir, fosse d'aisance] to empty
b [+ huile, eau] to drain (off), empty out

**vidangeur** [vidɑ̃ʒœʀ] → SYN nm cesspool emptier

**vide** [vid] → SYN 1 adj a (lit) (gén) empty; (= disponible) appartement, siège empty, vacant; (Ling) élément empty ◆ **bouteilles vides** (Comm) empty bottles, empties *; → **case, ensemble, estomac, main**
b (fig) (= sans intérêt, creux) journée, heures empty; (= stérile) discussion, paroles, style empty, vacuous ◆ **sa vie était vide** his life was empty ou a void ◆ **passer une journée vide** to spend a day with nothing to do, spend an empty day; → **tête**
c **vide de** empty ou (de)void of ◆ **vide de sens** mot, expression meaningless, empty ou (de)void of (all) meaning; paroles meaningless, empty ◆ **les rues vides de voitures** the streets empty of cars ◆ **elle se sentait vide de tout sentiment** she felt (de)void ou empty of all feeling
2 nm a (= absence d'air) vacuum ◆ **le vide absolu** an absolute vacuum ◆ **pompe à vide** vacuum pump ◆ **faire le vide dans un récipient** to create a vacuum in a container ◆ **sous vide** under vacuum ◆ **emballé sous vide** vacuum-packed ◆ **emballage sous vide** vacuum packing; → **nature, tube**

**b** (= trou) (entre objets) gap, empty space; (Archit) void ◆ **vide sanitaire** (Constr) underfloor space

**c** (= abîme) drop ◆ **le vide** (= l'espace) the void ◆ **être au-dessus du vide** to be over ou above a drop ◆ **tomber dans le vide** to fall into empty space ou into the void ◆ **j'ai peur/je n'ai pas peur du vide** I am/I am not afraid of heights, I have no head/I have a good head for heights

**d** (= néant) emptiness ◆ **le vide de l'existence** the emptiness of life ◆ **regarder dans le vide** to gaze ou stare into space ou emptiness

**e** (fig = manque) **un vide douloureux dans son cœur** an aching void in one's heart ◆ **son départ/sa mort laisse un grand vide** his departure/his death leaves a great void ou vacuum ◆ **vide juridique** gap in the law

**f** (Loc) **faire le vide autour de soi** to isolate o.s., drive everyone away ◆ **faire le vide autour de qn** to isolate sb completely, leave sb on his own ◆ **faire le vide dans son esprit** to empty one's mind ◆ **parler dans le vide** (sans objet) to talk vacuously; (personne n'écoute) to talk to a brick wall, waste one's breath ◆ **repartir à vide** [camion] to go off again empty ◆ **tourner à vide** [moteur] to run in neutral; [engrenage, mécanisme] to turn without gripping; [personne] to be unable to think straight ◆ **la politique sociale actuelle tourne à vide** the current social policy is not producing results; → **nettoyage, passage**

**vidé, e** * [vide] (ptp de **vider**) adj (= fatigué) personne worn out, dead beat *, all in *

**vidéaste** [videast] nmf video director ◆ **vidéaste amateur** amateur video-maker

**vidéo** [video] [1] adj inv video ◆ **caméra/jeu/signal vidéo** video camera/game/signal ◆ **images/film/bande/cassette vidéo** video images/film/tape/cassette ◆ **système de surveillance vidéo** video surveillance system

[2] nf video ◆ **faire de la vidéo** to make videos ◆ **film disponible en vidéo** film available ou out on video ◆ **service de vidéo à la demande** video on demand service

**vidéocassette** [videokasɛt] nf video cassette

**vidéoclip** [videoklip] nm (= chanson) video

**vidéoclub** [videoklœb] nm videoclub

**vidéocommunication** [videokɔmynikasjɔ̃] nf video communication

**vidéoconférence** [videokɔ̃ferɑ̃s] nf videoconference, teleconference

**vidéodisque** [videodisk] nm videodisk

**vidéofréquence** [videofrekɑ̃s] nf video frequency

**vidéogramme** [videɔgram] nm video recording

**vidéographie** [videɔgrafi] nf videotext ◆ **vidéographie interactive** Videotex ®

**vidéolecteur** [videɔlɛktœr] nm videodisk player

**vide-ordures** [vidɔrdyr] nm inv rubbish chute (Brit), garbage chute (US)

**vidéosurveillance** [videosyrvɛjɑ̃s] nf video surveillance ◆ **caméra/système de vidéosurveillance** video surveillance camera/system

**vidéotex ®** [videɔtɛks] adj inv, nm inv videotex ®

**vidéothèque** [videɔtɛk] nf video library

**vidéotransmission** [videotrɑ̃smisjɔ̃] nf video transmission

**vide-poche,** pl **vide-poches** [vidpɔʃ] nm (= récipient) tidy; (Aut) side pocket

**vide-pomme,** pl **vide-pommes** [vidpɔm] nm apple-corer

**vider** [vide] → SYN ▸ conjug 1 ◂ [1] vt **a** [+ récipient, réservoir, meuble, pièce] to empty; [+ étang, citerne] to empty, drain ◆ **vider un appartement de ses meubles** to empty ou clear a flat of its furniture ◆ **vider un étang de ses poissons** to empty ou clear a pond of fish ◆ **vider un tiroir sur la table/dans une corbeille** to empty a drawer (out) onto the table/into a wastebasket ◆ **vider la corbeille** (Ordin) to empty the waste ◆ **ils ont vidé 3 bouteilles** (en consommant) they emptied ou drained 3 bottles ◆ **il vida son verre et partit** he emptied ou drained his glass and left ◆ **ils ont vidé tous les tiroirs** (en emportant) they cleaned out ou emptied all the drawers

**b** [+ contenu] to empty (out) ◆ **vider l'eau d'un bassin** to empty the water out of a basin ◆ **va vider les ordures** go and empty (out) the rubbish ◆ **vider des déchets dans une poubelle** to empty waste into a dustbin

**c** (= faire évacuer) [+ lieu] to empty, clear ◆ **la pluie a vidé les rues** the rain emptied ou cleared the streets

**d** (= quitter) **vider les lieux** to quit ou vacate the premises

**e** (= évider) [+ poisson, poulet] to gut, clean out; [+ pomme] to core

**f** († = régler) [+ querelle, affaire] to settle

**g** (Équitation) [+ cavalier] to throw ◆ **vider les arçons/les étriers** to leave the saddle/the stirrups

**h** (* = expulser) [+ trouble-fête, indésirable] to throw out, chuck out * ◆ **vider qn d'une réunion/d'un bistro** to throw ou chuck * sb out of a meeting/of a café

**i** (= épuiser) to wear out ◆ **ce travail m'a vidé** * this work has worn me out ◆ **travail qui vous vide l'esprit** occupation that leaves you mentally drained ou exhausted

**j** (Loc) **vider son sac** * to come out with it * ◆ **vider l'abcès** to root out the evil ◆ **vider son cœur** to pour out one's heart

[2] **se vider** vpr [récipient, réservoir, bassin, salle] to empty ◆ **les eaux sales se vident dans l'égout** the dirty water empties ou drains into the sewer ◆ **ce réservoir se vide dans un canal** this reservoir empties into a canal ◆ **en août, la ville se vide (de ses habitants)** in August, the town empties (of its inhabitants) ◆ **se vider de son sang** to bleed to death ◆ **nos campagnes se vident** our rural areas are becoming empty of people ou deserted

**videur** [vidœr] nm [boîte de nuit] bouncer *

**viduité** [vidɥite] → SYN nf (Jur) [femme] widowhood, viduity (SPÉC); [homme] widowerhood, viduity (SPÉC) ◆ **délai de viduité** minimum legal period of widowhood (ou widowerhood)

**vidure** [vidyr] nf [volaille, poisson] guts

## vie [vi]

→ SYN

[1] NOM FÉMININ
[2] COMPOSÉS

### [1] NOM FÉMININ

**a** Bio life ◆ **la Vie** (Rel) the Life ◆ **le respect de la vie** respect for life ◆ **la vie animale/végétale** animal/plant life ◆ **donner la vie** to give birth (à to) ◆ **donner/risquer sa vie pour** to give/risk one's life for ◆ **avoir la vie dure** [personne, animal] to have nine lives; [préjugé, superstition] to die hard ◆ **être entre la vie et la mort** to be at death's door ◆ **avoir droit de vie et de mort sur qn** to have the power of life and death over sb ◆ **passer de vie à trépas** to pass on ◆ **faire passer qn de vie à trépas** to dispatch sb into the next world ◆ **sans vie** personne, corps (= mort) lifeless; (= évanoui) insensible ◆ **rappeler qn à/revenir à la vie** to bring sb back to/come back to life ◆ **tôt/tard dans la vie** early/late in life ◆ **attends de connaître la vie pour juger** wait until you know (something) about life before you pass judgment; → **fleuve, question**

◆ **en vie** alive ◆ **être en vie** to be alive ◆ **être bien en vie** to be well and truly alive, be alive and kicking * ◆ **rester en vie** to stay ou remain alive ◆ **maintenir qn en vie** to keep sb alive ◆ **ce journal, ils sont fiers de l'avoir maintenu en vie** they're proud of having kept this newspaper going ou afloat

**b** = animation life ◆ **être plein de vie** to be full of life ◆ **un film/portrait plein de vie** a lively film/portrait ◆ **donner de la vie à qch, mettre de la vie dans qch** to liven sth up ◆ **sa présence met de la vie dans la maison** he brings some life ou a bit of life into the house, he livens the house up ◆ **sans vie** regard lifeless, listless; rue, quartier dead (attrib)

**c** = existence life ◆ **vie sentimentale/conjugale/professionnelle** love/married/professional life ◆ **la vie militaire** life in the services ◆ **la vie de famille/d'étudiant** family/student life ◆ **la vie de pêcheur** the life of a fisherman ◆ **la vie intellectuelle à Paris** intellectual life in Paris, the intellectual life of Paris ◆ **(mode de) vie** way of life, lifestyle ◆ **dans la vie courante** in everyday life ◆ **avoir la vie facile** to have an easy life ◆ **une vie difficile** ou **dure** a hard life ◆ **mener la vie dure à qn** to give sb a hard time (of it), make life hard for sb ◆ **il a** ou **mène une vie sédentaire** he has a sedentary lifestyle, he leads a sedentary life ◆ **faire la vie** * † (= se débaucher) to live it up, lead a life of pleasure; (* = faire une scène) to make a scene ◆ **chaque fois, elle me fait la vie** * she goes on (and on) at me every time ◆ **il en a fait une vie quand ...** he kicked up a real fuss * when ..., he made a real scene when ... ◆ **faire une vie impossible à qn** to make sb's life intolerable ou impossible (for them) ◆ **mener joyeuse vie** to have a happy life ◆ **il poursuivit sa petite vie** he carried on with his day-to-day existence ou his daily affairs ◆ **elle a refait sa vie avec lui** she made a new life with him ◆ **depuis, il a refait sa vie** since then he's started a new life ◆ **sa femme l'a quitté et il n'a jamais refait sa vie** his wife left him and he never met anyone else ◆ **il a la bonne** ou **belle vie** he's got it easy, he has an easy ou a cushy * life ◆ **c'est la belle vie !** this is the life! ◆ **c'était la belle vie !** those were the days! ◆ **ce n'est pas une vie !** it's a rotten * ou hard life! ◆ **c'est la vie !** that's life! ◆ **quelle vie !** what a life! ◆ **la vie est ainsi faite !** such is life!, that's life! ◆ **la vie continue** life goes on; → **actif, rose, vivre**

**d** Écon (le coût de) **la vie** the cost of living ◆ **la vie augmente** the cost of living is rising ou going up ◆ **ils manifestent contre la vie chère** they are demonstrating against the high cost of living; → **gagner, niveau**

**e** = durée life(time) ◆ **il a habité ici toute sa vie** he lived here all his life ◆ **des habits qui durent une vie** clothes that last a lifetime ◆ **faire qch une fois dans sa vie** to do sth once in one's life(time) ◆ **une occasion pareille n'arrive qu'une fois dans la vie** such an opportunity happens only once in a lifetime ◆ **de ma vie** (frm) **je n'ai vu un homme aussi grand** never (in my life) have I seen such a tall man, I have never (in my life) seen such a tall man ◆ **tu as la vie devant toi** you've got your whole life ahead of you; → **jamais**

◆ **à vie** for life ◆ **condamné à la prison à vie** sentenced to life imprisonment ◆ **cet accident l'a marqué à vie** this accident marked him for life ◆ **il est nommé à vie** he has a life appointment ◆ **directeur/président (nommé) à vie** life director/president, director/president for life ◆ **un emploi à vie, ça n'existe plus** there's no such thing as a job for life any more

◆ **à la vie (et) à la mort** amitié, fidélité undying (épith) ◆ **amis à la vie à la mort** friends for life ◆ **entre nous, c'est à la vie et à la mort** we have sworn eternal friendship, we are friends for life ◆ **rester fidèle à qn à la vie à la mort** to remain faithful to sb to one's dying day

◆ **pour la vie** for life ◆ **il est infirme pour la vie** he'll be an invalid for the rest of his life ◆ **amis pour la vie** friends for life, lifelong friends ◆ **quand on est marié, c'est pour la vie** marriage is for life ◆ **quand on est bête, c'est pour la vie** once an idiot, always an idiot ◆ **à Lulu pour la vie** (tatouage) Lulu forever

**f** = biographie life (story) ◆ **écrire/lire une vie de qn** to write/read sb's life story ◆ **j'ai lu la vie de Bach** I read Bach's life story ou the story of Bach's life ◆ **elle m'a raconté toute sa vie** she told me her whole life story, she told me the story of her life

### [2] COMPOSÉS

▷ **vie de bâton de chaise** riotous ou wild existence ▷ **vie de bohème** bohemian life ou lifestyle ▷ **vie de château: mener la vie de château** to live a life of luxury ▷ **vie de garçon** bachelor's life ou existence ▷ **vie de patachon** * disorderly way of life ou lifestyle ▷ **vie privée** private life; → **enterrer**

**vieil** [vjɛj] adj m → **vieux**

**vieillard** [vjɛjar] → SYN nm old man ◆ **les vieillards** the elderly, old people; → **asile, hospice**

**vieille[1]** [vjɛj] → SYN adj f, nf → **vieux**

**vieille²** [vjɛj] nf (= poisson) wrasse

**vieillerie** [vjɛjʀi] → SYN nf (= objet) old-fashioned thing; (= idée) old ou stale idea ◆ **aimer les vieilleries** to like old ou old-fashioned things ou stuff ◆ **j'ai mal au dos – c'est la vieillerie** * (hum) I've got backache – it's old age

**vieillesse** [vjɛjɛs] → SYN nf a (= période) old age; (= fait d'être vieux) (old) age ◆ **mourir de vieillesse** to die of old age ◆ **dans sa vieillesse** in his old age; → **assurance, bâton**

b (= vieillards) **la vieillesse** the old, the elderly, the aged; → **jeunesse**

c [choses] age, oldness

**vieilli, e** [vjeji] (ptp de **vieillir**) adj (= marqué par l'âge) aged, grown old (attrib); (= suranné) mot, expression dated, old-fashioned; (Mode) cuir distressed (épith) ◆ **vin vieilli en cave** wine aged in the cellar ◆ **une population vieillie** an ageing ou aged population ◆ **je l'ai trouvé vieilli** I thought he'd aged ◆ **visage prématurément vieilli** face that has prematurely aged

**vieillir** [vjejiʀ] → SYN ▸ conjug 2 ◂ 1 vi a (= prendre de l'âge) [personne, maison, organe] to grow ou get old; [population] to age ◆ **vieillir dans un métier** to grow old in a job ◆ **savoir vieillir** to grow old gracefully ◆ **l'art de vieillir** the art of growing old gracefully ◆ **il a bien/mal vieilli** [personne] he has/has not aged well; [film] it has/has not stood the test of time, it has not/has become dated

b (= paraître plus vieux) to age ◆ **il a vieilli de 10 ans en quelques jours** he aged (by) 10 years in a few days ◆ **je la trouve très vieillie** I find she has aged a lot ◆ **il ne vieillit pas** he doesn't get any older

c (= passer de mode) [auteur, mot, doctrine] to become (out)dated

d (Culin) [vin, fromage] to age ◆ **vieilli en fûts de chêne** aged ou matured in oak (casks)

2 vt a **vieillir qn** [coiffure, maladie] to put years on sb, make sb look older ◆ **cette coiffure vous vieillit** that hair style puts years on you ou makes you look older

b (par fausse estimation) **vieillir qn** to make sb older than he (really) is ◆ **vous me vieillissez de 5 ans** you're making me out to be 5 years older than I (really) am

3 **se vieillir** vpr to make o.s. look older

**vieillissant, e** [vjejisɑ̃, ɑ̃t] adj personne ageing, who is growing old; œuvre ageing, which is becoming (out)dated

**vieillissement** [vjejismɑ̃] → SYN nm a [personne, population, maison, institution] ageing ◆ **le vieillissement fait perdre à la peau son élasticité** ageing ou the ageing process makes the skin lose its elasticity

b [mot, doctrine, œuvre] becoming (out)dated

c [vin, fromage] ageing ◆ **vieillissement forcé** artificial ageing

**vieillot, -otte** [vjɛjo, ɔt] → SYN adj a (= démodé) antiquated, quaint

b (= vieux) old-looking

**vielle** [vjɛl] nf hurdy-gurdy

**vieller** [vjele] ▸ conjug 1 ◂ vi to play the hurdy-gurdy

**vielleur, -euse** [vjelœʀ, øz], **vielleux, -euse** [vjelø, øz] nm,f hurdy-gurdy player

**Vienne** [vjɛn] n (en Autriche) Vienna; (en France) Vienne

**viennois, e** [vjenwa, waz] 1 adj (d'Autriche) Viennese; (de France) of ou from Vienne ◆ **café/chocolat viennois** coffee/hot chocolate with whipped cream; → **pain**

2 **Viennois(e)** nm,f (d'Autriche) Viennese; (de France) native ou inhabitant of Vienne

**viennoiserie** [vjenwazʀi] nf (= ensemble des produits) Viennese pastries *(croissants, brioches etc)*; (= magasin) Viennese pastry shop; (= commerce) Viennese pastry trade

**Vientiane** [vjɛntjan] n Vientiane

**vierge** [vjɛʀʒ] → SYN 1 nf a (= pucelle) virgin

b (Rel) **la (Sainte) Vierge** the (Blessed) Virgin ◆ **la Vierge (Marie)** the Virgin (Mary) ◆ **la Vierge immaculée** the Immaculate Virgin, Immaculate Mary ◆ **une Vierge romane/gothique** (= statue) a Romanesque/Gothic (statue of the) Virgin; → **fil**

c (Astron) **la Vierge** Virgo ◆ **il est Vierge, il est (du signe) de la Vierge** he's (a) Virgo

2 adj a personne virgin (épith) ◆ **rester/être vierge** to remain/be a virgin

b ovule unfertilized

c feuille de papier blank, virgin (épith); film unexposed; bande magnétique, disquette blank; casier judiciaire clean; terre, neige virgin (épith); (Sport) sommet unclimbed; → **huile, laine, vigne** etc

d (littér = exempt) **vierge de** free from, unsullied by ◆ **vierge de tout reproche** free from (all) reproach ◆ **vierge de connaissances/d'expérience** with absolutely no knowledge/experience

**Vierges** [vjɛʀʒ] nfpl ◆ **les îles Vierges** the Virgin Islands

**Viêtnam, Viêt Nam** [vjɛtnam] nm Vietnam ◆ **Viêtnam du Nord/du Sud** (Hist) North/South Vietnam

**vietnamien, -ienne** [vjɛtnamjɛ̃, jɛn] 1 adj Vietnamese

2 nm (Ling) Vietnamese

3 **Vietnamien(ne)** nm,f Vietnamese ◆ **Vietnamien(ne) du Nord/Sud** (Hist) North/South Vietnamese

**vieux** [vjø] → SYN, **vieille** [vjɛj], devant nm commençant par une voyelle ou un h muet **vieil** [vjɛj], mpl **vieux** [vjø] 1 adj a (= âgé) old ◆ **très vieux** ancient, very old ◆ **un vieil homme** an old man ◆ **une vieille femme** an old woman ◆ **c'est un homme déjà vieux** he's already an old man ◆ **"Le Vieil homme et la mer"** (Littérat) "The Old Man and the Sea" ◆ **les vieilles gens** old people, the aged ou elderly ◆ **un vieux retraité** an old-age pensioner ◆ **il est plus vieux que moi** he's older than I am ◆ **vieux comme comme le monde** ou **Hérode** ou **mes robes** * (hum) ou **les chemins** as old as the hills ◆ **histoire vieille de vingt ans** story which goes back twenty years ◆ **il se fait vieux** he's getting old, he's getting on (in years); → **jour, os**

b (= ancien) demeure, bijoux, meuble old ◆ **une belle vieille demeure** a fine old house ◆ **un vin vieux** an old wine ◆ **un pays de vieille civilisation** a country with an age-old civilization ◆ **vieux français** Old French ◆ **vieil anglais** Old English ◆ **c'est déjà vieux tout ça !** that's all old hat! *

c (= expérimenté) marin, soldat, guide old, seasoned ◆ **un vieux loup de mer** an old sea dog; → **briscard, renard, routier**

d (= usé) objet, maison, vêtement old ◆ **ce pull est très vieux** this sweater is ancient ou very old ◆ **vieux papiers** waste paper ◆ **vieux journaux** old (news)papers

e (avant le n) (= de longue date) ami, habitude old; amitié long-standing; (= passé) coutumes old, ancient ◆ **un vieil ami** an old friend, a friend of long standing ◆ **vieille famille** old ou ancient family ◆ **c'est une vieille histoire** it's ancient history ou an old story ◆ **nous avons beaucoup de vieux souvenirs en commun** we share a lot of old memories ◆ **c'est la vieille question/le vieux problème** it's the same old question/problem ◆ **traîner un vieux rhume** to have a cold that is dragging on; → **date**

f (avant le n) (= de naguère) old; (= précédent) old, former, previous ◆ **la vieille génération** the older generation ◆ **mon vieil enthousiasme** my old ou former ou previous enthusiasm ◆ **ma vieille voiture était plus confortable que la nouvelle** my old ou previous car was more comfortable than the one I've got now ◆ **le vieux Paris/Lyon** old Paris/Lyons ◆ **la vieille France/Angleterre** France/England of bygone days ou of yesteryear ◆ **ses vieilles craintes se réveillaient** his old fears were aroused once more; → **école, temps¹**

g (péj : intensif) **vieille peau** ‡ old bag ‡ ◆ **vieux jeton** * old misery * ◆ **espèce de vieux satyre !** * dirty old man! * ◆ **n'importe quel vieux bout de papier fera l'affaire** any old bit of paper will do; → **bique, chameau, chnoque** etc

2 nm a (= personne) old man ◆ **les vieux** the old ou aged ou elderly, old people ◆ **tu fais partie des vieux maintenant** you're one of the old folks * now ◆ **il a des manies/idées de vieux** he acts/thinks like an old man ◆ **c'est de la musique de vieux** that's music for old people ◆ **un vieux de la vieille** * one of the old brigade ◆ **mon** ou **le vieux** ‡ (= père) my ou the old man ‡ ◆ **ses vieux** ‡ (= parents) his old folks * ◆ **comment ça va, mon vieux ?** * how are you, old boy? * (Brit) ou mate * (Brit) ou old buddy? * (US) ◆ **mon (petit) vieux** *, **tu vas m'expliquer ça** listen you, you're going to give me an explanation ◆ **ça, mon vieux, c'est ton problème !** * that's your problem mate * (Brit) ou man * (US) ◆ **ils m'ont augmenté de 500 F – ben mon vieux !** (exprimant la surprise) they've given me a 500 franc rise – well I never!; → **petit**

b **préférer le vieux au neuf** to prefer old things to new

◆ **coup de vieux** * ◆ **sa mère a pris un bon** ou **sacré coup de vieux** her mother has really aged ◆ **ça lui a donné un coup de vieux** (à une personne) it put years on him ◆ **cette nouvelle technique donne un terrible coup de vieux à la précédente** this new technique means the old one is now totally out of date

3 **vieille** nf old woman ◆ **ma** ou **la vieille** ‡ (= mère) my ou the old woman ‡ ou lady ‡ ◆ **alors, ma vieille, tu viens ?** * are you coming then, old girl? *; (hum : à un homme) are you coming then, old man? * ou old chap? * (Brit) ou old boy? * (Brit) ◆ **comment ça va, ma vieille ?** * how are you, old girl? *; → **petit**

4 adv vivre to an old age, to a ripe old age; s'habiller old ◆ **elle s'habille trop vieux** she dresses too old ◆ **ce manteau fait vieux** this coat makes you look old

5 COMP ▷ **vieux beau** (péj) ageing beau ▷ **vieille branche** (fig, †† ou hum) old fruit * (Brit) ou bean * (hum) ▷ **le Vieux Continent** the Old World ▷ **vieille fille** † spinster, old maid ◆ **elle est très vieille fille** she's very old-maidish ▷ **vieille France** adj inv personne with old-world values ▷ **vieux garçon** † bachelor ◆ **des habitudes de vieux garçon** bachelor ways ▷ **la vieille garde** the old guard ◆ **la vieille garde conservatrice du parti** (fig) the conservative old guard in the party ▷ **vieux jeu** adj inv idées old hat (attrib), outmoded; personne behind the times (attrib), old-fashioned; vêtement old-fashioned, out-of-date (épith), out of date (attrib) ▷ **vieilles lunes** (= temps passé) olden days; (= idées dépassées) old-fashioned ideas ▷ **le Vieux Monde** the Old World ▷ **vieil or** adj inv, nm old gold ▷ **vieux rose** adj inv, nm old rose

**vif, vive¹** [vif, viv] → SYN 1 adj a (= plein de vie) enfant, personne lively, vivacious; mouvement, rythme, style lively, animated, brisk; (= alerte) sharp, quick (attrib); imagination lively, keen; intelligence keen, quick ◆ **il a l'œil** ou **le regard vif** he has a sharp ou keen eye ◆ **à l'esprit vif** quick-witted ◆ **eau vive** (fresh) running water, flowing water; → **haie, mémoire¹**

b (= brusque, emporté) personne sharp, brusque, quick-tempered; ton, propos, attitude sharp, brusque, curt ◆ **il s'est montré un peu vif avec elle** he was rather sharp ou brusque ou curt with her ◆ **le débat prit un tour assez vif** the discussion took on a rather acrimonious tone

c (= profond) émotion keen (épith), intense, strong; souvenirs vivid; impression vivid, intense; plaisirs, désir intense, keen (épith); déception acute, keen (épith), intense ◆ **j'ai le sentiment très vif de l'avoir vexé** I have the distinct feeling that I've offended him

d (= fort, grand) goût strong, distinct; chagrin, regret deep, great; critiques, réprobation strong, severe ◆ **une vive satisfaction** a great ou deep feeling of satisfaction, deep ou great satisfaction ◆ **une vive impatience** great impatience ◆ **il lui fit de vifs reproches** he severely reprimanded him ◆ **un vif penchant pour ...** a strong liking ou inclination for ... ◆ **à vive allure** at a brisk pace ◆ **avec mes plus vifs remerciements** (formules de politesse) with my most profound thanks ◆ **c'est avec un vif plaisir que ...** it is with very great pleasure that ...

e (= cru, aigu) lumière, éclat bright, brilliant; couleur bright, vivid, brilliant; froid biting, bitter; douleur sharp; vent keen, biting, bitter; ongles, arête sharp ◆ **l'air vif les revigorait** the bracing air revived them ◆ **rouge vif** bright red, vivid ou brilliant red ◆ **il faisait un froid très vif** it was bitterly cold

f (= à nu) pierre bare; joints dry

g († = vivant) alive ◆ **être brûlé/enterré vif** to be burnt/buried alive

♦ **de vive voix** renseigner, communiquer, remercier personally, in person ◆ **il vous le dira de vive voix** he'll tell you himself ou in person

2 nm a (LOC)

♦ **à vif** chair bared; plaie open ◆ **avoir les nerfs à vif** to have frayed nerves, be on edge

♦ **au vif** ◆ **être touché** ou **piqué au vif** to be cut to the quick

♦ **dans le vif** ◆ **tailler** ou **couper** ou **trancher dans le vif** (lit) to cut into the flesh; (fig = prendre une décision) to take drastic action ◆ **entrer dans le vif du sujet** to get to the heart of the matter

♦ **sur le vif** peindre, décrire from life ◆ **scènes/photos prises sur le vif** scenes shot/photos taken from real life ◆ **faire un reportage sur le vif** to do a live ou an on-the-spot broadcast ◆ **voici quelques réactions prises sur le vif** now for a few on-the-spot reactions

b (Pêche) live bait (NonC) ◆ **pêcher au vif** to fish with live bait

c (Jur = personne vivante) living person ◆ **donation entre vifs** donation inter vivos; → **mort**[2]

**vif-argent** [vifaʀʒɑ̃] → SYN nm inv (Chim) quicksilver ◆ **il a du vif-argent dans les veines** †, **c'est du vif-argent** † he is a real live wire *

**vigie** [viʒi] nf a (Naut) (= matelot) look-out, watch; (= poste) [mât] look-out post, crow's-nest; [proue] look-out post ◆ **être en vigie** to be on watch

b (Rail) **vigie de frein** brake cabin

**vigilance** [viʒilɑ̃s] → SYN nf [personne, attention, soins] vigilance ◆ **surveiller qn avec vigilance** to keep a very close watch on sb ◆ **tromper la vigilance de qn** to give sb the slip ◆ **rien d'important n'a échappé à leur vigilance** nothing of importance escaped their notice ou attention ◆ **une extrême vigilance s'impose** we (ou they etc) must be extremely vigilant ◆ **l'absorption d'alcool entraîne une baisse de la vigilance** drinking alcohol affects your concentration

**vigilant, e** [viʒilɑ̃, ɑ̃t] → SYN adj personne vigilant, watchful; attention, soins vigilant ◆ **essaie d'être plus vigilant quand tu conduis** try and drive more carefully

**vigile**[1] [viʒil] → SYN nf (Rel) vigil

**vigile**[2] [viʒil] → SYN nm (Hist) watch; (= veilleur de nuit) (night) watchman; [police privée] vigilante

**Vigipirate** [viʒipiʀat] nm ◆ **plan Vigipirate** *series of measures to protect the public against possible terrorist strikes*

**vigne** [viɲ] → SYN 1 nf a (= plante) vine ◆ **être dans les vignes du Seigneur** † to be in one's cups; → **cep, feuille, pied**

b (= vignoble) vineyard ◆ **des champs de vigne** vineyards ◆ **la vigne rapporte peu** (= activité) wine-growing isn't very profitable ◆ **les produits de la vigne** the produce of the vineyards; → **pêche**[1]

2 COMP ▷ **vigne vierge** Virginia creeper

**vigneau**, pl **vigneaux** [viɲo] → SYN nm winkle

**vigneron, -onne** [viɲ(ə)ʀɔ̃, ɔn] → SYN nm,f wine grower

**vignetage** [viɲ(ə)taʒ], **vignettage** [viɲetaʒ] nm (Photo) vignetting

**vignette** [viɲɛt] → SYN nf a (Art = motif) vignette

b († = illustration) illustration

c (Comm = timbre) (manufacturer's) label ou seal; (sur un médicament) *price label on medicines for reimbursement by Social Security* ◆ **vignette (automobile)** ≃ (road) tax disc (Brit), ≃ (annual) license tag (US)

**vignettiste** [viɲetist] nmf vignette artist

**vigneture** [viɲ(ə)tyʀ] nf vine-leaf border

**vignoble** [viɲɔbl] → SYN nm vineyard ◆ **le vignoble français/bordelais** (= ensemble de vignobles) the vineyards of France/Bordeaux

**vignot** [viɲo] nm ⇒ **vigneau**

**vigogne** [vigɔɲ] nf (Zool) vicuna; (Tex) vicuna (wool)

**vigoureusement** [viguʀøzmɑ̃] adv taper, frotter vigorously, energetically; protester, résister vigorously; peindre, écrire vigorously, with vigour

**vigoureux, -euse** [viguʀø, øz] → SYN adj a (= robuste) personne vigorous, sturdy; cheval sturdy; corps robust, vigorous; bras, mains strong, powerful; poignée de main vigorous; santé robust; plante sturdy, robust ◆ **manier la hache d'un bras vigoureux** to wield the axe vigorously ou with vigour ◆ **il est encore vigoureux pour son âge** he's still hale and hearty ou still vigorous for his age

b (= énergique) esprit, style, dessin vigorous; sentiment, passion strong; résistance, protestations vigorous, strenuous ◆ **donner de vigoureux coups de poing à qch** to deal sth sturdy ou strong ou energetic blows

**vigueur** [vigœʀ] → SYN 1 nf a [personne] sturdiness, vigour (Brit), vigor (US); [corps] robustness, vigour (Brit), vigor (US); [bras, mains] strength; [santé] robustness; [plante] sturdiness, robustness ◆ **dans toute la vigueur de la jeunesse** in the full vigour of youth

b [sentiment, passion] strength; [esprit, résistance, protestations] vigour (Brit), vigor (US) ◆ **sans vigueur** without vigour ◆ **se débattre avec vigueur** to defend o.s. vigorously ou with vigour ◆ **donner de la vigueur à** to invigorate ◆ **vigueur intellectuelle** intellectual vigour ◆ **s'exprimer/protester avec vigueur** to express o.s./protest vigorously

c [coloris, style, dessin] vigour (Brit), vigor (US), energy

2 **en vigueur** loc adj, loc adv loi, dispositions in force; terminologie, formule current, in use ◆ **entrer en vigueur** to come into force ou effect ◆ **en vigueur depuis hier** in force as of ou from yesterday ◆ **faire entrer en vigueur** to bring into force ou effect, implement ◆ **cesser d'être en vigueur** to cease to apply

**VIH** [veiaʃ] nm (abrév de **virus de l'immunodéficience humaine**) HIV

**Viking** [vikiŋ] nm Viking

**vil, e** [vil] → SYN adj a (littér = méprisable) vile, base

b († = non noble) low(ly)

c († = sans valeur) marchandises worthless, cheap ◆ **métaux vils** base metals

d **à vil prix** acheter, vendre at a very low price, for next to nothing

**vilain, e** [vilɛ̃, ɛn] → SYN 1 adj a (= laid) personne, visage ugly(-looking); vêtement ugly, unattractive; couleur nasty ◆ **elle n'est pas vilaine** she's not bad-looking, she's not unattractive ◆ **le vilain petit canard** (Littérat, fig) the ugly duckling ◆ **150 € d'augmentation, ce n'est pas vilain** a €150 pay rise – that's not bad

b (= mauvais) temps bad, lousy *; odeur nasty, bad ◆ **il a fait vilain toute la semaine** * we've had bad ou lousy * weather all week

c (= grave, dangereux) blessure, affaire nasty, bad ◆ **une vilaine plaie** a nasty wound

d (= méchant) action, pensée wicked; enfant, conduite naughty, bad ◆ **vilains mots** naughty ou wicked words ◆ **c'est un vilain monsieur** ou **coco** * he's a nasty customer ou piece of work * ◆ **il a été vilain** he was a naughty ou bad boy ◆ **il a été vilain au cinéma/avec sa grand-mère** he was naughty at the cinema/with his grandmother, he played up at the cinema/played his grandmother up ◆ **jouer un vilain tour à qn** to play a nasty ou naughty trick on sb

2 nm a (Hist) villein, villain

b (garçon = méchant) naughty ou bad boy ◆ **oh le (gros) vilain !** what a naughty boy (you are)!

c (* : LOC) **il va y avoir du vilain, ça va tourner au vilain, ça va faire du vilain** things are going to get nasty, it's going to turn nasty

3 **vilaine** nf (= méchante) naughty ou bad girl ◆ **oh la (grosse) vilaine !** what a naughty girl (you are)!

**vilainement** [vilɛnmɑ̃] adv wickedly

**vilebrequin** [vilbʀəkɛ̃] → SYN nm (= outil) (bit-)brace; (Aut) crankshaft

**vilement** [vilmɑ̃] adv (littér) vilely, basely

**vilenie** [vil(ə)ni] → SYN, **vilénie** [vileni] nf (littér) (= caractère) vileness, baseness; (= acte) villainy, vile ou base deed

**vilipender** [vilipɑ̃de] → SYN ▸ conjug 1 ◂ vt (littér) to revile, vilify, inveigh against

**villa** [villa] → SYN nf a (= maison) (= maison de plaisance) villa; (= pavillon) (detached) house ◆ **les villas romaines** (Antiq) Roman villas

b (= impasse privée) ≃ mews

**villafranchien, -ienne** [vilafʀɑ̃ʃjɛ̃, jɛn] 1 adj Villafranchian

2 nm ◆ **le villafranchien** the Villafranchian stage

**village** [vilaʒ] → SYN nm (= bourg, habitants) village ◆ **village de toile** tent village ◆ **village de vacances, village club** holiday (Brit) ou vacation (US) village ◆ **village olympique** Olympic village ◆ **le village global** ou **planétaire** the global village; → **idiot**

**villageois, e** [vilaʒwa, waz] → SYN 1 adj atmosphère, coutumes village (épith), rustic (épith) ◆ **un air villageois** a rustic air

2 nm (= résident) villager, village resident

3 **villageoise** nf (= résidente) villager, village resident

**villanelle** [vilanɛl] nf villanelle

**ville** [vil] → SYN 1 nf a (= cité, habitants) town; (plus importante) city ◆ **la ville de Paris** the city of Paris ◆ **la ville d'Albi** the town of Albi ◆ **le plus grand cinéma de la ville** the biggest cinema in town ◆ **en ville, à la ville** in town, in the city ◆ **à la ville comme à la scène** (comédien) on stage and off; (acteur de cinéma) on screen and off ◆ **à la ville, c'est quelqu'un de charmant** in real life he's perfectly charming ◆ **aller en ville** to go into town ◆ **habiter la ville** to live in a (ou the) town ou city ◆ **une ville de province** a provincial town ◆ **sa ville d'attache était Genève** Geneva was his home-base

b (= quartier) **ville basse/haute** lower/upper (part of the) town ◆ **vieille ville** old (part of) town

c (= municipalité) ≃ local authority, ≃ town ou city council ◆ **dépenses assumées par la ville** local authority spending ou expenditure ◆ **l'eau de la ville** tap water

d (= vie urbaine) **la ville** town ou city life, the town ou city ◆ **aimer la ville** to like town ou city life ou the town ou city ◆ **les gens de la ville** townspeople, townsfolk, city folk ◆ **vêtements de ville** town wear ou clothes

2 COMP ▷ **ville champignon** mushroom town ▷ **ville d'eaux** spa (town) ▷ **la Ville éternelle** the Eternal City ▷ **ville forte** fortified town ▷ **ville industrielle** industrial town ou city ▷ **la Ville lumière** the City of Light, Paris ▷ **ville nouvelle** new town ▷ **ville ouverte** open city ▷ **Ville sainte** Holy City ▷ **ville satellite** satellite town ▷ **ville universitaire** university town ou city

**ville-dortoir**, pl **villes-dortoirs** [vildɔʀtwaʀ] nf dormitory (Brit) ou bedroom (US) town

**villégiature** [vi(l)leʒjatyʀ] → SYN nf a (= séjour) holiday (Brit), vacation (US) ◆ **être en villégiature quelque part** to be on holiday (Brit) ou vacation (US) ou to be holidaying (Brit) ou vacationing (US) somewhere ◆ **aller en villégiature dans sa maison de campagne** to go for a holiday (Brit) ou vacation (US) ou to holiday (Brit) ou vacation (US) in one's country home

b **(lieu de) villégiature** (holiday (Brit) ou vacation (US)) resort

**villeux, -euse** [vilø, øz] → SYN adj villous

**villosité** [vilozite] → SYN nf villus ◆ **villosités** villi

**Vilnius** [vilnjys] n Vilnius

**vin** [vɛ̃] → SYN nm a (= boisson) wine ◆ **vin blanc/rouge/rosé** white/red/rosé wine ◆ **vin gris** pale rosé wine ◆ **vin jaune** *wine produced in the Jura region of France, similar to a light Spanish sherry* ◆ **vin mousseux/de coupage** sparkling/blended wine ◆ **vin ordinaire** ou **de table/de messe** ordinary ou table/altar ou communion wine ◆ **vin nouveau** new wine ◆ **grand vin, vin fin** vintage wine ◆ **un petit vin blanc** a nice little white wine ◆ **vin chaud** mulled wine ◆ **vin cuit** fortified wine ◆ **vin doux** sweet wine ◆ **vin délimité de qualité supérieure** *label guaranteeing quality and origin of a wine* ◆ (Prov) **quand le vin est tiré, il faut le boire** once the first step is taken there's no going back; → **lie, pays, table**

b (= réunion) **vin d'honneur** reception *(where wine is served)*

c (= liqueur) **vin de palme/de canne** palm/cane wine

d (LOC) **être entre deux vins** to be tipsy ◆ **avoir le vin gai/triste** to get merry/maudlin when one drinks

**vinage** [vinaʒ] nm [vin] fortifying

**vinaigre** [vinɛgʀ] nm a (= condiment) vinegar ◆ **vinaigre de vin/d'alcool/de cidre/de Xérès**

wine/spirit/cider/sherry vinegar; → **mère, mouche**

**b** (LOC) **tourner au vinaigre** to turn sour ◆ **faire vinaigre** * to hurry up, get a move on

**vinaigrer** [vinɛgʀe] ▸ conjug 1 ◂ vt to season with vinegar ◆ **la salade/sauce est trop vinaigrée** there's too much vinegar on the salad/in the sauce

**vinaigrerie** [vinɛgʀəʀi] nf (= fabrication) vinegar-making; (= usine) vinegar factory

**vinaigrette** [vinɛgʀɛt] nf French dressing, vinaigrette, oil and vinegar dressing ◆ **tomates (en** ou **à la) vinaigrette** tomatoes in French dressing ou in oil and vinegar dressing, tomatoes (in) vinaigrette

**vinaigrier** [vinɛgʀije] nm **a** (= fabricant) vinegar-maker; (= commerçant) vinegar dealer

**b** (= flacon) vinegar cruet ou bottle

**vinasse** [vinas] nf (*, péj) plonk * (Brit) (péj), cheap wine; (Tech) vinasse

**vindicatif, -ive** [vɛ̃dikatif, iv] → SYN adj vindictive

**vindicte** [vɛ̃dikt] → SYN nf ◆ **vindicte publique** (gén) public condemnation; (Jur) prosecution and conviction ◆ **désigner qn à la vindicte publique** ou **populaire** to expose sb to public condemnation

**viner** [vine] ▸ conjug 1 ◂ vt [+ vin] to fortify

**vineux, -euse** [vinø, øz] adj **a** couleur, odeur, goût of wine, winey; pêche wine-flavoured, that tastes win(e)y; haleine wine-laden (épith), that smells of wine; teint purplish, red ◆ **d'une couleur vineuse** wine-coloured, the colour of wine ◆ **rouge vineux** wine-red

**b** (= riche en alcool) with a high alcohol content ◆ **région vineuse** rich wine-growing area

**vingt** [vɛ̃, vɛ̃t en liaison et dans les nombres de 22 à 29]

**1** adj inv, nm inv twenty ◆ **je te l'ai dit vingt fois** I've told you a hundred times ◆ **il n'avait plus son cœur/ses jambes de vingt ans** he no longer had the heart/the legs of a young man ou of a twenty-year-old ◆ **vingt dieux !** †* ye gods! † ◆ **il mérite vingt sur vingt** he deserves full marks ◆ **"Vingt mille lieues sous les mers"** (Littérat) "Twenty Thousand Leagues Under the Sea"; pour autres loc voir **six, soixante**

**2** COMP ▷ **vingt-quatre heures** twenty-four hours ◆ **vingt-quatre heures sur vingt-quatre** round the clock, twenty-four hours a day ▷ **vingt et un** (= nombre) twenty-one ◆ **le vingt-et-un** (= jeu) pontoon, vingt-et-un, twenty-one (US)

**vingtaine** [vɛ̃tɛn] nf ◆ **une vingtaine** about twenty, twenty or so, (about) a score ◆ **une vingtaine de personnes** about twenty people, twenty people or so ◆ **un jeune homme d'une vingtaine d'années** a young man of around ou about twenty ou of twenty or so

**vingt-deux** [vɛ̃tdø] adj inv, nm inv twenty-two ◆ **vingt-deux !** * watch out! ◆ **vingt-deux (voilà) les flics !** * watch out! it's the fuzz! * ◆ **22 Long Rifle** (= carabine) .22 rifle, point two two rifle ◆ **la ligne des vingt-deux, les vingt-deux** (Rugby) the 22-metre line; → **renvoi, renvoyer**

**vingtième** [vɛ̃tjɛm] **1** adj twentieth ◆ **la vingtième partie** the twentieth part ◆ **au vingtième siècle** in the twentieth century

**2** nm twentieth, twentieth part

**vinicole** [vinikɔl] → SYN adj industrie wine (épith); région wine-growing (épith), wine-producing (épith); établissement wine-making (épith)

**vinifère** [vinifɛʀ] adj viniferous

**vinificateur, -trice** [vinifikatœʀ, tʀis] nm,f wine producer

**vinification** [vinifikasjɔ̃] nf [raisin] wine-making (process); [sucres] vinification

**vinifier** [vinifje] ▸ conjug 7 ◂ vt [+ moût] to convert into wine

**vinique** [vinik] adj vinic

**vinosité** [vinozite] nf vinosity

**vinyle** [vinil] nm vinyl ◆ **il collectionne les vieux vinyles** he collects old (vinyl) records ◆ **son album est sorti en vinyle en 1959** his album came out on vinyl in 1959

**vinylique** [vinilik] adj peinture vinyl (épith)

**vioc** * [vjɔk] nmf ⇒ **vioque**

**viol** [vjɔl] → SYN nm [personne] rape; [temple] violation, desecration ◆ **au viol !** rape! ◆ **viol collectif** gang rape

**violacé, e** [vjɔlase] (ptp de **violacer**) **1** adj purplish, mauvish ◆ **rouge/rose violacé** purplish red/pink

**2** **violacée** nf (Bot) ◆ **les violacées** the violaceae

**violacer** [vjɔlase] ▸ conjug 3 ◂ **1** vt to make ou turn purple ou mauve

**2** **se violacer** vpr to turn ou become purple ou mauve, take on a purple hue (littér)

**violateur, -trice** [vjɔlatœʀ, tʀis] → SYN nm,f (= profanateur) [tombeau] violator, desecrator; [lois] transgressor

**violation** [vjɔlasjɔ̃] → SYN nf **a** [traité, loi] violation, breaking; [constitution] violation; [droit] violation, infringement; [promesse] breaking ◆ **violation du secret professionnel** (Jur) breach ou violation of professional secrecy ◆ **de nombreuses violations de cessez-le-feu** numerous violations of the ceasefire

**b** [temple] violation, desecration; [frontières, territoire] violation; (littér) [consciences] violation ◆ **violation de domicile** (Jur) forcible entry *(into a person's home)* ◆ **violation de sépulture** (Jur) violation ou desecration of graves

**violâtre** [vjɔlɑtʀ] adj purplish, mauvish

**viole** [vjɔl] → SYN nf viol ◆ **viole d'amour** viola d'amore ◆ **viole de gambe** viola da gamba, bass viol

**violemment** [vjɔlamɑ̃] adv réagir, frapper, agresser violently ◆ **ces mesures ont été violemment critiquées** these measures have been severely ou strongly criticized ◆ **ils ont protesté violemment contre cette interdiction** they have protested vigorously ou strongly against this ban

**violence** [vjɔlɑ̃s] → SYN nf **a** [personne, colère, coup, choc] violence ◆ **violence verbale** verbal abuse ◆ **mouvement de violence** violent impulse ◆ **répondre à la violence par la violence** to meet violence with violence

**b** [odeur, parfum] pungency; [orage, vent, tempête] violence, fierceness; [pluie] violence; [douleur] intensity; [poison] virulence; [exercice, effort] violence, strenuousness; [remède] drastic nature

**c** (= acte) act of violence ◆ **commettre des violences contre qn** to commit acts of violence against sb ◆ **l'enfant a subi des violences** the child has suffered physical abuse ◆ **faire subir des violences sexuelles à qn** to abuse sb sexually ◆ **inculpé de violence(s) à agent** found guilty of assaulting a police officer ou of assault on a police officer

**d** (= contrainte) **faire violence à qn** to do violence to sb ◆ **faire violence à une femme** † to use a woman violently † ◆ **se faire violence** to force o.s. ◆ **faire violence à** [+ sentiments] to offend, savage, desecrate ◆ **obtenir qch par la violence** to get sth by force; → **doux**

**violent, e** [vjɔlɑ̃, ɑ̃t] → SYN adj **a** (= brutal) personne, colère, coup, choc, sport violent ◆ **il s'est montré violent avec elle** he was violent with her ◆ **c'est un violent** he's a violent man; → **non, mort¹, révolution**

**b** (= intense) odeur, parfum pungent, strong; couleur harsh; orage, vent, tempête violent, fierce; pluie violent; sentiment, passion, désir, dégoût violent, intense; douleur intense; poison virulent; exercice, effort violent, strenuous; remède drastic ◆ **violent besoin de s'affirmer** intense ou urgent need to assert o.s. ◆ **saisi d'une peur violente** seized by a violent ou rabid fear ◆ **une violente migraine** a severe migraine

**c** (* = excessif) **c'est un peu violent !** it's a bit much! *, that's going a bit far! *

**violenter** [vjɔlɑ̃te] → SYN ▸ conjug 1 ◂ vt **a** [+ femme] to assault (sexually) ◆ **elle a été violentée** she has been sexually assaulted

**b** (littér) [+ texte, désir] to do violence to, desecrate

**violer** [vjɔle] → SYN ▸ conjug 1 ◂ vt **a** [+ traité, loi] to violate, break; [+ constitution, cessez-le-feu] to violate; [+ droit] to violate, infringe; [+ promesse, serment] to break

**b** [+ sépulture, temple] to violate, desecrate; [+ frontières, territoire] to violate ◆ **violer le domicile de qn** to force an entry into sb's home

**c** (= abuser de) [+ personne] to rape, ravish † (littér), violate (littér) ◆ **se faire violer** to be raped

**d** (littér) [+ consciences] to violate

**violet, -ette** [vjɔlɛ, ɛt] → SYN **1** adj purple, violet

**2** nm (= couleur) purple, violet ◆ **le violet lui va bien** purple suits him ◆ **porter du violet** to wear purple ◆ **peindre qch en violet** to paint sth purple ◆ **un tube de violet** (Peinture) a tube of purple ◆ **robe d'un violet assez pâle** pale purple dress

**3** **violette** nf (Bot) violet ◆ **violette odorante** sweet violet ◆ **violette de Parme** Parma violet

**violeur, -euse** [vjɔlœʀ, øz] → SYN nm,f rapist

**violier** [vjɔlje] nm evening stock

**violine** [vjɔlin] adj dark purple, deep purple

**violiste** [vjɔlist] nmf [viole] viola player, violist (US); [viole de gambe] violist

**violon** [vjɔlɔ̃] → SYN nm **a** (= instrument d'orchestre) violin, fiddle *; (de violoneux) fiddle; → **accorder, pisser**

**b** (= musicien d'orchestre) violin, fiddle * ◆ **le premier violon** [orchestre] the leader, the first violin; [quatuor] the first violin ou fiddle * ◆ **les premiers/seconds violons** (= groupe) the first/second violins ◆ **payer les violons (du bal)** † (fig) to pick up the bill ou tab *; → **vite**

**c** (* = prison) cells, slammer *, nick * (Brit) ◆ **conduire qn au violon** to take sb to the cells ◆ **passer la nuit au violon** to spend the night in the cells ou the slammer * ou the nick * (Brit)

**d** **violon d'Ingres** (artistic) hobby

**violoncelle** [vjɔlɔ̃sɛl] nm cello, violoncello (SPÉC)

**violoncelliste** [vjɔlɔ̃selist] nmf cellist, cello player, violoncellist (SPÉC)

**violoneux** [vjɔlɔnø] → SYN nm (de village, péj) fiddler *

**violoniste** [vjɔlɔnist] → SYN nmf violinist, violin player

**vioque** * [vjɔk] nmf (= vieillard) old person, old timer * ◆ **le vioque** (= père) my ou the old man * ◆ **la vioque** (= mère) my ou the old woman * ou lady * ◆ **mes vioques** my folks *

**viorne** [vjɔʀn] → SYN nf (Bot) viburnum

**VIP** [veipe] nmf (abrév de **Very Important Person**) VIP

**vipère** [vipɛʀ] → SYN nf adder, viper ◆ **vipère aspic** asp ◆ **cette femme est une vipère** that woman's a (real) viper; → **langue, nœud**

**vipereau,** pl **vipereaux** [vip(ə)ʀo] nm young viper

**vipéridés** [vipeʀide] nmpl ◆ **les vipéridés** vipers, the Viperidae (SPÉC)

**vipérin, e** [vipeʀɛ̃, in] → SYN **1** adj (Zool) viperine; (fig) propos vicious, poisonous

**2** **vipérine** nf **a** (Bot) viper's bugloss

**b** (Zool) **(couleuvre) vipérine** viperine snake (SPÉC), grass snake

**virage** [viʀaʒ] → SYN nm **a** (= action) [avion, véhicule, coureur, skieur] turn ◆ **faire un virage sur l'aile** (Aviat) to bank ◆ **prendre un virage sur les chapeaux de roues** (Aut) to take a bend ou curve (US) on two wheels ou on one's hub caps ◆ **prendre un virage à la corde** to hug the bend ou curve (US) ◆ **virage parallèle** (Ski) parallel turn

**b** (Aut = tournant) bend ◆ **virage en épingle à cheveux** hairpin bend ◆ **virage en S** S-bend, S-curve (US) ◆ **"virages sur 3 km"** "bends for 3 km" ◆ **virage relevé** banked corner ◆ **accélérer dans les virages** to accelerate round the bends ou curves (US) ◆ **cette voiture prend bien les virages** this car corners well ◆ **il a pris son virage trop vite** he went into ou took the bend ou curve (US) too fast

**c** (= changement) change in policy ou of direction ◆ **le virage européen du gouvernement britannique** the British government's change of policy ou direction over Europe, the change in the British government's European policy ◆ **amorcer un virage à droite** to take a turn to the right ◆ **un virage à 180**

**degrés de la politique française** a U-turn in French politics ◆ **savoir prendre le virage** to adapt to meet new circumstances

**d** (= transformation) (Chim) [papier de tournesol] change in colour ◆ **virage à l'or/au cuivre** (Photo) gold/copper toning ◆ **virage d'une cuti-réaction** (Méd) positive reaction of a skin test

**virago** [viʀago] → SYN nf virago

**viral, e,** mpl **-aux** [viʀal, o] adj viral

**vire** [viʀ] nf [paroi rocheuse] ledge

**virée** * [viʀe] → SYN nf (en voiture) drive, ride, spin *; (de plusieurs jours) trip, tour; (à pied) walk; (de plusieurs jours) walking ou hiking tour; (à vélo, moto) ride; (de plusieurs jours) trip ◆ **faire une virée** to go for a ride (ou walk, drive etc ) ◆ **faire une virée en voiture** to go for a drive, go for a ride ou spin * in the car ◆ **on a fait une virée en Espagne** we went on a trip ou tour round Spain ◆ **faire une virée dans les bars/boîtes de nuit** to go round ou do * the bars/nightclubs ◆ **leur virée dans les pubs s'est mal terminée** their pub-crawl * ended badly

**virelai** [viʀlɛ] nm (Littérat) virelay

**virement** [viʀmɑ̃] → SYN nm **a** (Fin) **virement (bancaire)** (bank ou giro (Brit)) transfer ◆ **virement postal** postal ou giro (Brit) transfer ◆ **faire un virement (d'un compte sur un autre)** to make a (credit) transfer (from one account to another) ◆ **j'ai fait un virement de 1 000 € sur son compte** I transferred €1,000 to his account ◆ **virement automatique** automatic transfer ◆ **virement permanent** standing order

**b** (Naut) **virement de bord** tacking

**virémie** [viʀemi] nf viremia

**virer** [viʀe] → SYN ▸ conjug 1 ◂ **1** vi **a** (= changer de direction) [véhicule, avion, bateau] to turn ◆ **virer sur l'aile** (Aviat) to bank ◆ **virer à tout vent** † (littér) to be as changeable as a weathercock

**b** (Naut) **virer de bord** to tack; (fig) to take a new line ◆ **virer vent devant** to go about ◆ **virer vent arrière** to wear ◆ **virer sur ses amarres** to turn at anchor ◆ **virer au cabestan** to heave at the capstan

**c** (= tourner sur soi-même) to turn (around)

**d** (= changer de couleur, d'aspect) [couleur] to turn, change; (Photo) [épreuves] to tone; (Méd) [cuti-réaction] to come up positive

**2** **virer à** vt indir (= devenir) ◆ **le bleu vire au violet** the blue is turning purple ou is changing to purple ◆ **virer au froid/à la pluie/au beau** [temps] to turn cold/rainy/fine ou fair ◆ **virer à l'aigre** to turn sour ◆ **l'ambiance vire au drame** things are taking a dramatic turn ◆ **le film vire à la farce** the film lapses into farce, the film turns into a farce ou becomes farcical ◆ **cette région a viré à droite** (Pol) this region has swung to the right ◆ **virer au rouge** (Fin) [comptes, résultats] to go ou slip into the red ◆ **les indicateurs (financiers) virent au rouge** indicators have dropped sharply ◆ **il a viré à l'intello** * he's become a bit of an intellectual

**3** vt **a** (Fin) to transfer ◆ **virer 200 € sur ou à un compte** to transfer €200 into an account

**b** * (= expulser) to kick out *, chuck out *; (= renvoyer) to fire *, sack * (Brit) ◆ **virer qn d'une réunion** to kick ou chuck sb out of a meeting * ◆ **se faire virer** (= se faire expulser) to get o.s. kicked ou thrown out (*de* of); (= se faire renvoyer) to be fired *, get the sack * (Brit)

**c** ( * = jeter) to chuck out *, throw out, get rid of ◆ **il a viré les vieux fauteuils au grenier** he's chucked * ou thrown the old chairs in the loft

**d** (Photo) [+ épreuve] to tone ◆ **il a viré sa cuti(-réaction)** * (Méd) he gave a positive skin test, his skin test came up positive ◆ **il a viré sa cuti** * (fig) he changed totally

**virescence** [viʀesɑ̃s] nf virescence

**vireur** [viʀœʀ] nm turning gear

**vireux, -euse** [viʀø, øz] adj (littér) noxious ◆ **amanite vireuse** amanita virosa

**virevoltant, e** [viʀvɔltɑ̃, ɑ̃t] adj danseuse twirling, pirouetting; cheval pirouetting; jupons twirling

**virevolte** [viʀvɔlt] → SYN nf [danseuse] twirl, pirouette; [cheval] demivolt, pirouette; (fig = volte-face) about-turn, volte-face ◆ **les virevoltes élégantes de la danseuse** the elegant twirling of the dancer

**virevolter** [viʀvɔlte] → SYN ▸ conjug 1 ◂ vi [danseuse] to twirl around, pirouette; [cheval] to do a demivolt, pirouette

**Virgile** [viʀʒil] nm Virgil

**virginal, e,** mpl **-aux** [viʀʒinal, o] → SYN **1** adj (littér) virginal, maidenly (littér) ◆ **d'une blancheur virginale** virgin white

**2** nm (Mus) virginal, virginals

**Virginie** [viʀʒini] nf (Géog) Virginia ◆ **Virginie-Occidentale** West Virginia

**virginie** [viʀʒini] nm (= tabac) Virginia

**virginité** [viʀʒinite] → SYN nf **a** (lit) virginity, maidenhood (littér) ◆ **garder/perdre sa virginité** to keep/lose one's virginity

**b** (fig littér) [neige, aube, âme] purity ◆ **il voulait rendre à ce lieu sa virginité** he wished to restore this place to its untouched ou virgin quality ◆ **se refaire une virginité** (hum) to restore one's image

**virgule** [viʀgyl] nf **a** (= ponctuation) comma ◆ **mettre une virgule** to put a comma in ◆ **sans y changer une virgule** (fig) without changing a (single) thing, without touching a single comma ◆ **c'est exactement ce qu'il m'a dit, à la virgule près** that's exactly what he said to me, word for word ◆ **à quelques virgules près, le texte n'a pas été modifié** apart from the odd comma, the text hasn't been changed at all ◆ **moustaches en virgule** curled moustache

**b** (Math) (decimal) point ◆ **(arrondi à) 3 chiffres après la virgule** (correct to) 3 decimal places ◆ **5 virgule 2** 5 point 2 ◆ **virgule fixe/flottante** fixed/floating decimal (point)

**viril, e** [viʀil] → SYN adj attributs, apparence male, masculine; attitude, courage, langage, traits manly, virile; prouesses, amant virile ◆ **force virile** virile ou manly strength ◆ **amitiés viriles** male friendships ◆ **elle fait un peu viril** she's a bit mannish ◆ **jeu viril** (Sport) aggressive style; → **âge, membre, toge**

**virilement** [viʀilmɑ̃] adv in a manly ou virile way

**virilisant, e** [viʀilizɑ̃, ɑ̃t] adj médicament that provokes male characteristics, virilizing

**virilisation** [viʀilizasjɔ̃] nf (Méd) virilism

**viriliser** [viʀilize] → SYN ▸ conjug 1 ◂ vt (Bio) to give male characteristics to; (en apparence) [+ femme] to make appear mannish ou masculine; [+ homme] to make (appear) more manly ou masculine

**virilisme** [viʀilism] nm virility; (Méd) virilism

**virilité** [viʀilite] → SYN nf [attributs, apparence, formes] masculinity; [attitude, courage, langage, traits] manliness, virility; [prouesses, amant] virility ◆ **il se sent menacé dans sa virilité** his masculinity feels threatened ◆ **manquer de virilité** to be unmanly

**virion** [viʀjɔ̃] nm virion

**virocide** [viʀɔsid] **1** adj viricidal

**2** nm viricide

**virole** [viʀɔl] nf **a** (= bague) ferrule ◆ **couteau à virole tournante** pocket knife with a safety catch

**b** (Tech = moule) collar

**viroler** [viʀɔle] ▸ conjug 1 ◂ vt **a** [+ couteau, parapluie] to ferrule, fit with a ferrule

**b** (Tech) to place in a collar

**virolier, -ière** [viʀɔlje, jɛʀ] nm,f (Tech) collar maker

**virologie** [viʀɔlɔʒi] nf virology

**virologique** [viʀɔlɔʒik] adj virological

**virologiste** [viʀɔlɔʒist], **virologue** [viʀɔlɔg] nmf virologist

**virose** [viʀoz] nf viral infection

**virtualité** [viʀtɥalite] → SYN nf **a** [marché, sens, revenu] potentiality

**b** (Philos, Phys, Ordin) virtuality

**virtuel, -elle** [viʀtɥɛl] → SYN **1** adj **a** (= potentiel) candidat, marché, sens, revenu potential ◆ **tout cela est très virtuel** all that is purely theoretical

**b** (Philos, Phys, Ordin) virtual ◆ **mémoire/réalité virtuelle** virtual memory/reality; → **image**

**2** nm (Ordin) ◆ **le virtuel** virtual reality

**virtuellement** [viʀtɥɛlmɑ̃] adv **a** (littér = en puissance) potentially

**b** (= pratiquement) virtually ◆ **c'était virtuellement fini** it was virtually finished, it was as good as finished

**c** (Ordin) **visiter virtuellement le Louvre** to make a virtual reality tour of the Louvre

**virtuose** [viʀtɥoz] → SYN **1** nmf (Mus) virtuoso; (= personne douée) master, virtuoso ◆ **virtuose du violon** violin virtuoso ◆ **virtuose de la plume/du pinceau** master of the pen/of the brush, brilliant writer/painter

**2** adj virtuoso

**virtuosité** [viʀtɥozite] → SYN nf virtuosity ◆ **exercices de virtuosité** (Mus) exercises in virtuosity ◆ **avec virtuosité** masterfully ◆ **il a interprété ce morceau avec virtuosité** he gave a virtuoso performance (of this piece), he played this piece brilliantly

**virucide** [viʀysid] adj, nm ⇒ **virocide**

**virulence** [viʀylɑ̃s] → SYN nf **a** (Méd) virulence

**b** (fig) [critique, opposition, campagne de presse] virulence, viciousness ◆ **avec virulence** virulently

**virulent, e** [viʀylɑ̃, ɑ̃t] → SYN adj **a** (Méd) virulent

**b** (fig) critique, opposition, déclaration, personne virulent, vicious

**virure** [viʀyʀ] nf (Naut) strake, streak

**virus** [viʀys] → SYN nm (Méd, Ordin) virus ◆ **virus de la rage/du sida** rabies/AIDS virus ◆ **virus de l'immunodéficience humaine** human immunodeficiency virus ◆ **le virus de la danse/du jeu** (fig) the dancing/gambling bug * ◆ **attraper le virus du jeu** to be ou get bitten by the gambling bug *

**vis** [vis] **1** nf **a** (gén) screw ◆ **vis à bois** wood screw ◆ **vis à métaux** metal screw ◆ **vis à tête plate/à tête ronde** flat-headed/round-headed screw ◆ **vis à ailettes** wing nut; → **cruciforme, pas[1], serrer, tour[2]**

**b** † **(escalier à) vis** spiral staircase

**2** COMP ▷ **vis d'Archimède** Archimedes' screw, endless screw ▷ **vis micrométrique** micrometer screw ▷ **vis platinées** (Aut) (contact) points ▷ **vis de pressoir** press screw ▷ **vis sans fin** worm screw ▷ **vis de serrage** binding ou clamping screw

**visa** [viza] → SYN nm (= formule, sceau) stamp; (sur un passeport) visa ◆ **visa d'entrée/de sortie/de transit** entry/exit/transit visa ◆ **visa touristique ou de tourisme** tourist visa ◆ **visa de censure** (Ciné) (censor's) certificate ◆ **visa d'exploitation** (Ciné) distribution number ◆ **visa pour ...** (fig) passport to ... ◆ **carte Visa ®** (Fin) Visa ® card

**visage** [vizaʒ] → SYN **1** nm **a** (lit = figure, fig = expression, personne, aspect) face ◆ **au visage pâle/joufflu** pale-/chubby-faced ◆ **un visage connu/ami** a known/friendly face ◆ **je lui trouve bon visage** he looks well (to me) ◆ **sans visage** faceless ◆ **le vrai visage de ...** the true face of ... ◆ **un homme à deux visages** a two-faced man ◆ **un problème aux multiples visages** a multifaceted problem ◆ **à visage humain** capitalisme, entreprise with a human face ◆ **le nouveau visage du parti/pays** the new face of the party/country ◆ **donner un nouveau visage à** [+ ville] to give a new look to; [+ entreprise, parti] to change the face of ◆ **elle changea de visage** her face ou expression changed ◆ **l'Europe a changé de visage** the face of Europe has changed; → **soin**

**b** (Loc) **agir/parler à visage découvert** to act/speak openly ◆ **faire bon visage** to put a good face on it ◆ **faire bon visage à qn** (littér) (= l'accueillir chaleureusement) to give sb a warm welcome; (avec hypocrisie) to put on a show of friendliness for sb ◆ **montrer son vrai visage** to show one's true colours (Brit) ou colors (US)

**2** COMP ▷ **Visage pâle** paleface

**visagisme ®** [vizaʒism] nm (= coiffure) hair styling; (= esthétique) cosmetician

**visagiste ®** [vizaʒist] nmf ◆ **(coiffeur) visagiste** (hair) stylist ◆ **(esthéticienne) visagiste** beautician

**vis-à-vis** [vizavi] → SYN **1** prép **a** (= en face de) **vis-à-vis de** opposite ◆ **vis-à-vis de la gare** opposite the station

**b** (= comparé à) **vis-à-vis de** beside, next to, against ◆ **mes ennuis ne sont pas graves vis-à-vis des siens** my problems aren't serious beside ou next to his c **vis-à-vis de** (= envers) towards, vis-à-vis; (= à l'égard de) as regards, with regard to, vis-à-vis ◆ **être sincère vis-à-vis de soi-même** to be frank with oneself ◆ **être méfiant vis-à-vis de ce genre d'évolution** to be wary of such developments ◆ **vis-à-vis de cette proposition** with regard to this proposal ◆ **j'en ai honte vis-à-vis de lui** I'm ashamed of it in front of ou before him

2 adv (= face à face) face to face ◆ **leurs maisons se font vis-à-vis** their houses face ou are opposite each other

3 nm inv a (= position) **en vis-à-vis** facing ou opposite each other ◆ **des immeubles en vis-à-vis** buildings facing ou opposite each other ◆ **ils étaient assis en vis-à-vis** they were sitting opposite each other, they were sitting face to face

b (= tête-à-tête) encounter, meeting ◆ **un vis-à-vis ennuyeux** a tiresome encounter ou meeting

c (= personne faisant face) person opposite; (aux cartes) (= partenaire) partner; (= homologue) opposite number, counterpart

d (= bâtiment) **immeuble sans vis-à-vis** building with an open outlook ◆ **avoir une école pour vis-à-vis** to have a school opposite, look out over a school

e (= canapé) tête-à-tête

**viscache** [viskaʃ] nf viscacha, vizcacha

**viscéral, e,** mpl **-aux** [viseʀal, o] → SYN adj a (Anat) visceral

b (fig) haine, peur, besoin deep-rooted, visceral (frm); rejet instinctive; attachement passionate ◆ **réaction viscérale** gut reaction

**viscéralement** [viseʀalmɑ̃] → SYN adv attaché passionately; hostile instinctively ◆ **détester viscéralement qch** to have a deep ou visceral (frm) loathing of sth ◆ **réagir viscéralement à qch** to have a gut reaction to sth ◆ **viscéralement jaloux** pathologically jealous

**viscère** [visɛʀ] → SYN nm (internal) organ ◆ **viscères** intestines, entrails, viscera (SPÉC)

**viscose** [viskoz] nf viscose

**viscosimètre** [viskozimɛtʀ] nm visco(si)meter

**viscosité** [viskozite] → SYN nf [liquide] viscosity; [surface gluante] stickiness, viscosity

**visé** [vize] nm ◆ **tirer au visé** to shoot with aim, aim and shoot

**visée** [vize] → SYN nf a (avec une arme) taking aim (NonC), aiming (NonC); (Arpentage) sighting ◆ **pour faciliter la visée, ce fusil comporte un dispositif spécial** to help you to (take) aim ou to help your aim, this rifle comes equipped with a special device; → **ligne[1]**

b (gén pl = dessein) aim, design ◆ **avoir des visées sur qn/qch** to have designs on sb/sth ◆ **ses visées ambitieuses** his ambitious aims ◆ **les visées expansionnistes d'un pays** the expansionist aims ou ambitions of a country ◆ **visées coupables** wicked designs

**viser[1]** [vize] → SYN ▸ conjug 1 ◂ 1 vt a [+ objectif] to aim at ou for; [+ cible] to aim at

b (= ambitionner) [+ effet] to aim at; [+ carrière] to aim at, set one's sights on

c (= concerner) [mesure] to be aimed at, be directed at; [remarque] to be aimed ou directed at, be meant ou intended for ◆ **cette mesure vise tout le monde** this measure applies to everyone, everyone is affected by this measure ◆ **il se sent visé** he feels he's being got at *

d (‡ = regarder) to take a look at, have a dekko ‡ (Brit) at ◆ **vise un peu ça !** just take a look ou have a dekko ‡ (Brit) at that!

2 vi a [tireur] to aim, take aim ◆ **viser juste** (lit) to aim accurately; (fig) not to miss the mark ◆ **viser trop haut/trop bas** to aim (too) high/(too) low ◆ **viser à la tête/au cœur** to aim for the head/the heart

b (= ambitionner) **viser haut/plus haut** to set one's sights high/higher, aim high/higher

3 **viser à** vt indir (= avoir pour but de) ◆ **viser à qch/à faire** to aim at sth/to do ◆ **scène qui vise à provoquer le rire** scene which sets out to raise a laugh ou to make people laugh ◆ **mesures qui visent à la réunification de la majorité** measures which are aimed at reuniting ou which aim ou are intended to reunite the majority

**viser[2]** [vize] → SYN ▸ conjug 1 ◂ vt (Admin) [+ passeport] to visa; [+ document] to stamp ◆ **faire viser un passeport** to have a passport visaed

**viseur** [vizœʀ] nm a [arme] sights; [caméra, appareil photo] viewfinder ◆ **viseur à cadre lumineux** (Photo) collimator viewfinder

b (Astron = lunette) telescopic sight

**Vishnou, Vishnu** [viʃnu] nm Vishnu

**visibilité** [vizibilite] → SYN nf (gén, Sci) visibility ◆ **bonne/mauvaise visibilité** good/poor ou bad visibility ◆ **visibilité nulle** nil ou zero visibility ◆ **ce pare-brise permet une très bonne visibilité** this windscreen gives excellent visibility ◆ **manque de visibilité** (lit) lack of visibility; (fig) lack of foresight ◆ **sans visibilité** pilotage, virage, atterrissage blind (épith) ◆ **piloter sans visibilité** to fly blind

**visible** [vizibl] → SYN 1 adj a (= qui peut être vu) visible ◆ **visible à l'œil nu/au microscope** visible to the naked eye/under a microscope; → **iceberg**

b (= évident, net) embarras, surprise obvious, visible; amélioration, progrès clear, visible; réparation, reprise obvious ◆ **sa déception était visible** his disappointment was obvious ou visible, you could see his disappointment ou that he was disappointed ◆ **il ne veut pas le faire, c'est visible** he obviously doesn't want to, he doesn't want to, that's obvious ou apparent ou clear ◆ **il est visible que ...** it is obvious ou apparent ou clear that ...

c (= en état de recevoir) **Monsieur est-il visible ?** is Mr X (ou Lord X etc) able to receive visitors?, is Mr X (ou Lord X etc) receiving visitors? ◆ **elle n'est pas visible le matin** she's not at home to visitors ou not in to visitors in the morning

2 nm ◆ **le visible** what is visible, the visible

**visiblement** [viziblәmɑ̃] adv a (= manifestement) visibly, obviously ◆ **il était visiblement inquiet** he was visibly ou obviously worried ◆ **visiblement, c'est une erreur** obviously ou clearly it's a mistake

b (= de façon perceptible à l'œil) visibly, perceptibly

**visière** [vizjɛʀ] → SYN nf [casquette, képi] peak; [casque] visor; (pour le soleil) eyeshade ◆ **mettre sa main en visière** to shade one's eyes with one's hand; → **rompre**

**visioconférence** [vizjokɔ̃feʀɑ̃s] nf videoconference, teleconference

**vision** [vizjɔ̃] → SYN nf a (= faculté) (eye)sight, vision; (= perception) vision, sight ◆ **une vision défectueuse** defective (eye)sight ou vision ◆ **le mécanisme de la vision** the mechanism of vision ou sight ◆ **pour faciliter la vision** to aid (eye)sight ou vision ◆ **vision nette/floue** clear/hazy vision ◆ **porter des lunettes pour la vision de loin** to wear glasses for distance vision; → **champ**

b (= conception) view ◆ **c'est une vision idyllique des choses** it's an idyllic view of things ◆ **avoir une vision globale ou d'ensemble d'un problème** to have a global view of a problem ◆ **nous partageons la même vision des choses** we see things (in) the same way

c (= image, apparition, mirage) vision ◆ **tu as des visions** * you're seeing things

d (= spectacle) sight ◆ **vision d'horreur** horrific sight ou scene ◆ **après l'attentat, l'aéroport offrait une vision d'apocalypse** after the bomb attack the airport was a scene of apocalyptic horror ou was like a scene from the apocalypse

**visionnage** [vizjɔnaʒ] nm viewing

**visionnaire** [vizjɔnɛʀ] → SYN adj, nmf visionary

**visionner** [vizjɔne] ▸ conjug 1 ◂ vt to view

**visionneuse** [vizjɔnøz] nf viewer *(for transparencies or film)*

**visiophone** [vizjɔfɔn] nm videophone, viewphone

**visiophonie** [vizjɔfɔni] nf video teleconferencing

**visitandine** [vizitɑ̃din] nf Visitandine

**Visitation** [vizitasjɔ̃] nf (Rel) ◆ **la Visitation** the Visitation ◆ **Ordre de la Visitation** Order of the Visitation

**visite** [vizit] → SYN 1 nf a (= fait de visiter) visiting, going round ◆ **heures/jour de visite** ou **des visites** (à la prison, l'hôpital) visiting hours/day ◆ **la visite du château a duré deux heures** it took two hours to visit ou go round (Brit) ou go through (US) the château; → **droit[3]**

b (= tournée, inspection) visit ◆ **au programme il y a des visites de musée** there are museum visits on the programme ◆ **visite accompagnée** ou **guidée** guided tour ◆ **ces visites nocturnes au garde-manger** (hum) these nocturnal visits ou trips to the pantry

c (chez une connaissance) visit ◆ **une courte visite** a short visit, a call ◆ **une visite de politesse** a courtesy call ou visit ◆ **une visite de remerciements** a thank-you visit ◆ **être en visite chez qn** to be paying sb a visit, be on a visit to sb ◆ **rendre visite à qn** to pay sb a visit, call on sb, visit sb ◆ **je vais lui faire une petite visite** I'm going to pay him a (little) visit, I'm going to call on him ◆ **rendre à qn sa visite** to return sb's visit, pay sb a return visit ◆ **avoir ou recevoir la visite de qn** to have a visit from sb ◆ **vos visites se font de plus en plus rares** you should come and visit more often ◆ **ses visites étaient rares** he rarely visited; → **carte**

d (= visiteur) visitor ◆ **nous avons des visites** we've got visitors ou company ou guests ◆ **j'ai une visite dans le salon** I have a visitor ou I have company in the lounge ◆ **nous attendons de la visite** ou **des visites** we're expecting visitors ou company ou guests ◆ **tiens, nous avons de la visite** (hum) hey, we've got company ou guests

e [chef d'État] visit ◆ **en visite officielle au Japon** on an official visit to Japan

f [médecin hospitalier avec étudiants] ward round ◆ **visite (à domicile)** [médecin de ville] (house)call, visit ◆ **il ne fait pas de visites à domicile** he doesn't make housecalls ◆ **visite de contrôle** follow-up visit ◆ **la visite** (chez le médecin) (medical) consultation; (Mil) (quotidienne) sick parade; (d'entrée) medical (examination) (Brit), physical examination (US) ◆ **aller à la visite** to go to the surgery (for a consultation) ◆ **passer à la visite (médicale)** [recrue] to have a medical (Brit) ou physical (US) examination ◆ **l'heure de la visite dans le service** the time when the doctor does his ward round(s)

g (Comm) visit, call; (d'expert) inspection ◆ **j'ai reçu la visite d'un représentant** I had a visit ou call from a representative, a representative called (on me)

2 COMP ▷ **visite du diocèse** ⇒ **visite épiscopale** ▷ **visite domiciliaire** (Jur) house search ▷ **visite de douane** customs inspection ou examination ▷ **visite épiscopale** (Rel) pastoral visitation

**visiter** [vizite] → SYN ▸ conjug 1 ◂ vt a [+ pays, ville, site Internet] to visit; [+ château, musée] to visit, go round (Brit) ou through (US) ◆ **visiter une maison** (à vendre) to look over a house, view a house ◆ **il me fit visiter sa maison/son laboratoire** he showed me round (Brit) ou through (US) his house/his laboratory ◆ **il nous a fait visiter la maison que nous envisagions d'acheter** he showed us round (Brit) ou through (US) ou over (Brit) the house we were thinking of buying ◆ **le monument le plus visité de Paris** the most visited monument in Paris

b (en cherchant qch) [+ bagages] to examine, inspect; [+ boutiques] to go round; [+ recoins] to search (in); [+ armoire] to go through, search (in); (Admin) [+ navire] to inspect; (hum) [+ coffre-fort] to visit (hum), pay a visit to (hum) ◆ **leur maison a été visitée plusieurs fois** (hum) they've been burgled ou they've had burglars several times

c (par charité) [+ malades, prisonniers] to visit

d [médecin, représentant, inspecteur] to visit, call on

e (Rel) to visit

f († = fréquenter) [+ voisins, connaissances] to visit, call on

**visiteur, -euse** [vizitœʀ, øz] → SYN 1 nm,f (gén) visitor ◆ **les visiteurs** (Sport) the visiting ou away team; → **infirmier, médical**

2 COMP ▷ **visiteur des douanes** customs inspector ▷ **visiteur de prison** prison visitor

**vison** [vizɔ̃] → SYN nm (= animal, fourrure) mink; (= manteau) mink (coat)

**visonnière** [vizɔnjɛʀ] nf (Can) mink farm, minkery (Can)

**visqueux, -euse** [viskø, øz] → SYN adj a liquide viscous, thick; pâte sticky, viscous; (péj) surface, objet sticky, goo(e)y *, viscous

**b** (fig péj) personne, manière slimy, smarmy (Brit)

**vissage** [visaʒ] **nm** screwing (on ou down)

**visser** [vise] → SYN ▸ conjug 1 ◂ **vt** **a** (au moyen de vis) [+ plaque, serrure] to screw on; [+ couvercle] to screw down ou on ◆ **ce n'est pas bien vissé** it's not screwed down properly ◆ **visser un objet sur qch** to screw an object on to sth ◆ **vissé devant la télé** * glued * to the television ◆ **il est resté vissé sur sa chaise** * he never got out of his chair ◆ **le chapeau vissé sur la tête** with his hat jammed hard ou tight on his head

**b** (en tournant) [+ couvercle, bouchon, écrou] to screw on ◆ **ce couvercle se visse** this is a screw-on lid, this lid screws on ◆ **ce n'est pas bien vissé** [bouchon] it's not screwed on ou down properly; [écrou] it's not screwed down properly

**c** ( * = être strict avec) [+ élève, subordonné] to keep a tight rein on, crack down on * ◆ **toi, je vais te visser !** things are going to get tough for you around here!

**visseuse** [visøz] **nf** screwing machine

**Vistule** [vistyl] **nf** ◆ **la Vistule** the Vistula

**visu** [vizy] **de visu loc adv** with one's own eyes ◆ **s'assurer de qch de visu** to check sth with one's own eyes ou for oneself

**visualisation** [vizɥalizasjɔ̃] **nf** (gén) visualization; (Ordin) display; → **console, écran**

**visualiser** [vizɥalize] ▸ conjug 1 ◂ **vt** **a** (Tech) to visualize; (Ordin) to display

**b** (= voir, se représenter) to visualize ◆ **j'ai du mal à visualiser la scène** it's hard for me to visualize what happened

**visuel, -elle** [vizɥɛl] **1** **adj** (gén) visual ◆ **troubles visuels** eye trouble (NonC); → **champ, mémoire**

**2** **nm,f** ◆ **cet écrivain est un visuel** visual images predominate in the writings of this author

**3** **nm** (Ordin) visual display unit, VDU; (Publicité) visual ◆ **visuel graphique** graphical display unit

**visuellement** [vizɥɛlmɑ̃] **adv** visually

**vit** † [vi] **nm** (littér) penis

**vital, e,** mpl **-aux** [vital, o] → SYN **adj** (Bio, gén) vital; → **centre, espace, minimum**

**vitalisme** [vitalism] → SYN **nm** (Philos) vitalism

**vitaliste** [vitalist] **1** **adj** vitalist(ic)

**2** **nmf** vitalist

**vitalité** [vitalite] → SYN **nf** [personne] energy, vitality; [institution, terme] vitality ◆ **il est plein de vitalité** he's full of energy ou go ou vitality ◆ **la vitalité de ces enfants est incroyable** it's incredible how much energy these children have

**vitamine** [vitamin] **nf** vitamin ◆ **vitamine A/C** vitamin A/C ◆ **alimentation riche/pauvre en vitamines** food that is rich ou high/low in vitamins ◆ **lait enrichi en vitamines** vitamin-enriched milk, milk with added vitamins ou enriched with vitamins; → **carence**

**vitaminé, e** [vitamine] **adj** with added vitamins

**vitaminique** [vitaminik] **adj** vitamin (épith)

**vite** [vit] → SYN **1** **adv** **a** (= à vive allure) rouler, marcher fast, quickly; progresser, avancer quickly, rapidly, swiftly

**b** (= rapidement) travailler, se dérouler, se passer quickly, fast; (= en hâte) faire un travail quickly, in a rush ou hurry ◆ **ça s'est passé si vite, je n'ai rien vu** it happened so quickly ou fast I didn't see a thing ◆ **il travaille vite et bien** he works quickly ou fast and well ◆ **vous avez fait vite pour venir** it didn't take you long to come, you were quick getting here ◆ **ça ne va pas vite** it's slow work ◆ **fais vite !** be quick about it!, look sharp! * ◆ **eh, pas si vite !** hey, not so fast!, hey, hold on (a minute)! ◆ **et plus vite que ça !** and get a move on! *, and be quick about it! ◆ **là il (y) va un peu vite** he's being a bit hasty ◆ **le temps passe vite** time flies ◆ **la police est allée vite en besogne** * the police were quick off the mark ou worked fast ou didn't waste any time ◆ **vous allez un peu vite en besogne** * you're going too fast, you're a bit too quick off the mark ◆ **aller plus vite que les violons** ou **la musique** to jump the gun ◆ **c'est vite dit** * (it's) easier said than done ◆ **j'aurais plus vite fait de l'écrire moi-même** it would have been quicker if I'd written it myself

◆ **vite fait** ◆ **ça, c'est du vite fait !** that's a rushed job!, that's been done too quickly! ◆ **elle s'est tirée vite fait** * she was off like a shot *, she took off as quick as a flash * ◆ **il faut que tu termines ça, vite fait (sur le gaz)** * you have to finish that, pronto * ◆ **on prend une bière, mais vite fait (sur le gaz)** * we'll have a beer, but just a quick one * ou a quickie * ◆ **il l'a terminé vite fait, bien fait** he finished it nice and quickly * ◆ **il l'a peint vite fait, bien fait** he gave it a quick coat of paint ◆ **c'est du vite fait, bien fait** it's a nice quick job

**c** (= bientôt) soon, in no time ◆ **elle sera vite arrivée/guérie** she'll soon be here/better, she'll be here/better in no time ◆ **il eut vite fait de découvrir que ...** he soon ou quickly discovered that ..., in no time he discovered that ... ◆ **ce sera vite fait** it won't take long, it won't take a moment ou a second ◆ **on a vite fait de dire que ...** it's easy to say that ...

**d** (= immédiatement) quick ◆ **lève-toi vite !** get up quick! ◆ **va vite voir !** go and see quick! ◆ **au plus vite** as quickly as possible ◆ **il faut le prévenir au plus vite** he must be warned as quickly ou as soon as possible ◆ **faites-moi ça, et vite !** do this for me and be quick about it! ◆ **vite ! un médecin** quick! a doctor

**2** **adj** (style journalistique : Sport) fast

**vitellin, e** [vitelɛ̃, in] **adj** vitelline

**vitellus** [vitelys] **nm** (Bio) vitellin

**vitesse** [vitɛs] → SYN **1** **nf** **a** (= promptitude, hâte) speed, quickness, rapidity

◆ **en vitesse** (= rapidement) quickly; (= en hâte) in a hurry ou rush ◆ **faites-moi ça en vitesse** do this for me quickly ◆ **faites-moi ça, et en vitesse !** do this for me and be quick about it! ◆ **on va prendre un verre en vitesse** we'll go for a quick drink ◆ **écrire un petit mot en vitesse** to scribble a hasty note ◆ **j'ai préparé le déjeuner/cette conférence un peu en vitesse** I prepared lunch/this lecture in a bit of a hurry ou rush

◆ **à toute vitesse, en quatrième vitesse** at full ou top speed ◆ **il faut toujours tout faire en quatrième vitesse** everything always has to be done at top speed ou in a great rush ◆ **(à la nouvelle) il est arrivé en quatrième vitesse** ou **à toute vitesse** (on hearing the news) he came like a shot ou at the double

**b** [courant, processus] speed; [véhicule, projectile] speed, velocity ◆ **aimer la vitesse** to love speed ◆ **à la vitesse de 60 km/h** at (a speed of) 60 km/h ◆ **à quelle vitesse allait-il ?, quelle vitesse faisait-il ?** what speed was he going at? ou doing?, how fast was he going? ◆ **faire de la vitesse** to go ou drive fast ◆ **faire une vitesse (moyenne) de 60** to do an average (speed) of 60 ◆ **prendre de la vitesse** to gather ou increase speed, pick up speed ◆ **gagner** ou **prendre qn de vitesse** (lit) to beat sb, outstrip sb; (fig) to beat sb to it, pip sb at the post * (Brit), beat sb by a nose (US) ◆ **entraîné par sa propre vitesse** carried along by his own momentum ◆ **vitesse de propagation/réaction/rotation** speed of propagation/reaction/rotation ◆ **à grande vitesse** at great speed ◆ **passer une vidéo en vitesse accélérée** to fast-forward a video ◆ **faire qch à la vitesse de l'éclair** to do sth with lightning speed ou as quick as a flash ◆ **à une vitesse vertigineuse** conduire, avancer at a dizzying speed; augmenter, se multiplier at a dizzying rate ◆ **circuler à vitesse réduite** to drive at reduced speed; → **course, excès, perte**

**c** (Rail) **grande/petite vitesse** fast/slow goods service ◆ **expédier un colis en petite vitesse** to send a parcel by slow goods service ◆ **expédier un colis en grande vitesse** to send a parcel express

**d** (Aut) gear ◆ **changer de vitesse** to change ou shift (US) gear ◆ **2e/4e vitesse** 2nd/4th gear ◆ **passer les vitesses** to go ou run through the gears ◆ **passer la vitesse supérieure** (fig) to quicken the pace, shift into high gear (US) ◆ **une Europe à deux vitesses** (fig) a two-speed Europe ◆ **société/justice à deux vitesses** two-tier society/justice system; → **boîte**

**e** (LOC) **à (la) vitesse grand V** * at top speed, real fast * (US) ◆ **il est parti à la vitesse grand V** * he shot off *, he went tearing off *, he left like a bullet from a gun

**2** COMP ▷ **vitesse acquise** momentum ▷ **vitesse d'affichage** (Ordin) display speed ▷ **vitesse de croisière** (lit, fig) cruising speed ▷ **vitesse de frappe** typing speed ▷ **vitesse d'impression** (Ordin) print speed ▷ **vitesse initiale** muzzle velocity ▷ **vitesse de lecture** (Ordin) reading rate ▷ **vitesse de libération** escape velocity ou speed ▷ **vitesse de la lumière** speed of light ▷ **vitesse de pointe** maximum ou top speed ▷ **vitesse de sédimentation** sedimentation speed ▷ **vitesse du son** (lit, fig) speed of sound ▷ **vitesse de sustentation** minimum flying speed ▷ **vitesse de traitement** (Ordin) processing speed

**viticole** [vitikɔl] → SYN **adj** industrie wine (épith); région wine-growing (épith), wine-producing (épith); établissement wine-producing (épith), wine-making (épith) ◆ **culture viticole** wine growing, viticulture (SPÉC)

**viticulteur, -trice** [vitikyltœʀ, tʀis] → SYN **nm,f** wine grower, viticulturist (SPÉC)

**viticulture** [vitikyltyʀ] **nf** wine growing, viticulture (SPÉC)

**vitiligo** [vitiligo] **nm** leucoderma, vitiligo

**vitrage** [vitʀaʒ] **nm** **a** (= action) glazing

**b** (= vitres) windows; (= cloison) glass partition; (= toit) glass roof ◆ **double vitrage** double glazing ◆ **fenêtre à double vitrage** double-glazed window

**c** (= rideau) net curtain; (= tissu) net curtaining

**vitrail, pl -aux** [vitʀaj, o] → SYN **nm** stained-glass window, church window ◆ **l'art du vitrail, le vitrail** the art of stained-glass window making

**vitre** [vitʀ] → SYN **nf** **a** [fenêtre, vitrine] (window) pane, pane (of glass); [voiture] window ◆ **poser/mastiquer une vitre** to put in/putty a window pane ou a pane of glass ◆ **verre à vitre** window glass ◆ **laver/faire les vitres** to wash/do ou clean the windows ◆ **appuyer son front à la vitre** to press one's forehead against the window (pane) ◆ **les camions font trembler les vitres** the lorries make the window panes ou the windows rattle ◆ **casser une vitre** to break a window (pane) ◆ **vitre blindée** bullet-proof window ◆ **la vitre arrière** (Aut) the rear window ou windscreen (Brit) ou windshield (US) ◆ **vitres électriques** (Aut) electric windows

**b** (= fenêtre) **vitres** windows ◆ **fermer les vitres** to close the windows

**vitré, e** [vitʀe] (ptp de vitrer) **1** **adj** **a** porte, cloison glass (épith); → **baie[2]**

**b** (Anat) **corps vitré** vitreous body ◆ **humeur vitrée** vitreous humour

**2** **nm** (Anat) vitreous body

**vitrer** [vitʀe] ▸ conjug 1 ◂ **vt** [+ fenêtre] to glaze, put glass in; [+ véranda, porte] to put windows in, put glass in

**vitrerie** [vitʀəʀi] **nf** (= activité) glaziery, glazing; (= marchandise) glass

**vitreux, -euse** [vitʀø, øz] → SYN **adj** **a** (Anat) humeur vitreous

**b** (Géol) vitreous; → **porcelaine**

**c** (péj = terne, glauque) yeux glassy, dull; regard glassy, glazed, lacklustre (Brit) ou lackluster (US) (épith); surface, eau dull

**vitrier** [vitʀije] **nm** glazier ◆ **ton père n'est pas vitrier !** * I can't see through you!

**vitrifiable** [vitʀifjabl] **adj** → **vitrifier** vitrifiable, sealable

**vitrification** [vitʀifikasjɔ̃] **nf** **a** (Tech) (par fusion) vitrification; (par enduit) glazing ◆ **la vitrification des déchets radioactifs** vitrification of nuclear waste

**b** [parquet] sealing, varnishing

**vitrifier** [vitʀifje] ▸ conjug 7 ◂ **1** **vt** **a** (Tech) (par fusion) to vitrify; (par enduit) to glaze, put a glaze on ◆ **déchets vitrifiés** vitrified waste

**b** (= vernir) [+ parquet] to seal, varnish

**2** **se vitrifier vpr** to vitrify

**vitrine** [vitʀin] → SYN **nf** **a** (= devanture) (shop) window ◆ **en vitrine** in the window ◆ **la vitrine du boucher/de la pâtisserie** the butcher's/ pastry ou cake (Brit) shop window ◆ **faire les vitrines** to dress the windows

◆ **vitrine publicitaire** display case, showcase ◆ **cette exposition est la vitrine de l'Europe** (fig) this exhibition is Europe's showcase ◆ **la vitrine légale d'une organisation terroriste** the legal front for a terrorist organization; → **lécher**

**b** (= meuble) (chez soi) display cabinet; (au musée) showcase, display cabinet

**vitriol** [vitʀijɔl] nm (Hist, Chim) vitriol ◆ **une critique/un style au vitriol** (fig) a vitriolic review/style ◆ **du vitriol** (péj = mauvais alcool) firewater

**vitriolage** [vitʀijɔlaʒ] nm (Tech) vitriolization

**vitrioler** [vitʀijɔle] ▸ conjug 1 ◂ vt **a** (Tech) to vitriolize, treat with vitriol ou (concentrated) sulphuric acid

**b** [+ victime d'agression] to throw acid ou vitriol at

**vitrocéramique** [vitʀoseʀamik] nf vitreous ceramic ◆ **table de cuisson en vitrocéramique** ceramic hob

**vitulaire** [vitylɛʀ] adj ◆ **fièvre vitulaire** vitular fever

**vitupération** [vitypeʀasjɔ̃] → SYN nf (= propos) ◆ **vitupérations** rantings and ravings, vituperations (frm)

**vitupérer** [vitypeʀe] → SYN ▸ conjug 6 ◂ **1** vi to vituperate (frm) (*contre* against), rant and rave (*contre* about) ◆ **vitupérer contre qn/qch** to rail against sb/sth, rant and rave about sb/sth

**2** vt (littér) to inveigh against

**vivable** [vivabl] → SYN adj **a** * personne bearable ◆ **il n'est pas vivable** he's impossible to live with ◆ **ce n'est pas vivable !** it's intolerable!

**b** milieu, monde fit to live in ◆ **cette maison n'est pas vivable** this house isn't fit to live in

**vivace**[1] [vivas] → SYN **1** adj **a** (Bot) hardy ◆ **plante vivace** (hardy) perennial

**b** préjugé inveterate, indestructible; haine undying, inveterate; souvenir vivid; foi steadfast, undying; tradition enduring

**2** nf (= plante) perennial

**vivace**[2] [vivatʃe] adv, adj (Mus) vivace

**vivacité** [vivasite] → SYN nf **a** (= rapidité, vie) [personne] liveliness, vivacity; [mouvement] liveliness, briskness; [intelligence] keenness; [langue, dialogues, débat] liveliness ◆ **vivacité d'esprit** quick-wittedness ◆ **avoir de la vivacité** to be lively ou vivacious ◆ **avec vivacité** réagir, se déplacer swiftly

**b** (= brusquerie) sharpness, brusqueness ◆ **avec vivacité** critiquer, répliquer sharply, brusquely

**c** (= caractère vif) [lumière, éclat] brightness, brilliance; [couleur] vividness; [froid] bitterness; [douleur] sharpness; [vent] keenness

**d** (= intensité) [émotion, plaisir] keenness, intensity; [impression] vividness

**vivandière** [vivɑ̃djɛʀ] nf (Hist) vivandière

**vivant, e** [vivɑ̃, ɑ̃t] → SYN **1** adj **a** (= en vie) living, alive (attrib), live (épith) ◆ **né vivant** born alive ◆ **il est encore vivant** he's still alive ou living ◆ **il n'en sortira pas vivant** he won't come out of it alive ◆ **expériences sur des animaux vivants** experiments on live ou living animals, live animal experiments ◆ **c'est un cadavre/squelette vivant** he's a living corpse/skeleton

**b** (= plein de vie) regard, visage, enfant lively; ville, quartier, rue lively, full of life (attrib); portrait lifelike, true to life (attrib); dialogue, récit, film lively; (fig) personnage lifelike

**c** (= doué de vie) matière, organisme living; → **être**

**d** (= constitué par des êtres vivants) machine, témoignage, preuve living ◆ **c'est le portrait vivant de sa mère** he's the (living) image of his mother; → **tableau**

**e** (= en usage) expression, croyance, influence living ◆ **une expression encore très vivante** a phrase which is still very much alive; → **langue**

**f** (Rel) **le pain vivant** the bread of life ◆ **le Dieu vivant** the living God

**2** nm **a** (= personne, Rel) **les vivants** the living ◆ **les vivants et les morts** (gén) the living and the dead; (Bible) the quick and the dead; → **bon**[1]

**b** (= vie) **de son vivant** in his (ou her) lifetime, while he (ou she) was alive

**vivarium** [vivaʀjɔm] → SYN nm vivarium

**vivats** [viva] nm pl cheers ◆ **il quitta la scène sous les vivats** he left the stage to the cheers of the crowd

**vive**[2] [viv] excl ◆ **vive le roi/la France/l'amour !** long live the king/France/love! ◆ **vive les vacances !** three cheers for ou hurrah for the holidays!

**vive**[3] [viv] nf (= poisson) weever

**vive-eau**, pl **vives-eaux** [vivo, vivzo] nf ◆ **(marée de) vive-eau** spring tide ◆ **les vives-eaux** the spring tides

**vivement** [vivmɑ̃] → SYN adv **a** (= avec brusquerie) sharply, brusquely

**b** (= beaucoup) regretter deeply, greatly; désirer keenly, greatly; affecter, ressentir, intéresser deeply, keenly ◆ **s'intéresser vivement à** to take a keen ou deep interest in, be keenly ou deeply interested in

**c** (= avec éclat) colorer brilliantly, vividly; briller brightly, brilliantly

**d** (littér = rapidement) agir, se mouvoir in a lively manner

**e** (marque un souhait) **vivement les vacances !** I can't wait for the holidays! (Brit) ou for vacation! (US), roll on the holidays! * (Brit) ◆ **vivement que ce soit fini !** I'll be glad when it's all over!, roll on the end! * (Brit) ◆ **vivement ce soir qu'on se couche !** * I can't wait until bedtime!, roll on bedtime! * (Brit)

**viveur** † [vivœʀ] → SYN nm pleasure seeker

**vivier** [vivje] → SYN nm (= étang) fishpond; (= réservoir) fish-tank; (fig) breeding ground

**vivifiant, e** [vivifjɑ̃, jɑ̃t] → SYN adj air, brise, promenade invigorating, bracing; ambiance, climat invigorating; → **grâce**

**vivifier** [vivifje] → SYN ▸ conjug 7 ◂ vt **a** [+ personne] to invigorate, enliven; [+ sang, plante] to invigorate; (fig littér) [+ âme] to vitalize, quicken (littér); [+ race] to vitalize, give life to

**b** (emploi absolu) **l'esprit vivifie** (Rel, littér) the spirit gives life

**vivipare** [vivipaʀ] **1** adj viviparous

**2** nm viviparous animal ◆ **vivipares** vivipara

**viviparité** [viviparite] nf viviparity

**vivisection** [vivisɛksjɔ̃] nf vivisection

**vivoir** [vivwaʀ] nm (Can) living room

**vivoter** [vivɔte] → SYN ▸ conjug 1 ◂ vi [personne] to get by (somehow), live from hand to mouth; [entreprise] to struggle along

**vivre**[1] [vivʀ] → SYN ▸ conjug 46 ◂ **1** vi **a** (= être vivant) to live, be alive ◆ **il n'a vécu que quelques jours** he only lived a few days ◆ **je ne savais pas qu'il vivait encore** I didn't know he was still alive ou living ◆ **quand l'ambulance est arrivée, il vivait encore** he was still alive when the ambulance arrived ◆ **quand elle arriva, il avait cessé de vivre** he was dead when she arrived ◆ **vivre vieux** to live to a ripe old age, live to a great age ◆ **il vivra centenaire** he'll live to be a hundred ◆ **le peu de temps qu'il lui reste à vivre** the little time he has left (to live) ◆ **le colonialisme a vécu** colonialism is a thing of the past, colonialism has had its day ◆ **ce manteau a vécu** * this coat is finished ou has had its day ◆ **il fait bon vivre** it's good to be alive, it's a good life ◆ **qui vive ?** (Mil) who goes there? ◆ (Prov) **qui vivra verra** what will be will be (Prov); → **âme, qui-vive**

**b** (= habiter) to live ◆ **vivre à Londres/en France** to live in London/in France ◆ **vivre avec qn** to live with sb ◆ **ils vivent ensemble/comme mari et femme** they live together/as husband and wife ◆ **vivre dans le passé/dans ses livres/dans la crainte** to live in the past/in one's books/in fear

**c** (= se comporter) to live ◆ **vivre en paix (avec soi-même)** to be at peace (with oneself) ◆ **vivre dangereusement** to live dangerously ◆ **se laisser vivre** to live for the day, take life ou each day as it comes ◆ **laissez-les vivre !** (= ne les tracassez pas) let them be!; (slogan anti-avortement) let them live! ◆ **être facile/difficile à vivre** to be easy/difficult to live with ou to get on with ◆ **ces gens-là savent vivre** [épicuriens] those people (really) know how to live; [personnes bien élevées] those people know how to behave ◆ **il faut vivre avec son temps** ou **époque** you've got to move with the times; → **apprendre**

**d** (= exister) to live ◆ **on vit bien en France** life is good in France ◆ **c'est un homme qui a beaucoup vécu** he's a man who has seen a lot of life ◆ **elle ne vit plus depuis que son fils est pilote** (fig) she's been living on her nerves since her son became a pilot ◆ **il ne vit que pour sa famille** he lives only for his family; → **art, joie**

**e** (= subsister) to live (*de* on) ◆ **vivre de laitages/de son traitement/de rentes** to live on dairy produce/one's salary/a private income ◆ **l'homme ne vit pas seulement de pain** (Bible) man shall not live by bread alone ◆ **vivre au jour le jour** to live from day to day ou from hand to mouth ◆ **vivre largement** ou **bien** to live well ◆ **avoir (juste) de quoi vivre** to have (just) enough to live on ◆ **ils vivent très bien avec son salaire** they live very comfortably ou get along very well on his salary ◆ **il vit de sa peinture/musique** he earns his living by painting/with his music ◆ **travailler/écrire pour vivre** to work/write for a living ◆ **il faut bien vivre !** a person has to live!, you have to live! ◆ **faire vivre qn** [personne] to keep sb, support sb ◆ **je n'aime pas ce métier mais il me fait vivre** I don't like this job but it pays the bills * ou it's a living ◆ **seul son amour pour ses enfants le fait vivre** only his love for his children keeps him going ◆ **vivre de l'air du temps** to live on air ◆ **vivre d'amour et d'eau fraîche** to live on love alone ◆ **vivre sur sa réputation** to get by on the strength of one's reputation; → **crochet**

**f** (fig) [idée, rue, paysage] to be alive ◆ **un portrait qui vit** a lively ou lifelike portrait, a portrait which seems alive ◆ **sa gloire vivra longtemps** his glory will live on ou will endure

**2** vt **a** (= passer) to live, spend ◆ **vivre des jours heureux/des heures joyeuses** to live through ou spend happy days/hours ◆ **il vivait un beau roman d'amour** his life was a love story come true ◆ **la vie ne vaut pas la peine d'être vécue** life isn't worth living

**b** (= être mêlé à) [+ événement, guerre] to live through ◆ **nous vivons des temps troublés** we are living in ou through troubled times ◆ **le pays vit une période de crise** the country is going through a period of crisis

**c** (= éprouver intensément) **vivre sa vie** to live one's own life, live (one's life) as one pleases ou sees fit ◆ **vivre sa foi/son art** to live out one's faith/one's art ◆ **vivre l'instant/le présent** to live for the moment/the present ◆ **vivre son époque intensément** to be intensely involved in the period one lives in ◆ **il a mal vécu son divorce/son adolescence/la mort de sa mère** he had a hard time of it when he got divorced/as an adolescent/when his mother died

**vivre**[2] [vivʀ] **1** nm (littér) ◆ **le vivre et le couvert** bed and board ◆ **le vivre et le logement** board and lodging, room and board

**2** **vivres** nmpl supplies, provisions; → **couper**

**vivrier, -ière** [vivʀije, ijɛʀ] adj food-producing (épith)

**vizir** [viziʀ] nm vizier ◆ **le grand vizir** the Grand Vizier ◆ **il veut être vizir à la place du vizir** (hum) he wants to be top dog *

**vizirat** [viziʀa] nm vizierate

**v'là** * [vla] prép ⇒ **voilà**

**Vladivostock** [vladivɔstɔk] n Vladivostok

**vlan, v'lan** [vlɑ̃] excl wham!, bang! ◆ **et vlan ! dans la figure** smack ou slap-bang in the face ◆ **et vlan ! il est parti en claquant la porte** wham! ou bang! he slammed the door and left

**VO** [veo] nf (abrév de **version originale**) ◆ **film en VO** film in the original version ou language ◆ **en VO sous-titrée** in the original version with subtitles

**vocable** [vɔkabl] → SYN nm **a** (= mot) term

**b** (Rel) **église sous le vocable de saint Pierre** church dedicated to St Peter

**vocabulaire** [vɔkabylɛʀ] → SYN nm **a** [dictionnaire] vocabulary, word list ◆ **vocabulaire français-anglais** French-English vocabulary ◆ **vocabulaire de la photographie** dictionary ou lexicon of photographic terms b [individu, groupe] (= terminologie) vocabulary ◆ vocabulaire technique/médical technical/medical vocabulary ◆ vocabulaire actif/passif active/passive vocabulary ◆ enrichir son vocabulaire to enrich one's vocabulary ◆ j'ai rayé ce mot de mon vocabulaire that word is no longer part of my vocabulary ◆ quel vocabulaire ! what language! ◆ surveille ton vocabulaire ! watch ou mind your language!

**vocal, e,** mpl **-aux** [vɔkal, o] adj organe, musique vocal ◆ synthèse vocale voice ou speech synthesis; → corde, serveur

**vocalement** [vɔkalmɑ̃] adv vocally

**vocalique** [vɔkalik] adj vowel (épith), vocalic ◆ système vocalique vowel system

**vocalisation** [vɔkalizasjɔ̃] nf (Ling) vocalization; (Mus) singing exercise

**vocalise** [vɔkaliz] → SYN nf singing exercise ◆ faire des vocalises to practise (one's) singing exercises

**vocaliser** [vɔkalize] → SYN ▸ conjug 1 ◂ 1 vt (Ling) to vocalize

2 vi (Mus) to practise (one's) singing exercises

3 **se vocaliser** vpr (Ling) to become vocalized

**vocalisme** [vɔkalism] nm (Ling) (= théorie) vocalism; (= système vocalique) vowel system; [mot] vowel pattern

**vocatif** [vɔkatif] nm vocative (case)

**vocation** [vɔkasjɔ̃] → SYN nf a (pour un métier une activité, Rel) vocation, calling ◆ avoir/ne pas avoir la vocation to have/lack a vocation ◆ avoir la vocation de l'enseignement/du théâtre to be cut out to be a teacher ou for teaching/for acting ou the theatre ◆ vocation artistique artistic calling ◆ vocation contrariée frustrated vocation ◆ rater sa vocation to miss one's vocation ◆ il a la vocation (hum) it's a real vocation for him

b (= destin) vocation, calling ◆ la vocation maternelle de la femme woman's maternal vocation ou calling ◆ la vocation industrielle du Japon the industrial calling of Japan

c (Admin) avoir vocation à ou pour to have authority to

**viceratrice** [vɔtʃeʀatʀitʃe, vɔseʀatʀis], **vocératrice** [vɔseʀatʀis] nf (en Corse) (hired) mourner

**vociférateur, -trice** [vɔsifeʀatœʀ, tʀis] 1 adj vociferous

2 nm,f vociferator

**vocifération** [vɔsifeʀasjɔ̃] → SYN nf cry of rage, vociferation (frm) ◆ pousser des vociférations to utter cries of rage

**vociférer** [vɔsifeʀe] → SYN ▸ conjug 6 ◂ 1 vi to utter cries of rage, vociferate ◆ vociférer contre qn to shout angrily at sb, scream at sb

2 vt [+ insulte, ordre] to shout (out), scream ◆ vociférer des injures to hurl abuse, shout (out) ou scream insults

**vocodeur** [vɔkɔdœʀ] nm vocoder

**vodka** [vɔdka] nf vodka

**vœu,** pl **vœux** [vø] GRAMMAIRE ACTIVE 23 → SYN nm a (= promesse) vow ◆ faire (le) vœu de faire to vow to do, make a vow to do ◆ vœux de religion religious vows ◆ vœux de célibat vows of celibacy ◆ prononcer ses vœux (Rel) to take one's vows ◆ vœu de chasteté vow of chastity ◆ faire vœu de pauvreté to take a vow of poverty

b (= souhait) wish ◆ faire un vœu to make a wish ◆ nous formons des vœux pour votre santé we send our good wishes for your recovery ou health ◆ tous nos vœux de prompt rétablissement our best wishes for a speedy recovery ◆ l'assemblée a émis le vœu que ... the assembly expressed the wish ou its desire that ... ◆ appeler qch de ses vœux to hope and pray for sth ◆ je fais le vœu qu'il me pardonne I pray (that) he may forgive me ◆ tous nos vœux (de bonheur) all good wishes ou every good wish for your happiness ◆ tous nos vœux vous accompagnent our very best wishes go with you ◆ vœu pieux pious hope

c (au jour de l'an) les vœux télévisés du président de la République the President of the Republic's televised New Year speech ou address ◆ il a reçu les vœux du corps diplomatique he received New Year's greetings from the diplomatic corps ◆ tous nos (meilleurs ou bons) vœux de bonne et heureuse année, meilleurs vœux best wishes for the New Year, Happy New Year; (sur une carte) "Season's Greetings"

**vogoul(e)** [vɔgul] adj, nm Vogul

**vogue** [vɔg] → SYN nf a (= popularité) fashion, vogue ◆ la vogue de l'informatique the vogue for computers ◆ connaître une vogue extraordinaire to be extremely fashionable ou popular ◆ être en vogue to be in fashion ou vogue, be fashionable ◆ c'est la grande vogue maintenant it's all the rage now ◆ ce n'est plus en vogue it's no longer fashionable, it's on the way out

b (dial = foire) fair

**voguer** [vɔge] → SYN ▸ conjug 1 ◂ vi (littér) [embarcation, vaisseau spatial] to sail; (fig) [pensées] to drift, wander ◆ nous voguions vers l'Amérique we were sailing towards America ◆ l'embarcation voguait au fil de l'eau the boat was drifting ou floating along on ou with the current ◆ vogue la galère ! (hum) come what may!

**voici** [vwasi] prép a (pour désigner : opposé à voilà) here is, here are, this is, these are ◆ voici mon bureau et voilà le vôtre here's ou this is my office and there's ou that's yours ◆ voici mon frère et voilà sa femme this is ou here is my brother and there's ou that's his wife ◆ voici mes parents here are ou these are my parents

b (pour désigner : même valeur que voilà) here is, here are, this is, these are ◆ voici mon frère this is my brother ◆ voici le livre que vous cherchiez here's the book you were looking for ◆ l'homme/la maison que voici this (particular) man/house ◆ M. Dupont, que voici Mr Dupont here ◆ il m'a raconté l'histoire que voici he told me the following story

c (pour annoncer, introduire) here is, here are, this is, these are ◆ voici le printemps/la pluie here comes spring/the rain ◆ voici la fin de l'hiver the end of winter is here ◆ me/nous/le etc voici here I am/we are/he is etc ◆ les voici prêts à partir they're ready to leave, that's them ready to leave* ◆ nous voici arrivés here we are, we've arrived ◆ le voici qui se plaint encore there he goes, complaining again, that's him complaining again* ◆ me voici à me ronger les sangs pendant que lui ... (au présent) here am I ou here's me* in a terrible state while he ...; (au passé) there was I ou there was me* in a terrible state while he ... ◆ vous voulez des preuves, en voici you want proof, well here you are then ◆ nous y voici (lieu) here we are; (question délicate) now we're getting there ◆ voici qui va vous surprendre here's something that'll surprise you ◆ voici qu'il se met à pleuvoir maintenant and now it's starting to rain ◆ voici ce que je compte faire this is what I'm hoping to do ◆ voici ce qu'il m'a dit/ce dont il s'agit this is what he told me/what it's all about ◆ voici comment il faut faire this is the way to do it, this is how it's done ◆ voici pourquoi je l'ai fait this ou that was why I did it ◆ voici pourquoi je l'avais supprimé that was why I'd eliminated it ◆ voici que tombe la nuit night is falling, it's getting dark

d (il y a) voici 5 ans que je ne l'ai pas vu it's 5 years (now) since I last saw him, I haven't seen him for the past 5 years ◆ il est parti voici une heure he left an hour ago, it's an hour since he left ◆ voici bientôt 20 ans que nous sommes mariés it'll soon be 20 years since we got married, we'll have been married 20 years soon

**voie** [vwa] → SYN 1 nf a (= chemin) way; (Admin = route, rue) road; (= itinéraire) route ◆ voie romaine/sacrée (Hist) Roman/sacred way ◆ par la voie des airs ou aérienne by air ◆ emprunter la voie maritime to go by sea ◆ expédier qch par voie de mer ou maritime to send sth by sea ou by ship, ship sth ◆ voyager par voie de terre ou terrestre to travel overland ◆ voies de communication communication routes ◆ voie sans issue no through road, cul-de-sac ◆ voie privée private road ◆ voie à double sens/à sens unique two-way/one-way road

b (= partie d'une route) lane ◆ "travaux – passage à voie unique" "roadworks – single-lane traffic" ◆ route à voie unique single-lane ou single-track road ◆ route à 3/4 voies 3-/4-lane road ◆ voie réservée aux autobus/aux cyclistes bus/cycle lane ◆ voie à contresens contraflow lane ◆ une voie de circulation a été mise en sens inverse sur ... there is a contraflow system in operation on ...

c (Rail) track, (railway) line ◆ ligne à voie unique/à 2 voies single-/double-track line ◆ ligne à voie étroite narrow-gauge line ◆ on répare les voies the line ou track is under repair ◆ voie montante/descendante up/down line ◆ le train est annoncé sur la voie 2 the train will arrive at platform 2

d (Anat) voies digestives/respiratoires/urinaires digestive/respiratory/urinary tract ◆ par voie buccale ou orale orally ◆ administrer qch par voie nasale/rectale to administer sth through the nose/the rectum ◆ évacuer qch par les voies naturelles to get rid of sth by the natural routes ou naturally ◆ les usagers de drogues par voie intraveineuse intravenous drug users ◆ être contaminé par voie sexuelle to be infected through sexual intercourse

e (fig) way ◆ la voie du bien/mal the path of good/evil ◆ la voie de l'honneur the honourable course ◆ rester dans la voie du devoir to keep to the line ou path of duty ◆ entrer dans la voie des aveux to make a confession ◆ ouvrir/tracer/montrer la voie to open up/mark out/show the way ◆ préparer la voie à qn/qch to prepare ou pave the way for sb/sth ◆ continuez sur cette voie continue in this way ◆ il est sur la bonne voie he's on the right track ◆ l'affaire est en bonne voie the matter is shaping ou going well ◆ mettre qn sur la voie to put sb on the right track ◆ trouver sa voie to find one's way (in life) ◆ la voie est toute tracée (pour une personne) his career is mapped out (for him); (pour un projet) the way ahead is clear ◆ la voie est libre the way is clear ou open

f (= filière, moyen, option) par des voies détournées by devious ou roundabout means ◆ par la voie hiérarchique/diplomatique through official/diplomatic channels ◆ faire qch par (la) voie légale ou par les voies légales to follow the proper procedures for doing sth ◆ par voie de conséquence in consequence, as a result ◆ annoncer qch par voie de presse to announce sth in the press ◆ publicité par voie d'affiche poster advertising ◆ consulter le peuple par voie de référendum to consult the people in a ou by referendum ◆ recruter des cadres par voie de concours/d'annonces to recruit executives in open competition/through advertisements ◆ proposer une troisième voie to suggest a third option

◆ **en voie de** ◆ en voie de réorganisation in the process of reorganization, undergoing reorganization ◆ en voie d'exécution in (the) process of being carried out, being carried out ◆ en voie de guérison getting better, regaining one's health, on the road to recovery ◆ en voie de cicatrisation (well) on the way to healing over ◆ en voie d'achèvement (well) on the way to completion, nearing completion ◆ elle est en voie de réussir she's on the way ou road to success ◆ il est en voie de perdre sa situation he's on the way to losing his job, he's heading for dismissal

2 COMP ▷ **voie d'accès** access road ▷ **voie Appienne** Appian Way ▷ **voie de dégagement urbain** urban relief road ▷ **les voies de Dieu, les voies divines** the ways of God ou Providence ◆ les voies de Dieu sont impénétrables ou insondables God moves in mysterious ways ▷ **voie d'eau** leak ▷ **voie express** express way, motorway (Brit), freeway (US) ▷ **voie de fait** (Jur) assault (and battery) (NonC) ◆ voie de fait simple common assault ◆ se livrer à des voies de fait sur qn to assault sb, commit an assault on sb ▷ **voie ferrée** (Rail) railway (Brit) ou railroad (US) line ▷ **voie de garage** (Rail) siding ◆ mettre sur une voie de garage (fig) [+ affaire] to shelve; [+ personne] to shunt to one side ◆ on m'a mis sur une voie de garage (Téléc) they put me on hold ▷ **la voie lactée** the Milky Way ▷ **voies navigables** waterways ▷ **voie de passage** major route ▷ **les voies de la Providence** ⇒ les voies de Dieu ▷ **la voie publique** (Admin) the public highway ▷ **voie de raccordement** slip road ▷ **voie rapide** ⇒ voie express ▷ **voie royale** (fig) ◆ c'est la

**voie royale vers** ou **pour** (gén) it's the pathway to; [+ carrière, pouvoir] it's the fast track to ▷ **les voies du Seigneur** ⇒ **les voies de Dieu**

**voilà** [vwala] 1 **prép** a (pour désigner : opposé à voici) there is, there are, that is, those are; (même sens que voici) here is, here are, this is, these are ◆ **voici mon bureau et voilà le vôtre** here's ou this is my office and there's ou and that's yours ◆ **voici mon frère et voilà sa femme** this is ou here's my brother and that's ou there's his wife ◆ **voilà mon frère** this is ou here is my brother ◆ **voilà le livre que vous cherchiez** (je le tiens) here's the book you were looking for; (il est là-bas) there's the book you were looking for ◆ **l'homme/la maison que voilà** that man/house (there) ◆ **M. Dupont que voilà** Mr Dupont there ◆ **il m'a raconté l'histoire que voilà** he told me the following story

b (pour annoncer, introduire) there is, there are, that is, those are ◆ **voilà le printemps/la pluie** here comes spring/the rain ◆ **voilà la fin de l'hiver** the end of winter is here ◆ **le voilà, c'est lui** there he is, that's him ◆ **le voilà prêt à partir** he's ready to leave, that's him ready to leave * ◆ **le voilà qui se plaint encore** there he goes, complaining again, that's him complaining again * ◆ **me voilà à me ronger les sangs pendant que lui ...** (au présent) there am I ou there's me * in a terrible state while he ...; (au passé) there was I ou there was me * in a terrible state while he ... ◆ **voilà ce que je compte faire** this is what I'm hoping to do ◆ **voilà ce qu'il m'a dit/ce dont il s'agit** (je viens de le dire) that's what he told me/what it's all about; (je vais le dire) this is what he told me/what it's all about ◆ **voilà comment il faut faire** that's how it's done ◆ **voilà pourquoi je l'ai fait** that's why I did it ◆ **voilà que tombe la nuit** night is falling, it's getting dark ◆ **voilà qu'il se met à pleuvoir maintenant** now it's starting to rain, here comes the rain now ◆ **voilà où je veux en venir** that's what I'm getting at, that's my point ◆ **nous y voilà** (lieu) here we are; (question délicate) now we're getting there

c (pour résumer) **... et voilà pourquoi je n'ai pas pu le faire** ... and that's why ou that's the reason I couldn't do it ◆ **voilà ce qui fait que c'est impossible** that's what makes it impossible ◆ **voilà qui est louche** that's a bit odd ou suspicious ◆ **voilà qui s'appelle parler** that's what I call talking ◆ **voilà ce que c'est (que) de ne pas obéir** that's what comes of not doing as you're told, that's what happens when you don't do as you're told

d (il y a) **voilà une heure que je l'attends** I've been waiting for him for an hour now, that's a whole hour I've been waiting for him now ◆ **voilà 5 ans que je ne l'ai pas vu** it's 5 years since I last saw him, I haven't seen him for the past 5 years ◆ **il est parti voilà une heure** he left an hour ago, it's an hour since he left ◆ **voilà bientôt 20 ans que nous sommes mariés** it'll soon be 20 years since we got married, we'll have been married 20 years soon

e (Loc) **voilà le hic** * that's the snag ou catch, there's ou that's the hitch ◆ **voilà tout** that's all ◆ **et voilà tout** and that's all there is to it ou all there is to say, and that's the top and bottom of it * (Brit) ◆ **voilà bien les Français !** how like the French!, isn't that just like the French!, that's the French all over! * ◆ **(et) ne voilà-t-il pas qu'il s'avise de se déshabiller** lo and behold, he suddenly decides to get undressed!, I'm blest if he doesn't suddenly decide to get undressed! ◆ **nous voilà frais !** now we're in a mess! ou a nice pickle! *, that's a fine mess ou pickle we're in! *

◆ **en voilà** ◆ **en voilà une histoire/blague !** what a story/joke!, that's some story/joke! ◆ **en voilà un imbécile !** there's an idiot for you!, what a fool! ◆ **en voilà assez !** that's enough!, that'll do! ◆ **veux-tu de l'argent ? – en voilà** do you want some money? – here's some ou here you are ◆ **vous voulez des preuves, en voilà** you want proof, well here you are then

2 **excl** ◆ **voilà ! j'arrive !** here I come!, there – I'm coming! ◆ **ah ! voilà ! je comprends !** oh, (so) that's it, I understand!, oh, I see! ◆ **voilà autre chose !** (incident) that's all I need(ed)!; (impertinence) what a cheek!, the cheek of it! ◆ **je n'ai pas pu le faire, et voilà !** I couldn't do it and that's all there is to it! ou so there! * ◆ **voilà, je m'appelle M. Dupont et je suis votre nouvel instituteur** right (then), my name is Mr Dupont and I'm your new teacher ◆ **voilà, tu l'as cassé !** there (you are), you've broken it!

**voilage**[1] [vwalaʒ] **nm** (= rideau) net curtain; (= tissu) net (NonC), netting (NonC), veiling (NonC); [chapeau, vêtement] gauze (NonC), veiling (NonC)

**voilage**[2] [vwalaʒ] **nm** [roue] buckle; [planche] warp

**voile**[1] [vwal] → SYN **nf** a [bateau] sail ◆ **voile carrée/latine** square/lateen sail ◆ **les hautes voiles** the light ou upper sails, the (flying) kites ◆ **les basses voiles** the lower sails ◆ **navire sous voiles** ship under sail ◆ **faire voile vers** to sail towards ◆ **mettre à la voile** to set sail, make way under sail ◆ **mettre toutes voiles dehors** to raise ou set full sail ◆ **arriver toutes voiles dehors** (lit) to draw near under ou in full sail; (fig) to make a grand entrance ◆ **mettre les voiles** * (fig) to clear off *, scram * ◆ **marcher à voile et à vapeur** * (bisexuel) to be AC/DC * ou bi *, swing both ways *; → **planche, vent, vol**[1]

b (littér = embarcation) sail inv (littér), vessel

c (= navigation, sport) sailing, yachting ◆ **faire de la voile** to sail, go sailing ou yachting ◆ **demain on va faire de la voile** we're going sailing ou yachting tomorrow ◆ **faire le tour du monde à la voile** to sail round the world

**voile**[2] [vwal] → SYN **nm** a (= coiffure, vêtement) veil ◆ **voile de deuil** (mourning) veil ◆ **voile islamique** Islamic veil ◆ **voile de mariée** bridal veil ◆ **porter le voile** to wear the veil ◆ **prendre le voile** (Rel) to take the veil ◆ **sa prise de voile a eu lieu hier** she took the veil yesterday

b [statue, plaque commémorative] veil

c (= tissu) net (NonC), netting (NonC) ◆ **voile de coton/de tergal ®** cotton/Terylene ® net ou netting

d (fig = qui cache) veil ◆ **le voile de l'oubli** the veil of oblivion ◆ **sous le voile de la franchise** under the veil ou a pretence of candour ◆ **le voile de mystère qui entoure cet assassinat** the veil of mystery that surrounds this murder ◆ **jeter/tirer un voile sur qch** to cast/draw a veil over sth ◆ **lever le voile sur** to unveil, lift the veil from ◆ **soulever un coin du voile** to lift a corner of the veil

e (fig = qui rend flou) (gén) veil; (sur un liquide) cloud ◆ **voile de brume** veil of mist, veiling mist ◆ **avoir un voile devant les yeux** to have a film before one's eyes

f (Photo) fog (NonC) ◆ **un voile sur la photo** a shadow on the photo

g (Méd) **voile au poumon** shadow on the lung ◆ **le voile noir/gris/rouge des aviateurs** blackout/greyout/redout

h (Anat) **voile du palais** soft palate, velum

i (Bot) [champignon] veil

j (= enregistrement du son) warp

**voilé**[1], **e**[1] [vwale] → SYN (ptp de **voiler**[1]) **adj** a femme, statue veiled

b termes, allusion, sens veiled ◆ **accusation à peine voilée** thinly disguised accusation ◆ **il fit une allusion peu voilée à ...** he made a thinly veiled reference to ...

c (= flou) lumière, ciel, soleil hazy; éclat dimmed; regard misty; contour hazy, misty; photo fogged ◆ **les yeux voilés de larmes** his eyes misty ou misted (over) ou blurred with tears ◆ **sa voix était un peu voilée** his voice was slightly husky

**voilé**[2], **e**[2] [vwale] → SYN (ptp de **voiler**[2]) **adj** (= tordu) roue buckled; planche warped

**voilement** [vwalmɑ̃] **nm** (Tech) [roue] buckle; [planche] warp

**voiler**[1] [vwale] → SYN ▸ conjug 1 ◂ 1 **vt** (lit, fig, littér = cacher) to veil ◆ **les larmes voilaient ses yeux** tears dimmed his eyes, his eyes were misty with tears ◆ **un brouillard voilait les sommets** the peaks were shrouded in fog ◆ **la plaine était voilée de brume** the plain was shrouded ou veiled in mist ◆ **je préfère lui voiler la vérité** I prefer to shield him from the truth ou to conceal the truth from him

2 **se voiler vpr** a (= porter un voile) **se voiler le visage** [personne] to wear a veil; [musulmane] to wear the veil ◆ **se voiler la face** (fig) to close one's eyes (*devant* to)

b (= devenir flou) [horizon, soleil] to mist over; [ciel] to grow hazy ou misty; [regard, yeux] to mist over, become glazed; [voix] to become husky

**voiler**[2] [vwale] ▸ conjug 1 ◂ 1 **se voiler vpr** [roue] to buckle; [planche] to warp

2 **vt** [+ roue] to buckle; [+ planche] to warp

**voilerie** [vwalʀi] **nf** sail-loft

**voilette** [vwalɛt] **nf** (hat) veil

**voilier** [vwalje] → SYN **nm** a (= navire à voiles) sailing ship; (de plaisance) sailing boat, sailboat (US), yacht ◆ **grand voilier** tall ship

b (= fabricant de voiles) sailmaker ◆ **maître(-)voilier** master sailmaker

c (= oiseau) long-flight bird

**voilure**[1] [vwalyʀ] **nf** a [bateau] sails ◆ **une voilure de 1 000 $m^2$** 1,000 $m^2$ of sail ◆ **réduire la voilure** to shorten sail ◆ **réduire sa voilure** [entreprise] to reduce its area of activity; → **surface**

b [planeur] aerofoils ◆ **voilure tournante** rotary wing

c [parachute] canopy

**voilure**[2] [vwalyʀ] **nf** ⇒ **voilement**

**voir** [vwaʀ]
▸ conjug 30 ◂
→ SYN GRAMMAIRE ACTIVE 26.2

1 VERBE TRANSITIF
2 VERBE INTRANSITIF
3 LOCUTION EXCLAMATIVE
4 VERBE TRANSITIF INDIRECT
5 VERBE PRONOMINAL

1 VERBE TRANSITIF

a = percevoir par la vue to see ◆ **je vois deux arbres** I (can) see two trees ◆ **est-ce que tu le vois ?** can you see it? ◆ **je l'ai vu de mes (propres) yeux, je l'ai vu, de mes yeux vu** I saw it with my own eyes ◆ **je l'ai vu comme je vous vois** I saw him as plainly as I see you now ◆ **aller voir un film/une exposition** to go to (see) a film/an exhibition ◆ **c'est un film à voir** it's a film worth seeing ◆ **à le voir si joyeux/triste** seeing him look so happy/sad ◆ **à le voir, on ne lui donnerait pas 90 ans** to look at him, you wouldn't think he was 90 ◆ **vous m'en voyez ravi/navré** I'm delighted/terribly sorry about that ◆ **tu vois ce que je vois ?** do you see what I see? ◆ **voir Naples et mourir** see Naples and die ◆ **j'ai vu la mort de près** I've looked ou stared death in the face; → **chandelle, falloir, jour, pays**

◆ **voir** + infinitif ◆ **nous les avons vus sauter** we saw them jump ◆ **on a vu le voleur entrer** the thief was seen going in ◆ **j'ai vu bâtir ces maisons** I saw these houses being built ◆ **je voudrais la voir travailler plus** I'd like to see her work more

b = être témoin de **as-tu jamais vu pareille impolitesse ?** have you ever seen ou did you ever see such rudeness? ◆ **il a vu deux guerres** he has lived through ou seen two wars ◆ **cette maison a vu bien des drames** this house has known ou seen many a drama ◆ **à voir son train de vie, elle doit être très riche** if her lifestyle is anything to go by, she must be very rich, looking ou to look at her lifestyle, you'd think she was very rich ◆ **je voudrais t'y voir !** I'd like to see you try! ◆ **tu aurais dû refuser ! – j'aurais voulu t'y voir !** you should have said no! – I'd like to see what you'd have done!; → **naître**

◆ **voir** + infinitif to see ◆ **ce journal a vu son tirage augmenter** this newspaper has seen an increase in its circulation ◆ **un pays qui voit renaître le fascisme** a country which is witnessing ou seeing the rebirth of fascism

c = découvrir, constater to see ◆ **va voir s'il y a quelqu'un** go and see if there's anybody there ◆ **des meubles comme on en voit partout** ordinary furniture ◆ **vous verrez que ce n'est pas leur faute** you'll see that they're not to blame ◆ **il ne fera plus cette erreur – c'est à voir** he won't make the same mistake again – that remains to be seen ou – we'll see ◆ **nous allons bien voir !** we'll soon find out! ◆ **(attendons,) on verra bien** we'll see, let's wait and see ◆ **voyez si elle accepte** see if she'll agree ◆ **voyez comme les prix ont augmenté** see how prices have risen ◆ **c'est ce que nous verrons !** we'll see about that!

◆ **histoire de voir, pour voir** just to see ◆ **essaie un peu, pour voir !** (menace) just you try! ◆ **il n'a pas de goût, il n'y a qu'à voir comment il s'habille** he's got no taste, just look at the way he dresses ◆ **c'est tout vu !** * that's for sure!, it's a dead cert! * ◆ **si tu me trompes, moi je vais voir ailleurs** * (euph) if you're ever unfaithful to me, I'll go and find somebody else ◆ **va voir ailleurs si j'y suis !** * get lost! *; → **falloir**

**d** = imaginer, se représenter to see, imagine ◆ **tu me vois aller lui dire ça/rester sans travailler ?** can you see ou imagine me telling him that?/not working? ◆ **je ne le vois pas** ou **je le vois mal habiter la banlieue** I (somehow) can't see ou imagine him living in the suburbs ◆ **je le verrais bien dans ce rôle** I could just see him in this role ◆ **nous ne voyons pas qu'il ait de quoi s'inquiéter** we can't see that he has any reason for worrying ◆ **voyez-vous une solution ?** can you see a solution? ◆ **je ne vois pas le problème** I don't see what the problem is ◆ **comment voyez-vous l'avenir ?** how do you see ou envisage the future? ◆ **je ne vois pas comment ils auraient pu gagner** I can't ou don't see how they could have won ◆ **tu vois, vois-tu, voyez-vous** you see ◆ **tu vois ça d'ici** you can just imagine it ◆ **il va encore protester, je vois ça d'ici** he's going to start protesting again, I can see it coming ◆ **je vois** * **ma sœur, elle a trois enfants et ...** take my sister, she has three children and ...; → **inconvénient, noir, rose**

**e** = examiner, étudier [+ problème, dossier] to look at; [+ leçon] to look ou go over; [+ circulaire] to see, read ◆ **il a encore trois malades à voir** he still has three patients to see ◆ **il faudra voir la question de plus près** we'll have to look at ou into the question more closely, the question requires closer examination ◆ **il faut** ou **il faudra voir** we'll have to see ◆ **je verrai (ce que je dois faire)** I'll have to see, I'll think about it ◆ **voyons un peu comment tu fais** let's see how you do it

**f** = juger, concevoir to see ◆ **c'est à vous de voir s'il est compétent** it's up to you to see ou to decide whether he is competent ◆ **si elle ne revient pas travailler lundi, elle va se faire mal voir** if she doesn't come back to work on Monday, it won't look too good ◆ **il a fait ça pour se faire bien voir de ses collègues/des autorités** he did that to impress his colleagues/to make himself popular with the authorities ◆ **façon** ou **manière de voir** view of things, outlook ◆ **nous n'avons pas la même façon de voir les choses** we see things differently ◆ **voici comment on peut voir les choses** you can look at things this way ◆ **nous ne voyons pas le problème de la même façon** we don't see ou view the problem in the same way, we don't take the same view of the problem ◆ **ne voir aucun mal à ...** to see no harm in ... ◆ **voir qn comme un ami** to look upon ou regard sb as a friend, consider sb a friend ◆ **il ne voit que son intérêt** he only considers his own interest; → **œil**

**g** = rencontrer [+ médecin, avocat] to see ◆ **il voit le directeur ce soir** he's seeing the manager tonight ◆ **le ministre doit voir les délégués** the minister is to see ou meet the delegates ◆ **on ne vous voit plus** we never see you these days, you've become quite a stranger ◆ **il la voit beaucoup** he sees a lot of her ◆ **je l'ai assez vu** * I've had (quite) enough of him * ◆ **aller voir** [+ médecin, avocat] to go and see; [+ ami] to go and see, call on, visit ◆ **aller voir qn à l'hôpital** to visit sb ou go and see sb in hospital ◆ **passez me voir quand vous serez à Paris** look me up ou call in and see me (Brit) when you're in Paris ◆ **je suis passé le voir** I went to see him ◆ **il vient nous voir demain** he's coming to see us tomorrow

**h** = faire l'expérience de **j'en ai vu d'autres !** I've seen worse! ◆ **il en a vu de dures** ou **de toutes les couleurs** ou **des vertes et des pas mûres** * he has been through the mill ou through some hard times, he has taken some hard knocks ◆ **en faire voir (de dures** ou **de toutes les couleurs) à qn** to give sb a hard time ◆ **a-t-on jamais vu ça ?, on n'a jamais vu ça !** have you ever seen ou heard anything like it? ◆ **on aura tout vu !** we've seen everything now!, that beats everything! ◆ **vous n'avez encore rien vu !** you haven't seen anything yet!, you ain't seen nothing yet! *; → **autre**

**i** = comprendre to see ◆ **je ne vois pas ce que vous voulez dire** I don't see ou get ou understand what you mean, I don't understand your meaning ◆ **elle ne voyait pas le côté drôle de l'aventure** she couldn't see ou appreciate the funny side of what had happened ◆ **vous aurez du mal à lui faire voir que ...** you'll find it difficult to make him see ou realize that ... ◆ **je ne vois pas comment il a pu oublier** I don't see how he could forget ◆ **tu vas le faire tout de suite, vu ?** * you're going to do it straightaway, understood?

**j** (* = supporter) **elle ne peut pas le voir (en peinture)** she can't stand (the sight of) him

**k** LOC

◆ **faire voir** (= montrer) to show ◆ **fais voir !** show me!, let me have a look! ◆ **faites-moi voir ce dessin** show me ou let me see the picture ◆ **va te faire voir (ailleurs) !** * get lost! * ◆ **qu'il aille se faire voir (chez les Grecs) !** * he can go to hell! *

◆ **voir venir** (= attendre les événements) to wait and see ◆ **j'ai quelques économies, ça me permettra de voir venir** * I've got some money put by, it should be enough to see me through * ◆ **on va perdre, ça je le vois venir (gros comme une maison** *) (= prévoir) we're going to lose, I can see it coming (a mile off *) ◆ **je te vois venir** * **(avec tes gros sabots)** I can see what you're leading up to ◆ **150 € pour ce vase ? on t'a vu venir !** * (iro) €150 for that vase? they saw you coming! *

◆ **rien/quelque chose/pas grand-chose à voir avec** ou **dans** ◆ **je n'ai rien à voir dans cette affaire** this has nothing to do with me, none of this has anything to do with me ◆ **cela n'a rien/a quelque chose à voir avec ...** this has got nothing/something to do with ... ◆ **son nouveau film ? rien à voir avec les précédents** his new film? it's nothing like his previous work ◆ **le résultat n'a plus grand-chose à voir avec le projet initial** the result bears scarcely any resemblance ou very little relation to the initial project

2 VERBE INTRANSITIF

**a** avec les yeux to see ◆ **voir mal** to have trouble seeing ◆ **on voit mal ici** it's difficult to see in here ◆ **on n'y voit plus** you can't see a thing ◆ **voir trouble** to have blurred vision ◆ **il a vu grand** he planned things on a grand ou big scale, he thought big; → **clair, loin, rouge**

**b** *: intensif **dites voir, vous connaissez la nouvelle ?** tell me, have you heard the news? ◆ **dis-moi voir ...** tell me ... ◆ **essaie voir !** just try it and see!, just you try it! ◆ **regarde voir ce qu'il a fait !** just look what he's done!

3 **voyons** LOCUTION EXCLAMATIVE

rappel à l'ordre ◆ **un peu de charité, voyons !** come (on) now, let's be charitable! ◆ **mais voyons, il n'a jamais dit ça !** oh come on, he never said that! ◆ **voyons voir !** let's see now!

4 **voir à** VERBE TRANSITIF INDIRECT

littér = veiller à to make sure that, see (to it) that ◆ **nous verrons à vous contenter** we shall do our best ou our utmost to please you ◆ **il faudra voir à ce qu'il obéisse** we must see ou make sure that he obeys

5 **se voir** VERBE PRONOMINAL

**a** soi-même **se voir dans une glace** to see oneself in a mirror ◆ **il ne s'est pas vu mourir** death caught him unawares ◆ **elle se voyait déjà célèbre** she pictured herself famous already ◆ **je me vois mal habiter** ou **habitant là** I can't see myself living there somehow ◆ **tu te vois faire trois heures de trajet par jour ?** can you see yourself commuting three hours every day? ◆ **il la trouve moche – il ne s'est pas vu !** he thinks she's ugly– has he looked in the mirror lately?

**b** mutuellement to see each other ◆ **ils se voient beaucoup** they see a lot of each other ◆ **nous essaierons de nous voir à Londres** we shall try to see each other ou to meet (up) in London ◆ **ils ne peuvent pas se voir** * they can't stand the sight of each other *

**c** = se trouver **se voir contraint de** to find o.s. forced to ◆ **je me vois dans la triste obligation de ...** sadly, I find myself obliged to ...

**d** = être visible, évident [tache, couleur, sentiments] to show ◆ **la tache ne se voit pas** the stain doesn't show ◆ **il est très intelligent – ça se voit !** he's very clever – that's obvious!; → **nez**

**e** = se produire **cela se voit tous les jours** it happens every day, it's an everyday occurrence ◆ **ça ne se voit pas tous les jours** it's not something you see every day, it's quite a rare occurrence ◆ **cela ne s'est jamais vu !** it's unheard of! ◆ **une attitude qui ne se voit que trop fréquemment** an all-too-common attitude ◆ **des attitudes/préjugés qui se voient encore chez ...** attitudes/prejudices which are still commonplace ou encountered in ...

**f** fonction passive **ils se sont vu interdire l'accès du musée** they were refused admission to the museum ◆ **ces outils se sont vus relégués au grenier** these tools have been put away in the attic ◆ **je me suis vu répondre que c'était trop tard** I was told that it was too late

**voire** [vwaʀ] → SYN adv **a** (frm = et même) indeed, nay † (littér) ◆ **c'est révoltant, voire même criminel** it's disgusting, indeed even criminal ◆ **il faudrait attendre une semaine, voire un mois** you would have to wait a week or (perhaps) even a month ◆ **ce sera difficile, voire impossible** it'll be difficult, if not impossible

**b** († hum = j'en doute) indeed? † (hum)

**voirie** [vwaʀi] → SYN nf **a** (= enlèvement des ordures) refuse (Brit) ou garbage (US) collection; (= dépotoir) refuse (Brit) ou garbage (US) dump

**b** (= entretien des routes) road ou highway maintenance; (= service administratif) roads ou highways department; (= voie publique) (public) highways ◆ **travaux de voirie** road works ◆ **les ingénieurs de la voirie** highway ou road engineers

**voisé, e** [vwaze] adj (Phon) voiced

**voisement** [vwazmɑ̃] nm (Phon) voicing

**voisin, e** [vwazɛ̃, in] → SYN 1 adj **a** (= proche) neighbouring (Brit), neighboring (US); (= adjacent) next ◆ **les maisons/rues voisines** the neighbouring houses/streets ◆ **il habite la maison voisine/la rue voisine** he lives in the house next door/in the next street ◆ **deux maisons voisines (l'une de l'autre)** two adjoining houses, two houses next to each other ◆ **une maison voisine de l'église** a house next to ou adjoining the church ◆ **ils se sont réfugiés dans des villages voisins** they took refuge in neighbouring villages ◆ **les pays voisins de la Suisse** the countries bordering on ou adjoining Switzerland ◆ **les années voisines de 1870** the years around 1870 ◆ **un chiffre d'affaires voisin de 4 milliards de francs** a turnover in the region of 4 billion francs

**b** (= semblable) idées, espèces, cas connected ◆ **voisin de** akin to, related to ◆ **un animal voisin du chat** an animal akin to ou related to the cat ◆ **dans un état voisin de la folie** in a state bordering on ou akin to madness

2 nm,f **a** (gén) neighbour (Brit), neighbor (US) ◆ **nous sommes voisins** we're neighbours ◆ **nos voisins d'à côté** our next-door neighbours, the people next door ◆ **les voisins du dessus/dessous** the people (who live) above/below ◆ **nos voisins de palier** our neighbours ou the people who live across the landing ◆ **un de mes voisins de table** one of the people next to me at table, one of my neighbours at table ◆ **je demandai à mon voisin de me passer le sel** I asked the person (sitting) next to me ou my neighbour to pass me the salt ◆ **qui est ta voisine cette année ?** (en classe) who is sitting next to you this year? ◆ **mon voisin de dortoir/de salle** the person in the bed next to mine (in the dormitory/ward) ◆ **j'étais venu en voisin** I had dropped in as I lived nearby ◆ **nos voisins européens** our European neighbours

**b** (fig littér = prochain) neighbour (Brit), neighbor (US) ◆ **envier son voisin** to envy one's neighbour

**voisinage** [vwazinaʒ] → SYN nm **a** (= voisins) neighbourhood (Brit), neighborhood (US) ◆ **ameuter tout le voisinage** to rouse the whole neighbourhood ◆ **être connu de tout le voisinage** to be known throughout the neighbourhood ◆ **faire une enquête de voisinage** to make inquiries in the neighbourhood ◆ **querelle/conflit de voisinage** quarrel/dispute between neighbours

**b** (= relations) **être en bon voisinage avec qn, entretenir des relations de bon voisinage avec qn** to be on neighbourly terms with sb

**c** (= environs) vicinity ◆ **les villages du voisinage** the villages in the vicinity, the villages round about ◆ **se trouver dans le voisinage** to be in the vicinity ◆ **dans le voisinage immédiat du musée** in the immediate vicinity of the museum ◆ **nous ne connaissons personne dans le voisinage** we don't know anyone in the neighbourhood ou around here

**d** (= proximité) proximity, closeness ◆ **le voisinage de la montagne** the proximity ou closeness of the mountains ◆ **il n'était pas enchanté du voisinage de cette usine** he wasn't very happy at having the factory so close ou on his doorstep

**e** (Math) [point] neighbourhood (Brit), neighborhood (US)

**voisiner** [vwazine] → SYN ▸ conjug 1 ◂ vi (= être près de) ◆ **voisiner avec qch** to be (placed) side by side with sth

**voiture** [vwatyʀ] → SYN nf **a** (= automobile) car, automobile (US) ◆ **ils sont venus en voiture** they came by car, they drove (here) ◆ **voiture(-)balai** (Tour de France) broom wagon; (Métro) last train ◆ **vol à la voiture(-)bélier** ram-raiding ◆ **voiture cellulaire** prison ou police van (Brit), patrol ou police wagon (US) ◆ **voiture de compétition** competition car ◆ **voiture de course** racing car ◆ **voiture décapotable** convertible ◆ **voiture-école** driving-school car ◆ **voiture de formule un** Formula-One car ◆ **voiture de grande remise** (Admin) hired limousine (with chauffeur) ◆ **voiture de location** rental car, rented ou hired (Brit) car, hire car (Brit) ◆ **voiture de maître** chauffeur-driven car ◆ **voiture particulière** private car ◆ **voiture pie** † ≃ (police) patrol car, ≃ panda car (Brit) ◆ **voiture de place** (Admin) taxi cab, hackney carriage (Brit) ◆ **voiture de police** police car ◆ **voiture de pompiers** fire engine ◆ **voiture publicitaire** (Tour de France) promoter's ou sponsor's back-up vehicle ◆ **voiture-radio** radio car ◆ **voiture sans chauffeur** self-drive hire car ◆ **voiture sans permis** *small car for which no driving licence is required* ◆ **voiture de série** production car ◆ **voiture de fonction, voiture de service, voiture de société** company car ◆ **voiture de sport** sportscar ◆ **voiture de tourisme** saloon (Brit), sedan (US) ◆ **voiture ventouse** illegally parked car *(exceeding the time limit for parking)*

**b** (= wagon) carriage (Brit), coach (Brit), car (US) ◆ **voiture de tête/queue** front/back carriage (Brit) ou coach (Brit) ou car (US) ◆ **voiture-bar** buffet car ◆ **voiture-couchette** couchette ◆ **voiture-lit** sleeper (Brit), Pullman (US), sleeping car (US) ◆ **voiture-restaurant** dining car ◆ **en voiture !** all aboard!

**c** (= véhicule attelé, poussé) (pour marchandises) cart; (pour voyageurs) carriage, coach; (pour handicapé) wheelchair, invalid carriage (Brit) ◆ **voiture à bras** handcart ◆ **voiture à cheval** horse-drawn carriage ◆ **voiture d'enfant** pram (Brit), baby carriage (US), perambulator (Brit) (frm) ◆ **voiture de poste** mailcoach, stagecoach ◆ **voiture des quatre saisons** costermonger's (Brit) ou greengrocer's (Brit) barrow, sidewalk vegetable barrow (US); → **petit**

**voiturée** †† [vwatyʀe] nf (hum) [choses] cartload; [personnes] carriageful, coachload

**voiturer** [vwatyʀe] → SYN ▸ conjug 1 ◂ vt (†† ou hum) (sur un chariot) to wheel in; ( * : en voiture) to take in the car

**voiturette** [vwatyʀɛt] nf (d'infirme) carriage; (= petite auto) little ou small car

**voiturier** [vwatyʀje] → SYN nm († , Jur) carrier, carter; [hôtel, casino] doorman *(responsible for parking clients' cars)*

**voix** [vwɑ] → SYN nf **a** (= sons) voice ◆ **à voix basse** in a low ou hushed voice ◆ **ils parlaient à voix basse** they were talking in hushed or low voices ou in undertones ◆ **à voix haute, à haute voix** aloud, out loud ◆ **voix de crécelle/de fausset/de gorge** shrill/falsetto/throaty voice ◆ **d'une voix blanche** in a toneless ou flat voice ◆ **d'une voix forte** in a loud voice ◆ **à haute et intelligible voix** loud and clear ◆ **avoir de la voix** to have a good (singing) voice ◆ **être** ou **rester sans voix** to be speechless (*devant* before, at) ◆ **de la voix et du geste** by word and gesture, with words and gestures ◆ **une voix lui cria de monter** a voice shouted to him to come up ◆ **donner de la voix** (= aboyer) to bay, give tongue; ( * = crier) to bawl ◆ **voix dans le champ** ou **in** (Ciné, TV) voice-in ◆ **voix hors champs** ou **off** (Théât) voice-off; (= commentaire) voice-over ◆ **elle commente les images en voix off** she provides the voice-over for the pictures ◆ **la voix des violons** the voice of the violins; → **élever, gros, portée²**

**b** (= conseil, avertissement) **voix de la conscience/raison** voice of conscience/reason ◆ **une petite voix m'a dit ...** something inside me said ... ◆ **se fier à la voix d'un ami** to rely on ou trust to a friend's advice ◆ **la voix du sang** the ties of blood, the call of the blood ◆ **c'est la voix du sang qui parle** he must heed the call of his blood

**c** (= opinion) voice; (Pol = suffrage) vote ◆ **la voix du peuple** the voice of the people, vox populi ◆ **mettre qch aux voix** to put sth to the vote ◆ **la proposition a recueilli 30 voix** the proposal received ou got 30 votes ◆ **demander la mise aux voix d'une proposition** to ask for a vote on a proposal, ask for a proposal to be put to the vote ◆ **avoir voix consultative** to have consultative powers ou a consultative voice ◆ **avoir voix prépondérante** to have a casting vote ◆ **gagner des voix** to win votes ◆ **donner sa voix à un candidat** to give a candidate one's vote, vote for a candidate ◆ **le parti obtiendra peu de/beaucoup de voix** the party will poll badly/heavily ◆ **avoir voix au chapitre** to have a say in the matter

**d** (Mus) voice ◆ **chanter à 2/3 voix** to sing in 2/3 parts ◆ **fugue à 3 voix** fugue in 3 voices ◆ **voix de basse/de ténor** bass/tenor (voice) ◆ **chanter d'une voix fausse/juste** to sing out of tune/in tune ◆ **voix de tête/de poitrine** head/chest voice ◆ **être/ne pas être en voix** to be/not to be in good voice ◆ **la voix humaine/céleste de l'orgue** the vox humana/voix céleste on the organ

**e** (Ling) voice ◆ **à la voix active/passive** in the active/passive voice

**vol¹** [vɔl] → SYN **1** nm **a** [oiseau, avion] (gén) flight ◆ **vol ramé/plané** (Zool) flapping/gliding flight ◆ **faire un vol plané** [oiseau] to glide through the air; (fig = tomber) to fall flat on one's face ◆ **vol d'essai/de nuit** (Aviat) trial/night flight ◆ **vol régulier/charter** scheduled/charter flight ◆ **il y a 8 heures de vol entre ...** it's an 8-hour flight between ... ◆ **le vol Paris-Londres** the Paris-London flight ◆ **heures/conditions de vol** flying hours/conditions ◆ **vol habité** manned flight ◆ **vol sec** flight only ◆ **pilote qui a plusieurs centaines d'heures de vol** pilot with several hundred hours flying time ◆ **avoir plusieurs heures de vol** * (fig = avoir de l'expérience) to have been around for many years; (péj) [femme] to look a bit worn (around the edges) *; → **haut, ravitaillement**

**b** (Zool = formation) flock, flight ◆ **un vol de perdrix** a covey ou flock of partridges ◆ **un vol de canards sauvages** a flight of wild ducks ◆ **un vol de moucherons** a cloud of gnats

**c** (Loc) **prendre son vol** [oiseau] to take wing, fly off ou away; (fig) to take off

◆ **à vol d'oiseau** as the crow flies

◆ **au vol** ◆ **attraper qch au vol** [+ ballon, objet lancé] to catch sth as it flies past, catch sth in midair; [+ autobus, train] to leap onto sth as it moves off ◆ **elle a rattrapé son chapeau au vol** she caught her hat as it went flying through the air ◆ **saisir une occasion au vol** to leap at ou seize an opportunity ◆ **saisir** ou **cueillir une remarque/une impression au vol** to catch a chance ou passing remark/impression ◆ **tirer un oiseau au vol** to shoot (at) a bird on the wing

◆ **en (plein) vol** in (full) flight

**2** COMP ▷ **vol libre** hang-gliding ◆ **pratiquer le vol libre** to hang-glide, go hang-gliding ▷ **vol relatif** (Sport) relative work, RW *(style of free fall parachuting)* ▷ **vol à voile** gliding ◆ **faire du vol à voile** to go gliding

**vol²** [vɔl] → SYN **1** nm (= délit) theft ◆ **vol simple** (Jur) theft ◆ **vol qualifié** ou **aggravé** aggravated theft ◆ **vol avec violence** robbery with violence ◆ **vols de voiture** car thefts ◆ **c'est du vol !** (fig) it's daylight robbery!, it's a rip-off! * ◆ **c'est du vol organisé** (fig) it's a racket

**2** COMP ▷ **vol à l'arraché** bag-snatching ▷ **vol domestique** *theft committed by an employee* ▷ **vol avec effraction** burglary, breaking and entering ▷ **vol à l'étalage** shoplifting (NonC) ▷ **vol à main armée** armed robbery ▷ **vol à la roulotte** theft from a vehicle ▷ **vol à la tire** pickpocketing (NonC)

**volage** [vɔlaʒ] → SYN adj époux, cœur flighty, fickle, inconstant

**volaille** [vɔlɑj] → SYN nf (Culin, Zool) ◆ **une volaille** a fowl ◆ **la volaille** poultry ◆ **les volailles de la basse-cour** the farmyard poultry ◆ **volaille rôtie** roast poultry (NonC) ou fowl

**volailler, -ère** [vɔlɑje, ɛʀ] → SYN nm,f poulterer

**volailleur, -euse** [vɔlɑjœʀ, øz] → SYN nm,f poultry farmer

**volant¹** [vɔlɑ̃] → SYN **1** nm **a** (Aut) steering wheel ◆ **être au volant** to be at ou behind the wheel ◆ **la femme au volant** women drivers ◆ **prendre le volant, se mettre au volant** to take the wheel ◆ **c'est lui qui tenait le volant** he was at ou behind the wheel ◆ **un brusque coup de volant** a sharp turn of the wheel ◆ **as du volant** crack ou ace driver

**b** (Tech = roue, régulateur) flywheel; (de commande) (hand)wheel

**c** [rideau, robe] flounce ◆ **jupe à volants** flounced skirt, skirt with flounces

**d** (= balle de badminton) shuttlecock; (= jeu) badminton, battledore and shuttlecock †

**e** [carnet à souches] tear-off portion

**f** (= réserve, marge) reserve

**2** COMP ▷ **volant inclinable** tilt steering wheel ▷ **volant magnétique** magneto ▷ **volant réglable** adjustable steering wheel ▷ **volant de sécurité** reserve, safeguard ▷ **volant de trésorerie** cash reserve

**volant², e** [vɔlɑ̃, ɑ̃t] → SYN adj **a** (gén, Aviat) (= qui vole) flying ◆ **le personnel volant, les volants** (Aviat) the flight ou flying staff; → **poisson, soucoupe, tapis** etc

**b** (littér = fugace) ombre, forme fleeting

**c** (= mobile, transportable) pont, camp, personnel flying ◆ **(brigade) volante** (Police) flying squad; → **feuille**

**volanté, e** [vɔlɑ̃te] adj jupe flounced

**volapük** [vɔlapyk] nm Volapuk

**volatil, e¹** [vɔlatil] → SYN adj (Bourse, Chim) volatile; (littér = éphémère) evanescent, ephemeral; → **alcali**

**volatile²** [vɔlatil] → SYN nm (gén hum) (= volaille) fowl; (= tout oiseau) winged ou feathered creature

**volatilisable** [vɔlatilizabl] adj volatilizable

**volatilisation** [vɔlatilizasjɔ̃] → SYN nf **a** (Chim) volatilization

**b** (= disparition) extinguishing, obliteration

**volatiliser** [vɔlatilize] → SYN ▸ conjug 1 ◂ **1** vt (Chim) to volatilize

**2 se volatiliser** vpr **a** (Chim) to volatilize

**b** (= disparaître) to vanish (into thin air)

**volatilité** [vɔlatilite] nf volatility

**vol-au-vent** [vɔlovɑ̃] → SYN nm inv vol-au-vent

**volcan** [vɔlkɑ̃] nm **a** (Géog) volcano ◆ **volcan en activité/éteint** active/extinct volcano

**b** (fig) (= personne) spitfire; (= situation) powder keg, volcano ◆ **nous sommes assis sur un volcan** we are sitting on a powder keg ou a volcano

**volcanique** [vɔlkanik] → SYN adj (lit) volcanic; (fig) tempérament explosive, fiery

**volcanisme** [vɔlkanism] nm volcanism

**volcanologie** [vɔlkanɔlɔʒi] nf vulcanology

**volcanologue** [vɔlkanɔlɔg] nmf vulcanologist

**vole** [vɔl] nf (Cartes) vole

**volée** [vɔle] → SYN nf **a** [oiseaux] (= envol, distance) flight; (= groupe) flock, flight ◆ **une volée de moineaux/corbeaux** a flock ou flight of sparrows/crows ◆ **s'enfuir comme une volée de moineaux** to scatter in all directions ◆ **une volée d'enfants** a swarm of children ◆ **prendre sa volée** (lit) to take wing, fly off ou away; (fig = s'affranchir) to spread one's wings; → **haut**

**b** (en Suisse = groupe d'élèves) (pupils in the same) year

**c** (= décharge, tir) volley ◆ **volée de flèches** flight ou volley of arrows ◆ **volée d'obus** volley of shells

**d** (= suite de coups) volley ◆ **une volée de coups** a volley of blows ◆ **une volée de bois vert** † (= coups) a volley ou flurry of blows; (= réprimande) a volley of reproaches ◆ **administrer/recevoir une bonne volée** to give/get a sound thrashing ou beating

**e** (Ftbl, Tennis) volley ◆ **faire une reprise de volée** to strike the ball on the volley ◆ **volée croisée/de face/de revers** (Tennis) cross-court/forehand/backhand volley

**f** (Archit) **volée de marches** flight of stairs

**g** (LOC)

◆ **à la volée** ◆ **jeter qch à la volée** to fling sth about ◆ **semer à la volée** to sow broadcast, broadcast ◆ **attraper la balle à la volée** to catch the ball in midair ◆ **saisir une allusion à la volée** to pick up a passing allusion

◆ **à toute volée** gifler, lancer vigorously, with full force ◆ **les cloches sonnaient à toute volée** the bells were pealing out ◆ **il referma la porte/fenêtre à toute volée** he slammed the door/window shut

**voler**[1] [vɔle] → SYN ▸ conjug 1 ◂ **vi** **a** [oiseau, avion, pilote] to fly ◆ **vouloir voler avant d'avoir des ailes** to want to run before one can walk ◆ **voler de ses propres ailes** to stand on one's own two feet, fend for o.s. ◆ **on entendrait voler une mouche** you could hear a pin drop

**b** [flèche, pierres, insultes] to fly ◆ **voler en éclats** [fenêtre] to smash into pieces; [bâtiment] to explode; [mythe] to be exploded ◆ **faire voler en éclats** [+ bâtiment, fenêtre] to smash to pieces; [+ mythe] to explode ◆ **voler au vent** [neige, voile, feuille] to fly in the wind, float on the wind ◆ **plaisanterie qui vole bas** feeble joke ◆ **ça ne vole pas haut !** * it's pretty low-level!

**c** (= s'élancer) **voler vers qn/dans les bras de qn** to fly to sb/into sb's arms ◆ **voler au secours de qn** to fly to sb's assistance ◆ **il lui a volé dans les plumes** * (physiquement) he flew at him, he laid into him *, he went for him; (verbalement) he went for him ◆ **se voler dans les plumes** * to go for each other, fly at each other

**d** (littér = passer, aller très vite) [temps] to fly; [embarcation, véhicule] to fly (along) ◆ **son cheval volait/semblait voler** his horse flew (along)/seemed to fly (along)

**voler**[2] [vɔle] → SYN ▸ conjug 1 ◂ **vt** **a** [+ objet] (= dérober) to steal ◆ **voler de l'argent/une idée/un baiser à qn** to steal money/an idea/a kiss from sb ◆ **on m'a volé mon stylo** somebody stole my pen, my pen has been stolen ◆ **se faire voler ses bagages** to have one's luggage stolen ◆ **il ne l'a pas volé !** (fig) he asked for it!, it serves him right! ◆ **il ne l'a pas volée, cette médaille !** (fig) he worked hard for that medal! ◆ (Prov) **qui vole un œuf vole un bœuf** once a thief, always a thief (Prov)

**b** [+ personne] (= dépouiller) to rob; (= léser) to cheat ◆ **voler les clients** to rob ou cheat customers ◆ **voler les clients sur le poids** to cheat customers over (the) weight, give customers short measure ◆ **le boucher ne t'a pas volé sur le poids** the butcher gave you good weight ◆ **voler qn lors d'un partage** to cheat sb when sharing out ◆ **se sentir volé** (lors d'un spectacle interrompu) to feel cheated ou robbed ◆ **on n'est pas volé** * you get your money's worth all right *, it's good value for money

**volet** [vɔlɛ] → SYN **nm** **a** [fenêtre, hublot] shutter

**b** (Aviat) flap ◆ **volet d'intrados/de freinage** split/brake flap ◆ **volet de courbure** [parachute] flap

**c** (Aut = panneau articulé) bonnet flap; (Tech) [roue à aube] paddle ◆ **volet de carburateur** throttle valve, butterfly valve

**d** [triptyque] volet, wing; [feuillet, carte] section; → **trier**

**e** [trilogie, émission, plan d'action, enquête] part ◆ **un plan de paix en trois volets** a three-point peace plan ◆ **le volet social du traité** the social chapter of the treaty ◆ **le volet agricole de l'accord** the section on agriculture in the agreement

**voleter** [vɔl(ə)te] → SYN ▸ conjug 4 ◂ **vi** [oiseau] to flutter about, flit about; [rubans, flocons] to flutter

**voleur, -euse** [vɔlœʀ, øz] → SYN **1** **adj** ◆ **être voleur** (gén) to be light-fingered, be a (bit of a) thief; (commerçant) to be a cheat ou swindler, be dishonest; [animal] to be a thief ◆ **voleur comme une pie** thievish as a magpie

**2** **nm,f** (= malfaiteur) thief; (= escroc, commerçant) swindler ◆ **voleur de grand chemin** highwayman ◆ **voleur à l'étalage** shoplifter ◆ **voleur d'enfants** † kidnapper ◆ **au voleur !** stop thief! ◆ **voleur de voitures** car thief ◆ **se sauver comme un voleur** to run off like a thief (in the night); → **tire**[2]

**Volga** [vɔlga] **nf** Volga

**volière** [vɔljɛʀ] → SYN **nf** (= cage) aviary ◆ **ce bureau est une volière** (fig) this office is a proper henhouse * (hum)

**volige** [vɔliʒ] → SYN **nf** (= toit) lath

**voliger** [vɔliʒe] ▸ conjug 3 ◂ **vt** to lath

**volitif, -ive** [vɔlitif, iv] **adj** volitional, volitive

**volition** [vɔlisjɔ̃] **nf** volition

**volley** [vɔlɛ], **volley-ball** [vɔlɛbol] **nm** volleyball ◆ **volley(-ball) de plage** beach volley

**volleyer** [vɔleje] ▸ conjug 8 ◂ **vi** (Tennis) to volley

**volleyeur, -euse** [vɔlɛjœʀ, øz] **nm,f** (Volley) volleyball player; (Tennis) volleyer

**volontaire** [vɔlɔ̃tɛʀ] → SYN **1** **adj** **a** (= voulu) acte, enrôlement, prisonnier voluntary; oubli intentional; → **engagé**

**b** (= décidé) personne wilful, headstrong; expression, menton determined

**2** **nmf** (Mil, gén) volunteer ◆ **se porter volontaire pour qch** to volunteer for sth ◆ **je suis volontaire** I volunteer ◆ **volontaire du service national à l'étranger** *person doing his military service as a civilian working abroad*

**volontairement** [vɔlɔ̃tɛʀmɑ̃] → SYN **adv** **a** (= de son plein gré) voluntarily, of one's own free will; (Jur = facultativement) voluntarily

**b** (= exprès) intentionally, deliberately ◆ **il a dit ça volontairement** he said it on purpose ou deliberately

**c** (= d'une manière décidée) determinedly

**volontariat** [vɔlɔ̃taʀja] → SYN **nm** (gén) voluntary participation; (Mil) voluntary service ◆ **faire du volontariat** to do voluntary work

**volontarisme** [vɔlɔ̃taʀism] **nm** voluntarism

**volontariste** [vɔlɔ̃taʀist] **adj, nmf** voluntarist

**volonté** [vɔlɔ̃te] → SYN **nf** **a** (= faculté) will; (= souhait, intention) wish, will (frm) ◆ **manifester sa volonté de faire qch** to show one's intention of doing sth ◆ **accomplir/respecter la volonté de qn** to carry out/respect sb's wishes ◆ **la volonté nationale** the will of the nation ◆ **la volonté générale** the general will ◆ **les dernières volontés de qn** the last wishes of sb ◆ **volonté de puissance** thirst for power ◆ **volonté de guérir/réussir** will to recover/succeed ◆ **que ta ou votre volonté soit faite** (Rel) Thy will be done; → **indépendant, quatre**

**b** (= disposition) **bonne volonté** goodwill, willingness ◆ **mauvaise volonté** lack of goodwill, unwillingness ◆ **il a beaucoup de bonne volonté mais peu d'aptitude** he shows great willingness but not much aptitude ◆ **il met de la bonne/mauvaise volonté à faire son travail** he goes about his work with goodwill/grudgingly, he does his work willingly/unwillingly ou with a good/bad grace ◆ **il fait preuve de bonne/mauvaise volonté** he has a positive/negative attitude ◆ **paix sur la terre, aux hommes de bonne volonté** peace on earth (and) goodwill to all men ◆ **faire appel aux bonnes volontés pour construire qch** to appeal to volunteers to construct sth ◆ **toutes les bonnes volontés sont les bienvenues** all offers of help are welcome ◆ **avec la meilleure volonté du monde** with the best will in the world

**c** (= caractère, énergie) willpower, will ◆ **faire un effort de volonté** to make an effort of will(power) ◆ **avoir de la volonté** to have willpower ◆ **cette femme a une volonté de fer** this woman has an iron will ou a will of iron ◆ **réussir à force de volonté** to succeed through sheer will(power) ou determination ◆ **échouer par manque de volonté** to fail through lack of will(power) ou determination ◆ **faire preuve de volonté** to display willpower

**d** **à volonté** ◆ **pain/café à volonté** "as much bread/coffee as you like ou want" ◆ **"sucrer à volonté"** "sweeten to taste" ◆ **vous pouvez le prendre ou le laisser à volonté** you can take it or leave it as you wish ou just as you like ◆ **nous avons de l'eau à volonté** we have as much water as we want, we have plenty of water ◆ **vin à volonté pendant le repas** as much wine as one wants ou unlimited wine with the meal ◆ **billet payable à volonté** (Comm) promissory note payable on demand ◆ **il en fait toujours à sa volonté** he always does things his own way, he always does as he pleases ou likes, he always suits himself

**volontiers** [vɔlɔ̃tje] GRAMMAIRE ACTIVE 9.2 → SYN **adv** **a** (= de bonne grâce) gladly, willingly ◆ **je l'aiderais volontiers** I would gladly ou willingly help him ◆ **voulez-vous dîner chez nous ?** – **volontiers** would you like to eat with us? – I'd love to ou with pleasure

**b** (= naturellement) readily, willingly ◆ **il lit volontiers pendant des heures** he'll happily ou willingly read for hours on end ◆ **on croit volontiers que ...** people readily believe that ..., people are apt ou quite ready to believe that ... ◆ **il est volontiers pessimiste** he's given to pessimism, he's pessimistic by nature

**volt** [vɔlt] **nm** volt

**voltage** [vɔltaʒ] **nm** voltage

**voltaïque** [vɔltaik] **adj** voltaic, galvanic

**voltaire** [vɔltɛʀ] **nm** ◆ **(fauteuil) voltaire** Voltaire chair

**voltairianisme** [vɔltɛʀjanism] **nm** Voltair(ian)ism

**voltamètre** [vɔltamɛtʀ] **nm** voltameter

**voltampère** [vɔltɑ̃pɛʀ] **nm** volt-ampere

**volte** [vɔlt] → SYN **nf** (Équitation) volte

**volte-face** [vɔltəfas] → SYN **nf inv** **a** (lit) **faire volte-face** (= se retourner) to turn round

**b** (= changement d'opinion) about-turn, U-turn, volte-face (frm) ◆ **faire une volte-face** to do an about-turn ou a U-turn

**volter** [vɔlte] → SYN ▸ conjug 1 ◂ **vi** (Équitation) ◆ **faire volter un cheval** to make a horse circle

**voltige** [vɔltiʒ] → SYN **nf** (Équitation) trick riding ◆ **voltige (aérienne)** (Aviat) aerobatics, stunt flying ◆ **faire de la voltige** (Gym) to do acrobatics ◆ **(haute) voltige** (Gym) acrobatics ◆ **c'est de la (haute) voltige intellectuelle** (fig) it's mental gymnastics ◆ **c'était un exercice de haute voltige monétaire** it was an example of financial wizardry

**voltigement** [vɔltiʒmɑ̃] **nm** fluttering

**voltiger** [vɔltiʒe] → SYN ▸ conjug 3 ◂ **vi** [oiseaux] to flit about, flutter about; [objet léger] to flutter about

**voltigeur** [vɔltiʒœʀ] → SYN **nm** **a** (= acrobate) acrobat; (= pilote) stunt pilot ou flier

**b** (Hist, Mil) light infantryman

**voltmètre** [vɔltmɛtʀ] **nm** voltmeter

**volubile** [vɔlybil] → SYN **adj** **a** personne, éloquence voluble

**b** (Bot) voluble

**volubilis** [vɔlybilis] → SYN **nm** convolvulus, morning glory

**volubilité** [vɔlybilite] → SYN **nf** volubility ◆ **parler avec volubilité** to talk volubly

**volucompteur** ® [vɔlykɔ̃tœʀ] **nm** (volume) indicator

**volumateur, -trice** [vɔlymatœʀ, tʀis] **adj** shampoing, mousse that gives body to the hair

**volume** [vɔlym] → SYN **nm** **a** (= livre, tome) volume

**b** (gén, Art, Géom, Sci = espace, quantité) volume ◆ **volume moléculaire/atomique** molecular/atomic volume ◆ **volume d'eau d'un fleuve** volume of water in a river ◆ **eau oxygénée à 20 volumes** 20-volume hydrogen peroxide ◆ **le volume des exportations/transactions** the volume of exports/trade ◆ **le marché est en baisse de 7% en volume** the volume of the market has fallen 7% ◆ **faire du volume** [gros objets] to be bulky, take up space

**c** (= intensité) [son] volume ◆ **volume de la voix/radio** volume of the voice/radio ◆ **volume sonore** (pour enregistrement) sound level; (mesure de pollution) noise level

**volumétrie** [vɔlymetʀi] nf volumetry

**volumétrique** [vɔlymetʀik] adj volumetric

**volumineux, -euse** [vɔlyminø, øz] → SYN adj catalogue, dictionnaire, dossier bulky, voluminous; courrier voluminous; paquet bulky

**volumique** [vɔlymik] adj (Phys) ◆ **masse volumique** density ◆ **poids volumique** specific weight, weight per unit volume

**volupté** [vɔlypte] → SYN nf (sensuelle) sensual delight, sensual ou voluptuous pleasure; (morale, intellectuelle) exquisite delight ou pleasure

**voluptueusement** [vɔlyptɥøzmɑ̃] adv voluptuously

**voluptueux, -euse** [vɔlyptɥø, øz] → SYN adj voluptuous

**volute** [vɔlyt] → SYN nf **a** [colonne, grille, escalier] volute, scroll; [fumée] curl, wreath; [vague] curl ◆ **en volute** voluted, scrolled
**b** (= mollusque) volute

**volvaire** [vɔlvɛʀ] nf volvaria

**volve** [vɔlv] nf volva

**volvoce** [vɔlvɔs], **volvox** [vɔlvɔks] nm volvox

**volvulus** [vɔlvylys] nm volvulus

**vomer** [vɔmɛʀ] nm vomer

**vomi** [vɔmi] → SYN nm vomit

**vomique** [vɔmik] adj f → **noix**

**vomiquier** [vɔmikje] nm nux vomica *(tree)*

**vomir** [vɔmiʀ] → SYN ▸ conjug 2 ◂ vt **a** [+ aliments] to vomit, bring up; [+ sang] to spit, bring up
**b** (sans compl) to be sick, vomit, throw up ◆ **il a vomi partout** he was sick everywhere ◆ **ça te fera vomir** it'll make you vomit ou be sick ◆ **avoir envie de vomir** to feel sick ◆ **ça donne envie de vomir, c'est à vomir** (fig) it makes you ou it's enough to make you sick, it's nauseating
**c** (fig) [+ lave, flammes] to belch forth, spew forth; [+ injures, haine] to spew out
**d** (fig = détester) to loathe, abhor ◆ **il vomit les intellectuels** he has a loathing for ou loathes intellectuals

**vomissement** [vɔmismɑ̃] → SYN nm **a** (= action) vomiting (NonC) ◆ **il fut pris de vomissements** he (suddenly) started vomiting
**b** (= matières) vomit (NonC)

**vomissure** [vɔmisyʀ] nf vomit (NonC)

**vomitif, -ive** [vɔmitif, iv] → SYN adj, nm (Pharm) emetic, vomitory

**vorace** [vɔʀas] → SYN adj animal, personne, curiosité voracious ◆ **appétit vorace** voracious ou ravenous appetite ◆ **plantes voraces** plants which deplete the soil

**voracement** [vɔʀasmɑ̃] adv voraciously

**voracité** [vɔʀasite] → SYN nf voracity, voraciousness

**vortex** [vɔʀtɛks] nm (littér) vortex

**vorticelle** [vɔʀtisɛl] nf vorticella

**vos** [vo] adj poss → **votre**

**Vosges** [voʒ] nfpl ◆ **les Vosges** the Vosges

**vosgien, -ienne** [voʒjɛ̃, jɛn] **1** adj Vosges (épith), of ou from the Vosges
**2** **Vosgien(ne)** nm,f inhabitant ou native of the Vosges

**VOST** (abrév de **version originale sous-titrée**) → **version**

**votant, e** [vɔtɑ̃, ɑ̃t] nm,f voter

**votation** [vɔtasjɔ̃] nf (Helv) voting

**vote** [vɔt] → SYN nm **a** (= approbation) [projet de loi] vote (*de* for); [loi, réforme] passing; [crédits] voting ◆ **après le vote du budget** after the budget was voted
**b** (= suffrage, acte, opération) vote; (= ensemble des votants) voters ◆ **le vote socialiste** Socialist voters, the Socialist vote ◆ **vote de confiance** vote of confidence ◆ **vote à main levée** vote by a show of hands ◆ **vote à bulletin secret/par correspondance** secret/postal vote ou ballot ◆ **vote par procuration** proxy vote ◆ **vote direct/indirect** direct/indirect vote ◆ **vote blanc/nul** blank/spoilt ballot paper ◆ **vote utile** tactical vote ◆ **vote bloqué** *single vote on a bill containing several government amendments* ◆ **vote de confiance** vote of confidence ◆ **procéder** ou **passer au vote** to proceed to a vote, take a vote; → **bulletin, bureau, droit**[3]

**voter** [vɔte] → SYN ▸ conjug 1 ◂ **1** vi to vote ◆ **voter à main levée** to vote by a show of hands ◆ **voter à droite/pour X** to vote for the right/for X ◆ **voter libéral/à gauche** to vote Liberal/for the left ◆ **voter utile** to vote tactically ◆ **voter pour/contre qch** to vote for/against sth ◆ **j'ai voté contre** I voted against it ◆ **voter sur une motion** to vote on a motion ◆ **j'ai voté blanc** I cast a blank vote ◆ **voter avec les** ou **ses pieds** to vote with one's feet
**2** vt (= adopter) [+ projet de loi] to vote for; [+ loi, réforme] to pass; [+ crédits] to vote ◆ **voter la censure** to pass a vote of censure ◆ **voter la reconduction d'une grève** to vote to continue a strike ◆ **ne pas voter** [+ amendement] to vote out ◆ **voter la mort du roi** to vote to execute the king, vote for the king's death

**votif, -ive** [vɔtif, iv] adj votive

**votre**, pl **vos** [vɔtʀ, vo] adj poss your; (emphatique) your own; (†, Rel) thy ◆ **laissez votre manteau et vos gants au vestiaire** (à une personne) leave your coat and gloves in the cloakroom; (à plusieurs personnes) leave your coats and gloves in the cloakroom ◆ **un de vos livres** one of your books, a book of yours ◆ **je vous accorde votre lundi** you may have Monday off ◆ **Votre Excellence/Majesté** Your Excellency/Majesty; pour autres loc voir **son, ton**

**vôtre** [votʀ] **1** pron poss ◆ **le vôtre, la vôtre, les vôtres** yours ◆ **ce sac n'est pas le vôtre** this bag isn't yours, this isn't your bag ◆ **nos enfants sont sortis avec les vôtres** our children are out with yours
◆ **à la (bonne) vôtre!** your (good) health!, cheers! ◆ **vous voulez y aller quand même – à la (bonne) vôtre !** * you still want to go? – rather you than me!; pour autres loc voir **sien**
**2** nmf **a** **j'espère que vous y mettrez du vôtre** I hope you'll pull your weight ou do your bit *; voir aussi **sien**
**b** **les vôtres** your family, your folks * ◆ **vous et tous les vôtres** you and all those like you, you and your kind (péj) ◆ **bonne année à vous et à tous les vôtres** Happy New Year to you and yours ◆ **nous pourrons être des vôtres ce soir** we shall be able to join your party ou join you tonight; → **sien**
**3** adj poss (littér) yours ◆ **son cœur est vôtre depuis toujours** his (ou her) heart has always been yours ◆ **amicalement vôtre** best wishes; → **sien**

**vouer** [vwe] → SYN ▸ conjug 1 ◂ vt **a** (Rel) **vouer qn à Dieu/à la Vierge** to dedicate sb to God/to the Virgin Mary; → **savoir**
**b** (= promettre) to vow ◆ **il lui a voué un amour éternel** he vowed his undying love to her
**c** (= consacrer) to devote ◆ **vouer son temps à ses études** to devote one's time to one's studies ◆ **se vouer à une cause** to dedicate o.s. ou devote o.s. to a cause
**d** (gén ptp = condamner) to doom ◆ **projet voué à l'échec** project doomed to ou destined for failure ◆ **famille vouée à la misère** family doomed to poverty

**vouloir**[1] [vulwaʀ]
▸ conjug 31 ◂
→ SYN **GRAMMAIRE ACTIVE 1.1, 3, 4, 8, 9.3**

**1** VERBE TRANSITIF
**2** VERBE TRANSITIF INDIRECT
**3** VERBE PRONOMINAL

**1** VERBE TRANSITIF

**a** [= exiger, être décidé à obtenir] [+ objet, augmentation, changement] to want ◆ **vouloir faire qch** to want to do sth ◆ **vouloir que qn fasse qch/que qch se fasse** to want sb to do sth/sth to be done ◆ **je veux que tu viennes tout de suite** I want you to come at once ◆ **il veut absolument venir/qu'elle parte/ce jouet** he is set on coming/on her leaving/on having that toy, he is determined to come/(that) she should leave/to have that toy ◆ **il ne veut pas y aller/qu'elle y aille** he doesn't want to go/her to go ◆ (Prov) **vouloir, c'est pouvoir** ◆ (Prov) **quand on veut, on peut** where there's a will there's a way (Prov) ◆ **qu'est-ce qu'ils veulent maintenant ?** what do they want now? ◆ **il sait ce qu'il veut** he knows what he wants ◆ **il veut sans vouloir** he only half wants to ◆ **tu l'as voulu** you asked for it ◆ **tu l'auras voulu** it'll have been your own fault, you'll have brought it on yourself ◆ **elle fait de lui ce qu'elle veut** she does what she likes with him, she twists him round her little finger
◆ **en vouloir** * (= vouloir gagner, réussir) ◆ **il en veut** he wants to win ◆ **l'équipe de France en veut ce soir** the French team is raring to go * ou is out to win tonight

**b** [= désirer, souhaiter] **voulez-vous à boire/manger ?** would you like something to drink/eat? ◆ **tu veux quelque chose à boire ?** would you like ou do you want something to drink? ◆ **comment voulez-vous votre poisson, frit ou poché ?** how would you like your fish – fried or poached? ◆ **je ne veux pas qu'il se croie obligé de ...** I wouldn't like ou I don't want him to feel obliged to ... ◆ **je voulais vous dire ...** I meant to tell you ... ◆ **il voulait partir hier mais ...** he wanted ou meant ou intended to leave yesterday but ... ◆ **il ne voulait pas vous blesser** he didn't want ou mean to hurt you ◆ **sans vouloir vous vexer** no offence (meant) ◆ **qu'il le veuille ou non** whether he likes it or not ◆ **ça va comme tu veux ?** * is everything all right ou OK? * ◆ **veux-tu que je te dise** ou **raconte pourquoi ... ?** shall I tell you why ...? ◆ **que lui voulez-vous ?** what do you want with him? ◆ **qu'est-ce qu'il me veut, celui-là ?** * what does he want (from me)?; → **bien, mal**
◆ avec **comme** ◆ **comme tu veux (ou vous voulez)** as you like ou wish ou please ◆ **bon, comme tu voudras** all right, have it your own way ou suit yourself ◆ **comme vous voulez, moi ça m'est égal** just as you like ou please ou wish, it makes no difference to me;
◆ avec **si** ◆ **si tu veux, si vous voulez** if you like, if you want (to) ◆ **oui, si on veut** (= dans un sens, d'un côté) yes, if you like ◆ **s'il voulait, il pourrait être ministre** if he wanted (to), he could be a minister, he could be a minister if he so desired ◆ **s'il voulait (bien) nous aider, cela gagnerait du temps** it would save time if he'd help us ◆ **s'ils veulent garder leur avance, ils ne peuvent se permettre de relâcher leur effort** if they want to keep their lead they can't afford to reduce their efforts
◆ **en veux-tu en voilà** * ◆ **il y a eu des discours en veux-tu en voilà** there were speeches galore ◆ **elle a des dettes en veux-tu en voilà** she's up to her ears ou eyes in debt * ◆ **on lui a proposé des stages en veux-tu en voilà** they've offered him one course after another
◆ **sans le vouloir** unintentionally, inadvertently ◆ **si je t'ai vexé, c'était sans le vouloir** if I offended you it was unintentional ou I didn't mean to
◆ **vouloir de qch** ◆ (avec de partitif = désirer) **je n'en veux plus** [+ nourriture] I don't want any more ◆ **est-ce que tu en veux ?** [+ gâteau] do you want some?, would you like some?; → **2**

**c** [au conditionnel] **je voudrais un stylo/écrire/qu'il m'écrive** I would like a pen/to write/him to write to me ◆ **il aurait voulu être médecin mais ...** he would have liked to be a doctor ou he would like to have been a doctor but ... ◆ **je ne voudrais pas abuser** I don't want to impose ◆ **je voudrais/j'aurais voulu que vous voyiez sa tête !** I wish you could see/could have seen his face! ◆ **je voudrais qu'il soit plus énergique, je lui voudrais plus d'énergie** (frm) I wish he was a bit more energetic ◆ **je voudrais bien voir ça !** I'd like to see that!; → **voir 1b**

**d** [exprimant l'impuissance] **que voulez-vous, que veux-tu, qu'est-ce que vous voulez, qu'est-ce que tu veux** what can you do?, what do you expect? ◆ **que veux-tu, c'est comme ça, on n'y peut rien** what can you do? ou what do you expect? that's the way it is and there's nothing we can do about it ◆ **qu'est-ce que tu veux que je te dise ? j'ai perdu** what can I say? ou what do you want me to say? I lost

**e** [= consentir à] **ils ne voulurent pas nous recevoir** they wouldn't see us, they weren't willing to see us ◆ **le moteur ne veut pas partir** the engine won't start ◆ **le feu n'a pas voulu prendre** the fire wouldn't light ou catch ◆ **il joue bien quand il veut** he plays well when he wants to ou has a mind to ou when he puts his mind to it

◆ **bien vouloir** ◆ **je veux bien le faire/qu'il vienne** (s'il le faut vraiment) I don't mind doing it/if he comes; (il n'y a pas d'inconvénient) I'm quite happy to do it/for him to come; (enthousiaste) I'm happy ou I'll be happy to do it/for him to come ◆ **je voudrais bien y aller** I'd really like ou I'd love to go ◆ **si tu voulais bien le faire, ça nous rendrait service** if you'd be kind enough to do it, you'd be doing us a favour ◆ **tu veux bien leur dire que ...** would you please tell them that ... ◆ **je veux bien encore un peu de café** I'd like some more coffee ◆ **encore un peu de thé ? – je veux bien** more tea? – yes, please ◆ **nous en parlerons plus tard, si vous le voulez bien** we'll talk about it later, if you don't mind ◆ **je veux bien le croire mais ...** I'd like to take his word for it but ..., I'm quite prepared to believe him but ... ◆ **moi je veux bien, mais ...** fair enough *, but ...

**f** [formules de politesse] **voudriez-vous avoir l'obligeance** ou **l'amabilité de ...** would you be so kind as to ... ◆ **veuillez croire à toute ma sympathie** please accept my deepest sympathy ◆ **voulez-vous me prêter ce livre ?** will you lend me this book? ◆ **voudriez-vous fermer la fenêtre ?** would you mind closing the window? ◆ **si vous voulez bien me suivre** (come) this way, please; → **agréer**

**g** [à l'impératif: ordre] **veux-tu (bien) te taire !** will you (please) be quiet! ◆ **veuillez quitter la pièce immédiatement** please leave the room at once ◆ **veux-tu bien arrêter !** will you please stop it!, stop it will you ou please!

**h** [= chercher à, essayer de] to try ◆ **elle voulut se lever mais elle retomba** she tried to get up but she fell back ◆ **en voulant m'aider, il a fait échouer mon projet** by trying to help he ruined my plan ◆ **il veut se faire remarquer** he wants to be noticed, he's out to be noticed

**i** [= escompter, demander] **vouloir qch de qn** to want sth from sb ◆ **que voulez-vous de moi ?** what do you want from me? ◆ **vouloir un certain prix de qch** to want a certain price for sth ◆ **j'en veux 150 €** I want €150 for it

**j** [= s'attendre à] to expect ◆ **comment voulez-vous que je sache ?** how should I know?, how do you expect me to know? ◆ **avec 500 € par mois, comment veux-tu qu'elle s'en sorte ?** how do you expect her to manage on €500 a month? ◆ **il a tout, pourquoi voudriez-vous qu'il réclame ?** he's got everything so why should he complain? ◆ **que voulez-vous qu'on y fasse ?** what do you expect us (ou them etc ) to do about it?

**k** **en vouloir à qn** to have something against sb, have a grudge against sb ◆ **les deux frères s'en veulent à mort** the two brothers absolutely hate each other ou are at daggers drawn ◆ **en vouloir à qn de qch** to hold sth against sb ◆ **il m'en veut beaucoup d'avoir fait cela** he holds a tremendous grudge against me for having done that ◆ **il m'en veut d'avoir fait rater ce projet** he holds it against me that I made the plan fail ◆ **il m'en veut de mon incompréhension** he holds the fact that I don't understand against me, he resents the fact that I don't understand ◆ **je m'en veux d'avoir accepté** I could kick myself * ou I'm so annoyed with myself for accepting ◆ **accepter cela ? je m'en voudrais !** accept that? not on your life! ◆ **ne m'en veuillez pas, ne m'en voulez pas** * don't hold it against me ◆ **tu ne m'en veux pas ?** no hard feelings? ◆ **je ne t'en veux pas** I'm not angry with you

◆ **en vouloir à qch** to be after sth ◆ **il en veut à son argent** he's after her money ◆ **ils en voulaient à sa vie** they wanted him dead ◆ **ils en voulaient à sa réputation** they wanted to ruin his reputation

**l** [= affirmer] to claim ◆ **une philosophie qui veut que l'homme soit ...** a philosophy which claims that man is ... ◆ **la légende veut qu'il soit né ici** according to legend he was born here

◆ **je veux !** ✱ ◆ **ça te dirait d'aller à la mer ? – je veux !** would you like to go to the seaside? – that would be great! * ou you bet! * ◆ **tu vas lui demander ? – je veux !** are you going to ask him? – you bet (I am)!

**m** [sujet chose = requérir] to need, require ◆ **cette plante veut un sol riche** this plant needs ou requires a rich soil ◆ **l'usage veut que ...** custom requires that ... ◆ **comme le veut la loi** according to the law, as the law requires ◆ **comme le veut la tradition** according to tradition

**n** [= faire] [destin, sort] **le hasard voulut que ...** as luck would have it ... ◆ **le malheur a voulu qu'il prenne cette route** he had the misfortune to take this road

[2] **vouloir de** VERBE TRANSITIF INDIRECT

[gén nég, interrog = accepter] **vouloir de qn/qch** to want sb/sth ◆ **on ne veut plus de lui** ou **on n'en veut plus au bureau** they don't want him ou won't have him in the office any more ◆ **je ne veux pas de lui comme chauffeur** I don't want him ou won't have him as a driver ◆ **voudront-ils de moi dans leur nouvelle maison ?** will they want me in their new house? ◆ **je l'accompagnerai si elle veut de moi** I'll go with her if she'll have me ◆ **elle ne veut plus de ce chapeau** she doesn't want this hat any more

[3] **se vouloir** VERBE PRONOMINAL

[= vouloir être, prétendre être] ◆ **ce journal se veut objectif** this newspaper likes to think it's ou is meant to be objective ◆ **son discours se veut rassurant** what he says is meant to be reassuring ◆ **cette peinture se veut réaliste** this painting is supposed to be realistic

**vouloir²** [vulwaʀ] nm **a** (littér = volonté) will

**b** **bon vouloir** goodwill ◆ **mauvais vouloir** reluctance ◆ **avec un mauvais vouloir évident** with obvious reluctance ◆ **attendre le bon vouloir de qn** to wait on sb's pleasure ◆ **cette décision dépend du bon vouloir du ministre** this decision depends on the minister's goodwill

**voulu, e** [vuly] [→ SYN] (ptp de **vouloir**) adj **a** (= requis) required, requisite ◆ **il n'avait pas l'argent voulu** he didn't have the required ou requisite money ou the money required ◆ **au moment voulu** at the required moment ◆ **en temps voulu** in due time ou course ◆ **produire l'effet voulu** to produce the desired effect ◆ **le temps voulu** the time required

**b** (= volontaire) deliberate, intentional ◆ **c'est voulu** * it's done on purpose, it's intentional ou deliberate

**vous** [vu] [1] pron pers **a** (sujet, objet) you; (pl de tu, toi) you ◆ **les gens qui viennent vous poser des questions** (valeur indéfinie) people who come asking questions ou who come and ask you questions ◆ **vous avez bien répondu tous les deux** you both answered well, the two of you answered well ◆ **vous et lui, vous êtes aussi têtus l'un que l'autre** you are both as stubborn as each other ◆ **si j'étais vous, j'accepterais** if I were you ou in your shoes I'd accept ◆ **eux ont accepté, vous pas** ou **pas vous** they accepted but you didn't, they accepted but not you ◆ **vous parti(s), je pourrai travailler** once you've gone ou with you out of the way, I'll be able to work ◆ **c'est enfin vous, vous voilà enfin** here you are at last ◆ **qui l'a vu ? vous ?** who saw him? (did) you? ◆ **je vous ai demandé de m'aider** I asked you to help me ◆ **elle n'obéit qu'à vous** you're the only one ou ones she obeys

**b** (emphatique : insistance, apostrophe) (sujet) you, you yourself sg, you yourselves pl; (objet) you ◆ **vous tous écoutez-moi** listen to me all of you ou the lot of you * ◆ **vous, vous n'avez pas à vous plaindre** you have no cause to complain ◆ **pourquoi ne le ferais-je pas : vous l'avez bien fait, vous !** why shouldn't I do it – you did (it)! ou you yourself ou you yourselves did it! ◆ **vous, mentir ?, ce n'est pas possible** you, tell a lie? I can't believe it ◆ **alors vous, vous ne partez pas ?** so what about you – aren't you going? ◆ **vous, aidez-moi !** you (there) ou hey you, give me a hand! ◆ **je vous demande à vous parce que je vous connais** I'm asking you because I know you ◆ **je vous connais, vous !** I know you! ◆ **vous, vous m'agacez !, vous m'agacez, vous !** you're getting on my nerves! ◆ **vous, je vois que vous n'êtes pas bien** it's obvious to me that you're not well

**c** (emphatique avec qui, que) **c'est vous qui avez raison** it's you who is (ou are) right ◆ **vous tous qui m'écoutez** all of you listening to me ◆ **et vous qui détestiez le cinéma, vous avez bien changé** and (to think) you were the one who hated the cinema ou you used to say you hated the cinema – well you've certainly changed!

**d** (avec prép) you ◆ **à vous quatre vous pourrez le porter** with four of you ou between (the) four of you you'll be able to carry it ◆ **cette maison est-elle à vous ?** does this house belong to you?, is this house yours? ◆ **vous n'avez même pas une chambre à vous tout seul/tout seuls ?** you don't even have a room to yourself ou of your own/to yourselves ou of your own? ◆ **c'est à vous de décider** it's up to you to decide ◆ **l'un de vous** ou **d'entre vous doit le savoir** one of you must know ◆ **de vous à moi** between you and me ◆ **vous ne pensez qu'à vous** you think only of yourself (ou yourselves)

**e** (dans comparaisons) you ◆ **il me connaît mieux que vous** (mieux qu'il ne vous connaît) he knows me better than (he knows) you; (mieux que vous ne me connaissez) he knows me better than you do ◆ **il est plus/moins fort que vous** he's stronger than you/not as strong as you (are) ◆ **il a fait comme vous** he did as ou what you did, he did the same as you

**f** (avec vpr : souvent non traduit) **vous êtes-vous bien amusé(s) ?** did you have a good time? ◆ **je crois que vous vous connaissez** I believe you know each other ◆ **servez-vous donc** do help yourself (ou yourselves) ◆ **ne vous disputez pas** don't fight ◆ **asseyez-vous donc** do sit down

[2] nm ◆ **dire vous à qn** to call sb "vous" ◆ **le vous est de moins en moins employé** (the form of address) "vous" ou the "vous" form is used less and less frequently

**vous-même,** pl **vous-mêmes** [vumɛm] pron → **même**

**vousseau** [vuso], **voussoir** [vuswaʀ] nm voussoir

**voussure** [vusyʀ] nf (= courbure) arching; (= partie cintrée) arch; (Archit = archivolte) archivolt

**voûte** [vut] [→ SYN] [1] nf (Archit) vault; (= porche) archway ◆ **voûte en plein cintre/d'arête** semicircular/groined vault ◆ **voûte en ogive/en berceau** rib/barrel vault ◆ **voûte en éventail** fan-vaulting (NonC) ◆ **en voûte** vaulted ◆ **la voûte d'une caverne** the vault of a cave ◆ **une voûte d'arbres** (fig) an archway of trees; → **clé**

[2] COMP ▷ **la voûte céleste** the vault ou canopy of heaven ▷ **voûte crânienne** dome of the skull, vault of the cranium (SPÉC) ▷ **la voûte étoilée** the starry vault ou dome ▷ **voûte du palais** ou **palatine** roof of the mouth, hard palate ▷ **voûte plantaire** arch (of the foot)

**voûté, e** [vute] [→ SYN] (ptp de **voûter**) adj **a** cave, plafond vaulted, arched

**b** dos bent; personne stooped ◆ **être voûté, avoir le dos voûté** to be stooped, have a stoop

**voûter** [vute] ▸ conjug 1 ◂ vt **a** (Archit) to arch, vault

**b** [+ personne, dos] to make stooped ◆ **la vieillesse l'a voûté** age has given him a stoop ◆ **il s'est voûté avec l'âge** he has become stooped with age

**vouvoiement** [vuvwamɑ̃] nm addressing sb as vous, using the vous form ◆ **entre eux, le vouvoiement reste de rigueur** they still address each other as "vous"

**vouvoyer** [vuvwaje] ▸ conjug 8 ◂ vt ◆ **vouvoyer qn** to address sb as "vous", use the "vous" form with sb

**vox populi** [vɔkspɔpyli] nf vox populi, voice of the people

**voyage** [vwajaʒ] [→ SYN] nm **a** (gén) journey, trip; (par mer) voyage ◆ **le voyage, les voyages** travelling (Brit), traveling (US) ◆ **il aime les voyages** he likes travel ou travelling ◆ **les voyages le fatiguent** travelling tires him ◆ **le voyage l'a fatigué** the journey tired him ◆ **j'ai**

**fait un beau voyage** I had a very nice trip ◆ **les voyages de Christophe Colomb** the voyages ou journeys of Christopher Columbus ◆ **"Les Voyages de Gulliver"** (Littérat) "Gulliver's travels" ◆ **"Voyage au bout de l'enfer"** (Ciné) "The Deerhunter" ◆ **"Voyage au bout de la nuit"** (Littérat) "Journey to the End of Night" ◆ **les fatigues du voyage** the strain of the journey ◆ **il est en voyage** he's away ◆ **il est absent – il est parti en voyage** he's away – he's gone (off) on a trip ◆ **au moment de partir en voyage** just as he (ou I etc) was setting off on his (ou my etc) journey ou travels ◆ **il reste 3 jours de voyage** there are still 3 days' travelling left, the journey will take another 3 days (to do) ◆ **lors de notre voyage en Espagne** on our trip to Spain, during ou on our travels in Spain ◆ **frais/souvenirs de voyage** travel expenses/souvenirs ◆ **voyage aller/retour** outward/return journey ◆ **voyage d'affaires/d'agrément/d'études** business/pleasure/study ou field trip ◆ **voyage d'information** fact-finding trip ◆ **voyage autour du monde** round-the-world trip ◆ **faire un voyage autour du monde** to go round the world ◆ **voyage de noces** honeymoon ◆ **voyage organisé** ou **à forfait** package tour ou holiday (Brit) ◆ **le grand voyage** (littér, euph) the last great journey (littér) ◆ **faire le grand voyage** (euph) to pass away ◆ (Prov) **les voyages forment la jeunesse** travel broadens the mind; → **agence, bon[1], sac[1]**

b (= course) trip, journey ◆ **faire 2 voyages pour transporter qch** to make 2 trips ou journeys to transport sth ◆ **j'ai dû faire le voyage de Grenoble une seconde fois** I had to make the trip ou journey from Grenoble a second time

c (Drogue) trip

**voyager** [vwajaʒe] → SYN ▸ conjug 3 ◂ **vi** a (= faire des voyages) to travel ◆ **comment as-tu voyagé ?** how did you travel? ◆ **j'ai voyagé en avion/par mer/en 1ère classe** I travelled by air/by sea/1st class ◆ **aimer voyager** to like travelling ◆ **il a beaucoup voyagé** he has travelled widely ou a great deal, he has done a lot of travelling ◆ (Prov) **qui veut voyager loin ménage sa monture** he who takes it slow and steady goes a long way

b (Comm) to travel ◆ **voyager pour un quotidien parisien** to travel for a Paris daily paper

c [chose] to travel ◆ **cette malle a beaucoup voyagé** this trunk has travelled a great deal ou has done a lot of travelling ◆ **ces vins/denrées voyagent mal/bien** these wines/goods travel badly/well ◆ **ce paquet s'est abîmé en voyageant** this package has been damaged in transit

**voyageur, -euse** [vwajaʒœʀ, øz] → SYN 1 **adj** (littér) humeur, tempérament wayfaring (littér); → **commis, pigeon**

2 **nm,f** (= explorateur, Comm) traveller (Brit), traveler (US); (= passager) traveller (Brit), traveler (US), passenger ◆ **c'est un grand voyageur** he travels a lot ◆ **voyageur de commerce** (Admin = voyageur, représentant, placier) commercial traveller, sales representative

**voyageur-kilomètre,** pl **voyageurs-kilomètres** [vwajaʒœʀkilɔmɛtʀ] **nm** passenger kilometre

**voyagiste** [vwajaʒist] **nm** tour operator

**voyance** [vwajɑ̃s] → SYN **nf** clairvoyance

**voyant, e** [vwajɑ̃, ɑ̃t] → SYN 1 **adj** couleurs loud, gaudy, garish

2 **nm,f** (= illuminé) visionary, seer; (= personne qui voit) sighted person ◆ **les voyants** the sighted

3 **voyante nf** ◆ **voyante (extralucide)** clairvoyant

4 **nm** a (= signal) **voyant (lumineux)** (gén) indicator light; (d'alerte) (warning) light ◆ **voyant d'essence/d'huile** petrol/oil warning light

b [arpenteur] levelling rod ou staff

**voyelle** [vwajɛl] **nf** vowel ◆ **voyelle orale/nasale/cardinale/centrale** oral/nasal/cardinal/central vowel ◆ **point voyelle** vowel point

**voyeur, -euse** [vwajœʀ, øz] → SYN **nm,f** voyeur; (qui se cache) Peeping Tom

**voyeurisme** [vwajœʀism] **nm** voyeurism

**voyou** [vwaju] → SYN 1 **nm** a (= délinquant) lout, hoodlum, hooligan, yobbo* (Brit)

b (= garnement, enfant) rascal, brat* ◆ **espèce de petit voyou !** you little rascal!

2 **adj** loutish ◆ **un air voyou** a loutish manner ◆ **il avait l'air un peu voyou** he looked like a bit of a lout

**voyoucratie** [vwajukʀasi] **nf** ◆ **la voyoucratie (au gouvernement)** the government of thugs

**VPC** [vepese] **nf** (abrév de **vente par correspondance**) → **vente**

**vrac** [vʀak] → SYN **en vrac loc adv** (= au poids, sans emballage, au détail) loose; (= en gros) in bulk ou quantity; (fig = en désordre) in a jumble, higgledy-piggledy ◆ **acheter du vin en vrac** to buy wine in bulk ◆ **il a tout mis en vrac dans la valise** he jumbled everything into the case, he filled the case any old how ◆ **il a cité en vrac Hugo, Balzac et Baudelaire** he quoted Hugo, Balzac and Baudelaire at random

**vrai, vraie** [vʀɛ] GRAMMAIRE ACTIVE 26.1, 26.3 → SYN

1 **adj** a (après n = exact) récit, fait true; (Art, Littérat) couleurs, personnage true ◆ **ce que tu dis est vrai** what you say is true ou right ◆ **c'est dangereux, c'est** ou (frm) **il est vrai, mais ...** it's dangerous, it's true ou certainly, but ... ◆ **le tableau, tristement vrai, que cet auteur peint de notre société** the picture, sadly only too true (to life), which this author paints of our society ◆ **tu as fini, pas vrai ?*** you've finished, right?* ou haven't you? ◆ **tu veux venir aussi, pas vrai ?*** you want to come too, right?* ou don't you? ◆ **c'est beau, pas vrai ?*** it's lovely, isn't it? ◆ **c'est pas vrai !*** (dénégation) it just isn't true!; (surprise) I don't believe it! ◆ **c'est pas vrai ! j'ai encore oublié mes clés !*** (consternation) oh no, I don't believe it! I've forgotten my keys again! ◆ **il est pas vrai, ce type !*** that guy's unbelievable! ◆ **il n'en est pas moins vrai que ...** it's nonetheless ou nevertheless true that ... ◆ **ce n'est que trop vrai** it's only too true ◆ **et cela est si vrai qu'une rencontre est prévue pour demain** and to prove it a meeting has been planned for tomorrow; → **trop, vérité**

b (gén avant nom = réel) real ◆ **ce sont ses vrais cheveux** that's his own hair ◆ **une vraie blonde** a real ou genuine blonde ◆ **un vrai Picasso** a real ou genuine Picasso ◆ **son vrai nom c'est Charles** his real name is Charles ◆ **des bijoux en or vrai** real gold jewellery ◆ **lui c'est un cheik, un vrai de vrai*** he's a sheik – the real thing ou the genuine article ◆ **un vrai socialiste** a true socialist

c (avant nom : intensif) real ◆ **c'est un vrai fou !** he's really ou completely mad! ◆ **c'est une vraie mère pour moi** she's a real mother to me ◆ **un vrai chef-d'œuvre/héros** a real masterpiece/hero

d (avant nom = bon) real ◆ **c'est le vrai moyen de le faire** that's the real way to do it

e (Sci) **le temps solaire vrai** true solar time ◆ **le jour vrai** true time

2 **nm** a (= la vérité) **le vrai** the truth ◆ **il y a du vrai dans ce qu'il dit** there's some truth ou there's an element of truth in what he says ◆ **distinguer le vrai du faux** to distinguish truth from falsehood ou the true from the false ◆ **être dans le vrai** to be right; → **plaider**

b (Loc) **il dit vrai** he's right (in what he says), it's true what he says ◆ **à vrai dire, à dire (le) vrai** to tell (you) the truth, in (actual) fact, actually

◆ **en vrai*** in real life ◆ **je les ai vus en vrai** I saw them in real life ◆ **comment ça se passe, en vrai ?** what actually happens?

◆ **pour de vrai*** for real*, really, seriously ◆ **c'est pour de vrai ?*** is it for real?*, do you (ou they etc) really mean it?

◆ **au vrai** (littér), **de vrai** †† in (actual) fact

3 **adv** ◆ **faire vrai** [décor, perruque] to look real ou like the real thing; [peintre, artiste] to strive for realism, paint (ou draw etc) realistically ◆ **vrai †, quelle honte !** oh really, how shameful!

**vrai-faux, vraie-fausse,** mpl **vrais-faux** [vʀɛfo, vʀɛfos] **adj** a (délivré par une autorité) **vrai-faux passeport/visa** false passport/visa *(issued by the state authorities to government agents etc)*

b (= truqué) entretien faked; journal télévisé mock (épith); (= usurpateur) chirurgien, savant bogus (épith), phoney (épith)

**vraiment** [vʀɛmɑ̃] → SYN **adv** a (= véritablement) really ◆ **nous voulons vraiment la paix** we really do want peace ◆ **s'aiment-ils vraiment ?** do they really (and truly) love each other?

b (intensif) really ◆ **il est vraiment idiot** he's a real idiot, he's really stupid ◆ **vraiment, il exagère !** really, he's going too far! ◆ **je ne sais vraiment pas quoi faire** I really ou honestly don't know what to do ◆ **oui vraiment, c'est dommage** yes, it's a real shame ◆ **vous trouvez ? – ah oui, vraiment !** do you think so? – oh yes, definitely!

c (de doute) **vraiment ?** really?, is that so? ◆ **il est parti – vraiment ?** he has gone – (has he) really?

**vraisemblable** [vʀɛsɑ̃blabl] → SYN **adj** hypothèse, interprétation likely; situation, intrigue plausible, convincing ◆ **peu vraisemblable** excuse, histoire improbable, unlikely ◆ **il est (très) vraisemblable que ...** it's (highly ou most) likely ou probable that ...

**vraisemblablement** [vʀɛsɑ̃blabləmɑ̃] → SYN **adv** probably, in all likelihood ou probability, very likely ◆ **viendra-t-il ? – vraisemblablement/vraisemblablement pas** will he come? – probably/probably not ◆ **la fin, vraisemblablement proche, des hostilités** the end of hostilities, which looks imminent ou is likely to come very soon

**vraisemblance** [vʀɛsɑ̃blɑ̃s] → SYN **nf** [hypothèse, interprétation] likelihood; [situation romanesque] plausibility, verisimilitude ◆ **selon toute vraisemblance** in all likelihood, in all probability

**vraquier** [vʀakje] **nm** bulk carrier

**V/Réf** (abrév de **votre référence**) your ref

**vrillage** [vʀijaʒ] **nm** (Tex) kink; (Aviat) twist

**vrille** [vʀij] → SYN **nf** a (Bot) tendril

b (Tech) gimlet

c (= spirale) spiral; (Aviat) spin, tailspin ◆ **escalier en vrille** spiral staircase ◆ **descente en vrille** (Aviat) spiral dive ◆ **descendre en vrille** (Aviat) to spiral downwards, come down in a spin ◆ **se mettre en vrille** (Aviat) to go into a tailspin

**vrillé, e** [vʀije] → SYN (ptp de **vriller**) **adj** tige tendrilled; fil twisted

**vrillée** [vʀije] **nf** knotgrass

**vriller** [vʀije] → SYN ▸ conjug 1 ◂ 1 **vt** to bore into, pierce

2 **vi** (Aviat) to spiral, spin; [fil] to become twisted

**vrillette** [vʀijɛt] **nf** furniture beetle

**vrombir** [vʀɔ̃biʀ] → SYN ▸ conjug 2 ◂ **vi** [moteur] (régulièrement) to throb; (après une accélération) to roar; [insecte] to buzz, hum ◆ **faire vrombir son moteur** to rev one's engine

**vrombissement** [vʀɔ̃bismɑ̃] **nm** [moteur] (régulier) humming (NonC); (après accélération) roar; [insecte] buzzing (NonC), humming (NonC)

**vroum** [vʀum] **excl** brum! brum!

**VRP** [veɛʀpe] **nm** (abrév de **voyageur, représentant, placier**) sales rep*; *voir* aussi **voyageur**

**vs** (abrév de **versus**) vs, v

**VSNE** [veɛsɛnə] **nm** (abrév de **volontaire du service national à l'étranger**) → **volontaire**

**VSO** [veɛso] **adj** (abrév de **very superior old**) VSO

**VSOP** [veɛsope] **adj** (abrév de **very superior old pale**) VSOP

**VTC** [vetese] **nm** (abrév de **vélo tout-chemin**) → **vélo**

**VTT** [vetete] **nm** (abrév de **vélo tout-terrain**) → **vélo**

**vu[1], vue[1]** [vy] (ptp de **voir**) 1 **adj** a (* = compris) **c'est vu ?** all right?, got it?*, understood? ◆ **c'est bien vu ?** all clear?*, is that quite clear? ◆ **vu ?** O.K.?*, right?* ◆ **c'est tout vu** it's a foregone conclusion; → **ni**

b (= jugé) **balle/passe bien vue** well-judged ball/pass ◆ **remarque bien vue** judicious remark ◆ **c'était bien vu de sa part** what he said was spot-on*

c (= considéré) **bien vu** personne well thought of, highly regarded ◆ **mal vu** personne poorly thought of ◆ **il est mal vu du patron** the boss thinks poorly of him ou has a poor opinion of him ◆ **ici c'est bien/mal vu de porter une cravate** it's the done thing here ou it's good form (Brit)/it's not the done thing ou it's bad form (Brit) to wear a tie here

[2] nm ◆ **au vu et au su de tous** openly and publicly; → **déjà**

**vu²** [vy] GRAMMAIRE ACTIVE 17.1
[1] prép (gén, Jur) in view of ◆ **vu la situation, cela valait mieux** it was better, in view of ou considering ou given the situation
[2] conj * ◆ **vu que** in view of the fact that, seeing ou considering that ◆ **vu qu'il était tard, nous avons abandonné la partie** seeing ou considering how late it was, we abandoned the game

**vue²** [vy] [→ SYN] nf **a** (= sens) sight, eyesight ◆ **perdre la vue** to lose one's (eye)sight ◆ **troubles de la vue** sight trouble ◆ **il a une bonne vue** he has good eyesight, his eyesight is good ◆ **il a la vue basse** ou **courte** he's short-sighted ou near-sighted (US) ◆ **une politique à courte vue** a short-sighted policy ◆ **don de seconde** ou **double vue** gift of second sight
**b** (= regard) **détourner la vue** to look away, avert one's gaze ◆ **porter la vue sur qn/qch** (littér) to cast one's eyes over sb/sth, look in sb's direction/in the direction of sth ◆ **s'offrir à la vue de tous** to present o.s. for all to see ◆ **il l'a fait à la vue de tous** he did it in full view of everybody
**c** (= panorama) view ◆ **de cette colline, on a une très belle vue de la ville** there's a very good view ou you get a very good view of the town from this hill ◆ **avec vue imprenable** with an open ou unobstructed view ou outlook ◆ **ces immeubles nous bouchent la vue** those buildings block our view ◆ **cette pièce a vue sur la mer** this room looks out onto the sea ◆ **chambre avec vue sur la montagne** room with a view of the mountains ◆ **de là, on avait une vue de profil de la cathédrale** from there you had a side view of the cathedral ◆ **vue cavalière** (lit) bird's eye view; (fig) overview ◆ **avoir une vue cavalière d'une situation/période** to have an overview of a situation/period; → **perte, point¹**
**d** (= spectacle) sight ◆ **la vue du sang l'a fait s'évanouir** the sight of the blood made him faint ◆ **à la vue de** at the sight of ◆ **à sa vue elle s'est mise à rougir** when she saw him she began to blush
**e** (= image) view ◆ **des vues de Paris** views of Paris ◆ **un film de 36 vues** a 36-exposure film ◆ **ils nous ont montré des vues prises pendant leurs vacances** they showed us some photos they'd taken on their holidays ◆ **vue de la ville sous la neige** view of the town in the snow; → **prise**
**f** (= opinion) **vues** views ◆ **exprimer ses vues sur un sujet** to air one's views on a subject ◆ **de courtes vues** short-sighted views; → **échange**
**g** (= conception) view ◆ **il a une vue pessimiste de la situation** he has a pessimistic view of the situation ◆ **donner une vue d'ensemble** to give an overall view ou an overview ◆ **c'est une vue de l'esprit** that's a purely theoretical view; → **point¹**
**h** (= projet) **vues** plans; (sur qn ou ses biens) designs ◆ **la société a des vues sur cet immeuble** the company has its eye on that building ◆ **elle a des vues sur lui** (pour un projet) she has her eye on him; (= elle veut l'épouser) she has designs on him, she has her eye on him
**i** (Jur = fenêtre) window
**j** (LOC)
♦ **à vue** (Aviat) piloter, atterrir visually; atterrissage, navigation visual; (Fin : payable) at sight ou on demand ◆ **dépôt à vue** demand ou sight deposit ◆ **changement à vue** (Théât) transformation scene; (fig) (sudden) transformation ◆ **tirer à vue** to shoot on sight ◆ **naviguer à vue** (lit) to navigate visually; (fig) to play it by ear
♦ **à première vue** at first sight
♦ **à vue de nez** * roughly *, at a rough guess
♦ **à vue d'œil** (= rapidement) before one's very eyes; (= par une estimation rapide) at a quick glance ◆ **il maigrit à vue d'œil** he seems to be getting thinner before our very eyes ou by the minute *
♦ **de vue** by sight ◆ **je le connais de vue** I know him by sight ◆ **perdre qn de vue** (lit) to lose sight of sb ◆ **perdre qch de vue** (lit, fig) to lose sight of sth ◆ **il ne faut pas perdre de vue que ...** we mustn't lose sight of the fact that ... ◆ **perdre/ne pas perdre un ami de vue** to lose touch/keep in touch with a friend
♦ **en vue** (lit, fig) (= proche) in sight ◆ **(bien) en vue** (= en évidence) conspicuous ◆ **très/assez en vue** (= célèbre) very much/much in the public eye ◆ **il a mis sa pancarte bien en vue** he put his placard in a prominent ou a conspicuous position ou where everyone could see it ◆ **c'est un des hommes politiques les plus en vue** he's one of the most prominent ou best-known men in politics ◆ **avoir un poste en vue** to have one's sights on a job ◆ **avoir un collaborateur en vue** to have an associate in mind
♦ **en vue de** ◆ **avoir en vue de faire** to have it in mind to do, plan to do ◆ **il a acheté une maison en vue de son mariage** he has bought a house with his marriage in mind ◆ **il s'entraîne en vue de la course de dimanche/de devenir champion du monde** he's training with a view to the race on Sunday/becoming world champion ◆ **il a dit cela en vue de le décourager** he said that with the idea of ou with a view to discouraging him
♦ **plein la vue** * ◆ **il lui en a mis plein la vue** * he really impressed her ◆ **il a essayé de m'en mettre plein la vue** * he really tried to impress me; → **changement, garder, tirer**

**Vulcain** [vylkɛ̃] nm Vulcan

**vulcain** [vylkɛ̃] nm (= papillon) red admiral

**vulcanien, -ienne** [vylkanjɛ̃, jɛn] adj vulcanian

**vulcanisation** [vylkanizasjɔ̃] nf vulcanization

**vulcaniser** [vylkanize] ► conjug 1 ◄ vt to vulcanize

**vulcanologie** [vylkanɔlɔʒi] nf vulcanology

**vulcanologue** [vylkanɔlɔg] nmf vulcanologist

**vulgaire** [vylgɛʀ] [→ SYN] [1] adj **a** (= grossier) langage, personne vulgar, coarse; genre, décor vulgar, crude
**b** (= prosaïque) réalités, problèmes commonplace, everyday, mundane
**c** (= usuel, banal) common, popular ◆ **nom vulgaire** common ou popular name ◆ **langues vulgaires** common languages; → **latin**
**d** (littér, † = du peuple) common ◆ **esprit vulgaire** common mind ◆ **l'opinion vulgaire** the common opinion
**e** (avant n = quelconque) ordinary ◆ **vulgaire escroc** common swindler ◆ **un vulgaire bout de bois** an ordinary piece of wood ◆ **de la vulgaire matière plastique** ordinary plastic, common or garden plastic (Brit), garden-variety plastic (US)
[2] nm † ◆ **le vulgaire** (hum = peuple) the common herd ◆ **tomber dans le vulgaire** (= la vulgarité) to lapse into vulgarity

**vulgairement** [vylgɛʀmɑ̃] adv **a** (= grossièrement) vulgarly, coarsely
**b** (= couramment) dénommer popularly, commonly ◆ **le fruit de l'églantier, vulgairement appelé** ou **que l'on appelle vulgairement gratte-cul** the fruit of the wild rose, commonly known as ou called haws

**vulgarisateur, -trice** [vylgaʀizatœʀ, tʀis] [→ SYN] nm,f popularizer

**vulgarisation** [vylgaʀizasjɔ̃] [→ SYN] nf popularization ◆ **vulgarisation scientifique** scientific popularization ◆ **c'est un ouvrage de vulgarisation scientifique** it's a book that makes science accessible to the layman ou the general public ◆ **ouvrage de vulgarisation scientifique** popular scientific work

**vulgariser** [vylgaʀize] [→ SYN] ► conjug 1 ◄ vt **a** [+ ouvrage] to popularize
**b** (littér = rendre vulgaire) to coarsen ◆ **cet accent la vulgarise** this accent makes her sound coarse

**vulgarisme** [vylgaʀism] nm vulgarism

**vulgarité** [vylgaʀite] [→ SYN] nf **a** (= grossièreté) vulgarity, coarseness (NonC) ◆ **des vulgarités** vulgarities
**b** (littér = terre à terre) commonplaceness, ordinariness

**vulgate** [vylgat] nf vulgate

**vulgum pecus** * [vylgɔmpekys] [→ SYN] nm (hum) ◆ **le vulgum pecus** the hoi polloi, the common herd

**vulnérabilité** [vylneʀabilite] [→ SYN] nf vulnerability

**vulnérable** [vylneʀabl] [→ SYN] adj (gén, Cartes) vulnerable

**vulnéraire** [vylneʀɛʀ] [→ SYN] nf (Bot) kidney vetch, ladies' fingers

**vulpin** [vylpɛ̃] nm foxtail

**vulvaire** [vylvɛʀ] [1] adj (Anat) vulvar
[2] nf (Bot) stinking goosefoot

**vulve** [vylv] [→ SYN] nf vulva

**vulvite** [vylvit] nf vulvitis

**vumètre** [vymɛtʀ] nm recording level gauge

**Vve** abrév de **veuve**

**W¹, w** [dubləve] **nm** (= lettre) W, w

**W²** (abrév de **Watt**) W

**wagnérien, -ienne** [vagneʀjɛ̃, jɛn] 1 **adj** Wagnerian
2 **nm,f** Wagnerian

**wagon** [vagɔ̃] → SYN 1 **nm** a (Rail = véhicule) (de marchandises) truck, wagon (Brit), freight car (US); (de voyageurs) carriage (Brit), car (US)
b (= contenu) truckload, wagonload ◆ **un plein wagon de marchandises** a truckful ou truckload of goods ◆ **il y en a tout un wagon** * (= plein) there are stacks of them *, there's a whole pile of them *
2 COMP ▷ **wagon à bestiaux** cattle truck ou wagon ▷ **wagon frigorifique** refrigerated van ▷ **wagon de marchandises** goods truck, freight car (US) ▷ **wagon de voyageurs** passenger carriage (Brit) ou car (US)

**wagon-citerne,** pl **wagons-citernes** [vagɔ̃ sitɛʀn] **nm** tanker, tank wagon

**wagon-couchettes,** pl **wagons-couchettes** [vagɔ̃kuʃɛt] **nm** couchette car ou carriage, ≃ sleeping car

**wagon-foudre,** pl **wagons-foudres** [vagɔ̃fudʀ] **nm** (wine) tanker ou tank wagon

**wagon-lit,** pl **wagons-lits** [vagɔ̃li] → SYN **nm** sleeper (Brit), Pullman (US)

**wagonnet** [vagɔnɛ] → SYN **nm** small truck

**wagon-poste,** pl **wagons-postes** [vagɔ̃pɔst] **nm** mail van

**wagon-réservoir,** pl **wagons-réservoirs** [vagɔ̃ʀezɛʀvwaʀ] **nm** ⇒ **wagon-citerne**

**wagon-restaurant,** pl **wagons-restaurants** [vagɔ̃ʀɛstɔʀɑ̃] **nm** restaurant ou dining car

**wagon-tombereau,** pl **wagons-tombereaux** [vagɔ̃tɔ̃bʀo] **nm** high-sided wagon

**wagon-trémie,** pl **wagons-trémies** [vagɔ̃ tʀemi] **nm** hopper wagon ou car

**wahhabisme** [waabism] **nm** Wa(h)habism

**wahhabite** [waabit] **adj, nmf** Wa(h)habi

**Walhalla** [valala] **nm** Valhalla

**walkie-talkie,** pl **walkies-talkies** [wokitoki] **nm** ⇒ **talkie-walkie**

**Walkman ®** [wɔkman] **nm** Walkman ®, personal stereo

**walk-over** [wɔ(l)kɔvœʀ, walkɔvœʀ] **nm inv** (Sport) walkover

**walkyrie** [valkiʀi] **nf** (Myth) Valkyrie; (fig hum) amazon

**wallaby,** pl **wallabies** [walabi] **nm** wallaby

**wallingant, e** [walɛ̃gɑ̃, ɑ̃t] **nm,f** (Belg péj) Walloon separatist

**Wallis-et-Futuna** [walisefutuna] **n** Wallis and Futuna Islands

**wallon, -onne** [walɔ̃, ɔn] 1 **adj** Walloon
2 **nm** (Ling) Walloon
3 **Wallon(ne) nm,f** Walloon

**Wallonie** [walɔni] **nf** Wallonia

**wallonisme** [walɔnism] **nm** Walloon-French word (ou expression)

**wapiti** [wapiti] **nm** wapiti

**warning** [waʀniŋ] **nm** (Aut) hazard warning light

**warrant** [vaʀɑ̃] → SYN **nm** a [magasins généraux] warrant, warehouse warrant ou receipt, bond warrant; [port] dock ou deposit warrant
b (Bourse) warrant

**warrantage** [vaʀɑ̃taʒ] **nm** warrant discounting

**warranter** [vaʀɑ̃te] → SYN ▸ conjug 1 ◂ **vt** to warrant, secure by warrant, cover by a warehouse ou dock receipt

**Washington** [waʃiŋtɔn] 1 **n** (= ville) Washington D.C
2 **nm** (= État) Washington (State)

**wassingue** [vasɛ̃g] → SYN **nf** floorcloth

**water-ballast,** pl **water-ballasts** [watɛʀbalast] **nm** water ballast tank

**water-closet(s)** † [watɛʀklozɛt] **nm(pl)** ⇒ **waters**

**watergang** [watɛʀgɑ̃g] **nm** (Belg) watercourse

**Waterloo** [watɛʀlo] **n** Waterloo ◆ **la bataille de Waterloo** the Battle of Waterloo ◆ **il a connu son Waterloo quand ...** he met his Waterloo when ...

**water-polo** [watɛʀpɔlo] **nm** water polo

**waterproof** [watɛʀpʀuf] **adj inv** montre, mascara waterproof

**waters** † [watɛʀ] **nmpl** toilet, loo * (Brit), lavatory ◆ **où sont les waters ?** where's the toilet?

**waterzoï** [watɛʀzɔj] **nm** (Belg Culin) *dish made with chicken or fish in a cream sauce*

**watt** [wat] **nm** watt

**wattheure** [watœʀ] **nm** watt hour

**wattman** † [watman] **nm** tram driver

**wattmètre** [watmɛtʀ] **nm** wattmeter

**W-C, WC** [vese] **nmpl** (abrév de **water-closet(s)**) ⇒ **waters**

**Web** [wɛb] **nm inv** ◆ **le Web** the (World Wide) Web

**weber** [vebɛʀ] **nm** weber

**webmaster** [wɛbmastœʀ], **webmestre** [wɛb mɛstʀ] **nm** webmaster

**webzine** [wɛbzin] **nm** webzine

**week-end,** pl **week-ends** [wikɛnd] → SYN **nm** weekend ◆ **partir en week-end** to go away for the weekend ◆ **partir en week-end prolongé** to go away on ou for a long weekend

**Weimar** [vajmaʀ] **n** Weimar ◆ **la république de Weimar** the Weimar Republic

**Wellington** [wɛliŋtɔn] **n** Wellington

**wellingtonia** [weliŋtɔnja] → SYN **nm** sequoia

**welter** [wɛltɛʀ] **nm** → **poids**

**western** [wɛstɛʀn] **nm** western ◆ **western-spaghetti, western italien** spaghetti western

**Westphalie** [vɛsfali] **nf** Westphalia

**wharf** [waʀf] → SYN **nm** wharf

**whipcord** [wipkɔʀd] **nm** whipcord

**whisky,** pl **whiskies** [wiski] → SYN **nm** (écossais) whisky; (américain, irlandais) whiskey ◆ **whisky soda** whisky and soda

**whist** [wist] **nm** whist

**white-spirit** [wajtspiʀit] **nm** white-spirit

**Wight** [wait] **n** ◆ **l'île de Wight** the Isle of Wight

**wigwam** [wigwam] → SYN **nm** wigwam

**williams** [wiljams] **nf** ◆ **(poire) williams** Williams pear

**winch** [win(t)ʃ] **nm** (Naut) winch

**Winchester** [winʃɛstɛʀ] **nf** ◆ **(carabine) Winchester** Winchester (rifle)

**Windhoek** [windøk] **n** Windhoek

**Wisconsin** [viskɔnsin] **nm** Wisconsin

**wishbone** [wiʃbon] **nm** (Naut) wishbone

**wisigoth, e** [vizigo, ɔt] → SYN 1 **adj** Visigothic
2 **Wisigoth(e) nm,f** Visigoth

**wisigothique** [vizigɔtik] **adj** Visigothic

**wolfram** [vɔlfʀam] → SYN **nm** wolfram

**wolof** [wɔlɔf] 1 **adj** Wolof
2 **nm** (Ling) Wolof
3 **Wolof nmf** Wolof

**wombat** [wɔ̃ba] **nm** wombat

**woofer** [wufœʀ] **nm** woofer

**wormien** [vɔʀmjɛ̃] **adj m** ◆ **os wormiens** wormian bones

**würmien, -ienne** [vyʀmjɛ̃, jɛn] **adj** wurmian

**www** [dubləvedubləvedubləve] (abrév de **World Wide Web**) www

**wyandotte** [vjɑ̃dɔt] **adj, nf** Wyandotte

**Wyoming** [wajɔmiŋ] **nm** Wyoming

**wysiwyg** [wiziwig] **adj** (abrév de **what you see is what you get**) (Ordin) WYSIWYG

**X, x** [iks] nm **a** (= lettre) X, x; (Math) x ◆ **chromosome X** (Bio) X-chromosome ◆ **l'axe des x** (Math) the x axis ◆ **croisés en X** forming an x ◆ **ça fait x temps que je ne l'ai pas vu** * I haven't seen him for ages ◆ **je te l'ai dit x fois** I've told you umpteen * times ◆ **plainte contre X** (Jur) action against person or persons unknown ◆ **Monsieur X** Mr X ◆ **elle a accouché sous X** she gave her baby up as soon as it was born ◆ **les enfants nés sous X** children whose mothers gave them up at birth ◆ **film (classé) X** X(-rated) film, 18 film; → **rayon**

**b** (arg Univ) **l'X** the École Polytechnique ◆ **un X** a student of the École Polytechnique

**xanthie** [gzɑ̃ti] nf orange sallow

**xanthine** [gzɑ̃tin] nf xanthin

**xanthome** [gzɑ̃tom] nm xanthoma

**xanthophylle** [gzɑ̃tɔfil] nf xanthophyl(l)

**Xavier** [gzavje] nm Xavier

**xénarthres** [gzenaʀtʀ] nmpl ◆ **les xénarthres** xenarthrans, the Xenarthra (SPÉC)

**xénogreffe** [gzenogʀɛf] nf xenograft, xenogeneic tissue graft

**xénon** [gzenɔ̃] nm xenon

**xénophobe** [gzenɔfɔb] → SYN **1** adj xenophobic

**2** nmf xenophobe

**xénophobie** [gzenɔfɔbi] → SYN nf xenophobia

**Xénophon** [gzenɔfɔ̃] nm Xenophon

**xéranthème** [gzeʀɑ̃tɛm] nm xeranthemum

**xérès** [gzeʀɛs] → SYN **1** nm (= vin) sherry

**2** **Xérès** n (= ville) Jerez

**xérodermie** [gzeʀɔdɛʀmi] nf xeroderm(i)a

**xérographie** [gzeʀɔgʀafi] nf xerography

**xérophtalmie** [gzeʀɔftalmi] nf xerophthalmia

**xérophyte** [gzeʀɔfit] nf xerophyte

**xérus** [gzeʀys, kseʀys] → SYN nm ground squirrel

**Xerxès** [gzɛʀsɛs] nm Xerxes

**xi** [ksi] nm xi

**ximénie** [gzimeni] nf mountain plum (tree), Ximenia (SPÉC)

**xiphoïde** [gzifɔid] adj ◆ **appendice xiphoïde** xiphisternum, xiphoid (process)

**xiphoïdien, -ienne** [gzifɔidjɛ̃, jɛn] adj xiphoid

**xiphophore** [gzifɔfɔʀ] nm swordtail

**xylème** [gzilɛm] nm xylem

**xylène** [gzilɛn] nm xylene

**xylidine** [gzilidin] nf xylidine

**xylocope** [gzilɔkɔp] nm carpenter bee

**xylographe** [gzilɔgʀaf] nm xylographer

**xylographie** [gzilɔgʀafi] nf (= technique) xylography; (= gravure) xylograph

**xylographique** [gzilɔgʀafik] adj xylographic

**xylophage** [gzilɔfaʒ] **1** adj insecte woodboring (épith), xylophagous (SPÉC)

**2** nm woodborer, xylophage (SPÉC)

**xylophène** ® [gzilɔfɛn] nm wood preservative

**xylophone** [gzilɔfɔn] nm xylophone

**xylophoniste** [gzilɔfɔnist] nmf xylophonist

**xylose** [gziloz] nm xylose

**xyste** [ksist] → SYN nm xyst(us)

# Y

**Y¹, y¹** [igʀɛk] **nm** (= lettre) Y, y ◆ **chromosome Y** (Bio) Y-chromosome ◆ **l'axe des y** (Math) the y axis

**Y²** (abrév de **yen**) Y

**y²** [i] **1** **adv** (indiquant le lieu) there ◆ **restez-y** stay there ◆ **nous y avons passé 2 jours** we spent 2 days there ◆ **il avait une feuille de papier et il y dessinait un bateau** he had a sheet of paper and he was drawing a ship on it ◆ **avez-vous vu le film ? – j'y vais demain** have you seen the film? – I'm going (to see it) tomorrow ◆ **les maisons étaient neuves, personne n'y avait habité** the houses were new and nobody had lived in them ◆ **la pièce est sombre, quand on y entre, on n'y voit rien** the room is dark and when you go in you can't see a thing ◆ **j'y suis, j'y reste** here I am and here I stay ◆ **ah ! j'y suis !** (fig) (comprendre) oh, I understand!; (se rappeler) oh, I remember! ◆ **vous y allez, à ce dîner ?** * are you going to that dinner then? ◆ **je suis passé le voir mais il n'y était pas** I stopped by to see him but he wasn't there; → **aller, avoir**

**2** **pron pers** **a** (gén se rapportant à des choses) it ◆ **vous serez là ? – n'y comptez pas** you'll be there? – it's highly unlikely ou I doubt it ◆ **n'y pensez plus** forget (about) it ◆ **à votre place, je ne m'y fierais pas** if I were you I wouldn't trust it ◆ **il a plu alors que personne ne s'y attendait** it rained when no one was expecting it to ◆ **il y trouve du plaisir** he enjoys it

**b** (Loc) **elle s'y connaît** she knows all about it, she's an expert ◆ **il faudra vous y faire** you'll just have to get used to it ◆ **je n'y suis pour rien** it's nothing to do with me, I had no part in it ◆ **je n'y suis pour personne** I'm not in to anyone ◆ **ça y est ! c'est fait !** that's it, it's done! ◆ **ça y est, il a cassé le verre** there you are, he's broken the glass ◆ **ça y est, il a signé le contrat** that's it, he's signed the contract ◆ **ça y est oui !, je peux parler ?** is that it then? ou have you finished then? can I talk now? ◆ **ça y est, tu es prêt ? – non ça n'y est pas** is that it then, are you ready? – no I'm not ◆ **ça y est pour quelque chose** it has something to do with it; → **avoir, comprendre, voir** etc

**c** ( * = il) **c'est-y pas gentil ?** (aussi iro) isn't it nice? ◆ **y en a qui exagèrent** some people ou folk go too far ◆ **du pain ? y en a pas** bread? there's none ou there isn't any

**yacht** ['jɔt] → SYN **nm** yacht ◆ **yacht de course/croisière** racing/cruising yacht

**yacht-club,** pl **yacht-clubs** ['jɔtklœb] **nm** yacht club

**yachting** † ['jɔtiŋ] **nm** yachting ◆ **faire du yachting** to go out on one's yacht, go yachting

**yacht(s)man** † ['jɔtman], pl **yacht(s)men** ['jɔtmɛn] **nm** yacht owner, yachtsman

**yack** ['jak] **nm** ⇒ **yak**

**Yahvé** ['jave] **nm** Yahveh

**yak** ['jak] **nm** yak

**yakusa** ['jakuza] **nm** yakuza

**Yalta** ['jalta] **n** Yalta ◆ **la conférence/les accords de Yalta** the Yalta conference/agreement

**Yama** ['jama] **nm** Yama

**Yamoussoukro** ['jamusukʀo] **n** Yamoussoukro

**yang** ['jɑ̃g] **nm** yang

**Yang-Tsê Kiang** ['jɑ̃gtsekjɑ̃g] **nm** Yangtze (Kiang)

**yankee** ['jɑ̃ki] → SYN **adj, nmf** Yankee

**Yaoundé** ['jaunde] **n** Yaoundé

**yaourt** ['jauʀt] → SYN **nm** yog(h)urt ◆ **yaourt nature/maigre** natural/low-fat yog(h)urt ◆ **yaourt aux fruits/à la grecque** fruit/Greek yog(h)urt ◆ **yaourt à boire** yog(h)urt drink ◆ **yaourt brassé** *thick creamy yog(h)urt*

**yaourtière** ['jauʀtjɛʀ] **nf** yoghurt-maker

**yard** ['jaʀd] **nm** yard

**yatagan** ['jatagɑ̃] → SYN **nm** yataghan

**yearling** ['jœʀliŋ] **nm** (= cheval) yearling

**yèble** [jɛbl] **nf** ⇒ **hièble**

**Yémen** ['jemɛn] **nm** ◆ **le Yémen** the Yemen ◆ **Nord-/Sud-Yémen** North/South Yemen ◆ **au Yémen** in Yemen

**yéménite** ['jemenit] **1** **adj** Yemeni

**2** **Yéménite** **nmf** Yemeni

**yen** ['jɛn] **nm** (Fin) yen

**yéti** ['jeti] **nm** yeti

**yeuse** ['jøz] → SYN **nf** holm oak, ilex

**yeux** ['jø] (pl de **œil**)

**yéyé, yé-yé** * † ['jeje] **1** **adj inv** ◆ **musique yéyé** *French pop music of the 1960s* ◆ **les années yéyé** the sixties ◆ **la mode yéyé** the sixties' look

**2** **nm** ◆ **le yéyé** *French pop music of the 1960s*

**3** **nmf inv** (= chanteur) *French pop singer of the 1960s;* (= jeune) teenage pop fan of the 1960s

**yiddish** ['jidiʃ] **adj, nm** Yiddish

**Yi king** ['jikiŋ] **nm** I Ching

**yin** ['jin] **nm** yin

**ylang-ylang** [ilɑ̃ilɑ̃] **nm** ylang-ylang, ilang-ilang

**yod** ['jɔd] **nm** yod

**yoga** ['jɔga] **nm** yoga ◆ **faire du yoga** to do yoga

**yogi** ['jɔgi] → SYN **nm** yogi

**yogourt, yoghourt** ['jɔguʀt] **nm** ⇒ **yaourt**

**yohimbehe** ['jɔimbe] **nm** (Bot) yohimbé, yohimbi

**yohimbine** ['jɔimbin] **nf** yohimbine

**Yokohama** [jokoama] **n** Yokohama

**yole** ['jɔl] → SYN **nf** skiff

**Yom Kippour** ['jɔmkipuʀ] **nm** Yom Kippur

**yorkshire, yorkshire-terrier,** pl **yorkshire-terriers** ['jɔʀkʃœʀtɛʀje] **nm** Yorkshire terrier, yorkie *

**yougoslave** ['jugɔslav] **1** **adj** Yugoslav, Yugoslavian

**2** **Yougoslave** **nmf** Yugoslav, Yugoslavian

**Yougoslavie** ['jugɔslavi] **nf** Yugoslavia ◆ **la république fédérale de Yougoslavie** the Federal Republic of Yugoslavia

**youp** ['jup] **excl** hup! ◆ **allez youp, dégagez !** come on, get a move on!

**youpala** ['jupala] **nm** baby bouncer

**youpi** ['jupi] **excl** yippee

**youpin, e** *** ['jupɛ̃, in] **nm,f** (injurieux) Yid *** (injurieux)

**yourte** ['juʀt] → SYN **nf** yurt

**youyou** ['juju] → SYN **nm** (Naut) dinghy

**yo-yo, yoyo** ® ['jojo] **nm inv** (= jouet) yo-yo ◆ **les mouvements de yoyo du dollar** (Fin) the wild fluctuations of the dollar ◆ **jouer au yo-yo, faire le yoyo** (fig) to yo-yo

**ypérite** [ipeʀit] **nf** mustard gas, yperite (SPÉC)

**ytterbine** [itɛʀbin] **nf** ytterbia, ytterbium oxide

**ytterbium** [itɛʀbjɔm] **nm** ytterbium

**yttria** [itʀija] **nm** yttria, yttrium oxide

**yttrifère** [itʀifɛʀ] **adj** yttric, yttriferous

**yttrique** [itʀik] **adj** yttric

**yttrium** [itʀijɔm] **nm** yttrium

**yuan** ['jyan] **nm** yuan

**yucca** ['juka] **nm** yucca

**Yukon** ['jykɔ̃] **nm** ◆ **le Yukon** (= fleuve) the Yukon (River) ◆ **le (territoire du) Yukon** the Yukon (Territory)

**yuppie,** pl **yuppies** ['jupi] **nm** yuppie, yuppy

# Z

**Z, z** [zɛd] nm (lettre) Z, z; → **A**

**ZAC** [zak] nf (abrév de **zone d'aménagement concerté**) → **zone**

**Zacharie** [zakaʀi] nm (= prophète) Zechariah; (= père de Jean-Baptiste) Zachariah

**ZAD** [zad] nf (abrév de **zone d'aménagement différé**) → **zone**

**Zagreb** [zagʀɛb] n Zagreb

**zain** [zɛ̃] adj m ◆ **cheval zain** zain

**Zaïre** [zaiʀ] nm ◆ **le Zaïre** († = pays) Zaire; (= fleuve) the Zaire (River)

**zaïre** [zaiʀ] nm (= monnaie) zaire

**zaïrois, -oise** [zaiʀwa, waz] **1** adj Zairean, Zairian
**2** **Zaïrois(e)** nm,f Zairean, Zairian

**zakouski** [zakuski] nmpl zakuski, zakouski

**Zambèze** [zɑ̃bɛz] nm ◆ **le Zambèze** the Zambezi (River)

**Zambie** [zɑ̃bi] nf Zambia

**zambien, -ienne** [zɑ̃bjɛ̃, jɛn] **1** adj Zambian
**2** **Zambien(ne)** nm,f Zambian

**zamier** [zamje] nm zamia

**zancle** [zɑ̃kl] nm (Zool) Moorish idol

**zanzi** [zɑ̃zi] nm dice game

**Zanzibar** [zɑ̃zibaʀ] n Zanzibar

**zapatiste** [zapatist] adj ◆ **l'armée zapatiste** the Zapatistas

**Zapotèques** [zapɔtɛk] nmpl ◆ **les Zapotèques** the Zapotec(an)s

**zapper** [zape] ▸ conjug 1 ◂ vi (à la télévision) to channel-hop, zap; (à la radio) to flick from one channel to the next

**zappeur, -euse** [zapœʀ, øz] nm,f (TV) zapper, channel-hopper

**zapping** [zapiŋ] nm (TV) zapping, channel-hopping

**Zarathoustra** [zaʀatustʀa] nm Zarathustra ◆ **"Ainsi parlait Zarathoustra"** (Littérat) "Thus Spoke Zarathustra"

**zarbi** ‡ [zaʀbi] adj (= bizarre) bizarre

**zazou, e** [zazu] **1** adj ◆ **la jeunesse zazou(e)** *young jazz-swingers of the 1940s* ◆ **tenue zazoue** zoot suit
**2** nmf (parfois péj) ≈ hepcat *

**zébi** [zebi] nm → **peau**

**zèbre** [zɛbʀ] → SYN nm (= animal) zebra; ( * = individu) guy *, bloke * (Brit) ◆ **un drôle de zèbre** an oddball *, an odd bod * (Brit) ◆ **filer** ou **courir comme un zèbre** to run like the wind

**zébrer** [zebʀe] ▸ conjug 6 ◂ vt (lignes régulières) to stripe; (lignes irrégulières) to streak (*de* with) ◆ **ciel zébré d'éclairs** sky streaked with lightning ◆ **allée zébrée d'ombre et de lumière** lane dappled with light and shade

**zébrure** [zebʀyʀ] → SYN nf [animal] stripe, streak; [coup de fouet] weal, welt; (= éclair) streak

**zébu** [zeby] nm zebu

**zée** [ze] nm (Zool) John Dory

**Zélande** [zelɑ̃d] nf Zealand

**zélateur, -trice** [zelatœʀ, tʀis] → SYN nm,f (gén) champion, partisan (péj), zealot (péj); (Rel) Zealot

**zèle** [zɛl] → SYN nm zeal ◆ **avec zèle** zealously, with zeal ◆ **faire du zèle** (péj) to be over-zealous ◆ **faire preuve de/manquer de zèle** to show/lack enthusiasm ◆ **pas de zèle !** don't overdo it! ◆ **pousser le zèle jusqu'à faire qch** to go to the extreme of doing sth, go so far as to do sth; → **excès, grève**

**zélé, e** [zele] → SYN adj zealous

**zélote** [zelɔt] nm (Hist) Zealot

**zen** [zɛn] **1** adj inv (lit) Zen ◆ **jardin zen** Zen garden ◆ **rester zen** * (fig = serein) to remain unfazed * ◆ **c'est zen, chez lui !/cette pièce !** * (fig = dépouillé) his place/this room is very minimalist!
**2** nm Zen

**zénana** [zenana] nm → **peau**

**zénith** [zenit] → SYN nm (lit, fig) zenith ◆ **le soleil est au zénith** ou **à son zénith** the sun is at its zenith ou height ◆ **au zénith de la gloire** at the zenith ou peak of glory

**zénithal, e,** mpl **-aux** [zenital, o] adj zenithal ◆ **éclairage zénithal** overhead natural lighting

**Zénon** [zenɔ̃] nm Zeno

**zéolite, zéolithe** [zeɔlit] nf zeolite

**ZEP** [zɛp] nf **a** (abrév de **zone d'éducation prioritaire**) → **zone**
**b** (abrév de **zone d'environnement protégé**) → **zone**

**zéphyr** [zefiʀ] → SYN nm (vent) zephyr ◆ **Zéphyr** (Myth) Zephyr(us)

**zéphyrien, -ienne** [zefiʀjɛ̃, jɛn] adj (littér) zephyr-like (littér)

**zeppelin** [zɛplɛ̃] → SYN nm zeppelin

**zéro** [zeʀo] → SYN **1** nm **a** (gén, Math) zero, nought (Brit); (compte à rebours) zero; (dans un numéro de téléphone) 0, zero (US) ◆ **les enfants de zéro à cinq ans** children up to the age of five ◆ **sur une échelle de zéro à dix** on a scale of zero ou nought (Brit) to ten ◆ **recommencer à zéro, repartir de** ou **à zéro** to start from scratch again, go back to square one ◆ **remettre à zéro** [+ compteur, chronomètre] to reset ◆ **il n'avait rien compris, j'ai dû tout reprendre à zéro** he hadn't understood a thing, I had to start all over again from scratch ◆ **tout ça, pour moi, c'est zéro, je veux des preuves** * as far as I'm concerned that's worthless ou a waste of time – I want some proof ◆ **les avoir à zéro** ‡ to be scared out of one's wits *, be scared stiff *; → **compteur, moral, partir[1], réduire**
**b** (température) freezing (point), zero (*centigrade*) ◆ **3 degrés au-dessus de zéro** 3 degrees above freezing (point) ou above zero ◆ **3 degrés au-dessous de zéro** 3 degrees below freezing (point) ou below zero, 3 degrees below *, minus 3 (degrees centigrade) ◆ **zéro absolu** absolute zero
**c** (Rugby, Ftbl) zero, nil (Brit), nothing (US); (Tennis) love ◆ **mener par 2 jeux/sets à zéro** (Tennis) to lead (by) 2 games/sets to love ◆ **zéro à zéro** ou **zéro partout à la mi-temps** no score at half time ◆ **gagner par 2 (buts) à zéro** to win 2 nil (Brit) ou 2 nothing (US), win by 2 goals to zero ou nil (Brit) ou nothing (US) ◆ **la France avait zéro à la mi-temps** France hadn't scored ou had no score by half time
**d** (Scol) zero, nought (Brit) ◆ **zéro de conduite** bad mark (Brit) ou grade (US) for behaviour ou conduct ◆ **zéro pointé** (Scol) nothing, nought (Brit) *(counted in the final average mark)* ◆ **le gouvernement mérite un zéro pointé** (fig) the government deserves nothing out of 20 ◆ **mais en cuisine, zéro (pour la question)** * (fig) but as far as cooking goes he's (ou she's) useless ou a dead loss *
**e** ( * = personne) dead loss *, washout *
**2** adj ◆ **zéro heure** (gén) midnight; (heure GMT) zero hour ◆ **zéro heure trente** (gén) half past midnight; (heure GMT) zero thirty hours ◆ **il a fait zéro faute** he didn't make any mistakes, he didn't make a single mistake ◆ **zéro défaut/stock** (Ind) zero defect/stock ◆ **j'ai eu zéro point** I got no marks (Brit) ou points (US) (at all), I got zero ◆ **ça m'a coûté zéro franc zéro centime** * I got it for nothing ◆ **en ski, le risque zéro n'existe pas** in skiing there's no such thing as zero risk ◆ **taux de croissance zéro** zero growth ◆ **le point zéro** (Nucl) ground zero ◆ **l'option zéro** (Mil) the zero option

**zérotage** [zeʀɔtaʒ] nm zero setting

**zeste** [zɛst] → SYN nm **a** [citron, orange] peel (NonC); (en cuisine) zest (NonC), peel (NonC) ◆ **avec un zeste de citron** with a piece of lemon peel
**b** (fig = pointe) [ironie] touch, hint ◆ **un zeste de folie/d'humour** a touch of madness/humour

**zesteur** [zɛstœʀ] nm zester

**zêta** [(d)zɛta] nm zeta

**zeugma** [zøgma], **zeugme** [zøgm] nm zeugma

**Zeus** [zøs] nm Zeus

**zeuzère** [zøzɛʀ] nf leopard moth

**zézaiement** [zezɛmɑ̃] → SYN nm lisp

**zézayer** [zezeje] → SYN ▸ conjug 8 ◂ vi to lisp

**ZI** [zɛdi] nf (abrév de **zone industrielle**) → **zone**

**zibeline** [ziblin] nf sable

**zidovudine** [zidɔvydin] nf zidovudine

**zieuter** ‡ [zjøte] → SYN ▸ conjug 1 ◂ vt (longuement) to eye; (rapidement) to have a squint at *, have a dekko at ‡ (Brit)

**zig** * † [zig] nm ⇒ **zigoto**

**ziggourat** [ziguʀat] nf ziggurat, zik(k)urat

**zigoto** * † [zigɔto], **zigomar** * † [zigɔmaʀ] nm guy *, bloke * (Brit), chap * (Brit), geezer * † ◆ **c'est un drôle de zigoto** he's a bit of an oddball * ◆ **faire le zigoto** to mess ou muck (Brit) around

**zigouiller** * [ziguje] → SYN ▸ conjug 1 ◂ vt to do in * ◆ **se faire zigouiller** to get bumped off *

**zigounette** * [zigunɛt] nf (hum ou langage enfantin) willy * (Brit), peter * (US)

**zigue** * † [zig] nm ⇒ **zig**

**zigzag** [zigzag] → SYN nm zigzag ◆ **route en zigzag** windy ou winding ou zigzagging road ◆ **faire des zigzags** [route] to zigzag; [personne] to zigzag along ◆ **avoir fait ou eu une carrière en zigzag** to have had a chequered career

**zigzaguer** [zigzage] → SYN ▸ conjug 1 ◂ vi to zigzag (along)

**Zimbabwe** [zimbabwe] nm Zimbabwe

**zimbabwéen, -enne** [zimbabweɛ̃, ɛn] [illegible] adj Zimbabwean
[2] **Zimbabwéen(ne)** nm,f Zimbabwean

**zinc** [zɛ̃g] → SYN nm [a] (= métal) zinc
[b] (* = avion) plane
[c] (* = comptoir) bar, counter ◆ **boire un coup sur le zinc** to have a drink at the bar

**zincifère** [zɛ̃sifɛʀ], **zincique** [illegible] zinciferous, zincous

**zingage** [zɛ̃gaʒ] nm → **zinguer** zinc coating

**zinguer** [zɛ̃ge] ▸ conjug 1 ◂ vt [+ toiture, acier] to [illegible] with zinc [illegible] nm zinc worker ◆ **plombier-zingueur** plumber and zinc worker

**zinjanthrope** [zɛ̃ʒɑ̃tʀɔp] nm zinjanthropus

**zinnia** [zinja] nm zinnia

**zinzin** * [zɛ̃zɛ̃] [1] adj cracked *, nuts *, barmy * (Brit)
[2] nm [a] (= fou) nutcase *, loony *
[b] (= machin) thingummy(jig) * (Brit), thingamajig (US), what's-it * (Brit)
[3] **zinzins** * nmpl (arg Bourse) institutional investors

**zinzolin** [zɛ̃zɔlɛ̃] (littér) [1] adj m reddish-purple
[2] nm reddish-purple (colour)

**zip** ® [zip] → SYN nm zip ◆ ***poche fermée par un zip*** zip(ped) pocket

**zippé, e** [zipe] (ptp de **zipper**) adj zip-up (épith), with a zip

**zipper** [zipe] ▸ conjug 1 ◂ vt to zip up

**zircon** [ziʀkɔ̃] nm zircon

**zircone** [ziʀkɔn, ziʀkon] nf zirconium oxide, zirconia

**zirconium** [ziʀkɔnjɔm] nm zirconium

**zizanie** [zizani] → SYN nf ill-feeling ◆ **mettre ou semer la zizanie dans une famille** to set a family at loggerheads, stir up ill-feeling in a family

**zizi**[1] * [zizi] → SYN nm (hum, langage enfantin = pénis) willy * (Brit) (hum), peter * (US) (hum)

**zizi**[2] [zizi] nm (Zool) cirl bunting

**zloty** [zlɔti] nm zloty

**zob** *** [zɔb] nm (= pénis) dick ***, prick ***, cock ***

**Zodiac** ® [zɔdjak] nm rubber ou inflatable dinghy

**zodiacal, e,** mpl **-aux** [zɔdjakal, o] → SYN adj constellation, signe of the zodiac; lumière zodiacal

**zodiaque** [zɔdjak] → SYN nm zodiac; → **signe**

**zoé** [zɔe] nf zoaea (Brit), zoea (US)

**Zohar** [zɔaʀ] nm ◆ **le Zohar** the Zohar

**zombi(e)** [zɔ̃bi] → SYN nm zombie

**zona** [zona] nm shingles sg, herpes zoster (SPÉC) ◆ **avoir un zona** to have shingles

**zonage** [zonaʒ] nm (Urbanisme, Ordin) zoning

**zonal, e,** mpl **-aux** [zonal, o] adj zonal

**zonard, e** *** [zonaʀ, aʀd] nm,f (= marginal) drop-out *

**zone** [zon] → SYN [1] nf [a] (gén, Sci) zone, area; (Transport) travel zone ◆ **zone d'élevage** (Agr) cattle-breeding area ◆ **zone** [illegible] fishing zone ◆ **zone d'influence** [illegible] sphere ou zone of influence [illegible] ◆ **la zone des combats** the [illegible] zone ◆ **zone de haute/basse pression** [illegible] high/low pressure ◆ **zone** [illegible] franc/sterling area ◆ **hors zone** [illegible] that does not belong to the [illegible] ◆ **zones A, B et C** (Scol) *three zones where schools [illegible] mid-term breaks [illegible] holidays at different times to avoid crowding in the transport system and at holiday resorts* ◆ **dans cette affaire** [illegible] **des zones** [illegible] **subsistent encore** some [illegible] aspects of the business remain very unclear ◆ **de deuxième/troisième zone** (fig) second-/third-rate ◆ **arriver sur zone** (Mil) to arrive [illegible] the scene of the action
[b] **la zone** * (= quartiers pauvres) [illegible] (= marginalité) the dropout lifestyle [illegible] belt; **zone !** it's the pits! * ◆ **enlève ce** [illegible] **c'est la zone !** [illegible] **sac de ton jardin, ça fait zone** * get rid of [illegible] junk in your garden, it looks like a tip
[2] COMP ▷ **zone d'activités** business [illegible] enterprise zone ▷ **zone d'aménagement** [illegible] **concerté** urban development zone ▷ **zone d'aménagement différé** future development zone ▷ **la zone des armées** the war zone ▷ **zone artisanale** industrial estate (Brit) ou [illegible] (US) for small businesses ▷ **zone bleue** [illegible] restricted parking zone ou area ▷ **zone dangereuse** danger zone ▷ **zone démilitarisée** demilitarized zone ▷ **zone de dépression** ou **dépressionnaire** (Mét) trough of low pressure ▷ **zone de dialogue** (Ordin) dialog box ▷ **zone d'éducation prioritaire** *area targeted for special help in education* ▷ **zone d'environnement protégé** environmentally protected zone, ≈ SSSI (Brit) ▷ **zone érogène** erogenous zone ▷ **zone d'exclusion** (Mil) exclusion zone ◆ **zone d'exclusion aérienne** no fly zone ▷ **zone franche** free zone ▷ **zone frontalière** border area ou zone ▷ **zone industrielle** industrial estate (Brit) ou park (US) ▷ **zone inondable** flood-risk area ▷ **zone interdite** off-limits area, no-go area ◆ **zone interdite à la navigation** area which is closed to shipping ▷ **zone libre** (Hist France) unoccupied France ◆ **passer/se réfugier en zone libre** to enter/take refuge in the unoccupied zone ▷ **zone de libre-échange** free trade zone ou area ▷ **zone monétaire** monetary zone ▷ **zone occupée** (Hist France) occupied zone ▷ **zone piétonne** ou **piétonnière** pedestrian precinct ▷ **zone à risque** (catastrophes naturelles) disaster-prone area; (criminalité) high-risk area ▷ **zone tampon** (Mil) buffer zone; (Ordin) buffer ▷ **zone de turbulences** (Aviat) area of turbulence; (fig) trouble spot ▷ **zone urbaine** urban area ▷ **zone à urbaniser en priorité** † (Admin) urban development zone

**zoné, e** [zone] adj (Minér) banded, zoned

**zoner** [zone] ▸ conjug 1 ◂ [1] vt to zone
[2] vi *** [marginal] to bum around ***

**zonure** [zonyʀ] nm zonurid

**zoo** [zo(o)] → SYN nm zoo

**zoogamète** [zoogamɛt] nm zoogamete

**zoogéographie** [zooʒeɔgʀafi] nf zoogeography

**zooglée** [zɔɔgle] nf zoogloea (Brit), zooglea (US)

**zoolâtre** [zɔɔlɑtʀ] [1] adj zoolatrous
[2] nmf zoolater

**zoolâtrie** [zɔɔlɑtʀi] nf zoolatry

**zoologie** [zɔɔlɔʒi] → SYN nf zoology

**zoologique** [zɔɔlɔʒik] adj zoological

**zoologiste** [zɔɔlɔʒist], **zoologue** [zɔɔlɔg] nmf zoologist

**zoom** [zum] nm (= objectif) zoom lens; (= effet) zoom ◆ **faire un zoom sur** to zoom in on ◆ **zoom avant/arrière** zoom in/out ◆ **faire un zoom avant/arrière** to zoom in/out

**zoomer** [zume] ▸ conjug 1 ◂ vi to zoom in (*sur* on)

**zoomorphe** [zɔɔmɔʀf] adj zoomorphic

**zoomorphisme** [zɔɔmɔʀfism] nm zoomorphism

**zoonose** [zoonoz] nf zoonosis

**zoopathie** [zɔɔpati] nf zoanthropy

**zoophile** [zɔɔfil] [1] adj zoophilic
[2] nmf zoophilist

**zoophilie** [zɔɔfili] nf (= perversion) zoophilia

**zoophobie** [zɔɔfɔbi] nf zoophobia

**zoopsie** [zɔɔpsi] nf zoopsia

**zoospore** [zɔɔspɔʀ] nm zoospore

**zootechnicien, -ienne** [zɔɔtɛknisjɛ̃, jɛn] [illegible] zootechnician

**zootechnie** [zɔɔtɛkni] nf zootechnics sg

**zootechnique** [zɔɔtɛknik] adj zootechnic

**zoreille** * [zɔʀɛj] nmf *person from metropolitan France living in the overseas territories*

**zorille** [zɔʀil] nf zorilla, zorille

**Zoroastre** [zɔʀɔastʀ] nm Zoroaster, Zarathustra

**zoroastrien, -ienne** [zɔʀɔastʀijɛ̃, jɛn] adj [illegible] Zoroastrian

**zoroastrisme** [zɔʀɔastʀism] nm Zoroastrianism

**Zorro** [zɔʀo] nm Zorro ◆ **jouer les Zorro** to play the hero

**zostère** [zɔstɛʀ] nf [illegible] grass

**zostérien, -ienne** [zɔsteʀjɛ̃, jɛn] adj [illegible] (épith), herpes zoster (SPÉC) (épith)

**zou** * [zu] excl ◆ (**allez**) **zou !** (= partez) off you go!, shoo! *; (= dépêchez-vous) get a move on! * ◆ **et zou, les voilà partis !** zoom, off they go! *

**zouave** [zwav] → SYN nm Zouave ◆ **faire le zouave** * to play the fool, fool around

**zouk** [zuk] nm zouk

**zoulou, e** [zulu] [1] adj Zulu
[2] nm (Ling) Zulu
[3] **Zoulou(e)** nm,f Zulu

**Zoulouland** [zululɑ̃d] nm Zululand

**zozo** * [zozo] → SYN nm (= naïf) ninny *; (= individu) guy, bloke (Brit)

**zozoter** * [zɔzɔte] → SYN ▸ conjug 1 ◂ vi [illegible]

**ZUP** † [zyp] nf (abrév de **zone à urbaniser en priorité**) → **zone**

**zut** * [zyt] excl (= c'est embêtant) damn! *, darn (it)! *; (= ça suffit !) (do) shut up! * ◆ **je te dis zut !** get lost! * ◆ **je fais ce que je veux, zut alors !** I'll do what I want, for goodness' sake! ◆ **et puis zut à la fin ! j'abandonne !** what the heck *, I give up! ◆ **avoir un œil qui dit zut à l'autre** to be cross-eyed

**zutique** [zytik] adj (Hist Littérat) Zutique

**zutiste** [zytist] nmf (Hist Littérat) Zutiste

**zwanze** [zwɑ̃z] nf (Belg) joke

**zwanzer** [zwɑ̃ze] ▸ conjug 1 ◂ vi (Belg) to joke

**zwinglianisme** [zvɛ̃glijanism] nm Zwinglianism

**zygène** [ziʒɛn] nf (= papillon) burnet

**zygoma** [zigɔma] nm zygoma, zygomatic arch

**zygomatique** [zigɔmatik] [1] adj zygomatic ◆ **os/arcade zygomatique** zygomatic bone/arch
[2] nm zygomatic major (muscle) (SPÉC) ◆ **se dérouiller les zygomatiques** * (hum) to have a good laugh

**zygomorphe** [zigɔmɔʀf] adj zygomorphic, zygomorphous

**zygomycètes** [zigɔmisɛt] nmpl zygomycetes

**zygote** [zigɔt] nm zygote

**zyklon** [ziklɔ̃] nm ◆ (**gaz**) **zyklon** ◆ **zyklon B** Zyklon B

**zymase** [zimɑz] nf zymase

**zymotique** [zimɔtik] adj zymotic

nmf

olitan

athus-

dj, nm,f

strian-

rro * to

shingles

off with
a move
, off they

, zouave
fool, fool

nit(wit) *,
rit)
: to lisp

**ATLAS**

***MAPS***

**SYNONYMES FRANÇAIS**

***FRENCH THESAURUS***

**GRAMMAIRE ACTIVE**

***LANGUAGE IN USE***

**ANNEXES**

***APPENDICES***

# CARTES *MAPS*

# EUROPE, AFRIQUE, ASIE

# *EUROPE, AFRICA, ASIA*

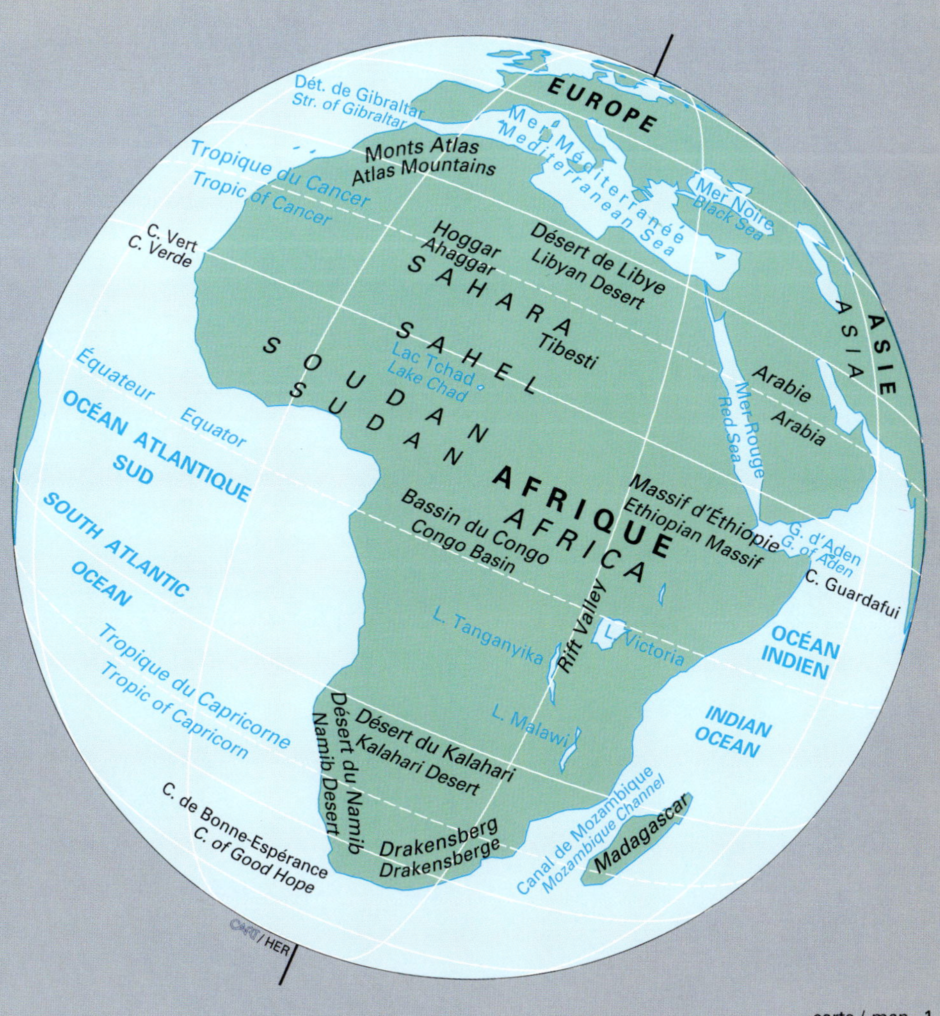

# EUROPE POLITIQUE

RCTIQUE
CEAN
Vadsø
Tromsø
Mourmansk
Murmansk
Vorkouta
Vorkuta
Sourgout
Surgut
FÉDÉRATION DE RUSSIE
RUSSIAN FEDERATION
Luleå
Rovaniemi
Oulu
Arkhangelsk
Archangel
SUÈDE
SWEDEN
Östersund
Syktyvkar
Tioumen
Tyumen
FINLANDE
FINLAND
Vaasa
Jyväskylä
Iekaterinbourg
Yekaterinburg
Perm
Tampere
Kirov
Tcheliabinsk
Chelyabinsk
Koustanaï
Kustanay
Turku
HELSINKI
Uppsala
STOCKHOLM
Saint-Pétersbourg
St. Petersburg
Oufa
Ufa
TALLINN
ESTONIE
ESTONIA
Kazan
Magnitogorsk
Iaroslavl
Yaroslavl
Naberejnye Tchelny
Naberezhnye Chelny
Nijniy-Novgorod
Nizhniy Novgorod
Pskov
Oulianovsk
Ulyanovsk
Togliatti
Tolyatti
Orenbourg
Orenburg
Orsk
Norrköping
RIGA
LETTONIE
LATVIA
MOSCOU
MOSCOW
Saransk
Samara
Riazan
Ryazan
Penza
Aqtöbe
Aktyubinsk
LITUANIE
LITHUANIA
Toula
Tula
Oral
Kaliningrad
RUSSIE
RUSSIA
VILNIUS
Smolensk
Saratov
Gdańsk
MINSK
Briansk
Bryansk
Voronej
Voronezh
KAZAKHSTAN
POLOGNE
POLAND
BIÉLORUSSIE
BELARUS
Koursk
Kursk
Poznań
VARSOVIE
WARSAW
Łódź
Atyraou
Wrocław
Kharkiv
Volgograd
KIEV
Cracovie
Cracow
Lvov
UKRAINE
Astrakhan
Ostrava
Donetsk
Dnipropetrovsk
Dnepropetrovsk
Rostov-sur-le-Don
Rostov-on-Don
SLOVAQUIE
SLOVAKIA
Kryvyï Rih
Kryvyy Rih
Zaporojie
Zaporozhye
Chevtchenko
Shevchenko
BRATISLAVA
Miskolc
Debrecen
MOLDAVIE
MOLDOVA
MER
CASPIENNE
BUDAPEST
CHISINAU
Odessa
Krasnodar
HONGRIE
HUNGARY
Cluj-Napoca
CASPIAN
SEA
Groznyï
Groznyy
ROUMANIE
ROMANIA
Braşov
BLACK
SEA
GÉORGIE
GEORGIA
TBILISSI
TBILISI
BAKOU
BAKU
BELGRADE
BUCAREST
BUCHAREST
MER
NOIRE
ARMÉNIE
ARMENIA
AZERBAÏDJAN
AZERBAIJAN
EREVAN
YEREVAN
RÉP. FÉD. DE
YOUGOSLAVIE
FED. REP. OF
YUGOSLAVIA
Varna
BULGARIE
BULGARIA
SOFIA
Trabzon
Samsun
Erzurum
Recht
Rasht
SKOPJE
MACÉDOINE
MACEDONIA
Istanbul
Üsküdar
Tabriz
TÉHÉRAN
TEHRAN
TIRANA
ALBANIE
ALBANIA
Sivas
Salonique
Thessaloniki
Bursa
ANKARA
TURQUIE
TURKEY
Diyarbakir
IRAN
GRÈCE
GREECE
Mossoul
Mosul
İzmir
Konya
Hamadān
ATHÈNES
ATHENS
Adana
Patras
Alep
Aleppo
SYRIE
SYRIA
BAGDAD
BAGHDAD
Dezfoul
Dezfūl
Rhodes (Gr.)
NICOSIE
NICOSIA
CHYPRE
CYPRUS
LIBAN
LEBANON
BEYROUTH
BEIRUT
Ramādī
IRAK
IRAQ
MEDITERRANEAN
SEA
Crète (Gr.)
Crete
Héraclion
Heraklion
DAMAS
DAMASCUS
Nasiriyah

# FRANCE

ROYAUME-UNI
UNITED KINGDOM
PAYS-BAS
NETHERLANDS
BELGIQUE
BELGIUM
ALLEMAGNE
GERMANY
LUXEMBOURG
MANCHE
ENGLISH CHANNEL
OCÉAN ATLANTIQUE
ATLANTIC OCEAN
SUISSE
SWITZERLAND
ITALIE
ITALY
MONACO
ESPAGNE
SPAIN
ANDORRE
ANDORRA
MER MÉDITERRANÉE
MEDITERRANEAN SEA
NORD-PAS-DE-CALAIS
Lille
62 PAS-DE-CALAIS
Arras
59 NORD
80 SOMME
Amiens
PICARDIE
PICARDY
02 AISNE
Laon
Beauvais
60 OISE
76 SEINE-MARITIME
HTE-NORMANDIE
Rouen
Évreux
27 EURE
50 MANCHE
St-Lô
Caen
14 CALVADOS
BASSE-NORMANDIE
61 ORNE
Alençon
Charleville-Mézières
08 ARDENNES
Châlons-en-Champagne
51 MARNE
CHAMPAGNE-ARDENNE
Troyes
10 AUBE
Chaumont
52 HAUTE-MARNE
55 MEUSE
Bar-le-Duc
Metz
57 MOSELLE
LORRAINE
Nancy
54 MEURTHE-ET-MOSELLE
88 VOSGES
Épinal
67 BAS-RHIN
Strasbourg
ALSACE
Colmar
68 HAUT-RHIN
95
93
78
92
75 PARIS
94
77
ÎLE-DE-FRANCE
Melun
91
Chartres
28 EURE-ET-LOIR
29 FINISTÈRE
Quimper
22 CÔTES-D'ARMOR
St-Brieuc
BRETAGNE
BRITTANY
Rennes
35 ILLE-ET-VILAINE
56 MORBIHAN
Vannes
53 MAYENNE
Laval
72 SARTHE
Le Mans
PAYS-DE-LA-LOIRE
44 LOIRE-ATLANTIQUE
Nantes
Angers
49 MAINE-ET-LOIRE
La Roche-sur-Yon
85 VENDÉE
Orléans
45 LOIRET
41 LOIR-ET-CHER
Blois
Tours
37 INDRE-ET-LOIRE
CENTRE
Bourges
18 CHER
Châteauroux
36 INDRE
89 YONNE
Auxerre
21 CÔTE-D'OR
BOURGOGNE
BURGUNDY
Dijon
58 NIÈVRE
Nevers
71 SAÔNE-ET-LOIRE
Mâcon
70 HTE-SAÔNE
Vesoul
Belfort
90 TERRITOIRE-DE-BELFORT
25 DOUBS
Besançon
FRANCHE-COMTÉ
39 JURA
Lons-le-Saunier
79 DEUX-SÈVRES
Niort
Poitiers
86 VIENNE
POITOU-CHARENTES
La Rochelle
17 CHARENTE-MARITIME
16 CHARENTE
Angoulême
87 HAUTE-VIENNE
Limoges
Guéret
23 CREUSE
LIMOUSIN
19 CORRÈZE
Tulle
Moulins
03 ALLIER
63 PUY-DE-DÔME
Clermont-Ferrand
AUVERGNE
15 CANTAL
Aurillac
43 HTE-LOIRE
Le Puy
01 AIN
Bourg-en-Bresse
69 RHÔNE
Lyon
Lyons
42 LOIRE
St-Étienne
74 HAUTE-SAVOIE
Annecy
Chambéry
73 SAVOIE
RHÔNE-ALPES
Grenoble
38 ISÈRE
Valence
26 DRÔME
Privas
07 ARDÈCHE
05 HAUTES-ALPES
Gap
Périgueux
24 DORDOGNE
Bordeaux
33 GIRONDE
47 LOT-ET-GARONNE
Agen
AQUITAINE
40 LANDES
Mont-de-Marsan
64 PYRÉNÉES-ATLANTIQUES
Pau
46 LOT
Cahors
82 TARN-ET-GARONNE
Montauban
Rodez
12 AVEYRON
Albi
81 TARN
MIDI-PYRÉNÉES
32 GERS
Auch
Toulouse
Tarbes
65 HTES-PYRÉNÉES
31 HTE-GARONNE
Foix
09 ARIÈGE
Mende
48 LOZÈRE
30 GARD
Nîmes
Montpellier
34 HÉRAULT
LANGUEDOC-ROUSSILLON
Carcassonne
11 AUDE
66 PYRÉNÉES-ORIENTALES
Perpignan
84 VAUCLUSE
Avignon
04 ALPES-DE-HTE-PROVENCE
Digne
06 ALPES-MARITIMES
Nice
PROVENCE-ALPES-CÔTE D'AZUR
13 BOUCHES-DU-RHÔNE
Marseille
Marseilles
83 VAR
Toulon
Bastia
2B HAUTE-CORSE
CORSE
CORSICA
Ajaccio
2A CORSE-DU-SUD
Pontoise
95 VAL-D'OISE
Nanterre
93 SEINE-ST-DENIS
Bobigny
92
75 PARIS
HTS-DE-SEINE
Versailles
94 Créteil
VAL-DE-MARNE
78 YVELINES
Évry
91 ESSONNE
0 25 km
0 20 miles
Chef-lieu de région
Regional capital
Chef-lieu de département
Capital of department
Limite de région
Regional boundary
Limite de département
Department boundary
0 150 km
0 100 miles

## GUYANE
*FRENCH GUIANA*

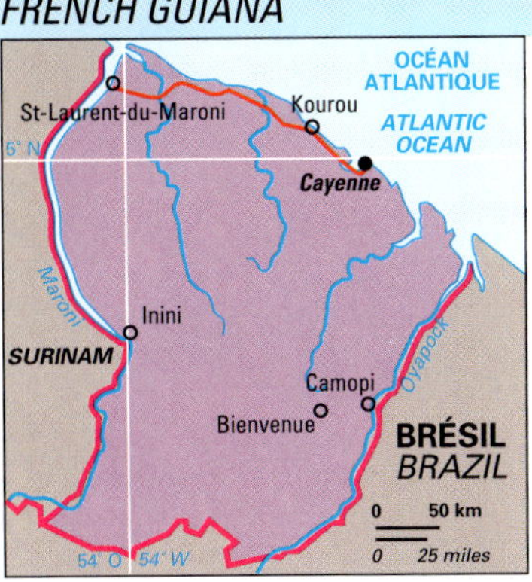


## GUADELOUPE

## RÉUNION

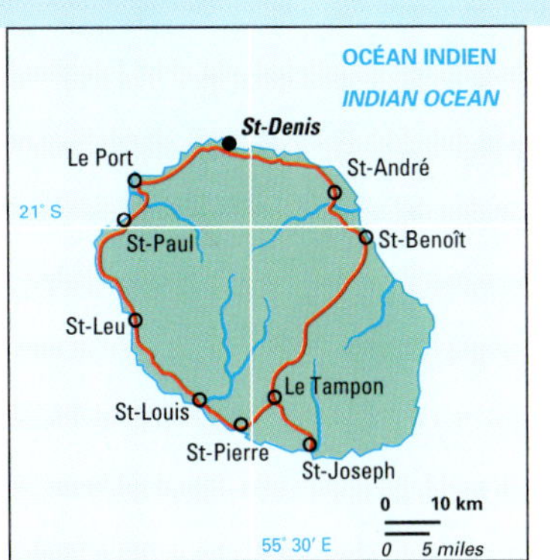


## MARTINIQUE

## ST-PIERRE-ET-MIQUELON
*ST. PIERRE AND MIQUELON*

## MAYOTTE

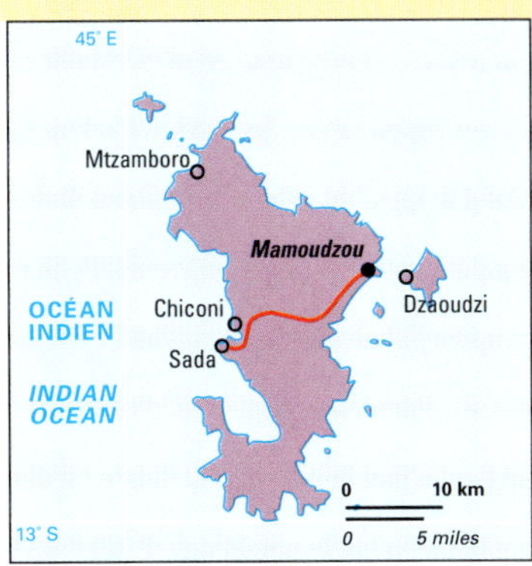


## NOUVELLE-CALÉDONIE
*NEW CALEDONIA*

## WALLIS-ET-FUTUNA
*WALLIS AND FUTUNA*

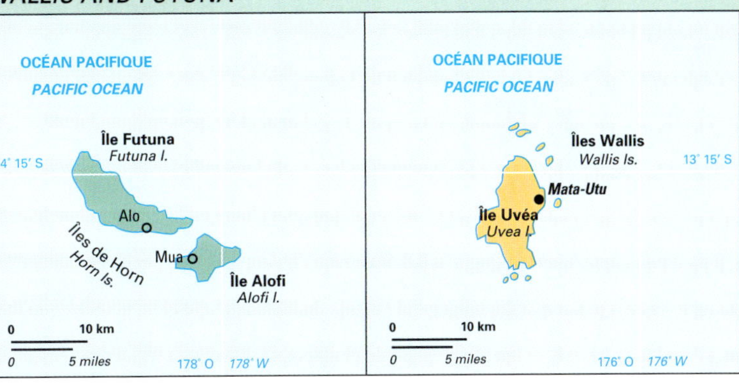


## POLYNÉSIE-FRANÇAISE
*FRENCH POLYNESIA*

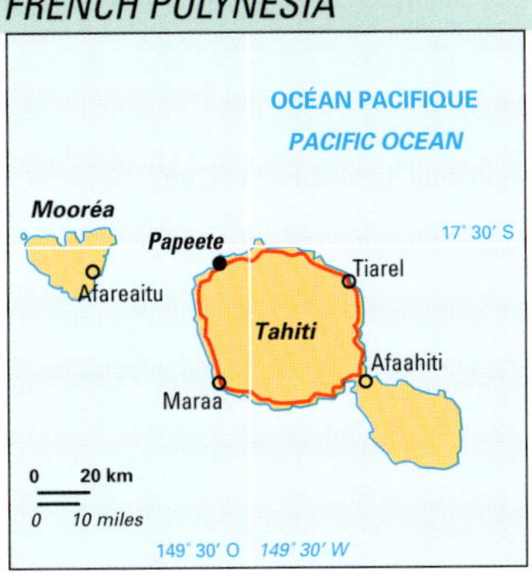


## TAAF
*French Southern and Antarctic Territories*

Les terres Australes et Antarctiques françaises comprennent les îles Crozet, les îles Kerguelen, la terre Adélie, l'île Saint-Paul et l'île de la Nouvelle-Amsterdam.

*The French Southern and Antarctic Territories consist of the Crozet Islands, Kerguelen Islands, Adelie Coast, St. Paul Island and Amsterdam Island.*

| | |
|---|---|
| **DOM** | Département d'outre-mer<br>*Overseas department* |
| **CT** | Collectivité territoriale<br>*Territorial collectivity* |
| **TOM** | Territoire d'outre-mer<br>*Overseas territory* |

PAYS-BAS
NETHERLANDS
ALLEMAGNE
GERMANY
LUXEMBOURG
BELGIQUE
BELGIUM
F R A N C E
Mer du Nord
North Sea
ANVERS
ANTWERP, ANTWERPEN
LIMBOURG
LIMBURG
BRABANT
FLANDRE-ORIENTALE
EAST FLANDERS
FLANDRE-OCCIDENTALE
WEST FLANDERS
HAINAUT
HAINAULT
NAMUR
LIÈGE
LIÈGE, LUIK
LUXEMBOURG
BRUXELLES
BRUSSELS, BRUSSEL
Anvers
Antwerp, Antwerpen
Gand
Ghent, Gent
Bruges
Bruges, Brugge
Liège
Liège, Luik
Namur
Namen
Mons
Bergen
Hasselt
Arlon
LUXEMBOURG
Essen
Duisbourg
Duisburg
Düsseldorf
Cologne
Bonn
Mönchengladbach
Aix-la-Chapelle
Aachen
Trèves
Trier
Roermond
Venlo
Helmond
Eindhoven
Tilburg
Weert
Heerlen
Maastricht
Roosendaal
Goes
Middelburg
Flessingue
Flushing, Vlissingen
Terneuzen
Knokke-Heist
Zeebrugge
Blankenberge
Ostende
Ostend, Oostende
La Panne
De Panne
Dunkerque
Dunkirk
Furnes
Veurne
Ypres
Ieper
Roulers
Roeselare
Thourout
Torhout
Izegem
Courtrai
Kortrijk
Mouscron
Moescroen
Tourcoing
Roubaix
Lille
Thielt
Tielt
Eeklo
Audenarde
Oudenaarde
Renaix
Ronse
Tournai
Doornik
Lokeren
St-Nicolas
St. Niklaas
Alost
Aalst
Anderlecht
Halle
Hal
Vilvorde
Vilvoorde
Willebroeck
Malines
Mechlin, Mechelen
Lierre
Lier
Deurne
Turnhout
Mol
Lommel
Maaseik
Genk
Aarschot
Louvain
Leuven
Tirlemont
Tienen
St-Trond
St. Truiden
Wavre
Waver
Nivelles
Nijvel
La Louvière
La Louvière
Jumet
Charleroi
Marchienne
Beaumont
Philippeville
Couvin
Dinant
Huy
Hoei
Seraing
Ougrée
Herstal
Verviers
Spa
Durbuy
St-Vith
Bastogne
St-Hubert
Neufchâteau
Bouillon
Virton
Clervaux
Esch-sur-Sûre
Diekirch
Echternach
Grevenmacher
Esch-sur-Alzette
Esch-Alzette
Charleville-Mézières
Cambrai
St-Quentin
Arras
Amiens
Rhin
Rhine
Ruhr
Meuse
Maas
Escaut
Scheldt
Schelde
Escaut
Scheldt, Schelde
Sambre
Moselle
Lys
Leie
Oise
Serre
Aisne
Somme
0 30 km
0 15 miles

0
30 km
0
20 miles
6°
7°
8°
9°
10°
47°
46°
FRANCE
ALLEMAGNE
GERMANY
AUTRICHE
AUSTRIA
LIECHTENSTEIN
VADUZ
ITALIE
ITALY
SUISSE
SWITZERLAND
Rhin
Rhine
Mulhouse
Lörrach
BÂLE-VILLE
BASEL-TOWN
Bâle
Basel
SCHAFFHOUSE
SCHAFFHAUSEN
Schaffhouse
Schaffhausen
Constance
Lac de Constance
Lake Constance
Friedrichshafen
Bregenz
Koblenz
Laufenburg
Baden
Winterthur
THURGOVIE
THURGAU
Frauenfeld
Romanshorn
Rorschach
St-Gall
Herisau
APPENZELL
Appenzell
Porrentruy
Delémont
Laufen
Liestal
BÂLE-CAMPAGNE
BASEL-COUNTRY
Aarau
Olten
Zurich
ZURICH
JURA
SOLEURE
SOLOTHURN
ARGOVIE
AARGAU
Moutier
Soleure
Solothurn
Horgen
Rapperswil
SAINT-GALL
Bludenz
Sursee
Sempach
Zoug
Zug
ZOUG
ZUG
Weesen
Buchs
St-Imier
Bienne
Biel
Huttwil
Glaris
Glarus
La Chaux-de-Fonds
Burgdorf
Lucerne
Arth
SCHWYZ
Schwyz
LUCERNE
L. des Quatre-Cantons
L. Lucerne
Brunnen
Bad Ragaz
Neuchâtel
GLARIS
GLARUS
NEUCHÂTEL
BERNE
BERN
Langnau
Stans
NIDWALD
NIDWALDEN
Pontarlier
Koniz
Sarnen
Altdorf
Linthal
Elm
Lac de Neuchâtel
Lake Neuchâtel
Morat
Murten
Coire
Chur
Davos
Scuol
Engelberg
Reichenau
Grandson
Fribourg
OBWALD
OBWALDEN
URI
Rhin
Rhine
Ilanz
Yverdon
Thoune
Thun
Brienz
Amsteg
Zernez
Vallorbe
Moudon
FRIBOURG
Meiringen
Wassen
Disentis
Thusis
Tiefencastel
VAUD
Bulle
Spiez
Interlaken
GRISONS
GRAUBÜNDEN
Frutigen
Grindelwald
Andermatt
Gruyères
Lauterbrunnen
Zweisimmen
Mürren
Airolo
St-Moritz
Morges
Lausanne
Saanen
Kandersteg
Silvaplana
Rolle
Lenk
Lac Léman
Lake Geneva
Montreux
Mesocco
Nyon
Évian
Aigle
Bignasco
Biasca
Brig
Poschiavo
Sierre
TESSIN
TICINO
GENÈVE
GENEVA
Monthey
Visp
Genève
Geneva
St-Maurice
Sion
VALAIS
Bellinzona
Locarno
Saas-Fee
Rhône
Martigny
Domodossola
Lac de Côme
Lake Como
Zermatt
Chamonix
Annecy
Verbania
Lac Majeur
Lake Maggiore
Varese
Côme
Como
Lecco
Aoste
Aosta
Bergame
Bergamo

NUNAVUT
Terre de Baffin
Baffin Island
OCÉAN ATLANTIQUE
ATLANTIC OCEAN
Coats
Mansel
C. Wolstenholme
Ivujivik
Détroit d'Hudson
Hudson Strait
Kangiqsujuaq
Île Résolution
Resolution Island
Quaqtaq
Cap Hopes Advance
Îles Button
Button Is.
Cap Chidley
Akpatok
Povungnituk
Kangirsuk
Îles Ottawa
Ottawa Islands
L. Payne
Baie d'Ungava
Ungava Bay
Inukjuak
Baie d'Hudson
Hudson Bay
Kangiqsualujjuaq
Rivière aux Feuilles
Leaf R.
Hebron
L. Minto
Rivière aux Mélèzes
Kuujjuaq
Riv. George
Îles Nastapoka
Nastapoka Islands
Riv. Caniapiscau
Îles
Belcher
Belcher Is.
Nain
L. à l'Eau Claire
Whapmagoostui
Kuujjuarapik
Lake River
Île Long
Long I.
L. Bienville
Hopedale
Grande Rivière de la Baleine
Schefferville
C. Harrison
La Grande Rivière
Rés. Smallwood
Smallwood Res.
Rigolet
B. de Hamilton
Hamilton Inlet
Chisasibi
Réservoir Caniapiscau
Caniapiscau Reservoir
Cartwright
Akimiski
L. Melville
Labrador
Goose Bay
TERRE-NEUVE
NEWFOUNDLAND
L. Sakami
Fleuve Churchill
Baie James
James Bay
Labrador City
QUÉBEC
QUEBEC
Charlton
Battle Harbour
Eastmain
Riv. Eastmain
Rivière du Petit Mecatina
Little Mecatina R.
Moosonee
Waskaganish
Riv. Rupert
Lourdes-de-Blanc-Sablon
St-Augustin
L. Mistassini
Riv. Moisie
Détroit de Belle-Isle
Strait of Belle Isle
Riv. aux Outardes
ONTARIO
Chibougamau
Mingan
Sept-Îles
Détroit de Jacques-Cartier
Jacques-Cartier Passage
Natashquan
C. Whittle
LaSarre
Port-Cartier
Port-Menier
Île d'Anticosti
Anticosti I.
Timmins
Amos
Dolbeau
Baie-Comeau
Corner Brook
Rouyn-Noranda
Senneterre
Alma
Golfe du St-Laurent
Gulf of St. Lawrence
St-Félicien
St. Felicien
Chicoutimi
Gaspé
Stephenville
Parent
Jonquière
Jonquiere
Rimouski
Baie des Chaleurs
Chaleur Bay
Terre-Neuve
Newfoundland
Cobalt
Ville-Marie
Campbellton
La Tuque
La Malbaie
Rivière-du-Loup
Îles de la Madeleine
Magdalen Is.
Riv. des Outaouais
Ottawa R.
Québec
Quebec
Edmundston
Bathurst
Channel Port-aux-Basques
Channel-Port aux Basques
Shawinigan
Lévis
Levis
Newcastle
ÎLE-DU-PRINCE-ÉDOUARD
PRINCE EDWARD I.
Trois-Rivières
NOUVEAU-BRUNSWICK
NEW BRUNSWICK
Charlottetown
Sidney
Glace Bay
Î. du Cap-Breton
Cape Breton I.
Hull
Sorel
St-Hyacinthe
Fredericton
Moncton
OTTAWA
Laval
Sherbrooke
New Glasgow
Montréal
Montreal
Saint-Jean
Saint John
Truro
Mulgrave
Fleuve Saint-Laurent
Saint Lawrence River
L. Champlain
Bangor
Baie de Fundy
Bay of Fundy
Kingston
Toronto
Dartmouth
L. Ontario
Halifax
ÉTATS-UNIS
UNITED STATES
NOUVELLE-ÉCOSSE
NOVA SCOTIA
Île du Sable
Sable I.
Rochester
Buffalo
Portland
Yarmouth
Lockeport
Syracuse
C. Sable
0 200 km
0 100 miles
80°
70°
60°
50°

# DICTIONNAIRE
# DE
# SYNONYMES FRANÇAIS

# FRENCH THESAURUS

## ABRÉVIATIONS/ABBREVIATIONS

**adj.** adjectif
**adm.** administration
**adv.** adverbe
**agr.** agriculture
**all.** allemand
**amér.** américain
**anat.** anatomie
**angl.** anglais
**anim.** animaux
**arch.** architecture
**arg. scol.** argot scolaire
**audio.** audiovisuel
**au phys.** au physique
**au pl.** au pluriel
**au pr.** au propre
**au sing.** au singulier
**autom.** automobile
**aviat.** aviation
**belg.** belgicisme
**blas.** blason
**botan.** botanique
**chir.** chirurgie
**compl. circ.** complément circonstanciel
**compl. d'obj.** complément d'objet
**conj.** conjonction
**dial.** dialectal
**eccl.** ecclésiastique
**écon.** économie
**électron.** électronique
**enf.** enfantin
**équit.** équitation
**esp.** espagnol
**ex.** exemple
**fam.** familier
**fav.** favorable
**fém.** féminin
**fig.** figuré
**génér.** généralement
**géogr.** géographie
**géol.** géologie
**gram.** grammaire
**helv.** helvétisme
**impers.** impersonnel
**ind.** indirect indirectement
**inf.** infinitif
**inform.** informatique
**interj.** interjection
**invar.** invariable
**ital.** italien
**jurid.** juridique
**lég. péj.** légèrement péjoratif
**ling.** linguistique
**litt.** littérature
**liturg.** liturgie
**loc. adv.** locution adverbiale
**log.** logique
**mar.** marine
**masc.** masculin
**math.** mathématique
**méc.** mécanique
**méd.** médecine
**mérid.** méridional
**milit.** militaire
**mus.** musique
**myth.** mythologie
**n. f.** nom féminin
**n. m.** nom masculin
**nucl.** industrie nucléaire
**off.** recommandation officielle
**par anal.** par analogie
**par ext.** par extension
**p. ex.** par exemple
**part.** participe
**partic.** particulier
**pass.** forme passive
**path.** pathologie
**peint.** peinture
**péj.** péjoratif
**pétr.** industrie pétrolière
**philos.** philosophie
**phys.** physique
**poét.** poétique
**pol.** politique
**prép.** préposition
**pron.** pronominal
**prot.** protocole
**psych.** psychologie
**québ.** québécois
**rég.** régional
**relig.** religieux
**rhétor.** rhétorique
**scient.** scientifique
**spat.** industrie spatiale
**subst.** substantif
**syn.** synonyme
**techn.** technique
**télécom.** télécommunication
**théol.** théologie
**tour.** tourisme
**transp.** transport
**tr. pub.** travaux publiques
**typo.** typographie
**vén.** vénerie
**vétér.** vétérinaire
**v. intr.** verbe intransitif
**v. pron.** verbe pronominal
**v. récipr.** verbe réciproque
**v. tr.** verbe transitif
**vx** vieux
**vulg.** vulgaire
**zool.** zoologie

Abréviations utilisées dans le dictionnaire de synonymes (qui peuvent être différentes de celles qui figurent dans le texte français-anglais).

Abbreviations used in the thesaurus (which could be different from those used in the French-English dictionary).

## DICTIONNAIRE DE SYNONYMES FRANÇAIS

Le présent DICTIONNAIRE DE SYNONYMES a été constitué à partir de la dernière édition du *DICTIONNAIRE DES SYNONYMES* Le Robert, ouvrage couronné par l'Académie française. Il contient 21 000 entrées et plus de 200 000 équivalents. Ce dictionnaire peut être utilisé seul ou en liaison avec la partie français-anglais. Tous les mots de la partie bilingue faisant l'objet d'un développement synonymique sont suivis de l'indication → SYN. Par exemple :

**dictionnaire** [diksjɔnɛʀ] → SYN **nm** dictionary ◆ **dictionnaire analogique** thesaurus ◆ **dictionnaire de langue/de rimes** language/rhyme dictionary ◆ **dictionnaire de données** (Ordin) data directory ou dictionary ◆ **dictionnaire électronique** electronic dictionary ◆ **dictionnaire encyclopédique/étymologique** encyclopaedic/etymological dictionary ◆ **dictionnaire géographique** gazetteer ◆ **dictionnaire des synonymes** dictionary of synonyms ◆ **c'est un vrai dictionnaire** ou **un dictionnaire vivant** he's a walking encyclopaedia

REMARQUE : Le dictionnaire de synonymes français du **SUPER SENIOR** est un texte monolingue qui obéit à sa logique propre. Sa structure, son découpage syntaxique et sémantique, ses indications de style, de registre et de domaines sont différents de ceux du dictionnaire traductif qui par définition s'attache à mettre en évidence les rapports qui existent entre les langues. Les auteurs ne prétendent donc pas soumettre les articles de l'un et de l'autre à un quelconque parallélisme de présentation qui ne pourrait qu'être artificiel. De même, les éléments de phraséologie proposés dans les articles du dictionnaire de synonymes figurent en raison de leur richesse et de leur force évocatrice mais ils ne sont pas tous systématiquement repris dans les articles du dictionnaire traductif.

## FRENCH THESAURUS

This THESAURUS is based on the latest edition of Le Robert's *DICTIONNAIRE DES SYNONYMES*, which was awarded a prize by the Académie française. It contains 21,000 entries and over 200,000 synonyms. It can be used alone or in conjunction with the French-English dictionary. Each dictionary entry for which a list of synonyms is given in the thesaurus is marked → SYN . For example:

**dictionnaire** [diksjɔnɛʀ] → SYN **nm** dictionary ◆ **dictionnaire analogique** thesaurus ◆ **dictionnaire de langue/de rimes** language/rhyme dictionary ◆ **dictionnaire de données** (Ordin) data directory ou dictionary ◆ **dictionnaire électronique** electronic dictionary ◆ **dictionnaire encyclopédique/étymologique** encyclopaedic/etymological dictionary ◆ **dictionnaire géographique** gazetteer ◆ **dictionnaire des synonymes** dictionary of synonyms ◆ **c'est un vrai dictionnaire** ou **un dictionnaire vivant** he's a walking encyclopaedia

However, a monolingual text in which the internal relationships are fully respected will always differ in structure from a bilingual text, which, of necessity, concentrates on relationships across languages. The structure of the French thesaurus, therefore, does not always correspond to that of the bilingual French-English dictionary. The grammatical and semantic splits and style, register and subject field labels differ in some respects and we have not attempted to give the two texts an artificially parallel presentation. By the same token, the illustrative phrases which are given in the thesaurus are there to show the richness and the descriptive power of the language but they are not systematically covered in the entries of the bilingual dictionary.

# A

**abaca** n. m. chanvre de Manille, tagal

**abacule** n. m. cube, mosaïque

**abaissable** → **rabattable**

**abaissant** → **honteux**

**abaisse** n. f. feuille / pâte amincie

**abaissement** n. m. [1] d'une chose. [a] au pr. : descente, fermeture [b] par ext. : affaiblissement, affaissement, affalement, amenuisement, amoindrissement, baisse, chute, dégradation, dépréciation, détérioration, dévaluation, fléchissement → **diminution** [c] partic. : prolapsus, ptose [2] de quelqu'un : abjection, amollissement, aplatissement, avachissement, avilissement, bassesse, décadence, déchéance, déclin, dégénérescence, dépendance, esclavage, pourriture, servitude, soumission → **humiliation, humilité** [3] par ext. → **dégénérescence**

**abaisser** [1] une chose : amenuiser, amoindrir, baisser, déprécier, descendre, dévaluer, diminuer, faire tomber, fermer, rabaisser, rabattre, rapetisser, ravaler, réduire, ternir [2] quelqu'un : [a] affaiblir, amoindrir, avilir, dégrader, déprécier, inférioriser, rabaisser, vilipender → **humilier** [b] → **détrôner** [3] v. pron. [a] une chose : s'affaisser, descendre, diminuer [b] quelqu'un : s'avilir, se commettre / compromettre, condescendre, déchoir, se déclasser / dégrader, déroger, descendre, en venir à, s'humilier, se plier / prêter / ravaler à, tomber → **soumettre (se)** [c] fam. : s'aplatir, écraser, faire de la lèche / des bassesses, fayoter [d] → **daigner**

**abajoue** n. f. → **joue**

**abandon** n. m. [1] d'une chose. [a] au pr. : cessation, changement, cession, consentement, désuétude, don, donation, non-usage, passation, renoncement, renonciation, suppression [b] délaissement, démission, désengagement, désistement, dessaisissement, forfait, inaccomplissement, inachèvement, lâchage, non-lieu (jurid.), retrait, résignation (partic.) [c] abjuration, apostasie, reniement, rétractation [d] abdication, capitulation, désertion, incurie, insouciance, laisser-aller, négligence [e] → **fuite** [f] → **recul** [g] → **vieillesse** [h] **à l'abandon :** à vau-l'eau, à la dérive, en rade [2] de quelqu'un. [a] confiance, détachement, familiarité, insouciance, liberté, naturel [b] lâchage, largage, non-assistance, plaquage [c] délaissement, déréliction

**abandonnataire** n. m. et f. → **bénéficiaire**

**abandonné, e** [1] quelque chose → **vide** [2] quelqu'un [a] → **consentant** [b] abandonnique (psych.), délaissé, négligé

**abandonner** [1] une chose. [a] au pr. : céder, cesser, se démettre / départir / déposséder / dépouiller / désister / dessaisir de, démissionner, dételer (fam.), donner, faire donation, lâcher, laisser, passer la main, renoncer à → **quitter** [b] s'en aller, déménager, évacuer, laisser → **quitter** [c] abjurer [d] battre en retraite, décamper, décrocher, se replier [e] déclarer forfait, se retirer [2] non fav. [a] abdiquer, délaisser, démissionner, se désintéresser / détacher de, laisser, laisser aller à vau-l'eau, laisser attendre / courir / péricliter / tomber / traîner, se laisser déposséder, renoncer à, sacrifier [b] fam. : en avoir marre, caler, caner, craquer, se déballonner / déculotter / dégonfler, dételer, jeter le gant, planter là, plaquer [c] déguerpir, déloger, évacuer, plier bagage, vider la place / les lieux [d] abjurer, apostasier, défroquer, renier sa foi [e] capituler, céder, déserter, évacuer, fuir [f] baisser pavillon, céder, couper là, s'incliner, lâcher pied, mettre les pouces, passer la main, rabattre, se rendre / résigner / soumettre [g] quelqu'un : délaisser, se déprendre / désintéresser / détacher de, dire adieu / au revoir, écarter, fausser compagnie, lâcher, laisser, négliger, oublier, quitter, rejeter, renoncer à, renvoyer, rompre, se séparer de [3] fam. : balancer, laisser en rade, larguer, planter là, plaquer, semer [4] v. pron. [a] se dérégler / dévoyer, être en proie à, s'en ficher / foutre (fam.), se jeter / plonger / vautrer dans, se laisser aller / glisser, se livrer à, se négliger, s'oublier, succomber à [b] → **confier (se)**

**abaque** n. m. [1] arch. : tailloir [2] → **table** [3] → **couronne**

**abasie** n. f. → **paralysie**

**abasourdi, e** [1] → **ébahi** [2] → **stupéfait**

**abasourdir** [1] neutre : accabler, étourdir, surprendre ◆ au passif (fam.) : en rester baba / comme deux ronds de flan [2] fav. : ébahir, éberluer, estomaquer (fam.), étonner, interloquer, méduser, sidérer [3] non fav. : abrutir, accabler, assommer, choquer, consterner, étourdir, hébéter, interloquer, pétrifier, stupéfier, traumatiser → **abêtir**

**abasourdissement** n. m. → **stupéfaction**

**abâtardir** [1] quelqu'un ou un animal : abaisser, affaiblir, altérer, avilir, baisser, corrompre, dégénérer, dégrader, métisser [2] une chose → **altérer**

**abâtardissement** n. m. [1] → **dégénérescence** [2] → **abaissement**

**abat-jour** n. m. céladon vx : casque (colonial), visière

**abats** n. m. pl. bas morceaux, fressure, triperie vén. : curée, fouaille

**abattage** n. m. [1] bagou, brillant, brio, chic, dynamisme, personnalité [2] égorgement, sacrifice, tuage, tuerie [a] de roches : havage [b] d'arbres : coupe [3] **maison d'abattage** → **lupanar** [4] québ. → **reproche**

**abattant** n. m. couvercle, miséricorde

**abattement** n. m. [1] d'une chose. [a] sur une somme : déduction, escompte, réfaction, ristourne [b] techn. : finition, parement [2] de quelqu'un : accablement, anéantissement, consternation, découragement, démoralisation, effondrement, épuisement, harassement, lassitude, prostration → **fatigue**

**abattis** n. m. pl. [1] bras, jambes, membres [2] → **entassement** [3] → **déboisement**

**abattoir** n. m. [1] au pr. : assommoir, échaudoir, tuerie [2] par ext. [a] champ de bataille, danger public → **carnage** [b] équarrissoir

**abattre** [1] une chose. [a] au pr. : démanteler, démolir, détruire, faire tomber, jeter à terre / par terre, mettre à bas / à terre / par terre, raser, renverser [b] par ext. : couper, faire tomber, haver, scier [c] étaler / montrer son jeu [d] **abattre du travail :** bosser, boulonner, en foutre / en mettre un coup, trimer, turbiner [e] non fav. : anéantir, annihiler, briser, décourager, démolir, démonter, démoraliser, détruire, faucher, ruiner, vaincre, vider (fam.) [2] quelqu'un. [a] au pr. → **tuer** [b] fig. : accabler, affaiblir, décourager, démolir, déprimer, descendre, disqualifier, écraser, éliminer, épuiser, liquider, régler son compte à, vaincre [3] un animal. [a] tirer, tuer, servir (vén.) [b] assommer, égorger, saigner, tuer [4] **être abattu :** être prostré [5] v. pron. [a] s'affaisser, dégringoler (fam.), s'écraser, s'écrouler, s'effondrer, s'étaler (fam.), se renverser, tomber [b] fondre / se précipiter / pleuvoir / tomber à bras raccourcis sur

**abbaye** n. f. [1] béguinage, cloître, communauté, couvent, laure, monastère, moutier, prieuré → **cloître** ◆ mérid. : [2] → **lupanar** [3] → **guillotine**

**abbé** n. m. [1] dignitaire, pontife, prélat [2] aumônier, curé, ecclésiastique, pasteur, prêtre, vicaire [3] non fav. : corbeau, curaillon, cureton, prédicant, ratichon

**abbesse** n. f. [1] (mère) prieure / supérieure → **religieuse** [2] → **proxénète**

**abcès** n. m. adénite, anthrax, bubon, chancre, clou, dépôt, écrouelles, empyème, fluxion, furoncle, grosseur, kyste, panaris, parulie, phlegmon, pustule, scrofule, tourniole, tumeur → **boursouflure**

**abdication** n. f. → **abandon**

**abdiquer** se démettre, démissionner, se désister, quitter → **abandonner**

**abdomen** n. m. [1] bas-ventre, épigastre, hypocondre (vx), hypogastre, intestins, transit, ventre [2] fam. : avant-scène, ballon, barrique, bedaine, bedon, bide, bonbonne, boyaux, brioche, buffet, burlingue, coffre, devant, fanal, œuf d'autruche / de Pâques, paillasse, panse, placard, tripes [3] d'un animal : hypogastre, panse

**abdominal, e** épigastrique, hypocondriaque (vx), hypogastrique, intestinal, ventral

**abécédaire** n. m. a.b.c., alphabet, syllabaire

**abeille** n. f. cirière, faux bourdon (vx), hyménoptère, mouche à miel, ouvrière, reine

**aberrant, e** [1] anormal, confusionnel, déraisonnable, illogique, insensé [2] absurde, con (fam.), extravagant, faux, fou, grotesque, idiot, imbécile, loufoque, ridicule, saugrenu → **bête**

**aberration** n. f. [1] aberrance, égarement, erreur, fourvoiement, méprise [2] absurdité, aliénation, bévue, extravagance, folie, idiotie, illogisme, imbécillité, non-sens, stupidité → **bêtise**

**abêtir** abasourdir, abrutir, affaiblir, altérer, bêtifier, crétiniser, débiliter, décérébrer, décerveler, dégrader, diminuer, encroûter, engourdir, faire tourner en bourrique (fam.), fossiliser, hébéter, infantiliser, momifier, ramollir

**abêtissement** n. m. abrutissement, ahurissement, aveulissement, avilissement, connerie (fam.), contre-culture, crétinisation, crétinisme, décervelage, encroûtement, gâtisme, hébétude, idiotie, imbécillité, infantilisme, stupidité

**abhorrer** abominer, avoir en aversion / en horreur, détester, éprouver de l'antipathie / de l'aversion / du dégoût / de l'horreur / de la répugnance, exécrer, haïr, honnir, maudire, vomir

**abîme** n. m. [1] abysse, aven, bétoire, fosse, gouffre, igue, perte, précipice [2] fig. [a] catastrophe, chaos, néant, ruine [b] différence, distance, divorce, fossé, immensité, incompréhension, intervalle

**abîmer** [1] une chose. [a] au pr. : casser, dégrader, démolir, détériorer, détraquer, ébrécher, endommager, esquinter, massacrer, gâter, mettre hors de service / d'usage, rayer, saboter, saccager, salir, user [b] fam. : amocher, bousiller, cochonner, coupailler, déglinguer, fusiller, massacrer, saloper [c] sa santé : compromettre, détraquer, esquinter, ruiner [2] quelqu'un. baver sur, calomnier, compromettre, démolir, déshonorer, flétrir, salir, ternir [3] v. pron. [a] un navire : aller par le fond, chavirer, couler, disparaître, s'enfoncer, s'engloutir, se perdre, sombrer [b] quelqu'un : s'abandonner à, s'absorber dans, s'adonner à, s'enfoncer dans, être enseveli, s'ensevelir / se plonger / sombrer / tomber / se vautrer dans (péj.)

**abject, e** abominable, avili, bas, dégoûtant, écœurant, grossier, honteux, ignoble, ignominieux, indigne, infâme, infect, laid, méprisable, misérable, obscène, odieux, plat, rampant, repoussant, répugnant, sale, sordide, vil, vilain, visqueux ◆ vulg. : dégueulasse, salaud

**abjection** n. f. abomination, avilissement, bassesse, boue, crasse, dégoûtation, fange, grossièreté, honte, ignominie, ilotisme, indignité, infamie, laideur, obscénité, platitude, saleté, vilenie → **abaissement** ◆ vulg. : saloperie

**abjuration** n. f. → **abandon**

**abjurer** apostasier (péj.), faire son autocritique / sa confession publique, renier, se rétracter → **abandonner**

**ablation** n. f. chir. : amputation, autotomie, castration, coupe, excision, exérèse, mutilation, opération, rescision, résection, sectionnement

**ablette** n. f. → **poisson**

**ablution** n. f. [1] au pr. [a] au sing. : affusion, lavage, nettoyage, rinçage [b] au pl. : bain, douche, lavage, nettoyage, toilette [2] purification (relig.)

**abnégation** n. f. abandon, altruisme, désintéressement, détachement, dévouement, holocauste, oubli de soi, renoncement, sacrifice

**aboi** n. m. [1] d'un chien. [a] sing. et pl. : aboiement, glapissement, hurlement, jappement [b] vén. : chant, cri, voix [2] **être aux abois :** à quia, en déconfiture, en difficulté, en faillite, réduit à la dernière extrémité

**abolir** [1] abandonner, abroger, anéantir, annuler, casser, démanteler, détruire, effacer, éteindre, faire cesser / disparaître, infirmer, invalider, lever, prescrire, rapporter, rescinder, résoudre, révoquer, ruiner, supprimer [2] par ext. : absoudre, amnistier, gracier, pardonner, remettre

**abolition** n. f. [1] → **abrogation** [2] → **absolution** [3] → **amnistie**

**abominable** → **affreux**

**abomination** n. f. [1] → **honte** [2] → **horreur**

**abominer** → **haïr**

**abondamment** → **beaucoup**

**abondance** n. f. [1] → **affluence** [2] → **profusion** [3] → **richesse** [4] [a] **parler d'abondance :** avec volubilité, avoir du bagou, être intarissable [b] **en**

**abondance :** à foison / gogo, en pagaille, en veux-tu en voilà

**abondant, e** 1 au pr. a commun, considérable, copieux, courant, exubérant, fécond, fertile, fructueux, généreux, inépuisable, intarissable, luxuriant, opulent, plantureux, pléthorique, profus, riche, somptueux b à foison, considérable, foisonnant, fourmillant, gargantuesque, grouillant, innombrable, incommensurable, nombreux, pantagruélique, pullulant, surabondant 2 fig. : a ample, charnu, dense, dru, énorme, épais, étoffé, fort, fourni, garni, généreux, gras, gros, long, pantagruélique, rempli, replet b diffus, intarissable, long, prolixe, torrentiel, touffu, verbeux

**abondement** n. m. → **addition**

**abonder** 1 au pr. : floconner, foisonner, fourmiller, grouiller, infester, proliférer, pulluler 2 par ext. a être fertile en / plein de / prodigue en / riche en, regorger de, se répandre en b **il abonde dans mon sens :** approuver, se rallier à, se ranger à un avis

**abonnement** n. m. carte, forfait, série, souscription

**abord** 1 n.m. a au sing. : accueil, approche, caractère, comportement, réception b au pl. : accès, alentours, approches, arrivées, entrées, environs 2 a **d'abord :** a priori, au commencement, auparavant, au préalable, avant tout, en premier lieu, premièrement, primo b **dès l'abord :** dès le commencement, sur le coup, dès le début, immédiatement, incontinent, à première vue, tout de suite c **tout d'abord :** aussitôt, sur-le-champ, dès le premier instant d **au premier/de prime abord :** dès le commencement, à la première rencontre, à première vue

**abordable** 1 quelqu'un : accessible, accueillant, bienveillant, facile, pas fier (fam.) 2 une chose. a bon marché, pas cher, possible, réalisable b accostable, approchable, facile

**abordage** n. m. 1 arraisonnement, assaut, collision 2 accostage, atterrage, débarquement

**aborder** 1 une chose. a au pr. : accéder à, accoster, approcher de, arriver à, atteindre, avoir accès à, mettre pied à terre → **toucher** b une difficulté → **affronter** c un virage : négocier 2 quelqu'un → **accoster** 3 mar. : arraisonner

**aborigène** n. et adj. autochtone, indigène, natif, naturel

**abouchement** n. m. 1 aboutement, accouplement, anastomose (méd.), jonction, jumelage, raccordement, rapport, union 2 conférence, entrevue, rencontre

**aboucher** 1 abouter, accoupler, ajointer, anastomoser (méd.), joindre, jumeler, mettre bout à bout / en rapport, raccorder, réunir 2 ménager / procurer une entrevue / un rendez-vous, mettre en rapport / en relation, rapprocher, réunir 3 v. pron. : communiquer, entrer / se mettre en conférence / pourparlers / rapport / relation, s'entretenir, négocier, prendre date / rendez-vous

**abouler** 1 fam. : apporter, donner 2 v. pron. : s'amener, arriver, se pointer, se propulser, se radiner, rappliquer, venir

**aboulie** n. f. → **apathie**

**aboulique** amorphe, apathique, faible, impuissant, mou, sans volonté, velléitaire → **paresseux** ◆ fam. : crevé, lavette, vidé

**about** n. m. → **ajout**

**abouter** 1 → **joindre** 2 tailler (la vigne) 3 → **aboucher**

**aboutir** 1 accéder à, achever, arriver à, atteindre, se diriger vers, finir à / dans / en / par, se jeter / tomber dans → **terminer (se)** 2 avoir du succès, être couronné de succès, mener à sa fin / son issue / son terme, parvenir à → **réussir**

**aboutissant** loc. **les tenants et les aboutissants :** les causes et les conséquences, les données

**aboutissement** n. m. but, couronnement, fin, issue, point final, réalisation, résultat, terme

**aboyer** 1 au pr. : crier, japper, hurler ◆ vén. : chanter 2 par ext. : braire, clabauder, crier, glapir, gueuler (vulg.), japper, hurler

**aboyeur** n. m. crieur, commissaire-priseur → **huissier**

**abracadabrant, e** ahurissant, baroque, biscornu, bizarre, délirant, démentiel, déraisonnable, époustouflant, étrange, extraordinaire, extravagant, fantasmagorique, fantasque, fantastique, farfelu, fou, grand-guignolesque, incohérent, incompréhensible, incroyable, insolite, rocambolesque, sans queue ni tête, saugrenu, singulier, stupéfiant, surprenant, ubuesque, unique

**abraser** 1 → **polir** 2 → **user**

**abrasion** n. f. 1 → **polissage** 2 → **usure**

**abrégé** n. m. abréviation, accourci (vx), acronyme, aide-mémoire, analyse, aperçu, argument, bréviaire (relig.), compendium, digest, diminutif, éléments, épitomé, esquisse, extrait, manuel, notice, plan, précis, raccourci, récapitulation, réduction, résumé, rudiment, schéma, sommaire, somme, topo (fam.)

**abrégé** adj. 1 fav. : amoindri, bref, concis, court, cursif, diminué, écourté, lapidaire, limité, raccourci, rapetissé, réduit, resserré, restreint, résumé, simplifié, sommaire, succinct 2 non fav. : compendieux, laconique, tronqué

**abrégement** n. m. diminution, raccourcissement, réduction

**abréger** accourcir, alléger, amoindrir, borner, diminuer, écourter, limiter, raccourcir, rapetisser, réduire, resserrer, restreindre, résumer, simplifier, tronquer

**abreuver** 1 au pr. : apporter de l'eau, désaltérer, étancher la soif, faire boire, verser à boire 2 par ext. a accabler / arroser / combler / couvrir / imprégner / inonder de b non fav. : accabler de, agonir, couvrir / inonder de c → **humecter** d → **remplir** 3 v. pron. : a une chose : absorber, s'arroser, s'humecter, s'imbiber, s'imprégner, s'inonder, se mouiller, se pénétrer b quelqu'un (fam.) : absorber, arroser, biberonner, se cocarder, écluser, entonner, éponger / étancher sa soif, s'humecter le gosier, s'imbiber, s'imprégner, lamper, se lester, lever le coude, licher, picoler, pinter, pomper, se rafraîchir, se remplir, se rincer la dalle / le gosier, siroter, sucer, se taper / vider un verre, téter → **enivrer (s')** c un animal : boire, se désaltérer, étancher sa soif, laper, super

**abreuvoir** n. m. auge, baquet, bassin

**abréviation** n. f. 1 abrégement, acronyme, initiales, raccourci, sigle 2 → **abrégé** 3 → **diminution**

**abri** n. m. 1 au pr. a asile, cache, cachette, lieu sûr, oasis, refuge, retraite b non fav. : antre, repaire c d'un animal : bauge, gîte, refuge, repaire, reposée, soue, trou → **tanière** d → **port** e Abribus ®, arrêt, aubette f → **caverne** 2 milit. : bunker, cagna, casemate, fortin, guitoune 3 par ext. : assurance, défense, garantie, protection, refuge, sécurité, sûreté 4 **être à l'abri :** à couvert, à l'écart, à l'ombre (fam.), hors d'atteinte / de portée, en lieu sûr, en sécurité, en sûreté, planqué (fam.)

**Abribus ®** n. m. off. : aubette

**abriter** 1 → **couvrir** 2 → **cacher** 3 → **protéger** 4 → **recevoir**

**abrogation** n. f. 1 au pr. : abolition, annulation, cassation, cessation, contre-lettre, infirmation, invalidation, prescription, rédhibition, résiliation, résolution, retrait, révocation, suppression 2 par ext. a anéantissement, destruction, disparition, effacement b → **absolution**

**abroger** 1 → **abolir** 2 v. pron. : s'abolir, s'annuler, cesser son effet, s'effacer, s'éteindre, être abrogeable, se prescrire

**abrupt, e** 1 accore (mar.), à pic, escarpé, montant, raide, roide, rude 2 acariâtre, acerbe, acrimonieux, aigre, bourru, brusque, brutal, direct, dur, haché, hargneux, heurté, inculte, rébarbatif, revêche, rogue, sauvage, tout de go (fam.)

**abruti, e** nom et adj. → **bête**

**abrutir** 1 → **abêtir** 2 → **fatiguer** 3 → **abasourdir**

**abrutissement** n. m. abasourdissement, abêtissement, ahurissement, animalité, avilissement, bestialité, connerie (fam.), crétinisme, décervelage, engourdissement, gâtisme, hébétement, hébétude, idiotie, imbécillité, stupeur, stupidité → **bêtise**

**abscisse** n. f. → **coordonnées**

**abscons, e** → **difficile**

**absence** n. f. 1 au pr. a carence, défaut, défection, éclipse, indisponibilité, manque b départ, disparition, échappée, école buissonnière, éloignement, escapade, fugue 2 par ext. : omission, privation 3 **avoir des absences :** amnésie, distractions, oublis, trous

**absent, e** 1 contumace, défaillant, indisponible, manquant 2 ailleurs, dans la lune (fam.), inattentif, lointain, rêveur → **distrait**

**absenter (s')** 1 neutre : s'éloigner, partir, quitter, se retirer, sortir 2 non fav. : disparaître, s'éclipser, faire défaut, faire l'école buissonnière, manquer, pratiquer l'absentéisme ◆ fam. : jouer la fille de l'air, tirer au flanc / au cul

**abside** n. f. absidiole, chevet

**absinthe** n. f. → **armoise**

**absolu, e** 1 adj. a au pr. : catégorique, complet, dirimant, discrétionnaire, dogmatique, entier, exclusif, foncier, formel, impératif, impérieux, inconditionnel, indispensable, infini, parfait, plein, radical, rédhibitoire, total, unilatéral b quelqu'un : autocratique, autoritaire, arbitraire, cassant, césarien, despotique, dictatorial, dogmatique, exclusif, impérieux, intransigeant, jupitérien, omnipotent, souverain, totalitaire, tout-puissant, tyrannique 2 nom : idéal, infini, intégrité, intransigeance, perfection, plénitude

**absolument** 1 à fond / toute force, carrément, diamétralement, nécessairement, tout à fait 2 → **complètement**

**absolution** n. f. 1 abolition, abrogation, acquittement, amnistie, annulation, cassation, extinction, grâce, pénitence, prescription, rémission, remise / suppression de peine 2 → **pardon**

**absolutisme** n. m. 1 arbitraire, autocratie, autoritarisme, caporalisme, césarisme, despotisme, dictature, domination, fascisme, hégémonie, nazisme, omnipotence, oppression, pouvoir personnel, totalitarisme, tyrannie 2 → **intolérance** 3 par ext. : monocratie → **royauté**

**absolutiste** n. et adj. → **intégriste**

**absolutoire** → **irréversible**

**absorbé, e** 1 neutre : absent, méditatif, occupé, préoccupé 2 non fav. : abruti, ahuri → **distrait**

**absorber** 1 avaler, boire, s'imbiber / imprégner / se pénétrer de, pomper, résorber → **boire** 2 avaler, assimiler, consommer, déglutir, dévorer, engloutir, engouffrer, épuiser, faire disparaître / fondre, ingérer, ingurgiter, liquider, manger, nettoyer, phagocyter (fam.) 3 accaparer, annexer, dévorer, prendre, retenir 4 v. pron. a s'abîmer, s'abstraire, s'attacher à, se recueillir b s'enfoncer dans, s'engloutir, s'ensevelir, se plonger, sombrer

**absorbeur** n. m. saturateur

**absorption** n. f. 1 alimentation, consommation, imbibition, imprégnation, ingestion, ingurgitation, manducation 2 disparition, effacement, liquidation, suppression 3 fusionnement, intégration, unification

**absoudre** 1 quelqu'un → **acquitter** 2 une faute : effacer, excuser, pardonner, remettre

**abstème** → **sobre**

**abstenir (s')** se déporter (vx) / dispenser, éviter, s'exempter de, se garder de, s'interdire de, négliger de, ne pas participer à, ne pas prendre part à, se passer de, se priver de, se refuser à / de, se récuser, renoncer à, rester neutre, se retenir de

**abstention** n. f. 1 neutralité, non-belligérance, non-engagement, non-intervention 2 privation, récusation, refus, renonciation, renoncement, restriction

**abstinence** n. f. 1 → **jeûne** 2 → **continence**

**abstinent, e** 1 au pr. : frugal, modéré, tempérant → **sobre** 2 par ext. a chaste, continent b d'alcool : abstème

**abstract** n. m. off. → **abrégé**

**abstraction** n. f. 1 au pr. : axiome, catégorie, concept, notion 2 non fav. : chimère, irréalité, fiction, utopie 3 a **faire abstraction de :** écarter, éliminer, exclure, laisser de côté, mettre à part, omettre, ôter, retirer, retrancher, sortir, supprimer b **abstraction faite de :** en dehors de, excepté, à l'exception de, hormis, à part c **faculté d'abstraction :** absence, indifférence, méditation, réflexion, repli sur soi

**abstraire** 1 → **éliminer** 2 v. pron. : s'absenter, se défiler (fam.), s'écarter de, se détacher de, s'éliminer, s'exclure, se mettre à part, prendre ses distances, se replier sur soi

**abstrait, e** 1 une chose. a neutre : axiomatique, irréel, non figuratif, profond, spéculatif, subtil, théorique, virtuel b non fav. : abscons, abstrus, chimérique, difficile, fumeux (fam.), obscur, utopique, vague 2 quelqu'un. a fav. : profond, subtil b non fav. : *ses idées :* abscons, chimérique, difficile, irréel, obscur, utopique, vague ; *son comportement :* absent, absorbé, distrait, indifférent, méditatif, paumé (fam.), rêveur

**abstrus, e** 1 → **obscur** 2 → **difficile**

**absurde** aberrant, abracadabrant, biscornu, contradictoire, démentiel, déraisonnable, énorme, extravagant, fou, illogique, imaginaire, incohérent, incongru, inconséquent, inepte, insane, irrationnel, saugrenu, stupide, ubuesque → **bête, insensé** ◆ fam. : brindezingue, con, dingue, farfelu

**absurdité** n. f. aberration, aporie, conte, contradiction, contresens, contre-vérité, déraison, énormité, extravagance, folie, illogisme, incohérence, incongruité, inconséquence, ineptie, insanité, irrationalité, loufoquerie, non-sens, rêve, stupidité → **bêtise** ◆ fam. : bobard, connerie, dinguerie, tuyau crevé

**abus** n. m. 1 exagération, excès, exploitation 2 débordements, dérèglement, désordre, errements, immodération, inconduite, intempérance 3 → **injustice**

**abuser** 1 v. intr. a au pr. : dépasser / passer les bornes / la mesure, exagérer, exploiter, mésuser, outrepasser ◆ fam. : attiger, charrier b d'une femme : déshonorer, faire violence, posséder, violer, violenter 2 v. tr. → **tromper** 3 v. pron. : cafouiller, s'égarer, errer, faillir, faire erreur, se faire illusion, s'illusionner, se leurrer, méjuger, se méprendre, prendre le change, sous-estimer, se tromper fam. : déconner, se ficher / foutre dedans, se gourer, se mettre le doigt dans l'œil

**abusif, ive** 1 neutre : envahissant, immodéré → **excessif** 2 non fav. a injurieux (vx), injuste, léonin, trop dur / sévère b impropre, incorrect, mauvais

**abusivement** 1 excessivement, immodérément 2 improprement, indûment, injustement 3 incorrectement

**abyssal, e** → **profond**

**abysse** n. m. → **abîme**

**acabit** n. m. catégorie, espèce, genre, manière, nature, qualité, sorte, type ◆ fam. : farine, tabac

**acacia** n. m. partic. : cachou, casse, cassier, mimosa, robinier

**académicien, ne** habit vert, immortel, membre de l'Institut, un des quarante

**académie** n. f. 1 au pr. a Académie française : institut, palais Mazarin, quai Conti b universitaire : institut, rectorat, université 2 par ext. : collège, conservatoire, école, faculté, gymnase, institut, lycée 3 beaux-arts : modèle, nu

**académique** 1 neutre : conformiste, conventionnel 2 non fav. : ampoulé, compassé, constipé (fam.), démodé, emmerdant (grossier), empesé, emphatique, ennuyeux, fossilisé, froid, guindé, prétentieux, recherché, sans originalité / relief, ridicule, vieux jeu

**académisme** n. m. conformisme, convention

**acajou** n. m. anacardier, teck

**acariâtre** 1 acerbe, acide, acrimonieux, aigre, atrabilaire, bilieux, bougon, criard, grincheux, grognon, gueulard, hargneux, hypocondriaque, incommode, insociable, intraitable, maussade, morose, querelleur, quinteux, rébarbatif, revêche, rogue, rude, teigneux -fam. et / ou grossier : bâton merdeux, grande gueule, merdeux, pète-sec 2 **une femme acariâtre** → **mégère**

**accablant, e** 1 brûlant, écrasant, étouffant, fatigant, impitoyable, inexorable, intolérable, kafkaïen, lourd, oppressant, orageux, pesant, suffocant, tropical 2 → **tuant** 3 débilitant, décourageant, déroutant, désarmant, désespérant, irréfutable

**accablement** n. m. → **abattement**

**accabler** 1 → **charger** 2 → **abattre** 3 surcharger

**accalmie** n. f. 1 → **apaisement** 2 → **embellie**

**accaparement** n. m. monopolisation, spéculation, stockage, thésaurisation

**accaparer** 1 → **accumuler** 2 → **absorber** 3 → **envahir**

**accapareur** n. m. → **spéculateur**

**accastillage** n. m. 1 drome, quincaillerie marine 2 amarinage, approvisionnement

**accastiller** amariner, approvisionner, armer, avitailler, fournir, gréer, munir

**accéder** 1 v. intr. a → **aboutir** b → **accoster** 2 v. tr. ind. a → **accepter** b → **consentir**

**accelerando** → **rythme**

**accélérateur** n. m. 1 spat. : booster 2 fam. : champignon

**accélération** n. f. accroissement, activation, augmentation de cadence / rythme / vitesse, célérité, hâte, précipitation

**accéléré, e** → **rapide**

**accélérer** 1 au pr. : accroître, activer, augmenter, avancer, dépêcher, expédier, hâter, pousser, précipiter, presser, sprinter, stimuler, trousser 2 auto : appuyer sur / écraser le champignon, mettre la gomme / les gaz, pousser, presser 3 v. pron. : faire diligence fam. : se dégrouiller / grouiller / manier ou magner / remuer, faire ficelle / fissa

**accent** n. m. 1 accentuation, marque, signe 2 emphase, intensité, modulation, prononciation, ton, tonalité

**accentuation** n. f. → **augmentation**

**accenteur** n. m. → **passereau**

**accentuer** 1 accroître, accuser, appuyer sur, augmenter, déclamer, donner de l'intensité / du relief à, faire ressortir, insister sur, intensifier, marteler, montrer, peser sur, ponctuer, renforcer, rythmer, scander, souligner 2 → **prononcer** 3 v. pron. : devenir plus apparent / évident / fort / net, se mettre en évidence / relief, ressortir

**acceptable** admissible, bon, convenable, correct, passable, possible, potable, présentable, recevable, satisfaisant, suffisant, valable

**acceptation** n. f. → **accord**

**accepter** 1 neutre a une chose → **agréer** b quelqu'un → **accueillir** c → **endosser** d accéder / acquiescer / adhérer à, admettre, agréer, approuver, se conformer à, condescendre à, consentir à, dire oui, donner son accord / consentement, se joindre à, opiner, permettre, se prêter à, se rallier à, ratifier, recevoir, se rendre à, se soumettre à, souscrire à, toper (fam.), trouver bon e agréer, recevoir 2 non fav. : s'accommoder de, admettre, avaler, endurer, pâtir, se résigner à, souffrir, subir, supporter, tolérer

**accepteur** n. m. et adj. souscripteur, tiré

**acception** n. f. 1 sens, signification 2 → **préférence**

**accès** n. m. 1 abord, bord, entrée, input (partic.), introduction, ouverture, seuil 2 fig. a → **accueil** b méd. : attaque, atteinte, crise, poussée c de colère : bouffée, corrida (fam.), scène 3 **par accès :** par intermittence, récurrent

**accessibilité** n. f. → **facilité**

**accessible** 1 au pr. : accort, accueillant, affable, aimable, amène, facile, ouvert à, sensible, simple 2 abordable, atteignable 3 à disposition, consultable, libre 4 par ext. : approchable, compréhensible, intelligible, à portée, simple

**accession** n. f. 1 admission, arrivée, avancement, avènement, venue 2 → **promotion** 3 → **acquêt**

**accessit** n. m. distinction, nomination, prix, récompense

**accessoire** 1 adj. a auxiliaire, concomitant, inutile, marginal, négligeable, secondaire, subsidiaire, superfétatoire, superflu b additionnel, annexe, auxiliaire, complémentaire, dépendant, incident, supplémentaire 2 n.m. : instrument, outil, pièce → **ustensile**

**accessoirement** 1 éventuellement, incidemment, secondairement, subsidiairement 2 → **peut-être**

**accident** n. m. 1 au pr. a affaire, aventure, épisode, événement, incident, péripétie, phénomène b accroc, accrochage, aléa, anicroche, avatar (par ext.), aventure, calamité, catastrophe, contretemps, coup dur / du sort, ennui, les hauts et les bas, malheur, mésaventure, revers, traverse, vicissitudes c capotage, carambolage, choc, collision, crash, chute, dérapage, dévissage, éboulement, effondrement, électrocution, emboutissage, explosion, incendie, noyade, télescopage, tête-à-queue, tonneau d avalanche, éruption volcanique, glissement de terrain, inondation, raz de marée, tremblement de terre e avarie, chavirement, naufrage, perte f → **contingence** g → **exception** h arg. ou fam. : bin's, bite, bûche, caille, contrecarre, couille, manque de bol / pot, merde, os, pépin, salade, tuile 2 par ext. a de terrain : aspérité, creux et bosses, dénivellation, mouvement de terrain, pli, plissement, relief b **par accident :** par extraordinaire, fortuitement, par hasard / inadvertance / occasion, rarement

**accidenté, e** 1 au pr. a quelqu'un : abîmé, amoché, atteint, blessé, esquinté, touché, traumatisé b une chose : accroché, bousillé, cabossé, carambolé, cassé, démoli, détérioré, détraqué, détruit, endommagé, esquinté 2 par ext. a agité, dangereux, imprévu b inégal, irrégulier, mamelonné, montagneux, montueux, mouvementé, pittoresque, vallonné, varié

**accidentel, le** accessoire, acquis, adventice, brutal, casuel (vx), mamelonné, contingent, épisodique, événementiel, éventuel, exceptionnel, extraordinaire, extrinsèque, fortuit, imprévu, inattendu, incident, inhabituel, occasionnel, violent

**accidentellement** 1 d'aventure, fortuitement, inopinément, malencontreusement, par accident, par hasard, sans cause 2 → **peut-être**

**accidenter** abîmer, accrocher, amocher, bousiller, cabosser, caramboler, casser, démolir, détériorer, détraquer, détruire, endommager, esquinter, modifier

**accise** n. f. → **impôt**

**acclamation** n. f. applaudissement, approbation, bis, bravo, éloge, hourra, louange, ovation, rappel, triomphe, vivat

**acclamer** applaudir, bisser, faire une ovation, ovationner, rappeler

**acclimatation** n. f. 1 apprivoisement, naturalisation 2 jardin d'acclimatation : jardin zoologique → **zoo**

**acclimatement** n. m. accommodation, accoutumance, adaptation, apprivoisement, habitude

**acclimater** 1 accoutumer, adapter, apprivoiser, entraîner, familiariser, habituer, importer, initier, introduire, naturaliser, transplanter 2 v. pron. quelqu'un : s'accoutumer, s'adapter, s'y faire, s'habituer 3 une chose : s'établir, s'implanter, s'introduire, prendre place

**accointance** n. f. amitié, attache, camaraderie, connaissance, fréquentation, intelligence, intimité, liaison, lien, parenté, piston (fam.), rapport, relation

**accolade** n. f. fam. : bise, embrassade

**accoler** 1 au pr. → **baiser** 2 par ext. a → **adjoindre** b → **serrer** c → **accoupler**

**accommodant, e** arrangeant, aisé à vivre, bienveillant, bon enfant / prince, complaisant, compréhensif, conciliant, condescendant, coulant, débonnaire, de bonne composition, (esprit) large, facile à contenter / à satisfaire / à vivre, laxiste (péj.), sociable, souple, traitable

**accommodation** n. f. → **adaptation**

**accommodement** n. m. accord, ajustement, amodiation, arrangement, capitulation (fam.), composition, compromis, conciliation, entente, expédient, raccommodement, rapprochement, règlement amiable

**accommoder** 1 une chose → **adapter** 2 cuisine → **apprêter** 3 quelqu'un. a au pr. → **accorder** b habillement → **accoutrer** 4 v. pron. : accepter, admettre, s'arranger de (fam.), se contenter de, se faire à, faire son affaire de, s'habituer à, prendre son parti de, se satisfaire de, se soumettre à, tirer parti de

**accompagnateur, trice** → **guide**

**accompagnement** n. m. 1 convoi, cortège, équipage, escorte, pompe, suite 2 accessoire, appareil, attirail, complément, garniture 3 accord, arrangement, coexistence, harmonisation 4 → **conséquence**

**accompagner** 1 au pr. : aller avec / de conserve, assister, chaperonner, conduire, convoyer, escorter, flanquer, guider, protéger, reconduire, suivre, surveiller 2 par ext. : assortir, coexister, joindre, marier 3 v. pron. : s'adjoindre, s'assortir de, avoir pour conséquence / suite, se marier avec, être suivi de

**accompli, e** 1 une chose. a achevé, complet, effectué, fait, fini, réalisé, terminé b consommé, idéal, impeccable, incomparable, irréprochable, magistral → **parfait** 2 quelqu'un : bien élevé, complet, consommé, distingué, idéal, modèle, mûr → **parfait** 3 **le fait accompli** définitif, irréparable, irréversible, irrévocable

**accomplir** 1 au pr. : aboutir, achever, consommer, effectuer, faire, finir, parachever, réaliser, terminer 2 non fav. : commettre, perpétrer 3 par ext. : s'acquitter de, mener à bien / bon terme, se plier à, réaliser, remplir → **observer** 4 v. pron. : arriver, avoir lieu, se passer, se produire

**accomplissement** n. m. achèvement, exécution, performance, réalisation

**accord** n. m. 1 au pr. a affinité, amitié, bonne intelligence, communauté de goûts / vues, communion, compatibilité, complicité, compréhension, concorde, connivence, fraternité, harmonie, intelligence, paix, union → **sympathie** b accommodement, acquiescement, adhésion, alliance, arrangement, collusion, compromis, consensus, contrat, convention, conventionnement, entente, gentlemen's agreement, marché, modus vivendi, pacte, traité, transaction, volontariat 2 par ext. a adéquation, analogie, cohérence, concert, concordance, conformité, conjonction, convenance, convergence, correspondance, équilibre, harmonie, proportion, rapport, symétrie b acceptation, admission, agrément, approbation, assentiment, autorisation, caution, consentement, engagement, le feu vert (fam.), permission 3 a **d'accord :** assurément, certainement, c'est convenu, c'est entendu, oui bien sûr ◆ fam. : banco, bien, ça va, O.K., ouais, oui, partant b **d'un commun accord :** à l'unanimité, à l'unisson, du même avis, par accord mutuel, tous ensemble, unanimement c **mettre d'accord** → **accorder** d **être / tomber d'accord** → **consentir**

**accordéon** n. m. 1 fam. : piano à bretelles / du pauvre, soufflet à punaises 2 par ext. : bandonéon

**accorder** 1 au pr. a accommoder, adapter, agencer, ajuster, allier, aménager, apparier, appliquer, apprêter, approprier, arranger, assembler, associer, assortir, combiner, conformer, disposer, équilibrer, faire aller / coïncider, goupiller (fam.), harmoniser, installer, joindre, mettre en accord / état / harmonie / proportion / rapport, proportionner, rattacher, régler sur, réunir b adjuger, allouer, attribuer, avancer, céder, concéder, décerner, donner, doter, exaucer, faire don, fournir, gratifier, impartir, lâcher, octroyer, offrir, satisfaire c allier, associer, lier, unir d apaiser, arranger, régler 2 par ext. a → **convenir** b → **réconcilier** c → **consentir** d → **acquiescer** 3 v. pron. : a → **correspondre** b → **entendre (s')**

**accordeur** n. m. conseilleur, entremetteur, intermédiaire, truchement → **arbitre**

**accore** mar. 1 n.m. a → **soutien** b → **bord** 2 adj. → **abrupt**

**accostable** abordable, accessible

**accostage** n. m. → **abordage**

**accoster** 1 au pr. : aborder, aboutir, arriver, entrer, jeter l'ancre, se ranger contre, toucher terre 2 par ext. : aller à la rencontre de, approcher, arraisonner (mar.), atteindre, joindre, parvenir à, se porter à la rencontre de, racoler (péj.), se rapprocher de, rencontrer

**accotement** n. m. → **bord**

**accoter** → **appuyer**

**accotoir** n. m. → **accoudoir**

**accouchement** n. m. 1 au pr. : maïeutique, parturition, travail → **enfantement** 2 fig. → **réalisation**

**accoucher** 1 a avoir / faire ses couches, donner naissance / la vie, enfanter, être en gésine (vx) / mal d'enfant / parturition / travail, mettre au monde, pondre (fam.) b pour les animaux : agneler, chatonner, faire ses petits, levretter, louveter, mettre bas, pouliner, vêler 2 fig. : composer, écrire, faire, peindre, produire, publier, réaliser → **engendrer**

**accoucheur, euse** → **gynécologue, sage-femme**

**accoudoir** n. m. accotoir, appui-bras / coude / main / nuque / tête, balcon, balustrade, bras (de fauteuil), custode (vx), repose-bras

**accouple** n. f. → **attache**

**accouplement** n. m. 1 de choses : ajustage, assemblage, conjonction, liaison, mariage, mise en couple, mixage, transmission, union 2 d'animaux : appariement, monte, pariade, remonte, saillie, saut 3 d'humains : coït, congrès, copulation, rapports

**accoupler** 1 accoler, appareiller, apparier, assembler, assortir, joindre, jumeler, lier, mettre en couple / ensemble, réunir, unir 2 v. pron. a animaux : s'apparier, s'assortir, bouquiner, chevaucher, côcher, couvrir, demander / faire la monte / la saillie, frayer, monter, réclamer le veau, se reproduire, retourner à son espèce, saillir, sauter, servir b humains : accomplir l'acte de chair / ses devoirs conjugaux, s'accorder, baiser (vulg.), coïter, connaître au sens biblique, consommer, copuler, faire l'amour / la bête à deux dos / la chose, fauter, forniquer, honorer, se prendre, s'unir

**accourir** arriver en hâte, courir, se hâter, se précipiter, se rapprocher, venir en courant

**accoutrement** n. m. 1 affiquet, affublement, affûtiaux, ajustement, atours, attifement, attirail, défroque, déguisement, équipage, habillement, mise, tenue, travesti 2 non fav. : haillons, harnachement, nippes (fam.), oripeaux 3 → **vêtement**

**accoutrer** affubler, ajuster, arranger, déguiser, équiper, habiller → **vêtir** ◆ fam. : enharnacher, fagoter, fringuer, harnacher, nipper

**accoutumance** n. f. 1 acclimatement, accommodation, adaptation, assuétude, endurcissement, habitude, immunité, insensibilité 2 immunisation, insensibilisation, mithridatisation, tolérance 3 dépendance, toxicomanie

**accoutumé, e** courant, coutumier, habituel, ordinaire

**accoutumer** 1 au pr. : adapter, aguerrir, façonner, faire, familiariser, habituer, plier / préparer / rompre à → **acclimater** 2 au poison : habituer, mithridatiser 3 méd. : immuniser, prémunir, vacciner

**accréditer** 1 une chose : affirmer, autoriser, confirmer, propager, répandre, rendre crédible 2 quelqu'un : autoriser, habiliter, installer, introduire, mettre en place, présenter

**accréditeur, trice** → **caution**

**accrétion** n. f. → **augmentation**

**accroc** n. m. 1 au pr. : déchirure 2 fig. a contretemps, incident malheureux, obstacle → **difficulté** b entorse, infraction c faute, souillure, tache

**accrochage** n. m. 1 accident, dispute, heurt, incident, querelle ◆ fam. : engueulade, prise de bec 2 milit. : affaire, combat, embuscade, engagement

**accroche-cœur** n. m. frisette, guiche

**accrocher** 1 au pr. : appendre, attacher, crocher (vx), pendre, suspendre 2 fig. a attraper, gagner, enlever, obtenir, saisir b non fav. : bousculer, déchirer, déplacer, heurter c milit. : fixer, immobiliser, retarder, trouver le contact d quelqu'un : aborder, arrêter, casser les pieds (péj.), importuner, retenir l'attention 3 v. pron. a s'agripper, s'attacher, se cramponner, se retenir à, se suspendre à, se tenir à b s'accrocher avec quelqu'un : se disputer, se quereller c s'accrocher à quelqu'un : coller, se cramponner à, importuner d **se l'accrocher** (fam.) : s'en passer, s'en priver, repasser

**accrocheur, euse** 1 adj. : combatif, tenace ◆ fam. : collant, emmerdant 2 nom. battant ◆ fam. : casse-pied, emmerdeur, pot de colle → **fâcheux**

**accroire (faire)** faire avaler, la bailler belle, mentir, monter le coup → **tromper**

**accroissement** n. m. 1 fav. a accroît, accrue → **accélération** b → **agrandissement** c → **augmentation** d → **profit** 2 non fav. → **aggravation**

**accroître** 1 → **accélérer** 2 → **agrandir** 3 → **aggraver** 4 v. pron. : croître, grandir, grossir, monter

**accroupir (s')** se baisser, baraquer, être / se mettre à croupetons, se pelotonner, se ramasser, se tasser → **blottir (se)**

**accroupissement** n. m. fig. → **humiliation**

**accru** n. m. → **pousse**

**accrue** n. f. → **augmentation**

**accueil** n. m. 1 abord, accès, bienvenue, mine, réception, tête, traitement 2 réaction, réflexe 3 hospitalité

**accueillant, e** abordable, accessible, attirant, avenant, bienveillant, cordial, familier, gracieux, hospitalier, liant, ouvert, propice, serviable, sociable, sympathique → **aimable**

**accueillir** 1 quelqu'un : accepter, admettre, agréer, faire fête, recevoir 2 une chose : aborder dans le sens, admettre, apprendre, écouter, recevoir 3 **accueillir par des huées :** chahuter, conspuer, faire la fête à (fam.)

**acculée** n. f. → **recul**

**acculer** buter, pousser dans ses derniers retranchements → **obliger**

**acculturation** n. f. 1 → **instruction** 2 → **adaptation**

**accumulateur** n. m. batterie, condensateur, pile

**accumulation** n. f. 1 de choses. a abondance, addition, agglomération, agrégation, amas, assemblage, collection, échafaudage, emmagasinage, étagement, faisceau, monceau, montagne, quantité, superposition, tas b accaparement, accroissement, capitalisation, cumul, intérêts composés, thésaurisation c amoncellement, déballage, empilage, entassement, fatras, fouillis d bouchon, congestion, encombrement, saturation e alluvion, terrassement 2 de personnes : attroupement, concentration, foule, groupement, masse, rassemblement, réunion

**accumuler** 1 agglomérer, amasser, amonceler, assembler, collectionner, emmagasiner, empiler, engranger, entasser, étager, grouper, masser, prélever, rassembler, recueillir, réunir, stratifier, superposer 2 non fav. : accaparer, s'approprier, bloquer, cumuler, s'emparer de, empiler, enlever, entasser, mettre l'embargo / le grappin / la main sur, monopoliser, rafler, spéculer, superposer, thésauriser, truster

**accusateur, trice** 1 calomniateur, délateur, dénonciateur, détracteur, indicateur, sycophante → **espion** 2 accusateur public : procureur, substitut 3 une chose : révélateur

**accusation** n. f. 1 imputation, incrimination, inculpation, plainte, poursuite, prise à partie, réquisitoire 2 par ext. a attaque, balance (arg.), calomnie, délation, dénigrement, dénonciation, diffamation, médisance, mouchardage, ragots, rumeur b → **reproche**

**accusé, e** inculpé, prévenu

**accuser** 1 au pr. a attaquer, charger, criminaliser (vx), dénoncer, incriminer, impliquer, imputer à, inculper, poursuivre, prendre à partie, requérir contre b → **dénigrer** 2 a **accuser le coup** (fam.) : encaisser, marquer, souligner b **accuser réception de :** délivrer / donner quittance

**acerbe** → **aigre**

**acéré, e** 1 → **aigu** 2 → **aigre**

**acescence** n. f. → **aigreur**

**acescent, e** → **aigre**

**achalandé, e** actif, animé, bien approvisionné / assorti / pourvu / tenu, commerçant, fréquenté, très couru / pratiqué, vivant

**achards** n. m. pl. → **assaisonnement**

**acharné, e** 1 bourreau de travail, courageux, obstiné, vaillant 2 cruel, dur, endiablé, enragé, entêté, furieux, obstiné, opiniâtre, tenace, têtu

**acharnement** n. m. 1 ardeur, effort, énergie, lutte, persévérance, ténacité 2 avec acharnement : d'arrache-pied 3 non fav. : cruauté, entêtement, fureur, furie, obstination, opiniâtreté, rage, sadisme

**acharner** 1 vx. : animer, exciter, irriter à l'encontre de / contre 2 v. pron. a sur quelqu'un : persécuter, poursuivre. s'entêter, lutter, persévérer, poursuivre b à quelque chose : s'attacher à, continuer, s'obstiner, s'occuper de, s'opiniâtrer → **vouloir**

**achat** n. m. 1 au pr. a acquisition, appropriation, emplette b par une communauté d'époux : acquêt c par une administration : adjudication 2 fig. : corruption

**acheminement** n. m. amenée, convoi, diffusion, distribution, envoi, expédition, livraison, marche, progression, transport

**acheminer** 1 adresser, conduire, convoyer, diffuser, diriger, distribuer, envoyer, expédier, faire parvenir, livrer, négocier, traiter, transporter 2 v. pron. a aller, avancer, se diriger / marcher vers b une chose : aboutir, aller vers, tendre à / vers

**acheter** 1 au pr. : acquérir, faire l'acquisition / l'emplette de 2 non fav. : corrompre, soudoyer

**acheteur, euse** n. m. ou f. 1 acquéreur, adjudicataire, ayant cause, cessionnaire, chaland, client, destinataire, importateur, intermédiaire, négociateur, preneur, prospect (anglicisme), usager 2 au pl. : achalandage, chalandise (vx), clientèle

**achevé, e** 1 une chose : accompli, complet, cousu main (fam.), entier, fin, fignolé, fini, mené à bien, parfait 2 quelqu'un : accompli, complet, consommé, extrême, fieffé (péj.) 3 **être achevé :** a accablé, anéanti, épuisé, fatigué, fini, ruiné

[b] fam. : cané, claqué, crevé, cuit, has been, mort, ratatiné, rétamé, vidé

**achèvement** n. m. [1] au pr. : aboutissement, accomplissement, apothéose, but, chute, conclusion, consommation, couronnement, dénouement, entéléchie (philos.), exécution, fin, finition, issue, réception, terme [2] péj. : coup de grâce

**achever** [1] au pr. [a] → **aboutir** [b] → **accomplir** [2] par ext. [a] → **conclure** [b] non fav. → **abattre** [3] v. pron. [a] arriver / être conduit / mené à bien / à sa fin / à son terme, être mis au net / au point, se terminer [b] se consommer, s'éteindre

**achigan** n. m. québ. : black-bass, perche noire / truitée

**achondroplasie** n. f. nanisme

**achoppement** n. m. [1] difficulté, écueil, hic, os, pépin [2] → **obstacle**

**achopper** s'arrêter, broncher, buter contre, échouer, faire un faux pas, heurter, trébucher

**achromie** n. f. albinisme, chlorose, dyschromie, vitiligo

**aciculaire** → **aigu**

**acide** et **acidulé, e** → **aigre**

**acidulé, e** → **aigre**

**acidité** n. f. → **aigreur**

**aciduler** → **aigrir**

**aciériste** → **métallurgiste**

**acmé** n. m. ou f. → **apogée**

**acné** n. f. → **bouton**

**acolyte** n. m. adjoint, aide, ami, associé, camarade, collègue, compagnon, comparse, compère, confrère, connaissance, partenaire, servant (relig.) → **complice** ◆ fam. : copain

**acompte** n. m. arrhes, à-valoir, avance, provision, tiers provisionnel

**acon** ou **accon** n. m. allège, pousse-pied → **bateau**

**aconage** ou **acconage** n. m. chargement, déchargement

**acoquiner (s')** s'associer, se commettre, fréquenter, se mêler

**à-côté** n. m. accessoire, détail, digression, parenthèse, superflu → **supplément**

**à-coup** n. m. [1] cahot, raté, saccade, secousse, soubresaut [2] [a] **par à-coups :** par accès / intermittence / saccades [b] **sans à-coups :** sans imprévu / incident / heurt

**acquéreur** n. m. [1] acheteur, adjudicataire, cessionnaire, client, preneur [2] bénéficiaire, donataire, héritier, légataire

**acquérir** [1] au pr. : acheter, devenir propriétaire [2] par ext. [a] hériter, recevoir, recueillir [b] arriver à, découvrir, parvenir à, prendre [c] capter (péj.), conquérir, gagner → **obtenir** [d] s'améliorer, se bonifier, se perfectionner [3] [a] **acquérir les faveurs de quelqu'un :** s'attirer les bonnes grâces / les sympathies de, se concilier [b] **être acquis à quelqu'un :** être attaché / dévoué à [c] **être acquis à une opinion :** être convaincu / du même avis

**acquêt** n. m. achat en communauté, acquisition, gain, profit

**acquiescement** n. m. [1] acceptation, accord, adhésion, agrément, assentiment, autorisation, consentement, permission → **approbation** [2] → **tolérance**

**acquiescer** [1] dire oui, être d'accord, opiner [2] → **accepter** [3] → **convenir**

**acquis, e** → **accidentel**

**acquisition** n. f. [1] → **achat** [2] → **instruction** [3] → **acquêt**

**acquit** n. m. congé, décharge, laissez-passer, passavant, passe-debout, quittance, quitus, récépissé, reçu

**acquittement** n. m. [1] d'une dette : libération, paiement, règlement, remboursement [2] de quelqu'un. → **amnistie**

**acquitter** [1] quelqu'un : absoudre, amnistier, déclarer non coupable, déculpabiliser, disculper, gracier, libérer, pardonner, relaxer [2] une chose. [a] un compte : apurer, éteindre, liquider, payer, régler [b] une promesse : accomplir, remplir [3] v. pron. [a] d'un devoir : accomplir, remplir, se revancher (vx) [b] de ses dettes : se libérer de, rembourser [c] d'une commission : exécuter, faire [d] de ses engagements : faire honneur à, satisfaire à

**âcre** et **acrimonieux** → **aigre**

**âcreté** et **acrimonie** n. f. → **aigreur**

**acrobate** n. m. et f. cascadeur, contorsionniste, danseur de corde, équilibriste, fil-de-fériste, funambule, gymnaste, jongleur, trapéziste, voltigeur ◆ vx : pétauriste

**acrobatie** n. f. [1] au pr. : assiettes, agrès, cascade(s), contorsions, corde raide, jeux icariens (vx), jonglerie, saut périlleux, trapèze volant, voltige [2] fig. : expédient, tour de passe-passe, truc

**acrobatique** → **périlleux**

**acronyme** n. m. → **contraction**

**acrophobie** n. f. → **névrose**

**acrostiche** n. m. → **poème**

**acrotère** n. m. [1] → **appui** [2] → **saillie** [3] → **ornement**

**acte** n. m. [1] au pr. : action, choix, comportement, décision, démarche, geste, intervention, manifestation, réalisation [2] fav. : exploit, geste, trait [3] jurid. [a] privé : certificat, cession, contrat, convention, document, expédition, grosse, minute, testament, titre [b] public : arrêté, charte, constitution, décret, décret-loi, habeas corpus, loi, réquisitoire [4] **prendre acte d'une chose :** constater, enregistrer, entériner

**acteur, trice** n. m., n.f. → **comédien**

**actif** n. m. → **bénéfice**

**actif, ive** [1] quelqu'un : agissant, allant, diligent, en activité, efficace, énergique, entreprenant, increvable (fam.), infatigable, laborieux, occupé, remuant, vif, vivant, zélé [2] une chose : agissant, efficace, énergique, fort, manifeste, opérant, prompt, rapide, violent

**actinie** n. f. anémone / ortie de mer

**actinite** n. f. coup de soleil, inflammation, rougeur(s)

**action** n. f. [1] d'une chose. [a] d'un remède : effet, efficacité [b] d'une force : énergie, force, intervention, rapport, réaction [c] d'un mouvement : jeu [2] de quelqu'un. [a] fav. ou neutre : acte, conduite, décision, démarche, entreprise, initiative, œuvre [b] non fav. : agissements, comportement, manœuvre [3] par ext. [a] bataille, choc, combat, engagement [b] exploit, prouesse, trait de courage [c] animation, ardeur, chaleur, enthousiasme, mouvement, véhémence, vie [d] jurid. : assignation, demande, plainte, poursuite, procès, recours, référé, requête [e] théâtre : intrigue, péripétie, scénario, vie

**actionnaire** n. m. et f. → **associé**

**actionnariat** n. m. partenariat

**actionner** [1] une chose : entraîner, faire fonctionner, mettre en marche / en route, produire / transmettre le mouvement, stimuler [2] quelqu'un ◆ jurid. : déposer une plainte, engager une procédure, introduire une instance / requête

**activation** n. f. → **augmentation**

**activer** [1] accélérer, aviver, exciter, hâter, presser, stimuler [2] v. pron. : s'affairer, se décarcasser / hâter / magner ou manier, s'occuper, se presser

**activeur** n. m. promoteur

**activiste** n. et adj. → **extrémiste**

**activité** n. f. [1] au pr. : allant, application, ardeur, célérité, diligence, dynamisme, efficacité, efforts, énergie, entrain, promptitude, rapidité, vigueur, vitalité, vivacité, zèle [2] par ext. : animation, ballet, boom, circulation, coup de feu, heure de pointe, presse, mouvement, occupation(s), presse [3] **en activité :** [a] quelqu'un : en fonction [b] une chose : essor, fonctionnement, marche, mouvement, prospérité, travail

**actualisation** n. f. → **revalorisation**

**actualiser** → **revaloriser**

**actualité** n. f. [1] mode, modernité, nouveauté, pertinence, présent [2] au sing. et au pl. : événements, journal parlé, nouvelles

**actuel, le** [1] → **réel** [2] contemporain, courant, d'aujourd'hui, existant, moderne, nouveau, présent

**actuellement** aujourd'hui, de nos jours, maintenant, pour l'instant / le moment, présentement

**acuité** n. f. [1] clairvoyance, finesse, flair, habileté, intelligence, intensité, jugement, lucidité, netteté, pénétration, perspicacité, subtilité, vivacité → **piquant** [2] crise, gravité, instabilité, précarité, urgence

**a.d.a.c.** n. m. → **aérodyne**

**adage** n. m. → **maxime**

**adamantin, e** [1] → **dur** [2] → **brillant**

**adaptation** n. f. [1] acclimatement, accommodation, accoutumance, acculturation, anergie (méd.), appropriation, intégration, mise à jour / au courant [2] acclimatation, accommodat, apprivoisement, domestication, dressage, somation [3] d'un objet : ajustement, application [4] par ext. : [a] aggiornamento [b] → **traduction**

**adapter** [1] [a] coder, encoder, programmer [b] acclimater, accommoder, accorder, agencer, ajuster, allier, aménager, apparier, appliquer, apprêter, approprier, arranger, assembler, associer, assortir, combiner, conformer, disposer, équilibrer, faire aller / coïncider, harmoniser, installer, joindre, mettre en accord / état / harmonie / proportion / rapport, moduler, proportionner, rattacher, régler sur, réunir [c] → **traduire** [2] v. pron. [a] s'acclimater à, s'accommoder de, s'accorder à, s'accoutumer à, s'habituer à, se mettre en accord avec [b] non fav. : se contenter de, se faire une raison de, se plier à, se soumettre à [c] convenir, s'harmoniser

**additif, ive** → **additionnel**

**addition** n. f. [1] au pr. : abondement, accroissement, addenda, additif, adjonction, ajout, annexe, appendice, codicille, complément, rallonge, supplément, totalisation → **augmentation** [2] fig. : compte, décompte, dû, facture, frais, note, relevé ◆ fam. : douloureuse, quart d'heure de Rabelais

**additionnel, elle** additif, adjoint, ajouté, annexé, codicillaire, complémentaire, en supplément, joint, supplémentaire

**additionner** [1] au pr. : ajouter, augmenter, compléter, intégrer, rallonger, sommer, totaliser [2] additionner d'eau : allonger, baptiser (fam.), couper de, diluer, étendre de

**adducteur** et **adduction** n. m., n.f. [1] → **canal** [2] → **conduite**

**adénite** et **adénome** n. f., n. m. → **boursouflure**

**adepte** n. m., f. adhérent, affidé, allié, ami, défenseur, disciple, fidèle, militant, partisan, prosélyte, recrue, sectateur, soutien, sympathisant, tenant, zélateur

**adéquat, e** approprié, coïncident, concordant, conforme, congru, congruent, convenable, idoine, juste ◆ fam. : au poil, comme un gant, étudié pour

**adéquation** n. f. → **accord**

**adhérence** n. f. agglutination, assemblage, collage, contiguïté, convenance, encollage, jonction, liaison, réunion, soudure, union

**adhérent, e** [1] adj. [a] → **affilié** [b] accolé à, adhésif, agglutiné / assemblé / collé / contigu / joint / lié / réuni / soudé à, tenace, uni à [2] nom : cotisant, membre, participant, partisan, recrue, souscripteur, soutien, sympathisant → **camarade, adepte**

**adhérer** [1] quelqu'un : accéder à, accorder / apporter sa sympathie / son consentement / son soutien à, acquiescer, s'affilier, approuver, cotiser à, s'enrôler dans, entrer dans, faire partie de, joindre, opiner en faveur de, participer, payer sa cotisation, se rallier à, rejoindre, souscrire à, suivre, tomber d'accord [2] une chose adhère à : s'appliquer, coller, se coller, entrer / être en contact, faire corps, se joindre, se réunir, se souder, tenir, s'unir

**adhésif, ive** autocollant

**adhésion** n. f. → **accord**

**adiante** n. m. → **fougère**

**adieu** [1] → **revoir (au)** [2] → **salut** [3] dire adieu : dire au revoir, prendre congé, présenter ses devoirs, quitter, saluer [4] → **renoncer**

**adipeux, euse** arrondi, bedonnant, bouffi, gras, grassouillet, gros, obèse, pansu, rondouillard, ventru

**adipose** et **adiposité** n. f. → **grosseur**

**adjacent, e** attenant, contigu, côte à côte, joignant, jouxtant, juxtaposé, mis / placé à côté de, proche, voisin

**adjectif** n. m. déterminant, déterminatif, épithète

**adjoindre** [1] quelqu'un : affecter, ajouter, associer, attacher, détacher, mettre à la disposition de, prêter [2] une chose : accoler, ajouter, annexer, apposer, joindre, juxtaposer, lier, rapprocher, rattacher, réunir, unir [3] v. pron. [a] s'associer, s'attacher [b] s'ajouter à, s'annexer à, se mettre à côté de, se placer à côté de, se réunir à, s'unir à

**adjoint, e** 1 adjuvant, aide, alter ego, assesseur, assistant, associé, attaché, autre moi-même, auxiliaire, bras droit, coadjuteur, codirecteur, cogérant, définiteur (relig.), collaborateur, collègue, confrère, fondé de pouvoir, lieutenant, partenaire, préparateur → **remplaçant** 2 vx : adjudant, aidant, alloué 3 péj. : porte-coton / pipe, second couteau / rôle, sous-fifre, sous-verge

**adjonction** n. f. 1 l'action d'ajouter : aboutement, addition, annexion, association, jonction, rattachement, réunion 2 ce qu'on ajoute : about, ajout, allonge, annexe, raccord, rajout, rallonge

**adjudant** n. m. 1 fam. et péj. : chien de quartier, juteux 2 **femme de l'adjudant :** salle de police

**adjudicataire** n. m. et f. acheteur, acquéreur, bénéficiaire, concessionnaire, le plus offrant et dernier enchérisseur, soumissionnaire

**adjudicateur, trice** aboyeur (fam. ou péj.), commissaire-priseur, greffier-adjudicateur, huissier, notaire, vendeur

**adjudication** n. f. 1 au pr. : attribution 2 vente : vente à l'encan / aux chandelles / aux enchères / au plus offrant et dernier enchérisseur

**adjuger** 1 au pr. : accorder, attribuer, concéder, décréter / dire par jugement, juger 2 un prix : accorder, attribuer, décerner, donner, gratifier de, remettre 3 v. pron. : s'annexer, s'approprier, s'emparer de, faire main basse sur, rafler

**adjuration** n. f. 1 conjuration, exorcisme, invocation, obsécration 2 imploration, prière instante, supplication

**adjurer** conjurer, implorer, invoquer, prier, supplier

**admettre** 1 quelqu'un : accepter, accueillir, affilier, agréer, faire participer / venir, incorporer, introduire, introniser, reconnaître, voir → **recevoir** 2 quelque chose. a des raisons : reconnaître, tenir compte de, tenir pour acceptable / recevable / valable b une hypothèse : adopter, approuver, croire, imaginer, penser, souscrire à, supposer, tenir pour possible c un raisonnement : avouer, céder, concéder, consentir à croire d des excuses : excuser, pardonner, passer l'éponge (fam.) e une contrariété : permettre, souffrir, supporter, tolérer 3 par ext. : → **comporter**

**administrateur, trice** 1 d'un service : agent, dirigeant, fonctionnaire, gestionnaire, grand commis (vx), manager 2 de biens : curateur, directeur, fondé de pouvoir, gérant, intendant, liquidateur, régisseur, séquestre, syndic, tuteur

**administratif, ive** 1 au pr. : officiel, public, réglementaire 2 péj. : bureaucratique, étatique, formaliste, paperassier, tatillon

**administration** n. f. 1 conduite, direction, gérance, gestion, management 2 relig. : curie, prélature, questure 3 affaires / grands corps de l'État, bureaux, ministères, organismes, secrétariat, secteur tertiaire, services, technostructure

**administrer** 1 assujettir, commander, conduire, contrôler, coordonner, diriger, faire marcher, gérer, gouverner, manager, mener, organiser, planifier, prévoir, régir, réglementer 2 appliquer, conférer, donner, faire prendre, munir de, prescrire 3 **une correction** → **battre** 4 **une preuve :** apporter, fournir, produire

**admirable** 1 → **beau** 2 → **étonnant** 3 → **remarquable**

**admirablement** à croquer, à merveille, à ravir

**admirateur, trice** → **adorateur**

**admiratif, ive** → **enthousiaste**

**admiration** n. f. 1 → **attachement** 2 → **enthousiasme** 3 → **adoration**

**admirer** 1 au pr. : apprécier, être ébloui / émerveillé, s'émerveiller de, être enthousiasmé par, s'enthousiasmer de, s'extasier de, faire compliment / grand cas de, louanger, louer, porter aux nues, trouver → **admirable** 2 péj. : constater que, s'étonner que, trouver bizarre / étrange / singulier que, voir avec étonnement que

**admissible** → **acceptable**

**admission** n. f. → **réception**

**admonestation** n. f. admonition, avertissement, blâme, correction, exhortation, gronderie, leçon, mercuriale, objurgation, remontrance, réprimande, semonce → **reproche**

**admonester** avertir, chapitrer, donner un avertissement, faire la morale / des réprimandes / des reproches à, gronder, moraliser, morigéner, prévenir, réprimander, sabouler (vx), semoncer, sermonner, tancer ♦ fam. : engueuler, houspiller, passer une engueulade, secouer (les poux / puces), sonner les cloches à

**admonition** n. f. → **avertissement**

**adobe** n. m. → **brique**

**adolescence** n. f. jeunes, jeunes gens, jeunesse, puberté, teenagers

**adolescent, e** jouvenceau, jouvencelle, teenager → **jeune** ♦ fam. : ado, adonis, éphèbe, minet, minette, puceau, pucelle

**adonis** n. m. 1 → **jeune** 2 → **papillon**

**adonner (s')** s'abandonner à, s'appliquer à, s'attacher à, se consacrer à, se livrer à, s'occuper à / de, tourner toutes ses pensées vers

**adopter** 1 quelqu'un : admettre, s'attacher, choisir, coopter, prendre 2 une chose a une opinion : acquiescer à, admettre, s'aligner sur, approuver, consentir à, donner son approbation / son aval / son consentement à, épouser, être d'accord avec, faire partie de, faire sienne l'opinion de, opter pour, se rallier à, se ranger à, souscrire à b une attitude : employer, emprunter, imiter, prendre, singer (péj.) c une religion : se convertir à, embrasser, suivre d une loi, une motion : approuver, entériner, faire passer, promulguer, ratifier, voter e mettre en circulation / en service

**adoption** n. f. 1 admission, assimilation, choix, cooptation, insertion 2 accord, acquiescement, alignement, approbation, choix, consentement, conversion, emploi, emprunt, imitation, ralliement, singerie (péj.), vote

**adorable** admirable, gentil, joli, mignon, parfait, pimpant, ravissant → **aimable**

**adorateur, trice** admirateur, adorant (vx), adulateur, amoureux, courtisan, dévot, fan (fam.), fanatique, fervent, idolâtre, sectateur, soupirant, suivant → **amant**

**adoration** n. f. 1 admiration, adulation, attachement, amour, culte, dévotion, emballement, engouement, fanatisme, ferveur, iconolâtrie, idolâtrie, latrie, passion, respect, vénération 2 péj. : encens, flagornerie, flatterie

**adorer** 1 dieu : aimer, bénir, glorifier, rendre un culte à, servir 2 les idoles : idolâtrer 3 quelqu'un. a fav. ou neutre : admirer, aimer, honorer, respecter, révérer, vénérer b avec excès : idolâtrer c non fav. : aduler, courtiser, encenser, être / se mettre à plat ventre devant, flagorner, flatter, se prosterner devant

**ados** n. m. → **talus**

**adosser** 1 arc-bouter, aligner / appuyer / mettre / placer / plaquer contre 2 v. pron. : s'appuyer, s'arc-bouter, se mettre dos à, se placer contre

**adoubement** n. m. 1 armement 2 → **réception**

**adouber** 1 → **fournir** 2 → **recevoir**

**adoucir** 1 quelqu'un : amollir, apprivoiser, attendrir, fléchir, humaniser, toucher 2 la peine : alléger, atténuer, rendre plus supportable, tempérer 3 une chose. a l'amertume : atténuer, diminuer, édulcorer, modérer, réduire, sucrer b la lumière : abaisser, baisser, filtrer, réduire, tamiser c le ton : amortir, baisser, bémoliser, mettre une sourdine d la température : attiédir, climatiser, tempérer e une douleur, un mal : alléger, amortir, anesthésier, calmer, cicatriser, consoler, émousser, endormir, estomper, lénifier, panser, soulager f un courroux : amadouer, apaiser, apprivoiser, désarmer, humaniser, lénifier, modérer, pacifier, policer, radoucir, rasséréner, tempérer g ses expressions : châtier, corriger, estomper, tempérer h les coloris → **affadir** i les mœurs : améliorer, civiliser, humaniser, policer 4 techn. a une glace : polir b l'eau : filtrer, purifier, traiter 5 v. pron. : se laisser amollir / attendrir / fléchir / toucher

**adoucissement** n. m. 1 au pr. : a allégement, amélioration, amoindrissement, apaisement, assouplissement, atténuation, consolation, mitigation, secours, soulagement b civilisation, humanisation, progrès c vx : allégeance, dictame 2 de la température : amélioration, attiédissement, radoucissement, réchauffement, redoux 3 veloutement 4 adoucissage, polissage

**adoucisseur** n. m. amortisseur, filtre

**adresse** n. f. 1 coordonnées (fam.), domicile, habitation, résidence, villégiature 2 agilité, dextérité, précision, prestesse, souplesse 3 aptitude, don, finesse, habileté, ingéniosité, intelligence, science, souplesse, subtilité, talent, vivacité → **habileté** 4 vx : raccourci, traverse 5 **tour d'adresse :** jonglerie, prestidigitation → **acrobatie**

**adresser** 1 un envoi : diriger, envoyer, expédier, faire partir / parvenir / porter, mettre à la poste, poster, transmettre 2 une œuvre : dédier, faire hommage 3 un conseil : donner, prodiguer 4 fam. : coller, envoyer, ficher, flanquer, foutre 5 un regard : jeter 6 la parole : interpeller, parler 7 des questions : poser, questionner, soumettre 8 des menaces : faire, prodiguer, proférer 9 des compliments : faire agréer, faire part, présenter, transmettre 10 v. pron. : a avoir recours à / demander à, faire appel à, parler à, solliciter, se tourner vers b concerner, être destiné à, être de la compétence / du ressort de, regarder

**adret** n. m. au soleil

**adroit, e** 1 au pr. a apte, bon à, expérimenté, précis, rompu à b agile, en forme, exercé, preste, rompu, souple 2 vx : accort 3 par ext. : capable, dégourdi, délié, diplomate, entendu, expérimenté, fin, industrieux, ingénieux, intelligent, leste, persuasif, politique, subtil → **habile**

**adulateur, trice** péj. : caudataire, courtisan, dévot, encenseur, flagorneur, flatteur, génuflecteur, louangeur, obséquieux → **adorateur** ♦ fam. : fan, godillot, lèche-bottes / cul

**adulation** n. f. cour, courtisanerie, culte, dévotion, encensement, flagornerie, flatterie, servilité → **adoration**

**aduler** caresser, courtiser, encenser, flagorner, flatter, louanger → **adorer**

**adulte** 1 nom : femme / homme fait(e) / venu(e) 2 adj. : accompli, développé, formé, grand, grandi, majeur, mûr, raisonnable, responsable, sérieux

**adultère** n. m. cocuage, coup de canif (dans le contrat) (fam.), fornication, infidélité, trahison, tromperie

**adultère** adj. infidèle

**adultérin, e** bâtard, naturel

**ad valorem** → **proportionnel**

**advenir** arriver, arriver par surprise, se passer, se produire, réussir, survenir

**adventice** accessoire, marginal, parasite, secondaire, superfétatoire, supplémentaire → **accidentel**

**adventif, ive** jurid. → **indirect**

**adversaire** n. m. et f. et adj. 1 antagoniste, challenger, compétiteur, concurrent, contre-manifestant, rival 2 contestataire, contradicteur, débatteur, opposant, pourfendeur → **ennemi**

**adverse** contraire, défavorable, hostile, néfaste, opposé

**adversité** n. f. avatars, circonstances, coup du sort, destin, détresse, difficulté, disgrâce, événement / fortune contraire, fatalité, hostilité, infortune, inimitié, malchance, malheur, misère, obstacle, tribulation(s) ♦ fam. : cerise, débine, déveine, mouise, poisse

**ad vitam æternam** → **toujours**

**adynamie** n. f. → **faiblesse**

**aède** n. m. 1 → **poète** 2 → **moustique**

**aérateur** n. m. climatiseur, ventilateur

**aération** n. f. → **ventilation**

**aérer** 1 assainir, changer d'air, purifier, ventiler 2 fig. a alléger, cultiver, éclaircir, façonner b dégourdir, distraire, sortir 3 v. pron. a s'oxygéner, prendre l'air, sortir b se changer les idées, se dégourdir, se distraire, sortir, s'ouvrir

**aérien, ne** 1 au-dessus du sol, au ciel, élevé, en l'air, en surface, supérieur 2 fig. : céleste, élancé, élevé, éthéré, immatériel, léger, poétique, pur, svelte, vaporeux

**aérium** n. m. centre aéré / de convalescence / de prévention / de repos, préventorium, sanatorium

**aérodrome** n. m. 1 aéroport, base aérienne, terrain d'atterrissage / d'aviation 2 par ext. : aérogare, aire / base de lancement, altiport, cosmodrome, héliport, hélistation (off.)

**aérodyne** et **aéronef** et **aérostat** n. m. 1 → **ballon** 2 → **avion** 3 aéroglisseur, aile volante, cerf-volant, deltaplane, hovercraft, naviplane, parachute, planeur 4 vx : alérion, aéroplane 5 autogire, combiné, giravion, girodyne, hélicoptère 6 canadair, hydravion 7 A.D.A.C. / A.D.A.V. (avion à décollage et atterrissage courts / verticaux), U.L.M. (ultra-léger motorisé) 8 par ext. a astronef, camion de l'espace, capsule, fusée, navette / plate-forme (spatiale), satellite, spationef, station orbitale / spatiale b ovni, soucoupe volante

**aéroglisseur** n. m. 1 hovercraft, hydroglisseur, naviplane 2 aérotrain

**aérolite** ou **aérolithe** n. m. astéroïde, bolide, étoile filante, météorite

**aéromobile** aéroporté

**aéronaute** n. m. et f. → **aviateur**

**aéronef** et **aéroplane** n. m. → **aérodyne**

**æschne** n. f. → **libellule**

**affabilité** n. f. → **amabilité**

**affable** → **aimable**

**affabulation** n. f. → **fable**

**affabuler** → **hâbler**

**affadir** 1 adoucir, affaiblir, amatir, amoindrir, atténuer, dénaturer, édulcorer, émousser, réduire, rendre fade / insignifiant / insipide, ôter la saveur 2 décolorer, délaver, détremper, éclaircir, effacer, estomper, faire pâlir / passer, modérer, pâlir, tempérer 3 vx : amollir, écœurer, énerver 4 v. pron. : a devenir fade, passer b devenir affecté / amolli / banal / conformiste / décoloré / doucereux / ennuyeux / faible / froid / incolore / inodore et sans saveur (loc. fam.) / lâche / monotone / mou / neutre / ordinaire / pâle / quelconque / sans originalité / sans saveur / tiède / trivial

**affadissement** n. m. → **affaiblissement**

**affaiblir** 1 abattre, abrutir, amaigrir, amoindrir, amollir, anémier, atrophier, briser, casser, consumer, débiliter, déprimer, ébranler, épuiser, éreinter, exténuer, faire dépérir, fatiguer, miner, rabaisser, ruiner 2 par ext. a la sensibilité : altérer, amoindrir, amortir, attendrir, blaser, émousser, éteindre, fragiliser (psych.) user b les qualités : abâtardir, abattre, abrutir, amoindrir, amollir, appauvrir, avachir, aveulir, briser, décourager, efféminer, émasculer, étioler, faire déchoir, laisser dégénérer, rabaisser, ruiner c l'autorité : abaisser, abattre, amoindrir, atteindre, atténuer, briser, ébranler, émousser, fléchir, rabattre, relâcher, ruiner, saper d une saveur, une couleur → **affadir** e un son : assourdir, bémoliser, étouffer, réduire 3 v. pron. : être abattu, s'alanguir, s'amoindrir, s'amollir, s'anémier, baisser, se débiliter, décliner, décroître, défaillir, dépérir, se déprimer, diminuer, faiblir, être fatigué, se miner, perdre des forces / des moyens, vaciller, vieillir

**affaiblissement** n. m. 1 → **abaissement** 2 abâtardissement, affadissement, altération, amaigrissement, amoindrissement, amollissement, attiédissement, avachissement, aveulissement, collapsus (méd.), décadence, déchéance, découragement, défaillance, dégénérescence, dépérissement, épuisement, fragilisation (psych.), laxisme, rabaissement, relâchement, sape, usure

**affaire** n. f. 1 *au sing. et au pl. sert de substitut à un grand nombre de substantifs au même titre que* : bazar, bidule, chose, machin → **truc** 2 au pr. a besogne (vx), besoin, devoir, obligation, occupation, tâche, travail b agence, atelier, boutique, bureau, cabinet, chantier, commerce, entreprise, firme, holding, industrie, magasin, société, trust, usine 3 a **c'est une affaire de goût :** problème, question b **d'amour :** anecdote (fam.), chronique (fam.), histoire, intrigue c **d'intérêt :** arbitrage, contestation, débat, démêlé, différend, discussion, dispute, expertise, négociation, querelle, règlement, spéculation, tractation d **d'honneur :** duel, jury d'honneur, rencontre, réparation e **de conscience :** cas, problème, question f **en toute affaire :** aventure, chose, circonstance, conjoncture, événement, fait, occasion, occurrence g **c'est l'affaire de :** but, objet, rôle h jurid. : accusation, différend, enquête, litige, procès, querelle, scandale i **s'attirer une sale affaire :** complication, difficulté, embarras, ennui, souci j **se tirer d'affaire :** danger, difficulté, embarras, péril k **son affaire est claire :** son compte est bon l **il a son affaire :** il a son compte (fam.) m **c'est mon affaire :** cela ou ça me regarde n **ce n'est pas une petite affaire :** ce n'est pas facile o **c'est une autre affaire :** c'est une autre paire de manches (fam.) p **faire l'affaire :** aller, convenir à, être adéquat q **faire son affaire à quelqu'un :** attaquer, corriger, donner / flanquer une correction / dérouillée / leçon / volée à, régler son compte à r **être à son affaire :** bicher (fam.), être heureux de / très occupé par, se plaire à s **faire affaire avec quelqu'un :** conclure un marché, enlever un marché, se mettre d'accord, mener à bien une négociation, signer un contrat, soumissionner, fam. : taper là, toper t **en faire toute une affaire :** histoire, monde, plat (fam.) 4 pl. a au pr. : activités commerciales, bourse, business, commerce, industrie, négoce b par ext. : conjoncture, événements, échanges, politique, situation, transactions, ventes c affaires de l'État : politique, problèmes d ce qui vous appartient fam. : arsenal, barda, bataclan, bazar, bidule, bordel (grossier), choses, falbala, frusques, livres, machin, meubles, saint-frusquin, trucs, vêtements, etc e arg. : nib, pain, topo f **avoir ses affaires** (fam. pour une femme) : avoir ses règles, être indisposée g faire ses affaires : faire son beurre / fortune, réussir

**affairé, e** actif, occupé, surchargé, surmené

**affairement** n. m. 1 activité, agitation, remue-ménage, surmenage 2 fam. : bougeotte, boum, branle-bas de combat, coup de feu

**affairer (s')** s'activer, s'agiter, se manier (fam.), s'occuper de, se préoccuper de, se surmener

**affairisme** n. m. agiotage, combine, intrigue, spéculation, tripotage

**affairiste** n. m. et f. agent / agioteur, bricoleur, chevalier d'industrie, combinard, intermédiaire, intermédiaire marron, intrigant, spéculateur, tripoteur

**affaissement** n. m. → **abaissement**

**affaisser** 1 faire plier 2 v. pron. a au pr. : s'affaler, s'avachir (fam.), se courber, crouler, descendre, s'ébouler, s'écrouler, s'effondrer, fléchir, glisser, plier, ployer, tomber b fig. : s'affaiblir, s'amoindrir, baisser, crouler, décliner, se déprimer, se laisser abattre / aller, glisser, succomber

**affaler** mar. : descendre, haler, trévirer

**affaler (s')** et **être affalé** s'abattre, s'avachir, s'écrouler, s'effondrer, s'étaler, s'étendre, se laisser aller / glisser / tomber, se répandre, se vautrer → **tomber**

**affamé, e** 1 au pr. a à jeun, famélique, misérable → **vorace** b claque-dent, claque-faim, crève-la-faim, meurt-de-faim c fam. : crevard, morfal 2 fig. : altéré, ardent, assoiffé, avide, exigeant, inassouvi, insatiable, insatisfait, passionné, soucieux de

**affamer** 1 faire crever / mourir de faim 2 fig. : accaparer, agioter, gruger, monopoliser, prêter à gages, raréfier, spéculer, trafiquer, tripoter

**affameur, euse** n. m. ou f. accapareur, agioteur, monopoleur, prêteur sur gages, spéculateur, trafiquant, tripoteur, usurier

**affect** n. m. → **disposition**

**affectation** n. f. 1 on affecte une chose : assignation, attribution, consécration, destination, imputation 2 on affecte quelqu'un. a déplacement, désignation, destination, installation, mise en place, mouvement, mutation, nomination b emploi, poste 3 on affecte une chose d'un signe : adjonction, désignation, marque, qualification, quantification, spécification 4 on affecte une attitude. a neutre ou légèrement péj. : afféterie, air, apparence, apprêt, attitude, bluff, cérémonie, chiqué (fam.), comédie, dandysme, embarras, emphase, façon, faste, feinte, genre, imitation, jeu, manières, manque de naturel, marivaudage, mignardise, minauderie, mine, originalité, purisme, raffinement, recherche, sensiblerie, sentimentalisme, singularité → **préciosité** b non fav. : anglomanie, bégueulerie, cabotinage, charlatanerie, chattemite, chichi (fam.), contorsion, cuistrerie, façon, fanfaronnade, faste, fausseté, faux-semblant, forfanterie, grimace, girie, grandiloquence, hypocrisie, imposture, maniérisme, mièvrerie, momerie, montre, morgue, ostentation, outrance, parade, pédanterie, pédantisme, pharisaïsme, pose, prétention, provocation, pruderie, pudibonderie, puritanisme, raideur, simagrée, simulation, singerie, snobisme, suffisance, tartuferie

**affecté, e** 1 quelqu'un est affecté à un poste : déplacé, désigné, installé, limogé (péj.), mis en place, muté, nommé 2 une chose est affectée. a assignée, attribuée, consacrée, destinée, imputée, réservée b désignée, marquée, qualifiée, quantifiée, spécifiée 3 un comportement. a au pr. neutre ou légèrement péj. : affété (vx), apprêté, artificiel, cérémonieux, comédien, de commande, composé, contraint, conventionnel, emphatique, emprunté, étudié, à façons, factice, fastueux, feint, forcé, à manières, mignard, minaudier, peu naturel, poseur, précieux, puriste, raffiné, recherché, sophistiqué, singulier b non fav. : bégueule, cabotin, charlatan, chattemite, à chichis, collet monté, compassé, contorsionné, contrefait, cuistre, fabriqué, façonnier, à façons, fanfaron, fardé, fastueux, faux, grimacier, gourmé, glorieux (fam.), grandiloquent, guindé, important, insincère, maniéré, mièvre, outré, pédant, pharisien, plein de morgue / d'ostentation, poseur, pour la montre / la parade, prétentieux, provocant, prude, pudibond, puritain, raide, simulé, snob, tarabiscoté (fam.), tartufe → **hypocrite** 4 un style : alambiqué, contourné, entortillé, maniéré, précieux, puriste, recherché

**affecter** 1 on affecte a une chose : assigner, attribuer, consacrer, destiner, imputer b quelqu'un : déplacer (péj.), désigner, destiner, installer, mettre en place, muter, nommer c d'un signe : adjoindre, désigner, marquer, qualifier, quantifier, spécifier d un comportement : afficher, avoir l'air de, bluffer, se composer, se contorsionner, contrefaire, crâner, emprunter, étaler, s'étudier, être poseur / snob, faire des manières / semblant de, faire le, feindre, frimer (fam.), jouer les, se piquer de, plastronner, pontifier, poser, prétendre, rechercher, simuler 2 → **affliger**

**affectif, ive** émotionnel, passionnel, sentimental → **sensible**

**affection** n. f. 1 pour quelqu'un : affinité, amitié, amour, atomes crochus, attachement, béguin (fam.), bonté, complaisance, coup de cœur / de foudre, dévotion, dévouement, dilection, douceur, inclination, intérêt, lien, penchant, piété, respect, sollicitude, sympathie, tendresse, union, vénération 2 pour une chose : amour, attachement, dévouement, goût, inclination, intérêt, penchant, prédilection, tendresse, vocation 3 méd. : altération, anomalie, attaque, dysfonctionnement, indisposition, lésion, mal, malaise, syndrome → **maladie** 4 quelques termes d'affection : agneau, aimé(e), âme, ami(e), amour, ange, beau, belle, biche, bichette, bichon, bicot(te), bien-aimé(e), bijou, biquet(te), bon(ne), bon(ne) ami(e), boudin, caille, charmant(e), chat(te), cher(e), chéri(e), chevrette, chou, chouchou, coco, cocotte, cœur, crotte, doudou, enfant, fille, fils, gros(se), joli(e), joujou, lapin, loulou, m'amie, m'amour, mie, mien(ne), mignon(ne), mimi, minet(te), moineau, oiseau, petite (bonne) femme / mère / sœur, petit (bon) homme / frère / père, poule, poulet(te), poupée, poussin(e), prince(sse), puce, rat, raton, roi, reine, saucisse, tourterelle, trésor, vieux, vieille branche / noix

**affectionné, e** affectueux, aimant, attaché, dévoué, fidèle, tendre

**affectionner** 1 → **aimer** 2 → **préférer**

**affectivité** n. f. émotivité → **sensibilité**

**affectueux, euse** 1 → **amoureux** 2 → **aimable**

**afférent, e** adm. : annexe, connexe, rattaché à, relatif à

**affermer** → **louer**

**affermir** 1 affirmer, améliorer, ancrer, asseoir, assurer, augmenter, cimenter, confirmer, conforter, consolider, durcir, endurcir, encourager, étayer, fixer, fonder, fortifier, garantir, garnir, haubaner, protéger, raffermir, raidir, réconforter, renforcer, revigorer, sceller, stabiliser, tremper 2 v. pron. : devenir plus ferme / fort / stable

**affermissement** n. m. 1 affirmation, amélioration, ancrage, assurance, consolidation, durcissement, fixation, garantie, protection, radicalisation, raffermissement, raidissement, réconfort, renforcement, scellement, stabilisation 2 → **soutien**

**afféterie** n. f. → **affectation**

**affété, e** → **affecté**

**affichage** n. m. annonce, étalage, panneau, publicité

**affiche** 1 affichette, annonce, avis, écriteau, logo, pancarte, panneau, placard, poster, proclamation, programme, publicité, réclame 2 → **agrafe** 3 → **perche**

**afficher** 1 au pr. : coller / poser des affiches, faire connaître / savoir, indiquer, placarder, publier, rendre public, signaler, visualiser 2 fig. : accentuer, accuser, affecter, affirmer, annoncer, arborer, attester, déballer (fam.), déclarer, découvrir, décrire, démontrer, dénuder, déployer, développer, dévoiler, étaler, évoquer, exhiber, exposer, extérioriser, faire étalage de / montre de / parade de, manifester, marquer, mettre, montrer, offrir, porter, présenter, prodiguer, produire, prouver, représenter, respirer, révéler, signifier, témoigner 3 v. pron. a apparaître, attirer l'attention / l'œil / le regard / la vue, faire étalage, faire le glorieux / le malin, faire montre / parade de, se faire admirer / valoir / voir, se mettre à l'étalage / en vitrine, montrer son nez, parader, paraître, pavaner, se pavaner, se peindre, se répandre (fam.) b **s'afficher avec quelqu'un :** se compromettre (péj.), fréquenter, hanter 4 vx : tailler en pointe

**afficheur, euse** colleur / poseur d'affiches

**affichiste** n. m. et f. → **dessinateur**

**affidé, e** 1 neutre : → **confident** 2 non fav. : agent secret, complice, espion, indicateur

**affilage** n. m. affût, affûtage, aiguisage, émorfilage, repassage

**affilé, e** 1 acéré, affûté, aiguisé, coupant, émorfilé, émoulu, repassé, taillant, tranchant 2 → **mordant** 3 fig. **la langue bien affilée :** bien pendue

**affilée (d')** à la file, de suite, sans discontinuer, sans interruption

**affiler** affûter, aiguiser, appointer, donner du fil / du tranchant, émorfiler, meuler, repasser, tailler ◆ vx : acérer

**affiliation** n. f. adhésion, adjonction, admission, adoption, agrégation, association, contrat, conventionnement, cooptation, enrôlement, entrée, incorporation, initiation, inscription, intégration, mobilisation (péj.), rattachement, réception

**affilié, e** adhérent, adjoint, admis, adopté, agrégé, associé, assujetti, contractuel, conventionné, coopté, cotisant, enrôlé, incorporé, initié, inscrit, intégré, mobilisé (péj.), rattaché, reçu → **camarade**

**affilier** 1 adjoindre, admettre, adopter, agréger, associer, coopter, enrôler, incorporer, initier, inscrire, intégrer, faire cotiser / entrer, mobiliser, rattacher, recevoir 2 v. pron. : adhérer, cotiser, entrer à, entrer dans, rejoindre, se faire admettre

**affiloir** n. m. → **aiguisoir**

**affinage** n. m. 1 décarburation, dépuration, épuration, puddlage, raffinage 2 achèvement, assainissement, élimination, façon, façonnage, façonnement, finissage, finition, maturation, nettoiement, nettoyage

**affinement** n. m. dressage (péj.), éducation, perfectionnement

**affiner** 1 au pr. : assainir, décarburer, épurer, nettoyer, puddler, purifier, raffiner 2 fig. → **façonner** 3 v. pron. : s'apprivoiser, se civiliser, se dégourdir, se dégrossir, s'éduquer, se faire, se perfectionner, se polir

**affinité** n. f. 1 → **alliance** 2 → **analogie** 3 → **affection** 4 → **parenté**

**affiquet** n. m. → **bagatelle**

**affirmatif, ive** apodictique, approbatif, assertif, assertorique, assuré, catégorique, décisif, déclaratif, didactique, ferme, péremptoire, positif, tranchant

**affirmation** n. f. 1 assertion, assurance, attestation, prise de position, proposition, théorème, thèse → **allégation** 2 approbation, confirmation, démonstration, expression, extériorisation, jugement, manifestation, preuve, témoignage

**affirmer** 1 arguer, argumenter, articuler, assurer, attester, certifier, déclarer, dire, donner sa parole, faire serment, gager, garantir, jurer, maintenir, parier, prétendre, proclamer, proférer, promettre, prononcer, protester, en répondre, soutenir → **alléguer** 2 avancer, confirmer, crier, démontrer, exprimer, extérioriser, faire état de, manifester, montrer, produire, prouver, témoigner 3 → **souligner** 4 donner sa tête à couper, ficher / foutre son billet (pop.), mettre sa main au feu (fam.) 5 v. pron. : s'affirmir, se déclarer, se confirmer, s'exprimer, s'extérioriser, se manifester, se montrer, se produire, se renforcer

**affleurement** n. m. émergence, saillie, surgissement

**affleurer** 1 → **apparaître** 2 → **égaliser**

**afflictif, ive** → **pénible**

**affliction** n. f. 1 abattement, amertume, angoisse, chagrin, consternation, déchirement, désespoir, désolation, détresse, douleur, peine, souffrance → **tristesse** 2 brisement de cœur, calvaire, chemin de croix, crève-cœur, deuil, difficulté, enfer, épreuve, martyre, supplice, torture, tourment, traverse, tribulation → **malheur**

**affligé, e** déshérité, infortuné, malchanceux, malheureux, miséreux, paria, pauvre, réprouvé ◆ péj. : gueux, miteux, paumé

**affligeant, e** accablant, attristant, chagrinant, cruel, décourageant, démoralisant, déplorable, déprimant, désastreux, désespérant, désolant, douloureux, dur, embarrassant, embêtant, emmerdant (grossier), ennuyeux, fâcheux, funeste, injuste, lamentable, malheureux, mauvais, navrant, pénible, regrettable, sot, triste

**affliger** 1 au pr. : abattre, accabler, affecter, arracher des larmes, assombrir, atterrer, attrister, chagriner, contrarier, contrister, déchirer, désespérer, désoler, émouvoir, endeuiller, enténébrer, éprouver, fâcher, faire souffrir, fendre le cœur, frapper, mettre à l'épreuve / au supplice / à la torture, navrer, peiner, percer le cœur, torturer, toucher, tourmenter, troubler 2 par ironie : doter, nantir 3 relig. : appliquer la discipline, macérer 4 v. pron. : déplorer, éprouver de l'affliction / de la douleur / du chagrin

**affluence** n. f. 1 au pr. : afflux, arrivées, circulation, écoulement, flot, flux, issue 2 fig. a de choses : abondance, avalanche, débordement, déferlement, déluge, excès, exubérance, foison, foisonnement, inondation, luxuriance, opulence, pagaille (fam.), pléthore, pluie, profusion, quantité, richesse, surabondance, tas b de gens : abord (québ.), amas, armée, concentration, concours, encombrement, essaim, flot, forêt, foule, fourmilière, fourmillement, grouillement, mascaret, masse, monde, multitude, peuple, presse, pullulement, ramas (vx), rassemblement, régiment, réunion, ruche, rush, tas c fam. : flopée, foultitude, potée, ramassis, tapée, tripotée

**affluent** n. m. → **rivière**

**affluer** 1 un liquide. a le sang : arriver, circuler, monter b un cours d'eau : aboutir à, aller / couler vers, se déverser dans 2 abonder, accourir, arriver, converger, courir / se porter / se presser vers, déferler, survenir, venir en foule

**afflux** n. m. 1 au pr. → **affluence** 2 fig. : bouchon, débordement, déferlement, embouteillage, encombrement, flot, foule, masse, rassemblement, rush ◆ fam. : boom, chiée, flopée, foultitude

**affolant, e** 1 → **alarmant** 2 → **affriolant**

**affolement** n. m. 1 → **agitation** 2 → **inquiétude**

**affoler** 1 v. tr. a au pr. → **agiter, alarmer** b fig. → **affrioler** 2 v. intr. : se dégrouiller (fam.), se démerder (grossier), se dépêcher, se hâter 3 v. pron. : s'agiter, s'alarmer, s'angoisser, être bouleversé, s'effrayer, s'émouvoir, s'épouvanter, se faire du souci, se frapper, s'inquiéter, paniquer, perdre le nord / la tête, prendre peur, être pris de panique / terrifié / tracassé / troublé

**affouillement** n. m. → **creusage**

**affouiller** → **creuser**

**affourager** → **nourrir**

**affranchi, e** 1 adj. → **libre** 2 nom fam. : affidé, complice, confident, dur (arg.), initié, souteneur, truand, voyou

**affranchir** 1 briser / rompre / secouer les chaînes / le joug / les liens, débarrasser, délier, délivrer, émanciper, libérer, rendre la liberté, soustraire à ◆ fam. : initier, informer, mettre dans le coup / au courant / au parfum, renseigner 2 composter, payer le port, surtaxer, taxer, timbrer 3 détaxer, libérer, exonérer

**affranchissement** n. m. 1 délivrance, émancipation, libération, manumission 2 compostage, frais de port, surtaxe, taxe, timbre

**affres** n. f. pl. agonie, alarme, angoisse, anxiété, crainte, douleur, doute, effroi, émoi, émotion, épouvante, inquiétude, tourment, transe → **peur**

**affrètement** n. m. 1 agence de fret 2 chargement, charte-partie, charter, contrat, nolisement

**affréter** charger, louer, noliser, pourvoir

**affréteur** n. m. agent, charter, organisateur, pourvoyeur, répartiteur, subrécargue

**affreux, euse** 1 adj. : a abominable, atroce, barbare, criminel, cruel, dégoûtant, déplaisant, désagréable, détestable, effrayant, effroyable, épouvantable, exécrable, féroce, hideux, horrible, ignoble, infâme, mauvais, monstrueux, noir, repoussant, répugnant, terrible b difforme, disgracieux, inesthétique, laid, informe, mal fait / fichu / foutu (fam.) / tourné, moche, vilain c → **méchant** 2 a nom : mercenaire, spadassin b péj. : dégueulasse, fumier, salaud, saligaud, salopard, satyre, vicieux

**affriander** 1 → **affrioler** 2 → **amorcer**

**affriolant, e** affolant, affriandant, agaçant, aguichant, alléchant, aimable, aphrodisiaque, appétissant, attirant, attrayant, charmant, charmeur, croquignolet, désirable, engageant, ensorcelant, envoûtant, excitant, grisant, plaisant, ragoûtant, séduisant, stimulant, tentant, troublant ◆ fam. : bandant, jouissif, sexy

**affrioler** affoler, affriander, agacer, aguicher, allécher, attirer, charmer, engager, ensorceler, envoûter, exciter, faire du charme, griser, minauder, séduire, stimuler, tenter, troubler → **flatter**

**affront** n. m. attaque, atteinte, avanie, baffe (fam.), blasphème, camouflet, grossièreté, humiliation, incongruité, injure, insolence, insulte, mortification, nasarde, offense, outrage, soufflet, vanne (arg.), vexation → **gifle**

**affrontement** n. m. attaque, bataille, challenge, choc, combat, compétition, concurrence, confirmation, défi, duel, échange, engagement, face à face, heurt, lutte, match, mise en présence, provocation, rencontre, tournoi → **guerre**

**affronter** 1 quelqu'un : s'aligner, aller au-devant de, approcher de, attaquer, combattre, défier, faire face / front à, se heurter à, lutter contre, se mesurer à, rencontrer, résister → **braver** 2 une difficulté : aller au-devant de, chercher, combattre, courir, défier, endurer, s'exposer / se mesurer à, faire face / front à, lutter contre, se mesurer à 3 v. pron. : être en compétition / concurrence / conflit, s'expliquer (fam.), se faire concurrence / face, se heurter, se livrer un combat, se mesurer à, se rencontrer sur le terrain

**affublement** n. m. → **accoutrement**

**affubler** coller, donner, gratifier de, octroyer, qualifier de → **accoutrer**

**affusion** n. f. → **ablution**

**affût** n. m. 1 le lieu : cabane, cache, embuscade, poste, réduit 2 bâti, support, trépied 3 → **affilage** 4 **être à l'affût :** attendre, être à l'arrêt / aux aguets / à l'écoute, guetter, observer, patienter, surveiller → **épier**

**affûtage** n. m. → **affilage**

**affûter** → **affiler**

**affûteur** n. m. 1 → **rémouleur** 2 → **lime**

**aficionado** fervent → **amateur**

**afin de** et **afin que** dans le but de (fam.) / le dessein de / l'intention de, en vue de, pour, pour que

**a fortiori** à plus forte raison, raison de plus

**agaçant, e** 1 contrariant, crispant, déplaisant, désagréable, échauffant, énervant, enrageant, exacerbant, exaspérant, excédant, excitant, horripilant, insupportable, irritant, lancinant, lassant, provocant, rageant, surexcitant, vexant 2 → **affriolant** 3 fam. : asticotant, embêtant, emmerdant, enquiquinant

**agacement** n. m. agacerie, contrariété, déplaisir, désagrément, embêtement, emmerdement (grossier), énervement, ennui, exacerbation, exaspération, impatience, irritation, titillation

**agacer** 1 asticoter, bourdonner, casser les pieds, chercher des crosses, chercher noise / querelle à, contrarier, courroucer, crisper, donner sur les nerfs, échauffer, échauffer la bile / les oreilles, embêter, emmerder (grossier), énerver, ennuyer, enquiquiner, exacerber, exaspérer, excéder, exciter, fâcher, faire enrager / sortir de ses gonds, hérisser, horripiler, impatienter, indisposer, irriter, lanciner, lasser, mécontenter, mettre en colère / rogne (fam.), porter sur les nerfs, piquer, provoquer, taquiner, titiller 2 → **affrioler**

**agacerie** n. f. 1 agacement, pique, provocation, taquinerie 2 avances, coquetterie, manège, marivaudage, minauderie

**agame** 1 nom et adj. → **célibataire** 2 n.m. → **saurien**

**agami** n. m. → **échassier**

**agamie** n. f. → **reproduction**

**agape(s)** n. f. banquet, festin, fête, grand repas, réjouissances → **repas** ◆ fam. : bombance, bombe, gueuleton, ripaille

**agaric** n. m. → **champignon**

**agate** n. f. 1 calcédoine 2 chrysoprase, cornaline, jaspe, onyx, sardoine 3 bille, camée

**agatisé, e** 1 → **brillant** 2 → **poli**

**âge** n. m. 1 ancienneté, époque, ère, génération, heure, période, temps, vieillesse 2 a assurance, autorité, expérience b arg. : bouteille, carat, flacon, galon, grade

**âgé, e** 1 avancé, d'âge canonique (fam.), sénescent, usé, vieux 2 une chose : ancien, déclassé, démodé, hors service, hors d'usage, au rebut, sur le tard, tard d'époque (fam. et par ext.) → **vieux**

**agence** n. f. affaire, bureau, cabinet, chantier, commerce, comptoir, dépôt, entrepôt, office, succursale

**agencement** n. m. 1 accommodation, accommodement, ajustement, aménagement, arrangement, combinaison, composition, contexture, coordination, dispositif, disposition, distribution, enchaînement, liaison, mécanisme, mise en ordre / place, ordonnance, ordre, organisation, réglementation, structure, texture 2 → **décor**

**agencer** aménager, composer, coordonner, décorer, distribuer, enchaîner, goupiller (fam.), lier, mettre en ordre / place, meubler, monter, ordonner, organiser, présenter, structurer, tisser → **adapter**

**agencier** n. m. → **journaliste**

**agenda** n. m. 1 almanach, bloc-notes, calendrier, calepin, carnet, éphémérides, mémento, registre, répertoire 2 relig. : ordo

**agénésie** n. f. → **impuissance**

**agenouillement** n. m. 1 au pr. : génuflexion, inclinaison, prosternation, prosternement 2 fig. : abaissement, bigoterie, complaisance, humiliation, lâcheté, tartuferie

**agenouiller (s')** 1 au pr. : s'incliner, se prosterner 2 par ext. a admirer, adorer, faire oraison, prier, vénérer b non fav. : s'abaisser, capituler, céder, s'humilier, mettre les pouces (fam.) → **soumettre (se)**

**agenouilloir** n. m. prie-Dieu

**agent** n. m. 1 au pr. ce qui agit : action, âme, bras, cause, facteur, ferment, instrument, moteur, moyen, objet, organe, origine, principe, source 2 quelqu'un : âme damnée (péj.), auxiliaire, bras droit, commis, commissaire, commissionnaire, consignataire, correspondant, courtier, délégué, émissaire, employé, envoyé, exécutant, facteur, factotum, fonctionnaire, fondé de pouvoir, gérant, homme de confiance, inspecteur, intendant, intermédiaire, mandataire, messager, négociateur, préposé, représentant, serviteur, substitut, suppléant, transitaire 3 de police. a contractuel(le), gardien de la paix, pèlerin, pèlerine, policier, sergent de ville → **policier** b arg. et péj. : argousin, bourre, bourrique, cogne, condé, flic, guignol, hirondelle, poulet, sbire, vache 4 a **agent secret** : affidé, correspondant, espion (péj.), indicateur b **agent de l'ennemi** : espion, traître c **agent d'exécution** : bourreau, exécuteur, homme de loi / de main / de paille, huissier, séide, tueur (à gages) d **agent de liaison** : courrier, estafette e **agent provocateur** : agitateur, brebis galeuse, indicateur, mouton f **agent diplomatique** : ambassadeur, chargé d'affaires, consul, légat, ministre, ministre plénipotentiaire, nonce

**aggiornamento** n. m. adaptation, mise à jour → **changement**

**agglomérat** n. m. 1 au pr. : agglomérés, agrégat, amas, amoncellement, bloc, conglomérat, conglutination, éboulis, entassement, masse, sédiment, tas 2 fines, granulat 3 par ext. a accrétion, accumulation, agglomération, agglutination, agrégation, amalgame, amas, assemblage, bloc, conglomérat, entassement, réunion, tas b → **rassemblement**

**agglomération** n. f. 1 banlieue, bidonville, bloc, bourg, bourgade, camp, campement, capitale, centre, chef-lieu, cité, colonie, conurbation, décapole, douar, ensemble, faubourg, favela, feux, foyers, grand ensemble, habitat, hameau, localité, métropole, paroisse, station, technopole, village, ville, zone urbaine 2 → **agglomérat**

**aggloméré** n. m. brique, briquette, carreau de plâtre, hourdis, parpaing, préfabriqué, staff, stuc, synderme (techn.)

**agglomérer** et **agglutiner** accumuler, agréger, amasser, amonceler, assembler, attrouper, coller, conglomérer, conglutiner, empiler, entasser, entremêler, mélanger, mêler, mettre en bloc / ensemble / en tas, rassembler, réunir, unir

**agglutination** n. f. 1 → **agglomérat** 2 → **agglomération**

**aggravant, e** accablant, à charge

**aggravation** n. f. accroissement, alourdissement, amplification, augmentation, complication, croissance, développement, escalade, exacerbation, exaspération, intensification, progrès, progression, propagation, rechute, recrudescence, redoublement

**aggraver** 1 une charge : accroître, alourdir, amplifier, appesantir, augmenter, charger, compliquer, développer, empirer, envenimer, étendre, exacerber, exagérer, exaspérer, exciter, grever, redoubler, surcharger 2 une condamnation : ajouter, allonger, augmenter, grandir, grossir, rallonger 3 un sentiment : exacerber, exaspérer, exciter, intensifier, irriter, renforcer 4 mar. vx. → **échouer** 5 v. pron. : se détériorer, empirer, progresser

**agile** 1 adroit, aisé, à l'aise, alerte, allègre, découplé, délié, élastique, frétillant, fringant, élégant, félin, gracieux, habile, ingambe, léger, leste, mobile, preste, prompt, rapide, sémillant, souple, véloce, vite → **vif** 2 vx : accort

**agilité** n. f. adresse, aisance, allégresse, élasticité, élégance, grâce, habileté, légèreté, mobilité, prestesse, promptitude, rapidité, souplesse, vélocité, virtuosité, vitesse → **vivacité**

**agio** n. m. 1 charges, commission, crédit, frais, guelte, intérêts, plus-value, prélèvement 2 vx. → **façon**

**agiotage** n. m. accaparement, coup de bourse, spéculation, trafic, tripotage

**agioter** accaparer, hasarder une mise, jouer à la bourse, miser, spéculer ◆ fam. ou péj. : boursicoter, traficoter, trafiquer, tripoter

**agioteur, euse** → **spéculateur**

**agir** 1 on fait une chose. a fav. : aller de l'avant, animer, célébrer, collaborer à, se comporter, conduire, se conduire, concourir à, contribuer à, se dépenser, employer, s'employer à, entraîner, s'entremettre, entreprendre, exécuter, exercer une action / une influence sur, faire, faire appel à, intercéder, intervenir, jouer, manifester, manœuvrer, mener, mettre en action / en œuvre, mouvoir, négocier, s'occuper de, œuvrer, officier, opérer, persuader, pousser, procéder à, provoquer, travailler, vivre b non fav. : abuser, contrarier, contrecarrer, contredire, contrevenir, en faire à sa tête, impressionner, inciter à, influencer, influer sur, lutter, se mettre en travers, s'opposer à, sévir, traiter, en user avec 2 une chose agit sur quelqu'un ou quelque chose : avoir pour conséquence / effet, concourir à, contribuer à, entraîner, exercer une action / une influence sur, faire effet sur, influer sur, opérer, provoquer, travailler 3 **agir en justice** : actionner, entamer une procédure, introduire une requête, poursuivre 4 v. pron. impers. : il convient, il est nécessaire / question, il faut

**agissant, e** 1 → **actif** 2 allant, entreprenant, influent, qui a le bras long

**agissements** n. m. pl. péj. : allées et venues, aventures, comportement, conduite, démarche, façons, intrigues, machinations, manières, manigances, manœuvres, menées, micmac, pratiques, procédés ◆ fam. : cinéma, combines, magouilles, salades

**agitateur, trice** → **factieux**

**agitation** n. f. 1 au pr. a activité, animation, bouillonnement, effervescence, flux et reflux, grouillement, houle, maelström, mouvement, ondulation, orage, raz-de-marée, remous, secousse, tempête, tohu-bohu, tourbillon, tourmente, trépidation, trouble, tumulte, turbulence, va-et-vient b du corps (neutre ou fav.) : activité, affairement, animation, hâte, mouvement, tortillement, trémoussement non fav. : affolement, alarme, bruit, désordre, effervescence, énervement, excitation, incohérence, précipitation, remue-ménage, surexcitation, tourbillon, tourmente, tressaillement, trouble, tumulte, turbulence, vent c méd. : angoisse, délire, excitation, fébrilité, fièvre, hystérie, nervosité 2 fig. a des sentiments : affres, angoisse, anxiété, appréhension, bouillonnement, bouleversement, colère, confusion, convulsion, déchaînement, délire, désarroi, ébranlement, ébullition, effervescence, effroi, embrasement, émoi, émotion, exaspération, fièvre, flottement, frayeur, frénésie, hésitation, inquiétude, lutte, mouvement, orage, passion, préoccupation, remous, secousse, souci, terreur, tourment, tracas, trouble, tumulte, violence b d'une foule : activité, animation, bouillonnement, convulsion, déchaînement, délire, démonstration, effervescence, embrasement, émeute, excitation, faction, fermentation, fièvre, flux et reflux, fourmillement, grouillement, houle, lutte, manifestation, mêlée, mouvement, orage, pagaille, panique, remous, remue-ménage, révolte, révolution, secousse, sédition, tourmente, trouble, violence ◆ fam. micmac, pastis

**agité, e** 1 → **fiévreux** 2 → **troublé** 3 → **inquiet**

**agiter** 1 on agite. a une chose : ballotter, battre, brandir, brouiller, secouer → **remuer** b le corps : balancer, battre, bercer, branler, dodeliner, frétiller, gambiller, gesticuler, gigoter, hocher, secouer, soulever, trémuler c une question : analyser, avancer, débattre de, discuter de, examiner, mettre à l'ordre du jour, proposer, soulever, soumettre, traiter 2 une chose agite quelqu'un ou un groupe : affoler, alarmer, angoisser, animer, bouleverser, ébranler, effrayer, embraser, émouvoir, énerver, enfiévrer, enflammer, enthousiasmer, envahir, épouvanter, exciter, faire peur, inquiéter, irriter, mettre en effervescence / en émoi, occuper, paniquer (fam.), préoccuper, remuer, rendre soucieux, révolter, révolutionner, soulever, terrifier, torturer, tourmenter, tracasser, transporter, travailler, troubler 3 v. pron. a s'affairer, aller et venir, s'animer, bouger, circuler, courir, se dandiner, se démener, s'empresser, frétiller, gesticuler, gigoter, se précipiter, remuer, se secouer, se tortiller, se trémousser, vibrionner b équit. broncher, cogner, s'ébrouer, piaffer, ruer c clapoter, claquer, flotter, frémir, frissonner d vx : se débattre, se discuter, être en question

**agneau, elle** agnelet, antenais(e), bête à laine, broutard, nourrisson, pré-salé, vacive → **mouton**

**agnelage** n. m. mise bas, naissance, parturition

**agneline** n. f. → **laine**

**agnosticisme** n. m. 1 → **scepticisme** 2 → **humanisme**

**agnus dei** n. m. → **fétiche**

**agnostique** → **incroyant**

**agonie (à l')** n. f. 1 au pr. : à la mort, à l'article de la mort, dernière extrémité / heure, derniers instants / moments / soupirs, extrémité, fin, in extremis 2 fig. a affres, angoisse, crainte, détresse b chute, crépuscule, décadence, déclin, fin, souffrance

**agonir** accabler, couvrir d'injures, honnir (vx), injurier, maudire, déverser / verser un tombereau d'injures → **vilipender** ◆ fam. : engueuler, passer une engueulade

**agonisant, e** à l'article de la mort, moribond, mourant ◆ arg. : crevard, foutu, raide

**agoniser** s'éteindre, expirer, passer, râler, tirer à sa fin → **mourir**

**agoniste** n. m. → **gymnaste**

**agora** n. f. espace piétonnier, forum, place piétonnière

**agoraphobie** n. f. → **névrose**

**agrafe** n. f. 1 sur un vêtement : attache, boucle, broche, clip, épingle, fermail, fibule ◆ vx : accroche, affiche 2 autres usages : cavalier, épingle, fermoir, trombone

**agrafer** accrocher, adapter, ajuster, assembler, attacher, épingler, fixer, joindre, maintenir, mettre, retenir

**agraire** agrarien, agricole, foncier, rural

**agrandir** 1 au pr. : accroître, ajouter à, allonger, amplifier, annexer, arrondir, augmenter, développer, dilater, donner du champ / de l'expansion / du large, élargir, élever, étendre, étirer, évaser, exhausser, gonfler, grossir, grouper, hausser, reculer les bornes / les limites, regrouper, surélever 2 fig. a détailler, élargir, élever, ennoblir, enrichir, étendre, fortifier, grandir, honorer, porter plus haut, propager, renforcer b amplifier, enfler, exagérer, gonfler, grossir, paraphraser 3 v. pron. : accroître son activité, devenir plus grand / fort / important / puissant, étendre ses biens / son domaine

**agrandissement** n. m. 1 accroissement, amplification, annexion, conquête, croissance, développement, dilatation, élargissement, élévation, enflure, ennoblissement, enrichissement, évasement, exagération, extension, gain, gonflement, grossissement, groupement, regroupement, renforcement, surélévation 2 → **amélioration** 3 → **augmentation**

**agrarien, ne** 1 adj. → **agraire** 2 nom : propriétaire foncier / rural / terrien

**agréable** 1 quelqu'un. a abordable, accommodant, accompli, accort (vx), accueillant, affable, aimable, amène, attachant, attirant, beau, bien, bien élevé, bon, bon vivant, charmant, chic, doux, exquis, facile, fascinant, gai, galant, gentil, gracieux, joli, joyeux, parfait, piquant, plaisant, prévenant, séduisant, serviable, sociable, sympathique b fam. : bath, chouette, cool, sympa c partic. : ciné / phono / photo / radio / télégénique 2 une chose. a un endroit : attirant, attrayant, beau, bien conçu / situé, captivant, charmant, commode, confortable, enchanteur, fascinant, joli, plaisant, ravissant, riant, splendide b un rêve, un moment : captivant, charmant, doré, doux, enchanteur, enivrant, heureux c une friandise, un repas : affriolant, appétissant, délectable, délicieux, engageant, exquis, fameux, ragoûtant, savoureux d un vin : acidulé, aimable, ample, bâti, boisé, bouqueté, capiteux, charpenté, complet, corsé, coulant, cristallin, doux, élégant, épanoui, équilibré, fin, frais, fruité, gai, gouleyant, goulu, harmonieux, léger, liquoreux, mâché, moelleux, nerveux, noble, onctueux, perlant, plaisant, plein, puissant, riche, robuste, rond, sec, soutenu, soyeux, vif, vineux locutions : bien / long en bouche, qui a du bouquet / de la chair / du caractère / du corps / du cuir / de la cuisse / de la douceur / de la finesse / de la longueur / de la noblesse / de la puissance / de la race / de la rondeur / de la sève, qui a un goût / parfum de feuilles mortes / de fraise des bois / de framboise / de groseille / de mûre / de myrtille / de pêche e un son : aérien, doux, euphorique, harmonieux, léger, mélodieux, suave f un parfum : aromatique, capiteux, embaumant, enivrant, fragrant, léger, suave, subtil g un propos : aimable, doux, flatteur h un spectacle → **amusant, attirant, beau, émouvant**

**agréé, e** n. m. et f. avocat, avoué, chargé d'affaires, comptable, conseiller juridique, fondé de pouvoir, mandataire

**agréer** 1 v. intr. : aller à, convenir, faire l'affaire, être au gré de, plaire 2 v. tr. : accepter, acquiescer, accueillir, admettre, approuver, donner son accord à, goûter, recevoir, recevoir favorablement, trouver bon / convenable / à sa convenance

**agrégat** n. m. accumulation, amas, assemblage, bloc, conglomérat, masse, sédiment → **agglomérat**

**agrégation** n. f. agglomération, association, sédimentation

**agréger** adjoindre, admettre, affilier, agglomérer, assembler, associer, attacher, choisir, coopter, élire, faire entrer, incorporer, recruter, réunir, unir

**agrément** n. m. 1 au pr. : acceptation, accord, acquiescement, adhésion, admission, affiliation, approbation, autorisation, association, choix, consentement, cooptation, élection 2 relig. : celebret, créance, imprimatur 3 par ext. : aisance, aménité, attrait, charme, élégance, exquisité, grâce, mérite, piquant, qualité, séduction 4 au plur. a de la vie : amusement, bien-être, bonheur, charmes, commodité, confort, distraction, divertissement, joie, plaisir b pour orner : accessoires, assaisonnement (vx), enjolivement, fioriture, garniture, ornement, superflu

**agrémenter** assaisonner (vx), embellir, enjoliver, enrichir, garnir, orner, parer, relever

**agrès** n. m. pl. 1 apparaux, armement, gréement, superstructures 2 anneaux, appareils, balançoire, barre, corde lisse / à nœuds, portique, trapèze

**agresser** → **attaquer**

**agresseur** n. m. assaillant, attaquant, insultant (vx), offenseur, oppresseur, persécuteur, provocateur

**agressif, ive** ardent, bagarreur, batailleur, belliqueux, chercheur, combatif, fonceur, malveillant, méchant, menaçant, mordant, provocateur, pugnace, querelleur → **violent**

**agression** n. f. 1 action, attaque, déferlement, envahissement, intervention, invasion, viol, violence 2 cambriolage, effraction, fric-frac, hold-up, intrusion → **vol**

**agressivité** n. f. ardeur, brutalité, combativité, esprit querelleur, malveillance, méchanceté, provocation, pugnacité, quérulence (méd.) → **violence**

**agreste** agraire, agricole, bucolique, campagnard, champêtre, forestier, pastoral, paysan, rural, rustique, terrien ◆ péj. : abrupt, grossier, inculte, rude, rustique, sauvage

**agricole** agraire, agronomique, agro-pastoral, cultural → **agreste**

**agriculteur, trice** 1 agrarien, agronome, cultivateur, cul-terreux (péj.), exploitant, fermier, laboureur, pasteur, paysan, planteur, producteur, propriétaire foncier / rural / terrien 2 apiculteur, arboriculteur, aviculteur, betteravier, céréalier, éleveur, fraisiculteur, herbager, horticulteur, houblonnier, maraîcher, pisciculteur, sériciculteur, sylviculteur, tabaculteur, trufficulteur, viticulteur 3 par ext. : aide rural(e), berger, bûcheron, domestique, journalier, ouvrier agricole, garde-chasse, garde-pêche, jardinier 4 vx ou rég. : bordier, bouvier, charretier, colon, laboureur, métayer, moissonneur, pasteur, planteur, semeur, tâcheron

**agriculture** n. f. 1 agronomie, culture, économie rurale, élevage, paysannerie, production agricole, produits du sol, secteur primaire 2 faire-valoir (direct), fermage, métayage 3 agrumiculture, apiculture, arboriculture, aviculture, céréaliculture, élevage, embouche, horticulture, hortillonnage, maraîchage, monoculture, pisciculture, polyculture, pomoculture, sériciculture, sylviculture, trufficulture, viticulture

**agrion** n. m. → **libellule**

**agrippement** n. m. → **étreinte**

**agripper** 1 accrocher, attraper, cramponner, harponner, retenir, saisir, tenir 2 vx → **agrafer** 3 a arg.→ **arrêter** b → **voler**

**agrume** n. m. 1 bergamote, bigarade, cédrat, citron, citrus, clémentine, kumquat, lime, limette, limon, mandarine, orange, orangette, pamplemousse, pomélo, tangerine 2 → **prune**

**aguerrir** accoutumer, affermir, cuirasser, endurcir, entraîner, éprouver, fortifier, préparer, rompre, tremper

**aguets (être aux)** n. m. pl. à l'affût, à l'arrêt, à l'écoute, à son poste, au guet, aux écoutes, en embuscade, en éveil, en observation, sur ses gardes, épier, faire attention / gaffe (fam.)/ le guet / le pet (arg.), guetter, observer, surveiller

**aguichant, e** → **affriolant**

**aguicher** → **affrioler**

**aguicheur, euse** 1 fém. : allumeuse, charmeuse, coquette, flambeuse, flirteuse, provocatrice, séductrice, tentatrice, vamp 2 masc. : a charmeur, flirteur, séducteur, tentateur b fam. : allumeur, dragueur, flambeur, joli-cœur

**ahan** n. m. → **effort**

**ahaner** 1 s'essouffler, faire effort, fatiguer, haleter, souffler, souffrir, suer 2 → **peiner**

**ahuri, e** → **bête**

**ahurir** abasourdir, abêtir, abrutir (péj.), confondre, déconcertrer, décontenancer, démonter, dérouter, ébahir, éberluer, effarer, étonner, faire perdre la tête, hébéter, jeter dans le trouble, laisser interdit / pantois / stupéfait / stupide, prendre au dépourvu, stupéfier, surprendre, troubler ◆ fam. : ébouriffer, époustoufler

**ahurissant, e** → **étonnant**

**ahurissement** n. m. → **surprise**

**aiche** ou **èche** n. f. aguiche *ou* amorce, appât, asticot, boite, capelan, devon, leurre, manne, mouche, rogue, teigne, ver de farine / de terre / de vase, vermée, vif

**aide** 1 n.f. a au pr. : aumône, avance, bienfait, bourse, cadeau, charité, dépannage, don, facilité, faveur, grâce, prêt, prêt d'honneur, secours, soulagement, subside, subvention b par ext. : adjuvat (méd.), appui, assistance, bienveillance, bons offices, collaboration, complaisance, concours, connivence (péj.), conseil, contribution, convergence, coopération, coup de main / d'épaule / de pouce, encouragement, entraide, intervention, main-forte, office, participation, patronage, piston (fam.), protection, réconfort, renfort, repêchage, rescousse, secours, service → **soutien** c au pl. → **impôt** 2 n.m. : → **adjoint** 3 à l'aide de : → **avec**

**aide-mémoire** n. m. 1 croquis, dessin, guide-âne, pense-bête 2 → **mémento** 3 → **abrégé**

**aider** 1 v. tr. : agir, appuyer, assister, avantager, collaborer, concourir, conforter, contribuer, dépanner, donner la main à, s'entraider, épauler, étayer, faciliter, faire beaucoup pour / le jeu de / quelque chose pour, favoriser, jouer le jeu de, lancer, mettre à l'aise / dans la voie / le pied à l'étrier, obliger, offrir, partager, participer, patronner, pousser, prendre part à, prêter la main / main-forte, protéger, réconforter, rendre service, renflouer, renforcer, repêcher, seconder, secourir, servir, soulager, soutenir, subventionner, tendre la main, venir à l'aide / à la rescousse / au secours fam. : donner un coup de main / de piston / de pouce, faire la courte échelle 2 v. tr. ind. : contribuer à, faciliter, favoriser, permettre 3 v. pron. : s'appuyer sur, faire feu de tout bois (fam.), prendre appui sur, se servir de, tirer parti de

**aïeul, aïeule, aïeux** aîné, ancêtre, ascendant, auteur, bisaïeul, devancier, (arrière-) grand-mère, (arrière-) grand-oncle, (arrière-) grand-père, (arrière-) grand-tante, (arrière-) grands-parents, parent, prédécesseur, trisaïeul

**aigle** 1 n.m. et fém. a au pr. : aigle blanc / de mer / impérial / jean-le-blanc / pêcheur / royal, aiglon, balbuzard, circaète, frégate, gypaète, harpie, huard, orfraie, pygargue, rapace, uraète b fig. : as, champion, fort en thème, grosse tête (fam.), phénomène, phénix, prodige, tête d'œuf (arg.) 2 n.f. sing. et pl. : armoirie, bannière, drapeau, emblème, empire, enseigne, étendard

**aigre** 1 au pr. a acerbe, acescent, acide, acidulé, âcre, aigre-doux, aigrelet, aigri, astringent, piquant, piqué, raide, rance, reginglard, sur, suret, tourné, vert ◆ vx : acidule b un son : aigu, assourdissant, criard, déplaisant, désagréable, grinçant, perçant, sifflant, strident 2 fig. a le froid : acéré, coupant, cuisant, désagréable, glacé, glacial, mordant, mortel, pénible, piquant, saisissant, vif b quelqu'un : acariâtre, acerbe, acide, âcre, acrimonieux, agressif, amer, âpre, atrabilaire, blessant, cassant, caustique, déplaisant, désagréable, dur, fielleux, hargneux, incisif, malveillant, mordant, pète-sec, piquant, pisse-vinaigre, pointu, râleur, revêche, rude, sarcastique, sec, sévère, tranchant, venimeux, violent, virulent

**aigrefin** n. m. chevalier d'industrie, coquin, escroc, filou, fourbe, malandrin, malhonnête, voyou → **voleur**

**aigrelet, ette** 1 acidulé, ginguet, piquant, piqué, raide, reginglard, sur, tourné, vert 2 fig. → **malveillant**

**aigrette** n. f. 1 héron blanc 2 panache, plume, plumet

**aigreur** 1 au pr. : acescence, acétification, acidité, amertume, hyperchlorhydrie, verdeur 2 fig. : acerbité, acidité, âcreté, acrimonie, agressivité, amertume, animosité, âpreté, brouille, causticité, colère, dépit, désagrément, dureté, fiel, haine, hargne, humeur, irritation, malveillance, maussaderie, méchanceté, mordacité, mordant, pique, rancœur, rancune, récrimination, ressentiment, rouspétance (fam.), rudesse, vindicte

**aigri, e** 1 dégoûté, désabusé, désenchanté 2 suri → **aigre**

**aigrir** 1 v. tr. a aciduler, altérer, corrompre, faire tourner, gâter, piquer, rendre aigre b fig. : aggraver, attiser, aviver, brouiller, envenimer, exaspérer, exciter la colère / le dépit / le ressentiment, fâcher, indisposer, irriter, mettre de l'huile sur le feu (fam.) / en colère / la zizanie, rendre amer, piquer, souffler la discorde / la haine / la zizanie, vexer 2 v. intr. : rancir, surir, tourner

**aigu, uë** 1 acéré, aciculaire, acuminé, affûté, affilé, aiguisé, anguleux, coupant, émorfilé, fin, lancéolé, perçant, piquant, pointu, saillant, subulé, tranchant 2 fig. a les sons : aigre, clair, criard, déchirant, élevé, haut, flûté, glapissant, grinçant, perçant, pointu, strident, suraigu, voix de clairon / de clarine / de crécelle / de fausset b le regard : mobile, perçant, scrutateur, vif c une souffrance : cuisant, déchirant, intolérable, lancinant, piquant, taraudant, térébrant, torturant, vif, violent d l'esprit : analytique, délié, doué, incisif, intelligent, lucide, mordant, ouvert, perçant, pénétrant, piquant, profond, subtil, vif

**aiguière** n. f. → **lavabo**

**aiguillage** n. m. bifurcation, branchement, bretelle, changement, orientation

**aiguille** n. f. 1 alène, broche, brochette, épingle, épinglette, ferret, lardoire, piquoir, poinçon, pointe 2 mont, pic, piton 3 flèche, obélisque

**aiguiller** → **diriger**

**aiguillette** n. f. 1 → **corde** 2 → **ruban**

**aiguillon** n. m. 1 arête, bec, crochet, dard, dent, éperon, épine, piquant, rostre 2 incitation, motivation, stimulant, stimulation

**aiguillonner** 1 au pr. : percer, piquer, toucher 2 fig. : aiguiser, animer, échauffer, électriser, encourager, enflammer, enhardir, éperonner, éveiller, exalter, exciter, fouetter, inciter, influencer, influer sur, inspirer, piquer, pousser, presser, provoquer, remplir d'ardeur, stimuler, tenir la carotte (fam.), tourmenter

**aiguisage** n. m. → **affilage**

**aiguiser** 1 → **affiler** 2 fig. : accroître, achever, aiguillonner, augmenter, aviver, délier, exciter, fignoler, parfaire, polir, stimuler, travailler

**aiguiseur** n. m. affûteur, rémouleur, repasseur

**aiguisoir** n. m. affiloir, fusil, meule, périgueux, pierre à aiguiser, queux

**aïkido** n. m. → **judo**

**ailante** n. m. → **papillon**

**aile** n. f. 1 aileron, balancier, élytre, empennage, penne, voilure 2 par ext. : abri, égide, parrainage, protection, sauvegarde, soutien, surveillance 3 pales 4 corps de logis, pavillon 5 détachement, flanc 6 volets d'extrados / d'intrados 7 garde-boue

**ailé, e** 1 empenné 2 aérien, céleste, élancé, éthéré, immatériel, léger, poétique, pur, rapide, rêveur, souple, sublime, svelte, vaporeux

**aileron** n. m. 1 aile, nageoire 2 dérive, empennage, gouverne, volet d'extrados / d'intrados 3 arg. : bras

**ailleurs** 1 autre part, dans un autre endroit / lieu / monde, là-bas, où l'on n'est pas 2 **d'ailleurs :** d'autre part, d'un autre côté, de plus, au reste, du reste, en outre, par contre, pour le reste 3 **par ailleurs :** autrement, d'un autre côté, d'une autre façon, pour le reste 4 être ailleurs → **absent**

**aimable** 1 quelqu'un : a abordable, accommodant, accueillant, adorable, affable, affectueux, agréable, amène, attentionné, attirant, avenant, beau, bien, bien élevé, bienveillant, bon, bon enfant, charmant, charmeur, chic, complaisant, convivial, courtois, délicat, délicieux, dévoué, doux, engageant, exquis, fondant, gentil, gracieux, hospitalier, liant, mignon, obligeant, ouvert, plaisant, poli, prévenant, séduisant, serviable, sociable, souriant, sympathique b vx ou rég. : accort, bénin, gent, gentillet, mignard, traitable c fam. : chou, chouette, à croquer, croquignole, (super) sympa 2 une chose, un lieu : accueillant, agréable, attirant, attrayant, beau, bien conçu / situé, charmant, chic, commode, confortable, convivial, coquet, délicat, enchanteur, fascinant, festif, hospitalier, joli, plaisant, ravissant, riant, séduisant, sympathique

**aimant, e** → **amoureux**

**aimant** n. m. 1 au pr. : boussole, électro-aimant, sidérite (vx) 2 fig. : ascendance, attirance, attraction, attrait, envoûtement, fascination, influence, séduction

**aimantation** n. f. électromagnétisme, induction, magnétisme

**aimer** 1 quelqu'un : adorer, affectionner, s'amouracher, s'attacher à, avoir de l'affection / de l'attachement / un coup de cœur / le coup de foudre / du sentiment / de la sympathie / de la tendresse, chérir, désirer, s'embraser pour, s'enamourer de, s'enflammer pour, s'entendre, s'enticher de, s'éprendre de, estimer, être amoureux de / épris de / fou de / pris / uni à, brûler pour, idolâtrer, raffoler de, tomber amoureux, se toquer de, s'unir, vénérer ◆ fam : s'acoquiner (péj.), avoir à la bonne / le béguin / dans la peau, blairer, en pincer pour, être coiffé 2 une chose : adorer, affectionner, avoir envie de, avoir du goût pour, désirer, estimer, être amateur / friand de, être porté sur / ravi de, faire cas de, goûter, s'intéresser à, se passionner pour, se plaire à, prendre plaisir à, trouver agréable 3 par ext. : avoir besoin de, demander, désirer, falloir à, réclamer 4 a **j'aimerais que :** demander, désirer, souhaiter b **aimer mieux** → **préférer** c **être aimé des dieux :** béni, chéri, favorisé

**aine** n. f. 1 hanche, haut de la cuisse, pli du bas-ventre / inguinal 2 → **baguette**

**aîné, e** grand, héritier du nom et des armes, premier-né

**aînesse** n. f. primogéniture, séniorité

**ainsi** 1 comme cela, de cette façon / manière, de la sorte 2 de la même façon / manière, pareillement 3 **ainsi que :** à l'exemple de, à l'instar de, comme, de même façon / manière que

**air** n. m. 1 au pr. a atmosphère, bouffée, brin d'air, brise, ciel, couche atmosphérique / respirable, courant d'air, espace, éther, souffle, température, temps, vent b **prendre l'air :** se promener, respirer, sortir c **changer d'air :** s'en aller, déménager, partir d **donner de l'air :** aérer, éventer, oxygéner, ventiler e **jouer la fille de l'air :** s'échapper, s'enfuir, s'évader, prendre la fuite / la poudre d'escampette, mettre les bouts (fam.) 2 avoir un air : affectation (péj.), allure, apparence, aspect, attitude, caractère, comportement, composition, contenance, dehors, démarche, embarras, expression, extérieur, façon, figure, forme, grâce, habitus (méd.), impression, look, maintien, manière, mine, physionomie, port, ressemblance, ton, visage ◆ fam. : dégaine, gueule, look, touche 3 aria, ariette, arioso, capriccio, chanson, chant, chœur, couplet, mélodie, refrain, solo, thème, trio

**airain** 1 au pr. : bronze 2 fig. : durée, dureté, caractère, fermeté, force, sécurité, solidité

**Airbus** n. m. → **avion**

**aire** n. f. 1 assise, champ, concession, domaine, emplacement, espace, massif, place, plancher, plate-forme, région, sphère, superficie, surface, terrain, territoire, zone 2 nid, repaire 3 mar. : rhumb 4 aire de repos : halte routière (québ.), parcage (helv. et belg.), parc de stationnement

**airedale** n. m. et f. → **chien**

**airelle** n. f. → **myrtille**

**airer** → **nicher**

**aisance** n. f. 1 agilité, assurance, boute-hors (vx), décontraction, désinvolture, distinction, facilité, grâce, habileté, légèreté, naturel, rondeur, souplesse 2 abondance, aise, bien-être, confort, opulence, richesse 3 lieux d'aisances → **water-closet**

**aise** 1 n.f. : contentement, décontraction, euphorie, félicité, joie, liberté, relaxation, satisfaction → **aisance** 2 adj. → **content**

**aisé, e** 1 au pr. a content, décontracté, dégagé, désinvolte, naturel, relax (fam.), relaxé, simple b → **nanti** 2 par ext. : accommodant, coulant, facile, large, naturel, ouvert, souple, spontané

**aisément** amplement, facilement, largement, naturellement, ouvertement, simplement, spontanément, volontiers

**aisselle** n. f. dessous de bras, gousset, région axillaire

**ajointer** → **aboucher**

**ajonc** n. m. landier, vigneau

**ajour** n. m. → **ouverture**

**ajouré, e** aéré, festonné, orné, ouvert, percé, treillissé

**ajournement** n. m. atermoiement, procrastination, réforme, refus, remise, renvoi, report, retard, temporisation

**ajourner** 1 une chose : atermoyer, différer, reculer, remettre, renvoyer, reporter, retarder, temporiser 2 quelqu'un : blackbouler, écarter, éliminer, recaler, réformer, refuser ◆ fam. : coller, retaper

**ajout** n. m. 1 addition, adjonction, allonge, annexe, augment, augmentation, béquet, rallonge, supplément → **correction** 2 about, aboutement, assemblage, ajutage, emboîtement, emboîture, embrèvement, enture, joint, raccord 3 rég. ajoute 4 mar. : ajut

**ajouter** 1 abouter, accoler, accroître, additionner, adjoindre, agrandir, allonger, améliorer, amplifier, annexer, apporter, augmenter, compléter, corriger, dire, embellir, enchérir, enrichir, enter, étendre, exagérer, greffer, grossir, insérer, intercaler, joindre, orner, parfaire, rabouter, rajouter, en remettre (fam.), suppléer, surcharger, surenchérir, unir 2 à du vin : baptiser (fam. et péj.), couper, étendre de, ouiller 3 v. pron. : accompagner, compléter, grossir, renforcer

**ajustage** n. m. alésage, brunissage, débourrage, grattage, limage, montage, polissage, rodage, taraudage

**ajustement** n. m. 1 au pr. : accommodation, accord, adaptation, agencement, arrangement, classement, disposition, mise en place, rapport, reclassement, réglage 2 par ext. a accoutrement, déguisement, habillement, mise, parure, tenue, toilette, vêtements, vêture b accommodement, arbitrage, compromis, conciliation, entente, protocole

**ajuster** 1 accommoder, accorder, accoutrer, adapter, affecter, agencer, appliquer, arranger, assembler, calculer, coller, combiner, composer, concilier, conformer, disposer, égaliser, embellir, emboîter, embroncher, enchevaucher, enchevêtrer, entabler, faire aller / cadrer / coller / marcher, gabarier (techn.), habiller, joindre, jumeler, mettre d'accord / en place, monter, mouler, ordonner, organiser, orner, parer, revêtir, vêtir 2 → **viser** 3 v. pron. : aller bien, cadrer avec, coïncider, être d'accord, s'entendre avec

**ajutage** n. m. → **tube**

**akène** n. m. → **baie**

**alacrité** n. f. → **vivacité**

**alambic** n. m. athanor → **ustensile**

**alambiqué, e** amphigourique, compliqué, confus, contourné, embarrassé, précieux, quintessencié, raffiné, recherché, sophistiqué, subtil, tarabiscoté, torturé

**alangui, e** → **langoureux**

**alanguir** abattre, affaiblir, amollir, assoupir, détendre, fatiguer, ramollir, rendre indolent / languissant / langoureux / nonchalant / paresseux / ramollo (fam.) / sentimental / somnolent

**alanguissement** n. m. abandon, abattement, affaiblissement, amollissement, anémie, assoupissement, détente, fatigue, indolence, langueur, lenteur, mollesse, nonchalance, paresse, ramollissement, relâchement, relaxation, somnolence

**alarmant, e** affolant, angoissant, bouleversant, dangereux, dramatique, effrayant, épouvantable, grand, inquiétant, préoccupant, terrible, terrifiant, tragique

**alarme** n. f. 1 alerte, appel, avertissement, branle-bas, clignotant, cri, dispositif d'alarme / d'urgence, plan d'urgence, signal, sirène, S.O.S., tocsin 2 affolement, appréhension, crainte, effroi, émoi, émotion, épouvante, éveil, frayeur, frousse, inquiétude, panique, peur, souci, terreur, transe

**alarmer** 1 affoler, alerter, déboussoler, donner les foies (arg.), effaroucher, effrayer, émouvoir, éveiller, faire peur, inquiéter, mettre en alerte / en transes, paniquer (fam.), remplir de crainte / de frayeur, remuer, terrifier, troubler 2 v. pron. → **craindre**

**alarmiste** n. et adj. cafardeux, capon, craintif, défaitiste, timoré → **pessimiste**

**albâtre** n. m. 1 → **vase** 2 → **blancheur**

**albatros** n. m. → **palmipède**

**albigeois** n. m. cathare → **hérétique**

**album** n. m. cahier, classeur, keepsake, livre blanc / d'or, recueil, registre, souvenirs

**alcali** n. m. ammoniaque, potasse, soude

**alcalin, e** basique

**alcarazas** n. m. cruche, gargoulette → **vase**

**alchimie** n. f. → **occultisme**

**alchimiste** n. m. adepte, souffleur → **sorcier**

**alcool** n. m. 1 alcool éthylique / méthylique, esprit-de-bois / de-vin, éthanol 2 eau-de-vie, liqueur, marc 3 aguardiente, aquavit, arack, armagnac, bourbon, brandy, calvados, cognac, genièvre, gin, rhum, schiedam, vodka, whisky 4 apéritif, cordial, digestif 5 framboise, kirsch, mirabelle, poire, prune, quetsche 6 fam. : antigel, bibine, bistouille, blanche, carburant, casse-gueule / pattes / poitrine, cric, dur, fil, gnôle, goutte, petit verre, pétrole, poivre, pousse-au-crime, pousse-café, raide, remontant, rincette, rogomme, schnaps, tord-boyaux, vitriol

**alcoolique** n. m. et f. buveur, dipsomane, drogué, éthylique, imbibé (fam.), intoxiqué → **ivrogne**

**alcooliser (s')** boire ◆ fam. : s'imbiber, s'imprégner / s'intoxiquer, picoler, pinter, prendre une biture / une cuite, se soûler → **enivrer (s')**

**alcoolisme** n. m. absinthisme, alcoolémie, dipsomanie, œnolisme, éthylisme, ivrognerie, soûlographie (fam.) → **ivresse**

**alcôve** n. f. 1 lit, niche, réduit, renfoncement, ruelle 2 → **chambre** 3 → **galanterie**

**alcyon** n. m. litt. : goéland, martin-pêcheur, pétrel

**aléa** n. m. chance incertaine, danger, hasard, incertitude, péril, risque

**aléatoire** chanceux, conjectural, dangereux, douteux, hasardeux, improbable, incertain, périlleux, problématique, risqué, stochastique

**alène** n. f. 1 → **poinçon** 2 raie → **poisson**

**alentour** ou **à l'entour** 1 adv. : à la ronde, à proximité, autour de, aux environs, dans les parages 2 n.m. pl. : abords, bordures, entourage, entours, environnement, environs, parages, proximité, voisinage

**alerte** 1 nom. fém. danger, péril → **alarme** 2 adj. : agile, aisé, éveillé, fin, fringant, ingambe, leste, pimpant, preste, prompt, rapide, souple → **vif**

**alerter** 1 avertir, aviser, donner l'alerte / avis, faire savoir, prévenir, renseigner, signaler 2 appeler / attirer l'attention, inquiéter, mettre en éveil / la puce à l'oreille (fam.)

**alésage** n. m. 1 ajustage, calibrage, fraisage, rectification, tournage, usinage 2 calibre, cylindrée, volume

**aléser** ajuster, calibrer, cylindrer, évaser, fraiser, percer, rectifier, tourner, trouer, usiner

**aléseuse** n. f. par ext. : calibreur, fraiseuse, machine-outil, meule, rectifieuse, tour

**alevin** n. m. nourrain → **poisson**

**alevinage** n. m. empoissonnement, peuplement

**alevinier** ou **alevinière** n. m., n.f. → **vivier**

**alexandrin** n. m. 1 dodécasyllabe, (double) hexamètre, vers de douze pieds 2 adj. → **alambiqué**

**alfa** n. m. crin végétal, doum

**algazelle** n. f. → **antilope**

**algarade** n. f. altercation, attaque, dispute, échange de coups / de propos vifs, incident, insulte, querelle, scène, sortie

**algérien, ne** → **maghrébin**

**algie** n. f. → **douleur**

**algorithme** n. m. 1 → **programme** 2 → **calcul**

**algue** n. f. agar-agar, chlorelle, coralline, goémon, laminaire, ulve, varech

**alias** autrement, autrement dit / nommé, d'une autre manière

**alibi** n. m. 1 → **diversion** 2 → **excuse**

**alidade** → **règle**

**aliénable** → **cessible**

**aliénataire** → **bénéficiaire**

**aliénateur, trice** → **donateur**

**aliénation** n. f. 1 abandon, cession, dispositions, distribution, donation, échange, fondation, legs, partage, perte, transfert, vente 2 aberration, confusion mentale, dérangement / déséquilibre / égarement / trouble (cérébral / d'esprit), démence, maladie mentale, névrose, psychose, troubles psychiques → **folie**

**aliéné, e** 1 nom. a au pr. : dément, déséquilibré, détraqué, furieux, interné, malade, maniaque, névrosé, paranoïaque, schizophrène → **fou** b fam. et par ext. : braque, cinglé, dingo, dingue, fêlé, follet, frappé, jobard (arg.), loufoque, maboul, marteau, piqué, sonné, tapé, timbré, toc-toc, toqué 2 adj. : frustré, privé

**aliéner** 1 au pr. : abandonner, céder, disposer, distribuer, donner, échanger, laisser, léguer, partager, perdre, transférer, vendre 2 par ext. : déranger, égarer, frustrer, rendre fou, troubler 3 v. pron. : écarter, perdre, se priver de, se séparer de

**alignement** n. m. 1 accordement, ajustement, arrangement, disposition, mise en ligne / ordre, nivellement, piquetage, rangement, tracé 2 normalisation, régularisation, standardisation, uniformisation 3 dévaluation, réévaluation

**aligner** 1 accorder, ajuster, arranger, disposer, dresser, mettre en ligne / ordre, niveler, piqueter, ranger, tracer 2 normaliser, régulariser, standardiser, uniformiser 3 avancer, donner, dresser, fournir, payer, présenter 4 dévaluer, réévaluer 5 v. pron. a → **affronter** b → **soumettre (se)**

**aliment** n. m. 1 comestible, denrée, pitance, produit, provision, subsistance → **nourriture** 2 → **prétexte**

**alimentaire** comestible, digestible, digestif, nourrissant, nutritif

**alimentation** n. f. 1 allaitement, élevage, sustentation 2 a → **absorption** b → **nutrition** 3 cuisine, diététique, gastronomie, menu, nourriture, régime, repas 4 approvisionnement, fourniture, ravitaillement → **provision** 5 régime macrobiotique / omnivore / végétalien / végétarien, végétalisme, végétarisme

**alimenter** 1 au pr. : approvisionner, composer un menu / un régime / un repas, donner à manger, entretenir, faire prendre / subsister, fournir, nourrir, pourvoir, soutenir, sustenter 2 des bestiaux : affourager

**alinéa** n. m. 1 à la ligne, en retrait 2 article, paragraphe, passage

**alisier** n. m. par ext. : cormier, cornouiller, sorbier

**aliter** 1 allonger / étendre sur un lit, coucher, faire prendre le lit, mettre au lit / au repos 2 v. pron. : s'allonger, se coucher, s'étendre, garder la chambre, se mettre au lit

**alizé** n. m. → **vent**

**allaitement** n. m. alimentation, lactation, nourriture, tétée

**allaiter** alimenter, donner le sein, nourrir

**allant, e** alerte, allègre, bien conservé, dynamique, ingambe, vif, vigoureux → **actif**

**allant** n. m. alacrité, dynamisme, entrain, initiative → **activité**

**alléchant, e** affriolant, appétissant, attirant, attrayant, engageant, tentant → **séduisant**

**allécher** 1 au pr. et fig. : affriander, affrioler, aguicher, amadouer, amorcer, appâter, attirer, engager, séduire, tenter 2 fig. : faire du baratin / du boniment, faire miroiter

**allée** n. f. 1 au pr. dans la loc. **allées et venues :** courses, démarches, déplacements, navettes, navigations, pas, trajets, va-et-vient, visites, voyages 2 par ext. : accès, avenue, charmille, chemin, cours, contre-allée, drève, laie, layon, mail, ouillère, passage, ruelle, sentier, tortille, voie

**allégation** n. f. 1 affirmation, argumentation, assertion, déclaration, dire, position, propos, proposition, raison 2 non fav. : apriorisme, calomnie, fable, imputation, insinuation, méchanceté, médisance, potins, prétexte, propos malveillants, ragots, vilenie

**allège** n. f. 1 → **bateau** 2 → **mur**

**allégeance** n. f. 1 fidélité, soumission, subordination, vassalité 2 appartenance, autorité, juridiction, mouvance, nationalité, statut, tenure 3 vx : → **adoucissement** 4 mar. : handicap

**allégement** n. m. adoucissement, aide, allégeance (vx), amélioration, apaisement, atténuation, consolation, dégrèvement, délestage, diminution, remise, retrait, soulagement, sursis

**alléger** 1 accorder un sursis, adoucir, aérer, aider, améliorer, apaiser, atténuer, consoler, dégrever, délester, diminuer, ôter, remettre, retirer, soulager

**allégorie** n. f. apologue, conte, convention, emblème, fable, fiction, figure, histoire, image, label, marque, métaphore, mystère, mythe, œuvre, parabole, personnification, récit, représentation, signe, statue, symbole, tableau

**allégorique** conventionnel, emblématique, fabuleux, fictif, hiératique, imaginaire, métaphorique, mythique, symbolique, typique

**allègre** actif, agile, alerte, allant, bien-allant, bouillant, brillant, dispos, exultant, gai, gaillard, ingambe, joyeux, léger, leste, plein d'entrain / de vie, vert, vif, vigoureux

**allégresse** n. f. 1 au pr. : bonheur, enthousiasme, exultation, gaieté, joie, liesse, ravissement, réjouissance, transe, transport 2 par ext. : activité, agilité, alacrité, allant, entrain, forme, gaillardise, légèreté, satisfaction, verdeur, vie, vigueur, vivacité

**allegretto** et **allegro** n. m. et adv. → **rythme**

**alléguer** apporter, s'appuyer sur, arguer de, avancer, déposer des conclusions, exciper de, fournir, invoquer, objecter, opposer, poser, prétendre, prétexter, se prévaloir de, produire, rapporter → **affirmer**

**allemand, e** 1 alémanique, germain, germanique, teuton, teutonique, tudesque 2 bavarois, brandebourgeois, hanovrien, prussien, rhénan, saxon 3 injurieux : boche, doryphore, fridolin, frisé, fritz, vert-de-gris 4 germanisme, germaniste

**allemande** n. f. → **danse**

**aller** n. m. trajet simple

**aller** 1 au pr. : a s'acheminer, s'approcher de, avancer, cheminer, cingler vers, circuler, converger, courir, déambuler, se déplacer, se diriger, faire route sur ou vers, filer, galoper, gagner, marcher, mettre le cap sur, se mettre en route, se mouvoir, parcourir, passer par, piquer sur, se porter / poursuivre / pousser / progresser vers, se promener, remonter, se rendre à, suivre, tendre / tirer / tourner ses pas / se transporter sur / vers, traverser, voyager vers b fam. : se dégrouiller, gazer, se propulser 2 a un fluide : affluer, s'écouler dans ou vers, se jeter dans b aller jusqu'à une limite : aboutir à, atteindre, arriver à, confiner à, finir à, s'étendre jusqu'à c aller avec quelqu'un : accompagner, aller devant, devancer, distancer, précéder d aller en arrière : marcher à reculons, rebrousser chemin, reculer, refluer, retourner, revenir sur ses pas e aller en travers : biaiser, dériver, se détourner, obliquer, prendre un raccourci f aller en hésitant ou au hasard : baguenauder (fam.), errer, évoluer, serpenter, vaguer, zigzaguer 3 fig. a on va à quelqu'un : s'adresser / commander à, former un recours auprès de, solliciter b on va aux nouvelles : s'informer, se renseigner c une chose va à quelqu'un : s'adresser à, agréer, concerner, convenir à, être destiné à, intéresser, plaire, toucher d une chose va : s'adapter, fonctionner, marcher e une chose va bien avec : accompagner, s'accorder, s'adapter, cadrer, concorder, s'harmoniser f aller bien → **correspondre** arg. : baigner, bicher, boulotter, gazer ; g aller mal : être malade / inadapté, galérer (arg.)

**aller (s'en)** 1 quelqu'un. a au pr. → **partir** b → **baisser, mourir** 2 une chose. a → **disparaître** b → **fuir**

**allergie** n. f. 1 anaphylaxie, hypersensibilité, sensibilisation 2 fig. : antipathie, dégoût, idée préconçue, méfiance, prévention, répugnance, répulsion

**allergique** 1 au pr. : anaphylactique, sensibilisé, sensible 2 fig. **être allergique à quelqu'un ou à quelque chose :** avoir de l'antipathie / un préjugé défavorable / de la répugnance / de la répulsion, se défier de, être dégoûté de / écœuré par, se méfier de, répugner à

**alliage** n. m. → **mélange**

**alliance** n. f. 1 avec quelqu'un : affinité, amitié, assemblage, association, combinaison, contrat, convention, hyménée, mariage, mélange, pacte, parenté, rapprochement, sympathie, union → **accord** 2 polit. : accord, agrément, appartenance, assistance, association, cartel, coalition, confédération, convention, entente, fédération, ligue, pacte, protocole, union 3 anneau

**allié, e** n. m., f. et adj. 1 polit. : ami, coalisé, confédéré, fédéré, partenaire, satellite, second 2 quelqu'un : adjoint, aide, ami, associé, auxiliaire, complice (fam. ou péj.), copain (fam.), partenaire, second → **parent**

**allier** ou **hallier** n. m. → **filet**

**allier** 1 accommoder, accorder, apparenter, assembler, associer, assortir, coaliser, concilier, confédérer, faire aller avec, faire entrer dans, fédérer, harmoniser, joindre, lier, liguer, marier, mélanger, mêler, rapprocher, unir 2 v. pron. : aller avec / ensemble, entrer dans, faire cause commune / équipe avec, signer avec

**alligator** n. m. caïman, crocodile, gavial

**allitération** n. f. assonance, harmonie imitative, récurrence phonique, répétition

**allocataire** n. m. et f. assujetti, attributaire, ayant droit, prestataire → **bénéficiaire**

**allocation** n. f. arrérages, attribution, indemnité, mensualité, pension, prestation, rente, secours, subside, subvention

**allochtone** n. m. et adj. allogène, étranger

**allocution** n. f. adresse, discours, harangue, laïus, mot, speech, toast, topo (fam.) ◆ relig. : homélie, sermon

**allogène** allochtone, étranger

**allonge** n. f. 1 → **allongement** 2 par ext. : attaque, frappe, garde, poing, punch, riposte

**allongé, e** 1 anguiforme, anguilliforme, barlong, comme un fil, effilé, en pointe, étiré, fin, fusiforme, long, longiligne, mince, naviculaire, serpentin, sinueux 2 à plat dos / ventre, au repos, couché, décontracté, étendu, horizontal, relaxé, sur le côté

**allongement** n. m. 1 accroissement, affinement, allonge, ajout, appendice, augmentation, développement, élongation, étirage, étirement, excroissance, extension, prolongement, rallonge, tension 2 → **délai**

**allonger** 1 au pr. a ajouter, augmenter, développer b accroître, affiner, déployer, détirer, étendre, étirer, rallonger, tendre, tirer 2 par ext. a allonger un coup : assener, coller, donner, envoyer, lancer, porter ◆ fam. : ficher, flanquer, fourrer, foutre b allonger un délai : accorder un délai / un sursis, éterniser, faire durer / tirer / traîner en longueur, pérenniser, pousser, prolonger, proroger, repousser, retarder, temporiser c allonger le pas : se presser, presser le pas d les allonger (fam.) : donner → **payer** e allonger quelqu'un, coucher → **tuer** 3 v. pron. se coucher, se décontracter, se détendre, s'étaler (fam.), s'étendre, faire la sieste, se mettre au lit, se relaxer, se reposer

**allophone** → **étranger**

**allotissement** n. m. → **répartition**

**allouer** accorder, attribuer, avancer, bailler (vx), céder, concéder, décerner, donner, doter, faire don, gratifier, octroyer, offrir

**allumage** n. m. 1 autom. : combustion, contact, démarrage, départ, explosion 2 embrasement, mise à feu

**allumé, e** → **fanatique**

**allumette** n. f. 1 vx : allume 2 fam. : bûche, craquante, flambante, frotte, frotteuse

**allumer** 1 au pr. a embraser, enflammer, incendier, mettre le feu b donner de la lumière, éclairer, illuminer, mettre de la lumière, tourner le bouton / le commutateur / l'interrupteur 2 fig. : animer, attiser, bouter le feu, commencer, déclencher, embraser, enflammer, exalter, exciter, fanatiser, mettre le feu, occasionner, provoquer, susciter

**allumeuse** n. f. → **aguicheur, euse**

**allure** n. f. 1 de quelqu'un : accent (québ.), air, apparence, aspect, attitude, caractère, comportement, conduite, contenance, démarche, extérieur, façon, genre, ligne, maintien, manière, mine, panache, physique, port, prestance, silhouette, tenue, ton, tournure ◆ fam. : dégaine, gueule, look, touche 2 d'un mouvement : course, erre, marche, mouvement, pas, tempo, train, vitesse → **rythme** 3 du cheval : accent (québ.), amble, aubin, canter, galop, pas, trac, train, traquenard, trot

**alluré, e** → **distingué**

**allusif, ive** → **indirect**

**allusion** n. f. 1 allégorie, comparaison, évocation, insinuation, mention, sous-entendu, rappel 2 → **médisance**

**alluvial, e, aux** alluvionnaire

**alluvion** n. f. 1 apport, boue, dépôt, limon, lœss, sédiment 2 le résultat : accroissement, accrue, alluvionnement, atterrissement, lais, laisse, relais

**alluvionner** 1 → **recouvrir** 2 → **combler**

**almanach** n. m. 1 agenda, annuaire, calendrier, calepin, carnet, éphéméride, mémento, répertoire 2 bottin

**almée** n. f. 1 → **danseuse** 2 → **beauté**

**aloès** n. m. chicotin

**aloi** n. m. 1 alliage 2 goût, qualité, réputation, valeur

**alopécie** n. f. → **calvitie**

**alors** 1 à ce moment-là, à cette heure-là, ainsi, en ce moment-là, en ce temps-là, dans ces conditions, eh bien, sur ces entrefaites → **donc** 2 **jusqu'alors :** jusqu'à ce moment-là / ce temps-là 3 **alors que** a au moment de, dans le moment où b au lieu que, tandis que 4 **alors même que :** lors même que, même dans le cas où, quand bien même

**alose** n. f. → **poisson**

**alouate** n. m. → **singe**

**alouette** n. f. 1 calandre, hausse-col, lulu, mauviette, sirli 2 de mer : bécasseau 3 a **pied d'alouette :** dauphinelle b **miroir aux alouettes** → **illusion, tromperie**

**alourdir** 1 au pr. : appesantir, charger, lester, surcharger 2 par ext. : accabler, aggraver, augmenter, embarrasser, faire peser, frapper, grever, opprimer, peser, presser 3 fig. a appesantir, endormir, engourdir b engraisser, enrichir, épaissir, garnir, renforcer, surcharger 4 v. pron. : devenir gras / gros / lourd / massif / pesant, s'empâter, enfler, s'enfler, engraisser, épaissir, s'épaissir, forcir, gonfler, grossir, prendre du poids / de la rondeur / du ventre ◆ fam. faire du lard

**alourdissement** n. m. 1 accroissement / augmentation de poids, surcharge 2 fig. : accablement, accroissement, aggravation, appesantissement, assoupissement, augmentation, embarras, engourdissement, épaississement, fatigue, indigestion, lourdeur, oppression, somnolence, surcharge

**alpage, alpe** n. m., n.f. → **pâturage**

**alpaguer** → **prendre**

**alpestre** alpin, blanc, montagneux, neigeux

**alphabet** n. m. 1 a.b.c., abécédaire, b.a.-ba, syllabaire 2 braille, morse

**alphabétisation** n. f. initiation, instruction élémentaire

**alphabétiser** apprendre à lire et à écrire, initier, instruire

**alpin, e** → **alpestre**

**alpinisme** n. m. 1 ascension, escalade, grimpe (fam.), montagne, randonnée, varappe 2 hivernale

**alpiniste** ascensionniste, grimpeur, montagnard, randonneur, rochassier, varappeur

**altérabilité** n. f. 1 fragilité, tendreté 2 par ext. → **faiblesse**

**altérable** corruptible, fragile, instable, mobile, variable

**altération** n. f. 1 abâtardissement, adultération, affaiblissement, appauvrissement, atteinte, avarie, avilissement, barbouillage, bricolage, contamination, contrefaçon, corruption, décomposition, déformation, dégât, dégénération, dégénérescence, dégradation, déguisement, dénaturation, dépravation, désordre, détérioration, diminution, ébranlement, entorse, falsification, fardage, faux, fraude, frelatage, gauchissement, maquillage, modification, mutilation, pourriture, putréfaction, sophistication, tache, tare, tromperie, trouble, truquage 2 pollution, viciation 3 techn. : artefact, attaque, changement, décomposition, déformation, dénaturation, désintégration, diminution, échauffement, flétrissure, métamorphisme, métamorphose, métathèse, modification, mutation, oxydation, passage, perte, rouille, saut, séparation, tourne, transformation

**altercation** n. f. attaque, chicane, contestation, controverse, débat, démêlé, différend, discussion, dispute, empoignade, joute oratoire, passe d'armes → **querelle** ◆ fam. : engueulade, prise de bec

**alter ego** n. m. 1 adjoint, associé, autre moi / soi-même, bras droit, coadjuteur, codirecteur, cogérant, collaborateur, compagnon, compère, complice (péj.), confrère, coopérateur, fondé de pouvoir, homologue, jumeau, partenaire 2 par ext. : compagne, double, épouse, femme, gouvernement (fam.), moitié

**altérer** 1 assécher, assoiffer, déshydrater, dessécher, donner la pépie (fam.) / soif, faire crever de soif (fam.), rendre avide de 2 par ext. a non fav. : abâtardir, adultérer, affaiblir, affecter, aigrir, aliéner, appauvrir, atteindre, atténuer, avarier, avilir, barbouiller, bouleverser, bricoler, changer, compromettre, contrefaire, corrompre, décomposer, défigurer, déformer, dégénérer, dégrader, déguiser, dénaturer, dépraver, détériorer, détraquer, diminuer, ébranler, empoisonner, endommager, enfieller, estropier, falsifier, farder, fausser, frauder, frelater, gâter, infecter, maquiller, modifier, mutiler, pourrir, putréfier, salir, sophistiquer, souiller, tacher, tarer, ternir, tromper, tronquer, troubler, truquer, vicier b les traits, la voix : bouleverser, changer, décomposer, défigurer, déformer, dénaturer, émouvoir, troubler c techn. ou neutre : aigrir, attaquer, changer, décomposer, déformer, dénaturer, déplacer, désintégrer, diminuer, éventer, influer sur, métamorphoser, modifier, oxyder, polluer, ronger, rouiller, séparer, transformer, transmuer, vicier

**altérité** n. f. 1 → **différence** 2 → **changement**

**alternance** n. f. 1 agr. : assolement, rotation 2 allée et venue, alternative, balancement, battement, bercement, branle, branlement, cadence, changement alternatif, flux et reflux, intermittence, ondulation, ordre alterné, oscillation, palpitation, période, pulsation, périodicité, récurrence, récursivité, retour, roulement, rythme, sinusoïde, succession, suite, tour, va-et-vient, variation

**alternant, e** alterne, changeant, périodique, récurrent, récursif, rythmé, sinusoïdal, successif

**alternateur** n. m. dynamo, génératrice, machine de Gramme

**alternatif, ive** balancé, cadencé, ondulatoire, oscillant, périodique, récurrent, récursif, rythmique, sinusoïdal, successif

**alternative** n. f. changement, choix, dilemme, fourche (vx), haut et bas, jeu de bascule, option, système d'opposition, vicissitude → **alternance**

**alternativement** à tour de rôle, chacun son tour, coup sur coup, l'un après l'autre, périodiquement, rythmiquement, successivement, tour à tour

**alterne** 1 → **alternant** 2 → **différent**

**alterner** aller / faire par roulement, assoler (agr.), se relayer, se remplacer, se succéder, tourner

**altesse** n. f. → **prince**

**althæa** n. m. rose trémière

**altier, ère** 1 → **grand** 2 → **arrogant**

**altiport** n. m. → **aérodrome**

**altiste** n. m. et f. → **musicien**

**altitude** n. f. hauteur, élévation, niveau au-dessus de la mer, plafond

**alto** n. m. 1 → **corde(s)** 2 → **voix**

**altruisme** n. m. abnégation, allocentrisme, amour d'autrui, bienveillance, bonté, charité, convivialité, désintéressement, dévouement, don de soi, empathie, extraversion (psych.), générosité, humanité

**altruiste** → **généreux**

**alucite** n. f. → **papillon**

**alunir** off. : atterrir

**alunissage** n. m. off. : atterrissage

**alvéole** n. m. ou f. → **cavité**

**amabilité** n. f. accueil, affabilité, agrément, altruisme, aménité, attention, atticisme, bienveillance, bonne grâce, bonté, charme, civilité, courtoisie, délicatesse, douceur, gentillesse, grâce, hospitalité, obligeance, ouverture, politesse, prévenance, savoir-vivre, sens des autres, serviabilité, urbanité ◆ vx : bénignité

**amadouer** 1 adoucir, amollir, apaiser, apprivoiser, attendrir, cajoler, calmer, caresser, fléchir, persuader, rassurer, toucher 2 non fav. : chatouiller, enjôler, entortiller, flagorner, mettre dans son jeu 3 vx : caresser, peloter

**amaigrissement** n. m. 1 amincissement, cure 2 non fav. : atrophie, cachexie, consomption, dépérissement, dessèchement, émaciation, étisie, maigreur, marasme

**amaigrir** 1 → **maigrir** 2 → **diminuer** 3 → **affaiblir**

**amalgame** n. m. → **mélange**

**amalgamer** 1 → **mélanger** 2 v. pron. : fusionner

**amandine** n. f. → **gâteau**

**amanite** n. f. → **champignon**

**amant** n. m. 1 a adorateur, ami, amoureux, béguin (fam.), berger (vx et / ou fam.), bien-aimé, bon ami, céladon (vx), chéri, favori, galant, soupirant, tourtereau b fam. : bonhomme, branque, guignol, homme, jules, mec, régulier, type 2 péj : gigolo, giton, godelureau, greluchon, maquereau, micheton, minet, play-boy, vieux, vieux beau 3 fig. → **amateur**

**amante** n. f. 1 âme sœur, amie, amoureuse, béguin (fam.), belle, bergère (fam. ou vx), bien-aimée, bonne amie, chérie, dulcinée, maîtresse, mignonne, muse ◆ vx : dame, favorite 2 connaissance, fréquentation → **fille**

**amarante** → **rouge**

**amarrage** n. m. 1 ancrage, embossage, mouillage 2 attache, fixation

**amarre** n. f. → **cordage**

**amarrer** 1 mar. : a affourcher, ancrer, arrimer, assurer, mouiller b aiguilleter, étalinguer 2 attacher, enchaîner, fixer, immobiliser, lier, retenir

**amaryllis** n. f. → **papillon**

**amas** n. m. 1 de choses : a accumulation, amoncellement, assemblage, bloc, collection, concentration, dépôt, échafaudage, empilement, encombrement, entassement, liasse, masse, mélange, meule, monceau, montagne, pile, pyramide, tas, vrac b agglomérat, agglomération, agrégat, alluvion, atterrissement, banc, bloc, cailloutis, concrétion, congère, conglomérat, conglomération, dépôt c fam. ou vx : aria, attirail, bataclan, bazar, bordel, fatras, foutoir 2 de personnes : a affluence, attroupement, concours, foule, multitude, presse, rassemblement, réunion b fam. et / ou péj. : ramas, ramassis, tapée

**amasser** 1 → **accumuler** 2 → **assembler**

**amateur** n. m. 1 aficionado, amant, esthète, friand, gastronome, gourmand, gourmet 2 non fav. : acrobate, demi-sel, dilettante, fantaisiste, fumiste (fam.), sauteur, touche-à-tout 3 → **collectionneur** 4 → **prétendant**

**amateurisme** n. m. dilettantisme, fumisterie (fam. et péj.)

**amatir** → **ternir**

**amaurose** n. f. → **cécité**

**amazone** n. f. 1 cavalière, écuyère 2 → **jupe** 3 → **prostituée**

**ambages (sans)** bille en tête (arg.), catégoriquement, directement, franchement, sans ambiguïté / circonlocutions / détour / équivoque / hésitation / obscurité, tout à trac / de go

**ambassade** n. f. 1 carrière, consulat, diplomatie 2 par ext. : consulat, légation, résidence 3 → **mission**

**ambassadeur, drice** n. m., f. agent, attaché, chargé d'affaires, chargé de mission, diplomate, émissaire, envoyé, excellence, internonce, légat, messager, ministre, ministre plénipotentiaire, négociateur, nonce, parlementaire, plénipotentiaire, représentant, résident (général)

**ambiance** n. f. 1 → **milieu** 2 → **gaieté**

**ambiant, e** → **environnant**

**ambigu, uë** ambivalent, amphibole, amphibolique, amphibologique, bigarré (vx), bivalent, double, douteux, énigmatique, équivoque, flottant, indécis, louche, obscur, plurivoque → **incertain**

**ambiguïté** n. f. ambivalence, amphibologie, amphigouri, bivalence, double sens, énigme, équivoque, incertitude, obscurité, plurivocité

**ambitieux, euse** 1 quelqu'un : arriviste, cumulard, présomptueux, téméraire 2 une chose : affecté, compliqué, pompeux, prétentieux, recherché

**ambition** n. f. 1 le comportement : appétit, ardeur, aspiration, brigue, convoitise, désir, faim, fringale, idéal, passion, prétention, quête, recherche, soif ◆ péj. : arrivisme, mégalomanie 2 l'objet : but, dessein, fin, mobile, objet, projet, rêve, visée, vue

**ambitionner** aspirer à, avoir des vues sur, briguer, caresser, convoiter, désirer, poursuivre, prétendre, projeter, quêter, rechercher, rêver, viser

**ambitus** n. m. 1 → **pourtour** 2 → **cavité** 3 → **registre**

**ambivalence** n. f. → **ambiguïté**

**ambivalent, e** → **ambigu**

**amble** n. m. → **allure**

**amblystome** n. m. → **batracien**

**ambre** n. m. bakélite, herpès, succin

**ambré, e** blond, doré, fauve, jaune, miel

**ambulance** n. f. antenne, hôpital, infirmerie, poste de secours

**ambulancier, ère** infirmier, secouriste

**ambulant, e** auxiliaire, baladeur (fam.), changeant, errant, instable, intérimaire, itinérant, mobile, navigant, nomade, roulant, vagabond, variable → **voyageur**

**ambulatoire** → **changeant**

**âme** n. f. 1 cœur, conscience, dedans, esprit, fond, intérieur, mystère, pensée, principe, secret, spiritualité, transcendance, vie 2 force d'âme : ardeur, audace, bonté, caractère, charité, cœur, conscience, constance, courage, élan, énergie, fermeté, force, générosité, héroïsme, intrépidité, magnanimité, noblesse, trempe, valeur, vigueur, volonté 3 par ext. a air, ectoplasme, émanation, essence, éther, étincelle, feu, flamme, mystère, souffle, vapeur b litt. : émotion, expression, intelligence, sensibilité, sentiment c → **intérieur** d → **habitant** e **âme d'un complot :** agent, animateur, centre, cerveau, chef, instigateur, maître, moteur, nœud, organisateur, patron, responsable

**améliorable** → **perfectible**

**amélioration** n. f. 1 abonnissement, anoblissement, bonification, changement, ennoblissement, enrichissement, mieux, optimisation, perfectionnement, poétisation, progrès, transformation 2 → **amendement** 3 par ext. a affermissement, convalescence, guérison, mieux, rémission, répit, rétablissement b éclaircie, embellie, radoucissement, redoux c achèvement, correction, fignolage (fam.), finition, mise au point, retouche, révision d adoucissement, assagissement, civilisation, évolution, mieux-être, réforme, régénération, rénovation e avancement, élévation, promotion f apport, arrangement, commodités, confort, décoration, embellissement, modification, plus-value, ravalement, renforcement, rénovation, réparation, restauration g armistice, compromis, détente, entente, issue, modus vivendi, normalisation, réconciliation

**améliorer** 1 au pr. : abonnir, achever, amender, anoblir, bonifier, changer en mieux, corriger, faire progresser, fignoler, finir, lécher, mettre au point, optimiser, parfaire, perfectionner, raffiner, retoucher, réviser, transformer 2 par ext. a affermir, guérir, rétablir b adoucir, civiliser, convertir, élever, épurer, faire évoluer, faire progresser, promouvoir, réformer, régénérer, rénover, sanctifier c avancer, être élevé, être promu d arranger, décorer, donner une plus-value, embellir, modifier, ravaler, renforcer, rénover, réparer, restaurer e détendre, normaliser, réconcilier 3 un sol : abonnir, amender, ameublir, bonifier, chauler, cultiver, engraisser, enrichir, ensemencer, façonner, fertiliser, fumer, marner, mettre en valeur, planter, plâtrer, terreauter, travailler 4 v. pron. : aller mieux, s'amender, se corriger, devenir meilleur, se faire meilleur, prendre de la qualité

**amen** 1 d'accord, ainsi soit-il, comme vous voudrez 2 **dire amen** → **approuver**

**aménagement** n. m. → **agencement**

**aménager** → **agencer**

**aménageur, euse** aménagiste, arrangeur, façonnier, finisseur, maître d'œuvre

**amendable** → **perfectible**

**amende** n. f. 1 → **contravention** 2 astreinte, contrainte 3 **amende honorable :** excuses publiques, pardon public, réparation, résipiscence

**amendement** n. m. 1 → **amélioration** 2 du sol : a abonnissement, amélioration, ameublissement, assolement, bonification, chaulage, culture, engraissement, en jachère, enrichissement, ensemencement, fertilisation, fumure, marnage, mise en valeur, plâtrage, travaux b engrais, chaux, craie, falun, glaise, marne, plâtre, tangue → **fumier** 3 polit. : changement, correction, modification, réforme

**amender** 1 → **améliorer** 2 v. pron. a → **améliorer (s')** b → **corriger (se)**

**amène** → **aimable**

**amener** 1 → **conduire** 2 fig. a quelqu'un à une opinion : attirer, conquérir, convaincre, convertir, déterminer, engager, enrôler, entraîner, faire adopter, retourner, séduire b une chose : attirer, causer, déterminer, entraîner, induire, ménager, occasionner, préparer, présenter, produire, provoquer, susciter, traîner après / avec soi 3 fam. → **venir**

**aménité** n. f. → **amabilité**

**aménorrhée** n. f. → **ménopause**

**amenuisement** n. m. affaiblissement, allégement, amincissement, amputation, découpage, diminution, disparition, évaporation, rapetissement, raréfaction, réduction, tarissement, ténuité

**amenuiser** 1 affaiblir, alléger, amaigrir, amener la disparition de, amincir, amputer, couper, découper, diminuer, effiler, faire disparaître, provoquer la disparition de, rapetisser, raréfier, réduire, retrancher, rogner, tarir, trancher 2 v. pron. : s'amoindrir, s'anéantir, cesser d'être visible, diminuer, disparaître, se dissiper, se dissoudre, s'éclipser, s'effacer, s'éloigner, s'estomper, s'évanouir, s'évaporer, finir, mourir, se noyer dans, se perdre, se retirer, se soustraire à la vue, se volatiliser

**amer** n. m. 1 apéritif, bitter 2 bile, fiel 3 mar. → **repère** 4 au pl. : absinthe, aloès, armoise, camomille, centaurée, chénopode, chicorée, chicotin, coloquinte, genièvre, gentiane, germandrée, houblon, menthe, noix vomique, pavot, quinquina, rhubarbe, romarin, sauge, semen-contra, simaruba, tanaisie

**amer, ère** 1 une chose. a au pr. : âcre, aigre, âpre, désagréable, écœurant, fort, irritant, saumâtre b fig. : affligeant, âpre, attristant, cruel, cuisant, décevant, décourageant, déplaisant, désagréable, désolant, douloureux, dur, humiliant, mélancolique, morose, pénible, sévère, sombre, triste 2 quelqu'un dans son comportement, ses propos : acariâtre, acerbe, acide, âcre, acrimonieux, agressif, aigre, âpre, blessant, caustique, déplaisant, désagréable, fielleux, hargneux, ironique, maussade, mauvais, méchant, mordant, offensant, piquant, rude, sarcastique, sévère, solitaire, taciturne

**amèrement** 1 cruellement, douloureusement, durement, mélancoliquement, péniblement, sévèrement, sombrement, tristement 2 agressivement, aigrement, âprement, désagréablement, hargneusement, ironiquement, méchamment, rudement, sarcastiquement

**américain, e** → **yankee**

**amertume** n. f. 1 au pr. : âcreté, aigreur, âpreté, goût amer, rudesse 2 fig. a affliction, aigreur, âpreté, chagrin, chose / pensée / souvenir amer, cruauté, déception, découragement, dégoût, dépit, déplaisir, désagrément, désappointement, désolation, douleur, dureté, écœurement, humiliation, mélancolie, peine, regret, tourment, tristesse b acerbité, acidité, âcreté, acrimonie, agressivité, aigreur, animosité, âpreté, causticité, comportement / propos amer, fiel, hargne, ironie, maussaderie, mauvaise humeur, méchanceté, rudesse

**ameublement** n. m. → **agencement**

**ameublir** amender, bêcher, biner, cultiver, décavaillonner, façonner, gratter, herser, labourer, sarcler, scarifier

**ameuter** appeler, attrouper, battre le rappel, déchaîner, exciter, grouper, liguer, masser, rameuter, rassembler, regrouper, sonner le ralliement / le tocsin, soulever

**ami, e** 1 nom a au pr. : camarade, compagnon, connaissance, familier, inséparable, intime, relation b fam. et / ou arg. : colibri, colon, copain, copine, fias, frange, frangin, pote, poteau, vieille branche / noix, zig c allié, alter ego, coalisé d → **amant** 2 adj. a → **amateur** b assorti → **allié** c → **amoureux** d bienveillant, dévoué, favorable, propice

**amiable (à l')** amicalement, de gré à gré, volontaire, volontairement

**amibe** n. f. par ext. → **microbe**

**amical, e** → **bienveillant**

**amicalement** → **amiable (à l')**

**amidon** n. m. apprêt, colle, empois, fécule, glycogène

**amidonner** apprêter, empeser

**amincir** → **diminuer**

**amincissement** n. m. → **diminution**

**amitié** n. f. 1 pour quelqu'un. a → **affection** b → **bienveillance** c → **bonté** 2 accord, bonne intelligence, cordialité, entente, sympathie 3 **faire des amitiés :** a fav. : amabilité, bon / meilleur souvenir, compliment, hommages, sympathie b non fav. : caresse, flagornerie, flatterie, grimace

**ammoniac** n. m. alcali (volatil)

**amnésie** n. f. oubli, perte / trou de mémoire

**amnistiable** → **excusable**
**amnistie** n. f. par anal. : absolution, acquittement, disculpation, grâce, mise hors de cause, oubli, pardon, relaxe, remise de peine
**amnistier** absoudre, effacer, excuser, faire oublier / pardonner, gracier, oublier, pardonner, passer l'éponge (fam.), relaxer, remettre
**amocher** 1 → **abîmer** 2 → **dégrader**
**amoindrir** → **diminuer**
**amoindrissement** n. m. 1 diminution 2 → **dégradation**
**amok** n. m. 1 → **délire** 2 → **fou**
**amollir** 1 → **affaiblir** 2 v. pron. : → **affaiblir (s')**
**amollissement** n. m. → **affaiblissement**
**amonceler** → **accumuler**
**amoncellement** n. m. → **accumulation**
**amont (en)** au-dessus, en haut, plus haut
**amoral, e** indifférent, laxiste, libertaire, libre, nature (fam.), sans foi ni loi (péj.)
**amoralisme** n. m. → **philosophie**
**amoralité** n. f. → **neutralité**
**amorce** n. f. 1 détonateur, étoupille, fulminate 2 → **aiche** 3 → **ébauche**
**amorcer** 1 au pr. : affriander, allécher, appâter, attirer 2 → **ébaucher** 3 → **allécher**
**amoroso** → **rythme**
**amorphe** 1 au pr. : informe, sans → **forme** 2 fig. → **apathique**
**amorti, e** 1 assourdi, couvert, doux, feutré, sourd 2 a éteint, remboursé b hors d'usage, usagé, usé c démodé, vieilli → **vieux**
**amortir** 1 finances : couvrir, éponger, éteindre, rembourser 2 un objet : employer, faire rendre / servir / travailler, utiliser 3 → **affaiblir**
**amortissement** n. m. 1 finances : couverture, extinction, remboursement 2 d'un objet : plein emploi, rendement, travail, utilisation 3 fig. : adoucissement, affaiblissement, apaisement, attiédissement
**amour** n. m. 1 au pr. a de Dieu : adoration, charité, contemplation, culte, dévotion, dilection, ferveur, mysticisme, piété b → **affection** 2 d'un sexe pour l'autre. a → **passion** b amour conjugal : hymen, hyménée, mariage c par ext. : association, concubinage, en ménage d → **sympathie** e légèrement péj. : acoquinement, amourette, amusement, aventure, badinage, bagatelle, batifolage, béguin, bluette, bricole, caprice, coquetterie, coup de foudre, engouement, fantaisie, fleurette, flirt, galanterie, intrigue, liaison, marivaudage, passade, passion, touche (fam.) 3 déesse de l'amour : Aphrodite, Vénus 4 dieu de l'amour : archer, Cupidon, Éros, petit archer 5 amour d'une chose : admiration, adoration, attachement, dévotion, engouement, enthousiasme, estime, faible, folie, goût, intérêt, passion, penchant, plaisir
**amouracher (s')** s'acoquiner, avoir le béguin (fam.), s'éprendre → **aimer**
**amourette** n. f. 1 → **amour** 2 au pl. a morceau du boucher, rognons blancs, testicules b moëlle épinière, morceau du boucher
**amoureux, euse** 1 adj. a affectionné, affectueux, aimable, aimant, amical, ardent, attaché, brûlant, câlin, caressant, chaud, coiffé, dévoué, doux, éperdu, épris, fou, galant, langoureux, lascif, mordu, passionné, sensible, sensuel, tendre, toqué, voluptueux ◆ vx : adorant b **être amoureux** ◆ arg. : avoir le casque / dans la peau / la trique, en croquer / pincer, s'en ressentir, être chipé / groupé c d'une chose : admirateur, adorateur, amateur, ami, avide, fana (fam.), fanatique, féru, fervent, fou, infatué (péj.), passionné 2 nom → **amant, amante**
**amour-propre** n. m. 1 au pr. : dignité, émulation, fierté, respect 2 péj. : orgueil, susceptibilité, vanité
**amovibilité** n. f. → **instabilité**
**amovible** 1 une chose : interchangeable, mobile, modifiable, momentané, provisoire, transformable, transportable → **précaire** 2 quelqu'un : auxiliaire, contractuel, intérimaire, occasionnel, remplaçable, révocable
**amphibie** par ext. : bivalent, double, hybride
**amphibien** n. m. → **batracien**
**amphibole** → **ambigu**
**amphibologie** n. f. ambiguïté, anomalie, bivalence, double sens, équivoque, sens douteux
**amphigouri** n. m. → **galimatias**
**amphigourique** ambigu, confus, douteux, embrouillé, entortillé, équivoque, incompréhensible, inintelligible, nébuleux, obscur, peu clair → **galimatias**
**amphineure** n. m. chiton, oscabrion → **mollusque**
**amphisbène** n. m. 1 → **dragon** 2 → **saurien**
**amphithéâtre** n. m. 1 arène, carrière, cirque, gradins, hémicycle, théâtre 2 auditorium, aula (helv.), salle de concert / de spectacle 3 salle de conférence / cours / dissection
**amphitryon** n. m. hôte, maître de maison, mécène
**amphore** n. f. → **vase**
**ample** 1 : développé, élevé, épanoui, fort, grand, gras, gros, immense, large, majestueux, plein, rebondi, spacieux, vaste, volumineux 2 abondant, considérable, copieux, étendu, sonore 3 ballonnant, blousant, bouffant, gonflant
**amplement** 1 → **beaucoup** 2 → **aisément**
**ampleur** n. f. 1 → **étendue** 2 → **largeur** 3 → **profusion**
**ampliatif, ive** → **supplémentaire**
**ampliation** n. f. complément, copie, duplicata, duplication, expédition, grosse
**amplificateur** n. m. 1 agrandisseur, ampli, haut-parleur, pick-up 2 audiophone, sonotone
**amplification** n. f. 1 développement, paraphrase 2 allongement, alourdissement, boursouflure, broderie, emphase, enflure, enjolivure, exagération, grossissement, outrance, redondance, renchérissement 3 → **agrandissement**
**amplifier** 1 → **agrandir** 2 → **exagérer**
**amplitude** n. f. 1 au pr. a → **immensité** b scient. : écart, inclinaison, oscillation, portée, variation 2 fig. → **intensité**
**ampoule** n. f. 1 burette, fiole, flacon 2 méd. → **boursouflure**
**ampoulé, e** amphigourique, bouffi, boursouflé, creux, déclamateur, déclamatoire, emphatique, enflé, grandiloquent, guindé, pindarique, pompeux, redondant, ronflant, sonore, vide
**amputation** n. f. 1 chir. : ablation, autotomie, mutilation, opération, résection, sectionnement 2 fig. : allégement, censure, retrait, suppression → **diminution**
**amputé, e** estropié, handicapé, invalide, mutilé
**amputer** 1 au pr. : enlever, mutiler, opérer, ôter, procéder à l'ablation de, réséquer, retrancher, sectionner, supprimer → **couper** 2 fig. : alléger, censurer, diminuer, retirer, retrancher, supprimer, tailler, tronquer → **couper**
**amulette** n. f. → **fétiche**
**amure** n. f. 1 → **flanc** 2 → **fixation**
**amurer** → **fixer**
**amusant, e** 1 agréable, badin, bouffon (péj.), boute-en-train, burlesque, clownesque (péj.), cocasse, comique, désopilant, distrayant, divertissant, drôle, folâtre, gai, hilarant, humoriste, joyeux, plaisant, réjouissant, spirituel → **risible** 2 une chose : délassant, drolatique, égayant, humoristique, récréatif 3 fam. : bidonnant, boyautant, crevant, du tonnerre, folichon, gondolant, gonflant, impayable, jouasse, marrant, pilant, pissant, poilant, rigolard, rigolo, roulant, tordant 4 fam. : du tonnerre, le pied 5 par ext. → **bizarre**
**amuse-gueule** n. m. → **collation**
**amusement** n. m. 1 fav. a agrément, délassement, dérivatif, distraction, divertissement, fête, frairie, jeu, kermesse, passe-temps, plaisir, récréation, réjouissance b futilité ou galanterie → **bagatelle** 2 non fav. a quelqu'un : dérision, fable, raillerie, ridicule, rigolade, souffre-douleur, tête de Turc, tourment b une chose : change, distraction, diversion, duperie, illusion, leurre, tromperie c → **délai**
**amuser** 1 délasser, désennuyer, distraire, divertir, égayer, faire jouer / rire, intéresser, mettre en gaieté / train, récréer, réjouir 2 non fav. : abuser, duper, endormir, enjôler, flatter, flouer, jouer, leurrer, mener en bateau, tromper 3 v. pron. a s'ébattre, jouer → **rire** b abuser de, brocarder, se jouer de, se moquer de, plaisanter, railler, taquiner, tourmenter, tourner en dérision / ridicule c baguenauder, batifoler, bricoler, folâtrer, lambiner, muser, passer le temps à, perdre son temps, tourner en rond, vétiller d bambocher, faire la fête / la foire / la java / la noce / les quatre cents coups / ripaille, ripailler, se donner / prendre du bon temps
**amusette** n. f. → **bagatelle**
**amuseur, euse** → **farceur**
**amusie** n. f. → **mutité**
**an** n. m. 1 année, cycle, période, temps 2 âge, hiver, printemps ◆ arg. : balai, bâton, berge, carat, gerbe, longe, pige, plombe
**anabaptiste** baptiste, mennonite → **protestant**
**anabiose** n. f. 1 → **renaissance** 2 → **congélation**
**anabolisme** n. m. assimilation, métabolisme
**anacarde** n. m. noix de cajou
**anachorète** n. m. ermite, religieux, solitaire
**anachronique** démodé, désuet, erroné, inexact, obsolète, périmé
**anachronisme** n. m. parachronisme, survivance
**anaconda** n. m. eunecte → **boa**
**anacréontique** → **érotique**
**anagogie** n. f. 1 contemplation, élévation, extase, mysticisme, ravissement 2 commentaire, interprétation, leçon, exégèse, explication, herméneutique, symbolisme
**anagogique** 1 contemplatif, mystique 2 → **symbolique**
**analeptique** → **fortifiant**
**analgésie** n. f. → **anesthésie**
**analgésique** n. m. et adj. → **anesthésique**
**analogie** n. f. 1 déduction, homologie, hypallage, induction, métaphore, métonymie, synecdoque 2 accord, affinité, analogon, association (d'idées), communauté, comparaison, conformité, connexion, connotation, contiguïté, convenance, correspondance, équivalence, lien, parenté, rapport, relation, ressemblance, similitude, suggestion, voisinage
**analogique** associatif, commun, comparable, connexe, contigu, correspondant, en analogie, lié, métaphorique, parent, relié, similaire, voisin
**analogue** analogon, approchant, assimilable, comparable, conforme, connexe, contigu, correspondant, équivalent, homologue, identique, pareil, parent, ressemblant, similaire, voisin → **semblable**
**analphabète** ignare, ignorant, illettré, inculte
**analphabétisme** n. m. → **ignorance**
**analyse** n. f. 1 l'acte : anatomie (vx), décomposition, dissection, dissociation, dissolution, division, étude, examen, prélèvement, séparation 2 par ext. : abrégé, codex, compendium, compte rendu, critique, digest, énumération, exposé, extrait, index, notice, précis, raccourci, rapport, résumé, sommaire 3 analyse en composantes
**analyser** 1 au pr. : décomposer, dépecer, disséquer, dissocier, distinguer, diviser, énumérer, examiner, extraire, faire apparaître, prélever / réduire / séparer les éléments / unités, quintessencier 2 par ext. : approfondir, faire une analyse, chercher, critiquer, détailler, énumérer, étudier, examiner, rendre compte, résumer
**anamorphose** n. f. → **déformation**
**anamnèse** n. f. → **rappel**
**anapeste** n. m. → **pied**
**anaphore** n. f. 1 au pr. : répétition, retour 2 par ext. (gram.) : pronom, remplaçant, substitut
**anaphrodisie** n. f. → **impuissance**
**anaphylaxie** n. f. allergie, hypersensibilité, sensibilisation
**anaplastie** n. f. → **greffe**
**anarchie** n. f. 1 anomie 2 → **confusion**
**anarchique** 1 → **décousu** 2 → **illogique** 3 → **irrégulier**
**anarchiste** n. et adj. libertaire
**anathématiser** 1 → **blâmer** 2 → **maudire**
**anathème** n. m. 1 → **blâme** 2 → **malédiction**
**anatife** n. m. barnache ou barnacle, pousse-pied → **crustacé**
**anatomie** n. f. 1 au pr. : analyse, autopsie, dissection, vivisection 2 par ext. : académie, corps, format, forme, morphologie, musculature, nu, nudité, plastique, proportions, silhouette
**anavenin** n. m. → **vaccin**
**ancestral, e** → **ancien**
**ancêtre** n. m. 1 → **aïeul** 2 au pl. : aïeux, pères, prédécesseurs, race
**anche** n. f. 1 → **robinet** 2 basson, clarinette, cromorne, hautbois, saxophone 3 → **conduit**

**anchoïade** n. f. → **sauce**

**anchois** n. m. [1] par ext. : sprat → **poisson** [2] fam. → **bête**

**ancien, ne** [1] une chose. a ancestral, antérieur, antique, authentique, d'époque, éloigné, haute époque, obsolète, reculé, séculaire → **vieux** b archaïsant c antédiluvien, archaïque, croulant, démodé, désuet, en ruine, flétri, moyenâgeux, passé, périmé, suranné, usagé, usé, vétuste, vieillot → **vieux** [2] quelqu'un : âgé, briscard, chevronné, doyen, vétéran → **vieux**

**anciennement** → **autrefois**

**ancienneté** n. f. [1] antiquité, authenticité, origine [2] antécédence, antériorité, préexistence, vétusté [3] années, annuités, chevrons, points, temps → **priorité**

**ancolie** n. f. colombine, cornette, fleur du parfait amour, gant de Notre-Dame

**ancrage** n. m. [1] amarrage, embossage, mouillage [2] attache, fixation

**ancrer** [1] → **amarrer** [2] → **fixer**

**andain** n. m. → **rang**

**andante, andantino** n. m. et adv. → **rythme**

**andouille** n. m. → **bête**

**andouiller** n. m. → **bois**

**androgyne** n. m. et adj. → **hermaphrodite**

**âne** n. m. ânesse, ânon, baudet, bourricot, bourrique, bourriquet, grison, hémione, monture, onagre, zèbre → **bête**

**anéantir** [1] → **détruire** [2] → **vaincre** [3] v. pron. a → **abattre (s')** b → **abîmer (s')**

**anéantissement** n. m. [1] au pr. : consommation, disparition, engloutissement, extermination, extinction, fin, mort, néant [2] → **destruction** [3] par ext. a → **abolition** b → **abaissement** c → **abattement**

**anecdote** n. f. [1] → **bruit** [2] → **fable**

**anecdotique** [1] → **insignifiant** [2] → **secondaire**

**anémiant, e** affaiblissant, amollissant, débilitant, épuisant, fatigant

**anémie** n. f. [1] au pr. a hommes et animaux : abattement, affaiblissement, avitaminose, débilité, dépérissement, épuisement, faiblesse, langueur, pâleur b des végétaux : chlorose, défoliation [2] fig. → **carence**

**anémié, e** affaibli, anémique, chétif, débile, déficient, délicat, déprimé, étiolé, faible, fatigué, fluet, fragile, frêle, languissant, las, malingre, pâle, pâlot

**anémier** → **affaiblir**

**anémique** → **anémié**

**anémomètre** n. m. anémographe

**anémone** n. f. [1] fleur de Pâques / du Vendredi saint, herbe du vent, pâquerette [2] actinie ◆ par ext. impr. : étoile / ortie de mer

**ânerie** n. f. → **bêtise**

**ânesse** n. f. → **âne**

**anesthésiant, e** → **anesthésique**

**anesthésie** n. f. [1] au pr. : analgésie, apaisement, chloroformisation, cocaïnisation, éthérisation, insensibilisation, narcose, péridurale [2] fig. : apaisement, arrêt (de la sensibilité), ataraxie, détachement, hypnose, inconscience, indifférence, insensibilité, nirvana, rémission, sommeil, voyage (arg.)

**anesthésier** [1] chloroformer, endormir, éthériser, insensibiliser [2] fig. a apaiser, assoupir, calmer, endormir, rassurer b non fav. : abrutir, assommer, enivrer c fam. → **assommer**

**anesthésique** n. m. et adj. analgésique, anesthésiant, antalgique, antidouleur, calmant, narcotique, somnifère, stupéfiant

**aneth** n. m. fenouil ◆ par ext. → **anis**

**anfractuosité** n. f. [1] cavité, creux, crevasse, dentelure, détour, échancrure, enfoncement, sinuosité → **trou** [2] → **difficulté**

**angarie** n. f. mar. → **confiscation**

**ange** n. m. [1] au pr. a fav. : esprit, messager, ministre, pur esprit b chérubins, dominations, puissances, principautés, séraphins, trônes, vertus c non fav. → **démon** [2] fig. a conseil, exemple, génie, guide, inspirateur, instigateur (péj.), mentor, protecteur, providence, soutien b amour, angelot, chérubin, putto

**angéite** n. f. → **inflammation**

**angélique** [1] adj. a beau, bénin, bon, céleste, doux, innocent, parfait, pur, ravissant, saint, séraphique, vertueux b **salutation angélique :** Ave Maria c **pain angélique :** eucharistie [2] n.m. : teck de Guyane

**angélisme** n. m. → **naïveté**

**angine** n. f. → **inflammation**

**angiome** n. m. → **tumeur**

**anglais, e** [1] → **britannique** [2] anglicisme, angliciste [3] **à l'anglaise :** discrètement, en douce, furtivement

**anglaise** n. f. [1] → **écriture** [2] → **danse** [3] → **dentelle** [4] au pl. boucle

**angle** n. m. [1] par ext. : anglet, arête, carne (vx), carre, coin, corne, cornier, coude, écoinçon, empointure (mar.), encoignure, enfourchement, noue, pan, renfoncement, retour, saillant, tournant [2] fig. : aspérité, rudesse, rugosité [3] → **aspect** [4] unités de mesure : degré, grade, minute, radian, seconde

**anglican, e** n. et adj. conformiste, méthodiste → **protestant**

**anglomanie** n. f. snobisme → **affectation**

**angoissant, e** → **inquiétant**

**angoisse** n. f. → **inquiétude**

**angoissé, e** → **inquiet**

**angoisser** → **inquiéter**

**angor** n. m. angine de poitrine, serrement, oppression → **douleur**

**angora** n. m. mohair

**anguiforme** ou **anguilliforme** → **allongé**

**anguille** n. f. a civelle, lançon, leptocéphale, pibale ◆ par ext. : congre, gymnote b **anguille de haie** → **couleuvre**

**anguillière** n. f. → **vivier**

**anguleux, euse** → **difficile**

**anhélation** n. f. → **essoufflement**

**anicroche** n. f. → **incident**

**animadversion** n. f. → **blâme**

**animal, aux** [1] n.m. → **bête** [2] animaux fabuleux : alcyon, aspic, basilic, catoblépas, centaure, chimère, coquecigrue, dragon, griffon, guivre, harpie, hippocampe, hippogriffe, hydre, lamie, léviathan, licorne, loup-garou, minotaure, monstre, pégase, phénix, python, salamandre, sirène, sphinge, sphinx, tarasque [3] adj. → **bestial**

**animalerie** n. f. → **ménagerie**

**animalier** n. m. [1] → **peintre** [2] → **sculpteur**

**animalité** n. f. → **bestialité**

**animateur, trice** [1] adj. : créateur, vivifiant [2] nom a âme, boute-en-train, chef, cheville ouvrière, directeur, dirigeant, entraîneur, manager, moteur, organisateur, promoteur, protagoniste, responsable b disque-jockey, présentateur

**animation** n. f. [1] au pr. ardeur, branle (vx), branle-bas, chaleur, couleur (locale), éclat, entrain, exaltation, feu, fièvre, flamme, fougue, mouvement, passion, vie, vivacité → **activité** [2] fig. → **feu**

**animé, e** [1] acharné, agité, ardent, bouillant, bouillonnant, brûlant, chaleureux, chaud, coloré, enflammé, exalté, expressif, fougueux, passionné, vif [2] à la mode, couru, fréquenté, mouvementé, passager → **achalandé**

**animer** [1] au pr. a créer, donner le souffle, donner / insuffler l'âme / la vie, éveiller b activer, agir sur, communiquer le mouvement, diriger, entraîner, faire aller / marcher, impulser, mouvoir, promouvoir, provoquer, vivifier [2] fig. a → **aiguillonner** b → **imprégner** c → **égayer** d → **exciter** e → **inspirer**

**animisme** n. m. [1] par ext. : finalisme, organicisme, vitalisme → **philosophie** [2] → **religion**

**animosité** n. f. [1] ce qu'on éprouve : amertume, antipathie, aversion, fiel, haine, inimitié, malveillance, prévention, rancune, ressentiment, venin [2] ce qu'on manifeste : acharnement, âpreté, ardeur, chaleur, colère, emportement, véhémence, vigueur, violence, vivacité

**anis** n. m. [1] la plante, par ext. : aneth, badiane, cumin, fenouil [2] la boisson : anisette, ouzo, pastis, ratafia

**ankylose** n. f. [1] au pr. : courbature, engourdissement, paralysie, raideur [2] fig. : arrêt, blocage, marasme, morte-saison, paralysie, récession, stagnation

**ankyloser** [1] au pr. : engourdir, paralyser [2] fig. : arrêter, bloquer, paralyser, stopper

**annales** n. f. pl. [1] au pr. : chronique, commentaire(s), récit → **histoire** [2] par ext. : documents, éphémérides, fastes, recueil, revue

**annaliste** n. m. et f. biographe, chroniqueur, écrivain, historien, historiographe, mémorialiste

**anneau** n. m. [1] alliance → **bague** [2] techn. : bélière, bride, capucine, chaînon, collier, coulant, embout, frette, maillon, manchon, manille, morne, virole [3] mar. : amarre, boucle de pont / de quai, erse, estrope, organeau, torde [4] → **bracelet** [5] → **boucle**

**année** n. f. → **an**

**annexe** [1] n.f. a → **accessoire** b → **ajout** c dépendance, filiale, succursale d addition, complément, pièce jointe, supplément [2] adj. → **subsidiaire**

**annexer** [1] → **joindre** [2] v. pron. → **approprier (s')**

**annexion** n. f. [1] → **confiscation** [2] incorporation, jonction, rattachement, récupération, réunion

**annihilation** n. f. → **destruction**

**annihiler** abattre, abolir, anéantir, annuler, détruire, effacer, frapper d'impuissance, neutraliser, paralyser, supprimer

**anniversaire** [1] n.m. commémoration, fête, mémento, mémoire, souvenir [2] adj. : commémoratif

**annonce** n. f. [1] prédiction, prémonition, promesse, prophétie → **présage** [2] dépliant, écrit, faire-part, flash, insert, insertion, prospectus, publicité, spot, tract → **affiche, note** [3] non fav. → **boniment**

**annoncer** [1] on annonce une chose. a neutre ou fav. : apprendre, avertir de, aviser, clamer, communiquer, déclarer, dire, divulguer, faire connaître / paraître / savoir, indiquer, notifier, porter à la connaissance, proclamer, propager, publier, signaler b fam. : chanter / crier sur les toits, clabauder (péj.), claironner, publier à son de trompe c relig. : prêcher d → **augurer** [2] une chose annonce : dénoter, être l'indice / la marque / le présage / le signe / le signe avant-coureur de, faire / laisser deviner / pressentir, manifester, marquer, montrer, précéder, préluder à, préparer à, présager, prévenir de, promettre, prouver, révéler, signaler

**annonceur, euse** [1] agent de publicité, publiciste, publicitaire [2] → **speaker**

**annonciateur, trice** [1] → **devin** [2] → **précurseur**

**annonciation** n. f. → **prédiction**

**annoncier, ère** [1] → **huissier** [2] → **journaliste**

**annotateur, trice** → **commentateur**

**annotation** n. f. → **note**

**annoter** → **noter**

**annuaire** n. m. almanach, agenda, Bottin, Bottin mondain

**annuité** n. f. → **échéance**

**annulable** → **précaire**

**annulation** n. f. [1] → **abrogation** [2] → **renvoi** [3] → **extinction**

**annuler** [1] → **abolir** [2] → **détruire** [3] → **décommander**

**anoblir** → **améliorer**

**anoblissement** n. m. → **amélioration**

**anodin, e** [1] → **inoffensif** [2] → **insignifiant**

**anodiser** → **galvaniser**

**anodonte** [1] adj. : édenté [2] n.m. : moule d'étang → **lamellibranche**

**anomal, e** → **irrégulier**

**anomalie** n. f. → **irrégularité**

**anomie** n. f. [1] anarchie [2] → **irrégularité** [3] aphasie [4] estafette, pelure d'oignon → **lamellibranche**

**ânonnement** n. m. → **balbutiement**

**ânonner** → **balbutier**

**anonymat** n. m. banalité, humble origine, incognito, masque, obscurité

**anonyme** banal, caché, incognito, inconnu, masqué, mystérieux, ni vu ni connu, secret, voilé

**anorak** n. m. → **veste**

**anordir** → **diriger**

**anorexie** n. f. inappétence → **indifférence**

**anormal, e** [1] → **bizarre** [2] → **rare** [3] → **irrégulier** [4] arriéré, caractériel, handicapé, inadapté

**anormalité** n. f. → **irrégularité**

**anovulation** n. f. → **stérilité**

**anse** n. f. → **baie**

**antagonisme** n. m. [1] → **opposition** [2] → **rivalité**

**antagoniste** → **adversaire**

**antalgique** → **anesthésique**

**antan** → **autrefois**

**antarctique** n. m. et adj. → **austral**

**ante** n. f. → **colonne**

**antécédence** n. f. [1] → **ancienneté** [2] → **priorité**

**antécédent, e** → **antérieur**

**antécime** n. f. → **mont**

**antédiluvien, ne** → **ancien**

**antéfixe** n. f. → **ornement**

**antenne** n. f. [1] vergue [2] → **mât**

**antéposer** → **précéder**

**antérieur, e** antécédent, antéposé, antidaté, apriorique, frontal, passé, plus ancien, précédent, préexistant, premier

**antérieurement** → **auparavant**

**antériorité** n. f. [1] → **ancienneté** [2] → **priorité**

**anthèse** n. f. → **éclosion**

**anthologie** n. f. ana, choix, chrestomathie, collection, épitomé, florilège, mélanges, miscellanées, morceaux choisis, recueil, spicilège

**anthracnose** n. f. carie / charbon de la vigne, rouille noire

**anthracose** n. f. silicose

**anthrax** n. m. → **abcès**

**anthropocentrisme** n. m. → **philosophie**

**anthropoïde** → **humain**

**anthropologie** n. f. par ext. : ethnologie, paléontologie humaine, sociologie → **ethnographie**

**anthropométrique** signalétique

**anthropomorphe** → **humain**

**anthropophage** n. et adj. cannibale, ogre

**antibois** n. m. → **protection**

**antichambre** n. f. hall, passage, réception, salle d'attente → **vestibule**

**antichrèse** n. f. → **gage**

**anticipation** n. f. [1] au pr. (philos.) : prénotion, prolepse [2] par ext. **a** prescience, science-fiction **b** empiètement, usurpation [3] prévision → **présage**

**anticipé, e** [1] avancé, précoce → **prématuré** [2] préalable, préconçu

**anticiper** [1] → **escompter** [2] → **devancer**

**anticonceptionnel, le** contraceptif → **préservatif**

**anticonstitutionnel, le** → **irrégulier**

**antidote** n. m. [1] au pr. : contrepoison, mithridatisation [2] fig. : adoucissement, allégement, atténuation, contrepartie, correctif, dérivatif, distraction, préservatif, soulagement

**antienne** n. f. cantique, refrain, répons

**antiféministe** n. m. et adj. machiste, macho, misogyne, phallocrate, sexiste

**antillais, e** caraïbe, créole, cubain, guadeloupéen, haïtien, jamaïcain, martiniquais, portoricain

**antilope** n. f. par ext. : algazelle (vx), bubale, gazelle, gnou, impala, nilgaut, saïga

**antinomie** n. f. → **antiphrase**

**antipathie** n. f. [1] → **éloignement** [2] → **répugnance**

**antipathique** [1] → **désagréable** [2] fam. : blaireau, sale gueule / tête, tête à claques / gifles, tête de piaf / de pierrot

**antiphrase** n. f. antinomie, contraire, contre-vérité, euphémisme, ironie, paradoxe

**antipode** n. m. au pl. : au diable / loin, contraire, extrême, inverse, opposé

**antique** → **ancien**

**antiquité** n. f. → **brocante**

**antireligieux, euse** au pr. agnostique, esprit fort (péj.), esprit libre, humaniste, laïc, libéral, libre penseur, neutre, philosophe

**antisepsie** n. f. → **prophylaxie**

**antiseptique** n. m. et adj. antiputride, antisepsie, désinfectant

**antispasmodique** n. m. et adj. → **calmant**

**antithèse** n. f. antilogie, antinomie, comparaison, contraste, opposition

**antonyme** n. m. et adj. contraire, opposé

**antre** n. m. → **abri**

**anus** n. m. fondement, rectum ◆ arg. : bague, fion, os, rosette, trou de balle / du cul, troufignon

**anxiété** n. f. → **inquiétude**

**anxieux, euse** → **inquiet**

**aoûtat** n. m. rouget, trombidion, vendangeon

**apache** n. m. → **bandit**

**apaisant, e** → **calmant**

**apaisement** n. m. [1] → **tranquillité** [2] accalmie, adoucissement, assagissement, baume, calme, consolation, dédramatisation, dégel, désescalade, guérison, modération, pacification, radoucissement, sédation, soulagement

**apaiser** [1] → **calmer** [2] → **adoucir** [3] cicatriser, consoler, dédramatiser, délivrer, dissiper, endormir, éteindre, fermer une plaie, guérir, lénifier, pacifier, rasséréner, soulager, verser un baume [4] → **assouvir**

**apanage** n. m. [1] → **bien** [2] → **privilège** [3] → **tenure**

**aparté** n. m. [1] conversation privée / à l'écart, entretien particulier [2] **en aparté :** cavalier seul, en Suisse (fam.)

**apartheid** n. m. → **séparation**

**apathie** n. f. [1] aboulie, absence, amollissement, anéantissement, apragmatisme, apraxie, assoupissement, asthénie, atonie, engourdissement, faiblesse, fatalisme, hypotonie, inapplication, inconsistance, indifférence, indolence, inertie, insensibilité, langueur, lenteur, léthargie, lourdeur, lymphatisme, malléabilité, marasme, mollesse, nonchalance, nonchaloir, paresse, plasticité, résignation, somnolence, torpeur, veulerie (péj.), vide [2] par ext. : ataraxie, calme, détachement, impassibilité, imperturbabilité, quiétude, sérénité, stoïcisme

**apathique** [1] aboulique, absent, amorphe, anéanti, assoupi, asthénique, ataraxique, atonique, engourdi, faible, fataliste, hypotonique, inappliqué, inconsistant, indifférent, indolent, inerte, informe, insensible, languide, lent, léthargique, lourd, lymphatique, malléable, mollasson (fam.), mou, nonchalant, paresseux, plastique, résigné, somnolent, veule (péj.), vide [2] par ext. : ataraxique, calme, détaché, impassible, imperturbable, quiet, serein, stoïque

**apatride** n. et adj. heimatlos, métèque (péj.), personne déplacée, sans patrie

**aperception** n. f. → **intuition**

**apercevoir** [1] → **voir** [2] appréhender, aviser, avoir connaissance, comprendre, connaître, constater, déceler, découvrir, deviner, distinguer, entraver (fam.), entrevoir, noter, pénétrer le sens, percevoir, piger (fam.), remarquer, saisir, sentir, voir [3] v. pron. **a** se voir **b** avoir conscience de, connaître que, découvrir, faire la connaissance / découverte de, remarquer, se rendre compte de

**aperçu** n. m. [1] → **estimation** [2] → **échantillon** [3] → **note**

**apériteur, trice** → **assureur**

**apéritif** [1] n.m. fam. : apéro, jaunet, perroquet, petite, tomate *et les marques commerciales* → **alcool** [2] adj. vx : diurétique, purgatif, rafraîchissant, stimulant, sudorifique

**aperture** n. f. anthèse → **ouverture**

**à peu près** loc. adv. → **environ**

**à-peu-près** n. m. calembour, jeu de mots

**apeuré, e** → **inquiet**

**apex** n. m. [1] → **baguette** [2] → **sommet**

**aphélie** n. m. → **apogée**

**aphérèse** n. f. [1] → **ellipse** [2] → **suppression**

**aphorisme** n. m. → **maxime**

**aphrodisiaque** → **affriolant**

**aphte** n. m. → **ulcération**

**à-pic** n. m. aplomb, dénivellement, paroi

**apiculteur, trice** berger / éleveur d'abeilles

**apitoiement** n. m. → **compassion**

**apitoyer** [1] → **émouvoir** [2] v. pron. → **plaindre**

**aplanir** [1] → **niveler** [2] → **faciliter**

**aplanissement** n. m. → **nivellement**

**aplati, e** camard, camus, cassé, comprimé, écrasé, étroit, mince, plat, raplapla (fam.)

**aplatir** [1] → **écraser** [2] v. pron. **a** → **abaisser (s')** **b** les cheveux : appliquer, brillantiner, calamistrer, coller, gominer, plaquer, pommader **c** fam. : s'allonger, se casser la figure / la gueule (fam.), s'étaler, s'étendre → **tomber**

**aplatissement** n. m. [1] écrasement [2] → **abaissement** [3] → **humiliation**

**aplomb** n. m. [1] → **équilibre** [2] **avoir de l'aplomb :** ne pas manquer d'air [3] fig. **a** → **confiance** **b** → **impudence**

**apoastre** n. m. → **apogée**

**apocalyptique** → **effrayant**

**apocope** n. f. → **suppression**

**apocryphe** par ext. : controuvé, douteux, faux, hérétique, inauthentique, supposé

**apodictique** [1] → **évident** [2] → **nécessaire**

**apogée** n. m. [1] acmé, apex, apothéose, comble, culmination, faîte, gloire, point culminant / le plus haut, sommet, summum, triomphe, zénith [2] aphélie, apoastre, apside

**apolitique** → **indifférent**

**apolitisme** n. m. → **neutralité**

**apollon** n. m. [1] → **beauté** [2] → **papillon**

**apologétique** [1] n. m. → **avocat** [2] n. f. → **défense**

**apologie** n. f. → **éloge**

**apologue** n. m. → **fable**

**apophtegme** n. m. → **maxime**

**apophyse** n. f. bosse, crête, éminence, épine, protubérance, saillie, tubérosité

**apoplexie** n. f. attaque, coup de sang, hémorragie cérébrale, ictus, paralysie générale

**aporétique** → **contradictoire**

**aporie** n. f. [1] → **contradiction** [2] → **paradoxe**

**apostasie** n. f. → **abandon**

**apostasier** → **abjurer**

**apostat, e** infidèle, renégat

**a posteriori** [1] après, en second lieu, ensuite [2] à l'expérience

**apostille** n. f. → **note**

**apostiller** → **noter**

**apostolat** n. m. catéchèse, catéchisme, croisade, endoctrinement, ministère, mission, prédication, propagation de la foi, prosélytisme

**apostrophe** n. f. par ext. : appel, interpellation, invective

**apostropher** aborder, appeler, interpeller, invectiver

**apothéose** n. f. [1] → **bouquet** [2] consécration, déification, épanouissement, exaltation, glorification, triomphe → **apogée**

**apothicaire, esse** n. m. et f. pharmacien, potard (péj.)

**apôtre** n. m. avocat, défenseur, disciple, ministre, missionnaire, prêcheur, prédicant, prédicateur, propagateur de la foi, prosélyte

**apparaître** [1] v. intr. : affleurer, arriver, atteindre, se découvrir, se dégager, se détacher, se dévoiler, éclore, se faire jour, se faire voir, jaillir, se lever, luire, se manifester, se montrer, naître, paraître, se présenter, poindre, se révéler, sortir, sourdre, surgir, survenir, transparaître, venir [2] impers. **a** sembler **b** ressortir, résulter de

**apparat** n. m. [1] appareil, cérémonie, décor, éclat, luxe, magnificence, munificence, pompe, solennité, splendeur → **équipage** [2] en grand arroi, étalage, faste, montre, ostentation, tralala (fam.)

**appareil** n. m. [1] → **équipage** [2] → **apparat** [3] techn. **a** arch. : assemblage, montage, taille **b** par ext. : arsenal, attirail, collection **c** l'appareil législatif : dispositions, ensemble, législation, système **d** dispositif, engin, gadget, instrument, machine, mécanique, métier (vx), outil, robot **e** fam. : bécane, bidule, machin, truc, zinc, zinzin

**appareillage** n. m. [1] mar. : départ, préparatifs de départ [2] → **appareil** [3] → **accouplement**

**appareiller** [1] v. intr. mar. : lever l'ancre, partir, quitter le mouillage [2] v. tr. **a** au pr. : accorder, accoupler, apparier, assortir, joindre, marier, réunir, unir **b** techn. : mar. : équiper, gréer arch. : agencer / assembler / disposer / monter / tailler les pierres

**apparemment** au premier abord, effectivement, en apparence, extérieurement, peut-être, probablement, sans doute, selon toute apparence / vraisemblance, visiblement, vraisemblablement

**apparence** n. f. [1] de quelqu'un → **air** [2] d'une chose. **a** → **aspect** **b** → **extérieur** [3] → **bienséance** [4] → **illusion** [5] philos. → **contingence** [6] **contre toute apparence :** crédibilité, probabilité, vérité, vraisemblance

**apparent, e** [1] neutre ou fav. : clair, discernable, évident, incontestable, manifeste, ostensible, perceptible, visible [2] → **réel** [3] non fav. → **incertain**

**apparentement** n. m. → **alliance**

**apparenter** [1] → **allier** [2] v. pron. → **convenir**

**appariement** n. m. → **accouplement**

**apparier** → **accoupler**

**appariteur** n. m. huissier, surveillant, tangente (arg.)

**apparition** n. f. [1] au pr. **a** sens général : arrivée, avènement, introduction, manifestation, parution, surgissement, survenance, venue **b** d'un phénomène : commencement, création, éclosion, émergence, éruption, explosion, genèse, germination, naissance, poussée, production **c** d'une œuvre : création, publication **d** **faire son apparition :** entrée [2] par anal. **a** épiphanie, vision **b** esprit, fantôme, revenant, spectre

**appartement** n. m. [1] chambre, duplex, enfilade, entresol, garçonnière, habitation, loft, logement, meublé, pied-à-terre, studette, studio, suite → **maison** [2] gynécée, harem, sérail

**appartenance** n. f. [1] → **possession** [2] → **dépendance**

**appartenir** [1] concerner, convenir à, dépendre de, être le bien / la propriété / le propre de, se rapporter à, relever de, tenir à [2] v. pron. : être à soi / libre / maître de soi, ne dépendre de personne

**appas** n. m. pl. agrément, amorces (vx), grâce → **charme**

**appassionato** → **rythme**

**appât** n. m. → **aiche**

**appâter** [1] → **amorcer** [2] → **allécher**

**appauvrir** [1] → **affaiblir** [2] → **altérer** [3] → **diminuer**

**appauvrissement** n. m. [1] abâtardissement, affaiblissement, amaigrissement, amputation, anémie, dégénérescence, diminution, épuisement, étiolement, perte, réduction [2] clochardisation → **ruine**

**appeau** n. m. [1] → **aiche** [2] → **appelant**

**appel** n. m. [1] on appelle. **a** → **cri** **b** → **signe** **c** → **convocation** **d** → **demande** **e** coup de cloche / corne / sifflet / sonnette / trompe [2] fig. : aspiration, attirance, excitation, fascination, impulsion, incitation, inspiration, invitation, invite, provocation, sollicitation, vocation, voix [3] → **mobilisation** [4] jurid. : appellation, intimation, pourvoi, recours [5] **sans appel :** définitivement, irrémédiablement

**appelant** n. m. appeau, chanterelle, courcaillet, leurre, moquette, pipeau

**appelé** n. m. → **soldat, novice**

**appeler** [1] on appelle quelqu'un. **a** → **crier** **b** → **convier** **c** non fav. : apostropher, assigner, citer, défier, provoquer **d** à une fonction : choisir, coopter, désigner, élire, nommer, prier, rappeler **e** baptiser, dénommer, donner un nom / titre, nommer, prénommer, qualifier **f** → **téléphoner** [2] par ext. **a** → **aspirer** **b** l'attention → **alerter** **c** non fav. → **réclamer** [3] **en appeler :** invoquer, se référer à, s'en remettre à, soumettre le cas à

**appellation** n. f. dénomination, désignation, label, marque, mot, qualification, vocable → **nom**

**appendice** n. m. [1] → **extrémité** [2] → **addition**

**appentis** n. m. → **hangar**

**appertisation** n. f. → **stérilisation**

**appertiser** → **stériliser**

**appesantir** → **alourdir**

**appesantissement** → **alourdissement**

**appétence** et **appétit** n. f., n. m. [1] au pr. **a** fav. ou neutre : besoin, désir, envie fam. : boyau vide, dent, fringale → **faim** **b** non fav. : boulimie, gloutonnerie, goinfrerie, gourmandise, voracité [2] par ext. **a** fav. ou neutre : aspiration, attrait, curiosité, désir, faim, goût, inclination, instinct, passion, soif, tendance **b** non fav. : concupiscence, convoitise → **désir**

**appétissant, e** affriandant, affriolant, agréable, alléchant, attirant, désirable, engageant, friand, qui met l'eau à la bouche, ragoûtant, sapide, savoureux, séduisant, succulent, tentant

**applaudir** [1] battre / claquer des mains → **acclamer** [2] → **approuver**

**applaudissement** n. m. [1] au pr. → **acclamation** [2] fig. → **approbation**

**applicable** adéquat, congru, congruent, convenable, imputable, possible, praticable, superposable

**application** n. f. [1] → **expérimentation** [2] → **attention**

**applique** n. f. → **chandelier**

**appliqué, e** [1] → **attentif** [2] → **soigneux**

**appliquer** [1] affecter à, apposer, attribuer, consacrer / destiner à, donner, employer à, faire respecter, faire servir à, imputer, mettre [2] afficher, aplatir, coller, clouer, étendre, imprimer, peindre, placer, plaquer, poser [3] → **battre** ◆ fam. : administrer, délivrer (vx), ficher, flanquer, foutre [4] v. pron. **a** → **pratiquer** **b** → **user** **c** → **approprier (s')** **d** → **adonner (s')** **e** → **occuper (s')** **f** → **correspondre**

**appoggiature** n. f. → **enjolivement**

**appoint** n. m. [1] → **supplément** [2] → **appui**

**appointements** n. m. → **rétribution**

**appointer** [1] → **affiler** [2] → **joindre** [3] → **payer**

**appontement** n. m. → **wharf**

**apport** n. m. [1] action, allocation, attribution, capital, cens, cheptel, contingent, contribution, cotisation, dot, dotation, écot, financement, fonds, fournissement, fraction, imposition, impôt, lot, mise, montant, obligation, part, participation, portion, pourcentage, quantité, quota, quote-part, quotité [2] → **réponse**

**apporter** [1] → **porter** [2] → **citer** [3] → **occasionner** [4] → **donner**

**apposer** → **appliquer**

**appréciable** → **grand**

**appréciateur, trice** arbitre, commissaire-priseur, connaisseur, dégustateur, enquêteur, expert, juge, œnologue

**appréciatif, ive** estimatif

**appréciation** n. f. [1] → **estimation** [2] → **évaluation**

**apprécier** [1] → **estimer** [2] → **juger**

**appréhender** [1] → **arrêter** [2] → **craindre**

**appréhensif, ive** [1] → **craintif** [2] → **timide**

**appréhension** n. f. [1] → **crainte** [2] → **timidité**

**apprendre** [1] une chose à quelqu'un : annoncer, aviser, communiquer, déclarer, découvrir, dire, éclairer, enseigner, faire connaître / savoir, inculquer, indiquer, informer, instruire, mettre au courant / au pas, montrer, renseigner, révéler ◆ fam. : mettre à la coule / dans le bain / au parfum [2] → **étudier**

**apprenti, e** [1] aide, apprenant, commis, galibot, gindre, mitron → **élève** [2] → **travailleur** [3] péj. : arpète, grouillot, moutard, petit salé, pignouf, saute-ruisseau

**apprentissage** n. m. → **instruction**

**apprêt** n. m. [1] apprêtage, calandrage, catissage, collage, corroi, corroyage, crêpage, cylindrage, empesage, encollage, feutrage, foulage, gaufrage, glaçage, gommage, grillage, lustrage, moirage, pressage, tirage, tondage, vaporisage [2] → **préparatif** [3] → **affectation**

**apprêté, e** [1] → **affecté** [2] accommodé, arrangé, assaisonné, cuisiné, disposé, préparé, relevé [3] → **étudié**

**apprêter** accommoder, arranger, assaisonner, cuisiner, disposer, faire cuire, préparer

**apprivoisé, e** [1] **a** domestique, domestiqué, dompté, dressé **b** vx : privé [2] fig. : adouci, amadoué, charmé, civilisé, conquis, gagné, humanisé, poli, séduit, soumis

**apprivoisement** n. m. [1] au pr. : affaitement, domestication, dressage [2] fig. : adoucissement, conquête, familiarisation, soumission

**apprivoiser** [1] charmer, domestiquer, dompter, dresser [2] adoucir, amadouer, charmer, civiliser, conquérir, familiariser, gagner, humaniser, polir, séduire, soumettre

**approbateur, trice** [1] adj. : affirmatif, approbatif, consentant, favorable [2] n. m. : adulateur, appréciateur, bénisseur, flatteur, laudateur, louangeur ◆ péj. : flagorneur, thuriféraire → **partisan**

**approbation** n. f. acceptation, accord, acquiescement, adhésion, admission, adoption, agrément, applaudissement, assentiment, autorisation, avis / déclaration favorable, chorus, confirmation, consentement, entérinement, déclaration, homologation, permission, ratification, sanction, suffrage, voix

**approchable** → **abordable**

**approchant, e** analogue, approximatif, comparable, équivalent, proche, ressemblant, semblable, tangent, voisin ◆ fam. : au pif / pifomètre

**approche** n. f. [1] → **abord** [2] → **arrivée** [3] → **estimation** [4] → **proximité**

**approcher** → **aborder**

**approfondir** → **creuser**

**approfondissement** n. m. [1] affouillement [2] affermissement, analyse, développement, enrichissement, étude, examen, exploration, introspection, méditation, pesée, progrès, recherche, réflexion, sondage

**appropriation** n. f. [1] → **adaptation** [2] → **conquête**

**approprié, e** → **propre**

**approprier** [1] accommoder, accorder, adapter, apprêter, arranger, conformer, proportionner [2] → **nettoyer** [3] v. pron. **a** s'adjuger / arroger / attribuer / emparer, se saisir, dérober, empocher, enlever, escroquer, grignoter, occuper, prendre, ravir, souffler, soustraire, usurper, voler **b** s'accommoder / accorder / adapter / appliquer / conformer, être proportionné à

**approuver** abonder dans, accepter, acquiescer, adhérer à, admettre, adopter, agréer, applaudir à, autoriser, complimenter, comprendre, confirmer, congratuler, consentir, dire amen, encourager, entériner, faire chorus, féliciter, glorifier, goûter, homologuer, juger / trouver bon, louanger, opiner du bonnet / du chef, permettre, se rallier à, ratifier, reconnaître, souscrire à → **soutenir**

**approvisionnement** n. m. [1] alimentation, accastillage, apport, avitaillement, fourniture, prévision, ravitaillement [2] → **provision**

**approvisionner** → **pourvoir**

**approvisionneur, euse** destinateur, fournisseur, pourvoyeur, ravitailleur → **vendeur**

**approximatif, ive** → **approchant**

**approximation** n. f. [1] → **imprécision** [2] → **évaluation**

**approximativement** → **environ**

**appui** n. m. [1] **a** aboutement (québ.), acrotère, adminicule, adossement, arc-boutant, arrière-bec, avant-mur, bajoyer, base, béquille, cale, chandelier, chevalement, colonne, console, contreboutant, contrecœur, contre-digue, contre-fiche, contrefort, contre-mur, culée, épaulement, éperon, étai, étançon, étrésillon, étrier, levier, modillon, palée, perré, pilier, pivot, pointal, racinal, soutènement, support, tasseau, tuteur → **soutien** **b** équit. : foulée **c** mar. : accore, bossoir [2] aide, apostille, appoint, assistance, collaboration, concours, coopération, coup d'épaule, égide, encouragement, influence, intervention, main-forte, patronage, piston (fam.), planche de salut, protection, recommandation, réconfort, rescousse, sauvegarde, secours, service, support → **soutien** [3] **être l'appui de :** auxiliaire, bouclier, bras, champion, défenseur, garant, patron, protecteur, second, souteneur (péj.), soutien, supporter, tenant

**appui-bras / main / tête** n. m. → **accoudoir**

**appuyer** [1] au pr. : accoter, adosser, appliquer, arc-bouter, buter, épauler, étançonner, étayer, faire reposer, maintenir, mettre, poser, renforcer, soutenir, supporter, tenir [2] par ext. **a** aider, assister, encourager, épauler, fortifier de son autorité / crédit, parrainer, patronner, pistonner (fam.), porter, pousser, prendre fait et cause, prêter main-forte, protéger, recommander, secourir, soutenir, venir à la rescousse **b** alléguer, arguer, confirmer, corroborer, exciper, fortifier, insister, renforcer **c** → **fixer** **d** mus. : pauser [3] v. intr. **a** se diriger, prendre **b** peser, presser **c** porter, reposer, retomber [4] v. pron. **a** → **fonder** **b** → **souffrir**

**apragmatisme** et **apraxie** n. m., n.f. → **apathie**

**âpre** → **rude**

**âprement** aigrement, ardemment, avidement, brusquement, brutalement, cruellement, cupidement, durement, farouchement, péniblement, rigoureusement, rudement, sévèrement, vertement, violemment, voracement

**après** [1] → **puis** [2] **a** **d'après** → **suivant** **b** **l'un après l'autre :** à la queue leu leu, alternativement, un à un

**après-dîner** n. m. vx : → **après-midi**

**après-midi** n. m. et f. invar. vx : après-dîner, tantôt (rég.)

**âpreté** n. f. [1] → **rudesse** [2] → **avarice**

**a priori** → **abord**

**apriorisme** n. m. → **allégation**

**à propos** [1] au sujet de, relativement à, sur [2] à bon escient, à pic, à point nommé [3] → **convenable**

**à-propos** n. m. bien-fondé, convenance, esprit, opportunité, pertinence, repartie

**apside** n. f. → **apogée**

**apte** adéquat, approprié, bon, capable, congru, convenable, de nature à, fait / prévu pour, habile à, idoine, juste, propre à, susceptible de ◆ fam. : ad hoc, étudié pour

**aptère** dépourvu d' / sans ailes

**aptéryx** n. m. kiwi, oiseau coureur

**aptitude** n. f. [1] → **capacité** [2] → **disposition**

**apurement** n. m. → **vérification**

**apurer** → **vérifier**

**apyre** → **incombustible**

**aquafortiste** n. m. et f. → **graveur**

**aquamanile** n. m. → **lavabo**

**aquanaute** n. m. et f. océanaute

**aquaplaning** off. : aquaplanage
**aquarelle** n. f. par ext. : aquatinte, gouache, lavis, peinture, pochade
**aquarelliste** n. m. et f. → **peintre**
**aquatinte** n. f. → **image**
**aquatintiste** n. m. et f. → **graveur**
**aquatique** amphibie, aquicole, marécageux, palustre
**aquavit** n. m. → **alcool**
**aqueduc** n. m. → **canal**
**aqueux, euse** aquifère, fluide, marécageux, spongieux → **humide**
**aquiculture** n. f. → **pisciculture**
**aquilin, e** busqué
**aquilon** n. m. → **vent**
**arabe** n. et adj. [1] arabesque (vx), sémite → **musulman** [2] arg. et péj. : arbi, beur, bicot, bique, bougnoul, crouille, melon, raton, sidi
**arabesque** n. f. broderie, dessin, fioriture, ligne, moresque, ornement, volute
**arable** cultivable, fertile, labourable
**arachnéen, ne** ou **aranéen, ne** → **léger**
**arack** ou **araki** n. m. → **alcool**
**araignée** n. f. [1] orbitèle [2] argyronète, épeire, faucheur, faucheux, lycose, mygale, tarentule, tégénaire, théridion, thomise, tubitèle
**araire** n. m. → **charrue**
**araser** [1] → **niveler** [2] → **user**
**arbitrage** n. m. [1] → **médiation** [2] → **compromis**
**arbitraire** [1] → **absolu** [2] → **injustifié**
**arbitre** n. m. [1] au pr. : [a] amiable compositeur, arrangeur, conciliateur, expert, juge, monsieur bons offices, ombudsman → **intermédiaire** [b] → **appréciateur** [2] par ext. : maître absolu, souverain [3] **libre arbitre** → **liberté**
**arbitrer** → **juger**
**arborer** [1] au pr. → **élever** [2] par ext. [a] → **montrer** [b] → **porter**
**arboriculteur, trice** horticulteur, jardinier, pépiniériste, planteur, pomiculteur, sylviculteur
**arbre** n. m. [1] conifère, épineux, feuillu, résineux, végétal [2] arbrisseau, baliveau, bonsaï, élève, houppier, lais, sauvageon, scion, témoin → **arbuste** [3] fût, marmenteau [4] [a] → **conifère** [b] → **bois** [c] quelques arbres d'ornement (haute tige) sous climat tempéré : acacia, araucaria, arbre de Judée, bouleau (pleureur), catalpa, cèdre (de l'Atlas / bleu / de l'Himalaya / du Liban / piquant / pleureur), chêne d'Amérique / du Canada, cornouiller, cyprès, cytise, faux poivrier, frêne blanc ou orne, genévrier de Virginie, ginkgo biloba, hêtre pourpre, if, lilas, liquidambar, magnolia, marronnier (blanc / rose), micocoulier, mimosa, mûrier, orme, ormeau, palmier, paulownia, peuplier d'Italie, platane, robinier, saule (de Babylone / pleureur), séquoia des jardiniers / wellingtonia, sophora, sorbier, thuya des jardiniers, tilleul, tulipier de Virginie [d] quelques arbres fruitiers sous climat tempéré : abricotier, amandier, cerisier, citronnier, cognassier, figuier, grenadier, néflier, noisetier ou coudrier, noyer, olivier, oranger, pêcher, poirier, pommier, prunier, vigne [5] par ext. : axe, bielle, essieu, manivelle, pivot, tige, vilebrequin
**arbuste** n. m. [1] arbrisseau, baliveau, basse tige, bonsaï, bouquet, buisson, élève, sauvageon, scion [2] quelques arbustes sous climat tempéré. [a] à feuilles caduques : ampélopsis ou vigne vierge, arbre de Judée, argousier, azalée, baguenaudier, berberis pourpre, boule-de-neige, buddleia, cerisier à fleurs / du Japon, chèvrefeuille, cornouiller, cytise, forsythia, glycine, groseillier à fleurs, hamamélis, hibiscus ou althæa, hortensia, lilas, magnolia, négondo, noisetier pourpre / tortueux, pommier à fleurs / du Japon, potentille, prunier d'ornement, seringa(t), spirée, sumac, sumac de Virginie, sureau panaché, symphorine, tamaris [b] à feuilles persistantes : aucuba du Japon, bambou, bruyère, buis, camélia, fusain, genêt d'Espagne, laurier-cerise, laurier-tin, lavande, magnolia, mahonia aquifolium, rhododendron, troène, yucca
**arc** n. m. courbe, doubleau, formeret → **voûte**
**arcade** et **arcature** n. f. → **voûte**
**arcane** n. m. et adj. → **secret**
**arcanson** n. m. → **résine**
**arc-boutant** n. m. → **appui**
**arc-bouter** → **appuyer**
**arceau** n. m. → **voûte**
**arc-en-ciel** n. m. écharpe d'Iris ◆ par anal. : arc-en-terre
**archaïque** [1] → **ancien** [2] → **vieux**
**archange** n. m. [1] → **ange** [2] quelques archanges : Gabriel, Michel, Raphaël
**arche** n. f. [1] vx. [a] → **coffre** [b] → **bateau** [2] arch. → **voûte**
**archer** n. m. [1] sagittaire [2] **le petit archer :** amour, Cupidon, Éros
**archère** n. f. [1] → **ouverture** [2] → **bandoulière**
**archerie** n. f. → **troupe**
**archétype** → **prototype**
**archicube** → **élève**
**architecte** n. m. et f. aménageur, bâtisseur, chef, concepteur, concepteur-projeteur, créateur, édificateur, ingénieur, inventeur, maître d'œuvre, ordonnateur, projeteur, urbaniste
**architectural, e** par ext. : architectonique, auguste, colossal, considérable, écrasant, élevé, énorme, étonnant, fantastique, formidable, grand, grandiose, imposant, impressionnant, magistral, magnifique, majestueux, monumental, noble, olympien, pyramidal, pompeux, solennel, somptueux, superbe
**architecture** n. f. [1] aménagement, architectonique, conception, domisme, urbanisme [2] par ext. : [a] charpente, ensemble, format, forme, ligne, ordonnance, plan, proportion, structure, style, volume [b] → **construction** [c] → **ornement** [d] → **appui**
**architecturer** → **bâtir**
**architrave** n. f. épistyle, linteau, poitrail, sommier, tailloir
**archivage** n. m. → **classement**
**archiver** → **classer**
**archives** [1] n.f. pl. : [a] minutier, sommier → **histoire** [b] de police, arg. : album de famille [2] n.m. pl.→ **bibliothèque**
**arçon** n. m. pommeau, troussequin
**arctique** → **boréal**
**ardemment** → **vivement**
**ardent, e** [1] au pr. → **chaud** [2] par ext. [a] actif, agile, alerte, allègre, amoureux, animé, brillant, brûlant, chaleureux, dégagé, déluré, dévoué, dispos, effervescent, embrasé, empressé, endiablé, enflammé, enthousiaste, éveillé, fervent, fougueux, frémissant, frétillant, fringant, gaillard, généreux, guilleret, impatient, ingambe, intelligent, léger, leste, mobile, passionné, pétillant, pétulant, pressant, primesautier, prompt, rapide, sémillant, vibrant, vif, vivant, volcanique, zélé → **bouillonnant** [b] → **rutilant** [c] non fav. : acharné, aigre, avide, brusque, brutal, coléreux, emballé, emporté, exalté, excessif, fanatique, fébrile, fiévreux, frénétique, impétueux, mordant, salace, sang chaud, soupe au lait, tout feu tout flamme, véhément, violent
**ardeur** n. f. [1] → **chaleur** [2] par ext. [a] → **vivacité** [b] → **bouillonnement** [c] → **zèle**
**ardillon** n. m. → **pointe**
**ardu, e** [1] → **escarpé** [2] → **difficile**
**arène** n. f. [1] calcul, castine, gravier, pierre, sable, sablon [2] par ext. : amphithéâtre, carrière, champ de bataille / de course, cirque, lice, théâtre
**arénicole** ammophile
**aréolaire** → **rond**
**aréole** n. f. [1] → **cercle** [2] → **nimbe**
**aréomètre** n. m. [1] alcoomètre, pèse-alcool, pèse-esprit (vx), pèse-liqueur, pèse-moût, pèse-vin [2] densimètre, glucomètre, lactomètre, oléomètre, pèse-acide, pèse-lait, pèse-sel, pèse-sirop, uromètre
**aréopage** n. m. → **réunion**
**aréostyle** n. m. → **bâtiment**
**arête** n. f. [1] aiguille, bord, piquant, pointe [2] angle
**arêtière** n. f. → **tuile**
**argent** n. m. [1] par ext. : argentan, électrum, métal anglais / blanc [2] par anal. [a] capital, deniers, disponibilités, espèces, finances, fonds, fortune, liquidités, monnaie, numéraire, pécule, recette, ressources, somme, trésor, trésorerie, viatique ◆ vx : écus [b] arg. : atout, avoine, balle, barda, beurre, biffeton, bigorneau, biscuit, blanc, blanquette, blé, bob, botte, boulange, boules, braise, bulle, cachet, cadeau, caisse, candélabre, carbure, demi-jambe, demi-sac, douille, engrais, faf, ferraille, flèche, flouze, foin, fraîche, fric, galette, gâteau, grisbi, houblon, huile, image, japonais, kilo, kopeck, laissez-passer, lové, matelas, mitraille, mornifle, noyaux, os, oseille, osier, papier, pépètes, pèze, picaillons, plâtre, pognon, poussier, poussière, quine, radis, rondelle, ronds, soudure, sous, taffetas, thune, ticket, tintins, trèfle, tuile, vaisselle, zinc [c] → **richesse** [d] → **pièce** [e] → **monnaie**
**argenterie** n. f. aiguière, bougeoir, cafetière, chandelier, couteau, couvert, cuiller, flambeau, fourchette, gobelet, manche à gigot, plateau, salière, saucière, service (à café / chocolat / moka / thé), soucoupe, sucrier, surtout, tasse, théière, timbale, vaisselle, vase, verseuse ◆ arg. : blanquette
**argentier** n. m. banquier, changeur, financier → **trésorier**
**argentin, e** [1] vx : argenté [2] → **clair**
**argile** n. f. [1] bentonite, calamite, gord, kaolin, sil, terre glaise / à foulon / à potier [2] ocre, terre noire [3] méd. : bol d'Arménie / oriental / de Sinope
**argileux, euse** collant, compact, glaiseux, imperméable, lourd
**argonaute** n. m. → **céphalopode**
**argot** n. m. [1] langue verte → **jargon** [2] bigorne, breton, jar, javanais
**argousin** n. m. → **policier**
**arguer** [1] au pr. → **inférer** [2] jurid. → **inculper**
**argument** et **argumentation** n. m. n.f. [1] → **abrégé** [2] → **raisonnement** [3] → **preuve**
**argumentateur, trice** → **chicaneur**
**argumenter** [1] → **ergoter** [2] → **raisonner**
**argus** n. m. [1] → **espion** [2] → **surveillant** [3] → **papillon**
**argutie** n. f. [1] abstraction, finesse, subtilité [2] artifice, byzantinisme, casuistique, chicane, équivoque, escamotage, pinaillage, ratiocination, procédé dilatoire ◆ fam. : chinoiserie, fumisterie
**argyronète** n. f. → **araignée**
**aria** [1] n.f. → **air** [2] n.m. [a] → **souci** [b] → **obstacle**
**arianisme** n. m. → **hérésie**
**aride** [1] abiotique, aréique, désert, desséché, improductif, inculte, incultivable, maigre, pauvre, sec, stérile [2] fig. : ingrat, insensible, froid, rébarbatif, sévère
**aridité** n. f. [1] → **sécheresse** [2] → **pauvreté**
**arien, ienne** → **hérétique**
**ariette** n. f. → **air**
**arioso** [1] adv. → **rythme** [2] n.m. → **air**
**aristocrate** n. et adj. → **noble**
**aristocratie** n. f. [1] → **oligarchie** [2] → **noblesse** [3] → **choix** [4] → **distinction**
**aristocratique** → **distingué**
**aristoloche** n. f. cabaret, oreille d'homme, sarrasine, serpentaire de Virginie, (aristoloche) siphon
**arithmétique** n. f. algorithme, calcul, opération → **mathématique**
**arlequin** n. m. [1] au pr. → **pantin** [2] vx et fam. : reliefs, restes
**arlequinade** n. f. → **bouffonnerie**
**armada** n. f. escadre, flotte, flottille
**armagnac** n. m. → **alcool**
**armateur** n. m. → **affréteur**
**armature** n. f. arcature, base, carcasse, charpente, cintre, échafaudage, ferraillage, infrastructure, ossature, soutien, squelette, support, treillis
**arme** n. f. [1] [a] armement, armure, défense, équipement, fer (litt.), instrument de combat, matériel de guerre, munition [b] assommoir (vx), bâton, canne, casse-tête, coup-de-poing (américain), gourdin, maillet, marteau, masse, massue, matraque, nerf de bœuf, plombée, trique [c] baïonnette, canne-épée, cimeterre, couteau, coutelas, dague, épée, glaive, sabre, stylet → **poignard** [d] angon, épieu, fauchard, faux, fléau, fourche, framée, francisque, guisarme, hache, hallebarde, pertuisane, pique, plançon, plommée, vouge → **lance** [e] arbalète, arc, boomerang, carreau, dard, falarique, flèche, fronde, grenade, javeline, javelot, pilum, sagaie [f] arquebuse, bazooka, carabine, escopette, espingole, fusil, mitraillette, mitrailleuse, mousquet, mousqueton, pistolet-mitrailleur, revolver, tromblon → **pistolet** [g] → **canon** [h] → **tank** [i] lance-flammes, lance-roquettes, lance-torpilles, mine [j] → **avion** [k] → **bateau** [l] arme atomique : bombe, fusée,

missile, radiation **m** arme biologique, chimique, physico-chimique : bactéries, charge creuse, gaz, silicones, virus **n** arme psychologique : désinformation, espionnage, infiltration, propagande, renseignement **o** arg. : anguille, arbalète, article, artillerie, bastringue, biniou, blindé, brûle-parfums, brutal, calibre, outil, scion [2] fig. : argument, moyen, ressource [3] au pl. : → **armoiries**

**armé, e** → **fourni**

**armée** n. f. [1] → **troupe** [2] → **multitude**

**armement** n. m. [1] → **arme** [2] mar. : équipage, gréement, matériel

**armer** [1] au pr. → **fortifier** [2] par ext. **a** → **fournir** **b** → **exciter**

**armilles** n. f. pl. [1] → **lunette** [2] → **moulure**

**armistice** n. m. arrêt / cessation / interruption / suspension d'armes / des hostilités, cessez-le-feu, trêve

**armoire** n. f. par ext. : argentier, bahut, bibliothèque, bonnetière, buffet, cartonnier, encoignure, garde-robe, homme-debout, médaillier, penderie, semainier, vaisselier

**armoiries** n. f. pl. armes, blason, chiffre, écu, écusson, emblème, marque, panonceau, signes héraldiques

**armoise** n. f. [1] absinthe, citronnelle, génépi, herbe aux cent goûts / de saint-Jean, moxa [2] → **tissu**

**armorial** n. m. nobiliaire

**armorier** orner → **peindre**

**armure** n. f. [1] **a** cotte de jaque / de mailles, cuirasse **b** de tête : armet, bassinet, calotte, capeline, casque, chapeau, coiffe, couvre-nuque, crête, gorgerin, heaume, mentonnière, mézail, morion, nasal, oreillon, salade, secrète, ventail, visière, vue **c** du cou et des épaules : camail, épaulière, gousset, hausse-col **d** corps d'armure : braconnière, brigandine, chemise, corselet, cotte, cuirasse, dossière, garde-reins, halecret, haubert, jaque, jaseran, oreillon, pectoral, plastron, tunique **e** du bras : brassard, canon, cubitière **f** de la main : gant, gantelet, miton **g** de la jambe : cuissard, cuissot, genouillère, jambière ou jambart, tassette **h** du pied : poulaine, soleret **i** du cheval : barde, caparaçon, cervicale, chanfrein, garde-queue, têtière, tonnelle [2] → **protection**

**arnaque** n. f. → **tromperie**

**arnaquer** → **tromper**

**arnaqueur, euse** n. m., f. escroc, filou → **fripon**

**arnica** n. f. bétoine des montagnes, herbe aux chutes / aux pêcheurs, plantain des Alpes, tabac des Vosges

**aromate** n. m. [1] baume, essence, onguent, parfum [2] condiment, épices → **assaisonnement** [3] ail, anchois, aneth, angélique, anis, armoise, badiane, basilic ou pistou, cannelle, câpre, cardamome, cari ou curry, carvi, cerfeuil, champignon, chile, ciboule, ciboulette, citron, citronnelle, civette, clous de girofle, coriandre, cornichon, cresson, cubèbe, cumin, curry ou cari, échalote, estragon, fenouil, fines herbes, genièvre, gingembre, harissa, hysope, ketchup, laurier, livèche, macis, maniguette, marjolaine, mélisse, menthe, moutarde, muscade, myrte, oignon, origan, oseille, paprika, paradis, persil, pickles, piment, pimprenelle, poivre, quatre-épices, raifort, romarin, rose, safran, sarriette, sassafras, sauge, sel de céleri / de mer, serpolet, sucre, tanaisie, thym ou farigoule, tomate, truffe, vanille, vinaigre, verjus, violette [4] benjoin, camphre, cinnamome, coumarine, myrrhe, encens, eucalyptus, lavande, nard, niaouli, storax

**aromatique** → **odorant**

**aromatiser** → **parfumer**

**arôme** n. m. [1] neutre ou fav. : bouquet, effluves, émanations, empyreume, exhalaison, fragrance, fumet, odeur, parfum, senteur, trace [2] non fav. : relent, remugle → **puanteur**

**aronde** n. f. [1] → **hirondelle** [2] → **lamellibranche**

**arpentage** n. m. bornage, levé, mesure, relevé, topographie, triangulation

**arpenter** [1] → **mesurer** [2] → **marcher**

**arpenteur** n. m. → **géomètre**

**arpenteuse** n. f. → **chenille**

**arpète** n. f. [1] → **apprenti** [2] → **midinette**

**arpion** n. m. → **pied**

**arqué, e** busqué, cambré, convexe → **courbe**

**arquebuse** n. f. → **arme**

**arquer (s')** → **courber (se)**

**arrachage** et **arrachement** n. m. → **déracinement**

**arrache-pied (d')** avec acharnement

**arracher** [1] → **déraciner** [2] → **extraire**

**arrachis** n. m. → **déracinement**

**arraisonnement** n. m. abordage, contrôle, examen, inspection, interception, reconnaissance, visite

**arraisonner** aborder → **reconnaître**

**arrangeable** réparable → **perfectible**

**arrangeant, e** → **conciliant**

**arrangement** n. m. [1] → **accommodement** [2] → **agencement** [3] → **ordre**

**arranger** [1] → **ranger** [2] accommoder, accorder, adapter, agencer, ajuster, aménager, apprêter, approprier, arrimer, assembler, assortir, classer, combiner, composer, concilier, construire, coordonner, disposer, dresser, fignoler, grouper, harmoniser, installer, mettre ensemble, orchestrer, ordonner, organiser, placer, planifier, préparer, prévoir, ranger, régler, réparer, tourner (un compliment / une phrase), transformer, trier [3] agréer, aller bien, convenir [4] iron. → **maltraiter** [5] → **parer** [6] → **réparer** [7] v. pron. **a** → **contenter (se)** **b** → **entendre (s')**

**arrangeur** n. m. → **intermédiaire**

**arrérages** n. m. pl. → **intérêt**

**arrestation** n. f. [1] capture, coup de filet, prise [2] → **emprisonnement**

**arrêt** n. m. [1] accalmie (québ.), cessation, enraiement, interruption, latence, panne, pause, relâche, rémission, répit, repos, stagnation, stase (méd.) [2] → **immobilité** [3] abri, Abribus, aire de repos / stationnement, aubette, escale, étape, gare, halte, séjour, station, stationnement, stop [4] jurid. → **jugement** [5] arrêtoir, butée, cliquet, cran, dent, digue, mentonnet, taquet, tenon

**arrêté** n. m. arrêt, décision, décret, délibération, disposition, jugement, règlement, texte

**arrêté, e** → **irréversible**

**arrêter** [1] au pr. : ancrer, attacher, bloquer, contenir, empêcher, endiguer, enrayer, étancher, fixer, immobiliser, intercepter, interrompre, juguler, maintenir, mettre un frein / terme, paralyser, retenir, river, stopper, suspendre, tenir en échec → **fixer, soumettre** [2] par ext. **a** aborder, accoster, appréhender, arraisonner (mar.), capturer, s'emparer de, empoigner, emprisonner, enchaîner, prendre, s'assurer de **b** arg. ou fam. : accrocher, agrafer, alpaguer, bicher, bondir, calter, camoufler, chauffer, chiper, coiffer, coincer, coffrer, cravater, crever, crocher, croquer, cueillir, emballer, embarquer, emboîter, empaqueter, enfiler, envelopper, épingler, fabriquer, faisander, gaffer, gaufrer, gauler, gober, grouper, harponner, lourder, mettre au bloc / gnouf / trou / à l'ombre / la main au collet / le grappin sur, mordre, nettoyer, paumer, piger, pincer, piper, piquer, poisser, poivrer, ramasser, sauter, scalper, secouer, serrer, servir, souffler, sucrer ◆ être arrêté : se faire tâter, tomber **c** → **prendre** **d** → **interrompre** **e** → **décider** **f** engager, louer, réserver, retenir **g** cesser, finir [3] v. pron. : s'attarder, camper, cesser, demeurer, faire halte / relâche, se fixer, piétiner, relâcher, se relaisser (vén.), rester, séjourner, stationner, stopper, terminer, se terminer

**arrêtoir** n. m. → **butée**

**arrhes** n. f. pl. acompte, are, ars, art, avance, cautionnement, dédit, gage, hart, provision

**arriération** n. f. → **idiotie**

**arrière** n. m. et adj. [1] mar. → **poupe** [2] → **derrière** [3] → **queue**

**arriéré** n. m. arrérages, impayés, passif

**arriéré, e** [1] à la traîne, attardé, demeuré, diminué, en retard, inintelligent, retardataire, retardé, rétrograde, taré → **idiot** [2] → **rude** [3] → **retardé**

**arrière-garde** n. f. serre-file

**arrière-goût** n. m. → **souvenir**

**arrière-pensée** n. f. [1] calcul → **méfiance** [2] → **hésitation**

**arrière-plan** n. m. arrière-fond, coulisse

**arriérer** → **retarder**

**arrière-saison** n. f. automne, été de la Saint-Martin

**arrière-train** → **derrière**

**arrimage** n. m. chargement, mise en place

**arrimer** accrocher, affermir, amarrer, ancrer, arranger, arrêter, assembler, assujettir, assurer, attacher, boulonner, brêler, caler, centrer, charger, clouer, coincer, coller, consolider, cramponner, enclaver, enfoncer, enraciner, faire pénétrer / tenir, ficher, fixer, immobiliser, implanter, introduire, maintenir, mettre, nouer, pendre, planter, répartir, retenir, river, riveter, sceller, suspendre, soutenir, visser

**arriser** → **diminuer**

**arrivage** et **arrivée** n. m., n. f. [1] apparition, avent (vx et relig.), bienvenue, débarquement, survenance, venue [2] approche, avènement, commencement, début [3] afflux, approvisionnement, livraison, port

**arriver** [1] aborder, accéder, approcher, atteindre, devancer, être rendu, gagner, parvenir, surgir, surprendre, survenir, tomber sur, toucher, venir [2] arg. ou fam. : s'abouler, s'apporter, débarquer, débouler, se pointer, radiner, ramener sa fraise / sa graisse / sa viande / son nez, rappliquer [3] → **réussir** [4] → **produire (se)**

**arrivisme** n. m. [1] → **ambition** [2] → **intrigue**

**arriviste** n. m. et f. [1] → **intrigant** [2] → **parvenu**

**arroche** n. f. belle / bonne dame, chénopode, follette, pourpier de mer

**arrogance** n. f. air de supériorité, audace, cynisme, dédain, désinvolture, effronterie, fatuité, fierté, hardiesse, hauteur, impertinence, importance, impudence, insolence, mépris, morgue, orgueil, outrecuidance, présomption, suffisance, superbe

**arrogant, e** altier, audacieux, blessant, cavalier, cynique, dédaigneux, désinvolte, effronté, fat, fier, hardi, hautain, impertinent, important, impudent, insolent, insultant, méprisant, outrecuidant, péteux, présomptueux, rogue, suffisant, supérieur → **orgueilleux**

**arroger (s')** → **approprier (s')**

**arroi** n. m. [1] → **équipage** [2] → **remue-ménage**

**arrondi, e** [1] → **courbe** [2] → **gros** [3] contondant

**arrondir** → **augmenter**

**arrondissement** n. m. [1] → **augmentation** [2] → **quartier**

**arrosage** n. m. [1] affusion, arrosement, aspersion, bain, douche, irrigation [2] → **gratification**

**arroser** [1] asperger, baigner, bassiner, doucher, humecter, imbiber, inonder, irriguer, mouiller, traverser, tremper ◆ fam. → **uriner** [2] fig. → **soudoyer** (fig.)

**arrosoir** n. m. chantepleure

**arroyo** n. m. → **canal**

**arsenal** n. m. [1] atelier, chantier, magasin, manutention, réserve / stock / usine d'armement [2] fam. : affaire, équipage

**arsenic** n. m. orpiment, réalgar → **poison**

**arsouille** n. m. et f. [1] → **ivrogne** [2] → **vaurien** [3] → **débauche**

**art** n. m. [1] maîtrise, manière, procédé, science, technique, tour → **artifice, habileté** [2] **a** → **poésie** **b** **arts libéraux :** humanisme, lettres, philosophie, sciences humaines *trivium* : dialectique, grammaire, rhétorique *quadrivium* : arithmétique, astronomie, géométrie, musique **c** **beaux-arts :** architecture, arts décoratifs, cinéma, danse, dessin, gravure, musique, peinture, photographie, sculpture, théâtre

**artefact** [1] n. m. **a** artifice, convention **b** inform. off. : signe parasite [2] adj. → **artificiel**

**artère** n. f. → **voie**

**article** n. m. [1] billet, chronique, courrier, écho, écrit, éditorial, entrefilet, essai, étude, feuilleton, interview, leader, marronnier (fam. et péj.), papier, premier-Paris, reportage, rez-de-chaussée, rubrique [2] zool. : articulation, jointure, segment [3] matière, objet, sujet [4] → **partie** [5] → **marchandise**

**articulation** n. f. [1] article (anat.), assemblage, attache, cardan, charnière, emboîtement, engrènement, cheville, jeu, joint, jointure, ligament, nœud [2] → **élocution**

**articuler** [1] → **dire** [2] → **énoncer** [3] → **prononcer** [4] → **joindre**

**artifice** n. m. [1] adresse, art, habileté, machiavélisme, malice, matoiserie, roublardise, rouerie, ruse [2] artefact, astuce, attrape-nigaud, carotte (fam.), cautèle, chausse-trape, détour, diplomatie, échappatoire, embûche, faux-fuyant, feinte, ficelle, finasserie, finesse, fourberie, fraude, intrigue, invention, machination, machine, manœuvre, méandre, perfidie, piège, politique, retour (vén.), rets, rubriques (vx), stratagème, subterfuge, subtilité, trame, tromperie, truc

**artificiel, le** [1] factice, faux, imité, inventé, postiche, reproduit [2] artefact, fabriqué, industriel, synthétique [3] affecté, arbitraire, arrangé, contraint, contrefait, conventionnel, convenu, de commande, emprunté, étudié, feint, forcé, littéraire, pastiché

**artificiellement** arbitrairement,

**artificieux, euse** [1] → **rusé** [2] → **hypocrite**

**artilleur** n. m. artificier, bombardier (vx), canonnier, chef de pièce, munitionnaire, pointeur, pourvoyeur, servant, torpilleur → **soldat**

**artisan** n. m. [1] artiste, compagnon, façonnier, maître ouvrier, patron, sous-traitant [2] auteur, cause, cheville ouvrière, responsable

**artisanal, e** fait main, manuel, traditionnel

**artisanat** n. m. compagnonnage, secteur tertiaire

**artiste** n. m. et f. [1] [a] acteur, chanteur, comédien, danseur, étoile, exécutant, fantaisiste, interprète, maître, musicien, virtuose [b] idole, locomotive, monstre sacré, star, starlette, superstar, vamp, vedette [2] architecte, artisan, coloriste, créateur, décorateur, dessinateur, écrivain, graveur, peintre, sculpteur → **poète** [3] → **amateur** [4] → **bohème**

**artistique** → **beau**

**arum** n. m. capuchon, gouet, langue-de-bœuf, petit-dragon, pied-de-veau, serpentaire

**aruspice** n. m. → **devin**

**as** n. m. aigle, caïd, champion, crack, étoile, génie, maître, phénix, savant, surdoué, virtuose

**ascaride** ou **ascaris** n. m. → **ver**

**ascendance** n. f. [1] → **naissance** [2] → **race**

**ascendant** [1] adj. → **montant** [2] n.m. [a] → **père** [b] → **influence**

**ascenseur** n. m. par ext. : élévateur, escalator, escalier mécanique, monte-charge

**ascension** n. f. → **montée**

**ascensionnel, le** → **perpendiculaire**

**ascensionniste** n. m. et f. → **alpiniste**

**ascèse** n. f. → **ascétisme**

**ascète** n. m. et f. anachorète, athlète, bonze, cénobite, ermite, fakir, flagellant, gourou, gymnosophiste, moine, oblat, pénitent, santon, stylite, thérapeute, yogi

**ascétique** austère, janséniste, puritain, rigide, rigoriste, rigoureux, rude, sévère, sobre, spartiate, stoïque → **simple**

**ascétisme** n. m. [1] ascèse, austérité, expiation, flagellation, jeûne, macération, mortification, pénitence, privation → **austérité** [2] cénobitisme, monachisme

**ascite** n. m. → **hérétique**

**asclépiade** n. m. [1] → **vers** [2] dompte-venin, herbe à la ouate

**asdic** n. m. sonar

**asepsie** n. f. → **assainissement**

**aseptique** aseptisé, stérile

**aseptisation** n. f. → **stérilisation**

**aseptiser** → **stériliser**

**ashkénaze** n. et adj. → **israélite**

**ashram** n. m. → **ermitage**

**asiatique** n. et adj. asiate ◆ arg. : jaunet

**asile** n. m. [1] hôpital, hospice, maison de retraite résidence pour personnes âgées [2] garderie, halte, orphelinat [3] clinique psychiatrique, maison de repos [4] → **abri**

**asociabilité** n. f. → **misanthropie**

**asocial, e** antisocial, clochardisé, inadapté, marginal, rejeté, réprouvé → **révolté**

**aspect** n. m. [1] abord, angle, apparence, cachet, caractère, configuration, côté, couleur, coup d'œil, endroit, extérieur, facette, forme, jour, perspective, point de vue, rapport, tour, vue [2] air, allure, contenance, dehors, écorce, face, faciès, figure, look, masque, physionomie, profil, tournure, train, visage

**asperge** n. f. [1] asparagus [2] [a] fam. → **grand** [b] arg. → **sexe**

**asperger** → **arroser**

**aspergille** n. f. → **crustacé**

**aspérité** n. f. [1] → **rugosité** [2] → **rudesse**

**aspersoir** n. m. aspergès, goupillon

**asphalte** n. m. [1] bitume, goudron, macadam, revêtement [2] → **rue** [3] → **prostitution**

**asphalter** → **bitumer**

**asphyxie** n. f. [1] anoxémie → **suffocation** [2] → **réplétion**

**asphyxier** → **étouffer**

**aspic** n. m. [1] → **vipère** [2] → **canon** [3] → **pâté** [4] grande lavande, lavande mâle

**aspirant** n. m. → **postulant**

**aspiration** n. f. [1] inhalation, inspiration, prise, respiration, succion [2] → **désir**

**aspirer** [1] absorber, avaler, humer, inhaler, inspirer, priser, renifler, respirer, siphonner, sucer, super [2] ambitionner, appeler, courir après, désirer, lever / porter ses yeux sur, prétendre, souhaiter, soupirer après / pour, tendre à → **vouloir**

**assagir** [1] atténuer, calmer, diminuer, modérer, tempérer [2] v. pron. : se ranger → **calmer (se)**

**assagissement** n. m. → **amendement, apaisement**

**assaillant, e** → **agresseur**

**assaillir** → **attaquer**

**assainir** → **purifier**

**assainissement** n. m. [1] antisepsie, asepsie, désinfection, détersion, nettoyage, prophylaxie, purification, stérilisation [2] assèchement, dessèchement, drainage, épuration, évacuation

**assaisonnement** n. m. [1] achards, apprêt, aromate, condiment, épice, garniture, harissa, ingrédient, ketchup, mayonnaise, moutarde, pickles, préparation, sauce, variantes (rég.), vinaigrette → **aromate** [2] → **piquant**

**assaisonner** accommoder, agrémenter, ailler, ajouter, apprêter, aromatiser, épicer, pimenter, poivrer, rehausser, relever, safraner, saler, vinaigrer → **embellir**

**assassin** n. m. et adj. → **homicide**

**assassinat** n. m. → **crime**

**assassiner** → **tuer**

**assaut** n. m. → **attaque**

**asseau** n. m. → **marteau**

**assèchement** n. m. dessèchement, drainage, épuisement, tarissement

**assécher** → **sécher**

**assemblage** n. m. [1] [a] ajustage, cadrature, crabotage, enlaçure, montage [b] agglomération, agrégat, amalgame, amas, arrangement, association, assortiment, collection, combinaison, composé, conjonction, disposition, échafaudage, groupement, jonction, juxtaposition, liaison, rapprochement, rassemblement, réunion, superposition, union [c] adent, attache, lien, moise, monture → **soudure** [d] armée, assemblée, colonie, condominium, confédération, fédération, nation, peuple, société, troupe, union [e] botte, bouquet, gerbe, tortis, tresse [2] couplage, groupage, jumelage, mariage, mixité, réunion, union [3] [a] → **assortiment** [b] → **collection**

**assemblée** n. f. [1] chambre, congrès, conseil, parlement [2] académie, compagnie, institut [3] → **réunion**, [4] → **fête**

**assembler** [1] appliquer, boulonner, cheviller, clouer, coller, emboîter, embrever, encastrer, enchâsser, enlier, enter, moiser, monter, mortaiser, river, riveter, sceller, souder, visser → **ajuster, joindre** [2] agglomérer, amasser, attrouper, battre le rappel, collecter, concentrer, conglomérer, conglutiner, grouper, lever, masser, mobiliser, rallier, ramasser, rassembler, recueillir, regrouper, remembrer, réunir, unir

**assener** → **frapper**

**assentiment** n. m. acceptation, accord, acquiescement, adhésion, agrément, approbation, autorisation, bon vouloir, commun accord, complaisance, consensus, consentement, permission, unanimité

**asseoir** → **fonder**

**assertif, ive** → **affirmatif**

**assertion** n. f. → **affirmation**

**asservir** → **soumettre**

**asservissant, e** aliénant, asservisseur (vx), assujettissant

**asservissement** n. m. → **servitude**

**asservisseur, euse** n. et adj. [1] → **asservissant** [2] → **tyran**

**assesseur** n. m. → **adjoint**

**assez** [1] à satiété, suffisamment [2] ça suffit, ça va, stop, top [3] passablement, plutôt [4] fam. : basta, baste (vx), y en a marre, ras-le-bol, rideau

**assidu, e** [1] → **continu** [2] → **exact**

**assiduité** n. f. [1] → **exactitude** [2] → **ténacité**

**assidûment** → **toujours**

**assiégeant, e** fig. → **quémandeur**

**assiéger** [1] → **investir** [2] accabler, s'attacher à, bombarder (fam.), coller (fam.), obséder, poursuivre → **tourmenter**

**assiette** n. f. [1] calotte, écuelle, plat, vaisselle [2] équilibre, pose, position, posture, situation [3] → **répartition**

**assiettée** n. f. → **quantité**

**assignat** n. m. → **billet**

**assignation** n. f. [1] → **convocation** [2] → **attribution**

**assigner** [1] jurid. : appeler, citer, convoquer, mander [2] → **attribuer** [3] → **indiquer**

**assimilable** [1] → **comparable** [2] → **digeste**

**assimilation** n. f. [1] → **comparaison** [2] → **digestion** [3] ling. : → **contraction**

**assimilé, e** [1] au pr. : analogue, comparable, équivalent, identique, kif-kif (fam.), pareil, semblable, similaire, tel, tout comme [2] par ext. : acclimaté à, accoutumé à, apprivoisé, au courant, au fait, coutumier de, dressé, éduqué, endurci, entraîné, façonné, fait à, familiarisé avec, familier de, formé, mis au pas (péj.) / au pli, plié à, rompu à, stylé

**assimiler** [1] digérer, élaborer, transformer, utiliser [2] → **rapprocher**

**assise** n. f. [1] au sing. → **fondement** [2] au pl. [a] → **réunion** [b] juridiction populaire

**assistance** n. f. [1] → **appui** [2] → **public**

**assistant, e** → **adjoint**

**assister** [1] [a] → **aider** [b] → **appuyer** [2] entendre, être présent, suivre, voir

**association** n. f. [1] adjonction, affiliation, agrégation, alliance, assemblage, fusion, groupement, incorporation, intégration, liaison, réunion [2] alliance, attelage, collage (péj.), liaison, mariage, union (libre) [3] → **coopération** [4] congrégation, corps → **société** [5] → **participation**

**associé, e** acolyte, actionnaire, bras droit, collaborateur, consort (partic.), contractant, coopérant, coopérateur, nègre (fam. et péj.), intervenant, porteur (d'actions / de parts) → **adjoint**

**associer** accorder, adjoindre, affilier, agréger, attacher, enrôler, fédérer, incorporer, intégrer, intéresser, joindre, lier, liguer, rapprocher, réunir, solidariser, syndiquer, unir

**assoiffer** altérer, assécher, déshydrater, dessécher, donner la pépie (fam.) / soif, faire crever de soif (fam.), pousser à boire, rendre avide de

**assolement** n. m. → **alternance**

**assoler** → **alterner**

**assombrir** [1] → **obscurcir** [2] → **affliger**

**assommant, e** → **ennuyeux**

**assommer** [1] fam. : [a] anesthésier, calmer, coucher / laisser sur le carreau, effacer, endormir, engourdir, estourbir, étendre, étourdir, gonfler, répandre, sécher, sonner → **battre** [b] → **tuer** [2] [a] → **ennuyer** [b] → **abasourdir**

**assommoir** n. m. [1] → **arme** [2] → **cabaret**

**assonance** n. f. [1] → **consonance** [2] → **harmonie**

**assortiment** n. m. assemblage, choix, garniture, jeu

**assortir** [1] → **accoupler** [2] → **fournir**

**assortir (s')** → **plaire (se)**

**assoupir** [1] → **endormir** [2] v. pron. → **dormir**

**assoupissement** n. m. appesantissement, endormissement (vx), engourdissement, hypnose, léthargie, narcose, sommeil, somnolence → **apathie** ◆ méd. : coma

**assouplir** [1] → **modérer** [2] → **lâcher**

**assouplissement** n. m. → **modération**

**assourdir** [1] → **abasourdir** [2] → **étouffer**

**assourdissant, e** → **bruyant**

**assouvir** apaiser, contenter, étancher, calmer, contenter, rassasier, remplir, satisfaire

**assouvissement** n. m. apaisement, contentement, satisfaction

**assuétude** n. f. → **accoutumance**

**assujetti, e** [1] → **affilié** [2] → **contribuable**

**assujettir** [1] → **fixer** [2] → **obliger** [3] → **soumettre**

**assujettissement** n. m. [1] → **obligation** [2] → **subordination**

**assumer** se charger, endosser, porter la médaille / le chapeau (fam.), prendre sur soi, revendiquer

**assurage** n. m. → **sécurité**

**assurance** n. f. 1 → **garantie** 2 → **promesse** 3 → **confiance** 4 au pl. : secteur tertiaire 5 → **sûreté**

**assuré, e** 1 → **décidé** 2 → **évident** 3 → **sûr**

**assurément** → **évidemment**

**assurer** 1 affermir, consolider, fixer 2 → **garantir** 3 → **procurer** 4 → **affirmer** 5 → **promettre** 6 v. pron. **a** → **vérifier** **b** → **emparer (s')**

**assureur** n. m. 1 agent, apériteur, courtier, inspecteur (d'assurances) 2 arg. → **voleur**

**aster** n. m. reine-marguerite

**astérie** n. f. étoile de mer

**astéroïde** n. m. aérolithe, bolide, étoile (filante), météore

**asthénie** n. f. → **fatigue**

**asthénique** → **faible**

**asthme** n. m. → **suffocation**

**asticot** n. m. 1 → **aiche** 2 → **type**

**asticoter** 1 → **taquiner** 2 → **tourmenter**

**astiquer** briquer, cirer, faire briller / reluire, fourbir, frictionner, froisser, frotter, nettoyer, peaufiner (fam.), polir, poncer, récurer

**astragale** 1 n. m. → **moulure** 2 n. f. barbe de renard

**astrakan** n. m. breitschwanz

**astral, e** céleste, cosmique, lunaire, sidéral, solaire, stellaire, zodiacal

**astre** n. m. 1 astéroïde, céphéide, comète, étoile, naine, nova, pentacle, planète, satellite, supernova 2 → **lune** 3 → **soleil** 4 vx globe, luminaire 5 destin, destinée, étoile, signe

**astreignant, e** → **pénible**

**astreindre** → **obliger**

**astreinte** n. f. → **obligation**

**astringent, e** 1 hémostatique, styptique 2 → **aigre**

**astrologie** n. f. → **divination**

**astrologue** n. m. et f. → **devin**

**astronaute** n. m. et f. cosmonaute, spationaute

**astronef** n. m. → **aérodyne**

**astronomie** n. f. 1 astrophotographie, astrophysique, astrométrie, cosmographie, cosmologie, radioastronomie, sciences de l'espace 2 par ext. → **cosmogonie**

**astronomique** → **démesuré**

**astuce** n. f. 1 adresse, art, artifice, attrape-nigaud, cautèle, chausse-trape, détour, diplomatie, échappatoire, embûche, faux-fuyant, feinte, ficelle, finasserie, finesse, fourberie, fraude, habileté, intrigue, invention, jésuitisme, machiavélisme, machination, machine, malice, malignité, manège, manœuvre, matoiserie, méandre, perfidie, piège, politique, retour (vén.), rets, roublardise, rouerie, rubriques (vx), ruse, stratagème, subterfuge, subtilité, trame, tromperie, truquage ◆ fam. : arnaque, carotte, truc 2 clairvoyance, discernement, ingéniosité, ouverture d'esprit, pénétration, sagacité → **intelligence** 3 → **plaisanterie**

**astucieux, euse** 1 → **intelligent** 2 → **malin**

**asymétrie** n. f. dissymétrie, irrégularité

**asymétrique** → **irrégulier**

**asyndète** n. f. ellipse

**ataraxie** n. f. → **apathie**

**atavisme** n. m. → **hérédité**

**atèle** n. m. → **singe**

**atelier** n. m. agence, boutique, cabinet, chantier, fabrique, laboratoire, manufacture, ouvroir, studio, usine ◆ fam. : turbin, turbine, turf

**atellane** n. f. → **pièce**

**atermoiement** n. m. ajournement, attentisme, délai, faux-fuyant, hésitation, lenteur, manœuvre dilatoire, remise, retard, retardement, temporisation, tergiversation

**atermoyer** → **retarder**

**athanor** n. m. → **ustensile**

**athée** n. m. et f. et adj. → **incroyant**

**athéisme** n. m. → **scepticisme**

**athénée** n. m. → **lycée**

**athlète** n. m. et f. boxeur, cavalier, champion, coureur, culturiste, décathlonien, discobole, escrimeur, gymnasiarque, gymnaste, haltérophile, judoka, lanceur, lutteur, nageur, patineur, pentathlonien, plongeur, recordman, sauteur, skieur, sportif, tennisman / woman, triathlonien → **cycliste** ◆ fam. : armoire à glace / normande

**athlétique** → **fort**

**athlétisme** n. m. 1 au pr. : biathlon, course à pied / de haie, décathlon, lancement du disque / du javelot / du marteau / du poids, marathon, pentathlon, saut, triathlon 2 par ext. : boxe (anglaise / française), cheval *ou* équitation, culture physique, cyclisme, escrime, gymnastique, haltères ou haltérophilie, judo, karaté, lutte (gréco-romaine), marche, natation, pancrace, patinage, saut à la perche, ski, tennis, tremplin, triathlon → **sport**

**atlante** n. m. → **statue**

**atmosphère** n. f. 1 air, espace, éther, fluide, gaz, milieu 2 ambiance, aura, climat, entourage, environnement, fluide, influence

**atoca** n. m. airelle des marais, canneberge (québ.)

**atome** n. m. → **particule**

**atomisation** n. f. 1 → **dispersion** 2 → **pulvérisation**

**atomiser** 1 disperser, fractionner, pulvériser, vaporiser 2 vitrifier → **détruire**

**atomiseur** n. m. aérosol, bombe, nébuliseur, pulvérisateur, vaporisateur

**atone** → **inerte**

**atonie** n. f. 1 → **apathie** 2 → **inertie**

**atour(s)** n. m. → **ornement**

**atout** n. m. → **avantage**

**atrabilaire** → **bilieux**

**âtre** n. m. → **foyer**

**atrium** n. m. par anal. : narthex, parvis, patio

**atroce** 1 → **affreux** 2 → **méchant**

**atrocité** n. f. 1 → **barbarie** 2 → **horreur**

**atrophie** n. f. → **maigreur**

**atrophier** 1 → **affaiblir** 2 → **diminuer**

**attachant, e** 1 → **attirant** 2 → **intéressant**

**attache** n. f. 1 au pr. **a** accouple (vén.), chaîne, corde, laisse, licol, licou, lien, ligament, liure (mar.), longe, sandow → **agrafe** **b** épissure, ligature, nœud → **fixation, ruban** **c** vx : chevêtre, hart 2 fig. **a** → **attachement** **b** → **relation**

**attaché, e** 1 → **fidèle** 2 → **adjoint**

**attachement** n. m. admiration, adoration, affection, amitié, amour, application, assiduité, attache, constance, dévotion, dévouement, dilection (relig.), estime, fanatisme, fidélité, flamme, goût, idolâtrie, inclination, indéfectibilité, intérêt, lien, loyalisme, passion, sentiment, tendresse, zèle ◆ vx : complaisance, feu, nœud

**attacher** 1 accoupler, accrocher, agrafer, amarrer, ancrer, appendre, assembler, assujettir, atteler, botteler, brêler, cheviller, coller, cramponner, enchaîner, ficeler, garrotter, harder (vén.), joindre, lier, ligaturer, ligoter, maintenir, mettre, nouer, pendre, river, suspendre → **fixer** ◆ mar. : amurer, bosser, carguer, élinguer, enverguer, étalinguer 2 → **arrêter** 3 → **intéresser** 4 → **associer** 5 v. pron. : s'accrocher, s'agripper, se coller, se cramponner, se raccrocher → **aimer**

**attaquable** → **faible**

**attaquant, e** → **agresseur**

**attaque** n. f. 1 abordage (mar.), agression, assaut, attentat, bombardement, charge, offensive → **raid** 2 → **guet-apens** 3 accès, congestion, crise, ictus, paralysie 4 → **commencement** 5 → **médisance**

**attaquer** 1 **a** aborder, agresser, assaillir, chercher des crosses (fam.) / querelle, combattre, défier, entreprendre, fondre / se jeter / tomber sur, se frotter à, se lancer / se précipiter contre, livrer bataille / combat, pourfendre, prendre à partie, presser, quereller, rompre en visière, surprendre **b** arg. ou fam. : braquer, entrer / rentrer dans le chou / dans le lard / dedans, opérer, sauter sur le râble, tomber (sur le poil) 2 → **ronger** 3 → **commencer** 4 → **blâmer**

**attarder (s')** → **flâner**

**atteindre** 1 → **arriver** 2 → **toucher** 3 → **rejoindre**

**atteinte** n. f. 1 → **dommage** 2 → **crise**

**attelage** n. m. 1 armon, brancards, équipage, palonnier, timon → **harnachement** 2 → **association**

**atteler** 1 → **attacher** 2 v. pron. : s'adonner, s'appliquer, s'assujettir, s'attacher, se dévouer, s'enchaîner, se livrer, se mettre à

**attelle** n. f. 1 par ext. : contention, éclisse, gouttière 2 planchette, plaque

**attenant, e** → **prochain**

**attendre** 1 demeurer / rester sur place, guetter, languir, se morfondre, patienter 2 fam. : arracher du chiendent, croquer le marmot, droguer, faire antichambre / le pied de grue / le poireau / le singe, gaffer, gober les mouches, laisser pisser le mérinos / le mouton, mariner, mitonner, maronner, moisir, poireauter 3 **a** → **espérer** **b** → **présumer**

**attendrir** 1 au pr. → **affaiblir** 2 fig. **a** → **émouvoir** **b** → **fléchir**

**attendrissant, e** → **émouvant**

**attendrissement** n. m. → **compassion**

**attendu que** → **parce que**

**attentat** n. m. → **crime**

**attentatoire** → **contraire**

**attente** n. f. 1 espérance, expectation (vx), expectative, présomption → **désir** 2 faction, pause, station ◆ fam. : pied de grue, poireau

**attenter** → **entreprendre**

**attentif, ive** appliqué, circonspect, diligent, exact, observateur, soigneux, vigilant → **respectueux**

**attention** n. f. 1 application, concentration, contemplation, contention, diligence, étude, exactitude, méditation, réflexion, soin, tension d'esprit, vigilance → **curiosité** 2 → **égard(s)** 3 vx : audience 4 **faire attention** : faire gaffe (arg.), garder de (vx), se garder de, prendre garde 5 interj. : gare, pardon, poussez-vous ◆ fam. : chaud (devant), gaffe, pet, vingt-deux

**attentionné, e** → **attentif**

**attentisme** n. m. → **atermoiement**

**attentivement** diligemment, respectueusement, soigneusement

**attentiste** → **malin**

**atténuation** n. f. → **diminution**

**atténuer** 1 → **affaiblir** 2 → **modérer**

**atterrant, e** → **effrayant**

**atterrer** 1 → **épouvanter** 2 atterrir, toucher à terre 3 vx : abattre, mettre à bas / à terre, rabattre

**attestation** n. f. certificat, référence, vidimus (jurid.), visa → **déclaration**

**attester** 1 → **affirmer** 2 → **prouver** 3 → **confirmer**

**atticisme** n. m. bonnes manières, civilité, délicatesse, distinction, urbanité

**attiédir** 1 → **refroidir** 2 → **modérer**

**attiédissement** n. m. → **tiédeur**

**attifer** accoutrer, apprêter, arranger, bichonner, embellir, endimancher, garnir, orner, pomponner

**attiger** → **exagérer**

**attique** n.f. : étage supérieur ◆ par ext. : couronnement, comble(s), frise, mansarde

**attirail** n. m. affaires, appareil, bagage, bataclan, bazar, chargement, équipage, équipement, fourbi, fourniment, paquet, paquetage, train

**attirance** n. f. 1 → **inclination** 2 → **attraction** 3 → **charme**

**attirant, e** 1 attracteur, attractif, fascinateur, magnétique 2 fig. : aimable, attachant, attrayant, captivant, charismatique, charmant, enchanteur, engageant, ensorcelant, envoûtant, fascinant, insinuant, invitant (vx), prenant, ravissant, sexy → **séduisant**

**attirer** 1 une chose. **a** → **tirer** **b** → **occasionner** 2 un être : affriander, affrioler, aguicher, allécher, amorcer, appâter, charmer, gagner, séduire, tenter 3 v. pron. → **encourir**

**attisement** n. m. → **excitation**

**attiser** accroître, activer, aggraver, aiguillonner, allumer, animer, aviver, déchaîner, donner le branle / le mouvement / le signal, emballer, embraser, enflammer, enthousiasmer, exacerber, exalter, exaspérer, exciter, faire sortir de ses gonds, fomenter, fouetter, insuffler, mettre en branle / en mouvement / hors de ses gonds, mettre de l'huile sur le feu (fam.), piquer, pousser, relever, réveiller, souffler, souffler sur les braises (fam.), stimuler, surexciter, susciter, tisonner, travailler → **aigrir**

**attitré, e** habituel, patenté ◆ vén. : placé en relais, posté

**attitude** n. f. 1 → **position** 2 → **procédé** 3 spat. off. : orientation

**attouchement** n. m. 1 → **tact** 2 → **caresse**

**attractif, ive** 1 au pr. : attracteur, compétitif 2 par ext. → **attirant**

**attraction** n. f. 1 au pr. : gravitation 2 fig. : attirance, attrait, entraînement, fascination, goût, séduction → **charme** 3 → **spectacle**

**attrait** n. m. 1 → **attraction** 2 → **grâce** 3 → **charme**

**attrapade** n. f. 1 → **reproche** 2 → **pugilat**

**attrape** n. f. 1 → **piège** 2 → **plaisanterie** 3 → **tromperie**

**attrape-nigaud** n. m. attrape-couillon (rég. et fam.), attrape-gogo / lourdaud / niais → **tromperie**

**attraper** 1 neutre. a → **prendre** b → **arrêter** c → **obtenir** d → **rejoindre** e → **toucher** f → **entendre** 2 péj. a une maladie → **contracter** b → **tromper** c → **réprimander**

**attrayant, e** → **attirant**

**attribuable** dû / imputable à

**attribuer** 1 accorder, adjoindre, adjuger, affecter à, allouer, annexer, appliquer, assigner, attacher, concéder, conférer, consacrer, créditer, décerner, départir, distribuer, donner, doter, gratifier de, honorer, imputer, lotir, mettre / rejeter / reporter sur, octroyer, prêter, rattacher à, reconnaître, référer 2 → **supposer** 3 v. pron. → **approprier (s')**

**attribut** n. m. 1 gram. et log. : prédicat 2 → **qualité** 3 → **symbole** 4 → **contingence**

**attributaire** n. m. et f. et adj. → **bénéficiaire**

**attribution** n. f. 1 allocation, affectation, assignation, imputation, lot, octroi, part, remise → **distribution** 2 → **emploi** 3 → **prérogative**

**attristant, e** accablant, affligeant, chagrinant, consternant, cruel, décourageant, démoralisant, déplorable, déprimant, désastreux, désespérant, désolant, douloureux, dur, embarrassant, embêtant, emmerdant (grossier), ennuyeux, fâcheux, funeste, injuste, lamentable, malheureux, mauvais, navrant, pénible, regrettable, sot, triste

**attrister** 1 au pr. : abattre, accabler, affecter, affliger, arracher des larmes, assombrir, atterrer, chagriner, consterner, contrarier, contrister, déchirer, désespérer, désoler, embrumer, émouvoir, endeuiller, enténébrer, éprouver, fâcher, faire souffrir, fendre le cœur, frapper, mettre à l'épreuve / au supplice / à la torture, navrer, obscurcir, peiner, percer le cœur, rembrunir, torturer, toucher, tourmenter, troubler 2 par ironie : doter, nantir 3 relig. : appliquer la discipline, macérer 4 v. pron. : déplorer, éprouver de l'affliction / de la douleur / du chagrin

**attrition** n. f. → **regret**

**attroupement** n. m. → **rassemblement**

**attrouper** 1 → **ameuter** 2 → **assembler**

**aubade** n. f. 1 → **concert** 2 → **avanie**

**aubaine** n. f. 1 au pr. → **succession** 2 par ext. a → **profit** b → **chance**

**aube** n. f. 1 au pr. a aurore, avant-jour, lever du jour / du soleil, orient, pique / point / pointe du jour rég. : piquette b techn. : pale c **dès l'aube :** au chant de l'alouette / du coq 2 → **commencement**

**aubépine** n. f. azerolier, épine blanche

**aubère** → **robe (du cheval)**

**auberge** n. f. 1 → **cabaret** 2 → **hôtel** 3 → **restaurant**

**aubergine** n. f. 1 morelle 2 → **évêque** 3 → **nez** 4 → **policier**

**aubergiste** n. m. et f. hôtelier → **cabaretier**

**aubette** n. f. abri, Abribus ®

**aubier** ou **aubour** n. m. rég. : cytise, viorne

**aubin** n. m. → **cheval**

**aucun** → **nul**

**aucunement** 1 → **pas** 2 → **rien**

**aucuns (d')** → **plusieurs**

**audace** n. f. → **hardiesse**

**audacieux, euse** 1 → **courageux,** 2 → **hardi** 3 → **arrogant**

**audible** clair, perceptible

**audience** n. f. 1 a → **public** b → **réception** 2 a → **influence** b → **popularité**

**audit** n. m. off. et québ. : auditeur

**auditeur, trice** → **public**

**audition** n. f. 1 → **concert** 2 épreuve, essai, test

**auditionner** → **questionner**

**auditoire** n. m. → **public**

**auditorium** n. m. aula (helv.), salle de concert / de conférence / de radio(diffusion) / de télé(vision)

**auge** n. f. auget, bac, bassin, binée, bouloir, crèche, mangeoire, maie

**augmentation** n. f. 1 → **hausse** 2 abondement, accentuation, accession, accrétion, accroissement, accrue, activation, addition, adjonction, agrandissement, allongement, amplification, arrondissement, boom ou boum, croissance, crue, développement, dilatation, distension, élargissement, élévation, enrichissement, exaltation (vx), extension, foisonnement, gradation, grossissement, intensification, majoration, montée, multiplication, rallonge, recrudescence, redoublement, renchérissement, renforcement → **gonflement** 3 → **hausse** 4 → **aggravation** 5 math. : incrément, pas

**augmenter** 1 v. intr. a s'accentuer, s'accroître, s'aggraver, s'agrandir, s'allonger, s'amplifier, s'arrondir, croître, s'élargir, s'étendre, grandir, grossir, s'intensifier, se multiplier, prolonger, rallonger, redoubler → **gonfler** b → **empirer** c → **affermir** 2 v. tr. : accentuer, accroître, adjoindre, aggraver, agrandir, ajouter à, arrondir, densifier, développer, doubler, élargir, élever, enfler, enrichir, étendre, graduer, grossir, hausser, intensifier, majorer, monter, multiplier, prolonger, rallonger, redoubler, renchérir, renforcer, valoriser

**augure** n. m. 1 → **devin** 2 → **présage**

**augurer** 1 → **présumer** 2 → **prédire**

**auguste** 1 adj. → **imposant** 2 n .m. → **clown**

**augustin, e** → **religieux**

**augustinien, ne** → **janséniste**

**aujourd'hui** → **présentement**

**aula** n. f. → **amphithéâtre**

**aulne** n. m. aune, bourdaine (rég.), vergne → **arbre**

**aumône** n. f. → **secours**

**aumônier** 1 n. m. : chapelain, babillard (arg.), ministre du culte → **prêtre** 2 adj. → **généreux**

**aumônière** n. f. 1 bourse, cassette, escarcelle, poche, porte-monnaie, réticule, sac 2 par ext. : bassinet (vx), chapeau, gobelet, plateau, timbale, tronc → **tirelire**

**auparavant** anciennement, antérieurement, au préalable, autrefois, ci-devant (vx), dans le passé, dans le temps, déjà, jadis, naguère, préalablement, précédemment, premièrement

**auprès** 1 → **près** 2 → **comparaison (en)**

**aura** n. f. 1 air, ambiance, atmosphère 2 vx : émanation, fluide, principe, semence, souffle 3 prestige → **influence**

**auréole** n. f. → **nimbe**

**auréoler** 1 nimber → **couronner** 2 → **louer**

**auricule** n. f. oreille de Judas → **champignon**

**aurige** n. m. → **cocher**

**aurore** n. f. → **aube**

**auscultation** n. f. → **recherche**

**ausculter** → **examiner**

**auspice** n. m. 1 → **devin** 2 → **présage** 3 au pl. : appui, conduite, direction, égide, patronage, protection, sauvegarde, tutelle

**aussi** 1 autant, encore, également, de même, pareillement, de plus 2 → **ainsi**

**aussitôt** 1 à l'instant, d'abord, d'emblée, illico (fam.), immédiatement, incessamment, incontinent, instantanément, sans délai / plus attendre, séance tenante, soudain, soudainement, sur-le-champ, tout de suite 2 fam. : aussi sec, illico

**austère** 1 → **rude** 2 abrupt, ascétique, grave, janséniste, puritain, rigide, rigoriste, rigoureux, sévère, sobre, spartiate, stoïque 3 → **simple**

**austèrement** → **simplement**

**austérité** n. f. abnégation, ascétisme, dureté, jansénisme, nudité, puritanisme, renoncement, rigidité, rigorisme, rigueur, rudesse, sévérité, simplicité, sobriété, stoïcisme → **pénitence**

**austral, e** antarctique, méridional, midi, sud

**australien, ne** aborigène ◆ arg. : kangourou

**autan** n. m. → **vent**

**autant** 1 → **aussi** 2 a **autant que** → **comme** b **d'autant que** → **parce que**

**autarcie** n. f. autoconsommation, autosuffisance → **isolement**

**autel** n. m. foyer, laraire, pierre, table du sacrifice

**auteur** n. m. et f. 1 → **cause** 2 → **écrivain**

**authenticité** n. f. → **bien-fondé**

**authentifier** → **certifier**

**authentique** 1 a → **évident** b → **vrai** 2 → **officiel**

**autoberge** n. f. voie sur berge

**autobiographie** n. f. → **mémoire** (n. m.)

**autobus** n. m. autocar, bus, car, microbus, minibus, omnibus, patache (vx)

**autochtone** n. et adj. aborigène, habitant, indigène, local, natif, naturel, originaire

**autoclave** n. m. → **étuve**

**autocollant, e** adhésif

**autoconsommation** n. f. → **autarcie**

**autocrate** n. et adj. → **monarque**

**autocratie** n. f. → **absolutisme**

**autocratique** → **absolu**

**autocritique** n. f. 1 → **confession** 2 → **introspection**

**autocuiseur** n. m. Cocotte-minute ®, cuiseur, digesteur

**autodestruction** n. f. hara-kiri, suicide

**autodrome** n. m. circuit, piste

**auto-érotisme** n. m. masturbation, narcissisme, onanisme

**autogestion** n. f. → **socialisme**

**autogire** n. m. → **aérodyne**

**automate** n. m. et adj. 1 au pr. : androïde, robot 2 fig. → **fantoche**

**automation** n. f. automatisation (off.), robotique, télécommande, télégestion, téléguidage, téléinformatique, télémaintenance, télémesure, télésurveillance, télétraitement → **informatique**

**automatique** 1 convulsif, forcé, inconscient, instinctif, involontaire, irréfléchi, machinal, mécanique, passif, réflexe, spontané → **inévitable** 2 informatisé, programmé

**automatiquement** de soi-même, tout seul

**automatiser** informatiser, programmer

**automatisme** n. m. 1 → **habitude** 2 → **régularité**

**automédon** n. m. → **cocher**

**automne** n. m. arrière-saison, été indien / de la Saint-Martin

**automobile** n. f. → **voiture**

**automotrice** n. f. aérotrain, autorail, micheline, motrice

**autonome** → **libre**

**autonomie** n. f. → **liberté**

**autonomiste** n. et adj. → **séparatiste**

**autopsie** n. f. analyse, anatomie, dissection, docimasie, examen, vivisection

**autorail** n. m. → **automotrice**

**autorisation** n. f. → **permission**

**autorisé, e** 1 → **permis** 2 → **influent** 3 → **qualifié**

**autoriser** 1 accréditer, appuyer, confirmer, habiliter, justifier, qualifier 2 accepter, accorder, acquiescer, admettre, agréer, approuver, concéder, consentir, dispenser, donner la permission, laisser, passer, permettre 3 → **souffrir**

**autoritaire** absolu, absolutiste, altier, cassant, catégorique, conquérant, despotique, dictatorial, directif, dominateur, dur, facho (fam.), ferme, fort, impérieux, intraitable, intransigeant, irrésistible, net, péremptoire, pète-sec, pressant, raide, tranchant, tyrannique, volontaire

**autoritarisme** n. m. → **absolutisme**

**autorité** n. f. 1 bras de Dieu, commandement, domination, empire, férule, force, griffe, impérialisme, loi, magistère, main, omnipotence, pouvoir, prééminence, prépotence, puissance, régence, règne, souveraineté, supériorité, toute-puissance → **gouvernement** 2 → **absolutisme** 3 a → **charme** b → **habileté** c → **influence** d → **qualité** e → **tête**

**autoroute** n. f. par ext. : pénétrante, rocade

**autosuffisance** n. f. → **autarcie**

**autotomie** n. f. → **amputation**

**autour** 1 prép. et adv. : alentour, à la ronde → **environ** 2 n. m. → **rapace**

**autre** → **différent**

**autre(s)** → **autrui**

**autrefois** à l'origine, anciennement, au temps ancien / passé, dans l'antiquité / le temps, d'antan, en ce temps-là, il y a longtemps, jadis, naguère

**autrement** 1 alias 2 beaucoup plus 3 sans quoi, sinon

**autruche** n. f. autruchon par ext. : aptéryx, casoar, émeu, kiwi, nandou

**autrui** alter ego, les autres, prochain, semblable

**auvent** n. m. abri, aubette, avant-toit, banne, galerie, marquise

**auvergnat, e** 1 fam. : bougnat 2 → **cabaretier** 3 → **avare**

**auxiliaire** n. m. ou f. et adj. 1 à mi-temps, contractuel, extra, intérimaire, remplaçant, stagiaire, supplétif, surnuméraire → **adjoint** 2 → **complice** 3 accessoire, adjuvant, annexe, complémentaire, second, supplémentaire

**avachi, e** → **fatigué**

**avachir** → **affaiblir**

**avachissement** n. m. 1 veulerie → **faiblesse** 2 → **mollesse**

**aval** n. m. → **caution**

**avalanche** n. f. par ext. → **pluie**

**avaler** 1 au pr. a absorber, déglutir, effacer (arg.), enfourner, engloutir, entonner, gober, ingérer, ingurgiter, prendre ◆ vx : friper, humer b mar. et sports : → **descendre** c → **boire** d → **manger** 2 fig. a → **croire** b → **recevoir** 3 v. pron. → **tomber**

**avaleur, euse** → **glouton**

**avaliser** → **garantir**

**avaliseur** n. m. et adj. → **garant**

**à-valoir** n. m.inv. → **acompte**

**avance** n. f. 1 → **acompte** 2 → **offre** 3 → **avancement** 4 **faire des avances** → **courtiser**

**avancé, e** 1 libre, progressiste, révolutionnaire → **extrémiste** 2 → **précoce** 3 → **gâté**

**avancée** n. f. 1 → **saillie** 2 → **promontoire** 3 → **progression** 4 ski : flexion vers l'avant

**avancement** n. m. 1 au pr. : avance, développement, essor, évolution, marche, progrès, progression 2 par ext. : amélioration, élévation, marche en avant, nomination, perfectionnement, progression, promotion

**avancer** 1 au pr. a gagner, gagner du terrain, marcher, pousser, progresser b → **accélérer** c → **rapprocher** 2 par ext. a → **affirmer** b → **hasarder**

**avanie** n. f. algarade, brimade, camouflet, incartade, mortification, nasarde, scène, sortie, soufflet → **offense** ◆ vx et / ou fam. : accroche, aubade, couleuvres

**avant** 1 prép. : devant 2 adv. : anciennement, antérieurement, auparavant, au préalable, autrefois, ci-devant (vx), dans le passé, déjà, jadis, naguère, préalablement, précédemment, premièrement 3 mar. : étrave, proue

**avantage** n. m. 1 atout, attribut, avance, commodité, dessus, droit, préciput, prééminence, prérogative, privilège, profit, succès, supériorité, utilité 2 a → **cadeau** b → **profit**

**avantager** → **favoriser**

**avantageusement** bien, favorablement, heureusement, honorablement, profitablement, utilement

**avantageux, euse** 1 → **profitable** 2 → **orgueilleux**

**avant-coureur** n. m. → **précurseur**

**avant-dernier** pénultième

**avant-garde** n. f. avant-coureur, avant-courrier, éclaireur, pointe, tête

**avant-gardisme** n. m. 1 → **mode** 2 → **progressisme**

**avant-gardiste** n. m. 1 → **snob** 2 → **progressiste**

**avant-goût** n. m. anticipation, aperçu, avant-première, échantillon, essai, exemple, idée, image, pensée, perspective, tableau, topo (fam.) → **pressentiment**

**avant-première** n. f. couturière, générale, répétition générale → **avant-goût**

**avant-projet** n. m. devis, esquisse, maquette, plan, proposition, tracé

**avant-propos** n. m. → **préface**

**avant-scène** n. f. proscenium

**avant-toit** n. m. abri, aubette, auvent, galerie, marquise, véranda

**avare** n. et adj. 1 a âpre au gain, auvergnat, avide, baise-la-piastre (québ.), boîte-à-sous, chiche, chien, coquin, crasseux, créancier, cupide, dur, écossais, égoïste, grigou, grippe-sou, harpagon, intéressé, jean-foutre, ladre, mesquin, parcimonieux, pignouf, pingre, pisse-vinaigre, près-de-ses-sous, prêteur sur gage, radin, rapace, rapiat, rat, regardant, regrattier, serré, sordide, thésauriseur, tire-lire, tire-sous, tronc, usurier, vautour, vilain b vx : avaricieux, fesse-mathieu, gredin, happe-chair, levantin, pince-maille, pleure-misère, racle-denier, taquin, tenant c arg. : aspic, mange-merde, pain dur, pas large du dos, pierre de taille, râpé 2 → **aride**

**avarice** n. f. âpreté (au gain), avidité, chiennerie, crasse, cupidité, égoïsme, gredinerie (vx), ladrerie, lésine, lésinerie, mesquinerie, parcimonie, pingrerie, pouillerie, radinerie, rapacité, thésaurisation, usure, vilenie ◆ arg. : mégotage

**avarie** → **dommage**

**avarier** 1 altérer, corrompre, dénaturer, détériorer, endommager, éventer, gâter, meurtrir, perdre, pourrir, putréfier, tarer, vicier 2 par ext. → **gâcher**

**avatar** n. m. → **transformation**

**avec** 1 à, ainsi que, en compagnie de, en même temps, du même coup, par 2 à l'aide / au moyen / au prix de, grâce à, moyennant

**aveline** n. f. noisette

**avelinier** n. m. coudre, coudrier, noisetier

**aven** n. m. → **abîme**

**avenant, e** → **aimable**

**avenant** n. m. 1 adjonction, codicille, modification, supplément 2 **à l'avenant** : en accord / conformité / rapport, de même, pareillement

**avènement** n. m. accession, apparition, arrivée, élévation, naissance, venue

**avenir** n. m. 1 futur, horizon, lendemain 2 a au-delà, autre vie, destinée, éternité, temps / vie futur(e) b → **destin** c → **postérité** 3 **à / dans l'avenir** : à bref délai, avant longtemps, demain, dès maintenant, désormais, dorénavant, dans / par la suite, plus tard, prochainement, sous peu, tantôt, ultérieurement

**aventure** n. f. 1 au pr. a → **événement** b → **entreprise** 2 par ext. a → **hasard** b → **destin, destinée** c → **amour** 3 a **bonne aventure** → **divination** b **d'aventure** → **peut-être**

**aventurer** commettre, compromettre (péj.), émettre, essayer, exposer, hasarder, jouer, jouer son va-tout, se lancer, risquer, risquer le paquet (fam.), tenter → **expérimenter**

**aventureux, euse** audacieux, aventurier (vx), entreprenant, hardi, hasardeux, imprévoyant, imprudent, osé, téméraire → **risqué**

**aventurier, ère** 1 nom → **intrigant** 2 adj. → **aventureux**

**avenue** n. f. 1 → **allée** 2 → **rue** 3 → **voie**

**avéré, e** → **vrai**

**avérer** 1 a → **vérifier** b → **confirmer** 2 v. pron. a → **paraître** b → **ressortir**

**avers** n. m. endroit, face, recto

**averse** n. f. → **pluie**

**aversion** n. f. 1 → **éloignement** 2 → **répugnance**

**averti, e** → **capable**

**avertir** 1 alerter, annoncer, apprendre, aviser, crier de (vx), crier casse-cou / gare, dénoncer, dire, donner avis, éclairer, faire connaître / savoir, indiquer, informer de, instruire, mettre en demeure / en garde, montrer, notifier, porter à la connaissance, prévenir, renseigner, signaler 2 → **réprimander** 3 corner, klaxonner, sonner 4 arg. : rancarder

**avertissement** n. m. 1 avis, communication, conseil, indication, information, instruction, monition (relig.), recommandation, renseignement, signalement, suggestion 2 non fav. : admonestation, admonition, leçon, observation, remontrance, représentation, réprimande, semonce, tablature (vx) → **reproche** 3 par ext. a → **préface** b → **lettre** c → **présage** d → **notification**

**avertisseur** n. m. bruiteur, corne, Klaxon, signal, sirène, sonnerie, sonnette, trompe

**aveu** n. m. approbation, confidence, consentement, déclaration, mea culpa, reconnaissance → **confession**

**aveuglant, e** 1 → **éblouissant** 2 → **évident**

**aveugle** n. et adj. 1 mal-voyant 2 bât. : orbe 3 → **stupide**

**aveuglement** 1 au pr. : cécité 2 fig. : confusion, déraison, égarement, entêtement, erreur, fascination, folie, illusion, imprévision, indifférence, ignorance, obscurcissement, opiniâtreté → **stupidité** 3 → **trouble**

**aveuglément** à l'aveugle / l'aveuglette / tâtons, sans regarder, sans voir

**aveugler** 1 au pr. → **boucher** 2 fig. a → **éblouir** b → **troubler** c → **tromper**

**aveuglette (à l')** → **aveuglément**

**aveulir** → **affaiblir**

**aveulissement** n. m. → **dégradation**

**aviateur, trice** 1 aéronaute, bombardier, chasseur, commandant de bord, mécanicien volant, mitrailleur, navigant, navigateur, observateur, personnel navigant, pilote 2 par ext. : aérostier

**aviation** n. f. 1 aéronautique, air, navigation aérienne, sports / transports aériens 2 aéronavale, aéropostale, aérospatiale, aérostation, aérotechnique, armée de l'air

**aviculteur, trice** volailleur

**avide** 1 au pr. → **glouton** 2 fig. a → **intéressé** b → **avare** c → **envieux**

**avidité** n. f. 1 ambition, concupiscence, convoitise, cupidité, désir ardent / insatiable, envie, rapacité, vampirisme → **voracité** 2 → **faim** 3 → **avarice**

**avilir** → **abaisser**

**avilissant, e** abaissant, abject, bas, dégradant, déshonorant, humiliant, indigne, infamant, infâme, méprisable, servile → **honteux**

**avilissement** n. m. → **dégradation**

**aviné, e** → **ivre**

**avion** n. m. 1 aéroplane, airbus, appareil, avion de ligne, long courrier, avion cargo / cible / citerne / école / suicide / taxi, avionnette, charter, gros porteur, jet, jumbo jet, machine, supersonique 2 bi / mono / quadri / tri-moteur, d'appui / d'assaut / de bombardement / de chasse / d'interception / d'observation / de ravitaillement / de renseignement / de transport, bombardier, chasseur, intercepteur, ravitailleur 3 fam. et / ou péj. : cage à poules, carcasse, cercueil volant, coucou, fer à repasser, lampe à souder, libellule, pou du ciel, tacot, taxi, zinc 4 → **aérodyne**

**aviron** n. m. 1 godille, pagaie, rame 2 par ext. : régates

**avis** n. m. 1 → **avertissement** 2 → **opinion** 3 → **préface** 4 → **proclamation** 5 **donner avis** → **avertir**

**avisé, e** 1 → **habile** 2 → **prudent** 3 → **raisonnable**

**aviser** 1 v. tr. a → **avertir** b → **voir** 2 v. intr. → **pourvoir** 3 v. pron. a → **oser** b → **trouver** c → **penser**

**aviso** n. m. mar. : escorteur, messager → **bateau**

**avitailler** → **pourvoir**

**avitaminose** n. f. béribéri, rachitisme, scorbut

**aviver** → **augmenter**

**avocasserie** n. f. 1 → **chicane** 2 → **bavardage**

**avocat, e** 1 attorney (angl.), avoué, bâtonnier, conseil, consultant, défenseur, membre du barreau 2 péj. : avocaillon, avocassier, chicaneur, chicanier 3 arg. : babillard, bavard, baveux, blanchisseur, parrain, vermine 4 apologétique, apôtre, champion, intercesseur, partisan, protecteur, redresseur de torts, serviteur, soutien, tenant 5 avocat général → **procureur**

**avocette** n. f. → **échassier**

**avoine** n. f. 1 fromental 2 fam. → **volée**

**avoir** 1 n. m. a → **bénéfice** b → **bien** (n. m.) 2 v. tr. a détenir, jouir de, posséder, tenir b → **obtenir** 3 par ext. a → **tromper** b → **vaincre**

**avoisinant, e** → **prochain**

**avoisiner** → **toucher**

**avortement** n. m. 1 au pr. : arrêt / interruption volontaire de grossesse, fausse couche, I.V.G 2 fig. : déconfiture, défaite, échec, faillite, insuccès, perte, revers

**avorter** chuter, faire long feu / fiasco, manquer, rater → **échouer**

**avorteuse** n. f. fam. : faiseuse d'anges, mère guette-au-trou, tricoteuse, videuse

**avorton** n. m. 1 au pr. : fausse couche 2 par ext. a embryon, fœtus, germe, graine, œuf b aztèque, déchet, freluquet, gnome, homoncule, lilliputien, magot, microbe, myrmidon, nabot, nain, pot à tabac, pygmée, ragot, rase-mottes, tom-pouce

**avouable** → **honnête**

**avoué** n. m. → **avocat**

**avouer** 1 au pr. : accorder, admettre, concéder, confesser, confier, constater, convenir, décharger / dégager sa conscience, déclarer, déclencher (dial.), dire (la vérité), reconnaître, tomber d'accord 2 arg. et / ou fam. : s'aligner, s'allonger, balancer, bouffer / casser / cracher / lâcher / manger / sortir le morceau / le paquet, déballer (ses outils), se déboutonner, se dégonfler, s'étaler, jacter, manger du lard, se mettre à table, ouvrir sa gueule, vider son sac

**avulsion** n. f. arrachage, arrachement, déracinement, divulsion, éradication, évulsion, extirpation, extraction

**axe** n. m. arbre, essieu, ligne, pivot, vecteur

**axer** → **diriger**

**axiomatique** → **évident**

**axiome** n. m. 1 énoncé, évidence, exactitude, hypothèse, lemme, postulat, proposition, prémisse, principe, proposition, théorème, vérité 2 adage, aphorisme, apophtegme, maxime, morale, pensée, sentence

**axis** n. m. cerf du Bengale / du Gange / de l'Inde

**ayant cause** et **ayant droit** n. m. acheteur, bénéficiaire, donataire, légataire → **héritier**

**azimut** n. m. → **direction**

**azoospermie** n. f. → **stérilité**

**azur** n. m. air, atmosphère, bleu, ciel, éther, firmament, voûte céleste

**azuré, e** bleuâtre, bleuté, céleste, céruléen, lapis-lazuli, myosotis, pervenche, saphir → **bleu**

# B

**baba** 1 adj. : abasourdi, comme deux ronds de flan, ébahi, étonné, stupéfait, surpris 2 n.m. a marquise, savarin b → **fessier**

**b-a-ba** n. m. → **alphabet**

**babil** et **babillage** n. m. 1 bavardage, gazouillement, gazouillis, lallation, ramage 2 bruit, murmure 3 cancan, caquet, caquetage, jacassement

**babillard, e** → **bavard**

**babillarde** n. f. lettre, message, missive ◆ fam. : bafouille, poulet

**babiller** 1 bavarder, gazouiller 2 non fav. : cancaner, caqueter, jacasser, jaser, médire → **bavarder**

**babines** n. f. a d'un animal : lèvres, lippes b de quelqu'un : badigoinces (fam.), lèvres, lippes

**babiole** n. f. 1 chose sans importance : affiquet, amusement, amusette, bagatelle, baliverne, bêtise, bibelot, breloque, bricole, brimborion, caprice, colifichet, connerie (vulg.), fanfreluche, fantaisie, frivolité, futilité, jouet, joujou, gadget, petit quelque chose, rien 2 affaire sans importance : a amusement, badinerie, bricole (fam.), broutille, futilité, jeu, plaisanterie, rien b non fav. : baliverne, bêtise, chanson, fadaise, futilité, niaiserie, sornette, sottise, vétille 3 par ext. : amourette, badinage, chose, flirt, galanterie → **amour**

**babiroussa** n. m. → **sanglier**

**bâbord** côté gauche

**babouche** n. f. chaussure, mule, pantoufle, savate

**babouin** n. m. cynocéphale, papion

**bac** n. m. 1 bachot, bateau plat, embarcation, ferry-boat, toue, traille, traversier (québ.), vidoir, va-et-vient → **bateau** 2 auge, baquet, bassin, cuve, timbre, vidoir 3 → **baccalauréat**

**baccalauréat** n. m. premier grade universitaire fam. : bac, bachot, peau d'âne

**baccara** n. m. chemin de fer → **carte**

**baccarat** n. m. → **cristal**

**bacchanale** n. f. → **tohu-bohu**

**bacchante** n. f. 1 ménade, thyade 2 → **moustache** 3 → **mégère**

**bâche** n. f. banne, capote, couverture, toile ◆ mar. : prélart, taud

**bâcher** → **couvrir**

**bachot** n. m. 1 → **bateau** 2 → **baccalauréat**

**bacillaire** bactérien, microbien, parasite

**bacille** n. m. → **microbe**

**bâclage** n. m. expédition, fagotage, gâchis, liquidation, sabotage, sabrage

**bâcle** n. f. → **barre**

**bâcler** brocher, expédier, fagoter, finir, gâcher, liquider, maltraiter, négliger, saboter, sabrer, torcher (fam.)

**bacon** n. m. → **charcuterie**

**bactérie** n. f. → **microbe**

**bactérien, ne** bacillaire, microbien, parasite

**bactériologie** n. f. → **biologie**

**badaud** n. m. 1 non fav. : crédule, gobe-mouches (fam.), niais, nigaud, oisif, sot 2 arg. : cave, flanelle, pingouin → **bête** 3 neutre : curieux, flâneur, lèche-vitrine (fam.), promeneur

**badauderie** n. f. crédulité, niaiserie, nigauderie, oisiveté, sottise → **bêtise**

**baderne** n. f. 1 mar. : protection 2 **vieille baderne :** a culotte de peau, peau de vache b vieux chose / con / machin / truc, vieille vache

**badge** n. m. → **insigne**

**badiane** n. f. → **anis**

**badigeon** n. m. enduit → **peinture**

**badigeonnage** n. m. barbouillage (péj.), enduit → **peinture**

**badigeonner** 1 enduire, peindre 2 par ext. : barbouiller, enduire, farder, oindre, recouvrir → **peindre**

**badigeonneur** n. m. → **barbouilleur**

**badigoinces** n. f. → **babines**

**badin, e** 1 amusant, drôle, enjoué, espiègle, folâtre, fou, gai, gamin, mutin, rigolo 2 non fav. : désinvolte, frivole, léger, libre

**badinage** n. m. 1 au pr. : amusement, amusette, badinerie, batifolage, enjouement, gaieté, jeu, mutinerie, plaisanterie 2 bluette, fleurette, flirt, galanterie, marivaudage

**badine** 1 n.f. : canne, cravache, baguette, jonc, stick 2 n.f. pl. : pincettes

**badiner** 1 s'amuser, jouer, plaisanter, rigoler (fam.), taquiner 2 baratiner (fam.), conter fleurette, flirter, marivauder → **courtiser**

**badinerie** n. f. → **badinage**

**baffe** n. f. → **gifle**

**baffle** n. m. off. : écran, enceinte acoustique (par ext.)

**bafouer** abaisser, brocarder, conspuer, fouler aux pieds, se gausser de, humilier, maltraiter, mépriser, mettre en boîte, se moquer de, outrager, se payer la tête de, persifler, railler, ridiculiser, vilipender

**bafouillage** n. m. 1 amphigouri, baragouin, baragouinage, bredouillement, cafouillage, charabia, jargon 2 scient. : glossolalie, palilalie 3 par ext. : aphasie 4 fam. : déconnage

**bafouille** n. f. babillarde, lettre, message, missive, poulet

**bafouiller** balbutier, baragouiner, bégayer, bredouiller, cafouiller, déconner (grossier), s'embrouiller, jargonner, manger ses mots, marmonner, merdoyer (grossier), murmurer

**bafouilleur, euse** baragouineur, bredouilleur, cafouilleur ◆ vulg. : déconneur

**bâfrer** péj. : avaler, bouffer, déglutir, empiffrer, s'empiffrer, engloutir, faire ripaille, goinfrer, se goinfrer, gueuletonner, s'en mettre plein la lampe, phagocyter, se taper la cloche, tortorer

**bâfreur** n. m. bouffeur, glouton, goinfre, goulu, gourmand, ogre, phagocyte, ripailleur

**bagage** n. m. 1 au pr. a affaires b attirail, caisse, chargement, coffre, colis, équipement, fourbi (fam.), fourniment, impedimenta, malle, paquet, sac, valise → **ballot** c milit. : barda, cantine, paquetage d vx ou fam. : arroi, équipage, harnois, train 2 par ext. : acquis, compétence, connaissance, savoir 3 a **avec armes et bagages :** totalement et rapidement, sans demander son reste b **plier bagage :** déguerpir, s'enfuir, partir rapidement

**bagagiste** n. m. → **porteur**

**bagarre** n. f. 1 altercation, baroud (milit.), bataille, combat, crosses (fam.), discussion, dispute, échauffourée, empoignade, explication, lutte, noise, querelle, rixe 2 entre femmes : crêpage de chignons

**bagarrer** et **se bagarrer** 1 au pr. : batailler, se battre, se disputer, se quereller, chercher des crosses / noise / des noises / querelle 2 par ext. : agir / discuter avec ardeur / conviction, lutter

**bagarreur, euse** agressif, baroudeur (milit.), batailleur, combatif, mauvais coucheur, querelleur

**bagasse** n. f. → **prostituée**

**bagatelle** n. f. 1 chose : affiquet, amusement, amusette, babiole, baliverne, bêtise, bibelot, breloque, bricole, brimborion, caprice, chiffon, colifichet, fanfreluche, fantaisie, fifrelin, frivolité, futilité, rien 2 affaire sans importance. a amusement, badinerie, broutille, futilité, je-ne-sais-quoi, jeu, plaisanterie, rien b baliverne, bêtise, chanson, détail, enfantillage, fadaise, hochet, jouet, sornette, sottise, vétille c fam. : bricole, connerie, foutaise, gaudriole d vx : gentillesse, petite-oie, venez-y-voir 3 par ext. : amourette, anecdote, badinage, chose, flirt, galanterie → **amour**

**bagnard** n. m. convict, détenu, forçat, galérien, interné, relégué, transporté ◆ arg. : crâne, fagot

**bagne** n. m. chiourme, détention, réclusion criminelle, grotte (arg.), pénitencier, présides (vx), relégation, transportation, travaux forcés

**bagnole** n. f. 1 au pr. : auto, automobile, taxi, tire (arg.), véhicule → **voiture** 2 péj. : clou, ferraille, poubelle, tacot, tas de ferraille

**bagou** ou **bagout** n. m. 1 au pr. : babil, babillage, baratin, bavardage, boniment, caquetage, jacasserie, logorrhée, loquacité, papotage, parlote, patati et patata, verbiage → **éloquence** 2 par ext. : → **médisance**

**bague** n. f. 1 alliance, anneau, bagouse (arg.), brillant, chevalière, diamant, jonc, marguerite, marquise, solitaire 2 méc. : → **douille** 3 fauconnerie : vervelle

**baguenaude** n. f. → **promenade**

**baguenauder (se)** se balader, faire un tour, flâner, lanterner, musarder, muser, prendre l'air, se promener, sortir, se traîner, se trimbaler (fam.), vadrouiller

**baguer** 1 marquer 2 coudre

**baguette** n. f. 1 aine, apex, bâtonnet, jonchet, petit bâton, moxa (méd.), tige 2 antibois, frette, listel, membron, petit bois → **moulure** 3 badine, canne, cravache, jonc, stick, verge 4 **d'un coup de baguette :** par enchantement / magie / miracle

**baguier** n. m. → **boîte**

**bahut** n. m. 1 meuble : armoire, buffet, coffre, dressoir, huche, maie, semainier, vaisselier 2 arg. scol. : école, collège, lycée 3 → **camion** 4 arch. : appui, assise, chaperon

**bai, e** 1 → **brun** 2 → **robe (du cheval)**

**baie** n. f. 1 anse, calanque, crique, havre → **golfe** 2 châssis, croisée, double fenêtre, fenêtre, lucarne → **ouverture** 3 akène, drupe, fruit, graine

**baignade** n. f. → **bain**

**baigner** 1 v. tr. a on baigne quelqu'un ou quelque chose : laver, mettre dans l'eau, mouiller, nettoyer, plonger dans l'eau, tremper b un fleuve : arroser, couler dans, irriguer, traverser c la mer : entourer d par ext. : inonder, mouiller, remplir 2 v. intr. : immerger, nager, noyer (péj.), être plongé, tremper 3 v. pron. : se baquer (arg.), s'étuver (vx), faire trempette (fam.), se laver, nager, se nettoyer, se plonger dans l'eau, prendre un bain, se tremper

**baigneur, euse** 1 au pr. : nageur 2 par ext. : aoûtien (fam.), curiste, touriste, vacancier

**baignoire** n. f. 1 piscine, tub 2 théâtre : avant-scène, loge, mezzanine

**bail, baux** n. m. amodiation, commandite, contrat, convention, fermage, location, loyer

**baille** n. f. 1 → **baquet** 2 → **bateau** 3 → **eau**

**bâillement** n. m. échancrure, ouverture

**bailler** → **donner**

**bâiller** 1 fam. : se décrocher la mâchoire, ouvrir un four 2 par ext. : être béant / entrouvert / mal ajusté / mal fermé / mal joint / mal tendu

**bailleur, eresse** 1 propriétaire, proprio (arg.) 2 capitaliste, commanditaire, créancier, prêteur

**bailli** n. m. → **édile**

**bâillon** n. m. bandeau, muselière, tampon

**bâillonner** 1 museler 2 fig. : étouffer, museler, réduire au silence

**bain** n. m. 1 ablution, baignade, douche, immersion, toilette, trempette 2 → **hydrothérapie** 3 le lieu. a plage, rivière b bain turc, hammam, piscine, sauna, thermes 4 **être dans le bain :** être compromis / impliqué dans ◆ fam. : être mouillé, porter le chapeau

**baïonnette** n. f. vx et fam. : lame, lardoire

**baise** n. f. → **accouplement**

**baiser** 1 v. tr. : accoler (vx), bécoter (fam.), biser, donner / poser un baiser, embrasser ◆ fam. : bécoter, faire la bise, sucer la pomme ◆ rég. : licher 2 par ext. a vulg. → **accoupler (s')** b → **tromper** c **se faire baiser** (grossier) : être abusé / dupé / feinté / pris / roulé / trompé, se faire avoir / posséder / prendre / rouler

**baiser** n. m. 1 accolade, embrassade 2 fam. : bécot, bisou, galoche, palot, patin, saucisse, suçon [3] rég. : bec → **bise** [4] **de Judas :** fourberie, mensonge, trahison, traîtrise → **hypocrisie**

**baiseur, euse** arg. : pointeur

**baisse** n. f. abaissement, affaiblissement, affaissement, amoindrissement, chute, déclin, décrue, dépréciation, descente, diminution, effondrement, fléchissement, recul, reflux

**baisser** [1] a abaisser, descendre, rabaisser, rabattre, surbaisser b la tête : courber, incliner, pencher c par ext. : abattre, démarquer, diminuer, faire un abattement, réduire [2] a quelqu'un : s'affaiblir, décliner, décroître, diminuer ◆ fam. : devenir gâteux, sucrer les fraises b chuter, descendre, s'effondrer, faiblir, refluer, rétrograder

**bajoue** n. f. → **joue**

**bakchich** n. m. → **gratification**

**bal** n. m. [1] au pr. a dancing, night-club, salle de bal, salon b non fav. : bastringue, boîte, guinche, guinguette, pince-fesses (fam.) c bal champêtre : frairie, musette [2] par ext. a fête, réception, redoute (vx), soirée, surprise-partie b l'après-midi : cinq à sept, cocktail dansant, sauterie, thé dansant c fam. : boum, quelque chose, surboum, surpatte

**balade** n. f. excursion, randonnée, sortie, tour, voyage → **promenade**

**balader** [1] faire faire un tour, faire prendre l'air à, promener, sortir, trimbaler (fam. et péj.) [2] v. pron. a se baguenauder, errer, faire un tour, flâner, lanterner, lécher les vitrines, musarder, muser, prendre l'air, se promener, sortir, se traîner, se trimbaler, vadrouiller b par ext. : faire une excursion / du tourisme / un voyage, voir du pays, voyager

**baladin, e** acteur ambulant, acrobate, ballerine, bateleur, bouffon, clown, comédien, danseur, enfant de la balle, histrion, paillasse, saltimbanque

**balafon** n. m. → **percussion**

**balafre** n. f. couture, cicatrice, coupure, entaille, estafilade, taillade → **blessure**

**balafrer** couper, entailler, taillader, tailler → **blesser**

**balai** n. m. [1] aspirateur (par ext.), balayette, brosse, écouvillon, époussette, faubert (mar.), goret, guipon, houssoir, lave-pont, tête de loup, vadrouille, vergette [2] coup de balai : a → **nettoiement** b → **épuration**

**balalaïka** n. f. → **guitare**

**balance** n. f. [1] au pr. a pèse-bébé, pèse-grains, pèse-lettre, pesette, pèse-personnes, peson, romaine, trébuchet b bascule, poids public c de pêche : caudrette, truble → **filet** [2] fig. : équilibre, rapport [3] arg. → **mouchard** [4] a **mettre en balance** → **comparer** b **rester / être en balance** → **hésiter** c **tenir en balance :** laisser dans l'incertitude, rendre hésitant [5] comptabilité : bilan, compte, différence, solde

**balancé, e (bien)** [1] un garçon : balèze (fam.), beau gars, bien baraqué (arg.) / bâti / proportionné, costaud [2] une fille : beau brin de fille, beau châssis (arg.), belle fille, bien bâtie / faite / proportionnée / roulée / tournée, faite au moule → **jeune**

**balancelle** n. f. [1] → **balançoire** [2] → **bateau**

**balancement** n. m. [1] au pr. a alternance, bascule, battement, bercement, branle, branlement (vx), flottement, fluctuation, flux et reflux, libration, nutation, ondulation, oscillation, roulis, secouement, tangage, tortillement, trémoussement, vacillation, va-et-vient b dandinement, déhanchement, dodelinement [2] par ext. a flottement, hésitation b littérature : cadence, harmonie, rythme [3] fig. : compensation, équilibre, pondération

**balancer** [1] v. tr. a agiter, bercer, branler (vx), dandiner, dodeliner, faire aller et venir / osciller, hocher → **remuer** b par ext. : balayer, bazarder (fam.), chasser, congédier, se débarrasser de, donner son compte à, envoyer promener / valser, expulser, faire danser (fam.) / valser (fam.), ficher / foutre (grossier), jeter à la porte, remercier, renvoyer c comptabilité : couvrir, solder d une force : compenser, contrebalancer, équilibrer, neutraliser [2] v. intr. a au pr. : aller de droite et de gauche, baller, ballotter, brimbaler, bringuebaler, être secoué, onduler, osciller, remuer, rouler, tanguer, vaciller b fig. : comparer, examiner, flotter, hésiter, opposer, peser le pour et le contre [3] a **je m'en balance :** ça m'est égal, je m'en fiche, je m'en fous (vulg.), je m'en moque b **envoyer balancer :** bazarder, se décourager (au fig.), envoyer promener (fam.), liquider, renoncer à, vendre c **ça se balance :** s'équilibrer, se neutraliser, se valoir

**balancier** n. m. → **pendule**

**balancine** n. f. → **cordage**

**balançoire** n. f. [1] balancelle, escarpolette ◆ vx : bascule [2] fig. → **baliverne**

**balanite** n. f. → **inflammation**

**balayage** n. m. [1] → **nettoiement** [2] → **épuration**

**balayer** [1] brosser, donner un coup de balai, enlever la poussière, frotter, passer le balai → **nettoyer** [2] fig. a une chose : déblayer, dégager, écarter, refouler, rejeter, repousser → **chasser** b → **retrancher**

**balayette** n. f. → **balai**

**balayeur, euse** boueux, employé au petit génie, technicien de surface

**balayure** n. f. [1] → **débris** [2] → **ordure**

**balbutiement** n. m. [1] babil, murmure [2] ânonnement, bafouillage, baragouin, bégaiement, bredouillement, mussitation [3] fig. : aube, aurore, commencement, début, enfance

**balbutier** [1] articuler, babiller, murmurer [2] ânonner, bafouiller, baragouiner, bégayer, bredouiller, hésiter, marmonner, marmotter, merdoyer (fam.), se troubler

**balbuzard** n. m. → **rapace**

**balcon** n. m. [1] avancée, galerie, loggia, mezzanine, moucharabieh [2] par ext. : → **balustrade**

**balconnet** n. m. → **soutien-gorge**

**baldaquin** n. m. [1] dais [2] ciel de lit

**baleine** n. f. [1] baleineau, baleinoptère ou rorqual, bélouga, épaulard ou orque, jubarte, mégaptère → **cétacé** [2] de corset : busc, fanon

**baleinier** n. m. → **bateau**

**baleinière** n. f. canot, chaloupe, embarcation → **bateau**

**balèze** n. et adj. [1] baraqué (arg.), costaud, fort, grand [2] armoire à glace, fort comme un Turc

**balisage** n. m. guidage, radioguidage, signalement

**balise** n. f. amer, bouée, clignotant, émetteur, feu, feu clignotant, jalon, marque, poteau, réflecteur, signal, tourelle

**baliser** flécher, indiquer, marquer, munir de balises, signaler, tracer → **trembler**

**balisier** n. m. canna

**baliste** n. f. → **catapulte**

**balistique** n. f. aérodynamique, astronautique, cinématique, cinétique, dynamique, mécanique

**baliveau** n. m. → **arbre**

**baliverne** n. f. [1] balançoire, billevesée, bourde, calembredaine, chanson, connerie (fam.), conte, coquecigrue, couillonnade (mérid.), enfantillage, fable, facétie, fadaise, faribole, futilité, histoire, niaiserie, puérilité, rien, sornette, sottise ◆ vx : lanterne [2] → **bagatelle** [3] → **bêtise**

**balkanisation** n. f. → **division**

**ballade** n. f. chanson, lied, refrain → **poème**

**ballant, e** [1] adj. : oscillant, pendant [2] **donner du ballant :** détendre, donner du mou, relâcher

**ballast** n. m. [1] d'une voie : remblai [2] mar. a lest b réservoir c compartiment

**balle** n. f. [1] ballon, ballotte (vx), éteuf, pelote [2] **balle au panier :** basket-ball [3] cartouche, chevrotine, plomb, projectile ◆ arg. : bastos, dragée, pastille, praline, pruneau [4] affaires, attirail, ballot, balluchon, barda (arg. milit.), caisse, cantine, colis, fourbi (fam.), paquet, paquetage (milit.), sac [5] fam. → **tête** [6] botan. : cosse, enveloppe, glume, glumelle

**baller** → **danser**

**ballerine** n. f. [1] danseuse, étoile, petit rat, premier sujet [2] → **chausson**

**ballet** n. m. chorégraphie, comédie musicale, danse, divertissement, spectacle de danse

**ballon** [1] balle, punching-ball [2] a **ballon rond :** foot, football b **ballon ovale :** rugby, jeu à treize / à quinze [3] aéronef, aérostat, dirigeable, montgolfière, saucisse, zeppelin [4] → **hauteur**

**ballonnement** n. m. enflure, flatulence, flatuosité, gonflement, météorisation, météorisme, tension

**ballonner** → **gonfler**

**ballot** n. m. [1] au pr. a affaires, attirail, balle, balluchon, barda, caisse, cantine, chargement, colis, équipement, fourbi, paquet, paquetage, sac ◆ arg. : malle à quatre nœuds, pacson b → **bagage** [2] par ext. : acquis, compétence, connaissance, savoir [3] fig. → **bête**

**ballote** n. f. → **marrube**

**ballottement** n. m. agitation, balancement, remuement, secousse, va-et-vient

**ballotter** [1] agiter, balancer, baller (vx), cahoter, remuer, secouer [2] rendre hésitant / indécis, tirailler

**ballottine** n. f. galantine

**balluchon** n. m. → **ballot**

**balnéaire** [1] station balnéaire : station thermale [2] bord de mer

**balnéothérapie** n. f. → **hydrothérapie**

**balourd, e** emprunté, fruste, gaffeur, gauche, grossier, lourd, lourdaud, maladroit, rustaud, rustre → **bête**

**balourdise** gaffe, gaucherie, grossièreté, lourdeur, maladresse, rusticité, sottise, stupidité → **bêtise**

**balsamine** n. f. impatiente, noli me tangere

**balthazar** ou **balthasar** n. m. → **bouteille**

**balustrade** n. f. bahut, garde-corps, garde-fou, parapet, rambarde

**balustre** n. m. → **ornement**

**balzan** n. et adj. invar. → **robe (du cheval)**

**bambin** n. m. bébé, chérubin, gamin, petiot (fam.), petit → **enfant**

**bambocher** → **festoyer**

**bambocheur** n. m. → **fêtard**

**bambou** n. m. fam. **coup de bambou :** coup de barre / de fusil → **folie**

**ban** n. m. [1] proclamation, publication [2] applaudissement, hourra, ovation [3] a **le ban et l'arrière-ban :** tout le monde b **mettre au ban de :** bannir, chasser, exiler, expulser, mettre en marge de, refouler, repousser

**banal, e** [1] communal, coutumier, paroissial, public [2] commun, conforme, courant, expérimenté, habituel, ordinaire → **normal** [3] battu, classique, conformiste, conventionnel, convenu, impersonnel, incolore, insignifiant, insipide, oubliable, pauvre, plat, quelconque, rebattu, sans originalité, terne, trivial, usé, vieux, vulgaire

**banalement** → **ordinairement**

**banalisation** → **vulgarisation**

**banaliser** [1] rendre → **banal** [2] → **répandre**

**banalité** n. f. [1] cliché, évidence, fadaise, lapalissade, lieu commun, médiocrité, pauvreté, poncif, redite, stéréotype, trivialité, truisme → **platitude** [2] conformisme, coutume, impersonnalité

**banane** n. f. → **décoration**

**banc** n. m. [1] banquette, gradins, siège [2] bâti, établi, table [3] mar. : banquise, bas-fond, brisant, écueil, haut-fond, récif [4] géol. : amas, assise, couche, lit, strate [5] relig. : exèdre

**bancal, e** [1] bancroche, boiteux, éclopé [2] un objet : boiteux, branlant, déglingué (fam.), de guingois (fam.), en mauvais état [3] un raisonnement : boiteux, contestable, faux, fumeux (fam.), illogique, spécieux

**bandage** n. m. [1] appareil, attelle, bande, écharpe, ligature, minerve, orthopédie, pansement [2] tension

**bande** n. f. [1] bandage, bandeau, bandelette, ceinture, pansement, sangle → **ruban** [2] par ext. a bras, coin, détroit, isthme, langue, morceau b cassette, film, pellicule [3] a armée, association, cohorte, compagnie, équipe, groupe, parti, troupe b clan, clique, coterie, gang, horde, ligue, meute [4] d'animaux : harde, meute, troupe, troupeau

**bandeau** n. m. [1] bandelette, diadème, infule (antiq.), serre-tête, tour de tête, turban [2] arch. : frise, moulure, plate-bande

**bander** [1] au pr. : faire un pansement, panser, soigner [2] par ext. a fermer, obturer b raidir, tendre c appliquer son attention à, concentrer, tendre son esprit à d être en érection

**banderole** n. f. calicot, flamme, oriflamme, phylactère → **bannière**

**bandit** n. m. apache, assassin, bon à rien, chenapan, criminel, desperado, forban, fripouille, gangster, hors-la-loi, malandrin, malfaiteur, pirate (fam.), sacripant, terreur, voleur, voyou → **brigand, vaurien**

**banditisme** n. m. → **brigandage**

**bandoulière** n. f. archère, bretelle

**banlieue** n. f. agglomération, alentours, barrière (vx), ceinture, cité-dortoir (péj.), cité-satellite, environs, extension, faubourg, favela, périphérie, quartiers excentriques, zone suburbaine

**banne** n. f. 1 → **bâche** 2 → **voiture** 3 → **panier**

**banneton** ou **bannette** n. m., n.f. → **panier**

**banni, e** bagnard, déporté, expatrié, exilé, expulsé, interdit de séjour, proscrit, refoulé, relégué, transporté (vx)

**bannière** n. f. 1 banderole, couleurs, drapeau, enseigne, étendard, fanion, flamme, guidon, gonfalon, oriflamme, pavillon, pennon 2 a **c'est la croix et la bannière :** c'est très difficile, il faut y mettre beaucoup de formes b **se ranger sous la bannière :** adhérer, adopter, participer, se ranger à l'avis c **arborer, déployer la bannière de :** afficher, donner le signal de, soulever au nom de d **se promener en bannière** (fam.) : en pan de chemise

**bannir** 1 chasser, contraindre à quitter le territoire, dépatrier, déporter, exclure, exiler, expatrier, expulser, frapper d'ostracisme, interdire de séjour, limoger, mettre au ban, ostraciser, proscrire, refouler, reléguer 2 fig. : s'abstenir de, arracher, chasser, condamner, écarter, éloigner, éviter, exclure, fuir, ôter, se priver de, proscrire, rayer, refouler, rejeter, repousser, supprimer 3 vx a transporter b → **proclamer**

**bannissement** n. m. 1 de quelqu'un : bagne, déportation, exclusion, exil, expatriation, expulsion, interdiction de séjour, limogeage, proscription, relégation, transportation (vx) 2 d'une chose : abandon, abstention, abstinence, condamnation, éloignement, exclusion, interdiction, proscription, rejet, suppression 3 ostracisme

**banque** n. f. 1 caisse / comptoir / établissement de crédit / de dépôts / d'épargne / d'escompte → **réserve** 2 **billet de banque :** argent, assignat (vx), coupure, espèces, fonds, monnaie, papier, papier-monnaie ◆ fam. : fafiot, image, pèze, ticket 3 secteur tertiaire

**banquer** → **payer**

**banqueroute** n. f. déconfiture, faillite, krach, liquidation, ruine

**banqueroutier, ère** → **voleur**

**banquet** n. m. agapes, bombe, festin, festivité, fête, grand repas, réjouissances, repas d'apparat, ripaille (péj.) ◆ fam. : bombance, gueuleton

**banqueter** 1 au pr. a faire des agapes / un bon repas / un festin / la fête → **festoyer** b fam. : faire bombance / la bombe / ripaille, gueuletonner, s'en mettre plein la lampe, se remplir la panse, ripailler, se taper la cloche 2 non fav. : bambocher, faire la bamboula / la noce / ripaille, ripailler

**banqueteur** n. m. 1 → **convive** 2 → **glouton**

**banquette** n. f. banc, pouf, siège

**banquier** n. m. cambiste, financier → **prêteur**

**banquise** n. f. banc de glace, iceberg (par ext.)

**banquiste** n. m. bonimenteur ◆ par ext. → **bateleur**

**baptême** n. m. 1 bain purificateur, engagement, immersion, onction, ondoiement, purification, régénération 2 début, consécration, initiation, révélation

**baptiser** n. m. 1 administrer le baptême, immerger, oindre, ondoyer, purifier, régénérer 2 fig. : bénir, consacrer, initier, révéler 3 → **appeler**

**baptiste** n. m. → **protestant**

**baquet** n. m. auge, bac, baille, brassin, cagnotte, comporte, cuve, cuveau, cuvier, jale, récipient, sapine, seille, seillon, souillarde (rég.)

**bar** n. m. bistrot (péj.), brasserie, buvette, cabaret, café, café-tabac, club, comptoir, débit de boissons, discothèque, night-club, pub (angl.), saloon (amér.), snack-bar, tabac, taverne, troquet (fam.), whisky-club, zinc

**bar** n. m. loup → **poisson**

**baragouin** n. m. baragouinage, bredouillement, cafouillage, charabia, jargon ◆ grossier : déconnage

**baragouiner** 1 bafouiller, balbutier, bégayer, bredouiller, cafouiller, s'embrouiller, manger ses mots, marmonner, marmotter, murmurer 2 grossier : déconner, merdoyer

**baragouineur, euse** bafouilleur, bredouilleur, cafouilleur ◆ grossier : déconneur

**baraka** n. f. → **protection**

**baraque** n. f. 1 abri, appentis, baraquement, cabane, cabanon, cassine, échoppe, hangar, hutte, loge 2 bicoque, boîte, boutique, cabane, crèche, crémerie, masure

**baraqué, e** armoire à glace, balancé, balèze, beau gars, belle fille, bien balancé / bâti / fait / proportionné / roulé / tourné, costaud, fait au moule, fort, fort comme un Turc, grand, membré, puissant, râblé

**baraquement** n. m. 1 → **baraque** 2 milit. : camp, cantonnement, casernement

**baraterie** n. f. → **faute**

**baratin** n. m. abattage, bagou, boniment, brio, charme, faconde, hâblerie, parlote, platine (vx)

**baratiner** 1 avoir du bagou, bateler, bavarder, bonimenter, chercher à convaincre / à persuader, faire du boniment, tartiner 2 complimenter, entreprendre, faire du boniment / du charme / des compliments / la cour, jeter du grain (arg.), raconter des salades (arg.), séduire → **courtiser**

**baratineur, euse** bavard, beau parleur, bonimenteur, charmeur, séducteur → **hâbleur**

**barbacane** n. f. → **ouverture**

**barbant, e** assommant, barbifiant, embêtant, emmerdant (vulg.), la barbe, rasant, rasoir → **ennuyeux**

**barbaque** n. f. → **chair**

**barbare** n. et adj. 1 arriéré, béotien, grossier, ignorant, inculte, non civilisé / policé, primitif 2 bestial, brutal, brute, cruel, dur, farouche, féroce, impitoyable, inhumain, sanguinaire, truculent (vx) → **sauvage**

**barbarie** n. f. atrocité, bestialité, brutalité, cruauté, état de nature, férocité, grossièreté, inhumanité, inconvenance, incorrection, sauvagerie, vandalisme → **méchanceté**

**barbarisme** n. m. → **faute**

**barbe** n. f. bouc, collier, duvet, favori, impériale, mouche, royale → **poil** ◆ fam. : barbiche, barbichette, barbouze, birbe

**barbeau** n. m. 1 → **bleuet** 2 → **proxénète**

**barbecue** n. m. fourneau, rôtissoire, tournebroche

**barbelé, e** 1 piquant 2 fil barbelé : ronce 3 pl. : barbelure, chevaux de frise

**barber** 1 fam. : gratter 2 fig. : assommer, barbifier, embêter, emmerder (vulg.), ennuyer, raser

**barbier** n. m. coiffeur, figaro, merlan (vx), perruquier

**barbiturique** n. m. hypnotique, sédatif, somnifère, tranquillisant

**barbon** n. m. baderne, (vieux) birbe, chef-d'œuvre en péril, grison, vieillard, vieille bête, vieux

**barbote** n. f. loche, lotte → **poisson**

**barboter** 1 v. intr. : s'agiter dans, s'embourber, s'empêtrer, s'enliser, fouiller dans, patauger, patouiller, tremper / se vautrer dans 2 v. tr. : chaparder, chiper, piquer, prendre, soustraire → **voler**

**barboteur, euse** → **voleur**

**barbotin** n. m. → **roue**

**barbotine** n. f. → **pâte**

**barbouillage** n. m. 1 barbouille, bariolage, croûte (péj.), dessin d'enfant, gribouillage, gribouillis, griffonnage, grimoire, hiéroglyphe, mauvaise peinture, pattes de mouche 2 → **souillure**

**barbouiller** badigeonner, barioler, couvrir, embarbouiller, encrasser, enduire, gâter, gribouiller, griffonner, maculer, noircir, peindre, peinturer, peinturlurer, salir, souiller, tacher

**barbouilleur** n. m. péj. a un écrivain : écrivailleur, écrivassier, gendelettre, gribouilleur, pisse-copie, plumitif b un peintre : gribouilleur, mauvais peintre, pompier, rapin

**barbouze** n. m. → **policier**

**barbu, e** hispide, poilu, velu

**barbue** n. f. 1 → **poisson** 2 → **bouture**

**bard** n. m. 1 → **brancard** 2 → **civière**

**barda** n. m. 1 → **bagage** 2 → **ballot**

**bardage** n. m. → **protection**

**barde** 1 n.f. lamelle, tranche de lard 2 n.m. a → **chanteur** b → **poète**

**barder** 1 v. tr. a armer, caparaçonner, couvrir, cuirasser, garnir, protéger, recouvrir b consteller, garnir 2 v. intr. : aller mal, chambarder, chauffer, chier (grossier), fumer, se gâter, prendre mauvaise tournure

**barème** n. m. échelle, recueil, répertoire, table, tarif

**barge** n. f. 1 → **barque** 2 → **échassier**

**barguigner** argumenter, discuter, hésiter, marchander

**baril** n. m. 1 pour le vin : barrique, demie, demi-muid, feuillette, foudre, fût, futaille, muid, pièce, quartaut, tonne, tonneau, tonnelet 2 pour le poisson : barrot, caque 3 par ext. : tinette

**bariolage** n. m. barbouillage, bigarrure, chamarrure, couleur, diaprure, mélange

**bariolé, e** barbouillé, bigarré, chamarré, chiné, coloré, composite, diapré, divers, mélangé, multicolore, panaché, peinturluré, varié

**barioler** barbouiller, bigarrer, chamarrer, colorer, diaprer, mélanger, panacher, peinturlurer → **peindre**

**barman** n. m. garçon, serveur, steward

**barographe** et **baromètre** n. m. → **enregistreur**

**baron, baronne** → **noble**

**baroque** 1 rococo 2 par ext. : abracadabrant, biscornu, bizarre, choquant, étrange, excentrique, extravagant, exubérant, fantaisiste, fantasque, farfelu, insolite, irrégulier, kitsch, original, singulier, surchargé, tard d'époque

**baroud** n. m. affaire, bagarre, barouf, bataille, combat, engagement, lutte

**baroudeur** n. m. ardent, aventurier, bagarreur, batailleur, combatif, courageux, fonceur, guerrier, pugnace

**barouf** n. m. bagarre, baroud, bruit, chahut, cris, dispute, scandale, tapage, trouble, vacarme

**barque** n. f. bac, bachot, barcasse, barge, barquette, cange, canoë, canot, embarcation, esquif, gondole, kayak, nacelle, norvégienne, patache, périssoire, pinasse, pirogue, plate, taureau, toue, youyou → **bateau**

**barracuda** n. m. sphyrène → **poisson**

**barrage** n. m. 1 au pr. : batardeau, digue, duit, écluse, estacade, jetée, levée, ouvrage d'art, retenue 2 par ext. a arrêt, barrière, borne, clôture, écran, fermeture, obstacle b de police : cordon c de manifestants : barricade, blocage de la circulation, bouchon, manifestation, obstruction

**barre** n. f. 1 au pr. : bâcle, baguette, barlotière, barreau, bâton, tige, timon, traverse, tringle 2 par ext. a arbre, axe, barre à mine, chien, davier, fourgon, levier, pince, râble, ringard, tisonnier b d'or : lingot c mar. : flot, mascaret, raz d écriture : bâton, biffure, rature, trait e d'un bateau : gouvernail, timon (vx), timonerie f d'un cheval : ganache, mâchoires 3 **avoir barre sur :** dominer, l'emporter sur

**barreau** 1 au pr. : arc-boutant, barre, montant, traverse 2 jurid. : basoche, profession d'avocat

**barrer** 1 arrêter, barricader, bloquer, boucher, construire / édifier un barrage, clore, clôturer, colmater, couper, endiguer, faire écran / obstacle / obstruction, fermer, former un cordon (police), obstruer, retenir 2 une chose, un mot : annuler, biffer, effacer, enlever, ôter, raturer, rayer, rectifier, retirer, retrancher, soustraire, supprimer 3 mar. : diriger, gouverner, mettre le cap 4 v. pron. s'en aller ◆ fam. : se cavaler, ficher le camp, foutre le camp, mettre les bouts, se tirer

**barrette** n. f. 1 → **broche** 2 → **décoration** 3 → **coiffure**

**barreur** n. m. pilote, skipper

**barricade** n. f. arrêt, barrage, barrière, clôture, digue, écran, empêchement, fermeture, obstacle, obstruction, retenue, séparation → **émeute**

**barricader** 1 arrêter, bloquer, boucher, construire / édifier une barricade, clore, clôturer, colmater, endiguer, faire écran / obstacle / obstruction, fermer, obstruer, retenir 2 → **enfermer** 3 v. pron. : se claustrer, se cloîtrer, condamner sa porte, s'enfermer, s'isoler, refuser de recevoir / de voir, se retirer, se retrancher

**barrière** n. f. 1 au pr. : arrêt, barrage, barricade, fermeture, garde-corps, garde-fou, haie, lice, lisse, obstacle, palissade, séparation, stop → **clôture** 2 fig. : arrêt, borne, empêchement, limite, obstacle

**barrique** n. f. → **baril**

**barrir** → **crier**

**barrissement** ou **barrit** n. m. → **cri**

**barrot** n. m. caque → **baril**

**bartavelle** n. f. perdrix rouge

**barycentre** n. m. spat. off. : centre de masse

**bas, basse** 1 au pr. : inférieur → **petit** 2 fig. péj. : abject, avili, avilissant, crapuleux, dégradant, grivois, grossier, honteux, ignoble, immoral, impur, indigne, infâme, lâche, laid, lèche-cul (grossier), libre, licencieux, mauvais, méchant, médiocre, méprisable, mesquin, obscène, plat, pornographique, rampant, ravalé (vx), servile, sordide, terre à terre, vénal, vicieux, vil, vulgaire 3 a **à bas prix :** bon marché, en solde, infime, modéré, modique, petit, vil b **la rivière est basse :** à l'étiage c **l'oreille basse :** confus, honteux, humilié, mortifié, penaud d **à voix basse :** doucement e **une voix basse :** assourdi f **le bas pays :** plat g **le bas clergé / peuple :** menu, petit h **basse littérature :** mauvais, méchant, médiocre, minable (fam.), pauvre, piètre i **basse époque :** décadente, tardive j **au bas mot :** au plus faible, au plus juste, au minimum k **mettre bas :** → **accoucher**

**bas** n. m. 1 assise, base, dessous, embase, fond, fondation, fondement, pied, socle, soubassement, support 2 par ext. → **chute** 3 chaussette, mi-bas, socquette

**basane** n. f. cuir, peau de chamois / de mouton

**basané, e** 1 bistré, boucané, bronzé, brun, café au lait, foncé, hâlé, moricaud, noir, noirâtre, noiraud, tanné 2 arg. → **maghrébin**

**bas-côté** n. m. 1 au pr. : accotement, banquette, berme, bord, bordure, caniveau, fossé, trottoir 2 arch. : collatéral, déambulatoire, nef latérale

**bascule** n. f. 1 au pr. : balance, poids public, romaine 2 jeu : balançoire 3 par ext. : capotage, chute, culbute, cul par-dessus tête, renversement, retournement, tonneau

**basculer** capoter, chavirer, chuter, culbuter, faire passer cul par-dessus tête (fam.), pousser, renverser → **tomber**

**base** n. f. 1 au pr. : appui, assiette, assise, bas, dessous, embase, embasement, empattement, fond, fondation, fondement, pied, piètement, radier, socle, soubassement, support 2 milit. : centre, point d'appui / de départ, tête de pont 3 par ext. a appui, assiette, assise, centre, condition, origine, pivot, plan, point de départ, prémisse, principe, siège, source, soutien, support b finances : taux

**baser** appuyer, échafauder, établir, faire reposer sur, fonder, tabler

**baser (se)** s'appuyer, s'établir, se fonder, partir de, tabler sur

**bas-fond** n. m. 1 au pr. : cloaque, creux, dépression, endroit humide, fond, gour, marais, marécage, ravin, sentine 2 fig. a bas étage, boue, fange, pègre b bas quartiers, quartiers pauvres, sous-prolétariat

**basilic** n. m. 1 mérid. : pistou 2 → **saurien** 3 → **dragon**

**basilique** n. f. cathédrale, église privilégiée, haut lieu du culte, monument religieux, sanctuaire

**bas-jointé, e** → **cheval**

**basket-ball** n. m. balle au panier

**basque** n. f. 1 pan, queue, queue-de-pie 2 **être pendu aux basques de quelqu'un :** abuser de, coller, être dans les jambes / au crochet de

**bas-relief** n. m. → **sculpture**

**basse-cour** n. f. cabane à poules, ménagerie (vx), poulailler, volière

**basse-fosse** n. f. → **cachot**

**bassement** abjectement, crapuleusement, grossièrement, honteusement, ignoblement, indignement, lâchement, méchamment, médiocrement, odieusement, platement, servilement, sordidement, vicieusement, vulgairement

**bassesse** n. f. 1 faiblesse, humilité, misère, obscurité, pauvreté 2 compromission, corruption, courbette, crasse, dégradation, flatterie, grossièreté, ignominie, impureté, indignité, infamie, lâcheté, platitude, ravalement, servilité, trahison, traîtrise, truanderie, turpitude, vice, vilenie → **malhonnêteté** 3 abaissement, abjection, aplatissement, aveulissement, avilissement, bestialité, crapulerie, laideur, malignité, méchanceté, mesquinerie, petitesse, trivialité, vénalité, vulgarité 4 **faire des bassesses** → **flatter**

**basset** n. m. 1 → **chien** 2 → **cuivre**

**basse-taille** n. f. basse chantante → **voix**

**bassin** 1 auge, bac, baquet, bassine, bassinet, chaudron, cuvette, récipient, tub, vase → **lavabo** 2 a claire, étang, pièce d'eau, piscine, réserve → **vivier** b impluvium, vasque 3 mar. : avant-port, darse, dock 4 géogr. : cuvette, dépression, plaine 5 anat. : abdomen, bas-ventre, ceinture, lombes

**bassine** n. f. → **bassin**

**bassiner** 1 au pr. : chauffer un lit, réchauffer 2 fam. : barber, barbifier, casser les pieds, emmerder (vulg.), faire chier (grossier) / suer, raser → **ennuyer**

**bassinoire** n. f. 1 → **chaufferette** 2 → **fâcheux**

**basson** n. m. 1 → **musicien** 2 → **bois**

**baste** n. m. 1 as de trèfle 2 → **bât** 3 → **panier**

**bastide** n. f. 1 bastidon, mas → **habitation** 2 → **forteresse**

**bastille** n. f. 1 château fort, prison → **forteresse** 2 fig. : abus, pouvoir arbitraire, privilèges

**bastingage** n. m. garde-corps, garde-fou, rambarde

**bastion** n. m. casemate, défense, fortification, protection, rempart, retranchement

**bastonnade** n. f. correction, coups de bâton, fustigation ♦ par ext. : → **torgnole**

**bastos** n. m. ou f. → **balle**

**bastringue** n. m. 1 bal, dancing, guinche, guinguette, musette, pince-fesses 2 → **cabaret** 3 par ext. a bruit, chahut, désordre, tapage, tohu-bohu, vacarme b attirail, bataclan, bazar, bordel (grossier), désordre, fourbi, foutoir (vulg.)

**bas-ventre** n. m. abdomen, bassin, cavité pelvienne, ceinture, hypogastre, lombes, nature (vx ou rég.), parties, parties sexuelles, pubis, sexe

**bat** n. m. → **batte**

**bât** n. m. 1 au pr. : baste, brêle, cacolet, harnais, selle 2 fig. : défaut, difficulté, embarras, gêne, souffrance

**bataclan** n. m. attirail, bastringue, bazar, bordel (grossier), fourbi, foutoir (vulg.), frusques

**bataille** n. f. 1 au pr. ♦ milit. : accrochage, action, affaire, affrontement, choc, combat, escarmouche, guerre, lutte, mêlée, opération, rencontre 2 par ext. : bagarre, échauffourée, querelle → **rixe** 3 fig. a concurrence, émulation, rivalité b → **discussion** c **cheval de bataille** → **manie, poncif**

**batailler** 1 au pr. : affronter, agir, se bagarrer, se battre, combattre, lutter 2 fig. a pour réussir : s'accrocher, agir, bagarrer, se battre, se crever (fam.), s'échiner, foncer, lutter, rivaliser b pour convaincre : argumenter, discuter, disputer, militer

**batailleur, euse** 1 accrocheur, actif, ardent, bagarreur, combatif, courageux, fonceur, lutteur, militant 2 bagarreur, battant, belliqueux, irascible, querelleur

**bataillon** n. m. 1 fig. : accompagnement, cohorte, compagnie, escouade, régiment → **troupe** 2 bataillon d'Afrique : disciplinaire, les durs

**bâtard, e** 1 au pr. a adultérin, champi (dial.), illégitime, naturel b animaux : corniaud, croisé, hybride, mélangé, métis, métissé 2 par ext. : complexe, composite, mélangé, mixte

**batardeau** n. m. → **barrage**

**bateau** n. m. 1 au pr. a bâtiment, navire, steamer, submersible, unité, vaisseau, vapeur, voile (vx), voilier b baleinière, barque, canot, chaloupe, dinghy, embarcation, esquif, radeau, yole, youyou c chaland, péniche d caboteur, cargo, convoyeur, courrier, dragueur, liner, long-courrier, paquebot, pousseur, remorqueur, toueur, transatlantique, vraquier e plaisancier, yacht f baleinier, chalutier, crevettier, dériveur ou drifter, harenguier, langoustier, morutier, sardinier, tartane, thonier g bananier, fruitier h barge, cange, doris, gondole, norvégienne, patache, pinasse, plate, taureau, toue i canoë, kayak, périssoire, pirogue j brick, brigantin, caravelle, cinq-mâts, cotre, cruiser, cutter, dundee, galion, galiote, goélette, ketch, lougre, quatre-mâts, racer, schooner, sloop, trois-mâts k bateau-citerne, brise-glace, charbonnier, ferry-boat, liberty ship, marie-salope, méthanier, minéralier, pétrolier, pinardier, porte-conteneurs, propanier, supertanker, tanker l bateau-feu ou phare, bateau-pilote, bateau-pompe m bateau-lavoir, bateau-mouche n bélouga, catamaran, dériveur, monocoque, quillard, trimaran, vaurien o hors-bord, runabout p outrigger q hydrofoil, hydroglisseur r fam. et / ou péj. : baille, coquille de noix, patouillard, rafiot s partic. et / ou vx : allège, bac, bachot, balancelle, barcasse, barquette, bette, boutre, caïque, caraque, chasse-marée, chébec, coche, drakkar, felouque, gabare, galéasse, hourque, jonque, péotte, polacre, pousse-pied, sacolève, sampan, senau, traille, traversier, trinquart, vedette t corsaire, interlope, pirate u poét. : arche, nacelle, nef v galères : birème, quadrirème, réale, trirème w bathyscaphe, mésoscaphe x mar. milit. : aviso, bâtiment de guerre, flûte (vx), canonnière, contre-torpilleur, corvette, croiseur, cuirassé, destroyer, dragueur de mines, frégate, garde-côte, mouilleur de mines, péniche de débarquement, porte-avions, porte-hélicoptères, prame, sous-marin, torpilleur, unité, vaisseau, vaisseau amiral, vedette 2 fig. a attrape, blague, craque, farce, fourberie, histoire, intrigue, invention, mensonge, mystification, ruse, tromperie b dada, enfant chéri, idée fixe, lubie, manie, marotte, radotage c cliché, lieu commun

**batée** ou **battée** n. f. → **crible**

**bateleur** n. m. acrobate, amuseur, baladin, banquiste, bouffon, charlatan, équilibriste, farceur, forain, funambule, hercule, histrion, jongleur, lutteur, opérateur, prestidigitateur, saltimbanque, sauteur

**batelier** n. m. canotier, gondolier, marinier, nautonier, passeur, pilote, piroguier

**batellerie** n. f. marine / navigation / transport fluvial(e)

**bâter** brêler → **charger**

**bat-flanc** n. m. cloison, planche, plancher, séparation

**bath** fam. : agréable, beau, chic, chouette, gentil, serviable

**bâti** 1 n.m. : assemblage, cadre, support 2 **bien bâti :** balancé, balèze, baraqué, bien fait / roulé, costaud, fort

**batifolage** n. m. amusement, amusette, amourette, badinage, badinerie, bagatelle, caprice, chose (fam.), flirt, folâtrerie, gaminerie, jeu folâtre / galant / léger, marivaudage → **amour**

**batifoler** s'amuser, s'ébattre, faire le fou, folâtrer, lutiner, marivauder, papillonner, perdre son temps

**bâtiment** n. m. 1 au pr. : abri, architecture, aréostyle, bâtisse, caserne, château, construction, édifice, fortification, gros-œuvre, habitat, habitation, H.L.M., hôtel (particulier), immeuble, local, monument, tour → **grange** 2 → **maison** 3 → **église** 4 → **temple** 5 → **château** 6 éléments d'un bâtiment : aile, arc, arcade, arrière-corps, avant-corps, cave, chapiteau, charpente, clocher, colonne, comble, communs, corniche, corps de logis, coupole, couronnement, entablement, escalier, façade, fenêtre, fronton, galerie, lobe, maçonnerie, mur, pilastre, pilier, plafond, portique, poutre, saillie, sculpture, socle, soubassement, sous-sol, statue, support, tablette, terrasse, toit, voûte 7 mar. : embarcation, navire, unité, vaisseau → **bateau**

**bâtir** 1 au pr. : construire, édifier, élever, ériger, monter → **cimenter** 2 fig. : agencer, architecturer, échafauder, édifier, établir, fonder, monter

**bâtisse** n. f. 1 abri, appentis, masure 2 a → **bâtiment** b → **grange**

**bâtisseur** n. m. 1 architecte, constructeur, entrepreneur, fondateur, maçon, promoteur 2 conquérant, créateur, initiateur, instaurateur, instigateur, instituteur (vx), organisateur, père

**batiste** n. f. 1 → **coton** 2 → **tissu**

**bâton** n. m. 1 a → **baguette** b aiguillon, épieu, férule, gourdin, maquilla, matraque, nerf de bœuf, tricot, trique c échalas, gaule, jalon, latte, marquant, paisseau, pieu, tuteur d digon, hampe, manche e alpenstock, piolet f béquille, bourdon, canne, crosse, houlette g batte, ferrement (vx), palanche, tribart, tringle h caducée, main de justice, sceptre, thyrse, verge i jambier j arg. ou fam. : pouvoir exécutif 2 a **à bâtons rompus :** décontracté (fam.), discontinu, libre, sans suite b **bâton de maréchal :** être à son apogée / au faîte de sa carrière / au plafond / au summum c **bâtons dans les roues :** difficulté, empêchement, entrave, obstacle, obstruction d **bâton de vieillesse :** aide, consolation, réconfort, soutien, support e **une vie de bâton de chaise :** agitée, débauchée, déréglée, impossible, inimitable (vx)

**bâtonnet** n. m. → **baguette**

**batoude** n. f. tremplin

**batracien** n. m. 1 amphibien 2 alyte, crapaud, grenouille, ouaouaron, pipa, rainette, salamandre, triton

**battage** n. m. 1 bluff, bruit, charlatanisme, publicité, réclame, vent 2 des céréales : dépiquage, vannage

**battant** n. m. 1 menuiserie, vantail 2 de cloche : marteau 3 arg. : cœur 4 fonceur → **courageux** 5 techn. traquet 6 mar. : longueur, horizontale

**batte** n. f. bat, battoir, maillet, massue, palette, tapette, thèque → **bâton**

**battement** n. m. 1 choc, coup, frappement, heurt, martèlement 2 entracte (théâtre), interclasse (scol.), interlude, intervalle, mi-temps (sport) 3 choc répété. a de mains : applaudissements, bravos b d'yeux : cillement, clignement / clins d'yeux ou clins d'œil c de cœur : accélération, palpitation, pulsation, rythme

**batterie** n. f. 1 accumulateur, accus, pile 2 → **percussion** 3 a au pr. : artillerie, canons, pièces à feu b fig. : artifices, moyens, ruses 4 de cuisine : accessoires, casseroles, fait-tout ou faitout, marmites, plats, poêles, ustensiles 5 de tambour : breloque, chamade, champ, charge, colin-tampon, diane, dragonne, générale, rappel, réveil, roulement 6 caisse, cliquette, crotale, cymbale, timbale, triangle → **percussion**

**batteur** n. m. 1 percussionniste 2 fouet, moussoir

**batteuse** n. f. battoir, tarare, trieur, van

**battitures** n. f. pl. → **déchet**

**battle-dress** n. m. → **veste**

**battoir** n. m. → **main**

**battre** 1 au pr. a administrer / appliquer / distribuer / donner / infliger des coups / une leçon / une volée, châtier, corriger, frapper, lever / porter la main sur, malmener, maltraiter, punir, taper b vx : échiner, houspiller c assommer, bâtonner, bourrer, boxer, bûcher, calotter, claquer, cravacher, en découdre, éreinter, étriller, faire sa fête, fesser, flageller, fouailler, fouetter, fouler aux pieds, fustiger (vx), gifler, lyncher, matraquer, piétiner, rosser, rouer, sangler, souffleter, talocher d fam. : arranger / rectifier / refaire / retoucher le portrait, assaisonner, bigorner, casser la figure / la gueule, castagner, châtaigner, dérouiller, donner / filer / flanquer / foutre une danse → **volée,** écharper, enfoncer les côtes, épousseter, estourbir, mettre la tête au carré, passer à tabac, piler, rentrer dedans / dans le mou, secouer les grelots / les puces, soigner, sonner, tabasser, tanner, tomber dessus / sur le paletot, torcher 2 avoir le dessus, s'expliquer → **vaincre** 3 a **chien battu :** brimé, humilié b **yeux battus :** cernés, fatigués, avoir des poches / des valises sous les yeux 4 a le fer : façonner, forger, taper b un tapis : agiter, dépoussiérer, secouer, taper c les céréales : dépiquer, vanner d les œufs : brouiller, mélanger, mêler, secouer e la monnaie : frapper f les mains : applaudir, faire bravo, frapper, taper g les cartes : brouiller, mélanger, mêler h la campagne, le pays : arpenter, chercher, explorer, fouiller, parcourir, rechercher, reconnaître i la campagne (fig.) → **déraisonner** j le pavé → **errer** k en retraite : → **abandonner, enfuir (s')** l arg. : sa femme : remonter sa pendule 5 partic. a la mer : assaillir, attaquer, fouetter, frapper b la pluie : cingler, claquer, fouetter, frapper, marteler, tambouriner, taper 6 v. intr. a une porte : cogner, frapper, taper b le cœur : (au pr.) avoir des pulsations, fonctionner, palpiter (au fig.) → **aimer** 7 v. pron. → **lutter**

**battue** n. f. chasse, rabattage

**batture** n. f. québ. : estran

**bau** n. m. barrot → **poutre**

**baudet** n. m. 1 au pr. : âne, bardot, bourricot, bourrique, bourriquet, grison, ministre (fam.), roussin d'Arcadie 2 fig. a → **bête** b → **chevalet**

**baudrier** n. m. bandoulière, ceinture, écharpe

**baudroie** n. f. lotte (de mer) → **poisson**

**baudruche** n. m. 1 au pr. : ballon, boyau, pellicule 2 fig. : erreur, fragilité, illusion, inconsistance, prétention, vanité

**bauge** n. f. 1 bousillage, mortier de terre, pisé, torchis 2 du sanglier ou par anal. : abri, gîte, loge, repaire, soue, souille, tanière 3 par ext. : bordel (grossier), fange, souillarde, tas de fumier, taudis

**baume** n. m. 1 au pr. a vx : menthe b balsamique, liniment, vulnéraire c aliboufier, benjoin, liquidambar, styrax d cérat, essence, extrait, gemme, huile, laque, onguent, résine e saint chrême 2 fig. : adoucissement, apaisement, consolation, dictame, remède, rémission

**bavard, e** 1 avocat, babillard, baratineur (fam.), bonimenteur, bon caquet / grelot, bonne tapette, bruyant, discoureur, jaboteur, jacasseur, jaseur, loquace, moulin à paroles, parleur, phraseur, pie, pipelet, prolixe, verbeux, volubile ◆ vx : profus 2 cancanier, commère, concierge, indiscret, médisant, qui a la langue trop longue, va-de-la-gueule 3 → **diffus**

**bavardage** n. m. 1 babil, babillage, bagou, baratin, bavette, blablabla, boniment, caquetage, jacassement, jacasserie, jactance, logorrhée, loquacité, parlote, patati et patata, verbalisme, verbiage ◆ vx : avocasserie, ravaudage 2 anecdote, cancans, chronique, commérage, histoires, indiscrétion, médisance, papotage, potins, racontars, ragots

**bavarder** 1 a babiller, caqueter, débiter, discourir, jacasser, jacter, jaspiner (arg.), palabrer, papoter, parler, potiner, répandre, tailler la bavette b péj. : baratiner, bateler, bavasser, baver, bonimenter, broder, cancaner, clabauder, colporter, commérer, débiner, débiter, déblatérer, dégoiser, jaboter, jaser, potiner, publier, raconter, répandre, tartiner c vx : débagouler, verbaliser 2 s'abandonner, causer, converser, deviser, échanger, s'entretenir

**bave** n. f. écume, mucus, pituite, salive, spumosité, venin

**baver** 1 quelqu'un : écumer, postillonner, saliver 2 une chose : couler, dégouliner, mouiller 3 fig. calomnier, médire, nuire, salir, souiller 4 **en baver :** être éprouvé → **souffrir,** (fam.) en chier, en voir de toutes les couleurs

**baveux, euse** 1 au pr. : coulant, écumeux, liquide, spumescent 2 fig. quelqu'un : fielleux, malveillant, médisant, menteur, sournois → **tartufe**

**bavoir** n. m. bavette

**bavolet** n. m. 1 → **coiffure** 2 → **protection**

**bavure** n. f. 1 au pr. a macule, mouillure, tache b techn. : barbe, barbille, ébarbure, masselotte 2 fig. : erreur, imperfection, faute

**bayadère** n. f. → **danseuse**

**bayer** être dans la lune, rêvasser, rêver

**bayou** n. m. → **marais**

**bazar** n. m. 1 au pr. : bimbeloterie, galerie, magasin, marché, passage, souk 2 fam. a attirail, bagage, barda, bastringue, bin's, bordel, bric-à-brac, fourbi, foutoir, merdier, saint-frusquin b péj. : bahut, boîte, boutique, pétaudière 3 **tout le bazar :** toute la boutique, tout le tremblement / le toutim → **truc**

**bazarder** brader, se débarrasser de, fourguer, liquider, solder, vendre

**beagle** ou **bigle** n. m. → **chien**

**béance** n. f. → **ouverture**

**béant, e** grand, large, ouvert

**béat, e** 1 bienheureux, calme, heureux, niais, paisible, rassasié, ravi, repu, satisfait, tranquille 2 → **bête**

**béatification** n. f. canonisation, introduction au calendrier

**béatifier** canoniser, inscrire / introduire / mettre au calendrier

**béatitude** n. f. ataraxie, bien-être, bonheur, calme, contentement, euphorie, extase, félicité, kief, quiétude, réplétion (péj.), satisfaction ◆ au pl. : vertus

**beatnik** n. m. → **hippie**

**beau** ou **bel, belle** 1 au pr. a qualité physique ou morale : achevé, admirable, adorable, agréable, aimable, angélique, artistique, bien, bien tourné, bon, brillant, céleste, charmant, chic, coquet, décoratif, délicat, délicieux, distingué, divin, éblouissant, éclatant, élégant, enchanteur, esthétique, étonnant, exquis, fameux, fastueux, féerique, fin, formidable, fort, gent, gentil, glorieux, gracieux, grand, grandiose, harmonieux, idéal, imposant, incomparable, joli, magique, magnifique, majestueux, merveilleux, mignon, mirifique, noble, non-pareil, ornemental, parfait, piquant, plaisant, proportionné, pur, radieux, ravissant, remarquable, resplendissant, riche, robuste, sculptural, séduisant, somptueux, splendide, stupéfiant, sublime, superbe, supérieur b partic. : ciné / photo / phono / radio / télégénique c fam. : balancé, bath, bien roulé, chouette, girond, jojo, terrible, trognon d qualité de l'esprit : accompli, achevé, bien, brillant, charmeur, cultivé, délicat, distingué, divin, éblouissant, éclatant, élégant, enchanteur, esthétique, étonnant, exquis, fin, formidable, fort, génial, gracieux, grand, grandiose, incomparable, magistral, magnifique, merveilleux, noble, non-pareil, parfait, piquant, plaisant, poétique, pur, ravissant, remarquable, riche, robuste, séduisant, somptueux, splendide, stupéfiant, sublime, superbe, supérieur, surprenant, unique e qualité morale : admirable, digne, élevé, estimable, généreux, glorieux, grand, honorable, juste, magnanime, magnifique, pur, saint, sublime, vertueux f du temps : calme, clair, ensoleillé, limpide, printanier, pur, radieux, serein, souriant g beau temps : éclaircie, embellie h notion de quantité : considérable, fort, grand, gros, important 2 en emploi péj. a **un beau monsieur :** triste personnage / sire, vilain monsieur b **un beau rhume :** gros, méchant, tenace c **du beau travail :** de beaux draps, gâchis, mauvaise position / posture / situation, sale affaire d **un beau discours :** fallacieux, trompeur e **une belle question :** enfantin, naïf, ridicule, stupide f **bel esprit :** léger, mondain, prétentieux, snob, superficiel, vain g **de belle manière :** convenablement, correctement h **le plus beau :** amusant, comique, drôle, étonnant, extraordinaire, fantastique, formidable, intéressant, merveilleux, plaisant ◆ fam. : fumant, marrant, rigolo i **pour les beaux yeux :** gracieusement, gratuitement, par amour, pour rien j **un vieux beau :** barbon, grison, vieux coureur / galant / marcheur 3 a **le bel âge :** en pleine force, force de l'âge, jeunesse, maturité b **beau joueur :** conciliant, large, régulier c **belle humeur :** aimable, enjoué, gai, rieur

**beau** n. m. art, beauté, esthétique, perfection

**beaucoup** 1 abondamment, en abondance, amplement, bien, considérablement, copieusement, diablement, énormément, fabuleusement, à foison, force, formidablement, fort, grandement, gros, infiniment, joliment, largement, libéralement, longuement, lourdement, magnifiquement, maint, moult, passionnément, plantureusement, plein, prodigieusement, à profusion, richement, en quantité, tant et plus, tout, très, vivement, à volonté ◆ fam. : bésef, bigrement, bougrement, comme quatre, drôlement, à gogo / tire-larigot, en veux-tu en voilà, lerche, salement, terriblement, vachement 2 partic. : à tue-tête, à verse, d'arrache-pied 3 bruyamment, tapageusement, tumultueusement 4 beaucoup de : abondance, foisonnement, foule, foultitude (fam.), fourmillement, grouillement, multitude, nombre, pullulement → **quantité**

**beau-fils** n. m. gendre

**beau-père** n. m. vx : parâtre

**beauté** n. f. 1 au pr. a une chose : agrément, art, attrait, charme, délicatesse, distinction, éclat, élégance, esthétique, faste, féerie, finesse, force, forme, fraîcheur, grâce, grandeur, harmonie, joliesse, lustre, magie, magnificence, majesté, noblesse, parfum, perfection, piquant, poésie, pureté, richesse, séduction, somptuosité, splendeur, sublimité, symétrie, vénusté b adonis, apollon, tanagra c une femme : almée, aphrodite, belle, houri, odalisque, pin-up, star, sultane, vamp, vénus 2 **grain de beauté :** mouche 3 pl. : appas, charmes, sex-appeal, trésors

**beaux-arts** n. m. pl. académie, architecture, arts d'agrément / graphiques / plastiques, conservatoire → **art**

**bébé** n. m. 1 au pr. : baby, bambin, nourrisson, nouveau-né, petit, poupon → **enfant** 2 jouet : baigneur, poupée, poupon

**bec** n. m. 1 bouche, rostre 2 par ext. a géo : cap, confluent, embouchure, promontoire b bouche, clapet, goule, goulot, gueule c bec de gaz : brûleur, lampadaire, réverbère 3 a **bon bec :** bavard b **coup de bec :** méchanceté, médisance **c** **bec fin :** bon vivant, connaisseur, fine gueule, gourmand, gourmet

**bécane** n. f. 1 bicyclette, clou, cycle, petite reine, vélo 2 par ext. : guillotine, machine

**bécasse** n. f. 1 par ext. : barge, bécard, bécasseau, bécot, chevalier, courlis, échassier, huîtrier, maubèche, outarde, sanderling 2 fig. : bécassine, bêtasse, cruche, empotée, gnangnan, gourde, idiote, naïve, nunuche, oie blanche, outarde, sotte, stupide → **bête**

**bêchage** n. m. → **médisance**

**bêche** n. f. par ext. : béquille, houlette, louchet, palot, pelle

**bêcher** 1 au pr. : cultiver, labourer, retourner 2 fig. fam. : débiner, gloser, médire, snober, tenir à distance

**bêcheur, euse** aigri, arrogant, distant, faiseur, fier, jaloux, médisant, méprisant, orgueilleux, péteux, prétentieux, snob, vaniteux → **bête**

**bécot** n. m. 1 fam. : bec (rég.), bise, petit baiser → **baiser** 2 → **bécasse**

**bécoter** fam. : becqueter, biser, embrasser, faire la bise

**becquée** n. f. nourriture, pâture, pitance

**becquet** ou **béquet** n. m. 1 → **ajout** 2 → **bec** 3 → **brochet**

**becquetance** ou **bectance** n. f. → **nourriture**

**becqueter** ou **béqueter** 1 béquiller (arg.), mordiller, picorer, picoter → **manger** 2 → **bécoter**

**bedaine** n. f. avant-scène, ballon, barrique, bedon, bide, bonbonne, brioche, buffet, burlingue, devant, embonpoint, œuf d'autruche / de Pâques, paillasse, panse, tripes → **abdomen**

**bedeau** n. m. par ext. : hiérodule (vx. ou fam.), porte-verge, sacristain, suisse

**bedonnant, e** adipeux, bibendum, grassouillet, obèse, pansu, patapouf, poussa ou poussah, rondouillard, ventripotent, ventru → **gros**

**bedonner** s'arrondir, devenir bedonnant, enfler, être obèse, gonfler, grossir

**béer** 1 admirer, bayer, ouvrir le bec, regarder avec admiration / étonnement / stupéfaction / stupeur 2 rêver, rêvasser 3 **bouche bée :** → **ébahi**

**beffroi** n. m. campanile, clocher, jaquemart ou jacquemart, tour

**bégaiement** n. m. 1 bafouillage, balbutiement, bredouillement, palilalie 2 commencement, début, tâtonnement

**bégayer** bafouiller, balbutier, bredouiller

**bègue** n. et adj. bafouilleur (péj.), bredouilleur (péj.)

**bégueule** n. et adj. 1 neutre : austère, bienséant, convenable, correct, décent 2 péj. : affecté, effarouché, étroit, farouche, pisse-froid (fam.), prude, raide, rigide, rigoriste, rigoureux, tartufe ou tartuffe → **hypocrite**

**bégueulerie** n. f. → **hypocrisie**

**béguin** n. m. 1 au pr. : bonnet, coiffe 2 fig. et fam. **a** la personne : amoureux, flirt **b** la chose : amourette, aventure, flirt, pépin, touche → **caprice** 3 **a** **avoir le béguin :** être amoureux, être coiffé de **b** **faire un béguin :** avoir une amourette / un flirt, faire une touche (fam.), tomber une fille

**béguinage** n. m. → **cloître**

**béguine** n. f. → **religieuse**

**behaviorisme** n. m. théorie du comportement → **philosophie**

**beige** bis, gris, marron clair, sable ◆ non fav. : beigeasse, beigeâtre, jaunâtre

**beigne** n. f. fam. 1 avoir une beigne → **blessure** 2 recevoir une beigne → **coup, gifle** 3 québ. → **beignet**

**beignet** n. m. par ext. : pet de nonne, soufflet vx ou rég. : beigne (québ.), brick, merveille, polenta, rissole

**bel** n. m. → **mesure**

**bêlant, e** fig. bête, mélodramatique, moutonnier, stupide

**bel canto** n. m. → **opéra**

**bêlement** n. m. 1 au pr. : béguètement, chevrotement, cri 2 fig. : braiment, braillement, cri, criaillerie, jérémiade, niaiserie, piaillerie, plainte, rouspétance, stupidité → **bêtise**

**bêler** 1 au pr. : appeler, bégueter, chevroter, crier 2 fig. : braire, brailler, bramer, criailler, crier, piailler, se plaindre, rouspéter

**belge** 1 flamand, flamingant, wallon 2 belgicisme

**bélier** n. m. 1 → **mouton** 2 boutoir → **hie**

**belître** n. m. 1 → **gueux** 2 → **vaurien**

**bellâtre** n. m. avantageux, bélître, fat, plastron, poseur → **hâbleur**

**belle** n. f. 1 → **revanche** 2 → **fuite**

**belle-dame** n. f. 1 paon de jour, vanesse → **papillon** 2 arroche, belladone

**belle-de-jour** n. f. 1 → **liseron** 2 → **prostituée**

**belle-de-nuit** n. f. 1 → **fleur** 2 fauvette des marais / des roseaux, phragmite des joncs, rousserolle → **passereau** 3 → **prostituée**

**belle-fille** n. f. bru

**belle-mère** n. f. 1 seconde femme d'un veuf : marâtre (péj. ou vx) 2 belle-maman, belle-doche (arg.)

**bellicisme** n. m. amour de la guerre, culte de la guerre / de la violence, jusqu'au-boutisme (fam.)

**belliciste** n. m. belliqueux, boute-feu, épervier, guerrier, jusqu'au-boutiste, va-t-en-guerre

**belligérance** n. f. affrontement, conflit, état de guerre, guerre, intervention

**belligérant, e** adversaire, affronté, aux prises, combattant, ennemi, en état de guerre, mêlé au conflit

**belliqueux, euse** 1 **a** agressif, guerrier, martial **b** boutefeu, épervier, va-t-en-guerre 2 bagarreur, batailleur, chicaneur, chicanier, combatif, mordant, procédurier, querelleur

**belon** n. f. → **huître**

**bélouga** ou **béluga** n. m. 1 → **cétacé** 2 → **bateau** 3 caviar 4 Bretagne : gros poisson

**belvédère** n. m. 1 naturel : falaise, hauteur, point de vue, terrasse 2 construit : gloriette, kiosque, mirador, pavillon, terrasse 3 belle-à-voir → **fleur**

**bémoliser** → **adoucir**

**bénédictin** n. m. 1 ascète : cénobite, moine → **religieux** 2 **a** **ordre des bénédictins :** ordre régulier, règle de saint Benoît **b** **travail de bénédictin :** considérable, énorme, érudit, long, minutieux, soigné, parfait, persévérant

**bénédiction** n. f. 1 baraka, faveur, grâce, protection 2 abondance, bienfait, bonheur, chance, événement favorable / heureux, prospérité, succès, veine (fam.) 3 relig. **a** bénédicité, prière du matin / du soir, urbi et orbi, salut **b** absolution, baptême, confession, confirmation, consécration, extrême-onction, mariage, onction, ordre, pénitence, sacrement 4 fig. : affection, approbation, estime, reconnaissance, vénération

**bénéfice** n. m. 1 actif, avantage, avoir, boni, crédit, excédent, fruit, gain, guelte, produit, profit, rapport, reliquat, reste, revenant-bon, revenu, solde positif fam. : bénef, gratte, plâtre, velours 2 avantage, bienfait, droit, faveur, grâce, incrément, privilège, récompense, résultat, service, utilité → **bien** 3 **a** **au bénéfice de :** pour le motif de, par privilège de, en raison de **b** **sous bénéfice de :** sous condition de, sous réserve de, avec restriction de 4 relig. : abbaye, canonicat, chapellenie, commanderie, commende, confidence, cure, doyenné, évêché, portion congrue, prébende, prieuré, récréance

**bénéficiaire** 1 adj. : juteux (fam.), profitable, rentable 2 nom : abandonnataire, adjudicataire, aliénataire, allocataire, attributaire, cessionnaire, client, crédirentier, indemnitaire, indivisaire, propriétaire, rentier ◆ vx : bénéficiant, bénéficier

**bénéficier** n. m. → **bénéficiaire**

**bénéficier** jouir de, profiter de, retirer de, tirer avantage

**bénéfique** avantageux, bienfaisant, favorable, gratifiant, heureux, talismanique → **profitable**

**benêt** n. m. fam. : andouille, âne, bêta, con, connard, corniaud, couillon (mérid.), dadais, empoté, godiche, demeuré, jocrisse, niais, nigaud, sot → **bête**

**bénévolat** n. m. apostolat, complaisance, désintéressement, dévouement, don de soi, générosité, volontariat

**bénévole** à titre gracieux, complaisant, de bon gré, désintéressé, extra, gracieux, gratuit, spontané, volontaire

**bénévolement** de bonne grâce, de bon gré, complaisamment, de façon désintéressée, gracieusement, gratuitement, de son plein gré, spontanément, volontairement

**bengali** n. m. → **passereau**

**bénignité** n. f. affabilité, bienveillance, bon accueil, bonté, charité, douceur, indulgence, longanimité, mansuétude, onction → **amabilité**

**bénin, igne** 1 quelqu'un : accueillant, affable, aimable, bienveillant, bon, brave, charitable, doux, indulgent, plein de mansuétude / d'onction → **doux** 2 une chose. **a** bénéfique, favorable, inoffensif, propice **b** méd. affection bénigne : anodin, léger, peu grave, sans gravité, superficiel

**bénir** 1 Dieu **a** bénir Dieu : adorer, exalter, louer, glorifier, remercier, rendre grâce **b** Dieu bénit : accorder, consoler, protéger, récompenser, répandre des bienfaits / des grâces 2 bénir quelqu'un. **a** attirer / implorer les faveurs / les grâces de Dieu sur, consacrer, oindre, recommander à Dieu **b** applaudir, dire du bien de, estimer, être reconnaissant à, exalter, glorifier, louanger, louer, remercier, vénérer 3 bénir une chose. **a** un bateau : baptiser **b** une circonstance : s'en féliciter

**bénit,e** 1 → **favorable** 2 → **paradisiaque**

**benjamin** n. m. dernier, dernier né, petit dernier, le plus jeune

**benne** n. f. 1 comporte, hotte, panier, récipient 2 banne, berline, caisse, chariot, decauville, téléphérique, wagonnet

**benoît, e** 1 bénin, bon, doux, indulgent 2 non fav. : chafouin, doucereux, patelin, rusé, sournois, tartufe ou tartuffe → **hypocrite**

**benoîtement** péj. : doucereusement, en dessous, hypocritement, mine de rien, sournoisement

**bentonite** n. f. → **argile**

**benzène** n. m. dérivé du goudron, détachant, hydrocarbure

**benzine** n. f. → **benzène**

**béotien, ne** balourd, bovin, épais, grossier, inculte, lent, lourd, obtus, rustre ◆ fam. : bouché, cul de plomb, cul-terreux, lourdingue, pedzouille, plouc

**béquille** n. f. 1 bâton, canne, canne anglaise, échasse (québ.), support, soutien 2 cale, étai, étançon, tin 3 → **bêche** 4 → **gibet**

**ber** n. m. → **berceau**

**berbère** chleuh, kabyle, kroumir → **maghrébin**

**bercail** n. m. 1 au pr. : abri, appentis, bergerie, hangar, parc, toit 2 fig. : domicile, foyer, maison, pénates

**berceau** n. m. 1 au pr. **a** lit d'enfant : berce, bercelonnette, couffin, crèche, moïse, nacelle, panier **b** arch. : arc, cintre, voûte **c** de jardin : brandebourg, charmille, gloriette, tonnelle **d** mar. : ber, bers 2 fig. : commencement, début, endroit, lieu, naissance, origine, place

**bercement** n. m. 1 → **balancement** 2 fig. : adoucissant, adoucissement, apaisement, atténuation, calme, charme, consolation, douceur, enchantement, soulagement

**bercer** 1 agiter, balancer, branler (vx), dodeliner, faire aller et venir, faire aller d'avant en arrière / en cadence, ondoyer, onduler, remuer, rythmer, secouer 2 fig. **a** une peine : adoucir, apaiser, atténuer, calmer, charmer, consoler, endormir, partager, soulager **b** **se laisser bercer par :** amuser, berner, emporter, endormir, flatter, illusionner, leurrer, mystifier, tromper 3 **son enfance a été bercée par :** enchanter, imprégner, nourrir, remplir 4 v. pron. : s'endormir, se faire des illusions, s'illusionner, se leurrer, se tromper

**berceur, euse** adoucissant, apaisant, cadencé, calmant, charmeur, consolant, consolateur, doux, enchanteur, lénifiant, ondoyant, ondulant, rythmé

**béret** n. m. 1 calot, coiffure basque, galette (fam.), toque 2 d'étudiant : faluche

**bergamasque** n. f. → **danse**

**bergamote** n. f. 1 → **agrume** 2 → **poire** 3 → **bonbon**

**berge** n. f. 1 au pr. : berme, bord, levée, rivage, rive, talus 2 arg. → **an**

**berger, ère** 1 au pr. : bergeronnette, conducteur de troupeaux, gardeur, gardien, majoral (rég.), pasteur, pastoureau, pâtre 2 fig. : chef, conducteur, guide, pasteur, souverain

**bergère** n. f. 1 fauteuil, siège 2 → **femme**

**bergerie** n. f. 1 jas (rég.), parc à moutons → **bercail** 2 bucolique, églogue, pastorale

**bergeronnette** n. f. bergère, hochequeue, lavandière → **passereau**

**béribéri** n. m. avitaminose

**berline** n. f. [1] → **voiture** [2] → **benne**

**berlingot** n. m. [1] bêtise de Cambrai, friandise, sucrerie → **bonbon** [2] roulotte → **voiture**

**berlue** n. f. vx [1] éblouissement, hallucination [2] arg. : couverture [3] **avoir la berlue** → **tromper (se)**

**berme** n. f. → **berge**

**bermuda** n. m. → **culotte**

**bernache** ou **bernacle** n. f. barnache → **palmipède**

**bernardin, e** n. m. ou f. → **religieux**

**bernard l'hermite** n. m. pagure

**berne** n. f. [1] **en berne :** en deuil, voilé [2] vx **a** → **couverture** **b** → **tromperie**

**berner** [1] abuser, amuser, attraper, décevoir, duper, enjôler, escroquer, faire croire / marcher, flouer, frauder, jouer, leurrer, monter le coup / un bateau à, mystifier, piper, railler, rouler, surprendre, trahir, tromper [2] fam. : avoir, baiser (vulg.), blouser, bourrer la caisse / le mou, carotter, couillonner (mérid.), embobiner, emmener / mener en bateau, empaumer, entuber, pigeonner [3] vx : → **brimer**

**bernique** → **rien**

**bersaglier** n. m. → **soldat**

**berzingue (à tout)** → **vite**

**besace** n. f. → **sac**

**besant** n. m. → **ornement**

**besicles** n. f. pl. → **lunettes**

**bésigue** n. m. → **carte**

**besogne** n. f. affaire, business, corvée, labeur, mission, occupation, œuvre, ouvrage, tâche, turbin → **travail** ◆ fam. : boulot, job

**besogner** → **travailler**

**besogneux, euse** chétif, dans la dèche, décavé, déshérité, économiquement faible, fauché, gagne-petit, impécunieux, malheureux, misérable, miséreux, miteux, nécessiteux, paumé, pauvre diable / drille / type, purotin, ruiné → **pauvre, mendiant**

**besoin** n. m. [1] au pr. : appétence, appétit, désir, envie, exigence, faim, goût, insatisfaction, manque, nécessité, soif, utilité [2] **a faire besoin** → **nécessaire** **b au besoin :** à la rigueur, en cas de nécessité, le cas échéant, sait-on jamais, si nécessaire **c être dans le besoin :** dénuement, disette, gêne, impécuniosité, indigence, manque, misère, nécessité, pauvreté, en panne, en peine ◆ fam. : débine, dèche, mistoufle, mouise, mouscaille, panade, pétrin, purée **d avoir besoin de :** devoir, falloir **e faire ses besoins :** aller aux toilettes/ à la selle / sur le pot, chier (vulg.), crotter, déféquer, évacuer, s'exonérer, faire, faire caca / la grosse commission, faire pipi / la petite commission, poser culotte, se soulager

**bestiaire** n. m. → **ménagerie**

**bestial, e** animal, bête, brutal, brute, féroce, glouton, goujat, grossier, lubrique, sauvage

**bestialité** n. f. animalité, bas instincts, concupiscence, gloutonnerie, goujaterie, instinct animal, lubricité → **brutalité**

**bestiaux** n. m. pl. animaux de ferme, basse-cour, cheptel vif, bétail, élevage, écurie, porcherie, volaille

**bestiole** n. f. insecte, petite bête

**best-seller** n. m. → **succès**

**bêta, bêtasse** fam. → **bête**

**bétail** n. m. [1] au pr. : animaux de boucherie / d'élevage / d'embouche / de ferme, bergerie, bestiaux, bêtes de somme, bovins, caprins, cheptel vif, équidés, écurie, étable, ovins, porcherie, porcins, troupeau, volailles [2] fig. en parlant d'hommes. **a** péj. : chair à canon, matériau, matière première, ménagerie, populo → **populace** **b** non péj. : foule, masse

**bétaillère** n. f. → **voiture**

**bête** n. f. [1] au pr. : animal, batracien, bestiole, cétacé, insecte, invertébré, mammifère, oiseau, poisson, reptile, saurien, vertébré ◆ vx : pécore [2] **a bête à bon Dieu :** coccinelle **b bête de boucherie :** agneau, âne, baby-bœuf, bœuf, cheval, chevreau, cochon, mouton, mulet, porc, veau **c bête de somme :** âne, bœuf, bourricot, chameau, cheval, dromadaire, éléphant, hongre, jument, lama, mule, mulet, yack ou yak, zébu **d chercher la petite bête :** chercher le petit défaut / le détail infime / minime / des crosses / des poux (fam. et péj.) / des vétilles [3] fig. en parlant de quelqu'un, non favorable, avec l'adj. mauvais, méchant, sale, vilain : animal, bonhomme, brute, butor, coco, con, fauve, fumier (grossier), jojo, mec, moineau, monsieur, mufle, oiseau, piaf, piège, pierrot, rapace, sauvage, vache, zigoto → **type** [4] **c'est une bête : a** andouille, âne, animal, badaud, ballot, balluchon, balourd, baudet, bécasse, béjaune, benêt, bêta, bigorneau, bourricot, bourrin, bourrique, brute, bûche, buse, butor, cloche, cochon, con, conasse, connard, conneau, corniaud, cornichon, couillon (mérid.), crétin, cruche, cruchon, dadais, demeuré, dindon, empoté, enfoiré (vulg.), fada, fat, flandrin, force de la nature, fourneau, ganache, gogo, gourde, guignol, idiot, imbécile, mâchoire, moule, niais, nicodème, nigaud, noix, nouille, nullité, oie, oison, paltoquet, panier, paon, patate, pauvre / simple d'esprit, pochetée, porc, prétentieux, ridicule, rustre, sagouin, salaud, saligaud, serin, simplet, tarte, tourte, trou du cul (vulg.), truffe → **stupide** **b** vx ou rég. : gille [5] avec l'adj. bon, brave, pas mauvais, pas méchant : bougre, garçon, gars, pâte, zig → **type** ◆ fam. : guignol, mec [6] **bête noire. a** qu'on subit : cauchemar, croix, épouvantail, poison, pot de colle, supplice, torture, tourment **b** à qui on fait subir : martyr, os à ronger, souffre-douleur, victime [7] **reprendre du poil de la bête. a** au phys. : bonne mine, le dessus, force, santé, vie, vigueur **b** au moral : agressivité, ardeur, confiance, courage, du mordant, du punch, le dessus

**bête** adj. [1] quelqu'un : abruti, absurde, ahuri, ballot, balourd, bâté, béat, bébête, bécasse, benêt, bêta, bêtasse, borné, bouché, bovin, con, crétin, cucul, cucul la praline, demeuré, déraisonnable, empoté, emprunté, enflé, enfoiré (vulg.), fada, fat, pas fin / finaud, fruste, gauche, godiche, gourde, idiot, imbécile, indigent, inepte, innocent, insane, insensé, jobard, lourd, lourdaud, lourd-balourd, lourdingue, maladroit, malavisé, minus, miro, naïf, niais, nigaud, nouille, nul, nunuche, obtus, patate, pauvre / simple d'esprit, philistin, poire, prétentieux, ridicule, rustre, tordu, zozo → **stupide** [2] → **facile** [3] **a se trouver tout bête :** comme deux ronds de flan, confus, décontenancé, désarçonné, désemparé, entre deux chaises, gêné, idiot, interdit, interloqué, maladroit, mal à l'aise, penaud, quinaud **b c'est bête :** aberrant, absurde, dément, dingue, dommage, ennuyeux, fâcheux, fat, grotesque, idiot, impardonnable, inepte, inutile, regrettable, ridicule, stupide, ubuesque, vain → **sot** ◆ fam. : con, cucul

**bêtement** [1] connement (fam.), gauchement, innocemment, lourdement, maladroitement, naïvement, niaisement, prétentieusement, ridiculement, sans réfléchir, simplement, sottement, stupidement [2] fig. : bonnement, comme ça, naïvement, simplement

**bêtifier** [1] v. intr. : dire des âneries / bêtises, être gnangnan, faire l'âne/ l'idiot / l'imbécile, gâtifier [2] v. tr. : abêtir, abrutir, rendre → **bête**

**bêtise** n. f. [1] comportement : abrutissement, absurdité, ahurissement, angélisme, badauderie, balourdise, béotisme, connerie, couche, crétinerie, crétinisme, étourderie, fatuité, ganacherie, gaucherie, idiotie, imbécillité, indigence, ineptie, inintelligence, innocence, jobarderie, lourdeur, maladresse, naïveté, niaiserie, nigauderie, paquet, pauvreté d'esprit, pesanteur, philistinisme, pochetée, prétention, ridicule, rusticité, simplicité d'esprit → **sottise, stupidité** [2] acte ou parole. **a** au pr. : absurdité, ânerie, balourdise, bêlement, bévue, bourde, cliché, cuir, drôlerie, écart, fadaise, faute, faux pas, folie, gaffe, gauloiserie, grossièreté, histoires, idiotie, imbécillité, impair, ineptie, insanité, lapalissade, lieu commun, maladresse, maldonne, méprise, naïveté, niaiserie, non-sens, pas de clerc, pauvreté, perle, platitude, sottise, stupidité ◆ fam. : boulette, connerie, vanne **b** neutre ou fav., génér. au pl. : astuces, attrapes, balivernes, baratin, blague, boniments, couillonnade (mérid.), drôleries, facéties, farces, fredaine, gaillardises, gauloiseries, grivoiseries (péj.), histoires drôles / gauloises / marseillaises / paillardes, paillardises, plaisanteries, propos légers / lestes ◆ fam. : conneries, gaudrioles **c** une chose sans importance → **bagatelle**

**bêtisier** n. m. dictionnaire de lieux communs / des idées reçues, recueil de perles / de sottises, sottisier

**béton** n. m. aggloméré, ciment, gunite, matériau, mortier

**bétonner** cimenter, renforcer

**bétonnière** n. f. malaxeur

**bette** n. f. [1] blette, carde, cardon [2] marie-salope → **bateau**

**beuglant** n. m. assommoir, bal musette, bastringue, boîte, bouge, bousin, caboulot, café-concert, gargote, guinche, guinguette, night-club, tapis-franc (vx), taverne

**beuglante** n. f. [1] → **cri** [2] → **chant**

**beuglement** n. m. appel, braiment, braillement, hurlement, meuglement, mugissement, vocifération → **cri** ◆ fam. : gueulante

**beugler** [1] au pr. : appeler, bramer, meugler, mugir → **crier** [2] fig. : appeler, brailler, braire, hurler, gueuler, vociférer → **crier**

**beur** n. invar. → **maghrébin**

**beurre** n. m. **a comme dans du beurre :** avec aisance, comme sur des roulettes, facilement, tout seul **b compter pour du beurre :** pour des nèfles / des prunes / rien **c assiette au beurre :** affaire juteuse, pouvoir politique **d mettre du beurre dans les épinards :** améliorer l'ordinaire / la situation **e c'est du beurre :** c'est avantageux / bon / facile / une sinécure **f faire son beurre :** faire des bénéfices, prospérer, s'enrichir **g couleur beurre frais :** blanc cassé, jaune clair **h petit-beurre :** biscuit **i œil au beurre noir :** coquard, ecchymose, œil poché, tuméfaction

**beurrer** [1] foncer, garnir, tartiner [2] → **enivrer**

**beurrier** n. m. [1] pot à beurre, récipient [2] celui qui fait du beurre : crémier, fermier, laitier

**beuverie** n. f. bacchanale, bombance, bombe, bringue, débauche, dégagement (milit.), fête bachique, foire, godaille, libation, noce, nouba, orgie, ribote, ribouldingue, ripaille, soûlerie, soûlographie, tournée des grands-ducs

**bévue** n. f. ânerie, balourdise, boulette, bourde, cuir, erreur, étourderie, faute, faux pas, gaffe, impair, maladresse, maldonne, méprise, pas de clerc → **bêtise** ◆ fam. : connerie, perle, vanne

**bey** n. m. → **monarque**

**bézoard** n. m. → **calcul**

**biais** n. m. [1] aspect, côté, diagonale, ligne oblique, travers [2] artifice, détour, moyen [3] **a de biais :** en diagonale, de travers, en travers, obliquement **b par le biais de :** par le détour / l'intermédiaire / le moyen / le truchement de

**biaiser** [1] gauchir, obliquer [2] fig. : atermoyer, composer, feinter, louvoyer, temporiser, tergiverser, user de procédés dilatoires

**biathlon** n. m. → **athlétisme**

**bibelot** n. m. [1] au pr. : biscuit, chinoiserie, japonaiserie, objet d'art / fragile, petit objet, saxe, sèvres, souvenir [2] fig. : affiquet, amusement, amusette, babiole, bagatelle, baliverne, bêtise, breloque, bricole, brimborion, caprice, colifichet, fanfreluche, fantaisie, frivolité, futilité, rien

**biberon** n. m. [1] au pr. : flacon gradué [2] fig. : → **ivrogne**

**biberonner** → **boire**

**bibi** n. m. [1] au pr. fam. : chapeau, galure, galurin → **coiffure** [2] pron. pers. fam. : mézigue, moi

**bibine** n. f. → **alcool**

**bible** n. f. [1] au pr. : écritures, Évangile, le Livre, la Parole de Dieu, Révélation, les Saintes Écritures, le Testament (Ancien et Nouveau) [2] par ext. **a** autorité, base, dogme, fondement **b** bréviaire, livre de chevet / de prières, manuel, ouvrage de base / fondamental / usuel

**bibliographie** n. f. catalogue, liste, nomenclature, référence

**bibliophile** amateur de livres, collectionneur de livres, paléographe (par ext.) ◆ iron. : bibliomane

**bibliophilie** n. f. paléographie (par ext.) ◆ iron. : bibliomanie

**bibliothécaire** n. m., n.f. archiviste, chartiste, conservateur, libraire, paléographe, rat de bibliothèque (péj.)

**bibliothèque** n. f. [1] le lieu : archives, bureau, cabinet, collection, librairie [2] de gare : kiosque [3] le meuble : armoire à livres, bibliobus, casier, étagère, rayon, rayonnage, tablette

**biblique** hébraïque, inspiré, judaïque, révélé, sacré

**Bic ®** n. m. → **porte-plume**

**biceps** n. m. [1] au pr. : bicipital (adj.), bras, muscle [2] par ext. : force, puissance, vigueur

**biche** n. f. [1] → **biquet** [2] → **affection**

**bicher** [1] pop. aller, aller au poil / bien, boumer, coller, gazer, marcher, rouler [2] → **réjouir (se)**

**bichette** n. f. [1] → **biquet** [2] → **affection**

**bichon** n. m. [1] → **chien** [2] → **biquet** [3] → **affection**

**bichonnage** n. m. → **nettoiement**

**bichonner** [1] au pr. : attifer, boucler, friser, parer, pomponner [2] fig. : choyer, s'empresser auprès de, entourer de soins, gâter

**bicolore** → **bigarré**

**bicoque** n. f. abri, appentis, baraque, cabane, cabanon, cassine, maison, masure, taudis (péj.)

**bicorne** n. m. bicuspide → **coiffure**

**bicot** n. m. [1] → **biquet** [2] → **affection** [3] → **maghrébin**

**bicyclette** n. f. bécane, clou (péj.), petite reine, vélo → **cycle**

**bidasse** n. m. → **soldat**

**bide** n. m. [1] → **bedaine** [2] → **insuccès**

**bidet** n. m. [1] bol de toilette, cuvette [2] cob, mule, mulet, postier → **cheval**

**bidoche** n. f. pop. et péj. : barbaque, cuir, mauvaise viande, semelle

**bidon** n. m. [1] gourde [2] fût, jerricane ou jerrycan, nourrice → **bouille** [3] container ou conteneur, cuve, réservoir, touque [4] fig. → **insuccès**

**bidonnant** fam. : boyautant, crevant, marrant, poilant, rigolo, roulant, sucré, tordant

**bidonner (se)** se boyauter, se marrer, se poiler, rigoler, se rouler, se torboyauter, se tordre (de rire)

**bidonville** n. f. baraquement, camp, campement ◆ par ext. : favela, ghetto, zone

**bidule** n. m. → **truc**

**bief** n. m. → **canal**

**bielle** n. f. arbre, axe, balancier, biellette, bras, embiellage, manivelle, tige, transmission

**bien** adv. [1] tous les dérivés en -ment d'adj. d'achèvement, d'avantage, de grandeur, d'intensité, d'intérêt, de qualité, de quantité, etc., par ex. : admirablement, adroitement, agréablement, aimablement, aisément, assurément, avantageusement, bellement, bonnement, commodément, complètement, confortablement, convenablement, correctement, dignement, dûment, éloquemment, éminemment, entièrement, expressément, extrêmement, favorablement, fermement, formellement, formidablement, gracieusement, grandement, habilement, heureusement, honnêtement, honorablement, intégralement, intensément, joliment, judicieusement, largement, longuement, merveilleusement, nettement, noblement, parfaitement, passablement, pleinement, profondément, prudemment, raisonnablement, réellement, sagement, savoureusement, totalement, utilement, vraiment ◆ fam. : bigrement, bougrement, drôlement, salement, super, vachement [2] tous les compl. circ. de manière réalisés par un subst. amplifiant ou valorisant ce qu'exprime le verbe, par ex. : de façon admirable, avec adresse / aisance / amabilité / appétit / assurance / avantage, sans bavure (fam.), en beauté, avec bonheur / bonté / charme / confort / correction, de façon correcte, avec dignité / élégance / éloquence, de façon complète / éminente, avec faveur / fermeté, en force, avec grâce / habileté, en long et en large, avec netteté / noblesse, de manière parfaite, avec plénitude, en profondeur, avec prudence, de façon raisonnable, en réalité, avec sagesse, en totalité, de manière utile, en vérité [3] devant un adj. : absolument, complètement, dûment, entièrement, extrêmement, fameusement, formidablement, fort, intégralement, nettement, pleinement, profondément, réellement, sérieusement, totalement, tout, tout à fait, très [4] **a il est bien grand :** ce que / comme / qu'est-ce qu'il est grand **b bien des + un nom :** beaucoup de, une foule de, nombre de, quantité de, des tas de **c aussi bien :** d'ailleurs, du reste, en outre **d bien entendu :** évidemment **e bien :** certes

**bien** bon, compétent, consciencieux, distingué, droit, honnête, lucide, sérieux, sûr, sympathique → **beau, remarquable** ◆ fam. : au poil, bandant, bath, branché, chouette, génial, super, sympa

**bien** n. m. [1] abstrait : beau, beauté, bon, bonheur, bonté, devoir, droit, honneur, idéal, justice, perfection, progrès, sainteté, vérité, vertu [2] concret, souvent au pl. : acquêt, avoir, capital, cheptel, chose, domaine, don, dot, dotation, exploitation, fonds, fortune, fruit, gain, héritage, immeuble, maison, patrimoine, portefeuille, possession, produit, propriété, récolte, rente, richesse, valeur ◆ vx : alleu, apanage, douaire, fief, franc-alleu, manse, tenure, vaillant [3] **a le bien public :** intérêt, service **b faire du bien :** jouissance, plaisir, profit, satisfaction, soulagement, volupté **c attendre un bien :** avantage, bénéfice, bienfait, résultat, satisfaction, secours, service, soulagement, utilité **d dire du bien :** un compliment / un éloge / une louange

**bien-aimé, e** amant, amoureux, chéri, chouchou (fam.), élu, fiancé, flirt, maîtresse, préféré → **biquet**

**bien-dire** n. m. → **éloquence**

**bien-être** n. m. [1] la sensation : agrément, aise, béatitude, bien-aise, bien-vivre, bonheur, calme, contentement, décontraction, détente, euphorie, félicité, jouissance, plaisir, quiétude, relaxation, satisfaction, sérénité, soulagement [2] la situation : abondance, aisance, confort, luxe, prospérité, vie facile / large

**bienfaisance** n. f. [1] aide, assistance, mécénat, secours [2] qualité : bénignité, bienveillance, charité, générosité, humanité, philanthropie, serviabilité → **bonté**

**bienfaisant, e** [1] bénéfique, efficace, favorable, tutélaire [2] charitable, généreux, humain, philanthropique, serviable → **bon**

**bienfait** n. m. [1] qu'on donne : aumône, bon office, cadeau, charité, don, faveur, fleur (fam.), générosité, grâce, largesse, libéralité, obole, office, plaisir, présent, service, social [2] qu'on reçoit : avantage, bénéfice, profit, utilité → **bienfaisance**

**bienfaiteur, trice** ami, donateur, inventeur, mécène, philanthrope, protecteur, sauveur → **bienfaisant**

**bien-fondé** n. m. authenticité, bon droit, conformité, correction, exactitude, excellence, justesse, justice, légitimité, pertinence, recevabilité, solidité, validité, vérité

**bien-fonds** n. m. → **immeuble**

**bienheureux, euse** [1] assouvi, béat (péj.), bienaise, comblé, content, euphorique, repu, satisfait → **heureux** [2] nom : béatifié, élu, saint [3] **dormir comme un bienheureux :** comme un loir / une souche / un sourd

**biennal, e** bisannuel

**bien-pensant** n. m. [1] conformiste, intégriste, pratiquant, traditionnel [2] par ext. péj. : béni-oui-oui → **bigot, tartufe**

**bienséance** n. f. [1] apparences, convenance, correction, décence, honnêteté, manières, politesse, pudeur, savoir-vivre [2] étiquette, protocole, usage

**bienséant, e** agréable, comme il faut, congru, convenable, correct, décent, délicat, honnête, poli, séant

**bientôt** dans peu de temps / quelque temps, d'ici peu, incessamment, plus tard, prochainement, promptement, rapidement, sans retard / tarder

**bienveillance** n. f. affabilité, altruisme, amabilité, bénignité, bon accueil, bonne volonté, bonté, complaisance, compréhension, convivialité, cordialité, gentillesse, indulgence, mansuétude, obligeance, ouverture d'esprit, prévenance, sympathie → **faveur**

**bienveillant, e** accueillant, affable, affectueux, aimable, amical, bon, brave, complaisant, compréhensif, convivial, coopératif (fam.), cordial, débonnaire, favorable, fraternel, gentil, intentionné, miséricordieux, obligeant, ouvert, prévenant, sympathique → **indulgent**

**bienvenu, e** bien / favorablement accueilli / reçu, celui qu'on attend, ne pouvant mieux tomber, opportun, tombant à pic / à point / juste

**bienvenue** n. f. bon accueil, bonjour, bonne étrenne, salut, salutations

**bière** n. f. [1] ale, cervoise, faro, pale-ale, stout ◆ antiq. : zythum [2] baron, bock, demi, double, formidable, galopin, quart (vx) [3] → **cercueil**

**biffage** n. m. annulation, barre, mot rayé, rature, repentir, suppression, trait de plume

**biffe** n. f. [1] → **infanterie** [2] → **tromperie** [3] → **tissu**

**biffer** annuler, barrer, corriger, effacer, raturer, rayer, supprimer

**biffin** n. m. chiffonnier, fantassin

**biffure** n. f. rature, rayure, repentir, retouche, trait

**bifteck** n. m. châteaubriant, filet, grillade, rumsteck, steak, tournedos, tranche, viande grillée ◆ péj. : barbaque, semelle

**bifurcation** [1] enfourchure (vx), carrefour, division, embranchement, fourche, patte-d'oie [2] changement d'orientation [3] → **séparation**

**bifurquer** [1] diverger, se dédoubler / diviser [2] être aiguillé, se diriger, s'orienter

**bigarade** n. f. [1] → **agrume** [2] → **poire**

**bigarré, e** bariolé, chamarré, disparate, diversifié, hétérogène, maillé, mâtiné, mélangé, mêlé, multicolore, polychrome, vairon, varié, versicolore

**bigarreau** n. m. → **cerise**

**bigarrure** n. f. bariolage, disparité, hétérogénéité, mélange, polychromie, variété

**bigler** (pop.) [1] ciller, cligner des yeux, loucher, être myope, mal voir [2] contempler, loucher sur, mater, mirer, regarder avec attention / envie / étonnement, zieuter

**bigleux, euse** bigle (vx) → **myope**

**bigophone** n. m. → **téléphone**

**bigophoner** → **téléphoner**

**bigorneau** n. m. [1] coquillage, littorine, vigneau [2] fam. : écouteur → **téléphone** [3] → **bête**

**bigorner** (pop.) [1] quelqu'un : abîmer le portrait, amocher, casser la figure / la gueule, castagner, cogner, coller une châtaigne, corriger, donner des coups, endommager, endommager le portrait, esquinter, flanquer / foutre (grossier) une correction / une dérouillée / une trempe / une volée → **battre** [2] une chose : abîmer, accrocher, amocher, aplatir, briser, casser, écraser, endommager, entrer en collision, esquinter, friser la tôle, froisser, heurter, télescoper [3] v. pron. : se casser la figure / la gueule, se cogner dessus, se donner des coups, se ficher / flanquer / foutre une trempe / une volée, se quereller, se taper dessus

**bigot, e** n. m., f. bedeau, bondieusard, cafard, cagot, calotin, cul-bénit, dévot, grenouille de bénitier, iconolâtre, marguillier, petit saint, punaise de sacristie, sacristain, tala (arg. scol.) → **tartufe**

**bigoterie** n. f. [1] → **tartuferie** [2] → **religion**

**bigrement** → **beaucoup**

**bigue** n. f. chèvre, grue, mât de charge, palan

**biguine** n. f. → **danse**

**bihoreau** n. m. → **échassier**

**bijou** n. m. [1] joyau ◆ fam. : crachat, jonc, quincaillerie, verroterie [2] agrafe, aigrette, alliance, anneau, bague, bandeau, boucle, boucle d'oreille, bracelet, bracelet-montre, breloque, broche, camée, chaîne, chevalière, clip, cœur, coulant, couronne, croix, diadème, dormeuse, épingle, esclavage, ferronnière, fronteau, gourmette, jeannette, médaillon, parure, pendant, pendeloque, pendentif, plaque, rang de perles, rivière, sautoir [3] beauté, chef-d'œuvre, merveille, perfection [4] → **affection**

**bijouterie** n. f. [1] horlogerie, joaillerie, orfèvrerie [2] chef-d'œuvre, merveille, perfection, technique parfaite, travail achevé / parfait / précis

**bijoutier, ère** horloger, joaillier, orfèvre

**bikini** n. m. deux-pièces

**bilan** n. m. [1] au pr. : balance, conclusion, état, inventaire, point, situation, tableau [2] **a déposer son bilan :** capituler, être en déconfiture / difficulté / faillite / liquidation, faire la culbute / de mauvaises affaires **b faire le bilan :** conclure, tirer la conclusion / les conséquences [3] fig. : conséquences, résultats, séquelles, suites [4] check-up

**bilatéral, e** zool. : artiozoaire → **semblable**

**bile** n. f. [1] atrabile (vx), fiel, glaire, humeur (vx) [2] fig. : amertume, colère, fiel, maussaderie, mauvais caractère, méchanceté, récriminations, venin → **aigreur** [3] **a échauffer la bile :** casser les pieds, chauffer les oreilles, excéder, faire sortir de ses gonds (fam.), mettre à bout / en colère / hors de soi **b se faire de la bile :** avoir des idées noires, se biler (fam.), s'en faire, être pessimiste / soucieux / tourmenté, se faire du mauvais sang / du mouron (fam.) / du souci / du tourment, s'inquiéter, se préoccuper, se soucier de, se tourmenter

**biler (se)** → **inquiéter**

**bileux, bilieux, euse** 1 au pr. a atrabilaire, hépatique, hypocondre, hypocondriaque b jaunâtre, jaune, vert 2 fig. a anxieux, chagrin, inquiet, mélancolique, pessimiste, soucieux, tourmenté, troublé b péj. : atrabilaire, bâton merdeux, coléreux, masochiste, maussade, mauvais coucheur, misanthrope, ombrageux, soupçonneux, susceptible

**bilingue** 1 quelqu'un : interprète, polyglotte, traducteur, truchement 2 une chose : sous-titré, synoptique

**bilinguisme** n. m. par ext. : biculturalisme, multilinguisme, plurilinguisme

**billard** n. m. 1 par ext. : fumoir, salle de jeux 2 fig. : salle / table d'opération 3 **c'est du billard :** ça va comme sur des roulettes (fam.), c'est du beurre / de la tarte → **facile**

**bille** n. f. 1 au pr. a agate, boule, calot b bille de bois : billette, bitte (mar.), morceau, tronc, tronçon 2 fig. → **tête, visage** 3 **une bonne bille :** l'air avenant / bien intentionné / honnête / jovial / sympathique

**billet** n. m. 1 au pr. a → **lettre** b attestation, billette (vx), bon, carte, certificat, contremarque, coupon, récépissé, reçu, ticket c billet de banque : assignat (vx), coupure, devise, espèces, monnaie, monnaie fiduciaire, numéraire arg. : fafiot, raide, sac, taffetas, ticket d billet à ordre : cédule (vx), effet, lettre de change, traite, valeur 2 **je vous en fiche mon billet** (fam.) → **affirmer**

**billette** n. f. → **moulure**

**billevesées** n. f. pl. balivernes, chimères, conneries (fam.), coquecigrues, fadaises, fantaisies, fantasmagories, imaginations, sornettes, sottises, utopies

**billion** n. m. million de millions ◆ vx : milliard, trillion

**billot** n. m. 1 bille / bloc de bois, bitte (mar.), planche à découper / à trancher 2 tin 3 tronchet 4 → **supplice**

**bimbeloterie** n. f. → **bazar**

**bimoteur** nom et adj. biréacteur, biturbine

**binaire** alternatif, alterné, à deux aspects / faces / temps / termes / unités, dichotomique, en opposition, en relation

**binage** n. m. ameublissement, bêchage, façonnage, grattage, sarclage, serfouissage

**biner** aérer / ameublir / briser le sol, bêcher, cultiver, désherber, façonner, gratter, sarcler, serfouir

**binette** n. f. 1 bident, grattoir, houe, hoyau, ratissoire, sarclette, sarcloir, serfouette, tranche 2 → **tête, visage**

**bingo** n. m. → **loterie**

**biniou** n. m. bombarde, cornemuse, loure, musette

**binoclard, e** → **myope**

**binocle** n. m. besicles, face-à-main, lorgnon, lunettes, pince-nez

**binz** ou **bin's** n. m. → **bazar**

**biodégradable** → **destructible**

**biographie** n. f. biobibliographie, hagiographie, histoire personnelle, journal, mémoires, notice, vie

**biologie** n. f. bactériologie, cytologie, embryologie, génétique, histologie, virologie

**biologique** par ext. : écologique, naturel, sain

**bionique** → **cybernétique**

**bipenne** n. f. → **hache**

**bique** n. f. 1 au pr. : cabri, caprin, chèvre 2 **vieille bique** → **mégère**

**biquet, ette** n. m. ou f. 1 au pr. : chevreau, chevrette 2 fig. et fam. → **affection**

**birbe** n. m. → **barbon**

**biréacteur** nom et adj. bimoteur, biturbine

**birème** n. f. → **galère**

**bis** 1 interj. : bravo, encore, hourra 2 n.m. → **acclamation**

**bis, e** 1 basané, bistre, bistré, brun, brunâtre, gris, jaunâtre, marron clair 2 **pain bis :** pain de campagne / complet / de seigle / noir

**bisaïeul, e** n. m. ou f. arrière-grand-père / mère

**bisbille** n. f. (fam.) bouderie, brouillerie, dépit, désaccord, différend, discorde, dispute, fâcherie, humeur, malentendu, mésentente, querelle, trouble

**biscornu, e** 1 à deux cornes, cornu, irrégulier 2 absurde, bizarre, confus, échevelé, farfelu (fam.), grotesque → **absurde**

**biscuit** n. m. 1 biscotte, boudoir, bretzel, cracker, craquelin, croquet, friandise, galette, gâteau, gaufrette, macaron, pâtisserie, petit-beurre, sablé, spéculoos, toast 2 pain azyme 3 biscuit, porcelaine, saxe, sèvres, statuette

**bise** n. f. 1 blizzard, vent froid / du Nord 2 bécot, bisou, petit baiser → **baiser**

**biseau (en)** en biais, entaillé, oblique

**biser** → **baiser**

**biset** n. m. → **colombin**

**bisexué, e** → **hermaphrodite**

**bison** n. m. → **bœuf**

**bisou** n. m. → **bise**

**bisque** n. f. consommé → **potage**

**bisquer (faire)** asticoter, ennuyer, faire enrager / maronner / râler, taquiner, vexer

**bisser** applaudir, en redemander, faire une ovation / un triomphe, ovationner, rappeler, réclamer

**bistouille** n. f. → **alcool**

**bistouri** n. m. couteau, lame, scalpel

**bistre** et **bistré, e** → **bis, e**

**bistrot** n. m. 1 → **cabaret** 2 → **cabaretier**

**bite** ou **bitte** n. f. 1 billot, bollard, borne 2 → **verge**

**bitos** n. m. → **coiffure**

**bitumage** n. m. asphaltage, goudronnage, macadamisage, revêtement

**bitume** n. m. 1 au pr. : asphalte, coaltar, goudron, macadam, revêtement 2 → **prostitution**

**bitumer** asphalter, entretenir, goudronner, macadamiser, revêtir

**biture** ou **bitture** n. f. 1 **à toute biture** → **vite** 2 → **ivresse**

**biveau** n. m. équerre

**bivouac** n. m. abrivent, campement, camping, cantonnement, castramétation, faisceaux, halte, installation de nuit

**bivouaquer** camper, cantonner, dresser les tentes, faire halte, former les faisceaux, installer le bivouac, planter les tentes

**bizarre** 1 quelque chose ou quelqu'un (général. non favorable) : abracadabrant, abrupt, amusant, anormal, baroque, biscornu, capricieux, changeant, chinois, cocasse, comique, curieux, drôle, étonnant, étrange, excentrique, exceptionnel, extraordinaire, extravagant, fantaisiste, fantasmagorique, fantasque, fantastique, farfelu, funambulesque, grotesque, hétéroclite, impossible, incompréhensible, inattendu, inégal, inhabituel, inquiétant, insolite, mobile, monstrueux, original, plaisant, rare, remarquable, ridicule, rocambolesque, saugrenu, singulier, surprenant ◆ fam. : bizarroïde, marrant 2 quelqu'un (péj.) : aliéné, autre, braque, brindezingue, cinglé, dérangé, fou, halluciné, hurluberlu, iroquois, loufoque, lunatique, maniaque, numéro, olibrius, original, phénomène, pistolet, tout chose, type, zèbre, zigoto

**bizarrerie** n. f. 1 anomalie, caprice, chinoiserie, cocasserie, comportement → **bizarre**, curiosité, déviance, drôlerie, étrangeté, excentricité, extravagance, fantaisie, fantasmagorie, folie, monstruosité, nouveauté, originalité, ridicule, singularité 2 de quelqu'un (péj.) : aliénation, dérangement, folie, hallucination, loufoquerie, manie

**bizut** ou **bizuth** n. m. → **novice**

**bizutage** n. m. → **brimade**

**bizuter** → **chahuter**

**blablabla** n. m. → **bavardage**

**black-bass** n. m. → **poisson**

**blackboulage** n. m. → **refus**

**blackbouler** → **refuser**

**black-out** n. m. 1 obscurité → **silence** 2 spat. off. : occultation, silence radio

**blafard, e** → **blême, pâle**

**blague** n. f. 1 poche / sac à tabac 2 astuce, bobard, canular, craque, drôlerie, exagération, farce, galéjade, hâblerie, histoire drôle, mensonge, niche, plaisanterie, sornette 3 erreur, faute, gaffe, maladresse, sottise → **bêtise**

**blaguer** 1 v. tr. : asticoter (fam.), chahuter, faire marcher, se moquer de, railler, taquiner, tourner en dérision 2 v. intr. a au pr. : exagérer, faire des astuces, galéjer, mentir, plaisanter, raconter des blagues b par ext. : bavarder, causer, passer le temps

**blagueur, euse** 1 → **hâbleur** 2 → **taquin**

**blair** n. m. → **nez**

**blaireau** n. m. 1 grisard 2 → **pinceau**

**blairer** estimer → **aimer**

**blâmable** condamnable, critiquable, déplorable, répréhensible

**blâme** n. m. accusation, anathème, animadversion, attaque, avertissement, censure, condamnation, critique, désapprobation, grief, improbation, mise à l'index, objurgation, pain (arg.), punition, remontrance, répréhension, réprimande, réprobation, reproche, semonce, stigmatisation, tollé, vitupération, vitupère (vx)

**blâmer** accuser, anathématiser, attaquer, charger, censurer, condamner, critiquer, désapprouver, désavouer, donner un avertissement, faire grief de, faire reproche de, flageller, flétrir, fustiger, incriminer, jeter la pierre, juger, pourfendre, punir, reprendre, réprimander, reprocher, réprouver, semoncer, sermonner, stigmatiser, trouver à redire, vitupérer ◆ vx : criminaliser, draper, fulminer, honnir

**blanc, blanche** 1 adj. a au pr. : albâtre, argenté, beurre frais, blafard, blême, chenu, clair, crème, crayeux, immaculé, incolore, ivoire, ivoirin, lacté, lactescent, laiteux, limpide, marmoréen, net, opalescent, opalin, pâle, platine, propre, pur b → **blanchâtre** c fig. : candide, clair, immaculé, innocent, lilial, net, pur, virginal 2 n.m. typo. : espace, interligne, intervalle, vide 3 a **saigner à blanc :** épuiser, vider b **le blanc de l'œil :** cornée, sclérotique c **de but en blanc :** de façon abrupte, directement, sans crier gare, sans préparation

**blanc-bec** n. m. arrogant, béjaune, insolent, morveux, niais, prétentieux, sot

**blanchaille** n. f. → **fretin**

**blanchâtre** albuginé, blafard, blême, éburné, éburnéen, lacté, lactescent, laiteux, nacré, opalescent, opalin

**blancheur** n. f. 1 au pr. : clarté, lactescence, netteté, propreté, pureté 2 albâtre (vx.), blêmissement, lividité, pâleur 3 fig. : candeur, innocence, pureté, virginité

**blanchiment** et **blanchissage** n. m. décoloration, échaudage, finissage, herberie (vx.), lessivage, lessive, nettoiement, savonnage

**blanchir** 1 au pr. a frotter, lessiver, nettoyer, savonner b typo. : éclaircir c un mur : chauler, échauder, sabler d quelqu'un → **blêmir** e prendre de l'âge, vieillir 2 fig. → **excuser**

**blanchisserie** n. f. buanderie, laverie, lavoir

**blanchisseur, euse** n. m. ou f. vx : buandier (québ.), lavandière, laveur, laveuse, lessivier

**blanc-manger** n. m. caillé, caillebotte, gelée, yaourt, yoghourt

**blanc-seing** n. f. carte blanche, chèque en blanc, liberté de manœuvre, mandat, procuration en blanc

**blanquette** n. f. 1 ragoût 2 chasselas, clairette, vin clairet

**blase** n. m. fam. : → **nez**

**blasé, e** assouvi, dégoûté, désabusé, désenchanté, difficile, fatigué, froid, indifférent, insensible, rassasié, repu, revenu de tout, sceptique, usé

**blaser** dégoûter, désabuser, fatiguer, laisser froid, lasser, rassasier, soûler

**blason** n. m. 1 armes, armoiries, cartouche, chiffre, écu, écusson, marque, panonceau, pennon, sceau 2 pièces du blason → **pièce**

**blasonner** orner → **peindre**

**blasphémateur, trice** n. m. ou f. apostat, impie, parjure, sacrilège

**blasphématoire** impie, sacrilège

**blasphème** n. m. gros mot, grossièreté, impiété, imprécation, injure, insulte, jurement, juron, outrage, sacrilège

**blasphémer** 1 v. tr. : injurier, insulter, maudire, se moquer de, outrager 2 v. intr. : jurer, proférer des blasphèmes / imprécations, sacrer

**blatérer** → **crier**

**blatte** n. f. cafard, cancrelat

**blazer** n. m. flanelle, veste, veston

**blé** n. m. céréale, épeautre, froment, sarrasin, triticale (par ext.)

**bled** n. m. brousse, pays perdu / sauvage, petite ville, petit village, trou

**bledard** n. m. → **soldat**

**blême** blafard, blanchâtre, bleu, cadavérique, décoloré, exsangue, hâve, incolore, livide, pâle, pâlot, plombé, terne, terreux, vert

**blêmir** blanchir, se décomposer, devenir livide, pâlir, verdir

**blêmissement** n. m. → **blancheur**

**blennie** n. f. baveuse → **poisson**

**blennorragie** n. f. blennorrhée, gonococcie ◆ arg. : chaude-pisse, chtouille,

**blépharite** n. f. → **inflammation**

**blèsement** n. m. blésité, zézaiement

**bléser** zézayer, zozoter

**blessant, e** agressif, arrogant, choquant, contrariant, déplaisant, désagréable, désobligeant, grossier, impoli, inconvenant, injurieux, irrespectueux, mal embouché, mortifiant, offensant, piquant, vexant

**blessé, e** éclopé, estropié, invalide, mutilé

**blesser** 1 abîmer, assommer, balafrer, battre, broyer, brûler, contusionner, corriger, couper, couronner, déchirer, découdre (vén.), écharper, écorcher, écraser, encorner, entailler, entamer, érafler, éreinter, estropier, éventrer, faire une entorse, fouler, frapper, froisser, léser, luxer, maltraiter, meurtrir, mordre, mutiler, navrer (vx), percer, piquer, poignarder, saigner ◆ fam. : amocher, arranger (le portrait) 2 la vue, les oreilles : affecter, casser, causer une sensation désagréable, déchirer, écorcher, effaroucher, irriter, rompre 3 fig. **a** atteindre, choquer, contrarier, déplaire, égratigner, faire de la peine, froisser, heurter, irriter, offenser, piquer, toucher, ulcérer, vexer **b** attenter à, enfreindre, être contraire à, heurter, porter atteinte, violer **c** causer du préjudice, faire tort, léser, nuire, porter préjudice, préjudicier 4 pron. fig. : être susceptible, se formaliser, s'offenser, s'offusquer, se piquer, se vexer

**blessure** n. f. 1 **a** balafre, bleu, bobo (fam.), bosse, boutonnière, brûlure, choc, cicatrice, contusion, coquard, coupure, distension, ecchymose, égratignure, élongation, entaille, entorse, éraflure, éraillement, estafilade, estocade, fêlure, foulure, fracture, froissement, lésion, luxation, meurtrissure, morsure, moucheture, mutilation, piqûre, plaie, scarification, taillade, trauma, traumatisme, tuméfaction → **coup** **b** vét. : enchevêtrure, enclouure **c** vén. : décousure, dentée 2 moral : atteinte, brûlure, coup, coup dur, douleur, froissement, offense, pique, plaie, souffrance, trait

**blet, blette** avancé → **gâté**

**blettir** → **pourrir**

**blettissement** ou **blettissure** n. m., n.f. → **pourriture**

**bleu, e** 1 adj. : ardoise, azur, barbeau, bleuâtre, bleuet, canard, céleste, céruléen, glacier, lapis-lazuli, myosotis, outremer, pers, pervenche, safre, saphir, smalt, turquoise, ultramarin 2 n.m. **a** azur, ciel **b** → **novice** **c** coquard, ecchymose, meurtrissure, œil au beurre noir, tuméfaction → **coup** 3 **a** **sang bleu :** noble **b** **fleur bleue :** sentimental, tendre **c** **bas bleu :** pédante **d** **cordon bleu :** bonne cuisinière

**bleuet** n. m. 1 barbeau, casse-lunettes, centaurée 2 québ. → **myrtille**

**bleusaille** n. f. fam. → **novice**

**blindage** n. m. abri, bardage, boisage, bouclier, carter, cuirasse, écran, protection

**blinde** n. f. → **poutre**

**blindé** 1 n.m. : automitrailleuse, char, char d'assaut, char de combat, half-track, tank 2 adj. : blasé, endurci, immunisé → **ivre**

**blinder** 1 abriter, boiser, cuirasser, protéger, renforcer 2 fig. : endurcir, immuniser, protéger, renforcer 3 v. pron. fam. → **enivrer (s')**

**blinis** n. m. par ext. : crêpe, hors-d'œuvre, toast

**blizzard** n. m. → **vent**

**bloc** n. m. 1 bille, masse, pavé, pièce, roche, rocher 2 **a** amas, assemblage, ensemble, ouvrage, quantité, totalité, tout, unité **b** → **coalition** **c** géol. : graben, horst **d** → **prison** **e** à / en bloc → **maximum, totalement**

**blocage** n. m. 1 arrêt, barrage, coup d'arrêt, stabilisation 2 empilage, remplage, serrage 3 frein, impuissance, inhibition, paralysie

**blockhaus** n. m. abri, bunker, casemate, fortification, fortin, ouvrage, redoute

**bloc-notes** n. m. → **carnet**

**blocus** n. m. boycott, boycottage, investissement, isolement, siège

**blond, e** 1 blondasse (péj.), blondin, blondinet, doré, lin, platiné 2 → **jaune**

**blonde** n. f. 1 → **dentelle** 2 → **fille**

**blondin** n. m. → **galant**

**bloquer** 1 au pr. : amasser, empiler, entasser, grouper, masser, rassembler, réunir 2 par ext. **a** assiéger, cerner, encercler, entourer, envelopper, fermer, investir **b** → **arrêter** **c** les crédits : geler, immobiliser, suspendre **d** un passage : coincer, condamner, encombrer, obstruer **e** arg. scol. → **étudier** **f** méd. : boucher, constiper

**blottir (se)** s'accroupir, se cacher / clapir / coucher, s'enfouir, se mettre en boule / pelotonner / presser / ramasser / recroqueviller / réfugier / replier / serrer contre / tapir

**blousant, e** bouffant → **ample**

**blouse** n. f. 1 bourgeron, camisole, caraco, sarrau, tablier, vareuse 2 chemisette, chemisier, corsage, marinière

**blouser** 1 v. tr. → **tromper** 2 v. intr. : bouffer, gonfler

**blouson** n. m. par ext. → **veste**

**blue-jean** n. m. 1 denim 2 → **culotte**

**bluff** n. m. 1 audace, bagou, battage, chantage, intimidation, tromperie, vantardise 2 fam. : baratin, culot, épate, esbroufe, frime → **hâblerie**

**bluffer** 1 abuser, épater, faire du chantage, intimider, leurrer, tromper, se vanter 2 fam. : aller au culot, baratiner, esbroufer, faire de l'esbroufe / de l'épate / de la frime / du vent, frimer, masser → **hâbler**

**bluffeur, euse** → **hâbleur**

**bluter** passer, tamiser

**blutoir** n. m. sas, tamis

**boa** n. m. → **serpent** ◆ par ext. : anaconda, devin, python

**bobard** n. m. bateau, blague, boniment, fantaisie, fausse nouvelle, mensonge, plaisanterie, postiche, ragot, tromperie, tuyau, vantardise

**bobèche** n. f. coupelle → **tête**

**bobine** n. f. 1 au pr. : bobineau, broche, dévidoir, fuseau, fusette, navette, nille, rochet, roquetin, rouleau 2 fig. → **tête**

**bobiner** enrouler, renvider

**bobinette** n. f. → **loquet**

**bobonne** n. f. → **femme**

**bocage** n. m. boqueteau, bosquet, chemin creux, garenne, petit bois

**bocager, ère** agreste, boisé, bucolique, champêtre, mythologique, pastoral

**bocal** n. m. pot, récipient, vase

**bocard** n. m. → **broyeur**

**bock** n. m. → **bière**

**bœuf** 1 nom : **a** aurochs, bison, gaur, gayal, ovibos ou bœuf musqué, yack, zébu **b** → **bovidés** **c** conserve : singe 2 adj. fig. : colossal, énorme, extraordinaire, formidable, monstre, surprenant

**boghei** ou **buggy** n. m. → **voiture**

**bogue** n. f. capsule, enveloppe → **boucle**

**bohème** nom et adj. 1 artiste, fantaisiste, indépendant, insouciant 2 péj. : asocial, débraillé, désordonné, instable, marginal, original, peu soigné, vagabond

**bohémien, ne** n. m. ou f. camp-volant, égyptien, fils du vent, gitan, manouche, nomade, romanichel, romano, zingaro

**boire** 1 v. tr. **a** absorber, avaler, ingurgiter, prendre **b** absorber, s'imbiber de, s'imprégner de 2 v. intr. **a** un animal : s'abreuver, se désaltérer, laper **b** l'homme. Neutre : se désaltérer, étancher sa soif, prendre un verre, se rafraîchir, sabler ◆ fam. : s'abreuver, absorber, arroser, biberonner, se cocarder, écluser, entonner, éponger, godailler, s'humecter / se rincer le gosier, s'imbiber, s'imprégner, lamper, se lester, lever le coude, licher, se mouiller, picoler, pinter, pomper, se rafraîchir, se remplir, siffler, siphonner, siroter, sucer, téter, se taper / vider un verre

**bois** n. m. 1 bocage, boqueteau, bosquet, bouquet d'arbres, chablis, châtaigneraie, chênaie, coudraie, garenne, forêt, fourré, frondaison, futaie, hallier, hêtraie, marmenteau, massif d'arbres, pinède, sapinière, ségrairie, ségrais, selve, sous-bois, sylve, taillis → **plantation** 2 bille, billette, billot, bourrée, branche, brasse, brassée, brindille, bûche, bûchette, cotret, fagot, fagotin, falourde, fascine, rondin 3 copeau, déchet, sciure 4 bois d'œuvre ou de chauffage sous climat tempéré **a** → **conifère** **b** à feuilles caduques : acacia, bouleau, cerisier, charme, châtaignier, chêne, chêne-vert ou yeuse, cormier ou cornouiller ou sorbier, érable ou sycomore, frêne, hêtre ou fayard, merisier, noisetier ou noyer, orme ou ormeau, peuplier, platane, tilleul 5 bois brûlé : arsin 6 des cervidés : andouiller, corne, cors, dague, empaumure, époi, merrain, paumure, ramure, revenue 7 mus. : basson, clarinette, contrebasson, cor anglais, cromorne, flûte, hautbois

**boisage** n. m. 1 consolidation, cuvelage, garnissage, renforcement, soutènement 2 cadre, chapeau, corniche, étai, montant, palplanche, semelle, sole

**boisement** n. m. pépinière, plantation, repeuplement, semis

**boiser** 1 ensemencer, garnir, planter, repeupler 2 consolider, cuveler, étayer, garnir, renforcer, soutenir

**boiserie** n. f. charpente, châssis, huisserie, lambris, menuiserie, moulure, panneau, parquet

**boisson** n. f. apéritif, bière, bouillon, breuvage, café, chaudeau, chocolat, cidre, citronnade, cocktail, coco, cordial, décoction, digestif, drink, eau, eau de mélisse, eau-de-vie, élixir, émulsion, grog, hydromel, hypocras, infusion, julep, jus de fruit, kwas, lait, limonade, liqueur, liquide, maté, mélange, mixture, nectar, orangeade, piquette, poiré, potion, punch, rafraîchissement, remontant, sirop, soda, thé, tisane, vin, vulnéraire → **alcool** ◆ péj. : bibine, rinçure

**boîte** n. f. 1 au pr. : baguier, boîtier, bonbonnière, cagnotte, caisse, caque, carton, case, casier, cassette, cercueil, chancelière, châsse, chocolatière, coffre, coffret, contenant, custode (relig.), drageoir, écrin, emballage, étui, malle, marmotte, nécessaire, plumier, poubelle, poudrier, récipient, reliquaire, tabatière, tirelire, tronc, trousse, valise, vanity-case ◆ vx : cadenas, layette 2 par ext. **a** arg. scol. : bahut, collège, école, lycée, pension **b** administration, affaire, atelier, boutique, bureau, chantier, commerce, entreprise, firme, maison, société, usine **c** → **cabaret** 3 **a** **mise en boîte** → **raillerie** **b** **boîte à sous** → **avare** **c** **boîte noire** → **enregistreur**

**boitement** ou **boiterie** n. m. ou f. boiterie, boitillement, claudication

**boiter** 1 aller clopin-clopant / de travers, béquiller, boitiller, claudiquer, clocher, clopiner, se déhancher 2 brimbaler, bringuebaler, osciller 3 fig. : aller cahin-caha / de travers / mal, clocher, laisser à désirer

**boiteux, euse** 1 **a** bancal, claudicant, éclopé, estropié, infirme, invalide **b** fam. : bancroche, béquillard 2 branlant, de travers, de traviole (fam.), esquinté, inégal, instable, sur trois pattes / pieds 3 faux, incomplet, spécieux

**boîtier** n. m. écrin, étui, palastre ou palâtre → **boîte**

**boitillant, e** dissymétrique, irrégulier, saccadé, sautillant, syncopé

**bol** n. m. coupe, jatte, récipient, tasse

**bolchevique** ou **bolcheviste** nom et adj. communiste, marxiste, révolutionnaire, rouge, socialiste, soviétique

**bolchevisme** n. m. collectivisme, communisme, marxisme, socialisme

**bolduc** n. m. faveur, ruban → **corde**

**bolée** n. f. → **quantité**

**boléro** n. m. 1 → **danse** 2 → **coiffure** 3 → **veste**

**bolet** n. m. bordelais, champignon, cèpe, tête-de-nègre

**bolide** n. m. 1 au pr. : aérolithe, astéroïde, corps céleste, étoile filante, météore, météorite, projectile céleste 2 voiture de course

**bolier** ou **boulier** n. m. → **filet**

**bolivar** n. m. → **coiffure**

**bollard** n. m. → **bite**

**bombance** n. f. fam. bamboche, bamboula, bombe, bringue, dégagement, foire, godaille, java, liesse, partie, réjouissances, ronflée → **fête, repas**

**bombarde** n. f. 1 bouche à feu, canon, mortier, pièce d'artillerie 2 flageolet, hautbois

**bombardement** n. m. arrosage (arg.), barrage, canonnade, marmitage (fam.), mitraillade, mitraillage, tir

**bombarder** 1 canonner, écraser, lancer des bombes, mitrailler, tirer ◆ arg. : arroser, canarder, marmiter 2 accabler, cribler, jeter, lancer, obséder

**bombardier** n. m. 1 → **aviateur** 2 → **avion**

**bombardon** n. m. → **cuivre**

**bombe** n. f. 1 au pr. : charge de plastic, engin, explosif, grenade, machine infernale, obus, projectile, torpille 2 fig. → **bombance** 3 crème glacée, glace, sorbet

**bombé, e** arrondi, bossu, convexe, cintré, courbe, fusiforme, gonflé, renflé, ventru

**bombement** n. m. arrondi, bosse, bouge (techn.), convexité, cintre, courbe, dos d'âne, enflure, gonflement, renflement, tonture, ventre

**bomber** arrondir, cambrer, cintrer, courber, enfler, gondoler, gonfler, redresser, renfler

**bombyx** n. m. → **papillon**

**bon** n. m. attestation, billet, certificat, coupon, coupure, ticket, titre

**bon, bonne** 1 au pr. : accueillant, agréable, amical, avantageux, beau, bien, bienfaisant, bienveillant, congru, convenable, favorable, heureux, intéressant, juste, profitable, propice, propre, salutaire, utile 2 par ext. : acceptable, correct, excellent, exemplaire, incomparable, meilleur, moyen, parfait, passable, satisfaisant, suffisant, utilisable 3 une chose. a un mets : délectable, délicat, excellent, exquis, gustatif, parfait, savoureux, succulent → **fin** b une activité → **rémunérateur** c un sol → **fertile** d une situation : certain, enviable, solide, stable, sûr e un compte : exact, rigoureux, sérieux, strict f un conseil : avisé, éclairé, judicieux, pondéré, prudent, raisonnable, sage, utile g un motif : admissible, convaincant, plausible, recevable, valable h un remède, un moyen : approprié, efficace, opérant, réconfortant, salutaire i activités de l'esprit : adroit, agréable, amusant, beau, bien, drôle, émouvant, habile, instructif, plaisant, spirituel, sublime, touchant j une odeur, un vin → **agréable** 4 la quantité : abondant, complet, considérable, grand, plein 5 par ironie une bonne maladie : bien tassé, carabiné, mauvais, sale 6 quelqu'un. a le corps : bien bâti / planté, costaud, fort, girond, robuste, sain, solide b le caractère : accessible, accueillant, agréable, aimable, altruiste, bénin, benoît, bienfaisant, bienveillant, brave, charitable, clément, compatissant, complaisant, débonnaire, dévoué, doux, estimable, franc, généreux, gentil, gracieux, honnête, humain, humanitaire, indulgent, magnanime, miséricordieux, obligeant, ouvert, philanthrope, pitoyable (vx), secourable, sensible, serviable, sociable *non favorable* : bénin, bonasse, brave, candide, crédule, débonnaire, gogo (fam.), ingénu, innocent, naïf, paterne, simple c le comportement : beau, caritatif, charitable, convenable, courageux, digne, distingué, droit, efficace, énergique, équitable, exemplaire, généreux, héroïque, honnête, honorable, judicieux, juste, louable, méritoire, modèle, moral, noble, raisonnable, utile, vertueux 7 a **bon à, bon pour :** apte, capable, convenable, correct, digne, efficace, favorable, prêt, propice, propre, utile, valable b **faire bon :** agréable, beau, doux, reposant c **tenir bon :** dur, ferme, fermement, fort, solidement d **tout de bon :** effectivement, réellement, sérieusement e **bon à rien** → **fainéant**

**bonasse** crédule, faible, mou, naïf, simple, timoré → **bon** (par ext.)

**bonbon** n. m. bergamote, berlingot, bêtises, calisson, caramel, chatterie, chocolat, confiserie, crotte de chocolat, dragée, fourrés, gourmandise, papillote, pastille, pâte de fruit, praline, roudoudou, sucette, sucre d'orge, sucrerie

**bonbonne** n. f. bouteille, dame-jeanne, fiasque, jaquelin, tourie

**bonbonnière** n. f. 1 au pr. : boîte, chocolatière, coffret, drageoir 2 fig. : boudoir, garçonnière, petit appartement, studio

**bond** n. m. 1 au pr. : bondissement, cabriole, cahot, cascade, entrechat, rebond, ricochet, saut, secousse, sursaut, vol plané 2 par ext. les prix : boom, hausse

**bonde** n. f. 1 d'un étang : daraise, déversoir, tampon, vanne 2 d'un tonneau : bouchon, tampon

**bondé, e** bourré, comble, complet, plein

**bondérisation** n. f. → **galvanisation**

**bondieusard, e** → **bigot**

**bondieuserie** n. f. 1 → **tartuferie** 2 → **fétiche**

**bondir** cabrioler, cahoter, cascader, s'élancer, s'élever, faire des cabrioles / des entrechats / un vol plané, gambader, rebondir, ricocher, sauter, sursauter, voltiger

**bondissant** → **saccadé**

**bondissement** n. m. → **bond**

**bondrée** n. f. → **buse**

**bonheur** n. m. 1 neutre ou fav. a un événement : aubaine, bénédiction, faveur, fortune, heur (vx), pot (arg.), réussite, succès, veine (fam.) → **chance** b un état : ataraxie, béatitude, bien, bien-être, calme, contentement, délices, enchantement, euphorie, extase, félicité, joie (de vivre), le pied (fam.), nirvana, paix, plaisir, prospérité, ravissement, relaxation, satisfaction, septième ciel, sérénité, volupté, voyage (arg.) 2 agrément, avantage, honneur, plaisir 3 épicurisme, eudémonisme, hédonisme

**bonheur-du-jour** n. m. 1 → **bureau** 2 → **commode**

**bonhomie** n. f. 1 amabilité, bonté, douceur, facilité, familiarité, gentillesse, indulgence, simplicité 2 péj. : bonasserie, finasserie, rouerie

**bonhomme** n. m. et adj. a aimable, altruiste, bon, bonasse (péj.), bon enfant, brave, débonnaire, facile, gentil, obligeant, serviable, simple b → **naïf** c péj. : faux jeton (fam.), patelin, simulateur, trompeur → **hypocrite** d fam. : guignol, mec, zigue → **type**

**boni** n. m. avantage, bénéfice, bonus-malus, excédent, gain, guelte, profit, rapport, reliquat, reste, revenant-bon, revenu, solde positif ◆ fam. : bénef, gratte

**boniche** ou **bonniche** n. f. → **bonne**

**bonification** n. f. 1 → **amélioration** 2 → **amendement** 3 → **gratification**

**bonifier** 1 au pr. → **améliorer** 2 par ext. → **gratifier**

**boniment** n. m. 1 battage, bluff, bruit, charlatanisme, parade, publicité, réclame 2 abattage, bagou, bavardage, blague, bobard, compliment, craque, discours, fadaise, hâblerie, histoire, mensonge, parlote, verbiage ◆ fam. : baratin, postiche, salade

**bonimenter** → **baratiner**

**bonimenteur** n. m. 1 au pr. : banquiste, bateleur, bonneteur, camelot, charlatan, forain, rabatteur 2 par anal. : baratineur, beau parleur, blagueur, bluffeur, charlatan, complimenteur, discoureur, flatteur, hâbleur, menteur, raconteur de boniments

**bonite** n. f. pélamyde, thon → **poisson**

**bonjour** n. m. → **salut**

**bonne** n. f. 1 domestique, employée de maison, factotum, femme de chambre / de ménage, servante ◆ péj. : boniche maritorne, souillon 2 bonne d'enfants : gouvernante, nurse

**bonne-maman** n. f. grand-maman, grand-mère, mamie, mémé

**bonnement** de bonne foi, franchement, naïvement, réellement, simplement, sincèrement, vraiment

**bonnet** n. m. 1 baigneuse, bavolet, béguin, charlotte, coiffe, toque 2 d'homme. a béret, calot, chapka, coiffe, colback, couvre-chef, passe-montagne, serre-tête, toque b partic. : barrette, calot, calotte, faluche, mortier 3 → **coiffure** 4 a bonnet de nuit : casque à mèche (fam.) b par anal., quelqu'un, péj. et fam. : baderne, barbon, emmerdeur (grossier), éteignoir, vieille bête

**bonneteau** n. m. → **carte**

**bonneterie** n. f. jersey, sous-vêtement, tricot

**bonnette** n. f. 1 → **forteresse** 2 → **voile**

**bon-papa** n. m. grand-papa, grand-père, papy, pépé

**bonsoir** n. m. adieu, au revoir, bonne nuit, salut

**bonté** n. f. 1 qualité morale. a abnégation, accueil, agrément, altruisme, amabilité, amitié, bénignité, bienfaisance, bienveillance, bonhomie, charité, clémence, compassion, complaisance, cordialité, dévouement, douceur, facilité d'humeur, générosité, gentillesse, gracieuseté, honnêteté, humanité, indulgence, magnanimité, mansuétude, miséricorde, obligeance, ouverture, philanthropie, pitié, serviabilité, sociabilité, tendresse b vx : débonnaireté, dilection c → **qualité** d péj. : candeur, crédulité, ingénuité, innocence, naïveté, simplicité 2 une chose : agrément, avantage, beauté, bienfaisance, convenance, exactitude, excellence, exquisité, force, intérêt, justice, perfection, propriété, utilité, vérité

**bonus** n. m. → **gratification**

**bonze** n. m. 1 moine bouddhiste, prêtre 2 fig. (péj.) : fossile, gâteux, mandarin, pédant, pontife, vieux con, vieil imbécile

**bonzerie** n. f. → **monastère**

**boogie-woogie** n. m. → **danse**

**boom** n. m. 1 accroissement, augmentation, bond, essor, hausse, prospérité, relance 2 → **bal, fête**

**booster** n. m. off. a spat. : accélérateur / impulseur / lanceur / pousseur / propulseur auxiliaire b audiov. : suramplificateur

**boots** n. m. pl. → **botte**

**boqueteau** n. m. → **bois**

**bora** n. f. → **vent**

**borborygme** n. m. bruit, flatulence, flatuosité, gargouillement, gargouillis, murmure confus, ronflement, rot

**bord** n. m. 1 d'une surface : arête, contour, côté, limbe, limite, périmètre, périphérie, pourtour → **bordure** 2 de la mer : accore, batture, côte, estran, grève, lais, laisse (des basses / hautes eaux), littoral, plage, rivage 3 d'une rivière : berge, grève, levée, rivage, rive 4 d'un bois : bordure, lisière, orée 5 d'un puits : margelle, rebord 6 d'une route : banquette, bas-côté, berme, bordure, fossé 7 d'un bateau → **bordage** 8 d'un objet : arête, cadre, contour, entourage, extrémité, frange, grènetis, marge, marli, ourlet, rempli, tranche 9 d'un lit : chevet ◆ vx : rive, ruelle

**bordage** n. m. 1 bord, bordé 2 par ext. : bâbord, bastingage, bau, coupée, couple, pavois, plat-bord, préceinte, rance, tribord, virure

**bordé** n. m. 1 → **bordage** 2 passement

**bordée** n. f. 1 au pr. : ligne de canons, salve 2 fig. et fam. a **tirer une bordée :** escapade, sortie, tournée, virée b **une bordée d'injures :** avalanche, averse, brouettée, charretée, collection, déluge, orage, pelletée, pluie, tas, tombereau

**bordel** n. m. 1 → **lupanar** 2 → **bruit** 3 → **désordre** 4 → **truc**

**border** 1 mar. : caboter, côtoyer, longer, louvoyer 2 s'étendre le long de, limiter, longer 3 par ext. : on borde une chose : cadrer, encadrer, entourer, franger, garnir, liserer, ourler, remplier

**bordereau** n. m. état, facture, justificatif, liste, note, récapitulatif, récapitulation, relevé

**bordier, ère** 1 métayer 2 frontalier, mitoyen

**bordigue** n. f. 1 → **claie** 2 → **enceinte**

**bordure** n. f. 1 agrément, ajout, cordon, crénelage, feston, garniture, grébiche ou grènetis, ligne, ornement 2 → **haie** 3 → **bord**

**boréal, e** arctique, du nord, hyperboréen, nordique, polaire, septentrional

**borgne, esse** hôtel borgne → **lupanar**

**bornage** n. m. délimitation, jalonnement, limite, tracé

**borne** n. f. 1 fin, limite, frontière, marque, terme 2 billot, bitte, bollard, bouteroue 3 fam. : kilomètre

**borné, e** 1 cadastré, circonscrit, défini, délimité, entouré, limité, marqué, tracé 2 fig. : à courte vue, bouché, étroit, limité, obtus, rétréci → **bête**

**borner** 1 au pr. : cadastrer, circonscrire, délimiter, entourer, limiter, marquer 2 par ext. a confiner à, être en limite de, terminer, toucher à b arrêter, barrer, boucher, fermer, intercepter, restreindre 3 fig. : faire obstacle à, mettre un terme à, modérer, réduire 4 v. pron. : se cantonner dans, se circonscrire à, se confiner dans, se contenter de, ne faire que, se limiter / se réduire / se restreindre / s'en tenir à

**bort** n. m. → **diamant**

**bortsch** n. m. → **potage**

**bosquet** n. m. → **bois**

**bossage** n. m. anglet, refend, relief, ronde-bosse, saillie

**bossa-nova** n. f. → **danse**

**bosse** n. f. 1 au pr. : beigne, cabosse, cyphose, enflure, excroissance, gibbosité, grosseur, protubérance, tumeur 2 fig. a arrondi, bosselure, convexité, éminence, enflure, excroissance, grosseur, protubérance, renflement b → **don**

**bosseler** abîmer, bossuer, cabosser, déformer, fausser, marteler

**bosselure** n. f. → **déformation**

**bosser** fam. : turbiner → **travailler**

**bosseur** n. m. → **travailleur**

**bossu, e** au pr. : boscot, contrefait, difforme, estropié, gibbeux, tordu

**bot, e** varus (vét.)

**botanique** n. f. étude des végétaux, herborisation (vx)

**botaniste** n. m. herborisateur (vx)

**botte** n. m. ou f. 1 balle, bouquet, bourrée, brassée, fagot, faisceau, gerbe, javelle, manoque, touffe 2 boots, bottillon, bottine, brodequin, cuissardes, houseaux, snow-boot 3 a **lécher les bottes :** courtiser, flagorner, flatter b **à sa botte :** à sa dévotion, à ses ordres c **coup de botte :** coup de pied, shoot d **ça fait ma botte :** ça me convient, ça fait mon affaire, ça me va e **y laisser ses bottes :** y perdre tout, être tué 4 escrime : attaque, coup, secret

**botteler** assembler, attacher, gerber, grouper, lier

**botter** 1 chausser 2 aller, convenir, faire l'affaire, plaire, trouver chaussure à son pied 3 shooter, taper

**bottier** n. m. chausseur → **cordonnier**

**bottine** n. f. 1 → **botte** 2 → **chaussure**

**botulisme** n. m. intoxication botulique → **maladie**

**bouhouler** hululer → **crier**

**boucan** n. m. 1 fam. : raffut, tapage, vacarme → **bruit** 2 → **gril**

**boucaner** dessécher, durcir, conserver, cuire au soleil, fumer (par ext.), sécher

**boucanier** n. m. aventurier, coureur / écumeur des mers, pirate

**bouchage** n. m. fermeture, obturation, occultation, réparation (méd.)

**boucharde** n. f. → **marteau**

**bouche** n. f. 1 cavité buccale 2 fam. : bec, boîte, claque-merde, claquette, goule, gueule, margoulette, moule à gaufres, museau, piège à mouches → **gosier** 3 bec, gueule, mandibule, suçoir, trompe 4 fig. : embouchure, entrée, orifice, ouverture 5 **fine bouche :** délicat, difficile, fin bec, gourmand, gourmet

**bouché, e** 1 au pr. : fermé, obstrué, obturé, occulté 2 le temps : bas, brumeux, couvert, menaçant 3 fig. → **bête**

**bouchée** n. f. 1 becquée, goulée, lippée, morceau 2 **bouchée à la reine :** timbale, vol-au-vent

**boucher** 1 au pr. a sens général : clore, fermer, jointoyer, obstruer, obturer b un trou : aveugler, calfeutrer, colmater, luter, obstruer, occulter, ruiler, taper (mar.) c une voie d'eau : aveugler, étancher, étouper, tamponner (vx) d un passage : barrer, condamner, encombrer, murer e la vue : intercepter, offusquer f méd. : bloquer, constiper 2 fig. **en boucher un coin :** clouer le bec, épater, étonner, laisser pantois / sans voix, réduire au silence 3 v. pron. : s'engorger

**boucher, ère** n. m. ou f. 1 au pr. : chevillard, détaillant, étalier, tueur 2 fig. péj. : bourreau, chasseur, chirurgien, militaire

**boucherie** n. f. 1 au pr. : abattoir, commerce de la viande, échaudoir, étal 2 fig. : carnage, guerre, massacre, tuerie

**bouche-trou** n. m. fig. fam. : doublure, extra, figurant, remplaçant, utilité

**bouchon** n. m. 1 poignée de paille, tampon, tapon 2 petit restaurant → **cabaret** 3 bonde, bondon, fermeture → **clapet**

**bouchonnage** et **bouchonnement** n. m. friction, massage, pansage, soins

**bouchonner** 1 chiffonner, froisser, mettre en bouchon, tordre 2 frictionner, frotter, masser, panser, soigner

**bouchot** n. m. moulière, parc à moules

**bouclage** n. m. techn. : feed-back, rétroaction → **fermeture**

**boucle** n. f. 1 au pr. a agrafe, anneau, ardillon, assemblage, attache, bélière, bogue, erse, esse, faucre, fermeture, fermoir, fibule, œillet, vervelle b mar. : estrope, organeau c bijou, clip, dormeuse, pendant d'oreille 2 par ext. : accroche-cœur, anglaises, bouclette, boudin, crêpelure, frisette, frison, frisottis, frisure, guiches

**boucler** 1 friser, onduler ◆ vx ou rég. : calamistrer, ourler 2 v. tr. attacher, capeler (mar.), fermer, serrer 3 fam. enfermer, mettre au clou / au gnouf / à l'ombre / au trou → **emprisonner**

**bouclier** n. m. 1 au pr. : arme, écu, pavois, rondache, rondelle, targe, tortue 2 fig. : abri, carapace, cuirasse, défense, palladium, protection, rempart, sauvegarde

**bouder** battre froid, être fâché / en froid / maussade / de mauvaise humeur, faire la grimace / la gueule / la tête / la moue, grogner, rechigner, refuser

**bouderie** n. f. brouille, brouillerie, dépit, désaccord, différend, discorde, dispute, fâcherie, humeur, malentendu, mésentente, moue, querelle, trouble

**boudeur, euse** buté, grognon, maussade, renfrogné

**boudin** n. m. 1 bourrelet 2 → **boucle** 3 → **fille**

**boudiné, e** 1 collant, comprimé, entortillé, étouffé, étriqué, saucissonné, serré, tordu, tortillé 2 → **rondelet**

**boudoir** n. m. cabinet particulier, petit bureau / salon

**boue** n. f. 1 au pr. : alluvion, bourbe, crotte, crottin, dépôt, éclaboussure, fagne, fange, gâchis, gadoue, immondices, jet, lie, limon, margouillis, merde, mouscaille, sédiment, tourbe, vase 2 fig. : abjection, abomination, bassesse, corruption, débauche, impureté, infamie, ordure, stupre, vice, vilenie

**bouée** n. f. balise, flotteur, gilet de sauvetage

**boueux, euse** 1 au pr. : bourbeux, fangeux, limoneux, marécageux, merdeux, palustre, tourbeux, vaseux 2 fig. : abject, bas, corrompu, impur, infâme, malodorant, ordurier, trouble, vicieux

**bouffant, e** ballonnant, blousant, gonflant → **ample**

**bouffarde** n. f. brûle-gueule, pipe

**bouffe** adj. bouffon, burlesque → **comique**

**bouffe** n. f. → **cuisine**

**bouffée** n. f. 1 au pr. : accès de chaleur, courant d'air, émanation, exhalaison, haleine, halenée, souffle, vapeur 2 fig. : accès, explosion, manifestation, mouvement, passage, traînée 3 **par bouffées :** par accès / à-coups / intervalles

**bouffer** 1 au pr. : ballonner, enfler, gonfler 2 → **bâfrer**

**bouffetance** n. f. → **cuisine**

**bouffeur** → **bâfreur**

**bouffi, e** 1 ballonné, boursouflé, empâté, enflé, gras, gros, joufflu, mafflu, obèse, soufflé, turgescent, turgide, vultueux → **gonflé** 2 → **orgueilleux** 3 plein, rempli → **ampoulé**

**bouffir** ballonner, boursoufler, devenir bouffi, enfler, engraisser, gonfler, grossir

**bouffissure** n. f. 1 quelqu'un. a au pr. : ballonnement, bosse, boursouflure, cloque, embonpoint, empâtement, enflure, gonflement, grosseur, intumescence, obésité b fig. → **vanité** 2 une chose : boursouflage, emphase, gongorisme, grandiloquence

**bouffon** n. m. 1 arlequin, baladin, bateleur, bobèche (vx), bouffe, clown, comique, fagotin, farceur, gille, gugusse, histrion, nain, paillasse, pantalon, pantin, pasquin, pitre, plaisantin, polichinelle, queue-rouge, saltimbanque, zanni → **fou** 2 adj. : burlesque, cocasse, comique, drôle, fantaisiste, folâtre, grotesque, ridicule, rigolo, truculent

**bouffonnerie** n. f. arlequinade, atellanes, batelage, clownerie, comédie, drôlerie, farce, joyeuseté, pantalonnade, pasquinade, pitrerie, plaisanterie

**bouge** n. m. 1 → **taudis** 2 a → **cabaret** b → **lupanar** 3 techn. : bombement, convexité, incurvation, renflement

**bougeoir** n. m. par ext. : bobèche, brûle-tout, chandelier, chandelle, lumière, lumignon

**bouger** 1 v. intr. : s'agiter, aller et venir, avoir la bougeotte, broncher, changer de place, ciller, se déplacer / déranger / mouvoir, locher (vx), partir, remuer, ne pas rester en place, voyager 2 v. tr. : agiter, changer, déplacer, déranger, mouvoir → **remuer**

**bougie** n. f. chandelle, cierge, lumignon ◆ arg. : camoufle

**bougna** ou **bougnat** n. m. 1 → **auvergnat** 2 → **cabaretier**

**bougnoul** ou **bougnoule** ou **bounioul** n. m. → **maghrébin**

**bougon, ne** → **grognon**

**bougonnement** n. m. → **protestation**

**bougonner** → **grogner**

**bougre, esse** 1 nom. a bonhomme, brave homme, drôle, gaillard, luron b non fav. : individu, oiseau, pistolet, quidam → **type** 2 interj. : bigre, fichtre, foutre (grossier) 3 **bougre de :** espèce de

**bougrement** bigrement, drôlement, terriblement, vachement (fam.) → **beaucoup**

**boui-boui** n. m. → **bouge**

**bouif** n. m. → **cordonnier**

**bouillabaisse** n. f. 1 par ext. : matelote, soupe de poisson 2 fig. : bazar, embrouillamini, fourbi, gâchis, mélange, pastis, salade

**bouillant, e** fig. → **bouillonnant**

**bouille** n. f. 1 au pr. a pour le lait : berthe, pot, récipient, vase b pour la vendange : hotte 2 fig. → **tête**

**bouilleur** n. m. distillateur

**bouilli** n. m. → **pot-au-feu**

**bouilli, e** adj. : cuit, ramolli, stérilisé

**bouillie** n. f. 1 au pr. a blanc-manger, compote, consommé, coulis, crème, décoction, gaude, marmelade, polenta, purée b techn. : barbotine, laitance, laitier, pulpe c méd. : chyme, exsudat 2 fig. → **confusion**

**bouillir** 1 bouillonner, bouillotter, cuire, frémir, mijoter, mitonner 2 fig. : s'agiter, bouillonner, s'échauffer, s'emporter, être en effervescence, s'exaspérer, exploser, fermenter, frémir, s'impatienter, se mettre en colère / en fureur, ronger son frein, sortir de ses gonds

**bouilloire** n. f. bouillotte, coquemar, samovar

**bouillon** n. m. 1 bisque, bortsch, brouet, chaudeau, concentré, consommé, court-bouillon, pot-au-feu, soupe, velouté → **potage** 2 par ext. : gargote (péj.), restaurant, self-service 3 fig. **boire un bouillon :** la tasse → **échouer**

**bouillonnant, e** actif, ardent, bouillant, chaleureux, chaud, effervescent, emballé, embrasé, emporté, endiablé, enflammé, enthousiaste, exalté, excité, fanatique, fébrile, fervent, fiévreux, fougueux, frémissant, frénétique, furieux, généreux, impatient, impétueux, incandescent, le sang chaud / prompt / vif, passionné, prompt, spumescent, spumeux, tout feu tout flamme, tumultueux, véhément, vif, violent, volcanique

**bouillonnement** n. m. 1 au pr. : ébullition, fermentation 2 fig. : activité, acharnement, agitation, alacrité, amour, animation, ardeur, avidité, brasier, chaleur, convoitise, désir, échauffement, effervescence, emballement, embrasement, émotion, emportement, empressement, enthousiasme, éruption, exaltation, excitation, fanatisme, fébrilité, ferveur, feu, flamme, force, fougue, frémissement, frénésie, fureur, impatience, impétuosité, incandescence, lyrisme, mouvement, passion, promptitude, surexcitation, tumulte, véhémence, vie, vigueur, violence, vitalité, vivacité, volcanisme

**bouillonner** → **bouillir**

**bouillotte** n. f. 1 brelan, jeu de cartes 2 → **bouilloire** 3 boule, bouteille, cruche, cruchon 4 par ext. : brique, chaufferette, moine 5 → **bouille**

**bouillotter** → **bouillir**

**boulange** n. f. fam. : boulangerie

**boulanger, ère** 1 nom, par ext. : gindre, mitron 2 adj. : panifiable

**boule** n. f. 1 au pr. : balle, ballon, ballotte (vx), bille, boulet, boulette, bulle, cochonnet, globe, pelote, peloton, pomme, pommeau, sphère 2 jeu de boules : bilboquet, billard, billard japonais, billard nicolas, boule lyonnaise, boulier, bowling, passe-boules, pétanque, quilles 3 a **se mettre en boule** → **colère** b **perdre la boule :** le nord, la tête

**bouleau** n. m. → **bois**

**boule-de-neige** n. f. obier → **viorne**

**bouledogue** n. m. → **chien**

**bouler** 1 débouler, dégringoler, dévaler, s'écrouler, s'effondrer, rouler, tomber 2 agiter, bouillir, fatiguer, remuer, touiller, troubler 3 fig.**envoyer bouler :** éconduire, envoyer promener, repousser

**boulet** n. m. 1 au pr. : obus, projectile 2 fig. : affliction, angoisse, chagrin, châtiment (péj.), désespoir, douleur, épreuve, peine (neutre ou péj.), souci, souffrance, tourment

**boulette** n. f. 1 au pr. : croquette 2 fig. → **erreur**

**boulevard** n. m. allée, avenue, cours, levée, mail, promenade, rempart, rocade

**boulevardier, ère** par ext. : à la mode, mondain, primesautier, railleur, satirique, vif, viveur (péj.)

**bouleversant, e** → **émouvant**

**bouleversement** n. m. 1 → **agitation** 2 → **changement**

**bouleverser** 1 quelque chose. a abattre, agiter, brouiller, casser, changer, contester, déranger, détruire, ébranler, faire sauter, fouiller, modifier, perturber, propager la subversion, ravager, réformer, renverser, révolutionner, ruiner, saccager, subvertir (vx), troubler b fam. : chambarder, chambouler, farfouiller, ficher / foutre / mettre en l'air le bazar / bordel / en désordre / sens dessus dessous / en pagaille, trifouiller, tripatouiller 2 on bouleverse quelqu'un : déconcerter, décontenancer, ébranler, émouvoir, mettre sens dessus dessous, paniquer (fam.), retourner, secouer, toucher, tourneboulér, troubler

**boulier** n. f. abaque, calculateur, compteur

**boulimie** n. f. 1 au pr. : appétit, faim, gloutonnerie, goinfrerie, grand-faim, insatiabilité 2 fig. : appétit, ardeur, curiosité, désir

**boulimique** → **glouton**

**boulin** n. m. 1 → **poutre** 2 → **trou**

**bouline** n. f. → **cordage**

**boulingrin** n. m. gazon, jeu de boules, parterre, tapis vert

**bouloir** n. m. → **auge**

**boulon** n. m. → **cheville**

**boulonner** 1 au pr. : assujettir, assurer, attacher, fixer, lier, maintenir, river, visser 2 fig. → **travailler**

**boulot, te** court, courtaud, gras, grassouillet, obèse, rond, rondouillard, rondelet, trapu

**boulot** n. m. → **travail**

**boulotter** → **manger**

**boum** 1 n.f.→ **bal** 2 n.m.→ **travail**

**boumer** → **bicher**

**bouquet** n. m. 1 brassée, gerbe 2 fig. a **c'est le bouquet :** le comble, le plus beau, il ne manquait plus que ça (fam.) b assemblage, assemblée, assistance, groupe, parterre, réunion c apothéose, clou, finale, sommet, summum 3 d'arbres → **bois**

**bouquetier, ère** n. m. ou f. fleuriste

**bouquin** n. m. 1 au pr. : bouc, lièvre mâle 2 par anal. a satyre b → **livre** c → **cor**

**bouquiner** 1 → **lire** 2 → **brocanter** 3 → **accoupler (s')**

**bouquiniste** n. m. ou f. → **brocanteur**

**bourbeux, euse** 1 → **boueux** 2 → **impur**

**bourbier** n. m. 1 → **marais** 2 → **impureté**

**bourbillon** n. m. → **bouton**

**bourbon** n. m. → **alcool**

**bourbonien** → **busqué**

**bourde** n. f. 1 → **bêtise** 2 → **erreur**

**bourdon** n. m. 1 bâton, canne, houlette 2 cloche 3 cafard, découragement, ennui, mélancolie, spleen, tristesse, vague à l'âme

**bourdonnant, e** → **bruyant**

**bourdonnement** n. m. bruissement, bruit de ruche / sourd et continu, chuchotement, chuintement, cornement, fredonnement, froufroutement, murmure, musique, ronflement, ronron, ronronnement, vrombissement

**bourdonner** bruire, fredonner, froufrouter, murmurer, ronfler, ronronner, vrombir

**bourg** → **village**

**bourgade** → **village**

**bourgeois, oise** n. m. ou f. 1 au pr. a citadin, habitant des villes b classe sociale : cadre, dirigeant, élite, homme à l'aise, rentier, riche c arg. : cave 2 par ext. a civil b employeur, patron, singe (arg.) c au fém. : épouse, femme ◆ fam. : gouvernement, moitié, patronne d → **réactionnaire** e → **policier** 3 péj. : béotien, borné, commun, conformiste, conservateur, égoïste, étriqué, grossier, lourd, médiocre, nanti, pantouflard, philistin, repu, vulgaire

**bourgeoisie** n. f. gens à l'aise

**bourgeon** n. m. 1 au pr. : bourre, bouton, bulbille, caïeu, chaton, drageon, gemme, gemmule, greffe, maille, mailleton, pousse, rejet, rejeton, stolon, turion 2 fig. : acné, bouton, gourme

**bourgeonnement** n. m. au pr. : débourrement, démarrage, départ, pousse

**bourgeonner** 1 au pr. : débourrer, jeter / mettre / pousser des bourgeons 2 fig. : avoir des boutons, boutonner, fleurir

**bourgmestre** n. m. → **maire**

**bourlinguer** → **naviguer**

**bourrache** n. f. → **tisane**

**bourrade** n. f. → **poussée**

**bourrage** n. m. 1 au pr. a action de bourrer : approvisionnement, chargement, garnissage, empilage, remplissage, tassement b matière : bourre, capiton, crin, duvet, garniture, kapok, laine, rembourrage 2 fig. bourrage de crâne : baratin, battage, bluff, boniment, exagération, mensonge, mise en condition, persuasion, propagande, publicité

**bourrasque** n. f. coup de chien / de tabac / de vent, cyclone, orage, ouragan, rafale, tempête, tornade, tourbillon, tourmente, trombe, typhon, vent, vente, ventée

**bourratif, ive** → **nourrissant**

**bourre** 1 au pr. : n.f. a duvet, jarre, feutre, poil b → **bourrage** 2 fig. n.m. (arg.) → **policier**

**bourré, e** 1 au pr. : complet, empli, plein, rassasié, rempli 2 fig. → **ivre**

**bourreau** n. m. 1 bras séculier (vx), exécuteur / maître des hautes œuvres, guillotineur, monsieur de Paris, tueur ◆ arg. : béquillard 2 fig. meurtrier, sadique, sanguinaire, tortionnaire

**bourrée** n. f. 1 → **danse** 2 → **fagot**

**bourrèlement** n. m. → **tourment**

**bourreler** → **tourmenter**

**bourrelet** n. m. 1 au pr. : calfeutrage, garniture 2 par ext. : boudin, enflure, excroissance, grosseur, renflement, retroussis, saillie

**bourrelier** n. m. sellier

**bourrellerie** n. f. sellerie

**bourrer** 1 au pr. a sens général : approvisionner, charger, combler, empiler, emplir, garnir, remplir, tasser b techn. : capitonner, cotonner, empailler, fourrer, garnir, matelasser, rembourrer 2 fig. a quelqu'un. De victuailles : faire bouffer, gaver, gouger (rég.), remplir b de travail → **accabler** c de coups → **battre** d le crâne : baratiner (fam.), faire du battage *et les syn. de* battage, faire de la propagande / de la publicité, bluffer, bonimenter (fam.), endormir, exagérer, mentir, mettre en condition, persuader e une chose : farcir, garnir, orner, truffer

**bourrer (se)** → **enivrer (s')**

**bourriche** n. f. → **panier**

**bourrichon** n. m. (fam.) Bonnet, caboche, cafetière, caillou, cervelle, crâne → **tête**

**bourricot** ou **bourriquot** n. m. ânon, bourriquet, petit âne → **âne**

**bourrin** n. m. canasson → **cheval**

**bourrique** n. f. 1 au pr. → **âne** 2 fig. a → **bête** b → **policier**

**bourru, e** 1 au pr. : brut, grossier, mal dégrossi, rude 2 fig. : abrupt, acariâtre, brusque, brutal, cassant, chagrin, cru, disgracieux, hargneux, hirsute, maussade, mauvais, de mauvaise / méchante humeur, peu avenant, raide, rébarbatif, renfrogné, rude, sec

**bourse** n. f. 1 objet. : aumônière, cassette, escarcelle, gibecière, poche, porte-monnaie, sac, sacoche 2 le lieu : corbeille, coulisse, marché, parquet 3 par ext. : aide, argent, avance, dépannage, don, facilité, prêt, prêt d'honneur, secours, subside, subvention 4 capsule, enveloppe, poche, sac 5 au pl. a gonade mâle, parties nobles, sac, scrotum, testicules b triperie : amourettes, rognons blancs c arg. : attributs, bijoux de famille, bonbons (du baptême), burettes, choses, couilles, joyeuses, noix, précieuses, roubignoles, roustons, valseuses d **bourse-à-pasteur :** capselle

**boursicotage** n. m. → **spéculation**

**boursicoter** agioter, bricoler à la Bourse, hasarder, jouer, miser, spéculer, traficoter, trafiquer, tripoter (péj.)

**boursicoteur, euse** ou **boursicotier, ière** → **spéculateur**

**boursouflé, e** 1 phys. → **bouffi** 2 fig. → **ampoulé**

**boursoufler (se)** se ballonner, se bouffir, se cloquer, enfler, gonfler, grossir, se météoriser, se soulever, se tendre, se tuméfier

**boursouflure** n. f. 1 adénite, adénome, ampoule, anasarque, ballonnement, bouffissure, boursouflage, boursouflement, bubon, bulle, cloche, cloque, enflure, gonflement, grosseur, météorisation, œdème, pétéchie, phlébite, phlyctène, soufflure, soulèvement, tension, tuméfaction, tumeur, turgescence, vésicule 2 végétaux : galle, teigne

**bouscueil** n. m. → **débâcle**

**bousculade** n. f. accrochage, chahut (fam.), désordre, échauffourée, heurt, mouvement, remous, secousse

**bousculer** 1 au pr. a sens général : bouleverser, chahuter, chambouler, déranger, mettre en désordre / sens dessus dessous, secouer b un adversaire : battre, chasser, culbuter, éliminer, évincer, pousser, repousser, vaincre c quelqu'un : accrocher, heurter, pousser 2 fig. : agiter, aiguillonner, avertir, donner un avertissement, exciter, exhorter, gourmander, presser, rappeler à l'ordre, secouer, stimuler ◆ fam. : asticoter, tarabiscoter, tarabuster

**bouse** n. f. bousin, excrément, fient, fiente, merde → **excrément**

**bousillage** n. m. 1 bauge, mortier de terre, pisé, torchis 2 fig. : gâchis, massacre, matraquage

**bousiller** 1 techn. : bâtir, construire en bousillage 2 → **abîmer**

**bousilleur, euse** → **destructeur**

**boussole** n. f. compas, déclinatoire, rose des vents

**boustifaille** n. f. 1 → **nourriture** 2 → **bombance**

**bout** n. m. 1 → **extrémité** 2 → **morceau** 3 a **bout à bout :** à la queue leu leu, à la suite, l'un après l'autre b **le bout du sein :** aréole, bouton, mamelon, tétin, téton c **à bout portant :** à brûle-pourpoint, au débotté, directement, ex abrupto, immédiatement, sans crier gare d **mettre les bouts** (fam.) : décamper, décaniller, filer, se tirer e **être à bout.** phys. : anéanti, claqué, crevé, épuisé, fatigué, rendu, rompu, sur les genoux, sur les rotules (fam.) ◆ moral : anéanti, à quia, dégonflé, démoralisé, n'en pouvoir plus, être déprimé / excédé / vaincu → **capituler** f **venir à bout** → **réussir** g **mettre bout à bout** → **joindre** h **mener à bout :** à bonne fin, à terme i **de cigarette :** mégot j **de pain, de viande :** miette, morceau, tranche

**boutade** n. f. mot, pique, plaisanterie, pointe, propos, repartie, saillie, trait ◆ péj. : accès, à-coup, bizarrerie, bouderie, brusquerie, caprice, extravagance, fantaisie, foucade, humeur, incartade, lubie, mauvaise humeur, méchanceté, mouvement, pique, saute, toquade

**boute-en-train** n. m. → **farceur**

**boutefeu** n. m. contestataire, extrémiste, fanatique, querelleur, terroriste

**bouteille** n. f. 1 balthazar, bordelaise, canette ou cannette, carafe, carafon, chopine, dame-jeanne, demie, enfant de chœur, fiasque, fillette, fiole, flacon, frontignan, gourde, impériale, jéroboam, litre, magnum, mathusalem ou impériale, nabuchodonosor, quart, siphon, tourie ◆ arg. : betterave, kil, litron, pieu, roteuse, rouille, trou 2 vide : cadavre (fam.) 3 pl. (mar.) → **water-closet**

**bouteiller** ou **boutillier** n. m. → **échanson**

**bouter** → **repousser**

**bouteur** n. m. → **bulldozer**

**boutique** n. f. 1 au pr. → **magasin** 2 fig. a un lieu → **boîte** b des objets → **bazar**

**boutiquier, ère** n. m. ou f. → **marchand**

**boutisse** n. f. → **pierre**

**boutoir** n. m. → **défense**

**bouton** n. m. 1 → **bourgeon** 2 de porte : bec-de-cane, loquet, poignée 3 électrique : commutateur, interrupteur 4 méd. : acné, bourbillon, chancre, excoriation, pétéchie, pustule, scrofule, tumeur, urtication, vérole, vésicule → **boursouflure, verrue**

**bouton-d'argent** n. m. achillée, corbeille-d'argent, millefeuille, renoncule

**bouton-d'or** n. m. bassinet, populage, renoncule, souci d'eau

**boutonner** 1 → **bourgeonner** 2 assurer, attacher, fermer, fixer

**boutonneux, euse** acnéique, bourgeonnant, grêlé, grenu, pustuleux

**boutonnière** n. f. 1 au pr. : bride, fente, œillet, ouverture 2 par ext. (méd.) : incision, ouverture

**boutre** n. m. → **bateau**
**bouture** n. f. par ext. : barbue (helv.), crossette, drageon, greffe, greffon, mailleton, marcotte, plançon, plantard, provin, sautelle
**bouturer** par ext. : enter, greffer
**bouverie** n. f. → **étable**
**bouvet** n. m. gorget, rabot
**bouvier, ère** n. m. ou f. cow-boy (vx et partic.), gardian, gaucho, toucheur de bœufs, vacher
**bouvière** n. f. [1] bouvril → **étable** [2] cyprin → **poisson**
**bouvillon** n. m. jeune bœuf, taurillon, veau
**bouvreuil** n. m. petit-bœuf, pivoine
**bovarysme** n. m. ambition / imagination délirante, insatisfaction → **ennui**
**bovidés** n. m. pl. [1] bovin, cavicorne **a** → **bœuf** **b** → **vache** **c** → **antilope** **d** → **chèvre** **e** → **chamois** **f** → **mouton** [2] par ext. : → **bête**
**bovin, ine** [1] → **bovidés** [2] → **bête**
**bow-window** n. m. bay-window, oriel
**box** n. m. [1] **a** alcôve, case, cellule, chambrette, coin, compartiment, logement, logette, réduit **b** des accusés : banc, coin [2] pour animaux et / ou choses : case, coin, écurie, garage, loge, réduit, remise
**boxe** n. f. [1] boxe anglaise : art pugilistique, noble art, pugilat [2] boxe française : savate
**boxer** n. m. → **chien**
**boxer** assener un coup, cogner, marteler, tambouriner, taper → **battre**
**boxeur, euse** pugiliste, poids coq / léger / lourd / moyen / plume
**boxon** n. m. → **lupanar**
**boy** n. m. cuisinier, domestique, factotum, garçon, groom, jardinier, serviteur
**boyard** n. m. → **noble**
**boyau** n. m. [1] au pr. : entrailles, tripes (animaux ou péj.), viscères [2] **boyau de chat** : catgut [3] par ext. **a** conduit, tube, tuyau **b** chemin, communication, galerie, passage, tranchée
**boyauter (se)** → **rire**
**boycott** ou **boycottage** n. m. [1] → **blocus** [2] → **quarantaine**
**boycotter** frapper d'interdit / d'ostracisme, interdire, jeter l'interdit, mettre à l'index / en quarantaine, refouler, refuser, rejeter, suspendre les achats / les affaires / le commerce / les échanges / les relations commerciales
**boy-scout** n. m. éclaireur, louveteau, pionnier, ranger, routier, scout
**brabant** n. m. → **charrue**
**bracelet** n. m. anneau, bijou, chaîne, gourmette, jonc
**braconnage** n. m. chasse, délit de chasse / de pêche, piégeage
**braconner** chasser, écumer, fureter, pêcher, poser des collets, tendre des pièges
**braconnier** n. m. colleteur, écumeur (fig.), piégeur, poseur / tendeur de collets / pièges, tueur
**brader** bazarder (fam.), liquider, mettre en solde, sacrifier, solder
**braderie** n. f. foire, kermesse, liquidation, marché, soldes, vente publique
**bradype** n. m. aï, paresseux → **singe**
**braguette** n. f. [1] arg. : coquette ◆ [2] par ext. : aiguillette (vx), pont (mar.)
**brahmane** n. m. → **prêtre**
**brahmanisme** n. f. hindouisme (par ext.), métempsycose
**brai** n. m. [1] → **résidu** [2] → **goudron**
**braie** n. f. → **culotte**
**braillard, e** ou **brailleur, euse** n. et adj. criard, fort en gueule, gueulard, piaillard, pleurard, pleurnichard, pleurnicheur
**braillement** n. m. → **bramement**
**brailler** → **crier**
**braiment** n. m. → **bramement**
**brain-trust** n. m. experts, technocrates
**braire** → **crier**
**braise** n. f. [1] au pr. : brandon, charbon de bois, fumeron, tison [2] arg. → **argent**
**braisière** n. f. cocotte, daubière, fait-tout ou faitout, huguenote, marmite
**bramement** n. m. [1] au pr. : appel, braiment, chant, cri, plainte, voix [2] fig. : braillement, hurlement, jérémiade, plainte ◆ fam. : criaillerie, gueulante
**bramer** → **crier**
**bran** n. m. [1] son [2] sciure [3] → **excrément** [4] → **déchet**
**brancard** n. m. [1] au pr. d'une voiture : limon, limonière, longeron, prolonge [2] par ext. : bard, chaise, civière, comète, filanzane, palanquin, timon
**brancardier, ère** n. m. ou f. ambulancier, infirmier, secouriste
**branchage** n. m. frondaison, ramée, ramure → **branche**
**branche** n. f. [1] au pr. : branchette, brin, brindille, crossette, ergot, feuillard, flèche, gourmand, marre, palme, pampre, rameau, ramée, ramille, ramure, rouette, scion, têteau, tige [2] d'un cerf → **bois** [3] fig. **a** d'une voûte : nervure **b** généalogie : ascendance, famille, filiation, lignée **c** d'une science : département, discipline, division, spécialité
**branchement** n. m. [1] bifurcation, carrefour, fourche [2] articulation, assemblage, conjonction, conjugaison, contact, jointure, jonction, raccord, suture, union [3] par ext. : changement, orientation
**brancher** [1] pendre [2] → **joindre**
**branchies** n. f. pl. opercules, ouïes
**brande** n. f. [1] bruyère, lande [2] brassée, brindilles, fagot, ramée
**brandebourg** n. m. [1] broderie, cordon, galon, passementerie [2] abri, berceau, fabrique, gloriette, kiosque, pavillon, tonnelle
**brandir** agiter, balancer, élever, exposer, mettre en avant, montrer
**brandon** n. m. [1] braise, charbon, escarbille, étincelle, flambeau, tison, torche [2] fig. : cause, élément, ferment, prétexte, provocation
**brandy** n. m. → **alcool**
**branlant, e** brimbalant, bringuebalant, cahotant, chancelant, flexible, incertain, instable, peu sûr
**branle** n. f. [1] → **balancement** [2] → **mouvement** [3] hamac
**branle-bas** n. m. [1] au pr. : alarme, alerte, appel, avertissement, dispositif d'alarme / d'urgence, signal d'alarme [2] par ext. : affolement, agitation, effroi, émoi, émotion, épouvante, frayeur, frousse, panique, qui-vive, transe
**branlement** n. m. → **balancement**
**branler** [1] → **agiter** [2] → **chanceler**
**braque** n. m. [1] au pr. un chien : braque allemand / français / hongrois / italien / saint-Germain / de Weimar, chien d'arrêt / du Bengale / du Bourbonnais [2] quelqu'un : brindezingue (fam.), lunatique, mauvais caractère / coucheur (fam.) → **bizarre**
**braquer** [1] une chose. → **diriger** [2] quelqu'un. **a** → **contrarier** **b** → **viser** **c** quelqu'un contre → **exciter** [3] autom. : obliquer, tourner, virer
**braquet** n. m. dérailleur, pignon
**bras** n. m. [1] fig. **a** agent, aide, bourreau, défenseur, homme, instrument, main-d'œuvre, manœuvre, soldat, travailleur **b** bras droit → **adjoint** **c** vivre de ses bras : activité, labeur → **travail** **d** le bras de Dieu : autorité, châtiment, force, pouvoir, puissance, vengeance **e** bras d'un fauteuil : accoudoir, appui **f** méc. → **bielle** **g** bras de mer : chenal, détroit, lagune **h** le bras long : autorité, crédit, influence **i** bras de chemise : manche **j** un bras de fer : autorité, brutalité, courage, décision, force, inflexibilité, tyrannie, volonté [2] par ext. : giron, sein
**brasage** n. m. → **soudure**
**braser** n. m. souder → **joindre**
**brasero** n. m. barbecue, chaufferette
**brasier** n. m. [1] au pr. : feu, fournaise, foyer, incendie [2] fig. : ardeur, passion
**brasiller** [1] briller, étinceler, flamboyer, scintiller [2] → **griller**
**brassage** n. m. → **mélange**
**brassard** n. m. bande, bandeau, crêpe, signe
**brasse** n. f. [1] → **longueur** [2] → **capacité** [3] → **nage**
**brassée** n. f. → **quantité**
**brasser** [1] → **mélanger** [2] pétrir [3] machiner, ourdir, remuer, traiter, tramer
**brasserie** n. f. bar, bouillon, buffet, cafétéria, drugstore, estaminet, grill, pub, rôtisserie, self-service, snack, snack-bar, taverne → **cabaret, restaurant**
**brassière** n. f. [1] vêtement : cache-cœur, camisole, chemisette, gilet, liseuse [2] appareil : bretelle, bricole, courroie, lanière
**brassin** n. m. → **récipient**
**brasure** → **soudure**
**bravache** n. m. brave, bravo, capitan, fanfaron, fendant, fier-à-bras, mâchefer, rodomont, tranche-montagne, vantard → **hâbleur**
**bravade** n. f. → **défi**
**brave** n. m. → **héros**
**brave** adj. [1] audacieux, crâne, décidé, dévoué, énergique, entreprenant, généreux, hardi, héroïque, intrépide, invincible, résolu, téméraire, vaillant, valeureux → **courageux** [2] aimable, altruiste, bénin, bon, bonasse (péj.), bonhomme, clément, complaisant, débonnaire, doux, facile, franc, généreux, gentil, honnête, inoffensif, obligeant, pacifique, paternel, patient, serviable, simple [3] vx : beau, distingué, élégant
**braver** [1] quelqu'un. **a** affronter, aller au devant de, attaquer, combattre, défier, faire face à, jeter le gant, se heurter à, lutter contre, se mesurer à, s'opposer à, provoquer, relever le défi, rencontrer **b** non fav. : crâner, faire la nique à, insulter, menacer, se moquer de, narguer, provoquer [2] une chose. **a** neutre : dédaigner, défier, faire fi de, mépriser, se moquer de, narguer **b** non fav. les convenances : s'asseoir sur, jeter son bonnet par-dessus les moulins, mépriser, se moquer de, offenser, pisser au bénitier (fam.), violer
**bravo** [1] adv. : bis, encore, hourra, très bien, vivat, vive [2] n.m. **a** applaudissement, hourra, vivat **b** assassin, tueur à gages → **bravache**
**bravoure** n. f. [1] → **courage** [2] → **exploit**
**break** n. m. [1] arrêt, attente, coupure, entracte, interruption, mi-temps, pause, rupture, silence [2] → **voiture**
**brebis** n. f. agnelle, antenaise, ouaille, vacive → **mouton**
**brèche** n. f. [1] au pr. : cassure, écornure, entaille, entame, éraflure, hoche (vx), ouverture, passage, trou, trouée [2] géo. : cluse, col, passage, port, trouée [3] fig. : déficit, dommage, manque, perte, prélèvement, tort, trou
**bréchet** n. m. fourchette, poitrine, sternum
**bredouillage** ou **bredouillement** n. m. baragouin, baragouinage, bredouillement, cafouillage, charabia (fam.), jargon, marmonnement, marmottement ◆ grossier : déconnage
**bredouille** revenir **bredouille :** capot, quinaud → **échouer**
**bredouiller** balbutier, baragouiner, bégayer, cafouiller, s'embrouiller, marmonner, marmotter, murmurer ◆ fam. : ça se bouscule au portillon, déconner, manger ses mots, merdoyer
**bredouilleur, euse** n. m. ou f. → **bafouilleur**
**bref** n. m. par ext. : bulle, rescrit
**bref, brève** [1] adj. **a** → **court** **b** brusque, brutal, coupant, impératif, incisif, sans appel, sec, tranchant [2] adv. : en conclusion, enfin, en résumé, en un mot, pour conclure, pour finir, pour en finir
**bréhaigne** inféconde, mule, stérile
**brelan** n. m. [1] jeu de cartes [2] par ext. et vx : maison de jeu, tripot
**brêler** [1] bâter → **attacher** [2] → **charger**
**breloque** n. f. [1] au pr. : affiquet, bijou, chaîne, chaînette, colifichet, fantaisie, porte-bonheur [2] par ext. : amusement, amusette, bagatelle, bibelot, bricole, brimborion, caprice, fanfreluche, frivolité, futilité, rien [3] **battre la breloque.** **a** quelque chose : cafouiller, se détraquer, marcher mal **b** quelqu'un : battre la campagne, délirer, déménager, dérailler, déraisonner, divaguer, extravaguer, gâtifier, perdre l'esprit / la raison, radoter, rêver
**bretèche** n. f. [1] → **guérite** [2] → **tourelle**
**bretelle** n. f. [1] balancines (fam.), bandeau de cuir, bandoulière, brassière, brayer, bricole, courroie, lanière [2] bifurcation, embranchement, patte d'oie, raccord, trèfle
**bretteler** denteler, rayer, strier, tailler
**bretteur** n. m. → **ferrailleur**
**bretzel** n. m. → **pâtisserie**
**breuvage** n. m. [1] → **boisson** [2] par ext. : médicament, nectar, philtre
**brevet** n. m. acte, certificat, commission, diplôme, garantie, licence
**breveté, e** certifié, diplômé, garanti
**breveter** [1] → **inscrire** [2] → **protéger**

**bréviaire** n. m. 1 au pr. : bref, livre d'heures, office, psautier, rubrique 2 par ext. : bible, livre de chevet

**bréviligne** → **petit**

**briard** n. m. → **chien**

**bribe** n. f. 1 au pr. → **morceau** 2 fig. : citation, extrait, passage, référence

**bric-à-brac** n. m. attirail, bagage, barda, bazar, boutique ◆ fam. : bordel, fourbi, foutoir, tremblement, toutim

**brick** n. m. → **bateau**

**bricolage** n. m. → **réparation**

**bricole** n. f. 1 au pr. : harnais → **bretelle** 2 par ext. a chose sans importance : affiquet, amusement, amusette, babiole, baliverne, bibelot, breloque, brimborion, caprice, colifichet, connerie (vulg.), fanfreluche, fantaisie, fifrelin, frivolité, futilité, rien b affaire sans importance : badinerie, baliverne, broutille, chanson, fadaise, futilité, jeu, plaisanterie, sornette, sottise, vétille → **bêtise** c marchandise d amourette, badinage, chose, flirt, galanterie → **amour**

**bricoler** 1 au pr. : décorer, entretenir, gratter, jardiner, menuiser, nettoyer, orner, peindre, ravaler, refaire, restaurer 2 péj. → **trafiquer**

**bricoleur, euse** 1 amateur, habile 2 → **trafiquant**

**bride** n. f. 1 de cheval : bridon, guide, rêne 2 par ext. : jugulaire, sous-mentonnière 3 assemblage, serre-joint 4 a **lâcher la bride :** lever la contrainte / l'interdiction / l'interdit b **à bride abattue, à toute bride :** à toute vitesse, à fond de train (fam.), à tout berzingue (arg. scol.), rapidement c **la bride sur le cou :** décontracté, détendu, lâché → **libre**

**brider** 1 un cheval (par ext.) : atteler, seller 2 fig. : attacher, comprimer, contenir, contraindre, empêcher, ficeler, forcer, freiner, gêner, refréner, réprimer, serrer

**bridge** n. m. 1 whist 2 prothèse

**bridon** n. m. → **bride**

**brie** n. m. → **fromage**

**briefing** n. m. → **réunion**

**brièvement** 1 compendieusement, en peu de mots, laconiquement, succinctement 2 → **provisoirement**

**brièveté** n. f. 1 concision, densité, dépouillement, fugacité, laconisme, précision, rapidité 2 → **précarité**

**brigade** n. f. équipe, escouade, formation, groupe, peloton, quart, tour de garde / de service, troupe

**brigadier** n. m. 1 caporal, chef d'escouade 2 général de brigade

**brigand** n. m. assassin, bandit, chenapan, coquin, coupe-jarret, criminel, détrousseur, forban, fripouille, gangster, hors-la-loi, malandrin, malfaiteur, pillard, pirate, sacripant, terreur, truand, vandale, voleur → **vaurien** ◆ vx : chauffeur, routier

**brigandage** n. m. banditisme, concussion, crime, déprédation, exaction, fripouillerie, gangstérisme, pillage, piraterie, prise d'otage(s), terrorisme, vandalisme, vol

**brigantin** n. m. → **bateau**

**brigantine** n. f. → **voile**

**brigue** n. f. cabale, complot, conjuration, conspiration, démarche, faction, ligue, manœuvre, parti

**briguer** 1 v. intr. → **intriguer** 2 v. tr. : ambitionner, convoiter, poursuivre, rechercher, solliciter

**brillance** n. f. éclat, intensité, luminescence, luminosité, nitescence

**brillant** n. m. 1 fav. ou neutre : beauté, brillance, chatoiement, clarté, éclat, faste, fulgurance, fulguration, gloire, intensité, jeunesse, lumière, luminescence, luminosité, lustre, magnificence, nitescence, phosphorescence, relief, resplendissement, ruissellement, rutilance, somptuosité, splendeur, vigueur 2 non fav. : apparence, clinquant, fard, fauxsemblant, oripeau, tape-à-l'œil, toc, vernis 3 diamant, marguerite, marquise, rose, solitaire

**brillant, e** 1 fav. ou neutre. a au phys. : agatisé, adamantin, argenté, brasillant, chatoyant, clair, coruscant, diamantin, doré, éblouissant, éclatant, étincelant, flamboyant, fulgurant, illuminé, luisant, luminescent, lumineux, lustré, métallique, miroitant, phosphorescent, poli, radieux, rayonnant, resplendissant, rutilant, satiné, scintillant, soyeux b par ext. : allègre, ardent, attirant, attrayant, beau, bien, captivant, célèbre, distingué, doué, éblouissant, éclatant, élégant, étincelant, fameux, fastueux, fin, flambant, florissant, glorieux, habile, heureux, illustre, intelligent, intéressant, jeune, lucide, luxueux, magnifique, majestueux, mondain, opulent, pétillant, prospère, reluisant, remarquable, riche, séduisant, somptueux, spirituel, splendide, verveux, vif, vivant 2 non fav. : clinquant, criard, superficiel, tape à l'œil, trompeur

**brillantiner** → **aplatir**

**briller** 1 quelque chose. a aveugler, brasiller, brillanter, chatoyer, éblouir, éclater, étinceler, flamboyer, illuminer, iriser, irradier, luire, miroiter, pétiller, poudroyer, radier, rayonner, réfléchir, refléter, reluire, resplendir, rutiler, scintiller b faire briller : astiquer, briquer (fam.), cirer, polir, reluire 2 quelqu'un. a par sa beauté, par son éclat : charmer, éblouir, ensorceler, être mis en relief, frapper, impressionner, paraître, ravir, rayonner, resplendir, ressortir b par son comportement : se distinguer, éclabousser (péj.), l'emporter sur, faire florès / des étincelles, se faire remarquer, paraître, réussir 3 **faire briller un avantage :** allécher, appâter, étaler, faire miroiter / valoir, manifester, montrer, promettre, séduire

**brimade** n. f. bizutage, chahut, épreuve, jeu, mauvais traitement, persécution, plaisanterie, raillerie, taquinerie, tourment, vexation ◆ vx : berne

**brimbaler** et **bringuebaler** → **balancer**

**brimborion** n. m. → **bagatelle**

**brimer** 1 berner, chahuter, flouer, mettre à l'épreuve, railler, taquiner, tourmenter, vexer 2 contrarier, défavoriser, entraver, maltraiter, opprimer, priver

**brin** n. m. 1 → **branche** 2 par ext. : bout, fétu, fil, filament, morceau 3 **un brin :** un doigt, une goutte, un grain, une larme, un peu, un souffle

**brindezingue** 1 → **fou** 2 → **ivre**

**brindille** n. f. → **branche**

**bringue** n. f. fam. 1 agape, bamboche, bamboula, bombe, banquet, débauche (péj.), dégagement, festin, festivité, fiesta, foire, gueuleton, java, noce, partie, ripaille, réjouissance → **bombance** 2 **grande bringue** (péj.) : cheval, jument, femme, fille

**brio** n. m. adresse, aisance, bonheur, brillant, chaleur, désinvolture, éclat, élégance, entrain, esprit, facilité, forme, fougue, furia, génie, maestria, maîtrise, parade, pétulance, talent, virtuosité, vivacité

**brioche** n. f. 1 fouace, fougasse, kouglof, massepain, pain de Gênes / de Savoie 2 → **bedaine** 3 → **tête**

**brique** n. f. 1 adobe, aggloméré, briquette, chantignole 2 million, unité

**briquer** → **frotter**

**briquet** n. m. 1 → **chien** 2 par ext. allume-cigare / feu / gaz

**bris** n. m. 1 l'acte : brisement, casse, démantèlement, démolition, descellement, effraction, rupture, viol 2 cassures, débris, morceaux

**brisants** n. m. pl. écume ◆ par ext. : écueil, haut-fond, rocher

**briscard** ou **brisquard** n. m. ancien, chevronné, vétéran

**brise** n. f. → **vent**

**brise-bise** n. m. → **rideau**

**brisées** n. f. pl. 1 exemple, traces 2 **marcher sur les brisées de quelqu'un :** copier, faire concurrence, imiter, plagier, rivaliser avec

**brise-fer** n. m. invar. → **gamin**

**brise-glace(s)** n. m. → **bateau**

**brise-lames** n. m. digue, jetée, portes de flot

**brise-mottes** n. m. croskill → **herse**

**briser** 1 au pr. : abattre, aplatir, broyer, casser, défoncer, démolir, desceller, détruire, disloquer, écraser, effondrer, faire éclater, forcer, fracasser, fracturer, hacher, mettre à bas / en morceaux / en pièces, pulvériser, réduire en miettes, renverser, rompre 2 fig. a au moral : abattre, accabler, affaiblir, affliger, anéantir, bouleverser, casser (fam.), décourager, déprimer, émouvoir, faire de la peine à, fendre le cœur à b au phys. : abattre, accabler, casser, disloquer, éreinter, fatiguer, harasser, harceler, moudre c dépasser, enfreindre, interrompre, renverser, rompre 3 **briser les chaînes :** délivrer, libérer

**brise-soleil** n. m. → **rideau**

**brise-tout** n. m.f. invar. → **maladroit**

**briseur, euse** n. m., n.f. brise-fer, brise-tout, casseur, destructeur, iconoclaste, sans-soin

**brise-vent** n. m. abri, alignement d'arbres, claie, cloison, clôture, haie, mur, rideau

**brisis** n. m. → **pente**

**brisure** n. f. 1 brèche, cassure, éclat, entaille, faille, fêlure, fente, fracture, rupture 2 brin, chute, fragment, miette, morceau 3 → **déchet**

**britannique** 1 anglais, anglo-saxon, écossais, gallois, orangiste 2 fam. et / ou péj. : fils d'Albion, rosbif, sujet de Sa Gracieuse Majesté, tommy 3 anglicisme, angliciste

**brize** n. f. amourette

**broc** n. m. bidon, pichet, pot à eau

**brocante** n. f. antiquaille (s) (fam.), antiquités, chine, décrochez-moi-ça, ferraille, friperie, fripes, les puces, marché aux puces, occasions, vieilleries ◆ vx : brocantage, regrat

**brocanter** acheter, bazarder, bouquiner, brader, chiner, échanger, faire des affaires, marchander, revendre, troquer, vendre

**brocanteur, euse** n. m. ou f. antiquaire, bouquiniste, camelot, casseur, chiffonnier, chineur, ferrailleur, fripier, regrattier (vx) ◆ arg. : biffin, broc

**brocard** n. m. 1 apostrophe, caricature, chiquenaude, épigramme, flèche, insulte, interpellation, invective, lazzi, moquerie, pamphlet, persiflage, pointe, quolibet, raillerie, saillie, sarcasme, trait, vanne (arg.) → **plaisanterie** 2 cerf, daim, chevreuil

**brocarder** 1 neutre : caricaturer, faire des plaisanteries, se moquer de, plaisanter 2 péj. : apostropher, insulter, interpeller, invectiver, lâcher une vanne (arg.), / des lazzi, persifler, tourner en dérision / en ridicule

**brocart** n. m. brocatelle, samit, soierie, tenture, tissu

**brocatelle** n. f. 1 → **marbre** 2 → **tissu**

**brochage** n. m. assemblage, couture, mise en presse, pliage, pliure, reliure

**broche** n. f. 1 par ext. : barbecue, brochette, hâtelet, lardoire, lèchefrite 2 agrafe, attache, barrette, bijou, épingle, fibule

**brocher** 1 assembler, relier 2 fig. et fam. → **bâcler**

**brochet** n. m. bécard, requin d'eau douce

**brochure** n. f. → **livre**

**brodequin** n. m. bottillon, bottine, chaussure, godillot, napolitain, soulier

**broder** 1 au pr. → **festonner** 2 fig. a agrémenter, amplifier, chamarrer, développer, embellir, orner, parer b → **exagérer**

**broderie** n. f. 1 damas, dentelle, entre-deux, feston, filet, guipure, orfroi, smocks 2 fig. → **exagération**

**bronche** n. f. → **poumon**

**broncher** 1 au pr. : achopper, buter, chopper, faire un faux pas, trébucher 2 fig. a commettre une erreur, faillir, hésiter, se tromper b s'agiter, bouger, chahuter, ciller, contester, se déplacer, manifester, murmurer, remuer, rouspéter

**bronchite** n. f. broncho-pneumonie, bronchorrhée, dyspnée, inflammation, toux

**bronze** n. m. 1 → **airain** 2 buste, objet d'art, statue, statuette

**bronzé, e** n. m. ou f. 1 → **estivant** 2 → **maghrébin**

**bronzer** 1 brunir, cuivrer, dorer, hâler, noircir 2 par ext. : boucaner, dessécher → **cuire**

**broquette** n. f. → **pointe**

**brossage** n. m. → **nettoiement**

**brosse** n. f. 1 sens général : balai, décrottoir, époussette, fermière, frottoir, vergette 2 pour chevaux : étrille, limande 3 pour la barbe : blaireau 4 ramasse-miettes 5 pinceau, saie, spalter, veinette 6 **cheveux en brosse :** à la bressant

**brosser** 1 au pr. a balayer, battre, décrotter, détacher, donner un coup de brosse, dépoussiérer, épousseter, faire reluire, frotter, polir, saietter b un cheval : bouchonner, étriller, panser, soigner 2 par ext. : dépeindre, peindre, faire une description / un portrait, raconter 3 fig. fam. battre, donner une correction / leçon / peignée / raclée → **volée**

**brosser (se)** fam. faire tintin, se passer / priver de, renoncer à

**brou** n. m. bogue, coque, écale, enveloppe

**brouet** n. m. bouillon, chaudeau, jus, potage, ragoût, soupe

**brouette** n. f. diable, vinaigrette

**brouettée** n. f. → **quantité**

**brouetter** → **transporter**

**brouhaha** n. m. bruit confus / divers, confusion, rumeur, tapage, tumulte

**brouillage** n. m. perturbation, trouble → **confusion**

**brouillamini** n. m. complication, confusion, désordre, embrouillement, méli-mélo, pagaille

**brouillard** n. m. 1 au pr. : brouillasse, bruine, brume, crachin, embrun, mouscaille (arg.), nuage, purée de pois, smog, vapeur ◆ vx : brouillas 2 fig. : obscurité, ténèbres 3 brouillon, main courante

**brouillasser** bruiner

**brouille** n. f. bisbille, bouderie, brouillerie, dépit, désaccord, désunion, différend, discorde, dispute, dissension, division, divorce, fâcherie, humeur, malentendu, mésentente, querelle, rupture, trouble → **mésintelligence**

**brouillé, e** 1 en froid, fâché 2 confus, disparate, incertain

**brouiller** 1 au pr. : battre, bouleverser, confondre, emmêler, empêtrer, enchevêtrer, mélanger, mêler, mettre en désordre / en pagaille / pêle-mêle, touiller 2 par ext. : agiter, altérer, déranger, désunir, diviser, embrouiller, gâter, troubler 3 v. intr. : bafouiller, bredouiller, s'embarrasser, s'embrouiller 4 v. pron. → **fâcher (se)**

**brouillon** n. m. brouillard, ébauche, esquisse, plan, schéma, topo (fam.)

**brouillon, ne** agité, compliqué, confus, désordonné, dissipé, embrouillé, étourdi, filandreux, gribouille, instable, taquin, tracassier, trublion

**broussaille** n. f. arbustes, brousse, épinaie, épinier, essarts, fardoches (rég. et québ.), garrigue, haie, hallier, maquis, ronce, touffe

**broussailleux, euse** → **épais**

**brousse** n. f. bush, savane, scrub, sertao → **bled**

**broutard** n. m. agneau, chevreau, poulain, veau

**brouter** gagner, manger, paître

**broutille** n. f. → **bagatelle**

**broyage** n. m. 1 aplatissage, aplatissement, bris, brisement, broiement, concassage, déchiquetage, écrabouillage, écrasement, égrugeage, malaxage, mastication, pulvérisation, trituration 2 → **destruction**

**broyer** 1 aplatir, bocarder, briser, concasser, écacher, écrabouiller, écraser, égruger, malaxer, mettre en morceaux, moudre, pulvériser, réduire en miettes, triturer 2 croquer, déchiqueter, déchirer, mâcher, mastiquer, triturer 3 abattre, anéantir, détruire, maltraiter, réduire à néant, renverser

**broyeur** ou **broyeuse** n. m. ou f. bocard, broie, concasseur, égrugeoir, macque, pilon, pressoir

**bru** n. f. belle-fille

**bruant** n. m. → **passereau**

**brucelles** n. f. pl. pinces

**brugnon** n. m. nectarine

**bruine** n. f. → **brouillard**

**bruiner** brouillasser → **pleuvoir**

**bruineux, euse** → **humide**

**bruire** bourdonner, chuchoter, chuinter, crier, fredonner, froufrouter, gargouiller, gazouiller, gémir, grincer, murmurer, siffler

**bruissement** n. m. battement d'ailes, bourdonnement, chuchotement, chuintement, cri, fredonnement, frémissement, friselis, froufrou, froufroutement, gazouillement, gémissement, grincement, murmure, sifflement

**bruit** n. m. 1 au pr. a babil, battement, borborygme, bourdonnement, chanson, chant, chuintement, clameur, clapotement, clapotis, clappement, claque, claquement, cliquetis, coup, craquement, craquètement, crépitation, crépitement, cri, criaillerie, crissement, croule, déclic, décrépitation, déflagration, détonation, ébrouement, écho, éclat, éclatement, explosion, fracas, friselis, froissement, frôlement, frottement, froufrou, gargouillement, gargouillis, gazouillement, gémissement, grésillement, grincement, grognement, grondement, hurlement, murmure, musique, onomatopée, pépiement, pétarade, pétillement, râlement, ramage, ronflement, ronron, ronronnement, roulement, rumeur, sifflement, sonnerie, souffle, soupir, stridence, stridulation, susurrement, tapement, tintement, ululation, ululement, vagissement, vocifération, voix, vrombissement b → **son** c fam. : bacchanale, bagarre, barouf, bastringue, bazar, bordel, boucan, bousin, brouhaha, cacophonie, carillon, chahut, chamaille, chamaillerie, chambard, charivari, corrida, couac, esclandre, foin, grabuge, hourvari, huée, pétard, potin, raffut, ramdam, sabbat, schproum, tapage, tintamarre, tintouin, tohu-bohu, train, tumulte, vacarme → **bruissement** 2 par ext. a méd. : cornage, éructation, flatuosité, gaz, hoquet, pet, râle, rot, souffle, soupir, toux → **vent** b du pas d'un cheval : battue 3 fig. a → **agitation** b anecdote, bavardage, chronique, commérage, confidence, conte, dire, éclat, fable, histoire, jacasserie, nouvelle, potin, ragot, renommée, réputation, rumeur

**bruitage** n. m. → **reproduction**

**bruiter** → **reproduire**

**brûlage** n. m. 1 écobuage 2 brûlis 3 crémation, incinération

**brûlant, e** 1 au pr. : bouillant, cuisant, desséchant, embrasé, igné, torride 2 fig. a actuel, dangereux, délicat, épineux, périlleux, plein d'intérêt, tabou b ardent, bouillonnant, dévorant, dévoré, enflammé, enthousiaste, fervent, passionné, vif

**brûle-gueule** n. m. bouffarde, pipe

**brûle-parfum** n. m. cassolette, encensoir

**brûle-pourpoint (à)** à bout portant, brusquement, de but en blanc, directement, immédiatement, sans avertissement, sans crier gare, sans ménagement / préparation

**brûler** 1 v. tr. a au pr. : attiser, calciner, carboniser, consumer, détruire par le feu, ébouillanter, embraser, enflammer, faire cramer / flamber / roussir, flamber, griller, incendier, incinérer, réduire en cendres, rôtir ◆ fam. : cramer, roustir vx : bouter le feu b fig. : attiser, consumer, dévorer, embraser, enfiévrer, enflammer, exciter, jeter de l'huile sur le feu, miner, passionner, ravager c par ext. un condamné : faire un autodafé, jeter au bûcher, supplicier par le feu ◆ méd. : cautériser ◆ un cadavre, des ordures : incinérer ◆ des herbes : écobuer d **brûler la politesse :** s'enfuir, filer, partir, planter là e **brûler de l'encens :** aduler, flagorner, flatter 2 v. intr. : charbonner, se consumer, couver, cramer, flamber, roussir 3 v. pron. : s'ébouillanter, s'échauder

**brûlerie** n. f. distillerie, rhumerie

**brûleur, euse** n. m. ou f. 1 quelqu'un. a boutefeu, brûlot, flambeur, incendiaire, pyromane b bouilleur de cru, distillateur 2 une chose : appareil, bec, réchaud, tuyère

**brûlis** n. m. arsin → **brûlage**

**brûloir** n. m. crématoire, fourneau, foyer, incinérateur, réchaud, torréfacteur

**brûlot** n. m. 1 au pr. : torpille 2 fig. a quelqu'un → **brûleur** b quelque chose → **brûlant**

**brûlure** n. f. 1 sur quelqu'un. a phys., souvent par analogie : actinite, aigreur, ampoule, blessure, cloque, douleur, échauffement, escarre, fièvre, fer chaud, feu, inflammation, insolation, irradiation, irritation, lésion, mortification, rougeur, ulcération, urtication b moral → **blessure** 2 une chose. a un vêtement : tache, trou b des végétaux : dessèchement

**brume** n. f. 1 au pr. → **brouillard** 2 fig. : grisaille, incertitude, obscurité, ombre, spleen, tristesse → **mélancolie**

**brumeux, euse** 1 au pr. : couvert, nébuleux, obscur, ouaté 2 fig. a neutre : mélancolique, sombre, triste b non fav. → **sombre**

**brun, e** 1 auburn, bis, bistre, boucané, bronzé, brou de noix, brûlé, brunâtre, café au lait, châtain, chocolat, hâlé, kaki, marron, mordoré, noisette, tabac, terreux 2 une chose : alouette, brou de noix, châtaigne, chêne, kaki, moka, noyer, puce, rouille, tabac, terre, terre de sienne, tête-de-maure, tête-de-nègre 3 un cheval : bai 4 **à la brune :** crépuscule, entre chien et loup, soir

**brune** n. f. crépuscule, déclin / tombée du jour, entre chien et loup

**brushing** n. m. mise en plis

**brusque** 1 quelqu'un : abrupt, autoritaire, bourru, bref, brutal, cassant, cavalier, cru, grossier (péj.), impatient, impétueux, nerveux, prompt, raide, rébarbatif, rude, sec, vif, violent 2 une chose. a une pente : escarpée b un événement : brutal, imprévu, inattendu, inopiné, précipité, rapide, soudain, subit, surprenant

**brusquement** 1 → **soudain** 2 → **vite**

**brusquer** 1 quelqu'un. a → **obliger** b envoyer promener, rabrouer, rembarrer (fam.), rudoyer, secouer 2 une chose : accélérer, avancer, expédier, forcer, hâter, pousser, précipiter, presser

**brusquerie** n. f. → **rudesse**

**brut, e** 1 une chose ou quelqu'un. a neutre : à l'état de nature, élémentaire, grossier, imparfait, informe, inorganique, rudimentaire, simple b non fav. : abrupt, balourd, barbare, bestial, brutal, épais, fruste, grossier, illettré, impoli, inculte, inintelligent, lourd, rude, sauvage, simple, stupide, vulgaire 2 a une chose : écru, grège, en friche, inachevé, inculte, natif, naturel, originel, primitif, pur, rustique, sauvage, vierge

**brutal, e** animal, âpre, barbare, bas, bestial, bourru, brusque, cru, cruel, direct, dur, emporté, entier, féroce, fort, franc, grossier, irascible, matériel, mauvais, méchant, rude, sec, vif, violent

**brutaliser** battre, brusquer, cogner, corriger, exercer des sévices sur, faire violence à, frapper, houspiller, malmener, maltraiter, molester, rosser, rouer de coups, rudoyer, taper, tourmenter ◆ fam. : passer à tabac, tabasser, torcher

**brutalité** n. f. animalité, âpreté, barbarie, bassesse, bestialité, brusquerie, cruauté, dureté, férocité, grossièreté, impolitesse, inhumanité, lourdeur, rudesse, rusticité, sauvagerie, stupidité, violence, vulgarité

**brute** n. f. → **bête**

**bruyamment** tapageusement, tumultueusement → **beaucoup**

**bruyant, e** assourdissant, bourdonnant, braillard, criard, éclatant, gueulard, hurleur, indiscret, piaillard, ronflant, rugissant, sonore, strident, stridulant, tapageur, tonitruant, tumultueux → **turbulent** ◆ méd. : striduleux, stertoreux

**bruyère** n. f. brande, lande

**buanderie** n. f. blanchisserie, laverie, lavoir

**buandier, ère** n. m. ou f. → **blanchisseur**

**bubale** n. m. → **antilope**

**bubon** n. m. → **abcès**

**buccin** n. m. 1 → **trompette** 2 → **gastéropode**

**bûche** n. f. 1 bille, billot, (bois de) boulange, branche, rondin, souche, tronche 2 fig. a → **bête** b → **chute**

**bûcher** n. m. appentis, cave, resserre

**bûcher** 1 par ext. → **battre** 2 fig. et fam. : bosser, buriner, chiader, en foutre / en mettre un coup, étudier, gratter, piler, piocher, potasser, repasser, turbiner → **travailler**

**bûcheur, euse** bœuf, bosseur, bourreau de travail, burineur, fonceur, gratteur, piocheur, travailleur

**bucolique** agreste, campagnard, champêtre, forestier, idyllique, pastoral, paysan, rustique

**bucrane** n. m. → **ornement**

**budget** n. m. balance, bilan, comptabilité, compte, crédit, dépense, gain, moyens, plan, prévision, recette, rentrée, répartition, revenu, salaire

**budgétivore** n. et adj. → **parasite**

**buée** n. f. condensation, vapeur

**buffet** n. m. 1 argentier, bahut, cabinet, crédence, desserte, encoignure, placard, vaisselier 2 bar, buvette, café, cantine, estaminet, restaurant

**buffle** n. m. bœuf, karbau, yack

**bugle** n. m. → **cuivre**

**bugrane** n. f. arrête-bœufs, ononis rampant

**buire** n. f. → **vase**

**buis** n. m. rameau

**buisson** n. m. broussaille, épines, haie, hallier, ronce → **fourré**

**buissonneux, euse** → **épais**

**bulbe** n. m. 1 oignon 2 coupole

**bulbeux, euse** → **renflé**

**bullaire** n. m. → **recueil**

**bulldozer** n. m. angledozer, bouteur (off.), pelle mécanique, pelleteuse

**bulle** n. f. 1 boule, globule 2 bref, décrétale, mandement, rescrit, sceau 3 phylactère

**bulletin** n. m. 1 billet, papier 2 par ext. a annonce, avis, carnet, chronique, communiqué, rapport b acte, attestation, certificat, récépissé, reçu c bordereau, ordre, relevé d annales, cote, feuille, hebdomadaire, information, journal, lettre, lien, magazine, missive, périodique, revue

**bull-terrier** n. m. → **chien**

**bungalow** n. m. chartreuse, maison coloniale, véranda → **pavillon**

**bunker** n. m. 1 → **abri, casemate** 2 pétr. off. : soutes

**buraliste** n. m. débitant, préposé, receveur

**bure** 1 n. f. → **lainage** 2 n. m. → **puits**

**bureau** n. m. 1 le meuble : bonheur-du-jour, cabinet, classeur, écritoire, pupitre, secrétaire, table de travail 2 le lieu : administration, agence, cabinet, caisse, comptoir, direction, étude, office, officine, secrétariat, service ◆ fam. : boîte, burlingue 3 administration, assemblée, collège, comité, commission, conseil, direction, directoire

**bureaucrate** n. m. ou f. gén. péj. fonctionnaire, gratte-papier, gratteur, paperassier, pisse-copie, plumitif, rond-de-cuir, scribe, scribouillard

**bureaucratie** n. f. administration, fonction publique, magistrature, ministères, services (publics)

**bureautique** n. f. → **informatique**

**burette** n. f. 1 au sing. a au pr. : aiguière, fiole, flacon b fig. → **tête**

**burgrave** n. m. 1 → **édile** 2 **noble**

**burin** n. m. charnière, drille, échoppe, guilloche, onglette, pointe, rénette, rouanne, rouannette

**buriner** 1 champlever, graver 2 par ext. : marquer, souligner 3 fig. → **bûcher**

**burlesque** 1 adj. → **comique** 2 n.m. : baroque, grandguignolesque, grotesque, tragi-comique

**burlingue** n. m. → **bureau**

**burnous** n. m. → **manteau**

**bus** n. m. → **autobus**

**buse** n. f. 1 bondrée, busard, harpie, rapace 2 bief, canal, canalisation, conduit, poterie, tuyau, tuyère 3 fig. → **bête**

**business** n. m. 1 → **affaires** 2 → **truc**

**busqué, e** 1 arqué, bombé, convexe, courbé 2 le nez : aquilin, bourbon, bourbonien

**buste** n. m. 1 au pr. : corsage, estomac (vx), gorge, poitrine, sein, torse 2 par ext. a effigie, figure, portrait, sculpture, traits b selon la matière employée : albâtre, argile, bronze, cire, marbre, plâtre, terre cuite

**bustier** n. m. → **soutien-gorge**

**but** n. m. 1 au pr. : carton, cible, mille, mire, mouche, objectif, point de mire, silhouette, tilt 2 par ext. a ce qui est atteint : aboutissement, achèvement, arrivée, destination, objectif, point final, port, terme, terminus b ce qu'on veut atteindre : ambition, dessein, détermination, direction, fin, intention, plan, projet, propos, réquisit, résolution, visée, vue c d'une action, de la vie : cause, destination, destinée, direction, fin, finalité, fins dernières, issues, ligne de conduite, motif, motivation, objet, raison d sport : arrivée, bois, coup, essai, filet, goal, marque, panier, poteau

**buté, e** arrêté, bloqué, braqué, entêté, étroit, fermé, méfiant, obstiné, opiniâtre, têtu

**butée** n. f. arrêtoir, contrefort, culée, massif, taquet

**buter** 1 on bute contre une chose : achopper, broncher, chopper, cogner, heurter, trébucher 2 une chose ou quelqu'un prend appui sur : s'appuyer, s'arc-bouter, s'arrêter, se bloquer, se caler, se coincer, être épaulé / étayé / maintenu / soutenu par, prendre appui 3 arg. → **tuer**

**buter (se)** s'arrêter à, se bloquer, se braquer, s'entêter, se fermer, se heurter, se méfier, s'obstiner, s'opiniâtrer

**butin** n. m. 1 au pr. a neutre : capture, confiscation, conquête, dépouille, matériel, opimes, prise, proie, trésor de guerre, trophée b péj. : rançon, rapine, vol c arg. : fade, pied 2 fig. fav. : aubaine, découverte, profit, provision, récolte, richesse, trouvaille

**butiner** → **recueillir**

**butoir** n. m. amortisseur, butée, heurtoir

**butome** n. m. jonc fleuri

**butor** n. m. 1 → **bête** 2 → **impoli** 3 → **maladroit**

**butte** n. f. 1 colline, dune, éminence, erg, hauteur, inselberg, mont, monticule, motte, tertre 2 **être en butte à :** donner prise à, être la cible / le point de mire / le souffre-douleur, prêter le flanc à

**butter** 1 chausser, garnir 2 arg. butter ou buter → **tuer**

**buttoir** n. m. → **charrue**

**butyreux, euse** → **gras**

**buvable** 1 au pr. : potable, sain 2 fig. : acceptable, admissible, endurable, possible, potable, recevable, supportable → **tolérable**

**buvard** 1 adj. : absorbant 2 nom masc. : sous-main

**buvette** n. f. bar, bistrot (fam.), bouchon, buffet, café, café-tabac, cafétéria, cantine, débit de boissons, taverne → **brasserie, cabaret**

**buveur, euse** n. m. ou f. → **ivrogne**

**by-pass** n. m. bipasse, circuit de dérivation, contournement, dérivation, déviation, évitement

**byssus** n. m. attache, cordon, faisceau, fibre, filament, ligament, membrane, pied

**byte** n. m. inform. off. : octet

**byzantin, e** fam. et par ext. : chinois, compliqué, emberlificoté, entortillé, farfelu, futile, oiseux, pédant, tarabiscoté

**byzantinisme** n. m. → **préciosité**

# C

**cabale** n. f. 1 ésotérisme, herméneutique, interprétation, kabbale, occultisme 2 par ext. a arcane (vx), magie, mystère, sabbat, théosophie b association secrète, brigue, charivari, clique, coalition, complot, conjuration, conspiration, coterie, faction, intrigue, ligue, machination, menée, parti ◆ vx : carte

**cabaliste** nom → **conspirateur**

**cabalistique** abscons, ésotérique, magique, mystérieux, obscur, occulte → **secret**

**caban** n. m. 1 → **manteau** 2 **veste**

**cabane** n. f. abri, appentis, baraque, bicoque, cabanon, cagibi, cahute, carbet, case, cassine, chalet, chaume, chaumière, chaumine, gloriette, gourbi, guitoune, hutte, loge, logette, maisonnette, masure, paillote, refuge, wigwam, iourte ou yourte ◆ rég. ou vx : buron, toue

**cabanon** 1 → **cabane** 2 asile d'aliénés, cellule / chambre de force, hôpital psychiatrique, petites maisons (vx)

**cabaret** n. m. 1 a neutre : auberge, bar, buffet, buvette, café, cafétéria, comptoir, débit, estaminet, hôtellerie → **brasserie** b vx et / ou fam. : abreuvoir, aquarium, assommoir, bistrot, bouchon, bouge, bousin, caboulot, cambuse, coupe-gorge, crémerie, gargote, guinguette, mastroquet, rade, rastel (mérid.), sirop, tabagie, tapis-franc, taverne, troquet, zinc 2 a neutre : boîte, boîte de nuit, café-concert, caveau, club, dancing, discothèque, établissement / restaurant de nuit, music-hall, night-club b péj. : bastringue, beuglant, bouiboui, tripot 3 cave / plateau / service à liqueurs 4 vx : chardonneret

**cabaretier, ère** n. m. ou f. aubergiste, auvergnat, bistrot, bougnat, buffetier, cafetier, crémier, limonadier, marchand de vin, mastroquet, patron, restaurateur, taulier, tavernier, tenancier, troquet

**cabas** n. m. couffin, panier, sac, sachet, sacoche

**cabestan** n. m. → **treuil**

**cabine** n. f. 1 cabinet, cagibi, isoloir, réduit 2 abri, cockpit, guérite, loge, poste 3 cockpit, habitacle, poste de pilotage 4 compartiment, couchette

**cabinet** n. m. 1 → **cabine** 2 → **water-closet** 3 agence, bureau, étude, studio 4 bibliothèque, collection, médaillier, musée, pinacothèque 5 équipe ministérielle, gouvernement, ministère 6 laboratoire 7 **de verdure :** abri, berceau, brandebourg, fabrique, gloriette, kiosque, pavillon, reposoir, tonnelle 8 bahut, bonheur-du-jour, bonnetière, buffet, bureau, meuble, secrétaire, semainier

**câble** n. m. 1 chaîne, corde, filin, orin, remorque, touée → **cordage** 2 bleu, câblogramme, dépêche, exprès, message, pneu, télégramme, télex

**câbler** envoyer / expédier une dépêche, télégraphier

**cabochard, e** n. et adj. entêté, opiniâtre, tête de cochon / de lard / de mule, têtu

**caboche** n. f. → **tête**

**cabosser** 1 au pr. : bosseler, bossuer, déformer 2 par ext. : battre, blesser, contusionner, meurtrir

**cabot** n. m. 1 → **chien** 2 → **caporal** 3 → **cabotin** 4 chabot, cotte, meunier, têtard

**cabotage** n. m. → **navigation**

**caboteur** n. m. balancelle, chasse-marée, galiote, lougre → **bateau**

**cabotin, e** nom et adj. péj. : acteur, bouffon, cabot, charlatan, clown, comédien, histrion, m'as-tu-vu, ringard → **hypocrite**

**cabotinage** n. m. affectation, charlatanisme, comédie → **hypocrisie**

**caboulot** n. m. 1 → **cabaret** 2 → **bistrot**

**cabrer** 1 par ext. : choquer, dresser, irriter, révolter 2 v. pron. a au pr. : se dresser, pointer b fig. : se dresser, s'insurger, se lever, s'opposer, protester, résister, se révolter c par ext. : s'emporter, s'entêter, se fâcher, s'irriter, s'obstiner, s'opiniâtrer, se raidir

**cabri** n. m. biquet, chevreau, chevrette

**cabrioler** 1 → **danser** 2 → **sauter**

**cabriole** n. f. 1 au pr. : bond, culbute, entrechat, galipette, gambade, gambille, pirouette, saut, voltige 2 par ext. a chute, dégringolade, échec, faillite, krach b bouffonnerie, drôlerie, grimace c flagornerie, flatterie, servilité d apostasie, échappatoire, pirouette, reniement, retournement, revirement

**cabriolet** n. m. 1 boghei, cab, tandem, tilbury, tonneau 2 cadenas, menotte

**caca** n. m. → **excrément**

**cachalot** n. m. → **cétacé**

**caché, e** mystérieux → **secret**

**cache** 1 n. f. : abri, antre, asile, cachette, coin, gîte, nid, planque, refuge, retraite, terrier, trou 2 n. m. : écran

**cache-cache** n. m. cache-tampon, cligne-musette

**cacher** 1 au pr. : abriter, camoufler, celer, couvrir, déguiser, dissimuler, enfermer, enfouir, enserrer, ensevelir, enterrer, envelopper, escamoter, faire disparaître, masquer, mettre en sûreté / sous clef, murer, receler, recouvrir, rentrer, serrer, voiler 2 par ext. a arrêter la vue, aveugler, boucher, éclipser, intercepter, obscurcir, obstruer, occulter, offusquer, ombrager, pallier b agir en cachette / catimini / douce / secret / tapinois, celer, déguiser, dissimuler, étouffer, faire des cachotteries, farder, garder (secret), garder, mettre sous le boisseau, ne pas s'en vanter, sceller, scotomiser, taire, tenir secret, tirer un rideau / un voile, voiler 3 v. pron. : s'abriter / blottir / clapir / défiler (fam.) / dérober, disparaître, se dissimuler / éclipser / embusquer, éviter, fuir, se mettre à l'abri, se motter (vx), se murer / nicher / planquer (fam.) / retirer / soustraire / tapir / tenir à l'écart / terrer

**cache-sexe** n. m. culotte, slip, sous-vêtement

**cachet** n. m. 1 armes, armoiries, bulle, chiffre, empreinte, estampille, marque, monogramme, oblitération, poinçon, sceau, scellé, seing, tampon, timbre 2 caractéristique, griffe, main, originalité, patte, signe 3 casuel, honoraires, prix, rétribution, salaire 4 capsule, comprimé, gélule, linguette, pastille

**cache-tampon** n. m. → **cache-cache**

**cacheter** 1 clore, coller, fermer 2 estampiller, marquer, oblitérer, plomber, poinçonner, sceller, tamponner, timbrer

**cachette** n. f. 1 abri, antre, asile, cache, lieu sûr, mystère, placard (arg.), planque, refuge, retraite, secret, sûreté, terrier 2 **en cachette :** à la dérobée, clandestinement, dans sa barbe, discrètement, en catimini / contrebande / secret / tapinois, furtivement, secrètement, sous cape

**cachexie** n. f. amaigrissement, ankylostomiase, carence, consomption, distomatose (vét.), étisie, fatigue, maigreur, marasme ◆ partic. : fluorose, silicose

**cachot** n. m. basse-fosse, cabanon, cabinet noir, casemate, cellule, coin, cul-de-basse-fosse, ergastule, geôle, in-pace, oubliette, salle de police, salle forte, violon ◆ arg. : mitard → **prison**

**cachotterie** n. f. feinte, mystère, secret, secret de Polichinelle

**cachottier, ère** nom et adj. 1 → **secret** 2 → **sournois**

**cacochyme** nom et adj. débile, déficient, faible, impuissant, infirme, invalide, maladif, malingre, pituitaire, valétudinaire → **quinteux**

**cacophonie** n. f. bruit, chahut, charivari, confusion, désaccord, désordre, discordance, disharmonie, dissonance, sérénade, tapage, tintamarre, tumulte

**cadavérique** → **pâle**

**cadavre** n. m. corps, dépouille mortelle, macchabée (fam.), momie, reliques, restes, sujet d'anatomie → **mort**

**cadeau** n. m. avantage, bakchich, bienfait, bouquet, corbeille, divertissement (vx), don, donation, dot, envoi, étrenne, fleur (fam.), générosité, largesse, libéralité, sportule (antiq.), offrande, pièce, pot-de-vin, pourboire, présent, prix, quine, souvenir, surprise → **gratification**

**cadenas** n. m. 1 fermeture, loquet, serrure, sûreté, verrou 2 coffret, ménagère 3 arrêt

**cadenasser** barrer, clore, écrouer, emprisonner, enfermer, fermer, verrouiller

**cadence** n. f. accord, harmonie, mesure, mouvement, nombre → **rythme**

**cadencer** accorder, conformer, mesurer, rythmer

**cadet, ette** n. m. ou f. benjamin, jeune, junior, puîné

**cadran** n. m. gnomon, horloge

**cadre** n. m. 1 au pr. bordure, encadrement, marie-louise, passe-partout 2 a boisage, chambranle, châssis, coffrage, huisserie b → **caisse** 3 décor, disposition, ensemble, entourage 4 au pl. → **hiérarchie** 5 fig. a borne, limite b carcan, contrainte, corset, enveloppe

**cadrer** 1 s'accorder, s'adapter, s'ajuster, s'allier, s'assortir, concorder, convenir, plaire, se rapporter 2 **faire cadrer** → **concilier**

**caduc, uque** 1 annulé, cassé, démodé, dépassé, nul, obsolète, passager, périmé, périssable, précaire, suranné 2 abattu, affaibli, âgé, chancelant, débile, décrépit, épuisé, fragile, impotent, usé → **vieux**

**cafard** n. m. blatte, cancrelat

**cafard, e** nom et adj. 1 a cagot, faux dévot, imposteur, perfide → **bigot** b **hypocrite** c cafteur, cuistre, délateur, dénonciateur, espion, mouchard, mouche, mouton, rapporteur 2 bourdon, découragement, dépression, mélancolie, nostalgie, noir, spleen, tristesse, vague à l'âme 3 → **cafardeux**

**cafardage** n. m. cuistrerie, délation, dénonciation, espionnage, mouchardage

**cafarder** cafter, dénoncer, moucharder, rapporter, vendre la mèche

**cafardeux, euse** abattu, découragé, démoralisé, déprimé, fermé, mélancolique, nostalgique, triste

**café** n. m. 1 fam. : caoua, jus 2 → **cabaret**

**cafetier** n. m. → **cabaretier**

**cafetière** n. f. 1 filtre, percolateur 2 → **tête**

**cage** n. f. 1 case, chanterelle, clapier, épinette, gloriette, lapinière, loge, logette, ménagerie, mésangette, mue, niche, oisellerie, poussinière, tournette, volière 2 enceinte → **prison** 3 chaîne, fil, lien, servitude 4 boîte, boîtier

**cageot** n. m. billot, bourriche, cagette, caisse, caissette, emballage, flein, harasse

**cagibi** n. m. appentis, cabane, cabinet, cage, cagna, case, chambre, guichet, local, mansarde, penderie, placard, réduit, souillarde, soupente

**cagna** n. f. abri, baraquement, guérite, hutte, maisonnette, tranchée → **cabane**

**cagnard, e** apathique, cossard, engourdi, fainéant, flemmard, indolent, inerte, lent, loche, mou, nonchalant, oisif → **paresseux**

**cagneux, euse** bancal, bancroche, inégal, noueux, tordu, tors, tortu

**cagnotte** n. f. 1 bas de laine, boîte, bourse, caisse, coffret, corbeille, crapaud, tirelire, tontine 2 économie, fonds, somme

**cagot, e** n. m. ou f. → **cafard**

**cagoule** n. f. capuchon, coule, froc → **manteau** (par ext.)

**cahier** n. m. album, bloc-notes, calepin, carnet, livre, livret, registre

**cahin-caha** clopin-clopant, péniblement, tant bien que mal, à la va comme je te pousse

**cahot** n. m. 1 bond, cahotement, heurt, mouvement, saut, secousse 2 par ext. : contrariété, difficulté, obstacle, traverse, vicissitude

**cahotant, e** brimbalant, bringuebalant, cahoteux, mal suspendu

**cahoter** v. intr. et tr. agiter, ballotter, malmener, secouer, tourmenter ◆ fam. : brimbaler, bringuebaler

**cahoteux, euse** mauvais → **cahotant**

**cahute** n. f. → **cabane**

**caïd** n. m. → **chef**

**caïeu** n. m. → **bourgeon**

**caillasse** n. f. caillou, cailloutis, déblai, décharge, empierrement, pierraille, pierre, rocaille

**caille** n. f. → **gallinacé**

**caillé** n. m. 1 caséine 2 caillebotte, fromage frais

**caillebotis** n. m. 1 lattis, treillis 2 plancher

**caillebotte** n. f. → **caillé**

**caillement** n. m. → **prise**

**caillot** n. m. flocon, floculation, grumeau

**caillou** n. m. 1 caillasse, cailloutis, galet, gravier, palet, pierre, silex 2 fig. a cahot, contrariété, difficulté, embarras, empêchement, inconvénient, obstacle, souci, traverse, vicissitude b → **tête**

**cailloutage** n. m. → **pavage**

**caillouter** → **paver**

**caillouteux, euse** → **pierreux**

**cailloutis** n. m. → **pavage**

**caïman** n. m. → **alligator**

**caisse** n. f. 1 au pr. : banne, benne, billot, boîte, boîtier, cadre, cageot, caissette, caisson, coffre, colis, emballage, harasse 2 par ext. a coffre-fort → **cagnotte** b bureau, comptabilité, guichet c actif, encaisse, montant, trésorerie d tambour, timbale 3 fam. : coffre, estomac, poitrine 4 vx ou rég. : cercueil

**caissier, ère** n. m. ou f. comptable, gestionnaire, intendant, receveur, trésorier

**cajoler** → **caresser**

**cajolerie** n. f. → **caresse**

**cajoleur, euse** nom et adj. caressant, courtisan, enjôleur, flagorneur, flatteur, peloteur → **séducteur**

**cal** n. m. callosité, cor, durillon, induration, œil-de-perdrix, oignon

**calaison** n. f. tirant d'eau

**calamité** n. f. accident, adversité, cataclysme, catastrophe, chagrin, contrariété, déboire, déception, désastre, désolation, détresse, deuil, déveine, disgrâce, drame, échec, épreuve, fatalité, fléau, guignon, infortune, insuccès, malheur, misère, orage, tourmente, tribulation, tristesse, vaches maigres

**calamiteux, euse** catastrophique, désastreux, désolant, dramatique, funeste, malheureux, triste

**calanque** n. m. anse, crique, golfe

**calciner** brûler, carboniser, charbonner, cuire, dessécher, griller, torréfier

**calcul** n. m. 1 algèbre, arithmétique, axiomatique, mathématique 2 addition, algorithme, analyse, appréciation, compte, comput, computation, décompte, division, estimation, évaluation, multiplication, opération, prévision, soustraction, spéculation, supputation 3 combinaison, dessein, mesure, moyen, plan, planning, projet 4 arrière-pensée, préméditation 5 bézoard, concrétion, égagropile, gravelle, lithiase, pierre

**calculable** → **probable**

**calculateur, trice** nom et adj. 1 abaque, boulier, calculette, nomogramme, ordinateur, table ◆ vx : arithmographe, arithmomètre 2 → **comptable** 3 → **malin**

**calculer** 1 au pr. → **compter** 2 par ext. : adapter, agencer, ajuster, apprécier, apprêter, arranger, combiner, coordonner, déterminer, estimer, établir, évaluer, méditer, peser, préméditer, prévoir, proportionner, raisonner, réfléchir, régler, supputer

**cale** n. f. 1 coin, couchis, étai, étançon, moque (mar.), sole, soutien, support 2 soute, plate-forme

**calé, e** 1 → **instruit** 2 ardu, complexe, compliqué, difficile

**caleçon** n. m. 1 fam. : calecif 2 vx : chausse, culotte, pantalon 3 par ext. : slip

**calembour** n. m. à peu près, astuce, contrepèterie, équivoque, homonymie, homophonie, janotisme, jeu de mots → **calembredaine**

**calembredaine** n. f. baliverne, bateau, bourde, chanson, conte à dormir debout, coquecigrue, faribole, lanterne (vx), plaisanterie, sornette, sottise

**calendrier** n. m. 1 agenda, almanach, annuaire, bref, chronologie, comput, éphéméride, martyrologe, ordo, table, tableau → **programme** 2 calendrier républicain a jours : primidi, duodi, tridi, quartidi, quintidi, sextidi, septidi, octidi, nonidi, décadi b mois : vendémiaire, brumaire, frimaire, nivôse, pluviôse, ventôse, germinal, floréal, prairial, messidor, thermidor, fructidor

**calepin** n. m. aide-mémoire, cahier, carnet, mémento, recueil, répertoire

**caler** 1 v. intr. : baisser pavillon, caner, céder, filer doux, rabattre, reculer 2 v. tr. : ajuster, arrêter, assujettir, bloquer, étayer, fixer, serrer, soutenir, stabiliser

**calfater** aveugler, boucher, brayer, caréner, goudronner, obturer, radouber

**calfeutrer** 1 → **boucher** 2 → **enfermer**

**calibre** n. m. acabit, classe, espèce, genre → **dimension, qualité**

**calibrer** classer, mesurer, proportionner

**calice** n. m. 1 → **coupe** 2 → **mal** 3 enveloppe

**calicot** n. m. → **vendeur**

**califourchon (à)** à cheval / chevauchons (vx) / dada (fam.)

**câlin, e** → **caressant**

**câliner** 1 → **caresser** 2 → **soigner**

**câlinerie** n. f. → **caresse**

**calleux, euse** corné, dur, endurci, insensible → **rude**

**calligraphie** n. f. → **écriture**

**callosité** n. f. → **cal**

**calmant, e** nom et adj. 1 → **conciliant** 2 adoucissant, analgésique, anesthésique, anodin, antalgique, antipyrétique, antispasmodique, apaisant, balsamique, consolant, émollient, hypnotique, lénifiant, lénitif, neuroleptique, parégorique, rafraîchissant, relaxant, réconfortant, reposant, sédatif, tranquillisant, vulnéraire → **narcotique**

**calmar** ou **calamar** n. m. encornet, seiche, supion

**calme** 1 adj. a → **impassible** b → **tranquille** 2 n.m. a → **tranquillité** b assurance, équanimité, équilibre, flegme, irénisme, maîtrise / possession de soi, mesure, patience, sagesse, sang-froid, silence c → **prudence** d accalmie, beau fixe, beau temps, bonace, calmie, embellie e stabilité

**calmer** 1 adoucir, alléger, apaiser, arrêter, assagir, assoupir, assourdir, assouvir, attiédir, consoler, dédramatiser, dépassionner, désaltérer, désarmer, détendre, dompter, endormir, étancher, éteindre, étouffer, faire taire, immobiliser, imposer silence, lénifier, maîtriser, mater, modérer, pacifier, panser, pondérer, rasséréner, rassurer, refroidir, satisfaire, soulager, tranquilliser vx : rasseoir 2 v. pron. : calmir, tomber

**calomniateur, trice** 1 détracteur, diffamateur 2 par ext. : accusateur, délateur, dénonciateur, imposteur, mauvaise / méchante langue, médisant, menteur 3 fam. : cafteur, cancanier, corbeau (partic.), cuistre, langue de serpent / fourchue / venimeuse / de vipère, sycophante

**calomnie** n. f. 1 au pr. : allégation, détraction, diffamation, horreur (fam.), imputation fausse, insinuation, mensonge, menterie (pop) 2 par ext. : accusation, attaque, cancan (fam.), délation, dénonciation, injure, méchanceté, perfidie, traîtrise

**calomnier** 1 baver / cracher sur quelqu'un, casser du sucre sur le dos, déchirer, dénaturer les faits, diffamer, dire du mal, distiller du venin, entacher l'honneur, habiller, insinuer, mentir, noircir, parler mal / contre, répandre des calomnies, traîner dans la boue, vomir son venin → **dénigrer** 2 par ext. : accuser, attaquer, décrier, médire, tirer à boulets rouges (fam.), tomber sur

**calomnieux, euse** allusif, diffamant, diffamatoire, faux, infamant, inique, injurieux, injuste, mensonger, venimeux

**calot** n. m. 1 → **coiffure** 2 → **œil**

**calotin, e** n. m. ou f. → **bigot**

**calotte** n. f. 1 → **bonnet** 2 baffe, claque, coup, gifle, giroflée, mornifle, soufflet, taloche, tape → **camouflet** 3 coupole, dôme, voûte 4 hémisphère, pôle 5 calotte de glace, couche, épaisseur

**calotter** → **gifler**

**calquage** n. m. → **imitation**

**calque** n. m. → **imitation**

**calquer** contre-tirer (vx), imiter

**calumet** n. m. → **pipe**

**calvaire** n. m. 1 golgotha 2 par ext. : affliction, chemin de croix, croix, épreuve, martyre, peine, supplice

**calviniste** nom et adj. → **protestant**

**calvitie** n. f. 1 alopécie 2 favus, pelade, teigne

**camaïeu** n. m. sgraffite

**camarade** n. m. ou f. 1 adhérent, ami, apparatchik, associé, collègue, compagnon, condisciple, confrère, connaissance, égal, partenaire 2 fam. : copain, frère, pote, poteau, vieille branche / noix

**camaraderie** amitié, bonne intelligence, camarilla, copinage, copinerie, coterie, entente, entraide, familiarité, franc-maçonnerie, liaison, union, solidarité

**camard, e** → **camus**

**cambrer** 1 arc-bouter, arquer, arrondir, cintrer, couder, courber, infléchir, plier, ployer, recourber, voûter 2 v. pron. : bomber le torse, se redresser

**cambriolage** n. m. → **vol**

**cambrioler** → **voler**

**cambrioleur** n. m. → **voleur**

**cambrouse** ou **cambrousse** n. f. → **campagne**

**cambrure** 1 cintrage, courbure, ensellure 2 méd. : lordose 3 fig. : apprêt, pose, recherche

**cambuse** n. f. 1 cantine, cuisine, magasin, réfectoire 2 → **cabaret** 3 → **cabane** 4 antre, bouge, réduit, souillarde, taudis

**cambusier** n. m. cantinier → **marchand**

**came** n. f. → **drogue**

**caméléon** n. m. → **saurien**

**camelot** n. m. bonimenteur, charlatan, marchand forain, saladier (arg.)

**camelote** n. f. 1 → **marchandise** 2 → **saleté**

**camembert** n. m. → **fromage**

**camer (se)** → **droguer (se)**

**cameraman** n. m. audiov. off. : cadreur

**camériste** n. f. dame d'atours / d'honneur / de compagnie, femme de chambre, servante, soubrette, suivante

**camerlingue** n. m. → **chambellan**

**camion** n. m. 1 chariot, fardier, voiture 2 benne, bétaillère, citerne, fourgon, poids lourd, véhicule 3 fam. : bahut, gros-cul 4 pot à peinture

**camionneur** n. m. routier, transporteur

**camisole** n. f. brassière, caraco, casaquin, chemise, corsage, gilet, guimpe

**camouflage** n. m. déguisement, maquillage, occultation, masque

**camoufler** cacher, celer, couvrir, déguiser, dissimuler, maquiller, masquer, pallier, renfermer, voiler

**camouflet** n. m. affront, avanie, mortification, nasarde, offense, vexation → **calotte**

**camp** n. m. 1 bivouac, campement, cantonnement, castramétation, quartier 2 camping, plein air 3 côté, équipe, faction, groupe, parti 4 a **camp d'aviation :** aérodrome, aéroport, base aérienne, champ, terrain b **camp volant** → **tzigane**

**campagnard, e** 1 nom : hobereau → **paysan** 2 adj. a → **agreste** b non fav. : grossier, lourdaud, rustre

**campagne** n. f. 1 champ, champagne, nature, pays, plaine, sillon (poét.), terre ◆ fam. : bled, brousse, cambrouse, cambrousse 2 par ext. a cabale, croisade, propagande, prospection, publicité, saison b combat, équipée, expédition, guerre, intervention, manœuvre, offensive, opération, voyage c chartreuse, château, cottage, domaine, ferme, folie, maison, moulin, propriété, résidence secondaire, villégiature 3 **partie de campagne :** excursion, pique-nique, promenade, sortie

**campanile** n. m. clocher, lanterne, tour

**campement** et **camping** n. m. → **camp**

**camper** 1 bivouaquer, cantonner, s'établir, s'installer, nomadiser, planter sa tente, séjourner 2 affermir, asseoir, dresser, établir, fixer, installer, loger, mettre, placer, planter, poser, poster 3 v. pron. : hancher

**campos** n. m. → **vacances**

**campus** n. m. → **faculté**

**camus, e** 1 au pr. : aplati, camard, court, écaché, écrasé, épaté, plat 2 fig. : confus, déconcerté, désappointé, ébahi, embarrassé, honteux, interdit, penaud, quinaud

**canaille** n. f. 1 → **vaurien** 2 → **populace**

**canaillerie** n. f. coquinerie (vx), crapulerie, friponnerie, improbité, indélicatesse, malhonnêteté, polissonnerie, saleté, trivialité, vulgarité

**canal** n. m. 1 adduction, abée, adducteur, aqueduc, arroyo, buse, caniveau, chenal, chéneau, conduit, conduite, coursier, dalle, dalot, drain, égout, émissaire, étier, fossé, gargouille, goulot, goulotte, gouttière, noue, noulet, oléoduc, pierrée, pipe-line, rigole, saignée, sangsue, seguia, tranchée, tube, tuyau 2 par ext. a bief, boucau (mérid.), bras, cours d'eau, détroit, duit, embouchure, grau, lit, marigot, passage, passe, rivière, watergang b bassin, miroir / pièce d'eau c arch. : cannelure, glyphe, gorge, rainure, sillon 3 fig. : agent, boîte aux lettres, entremise, filière, intermédiaire, moyen, source, voie

**canalisation** n. f. branchement, colonne, conduite, égout, émissaire, griffon, manifold, réseau, tout-à-l'égout, tuyauterie

**canaliser** 1 → **conduire** 2 centraliser, concentrer, diriger, grouper, rassembler, réunir

**canapé** n. m. borne, causeuse, chaise longue, confident, cosy-corner, divan, fauteuil, lit, méridienne, ottomane, siège, sofa

**canard** n. m. 1 anas, barbarie, cane, caneton, colvert, eider, garrot, halbran, macreuse, malard, mandarin, milouin, morillon, mulard, palmipède, pétrin, pilet, sarcelle, siffleur, souchet, tadorne 2 par ext. a cacophonie, couac b bobard, bruit, canular, nouvelle, tuyau c → **journal**

**canarder** → **tirer**

**canasson** n. m. → **cheval**

**cancan** n. m. bavardage, calomnie, caquet, caquetage, clabaudage, commérage, médisance, potin, racontar, ragot, scandale

**cancaner** → **médire**

**cancanier, ère** n. et adj. → **calomniateur**

**cancer** n. m. carcinome, épithélioma, fongus malin, leucémie, métastase, néoplasme, sarcome, squirre, tumeur ◆ arg. : crabe

**cancre** n. m. 1 → **élève** 2 → **paresseux**

**candélabre** n. m. → **chandelier**

**candeur** n. f. blancheur, crédulité, franchise, ingénuité, innocence, naïveté, niaiserie (péj.), pureté, simplicité, sincérité

**candidat, e** n. m. ou f. → **postulant**

**candide** blanc, crédule, franc, ingénu, innocent, naïf, naturel, puéril, pur, simple, sincère, virginal

**cane** n. f. → **palmipède**

**caner** céder, flancher, reculer → **mourir**

**caneton** n. m. → **palmipède**

**canette** n. f. 1 → **palmipède** 2 → **bouteille**

**canevas** n. m. essai, modèle, ossature, plan, pochade, scénario, squelette, synopsis, tableau → **ébauche**

**canicule** n. f. chaleur, été

**canif** n. m. 1 → **couteau** ◆ vx : jambette 2 par ext. : grattoir, onglet, onglette

**canine** n. f. croc, défense, dent

**caniveau** n. m. conduit, rigole → **canal**

**canne** n. f. 1 → **bâton** 2 balisier, bambou, roseau

**cannelé, e** creusé, mouluré, rainuré, sillonné, strié

**cannelle** n. f. cannelier, casse, cassier

**cannelure** n. f. gorge, moulure, rainure, strie

**canner** par ext. : joncer

**cannibale** nom et adj. 1 anthropophage 2 cruel, féroce, ogre, sauvage

**cannibaliser** → **prendre**

**canoë** n. m. barque, canadien, canot, périssoire, pirogue → **bateau**

**canon** n. m. 1 arme, artillerie, aspic, batterie, bombarde, bouche à feu, caronade, couleuvrine, crapouillot, faucon, fauconneau, mortier, obusier, pièce d'artillerie, pierrier, ribaude, ribaudequin, veuglaire 2 airain, bronze, brutal (arg.), foudre 3 a catalogue, décision, droit, règle, règlement b idéal, modèle, module, norme, règle, type

**cañon** n. m. col, défilé, gorge, ravin

**canonique** conforme, convenable, exact, obligatoire, réglé, réglementaire, régulier

**canonisation** n. f. par ext. : béatification

**canoniser** 1 au pr. : béatifier, déclarer canonique, mettre / inscrire au calendrier, sanctifier 2 par ext. : encenser, glorifier, louer, prôner

**canonner** arroser, battre, bombarder, canarder, pilonner, soumettre au tir

**canot** n. m. baleinière, barque, canadien, canoë, chaloupe, embarcation, esquif, flambard, hors-bord, nacelle, périssoire, skiff, vedette, yole, youyou → **bateau**

**cantate** et **cantilène** n. f. → **chant**

**cantatrice** n. f. → **chanteuse**

**cantilever** n. m. et adj. aviat. et tr. pub. off. : en porte à faux

**cantine** n. f. 1 → **cabaret** 2 bagage, caisse, coffre, malle, marmotte, portemanteau

**cantinière** n. f. vivandière (vx)

**cantique** n. m. antienne, chant, hymne, motet, noël, poème, prose, psaume, répons

**canton** n. m. circonscription, coin, lieu, pays, région, territoire, zone

**cantonnement** n. m. → **camp**

**cantonner** 1 → **camper** 2 v. pron. a s'établir, se fortifier, s'isoler, se renfermer, se retirer b → **limiter (se)**

**cantonnier** n. m. employé municipal

**cantonnière** n. f. → **rideau**

**canular** n. m. → **mystification**

**canule** n. f. cannelle, cathéter, drain, sonde

**canuler** 1 casser les pieds, ennuyer, fatiguer, importuner 2 abuser, mystifier

**cap** n. m. 1 avancée, bec, pointe, promontoire, ras 2 → **extrémité**

**capable** adroit, apte, averti, bastant (vx), bon, chevronné, compétent, compétitif, dégourdi, doué, entendu, exercé, expérimenté, expert, fort, fortiche (fam.), habile, habilité, idoine, industrieux, ingénieux, intelligent, malin, puissant, qualifié, savant, susceptible de, talentueux, versé dans

**capacité** n. f. 1 a contenance, cubage, cylindrée, épaisseur, étendue, grosseur, jauge, mesure, portée, profondeur, tirant d'eau, tonnage, volume → **quantité** b litre *et dérivés* c brasse, corde, cordée, cube *et dérivés*, stère, voie d partic. ou vx : arrobe, baril, barrique, bock, boisseau, canin, chopine, congé, demi, demiard, feuillette, gallon, hémine, litron, mesure, mine, minot, moque, muid, picotin, pièce, pinte, pipe, pot, quart, quartaut, quarte, sac, setier, tonneau, velte e mar. : jauge, tonneau 2 adresse, aptitude, compétence, disposition, esprit, expérience, faculté, force, génie, habileté, habilité, inclination, industrie, ingéniosité, intelligence, mérite, pouvoir, qualité, rayon (fam.), savoir, science, talent, valeur, vertu

**caparaçon** n. m. armure, couverture, harnais, housse

**cape** n. f. → **manteau**

**capelan** n. m. → **prêtre**

**capeler** mar. 1 → **boucler** 2 → **fixer**

**capharnaüm** n. m. amas, attirail, bagage, bazar, bordel (grossier), bric-à-brac, confusion, désordre, entassement, fourbi, méli-mélo, pêle-mêle

**capilotade** n. f. déconfiture, gâchis, marmelade

**capitaine** n. m. commandant, gouverneur, lieutenant de vaisseau → **chef**

**capital** n. m. 1 → **argent** 2 → **bien** 3 → **terre** 4 → **établissement**

**capital, e** → **principal**

**capitale** n. f. 1 Babel, Babylone, chef-lieu, métropole, pandémonium 2 → **majuscule**

**capitalisme** n. m. par ext. : actionnariat, libéralisme, libre entreprise, multinationales

**capitaliste** nom et adj. 1 bourgeois, libéral (par ext.), riche 2 → **prêteur**

**capiteux, euse** alcoolisé, échauffant, enivrant, entêtant, étourdissant, exaltant, excitant, généreux, grisant, qui monte / porte à la tête, troublant

**capitonner** étouper, garnir, rembourrer, remplir

**capitulard** → **lâche**

**capitulation** n. f. abandon, abdication, accommodement, armistice, cession, convention, défaite, démission, reddition, renoncement, renonciation

**capituler** abandonner, abdiquer, battre la chamade, céder, se déculotter (fam.), demander grâce / merci, se démettre, déposer / jeter bas / mettre bas / poser / rendre les armes, hisser le drapeau blanc, lâcher prise, livrer les clefs, mettre les pouces, ouvrir les portes, parlementer, se rendre, renoncer, se retirer, se soumettre

**capon, ne** nom et adj. 1 alarmiste, couard, craintif, dégonflé, flagorneur (vx), froussard, lâche, mazette, peureux, pleutre, poltron, poule mouillée, pusillanime, rapporteur, timide, timoré, trembleur 2 → **lâche** ◆ vx : flagorneur 3 arg. ou fam. : chevreuil, foireux, péteux, pétochard, trouillard

**caporal** n. m. brigadier, cabot, crabe (arg.), gradé

**caporalisme** n. m. absolutisme, autocratie, autoritarisme, césarisme, dictature, militarisme, pouvoir absolu / discrétionnaire, prépotence

**capot** confus, embarrassé, honteux, interdit

**capote** 1 → **manteau** 2 → **préservatif**

**capoter** aller à Versailles (vx), chavirer, culbuter, se renverser, se retourner

**câpre** n. f. → **aromate**

**caprice** n. m. 1 au pr. : accès, arbitraire, bizarrerie, bon plaisir, boutade, changement, chimère, coup de tête, envie, extravagance, fantaisie, folie, foucade, fougasse, gré, humeur, impatience, incartade, inconséquence, inconstance, infantilisme, instabilité, légèreté, lubie, lune, marotte, mobilité, mouvement, originalité, quinte, saillie, saute d'humeur, singularité, toquade, variation, versatilité, vertigo, volonté ◆ québ. : accent 2 par ext. : amour, amourette, béguin, dada (fam.), enfantillage, escapade, étrangeté, excentricité, frasque, fredaine, flirt, idylle, oaristys (litt.), passade, pépin, toquade

**capricieux, euse** 1 au pr. : arbitraire, bizarre, braque, capricant, changeant, excentrique, extravagant, fantaisiste, fantasque, fou, gâté, inconséquent, inconstant, instable, irréfléchi, irrégulier, labile, léger, lunatique, maniaque, mobile, ondoyant, original, quinteux, sautillant, variable, versatile 2 par ext. : anormal, saugrenu, surprenant

**capselle** n. f. bourse-à-pasteur

**capsule** n. f. → **enveloppe**

**capsuler** boucher, cacheter, clore, fermer, obturer, sceller

**captation** n. f. 1 jurid. : détournement, dol, subornation, suggestion 2 captage, prélèvement, prise, recel

**capter** 1 canaliser, conduire, prélever, pomper 2 intercepter, surprendre 3 rassembler, recueillir, réunir 4 quelqu'un : attirer, captiver, charmer, conquérir, gagner, obtenir, vaincre ◆ péj. : abuser, accaparer, attraper, circonvenir, duper, embobeliner, embobiner, enjôler, fourvoyer, leurrer, surprendre, tromper

**captieux, euse** abusif, artificieux, déloyal, égarant, endormant, enjôleur, fallacieux, faux, fourbe, fourvoyant, insidieux, mensonger, mystifiant, retors, roué, séduisant, sophistiqué, spécieux, trompeur

**captif, ive** nom et adj. 1 asservi, attaché, cadenassé, contraint, dépendant, détenu, écroué, emprisonné, enchaîné, enfermé, esclave, gêné, incarcéré, interné, otage, prisonnier, reclus, relégué, séquestré 2 forçat, relégué, transporté

**captivant, e** attachant, attirant, charismatique, charmant, charmeur, ensorcelant, ensorceleur, enthousiasmant, enveloppant, fascinant, intéressant, magique, prenant, ravissant, séduisant, vainqueur

**captiver** absorber, asservir, assujettir, attacher, capter, charmer, conquérir, convaincre, dompter, enchaîner, enchanter, enjôler, ensorceler, enthousiasmer, entraîner, fasciner, gagner, intéresser, maîtriser, occuper, passionner, persuader, plaire, ravir, réduire à sa merci, saisir, séduire, soumettre, vaincre

**captivité** n. f. → **emprisonnement**

**capture** n. f. 1 → **arrestation** 2 → **butin**

**capturer** → **prendre**

**capuchon** n. m. 1 **a** aumusse, béguin, cagoule, camail, capeline, capuche, capuce, chaperon, coiffure, coule, couvre-chef, cuculle **b** couvercle, opercule, protection 2 par ext. : caban, capote, coule, crispin, domino, duffel-coat, pèlerine

**capucin, e** 1 franciscain, moine 2 vén. : lièvre 3 saï, sapajou, singe d'Amérique

**caque** n. f. barrot → **baril**

**caquet** et **caquetage** n. m. → **bavardage**

**caqueter** → **bavarder**

**car** conj. attendu que, du fait que, en effet, étant donné que, parce que, puisque, vu que

**car** n. m. autobus, autocar, courrier, patache, pullman

**carabin** n. m. → **médecin**

**carabine** n. f. → **fusil**

**carabiné, e** → **excessif**

**caractère** n. m. 1 chiffre, écrit, écriture, empreinte, graphie, gravure, inscription, lettre, sceau, sigle, signe, symbole, texte, trait 2 d'une chose : attribut, cachet, caractéristique, critérium, essence, facture, indice, marque, nature, particularité, propriété, qualité, relief, sens, signe, signification, titre, ton, trait 3 de quelqu'un : air, allure, apparence, aspect, constitution, expression, extérieur, façons, figure, fond, génie, goût, humeur, idiosyncrasie, manière, marque, naturel, originalité, personnalité, psychologie, qualité, relief, style, tempérament, visage 4 par ext. : assurance, audace, constance, courage, détermination, dignité, empire sur soi, énergie, entêtement, fermeté, fierté, force, grandeur d'âme, héroïsme, inflexibilité, loyauté, maîtrise de soi, opiniâtreté, orgueil, résolution, stoïcisme, ténacité, trempe, valeur, volonté 5 d'une nation : âme, génie, mœurs, originalité, particularisme, particularité, spécificité 6 d'imprimerie : antique, bas de casse, canon, capitale, cicéro, égyptienne, elzévir, gaillarde, italique, majuscule, mignonne, minuscule, normande, parangon, parisienne, romain

**caractériel, le** nom et adj. inadapté → **mythomane**

**caractériser** analyser, constituer, définir, dépeindre, désigner, déterminer, distinguer, expliciter, indiquer, individualiser, marquer, montrer, particulariser, personnaliser, peindre, préciser, spécifier

**caractéristique** 1 adj. : déterminant, distinctif, dominant, essentiel, indicatif, notable, original, particulier, patent, personnel, propre, remarquable, saillant, significatif, spécifique, symptomatique, typique, visible 2 n.f. : aspect, attribut, caractère, disposition particulière, distinction, indice, marque, originalité, particularité, propriété, qualité, signe, singularité, spécificité, trait

**carambolage** n. m. → **heurt**

**caramboler** n. m. → **heurter**

**carapace** n. f. → **protection**

**caravane** n. f. 1 caravansérail, smala 2 → **troupe** 3 → **convoi** 4 remorque, roulotte

**caravaning** n. m. off. : tourisme en caravane

**caravansérail** n. m. auberge, étape, fondouk, gîte, hôtellerie, khan, refuge

**carbonade** n. f. bifteck, grillade, steak

**carboniser** brûler, calciner, charbonner, consumer, cuire, réduire en charbon, rôtir

**carburant** n. m. → **combustible**

**carcan** n. m. 1 cangue, pilori 2 → **collier** 3 → **servitude** 4 → **cheval**

**carcasse** n. f. 1 charpente, ossature, squelette 2 armature, charpente, châssis, coque 3 canevas, esquisse, plan, projet, topo

**carde** n. f. bette, blette, cardon

**carder** battre, démêler, dénouer, peigner

**cardinal, e** → **principal**

**cardon** n. m. → **carde**

**carême** n. m. 1 → **jeûne** 2 **carême-prenant** → **carnaval**

**carence** n. f. 1 absence, défaut, défection, défectuosité, dénuement, disette, imperfection, incomplétude, indigence, insolvabilité, insuffisance, manque, manquement, oubli, pénurie, privation 2 abstention, impuissance, inaction 3 méd. : anémie, avitaminose, malnutrition, sous-alimentation 4 → **pauvreté**

**caressant, e** affectueux, aimable, aimant, amoureux, attentionné, cajoleur, câlin, démonstratif, doux, enjôleur, expansif, flatteur, tendre, voluptueux

**caresse** n. f. 1 accolade, agacerie, amabilités, aménités, amitiés, attentions, attouchement, baiser, bontés, cajolerie, câlinerie, chatouille, chatouillement, chatouillis, chatterie, contact, douceurs, ébats, effleurement, égards, embrassement, enlacement, étreinte, familiarité, flatterie, frôlement, frottement, frotti-frotta, gâteries, gentillesse, geste, gouzi-gouzi, guiliguili, lèchement, mamours, mignardise, papouille, passes (vulg.), patinage, patte de velours, pelotage, pression, prévenances, privauté, tendresse, titillation, zig-zig 2 → **masturbation** 3 fig. : bain, délice, faveur, illusion, volupté

**caresser** 1 au pr. : **a** baiser, bécoter, becqueter, bichonner, bouchonner, cajoler, câliner, chatouiller, chiffonner, couvrir de caresses, dorloter, s'ébattre, effleurer, embrasser, enlacer, étreindre, flatter, frôler, frotter, lécher, manier, manger de baisers, masser, passer / promener la main, patouiller, peloter, presser, serrer, tapoter, titiller, toucher, tripoter, trousser **b** vx : accoler, avoir des bontés, gratter, mignoter, patiner 2 par ext. **a** bercer, se complaire, entretenir, nourrir, projeter, ressasser **b** aduler, amadouer, cajoler, choyer, courtiser, faire du plat, flagorner, lécher les bottes → **flatter**

**car-ferry** n. m. mar. off. : (navire) transbordeur

**cargaison** n. f. 1 charge, chargement, fret, marchandises 2 bagage, collection, provision, réserve 3 → **quantité**

**cargo** n. m. → **bateau**

**carguer** plier → **serrer**

**caricatural, e** bouffon, burlesque, carnavalesque, clownesque, comique, contrefait, difforme, grotesque, parodique, ridicule

**caricature** n. f. 1 charge, dessin, effigie, peinture, pochade, silhouette, traits 2 contrefaçon, déformation, farce, grimace, parodie, raillerie, satire

**caricaturer** charger, contrefaire, croquer, parodier, railler, ridiculiser, tourner en ridicule

**carie** n. f. bot. : anthracnose, charbon, rouille noire de la vigne

**carier** abîmer, altérer, avarier, corrompre, détériorer, endommager, gâter, gangrener, infecter, nécroser, pourrir

**carillon** n. m. 1 → **cloche** 2 sonnerie 3 chahut, charivari, criaillerie, micmac, scène, tapage, tohu-bohu

**carillonner** 1 → **sonner** 2 → **publier**

**carillonneur** n. m. sonneur

**cariste** n. m. manutentionnaire

**carlin** n. m. → **chien**

**carline** n. f. → **chardon**

**carlingue** n. f. 1 → **habitacle** 2 mar. → **poutre**

**carmagnole** n. f. 1 → **veste** 2 → **danse**

**carme** n. m. → **religieux**

**carmélite** n. f. → **religieuse**

**carmin** n. m. et adj. → **rouge**

**carnage** n. m. 1 au pr. vx : chair, nourriture, viande 2 par ext. : abattoir, boucherie, décimation, étripage (fam.), hécatombe, massacre, tuerie 3 fig. : destruction, dévastation, extermination, gâchis, génocide, pogrom, ravage, ruine, Saint-Barthélemy

**carnassier, ère** → **carnivore**

**carnassière** n. f. carnier, gibecière, havresac, musette

**carnation** n. f. 1 au pr. : apparence, coloration, couleur, mine, teint 2 par ext. : chair, peau

**carnaval** n. m. 1 amusement, cavalcade, célébration du mardi gras / de la mi-carême, défilé, déguisement, divertissement, mascarade, travestissement 2 domino, masque 3 vx : carême-prenant, chienlit, momerie

**carne** n. f. 1 → **chair** 2 → **cheval** 3 → **virago**

**carné, e** couleur chair, cuisse de nymphe émue (vx)

**carneau** n. m. → **conduit**

**carnet** n. m. agenda, bloc-notes, cahier, calepin, journal, livret, manifold, mémento, mémoires, mémorandum, notes, registre, répertoire

**carnier** n. m. → **carnassière**

**carnivore** nom et adj. 1 carnassier, sanguinaire 2 belette, brochet, chat, chien, civette, coati, épaulard, fouine, furet, glouton, hyène, lion, loup, loutre, lycaon, mangouste, martre, mouffette, musaraigne, otocyon, ours, panda, protèle, puma, putois, oiseau de proie, rapace, ratel, renard, requin, suricate, tigre, varan, zorille

**carottage** n. m. 1 → **tromperie** 2 → **vol**

**carotte** n. f. 1 par ext. a échantillon, prélèvement b chique 2 fig. : artifice, carottage, duperie, escroquerie, exploitation, ficelle, filouterie, illusion, leurre, mensonge, piperie, resquille, ruse → **tromperie**

**carotter** → **tromper**

**carotteur, euse** nom et adj. 1 → **fripon** 2 → **voleur**

**carpette** n. f. → **tapis**

**carre** n. f. 1 → **angle** 2 → **épaisseur**

**carré** n. m. 1 au pr. : quadrilatère 2 par ext. a carreau, case, quadrillage b jardinage : corbeille, massif, parterre, planche, plate-bande c bout, coin, morceau, pièce

**carré, e** fig. : droit, ferme, franc, loyal, net, ouvert, sincère, vrai

**carreau** n. m. 1 → **carrelage** 2 croisée, fenêtre, glace, panneau, verre, vitre 3 → **coussin** 4 → **trait**

**carrée** n. f. 1 → **encadrement** 2 → **chambre**

**carrefour** n. m. bifurcation, croisée des chemins, croisement, embranchement, étoile, fourche, patte d'oie, rond-point

**carrelage** n. m. carreaux, dallage, dalles, mosaïque, sol → **céramique**

**carreler** 1 → **paver** 2 quadriller

**carrelet** n. m. 1 ableret, araignée, filet 2 aiguille, lime, règle

**carrément** abruptement, absolument, d'autorité, catégoriquement, hardiment, librement, sans ambages / détour / faux-fuyant / hésitation / histoires

**carrer** 1 élever au carré 2 → **tailler** 3 → **enfoncer** 4 v. pron. → **prélasser (se)**

**carrier** n. m. exploitant de carrières

**carrière** n. f. 1 ardoisière, ballastière, glaisière, grésière, marbrière, marnière, meulière, mine, plâtrière, sablière 2 arène, champ de courses, lice, manège (par ext.), stade 3 curriculum, état, fonction, métier, occupation, profession 4 **donner carrière :** champ, cours, course, liberté

**carriole** n. f. → **charrette**

**carrossable** praticable

**carrosse** n. m. → **coche**

**carrosserie** n. f. bâti, caisse, tôlerie → **voiture**

**carrossier** n. m. 1 charron 2 couturier de la voiture, modéliste

**carrousel** n. m. fantasia, parade, reprise, tournoi *et par ext.* ronde

**carrure** n. f. → **taille**

**cartable** n. m. carton, cartonnier, musette d'écolier, porte-documents, portefeuille, sac, sacoche, serviette, sous-main

**carte** n. f. 1 à jouer. a as, atout, carreau, cœur, dame, manillon, pique, reine, roi, tarot, trèfle, valet b baccara, bataille, belote, bonneteau, boston, bouillotte, brelan, bridge, canasta, chemin de fer, crapette, drogue, écarté, grabuge, impériale, lansquenet, manille, mariage, mistigri, mouche, nain jaune, pharaon, piquet, poker, quadrille, réussite, tarot, trente et un, trente-et-quarante, tri, triomphe, vingt-et-un, whist c arg. : brème, carton 2 géogr. : atlas, carton, croquis, mappemonde, plan, planisphère, portulan, projection, représentation 3 de correspondance : a bristol, carte-lettre, lettre, pneu, pneumatique b paysage, photo, vue 4 autorisation, billet, coupe-file, laissez-passer, ticket, titre, visa 5 catalogue, choix, menu, prix

**cartel** n. m. 1 billet, bristol, carte, papier 2 par ext. a vx : convention, traité b défi, provocation 3 cartouche, encadrement, horloge, pendule, régulateur 4 association, bloc, comptoir de vente, concentration, consortium, entente, société, trust

**cartésien, enne** → **logique**

**cartomancie** n. f. par ext. → **divination**

**cartomancien, ne** n. m. ou f. diseur, (euse) de bonne aventure, tireur, (euse) de cartes *et par ext.* → **devin**

**carton** n. m. 1 → **carte** 2 boîte → **cartable** 3 croquis, dessin, étude, modèle, patron, plan, projet 4 → **feuille**

**cartouche** 1 n.m. : blason, cadre, cartel, encadrement, mandorle 2 n.f. : explosif, mine, munition, pétard → **balle**

**cartouchière** n. f. giberne, musette, sac, sacoche

**cartulaire** n. m. chartrier, terrier

**cas** n. m. 1 accident, aventure, circonstance, conjoncture, contingence, événement, éventualité, fait, hasard, histoire, hypothèse, matière, occasion, occurrence, possibilité, rencontre, situation 2 jurid. : action, affaire, cause, crime, délit, fait, procès 3 a **c'est le cas :** lieu, moment, occasion, opportunité b **en ce cas :** alors c **en aucun cas :** façon, manière d **cas de conscience :** difficulté, scrupule e **en tout cas :** de toute façon, en toute hypothèse, quoi qu'il arrive f **en-cas :** casse-croûte (fam.), collation, goûter, repas léger g **au cas où, en cas que :** à supposer que, en admettant que, quand, si, s'il arrivait / survenait / venait que h **faire cas de** → **estimer** i **cas social** → **déchu, pauvre**

**casanier, ère** 1 au pr. a fam. : cul-de-plomb, notaire, pantouflard, popote, pot-au-feu b sédentaire, solitaire 2 par ext. : bourru, ours, sauvage

**casaque** n. f. 1 → **corsage** 2 → **manteau** 3 des condamnés de l'Inquisition : san-benito 4 vx : cotte, hoqueton, jaquette, sayon, soubreveste 5 **tourner casaque** → **changer**

**cascade** et **cascatelle** n. f. 1 au pr. : buffet d'eau, cataracte, chute, rapides 2 fig. : a → **acrobatie** b avalanche, culbute, dégringolade, rebondissement, ricochet, saccade, succession, suite

**cascader** 1 → **couler** 2 faire de l'acrobatie

**cascadeur, euse** nom et adj. 1 → **acrobate** 2 → **fêtard**

**case** n. f. 1 → **cabane** 2 alvéole, carré, casier, cellule, compartiment, division, subdivision, vide

**casemate** n. f. abri, blockhaus, bunker, fortification, fortin, ouvrage fortifié, tourelle

**caser** 1 au pr. : aligner, classer, disposer, installer, loger, mettre, ordonner, placer, ranger, serrer 2 par ext. : établir, faire nommer, fixer, procurer un emploi

**caserne** n. f. baraquement, base, cantonnement, casernement, dépôt, garnison, place, quartier

**cash** → **comptant**

**casier** n. m. 1 cartonnier, cases, classeur, compartiments, fichier, rayons, tiroir 2 nasse

**casque** n. m. 1 au pr. : armet, bassinet, capeline, chapeau, gamelle (arg. milit.), heaume, morion, pot de fer, salade 2 par ext. : bombe, calotte, chevelure, coiffure 3 **casque à mèche :** bonnet de nuit

**casquer** → **payer**

**casquette** n. f. 1 → **coiffure** 2 arg. : bâche, grivelle, tampon

**cassant, e** 1 au pr. : cassable, délicat, destructible, faible, fissible, friable, fragile, gélif, vermoulu 2 par ext. : absolu, aigre, âpre, autoritaire, bourru, brusque, dur, impérieux, inflexible, insolent, rude, sec, sévère, tranchant

**cassation** n. f. 1 jurid. : abrogation, annulation, dégradation (milit.), remise, renvoi 2 → **concert**

**casse** n. f. 1 bagarre, bris, dégâts, démolition, désagrément, destruction, dommage, ennui, grabuge, perte 2 bassine, lèchefrite, poêle, poêlon, récipient → **casserole** 3 imprim. : bardeau, casier, casseau 4 → **cannelle** 5 **faire un casse** (arg.) : cambrioler → **voler**

**cassé, e** 1 au pr. → **casser** 2 par ext. quelqu'un : âgé, anémique, brisé, caduc, courbé, débile, décrépit, estropié, faible, infirme, tremblant, usé, vieux, voûté

**casse-cou** n. m. 1 n.m. → **danger** 2 adj. : audacieux, brise-tout, brûlot, cascadeur, casse-gueule, étourdi, hardi, imprudent, inconscient, irréfléchi, présomptueux, risque-tout, téméraire 3 **crier casse-cou** → **avertir**

**casse-croûte** n. m. acompte, amuse-gueule, casse-dalle / graine, collation, croque-monsieur, croustille, en-cas, fast-food, goûter, mâchon, repas froid / léger / rapide / sur le pouce, sandwich

**casse-gueule** n. m. 1 → **danger** 2 péj. → **alcool**

**cassement** n. m. bruit, casse-tête, ennui, fatigue, préoccupation, rompement de tête (rég.), souci, tracas

**casse-pieds** n. m. → **importun**

**casse-pipe(s)** n. m. → **guerre**

**casser** 1 v. tr. a au pr. : briser, broyer, concasser, craqueler, déchirer, délabrer, désagréger, détériorer, détruire, disloquer, ébrécher, éclater, écorner, écraser, effondrer, émietter, entailler, entamer, éventrer, fêler, fendiller, fendre, fracasser, fractionner, fracturer, fragmenter, morceler, péter (fam.), piler, rompre → **abîmer** 2 fig. a **à tout casser** (fam.) → **extraordinaire** b **casser les vitres :** chambarder, s'emporter, faire un éclat, manifester, se mettre en colère c **casser le morceau :** avouer, dénoncer d **casser du sucre** → **calomnier** e **casser les pieds / la tête :** assommer, assourdir, ennuyer, étourdir, fatiguer, importuner f **casser la figure** → **battre** g **casser les bras :** affaiblir, choquer, couper les bras, décourager, démolir, démoraliser, éreinter, frapper, mettre à plat h jurid. : abolir, abroger, annuler, infirmer, rejeter, rescinder, rompre i milit. : dégrader j par ext. : démettre, déposer, destituer, renvoyer, révoquer, supprimer, suspendre 3 v. intr. : céder, craquer, flancher, péter (fam.), tomber 4 v. pron. → **partir**

**casserole** n. f. casse, sauteuse, sautoir *et par ext.* : braisière, cocotte, faitout ou fait-tout, friteuse, lèchefrite, marmite, œufrier, poêle, poêlon, poissonnière, turbotière

**casse-tête** n. m. 1 au pr. : coup-de-poing, gourdin, masse, massue, matraque, merlin, nerf de bœuf, plombée 2 → **cassement**

**cassette** n. f. → **boîte**

**casseur, euse** n. m. ou f. 1 récupérateur 2 → **hâbleur** 3 → **voleur** 4 → **destructeur**

**cassier** n. m. → **cannelle**

**cassis** n. m. 1 groseillier noir 2 dos-d'âne, fondrière, nid-de-poule, rigole

**cassolette** n. f. brûle-parfum

**casson** n. m. → **déchet**

**cassure** n. f. 1 au pr. : arête, brèche, brisure, casse, crevasse, faille, fente, fissure, fracture, joint 2 par ext. a → **débris** b coupure, disjonction, dislocation, distinction, écornure, fêlure, rupture

**caste** n. f. → **rang**

**castel** n. m. chartreuse, château, folie, gentilhommière, logis, manoir, pavillon, rendez-vous de chasse

**castor** n. m. 1 bièvre (vx) 2 → **coiffure**

**castrat** n. m. 1 au pr. : châtré, eunuque 2 par ext. : chanteur, haute-contre, sopraniste 3 anim. → **châtré**

**castration** n. f. émasculation, ovariectomie, stérilisation, vasectomie

**castrer** → **châtrer**

**casuel, le** 1 adj. : accidentel, contingent, conditionnel, événementiel, éventuel, fortuit, incertain, occasionnel, possible 2 n.m. : avantage, émolument, gain, honoraires, profit, rapport, rémunération, rétribution, revenu

**casuiste** n. m. 1 jésuite, juge, ordinaire, théologien 2 sophiste → **hypocrite**

**casuistique** n. f. 1 théologie morale 2 sophistique, subtilité → **hypocrisie**

**cataclysme** n. m. accident, anéantissement, bouleversement, calamité, catastrophe, crise, cyclone, débordement, déluge, désastre, désordre, destruction, dévastation, éruption volcanique, fléau, guerre, inondation, maelström, ouragan, ravage, raz de marée, révolution, ruine, séisme, sinistre, tempête, tornade, tremblement de terre, troubles

**catacombe** n. f. carrière, cavité, cimetière, excavation, grotte, hypogée, ossuaire, souterrain

**catadioptre** n. m. cataphote

**catafalque** n. m. cénotaphe, chapelle ardente, décoration funèbre, estrade, mausolée, pompe funèbre

**catalepsie** n. f. cataplexie, extase, fixité, hypnose, immobilité, insensibilité, léthargie, mort apparente, paralysie, tétanisation

**catalogue** n. m. 1 dénombrement, énumération, état, inventaire, liste, mémoire, nomenclature, recueil, relevé, répertoire, rôle 2 bibliographie, collection, fichier, index, table 3 livret, programme 4 rel. : canon, martyrologe 5 méd. : codex, formulaire

**cataloguer** classer, dénombrer, inscrire, juger (fig.)

**cataplasme** n. m. bouillie, embrocation, emplâtre, fomentation, rubéfiant, sinapisme, topique, vésicatoire

**catapulte** n. f. baliste, bricole, machine, onagre, scorpion

**catapulter** → **lancer**

**cataracte** n. f. 1 au pr. → **cascade** 2 par ext. : avalanche, déluge, écluse, torrent, trombe, vanne

**catarrhe** n. m. influenza, grippe, refroidissement, rhume de cerveau
**catastrophe** n. f. [1] → **calamité** [2] → **dénouement** [3] → **péripétie**
**catch** n. m. lutte, pancrace, pugilat
**catéchiser** [1] au pr. : endoctriner, évangéliser, initier, instruire, moraliser, persuader, prêcher [2] par ext. **a** chapitrer, gourmander, gronder, réprimander, sermonner **b** dresser, former, styler
**catéchisme** n. m. [1] abrégé, catéchèse, instruction, recueil, rudiment [2] credo, dogme, foi [3] capucinade (péj.), leçon de morale, remontrance, sermon
**catégorie** n. f. [1] catégorème, concept, critère, idée [2] phil. **a** les dix catégories d'Aristote : action, essence, lieu, manière d'être, qualité, quantité, relation, situation, substance, temps **b** Kant, les quatre classes des douze catégories : modalité, qualité, quantité, relation [3] par ext. : classe, classification, couche, délimitation, division, espèce, famille, genre, groupe, nature, ordre, race, série, sorte
**catégorique** absolu, affirmatif, clair, dirimant, dogmatique, explicite, formel, franc, impératif, indiscutable, net, péremptoire, positif, précis, rédhibitoire, strict, volontaire
**cathare** nom et adj. albigeois, parfait
**catharsis** n. f. [1] purgation, purge [2] abréaction, défoulement, évacuation, libération
**cathédrale** n. f. église, métropole, monument
**catholicisme** n. m. catholicité, christianisme, Église, papisme (péj.), romanisme
**catholicité** → **catholicisme**
**catholique** [1] œcuménique, universel [2] baptisé, chrétien, converti, croyant, fidèle, pratiquant vx et / ou péj. : calotin, papiste, tala
**catimini (en)** en cachette, en douce, en secret, secrètement, en tapinois
**catin** n. f. → **prostituée**
**cauchemar** n. m. crainte, délire, hallucination, idée fixe, obsession, peur, rêve, songe, tourment
**cauchemardesque** → **effrayant**
**causant, e** communicatif, confiant, expansif, exubérant, loquace, ouvert
**cause** n. f. [1] au pr. : **a** agent, artisan, auteur, créateur, inspirateur, instigateur, promoteur, responsable **b** base, départ, étincelle, ferment, germe, mère, moyen, occasion, origine, principe, source **c** explication, fondement, inspiration, sujet [2] par ext. : aboutissement, but, considération, intention, mobile, moteur, motif, objet, pourquoi, prétexte, raison [3] jurid. : affaire, chicane, procès [4] méd. : contage, étiologie [5] **à cause de** : en considération / raison de, par, pour
**causer** [1] v. tr. : allumer, amener, apporter, attirer, déterminer, donner lieu, entraîner, exciter, faire, faire naître, fomenter, inspirer, motiver, occasionner, produire, provoquer, susciter [2] v. intr. → **bavarder**
**causerie** et **causette** n. f. [1] → **conversation** [2] → **conférence**
**causeur, euse** nom et adj. babillard, bavard, parleur → **causant**
**causeuse** n. f. → **canapé**
**causticité** n. f. mordacité → **aigreur**
**caustique** → **mordant**
**cautèle** n. f. défiance, finesse, habileté, prudence, roublardise, rouerie, ruse → **hypocrisie**
**cauteleux, euse** adroit, chafouin, défiant, fin, flatteur, habile, roublard, roué, rusé → **hypocrite**
**cautère** n. m. [1] brûlure, escarre, exutoire, plaie artificielle, pointe de feu, ulcération [2] coagulateur, moxa, stérilisateur, thermocautère
**cautérisation** n. f. pointe de feu
**cautériser** aseptiser, brûler, nettoyer, purifier, stériliser
**caution** n. f. [1] arrhes, assurance, cautionnement, consigne, dépôt, endos, fidéjussion, gage, garantie, hypothèque, preuve, sûreté, warrant [2] **sujet à caution** → **suspect** [3] accréditeur, aval, endosseur, fidéjusseur, garant, otage, parrain, répondant, soutien, témoin
**cautionner** → **garantir**
**cavalcade** n. f. → **défilé**
**cavalcader** → **chevaucher**
**cavale** n. f. haquenée, jument, pouliche, poulinière ♦ arg. → **fuite**
**cavaler** → **courir**
**cavalerie** n. f. [1] écurie, remonte [2] par anal. : arme blindée, chars
**cavaleur** nom et adj. → **coureur**
**cavalier, ère** nom [1] amazone, écuyer, jockey, messager, postier, postillon [2] milit. : carabin, carabinier, cent-garde, chasseur, chevau-léger, cornette, cosaque, cravate, cuirassier, dragon, éclaireur, estradiot, gendarme, goumier, guide, hussard, lancier, mamelouk, mousquetaire, reître, polaque, spahi, uhlan, vedette [3] chevalier, écuyer, gentilhomme, noble, seigneur [4] chaperon, chevalier servant, galant, sigisbée [5] déblai, retranchement, talus
**cavalier, ère** adj. [1] fav. ou neutre : aisé, dégagé, élégant, hardi, libre, souple [2] non fav. : arrogant, brusque, désinvolte, hautain, impertinent, inconvenant, indiscret, insolent, leste, malhonnête, sans gêne
**cavatine** n. f. → **chant**
**cave** nom et adj. [1] **a** caveau, caverne, excavation, grotte, oubliette, silo, sous-sol, souterrain **b** chai, cellier, cuvier, sommellerie **c** enjeu, mise [2] **a** → **creux** **b** → **naïf**
**caveau** n. m. [1] → **cave** [2] → **cabaret** [3] columbarium, crypte, hypogée, mausolée, niche, sépulture, tombe, tombeau
**caver** [1] approfondir, creuser, fouiller, miner, sonder [2] faire mise, jeter / mettre en jeu, miser
**caverne** n. f. [1] au pr. : abri-sous-roche, baume, grotte, station archéologique → **cavité** [2] par ext. : antre, gîte, refuge, repaire, retraite, tanière, terrier
**caverneux, euse** bas, grave, profond, sépulcral, sourd, voilé
**caviar** n. m. par ext. : *ou* poutargue, œufs de cabillaud / lump / muge / saumon
**caviarder** barrer, biffer, censurer, effacer, supprimer
**caviste** n. m. → **sommelier**
**cavité** n. f. ambitus, abîme, alvéole, anfractuosité, antre, aven, bassin, bétoire, boulin, brèche, canal, cave, caveau, caverne, concavité, cratère, creux, crevasse, crypte, doline, embrasure, encoignure, enfeu, enfonçure, évidure, excavation, fente, fosse, fossé, galerie, gouffre, grotte, igue, loge, mine, niche, ouverture, poche, poljé, précipice, puits, rainure, ravin, strie, tranchée, trou, vacuole, vide
**céans** dedans, ici
**cécité** n. f. amaurose, cataracte, goutte de l'œil → **aveuglement**
**céder** [1] v. tr. : abandonner, accorder, aliéner, baisser les bras / pavillon, concéder, délaisser, se dessaisir, donner, livrer, passer, refiler (fam.), rétrocéder, transférer, transmettre, vendre [2] v. intr. **a** s'abandonner, abdiquer, acquiescer, approuver, battre en retraite / la chamade, broncher, caler, capituler, composer, concéder, condescendre, consentir, craquer, déférer, écouter, s'effondrer, faiblir, flancher, fléchir, s'incliner, jeter du lest, lâcher pied / prise, mettre les pouces, mollir, obéir, obtempérer, perdre du terrain, se plier, reculer, se rendre, renoncer, se résigner, rompre, se soumettre, succomber, transiger ♦ fam. : caner, se déculotter, lâcher les pédales **b** une chose : s'abaisser, s'affaisser, casser, cesser, se courber, diminuer, s'écrouler, s'effondrer, s'enfoncer, fléchir, plier, ployer, rompre, tomber
**cédule** n. f. billet, fiche, liste, ordonnance, titre
**ceindre** [1] attacher, ceinturer, entourer, sangler, serrer [2] auréoler, border, clôturer, couronner, disposer, enceindre, encercler, enclore, enserrer, entourer, envelopper, environner, palissader, placer, renfermer
**ceinture** n. f. [1] bande, bandelette, ceinturon, cordelière, cordon, écharpe, obi [2] bandage, corset, flanelle, gaine, sangle, soutien [3] taille, tour de hanches [4] clôture, encadrement, entourage [5] banlieue, faubourgs, zone
**ceinturer** [1] → **ceindre** [2] → **prendre**
**ceinturon** n. m. baudrier, buffleterie, porte-épée, porte-glaive
**céladon** n. m. [1] → **amant** [2] → **vert**
**célébration** n. f. [1] anniversaire, cérémonie, commémoration, culte, fête, mémento, mémoire, solennité, souvenir, tombeau (litt.), triomphe [2] apologie, compliment, éloge, encensement, exaltation, gloria, glorification, hosanna, louange, oraison, panégyrique, prône
**célèbre** connu, distingué, éclatant, éminent, estimé, fameux, glorieux, historique, immortel, légendaire, renommé, réputé → **illustre**
**célébrer** [1] commémorer, fêter, marquer, officier, procéder à, se réjouir, sanctifier, solenniser [2] admirer, chanter, encenser, entonner, exalter, faire l'éloge, fêter, glorifier, louer, préconiser, prôner, publier, rendre hommage / les honneurs / un culte, vanter
**célébrité** n. f. [1] considération, crédit, éclat, faveur, gloire, marque, nom, notoriété, popularité, renom, renommée, réputation, succès, vogue [2] éminence, personnalité, sommité, vedette
**celer** → **cacher**
**céleri** n. m. ache
**célérité** n. f. activité, agilité, diligence, hâte, empressement, précipitation, prestesse, promptitude, rapidité, vélocité, vitesse, zèle
**céleste** → **divin**
**célibat** n. m. → **solitude**
**célibataire** nom et adj. agame, catherinette, demoiselle, garçon, homme seul, jeune homme / fille, libre, seul, solitaire, vieille fille, vieux garçon
**cellier** n. m. hangar → **cave**
**cellule** n. f. [1] carré, case, chambre, chambrette, loge, logette [2] → **cachot** [3] alvéole [4] groupe, noyau, section
**cellulose** n. f. viscose
**celte** nom et adj. breton, celtique, gallois, gaulois
**celtique** nom et adj. breton, celte, cornique, gaélique, gallois, gaulois, kymrique
**cénacle** n. m. cercle, chapelle, club, école, groupe, pléiade, réunion
**cendre** n. f. [1] au sing. **a** au pr. : escarbille, fraisil, lave, lapilli, poussière, résidu, scorie **b** fig. → **ruine, pénitence** [2] au pl. : débris, reliques, restes, souvenir
**cendrillon** n. f. → **servante**
**cène** n. f. célébration, communion, repas mystique → **eucharistie**
**cénobite** n. m. → **religieux**
**cénotaphe** n. m. catafalque, mausolée, monument, sarcophage, sépulture, tombe, tombeau
**cens** n. m. [1] décompte, dénombrement, recensement [2] champart, dîme, imposition, impôt, quotité, redevance, taille
**censé, e** admis, présumé, regardé comme, réputé, supposé
**censeur** n. m. [1] critique, critiqueur, juge ♦ vx : observateur [2] péj. **a** bégueule, prude **b** contempteur, pédant [3] commissaire aux comptes, questeur [4] → **maître**
**censure** n. f. [1] autorisation, contrôle, filtre, imprimatur, index, veto [2] animadversion, blâme, condamnation, critique, désapprobation, désaveu, détraction, examen, improbation, jugement, réprimande, réprobation [3] avertissement, observations, recommandations [4] relig. : excommunication, interdit, monition, suspense
**censurer** [1] blâmer, critiquer, désapprouver, flétrir, mettre à l'index, punir, reprendre, reprocher, réprouver, suspendre, tancer, trouver à redire [2] barrer, biffer, caviarder, condamner, contrôler, couper, défendre, effacer, faire des coupures, gratter, interdire, retirer, retrancher, sabrer, supprimer, taillader
**centaurée** n. f. barbeau, bleuet
**centenaire** nom et adj. antique, séculaire, vieux → **vieillard**
**centon** n. m. pastiche, pot-pourri, rhapsodie → **mélange**
**centralisation** n. f. concentration, rassemblement, réunification, réunion
**centraliser** concentrer, grouper, masser, ramener, rassembler, regrouper, réunir
**centre** n. m. [1] axe, clef de voûte, cœur, fort, foyer, lieu géométrique, métacentre, milieu, mitan, nœud, nombril, noyau, point, sein [2] par ext. **a** base, citadelle, fondement, principe, siège **b** agglomération, capitale, chef-lieu, métropole **c** animateur, cerveau, cheville ouvrière, organe essentiel, pivot, promoteur
**centrer** ajuster, cadrer, mettre au point, régler
**centupler** agrandir, augmenter, décupler, multiplier

**centurie** n. f. → **troupe**

**centurion** n. m. → **chef**

**cénure** ou **cœnure** n. m. → **ver**

**cep** n. m. → **vigne**

**cépage** n. m. → **raisin**

**cèpe** n. m. bolet, tête de nègre

**cependant** 1 adv. : alors, au moment même, en attendant 2 conj. : avec tout cela, en regard de, en tout cas, mais, malgré cela / tout, néanmoins, n'empêche que, nonobstant, pourtant, toujours est-il, toutefois 3 **cependant que :** alors / durant / pendant / tandis que, au moment où

**céphalique** par ext. : cervical, crânien, encéphalique

**céphalopode** n. m. ammonite, bélemnite, calmar ou encornet, nautile ou argonaute, poulpe ou pieuvre, seiche

**céphéide** n. f. → **astre**

**cérambyx** n. m. capricorne, coléoptère, longicorne

**cérame** n. m. → **vase**

**céramique** n. f. abacule, azulejo, biscuit, carreau, émail, faïence, gemmail, grès, mosaïque, porcelaine, poterie, tomette, terre cuite, zellige

**céraste** n. f. → **vipère**

**cérat** n. m. 1 → **baume** 2 → **pommade**

**cerbère** n. m. chien de garde, concierge, garde, garde du corps, gardien, geôlier, molosse, sentinelle, surveillant → **portier**

**cercaire** n. f. → **ver**

**cerceau** n. m. 1 feuillard 2 → **cercle** 3 → **voûte** 4 → **sommier**

**cercle** n. m. 1 aréole, auréole, cerne, disque, halo, nimbe, périmètre, rond, rondelle 2 arch. : abside, amphithéâtre, arcade, arceau, cerce, cintre, cirque, lobe, rosace, voûte 3 par ext. **a** circonférence, contour, courbe, écliptique, épicycle, équateur, méridien, orbe, orbite, parallèle, tour, tropique, zodiaque, zone **b** circonvolution, circuit, cycle, giration, périple, révolution, rotation **c** anneau, armille, bague, bracelet, collier, couronne **d** bandage, cerceau, collerette, entourage, frette, roue **e** assemblée, association, cénacle, chapelle, club, école, groupe, réunion, salon, société **f** domaine, étendue, limite, périphérie **g** étreinte, piège, prison, tourbillon

**cercler** border, borner, clore, consolider, courber, enclore, entourer, fermer, garnir / munir de cercles, renforcer

**cercueil** n. m. bière, sarcophage ◆ arg. : boîte, boîte à dominos, caisse, manteau / paletot de bois / sans manches / de sapin, sapin

**céréale** n. f. 1 graminée 2 avoine, blé, froment, maïs, millet, orge, riz, seigle, sorgho, triticale

**céréaliculture** n. f. → **agriculture**

**céréalier** n. m. → **agriculteur**

**cérébral, e** → **intellectuel**

**cérémonial** n. m. → **protocole**

**cérémonie** n. f. 1 célébration, cérémonial, culte, fête, liturgie, office, messe, procession, rite, sacre, sacrement, service divin / funèbre, solennité 2 anniversaire, apparat, appareil, cavalcade, commémoration, cortège, défilé, gala, inauguration, parade, pompe, réception, raout ou rout (angl.) 3 par anal., au pl. **a** civilités, code, convenances, courtoisie, décorum, déférence, formes, honneurs, politesses, protocole, règles, rite, usages **b** péj. : affectation, chichis, chinoiseries, complications, embarras, formalités, manières

**cérémonieux, euse** académique, affecté, apprêté, compliqué, façonnier (fam.), formaliste, grave, guindé, maniéré, mondain, noble, obséquieux, poli, protocolaire, recherché, révérencieux, solennel

**cerf** n. m. axis, bête fauve (vén.), biche, brocard, daguet, faon, hère, six / dix cors, wapiti → **cervidé**

**cerise** n. f. bigarreau, cerisette, cœur de pigeon, courte-queue, griotte, guigne, guignon, marasque, merise, montmorency

**cerisier** n. m. guignier, merisier

**cerne** n. m. 1 → **cercle** 2 bleu, marbrure, poches / valises sous les yeux

**cerné, e** par ext. : battu, bouffi, creux, fatigué, gonflé

**cerner** → **encercler**

**certain, e** 1 une chose : absolu, admis, assuré, attesté, authentique, avéré, certifié, clair, confirmé, connu, constant, constaté, contrôlé, décisif, démontré, déterminé, effectif, évident, exact, fixe, fixé d'avance, flagrant, fondé, formel, franc, historique, immanquable, inattaquable, incontestable, incontesté, indéniable, indiscutable, indiscuté, indubitable, inévitable, infaillible, invariable, irrécusable, irréfutable, manifeste, mathématique, net, notoire, officiel, palpable, patent, péremptoire, positif, précis, reconnu, réel, rigoureux, sans conteste, solide, sûr, tangible, véridique, visible, vrai 2 quelqu'un : affirmatif, assuré, convaincu, dogmatique, pénétré, sûr

**certainement** et **certes** 1 absolument, exactement, formellement, incontestablement, indéniablement, indiscutablement, indubitablement, je veux (fam.) 2 à coup sûr, avec certitude, fatalement, inévitablement, nécessairement, sûrement 3 assurément, bien sûr, clairement, en vérité, évidemment, franchement, naturellement, nettement, oui, parfaitement, précisément, réellement, sans doute, vraiment

**certains** d'aucuns, plusieurs, quelques-uns, tels

**certes** → **oui**

**certificat** n. m. acte, assurance, attestation, brevet, constat, constatation, diplôme, laissez-passer, papier, parère, passeport, patente, preuve, procès-verbal, référence, témoignage, vidimus (vx)

**certification** n. f. assurance, authentification

**certifier** affirmer, assurer, attester, authentifier, confirmer, constater, donner / ficher / flanquer son billet (fam.), garantir, légaliser, maintenir, quittancer, témoigner, vidimer ◆ vx : authentiquer

**certitude** n. f. 1 assurance, conviction, croyance, foi, opinion 2 dogme, évidence, parole d'Évangile, sûreté 3 autorité, clarté, fermeté, infaillibilité, netteté 4 → **réalité** 5 **avec certitude** → **certainement**

**cerveau** n. m. 1 au pr. : cervelle, encéphale 2 par ext. **a** cervelle, crâne, matière / substance grise, méninges, petite tête → **tête** **b** entendement, esprit, intelligence, jugement, jugeote, raison **c** auteur, centre, génie, grand esprit, intelligence, meneur, prophète, visionnaire

**cervelle** n. f. par ext. → **cerveau**

**cervidé** n. m. caribou, chevreuil, daim, élan, muntjac, orignal, renne → **cerf**

**cessation** n. f. 1 au pr. **a** abandon, annulation, arrêt, disparition, fermeture, fin, liquidation, suppression **b** apaisement, armistice, discontinuation, discontinuité, grève, halte, interruption, pause, relâche, rémission, répit, repos, suspension, trêve, vacation **c** chômage, faillite 2 par ext. **a** accalmie, bonace **b** aboutissement, échéance, tarissement, terme, terminaison

**cesse (sans)** → **toujours**

**cesser** 1 v. intr. **a** au pr. : s'apaiser, s'arrêter, se calmer, céder, discontinuer, disparaître, dissiper, se dissiper, s'effacer, s'enfuir, s'évanouir, finir, s'interrompre, perdre de sa vigueur / de son intensité, se tarir, se terminer, tomber, tourner court **b** par ext. : abandonner, abolir, abroger, s'abstenir, achever, briser là, chômer, se déprendre, se détacher, diminuer, s'éteindre, expirer, faire grève, lâcher, mourir, passer, renoncer **c** faire cesser : abattre, anéantir, apaiser, arrêter, bannir, briser, calmer, chasser, couper court, détruire, dissiper, écarter, enlever, étouffer, faire tomber, lever, mettre le holà / un frein / un terme, ôter, rabattre, supprimer, suspendre, tuer 2 v. tr. : abandonner, arrêter, faire taire, interrompre, suspendre

**cessible** aliénable, négociable, transférable, vendable

**cession** n. f. abandon, aliénation, concession, délaissement, dessaisissement, donation, octroi, renonciation, transfert, transmission, transport, vente

**cessionnaire** nom et adj. acquéreur, bénéficiaire, crédirentier, donataire

**c'est-à-dire** à savoir, disons, entendez, j'en conclus, j'entends, je veux dire, seulement, simplement, surtout

**césure** n. f. coupe, coupure, hémistiche, pause, repos

**cétacé** n. m. 1 → **baleine** 2 bélouga, cachalot, dauphin, marsouin, narval, souffleur

**chafouin, e** nom et adj. cauteleux, rusé, sournois → **hypocrite**

**chagrin, e** abattu, affecté, affligé, aigre, assombri, atrabilaire, attristé, bilieux, bourru, colère, consterné, contrit, désolé, dolent, douloureux, éploré, gémissant, inconsolable, inquiet, larmoyant, lugubre, maussade, mélancolique, misanthrope, morne, morose, mortifié, peiné, plaintif, sinistre, sombre, soucieux, triste, tristounet (fam.) ◆ vx : grimaud, hypocondriaque, marri

**chagrin** n. m. 1 au pr. accablement, affliction, amertume, consternation, déchirement, déplaisir, désespoir, désolation, douleur, ennui, mal, malheur, misère, peine, souci, souffrance, tourment, tristesse 2 par ext. **a** accident, angoisse, contrariété, déboire, déception, dégoût, dépit, désagrément, désappointement, deuil, inquiétude, mécontentement, regret, remords, tracasserie **b** atrabile, bile, cafard, humeur noire, hypocondrie, maussaderie, mauvaise humeur, mélancolie, morosité, spleen

**chagriner** affecter, affliger, agacer, angoisser, assombrir, attrister, consterner, contrarier, contrister, décevoir, déchirer, dépiter, désappointer, désenchanter, désespérer, désoler, endeuiller, endolorir, ennuyer, fâcher, faire de la peine, faire souffrir, fendre le cœur, gêner (vx), inquiéter, mécontenter, mortifier, navrer, oppresser, peiner, percer le cœur, rembrunir, torturer, tourmenter, tracasser, tuer (fig.)

**chahut** n. m. fam. : bacchanale, bagarre, barouf, bastringue, bazar, boucan, bousin, brouhaha, bruit, cacophonie, carillon, chambard, charivari, concert, cirque, désordre, dissonance, esclandre, foin, fracas, grabuge, hourvari, huée, pétard, potin, raffut, ramdam, sabbat, sarabande, scandale, sérénade, tapage, tintamarre, tintouin, tohu-bohu, train, tumulte, vacarme

**chahuter** 1 s'agiter, crier, faire du chahut, manifester, perturber, protester, tapager 2 bousculer, culbuter, renverser, secouer 3 bizuter (fam.), brimer, lutiner, se moquer, taquiner

**chahuteur** → **farceur**

**chai** n. m. 1 → **cave** 2 **maître de chai :** caviste → **sommelier**

**chaîne** n. f. 1 bijou, chaînette, châtelaine, clavier, collier, ferronnière, gourmette, jaseran, mancelle, sautoir 2 de captif : cabriolet, fers, liens, menottes, poucettes, seps (vx) 3 par ext. : asservissement, assujettissement, captivité, dépendance, discipline, engagement, entrave, esclavage, gêne, geôle, joug, lien, obligation, prison, servitude, sujétion, tyrannie 4 fig. : affection, alliance, attache, attachement, liaison, mariage, parenté, union 5 par anal. : association, continuité, cortège, enchaînement, entrelacement, liaison, série, solidité, succession, suite 6 géogr. : cordillère, serra, sierra

**chaîner** 1 → **mesurer** 2 → **unir**

**chaînon** n. m. anneau, maille, maillon

**chair** n. f. 1 carnation, corps, enveloppe, forme, muscle, peau, pulpe, tissu 2 des animaux. **a** venaison, viande **b** péj. : barbaque, bidoche, carne, charogne 3 par métaphore : concupiscence, faiblesse, instincts sexuels, libido, luxure, nature humaine, sens, sensualité, tentation 4 **œuvre de chair :** accouplement, coït, congrès, copulation, fornication, procréation, rapport sexuel, reproduction, union ◆ fam. : baise, besogne (vx) 5 → **corps**

**chaire** n. f. 1 ambon, estrade, pupitre, siège, tribune 2 par ext. : enseignement, prédication, professorat

**chaise** n. f. 1 chauffeuse, dormeuse → **siège** 2 à porteurs : brouette, filanzane, palanquin, vinaigrette

**chaland** n. m. 1 barque, bette, coche d'eau, drague, gabarre, marie-salope, ponton → **bateau** 2 acheteur, amateur, client, clientèle, pratique

**châle** n. m. cachemire, carré, écharpe, fichu, pointe, sautoir, taleth

**chalet** n. m. buron, cabane, villa → **maison**

**chaleur** n. f. 1 au pr. **a** calorification **b** bouffée / coup / vague de chaleur, canicule, étuve, fournaise, rayonnement, réverbération, sécheresse, touffeur **c** unités de mesure : calorie, degré, frigorie, thermie 2 par ext. **a** des sentiments : amour, ardeur, concupiscence, désir, feu (vx), flamme, folie, libido, lubricité **b** des rapports : convivialité, cordialité, expansivité, humanité, jovialité, sens des contacts / relations, sympathie → **amabilité** **c** des passions : action, animation, animosité, ardeur, brio, cœur, cordialité, courage, élan, empressement, énergie, enthousiasme, entrain, exaltation, excitation, feu, fièvre, flamme, force, impétuosité, lyrisme, passion, promptitude, trempe, véhémence, verve, vie, vigueur, violence, vivacité **d** des animaux. **être en chaleur :** demander / quêter / réclamer / vouloir le mâle, en vouloir, être en chasse / en folie / en rut, retourner à l'espèce, vouloir le veau (bovins)

**chaleureux, euse** amical, animé, ardent, bouillant, chaud, empressé, enflammé, enthousiaste, fanatique, fervent, pressant, prompt, véhément, vif, zélé

**challenge** n. m. → **compétition**

**chaloupe** n. f. baleinière, berge, embarcation, péniche → **bateau**

**chalumeau** n. m. flûteau, flûtiau, galoubet, pipeau, tige → **flûte**

**chalutier** n. m. → **bateau**

**chamailler (se)** 1 → **chicaner** 2 → **quereller**

**chamaillerie** n. f. → **querelle**

**chamailleur, euse** nom et adj. → **querelleur**

**chamarré, e** → **bariolé**

**chamarrer** → **orner**

**chambard** n. m. → **chahut**

**chambardement** n. m. bouleversement, changement, chaos, dérangement, désorganisation, fatras, fouillis, gâchis, mélange, perturbation, remue-ménage, renversement, révolution, saccage, tohu-bohu, transformation

**chambarder** bouleverser, chambouler, changer, mettre sens dessus dessous, renverser, révolutionner, saccager, transformer

**chambellan** n. m. camérier, officier

**chambouler** → **chambarder**

**chambre** n. f. 1 au pr. **a** antichambre, cabinet, pièce, salle **b** nursery **c** chambrée, dortoir **d** alcôve, cagibi, cellule, chambrette, galetas, garni, mansarde, studio 2 fam. : cambuse, carrée, crèche, foutoir, gourbi, piaule, taule, turne 3 assemblée, corps, parlement, tribunal 4 alvéole, case, cavité, compartiment, creux, vide

**chambrée** n. f. 1 → **chambre** 2 auditoire, public, réunion

**chambrer** 1 → **enfermer** 2 du vin : réchauffer, tempérer 3 fig. : circonvenir, endoctriner, envelopper, mettre en condition, prendre en main, sermonner

**chambrière** n. f. 1 cameriste, femme de chambre, servante 2 → **fouet**

**chameau** n. m. 1 chamelon, dromadaire, méhari 2 chamelle → **méchant**

**chamois** n. m. bouquetin, isard, mouflon

**champ** n. m. 1 au pr. **a** au pl. : campagne, culture, espace, glèbe, lopin, nature, terrain, terre, terroir **b** au sing. : brûlis, chaume, chènevière, emblavure, essarts, fougeraie, fourragère, friche, garancière, garenne, genêtière, guéret, houblonnière, labour, melonnière, pâtis, pâturage, plantation, prairie, pré, sole, verger 2 arène, carrière, lice, stade 3 fig. : carrière, cercle, domaine, état, matière, objet, occasion, perspective, profession, sphère, sujet 4 **a** **champ de courses :** carrière, hippodrome, pelouse, turf **b** **champ de repos** → **cimetière** **c** **champ de foire :** foirail, marché **d** **sur-le-champ :** à l'instant, aussitôt, comptant, ex abrupto, immédiatement, instantanément, maintenant, sans délai / désemparer, sur l'heure, tout de suite, vite ♦ fam. : bille en tête, illico, sans débander (arg.)

**champêtre** agreste, bucolique, campagnard, pastoral → **rustique**

**champignon** n. m. 1 cryptogame 2 levure, moisissure, mucor, penicillium 3 agaric, amadouvier, amanite, armillaire, barbe-de-capucin, bolet, boule-de-neige, cèpe, champignon de Paris, chanterelle, charbonnier, chevalier, clavaire, clitocybe, coprin, corne-d'abondance, cortinaire, coucoumelle, coulemelle, girolle, craterelle ou trompette-de-la-mort, entolome, fistuline, foie-de-bœuf, golmotte, helvelle, hérisson, hydne, lactaire, langue-de-bœuf, lépiote, marasme, menotte, morille, mousseron, nez-de-chat, oreillette, oronge, pholiote, pied-de-mouton, pleurote, polypore, potiron, psalliote, rosé, russule, souchette, trémelle, tricholome, truffe, vesse-de-loup, volvaire

**champion, ne** n. m., n.f. 1 recordman / woman, tenant, vainqueur, vedette 2 combattant, concurrent, défenseur, partisan, zélateur 3 as, crack, gagnant, leader, maître, virtuose

**championnat** n. m. → **compétition**

**chance** n. f. 1 atout, aubaine, auspice, baraka, bonheur, étoile, faveur, filon, fortune, heur (vx), loterie, réussite, succès, veine ♦ fam. : anneau, bock, bol, frite, godet, pêche, pot, tasse, terrine, vase 2 aléa, circonstance, éventualité, hasard, occasion, possibilité, probabilité, risque, sort 3 **par chance :** d'aventure, éventuellement, incidemment, le cas échéant, par hasard

**chancelant, e** branlant, faible, flageolant, hésitant, incertain, oscillant, titubant, trébuchant, vacillant

**chanceler** basculer, branler, broncher, buter, chavirer, chopper (vx), faiblir, flageoler, fléchir, flotter, glisser, hésiter, lâcher pied, osciller, tituber, trébucher, trembler, vaciller

**chancelier** n. m. connétable, consul, dataire (relig.), garde des Sceaux, ministre de la Justice, secrétaire

**chancellerie** n. f. administration, ambassade, bureaux, consulat, daterie (relig.), ministère de la Justice, secrétariat, services

**chanceux, euse** 1 aléatoire, aventureux, dangereux, hasardeux, incertain, risqué 2 fam. : chançard, cocu, coiffé, veinard, verni → **heureux**

**chancre** n. m. bobo, bouton, bubon, exulcération, exutoire, lésion, lupus, ulcération → **abcès**

**chandail** n. m. débardeur, gilet, lainage, laine, maillot, pull-over, sweater, sweat-shirt, tricot

**chandelier** n. m. par ext. : applique, bougeoir, bras, candélabre, flambeau, girandole, lustre, martinet, torchère

**chandelle** n. f. 1 bougie, cierge, flambeau, luminaire, oribus 2 feu d'artifice, fusée

**change** n. m. 1 au pr. : changement, échange, permutation, troc 2 agio, agiotage, banque, bourse, commission, courtage, marché des valeurs, spéculation 3 arbitrage, compensation 4 **a** **agent de change :** coulissier, remisier **b** **lettre de change :** billet à ordre, effet de commerce, traite **c** **donner / prendre le change** → **abuser**

**changeant, e** ambulatoire (vx), arlequin, caméléon, capricant, capricieux, chatoyant, discontinu, divers, diversiforme, élastique, éphémère, erratique, fantaisiste, fantasque, flottant, fluent, hétéromorphe, incertain, inconsistant, inconstant, indécis, inégal, infidèle, instable, irrégulier, journalier, labile, léger, lunatique, mobile, mouvant, ondoyant, opportuniste, oscillant, papillonnant, protéiforme, sauteur, touche-à-tout, vacillant, variable, versatile, volage

**changement** n. m. 1 abandon, adaptation, aggiornamento, allotropie, altérité, alternance, alternat, amélioration, amendement, assolement, augmentation, avatar, balancement, bascule, cession, change, commutation, contraste, conversion, correction, coup de balai, déménagement, dénivellation, dépaysement, déplacement, dérangement, détour, déviation, différence, écart, échange, émigration, évolution, expatriation, fluctuation, gradation, immigration, inflexion, innovation, interchangeabilité, interversion, inversion, métamorphose, métaplasie, métaphore, métastase, métonymie, mobilité, modification, modulation, mouvement, muance, mue, mutation, nouveauté, novation, nuance, ondoiement, oscillation, passage, permutation, phase, rectification, réduction, refonte, réformation, réforme, remaniement, remplacement, remue-ménage, renouvellement, rénovation, renversement, retournement, révolution, rotation, saute, substitution, transfiguration, transition, transmutation, transplantation, transport, transposition, transsubstantiation, troc, vacillement, variante, variation, vicariance, virage → **transformation** 2 désaccoutumance, désadaptation 3 éclaircie, embellie 4 péj. : abandon, accident, adultération, aggravation, altération, avatar, bouleversement, caprice, corruption, déclassement, défiguration, déformation, dégénérescence, déguisement, dénaturation, dérangement, diminution, falsification, inconstance, infidélité, instabilité, irrégularité, légèreté, palinodie, perversion, réduction, remous, replâtrage, rétractation, retournement, revirement, saute, travestissement, valse, versatilité, vicissitude, virevolte, volte-face, voltige, voltigement

**changer** 1 v. tr. **a** agrandir, augmenter, bouleverser, chambarder, chambouler, commuer, convertir, corriger, infléchir, innover, interagir, métamorphoser, modérer, modifier, muer, nuancer, réadapter, réaménager, rectifier, redéfinir, refondre, réformer, remanier, remodeler, renouveler, rénover, renverser, restructurer, révolutionner, toucher à, transfigurer, transformer, transmuer, transposer, troquer **b** péj. : aggraver, altérer, contrefaire, défigurer, déformer, déguiser, dénaturer, diminuer, fausser, réduire, replâtrer, travestir, truquer **c** de place : alterner, bouger, commuter, copermuter, déloger, déménager, déplacer, déranger, se détourner, se dévier, écarter, émigrer, enlever, s'expatrier, intervertir, inverser, muter, passer, permuter, quitter, tourner bride, transférer, transplanter, transposer, virer → **transporter** **d** de nom : débaptiser, rebaptiser **e** de l'argent : convertir, échanger **f** d'attitude, d'opinion : se convertir, se dédire / déjuger, évoluer, fluctuer, papillonner, se raviser, se retourner, retourner sa veste, se rétracter, revenir sur, tourner bride / casaque, varier, virer, virevolter, voleter, voltiger 2 v. int. **a** augmenter, devenir *(suivi d'un attribut)*, diminuer, empirer, évoluer, grandir, passer, rapetisser, tourner, vieillir **b** se déshabituer **c** moral : s'améliorer / amender, se corriger / modifier / pervertir / transformer

**chanoine** n. m. doyen, grand chantre, princier, théologal

**chanson** n. f. 1 → **chant** 2 fig. : **a** babil, bruit, chant, gazouillis, murmure, ramage, refrain, roucoulement **b** bagatelle, baliverne, bateau, billevesée, bourde, calembredaine, conte, coquecigrue, fadaise, faribole, lanterne, sornette, sottise → **bêtise**

**chansonnier** n. m. auteur, compositeur, humoriste, librettiste, mélodiste → **chanteur**

**chant** n. m. 1 air, aria, ariette, arioso, aubade, ballade, barcarolle, berceuse, blues, cantabile, cantilène, cavatine, chanson, chansonnette, complainte, comptine, couplet, épithalame, gospel, hymne, incantation, lamento, lied, mélodie, mélopée, monodie, negro spiritual, pastourelle, pont-neuf, pot-pourri, psalmodie, ranz, récitatif, refrain, rengaine, rhapsodie, ritournelle, romance, ronde, rondeau, roulade, scie, sérénade, tyrolienne, variation, vaudeville, villanelle, vocero ♦ fam. : goualante, lampons (vx), tube 2 liturg. **a** cantate, choral, messe, oratorio **b** antienne, cantique, grégorien, hymne, litanie, motet, plain-chant, prose, psaume, répons, séquence **c** agnus Dei, alléluia, dies irae, gloria, hosanna, kyrie, magnificat, miserere, noël, requiem, sanctus, te deum 3 comédie lyrique / musicale, opéra, opéra-comique, opérette, vaudeville 4 canon, choral, chœur, duo, polyphonie, trio 5 fam. → **chahut** 6 → **chanson** 7 → **poème**

**chantage** n. m. extorsion de fonds, prélèvement, pression, racket → **menace, vol**

**chantepleure** n. f. 1 → **arrosoir** 2 → **ouverture**

**chanter** 1 v. intr. **a** au pr. : bourdonner, chantonner, cultiver / développer / travailler sa voix, déchiffrer, fredonner, jodler, lourer, moduler, nuancer, psalmodier, solfier, ténoriser, vocaliser **b** fam. et péj. : beugler, brailler, braire, bramer, chantonner, chevroter, crier, dégoiser, détonner, s'égosiller, hurler, miauler, roucouler **c** oiseaux : crier, gazouiller, jaser, pépier, ramager, roucouler, siffler, triller, zinzinuler → **crier** 2 v. tr. **a** au pr. : exécuter **b** péj. : conter, dire, rabâcher, raconter, radoter, répéter 3 **chanter victoire :** se glorifier, louer, se vanter

**chanterelle** n. f. 1 girolle 2 → **appelant**

**chanteur** n. m. acteur, aède, artiste, barde, castrat, chansonnier, chantre, choreute, choriste, coryphée, croque-note (fam.), duettiste, exécutant, interprète, ménestrel, minnesinger, rhapsode, scalde, soliste, troubadour, trouvère, virtuose → **voix**

**chanteuse** n. f. actrice, artiste, cantatrice, diva, divette, prima donna, vedette → **voix**

**chantier** n. m. [1] arsenal, atelier, dépôt, entrepôt, fabrique, magasin [2] → **chaos** [3] **en chantier :** en cours / route / train → **commencer**

**chantonner** → **chanter**

**chantre** n. m. → **chanteur**

**chaos** n. m. anarchie, bazar, bordel (grossier), bouleversement, cataclysme, chantier, cohue, complication, confusion, débâcle, désordre, désorganisation, discorde, foutoir, incohérence, marasme, mêlée, méli-mélo, pastis, pêle-mêle, perturbation, tohu-bohu, trouble, zizanie

**chaotique** → **confus**

**chaparder** → **voler**

**chape** n. f. → **manteau**

**chapeau** n. m. → **coiffure**

**chapelain** n. m. aumônier → **prêtre**

**chapelet** n. m. [1] ave Maria, rosaire [2] → **suite**

**chapelle** n. f. [1] → **église** [2] → **coterie**

**chapelure** n. f. panure

**chaperon** n. m. [1] duègne, gouvernante, suivante [2] → **coiffure**

**chaperonner** accompagner, conseiller, couvrir, défendre, diriger, garantir, garder, parrainer, patronner, piloter, préserver, protéger, sauvegarder, suivre, surveiller, veiller sur

**chapiteau** n. m. cirque, tente

**chapitre** n. m. [1] article, livre, matière, objet, partie, question, section, sujet, titre [2] assemblée, conseil, réunion

**chapitrer** blâmer, catéchiser, donner / infliger un avertissement / un blâme, faire la leçon / la morale, gourmander, gronder, laver la tête (fam.), morigéner, reprendre, réprimander, sermoncer, sermonner, tancer

**chaptalisation** n. f. sucrage

**chaptaliser** → **sucrer**

**chaque** chacun, tout

**char** n. m. [1] → **chariot** [2] antiq. quadrige [3] char de combat, d'assaut : blindé, tank

**charabia** n. m. → **galimatias**

**charade** n. f. devinette, énigme, jeu de mots, rébus

**charbon** n. m. [1] anthracite, boghead, boulet, briquette, coke, combustible, escarbille, houille, lignite, noisette, poussier, tourbe [2] anthracnose, carie, rouille noire de la vigne

**charbonner** [1] → **calciner** [2] → **salir** [3] → **pourvoir**

**charbonnier** n. m. [1] bougnat [2] → **bateau**

**charcuter** → **découper**

**charcuterie** n. f. [1] andouille, andouillette, bacon, boudin, cervelas, cochonnaille, confit, crépinette, cuisine, foie gras, fromage de tête, galantine, jambon, jambonneau, jésus, lard, mortadelle, panne, pâté, plats cuisinés, porc, rillettes, rosette, salé → **saucisse, saucisson**

**charcutier, ère** n. m., n.f. cuisinier, traiteur

**chardon** [1] par ext. : artichaut, cardon, carline [2] fig. → **difficulté**

**charge** n. f. [1] au pr. : batelée, brouettée, capacité, cargaison, chargement, charretée, contenu, emport, faix, fardeau, fret, lest, mesure, poids, quantité, somme, voiturée [2] mar. : estive, pontée [3] phys. : poussée, pression [4] **en charge :** en fonction, en service, sous tension [5] fig. **a** non fav. : boulet, corvée, embarras, gêne, incommodité, servitude **b** dépense, dette, devoir, frais, hypothèque, imposition, impôt, intérêt, obligation, prélèvement, prestation, redevance, responsabilité, servitude **c** accusation, (chef d') inculpation, indice, présomption, preuve **d** → **caricature** **e** canular, mystification, plaisanterie **f** assaut, attaque, chasse, choc, offensive, poursuite **g** fav. ou neutre : dignité, emploi, endosse (vx), fonction, ministère, office, place, poste, sinécure

**chargé, e** [1] → **plein** [2] → **excessif** [3] → **épais** [4] baroque, fleuri, lourd, rococo, tarabiscoté, touffu

**chargement** n. m. aconage (mar.), arrimage › **charge**

**charger** [1] au pr. : arrimer, bâter, brêler, combler, disposer, embarquer, empiler, emplir, fréter, garnir, lester, mettre, placer, poser, remplir [2] avec excès : accabler, couvrir, écraser, fouler, recouvrir [3] fig. **a** accuser, aggraver, calomnier, déposer contre, imputer, inculper, noircir **b** la mémoire : encombrer, remplir, surcharger **c** d'obligations : accabler, écraser, frapper, grever, imposer, obérer, taxer **d** des faits : amplifier, enchérir, exagérer, grossir **e** un portrait : caricaturer, forcer, outrer, tourner en ridicule **f** d'une fonction : commettre, commissionner, déléguer, donner à faire, préposer à **g** milit. ou vén. : attaquer, s'élancer, foncer, fondre sur **h** forme pron. → **assumer**

**chargeur** n. m. → **docker**

**chariot** n. m. berline, charreton, caisson, camion, char, charrette, diable, fardier, fourgon, fourragère, guimbarde, ribaudequin, triqueballe, truck

**charisme** n. m. charme, don, influence, force

**charitable** [1] caritatif [2] → **bon**

**charitablement** aimablement, généreusement, humainement, justement, magnanimement, miséricordieusement, sensiblement

**charité** n. f. → **bonté**

**charivari** n. m. → **chahut**

**charlatan** n. m. banquiste (vx), bonimenteur, camelot, empirique, guérisseur, marchand forain, médicastre, rebouteux → **hâbleur**

**charmant, e** agréable, aimable, amène, amusant, attachant, attirant, beau, captivant, charismatique, charmeur, enchanteur, enivrant, ensorcelant, ensorceleur, envoûtant, fascinant, galant, gentil, gracieux, grisant, intéressant, joli, merveilleux, piquant, plaisant, ravissant, riant, séducteur, séduisant, souriant

**charme** n. m. [1] breuvage, conjuration, enchantement, ensorcellement, envoûtement, illusion, incantation, magie, magnétisme, philtre, pouvoir, sorcellerie, sort, sortilège [2] agrément, blandice (litt.), délice, fascination, intérêt, plaisir, ravissement [3] ascendant, autorité, charisme, influence, insinuation (vx), prestige [4] amorce (vx), appas, attrait, avantages, beauté, chic, chien, élégance, grâce, séduction, sex-appeal, vénusté

**charmé, e** comblé, conquis, content, émerveillé, enchanté, heureux, pris, ravi, séduit

**charmer** [1] au pr. : conjurer, enchanter, ensorceler, envoûter, fasciner, hypnotiser ◆ vx : diaboliser [2] fig. **a** adoucir, apaiser, calmer, tenir sous le charme **b** apprivoiser, attirer, chatouiller, conquérir, émerveiller, entraîner, ravir, séduire, tenter **c** captiver, complaire, délecter, donner dans l'œil / dans la vue, éblouir, enlever, enthousiasmer, flatter, parler aux yeux, plaire, séduire, transporter, verser l'ambroisie / le miel

**charmeur, euse** n. m. ou f. enjôleur, ensorceleur, magicien, psylle → **séducteur**

**charmille** n. f. [1] allée, berceau, chemin [2] bocage, bosquet [3] haie, palissade

**charnel, le** [1] corporel, naturel, physique, sexuel [2] par ext. **a** matériel, sensible, tangible, temporel, terrestre **b** animal, bestial, impur, lascif, libidineux, lubrique, luxurieux, sensuel **c** érotique

**charnier** n. m. [1] → **cimetière** [2] → **cloaque**

**charnière** n. f. gond, paumelle, penture

**charnu, e** bien en chair, corpulent, dodu, épais, gras, grassouillet, potelé, replet, rond, rondouillard, viandé (fam.)

**charogne** n. f. → **chair**

**charpente** n. f. [1] → **carcasse** [2] → **poutre** [3] → **composition**

**charpenté, e** → **fort**

**charpentier** n. m. → **menuisier**

**charpie** n. f. pansement

**charretier** n. m. cocher, conducteur, roulier, voiturier

**charrette** n. f. carriole, char, chariot, haquet, surtout, téléga, tombereau → **voiture**

**charrier** [1] → **transporter** [2] → **emporter** [3] → **exagérer**

**charroi** n. m. équipage, train, transport → **charge**

**charroyer** → **charrier**

**charrue** n. f. araire, brabant, buttoir, canadienne, cultivateur, déchaumeuse, défonceuse, polysoc, trisoc, vigneronne ◆ parties de la charrue : age, coutre, entretoise, étançon, étrier, mancheron, palonnier, régulateur, soc, versoir, timon

**charte** n. f. [1] → **titre** [2] → **règlement**

**charter** [1] off. : n.m. avion nolisé [2] v. tr. off. : affréter, fréter

**chartreuse** n. f. [1] → **cloître** [2] → **pavillon**

**chas** n. m. → **trou**

**chasse** n. f. [1] au pr. : affût, art cynégétique, battue, fauconnerie, piégeage, safari, tenderie, traque, trolle, vénerie, volerie [2] par ext. → **recherche**

**châsse** n. f. [1] boîte, coffre, reliquaire [2] arg. → **œil**

**chasser** [1] donner la chasse, poursuivre, quêter [2] balayer, bouter, congédier, conjurer (relig. ou partic.), débusquer, déjucher, déloger, dénicher, dissiper, écarter, éconduire, éjecter, éliminer, éloigner, enlever, exclure, expulser, faire disparaître / fuir, forcer, mettre à la porte / dehors / en fuite, ostraciser, ôter, pourchasser, purger, reconduire, refouler, rejeter, remercier, renvoyer, repousser, se séparer de, supprimer, vider, vomir ◆ vx : dégoter [3] un gouvernant : bannir, démettre, déposer, destituer, détrôner, disgracier, évincer, exiler [4] vén. : battre les buissons, courir, débucher, débusquer, dépister, forlancer, lancer, piéger, quêter, rabattre, relancer, rembucher, servir ◆ vx : briller [5] → **glisser**

**chasseur** n. m. [1] **a** boucanier, fauconnier, perce-forêt, piqueur, pisteur, quêteur, rabatteur, trappeur, veneur **b** amazone, chasseresse, chasseuse, diane **c** tueur → **braconnier** [2] groom, portier

**chassie** n. f. → **excrément**

**châssis** n. m. → **encadrement**

**chaste** [1] abstinent, ascétique, continent, honnête, pur, rangé, sage, vertueux, vierge [2] angélique, décent, immaculé, innocent, modeste, platonique, prude, pudique, virginal

**chasteté** n. f. → **continence**

**chasuble** n. f. dalmatique, manteau

**chat, chatte** n. m. ou f. [1] chaton, félin, haret, matou [2] fam. : chattemite, greffier, mimi, minet, minette, minou, mistigri, moumoute [3] chat sauvage : haret, margay [4] quelques races : abyssin, américain, angora, bleu russe, chartreux, européen, égyptien, oriental, persan, siamois, sphinx, turc [5] **chat dans la gorge** → **enrouement**

**châtaigne** n. f. [1] au pr. : macre, marron [2] fig. → **coup**

**château** n. m. [1] bastide, bastille, citadelle, donjon, fort, forteresse [2] castel, chartreuse, demeure, folie, gentilhommière, hôtel, manoir, palais, pavillon, rendez-vous de chasse, résidence [3] château d'eau : réservoir

**chat-huant** n. m. → **hulotte**

**châtié, e** académique, classique, dépouillé, épuré, poli, pur

**châtier** [1] battre, corriger, punir, réprimer, sévir [2] corriger, épurer, perfectionner, polir, raboter, rectifier, retoucher, revoir [3] améliorer, guérir de

**châtiment** n. m. → **punition**

**chatoiement** n. m. → **reflet**

**chatouillement** n. m. [1] → **caresse** [2] agacerie, démangeaison, excitation, impatiences, prurit, titillation → **picotement**

**chatouiller** [1] → **caresser** [2] agacer, démanger, exciter, gratter, horripiler, impatienter, picoter [3] par ext. → **charmer**

**chatouilleux, euse** [1] délicat, douillet, sensible [2] → **susceptible**

**chatoyant, e** brillant, changeant, coloré, coruscant, étincelant, imagé, luisant, miroitant, moiré, riche, séduisant, versicolore

**chatoyer** briller, étinceler, jeter des reflets, luire, miroiter, pétiller, rutiler

**châtré, e** [1] castrat, eunuque [2] bréhaigne, bœuf, chapon, hongre, mouton, mule, mulet, porc

**châtrer** bistourner, castrer, couper, démascler (mérid.), déviriliser, émasculer, hongrer, mutiler, stériliser ◆ vx : affranchir

**chattemite** n. f. → **patelin**

**chatterie** n. f. [1] → **caresse** [2] douceur, friandise, gâterie, sucrerie

**chaud** n. m. → **chaleur**

**chaud, e** [1] bouillant, brûlant, cuisant, équatorial, étouffant, fumant, igné, incandescent, tiède, torride, tropical [2] fig. **a** affectueux, amoureux, ardent, chaleureux, décidé, délirant, déterminé, échauffé, emballé, emporté, empressé, enthousiaste, expansif, fanatique, fervent, fougueux, frénétique, passionné, pressant, vif, zélé **b** âpre, dur, sanglant, sévère

**chaudron** n. m. → **ustensile**

**chaudronnerie** n. f. 1 dinanderie 2 batterie / ustensiles de cuisine

**chauffage** n. m. 1 climatisation 2 caléfaction, distillation 3 appareils : athanor, bassinoire, bouillotte, brasero, calorifère, chaufferette, chauffe-pieds, cheminée, cuisinière, fourneau, gazinière, moine, poêle, potager, radiateur, réchaud, salamandre, thermosiphon

**chauffard** n. m. → **chauffeur**

**chauffer** 1 v. tr. au pr. : bassiner, braiser, brûler, calciner, cuire, faire bouillir / cuire / réduire, échauffer, embraser, étuver, griller, réchauffer, rendre chaud, rôtir, surchauffer 2 fig. **a** attiser, exciter, mener rondement, presser **b** bachoter, réviser **c** → **voler** 3 v. intr. **a** s'échauffer, être sous pression **b** → **barder**

**chaufferette** n. f. bassinoire, moine, réchaud

**chauffeur** n. m. cariste, conducteur, loche (arg.), machiniste, pilote, tankiste, tractoriste ◆ péj. : chauffard, écraseur

**chaume** n. m. 1 éteule, glui, paille, tige 2 → **cabane**

**chaumer** déchaumer

**chaumière** et **chaumine** n. f. → **cabane**

**chausse** n. f. 1 bas, culotte, guêtre, jambière 2 **être aux chausses de :** aux trousses, harceler, poursuivre, serrer de près

**chaussée** n. f. 1 digue, duit, levée, remblai, talus 2 chemin, piste, route, rue, voie

**chausser** par ext. : adopter, garnir, pourvoir

**chausse-trape** n. f. → **piège**

**chausseur** n. m. → **cordonnier**

**chausson** n. m. babouche, ballerine, charentaise, espadrille, kroumir, mule, pantoufle, patin, savate

**chaussure** n. f. 1 après-ski, boots, botte, bottillon, bottine, brodequin, cothurne, escarpin, galoche, mocassin, nu-pieds, richelieu, sabot, savate, snow-boot, socque, soulier, spartiate → **chausson** 2 fam. : bateau, bottine, croquenot, écrase-merde, galette, godasse, godillot, grolle, latte, péniche, pompe, ripaton, targette, tartine, tatane

**chauve** dégarni, déplumé, glabre, lisse, pelé

**chauve-souris** n. f. chiroptère, harpie, noctule, oreillard, pipistrelle, rhinolophe, roussette, vampire, vespertilion

**chauvin, e** belliqueux, borné, cocardier, étroit, fanatique, intolérant, nationaliste, patriotard, xénophobe ◆ vx : chauviniste

**chauvinisme** n. m. ethnocentrisme, fanatisme, intolérance, nationalisme, xénophobie

**chaux** n. f. oxyde / hydroxyde de calcium

**chavirer** 1 v. intr. **a** s'abîmer, basculer, cabaner, couler, dessaler, faire naufrage, se renverser, se retourner, sombrer **b** chanceler, tanguer, tituber, trébucher, vaciller **c** **les yeux chavirent :** se révulser 2 v. tr. **a** bousculer, cabaner, renverser **b** **chavirer le cœur / l'estomac :** barbouiller

**check-list** n. f. aviat. et spat. off. : liste de contrôle / vérification

**check-up** n. m. méd. off. : bilan de santé

**chef** n. m. 1 → **tête** 2 **a** au pr. : administrateur, animateur, architecte, autorité, commandant, conducteur, décideur, despote (péj.), dignitaire, directeur, dirigeant, dominateur, entraîneur, fédérateur, fondateur, gouverneur, gradé, guide, leader, maître, meneur, pasteur, patron, rassembleur, responsable, stratège, tête → **tyran** **b** consul, dictateur, président, régent → **monarque** **c** échevin, magistrat, maire, ministre **d** abbé, agha, agha khan, archevêque, archimandrite, ayatollah, commandeur des croyants, dalaï-lama, évêque, imam, marabout, métropolite, mollah, pape, patriarche, supérieur **e** cacique, caïd, cheik, pacha, sachem **f** cadre, contremaître, ingénieur **g** centenier, centurion, condottiere, doge, polémarque, tétrarque, triérarque, vergobret **h** effendi **i** officier : amiral, amiral de la flotte / de France (vx), aspirant, capitaine, capitaine de frégate / corvette / vaisseau, chef de bataillon / d'escadron, colonel, commandant, contre-amiral, enseigne / lieutenant de vaisseau, général d'armée / de brigade / de corps d'armée / de division, généralissime, lieutenant, lieutenant-colonel, major, maréchal, sous-lieutenant, vice-amiral, vice-amiral d'escadre **j** sous-officier : adjudant, adjudant-chef, brigadier, caporal, caporal-chef, maître, major, maréchal des logis, maréchal des logis-chef, quartier-maître, second maître, sergent-chef **k** chef d'orchestre, coryphée (péj.) **l** cheftaine **m** chef-d'œuvre → **ouvrage** 3 → **cuisinier** 4 → **matière** 5 → **gardien**

**cheik** n. m. → **chef**

**chélidoine** n. f. éclaire

**chemin** n. m. 1 accès, allée, artère, avenue, boulevard, cavée, chaussée, draille, drève, laie, layon, lé, ligne, passage, piste, raidillon, rampe, ravin, rocade, route, rue, sente, sentier, taxiway (aviat.), tortille, trimard (fam.) 2 → **voie** 3 → **trajet** 4 → **méthode** 5 chemin de fer → **train**

**chemineau** n. m. → **vagabond**

**cheminée** n. f. 1 âtre, feu, foyer 2 puits, trou

**cheminement** n. m. approche, avance, démarche, marche, progrès, progression

**cheminer** → **marcher**

**cheminot** n. m. → **travailleur**

**chemise** n. f. 1 → **dossier** 2 brassière, camisole, chemisette, combinaison, linge de corps, lingerie, nuisette, parure, tee-shirt ◆ fam. : bannière, limace, liquette

**chemiser** → **réparer**

**chemisette** n. f. 1 → **chemise** 2 → **corsage**

**chemisier** n. m. → **corsage**

**chênaie** n. f. → **plantation**

**chenal** n. m. → **canal**

**chenapan** n. m. → **vaurien**

**chêne** n. m. rouge d'Amérique / du Canada, rouvre ◆ chêne-vert : yeuse

**chéneau** n. m. → **gouttière**

**chenet** n. m. chevrette, hâtier, landier

**chenille** n. f. 1 arpenteuse ou géomètre, bombyx, fileuse, zeuzère 2 → **char**

**cheptel** n. m. 1 cheptel vif : animaux, bergerie, bestiaux, bétail, capital, écurie, étable, troupeau 2 cheptel mort : capital, équipement, instruments, machines, matériel, outillage

**cher, ère** 1 adoré, adulé, affectionné, aimé, bien-aimé, chéri 2 une chose : agréable, aimable, estimable, précieux, rare 3 coûteux, dévalorisants, dispendieux, hors de portée / de prix, inabordable, lourd, pesant, onéreux, ruineux ◆ fam. : chaud, chérot, coup de barre / fusil, salé

**chercher** 1 un objet : aller à la découverte / recherche, aller en reconnaissance, battre la campagne / les buissons, chiner, être en quête, explorer, fouiller, fourrager, fureter, quérir (vx), quêter, rechercher, triturer 2 une solution : s'appliquer à, se battre les flancs (fam.), calculer, consulter, demander, s'enquérir, enquêter, examiner, imaginer, s'informer, interroger, inventer, se pencher sur, penser / réfléchir à, scruter, sonder, supposer 3 s'efforcer, s'évertuer, poursuivre, tâcher, tendre, tenter, viser 4 intriguer, rechercher, solliciter 5 quelqu'un : aller / envoyer / faire / venir prendre, quérir, requérir

**chercheur, euse** nom et adj. 1 explorateur 2 curieux, enquêteur, érudit, fouineur, fureteur, inventeur, investigateur, savant, spécialiste 3 détecteur 4 **chercheur d'or :** orpailleur

**chère** n. f. bombance, bonne table, gastronomie, menu, ordinaire, plaisir de la table, ripaille

**chèrement** 1 → **cher** 2 affectueusement, amoureusement, avec affection / amour / piété / sollicitude / tendresse, pieusement, tendrement

**chéri, e** nom et adj. 1 → **cher** 2 → **amant**

**chérir** → **aimer**

**cherté** n. f. → **prix**

**chérubin** n. m. 1 → **enfant** 2 → **ange**

**chétif, ive** 1 **a** → **faible** **b** → **petit** 2 → **mauvais** 3 → **misérable**

**cheval** n. m. 1 équidé, solipède 2 étalon, hongre, jument, poney, poulain, pouliche, yearling 3 fam. **a** bidet, bourdon, bourrin, bourrique, canard, canasson, carcan, carne, claquette, criquet, haridelle, mazette, oignon, rossard, rosse, rossinante, sardine, tréteau, veau, vieille bique **b** coco, dada 4 carrossier, cheval d'armes / de chasse / de cirque / de concours / de course / d'élevage / de fond / de parade / de remonte, cob, coureur, courtaud, crack, favori, hurdler, limonier, postier, sauteur, stayer, trotteur 5 cheval sauvage, marron, mustang, tarpan 6 vx ou poét. : cavale, coursier, destrier, haquenée, palefroi, sommier 7 équipage, monture 8 mythiques : centaure, hippogriffe, licorne, pégase 9 quelques races : andalou, anglais, anglo-normand, arabe, auvergnat, barbe, belge, berrichon, boulonnais, bourbonien, breton, camarguais, charentais, comtois, corse, danois, flamand, genet, hanovrien, hollandais, hongrois, irlandais, kabyle, kirghiz, landais, limousin, lorrain, mongol, navarrais, normand, percheron, persan, picard, poitevin, russe, tartare, turc ◆ d'après la couleur → **robe** 10 **a** **cheval de bataille** fig. : argument, dada, idée fixe **b** **aller / monter à cheval** → **chevaucher**

**chevaler** → **soutenir**

**chevaleresque** → **généreux**

**chevalerie** n. f. féodalité, institution / ordre militaire, noblesse

**chevalet** n. m. banc, baudet, chèvre, échafaudage, support, tréteau

**chevalier** n. m. 1 bachelier (vx), écuyer, noble, paladin, preux, suzerain, vassal → **cavalier** 2 **a** **chevalier d'industrie :** faisan → **voleur** **b** **chevalier servant** → **cavalier**

**chevalière** n. f. anneau, armes, armoiries, bague

**chevauchée** n. f. 1 au pr. : cavalcade, course, promenade, reconnaissance, tournée, traite 2 par ext. : incursion, investigation, raid

**chevaucher** 1 v. intr. **a** aller / monter à cheval, caracoler, cavalcader, galoper, parader, trotter **b** s'affourcher, se croiser, empiéter, être mal aligné, mordre sur, se recouvrir 2 v. tr. : couvrir, enjamber, passer au-dessus / par-dessus, recouvrir 3 **à chevauchons** (vx) : à califourchon, à cheval, à dada (fam.)

**chevêche** n. f. → **hulotte**

**chevelu, e** → **poilu**

**chevelure** n. f. 1 **a** coiffure, toison **b** peignures, tonsure 2 fam. : crayons, cresson, crinière, crins, douilles, guiches, mourons, plumes, poils, roseaux, tifs, tignasse → **postiche**

**chevesne** n. m. dard, meunier, vandoise → **poisson**

**chevet** n. m. 1 tête (de lit), traversin (vx) 2 abside, absidiole 3 lit (d'un filon)

**cheveu** n. m. 1 → **chevelure** 2 **cheveux blancs :** **a** canitie **b** fig. → **souci**

**chevillard** n. m. boucher, commissionnaire, grossiste

**cheville** n. f. 1 cabillot, clavette, enture, esse, fausset, goujon, goupille, taquet, tampon 2 mar. : gournable, tolet 3 par ext. : boulon, tenon 4 fig. : inutilité, pléonasme, redondance, superfluité

**cheviller** 1 → **fixer** 2 → **enfoncer**

**chèvre** n. f. 1 bique, biquet, biquette, cabri, caprin, chevreau, chevrette 2 appareil de levage, bigue, grue, treuil → **chevalet**

**chevreuil** n. m. brocard, chevrette, chevrillard, chevrotin

**chevron** n. m. → **poutre**

**chevronné, e** 1 → **ancien** 2 → **capable**

**chevroter** 1 → **trembler** 2 → **chanter**

**chiasse** n. f. 1 → **excrément** 2 → **diarrhée**

**chic** 1 nom **a** → **élégance** **b** → **habileté** 2 adj. **a** → **aimable** **b** → **élégant**

**chicane, chicanerie** n. f. 1 avocasserie, incident / procédé dilatoire, procédure, procès ◆ vx : plaids 2 argutie, artifice, chinoiserie, contestation, controverse, équivoque, ergotage, ergoterie, logomachie, pinaillage (fam.), pointille, quérulence, ratiocination, subtilité 3 altercation, bagarre, bataille, bisbille, chamaillerie, chipotage, conflit, contradiction, contrariété, critique, démêlé, désaccord, différend, discordance, dispute, marchandage, mésentente, noise, passe d'armes, polémique, querelle, réprimande, scène, tracasserie

**chicaner** 1 arguer, argumenter, batailler, chamailler, chipoter, chercher des crosses / noise / la petite bête / des poux / querelle, contester, contrarier, contredire, controverser, critiquer, discuter, disputer, épiloguer, ergoter, gloser, objecter, pointiller, polémiquer, provoquer, soulever un incident, trouver à redire, vétiller ◆ vx : incidenter 2 **a** barguigner, lésiner, marchander **b** → **tourmenter**

**chicaneur, euse** ou **chicanier, ère** n. m. ou f. argumentateur, avocassier, batailleur, chercheur, chinois, chipoteur, contestataire, coupeur de cheveux en quatre, discuteur, enculeur de mouches (fam. et / ou grossier), éplucheur d'écrevisses, ergoteur, mauvais coucheur, plaideur, pointilleux, polémiste, procédurier, processif, querelleur, raisonneur, ratiocineur, rhétoricien, sophiste, vétillard, vétilleux

**chiche** 1 crasseux, parcimonieux → **avare** 2 chétif, léger, mesquin, mesuré, pauvre, sordide

**chichi** n. m. 1 affectation, cérémonie, embarras, façon, girie (fam.), manière, mignardise, minauderie, simagrée 2 boucle / mèche de cheveux → **postiche**

**chicorée** n. f. endive, witloof

**chicot** n. m. croc, débris, dent, fragment, morceau

**chien, chienne** n. m. ou f. 1 au pr. a canidé b chien sauvage : dingo, lycaon, otocyon, paria c chienne, chiot, courtaud, étalon, lice d berger, bouvier, chien d'arrêt / courant, corniaud, garde, gardien, limier, mâtin, molosse, pointer, policier, ratier, retriever, roquet, setter, springer, terrier, vautre e fam. : cabot, cador, cerbère, clébard, clebs, toutou f quelques races : afghan, airedale, alaskan, barbet, barzoï, beauceron, basset, beagle, berger allemand / alsacien / belge / hongrois / des Pyrénées, bichon, bleu d'Auvergne / de Gascogne, bobtail, bouledogue, bouvier, boxer, braque, briard, briquet, bull-terrier, caniche, carlin, chihuahua, chow-chow, cocker, colley ou collie, dalmatien, danois, doberman, dogue, épagneul, esquimau, griffon, groenendael, groenlandais, havanais, husky, king-charles, labrador, levrette, lévrier, loulou, malinois, maltais, mastiff, pékinois, persan, poitevin, porcelaine, saint-bernard, samoyède, schipperke, schnauzer, scottish / welsh / yorkshire terrier, setter, sloughi, teckel, terre-neuve, tricolore 2 fig. : attrait, chic, élégance, sex-appeal

**chier** → **besoins (faire ses)**

**chiffon** n. m. 1 au pr. : chiffre, défroque, drapeau (vx), drille, guenille, haillon, lambeau, loque, morceau, oripeau, peille, pilot, serpillière, souquenille 2 → **bagatelle**

**chiffonner** 1 bouchonner, friper, froisser, manier, mettre en tampon, plisser, remuer, tripoter 2 attrister, chagriner, choquer, contrarier, faire de la peine, fâcher, froisser, heurter, intriguer, meurtrir, offenser, piquer, préoccuper, taquiner, tracasser

**chiffonnier, ère** n. m. ou f. 1 au pr. : biffin, brocanteur, chiffe, chineur, fripier, regrattier (vx), trimardeur 2 par ext. → **vagabond** 3 bonheur-du-jour, bonnetière, commode, table à ouvrage, travailleuse

**chiffre** n. m. 1 → **nombre** 2 → **somme** 3 → **marque**

**chiffrer** 1 → **évaluer** 2 coder, mettre / transcrire en chiffre / code

**chignole** n. f. → **perceuse**

**chignon** n. m. → **coiffure**

**chimère** n. f. → **illusion**

**chimérique** → **imaginaire**

**chine** n. f. 1 → **brocante** 2 → **vente**

**chiné, e** → **bariolé**

**chiner** 1 → **chercher** 2 → **taquiner**

**chinois, e** nom et adj. 1 au pr. : asiate, asiatique, jaune 2 fig. a → **original** b → **compliqué** 3 → **tamis**

**chinoiserie** n. f. complication, formalité → **chicane**

**chiot** n. m. → **chien**

**chiper** → **voler**

**chipie** n. f. → **mégère, pimbêche**

**chipoter** 1 → **manger** 2 → **chicaner** 3 → **hésiter**

**chiqué** n. m. → **tromperie**

**chiquenaude** n. f. croquignole, nasarde, pichenette, tapette

**chiromancien, ne** n. m. ou f. → **devin**

**chirurgien** n. m. 1 → **médecin** 2 vx : barbier, opérateur 3 péj. : boucher, charcutier

**chiure** n. f. → **excrément**

**choc** n. m. 1 abordage, accident, accrochage, carambolage, collision, coup, heurt, percussion, tamponnement, télescopage 2 milit. : affaire, assaut, attaque, bataille, charge, combat, corps à corps, engagement, lutte, offensive 3 par ext. → **émotion**

**chocolat** n. m. 1 cacao 2 bille, bonbon, bouchée, croquette, crotte, pastille, plaque, tablette, truffe

**chœur** n. m. choral, chorale, manécanterie, orphéon

**choir** → **tomber**

**choisi, e** 1 → **précieux** 2 oint, prédestiné

**choisir** adopter, aimer mieux, coopter, se décider pour, départager, désigner, distinguer, élire, embrasser, s'engager, faire choix, fixer son choix, jeter son dévolu, mandater, nommer, opter, plébisciter, préférer, prendre, sélecter, sélectionner, trancher, trier sur le volet

**choix** n. m. 1 au pr. : acceptation, adoption, cooptation, décision, désignation, discernement, élection, nomination, prédilection, préférence, résolution, sélection, triage 2 alternative, dilemme, option 3 assortiment, collection, dessus du panier, échelle, éventail, prix, qualité, réunion, tri 4 morceaux choisis, recueil → **anthologie** 5 aristocratie, carat (vx), crème, élite, fine fleur, gratin, happy few

**choléra** n. m. 1 → **peste** 2 → **méchant**

**chômage** n. m. crise, manque de travail, marasme, morte-saison

**chômé, e** → **férié**

**chômer** arrêter / cesser / suspendre le travail, faire le pont → **fêter**

**chômeur, euse** n. m. ou f. → **demandeur**

**choper** 1 → **prendre** 2 → **voler**

**choquant, e** → **désagréable**

**choquer** 1 buter, donner contre, frapper, heurter, taper 2 atteindre, blesser, commotionner, contrarier, déplaire, ébranler, écorcher, effaroucher, faire mauvais effet, froisser, heurter, indigner, offenser, offusquer, mécontenter, rebuter, révolter, scandaliser, secouer, sonner mal, soulever l'indignation, traumatiser, vexer

**choral** n. m. → **chœur**

**chorale** n. f. → **chœur**

**chorégraphie** n. f. → **danse**

**choreute** et **choriste** n. m. → **chanteur**

**chorus (faire)** → **approuver**

**chose** n. f. 1 → **objet** 2 → **truc**

**chosifier** dépersonnaliser, déshumaniser, réifier

**chouchou** n. m. cristophine

**chouchou, oute** n. m. ou f. → **favori**

**chouchouter** et **choyer** 1 → **caresser** 2 → **soigner**

**chouette** 1 n.f. → **hulotte** 2 adj. → **beau**

**chrême** n. m. baume, huile sainte

**chrestomathie** n. f. → **anthologie**

**chrétien, ne** nom et adj. 1 baptisé, copte, maronite, orthodoxe, sabéen, schismatique, uniate → **catholique, protestant** 2 fidèle, ouaille, paroissien 3 par ext. a → **bon** b → **homme**

**chronique** 1 adj. → **durable** 2 n.f. a → **histoire** b → **article**

**chroniqueur** n. m. → **historien**

**chronologie** n. f. → **histoire**

**chuchotement** n. m. bruit, bruissement, chuchoterie, chuchotis, gazouillement, gazouillis, murmure, susurrement

**chuchoter** → **murmurer**

**chuchoterie** n. f. → **chuchotement**

**chuinter** bléser, zézayer, zozoter

**chut** paix, silence, taisez-vous

**chute** n. f. 1 au pr. a affaissement, avalanche, descente, éboulement, écrasement, écroulement, effondrement, glissement b abattée (aviat.), cabriole, carambolage, cascade, culbute, dégringolade, glissade, plongeon c fam. : bûche, gadin, gamelle, pelle, valdingue 2 méd. : déplacement, descente, procidence, prolapsus, ptose 3 abdication, capitulation, déconfiture, défaite, disgrâce, échec, faillite, insuccès, renversement 4 a crise, décadence, déchéance, faute, péché, scandale b abattement, découragement, démoralisation, perte de confiance c baisse, dépréciation, désescalade, dévaluation, diminution d bas, extrémité, fin, terminaison e → **abaissement** 5 rapide → **cascade** 6 → **déchet** 7 a **chute du jour :** crépuscule, déclin, tombée b **chute des feuilles :** effeuillaison

**chuter** 1 → **baisser** 2 → **tomber**

**cible** n. f. but, carton, mouche, papegai

**ciboule** n. f. ciboulette, cive, civette → **tête**

**cicatrice** n. f. 1 balafre, couture, marque, signe, souvenir, stigmate, trace 2 par ext. : brèche, défiguration, lézarde, mutilation

**cicatrisation** n. f. 1 guérison, réparation, rétablissement 2 fig. : adoucissement, apaisement, consolation, soulagement

**cicatriser** 1 au pr. : se dessécher, se fermer, guérir 2 fig. : adoucir, apaiser, consoler, soulager

**cicérone** n. m. → **guide**

**ci-devant** 1 adv. → **avant** 2 n.m. → **noble**

**ciel, ciels, cieux** n. m. 1 atmosphère, calotte / voûte céleste / des cieux, coupole / dôme du ciel, espace, éther, firmament, infini, nuages, nue (vx), univers 2 sing. et pl. : au-delà, céleste empire / séjour, éden, empyrée, Jérusalem céleste, là-haut, paradis, patrie des élus, séjour des bienheureux / des élus, walhalla 3 par ext. → **dieu** 4 ciel de lit → **dais**

**cierge** n. m. → **chandelle**

**cigare** n. m. havane, londrès, manille

**cigarette** n. f. arg. : cibiche, clope, cousue, femelle, mégot, orphelin, pipe, sèche, taquée, tige

**ciguë** n. f. 1 faux persil 2 ciguë comestible : maceron

**ci-joint** ci-annexé, ci-inclus

**cilice** n. m. 1 au pr. : haire 2 par ext. : mortification, pénitence

**ciller** 1 v. tr. : bornoyer, cligner, clignoter, papilloter 2 v. intr. : broncher, s'émouvoir, marquer le coup

**cime** n. f. → **sommet**

**ciment** n. m. béton, liant, lien, mortier

**cimenter** affermir, amalgamer, consolider, lier, limousiner, raffermir, sceller, unir

**cimeterre** n. m. → **épée**

**cimetière** n. m. catacombe, champ des morts / du repos, charnier, columbarium, crypte, nécropole, ossuaire ◆ arg. : quatre-arpents

**cinéaste** n. m. chef de production, dialoguiste, metteur en scène, opérateur, producteur, réalisateur, scénariste

**cinéma** n. m. 1 a septième art b ciné, cinérama, cinoche (fam.), grand écran, permanent, salle, salle obscure, spectacle 2 → **comédie**

**cinématographier** enregistrer, filmer, photographier, prendre un film, tourner

**cinglant, e** blessant, cruel, dur, sévère, vexant

**cinglé, e** n. m. ou f. → **fou**

**cingler** 1 aller, s'avancer, faire route / voile, marcher, naviguer, progresser, voguer 2 v. tr. a au pr. : battre, cravacher, flageller, fouailler, fouetter, frapper, fustiger, sangler b fig. : attaquer, attiser, blesser, critiquer, exciter, moucher, vexer

**cintre** n. m. 1 arc, arcade, arceau, cerceau, courbure, ogive, voussure, voûte 2 armature, coffrage 3 portemanteau

**cintrer** → **bomber**

**circonférence** n. f. 1 → **tour** 2 → **rond**

**circonflexe** → **tordu**

**circonlocution** n. f. → **périphrase**

**circonscription** n. f. → **division**

**circonscrire** → **limiter**

**circonspect, e** → **prudent**

**circonspection** n. f. attention, calme, considération, défiance, diplomatie, discernement, discrétion, égard, habileté, ménagement, mesure, modération, politique, précaution, prévoyance, prudence, quant-à-soi, réflexion, réserve, retenue, sagesse

**circonstance** n. f. 1 accident, climat, condition, contingence, détail, détermination, donnée, élément, modalité, particularité 2 actualité, conjoncture, état des choses, événement, heure, moment, situation, temps 3 cas, chance, coïncidence, entrefaite, épisode, éventualité, hasard, incidence, incident, occasion, occurrence, péripétie, rencontre 4 à-propos, opportunité

**circonstancié, e** → **détaillé**

**circonvenir** → **séduire**

**circonvolution** n. f. → **tour**

**circuit** n. m. → **tour**

**circulaire** → **rond**

**circulation** n. f. 1 → **mouvement** 2 → **trafic**

**circuler** → **mouvoir (se)**

**cire** n. f. par ext. : a ozocérite, paraffine b encaustique c cérumen

**ciré** n. m. → **imperméable**

**cirer** encaustiquer → **frotter**

**cirier, ère** n. m. ou f. 1 → **abeille** 2 fabricant / marchand de bougies / cierges / cire

**ciron** n. m. → **mite**

**cirque** n. m. 1 au pr. : amphithéâtre, arène, carrière, chapiteau, colisée, hippodrome, naumachie, piste, représentation, scène, spectacle, stade, tauromachie, voltige 2 fig. → **chahut**

**cisaille** n. f. cueilloir → **ciseau**
**cisailler** ébarber, élaguer → **couper**
**ciseau** n. m. 1 sing. : bec-de-corbin, bédane, berceau, besaiguë, biseau, ciselet, ébauchoir, fermoir, gouge, grattoir, matoir, plane, planoir, poinçon, pointe, repoussoir, riflard, rondelle → **burin** 2 plur. : cisaille, cueille-fleurs, cueilloir, forces, mouchette, sécateur
**ciseler** 1 → **tailler** 2 → **parfaire**
**citadelle** n. f. → **forteresse**
**citadin, e** 1 adj. → **urbain** 2 nom → **habitant**
**citation** n. f. → **extrait**
**cité** n. f. 1 → **agglomération** 2 → **village**
**citer** 1 au pr. : ajourner, appeler en justice, assigner, convoquer, faire sommation / venir, intimer, mander, sommer, traduire en justice 2 par ext. : alléguer, apporter, avancer, consigner, donner / fournir en exemple / référence, évoquer, indiquer, invoquer, mentionner, nommer, produire, rappeler, rapporter, signaler, viser
**citerne** n. f. → **réservoir**
**citoyen, ne** n. m. ou f. → **habitant**
**citron** n. m. agrume, bergamote, cédrat, citrus, lime, limette, limon → **agrume**
**citrouille** n. f. → **courge**
**civette** n. f. 1 → **genette** 2 → **ciboule**
**civière** n. f. bard, brancard, litière, oiseau
**civil, e** 1 adj. **a** civique, laïque, mondain, profane **b** affable, aimable, bien élevé, convenable, correct, courtois, empressé, galant, gentil, gracieux, honnête, poli 2 nom : bourgeois, pékin (fam.)
**civilisation** n. f. avancement, culture, évolution, humanisation, perfectionnement, progrès
**civilisé, e** → **policé**
**civiliser** → **policer**
**civilité** n. f. 1 affabilité, amabilité, atticisme, bonnes manières, convenances, correction, courtoisie, éducation, gentillesse, gracieuseté, honnêteté, politesse, raffinement, savoir-vivre, sociabilité, urbanité, usage 2 plur. **a** amabilités, amitiés, baisemain, bien des choses, compliments, devoirs, hommages, politesses, respects, salutations **b** cérémonies
**civisme** n. m. → **patriotisme**
**clabauder** → **médire**
**claie** n. f. 1 clayon, clisse, crible, éclisse, hayon, sas, tamis, volette 2 bordigue, gord, nasse 3 abri, brise-vent, clôture, grille, paillasson, treillage 4 hayon, panneau
**clair, e** 1 **a** brillant, éblouissant, éclatant, éclairé, illuminé, limpide, luisant, lumineux, net, poli, pur, serein, transparent **b** clairet, clairsemé, léger, rare **c** aigu, argentin, vif **d** → **pâle** **e** → **fluide** 2 fig. **a** aisé, explicite, facile, intelligible, précis, tranché **b** apparent, certain, connu, distinct, évident, manifeste, net, notoire, palpable, précis, sûr **c** cartésien, catégorique, délié, formel, lucide, pénétrant, perspicace, sans ambiguïté, sûr, univoque
**claire** n. f. → **marais**
**clairière** n. f. clair, échappée, éclaircie, trouée
**clairon** n. m. clique, fanfare, trompette
**claironner** → **publier**
**clairsemé, e** maigre → **épars**
**clairvoyance** n. f. → **pénétration**
**clairvoyant, e** 1 → **pénétrant** 2 → **intelligent**
**clamer** → **crier**
**clameur** n. f. → **cri**
**clamp** n. m. → **pince**
**clan** n. m. 1 → **tribu** 2 → **coterie** 3 → **parti**
**clandestin, e** → **secret**
**clapet** n. m. bouchon, obturateur, soupape, valve
**claque** 1 n.f. → **gifle** 2 n.m. → **lupanar**
**claquement** n. m. 1 fouettement 2 → **bruit**
**claquemurer** 1 → **coffrer** 2 → **enfermer**
**claquer** 1 v. tr. **a** → **frapper** **b** → **dépenser** **c** → **fatiguer** 2 v. intr. **a** → **rompre** **b** → **mourir**
**clarifier** 1 → **éclaircir** 2 → **purifier**
**clarté** n. f. 1 clair-obscur, demi-jour, éclat, embrasement, lueur, lumière, nitescence 2 fig. **a** diaphanéité, limpidité, luminosité, pureté, transparence, visibilité **b** intelligibilité, netteté, perspicacité, précision
**classe** n. f. 1 au pr. : caste, catégorie, clan, division, état, famille, gent, groupe, ordre, rang, série, standing 2 → **école** 3 carrure, chic, chien, dimension, distinction, élégance, génie, présence, talent, valeur
**classement** n. m. archivage, arrangement, bertillonnage, catalogue, classification, collocation, index, nomenclature, ordre, rangement, répertoire, statistique, taxinomie
**classer** archiver, arranger, assigner, attribuer, cataloguer, classifier, différencier, diviser, grouper, ordonner, placer, ranger, répartir, répertorier, séparer, sérier, subsumer, trier
**classification** n. f. → **classement**
**classifier** → **classer**
**classique** nom et adj. 1 → **normal** 2 → **traditionnel**
**clause** n. f. 1 → **disposition** 2 **clause pénale :** cautionnement, dédit, dédommagement, garantie, sûreté
**claustral, e** ascétique, cénobitique, monacal, monastique, religieux
**claustration** n. f. → **isolement**
**claustrer** → **enfermer**
**clausule** n. f. → **terminaison**
**clavecin** n. m. clavicorde, épinette, virginal
**clef** n. f. 1 sûreté → **passe-partout, rossignol** 2 explication, fil conducteur, introduction, sens, signification, solution 3 → **dénouement**
**clémence** n. f. → **générosité**
**clément, e** → **indulgent**
**clerc** n. m. 1 → **prêtre** 2 → **savant** 3 actuaire, commis, employé, principal, saute-ruisseau, secrétaire, tabellion
**clergé** n. m. 1 Église, ordre 2 **a** → **sacerdoce** **b** → **prêtre** 3 péj. : calotte, clergie
**cliché** n. m. 1 épreuve, image, négatif, pellicule, phototype, stéréotype 2 → **banalité**
**client, e** et **clientèle** n. m. ou f. 1 → **acheteur** 2 → **protégé**
**clignement** n. m. → **clin d'œil**
**cligner** et **clignoter** 1 → **ciller** 2 → **vaciller**
**clignotant** n. m. 1 feu de direction 2 alarme, signal → **signe**
**climat** n. m. 1 ciel, circonstances / conditions atmosphériques / climatiques / météorologiques, régime, température 2 atmosphère, ambiance, environnement, milieu → **pays**
**climatère** n. m. andro / ménopause
**clin d'œil** n. m. 1 battement, clignement, coup d'œil, œillade 2 méd. : nictation, nictitation 3 **en un clin d'œil** → **vite**
**clinicien** n. m. praticien → **médecin**
**clinique** n. f. → **hôpital**
**clinquant** n. m. camelote, éclat, faux, imitation, pacotille, quincaillerie, simili, verroterie
**clinquant, e** adj. → **voyant**
**clip** n. m. → **agrafe**
**clique** n. f. 1 → **orchestre** 2 → **coterie**
**cliquetis** n. m. → **bruit**
**clivage** n. m. → **séparation**
**cliver** déliter → **séparer**
**cloaque** n. m. 1 au pr. **a** bourbier, charnier, décharge, égout, margouillis, sentine, voirie **b** → **water-closet** 2 par ext. **a** → **abjection** **b** → **bas-fond**
**clochard, e** n. m. ou f. chemineau, cloche, clodo (fam.), trimard, trimardeur, vagabond → **mendiant**
**clochardisation** n. f. → **appauvrissement**
**cloche** n. f. 1 au pr. : beffroi, bélière, bourdon, campane, carillon, clarine, clochette, grelot, sonnaille, timbre 2 poét. : airain, bronze 3 par ext. : appel, signal, sonnerie 4 → **boursouflure** 5 → **clochard** 6 adj. → **bête**
**clocher** n. m. beffroi, bulbe, campanile, clocheton, flèche, tour
**clocher** 1 aller à cloche-pied, boiter, broncher, claudiquer, clopiner 2 → **décliner**
**clochette** n. f. → **cloche**
**cloison** n. f. 1 → **mur** 2 → **séparation**
**cloisonner** → **séparer**
**cloître** n. m. 1 déambulatoire, patio, préau, promenoir 2 abbaye, ashram, béguinage, chartreuse, communauté, couvent, ermitage, lamaserie, laure, monastère, moutier, retraite, trappe
**cloîtrer** → **enfermer**
**clopiner** → **clocher**
**cloque** n. f. → **boursouflure**
**cloquer** 1 gaufrer → **gonfler** 2 **a** → **donner** **b** → **mettre** **c** → **placer**
**clore** 1 → **fermer** 2 → **entourer** 3 → **finir**
**clos** nom et adj. 1 → **enceinte** 2 → **champ** 3 → **vigne**
**clôture** n. f. 1 au pr. : balustre, barbelé, barricade, barrière, chaîne, claie, échalier, enceinte, entourage, fermeture, grillage, grille, haie, herse, lice, mur, muraille, palanque, palis, palissade, treillage, treillis 2 → **fin**
**clôturer** 1 → **entourer** 2 → **finir**
**clou** n. m. 1 → **pointe** 2 → **abcès** 3 → **mont-de-piété** 4 → **bouquet**
**clouer** → **fixer**
**clown** n. m. 1 auguste, bateleur, bouffon, gugusse, paillasse, pitre 2 acrobate, artiste, fantaisiste → **farceur**
**club** n. m. 1 → **cercle** 2 **club house** off. : local
**cluse** n. f. → **vallée**
**cluster** n. m. méc. off. : en barillet / faisceau / grappe
**coaccusé, e** n. m. → **complice**
**coadjuteur** n. m. adjoint, aide, assesseur, auxiliaire, suppléant
**coaguler** v. tr. et intr. caillebotter, cailler, congeler, durcir, épaissir, figer, floculer, geler, grumeler, prendre, solidifier
**coaliser** → **unir**
**coalition** n. f. alliance, archiconfrérie, association, bloc, cartel, collusion, confédération, entente, front, groupement, intelligence, ligue, trust, union
**coaltar** n. m. → **goudron**
**coasser** fig. : bavarder, cabaler, clabauder, criailler, jacasser, jaser, médire
**cobaye** n. m. cochon d'Inde
**cocagne** n. f. abondance, eldorado, paradis, pays des merveilles / de rêve, réjouissance
**cocarde** n. f. → **emblème**
**cocardier, ère** n. m. ou f. → **patriote**
**cocasse** → **risible**
**coche** n. m. 1 berline, carrosse, chaise de poste, courrier, dame-blanche, diligence, malle, malle-poste, patache → **voiture** 2 coche d'eau : bac, bachot, bateau-mouche → **bateau** 3 → **porc** 4 → **entaille**
**cocher** n. m. aurige, conducteur, patachon, phaéton, postillon, roulier, voiturier
**cocher** → **entailler**
**cochon** n. m. 1 au pr. → **porc** 2 fig. **a** → **obscène** **b** → **débauché**
**cochonnaille** n. f. → **charcuterie**
**cochonner** → **gâcher**
**cochonnerie** n. f. 1 → **obscénité** 2 → **saleté**
**cochonnet** n. m. 1 au pr. : but 2 fam. : ministre, peintre
**cockpit** n. m. aviat. off. : habitacle, poste de pilotage
**cocotte** n. f. autocuiseur → **prostituée**
**cocu, e** nom et adj. bafoué, berné, blousé, coiffé, cornard, cornu, trompé
**cocufier** → **tromper**
**code** n. m. 1 loi 2 → **règlement** 3 grammaire, langue 4 → **recueil**
**coder** → **programmer**
**codicillaire** → **additionnel**
**codicille** n. m. → **addition**
**codifier** → **régler**
**coefficient** n. m. facteur, pourcentage
**coéquipier** n. m. → **partenaire**
**coercition** n. f. → **contrainte**
**cœur** n. m. 1 → **âme** 2 → **nature** 3 → **sensibilité** 4 → **générosité** 5 → **chaleur** 6 → **courage** 7 → **estomac** 8 → **conscience** 9 → **mémoire** 10 → **intuition** 11 → **centre** 12 **a** **à cœur ouvert :** avec abandon / confiance, franchement, librement **b** **de bon cœur :** avec joie / plaisir, de bon gré, volontairement, volontiers 13 arg. : battant, chouan, palpitant
**coexistence** n. f. 1 → **simultanéité** 2 → **accompagnement**
**coexister** → **accompagner**
**coffre** n. m. 1 **a** arche (vx), bahut, boîte, caisse, caisson, cassette, coffre-fort, coffret, malle **b** huche, maie, panetière, saunière 2 fig. : culot, estomac, souffle, toupet → **poitrine**
**coffrer** arrêter, claquemurer, emprisonner, mettre à l'ombre / en prison
**coffret** n. m. → **boîte**
**cogiter** → **penser**
**cognat** n. m. → **parent**
**cognée** n. f. → **hache**
**cogner** 1 → **battre** 2 → **frapper** 3 → **heurter**

**cognition** n. f. → **conscience**

**cohabitation** n. f. concubinage, mixité, promiscuité, voisinage

**cohabiter** vivre en promiscuité, voisiner

**cohérence** et **cohésion** n. f. 1 → **adhérence** 2 → **liaison**

**cohérent, e** → **logique**

**cohorte** n. f. → **troupe**

**cohue** n. f. 1 affluence, foule, mêlée, multitude, presse 2 bousculade, confusion, désordre, tumulte

**coi, coite** 1 → **tranquille** 2 abasourdi, muet, sidéré, stupéfait

**coiffe** n. f. cale (vx), cornette → **bonnet**

**coiffer** 1 ceindre, chapeauter, couvrir 2 → **peigner** 3 avoir la responsabilité, diriger, superviser 4 v. pron. fig. → **engouer (s')**

**coiffeur, euse** n. m. ou f. 1 vx ou fam. : barbier, figaro, merlan, perruquier 2 artiste capillaire, capilliculteur

**coiffure** n. f. 1 atour, barrette, battant l'œil, bavolet, béret, bi / tricorne, boléro, bolivar, cabriolet, cagoule, calot, calotte, canotier, cape, capuche, capuchon, carré, casque, casquette, castor, chapeau, chaperon, chapska, chéchia, claque, coiffe, cornette, couronne, couvre-chef, diadème, faluche, fanchon, feutre, fez, filet, fontange, foulard, haut-de-forme, hennin, huit-reflets, képi, madras, mante, mantille, marmotte, melon, mitre, mortier, mouchoir, panama, passe-montagne, perruque, polo, pschent, résille, réticule, ruban, serre-tête, shako, sombrero, suroît, talpack, tiare, toque, tortil, tortillon, turban, voile ♦ vx : cale, chapelet, claque-oreilles fam. : bibi, bitos, galette, galure, galurin 2 → **bonnet** 3 accroche-cœur, aile-de-pigeon, à la Berthe, à la chien, à la Titus, anglaise, bandeau, boucle, catogan, chignon, coque, fontange, frange, garcette, macaron, nattes, queue, rouleau, torsade, tresse

**coin** n. m. 1 cachet, empreinte, estampille, marque, poinçon, sceau 2 angle, diverticule, encoignure, recoin, renfoncement, retrait 3 **coin de la rue** : croisement, détour, tournant 4 → **pays** 5 → **solitude** 6 bout, extrémité, morceau, partie, secteur 7 cale, patarasse

**coincer** 1 → **fixer** 2 → **prendre**

**coïncidence** n. f. concomitance, concours de circonstances, isochronisme, rencontre, simultanéité, synchronie

**coïncider** → **correspondre**

**coït** n. m. → **accouplement**

**coke** n. m. → **charbon**

**col** n. m. 1 → **cou** 2 → **collet** 3 → **défilé**

**colère** n. f. 1 agitation, agressivité, atrabile, bile, bourrasque, courroux, déchaînement, dépit, ébullition, effervescence, emportement, exaspération, explosion, foudres, fulmination, fureur, furie, hargne, impatience, indignation, irascibilité, ire, irritation, rage, surexcitation, transport (vx), violence 2 fam. : à cran, en boule / pétard / rogne, fumasse 3 **se mettre en colère** : → **emporter (s')**

**colère, coléreux, euse, colérique** adj. agité, agressif, atrabilaire, bilieux, chagrin, courroucé, emporté, exaspéré, excitable, fulminant, furax (fam.), furieux, hargneux, impatient, irascible, irritable, monté contre, rageur, sanguin, soupe au lait

**colifichet** n. m. → **bagatelle**

**colimaçon** n. m. → **limaçon**

**colin** n. m. → **gade**

**colique** n. f. 1 au pr. **a** colite, crampe, débâcle, déchirement d'entrailles, dysenterie, entérite, entérocolite, épreinte, flatuosité, indigestion, intoxication, occlusion intestinale, ténesme, tiraillement d'intestin → **diarrhée** **b** néphrétique : anurie, dysurie, hématurie **c** de plomb : saturnisme **d** fam. : chiasse, cliche, courante, foire 2 fig. → **importun**

**colis** n. m. → **paquet**

**collaborateur, trice** n. m. ou f. → **associé**

**collaboration** n. f. → **coopération**

**collaborer** → **participer**

**collant** n. m. → **maillot**

**collant, e** 1 adhésif, gluant, glutineux, visqueux 2 près du corps → **boudiné** 3 → **importun**

**collatéral, e** → **parent**

**collation** n. f. 1 casse-croûte, cocktail, en-cas, goûter, lunch, mâchon, quatre-heures, rafraîchissement, réfection, régal, souper, thé 2 comparaison, confrontation, correction, lecture, vérification 3 attribution, distribution, remise

**collationner** → **comparer**

**colle** n. f. 1 empois, glu, maroufle, poix 2 → **question**

**collecte** n. f. 1 cueillette, ramassage, récolte 2 → **quête**

**collecter** → **assembler**

**collecteur** n. m. 1 → **conduit** 2 → **percepteur**

**collectif, ive** 1 communautaire → **général** 2 → **commun (en)**

**collection** n. f. 1 au pr. : accumulation, amas, appareil, assemblage, assortiment, attirail, compilation, ensemble, foule, groupe, nombre, quantité, ramas (péj.), ramassis (péj.), réunion, tas, variété 2 par ext. : album, anthologie, bibliothèque, catalogue, cinémathèque, code, coquillier, discothèque, galerie, herbier, iconographie, médaillier, ménagerie, musée, panoplie, philatélie, pinacothèque, sonothèque, vitrine

**collectionner** accumuler, amasser, assembler, colliger, entasser, grouper, ramasser, réunir

**collectionneur, euse** n. m. ou f. amateur, bibliomane, bibliophile, chercheur, connaisseur, curieux, fouineur, numismate, philatéliste

**collectivisation** n. f. étatisation, réquisition, socialisation

**collectiviser** → **nationaliser**

**collectivisme** n. m. autogestion, babouvisme, bolchevisme, collégialité, communisme, marxisme, mutualisme, saint-simonisme, socialisme

**collectivité** n. f. collège, communauté, ensemble, phalanstère, société, soviet

**collège** n. m. 1 → **corporation** 2 → **lycée**

**collégialité** n. f. → **collectivisme**

**collégien, ne** n. m. ou f. → **élève**

**collègue** n. m. ou f. associé, camarade, compagnon, confrère, consœur

**coller** 1 → **appliquer** 2 → **mettre** 3 → **joindre** 4 → **poisser** 5 fam. : ajourner, refuser

**collet** n. m. 1 col, colback (fam.), collerette, encolure, fraise, gorgerette, jabot, parementure, rabat 2 lacet, lacs, piège 3 **collet monté** : affecté, guindé, revêche → **prude**

**colleter** 1 → **lutter** 2 → **prendre**

**colley** n. m. → **chien**

**collier** n. m. 1 au pr. : bijou, carcan, chaîne, rang de perles, rivière de diamants, sautoir, torque 2 par ext. : **a** harnais, joug **b** méc. : bague, manchon **c** → **servitude**

**colliger** → **réunir**

**colline** n. f. → **hauteur**

**collision** n. f. 1 → **heurt** 2 → **engagement**

**colloque** n. m. → **conversation**

**collusion** n. f. → **complicité**

**colmater** → **boucher**

**colombe** n. f. → **colombin**

**colombier** n. m. → **pigeonnier**

**colombin** n. m. 1 biset, colombe, palombe, pigeon, pigeonneau, ramier, tourtereau, tourterelle 2 → **excrément**

**colon** n. m. 1 agriculteur, cultivateur, exploitant, fermier, locataire, métayer, occupant, planteur, preneur 2 → **pionnier**

**colonialisme** n. m. expansionnisme, exploitation (coloniale), impérialisme

**colonie** n. f. 1 ensemble, famille, groupe 2 comptoir, condominium, département / territoire d'outre-mer, empire, établissement, factorerie, fondation, plantation, protectorat

**colonisation** n. f. colonialisme, expansion, hégémonie, impérialisme, occupation

**coloniser** occuper → **prendre**

**colonne** n. f. 1 ante, contrefort, fût, montant, pilastre, pilier, poteau, pylône, soutènement, soutien, support 2 aiguille, cippe, obélisque, stèle 3 colonne vertébrale : échine, épine dorsale, rachis, vertèbres 4 commando, escouade, renfort, section

**colophane** n. m. arcanson

**coloration** n. f. → **couleur**

**coloré, e** 1 barbouillé (péj.), colorié, enluminé, peinturluré, polychrome, teinté 2 animé, expressif, imagé, vif, vivant 3 bonne mine, (teint) frais / hâlé / vermeil → **basané**

**colorer** barbouiller (péj.), barioler, colorier, embellir, enluminer, farder, orner, peindre, peinturlurer, rehausser, relever, teindre, teinter

**colorier** → **colorer**

**coloris** n. m. → **couleur**

**colossal, e** → **gigantesque**

**colosse** n. m. → **géant**

**colporter** → **répandre**

**coltiner** → **porter**

**coma** n. m. assoupissement, évanouissement, insensibilité, léthargie, perte de connaissance, sommeil

**combat** n. m. 1 → **bataille** 2 → **conflit**

**combatif, ive** accrocheur, agressif, bagarreur, baroudeur, batailleur, lutteur, pugnace, querelleur, vif → **belliqueux**

**combativité** n. f. → **agressivité**

**combattant, e** n. m. ou f. 1 guerrier, homme, soldat 2 par ext. **a** adversaire, antagoniste, challenger, rival **b** apôtre, champion, militant, prosélyte

**combattre** v. tr. et intr. → **lutter**

**combe** n. f. → **vallée**

**combinaison** n. f. 1 → **cotte** 2 → **mélange** 3 → **plan**

**combinard** n. m. → **malin**

**combine** n. f. 1 astuce, embrouille, filon, manigance, moyen, planque, système, tour, truc, tuyau 2 favoritisme, passe-droit, passe-passe, piston

**combiner** 1 allier, arranger, assembler, associer, assortir, composer, coordonner, disposer, joindre, marier, mélanger, mêler, ordonner, réunir, synthétiser, unir 2 agencer, calculer, concerter, construire, élaborer, imaginer, machiner, manigancer, méditer, organiser, ourdir, préparer, spéculer, trafiquer, tramer ♦ fam. : concocter, gamberger

**comble** → **plein**

**comble** n. m. **a** au pr. : supplément, surcroît, surplus, trop-plein **b** par ext. : apogée, excès, faîte, fort, limite, maximum, période, pinacle, sommet, summum, triomphe, zénith **c** arch. : attique, couronnement, faîte, haut, mansarde, pignon, pinacle, toit

**combler** 1 emplir, remplir, saturer, surcharger 2 abreuver, accabler, charger, couvrir, donner, favoriser, gâter, gorger, gratifier, satisfaire 3 alluvionner, aplanir, boucher, bourrer, ensabler, niveler, obturer, remblayer, remplir 4 **combler la mesure** → **exagérer**

**combustible** n. m. aliment, carburant, *et par ext.* comburant, matière inflammable

**combustible** → **inflammable**

**combustion** n. f. calcination, crémation, ignition, incendie, incinération, inflammation, oxydation

**comédie** n. f. 1 arlequinade, atellanes, bouffonnerie, farce, momerie, pantalonnade, pièce, proverbe, saynète, sketch, sotie, spectacle, théâtre, vaudeville, zarzuela 2 péj. : cabotinage, cinéma, déguisement, feinte, frime, invention, mensonge, plaisanterie, simulation, tromperie → **subterfuge** 3 **Comédie-Française** : le Français, le Théâtre-Français

**comédien, ne** n. m. ou f. 1 acteur, artiste, comique, doublure, figurant, ingénu, interprète, mime, pensionnaire / sociétaire de la Comédie-Française, petit / premier rôle, protagoniste, second couteau, tragédien, utilité(s) 2 étoile, star, vedette 3 péj. : baladin, cabot, histrion, ringard, théâtreux 4 → **farceur** 5 → **hypocrite**

**comestible** 1 n.m. → **subsistance** 2 adj. → **mangeable**

**comice** n. m. → **réunion**

**comique** 1 n.m. **a** → **bouffon** **b** → **écrivain** 2 adj. **a** abracadabrant, absurde, amusant, bizarre, bouffe, bouffon, burlesque, caricatural, cocasse, désopilant, drôle, facétieux, falot, gai, grotesque, hilarant, inénarrable, loufoque, plaisant, ridicule, risible, saugrenu, ubuesque, vaudevillesque **b** fam. : au poil, bidonnant, boyautant, crevant, fumant, gondolant, impayable, marrant, pilant, pissant, poilant, rigolo, roulant, tordant

**comité** n. m. commission, soviet → **réunion**

**comma** n. m. → **espace**

**commandant** n. m. → **chef**

**commande** n. f. [1] achat, ordre [2] **de commande :** affecté, artificiel, factice, feint, simulé → **obligatoire** [3] au pl. : gouvernes, poste de pilotage

**commandement** n. m. [1] avertissement, injonction, intimation, jussion (vx), ordre, soit-communiqué (jurid.), sommation [2] relig. : décalogue, devoir, loi, obligation, précepte, prescription, règle [3] autorité, dictée (péj.), direction, pouvoir, puissance, responsabilité [4] état-major

**commander** [1] v. tr. **a** avoir la haute main sur, contraindre, décréter, disposer, donner l'ordre, enjoindre, exiger, imposer, intimer, mettre en demeure, obliger, ordonner, prescrire, recommander, sommer **b** conduire, diriger, dominer, gouverner, mener **c** appeler, attirer, entraîner, imposer, inspirer, nécessiter, réclamer **d** acheter, faire / passer commande [2] v. intr. : dominer, être le maître, gouverner

**commanditaire** n. m. bailleur de fonds, financier, mécène, sponsor → **parrain**

**commanditer** → **financer**

**commando** n. m. → **troupe**

**comme** [1] ainsi que, à l'égal / à l'instar de, aussi bien / autant / de même / non moins / pareillement que, comment, kif (fam.) → **comparable** [2] → **puisque** [3] → **quand** [4] **comme quoi :** → **définitive (en)**

**commémoration** n. f. anniversaire, célébration, commémoraison, fête, mémento, mémoire, rappel, remémoration, souvenir

**commémorer** [1] → **fêter** [2] → **rappeler**

**commencement** n. m. [1] abc, adolescence, alpha, amorce, apparition, arrivée, attaque, aube, aurore, avant-propos, avènement, b.a.-ba, balbutiement, bégaiement, berceau, bord, création, début, déclenchement, décollage, démarrage, départ, ébauche, embryon, enfance, engagement, entrée, esquisse, essai, exposition, exorde, fleur, fondement, inauguration, incipit, introduction, liminaire, matin, mise en train, naissance, orée, origine, ouverture, point initial, préambule, préface, préliminaires, premier pas, prémices, primeur, prolégomènes, prologue, racine, rudiment, seuil, source, tête [2] axiome, postulat, prémisse, principe

**commencer** [1] v. tr. : aligner, amorcer, attaquer, débuter, déclencher, démarrer, ébaucher, embarquer, embrayer, emmancher, enclencher, enfourner (fam.), engager, engrener, entamer, entonner, entreprendre, esquisser, étrenner, fonder, former, inaugurer, instituer, lancer, mener, mettre en œuvre / en route / en train, se mettre / prendre à, ouvrir [2] v. intr. **a** au pr. → **partir** **b** fig. : ânonner, balbutier, débuter, éclater, éclore, émerger, se lever, naître, poindre, progresser, se risquer, tâtonner

**commende** n. f. → **bénéfice**

**commensal** n. m. → **convive**

**commensurable** comparable, mesurable

**comment** [1] de quelle façon [2] interrog. : pardon, plaît-il, s'il vous plaît fam. : hein, quoi, tu dis [3] **comment donc, et comment** → **évidemment**

**commentaire** n. m. [1] annotation, critique, exégèse, explication, glose, herméneutique, massorah, note, paraphrase, scolie [2] au pl. **a** → **histoire** **b** → **bavardage**

**commentateur, trice** n. m. et f. annotateur, critique, exégète, glossateur, interprète, massorète, scoliaste

**commenter** → **expliquer**

**commérage** n. m. → **médisance**

**commerçant, e** [1] adj. → **achalandé** [2] nom. : boutiquier, commissionnaire, consignataire, débitant, détaillant, expéditeur, exportateur, fournisseur, grossiste, marchand, négociant, stockiste, transitaire ◆ péj. : mercanti, trafiquant

**commerce** n. m. [1] au pr. : échange, négoce, offre et demande, trafic [2] vx : négociation, traite [3] par ext. **a** affaires, Bourse, courtage, exportation, importation, marché, secteur tertiaire **b** → **magasin** **c** → **établissement** [4] péj. **a** bricolage, brocantage, brocante, friperie, maquignonnage **b** → **malversation** [5] fig. : amitié, fréquentation, rapport, relation

**commercer** négocier, trafiquer

**commère** n. f. [1] au pr. : belle-mère, marraine [2] fig. → **bavard**

**commérer** → **médire**

**commettant** n. m. délégant, mandant

**commettre** [1] → **remettre** [2] → **hasarder** [3] → **préposer** [4] → **entreprendre** [5] mar. → **tordre**

**comminatoire** → **menaçant**

**commis, e** n. m. ou f. [1] → **employé** [2] → **vendeur** [3] → **représentant**

**commisération** n. f. → **pitié**

**commissaire** n. m. délégué, chargé d'affaires / de mission, mandataire, représentant

**commissaire-priseur** n. m. [1] → **adjudicateur** [2] rég. ou part. : sapiteur

**commission** n. f. [1] → **mission** [2] → **course** [3] → **comité** [4] → **courtage** [5] → **gratification**

**commissionnaire** n. m. [1] → **intermédiaire** [2] → **messager** [3] → **porteur**

**commissionner** → **charger**

**commissure** n. f. fente, jonction, joint, ouverture, pli, repli

**commode** n. f. par ext. : armoire, bonheur-du-jour, bahut, bonnetière, chiffonnier, chiffonnière, coffre, semainier

**commode** adj. [1] agréable, aisé, avantageux, bien, bon, confortable, convenable, expédient, facile, favorable, fonctionnel, habitable, logeable, maniable, pratique, propre, vivable [2] libre, relâché [3] quelqu'un : accommodant, agréable, aimable, arrangeant, bon vivant, complaisant, facile, indulgent

**commodité** n. f. [1] au sing. : agrément, aise, avantage, bienséance (vx), confort, facilité, habitabilité, utilité [2] au pl. → **water-closet**

**commotion** n. f. [1] → **secousse** [2] → **ébranlement** [3] → **séisme**

**commotionner** → **choquer**

**commuer** → **changer**

**commun** n. m. [1] → **peuple** [2] au pl. : ailes, débarras, cuisines, écuries, ménagerie (vx), pavillons, remises, services, servitudes

**commun, e** [1] accoutumé, banal, conventionnel, courant, général, habituel, naturel, ordinaire, public, quelconque, rebattu, standard, universel, usuel, utilitaire [2] non fav. : bas, bourgeois, épicier, grossier, inélégant, inférieur, marchand, médiocre, pauvre, populaire, prolo, prosaïque, trivial, vulgaire [3] par ext. → **abondant** [4] **en commun :** **a** épicène (partic.) **b** collectif, communautaire, en communauté, dans l'indivision, de concert, ensemble, indivis

**communal, e** édilitaire, municipal, public, urbain

**communard** n. m. fédéré

**communautaire** [1] → **commun (en)** [2] → **religieux**

**communauté** n. f. [1] → **société** [2] → **congrégation** [3] → **groupe**

**commune** n. f. agglomération, bourg, bourgade, centre, conseil municipal, échevinage, édilité, municipalité, paroisse, village, ville

**communicatif, ive** [1] causant, confiant, démonstratif, disert, enthousiaste, expansif, exubérant, parleur, ouvert, volubile [2] contagieux, épidémique, pathogène, pestilentiel, transmissible

**communication** n. f. [1] adresse, annonce, avis, confidence, correspondance, dépêche, liaison, message, note, nouvelle, rapport, renseignement, spot [2] → **relation** [3] communion, échange, télépathie, transmission

**communion** n. f. [1] → **union** [2] relig. : agape, cène, échange, partage, repas mystique, viatique → **eucharistie**

**communiqué** n. m. → **avertissement**

**communiquer** [1] v. intr. **a** communier, correspondre, s'entendre, se mettre en communication / relation avec **b** une chose, faire communiquer : commander, desservir, relier [2] v. tr. **a** confier, découvrir, dire, divulguer, donner, échanger, écrire, enseigner, épancher, expliquer, faire connaître / partager / part de / savoir, indiquer, livrer, mander, parler, publier **b** une chose : envahir, gagner, imprimer **c** une maladie : inoculer, passer, transmettre

**communisme** n. m. → **socialisme**

**communiste** nom et adj. [1] bolchevik, bolcheviste, socialiste, soviet ◆ péj. : coco, cosaque, popov [2] vx : partageux

**commutateur** n. m. bouton, disjoncteur, jack, relais → **interrupteur**

**commutation** n. f. → **remplacement**

**commuter** → **changer**

**compact, e** [1] → **dense** [2] → **épais**

**compactage** n. m. damage, roulage, tassage

**compagne** n. f. → **épouse**

**compagnie** n. f. assemblée, collège, comité, entourage, réunion, société, troupe

**compagnon** n. m. [1] acolyte, ami, antrustion, associé, camarade, chevalier servant, coéquipier, collègue, commensal, compère, complice (péj.), condisciple, partenaire ◆ fam. : copain, pote, poteau [2] → **travailleur** [3] → **gaillard**

**comparable** analogue, approchant, assimilable, comme, égal, semblable

**comparaison** n. f. [1] au pr. : balance, collation, collationnement, confrontation, mesure, parallèle, rapprochement, recension [2] par ext. : allusion, analogie, assimilation, image, métaphore, métonymie, parabole, similitude [3] **en comparaison de :** auprès / au prix / au regard de, par rapport à

**comparaître** → **présenter (se)**

**comparer** analyser, apprécier, balancer, collationner, conférer, confronter, évaluer, examiner, mesurer, mettre au niveau de / en balance / en parallèle / en regard, opposer, parangonner (vx), rapprocher, vidimer

**comparse** n. m. figurant → **complice**

**compartiment** n. m. alvéole, case, casier, casse, cellule, classeur, division, subdivision

**compartimenter** → **séparer**

**compas** n. m. [1] balustre, boussole, rose des vents [2] partic. : maître à danser, rouanne → **règle**

**compassé, e** → **étudié**

**compassion** n. f. apitoiement, attendrissement, cœur, commisération, humanité, miséricorde, pitié, sensibilité

**compatibilité** n. f. → **accord**

**compatible** [1] → **conciliable** [2] → **convenable**

**compatir** → **plaindre**

**compatissant, e** → **bon**

**compatriote** n. m. ou f. → **concitoyen**

**compendium** n. m. abrégé, condensé, digest, somme → **résumé**

**compensation** n. f. [1] **a** contre-valeur, dédommagement, indemnisation, indemnité, prix, rançon, récompense, réparation, retour, soulte **b** balance, contrepartie, contrepoids, égalisation, égalité, équilibre, équivalent, l'un dans l'autre, moyenne, neutralisation, réciprocité [2] consolation, correctif, récompense, revanche [3] **en compensation :** en échange, en revanche, mais

**compenser** balancer, consoler, contrebalancer, corriger, dédommager, égaliser, équilibrer, faire bon poids, indemniser, neutraliser, réparer

**compère** n. m. [1] → **compagnon** [2] → **complice** [3] beau-père, parrain

**compère-loriot** n. m. chalaze, chalazion, grain d'orge, orgelet

**compétence** n. f. attribution, autorité, pouvoir, qualité, rayon (fam.), ressort → **capacité**

**compétent, e** → **capable**

**compétiteur, trice** n. m. ou f. → **concurrent**

**compétitif, ive** [1] → **attractif** [2] → **marché (bon)**

**compétition** n. f. challenge, championnat, concours, concurrence, conflit, coupe, course, critérium, défi, épreuve, match, omnium, poule, régate ◆ vx : compétence, concertation → **rivalité**

**compilation** n. f. [1] au pr. **a** → **collection** **b** → **mélange** [2] par ext. → **imitation**

**compiler** → **imiter**

**complainte** n. f. [1] au pr.(vx) → **gémissement** [2] par ext. → **chant**

**complaire** → **plaire**

**complaisance** n. f. [1] affection, amabilité, amitié, attention, bienveillance, bonté, charité, civilité, condescendance, déférence, empressement, facilité, indulgence, obligeance, politesse, prévenance, serviabilité, soin, zèle [2] → **servilité, plaisir**

**complaisant, e** [1] aimable, amical, attentionné, bienveillant, bon, charitable, civil, déférent, empressé, indulgent, obligeant, poli, prévenant, serviable, zélé [2] péj. : arrangeant, commode, coulant, facile, flagorneur, flatteur, godillot, paillasson, satisfait, servile

**complément** n. m. → **supplément**

**complémentaire** → **supplémentaire**

**complet, ète,** [1] → **entier** [2] → **plein** [3] absolu, exhaustif, intégral, radical, sans restriction, total

**complètement** absolument, à fond, carrément, de fond en comble, de pied en cap, des pieds à la tête, du haut en bas, en bloc, entièrement, in extenso, intégralement, jusqu'au bout, jusqu'aux oreilles, parfaitement, pleinement, profondément, purement et simplement, radicalement, tout à fait, tout au long

**compléter** achever, adjoindre, ajouter, améliorer, arrondir, assortir, augmenter, combler, conclure, couronner, embellir, enrichir, finir, parachever, parfaire, perfectionner, rajouter, rapporter, suppléer

**complexe** 1 adj. → **compliqué** 2 nom → **obsession** 3 combinat, ensemble, groupe, groupement, holding, trust

**complexer** → **gêner**

**complexion** n. f. 1 → **mine** 2 → **nature**

**complication** n. f. → **difficulté**

**complice** n. m. et n.f. acolyte, affidé, aide, associé, auxiliaire, baron (arg.), coaccusé, compagnon, comparse, compère, consort, fauteur, suppôt

**complicité** n. f. accord, aide, assistance, association, collaboration, collusion, compérage, connivence, coopération, entente, entraide, implication, intelligence

**compliment** n. m. 1 → **félicitation** 2 → **éloge** 3 → **discours** 4 → **civilités**

**complimenter** applaudir, approuver, congratuler, faire des civilités / politesses, féliciter, flatter, glorifier, louanger, louer, tirer son chapeau, vanter

**compliqué, e** alambiqué, apprêté, complexe, composé, confus, contourné, détaillé, difficile, embarrassé, embrouillé, entortillé, implexe, machiavélique, obscur, quintessencié, raffiné, recherché, savant, subtil, touffu, tourmenté, trouble ◆ fam. : chinois, emberlificoté ◆ vx : affété, intriqué

**compliquer** apprêter, brouiller, complexifier, couper les cheveux en quatre, embarrasser, embrouiller, embroussailler, emmêler, entortiller, obscurcir, quintessencier, raffiner, rendre confus ◆ fam. : chinoiser, emberlificoter ◆ vx : intriquer

**complot** n. m. association, attentat, brigue, cabale, coalition, concert, conciliabule, conjuration, conspiration, coup d'État, coup monté, faction, fomentation, intrigue, ligue, machination, menée, parti, ruse, sédition, trame

**comploter** v. tr. et intr. s'associer, briguer, cabaler, se coaliser, se concerter, conjurer, conspirer, intriguer, se liguer, machiner, manigancer, minuter (vx), ourdir, projeter, tramer

**comploteur** n. m. → **conspirateur**

**componction** n. f. 1 → **regret** 2 → **gravité**

**comportement** n. m. → **procédé**

**comporter** 1 admettre, autoriser, comprendre, contenir, emporter, enfermer, impliquer, inclure, justifier, permettre, renfermer, souffrir, supporter 2 v. pron. → **conduire (se)**

**composant, e** nom et adj. composé, corps, élément, terme, unité → **partie**

**composé, e** 1 adj. a → **étudié** b → **compliqué** 2 nom → **composant**

**composer** 1 v. tr. a agencer, apprêter, arranger, assembler, associer, bâtir, charpenter, ciseler, combiner, concevoir, confectionner, constituer, créer, disposer, dresser, écrire, élucubrer, faire, faufiler, former, imaginer, jeter les bases, organiser, polir, pondre, préparer, produire, rédiger, sculpter, travailler, trousser b adopter / se donner / emprunter / prendre une attitude / une contenance, affecter, apprêter, déguiser, étudier 2 v. intr. a s'accommoder, s'accorder, s'entendre, se faire b négocier, pactiser, traiter, transiger c capituler, céder, faiblir

**composite** → **mêlé**

**compositeur** n. m. 1 → **musicien** 2 → **typographe**

**composition** n. f. 1 au pr. a agencement, arrangement, assemblage, association, charpente, combinaison, constitution, construction, contexture, coupe, dessin, disposition, ensemble, formation, organisation, structure, synthèse, texture b alliage, composante, teneur c colle (fam.), concours, copie, devoir, dissertation, épreuve, examen, exercice, rédaction 2 par ext. a accommodement, accord, compromis, concession, transaction b caractère, disposition, humeur, pâte, tempérament 3 → **indemnité**

**compost** n. m. débris, engrais, feuilles mortes, fumier, humus, mélange, poudrette, terreau, terre de bruyère

**compote** n. f. → **confiture**

**compréhensible** → **intelligible**

**compréhensif, ive** 1 → **intelligent** 2 → **accommodant**

**compréhension** n. f. 1 → **accord** 2 → **entendement**

**comprendre** 1 comporter, compter, contenir, embrasser, enfermer, englober, envelopper, faire entrer, impliquer, inclure, incorporer, intégrer, mêler, renfermer 2 a → **entendre** b apercevoir, concevoir, déchiffrer, intellectualiser, interpréter, pénétrer, saisir, sentir, traduire, trouver, voir c fam. : bicher, biter, entraver, piger d apprendre, atteindre à, connaître, faire rentrer, s'y mettre, mordre, suivre e s'apercevoir / se rendre compte de 3 v. pron. : s'accorder, sympathiser

**compresse** n. f. gaze, pansement

**compresser** → **presser**

**compressible** → **élastique**

**compression** n. f. 1 → **réduction** 2 → **contrainte**

**comprimé** n. m. 1 → **cachet** 2 → **pilule**

**comprimer** → **presser**

**compris, e** admis, assimilé, enregistré, interprété, reçu, saisi, vu

**compromettre** 1 → **hasarder** 2 → **nuire**

**compromis** n. m. accord, amiable composition, amodiation, arbitrage, arrangement, composition, concession, conciliation, convention, cote mal taillée, entente, moyen terme, transaction

**compromission** n. f. → **malversation**

**comptable** n. m. et f. caissier, calculateur, commissaire aux comptes, facturier, ordonnateur, payeur, percepteur, questeur, receveur, trésorier

**comptable** adj. : redevable → **garant**

**comptant** à l'enlèvement, à livraison, à réception, cash

**compte** n. m. 1 addition, calcul, dénombrement, différence, énumération, nombre, recensement, somme, statistique, total 2 appoint, arrêté, avoir, balance, bénéfice, bilan, boni, bordereau, bulletin de paie, comptabilité, débit, décompte, découvert, déficit, dépens, écriture, encaisse, facture, gain, liquidation, mécompte, mémoire, montant, précompte, rectificatif, règlement, reliquat, revenant-bon, ristourne, solde, soulte, total 3 **compte rendu :** a analyse, bilan, critique, explication, exposé, mémorandum, note, procès-verbal, rapport, récit, relation, synthèse b **rendre compte** → **raconter**

**compte-gouttes** n. m. pipette

**compter** 1 v. tr. a calculer, chiffrer, compasser (vx), dénombrer, inventorier, mesurer, nombrer, précompter, supputer b considérer, examiner, peser, regarder c → **payer** d énumérer, facturer, faire payer, inclure, introduire e apprécier, considérer, estimer, évaluer, prendre f comprendre, englober, mettre au rang de 2 v. intr. a calculer b → **importer** c avoir l'intention, croire, espérer, estimer, former le projet, penser, projeter, se proposer de d s'attendre à, avoir / tenir pour certain / sûr, regarder comme certain / sûr

**compteur** n. m. → **enregistreur**

**comptoir** n. m. 1 → **table** 2 → **établissement**

**compulser** 1 → **examiner** 2 → **feuilleter**

**comput** n. m. ordo. → **calcul**

**comté** n. m. → **fromage**

**con** nom et adj. 1 → **bête** 2 → **sexe**

**concasser** 1 → **broyer** 2 → **casser**

**concasseur** n. m. → **broyeur**

**concave** 1 → **creux** 2 → **courbe**

**concavité** n. f. → **excavation**

**concéder** 1 → **accorder** 2 → **avouer**

**concentration** n. f. 1 au pr. a accumulation, agglomération, amas, assemblage b association, cartel, consortium, entente, groupement, rassemblement, regroupement, réunion, trust 2 concentration d'esprit : application, attention, contention, recherche, recueillement, réflexion, tension

**concentré, e** 1 → **condensé** 2 → **secret**

**concentrer** 1 au pr. : accumuler, assembler, centraliser, diriger vers, faire converger, grouper, rassembler, réunir 2 un liquide : condenser, diminuer, réduire 3 fig. : appliquer son énergie / son esprit / ses forces / ses moyens, canaliser, focaliser, polariser, ramener, rapporter, se recueillir, réfléchir, tendre 4 ses passions : contenir, dissimuler, freiner, refouler, renfermer, rentrer 5 v. pron. a → **penser** b → **renfermer (se)**

**concept** n. m. → **idée**

**concepteur** n. m. → **architecte**

**conception** n. f. 1 → **entendement** 2 → **idée**

**conceptuel, le** idéel

**concernant** → **touchant**

**concerner** s'appliquer à, dépendre de, être de la juridiction / du rayon / du ressort de, être relatif à, intéresser, porter sur, se rapporter à, regarder, relever de, toucher

**concert** n. m. 1 a aubade, audition, cassation, divertissement, festival, récital, sérénade b bœuf (arg.), improvisation, jam-session 2 fig. → **chahut** 3 accord, ensemble, entente, harmonie, intelligence, union 4 **de concert :** concurremment, conjointement, de connivence, de conserve, en accord / harmonie, ensemble

**concertation** n. f. → **conversation**

**concerté, e** → **étudié**

**concerter** 1 → **préparer** 2 v. pron. → **entendre (s')**

**concession** n. f. 1 → **cession** 2 → **tombe** 3 → **renoncement**

**concetti** n. m. bon mot, pensée, mot / trait d'esprit / piquant

**concevable** → **intelligible**

**concevoir** 1 → **créer** 2 → **entendre** 3 → **trouver**

**concierge** n. m. ou f. → **portier**

**conciergerie** n. f. porterie, tour (relig.)

**concile** n. m. 1 → **consistoire** 2 → **réunion**

**conciliable** compatible, mariable → **possible**

**conciliabule** n. m. 1 → **consistoire** 2 → **réunion** 3 → **conversation**

**conciliant, e** apaisant, arrangeant, calmant, compatible (vx), conciliateur, conciliatoire, coulant, diplomate, doux, facile, libéral, traitable → **accommodant**

**conciliateur, trice** arbitre, médiateur, pacificateur → **intermédiaire**

**conciliation** n. m. → **compromis**

**concilier** 1 accorder, allier, arbitrer, arranger, mettre d'accord, raccommoder, rapprocher, réconcilier, réunir 2 adoucir, ajuster, faire aller / cadrer / concorder, harmoniser 3 v. pron. → **gagner**

**concis, e** bref, dense, dépouillé, incisif, laconique, lapidaire, lumineux, nerveux, net, précis, ramassé, sec, serré, sobre, succinct, tendu, vigoureux → **court**

**concision** n. f. brièveté, densité, laconisme, netteté, précision, sécheresse, sobriété

**concitoyen, ne** n. m. ou f. compagnon, compatriote, pays (fam.)

**concluant, e** convaincant, décisif, définitif, irrésistible, probant

**conclure** 1 une affaire : s'accorder, achever, arranger, arrêter, clore, contracter une obligation, convenir de, couronner, s'entendre, finir, fixer, mener à bonne fin, passer / signer / traiter un arrangement / une convention / un marché / un traité, régler, résoudre, terminer 2 par ext. : arguer, argumenter, conduire un raisonnement, colliger (vx), déduire, démontrer, induire, inférer, juger, opiner, prononcer un jugement, tirer une conclusion / une conséquence / une leçon 3 v. intr. : décider, prendre une décision, se résoudre

**conclusion** n. f. 1 arrangement, clôture, convention, couronnement, dénouement, entente, épilogue, fin, péroraison, postface, règlement, solution, terminaison 2 conséquence, déduction, enseignement, leçon, morale, moralité, résultat

**concombre** n. m. par anal. : coloquinte, cornichon, cucurbitacée

**concomitance** n. f. accompagnement, coexistence, coïncidence, rapport, simultanéité, synchronisation

**concomitant, e** coexistant, coïncident, secondaire, simultané

**concordance** n. f. 1 → **concomitance** 2 → **rapport** 3 → **conformité**

**concordant, e** 1 → **semblable** 2 → **convenable**

**concordat** n. m. → **traité**

**concorde** n. f. → **union**

**concorder** → **correspondre**

**concourant, e** convergent

**concourir** → **participer**

**concours** n. m. [1] → **compétition** [2] → **examen** [3] → **multitude** [4] → **rencontre** [5] → **appui** [6] → **exposition**

**concrescence** n. f. → **soudure**

**concret, ète** [1] → **épais** [2] → **réel** [3] → **manifeste**

**concrètement** → **réellement**

**concrétisation** n. f. → **réalisation**

**concrétiser** → **matérialiser**

**concubinage** n. m. → **cohabitation**

**concubine** n. f. → **maîtresse**

**concupiscence** n. f. amour, appétit, avidité, bestialité, chair, convoitise, cupidité, désir, faiblesse, instinct, lascivité, libido, penchant, sens, sensualité, soif de plaisir

**concupiscent, e** → **lascif**

**concurrence** n. f. → **lutte**

**concurrencer** → **opposer (s')**

**concurrent, e** nom et adj. adversaire, candidat, challenger, champion, compétiteur, émule, outsider, participant, rival

**concussion** n. f. → **malversation**

**condamnable** blâmable, critiquable, damnable (vx), déplorable, inexcusable, répréhensible

**condamnation** n. f. [1] la peine : anathème, arrêt, bagne, bannissement, bûcher, confiscation, damnation, décision, déportation, détention, exil, expatriation, index, indignité nationale, interdiction de séjour, interdit, peine, prison, prohibition, punition, réclusion, relégation, sanction, sentence ◆ arg. : sape, sapement [2] l'action : accusation, anathème, animadversion, attaque, blâme, censure, critique, désapprobation, désaveu, fulmination, improbation, interdiction, interdit, opposition, procès, réprimande, réprobation

**condamné, e** nom et adj. [1] bagnard, banni, déporté, détenu, repris de justice, transporté → **prisonnier** [2] → **incurable**

**condamner** [1] → **blâmer** [2] → **obliger** [3] → **fermer** [4] → **punir**

**condé** n. m. → **policier**

**condensable** → **réductible**

**condensateur** n. m. → **accumulateur**

**condensation** n. f. accumulation, pression, tension

**condensé, e** [1] au pr. : concentré, réduit [2] fig. **a** → **dense** **b** → **court**

**condenser** → **resserrer**

**condescendance** n. f. [1] → **complaisance** [2] → **dédain**

**condescendant, e** [1] → **complaisant** [2] → **dédaigneux**

**condescendre** [1] → **abaisser (s')** [2] → **céder** [3] → **daigner**

**condiment** n. m. [1] → **assaisonnement** [2] → **aromate**

**condisciple** n. m. → **camarade**

**condition** n. f. [1] → **état** [2] → **rang** [3] → **disposition** [4] vx : **de condition** → **noble**

**conditionnel, le** → **incertain**

**conditionnellement** → **réserve (sous)**

**conditionnement** n. m. [1] → **emballage** [2] → **influence**

**conditionner** [1] déterminer → **fixer** [2] → **préparer**

**condoléance** n. f. → **sympathie**

**condom** n. m. → **préservatif**

**conducteur, trice** [1] → **chauffeur** [2] → **guide** [3] → **cocher** [4] → **voiturier**

**conduire** [1] au pr. : accompagner, chaperonner, diriger, emmener, entraîner, faire aller / venir, guider, manœuvrer, mener, piloter, promener, raccompagner, reconduire [2] par ext. **a** aboutir, amener, canaliser, déboucher **b** conclure, déduire, induire, introduire, raisonner **c** administrer, animer, commander, diriger, entraîner, exciter, gérer, gouverner, influencer, pousser, soulever **d** acculer, convaincre, persuader, réduire **e** driver [3] v. pron. : agir, se comporter, se diriger, procéder, en user, vivre

**conduit** n. m. [1] anche, boyau, canal, canalicule, canalisation, carneau, chemin, conduite, dalot, drain, écoulement, méat, tube, tubulure, tuyau [2] adduction, amenée, aqueduc, buse, chéneau, collecteur, égout, goulotte, gouttière, tuyauterie

**conduite** n. f. [1] → **conduit** [2] → **procédé** [3] → **direction**

**confection** n. f. → **fabrication**

**confectionner** → **produire**

**confédération** n. f. [1] → **alliance** [2] → **fédération**

**confédéré, e** nom et adj. → **allié**

**confédérer** → **unir**

**conférence** n. f. [1] → **conversation** [2] assemblée, colloque, congrès, conseil, consultation, entretien, réunion, séminaire, symposium, table ronde [3] péj. : palabre, parlote

**conférencier, ère** → **orateur**

**conférer** [1] → **comparer** [2] administrer, attribuer, déférer, donner

**confesse** n. f. → **confession**

**confesser** [1] → **avouer** [2] → **convenir**

**confesseur** n. m. [1] prosélyte, témoin [2] aumônier, directeur de conscience / spirituel

**confession** n. f. [1] au pr. : **a** confesse, sacrement de pénitence **b** autocritique, aveu, culpabilisation, déballage (fam.), déclaration, reconnaissance [2] par ext. : confiteor, credo, croyance, église, foi, mea culpa, religion [3] → **regret**

**confiance** n. f. [1] au pr. : **a** aplomb, assurance, courage, culot (fam.), hardiesse, outrecuidance, présomption, toupet (fam.) **b** crédit, fiance (vx), foi, sécurité [2] → **abandon** [3] → **espérance**

**confiant, e** [1] **a** assuré, hardi, sûr de soi **b** communicatif, ouvert [2] péj. **a** → **naïf** **b** → **présomptueux**

**confidence** n. f. [1] vx → **confiance** [2] révélation, secret

**confident, e** n. m. ou f. affidé, ami, confesseur, dépositaire

**confidentiel, le** → **secret**

**confier** [1] abandonner, commettre (vx), communiquer, conférer, déléguer, faire tomber, laisser, livrer, mandater, remettre, souffler / verser dans l'oreille [2] v. pron. : s'épancher, se fier, s'ouvrir ◆ fam. : déballer, se déboutonner

**configuration** n. f. → **forme**

**confiner** → **reléguer**

**confins** n. m. pl. → **limite**

**confirmation** n. f. affirmation, approbation, assurance, attestation, certitude, consécration, continuation, corroboration, entérinement, garantie, homologation, légalisation, maintenance (vx), maintien, preuve, ratification, reconduction, renouvellement, sanction, validation, vérification

**confirmer** [1] **a** affermir, affirmer, approuver, appuyer, assurer, attester, avérer, certifier, consacrer, cimenter, compléter, corroborer, démontrer, entériner, garantir, homologuer, légaliser, légitimer, maintenir, mettre un sceau, plébisciter, prouver, ratifier, réglementer, renforcer, sanctionner, sceller, valider, vérifier **b** → **réaliser** **c** → **continuer** [2] quelqu'un : encourager, fortifier, soutenir [3] v. pron. : s'avérer

**confiscation** n. f. angarie (mar.), annexion, appropriation, dépossession, embargo, expropriation, gel, immobilisation, mainmise, prise, privation, rétention, saisie, suppression

**confiserie** n. f. → **friandise**

**confisquer** → **prendre**

**confiture** n. f. compote, conserve de fruits, cotignac, gelée, marmelade, pâte, raisiné, rob, tournures (vx)

**conflagration** n. f. [1] → **incendie** [2] → **guerre**

**conflictuel, le** → **sérieux**

**conflit** n. m. [1] → **guerre** [2] antagonisme, compétition, contestation, désaccord, dispute, lutte, opposition, rivalité, tiraillement [3] → **contestation**

**confluent** [1] n.m. affluent, bec, jonction, rencontre [2] adj. : concourant, convergent

**confluer** affluer, se joindre, se rejoindre, se réunir, s'unir

**confondre** [1] au pr. : amalgamer, associer, effacer les différences, entrelacer, fondre, fusionner, identifier, mélanger, mêler, réunir, unir [2] par ext. **a** → **humilier** **b** → **convaincre**

**conformation** n. f. → **forme**

**conforme** [1] → **semblable** [2] → **convenable**

**conformément** d'après, en conformité / conséquence, selon, suivant

**conformer** [1] → **former** [2] v. pron. **a** → **soumettre (se)** **b** → **régler (se)**

**conformisme** n. m. → **conservatisme**

**conformiste** nom et adj. [1] béni-oui-oui, conservateur, intégriste, orthodoxe, traditionaliste → **réactionnaire** [2] **non-conformiste** **a** → **original** **b** → **marginal**

**conformité** n. f. accord, affinité, analogie, concordance, convenance, correspondance, harmonie, rapport, ressemblance, similitude, sympathie, unanimité, union, unisson, unité

**confort** n. m. aise, bien-être, commodité, luxe, niveau de vie, standing

**confortable** → **commode**

**conforter** → **consoler**

**confrère** n. m. → **collègue**

**confrérie** n. f. association, communauté, congrégation, corporation, corps, gilde, guilde, réunion

**confrontation** n. f. → **comparaison**

**confronter** → **comparer**

**confus, e** [1] chaotique, confondu, désordonné, disparate, indistinct, pêle-mêle [2] fig. **a** alambiqué, amphigourique, brouillé, brouillon, cafouilleux, compliqué, embarrassé, embrouillé, entortillé, équivoque, filandreux, incertain, indécis, indéterminé, indigeste, indistinct, inintelligible, lourd, nébuleux, obscur, vague **b** quelqu'un : camus, capot, déconcerté, désolé, embarrassé, ennuyé, honteux, penaud, piteux, quinaud, sot, troublé ◆ mérid. : couillon, couillonné

**confusion** n. f. [1] dans les choses : anarchie, bouillie, bouleversement, brouhaha, brouillamini, cafouillage, capharnaüm, chaos, complication, cohue, cour des miracles, débâcle, débandade, dédale, désordre, désorganisation, ébranlement, embarras, embrouillamini, embrouillement, enchevêtrement, enfer, fatras, fouillis, gâchis, imbroglio, inorganisation, labyrinthe, mélange, mêlée, méli-mélo, obscurité, pastis, pêle-mêle, pétaudière, ramassis, remue-ménage, réseau, saccade, salade, salmigondis, tintamarre, tohu-bohu, trouble, tumulte, vague [2] de quelqu'un. **a** confusionnisme (psych.), désarroi, égarement, erreur, indécision, indétermination, méprise **b** dépit, embarras, gêne, honte, sottise, timidité, trouble

**confusionnel, le** → **aberrant**

**confusionnisme** n. m. → **confusion**

**conga** n. f. → **danse**

**congé** n. m. [1] → **permission** [2] → **vacances** [3] → **renvoi**

**congédier** balancer, casser aux gages, chasser, débarquer, débaucher, dégommer, dégraisser, destituer, donner sa bénédiction / ses huit jours / son compte / son congé, écarter, éconduire, éloigner, emballer, envoyer dinguer / paître / péter / valser, expédier, ficher / flanquer / foutre (grossier) / jeter / mettre à la porte, licencier, limoger, liquider, lourder (arg.), remercier, renvoyer, révoquer, sacquer, vider, virer

**congélateur** n. m. → **réfrigérateur**

**congélation** n. f. anabiose, coagulation, gelure, réfrigération, refroidissement, surgélation

**congeler** [1] → **geler** [2] → **frigorifier**

**congénère** n. m. → **semblable**

**congénital, e** → **inné**

**congestion** n. f. afflux / coup de sang, apoplexie, attaque, cataplexie, embolie, hémorragie, hyperémie, hypostase, ictus, pléthore, stase, tension, thrombose, transport au cerveau, turgescence

**congestionner** fig. : alourdir, embouteiller, encombrer

**conglomérat** n. m. [1] agglomérat, agglomération, agglutination, conglomération → **amas** [2] → **trust**

**conglomération** n. f. → **conglomérat**

**conglomérer** → **agglomérer**

**congratulation** n. f. → **félicitation**

**congratuler** → **féliciter**

**congre** n. m. → **poisson**

**congréer** mar. : → **renforcer**

**congréganiste** nom et adj. → **religieux**

**congrégation** n. f. communauté, compagnie, corps, ordre, réunion, société

**congrès** n. m. [1] vx : coït [2] → **réunion** [3] → **assemblée**

**congressiste** n. m. ou f. → **envoyé**

**congru, e** [1] → **propre** [2] → **pauvre**

**congruent, e** → **convenable**

**conifère** n. m. [1] résineux [2] araucaria, arolle (helv.), cèdre, cyprès, épicéa, ginkgo, if, mélèze, pesse (vx), pin, sapin, séquoia ou wellingtonia, thuya

**conique** → **pointu**

**conjectural** → **incertain**

**conjecture** n. f. [1] → **présomption** [2] → **supposition**

**conjecturer** [1] → **présumer** [2] → **supposer**

**conjoint, e** n. m. ou f. → **époux**

**conjointement** → **ensemble**

**conjonction** n. f. [1] au pr. : assemblage, jonction, rencontre, réunion, union [2] → **accouplement**

**conjoncture** n. f. → **cas**

**conjugal, e** → **nuptial**

**conjuguer** → **joindre**

**conjuration** n. f. [1] → **complot** [2] → **magie** [3] → **prière**

**conjuré** n. m. → **conspirateur**

**conjurer** [1] → **adjurer** [2] → **parer** [3] → **prier** [4] → **charmer** [5] → **chasser** [6] → **comploter**

**connaissance** n. f. [1] philos. → **conscience** [2] au pr. a → **idée, notion** b → **expérience** [3] par ext. a → **ami** b → **amante**

**connaisseur** n. m. [1] → **savant** [2] → **collectionneur**

**connaître** [1] une chose : apercevoir, apprendre, avoir connaissance / la pratique / l'usage, entrevoir, être branché (fam.), être au courant / au fait / averti / calé / compétent / entendu / expert / ferré / informé / qualifié / savant, percevoir, posséder, savoir, sentir ◆ arg. : être au parfum / branché, tapisser [2] quelqu'un : apprécier, comprendre, juger [3] **faire connaître :** apprendre, communiquer, dévoiler, divulguer, exposer, exprimer, extérioriser, faire entendre / savoir, informer, instruire, lancer, manifester, marquer, montrer, présenter, propager, publier, témoigner, vulgariser

**connard, e** ou **conard, e** nom et adj. → **bête**

**connasse** n. f. [1] → **bête** [2] → **vulve**

**connecter** → **joindre**

**connerie** n. f. → **bêtise**

**connexe** adhérent, analogue, dépendant, joint, lié, uni, voisin

**connexion, connexité** n. f. → **liaison**

**connivence** n. f. → **complicité**

**connivent, e** → **plissé**

**connotation** n. f. → **analogie**

**connoter** → **inspirer**

**connu, e** [1] commun, découvert, éprouvé, évident, notoire, officiel, présenté, proverbial, public, rebattu, révélé [2] → **familier** [3] → **célèbre**

**conoïde** → **pointu**

**conopée** n. m. → **rideau**

**conque** n. f. [1] antiq. : trompe [2] → **coquillage**

**conquérant, e** nom et adj. [1] conquistador, dominateur, fier, guerrier → **vainqueur** [2] → **dédaigneux**

**conquérir** [1] → **charmer** [2] → **vaincre**

**conquête** n. f. [1] appropriation, assujettissement, capture, domination, gain, guerre, prise, soumission, victoire [2] par ext. : amour, séduction, soumission, sympathie [3] annexion, colonie, territoire

**conquistador** n. m. → **conquérant**

**consacré, e** → **usité**

**consacrer** [1] → **sacrer** [2] → **vouer** [3] → **confirmer** [4] v. pron. → **adonner (s')**

**consanguin, e** → **parent**

**consanguinité** n. f. endogamie → **parenté**

**consciemment** activement, délibérément, de plein gré, en (toute) connaissance de cause, intentionnellement, sciemment → **volontairement**

**conscience** n. f. [1] cognition, conation, connaissance, expérience, intuition, lucidité, notion, pressentiment, sentiment [2] cœur, for intérieur, honnêteté, sens moral [3] → **soin**

**consciencieux, euse** attentif, délicat, exact, honnête, minutieux, scrupuleux, soigné, soigneux, travailleur

**conscient, e** [1] un acte : délibéré, intentionnel, médité, prémédité, réfléchi, volontaire [2] quelqu'un : éveillé, responsable

**conscription** n. f. appel, enrôlement, recensement, recrutement

**conscrit** n. m. [1] → **soldat** [2] → **novice**

**consécration** n. f. [1] → **bénédiction** [2] → **confirmation** [3] → **succès**

**consécutif, ive** [1] à la file / suite [2] résultant

**consécution** n. f. → **suite**

**conseil** n. m. [1] → **avertissement** [2] → **assemblée** [3] → **conseiller** [4] → **résolution** [5] → **défenseur**

**conseiller** [1] → **diriger** [2] → **recommander** [3] → **inspirer**

**conseiller, ère** n. m. ou f. [1] conducteur, conseil, conseilleur, consulteur (vx), directeur, égérie (fém.), éveilleur, guide, inspirateur, instigateur, mentor, orienteur [2] **conseiller municipal** (vx) : capitoul, consul, échevin

**conseilleur, euse** n. m. ou f. → **accordeur**

**consensuel, le** contractuel, d'un commun accord, par consensus / consentement mutuel

**consensus** et **consentement** n. m. acceptation, accord, acquiescement, adhésion, agrément, approbation, assentiment, autorisation, commun accord, complaisance, permission, unanimité

**consentant, e** abandonné, conquis, convaincu, donné, réduit, soumis, vaincu

**consentir** [1] s'abandonner, accéder, accepter, accorder, acquiescer, adhérer, admettre, adopter, applaudir, approuver, autoriser, avoir pour agréable, capituler, céder, condescendre, donner les mains (vx), dire amen, se laisser faire, opiner, permettre, se prêter, se soumettre, souscrire, tomber d'accord, toper, vouloir bien [2] accorder, octroyer

**conséquence** n. f. [1] accompagnement, conclusion, contrecoup, corollaire, effet, fruit, implication, réaction, rejaillissement, résultat, retentissement, ricochet, séquelle, suite [2] → **importance** [3] a **de conséquence** → **important** b **en conséquence :** conséquemment, donc, par conséquent / suite c **en conséquence de :** en vertu de

**conséquent, e** [1] → **logique** [2] **par conséquent :** ainsi, dès lors, donc, partant

**conservateur, trice** [1] → **gardien** [2] → **réactionnaire** [3] → **traditionaliste**

**conservation** n. f. [1] conserve, entretien, garde, maintenance, maintien, préservation, protection, sauvegarde [2] → **congélation** [3] → **stérilisation**

**conservatisme** n. m. conformisme, contre-réforme, contre-révolution, conventionnalisme, droite, immobilisme, intégrisme, poujadisme, réaction

**conservatoire** n. m. [1] → **école** [2] → **musée**

**conserve** n. f. [1] boucan, confit, corned-beef, pemmican, singe (fam.) [2] → **congeler** [3] → **stériliser** [4] **de conserve** → **ensemble**

**conserver** détenir, entretenir, épargner, garantir, garder, maintenir, ménager, préserver, protéger, réserver, sauvegarder, sauver, soigner, stocker, tenir en état

**considérable** → **grand**

**considérablement** → **beaucoup**

**considérant** n. m. → **motif**

**considération** n. f. [1] attention, étude, examen, observation, réflexion, remarque [2] circonspection, tact [3] autorité, crédit, déférence, égard, estime, faveur, grâce, honneur, renommée, révérence, vénération [4] → **respect** [5] **en considération de :** à cause de, au nom de, en faveur de, en vue de, eu égard à, par égard pour, pour

**considérer** [1] admirer, contempler, observer, regarder, toiser (péj.), tourner les yeux sur [2] apprécier, approfondir, balancer, envisager, estimer, étudier, examiner, juger, observer, peser, voir [3] s'attacher, avoir égard, prendre garde, se préoccuper, songer, se souvenir, tenir compte [4] prendre pour, regarder comme, réputer, tenir pour, traiter de [5] révérer, vénérer

**consignataire** n. m. ou f. agent, commissionnaire, correspondant, dépositaire,. gardien, transitaire → **intermédiaire**

**consignation** n. f. → **dépôt**

**consigne** n. f. [1] → **instruction** [2] → **punition**

**consigner** [1] → **noter** [2] → **citer** [3] → **défendre** [4] → **enfermer**

**consistance** n. f. → **solidité**

**consistant, e** → **solide**

**consister** avoir pour nature, comporter, se composer de, comprendre, être constitué / formé de, reposer sur, résider dans

**consistoire** n. m. assemblée, conciliabule, concile, réunion, symposium, synode

**consœur** n. f. → **collègue**

**consolant, e** et **consolateur, trice** nom et adj. apaisant, calmant, consolateur, lénitif, réconfortant

**consolation** n. f. [1] adoucissement, allégement, apaisement, baume, bercement, réconfort, soulagement [2] a appui, consolateur, soutien b dédommagement, joie, plaisir, satisfaction, sujet de satisfaction

**console** n. f. → **appui**

**consoler** [1] au pr. : apaiser, calmer, cicatriser, dérider, diminuer la peine, distraire, égayer, essuyer les larmes, guérir, rasséréner, rassurer, réconforter, relever / remonter le moral, sécher les larmes, verser du baume sur le cœur / les plaies ◆ vx : conforter, dépiquer [2] fig. : adoucir, alléger, assoupir, atténuer, bercer, compenser, diminuer, endormir, flatter, soulager, tromper

**consolidation** n. f. [1] → **renforcement** [2] → **affermissement**

**consolider** [1] → **affermir** [2] → **préparer** [3] → **soutenir**

**consommable** [1] → **mangeable** [2] → **destructible**

**consommateur, trice** n. m. ou f. → **acheteur**

**consommation** n. f. [1] achèvement, couronnement, fin, terminaison [2] boisson, commande, rafraîchissement [3] consumérisme

**consommé** n. m. → **bouillon**

**consommé, e** adj. → **parfait**

**consommer** [1] → **réaliser** [2] → **finir** [3] absorber, boire, manger, se nourrir, user de, vivre de [4] brûler, consumer, employer

**consomptible** biodégradable

**consomption** n. f. [1] → **langueur** [2] → **maigreur** [3] → **cachexie**

**consonance** n. f. assonance, concordance, écho, harmonie, rime

**consort** n. m. [1] → **associé** [2] → **complice**

**consortium** n. m. → **trust**

**conspirateur, trice** n. m. ou f. comploteur, conjuré, factieux, instigateur, intrigant, meneur, partisan, séditieux ◆ vx : cabaliste, coalisé, conjurateur, ligueur

**conspiration** n. f. → **complot**

**conspirer** [1] → **comploter** [2] → **participer**

**conspuer** → **vilipender**

**constamment** assidûment, continuellement, continûment, éternellement, en permanence, fermement, fréquemment, incessamment, invariablement, perpétuellement, régulièrement, sans arrêt / cesse / désemparer / fin / interruption / relâche / répit / trêve, toujours

**constance** n. f. [1] a courage, énergie, entêtement, fermeté, force, patience, résignation, résolution, stoïcisme, volonté b assiduité, fidélité, indéfectibilité, obstination, opiniâtreté, persévérance, régularité [2] continuité, durabilité, fixité, immutabilité, invariabilité, permanence, persistance, régularité, stabilité

**constant, e** [1] quelqu'un. a courageux, énergique, ferme, fort, inaltérable, inébranlable, inflexible, résigné, résolu b assidu, égal, fidèle, même, obstiné, opiniâtre, patient, persévérant, régulier [2] une chose. a continuel, durable, fixe, immuable, invariable, pareil, permanent, persistant, régulier, soutenu, stable, un, unique b assuré, authentique, certain, établi, évident, formel, incontestable, indubitable, patent, positif, sûr

**constat** n. m. acte, procès-verbal, rapport

**constatation** n. f. → **observation**

**constater** → **vérifier**

**constellation** n. f. pléiade → **groupe**

**constellé, e** agrémenté, brillant, étoilé, orné, parsemé, semé

**consteller** → **recouvrir**

**consternant, e** → **étonnant**

**consternation** n. f. → **stupéfaction**

**consterner** [1] → **chagriner** [2] → **épouvanter**

**constipation** n. f. → **oblitération**

**constipé, e** fig. : anxieux, compassé, contraint, embarrassé, froid, guindé, solennel, triste

**constiper** [1] → **boucher** [2] → **bloquer**

**constituant** n. m. philos. et théol. : hypostase

**constituant, e** → **constitutif**

**constitué, e** établi, légal, organisé, régulier

**constituer** [1] au pr. : assigner, composer, créer, établir, faire, former, instaurer, instituer, mettre à la tête, placer, préposer [2] par ext. **a** arranger, bâtir, charpenter, construire, disposer, édifier, élaborer, fonder, mettre en œuvre / sur pied, monter, organiser **b** asseoir, caractériser, consister dans, représenter

**constitutif, ive** caractéristique, constituant, essentiel, fondamental

**constitution** n. f. [1] → **composition** [2] → **nature** [3] → **règlement** [4] → **rescrit** [5] → **loi**

**constriction** n. f. → **contraction**

**constructeur, trice** n. m. ou f. architecte, bâtisseur, créateur, entrepreneur, fondateur, ingénieur, maître d'œuvre, organisateur, promoteur

**constructif, ive** → **réaliste**

**construction** n. f. [1] → **bâtiment** [2] → **composition** [3] → **structure** [4] → **érection** [5] → **expression**

**construire** → **bâtir**

**consubstantialité** n. f. coexistence, unicité

**consubstantiation** n. f. → **eucharistie**

**consubstantiel, le** coexistant, inséparable

**consul** n. m. → **édile**

**consulaire** diplomatique

**consulat** n. m. ambassade, chancellerie ◆ par ext. : représentation diplomatique

**consultable** → **accessible**

**consultant, e** [1] → **défenseur** [2] → **malade**

**consultation** n. f. [1] méd. : examen, visite [2] enquête, plébiscite, référendum, vote

**consulter** [1] → **examiner** [2] → **demander**

**consumer** [1] → **consommer** [2] absorber, anéantir, brûler, calciner, corroder, détruire, dévorer, dissiper, embraser, engloutir, épuiser, incendier, manger, oxyder, ronger, user [3] → **abattre** [4] → **ruiner**

**contact** n. m. [1] fig. → **tact** [2] → **relation**

**contacter** → **rencontrer**

**contage** n. m. → **cause**

**contagieux, euse** [1] → **pestilentiel** [2] → **communicatif**

**contagion** n. f. [1] au pr. : communication, contamination, infection, transmission [2] fig. : diffusion, imitation, influence, propagation, virus

**container** n. m. cadre → **contenant** ◆ off. : conteneur, gaine

**contamination** n. f. [1] → **contagion** [2] → **altération** [3] par ext. → **mélange**

**contaminer** → **salir**

**conte** n. m. [1] → **roman** [2] → **histoire**

**contemplateur, trice** n. m. ou f. → **penseur**

**contemplatif, ive** cloîtré, mystique, religieux

**contemplation** n. f. [1] → **attention** [2] → **pensée**

**contempler** [1] → **regarder** [2] → **penser**

**contemporain, e** → **présent**

**contemporanéité** n. f. → **simultanéité**

**contempteur, trice** [1] → **méprisant** [2] → **médisant**

**contenance** n. f. [1] capacité, contenu, cubage, cubature, étendue, jauge, mesure, quantité, superficie, surface, tonnage, volume [2] affectation, air, allure, aplomb, assurance, attitude, dégaine (fam.), figure, maintien, mine, port, posture, prestance

**contenant** n. m. boîte, cadre, cageot, caisse, cantine, caque, container, conteneur, emballage, enveloppe, malle, panier, plat, réceptacle, récipient, sac, touque, vaisseau (vx), vaisselle, valise, vase → **ustensile**

**conteneur** n. m. → **container**

**conteneuriser** charger, emballer, stocker

**contenir** [1] capacité : avoir, comporter, comprendre, compter, embrasser, enfermer, s'étendre, être composé de, impliquer, inclure, mesurer, posséder, receler, recevoir, renfermer, tenir [2] arrêter, assujettir, borner, contrôler, dominer, dompter, emprisonner, endiguer, enfermer, enserrer, limiter, maintenir, maîtriser, refouler, refréner, réprimer, retenir, tenir [3] v. pron. : se contraindre, se contrôler, se dominer, être maître de soi, se faire violence, se maîtriser, se modérer, se posséder, se retenir

**content, e** [1] aise, béat, enchanté, gai, heureux, jouasse (fam.), joyeux, jubilant, radieux, ravi, réjoui, satisfait, triomphant [2] content de soi : fat, orgueilleux, présomptueux, suffisant, vaniteux

**contentement** n. m. → **plaisir**

**contenter** [1] → **satisfaire** [2] v. pron. : s'accommoder, s'arranger, avoir assez, se borner, faire avec, se payer de

**contentieux, euse** contesté, litigieux

**contention** n. f. [1] → **effort** [2] → **attention** [3] vx → **discussion**

**contenu** n. m. → **contenance**

**contenu, e** → **retenu**

**conter** décrire, dire, exposer, faire un récit, narrer, raconter, rapporter, relater, retracer

**contestable** → **incertain**

**contestataire** nom et adj. → **mécontent**

**contestation** n. f. [1] altercation, chicane, conflit, contradiction, controverse, débat, démêlé, dénégation, désaveu, différend, difficulté, discussion, dispute, incident, instance, litige, mise en cause, objection, opposition, pointille, procédure, procès, protestation, querelle [2] déviationnisme, réformisme, révisionnisme, situationnisme

**conteste** n. m. [1] vx → **contestation** [2] **sans conteste** → **évidemment**

**contester** [1] arguer, contredire, controverser, débattre, dénier, discuter, disputer, douter, nier, s'opposer, plaider, quereller, réclamer, récuser, refuser, résister, révoquer en doute [2] attaquer, batailler, chicaner, chipoter, méconnaître, mettre en cause / en doute / en question, pointiller, protester, revendiquer

**conteur, euse** n. m. ou f. diseur, griot, narrateur

**contexte** n. m. → **texte**

**contexture** n. f. [1] au pr. → **tissu** [2] fig. → **composition**

**contigu, uë** → **prochain**

**contiguïté** n. f. → **proximité**

**continence** n. f. abstinence, ascétisme, chasteté, modération, mortification, privation, pudeur, pudicité, pureté, sagesse, sobriété, tempérance, vertu

**continent, e** abstinent, ascétique, chaste, décent, innocent, modéré, pudique, pur, sage, sobre, tempérant, vertueux, vierge

**continental, e** → **terrestre**

**contingence** n. f. [1] accident, apparence, attribut, forme [2] → **cas**

**contingent** n. m. → **part**

**contingent** adj. accidentel, casuel, circonstanciel, conditionnel, événementiel, éventuel, facultatif, fortuit, incertain, occasionnel, possible, relatif

**contingentement** n. m. → **répartition**

**continu, e** nom et adj. assidu, constant, continuel, d'affilée, durable, éternel, immuable, incessant, indéfectible, infini, ininterrompu, interminable, invariable, non-stop, opiniâtre, permanent, perpétuel, persistant, prolongé, réglé, régulier, sans arrêt / cesse / désemparer / fin / interruption / répit / trêve, sempiternel, soutenu, successif, suivi

**continuateur, trice** n. m. ou f. [1] → **successeur** [2] → **disciple**

**continuation** n. f. continuité, maintien, perpétuation, persévérance, persistance, poursuite, prolongation, prolongement, prorogation, reprise, succession, suite

**continuel, le** [1] → **continu** [2] → **éternel**

**continuellement** [1] → **toujours** [2] → **continûment**

**continuer** [1] v. tr. : achever, allonger, augmenter, conserver, donner suite, durer, étendre, éterniser, laisser, maintenir, perpétuer, persévérer, persister, poursuivre, pousser jusqu'au bout, prolonger, reconduire, reprendre [2] v. intr. **a** quelqu'un : s'acharner, s'entêter, s'obstiner, s'opiniâtrer, ne pas cesser / laisser de **b** une route : aller, s'étendre, se poursuivre, se prolonger **c** une chose : durer, se succéder, tenir

**continuité** n. f. → **continuation**

**continûment** assidûment, constamment, continuellement, d'affilée, durablement, en permanence, éternellement, fermement, immuablement, indéfectiblement, infiniment, interminablement, invariablement, perpétuellement, régulièrement, sans arrêt / cesse / désemparer / fin / interruption / relâche / répit / trêve, sempiternellement, toujours

**continuum** n. m. → **totalité**

**contondant, e** arrondi

**contorsion** n. f. [1] → **torsion** [2] → **grimace** [3] → **acrobatie**

**contorsionner (se)** [1] → **grimacer** [2] → **poser**

**contorsionniste** n. m. ou f. → **acrobate**

**contour** n. m. [1] → **tour** [2] → **ligne**

**contourné, e** [1] → **détourné** [2] → **embarrassé**

**contourner** → **tourner**

**contraceptif** nom et adj. → **préservatif**

**contraception** n. f. [1] interruption volontaire de grossesse (I.V.G.) → **avortement** [2] par ext. : contrôle des naissances, orthogénie, planning familial → **préservatif**

**contractant, e** → **associé**

**contracté, e** → **inquiet**

**contracter** [1] au pr. → **resserrer** [2] par ext. **a** une maladie : attraper, gagner, prendre ◆ fam. : choper, piger, pincer, piquer, ramasser **b** → **acquérir** **c** → **endetter (s')**

**contractile** → **souple**

**contractilité** n. f. → **souplesse**

**contraction** n. f. [1] angoisse, constriction, contracture, convulsion, crampe, crispation, épreinte, impatiences, resserrement, rétraction, spasme, tétanie, tétanisation [2] → **rétrécissement** [3] ling. : acronyme, assimilation, coalescence, crase

**contractuel, le** nom et adj. [1] → **auxiliaire** [2] → **consensuel** [3] **a** → **agent** **b** péj. : aubergine, pervenche → **policier**

**contracture** n. f. → **contraction**

**contradicteur** n. m. adversaire, antagoniste, contestataire, contredisant, débatteur, interlocuteur, interpellateur, interrupteur, intervenant, objecteur, opposant

**contradiction** n. f. [1] absurdité, antilogie, antinomie, aporie, barrière, contradictoires (log. et ling.), contraste, contre-exemple, empêchement, impossibilité, incompatibilité, inconséquence, obstacle [2] chicane, conflit, contestation, démenti, dénégation, désaccord, dispute, négation, objection, opposition, réfutation

**contradictoire** vx ou relig. : [1] dirimant, nécessitant [2] → **opposé**

**contraignant, e** → **pénible**

**contraindre** → **obliger**

**contraint, e** [1] → **obligé** [2] → **embarrassé** [3] → **artificiel**

**contrainte** n. f. [1] au pr. : autorité, coercition, compression, empêchement, entrave, force, gêne, obstacle, pression, violence [2] par ext. **a** discipline, exigence, loi, nécessité, obligation, règle, réglementation **b** affectation, confusion, gêne, pudeur, respect humain, retenue **c** asservissement, assujettissement, captivité, chaîne, dépendance, esclavage, joug, musellement, oppression, servitude, sujétion, tutelle **d** astreinte, commandement, mise en demeure, poursuite

**contraire** [1] nom masc : antithèse, antonyme, contraste, contre-pied, inverse, négation, opposé, opposition [2] adj. **a** : antinomique, antithétique, contradictoire, différent, dirimant (jurid.), incompatible, inverse, opposé, paradoxal **b** péj. : adverse, antagoniste, attentatoire, défavorable, ennemi, hostile, néfaste, nuisible, préjudiciable [3] **au contraire :** a contrario, à l'encontre, à l'opposé, au rebours, contrairement, en revanche, loin de là, par contre, tant s'en faut, tout autrement

**contrairement** → **opposé (à l')**

**contralto** n. m. ou f. → **voix**

**contrapuntiste** n. m. ou f. → **musicien**

**contrariant, e** → **ennuyeux**

**contrarier** [1] au pr. : agir / aller contre, barrer, combattre, contrecarrer, contredire, contrer, déranger, empêcher, entraver, être contraire / en opposition / en travers, faire empêchement / entrave / obstacle, freiner, gêner, mettre des bâtons dans les roues (fam.), nuire, s'oppposer à, repousser [2] fig. : brimer, forcer, violer, violenter [3] péj. : agacer, blesser, braquer, casser les pieds, causer du dépit / du mécontentement, chagriner, chicaner, chiffonner, choquer, dépiter, déranger, désespérer, désoler, embêter, ennuyer, fâcher, faire faire une crise / une maladie / du mauvais sang, heurter, inquiéter, irriter, mécontenter, offusquer, rembrunir, tarabuster, tracasser, traverser (vx), troubler, vexer

**contrariété** n. f. → **ennui**

**contrastant, e** → **différent**

**contraste** n. m. [1] → **opposition** [2] → **changement**

**contrasté, e** → **varié**

**contraster** détonner, discorder, dissoner, hurler, jurer, s'opposer, ressortir, trancher
**contrat** n. m. → **convention**
**contravention** n. f. [1] entorse, infraction, violation [2] amende, peine, pénalisation, pénalité, procès-verbal ◆ fam. : biscuit, cheville, contredanse
**contre** [1] auprès de, en face de, près de, sur [2] à l'encontre de, à l'opposé de, malgré, nonobstant (vx) [3] par contre : au contraire, en compensation, en revanche, mais
**contre-alizé** n. m. → **vent**
**contre-allée** n. f. → **allée**
**contre-amiral** n. m. → **chef**
**contre-attaque** n. f. → **riposte**
**contre-attaquer** → **répondre**
**contrebalancer** [1] → **équilibrer** [2] → **égaler**
**contrebande** n. f. fraude, interlope (vx)
**contrebandier, ière** n. m. ou f. bootlegger, fraudeur, passeur
**contrebas (en)** → **dessous**
**contrebasse** n. f. → **corde(s)**
**contrebassiste** n. m. ou f. → **musicien**
**contrebasson** n. m. → **bois**
**contreboutant** n. m. → **appui**
**contrecarrer** → **contrarier**
**contrechamp** n. m. → **opposé**
**contre-chant** n. m. par ext. : canon, contre-fugue, contrepoint, fugue, polyphonie
**contreclef** n. f. [1] claveau, vousseau ou voussoir → **pierre** [2] → **appui**
**contrecœur** n. m. contre-feu, plaque de cheminée
**contrecœur (à)** à regret / son corps défendant, avec répugnance, contre sa volonté, malgré soi
**contrecoup** n. m. [1] au pr. : choc en retour, rebondissement, répercussion, ricochet [2] fig. : conséquence, éclaboussure, effet, réaction, réponse, résultat, retentissement, suite
**contre-courant** n. m. → **opposé**
**contre-culture** n. f. → **abêtissement**
**contredanse** n. f. [1] → **danse** [2] → **contravention**
**contre-digue** n. f. → **appui**
**contredire** [1] au pr. : aller à l'encontre, contester, dédire, démentir, désavouer, infirmer, s'inscrire en faux, opposer, réfuter, répondre [2] par ext. → **contrarier**
**contredit** n. m. [1] réfutation [2] contradiction, contradictoire, objection [3] **sans contredit :** à l'évidence, assurément, certainement, de toute évidence, évidemment, sans aucun doute, sans contestation / conteste
**contrée** n. f. → **pays**
**contre-enquête** n. f. → **vérification**
**contre-épreuve** n. f. → **vérification**
**contre-essai** n. m. → **vérification**
**contre-exemple** n. m. [1] → **exception** [2] → **opposé**
**contre-expertise** n. f. → **vérification**
**contrefaçon** n. f. [1] faux, fraude [2] caricature, contre-épreuve, copie, démarquage, falsification, imitation, parodie, pastiche, plagiat, vol
**contrefaire** [1] → **faire** [2] → **imiter** [3] feindre → **affecter**
**contrefait, e** [1] → **difforme** [2] → **faux**
**contre-fer** n. m. → **renforcement**
**contre-feu** n. m. → **contrecœur**
**contre-fiche** n. f. [1] → **renforcement** [2] → **appui**
**contreficher (se)** → **mépriser**
**contre-fil** n. m. → **opposé**
**contrefort** n. m. [1] → **colonne** [2] → **appui**
**contrefoutre (se)** → **mépriser**
**contre-fugue** n. f. → **contre-chant**
**contre-haut (en)** (au-) dessus
**contre-indication** n. f. → **défense**
**contre-indiquer** → **dissuader**
**contre-jour** n. m. [1] → **obscurité** [2] → **opposé**
**contre-lettre** n. f. → **abrogation**
**contremaître** n. m. chef d'atelier / de brigade / d'équipe, porion, prote
**contre-manifestant, e** n. m. ou f. → **adversaire**
**contre-manifestation** n. f. → **opposition**
**contre-manifester** → **opposer (s')**
**contremarche** n. f. → **opposé**
**contremarque** n. f. → **billet**
**contre-offensive** n. f. → **riposte**
**contrepartie** n. f. [1] → **opposé** [2] → **objection** [3] → **compensation**
**contre-pente** n. f. → **opposé**
**contre-performance** n. f. [1] → **insuccès** [2] → **opposé**
**contrepèterie** ou **contrepetterie** n. f. par ext. → **lapsus**
**contre-pied** n. m. [1] → **opposé** [2] **à contre-pied :** à contre-poil / contre-sens / l'encontre / l'envers / l'opposé, à rebours / rebrousse-poil, de travers
**contre-plongée** n. f. → **opposé**
**contrepoids** n. m. [1] balancier, équilibre [2] → **compensation**
**contre-poil (à)** → **contre-pied**
**contrepoint** n. m. → **harmonie**
**contrepoison** n. m. antidote, mithridatisation, remède, thériaque
**contre-projet** n. m. → **opposé**
**contre-propagande** n. f. → **opposé**
**contre-proposition** n. f. [1] → **réponse** [2] → **opposé**
**contre-publicité** n. f. → **opposé**
**contrer** → **contrarier**
**contre-réforme** n. f. [1] → **conservatisme** [2] → **opposition**
**contre-révolution** n. f. [1] → **conservatisme** [2] → **opposition**
**contre-révolutionnaire** nom et adj. → **réactionnaire**
**contrescarpe** n. f. glacis
**contreseing** n. m. → **signature**
**contresens** n. m. [1] erreur, faux-sens, non-sens, paradoxe [2] **à contresens** → **contre-pied**
**contretemps** n. m. [1] → **obstacle** [2] **à contretemps :** au mauvais moment, comme un chien dans un jeu de quilles (fam.), hors de saison, inopportunément, mal à propos
**contre-torpilleur** n. m. → **bateau**
**contre-transfert** n. m. → **opposé**
**contre-valeur** n. f. → **compensation**
**contrevenant, e** nom et adj. → **coupable**
**contrevenir** → **désobéir**
**contrevent** n. m. → **volet**
**contrevérité** n. f. [1] → **antiphrase** [2] → **mensonge**
**contre-visite** n. f. → **vérification**
**contre-voie (à)** → **opposé**
**contribuable** n. m. ou f. [1] assujetti, imposable, prestataire, redevable [2] vx : censitaire, corvéable, taillable
**contribuer** → **participer**
**contribution** n. f. [1] → **quota** [2] → **impôt**
**contrister** → **chagriner**
**contrit, e** → **honteux**
**contrition** n. f. → **regret**
**contrôlable** analysable, comparable, dénombrable, vérifiable
**contrôle** n. m. → **vérification**
**contrôler** [1] → **vérifier** [2] → **diriger** [3] → **censurer**
**contrôleur, euse** n. m. ou f. → **inspecteur**
**contrordre** n. m. annulation, avis / indication / ordre / prescription contraire, contre-avis, contre-passation
**controuvé, e** → **faux**
**controverse** n. f. → **polémique**
**controversé, e** → **incertain**
**contumace** n. f. et adj. → **défaut**
**contus, e** blessé, bosselé, contusionné, entamé, éraflé, lésé, mâché, mâchuré, meurtri
**contusion** n. f. bleu, bosse, coquard (fam.), coup, ecchymose, hématome, lésion, mâchure, meurtrissure, talure → **blessure**
**contusionner** → **meurtrir**
**conurbation** n. f. → **agglomération**
**convaincant, e** → **persuasif**
**convaincre** [1] amener, démontrer, dissuader, entraîner, expliquer, persuader, prouver, toucher [2] péj. : accabler, confondre
**convaincu, e** [1] → **certain** [2] → **disert** [3] → **probant**
**convalescence** n. f. → **rétablissement**
**convalescent, e** → **faible**
**convection** n. f. → **montée**
**convenable** [1] au pr. : adapté, ad hoc, approprié, à propos, assorti, commode (vx), compatible, conforme, congru, congruent, convenant, de saison, expédient, fait exprès, idoine, opportun, pertinent, présentable, propice, proportionné, propre, raisonnable, satisfaisant, seyant, sortable, topique, utile → **apte** [2] → **possible** [3] par ext. : beau, bien, bienséant, bon, comme il faut, correct, décent, digne, fair-play, fréquentable, honnête, honorable, juste, noble, poli, régulier (arg.), séant, sport
**convenablement** [1] à propos, conformément, congrûment, opportunément, pertinemment, proprement, raisonnablement, utilement [2] bien, bonnement, comme il faut, correctement, décemment, dignement, honnêtement, honorablement, justement, noblement, poliment, régulièrement, sportivement
**convenance** n. f. [1] accord, adaptation, adéquation, affinité, analogie, appropriation, assortiment, compatibilité, concordance, conformité, congruence, correspondance, harmonie, justesse, pertinence, proportion, propriété, rapport [2] par ext. **a** commodité, goût, gré, utilité **b** apparence, bienséance, bon ton, correction, décence, élégance, façons, forme, honnêteté, politesse, savoir-vivre, tact **c** code, décorum, étiquette, mondanités, protocole, règles, usage
**convenir** [1] s'accorder, acquiescer, admettre, s'apparenter, avouer, concéder, confesser, constater, déclarer, dire, reconnaître, tomber d'accord [2] → **décider** [3] → **correspondre** [4] → **plaire** [5] → **appartenir** [6] → **falloir**
**convent** n. m. → **réunion**
**convention** n. f. [1] au pr. : accommodement, accord, alliance, arrangement, capitulation, cartel, collaboration, compromis, concordat, connivence, contrat, covenant, conventionnement, engagement, entente, forfait, marché, pacte, promesse, protocole, traité, transaction, union [2] par ext. **a** acte, article, clause, condition, connaissement (mar.), disposition, recès, règle, résolution, stipulation **b** artefact, axiome, hypothèse, postulat, principe, supposition **c** deus ex machina, fiction, lieu commun, moyen, procédé **d** → **convenance**
**conventionnalisme** n. m. [1] → **conservatisme** [2] → **philosophie**
**conventionné, e** → **affilié**
**conventionnel, le** nom et adj. [1] → **artificiel** [2] → **traditionnel**
**conventionnement** n. m. [1] → **accord** [2] → **affiliation** [3] → **convention**
**conventuel, le** → **religieux**
**convenu, e** nom et adj. [1] → **artificiel** [2] → **banal** [3] → **décidé**
**convergence** n. f. [1] → **accord** [2] → **aide**
**convergent, e** → **harmonieux**
**converger** → **aller**
**convers, e** frère / sœur lai(e) / servant(e)
**conversation** n. f. [1] au pr. : aparté, causerie, colloque, concertation, conférence, confidence, débat, devis (vx), dialogue, échange, entretien, interview, pourparlers, propos, tête-à-tête [2] péj. : babillage, badinage, bavette, causette, commérage, conciliabule, jacasserie, palabre, parlote → **bavardage**
**converser** → **parler**
**conversion** n. f. [1] au pr. : changement, métamorphose, modification, mutation, transformation, virement [2] par ext. **a** relig. : abjuration, adhésion, apostasie, reniement, renoncement, volte-face **b** ralliement, retournement, révolution, tour, virage, volte
**converti, e** nom et adj. → **prosélyte**
**convertible** modifiable, transformable
**convertir** [1] → **transformer** [2] pron. : **a** → **changer** **b** → **renier**
**convertissage** n. m. → **transformation**
**convertissement** n. m. → **conversion**
**convexe** → **courbe**
**convexité** n. f. → **courbe**
**conviction** n. f. → **croyance**
**convier** [1] au pr. : appeler, convoquer, demander, inviter, mander, prier, traiter [2] fig. : engager, exciter, exhorter, inciter, induire, inviter, solliciter
**convive** n. m. ou f. [1] fav. : banqueteur, commensal, convié, hôte, invité ◆ au pl. : tablée [2] non fav. → **parasite**
**convocation** n. f. [1] appel, assignation, avertissement, citation, indiction, invitation, semonce (vx), sommation [2] incorporation, levée, mobilisation, recrutement

**convoi** n. m. 1 caravane, charroi, cordée, file, train 2 enterrement, funérailles, obsèques 3 convoiement, convoyage

**convoiter** → **vouloir**

**convoitise** n. f. 1 → **désir** 2 → **concupiscence**

**convoler** → **marier (se)**

**convolvulacées** n. f. pl. convolvulus, jalap, patate → **liseron**

**convoquer** 1 → **inviter** 2 → **mander**

**convoyer** → **accompagner**

**convoyeur** n. m. transporteur → **guide**

**convulser** 1 → **resserrer** 2 → **secouer**

**convulsif, ive** 1 → **automatique** 2 → **saccadé**

**convulsion** n. f. 1 contraction, saccades, secousse, soubresaut, spasme 2 partic. au pl. : éclampsie, épilepsie ◆ vx : haut mal, mal sacré 3 fig. **a** contorsion, distorsion, grimace **b** agitation, bouleversement, crise, remous, révolution, trouble

**coolie** n. m. → **porteur**

**coopérant, e** et **coopérateur, trice** nom et adj. → **associé**

**coopératif, ive** → **zélé**

**coopération** n. f. accord, aide, appui, association, collaboration, concours, contribution

**coopérative** n. f. artel, association, centre de distribution, familistère, fruitière (rég.), kolkhoze, mir, mutuelle, phalanstère, sovkhoze

**coopérer** → **participer**

**cooptation** n. f. → **choix**

**coopter** → **choisir**

**coordination** n. f. planification, synchronisation → **agencement**

**coordonné, e** → **réglé**

**coordonnées** n. f. pl. 1 abscisse, cote, méridien, ordonnée, parallèle 2 → **adresse**

**coordonner** → **combiner**

**copain, copine** n. m. ou f. → **compagnon**

**copal** n. m. → **résine**

**copeau** n. m. → **morceau**

**copépode** n. m. → **crustacé**

**copiage** n. m. → **imitation**

**copie** n. f. 1 au pr. : ampliatif, ampliation, calque, double, duplicata, épreuve, exemplaire, expédition, fac-similé, grosse, photocopie, reproduction, tirage, transcription 2 par ext. **a** → **imitation** **b** → **composition**

**copier** 1 au pr. **a** jurid. : expédier, grossoyer, inscrire, transcrire **b** calquer, noter, prendre en note, recopier, relever, reproduire, transcrire 2 par ext. → **imiter**

**copieur, euse** n. m. ou f. 1 → **imitateur** 2 → **tricheur**

**copieusement** → **beaucoup**

**copieux, euse** → **abondant**

**copulation** n. f. → **accouplement**

**copule** n. f. ling. → **relation**

**copuler** → **accoupler (s')**

**copyright** n. m. droit(s) réservé(s), exclusivité, monopole, privilège (vx)

**coq** n. m. 1 → **gallinacé** 2 mar. → **cuisinier**

**coq-à-l'âne** n. m. → **lapsus**

**coquard** ou **coquart** n. m. → **coup**

**coque** n. f. → **coquille**

**coquelet** n. m. poulet, poussin → **gallinacé**

**coquelicot** n. m. → **pavot**

**coqueluche** n. f. 1 → **maladie** 2 **a** → **toquade** **b** → **favori**

**coquemar** n. m. → **bouilloire**

**coquerie** n. f. → **cuisine**

**coqueron** n. m. → **réservoir**

**coquet, te** 1 → **élégant, joli, galant** 2 → **important** 3 → **pimbêche**

**coquetier** n. m. 1 volailler ◆ rég. : coqueleux 2 → **coupe**

**coquetière** n. f. → **ustensile**

**coquetterie** n. f. 1 → **amour** 2 → **minauderie** 3 → **élégance**

**coquillage** n. m. 1 conque, rocaille 2 fruits de mer → **mollusque** 3 quelques coquillages comestibles **a** amande de mer, bernique ou patelle, bigorneau, buccin ou bulot ou escargot de mer ou hélix ou trompette, clam, clovisse ou vénus, cône, coque, coquille Saint-Jacques ou pecten ou peigne, couteau ou solen, datte de mer, haliotide ou ormeau, jambonneau ou pinne, mye, olive de mer, palourde, pétoncle, praire, triton ou trompette, vanneau, verni, violet **b** → **huître** **c** → **moule**

**coquille** n. f. 1 au pr. : carapace, conque, coque, coquillage, écaille, enveloppe, test 2 fig. : erreur, faute, lapsus

**coquillettes** n. f. pl. → **pâte(s)**

**coquillier, ère** nom et adj. conchylien

**coquin, e** 1 nom. **a** bandit, canaille, escroc, scélérat → **voleur** **b** bélître, faquin, fripon, gredin, gueux, lâche, maraud, maroufle, mâtin, pendard, va-nu-pieds, vaurien **c** → **avare** **d** garnement, polisson 2 adj. : canaille, égrillard, espiègle, gaillard, gaulois, libertin, libre, malicieux, polisson

**coquinerie** n. f. → **malhonnêteté**

**cor** n. m. 1 → **cal** 2 vén. : andouiller, bois, branche, épois, perche, rameau, ramure, trochure 3 bouquin, corne, cornet, huchet, olifant, trompe

**coracoïde** → **pointu**

**corail** n. m. gorgone, millépore, polypier

**coralline** n. f. → **algue**

**corbeau** n. m. 1 corbillat 2 par ext. : choucas, corneille, crave 3 → **prêtre** 4 → **calomniateur**

**corbeille** n. f. 1 ciste, faisselle, manne, moïse, sultan, vannerie → **panier** 2 → **parterre** 3 théâtre : balcon, mezzanine

**corbillard** n. m. fourgon mortuaire

**cordage** n. m. 1 au pr. : bitord, brayer, câble, câblot, corde, filin, grelin, guiderope, guinderesse, lusin, manœuvres, merlin, ralingue, sciasse, trélingage 2 mar. : aiguillette, amure, balancine, bosse, bouline, cargue, commande, cravate, draille, drisse, drosse, écoute, élingue, enfléchure, erse, estrope, étai, étrangloir, filière, funin, galhauban, gambe, garcette, gerseau, grelin, guideau, guinderesse, hauban, haussière, laguis, lève-nez, liure, marguerite, martingale, orin, pantoire, pataras, ralingue, redresse, remorque, retenue, ride, saisine, sauvegarde, sous-barbe, suspente, tire-veille(s), touée, traille, traversière, trévire, va-et-vient

**corde** n. f. 1 bolduc, chapelière, cordeau, cordelette, cordelière, cordon, cordonnet, étendoir, ficelle, hart (vx), lacet, laisse, lasso, lien, longe, simbleau, tendeur → **cordage** 2 au pl. **a** alto, basse, contrebasse, harpe, mandoline, violoncelle → **violon** **b** → **guitare** **c** vx : basse de viole, mandore, pochette, rebab, rebec, vielle, viole, viole de gambe **d** → **luth** **e** → **lyre** **f** par ext. : cymbalum → **piano, clavecin**

**cordé, e** en forme de cœur

**cordée** n. f. 1 → **capacité** 2 → **quantité** 3 → **convoi**

**cordeler, corder** et **cordonner** → **tordre**

**cordelette** n. f. → **corde**

**cordelier** n. m. → **religieux**

**cordelière** n. f. 1 → **passement** 2 → **corde** 3 → **ceinture**

**cordial, e** 1 adj. → **franc** 2 n.m. → **fortifiant**

**cordialement** à cœur ouvert, amicalement, de bon cœur

**cordialité** n. f. 1 → **bonté** 2 → **franchise**

**cordon** n. m. 1 → **corde** 2 → **insigne** 3 → **ruban**

**cordon-bleu** n. m. ou f. → **cuisinier**

**cordonnier, ière** n. m. ou f. bottier, chausseur, savetier

**coreligionnaire** → **semblable**

**coriace** 1 → **dur** 2 → **résistant**

**coriandre** n. f. → **aromate**

**corindon** n. m. → **pierre**

**cormier** n. m. alisier, pain des oiseaux, sorbier

**cormoran** n. m. → **palmipède**

**cornac** n. m. → **guide**

**cornage** n. m. sifflage

**cornaline** n. f. → **pierre**

**cornard** n. m. → **cocu**

**corne** n. f. 1 au pr. : défense → **cor** 2 callosité, châtaigne, cornillon, kératine → **cal**

**corneille** n. f. choucas, corbillat, corvidé, freux

**cornélien, ne** → **héroïque**

**cornemuse** n. f. biniou, bombarde, loure, musette

**cornemuseur** ou **cornemuseux** n. m. sonneur → **musicien**

**corner** 1 → **publier** 2 bourdonner, claironner, siffler, sonner, tinter

**cornet** n. m. 1 → **étui** 2 → **cor**

**cornette** 1 n.f. **a** → **drapeau** **b** → **coiffure** 2 n.m. : porte-drapeau / -enseigne / -étendard

**cornettiste** n. m. ou f. → **musicien**

**corniaud** n. m. 1 → **chien** 2 → **bête**

**corniche** n. f. 1 par ext. : escarpement 2 chapiteau, couronnement, entablement, larmier, génoise, mouchette, soffite → **moulure**

**cornichon** n. m. 1 cucurbitacée ◆ par ext. → **concombre** 2 → **élève** 3 → **bête** 4 → **holothurie**

**corniste** n. m. ou f. → **musicien**

**cornu, e** 1 → **biscornu** 2 → **cocu**

**cornue** n. f. → **ustensile**

**corollaire** n. m. → **conséquence**

**corolle** n. f. → **couronne**

**coronelle** n. f. → **couleuvre**

**corporation** n. f. assemblée, association, collège, communauté, confrérie, congrégation, corps, gilde, groupement, guilde, hanse, jurande, maîtrise, métier, ordre, société

**corporel, le** → **physique**

**corporellement** matériellement, physiquement, réellement

**corps** n. m. 1 **a** → **objet** **b** → **substance** 2 anatomie, chair, individu, morphologie, personne, tronc → **cadavre** ◆ fam. : carcasse, châssis 3 **a** → **corporation** **b** → **congrégation**

**corpulence** n. f. → **grosseur**

**corpulent, e** → **gros**

**corpus** n. m. → **objet**

**corpuscule** n. m. → **particule**

**corrasion** n. f. → **corrosion**

**correct, e** 1 → **convenable** 2 → **exact** 3 → **poli**

**correctement** 1 à propos, bonnement, comme il faut, complètement, convenablement, exactement, fidèlement, justement, littéralement, minutieusement, nettement, normalement, opportunément, pertinemment, ponctuellement, précisément, proprement, raisonnablement, soigneusement, utilement, véritablement, vraiment 2 consciencieusement, décemment, dignement, honnêtement, honorablement, purement, régulièrement, scrupuleusement, sincèrement 3 aimablement, courtoisement, délicatement, galamment, poliment, respectueusement

**correcteur, trice** n. m. ou f. censeur, réviseur

**correctif** n. m. 1 → **correction** 2 → **antidote**

**correction** n. f. 1 amélioration, amendement, biffure, contre-passation, correctif, modification, rattrapage, rature, rectificatif, rectification, redressement, refonte, remaniement, repentir, retouche, révision, surcharge ◆ partic. : ajout, ajoute, ajouté 2 adoucissement, assouplissement, atténuation, compensation, contrepoids, tempérament 3 → **punition** 4 → **pureté** 5 → **civilité**

**corrélation** n. f. → **rapport**

**corréler** → **unir**

**corrélatif, ive** → **dépendant**

**correspondance** n. f. 1 → **rapport** 2 courrier, épître → **lettre** 3 chronique, reportage, rubrique 4 changement, relais 5 vente par correspondance : mailing, publipostage (off.)

**correspondant, e** 1 adj. → **dépendant** 2 nom → **journaliste**

**correspondre** 1 **a** s'accorder, aller, aller bien, s'appliquer à, coïncider, coller, concorder, se conformer, convenir, être conforme à, être en conformité / harmonie / rapport / symétrie, faire pendant, s'harmoniser, se prêter / rapporter / référer à, répondre, représenter, ressembler, rimer, satisfaire, synchroniser **b** arg. : bicher, botter, boumer, gazer, rouler 2 collaborer, écrire, être en relation, tenir au courant → **communiquer**

**corrida** n. f. par ext. 1 → **désordre** 2 → **tohu-bohu**

**corridor** n. m. → **passage**

**corrigé** n. m. livre du maître, modèle, plan, solution

**corriger** 1 au pr. : améliorer, amender, changer, civiliser, moraliser, perfectionner, policer, purifier, redresser, réformer, régénérer, relever, reprendre 2 par ext. **a** adoucir, atténuer, dégauchir, équilibrer, expurger, modérer, modifier, neutraliser, pallier, racheter, rectifier, refondre, remanier, remettre sur l'enclume / le métier, réparer, reprendre, retoucher, revenir sur, réviser, revoir, tempérer **b** balancer, compenser, contre-passer **c** → **réprimander** **d** → **punir** **e** → **abattre** 3 v. pron. : se convertir, se défaire de, se guérir, se reprendre

**corrigible** → **perfectible**

**corroboration** n. f. → **confirmation**

**corroborer** 1 → **fortifier** 2 → **confirmer**

**corrodant, e** → **mordant**

**corroder** → **ronger**

**corroi** n. m. → **apprêt**

**corrompre** 1 a → **gâter** b → **abâtardir** c → **altérer** d → **souiller** 2 → **séduire** 3 v. pron. → **pourrir**

**corrompu, e** 1 → **pourri** 2 fig. → **vicieux**

**corrosif, ive** → **mordant**

**corrosion** n. f. 1 abrasion, brûlure, oxydation 2 affouillement, corrasion, désagrégation, destruction, érosion, ravinement, usure

**corroyage** n. m. → **apprêt**

**corrupteur, trice** nom et adj. → **mauvais**

**corruptible** → **destructible**

**corruption** n. f. 1 → **altération** 2 → **dégradation** 3 → **subornation**

**corsage** n. m. 1 buste, poitrine 2 blouse, brassière, cache-cœur, camisole, canezou, caraco, casaque, casaquin, chemisette, guimpe, jersey

**corsaire** n. m. bandit, boucanier, écumeur des mers, flibustier, forban, frère de la côte, pirate, requin

**corsé, e** 1 → **fort** 2 → **poivré** 3 → **libre**

**corser** → **fortifier**

**corset** n. m. 1 par ext. : bustier, combiné, corselet, gaine, guêpière 2 fig. → **cadre**

**corseter** 1 → **soutenir** 2 → **gêner**

**corso** n. m. → **défilé**

**cortège** n. m. → **suite**

**corvéable** → **esclave**

**corvée** n. f. 1 → **devoir** 2 → **travail**

**corvette** n. f. → **bateau**

**coryphée** n. m. → **chef**

**coryza** n. m. catarrhe, écoulement, inflammation, rhume de cerveau

**cosmétique** n. m. 1 → **fard** 2 → **pommade**

**cosmique** astral, extra-galactique, extra-terrestre, infini, universel

**cosmogonie** n. f. 1 cosmographie, cosmologie, description / interprétation de l'Univers 2 par ext. : astronomie, sciences de l'espace

**cosmonaute** n. m. ou f. astronaute, spationaute

**cosmopolite** → **international**

**cosmopolitisme** n. m. → **universalisme**

**cosmos** n. m. → **univers**

**cossard, e** nom et adj. → **paresseux**

**cosse** n. f. 1 bogue, brou, cossette, écale, écalure, enveloppe, gousse, tégument → **enveloppe** 2 → **paresse**

**cossu, e** → **riche**

**costaud, e** nom et adj. → **balèze**

**costume** n. m. → **vêtement**

**costumer** → **vêtir**

**cosy-corner** n. m. → **canapé**

**cotation** n. f. → **estimation**

**cote** n. f. 1 → **taxe** 2 → **impôt**

**côte** n. f. 1 → **bord** 2 → **hauteur** 3 → **montée**

**côté** n. m. 1 → **flanc** 2 → **aspect** 3 → **partie** 4 → **direction** 5 **à côté** → **près**

**coteau** n. m. → **hauteur**

**coter** 1 folioter, noter, numéroter, paginer 2 → **estimer**

**coterie** n. f. association, bande, cabale, camarilla, caste, cercle, chapelle, clan, clique, école, faction, famille, mafia, parti, secte, tribu

**cothurne** n. m. brodequin, chaussure, socque

**cotignac** n. m. → **confiture**

**cotillon** n. m. 1 → **jupe** 2 → **danse**

**cotisation** n. f. → **quote-part**

**cotiser** → **participer**

**coton** n. m. 1 jumel 2 ouate 3 batiste, calicot, cellular, cotonnade, coutil, cretonne, éponge, finette, flanelle, futaine, guinée, indienne, jaconas, linon, lustrine, madapolam, nankin, nansouk, oxford, percale, percaline, pilou, piqué, plumetis, satinette, siamoise, tarlatane, tennis, velours, vichy, voile, zéphyr 4 **c'est coton** → **difficile**

**cotonneux, euse** duveté, duveteux, ouaté, pelucheux, tomenteux

**côtoyer** → **longer**

**cotre** n. m. → **bateau**

**cottage** n. m. → **villa**

**cotte** n. f. 1 → **jupe** 2 bleu / vêtement de travail, combinaison, salopette

**cou** n. m. col, encolure

**couac** n. m. 1 cacophonie, canard → **bruit** 2 → **insuccès**

**couard, e** nom et adj. → **capon**

**couardise** n. f. → **lâcheté**

**couchailler** → **culbuter**

**couchant** n. m. occident, ouest, ponant

**couche** n. f. 1 crépi, croûte, enduit 2 assise, banc, formation, lit, nappe, région, sphère, strate 3 braie (vx), drapeau (vx), lange, linge, layette, maillot 4 → **catégorie** 5 → **lit** 6 → **enfantement** 7 **fausse couche :** avortement

**coucher** 1 → **étendre** 2 → **inscrire** 3 → **viser** 4 v. pron. a au pr. : s'aliter, s'allonger, se blottir, s'étendre, se glisser dans le lit / sous les draps, se mettre au lit b arg. ou fam. : aller au dodo / au paddock / au page / au pageot / au pieu, se bâcher, crécher, se pageoter / pagnoter / pieuter

**coucher** n. m. 1 abri, couchée (vx), étape, gîte, hospitalité, nuit 2 **coucher de soleil :** crépuscule (du soir), couchant

**coucherie** n. f. → **débauche**

**couchette** n. f. → **lit**

**coucou** n. m. 1 → **horloge** 2 locomotive, machine → **voiture**

**coude** n. m. angle, courbe, détour, méandre, retour, saillie, sinuosité, tour, tournant, virage

**coudé, e** → **courbe**

**couder** → **tordre**

**coudoiement** n. m. → **promiscuité**

**coudoyer** 1 → **heurter** 2 → **rencontrer**

**coudraie** n. f. noiseraie → **plantation**

**coudre** 1 au pr. : baguer, bâtir, faufiler, monter, ourler, raccommoder, rapiécer, ravauder, rentraire, repriser, surfiler, surjeter, suturer 2 par ext. → **joindre**

**couenne** n. f. lard → **peau**

**couenneux, euse** 1 → **dur** 2 → **résistant**

**couette** n. f. 1 mèche (de cheveux) 2 → **queue** 3 crapaudine, platine 4 → **couverture** 5 par ext. rég. → **matelas**

**couffin** n. m. → **cabas**

**couille** n. f. 1 → **bourse** 2 → **difficulté**

**couillon** n. m. 1 bourse 2 → **bête** (nom fém.)

**couillon, onne** n. m. ou f. → **naïf**

**couillonnade** n. f. 1 → **bêtise** 2 → **plaisanterie**

**couillonner** → **tromper**

**couinement** n. m. piaillement → **cri**

**couiner** piailler → **crier**

**coulage** n. m. 1 coulée 2 → **perte**

**coulant, e** 1 → **fluide** 2 → **naturel** 3 → **faible**

**coulant** n. m. 1 anneau 2 pousse, rejeton, stolon

**coule** n. f. 1 cagoule, cuculle → **capuchon** 2 **à la coule :** affranchi, au courant, au parfum, averti

**coulée** n. f. géogr. : cheire

**coulemelle** n. f. chevalier, filleul, lépiote élevée → **champignon**

**couler** 1 v. tr. a → **filtrer** b → **verser** c → **introduire** d mar. : envoyer par le fond, faire sombrer, torpiller → **sombrer** 2 v. intr. a affluer, arroser, baigner, courir, déborder, découler, dégouliner, se déverser, s'échapper, s'écouler, émaner, s'épancher, s'extravaser, filer, fluer, fuir, gicler, jaillir, juter, refluer, se répandre, ribouler (rég.), rouler, ruisseler, sourdre b dégoutter, s'égoutter, goutter, instiller, suinter, traverser c baver, exsuder, suer, suppurer, transpirer d cascader, descendre, glisser, se mouvoir, passer, tomber e un bateau : s'abîmer, chavirer, disparaître, s'enfoncer, s'engloutir, faire naufrage, s'immerger, se perdre, périr corps et biens, se saborder, sombrer 3 v. pron. : → **introduire (s')**

**couleur** n. f. 1 au pr. : carnation, coloration, coloris, demi-teinte, enluminure, nuance, pigmentation, teint, teinte, teinture, ton, tonalité 2 du cheval → **robe** 3 fig. a allure, apparence, aspect, brillant, caractère, éclat, force, truculence, vivacité b → **opinion** c → **prétexte** d au pl. → **drapeau**

**couleuvre** n. f. anguille de haie, bisse (blas.), coronelle, couleuvreau, ophidien → **reptile**

**couleuvrine** n. f. → **canon**

**coulis** n. m. bisque → **sauce**

**coulisse** n. f. 1 coulisseau, glissière, support mobile 2 arrière-fond / -plan 3 **dans la coulisse** → **secrètement**

**coulisser** → **glisser**

**coulissier** n. m. → **intermédiaire**

**coulommiers** n. m. brie → **fromage**

**couloir** n. m. → **passage**

**coulpe** n. f. → **péché**

**coulure** n. f. → **tache**

**coumarine** n. f. → **aromate**

**coup** n. m. 1 au pr. a choc, ébranlement, frappement, heurt, secousse, tamponnement b bastonnade, botte, bourrade, calotte, charge, châtiment, chiquenaude, claque, correction, décharge, distribution, estocade, fessée, gifle, horion, nasarde, pichenette, soufflet, tape c fam. : abattage, atout, baffe, bâfre, beigne, beignet, branlée, brossée, brûlée, castagne, châtaigne, contredanse, coquart, danse, dariole, déculottée, dérouillée, frottée, giboulée, giroflée, gnon, marron, mornifle, pain, peignée, pile, pochon, raclée, ramponneau, ratatouille, rincée, rossée, roulée, rouste, salsifis, tabac, talmouse, taloche, tampon, tannée, taquet, tarte, torgnole, tournée, trempe, tripotée d blessure, bleu, bosse, contusion, mauvais traitements, meurtrissure, violences, voie de fait 2 par ext. a coup de feu : arquebusade, canonnade, charge, décharge, détonation, fusillade, salve, tir b → **bruit** c → **émotion** d → **action** e → **gorgée** 3 a **coup de cœur / foudre** → **amour** b **coup de main** → **aide, engagement** c **coup de sang** → **congestion** d **coup d'État :** coup d'autorité / de force, changement, pronunciamiento, putsch, révolution e **coup de tête** → **caprice** f **coup de soleil :** actinite g **coup de théâtre** → **péripétie** h **coup d'œil** → **regard, vue** i **à coup sûr, à tout coup :** certainement, évidemment, sûrement j **tout à coup :** à brûle-pourpoint, à l'improviste, brusquement, en un instant, inopinément, soudain, subitement, subito k **un coup :** une fois l **coup sur coup** → **successivement** m **tenir le coup** → **durer** n **porter un coup** → **frapper, nuire**

**coupable** 1 adj. : blâmable, condamnable, damnable, délictueux, dolosif, fautif, honteux, illégitime, illicite, inavouable, indigne, infâme, mauvais, peccable, peccant, pendable, punissable, répréhensible 2 nom : contrevenant, criminel, délinquant, pécheur, responsable

**coupage** n. m. → **mélange**

**coupant, e** → **tranchant**

**coupe** n. f. 1 calice, coquetier, coupelle, cratère, gobelet, jatte, patère, ramequin, sébile, vase, vaisseau 2 → **compétition** 3 → **pièce** 4 → **plan** 5 césure, hémistiche, repos 6 déchiqueture, découpure, taillade 7 **coupe sombre** a → **sanction** b → **retranchement**

**coupé** n. m. → **voiture**

**coupé, e** → **court**

**coupe-chou(x)** n. m. 1 → **rasoir** 2 → **sabre**

**coupe-cigare(s)** n. m. guillotine

**coupe-circuit** n. m. → **fusible**

**coupe-coupe** n. m. → **serpe**

**coupée** n. f. accueil / entrée / sortie d'un navire

**coupe-file** n. m. → **laissez-passer**

**coupe-gorge** n. m. 1 → **piège** 2 → **cabaret**

**coupe-jarret** n. m. 1 → **tueur** 2 → **voleur**

**coupelle** n. f. 1 cuilleron → **coupe** 2 → **ustensile**

**couper** 1 au pr. : amputer, cerner (vx), chanfreiner, cisailler, coupailler, débillarder, découper, diviser, ébarber, élaguer, entamer, entrecouper, équeuter, exciser, hacher, inciser, massicoter, réséquer, scarifier, sectionner, taillader, tailler, trancher, tronçonner 2 vét. a les oreilles : essoriller b la queue : anglaiser c la queue et les oreilles : courtauder 3 par ext. a → **retrancher** b → **châtrer** c → **traverser** d → **mélanger** e → **interrompre** f → **abattre**

**couperet** n. m. coupe-coupe, hachoir, machette → **couteau**

**couperose** n. f. → **rougeur**

**couperosé, e** → **rouge**

**couplage** n. m. → **assemblage**

**couple** 1 n.f. : paire 2 n.m. a doublet, duo, paire, tandem b époux, ménage

**couplet** n. m. 1 → **poème** 2 → **chant** 3 → **tirade**

**coupole** n. f. → **dôme**

**coupoir** n. m. → **couteau**

**coupon** n. m. 1 → **pièce** 2 → **billet**

**coupure** n. f. 1 → **blessure** 2 → **billet**

**cour** n. f. 1 atrium, cloître, courée, courette, patio, préau 2 → **tribunal**

**courage** n. m. ardeur, assurance, audace, bravoure, cœur, confiance, constance, cran, crânerie, décision, énergie, fermeté, force, générosité, hardiesse, héroïcité, héroïsme, impétuosité, intrépidité, patience, persévérance, résolution, ressaisissement, stoïcisme, témérité, vaillance, valeur, volonté, zèle

**courageux, euse** ardent, assuré, audacieux, brave, confiant, constant, crâne, décidé, déterminé, dynamique, énergique, entreprenant, ferme, fonceur, fort, gonflé (fam.), hardi, héroïque, impétueux, intrépide, mâle, martial, noble, patient, persévérant, résolu, prométhéen, stoïque, téméraire, travailleur, vaillant, volontaire, zélé

**couramment** → **habituellement**

**courant** n. m. 1 → **cours** 2 a **être au courant** → **connaître** b **mettre / tenir au courant** → **informer**

**courant, e** 1 → **présent** 2 → **commun** 3 → **banal**

**courante** n. f. 1 → **diarrhée** 2 → **danse**

**courbatu, e** → **fatigué**

**courbature** n. f. → **douleur**

**courbaturé, e** → **fatigué**

**courbaturer** ankyloser, endolorir → **meurtrir**

**courbe** n. f. arabesque, arc, arcure, bombement, boucle, cambrure, cercle, cintrage, circonférence, convexité, coude, courbement, courbure, ellipse, enveloppée, feston, galbe, hyperbole, incurvation, méandre, ondulation, orbite, ovale, ove, parabole, serpentin, sinuosité, spirale, trajectoire, virage, volute ♦ mar. : bouge, tonture

**courbe** adj. : aquilin, arqué, arrondi, bombé, busqué, cambré, cassé, concave, convexe, coudé, courbé, crochu, cucurbitin, curviligne, galbé, incurvé, infléchi, mamelonné, rebondi, recourbé, renflé, rond, tordu, tors, tortu, tortueux, unciforme (anat.), unciné (bot.), verticillé, voûté

**courber** 1 au pr. a → **fléchir** b → **incliner** 2 fig. → **soumettre** 3 v. pron. a au pr. : s'arquer, s'arrondir, se busquer, se cambrer, se casser, se couder, s'incurver, s'infléchir, se recourber, se renfler, se tordre, se voûter b fig. → **humilier (s')**

**courbette** n. f. → **salut**

**courbure** n. m., n.f. → **courbe**

**courcaillet** n. m. 1 → **cri** 2 → **appelant**

**courette** n. f. → **cour**

**coureur** n. m. 1 → **messager** 2 aptéryx ou kiwi, autruche, autruchon

**coureur, euse** n. m. ou f. 1 cavaleur, tombeur 2 a → **séducteur** b → **débauché**

**courge** n. f. bonnet-de-prêtre / Turc, citrouille, coloquinte, concombre, courgette, cucurbitacée, gourde, pâtisson, potiron

**courir** 1 v. intr. a au pr. : bondir, dételer, dévorer l'espace, s'élancer, fendre l'air, galoper, se hâter, se précipiter, se presser, voler b fam. : avoir le diable à ses trousses / le feu au derrière, brûler le pavé, caleter, se carapater, cavaler, décaniller, droper, filer, filocher, foncer, gazer, jouer des flûtes / des gambettes / des pinceaux / des pincettes, mettre les bouts, pédaler, piquer un cent mètres, prendre ses jambes à son cou, se tirer, tracer, tricoter des pinceaux / des pincettes, trisser c vén. : piéter 2 v. tr. a → **chercher** b → **fréquenter** c → **poursuivre** d → **répandre (se)** e → **passer** f → **parcourir**

**courlis** n. m. bécasse de mer → **échassier**

**couronne** n. f. 1 au pr. : bandeau royal, diadème, pschent, tiare, tortil 2 par ext. : corolle, guirlande 3 fig. a attribut, emblème, ornement, signe b distinction, honneur, lauriers, palme, prix, récompense c empereur, empire, État, maison, monarchie, monarque, roi, royaume, royauté, souverain, souveraineté

**couronnement** n. m. sacre → **consécration**

**couronner** 1 au pr. : a auréoler, nimber b ceindre, coiffer c introniser, mettre sur le trône, porter au pouvoir, sacrer 2 par ext. : décerner un prix / une récompense 3 fig. a accomplir, achever, conclure, finir, parachever, parfaire, sommer, terminer b → **blesser**

**courrier** n. m. 1 → **messager** 2 → **bateau** 3 → **correspondance**

**courriériste** n. m. ou f. → **journaliste**

**courroie** n. f. par ext. : attache, bandoulière, bretelle, harnais, jugulaire, lanière, mancelle, raban, sangle

**courroucer** → **irriter**

**courroux** n. m. → **colère**

**cours** n. m. 1 carrière, chenal, courant, course, fil, mouvement 2 **cours d'eau :** a affluent, collecteur, émissaire, fleuve, gave, ravine, raz, rivière, ru, ruisseau, torrent, voie fluviale b → **canal** 3 → **promenade** 4 → **évolution** 5 → **traité** 6 → **leçon** 7 → **école** 8 → **prix** 9 **avoir cours :** avoir du crédit / de la vogue, déchaîner l'enthousiasme, être à la mode / dans le vent, faire fureur

**course** n. f. 1 a allées et venues, commissions, démarches b galopade 2 → **marche** 3 → **cours** 4 → **incursion** 5 → **trajet** 6 → **promenade** 7 → **compétition**

**courser** → **poursuivre**

**coursier** n. m. 1 → **cheval** 2 → **messager**

**coursive** n. f. → **passage**

**court, e** 1 de taille : bas, courtaud, étriqué, étroit, mince, minuscule, petit, rabougri, ramassé, ras, rétréci, tassé, trapu 2 de durée : bref, éphémère, fragile, fugace, fugitif, instantané, intérimaire, momentané, passager, périssable, précaire, pressé, prompt, provisoire, rapide, sporadique, temporaire, transitoire 3 par ext. : abrégé, accourci, bref, compendieux (vx), concis, condensé, contracté, coupé, dense, diminué, écourté, elliptique, haché, laconique, lapidaire, précis, raccourci, ramassé, réduit, resserré, restreint, résumé, serré, simple, sommaire, succinct, télégraphique

**courtage** n. m. 1 au pr. : commission, ducroire, pourcentage, prime, remise, rémunération → **agio** 2 par ext. : dessous-de-table, pot-de-vin, pourboire → **gratification**

**courtaud, e** 1 adj. → **court** 2 nom a → **cheval** b → **chien**

**courtauder** → **couper**

**court-bouillon** n. m. → **bouillon**

**court-circuit** n. m. 1 dérivation, shunt 2 fam. : court-jus, panne (d'électricité)

**court-circuiter** 1 shunter 2 a laisser (tomber), se passer de → **abandonner** b intercepter → **interrompre**

**courtepointe** n. f. → **couverture**

**courtier, ière** n. m. ou f. → **intermédiaire**

**courtine** n. f. 1 → **rideau** 2 → **rempart**

**courtisan** n. m. et adj. homme de cour → **flatteur**

**courtisane** n. f. → **prostituée**

**courtiser** 1 badiner, conter fleurette, faire des avances / la cour, marivauder, rechercher ♦ vx : caresser, coqueter 2 fam. : baratiner, causer, courir les filles / le guilledou, draguer, faire du gringue / les yeux doux, flirter, fréquenter, jeter du grain, sortir avec

**courtois, e** → **civil**

**courtoisement** → **correctement**

**courtoisie** n. f. → **civilité**

**couru, e** → **sûr**

**cousette** n. f. arpète, midinette, petite main, trottin

**cousin** n. m. → **moustique**

**cousin, e** n. m. ou f. → **parent**

**cousinage** n. m. → **parenté**

**cousiner** → **fréquenter**

**coussin** n. m. bourrelet, carreau, coussinet, oreiller, polochon, pouf, traversin

**coût** n. m. → **prix**

**couteau** n. m. 1 canif, couteau-scie, cutter, drayoir, épluchette, jambette (rég.), lame, Opinel ® 2 par ext. a entoir, greffoir b bistouri, lancette, scalpel c couperet, coupoir, coutelas, machette, saignoir, scramasaxe d → **poignard** e coutre, soc 3 arg. : charlemagne, cran d'arrêt, cure-dents, eustache, lame, lardoire, lingue, pointe, raide, rallonge, rapière, ratiche, schlass, scion, silencieux, surin, vendetta, vingt-deux

**coutelier, ière** n. m. ou f. taillandier

**coutellerie** n. f. taillanderie

**coûter** → **valoir**

**coûteux, euse** → **cher**

**coutil** n. m. → **coton**

**coutre** n. m. → **couteau**

**coutume** n. f. → **habitude**

**coutumier, ère** nom et adj. 1 → **accoutumé** 2 → **habitué** 3 → **ordinaire**

**couture** n. f. 1 piqûre, point, raccord, réparation 2 → **mode** 3 → **balafre**

**couturé, e** balafré, coupé, entaillé, tailladé

**couturier, ère** n. m. ou f. modéliste, tailleur → **cousette**

**couvain** n. m. → **œuf**

**couvée** n. f. nichée, portée, produit, race

**couvent** n. m. → **cloître**

**couventine** n. f. 1 → **pensionnaire** 2 → **religieuse**

**couver** 1 au pr. : incuber 2 par ext. a → **nourrir** b → **préparer** 3 **couver des yeux** → **regarder**

**couvercle** n. m. couvre-plat, dessus-de-plat

**couvert** n. m. 1 → **abri** 2 → **ombre** 3 → **maison** 4 a **à couvert :** à l'abri, garanti, protégé b **sous le couvert de :** caution / manteau / protection de

**couvert, e** 1 abrité, défendu, garanti, préservé, sauvegardé 2 coiffé, crêté (blas.) → **vêtu**

**couverture** n. f. 1 a chabraque, couette, couvre-lit, couvre-pied, édredon, plaid, poncho, tartan b vx : berne, courtepointe, housse c fam. : berlue, capot, couverte, couvrante 2 a bâche, capote b → **garantie** c → **toit** d → **prétexte**

**couveuse** n. f. couvoir, incubateur

**couvre-chef** n. m. → **coiffure**

**couvre-lit** et **couvre-pied** n. m. → **couverture**

**couvrir** 1 au pr. : appliquer / disposer / mettre sur, bâcher, barder, caparaçonner, coiffer, enduire, envelopper, habiller, natter, recouvrir, tauder (mar.) 2 par ext. a → **protéger** b → **cacher** c → **vêtir** d → **parcourir** e → **accoupler (s')** 3 fig. a → **répondre de** b → **déguiser** c → **remplir** d → **dominer**

**cover-girl** n. f. par ext. : mannequin, pin-up, starlette

**cow-boy** n. m. → **vacher**

**coxalgie** et **coxarthrose** n. f. → **maladie**

**crabe** n. m. 1 crustacé, décapode 2 araignée (de mer), dormeur, étrille, maïa, portune, poupart, tourteau

**crabier** n. m. → **échassier**

**crachat** et **crachement** n. m. 1 crachotement, expectoration, salivation 2 arg. : copeau, glaviot, gluau, graillon, huître 3 **crachat de crapaud / de grenouille :**

**cracher** 1 crachoter, crachouiller, expectorer, recracher, vomir 2 arg. : graillonner, juter

**crachin** n. m. → **pluie**

**crachiner** → **pleuvoir**

**crachotement** n. m. 1 → **crachat** 2 → **pluie**

**crachoter** → **cracher**

**crachouiller** 1 → **cracher** 2 → **pleuvoir**

**crack** n. m. → **as**

**cracker** n. m. amuse-gueule → **biscuit**

**craie** n. f. carbonate de calcium

**craindre** 1 s'alarmer, appréhender, avoir peur, être effrayé / épouvanté, redouter → **trembler** ♦ vx : s'épeurer 2 → **honorer**

**crainte** n. f. 1 alarme, angoisse, anxiété, appréhension, défiance, effarouchement, effroi, émoi, épouvante, frayeur, frousse, inquiétude, insécurité, méfiance, obsession, peur, phobie, pressentiment, terreur, transe, tremblement 2 respect, révérence, vénération

**craintif, ive** angoissé, anxieux, appréhensif, délicat, effarouché, effrayé, ému, épouvanté, frileux, honteux, inquiet, jaloux, méfiant, peureux, pusillanime, révérenciel, sauvage, scrupuleux, soupçonneux, terrifié, timide, timoré, tremblant, trembleur

**cramer** → **brûler**

**cramoisi, e** → **rouge**

**crampe** n. f. 1 → **contraction** 2 → **colique**

**crampon** n. m. 1 agrafe, attache, croc, crochet, grappin, griffe, happe, harpon, piton 2 → **importun**

**cramponner** 1 au pr. → **attacher** 2 fig. → **ennuyer** 3 v. pron. → **attacher (s')**

**cran** n. m. 1 → **entaille** 2 → **fermeté**

**crâne** n. m. → **tête**

**crâne** adj. → **brave**

**crâner** 1 → **braver** 2 → **poser**

**crânerie** n. f. 1 → **hâblerie** 2 → **courage**

**crâneur, euse** nom et adj. → **hâbleur**

**crânien, ienne** par ext. : céphalique, cervical, encéphalique

**cranter** → **entailler**

**crapahuter** → **marcher**

**crapaudine** n. f. 1 couette, platine 2 → **pierre** 3 → **grille**

**crapouillot** n. m. → **canon**

**crapule** n. f. 1 → **vaurien** 2 a → **débauche** b → **ivresse**

**crapulerie** n. f. bassesse, canaillerie, friponnerie, improbité, indélicatesse, lâcheté, malhonnêteté → **débauche**

**crapuleux, euse** 1 → **honteux** 2 → **malhonnête** 3 → **homicide**

**craque** n. f. → **hâblerie**

**craquèlement** ou **craquellement** et **craquelure** n. m., n.f. fendillement, fissure, gerçure, lézarde → **fente**

**craqueler** → **fendiller (se)**

**craquement** n. m. → **bruit**

**craquer** 1 claquer, crouler, se déchirer / défaire / détruire, s'effondrer, se rompre 2 crisser, croustiller, péter, pétiller, produire un → **bruit** 3 → **crier**

**craqueter** 1 → **pétiller** 2 → **crier**

**crase** n. f. → **contraction**

**crash** n. m. 1 atterrissage en catastrophe 2 → **accident**

**craspec** → **malpropre**

**crasse** 1 n.f. a → **bassesse** b → **malpropreté** 2 adj. → **épais**

**crasseux, euse** 1 → **malpropre** 2 → **sordide** 3 → **avare**

**crassier** n. m. terril

**cratère** n. m. 1 → **dépression** 2 → **ouverture** 3 → **coupe**

**craterelle** n. f. trompette de la mort → **champignon**

**cravache** n. f. → **baguette**

**cravacher** 1 → **cingler** 2 → **hâter (se)**

**cravate** n. f. lavallière, régate

**cravater** 1 → **prendre** 2 → **tromper**

**crave** n. m. → **corbeau**

**crawl** n. m. → **nage**

**crayeux, euse** crétacé → **blanc**

**crayon** n. m. 1 → **ébauche** 2 par ext. : Bic ®, feutre, fusain, marqueur, stylobille, surligneur

**crayonner** → **esquisser**

**créance** n. f. 1 → **dette** 2 → **foi**

**créancier, ère** n. m. ou f. crédirentier

**créateur, trice** nom et adj. 1 → **bâtisseur** 2 → **dieu**

**créatif, ive** → **ingénieux**

**création** n. f. 1 original, princeps → **univers** 2 → **ouvrage** 3 → **érection**

**créativité** n. f. → **imagination**

**créature** n. f. 1 → **homme** 2 → **protégé**

**crécelle** n. f. → **moulinet**

**crécerelle** n. f. → **rapace**

**crèche** n. f. 1 → **nursery** 2 → **auge**

**crécher** → **habiter**

**crédence** n. f. desserte

**crédibilité** n. f. → **vraisemblance**

**crédible** 1 → **sûr** 2 → **vrai**

**crédirentier, ière** nom et adj. créancier

**crédit** n. m. 1 avoir, solde → **bénéfice** 2 arg. : ardoise 3 → **influence** 4 → **faveur** 5 → **cours** 6 **à crédit :** à tempérament / terme, par escompte / mensualités 7 crédit municipal a mont-de-piété b arg. ou fam. : clou, ma tante, plan, planque

**créditer** → **attribuer**

**créditeur, créditrice** n. m. ou f. 1 positif, provisionné 2 créancier, crédirentier

**credo** n. m. → **foi**

**crédule** 1 → **naïf** 2 → **simple**

**crédulité** n. f. → **simplicité**

**créer** 1 accoucher, composer, concevoir, découvrir, donner l'être / l'existence / la vie, élaborer, enfanter, engendrer, faire, faire naître, former, imaginer, innover, inventer, lancer, mettre au monde / en chantier / en œuvre, procréer, produire, réaliser, trouver 2 → **occasionner** 3 → **établir**

**crémant** n. m. et adj. mousseux, perlant, pétillant

**crémation** n. f. → **incinération**

**crème** n. f. fig. → **choix**

**crémerie** n. f. 1 beurrerie, laiterie 2 arg. → **cabaret**

**crémeux, euse** → **gras**

**crémier, ière** n. m. ou f. laitier

**crémone** n. f. espagnolette

**créneau** n. m. 1 embrasure, mâchicoulis, meurtrière, ouverture, parapet 2 a → **possibilité** b → **marché**

**crénelé, e** découpé, dentelé

**créneler** 1 → **entailler** 2 munir de créneaux

**crénelure** n. f. dentelure, grecque

**créole** n. m. ou f. 1 au pr. : colonial, insulaire, tropical 2 par ext. : métis

**crêpage** n. m. → **bagarre**

**crêpe** 1 n.f. : blinis 2 n.m. → **ruban**

**crêper** → **friser**

**crêperie** n. f. → **restaurant**

**crépi** n. m. → **enduit**

**crépine** n. f. → **passement**

**crépir** → **enduire**

**crépitation** et **crépitement** n. f., n. m. → **bruit**

**crépiter** → **pétiller**

**crépu, e** → **frisé**

**crépusculaire** → **sombre**

**crépuscule** n. m. 1 au pr. a → **aube** b brunante (rég.), brune, croule (vén.), déclin / tombée du jour, entre chien et loup, rabat-jour 2 fig. → **décadence**

**crescendo** → **rythme**

**cresson** n. m. par ext. : cardamine, cressonnette, passerage

**crésus** n. m. → **riche**

**crêt** n. m. → **sommet**

**crétacé, e** n. m. et adj. calcaire, crayeux, secondaire, sédimentaire

**crête** n. f. 1 → **sommet** 2 → **touffe**

**crétin, e** n. m. ou f. 1 → **stupide** 2 → **bête**

**crétinerie** n. f. 1 → **bêtise** 2 → **stupidité**

**crétiniser** → **abêtir**

**crétinisme** n. m. 1 → **idiotie** 2 → **bêtise**

**cretonne** n. f. → **coton**

**creusage** et **creusement** n. m. affouillement, approfondissement, défonçage, défoncement, excavation (vx), fouille, pénétration, percement, piochage, taraudage, terrassement → **forage**

**creuser** 1 au pr. : affouiller, approfondir, bêcher, caver, champlever, défoncer, échancrer, enfoncer, évider, excaver, foncer, forer, fouiller, fouir, labourer, miner, pénétrer, percer, piocher, raviner, refouiller, sonder, tarauder, terrasser 2 fig. → **étudier** 3 v. pron. : se renforcer, rentrer

**creuset** n. m. 1 cubilot → **ustensile** 2 fig. → **expérience**

**creux** n. m. 1 → **abîme** 2 → **excavation** 3 → **cavité**

**creux, creuse** 1 au pr. : cave, concave, courbe, encaissé, ensellé, entaillé, évidé, rentrant 2 par ext. a → **profond** b → **vide** 3 fig. : chimérique, futile, vain → **imaginaire**

**crevaison** n. f. 1 éclatement 2 → **mort** 3 → **fatigue**

**crevant, e** 1 → **risible** 2 → **tuant**

**crevard, e** nom et adj. 1 → **affamé** 2 → **faible**

**crevasse** n. f. → **fente**

**crevasser** craqueler, fendiller, fendre, fissurer, gercer, lézarder

**crève-cœur** n. m. 1 → **ennui** 2 → **peine**

**crève-la-faim** n. m. ou f. → **pauvre**

**crever** 1 v. intr. a → **mourir** b → **rompre (se)** 2 v. tr. → **fatiguer**

**crevette** n. f. 1 de mer : bouc, bouquet, chevrette, palémon, salicoque 2 d'eau douce : gammare

**crevettier** n. m. → **bateau**

**cri** n. m. 1 vx : devise 2 neutre. a appel, avertissement, éclat (de voix), exclamation, son b → **bruit** 3 fav. a acclamation, alléluia, applaudissement, ban, hosanna, hourra, ovation b imploration, interjection, prière, supplication 4 non fav. a charivari, clabaudage, clabauderie, clameur, criaillement, criaillerie, glapissement, grognement, gueulement, haro, huée, hurlement, juron, piaillement, piaillerie, plainte, protestation, réclamation, récrimination, rumeur, tapage, tollé, tumulte, vacarme, vocifération b gémissement, lamentation, murmure, pleur, sanglot, vagissement c vén. : hallali, hourvari, huée, taïaut 5 d'animaux et par ext. d'humains : aboi, aboiement, babil, babillage, barrissement *(éléphant)*, béguètement *(chèvre)*, bêlement, beuglement *(bovidés)*, braiment *(âne)*, braillement *(paon)*, bramement *(cervidés)*, caquet *(poule)*, chant, chuchotement *(moineau)*, chuintement *(chouette)*, clabaudage, coassement *(crapaud et grenouille)*, cocorico, coin-coin *(canard)*, courcaillet *(caille)*, criaillement *(oie, paon)*, croassement *(corbeau)*, feulement *(chat, tigre)*, gazouillement, gazouillis, gémissement *(tourterelle)*, glapissement *(grue, renard)*, glouglou *(dindon)*, gloussement *(poule)*, grésillement *(grillon)*, grognement *et* grommellement *(ours, porc, sanglier)*, hennissement *(cheval)*, hululement *(chouette, hibou)*, hurlement *(chien, loup, ours)*, jacassement *et* jacasserie *(pie)*, jappement *(chien)*, meuglement *(bovidés)*, miaulement, mugissement, pépiement, piaulement, ramage, rauquement *(tigre)*, roucoulement, rugissement, sifflement, stridulation *(cigale)*, tirelire *(alouette)*, ululation et ululement *(chouette, hibou)*.

**criant, e** 1 → **évident** 2 → **révoltant**

**criard, e** 1 → **aigu** 2 → **voyant**

**criblage** n. m. calibrage, tri, triage

**crible** n. m. batée, calibreur, claie, cribleur, grille, passoire, sas, tamis, tarare, trémie, trieur

**cribler** 1 → **tamiser** 2 → **percer**

**cric** n. m. levier, vérin

**cricoïde** → **rond**

**cri-cri** n. m. invar. → **grillon**

**criée** n. f. 1 → **enchère** 2 → **vente**

**crier** 1 v. intr. a au pr. : acclamer, appeler, avertir, clamer, dire, s'écrier, s'égosiller, s'époumoner, s'exclamer, gueuler, héler, hucher, hurler, proclamer, tonitruer, tonner, trompeter, vagir, vociférer b par ext. : fulminer, gémir, implorer, jurer, se plaindre, prier, récriminer, sacrer, supplier c contre quelqu'un : accuser, apostropher, attraper, clabauder, conspuer, couiner, criailler, se fâcher, faire de la musique, gronder, interpeller, invectiver, se plaindre de, rager, râler, se récrier, réprimander, tempêter, vitupérer → **protester** d animaux et par ext. humains : aboyer, babiller, barrir *(éléphant)*, bégueter *(chèvre)*, bêler *(ovidés)*, beugler *(bovidés)*, blatérer *(chameau)*, boubouler *(hibou)*, brailler *(paon)*, braire, bramer *(cervidés)*, cacaber *(perdrix)*, cacarder *(oie)*, cajoler *(geai, pie)*, caqueter, carcailler *(caille)*, chanter, chuchoter *(moineau)*, chuinter *(chouette)*, clabauder, clapir *(lapin)*, coasser *(crapaud, grenouille)*, couiner, craquer *et* craqueter *(cigale, cigogne, grue)*, criailler *(oie, paon)*, croasser *(corbeau)*, crouler *(bécasse)*, feuler *(tigre)*, flûter *(merle)*, gazouiller, gémir *(tourterelle)*, glapir *(grue, renard)*, glatir *(aigle)*, glouglouter *(dindon)*, glousser *(perdrix, poule)*, grésiller *(grillon)*, grisoller *(alouette)*, grogner *et* grommeler *(ours, porc, sanglier)*, hennir *(cheval)*, huer *et* hululer *(chouette, hibou)*, hurler *(chien, loup, ours)*, jaboter *(pélican)*, jacasser *(pie)*, japper, jargonner *(jars)*, jaser *(pie)*, lamenter *(crocodile)*, margoter *(caille)*, meugler *(bovidés)*, miauler, mugir, nasiller *(canard)*, pépier, piailler, piauler, râler *et* raller *(cervidés)*, ramager *(oiseaux)*, rauquer *(tigre)*, roucouler *(colombe, pigeon, ramier, tourterelle)*, rugir *(lion)*, siffler, striduler *(cigale)*, trisser *(hirondelle)*, trompeter *(aigle, cygne, grue)*, zinzinuler *(mésange, fauvette)*. e imiter le cri : frouer *(chouette)*, 2 v. tr. a → **publier** b → **affirmer**

**crieur** n. m. aboyeur (fam.), annonceur, huissier, tambour de ville

**crime** n. m. 1 assassinat, attentat, brigandage, complot, délit, empoisonnement, espionnage, faute, faux, forfait, forfaiture, fraude, inceste, infraction, mal, meurtre, péché, stupre, trahison, viol → **vol** 2 ethnocide, génocide

**criminalité** n. f. délinquance, truanderie

**criminel, le** nom et adj. 1 → **homicide** 2 → **malfaiteur** 3 → **scélérat**

**crin** n. m. 1 → **fil** 2 → **chevelure**

**crinière** n. f. → **chevelure**

**crinoline** n. f. → **panier**

**crique** n. f. → **golfe**

**criquet** n. m. 1 acridien, locuste, sauterelle 2 arg. → **cheval**

**crise** n. f. 1 au pr. : accès, attaque, atteinte, bouffée, poussée, quinte 2 par ext. a → **péripétie** b alarme, angoisse, danger, débâcle, dépression, détresse, difficulté, krach, malaise, manque, marasme, mévente, misère, pénurie, péril, perturbation, phase critique, récession, rupture d'équilibre, stagnation, tension, trouble

**crispant, e** → **agaçant**

**crispation** n. f. → **contraction**

**crisper** 1 → **resserrer** 2 → **énerver**

**crispin** n. m. → **manchette**

**criss** n. m. → poignard
**crissement** n. m. → bruit
**crisser** craquer, frotter, grincer
**cristal** n. m. [1] quartz, spath [2] baccarat, bohème, saint-louis → verre
**cristallin, e** adj. et n.m. [1] → pur [2] → transparent
**cristallisation** n. f. → précipitation
**cristalliser** [1] → solidifier [2] fig. a → matérialiser b → fixer
**cristophine** n. f. chouchou
**critère** n. m. → modèle
**critérium** n. m. → compétition
**criticailler** → discuter
**criticisme** n. m. kantisme → philosophie
**critique** [1] adj. a → décisif b → sérieux [2] n.f. a → jugement b → reproche c → censure [3] n.m. → censeur
**critiquable** [1] → incertain [2] → suspect
**critiquer** [1] → blâmer [2] → chicaner [3] → discuter
**critiqueur** n. m. → censeur
**croassement** n. m. → cri
**croasser** → crier
**croc** n. m. [1] → dent [2] → harpon
**croc-en-jambe** et **croche-pied** n. m. → piège
**croche** n. f. mus. : huitième de ronde
**crocher** → prendre
**crochet** n. m. [1] a accroche-plat, esse, patte, piton b → agrafe c de boucher : allonge, croc, pendoir d mar. : suspensoir e angon, foëne → pique f binette, fourche à fumier, pélican, renard g passe-partout, pince(-monseigneur) ◆ arg. : carreau, passe, peigne, tournante h → pique-feu i méd. : araignée, érigne, forceps [2] → dent [3] → détour
**crocheter** → ouvrir
**crocheteur** n. m. → porteur
**crochu, e** → courbe
**crocodile** n. m. [1] → alligator [2] → scie [3] → signal
**crocus** n. m. safran
**croire** [1] v. tr. a accepter, admettre, être convaincu de, penser, regarder / tenir comme / pour certain / sûr / véridique / vrai b non fav. : avaler, donner dans, gober, marcher, mordre à l'hameçon, prendre pour argent comptant, prêter l'oreille, être → crédule c faire croire : abuser, faire accroire, mener en bateau, monter le coup / un bateau, tromper d croire que : considérer, estimer, être convaincu / persuadé, se figurer, s'imaginer, juger, penser, préjuger, présumer, sembler, supposer [2] v. intr. : adhérer à, compter sur, se faire disciple de, faire confiance / se fier / se rallier à [3] v. pron. → vanter (se)
**croisade** n. f. [1] expédition, guerre sainte [2] → campagne
**croisé** n. m. chevalier de l'Ordre de Jérusalem / de Malte / du Temple ou templier, chevalier teutonique, soldat du Christ
**croisé, e** [1] emmêlé, enchevêtré, superposé [2] → métis
**croisée** n. f. [1] → carrefour [2] → fenêtre
**croisement** n. m. [1] → carrefour [2] → métissage
**croiser** [1] v. intr. → montrer (se) [2] v. tr. a entrecroiser, entrelacer b couper, hybrider, mâtiner, mélanger, mêler, métisser c → traverser d → rencontrer
**croiseur** n. m. → bateau
**croisière** n. f. → voyage
**croissance** n. f. accroissement, agrandissement, augmentation, avancement, crue, développement, poussée, progrès, progression, recrudescence
**croissant** n. m. → pâtisserie
**croissant, e** [1] → prometteur [2] → inquiétant
**croît** n. m. → bénéfice
**croître** s'accroître, s'agrandir, augmenter, se développer, s'élever, s'enfler, s'épanouir, s'étendre, fructifier, gagner, grandir, grossir, monter, multiplier, pousser, prendre de la taille, profiter, progresser, prospérer, pulluler, venir
**croix** n. f. [1] calvaire, crucifix [2] → gibet
**cromorne** n. m. mus. → bois
**croquant** n. m. → paysan
**croque-au-sel** cru, nature
**croquembouche** n. m. → pâtisserie
**croque-mitaine** n. m. → ogre
**croque-monsieur** n. m. → casse-croûte
**croque-mort** n. m. employé / ordonnateur des pompes funèbres
**croquenot** n. m. → chaussure
**croquer** [1] → broyer [2] → manger [3] → dépenser [4] → ébaucher [5] croquer le marmot → attendre
**croquet** n. m. [1] → biscuit [2] → passement [3] → jeu
**croquette** n. f. → boulette
**croquignolet, te** [1] → ridicule [2] → élégant
**croquis** n. m. → ébauche
**crosse** n. f. [1] → bâton [2] au pl. → querelle
**crossé** adj.m. relig. (d'un évêque) : célébrant, consacrant, investi, sacré, titulaire d'une abbaye / d'un évêché
**crossette** n. f. → bouture
**crotale** n. m. → serpent
**croton** n. m. → poison
**crotte** et **crottin** n. f., n. m. [1] → excrément [2] → boue [3] → ordure
**crotter** [1] → besoins (faire ses) [2] → salir
**crottin** n. m. [1] → excrément [2] → boue [3] → ordure
**croulant, e** nom et adj. → vieux
**crouler** [1] s'abattre, s'abîmer, s'affaler, craquer, se défoncer, s'ébouler, s'écrouler, s'effondrer, se renverser, se ruiner, tomber → affaisser (s') [2] → crier
**croup** n. m. diphtérie
**croupe** n. f. [1] → derrière [2] → sommet
**croupi, e** → pourri
**croupière** n. f. culeron
**croupion** n. m. [1] as de pique, sot-l'y-laisse (par ext.) [2] → derrière
**croupir** [1] → séjourner [2] → pourrir
**croupissant, e** [1] → stagnant [2] → inactif
**croupon** n. m. → cuir
**croustade** n. f. → pâté
**croustillant, e** ou **croustilleux, euse** → obscène
**croustiller** → craquer
**croûte** et **croûton** n. f., n. m. [1] → morceau [2] → tableau
**croûter** → manger
**croûteux, euse** → rude
**croûton** n. m. → morceau
**croyable** → vraisemblable
**croyance** n. f. [1] adhésion, assentiment, certitude, savoir [2] péj. : crédulité, superstition [3] relig. : confiance, conviction, doctrine, dogme, espérance, foi, religion, révélation, tradition [4] attente, conscience, créance, crédit, idée, opinion, pensée, persuasion, prévision, soupçon
**croyant, e** [1] adj. → religieux [2] nom → fidèle
**c.r.s. (compagnies républicaines de sécurité)** n. m. → policier
**cru** n. m. terroir, vignoble → vin
**cru, e** [1] → indigeste [2] croque-au-sel, nature → naturel [3] → rude [4] → obscène
**cruauté** n. f. → barbarie, dureté
**cruche** et **cruchon** n. f., n. m. [1] → pot [2] → bête [3] → lourdaud
**crucial, e** → décisif, délicat
**crucifier** → tourmenter
**crucifix** n. m. → croix
**crucifixion** n. f. crucifiement → supplice
**cruciverbiste** n. m. ou n.f. mots-croisiste, verbicruciste
**crudité** n. f. brutalité, réalisme
**crue** [1] → inondation [2] → croissance
**cruel, le** [1] → barbare [2] → dur [3] → insensible [4] → douloureux
**cruellement** [1] abominablement, affreusement, agressivement, aigrement, atrocement, brutalement, diaboliquement, durement, égoïstement, férocement, haineusement, indignement, inhumainement, malignement, méchamment, odieusement, perfidement, perversement, rudement, sadiquement, vicieusement [2] amèrement, douloureusement, dramatiquement, épouvantablement, funestement, intolérablement, lamentablement, péniblement, pitoyablement, tragiquement, tristement
**cruiser** n. m. → bateau
**crûment** brutalement, durement, tout de go / net, rudement, sans ménagement, sèchement
**crural, e** fémoral
**crustacé** n. m. [1] macroure [2] → crabe [3] araignée (de mer) ou maïa, bernard-l'hermite ou pagure, bouquet, cigale (de mer), crevette, écrevisse, gambas, homard, langouste, langoustine, squille [4] amathie, anatife, balane, copépode, daphnie [5] aselle, cloporte, ligie
**crypte** n. f. caveau, chapelle, grotte, hypogée
**cryptique** → secret
**cryptogramme** n. m. → secret
**cubage** et **cubature** n. m., n.f. → volume
**cube** n. m. hexaèdre
**cuber** → évaluer
**cubilot** n. m. creuset
**cucul** → bête
**cuculle** n. f. → capuchon
**cucurbitacée** n. f. [1] → courge [2] → melon [3] → pastèque
**cucurbite** n. f. chaudron → ustensile
**cueillette** n. f. collecte, cueillaison, ramassage, récolte ◆ vx ou rég. : cueille
**cueillir** [1] → recueillir [2] → arrêter
**cueilloir** n. m. cisaille
**cuiller** ou **cuillère** n. f. par ext. : cuilleron, louche, pochon → ustensile
**cuillerée** n. f. → quantité
**cuilleron** n. m. coupelle → cuiller
**cuir** n. m. [1] → peau [2] → lapsus
**cuirasse** n. f. → armure
**cuirassé** n. m. → bateau
**cuirassement** n. m. → renforcement
**cuirasser** [1] → protéger [2] → endurcir (s')
**cuirassier** n. m. → soldat
**cuire** [1] bouillir, braiser, étuver, faire revenir / sauter, fricoter, frire, griller, mijoter, mitonner, poêler, rôtir → cuisiner [2] v. intr. a → chauffer b → brûler c → bronzer
**cuisant, e** [1] → douloureux [2] → vif
**cuiseur** n. m. autocuiseur, Cocotte-minute ®
**cuisine** n. f. [1] casseroles, coquerie (mar.), feux, fourneaux, marmite, office, queue de la poêle, souillarde (péj.) [2] chère, menu, mets, ordinaire, préparation, repas, table [3] fam. : becquetance, bouffe, bouffetance, cuistance, frichti, fricot, graille, manger, popote, ragougnasse, rata, soupe, tambouille, tortore [4] fig. → manigance
**cuisiner** accommoder, assaisonner, blanchir, blondir, coller, concocter, décanter, déglacer, dégraisser, détendre, dorer, écumer, étuver, faire revenir / sauter / suer / tomber, flamber, mouiller, napper, pincer, rafraîchir, raidir, rassir, rectifier, réduire, rissoler, saisir, singer, touiller, travailler, vanner → cuire, préparer
**cuisinier, ère** n. m. ou f. [1] au pr. : bonne, chef, coq (mar.), cordon bleu, maître coq, maître d'hôtel, maître queux, rôtisseur, saucier, traiteur ◆ vx : officier de bouche, queux [2] fam. : cuistot, empoisonneur, fouille-au-pot, gargotier, gâte-sauce, marmiton, souillon, tournebroche
**cuisinière** n. f. fourneau, gazinière, potager → réchaud
**cuissard** n. m. → protection
**cuissardes** n. f. pl. → botte
**cuisse** ou **cuisseau** ou **cuissot** n. f., n. m., n.m. boucherie : baron, culotte, gigot, gigue, gîte, jambon, pilon, quasi, tranche
**cuisse-madame** n. f. → poire
**cuisson** n. f. caléfaction, coction, concoction, cuite, préparation
**cuistance** n. f. → cuisine
**cuistot** n. m. → cuisinier
**cuistre** n. m. → pédant
**cuistrerie** n. f. → pédantisme
**cuit, e** à point, bleu, saignant
**cuite** n. f. [1] → cuisson [2] → ivresse
**cuiter (se)** → enivrer (s')
**cuivre** n. m. [1] billon [2] par ext. : basset (clarinette / cor de), bombardon, bugle, cor, cornet, hélicon, ophicléide, sarrussophone, saxhorn, saxophone, trombone, trompette, tuba
**cuivré, e** bronzé, bruni, hâlé, noirci
**cuivrer** → bronzer
**cuivreux, euse** cuprifère, cuprique
**cul** n. m. [1] → derrière [2] → fessier [3] → fond
**cul-blanc** n. m. [1] pétrel → palmipède [2] motteux, traquet → passereau
**culbute** n. f. → cabriole
**culbuter** [1] v. intr. a → tomber b → capoter [2] v. tr. a → abattre b → enfoncer c → vaincre
**culbuteur** n. m. basculeur

**cul-de-basse-fosse** n. m. → **cachot**
**cul-de-four** n. m. → **voûte**
**cul-de-jatte** n. m. → **estropié**
**cul-de-lampe** n. m. → **image**
**cul-de-sac** n. m. → **impasse**
**culée** n. f. → **appui**
**culer** → **reculer**
**culière** n. f. → **harnachement**
**culinaire** gastronomique
**culminant (point)** n. m. → **apogée**
**culmination** n. f. → **apogée**
**culminer** atteindre, dominer, plafonner, surplomber
**culot** n. m. [1] → **hardiesse** [2] → **confiance**
**culottage** n. m. → **vieillissement**
**culotte** n. f. [1] au pr. a vx : braies, chausses, grègues, haut de chausses, rhingrave, trousses b caleçon, flottant, short c de femme : cache-sexe, collant, dessous, lingerie, parure, slip d par ext. : bermuda, bloomer, blue-jean, corsaire, denim, fuseau, jeans, jodhpurs, knickerbockers, pantalon, sampot e arg. : bénard, culbutant, falzar, fendard, froc, futal, grimpant, sac à miches / à purge, valseur [2] fig. → **perte**
**culotté, e** → **impudent**
**culotter** noircir, roder, salir, user
**culottier, ière** n. m. ou f. → **tailleur**
**culpabilisation** n. f. → **confession**
**culpabiliser** rendre → **responsable**
**culpabilité** n. f. faute, imputabilité, responsabilité
**culte** n. m. [1] dévotion, dulie, hyperdulie, latrie → **religion** [2] → **respect** [3] **rendre un culte** → **honorer**
**cul-terreux** n. m. → **paysan**
**cultivable** arable, exploitable, fertile, labourable, rentable
**cultivateur, trice** n. m. ou f. → **agriculteur**
**cultivé, e** [1] → **raffiné** [2] → **instruit**
**cultiver** [1] a exploiter, faire pousser / venir, mettre en culture / valeur b amender, ameublir, arracher, arroser, battre, bêcher, biner, botteler, butter, chauler, cueillir, débroussailler, décavaillonner, déchaumer, défoncer, dépiquer, écimer, éclaircir, écobuer, égrener, emblaver, émotter, enfouir, ensemencer, ensiler, épamprer, épandre, épierrer, essarter, faner, faucher, fertiliser, forcer, fumer, herser, irriguer, jardiner, labourer, marcotter, marner, moissonner, plâtrer, pralinér, racler, râteler, récolter, repiquer, rouler, sarcler, scarifier, sécher, semer, serfouir, soigner, soufrer, sulfater, tailler, vanner, vendanger [2] → **former** [3] → **pratiquer** [4] → **soigner** [5] → **fréquenter**
**cultuel, le** → **religieux**
**culture** n. f. [1] a → **agriculture** b → **élevage** [2] → **savoir** [3] → **civilisation**
**culturel, le** → **didactique**
**culturisme** n. m. → **gymnastique**
**culturiste** n. m. ou f. → **gymnaste**
**cumin** n. m. carvi → **aromate**
**cumul** n. m. → **accumulation**
**cumulard** n. m. [1] → **ambitieux** [2] → **spéculateur**
**cumuler** [1] → **accumuler** [2] → **réunir**
**cupide** → **avare**
**cupidité** n. f. → **avarice**
**cuprifère** cuivreux, cuprique
**cupule** n. f. induvie
**curable** → **perfectible**
**curage** n. m. → **nettoiement**
**curaillon** n. m. → **prêtre**
**curatelle** n. f. [1] → **gestion** [2] → **surveillance**
**curateur, trice** n. m. ou f. [1] → **représentant** [2] → **gérant** [3] → **surveillant**
**curatif, ive** → **efficace**
**cure** n. f. [1] → **soins** [2] → **guérison** [3] maison curiale / presbytérale, presbytère
**curé** n. m. → **prêtre**
**curée** n. f. [1] → **nourriture** [2] → **pillage**
**curer** → **nettoyer**
**curetage** n. m. [1] → **nettoiement** [2] → **suppression**
**cureter** [1] → **nettoyer** [2] → **retrancher**
**cureton** n. m. → **prêtre**
**curette** n. f. racle, raclette, racloir
**curie** n. f. gouvernement pontifical, Saint-Siège, siège apostolique, Vatican
**curieusement** bizarrement, drôlement, étrangement
**curieux, euse** [1] adj. a → **soigneux** (vx) b → **indiscret** c → **rare** d → **intéressant** [2] nom. a → **collectionneur** b → **badaud**
**curiosité** n. f. [1] neutre. a appétit, attention, avidité, intérêt, recherche, soif de connaître, suspense b nouveauté, rareté, singularité → **bibelot** [2] non fav. : espionnage, indiscrétion
**curiste** n. m. ou f. → **visiteur**
**curry** n. m. cari → **aromate**
**cursif, ive** → **rapide**
**cursus** n. m. → **programme**
**curviligne** → **courbe**
**cuspide** n. f. → **pointe**
**cutané, e** dermique, épidermique, peaucier
**cuvage** n. m. cuvaison, vinification
**cuve** n. f., n. m. → **baquet**
**cuvée** n. f. → **origine**
**cuver** → **digérer**
**cuvette** n. f. [1] → **dépression** [2] → **baquet**
**cyanhydrique** prussique (vx)
**cybernétique** n. f. automation, automatisation (off.), biomécanique, bionique, biophysique électronique, robotique
**cycle** n. m. [1] → **vélo** [2] vx : célérifère, draisienne, vélocipède [3] monocycle, tandem, triplette
**cycle** n. m. → **époque**
**cycliste** n. m. ou f. amateur, coureur, cyclotouriste, pistard, professionnel, randonneur ♦ vx : écureuil (du Vel'd'hiv')
**cyclomoteur** n. m. [1] bécane, derny, deux-roues, dragster, moto, motocyclette, scooter, vélomoteur [2] fam. : essoreuse, gros cube, meule, pétard
**cyclone** n. m. → **bourrasque**
**cyclope** n. m. → **géant**
**cyclopéen, ne** → **gigantesque**
**cyclotron** n. m. accélérateur de particules
**cygne** n. m. oiseau de Léda
**cylindre** n. m. ensouple, meule, rouleau
**cylindrée** n. f. cubage, cube, litre, puissance, volume
**cymbalum** ou **czimbalum** n. m. → **corde(s)**
**cynique** → **impudent**
**cynisme** n. m. brutalité, immoralité, impudence → **lascivité**
**cytologie** n. f. → **biologie**

# D

**dab** n. m. [1] → **parent** [2] → **père**
**da capo** → **rythme**
**Dacron ®** n. m. → **tissu**
**dactyle** n. m. → **pied**
**dada** n. m. hobby, idée fixe, lubie, manie, marotte, mode, passe-temps, tic, violon d'Ingres, vogue
**dadais** n. m. ballot, niais, nigaud → **sot**
**dadaïsme** n. m. → **peinture**
**dague** n. f. → **poignard**
**daguerréotype** n. m. → **photographie**
**daguet** n. m. → **cervidé**
**daigner** s'abaisser à, accepter, acquiescer, admettre, agréer, autoriser, condescendre à, consentir à, permettre, tolérer, vouloir bien
**daim** n. m. daine → **cervidé**
**dais** n. m. abri, baldaquin, chapiteau, ciel, ciel de lit, lambrequin, poêle, vélum, voûte
**dallage** n. m. [1] → **pavé** [2] → **revêtement**
**dalle** n. f. [1] carreau, pierre → **céramique** [2] → **gouttière**
**daller** carreler, empierrer, paver, revêtir
**dalmatique** n. f. chasuble, tunique, vêtement sacerdotal
**dalot** n. m. → **conduit**
**dam** n. m. → **dommage**
**damas** n. m. → **tissu**
**damasquiner** → **incruster**
**dame** n. f. [1] → **femme** [2] → **hie**
**dame-jeanne** n. f. → **bouteille**
**damer** tasser → **presser**
**damier** n. m. [1] échiquier, tablier (vx) [2] par ext. : costume / habit d'Arlequin, marqueterie, mosaïque, patchwork → **mélange**
**damnable** → **condamnable**
**damnation** n. f. châtiment → **punition**
**damné, e** nom et adj. [1] → **maudit** [2] → **détestable**
**damner** → **tourmenter**
**damoiseau, elle** n. m. ou f. [1] → **jeune (homme)** [2] → **fille** [3] → **galant**
**dancing** n. m. → **bal**
**dandinement** n. m. → **balancement**
**dandiner** → **balancer**
**dandy** n. m. → **élégant**
**dandysme** n. m. → **affectation**
**danger** n. m. abîme, affaire, alarme, aléa, alerte, casse-cou / gueule, détresse, difficulté, écueil, embarras, embûche, guêpier, hasard, impasse, imprudence, inconvénient, inquiétude, insécurité, mauvais pas, menace, perdition, péril, point chaud / sensible, risque, S.O.S., traverse, urgence ♦ arg. : deuil, pet, pétard, schproum
**dangereux, euse** [1] → **périlleux** [2] → **mauvais** [3] → **imprudent** [4] → **sérieux** [5] → **difficile**
**danois** n. m. → **chien**
**dans** [1] au milieu / au sein de, chez, en, ès (vx) [2] → **selon** [3] → **avec** [4] → **pendant** [5] temps : d'ici
**dansant, e** → **rythmé**
**danse** n. f. [1] au pr. a ballet, chorégraphie, mime, mimique, orchestique*ou* pantomime → **bal** b chaîne, claquettes, entrechat, évolution, farandole, gambille (fam.), ronde, sauterie [2] par ext. a vx : allemande, anglaise, aragonaise, bergamasque, bourrée, branle, carmagnole, chaconne, chahut, contredanse, cotillon, courante, dérobée, écossaise, fricassée, gaillarde, galop, gavotte, gigue, guimbarde, hussarde, lanciers, loure, mascarade, mazurka, menuet, momerie, olivettes, passacaille, passe-pied, pastourelle, pavane, polonaise, polka, quadrille, sabotière, saltarelle, saltation, sarabande, tambourin, tricotets, villanelle b antiq. : bacchanale, pyrrhique c de nombreux termes en fonction de la mode ou des coutumes régionales : bamboula, be-bop, biguine, blues, boléro, boogie-woogie, bossa-nova, boston, cake-walk, calypso, cha-cha-cha, chaloupée, charleston, conga, danse des derviches / du ventre, fandango, flamenco, forlane, fox-trot, habanera, java, jerk, jota, mambo, marche, matchiche, one-step, pas de quatre, paso doble, ridée, rock and roll, rumba, salsa, samba, sardane, scottish, shimmy, sicilienne, sirtaki, ska, slow, swing, tamouré, tango, tarantelle, tyrolienne, twist, valse, zapatéado [3] fig. a → **reproche** b → **volée** [4] a **entrer en danse** → **intervenir** b **mener la danse** → **gouverner** c **donner une danse** → **battre, réprimander**
**danser** [1] au pr. a s'agiter, cabrioler, faire des entrechats, gambiller, gigoter, sauter, sautiller, se trémousser, valser b arg. : frotter, guincher c vx : baller, fringuer d dinguer, valdinguer [2] **ne savoir sur quel pied danser** → **hésiter**
**danseur** n. m. [1] cavalier, partenaire [2] rockeur, valseur [3] par ext. a bateleur, saltimbanque b vx : baladin c **danseur de corde :** funambule d **danseur mondain :** gigolo
**danseuse** n. f. [1] au pr. almée, ballerine, bayadère, chorégraphe, choriste, étoile, girl, petit rat, sujet [2] par ext. a acrobate, baladin (vx) b cavalière, partenaire c entraîneuse, taxi-girl
**dantesque** [1] → **effrayant** [2] → **tourmenté**
**daphné** n. m. bois-gentil, garou, sainbois
**dard** n. m. [1] aiguillon, barbillon, crochet → **trait** [2] vandoise → **poisson**
**darder** → **lancer**
**dare-dare** → **vite**
**dariole** n. f. → **pâtisserie**
**darne** n. f. → **tranche**
**dartre** n. f. pityriasis → **tache**
**dartreux, euse** → **lépreux**
**darwinisme** → **évolutionnisme**
**dasyure** n. m. macroure → **crustacé**
**datcha** n. f. → **habitation**
**date** n. f. [1] an, année, époque, jour, millésime, moment, période, quantième, rubrique, temps [2] par ext. → **délai** [3] fausse date : antidaté, postdaté
**dater** [1] → **vieillir** [2] → **venir (de)**
**dation** n. f. → **don**
**dauber** [1] → **dénigrer** [2] → **railler**
**daubière** n. f. → **braisière**

**dauphin** n. m. [1] → **cétacé** [2] → **successeur**
**dauphinelle** n. f. consoude, delphinium, herbe aux poux, pied d'alouette, staphisaigre
**davantage** → **plus**
**davier** n. m. [1] → **pince** [2] → **levier** [3] mar. → **rouleau**
**dazibao** n. m. journal mural → **placard**
**de** en, entre, par, parmi, pour, selon, suivant
**dé** n. m. [1] cochonnet, cube, toton [2] bob, jacquet, passe-dix, poker, zanzi [3] coups de dés : brelan, rafle, sonnez, terne
**dealer** écon. et pétr. off. : revendeur
**déambulatoire** n. m. → **promenoir**
**déambuler** → **marcher**
**débâcle** n. f. [1] au pr. **a** bouscueil (québ.), dégel **b** incontinence → **diarrhée** [2] fig. : catastrophe, chute, culbute, débandade, débine (fam.), déconfiture, défaite, démolition, déroute, désastre, échec, écroulement, effondrement, faillite, fin, fuite, krach, naufrage, revers, ruine
**déballer** [1] → **défaire** [2] → **montrer** [3] → **confier (se)**
**débandade** n. f. [1] → **fuite** [2] → **défaite**
**débander** → **lâcher**
**débander (se)** → **disperser (se)**
**débarbouiller** → **nettoyer**
**débarcadère** n. m. → **quai**
**débardeur** n. m. → **porteur**
**débarquement** → **arrivée**
**débarquer** [1] → **arriver** [2] → **destituer**
**débarras** n. m. [1] → **grenier** [2] → **remise**
**débarrasser** [1] alléger, arracher, balayer, déblayer, débrouiller, décharger, décoiffer, défaire, dégager, dégorger, délivrer, dépêtrer, déposséder, dépouiller, désencombrer, désobstruer, désopiler (méd.), écheniller, écumer, enlever, évacuer, exonérer, extirper, extraire, filtrer, libérer, nettoyer, ôter, purger, purifier, quitter, retirer, retrancher, sarcler, soulager, soustraire, supprimer, tailler, vider [2] v. pron. : abandonner, s'acquitter / s'affranchir de, balancer, bazarder (fam.), se défaire / défausser / dépouiller de, jeter, en finir, liquider, ôter, oublier, quitter, rejeter → **vendre**
**débat** n. m. [1] → **contestation** [2] → **discussion** [3] → **procès**
**débâtir** → **démolir**
**débattre** [1] → **discuter** [2] v. pron. → **démener (se)**
**débauche** n. f. [1] au pr. **a** l'acte : arsouille, bacchanale, bamboche, bamboula, beuverie, bombe, bordée, boucan, bousin, bringue, coucherie, crapule, crapulerie, débordement, déportement, dérèglement, désordre, écart de conduite, foire, fornication, fredaine, frotti-frotta, godaille, goguette, gouape, libation, noce, nouba, orgie, partie, ribote, ribouldingue, ripaille, scandale, soûlerie, vadrouille, vie de bâton de chaise → **fête b** le comportement : abus, corruption, dépravation, dévergondage, dissipation, dissolution, errements, excès, fange, galanterie, immoralité, impudicité, inconduite, incontinence, indécence, intempérance, ivrognerie, jouissance, libertinage, licence, luxure, ordure, paillardise, polissonnerie, stupre, sybaritisme, turpitude, vice, volupté [2] par ext. : étalage, luxe, quantité, surabondance → **profusion**
**débauché, e** n. ou adj. arsouille, bambocheur, cavaleur, cochon, corrompu, coureur, crapuleux, cynique, dépravé, déréglé, dévergondé, dissipateur, dissolu, don juan, drille, flirteur, grivois, immoral, impudique, indécent, ivrogne, jouisseur, libertin, libidineux, licencieux, lovelace, luxurieux, mauvais sujet, noceur, obscène, orgiaque, paillard, pervers, polisson, porc, ribaud, sardanapalesque, satrape, satyre, sybarite, vaurien, vicieux, viveur ◆ grossier : putassier, verrat ◆ vx : roué, ruffian
**débaucher** [1] → **congédier** [2] → **séduire** [3] v. pron. : mener une vie de bâton de chaise (fam.)
**débile** [1] → **faible** [2] → **bête**
**débilitant, e** [1] → **démoralisant** [2] → **tuant**
**débilité** n. f. abattement, aboulie, adynamie, anémie, asthénie, atonie, chétivité, consomption, délicatesse, faiblesse, fragilité, idiotie, imbécillité, impotence, impuissance, langueur, oligophrénie, psychasthénie
**débiliter** → **affaiblir**
**débine** n. f. → **dèche**
**débiner** → **dénigrer**
**débit** n. m. [1] → **magasin** [2] → **élocution** [3] → **dette** [4] → **écoulement** [5] → **quantité**
**débitant, e** → **commerçant**
**débiter** [1] → **vendre** [2] → **découper** [3] → **prononcer, dire**
**débiteur, trice** n. m. ou f. [1] débirentier, emprunteur, redevable [2] au rouge (fam.), sans provision
**déblai** n. m. [1] aplanissement, débarras, déblaiement, déblayage, dégagement, dépouillement, nettoyage [2] débris, décharge, décombre, gravats, gravois, plâtras
**déblatérer** → **invectiver**
**déblayer** → **débarrasser**
**débloquer** → **dégager**
**déboire** n. m. → **déception**
**déboisement** n. m. abattis, coupe claire / sombre, déforestation, dépeuplement
**déboiser** défricher, dégarnir, déplanter, éclaircir
**déboîtement** n. m. → **entorse**
**déboîter** [1] → **disloquer** [2] → **dépasser**
**débonder** [1] au pr. : mettre en perce, ouvrir [2] fig. : éclater, épancher, se répandre, soulager, vider
**débonnaire** [1] → **bénin** [2] → **brave**
**débord** n. m. dépassant, dépassement
**débordant, e** fig. : abondant, actif, animé, enthousiaste, expansif, exubérant, exultant, fourmillant, gonflé, impétueux, pétulant, plein, prodigue, pullulant, regorgeant, rempli, surabondant, vif, vivant
**débordement** n. m. [1] au pr. : cataclysme, crue, débord, déferlement, déluge, dérèglement, écoulement, diffusion, expansion, explosion, flot, flux, inondation, invasion, irruption, marée, regorgement (vx), submersion [2] par ext. **a** abus, déchaînement, démesure, dérèglement, dévergondage, dissolution, effusion, excès, exubérance, libertinage, licence, profusion, surabondance → **débauche b** bordée, déluge, flot, torrent
**déborder** [1] se déchaîner, déferler, dépasser, se déverser, échapper, envahir, s'épancher, s'épandre, faire irruption, inonder, noyer, se répandre, sortir de, submerger → **couler** [2] par ext. **a** être plein / rempli de, fourmiller, regorger, surabonder **b** contourner, dépasser, tourner **c** éclater, exploser [3] fig. : s'écarter / s'éloigner / sortir de [4] → **emporter (s')**
**débotté (au)** impromptu
**débouché** n. m. [1] clientèle, marché, suite [2] → **sortie**
**déboucher** [1] → **ouvrir** [2] → **sortir** [3] → **jeter (se)**
**déboucler** → **défaire**
**débouler** → **enfuir (s')**
**débouquer** → **sortir**
**débourrer** [1] dépiler, ébourrer, épiler [2] décharger, décongestionner, dégager, vider [3] → **préparer**
**débours** n. m. → **dépense**
**débourser** → **payer**
**debout** carré, dressé, droit, en pied (beaux-arts), érigé, levé, sur pied, sur ses jambes
**débouter** ajourner, éloigner, récuser, refuser, rejeter, renvoyer, repousser
**déboutonner (se)** fig. [1] → **confier (se)** [2] → **payer**
**débraillé, e** → **négligé**
**débrailler (se)** → **découvrir (se)**
**débrancher** et **débrayer** → **interrompre**
**débridé, e** → **excessif**
**débridement** n. m. [1] → **libération** [2] → **violence**
**débrider** [1] couper, exciser, inciser, ouvrir [2] par ext. : déchaîner, donner libre cours
**débris** n. m. balayures, bribes, bris, capilotade, casson, cendre, copeau, déchet, décombre, défet, détritus, épave, ferraille, fragment, limaille, miette, morceau, ossement, plâtras, ramas, rebut, relique, résidu, reste, rogaton, rognure, ruine, sciure, tesson, tombée, tournure, trognon → **déblai**
**débrouillard, e** → **malin**
**débrouillardise** n. f. → **habileté**
**débrouiller** [1] **a** → **distinguer b** → **éclaircir** [2] v. pron. : s'arranger, bricoler, combiner, se démerder / dépatouiller / dépêtrer / tirer d'affaire
**débroussailler** [1] au pr. : défricher, dégager, éclaircir, essarter [2] fig. : débrouiller, dégrossir
**débusquer** → **chasser**
**début** n. m. → **commencement**
**débutant, e** nom et adj. → **novice**
**débuter** → **commencer**
**décacheter** briser / rompre le cachet / le sceau, desceller (vx), ouvrir
**décadence** n. f. [1] abaissement, affaiblissement, affaissement, chute, crépuscule, déchéance, déclin, décrépitude, dégénérescence, dégradation, dégringolade, déliquescence, dépérissement, descente, destruction, détérioration, disgrâce, écroulement, effondrement, étiolement, étiolement, fin, flétrissement, marcescence, pente, recul, régression, renversement, ruine [2] méd. : cachexie, catabolisme, désassimilation
**décadent, e** [1] abâtardi, décrépit, dégénéré, déliquescent, étiolé, fin de race, ramolli [2] baroque, crépusculaire, tard d'époque
**décaisser** → **payer**
**décalage** n. m. [1] → **écart** [2] → **rupture**
**décaler** → **retarder**
**décamper** → **partir**
**décantation** n. f. centrifugation, clarification, décantage, transvasement
**décanter** → **transvaser**
**décapant, e** → **tordant**
**décaper** → **nettoyer**
**décapiter** [1] au pr. : couper le cou / la tête, décoller, faire sauter / tomber / voler la tête, guillotiner, mettre à mort, raccourcir (arg.), supplicier, trancher, tuer [2] par ext. → **abattre** [3] bot. : écimer, écrêter, émonder, étêter
**décarcasser (se)** → **démener (se)**
**décati, e** → **fané**
**déceler** → **découvrir**
**décélérer** freiner, ralentir
**décence** n. f. bienséance, bon aloi, bon ton, chasteté, convenance, correction, délicatesse, dignité, discrétion, éducation, gravité, honnêteté, honneur, modération, modestie, moralité, politesse, propreté, pudeur, pudicité, réserve, respect, retenue, sagesse, tact, tenue, vergogne (vx), vertu
**décent, e** bienséant, bon, chaste, comme il faut, congru, congruent, convenable, correct, délicat, digne, discret, grave, honnête, modeste, poli, propre, pudique, raisonnable, réservé, retenu, sage, séant, sortable, vertueux
**déception** n. f. chagrin, déboire, déconvenue, défrisement, dégrisement, dépit, désabusement, désappointement, désenchantement, désillusion, douche, échec, ennui, infortune, insuccès, mécompte, peine, revers ◆ vx : décompte, tire-laisse
**décerner** → **attribuer**
**décès** n. m. → **mort**
**décevant, e** [1] contrariant, ennuyeux, râlant (fam.) [2] → **trompeur**
**décevoir** → **tromper**
**déchaînement** n. m. [1] → **fureur** [2] → **violence**
**déchaîner** [1] → **occasionner** [2] → **exciter** [3] → **emporter (s')**
**déchanter** se modérer, perdre ses illusions, rabattre de ses prétentions, tomber de haut
**décharge** n. f. [1] bordée, coup, détonation, feu, fusillade, rafale, salve, volée [2] → **débris** [3] accusé de réception, acquit, débarras, déchargement, diminution, quittance, quitus, récépissé, reçu
**déchargement** n. m. aconage (mar.), débardage, débarquement, délestage, livraison, mise à quai / en chantier / en stock
**décharger** [1] au pr. : alléger, débarder, débarquer, débarrasser, délester, diminuer, enlever, libérer, ôter [2] par ext. **a** acquitter, dégrever, dispenser, exempter, excuser, soulager **b** assener, tirer **c** blanchir, disculper, innocenter, justifier, renvoyer d'accusation **d** déteindre
**décharné, e** [1] → **maigre** [2] → **pauvre**
**déchausser** [1] au pr. : dégravoyer [2] par ext. **a** débotter **b** dénuder, dépouiller, déraciner **c** agr. : décavaillonner
**dèche** n. f. besoin, dénuement, gêne, indigence, manque d'argent, médiocrité, misère, nécessité, pauvreté, pénurie ◆ fam. : débine, purée
**déchéance** n. f. [1] cassation, forclusion, prescription [2] bannissement, déclassement, dégradation, déposition, destitution, disgrâce, exclusion, interdiction, licenciement, privation de droits, radiation, renvoi, rétrogradation, révo-

cation, suspension 3 abaissement, avilissement, bassesse, chute, décadence, déclin, décri, dégénération, dégénérescence, déshonneur, discrédit, faute, flétrissure, forfaiture, honte, ignominie, inconduite, indignité, infamie, mésalliance, ruine, souillure, turpitude

**déchet** n. m. 1 battitures, bran, bris, casson, chute, copeau, débris, déperdition, dépôt, détritus, discale, épluchure, falun, freinte, lavure, lie, morceau, ordure, parcelle, perte, pluches, raclure, ramas, rebut, relief, reliquat, résidu, reste, riblon, rinçure, rogaton, rognure, saleté, scorie, tombée, tournure → **excrément** 2 → **avorton**

**déchiffrer** analyser, comprendre, décoder, découvrir, décrypter, démêler, deviner, éclaircir, épeler, expliquer, lire, pénétrer, résoudre, saisir, traduire

**déchiqueter** broyer, couper, déchirer, découper, dépecer, dilacérer, hacher, labourer, lacérer, mettre en charpie / lambeaux / morceaux / pièces, morceler, mordre, pulvériser, sectionner, séparer, taillader, tailler

**déchiqueture** n. f. 1 → **coupe** 2 → **déchirure**

**déchirant, e** 1 aigu, perçant, suraigu 2 bouleversant, douloureux, émouvant, lancinant, navrant, triste

**déchirement** n. m. 1 au pr. : cassure, déchirure, égratignure, éraflure, griffure, lacération, rupture 2 par ext. a affliction, arrachement, chagrin, douleur, épreuve, plaie, souffrance, tourment b discorde, discussion, division, trouble, zizanie

**déchirer** 1 au pr. : carder, couper, déchiqueter, découdre, défaire, délabrer, détériorer, dilacérer, diviser, écarteler, écorcher, égratigner, élargir, entamer, épaufrer, érafler, érailler, excorier, fendre, griffer, labourer, lacérer, mettre en charpie / lambeaux / morceaux / pièces, morceler, ouvrir, percer, rompre, taillader, tailler, traverser → **dépecer** 2 fig. a calomnier, dénigrer, diffamer, médire, offenser, outrager b dévoiler, révéler c affliger, arracher, attrister, désoler, émouvoir, fendre le cœur, meurtrir, navrer, tourmenter

**déchirure** n. f. 1 au pr. : accroc, coupure, déchiqueture, échancrure, écorchure, égratignure, épaufrure, entaille, éraflure, éraillure, excoriation, fente, griffure, rupture, taillade 2 fig. a blessure, déchirement, peine b crevasse, faille, fissuration, fissure, ouverture, percée, trouée

**déchoir** s'abaisser, s'affaiblir, s'amoindrir, s'avilir, baisser, se déclasser, décliner, décroître, se dégrader, dégringoler, démériter, déroger, descendre, dévier, diminuer, s'encanailler, encourir le blâme / la désapprobation, s'enfoncer, forligner (vx), se mésallier, rétrograder, rouler dans, tomber, vieillir → **dégénérer**

**déchu, e** 1 forclos, prescrit 2 abaissé, affaibli, amoindri, avili, cas social, déclassé, dégénéré, dépossédé, déposé, diminué, exclu, irrécupérable, maudit, mis au ban, pauvre, privé de, tombé

**déchristianiser** laïciser, paganiser

**décidable** résoluble, soluble

**décidé, e** 1 quelqu'un : assuré, audacieux, brave, carré, convaincu, courageux, crâne, déterminé, ferme, fixé, franc, hardi, net, résolu, tranchant, volontaire 2 quelque chose : arrêté, certain, choisi, conclu, convenu, décisif, décrété, définitif, délibéré, entendu, fixé, jugé, ordonné, prononcé, réglé, résolu, tranché, vu

**décidément** assurément, certainement, eh bien, en définitive, franchement, manifestement

**décider** 1 décider quelque chose : arbitrer, arrêter, choisir, conclure, convenir de, décréter, définir, délibérer de, déterminer, se déterminer à, dire, disposer, finir, fixer, juger, ordonner, se promettre, prononcer, régler, résoudre, solutionner, statuer, tirer au sort, trancher, vider 2 quelqu'un : convaincre, entraîner, faire admettre à, persuader, pousser 3 v. pron. : adopter un parti / une solution, finir par, se hasarder à, prendre parti, se résoudre à

**décideur** n. m. chef, maître de l'ouvrage, responsable

**décimation** n. f. → **carnage**

**décimer** → **tuer**

**décisif, ive** capital, concluant, convaincant, critique, crucial, décidé, décisoire (jurid.), définitif, dernier, déterminant, déterminé, important, irréfutable, prépondérant, principal, probant → **tranchant**

**décision** n. f. 1 l'acte. a individuel : choix, conclusion, détermination, parti, résolution b public : arrêt, arrêté, décret, délibération, édit, jugement, ordonnance, règlement, résolution, résultat, sentence, ukase, verdict c relig. : bref, bulle, canon, décrétale, rescrit 2 la faculté. a assurance, caractère, courage, énergie, fermeté, hardiesse, initiative, présence d'esprit, réflexe, résolution, volonté b audace, caprice

**déclamateur, trice** 1 n.m. → **orateur** 2 adj. → **emphatique**

**déclamation** n. f. 1 → **éloquence** 2 → **emphase**

**déclamatoire** → **emphatique**

**déclamer** 1 → **prononcer** 2 → **invectiver**

**déclaration** affirmation, annonce, assurance, attestation, aveu, ban, communication, confession, déposition, dire, discours, énonciation, énumération, état, indication, information, manifestation, manifeste, notification, parole, proclamation, profession de foi, promesse, révélation, témoignage, version

**déclarer** affirmer, annoncer, apprendre, assurer, attester, avouer, certifier, communiquer, confesser, confier, découvrir, dénoncer, déposer, dévoiler, dire, s'engager, énoncer, énumérer, s'expliquer, exposer, exprimer, faire état de, indiquer, informer de, manifester, montrer, notifier, porter à la connaissance, prétendre, proclamer, professer, promettre, se prononcer, protester, publier, reconnaître, révéler, signaler, signifier, stipuler, témoigner 1 v. pron. a au pr. : s'avouer, se compromettre, s'expliquer, se reconnaître b fig. : apparaître, se déclencher, survenir

**déclassement** n. m. → **déchéance**

**déclassé, e** → **déchu**

**déclasser** → **déplacer**

**déclenchement** n. m. → **commencement**

**déclencher** 1 → **mouvoir** 2 → **commencer** 3 → **occasionner**

**déclic** n. m. → **bruit**

**déclin** n. m. 1 au pr. : abaissement, affaissement, baisse, chute, décadence, décours, décroissance, décroissement, décroît, diminution, fin, recul, régression 2 par ext. : déchéance, dégénérescence, étiolement, penchant, vieillesse 3 fig. : agonie, couchant, crépuscule, soir, tombée

**déclinatoire** n. m. boussole

**décliner** 1 au pr. : s'achever, s'affaiblir, baisser, décroître, dépérir, diminuer, disparaître, empirer, finir, languir, péricliter, reculer, régresser, se terminer, tomber 2 par ext. : clocher, déchoir, dégénérer, s'écarter, s'étioler, vieillir 3 écarter, éloigner, éviter, refuser, rejeter, renvoyer, repousser

**déclivité** n. f. → **pente**

**décocher** → **lancer**

**décoction** n. f. → **tisane**

**décoder** → **traduire**

**décoiffer** dépeigner, ébouriffer, écheveler, hérisser

**décoincer** → **dégager**

**décollage** n. m. → **départ**

**décollement** n. m. → **séparation**

**décoller** 1 → **séparer** 2 → **décapiter**

**décolleté, e** 1 adj. : dénudé, échancré, ouvert 2 n.m. : → **gorge**

**décoloration** n. f. 1 → **blancheur** 2 matité, noircissement, noircissure, ternissement, ternissure

**décoloré** → **terne**

**décolorer** → **ternir**

**décombres** n. m. pl. déblai, débris, décharge, démolitions, éboulis, épave, gravats, gravois, miettes, plâtras, reste, ruines, vestiges

**décommander** annuler, rapporter, refuser, revenir sur

**décomposable** divisible, sécable

**décomposer** 1 au pr. : analyser, cliver, déliter, désagréger, désintégrer, dissocier, dissoudre, diviser, résoudre, scinder, séparer 2 par ext. a dépecer, désosser, disséquer b altérer, corrompre, désorganiser, faisander, gâter, mortifier, pourrir, putréfier 3 fig. les traits du visage : altérer, troubler

**décomposition** n. f. 1 au pr. a analyse, désintégration, dissociation, dissolution, division, séparation b altération, corruption, dégradation, désagrégation, désorganisation, gangrène, moisissure, pourriture, putréfaction 2 par ext. a agonie, décadence, mort b altération, convulsion, trouble

**décompresser** et **décomprimer** 1 → **lâcher** 2 → **réduire**

**décompte** n. m. 1 d'argent. a compte, détail b déduction, réduction, retranchement 2 → **déception**

**décompter** → **retrancher**

**déconcertant, e** bizarre, démontant, déroutant, embarrassant, imprévu, inattendu, inquiétant, renversant, surprenant, troublant → **étonnant**

**déconcerté, e** confondu, confus, déconfit, décontenancé, défait, déferré, démonté, dépaysé, dérouté, désarçonné, désemparé, désorienté, étourdi, inquiet, interdit, pantois, penaud, renversé, sot, stupéfait, surpris, troublé ◆ fam. : mis en boîte, paumé → **étonné**

**déconcerter** confondre, décontenancer, défaire, déferrer, déjouer, démonter, démoraliser, dépayser, déranger, dérouter, désarçonner, désorienter, embarrasser, embrouiller, inquiéter, interdire, interloquer, intimider, surprendre, troubler → **étonner**

**déconfit, e** 1 → **déconcerté** 2 → **honteux**

**déconfiture** n. f. 1 → **défaite** 2 → **ruine** 3 → **faillite**

**décongestionner** → **dégager**

**déconner** → **déraisonner**

**déconseiller** décourager, dégoûter, détourner, dissuader, écarter, éloigner

**déconsidérer** → **dénigrer**

**décontenancer** → **déconcerter**

**décontracté, e** 1 → **dégagé** 2 → **souple**

**décontraction** n. f. → **aisance**

**déconvenue** n. f. 1 chagrin, déboire, déception, défrisement, dégrisement, dépit, désabusement, désappointement, désenchantement, désillusion, douche, échec, ennui, infortune, insuccès, mécompte, peine, revers ◆ vx : décompte, tire-laisse 2 → **mésaventure**

**décor** n. m. 1 ambiance, apparence, atmosphère, cadre, décoration, milieu, paysage 2 agencement, mansion (vx), mise en scène, praticable, scène, spectacle

**décorateur, trice** n. m. ou f. antiquaire, architecte, ensemblier, modéliste

**décoratif, ive** → **beau**

**décoration** n. f. 1 → **ornement** 2 → **moulure** 3 a chaîne, cordon, croix, étoile, insigne, médaille, palme, plaque, rosette, ruban ◆ fam. : banane, batterie de cuisine, bijoux (de famille), crachat, hochet, vaisselle b françaises anciennes : mérite militaire, ordre de la couronne de fer / de la Réunion / de Saint-Hubert / de Saint-Lazare / de Saint-Louis / de Saint-Michel / du Saint-Esprit c militaires modernes : croix de guerre / croix de guerre T.O.E. / de la Libération / de la valeur militaire / du combattant, médaille militaire, médaille de l'engagé volontaire / de la Résistance / de Verdun, médailles commémoratives d coloniales : dragon de l'Annam, médaille d'or du Bénin, mille millions d'éléphants blancs e civiles : médaille de l'aéronautique / d'honneur des actes de courage et de dévouement, Mérite agricole / maritime, ordre des Arts et des Lettres, ordre national du Mérite, Palmes académiques f étrangères : croix fédérale du Mérite (Allem.), croix de Léopold (Belg.), grand condor des Andes (Chili), ordre royal de Charles III (Esp.), médaille d'honneur (États-Unis), ordre du bain / de la jarretière, Victoria cross (Angl.), ordre du Christ (Portugal), drapeau / étoile rouge soviétique, Toison d'or (Saint-Empire)

**décorer** 1 → **orner** 2 → **récompenser**

**décortiquer** → **éplucher**

**décorum** n. m. → **convenance**

**découdre** → **défaire**

**découdre (en)** s'acharner, affronter, attaquer, bagarrer, batailler, se battre, se colleter, combattre, se débattre, se défendre, se démener, disputer de, s'efforcer, s'escrimer, être aux prises, s'évertuer, ferrailler, guerroyer, se heurter, jouter, livrer bataille, lutter, se mesurer à / avec, résister, rivaliser, rompre des lances

**découler** couler, se déduire, dériver, émaner, procéder, provenir, résulter, tenir à, tirer sa source / son origine de, venir de

**découpage** n. m. 1 coupe, débitage, dépeçage, équarrissage 2 → **suite** 3 → **segmentation**

**découpé, e** accidenté, crénelé, dentelé, engrêlé (blas.), irrégulier, sinué, sinueux, varié

**découper** 1 au pr. : chantourner, charcuter (fam. et péj.), couper, débiter, déchiqueter, démembrer, dépecer, détacher, détailler, diviser, échancrer, équarrir, évider, lever, morceler, partager, trancher 2 par ext. : denteler, détacher, profiler

**découplé, e** 1 → **taillé** 2 → **dispos**

**découpure** n. f. coupe, déchiqueture, incisure, ouverture, taillade

**décourageant, e** affligeant

**découragement** n. m. abattement, accablement, anéantissement, consternation, déception, démoralisation, déréliction, désappointement, désenchantement, désespérance, désespoir, écœurement, lassitude, tristesse ◆ fam. : → **cafard**

**décourager** 1 abattre, accabler, briser, consterner, débiliter, décevoir, dégoûter, démobiliser, démonter, démoraliser, démotiver, déprimer, désenchanter, désespérer, détourner, dissuader, doucher, écœurer, faire perdre confiance / courage, lasser, rebuter, refroidir ◆ fam. : déballonner, dégonfler 2 v. pron. : s'effrayer, renoncer

**décours** n. m. → **déclin**

**décousu, e** anarchique, cafouilleux (fam.), culbuté (vx), désordonné, disloqué, haché, heurté, illogique, incohérent, inconséquent, sans queue ni tête, sautillant

**découvert (à)** à la lumière, à nu, au grand jour, clairement, franchement, ouvertement

**découverte** n. f. astuce (fam.), exploration, illumination, invention, trait de génie / lumière, trouvaille → **recherche**

**découvrir** 1 au pr. : décalotter, décapoter, décapuchonner, déchaperonner, décoiffer, décolleter, dégager, démasquer, dénuder, dévoiler, enlever, laisser voir, ôter 2 par ext. **a** apprendre, avouer, confesser, confier, déceler, déclarer, déclencher (dial.), dénoncer, dévoiler, dire, divulguer, exposer, laisser percer / voir, lever le voile, mettre au jour, montrer, ouvrir, percer à jour, publier, révéler, trahir (péj.), vendre la mèche (fam.) **b** apercevoir, comprendre, diagnostiquer, discerner, reconnaître, remarquer, repérer, saisir, voir 3 fig. : déceler, déchiffrer, dégoter (fam.), dénicher, dépister, détecter, déterrer, deviner, éventer, lire, pénétrer, percer, repérer, trouver 4 v. pron. **a** se débrailler (péj.) / décolleter / dénuder / déshabiller / dévêtir / exposer / mettre (à) nu / montrer **b** saluer **c** le temps : se dégager, s'éclaircir, s'éclairer

**décrassage** n. m. → **nettoiement**

**décrasser** 1 → **nettoyer** 2 → **dégrossir**

**décrépit, e** → **vieux**

**décrépitude** n. f. → **vieillesse**

**décret** n. m. 1 → **décision** 2 → **loi** 3 → **commandement**

**décréter** 1 disposer, légiférer, ordonner → **décider** 2 → **commander**

**décrier** → **dénigrer**

**décrire** 1 → **tracer** 2 → **représenter**

**décrochage** n. m. → **recul**

**décrocher** 1 dépendre, ôter 2 → **reculer**

**décroissance** n. f. → **diminution**

**décroissement** n. m. 1 → **diminution** 2 → **déclin**

**décroître** → **diminuer**

**décrue** n. f. → **diminution**

**décrypter** → **déchiffrer**

**de cujus** n. m. ou f. défunt (off.), testateur → **mort**

**déculpabiliser** innocenter → **excuser**

**dédaigner** faire fi, laisser, mépriser, mésestimer, négliger, refuser, rejeter, repousser, rire de, snober, tourner le dos

**dédaigneux, euse** altier, arrogant, condescendant, distant, farouche, fier, froid, haut, hautain, impérieux, indépendant, indifférent, insolent, méprisant, moqueur, orgueilleux, paternaliste, protecteur, renchéri, réservé, rogue, snob, snobinard, superbe, supérieur ◆ fam. : bêcheur, fine gueule

**dédain** n. m. air / sourire / ton protecteur, arrogance, condescendance, crânerie, déconsidération, dérision, distance, ignorance, fierté, hauteur, indifférence, insolence, mépris, mésestime, moquerie, morgue, orgueil, paternalisme, snobisme, superbe

**dédale** n. m. → **labyrinthe**

**dedans** → **intérieur**

**dédicace** n. f. consécration, envoi, invocation

**dédier** consacrer, dédicacer, dévouer, faire hommage, offrir, vouer

**dédire** 1 contredire, démentir, désavouer 2 v. pron. : annuler, se contredire, déclarer forfait, se délier, se démentir, se désavouer, se désengager, se désister, manquer à sa parole, se raviser, reprendre sa parole, se rétracter, revenir sur, révoquer

**dédit** n. m. 1 annulation, désistement, résiliation, rétractation, révocation 2 jurid. : clause pénale, sûreté → **dédommagement**

**dédommagement** n. m. compensation, consolation, dédit, dommages et intérêts, indemnité, réparation

**dédommager** 1 compenser, donner en dédommagement, indemniser, payer, récompenser, remercier, rémunérer, réparer 2 v. pron. : → **rattraper (se)**

**dédoublement** n. m. → **ubiquité**

**dédoubler** → **partager**

**dédramatiser** minimiser → **calmer**

**déductif, ive** → **logique**

**déduction** n. f. 1 conclusion, démonstration, développement, énumération, raisonnement, récit 2 extrapolation, syllogisme 3 décompte, défalcation, remise, retranchement, ristourne, soustraction

**déduire** 1 → **retrancher** 2 → **exposer** 3 → **inférer**

**déesse** n. f. beauté, déité, dive, divinité, fée, grâce, muse, nymphe, ondine, parque, walkyrie

**défaillance** n. f. 1 → **manquement** 2 → **évanouissement**

**défaillant, e** → **faible**

**défaillir** 1 → **affaiblir (s')** 2 → **évanouir (s')**

**défaire** 1 au pr. **a** neutre : déballer, débarrasser, débâtir, déboucler, déboutonner, décintrer, déclouer, décomposer, découdre, déficeler, dégager, dégrafer, délacer, délier, démonter, dénouer, dépaqueter, déplier, désagrafer, déshabiller, dessangler, détacher, détraquer, disloquer, enlever, étaler, ôter, ouvrir, quitter **b** non fav. : abattre, affaiblir, bouleverser, casser, changer, démolir, déranger, détruire, faire table rase, mettre sens dessus dessous, miner, modifier, renverser, rompre, saper 2 par ext. **a** quelqu'un : affranchir, débarrasser, dégager, délivrer, dépêtrer (fam.), libérer **b** milit. : battre, culbuter, enfoncer, tailler en pièces, vaincre 3 v. pron. **a** on se défait de quelqu'un : s'affranchir, congédier, se débarrasser, se dégager, se délivrer, se dépêtrer, se déprendre, se détacher, s'écarter, éliminer, renvoyer **b** d'une chose : abandonner, aliéner, débarrasser, délaisser, donner, écarter, échanger, jeter, laisser, laisser tomber, liquider, nettoyer, renoncer à, se séparer de, vendre ◆ fam. : balancer, bazarder, mettre au rancart **c** se dépouiller, se déshabiller, ôter / quitter ses vêtements **d** s'amender, se corriger, perdre, quitter

**défait, e** 1 → **déconcerté** 2 → **maigre**

**défaite** n. f. débâcle, débandade, déconfiture, déroute, désavantage, dessous, échec, écrasement, fuite, insuccès, retraite, revers ◆ fam. : branlée, brossée, déculottée, dégelée, frottée, pile, piquette, rossée, rouste → **volée**

**défaitiste** n. m. ou f. 1 → **pessimiste** 2 → **lâche**

**défalcation** n. f. → **déduction**

**défalquer** → **retrancher**

**défaut** n. m. 1 jurid. : contumace 2 au pr. : absence, anomalie, carence, disette, frustration, insuffisance, manque, pénurie, privation, rareté → **faute** 3 → **imperfection** 4 **a** **être en défaut** → **tromper (se)** **b** **faire défaut** → **manquer** **c** **mettre en défaut** → **insuccès** **d** **défaut de prononciation** → **zézaiement**

**défaveur** n. f. 1 décri, discrédit, disgrâce 2 défiance, éclipse, hostilité, inimitié 3 charge, débit

**défavorable** adverse, contraire, dépréciatif, désavantageux, ennemi, fâcheux, funeste, hostile, inamical, mauvais, néfaste, négatif, nuisible, opposé, péjoratif

**défavoriser** → **désavantager**

**défécation** n. f. → **excrément**

**défection** n. f. abandon, apostasie, carence, débandade, déroute, désertion, lâchage, trahison

**défectueux, euse** → **imparfait**

**défectuosité** n. f. → **imperfection**

**défendable** excusable, justifiable, plaidable, soutenable

**défendeur, défenderesse** n. m. ou f. appelé, cité, convoqué, intimé

**défendre** 1 protection. **a** sens général : aider, aller à la rescousse, protéger, secourir, soutenir **b** excuser, intercéder, intervenir, justifier, plaider, prendre en main / protection / sauvegarde, sauvegarder **c** milit. : abriter, couvrir, flanquer, fortifier, garantir, garder, interdire, préserver, protéger, tenir 2 prohibition : empêcher, inhiber (vx), interdire, prescrire, prohiber, proscrire 3 condamner, consigner, fermer 4 v. pron. **a** se battre, se débattre, lutter, parer, résister, riposter **b** se justifier, réfuter, répondre

**défendu, e** 1 abrité, couvert, en défens, flanqué, fortifié, imprenable, indépassable, garanti, gardé, préservé, protégé, secouru, tenu 2 clandestin, illégal, illégitime, illicite, interdit, irrégulier, prohibé 3 → **secret**

**défense** n. f. 1 l'acte. **a** aide, esquive, parade, protection, réaction, repli, rescousse, retraite, riposte, sauvegarde, secours **b** apologie, apologétique (relig.), éloge, excuse, glorification, justification, louange, plaidoirie, plaidoyer, polémique, réponse **c** équit. : cabrage, pesage, ruade **d** contre-indication, défens (vx), embargo, inhibition, interdiction, prohibition **e** → **interdit** 2 l'ouvrage : abri, asile, bouclier, boulevard, citadelle, couverture, cuirasse, fortification, fossé, glacis, mâchicoulis, muraille, réduit, rempart, retranchement 3 → **défenseur** 4 vén. au pl. : broches, boutoir, ivoire

**défenseur** n. m. 1 apologétique (vx), apôtre, champion, partisan, protecteur, redresseur de torts, soutien, tenant 2 attorney (angl.), avocat, avoué, conseil, consultant 3 péj. : avocaillon, avocassier, chicaneur, chicanier 4 arg. : bavard

**défensive** n. f. → **réserve**

**déféquer** 1 → **purifier** 2 faire ses → **besoins**

**déférence** n. f. 1 → **complaisance** 2 → **égard(s)**

**déférent, e** → **complaisant**

**déférer** 1 → **conférer** 2 → **céder** 3 → **inculper**

**déferlement** n. m. → **incursion**

**déferler** se briser

**défet** n. m. → **imperfection**

**défi** n. m. 1 appel, bravade, cartel, challenge, crânerie, fanfaronnade, figue (vx), gageure, menace, provocation, sommation, ultimatum 2 **mettre au défi** → **inviter**

**défiance** n. f. 1 → **crainte** 2 → **méfiance**

**défiant, e** → **méfiant**

**déficeler** → **défaire**

**déficience** n. f. → **manque**

**déficient, e** → **faible**

**déficit** n. m. → **manque**

**déficitaire** → **insuffisant**

**défier** 1 → **braver** 2 → **inviter** 3 v. pron. → **méfier (se)**

**défigurer** → **déformer**

**défilé** n. m. 1 géogr. **a** sur terre : cañon, cluse, col, couloir, faille, gorge, pas, passage, port, porte **b** de mer : bras, canal, détroit, fjord, grau, passe, pertuis 2 cavalcade, colonne, corso, cortège, file, manifestation, mascarade, monôme, procession, retraite, succession, théorie

**défiler** 1 → **passer** 2 v. pron. fam. → **partir**

**défini, e** → **précis**

**définir** 1 → **fixer** 2 → **décider**

**définitif, ive** 1 → **irréversible** 2 → **durable** 3 → **final** 4 → **éternel**

**définition** n. f. → **explication**

**définitive (en)** ainsi donc, au bout du compte, comme quoi, définitivement, donc, en dernière analyse, en fin de compte, en un mot, finalement, pour conclure / finir / terminer, tout compte fait

**définitivement** → **toujours**

**déflagration** n. f. → **explosion**

**défleurir** v. tr. et intr. déflorer, défraîchir, faner, flétrir

**déflorer** 1 → **dépuceler** 2 → **profaner**

**défonçage** ou **défoncement** n. m. ameublissement, piochage → **labour**

**défoncer** [1] → **enfoncer** [2] → **labourer** [3] pron. [a] → **crouler** [b] → **droguer (se)**

**déformation** n. f. [1] altération, anamorphose, bosselure, faute, gauchissement, imperfection, incorrection [2] difformité, contorsion, gibbosité, grimace, infirmité, malformation

**déformer** [1] altérer, changer, transformer [2] aller mal, amocher, avachir, bistourner (techn. ou fam.), contourner, contrefaire, corrompre, courber, défigurer, dénaturer, déparer, dépraver, distordre, écorcher, enlaidir, estropier, fausser, gâter, gauchir, massacrer, mutiler, tordre, trahir, travestir

**défoulement** n. m. → **libération**

**défraîchi, e** → **fatigué**

**défrayer** [1] → **payer** [2] → **occuper**

**défrichage** et **défrichement** n. m. abattage, arrachis, coupe, déforestation, essartage

**défricher** [1] → **cultiver** [2] → **éclaircir**

**défricheur** n. m. pionnier, précurseur

**défriper** et **défroisser** → **repasser**

**défroque** n. f. [1] déguisement, frusque (fam.), guenille, haillon, harde [2] par ext. : carcasse, chair, corps

**défunt, e** adj. et n. → **mort**

**dégagé, e** [1] quelqu'un. [a] fav. : aisé, alerte, élégant, souple, vif [b] neutre : affranchi, débarrassé, décomplexé, décontracté, défoulé, détaché, libéré ◆ fam. : relax [c] non fav. : affranchi, cavalier, délibéré, désinvolte, indifférent, léger, leste, libre, sans-gêne [2] une chose : accessible, clair, débarrassé, découvert, dégagé, facile, libre, ouvert

**dégagement** n. m. [1] → **indifférence** [2] → **passage** [3] → **émanation** [4] → **nettoiement**

**dégager** [1] débarrasser, déblayer, débloquer, débourrer, débroussailler, décoincer, décongestionner, découvrir, dénuder, dépouiller, désencombrer, élaguer, enlever, épurer, évacuer, extraire, nettoyer, ôter, ouvrir, retirer [2] par ext. : affranchir, décharger, déconsigner, dédouaner, dégrever, dispenser, exonérer, libérer, soustraire [3] fam. : s'en aller, circuler, débarrasser / vider les lieux / la place / le terrain, décamper, déguerpir, ficher / foutre (grossier) le camp, partir, sortir, se tirer de [4] un concept : avancer, distinguer, extraire, isoler, manifester, mettre en évidence, rendre évident / manifeste, séparer [5] une odeur : émettre, exhaler, produire, puer, répandre, sentir [6] v. pron. [a] se déprendre, échapper, se libérer, quitter, rompre, se séparer [b] apparaître, se découvrir, s'éclaircir, émaner, émerger, s'exhaler, jaillir, se montrer, se répandre, sortir [c] se faire jour, se manifester, ressortir, résulter

**dégaine** n. f. accent (québ.), attitude, comportement, conduite, démarche, genre, port, silhouette, touche, tournure ◆ fam. : gueule, look → **allure**

**dégarni, e** → **vide**

**dégarnir** [1] débarrasser, découvrir, déménager, démeubler, démunir, dépeupler, dépouiller, vider [2] déboiser, élaguer, émonder, tailler

**dégât** n. m. avarie, bris, casse, débâcle, dégradation, déprédation, destruction, détérioration, dévastation, dommage, grabuge, méfait, perte, ravage, ruine

**dégauchir** aplanir, corriger, dégourdir, dégrossir, raboter, redresser

**dégel** n. m. débâcle → **apaisement**

**dégeler** fig. : amuser, animer, dérider, faire rire / sourire, mettre de l'animation / de la vie, ranimer, réchauffer

**dégénéré, e** nom et adj. abâtardi, arriéré, bâtard, débile, fin de race, idiot, imbécile, minus, taré → **décadent**

**dégénérer** s'abâtardir, s'appauvrir, s'avilir, changer, déchoir, décliner, se dégrader, déroger, se détériorer, s'étioler, forligner (vx), perdre, se pervertir, tomber, se transformer

**dégénérescence** n. f. [1] au pr. : abaissement, abâtardissement, appauvrissement, avilissement, baisse, catabolisme, chute, décadence, déchéance, déclin, dégradation, déliquescence, détérioration, étiolement, gérontisme, perte, perversion, pervertissement, ravalement (vx) [2] non fav. : crétinisme, débilité, gâtisme, idiotie, imbécillité, tare

**déglinguer** → **démolir**

**déglutir** → **avaler**

**dégommer** → **congédier**

**dégonflé, e** nom et adj. → **peureux**

**dégonfler** → **réduire**

**dégorgement** n. m. → **épanchement**

**dégorger** [1] → **vomir** [2] → **débarrasser**

**dégoter** [1] → **trouver** [2] → **surpasser (se)** [3] vx → **renvoyer**

**dégouliner** → **dégoutter**

**dégourdi, e** → **éveillé**

**dégourdir** → **dégrossir**

**dégoût** n. m. abattement, allergie, amertume, anorexie, antipathie, aversion, blasement, chagrin, déboire, déception, dégoûtation, dépit, déplaisir, désenchantement, écœurement, éloignement, ennui, exécration, haine, haut-le-cœur, honte, horreur, humiliation, inappétence, indigestion, lassitude, mélancolie, mépris, mortification, nausée, ras-le-bol (fam.), réplétion, répugnance, répulsion, satiété, spleen, tristesse

**dégoûtant, e** n. et adj. [1] abject, affreux, cochon, crasseux, débectant, décourageant, dégueulasse (grossier), déplaisant, désagréable, écœurant, exécrable, fastidieux, fétide, horrible, ignoble, immangeable, immonde, incongru, infect, innommable, inqualifiable, insupportable, laid, merdique (grossier), nauséabond, nauséeux, odieux, peu ragoûtant, puant, rebutant, repoussant, répugnant, révoltant, sale, sordide → **malpropre** [2] → **honteux** [3] → **obscène**

**dégoûté, e** → **difficile**

**dégoûter** blaser, débecter, déplaire, désenchanter, détourner, dissuader, écœurer, ennuyer, fatiguer, inspirer du dégoût, lasser, ôter l'envie, peser, rebuter, répugner, révolter, soulever le cœur

**dégoutter** couler, dégouliner, distiller, exhaler, fluer, ruisseler, suinter, tomber

**dégradant, e** → **honteux**

**dégradation** n. f. [1] au pr. : bris, casse, dégât, dégravoiement, délabrement, déprédation, destruction, détérioration, dommage, effritement, égratignure, endommagement, éraflure, érosion, graffiti, mutilation, profanation, ruine [2] par ext. [a] abaissement, abrutissement, altération, aveulissement, avilissement, corruption, décadence, déchéance, décomposition, déculturation, dégénération, dégénérescence, déliquescence, dépravation, flétrissure, honte, humiliation, ignominie, prostitution, souillure, tache, tare [b] → **perversion**

**dégrader** [1] au pr. : abîmer, amocher, barbouiller, briser, casser, dégravoyer, délabrer, démolir, détériorer, détraquer, détruire, ébrécher, endommager, enlaidir, égratigner, érafler, fausser, gâter, mutiler, profaner, ruiner, saboter, salir, souiller ◆ fam. : amocher, bousiller, déglinguer, esquinter [2] par ext. : abaisser, abrutir, acoquiner, avilir, corrompre, déchoir, déformer, dépraver, déprimer, déshonorer, déshumaniser, dévaluer, diminuer, disqualifier, flétrir, gâter, humilier, pervertir, profaner, prostituer, rabaisser, ridiculiser [3] géol. : affouiller, éroder, ronger, saper [4] v. pron. : s'affaiblir, s'avilir, baisser, déchoir, dégénérer, dépérir, déroger, descendre, se déshonorer, diminuer, faiblir, tomber

**dégrafer** → **défaire**

**dégraisser** [1] délarder [2] → **nettoyer**

**degré** n. m. [1] échelon, escalier, grade, gradin, graduation, étage, marche, marchepied, perron, rang, rangée, rayon [2] paroxysme, période, phase, point, stade [3] amplitude, niveau [4] carat, classe, cran, échelon, étape, grade, niveau, position, rang [5] différence, gradation, nuance [6] **par degrés :** au fur et à mesure, par échelon / étape / palier, pied à pied, de proche en proche, progressivement

**dégrèvement** n. m. → **diminution**

**dégrever** → **soulager**

**dégringolade** n. f. → **chute**

**dégringoler** [1] → **descendre** [2] → **tomber**

**dégriser** [1] désenivrer, dessoûler [2] → **désillusionner**

**dégrossir** [1] affiner, commencer, débourrer, décrasser (fam.), dégauchir, dérouiller, ébaucher, éclaircir, former [2] débrouiller, dégourdir, déniaiser, désencroûter, dessaler, initier, instruire

**dégrouiller (se)** → **hâter (se)**

**déguenillé, e** dépenaillé, haillonneux, loqueteux, négligé, va-nu-pieds

**déguerpir** → **partir**

**déguisement** n. m. [1] au pr. : accoutrement, carnaval, chienlit, costume, mascarade, masque, momerie, travesti, travestissement [2] par ext. : artifice, camouflage, couverture, dissimulation, fard, feinte, feintise

**déguiser** [1] au pr. : accoutrer, affubler, costumer, maquiller, masquer, travestir [2] par ext. : arranger, cacher, camoufler, celer, changer, contrefaire, couvrir, dénaturer, dissimuler, donner le change, se donner une contenance, dorer la pilule (fam.), emmitoufler, envelopper, farder, habiller, gazer (vx), maquiller, pallier, plâtrer, recouvrir, taire, travestir, tromper

**déguster** → **savourer**

**déhancher (se)** [1] se dandiner / tortiller [2] → **remuer**

**dehors** [1] adv. → **extérieur** [2] n.m. → **apparence**

**déification** n. f. → **apothéose**

**déifier** → **louer**

**déisme** n. m. théisme

**déité** n. f. déesse, dieu, divinité, idole

**déjà** [1] → **tôt** [2] → **vite**

**déjection** n. f. → **excrément**

**déjeté, e** → **détourné**

**déjeuner** [1] v. intr. → **manger** [2] n.m. → **repas**

**déjouer** → **empêcher**

**déjuger (se)** → **changer**

**délabrement** n. m. → **dégradation**

**délabrer** → **détériorer**

**délacer** → **défaire**

**délai** n. m. [1] au pr. : date, temps [2] par ext. [a] non fav. : atermoiement, manœuvre dilatoire, retard, retardement, temporisation [b] neutre : crédit, facilité, loisir, marge, moratoire, préavis, probation, prolongation, prorogation, remise, renvoi, répit, report, surséance (vx), sursis, suspension, trêve [c] mar. : estarie, jour(s) de planche, surestarie [3] **sans délai :** aussitôt, immédiatement, sans déport (vx), séance tenante, sur-le-champ, tout de suite, toutes affaires cessantes

**délaissement** n. m. [1] au pr. [a] abandon, cession, défection, déguerpissement (fam.), déréliction (relig.), renonciation [b] → **isolement** [2] par ext. : désertion, lâcheté

**délaisser** abandonner, déserter, se désintéresser de, lâcher, laisser tomber, négliger, quitter, renoncer à, tourner le dos à → **dédaigner**

**délassement** [1] → **repos** [2] → **divertissement**

**délasser** [1] → **reposer** [2] → **distraire**

**délateur, trice** n. m. ou f. → **accusateur**

**délation** n. f. → **accusation**

**délaver** → **humecter**

**délayage** n. m. → **remplissage**

**délayer** [1] au pr. : couler, détremper, diluer, dissoudre, étendre, fondre, gâcher [2] fig. : allonger, noyer, paraphraser, tourner autour

**délectable** agréable, ambrosiaque, bon, délicat, délicieux, doux, exquis, friand, savoureux

**délectation** n. f. → **plaisir**

**délecter (se)** → **régaler (se)**

**délégant, e** n. m. ou f. commettant, mandant

**délégation** n. f. [1] ambassade, députation [2] attribution, mandat, procuration, représentation

**délégué, e** nom et adj. [1] → **représentant** [2] → **envoyé**

**déléguer** [1] → **envoyer** [2] → **transmettre**

**délester** [1] → **alléger** [2] → **soulager**

**délétère** [1] asphyxiant, irrespirable, nocif, nuisible, toxique [2] → **mauvais**

**délibération** n. f. conseil, consultation, conservation, débat, décision, délibéré, discussion, examen, réflexion, résolution

**délibéré, e** adj. [1] → **dégagé** [2] → **décidé**

**délibéré** n. m. → **délibération**

**délibérément** → **volontairement**

**délibérer** [1] → **discuter, opiner** [2] → **décider** [3] → **penser**

**délicat, e** [1] fav. ou neutre. [a] quelqu'un : agréable, aimable, bon, courtois, délicieux, discret, distingué, doux, élégant, exquis, fin, galant, gentil, gracieux, honnête, humain, joli, mignon, obligeant, parfait, pénétrant, plein de tact, poli, prévenant, probe, pur, raffiné, scrupuleux, sensible, soigné, subtil, tendre

**b** → **svelte** **c** une chose : adroit, aérien, arachnéen, beau, bon, délectable, délié, élégant, éthéré, fignolé (fam.), friand, habile, harmonieux, léché, léger, recherché, savoureux, suave, subtil, succulent, ténu, vaporeux ♦ vx : mignard, tiré 2 péj. **a** quelqu'un : blasé, chatouilleux, chétif, compliqué, débile, difficile, douillet, efféminé, exigeant, faible, fluet, fragile, frêle, maigre, malingre, mince, ombrageux, petit, recherché, susceptible **b** une chose : complexe, critique, crucial, dangereux, embarrassant, malaisé, périlleux, scabreux

**délicatesse** n. f. 1 fav. **a** du caractère, du comportement : agrément, amabilité, amour, attention, bon goût, bonté, circonspection, courtoisie, discrétion, distinction, douceur, élégance, finesse, galanterie, gentillesse, grâce, gracilité, honnêteté, humanité, joliesse, ménagement, obligeance, pénétration, politesse, prévenance, probité, pudeur, pureté, raffinement, réserve, sagacité, scrupule, sensibilité, sociabilité, soin, subtilité, tact, tendresse **b** des actes : adresse, dextérité, habileté, soin **c** d'une chose : finesse, harmonie, légèreté, pureté, recherche, suavité, subtilité, succulence, transparence 2 non fav. **a** de quelqu'un ♦ phys. : débilité, faiblesse, fragilité, maigreur, mignardise, minceur, ténuité ♦ caractère : difficulté, mollesse, susceptibilité **b** d'une chose : complexité, danger, difficulté, péril

**délice** n. m. → **plaisir**

**délicieux, euse** → **délectable**

**délictueux, euse** coupable, criminel, délictuel, fautif, interdit, peccant (vx), répréhensible, susceptible de poursuites

**délié, e** nom et adj. 1 → **menu** 2 → **délicat** 3 → **éveillé**

**délier** 1 → **défaire** 2 → **libérer**

**délimitation** n. f. → **bornage**

**délimiter** 1 → **limiter** 2 → **fixer**

**délinquance** n. f. criminalité, truanderie

**délinquant, e** nom et adj. → **coupable**

**déliquescence** n. f. 1 liquéfaction 2 → **dégradation** 3 → **décadence**

**déliquescent, e** 1 → **fluide** 2 → **décadent** 3 → **gâteux**

**délirant, e** 1 → **extraordinaire** 2 → **violent**

**délire** n. m. 1 au pr. : agitation, aliénation, amok, delirium tremens, divagation, égarement, excitation, folie, frénésie, hallucination, surexcitation 2 par ext. **a** feu sacré, inspiration **b** enthousiasme, exultation, frémissement, passion, trouble

**délirer** → **déraisonner**

**délit** n. m. → **faute**

**déliter** 1 cliver → **séparer** 2 → **décomposer**

**délivrance** n. f. 1 → **libération** 2 → **enfantement** 3 → **remise**

**délivrer** 1 → **remettre** 2 → **libérer**

**déloger** 1 → **chasser** 2 → **partir**

**déloyal, e** 1 → **infidèle** 2 → **hypocrite**

**déloyauté** n. f. 1 → **infidélité** 2 → **hypocrisie**

**delta** n. m. → **embouchure**

**déluge** n. m. 1 → **débordement** 2 → **pluie**

**déluré, e** 1 → **éveillé** 2 → **hardi**

**démagogue** n. m. 1 → **politicien** 2 → **flatteur**

**demain** adv. et n.m. **le lendemain** → **bientôt**

**démancher** 1 briser, casser, déboîter, déglinguer, démancher, démantibuler, démettre, démolir, désarticuler, désemparer, désunir, détraquer, disloquer, diviser, écarteler, fausser, luxer 2 v. pron. ♦ fam. s'agiter, se battre, se colleter, se débattre, se débrouiller, se décarcasser, se démener, se démultiplier, discuter, se donner du mal / de la peine / du tintouin, s'émouvoir, s'empresser de, faire du vent, faire feu des quatre fers, lutter

**demande** n. f. 1 adjuration, appel, conjuration, doléance, imploration, instance, interpellation, interrogation, prière, question, quête (vx), revendication, sollicitation 2 écrit, pétition, placet, réclamation, recours, requête, supplique, vœu 3 candidature, démarche, désir, envie, exigence, prétention 4 commandement, mandement, ordre, sommation

**demander** adresser / faire / former / formuler / présenter une demande, briguer, commander, consulter, cuisiner (fam.), désirer, dire, enjoindre, exiger, exprimer un désir / souhait, implorer, imposer, insister, interpeller, interroger, mander, mendier (péj.), ordonner, pétitionner, postuler, prescrire, présenter un placet / une requête / une supplique, prétendre à, prier, quémander, questionner, quêter, rechercher, réclamer, se recommander de, requérir, revendiquer, solliciter, sommer, souhaiter, supplier, vouloir

**demandeur, deresse** n. m. ou f. jurid. : appelant, poursuivant, requérant

**demandeur, euse** n. m. ou f. 1 quémandeur, solliciteur, tapeur 2 d'emploi : chômeur, inactif, sans emploi / travail

**démangeaison** n. f. 1 → **picotement** 2 → **désir**

**démanger** → **piquer**

**démantèlement** n. m. → **destruction**

**démanteler** 1 abattre, culbuter, débâtir, déconstruire, défaire, démolir, démonter, détruire, disloquer, mettre à bas, raser, renverser 2 par ext. **a** des institutions : abolir, faire table rase, supprimer **b** une chose : abîmer, bousiller, briser, casser, déglinguer, démolir, démonter, détraquer, endommager, esquinter

**démantibuler** → **disloquer**

**démaquiller** → **nettoyer**

**démarcation** n. f. 1 → **limite** 2 → **séparation**

**démarchage** n. m. → **vente**

**démarche** n. f. 1 air, allure, aspect, dégaine, dehors, maintien, marche, mine, pas, port, tenue, tournure 2 par ext. **a** action, attitude, comportement, conduite **b** agissement, approche, cheminement, déplacement, tentative → **demande** **c** → **méthode**

**démarcheur, euse** n. m. ou f. → **représentant**

**démarque** n. f. 1 → **rabais** 2 → **solde**

**démarquer** 1 → **reproduire** 2 → **limiter**

**démarrage** n. m. → **départ**

**démarrer** 1 → **partir** 2 → **commencer**

**démasquer** → **découvrir**

**démêlé** n. m. → **contestation**

**démêler** 1 → **distinguer** 2 → **éclaircir**

**démembrement** n. m. → **division**

**démembrer** 1 → **découper** 2 → **partager**

**déménagement** n. m. → **changement**

**déménager** 1 → **transporter** 2 → **partir** 3 → **déraisonner**

**démence** n. f. → **folie**

**démener (se)** s'agiter, se battre / colleter / débattre / débrouiller / démultiplier / dépenser, discuter, se donner du mal / de la peine, s'émouvoir, s'empresser de, lutter, se mouvoir / multiplier / remuer ♦ fam. : se décarcasser / démancher, faire fissa / feu des quatre fers, se magner, pédaler, péter la flamme / le feu, remuer l'air, se secouer / trémousser

**dément, e** nom et adj. → **fou**

**démenti** n. m. 1 → **dénégation** 2 → **offense**

**démentiel, le** → **absurde**

**démentir** contester, contredire, couper, décevoir, dédire, désavouer, infirmer, s'inscrire en faux, nier, s'opposer à, opposer un démenti

**démérite** n. m. 1 → **faute** 2 → **honte**

**démériter** → **déchoir**

**démesure** n. f. → **excès**

**démesuré, e** astronomique, colossal, déraisonnable, disproportionné, éléphantesque, énorme, exagéré, excessif, exorbitant, extraordinaire, extrême, fantastique, faramineux, formidable, géant, gigantesque, grand, hippopotamesque, illimité, immense, immodéré, incommensurable, infini, monstrueux, monumental, outré, pyramidal, tentaculaire, titanesque, vertigineux ♦ arg. : maousse

**démettre** 1 → **disloquer** 2 → **destituer** 3 → **abdiquer**

**demeurant (au)** après tout, au fond, au / pour le reste, d'ailleurs, en somme

**demeure** n. f. 1 au pr. : adresse, domicile, foyer, habitacle, logis → **habitation** ♦ fam. : pénates 2 **a** **sans demeure** (vx) : sans délai / retard / retardement **b** **à demeure :** en permanence, fixe **c** **mettre en demeure** → **commander** **d** **il y a péril en la demeure** il faut agir rapidement

**demeuré, e** nom et adj. → **bête**

**demeurer** 1 s'arrêter, s'attarder, attendre, coller, s'établir, s'éterniser, s'installer, prendre racine, rester, stationner, tarder 2 continuer, durer, s'entêter, lutter, se maintenir, s'obstiner, persévérer, persister, rester, subsister, survivre, tenir bon / ferme 3 descendre / être / être domicilié à, habiter, loger, occuper, repairer (vén.), résider, séjourner, se tenir, vivre ♦ fam. : crécher, gîter, jucher, nicher, percher

**demi-mondaine** n. f. → **prostituée**

**demi-mot** n. m. → **insinuation**

**demi-portion** n. f. → **gringalet**

**demi-sel** n. m. 1 → **amateur** 2 → **lâche**

**démission** n. f. → **abandon**

**démissionner** 1 → **renoncer** 2 → **abdiquer**

**demi-teinte** n. f. → **couleur**

**démiurge** n. m. bienfaiteur, demi-dieu, dieu, divinité, héros, génie, grand

**démobiliser** 1 renvoyer dans ses foyers 2 → **libérer** 3 fig. → **décourager**

**démocrate** nom et adj. de gauche, démocratique, égalitaire, jacobin, libéral, non directif, républicain

**démocratie** n. f. république, suffrage universel

**démocratique** égalitaire, jacobin, libéral, non-directif, républicain

**démodé, e** → **désuet**

**demoiselle** n. f. 1 → **fille** 2 → **célibataire** 3 → **femme** 4 libellule 5 bélier, dame, hie

**démolir** 1 au pr. : abattre, culbuter, débâtir, déconstruire, défaire, démanteler, démonter, mettre à bas, raser, renverser 2 par ext. **a** des institutions : abolir, faire table rase, saper, supprimer → **détruire** **b** une chose : abîmer, briser, casser, démonter, endommager ♦ fam. : bousiller, déglinguer, démantibuler, détraquer, esquinter **c** quelqu'un : battre, critiquer, déboulonner, épuiser, éreinter, esquinter, perdre, ruiner, terrasser, tuer

**démolisseur, euse** n. m. ou f. → **destructeur**

**démolition** n. f. 1 → **destruction** 2 au pl. : déblai, débris, décharge, décombres, éboulis, épave, gravats, gravois, miettes, plâtras, restes, ruines, vestiges

**démon, démone** n. m., n.f. 1 → **diable** 2 → **génie** 3 → **enthousiasme**

**démoniaque** nom et adj. 1 → **diabolique** 2 → **turbulent** 3 → **énergumène**

**démonstratif, ive** 1 → **communicatif** 2 → **logique**

**démonstration** n. f. 1 argumentation, déduction, expérience, induction, justification, preuve, raisonnement 2 civilités, étalage (péj.), expression, manifestation, marque, preuve, protestations, témoignage

**démonté, e** → **déconcerté**

**démonter** 1 → **défaire** 2 → **déconcerter**

**démontrer** → **prouver**

**démoralisant, e** accablant, affligeant, consternant, débilitant, décevant, déprimant, désespérant, écœurant, effrayant, lassant, rebutant, refroidissant

**démoralisateur, trice** nom et adj. → **pessimiste**

**démoralisation** n. f. → **découragement**

**démoraliser** → **décourager**

**démordre** → **renoncer**

**démotique** nom et adj. commun, populaire, vulgaire

**démuni, e** dénué, dépouillé, dépourvu, destitué, nu, privé → **pauvre**

**démunir** 1 arracher, défaire, dégager, dégarnir, dénuder, dépecer, dépiauter (fam.), dépouiller, déshabiller, dévêtir, écorcher, enlever, ôter, peler, tondre 2 par ext. → **voler**

**démystifier** et **démythifier** → **détromper**

**dénatalité** n. f. → **dépeuplement**

**dénationalisation** n. f. → **privatisation**

**dénaturé, e** → **vicieux**

**dénaturer** → **altérer**

**dénégation** n. f. contestation, controverse, démenti, déni, désaveu, négation, refus, rétractation

**déni** n. m. 1 → **dénégation** 2 → **refus**

**déniaiser** 1 → **dépuceler** 2 → **dégrossir**

**dénicher** 1 au pr. : braconner, chasser, débusquer, enlever 2 par ext. : découvrir → **trouver**

**denier** n. m. 1 → **argent** 2 → **intérêt** 3 → **arrhes**

**dénier** 1 → **nier** 2 → **refuser**

**dénigrement** n. m. → **médisance**

**dénigrer** attaquer, calomnier, condamner, couler, critiquer (par ext.), décauser (rég.), déchiqueter, déchirer, déconsidérer, décréditer, décrier, déprécier, déshonorer, diffamer, discréditer, draper (vx), médire, mépriser, moquer, noircir, perdre de réputation, rabaisser, railler, salir, tympaniser, vilipender

◆ fam. : baver, clabauder, dauber, débiner, déblatérer, éreinter

**dénivellation** n. f. dénivelée, dénivellement, différence, rupture

**dénombrement** n. m. catalogue, cens, compte, détail, économétrie, énumération, état, évaluation, inventaire, liste, litanie, recensement, rôle, statistique

**dénombrer** cataloguer, classer, compter, détailler, dresser l'état / l'inventaire / la liste / le rôle, égrener, énumérer, évaluer, faire le compte, inventorier, nombrer, recenser

**dénomination** n. f. → **nom**

**dénommer** → **appeler**

**dénoncer** [1] accuser, déclarer, désigner, dévoiler, donner, indiquer, livrer, nommer, rapporter, révéler, trahir, vendre ◆ fam. : s'allonger, balancer, brûler, cafarder, cafter, cracher / manger le morceau, donner, en croquer, fourguer, se mettre à table, moucharder [2] annoncer, déclarer, faire savoir, notifier, proclamer, publier, signifier [3] annuler, renoncer, rompre [4] dénoter, faire connaître / sentir, manifester, montrer, sentir

**dénonciateur, trice** n. m. ou f. → **accusateur**

**dénonciation** n. f. [1] → **accusation** [2] → **rupture** [3] → **notification**

**dénoter** → **indiquer**

**dénouement** n. m. achèvement, catastrophe, bout, conclusion, démêlement (vx), épilogue, extrémité, fin, queue, résolution, résultat, solution, terme

**dénouer** [1] → **défaire** [2] → **résorber**

**denrée** n. f. [1] → **marchandise** [2] → **subsistance**

**dense** [1] au pr. : abondant, compact, condensé, dru, épais, feuillu, fort, impénétrable, pilé, plein, serré, tassé, touffu [2] par ext. : compact, concis, condensé, dru, lourd, nombreux, nourri, plein, ramassé, sobre

**densité** n. f. compacité, épaisseur, force → **poids**

**dent** n. f. [1] broche (vén.), canine, carnassière, croc, crochet, défense, denticule, incisive, pince, molaire, pince, prémolaire, surdent ◆ fam. : chicot, clavier, domino, quenotte, ratiche, tabouret [2] par anal. **a** méc. : alluchon, came, cran **b** arch. : denticule, feston **c** géogr. : aiguille, crête, pic [3] fig. : → **animosité**

**dent-de-lion** n. m. pissenlit

**dentelé, e** → **découpé**

**dentelle** n. f. broderie, filet, guipure, macramé, point

**dentelure** n. f. → **échancrure**

**dentier** n. m. prothèse, râtelier (fam.)

**dentiste** n. m. ou f. arracheur de dents (vx et péj.), stomatologiste

**dentisterie** n. f. art / chirurgie / médecine dentaire, odontostomatologie

**dentition** n. f. [1] fam. : clavier, dominos [2] dentier, râtelier (fam.) [3] méc. : denture

**denture** n. f. [1] → **dentier** [2] → **dentition**

**dénuder** [1] → **dépouiller** [2] → **dévêtir**

**dénué, e** démuni, dépouillé, dépourvu, destitué, nu, pauvre, privé

**dénuement** n. m. [1] → **carence** [2] → **sécheresse** [3] → **pauvreté**

**déodorant** n. m. off. : désodorisant

**dépanner** [1] → **aider** [2] → **réparer**

**dépareiller** amputer, déparier, désaccoupler, désapparier, désassortir, diminuer

**déparer** [1] → **déformer** [2] → **nuire à**

**déparier** → **dépareiller**

**départ** n. m. [1] commencement, début, origine [2] appareillage, décollage, démarrage, embarquement, envoi, envol, expédition, partance [3] congédiement, démission, exil, licenciement [4] vx → **distribution**

**départager** [1] → **choisir** [2] → **juger**

**département** n. m. charge, district, domaine, institut, ministère, préfecture, secteur, spécialité, sphère

**départir** [1] → **séparer** [2] → **distribuer** [3] → **renoncer**

**dépassé, e** → **désuet**

**dépassement** n. m. → **excès**

**dépasser** [1] au pr. **a** déboîter, déborder, devancer, doubler, gagner de vitesse, gratter (fam.), l'emporter / mordre sur, passer, trémater (mar.) **b** forjeter, saillir, surpasser, surplomber [2] par ext. : enchérir, exagérer, excéder, faire de la surenchère, franchir, s'oublier, outrepasser les bornes / les limites [3] **ça me dépasse** → **dérouter**

**dépaysement** n. m. → **changement**

**dépayser** → **dérouter**

**dépecer** [1] → **découper** [2] → **partager**

**dépêche** n. f. avis, billet, câble, câblogramme, correspondance, courrier, lettre, message, missive, petit bleu, pli, pneu, pneumatique, télégramme, télex

**dépêcher** [1] → **accélérer** [2] → **envoyer** [3] → **tuer** [4] v. pron. → **hâter (se)**

**dépeigner** décoiffer, ébouriffer, écheveler, hérisser

**dépeindre** → **peindre**

**dépenaillé, e** [1] → **déguenillé** [2] → **négligé**

**dépendance** n. f. [1] log. : analogie, causalité, conséquence, corrélation, enchaînement, interdépendance, liaison, rapport, solidarité [2] fig. : appendice, complément, conséquence, effet, épisode, suite, tenants et aboutissants [3] par ext. **a** accessoire, annexe, bâtiment, communs, succursale **b** on est dans la dépendance de : appartenance, asservissement, assujettissement, attachement, captivité, chaîne, colonisation, contrainte, coupe, domesticité, domination, emprise, esclavage, gêne, griffe, joug, main, mainmise, merci, mouvance, obédience, obéissance, oppression, patte, pouvoir, protectorat, puissance, ressort, servage, servilité, servitude, soumission, subordination, sujétion, tenure (vx), tutelle, vassalité

**dépendant, e** accessoire, corrélatif, correspondant, inférieur, interdépendant, relatif, soumis, subordonné, sujet

**dépendre** [1] appartenir à, découler de, être attaché / enchaîné / lié à / à la merci / sous l'autorité / sous la dépendance de, procéder / provenir / relever / résulter de, se rattacher à, reposer sur, ressortir à, rouler sur, tenir à [2] décrocher, détacher, retirer

**dépens** n. m. pl. charge, compte, coût, crochet, débours, dépense, détriment, frais, prix

**dépense** n. f. [1] l'endroit : cambuse, cellier, garde-manger, office, questure, resserre, réserve [2] l'action de dépenser. **a** au pr. neutre : charge, contribution, cotisation, coût, débours, déboursé, décaissement, dépens, écot, extra, faux frais, frais, impense, investissement, mise, paiement, participation, quote-part, sortie **b** non fav. : dilapidation, dissipation, étalage, exhibition, gaspillage, luxe, montre, prodigalité, profusions (vx)

**dépenser** [1] au pr. : débourser, payer [2] non fav. : **a** consumer, dilapider, dissiper, engloutir, escompter, faire / jouer le grand seigneur, gaspiller, jeter l'argent par les fenêtres, manger, mener grand train, prodiguer, se ruiner, se saigner aux quatre veines, semer son argent, vivre bien / largement / en grand seigneur / sur un grand pied **b** fam. : allonger, banquer, bouffer, casquer, claquer, croquer, dévorer, douiller, écorner son avoir, faire danser les écus / picaillons / sous, flamber, fricasser, fricoter, friper, manger ses quatre sous / son blé en herbe, moyenner (vx), passer au refile, raquer [3] v. pron. : se démener, se dévouer, se fatiguer

**dépensier** n. m. → **économe**

**dépensier, ière** nom et adj. croqueur, dissipateur, dilapidateur, gaspilleur, gouffre, panier percé (fam.), prodigue

**déperdition** n. f. affaiblissement, dégradation, dépérissement, diminution, épuisement, fuite, perte

**dépérir** s'affaiblir, s'altérer, s'anémier, s'atrophier, se consumer, décliner, défaillir, se délabrer, se démolir, dessécher, se détériorer, diminuer, s'étioler, se faner, languir, mourir, péricliter, sécher

**dépérissement** n. m. [1] → **décadence** [2] → **langueur**

**dépêtrer** → **débarrasser**

**dépeuplement** n. m. [1] dénatalité, dépopulation, disparition [2] par ext. → **déboisement**

**dépeupler** → **dégarnir**

**déphasage** n. m. → **écart**

**déphasé, e** → **insensé**

**dépiauter** → **dépouiller**

**dépiler** débourrer, épiler

**dépistage** n. m. chasse, repérage → **recherche**

**dépister** [1] → **découvrir** [2] → **dérouter**

**dépit** n. m. [1] → **aigreur** [2] → **colère** [3] → **fâcherie** [4] **en dépit de** → **malgré**

**dépiter** chagriner, contrarier, décevoir, désappointer, fâcher, froisser → **tromper**

**déplacé, e** désassorti (vx), grossier, hors de propos / saison, impertinent, importun, incongru, incorrect, inopportun, insolent, mal élevé, malséant, malsonnant, malvenu, scabreux → **inconvenant**

**déplacement** n. m. [1] → **voyage** [2] méd. : ectopie, hernie, prolapsus, ptose [3] météo : advection, convection ou convexion

**déplacer** [1] quelque chose : bouger, chambouler (fam.), changer, déboîter, décaler, déclasser, déménager, démettre, déranger, dériver, détourner, excentrer, intervertir, manipuler [2] → **transporter** [3] → **changer** [4] quelqu'un : faire valser (fam.), limoger (péj.), muter, nommer, promouvoir, reclasser [5] v. pron. : aller, avancer, bouger, circuler, déambuler, se déranger, marcher, se mouvoir, venir, voyager

**déplaire** attrister, blesser, choquer, contrarier, coûter, désobliger, ennuyer, fâcher, froisser, gêner, importuner, indisposer, mécontenter, offenser, offusquer, peiner, rebuter, répugner, vexer → **dégoûter**

**déplaisant, e** agaçant, antipathique, blessant, contrariant, dégoûtant, désobligeant, disgracieux, ennuyeux, fâcheux, fastidieux, gênant, irritant, laid, pénible, répugnant → **désagréable**

**déplaisir** n. m. → **ennui**

**déplanter** → **déraciner**

**déplier** → **étendre**

**déplisser** défriper, défroisser

**déploiement** n. m. défilé, démonstration, développement, étalage, étendue, exhibition, manifestation, manœuvre, montre

**déplorable** [1] → **pitoyable** [2] → **affligeant** [3] → **mauvais**

**déplorer** → **regretter**

**déployer** [1] déferler (mar.) [2] → **étendre** [3] → **montrer**

**dépoitraillé, e** → **négligé**

**dépolir** amatir, ternir

**dépopulation** n. f. → **dépeuplement**

**déportation** n. f. [1] → **relégation** [2] → **bannissement**

**déportement** n. m. → **dérèglement**

**déporter** [1] → **reléguer** [2] → **écarter**

**déposer** [1] → **mettre** [2] → **destituer** [3] → **quitter**

**dépositaire** n. m. ou f. concessionnaire, stockiste → **gardien**

**déposition** n. f. [1] → **déchéance** [2] → **témoignage**

**déposséder** dépouiller, déshériter, dessaisir, enlever, évincer, exproprier, frustrer, ôter, priver, soustraire, spolier, supplanter

**dépossession** n. f. → **confiscation**

**dépôt** n. m. [1] d'une valeur : arrhes, avance, caution, cautionnement, consignation, couverture, ducroire, gage, garantie, provision, remise, séquestre, sûreté [2] annexe, comptoir, dock, entrepôt, local, magasin, stock, succursale [3] garage, gare, quai, station [4] → **prison** [5] → **abcès** [6] géol. : agglomération, alluvion, couche, drift, éluvion, javeau, limon, lœss, moraine, sédiment, strate [7] décharge, dépotoir, voirie [8] boue, falun, incrustation, lie, précipité, tartre, vase [9] calamine, calcin, cendre

**dépotoir** n. m. vidoir → **dépôt**

**dépouille** n. f. [1] → **proie** [2] → **mort** [3] → **butin**

**dépouillé, e** [1] → **dénué** [2] → **simple**

**dépouillement** n. m. [1] → **renoncement** [2] → **sécheresse** [3] → **relevé**

**dépouiller** [1] au pr. : arracher, défaire, dégager, dégarnir, dénuder, dépecer, dépiauter (fam.), déshabiller, dévêtir, écorcher, enlever, excorier, ôter, peler, tondre [2] par ext. **a** → **voler** **b** → **abandonner** [3] v. pron. **a** au pr. : muer, perdre **b** par ext. → **abandonner**

**dépourvu, e** → **dénué**

**dépravation** n. f. → **dégradation**

**dépravé, e** → **vicieux**

**dépraver** → **gâter**

**déprécation** n. f. → **prière**

**dépréciateur, trice** n. m. ou f. contempteur, détracteur → **médisant**

**dépréciatif, ive** minoratif → **défavorable**

**dépréciation** n. f. dévalorisation, dévaluation, rabaissement, sous-estimation

**déprécier** abaisser, attaquer, avilir, baisser, critiquer, débiner (fam.), déconsidérer, décréditer, décrier, dégrader, démonétiser, déprimer, détruire, dévaloriser, dévaluer, diffamer, diminuer, discréditer, entacher, flétrir, honnir, méconnaître, méjuger, mépriser, mésestimer, perdre, rabaisser, rabattre, ravaler, salir, sous-estimer, ternir, vilipender ♦ vx : déprimer, détracter

**déprédateur, trice** nom et adj. → **nuisible**

**déprédation** n. f. [1] → **malversation** [2] → **dommage**

**dépression** n. f. [1] au pr. : abaissement, affaissement, bassin, cratère, creux, cuvette, enfoncement, flache, fosse, géosynclinal, vallée [2] par ext. : baisse, crise, dépréciation, diminution, marasme, pénurie, récession [3] → **fatigue** [4] météo : cyclone [5] méd. abattement, adynamie, affaiblissement, alanguissement, aliénation, anémie, asthénie, coma, déprime (fam.), langueur, mélancolie, prostration, sidération, torpeur, tristesse

**déprimant, e** → **affligeant**

**déprimer** [1] → **enfoncer** [2] → **déprécier** [3] → **décourager** [4] → **fatiguer**

**dépuceler** déflorer, dévirginiser ♦ fam. : faire perdre sa virginité, faire virer sa cuti

**dépuratif, ive** n. m. et adj. carminatif, diaphorétique, diurétique, purgatif, rafraîchissant, sudorifique

**dépurer** → **purifier**

**députation** n. f. → **mission**

**député** n. m. [1] ablégat, ambassadeur, amphictyon, commissaire, délégué, émissaire, envoyé, légat, mandataire, ministre, représentant [2] élu / représentant du peuple, membre du Parlement, parlementaire

**déracinement** n. m. [1] au pr. **a** arrachage, arrachement, arrachis, défrichement **b** avulsion, divulsion, énucléation, éradication, évulsion, extirpation, extraction [2] par ext. : déportation, émigration, exil, exode, expatriation

**déraciner** [1] au pr. : abattre, arracher, déplanter, détacher, déterrer, enlever, essoucher, exterminer, extirper, extraire, sarcler, transplanter [2] fig. : déplacer, déporter, détruire, éloigner, exiler, expatrier, faire émigrer

**déraidir** → **lâcher**

**déraison** n. f. → **folie**

**déraisonnable** aberrant, absurde, abusif, dément, déséquilibré, excessif, détraqué, excessif, exorbitant, extravagant, fou, illogique, inconscient, injuste, insensé, irraisonné, irrationnel, irréfléchi, léger, passionné → **bête**

**déraisonner** [1] délirer, devenir / être gaga / gâteux, divaguer, extravaguer, perdre l'esprit / la raison, radoter, ravauder (vx), rêver [2] fam. : battre la breloque / la campagne, débloquer, déconner, déménager, déparler (rég.), dérailler, pédaler dans la choucroute, perdre les pédales

**dérangement** n. m. [1] bouleversement, bousculade, chambardement, changement, débâcle, déplacement, dérèglement, déroute, déséquilibre, désordre, désorganisation, ennui, gêne, interruption, interversion, perturbation, remue-ménage, trouble [2] → **aliénation** [3] → **folie** [4] vx : démanchement, divertissement

**déranger** [1] → **déplacer** [2] → **troubler** [3] → **gêner**

**dérapage** n. m. → **glissement**

**déraper** chasser, glisser, patiner, riper, sous-virer, survirer

**dérèglement** n. m. débauche, débordement, déportement, dévergondage, dissolution, égarement, excès, illogisme, inconduite, inconséquence, iniquité, libertinage, licence → **dérangement**

**dérégler** → **troubler**

**déréliction** n. f. → **abandon**

**dérider** → **égayer**

**dérision** n. f. → **raillerie**

**dérisoire** [1] → **petit** [2] → **ridicule**

**dérivatif** n. m. → **diversion**

**dérivation** n. f. → **détour**

**dérive** n. f. [1] → **gouverne** [2] mar. : dérade [3] → **abandon**

**dériver** [1] → **écarter (s')** [2] → **découler**

**dernier, ère** [1] adj. **a** à la queue, ultime → **final** **b** décisif, définitif, extrême, infime, irrévocable, nouveau, seul, suprême [2] nom. **a** bout, derrière, lambin, lanterne, traînard ♦ fam. : culot, feu rouge, lanterne **b** benjamin, cadet

**dernièrement** → **récemment**

**dérobade** n. f. → **fuite**

**dérobée (à la)** → **secrètement**

**dérober** [1] au pr. : s'approprier, attraper, chaparder, dépouiller, détourner, distraire, s'emparer de, enlever, escamoter, escroquer, extorquer, marauder, picorer, piper, prendre, refaire, soustraire, subtiliser ♦ fam. : barboter, carotter, chauffer, chiper, choper, chouraver, emprunter, étouffer, faucher, gripper (vx), piquer → **voler** [2] par ext. **a** copier, imiter, plagier **b** cacher, dissimuler, masquer, voiler [3] v. pron. **a** se cacher, disparaître, échapper, s'éclipser, s'esquiver, éviter, se faufiler, fuir, se perdre, se réfugier, se retirer, se sauver, se soustraire, se tirer (fam.) **b** éluder, esquiver, éviter, fuir, manquer à, reculer

**dérogation** n. f. → **exception**

**déroger** [1] → **déchoir** [2] → **abaisser (s')** [3] faire exception → **transgresser**

**dérouillée** n. f. → **volée**

**dérouiller** [1] → **nettoyer** [2] → **dégrossir**

**déroulement** n. m. → **évolution**

**dérouler** → **étendre**

**déroutant, e** bizarre, déconcertant, embarrassant, étonnant, imprévisible, imprévu, inattendu, inespéré, inquiétant, stupéfiant, surprenant, troublant

**déroute** n. f. → **défaite**

**dérouter** [1] au pr. : déboussoler, dépister, détourner, dévier, écarter, égarer, éloigner, faire dévier, perdre, semer (fam.) [2] fig. : confondre, déconcerter, décontenancer, dépayser, déranger, désaccoutumer, déshabituer, désorienter, embarrasser, étonner, extravaguer, inquiéter, mettre en difficulté / échec, surprendre, troubler

**derrick** n. m. pétr. off. : tour (de forage)

**derrière** n. m. [1] au pr. : arrière, dos, envers, opposé, pile, rebours, revers [2] **a** par ext. : arrière-boutique-corps **b** arrière-train, bas du dos, coccyx, croupe, croupion, cul, dos, fesses, fond, fondement, postérieur, reins, séant, siège **c** prép. : après, à la suite de, en suite de

**désabusé, e** → **blasé**

**désabusement** n. m. → **déception**

**désabuser** → **détromper**

**désaccord** n. m. [1] → **mésintelligence** [2] → **opposition**

**désaccorder** brouiller, désunir, fâcher, mettre le trouble, semer la zizanie, opposer

**désaccoupler** découpler, dépareiller, désapparier, dételer, séparer

**désaccoutumer** → **dérouter**

**désacraliser** → **profaner**

**désaffecter** → **retrancher**

**désaffection** n. f. désintéressement, détachement → **indifférence**

**désagréable** [1] une chose. **a** affreux, agaçant, blessant, choquant, contraignant, contrariant, déplaisant, désobligeant, détestable, discordant, douloureux, emmerdant (vulg.), énervant, ennuyeux, fâcheux, fastidieux, fatigant, gênant, grossier, importun, inconfortable, insupportable, intolérable, irritant, laid, mal à propos, malencontreux, malheureux, malséant, mauvais, moche (fam.), obscène, pénible, rebutant, regrettable, répugnant, vexant **b** acide, âcre, aigre, âpre, dégoûtant, écœurant, fadasse, fade, fétide, incommodant, insipide, nauséabond, nauséeux, puant, putride, rance, sale, saumâtre, tourné **c** le vin : acide, aigre, âpre, astringent, desséché, doucereux, dur, goût de bouchon, soufré, gras, madérisé, mielleux, pâteux, piqué, plat, rugueux, vert [2] quelqu'un : acariâtre, acerbe, agaçant, agressif, antipathique, atrabilaire, bourru, brusque, désobligeant, disgracieux, fatigant, grossier, haïssable, hostile, impoli, impopulaire, inconvenant, indécent, ingrat, insolent, insupportable, intraitable, maussade, mauvais coucheur, méchant, odieux, offensant, réfrigérant, repoussant, rude, vilain → **revêche**

**désagrégation** n. f. atomisation, décomposition, déliquescence, désintégration, destruction, dislocation, dispersion, dissociation, dissolution, dysharmonie (méd.), écroulement, effritement, éparpillement, fractionnement, morcellement, pulvérisation, rupture, séparation

**désagréger** → **décomposer**

**désagrément** n. m. [1] → **ennui** [2] → **difficulté**

**désaltérer (se)** → **boire**

**désappointement** n. m. chagrin, déboire, déception, déconvenue, dégrisement, dépit, désabusement, désenchantement, désillusion, douche, échec, ennui, infortune, insuccès, mécompte, peine, revers ♦ vx : décompte, tire-laisse

**désappointer** chagriner, contrarier, décevoir, dépiter, fâcher, froisser

**désapprendre** → **oublier**

**désapprobateur, trice** critique, dénigreur, détracteur, improbateur, réprobateur

**désapprobation** n. f. → **condamnation**

**désapprouver** → **blâmer**

**désarmant, e** [1] → **étonnant** [2] → **touchant**

**désarmer** → **fléchir**

**désarroi** n. m. [1] → **trouble** [2] → **émotion**

**désarticuler** → **disloquer**

**désassortir** → **dépareiller**

**désastre** n. m. → **calamité**

**désastreux, euse** → **funeste**

**désavantage** n. m. [1] → **infériorité** [2] → **inconvénient** [3] → **dommage**

**désavantager** défavoriser, dépouiller, déséquilibrer, déshériter, desservir, exhéréder, frustrer, handicaper, léser, nuire, tourner au désavantage

**désavantageux, euse** [1] contraire, défavorable, dommageable, ennuyeux, fâcheux, mauvais, nuisible, pernicieux [2] → **cher**

**désaveu** n. m. [1] → **condamnation** [2] → **rétractation**

**désavouer** [1] → **blâmer** [2] → **nier** [3] → **rétracter (se)**

**désaxé, e** nom et adj. → **fou**

**descellement** n. m. → **enlèvement**

**desceller** [1] → **extraire** [2] → **briser**

**descendance** et **descendant** n. f., n. m. → **postérité**

**descendre** [1] aborder, avaler (mar. ou sports), couler, débarquer, débouler, dégringoler, dévaler, faire irruption, se jeter à bas, plonger, sauter, tomber, venir de [2] mar. : affaler, trévirer [3] par ext. **a** → **abaisser (s')** **b** → **demeurer** **c** → **diminuer** **d** → **tuer**

**descente** n. f. [1] → **incursion** [2] → **pente** [3] → **chute** [4] → **hernie** [5] ski : slalom

**description** n. f. → **image**

**désemparé, e** → **déconcerté**

**désemplir** → **vider**

**désenchantement** n. m. → **déception**

**désengagement** n. m. → **abandon**

**désengager** [1] → **retirer** [2] → **dédire**

**déséquilibre** n. m. → **différence**

**déséquilibré, e** → **fou**

**déséquilibrer** [1] → **pousser** [2] faire → **tomber**

**désert** [1] n.m. **a** au pr. : bled, erg, hamada, pampa, solitude, steppe, toundra **b** fig. : néant, rien, vide [2] adj. **a** → **vide** **b** → **stérile**

**déserter** [1] → **délaisser** [2] → **quitter**

**déserteur** n. m. [1] au pr. : insoumis, transfuge [2] par ext. : apostat, renégat, traître

**désertion** n. f. [1] → **défection** [2] → **insoumission**

**désertique** [1] → **aride** [2] → **vide**

**désescalade** n. f. [1] → **apaisement** [2] → **chute**

**désespérance** n. f. abattement, accablement, consternation, déception, découragement, déréliction, désappointement, désenchantement, désespoir, écœurement, lassitude, mal du siècle, tristesse ♦ fam. : bourdon, cafard

**désespérant, e** → **accablant**

**désespéré, e** [1] → **extrême** [2] → **misérable** [3] → **triste**

**désespérer** → **décourager**

**désespoir** n. m. [1] → **découragement** [2] → **désespérance** [3] → **douleur** [4] → **regret**

**déshabillé, e** [1] adj. **a** → **nu** **b** → **négligé** [2] n.m. → **robe**

**déshabiller** [1] → **dévêtir** [2] fig. → **médire**

**déshabituer** → **dérouter**

**déshérité, e** nom et adj. → **misérable**

**déshériter** défavoriser, dépouiller, désavantager, exhéréder, frustrer, priver

**déshonnête** [1] → **malhonnête** [2] **obscène**

**déshonneur** n. m. → **honte**

**déshonorant, e** → **honteux**

**déshonorer** [1] → **dénigrer** [2] → **abîmer** [3] → **séduire**

**déshydrater** lyophiliser → **sécher**

**desiderata** n. m. pl. 1 → **lacune** 2 → **désir**
**design** n. m. off. : stylique
**désignation** n. f. → **nom**
**designer** n.m. off. : → **styliste**
**désigner** v. tr. → **indiquer, choisir**
**désillusion** n. f. → **déception**
**désillusionner** décevoir, dégriser, désappointer, désenchanter, faire déchanter, refroidir
**désinence** n. f. → **terminaison**
**désinfectant** 1 n.m. : déodorant, désodorisant (off.) 2 adj. → **antiseptique**
**désinfecter** 1 → **purifier** 2 → **nettoyer** 3 désinsecter, épouiller, épucer
**désinfection** n. f. 1 → **assainissement** 2 → **nettoiement** 3 épouillage
**désintégration** n. f. fission, radioactivité, transmutation → **destruction**
**désintégrer** → **décomposer**
**désintéressé, e** 1 → **généreux** 2 → **indifférent**
**désintéressement** n. m. 1 → **indifférence** 2 → **générosité**
**désintéresser** 1 contenter, dédommager, indemniser, intéresser, payer 2 v. pron. : se déprendre, se moquer de, négliger, oublier → **abandonner**
**désintérêt** n. m. → **indifférence**
**désinvolte** → **dégagé**
**désinvolture** n. f. 1 abandon, aisance, assurance, décontraction, facilité, familiarité, légèreté 2 non fav. : effronterie, grossièreté, impertinence, impudence, inconvenance, indiscrétion, laisser-aller, liberté, licence, négligence, privauté, sans-gêne
**désir** n. m. 1 au pr. : ambition, appel, appétence, appétit, aspiration, attente, attirance, attrait, besoin, but, caprice, convoitise, cupidité (péj.), curiosité, demande, démangeaison, desiderata, dessein, envie, espérance, espoir, exigence, faim, fantaisie, force, goût, impatience, inclination, intention, intentionnalité (psych.), intérêt, penchant, prétention, prurit, rêve, soif, souhait, tendance, tentation, vanité, velléité, visée, vœu, volonté, vouloir 2 → **passion**
**désirable** 1 → **appétissant** 2 → **séduisant** 3 → **souhaitable**
**désirer** → **vouloir**
**désireux, euse** affamé, altéré, assoiffé, attaché à, avide, curieux, envieux, impatient, jaloux
**désistement** n. m. → **renoncement**
**désister (se)** → **renoncer**
**désobéir** contrevenir, enfreindre, être insoumis, s'opposer, passer outre, se rebeller, refuser, résister, se révolter, rompre, transgresser → **violer**
**désobéissance** n. f. contravention, indiscipline, indocilité, infraction, inobservation, insoumission, insubordination, mutinerie, opposition, rébellion, refus, résistance, révolte → **violation**
**désobéissant, e** difficile, endêvé (vx et fam.), endiablé, entêté, indiscipliné, indocile, insoumis, insubordonné, intraitable, mutin, opiniâtre, rebelle, récalcitrant, réfractaire, résistant, révolté
**désobligeant, te** blessant, choquant, déplaisant, malveillant, sec, vexant → **désagréable**
**désobliger** 1 → **froisser** 2 → **nuire**
**désobstruer** → **ouvrir**
**désœuvrement** n. m. → **inaction**
**désolation** n. f. → **affliction**
**désoler** 1 → **ravager** 2 → **chagriner**
**désopilant, e** → **risible**
**désordonné, e** 1 → **décousu** 2 → **illogique** 3 fam. : bordélique 4 insouciant, négligent, sans-soin
**désordre** n. m. 1 altération, anarchie, bouleversement, chahut, chambardement, chamboulement, chaos, confusion, débandade, décousu, dégât, dérangement, déroute, désarroi, désorganisation, dissension, embrouillement, enchevêtrement, flottement, gâchis, imbroglio, incohérence, irrégularité, panique, perturbation, pillage, querelle, révolte, révolution, sabotage, scandale, tapage, trouble, tumulte 2 vx : culbute 3 mar. : en pantenne 4 fam. : bin's, bordel, cafouillage, chienlit, fourbi, foutoir, gabegie, margaille (rég.), pastis, ramdam, rififi, salade, schproum, souk → **tohu-bohu** 5 → **débauche** 6 bric-à-brac, éparpillement, fatras, fouillis, jonchée, mélange, pagaille, pêle-mêle
**désorganisation** n. f. → **dérangement**
**désorganiser** → **troubler**
**désorienter** 1 → **dérouter** 2 → **égarer**
**désormais** → **dorénavant**
**desperado** n. m. → **révolutionnaire**
**despote** n. m. → **tyran**
**despotique** → **absolu**
**despotiquement** arbitrairement, autoritairement, cruellement, dictatorialement, fanatiquement, férocement, illégalement, inhumainement
**despotisme** n. m. → **absolutisme**
**dessaisir** 1 → **déposséder** 2 → **renoncer**
**dessaisissement** n. m. → **cession**
**dessalé, e** 1 → **éveillé** 2 → **libre**
**desséchant, e** → **brûlant**
**dessèchement** n. m. 1 au pr. : brûlure, déshydratation, dessiccation, flétrissement 2 par ext. : assainissement, assèchement, drainage, tarissement 3 fig. a phys. : amaigrissement, consomption, maigreur, momification b moral : dureté, endurcissement, sécheresse
**dessécher** 1 → **durcir** 2 → **sécher** 3 → **dépérir**
**dessein** n. m. 1 arrière-pensée, but, conception, conseil, décision, désir, détermination, disposition, entreprise, envie, gré, idée, intention, machination, objet, parti, pensée, plan, préméditation, prétention, programme, projet, propos, proposition, résolution, visée, volonté, vue 2 **à dessein :** avec intention, de propos délibéré, délibérément, en toute connaissance de cause, exprès, intentionnellement, volontairement
**desserrer** défaire, dévisser, écarter, ouvrir, relâcher
**dessert** n. m. fruits → **pâtisserie**
**desserte** n. f. 1 cure, paroisse 2 buffet, crédence, dressoir, vaisselier
**desservant** n. m. → **prêtre**
**desservir** 1 → **nuire** 2 débarrasser, enlever, ôter 3 s'arrêter à, passer par 4 déboucher sur, donner dans, faire communiquer
**dessiccation** n. f. → **dessèchement**
**dessiller** → **détromper**
**dessin** n. m. 1 axonométrie, canevas, coupe, croquis, design, ébauche, élévation, épure, esquisse, œuvre, plan, perspective, projection, projet, relevé, schéma, tracé 2 → **image** 3 crayon, fusain, lavis, pointe-sèche, sanguine, sépia 4 fam. : crobard, jus, merde, sous-cul 5 tatouage
**dessinateur, trice** n. m. ou f. affichiste, caricaturiste, fusainiste, graveur, illustrateur, imagier, modéliste → **styliste**
**dessiner** 1 → **tracer** 2 v. pron. a → **saillir** b → **profiler (se)**
**dessous** 1 adv. : à un niveau inférieur, en contrebas 2 n.m. a → **infériorité** b → **secret** c → **linge** 3 a en dessous → **sournois** b dessous-de-table → **gratification** c dessous du pied : plante, semelle (sports), sole (équit.)
**dessus** 1 n.m. → **avantage** 2 adv. au-dessus : en contre-haut, en haut
**déstabilisation** n. f. → **subversion**
**destin** n. m. aléa, avenir, destinée, fatalité, fatum, hasard, providence, sort, vie
**destinataire** n. m. ou f. 1 allocutaire, auditeur, interlocuteur, récepteur 2 → **acheteur**
**destinateur** n. m. 1 émetteur, locuteur, sujet (parlant) 2 → **approvisionneur**
**destination** n. f. 1 → **but** 2 → **fin** 3 → **usage**
**destinée** n. f. aventure, chance, destin, étoile, fortune, lot, partage, vie, vocation
**destiner** affecter, appliquer, assigner, attribuer, garder, prédestiner, préparer, promettre, réserver, vouer
**destituer** casser, chasser, congédier, débarquer, débouter, déchoir, dégommer (fam.), dégoter (fam.), dégrader, démettre de, démissionner, déplacer, déposer, dépouiller, détrôner, disgracier, faire sauter, licencier, limoger, mettre à pied / à la retraite / en disponibilité, priver, rappeler, relever de ses fonctions, révoquer, suspendre
**destitution** n. f. → **déchéance**
**destrier** n. m. → **cheval**
**destructeur, trice** et **destructif, ive** nom et adj. 1 bousilleur, brise-fer, démolisseur, déprédateur, exterminateur, iconoclaste, ravageur → **saboteur** 2 anéantissant, annihilant, dévastateur, nuisible, stérilisant
**destructible** biodégradable, consommable, consomptible, corruptible, délébile, fongible, gélif, marcescible
**destruction** n. f. abolition, affaiblissement, anéantissement, annihilation, annulation, broyage, défoliation, démantèlement, démolition, désagrégation, désintégration, dévastation, écocide, écrasement, extermination, liquidation, prédation, renversement, ruine, sabordage, sabotage, sape ♦ vx : débris
**désuet, ète** archaïque, démodé, dépassé, gothique (vx), obsolescent, obsolète, passé, périmé, prescrit, rebattu, suranné, vieillot, vieux ♦ fam. : fossile, ringard → **suranné**
**désuétude** n. f. 1 → **abandon** 2 → **vieillesse**
**désunion** n. f. → **mésintelligence**
**désunir** 1 → **séparer** 2 → **saillir**
**détaché, e** → **dégagé**
**détachement** n. m. 1 → **renoncement** 2 → **indifférence** 3 → **troupe**
**détacher** 1 → **libérer** 2 → **défaire** 3 → **séparer** 4 → **nettoyer** 5 v. pron. a → **renoncer** b → **tomber** c → **saillir**
**détail** n. m. 1 → **bagatelle** 2 → **circonstance** 3 → **dénombrement**
**détaillant, e** n. m. ou f. → **commerçant**
**détaillé, e** circonstancié, particularisé
**détailler** 1 → **découper** 2 → **vendre** 3 → **prononcer**
**détaler** → **enfuir (s')**
**détaxe** n. f. dégrèvement → **diminution**
**détaxer** → **exempter**
**détecter** → **découvrir**
**détective** n. m. → **policier**
**déteindre sur** → **influer**
**dételer** 1 → **défaire** 2 → **libérer** 3 → **abandonner**
**détendre** 1 → **apaiser** 2 → **calmer** 3 → **lâcher**
**détendu, e** 1 → **heureux** 2 → **tranquille**
**détenir** 1 → **conserver** 2 → **avoir** 3 → **emprisonner**
**détente** n. f. 1 → **repos** 2 → **divertissement** 3 → **trêve**
**détention** n. f. 1 → **possession** 2 → **emprisonnement**
**détenu, e** n. m. ou f. → **prisonnier**
**détérioration** n. f. 1 → **dégradation** 2 → **dommage**
**détériorer** abîmer, briser, casser, délabrer, démolir, détraquer, endommager, fausser, forcer, gâter, saboter, sabrer → **dégrader** ♦ fam. : amocher, arranger, bousiller, déglinguer, esquinter
**détermination** n. f. 1 → **résolution** 2 → **décision** 3 → **fixation**
**déterminé, e** 1 → **décidé** 2 → **parfait**
**déterminer** 1 → **fixer** 2 → **décider** 3 → **occasionner**
**déterminisme** n. m. 1 → **philosophie** 2 par ext. a → **prédisposition** b → **fatalisme**
**déterrer** exhumer, ressortir, sortir de terre
**détestable** abominable, affreux, damné, exécrable, haïssable, maudit, méprisable, odieux, sacré (par ext. et fam.), vilain → **mauvais**
**détester** → **haïr**
**détonation** n. f. → **explosion**
**détoner** → **éclater**
**détonner** → **contraster**
**détordre** mar. : décommettre
**détour** n. m. 1 angle, boucle, circuit, coude, courbe, crochet, dérivation, déviation, écart, méandre, sinuosité, tournant 2 biais, circonlocution, digression, diversion, faux-fuyant, hypocrisie, par la bande, périphrase, repli, ruse, secret, subterfuge, subtilité, tour 3 au pl. : ambages
**détourné, e** 1 au pr. : contourné, défléchi, déjeté, dévié, dévoyé, en biais, gauchi 2 par ext. a → **indirect** b → **écarté**
**détournement** n. m. 1 → **malversation** 2 flibuste, piraterie (aérienne)
**détourner** 1 abandonner, déconseiller, déplacer la question, déranger, dissuader, distraire, divertir, écarter, éloigner, éluder, empêcher, faire dévier, obliquer, préserver, rabattre, solliciter, soustraire, tourner → **voler** 2 v. pron. → **éviter**

**détracteur, trice** n. m. ou f. 1 → **médisant** 2 → **ennemi**

**détraqué** → **fou**

**détraquer** 1 → **détériorer** 2 → **troubler**

**détremper** → **délayer**

**détresse** n. f. 1 → **danger** 2 → **malheur**

**détriment** n. m. → **dommage**

**détritus** n. m. 1 → **déchet** 2 → **ordure**

**détroit** n. m. bras de mer, canal, chenal, défilé, gorge, grau, manche, pas, passage, passe, pertuis

**détromper** avertir, aviser, démystifier, démythifier, désabuser, désillusionner, dessiller les yeux, éclairer, faire voir, informer, instruire, montrer, signaler, tirer d'erreur

**détrôner** fig. : casser, débarquer, dégommer, dégoter, démettre de, démissionner, déplacer, déposer, dépouiller, destituer, discréditer, éclipser, effacer, faire sauter, limoger, mettre en disponibilité, priver, rappeler, relever de ses fonctions, remettre à la base, renverser, rétrograder, révoquer, supprimer, suspendre

**détrousser** → **voler**

**détruire** abattre, abolir, anéantir, annihiler, annuler, atomiser, bousiller (fam.), briser, brûler, casser, consumer, corroder, défaire, démolir, désoler (vx), écraser, effacer, éliminer, éteindre, étouffer, exterminer, gommer, juguler, liquider, mettre en poudre, miner, néantiser, pulvériser, raser, ravager, renverser, ruiner, saper, supprimer, triturer → **tuer**

**dette** n. f. charge, créance, débet, débit, déficit, devoir, doit, dû, emprunt, obligation, passif, solde ♦ fam. : ardoise, drapeau, pouf

**deuil** n. m. 1 → **tristesse** 2 → **enterrement**

**deuxième** postérieur, second, suivant

**dévaler** → **descendre**

**dévaliser** → **voler**

**dévalorisation** n. f. → **dévaluation**

**dévaloriser** → **déprécier**

**dévaluation** n. f. rabaissement, sous-estimation → **dépréciation**

**dévaluer** → **déprécier**

**devancer** aller au-devant, anticiper, avoir le pas sur, dépasser, distancer, gagner de vitesse, précéder, prendre les devants, prévenir, primer, prévoir, surpasser ♦ fam. : gratter, semer

**devancier, ière** n. m. ou f. 1 → **précurseur** 2 → **aïeul**

**devant** 1 avant, en avant de, face à, en présence de 2 **prendre les devants** → **devancer**

**devanture** n. f. 1 → **façade** 2 → **étalage**

**dévastateur, trice** nom et adj. → **destructeur**

**dévastation** n. f. 1 → **destruction** 2 → **dégât**

**dévaster** → **ravager**

**déveine** n. f. → **malchance**

**développement** n. m. 1 amplification, croissance, déploiement, éclaircissement, épanouissement, essor, évolution, extension, propagation, progrès, rayonnement, suites 2 dissertation, essai, explication, explicitation, exposé, narration, paraphrase, rapport, récit, tartine (fam.), tirade

**développer** 1 agrandir, allonger, amplifier, croître, délayer, déployer, dérouler, étendre, s'étendre, filer, progresser 2 démontrer, éclaircir, enseigner, expliquer, exposer, paraphraser, projeter (math.), raconter, rapporter, traduire, traiter 3 → **former** 4 v. pron. → **croître**

**devenir** n. m. → **évolution**

**devenir** v. i. évoluer, se faire, se rendre, se transformer

**dévergondage** n. m. → **dérèglement**

**dévergondé, e** → **débauché**

**dévers** n. m. → **pente**

**déverser** → **verser**

**déversoir** n. m. daraise → **bonde**

**dévêtir (se)** se découvrir / dégarnir / dénuder / dépouiller / déshabiller, enlever, se mettre à poil (fam.), ôter

**déviation** n. f. 1 → **écart** 2 → **dissidence**

**déviationniste** nom et adj. → **révisionniste**

**dévider** 1 → **étendre** 2 fig. **a** → **raconter** **b** → **éclaircir**

**dévier** → **écarter (s')**

**devin, devineresse** n. m. ou f. annonciateur, aruspice, astrologue, augure, auspice, cartomancien, cassandre, chiromancien, clairvoyant, devineresse, devin, diseur de bonne aventure, extra-lucide, mage, magicien, médium, nécromancien, oniromancien, pronostiqueur, prophète, pythie, pythonisse, rhabdomancien, sibylle, somnambule, sorcier, vaticinateur, visionnaire, voyant

**deviner** 1 → **découvrir** 2 → **pressentir**

**devinette** n. f. → **énigme**

**devis** n. m. 1 → **projet** 2 → **conversation**

**dévisager** → **regarder**

**devise** n. f. 1 → **symbole** 2 → **pensée** 3 → **billet**

**deviser** → **parler**

**dévoiler** → **découvrir**

**devoir** n. m. 1 bien, droit chemin, vertu 2 corvée, exercice, pensum, tâche, travail 3 charge, office 4 dette, exigence, impératif, must (angl.), nécessité, obligation 5 au pl. → **civilités**

**devoir** v. tr. avoir à, être obligé, falloir, redevoir, tirer de

**dévolu, e** 1 → **réservé (être)** 2 **jeter son dévolu** → **choisir**

**dévorant, e** → **brûlant**

**dévorer** 1 → **manger** 2 → **consumer** 3 → **lire**

**dévot, e** nom et adj. 1 → **religieux** 2 → **bigot**

**dévotion** n. f. 1 dulie, latrie → **religion** 2 → **attachement**

**dévoué, e** → **généreux**

**dévouement** n. m. 1 → **attachement** 2 → **volontariat** 3 → **sacrifice**

**dévouer** 1 → **vouer** 2 v. pr. → **sacrifier (se)**

**dévoyé, e** n. et adj. 1 → **détourné** 2 → **égaré** 3 → **vaurien**

**dextérité** n. f. → **habileté**

**diable** n. m. 1 au pr. : ange déchu, démon, démone, diablesse, diablotin, diantre, dragon, génie du mal, incube, Lucifer, malin, maudit, mauvais ange, Méphistophélès, misérable, Satan, serpent, succube, tentateur 2 **à la diable** : à la hâte, de chiqué, en désordre / pagaille (fam.), négligemment, sans conscience / méthode / soin 3 brouette, chariot, fardier

**diablement** → **beaucoup**

**diablerie** n. f. espièglerie, machination, maléfice, malice, manigance, menée, mystère, sabbat, sortilège

**diablesse** n. f. démone, furie, harpie → **mégère**

**diablotin** n. m. → **diable**

**diabolique** 1 démoniaque, luciférien, méchant, méphistophélique, pernicieux, pervers, sarcastique, satanique 2 chtonien, infernal, luciférien

**diadème** n. m. 1 → **couronne** 2 → **nimbe**

**diagnostiquer** → **reconnaître**

**diagramme** n. m. courbe, graphique, plan, schéma

**dialecte** n. m. → **langue**

**dialectique** n. f. et adj. → **logique**

**dialogue** n. m. → **conversation**

**dialoguer** → **parler**

**diamant** n. m. 1 blanc-bleu (arg.), brillant, joyau, marguerite, marquise, pierre, rose, solitaire 2 bort, carbonado, égrisée

**diamétralement** → **absolument**

**diane** n. f. avertissement, réveil, signal, sonnerie

**diantre** → **diable**

**diapason** n. m. accord, niveau, registre, ton

**diaphane** 1 au pr. : clair, hyalin, limpide, luisant, lumineux, net, opalescent, translucide, transparent 2 fig. → **maigre**

**diapré, e** bariolé, bigarré, chatoyant, émaillé, jaspé

**diarrhée** n. f. 1 colique, colite, débâcle, dysenterie, entérite, sprue 2 fam. : chiasse, cliche, courante, foirade, foire, purée 3 vx : dévoiement, tranchées, trouille, venette

**diatribe** n. f. 1 → **reproche** 2 → **satire**

**dictateur** n. m. caudillo, Führer → **tyran**

**dictatorial, e** → **absolu**

**dictature** n. f. → **absolutisme**

**dictée** n. f. 1 au pr. : devoir / exercice d'orthographe 2 fig. péj. → **commandement**

**dicter** 1 → **inspirer** 2 → **prescrire**

**diction** n. f. → **élocution**

**dictionnaire** n. m. codex, encyclopédie, glossaire, lexique, nomenclature, répertoire, terminologie, trésor, usuel, vocabulaire ♦ vx : apparat, calepin, compilation, thésaurus

**dicton** n. m. adage, aphorisme, apophtegme, brocard, formule, locution, maxime, mot, parole, pensée, précepte, proverbe

**didactique** 1 adj. : culturel, documentaire, éducatif, formateur, instructif, pédagogique, scolaire 2 n.f. → **instruction**

**diète** n. f. 1 → **régime** 2 → **jeûne**

**diététicien, ne** n. m. ou f. diététiste, nutritionniste

**diététique** 1 n.f. → **hygiène** 2 adj. → **sain**

**dieu** n. m. 1 déité, démon, divinité, esprit, être, génie, héros, idole, immortel, principe, symbole → **déesse** 2 principales divinités. **a** tradition abrahamanique et philosophique : Allah, alpha et oméga, Bon Dieu, Créateur, démiurge, Dieu bon / éternel / saint, Esprit (Saint), Éternel, Être / Juge suprême, Fils de l'Homme, Grand Architecte de l'Univers, Iahvé, Infini, Jésus, Messie, Notre Seigneur, Père céleste / éternel / saint, Providence (divine), Pur Esprit, Saint Esprit, Sauveur (du Monde), Seigneur, Tout-Puissant, Trinité, Verbe, Yaweh **b** Grèce : Aphrodite, Artémis, Athéna, Cronos, Dionysos, Hécate, Héphaïstos, Héra, Hermès, Morphée, Pan, Poséidon, Thanatos, Zeus **c** Rome : Apollon, Bacchus, Diane, Junon, Jupiter, lares, mânes, Mars, Mercure, Minerve, Neptune, pénates, Saturne, Vénus, Vesta, Vulcain **d** Celtes, Germains et Nordiques : Bah, Odin, Teutatès **e** Égypte : Amon-Râ, Anubis, Horus, Isis, Osiris, Seth **f** bouddhisme, par ext. : Bouddha **g** hindouisme : Brahma, Siva, Krishna, Vishnu **h** arg. : grand Manitou

**diffamant, e** et **diffamatoire** 1 → **faux** 2 → **calomnieux**

**diffamation** n. f. → **médisance**

**diffamer** 1 → **dénigrer** 2 → **médire**

**différence** 1 altérité, antinomie, antithèse, caractéristique, contraste, déséquilibre, déviation, discordance, disparate, disparité, disproportion, dissemblance, dissimilitude, distance, distinction, distorsion, divergence, diversité, écart, éloignement, hétérogénéité, imparité, inégalité, nuance, opposition, particularité, séparation, spécificité, variante, variété 2 → **changement**

**différenciation** n. f. distinction, division, individuation, séparation, transformation

**différencier** apercevoir / établir / faire / marquer une différence, distinguer, différer, isoler, opposer, séparer

**différend** n. m. → **contestation**

**différent, e** alterne, autre, changé, contradictoire, contraire, contrastant, disjoint, disproportionné, dissemblable, distant, distinct, divergent, divers, éloigné, hétérogène, hétérologue, inégal, méconnaissable, modifié, mystérieux, non pareil, nouveau, opposé, particulier, pluriel, séparé, spécifique, tranché, transformé, varié

**différer** 1 → **distinguer (se)** 2 → **retarder**

**difficile** 1 au pr. : abscons, abstrait, abstrus, aporétique, ardu, chinois, complexe, compliqué, confus, coriace, délicat, diabolique, difficultueux, dur, embarrassant, embrouillé, énigmatique, épineux, ésotérique, exigeant, illisible, impénétrable, impossible, inassimilable, indéchiffrable, inextricable, infaisable, ingrat, inintelligible, insupportable, intraitable, introuvable, laborieux, malaisé, pénible, obscur, rude, scabreux, sorcier, subtil, ténébreux, transcendantal, trapu ♦ fam. : coton, duraille, durillon, indécrochable 2 par ext. **a** un accès : casse-cou, dangereux, escarpé, impraticable, inabordable, inaccessible, incommode, malcommode, périlleux, raboteux, raide, risqué **b** un caractère : acariâtre, anguleux, âpre, chicaneur, chicanier, contrariant, difficultueux, dur, exigeant, farouche, immariable, infréquentable, intraitable, invivable, irascible, mauvais coucheur, ombrageux, querelleur, rude → **revêche** **c** fam. : bâton merdeux, cactus **d** un goût : blasé, capricieux, dégoûté, délicat **e** équit. : quinteux, ramingue, rétif

**difficulté** n. f. 1 sens général : aporie, brouillamini, complexité, complication, confusion, danger, délicatesse, incommodité, gêne, obscurité, peine, péril, subtilité 2 quelque chose. **a** contrariété, contretemps, danger, désagrément, embarras, empêchement, ennui, épine, épreuve, friction, histoire, impossibilité, incident, intrication, labeur, objection, obstacle, opposition, pantenne (mar.), peine, point chaud / sensible, problème, puzzle, résistance, souci, tiraillement, tracas, travail, traverse, vicissitude(s) ◆ vx : accroche, anfractuosité, enclouure, involution b fam. : accroc, anicroche, aria, arnaque, bec, bin's, bite, cahot, casse-tête (chinois), chardon, cheveu, chiendent, chierie, cirage, couille, embrouille, emmerde, hic, mastic, os, pépin, pet, rififi, ronce, sac de nœuds, salade, tirage 3 → **incapacité**

**difficultueux, euse** → **difficile**

**difforme** affreux, amorphe, anormal, boiteux, bossu, cagneux, contrefait, cul-de-jatte, défiguré, déformé, dégingandé, déjeté, disgracié, éclopé, estropié, hideux, horrible, infirme, informe, ingrat, laid, mal bâti / fait, monstrueux, nain, rabougri, repoussant, tors ◆ fam. : bancroche, croche, tordu

**difformité** n. f. anomalie, défaut, déformation, disgrâce, gibbosité, handicap, infirmité, malformation, monstruosité

**diffus, e** abondant, bavard, déclamateur, délayé, désordonné, long, obscur, phraseur, prolixe, redondant, verbeux

**diffuser** → **répandre**

**diffusion** n. f. 1 → **propagation** 2 → **émission**

**digérer** 1 au pr. : absorber, assimiler, élaborer, transformer 2 fig. a accepter, avaler, endurer, souffrir, supporter b cuire, cuver, méditer, mijoter, mûrir 3 v. pron. : passer

**digest** n. m. 1 off. : condensé 2 → **revue**

**digeste** assimilable, digestible, léger, sain

**digestif** n. m. → **pousse-café**

**digestion** n. f. absorption, assimilation, coction, déglutition, élaboration, ingestion, nutrition, rumination, transformation

**digit** n. m. bit, chiffre, unité

**digital, e** inform. off. : binaire, numérique

**digitale** n. f. doigt de la Vierge, gant de Notre-Dame, pavée

**digne** 1 → **honnête** 2 → **convenable** 3 → **imposant** 4 **être digne de** → **mériter**

**dignitaire** n. m. → **chef**

**dignité** n. f. 1 → **décence** 2 → **majesté** 3 → **honneur**

**digression** n. f. à-côté, divagation, écart, épisode, excursion, hors-d'œuvre, parabase, parenthèse, placage

**digue** n. f. 1 au pr. : barrage, batardeau, brise-lames, chaussée, estacade, jetée, levée, môle, musoir, obstacle, palée, serrement 2 fig. : barrière, frein, obstacle

**dilapidateur, trice** nom et adj. → **dépensier**

**dilapidation** n. f. coulage, déprédation, dissipation, gâchage, gâchis, gaspillage, perte, prodigalité

**dilapider** → **dépenser**

**dilatation** n. f. ampliation, augmentation, distension, divulsion, élargissement, épanouissement, érection, évasement, expansion, extension, gonflement, grossissement, tumescence, turgescence

**dilater** 1 → **élargir** 2 → **grossir**

**dilemme** n. m. → **option**

**dilettante** n. m. ou f. → **amateur**

**dilettantisme** n. m. → **amateurisme**

**diligence** n. f. 1 → **activité** 2 → **attention** 3 → **coche** 4 a **à la diligence de :** à la demande de b **faire diligence** → **hâter (se)**

**diligent, e** 1 → **actif** 2 → **attentif**

**diluer** → **étendre**

**dimension** n. f. calibre, capacité, contenance, coordonnées, cotes, épaisseur, étendue, extension, force, format, gabarit, grandeur, grosseur, hauteur, jauge, jouée, largeur, longueur, mensuration, mesure, métrage, métré, module, perspective, pointure, profondeur, proportion, puissance, surface, taille, volume ◆ vx : arpent, aune, journal, toise

**diminuer** 1 au pr. on diminue une chose : abaisser, abréger, accourcir, affaiblir, affaisser, alléger, altérer, amaigrir, amenuiser, amincir, amoindrir, amputer, appauvrir, arriser (mar.), atrophier, atténuer, baisser, comprimer, concentrer, condenser, contracter, décharger, décroître, déduire, dégonfler, dégrossir, désenfler, diluer, diviser, ébouter, écimer, éclaircir, écourter, écrêter, effiler, effilocher, élégir, enlever, entamer, équeuter, étrécir, étriquer, évider, freiner, miniaturiser, minimiser, minorer, modérer, ôter, raccourcir, ralentir, rapetisser, réduire, resserrer, restreindre, résumer, retrancher, rétrécir, rogner, ronger, soulager, soustraire, tronquer, user 2 par ext. a on diminue quelqu'un : abaisser, abattre / affaiblir / atténuer / attiédir / émousser / faire tomber / modérer / rabattre / ralentir / relâcher l'ardeur / le courage, accabler, avilir, dégrader, dénigrer, déprécier, discréditer, flétrir, humilier, rabaisser, ternir b une chose diminue quelqu'un : alanguir, amoindrir, amollir, consumer, déprimer, émasculer, épuiser, exténuer, fatiguer c on diminue une peine : adoucir, alléger, apaiser, calmer, consoler, endormir, étourdir, pallier, soulager d on diminue l'autorité : compromettre, infirmer, miner, saper e on diminue les prix : casser / écraser les prix, pratiquer le dumping (péj.) fam. et péj. : cartonner, casser la baraque, faire un carton 3 v. intr. : baisser, se calmer, céder, cesser, déchoir, décliner, décroître, dépérir, descendre, disparaître, s'éclaircir, s'évanouir, faiblir, mollir, pâlir, perdre, rabattre, raccourcir, rapetisser, réduire, se relâcher, resserrer, tomber

**diminutif** n. m. hypocoristique, minoratif

**diminution** n. f. 1 abaissement, abrégement, abréviation, adoucissement, affaiblissement, affaissement, amputation, concentration, contraction, décours, décroissance, décroissement, décrue, dégonflement, dégradation, déperdition, déplétion, épuisement, mutilation, ralentissement, soustraction, suppression, tassement 2 abattement, affidavit, allégement, amoindrissement, atténuation, avoir (fiscal), baisse, bonification, compression, décharge, déflation, dégrèvement, dépréciation, détaxe, dévalorisation, exemption, mitigation, modération, moins-value, rabais, réduction, réfaction, remise, retranchement 3 amaigrissement, amenuisement, amincissement, atrophie, émaciation, raccourcissement, rapetissement, rétrécissement, soulagement 4 litote

**dîner** et **dînette** n. m., n.f. → **repas**

**dingue** nom et adj. → **fou**

**diocèse** n. m. → **évêché**

**dionysiaque** bachique

**diphtérie** n. f. croup

**diplomate** 1 n.m. a → **ambassadeur** b → **négociateur** 2 adj. a → **habile** b → **faux**

**diplomatie** n. f. → **politique**

**diplomatique** 1 consulaire 2 → **faux** 3 → **habile**

**diplôme** n. m. 1 brevet, certificat, degré, grade, parchemin, peau d'âne (fam.), titre 2 baccalauréat, doctorat, licence, maîtrise

**dipsomane** nom et adj. → **ivrogne**

**dire** v. 1 au pr. : articuler, avertir, colporter, communiquer, débiter, déclarer, déclamer, désigner, disserter (par ext.), donner, ébruiter, énoncer, exposer, exprimer, faire, indiquer, juger, narrer, nommer, opposer, parler, phraser, prédiquer, proférer, prononcer, propager, publier, raconter, réciter, relater, répandre, vomir (péj.) → **affirmer** ◆ fam. : accoucher, chanter, cloquer, dégoiser, enfiler, lâcher, sortir 2 par ext. a → **bavarder** b → **médire** c → **avouer**

**dire** n. m. → **allégation**

**direct, e** nom et adj. 1 → **immédiat** 2 → **naturel** 3 → **droit** 4 → **franc** 5 jurid. : advenant

**directement** tout droit / de go

**directeur, directrice** nom et adj. 1 au pr. : administrateur, dirigeant, gérant, gouvernant, intendant, maître, patron, principal, proviseur, recteur, régisseur, responsable, singe (arg.), supérieur, tête 2 **directeur de conscience :** confesseur, confident

**directif, ive** normatif → **autoritaire**

**direction** n. f. 1 administration, animation, autorité, conduite, directorat, gestion, gouvernement, intendance, organisation, présidence, régie, régime, règlement 2 but, chemin, côté, destination, ligne, orientation, route 3 gouvernail, levier de direction, timon, volant 4 brain-trust, commandement, état-major, leadership, quartier général, siège, tête 5 azimut, cap, point (cardinal), route, sens

**directive** n. f. → **instruction**

**dirigeable** n. m. → **ballon**

**dirigeant, e** nom et adj. → **gouvernant**

**diriger** 1 acheminer, aiguiller, amener, anordir, manœuvrer, orienter, piloter, porter sur / vers, rapporter à, tourner vers 2 administrer, animer, conduire, conseiller, contrôler, driver, gérer, gouverner, guider, inspirer, maîtriser, mener, organiser, régenter, régir, régler, superviser 3 ajuster, axer, braquer, darder, viser

**diriger (se)** cheminer, pousser, se tourner vers → **aller**

**discernement** n. m. → **entendement**

**discerner** 1 → **distinguer** 2 → **percevoir**

**disciple** n. m. ou f. 1 adepte, continuateur, épigone, fidèle, fils spirituel → **successeur** 2 → **partisan** 3 → **élève**

**disciplinaire** pénitentiaire, réglementaire

**discipline** n. f. 1 → **ordre** 2 → **enseignement** 3 → **fouet**

**discipliné, e** → **obéissant**

**discipliner** assujettir, dompter, dresser, éduquer, élever, former, plier, soumettre

**discontinu, e** → **intermittent**

**discontinuer** → **interrompre**

**discontinuité** n. f. arrêt, cessation, discontinuation, intermittence, interruption, suspension

**disconvenance** n. f. contradiction, contraste, désaccord, disproportion, impropriété, incompatibilité, opposition

**discordance** n. f. 1 → **mésintelligence** 2 → **dissonance** 3 → **différence**

**discordant, e** 1 criard, disparate, disproportionné, dissonant, faux, mêlé, opposé 2 adverse, chicanier, confus, contraire, défavorable, désordonné, désorganisé, faux, incohérent, incompatible, rebelle

**discorde** n. f. → **mésintelligence**

**discount** n. m. off. : ristourne

**discoureur, euse** n. m. ou f. → **bavard**

**discourir** bavarder, causer, débiter, déclamer, disserter, haranguer, palabrer, parler, pontifier, prêcher ◆ fam. : laïusser, pérorer, tartiner

**discours** n. m. 1 au pr. : adresse, allocution, apologie, catilinaire (péj.), causerie, compliment, conférence, conversation, déclaration ministérielle, défense, dialogue, éloge, entretien, exhortation, exposé, harangue, oraison, palabre, parabase, paraphrase, préface, proclamation, propos, prosopopée, traité ◆ fam. : baratin, jus, laïus, postiche, speech, tartine, topo → **bavardage** 2 par ext. a débit, élocution, galimatias (péj.), langage, langue, parole b jurid. : plaidoirie, plaidoyer, réquisitoire c relig. : homélie, instruction, oraison, panégyrique, prêche, prédication, prône, sermon d santé, toast

**discourtois, e** → **impoli**

**discrédit** n. m. 1 → **défaveur** 2 → **honte**

**discréditer** 1 au pr. : attaquer, baver, calomnier, clabauder (fam.), critiquer 2 par ext. : déchiqueter, déchirer, déconsidérer, décréditer, décrier, dénigrer, déprécier, déshonorer, détrôner, diffamer, médire, noircir, rabaisser, salir, tympaniser, vilipender ◆ fam. : dauber, débiner, déblatérer, démonétiser

**discret, ète** 1 a circonspect, mesuré, modéré, modeste, poli, pondéré, prudent, réservé, retenu → **silencieux** b vx : taiseux c → **distingué** 2 inaperçu, mis à part, retiré, secret 3 math. et log. : digital, discontinu, identifiable, indécomposable, isolable, nombrable, spécifique

**discrètement** en cachette, en catimini

**discrétion** n. f. 1 → **retenue** 2 **à discrétion** → **volonté (à)**

**discrétionnaire** → **absolu**

**discrimination** n. f. → **distinction**

**discriminatoire** → **honteux**

**discriminer** → **distinguer**

**disculpation** n. f. 1 → **excuse** 2 par anal. → **amnistie**

**disculper** → **excuser**

**discursif, ive** → **logique**

**discussion** n. f. 1 affaire, altercation, chicane, conflit, contestation, controverse, déchirement, démêlé, désaccord, discorde, dispute, dissension, heurt, litige, logomachie, marchandage, noise, palabre, polémique, querelle, rixe, scène ◆ fam. : attrapade, bisbille, chamaille, chamaillerie, grabuge, prise de bec, schproum, vie ◆ vx : contention 2 conversation, critique, débat, dissertation, étude, examen, explication, face à face → **conférence**

**discutable** → **incertain**

**discuter** 1 agiter, analyser, arguer, argumenter, barguigner, bavarder, conférer, colloquer, considérer, controverser, débattre, délibérer de, démêler, se disputer, échanger des idées / des points de vue, examiner, mettre en doute / en question, négocier, parlementer, passer en revue, tenir conseil, traiter 2 batailler, se chamailler, contester, criticailler, critiquer, discutailler, épiloguer, ergoter, s'escrimer, ferrailler, gloser, jouter, lutter, marchander, mégoter, nier, palabrer, polémiquer, politiquer (vx), se quereller, ratiociner, rompre des lances, sourciller, tailler le bout de gras (fam.), trouver à redire

**disert, e** bavard, beau diseur / parleur, convaincu, diseur, éloquent, fleuri

**disette** n. f. absence, besoin, dèche, défaut, dénuement, famine, manque, misère, nécessité, pénurie, rareté, vaches maigres (fam.) → **pauvreté** ◆ vx : stérilité

**diseur, euse** nom et adj. 1 → **disert** 2 **diseur de bonne aventure** → **voyant**

**disgrâce** n. f. 1 → **défaveur** 2 → **malheur**

**disgracié, e** → **laid**

**disgracier** → **destituer**

**disgracieux, euse** 1 abrupt, déplaisant, désagréable, détestable, discourtois, fâcheux, grincheux, grossier, impoli, malgracieux 2 → **difforme**

**disharmonie** n. f. → **dissonance**

**disjoindre** 1 → **disloquer** 2 → **écarter** 3 → **séparer**

**disjoncteur** n. m. → **interrupteur**

**disjonction** n. f. 1 bifurcation, désarticulation, désunion, dislocation, division, divorce, écartement, éloignement, scission, séparation 2 gram. : asyndète

**dislocation** n. f. 1 → **entorse** 2 → **dispersion**

**disloquer** 1 briser, casser, déboîter, déglinguer, démancher, démantibuler, démettre, démolir, désarticuler, désemparer, désunir, détraquer, disjoindre, diviser, écarteler, fausser, luxer 2 v. pron. : a une chose : se désagréger, se dissoudre, se séparer b . Quelqu'un : se contorsionner, se déformer, se désosser (fam.)

**disparaître** 1 dégénérer, s'éteindre, s'étioler → **mourir** 2 abandonner, s'absenter, s'anéantir, se cacher, cesser d'être visible / d'exister, se coucher, décamper, se dérober, diminuer, se dissimuler, se dissiper, se dissoudre, échapper aux regards / à la vue, s'éclipser, s'écouler, s'effacer, s'éloigner, s'en aller, s'enfoncer, s'enfuir, s'engouffrer, s'envoler, s'épuiser, s'escamoter, s'esquiver, s'estomper, être couvert / recouvert, s'évanouir, s'évaporer, finir, fuir, manquer à l'appel, se noyer dans, pâlir, partir, passer, se perdre, plonger, quitter, se retirer, se soustraire à la vue, tarir, se voiler, se volatiliser ◆ fam. : s'esbigner, prendre la poudre d'escampette, sauter, se tirer

**disparate** 1 n.f. → **opposition** 2 adj. a → **bigarré** b → **discordant**

**disparité** n. f. → **différence**

**disparition** n. f. 1 → **éloignement** 2 → **fin**

**disparu, e** → **mort**

**dispatcher** n. m. off. 1 milit. 2 écon. : répartiteur

**dispatching** n. m. off. 1 milit. largage 2 écon. : répartition

**dispendieux, euse** → **cher**

**dispensaire** n. m. → **hôpital**

**dispensateur, trice** distributeur, répartiteur

**dispense** n. f. 1 → **immunité** 2 → **permission**

**dispenser** 1 → **distribuer** 2 → **permettre** 3 → **exempter** 4 v. pron. → **abstenir (s')**

**disperser** 1 dilapider, disséminer, dissiper, émietter, éparpiller, jeter, parsemer, répandre, semer 2 désunir, diviser, répartir, séparer 3 balayer, battre, chasser, débander, mettre en déroute / en fuite 4 v. pron. a quelqu'un : se débander, s'écarter, s'égailler, s'égrener, s'enfuir, s'éparpiller, essaimer, fuir, rompre les rangs b une chose : brésiller, diffuser, irradier, rayonner

**dispersion** n. f. 1 atomisation, déflexion, diaspora, diffraction, diffusion, dislocation, dissémination, division, écartement, émiettement, éparpillement, fractionnement, séparation 2 par ext. : débandade, démanchement (vx), déroute, fuite, retraite 3 fig. → **distraction**

**disponibilité** n. f. 1 congé 2 → **liberté** 3 au pl. → **argent**

**disponible** 1 → **libre** 2 → **vacant**

**dispos, e** agile, alerte, allègre, bien portant, découplé, délié, en bonne santé / forme, éveillé, frais, gaillard, ingambe, léger, leste, ouvert, preste, reposé, sain, souple, vif, vite ◆ fam. : avoir la frite / la patate / la pêche

**disposé, e** 1 → **favorable** 2 → **mûr**

**disposer** 1 → **arranger** 2 → **préparer** 3 → **décider** 4 → **aliéner**

**dispositif** n. m. 1 machine, mécanique, mécanisme 2 agencement, arrangement, méthode, procédé → **disposition**

**disposition** n. f. 1 de quelqu'un : aptitude, bosse (fam.), capacité, dons, esprit, état, étoffe, facilités, fibre (fam.), goût, impulsion, inclination, innéité, instinct, mesure, moyens, orientation, penchant, prédestination, prédisposition, propension, qualités, sentiment, talent, tendance, vertu, vocation 2 disposition d'esprit : affect (psych.), condition, dessein, état, humeur, intention, sentiment 3 d'une chose : agencement, ajustement, appareil (arch.), arrangement, combinaison, composition, configuration, construction, coordination, dispositif, distribution, économie, êtres, modalités, montage, ordonnance, ordre, organisation, orientation, place, plan, position, rangement, répartition, situation 4 au pl. : arrangement, cadre, clause, condition, décision, mesure, précaution, préparatif, résolution, testament

**disproportion** n. f. → **différence**

**disproportionné, e** démesuré, déséquilibré, inégal, maladroit, mal proportionné

**dispute** n. f. 1 → **discussion** 2 → **querelle**

**disputer** 1 v. intr. → **discuter** 2 v. tr. a une chose à quelqu'un : briguer, défendre, soutenir b fam. quelqu'un : attraper, engueuler (vulg.), gourmander, gronder, réprimander → **tancer** 3 v. pron. : avoir des mots (fam.), se battre, se chamailler, se chicaner, se chipoter (fam.), échanger des mots / des paroles, se quereller

**disqualification** n. f. → **expulsion**

**disqualifier** 1 → **éliminer** 2 → **dégrader**

**disque** n. m. 1 enregistrement, microsillon, galette (fam.), 16 / 33 / 45 / 78-tours 2 pour jouer : fromage, palet

**dissection** n. f. → **anatomie**

**dissemblable** différent, disparate, divers, hétérogène, opposé

**dissemblance** n. f. → **différence**

**dissémination** n. f. dispersion, division, éparpillement → **propagation**

**disséminer** → **répandre**

**dissension** et **dissentiment** n. f., n. m. → **mésintelligence**

**disséquer** 1 → **couper** 2 → **examiner**

**dissertation** n. f. 1 → **traité** 2 → **rédaction** 3 → **discussion**

**disserter** → **discourir**

**dissidence** n. f. déviation, division, gauchissement, hérésie, insoumission, insurrection, rébellion, révolte, schisme, scission, sécession, séparation

**dissident, e** → **insoumis**

**dissimulateur, trice** → **sournois**

**dissimulation** n. f. 1 → **feinte** 2 → **hypocrisie**

**dissimulé, e** → **sournois**

**dissimuler** 1 atténuer, cacher, camoufler, celer, couvrir, déguiser, enfouir, envelopper, faire la conspiration du silence, faire semblant, farder, feindre, frauder, garder secret, masquer, pallier, taire, travestir, tricher, voiler ◆ vx : colorer, gazer, plâtrer 2 pron. → **cacher (se)**

**dissipateur, trice** → **prodigue**

**dissipation** n. f. 1 → **dépense** 2 → **distraction** 3 → **débauche**

**dissipé, e** → **turbulent**

**dissiper** 1 → **disperser** 2 → **dépenser** 3 v. pron. : a → **consumer** b → **disparaître**

**dissociation** n. f. → **désagrégation**

**dissocier** → **séparer**

**dissolu, e** → **vicieux**

**dissolution** n. f. 1 → **résolution** 2 → **cessation** 3 → **dérèglement**

**dissonance** n. f. cacophonie, charivari, contradiction, désaccord, discordance, disharmonie, disparate, opposition, tintamarre

**dissonant, e** → **discordant**

**dissoudre** 1 décomposer, délayer, dissocier, fondre, liquéfier, résorber 2 abroger, annihiler, annuler, arrêter, briser, casser, défaire, dénouer, détruire, faire cesser, mettre fin / un terme, résoudre, retirer les pouvoirs, rompre 3 v. pron. : fondre, se putréfier, se résoudre, se séparer

**dissuader** contre-indiquer, déconseiller, décourager, dégoûter, détourner, écarter, éloigner

**dissuasif, ive** → **décourageant**

**dissuasion** n. f. → **menace**

**dissymétrique** asymétrique → **irrégulier**

**distance** n. f. 1 a absence, éloignement, espace, intervalle, loin, lointain, recul b archée, enjambée, portée, trotte (fam.) 2 fig. a aversion, distanciation, froideur, mépris, réprobation b différence, disparité, dissemblance

**distancer** dépasser, devancer, écarter, éloigner, espacer, forlonger (vén.), lâcher, passer, précéder, semer, surpasser

**distant, e** 1 → **sauvage** 2 → **dédaigneux** 3 → **éloigné**

**distension** n. f. → **dilatation**

**distiller** 1 épancher, laisser couler, sécréter, suppurer 2 condenser, extraire, rectifier, réduire, sublimer, vaporiser ◆ vx : spiritualiser 3 fig. a épancher, répandre b dégoutter

**distinct, e** 1 → **différent** 2 → **clair**

**distinctif, ive** → **particulier**

**distinction** n. f. 1 démarcation, différence, différenciation, discrimination, diversification, division, séparation, tri 2 décoration, dignité, honneurs, égards, faveur, médaille, prérogative, respect 3 aristocratie, classe, éclat, éducation, élégance, finesse, grandeur, manières, mérite, noblesse, panache, race, talent, tenue, valeur

**distingué, e** affable, agréable, aimable, alluré, aristocratique, beau, bien élevé, bon, brillant, célèbre, chic, courtois, de bonne compagnie / éducation, de bon goût / ton, délicat, digne, discret, éclatant, élégant, émérite, éminent, exquis, fin, galant, gracieux, hors pair, hors ligne, incomparable, noble, poli, raffiné, racé, rare, reconnu, remarquable, sans pareil, supérieur, transcendant

**distinguer** 1 a apercevoir, choisir, débrouiller, découvrir, démêler, différencier, discerner, discriminer, dissocier, préférer, reconnaître, remarquer, séparer, trier b → **honorer** 2 v. pron. : contraster, émerger, différer, diverger, faire une discrimination, faire figure, se faire remarquer / voir, s'illustrer, se montrer, s'opposer, paraître, se particulariser, percer, se signaler, se singulariser

**distorsion** n. f. 1 → **différence** 2 → **torsion**

**distraction** n. f. 1 absence d'esprit, coq-à-l'âne, dispersion, dissipation, divertissement, étourderie, inadvertance, inapplication, inattention, irréflexion, lapsus, légèreté, omission, oubli 2 ébats, jeu, récréation → **divertissement** 3 d'une chose : démembrement, séparation

**distraire** 1 déduire, démembrer, détacher, enlever, extraire, soustraire, prélever, retrancher, séparer → **détourner** 2 amuser, baguenauder, débaucher, délasser, désennuyer, détourner, divertir, égayer, étourdir, récréer, sortir 3 non fav. → **voler**

**distrait, e** absent, absorbé, abstrait, dispersé, dissipé, étourdi, inappliqué, inattentif, indifférent, négligent, préoccupé, rêveur, vague ◆ vx :

**distraitement** étourdiment

**distrayant, e** → **amusant**

**distribuer** 1 au pr. : arroser (fam.), assigner, attribuer, départir, dispenser, disposer, diviser, donner, gratifier, impartir, octroyer, ordonner, partager, prodiguer, ranger, répandre, répartir, semer 2 par ext. : agencer, aménager, amener, arranger, classer, classifier, coordonner, disposer, distinguer, diviser, ordonner, ranger

**distributeur, trice** n. m. ou f. 1 dispensateur, répartiteur 2 **distributeur de billets :** billetterie, Point argent

**distribution** n. f. 1 au pr. : attribution, bienfaisance, diffusion, dilapidation (péj.), disposition, don, largesse, libéralité, octroi, partage, partition, répartition 2 par ext. : agencement, aménagement, arrangement, classement, classification, départ (vx), dichotomie, disposition, donne, ordonnance, ordre, rang, rangement 3 fig. : correction, coup → **volée**

**district** n. m. 1 → **division** 2 → **charge**

**dithyrambe** n. m. → **éloge**
**dithyrambique** → **élogieux**
**dito** idem, susdit
**diurne** → **journalier**
**diva** n. f. → **chanteuse**
**divagation** n. f. [1] → **digression** [2] → **délire**
**divaguer** [1] → **déraisonner** [2] → **errer**
**divan** n. m. → **canapé**
**divergence** n. f. [1] → **différence** [2] → **mésintelligence**
**divergent, e** [1] → **différent** [2] → **opposé**
**diverger** [1] → **écarter (s')** [2] → **opposer (s')**
**divers, e** [1] → **changeant** [2] → **plusieurs** [3] → **varié** [4] → **différent**
**diversification** n. f. → **distinction**
**diversifier** varier → **changer**
**diversion** n. f. alibi, changement, dérivatif, distraction, divertissement, exutoire ◆ arg. : coupure, couvrante
**diversité** n. f. [1] → **différence** [2] → **variété**
**divertir** → **distraire**
**divertissant, e** [1] → **amusant** [2] → **risible**
**divertissement** n. m. [1] [a] aubade, ballet, concert, interlude, intermède, sérénade, spectacle [b] → **théâtre** [2] [a] agrément, amusement, amusette, bagatelle, déduit, délassement, détente, distraction, diversion, ébat, jeu, partie, passe-temps, plaisir, récréation, réjouissance, sport [b] vx : bouquet, déduit, régal [c] fam. : dégagement, rigolade
**dividende** n. m. → **rétribution**
**divin, divine** [1] céleste, ineffable, occulte, surnaturel [2] admirable, adorable, beau, bien, bon, charmant, délicieux, excellent, parfait, souverain, sublime, suprême
**divination** n. f. [1] augure, conjecture, horoscope, oracle, prédiction, présage, prévision, pronostic, prophétie, révélation, vision [2] clairvoyance, inspiration, intuition, prescience, pressentiment, sagacité [3] astrologie, bonne aventure, cartomancie, chiromancie, géomancie, mantique, nécromancie, oniromancie, ornithomancie, rhabdomancie, spiritisme, télépathie, vaticination, voyance → **magie**
**diviniser** [1] sacraliser, tabouiser [2] → **louer**
**divinité** n. f. → **dieu**
**diviser** [1] cliver, cloisonner, couper, débiter, décomposer, découper, dédoubler, déliter, démembrer, démultiplier, désagréger, détailler, diminuer, disjoindre, dissocier, distinguer, distribuer, fendre, fractionner, fragmenter, morceler, parcelliser, partager, partir (vx), scinder, sectionner, séparer, subdiviser, trancher, tronçonner [2] → **brouiller** [3] v. pron.→ **séparer (se)**
**diviseur** n. m. → **importun**
**divisible** sécable
**division** n. f. [1] arrondissement, canton, circonscription, commune, département, district, gouvernement, province, subdivision, zone [2] [a] classement, classification, clivage, coupure, déchirement, dichotomie, diérèse, fission, fractionnement, fragmentation, lotissement, partie, partition, scission, scissiparité, section, sectionnement, segmentation, séparation, subdivision [b] balkanisation, démembrement, éparpillement, morcellement [3] acte, alinéa, article, chant, chapitre, livre, paragraphe, rubrique, scène, section, strophe, titre, tome, verset [4] branche, département, discipline, section, spécialité [5] classe, embranchement, espèce, famille, genre, ordre, variété, type [6] fig. désaccord, dispute, divorce, mésintelligence, querelle, rupture, schisme, scission
**divorce** n. m. [1] répudiation, séparation [2] contradiction, désaccord, désunion, dissension, divergence, opposition, rupture, séparation
**divorcer** [1] se démarier, répudier, rompre, se séparer [2] par ext. : se brouiller, se désunir, se diviser, renoncer à
**divulgateur, trice** n. m. ou f. → **propagateur**
**divulgation** n. f. → **révélation**
**divulguer** → **publier**
**divulsion** n. f. → **déracinement**
**djinn** n. m. → **génie**
**docile** [1] → **doux** [2] → **obéissant**
**docilité** n. f. → **douceur** → **obéissance**
**dock** n. m. [1] → **bassin** [2] → **magasin**
**docker** n. m. arrimeur, chargeur → **porteur**
**docte** → **savant**
**docteur** n. m. [1] → **médecin** [2] → **théologien**
**doctoral, e** [1] → **pédant** [2] → **tranchant**
**doctrinaire** nom et adj. → **intolérant**
**doctrine** n. f. [1] → **théorie** [2] → **savoir** [3] → **principe**
**document** n. m. [1] → **renseignement** [2] → **titre**
**documentaire** n. m. et adj. → **didactique**
**documentaliste** n. m. ou f. fichiste
**documentation** n. f. → **renseignement**
**documenter** [1] → **informer** [2] → **renseigner**
**dodelinement** n. m. → **balancement**
**dodeliner, dodiner** → **balancer**
**dodu, e** → **gras**
**dogmatique** adj. dogmatiseur → **intolérant**
**dogmatiser** → **pontifier**
**dogmatisme** n. m. → **intolérance**
**dogme** n. m. [1] → **principe** [2] → **foi**
**doigté** n. m. → **habileté**
**doigtier** n. m. délot
**doit** n. m. → **dette**
**dol** n. m. → **tromperie**
**doléances** n. f. pl. → **gémissement**
**dolent, e** [1] → **triste** [2] → **malade**
**dolosif, ive** → **malhonnête**
**domaine** n. m. [1] → **bien** [2] → **propriété** [3] → **département**
**dôme** n. m. bulbe, ciel, coupole, hémisphère, voûte
**domestication** n. f. → **apprivoisement**
**domesticité** n. f. → **personnel**
**domestique** [1] nom [a] → **serviteur** [b] → **servante** [c] → **maison** [2] adj. [a] → **familier** [b] → **apprivoisé**
**domestiquer** → **apprivoiser**
**domicile** n. m. [1] → **demeure** [2] → **siège**
**dominance** n. f. génotype, hérédité, phénotype
**dominant, e** [1] → **haut** [2] → **principal**
**dominateur, trice** nom et adj. → **autoritaire**
**domination** n. f. → **autorité**
**dominer** [1] neutre : asservir, assujettir, commander, couvrir, l'emporter, gouverner, léguer, prédominer, prévaloir, régir, soumettre, surpasser, triompher, vaincre [2] par ext. non fav. : écraser, étouffer, imposer, maîtriser, subjuguer [3] fig. : couronner, dépasser, dresser, sommer (vx), surpasser, surplomber
**domino** n. m. → **masque**
**dommage** n. m. [1] atteinte, avarie, casse, coup, décollement, dégât, dégradation, déprédation, désavantage, détérioration, détriment, endommagement, inconvénient, injure, injustice, lésion, mal, outrage, perte, préjudice, sinistre, tort → **accident** ◆ vx : bris, dam, grief [2] → **réparation** [3] **c'est dommage :** fâcheux, regrettable, triste
**dommageable** → **nuisible**
**dompter** [1] → **apprivoiser** [2] → **vaincre**
**dompteur, euse** n. m. ou f. belluaire, charmeur, dresseur
**don** n. m. [1] au pr. : aumône, bakchich, bienfait, cadeau, dation, dépannage (fam.), disposition, distribution, donation, dotation, étrennes, faveur, générosité, gratification, hommage, honnêteté, largesse, legs, libéralités, oblation, octroi, offrande, pot-de-vin (péj.), pourboire, présent, secours, souvenir, sportule (antiq.), subside, subvention, surprise ◆ vx : dot, douaire, épices, trousseaux [2] par ext. [a] apanage, aptitude, art, bosse (fam.), capacité, disposition, facilité, esprit, génie, habileté, intelligence, qualité, talent [b] bénédiction, bienfait, faveur, grâce [3] titre → **prince**
**donataire** n. m. ou f. [1] → **bénéficiaire** [2] → **héritier**
**donateur, trice** n. m. ou f. aliénateur, apporteur, débirentier, souscripteur, testateur
**donc** [1] ainsi, comme ça / cela, conséquemment, en conclusion, en conséquence, or, par conséquent, par suite, partant, subséquemment [2] → **alors**
**don juan** n. m. → **séducteur**
**donnant, e** → **généreux**
**donnée** n. f. [1] → **énonciation** [2] → **principe**
**donner** [1] abandonner, accorder, administrer, apporter, assigner, attribuer, avancer, céder, communiquer, concéder, conférer, confier, consacrer, consentir, décerner, distribuer, doter, douer, employer, épandre, exposer, exprimer, faire → **don,** faire passer, fixer, fournir, gratifier de, impartir, imposer, jeter (péj.), léguer, livrer, nantir, occasionner, octroyer, offrir, partager, passer, payer, permettre, présenter, procurer, prodiguer, produire, remettre, rémunérer, rendre, répandre, répartir, rétribuer, sacrifier, tendre, transmettre, verser, vouer [2] vx : bailler [3] arg. ou fam. : abouler, allonger, cloquer, ficher, filer, foutre, mouiller
**donzelle** n. f. → **fille**
**doper** droguer, gonfler, stimuler
**doping** n. m. off. : dopage
**dorade** n. f. pageot, pagel, pagre → **poisson**
**dorénavant** à l'avenir, dans / par la suite, dès aujourd'hui / demain / maintenant, désormais, ores (vx)
**dorloter** → **soigner**
**dormant, e** → **tranquille**
**dormir** [1] au pr. : [a] s'assoupir, s'endormir, être dans les bras de Morphée, faire la sieste / un somme, fermer l'œil, repairer (vén.), reposer, somnoler [b] fam. : coincer la bulle, écraser, moudre, pioncer, piquer un roupillon, ronfler, roupiller, rouscailler, voir en dedans [2] fig. [a] négliger, oublier [b] → **traîner**
**dormitif, ive** → **narcotique**
**dortoir** n. m. chambrée
**dos** n. m. [1] colonne vertébrale, derrière, échine, lombes, râble, rachis, reins, revers [2] **tourner le dos à** → **délaisser**
**dose** n. f. → **quantité**
**doser** → **mélanger**
**dossier** n. m. [1] appui, appui-tête [2] [a] → **affaire, cas** [b] bordereau, chemise, classeur, farde (rég.), sac (vx)
**dotation** n. f. [1] → **don** [2] → **indemnité**
**doter** → **gratifier**
**douairière** n. f. [1] → **veuve** [2] → **vieille**
**douanier** n. m. agent / commis / employé / fonctionnaire / préposé des douanes ◆ fam. : gabelou, rat-de-cave
**double** [1] adj. [a] ambigu, bipolaire, complexe, géminé [b] péj. : dissimulé, équivoque, faux, sournois, à sous-entendu → **hypocrite** [c] par ext. : supérieur [2] n.m. [a] ampliation, contrepartie, copie, duplicata, expédition, grosse, photocopie, reproduction [b] quelqu'un : alter ego, jumeau [c] ectoplasme, fantôme, ombre [d] besson, doublon
**doubler** [1] → **dépasser** [2] → **remplacer** [3] → **augmenter**
**doublet** n. m. [1] homonyme, paronyme [2] → **couple**
**douceâtre** → **doux**
**doucement** [1] délicatement, doucettement, en douceur, faiblement, graduellement, légèrement, lentement, mollement, paisiblement, petit à petit, peu à peu, pianissimo, piano, posément, progressivement, tendrement, tout beau / doux [2] fam. : cahin-caha, chouïa, coucicouça, mollo, mou [3] mus. : adagio, andante, dolce, larghetto, largo, lento, maestoso, moderato, piano, pianissimo
**doucereux, euse** [1] douceâtre, emmiellé, onctueux, sucré → **doux** [2] chattemite, paterne → **hypocrite**
**doucet, te** → **doux**
**doucette** n. f. mâche
**douceur** n. f. [1] au pr. : délicatesse, légèreté, mesure, modération, non-violence [2] par ext. [a] de quelqu'un : affabilité, agrément, amabilité, aménité, bienveillance, bonté, calme, charité, clémence, débonnaireté, docilité, félinité, gentillesse, humanité, indulgence, mansuétude, onction, patience, persuasion, placidité, suavité ◆ vx : tendreté [b] bien-être, bonheur, joie, jouissance, plaisir, quiétude, satisfaction, tranquillité [3] → **friandise** [4] **en douceur** → **doucement**
**douche** n. f. [1] au pr. : affusion, aspersion, bain, hydrothérapie → **arrosage** [2] fig. : désappointement → **déception**
**doucher** → **arroser**
**doucine** n. f. → **rabot**
**doucir** → **polir**
**doué, e** → **capable**
**douelle** n. f. douve, douvelle
**douer** → **gratifier**
**douille** n. f. anneau, bague, collier, cylindre, davier (mar.), embouchoir, manchon, raccord, tube
**douillet, te** [1] → **moelleux** [2] → **sensible**
**douillette** n. f. → **manteau**

**douleur** n. f. 1 algie, angor, brûlure, céphalée, courbature, crampe, élancement, épreintes, inflammation, irritation, mal, migraine, névralgie, point, prurit, rage de dents, rhumatisme, souffrance 2 → **affliction**

**douloureusement** → **cruellement**

**douloureux, euse** 1 au pr. : algique, endolori, sensible, souffrant, souffreteux 2 par ext. : affligeant, affreux, amer, angoissant, atroce, attristant, crucifiant, cruel, cuisant, déchirant, difficile, dur, épouvantable, éprouvant, funeste, insupportable, intolérable, lamentable, lancinant, navrant, pénible, pitoyable, térébrant, triste

**doute** n. m. 1 → **incertitude** 2 → **scepticisme** 3 **sans doute :** à coup sûr, apparemment, assurément, certainement, probablement, selon toutes les apparences / toute vraisemblance, vraisemblablement

**douter** 1 → **hésiter** 2 → **pressentir**

**douteur, euse** → **incrédule**

**douteux, euse** 1 → **incertain** 2 → **suspect**

**douve** n. f. 1 → **fossé** 2 → **planche**

**doux, douce** 1 quelqu'un. **a** affable, agréable, aimable, amène, angélique, bénin, benoît, bienveillant, bon, bonhomme, calme, clément, complaisant, conciliant, débonnaire, docile, doucet, facile, gentil, humain, indulgent, liant, malléable, maniable, modéré, obéissant, pacifique, paisible, patient, sage, sociable, soumis, souple, tolérant, traitable, tranquille **b** péj. : agnelin, amolli, bonasse, coulant, doucereux, laxiste, mielleux, mièvre, paterne **c** affectueux, aimant, câlin, caressant, tendre 2 une chose. **a** agréable, bon, délectable, délicat, délicieux, exquis, léger, liquoreux, onctueux, savoureux, suave, succulent, sucré **b** péj. : douceâtre, fade, melliflue **c** douillet, duveté, duveteux, fin, léger, moelleux, mollet, mou, satiné, soyeux, tomenteux, uni, velouté **d** → **harmonieux** 3 **tout doux** → **doucement**

**doxologie** n. f. 1 → **éloge** 2 → **prière**

**doyen, ne** n. m. ou f. 1 aîné, ancien, chef, directeur, maître, patron, président, vétéran 2 → **prêtre**

**draconien, ne** → **sévère**

**drageon** n. m. 1 → **bourgeon** 2 → **pousse**

**dragline** n. m. méc. off. : défonçeuse tractée

**dragon** n. m. 1 amphisbène, basilic, chimère, guivre, hydre, monstre, tarasque 2 → **mégère**

**dragonne** n. f. → **passement**

**drague** n. f. 1 → **filet** 2 → **bateau** 3 fam. → **cour, flirt**

**draguer** curer, débourber → **nettoyer**

**draille** n. f. 1 → **sentier** 2 → **cordage**

**drain** n. m. 1 → **conduit** 2 → **tube**

**drainage** n. m. → **assèchement**

**draine** n. f. → **drenne**

**drainer** 1 → **sécher** 2 → **tirer**

**draisienne** n. f. → **cycle**

**drakkar** n. m. → **bateau**

**dramatique** 1 scénique, théâtral 2 émouvant, intéressant, passionnant, pathétique, poignant, terrible, touchant, tragique, triste 3 dangereux, difficile, grave, risqué, sérieux, à suspens

**dramatiquement** → **cruellement**

**dramatisation** n. f. → **exagération**

**dramatiser** → **exagérer**

**dramaturge** n. m. → **écrivain**

**drame** n. m. 1 **a** dramaturgie, mélodrame, opéra, opéra-comique, pièce, tragédie, tragicomédie **b** Japon : kabuki, nô **c** psychodrame, sociodrame, thérapie de groupe 2 → **calamité** 3 → **malheur**

**drapeau** n. m. banderole, bannière, couleurs, enseigne, étendard, fanion, guidon, pavillon (mar.) ♦ vx : cornette, fanon, flamme, gonfalon, labarum, oriflamme, pennon, vexille

**draper** → **envelopper**

**draperie** n. f. cantonnière, rideau, tapisserie, tenture

**drastique** 1 → **purgatif** 2 → **ferme**

**drêche** n. f. → **résidu**

**drège** 1 → **filet** 2 → **peigne**

**drenne** n. f. draine, grive, jocasse, litorne, tourd, vendangette

**dressage** n. m. 1 planage, rectification 2 → **installation** 3 → **apprivoisement** 4 → **instruction**

**dresser** 1 → **élever** 2 → **préparer** 3 → **instruire** 4 → **composer** 5 **dresser l'oreille** **a** → **écouter** **b** équit. : chauvir

**dresseur, euse** n. m. ou f. belluaire, dompteur

**dressing(-) room** n. m. off. : garde-robe, placard à vêtements

**dressoir** n. m. buffet, étagère, vaisselier

**drill** n. m. → **exercice**

**drille** 1 n.f. : burin, foret, mèche, trépan, vilebrequin, vrille 2 n.m. **a** → **gaillard** **b** → **misérable**

**dringuelle** n. f. → **gratification**

**drogue** n. f. 1 → **remède** 2 cannabis, chanvre (indien), cocaïne, éther, haschich, héroïne, laudanum, L.S.D., lysergide, marijuana, morphine, narcotique, opium, stupéfiant, toxique 3 arg. : **a** acide, blanche, came, choucroute, coco, dada, défonce, dope, douce, dure, fumette, hasch, herbe, kif, marie-jeanne, merde, naphtaline, neige, noire, poudre, poussière d'ange, pure, rail, schnouf, shit **b** trip, plan, voyage **c** joint, pétard, pipe, picouse

**drogué, e** nom et adj. alcoolique, cocaïnomane, éthéromane, héroïnomane, intoxiqué, morphinomane, opiomane, toxicomane ♦ arg. : accro, camé, déchiré, défoncé, fait, flippé, paumé, planeur, shooté, speedé, touchepiqûre, toxico

**droguer** 1 → **soigner** 2 → **attendre** 3 v. pron. : s'intoxiquer 4 arg. : s'accrocher, s'arracher, se camer, se charger, se défoncer, se doper, fumer, se piquer, planer, priser, se shooter, sniffer, visionner, voyager

**droguet** n. m. → **tissu**

**droit, e** 1 au pr. : abrupt, debout, direct, perpendiculaire, plan, rectiligne, vertical 2 fig. **a** quelqu'un : bon, désintéressé, équitable, franc, honnête, juste, loyal, probe, pur, sincère **b** une chose : direct, judicieux, positif, sain, sensé, strict, vrai 3 adv. : directement, tout de go

**droit** n. m. 1 barreau, basoche, code, coutume, digeste, justice, légalité, loi, morale, règlement 2 contribution, hallage, imposition, redevance, taxe → **impôt** 3 rétribution, salaire 4 autorisation, faculté, habilité, liberté, monopole, permission, possibilité, pouvoir, prérogative, privilège, usage, servitude 5 droits d'Ancien Régime **a** accordés : affouage, vaine pâture **b** dus : aide aubaine, ban, bâtardise, champart, capitation, corvée, cuissage, dîme, forage, gabelle, glèbe, lods, mainmorte, minage, mouvance, ost, patente, péage, suite, taille, terrage

**droite** n. f. 1 dextre 2 → **conservatisme**

**droiture** n. f. 1 → **rectitude** 2 → **justice**

**drolatique** et **drôle** 1 adj. → **amusant, bizarre, risible** 2 n.m. **a** → **gaillard** **b** → **enfant** **c** → **vaurien**

**drôlement** beaucoup, bien, bizarrement, bougrement, comiquement, diablement, extrêmement, furieusement (vx), joliment, plaisamment, rudement, très ♦ fam. : génial(ement), super, vachement

**drôlerie** n. f. → **bouffonnerie**

**drôlesse** n. f. 1 → **femme** 2 → **mégère**

**dromadaire** n. m. méhari

**droper** → **lâcher**

**droppage** n. m. largage, parachutage

**drosser** dériver, entraîner, pousser

**dru, e** 1 → **épais** 2 → **dense** 3 → **fort**

**drugstore** n. m. → **magasin**

**druide** n. m. barde, eubage → **prêtre**

**dryade** n. f. → **nymphe**

**dualisme** n. m. ambivalence, manichéisme

**dubitatif, ive** → **incrédule**

**duc** n. m. 1 → **voiture** 2 **duc d'Albe** → **pieu**

**ducasse** n. f. → **kermesse**

**ductile** → **flexible**

**duègne** n. f. → **gouvernante**

**duel** n. m. affaire, affaire d'honneur, combat, joute, lutte, opposition, ordalie, rencontre, réparation

**duelliste** n. m. → **ferrailleur**

**dulcinée** n. f. → **amante**

**dulie** n. f. → **culte**

**dumper** n. m. tr. pub. off. : tombereau

**dune** n. f. → **hauteur**

**dupe** n. f. et adj. → **naïf**

**duper** → **tromper**

**duperie** n. f. → **tromperie**

**duplexer** audiov. et inf. : dupliquer

**duplicata** ou **duplicatum** n. m. → **copie**

**duplicité** n. f. → **hypocrisie**

**dupliquer** audiov. et inf. : duplexer

**dur, e** 1 **a** adamantin, calleux, consistant, coriace, couenneux, empesé, épais, ferme, membraneux, pris, résistant, rigide, solide, tendineux **b** incoercible, incompressible, inextensible **c** → **pénible** 2 quelqu'un ♦ non fav. **a** autoritaire, blessant, brutal, cruel, endurci, exigeant, farouche, féroce, froid, impassible, impitoyable, implacable, indifférent, inébranlable, inexorable, inflexible, inhumain, insensible, intraitable, intransigeant, irréductible, mauvais, méchant, racorni, raide, rigide, rigoriste, sans âme / cœur / entrailles / merci, sec, sévère, strict, terrible **b** barbare, boucher, bourreau, brute, cannibale, chameau, chien, monstre, ogre, persécuteur, sauvage, tigre, tortionnaire, vache (fam.) 3 par ext. **a** âpre, inclément, inhospitalier, rigoureux, rude **b** difficile, dissipé, turbulent **c** → **bête** 4 **a** **dur d'oreille** → **sourd** **b** **dur à la détente** → **avare**

**durabilité** n. f. constance, continuité, éternité, fermeté, immortalité, immutabilité, indélébilité, invariabilité, longévité, permanence, persistance, résistance, solidité, stabilité, ténacité, viabilité, vivacité

**durable** assuré, chronique, constant, continu, de tout repos, endémique, enraciné, éternel, ferme, fiable, immortel, immuable, impérissable, inaltérable, inamissible, incorruptible, indélébile, indestructible, infrangible, invariable, pérenne (vx), permanent, perpétuel, persistant, profond, résistant, solide, stable, tenace, valable, viable, vivace, vivant

**durant** au cours de, au moment de, en même temps, pendant, tandis que

**durcir** affermir, dessécher, écrouir, endurcir, fortifier, indurer, racornir, raidir, rigidifier, tremper

**durcissement** n. m. → **prise**

**durée** n. f. 1 → **temps** 2 continuité, immuabilité, immutabilité, inaltérabilité, indestructibilité, pérennité → **éternité**

**durement** → **cruellement**

**durer** se conserver, continuer, demeurer, n'en plus finir, s'étendre, s'éterniser, se maintenir, se perpétuer, persévérer, se prolonger, résister, se soutenir, subsister, tenir (le coup), tirer en longueur, traîner, vivre

**dureté** n. f. 1 de quelque chose. **a** consistance, imperméabilité, inextensibilité, résistance, rigidité, rudesse, solidité **b** inclémence, rigueur, rudesse, sécheresse 2 de quelqu'un : brutalité, cruauté, endurcissement, implacabilité, inflexibilité, inhumanité, insensibilité, méchanceté, rigueur, rudesse, sécheresse de cœur, sévérité → **fermeté**

**durillon** n. m. → **cal**

**duvet** n. m. 1 **a** → **poil** **b** → **plume** 2 édredon, sac de couchage

**duveté, e** et **duveteux, euse** 1 → **doux** 2 → **cotonneux**

**dynamique** 1 → **courageux** 2 → **ferme**

**dynamiser** → **exciter**

**dynamisme** → **force**

**dynamo** n. f. alternateur, génératrice, machine de Gramme

**dynastie** n. f. → **race**

**dysenterie** n. f. → **diarrhée**

# E

**eau** n. f. 1 flot, onde 2 arg. : baille, bouillon, château-la-pompe, flotte, grenouillette, lance, limonade, vaseuse 3 au pl. → **bain** 4 eau-de-vie → **alcool**

**ébahi, e** abasourdi, ahuri, bouche bée, déconcerté, décontenancé, ébaubi, éberlué, ébouriffé, émerveillé, étonné, fasciné, interdit, médusé, penaud, pétrifié, sidéré, stupéfait, surpris, tombé des nues ♦ fam. : baba, comme deux ronds de flan, épaté, estomaqué

**ébahir** abasourdir, ahurir, déconcerter, éberluer, éblouir, étonner, interdire, méduser, stupéfier, surprendre ◆ fam. : épater, esbroufer, estomaquer

**ébahissement** n. m. → **stupéfaction**

**ébat** n. m. 1 au pr. : amusement, délassement, distraction, divertissement, ébats, jeu, mouvement (vx), oaristys (litt.), passe-temps, récréation, sport → **plaisir** 2 par ext. → **caresse**

**ébattre (s')** → **batifoler**

**ébaubi, e** → **ébahi**

**ébauche** n. f. amorce, canevas, carcasse, commencement, crayon, croquis, début, ébauchage, esquisse, essai, germe, griffonnement, idée, linéaments, maquette, pochade, premier jet, préparation, projet, schéma, schème, topo (fam.)

**ébaucher** amorcer, commencer, crayonner, croquer, dégrossir, dessiner, disposer, donner l'idée, entamer, épanneler, esquisser, préparer, projeter

**ébaudir** 1 → **égayer** 2 → **réjouir**

**ébéniste** n. m. marqueteur, menuisier, tabletier

**ébénisterie** n. f. marqueterie, tabletterie

**éberlué, e** → **ébahi**

**éberluer** → **ébahir**

**éblouir** 1 aveugler, blesser, offusquer 2 → **luire** 3 halluciner → **fasciner** 4 → **impressionner**

**éblouissant, e** 1 au pr. : aveuglant, brillant, éclatant, étincelant, illuminé 2 fig. : beau, brillant, étonnant, fascinant, merveilleux, séduisant, surprenant

**éblouissement** n. m. 1 au pr. : aveuglement 2 fig. : berlue, émerveillement, étonnement, fascination, hallucination, séduction, surprise 3 par ext. : malaise, syncope, trouble, vapeurs, vertige

**ébouillanter** blanchir, échauder

**éboulement** n. m. 1 → **chute** 2 → **glissement**

**ébouler (s')** → **crouler**

**éboulis** n. m. → **amas**

**ébouriffant, e** → **extraordinaire**

**ébouriffé, e** 1 → **hérissé** 2 → **ébahi**

**ébrancher** → **élaguer**

**ébranlement** n. m. 1 au pr. : choc, commotion, coup, émotion, secousse, traumatisme 2 par ext. : séisme, tremblement de terre 3 fig. → **agitation**

**ébranler** 1 → **remuer** 2 → **émouvoir** 3 → **affaiblir** 4 v. pron. → **partir**

**ébrasement** n. m. → **ouverture**

**ébrécher** → **entailler**

**ébriété** n. f. → **ivresse**

**ébrouement** n. m. 1 → **éternuement** 2 → **bruit**

**ébrouer (s')** 1 au pr. : éternuer, renifler, respirer, se secouer, souffler 2 fig. : s'ébattre, folâtrer, jouer

**ébruitement** n. m. → **révélation**

**ébruiter** → **publier**

**ébullition** n. f. 1 → **fermentation** 2 → **agitation**

**écaille** n. f. 1 squame (vx), squamule 2 → **coquille**

**écailleux, euse** rugueux, squameux, squamifère

**écaler** → **éplucher**

**écarlate** → **rouge**

**écarquiller** ribouler (vx) → **ouvrir**

**écart** n. m. 1 au pr. : a aberrance (math.), décalage, déflexion, déphasage, déviation, distance, distanciation, écartement, éloignement, embardée, marge, variante b mar. : abattée, acculée, auloffée 2 par ext. a → **digression** b → **village** c → **variation** 3 fig. : aberration, débordement, dévergondage, disparate (vx), échappée, équipée, erreur, escapade, extravagance, faute, faux pas, folie, frasque, fredaine, impertinence, incartade, incorrection, irrégularité, manquement, relâchement → **bêtise**

**écarté** n. m. jeu de cartes, triomphe (vx)

**écarté, e** à l'écart, détourné, égaré (vx), éloigné, isolé, perdu, retiré

**écarteler** → **tourmenter**

**écartement** n. m. empattement, séparation → **écart**

**écarter** 1 déporter, désassembler, désunir, détacher, détourner, disjoindre, disperser, dissocier, diviser, égarer, éliminer, éloigner, espacer, isoler, mettre à l'écart / à part / en quarantaine, partager, repousser, séparer ◆ vx : déclore, partir 2 pron. : biaiser, bifurquer, décliner, se cantonner / déporter / détourner, dériver, dévier, diverger, s'éloigner, gauchir, se séparer, sortir de

**ecchymose** n. f. → **contusion**

**ecclésiastique** n. m. → **prêtre**

**écervelé, e** → **étourdi**

**échafaud** n. m. 1 bois de justice, gibet → **guillotine** 2 → **pilori** 3 échafaudage, estrade, praticable, triquet

**échafaudage** n. m. 1 → **échafaud** 2 → **raisonnement**

**échafauder** → **préparer**

**échalas** n. m. → **bâton**

**échalier** n. m. 1 → **échelle** 2 → **clôture**

**échancré, e** décolleté, ouvert

**échancrer** → **tailler**

**échancrure** n. f. 1 coupure, crénelure, découpure, dentelure, encoche, entaille, faille, indentation, ouverture 2 brèche, trouée 3 décolleté

**échange** n. m. 1 information, interaction, interchangeabilité, interpénétration, intersubjectivité, osmose → **communication** 2 → **change** 3 → **commerce**

**échanger** 1 interpénétrer, réciproquer (vx ou rég.), rendre, renvoyer 2 → **changer**

**échangeur** n. m. tr. pub. : trèfle

**échanson** n. m. sommelier ◆ vx : serdeau

**échantillon** n. m. 1 au pr. : aperçu, approximation, exemplaire, exemple, modèle, spécimen, unité ◆ partic. : item, panel 2 fig. a → **idée** b démonstration, preuve

**échantillonnage** n. m. 1 inform. : quantification 2 vx : étalonnage

**échappatoire** n. f. 1 → **excuse** 2 → **fuite**

**échappée** n. f. 1 → **escapade** 2 → **écart**

**échappement** n. m. → **sortie**

**échapper** 1 v. tr. : faire / laisser tomber, perdre 2 v. intr. : éviter, glisser, réchapper 3 v. pron. a au pr. : se dérober, se dissiper, s'enfuir, s'esbigner (fam.), s'esquiver, s'évader, s'évanouir, éviter, fuir, se répandre, se sauver, sortir, s'en tirer b fig. : s'emporter, s'oublier

**écharpe** n. f. 1 cache-col / nez, carré, châle, éphod (relig.), fichu, guimpe, mantille, pointe, voile 2 bande, baudrier, ceinture 3 **en écharpe** a en bandoulière b en travers, par le flanc, sur le côté

**écharper** 1 → **blesser** 2 → **vaincre**

**échassier** n. m. agami, aigrette garzette, avocette, barge, bécasse, bécasseau, bécassine, bihoreau, chevalier, cigogne, courlis, crabier, flamant, foulque, glaréole, grue, guignard, héron, ibis, jabiru, judelle, kamichi, marabout, marouette, maubèche, oiseau-trompette, ombrette, outarde, pluvian, pluvier, poule d'eau, râle, sanderling, tantale, tourne-pierre, vanneau

**échauder** 1 → **ébouillanter** 2 → **tromper**

**échauffement** n. m. 1 → **altération** 2 → **irritation**

**échauffer** 1 → **chauffer** 2 → **enflammer**

**échauffourée** n. f. → **engagement**

**échauguette** n. f. 1 → **guérite** 2 → **tourelle**

**èche** ou **esche** n. f. → **aiche**

**échéance** n. f. annuité, date, expiration, fin de mois, mensualité, semestre, terme, trimestre

**échec** n. m. → **insuccès**

**échelle** n. f. 1 au pr. : degré, échalier, échelette, échelier, escabeau, marche ◆ vx ou rég. : escale, rancher, triquet 2 par ext. : comparaison, dimension, mesure, proportion, rapport 3 échelle de corde mar. : enfléchure 4 vx et partic. → **port** 5 fig. → **hiérarchie**

**échelon** n. m. 1 au pr. : barreau, degré, ranche (rég.) 2 fig. → **grade**

**échelonnement** n. m. fractionnement → **répartition**

**échelonner** 1 → **répartir** 2 → **ranger**

**écheveau** n. m. → **labyrinthe**

**échevelé, e** → **hérissé**

**échevin** n. m. → **édile**

**échine** n. f. colonne vertébrale, dos, épine dorsale, rachis

**échiquier** n. m. damier, tablier (vx) ◆ fig. → **imbroglio**

**écho** n. m. 1 anecdote, article, copie, histoire, nouvelle 2 imitation, redoublement, réduplication, répétition, reproduction, résonance 3 → **réponse** 4 → **bruit**

**échoir** 1 venir à terme 2 être dévolu, être donné en partage, être réservé à, incomber, obvenir, revenir à, tomber

**échoppe** n. f. 1 → **édicule** 2 → **magasin** 3 → **burin**

**échouer** 1 accoster, s'embouquer, s'engraver, s'enliser, s'ensabler, s'envaser, se briser, faire naufrage, heurter, se perdre, sombrer, talonner, toucher le fond 2 par ext. : avorter, buter, chuter, être / revenir bredouille, être battu / recalé, manquer, perdre, perdre la partie, rater, tomber ◆ fam. : faire long feu / fiasco / un bide / une toile, foirer, merder, se planter, prendre un bide / un bouillon / une couille / une pâtée

**éclabousser** → **salir**

**éclaboussure** n. f. → **boue**

**éclair** n. m. 1 → **lueur** 2 → **foudre** 3 comme l'éclair → **vite**

**éclairage** n. m. → **lumière**

**éclaircie** n. f. 1 → **embellie** 2 → **clairière**

**éclaircir** 1 au pr. : faire briller, faire reluire, nettoyer, polir 2 fig. : clarifier, débrouiller, déchiffrer, défricher, dégrossir, démêler, démontrer, désambiguïser, développer, dévider, éclairer, édifier, élucider, expliquer, illustrer, informer, instruire, mettre au net / en lumière / noir sur blanc, rendre intelligible, renseigner

**éclaircissement** n. m. → **explication**

**éclairé, e** → **instruit**

**éclairer** 1 au pr. : embraser, illuminer, insoler, luire 2 fig. a → **éclaircir** b → **instruire**

**éclat** n. m. 1 → **morceau** 2 → **bruit** 3 brillance, brillant, chatoiement, coloris, couleur, étincelle, feu, flamme, fulgurance, illumination, luisance, lumière, orient, resplendissement, scintillement → **reflet** 4 → **lustre** 5 → **apparat**

**éclatant, e** → **brillant**

**éclatement** n. m. → **explosion**

**éclater** 1 au pr. : se briser, déflagrer, détoner, exploser, imploser, se rompre, sauter 2 par ext. → **luire** 3 fig. a → **commencer** b → **révéler (se)** c → **emporter (s')** d → **rire**

**éclectique** dispersé (péj.), diversifié, ouvert, tolérant

**éclectisme** n. m. choix, dispersion (péj.), diversification, méthode, ouverture d'esprit, préférence, sélection, tolérance

**éclipse** n. f. 1 au pr. : absence, disparition, interposition, obscurcissement, occultation 2 fig. : affaissement, déchéance, défaillance, défaite, défaveur, échec, faillite, fiasco, ratage

**éclipser** 1 → **obscurcir** 2 v. pron. → **disparaître**

**éclopé, e** → **boiteux**

**éclore** → **naître**

**éclosion** n. f. anthèse, apparition, avènement, commencement, début, efflorescence, épanouissement, floraison, manifestation, naissance, production, sortie

**écluse** n. f. barrage, bonde, fermeture, vanne

**écluser** 1 arrêter, barrer, clore, enclaver, fermer, murer, obstruer, retenir 2 arg. → **boire**

**écœurant, e** 1 → **dégoûtant** 2 → **fade** 3 → **ennuyeux**

**écœurement** n. m. → **nausée**

**écœurer** 1 → **dégoûter** 2 → **décourager**

**école** n. f. 1 au pr. : académie, bahut (fam.), classe, collège, conservatoire, cours, établissement, faculté, gymnase, institut, institution → **lycée** 2 fig. a → **leçon, expérience** b → **secte** c cénacle, cercle, chapelle, club, groupe, pléiade, réunion

**écolier, ière** n. m., n.f. 1 → **élève** 2 → **novice**

**écologie** n. f. → **milieu**

**écologique** biologique, naturel, sain

**éconduire** 1 → **congédier** 2 → **refuser**

**économat** n. m. cambuse, intendance, magasin

**économe** 1 n.m. : administrateur, cellérier, comptable, dépensier, intendant, questeur 2 adj. a fav. : épargnant, ménager, parcimonieux, soucieux b non fav. → **avare**

**économie** n. f. 1 au pr. a au sing. : administration, bon emploi, épargne, frugalité, ménage (vx), organisation, parcimonie b → **avarice** c au pl. : bas de laine, éconocroques (fam.), épargne, matelas, pécule, thésaurisation, tirelire, tontine 2 par ext. a → **disposition** b → **harmonie**

**économique** bon marché → **profitable**

**économiser** amasser, épargner, lésiner, limiter, marchander, ménager, mesurer, mettre de côté, réduire, regarder, regratter, restreindre, serrer ◆ fam. : boursicoter, entasser, faire un matelas / sa pelote, gratter, mégoter, planquer

**écoper** [1] → **sécher** [2] → **recevoir**

**écorce** n. f. [1] → **peau** [2] → **cosse** [3] → **extérieur**

**écorché, e** [1] déchiré, dépouillé, égratigné, lacéré, mis à nu [2] fig. : calomnié, exploité, rançonné, volé

**écorcher** [1] → **dépouiller** [2] → **déchirer** [3] **écorcher les oreilles** → **choquer**

**écorchure** n. f. → **déchirure**

**écorner** → **entailler**

**écornifleur, euse** n. m. ou f. → **parasite**

**écosser** → **éplucher**

**écot** n. m. → **quota**

**écoulement** n. m. [1] circulation, débit, débordement, débouché, décharge, dégorgement, dégoulinade, dégoulinement, éruption, évacuation, exsudation, extravasation, extrusion, flux, jetage (vx), mouvement, passage, ruissellement, sortie, stillation, suage, suintement, transsudation, vidange ◆ vx : débord [2] → **vente** [3] → **perte**

**écouler** [1] → **vendre** [2] v. pron. **a** → **couler** **b** → **passer**

**écourter** → **diminuer**

**écouter** [1] accueillir, boire les paroles (fam.), dresser / prêter l'oreille, être attentif / aux écoutes / indiscret, ouïr [2] fig. **a** → **satisfaire** **b** → **obéir** [3] v. pron. : s'abandonner, s'amollir, se laisser aller, se soigner

**écrabouiller** → **écraser**

**écran** n. m. abri, cloison, éventail, filtre, panneau, paravent, pare-étincelles / feu, portière, protection, rideau, séparation, store, tapisserie, tenture, voilage

**écrasement** n. m. [1] → **broyage** [2] → **défaite**

**écraser** [1] aplatir, briser, broyer, écacher, égruger, mâchurer, moudre → **piler** ◆ fam. : bousiller, écrabouiller [2] par ext. **a** → **vaincre** **b** → **surcharger** **c** → **fatiguer** **d** → **subir** **e** → **taire (se)**

**écraseur, euse** n. m. ou f. → **chauffeur**

**écrémage** n. m. → **sélection**

**écrémer** → **sélectionner**

**écrier (s')** → **crier**

**écrin** n. m. → **boîte**

**écrire** [1] au pr. : **a** calligraphier, consigner, copier, correspondre, crayonner, dactylographier, fixer, former, griffonner, inscrire, libeller, marquer, minuter, noter, orthographier, ponctuer, recopier, rédiger, sténographier, taper, tracer, transcrire **b** jurid. : dresser, instrumenter [2] fam. : barbouiller, cartonner, gratter gribouiller ◆ péj. : écrivailler, écrivasser, tartiner [3] par ext. **a** → **composer** **b** → **informer**

**écrit** n. m. [1] → **libelle** [2] → **livre** [3] → **texte**

**écriteau** n. m. affiche, annonce, enseigne, épigraphe, étiquette, inscription, pancarte, panneau, panonceau, pictogramme, tablature, placard, programme, réclame

**écritoire** n. f. → **secrétaire**

**écriture** n. f. [1] au pr. : **a** graphie, graphisme, idéographie, orthographe **b** hiéroglyphe, idéogramme, pictogramme **c** braille, sténographie **d** démotique, hiératique, sacrée **e** anglaise, bâtarde, gothique, moulée, ronde, script [2] par ext. : calligraphie, griffe, main, manière, patte, plume, style [3] au pl. : bible, épître, prophétie → **évangile**

**écrivain** n. m. [1] au pr. : anecdotier, auteur, auteur comique / gai / tragique, biographe, chroniqueur, conteur, critique, dramaturge, échotier, épistolier, essayiste, fabuliste, fantaisiste, feuilletoniste, gazetier, glossateur, hagiographe, historien, homme de lettres, journaliste, légendaire (vx), libelliste, librettiste, littérateur, logographe, mémorialiste, moraliste, musicologue, mythographe, narrateur, nomographe, nouvelliste, pamphlétaire, parodiste, parolier, pasticheur, philosophe, plume, polémiste, pornographe, polygraphe, préfacier, prosateur, publiciste, revuiste, rhétoriqueur, romancier, satirique, sermonnaire, styliste, vaudevilliste → **poète** [2] péj. : barbouilleur, bas-bleu, cacographe, chieur d'encre, compilateur, écrivailleur, écrivaillon, écrivassier, faiseur de livres, folliculaire, gâcheur / gratteur de papier, gâte-papier, forgeur, gendelettre, gribouilleur, grimaud, noircisseur de papier, pisse-copie, plumitif [3] par ext. : calligraphe, commis aux écritures, copiste, gratte-papier, logographe, rédacteur, scribe, scribouillard (fam. et péj.), scripteur

**écrouelles** n. f. pl. → **scrofule**

**écrouer** → **emprisonner**

**écroulement** n. m. → **chute**

**écrouler (s')** [1] → **crouler** [2] → **tomber**

**écru, e** → **brut**

**écu** n. m. [1] → **bouclier** [2] → **emblème**

**écueil** n. m. [1] au pr. : brisant, récif, rocher [2] fig. → **obstacle**

**écuelle** n. f. → **assiette**

**éculé, e** [1] → **usagé** [2] → **suranné**

**écumant, e** → **écumeux**

**écume** n. f. [1] → **mousse** [2] → **salive** [3] → **rebut**

**écumer** [1] → **rager** [2] → **piller**

**écumeur, euse** n. m. ou f. → **corsaire**

**écumeux, euse** baveux, bouillonnant, écumant, effervescent, gazeux, mousseux, spumescent, spumeux

**écureuil** n. m. jacquet (rég.), menu-vair, pétauriste, petit-gris, polatouche, xérus

**écurie** n. f. → **étable**

**écusson** n. m. → **emblème**

**écuyer** n. m. [1] cavalcadour [2] → **noble**

**écuyère** n. f. → **amazone**

**edelweiss** n. m. immortelle des neiges

**éden** n. m. → **paradis**

**édénique** → **paradisiaque**

**édenté, e** → **anodonte**

**édicter** → **prescrire**

**édicule** n. m. abri, cabane, échoppe, gloriette, guérite, kiosque → **water-closet**

**édifiant, e** → **exemplaire**

**édification** n. f. [1] → **érection** [2] → **instruction**

**édifice** n. m. → **bâtiment**

**édifier** [1] → **bâtir** [2] → **fonder** [3] → **instruire**

**édile** n. m. bailli, bourgmestre, capitoul, conseiller municipal, consul, échevin, lord-maire (Grande-Bretagne), magistrat, maire, mairesse, podestat, prévôt, viguier ◆ antiq. : archonte, aréopage, éphore, éponyme, polémarque, zétète

**édit** n. m. → **loi**

**éditer** imprimer, lancer, publier, sortir

**édition** n. f. [1] on édite : composition, impression, publication, réédition, réimpression, tirage [2] ce qu'on édite : collection, publication, republication, reproduction [3] première édition : princeps

**éditorial, aux** n. m. premier-Paris (vx) → **article**

**édredon** n. m. → **couverture**

**éducable** → **perfectible**

**éducateur, trice** [1] nom : cicérone, éveilleur, instructeur, maître, mentor, moniteur, pédagogue → **instituteur** [2] adj. : éducatif, formateur, pédagogique

**éducatif, ive** [1] → **éducateur** [2] → **didactique**

**éducation** n. f. [1] → **instruction** [2] → **civilité**

**édulcorer** adoucir, affadir, affaiblir, défruiter, mitiger, sucrer, tempérer

**éduquer** [1] → **instruire** [2] → **élever**

**effacé, e** [1] → **modeste** [2] → **terne**

**effacement** n. m. [1] → **retenue** [2] → **suppression**

**effacer** [1] au pr. : barrer, biffer, caviarder, déléaturer (typo), démarquer, détruire, échopper, faire disparaître, faire une croix, gommer, gratter, laver, oblitérer, radier, raturer, rayer, sabrer, scotomiser (psych.), scratcher, supprimer [2] fig. **a** → **obscurcir** **b** faire oublier **c** → **amnistier** [3] v. pron. → **disparaître**

**effarant, e** → **étonnant**

**effaré, e** [1] → **étonné** [2] → **hagard**

**effarement** n. m. → **surprise**

**effarer** et **effaroucher** → **effrayer**

**effectif** [1] n.m. → **quantité** [2] adj. **a** → **efficace** **b** → **réel**

**effectivement** certainement, en effet, en fait, en réalité, évidemment, positivement, réellement, sûrement

**effectuer** → **réaliser**

**efféminé, e** [1] femelle, féminin [2] dévirilisé, émasculé, mièvre

**efféminer** [1] féminiser [2] péj. **a** émasculer **b** → **affaiblir**

**effervescence** n. f. [1] → **agitation** [2] → **fermentation**

**effervescent, e** [1] agité, bouillonnant, remuant [2] → **écumeux**

**effet** n. m. [1] au pr. **a** action, application, conclusion, conséquence, corollaire, exécution, fin, influence, portée, réalisation, résultat, suite **b** amélioration, choc, impression, jus (fam.), plaisir, sensation, soulagement, surprise [2] au pl. → **vêtement** [3] **en effet** → **effectivement**

**effeuiller** arracher, dégarnir, dépouiller, faire perdre / tomber ◆ v. pron. : perdre ses feuilles

**efficace** et **efficient** [1] actif, agissant, effectif, infaillible, opérant, puissant, radical [2] un remède : curatif, héroïque, préservatif, souverain [3] → **utile**

**efficacité** n. f. [1] → **action** [2] → **rendement**

**effigie** n. f. → **image**

**effilé, e** → **mince**

**effiler** et **effilocher** [1] amincir, atténuer, défaire, délier, effranger [2] → **diminuer**

**efflanqué, e** → **maigre**

**effleurement** n. m. → **caresse**

**effleurer** [1] au pr. :friser, frôler, glisser, passer près, raser, toucher → **caresser** [2] fig. **a** approcher, faire allusion à, suggérer, survoler **b** planer, superviser

**efflorescence** n. f. → **floraison**

**effluve** n. m. [1] → **émanation** [2] → **fluide**

**effondré, e** → **stupéfait**

**effondrement** n. m. [1] au pr. → **chute** [2] fig. → **décadence**

**effondrer (s')** [1] → **crouler** [2] → **tomber** [3] → **céder**

**efforcer (s')** → **essayer**

**effort** n. m. [1] au pr. : ahan (vx), application, concentration, contention, épaulée (vx), pesée [2] par ext. **a** → **violence** **b** → **hernie** **c** → **peine** **d** → **travail**

**effraction** n. f. forcement → **vol**

**effraie** n. f. → **hulotte**

**effranger** → **effiler**

**effrayant, e** abominable, affolant, affreux, alarmant, angoissant, apocalyptique, atterrant, cauchemardesque, cauchemardeux, dangereux (par ext.), dantesque, effarant, effarouchant, effroyable, épouvantable, excessif, formidable, hallucinant, horrible, inquiétant, intimidant, intimidateur (vx), mauvais, menaçant, monstrueux, pétrifiant, redoutable, terrible, terrifiant, terrorisant

**effrayer** alarmer, affoler, angoisser, apeurer, effarer, effaroucher, épouvanter, faire peur, halluciner, horrifier, inquiéter, menacer, pétrifier, terroriser

**effréné, e** → **excessif**

**effritement** n. m. → **désagrégation**

**effriter** → **pulvériser**

**effroi** n. m. → **épouvante**

**effronté, e** nom et adj. [1] → **hardi** [2] → **impoli** [3] → **arrogant**

**effronterie** n. f. [1] → **impudence** [2] → **arrogance**

**effroyable** → **effrayant**

**effusion** n. f. → **épanchement**

**égagropile** n. m. bézoard → **calcul**

**égailler (s')** → **disperser (se)**

**égal, e** [1] adj. **a** comparable, équipollent, équivalent, pareil, semblable **b** ex æquo, dead-heat **c** horizontal, monotone, plain, plan, plat, ras **d** symétrique, uniforme [2] par ext. : **a** → **indifférent** **b** → **tranquille** [3] nom : alter ego, frère, jumeau, pair [4] **à l'égal de :** à l'instar, comme, de même que

**également** [1] → **aussi** [2] → **même**

**égaler** atteindre, balancer, contre-balancer, disputer, égaliser, équivaloir, rivaliser, valoir

**égaliser** aplanir, aplatir, araser, balancer, contrebalancer, égaler, équilibrer, laminer, mettre de niveau, niveler, parangonner, raser, régulariser, unifier, unir

**égalitaire** [1] adj. niveleur, paritaire [2] nom : égalitariste

**égalité** n. f. [1] au pr. : conformité, équation, équilibre, équipollence, équivalence, horizontalité, identité, parité, persistance, régularité, ressemblance, similitude, uniformité, unité [2] par ext. **a** collégialité **b** → **tranquillité**

**égard(s)** n. m. [1] au pr. : assiduité, attentions, condescendance (péj.), considération, courtoisie, déférence, estime, gentillesse, hommages, ménagements, petits soins, politesse, préférence, prévenance, respect, soins, vénération [2] **a** **à l'égard de :** à l'endroit de, au sujet de, avec, en ce qui concerne, envers, pour, pour ce qui est de, s'agissant de, vis-à-vis de **b** **avoir égard à** → **considérer**

**égaré, e** 1 au pr. a dévoyé, fourvoyé, perdu b clairsemé, dispersé, disséminé, éparpillé, épars, sporadique 2 fig. → **troublé**

**égarement** n. m. 1 → **délire** 2 → **dérèglement** 3 → **erreur**

**égarer** 1 → **écarter** 2 → **tromper** 3 → **perdre**

**égarer (s')** se dérouter, se désorienter, se détourner, se dévoyer, s'écarter, errer, se fourvoyer, se perdre ◆ vx : s'abuser

**égayer** 1 amuser, animer, délasser, délecter, dérider, désopiler, dilater / épanouir la rate (fam.), distraire, divertir, ébaudir (vx), enchanter, ensoleiller, récréer, réjouir 2 a → **orner** b → **élaguer** 3 v. pron. péj. → **railler**

**égérie** n. f. muse → **conseiller**

**égide** n. f. appui, auspices, bouclier, patronage, protection, sauvegarde, surveillance, tutelle

**église** n. f. 1 l'édifice : a abbatiale, basilique, cathédrale, chapelle, collégiale, martyrium, oratoire, paroisse, prieuré, primatiale, sanctuaire b par ext. : mosquée, synagogue → **temple** 2 l'institution : assemblée des fidèles, catholicité, clergé, communion des saints, sacerdoce 3 par ext. → **secte**

**églogue** n. f. bucolique, chant / idylle / poème / poésie pastoral(e) / rustique, géorgique, pastorale

**égoïsme** n. m. 1 amour de soi, amour-propre, captativité, culte du moi, égocentrisme, égotisme, incivisme, indifférence, individualisme, insensibilité, introversion, moi, narcissisme, nombrilisme, possessivité 2 → **avarice**

**égoïste** nom et adj. 1 au pr. : captatif, cœur sec, égocentrique, égotiste, entier, incivique, indifférent, individualiste, individuel, insensible, introverti, narcissique, personnel, possessif, sec 2 par ext. → **avare**

**égorger** 1 → **tuer** 2 fig. → **dépouiller**

**égosiller (s')** → **crier**

**égotisme** n. m. → **égoïsme**

**égout** n. m. → **cloaque**

**égouttoir** n. m. 1 cagerotte, clayon, clisse, éclisse, faisselle 2 hérisson, porte-bouteilles

**égratigner** 1 au pr. → **déchirer** 2 fig. → **blesser**

**égratignure** n. f. → **déchirure**

**égrener** 1 écosser, égrapper 2 v. pron. → **disperser (se)**

**égrillard, e** nom et adj. → **libre**

**égruger** → **broyer**

**égrugeoir** n. m. → **broyeur**

**éhonté, e** → **impudent**

**éjaculation** n. f. déjection, éjection, évacuation, miction, pollution, projection

**éjecter** → **jeter**

**éjection** n. f. → **expulsion**

**élaboration** n. f. accomplissement, conception, exécution, fabrication, mise au point, perfectionnement, préparation, réalisation, travail → **digestion**

**élaborer** 1 → **préparer** 2 → **digérer**

**élagage** n. m. → **taille**

**élaguer** couper, curer (rég.), dégager, dégarnir, diminuer, ébrancher, éclaircir, égayer, émonder, étêter, rapetisser, supprimer, tailler, tronquer → **retrancher**

**élan** n. m. 1 bond, coup, élancement, envolée, erre, essor, lancée, lancement, impulsion, mouvement, saut 2 fig. : ardeur, chaleur, élévation, emportement, émulation, enthousiasme, entraînement, fougue, furia, vivacité, zèle

**élan** n. m. → **cervidé**

**élancé, e** 1 → **allongé** 2 → **mince**

**élancement** n. m. 1 → **douleur** 2 → **élan**

**élancer (s')** bondir, charger, débouler, s'élever, s'essorer (vx), foncer, fondre, se jeter, se lancer, piquer, se précipiter, se ruer, sauter, tomber

**élargir** 1 accroître, arrondir, augmenter, dilater, distendre, évaser, fraiser 2 → **libérer**

**élargissement** n. m. 1 → **agrandissement** 2 → **dilatation** 3 → **libération**

**élasticité** n. f. → **souplesse**

**élastique** adj. 1 au pr. : compressible, extensible, flexible, mou, rénitent (méd.) 2 fig. a → **indulgent** b → **relâché**

**eldorado** n. m. éden, paradis, pays de Cocagne / de rêve, Pérou

**élection** n. f. 1 → **choix** 2 → **préférence** 3 → **vote**

**électricité** n. f. 1 énergie électrique 2 unités : ampère, coulomb, farad, gauss, œrsted, ohm, volt

**électriser** → **enflammer**

**électronique** n. f. et adj. par ext. → **informatique**

**élégance** n. f. 1 au pr. : agrément, allure, beauté, belle apparence, bonne mine, bon ton, cachet, chic, dandysme, distinction, goût, grâce, harmonie, perfection, race, sveltesse, tenue 2 par ext. a → **pureté** b → **simplicité** c → **habileté**

**élégant, e** 1 adj. a quelqu'un ou un groupe : agréable, à la mode, allure, beau (comme un camion / melon), bien mis, chic, coquet, croquignolet (iron.), de bon goût, délicat, distingué, endimanché, fringant, gracieux, harmonieux, joli, parfait, pimpant, rider (arg.), sélect, smart, sur son trente et un, svelte, tiré à quatre épingles, trognon (fam. et iron.), ultra-chic ◆ vx : faraud, galant b → **raffiné** c une chose → **pur** 2 nom : coque-plumet, dandy, gandin, gommeux (péj.), incroyable, jeune fat, merveilleux, mirliflore, muguet, muscadin, petit-maître, petite-maîtresse, plumet, vieux beau (péj.), zazou

**élégiaque** 1 au pr. : mélancolique, plaintif, tendre, triste 2 par ext. : abattu, affecté, attristé, chagrin

**élégir** → **diminuer**

**élément** n. m. 1 → **principe** 2 → **substance** 3 → **milieu**

**élémentaire** → **simple**

**éléphant** n. m. 1 mammouth (par ext.), pachyderme 2 de mer → **phoque** 3 → **marin**

**élevage** n. m. 1 apiculture, aquiculture, aviculture, colombophilie, conchyliculture, héliciculture, mytiliculture, ostréiculture, pisciculture, sériciculture 2 embouche, engraissement → **nourriture**

**élévateur** n. m. 1 ascenseur, monte-charge 2 bélier, noria, pompe 3 cric, vérin → **grue, treuil**

**élévation** n. f. 1 au pr. a → **hauteur** b → **hausse** c → **augmentation** 2 fig. : dignité, éminence, grandeur, héroïsme, noblesse, sublimité, supériorité, tenue 3 relig. : porrection

**élève** n. m. ou f. 1 apprenti, cancre (péj.), collégien, disciple, écolier, étudiant, lycéen, potache 2 arg. scol. : ancien, archicube, bicarré, bizut, carré, cocon, conscrit, cornichon, tapir, taupin 3 vx : grimaud

**élevé, e** 1 au pr. → **haut** 2 par ext. : accru, augmenté, bon, éduqué, éminent, formé, grand, héroïque, instruit, magnifique, noble, relevé, soutenu, sublime, supérieur, transcendant ◆ péj. : emphatique, pompeux 3 a bien élevé → **civil** b mal élevé → **impoli**

**élever** 1 au pr. a accroître, arborer, augmenter, développer, dresser, exhausser, faire monter, hausser, lever, planter, rehausser, relever, soulever, surélever b bâtir, construire, édifier, ériger 2 élever un enfant : allaiter, cultiver, éduquer, entretenir, former, instruire, nourrir 3 par ext. on élève quelque chose ou quelqu'un a → **louer** b → **promouvoir** 4 on élève une objection → **prétexter** 5 v. pron. a → **opposer (s')** b → **protester** c → **monter** d → **naître**

**éleveur** n. m. engraisseur, herbager, nourrisseur, oiselier

**elfe** n. m. esprit, follet, génie, lutin, sylphe

**élimination** n. f. → **suppression**

**éliminer** abstraire, bannir, disqualifier, écarter, exclure, expulser, évincer, faire abstraction de, forclore (jurid.), laisser de côté, mettre à part / en quarantaine, néantiser, omettre, ostraciser, proscrire, radier, refuser, retirer, retrancher, supprimer, sortir

**élire** → **choisir**

**élision** n. f. par ext. : apocope

**élite** n. f. → **choix**

**élitisme** n. m. mandarinat

**élitiste** mandarinal

**élixir** n. m. essence, quintessence → **remède**

**ellipse** n. f. 1 → **ovale** 2 aphérèse, apocope, laconisme, raccourci, syncope

**elliptique** → **court**

**élocution** n. f. accent, articulation, débit, déclamation, diction, éloquence, énonciation, expression, langage, langue, parole, prononciation, style

**éloge** n. m. 1 au pr. : applaudissement, apologie, apothéose, approbation, célébration, compliment, dithyrambe, encens, encensement, exaltation, faire-valoir, félicitation, glorification, justification, louange, panégyrique ◆ péj. coups d'encensoir, flagornerie, lèche (fam) 2 par ext. : a chant, doxologie, gloria, hosanna, oraison funèbre, prône b → **flatterie**

**élogieux, euse** apologétique, dithyrambique, flatteur, laudatif → **louangeur**

**éloigné, e** à distance, au loin, détourné, distant, écarté, espacé, lointain, reculé, retiré

**éloignement** n. m. 1 au pr. a de quelqu'un : absence, disparition b d'une chose : intervalle, lointain, renfoncement → **distance** 2 fig. : antipathie, allergie, animosité, aversion, dégoût, détachement, détestation, exécration, haine, horreur, indifférence, nausée, prévention, répugnance, répulsion

**éloigner** 1 → **écarter** 2 v. pron. : s'absenter, céder la place, disparaître, s'écarter, s'en aller, quitter 3 vx : s'étranger

**élongation** n. f. → **entorse**

**éloquence** n. f. 1 ardeur, art, bien-dire, brillant, brio, chaleur, charme, conviction, élégance, maîtrise, parole, persuasion (par ext.), rhétorique, véhémence, verve 2 homilétique, rhétorique 3 péj. : bagou, boursouflure, débit, déclamation, emphase, faconde, pathos ◆ vx : boute-hors

**éloquent, e** 1 → **disert** 2 → **probant**

**élu, e** nom et adj. 1 → **député** 2 → **saint**

**élucidation** n. f. → **explication**

**élucider** → **éclaircir**

**élucubration** n. f. vaticination → **fable**

**élucubrer** → **composer**

**éluder** → **éviter**

**élusif, ive** → **évasif**

**émaciation** n. f. → **maigreur**

**émacié, e** → **maigre**

**émail** n. m. décoration, émaillure, nielle

**émailler** → **orner**

**émanation** n. f. 1 au pr. a agréable ou neutre : arôme, bouffée, dégagement, effluence, effluve, exhalaison, parfum, senteur → **odeur** b désagréable : miasmes, odeur, remugle → **puanteur** 2 fig. : alter ego, créature, dérivation, disciple, épigone, manifestation, produit

**émancipateur, trice** nom et adj. → **libérateur**

**émancipation** n. f. → **libération**

**émanciper** → **libérer**

**émaner** 1 → **dégager (se)** 2 → **découler**

**émargement** n. m. acquit, apostille, décharge, griffe, quittance, quitus, récépissé, reçu, signature, visa

**émarger** v. tr. et intr. 1 → **toucher** 2 apostiller, mettre sa griffe / marque, signer, viser

**émasculation** n. f. → **castration**

**émasculer** 1 au pr. : castrer, couper, déviriliser → **châtrer** 2 fig. : efféminer, féminiser → **affaiblir**

**emballage** n. m. 1 conditionnement, conteneurisation, empaquetage, pacquage 2 a → **cageot** b → **récipient**

**emballement** n. m. → **enthousiasme**

**emballer** 1 → **envelopper** 2 → **transporter** 3 conteneuriser 4 v. pron. → **emporter (s')**

**emballeur, euse** n. m. ou f. empaqueteur, paqueteur

**embarcadère** n. m. 1 → **quai** 2 → **wharf**

**embarcation** n. f. bachot, baleinière, barque, canoë, canot, chaloupe, esquif, nacelle, périssoire, pirogue, rafiot, skiff, vedette, yole, youyou → **bateau**

**embardée** n. f. → **écart**

**embargo** n. m. → **confiscation**

**embarquement** n. m. chargement → **départ**

**embarquer** 1 → **charger** 2 v. pron. a monter, partir b s'aventurer, s'engager, essayer, se lancer

**embarras** n. m. 1 → **obstacle** 2 → **ennui** 3 → **indétermination** 4 → **timidité** 5 → **malaise** 6 → **façon**

**embarrassant, e** 1 difficile, encombrant, gênant, incommodant, incommode, intransportable, malaisé, malcommode, obstrué, pénible 2 → **inquiétant**

**embarrassé, e** contourné, contraint, filandreux, pâteux → **embarrasser**

**embarrasser** 1 quelque chose → **obstruer** 2 quelqu'un → **gêner** 3 fig. : arrêter, compliquer, déconcerter, dérouter, embarbouiller, emberlificoter, embourber, embrouiller, empêcher, empêtrer, enchevêtrer, encombrer, enferrer, entortiller, entraver, gêner, importuner, incommoder, inquiéter, intimider, intriguer (vx), troubler

**embastiller** → **emprisonner**

**embaucher** → **engager**

**embaumer** momifier → **parfumer**

**embaumeur** n. m. taricheute

**embellie** n. f. accalmie, bonace, éclaircie

**embellir** v. tr. et intr. agrémenter, décorer, émailler, enjoliver, farder, flatter, garnir, idéaliser, illustrer, ornementer, parer, poétiser, rendre beau, sublimer → **orner** ◆ fam. : assaisonner

**embellissement** n. m. → **amélioration**

**emberlificoter** → **embarrasser**

**embêtant, e** → **ennuyeux**

**embêtement** n. m. → **ennui**

**embêter** → **ennuyer**

**emblée (d')** → **aussitôt**

**emblématique** → **symbolique**

**emblème** n. m. armes, armoiries, bannière, blason, cocarde, devise, drapeau, écu, écusson, étendard, figure, hiéroglyphe, image, insigne, panonceau, signe, symbole

**emboîtement** n. m. accouplement, ajustage, assemblage, emboîture, enchâssement, insertion, rapprochement, réunion, union

**emboîter** 1 → **insérer** 2 **emboîter le pas** → **suivre**

**embolie** n. f. → **congestion**

**embonpoint** n. m. → **grosseur**

**embouchure** n. f. 1 d'un instrument : bocal, bouquin, embouchoir, évasure 2 d'un cours d'eau : aber, bouches, delta, estuaire, grau, ria

**embourber** 1 fig. → **embarrasser** 2 pron. : a au pr. : s'embouquer (rég.), s'empêtrer, s'enfoncer, s'engluer, s'enliser, s'envaser, patauger, patiner b fig. : s'embrouiller, se tromper, se troubler

**embouteiller** → **obstruer**

**emboutir** → **heurter**

**embranchement** n. m. 1 → **fourche** 2 → **partie**

**embrancher** → **joindre**

**embrasement** n. m. 1 → **incendie** 2 fig. → **fermentation**

**embraser** 1 → **enflammer** 2 → **éclairer**

**embrassade** et **embrassement** n. f., n. m. accolade, baisement, baiser, caresse, enlacement, étreinte, resserrement, serrement

**embrasse** n. f. → **passement**

**embrasser** 1 au pr. a → **serrer** b → **baiser** 2 fig. a → **comprendre** b → **entendre** c → **suivre** d → **voir**

**embrasure** n. f. → **ouverture**

**embrayer** 1 enclencher 2 fig. → **entreprendre**

**embrigadement** n. m. encadrement, enrôlement, racolage, recrutement

**embrigader** → **enrôler**

**embringuer** → **entraîner**

**embrocation** n. f. → **pommade**

**embrocher** → **percer**

**embrouillamini** n. m. → **embrouillement**

**embrouillé, e** 1 → **compliqué** 2 → **obscur**

**embrouillement** n. m. brouillamini, confusion, désordre, embrouillamini, emmêlement, enchevêtrement, imbroglio, incertitude, involution (vx), obscurcissement, ombre, voile ◆ arg. ou fam. : bin's, cirage, embrouille, merdier, sac de nœuds, salade

**embrouiller** barbouiller (vx), brouiller, compliquer, confondre, embarbouiller, embarrasser, enchevêtrer, intriquer, mêler, obscurcir, troubler

**embrumer** → **obscurcir**

**embrun** n. m. poudrin

**embryon** n. m. 1 fœtus, germe, graine, œuf 2 → **commencement**

**embryonnaire** → **simple**

**embûche** et **embuscade** n. f. → **piège**

**éméché, e** → **ivre**

**émeraude** 1 adj. → **vert** 2 n.f. → **gemme**

**émergence** n. f. → **apparition**

**émerger** 1 au pr. : s'exonder, surgir → **sortir** 2 fig. → **distinguer (se)**

**émérite** 1 → **distingué** 2 → **honoraire**

**émerveillement** n. m. → **enthousiasme**

**émerveiller** 1 → **fasciner** 2 → **charmer** 3 → **étonner** 4 v. pron. → **enthousiasmer (s')**

**émétique** n. m. et adj. → **vomitif**

**émettre** 1 au pr. → **jeter** 2 radio : diffuser, produire, publier, radiodiffuser 3 fig. → **énoncer**

**émeute** n. f. agitation, barricades, coup de chien, désordre, émotion (vx), insoumission, insurrection, mutinerie, rébellion, révolte, révolution, sédition, soulèvement, trouble

**émeutier, ère** n. m. ou f. → **factieux**

**émiettement** n. m. → **dispersion**

**émietter** → **disperser**

**émigrant, e** nom et adj. → **émigré**

**émigration** n. f. 1 au pr. : exode, expatriation, migration, transmigration, transplantation 2 par ext. → **relégation**

**émigré, e** nom et adj. émigrant, exogène, expatrié, immigré, migrant, nouveau venu, personne déplacée, réfugié

**émigrer** s'expatrier → **partir**

**éminence** n. f. 1 → **hauteur** 2 → **saillie** 3 → **élévation** 4 protocolaire : Excellence, Grandeur, Monseigneur

**éminemment** au plus haut degré / point → **bien**

**éminent, e** 1 → **élevé** 2 → **distingué** 3 → **important**

**émissaire** n. m. 1 agent, chargé d'affaires, envoyé → **député** 2 → **espion** 3 → **cours (d'eau)**

**émission** n. f. 1 écoulement, éjaculation, émanation, éruption 2 diffusion, production, représentation, retransmission, transmission, vulgarisation

**emmagasiner** → **accumuler**

**emmailloter** → **envelopper**

**emmêlement** n. m. → **embrouillement**

**emmêler** → **mélanger**

**emménagement** n. m. → **installation**

**emménager** → **installer (s')**

**emmener** → **mener**

**emmerdant, e** → **ennuyeux**

**emmerdement** n. m. → **ennui**

**emmerder** 1 → **ennuyer** 2 → **souiller**

**emmerdeur, euse** n. m. ou f. → **fâcheux**

**emmieller** (fig.) 1 → **adoucir** 2 → **ennuyer**

**emmitoufler** 1 au pr. → **envelopper** 2 fig. → **déguiser**

**emmurer** → **emprisonner**

**émoi** n. m. → **émotion**

**émollient, e** → **calmant**

**émolument(s)** n. m. → **rétribution**

**émonder** → **élaguer**

**émotif, ive** → **sensible**

**émotion** n. f. affolement, agitation, bouleversement, choc, commotion, coup, désarroi, ébranlement, effarement, effervescence, émoi, enthousiasme, fièvre, frisson, saisissement, secousse, serrement de cœur, transe, trauma, traumatisme, trouble → **sentiment**

**émotivité** n. f. → **sensibilité**

**émoussé, e** 1 au pr. : ébréché, écaché, épointé, mousse 2 fig. : abattu, affaibli, amorti, blasé, diminué, obtus, usé

**émousser** 1 → **user** 2 fig. → **affaiblir**

**émoustiller** → **exciter**

**émouvant, e** apitoyant, attendrissant, bouleversant, captivant, déchirant, désarmant, dramatique, éloquent, empoignant, excitant, expressif, frappant, impressionnant, inquiétant, larmoyant (péj.), navrant, pathétique, poignant, saisissant, touchant, tragique, troublant

**émouvoir** 1 affecter, agiter, alarmer, aller au cœur, apitoyer, attendrir, attrister, blesser, bouleverser, captiver, consterner, déchirer, ébranler, empoigner, enflammer, exciter un sentiment / la passion, faire vibrer, fléchir, frapper, froisser (péj.), impressionner, inquiéter, intéresser, piquer au vif, remuer, retourner, saisir, secouer, suffoquer, surexciter, toucher, transporter, troubler ◆ fam : chavirer, émotionner, révolutionner 2 pron. : être agité, s'insurger, réagir

**empailler** naturaliser

**empailleur, euse** n. m. ou f. naturaliste, taxidermiste

**empaler** → **percer**

**empaquetage** n. m. conditionnement, emballage

**empaqueter** → **envelopper**

**emparer (s')** accaparer, s'approprier, s'assurer, s'attribuer, capter, capturer, conquérir, emporter, enlever, envahir, escroquer (péj.), faucher (fam.), intercepter, mettre la main sur, occuper, prendre, rafler, se rendre maître de, soulever, usurper → **voler** ◆ fam. : faucher, mettre le grappin sur, piquer

**empâtement** n. m. → **grosseur**

**empathie** n. f. → **sympathie**

**empaumer** 1 → **séduire** 2 → **gouverner**

**empêché, e** → **embarrassé**

**empêchement** n. m. → **obstacle**

**empêcher** arrêter, bâillonner, barrer, bloquer, brider, condamner, conjurer, contraindre, contrarier, contrecarrer, contrer, couper, défendre, déjouer, dérober, dérouter, détourner, écarter, embarrasser, enchaîner, endiguer, enfermer, entraver, étouffer, exclure, éviter, faire obstacle, fermer, gêner, interdire, masquer, museler, offusquer, s'opposer à, paralyser, prévenir, prohiber, refuser, retenir, supprimer, tenir, traverser (vx)

**empereur** n. m. → **monarque**

**empesé, e** 1 au pr. : amidonné, apprêté, dur 2 fig. → **étudié**

**empester** → **puer**

**empêtrer** → **embarrasser**

**emphase** n. f. affectation, ampoule, bouffissure, boursouflure, cérémonie, complications, déclamation, démesure, enflure, excès, grandiloquence, grands airs, hyperbole, pathos, pédantisme, pompe, prétention, solennité

**emphatique** académique, affecté, ampoulé, apprêté, bouffi, boursouflé, cérémonieux, compliqué, creux, déclamateur, déclamatoire, démesuré, enflé, gonflé, grandiloquent, guindé, hyperbolique, magnifique (vx), pédantesque, pindarique, pompeux, pompier, prétentieux, ronflant, sentencieux, solennel, sonore, soufflé, vide

**empiètement** n. m. → **usurpation**

**empiéter** → **usurper**

**empiffrer (s')** → **manger**

**empilage** n. m. empilement → **entassement**

**empiler** 1 a → **accumuler** b → **entasser** 2 péj. a → **tromper** b voler

**empire** n. m. 1 → **autorité** 2 → **règne** 3 → **nation** 4 → **influence**

**empirer** s'aggraver, aigrir, augmenter, s'aviver, se corser, devenir plus grave, s'envenimer, péricliter, progresser

**empirique** expérimental, naïf, naturel, routinier

**empirisme** n. m. → **routine**

**emplacement** n. m. 1 → **lieu** 2 → **situation**

**emplâtre** n. m. 1 au pr. : antiphlogistique, cataplasme, compresse, diachylon, résolutoire, révulsif, sinapisme 2 fig. → **mou**

**emplette** n. f. achat, acquisition

**emplir** bourrer, charger, combler, embarquer, encombrer, entrelarder, envahir, farcir, fourrer, garnir, gonfler, insérer, larder, occuper, remplir, saturer, se répandre dans, truffer

**emploi** n. m. 1 attributions, charge, état, fonction, gagne-pain, ministère, occupation, office, place, poste, profession, rôle, service, sinécure, situation, travail ◆ arg. : fromage, gâche, placard, planque, savon 2 → **usage**

**employé, e** 1 nom. a au pr. : adjoint, agent, aide, apprenti, auxiliaire, commis, demoiselle, fonctionnaire, garçon, préposé, salarié, subordonné b par ext. : bureaucrate, cheminot, copiste, dactylographe, écrivain, expéditionnaire, greffier, saute-ruisseau, scribe, secrétaire, sténographe, surnuméraire c fam. et / ou péj. : arpète, col blanc, gratte-papier, grouillot, plumitif, rond-de-cuir, saute-ruisseau, scribouillard 2 adj. → **usité**

**employer** → **occuper**

**employeur** n. m. → **patron**

**empocher** → **recevoir**

**empoignade** n. f. → **altercation**

**empoigner** 1 au pr. → **prendre** 2 fig. → **émouvoir**

**empoisonnement** n. m. 1 au pr. : intoxication 2 fig. → **ennui**

**empoisonner** 1 au pr. : contaminer, envenimer, infecter, intoxiquer 2 fig. a → **altérer** b → **ennuyer** c → **puer**

**empoisonneur, euse** n. m. ou f. → **fâcheux**

**emporté, e** 1 → **impétueux** 2 → **colère** (adj.)

**emportement** n. m. 1 → **colère** 2 → **impétuosité**

**emporter** 1 au pr. a quelqu'un ou quelque chose emporte quelque chose : charrier, charroyer, embarquer (fam.), emmener, s'en aller avec, enlever, entraîner, prendre, rouler, transporter b une récompense → **obtenir** 2 par ext. : comporter, impliquer, renfermer 3 loc. a **l'emporter sur → prévaloir** b **une maladie l'a emporté :** faire mourir 4 v. pron. : se cabrer, déborder, se déchaîner, éclater, s'emballer, fulminer, se gendarmer, s'irriter, se mettre en colère ◆ fam. : monter sur ses grands chevaux, prendre le mors aux dents, sentir la moutarde monter au nez, sortir de ses gonds, voir rouge

**empoté, e → maladroit**

**empreindre → imprimer**

**empreint, e → plein**

**empreinte** n. f. **→ trace**

**empressé, e → complaisant**

**empressement** n. m. ardeur, attention, avidité, célérité, complaisance, diligence, élan, galanterie, hâte, impatience, précipitation, presse, promptitude, soin, vivacité, zèle

**empresser (s')** s'affairer, courir, se démener, se dépêcher, se hâter, se mettre en quatre, se précipiter, se presser

**emprise** n. f. ascendant, autorité, dépendance, empire, influence, mainmise

**emprisonnement** n. m. captivité, claustration, détention, écrou, incarcération, internement, mise à l'ombre (fam.), réclusion, relégation, séquestration, transportation ◆ jurid. : contrainte par corps, prise de corps

**emprisonner** 1 arrêter, assurer, cadenasser, claquemurer, cloîtrer, détenir, écrouer, embastiller, emmurer, enchaîner, enfermer, incarcérer, interner, jeter, mettre à l'ombre / aux fers / sous les verrous / en prison, retenir captif, séquestrer 2 arg. ou fam. : boucler, coffrer, emballer, embarquer, emboîter, encabaner, encager, entoiler, foutre dedans, lourder 3 **→ gêner**

**emprunt** n. m. 1 **→ prêt** 2 **→ imitation**

**emprunté, e** 1 **→ artificiel** 2 **→ embarrassé**

**emprunter** 1 **→ quémander** 2 par ext. a **→ user** b **→ tirer** 3 fig. a **→ voler** b **→ imiter**

**emprunteur, euse** n. m. ou f. débiteur, tapeur

**empuantir → puer**

**empyrée** n. m. **→ ciel**

**ému, e** affecté, affolé, agité, alarmé, apitoyé, attendri, attristé, blessé, bouleversé, captivé, consterné, déchiré, ébranlé, émotionné, empoigné, enflammé, éperdu, excité, frappé, impressionné, inquiété, pantelant, remué, retourné, révolutionné, saisi, secoué, suffoqué, surexcité, touché, troublé

**émulation** n. f. 1 au pr. : antagonisme, amour-propre, assaut, combat, compétition, concurrence, course, escalade, jalousie, lutte, rivalité, zèle 2 par ext. : énergie, enthousiasme, exaltation, incitation

**émule** nom et adj. **→ rival**

**en** à la manière de, avec, dans

**enamourer (s') → éprendre (s')**

**énarque** n. m. **→ technocrate**

**encadrement** n. m. 1 au pr. : baguette, bordure, cadre, carrée (vx), cartel, cartouche, chambranle, châssis, entourage, huisserie, listel, mandorle, marie-louise 2 par ext. a contrôle, restriction du crédit b **→ hiérarchie**

**encadrer** 1 **→ entourer** 2 **→ insérer**

**encaissé, e → profond**

**encaissement** n. m. **→ perception**

**encaisser** 1 **→ toucher** 2 **→ recevoir**

**encaisseur** n. m. garçon de recettes

**encalminé, e** mar. : dans un calme plat, en panne, sans vent, stoppé

**encan (à l') → enchère**

**encanailler (s') → déchoir**

**encaquer → entasser**

**encarter → insérer**

**en-cas** n. m. **→ casse-croûte**

**encastrer → insérer**

**encaustiquer** cirer **→ frotter**

**enceindre → entourer**

**enceinte** n. f. 1 bordigue, ceinture, claie, clayonnage, clos, clôture, contrescarpe, douves, enclos, escarpe, fortification, fossé, glacis, mur, palis, palissade, périmètre, rempart **→ forteresse** 2 amphithéâtre, arène, carrière, champ, cirque, lice

**enceinte** adj. 1 dans une position intéressante (fam.), gestante, grosse, parturiente, prégnante ◆ arg. : avoir le ballon / un polichinelle dans le tiroir, cloquée 2 vétér. : gravide, pleine

**encens** n. m. fig. **→ éloge**

**encenser → louer**

**encenseur, euse** n. m. ou f. **→ louangeur**

**encéphale** n. m. **→ cerveau**

**encerclement** n. m. **→ siège**

**encercler** assiéger, cerner, contourner, enfermer, entourer, envelopper, investir, serrer de toutes parts

**enchaînement** n. m. **→ suite**

**enchaîner** 1 **→ attacher** 2 **→ joindre** 3 **→ soumettre** 4 **→ retenir**

**enchanté, e** 1 **→ enthousiasme** 2 **→ content**

**enchantement** n. m. 1 **→ enthousiasme** 2 **→ magie**

**enchanter → charmer**

**enchanteur, teresse** nom et adj. **→ charmant**

**enchâsser** assembler, emboîter, encadrer, encastrer, enchatonner, fixer, monter, sertir **→ insérer**

**enchère** n. f. adjudication à la chandelle, criée, encan, enchères à l'américaine, folle enchère, inflation (par ext.), licitation, surenchère, ultra-petita, vente, vente au plus offrant, vente publique

**enchérir** 1 au pr. : ajouter, aller sur, augmenter, dépasser, hausser le prix, rajouter, renchérir, surenchérir 2 par ext. : abonder dans le sens de, approuver

**enchevêtrement** n. m. **→ embrouillement**

**enchevêtrer** 1 **→ embrouiller** 2 v. pron. : se confondre, s'embarrasser, s'embarrer (équit.), s'embrouiller, s'emmêler, s'empêtrer, s'imbriquer, se mélanger, se mêler

**enchifrené, e** embarrassé, enrhumé, morveux, obstrué

**enclave** n. f. **→ morceau**

**enclaver** 1 **→ entourer** 2 **→ fixer**

**enclencher → commencer**

**enclin, e → porté**

**enclore → entourer**

**enclos** n. m. 1 **→ jardin** 2 **→ pâturage** 3 **→ cour**

**enclume** n. f. bigorne

**encoche** n. f. **→ entaille**

**encocher → entailler**

**encodage** n. m. **→ programme**

**encoder → programmer**

**encodeur** n. m. **→ enregistreur**

**encoignure** n. f. écoinçon **→ angle**

**encolure** n. f. **→ cou**

**encombrant, e → embarrassant**

**encombre (sans) → obstacle**

**encombrement** n. m. affluence, amas, désordre, embâcle, embarras, entassement, obstruction, surabondance, surproduction

**encombrer** 1 **→ obstruer** 2 **→ embarrasser**

**encontre (à l') → opposé**

**encorbellement** n. m. **→ saillie**

**encore** 1 **→ aussi** 2 **→ même**

**encornet** n. m. calmar ou calamar, seiche **→ gastéropode**

**encourageant, e** 1 **→ prometteur** 2 **→ réconfortant**

**encouragement** n. m. aide, aiguillon, applaudissement, approbation, appui, compliment, éloge, exhortation, incitation, prime, prix, protection, récompense, réconfort, soutien, stimulant, subvention

**encourager** aider, aiguillonner, animer, applaudir, approuver, appuyer, complimenter, conforter, déterminer, dynamiser, enflammer, engager, enhardir, exalter, exciter, exhorter, favoriser, féliciter, flatter, inciter, louer, porter, pousser, préconiser, protéger, rassurer, récompenser, réconforter, soutenir, stimuler, subventionner

**encourir** s'attirer, être passible de (jurid.), s'exposer à, s'occasionner, risquer

**encrassement** n. m. **→ souillure**

**encrasser → salir**

**encrer → enduire**

**encroûté, e → routinier**

**encroûtement** n. m. **→ habitude**

**encroûter (s') → endormir (s')**

**enculer → sodomiser**

**encyclique** n. f. **→ rescrit**

**encyclopédie → dictionnaire**

**endémique → durable**

**endetter (s')** contracter / faire des dettes, s'obérer

**endeuiller → chagriner**

**endiablé, e → impétueux**

**endiguer → retenir**

**endimanché, e → élégant**

**endimancher → parer**

**endive** n. f. chicon, chicorée, witloof

**endoctrinement** n. m. **→ propagande**

**endoctriner** catéchiser, circonvenir, édifier, faire la leçon, faire du prosélytisme, gagner, haranguer, influencer, prêcher, sermonner ◆ fam. : chambrer, embaucher, **entortiller** ◆ vx : embobeliner, emboucher

**endogamie** n. f. consanguinité

**endolori, e → douloureux**

**endolorir** 1 **→ chagriner** 2 **→ courbaturer**

**endommagement** n. m. **→ dommage**

**endommager → détériorer**

**endormant, e → somnifère**

**endormi, e** 1 **→ engourdi** 2 **→ lent**

**endormir** 1 au pr. : anesthésier, assoupir, chloroformer, hypnotiser, magnétiser 2 fig. a **→ ennuyer** b **→ soulager** c **→ calmer** d **→ tromper** 3 v. pron. : a au pr. **→ dormir** b par ext. **→ mourir** c fig. : s'amollir, s'encroûter, s'engourdir, s'illusionner, s'oublier, se rouiller

**endos** n. m. **→ signature**

**endosser** 1 accepter, assumer, avaliser, battre sa coulpe, se charger, porter le chapeau (fam.), prendre la responsabilité, reconnaître, signer 2 **→ vêtir**

**endroit** n. m. 1 recto 2 **→ lieu** 3 **→ face**

**enduire** appliquer, barbouiller, chemiser, couvrir, encrer, étaler, étendre, frotter, galipoter, luter, mastiquer, oindre, plaquer, praliner, recouvrir, revêtir, tapisser

**enduit** n. m. apprêt, couche, crépi, dépôt, fart, futée, galipot, gunite, incrustation, lut, maroufle, mastic, peinture, protection, revêtement, tain, vernis

**endurance** n. f. **→ résistance**

**endurant, e** 1 **→ résistant** 2 **→ patient**

**endurci, e → dur**

**endurcir** 1 **→ durcir** 2 **→ exercer** 3 v. pron. : s'accoutumer, s'aguerrir, se blinder (fam.), se cuirasser, s'entraîner, s'exercer, se former, se fortifier, s'habituer, résister, se tremper

**endurcissement** n. m. 1 au pr. : cal, callosité, cor, durillon, induration, œil-de-perdrix, racornissement 2 fig. a non fav. : dessèchement, dureté, égocentrisme, égoïsme, impénitence, insensibilité, méchanceté b fav. : accoutumance, endurance, entraînement, habitude, résistance

**endurer → souffrir**

**énergie** n. f. 1 **→ force** 2 **→ fermeté**

**énergique → ferme**

**énergumène** n. m. ou f. agité, braillard, démoniaque, emporté, exalté, excité, extravagant, fanatique, forcené, furieux, original, passionné, possédé, violent

**énervant, e** 1 **→ agaçant** 2 **→ ennuyeux**

**énervé, e** 1 **→ nerveux** 2 **→ troublé**

**énervement** n. m. 1 **→ agacement** 2 **→ agitation**

**énerver** 1 au pr. : affadir, affaiblir, alanguir, amollir, aveulir, efféminer, fatiguer 2 par ext. a agacer, crisper, excéder, horripiler, impatienter, mettre à bout, obséder, porter / taper sur les nerfs / le système, tourmenter b échauffer, exciter, surexciter 3 v. pron. : a s'affoler b s'impatienter

**enfance** n. f. 1 impuberté 2 fig. **→ commencement** 3 **en enfance → gâteux**

**enfant** n. m. ou f. 1 a amour, ange, angelot, bambin, chérubin, chiffon, diable, diablotin, drôle, fillette, gamin, garçonnet, infant, innocent, jésus, marmouset, mineur, mioche, nourrisson, nouveau-né, petit, petit démon / diable / dragon / drôle / garçon, petite fille, poupon, pupille, putto (peint.) **→ bébé** b partic. : bâtard, jumeau, triplé, quadruplé, quintuplé, sextuplé c arg. ou fam. : babouin, braillard, chiard, chiffon, diable, diablotin, drôle, gars, gniard, gone, grimaud, gosse, grimaud, lardon, loupiot, marmaille, marmot, merdeux, mioche, miston, môme, morpion, morveux, moucheron, mouflet, moujingue, moutard, petit-salé, polichinelle, polisson, poupard, salé, têtard, trognon, trousse-pet 2 par ext. a **→ fils** b **→ postérité** c d'animaux : couvée, nichée, petits, portée, ventrée d clone (partic.) 3 **enfant**

de Marie (péj.) : oie blanche, prude, rosière, sainte nitouche

**enfantement** n. m. 1 au pr. : accouchement, couches, délivrance, heureux événement (fam.), gésine, gestation (par ext.), mal d'enfant, mise bas (vét.), mise au monde, naissance, parturition 2 fig. : apparition, création, production

**enfanter** 1 au pr. : accoucher, donner le jour / naissance, mettre au monde 2 vétér. : agneler, cochonner, mettre bas, pouliner, vêler 3 par ext. a → **engendrer** b → **produire**

**enfantillage** n. m. frivolité, gaminerie, légèreté, infantilisme, puérilité → **bagatelle**

**enfantin, e** espiègle, gamin, gosse, immature, impubère, infantile, léger, mutin, puéril → **simple**

**enfer** n. m. 1 au pr. : abîme, champs Élysées, damnation, empire des morts, feu éternel, géhenne, léviathan, limbes, rives de Charon / du Styx, schéol, sombre demeure / empire / rivage / séjour, sombres bords, Tartare 2 par ext. a → **affliction** b → **tourment**

**enfermer** 1 au pr. on enferme une chose ou quelqu'un : barricader, boucler, calfeutrer, chambrer, claquemurer, claustrer, cloîtrer, coffrer (fam.), confiner, consigner, détenir, écrouer, emballer, emmurer, empêcher, encager, encercler, enserrer, entourer, faire entrer, interner, isoler, murer, parquer, renfermer, retenir, séquestrer, serrer, verrouiller → **emprisonner** 2 par ext. une chose enferme : comporter, comprendre, contenir, impliquer, renfermer

**enferrer** → **percer**

**enfiévrer** → **enflammer**

**enfilade** n. f. → **suite**

**enfiler** 1 → **percer** 2 → **entrer** 3 → **dire**

**enfin** à la fin, après tout, bref, en fin de compte, finalement, pour finir, somme toute, tout compte fait

**enflammé, e** fig. 1 phys. : allumé, brûlant, empourpré, en feu, igné, rouge 2 sentiments : animé, ardent, éloquent, embrasé, enfiévré, enthousiaste, passionné, surexcité

**enflammer** 1 au pr. : allumer, attiser, brûler, embraser, incendier, mettre le feu 2 fig. a accroître, animer, augmenter, communiquer, doper, échauffer, éclairer, électriser, emporter, empourprer, enfiévrer, enlever, enthousiasmer, entraîner, envenimer, exalter, exciter, galvaniser, illuminer, irriter, passionner, pousser, provoquer, stimuler, survolter b envenimer → **irriter** 3 v. pron. fig. : s'animer, s'emporter, se passionner, réagir, vibrer

**enflé, e** 1 → **gonflé** 2 → **emphatique**

**enfler** v. tr. et intr 1 → **gonfler** 2 → **grossir** 3 → **hausser**

**enflure** n. f. → **boursouflure**

**enfoiré, e** nom et adj. 1 → **bête** 2 → **maladroit**

**enfoncé, e** → **profond**

**enfoncement** n. m. → **excavation**

**enfoncer** 1 au pr. : a cheviller, entrer, ficher, fourrer, introduire, mettre, passer, planter, plonger, piquer b arg. : carrer c abattre, affaisser, briser, crever, défoncer, déprimer, forcer, renverser, rompre 2 fig. a battre, culbuter, percer, renverser, rompre, surpasser, vaincre b fam. → **surpasser** 3 v. pron. a → **couler** b → **entrer** c → **absorber (s')** d → **déchoir**

**enfouir** 1 → **enterrer** 2 → **introduire**

**enfouissement** n. m. → **enterrement**

**enfourcher** enjamber, monter / se mettre à califourchon

**enfourner** → **introduire**

**enfreindre** → **désobéir**

**enfuir (s')** 1 abandonner, s'en aller, battre en retraite, décamper, déguerpir, déloger, se dérober, détaler, disparaître, s'échapper, s'éclipser, s'éloigner, s'envoler, s'esquiver, s'évader, filer (à l'anglaise), fuir, gagner le large, lever le pied, partir, passer, plier bagages, prendre la clef des champs / la poudre d'escampette / ses jambes à son cou, quitter la place, se retirer, se sauver, tourner le dos / les talons 2 arg. ou fam. : se barrer / carapater / carrer / casser / débiner / esbigner / tailler / tirer, débouler, déhaler, déménager à la cloche de bois, dévisser, se faire la belle / la malle / la paire, ficher / foutre le camp, jouer les filles de l'air, mettre les bouts, ne pas demander son reste, ribouler, riper, tricoter

**engageant, e** 1 → **aimable** 2 → **attirant**

**engagement** n. m. 1 affaire, choc, collision, combat, coup de main, coup, échauffourée, escarmouche 2 → **promesse** 3 → **relation** 4 embarquement (vx), embauchage, embauche, enrôlement, recrutement

**engager** 1 → **introduire** 2 → **inviter** 3 → **obliger** 4 → **fiancer (se)** 5 → **commencer** 6 embaucher, employer, enrôler, prendre, recruter, retenir 7 v. pron. a → **entrer** b → **promettre** c fig. : s'aventurer, se compromettre, s'embarquer, s'embarrasser, s'embourber, s'embringuer, s'encombrer, s'enfourner, entreprendre, se jeter, se lancer, se mettre en avant

**engeance** n. f. → **race**

**engelure** n. f. crevasse, enflure, érythème, froidure, gelure, onglée, rougeur

**engendrer** 1 au pr. : concevoir, créer, donner la vie, enfanter, faire, féconder, générer, inséminer, procréer, produire, proliférer, reproduire 2 par ext. → **accoucher** 3 fig. → **occasionner**

**engin** n. m. → **appareil**

**englober** 1 → **réunir** 2 → **comprendre**

**engloutir** 1 → **avaler** 2 → **consumer** 3 v. pron. → **couler**

**engloutissement** n. m. → **anéantissement**

**engluer** → **poisser**

**engorgement** n. m. accumulation, congestion, obstruction, réplétion, saturation

**engorger** → **obstruer**

**engouement** n. m. → **enthousiasme**

**engouer (s')** s'acoquiner, se coiffer, s'emballer, s'entêter, s'enthousiasmer, s'enticher, s'éprendre, s'infatuer, se passionner, se préoccuper, se rassoter (vx), se toquer

**engouffrer (s')** → **entrer**

**engourdi, e** 1 au pr. : ankylosé, appesanti, assoupi, endormi, étourdi, gourd, inerte, paralysé, raide, rigide, rouillé 2 par ext. : empoté, hébété, lambin, lent, léthargique, sommeilleux

**engourdir** ankyloser, appesantir, assoupir, endormir, étourdir, hébéter, paralyser, rouiller

**engourdissement** n. m. 1 alourdissement, ankylose, apathie, appesantissement, assoupissement, atonie, hébétude, indolence, lenteur, léthargie, paralysie, paresse, somnolence, stupeur, torpeur 2 estivation, hibernation, onglée

**engrais** n. m. 1 → **nourriture** 2 acide phosphorique, azote, potasse 3 amendement, apport, compost, fertilisant, fertilisation, fumier, fumure, guano, limon, marne, poudrette, purin, terreau, terre de bruyère, wagage

**engraisser** 1 le sol : améliorer, amender, bonifier, enrichir, fumer 2 un animal : alimenter, emboucher, empâter, engraisser, gaver, gorger 3 v. intr. → **grossir** 4 v. pron. fig. → **enrichir (s')**

**engranger** → **accumuler**

**engrenage** n. m. → **entraînement**

**engueulade** n. f. 1 → **reproche** 2 → **injure**

**engueuler** 1 → **injurier** 2 → **réprimander**

**enguirlander** 1 au pr. → **orner** 2 fig. a → **louer** b → **injurier**

**enhardir** → **encourager**

**énigmatique** 1 → **obscur** 2 → **secret**

**énigme** n. f. 1 charade, bouts-rimés, devinette, logogriphe, mots croisés, rébus 2 fig. → **mystère**

**enivrant, e** 1 capiteux, entêtant, fort, grisant 2 fig. : exaltant, excitant, troublant

**enivrement** n. m. 1 au pr. → **ivresse** 2 fig. → **vertige**

**enivrer** 1 → **étourdir** 2 v. pron. a arg. ou fam. : s'alcooliser, s'aviner, se beurrer / biturer / blinder / bourrer / cuiter / défoncer / soûler, prendre une biture / une cuite, picoler, pinter, sacrifier à Bacchus / à la dive bouteille, sculpter une gueule de bois, siphonner, téter → **boire** b → **enthousiasmer (s')**

**enjambée** n. f. → **pas**

**enjambement** n. m. contre-rejet, rejet

**enjamber** 1 → **marcher** 2 → **franchir** 3 fig. → **usurper**

**enjeu** n. m. → **mise**

**enjoindre** → **commander**

**enjôler** → **tromper**

**enjôleur, euse** n. m. ou f. 1 → **séducteur** 2 → **trompeur**

**enjolivement** n. m. accessoire, appoggiature, enjolivure, fioriture, garniture, ornement

**enjoliver** → **orner**

**enjoué, e** → **gai**

**enjouement** n. m. → **vivacité**

**enlacement** n. m. → **étreinte**

**enlacer** → **serrer**

**enlaidir** 1 → **déformer** 2 → **dégrader** 3 → **nuire**

**enlèvement** n. m. 1 arrachage, descellement, extraction 2 kidnapping, prise, rapt, ravissement (vx), razzia, violence, voie de fait

**enlever** 1 → **lever** 2 arracher, confisquer, kidnapper, prendre, rafler, ravir, razzier 3 → **retrancher** 4 → **quitter** 5 → **entraîner** 6 → **transporter** 7 pass. → **mourir**

**enliser** → **embourber**

**enluminer** → **colorer**

**enlumineur, euse** n. m. ou f. miniaturiste

**enluminure** n. f. → **miniature**

**ennéade** n. f. neuvaine

**ennemi, e** 1 nom : adversaire, antagoniste, concurrent, détracteur, opposant, pourfendeur (vx ou fam.) 2 adj. → **défavorable**

**ennoblir** 1 anoblir 2 améliorer, élever, grandir, idéaliser, rehausser, sublimer, surélever, transposer

**ennoblissement** n. m. 1 → **amélioration** 2 → **élévation**

**ennui** n. m. 1 accroche (vx), avanie, avatar (par ext.), chiffonnement, contrariété, difficulté, embarras, embêtement, empoisonnement, épreuve, tracas → **inconvénient** 2 arg. ou fam. : anicroche, caille, chiasse, chierie, chiotte, couille, embrouille, emmerde, emmerdement, mélasse, merde, merdier, mistoufle, mouscaille, os, pain, panade, pastis, patate, pépin, sac de nœuds, salade, tuile, turbin 3 bourdon, bovarysme, cafard, chagrin, crève-cœur, déplaisir, désagrément, inquiétude, insatisfaction, lassitude, mal, malaise, mécontentement, mélancolie, migraine, nostalgie, nuage, papillons noirs, peine, souci, spleen, tristesse ◆ vx : dégoût

**ennuyé, e** → **fâché**

**ennuyer** 1 au pr. a agacer, assombrir, assommer, cramponner, embêter, endormir, étourdir, excéder, fatiguer, importuner, indisposer, insupporter, lanciner, lasser, obséder, peser, tourmenter b arg. ou fam. : barber, bassiner, courir sur le haricot, cramponner, emmerder, emmieller, emmouscailler, empoisonner, enquiquiner, faire chier / suer / tartir, peler, poisser, raser, taler, tanner 2 par ext. → **affliger** 3 tourner en rond

**ennuyeux, euse** 1 adj. a agaçant, assommant, assoupissant, contrariant, crampónnant, dégoûtant, désagréable, écœurant, embêtant, empoisonnant, endormant, énervant, ennuyant, fâcheux, fade, fastidieux, fatigant, harcelant, inintéressant, inquiétant, insupportable, lancinant, lent, mortel, narcotique, obsédant, oiseux, pénible, pesant, rasant, rebutant, sempiternel, soporifique, térébrant, triste b arg. ou fam. : barbant, barbifiant, bassinant, canulant, chiant, chiatique, emmerdant, emmouscaillant, râlant, rasoir, suant, tannant, vaseux, vasouillard 2 nom. → **importun**

**énoncé** n. m. → **énonciation**

**énoncer** affirmer, alléguer, articuler, avancer, déclarer, dire, écrire, émettre, expliciter, exposer, exprimer, former, formuler, notifier, parler, proférer, prononcer, proposer, stipuler

**énonciation** n. f. affirmation, articulation, communication, donnée, élocution, énoncé, expression, formulation, proposition, stipulation

**enorgueillir (s')** → **flatter (se)**

**énorme** 1 → **démesuré** 2 → **grand** 3 → **extraordinaire**

**énormément** 1 → **beaucoup** 2 → **très**

**énormité** n. f. 1 → **grandeur** 2 → **extravagance**

**enquérir (s')** chercher, couvrir (un événement), demander, enquêter, étudier, examiner, s'informer, s'instruire, observer, rechercher, se renseigner

**enquête** n. f. 1 → **recherche** 2 → **sondage**

**enquêter** → **enquérir (s')**

**enquêteur, teuse** n. m. ou f. 1 détective → **policier** 2 perquisiteur, sondeur

**enquiquiner** → **ennuyer**

**enracinement** n. m. → **fixation**

**enraciner** → **fixer**

**enragé, e** 1 → **violent** 2 → **furieux** 3 → **extrémiste**

**enrager** → **rager**

**enrayer** [1] → **freiner** [2] → **arrêter** [3] → **étouffer**

**enrégimenter** → **enrôler**

**enregistrement** n. m. [1] archivage, immatriculation, inscription, mention, transcription [2] bande, cassette, film, microsillon

**enregistreur, euse** nom et adj. compteur, encodeur, horodateur, indicateur, parcmètre, pointeuse, taximètre, thermostat ◆ fam. : boîte noire, mouchard

**enregistrer** [1] → **inscrire** [2] → **noter** [3] → **imprimer**

**enrhumé, e** enchifrené, tousseur

**enrichir** [1] [a] → **augmenter** [b] → **orner** [2] v. pron. [a] s'accroître, augmenter, se développer, s'engraisser, faire fortune / son beurre (fam.), profiter [b] doter, embellir, garnir, orner

**enrichissant, e** → **profitable**

**enrichissement** n. m. → **augmentation**

**enrober** [1] → **enduire** [2] → **envelopper**

**enrôlement** n. m. → **embrigadement**

**enrôler** embrigader, engager, enrégimenter, incorporer, lever des troupes, mobiliser, racoler, recruter

**enroué** → **rauque**

**enrouement** n. m. chat dans la gorge, éraillement, extinction de voix, raucité

**enroulement** n. m. → **volute**

**enrouler** → **rouler**

**ensabler** [1] → **combler** [2] v. pron. → **échouer**

**enseignant, e** nom et adj. → **maître**

**enseigne** [1] n.f. [a] : affiche, écusson, pancarte, panneau, panonceau [b] → **drapeau** [2] n.m. → **chef**

**enseignement** n. m. [1] → **leçon** [2] chaire, discipline, matière, pédagogie, professorat [3] apologue, fable, moralité

**enseigner** [1] au pr. : apprendre, démontrer, éclairer, éduquer, expliquer, faire connaître, former, inculquer, indiquer, initier, instruire, montrer, professer, révéler [2] relig. : catéchiser, convertir, évangéliser, prêcher

**ensemble** [1] adv. : à la fois, à l'unisson, au total, conjointement, collectivement, coude à coude, d'accord, de concert, de conserve, de front, du même pas, en accord / bloc / chœur / commun / concordance / harmonie / même temps, simultanément, totalement [2] n.m. [a] → **totalité** [b] → **union** [3] → **orchestre** [4] → **bâtiment**

**ensemblier** n. m. → **décorateur**

**ensemencement** n. m. semailles, semis

**ensemencer** → **semer**

**enserrer** [1] → **enfermer** [2] → **entourer**

**ensevelir** → **enterrer**

**ensevelissement** n. m. → **enterrement**

**ensoleiller** [1] au pr. : insoler [2] fig. → **égayer**

**ensorcelant, e** [1] → **attirant** [2] → **charmant**

**ensorceler** → **charmer**

**ensorceleur, euse** n. m. ou f. [1] → **séducteur** [2] → **sorcier**

**ensorcellement** n. m. → **magie**

**ensuite** → **puis**

**ensuivre (s')** → **résulter**

**entablement** n. m. → **corniche**

**entacher** → **salir**

**entaille** n. f. adent, coche, coupure, cran, crevasse, échancrure, encoche, épaufrure, faille, fente, feuillure, hoche, incision, mortaise, onglet, raie, rainure, rayure, ruinure, scarification, sillon, taille (vx) → **blessure**

**entailler** et **entamer** [1] cocher, couper, cranter, créneler, creuser, diminuer, ébrécher, écorner, encocher, épaufrer, haver, inciser, jabler, mortaiser, rainer, rainurer, toucher à [2] fig. [a] → **commencer** [b] → **entreprendre** [c] → **vaincre** [d] → **blesser**

**entassement** n. m. abattis, accumulation, agglomération, amas, amoncellement, assemblage, capharnaüm, chantier, empilage, empilement, encaquement, encombrement, pile, pyramide, rassemblement, réunion, tas

**entasser** [1] accumuler, agglomérer, amasser, amonceler, assembler, collectionner, emmagasiner, empiler, encaquer, gerber, mettre en pile / pilot / tas, multiplier, pacquer, presser, réunir, serrer, tasser [2] → **économiser** [3] v. pron. : s'écraser

**ente** n. f. → **greffe**

**entendement** n. m. bon sens, cerveau, cervelle, clairvoyance, compréhension, conception, discernement, esprit, faculté, imagination, intellect, intellection, intellectualisation, intelligence, jugement, lucidité, pénétration, raison, talent, tête

**entendre** [1] phys. : auditionner, écouter, percevoir [2] par ext. [a] attraper, avoir une idée, comprendre, concevoir, embrasser, pénétrer, réaliser, se rendre compte, saisir, voir [b] → **connaître** [c] → **vouloir** [d] → **consentir** [3] v. pron. [a] s'accorder, agir de concert, s'arranger, se concerter, être de connivence / d'intelligence, pactiser, s'unir [b] s'accorder, s'aimer, faire bon ménage, fraterniser, sympathiser, vivre en bonne intelligence ◆ vx : compatir, corder [c] se comprendre, s'interpréter, signifier

**entendu, e** → **capable**

**enténébrer** [1] → **obscurcir** [2] → **affliger**

**entente** n. f. [1] → **accord** [2] compréhension → **union**

**enter** [1] bouturer, greffer [2] → **ajouter**

**entériner** → **confirmer**

**entérite** n. f. colite, entérocolite

**enterrement** n. m. convoi, derniers devoirs / honneurs, deuil, enfouissement, ensevelissement, funérailles, inhumation, mise en bière / au sépulcre / au tombeau, obsèques → **sépulture**

**enterrer** [1] enfouir, ensevelir, inhumer, mettre / porter en terre, rendre les derniers honneurs [2] pron. : se cacher, se confiner, disparaître, faire / prendre retraite, s'isoler, se retirer

**entêtant, e** → **enivrant**

**entêté, e** → **têtu**

**entêtement** n. m. → **obstination**

**entêter** [1] → **étourdir** [2] v. pron. [a] au pr. → **engouer (s')** [b] par ext. : s'accrocher, se cramponner, s'enferrer, ne pas démordre, s'obstiner, s'opiniâtrer, persévérer, poursuivre, rester

**enthousiasmant, e** → **passionnant**

**enthousiasme** n. m. admiration, allégresse, ardeur, célébration, délire, démon, dithyrambe, ébahissement, éblouissement, emballement, émerveillement, enchantement, enfièvrement, engouement, entraînement, exaltation, extase, fanatisme, feu, flamme, frénésie, fureur, génie, inspiration, ivresse, joie, lyrisme, optimisme, passion, ravissement, succès, transport, triomphe, zèle

**enthousiasmer** [1] → **transporter** [2] v. pron. : admirer, s'emballer, s'émerveiller, s'échauffer, s'enfiévrer, s'enflammer, s'engouer, s'enivrer, s'exalter, s'exciter, s'extasier, se pâmer, se passionner, se récrier d'admiration

**enthousiaste** nom et adj. admirateur, ardent, brûlant, charmé, chaud, dévot, emballé, émerveillé, emporté, enchanté, enflammé, enfiévré, exalté, excité, fana (fam.), fanatique, fervent, idolâtre, idolâtrique, inassouvi, inspiré, lyrique, mordu, passionné, zélateur, zélé

**entichement** n. m. → **toquade**

**enticher (s')** → **engouer (s')**

**entier, ère** [1] absolu, aliquote, complet, franc, global, inentamé, intact, intégral, parfait, plein, plénier, sans réserve, total [2] → **têtu**

**entièrement** [1] → **absolument** [2] → **complètement**

**entité** n. f. abstraction, caractère, essence, être, existence, idée, nature

**entôler** → **voler**

**entonner** → **commencer**

**entonnoir** n. m. [1] chantepleure, trémie [2] anat. : infundibulum

**entorse** n. f. [1] au pr. : déboîtement, désarticulation, dislocation, effort, élongation, foulure, luxation [2] fig. : altération, atteinte, contravention, dommage, écart, entrave, erreur, faute, manquement

**entortiller** [1] au pr. → **envelopper** [2] fig. → **séduire**

**entour(s)** n. m. [1] → **entourage** [2] → **environs**

**entourage** n. m. cercle, compagnie, entours, environnement, milieu, proches, société, voisinage

**entourer** [1] au pr. : assiéger, border, ceindre, ceinturer, cerner, circonscrire, clore, clôturer, corseter, couronner, embrasser, encadrer, enceindre, enclaver, enclore, enfermer, enrouler, enserrer, envelopper, étreindre, fermer, garnir, hérisser, murer, palissader, resserrer [2] par ext. : accabler, assister, combler, être aux petits soins, prendre soin, vénérer [3] géogr. : baigner

**entourloupette** n. f. → **tromperie**

**entracte** n. m. [1] → **intervalle** [2] → **saynète**

**entraide** n. f. → **secours**

**entraider (s')** → **soutenir**

**entrailles** n. f. pl. → **viscère**

**entrain** n. m. [1] → **gaieté** [2] → **vivacité**

**entraînant, e** [1] → **gai** [2] → **probant**

**entraînement** n. m. [1] méc. : engrenage, mouvement, transmission [2] fig. [a] fav. : chaleur, élan, emballement, enthousiasme, exaltation [b] non fav. : faiblesse, impulsion [3] → **exercice**

**entraîner** [1] au pr. : attirer, charrier, embarquer, emporter, enlever, traîner [2] par ext. [a] → **inviter** [b] → **occasionner** [c] → **exercer** [3] v. pron. → **exercer (s')**

**entraîneur** n. m. [1] → **chef** [2] → **instructeur**

**entraîneuse** n. f. allumeuse (arg.), taxi-girl

**entrait** n. m. tirant

**entrave** n. f. [1] billot, chaîne, fer, lien [2] → **obstacle**

**entraver** [1] → **embarrasser** [2] → **empêcher** [3] v. pron. : s'embarrer (équit.) → **trébucher**

**entre** au milieu de, dans, parmi

**entrebâiller** → **ouvrir**

**entrechat** n. m. → **cabriole**

**entrechoquer** → **choquer**

**entrecouper** → **interrompre**

**entrecroiser** → **croiser**

**entrée** n. f. [1] → **accès** [2] → **ouverture** [3] → **seuil** [4] → **vestibule** [5] → **commencement** [6] **entrée en matière** → **introduction**

**entrefaite** n. f. [1] vx [a] → **intervalle** [b] → **moment** [2] **sur ces entrefaites** → **alors**

**entrefilet** n. m. → **article**

**entregent** n. m. → **habileté**

**entrelacement** n. m. entrecroisement, entrelacs, entremêlement (vx), lacis, réseau

**entrelacer** [1] → **serrer** [2] → **tresser**

**entrelarder** (fig.) [1] → **emplir** [2] → **insérer**

**entremêler** → **mélanger**

**entremets** n. m. → **pâtisserie**

**entremetteur** n. m. → **intermédiaire**

**entremetteuse** n. f. [1] maquerelle, sous-maîtresse, tôlière, vieille → **proxénète** [2] vx : appareilleuse, marchande à la toilette, matrone, pourvoyeuse [3] arg. : fourgueuse de poules, maqua, mère d'occase

**entremettre (s')** → **intervenir**

**entremise** n. f. arbitrage, canal, intercession, intermédiaire, interposition, intervention, médiation, ministère, moyen, organe, propitiation, soins, truchement, voie

**entreposer** déposer, stocker

**entrepôt** n. m. → **magasin**

**entreprenant, e** [1] → **actif** [2] → **hardi**

**entreprendre** [1] fav. ou neutre : attaquer, avoir / prendre l'initiative, commencer, se disposer à, embrayer, enclencher, engager, engrener, entamer, essayer, se mettre à, mettre la main à, prendre à tâche, se proposer de, tenter [2] non fav. : on entreprend quelque chose contre : attenter à / contre / sur, causer un dommage à, commettre, déclencher, déroger à, empiéter sur, perpétrer, porter atteinte / préjudice à, oser, risquer, toucher à

**entrepreneur** n. m. → **bâtisseur**

**entreprise** n. f. [1] action, affaire, aventure, chose, dessein, disposition, essai, mesures, œuvre, opération, ouvrage, plan, projet, tentative, travail [2] → **établissement**

**entrer** [1] accéder, aller, avancer, s'enfiler, s'enfoncer, s'engager, s'engouffrer, envahir, se faufiler, forcer, se glisser, s'introduire, se lancer, passer, pénétrer, venir [2] arg. : embusquer [3] → **adopter**

**entresol** n. m. mezzanine

**entre-temps** n. m. et adv. époque, ère, intervalle, période → **moment**

**entretenir** [1] [a] → **conserver** [b] → **nourrir** [2] v. pron. [a] → **exercer (s')** [b] → **parler**

**entretien** n. m. [1] → **conversation** [2] maintenance → **réparation**

**entretoise** n. f. → **traverse**

**entrevoir** → **voir**

**entrevue** n. f. → **rencontre**

**entuber** → **tromper**

**énumération** n. f. → **dénombrement**

**énumérer** → **dénombrer**

**envahir** 1 au pr. **a** → **emparer (s')** **b** → **remplir** 2 fig. : absorber, accaparer, coincer, coller, empiéter, s'étendre à, gagner, mettre le grappin / la main sur, occuper, retenir, tenir la jambe

**envahissant, e** → **importun**

**envahissement** n. m. → **incursion**

**envahisseur** n. m. agresseur, colonisateur, impérialiste, occupant

**enveloppant, e** → **séduisant**

**enveloppe** n. f. 1 au pr. **a** bot. : bale ou balle, bogue, brou, capsule, cerneau, cupule, écale, écalure, endocarpe, épiderme, gousse, membrane, peau, péricarpe, tégument, zeste **b** chape, contenant, cornet, écrin, emballage, étui, fourreau, gaine, housse, robe, taie, vêtement **c** zool. : carapace, coquille, cuirasse, écaille, tégument, test **d** anat. : capsule, péricarde, péritoine, plèvre **e** gangue 2 fig. → **symbole**

**envelopper** 1 au pr. : bander, couvrir, draper, emballer, embobeliner, emmailloter, emmitoufler, empaqueter, enrober, entortiller, entourer, guiper, habiller 2 fig. **a** → **cacher** **b** → **encercler** **c** → **comprendre**

**envenimer** 1 → **empoisonner** 2 → **irriter** 3 v. pron. → **empirer**

**envergure** n. f. → **largeur**

**envers** 1 prép. : à l'égard / l'endroit de, avec, pour, vis-à-vis de 2 n.m. → **revers**

**envi (à l')** à qui mieux mieux, en rivalisant

**enviable** → **souhaitable**

**envie** n. f. 1 au pr. **a** appétence, besoin, désir, faim, goût, inclination, libido, soif **b** non fav. : concupiscence, convoitise, cupidité, démangeaison, dépit, fringale, fureur, jalousie, lubie, rivalité **c** grain de beauté, nævus 2 **a** **avoir envie** → **vouloir** **b** **porter envie** → **envier**

**envier** 1 avoir envie, désirer, souhaiter → **vouloir** 2 non fav. : convoiter, haïr, jalouser, porter envie 3 par ext. → **refuser**

**envieux, euse** nom et adj. avide, baveux, cupide, jaloux, insatiable, insatisfait, zoïle

**environ** à peu près, approchant, approximativement, à première vue, autour de, bien, dans les, grossièrement, grosso modo, pas tout à fait, presque, un peu moins / plus, quelque, sommairement → **environs** ◆ fam. : au pif / pifomètre, à vue de nez, comme qui dirait, couci-couça

**environnant, e** ambiant, circonvoisin, proche, voisin

**environnement** n. m. 1 → **entourage** 2 → **environs**

**environner** → **entourer**

**environs** n. m. pl. abord, alentours, côté, environnement, périphérie, proximité, voisinage ◆ vx : contours, entours

**envisageable** → **possible**

**envisager** 1 → **regarder** 2 → **penser**

**envoi** n. m. 1 → **expédition** 2 → **dédicace**

**envol** n. m. décollage → **vol**

**envolée** n. f. 1 → **élan** 2 → **inspiration**

**envoler (s')** → **passer**

**envoûtant, e** → **attirant**

**envoûtement** n. m. → **magie**

**envoûteur** n. m. → **sorcier**

**envoûteuse** n. f. → **sorcière**

**envoûter** 1 au pr. → **charmer** 2 fig. → **gagner**

**envoyé, e** agent, ambassadeur, attaché, chargé d'affaires / de mission, commissaire, commissionnaire, congressiste, curateur, délégué, député, émissaire, fondé de pouvoir, héraut, homme de confiance, légat, mandataire, messager, ministre, missionnaire, parlementaire, participant, plénipotentiaire, représentant, responsable ◆ péj. : bouc émissaire, tête de Turc

**envoyer** 1 au pr. : adresser, commettre, déléguer, dépêcher, députer, expédier, mandater, subdéléguer 2 par ext. → **jeter**

**épais, se** 1 au pr. : abondant, broussailleux, buissonneux, compact, concret (vx), consistant, dense, dru, empâté, fort, fourni, gras, gros, grossier, large, oléiforme, profond 2 par ext. **a** béotien, crasse, lourd, pesant **b** carré, charnu, court, gras, gros, massif, mastoc, râblé, ramassé, trapu 3 **langue épaisse** : chargée, pâteuse

**épaisseur** n. f. 1 au pr. **a** abondance, consistance, étendue, grosseur, jouée (techn.), largeur, profondeur **b** carre, compacité, densité, lourdeur, viscosité 2 → **bêtise**

**épaissir** v. tr. et intr. → **grossir**

**épaississement** n. m. 1 → **grosseur** 2 → **obscurcissement**

**épanchement** n. m. 1 au pr. : dégorgement, déversement, écoulement, effusion, extravasation, hémorragie, infiltration, suffusion 2 par ext. : abandon, aveu, confidence, effusion, expansion

**épancher** 1 → **verser** 2 v. pron. **a** au pr. → **couler** **b** fig. s'abandonner, se confier, se débonder, déborder, exhaler, faire des confidences, se livrer, s'ouvrir, parler **c** vx : se dégorger, se répandre

**épandre** → **verser**

**épanoui, e** 1 → **ouvert** 2 → **réjoui**

**épanouir** 1 → **fleurir** 2 → **ouvrir**

**épanouissement** n. m. 1 → **éclosion** 2 → **plénitude**

**épargne** n. f. → **économie**

**épargner** 1 → **économiser** 2 → **ménager** 3 → **conserver** 4 → **préserver** 5 → **éviter**

**éparpillement** n. m. → **dispersion**

**éparpiller** → **disperser**

**épars, e** clair, clairsemé, constellé, dispersé, disséminé, dissocié, divisé, écarté, échevelé, égaré, éloigné, éparpillé, flottant, maigre, rare, raréfié, séparé, sporadique

**épatant, e** → **extraordinaire**

**épaté, e** 1 → **ébahi** 2 → **camus**

**épatement** n. m. → **surprise**

**épate** n. f. 1 → **bluff** 2 → **montre**

**épater** 1 → **ébahir** 2 → **étendre**

**épaulement** n. m. → **appui**

**épauler** fig. → **appuyer**

**épave** n. f. 1 → **décombres** 2 → **ruine** 3 → **loque** 4 (tas de) ferraille

**épée** n. f. arme blanche, bancal, braquemart, braquet, brette, briquet, carrelet, cimeterre, claymore, coupe-chou, coutelas, croisette, cure-dent (fam.), damas, espadon, estoc, estocade, estramaçon, fer, flambe, flamberge, fleuret, glaive, lame, latte, plommée, rapière, rondelle, sabre, spathe, yatagan

**épeler** → **déchiffrer**

**éperdu, e** → **ému**

**éperdument** follement → **beaucoup**

**éperon** n. m. 1 au pr. : ergot, molette 2 géogr. : dent, plateau, pointe, saillie 3 fig. : aiguillon, excitant, stimulant

**éperonner** → **exciter**

**épervier** n. m. 1 → **filet** 2 → **faucon**

**éphèbe** n. m. → **jeune**

**éphémère** → **passager**

**éphéméride** n. f. → **calendrier**

**épice** n. m. → **assaisonnement**

**épicé, e** → **poivré**

**épicer** → **assaisonner**

**épicerie** n. f. coopérative, magasin d'alimentation, self-service, supérette → **magasin**

**épicier, ière** n. m. ou f. → **commerçant**

**épicurien, ne** nom et adj. 1 bon vivant, charnel, hédoniste, jouisseur, libertin (vx), libre, passionné, sensuel, sybarite, voluptueux 2 luxurieux, pourceau d'Épicure

**épicurisme** n. m. eudémonisme, hédonisme

**épidémie** n. f. 1 contagion, enzootie, épizootie (vét.), trousse-galant (vx) 2 → **manie**

**épidémique** 1 contagieux, épizootique (vét.), pandémique, récurrent 2 fig. → **communicatif**

**épiderme** n. m. → **peau**

**épier** espionner, être / se tenir aux aguets, filer, guetter, se mettre / se tenir à l'affût, observer, pister, surveiller → **regarder** ◆ arg. : faire le pet, fliquer, pister, planquer

**épieu** n. m. → **bâton**

**épigramme** n. f. 1 → **satire** 2 → **brocard**

**épigraphe** n. f. → **inscription**

**épilepsie** n. f. → **convulsion**

**épiler** débourrer, dépiler

**épilogue** n. m. → **conclusion**

**épiloguer** → **chicaner**

**épine** n. f. 1 aiguillon, arête, écharde, spinelle 2 épine dorsale : colonne vertébrale, dos, échine, rachis 3 fig. → **difficulté**

**épinette** n. f. 1 cage, mue 2 → **clavecin**

**épineux, euse** → **difficile**

**épingle** n. f. 1 au pr. : agrafe, attache, broche, camion, clips, drapière, fibule, pince 2 fig. → **gratification** 3 **a** **tiré à quatre épingles** → **élégant** **b** **tirer son épingle du jeu** → **libérer (se)**

**épingler** 1 accrocher, agrafer, attacher, fixer, poser 2 → **arrêter**

**épique** 1 → **héroïque** 2 → **extraordinaire**

**épisode** n. m. 1 → **digression** 2 → **événement** 3 → **péripétie**

**épisodique** 1 → **intermittent** 2 → **secondaire**

**épisser** → **joindre**

**épistaxis** n. f. → **hémorragie**

**épistolier, ère** n. m. ou f. épistolaire → **écrivain**

**épitaphe** n. f. → **inscription**

**épithète** n. f. 1 adjectif, déterminant 2 par ext. **a** attribut, injure, invective, qualificatif **b** éloge, louange

**épitomé** n. m. → **abrégé**

**épître** n. f. → **lettre**

**épizootique** → **épidémique**

**éploré, e** → **chagrin**

**éployer** → **étendre**

**éplucher** 1 décortiquer, écaler, écorcer, écosser, nettoyer, peler 2 → **examiner**

**épluchure** n. f. 1 → **déchet** 2 → **reste**

**éponger** → **sécher**

**épopée** n. f. → **événement**

**époque** n. f. âge, cycle, date, ère, étape, jours, moment, monde, période, saison, siècle, temps

**époumoner (s')** → **crier**

**épousailles** n. f. pl. → **mariage**

**épouse** n. f. 1 au pr. : compagne, conjointe → **femme** 2 fam. : bobonne, bourgeoise, gouvernement, légitime, ministre, moitié, régulière

**épousée** n. f. → **mariée**

**épouser** 1 au pr. : s'allier, s'attacher à, choisir, convoler, se marier, s'unir 2 fig. → **embrasser**

**épouseur** n. m. → **fiancé**

**épousseter** → **nettoyer**

**époustouflant, e** → **extraordinaire**

**époustoufler** → **étonner**

**épouvantable** → **effrayant**

**épouvantail** n. m. croquemitaine, fantôme, loup-garou, mannequin → **ogre**

**épouvante** n. f. affolement, affres, alarme, angoisse, appréhension, consternation, crainte, effroi, épouvantement (vx), frayeur, horreur, inquiétude, panique, peur, terreur

**épouvanter** affoler, alarmer, angoisser, apeurer, atterrer, consterner, effarer, effrayer, faire fuir, horrifier, inquiéter, stupéfier, terrifier, terroriser

**époux** n. m. 1 compagnon, conjoint, mari, seigneur et maître → **homme** 2 arg. et / ou fam. : bonhomme, branque, jules, patron, porte-couilles

**épreintes** n. f. pl. → **colique**

**éprendre (s')** s'amouracher, s'attacher à, avoir le béguin / le coup de foudre, se coiffer de, s'emballer, s'embraser, s'énamourer, s'enflammer, s'engouer, s'enthousiasmer, s'enticher, gober, goder (arg.), se passionner, se toquer, tomber amoureux

**épreuve** n. f. 1 → **expérimentation** 2 → **compétition** 3 → **difficulté** 4 → **malheur**

**épris, e** 1 → **amoureux** 2 par ext. : féru, fou, passionné, polarisé (fam.), séduit

**éprouvant, e** → **pénible**

**éprouvé, e** → **sûr**

**éprouver** 1 → **expérimenter** 2 → **sentir** 3 → **recevoir**

**épuisant, e** → **tuant**

**épuisé, e** → **fatigué**

**épuisement** n. m. 1 → **fatigue** 2 → **langueur** 3 assèchement, tarissement

**épuiser** 1 au pr. : assécher, dessécher, mettre à sec, pomper, sécher, tarir, vider 2 par ext. **a** → **fatiguer** **b** → **affaiblir**

**épuisette** n. f. → **filet**

**épuration** n. f. 1 → **purification** 2 balayage, chasse aux sorcières, coup de balai, exclusion, expulsion, liquidation, purge, règlement de comptes

**épure** n. f. → **plan**

**épurer** 1 au pr. : apurer (vx), clarifier, décanter, déféquer, dépolluer, distiller, expurger, filtrer, purger, purifier, raffiner, rectifier 2 fig. a quelqu'un : expulser, supprimer, purger b une chose : affiner, améliorer, châtier, perfectionner, polir

**équanimité** n. f. → **impassibilité**

**équarrir** 1 → **découper** 2 → **tailler**

**équerre** n. f. biveau, graphomètre, sauterelle, té

**équilibre** n. m. 1 au pr. : aplomb, assiette, attitude, contrepoids, stabilité 2 fig. a accord, balance, balancement, compensation, égalité, harmonie, juste milieu, moyenne, pondération, symétrie b entrain, forme, plénitude, santé c coexistence pacifique, compromis, paix précaire / provisoire, statu quo

**équilibré, e** 1 → **modéré** 2 → **stable** 3 → **raisonnable**

**équilibrer** balancer, compenser, contrebalancer, corriger, égaler, équivaloir, neutraliser, pondérer, répartir, tarer

**équilibriste** n. m. ou f. → **acrobate**

**équipage** n. m. 1 → **bagage** 2 apparat, appareil, arsenal (fam.), arroi, attirail, cortège, escorte, suite, train, tralala, vautrait (vén.)

**équipe** n. f. brigade, écurie, escouade, groupe, pool, troupe

**équipée** n. f. 1 → **écart** 2 → **escapade**

**équipement** n. m. 1 → **outillage** 2 → **bagage**

**équiper** → **pourvoir**

**équipier, ère** n. m. ou f. → **partenaire**

**équitable** → **juste**

**équitation** n. f. art équestre, concours hippique, dressage, haute école, hippisme, manège, steeple-chase, voltige

**équité** n. f. → **justice**

**équivalence** n. f. → **égalité**

**équivalent** n. m. 1 → **compensation** 2 → **synonyme**

**équivalent, e** 1 → **égal** 2 → **pareil**

**équivaloir** → **égaler**

**équivoque** 1 adj. a au pr. → **ambigu** b par ext. → **suspect** 2 n.f. → **jeu (de mots)**

**érafler** → **déchirer**

**éraflure** n. f. → **déchirure**

**éraillé, e** 1 au pr. → **usé** 2 par ext. → **rauque**

**ère** n. f. → **époque**

**érection** n. f. 1 au pr. : construction, création, dressage, édification, élévation, établissement, fondation, institution, surrection, surgissement 2 méd. : dilatation, éréthisme, intumescence, raideur, redressement, rigidité, tension, tumescence, turgescence, vultuosité

**éreintant, e** → **tuant**

**éreintement** n. m. 1 → **fatigue** 2 → **médisance**

**éreinter** 1 au pr. a → **fatiguer** b → **battre** 2 fig. a → **critiquer** b → **médire**

**éréthisme** n. m. colère, courroux, énervement, exaltation, exaspération, excitation, fièvre, irritation, surexcitation, tension, violence → **érection**

**ergastule** n. m. 1 → **cachot** 2 → **prison**

**ergot** n. m. → **ongle**

**ergotage** n. m. → **chicane**

**ergoteur, euse** nom et adj. → **chicaneur**

**ergoter** argumenter, atermoyer, chicaner, discourir, discuter, disputer, disserter, épiloguer, pérorer, polémiquer, rabâcher, radoter, raisonner, ratiociner, tergiverser ♦ fam. : couper les cheveux en quatre, discutailler, disputailler, enculer les mouches (très fam.), noyer le poisson, pinailler

**ériger** 1 → **élever** 2 → **établir** 3 → **promouvoir**

**ermitage** n. m. 1 a au pr. : ashram, désert, retraite, solitude, thébaïde b par ext. : abbaye, chartreuse, cloître, couvent, monastère, prieuré 2 chalet, folie, pavillon → **habitation**

**ermite** n. m. 1 anachorète, ascète, dendrite, reclus, solitaire, stationnaire, stylite 2 par ext. non fav. : insociable, misanthrope, reclus, sauvage, vieux de la montagne

**éroder** → **dégrader**

**érosion** n. f. 1 → **corrosion** 2 → **usure**

**érotique** 1 amoureux, anacréontique, aphrodisiaque, excitant, galant, libéré, libre, sensuel, sexuel, sexy, voluptueux 2 non fav. : cochon, licencieux, polisson, pornographique (péj.), provocateur

**érotisme** n. m. → **volupté**

**errance** n. f. aventure, course, déplacement, égarement, fugue, instabilité, flânerie, nomadisme, pérégrination, promenade, randonnée, rêverie, vagabondage, voyage

**errant, e** 1 géol. : erratique 2 ambulant, aventurier, fugitif, fugueur, nomade, vagabond 3 égaré, flottant, furtif, instable, mobile, mouvant, perdu

**erratique** → **mouvant**

**erre** n. f. 1 → **élan** 2 → **marche**

**errements** n. m. pl. 1 comportement, conduite, habitude, méthode, procédé 2 non fav. : abus, bévue, dérèglement, désordre, divagation, écart, égarement, errance, erreur, faute, flottement, hésitation, impénitence, inconduite, indécision, ornière, péché, routine

**errer** 1 aller à l'aventure / à l'aveuglette / au hasard / çà et là, se balader, battre l'estrade / le pavé, courir les champs / les rues, déambuler, dévier de sa route / son chemin, divaguer, s'égarer, flâner, galérer (fam.), marcher, passer, se perdre, se promener, rôder, rouler sa bosse, tourner en rond, tournailler, traînasser, traîner, vadrouiller, vagabonder, vaguer 2 → **rêver** 3 → **tromper (se)**

**erreur** n. f. aberration, ânerie, bavure, béjaune (vx), bévue, blague, boulette, bourde, brioche, confusion, cuir, défaut, écart, égarement, errement, faute, fourvoiement, gaffe, illusion, lapsus, maldonne, malentendu, manquement, mastic, mécompte, mégarde, méprise, paralogisme, quiproquo, sophisme, vice de raisonnement → **bêtise**

**erroné, e** → **faux**

**ersatz** n. m. → **succédané**

**erse** et **erseau** n. f., n. m. → **boucle**

**érubescence** n. f. → **rougeur**

**éructation** n. f. exhalaison, hoquet, nausée, refoulement (fam.), renvoi, rot

**éructer** 1 → **roter** 2 → **proférer**

**érudit, e** nom et adj. → **savant**

**érudition** n. f. → **savoir**

**éruption** n. f. 1 au pr. : bouillonnement, débordement, ébullition, écoulement, émission, évacuation, explosion, jaillissement, sortie 2 méd. : confluence, dermatose, efflorescence, inflammation, poussée, rash, vaccinelle

**esbroufe** n. f. → **hâblerie**

**escabeau** n. m. 1 → **siège** 2 → **échelle**

**escadron** n. m. → **troupe**

**escalade** n. f. 1 ascension, grimpette (fam.), montée, varappe 2 → **émulation** 3 → **menace**

**escalader** → **monter**

**escale** n. f. 1 mar. : échelle (vx), port, relâche 2 → **étape** 3 **faire escale** → **relâcher**

**escalier** n. m. colimaçon, degré, descente, Escalator, marches, montée

**escamotage** n. m. 1 tour de passe-passe → **prestidigitation** 2 → **tromperie** 3 → **habileté**

**escamoter** 1 → **dérober** 2 → **cacher**

**escamoteur, euse** n. m. ou f. 1 au pr. : acrobate, illusionniste, jongleur, magicien, manipulateur, prestidigitateur, physicien (vx) 2 par ext. non fav. → **voleur**

**escampette** n. f. 1 → **fuite** 2 **prendre la poudre d'escampette** → **enfuir (s')**

**escapade** n. f. 1 neutre : absence, bordée, caprice, échappée, équipée, évasion, frasque, fredaine, fugue, prétentaine, sortie 2 non fav. → **écart**

**escarbille** n. f. 1 → **charbon** 2 → **poussière**

**escarcelle** n. f. → **bourse**

**escargot** n. m. → **limaçon**

**escargotière** n. f. héliciculture

**escarmouche** n. f. → **engagement**

**escarpe** 1 n.f. a → **talus** b → **enceinte** 2 n.m. → **vaurien**

**escarpé, e** abrupt, à pic, ardu, difficile, malaisé, montant, montueux, raide, roide

**escarpement** n. m. → **pente**

**escarpin** n. m. → **soulier**

**escarpolette** n. f. → **balançoire**

**esche** n. f. → **aiche**

**escient (à bon)** → **sciemment**

**esclaffer (s')** → **rire**

**esclandre** n. m. → **scandale**

**esclavage** n. m. → **servitude**

**esclave** n. m. ou f. et adj. 1 asservi, assujetti, captif, corvéable, dépendant, domestique, ilote, prisonnier, serf, valet → **serviteur** 2 fig. : chien, chose, inférieur, jouet, pantin

**escogriffe** n. m. → **géant**

**escompte** n. m. 1 avance 2 agio, boni, prime, réduction → **remise**

**escompter** 1 avancer, faire une avance, prendre un billet / un papier / une traite à l'escompte, hypothéquer 2 anticiper, attendre, compter sur, devancer, espérer, prévenir, prévoir

**escopette** n. f. espingole, tromblon

**escorte** n. f. → **suite**

**escorter** → **accompagner**

**escouade** n. f. → **troupe**

**escrimer (s')** 1 au pr. → **lutter** 2 fig. a → **essayer** b → **discuter**

**escroc** n. m. 1 → **fripon** 2 → **voleur**

**escroquer** → **voler**

**escroquerie** n. f. 1 → **tromperie** 2 → **vol**

**ésotérique** → **secret**

**ésotérisme** n. m. → **occultisme**

**espace** n. m. 1 atmosphère, ciel, étendue, éther, immensité, infini → **univers** 2 champ, distance, écart, écartement, éloignement, entrevous (techn.), intervalle, portion, superficie, surface, zone 3 a → **rang** b → **fente** 4 comma (mus.), durée, intervalle, laps

**espacé, e** 1 distant, échelonné, éloigné, épars 2 → **rare**

**espacement** n. m. alinéa, blanc, interligne, interstice, intervalle, marge

**espacer** → **séparer**

**espadrille** n. f. 1 → **chausson** 2 → **soulier**

**espagnol, e** nom et adj. 1 hispanique, ibère, ibérien, ibérique 2 hispanisant, hispanisme 3 andalou, basque, castillan, catalan, navarrais

**espagnolette** n. f. → **poignée**

**espalier** n. m. candélabre, cordon, palissade, palmette, treillage

**espèce** n. f. 1 → **genre** 2 → **sorte** 3 au pl. → **argent**

**espérance** aspiration, assurance, attente, certitude, confiance, conviction, croyance, désir, espoir, expectative, foi, illusion, perspective, prévision

**espérer** aspirer à, attendre, avoir confiance, compter sur, entrevoir, escompter, faire état de, se flatter de, penser, présumer, se promettre, souhaiter, tabler sur

**espiègle** nom et adj. agaçant (péj.), badin, coquin, démon, diable, diablotin, éveillé, folâtre, frétillant, fripon, lutin, malicieux, malin, mâtin, mièvre (vx), mutin, pétillant, polisson, subtil, turbulent

**espièglerie** n. f. → **plaisanterie**

**espingole** n. f. escopette, tromblon

**espion, ne** n. m. ou f. 1 agent, (honorable) correspondant, émissaire, indicateur, informateur, limier, sous-marin, taupe ♦ vx : affidé, argus, épieur 2 délateur, dénonciateur, mouchard, rapporteur, traître 3 arg. : balance, casserole, cuisinier, indic, mouche, mouton, treize-à-table

**espionnage** n. m. → **surveillance**

**espionner** → **épier**

**esplanade** n. f. → **place**

**espoir** n. m. → **espérance**

**esprit** n. m. 1 au pr. a âme, animation, caractère, cœur, conscience, être, homme, moi, pensée, personnalité, souffle, soupir, sujet, verbe, vie b alcool, essence, quintessence, vapeur 2 par ext. : adresse, à-propos, bon sens, brillant, causticité, discernement, disposition, entendement, finesse, génie, humour, imagination, ingéniosité, intellection, intelligence, invention, ironie, jugement, lucidité, malice, méditation, mentalité, naturel, raison, réflexion, sel, sens commun, talent, verve, vivacité ♦ fam. : comprenette, jugeote, méninges 3 être immatériel. a divinité → **dieu** b ange, démon, élu c fantôme, mânes, revenant, spectre d → **génie** 4 loc. a **esprit fort** → **incroyant** b **bel esprit** → **spirituel** c **bon esprit** → **accommodant** d **mauvais esprit** → **insoumis** (adj.) e **dans l'esprit de :** angle, aspect, but, dessein, idée, intention, point de vue f **esprit de corps :** chauvinisme (péj.), solidarité g **trait d'esprit** → **trait** h **présence d'esprit** → **réflexe, décision**

**esquif** n. m. → **embarcation**

**esquinter** 1 → **détériorer** 2 fig. **a** → **médire** **b** → **fatiguer**

**esquisse** n. f. → **ébauche**

**esquisser** 1 crayonner, croquer, dessiner, ébaucher, pocher, tracer 2 amorcer, brocher (vx), ébaucher, indiquer

**esquive** n. f. défense, parade, protection

**esquiver** 1 → **éviter** 2 v. pron. → **enfuir (s')**

**essai** n. m. 1 → **expérimentation** 2 → **tentative** 3 → **article** 4 → **traité**

**essaim** n. m. par ext. → **multitude**

**essaimer** 1 v. intr. : se disperser, se répandre 2 v. tr. : émettre, produire, répandre

**essarter** → **débroussailler**

**essayer** 1 v. tr. → **expérimenter** 2 v. intr. : chercher à, s'efforcer à / de, s'escrimer / s'évertuer à, faire l'impossible, s'ingénier à, tâcher à / de, tâtonner, tenter de

**esse** n. f. crochet → **cheville**

**essence** n. f. 1 → **extrait** 2 caractère, moelle, nature, qualité, quiddité (vx), quintessence, substance

**essentiel, le** → **principal**

**essentiellement** → **principalement**

**esseulé, e** → **seul**

**essieu** n. m. arbre, axe, boggie (par ext.), pivot

**essor** n. m. 1 → **vol** 2 → **avancement**

**essorer** centrifuger, sécher, tordre

**essoufflement** n. m. anhélation, dyspnée, étouffement, halètement, oppression, orthopnée, suffocation

**essouffler (s')** ahaner, anhéler, haleter

**essuie-mains** n. m. manuterge (relig.), serviette, torchon

**essuyer** 1 au pr. **a** → **nettoyer** **b** → **sécher** 2 fig. **a** → **recevoir** **b** → **subir**

**est** n. m. levant, orient

**estacade** n. f. → **digue**

**estafette** n. f. courrier, coursier, envoyé, exprès, messager

**estafilade** n. f. → **blessure**

**estaminet** n. m. → **cabaret**

**estampe** n. f. → **image**

**estamper** 1 au pr. → **imprimer** 2 fig. → **voler**

**estampille** n. f. → **marque**

**estampiller** → **imprimer**

**estarie** n. f. → **délai**

**ester** intenter, poursuivre, se présenter en justice

**esthète** nom et adj. amateur, artiste, connaisseur, dilettante, raffiné

**esthéticien, ne** n. m. ou f. visagiste

**esthétique** n. f. → **beau**

**estimable** aimable, appréciable, beau, bien, bon, honorable, louable, précieux, recommandable, respectable

**estimation** n. f. aperçu, appréciation, approche, approximation, arbitrage, calcul, cotation, détermination, devis, évaluation, expertise, mise à prix, prisée, taxation

**estime** n. f. → **égard(s)**

**estimer** 1 → **aimer** 2 apprécier, arbitrer, calculer, coter, déterminer, évaluer, expertiser, gober (arg.), mesurer, mettre à prix, priser, taxer 3 → **honorer** 4 compter, considérer, croire, être d'avis, faire cas, juger, penser, présumer, regarder comme, tenir pour

**estivant, e** n. m. ou f. aoûtien, bronzé, curiste, touriste, vacancier, villégiateur (vx)

**estoc** n. m. 1 racine, souche 2 vx → **race** 3 → **épée**

**estocade** n. f. attaque, botte, coup

**estomac** n. m. 1 au pr. **a** d'animaux : bonnet, caillette, feuillet, gésier, jabot, panse **b** gras-double, tripe 2 par ext. → **bedaine** 3 fig. : aplomb, cœur, courage, cran, culot

**estomaquer** → **étonner**

**estomper** 1 → **modérer** 2 v. pron. → **disparaître**

**estonien, ne** nom et adj. este

**estoquer** 1 → **tuer** 2 → **vaincre**

**estourbir** 1 → **battre** 2 → **tuer**

**estrade** n. f. chaire, échafaud, échafaudage, hourd (vx), podium, ring, scène, tréteaux, tribune

**estran** n. m. batture (québ.)

**estrapade** n. f. → **gibet**

**estrope** n. f. → **boucle**

**estropié, e** amputé, boiteux, cul-de-jatte, diminué physique, éclopé, essorillé (vx), handicapé, impotent, infirme, manchot, mutilé, unijambiste

**estropier** → **mutiler**

**estuaire** n. m. → **embouchure**

**étable** n. f. abri, bercail, bergerie, bouverie, bouvril, écurie, grange, hangar, porcherie, soue, vacherie

**établir** 1 → **prouver** 2 amener, commencer, constituer, créer, disposer, ériger, faire régner, fonder, former, impatroniser, implanter, importer, installer, instaurer, instituer, institutionnaliser, introduire, introniser, mettre, nommer, organiser, placer, poser 3 asseoir, bâtir, construire, édifier, fixer, fonder, jeter les fondements / les plans, placer, poser 4 camper, cantonner, loger, poster 5 fig. **a** caser, colloquer (vx), doter, marier **b** échafauder, forger, nouer 6 v. pron. : → **installer (s')**

**établissement** n. m. 1 agencement, constitution, création, disposition, érection, fondation, implantation, importation, installation, instauration, institution, introduction, intronisation, mise en place, nomination, organisation, placement, pose 2 affaire, atelier, boîte (fam.), chantier, commerce, comptoir, emporium, entreprise, exploitation, factorerie, firme, fonds, loge (vx), maison, usine

**étage** n. m. 1 → **palier** 2 → **rang**

**étager** → **ranger**

**étagère** n. f. 1 → **tablette** 2 partic. : archelle, balconnet

**étai** n. m. 1 → **appui** 2 → **soutien**

**étal** n. m. 1 → **table** 2 → **magasin**

**étalage** n. m. 1 au pr. : devanture, étal, éventaire, gondole, montre, présentoir, vitrine 2 fig. : montre, ostentation

**étale** → **stationnaire**

**étalement** n. m. → **répartition**

**étaler** 1 → **étendre** 2 → **montrer** 3 v. pron. **a** → **montrer (se)** **b** → **tomber**

**étalon** n. m. 1 → **cheval** 2 → **modèle**

**étalonner** calibrer → **vérifier**

**étambot** n. m. arrière, château, poupe

**étanche** → **imperméable**

**étancher** 1 → **sécher** 2 → **assouvir**

**étançon** n. m. → **appui**

**étançonner** 1 → **appuyer** 2 → **soutenir**

**étang** n. m. bassin, chott, lac, lagune, marais, mare, pièce d'eau, réservoir

**étape** n. f. 1 au pr. **a** auberge, caravansérail, couchée (vx), escale, gîte, halte, hôtel, relais **b** → **port** **c** par ext. : chemin, journée (vx), route, trajet 2 par ext. → **phase**

**état** n. m. 1 attitude, classe, condition, destin, existence, manière d'être, point, position, situation, sort, train de vie, vie 2 → **profession** 3 → **liste** 4 → **gouvernement** 5 → **nation** 6 loc. **a** **état d'esprit** → **mentalité** **b** **faire état** → **affirmer**

**étatisation** n. f. → **collectivisation**

**étatiser** → **nationaliser**

**étatisme** n. m. → **socialisme**

**état-major** n. m. bureaux, commandement, G.Q.G., quartier général, staff (arg. milit.), tête → **direction**

**étau** n. m. → **presse**

**étayer** 1 → **soutenir** 2 → **appuyer** 3 → **renforcer**

**été** n. m. beaux jours, belle saison, canicule, chaleurs, saison chaude / sèche

**éteignoir** n. m. fig. → **triste**

**éteindre** 1 consumer, étouffer 2 fig. **a** → **modérer** **b** → **détruire** 3 v. pron. → **mourir**

**éteint, e** → **terne**

**étendard** n. m. → **drapeau**

**étendre** 1 **a** allonger, déplier, déployer, dérouler, détirer, développer, dévider, épater, éployer, étaler, étirer, mettre, napper, ouvrir, placer, poser, recouvrir, tendre **b** beurrer, tartiner 2 quelqu'un : allonger, coucher 3 par ext. étendre un liquide : ajouter, allonger, augmenter, baptiser, couper, délayer, diluer, éclaircir, mouiller (du vin) 4 v. pron. **a** → **occuper** **b** → **coucher (se)** **c** → **répandre (se)** **d** → **durer**

**étendu, e** → **grand**

**étendue** n. f. 1 amplitude, champ, contenance, dimension, distance, domaine, durée, envergure, espace, grandeur, grosseur, immensité, importance, largeur, longueur, nappe, proportion, rayon, sphère, superficie, surface, vastitude, volume 2 ampleur, diapason, intensité, registre 3 capacité, compétence, domaine

**éternel, le** 1 constant, continuel, définitif, durable, immarcescible, immémorial, immortel, immuable, impérissable, imprescriptible, inaltérable, inamissible, inamovible, incessant, incorruptible, indéfectible, indéfini, indélébile, indestructible, indissoluble, infini, interminable, perdurable, pérenne, perpétuel, sempiternel 2 non fav. → **ennuyeux**

**éternellement** → **toujours**

**éterniser** 1 → **allonger** 2 pron. **a** → **demeurer** **b** → **durer**

**éternité** n. f. continuité, immortalité, immuabilité, indestructibilité, infini, infinitude, pérennité, perpétuation, perpétuité

**éternuement** n. m. ébrouement (anim.), sternutation (méd.)

**étêter** → **élaguer**

**éteule** n. f. → **chaume**

**éther** n. m. → **atmosphère**

**éthéré, e** → **pur**

**éthique** n. f. → **morale**

**ethnie** n. f. 1 → **tribu** 2 → **nation**

**ethnique** 1 racial 2 par ext. : culturel, spécifique

**ethnographie** n. f. par ext. : anthropologie, écologie, ethnologie, éthologie

**éthylique** n. m. ou f. → **ivrogne**

**étincelant, e** → **brillant**

**étinceler** brasiller, briller, chatoyer, iriser, luire, pétiller, poudroyer, scintiller

**étincelle** n. f. 1 au pr. : bluette (vx), escarbille, flammèche 2 fig. **a** cause **b** ardeur, feu sacré, flamme

**étiolement** n. m. 1 marcescence → **décadence** 2 → **ruine** 3 → **langueur**

**étioler (s')** → **dépérir**

**étique** amaigri, cachectique, cave, décharné, desséché, efflanqué, émacié, famélique, hâve, hectique, maigre, mal nourri, sec, squelettique

**étiqueter** → **ranger**

**étiquette** n. f. 1 → **écriteau** 2 → **protocole**

**étirement** n. m. → **extension**

**étirer** 1 → **tirer** 2 → **étendre**

**étoffe** n. f. 1 → **tissu** 2 par ext. → **matière** 3 fig. → **disposition**

**étoffé, e** → **gras**

**étoffer** → **garnir**

**étoile** n. f. 1 → **astre** 2 fig. **a** → **destinée** **b** → **artiste** 3 par ext. **a** carrefour, croisée / croisement de chemins / routes, échangeur, patte-d'oie, rond-point, trèfle **b** astérisque (typo.)

**étonnant, e** admirable, ahurissant, anormal, beau, bizarre, bouleversant, confondant, consternant, curieux, déconcertant, démontant, déroutant, désarmant, drôle, ébahissant, éblouissant, écrasant, effarant, étourdissant, étrange, exceptionnel, extraordinaire, fantastique, formidable, frappant, génial, gigantesque, impressionnant, inattendu, incomparable, inconcevable, incroyable, inhabituel, inouï, insolite, inusité, magique, magnifique, merveilleux, miraculeux, mirifique, monstrueux, original, parfait, particulier, phénoménal, prodigieux, rare, renversant, saisissant, singulier, spécial, splendide, stupéfiant, sublime, suffocant, superbe, surprenant, troublant ◆ fam. : ébouriffant, épatant, époustouflant, faramineux, fumant, mirobolant, faramineux, pyramidal (vx), soufflant

**étonné, e** abasourdi, ahuri, baba, confondu, déconcerté, désorienté, ébahi, ébaubi, éberlué, ébloui, ébouriffé, effaré, émerveillé, épaté, estomaqué, frappé, interdit, interloqué, médusé, renversé, saisi, soufflé, stupéfait, suffoqué, surpris ◆ fam. ou rég. : époustouflé

**étonnement** n. m. → **surprise**

**étonner** abasourdir, ahurir, confondre, déconcerter, désorienter, ébahir, éberluer, éblouir, ébouriffer, édifier, effarer, émerveiller, épater, époustoufler, esbroufer, estomaquer, étourdir, frapper, impressionner, interdire, interloquer, méduser, renverser, saisir, sidérer, souffler, stupéfier, suffoquer → **surprendre**

**étouffant, e** accablant, asphyxiant, suffocant → **chaud**

**étouffement** n. m. → **essoufflement**

**étouffer** [1] au pr. : anhéler, asphyxier, étrangler, garrotter, noyer, oppresser, suffoquer [2] par ext. un bruit → **dominer** [3] fig. : arrêter, assoupir, atténuer, briser, cacher, désamorcer, dissimuler, encager, enrayer, enterrer, escamoter, éteindre, étourdir, gêner, juguler, mater, mettre en sommeil / une sourdine, neutraliser, obscurcir, passer sous silence, réprimer, retenir, subtiliser, supprimer, tortiller (fam.), tuer dans l'œuf [4] v. pron. : s'engouer

**étourderie** n. f. → **distraction**

**étourdi, e** nom et adj. braque, brise-raison (vx), brouillon, distrait, écervelé, étourneau, évaporé, éventé, fou, frivole, imprudent, inattentif, inconséquent, inconsidéré, insouciant, irréfléchi, léger, malavisé ◆ fam. : darne (rég.), hanneton, hurluberlu, tête à l'envers / de linotte / en l'air / folle / légère, tout-fou

**étourdir** [1] au pr. a → **abasourdir** b chavirer, enivrer, entêter, griser, monter / porter à la tête, soûler, taper (fam.), tourner la tête [2] par ext. a → **soulager** b → **étouffer** [3] v. pron. → **distraire (se)**

**étourdissant, e** → **extraordinaire**

**étourdissement** n. m. → **vertige**

**étourneau** n. m. fig. → **étourdi**

**étrange** abracadabrant, baroque, biscornu, bizarre, choquant, déplacé, farfelu, inaccoutumé, indéfinissable, inquiétant, insolite, louche, rare, saugrenu, singulier → **étonnant**

**étranger, ère** nom et adj. [1] allochtone, allogène, allophone, exotique, extérieur, hors-frontières, immigrant, réfugié, résident, touriste [2] péj. : métèque, rasta, rastaquouère [3] par ext. a → **hétérogène** b → **inconnu** c → **indifférent**

**étrangeté** n. f. → **bizarrerie**

**étranglé, e** [1] asphyxié, étouffé, garrotté, strangulé [2] fig. → **étroit**

**étranglement** n. m. [1] au pr. : étouffement, garrot, strangulation [2] par ext. → **resserrement**

**étrangler** [1] étouffer, garrotter, pendre, resserrer, serrer le kiki (fam.) / la gorge, stranguler, tuer [2] mar. → **serrer**

**étrave** n. f. avant, proue

**être** [1] v. intr. a avoir l'existence, exister, régner, subsister, se trouver, vivre b **être à** → **appartenir** [2] n.m. a → **homme** b → **vie** c **être suprême** → **dieu**

**étreindre** → **serrer**

**étreinte** n. f. agrippement, embrassade, embrassement, enlacement, prise, serrement

**étrenne** n. f. [1] → **primeur** [2] au pl. → **don**

**étrésillon** et **étrier** n. m. [1] → **appui** [2] → **soutien**

**étrier** n. m. → **appui**

**étrille** n. f. → **racloir**

**étriller** [1] → **battre** [2] → **maltraiter**

**étriper** éventrer, vider → **tuer**

**étriqué, e** → **étroit**

**étriquer** → **resserrer**

**étrivière** n. f. → **fouet**

**étroit, e** [1] collant (vêtement), confiné, effilé, encaissé, étiré, étranglé, étréci, étriqué, exigu, fin, juste, maigre, mesquin, mince, petit, ratatiné, réduit, resserré, restreint, riquiqui, serré [2] fig. a → **bête** b → **limité** c → **sévère**

**étroitesse** n. f. → **petitesse**

**étron** n. m. → **excrément**

**étude** n. f. [1] → **article** [2] → **traité** [3] → **exercice** [4] → **soin** [5] → **attention** [6] agence, cabinet, bureau, officine [7] → **recherche**

**étudiant, e** n. m. ou f. → **élève**

**étudié, e** affecté, apprêté, arrangé, calculé, compassé, composé, concerté, contraint, empesé, forcé, gourmé, guindé, maniéré, pincé, précieux, provoqué, recherché, soigné, sophistiqué, théâtral ◆ fam. : amidonné, coincé, corseté

**étudier** [1] apprendre, bûcher, s'instruire → **travailler** [2] fam. : bloquer, bûcher, chiader, creuser, marner, piocher, potasser [3] par ext. a → **examiner** b → **exercer (s')** [4] v. pron. : s'examiner, faire attention, s'observer, s'occuper à / de

**étui** n. m. cornet, fourniment (vx) → **enveloppe**

**étuve** n. f. [1] autoclave, four, fournaise, touraille [2] caldarium, hammam, sauna [3] hâloir, séchoir

**étuver** [1] → **sécher** [2] → **stériliser**

**étymologie** n. f. évolution, formation, origine, racine, source

**eucharistie** n. f. [1] consubstantiation, corps du Christ, hostie, pain de Dieu / de vie / vivant, impanation, sacrement, saintes espèces, transsubstantiation [2] agape, célébration, cène, communion, échange, messe, partage, repas mystique, service divin, viatique

**eunuque** n. m. → **châtré**

**euphémisme** n. m. → **litote**

**euphorie** n. f. [1] → **aise** [2] → **bonheur**

**euphorique** [1] → **heureux** [2] → **repu**

**euphuisme** n. m. → **préciosité**

**eurythmie** n. f. → **harmonie**

**évacuation** n. f. [1] → **écoulement** [2] → **expulsion**

**évacuer** [1] → **vider** [2] → **quitter**

**évadé, e** nom et adj. → **fugitif**

**évader (s')** → **enfuir (s')**

**évaluation** n. f. appréciation, approximation, calcul, comparaison, détermination, devis, estimation, expertise, inventaire, mesure, prisée, supputation

**évaluer** apprécier, arbitrer, calculer, chiffrer, coter, cuber, déterminer, estimer, expertiser, fixer la valeur, jauger, juger, mesurer, nombrer, peser, priser, supputer, ventiler

**évanescent, e** → **fugitif**

**évangélisation** n. f. → **mission**

**évangéliser** → **prêcher**

**évangile** n. m. [1] → **foi** [2] au pl. Écriture(s) sainte(s), Nouveau Testament, parole de Dieu / divine, synopse

**évanouir (s')** [1] au pr. : défaillir, tourner de l'œil (fam.), se trouver mal ◆ vx ou rég. : avoir des vapeurs, se pâmer [2] fig. a → **disparaître** b → **passer**

**évanouissement** n. m. [1] collapsus, coma, défaillance, éclampsie, faiblesse, pâmoison, syncope, vapeurs (vx), vertige ◆ fam. : cirage, sirop, vapes [2] fig. : anéantissement, disparition, effacement → **fuite**

**évaporation** n. f. → **vaporisation**

**évaporé, e** [1] → **étourdi** [2] → **frivole**

**évaporer (s')** fig. [1] → **disparaître** [2] → **passer**

**évasement** n. m. [1] → **agrandissement** [2] → **ouverture** [3] → **dilatation**

**évaser** → **élargir**

**évasif, ive** ambigu, détourné, dilatoire, douteux, élusif, énigmatique, équivoque, fuyant, incertain, réticent, vague

**évasion** n. f. → **fuite**

**évêché** n. m. diocèse, épiscopat, juridiction apostolique / épiscopale

**éveil** n. m. → **alarme**

**éveillé, e** [1] conscient [2] actif, alerte, animé, décidé, dégagé, dégourdi, délié, déluré, dessalé, diable, émerillonné, espiègle, excité, frétillant, fripon, futé, gai, intelligent, malicieux, malin, ouvert, remuant, vif-argent, vivant → **vif**

**éveiller** [1] au pr. : réveiller, tirer du sommeil [2] v. pron. → **lever (se)** [3] par ext. a → **provoquer** b → **animer**

**événement** n. m. [1] au pr. : accident, action, affaire, avatar, aventure, calamité, cas, cataclysme, catastrophe, chronique, circonstance, conjoncture, dénouement, désastre, drame, épisode, épopée, fait, fait divers, histoire, incident, intrigue, issue, malheur, mésaventure, nouvelle, occasion, occurrence, scandale, scène, tragédie, vicissitude [2] par ext. → **résultat**

**éventail** n. m. → **choix**

**éventaire** n. m. → **étalage**

**éventé, e** [1] au pr. → **gâté** [2] fig. → **étourdi**

**éventer** fig. [1] → **découvrir** [2] → **gâter**

**éventualité** n. f. [1] → **cas** [2] → **possibilité**

**éventuel, le** → **incertain**

**éventuellement** [1] → **peut-être** [2] → **accessoirement**

**évêque** n. m. [1] monseigneur, pontife, prélat, primat, prince de l'Église, vicaire apostolique [2] arg. : aubergine, prune de monsieur

**évertuer (s')** → **essayer**

**éviction** n. f. congédiement, dépossession, disgrâce, élimination, éloignement, évincement, exclusion, excommunication, expulsion, licenciement, ostracisme, proscription, rejet, renvoi, révocation

**évidement** n. m. → **ouverture**

**évidemment** à coup sûr, à l'évidence, assurément, avec certitude, bien entendu / sûr, certainement, certes, de toute évidence, effectivement, en effet / fait / réalité, et comment, immanquablement, incontestablement, indubitablement, infailliblement, manifestement, oui, sans aucun doute, sans conteste / contredit / doute / faute, sûrement

**évidence** n. f. authenticité, axiome, certitude, clarté, flagrance, incontestabilité, lapalissade (péj.), netteté, prégnance, preuve, réalité, tautologie, truisme, vérité

**évident, e** apodictique, assuré, authentique, aveuglant, axiomatique, certain, clair, constant, convaincant, criant, éclatant, flagrant, formel, incontestable, indéniable, indiscutable, indubitable, irréfragable, irréfutable, limpide, manifeste, net, notoire, obvie, officiel, palpable, patent, positif, prégnant, public, sensible, sûr, tautologique, transparent, véridique, visible, vrai

**évider** [1] → **creuser** [2] → **tailler**

**évincer** [1] → **déposséder** [2] → **éliminer**

**éviscération** n. f. énucléation, évidage, évidement

**éviter** [1] une chose : s'abstenir, contourner, couper à (fam.), se dérober, se dispenser de, écarter, échapper à, éluder, empêcher, esquiver, fuir, se garer de, obvier à, parer, passer à travers, se préserver de, prévenir, se soustraire à [2] quelqu'un : couper à (fam.), se détourner de, échapper à, s'éloigner de, fuir [3] on évite une chose à quelqu'un : décharger / délivrer / dispenser de, épargner, garder / libérer / préserver de, sauver à (vx)

**évocateur, trice** → **suggestif**

**évocation** n. f. anamnèse, incantation → **rappel**

**évolué, e** → **policé**

**évoluer** aller / marcher de l'avant, changer, se dérouler, se développer, devenir, innover, manœuvrer, marcher, se modifier, se mouvoir, progresser, réformer, se transformer

**évolution** n. f. avancement, changement, cours, déroulement, développement, devenir, film, manœuvre, marche, métamorphose, mouvement, processus, progression, remous, spéciation, transformation

**évolutionnisme** n. m. biogenèse, biosynthèse, darwinisme, lamarckisme, mutationnisme, progrès, transformisme

**évoquer** aborder, appeler, décrire, effleurer, éveiller, faire allusion à, imaginer, interpeller, invoquer, montrer, rappeler, remémorer, repasser, représenter, réveiller, revivre, suggérer, susciter

**exacerbation** n. f. → **paroxysme**

**exacerber** → **irriter**

**exact, e** [1] une chose : au poil (fam.), authentique, certain, complet, conforme, congru, convenable, correct, fiable, fidèle, juste, littéral, mathématique, net, normal, précis, pur, réel, sincère, solide, sûr, textuel, véridique, véritable, vrai [2] quelqu'un : assidu, attentif, consciencieux, correct, minutieux, ponctuel, réglé, régulier, rigoureux, scrupuleux, strict, zélé

**exaction** n. f. → **malversation**

**exactitude** n. f. [1] d'une chose : authenticité, concordance, congruence, convenance, correction, fidélité, justesse, précision, rigueur, véracité, véridicité, vérité [2] de quelqu'un : application, assiduité, attention, conscience professionnelle, correction, fidélité, minutie, ponctualité, régularité, scrupule, sincérité, soin

**ex-æquo** → **égal**

**exagération** n. f. [1] hypertrophie [2] amplification, broderie, démesure, disproportion, dramatisation, emphase, enflure, exubérance, fanfaronnade, galéjade, gasconnade, histoire marseillaise, hyperbole, inflation (verbale), outrance, surenchère, vantardise → **hâblerie** ◆ fam. : frime [3] surévaluation → **excès**

**exagéré, e** → **excessif**

**exagérément** → **excessivement**

**exagérer** [1] on exagère ses propos : agrandir, ajouter, amplifier, augmenter, bluffer, broder, charger, développer, dramatiser, embellir, enfler, enjoliver, en remettre, faire valoir, forcer, galéjer, grandir, grossir, masser (fam.), ne pas y aller de main morte, outrer, pousser, rajouter, surfaire, se vanter → **hâbler** [2] on exagère dans son comportement : abuser, aller fort [3] arg. ou fam. : attiger, charrier, déconner, dépasser / passer / outrepasser les bornes / la limite / la mesure, faire déborder le vase, frimer, masser

**exaltation** n. f. → **enthousiasme**

**exalter** [1] → **louer** [2] → **exciter** [3] → **transporter** [4] v. pron. → **enthousiasmer (s')**

**examen** n. m. [1] → **recherche** [2] bac, baccalauréat, bachot, brevet, certificat d'études, colle, concours, diplôme, doctorat, épreuve, interrogation, licence, maîtrise, test

**examiner** [1] analyser, apprécier, approfondir, ausculter, comparer, compulser, considérer, consulter, contrôler, critiquer, débattre, décomposer, délibérer, dépouiller, désosser (fam.), disséquer, éplucher, éprouver, estimer, étudier, évaluer, expertiser, explorer, inspecter, instruire, inventorier, observer, palper, parcourir, peser, prospecter, reconnaître, regarder, scruter, sonder, toucher, viser, visiter, voir [2] auditionner, interroger, questionner [3] → **rechercher**

**exaspérant, e** → **agaçant**

**exaspération** n. f. [1] → **colère** [2] → **agitation** [3] → **paroxysme**

**exaspérer** → **irriter**

**exaucement** n. m. → **réalisation**

**exaucer** → **satisfaire**

**excavation** n. f. antre, aven, caverne, cavité, concavité, coupure, creux, enfoncement, enfonçure, entonnoir, évidement, fente, fondis ou fontis, fosse, grotte, hypogée, ouverture, puits, souterrain, tranchée, trou, vide

**excédent** n. m. → **excès**

**excéder** [1] → **dépasser** [2] → **fatiguer** [3] → **énerver**

**excellemment** → **bien**

**excellence** n. f. [1] prot. : Altesse, Éminence ◆ vx : Grâce, Grandeur, Hautesse, Seigneurie [2] → **perfection**

**excellent, e** [1] hors concours → **bon** [2] → **parfait**

**exceller** briller, être fort / habile à / le meilleur, surclasser, surpasser, triompher

**excentricité** n. f. → **extravagance**

**excentrique** nom et adj → **original**

**excepté** abstraction faite de, à la réserve / l'exception / l'exclusion de, à part cela, à cela près, à telle chose près, exclusivement, fors (vx), hormis, hors, mis à part, non compris, sauf, sinon

**excepter** écarter, enlever, épargner, exclure, négliger, oublier, pardonner, retrancher

**exception** n. f. [1] accident, anomalie, contre-exemple, dérogation, exclusion, particularité, réserve, restriction, singularité [2] → **permission** [3] **à l'exception de** → **excepté**

**exceptionnel, le** → **rare**

**exceptionnellement** [1] → **guère** [2] → **quelquefois**

**excès** n. m. [1] d'une chose : dépassement, disproportion, énormité, excédent, exubérance, luxe, luxuriance, plénitude, pléthore, profusion, quantité, redondance, reste, satiété, saturation, superfétation, superflu, superfluité, surabondance, surchauffe (écon.), surnombre, surplus, trop, trop-plein [2] dans un comportement : abus, bacchanale, débordement, démesure, dérèglement, exagération, extrême, extrémisme, extrémité, immodération, immodestie, inconduite, incontinence, intempérance, luxure, orgie, outrance, prouesse, ribote, violence → **débauche, festin**

**excessif, ive** [1] abusif, carabiné, chargé, démesuré, déraisonnable, déréglé, désordonné, effréné, énorme, exagéré, exorbitant, extraordinaire, extrême, forcé, fort, gros, hyperbolique, immense, immodéré, immodeste, incroyable, insensé, long, outrancier, outré, raide, rigoureux, trop [2] affreux, effrayant, effroyable, horrible, insupportable, intolérable, monstrueux, terrible [3] débridé, dévorant, enragé, fou, furieux, grimaçant, hystérique, incontinent, intempérant → **violent** [4] exubérant, luxuriant, prodigieux, surabondant [5] somptuaire

**excessivement** à l'excès, beaucoup, exagérément, outrageusement, outre mesure, plus qu'il ne convient / n'est convenable

**exciper** → **prétexter**

**excision** n. f. ablation, amputation, autotomie, circoncision, clitoridectomie, coupe, enlèvement, exérèse, extirpation, mutilation, opération, résection, sectionnement

**excitabilité** n. f. → **susceptibilité**

**excitable** → **susceptible**

**excitant, e** [1] → **fortifiant** [2] → **affriolant**

**excitation** n. f. [1] phys. : chaleur, fermentation, stimulus [2] état d'excitation : acharnement, agitation, aigreur, animation, ardeur, colère, déchaînement, délire, embrasement, émoi, emportement, énervement, enfièvrement, enthousiasme, éréthisme, exacerbation, exaltation, exaspération, faim, fébrilité, fièvre, irritation, ivresse, nervosité, ravissement, surexcitation, tension, trouble [3] action d'exciter : appel, attisement, chatouillement, émulation, encouragement, entraînement, exhortation, fomentation, impulsion, incitation, invitation, motivation, provocation, sollicitation, stimulation, stimulus, titillation

**excité, e** [1] adj. : agacé, agité, aguiché, allumé, animé, ardent, attisé, émoustillé, énervé, exacerbé, monté, nerveux, troublé [2] nom → **énergumène**

**exciter** [1] faire naître une réaction : actionner, allumer, animer, apitoyer, attendrir, attirer, causer, charmer, déchaîner, déclencher, donner le branle / le mouvement / le signal, ébranler, emballer, embraser, enflammer, enivrer, enlever, enthousiasmer, exalter, faire naître, fomenter, insuffler, inviter, mettre en branle / en mouvement, mettre de l'huile sur le feu (fam.), mouvoir, provoquer, solliciter, souffler la colère / le désordre / la haine / sur les braises, susciter [2] on fait croître une réaction : accroître, activer, aggraver, aigrir, aiguillonner, aiguiser, attiser, aviver, cingler, cravacher, doper, dynamiser, envenimer, éperonner, exacerber, exalter, exaspérer, faire sortir / mettre hors de ses gonds, flipper (fam.), fouetter, piquer, pousser, relever, renforcer, réveiller, stimuler, surexciter, titiller, travailler [3] on excite quelqu'un à quelque chose : aiguillonner, animer, convier, disposer, encourager, engager, entraîner, exhorter, galvaniser, inciter, instiguer, inviter, obliger, persuader, porter, pousser, presser, provoquer, solliciter, stimuler, tenter ◆ vx : piéter [4] on excite la foule : ameuter, électriser, enflammer, fanatiser, fomenter, soulever, transporter [5] on excite quelqu'un : agiter, animer, caresser, chatouiller, échauffer, émouvoir, enfiévrer, enivrer, exalter, flatter, fouetter, irriter, mettre en colère / en rogne (fam.), monter la tête, mouvoir, passionner, plaire, ranimer, remuer, soulever, surexciter, taquiner, transporter [6] on excite contre quelqu'un : acharner, armer, braquer, crier haro sur / vengeance, dresser, monter, opposer, soulever [7] le désir sexuel : agacer, aguicher, allumer, attiser, émoustiller, émouvoir, érotiser, troubler

**exclamation** n. f. → **cri**

**exclamer (s')** admirer, applaudir, s'écrier, s'étonner, se récrier

**exclu, e** forclos, forfait

**exclure** [1] → **éliminer** [2] → **empêcher** [3] → **excepter**

**exclusif, ive** [1] → **intolérant** [2] → **unique**

**exclusion** n. f. [1] → **expulsion** [2] → **exception**

**exclusive** n. f. → **interdit**

**exclusivement** [1] → **excepté** [2] → **seulement**

**exclusivité** n. f. scoop → **privilège**

**excommunication** n. f. anathème, bannissement, blâme, censure, exclusion, expulsion, foudres de l'Église, glaive spirituel, interdit, malédiction, ostracisme

**excommunier** anathématiser, bannir, blâmer, censurer, chasser, exclure, frapper, interdire, maudire, rejeter, renvoyer, repousser, retrancher

**excrément** n. m. [1] de l'homme. **a** méd. ou neutre : besoins, crotte, déchet, défécation, déjection, excrétion, exonération, fèces, matières, matières fécales, méconium (nouveau-né), selles **b** enf. : caca, gros, grosse commission, pot **c** vulg. ou arg. : chiasse, étron, marchandise, merde [2] anim. : bouse, chiure, colombine, crotte, crottin, fient, fiente, fumier, guano, jet, purin vén. : fumées, laissées, troches [3] par ext. **a** chassie, loup, mite → **morve** **b** boue, gadoue, immondice, ordure, poudrette, rebut, résidu

**excréter** → **expulser**

**excrétion** n. f. → **expulsion**

**excroissance** n. f. → **tumeur**

**excursion** n. f. [1] → **promenade** [2] → **voyage** [3] → **digression**

**excusable** admissible, amnistiable, défendable, justifiable, légitime, pardonnable, rémissible, supportable

**excuse** n. f. [1] au pr. : alibi, allégation, amende honorable, décharge, déculpabilisation, défense, disculpation, explication, justification, motif, pardon, raison, regret, ressource [2] par ext. **a** défaite, dérobade, échappatoire, faux-fuyant, moyen, prétexte **b** → **diversion**

**excuser** [1] absoudre, acquitter, admettre, alléguer, blanchir, couvrir, décharger, déculpabiliser, disculper, effacer, exempter, faire crédit, innocenter, justifier, laver, légitimer, pardonner, passer l'éponge, remettre, sauver, tolérer [2] v. pron. : demander pardon, se défendre

**exécrable** [1] → **détestable** [2] → **haïssable**

**exécration** n. f. [1] → **malédiction** [2] → **éloignement** [3] → **horreur**

**exécrer** → **haïr**

**exécutable** [1] → **facile** [2] → **réalisable**

**exécutant, e** n. m. ou f. [1] chanteur, choriste, concertiste, instrumentiste, virtuose → **musicien** [2] praticien, technicien [3] → **agent**

**exécuter** [1] → **réaliser** [2] → **tuer**

**exécuteur, trice** nom et adj. → **bourreau**

**exécution** n. f. [1] → **réalisation** [2] → **supplice**

**exégèse** n. f. → **commentaire**

**exégète** n. m. → **commentateur**

**exemplaire** [1] nom masc : archétype, canon, copie, échantillon, édition, épreuve, gabarit, leçon, modèle, patron, prototype, spécimen, type [2] adj. : bon, édifiant, parfait, représentatif, typique

**exemple** n. m. [1] au pr. : modèle, paradigme, parangon, règle [2] par ext. **a** contagion, édification, émulation, entraînement, imitation **b** aperçu, échantillon, preuve, type **c** citation **d** → **exemplaire** [3] jurid. : cas, jurisprudence, précédent [4] **a à l'exemple de :** à l'image / l'instar, comme, de même que **b par exemple :** ainsi, comme, en revanche, entre autres, mais, notamment, par contre

**exempt, e** affranchi, déchargé, dégagé, dépourvu, dispensé, exonéré, franc (de port), immunisé, indemne, libéré, libre, préservé, quitte

**exempter** [1] affranchir, amnistier, décharger, dégager, dégrever, détaxer, dispenser, épargner, éviter, excuser, exonérer, gracier, immuniser, libérer, préserver, tenir quitte [2] v. pron. : échapper à

**exemption** n. f. [1] → **diminution** [2] → **immunité**

**exercé, e** → **adroit**

**exercer** [1] on exerce une activité : acquitter, s'acquitter de, cultiver, déployer, employer, exécuter, faire, se livrer à, mettre en action / usage / pratique, pratiquer, professer, remplir [2] on exerce quelqu'un ou un animal : dresser, endurcir, entraîner, façonner, former, habituer, plier, viriliser [3] v. pron. : s'appliquer à, apprendre, s'entraîner, s'essayer, étudier, se faire la main

**exercice** n. m. [1] application, apprentissage, devoir, drill, entraînement, essai, étude, évolution, instruction, manœuvre, mouvement, pratique, sport, tour de force, training, travail, vocalise [2] application, commentaire, composition, conversation, copie, correction, devoir, dictée, dissertation, interrogation écrite, problème, récitation, rédaction, thème, version

**exergue** n. m. → **inscription**

**exhalaison** n. f. [1] arôme, bouffée, effluve, émanation, évaporation, fragrance, fumée, fumet, gaz, haleine, odeur, parfum, senteur, souffle, vapeur ◆ vx : exhalation, perspiration [2] non fav. : pestilence, puanteur, relent, remugle

**exhaler** [1] au pr. **a** dégager, embaumer, émettre, épancher, fleurer, produire, répandre, sentir **b** non fav. : empester, empuantir, puer, suer [2] par ext. : déverser, donner libre cours, exprimer, extérioriser, proférer, manifester [3] v. pron. : émaner, s'évaporer, transpirer

**exhaussement** n. m. → **haussement**

**exhausser** → **hausser**

**exhaustif, ive** [1] au pr. : achevé, complet, total [2] fig. : absorbant, accablant, épuisant, exténuant

**exhiber** → **montrer**

**exhibition** n. f. → **spectacle**

**exhortation** n. f. [1] → **encouragement** [2] → **sermon**

**exhorter** → **encourager**

**exhumer** [1] → **déterrer** [2] → **produire**

**exigeant, e** absorbant, accaparant, délicat, difficile, dur, envahissant, insatiable, intéressé, intraitable, maniaque, pointilleux, sévère, strict, tyrannique

**exigence** n. f. [1] → **revendication** [2] → **devoir** [3] → **obligation**

**exiger** → **réclamer**

**exigu, uë** → **petit**

**exiguïté** n. f. étroitesse, médiocrité, mesquinerie, modicité, petitesse

**exil** n. m. [1] ban, bannissement, déportation, expatriation, expulsion, ostracisme, proscription, relégation, transportation [2] départ, éloignement, isolement, réclusion, renvoi, retraite, séparation

**exilé, e** nom et adj. émigré → **banni**

**exiler** → **bannir**

**existant, e** [1] → **actuel** [2] → **présent**

**existence** n. f. [1] → **être** [2] → **vie**

**exister** [1] → **être** [2] → **vivre**

**exode** n. m. [1] → **émigration** [2] abandon, départ, dépeuplement, désertion

**exonération** n. f. [1] → **diminution** [2] → **immunité**

**exonérer** [1] → **exempter** [2] → **soulager**

**exorbitant, e** → **démesuré**

**exorciser** adjurer, chasser, conjurer, purifier, rompre le charme / l'enchantement / l'envoûtement

**exorcisme** n. m. adjuration, conjuration, délivrance, dépossession, désenvoûtement, évangile, formule cabalistique, prière, purification, supplication

**exorciste** n. m. [1] au pr. : conjurateur, exorciseur [2] par ext. : cabaliste, grand prêtre, mage, sorcier

**exorde** n. m. [1] → **introduction** [2] → **commencement**

**exotique** → **étranger**

**expansible** dilatable → **souple**

**expansif, ive** → **communicatif**

**expansion** n. f. [1] → **dilatation** [2] → **propagation** [3] → **progrès**

**expatriation** n. f. [1] → **émigration** [2] → **bannissement**

**expatrié, e** nom et adj. → **émigré**

**expatrier** [1] → **bannir** [2] v. pron. → **quitter**

**expectative** n. f. [1] attente, espérance, espoir, perspective [2] opportunisme → **habileté**

**expectoration** n. f. → **crachement**

**expectorer** → **cracher**

**expédient, e** → **convenable**

**expédient** n. m. accommodement, acrobatie, échappatoire, intrigue, mesure, moyen, procédé, ressource, rétablissement, ruse, tour, truc

**expédier** [1] au pr. → **envoyer** [2] par ext. [a] → **accélérer** [b] → **congédier** [c] → **tuer**

**expéditeur, trice** n. m. ou f. destinateur, envoyeur, expéditionnaire, exportateur → **commerçant**

**expéditif, ive** [1] → **actif** [2] → **rapide**

**expédition** n. m. [1] → **copie** [2] → **voyage** [3] → **réalisation** [4] milit. : campagne, coup de main, croisade, guerre, opération, raid, ratonnade (arg.) [5] chargement, consignation, courrier, émission, envoi, transport

**expéditionnaire** nom et adj. → **employé**

**expérience** n. f. [1] → **expérimentation** [2] acquis, connaissance, habitude, sagesse, savoir, science [3] apprentissage, creuset, école, pratique, routine, usage

**expérimentation** application, constatation, contrôle, démonstration, épreuve, essai, étude, expérience, observation, pratique, recherche, tentative, test, vérification

**expérimenté, e** → **capable**

**expérimenter** aventurer, constater, éprouver, essayer, étudier, goûter, hasarder, mettre à l'épreuve, observer, se rendre compte, se renseigner, risquer, tâter de, tenter, tester, vérifier, voir

**expert** n. m. appréciateur, commissaire-priseur, estimateur, sapiteur (mar.)

**expert, e** adj. → **capable**

**expertise** n. f. → **estimation**

**expertiser** → **examiner**

**expiation** n. f. [1] → **réparation** [2] → **punition**

**expiatoire** piaculaire

**expier** → **réparer**

**expiration** n. f. [1] haleine, halenée, respiration, souffle [2] échéance, fin, terme

**expirer** [1] au pr. : exhaler, respirer, souffler [2] par ext. : s'éteindre, mourir, rendre l'âme / le dernier soupir [3] fig. : cesser, disparaître, se dissiper, s'évanouir, finir, prendre fin, venir à son échéance / sa fin / son terme

**explétif, ive** → **superflu**

**explicable** → **intelligible**

**explication** n. f. [1] d'un texte : anagogie, appareil critique, commentaire, définition, éclaircissement, exégèse, exposé, exposition, glose, herméneutique, indication, interprétation, note, paraphrase, précision, remarque, renseignement, scolie [2] par ext. [a] cause, clartés (vx), éclaircissement, élucidation, explicitation, justification, motif, raison, spécification, version [b] altercation, débat, discussion, dispute, mise au point → **bagarre**

**explicite** [1] exprès, formel, formulé, net, positif, précis [2] → **clair**

**expliciter** → **énoncer**

**expliquer** [1] au pr. : annoncer, communiquer, déclarer, décrire, développer, dire, exposer, exprimer, faire connaître, montrer, raconter [2] par ext. [a] une chose explique une chose : manifester, montrer, prouver, trahir [b] on explique une chose : commenter, débrouiller, démêler, définir, éclaircir, éclairer, élucider, expliciter, faire comprendre, gloser, illustrer, interpréter, mettre au clair / au net / au point, rendre intelligible, traduire [c] apprendre, enseigner, montrer, rendre compte [d] donner / fournir des excuses / explications, justifier, motiver [3] v. pron. [a] se déclarer, se disculper, se justifier, parler [b] aller de soi, se comprendre

**exploit** n. m. [1] au pr. : acte / action d'éclat, bravoure, conduite, fait d'armes, haut fait, performance, prouesse, record, trait ◆ vx : geste [2] jurid. : ajournement, assignation, citation, commandement, notification, procès-verbal, signification, sommation

**exploitant, e** nom et adj. → **fermier**

**exploitation** n. f. [1] → **établissement** [2] → **abus**

**exploiter** [1] au pr. : faire valoir, mettre en valeur, tirer parti / profit [2] par ext. [a] → **abuser** [b] → **voler**

**exploiteur, euse** n. m. ou f. → **profiteur**

**explorateur, trice** n. m. ou f. [1] chercheur, découvreur, navigateur, prospecteur, voyageur [2] par ext. : aquanaute, astronaute, cosmonaute, océanaute, spéléologue, spéléonaute

**exploration** n. f. → **voyage**

**exploratoire** → **préalable**

**explorer** → **examiner**

**exploser** → **éclater**

**explosif** n. m. acide picrique, cheddite, cordite, coton-poudre, dynamite, fulminate (de mercure), fulmicoton, lyddite, mélinite, nitrobenzène, nitroglycérine, panclastite, plastic, tolite, trinitrotoluène

**explosif, ive** [1] → **impétueux** [2] → **sensationnel**

**explosion** n. f. [1] crépitation, déflagration, détonation, éclatement, fulmination, implosion (par ext.), pétarade [2] choc, commotion, désintégration, rupture, souffle [3] fig. : apparition, bouffée, débordement, déchaînement, manifestation, ouragan, saute d'humeur, tempête

**exportateur, trice** nom et adj. → **commerçant**

**exportation** n. f. commerce avec l'étranger, expatriation, expédition, transit → **commerce**

**exporter** → **vendre**

**exposé** n. m. [1] → **rapport** [2] → **récit**

**exposer** [1] au pr. [a] une chose : afficher, arranger, disposer, étalager, étaler, exhiber, mettre en vue, montrer, offrir à la vue, placer, présenter, publier, tourner vers [b] quelqu'un ou quelque chose : compromettre, découvrir, mettre en danger / péril → **hasarder** [2] par ext. : communiquer, conter, déclarer, décrire, déduire, détailler, développer, dire, donner, écrire, énoncer, expliquer, montrer, narrer, raconter, retracer, traiter [3] v. pron. → **risquer**

**exposition** n. f. [1] concours, démonstration, étalage, exhibition, foire, galerie, montre, présentation, rétrospective, salon, vernissage [2] ban, carcan, pilori [3] relig. : porrection [4] par ext. [a] → **introduction** [b] → **position** [c] → **récit**

**exprès** n. m. → **messager**

**exprès** adv. à dessein, délibérément, intentionnellement, spécialement, volontairement

**exprès, esse** adj. clair, explicite, formel, impératif, net, positif, précis

**expressément** → **absolument**

**expressif, ive** [1] animé, bavard, démonstratif, énergique, mobile, vif [2] une chose : coloré, éloquent, manifeste, parlant, significatif, touchant, vigoureux, vivant

**expression** n. f. [1] au pr. ce qu'on dit : cliché (péj.), construction, énoncé, euphémisme, figure, forme, formulation, formule, idiotisme, image, locution, métaphore, mot, phrase, pointe, slogan, symbole, terme, touche, tour, tournure, trait, trope [2] manière d'être ou de se comporter. [a] attitude, caractère, comportement, génie, manière, physionomie, style, ton [b] animation, écho, émanation, incarnation, manifestation, objectivation, personnification [c] → **tête**

**exprimer** [1] au pr. [a] → **extraire** [b] → **presser** [2] par ext. : dire, énoncer, expliquer, exposer, extérioriser, faire connaître / entendre / savoir, figurer, manifester, objectiver, peindre, préciser, rendre, rendre compte, représenter, signifier, souhaiter, spécifier, tourner, traduire, vouloir dire [3] pron. → **parler**

**expropriation** n. f. → **expulsion**

**exproprier** → **déposséder**

**expulser** [1] au pr. : arracher à, bannir, chasser, déloger, éjecter, éliminer, évacuer, évincer, exclure, excommunier, exiler, expatrier, faire évacuer / sortir, licencier, ostraciser, proscrire, reconduire, refouler, renvoyer ◆ fam. : lourder, sortir, vider, virer [2] méd. : cracher, déféquer, émettre, éructer, excréter, expectorer, scotomiser (psych.), uriner, vomir

**expulsion** n. f. [1] bannissement, disgrâce (psych.), éjection, élimination, évacuation, éviction, exclusion, excommunication, exil, expatriation, expropriation, licenciement, ostracisme, proscription, refoulement, rejet, renvoi, vidage (fam.) [2] méd. : crachement, défécation, déjection, délivrance, émission, éructation, excrétion, exonération, expectoration, miction, scotomisation (psych.), vomissement [3] techn. : extrusion

**expurger** → **épurer**

**exquis, e** → **délectable**

**exsangue** → **pâle**

**exsuder** couler, distiller, émettre, exprimer, fluer, jeter, rejeter, sécréter, suer, suinter, transpirer

**extase** n. f. [1] fav. : admiration, adoration, anagogie, béatitude, contemplation, émerveillement, enivrement, exaltation, félicité, ivresse, lévitation, ravissement, transport, vénération [2] méd. : hystérie, névrose

**extasier (s')** crier au miracle, s'écrier, s'exclamer, se pâmer, se récrier → **enthousiasmer (s')**

**extenseur** n. m. exerciseur, sandow

**extensible** → **souple**

**extension** n. f. [1] accroissement, agrandissement, amplification, augmentation, déploiement, développement, élargissement, envergure, essor, étendue, expansion, généralisation, grossissement, planétarisation, prolongement, propagation [2] allongement, détente, distension, étirage, étirement, pandiculation (méd.)

**exténuant, e** → **tuant**

**exténuer** [1] → **fatiguer** [2] → **affaiblir**

**extérieur, e** adj. : apparent, externe, extra-muros, extrinsèque, manifeste, visible

**extérieur** n. m. [1] périphérie [2] air, allure, apparence, aspect, attitude, brillant, clinquant, couleur, croûte, déguisement, dehors, éclat, écorce, enduit, enveloppe, façade, face, fard, faux-semblant, figure, forme, jour, livrée, maintien, manière, masque, mine, physionomie, pose, superficie, superstructure, surface, tenue, tournure, vernis, visage [3] vx : appareil

**extérioriser** → **exprimer**

**extermination** n. f. → **carnage**

**exterminer** [1] → **tuer** [2] → **détruire** [3] → **déraciner**

**externe** [1] adj. → **extérieur** [2] nom → **médecin**

**extinction** n. f. [1] fig. : abolition, abrogation, anéantissement, annulation, arrêt, cessation, décharge (jurid.), destruction, disparition, épuisement, extermination, fin, prescription, suppression [2] de voix : aphonie

**extirpation** n. f. [1] → **déracinement** [2] → **excision**

**extirper** → **déraciner**

**extorquer** 1 → **obtenir** 2 → **voler**

**extorsion** n. f. → **malversation**

**extra** 1 adv. → **très** 2 adj. → **supérieur** 3 nom. **a** → **supplément** **b** → **serviteur**

**extraction** n. f. 1 → **déracinement** 2 → **enlèvement** 3 → **naissance**

**extrader** → **livrer**

**extradition** n. f. livraison, transfert

**extraire** 1 arracher, dégager, déraciner, desceller, détacher, distiller, enlever, énucléer, exprimer, extorquer, isoler, ôter, prélever, prendre, recueillir, relever, séparer, sortir, tirer 2 compiler, résumer

**extrait** n. m. 1 au pr. : esprit (vx), essence, quintessence 2 par ext. : abrégé, analyse, aperçu, bribe, citation, compendium, copie, digest, éléments, entrefilet, épitomé, esquisse, fragment, morceau, notice, partie, passage, plan, portion, précis, raccourci, récapitulation, résumé, rudiment, schéma, sommaire, topo (fam.)

**extraordinaire** 1 accidentel, admirable, à tout casser, colossal, considérable, curieux, désopilant, drôle, du tonnerre, énorme, épatant, épique, étonnant, étrange, exceptionnel, fabuleux, fameux, fantasmagorique, fantastique, faramineux, féerique, formidable, fort, fou, funambulesque, génial, gigantesque, grand, hallucinant, hors classe / du commun / ligne, immense, incroyable, inexplicable, inhabituel, inouï, insolite, intense, inusité, magnifique, merveilleux, miraculeux, nouveau, original, particulier, phénoménal, prodigieux, pyramidal, rare, remarquable, retentissant, romanesque, singulier, spécial, spectaculaire, sublime, supérieur, supplémentaire, surnaturel, unique 2 non fav. : abracadabrant, accidentel, affreux, ahurissant, anormal, bizarre, délirant, démesuré, effrayant, énorme, épouvantable, étourdissant, excentrique, exorbitant, extravagant, fantasque, gros, grotesque, inconcevable, ineffable, inimaginable, inquiétant, intense, invraisemblable, mirobolant, mirifique, monstrueux, stupéfiant, terrible ◆ fam. : ébouriffant, époustouflant, esbroufant, gratiné

**extrapolation** n. f. application, calcul, déduction, généralisation, hypothèse, imagination, transposition → **supposition**

**extrapoler** 1 → **imaginer** 2 → **transposer**

**extra-terrestre** nom et adj. martien, petit homme vert, vénusien

**extravagance** n. f. absurdité, aliénation mentale, bizarrerie, caprice, démence, dérèglement, divagation, écart, énormité, erreur, excentricité, folie, frasque, incartade, insanité, originalité, singularité

**extravagant, e** nom et adj. 1 → **insensé** 2 → **capricieux** 3 → **extraordinaire**

**extravaser (s')** → **couler**

**extrême** 1 adj. **a** au pr. : dernier, final, fin fond, terminal, ultime **b** par ext. : affreux, définitif, désespéré, désordonné, disproportionné, éperdu, exagéré, exceptionnel, excessif, extraordinaire, fort, furieux, grand, héroïque, immense, immodéré, inouï, intense, intensif, mortel, outré, passionné, profond, risqué, suprême, violent 2 n.m. **a** sing. : borne, bout, comble, extrémité, limite, sommet **b** génér. plur. : antipode, contraire, opposé

**extrêmement** → **très**

**extrême-onction** n. f. derniers sacrements, sacrements de l'Église / des malades / des martyrs / des mourants, saintes huiles, viatique

**extrémisme** n. m. jusqu'au-boutisme → **excès**

**extrémiste** nom et adj. activiste, anar (fam.), anarchiste, avancé, contestataire, enragé, extrême droite / gauche, fasciste, gauchiste, intégriste, jusqu'au-boutiste, maoïste, maximaliste, progressiste, révolutionnaire, situationniste, subversif, ultra

**extrémité** n. f. 1 au pr. : aboutissement, appendice, bord, borne, bout, cap, confins, délimitation (par ext.), fin, frontière, limite, lisière, périphérie, pointe, pôle (par ext.), queue, terme, terminaison, tête → **extrême** 2 par ext. → **agonie**

**extrinsèque** → **extérieur**

**extrusion** n. f. 1 → **écoulement** 2 → **expulsion**

**exubérance** n. f. 1 → **affluence** 2 → **faconde**

**exubérant, e** 1 → **abondant** 2 → **communicatif**

**exulcération** n. f. → **ulcération**

**exultation** n. f. allégresse, débordement, éclatement, emballement, gaieté, joie, jubilation, transports

**exulter** → **réjouir (se)**

**exutoire** n. m. 1 émonctoire → **ulcération** 2 → **diversion**

**ex-voto** n. m. → **image**

# F

**fable** n. f. 1 au pr. **a** allégorie, anecdote, apologue, conte, fabliau, fabulation, fiction, folklore, histoire, intrigue, légende, moralité, mythe, parabole, récit, scénario, thème, trame **b** non fav. : affabulation, allégation, baratin, blague, chimère, cinéma, contrevérité, craque, élucubration, fantaisie, galéjade (fam.), histoire, imagination, invention, mensonge, menterie (rég. ou fam.), roman, salade, tartine, tromperie, utopie 2 par ext. quelqu'un ◆ péj. : célébrité, phénomène, ridicule, rigolade (fam.), risée, sujet / thème des conversations

**fabricant, e** et **fabricateur, trice** n. m. ou f. artisan, confectionneur, façonnier, faiseur, forgeur, industriel, manufacturier, préparateur, réalisateur

**fabrication** n. f. agencement, confection, création, exécution, façon, façonnage, facture, formage, montage, préparation, production, réalisation, usinage

**fabrique** n. f. 1 au pr. : atelier, laboratoire, manufacture, usine 2 arch. : bâtiment / construction / édifice d'ornement 3 relig. **a** quelqu'un : conseiller, fabricien, marguillier, trésorier **b** conseil

**fabriquer** 1 fav. ou neutre : agencer, bâtir, confectionner, créer, élaborer, exécuter, façonner, faire, former, manufacturer, mettre en œuvre, modeler, monter, œuvrer, ouvrer, préparer, produire, réaliser, sortir, usiner 2 non fav. **a** une chose : bâcler, bricoler ◆ fam. : torcher, torchonner **b** une opinion : calomnier, falsifier, forger, inventer, médire **c** un événement : fomenter, monter, susciter

**fabulateur, trice** n. m. ou f. → **hâbleur**

**fabulation** n. f. → **fable**

**fabuler** → **inventer**

**fabuleux, euse** 1 étonnant, fantastique, formidable, grandiose, incroyable, légendaire, merveilleux, mythique, mythologique, prodigieux, stupéfiant, surnaturel → **extraordinaire** 2 non fav. : chimérique, exagéré, excessif, fabriqué, faux, feint, fictif, imaginaire, inconcevable, incroyable, inimaginable, inventé, invraisemblable, irréel, mensonger, romanesque

**façade** n. f. 1 au pr. : avant, devant, devanture, endroit, entrée, extérieur, face, front, fronton 2 fig. : apparence, dehors, extérieur, montre, surface, trompe-l'œil

**face** n. f. 1 avers, endroit → **visage** 2 fig. **a** → **façade** **b** angle, apparence, côté, point de vue, tournure 3 **a** **à la face de :** à la vue de, en présence de, ouvertement **b** **en face de :** à l'opposé de, devant, vis-à-vis de **c** **en face :** carrément, courageusement, par-devant, sans crainte **d** **faire face :** envisager, faire front, s'opposer, parer à, pourvoir, se préparer à, répondre, satisfaire à **e** **face à face :** de front, en face, les yeux dans les yeux, nez à nez, vis-à-vis *et par ext.* : conversation, débat, discussion, échange, entretien, entrevue, joute (oratoire), rencontre

**facétie** n. f. astuce, attrape, bouffe, bouffonnerie, canular, comédie, drôlerie, espièglerie, farce, galéjade, malice, mystification, niaiserie, niche, pantalonnade, pièce (vx), plaisanterie, tour, taquinerie, tromperie → **baliverne**

**facétieux, euse** → **farceur**

**fâché, e** chagriné, contrarié, courroucé, ennuyé, froissé, grognon, insatisfait, irrité, marri (vx), de mauvaise humeur, mécontent, offusqué, peiné, piqué, au regret, ulcéré, vexé

**fâcher** 1 → **affliger** 2 → **agacer** 3 v. pron. **a** avoir un accès / mouvement d'humeur, crier, éclater, s'emporter, se gendarmer, gronder, s'irriter, se mettre en colère, montrer les dents, prendre la mouche, sortir de ses gonds **b** se brouiller / formaliser / froisser / piquer / vexer

**fâcherie** n. f. colère, contrariété, dépit, déplaisir, mouvement d'humeur → **brouille**

**fâcheux** n. m. bassinoire, gêneur, importun, indiscret, trublion ◆ fam. : casse-pieds, emmerdeur (grossier), empêcheur de tourner en rond, empoisonneur, pot de colle, raseur, sangsue

**fâcheux, euse** adj. **a** → **affligeant** **b** → **inopportun**

**faciès** n. m. 1 au pr. → **visage** 2 par ext. : aspect, configuration, morphologie, structure

**facile** 1 quelque chose. **a** fav. ou neutre : abordable, accessible, accostable, agréable, aisé, à la portée, assimilable, clair, commode, compréhensible, coulant, dégagé, élémentaire, enfantin, exécutable, faisable, intelligible, jeu d'enfant, naturel, possible, praticable, réalisable, simple **b** non fav. : banal, bête, courant, ordinaire, plat, quelconque, vulgaire 2 quelqu'un **a** → **accommodant** **b** → **sociable** **c** débonnaire, élastique, faible, laxiste, léger, libre, mou, veule 3 **c'est facile :** du gâteau / nanan / nougat

**facilité** n. f. 1 d'une chose. **a** la qualité ◆ fav. : accessibilité, agrément, clarté, commodité, faisabilité, intelligibilité, possibilité, simplicité ◆ non fav. : banalité, platitude, vulgarité **b** le moyen : arrangement, chance, latitude, liberté, marge, moyen, occasion, offre, possibilité → **aide** 2 de quelqu'un. **a** fav. : brio, dons, intelligence → **aisance** **b** non fav. : complaisance, faconde, faiblesse, laisser-aller, laxisme, mollesse, paresse, relâchement

**faciliter** 1 → **aider** 2 aplanir les difficultés, arranger, égaliser, faire disparaître / lever la difficulté, mâcher le travail / la besogne (fam.), ménager, ouvrir / tracer la voie, préparer

**façon** n. f. 1 → **fabrication** 2 allure, coupe, exécution, facture, forme, griffe, manière, moyen, style, technique, travail 3 → **allure** 4 **a** **de toute façon :** en tout état de cause, immanquablement, quoi qu'il arrive, quoi qu'il en soit, qu'on le veuille ou non **b** **de façon que :** afin de / que, de manière / sorte que **c** **à sa façon :** à sa fantaisie / guise / manière / volonté **d** **en aucune façon :** cas, circonstance, manière **e** **sans façon :** sans gêne, tout de go 5 au pl. **a** → **agissements** **b** → **affectation** **c** **faire des façons :** cérémonies, complications, embarras, histoires, manières, politesses, salamalecs, tralala **d** vx : giries

**faconde** n. f. génér. péj. : abondance, bagou, bavardage, charlatanisme, éloquence, emballement, emportement, exubérance, facilité, logorrhée, loquacité, prolixité, verbiage, verbosité, verve, volubilité

**façonner** 1 quelque chose : arranger, disposer, transformer, travailler → **fabriquer** 2 par ext. **a** le sol : aérer, bêcher, biner, cultiver, décavaillonner, gratter, herser, labourer, rouler, sarcler, scarifier, travailler **b** un objet d'art : composer, décorer, orner **c** quelqu'un : affiner, apprivoiser, assouplir, civiliser, dégourdir, dégrossir, dérouiller, dresser, éduquer, faire, faire l'éducation de, former, modeler, modifier, perfectionner, pétrir, polir, transformer, tremper

**façonnier, ère** 1 nom : artisan, ouvrier 2 adj. → **affecté**

**fac-similé** n. m. copie, duplicata, imitation, photocopie, reproduction

**facteur** n. m. 1 quelqu'un. **a** d'instruments de musique : accordeur, fabricant, luthier **b** adm. : agent, commis, employé, messager (vx), porteur, préposé, télégraphiste, vaguemestre 2 par ext. **a** agent, cause, coefficient, élément **b** math. : coefficient, diviseur, multiplicande, multiplicateur, quotient, rapport

**factice** 1 quelqu'un → **affecté** 2 quelque chose : artificiel, fabriqué, faux, imité, postiche

**factieux, euse** 1 adj. : fasciste, illégal, réactionnaire, révolutionnaire, sectaire, séditieux, subversif 2 nom : agent provocateur, agitateur, comploteur, conjuré, conspirateur, contestataire, émeutier, excitateur, instigateur, insurgé, intrigant, meneur, mutin, partisan, rebelle, révolté, révolutionnaire, séditieux, semeur de troubles, suspect, trublion

**faction** n. f. 1 au pr. : agitation, brigue, cabale, complot, conjuration, conspiration, contestation, émeute, excitation, groupement, groupuscule, insurrection, intrigue, ligue, mutinerie, parti, rébellion, révolte, révolution, sédition, trouble, violence 2 milit. : garde, guet 3 **être de / en faction :** attendre, être de garde /

en poste / sentinelle, faire le guet / le pet (arg.), guetter, surveiller

**factionnaire** n. m. → **sentinelle**

**factoring** n. m. off. : affacturage, recouvrement

**factotum** ou **factoton** n. m. homme à tout faire, homme de confiance, intendant, maître Jacques

**factum** n. m. diatribe, libelle, mémoire, pamphlet

**facture** n. f. 1 → **addition** 2 → **bordereau** 3 → **façon**

**facturer** → **compter**

**facturier, ière** n. m. ou f. → **comptable**

**facultatif, ive** à option, libre, optionnel → **contingent**

**faculté** n. f. 1 athénée, collège, campus, corps professoral, école, enseignement supérieur, institut, université 2 de quelqu'un. a sing. : aptitude, capacité, droit, force, génie, liberté, licence, moyen, possibilité, pouvoir, privilège, propriété, puissance, ressource, talent, vertu b plur. : activité, connaissance, discernement, entendement, esprit, intelligence, jugement, mémoire, parole, pensée, raison, sens, sensibilité 3 de quelque chose : capacité, propriété, vertu

**fada** n. m. et adj. → **bête**

**fadaise** n. f. 1 → **baliverne** 2 → **bêtise**

**fade** 1 au pr. a au goût : désagréable, douceâtre, écœurant, fadasse, insipide, melliflue, plat, quelconque, sans relief / saveur b par ext. : délavé, pâle, terne 2 fig. : affecté, conventionnel, ennuyeux, froid, inexpressif, insignifiant, langoureux, languissant, plat, sans caractère / intérêt / relief / saveur / vivacité, terne → **affadir (s')**

**fadeur** n. f. 1 au pr. : insipidité 2 fig. : affectation, convention, ennui, insignifiance, manque de caractère / intérêt / relief / saveur / vivacité, platitude

**fading** n. m. audiov. off. : évanouissement

**fafiot** n. m. → **billet**

**fagot** n. m. brande, brassée, bourrée, cotret, fagotin, faisceau, falourde, fascine, hardée, javelle, ligot, mort-bois

**fagoter** → **vêtir**

**faible** 1 adj. a quelqu'un ♦ phys. : abattu, affaibli, anéanti, anémié, anémique, asthénique, asthmatique, bas, cacochyme, caduc, chancelant, chétif, convalescent, crevard (fam.), débile, défaillant, déficient, délicat, déprimé, épuisé, étiolé, faiblard, fatigué, flagada (fam.), fluet, fragile, frêle, grêle, impotent, infirme, invalide, languissant, las, lymphatique, malingre, pâle, pâlot, patraque, rachitique, souffreteux → **maigre** ♦ moral : aboulique, apathique, avachi, bonasse, complaisant, débonnaire, désarmé, doux, facile, faillible, impuissant, incertain, indécis, influençable, instable, insuffisant, labile, latitudinaire, laxiste, médiocre, mou, peccable, pusillanime, sans caractère / défense / volonté, velléitaire, veule, vulnérable → **lâche** b une chose : branlant, fragile, friable, inconsistant, instable, précaire ♦ un son : bas, étouffé, imperceptible, insensible, léger ♦ un travail : insuffisant, mauvais, médiocre, réfutable ♦ un style : fade, impersonnel, incolore, mauvais, médiocre, neutre ♦ un sentiment : tendre ♦ une quantité : bas, modéré, modique, petit ♦ une opinion : attaquable, critiquable, réfutable c une position : attaquable, découverte, exposée, fragile, ouverte, prenable, vulnérable 2 n.m. a quelqu'un : aboulique, apathique, avorton, freluquet, gringalet, imbécile, mauviette, mou, pauvre type, petit, simple, soliveau b comportement ♦ neutre ou fav. : complaisance, goût, penchant, prédilection, tendance, tendresse ♦ non fav. : défaut, faiblesse, infériorité, vice

**faiblement** 1 doucement, mal, mollement, à peine, peu, vaguement 2 → **imparfaitement**

**faiblesse** n. f. 1 phys. : abattement, adynamie, affaiblissement, altérabilité, anéantissement, anémie, apathie, asthénie, cachexie, débilité, défaillance, déficience, délicatesse, dépression, épuisement, étourdissement, évanouissement, fatigue, fragilité, impuissance, inanition, infériorité, infirmité, insuffisance, maigreur, misère (physiologique / physique), pâmoison, rachitisme, syncope 2 moral. a neutre : complaisance, inclination, indulgence, goût, penchant, prédilection, préférence b non fav. : abandon, aboulie, apathie, arriération, avachissement, aveulissement, bassesse, complaisance, complicité, débonnaireté, défaillance, défaut, démission, divisibilité, écart, entraînement, erreur, facilité, faillibilité, faute, faux pas, glissade, idiotie, imbécillité, inconsistance, indécision, indigence, inertie, insignifiance, insipidité, instabilité, infériorité, insuffisance, irrésolution, lâcheté, laisser-aller, laxisme, légèreté, licence, médiocrité, mesquinerie, mollesse, partialité, petitesse, pusillanimité, veulerie, vulnérabilité

**faiblir** 1 phys. → **affaiblir (s')** 2 moral : s'amollir, céder, fléchir, mollir, plier, ployer, se relâcher, se troubler

**faïence** n. f. 1 la matière : cailloutage, céramique, terre de pipe 2 l'objet : assiette, bol, carreau, carrelage, pichet, plat, pot, poterie 3 d'après le fabricant ou le lieu de fabrique, par ex. : de Bruxelles, de Delft, de Gien, de Jersey, de Lunéville, majolique, de Marseille, de Moustiers, de Nevers, de Quimper, de Strasbourg, de Wedgwood

**faille** n. f. 1 → **brisure** 2 → **fente**

**faillible** → **faible**

**faillir** v. intr. et tr. ind. → **manquer**

**faillite** n. f. 1 au pr. : déconfiture, dépôt de bilan 2 par ext. : banqueroute, chute, crise, culbute, débâcle, défaillance, échec, fiasco, insolvabilité, krach, liquidation, marasme, ruine

**faim** n. f. 1 appétit, besoin, boulimie, creux, dent, disette, famine, fringale, inanition, voracité 2 → **ambition** 3 → **envie** 4 **avoir faim** fam. : avoir la dent / les crocs / l'estomac dans les talons, claquer du bec, creuser, crever la faim → **affamé**

**faîne** n. f. amande, fruit, gland, graine

**fainéant, e** n. et adj. 1 au pr. : bon à rien, cancre, désœuvré, inactif, indolent, lézard, musard, nonchalant, oisif, paresseux, propre-à-rien, rêveur, vaurien 2 fam. : cagnard, cossard, feignant, flemmard, tire-au-cul, tire-au-flanc, tourne-pouces, traîne-savates / semelles

**fainéanter** → **paresser**

**faire** 1 un objet → **fabriquer** 2 une action → **accomplir** 3 une œuvre → **composer** 4 une loi → **constituer** 5 des richesses → **produire** 6 un être : reproduire → **accoucher** 7 ses besoins → **besoin** 8 un mauvais coup → **tuer, voler** 9 fam. : branler, ficher, foutre, goupiller

**faire-part** n. m. annonce, carton

**fair-play** sport → **convenable**

**faisabilité** n. f. 1 → **possibilité** 2 → **facilité**

**faisable** → **facile**

**faisan** n. m. → **fripon**

**faisandé, e** fig. : avancé, corrompu, douteux, malhonnête, malsain, pourri

**faisceau** n. m. 1 au pr. → **fagot** 2 par ext. → **accumulation**

**faiseur, euse** nom et adj. 1 → **fabricant** 2 → **bâtisseur** 3 → **bêcheur**

**faisselle** n. f. → **égouttoir**

**fait** n. m. 1 fav. ou neutre a → **acte** b → **affaire** 2 non fav. → **faute** 3 a **dire son fait à quelqu'un :** ses quatre vérités b **voie de fait :** coup, violence c **haut fait :** exploit, performance, prouesse d **mettre au fait** → **informer**

**faîtage** n. m. arête, charpente, comble, enfaîtement, faîte, ferme, poutres

**faîte** n. m. 1 au pr. → **faîtage** 2 par ext. : apex, apogée, cime, crête, haut, houppier, pinacle, point culminant, sommet, sommité, summum

**faîtière** n. f. enfaîteau, lucarne ♦ par ext. → **faîtage**

**faitout** n. m. → **marmite**

**faix** n. m. → **fardeau**

**fakir** n. m. 1 au pr. : ascète, derviche, mage, santon, yogi 2 par ext. : prestidigitateur, thaumaturge, voyant

**falaise** n. f. escarpement, mur, muraille, paroi, à-pic

**falbala** n. m. → **affaire**

**fallacieux, euse** 1 → **trompeur** 2 → **hypocrite**

**falloir** 1 devoir, être indispensable / nécessaire / obligatoire, il y a lieu de 2 a **peu s'en faut :** il a failli, il s'en est manqué de peu b **tant s'en faut :** au contraire, loin de c **il ne faut que :** il suffit de

**falot** n. m. 1 → **fanal** 2 arg. milit. : conseil de guerre, tribunal

**falot, e** adj. anodin, effacé, inconsistant, inoffensif, insignifiant, médiocre, négligeable, nul, pâle, terne

**falsificateur, trice** n. → **voleur**

**falsification** n. f. → **altération**

**falsifier** → **altérer**

**famélique** 1 → **affamé** 2 → **besogneux** 3 → **étique**

**fameusement** → **rudement**

**fameux, euse** 1 → **célèbre** 2 extraordinaire, remarquable 3 → **bon**

**familial, e** domestique, parental

**familiariser** → **acclimater**

**familiarité** n. f. 1 fav. a → **intimité** b → **abandon** 2 non fav. → **désinvolture**

**familier, ère** 1 nom → **ami** 2 adj. a quelque chose : aisé, commun, courant, domestique, habituel, facile, ordinaire, propre, simple, usuel b quelqu'un : accessible, amical, communicatif, connu, expansif, facile, gentil, intime, liant, libre, naturel, rassurant, sans-façon, simple, sociable, traitable c animal : acclimaté, apprivoisé, confiant, dressé, familiarisé

**famille** n. f. 1 au pr. a alliance, ascendance, auteurs, branche, descendance, dynastie, extraction, filiation, généalogie, génération, hérédité, lignage, lignée, maison, parenté, parents, postérité, race, sang, siens (les), souche b agnats, cognats, épigones c bercail, couvée, entourage, feu, foyer, logis, maison, maisonnée, marmaille (péj.), ménage, nichée, progéniture, smala, toit, tribu 2 par ext. : catégorie, clan, classe, collection, école, espèce, genre, gent

**famine** n. f. → **disette**

**fan** n. m. ou f. → **fanatique**

**fan** n. m. aviat. off. : soufflante, ventilateur

**fanal** n. m. falot, feu, flambeau, lanterne, phare

**fanatique** nom et adj. 1 non fav. : agité, allumé, exalté, excité, fondamentaliste, fou de Dieu, illuminé, intégriste → **intolérant** 2 fav. a amoureux, ardent, brûlant, chaleureux, chaud, emballé, en délire, enflammé, enthousiaste, fana (fam.), fervent, fou, frénétique, laudateur, louangeur, lyrique, mordu, mystique, passionné, zélateur b convaincu, courageux, dévoué, enragé, hardi, inconditionnel ♦ fam. : gonflé, jusqu'au-boutiste → **téméraire** c aficionado, fan, groupie, idolâtre

**fanatiser** → **exciter**

**fanatisme** n. m. 1 non fav. → **intolérance** 2 fav. a acharnement, amour, ardeur, chaleur, délire, dithyrambe, emballement, engouement, enthousiasme, exaltation, ferveur, feu, fièvre, flamme, folie, frénésie, fureur, lyrisme, passion, zèle b abnégation, acharnement, conviction, courage, dévouement, don de soi, hardiesse, héroïsme, jusqu'au-boutisme (fam.), témérité

**fané, e** abîmé, altéré, avachi, décati, décoloré, défraîchi, délavé, fatigué, flétri, pâli, pisseux, ridé, séché, terni, usagé, vieilli, vieux

**faner (se)** → **flétrir (se)**

**fanfare** n. f. 1 au pr. : clique, cors, cuivres, harmonie, lyre, nouba (partic.), orchestre, orphéon, philharmonie, trompes 2 fig. : bruit, démonstration, éclat, éloge, fracas, pompe

**fanfaron, ne** nom et adj. → **hâbleur**

**fanfaronnade** n. f. → **hâblerie**

**fanfaronner** → **hâbler**

**fanfreluche** n. f. → **bagatelle**

**fange** n. f. 1 → **boue** 2 → **bauge**

**fangeux, euse** → **boueux**

**fanion** n. m. → **bannière**

**fanon** n. m. 1 baleine, busc 2 → **pli**

**fantaisie** n. f. 1 → **imagination** 2 → **humeur** 3 → **bagatelle** 4 → **fable** 5 → **originalité** 6 → **inexactitude**

**fantaisiste** nom et adj. 1 → **amateur** 2 → **bohème**

**fantasmagorie** n. f. fantasme, grand guignol → **spectacle**

**fantasmagorique** 1 → **extraordinaire** 2 par ext. : énorme, étonnant, extraordinaire, extravagant, fantastique, formidable, hallucinatoire, incroyable, invraisemblable, rocambolesque, sensationnel

**fantasme** n. m. 1 → **imagination** 2 → **vision**

**fantasmer** 1 → **imaginer** 2 → **rêver**

**fantasque** → **bizarre**

**fantassin** n. m. 1 fam. : biffin → **soldat** 2 vx ou étrangers : hallebardier, heiduque, hoplite, mousquetaire, peltaste, piquier, suisse 3 → **infanterie**

**fantastique** → **extraordinaire**

**fantoche** nom et adj. 1 automate, guignol, mannequin, marionnette, pantin, polichinelle, poupée 2 par ext. : bidon (fam.), fantôme, inconsistant, inexistant, larve, sans valeur, simulacre 3 **gouvernement fantoche :** gouvernement de rencontre / usurpé

**fantomatique** → **imaginaire**

**fantôme** n. m. 1 au pr. : apparition, double, ectoplasme, empuse, esprit, lémure, ombre, revenant, spectre, vision, zombi 2 par ext. : apparence, chimère, épouvantail, fantasme, illusion, simulacre, vision

**faon** n. m. → **cerf**

**faquin** n. m. → **maraud**

**far** n. m. → **pâtisserie**

**faramineux, euse** → **extraordinaire**

**farandole** n. f. → **danse**

**faraud, e** 1 arrogant, fat, malin, prétentieux 2 → **hâbleur**

**farce** n. f. 1 → **hachis** 2 → **facétie**

**farceur, euse** 1 fav. ou neutre : amuseur, baladin, bateleur, blagueur, bouffon, boute-en-train, chahuteur, comédien, comique, conteur, drôle, espiègle, facétieux, gouailleur, loustic, moqueur, plaisantin vx : daubeur 2 non fav. : fumiste, histrion, mauvais plaisant, mystificateur, paillasse, pitre, sauteur

**farci, e** → **plein**

**farcir** → **remplir**

**fard** n. m. 1 artifice, brillant, déguisement, dissimulation, faux, trompe-l'œil 2 couleur, crème, eye-liner, fond de teint, henné, khôl, lait, lotion, mascara, poudre, rimmel, rouge à lèvres → **pommade** 3 barbouillage, grimage, maquillage, ornement, peinture

**fardeau** n. m. 1 au pr. : bagage, charge, chargement, colis, faix, poids, surcharge 2 fig. : charge, croix, ennui, joug, souci, surcharge, tourment

**farder** 1 au pr. **a** colorer, embellir, faire une beauté, grimer, maquiller, peindre **b** ombrer 2 fig. **a** couvrir, défigurer, déguiser, dissimuler, embellir, envelopper, maquiller, marquer, replâtrer, pallier, plâtrer, voiler **b** → **altérer**

**farder (se)** s'embellir, s'enduire de fard, se faire une beauté / un ravalement (fam.), se parer

**farfadet** n. m. follet, lutin, nain

**farfelu, e** → **bizarre**

**farfouiller** bouleverser, brouiller, chercher, déranger, ficher / foutre (vulg.) / mettre le bordel (grossier) / le désordre / en désordre / en l'air, sens dessus dessous, retourner ◆ fam. : trifouiller, tripatouiller

**faribole** n. f. → **bagatelle**

**farigoule** n. f. pouliot, serpolet, thym

**farine** n. f. fécule, maïzena, recoupette

**farniente** n. m. → **oisiveté**

**farouche** 1 → **intraitable** 2 → **timide** 3 âpre, dur, effarouchant, fier → **sauvage**

**fart** n. m. 1 → **enduit** 2 → **graisse**

**fascicule** n. m. brochure, cahier, libelle, livraison, livre, livret, opuscule, plaquette, publication

**fascinant, e** 1 → **agréable** 2 → **séduisant**

**fascination** n. f. 1 au pr. : hypnose, hypnotisme, magie 2 par ext. : appel, ascendant, attirance, attraction, attrait, charme, éblouissement, enchantement, ensorcellement, envoûtement, magnétisme, séduction, trouble

**fascine** n. f. claie, gabion → **fagot**

**fasciner** 1 au pr. : charmer, ensorceler, hypnotiser, magnétiser 2 par ext. : appeler, attirer, captiver, charmer, éblouir, égarer, émerveiller, s'emparer de, enchanter, endormir, enivrer, ensorceler, envoûter, maîtriser, plaire à, séduire, troubler

**fascisme** n. m. 1 → **absolutisme** 2 par ext. → **hitlérisme**

**fasciste** nom et adj. chemise noire → **réactionnaire**

**faste** 1 adj. → **favorable** 2 n.m. → **apparat**

**fastes** n. m. pl. → **annales**

**fastfood** n. m. off. : prêt-à-manger, repas / restauration rapide

**fastidieux, euse** → **ennuyeux**

**fastueux, euse** 1 → **prodigue** 2 → **beau**

**fat** n. m. et adj. arrogant, avantageux, bellâtre, content de soi, dédaigneux, fanfaron, fiérot, galant, impertinent, infatué, orgueilleux, plastron, plat, plein de soi, poseur, précieux, prétentieux, rodomont, satisfait, sot, suffisant, vain, vaniteux

**fatal, e** 1 neutre : immanquable, inévitable, irrévocable, obligatoire → **sûr** 2 non fav. : déplorable, dommageable, fâcheux, fatidique, funeste, létal, malheureux, mauvais, mortel, néfaste

**fatalement** → **sûrement**

**fatalisme** n. m. abandon, acceptation, déterminisme, passivité, renoncement, résignation

**fatalité** n. f. 1 neutre : destin, destinée, éventualité, fortune, nécessité, sort 2 non fav. : catastrophe, désastre, fatum, inexorabilité, létalité, malédiction, malheur

**fatidique** → **fatal**

**fatigant, e** → **tuant**

**fatigue** n. f. 1 au pr. : abattement, accablement, affaissement, déprime, épuisement, éreintement, exténuation, faiblesse, forçage, fortraiture (équit.), harassement, labeur, lassitude, peine, surmenage ◆ fam. : crevaison, crève, vapes 2 par ext. → **ennui** 3 méd. : abattement, accablement, affaiblissement, alanguissement, anéantissement, asthénie, dépression, exhaustion, faiblesse, usure

**fatigué, e** 1 quelqu'un. **a** phys. : accablé, assommé, avachi, brisé, courbatu, courbaturé, écrasé, épuisé, éreinté, esquinté, excédé, exténué, flapi, fortrait (équit.), fourbu, harassé, indisposé, las, lourd, malade, mort, moulu, recru, rendu, rompu, roué de fatigue, surentraîné, surmené, vanné ◆ fam. : claqué, crevard, crevé, échiné, flagada, patraque, pompé, raplapla, sur les dents / les genoux / les rotules, vaseux, vasouillard, vermoulu, vidé **b** par ext. : abattu, à bout, abruti, accablé, assommé, blasé, brisé, cassé, dégoûté, démoralisé, déprimé, écœuré, ennuyé, excédé, importuné, macéré, lassé, saturé 2 une chose : abîmé, amorti, avachi, déformé, défraîchi, délabré, délavé, éculé, élimé, esquinté, fané, limé, râpé, usagé, usé, vétuste, vieux

**fatiguer** 1 au pr. phys. : abasourdir, abrutir, accabler, affaiblir, ahaner, assommer, avachir, briser, claquer, crever, déprimer, échiner, écraser, épuiser, éreinter, esquinter, estrapasser (équit.), être → **fatigué**, excéder, exténuer, fouler, harasser, lasser, moudre, rompre, suer, surentraîner, surmener, trimer, tuer, vanner, vider 2 fig. → **ennuyer**

**fatras** n. m. → **amas**

**fatuité** n. f. → **orgueil**

**faubourg** n. m. → **banlieue**

**fauche** n. f. → **vol**

**fauché, e** → **pauvre**

**faucher** → **abattre**

**fauchet** n. m. → **râteau**

**faucille** n. f. par ext. → **faux, serpe**

**faucon** n. m. béjaune, crécerelle, émerillon, émouchet, épervier, gerfaut, hobereau, laneret, lanier, sacre (vx), sacret, tiercelet → **rapace**

**faufiler** → **coudre**

**faufiler (se)** → **introduire (s')**

**faune** n. m. chèvre-pied, faunesse, satyre, sylvain

**faune** n. f. → **peuplement**

**faussaire** n. m. ou f. escroc → **fripon**

**fausser** → **altérer**

**fausset** n. m. 1 → **cheville** 2 **voix de fausset** → **aigu**

**fausseté** n. f. aberration, déloyauté, dissimulation, duplicité, erreur, escobarderie, feinte, fourberie, illégalité, illégitimité, imposture, inauthenticité, inexactitude, jésuitisme, mauvaise foi, mensonge, obliquité (vx), papelardise, pharisaïsme, sophisme, sophistique, sournoiserie, spéciosité, tartuferie, tromperie → **hypocrisie**

**faute** n. f. 1 au pr. **a** chute, coulpe (vx), démérite, écart, égarement, erreur, mal, peccadille, péché, vice **b** baraterie (mar.), contravention, crime, délit, forfaiture, infraction, manquement, mauvaise action, méfait **c** bévue, énormité, erratum, ignorance, maladresse, méprise, négligence, omission **d** défectuosité, imperfection, impropriété, inexactitude **e** absence, défaut, lacune, manque, privation **f** fam. : bavure, boulette, connerie, couille, gaffe, loup, manque, os, paillon 2 barbarisme, contresens, cuir, faux / non-sens, incorrection, pataquès, perle, solécisme → **lapsus** 3 imprimerie : bourdon, coquille, doublage, doublon, mastic, moine 4 **a sans faute** → **évidemment b faire faute** → **manquer**

**fauteuil** n. m. → **siège**

**fauteur, trice** n. m. ou f. 1 → **instigateur** 2 → **complice**

**fautif, ive** → **coupable**

**fauve** 1 adj. → **jaune** 2 n.m. : bête féroce / sauvage, carnassier, félidé, félin, léopard, lion, panthère, tigre

**fauvette** n. f. bec-figue / fin, traîne-buisson → **passereau**

**faux** n. m. → **fausseté**

**faux** n. f. faucard, fauchon

**faux, fausse** 1 quelqu'un : affecté, cabotin, calomniateur, chafouin, comédien, déloyal, de mauvaise foi, dissimulé, double, emprunté, étudié, fautif, félon, fourbe, grimacier, imposteur, médisant, menteur, papelard, patelin, perfide, pharisien, simulé, sournois, tartufe, traître, trompeur → **hypocrite** 2 une chose : aberrant, absurde, agrammatical, altéré, apocryphe, approximatif, artificiel, captieux, chimérique, contrefait, controuvé, copié, désaccordé, diffamatoire, diplomatique, emprunté, erroné, fabuleux, factice, fallacieux, falsifié, fardé, fautif, feint, fictif, imaginaire, imprécis, inauthentique, incorrect, inexact, infidèle, inventé, mal fondé, mensonger, pastiché, plagié, postiche, saugrenu, simili, simulé, sophistique, supposé, travesti, trompeur, truqué, usurpé, vain ◆ fam. : au flan, à la noix, bidon, toc

**faux-fuyant** n. m. 1 → **excuse** 2 → **fuite**

**faux-semblant** n. m. → **affectation**

**favela** n. f. → **bidonville**

**faveur** n. f. 1 → **ruban** 2 aide, amitié, appui, avantage, bénédiction, bénéfice, bienfait, bienveillance, bonnes grâces, bon office / procédé, bouquet, cadeau, complaisance, considération, crédit, distinction, dispense, don, égards, favoritisme, fleur (fam.), grâce, gratification, indulgence, libéralité, passe-droit, prédilection, préférence, privilège, protection, récompense, service, sympathie 3 faire la faveur de : aumône, bénignité (vx), grâce, plaisir, service

**favorable** accommodant, agréable, ami, avantageux, bénéfique, bénévole, bénin (vx), bénit, bienveillant, bon, clément, commode, convenable, faste, festif, gratifiant, heureux, indulgent, obligeant, propice, prospère, protecteur, salutaire, secourable, sympathique, tutélaire

**favori** n. m. 1 → **protégé** 2 côtelette, patte de lapin, rouflaquette

**favori, ite** nom et adj. chéri, choisi, chouchou, coqueluche, élu, enfant gâté, mignon, préféré, privilégié, protégé

**favoriser** 1 quelqu'un : accorder, aider, avantager, combler, douer, encourager, gratifier, pousser, prêter aide / assistance / la main, protéger, seconder, servir, soutenir ◆ fam. : chouchouter, donner un coup de pouce, pistonner, sucrer 2 quelqu'un ou quelque chose : faciliter, privilégier, promouvoir, servir

**favorite** n. f. → **amante**

**favoritisme** n. m. combine, népotisme, partialité, préférence

**fayot** 1 n.m. → **haricot** 2 nom et adj. → **zélé** 3 → **flatteur**

**fazenda** n. f. hacienda → **propriété**

**féal, e** 1 vx. : loyal 2 → **partisan**

**fébrifuge** n. m. et adj. acide acétylsalicylique, antipyrine, aspirine, cinchonine, quinine

**fébrile** 1 → **fiévreux** 2 → **violent**

**fébrilité** n. f. → **nervosité**

**fèces** n. f. pl. → **excrément**

**fécond, e** 1 au pr. : abondant, fertile, fructifiant, fructueux, généreux, gras, gros, inépuisable, intarissable, plantureux, producteur, productif, prolifique, surabondant 2 par ext. : **a** créateur, imaginatif, inventif, riche **b** → **efficace**

**fécondation** n. f. conception, conjugaison, ensemencement, génération, insémination, pariade, procréation, reproduction

**féconder** → **engendrer**

**fécondité** n. f. 1 → **fertilité** 2 → **rendement**

**fédérateur, trice** nom et adj. rassembleur, unitif (par ext.) → **chef**

**fédération** n. f. alliance, association, coalition, confédération, consortium, intergroupe, ligue, société, syndicat, union

**fédéré, e** 1 → **allié** 2 communard

**fédérer** allier, assembler, associer, coaliser, confédérer, liguer, rassembler, réunir, unir

**fée** n. f. → **génie**

**feed-back** n. m. off. : rétroaction

**feeder** n. m. télécom. off. : coaxial, ligne d'alimentation

**féerie** n. f. attraction, divertissement, exhibition, fantasmagorie, fantastique, magie, merveille, merveilleux, numéro, pièce, représentation, revue, scène, séance, show, spectacle, tableau

**féerique** 1 → **beau** 2 → **surnaturel**

**feindre** 1 → **affecter** 2 → **inventer** 3 → **botter**

**feint** → **faux**

**feinte** n. f. affectation, artifice, cabotinage, cachotterie, comédie, déguisement, dissimulation, duplicité, fard, faux-semblant, feintise, fiction, grimace, hypocrisie, invention, leurre, mensonge, momerie, pantalonnade, parade, ruse, simulation, singerie, sournoiserie, tromperie → **fausseté**

**feinter** → **tromper**

**fêlé, e** → **fou**

**fêler** → **fendre**

**félibre** n. m. majoral

**félicitation** n. f. apologie, applaudissement, bravo, compliment, congratulation, éloge, glorification, hourra, louange, panégyrique, satisfecit

**félicité** n. f. → **bonheur**

**féliciter** 1 applaudir, approuver, complimenter, congratuler, louanger, louer 2 pr. → **réjouir (se)**

**félin** n. m. → **chat**

**félin, e** 1 → **caressant** 2 → **hypocrite**

**félon, ne** → **infidèle**

**félonie** n. f. → **infidélité**

**fêlure** n. f. cheveu → **fente**

**féminiser** 1 efféminer 2 péj. : déviriliser → **affaiblir**

**femme** n. f. 1 au pr. : dame, demoiselle ◆ vx : le beau sexe 2 par ext. **a** neutre : compagne, concubine, égérie, épouse, fille d'Ève, moitié (fam.), muse → **beauté** **b** non fav. → **mégère** **c** → **fille** **d** partic. : fatma, moukère, mousmé **e** arg. et / ou fam. : baronne, bergère, bobonne, comtesse, frangine, gonzesse, laitue, légitime, linge, marquise, nana, pépée, poule, poupée, régulière, sœur, souris, ticket ◆ non favorable : brancard, bringue, cageot, dondon, fillasse, greluche, grenouille, grognasse, langouste, mocheté, pétasse, pouffiasse, punaise, radasse, rombière, → **prostituée**

**fendiller (se)** se craqueler, se crevasser, se disjoindre, s'étoiler, se fêler, se fendre, se fissurer, se gercer, se lézarder

**fendre** 1 sens général : cliver, couper, disjoindre, diviser, écuisser, entrouvrir, fêler, tailler 2 les pierres, le sol : craqueler, crevasser, failler, fêler, fendiller, fissurer, gercer, lézarder 3 la foule : écarter, entrouvrir, se frayer un chemin, ouvrir 4 **fendre le cœur :** briser / crever le cœur 5 fig. **se fendre de quelque chose :** se déboutonner (fam.), dépenser, donner, faire un cadeau, faire des largesses, offrir → **payer**

**fenêtre** n. f. 1 ajour, baie, bow-window, châssis, croisée, oriel 2 par ext. : hublot, lucarne, lunette, oculus, œil-de-bœuf, tabatière, vasistas, vitre → **ouverture**

**fenil** n. m. → **grange**

**fennec** n. m. renard des sables / du Sahara

**fenouil** n. m. ammi, aneth, herbe aux cure-dents, visnage

**fente** n. f. boutonnière, cassure, coupure, craquèlement, crevasse, déchirure, espace, excavation, faille, fêlure, fissure, gélivure, gerce, gerçure, grigne, hiatus, interstice, jour, lézarde, orifice, scissure, trou, vide → **ouverture**

**féodal, e** moyenâgeux, seigneurial

**féodalité** n. f. 1 Moyen Âge 2 abus, cartel, impérialisme, trust

**fer** n. m. 1 sens général : acier, métal 2 → **chaîne** 3 **a en fer à cheval :** en épingle **b de fer** ◆ au phys. : fort, résistant, robuste, sain, solide, vigoureux ◆ au moral : autoritaire, courageux, dur, impitoyable, inébranlable, inflexible, opiniâtre, têtu, volontaire **c mettre aux fers :** réduire en esclavage / en servitude → **emprisonner** **d mettre les fers :** le forceps **e les quatre fers en l'air :** dégringoler, se casser la figure, se casser la gueule (vulg.), tomber

**férie** n. f. jour chômé

**férié, e** chômé, congé, pont, vacances, week-end

**fermage** n. m. afferme, afferme, amodiation, arrérages, cession, ferme, location, louage, loyer, métayage (par ext.), redevance, terme

**ferme** n. m. 1 immeuble : domaine, exploitation, exploitation agricole, fazenda, fermette, ganaderia, hacienda, mas, métairie, ranch 2 montant d'une location : affermage, arrérages, fermage, louage, loyer, redevance, terme 3 sous l'Ancien Régime : collecte / perception des impôts, maltôte 4 charpente, comble

**ferme** adj. 1 quelque chose : assuré, compact, consistant, coriace, dur, fixe, homogène, immuable, résistant, solide, sûr 2.par ext. : ancré, arrêté, assuré, autoritaire, catégorique, constant, courageux, décidé, déterminé, drastique, dur, endurant, énergique, fort, impassible, imperturbable, implacable, inconvertible, inflexible, intraitable, intrépide, mâle, net, obstiné, résolu, rigoureux, sévère, solide, stoïque, strict, tenace, têtu, viril

**ferme** et **fermement** adv. avec fermeté, de façon / manière ferme, al dente (partic.), beaucoup, bien, bon, constamment, courageusement, dur, dur comme fer, durement, énergiquement, fixement, fort, fortement, immuablement, impassiblement, imperturbablement, inébranlablement, inflexiblement, intrépidement, nettement, résolument, sec, sévèrement, solidement, stoïquement, sûrement, tenacement, vigoureusement, virilement

**ferment** n. m. 1 au pr. : bacille, bactérie, diastase, enzyme, levain, levure, microcoque, moisissure, zymase 2 fig. de discorde : agent, cause, germe, levain, origine, principe, racine, source

**fermentation** n. f. 1 au pr. : cuvage, cuvaison, ébullition, échauffement, féculence (vx), travail 2 fig. : agitation, bouillonnement, ébullition, échauffement, effervescence, embrasement, excitation, mouvement, nervosité, préparation, remous, surexcitation

**fermenter** 1 au pr. : bouillir, chauffer, lever, travailler 2 fig. : s'agiter, bouillonner, s'échauffer, gonfler, lever, mijoter, se préparer, travailler

**fermer** 1 v. tr. **a** une porte, une fenêtre : bâcler (vx), barrer, barricader, boucler, cadenasser, claquer (péj.), clore, lourder (arg.), verrouiller **b** un passage : barrer, barricader, bloquer, boucher, clore, combler, condamner, faire barrage, interdire, murer, obstruer, obturer, occlure **c** une surface : barricader, clore, clôturer, enceindre, enclore, enfermer, entourer **d** un contenant : boucher, capsuler, plomber **e** une enveloppe : cacheter, clore, coller, sceller **f** un emballage : plier, replier **g** le courant : couper, disjoncter, éteindre, interrompre, occulter **h** un compte, une liste : arrêter, clore, clôturer **i** l'horizon, la vue : borner, intercepter 2 v. intr. : chômer, faire relâche, faire la semaine anglaise, relâcher 3 v. pron. **a** une blessure : se cicatriser, guérir, se refermer, se ressouder **b** fig. sur soi : se refuser, se replier

**fermeté** n. f. 1 de quelque chose : compacité, consistance, dureté, fixité, homogénéité, immuabilité, indivisibilité, insécabilité, irréductibilité, résistance, solidité, sûreté, unicité, unité 2 de quelqu'un : assurance, autorité, caractère, cœur, constance, courage, cran, décision, détermination, dureté, endurance, énergie, entêtement, estomac (fam.), exigence, force, impassibilité, inflexibilité, intransigeance, intrépidité, invincibilité, netteté, obstination, opiniâtreté, poigne, raideur, rectitude, résistance, résolution, ressort, rigidité, rigueur, sang-froid, sévérité, solidité, stoïcisme, ténacité, vigueur, virilité, volonté

**fermeture** n. f. 1 le dispositif : barrage, barreaux, barricade, barrière, bonde, cheval de frise, clôture, échalier, enceinte, enclos, entourage, fenêtre, grillage, grille, haie, herse, palis, palissade, palplanches, panneau, persienne, portail, porte, portillon, serrement (vx), store, treillage, treillis, volet 2 l'appareil : bondon, bouchon, capsule, clenche, couvercle, crochet, disjoncteur, gâche, gâchette, hayon, loquet, opercule, robinet, serrure, vanne, verrou 3 l'action (une circulation, un passage) : arrêt, barrage, bouclage, clôture, condamnation, coupure, interruption, oblitération, obstruction, obturation, occlusion, verrouillage 4 fermeture momentanée : coupure, interruption, suspension 5 fermeture du gaz, de l'électricité : coupure, disjonction, extinction, interruption de fourniture 6 d'un pli, d'une enveloppe. **a** l'action : cachetage, clôture, scellement **b** le moyen : bulle (vx et relig.), cachet, sceau 7 d'une affaire. **a** par autorité patronale : lock-out **b** pour cause de congé : relâche **c** faute de travail : cessation, chômage (technique), lock-out

**fermier, ère** n. m. ou f. 1 sens général : locataire, preneur, tenancier (vx) 2 qui cultive la terre : agriculteur, colon, cultivateur, exploitant agricole, métayer, paysan 3 fermier général : partisan → **percepteur**

**fermoir** n. m. 1 d'un vêtement : agrafe, aiguillette, attache, boucle, fermail, fermeture, ferret, fibule, zip 2 d'un coffret, d'une porte : bobinette, crochet, fermeture, loquet, moraillon, serrure, verrou

**féroce** 1 animal : cruel, fauve, sanguinaire, sauvage 2 quelqu'un. **a** au pr. : barbare, brutal, cannibale, cruel, sadique, sanguinaire, sauvage, violent **b** fig. : acharné, affreux, dur, épouvantable, forcené, horrible, impitoyable, implacable, inhumain, insensible, mauvais, méchant, terrible, violent

**férocité** n. f. 1 au pr. : barbarie, brutalité, cannibalisme, cruauté, instincts sanguinaires, sauvagerie, violence 2 fig. : acharnement, cruauté, dureté, horreur, insensibilité, méchanceté, raffinement, sadisme, sauvagerie, violence

**ferrage** n. m. appareillage métallique, assemblage en fer / métallique, ferrement, ferrure, garniture en fer, penture, protection en fer

**ferraille** n. f. 1 bouts de fer, copeaux, déchets, limaille, rebuts, vieux instruments, vieux morceaux 2 mitraille 3 assemblage / instrument / objet métallique 4 monnaie (fam.), pièce de monnaie (fam.) 5 **a tas de ferraille** péj. ou par ironie : auto, avion, bateau *et tout véhicule ou tout instrument.* **b mettre à la ferraille :** déclasser, jeter, mettre au rebut, réformer **c bruit de ferraille :** cliquetis

**ferrailler** (péj.) 1 au pr. : batailler, se battre, se battre à l'arme blanche, se battre en duel, battre le fer, combattre, croiser le fer, en découdre, escrimer 2 fig. : se battre, combattre, se disputer, lutter, se quereller

**ferrailleur** n. m. 1 bretteur, duelliste, escrimeur, lame, spadassin, traîne-rapière 2 → **querelleur** 3 brocanteur, casseur, chiffonnier, commerçant en ferraille

**ferré, e** 1 au pr. : bardé, garni de fer, paré, protégé 2 fig. : calé, compétent, connaisseur, érudit, fort, habile, instruit, savant ◆ fam. : grosse tête, tête d'œuf

**ferrement** n. m. 1 assemblage métallique, ensemble de pièces de métal, fer, ferrage, ferrure, instrument en fer, serrure 2 d'un poisson : accrochage, capture, coup, prise, touche

**ferrer** 1 au pr. : accrocher avec du fer, brocher, clouter, cramponner, engager le fer, garnir de fer, marquer au fer, parer, piquer, plomber, protéger 2 un poisson : accrocher, avoir une touche, capturer, piquer, prendre, tirer

**ferret** n. m. 1 → **fermoir** 2 → **aiguille**

**ferronnier** n. m. chaudronnier, forgeron, serrurier

**ferronnière** n. f. → **bijou**

**ferrure** n. f. assemblage en fer, charnière, ferrage, ferrement, ferronnerie, garniture de fer, instrument en fer, penture, serrure, serrurerie

**ferry-boat** n. m. off. : (navire) transbordeur → **bac**

**fertile** 1 abondant, bon, fécond, fructueux, généreux, gros, plantureux, prodigue, prolifique, riche 2 arable, cultivable, productif 3 imaginatif, ingénieux, inventif, rusé, subtil, superbe

**fertilisation** n. f. amélioration, amendement, bonification, écobuage, engraissement, enrichissement, fumure, marnage, mise en valeur

**fertiliser** améliorer, amender, bonifier, cultiver, engraisser, enrichir, ensemencer, fumer, terreauter

**fertilité** n. f. 1 sens général : abondance, fécondité, générosité, luxuriance, prodigalité, productivité, rendement, richesse 2 en parlant d'êtres animés : conception, fécondité, prolificité, reproduction

**féru, e** de quelque chose : chaud, engoué, enthousiaste, épris de, fou de, passionné de, polarisé par (fam.)

**férule** n. f. 1 au pr. : baguette, bâton, règle 2 fig. : autorité, dépendance, direction, pouvoir, règle

**fervent, e** ardent, brûlant, chaud, dévot, dévoué, enthousiaste, fanatique, fidèle, intense, zélé

**ferveur** n. f. [1] au pr. : adoration, amour, ardeur, chaleur, communion, dévotion, effusion, élan, enchantement, enthousiasme, force, zèle [2] **La ferveur du moment :** engouement, faveur, mode

**fesse** n. f. → **fessier**

**fessée** n. f. [1] au pr. : correction, coup, claque, fustigation [2] fig. et fam. : déculottée, défaite, échec, honte, pâtée, raclée, torchée

**fesse-mathieu** n. m. → **avare**

**fesser** battre, botter le train (arg.), châtier, corriger, donner des claques sur les fesses, fouetter, frapper, fustiger, punir, taper

**fessier** n. m. [1] arrière-train, as de pique / trèfle, bas du dos, coccyx, croupe, cul, derrière, fesses, fondement, parties charnues, postérieur, quelque part, raie, séant, siège, tournure [2] fam. : baba, croupion, dos, fouettard, hémisphères, jumelles, joufflu, lune, malle / train arrière, pétard, popotin [3] arg. : allumeuses, baigneur, derche, miches, panier, prose, train, valseur

**fessu, e** callipyge, charnu, qui a de grosses fesses, rebondi, rembourré, stéatopyge (litt. et iron.)

**festin** n. m. [1] agape, banquet, bonne chère, gala, rastel (mérid.), régal, réjouissance → **repas** [2] fam. : bombance, gueuleton, lippée, ribouldingue, ripaille

**festival** n. m. [1] au pr. : festivité, fête, gala, régal [2] de danse, de musique, de poésie : célébration, colloque, congrès, démonstration, exhibition, foire, journées, kermesse, manifestation, organisation, présentation, représentation, récital, réunion, séminaire, symposium [3] par ext. → **profusion**

**festivité** n. f. allégresse, célébration, cérémonie, festival, fête, frairie, gala, joyeuseté, kermesse, manifestation, mondanités, partie, partie fine, réception, réjouissance, réunion

**feston** n. m. bordure, broderie, dent, frange, garniture, guirlande, lambrequin, ornement, passementerie, torsade

**festonner** v. tr. et intr. border, brocher, broder, découper, denteler, garnir, orner

**festoyer** v. tr. et intr. [1] banqueter, donner / faire / offrir un → **festin,** faire bombance / bonne chère / fête à, fêter, prendre part à, recevoir, régaler, se régaler → **manger** [2] fam. et / ou péj. : bambocher, faire la foire, gueuletonner, s'en mettre plein la lampe, ripailler

**fêtard, e** n. m. ou f. (péj.) arsouille, bambocheur, bon vivant, cascadeur, débauché, jouisseur, noceur, noctambule, rigolo, viveur

**fête** n. f. [1] anniversaire, apparat, bouquet (vx), célébration, centenaire, commémoration, concert, débauche (péj.), événement, festival, festivité, inauguration, jubilé, noces, solennité [2] a → **festin** b → **réunion** c → **bal** d → **défilé** e → **carnaval** [3] rég. : apport, assemblée, ballade, ducasse, kermesse, ferrade, foire, frairie, nouba, pardon, redoute, vogue [4] principales fêtes relig. a chrétiennes : Ascension, Assomption ou du 15-Août, Circoncision, Épiphanie ou des Rois (Mages), Fête-Dieu, Nativité ou Noël, Pâques, Pentecôte, Purification ou Chandeleur, Rameaux, Toussaint b juives : Dédicace, Expiation ou Yom Kippour, Pâque, Pentecôte, Pourim, Sabbat, Tabernacle c musulmanes : fête du Mouton / de la Rupture du jeûne / des Sacrifices / des Victimes d Grèce antiq. : dionysies, orphiques, panathénées, thesmophories e Rome antiq. : bacchanales, lupercales, orgies, parentales, saturnales, vulcanales [5] fam. ou arg. : bamboche, bamboula, bombe, dégagement, fiesta, foire, java, noce, tournée des grands-ducs

**fêter** accueillir, arroser, célébrer, commémorer, consacrer, faire fête à, festoyer, honorer, manifester, marquer, se réjouir de, sanctifier, solenniser

**fétiche** n. m. agnus-dei, amulette, bondieuserie, effigie, gri-gri, idole, image, main de Fatma, mascotte, phylactère, porte-bonheur, porte-chance, porte-veine, reliques, scapulaire, statuette, talisman, tephillim, totem → **médaille**

**fétichisme** n. m. [1] au pr. : animisme, culte des fétiches, culte des idoles, idolâtrie, totémisme [2] fig. admiration, attachement, culte, idolâtrie, religion, respect, superstition, vénération [3] psych. : idée fixe, perversion

**fétichiste** nom et adj. [1] au pr. : adepte du ou relatif au fétichisme, adorateur de ou relatif aux fétiches, superstitieux [2] fig. : admirateur, croyant, fidèle, idolâtre, religieux, superstitieux

**fétide** au pr. et au fig. : asphyxiant, corrompu, dégoûtant, délétère, désagréable, écœurant, empesté, empuanti, étouffant, excrémentiel, fécal, ignoble, immonde, innommable, infect, insalubre, malodorant, malpropre, malsain, mauvais, méphitique, nauséabond, nuisible, ordurier, pestilentiel, puant, putride, repoussant, répugnant

**fétu** n. m. [1] au pr. : brin, brindille [2] fig. : bagatelle, brimborion, misère, petite chose, peu, rien

**fétuque** n. f. graminée, herbe, fétuque ovine, fourrage

**feu** n. m. [1] au pr. a lieu où se produit le feu : astre, athanor, âtre, autodafé, bougie, brasero, brasier, braise, bûcher, cautère, chandelle, chaudière, cheminée, coin de feu, coin du feu, enfer, étincelle, étoile, fanal, flambeau, forge, four, fournaise, fourneau, incendie, lampe, météore, projecteur, signal, soleil b famille, foyer, maison c manifestation du feu : attise ou attisée, brûlure, caléfaction, calcination, cendre, chaleur, chauffage, combustion, consomption, crémation, éblouissement, échauffement, éclair, éclairage, éclat, embrasement, éruption, étincelle, flambée, flamboiement, flamme, fumée, fumerolle, furole, ignition, incandescence, lave, lueur, lumière, rif (fam.), rougeur, scintillement d rég. : régalade e par anal.méd. : démangeaison, éruption, furoncle, inflammation, irritation, prurit f feu d'artillerie : barrage, tir, pilonnage g feux tricolores : signal, signalisation, orange, rouge, vert h avez-vous du feu ? : allumettes, briquet i faire du feu : allumer, se chauffer j feu du ciel : foudre, orage, tonnerre k feu d'artifice : bouquet, pyrotechnie, soleil l feu follet : flammerole [2] fig. a fav. ou neutre : action, amour, animation, ardeur, bouillonnement, chaleur, combat, conviction, désir, empressement, enthousiasme, entrain, exaltation, excitation, flamme, fougue, inspiration, passion, tempérament, vivacité, zèle b non fav. : agitation, emballement, colère, combat, courroux, emportement, exagération, passion, véhémence, violence c alchimie. : archée d **feu du Ciel :** châtiment, colère / justice divine, punition

**feuillage** n. m. [1] au pr. : aiguille, branchage, branches, feuillée, feuilles, frondaison, palme, rameau, ramée, ramure, verdure [2] par ext. : abri, berceau, camouflage, charmille, chevelure, dais, tonnelle

**feuillaison** n. f. foliation, renouvellement

**feuille** n. f. [1] au pr. : fane, feuillage, feuillée, foliole, frondaison, pampre (du blé) [2] par ext. a carton, document, feuille de chou (péj.), feuillet, folio, journal, page, papier b fibre, lame, lamelle, lamine (vx), plaque [3] fam. → **oreille** [4] **dur de la feuille :** sourd, sourdingue (fam.)

**feuilleret** n. m. → **rabot**

**feuillet** n. m. cahier, feuille, folio, page, placard (typo), planche, pli

**feuilleter** compulser, jeter un coup d'œil sur, lire en diagonale (fam.) / rapidement, parcourir, survoler, tourner les pages

**feuilleton** n. m. anecdote, dramatique, histoire, livraison, nouvelle, roman

**feuillu, e** abondant, épais, feuillé, garni, touffu

**feuillure** n. f. entaille, rainure

**feuler** → **crier**

**feulement** n. m. → **cri**

**feutre** n. m. [1] blanchet, étamine, molleton [2] → **coiffure**

**feutré, e** [1] au pr. : garni, ouaté, rembourré [2] par ext. : amorti, discret, étouffé, mat, ouaté, silencieux

**feutrer** [1] au pr. : garnir, ouater, rembourrer [2] par ext. : amortir, étouffer

**fi (faire)** → **dédaigner**

**fiabilité** n. f. sûreté → **sécurité**

**fiable** → **sûr**

**fiacre** n. m. sapin → **voiture**

**fiançailles** n. f. pl. accordailles (vx), engagement, promesse de mariage

**fiancé, e** n. m. ou f. [1] accordé (vx), bien-aimé, futur, parti, prétendant, promis [2] fam. : galant, soupirant [3] rég. : épouseur, prétendu

**fiancer (se)** [1] au pr. : s'engager, promettre mariage [2] par ext. : allier, fier (se), mélanger, unir

**fiasco** n. m. → **insuccès**

**fiasque** n. f. → **bouteille**

**fibre** n. f. [1] au pr. : byssus, chalaze, chair, cirre, fibrille, fil, filament, filet, ligament, linéament, substance, tissu [2] par ext. → **disposition**

**fibreux, euse** dur, filandreux, nerveux

**fibrome** n. m. → **tumeur**

**fibule** n. f. → **agrafe**

**ficelé, e** fig. → **vêtu**

**ficeler** [1] au pr. → **attacher** [2] fig. → **vêtir**

**ficelle** n. f. [1] au pr. → **corde** [2] fig. a → **ruse** b → **procédé** c quelqu'un → **malin**

**fiche** n. f. [1] aiguille, broche, cheville, prise, tige [2] carte, carton, étiquette, feuille, papier [3] jeton, plaque

**ficher** [1] au pr. a → **fixer** b → **enfoncer** c → **mettre** d → **faire** [2] **ficher dedans** → **tromper** [3] v. pron. a → **railler** b → **mépriser**

**fichier** n. m. casier, classeur, documentation, dossier, meuble, registre

**fichiste** n. m. ou f. documentaliste

**fichu** n. m. cache-cœur / col / cou, carré, châle, écharpe, fanchon, foulard, madras, mantille, marmotte, mouchoir, pointe

**fichu, e** [1] fâcheux, foutu (fam.), sacré [2] → **déplaisant** [3] → **perdu**

**fictif, ive** → **imaginaire**

**fiction** n. f. [1] → **invention** [2] **science-fiction :** anticipation, futurisme

**fidèle** [1] n.m. ou fém. a adepte, assidu, croyant, ouaille, paroissien, partisan, pratiquant → **prosélyte** b antrustion, féal [2] adj. a quelqu'un : assidu, attaché, attentif, bon, conservateur, constant, dévoué, exact, favorable, féal, franc, honnête, loyal, obéissant, persévérant, probe, régulier, scrupuleux, sincère, solide, sûr, vrai b → **obligé** c quelque chose : conforme, correct, égal, éprouvé, exact, fiable, indéfectible, juste, réglé, sincère, sûr, véridique, vrai

**fidélité** n. f. [1] → **constance** [2] → **exactitude** [3] → **attachement** [4] → **foi** [5] → **vérité**

**fief** n. m. [1] dépendance, domaine, mouvance, seigneurie, suzeraineté [2] par ext. : domaine, spécialité

**fieffé, e** → **parfait**

**fiel** n. m. [1] au pr. → **bile** [2] par ext. a → **haine** b → **mal**

**fielleux, euse** acrimonieux, amer, haineux, malveillant, mauvais, méchant, venimeux

**fiente** n. f. → **excrément**

**fier, ère** [1] → **sauvage** [2] → **satisfait** [3] → **dédaigneux** [4] → **grand** [5] → **hardi**

**fier (se)** [1] → **confier (se)** [2] → **rapporter (se)**

**fier-à-bras** n. m. → **bravache**

**fierté** n. f. [1] → **dédain** [2] → **hardiesse** [3] → **honneur** [4] → **orgueil**

**fièvre** n. f. [1] fébricule, hyperthermie, malaria, paludisme, pyrexie, suette, température [2] affolement, agitation, ardeur, chaleur, désordre, hallucination, hâte, inquiétude, intensité, mouvement, nervosité, passion, tourment, trouble, violence → **émotion**

**fiévreux, euse** [1] fébrile [2] agité, ardent, brûlant, chaud, désordonné, halluciné, hâtif, inquiet, intense, malade, maladif, malsain, mouvementé, nerveux, passionné, tourmenté, troublé, violent

**fifre** n. m. → **flûte**

**fifrelin** n. m. → **bagatelle**

**figé, e** coagulé, contraint, conventionnel, glacé, immobile, immobilisé, immuable, paralysé, pétrifié, raide, raidi, sclérosé, statufié, stéréotypé, transi

**figer** [1] au pr. → **geler** [2] par ext. a → **immobiliser** b → **pétrifier**

**fignolage** n. m. arrangement, enjolivement, finition, léchage, parachèvement, polissage, raffinage, raffinement, soin

**fignoler** [1] → **orner** [2] → **parfaire**

**figue** n. f. **faire la figue** → **railler**

**figurant, e** n. m. ou f. acteur, comparse, doublure, passe-volant (milit. et vx), représentant, second rôle ◆ fam. : frimant

**figuration** n. f. carte, copie, dessin, fac-similé, image, plan, représentation, reproduction, schéma, symbole

**figure** n. f. [1] a → **visage** b → **forme** [2] par ext. a → **mine** b → **représentation** c → **statue** d → **symbole** e → **expression** f → **image** g → **rhétorique**

**figuré, e** imagé, métaphorique

**figurer** [1] avoir la forme de, être, incarner, jouer un rôle, paraître, participer, représenter, se trouver, tenir un rang [2] dessiner, donner l'aspect, modeler, peindre, représenter, sculpter, symboliser, tracer [3] v. pron. → **imaginer**

**figurine** n. f. → **statue**

**fil** n. m. [1] archal, organsin → **fibre** [2] → **cours** [3] → **tranchant** [4] **fil de la vierge,** rég. : filandre

**filament** n. m. → **fibre**

**filandreux, euse** [1] au pr. : coriace, dur, fibreux, indigeste, nerveux [2] fig. : ampoulé, confus, délayé, diffus, embarrassé, empêtré, enchevêtré, entortillé, fumeux, indigeste, interminable, long, macaronique

**filasse** n. f. [1] n.f. : étoupe, lin [2] adj. : blond, clair, pâle, terne

**file** n. f. caravane, chapelet, colonne, cordon, enfilade, haie, ligne, procession, queue, rang, rangée, théorie, train → **suite**

**filer** [1] la laine : tordre [2] → **lâcher** [3] → **marcher** [4] → **suivre** [5] → **partir** [6] **filer doux** → **soumettre (se)**

**filet** n. m. [1] au pr. [a] pour la pêche : ableret, araignée, balance, bolier, bouterolle, carrelet, caudrette, chalut, drague, drège, échiquier, épervier, épuisette, folle, gabarre, guideau, haveneau, langoustier, madrague, nasse, pêchette, picot, poche, ridée, rissole, sardinier, senne, thonaire, traîne, traîneau, tramail, truble, vannet [b] pour les oiseaux : allier ou hallier, araignée, lacet, lacs, pan, pan de rets, panneau, pantenne, pantière, rets, ridée, tirasse [2] par ext. [a] porte-bagages, réseau [b] embûche, embuscade, piège, souricière

**fileuse** n. f. vx : filandière

**filiale** n. f. → **succursale**

**filiation** n. f. [1] au pr. → **naissance** [2] par ext. → **liaison**

**filière** n. f. → **hiérarchie**

**filiforme** allongé, délié, effilé, fin, grêle, longiligne, maigre, mince

**filin** n. m. → **cordage**

**fille** n. f. [1] au pr. [a] descendante, enfant, héritière [b] adolescente, bambine, blondinette, brin, brunette, catherinette, demoiselle, fillette, jeune fille, jeunesse, jouvencelle, nymphe, rosière (partic.), rouquine, rousse, vierge [c] vx ou rég. : drôlesse, menine, pucelle [d] fam. : boudin, briquette, cerneau, chameau (arg. scol.), craquette, cri-cri, fée, frangine, gamine, gazelle, gerce, gosse, grenouille, langoustine, mignonne, minette, mistonne, môme, musaraigne, nana, nénette, nymphette, oie blanche, oiselle, pépée, petit bout / lot / rat / sujet, petite, poulette, pouliche, poupée, prix de Diane, quille, sauterelle, souris, tendron, ticket, trottin [e] péj. : bécasse, bourrin, cageot, dondon, donzelle, fillasse, garçonne, gigolette, gigue, gonzesse, greluche, marmotte, perlasse, pétasse, péteuse, pisseuse, tas, typesse [2] par ext. [a] → **célibataire** [b] → **prostituée** [c] → **servante** [d] → **religieuse**

**film** n. m. [1] au pr. → **pellicule** [2] par ext. → **pièce**

**filmer** enregistrer, photographier, tourner

**filon** n. m. [1] au pr. : couche, masse, mine, source, strate, veine [2] fig. [a] → **chance** [b] combine

**filou** n. m. → **fripon**

**filouter** → **voler**

**filouterie** n. f. → **vol**

**fils** n. m. [1] au pr. : fiston, fruit, garçon, gars, grand, héritier, petit, progéniture, race, rejeton, sang (poét.), surgeon → **enfant** [2] par ext. [a] citoyen [b] descendant, parent [c] → **élève** [3] **fils de ses œuvres** [a] autodidacte, self-made-man [b] conséquence, effet, fruit, résultat

**filtrage** n. m. clarification, filtration, lixiviation

**filtre** n. m. antiparasite, blanchet, bougie, buvard, chausse, écran, épurateur, étamine, feutre, papier, passoire, percolateur, purificateur → **vérification**

**filtrer** [1] au pr. : clarifier, couler, épurer, passer, purifier, rendre potable, tamiser [2] par ext. [a] → **vérifier** [b] → **pénétrer** [c] → **répandre (se)** [d] → **percer**

**fin** n. f. [1] au pr. → **extrémité** [2] par ext. [a] aboutissement, accomplissement, achèvement, arrêt, borne, bout, but, cessation, chute, clôture, coda, conclusion, consommation, crépuscule, décadence, décision, déclin, dénouement, dépérissement, désinence, dessert, destination, destruction, disparition, épilogue, enterrement, épuisement, expiration, extrémité, final, finale, finalité, limite, objectif, objet, perfection, péroraison, prétexte, queue, réalisation, résultat, réussite, ruine, solution, sortie, suppression, tendance, terme, terminaison, terminus, visée [b] agonie, anéantissement, décès, déclin, mort, trépas [3] [a] **une fin de non-recevoir** → **refus** [b] **à cette fin :** intention, objet, motif, raison [c] **à la fin :** en définitive, enfin, finalement [d] **faire une fin :** se marier, se ranger [e] **mettre fin à :** achever, arrêter, clore, décider, dissiper, dissoudre, éliminer, expirer, faire cesser, finir, lever, parachever, se suicider, supprimer, terminer, tuer (se) [f] **sans fin :** sans arrêt / cesse / interruption / repos / trêve, continu, éternel, immense, immortel, indéfini, infini, interminable, pérenne, pérennisé, perpétuel, sans désemparer / discontinuer, sempiternel, toujours *et les adv. en possibles à partir des adj. de cette suite, ex. :* continuellement

**fin** adv. fin prêt : absolument, complètement, entièrement, tout à fait

**fin, e** [1] au pr. : affiné, allongé, arachnéen, beau, délicat, délié, doux, élancé, émincé, étroit, fluide, gracile, lamellaire, léger, maigre, menu, mince, petit, svelte, transparent, vaporeux [2] par ext. : [a] adroit, affiné, astucieux, averti, avisé, bel esprit, clairvoyant, délié, déniaisé (vx), diplomate, élégant, excellent, finaud, futé, galant, habile, ingénieux, intelligent, malin, pénétrant, perspicace, piquant, pointu, précieux, pur, raffiné, retors, rusé, sagace, sensible, subtil, supérieur, vif [b] distingué, élégant, racé [c] délicat, gastronomique, gourmand, raffiné, recherché → **bon** [3] [a] **fin mot :** dernier, véritable [b] **fin fond :** éloigné, extrême, loin, lointain, reculé [c] **fine fleur :** élite, supérieur [d] **fin du fin :** nec plus ultra [e] **fine champagne :** brandy, cognac

**final, e** définitif, dernier, extrême, téléologique, terminal, ultime

**finale** [1] n.m. [a] → **bouquet** [b] mus. : dernier mouvement [2] n.f. : belle, dernier match

**finalement** à la fin / limite, définitivement, en définitive, en dernier lieu, enfin, en fin de compte, pour en finir / en terminer, sans retour, tout compte fait

**finalité** n. f. [1] but, dessein, destination, fin, intentionnalité, motivation, orientation, prédestination, téléologie, tendance [2] adaptation, harmonie, perception [3] adaptation, besoin, détermination, instinct, sélection

**finance** n. f. [1] argent, ressources [2] au pl. : biens, budget, caisse, comptabilité, crédit, dépense, économie, fonds, recette, trésor, trésorerie [3] vx : ferme, régie [4] affaires, banque, bourse, capital, capitalisme, commerce, crédit

**financement** n. m. développement, entretien, paiement, placement, soutien, subvention, versement

**financer** avancer / bailler / placer / prêter des fonds, casquer (fam.), commanditer, entretenir, fournir, parrainer, payer, procurer de l'argent, régler, soutenir financièrement, sponsoriser, subventionner, verser

**financier, ère** n. m. ou f. agent de change, banquier, boursier, capitaliste, coulissier, gérant, gestionnaire, manieur d'argent, publicain, régisseur, spéculateur, sponsor ♦ vx : fermier, partisan, traitant

**financier, ère** adj. bancaire, budgétaire, monétaire, pécuniaire

**finasser** éviter, éluder / tourner la difficulté, user d'échappatoires / de faux-fuyants, ruser

**finasserie** n. f. finauderie, tromperie → **ruse**

**finaud, e** → **malin**

**finauderie** n. f. → **finasserie**

**fine** n. f. brandy, cognac, eau-de-vie

**finement** adroitement, astucieusement, délicatement, subtilement

**fines** n. f. pl. → **granulat**

**finesse** n. f. [1] délicatesse, étroitesse, fluidité, légèreté, minceur, petitesse, ténuité, transparence [2] fig. : acuité, adresse, artifice, astuce, clairvoyance, difficulté, diplomatie, justesse, malice, pénétration, précision, ruse, sagacité, sensibilité, souplesse, stratagème, subtilité, tact [3] par ext. : beauté, délicatesse, distinction, douceur, élégance, grâce, gracilité, raffinement, sveltesse

**fini** n. m. → **perfection**

**fini, e** [1] borné, défini, limité [2] accompli, achevé, consommé, révolu, terminé [3] → **fatigué** [4] → **parfait** [5] par ext. [a] quelqu'un : condamné, fait, fichu, fieffé, foutu, mort, perdu, usé [b] quelque chose : disparu, évanoui, fait, perdu

**finir** [1] v. tr. [a] neutre ou fav. : accomplir, achever, arrêter, cesser, clore, clôturer, conclure, consommer, couper, couronner, épuiser, expédier, fignoler, interrompre, lécher, mettre fin à, parachever, parfaire, polir, régler, terminer, trancher, user, vider [b] péj. : anéantir, bâcler [2] par ext. [a] → **mourir** [b] v. intr. : aboutir, achever, s'arrêter, arriver, cesser, disparaître, épuiser, s'évanouir, rompre, se terminer, tourner mal

**finissage** n. m. achèvement, fignolage, fin, finition, garnissage, perfectionnement

**finition** n. f. accomplissement, achèvement, arrêt, fin

**finitude** n. f. → **limite**

**fiole** n. f. [1] au pr. : ampoule, biberon, bouteille, flacon [2] fig. : bouille, figure → **tête**

**fioriture** n. f. → **ornement**

**firmament** n. m. → **ciel**

**firme** n. f. → **établissement**

**fisc** n. m. finances, fiscalité, percepteur, Trésor public

**fissile** scissile → **cassant**

**fission** n. f. désintégration, division, séparation

**fissure** n. f. → **fente**

**fissurer** → **fendre**

**fixation** n. f. [1] au pr. [a] amarrage, amure (mar.), ancrage, attache, crampon, enracinement, établissement, fixage, implantation [b] attache, cramponnement, scellement [2] fig. : caractérisation, définition, délimitation, détermination, estimation, indiction, limitation, réglementation, stabilisation

**fixe** [1] adj. → **stable** [2] n.m. appointements, mensualité, pension, rente, salaire, traitement

**fixement** en face, intensément

**fixer** [1] au pr. : accrocher, adhérer, affermir, amarrer, ancrer, arrêter, arrimer, assembler, assujettir, assurer, attacher, boulonner, brêler, caler, carrer, centrer, cheviller, claveter, clouer, coincer, coller, consolider, cramponner, éclisser, enchâsser, enclaver (techn.), enfoncer, enraciner, faire pénétrer / tenir, ficher, haubaner, immobiliser, implanter, introduire, lier, ligaturer, maintenir, mettre, nouer, pendre, pétrifier, planter, punaiser, raciner, retenir, river, riveter, sceller, soutenir, suspendre, visser [2] mar. : amurer, capeler, carguer, élinguer, enverguer, étalinguer [3] fig. [a] arrêter, asseoir, assigner, conclure, décider, définir, délimiter, déterminer, envisager, établir, évaluer, formuler, imposer, indiquer, layer, limiter, marquer, normaliser, particulariser, poser, préciser, prédestiner, préfixer, prescrire, proposer, qualifier, réglementer, régler, régulariser, spécifier, stabiliser [b] attirer, captiver, choisir, conditionner, conquérir, gagner, retenir [c] cristalliser, graver, peindre, sculpter → **imprimer** [d] → **instruire** [e] → **regarder** [4] v. pron. : se caser, s'établir, établir sa résidence / ses pénates (fam.), habiter, s'implanter, s'installer, se localiser, prendre pied / racine, résider

**fixité** n. f. [1] consistance, fermeté, immobilité, immuabilité, immutabilité, incommutabilité, incompressibilité, incontestabilité, intangibilité, invariabilité, permanence, persistance, stabilité [2] constance, esprit de suite, fermeté, suite dans les idées → **obstination**

**flaccidité** n. f. → **ramollissement**

**flacon** n. m. fiasque, fiole, flasque, gourde → **bouteille**

**fla-fla** n. m. affectation, chichis, chiqué, esbroufe, étalage, façons, frime, manières, ostentation

**flagellation** n. f. fouet, fustigation

**flageller** [1] au pr. : battre, châtier, cingler, cravacher, donner la discipline / le martinet / les verges, fesser, fouetter, fustiger [2] fig. : attaquer, blâmer, critiquer, maltraiter, vilipender

**flageolant, e** → **chancelant**

**flageoler** → **chanceler**

**flageolet** n. m. → **flûte**

**flagorner** → **flatter**

**flagornerie** n. f. → **flatterie**

**flagorneur, euse** nom et adj. → **flatteur**

**flagrance** n. f. → **évidence**

**flagrant, e** certain, constant, constaté, éclatant, évident, incontestable, indéniable, manifeste, notoire, officiel, patent, probant, sans conteste, sur le fait, visible, vu

**flair** n. m. 1 au pr. → **odorat** 2 par ext. : clairvoyance, intuition, perspicacité → **pénétration**

**flairer** 1 au pr. → **sentir** 2 fig. → **pressentir**

**flamant** n. m. kamichi

**flambant, e** ardent, brasillant, brillant, brûlant, coruscant, éclatant, étincelant, flamboyant, fulgurant, incandescent, reluisant, resplendissant, rutilant, scintillant, superbe

**flambard** ou **flambart** n. m. → **hâbleur**

**flambé, e** fam. déconsidéré, découvert, fichu, foutu (vulg.), perdu, ruiné

**flambeau** n. m. 1 par ext. : bougie, brandon, candélabre, chandelier, chandelle, cierge, fanal, guide, lampe, lumière, phare, photophore, torche, torchère 2 → **chef**

**flambée** n. f. → **feu**

**flamber** 1 au pr. **a** v. intr. : brûler, cramer (fam.), s'embraser, s'enflammer, étinceler, flamboyer, scintiller **b** v. tr. : gazer, passer à la flamme, stériliser **c** → **briller** 2 fig. v. tr. : dépenser, dilapider, jouer, perdre, ruiner, voler

**flamboiement** n. m. 1 au pr. : éblouissement, éclat, embrasement, feu 2 fig. : ardeur, éclat

**flamboyant, e** 1 arch. : gothique, médiéval 2 → **flambant**

**flamboyer** 1 au pr. → **flamber** 2 fig. → **luire**

**flamme** n. f. 1 au pr. → **feu** 2 par ext. → **chaleur** 3 → **drapeau**

**flan** n. m. dariole, entremets

**flanc** n. m. 1 de quelqu'un ou d'un animal → **ventre** 2 par ext. : aile, bord, côté, pan ◆ mar. : amure, lof

**flancher** 1 → **céder** 2 → **reculer**

**flandrin** n. m. dadais → **bête**

**flâner** 1 s'amuser, badauder, déambuler, errer, folâtrer, musarder, muser, se promener, traîner, vadrouiller 2 fam. : baguenauder, gober les mouches, lécher les vitrines

**flânerie** n. f. → **promenade**

**flâneur, euse** nom et adj. 1 au pr. : badaud, promeneur 2 par ext. : désœuvré, fainéant, indolent, lambin, musard, oisif, paresseux, traînard → **vagabond**

**flanquer** 1 v. tr. → **jeter** 2 v. intr. **a** → **accompagner** **b** → **protéger** **c** → **mettre**

**flapi, e** → **fatigué**

**flaque** n. f. flache, mare, nappe

**flash** n. m. off. : éclair

**flash-back** n. m. audiov. off. : retour (en) arrière, retour visuel, rétrospective

**flasque** 1 adj. → **mou** 2 n.f. → **flacon**

**flatter** 1 **a** aduler, amadouer, cajoler, caresser, charmer, choyer, complaire à, complimenter, courtiser, flagorner, gratter, lécher, louanger, louer, parfaire, passer la main dans le dos, peloter, ramper, tromper **b** vx ou rég. : capter, chatouiller, délecter, gratter **c** fam. : faire risette, fayoter 2 embellir, enjoliver, idéaliser, parfaire 3 v. pron. **a** aimer à croire, s'applaudir, se donner les gants de (fam.), s'enorgueillir, se féliciter, se glorifier, s'illusionner, se persuader, se prévaloir, se targuer, tirer vanité, triompher, se vanter **b** compter, espérer, penser, prétendre

**flatterie** n. f. 1 adoration, adulation, cajolerie, câlinerie, caresse, chatouillement (vx), compliment, coups d'encensoir, cour, courbette, courtisanerie, douceurs, encens, flagornerie, génuflexion, hommage, hypocrisie, louange, mensonge, plat, pommade, tromperie 2 fam. : fayotage, lèche, pelotage 3 vx : chatouillement, gracieuseté

**flatteur, euse** nom et adj. 1 quelqu'un : **a** adorateur, adulateur, approbateur, bonimenteur, bonneteur, cajoleur, caudataire, complaisant, complimenteur, courtisan, démagogue, doucereux, encenseur, enjôleur, flagorneur, génuflecteur, louangeur, menteur, obséquieux, patelin, racoleur, séducteur, thuriféraire → **hypocrite** **b** fam. ou vx : démago, fayot, frottemanche, godillot, lèche-bottes, lèche-cul, lèche-pompes, lécheur 2 quelque chose → **agréable**

**flatulent, e** gazeux, venteux

**flatuosité** n. f. → **vent**

**fléau** n. m. 1 → **calamité** 2 → **punition**

**flèche** n. f. → **trait**

**flécher** → **tracer**

**fléchir** 1 v. tr. **a** au pr. : abaisser, courber, gauchir, incurver, infléchir, plier, ployer, recourber **b** fig. on fléchit quelqu'un : adoucir, apaiser, apitoyer, attendrir, calmer, désarmer, ébranler, émouvoir, gagner, plier, toucher, vaincre 2 v. intr. **a** au pr. : arquer, céder, se courber, craquer, faiblir, flancher, gauchir, s'infléchir, lâcher, manquer, plier, ployer, reculer, vaciller **b** fig. : s'abaisser, abandonner, s'agenouiller, capituler, céder, chanceler, faiblir, s'humilier, s'incliner, mollir, plier, se prosterner, se soumettre, succomber

**fléchissement** n. m. 1 au pr. : avancée, baisse, courbure, diminution, flexion → **abaissement** 2 fig. → **abandon**

**flegmatique** apathique, blasé, calme, décontracté, détaché, froid, imperturbable, indifférent, insensible, lymphatique, maître de soi, mou, olympien, patient, placide, posé, rassis, serein, tranquille → **impassible**

**flegme** n. m. apathie, calme, décontraction, détachement, égalité d'âme, équanimité, froideur, indifférence, insensibilité, lymphatisme, maîtrise, mollesse, patience, placidité, sang-froid, sérénité, tranquillité → **impassibilité**

**flemmard, e** nom et adj. → **paresseux**

**flemmarder** → **traîner**

**flemme** n. f. → **paresse**

**flétri, e** → **fané**

**flétrissement** et **flétrissure** n. m., n.f. 1 → **blâme** 2 → **honte**

**flétrir** 1 au pr. : altérer, blettir, décolorer, défraîchir, faner, froisser, gâter, pâlir, rider, sécher, ternir 2 par ext. : abaisser, abattre, avilir, blâmer, condamner, corrompre, décourager, défleurir, désespérer, déshonorer, désoler, dessécher, diffamer, enlaidir, gâter, mettre au pilori, punir, salir, souiller, stigmatiser, tarer, ternir 3 v. pron. : s'abîmer, passer, vieillir

**fleur** n. f. (fig.) 1 → **ornement** 2 → **lustre** 3 → **perfection** 4 → **choix** 5 → **phénix** 6 **Couvrir de fleurs** → **louer**

**fleurer** → **sentir**

**fleuret** n. m. → **épée**

**fleurette** n. f. → **galanterie**

**fleurir** 1 v. tr. → **orner** 2 v. intr. **a** au pr. : éclore, s'épanouir **b** par ext. : bourgeonner, briller, croître, se développer, embellir, enjoliver, s'enrichir, être florissant / prospère, faire florès, se former, gagner, grandir, se propager, prospérer

**fleuriste** n. m. ou f. bouquetière, horticulteur, jardinier

**fleuron** n. m. → **ornement**

**fleuve** n. m. → **cours (d'eau)**

**flexibilité** n. f. → **souplesse**

**flexible** 1 au pr. : élastique, maniable, mou, plastique, pliable, pliant, souple 2 fig. : docile, doux, ductile, influençable, malléable, maniable, obéissant, soumis, souple, traitable

**flexion** n. f. 1 → **fléchissement** 2 → **terminaison**

**flexueux, euse** → **sinueux**

**flexuosité** n. f. → **sinuosité**

**flibustier** n. m. → **corsaire**

**flic** n. m. → **policier**

**flirt** n. m. 1 → **béguin** 2 → **caprice**

**flirter** → **courtiser**

**flopée** n. f. → **multitude**

**floraison** n. f. anthèse, éclosion, efflorescence, épanouissement, estivation, fleuraison

**flore** n. f. → **végétation**

**florès** n. m. **faire florès** → **briller, fleurir**

**florilège** n. m. → **anthologie**

**florissant, e** à l'aise, beau, brillant, heureux, prospère, riche, sain

**flot** n. m. 1 au pr. → **marée** 2 fig. → **multitude** 3 plur. → **onde**

**flottage** n. m. drave (Canada)

**flottant** n. m. → **culotte**

**flottant, e** **a** → **changeant** **b** → **irrésolu**

**flotte** n. f. 1 au pr. : armada, équipages, escadre, flottille, force navale, marins, marine 2 fam. → **eau**

**flottement** n. m. 1 → **hésitation** 2 → **désordre**

**flotter** v. tr. et intr. 1 au pr. : affleurer, émerger, être à flot, nager, surnager 2 par ext. **a** agiter, errer, ondoyer, onduler, vaguer, voguer, voler, voltiger **b** → **hésiter**

**flotteur** n. m. 1 bouchon, flotte, plume 2 → **bouée**

**flou, e** brouillé, brumeux, effacé, fondu, fumeux, incertain, indécis, indéterminé, indistinct, lâche, léger, nébuleux, sfumato, trouble, vague, vaporeux

**flouer** 1 → **tromper** 2 → **voler**

**fluctuant, e** → **changeant**

**fluctuation** n. f. → **variation**

**fluctuer** → **changer**

**fluer** → **couler**

**fluet, te** → **menu**

**fluide** n. m. courant, effluve, émulsion, filtrat, flux, liquide, onde

**fluide** adj. clair, coulant, déliquescent, dilué, fluctuant, insaisissable, insinuant, instable, juteux, limpide, liquide, mouvant, régulier

**fluidification** n. f. → **fusion**

**fluidifier** → **fondre**

**fluidité** n. f. fig. : facilité, régularité → **souplesse**

**fluorescence** n. f. phosphorescence, photoluminescence

**flush** n. m. méd. off. : bouffée (congestive)

**flûte** n. f. allemande, chalumeau, diaule, fifre, flageolet, flûteau, flûte de Pan, flûtiau, galoubet, larigot, mirliton, ocarina, octavin, piccolo, pipeau, syrinx, traversière

**flux** n. m. 1 → **marée** 2 → **écoulement**

**fluxion** n. f. → **gonflement**

**foc** n. m. → **voile**

**focaliser** → **concentrer**

**fœtus** n. m. 1 au pr. : embryon, germe, œuf 2 par ext. : avorton, gringalet, mauviette

**foi** n. f. 1 l'objet de la foi : conviction, créance, credo, croyance, dogme, évangile, idéologie, mystique, opinion, religion 2 la qualité. **a** → **confiance** **b** → **exactitude** **c** droiture, engagement, enthousiasme, fidélité, franchise, honnêteté, honneur, loyauté, parole, probité, promesse, sincérité **d** par ext. péj. : dogmatisme, fanatisme, intolérance, obscurantisme 3 **a** **bonne foi** → **franchise** **b** **mauvaise foi** → **tromperie** **c** **faire foi** → **prouver**

**foin** n. m. 1 → **herbe** 2 → **pâturage**

**foire** n. f. 1 au pr. **a** → **marché** **b** → **fête** **c** → **exposition** 2 fam. et vx → **diarrhée**

**foirer** 1 → **échouer** 2 → **trembler**

**foireux, euse** nom et adj. → **peureux**

**fois** n. f. coup → **occasion**

**foison (à)** 1 → **abondant** 2 → **beaucoup**

**foisonnant, e** → **abondant**

**foisonnement** n. m. → **affluence**

**foisonner** → **abonder**

**folâtre** → **gai**

**folâtrer** → **batifoler**

**folichon, ne** → **gai**

**folie** n. f. 1 au pr. : aliénation mentale, amok, délire, démence, dépression, déraison, dérangement, déséquilibre, égarement, extravagance, fureur, grain, idiotie, maladie mentale, manie, névrose, psychose, rage, vésanie ◆ vx : vertigo 2 par ext. **a** → **aberration** **b** → **bêtise** **c** → **obstination** **d** → **manie** **e** → **extravagance** **f** → **habitation** 3 **à la folie** → **passionnément**

**folioter** → **numéroter**

**folklore** n. m. légende, mythe, romancero, saga, tradition

**follement** beaucoup, énormément

**follet, te** 1 → **fou** 2 → **capricieux** 3 **a** **esprit follet** → **génie** **b** **feu follet** : flammerole

**folliculaire** n. m. → **journaliste**

**fomentateur, trice** n. m. ou f. → **instigateur**

**fomentation** n. f. → **excitation**

**fomenter** → **exciter**

**foncé, e** → **sombre**

**foncer** → **élancer (s')**

**fonceur, euse** nom et adj. battant → **courageux**

**foncier, ère** 1 → **inné** 2 → **profond** 3 n.m. : cadastre, immeubles, impôt sur les immeubles

**foncièrement** à fond, extrêmement, naturellement, tout à fait

**fonction** n. f. → **emploi**

**fonctionnaire** n. m. ou f. → **employé**

**fonctionnel, le** 1 → **pratique** 2 → **rationnel**

**fonctionner** 1 → **agir** 2 → **marcher**

**fond** n. m. 1 de quelque chose : abysse, bas, base, bas-fond, creux, cul, cuvette, fondement, sole (mar. et techn.) 2 par ext. **a** base, substratum, toile **b** peint. : champ, perspective, plan **c** essence, nature, naturel d → **caractère** e → **matière** f → **intérieur** 3 **à fond, de fond en comble** → **totalement**

**fondamental, e** → **principal**

**fondamentalement** essentiellement, totalement

**fondateur, trice** n. m. ou f. → **bâtisseur**

**fondation** n. f. 1 → **établissement** 2 appui, assiette, assise → **fondement**

**fondement** n. m. 1 au pr. : assise, base, fondation, infrastructure, pied, radier, soubassement, sous-œuvre, soutènement, soutien 2 par ext. → **cause** 3 philos. et théol. : hypostase 4 cul, postérieur

**fonder** 1 au pr. : appuyer, asseoir, bâtir, créer, édifier, élever, enter, ériger, établir, instituer, lancer, mettre, poser, seoir (vx) → **installer** 2 par ext. : causer (vx), échafauder, justifier, motiver, tabler

**fonderie** n. f. aciérie, forge, haut fourneau, métallurgie, sidérurgie

**fondre** 1 v. tr. a on fond quelque chose : chauffer, désagréger, dissoudre, fluidifier, liquéfier, vitrifier b fig. : adoucir, attendrir, atténuer, dégeler, diminuer, dissiper, effacer, estomper, mélanger, mêler, unir 2 v. intr. a s'amollir, brûler, couler, se désagréger, disparaître, se dissiper, se résorber, se résoudre b fig. : diminuer, maigrir

**fondrière** n. f. → **ornière**

**fonds** n. m. 1 au sing. a → **terre** b → **bien** c → **établissement** 2 au pl. → **argent**

**fondu, e** → **flou**

**fongible** → **destructible**

**fontaine** n. f. → **source**

**fonte** n. f. 1 → **fusion** 2 → **type**

**football** n. m. 1 association, balle au pied, ballon rond, foot 2 balle / ballon ovale

**forage** n. m. 1 → **creusage** 2 recherche, sondage

**forain, e** n. m. ou f. 1 → **nomade** 2 → **saltimbanque** 3 → **marchand**

**forban** n. m. → **corsaire**

**forçat** n. m. → **bagnard**

**force** n. f. 1 au pr. : capacité, dynamisme, énergie, forme, intensité, potentiel, pouvoir, puissance, violence 2 par ext. a force physique : biceps, fermeté, gaillardise (vx), muscle, nerf, puissance, résistance, robustesse, santé, sève, solidité, tonicité, tonus, verdeur, vigueur, virilité ◆ fam. : pêche, pep, punch b → **capacité** c force vitale : mana d → **contrainte** 3 adv. → **beaucoup** 4 au pl. a → **troupe** b cisaille, ciseaux, tondeuse 5 **par la force :** manu militari

**forcé, e** 1 → **inévitable** 2 → **artificiel** 3 → **étudié** 4 → **excessif** 5 → **obligatoire**

**forcément** 1 → **sûrement** 2 → **inconsciemment**

**forcené, e** nom et adj. → **furieux**

**forceps** n. m. → **fer**

**forcer** 1 → **obliger** 2 → **ouvrir** 3 → **prendre** 4 → **détériorer**

**forcerie** n. f. → **serre**

**forcir** → **grossir**

**forclusion** n. f. déchéance, prescription

**forer** → **percer**

**forestier, ère** sylvestre, sylvicole

**foret** n. m. fraise → **perceuse**

**forêt** n. f. → **bois**

**forfaire** → **manquer**

**forfait** et **forfaiture** n. m., n.f. 1 → **malversation** 2 → **trahison**

**forfaitaire** à forfait, à prix convenu, à prix fait, en bloc, en gros, en tout

**forfanterie** n. f. → **hâblerie**

**forge** n. f. fonderie, maréchalerie

**forger** (fig.) 1 → **inventer** 2 → **former**

**forgeron** n. m. maréchal-ferrant

**forjeter** → **dépasser**

**forligner** → **dégénérer**

**formalisation** n. f. axiomatisation

**formaliser (se)** → **offenser (s')**

**formalisme** n. m. → **légalisme**

**formaliste** nom et adj. à cheval (sur l'étiquette / la loi / le règlement), cérémonieux, façonnier, rigoriste, solennel

**formalité** n. f. 1 convenances, démarches, forme, règle 2 péj. : chinoiseries, paperasses, tracasseries

**format** n. m. 1 in-plano / -folio / -quarto / -octavo / -douze / -seize / -dix-huit / -vingt-quatre / -trente-deux 2 carré, couronne, écu, jésus, raisin 3 → **dimension**

**formation** n. f. 1 composition, conception, concrétion (géol.), constitution, élaboration, génération, genèse, gestation, organisation, production, structuration 2 → **instruction** 3 → **troupe**

**forme** n. f. 1 aspect, configuration, conformation, contingence, contour, dessin, enlevure, état, façon, figure, format, formule, lettre, ligne, manière, modelé, relief, silhouette, tracé 2 → **style** 3 → **formalité** 4 → **moule** 5 → **force** 6 au pl. a → **façon** b → **silhouette** 7 **en forme** → **dispos**

**formé, e** 1 → **adulte** 2 → **pubère**

**formel, le** 1 → **absolu** 2 → **clair** 3 → **évident**

**formellement** → **absolument**

**former** 1 au pr. : aménager, arranger, assembler, bâtir, composer, conformer, constituer, façonner, forger, gabarier, matricer, modeler, mouler, pétrir, sculpter 2 par ext. : cultiver, dégrossir, développer, éduquer, faire, instruire, perfectionner, polir 3 → **énoncer**

**formidable** 1 → **extraordinaire** 2 → **terrible**

**formulation** n. f. 1 → **énonciation** 2 → **réalisation**

**formule** n. f. 1 → **expression** 2 → **forme**

**formuler** → **énoncer**

**fornication** n. f. → **lasciveté**

**forniquer** → **accoupler (s')**

**fors** → **excepté**

**fort** n. m. 1 → **forteresse** 2 → **qualité**

**fort** adv. 1 → **beaucoup** 2 → **très**

**fort, forte** 1 au phys. a athlétique, bien charpenté, costaud, dru, ferme, force de la nature, grand, gros, herculéen, malabar, membru, musclé, puissant, râblé, résistant, robuste, sanguin, solide, vigoureux b vx : nerveux, ossu c arg. : balèze 2 par ext. a → **poivré** b → **libre** c → **excessif** d → **capable** e → **instruit**

**fortement** → **beaucoup**

**forteresse** n. f. bastille, blockhaus, bonnette, bretèche (mar. vx), casemate, château, château fort, citadelle, enceinte, fort, fortification, fortin, krak, oppidum, ouvrage, place forte, préside, redoute, repaire, retranchement

**fortifiant** n. m. et adj. analeptique, cordial, corroborant, énergétique, excitant, réconfortant, reconstituant, remontant, roboratif, stimulant, tonique

**fortification** n. f. 1 → **renforcement** 2 → **forteresse**

**fortifier** 1 a affermir, armer, consolider, équiper, renforcer → **protéger** b vx : hourder 2 aider, assurer, confirmer, conforter, corroborer, corser, dynamiser, réconforter, tonifier, tremper

**fortin** n. m. → **forteresse**

**fortuit, e** → **contingent**

**fortuitement** accidentellement, à l'occasion, occasionnellement, par hasard → **peut-être**

**fortune** n. f. 1 → **bien** 2 → **destinée** 3 → **hasard**

**fortuné, e** 1 → **riche** 2 → **heureux**

**forum** n. m. 1 → **place** 2 → **réunion**

**fosse** n. f. 1 boyau, cavité, contrevallation, douve, excavation, fossé, fouille, rigole, saut-de-loup, tranchée 2 géol. : abysse, dépression, effondrement, géosynclinal, gouffre, graben, orne, rift, synclinal 3 → **tombe** 4 fosse à purin : purot 5 fosse d'aisances : → **water-closet**

**fossé** n. m. 1 brook (équit.) → **fosse** 2 → **rigole** 3 → **séparation**

**fossile** n. m. et adj. 1 au pr. : paléontologique 2 par ext. a → **vieillard** b → **suranné**

**fossoyeur** n. m. → **destructeur**

**fou, folle** n. et adj. 1 au pr. : aliéné, amok, dément, désaxé, déséquilibré, détraqué, furieux, halluciné, hystérique, interné, malade, malade mental, maniaque, névrosé, paranoïaque, psychopathe, schizophrène 2 fam. et par ext. : azimuté, barjo, branquignole, braque, brindezingue, cerveau fêlé, chabraque, cinglé, déphasé, dingo, dingue, fêlé, follet, fondu, frappé, jobard (arg.), loufoque, maboul, marteau, piqué, sinoque, siphonné, sonné, tapé, timbré, toc-toc, toqué, zinzin 3 fig. a → **insensé** b → **extraordinaire** c → **excessif** d → **épris** e → **gai** 4 **devenir fou :** perdre la tête

**foucade** n. f. coup de tête, fougasse → **caprice**

**foudre** 1 n.m. → **tonneau** 2 n.f. : éclair, épars, feu du ciel, fulguration, tonnerre

**foudres** n. f. pl. → **colère**

**foudroyant, e** 1 → **fulminant** 2 → **soudain**

**foudroyer** 1 → **frapper** 2 → **vaincre**

**fouet** n. m. chambrière, chat à neuf queues, discipline, étrivières, knout, martinet, schlague

**fouettement** n. m. 1 claquement 2 fustigation

**fouetter** 1 au pr. a → **cingler** b → **frapper** 2 par ext. → **exciter** 3 arg. → **puer**

**fougasse** n. f. 1 coup de tête, foucade → **caprice** 2 → **brioche**

**fougère** n. f. 1 cheveux de Vénus, litière (rég.) 2 adiante, aigle, capillaire, osmonde, polypode, scolopendre

**fougue** n. f. → **impétuosité**

**fougueux, euse** → **impétueux**

**fouille** n. f. 1 → **fosse** 2 → **recherche**

**fouiller** 1 → **creuser** 2 battre, chercher, explorer, fouger (vén.), fouiner, fureter, inventorier, sonder 3 fam. : farfouiller, fourgonner, fourrager, trifouiller, tripoter, tripatouiller, vaguer

**fouillis** n. m. → **désordre**

**fouiner** → **fouiller**

**fouir** → **creuser**

**foulard** n. m. → **fichu**

**foule** n. f. 1 a affluence, cohue, masse, monde, multitude, peuple, populace, presse, troupeau b arg. : mare, populo 2 → **anonymat**

**foulée** n. f. 1 → **pas** 2 → **trace**

**fouler** 1 accabler → **charger** 2 → **marcher** 3 → **presser** 4 → **meurtrir** 5 v. pron. : se biler (fam.), s'en faire (fam.), se fatiguer → **travailler**

**foulure** n. f. → **entorse**

**four** n. m. 1 étuve, fournaise, fournil 2 fig. → **insuccès**

**fourbe** 1 → **faux** 2 → **trompeur**

**fourberie** n. f. 1 → **piège** 2 → **tromperie**

**fourbi** n. m. → **bazar**

**fourbir** → **frotter**

**fourbu, e** → **fatigué**

**fourche** n. f. 1 bident 2 par ext. : bifurcation, bretelle, carrefour, embranchement, raccordement

**fourchette** n. f. écart → **variation**

**fourchu, e** bifide

**fourgon** n. m. 1 → **voiture** 2 → **wagon**

**fourgonner** v. tr. et intr. 1 tisonner 2 → **fouiller**

**fourguer** → **vendre**

**fourmilière** n. f. → **multitude**

**fourmillant, e** → **abondant**

**fourmillement** n. m. → **picotement**

**fourmiller** 1 → **abonder** 2 → **remuer**

**fournaise** n. f. 1 → **four** 2 → **brasier**

**fourneau** n. m. → **réchaud**

**fournée** n. f. → **groupe**

**fourni, e** 1 approvisionné, armé, garni, livré, muni, nanti, pourvu, servi 2 → **épais**

**fournil** n. m. → **four**

**fourniment** n. m. → **bagage**

**fournir** adouber (vx), approvisionner, armer, assortir, avitailler, dispenser, garnir, lotir, meubler, munir, nantir, orner, pourvoir, procurer

**fournisseur, euse** n. m. ou f. apporteur, donateur, pourvoyeur, prestataire (de services), ravitailleur → **commerçant**

**fourniture** n. f. prestation → **provision**

**fourrage** n. m. 1 → **herbe** 2 → **pâturage**

**fourrager** v. tr. et intr. 1 → **ravager** 2 → **fouiller**

**fourré** n. m. buisson, épinaie, épines, haie, hallier, houssaie, massif, ronceraie, ronces

**fourreau** n. m. → **enveloppe**

**fourrer** 1 → **introduire** 2 → **mettre** 3 → **emplir**

**fourre-tout** n. m. 1 → **sac** 2 → **grenier**

**fourrure** n. f. 1 pelage → **poil** 2 a pelleterie, sauvagine b aumusse (eccl.) c agneau, astrakan, breitschwanz, castor, chat, chèvre, chinchilla, civette, écureuil, genette, hamster, hermine, kolinski, lapin, loutre, lynx, marmotte, martre, mouflon, mouton, murmel, ocelot, ondatra ou rat musqué, opossum, otarie, ours, ourson, panthère, petit-gris, phoque, poulain, putois, ragondin, renard, sconse, singe, taupe, vair (vx), vigogne, vison, zibeline → **manteau**

**fourvoiement** n. m. → **erreur**

**fourvoyer (se)** → **égarer (s')**

**foutre** a → **faire** b → **mettre**

**foutu, e** → **perdu**

**foyer** n. m. [1] au pr. : alandier, âtre, brasier, cheminée, feu, four, fournaise, incendie [2] par ext. a → **famille** b → **maison** c → **salle** d → **centre**

**frac** n. m. → **habit**

**fracas** n. m. → **bruit**

**fracassant, e** → **sensationnel**

**fracasser** → **casser**

**fraction** n. f. [1] l'action : cassure, coupure, division, fission, fracture, partage, scission, séparation [2] le résultat : aliquante, aliquote, élément, faille, fragment, morceau, parcelle, part, partie, quartier, tronçon

**fractionnement** n. m. → **segmentation**

**fractionner** → **partager**

**fracture** n. f. → **fraction**

**fracturer** → **casser**

**fragile** [1] cassant, friable, vermoulu [2] → **faible** [3] → **périssable**

**fragiliser** → **affaiblir**

**fragilité** n. f. altérabilité, tendreté → **faiblesse**

**fragment** n. m. [1] → **fraction** [2] → **morceau**

**fragmentaire** → **partiel**

**fragmentation** n. f. → **segmentation**

**fragmenter** → **partager**

**fragrance** n. f. → **parfum**

**fragrant, e** → **odorant**

**frai** n. m. [1] → **germe** [2] → **usure**

**fraîcheur** n. f. [1] au pr. : fraîche, frais, froid, humidité [2] par ext. a → **grâce** b → **lustre** c → **pureté**

**frais, fraîche** [1] → **froid** [2] → **nouveau** [3] → **reposé** [4] → **pur** [5] → **mangeable**

**frais** n. m. pl. → **dépense**

**fraiseuse** n. f. → **perceuse**

**franc, franche** [1] candide (vx), catégorique, clair, cordial, cru, direct, droit, entier, libre, loyal, net, nu, ouvert, parfait, sans-façon, simple, sincère, tranché, vrai ◆ fam. : carré, réglo, régulier, rond [2] féodal : allodial

**français, e** nom et adj. [1] par ext. : gaulois, latin [2] fam. : a hexagonal b francité [3] péj. : bien de chez nous, bof ou beauf, cocorico, franchouillard, fransquillon, Germaine, mangeur de grenouilles / de pain [4] outre-mer : zoreille, caldoche, créole

**franchir** boire l'obstacle (fam.), dépasser, enjamber, escalader, sauter, surmonter → **passer**

**franchise** n. f. [1] abandon, bonne foi, candeur (vx), confiance, cordialité, droiture, franc-parler, netteté, rondeur, simplicité, sincérité [2] → **vérité** [3] → **liberté**

**franchissable** carrossable → **possible**

**franchissement** n. m. escalade, saut → **traversée**

**franc-maçon** n. m. → **maçon**

**franco** gratis, gratuitement, port payé, sans frais

**franc-tireur** n. m. → **soldat**

**frange** n. f. [1] → **bord** [2] → **ruban**

**franger** → **border**

**franquette (à la bonne)** sans façon, simplement

**frappant, e** → **émouvant**

**frappe** n. f. [1] → **marque** [2] → **fripouille**

**frappé, e** [1] → **ému** [2] → **fou** [3] congelé, frais, froid, glacé, rafraîchi, refroidi

**frapper** [1] appliquer / assener / porter un coup, battre, bourrer, cogner, fouetter, gifler, taper [2] claquer, heurter, marteler, pianoter, tambouriner, tapoter [3] → **toucher** [4] → **émouvoir** [5] → **punir** [6] → **refroidir**

**frasque** n. f. → **fredaine**

**fraternel, le** → **bienveillant**

**fraterniser** s'accorder, se comprendre, s'entendre, être de connivence / d'intelligence, contracter amitié, faire bon ménage, se lier, nouer amitié, pactiser, se solidariser, sympathiser, s'unir

**fraternité** n. f. accord, amitié, bonne intelligence, bons termes, camaraderie, charité, communion, compagnonnage, concert, concorde, confiance, conformité, ensemble, entente, harmonie, intelligence, sympathie, union, unisson → **solidarité**

**fraude** n. f. [1] contrebande, interlope (vx) [2] → **tromperie**

**frauder** v. tr. et intr. [1] → **altérer** [2] → **tromper**

**fraudeur, euse** n. m. ou f. → **voleur**

**frauduleux, euse** → **malhonnête**

**frayer** [1] v. tr. : établir, entrouvrir, percer, tracer → **ouvrir** [2] v. intr. : aller, commercer / converser / être en relation avec, fréquenter, se frotter à / avec (fam.), hanter, pratiquer, voir, voisiner

**frayeur** n. f. affolement, affres, alarme, angoisse, anxiété, appréhension, consternation, crainte, effroi, épouvante, horreur, inquiétude, panique, terreur, trac, transe, tremblement ◆ vx : épouvantement → **peur**

**fredaine** n. f. aberration, débordement, dévergondage, disparate (vx), écart, échappée, équipée, erreurs (péj.), escapade, extravagance, faute (péj.), faux pas, folie, frasque, impertinence, incartade, incorrection, irrégularité, manquement, relâchement → **bêtise**

**fredonner** → **chanter**

**frein** n. m. [1] → **mors** [2] → **obstacle** [3] aviat. : déviateur, volet

**freinage** n. m. ralentissement → **diminution**

**freiner** [1] au pr. a décélérer, ralentir, retenir, serrer b arrêter, bloquer, stopper [2] fig. : enrayer, faire obstacle → **modérer**

**frelater** abâtardir, adultérer, affaiblir, aigrir, appauvrir, atténuer, avarier, avilir, bricoler (fam.), changer, contrefaire, corrompre, décomposer, défigurer, déformer, dégénérer, dégrader, déguiser, dénaturer, dépraver, détériorer, détraquer, falsifier, farder, fausser, frauder, gâter, maquiller, modifier, salir, tarer, tronquer, truquer, vicier → **altérer**

**frêle** → **faible**

**freluquet** n. m. [1] avorton, aztèque, demi-portion, efflanqué, faible, gringalet, mauviette, minus, sautereau [2] → **galant**

**frémir** → **trembler**

**frémissant, e** [1] → **ardent** [2] → **tremblant**

**frémissement** n. m. → **bruissement**

**frénésie** n. f. [1] au pr. : agitation, aliénation, bouillonnement, délire, delirium tremens, divagation, égarement, emportement, exaltation, excitation, fièvre, folie, hallucination, ivresse, paroxysme, surexcitation, transes [2] par ext. non fav. → **fureur**

**frénétique** [1] → **furieux** [2] → **violent** [3] → **chaud**

**fréquemment** continuellement, d'ordinaire, généralement, habituellement, journellement, maintes fois, plusieurs fois, souvent

**fréquence** n. f. → **répétition**

**fréquent, e** → **habituel**

**fréquentable** → **présentable**

**fréquentation** n. f. [1] au pr. : accointance, acoquinement (péj.), attache, bonne / mauvaise intelligence, bons / mauvais termes, commerce, communication, compagnie, contact, correspondance, habitude, intimité, liaison, lien, rapport, relation, société [2] par ext. a amour, amourette → **amante** b assiduité, exactitude, ponctualité, régularité

**fréquenté, e** [1] mouvementé, passant, passager [2] → **achalandé**

**fréquenter** s'acoquiner (péj.), aller / commercer / converser avec, s'associer, copiner, courir (fam. et péj.), cousiner, cultiver, être en relation avec, frayer, se frotter à / avec (fam.), graviter autour, hanter, pratiquer, visiter, voir, voisiner → **courtiser**

**frère** n. m. fam. : frangin, frérot → **semblable**

**fresque** n. f. [1] au pr. → **peinture** [2] fig. → **image**

**fressure** n. f. abats, bas morceaux, curée (vén.)

**fret** n. m. [1] au pr. : charge, chargement, marchandise [2] par ext. : batelée, capacité, cargaison, contenu, emport (aviat.), faix, fardeau, lest, nolis (mar.), poids, quantité, voiturée

**fréter** mar. : affréter, charger, louer, noliser, pourvoir

**frétillant, e** [1] → **remuant** [2] → **fringant**

**frétiller** se trémousser → **remuer**

**fretin** n. m. [1] au pr. : alevin, blanchaille, frai, nourrain [2] fig. → **rebut**

**friable** → **cassant**

**friand, e** [1] quelqu'un : amateur, avide de → **gourmand** [2] quelque chose : affriolant, agréable, alléchant, appétissant, engageant, ragoûtant, savoureux, séduisant, succulent, tentant

**friandise** n. f. [1] amuse-gueule, berlingot, chatterie, confiserie, douceur, gâterie, gourmandise, nanan (fam.), nougat, nougatine, roudoudou, sucreries, sucette [2] → **bonbon** [3] → **pâtisserie**

**fricassée** n. f. [1] au pr. → **ragoût** [2] fig. → **mélange**

**fricasser** [1] au pr. : braiser, cuire, cuisiner, faire revenir / sauter, fricoter, frire, griller, mijoter, mitonner, préparer, rissoler, rôtir [2] fig. → **dépenser**

**friche** n. f. [1] au pr. : brande, brousse, garrigue, gâtine, jachère, lande, maquis [2] par ext. → **pâturage**

**fricot** n. m. [1] → **ragoût** [2] → **cuisine**

**fricoter** [1] au pr. → **fricasser** [2] fig. → **trafiquer**

**friction** n. f. frottement → **mésintelligence**

**frictionner** [1] frotter, masser [2] lotionner, oindre, parfumer

**frigide** [1] → **froid** [2] → **impuissant**

**frigidité** n. f. [1] flegme, froid, froideur, impassibilité, indifférence, insensibilité, mésintelligence [2] apathie, impuissance, incapacité, inhibition, insuffisance, mollesse

**frigorifier** congeler, frapper, geler, glacer, réfrigérer, refroidir, surgeler

**frigorifique** n. m. et adj. [1] frigorifère [2] → **froid**

**frileux, euse** → **craintif**

**frimas** n. m. brouillard, brouillasse, bruine, brume, crachin, embrun, froid, froidure (vx), gelée, hiver, mauvais temps

**frime** n. f. [1] → **comédie** [2] → **hâblerie**

**frimousse** n. f. fam. : bec, bobine, bouille, minois, museau → **visage**

**fringale** n. f. [1] au pr. : appétit, avidité, besoin, boulimie, creux, dent, faim, famine, voracité [2] fig. a → **ambition** b → **envie**

**fringant, e** actif, agile, alerte, allègre, animé, ardent, brillant, chaleureux, dégagé, déluré, dispos, éveillé, fougueux, frétillant, gaillard, guilleret, ingambe, léger, leste, mobile, pétillant, pétulant, pimpant, primesautier, prompt, rapide, sémillant, vif, vivant

**fringuer** [1] v. tr. : accoutrer, ajuster, arranger, costumer, couvrir, déguiser, draper, endimancher, envelopper, équiper, habiller, travestir → **habiller** ◆ péj. : affubler, fagoter, ficeler, nipper [2] v. intr. → **sauter**

**fringues** n. f. pl. → **vêtement**

**fripe** n. f. → **guenille**

**friper** → **froisser**

**friperie** n. f. → **brocante**

**fripier, ière** n. m. ou f. → **chiffonnier**

**fripon, ne** nom et adj. [1] au pr. : aigrefin, arnaqueur, bandit, bonneteur, carotteur, chevalier d'industrie, chiqueur, coquin, coupeur de bourses, détrousseur, escroc, estampeur, faisan, faiseur, faussaire, faux-monnayeur, filou, flibustier, fripouille, gredin, maître-chanteur, pickpocket, pirate, rat d'hôtel, requin, tricheur, vaurien, vide-gousset → **voleur** [2] par ext. : coquin, espiègle, malin, mystificateur, polisson

**friponnerie** n. f. → **malhonnêteté**

**fripouille** n. f. [1] arsouille, aventurier, bandit, bon à rien, brigand, canaille, chenapan, coquin, crapule, débauché, dévoyé, drôle, fainéant, frappe, fripon, galapiat, galopin, gangster, garnement, gens de sac et de corde, gibier de potence, gouape, maquereau, nervi, plat personnage, poisse, ribaud (vx), rossard, sacripant, sale / triste coco (fam.) / individu / personnage → **type**, scélérat, truand, vaurien, vermine, vicieux, voyou → **voleur** [2] grossier : fumier, salaud, saligaud, saloperie

**fripouillerie** → **malhonnêteté**

**friquet** n. m. → **moineau**

**frire** → **fricasser**

**frise** n. f. bande, bandeau, bordure

**frisé, e** bouclé, calamistré, crêpé, crêpelé, crépu, frisotté, ondulé ◆ vx : annelé, cannelé

**friser** [1] au pr. : boucler, calamistrer, crêper, faire une mise en pli / une permanente, frisotter, mettre en plis, moutonner, onduler ◆ vx : canneler [2] par ext. a → **effleurer** b → **risquer**

**frisette** et **frisure** n. f. → **boucle**

**frisson** n. m. [1] au pr. : claquement de dents, convulsion, crispation, frémissement, frissonnement, haut-le-corps, horripilation, saisissement, soubresaut, spasme, sursaut, tremblement, tressaillement [2] par ext. : bruissement, friselis, froissement, frou-frou, ondoiement

**frissonnement** n. m. → **tremblement**

**frissonner** [1] au pr. : avoir froid, claquer des dents, frémir, grelotter, trembler, tressaillir [2] par ext. : clignoter, scintiller, trembloter, vaciller

**friture** n. f. 1 au pr. → **poisson** 2 par ext. → **grésillement**

**frivole** badin, désinvolte, dissipé, écervelé, évaporé, folâtre, futile, inconséquent, inconstant, inepte (péj.), insignifiant, insouciant, léger, musard, superficiel, vain, volage

**frivolité** n. f. 1 au pr. a de quelqu'un : inconstance, insouciance, légèreté, mondanité (vx), puérilité, vanité b quelque chose : affiquet, amusement, amusette, babiole, bagatelle, baliverne, bêtise, bibelot, breloque, bricole, brimborion, caprice, colifichet, connerie (vulg.), fanfreluche, fantaisie, futilité, rien 2 par ext. a neutre ou fav. : amusement, badinerie, bricole (fam.), broutille, futilité, gaminerie, jeu, mode, plaisanterie, rien b non fav. : baliverne, bêtise, chanson, fadaise, futilité, sornette, sottise, vétille

**froid, e** 1 au pr. : algide (méd.), congelé, frais, frappé, glacé, glacial, hivernal, polaire, rafraîchissant, réfrigéré, refroidi ◆ fam. : frisquet, glagla 2 fig. a quelqu'un : dédaigneux, distant, fier, flegmatique, frais, frigide, glaçant, glacial, hostile, inamical, indifférent, marmoréen, pisse-froid, réfrigérant, renfermé → **impassible** b une chose : cryogène → **fade**

**froid** et **froideur** n. m., n.f. 1 au pr. : algidité (méd.), froidure (vx) 2 par ext. a cérébralité, détachement, flegme, frigidité, impassibilité, indifférence, mésintelligence, réserve → **sécheresse** b gêne, malaise 3 **avoir froid** fam. : (se les) cailler, être gelé / mort / transi, peler (de froid)

**froisser** 1 au pr. a aplatir, bouchonner, broyer, chiffonner, écraser, fouler, friper, frotter, piétiner b → **meurtrir** 2 fig. a blesser, choquer, dépiter, déplaire à, désobliger, fâcher, heurter, indisposer, mortifier, offenser, offusquer, piquer / toucher au vif, ulcérer, vexer b → **aigrir** c → **affliger** 3 v. pron. : se fâcher, se piquer, prendre la mouche (fam.)

**frôlement** n. m. 1 → **bruit** 2 → **caresse**

**frôler** 1 au pr. : effleurer, friser, passer près, raser, toucher → **caresser** 2 par ext. → **risquer**

**fromage** n. m. 1 fig. → **sinécure** 2 quelques dénominations spécifiques parmi les centaines qui existent : beaufort, blanc fermier, bleu d'Auvergne / de Bresse / des Causses / de Gex / du Jura, boulette d'Avesnes, brie, brousse, caillé, caillebotte, camembert, cancoillotte, cantal, carré de l'Est, cendré de l'Yonne / du Loiret, chabichou, chaource, chaumes, cheddar, chester, chevrotin, cœur à la crème, comté, coulommiers, demi-suisse, double-crème, édam, emmenthal, fontainebleau, fourme d'Ambert / de Montbrison, fromage de monsieur ou monsieur-fromage ou monsieur, gorgonzola, gouda, gruyère, hollande, jonchée, livarot, mâcon, maroilles, mignon, mont-dore, morbier, munster, neufchâtel, parmesan, petit-suisse, pont-l'évêque, port-salut, raclette, reblochon, rigotte, romano, roquefort, saint-albray, sainte-maure, saint-marcellin, saint-nectaire, saint-paulin, saint-pierre, salers, sassenage, selles-sur-cher, sérac, stilton, tête de maure / de moine, tomme, vacherin, valençay, vieux pané, yaourt

**fromagerie** n. f. fruitière (rég.), laiterie

**froment** n. m. → **blé**

**fronce** n. f. → **pli**

**froncement** n. m. 1 → **pli** 2 grimace, lippe, mimique, mine, moue, plissement, rictus

**froncer** 1 → **plisser** 2 → **rider**

**frondaison** n. f. 1 au pr. : branchage, branches, feuillage, feuillée, feuilles, rameau, ramée, ramure, verdure 2 par ext. : abri, ombrages, ombre

**fronde** n. f. 1 mazarinade → **révolte** 2 lance-pierre(s)

**fronder** attaquer, brocarder, chahuter, chansonner, critiquer → **railler**

**frondeur, euse** n. m. ou f. contestataire, critique, dissipé, esprit fort, hâbleur, indiscipliné, moqueur, perturbateur, railleur, rebelle

**front** n. m. 1 au pr. : face, figure, glabelle (par ext.), tête → **visage** 2 par ext. a → **hardiesse** b → **sommet** c → **ligne** d → **coalition** e → **façade** 3 **de front** → **ensemble**

**frontière** n. f. bord, bordure, borne, bout, confins, démarcation, extrémité, fin, ligne, limes, limite, limite territoriale, marche, mur, terme

**frontispice** n. m. avis, en-tête, introduction, préface

**fronton** n. m. → **tympan**

**frottement** n. m. 1 → **bruit** 2 → **mésintelligence**

**frotter** 1 a éroder, frayer (vén.), frictionner, froisser, polir, poncer b astiquer, brosser, cirer, encaustiquer, éroder, essuyer, fourbir, lustrer, nettoyer, racler, récurer ◆ fam. : bichonner, briquer, calamistrer 2 v. pron. ◆ par ext. a → **fréquenter** b → **attaquer**

**froussard, e** nom et adj. capitulard, capon, dégonflé, embusqué, pleutre, poltron, pusillanime, timide ◆ vx : cerf, pied-plat ◆ fam. : foireux, jean-fesse / foutre, lièvre, péteux, pétochard, poule mouillée, trouillard → **lâche, peureux**

**frousse** n. f. affolement, affres, alarme, alerte, angoisse, appréhension, aversion, couardise, crainte, effroi, épouvante, frayeur, frisson, hantise, inquiétude, lâcheté, panique, phobie, pusillanimité, saisissement, terreur, trac, trouble ◆ fam. : foire, pétoche, trouille, venette, vesse → **peur**

**fructifier** abonder en, donner, être fécond, fournir, se multiplier, porter, produire, rapporter, rendre → **croître**

**fructueux, euse** abondant, avantageux, bon, fécond, fertile, juteux (fam.), lucratif, payant, productif, profitable, salutaire, utile

**frugal, e** → **sobre**

**frugalité** n. f. abstinence, modération, tempérance → **sobriété**

**frugivore** n. m. et adj. herbivore, végétarien

**fruit** n. m. 1 au pr. : agrume, akène, baie, drupe, grain, graine, samare, silique 2 méd. et vx : myrobolan 3 par ext. a → **fils** b → **profit** c → **résultat** d → **recette**

**fruitier** n. m. 1 resserre 2 → **arbre (fruitier)**

**fruitière** n. f. → **coopérative**

**frusques** n. f. pl. → **vêtement**

**fruste** balourd, béotien, bêta, grossier, inculte, lourd, lourdaud, primitif, rude, rudimentaire, rustaud, rustique, rustre, sauvage, simple → **paysan**

**frustration** n. f. 1 → **privation** 2 → **spoliation**

**frustrer** appauvrir, défavoriser, démunir, déposséder, dépouiller, désavantager, déshériter, enlever, léser, mutiler, ôter, priver, ravir, sevrer, spolier → **voler**

**fugace** 1 au pr. : changeant, fugitif, fuyant, instable 2 par ext. : bref, court, éphémère, momentané, passager, périssable → **rapide**

**fugacité** n. f. → **brièveté**

**fugitif, ive** 1 nom : banni, en cavale, évadé, fuyard, proscrit 2 adj. : bref, court, délitescent (méd.), éphémère, évanescent, fugace, fuyant, inconstant, instable, mobile, mouvant, passager, transitoire, variable

**fugue** n. f. absence, bordée, cavale, échappée, équipée, escapade, frasque, fredaine, galère (fam.)

**fuir** 1 v. tr. → **éviter** 2 v. intr. a abandonner, s'en aller, décamper, déguerpir, déloger, se dérober, détaler, disparaître, s'échapper, s'éclipser, s'éloigner, s'enfuir, s'envoler, s'esquiver, s'évader, filer, gagner le large, lever le pied, se retirer, se sauver → **partir** b → **passer** c → **couler** d → **perdre** e fam. : calter, déménager à la cloche de bois, faire un pouf, ficher / foutre le camp, jouer les filles de l'air, jouer des flûtes / des pattes, planter un drapeau, plier bagages, prendre la clef des champs / la poudre d'escampette / ses jambes à son cou, se tirer f fuguer, galérer

**fuite** n. f. 1 au pr. a abandon, débâcle, débandade, déroute, dispersion, échappement (vx), échappée, émigration, escapade, évasion, exode, panique, sauve-qui-peut → **fugue** b fam. : belle, cavale, poudre d'escampette 2 par ext. a écoulement, déperdition, hémorragie, perte b migration, passage, vol c esquive 3 fig. : défaite, dérobade, dilatoire, échappatoire, escobarderie, excuse, faux-fuyant, pantalonnade, pirouette, reculade, subterfuge, volte-face

**fulgurance** n. f. brillance → **lueur**

**fulgurant, e** 1 brillant, éclatant, étincelant 2 foudroyant, rapide, soudain → **violent**

**fulguration** éclair, feu, foudre

**fulgurer** brasiller, briller, chatoyer, étinceler, luire, pétiller, scintiller

**fuligineux, euse** 1 au pr. : enfumé, fumeux 2 par ext. : assombri, noir, noirâtre, obscur, opaque, sombre, ténébreux 3 fig. → **obscur**

**fulminant, e** 1 foudroyant, tonitruant, vociférant 2 agressif, comminatoire, furibond, grondant, inquiétant, menaçant

**fulmination** n. f. → **colère**

**fulminer** crier, déblatérer, déclamer, s'emporter, exploser, invectiver, pester, tempêter, tonner → **injurier**

**fumant, e** 1 au pr. : crachant la fumée, fuligineux, fumeux → **chaud** 2 fig. → **furieux**

**fumée** n. f. 1 par ext. : buée, émanation, exhalaison, fumerolle, gaz, mofette, nuage, nuée, vapeur 2 fig. a chimère, erreur, fragilité, frivolité, futilité, illusion, inanité, inconsistance, inefficacité, insignifiance, inutilité, mensonge, néant, pompe, vapeur, vent, vide → **vanité** b → **ivresse** c au pl. vén. → **excrément**

**fumer** 1 boucaner, enfumer, fumiger, saurer 2 du tabac. a péj. : mégoter, pétuner (vx) b arg. : bombarder, gazer, en griller une, mégoter, piper, tirer, tuber 3 agr. → **améliorer** 4 fig. et fam. : bisquer, écumer, endêver, enrager, être en colère / en fureur / en pétard / en rogne, rager, râler, rogner, ronchonner, se ronger les poings, rouspéter

**fumet** n. m. arôme, bouquet, fragrance → **odeur**

**fumeux, euse** 1 → **fumant** 2 → **enivrant** 3 → **obscur**

**fumier** n. m. amendement, apport, colombin, compost, écume, engrais, fertilisation, fumure, goémon, guano, limon, lisier, paillé, poudrette, purin, terreau, terre de bruyère, varech, wagage → **ordure**

**fumiste** nom et adj. (fig.) 1 → **farceur** 2 → **plaisant**

**fumisterie** n. f. (fig.) 1 → **invention** 2 → **tromperie**

**fumure** n. f. → **amendement**

**funambule** n. m. ou f. acrobate, danseur de corde, fil-de-fériste

**funambulesque** 1 → **extraordinaire** 2 → **ridicule**

**funèbre** 1 au pr. : macabre → **funéraire** 2 par ext. → **triste**

**funérailles** n. f. pl. 1 convoi, deuil, derniers devoirs / honneurs, ensevelissement, enterrement, inhumation, mise en bière / au sépulcre / au tombeau, obsèques, sépulture 2 crémation, incinération

**funéraire** funèbre, mortuaire, obituaire, tombal, tumulaire

**funeste** calamiteux, catastrophique, défavorable, déplorable, désastreux, dommageable, fâcheux, fatal, malheureux, mauvais, mortel, néfaste → **affligeant**

**funiculaire** n. m. téléphérique

**fureter** 1 fam. : farfouiller, fouiller, fouiner, fourgonner, trifouiller, tripatouiller 2 → **chercher**

**fureteur, euse** nom et adj. chercheur, curieux, écouteur, espion, fouilleur, fouineur, indiscret, inquisiteur, inquisitorial, touche-à-tout ◆ fam. : casse-pieds, fouinard

**fureur** n. f. 1 acharnement, agitation, déchaînement, exaspération, folie, frénésie, furie, rage, violence → **colère** 2 par ext. a → **manie** b → **mode** 3 **à la fureur** → **passionnément**

**furie** n. f. 1 → **fureur** 2 dame de la halle, dragon, gendarme, grenadier, grognasse, harengère, harpie, junon, maritorne, mégère, ménade, poissarde, pouffiasse, rombière, tricoteuse (vx), virago

**furieux, se** 1 adj. : acharné, agité, courroucé, déchaîné, délirant, enragé, exacerbé, exalté, excessif, frénétique, fulminant, fumant, furax, furibard, furibond, maniaque, possédé, violent 2 n.m. : énergumène, enragé, fanatique, forcené

**furoncle** n. m. abcès, anthrax, bouton, clou, enflure, pustule, tumeur

**furtif, ive** 1 au pr. : caché, clandestin, dissimulé, subreptice, secret 2 par ext. : à la dérobée, discret, errant, fugace, fugitif, insinuant, rapide

**furtivement** à la dérobée / l'échappée (vx), à pas de loup, en cachette, en secret

**fuseau** n. m. 1 bobine, broche 2 → **culotte**

**fusée** n. f. accélérateur, booster, lanceur, propulseur → **aérodyne**

**fuselé, e** allongé, délié, effilé, élancé, étroit, filiforme, fin, fluet, fragile, fusiforme, grêle, maigre, menu, mince, svelte, ténu

**fuser** bondir, charger, débouler, s'élancer, s'élever, foncer, fondre, glisser, se jeter, piquer, se précipiter, se répandre, se ruer, sauter, tomber

**fusible** 1 adj. liquéfiable 2 n.m. : coupe-circuit, plomb, sécurité

**fusil** n. m. 1 carabine, hammerless, lebel, mitraillette, mousqueton, rifle 2 vx : arquebuse, chassepot, couleuvrine à main, escopette, espingole, haquebute, mousquet, tromblon 3 arg. : clarinette, flingue, pétoire, sulfateuse (par ext.)

**fusiller** 1 au pr. : canarder (fam.), exécuter, passer par les armes, tuer 2 fig. → **abîmer**

**fusion** n. f. 1 au pr. : débâcle, dégel, fluidification, fonte, liquéfaction, réduction 2 par ext. → **union**

**fusionnement** n. m. 1 → **absorption** 2 → **réunion**

**fusionner** accoupler, agréger, allier, amalgamer, apparier, assembler, associer, assortir, confondre, conjuguer, coupler, enter, fondre, joindre, lier, marier, mélanger, mêler, rapprocher, rassembler, relier, réunir, souder → **unir**

**fustiger** 1 au pr. : cravacher, cingler, flageller, fouailler, fouetter, frapper, sangler → **battre** 2 par ext. **a** → **blâmer** **b** → **réprimander**

**fût** n. m. 1 → **tonneau** 2 → **colonne**

**futaie** n. f. par ext. : bois, boqueteau, bosquet, bouquet d'arbres, châtaigneraie, chênaie, forêt, fourré, frondaison, hallier, hêtraie, massif d'arbres, pinède, sapinière, sous-bois, sylve, taillis

**futaille** n. f. → **tonneau**

**futaine** n. f. → **coton**

**futé, e** adroit, astucieux, débrouillard, dégourdi, déluré, farceur, fin, finaud, fine mouche, habile, madré, malicieux, malin, matois, roué, rusé, spirituel, trompeur ♦ fam. : combinard, démerdard, ficelle, mariolle, renard, sac à malices, vieux routier / singe

**futile** anodin, badin, creux, désinvolte, évaporé, frivole, inconsistant, inepte, insignifiant, insouciant, léger, oiseux, puéril, superficiel, vain, vide

**futilité** n. f. 1 au pr. **a** de quelqu'un : enfantillage, inanité, inconsistance, insignifiance, insouciance, légèreté, mondanité (vx), nullité, puérilité, vanité, vide **b** quelque chose : affiquet, amusement, amusette, babiole, bagatelle, baliverne, bêtise, bibelot, breloque, bricole, brimborion, caprice, colifichet, connerie (vulg.), fanfreluche, fantaisie, frivolité, inutilité, rien 2 par ext. **a** neutre ou fav. : amusement, badinerie, bricole (fam.), broutille, gaminerie, jeu, mode, plaisanterie, rien **b** non fav. : baliverne, bêtise, chanson, fadaise, sornette, sottise, vétille

**futur** n. m. 1 au pr. : au-delà, autre vie, avenir, devenir, destinée, éternité, lendemain, plus tard, postérieur, postériorité, suite, temps à venir / futur, vie éternelle (par ext.) 2 vx ou rég. : accordé (vx), bien-aimé, fiancé, prétendu (région.), promis

**futur, e** non-advenu / révolu, postérieur, ultérieur → **prochain**

**futurologie** n. f. prospective

**futurologue** n. m. par ext. : planiste, prospecteur

**fuyant, e** 1 → **fuyard** 2 changeant, bref, court, éphémère, évanescent, fugace, fugitif, inconstant, instable, labile, mobile, momentané, passager, périssable, transitoire, variable 3 → **secret**

**fuyard, e** nom et adj. déserteur, évadé, fugitif, fuyant, lâcheur

# G

**gabardine** n. f. → **imperméable**

**gabarit** n. m. arceau, calibre, cerce, dimension, forme, mesure, modèle, patron, tonnage

**gabegie** n. f. → **désordre**

**gabelou** n. m. → **douanier**

**gabier** n. m. gars de la marine (fam.), marin, matelot, mousse

**gable** n. m. fronton, pignon

**gâchage** n. m. 1 délayage, malaxage, mélange 2 → **perte**

**gâcher** 1 au pr. → **délayer** 2 par ext. **a** abîmer, avarier, bâcler, barbouiller, bousiller, cochonner, déparer, dissiper, enlaidir, galvauder, gaspiller, gâter, laisser → **perdre**, manquer, massacrer, négliger, perdre, rater, saboter, sabouler, sabrer, saloper, torcher, torchonner **b** anéantir, contrarier, diminuer, ruiner, supprimer

**gâcheur, euse** n. m. ou f. → **saboteur**

**gâchis** n. m. 1 → **perte** 2 → **désordre**

**gade** n. m. cabillaud, capelan, colin, lieu, merlan, merlu, merluche, morue, tacaud

**gadget** n. m. → **truc**

**gadoue** n. f. boue, compost, débris, détritus, engrais, fagne, fange, fumier, immondices, jet, ordures, poudrette, terreau, vidange

**gaffe** n. f. 1 bâton, perche 2 balourdise, bévue, blague, bourde, erreur, faute, gaucherie, impair, maladresse, sottise → **bêtise**

**gaffeur, euse** n. et adj. → **maladroit**

**gag** n. m. blague, effet / invention / sketch comique

**gage** n. m. 1 au sing. **a** au pr. : antichrèse, arrhes, aval, caution, cautionnement, couverture, dépôt, ducroire, garantie, hypothèque, nantissement, privilège, sûreté **b** par ext. : assurance, preuve, témoignage 2 au pl. : appointements, émoluments, paie ou paye, rétribution, salaire, traitement

**gager** 1 convenir, s'engager à, miser, parier, préjuger, promettre, risquer 2 → **affirmer** 3 → **garantir**

**gageure** n. f. défi, mise, pari, risque

**gagnant, e** nom et adj. sortant → **vainqueur**

**gagne-pain** n. m. → **emploi**

**gagne-petit** n. m. → **smicard**

**gagner** 1 → **obtenir** 2 → **toucher** 3 → **vaincre** 4 → **mériter** 5 → **aller** 6 → **arriver** 7 → **avancer** 8 → **distancer** 9 amadouer, apprivoiser, attirer, capter, captiver, charmer, se concilier, conquérir, convaincre, envoûter, persuader, séduire, subjuguer

**gai, e** 1 au pr. **a** allègre, animé, badin, bon vivant, boute-en-train, content, enjoué, enthousiaste, entraînant, espiègle, festif (vx), folâtre, folichon, fou, gaillard, guilleret, heureux, hilare, insouciant, jouasse (fam.), joueur, jovial, joyeux, joyeux drille / luron, jubilant, ludique, mutin, réjoui, réjouissant, riant, rieur, rigolard, rigoleur, souriant → **content** **b** éméché, émoustillé, gris, parti 2 par ext. **a** → **comique** **b** → **libre**

**gaieté** ou **gaîté** n. f. 1 alacrité, allant, allégresse, animation, ardeur, badinage, bonheur, bonne humeur, contentement, enjouement, enthousiasme, entrain, euphorie, exultation, gaillardise, goguette, hilarité, joie, jovialité, jubilation, liesse, plaisir, rayonnement, réjouissance, rire, satisfaction, vivacité 2 ambiance → **fête**

**gaillard** n. m. 1 bonhomme, bougre, compagnon, costaud, drille, drôle, gars, individu, lascar, loustic, luron, mâtin (vx), titi, zig, zigoto → **type** 2 mar. : dunette, vibord

**gaillard, e** 1 adj. **a** → **gai** **b** → **libre** **c** → **valide**

**gaillardement** avec bonne humeur, avec entrain

**gaillardise** n. f. → **plaisanterie**

**gain** n. m. 1 → **bénéfice** 2 → **rétribution**

**gaine** n. f. 1 → **enveloppe** 2 → **corset**

**gainer** → **serrer**

**gala** n. m. 1 → **fête** 2 → **festin**

**galandage** n. m. claustra, cloison, séparation

**galant** n. m. 1 amant, amoureux, beau, blondin, bourreau des cœurs, cavalier, chevalier, coq, cupidon, damoiseau, don juan, freluquet, godelureau, minet, mirliflore, play-boy, soupirant, trousseur de jupons, vert galant → **séducteur** 2 vx : céladon, coquard, muguet 3 péj. : fat, frotteur, marcheur, vieux beau → **coureur** 4 **galant homme :** homme de bien, honnête homme (vx)

**galant, e** 1 adj. **a** quelqu'un : aguichant, amène, avenant, de bon goût, civil, coquet, courtois, distingué, élégant, empressé, entreprenant, fin, gracieux, hardi, léger, libertin, poli, prévenant, sensuel, tendre, troublant, voluptueux **b** par ext. → **érotique**

**galanterie** n. f. 1 fav. : affabilité, agrément, amabilité, aménité, bonnes manières, civilité, complaisance, courtoisie, déférence, délicatesse, distinction, élégance, empressement, gentillesse, grâce, politesse, prévenance, respect, tendresse 2 non fav. **a** coucherie, débauche, galipettes, libertinage, prétentaine **b** vx : coquetterie **c** alcôve, douceurs, fadaises, fleurette, flirt, madrigal **d** fam. : drague, gringue

**galantine** n. f. ballottine

**galapiat** n. m. → **vaurien**

**galbe** n. m. 1 → **courbe** 2 → **ligne**

**galbé, e** 1 → **courbe** 2 → **harmonieux**

**gale** n. f. 1 au pr. fam. : **a** charmante, frotte, gratte, grattelle, rogne **b** vétér. : farcin **c** bot. : galle 2 fig. → **méchant**

**galéjade** n. f. → **plaisanterie**

**galéjer** → **plaisanter**

**galère** n. f. 1 au pr. : bi / trirème, galéasse, galion, galiote, mahonne, prame, réale, sultane, trière 2 fig. : guêpier, pétaudière, piège, traquenard 3 arg. ou fam. → **fugue**

**galerie** n. f. 1 au pr. **a** → **passage** **b** → **vestibule** **c** → **balcon** **d** → **pièce** **e** → **souterrain** 2 par ext. **a** → **musée** **b** → **collection** 3 fig. → **public**

**galérien** n. m. → **bagnard**

**galet** n. m. → **pierre**

**galetas** n. m. → **grenier**

**galette** n. f. 1 au pr. → **pâtisserie** 2 fig. → **argent**

**galeux, euse** → **lépreux**

**galimatias** n. m. 1 au pr. : amphigouri, argot, baragouin, bigorne (vx), charabia, dialecte, discours embrouillé, embrouillamini, franglais, javanais, langage inintelligible, logogriphe, loucherbem, pathos, patois, pidgin, sabir 2 par ext. : désordre, fatras, fouillis, imbroglio, méli-mélo

**galipette** n. f. 1 → **cabriole** 2 → **polissonnerie**

**galle** n. f. → **boursouflure**

**gallinacé, e** argus, bartavelle, caille, coq de bruyère, coquelet, dindon, faisan, ganga, gélinotte, hocco, lagopède, lophophore, paon, perdrix, pintade, poule, poulet, poulette, poussin, tétras, tinamou

**gallup** n. m. off. : enquête, sondage

**galoche** n. f. → **sabot**

**galon** n. m. 1 → **passement** 2 fam. : ficelle 3 → **grade**

**galop** et **galopade** n. m., n.f. allure, canter, course

**galoper** → **courir**

**galopin** n. m. → **gamin**

**galvanisation** n. f. par ext. : anodisation, bondérisation

**galvaniser** 1 anodiser, chromer, métalliser, nickeler, zinguer 2 → **enflammer**

**galvauder** 1 v. tr. → **gâcher** 2 v. intr. → **traîner**

**galvaudeux, euse** n. m. ou f. → **vagabond**

**gambade** n. f. → **cabriole**

**gambader** → **sauter**

**gambiller** 1 → **remuer** 2 → **danser**

**gamelle** n. f. 1 écuelle 2 → **insuccès**

**gamète** n. m. anthérozoïde (botan.), germen, oosphère, ovocyte, ovule, spermatozoïde

**gamin, e** 1 adj. → **enfantin** 2 nom. **a** gavroche, petit poulbot, titi → **enfant** **b** apprenti, arpète, gâte-sauce, marmiton, saute-ruisseau **c** péj. : brise-fer, chenapan, garnement, minet, minot, petit morveux / voyou, polisson, vaurien

**gaminerie** n. f. 1 → **insouciance** 2 → **plaisanterie**

**gamme** n. f. par ext. → **suite**

**ganache** n. f. 1 → **bête** 2 → **méchant**

**gandin** n. m. → **élégant**

**gang** n. m. → **bande**

**ganglion** n. m. par ext. → **tumeur**

**gangrène** n. f. 1 au pr. : mortification, nécrose, putréfaction 2 fig. → **pourriture**

**gangrener** → **gâter**

**gangster** n. m. → **bandit**

**gangue** n. f. → **enveloppe**

**ganse** n. f. → **passement**

**gant** n. m. 1 **a** ceste, gantelet **b** manicle, mitaine, moufle 2 **a** **jeter le gant** → **braver** **b** **mettre des gants** → **ménager** **c** **se donner les gants** → **flatter (se)**

**gap** n. m. off. : décalage, différence, écart, retard

**garage** n. m. remisage → **remise**

**garant, e** n. m. ou f. 1 quelque chose → **garantie** 2 quelqu'un : accréditeur, aval, avaliseur, caution, comptable, correspondant, endosseur, otage, parrain, redevable, répondant, responsable

**garantie** n. f. 1 arrhes, assurance, aval, caution, cautionnement, consignation, contre-assurance, couverture, dépôt, ducroire, engagement, fidéjussion, gage, garant, hypothèque, indexation, nantissement, obligation, palladium, parrainage, préservation, responsabilité, salut, sauvegarde, soulte, sûreté, warrant → **précaution** 2 attestation, cachet, certificat, estampille, poinçon

**garantir** 1 au pr. : abriter, assurer, avaliser, cautionner, consolider, couvrir, épargner, gager, garder, immuniser, indexer, mettre à couvert, précautionner / prémunir contre, préserver / protéger de / contre, répondre, sauvegarder, sauver, warranter 2 par ext. → **affirmer**

**garce** n. f. → **mégère**

**garçon** n. m. 1 → **enfant** 2 → **fils** 3 → **célibataire** 4 → **jeune (homme)** 5 → **employé** 6 → **serveur** 7 **garçon de bureau** → **huissier**

**garçonnier, ière** → **mâle**

**garçonnière** n. f. → **appartement**

**garde** n. m. ou f. 1 n.m. a gardeur, gardien, gorille, guet (vx), huissier, piquet, sentinelle, veilleur, vigie b **garde-champêtre** vx : verdier 2 n.f. → **protection** → **suite** 3 **Prendre garde** → **attention**

**garde-corps** et **garde-fou** n. m. balustrade, barrière, lisse, parapet, rambarde

**garde-feu** n. m. pare-étincelles

**garde-malade** n. m. ou f. → **infirmière**

**garder** 1 au pr. → **conserver** 2 par ext. a → **destiner** b → **garantir** c → **observer** d → **veiller sur**

**garder de (se)** → **abstenir (s')**

**garderie** n. f. → **nursery**

**garde-robe** n. f. 1 → **penderie** 2 → **trousseau** 3 → **water-closet**

**gardien, ne** n. m. ou f. 1 au pr. a → **garde** b → **veilleur** c → **portier** d goal e garde-chiourme, geôlier, guichetier, surveillant ◆ vx : argousin ◆ arg. : crabe, gaffe, maton, youyou 2 par ext. : champion, conservateur, défenseur, dépositaire, détenteur, guide, mainteneur, protecteur, tuteur 3 **gardien de la paix** → **policier** 4 → **berger, vacher**

**gare** n. f. → **arrêt**

**gare** interj. → **attention**

**garer** 1 → **ranger** 2 v. pron. → **éviter**

**gargantuesque** 1 → **abondant** 2 → **gigantesque**

**gargariser (se)** fig. → **régaler (se)**

**gargote** n. f. 1 → **cabaret** 2 → **restaurant**

**gargouillement** n. m. borborygme, gargouillis, glouglou

**gargoulette** n. f. alcarazas

**garnement** n. m. 1 → **gamin** 2 → **vaurien**

**garni** 1 n.m. → **hôtel** 2 adj. → **fourni**

**garnison** n. f. → **troupe**

**garnissage** n. m. → **finissage**

**garnir** 1 → **emplir** 2 → **remplir** 3 → **fournir** 4 → **orner** 5 → **rembourrer**

**garniture** n. f. 1 → **assortiment** 2 → **ornement** 3 renforcement → **soutien** 4 → **hachis**

**garrigue** n. f. → **lande**

**garrot** n. m. 1 épaule 2 → **supplice**

**garrotter** → **attacher**

**gars** au pr. : gaillard, garçon, jeune, jeune homme, fils, homme, mec (arg.) → **type**

**gascon, ne** nom et adj. → **hâbleur**

**gasconnade** n. f. → **hâblerie**

**gasoil** n. m. off. : gazole

**gaspacho** n. m. → **potage**

**gaspillage** n. m. → **dilapidation**

**gaspiller** 1 → **dépenser** 2 → **gâcher**

**gaspilleur, euse** n. m. ou f. → **prodigue**

**gastéropode** ou **gastropode** n. m. buccin ou trompette, calamar ou calmar ou encornet ou seiche ou supion, casque, cérite, cône, doris, escargot, fuseau, haliotide *ou* ormeau, harpe, limace, limaçon, limnée, littorine ou bigorneau ou vignot, mitre, murex ou rocher, olive, ombrelle, paludine, patelle, planorbe, pleurobranche, porcelaine, pourpre, testacelle, triton ou trompette, troque, turbinelle, turbo, turritelle, vermet

**gastrique** intestinal, stomacal

**gastrite** n. f. → **maladie**

**gastronome** nom et adj. → **gourmand**

**gastronomie** n. f. 1 art de la table / du bien-manger / du bien-vivre 2 → **gourmandise**

**gastronomique** 1 culinaire 2 → **fin**

**gâté, e** 1 au pr. : aigri, altéré, avancé, avarié, blessé, blet, corrompu, déformé, dénaturé, détérioré, endommagé, éventé, fermenté, malade, meurtri, moisi, perdu, pourri, putréfié, rance, taré, vicié 2 par ext. a capricieux, insupportable, mal élevé, pourri b cajolé, chéri, chouchouté, choyé, dorloté, favori, favorisé c péj. : perverti

**gâteau** n. m. 1 au pr. → **pâtisserie** 2 fig. → **profit**

**gâter** 1 au pr. ◆ quelque chose gâte quelque chose : aigrir, altérer, avarier, brouiller, corrompre, dénaturer, détériorer, endommager, éventer, meurtrir, moisir, perdre, pourrir, putréfier, tarer, vicier 2 par ext. ◆ quelqu'un gâte ou laisse gâter quelque chose. a → **gâcher** b → **salir** 3 fig. a fav. → **soigner** b péj. : avilir, compromettre, corrompre, défigurer, déformer, dégrader, dépraver, diminuer, enlaidir, gangrener, infecter, perdre, pervertir, pourrir, tarer 4 v. pron. → **pourrir**

**gâterie** n. f. 1 → **friandise** 2 → **soin**

**gâteux, euse** n. et adj. 1 affaibli, déliquescent, diminué, en enfance, radoteur 2 fam. : gaga, (il / elle) sucre les fraises, ramolli, ramollo

**gâtisme** n. m. → **radotage**

**gauche** 1 n.f. : a bâbord (mar.), côté cour (à gauche de l'acteur) b → **socialisme** 2 adj. a quelqu'un : balourd, contraint, disgracieux, embarrassé, emprunté, gêné, inhabile, lourd, lourdaud, maladroit, malavisé, malhabile, nigaud, pataud, pattu, raide, timide → **bête** ◆ fam. : emmanché, empaillé, empêtré, emplumé, empoté, godiche, manche, manchot b quelque chose : cintré, de / en biais, de travers / traviole, dévié, oblique, tordu, voilé

**gaucherie** n. f. → **maladresse**

**gauchir** 1 → **fléchir** 2 → **tordre** 3 → **écarter (s')** 4 → **biaiser**

**gauchissement** n. m. 1 → **déformation** 2 → **dissidence**

**gauchiste** nom et adj. contestataire → **mécontent**

**gaudriole** n. f. → **plaisanterie**

**gaufrer** → **gonfler**

**gaule** n. f. baguette, bâton, canne, échalas, ligne, perche, tuteur

**gauler** agiter, battre, ébranler, faire tomber, locher, secouer

**gaulois, e** 1 nom : celte 2 adj. a → **libre** b → **obscène**

**gauloiserie** n. f. → **plaisanterie**

**gaur** n. m. → **bœuf**

**gausser (se)** → **railler**

**gave** n. m. cours d'eau, rivière, ruisseau, torrent

**gaver** 1 au pr. → **engraisser** 2 fig. → **gorger**

**gavial** n. m. → **alligator**

**gavroche** n. m. → **gamin**

**gaz** n. m. 1 → **vapeur** 2 → **vent**

**gaze** n. f. 1 étoffe transparente, grenadine, mousseline, tissu léger, tulle, voile 2 pansement, taffetas, tampon

**gazéifier** → **vaporiser**

**gazer** 1 v. tr. : asphyxier 2 v. intr. (fam.) : aller, filer, foncer, marcher 3 vx → **déguiser**

**gazetier, ière** n. m. ou f. → **journaliste**

**gazette** n. f. → **journal**

**gazeux, euse** brumeux, fuligineux, fumeux, nébuleux, nuageux, vaporeux

**gazon** n. m. 1 → **herbe** 2 → **pelouse**

**gazouillement** n. m. babil, babillage, bruissement, chant, chuchotement, gazouillis, murmure, pépiement, ramage

**gazouiller** → **chanter**

**gazouillis** n. m. → **gazouillement**

**geai** n. m. rollier → **passereau**

**géant, e** 1 nom. a au pr. : colosse, cyclope, force de la nature, goliath, hercule, mastodonte, monstre, titan b fam. ou arg. : armoire à glace, balèze, cigogne, dépendeur d'andouilles, éléphant, escogriffe, flandrin, girafe, grande gigue / perche, malabar, maousse c par ext. : monopole, trust d fig. : champion, génie, héros, surhomme 2 adj. → **gigantesque**

**géhenne** n. f. 1 → **enfer** 2 → **supplice**

**geignard, e** → **plaintif**

**geindre** 1 → **gémir** 2 → **regretter**

**gel** n. m. 1 frimas → **confiscation** 2 → **gelée**

**gelé, e** → **transi**

**gelée** n. f. 1 frimas, froid, froidure (vx), gel, gelée blanche, givre, glace, verglas 2 → **confiture**

**geler** 1 v. tr. a au pr. : coaguler, figer, pétrifier → **frigorifier** b fig. : gêner, glacer, intimider, mettre mal à l'aise, pétrifier, réfrigérer, refroidir 2 v. intr. a au pr. ◆ quelque chose : se congeler, se figer, givrer, se prendre b par ext. ◆ quelqu'un : cailler (fam.), être transi, grelotter → **froid (avoir)**

**gémeau** n. m. besson, double, doublon, jumeau, pareil, sosie

**gémination** n. f. fusion, jumelage, mélange, mixité

**géminé, e** → **double**

**géminer** accoupler, assembler, fondre, fusionner, jumeler, mélanger, réunir, unir

**gémir** 1 au pr. quelqu'un : appeler, crier, geindre, se lamenter, murmurer, se plaindre, pleurer, récriminer, reprocher 2 par ext. : peiner, souffrir 3 fig. quelque chose → **murmurer**

**gémissant, e** → **plaintif**

**gémissement** n. m. 1 au pr. : cri, doléances, geignement, girie (péj.), grincement, jérémiade, lamentation, lamento, murmure, plainte, pleur, sanglot, soupir ◆ vx : complainte 2 par ext. : douleur, souffrance

**gemme** n. f. 1 cabochon, corindon, diamant, escarboucle, loupe, parangon → **pierre** 2 → **résine**

**gémonies** n. f. pl. 1 → **honte** 2 **traîner / vouer aux gémonies** → **vilipender**

**gênant, e** assujettissant, déplaisant, désagréable, embarrassant, emmerdant (grossier), empêchant (vx), encombrant, ennuyeux, envahissant, fâcheux, gêneur, importun, incommodant

**gendarme** n. m. 1 brigadier, pandore → **policier** 2 arg. : balai, cogne, griffe, guignol, guignolet, hareng saur, hirondelle, marchand de passe-lacets 3 fig. → **virago**

**gendarmer (se)** → **fâcher (se)**

**gendarmerie** n. f. maréchaussée, prévôté (vx) → **police**

**gendre** n. m. beau-fils

**gêne** n. f. 1 atteinte à la liberté, chaîne, charge, contrainte, difficulté, embarras, entrave, esclavage, importunité, nécessité, violence 2 question, torture 3 → **inconvénient** 4 → **pauvreté** 5 → **obstacle** 6 → **trouble** 7 **sans gêne :** cavalier, désinvolte, effronté, égoïste, grossier, impoli

**gêné, e** → **embarrassé**

**généalogie** n. f. 1 ascendance, descendance, extraction, famille, filiation, lignée, origine, quartiers de noblesse, race, souche 2 des dieux : théogonie 3 des animaux : herd / stud-book, pedigree 4 des végétaux : phylogenèse 5 par ext. : classification, dérivation, suite

**gêner** 1 au pr. a brider, corseter, contraindre, déranger, desservir, embarrasser, empêcher, emprisonner, encombrer, engoncer, entraver, faire / mettre obstacle à, obstruer, oppresser, paralyser, restreindre, serrer b angoisser, contrarier, déplaire, importuner, incommoder, indisposer, se mettre en travers, nuire, opprimer, tourmenter 2 par ext. : affecter, bloquer, complexer, inhiber, intimider, troubler 3 vx. → **torturer**

**général** 1 n.m. → **chef** 2 adj. a collectif, global, total, unanime, universel b banal, commun, constant, courant, dominant, habituel, large, normal, ordinaire, standard c imprécis, indécis, vague d générique → **commun (en)** e → **public** 3 **en général :** communément, couramment, en règle commune / générale / habituelle / ordinaire, généralement, habituellement, à l' / d'ordinaire, ordinairement

**générale** n. f. théâtre : avant-première, couturière, répétition générale

**généralement** → **souvent**

**généralisation** n. f. → **extension**

**généraliser** → **répandre**

**généraliste** n. m. ou f. omnipraticien

**généralité** n. f. banalité, cliché, lapalissade, lieu commun, pauvreté, platitude, poncif, truisme → **majorité**

**générateur, trice** nom et adj. 1 au pr. : auteur, créateur, géniteur, mère, père reproducteur 2 techn. → **alternateur**

**génération** n. f. 1 → **postérité** 2 → **production**

**généreux, euse** 1 quelqu'un : altruiste, ardent, audacieux, beau, bienveillant, bon, brave, charitable, chevaleresque, clément, courageux, désintéressé, dévoué, donnant, extraverti (psych.), fort, fraternel, gentil, grand, hardi, héroïque, humain, indulgent, intrépide, large, libéral, magnanime, magnifique, mécène, munificent, noble, oblatif, obligeant, de sentiments élevés, pitoyable, prodigue, sain, sensible, vaillant ◆ vx : aumônier, débonnaire, fier [2] quelque chose. **a** corsé, fort, fortifiant, réconfortant, roboratif, tonique **b** abondant, copieux, fécond, fertile, plantureux, productif, riche, vigoureux, vivace

**générique** [1] adj. → **général** [2] n.m. : catalogue, casting (angl.), distribution, liste

**générosité** n. f. [1] de quelqu'un : abandon, abnégation, allocentrisme, altruisme, ardeur, audace, bienfaisance, bonté, charité, clémence, cœur, courage, désintéressement, dévouement, don, don de soi, fraternité, générosité, gentillesse, grandeur d'âme, hardiesse, héroïsme, humanité, indulgence, intrépidité, largesse, libéralité, magnanimité, magnificence, miséricorde, munificence, noblesse, oubli de soi, prodigalité, sens des autres / du prochain, vaillance, valeur ◆ vx : débonnaireté [2] de quelque chose. **a** force, saveur, valeur **b** abondance, fécondité, fertilité, productivité, richesse, vigueur, vivacité **c** → **don**

**genèse** n. f. [1] → **production** [2] → **origine**

**génésique** génital, reproducteur, sexuel

**genet** n. m. → **cheval**

**genêt** hérissonne

**génétique** n. f. → **biologie**

**genette** n. f. civette

**gêneur, euse** → **importun**

**génial, e** [1] → **ingénieux** [2] → **remarquable**

**génie** n. m. [1] ange, démon, divinité, djinn, dragon, elfe, esprit familier / follet, farfadet, fée, gnome, goule, kobold, korrigan, lutin, ondin, ondine, péri, salamandre, sylphe, sylphide, sylvain, troll [2] bosse (fam.), caractère, disposition, don, esprit, génialité, goût, imagination, nature, penchant, talent [3] quelqu'un : aigle, as, grand artiste / écrivain / homme / soldat, phénix

**génisse** n. f. → **vache**

**génital, e** génésique, reproducteur, sexuel

**géniteur, trice** n. m. ou f. → **mère, père**

**genou** n. m. [1] au pr. : articulation, jointure, rotule [2] **se mettre à genoux** → **agenouiller (s')**

**genre** n. m. [1] au pr. : catégorie, classe, embranchement, espèce, famille, ordre, race, sorte, type, variété [2] par ext. **a** acabit, farine, gent, nature, sorte **b** façon, griffe, manière, marque, mode, style **c** air, apparence, aspect, attitude, caractère, comportement, conduite, extérieur, façon, ligne, tenue, tournure ◆ fam. : dégaine, touche

**gens** n. m. pl. et f. si précédé d'un adj. au fém. [1] êtres, foule, hommes, individus, monde, nation, personnes, public [2] **a** **gens de maison** → **serviteur** **b** **gens de lettres** ou **gendelettre** → **écrivain**

**gens** et **gent** n. f. [1] → **famille** [2] → **genre**

**gentil** n. m. goy, idolâtre, infidèle, mécréant, païen

**gentil, ille** [1] → **bon** [2] → **aimable** ◆ fam. : chou, sympa, trognon

**gentilhomme** n. m. → **noble**

**gentilhommière** n. f. → **château**

**gentillesse** n. f. [1] au pr. → **amabilité** [2] par ext. **a** → **mot (d'esprit)** **b** → **tour** **c** → **bagatelle** **d** → **méchanceté**

**génuflexion** n. f. [1] → **agenouillement** [2] → **flatterie**

**geôle** n. f. → **prison**

**geôlier, ière** n. m. ou f. → **gardien**

**géomètre** n. m. arpenteur, mathématicien, métreur, topographe

**géométrique** exact, logique, mathématique, méthodique, précis, régulier, rigoureux, scientifique

**gérance** n. f. → **gestion**

**gérant, e** n. m. ou f. administrateur, agent, curateur, directeur, dirigeant, fondé de pouvoir, gestionnaire, intendant, mandataire, régisseur, tenancier

**gerbe** n. f. [1] botte [2] par ext. **a** bouquet, faisceau **b** **gerbe d'eau** : éclaboussure, colonne, jet

**gerbier** n. m. meule

**gercer (se)** → **fendiller (se)**

**gerçure** n. f. → **fente**

**gérer** [1] → **régir** [2] → **diriger**

**germain, e** consanguin, utérin

**germe** n. m. [1] au pr. **a** embryon, fœtus, frai, grain, graine, kyste, œuf, plantule, semence, sperme, spore **b** → **microbe** [2] par ext. : cause, commencement, départ, fondement, origine, principe, racine, rudiment, source [3] fig. **germe de discorde** : brandon, élément, ferment, levain, motif, prétexte

**germer** → **naître**

**germon** n. m. thon blanc → **poisson**

**gésine** n. f. accouchement, enfantement, mise bas (anim.) / au monde, parturition

**gesse** n. f. → **lentille**

**gésir** → **coucher (se)**

**gestation** n. f. [1] au pr. : génération, gravidité, grossesse [2] par ext. : genèse, production

**geste** et **gesticulation** n. m., n.f. action, allure, attitude, conduite, contenance, contorsion, démonstration, épopée, exploit, fait, gesticulation, jeu de mains, manière, mime, mimique, mouvement, œuvre, pantomime, posture, tenue

**gesticuler** → **remuer**

**gestion** n. f. administration, conduite, curatelle, direction, économat, économie, gérance, gouverne, gouvernement, intendance, maniement, organisation, régie

**gestionnaire** n. m. ou f. → **gérant**

**gibbeux, euse** → **bossu**

**gibbosité** n. f. → **bosse**

**gibecière** n. f. [1] besace, bissac, bourse, carnassière, carnier, musette, panetière, sacoche [2] par ext. → **giberne**

**giberne** n. f. [1] cartouchière, grenadière [2] par ext. → **gibecière**

**gibet** n. m. corde, croix, échafaud, estrapade, pilori, potence ◆ arg. : béquillard, béquille, credo → **supplice**

**gibier** n. m. [1] bêtes fauves / noires (vén.), faune [2] cuis. : venaison

**giboulée** n. f. → **pluie**

**gibus** n. m. → **haut-de-forme**

**gicler** → **jaillir**

**gifle** n. f. fam. : aller et retour, baffe, beigne, beignet, bourre-pif, calotte, claque, coup, emplâtre, giroflée, jeton, mandale, mornifle, pain, rouste, soufflet, talmouse, taloche, tape, tarte, torgnole, va-et-vient, va-te-laver

**gifler** battre, calotter, claquer, donner une gifle, souffleter, taper ◆ fam. : confirmer, talocher

**gigantesque** babylonien, colossal, considérable, cyclopéen, démesuré, éléphantesque, énorme, étonnant, excessif, fantastique, faramineux, formidable, gargantuesque, géant, grand, himalayen, immense, incommensurable, insondable, monstre, monstrueux, monumental, pantagruélique, pélagique, prodigieux, pyramidal, tentaculaire, titanesque ◆ arg. : maousse

**gigolette** n. f. demi-mondaine, femme entretenue / légère → **fille**

**gigolo** n. m. [1] → **amant** [2] → **jeune (homme)**

**gigoter** [1] → **remuer** [2] → **danser**

**gigue** n. f. [1] au pr. → **jambe** [2] fig. → **géant**

**ginkgo** n. m. arbre aux cent ou aux quarante écus, arbre du ciel, arbre sacré

**girandole** n. f. → **chandelier**

**giration** n. f. → **tour**

**giratoire** circulaire, rotatoire

**girelle** n. f. → **girolle**

**girl** n. f. → **danseuse**

**giroflée** n. f. [1] matthiole ou violier, quarantaine, ravenelle [2] → **gifle**

**girolle** n. f. chanterelle, girelle

**giron** n. m. → **sein**

**girond, e** → **beau**

**girouette** n. f. fig. → **pantin**

**gisement** n. m. [1] bassin, gîte, placer, veine [2] → **milieu**

**gitan, e** → **tzigane**

**gîte** n. m. au pr. **a** d'un animal : abri, aire, bauge, nid, refuge, repaire, retraite, terrier → **tanière** **b** d'un homme → **maison** **c** → **étape**

**gîter** → **demeurer**

**givre** n. m. → **gelée**

**givrer** → **geler**

**glabre** imberbe, lisse, nu → **chauve**

**glace** n. f. [1] → **miroir** [2] → **vitre** [3] → **sorbet** [4] → **glacier**

**glacé, e** [1] → **froid** [2] → **transi** [3] → **lustré**

**glacer** [1] → **geler** [2] → **pétrifier** [3] → **lustrer**

**glacial, e** → **froid**

**glacier** n. m. par ext. : banquise, calotte glaciaire, iceberg, inlandsis, sérac

**glacière** n. f. armoire frigorifique, chambre froide, congélateur, conservateur, freezer, Frigidaire (nom de marque), frigo (fam.), frigorifique, réfrigérateur

**glacis** n. m. [1] → **talus** [2] → **rempart**

**gladiateur** n. m. belluaire, bestiaire, mirmillon, rétiaire

**glaire** n. m. bave, crachat, humeur, mucosité, pituite

**glaise** n. f. kaolin, marne, terre à brique / pipe / tuile → **argile**

**glaive** n. m. → **épée**

**glander** → **traîner**

**glaner** butiner, cueillir, grappiller, gratter, puiser, ramasser, récolter, recueillir

**glapir** [1] → **aboyer** [2] → **crier**

**glapissant, e** → **aigu**

**glapissement** n. m. → **cri**

**glauque** → **vert**

**glaviot** n. m. → **crachat**

**glèbe** n. f. → **terre**

**glissade** n. f. [1] glissoire [2] → **chute**

**glissant, e** [1] → **périlleux** [2] → **hasardé**

**glissement** n. m. [1] au pr. **a** affaissement, chute, éboulement **b** dérapage, glissade, ripage **c** du sol : solifluxion [2] fig. : changement, évolution, modification

**glisser** [1] v. intr. **a** chasser, couler, coulisser, déraper, patiner, riper → **tomber** **b** s'affaler, changer, évoluer, se modifier **c** → **échapper** [2] v. tr. → **introduire** [3] v. pron. → **introduire (s')**

**glissière** n. f. coulisse, glissoir, guide

**global, e** → **entier**

**globalement** → **totalement**

**globaliser** [1] → **réunir** [2] par ext. → **répandre**

**globe** n. m. [1] → **boule** [2] → **sphère** [3] → **terre**

**globe-trotter** n. m. → **voyageur**

**globule** n. f. [1] boulette, grain → **pilule** [2] bulle

**gloire** n. f. [1] au pr. **a** beauté, célébrité, consécration, éclat, glorification, grandeur, hommage, honneur, illustration, immortalité, lauriers, louange, lumière, lustre, majesté, notoriété, phare, popularité, prestige, rayonnement, renom, renommée, réputation, splendeur **b** → **nimbe** [2] par ext. **a** → **sainteté** **b** → **respect**

**gloriette** n. f. → **tonnelle**

**glorieux, euse** [1] → **illustre** [2] → **splendide** [3] → **orgueilleux** [4] → **saint**

**glorification** n. f. → **éloge**

**glorifier** [1] → **louer** [2] pron. → **flatter (se)**

**gloriole** n. f. → **orgueil**

**glose** n. f. [1] → **commentaire** [2] → **parodie**

**gloser** [1] → **chicaner** [2] → **discuter** [3] → **railler**

**glossaire** n. m. → **dictionnaire**

**glouton, ne** avale-tout / tout-cru, avaleur, avide, bâfreur, banqueteur, boulimique, bouffe-tout, chancre, crevard, gamelle, gargamelle, gargantua, goinfre, goulu, grand / gros mangeur, inassouvissable, insatiable, morfal, va-de-la-bouche, va-de-la-gueule, vorace → **gourmand**

**gloutonnerie** n. f. avidité, goinfrerie, gourmandise, insatiabilité, voracité

**gluant, e** → **visqueux**

**glume** n. f. → **balle**

**glutineux, euse** → **visqueux**

**glyphe** n. m. → **trait**

**gnome** n. m. [1] → **génie** [2] → **nain**

**gnomique** → **sentencieux**

**gnon** n. m. → **coup**

**gnose** et **gnosticisme** n. f., n. m. ésotérisme, occultisme, théologie, théosophie → **savoir**

**gnostique** n. m. et adj. ophite, pneumatique, psychique

**gobelet** n. m. [1] au pr. : chope, godet, quart, shaker, tasse, timbale, vase, verre [2] par ext. ◆ vx : escamoteur, fourbe, hypocrite → **voleur**

**gobe-mouches** n. m. → **naïf**

**gober** [1] → **avaler** [2] → **croire** [3] → **éprendre (s')** [4] **gober les mouches** **a** → **attendre** **b** → **flâner**

**goberger (se)** [1] → **manger** [2] → **railler**

**gobeur, euse** n. et adj. → **naïf**

**godelureau** n. m. → **galant**

**goder** → **plisser**

**godet** n. m. [1] auget [2] → **gobelet** [3] → **pli**

**godiche** nom et adj. [1] → **gauche** [2] **a** → **naïf** **b** → **bête**

**godille** n. f. → **rame**

**godillot** n. m. 1 inconditionnel → **servile** 2 → **chaussure**

**godiveau** n. m. → **hachis**

**godron** n. m. → **pli**

**goémon** n. m. → **algue**

**gogo** n. m. et adj. 1 → **naïf** 2 **à gogo :** abondamment, à discrétion / satiété / souhait / volonté, par-dessus / ras bord

**goguenard, e** chineur, moqueur, narquois, railleur, taquin

**goguenardise** n. f. → **raillerie**

**goguenot** n. m. → **water-closet**

**goguette** n. f. → **gaieté**

**goinfre** nom et adj. → **glouton**

**goinfrer** → **manger**

**goinfrerie** n. f. → **gloutonnerie**

**goitre** n. m. strume

**golfe** n. m. aber, anse, baie, calanque, crique, échancrure, estuaire, fjord, ria

**goliath** n. m. → **géant**

**gommer** 1 coller 2 effacer, ôter, supprimer

**gommeux, euse** fig. → **élégant**

**gond** n. m. charnière, crapaudine, paumelle

**gondolant, e** → **tordant**

**gondoler** onduler → **gonfler**

**gonfalon** ou **gonfanon** n. m. bannière, enseigne, étendard, flamme, oriflamme → **drapeau**

**gonflé, e** 1 au pr. : ballonné, bombé, bouclé (maçonnerie), bouffant, bouffi, boursouflé, cloqué, congestionné, dilaté, distendu, empâté, enflé, gondolé, gros, hypertrophié, intumescent, joufflu, mafflu, météorisé, renflé, soufflé, tuméfié, tumescent, turgescent, turgide, ventru, vultueux 2 fig. **a** → **téméraire** **b** → **emphatique**

**gonflement** n. m. ballonnement, bombement, bouffissure, boursouflure, cloque, débordement, dilatation, distension, empâtement, emphase (fig.), emphysème (méd.), enflure, engorgement, fluxion, grosseur, grossissement, hypertrophie, intumescence, météorisation, météorisme, œdème, renflement, tuméfaction, tumescence, turgescence → **abcès**

**gonfler** 1 v. intr. : s'arrondir, augmenter, ballonner, bomber, boucler (maçonnerie), bouffer (plâtre), bouffir, boursoufler, cloquer, croître, devenir tumescent / turgescent / turgide, s'élargir, enfler, gondoler, grossir, météoriser, monter, renfler, se tuméfier 2 v. tr. : accroître, arrondir, augmenter, bouffir, boursoufler, dilater, distendre, emplir, enfler, farder (mar.), gaufrer, souffler, travailler 3 fig. : exagérer, grossir, intensifier, surestimer, tricher, tromper

**gongorisme** n. m. affectation, cultisme, euphuisme, marinisme, préciosité, recherche

**gonococcie** n. f. → **blennorragie**

**gord** n. m. 1 → **argile** 2 bordigue → **piège**

**goret** n. m. 1 → **porc** 2 → **balai**

**gorge** n. f. 1 au pr. **a** → **gosier** **b** → **défilé** 2 par ext. : buste, col, décolleté, poitrine, sein 3 **a** **rendre gorge** → **redonner** **b** **faire des gorges chaudes** → **railler**

**gorgée** n. f. coup, lampée, rasade, trait

**gorger** 1 au pr. : alimenter avec excès, bourrer, empiffrer, emplir, gaver, rassasier, remplir, soûler 2 fig. : combler, gâter, gaver

**gorget** n. m. → **rabot**

**gosier** n. m. 1 par ext. : amygdale, bouche, estomac, gorge, larynx, luette, œsophage, pharynx 2 fam. et / ou arg. : carafe, carafon, cloison, coco, col, corridor, dalle, descente, entonnoir, fusil, gargoulette, goulot, kiki, pavé, piston, rue au pain, sifflet, tromblon, trou sans fond

**gospel** n. m. negro spiritual

**gosse** n. m. et f. → **enfant**

**gothique** 1 → **vieux** 2 → **sauvage**

**gouaille** n. f. → **raillerie**

**gouailler** v. tr. et intr. → **railler**

**gouaillerie** n. f. → **raillerie**

**gouailleur, euse** n. et adj. → **farceur**

**gouape** n. f. → **vaurien**

**goudron** n. m. 1 au pr. : brai, coaltar, poix 2 par ext. : asphalte, bitume, macadam

**goudronner** → **bitumer**

**gouet** n. m. → **serpe**

**gouffre** n. m. → **précipice**

**gouge** n. f. 1 ciseau 2 → **servante** 3 → **fille** 4 → **prostituée**

**gougnafier** et **goujat** n. m. → **impoli**

**goujaterie** n. f. → **impolitesse**

**goulée** n. f. → **bouchée**

**goulet** n. m. → **passage**

**goulotte** n. f. 1 → **canal** 2 → **gouttière**

**goulu, e** → **glouton**

**goupil** n. m. → **renard**

**goupille** n. f. → **cheville**

**goupiller** → **préparer**

**goupillon** n. m. aspergès, aspersoir

**gourbi** n. m. 1 → **cabane** 2 → **chambre**

**gourd, e** → **engourdi**

**gourde** 1 n.f. : bidon, flacon, gargoulette 2 adj. → **bête**

**gourdin** n. m. bâton, matraque, rondin, trique → **casse-tête**

**gourer (se)** → **tromper (se)**

**gourmand** n. m. → **pousse**

**gourmand, e** 1 fav. ou neutre : amateur, avide, bec fin, bouche fine, fine gueule, friand, gastronome, gourmet, porté sur la bonne chère / la gueule (fam.) ◆ vx : coteau, gueulard 2 non fav. : chancre, goinfre, goulu, lécheur, morfal, ripailleur, sybarite, vorace → **glouton**

**gourmander** → **réprimander**

**gourmandise** n. f. 1 appétit, gastronomie, plaisirs de la table ◆ péj. : avidité, gloutonnerie, goinfrerie, voracité 2 → **friandise**

**gourme** n. f. eczéma, herpès, impétigo

**gourmé, e** → **étudié**

**gourmet** n. m. → **gourmand**

**gourmette** n. f. chaînette, châtelaine

**gournable** n. f. mar. → **cheville**

**gourou** n. m. → **maître**

**gousse** n. f. caïeu, cosse, écale, tête (d'ail)

**gousset** n. m. → **poche**

**goût** n. m. 1 au pr. → **saveur** 2 par ext. **a** → **attachement** **b** → **inclination** **c** → **style** **d** **goût du jour** → **mode**

**goûter** n. m. → **collation**

**goûter** 1 déguster, éprouver, essayer, estimer, expérimenter, sentir, tâter, toucher à 2 adorer, aimer, apprécier, approuver, se délecter, s'enthousiasmer pour, être coiffé / entiché / fana (fam.) / fanatique / fou de, jouir de, se plaire à, raffoler de, savourer

**goutte** n. f. 1 → **rien** 2 → **rhumatisme**

**goutteux, euse** nom et adj. arthritique, diathésique, impotent, podagre, rhumatisant

**gouttière** n. f. chéneau, dalle, larmier

**gouvernail** 1 au pr. **a** barre, leviers de commande, timon **b** aviat. : empennage, gouverne, manche à balai 2 fig. : conduite, direction, gouvernement

**gouvernant** n. m. 1 chef d'État, dirigeant, maître, monarque, Premier ministre, président, responsable ◆ péj. : cacique, dictateur, mandarin, potentat 2 au pl. : autorités, grands, grands de ce monde, hommes au pouvoir

**gouvernante** n. f. bonne d'enfants, chaperon, dame de compagnie, domestique, duègne (péj.), infirmière, nourrice, nurse, servante

**gouverne** n. f. 1 → **règle** 2 aileron, dérive, empennage, gouvernail, palonnier

**gouvernement** n. m. 1 au pr. **a** administration, affaires de l'État, autorité, conduite, direction, gestion, maniement des affaires / hommes **b** cabinet, conseil, constitution, État, institutions, ministère, pouvoir, protectorat, régence, régime, règne, structures, système **c** absolutisme, arbitraire, aristocratie, autocratie, despotisme, dictature, fascisme, gérontocratie, monarchie, théocratie **d** démocratie, parlementarisme, république 2 par ext. **a** économie, ménage **b** → **autorité**

**gouverner** 1 au pr. : administrer, commander, conduire, diriger, dominer, gérer, manier, manœuvrer, mener, piloter, prévoir, régenter, régir, régner, tyranniser (péj.) 2 par ext. **a** non fav. : avoir / jeter / mettre le grappin sur, empaumer, mener à la baguette / la danse / tambour battant / par le bout du nez **b** neutre : éduquer, élever, former, instruire, tenir

**gouverneur** n. m. 1 → **administrateur** 2 → **maître**

**goy** nom et adj. → **infidèle**

**grabat** n. m. → **lit**

**grabataire** nom et adj. → **infirme**

**graben** n. m. → **fosse**

**grabuge** n. m. 1 → **discussion** 2 → **dégât**

**grâce** n. f. 1 qualité. **a** au pr. : affabilité, agrément, aisance, amabilité, aménité, attrait, beauté, charme, délicatesse, douceur, élégance, finesse, fraîcheur, gentillesse, gracilité, joliesse, légèreté, poésie, sex-appeal, suavité, vénusté **b** beauté, déesse, divinité **c** par ext.(péj.) : alanguissement, désinvolture, langueur, mignardise, minauderie, mollesse, morbidesse **d** prot. → **excellence** 2 **a** → **service** **b** → **faveur** **c** → **pardon** **d** → **amnistie** **e** → **remerciement** 3 **a** **de bonne grâce :** avec plaisir, bénévolement, de bon gré, volontairement, volontiers **b** **grâce à** → **avec**

**gracier** absoudre, acquitter, amnistier, commuer, libérer, pardonner, relaxer, remettre

**gracieuseté** n. f. → **gratification**

**gracieux, euse** 1 adorable, affable, agréable, aimable, amène, attirant, attrayant, avenant, bienveillant, bon, charmant, civil, courtois, délicat, distingué, élégant, empressé, facile, favorable, gentil, gracile, joli, mignon, ouvert, plaisant, poli, raffiné, riant, souriant, sympathique, tendre ◆ vx : accort, gent, mignard 2 → **gratuit**

**gracile** 1 → **menu** 2 → **fin**

**gracilité** n. f. 1 minceur → **finesse** 2 → **grâce**

**gradation** n. f. → **progression**

**grade** n. m. catégorie, classe, degré, dignité, échelon, galon, honneur, indice

**gradé, e** → **chef**

**grader** n. m. tr. publ. off. : niveleuse

**gradin** n. m. → **degré**

**graduel, le** → **progressif**

**graduellement** 1 → **doucement** 2 → **peu à peu**

**graduer** → **augmenter**

**graffito, ti** n. m. → **inscription**

**grailler** 1 → **crier** 2 → **manger** 3 → **sonner**

**graillon** n. m. 1 → **lard** 2 → **crachat**

**graillonner** 1 → **cracher** 2 → **parler** 3 → **tousser**

**grain** n. m. 1 → **germe** 2 → **fruit** 3 par ext. **a** → **pluie** **b** → **rafale** **c** grain de beauté : envie, nævus

**graine** n. f. par ext. : akène, amande, gland, noix, noyau, pépin, semence → **germe**

**graissage** n. m. entretien, lubrification

**graisse** n. f. 1 corps gras, lipide, lipoïde, matière grasse 2 axonge, graille (péj.), graillon, gras, lard, panne, saindoux, suif 3 cambouis, lubrifiant 4 sébum, suint 5 fart 6 adiposité

**graisser** 1 au pr. : huiler, lubrifier, oindre, suiffer 2 par ext. : encrasser, salir, souiller

**graisseux, euse** → **gras**

**graminée** n. f. → **herbe**

**grammaire** n. f. bon usage, morphologie, norme, philologie, phonétique, phonologie, règles, structure, syntaxe ◆ par ext. → **linguistique**

**grammairien, ne** n. m. ou f. 1 philologue 2 par ext. : linguiste, puriste 3 péj. **a** cuistre, grammatiste, pédant **b** fém. : bas-bleu

**grand, e** 1 adj. **a** fav. ou neutre : abondant, altier, ample, appréciable, astronomique, colossal, considérable, démesuré, élancé, élevé, étendu, fort, géant, gigantesque, grandiose, gros, haut, immense, important, imposant, incommensurable, lâche, large, longiligne, magnifique, noble, profond, spacieux, vaste **b** adulte, âgé, grandelet, grandet, majeur, mûr **c** → **beau** **d** → **illustre** **e** non fav. : atroce, démesuré, effrayant, effroyable, éléphantesque, énorme, épouvantable, excessif, fier (culot / toupet), intense, monstrueux, terrible, vif, violent **f** fam. : balèze, malabar, maousse 2 n.m. **a** → **grandeur** **b** → **personnalité** **c** grand homme, fameux, génial, glorieux, illustre, supérieur → **héros** **d** non fav. : asperge, échalas, escogriffe → **géant**

**grandement** → **beaucoup**

**grandeur** n. f. 1 fav. ou neutre : abondance, ampleur, amplitude, bourre (fam.), distinction, élévation, étendue, excellence, force, fortune, gloire, honneur, immensité, importance, intensité, largeur, majesté, mérite, noblesse, pouvoir, puissance, stature, sublimité, taille, valeur, vastitude → **dimension** 2 non fav. : atrocité, énormité, gravité, monstruosité, noirceur 3 **grandeur d'âme** → **générosité** 4 prot. → **excellence**

**grand-guignolesque** 1 → **abracadabrant** 2 → **terrible**

**grandiloquence** n. f. → **emphase**

**grandiloquent, e** → **emphatique**

**grandiose** → **imposant**
**grandir** v. tr. et intr. → **croître**
**grand-mère** n. f. [1] aïeule, bonne-maman, mamie, mémé, mère-grand (vx) [2] par ext. → **vieille**
**grand-père** n. m. [1] aïeul, bon-papa, papi, pépé, pépère [2] par ext. → **vieillard**
**grands-parents** n. m. pl. aïeux, ascendants
**grange** n. f. bâtiment, fenil, grenier, hangar, magasin, pailler, remise, resserre
**granité, e** grenu
**granulat** n. m. aggloméral, agrégat, conglomérat, fines
**granulé, e** granulaire, granuleux
**grape-fruit** n. m. pamplemousse, pomélo
**graphie** n. f. → **écriture**
**graphique** [1] n.m. : courbe, dessin, diagramme, nomogramme, tableau, tracé [2] adj. : écrit, scripturaire
**graphite** n. m. plombagine
**grappe** n. f. [1] au pr. : pampre, raisin [2] par ext. → **groupe**
**grappiller** [1] → **glaner** [2] → **voler**
**grappin** n. m. [1] au pr. : ancre, chat, cigale, corbeau, crampon, croc, crochet, harpon [2] **jeter / mettre le grappin sur quelqu'un ou quelque chose :** accaparer, accrocher, s'emparer de, harponner, jeter son dévolu, saisir
**gras, grasse** [1] au pr. **a** qui a ou semble avoir de la graisse : abondant, adipeux, bien en chair, bouffi, charnu, corpulent, dodu, empâté, enveloppé, épais, étoffé, fort, gras, grasset (vx), obèse, pansu, plantureux, plein, potelé, rebondi, replet, rond, rondelet, ventru → **gros** ♦ fam. : grassouillet, rondouillard **b** butyreux, cérumineux, crémeux, lipoïde, oléiforme, onctueux, riche **c** qui est sali de graisse : glissant, gluant, graisseux, huileux, pâteux, poisseux, sale, suintant, suiffeux, visqueux [2] par ext. **a** → **obscène** **b** → **fécond** **c** → **moelleux**
**grasseyer** graillonner
**gratification** n. f. arrosage (fam.), avantage, bakchich, bonification, bonus, bouquet, cadeau, chapeau (mar.), commission, denier à Dieu, dessous-de-table, don, donation, étrenne, faveur, fleur, générosité, gracieuseté, guelte, largesse, libéralité, pièce, pot-de-vin, pourboire, présent, prime, récompense, ristourne, surpaye, sursalaire → **boni** ♦ vx : bonne-main, courtoisie, dringuelle, épices, épingles, sportule ♦ arg. : fraîcheur, gant
**gratifier** [1] accorder, allouer, attribuer, avantager, donner, doter, douer, faire don, favoriser, imputer, munir, nantir, pourvoir, renter (vx) [2] par antiphrase : battre, châtier, corriger, frapper, maltraiter
**gratin** n. m. → **choix**
**gratiné, e** fam.→ **extraordinaire**
**gratis** à titre gracieux / gratuit, en cadeau / prime, franco, gracieusement, gratuitement ♦ fam. : à l'as, à l'œil, gratos, pour fifre, pour le roi de Prusse / des nèfles / des prunes / que dalle / rien / pas un rond
**gratitude** n. f. gré, obligation, reconnaissance
**gratte** n. f. [1] → **profit** [2] → **gale**
**gratte-ciel** n. m. → **immeuble**
**gratte-papier** n. m. et f. → **employé**
**gratter** [1] au pr. → **racler** [2] par ext. **a** → **jouer** **b** bricoler, économiser, grappiller, grignoter, griveler (vx), ratisser [3] → **flatter** [4] dépasser, doubler
**grattoir** n. m. boësse, ébarboir → **racloir**
**gratuit, e** [1] au pr. : bénévole, désintéressé, gracieux → **gratis** [2] par ext. → **injustifié**
**gratuitement** → **gratis**
**gravats** n. m. pl. → **décombres**
**grave** [1] → **sérieux** [2] → **important** [3] → **cérémonieux**
**graveleux, euse** libre → **obscène**
**gravement** → **sérieusement**
**graver** buriner, dessiner, empreindre, engraver, enregistrer, fixer, guillocher, imprimer, insculper, intailler, lithographier, nieller, sculpter, tracer
**graveur** n. m. aquafortiste, aquatintiste, ciseleur, lithographe, nielleur, pyrograveur, sculpteur, xylographe → **dessinateur**
**gravide** → **enceinte**
**gravier** n. m. → **sable**
**gravir** v. tr. et intr. → **monter**
**gravitation** n. f. attraction, équilibre céleste / sidéral
**gravité** n. f. [1] → **pesanteur** [2] → **importance** [3] austérité, componction, décence, dignité, majesté, pompe, raideur, réserve, rigidité, sérieux, sévérité, solennité
**graviter** [1] orbiter, tourner autour [2] → **fréquenter**
**gravure** n. f. → **image**
**gré** n. m. [1] n.m. **a** → **volonté** **b** → **gratitude** [2] **a de bon gré :** avec plaisir, bénévolement, de bon cœur, de bonne volonté, de plein gré, librement, volontairement, volontiers → **grâce** **b au gré de :** à la merci de, selon, suivant **c de gré à gré** → **amiable (à l')**
**gredin, e** n. m. ou f. [1] → **vaurien** [2] → **avare**
**gréement** n. m. → **agrès**
**greffe** n. m. archives, secrétariat
**greffe** n. f. [1] au pr. : bouture, ente, enture, greffon, scion [2] chir. : anaplastie, autoplastie, hétéroplastie
**greffer** [1] au pr. : écussonner, enter [2] fig. → **ajouter** [3] v. pron. → **ajouter (s')**
**greffier, ière** n. m. ou f. [1] → **secrétaire** [2] au masc. arg. → **chat**
**grégaire** conformiste, docile, moutonnier
**grêle** n. f. [1] n.f. **a** au pr. : grain, grêlon, grésil **b** fig. : abattée (fam.), averse, dégringolade (fam.), déluge, pluie [2] adj. **a** → **menu** **b** → **faible**
**grêlé, e** → **marqué**
**grêlon** n. m. → **grêle**
**grelot** n. m. [1] au pr. : cloche, clochette, sonnaille, sonnette, timbre [2] arg. → **saleté**
**grelotter** claquer des dents, frissonner → **trembler**
**grenadier** n. m. [1] fig. : briscard, grognard, soldat, vétéran [2] péj. ♦ une femme : dragon, gendarme, maritorne, mégère, poissarde, pouffiasse, rombière → **virago**
**grenat** [1] n.m. : almandin, escarboucle [2] adj. → **rouge**
**grenier** n. m. [1] → **grange** [2] comble, galetas, mansarde, taudis (péj.) [3] par ext. : débarras, fourre-tout
**grenouillage** n. m. → **tripotage**
**grenouille** n. f. ouaouaron, raine, rainette, roussette → **batracien**
**grenu, e** granité
**grésil** n. m. → **grêle**
**grésillement** n. m. bruissement, crépitement, friture, parasites
**grésiller** [1] v. intr. **a** crépiter **b** grêler [2] v. tr. : brûler, contracter, dessécher, plisser, racornir, rapetisser, rétrécir
**grève** n. f. [1] arrêt, cessation / interruption / suspension du travail, coalition (vx), lock-out [2] → **bord** [3] **grève de la faim** → **jeûne**
**grever** → **charger**
**gribouillage** n. m. → **barbouillage**
**gribouille** → **brouillon**
**gribouiller** → **barbouiller**
**grief** n. m. → **reproche**
**grièvement** → **sérieusement**
**griffe** n. f. [1] au pr. → **ongle** [2] fig. → **marque**
**griffer** → **déchirer**
**griffon** n. m. [1] → **monstre** [2] → **chien**
**griffonnage** n. m. → **barbouillage**
**griffonner** → **barbouiller**
**griffure** n. f. déchirure, écorchure, égratignure, éraflure, rayure
**grigner** → **plisser**
**grignotement** n. m. → **usure**
**grignoter** [1] → **manger** [2] → **ronger** [3] → **gratter**
**grigou** n. m. ou f. → **avare**
**gril** n. m. [1] barbecue, boucan, brasero rôtissoire [2] **être sur le gril** → **impatienter (s')**
**grillade** n. f. bifteck, carbonade, charbonnée (vx), steak
**grille** n. f. [1] clôture, grillage [2] entrée [3] barreaux [4] barbelure, cheval de frise, crapaudine, herse, sarrasine [5] → **modèle**
**griller** [1] au pr. : brasiller, brûler, chauffer, cuire au gril, rôtir, torréfier [2] fig. : brûler, désirer, être désireux / impatient de
**grillon** n. m. cri-cri
**grill-room** n. m. → **restaurant**
**grimaçant, e** antipathique, contorsionné, déplaisant, désagréable, coléreux, excessif, feint, maniéré, minaudier, plissé, renfrogné, simiesque
**grimace** n. f. [1] au pr. : contorsion, cul de poule, lippe, mimique, mine, moue, nique, renfrognement, rictus, simagrée, singerie [2] par ext. **a** → **feinte** **b** → **minauderie**
**grimacer** [1] se contorsionner, grigner [2] faire la grimace
**grimacier, ère** par ext. → **faux**
**grimage** n. m. → **fard**
**grimer** → **farder**
**grimoire** n. m. → **barbouillage**
**grimper** → **monter**
**grimpette** n. f. → **montée**
**grimpeur, euse** n. m. ou f. [1] alpiniste, rochassier [2] ordre d'oiseaux : ara, cacatoès, coucou, culrouge ou épeiche, épeichette, lori, papegai (vx), perroquet, perruche, pic, pivert, rosalbin, torcol, toucan
**grincement** n. m. → **bruit**
**grincer** [1] → **crisser** [2] → **gémir** [3] → **rager**
**grincheux, euse** [1] → **grognon** [2] → **revêche**
**gringalet** n. m. péj. : avorton, aztèque, craquelin (vx), demi-portion, efflanqué, faible, freluquet, lavette, mauviette, minus
**grippe** n. f. [1] coryza, courbature fébrile, influenza, refroidissement [2] **prendre en grippe** → **haïr**
**gripper** [1] → **prendre** [2] → **dérober** [3] v. intr. ou pr. : (se) bloquer / coincer, serrer
**grippe-sou** n. m. → **avare**
**gris, e** [1] → **terne** [2] → **ivre**
**grisaille** n. f. → **tristesse**
**grisant, e** [1] → **enivrant** [2] → **affriolant**
**griser** enivrer → **étourdir**
**griserie** n. f. enivrement, étourdissement, exaltation, excitation, ivresse
**griset** n. m. [1] → **passereau** [2] → **poisson**
**grisette** n. f. courtisane, femme légère, lisette, lorette, Mimi Pinson
**grison** n. m. [1] → **âne** [2] → **vieillard**
**grisonnant, e** poivre et sel
**grive** n. f. → **drenne**
**grivèlerie** n. f. → **vol**
**grivois, e** nom et adj. libre → **obscène**
**grivoiserie** n. f. → **obscénité**
**groggy** → **sonné**
**grognard, e** râleur, rouspéteur
**grognasse** n. f. → **virago**
**grogne** et **grognement** n. f., n. m. bougonnement, grommellement, mécontentement, récrimination, rogne, rouspétance → **protestation**
**grogner** [1] bougonner, crier, critiquer, geindre, grognonner, grommeler, gronder, marmonner, marmotter, maugréer, pester, protester, râler, rogner, rognonner, ronchonner, rouspéter, semoncer → **murmurer** [2] anim. → **crier**
**grognon** nom et adj. bougon, critiqueur, geignard, grincheux, grognard, grondeur, mécontent, rogneur, ronchon, ronchonneur, rouspéteur
**groin** n. m. → **museau**
**grommeler** → **murmurer**
**grommellement** n. m. → **grogne**
**grondement** n. m. → **bruit**
**gronder** [1] v. intr. → **murmurer** [2] v. tr. → **réprimander**
**grondeur, euse** → **grognon**
**grondin** n. m. cardinal, hirondelle de mer, rouget, trigle → **poisson**
**groom** n. m. → **chasseur**
**gros**, grosse [1] adj. **a** quelqu'un ou quelque chose : adipeux, ample, arrondi, ballonné, bedonnant, bombé, boulot, bouffi, boursouflé, charnu, corpulent, empâté, enflé, énorme, épais, épanoui, étoffé, fort, gonflé, gras, grossi, joufflu, large, lourd, massif, monolithique, monstrueux, obèse, opulent, pansu, pesant, plein, potelé, puissant, rebondi, renflé, replet, rond, rondelet, ventripotent, ventru, volumineux **b** arg. ou fam. : balèze, mafflu, mamelu, maousse, mastoc **c** quelque chose : abondant, considérable, immense, important, intense, opulent, riche, spacieux, volumineux **d** grossier → **obscène** **e** → **grand** **f** → **riche** **g gros affaire :** firme, groupe, holding, trust, usine **h gros temps :** agité, orageux, venteux [2] n.m. **a** péj. : barrique, bedon, maousse, mastodonte, paquet,

patapouf, pépère, poussah, tonneau **b** → **principal** **c** **gros bonnet** → **personnalité** 3 adv. → **beaucoup**

**grosse** 1 adj. → **enceinte** 2 n.f. : copie, expédition

**grossesse** n. f. → **gestation**

**grosseur** n. f. 1 de quelque chose : calibre, circonférence, dimension, épaisseur, largeur, taille, volume 2 de quelqu'un : adipose, adiposité, bouffissure, corpulence, embonpoint, empâtement, épaississement, graisse, hypertrophie, obésité, rondeur, rotondité 3 → **abcès**

**grossier, ère** 1 scatologique, stercoraire → **obscène** 2 → **impoli** 3 → **rude** 4 → **imparfait** 5 → **pesant** 6 → **gros** 7 → **rustaud**

**grossièrement** 1 → **imparfaitement** 2 brutalement, effrontément, impoliment, incorrectement, insolemment, lourdement, maladroitement 3 → **environ**

**grossièreté** n. f. 1 → **impolitesse** 2 → **maladresse** 3 → **obscénité** 4 → **impudence**

**grossir** 1 v. tr. **a** → **exagérer** **b** → **augmenter** 2 v. intr. : **a** augmenter, croître, se développer, devenir → **gros**, se dilater, s'empâter, enfler, s'enfler, engraisser, épaissir, s'épaissir, forcir, gonfler, se gonfler, prendre de l'embonpoint / du poids / du ventre, se tuméfier → **bedonner** **b** fam. : bâtir sur le devant, faire du lard, prendre de la brioche / de la rondeur, suiffer

**grossissement** n. m. → **agrandissement**

**grotesque** n. m. et adj. 1 → **burlesque** 2 → **ridicule**

**grotte** n. f. 1 au pr. : antre, baume, caverne, cavité, excavation, rocaille (arch.) 2 par ext. **a** crypte, refuge, repaire, retraite, tanière, terrier **b** station archéologique

**grouillant, e** → **abondant**

**grouillement** n. m. → **multitude**

**grouiller** 1 → **abonder** 2 → **remuer**

**groupage** n. m. allotissement → **assemblage**

**groupe** n. m. 1 au pr. **a** assemblée, association, atelier, cellule, cercle, collectif, collectivité, collège, comité, commission, communauté, compagnie, confrérie, église, équipe, groupement, groupuscule, loge, phalanstère, pléiade, réunion, section, société **b** armée, attroupement, bande, bataillon, brigade, compagnie, escadron, escouade, peloton, poignée, quarteron, régiment, section, troupe, unité **c** amas, assemblage, assortiment, collection, constellation, ensemble, essaim, fournée, grappe, noyau, paquet, pâté (de maisons), volée **d** clan, famille, nation, phratrie, race, tribu 2 → **orchestre** 3 → **parti** 4 litt. : chapelle, cénacle, cercle, coterie (péj.), école 5 catégorie, classe, division, espèce, famille, ordre, sorte

**groupement** n. m. → **réunion**

**grouper** 1 → **assembler** 2 → **réunir**

**grue** n. f. 1 → **échassier** 2 → **prostituée** 3 techn. : bigue, chèvre, chouleur, derrick, palan, sapine

**gruger** 1 → **avaler** 2 → **ruiner** 3 → **voler** 4 → **briser**

**grumeau** n. m. → **caillot**

**grumeleux, euse** rugueux → **rude**

**gruyère** n. m. comté, emmenthal, vacherin

**guai** n. m. → **hareng**

**gué** n. m. → **passage**

**guelte** n. f. → **gratification**

**guenille** n. f. chiffe, chiffon, défroque, fripe, haillon, harde, lambeau, loque, oripeau

**guenon** n. f. fig. → **laideron**

**guêpe** n. f. poliste

**guêpier** n. m. → **piège**

**guère** à peine, exceptionnellement, médiocrement, pas beaucoup / grand-chose / souvent / trop, peu, presque pas, rarement, très peu

**guéret** n. m. → **champ**

**guéridon** n. m. bouillotte, cabaret (vx), rognon, table ronde, trépied

**guérilla** n. f. 1 au pr. → **troupe** 2 par ext. → **guerre**

**guérillero** n. m. → **maquisard**

**guérir** 1 v. tr. → **rétablir** 2 v. intr. → **rétablir (se)**

**guérison** n. f. apaisement, cicatrisation, convalescence, cure, rétablissement, retour à la santé, salut, soulagement

**guérissable** curable → **perfectible**

**guérisseur, euse** n. m. ou f. 1 fav. ou neutre : rebouteur, rebouteux, rhabilleur, thérapeute ◆ vx : empirique, opérateur 2 non fav. : charlatan, sorcier

**guérite** n. f. par ext. : bretèche, échauguette, échiffre, guitoune, lanterne, moineau, poivrière, poste

**guerre** n. f. 1 au pr. : affaire, art militaire, attaque, bagarre, baroud, bataille, belligérance, boucherie, campagne, champ de bataille / d'honneur, combat, conflagration, conflit, croisade, démêlé, émeute, entreprise militaire, escarmouche, expédition, guérilla, hostilité, insurrection, invasion, lutte, offensive, révolution, stratégie, tactique, troubles ◆ fam. : casse-gueule / -pipe, grive, rif, riflette 2 fig. **a** → **animosité** **b** → **conflit** 3 **a** **faire la guerre à** → **réprimander** **b** **nom de guerre** : pseudonyme

**guerrier, ière** nom et adj. 1 → **militaire** 2 **a** → **soldat** **b** fém. : amazone

**guerroyer** se battre, combattre, faire la guerre

**guet** n. m. → **surveillance**

**guet-apens** n. m. attaque, attentat, embûche, embuscade, surprise, traquenard → **piège**

**guêtre** n. f. 1 houseaux, jambart, jambière, molletière 2 par ext. : cnémide 3 **laisser ses guêtres** → **mourir**

**guetter** → **épier**

**guetteur** n. m. factionnaire → **veilleur**

**gueulard** n. m. 1 bouche, orifice, ouverture 2 braillard, criard, fort en gueule, grande gueule, hurleur, râleur, rouspéteur

**gueule** n. f. 1 → **bouche** 2 → **visage** 3 → **ouverture** 4 **gueule de bois** : bouche forestière

**gueuler** v. tr. et intr. beugler, brailler, bramer, crier, hurler, protester, tempêter, tonitruer, vociférer

**gueuleton** n. m. → **festin**

**gueuletonner** → **bâfrer**

**gueux, euse** n. m. ou f. 1 neutre. **a** → **pauvre** **b** → **mendiant** 2 non fav. : bélître (vx), claque-pain, clochard, clodo, cloporte, pilon (arg.), pouilleux, traîne-misère / savate, truand, vagabond, va-nu-pieds → **coquin**

**guichet** n. m. 1 → **ouverture** 2 par ext. : bureau, caisse, office, officine, renseignements, station, succursale

**guichetier, ière** n. m. ou f. → **gardien**

**guide** 1 n.m. **a** quelqu'un : accompagnateur, chaperon, cicérone, conducteur, convoyeur, cornac (fam.), introducteur, mentor, pilote, sherpa **b** catalogue, dépliant, guide-âne, mémento, mode d'emploi, modèle, patron, pense-bête, pige, plan, recette, vade-mecum **c** coulisse, glissière, trusquin **d** fig. → **conseiller** 2 n.f. → **bride**

**guider** aider, conduire, conseiller, diriger, éclairer, éduquer, faire les honneurs de, faire voir, gouverner, indiquer, mener, mettre sur la voie, orienter, piloter, promener

**guidon** n. m. banderole, bannière, enseigne, étendard, fanion, oriflamme → **drapeau**

**guigne** n. f. → **malchance**

**guigner** 1 → **regarder** 2 → **vouloir**

**guignette** n. f. → **serpe**

**guignol** n. m. 1 → **pantin** 2 arg. **a** → **gendarme** **b** → **juge** **c** → **tribunal**

**guilde** n. f. → **corporation**

**guilleret, te** 1 → **gai** 2 → **libre**

**guillotine** n. f. 1 bois de justice, échafaud 2 arg. : abattoir, abbaye de monte-à-regret / de monte-à-rebours / de Saint-Pierre, bascule à Charlot, bécane, bute, coupe-cigare, faucheuse, guichet, lunette, machine (à raccourcir), Madame, Mademoiselle, massicot, mécanique, mouton, numéro cent un, panier de son, plat-ventre, sanguine, veuve, veuve rasibus ◆ vx : béquillarde, béquille

**guillotiner** 1 **a** couper / trancher la tête, décapiter, décoller, exécuter, faucher / faire tomber une tête, faire justice, supplicier **b** arg. : basculer, buter, décoller la cafetière / le citron, faire la barbe, faucher, massacrer, opérer, raccourcir, raser la tronche / le colbac, rogner 2 v. passif ◆ arg. : cracher / éternuer dans le panier / le sac / la sciure / le son, épouser / marida la veuve, faire la culbute, jouer à main chaude, monter à la butte / à l'échelle, y aller du gadin

**guimbarde** n. f. 1 → **voiture** 2 → **rabot**

**guimpe** n. f. → **camisole**

**guindé, e** 1 → **étudié** 2 → **emphatique**

**guinder** → **raidir**

**guinderesse** n. f. → **cordage**

**guingois (de)** loc. adv. : à la va-comme-je-te-pousse, de travers / traviole (fam.), mal équilibré / fichu / foutu (fam.), obliquement → **bancal**

**guinguette** n. f. 1 → **cabaret** 2 → **bal**

**guipure** n. f. dentelle, fanfreluche → **passement**

**guirlande** n. f. décor, décoration, feston, ornement

**guise** n. f. façon, fantaisie, goût, gré, manière, sorte, volonté

**guitare** n. f. par ext. : balalaïka, banjo, cithare, gratte (arg.), guzla, luth, lyre, mandoline, sitar ◆ vx : guimbarde

**guitoune** n. f. 1 → **tente** 2 → **cabane**

**gunite** n. f. → **enduit**

**guttural, e** → **rauque**

**gymnase** n. m. 1 sens actuel : centre sportif, palestre, stade 2 par anal. : académie, collège, école, institut, institution, lycée

**gymnaste** n. m. ou f. acrobate, culturiste, moniteur / professeur d'éducation physique / de gymnastique ◆ vx : agoniste, gymnasiarque

**gymnastique** n. f. acrobatie, agrès, anneaux, barre fixe, barres parallèles, cheval d'arçon, corde à nœuds / lisse, culture / éducation / travail physique, culturisme, délassement, entraînement, exercice gymnique, mouvement, sport, trapèze ◆ angl. : aérobic, body building, jogging, stretching → **athlétisme**

**gynécée** n. m. 1 au pr. appartements / quartier des dames / femmes, harem, sérail, zénana 2 par ext. non fav. : bordel, quartier réservé → **lupanar**

**gynécologue** n. m. ou f. 1 accoucheur, obstétricien vx : maïeuticien 2 obstétricienne, sage-femme ◆ vx : matrone

**gypaète** n. m. → **aigle**

**gypse** n. m. alabastrite, albâtre, pierre à plâtre, sulfate hydraté de calcium

# H

**habile** 1 au pr. phys. : accort (vx), adroit, agile, exercé, leste, preste, prompt, vif 2 par ext. **a** apte, avisé, bon, capable, compétent, diligent, diplomate, docte, émérite, entendu, érudit, exercé, expérimenté, expert, fin, fort, industrieux, ingénieux, inspiré, intelligent, inventif, perspicace, politique, prudent, rompu à, sagace, savant, souple, subtil, talentueux, versé, virtuose → **prudent** ◆ fam. : astucieux, calé, démerdard, ferré, fortiche, marle, vicieux **b** une pratique : bien *suivi d'un part. passé valorisant, par ex.* : bien calculé / fait / joué / visé / vu **c** non fav. : artificieux, calculateur, débrouillard, diplomatique, finaud, futé, madré, malin, matois, navigateur, opportuniste, retors, roublard, roué, rusé, vieux routier

**habileté** n. f. 1 du corps : adresse, agilité, élégance, dextérité, facilité, métier, prestesse, promptitude, souplesse, technique, tour de main, vivacité 2 de l'esprit. **a** adresse, aisance, aptitude, art, astuce, autorité, bien-faire, bonheur, brio, capacité, chic, compétence, débrouillardise, débrouille, délicatesse, dextérité, diplomatie, doigté, don, élégance, éloquence, entregent, expérience, facilité, finesse, force, industrie, ingéniosité, intelligence, invention, maestria, main, maîtrise, patience, patte, perspicacité, persuasion, politique, pratique, précision, réalisme, savoir-faire, science, souplesse, subtilité, système D, tact, talent, technique, virtuosité **b** non fav. : artifice, escamotage, finasserie, jonglerie, opportunisme, rouerie, ruse, truquage ◆ fam. : démerde, ficelle, vice

**habilitation** et **habilité** n. f. → **capacité**

**habiliter** → **permettre**

**habillage** n. m. 1 → **préparation** 2 → **revêtement**

**habillé, e** → **vêtu**

**habillement** n. m. → **vêtement**

**habiller** 1 au pr. : accoutrer, ajuster, arranger, costumer, couvrir, déguiser, draper, endimancher, envelopper, équiper, travestir → **vêtir** ◆ fam. : affubler, enharnacher, fagoter, ficeler, fringuer, harnacher, nipper, sabouler, saper 2 → **orner**

**habilleur, euse** dame / femme d'atours, femme / valet de chambre → **tailleur**

**habit** n. m. [1] → **vêtement** [2] **a** frac, queue-de-morue / de-pie, tenue de cérémonie **b** par ext. : jaquette, redingote, smoking, spencer **c** fig. → **aspect**

**habitabilité** n. f. → **commodité**

**habitable** → **commode**

**habitacle** n. m. [1] d'avion : cabine, carlingue, cockpit [2] d'animaux : **a** carapace, conque, coque, coquillage, coquille, cuirasse, spirale, test **b** → **tanière** [3] mar. : boîte à compas [4] → **logement**

**habitant, e** [1] au pr. : aborigène, autochtone, banlieusard, bourgeois (vx), campagnard, citadin, citoyen, faubourien, hôte, indigène, insulaire, locataire, montagnard, natif, naturel, occupant, villageois [2] par ext. **a** âme, électeur, homme, individu, personne, résident **b** au pl. : faune, démographie, nation, peuple, peuplement, phratrie, population

**habitat** n. m. [1] → **milieu** [2] → **logement**

**habitation** n. f. [1] au pr. **a** sens général : chambre, chez-soi, demeure, domicile, gîte, home, logement, logette, logis, maison, mansion (vx), nid, résidence, retraite, séjour, toit → **appartement** **b** de ville : grand ensemble, H.L.M., immeuble, tour **c** de campagne : bastide, bastidon, chalet, chartreuse, château, domaine, ferme, fermette, gentilhommière, isba, logis, manoir, mas, métairie, moulin, pavillon, propriété, rendez-vous de chasse, villa ♦ vx : castel, folie, manse, vide-bouteille(s) **d** cahute, case, gourbi, hutte, isba, roulotte, tente → **cabane** **e** de prestige : datcha, hôtel particulier, palace, palais **f** fam. ou non fav. : casbah, galetas, trou, turne [2] par ext. **a** relig. : couvent, cure, doyenné, ermitage, presbytère **b** abri, asile, établissement

**habité, e** → **peuplé**

**habiter** camper, coucher, demeurer, s'établir, être domicilié, se fixer, loger, occuper, résider, rester, séjourner, vivre ♦ fam. : crécher, gîter, hanter, nicher, percher, zoner

**habitude** n. f. [1] au pr. **a** fav. ou neutre : acclimatement, accoutumance, adaptation, aspect habituel, assuétude, attitude familière, coutume, déformation (péj.), disposition, entraînement, habitus, manière d'être / de faire / de vivre, mode, modus vivendi, mœurs, penchant, pli, pratique, règle, rite, seconde nature, tradition, us, usage **b** non fav. : automatisme, encroûtement, manie, marotte, routine, tic [2] → **relation**

**habitué, e** abonné (partic.), acclimaté à, accoutumé à, apprivoisé, au courant, au fait, coutumier de, dressé, éduqué, endurci, entraîné, façonné, fait à, familiarisé avec, familier de, formé, mis au pas (péj.) / au pli (fam.), plié à, rompu à, stylé

**habituel, le** chronique, classique, commun, consacré, conventionnel, courant, coutumier, familier, fréquent, général, hectique (méd.), machinal, normal, ordinaire, quotidien, régulier, répété, rituel, traditionnel, usité, usuel → **banal**

**habituellement** à l'accoutumée, d'ordinaire

**habituer** acclimater, accoutumer, acoquiner (vx), adapter, apprendre, apprivoiser, dresser, éduquer, endurcir, entraîner, façonner, faire à, familiariser, former, initier, mettre au courant / au fait de / au parfum (fam.), plier à, rompre

**hâbler** affabuler, amplifier, blaguer, bluffer, cravater, exagérer, dire / faire / raconter des blagues / contes / craques / galéjades / histoires, faire le malin, fanfaronner, frimer, galéjer, inventer, mentir, renchérir, se vanter

**hâblerie** n. f. blague, bluff, bravade, broderie, charlatanerie, charlatanisme, conte, crânerie, craque, épate, esbroufe, exagération, fanfaronnade, farce, forfanterie, galéjade, gasconnade, histoire bordelaise / marseillaise, jactance, mensonge, rodomontade, tromperie, vantardise ♦ fam. : frime, vanne ♦ vx : escobarderie, fanfare, menterie

**hâbleur, euse** nom et adj. [1] neutre : beau parleur, bellâtre, blagueur, bluffeur, brodeur, conteur, fabulateur, fanfaron, faraud, imposteur, jaseur, malin, menteur, mythomane, vantard [2] fam. et/ou vx : arracheur de dents, avaleur, baratineur, bélître, bellâtre, bordelais, bravache, capitan, charlatan, crâneur, esbroufeur, escobar, faiseur, faraud, farceur, fier-à-bras, forgeur, fracasse, frimeur, gascon, mâchefer, marseillais, masseur, m'as-tu-vu, matador, matamore, méridional, normand, olibrius, pistachier (mérid.), pourfendeur, rodomont, rouleur, tranche-montagne, vanneur

**hache** n. f. [1] au pr. : **a** bipenne, cognée **b** francisque, tomahawk [2] par ext. : aisseau, coupe-coupe, couperet, doleau, doloire, fendoir, hachereau, hachette, hachoir, hansart, herminette, merlin, serpe

**haché, e** fig. : abrupt, coupé, court, entrecoupé, heurté, interrompu, saccadé, sautillant, syncopé

**hacher** [1] au pr. : couper, déchiqueter, découper, diviser, fendre, mettre en morceaux, trancher [2] par ext. : détruire, ravager [3] fig. : couper, entrecouper, interrompre [4] **se faire hacher pour** → **sacrifier (se)**

**hachich** ou **hachisch** ou **haschich** ou **haschisch** n. m. cannabis, chanvre indien, hasch, herbe, kif, marie-jeanne, marijuana → **drogue**

**hachis** n. m. boulette, croquette, farce, farci, godiveau, quenelle

**hachoir** n. m. couperet, hache-viande, hansart

**hachure** n. f. entaille, raie, rayure, trait, zébrure

**hachurer** entailler, hacher, rayer, zébrer

**hacienda** n. f. fazenda → **propriété**

**hagard, e** [1] absent, délirant, dément, effaré, effrayé, égaré, épouvanté, fiévreux, fou, halluciné, horrifié, saisi, terrifié, terrorisé [2] → **sauvage** [3] → **troublé**

**hagiographie** n. f. [1] au pr. : histoire des saints, légende dorée [2] par ext. → **histoire**

**haie** n. f. [1] au pr. : âge (vx), bordure, brise-vent, buisson, charmille, clôture, entourage, obstacle → **hallier** [2] par ext. : cordon, file, rang, rangée

**haillon** n. m. affûtiaux, chiffon, défroque, guenille, harde, loque, nippe, oripeau → **vêtement**

**haillonneux, euse** → **déguenillé**

**haine** n. f. [1] au pr. **a** acrimonie, animadversion, animosité, antipathie, aversion, détestation, exécration, fanatisme, férocité, fiel, fureur, hostilité, inimitié, intolérance, jalousie, malignité, malveillance, misanthropie, passion, querelle, rancœur, rancune, répugnance, répulsion, ressentiment, vengeance, venin **b** racisme, xénophobie [2] par ext. : abomination, acharnement, aigreur, colère, cruauté, dégoût, dissension, éloignement, exaspération, folie, horreur, persécution, rivalité

**haineux, euse** → **malveillant**

**haïr** abhorrer, abominer, avoir en aversion / en horreur, détester, exécrer, fuir, honnir, maudire, ne pouvoir sentir, prendre en grippe, répugner à, en vouloir à

**haire** n. f. [1] au pr. : cilice [2] par ext. : macération, pénitence

**haïssable** abominable, antipathique, déplaisant, détestable, exécrable, insupportable, maudit, méprisable, odieux, rebutant, repoussant, réprouvé, répugnant

**halage** n. m. remorquage, tirage, touage

**hâlé, e** basané, bistré, boucané, bronzé, brûlé, bruni, cuivré, doré, mat

**haleine** n. f. [1] au pr. : anhélation, essoufflement, expiration, respiration, souffle [2] par ext. **a** bouffée, brise, fumée, souffle, vent **b** effluve, émanation, exhalaison, fumet, odeur, parfum [3] **a à perdre haleine :** à perdre le souffle, longuement, sans arrêt / discontinuer **b être hors d'haleine :** essoufflé, haletant

**halener** vén. → **sentir**

**haler** affaler (mar.) → **tirer**

**hâler** boucaner, bronzer, brûler, brunir, dorer, noircir

**haletant, e** [1] au pr. : anhélant, époumoné, épuisé, essoufflé, hors d'haleine, pantelant, pantois (vx), suffoqué [2] par ext. : bondissant, précipité, saccadé [3] fig. : ardent, avide, cupide (péj.), désireux, impatient

**halètement** n. m. → **essoufflement**

**haleter** anhéler, être à bout de souffle / haletant, panteler

**hall** n. m. [1] → **vestibule** [2] → **salle**

**halle** n. f. [1] entrepôt, hangar, magasin [2] foire, marché couvert

**hallebarde** n. f. → **lance**

**hallier** n. m. buisson, épinaie, épines, épinier, fourré, ronce → **haie**

**hallucinant, e** → **extraordinaire**

**hallucination** n. f. [1] par ext. : aliénation, apparition, cauchemar, chimère, délire, démence, déraison, divagation, fantasmagorie, fantasme, folie, hallucinose, illusion, mirage, rêve, vision [2] fig. : berlue (fam.), éblouissement, voix

**halluciné, e** nom et adj. [1] aliéné, bizarre, délirant, dément, égaré, hagard, visionnaire [2] affolé, angoissé, déséquilibré, épouvanté, fou, horrifié, médusé, terrifié, terrorisé

**halluciner** → **éblouir**

**halo** n. m. [1] → **lueur** [2] → **nimbe**

**halte** n. f. [1] arrêt, escale, étape, interruption, pause, relais, répit, repos, station → **abri** [2] → **nursery**

**hameau** n. m. bourg, bourgade, écart, lieu-dit ou lieudit, localité, village

**hameçon** n. m. → **piège**

**hampe** n. f. → **bâton**

**hanap** n. m. calice, coupe, cratère, pot, récipient, vase

**hanche** n. f. croupe, fémur, fesse, flanc, reins

**handicap** n. m. [1] → **infirmité** [2] → **inconvénient** [3] mar. : allégeance

**handicaper** → **désavantager**

**hangar** n. m. abri, appentis, dépendance, fenil, garage, grange, grenier, local, remise, resserre, toit → **magasin**

**hanse** n. f. → **société**

**hanter** [1] → **fréquenter** [2] → **tourmenter**

**hantise** n. f. → **obsession**

**happening** n. m. improvisation → **spectacle**

**happer** v. tr. et intr. adhérer à, s'agripper à, s'attacher à, attraper, s'emparer de, gripper, mettre le grappin / le harpon / la main sur, prendre, saisir

**happy end** n. m. deus ex machina, fin heureuse (off.)

**haquenée** n. f. [1] au pr. → **jument** [2] par ext. → **cheval**

**haquet** n. m. → **voiture**

**hara-kiri** n. m. [1] auto-destruction, suicide [2] **faire hara-kiri :** se donner la mort, s'éventrer, se frapper, s'immoler, se percer le flanc, se poignarder, se sacrifier, se suicider, se transpercer

**harangue** n. f. [1] au pr. : allocution, appel, catilinaire, discours, dissertation, exhortation, exposé, péroraison, philippique, plaidoyer, proclamation, prosopopée, sermon, speech, tirade, toast ♦ relig. : homélie, prêche ♦ vx : oraison [2] par ext. péj. : réprimande, semonce

**haranguer** → **sermonner**

**harangueur, euse** n. m. ou f. → **orateur**

**haras** n. m. station de remonte

**harassant, e** → **tuant**

**harasse** n. f. → **cageot**

**harassé, e** abattu, abruti, à bout, accablé, anéanti, annihilé, brisé, échiné, épuisé, éreinté, excédé, exténué, fatigué, las, vaincu ♦ fam. : claqué, crevé, flapi, mort, moulu, rendu, rompu, tué, vanné, vidé

**harasser** → **fatiguer**

**harcelant, e** → **ennuyeux**

**harcèlement** n. m. → **poursuite**

**harceler** s'acharner, agacer, aiguillonner, assaillir, assiéger, asticoter, attaquer, braver, empoisonner, exciter, fatiguer, gêner, importuner, inquiéter, obséder, pourchasser, poursuivre, pousser à bout, presser, provoquer, relancer, secouer, taler, talonner, taquiner, tarabuster, tirailler, tourmenter, tracasser, traquer → **ennuyer**

**harde** n. f. harpail

**harder** vén. → **attacher**

**hardes** n. f. pl. [1] → **vêtement** [2] → **haillon**

**hardi, e** [1] fav. ou neutre. **a** quelqu'un : aguerri, audacieux, aventureux, brave, casse-cou, courageux, crâne (vx), décidé, déluré, déterminé, énergique, entreprenant, fougueux, hasardeux, impavide, impétueux, intrépide, mâle, osé, résolu, vaillant, vigoureux ♦ vx : délibéré, fier **b** quelque chose : nouveau, original, osé, prométhéen [2] non fav. **a** au pr. : arrogant, cavalier, effronté, impudent, indiscret, insolent, présomptueux, risque-tout, téméraire **b** relatif aux mœurs : audacieux, gaillard, impudique, leste, osé, provocant, risqué **c** arg. ou fam. : à la redresse, (avoir) du coffre / de la santé, culotté, gonflé, soufflé

**hardiesse** n. f. [1] fav. ou neutre. **a** quelqu'un : assurance, audace, bravoure, cœur, courage, cran, décision, détermination, énergie, esprit d'entreprise, fermeté, fougue, impétuosité, intrépidité, résolution, vaillance **b** quelque chose : innovation, nouveauté, originalité [2] non fav. **a** quelqu'un : aplomb, arrogance, audace, crânerie, effronterie, front, imprudence, impudence, indiscrétion, insolence, outrecuidance, présomption, sans-gêne, témérité, toupet **b** relatif aux mœurs : impudicité, inconvenance, indécence, liberté, licence **c** arg. ou fam. : bide, coffre, culot, estomac, sang, santé, souffle

**hardware** n. m. inform. : matériel

**harem** n. m. → **gynécée**

**hareng** n. m. [1] bouffi, gendarme, guai, harenguet, kipper, rollmops, sauret, saurin, sprat [2] → **proxénète**

**harengère** n. f. dame de la halle, dragon, gendarme, grenadier, grognasse, maritorne, poissarde, pouffiasse, rombière, teigne, tricoteuse (vx), virago → **mégère**

**haret** n. m. et adj. [1] → **chat** [2] → **sauvage**

**harfang** n. m. → **hulotte**

**hargne** n. f. [1] → **méchanceté** [2] → **colère**

**hargneux, euse** → **acariâtre**

**haricot** n. m. [1] dolic, flageolet, mangetout, soissons [2] fam. : fayot

**haridelle** n. f. → **cheval**

**harki** n. m. supplétif → **soldat**

**harmonie** n. f. [1] chœur, concert, musique → **orchestre** [2] accompagnement, accord, arrangement, assonance, cadence, combinaison, consonance, contrepoint, euphonie, mélodie, mouvement, nombre, rondeur, rythme [3] fig. **a** entre personnes : accord, adaptation, affinité, agencement, alliance, amitié, bon esprit, communion, conciliation, concordance, concorde, conformité, correspondance, entente, équilibre, paix, réconciliation (par ext.), sympathie, unanimité, union **b** entre choses : balancement, beauté, cadence, cohérence, cohésion, combinaison, consonance, économie des parties, élégance, ensemble, équilibre, eurythmie, grâce, harmonisation, homogénéité, nombre, orchestration, ordre, organisation, pondération, proportion, régularité, rythme, symétrie, unité

**harmonieux, euse** et **harmonique** accordé, adapté, agréable, ajusté, balancé, beau, cadencé, cohérent, conforme, convergent, doux, élégant, équilibré, esthétique, euphonique, eurythmique, galbé, gracieux, homogène, juste, mélodieux, musical, nombreux, ordonné, organisé, pondéré, proportionné, régulier, rythmé, suave, symétrique

**harmonisation** n. f. accompagnement, arrangement, orchestration → **harmonie**

**harmoniser** accommoder, accorder, adapter, agencer, ajuster, aménager, apprêter, approprier, arranger, assembler, assortir, classer, combiner, composer, concilier, construire, coordonner, disposer, équilibrer, faire concorder, grouper, mettre ensemble, ordonner, organiser, pacifier, ranger, régler, unifier

**harnachement** n. m. [1] au pr. : attelage, bricole, caparaçon, équipement, harnais, joug, sellerie [2] par ext. : bricole, bride, bridon, cocarde, collier, courroie de reculement, culeron, culière, dossière, guide, licol, licou, longe, mancelle, martingale, œillère, porte-brancard, rênes, sangle, sous-ventrière, surdos, surfaix, têtière, trait, trousse-queue [3] fig. → **vêtement**

**harnacher** [1] par ext. : atteler, brider, caparaçonner, équiper, seller [2] fig. → **vêtir**

**harnais** n. m. → **harnachement**

**haro (crier)** → **vilipender**

**harpagon** n. m. → **avare**

**harpail** ou **harpaille** n. m., n.f. harde

**harpe** n. f. → **lyre**

**harpie** n. f. → **mégère**

**harpon** n. m. crampon, croc, crochet, dard, digon, foène, foëne, grappin

**harponner** → **prendre**

**hasard** n. m. [1] au pr. **a** neutre ou non fav. : accident, aléa, aventure, cas fortuit, circonstance, coïncidence, conjoncture, contingence, coup de dés / de pot (arg.) / du sort, destin, déveine, fatalité, fortune, impondérable, imprévu, incertitude, indétermination, malchance, manque de pot (arg.), occasion, occurrence, rencontre, risque, sort **b** fav. : aubaine, chance, coup de chance / de pot (arg.), fortune, veine [2] par ext. → **danger** [3] **a par hasard :** d'aventure, par aventure / chance / raccroc, fortuitement **b au hasard :** accidentellement, à l'aventure / l'aveuglette / l'improviste, au flan (fam.), aveuglément, au petit bonheur, de façon / manière accidentelle / adventice / contingente / imprévisible / imprévue, inconsidérément, n'importe comment / où / quand, par raccroc

**hasardé, e** [1] aléatoire, audacieux, aventuré, casuel (vx), chanceux, dangereux, exposé, fortuit, fou, glissant, gratuit, hardi, hasardeux, imprudent, incertain, misé, osé, périlleux, risqué, téméraire, tenté [2] vx → **obscène**

**hasarder** [1] au pr. : avancer, aventurer, commettre, compromettre (péj.), se décider, émettre, essayer, exposer, jouer, jouer son va-tout, se lancer, oser, risquer, risquer le paquet (fam.), spéculer, tenter [2] par ext. → **expérimenter**

**hasardeux, euse** [1] → **hardi** [2] → **hasardé**

**has been** n. m. off. → **fini, vieux**

**haschisch** → **hachich**

**hase** n. f. → **lièvre**

**hastaire** n. m. → **soldat**

**hâte** n. f. [1] → **vitesse** [2] → **agitation** [3] **à la hâte, en hâte :** à la diable, à fond de train (fam.), avec promptitude, hâtivement, précipitamment, promptement, rapidement, d'urgence, vite, vivement [4] arg. : fissa,

**hâter** [1] → **accélérer** [2] → **brusquer** [3] v. pron. : s'agiter, courir, cravacher, se dépêcher, s'empresser, faire diligence, s'activer, se précipiter, se presser ◆ arg. ou fam. : s'activer, bomber, se dégrouiller / démerder / grouiller / manier / trotter, faire fissa, filocher, pédaler, tracer, tricoter, trisser

**hâtif, ive** [1] fav. ou neutre : à la minute, avancé, immédiat, précoce, prématuré, pressé, rapide, sommaire [2] non fav. : à la va-vite, bâclé, gâché, précipité, saboté, sabré, torché

**hauban** n. m. → **cordage**

**hausse** n. f. accroissement, augmentation, bond, boom ou boum, croissance, crue, élévation, enchérissement, flambée / montée des prix, haussement, majoration, montée, poussée, progression, redressement, rehaussement, relèvement, renchérissement, revalorisation, valorisation

**haussement** n. m. [1] → **hausse** [2] crue, élévation, exhaussement, soulèvement, surélévation [3] **haussement d'épaules :** geste de dédain / de désintérêt / d'indifférence / de mépris, mouvement d'épaules

**hausser** [1] au pr. **a** une valeur : accroître, augmenter, élever, enchérir, faire monter, majorer, monter, rehausser, relever, remonter, renchérir, revaloriser, surenchérir **b** une dimension : agrandir, élever, enfler, exhausser **c** un objet : dresser, hisser, lever, monter, porter haut, redresser, remonter, surélever, surhausser [2] par ext. : élever, exalter, porter aux nues

**haut, e** [1] au pr. : culminant, dominant, dressé, élancé, élevé, grand, hauturier (vx), levé, long, perché, proéminent, relevé, surélevé [2] fig. **a** fav. : altier, digne, éclatant, élevé, éminent, fortuné, grand, important, noble, remarquable, sublime, supérieur, suprême **b** non fav. : arrogant, démesuré → **dédaigneux** **c** neutre : aigu, considérable, fort, grand, intense, relevé, vif **d** → **profond** **e** → **sonore** **f** → **ancien** [3] **a haut fait :** acte courageux / éclatant / héroïque / méritoire, action d'éclat **b haut mal :** épilepsie

**haut** n. m. cime, comble, couronnement, crête, dessus, faîte, flèche → **apogée**

**hautain, e** → **dédaigneux**

**haut-de-forme** n. m. claque, gibus, huit-reflets, tube, tuyau de poêle (fam.)

**hautement** → **beaucoup**

**hauteur** n. f. [1] au pr. : altitude, dimension, élévation, étage, étiage, hypsométrie, niveau, profondeur (de l'eau), stature, taille [2] par ext. : ballon, belvédère, butte, chaîne, colline, côte, coteau, crête, dune, élévation, éminence, falaise, gour, haut, inselberg, interfluve, ligne de partage des eaux, mamelon, mont, montagne (à vaches), montagnette, monticule, morne, motte, pic, piton, plateau, surplomb, talus, taupinière, tell, tertre, vallonnement [3] fig. → **dédain** [4] mar. : guindant

**haut-fond** n. m. atterrissement, banc, récif

**haut-le-cœur** n. m. → **dégoût**

**haut-le-corps** n. m. → **tressaillement**

**haut-parleur** n. m. par ext. : baffle, enceinte

**hâve** émacié, maigre → **pâle**

**havre** n. m. → **port**

**havresac** n. m. → **sac**

**hayon** n. m. [1] → **claie** [2] → **fermeture**

**heaume** n. m. → **casque**

**hébergement** n. m. → **logement**

**héberger** → **recevoir**

**hébété, e** → **stupide**

**hébéter** → **abêtir**

**hébétude** n. f. → **engourdissement**

**hébraïque** et **hébreu** → **israélite**

**hécatombe** n. f. [1] → **sacrifice** [2] → **carnage**

**hédonisme** n. m. épicurisme, eudémonisme, optimisme

**hégémonie** n. f. → **supériorité**

**héler** → **interpeller**

**hélicoptère** n. m. → **aérodyne**

**hématome** n. m. → **contusion**

**hémicycle** n. m. → **amphithéâtre**

**hémiplégie** n. f. → **paralysie**

**hémisphère** n. m. calotte sphérique → **dôme**

**hémistiche** n. m. césure, coupe, pause

**hémorragie** n. f. [1] épistaxis, hématémèse, hématurie, hémoptysie, ménorragie, métrorragie, perte, purpura, saignée, saignement → **congestion** [2] fig. → **fuite**

**héraut** n. m. → **messager**

**herbage** n. m. [1] → **herbe** [2] → **pâturage**

**herbe** n. f. [1] au pr. **a** graminée, légumineuse **b** brome, chiendent, crételle, dactyle, fétuque, folle avoine, ivraie, laîche, ray-grass **c** foin, fourrage, jarosse, lotier, luzerne, mélilot, minette, regain, trèfle, verdure, vert [2] par ext. **a** aromates, simples **b** alpages, champ, gazon, herbage, herbette, pâturage, prairie, pré, savane, tapis vert, verdure → **pelouse** **c** → **drogue** **d** **herbe aux poux** → **dauphinelle**

**herbeux, euse** enherbé, herbu, verdoyant, vert

**herbivore** n. m. et adj. [1] au pr. : ruminant [2] par ext. : végétarien

**hercule, herculéen, enne** → **fort**

**hère** n. m. → **homme**

**héréditaire** ancestral, atavique, congénital, successible, transmissible

**hérédité** n. f. [1] atavisme, génotype [2] antécédents, ascendance, caractère ancestral, parenté, ressemblance [3] héritage, legs, patrimoine, succession, transmissibilité, transmission

**hérésie** n. f. [1] apostasie, contre-vérité, dissidence, erreur, fausseté, hétérodoxie, impiété, non-conformisme, réforme, réformisme, reniement, révolte, sacrilège, schisme, séparation [2] principales hérésies : adamisme, arianisme, gnosticisme, manichéisme, montanisme, orphisme, quiétisme, socinianisme, unitarisme → **protestantisme**

**hérétique** nom et adj. [1] apostat, dissident, hérésiarque, hétérodoxe, impie, incroyant, infidèle, laps et relaps, non conformiste, réformateur, réformiste, renégat, révolté, sacrilège, schismatique, séparé [2] albigeois ou cathare, arien, ascite, bogomile, gnostique, manichéen, montaniste, ophite, quiétiste, sacramentaire, unitaire ou unitarien, vaudois → **protestant**

**hérissé, e** [1] au pr. : dressé, ébouriffé, échevelé, hirsute, hispide, horripilé, raide, rebroussé [2] par ext. : chargé, couvert, entouré / farci / garni / plein / rempli / truffé de, épineux, protégé de / par [3] fig. → **irrité**

**hérisser** [1] → **horripiler** [2] → **irriter**

**hérisson** n. m. [1] échinoderme [2] → **herse** [3] égouttoir, porte-bouteilles

**héritage** n. m. [1] au pr. : legs, succession ◆ vx : douaire, hoirie, majorat [2] par ext. **a** bien, domaine, patrimoine, propriété **b** atavisme, hérédité

**hériter** v. tr. et intr. avoir en partage, recevoir, recueillir

**héritier, ère** n. m. ou f. [1] ayant cause / droit, colicitant, dépositaire, donataire, hoir (vx), légataire [2] par ext. **a** → **fils** **b** → **successeur**

**hermaphrodite** n. m. et adj. [1] ambisexué, androgyne, bisexué, intersexué, intersexuel, transsexuel [2] bot. : monoïque

**herméneutique** n. f. commentaire, critique, exégèse, interprétation

**hermétique** [1] → **secret** [2] → **obscur** [3] clos, fermé, joint

**hermétiquement** à fond, complètement, entièrement

**hermétisme** n. m. → **occultisme**

**hermine** n. f. roselet

**hernie** n. f. [1] **a** descente, étranglement, évagination, éventration, prolapsus **b** rég. : effort, grosseur [2] par ext. : tuméfaction, tumeur molle

**héroï-comique** bouffe, bouffon, burlesque, grotesque, macaronique, parodique

**héroïne** n. f. [1] → **héros** [2] → **drogue**

**héroïque** [1] chevaleresque, cornélien, élevé, épique, homérique, noble, stoïque [2] par ext. **a** → **généreux** **b** → **courageux** [3] fig. **a** → **efficace** **b** → **extrême**

**héroïsme** n. m. [1] → **générosité** [2] → **courage**

**héron** n. m. cendré, crabier ou garde-bœuf, huppe, pourpré → **échassier**

**héros** n. m. brave, demi-dieu, démiurge, géant, grand homme / personnage, héroïne, lion, paladin, preux, superman (fam.), surhomme

**herse** n. f. [1] brise-mottes, canadienne, croskill, émotteuse, hérisson, norvégienne [2] → **grille**

**herser** → **ameublir**

**hésitant, e** ballotté, en balance, chancelant, confus, craintif, désorienté, douteux, embarrassé, empêché, flottant, fluctuant, incertain, indécis, indéterminé, irrésolu, oscillant, partagé, perplexe, réservé, réticent, scrupuleux, suspendu, timide, velléitaire

**hésitation** n. f. arrière-pensée, atermoiement, balance, balancement, cafouillage, désarroi, doute, embarras, flottement, fluctuation, incertitude, indécision, indétermination, irrésolution, louvoiement, perplexité, réserve, résistance, réticence, scrupule, tâtonnement, tergiversation, vacillation

**hésiter** atermoyer, attendre, avoir scrupule, balancer, barguigner, broncher, craindre de, délibérer, se demander, être embarrassé / empêtré / en balance / incertain / indécis / indéterminé / irrésolu / partagé / perplexe / réticent, flotter, marchander, ne savoir que faire / sur quel pied danser, osciller, reculer, résister, rester en suspens, sourciller, se tâter, tâtonner, temporiser, tergiverser, vaciller, vasouiller → **balbutier** ◆ vx : consulter, douter ◆ fam. : barboter, cafouiller, chipoter, chiquer, se gratter, lanterner, patauger

**hétaïre** n. f. → **prostituée**

**hétéroclite** → **irrégulier**

**hétérodoxe** → **hérétique**

**hétérogène** allogène, amalgamé, bigarré, composite, disparate, dissemblable, divers, étranger, hétéroclite, impur, mêlé, varié

**hétérogénéité** n. f. → **différence**

**hêtre** n. m. fayard

**heur** n. m. → **bonheur**

**heure** n. f. [1] plombe (arg.) → **moment** [2] → **occasion** [3] **tout à l'heure** : **a** à l'instant, il y a peu **b** dans un moment, d'ici peu

**heureusement** → **bien**

**heureux, euse** [1] quelqu'un : aisé, à l'aise, béat, benoît, bien aise, bienheureux, calme, chanceux, charmé, comblé, content, détendu, enchanté, en paix, euphorique, exaucé, favorisé, florissant, fortuné, gai, joyeux, jubilant, nanti, optimiste, prospère, radieux, ravi, réjoui, repu, riche, sans souci, satisfait, tranquille, transporté, triomphant, veinard, verni [2] par ext. **a** → **favorable** **b** beau, bien venu, équilibré, habile, harmonieux, juste, original, plaisant, réussi, trouvé → **paradisiaque**

**heuristique** didactique, maïeutique

**heurt** n. m. [1] au pr. : abordage, accrochage, à-coup, cahot, carambolage, choc, collision, commotion, contact, coup, impact, percussion, rencontre, saccade, secousse, tamponnage, télescopage ◆ vx : hoquet [2] fig. : antagonisme, chicane, conflit, épreuve, friction, froissement, mésentente, obstacle, opposition, querelle

**heurté, e** fig. : abrupt, accidenté, décousu, désordonné, difficile, discordant, haché, inégal, interrompu, irrégulier, raboteux, rocailleux, rude, saccadé

**heurter** [1] v. tr. **a** au pr. : aborder, bigorner (fam.), accrocher, caramboler, choquer, cogner, coudoyer, emboutir, frapper, friser / froisser (la tôle), percuter, tamponner, télescoper **b** fig. : blesser, choquer, contrarier, déplaire à, écorcher, faire de la peine, froisser, offenser, offusquer, scandaliser, vexer **c** par ext. : affronter, attaquer, atteindre, combattre, étonner, frapper [2] v. intr. : achopper, buter, chopper, cogner, donner contre, gratter (à la porte) (vx), porter, rencontrer, taper [3] v. récipr. : s'accrocher, s'affronter, s'attraper, se combattre, s'entrechoquer

**heurtoir** n. m. amortisseur, butée, butoir

**hiatus** n. m. [1] cacophonie [2] espace, fente, interruption, interstice, solution de continuité [3] → **lacune**

**hibernal, e** hiémal, hivernal, nivéal

**hibou** n. m. chat-huant, grand-duc → **hulotte**

**hic** n. m. → **difficulté**

**hideur** n. f. → **laideur**

**hideux, euse** → **laid**

**hie** n. f. [1] dame, demoiselle [2] par ext. : bélier, mouton, sonnette

**hiémal, e** → **hibernal**

**hiérarchie** n. f. [1] au pr. : échelle, filière [2] par ext. **a** autorité, commandement, ordre, rang, subordination **b** cadres supérieurs, chefs, élite, encadrement, notabilité, staff, verticalité [3] fig. : agencement, classement, classification, coordination, distribution, échelonnement, étagement, gradation, hiérarchisation, organisation, structure, système

**hiérarchiser** agencer, classer, distribuer, échelonner, étager, graduer, mettre en ordre / en place, ordonner, organiser, poser, situer, structurer, subordonner, superposer

**hiératique** [1] → **sacré** [2] → **traditionnel** [3] → **imposant**

**hiératisme** n. m. [1] → **majesté** [2] → **immobilité**

**hiéroglyphe** n. m. [1] au pr. : écriture sacrée, idéogramme [2] fig. → **barbouillage**

**hilarant, e** → **risible**

**hilare** [1] → **gai** [2] → **réjoui**

**hilarité** n. f. → **gaieté**

**himation** n. m. → **manteau**

**hippie** n. m. asocial, beatnik, contestataire, marginal, non-conformiste

**hippodrome** n. m. [1] au pr. : champ de courses [2] par ext. : arène, cirque

**hirondelle** n. f. [1] **a** engoulevent, hirondeau, martinet → **passereau** **b** vx : aronde [2] par ext. :glaréole, sterne [3] **hirondelle de mer** : plie → **poisson** [4] arg. ou fam. → **policier**

**hirsute** et **hispide** → **hérissé**

**hirsutisme** n. m. pilosisme

**hisser** → **lever**

**histoire** n. f. [1] au pr. **a** archéologie, chronologie, diplomatique, épigraphie, généalogie, heuristique, paléographie, préhistoire, protohistoire **b** annales, archives, bible, biographie, chroniques, chronologie, commentaires, confessions, description, évangile, évocation, fastes, hagiographie, mémoires, narration, peinture, récit, relation, souvenir, version, vie ◆ vx dit, geste **c** anecdote, conte, écho, épisode, fable, historiette, légende, mythologie, saga [2] par ext. → **roman** [3] fig. **a** → **difficulté** **b** → **blague** **c** chicane, embarras, incident, querelle

**histologie** n. f. → **biologie**

**historien, ne** n. m. ou f. anecdotier, annaliste, auteur, biographe, chroniqueur, écrivain, historiographe, mémorialiste, narrateur, spécialiste de l'histoire

**historier** [1] → **peindre** [2] → **orner**

**historiette** n. f. → **histoire**

**historique** [1] adj. → **réel** [2] n.m. → **récit**

**histrion** n. m. [1] → **bouffon** [2] → **plaisant**

**hitlérien, ne** → **nazi**

**hitlérisme** n. m. national-socialisme, nazisme

**hit-parade** n. m. off. : palmarès, tableau d'honneur

**hivernal, e** → **hibernal**

**hivernant, e** n. m. ou f. touriste, vacancier

**hobby** n. m. off.→ **passe-temps**

**hobereau** n. m. → **noble**

**hocher** → **remuer**

**hochet** n. m. [1] → **vanité** [2] → **bagatelle**

**holding** n. m. → **trust**

**hold-up** n. m. attaque à main armée, braquage (arg.) → **vol**

**hollandais, e** nom et adj. frison, néerlandais

**holocauste** → **sacrifice**

**holothurie** n. f. bêche / biche / concombre / cornichon de mer

**home** n. m. → **maison**

**homélie** n. f. [1] au pr. : instruction, prêche, prône, sermon [2] par ext. : abattage, allocution, capucinade (péj.), discours, engueulade (fam.), remontrance, réprimande, semonce

**homérique** audacieux, bruyant, épique, héroïque, inextinguible, inoubliable, mémorable, noble, sublime, valeureux

**homicide** n. m. [1] n.m. **a** quelqu'un : assassin, criminel, fratricide, matricide, meurtrier, parricide, régicide → **tueur** **b** par ext. : déicide **c** l'acte : assassinat, crime, égorgement, exécution, infanticide, liquidation physique, meurtre **d** arg. : coup dur, grand truc [2] adj. : crapuleux, criminel, meurtrier, mortel

**hominidé** n. m. anthropopithèque, australopithèque, hominien, pithécanthrope, primate, sinanthrope, zinjanthrope

**hommage** n. m. [1] au sing. → **offrande** [2] au pl. **a** → **civilité** **b** → **respect**

**hommasse** mâle, masculin

**homme** n. m. [1] l'espèce. **a** anthropoïde, bimane, bipède (fam.), créature, créature ambidextre / douée de raison / intelligente, être humain, hominien, Homo sapiens, humain, mortel **b** espèce humaine, humanité, prochain, semblable, société [2] l'individu. **a** fav. ou neutre : âme, corps, esprit, individu, monsieur, personnage, personne, quelqu'un, tête **b** partic. : bras, citoyen, habitant, naturel, ouvrier, soldat, sujet **c** péj. ou arg. : bonhomme, bougre, chrétien, coco, croquant, diable, drôle, gaillard, gazier, gonze, guignol, hère, lascar, luron, mec, moineau, numéro, oiseau, paroissien, piaf, pierrot, pistolet, quidam, zèbre, zigomar, zigoto, zigue, zouave → **type** [3] par ext. **a** → **amant** **b** → **époux** [4] **a** **homme de bien** : brave / galant / honnête homme, gentilhomme, gentleman, homme d'honneur / de mérite **b** **homme d'État** → **politicien** **c** **homme de lettres** → **écrivain** **d** **homme de loi** → **légiste** **e** **homme de paille** → **intermédiaire** **f** **homme de qualité** → **noble** **g** **homme lige** → **partisan, vassal**

**homogène** analogue, cohérent, de même espèce / genre / nature, équilibré, harmonieux, identique, parallèle, pareil, proportionné, régulier, uni, uniforme, semblable, similaire

**homogénéité** n. f. → **harmonie**

**homologation** n. f. acceptation, approbation, authentification, autorisation, confirmation, décision, enregistrement, entérinement, officialisation, ratification, sanction, validation

**homologue** nom et adj. analogue, comparable, concordant, conforme, congénère, correspondant, équivalent, frère, identique, pareil, semblable, similaire → **alter ego**

**homologuer** accepter, approuver, authentifier, autoriser, confirmer, décider, enregistrer, entériner, officialiser, ratifier, sanctionner, valider

**homoncule** n. m. [1] → **avorton** [2] → **nain**

**homosexualité** n. f. [1] masculine : homophilie, inversion, pédérastie, pédophilie, uranisme [2] féminine : lesbianisme, saphisme → **lesbienne**

**hongre** n. m. [1] au pr. : castré, châtré, mule [2] par ext. : castrat, eunuque [3] → **cheval**

**honnête** [1] quelqu'un. **a** au pr. : brave, consciencieux, digne, droit, estimable, exact, fidèle, franc, honorable, incorruptible, insoupçonnable, intègre, irréprochable, juste, légal, licite, loyal, méritoire, moral, net, probe, propre, scrupuleux, solvable, vertueux **b** de bonne réputation, favorablement connu **c** par ext. : accompli, civil, comme il faut, convenable, correct, de bonne compagnie, décent, délicat, distingué, honorable, modeste, poli, rangé, réservé, sage, sérieux [2] quelque chose. **a** au pr. : avouable, beau, bien, bienséant, bon, convenable, décent, louable, moral, naturel, normal, raisonnable **b** par ext. : catholique (fam. et iron.), convenable, décent, honorable, juste, mettable, moyen, passable, satisfaisant, suffisant [3] **honnête homme** : accompli, galant (vx), gentleman, homme de bien

**honnêteté** n. f. [1] au pr. : conscience, dignité, droiture, exactitude, fidélité, franchise, incorruptibilité, intégrité, justice, loyauté, moralité, netteté, probité, scrupule, vertu [2] par ext. **a** amitié (vx), bienséance, bienveillance, civilité, correction, décence, délicatesse, distinction, honorabilité, politesse, qualité, respectabilité [b] chasteté, décence, fidélité, honneur, mérite, modestie, morale, pudeur, pureté, sagesse, vertu [c] solvabilité

**honneur** n. m. [1] dignité, estime, fierté [2] prérogative, privilège [3] culte, dévotion, vénération [4] → **décence** [5] → **honnêteté** [6] → **gloire** [7] → **respect** [8] au pl. : apothéose, charge, distinction, égards, faveur, grade, hochets (péj.), hommage, ovation, poste, triomphe

**honnir** → **vilipender**

**honorabilité** n. f. → **honnêteté**

**honorable** [1] quelqu'un : digne, distingué, estimable, méritant, noble (vx), respectable [2] quelque chose : honorifique → **honnête**

**honoraire** [1] adj. : à titre honorifique, émérite, retraité → **honorifique** [2] n.m. au pl. → **rétribution**

**honorer** [1] adorer, avoir / célébrer / rendre un culte, béatifier, décorer, déifier, élever, encenser, estimer, exalter, glorifier, gratifier d'estime / de faveur / d'honneur, magnifier, respecter, révérer, saluer la mémoire, sanctifier, tenir en estime ◆ vx → **craindre** [2] v. pron. : s'enorgueillir, se faire gloire

**honorifique** [1] flatteur, honorable → **honoraire** [2] partic. : ad honores, honoris causa, in partibus

**honte** n. f. [1] neutre : confusion, crainte, embarras, gêne, humilité, pudeur, réserve, respect humain, retenue, timidité, vergogne (vx) [2] non fav. [a] abaissement, abjection, affront, bassesse, dégradation, démérite, déshonneur, diffame (vx), discrédit, flétrissure, gémonies, humiliation, ignominie, indignité, infamie, mépris, noircissure, opprobre, ridicule, scandale, ternissure, turpitude, vilenie [b] dégoût de soi, regrets, remords, repentir [3] **fausse honte** → **timidité**

**honteux, euse** [1] neutre. quelqu'un [a] au pr. : camus (vx), capot (fam.), confus, consterné, contrit, déconfit, gêné, penaud, quinaud, repentant [b] par ext. : caché, craintif, embarrassé, timide [2] non fav. une action : abaissant, abject, avilissant, bas, coupable, crapuleux, dégoûtant, dégradant, déshonorant, déshumanisant, discriminatoire, écœurant, humiliant, ignoble, ignominieux, immoral, inavouable, indigne, infamant, infâme, lâche, méprisable, obscène, ordurier, sale, scandaleux, trivial, turpide, vexatoire

**hôpital** n. m. [1] au pr. : asile, clinique, hospice, hosto (arg.), hôtel-Dieu, lazaret, maison de retraite / de santé, maternité, policlinique, préventorium, refuge [2] par ext. [a] ambulance, antenne chirurgicale, dispensaire, infirmerie [b] crèche, maternité [c] préventorium, sanatorium, solarium [d] mouroir, petites maisons (vx et partic.)

**hoquet** n. m. → **éructation**

**hoqueton** n. m. [1] → **manteau** [2] → **veste**

**horaire** n. m. → **programme**

**horde** n. f. [1] → **peuplade** [2] → **troupe**

**horion** n. m. → **coup**

**horizon** n. m. [1] au pr. : champ, distance, étendue, panorama, paysage, perspective, vue [2] fig. → **avenir**

**horizontal, e** → **allongé**

**horizontalement** à plat, en large, en long

**horloge** n. f. [1] au pr. : cadran, carillon, cartel, chronomètre, comtoise, coucou, jaquemart, pendule, régulateur, réveil, réveille-matin [2] par ext. : cadran solaire, clepsydre, gnomon, sablier

**hormis** → **excepté**

**horodateur** n. m. → **enregistreur**

**horoscope** n. m. → **prédiction**

**horreur** n. f. [1] sentiment qu'on éprouve : aversion, cauchemar, dégoût, détestation, effroi, éloignement, épouvante, épouvantement, exécration, haine, répugnance, répulsion, saisissement, terreur → **peur** [2] un acte : abjection, abomination, atrocité, crime, honte, ignominie, infamie, laideur, monstruosité, noirceur [3] au pl. **dire des horreurs** [a] calomnies, méchancetés, pis que pendre, vilenies [b] → **obscénité**

**horrible** [1] → **affreux** [2] → **effrayant** [3] → **laid**

**horrifiant, e** → **terrible**

**horrifier** → **épouvanter**

**horripiler** agacer, énerver, exaspérer, hérisser, impatienter, mettre hors de soi ◆ fam. : asticoter, faire sortir de ses gonds, prendre à contre- / rebrousse-poil

**hors** [1] adv. dehors [2] prép. → **excepté**

**hors-d'œuvre** n. m. [1] au pr. : amuse-gueule, blinis, crudités, zakouski [2] fig. → **digression**

**hors-la-loi** n. m. [1] → **bandit** [2] → **maudit**

**horticulture** n. f. → **jardinage**

**hospice** n. m. → **hôpital**

**hospitalier, ère** nom et adj. [1] accueillant, affable, aimable, amène, avenant, charitable, empressé, généreux, ouvert, sympathique [2] méd. : asilaire, médical, nosocomial

**hospitalité** n. f. [1] abri, asile, coucher, couvert, gîte, logement, refuge [2] accueil, réception

**hostie** n. f. [1] → **eucharistie** [2] → **victime**

**hostile** → **défavorable**

**hostilité** n. f. [1] → **guerre** [2] → **refus** [3] → **haine**

**hôte, hôtesse** n. m. ou f. [1] celui qui accueille. [a] amphitryon, maître de maison [b] aubergiste, cabaretier, gérant, hôtelier, logeur, propriétaire, restaurateur, tenancier [c] arg. et / ou péj. : gargotier, taulier, tavernier [2] celui qui est accueilli. [a] → **convive** [b] → **pensionnaire** [c] → **habitant**

**hôtel** n. m. [1] → **maison** [2] → **immeuble** [3] auberge, caravansérail, garni, gîte, hôtellerie, logis, meublé, motel, palace, pension de famille, posada, relais ◆ fam. et / ou péj. : cambuse, crèche, maison de passe, taule [4] **hôtel de ville :** mairie, maison commune / de ville [5] **hôtel-Dieu** → **hôpital** [6] **hôtel borgne** → **lupanar**

**hôtelier, ière** nom et adj. → **hôte**

**hotte** n. f. → **panier**

**houe** n. f. binette, bineuse, déchaussoir, fossoir, hoyau, marre, tranche ◆ par ext. : → **bêche**

**houille** n. f. → **charbon**

**houillère** n. f. charbonnage

**houle** n. f. → **vague**

**houlette** n. f. → **bâton**

**houleux, euse** fig. → **troublé**

**houppe** n. f. aigrette, bouffette, floche, houppette, huppe, pompon, touffe, toupet → **passement**

**houpper** [1] → **orner** [2] → **peigner**

**houppelande** n. f. cape, douillette, pelisse, robe de chambre

**houri** n. f. → **beauté**

**hourque** n. f. → **bateau**

**hourvari** n. m. → **tohu-bohu**

**houspiller** [1] → **secouer** [2] → **maltraiter** [3] → **réprimander**

**housse** n. f. → **enveloppe**

**hovercraft** n. m. off. : aéroglisseur, naviplane

**hoyau** n. m. → **houe**

**hublot** n. m. [1] → **fenêtre** [2] → **ouverture**

**huche** n. f. maie → **coffre**

**huée** n. f. bruit, chahut, charivari, cri, tollé

**huer** → **vilipender**

**huguenot, e** nom et adj. → **protestant**

**huile** n. f. [1] relig. : chrême [2] fig. → **personnalité** [3] loc. [a] **mettre de l'huile dans les rouages :** aider, faciliter, favoriser [b] **jeter / mettre de l'huile sur le feu :** attiser, envenimer, exciter, inciter / pousser à la chicane / dispute [c] **huile de coude :** effort, peine, soin, travail [d] **faire tache d'huile** → **répandre (se)**

**huiler** → **graisser**

**huileux, euse** → **gras**

**huissier** n. m. aboyeur, annoncier, appariteur, garçon de bureau, gardien, introducteur, portier, surveillant, tangente (arg.) ◆ vx : bedeau, recors

**huître** n. f. [1] [a] fine de claire, gryphée, perlot, pied de cheval, portugaise, spéciale [b] quelques désignations par le lieu d'élevage : belon, cap-ferret, marennes [2] perlière : méléagrine, pintadine

**hulotte** n. f. chat-huant, chevêche, chouette, corbeau de nuit, dame-blanche, effraie, harfang, hibou

**humain** [1] adj. [a] anthropique, anthropocentrique, anthropomorphe, anthropoïde [b] accessible, altruiste, bienfaisant, bienveillant, bon, charitable, clément, compatissant, doux, généreux, humanitaire, philanthrope, pitoyable, secourable, sensible [2] n.m. → **homme**

**humainement** avec bonté / générosité / humanité / justice

**humanisation** n. f. [1] → **adoucissement** [2] → **civilisation**

**humaniser** [1] → **adoucir** [2] → **policer**

**humanisme** n. m. [1] atticisme, classicisme, civilisation, culture, goût, hellénisme, libre-pensée, philosophie, sagesse, sapience, savoir [2] par ext. → **scepticisme**

**humaniste** n. m. et adj. [1] esprit fort (iron. et péj.), helléniste, lettré, libre-penseur, philosophe, sage [2] par ext. → **incroyant**

**humanitaire** → **humain**

**humanité** n. f. [1] → **bonté** [2] → **homme**

**humble** [1] → **modeste** [2] → **petit**

**humecter** [1] au pr. : abreuver, arroser, bassiner, délaver, humidifier, imbiber, imprégner, mouiller [2] techn. : hydrater

**humer** [1] → **sentir** [2] → **avaler**

**humeur** n. f. [1] disposition d'esprit. [a] fav. ou neutre : attitude, complexion (vx), désir, envie, esprit, fantaisie, goût, gré, idée, manière d'être, naturel, prédilection, volonté [b] non fav. : aigreur, atrabile, bizarrerie, caprice, extravagance, fantaisie, folie, impatience, irrégularité, irritation, lubie, manie, mécontentement, misanthropie, passade, vertigo → **fâcherie** [2] → **liquide** [3] → **sécrétion**

**humide** [1] aqueux, détrempé, embrumé, embué, fluide, frais, humecté, humidifié, hydraté, imbibé, imprégné, liquide, moite, mouillé, suintant vx : halitueux [2] bruineux, brumeux, neigeux, pluvieux

**humidifier** → **humecter**

**humidité** n. f. [1] brouillard, brouillasse, bruine, brume, fraîcheur, moiteur, mouillure, rosée, serein [2] aquosité, degré hygrométrique, imprégnation, infiltration, saturation, suage (mar. et techn.), suintement

**humiliant, e** → **honteux**

**humiliation** n. f. [1] on humilie ou on s'humilie : abaissement, accroupissement, agenouillement, aplatissement (fam.), confusion, dégradation, diminution, honte, infériorisation, mortification, rétrogradation [2] ce qui humilie : affront, avanie, blessure, camouflet, dégoût, gifle, honte, opprobre, outrage, vexation

**humilier** [1] abaisser, accabler, avilir, confondre, courber sous sa loi / volonté, dégrader, écraser, faire honte, gifler, inférioriser, mater, mettre plus bas que terre, mortifier, moucher (fam.), offenser, opprimer, rabaisser, rabattre, ravaler, rétrograder, souffleter, vexer ◆ fam. : donner son paquet, doucher, moucher [2] v. pron. : baiser les pieds, courber le dos / le front, fléchir / plier / ployer le genou, s'incliner, lécher les bottes, se mettre à plat ventre, se prosterner, ramper

**humilité** n. f. [1] fav. ou neutre : componction, modestie, renoncement, soumission, timidité [2] non fav. [a] bassesse, obséquiosité, platitude, servilité [b] abaissement, médiocrité, obscurité → **humiliation** [3] par ext. : abnégation, déférence, douceur, effacement, réserve, respect, simplicité

**humoriste** nom et adj. amuseur, caricaturiste, comique, fantaisiste, farceur, ironiste, moqueur, pince-sans-rire, plaisantin, railleur, rieur

**humoristique** → **risible**

**humour** n. m. [1] → **esprit** [2] → **plaisanterie**

**humus** n. m. → **terre**

**huppe** n. f. → **houppe**

**huppé, e** → **riche**

**hure** n. f. groin, museau → **tête**

**hurlement** n. m. → **cri**

**hurler** v. tr. et intr. → **crier**

**hurluberlu, e** → **étourdi**

**hutte** n. f. → **cabane**

**hyacinthe** n. f. jacinthe

**hyalin, e** → **transparent**

**hybridation** n. f. → **métissage**

**hybride** n. m. et adj. → **métis**

**hybrider** → **croiser**

**hydrater** → **humecter**

**hydre** n. f. → **dragon**

**hydrofoil** n. m. mar. off. : hydroptère

**hydrographie** n. f. océanographie

**hydrothérapie** n. f. bains de boue / d'eau de mer / de vapeur, balnéation, balnéothérapie, douches, eaux, enveloppements, sauna (par ext.), thalassothérapie

**hygiène** n. f. [1] antisepsie, asepsie, désinfection, pasteurisation, stérilisation [2] confort, diététique, grand air, propreté, régime, salubrité, santé, soin

**hygiénique** [1] → **sain** [2] → **propre**

**hymen** n. m. [1] → **mariage** [2] → **virginité**

**hymne** [1] n.m. : air, chant, marche, musique, ode, stances [2] n.f. : antienne, cantique, chœur, choral, prose, psaume, séquence

**hyperbole** n. f. → **exagération**

**hyperbolique** [1] → **excessif** [2] → **emphatique**

**hyperboréen, ne** → **nordique**

**hyperesthésie** n. f. → **sensibilité**

**hypermarché** n. m. → **magasin**

**hypertrophie** [1] → **gonflement** [2] → **exagération**

**hypnose** et **hypnotisme** n. f., n. m. catalepsie, envoûtement, état second, léthargie, magnétisation, magnétisme, narcose, sommeil, somnambulisme

**hypnotique** → **narcotique**

**hypnotiser** [1] → **endormir** [2] → **fasciner**

**hypnotiseur** n. m. magnétiseur

**hypocondriaque** et **hypocondre** → **bilieux**

**hypocondrie** n. f. → **mélancolie**

**hypocrisie** n. f. [1] le défaut : affectation, baiser de Judas, bégueulerie, bigoterie, cautèle, déloyauté, dissimulation, duplicité, escobarderie, fausseté, félinité, félonie, flatterie, fourberie, insincérité, jésuitisme, machiavélisme, onctuosité, papelardise, pelotage, pharisaïsme, pruderie, pudibonderie, simulation, tartuferie [2] l'acte : cabotinage, capucinade, comédie, double-jeu, faux-semblant, feinte, fraude, grimace, jonglerie, mascarade, mensonge, momerie, pantalonnade, simagrée, singerie, sournoiserie, trahison, tromperie ◆ vx : feintise

**hypocrite** nom et adj. [1] affecté, artificieux, baveux, bégueule, cabot, cabotin, cafard, cagot, caméléon, captieux, cauteleux, comédien, déloyal, dissimulateur, dissimulé, double-jeu, doucereux, escobar, fallacieux, faux, félin, félon, flatteur, fourbe, grimacier, imposteur, insidieux, insincère, insinuant, jésuite, jésuitique, judas, matois, matou, menteur, mielleux, onctueux, papelard, patelin, paterne, peloteur, pharisaïque, pharisien, prude, pudibond, renard, retors, simulateur, sournois, spécieux, sucré, tortueux, trompeur, visqueux [2] fam. : chafouin, faux-derche, faux-jeton, putassier, vicelard ◆ vx : chattemite [3] → **bigot** [4] → **tartufe**

**hypogé, e** → **souterrain**

**hypogée** n. m. cave, caveau, crypte, sépulture, souterrain, tombe, tombeau

**hypothèque** n. f. gage, privilège, sûreté → **garantie**

**hypothéquer** donner en hypothèque, grever

**hypothèse** n. f. [1] → **supposition** [2] → **principe**

**hypothétique** → **incertain**

**hystérie** n. f. pithiatisme → **nervosité**

**hystérique** pithiatique → **nerveux**

# I

**iambe** n. m. → **poème**

**ibère** → **espagnol, portugais**

**ibis** n. m. → **échassier**

**ici** céans, ci (vx), deçà, en cet endroit, en ce lieu

**iconoclaste** → **vandale**

**iconographie** n. f. illustration → **image**

**iconolâtre** nom et adj. → **religieux**

**ictère** n. m. cholémie, hépatite, jaunisse

**ictus** n. m. → **apoplexie**

**ide** n. m. → **poisson**

**idéal** n. m. [1] fav. : aspiration, canon, idéalité, modèle, parangon, perfection, prototype, type [2] non fav. : fumée, imagination, moulin à vent, rêve, utopie

**idéal, e** adj. absolu, accompli, chimérique, élevé, exemplaire, idyllique, illusoire, imaginaire, inaccessible, merveilleux, parfait, pur, rêvé, souverain, sublime, suprême, transcendant, utopique

**idéalisation** n. f. déréalisation, embellissement, enjolivement, poétisation, transposition

**idéaliser** → **embellir**

**idéalisme** n. m. par ext., quelques courants pouvant se rattacher à l'idéalisme : (judéo-) christianisme, conceptualisme, soufisme, déisme, dualisme, essentialisme, fidéisme, finalisme, gnosticisme, immatérialisme, mysticisme, panpsychisme, panthéisme, personnalisme, (néo-) platonisme, providentialisme, pythagorisme, spiritualisme, subjectivisme, téléologie, théisme, transcendantalisme, vitalisme, zen

**idéaliste** par ext. : [1] → **spiritualiste** [2] → **sensible** [3] → **imaginaire**

**idéation** → **inspiration**

**idée** n. f. [1] archétype, concept, connaissance, conscience, notion [2] → **ébauche** [3] → **invention** [4] → **modèle** [5] aperçu, avant-goût, conception, échantillon, élucubration (péj.), essai (vx), exemple, image, intention, pensée, perspective, réflexion, vue [6] → **opinion** [7] **a** **idée fixe** : chimère, dada (fam.), hantise, manie, marotte, monoïdéisme, monomanie, obsession → **imagination** **b** **avoir dans l'idée** : avoir dans la tête / l'intention

**idéel, le** conceptuel

**idem** de même, dito, ibidem, ◆ fam. : du kif, itou, kif-kif

**identifiable** → **reconnaissable**

**identification** n. f. → **reconnaissance**

**identifier** → **reconnaître**

**identique** → **semblable**

**identité** n. f. [1] arg. : pedigree [2] → **similitude**

**idéogramme** n. m. hiéroglyphe

**idéologie** n. f. → **opinion**

**idéologue** n. m. → **théoricien**

**idiome** n. m. → **langue**

**idiosyncrasie** n. f. → **particularité**

**idiot, e** [1] arriéré, débile, demeuré, minus [2] → **stupide** [3] → **bête**

**idiotie** n. f. [1] aliénation, arriération, crétinisme, débilité mentale, imbécillité, infantilisme, oligophrénie (méd.) [2] → **bêtise**

**idiotisme** n. m. → **expression**

**idoine** → **convenable**

**idolâtre** adj. et n. → **païen**

**idolâtrer** → **aimer**

**idolâtrie** n. f. [1] → **religion** [2] → **attachement**

**idole** n. f. [1] → **dieu** [2] → **artiste**

**idylle** n. f. [1] → **pastorale** [2] → **caprice**

**idyllique** → **idéal**

**ignare** adj. et n. → **ignorant**

**ignifuge** apyre, incombustible, ininflammable, réfractaire

**ignition** n. f. → **combustion**

**ignoble** [1] → **bas** [2] → **dégoûtant**

**ignominie** n. f. → **honte**

**ignominieux, euse** → **honteux**

**ignorance** n. f. [1] amathie, analphabétisme, candeur, illettrisme, incompréhension, inculture, inexpérience, ingénuité, innocence, méconnaissance, naïveté, simplicité [2] abrutissement, ânerie, balourdise, bêtise, crasse, imbécillité, impéritie, impuissance, incapacité, incompétence, inconscience, inconséquence, insuffisance, lacune, nullité, obscurantisme, sottise

**ignorant, e** abruti, analphabète, âne, arriéré, balourd, baudet, béjaune, bête, cancre, candide, étranger à, ganache (péj.), ignare, ignorantin, illettré, impuissant, incapable, incompétent, incompréhensif, inconscient, inculte, inexpérimenté, ingénu, inhabile, malhabile, naïf, non informé / initié, nul, primitif, profane, sans connaissance / instruction / savoir, sot ◆ fam. et / ou péj. : âne, baudet, bourrique, croûte, ganache

**ignorantin** n. m. et adj. [1] → **religieux** [2] péj. : frère de la doctrine chrétienne

**ignoré, e** → **inconnu**

**ignorer** [1] → **méconnaître** [2] ne pas savoir

**iguane** n. m. → **saurien**

**île** n. f. par ext. → **îlot**

**iléite** n. f. → **inflammation**

**iléus** n. m. → **oblitération**

**îlien, ne** insulaire

**illégal, e** [1] → **défendu** [2] → **irrégulier** [3] → **injuste**

**illégalité** n. f. [1] → **irrégularité** [2] → **injustice**

**illégitime** [1] → **bâtard** [2] → **illégal**

**illégitimité** [1] → **fausseté** [2] → **injustice**

**illettré, e** → **ignorant**

**illicite** → **défendu**

**illico** → **aussitôt**

**illimité, e** → **immense**

**illisible** abracadabrant, entortillé, incompréhensible, indéchiffrable, inintelligible, obscur, sans queue ni tête

**illogique** aberrant, absurde, alogique, anarchique, anormal, aporétique, boiteux, contradictoire, décousu, dément, déraisonnable, désordonné, dogmatique, faux, incohérent, inconséquent, indémontrable, indu, invraisemblable, irrationnel, paradoxal (fam.), cafouilleux, cornu

**illogisme** n. m. → **dérèglement**

**illumination** n. f. [1] → **lumière** [2] → **inspiration**

**illuminé, e** [1] fig. → **inspiré** [2] → **visionnaire**

**illuminer** → **éclairer**

**illusion** n. f. [1] au pr. : **a** → **hallucination** **b** → **erreur** [2] par ext. : amusement, apparence, berlue, charme, chimère, duperie, enchantement, fantasmagorie, fantôme, féerie, fiction, fumée, hochet, leurre, idéal, idéalité, idée, image, imagination, immatérialité, irréalité, magie, manipulation, mirage, miroir aux alouettes, prestidigitation, prestige, reflet, rêvasserie, rêve, rêverie, semblant, simulation, songe, tour de passe-passe, utopie, vanité, vision

**illusionner** → **tromper**

**illusionniste** n. m. et f. acrobate (par ext.), escamoteur, jongleur, magicien, manipulateur, mystificateur, physicien (vx), prestidigitateur

**illusoire** apparent, chimérique, conventionnel, fabriqué, fallacieux, fantaisiste, fantasmagorique, faux, feint, fictif, imaginaire, imaginé, inexistant, inventé, irréel, mythique, romanesque, supposé, truqué, utopique, vain, virtuel → **trompeur**

**illustrateur** n. m. → **dessinateur**

**illustration** n. f. [1] au pr. **a** iconographie **b** → **image** [2] par ext. : célébrité, consécration, démonstration, éclat, exemple, gloire, glorification, grandeur, honneur, immortalité, lauriers, lumière, lustre, notoriété, phare, popularité, rayonnement, renom, renommée, réputation, splendeur

**illustre** brillant, célèbre, connu, consacré, distingué, éclatant, fameux, glorieux, grand, honorable, immortel, légendaire, noble, notoire, populaire, renommé, réputé

**illustré** n. m. → **revue**

**illustrer** [1] clarifier, débrouiller, déchiffrer, démontrer, développer, éclairer, élucider, exemplifier, expliquer, informer, instruire, mettre en lumière, rendre intelligible, renseigner → **éclaircir** [2] → **prouver**

**illuviation, illuvium** n. m. → **accumulation**

**îlot** n. m. [1] **a** atoll, javeau **b** au pl. archipel [2] par ext. : amas, assemblage, bloc, ensemble, groupe, pâté

**îlotage** n. m. [1] → **segmentation** [2] → **surveillance**

**ilote** n. m. et f. [1] → **bête** [2] → **ivrogne**

**ilotisme** n. m. [1] → **bêtise** [2] → **ivresse**

**image** n. f. [1] au pr. **a** → **représentation** **b** aquarelle, aquatinte, bois gravé, camaïeu, caricature, chromo, crayon, crobard (arg.), croquis, décalcomanie, dessin, eau-forte, estampe, fresque, gouache, gravure, héliogravure, lithographie, mezzo-tinto, mine de plomb, pyrogravure, sépia, simili, similigravure, xylographie **c** forme, ombre, silhouette, reflet **d** bosse, buste, cul-de-lampe, effigie, ex-libris, ex-voto, figurine, hors-texte, icône, illustration, miniature, nu, peinture, photo, planche, pochade, portrait, réplique, reproduction, schéma, statue, statuette, tableau, tête, vignette, vue **e** camée, intaille, médaille, médaillon **f** enseigne, figure, graphique, hiéroglyphe, hologramme, idéogramme, pictogramme, signe, tracé **g** bande dessinée, B.D., cartoon **h** clip (vidéo), logo, spot (publicitaire), vidéoclip [2] par ext. **a** cinéma, télévision **b** allégorie, catachrèse, cliché, comparaison, figure, métaphore, métonymie, parabole, symbole, synecdoque, trope **c** → **idée** **d** → **ressemblance** **e** → **symbole** **f** → **illusion** **g** → **signe**

**imagé, e** coloré, figuré, métaphorique, orné

**imager** agrémenter, ajouter, broder, colorer, décorer, égayer, émailler, embellir, enjoliver, enluminer, enrichir, farder, fignoler, fleurir, garnir, historier, ornementer, parer, rehausser → **orner**

**imagier, ère** [1] → **peintre** [2] → **sculpteur**

**imaginable** → **intelligible**

**imaginaire** allégorique, chimérique, conventionnel, creux, fabriqué, fabuleux, fantaisiste, fantasmagorique, fantastique, fantomatique, faux, feint, fictif, idéal, illusoire, imaginé, inexistant, inventé, irréel, légendaire, mensonger, mythique, onirique, prétendu, rêvé, romancé, romanesque, supposé, théorique, truqué, utopique, visionnaire

**imaginatif, ive** → **ingénieux**

**imagination** n. f. [1] faculté de l'esprit **a** neutre : conception, créativité, évasion, extrapolation, fantaisie, idée, imaginative (vx ou fam.), improvisation, inspiration, invention, inventivité, notion, rêverie, supposition **b** non fav. : divagation, élucubration, extravagance, fantasme, immatérialité, irréalité, puérilité, utopie, vaticination, vision [2] objet représenté **a** → **illusion** **b** → **fable**

**imaginer** [1] chercher, combiner, concevoir, conjecturer, construire, créer, découvrir, envisager, évoquer, extrapoler, fabriquer, fantasmer, se figurer, forger, former, improviser, inventer, prévoir, se représenter, rêver, songer, supposer, trouver [2] fam. : concocter, gamberger, visionner

**imam** n. m. → **prêtre**

**imbattable** → **irrésistible**

**imbécile** [1] → **bête** [2] → **idiot**

**imbécillité** n. f. [1] → **bêtise** [2] → **idiotie**

**imberbe** glabre, lisse, nu

**imbiber** [1] abreuver, arroser, bassiner, délaver, humecter, humidifier, imprégner, mouiller [2] techn. : hydrater, moitir [3] v. pron. : boire, pomper

**imbibition** n. f. → **absorption**

**imbrication** n. f. → **suite**

**imbriquer** → **insérer**

**imbroglio** n. m. [1] brouillamini, confusion, désordre, embrouillamini, embrouillement, emmêlement, enchevêtrement, incertitude, obscurcissement, ombre, voile [2] → **intrigue**

**imbu, e** → **pénétré**

**imbuvable** fig. → **intolérable**

**imitable** reproductible

**imitateur, trice** compilateur, copieur, copiste, mime, parodiste, pasticheur, plagiaire, simulateur, suiveur ◆ péj. : contrefacteur, faussaire, moutonnier, singe

**imitation** n. f. [1] l'acte d'imiter : calquage, copiage, démarcage ou démarquage, esclavage, grégarisme, mime, mimétisme, moutonnerie, servilité, simulation, singerie [2] l'objet : calque, caricature, charge, compilation, contrefaçon (péj.), copiage, copie, décalcage, démarcage ou démarquage, double, emprunt, fac-similé, image, parodie, pastiche, plagiat, répétition, réplique, reproduction, semblant, simulacre, toc (fam.)

**imiter** calquer, caricaturer, compiler, contrefaire, contre-tirer (vx), copier, décalquer, démarquer, emprunter, s'inspirer de, jouer, mimer, parodier, pasticher, picorer, plagier, répéter, reproduire, simuler, transcrire ◆ péj. : piler, piquer, pirater, singer

**immaculé, e** → **pur**

**immanence** n. f. → **réalité**

**immanent, e** → **immédiat**

**immanentisme** n. m. par ext. : panthéisme → **philosophie**

**immangeable** → **mauvais**

**immanquable** → **inévitable**

**immanquablement** à coup sûr, à tous les coups, pour sûr, inévitablement

**immarcescible** → **irrévocable**

**immatérialisme** n. m. par ext. : idéalisme → **philosophie**

**immatérialité** n. f. [1] incorporalité, incorporéité, intemporalité, irréalité, légèreté, pureté [2] → **imagination** [3] → **illusion**

**immatériel, le** aérien, impalpable, incorporel, inétendu, intemporel, intouchable, irréel, léger, pur esprit → **spirituel**

**immatriculation** n. f. enregistrement, identification, inscription, insertion, numéro matricule, repère

**immatriculer** enregistrer, identifier, inscrire, insérer, marquer, numéroter, repérer

**immature** [1] → **enfantin** [2] → **retardé**

**immaturité** n. f. → **retard**

**immédiat, e** direct, immanent, imminent, instantané, présent, prochain, proche, prompt, subit, sur-le-champ

**immédiatement** → **aussitôt**

**immémorial, e** → **vieux**

**immense** ample, colossal, considérable, cyclopéen, démesuré, discrétionnaire, effrayant, énorme, extrême, formidable, géant, gigantesque, grandiose, grandissime, gros, illimité, immensurable (vx), imposant, incommensurable, indéfini, inépuisable, inépuisé, infini, monumental, prodigieux, profond, vaste, vastitude → **grand**

**immensité** n. f. abîme, ampleur, amplitude, énormité, espace, étendue, grandeur, incommensurabilité, infini, infinité, infinitude, multitude, quantité, vastitude

**immerger** → **plonger**

**immérité, e** → **injuste**

**immersion** n. f. → **plongeon**

**immettable** → **impossible**

**immeuble** n. m. bâtiment, bien, bien-fonds, building, caserne (péj.), construction, édifice, ensemble, fonds, grand ensemble, gratte-ciel, H.L.M., hôtel, local, maison, palace, palais, propriété → **habitation**

**immigration** n. f. arrivée, déplacement, entrée, exil, exode, gain de population, migration, mouvement, nomadisme, peuplement, venue

**immigré, e** → **émigré**

**imminence** n. f. approche, instance, point critique, proximité

**imminent, e** critique, immédiat, instant, menaçant, prochain, proche

**immiscer (s')** → **intervenir**

**immixtion** n. f. → **intervention**

**immobile** [1] neutre : arrêté, calme, en repos, ferme, figé, fixe, hiératique, immuable, impassible, inactif, inébranlable, inerte, insensible, invariable, planté, rivé, stable, stationnaire, statique, sur place, tranquille [2] non fav. **a** quelqu'un : cloué, figé, interdit, interloqué, médusé, paralysé, pétrifié, sidéré, stupéfait, stupéfié, stupide **b** de l'eau : croupie, croupissante, dormante, gelée, stagnante **c** un véhicule : arrêté, à l'arrêt, calé, en panne, grippé, stoppé

**immobilier, ère** nom et adj. → **immeuble**

**immobilisation** n. f. [1] gel → **confiscation** [2] → **immobilité**

**immobiliser** [1] un véhicule : arrêter, bloquer, caler, stopper [2] un objet : affermir, assujettir, assurer, attacher, bloquer, clouer, coincer, ficher, fixer, maintenir immobile, planter, retenir, river, solidifier, tenir, visser [3] fig. : clouer, cristalliser, enchaîner, endormir, figer, fixer, freiner, geler, mobiliser, paralyser, pétrifier, scléroser

**immobilisme** n. m. conservatisme, intégrisme, réaction, statu quo

**immobilité** n. f. ankylose, arrêt, calme, fixité, hiératisme, immobilisme, immuabilité, impassibilité, inaction, inactivité, inertie, paralysie, permanence, piétinement, repos, stabilité, stagnation, statu quo

**immodération** n. f. → **excès**

**immodéré, e** → **excessif**

**immodeste** [1] → **inconvenant** [2] → **obscène**

**immodestie** n. f. → **lascivité**

**immolateur** n. m. antiq. : prêtre, sacrificateur, victimaire

**immolation** n. f. → **sacrifice**

**immoler** → **sacrifier**

**immonde** → **malpropre**

**immondice** n. f. → **ordure**

**immoral, e** → **débauché**

**immoralisme** → **philosophie**

**immoralité** n. f. amoralité, corruption, cynisme, débauche, dépravation, dévergondage, dissolution, immoralisme (par ext.), laxisme, liberté des mœurs, libertinage, licence, lubricité, mal, obscénité, stupre, vice

**immortaliser** conserver, éterniser, fixer, pérenniser, perpétuer, rendre éternel / impérissable / inoubliable, transmettre

**immortalité** n. f. [1] autre vie, éternité, survie, vie future [2] → **gloire**

**immortel, le** [1] adj. → **éternel** [2] nom : académicien

**immortelle** n. f. edelweiss, xéranthème

**immotivé, e** → **injustifiable**

**immuable** → **durable**

**immunisation** n. f. mithridatisation, tachyphylaxie → **vaccin**

**immuniser** [1] mithridatiser → **inoculer** [2] → **garantir**

**immunité** n. f. [1] jurid. : décharge, dispense, exemption, exonération, exterritorialité, franchise, inamovibilité, inviolabilité, irresponsabilité, libération, liberté, prérogative, privilège [2] méd. : accoutumance, mithridatisation, préservation, protection, vaccination

**immutabilité** n. f. constance, fixité, immuabilité, inaliénabilité, inaltérabilité, incessibilité, incommutabilité, invariabilité, pérennité

**impact** n. m. [1] but, choc, collision, coup, heurt [2] par ext. : bruit, conséquence, effet, retentissement

**impair** n. m. → **maladresse**

**impala** n. m. → **antilope**

**impalpable** [1] → **immatériel** [2] → **intouchable**

**impanation** n. f. → **eucharistie**

**imparable** → **impossible**

**impardonnable** inexcusable, injustifiable, irrémissible → **irrémédiable**

**imparfait, e** [1] approximatif, ébauché, embryonnaire, esquissé, imprécis, inaccompli, inachevé, incomplet, limitatif, partiel, relatif, restreint [2] avorté, défectueux, déficient, difforme, discutable, élémentaire, fautif, grossier, imprécis, indigent, inégal, insuffisant, lacunaire, loupé (fam.), manqué, mauvais, médiocre, moyen, négligé, raté, rudimentaire, vague, vicieux

**imparfaitement** défectueusement, difficilement, faiblement, grossièrement, improprement, incomplètement, incorrectement, insuffisamment, mal, maladroitement, malaisément, médiocrement, partiellement, pauvrement, péniblement

**impartial, e** → **juste**

**impartialité** n. f. → **justice**

**impartir** → **distribuer**

**impasse** n. f. [1] cul-de-sac, voie sans issue [2] fig. : danger, difficulté, mauvais pas → **obstacle**

**impassibilité** n. f. [1] apathie, ataraxie, calme, constance, équanimité, fermeté, flegme, immobilité, impartialité, impénétrabilité, imperturbabilité, intrépidité, irénisme, philosophie, placidité, sang-froid, stoïcisme, tranquillité [2] dureté, froideur, indifférence, insensibilité

**impassible** [1] apathique, calme, constant, décontracté, ferme, flegmatique, immobile, impartial, impavide, impénétrable, imperturbable, implacable, inébranlable, intrépide, irénique, maître de soi, marmoréen, philosophe, placide, relax (fam.), stoïque, tranquille [2] vx :rassis [3] dur, froid, indifférent, inflexible, insensible

**impatience** n. f. [1] au pr. : avidité, brusquerie, désir, empressement, fièvre, fougue, hâte, impétuosité, inquiétude, précipitation [2] par ext. : **a** agacement, colère, énervement, exaspération, irascibilité, irritabilité, irritation **b** supplice, torture **c** au pl. → **picotement**

**impatient, e** [1] → **brusque** [2] → **pressé**

**impatiente** n. f. balsamine, noli me tangere

**impatienter** [1] → **énerver** [2] v. pron. : se départir de son calme, être sur des charbons ardents / sur le gril, perdre patience, ronger son frein, sortir de ses gonds, se mettre en colère, se tourmenter

**impatroniser (s')** → **introduire (s')**

**impavide** audacieux, brave, courageux, crâne, déterminé, ferme, fier, généreux, hardi, imperturbable, inébranlable, intrépide, osé, résolu, téméraire, vaillant, valeureux

**impayable** → **risible**

**impeccable** [1] → **irréprochable** [2] → **parfait**

**impécunieux, euse** → **pauvre**

**impécuniosité** n. f. → **pauvreté**

**impedimentum, a** n. m. [1] → **bagage** [2] → **obstacle**

**impénétrable** → **secret**

**impénitence** n. f. → **endurcissement**

**impénitent, e** → **incorrigible**

**impensable** → **invraisemblable**

**impératif** n. m. priorité → **obligation**

**impératif, ive** → **absolu**

**imperceptible** atomique, caché, faible, illisible, impalpable, impondérable, inaudible, indiscernable, infime, inodore, insaisissable, insensible, insignifiant, invisible, léger, microscopique, minime, minuscule, petit, subtil

**imperdable** → **impossible**

**imperfectible** → **impossible**

**imperfection** n. f. 1 défaut, démérite, faible, faiblesse, faute, grossièreté, infirmité, insuffisance, lacune, manque, médiocrité, péché mignon / véniel, petitesse, ridicule, tache, tare, travers, vice 2 anomalie, crapaud, défectuosité, défet, difformité, inachèvement, incomplétude, incorrection, loup, malfaçon, mastic, moye

**impérial, e** → **imposant**

**impérialisme** n. m. colonialisme, expansionnisme → **autorité**

**impérieux, euse** 1 au pr. : absolu, altier, autoritaire, catégorique, contraignant, dictatorial, dominateur, formel, impératif, irrésistible, obligatoire, péremptoire, pressant, rigoureux, sérieux, strict, tranchant, tyrannique, urgent 2 par ext. → **dédaigneux**

**impérissable** → **éternel**

**impéritie** n. f. 1 → **incapacité** 2 → **maladresse**

**imperméabilité** n. f. 1 → **dureté** 2 → **indifférence**

**imperméable** 1 adj **a** au pr. : étanche **b** fig. : hermétique, impénétrable, inaccessible, insensible → **indifférent** 2 n.m. : caoutchouc, ciré, duffel-coat, gabardine, macfarlane, manteau de pluie, pèlerine, trench-coat, waterproof

**impersonnalité** n. f. → **neutralité**

**impersonnel, le** → **indifférent**

**impertinence** n. f. → **impolitesse**

**impertinent, e** 1 → **déplacé** 2 → **arrogant** 3 → **irrévérencieux** 4 → **sot**

**imperturbabilité** n. f. → **impassibilité**

**imperturbable** → **impassible**

**impétrant** bénéficiaire, lauréat

**impétueux, euse** ardent, bouillant, brusque, déchaîné, déferlant, de feu, effréné, emporté, endiablé, explosif, fier, fort, fougueux, frénétique, furieux, inflammable, pétulant, précipité, prompt, torrentueux, véhément, vertigineux, vif, violent, volcanique

**impétuosité** n. f. ardeur, bouillonnement, brusquerie, déchaînement, déferlement, élan, emballement, emportement, exaltation, feu, fierté, fièvre, flamme, force, fougue, frénésie, furie, hâte, impatience, pétulance, précipitation, promptitude, rush, saillie (vx), tourbillon, transport, véhémence, violence, vivacité

**impie** → **incroyant**

**impiété** n. f. 1 apostasie, athéisme, blasphème, froideur, hérésie, incrédulité, incroyance, indifférence, infidélité, inobservance, irréligion, libertinage, péché, profanation, sacrilège, scandale 2 par ext. : agnosticisme, athéisme, libre-pensée, paganisme

**impitoyable, implacable** 1 → **dur** 2 → **inflexible**

**implacabilité** n. f. → **dureté**

**implant** n. m. pellet

**implantation** n. f. 1 → **établissement** 2 → **fixation**

**implanter** 1 → **fixer** 2 → **établir**

**implication** n. f. accusation, complicité, compromission, conséquence, responsabilité → **suite**

**implicite** allant de soi, convenu, inexprimé, sous-entendu, tacite

**impliquer** 1 compromettre 2 **a** → **comprendre** **b** → **renfermer**

**implorant, e** → **suppliant**

**imploration** n. f. → **prière**

**implorer** → **prier**

**impluvium** n. m. → **bassin**

**impoli, e** 1 balourd, bourru, brutal, butor, cavalier, déplacé, désagréable, désinvolte, discourtois, effronté, goujat, grossier, impertinent, importun, impudent, incivil, inconvenant, incorrect, indélicat, indiscret, injurieux, insolent, insultant, insulteur, irrespectueux, irrévérencieux, leste, lourd, malappris, mal élevé / embouché, malhonnête, malotru, malpoli, malséant, malsonnant, mufle, offensant, ordurier, rude, rustique, rustre, sans-gêne, vulgaire 2 vx : égueulé, maroufle, paltoquet 3 fam. : galapiat, gougnafier, huron, iroquois, ostrogoth, paltoquet, peigne-cul, pignouf, primate, rasta, rastaquouère, rustaud, sagouin, zoulou

**impolitesse** n. f. brutalité, désinvolture, discourtoisie, goujaterie, grossièreté, impertinence, importunité, incivilité, inconvenance, incorrection, indélicatesse, indiscrétion, injure, insolence, irrespect, irrévérence, lourdeur, malhonnêteté, mauvaise éducation, manque de savoir-vivre, muflerie, nasarde, rusticité, sans-gêne, vulgarité → **incongruité**

**impondérable** 1 n.m → **hasard** 2 adj. → **imperceptible**

**impopulaire** détesté, haï, honni, impolitique, mal accepté / vu, refusé, rejeté

**impopularité** n. f. → **refus**

**importance** n. f. 1 au pr. : conséquence, considération, étendue, grandeur, gravité, intérêt, nécessité, poids, portée, puissance, valeur 2 par ext. **a** → **influence** **b** → **orgueil** **c** → **richesse**

**important, e** adj. et n. 1 au pr. : appréciable, à prendre en considération / estime, capital, conséquent, considérable, coquet (fam.), corsé, crucial, décisif, de conséquence, de poids, d'importance, dominant, éminent, essentiel, étendu, fondamental, fort, frappant, grand, grave, gros, haut, incalculable, inestimable, influent, insigne, intéressant, le vif du débat / sujet, lourd, majeur, mémorable, nécessaire, notable, pierre angulaire, principal, rondelet, sérieux, substantiel, utile, valable → **remarquable** 2 par ext. **a** urgent, pressé **b** → **affecté** **c** → **orgueilleux**

**importateur, trice** nom et adj. → **acheteur**

**importation** n. f. → **introduction**

**importer** 1 v. tr. : commercer, faire venir, introduire 2 v. intr. **a** compter, entrer en ligne de compte → **intéresser** **b** **peu m'importe :** peu me chante / chaut

**importun, e** 1 accablant, agaçant, déplaisant, désagréable, de trop, embarrassant, embêtant, encombrant, énervant, ennuyeux, envahissant, étourdissant, excédant, fâcheux, fatigant, gênant, incommodant, incommode, indésirable, indiscret, inopportun, insupportable, intempestif, intercurrent, intervenant, intolérable, intrus, malséant, obsédant, officieux, pesant, tannant, tuant 2 génér. nom et fam. : bassinant, collant, crampon, diviseur, emmerdant, emmerdeur, gêneur, gluant, hurluberlu, mouche du coche, persona non grata, plaie, pot de colle, raseur, rasoir, sangsue, trouble-fête

**importuner** 1 → **tourmenter** 2 → **ennuyer** 3 → **gêner**

**importunité** n. f. → **inconvénient**

**imposable** taxable

**imposant, e** auguste, colossal, considérable, digne, écrasant, élevé, énorme, étonnant, fantastique, formidable, grand, grandiose, grave, impressionnant, magistral, magnifique, majestueux, monumental, noble, notoire, olympien, respectable, royal, solennel, stupéfiant, superbe, triomphal ◆ péj. : pompeux, prudhommesque

**imposé, e** → **obligatoire**

**imposer** 1 → **prescrire** 2 → **obliger** 3 → **impressionner** 4 charger, obérer, surtaxer, taxer 5 **en imposer** **a** → **tromper** **b** → **dominer** 6 v. pron. → **introduire (s')**

**imposition** n. f. → **impôt**

**impossibilité** n. f. 1 absurdité, aporie, chimère, contradiction, folie, illusion, inaccessibilité, incompatibilité, indisponibilité, intransmissibilité, irréalité, irrecevabilité, irréductibilité, irréversibilité, irrévocabilité, rêve, utopie 2 → **impuissance** 3 → **difficulté** 4 → **invraisemblance**

**impossible** 1 quelque chose. **a** absurde, chimérique, contradictoire, difficile, épineux, fou, illusoire, immettable, imparable, impartageable, impensable, imperdable, imperfectible, impraticable, impubliable, inabordable, inaccessible, inadmissible, inapplicable, inaudible, incompatible, inconcevable, inconciliable, inconnaissable, indécidable, indicible, inécoutable, inemployable, inexcusable, inexécutable, inexploitable, infaisable, infranchissable, ingagnable, injouable, inopérable, inracontable, insensé, insoluble, insupportable, insurmontable, intraduisible, intransmissible, intransportable, inutilisable, irrattrapable, irréalisable, irrecevable, irréductible, irrémissible, irréversible, irrévocable, utopique, vain **b** → **ridicule** 2 quelqu'un. **a** → **inconvenant** **b** → **difficile**

**imposte** n. f. vasistas → **ouverture**

**imposteur** n. m. 1 charlatan, esbroufeur, fallacieux, fourbe, mystificateur, perfide, simulateur, trompeur, usurpateur → **hâbleur** 2 → **hypocrite**

**imposture** n. f. 1 → **hâblerie** 2 → **fausseté** 3 → **tromperie**

**impôt** n. m. 1 accise (belg. et québ.), centimes additionnels, charge, contribution, cote, droit, fiscalité, imposition, levée, prestation, redevance, réquisition, surtaxe, taxation, taxe, tribut 2 vx : aides, annone, capitation, champart, corvée, dîme, fouage, gabelle, lods, maltôte, octroi, patente, paulette, péage, régale, taille, terrage, tonlieu → **droit**

**impotence** n. f. → **infirmité**

**impotent, e** → **infirme**

**impraticable** 1 au pr. : dangereux, difficile, impossible, inabordable, inaccessible, inapplicable, inexécutable, infranchissable, interdit, inutilisable, irréalisable, malaisé, obstrué 2 fig. : infréquentable, insociable, insupportable, invivable

**imprécation** n. f. → **malédiction**

**imprécis, e** → **vague**

**imprécision** approximation, flou, vague → **indétermination**

**imprégnation** → **absorption**

**imprégner** 1 au pr. : baigner, bassiner, détremper, humecter, moitir, pénétrer, tremper → **imbiber** 2 fig. : animer, communiquer, déteindre sur, envahir, imprimer, inculquer, infuser, insuffler, marquer, pénétrer, racer 3 v. pron. **a** au pr. : absorber, boire, s'imbiber, prendre l'eau **b** fig. : acquérir, assimiler, apprendre

**imprenable** à toute épreuve, blindé, inaccessible, inexpugnable, invincible, invulnérable

**imprescriptible** → **irrévocable**

**impression** n. f. 1 → **édition** 2 → **effet** 3 → **sensation** 4 → **opinion** 5 **faire impression** → **impressionner**

**impressionnabilité** n. f. → **sensibilité**

**impressionnable** → **sensible**

**impressionnant, e** ahurissant, bouleversant, brillant, confondant, déroutant, effrayant, émouvant, étonnant, étourdissant, extraordinaire, formidable, frappant, imposant, incroyable, inimaginable, merveilleux, prodigieux, renversant, saisissant, sensationnel, spectaculaire, surprenant, troublant

**impressionner** 1 au pr. : affecter, agir sur, bouleverser, éblouir, ébranler, émouvoir, en imposer, étonner, faire impression, frapper, influencer, intimider, parler à, toucher, troubler 2 non fav. : éclabousser, épater, esbroufer, jeter de la poudre aux yeux, en mettre plein la vue, taper dans l'œil

**imprévisibilité** n. f. → **incertitude**

**imprévisible** 1 → **imprévu** 2 → **soudain**

**imprévision** n. f. 1 → **aveuglement** 2 → **insouciance**

**imprévoyance** n. f. 1 → **insouciance** 2 → **irréflexion**

**imprévoyant, e** écervelé, étourdi, évaporé, imprudent, inconséquent, insouciant, irréfléchi, léger, négligent, tête de linotte / en l'air

**imprévu, e** à l'improviste, fortuit, impromptu, inattendu, inespéré, inopiné, insoupçonné, soudain, subit, surprenant

**imprimatur** n. m. → **permission**

**imprimé** n. m. brochure, écrit, libelle, tract → **livre**

**imprimer** 1 au pr. : clicher, composer, éditer, empreindre, estamper, estampiller, fixer, frapper, gaufrer, graver, lister, marquer, mettre sous presse, timbrer, tirer → **publier** 2 fig. : animer, appliquer, communiquer, donner, enregistrer, imprégner, inculquer, inspirer, insuffler, marquer, pénétrer, photographier, transmettre, typer

**imprimerie** n. f. 1 → **typographie** 2 édition, journal, presse

**improbabilité** nf → **invraisemblance**

**improbable** 1 → **aléatoire** 2 → **invraisemblable**

**improbateur, trice** critique, dénigreur, désapprobateur, détracteur, réprobateur

**improbité** n. f. → **malhonnêteté**

**improductif, ive** → **stérile**

**improductivité** 1 → **stagnation** 2 → **sécheresse**

**impromptu** 1 adv. : à l'improviste, au pied levé, de manière imprévisible / inopinée, sans crier gare, sans préparation, sur-le-champ [2] n.m. : happening, improvisation [3] adj. : de premier jet, imaginé, improvisé, informel, inventé

**imprononçable** → **ineffable**

**impropre** [1] quelque chose : inadapté, inadéquat, inconvenant, incorrect, inexact, mal / peu approprié / propre à, saugrenu, vicieux [2] quelqu'un : inapte, incapable, incompétent, mal / peu propre à, rebelle à

**improprement** → **imparfaitement**

**impropriété** n. f. → **incongruité**

**improvisation** et **improvisé, e** → **impromptu**

**improviser** → **imaginer**

**improviste (à l')** au débotté / dépourvu, inopinément, sans crier gare, subitement, tout à coup / à trac

**imprudence** audace, bévue, étourderie, faute, hardiesse, imprévoyance, irréflexion, légèreté, maladresse, méprise, négligence, témérité

**imprudent, e** [1] audacieux, aventureux, cassecou, écervelé, étourdi, fautif, hasardeux, imprévoyant, inattentif, inconsidéré, insensé, irréfléchi, léger, maladroit, malavisé, négligent, présomptueux, risque-tout, téméraire [2] dangereux, hasardeux, osé, périlleux, risqué → **hasardé**

**impubère** mineur → **petit**

**impubliable** → **impossible**

**impudence** n. f. aplomb, arrogance, audace, cœur, culot (fam.), cynisme, effronterie, front, grossièreté, hardiesse, impertinence, impudeur, impudicité, inconvenance, incorrection, indécence, indiscrétion, insolence, liberté, licence, outrecuidance, sans-gêne, témérité, toupet

**impudent, e** arrogant, audacieux, culotté (fam.), cynique, effronté, éhonté, grossier, hardi, impudique, inconvenant, indécent, indiscret, insolent, licencieux, outrecuidant, sans gêne / vergogne, téméraire

**impudeur** n. f. → **impudence**

**impudicité** n. f. → **lascivité**

**impudique** [1] → **lascif** [2] → **obscène**

**impuissance** n. f. [1] au pr. : aboulie, affaiblissement, affaissement, ankylose, débilité, engourdissement, faiblesse, impossibilité, impotence, inadaptation, inaptitude, incapacité, incompétence, inefficacité, inhibition, insuffisance, invalidité, paralysie, torpeur [2] agénésie, anaphrodisie, anovulation, aspermie, azoospermie, frigidité, inappétence, incapacité, infécondité, stérilité

**impuissant, e** [1] au pr. : aboulique, affaibli, ankylosé, débile, désarmé, engourdi, faible, impotent, improductif, inadapté, inapte, incapable, incompétent, inefficace, infertile, inhibé, inopérant, insuffisant, invalide, neutralisé, paralysé [2] eunuque, frigide (seul. fém.), infécond, stérile

**impulser** → **inspirer**

**impulsif, ive** [1] → **violent** [2] → **spontané**

**impulsion** n. f. [1] → **mouvement** [2] → **disposition**

**impulsivité** n. f. → **violence**

**impunité** n. f. licence → **liberté**

**impur, e** [1] quelqu'un : abject, avilissant, bas, dégradant, déshonoré, dévoyé, honteux, immoral, impudique, indécent, indigne, infâme, infect, lascif, malhonnête, malpropre, obscène, pécheur, repoussant, sale, sensuel, trivial, trouble, vicieux, vil [2] quelque chose. [a] neutre → **mêlé** [b] non fav. : altéré, avarié, bas, boueux, bourbeux, contaminé, corrompu, déshonnête, empesté, empuanti, falsifié, fangeux, frelaté, immonde, immoral, infect, insalubre, malsain, mauvais, obscène, pollué, putride, sale, souillé, taré

**impureté** n. f. [1] abjection, bassesse, corruption, déshonneur, faute, fornication, immoralité, imperfection, impudicité, indécence, indignité, infamie, lascivité, malpropreté, noirceur, obscénité, péché, sensualité, stupre, turpitude, vice [2] boue, bourbe, bourbier, déjection, immondice, infection, insalubrité, macule, ordure, saleté, salissure, souillure, tache

**imputabilité** n. f. → **responsabilité**

**imputable** attribuable / dû à

**imputation** n. f. [1] → **accusation** [2] → **affectation**

**imputer** → **attribuer**

**imputrescible** → **incorruptible**

**inabordable** [1] au pr. : abrupt, à pic, dangereux, élevé, escarpé, hors d'atteinte, impénétrable, inaccessible [2] par ext. : [a] cher, coûteux, exorbitant, hors de portée / prix [b] inconnaissable, insondable [3] fig. : [a] imperméable, indifférent, insensible [b] bourru, brutal, distant, fier, insociable, insupportable, mal / peu gracieux, prétentieux, rébarbatif, revêche, rude

**inabrogeable** → **irrévocable**

**inacceptable** inadmissible, inconvenant, insupportable, intolérable, irrecevable, récusable, refusable, révoltant

**inaccessibilité** n. f. → **impossibilité**

**inaccessible** → **inabordable**

**inaccompli, e** → **imparfait**

**inaccomplissement** n. m. → **abandon**

**inaccoutumé, e** [1] → **irrégulier** [2] → **nouveau** [3] → **rare**

**inachevé, e** → **imparfait**

**inachèvement** n. m. → **abandon**

**inactif, ive** [1] au pr. [a] neutre : chômeur, demandeur d'emploi, désœuvré, inoccupé, sans emploi / travail [b] non fav. : croupissant, endormi, fainéant, oisif, paresseux ◆ vx : oiseux [2] par ext. → **inerte**

**inaction** et **inactivité** n. f. [1] apathie, assoupissement, calme, engourdissement, immobilité, indolence, inertie, lenteur, mollesse, torpeur [2] croupissement, désœuvrement, fainéantise, inoccupation, oisiveté, paresse, passivité [3] chômage, congé, marasme, ralentissement, stagnation, suspension [4] farniente, loisir, repos, sieste, sommeil, vacance, vacances, vacations (jurid.) [5] disponibilité, honorariat, retraite

**inactuel, le** → **anachronique**

**inadaptation** n. f. → **incapacité**

**inadapté, e** [1] caractériel, déprimé, difficile, émotif, inhibé, insociable, instable, introverti, mythomane, sauvage [2] fam. : mal dans sa peau, paumé [3] impropre, inadéquat, incommode

**inadéquat, e** → **inadapté**

**inadéquation** n. f. → **incapacité**

**inadmissible** → **intolérable**

**inadvertance** n. f. absence, dissipation, distraction, divagation, étourderie, faute, imprudence, inapplication, inattention, inconséquence, incurie, indifférence, inobservation, insouciance, irréflexion, laisser-aller, légèreté, manquement, mégarde, méprise, négligence, nonchalance, omission, oubli, relâchement

**inaliénabilité** n. f. → **immutabilité**

**inaliénable** incessible, incommutable, invendable, non → **cessible**

**inaltérabilité** n. f. → **immutabilité**

**inaltérable** → **durable**

**inaltéré, e** → **pur**

**inamical** → **défavorable**

**inamissible** → **irréversible**

**inamovibilité** n. f. → **stabilité**

**inamovible** [1] → **éternel** [2] → **stable**

**inanimé, e** → **mort**

**inanité** n. f. → **vanité**

**inanition** n. f. [1] → **faim** [2] → **langueur**

**inapaisable** implacable, inextinguible, inguérissable, insatiable, perpétuel, persistant

**inapaisé, e** inassouvi, insatisfait → **mécontent**

**inaperçu, e** → **discret**

**inappétence** n. f. [1] anorexie [2] → **indifférence**

**inapplicable** → **impossible**

**inappliqué, e** absent, distrait, écervelé, étourdi, inattentif, insoucieux, léger, négligent, oublieux

**inappréciable** → **précieux**

**inapte** → **impropre**

**inaptitude** n. f. → **incapacité**

**inapplication** n. f. → **inattention**

**inarticulé, e** → **inintelligible**

**inassimilable** [1] au pr. : chargeant (vx), indigeste, lourd [2] fig. [a] → **difficile** [b] → **pesant**

**inassouvi, e** inapaisé, insatisfait → **mécontent**

**inassouvissable** [1] → **glouton** [2] → **infatigable**

**inassouvissement** n. m. besoin, désir, envie, faim, fringale, frustration, insatisfaction, manque, non-satisfaction, soif

**inattaquable** impeccable, imprenable, inaccessible, inaltérable, incorruptible, indestructible, intouchable, invincible, invulnérable, irréprochable, résistant, solide

**inattendu, e** [1] → **soudain** [2] → **inespéré**

**inattentif, ive** absent, distrait, écervelé, étourdi, inappliqué, insoucieux, léger, négligent, oublieux

**inattention** n. f. absence, dissipation, distraction, divagation, étourderie, faute, imprudence, inadvertance, inapplication, inconséquence, incurie, indifférence, inobservation, insouciance, irréflexion, laisser-aller, légèreté, manquement, mégarde, méprise, négligence, nonchalance, omission, oubli, relâchement

**inaudible** brouillé, imperceptible, inécoutable (fam.)

**inauguration** n. f. baptême, commencement, consécration, début, dédicace, étrenne, générale, ouverture, première, sacre (vx), vernissage

**inaugurer** [1] baptiser, célébrer l'achèvement / le commencement / le début, consacrer, dédicacer, étrenner, ouvrir [2] → **commencer**

**inauthenticité** n. f. → **fausseté**

**inauthentique** → **apocryphe**

**inavouable** → **honteux**

**incalculable** [1] au pr. : considérable, démesuré, énorme, extraordinaire, illimité, immense, important, inappréciable, incommensurable, indéfini, infini, innombrable, insoluble [2] **conséquence incalculable :** grave, imprévisible

**incandescence** n. f. → **combustion**

**incandescent, e** [1] → **phosphorescent** [2] → **lumineux** [3] → **chaud**

**incantation** [1] → **magie** [2] → **chant**

**incapable** [1] adj. : ignorant, imbécile, impropre, impuissant, inadapté, inadéquat, inapte, incompétent, inepte, inhabile, inopérant, insuffisant, maladroit, malhabile, nul, vain, velléitaire [2] nom : foutriquet, ganache, ignorant, imbécile, impuissant, lavette, mazette, médiocre, nullité, pauvre type, ringard, triste individu / sire, zéro

**incapacitant, e** invalidant

**incapacité** n. f. [1] au pr. : difficulté, engourdissement, inadaptation, inadéquation, ignorance, imbécillité, impéritie, impuissance, inaptitude, incompétence, ineptie, infirmité, inhabileté, insuffisance, maladresse, nullité [2] méd. : [a] invalidité [b] → **impuissance** [3] jurid. : déchéance, inhabilité, interdiction, minorité

**incarcération** n. f. → **emprisonnement**

**incarcérer** → **emprisonner**

**incarnadin, e** et **incarnat, e** → **rouge**

**incarnation** n. f. [1] → **ressemblance** [2] → **transformation**

**incarner** → **symboliser**

**incartade** n. f. [1] → **écart** [2] → **avanie**

**incassable** → **solide**

**incendiaire** nom et adj. bandit, brûleur, chauffeur (vx), criminel, pyromane

**incendie** n. m. [1] au pr. : brasier, combustion, conflagration, destruction par le feu, embrasement, feu, ignition, sinistre [2] fig. : bouleversement, conflagration, guerre, révolution

**incendier** → **brûler**

**incertain, e** [1] quelque chose : aléatoire, ambigu, apparent, aventureux, branlant, brouillé, brumeux, chancelant, chanceux (vx ou rég.), changeant, chimérique, conditionnel, confus, conjectural, contestable, contesté, contingent, controversable, controversé, critiquable, critiqué, discutable, discuté, douteux, équivoque, erroné, éventuel, faible, flottant, flou, fluctuant, fragile, fumeux, hasardé, hypothétique, ignoré, illusoire, imprécis, imprévu, improbable, inconnu, indéfini, indéterminé, indiscernable, instable, litigieux, louche, mis en doute, nébuleux, obscur, oscillant, peu sûr, précaire, présumé, prétendu, problématique, reprochable (jurid.), risqué, spécieux, supposé, suspect, suspendu, utopique, vacillant, vague, vaporeux, variable, vaseux, vasouillard [2] quelqu'un : dubitatif, ébranlé, embarrassé, évasif, falot, hésitant, indécis, irrésolu, labile, perplexe, sceptique, velléitaire, versatile

**incertitude** n. f. [1] de quelque chose : ambiguïté, chance, confusion, contingence, embrouillement, équivoque, éventualité, faiblesse, flottement, fluctuation, fragilité, hasard, illusion, imprécision, imprévisibilité, inconstance, obscurité, précarité, vague, variabilité 2 de quelqu'un : anxiété, ballottement, changement, crise, désarroi, doute, embarras, flottement, fluctuation, hésitation, indécision, indétermination, inquiétude, instabilité, irrésolution, oscillation, perplexité, scrupule, tâtonnement, tergiversation, versatilité

**incessamment** 1 → **bientôt** 2 → **toujours**

**incessant, e** constant, continu, continué, continuel, éternel, ininterrompu, intarissable, permanent, perpétuel, reconduit, sempiternel, suivi

**incessibilité** n. f. → **immutabilité**

**incessible** → **inaliénable**

**inceste** n. m. → **crime**

**incestueux, euse** contre nature, coupable d'inceste

**inchantable** → **impossible**

**incidemment** 1 → **peut-être** 2 accessoirement, accidentellement, en passant, entre parenthèses, éventuellement, occasionnellement, par hasard, secondairement, subsidiairement

**incidence** n. f. → **suite**

**incident** 1 n.m. : accroc, anicroche, aventure, cas, chicane, circonstance, difficulté, dispute, embarras, ennui, entrefaite, épisode, événement, éventualité, obstacle, occasion, occurrence, péripétie 2 adj. **a** → **accessoire** **b** gram. : incise

**incinérateur** n. m. par ext. : crématorium, four crématoire

**incinération** n. f. crémation, combustion, destruction par le feu

**incinérer** → **brûler**

**incirconcis** n. m. et adj. du point de vue relig. : chrétien, goy, roumi

**inciser** → **couper**

**incisif, ive** → **mordant**

**incision** n. f. coupure → **excision**

**incisure** n. f. coupe, déchiqueture, découpure, ouverture, taillade

**incitateur, trice** → **instigateur**

**inciter** 1 → **inviter** 2 → **exciter**

**incivil, e** → **impoli**

**incivilité** → **impolitesse**

**inclassable** 1 → **original** 2 → **unique**

**inclémence** n. f. → **rigueur**

**inclément, e** → **rigoureux**

**inclinaison** n. f. 1 → **obliquité** 2 → **pente**

**inclination** n. f. 1 au pr. → **inclinaison** 2 fig. **a** appétit, aspiration, attirance, attrait, désir, disposition, envie, faible, faiblesse, goût, instinct, motivation, penchant, pente, préférence, propension, tendance **b** → **attachement** **c** spat. off. : inclinaison (d'une orbite)

**incliné, e** déclive, en pente, oblique, pentu → **incliner**

**incliner** 1 v. intr. : obliquer, pencher 2 v. tr. **a** au pr. : abaisser, baisser, courber, fléchir, infléchir, obliquer, pencher, plier, ployer **b** fig. : attirer, inciter, porter, pousser 3 v. pron. **a** se prosterner, saluer **b** → **humilier (s')** **c** → **céder**

**inclure** → **introduire**

**inclus, e (ci-)** annexé, joint

**inclusion** n. f. → **introduction**

**inclusivement** avec, en comprenant, y compris

**incoercible** 1 → **incompressible** 2 → **irrésistible**

**incognito** 1 adv. : à titre privé, discrètement, en cachette, secrètement 2 nom masc : anonymat 3 adj. → **anonyme**

**incohérence** n. f. → **désordre**

**incohérent, e** → **absurde**

**incollable** → **savant**

**incolore** 1 → **pâle** 2 → **banal**

**incomber** → **revenir**

**incombustible** apyre, ignifuge, infusible, ininflammable, réfractaire

**incommensurable** ample, colossal, considérable, cyclopéen, démesuré, discrétionnaire, effrayant, énorme, extrême, formidable, géant, gigantesque, grandiose, grandissime, gros, illimité, immense, immensurable (vx), imposant, indéfini, inépuisable, inépuisé, infini, monumental, prodigieux, profond, vaste, vastitude → **grand**

**incommodant, e** → **désagréable**

**incommode** 1 → **difficile** 2 → **importun** 3 → **embarrassant**

**incommodément** inconfortablement

**incommoder** → **gêner**

**incommodité** n. f. → **inconvénient**

**incommunicable** → **ineffable**

**incommutabilité** n. f. constance, fixité, immuabilité, immutabilité, inaliénabilité, inaltérabilité, incessibilité, invariabilité, pérennité

**incommutable** → **inaliénable**

**incomparable** 1 inégalable, parfait, unique, supérieur → **bon** 2 → **distingué**

**incomparablement** autrement, infiniment

**incompatibilité** n. f. → **opposition**

**incompatible** 1 antinomique, antipathique, antithétique, autre, contradictoire, contraire, désassorti, discordant, dissonant, exclusif de, inconciliable, inharmonieux, opposé 2 jurid. : dirimant, rescindant

**incompétence** n. f. → **incapacité**

**incompétent, e** → **incapable**

**incomplet, e** 1 → **partiel** 2 → **imparfait**

**incomplètement** → **imparfaitement**

**incomplétude** → **manque**

**incompréhensible** → **inintelligible**

**incompréhensif, ive** → **ignorant**

**incompréhension** n. f. 1 → **mésintelligence** 2 → **ignorance**

**incompressible** incoercible, irréductible, rigide, solide

**incompris, e** méconnu → **inconnu**

**inconcevable** 1 → **inintelligible** 2 → **invraisemblable**

**inconciliable** → **incompatible**

**inconditionnel, le** 1 → **absolu** 2 béni-oui-oui, godillot, suiviste → **flatteur**

**inconduite** n. f. → **débauche**

**inconfort** n. m. 1 → **inconvénient** 2 → **malaise**

**inconfortable** → **désagréable**

**incongru, e** → **déplacé**

**incongruité** n. f. 1 crudité, cynisme, désinvolture, écart de conduite / langage, grossièreté, impertinence (vx), impudicité, inconvenance, incorrection, indécence, liberté, licence, malhonnêteté, malpropreté, manque d'éducation / de tenue, mauvaise tenue, saleté, sans-gêne → **impolitesse** 2 → **disconvenance** 3 → **vent**

**inconnaissable** 1 → **secret** 2 → **obscur**

**inconnu, e** 1 anonyme, incognito 2 caché, clandestin, dissimulé, énigmatique, étranger, ignoré, impénétrable, inaccessible, incompris, inconnaissable, inédit, inexpérimenté, inexploré, innommé, inouï, méconnu, mystérieux, neuf, nouveau, obscur, occulte, oublié, secret, ténébreux, voilé 3 → **inquiétant**

**inconscience** n. f. absence, irresponsabilité, légèreté → **indifférence**

**inconsciemment** accidentellement, automatiquement, convulsivement, forcément, instinctivement, involontairement, machinalement, mécaniquement, naturellement, par accident / force / hasard / réflexe, passivement, spontanément

**inconscient, e** 1 nom → **subconscient** 2 adj. **a** → **insensé** **b** → **inerte**

**inconséquence** n. f. → **dérèglement**

**inconséquent, e** 1 → **malavisé** 2 → **illogique**

**inconsidéré, e** → **malavisé**

**inconsidérément** à la légère, étourdiment

**inconsistance** n. f. → **faiblesse**

**inconsistant, e** → **mou**

**inconsolable** et **inconsolé, e** → **triste**

**inconsommable** → **mauvais**

**inconstance** n. f. 1 → **infidélité** 2 → **instabilité**

**inconstant, e** → **changeant**

**inconstatable** incontrôlable, indémontrable, invérifiable

**inconstitutionnalité** n. f. → **irrégularité**

**inconstitutionnel, le** → **irrégulier**

**incontestabilité** n. f. → **évidence**

**incontestable** → **évident**

**incontestablement** → **évidemment**

**inconteste, e** → **certain**

**incontinence** n. f. 1 débâcle, énurésie → **diarrhée** 2 → **débauche**

**incontinent, e** 1 adj. → **excessif** 2 adv. → **aussitôt**

**incontournable** → **infranchissable**

**incontrôlable** et **incontrôlé, e** inconstatable, indémontrable, invérifiable → **libre**

**inconvenance** n. f. 1 → **impudence** 2 → **incongruité**

**inconvenant, e** choquant, déplacé, déshonnête, grossier, immodeste, impoli, importun, impossible, incongru, incorrect, indécent, indu, inopportun, intempestif, leste, libre, licencieux, mal élevé, malséant, malsonnant, pas montrable / sortable (fam.) → **obscène**

**inconvénient** n. m. aléa, danger, déplaisir, dérangement, désavantage, difficulté, ennui, gêne, handicap, importunité, incommodité, inconfort, pierre d'achoppement, servitude, sujétion, traverse → **obstacle**

**inconvertible** → **ferme**

**incorporalité** et **incorporéité** n. f. → **immatérialité**

**incorporation** n. f. 1 → **mélange** 2 → **réunion**

**incorporel, le** aérien, impalpable, immatériel, incréé, inétendu, intemporel, intouchable, léger, pur esprit → **spirituel**

**incorporer** → **associer**

**incorrect, e** 1 → **faux** 2 → **déplacé** 3 → **inconvenant**

**incorrectement** 1 → **grossièrement** 2 → **imparfaitement**

**incorrection** n. f. → **incongruité**

**incorrigible** endurci, entêté, impénitent, incurable, indécrottable, irrécupérable, récidiviste

**incorruptibilité** n. f. 1 → **pureté** 2 → **probité**

**incorruptible** 1 imputrescible, indestructible, stérilisé 2 → **probe**

**incrédibilité** n. f. → **invraisemblance**

**incrédule** 1 aporétique (philos.) défiant, douteur, dubitatif, méfiant, perplexe, pyrrhonien, sceptique, soupçonneux 2 → **incroyant**

**incrédulité** n. f. → **scepticisme**

**incréé, e** → **incorporel**

**incrément** n. m. augmentation minimale, pas

**increvable** costaud, dur, endurci, fort, inassouvissable, indomptable, infatigable, inlassable, invincible, résistant, robuste, solide, tenace, vigoureux

**incriminer** 1 → **blâmer** 2 vx → **inculper**

**incroyable** 1 adj. → **invraisemblable** 2 nom : jeune beau, élégant, gandin, merveilleux, muscadin

**incroyance** n. f. → **scepticisme**

**incroyant, e** agnostique, antireligieux, aporétique, areligieux, athée, esprit fort, humaniste, impie, incrédule, indifférent, irréligieux, libre penseur, mécréant, païen, profane, sceptique → **infidèle** ◆ vx : libertin

**incrustant, e** durcissant, pétrifiant

**incrustation** n. f. inlay (chir.) → **dépôt**

**incruster** 1 damasquiner, nieller, orner, sertir 2 v. pron. → **introduire (s')**

**incubateur** n. m. couveuse

**incubation** n. f. 1 → **maturation** 2 → **préparation**

**incube** n. m. → **diable**

**incuber** → **couver**

**inculcation** n. f. → **instruction**

**inculpation** n. f. accusation, charge, imputation, présomption

**inculpé, e** adj. et n. accusé, chargé, prévenu, suspect

**inculper** accuser, arguer de (jurid.), charger, déférer / inférer au parquet / au tribunal, dénoncer, déposer une plainte, s'élever contre, faire le procès de, incriminer, mettre en cause, se plaindre de, porter plainte, poursuivre

**inculquer** 1 → **enseigner** 2 → **imprimer**

**inculte** 1 → **stérile** 2 → **rude**

**incultivable** → **stérile**

**inculture** n. f. 1 amathie, analphabétisme, candeur, illettrisme, incompréhension, ignorance, inexpérience, ingénuité, innocence, méconnaissance, naïveté, simplicité 2 abrutissement, ânerie, balourdise, bêtise, crasse, imbécillité, impéritie, impuissance, incapacité, incompétence, inconscience, inconséquence, insuffisance, lacune, nullité, obscurantisme, sottise

**incurable** adj. et n. 1 cas désespéré, condamné, fini, grabataire, handicapé physique, inguérissable, irrémédiable, irrévocable, malade chronique, perdu, valétudinaire ◆ fam. : fichu, foutu 2 fig. → **incorrigible**

**incurie** n. f. 1 → **insouciance** 2 → **inattention**

**incuriosité** n. f. → **indifférence**

**incursion** n. f. [1] au pr. : course (vx), débarquement, débordement, déferlement, déluge, descente, envahissement, exploration, ingression, inondation, invasion, irruption, pointe, raid, razzia, reconnaissance, submersion [2] par ext. a → **voyage** b → **intervention**

**incurvé, e** → **courbe**

**incurver** → **fléchir**

**indébrouillable** confus, dédaléen, désordonné, difficile, embrouillé, emmêlé, enchevêtré, entrecroisé, indéchiffrable, inextricable, labyrinthique, mêlé, obscur

**indécence** n. f. → **impudence**

**indécent, e** [1] → **obscène** [2] → **inconvenant**

**indéchiffrable** [1] → **illisible** [2] → **secret** [3] → **obscur**

**indéchirable** → **solide**

**indécidable** → **impossible**

**indécis, e** [1] → **vague** [2] → **indéterminé**

**indécision** n. f. → **indétermination**

**indécollable** → **solide**

**indécrochable** → **difficile**

**indécrottable** → **incorrigible**

**indéfectibilité** n. f. → **constance**

**indéfectible** [1] → **éternel** [2] → **fidèle**

**indéfendable** [1] → **invraisemblable** [2] → **intolérable**

**indéfini, e** [1] → **immense** [2] → **éternel** [3] → **vague**

**indéfinissable** [1] → **ineffable** [2] → **vague**

**indéformable** → **solide**

**indéfrisable** n. f. permanente

**indélébile** → **ineffaçable**

**indélébilité** n. f. → **solidité**

**indélicat, e** → **malhonnête**

**indélicatesse** n. f. [1] → **impolitesse** [2] → **vol**

**indémaillable** → **solide**

**indemne** → **sauf**

**indemnisation** n. f. [1] → **indemnité** [2] → **réparation**

**indemniser** → **compenser**

**indemnitaire** → **bénéficiaire**

**indemnité** n. f. [1] au pr. : allocation, casuel, compensation, dédommagement, dommages et intérêts, dotation, pécule, wergeld (vx) [2] par ext. : émolument, liste civile, prestation, rémunération, rétribution, salaire, surestarie (mar.), surloyer, sursalaire, traitement

**indémontable** → **solide**

**indémontrable** → **illogique**

**indéniable** → **évident**

**indentation** n. f. → **échancrure**

**indépassable** [1] → **parfait** [2] → **défendu**

**indépendamment** → **outre (en)**

**indépendance** n. f. → **liberté**

**indépendant, e** → **libre**

**indépendantiste** → **séparatiste**

**indéracinable** → **solide**

**indéréglable** → **sûr**

**indescriptible** → **ineffable**

**indésirable** → **importun**

**indestructibilité** n. f. → **solidité**

**indestructible** [1] → **éternel** [2] → **solide**

**indéterminable** → **vague**

**indétermination** n. f. embarras, hésitation, imprécision, incertitude, indécision, irrésolution, perplexité, procrastination, scrupule, vacillation

**indéterminé, e** embarrassé, hésitant, incertain, indécis, indéterminable, irrésolu, perplexe → **vague**

**indéterminisme** n. m. → **philosophie**

**index** → **table**

**indexation** n. f. → **garantie**

**indexer** → **garantir**

**indicateur, trice** [1] nom a → **espion** b → **enregistreur** [2] adj. → **indicatif**

**indicatif, ive** approchant, approximatif, sans garantie

**indication** n. f. [1] → **signe** [2] charge, dénonciation, piste

**indice** n. m. → **signe**

**indicible** → **ineffable**

**indiction** n. f. → **convocation**

**indienne** n. f. → **coton**

**indifféremment** indistinctement

**indifférence** n. f. [1] aveuglement, désaffection, désintéressement, désinvolture, égoïsme, éloignement, froideur, imperméabilité, inappétence, inapplication (vx), inconscience, incuriosité, indolence, insensibilité, insouciance, laxisme, mollesse, nonchalance, sécheresse de cœur, tiédeur [2] anorexie, ataraxie, calme, dégagement (vx), désintérêt, détachement, équanimité, flegme, impassibilité, neutralité, sérénité → **apathie** [3] → **scepticisme**

**indifférencié, e** → **semblable**

**indifférent, e** [1] ce qui est indifférent à quelqu'un. a → **égal** b → **insignifiant** [2] quelqu'un : a apathique, apolitique, blasé, désintéressé, désinvolte, détaché, distant, égoïste, flegmatique, froid, glacé, impassible, imperméable, impersonnel, inaccessible, incurieux, indolent, inexpressif, insensible, insouciant, laxiste, neutre, nonchalant, passif, résigné, sourd, tiède, tolérant b → **incroyant**

**indifférentisme** n. m. → **neutralité**

**indifférer** être → **égal**

**indigence** n. f. → **pauvreté**

**indigène** nom et adj. aborigène, autochtone, local, natif, national, naturel, originaire, vernaculaire → **habitant**

**indigent, e** → **pauvre**

**indigeste** [1] au pr. : chargeant (vx), inassimilable, lourd [2] fig → **pesant**

**indigestion** n. f. [1] embarras gastrique, excès de table, indisposition [2] par ext. → **dégoût**

**indigète** → **particulier**

**indignation** n. f. → **colère**

**indigne** [1] quelqu'un. a → **vil** b → **coupable** [2] quelque chose : abominable, bas, déshonorant, exécrable, odieux, révoltant, trivial

**indigné, e** → **outré**

**indigner** → **irriter**

**indignité** n. f. [1] → **déchéance** [2] → **offense**

**indiquer** accuser, annoncer, assigner, citer, découvrir, dénoncer, dénoter, désigner, déterminer, dévoiler, dire, divulguer, enseigner, exposer, faire connaître / savoir, fixer, guider, marquer, montrer, nommer, représenter, révéler, signaler, signifier → **tracer**

**indirect, e** [1] compliqué, coudé, courbé, de biais, détourné, dévié, oblique, sinueux [2] allusif, évasif, évocateur, médiat, sous-entendu [3] jurid. : adventif

**indiscernable** [1] → **imperceptible** [2] → **semblable**

**indiscipline** n. f. contestation, désobéissance, désordre, fantaisie, indocilité, insoumission, insubordination, opiniâtreté, rébellion, refus d'obéissance, résistance, révolte

**indiscipliné, e** → **indocile**

**indiscret, ète** [1] quelque chose → **voyant** [2] quelqu'un : casse-pieds (fam.), curieux, écouteur, espion, fâcheux (vx), fouinard, fouineur, fureteur, importun, inquisiteur, inquisitorial, insistant, intrus, touche-à-tout, voyeur

**indiscrètement** à la légère, sans réserve / retenue

**indiscrétion** n. f. [1] → **curiosité** [2] → **révélation**

**indiscutable** → **évident**

**indiscutablement** certainement

**indiscuté, e** → **certain**

**indispensable** → **nécessaire**

**indisponibilité** n. f. [1] → **absence** [2] → **impossibilité**

**indisponible** [1] pas → **libre** [2] → **absent** [3] → **malade** [4] → **occupé**

**indisposé, e** [1] phys → **fatigué** [2] par ext. : agacé, choqué, contrarié, fâché, hostile, mécontent, prévenu, vexé

**indisposer** [1] → **aigrir** [2] → **prévenir** [3] → **fatiguer**

**indisposition** n. f. → **malaise**

**indissociable** → **inséparable**

**indissolubilité** n. f. fermeté, fixité, immuabilité, immutabilité, inamovibilité, indestructibilité, intangibilité, irréversibilité, irrévocabilité

**indissoluble** absolu, absolutoire, arrêté, décidé, définitif, ferme, fixe, formel, immarcescible, immuable, imprescriptible, inabrogeable, inamissible, inamovible, intangible, irrécusable, irréformable, irréversible, irrévocable, ne varietur, péremptoire, résolu, sans appel

**indistinct, e** → **vague**

**indistinctement** confusément → **vague**, indifféremment

**individu** n. m. [1] particulier, personne, unité [2] a → **homme** b → **type** [3] → **spécimen**

**individualisation** n. f. caractérisation, choix, définition, détermination, différenciation, distinction, élection, individuation, marque, particularisation, spécification, tri

**individualiser** → **caractériser**

**individualisme** n. m. → **égoïsme**

**individualiste** n. m. [1] → **égoïste** [2] → **original**

**individualité** n. f. → **personnalité**

**individuation** n. f. → **individualisation**

**individuel, le** distinct, isolé, nominal, nominatif, particulier, personnel, privé, propre, séparé, singulier, spécial, spécifique, unique

**individuellement** à part, en particulier, l'un après l'autre

**indivis, e** → **commun**

**indivisaire** n. m. et f. → **bénéficiaire**

**indivisément** en commun / communauté

**indivisibilité** n. f. insécabilité, irréductibilité, unicité, unité → **fermeté**

**indivisible** insécable, irréductible → **un**

**indivision** n. f. communauté, copropriété

**indocile** désobéissant, dissipé, entêté, fermé, frondeur, indiscipliné, indomptable, insoumis, insubordonné, passif, rebelle, récalcitrant, réfractaire, regimbant, regimbeur, rétif, révolté, rude, subversif, têtu, vicieux, volontaire

**indocilité** n. f. → **indiscipline**

**indolence** n. f. [1] → **apathie** [2] → **paresse** [3] → **mollesse**

**indolent, e** [1] → **mou** [2] → **paresseux** [3] → **apathique** [4] → **insensible**

**indolore** → **insensible**

**indomptable** → **indocile**

**indompté, e** → **sauvage**

**indu, e** [1] → **illogique** [2] → **inconvenant**

**indubitable** → **évident**

**inductif, ive** → **logique**

**induction** n. f. [1] analogie, généralisation, inférence, ressemblance [2] action, excitation, influx, production

**induire** [1] → **inférer** [2] → **inviter** [3] induire en erreur → **tromper**

**indulgence** n. f. [1] fav. a bénignité, bienveillance, bonté, charité, clémence, compréhension, douceur, générosité, humanité, longanimité, magnanimité, mansuétude, miséricorde, patience, tolérance b excuse, exemption, faveur, grâce, pardon, rémission [2] péj. : complaisance, faiblesse, laisser-aller/-faire, laxisme, mollesse, permissivité

**indulgent, e** [1] bénin, bienveillant, bon, charitable, clément, compréhensif, doux, favorable, généreux, humain, large, latitudinaire (vx), magnanime, miséricordieux, oublieux, patient, permissif, sensible, tolérant [2] péj. : bonasse, complaisant, élastique, facile, faible, laxiste, mou

**indult** n. m. → **privilège**

**industrialiser** développer, équiper, mécaniser, outiller

**industrie** n. f. [1] secteur secondaire → **usine** [2] → **habileté** [3] par ext. :développement, équipement, machinisme, mécanisation, outillage

**industriel** n. m. entrepreneur, fabricant, manufacturier, usinier

**industriel, le** actif, développé, équipé, modernisé, urbanisé (par ext.)

**industrieux, euse** [1] → **capable** [2] → **habile**

**inébranlable** → **constant**

**inécoutable** inaudible → **impossible**

**inédit, e** → **nouveau**

**ineffable** [1] au pr. : extraordinaire, imprononçable, incommunicable, indéfinissable, indescriptible, indicible, inénarrable, inexprimable, intransmissible, inracontable [2] par ext. a → **risible** b céleste, divin, sacré, sublime

**ineffaçable** [1] au pr. : immarcescible, impérissable, inaltérable, indélébile [2] par ext. : éternel, immortel, indestructible

**inefficace** [1] improductif, impuissant, infructueux, inopérant, inutile, nul, stérile, vain [2] anodin, platonique

**inégal, e** [1] → **irrégulier** [2] → **changeant** [3] → **différent** [4] → **injuste**

**inégalable** → **parfait**

**inégalé, e** → **unique**

**inégalité** n. f. → **différence**

**inélégance** n. f. balourdise, goujaterie, grossièreté, laideur, lourdeur, vulgarité → **maladresse**

**inélégant, e** [1] au pr. : balourd, grossier, laid, lourd, lourdaud, lourdingue (fam.), ridicule, vulgaire [2] fig. : indélicat → **malhonnête**

**inéluctable** → **inévitable**

**inemployable** → **impossible**

**inemployé, e** → **inusité**

**inénarrable** [1] → **ineffable** [2] → **risible**

**inentamé, e** → **entier**

**inéprouvé, e** → **nouveau**

**inepte** [1] → **bête** [2] → **incapable**

**ineptie** n. f. [1] → **bêtise** [2] → **incapacité**

**inépuisable** [1] continu, durable, éternel, fécond, indéfini, inexhaustible, infini, inlassable, intarissable → **abondant** [2] → **immense**

**inépuisé, e** nouveau, renouvelé

**inéquitable** → **injuste**

**inerte** abandonné, apathique, atone, dormant, flasque, froid, immobile, improductif, inactif, inconscient, insensible, latent, lent, lourd, mort, mou, passif, stagnant

**inertie** n. f. [1] → **inaction** [2] → **résistance** [3] écon. → **outillage**

**inespéré, e** fortuit, imprévu, inattendu, inopiné, insoupçonné, providentiel, subit, surprenant

**inesthétique** → **laid**

**inestimable** [1] au pr. → **précieux** [2] par ext. → **important**

**inévitable** assuré, automatique, certain, écrit, fatal, forcé, habituel, immanquable, imparable, inéluctable, inexorable, infaillible, inséparable, logique, nécessaire, obligatoire, obligé, prédéterminé, rituel, sûr, vital

**inexact, e** → **faux**

**inexactitude** n. f. à-peu-près, approximation, contrefaçon, contresens, contrevérité, erreur, fantaisie, fausseté, faute, faux, faux sens, imperfection, imprécision, impropriété, incorrection, infidélité, mensonge, négligence, paralogisme

**inexcusable** → **injustifiable**

**inexécutable** injouable, impraticable → **impossible**

**inexécution** n. f. inobservation → **violation**

**inexercé, e** maladroit → **inexpérimenté**

**inexigibilité** n. f. → **prescription**

**inexistant, e** [1] → **nul** [2] → **imaginaire**

**inexistence** n. f. → **manque**

**inexorabilité** n. f. → **fatalité**

**inexorable** → **inflexible**

**inexpérience** n. f. → **maladresse**

**inexpérimenté, e** et **inexpert, e** apprenti, apprenti-sorcier, béjaune (péj.), gauche, ignorant, incompétent, inexercé, inhabile, jeune, malhabile, novice, profane → **maladroit**

**inexpiable** → **injustifiable**

**inexplicable** [1] énigmatique, miraculeux, mystérieux [2] → **obscur**

**inexploitable** → **impossible**

**inexploité, e** → **vide**

**inexploré, e** ignoré, inconnu, inexploité, vierge → **nouveau**

**inexpressif, ive** atone, figé, froid, vague → **terne**

**inexprimable** → **ineffable**

**inexprimé, e** → **implicite**

**inexpugnable** → **imprenable**

**inextensible** barré, borné, défini, dur, fermé, fini, limité

**in extenso** complètement, d'un bout à l'autre, en entier, entièrement, intégralement, totalement

**inextinguible** ardent, continu, excessif, inassouvissable, insatiable, intarissable, invincible, violent

**inextirpable** ancré, enraciné, fixé, indéracinable, invincible, tenace

**in extremis** [1] → **agonie** [2] à la course / la dernière minute / moins une, au dernier moment, au vol

**inextricable** confus, dédaléen, désordonné, difficile, embrouillé, emmêlé, enchevêtré, entrecroisé, indébrouillable, indéchiffrable, labyrinthique, mêlé, obscur

**infaillibilité** n. f. → **certitude**

**infaillible** [1] → **certain** [2] → **inévitable** [3] → **efficace**

**infailliblement** à coup sûr, à tous coups

**infaisable** → **impossible**

**infalsifiable** → **sûr**

**infamant, e** → **honteux**

**infâme** [1] → **bas** [2] → **honteux** [3] → **malpropre**

**infamie** n. f. [1] → **honte** [2] → **injure** [3] → **horreur**

**infanterie** n. f. biffe, griffe, grive, piétaille, reine des batailles ♦ de marine : la coloniale / martiale

**infanticide** n. m. → **homicide**

**infantile** → **enfantin**

**infantiliser** → **abêtir**

**infantilisme** n. m. [1] gâtisme, idiotie, puérilisme, retour à l'enfance, sénilité [2] → **caprice**

**infatigable** costaud, dur, endurci, fort, inassouvissable, incessant, increvable (fam.), indomptable, inlassable, invincible, résistant, robuste, solide, tenace, vigoureux, zélé

**infatuation** n. f. → **orgueil**

**infatué, e** enflé, épris, gonflé, orgueilleux, vaniteux

**infatuer (s')** → **engouer (s')**

**infécond, e** → **stérile**

**infécondité** n. f. → **impuissance**

**infect, e** [1] → **dégoûtant** [2] → **mauvais** [3] → **puant**

**infecter** [1] abîmer, contaminer, corrompre, empoisonner, gangrener, gâter, intoxiquer [2] → **puer**

**infectieux, euse** contagieux, septique → **pestilentiel**

**infection** n. f. altération, contagion, contamination, corruption, empoisonnement, épidémie, gangrène, infestation, intoxication, pestilence, putréfaction → **puanteur**

**inféodation** n. f. → **soumission**

**inféoder (s')** → **soumettre (se)**

**inférence** n. f. → **induction**

**inférer** conclure, déduire, dégager, induire, raisonner, tirer ♦ vx : arguer, colliger

**inférieur, e** [1] → **bas** [2] → **infime**

**inférieur** n. m. [1] humble, petit, second, subalterne, subordonné [2] domestique, esclave [3] fam. et péj. : sous-fifre

**infériorisation** n. f. → **humiliation**

**inférioriser** [1] → **humilier** [2] → **réduire**

**infériorité** n. f. [1] désavantage, dessous, faiblesse, handicap [2] → **subordination**

**infermentescible** appertisé, aseptisé, désinfecté, étuvé, javellisé, ozonisé, pasteurisé, purifié, stérilisé

**infernal, e** [1] → **diabolique** [2] → **méchant** [3] → **intolérable**

**infertile** → **stérile**

**infestation** n. f. → **infection**

**infester** [1] → **ravager** [2] → **abonder**

**infidèle** [1] adj. **a** adultère, inconstant, volage **b** déloyal, félon, fourbe, inexact, judas, malhonnête, parjure, perfide, renégat, scélérat, traître, trompeur, vendu → **faux** [2] vx : traditeur [3] nom. **a** apostat, hérétique, laps, relaps, schismatique → **païen** **b** islam. : giaour, roumi **c** israél. : goy, incirconcis

**infidélité** n. f. [1] abandon, déloyauté, félonie, inconstance, lâchage, manquement, parjure, perfidie, saloperie, scélératesse, trahison, traîtrise, tromperie [2] → **adultère** [3] → **inexactitude**

**infiltration** n. f. [1] entrisme, noyautage, pénétration [2] méd. → **piqûre**

**infiltrer (s')** → **pénétrer**

**infime** bas, dernier, élémentaire, groupusculaire, inférieur, insignifiant, menu, microscopique, minime, minoritaire, minuscule, modique, moindre, négligeable, nul, parcimonieux, petit, sommaire

**infini, e** [1] adj. : absolu, continu, énorme, éternel, illimité, immense, incalculable, incommensurable, inconditionné, inépuisable, interminable, perdurable, perpétuel, sans bornes, universel [2] n.m. → **immensité**

**infiniment** [1] → **beaucoup** [2] → **très**

**infinité** n. f. → **quantité**

**infinitésimal, e** atomique, imperceptible, microscopique, minuscule, négligeable, voisin de zéro → **infime**

**infinitude** n. f. → **immensité**

**infirmation** n. f. → **abrogation**

**infirme** adj. et n. [1] amputé, boiteux, bossu, cul-de-jatte, difforme, estropié, grabataire, handicapé, impotent, invalide, malade, manchot, mutilé, paralytique, valétudinaire [2] → **faible** [3] → **incurable**

**infirmer** abolir, abroger, affaiblir, amoindrir, annuler, battre en brèche, briser, casser, contredire, défaire, démentir, détruire, ôter sa force / valeur, pulvériser, réfuter, rejeter, ruiner

**infirmerie** n. f. → **hôpital**

**infirmier** n. m. par ext. : aide-soignant, ambulancier, brancardier

**infirmière** n. f. [1] au pr. : aide-médicale, assistante, garde-malade, nurse, soignante [2] par ext. **a** fille / sœur de charité **b** fille de salle

**infirmité** n. f. atrophie, boiterie, cécité, débilité, défaut, difformité, diminution physique, faiblesse, handicap, imperfection, impotence, impuissance, incapacité, incommodité, invalidité, mutilation, surdité

**inflammable** [1] au pr. : combustible, volatil [2] fig. → **impétueux**

**inflammation** n. f. [1] par anal. : aï, angine, blennorragie, catarrhe, coryza, couperose, éruption, feu, intertrigo, iritis, ophtalmie, oreillons, parulie, prurigo, rhumatisme, rhume, synovie *et par dérivation à partir d'un nom d'organe et du suffixe , par exemple* : angéite, angiocholite, artérite, arthrite, balanite, blépharite, bronchite, cystite, dermite, entérite, gingivite, iléite, laryngite, lymphangite, méningite, métrite, néphrite, orchite, otite, pharyngite, phlébite, pyodermite, rhinite, salpingite, urétrite, vaginite par ext. et iron. : réunionite [2] par ext. **a** → **irritation** **b** → **abcès**

**inflation** n. f. fig. → **exagération**

**infléchi, e** → **courbe**

**infléchir** → **fléchir**

**infléchissement** n. m. → **modification**

**inflexibilité** n. f. → **rigidité**

**inflexible** constant, draconien, dur, entêté, ferme, impitoyable, implacable, indomptable, inébranlable, inexorable, insensible, intraitable, intransigeant, invincible, irréductible, persévérant, raide, rigide, rigoureux, sévère, sourd ♦ vx : sans merci

**inflexion** n. f. → **son**

**infliger** → **prescrire**

**inflorescence** n. f. capitule, chaton, corymbe, glomérule, grappe, ombelle, panicule, spadice

**influençable** [1] → **faible** [2] → **flexible**

**influence** n. f. action, aide, appui, ascendant, attirance, attraction, aura, autorité, conditionnement, crédit, domination, effet, efficacité, empire, empreinte, emprise, fascination, force, importance, incitation, influx, inspiration, intercession, mainmise, manipulation, mouvance, poids, pouvoir, prépondérance, pression, prestige, puissance, rôle, suggestion, tyrannie (péj.) → **charme**

**influencer** → **influer**

**influent, e** actif, agissant, autorisé, efficace, fort, important, le bras long (avoir), prépondérant, puissant

**influenza** n. f. → **grippe**

**influer (sur)** agir / avoir de l'effet sur, cuisiner (fig. et fam.), désinformer, déteindre / embrayer sur, entraîner, exercer, faire changer, influencer, intoxiquer, matraquer, modifier, peser / se répercuter sur, prévenir, retourner, suggestionner, tourner

**influx** n. m. → **influence**

**in-folio** n. m. et adj. → **format**

**informateur, trice** agent, correspondant → **espion**

**informaticien, ne** analyste, claviste, programmeur, pupitreur

**information** n. f. [1] → **recherche** [2] → **nouvelle** [3] → **renseignement**

**informatique** n. f. [1] quelques applications : bureautique, conception / dessin assisté par ordinateur (CAO / DAO), connectique, dictionnairique, documentation automatique, domotique, électronique (par ext.), infographie, médiatique, mercatique, monétique, productique, robotique, technétronique, télécommande, télégestion, téléinformatique, télématique, télésurveillance, télétraitement, traitement automatique, traitement de texte [2] → **automation** [3] → **programme**

**informe** → **difforme**

**informer** [1] annoncer, apprendre, avertir, aviser, déclarer, documenter, donner avis, donner part (dipl.), éclaircir, éclairer, écrire, enseigner, faire connaître / part de / savoir, informatiser, instruire, mander, mettre au courant / au fait, notifier, porter à la connaissance, prévenir, publier, raconter, rapporter, rendre compte, renseigner, tenir au courant 2 fam. : brancher sur, mettre au parfum 3 v. pron. → **enquérir (s')**

**infortune** n. f. → **malheur**

**infortuné, e** → **misérable**

**infraction** n. f. → **violation**

**infranchissable** impraticable, inaccessible, incommode, incontournable, infaisable, insurmontable, invincible, inviolable, irréalisable, rebelle → **impossible**

**infrangible** dur, ferme, incassable, résistant, solide

**infrastructure** n. f. 1 → **armature** 2 → **fondement**

**infréquentable** → **difficile**

**infroissable** → **solide**

**infructueux, euse** → **stérile**

**infule** n. f. → **bandeau**

**infundibulum** n. m. → **entonnoir**

**infus, e** → **inné**

**infuser** 1 → **verser** 2 → **tremper** 3 → **transmettre**

**infusion** n. f. → **tisane**

**ingagnable** → **impossible**

**ingambe** 1 → **dispos** 2 → **valide**

**ingénier (s')** → **essayer**

**ingénieux, euse** 1 adroit, astucieux (fam.), capable, chercheur, créatif, délié, fin, génial, habile, imaginatif, inventif, malin, sagace, spirituel, subtil 2 apollinien, prométhéen

**ingéniosité** n. f. → **habileté**

**ingénu, e** → **simple**

**ingénuité** n. f. → **simplicité**

**ingérence** n. f. → **intervention**

**ingérer** 1 → **avaler** 2 v. pron. **a** → **intervenir** **b** → **introduire (s')**

**ingestion** n. f. → **absorption**

**ingrat, e** 1 quelqu'un **a** au pr. : égoïste, oublieux **b** par ext. : amer, désagréable, difficile, disgracieux, laid, mal fichu (fam.) / formé / foutu (vulg.) / tourné 2 quelque chose : aride, caillouteux, désertique, difficile, infructueux, peu productif, sec, stérile

**ingratitude** n. f. égoïsme, méconnaissance, oubli

**ingrédient** n. m. agrément, apport, assaisonnement, épice

**inguérissable** → **incurable**

**ingurgitation** n. f. → **absorption**

**ingurgiter** → **avaler**

**inhabile** → **maladroit**

**inhabileté** n. f. → **maladresse**

**inhabilité** n. f. → **incapacité**

**inhabitable** → **malsain**

**inhabité, e** abandonné, délaissé, dépeuplé, désert, désertique, désolé, inoccupé, mort, sauvage, solitaire, vacant, vide, vierge

**inhabituel, le** → **rare**

**inhalation** n. f. 1 aspiration, inspiration, respiration 2 fumigation

**inhaler** absorber, aspirer, avaler, inspirer, respirer

**inharmonieux, euse** → **discordant**

**inhérence** n. f. → **adhérence**

**inhérent, e** adhérent, aggloméré, agrégé, annexé, appartenant, associé, attaché, consécutif, indissoluble / inséparable de, inné, intérieur, joint, lié

**inhibé, e** → **timide**

**inhiber** défendre, empêcher, interdire, prohiber, proscrire

**inhibition** n. f. 1 → **obstacle** 2 → **défense**

**inhospitalier, ère** 1 un lieu : inabordable, inaccessible, inconfortable, ingrat, inhabitable, invivable, peu engageant, rude, sauvage, stérile 2 quelqu'un : acrimonieux, désagréable, disgracieux, dur, inhumain, misanthrope, rébarbatif

**inhumain, e** abominable, affreux, a-humain, atroce, barbare, bestial, cauchemardesque, contrefait, cruel, dénaturé, diabolique, difforme, dur, épouvantable, féroce, immonde, infernal, luciférien, mauvais, méchant, impitoyable, insensible, monstrueux, odieux, sanguinaire, sans cœur / pitié, terrifiant

**inhumanité** n. f. atrocité, barbarie, bestialité, cruauté, dureté, férocité, insensibilité, monstruosité, sadisme, satanisme

**inhumation** n. f. → **enterrement**

**inhumer** enfouir, ensevelir, enterrer, mettre / porter en terre, rendre les derniers devoirs / honneurs

**inimaginable** → **invraisemblable**

**inimitable** achevé, impayable (fam.), incomparable, nonpareil, original, parfait, sans pareil, unique

**inimitié** n. f. → **haine**

**ininflammable** → **incombustible**

**inintelligence** n. f. → **stupidité**

**inintelligent, e** abruti, arriéré, borné, bouché, étroit, fermé, idiot, innocent, lourd, obtus, opaque, pesant, rétréci, stupide → **bête**

**inintelligible** abscons, abstrus, ambigu, amphigourique, confus, contradictoire, difficile, énigmatique, inarticulé, incompréhensible, inconcevable, mystérieux, nébuleux → **obscur**

**inintéressant, e** → **ennuyeux**

**ininterrompu, e** → **continu**

**inique** → **injuste**

**iniquité** n. f. 1 → **injustice** 2 → **dérèglement** 3 → **turpitude**

**initial, e** commençant, débutant, élémentaire, fondamental, liminaire, originaire, originel, premier, primitif, primordial, rudimentaire

**initiale** n. f. 1 capitale, haut de casse, lettre d'antiphonaire / d'imprimerie, lettrine, majuscule, miniature 2 au pl. : chiffre, sigle

**initialement** au commencement, au début

**initiateur, trice** nom et adj. 1 au pr. : → **innovateur** 2 par ext. → **maître**

**initiation** n. f. 1 mystagogie → **réception** 2 → **instruction**

**initiatique** → **secret**

**initiative** n. f. 1 → **proposition** 2 → **décision** 3 **syndicat d'initiative** : bureau / centre / office d'accueil / d'information / de renseignements / de tourisme

**initié, e** → **savant**

**initier** 1 → **recevoir** 2 → **instruire**

**injecter** administrer, infiltrer, infuser, inoculer, introduire

**injection** n. f. 1 méd. → **piqûre** 2 administration → **introduction**

**injonction** n. f. assignation, commandement, consigne, décret, diktat, édit, impératif, intimation, mandement, mise en demeure, ordre, prescription, sommation, ukase, ultimatum

**injouable** → **impossible**

**injure** n. f. 1 un acte : affront, attaque, avanie, blessure, bras d'honneur, calomnie, dommage, manquement, offense, outrage, tort 2 un propos : engueulade (fam.), fulmination, gros mots, grossièreté, imprécation, infamie, insulte, invective, mots, offense, paroles, pouilles, sottise, vilenie

**injurier** 1 agonir, blesser, dire des injures, fulminer, insulter, invectiver, maudire, offenser, outrager, traiter de 2 fam. : crosser, engueuler, enguirlander, glavioter sur

**injurieux, euse** 1 → **offensant** 2 → **injuste**

**injuste** abusif, arbitraire, attentatoire, déloyal, faux, illégal, illégitime, immérité, inacceptable, inadmissible, indu, inéquitable, inique, injurieux (vx), injustifiable, injustifié, irrégulier, léonin, malfaisant, mal fondé, mauvais, partial, sans fondement, scélérat, usurpé

**injustice** n. f. abus, arbitraire, déloyauté, déni de justice, erreur, exploitation, favoritisme, illégalité, illégitimité, improbité, inégalité, iniquité, injure (vx), irrégularité, malveillance, noirceur, partialité, passe-droit, préjudice, prévention, privilège, scélératesse, vice de forme

**injustifiable** et **injustifié, e** arbitraire, fautif, gratuit, immotivé, impardonnable, indu, inexcusable, inexpiable, infâme, inqualifiable, unilatéral → **injuste**

**inlandsis** n. m. calotte glaciaire, Grand Nord, Terres australes

**inlassable** 1 → **infatigable** 2 → **patient**

**inlay** n. m. chir. off. : incrustation

**inné, e** atavique, congénital, foncier, héréditaire, inconscient, infus, instinctif, natif (vx), naturel, originel, personnel, profond, viscéral → **inhérent**

**innéisme** n. m. → **philosophie**

**innocemment** sans malice / songer à mal

**innocence** n. f. 1 → **pureté** 2 → **simplicité**

**innocent, e** 1 adj. **a** → **inoffensif** **b** → **simple** **c** irresponsable, non coupable 2 nom → **enfant**

**innocenter** → **excuser**

**innocuité** n. f. neutralité, sans contre-indication, sans danger

**innombrable** → **nombreux**

**innommable** → **dégoûtant**

**innovateur, trice** adj. et n. créateur, découvreur, fondateur, initiateur, inspirateur, introducteur, inventeur, novateur, pionnier, précurseur, progressiste, promoteur, réformateur, rénovateur, restaurateur

**innovation** n. f. → **changement**

**innover** 1 → **changer** 2 → **inventer** 3 → **créer**

**inobservance** et **inobservation** n. f. → **violation**

**inoccupé, e** 1 → **inactif** 2 → **vacant**

**in-octavo** n. m. et adj. → **format**

**inoculation** n. f. 1 immunisation, piqûre, sérothérapie, vaccination 2 contagion, contamination, infestation, transmission

**inoculer** 1 immuniser, piquer, vacciner 2 par ext. → **transmettre**

**inodore** 1 au pr. : fade, imperceptible, neutre, sans odeur 2 fig. → **insignifiant**

**inoffensif, ive** anodin, bénin, bon, calme, désarmé, doux, fruste, impuissant, innocent, inodore, insignifiant, miton-mitaine (vx), négligeable, neutralisé, pacifique, paisible, tranquille

**inondation** n. f. 1 au pr. : débordement, montée des eaux, submersion 2 fig. **a** → **incursion** **b** → **multitude**

**inonder** arroser, déborder, envahir, immerger, mouiller, noyer, occuper, pénétrer, recouvrir, se répandre, submerger, tremper

**inopérable** → **impossible**

**inopérant, e** → **inefficace**

**inopiné, e** 1 → **inespéré** 2 → **subit**

**inopinément** → **soudain**

**inopportun, e** défavorable, déplacé, fâcheux, hors de propos / saison, intempestif, mal, malséant, malvenu, mauvais, prématuré, râlant (fam.), regrettable

**inopportunément** à contretemps, hors de propos / saison, mal à propos

**inopportunité** n. f. → **futilité**

**inorganisation** n. f. → **confusion**

**inoubliable** célèbre, fameux, frappant, glorieux, grandiose, gravé, historique, illustre, immortalisé, imprimé, ineffaçable, insigne, marqué, mémorable, perpétué, retentissant, saillant

**inouï, e** 1 → **extraordinaire** 2 → **nouveau**

**in-pace** n. m. → **cachot**

**in petto** → **intérieur**

**in-plano** n. m. et adj. → **format**

**input** n. m. inform. off. : entrée

**inqualifiable** abject, abominable, bas, honteux, ignoble, inavouable, inconcevable, inconvenant, indigne, innommable, odieux, trivial

**in-quarto** n. m. et adj. → **format**

**inquiet, ète** 1 au pr. → **remuant** 2 par ext. : affolé, agité, alarmé, angoissé, anxieux, apeuré, atterré, chagrin, contracté, craintif, crispé, effaré, effarouché, effrayé, embarrassé, ennuyé, épeuré, épouvanté, impatient, insatisfait, interrogateur, mal à l'aise, perplexe, peureux, préoccupé, sombre, soucieux, sur le qui-vive, tendu, terrifié, terrorisé, tourmenté, tracassé, transi, traqué, troublé

**inquiétant, e** affolant, agitant, alarmant, angoissant, atterrant, effarant, effarouchant, effrayant, embarrassant, ennuyeux, épouvantable, grave, inconnu, intimidant, intimidateur (vx), kafkaïen, menaçant, patibulaire, peu rassurant, préoccupant, sinistre, sombre, stressant, terrifiant, troublant

**inquiéter** 1 affoler, agiter, alarmer, alerter, angoisser, apeurer, chagriner, donner le trac (fam.), effaroucher, effrayer, embarrasser, émotionner, ennuyer, épouvanter, faire peur, menacer, mettre mal à l'aise / en difficulté / en peine / sur le qui-vive, rendre craintif, réveiller, secouer, terrifier, terroriser, tourmenter, tracasser, traquer, travailler, troubler 2 v. pron. : appréhender, avoir → **peur**, se biler / faire de la bile / du mauvais sang / du souci

**inquiétude** n. f. 1 angoisse, anxiété, appréhension, crainte, émotion, ennui, malaise, peine, préoccupation, scrupule, souci, stress, supplice, suspense, tension, trac, transe, trouble 2 alarme, alerte, émoi 3 affolement, agitation, désarroi, détresse, effarement, effroi, épouvante, panique, peur, terreur 4 vx : débattement, ombrage

**inquisiteur, trice** → **indiscret**

**inquisition** n. f. → **recherche**

**inquisitorial, e** → **indiscret**

**inracontable** → **ineffable**

**insaisissable** atomique, caché, faible, illisible, impalpable, imperceptible, impondérable, inaudible, indiscernable, infime, inodore, insensible, insignifiant, invisible, léger, microscopique, minime, minuscule, petit, subtil

**insalubre** → **malsain**

**insane** → **insensé**

**insanité** n. f. → **sottise**

**insatiabilité** n. f. → **voracité**

**insatiable** 1 → **glouton** 2 → **intéressé** 3 → **envieux**

**insatisfaction** n. f. 1 → **inassouvissement** 2 → **ennui**

**insatisfait, e** inapaisé, inassouvi → **mécontent**

**inscription** n. f. 1 affiche, déclaration, devise, enregistrement, épigramme, épigraphe, épitaphe, exergue, graffiti, immatriculation, légende, mention, plaque, transcription 2 adhésion → **accord**

**inscrire** 1 afficher, breveter, consigner, copier, coucher par écrit, écrire, enregistrer, enrôler, graver, immatriculer, imprimer, indiquer, insérer, marquer, mentionner, noter, porter, référencer, répertorier, reporter, transcrire 2 v. pron. → **adhérer** 3 **s'inscrire en faux** → **contredire**

**insécabilité** n. f. → **indivisibilité**

**insécable** indivisible, irréductible → **un**

**insectarium** n. m. → **zoo**

**insecte** n. m. architptère, coléoptère, diptère, hyménoptère, lépidoptère, névroptère, orthoptère

**insectivore** entomophage

**insécurité** n. f. 1 → **danger** 2 → **crainte**

**in-seize** n. m. et adj. → **format**

**inselberg** n. m. → **hauteur**

**insémination** n. f. → **fécondation**

**inséminer** → **engendrer**

**insensé, e** 1 aberrant, abracadabrant, absurde, démentiel, déraisonnable, excessif, extravagant, farfelu, immodéré, impossible, inepte, insane, irrationnel, irréfléchi, ridicule, saugrenu, sot, stupide → **bête** 2 affolé, aliéné, dément, déphasé, désaxé, déséquilibré, détraqué, écervelé, fêlé, idiot, inconscient, irresponsable → **fou**

**insensibilisation** n. f. analgésie, anesthésie

**insensibiliser** anesthésier, calmer, chloroformer, endormir, lénifier, soulager

**insensibilité** n. f. 1 → **apathie** 2 → **dureté** 3 → **indifférence** 4 des sens : agueusie, anosmie, cécité, surdité → **anesthésie**

**insensible** 1 quelqu'un. **a** phys. : anesthésié, apathique, endormi, engourdi, inanimé, inconscient, indolent (méd.), indolore, léthargique, mort, neutre, paralysé **b** moral : aride, calme, cruel, de marbre, détaché, dur, égoïste, endurci, froid, impassible, imperméable, imperturbable, impitoyable, implacable, indifférent, indolent, inexorable, inflexible, inhumain, marmoréen, rigide, rigoureux, sec, sévère 2 quelque chose : faible, imperceptible, insignifiant, léger, négligeable, progressif

**insensiblement** doucement, lentement, pas à pas, petit à petit

**inséparable** 1 au pr. : accouplé, agrégé, apparié, attaché, concomitant, conjoint, consubstantiel, dépendant, fixé, indissociable, indivis, indivisible, inhérent, insécable, joint, lié, marié, non isolable, noué, rivé, simultané, synchrone, soudé, uni 2 par ext. **a** éternel, indéfectible, inévitable **b** → **ami**

**insérer** emboîter, embroncher (vx), encadrer, encarter, encastrer, enchâsser, enchatonner, enter, entrelarder (fam.), greffer, imbriquer, implanter, incruster, inscrire, intercaler, interfolier, mettre, sertir → **introduire**

**insert** n. m. off. : insertion → **annonce**

**insertion** n. f. 1 → **introduction** 2 → **adoption**

**insidieux, euse** → **trompeur**

**insigne** 1 adj. → **remarquable** 2 nom masc : badge, cordon, couronne, cravate, croix, décoration, écharpe, écusson, emblème, fourragère, livrée, macaron, marque, médaille, palme, plaque, rosette, ruban, sceptre, signe distinctif, symbole, verge ♦ fam. et péj. : crachat, gri-gri, hochet

**insignifiance** 1 → **futilité** 2 → **faiblesse**

**insignifiant, e** 1 quelqu'un : chétif, effacé, faible, falot, frivole, futile, inconséquent, inconsistant, médiocre, ordinaire, petit, piètre, puéril, quelconque, terne, vain 2 une chose : anecdotique, anodin, banal, dérisoire, excusable, exigu, fade, incolore, indifférent, infime, inodore, insipide, léger, malheureux, menu, mesquin, mince, misérable, miton-mitaine (vx), modique, négligeable, nul, oiseux, ordinaire, quelconque, sans conséquence / importance / intérêt / portée / saveur / valeur, véniel ♦ fam. : clopinettes, gnognote

**insincère** → **trompeur**

**insincérité** n. f. → **hypocrisie**

**insinuant, e** 1 → **adroit** 2 → **hypocrite** 3 → **persuasif**

**insinuation** n. f. 1 fav. ou neutre : allégation, avance, conciliation, introduction, persuasion, suggestion 2 non fav. : accusation, allusion, attaque, calomnie, demi-mot, perfidie, propos, sous-entendu

**insinuer** 1 → **introduire** 2 → **inspirer** 3 → **médire** 4 v. pron. → **introduire (s')**

**insipide** → **fade**

**insipidité** n. f. 1 → **fadeur** 2 → **sottise**

**insistance** n. f. → **instance**

**insistant, e** → **indiscret**

**insister** → **appuyer**

**insociable** → **sauvage**

**insolation** n. f. 1 brûlure, coup de bambou (fam.), coup de chaleur / de soleil 2 bain de soleil, bronzette (fam.), exposition au soleil, héliothérapie 3 ensoleillement

**insolence** n. f. 1 → **irrévérence** 2 → **arrogance**

**insolent, e** 1 → **arrogant** 2 → **impoli**

**insoler** → **éclairer**

**insolite** 1 → **étrange** 2 → **inusité**

**insoluble** → **impossible**

**insolvabilité** n. f. → **faillite**

**insolvable** décavé (fam.), défaillant, démuni, endetté, en état de cessation de paiement, failli, impécunieux, indigent, obéré, ruiné, sans ressources

**insomnie** n. f. → **veille**

**insondable** 1 → **profond** 2 → **secret**

**insonorisation** n. f. → **isolation**

**insonoriser** → **protéger**

**insouciance** n. f. 1 apathie, ataraxie, détachement, flegme, optimisme 2 bohème, décontraction, étourderie, frivolité, gaminerie, imprévoyance, imprévision, incurie, incuriosité, indifférence, indolence, irresponsabilité, je-m'en-fichisme / -foutisme, légèreté, négligence, nonchalance, optimisme, oubli

**insouciant, e** 1 fav. ou neutre : bon vivant, insoucieux, optimiste, sans souci, va-comme-ça-peut, va-comme-je-te-pousse, vive-la-joie 2 → **tranquille** 3 non fav. : apathique, étourdi, flegmatique, frivole, imprévoyant, incurieux, indifférent, indolent, insoucieux, irresponsable, je-m'en-fichiste, je-m'en-foutiste, léger, négligent, nonchalant, oublieux

**insoumis** n. m. 1 déserteur, mutin, objecteur de conscience, séditieux 2 dissident, guérillero, maquisard, partisan, rebelle, réfractaire, résistant, scissionniste

**insoumis, e** 1 quelqu'un : désobéissant, factieux, frondeur, indépendant, indiscipliné, indompté, insurgé, mutin, rebelle, récalcitrant, réfractaire, rétif, révolté, sauvage, séditieux → **indocile** 2 un pays : dissident, indépendant, révolté

**insoumission** n. f. désobéissance, désertion, fronde, indiscipline, insubordination, mutinerie, rébellion, révolte, ruade, sédition

**insoupçonnable** 1 → **honnête** 2 → **surprenant**

**insoupçonné, e** inattendu → **nouveau**

**insoutenable** 1 → **invraisemblable** 2 → **intolérable**

**inspecter** → **examiner**

**inspecteur, trice** contrôleur, enquêteur, réviseur, vérificateur, visiteur

**inspection** n. f. → **visite**

**inspirant, e** → **suggestif**

**inspirateur, trice** 1 → **conseiller** 2 → **instigateur**

**inspiration** n. f. 1 au pr. : absorption, aspiration, inhalation, prise, respiration 2 fig. **a** délire, divination, enthousiasme, envolée, fureur poétique, grâce, idéation, illumination, intuition, invention, muse, révélation, souffle, talent, trouvaille, veine, verve **b** relig. : esprit (saint), prophétie **c** conseil, exhortation, fomentation, incitation, influence, insinuation, instigation, motivation, persuasion, suggestion

**inspiré, e** enthousiaste, exalté, fanatique, illuminé, mystique, poète, prophète, visionnaire → **habile**

**inspirer** 1 au pr. : aspirer, avaler, inhaler, insuffler, introduire, priser, respirer 2 fig. **a** allumer, animer, aviver, commander, conduire, conseiller, déterminer, dicter, diriger, donner, émoustiller, encourager, enfiévrer, enflammer, imposer, imprimer, impulser, insinuer, instiguer, instiller, insuffler, persuader, provoquer, souffler **b** faire allusion à, suggérer

**instabilité** n. f. amovibilité, balancement, ballottement, changement, déséquilibre, fluctuation, fragilité, inadaptation, incertitude, inconstance, mobilité, motilité, mouvance, mutabilité, nomadisme, oscillation, précarité, roulis, tangage, turbulence, variabilité, variation, versatilité, vicissitude

**instable** 1 → **changeant** 2 → **précaire** 3 → **remuant**

**installation** n. f. 1 de quelque chose : aménagement, arrangement, dressage, équipement, établissement, mise en place, montage 2 de quelqu'un : intronisation, investiture, mise en place, nomination, passation des pouvoirs

**installer** 1 au pr. : accommoder, aménager, arranger, camper, caser, disposer, équiper, établir, loger, mettre, placer, poser 2 par ext. : nommer, introniser, investir 3 v. pron. : s'asseoir, camper, emménager, s'enraciner, s'établir, se fixer, s'impatroniser, s'incruster, se loger, pendre la crémaillère, prendre pied

**instance** n. f. 1 effort, insistance, prière, requête, sollicitation 2 jurid. **a** action, procédure, procès, recours **b** juridiction 3 par ext. : attente, imminence, souffrance

**instant** n. m. n → **moment**

**instant, e** 1 → **imminent** 2 → **pressant**

**instantané, e** → **immédiat**

**instantanéité** n. f. → **rapidité**

**instantanément** → **aussitôt**

**instar (à l')** à l'exemple / à l'imitation / à la manière de, comme

**instaurateur, trice** → **instigateur**

**instauration** n. f. constitution, établissement, fondation, mise en place, organisation

**instaurer** → **établir**

**instigateur, trice** agitateur, cause, cheville ouvrière, conseiller, déviateur (péj.) dirigeant, excitateur, fauteur, fomentateur, incitateur, inspirateur, instaurateur, meneur, moteur, promoteur, protagoniste, responsable

**instigation** n. f. → **inspiration**

**instiguer** → **inspirer**

**instiller** 1 → **verser** 2 → **inspirer**

**instinct** n. m. 1 → **disposition** 2 → **inclination** 3 → **tendance**

**instinctif, ive** → **involontaire**

**instinctivement** → **inconsciemment**

**instituer** → **établir**

**institut** n. m. 1 → **académie** 2 assemblée, association, centre, centre de recherche, collège, congrégation, corps savant, école, faculté, fondation, institution, laboratoire, organisme, société, université

**instituteur, trice** éducateur, enseignant, initiateur, instructeur, maître d'école, moniteur, pédagogue, précepteur, professeur

**institution** n. f. 1 → **établissement** 2 → **institut** 3 → **règlement** 4 → **école**

**institutionnalisation** n. f. alignement, normalisation, régularisation

**institutionnaliser** → **établir**

**institutionnel, le** → **traditionnel**

**instructeur** n. m. conseiller technique, entraîneur, manager, moniteur → **instituteur, maître**

**instructif, ive** bon, culturel, édifiant, éducatif, enrichissant, formateur, informatif, pédagogique, profitable

**instruction** n. f. 1 au pr. a acculturation, acquisition, alphabétisation, apprentissage, didactique, édification, éducation, enrichissement, enseignement, études, formation, inculcation, information, initiation, institution (vx), noviciat, pédagogie, recyclage, scolarisation, scolarité b dégrossissage, dressage, endoctrinement c bagages, connaissances, culture, lettres, savoir, science 2 par ext. a avertissement, avis, consigne, didascalie, directive, leçon, mandat, mandement (relig.), mot d'ordre, ordre, recommandation b → **savoir** c jurid. : enquête → **recherche**

**instruire** 1 mettre quelqu'un au courant : apprendre, avertir, aviser, donner connaissance, éclaircir de (vx), éclairer, édifier, expliquer, faire connaître / savoir, faire part de, fixer, informer, initier, renseigner, révéler 2 apporter une connaissance : alphabétiser, apprendre, catéchiser, dresser, éduquer, élever, endoctriner, enseigner, éveiller, exercer, former, habituer, inculquer, initier, mettre au courant / au fait de, nourrir, plier, préparer, rompre, styler 3 vx : gouverner, instituer 4 jurid. : donner suite, enquêter, examiner 5 v. pron. → **étudier**

**instruit, e** alphabétisé, cultivé, docte, éclairé, érudit, expérimenté, fort, informé, initié → **savant** 1 fam. : a calé, ferré, fortiche, grosse tête, tête d'œuf b au parfum, branché, dans le coup / la course

**instrument** n. m. 1 au pr. : accessoire, appareil, engin, machine, matériel, outil 2 fam. : bazar, bidule, chose, machin, truc, zinzin → **ustensile** 3 fig. → **moyen** 4 → **musique**

**instrumentalisme** n. m. → **philosophie**

**instrumentation** n. f. → **orchestration**

**instrumenter** → **vérifier**

**instrumentiste** n. m. et f. → **musicien**

**insu (à l')** à la dérobée, dans le dos, en cachette, en dessous, par-derrière, par surprise

**insubordination** n. f. → **indiscipline**

**insubordonné, e** → **indocile**

**insuccès** n. m. aléa, avortement, chute, contre-performance, déconvenue, défaite, échec, faillite, fiasco, four, impopularité, infortune, loupage, mauvaise fortune, perte, ratage, revers, ruine, tape, traverse → **refus** ◆ fam. : baccara, bide, bouillon, couac, couille, gamelle, pâtée, pelle, pile, pipe, plouf, tasse, veste

**insuffisamment** → **imparfaitement**

**insuffisance** n. f. 1 → **manque** 2 → **incapacité**

**insuffisant, e** 1 quelque chose : congru (par ext. et iron.), court, défectueux, déficient, déficitaire, exigu, faible, imparfait, incomplet 2 quelqu'un : déficient, faible, ignorant, inapte, incapable, inférieur, médiocre, pauvre

**insuffler** → **inspirer**

**insulaire** îlien

**insultant, e** → **offensant**

**insulte** n. f. 1 → **injure** 2 → **offense**

**insulter** 1 v. tr. : abuser (québ.), agonir, attaquer, blesser, cracher, humilier, injurier, offenser, offusquer, outrager, porter atteinte à 2 v. intr. : blasphémer, braver

**insulteur** n. m. → **impoli**

**insupportable** 1 quelque chose → **intolérable** 2 quelqu'un → **difficile**

**insupporter** → **ennuyer**

**insurgé, e** nom et adj. agitateur, émeutier, insoumis, meneur, mutin, rebelle, révolté, révolutionnaire

**insurger (s')** → **révolter (se)**

**insurmontable** impossible, inéluctable, infranchissable, insurpassable, invincible, irrésistible

**insurpassable** 1 → **parfait** 2 → **insurmontable**

**insurrection** n. f. agitation, chouannerie, émeute, fronde, insoumission, jacquerie, levée de boucliers, mouvement insurrectionnel, mutinerie, rébellion, résistance à l'oppresseur, révolte, révolution, sédition, soulèvement, troubles

**insurrectionnel, le** 1 neutre : rebelle, révolutionnaire 2 non fav. : → **séditieux**

**intact, e** 1 → **entier** 2 → **pur** 3 → **probe** 4 → **sauf**

**intaille** n. f. → **image**

**intangibilité** n. f. → **fixité**

**intangible** 1 au pr. → **intouchable** 2 par ext. → **sacré**

**intarissable** → **inépuisable**

**intégral, e** → **entier**

**intégralement** → **totalement**

**intégralité** n. f. → **totalité**

**intégration** n. f. radicalisation, unification → **absorption**

**intègre** → **probe**

**intégrer** 1 assimiler, associer, comprendre, incorporer, réunir, subsumer, unir 2 entrer, être admis

**intégrisme** n. m. 1 absoluité, fondamentalisme → **conservatisme** 2 → **intolérance**

**intégriste** nom et adj. 1 barbu (fam.) fondamentaliste, réactionnaire, traditionaliste 2 → **intolérant**

**intégrité** n. f. 1 → **pureté** 2 → **probité**

**intellect** n. m. → **entendement**

**intellection** n. f. → **intelligence**

**intellectualisation** n. f. → **entendement**

**intellectualiser** → **comprendre**

**intellectualisme** n. m. → **philosophie**

**intellectuel, le** 1 adj. → **psychique** 2 nom. a au sing. : cérébral, clerc, grosse tête, mandarin, tête d'œuf b plur. : intelligentsia, intellos

**intelligence** n. f. 1 au pr. abstraction, âme, capacité, cerveau, clairvoyance, compréhension, conception, discernement, entendement, esprit (→ **intelligent**), faculté d'adaptation / de compréhension / de jugement / de mémorisation / de perception, facultés, finesse, génie (par ext.), idée (fam.), ingéniosité, intellect, intellection, jugement, lucidité, lumière, ouverture d'esprit, pénétration, pensée, perception, perspicacité, profondeur, raison, réflexion, sagacité, subtilité, tête, vivacité 2 par ext. a → **complicité** b → **union** 3 a **être d'intelligence avec** → **entendre (s')** b fam. : cerveau, idée, jugeote, méninges c → **esprit**

**intelligent, e** adroit, astucieux, capable, clairvoyant, compréhensif, délié, éclairé, entendu, éveillé, fin, fort, habile, ingénieux, intuitif, inventif, judicieux, logique, lucide, malin, ouvert, pénétrant, pensant, perspicace, profond, raisonnable, sagace, sensé, subtil, surdoué, vif

**intelligentsia** ou **intelligentzia** n. f. plus ou moins péj. : caste, esprits forts, happy few, intello(s), lumières, petit nombre, phares (vx), philosophes, savants, snobs

**intelligibilité** n. f. accessibilité, clarté, compréhension, évidence, facilité, limpidité, luminosité

**intelligible** accessible, clair, compréhensible, concevable, concis, déchiffrable, distinct, éclairant, évident, explicable, facile, imaginable, interprétable, limpide, lumineux, net, pénétrable, précis, visible

**intempérance** n. f. abus, débauche, débord, débordement, dérèglement, excès, gloutonnerie, goinfrerie, gourmandise, incontinence, ivrognerie, laisser-aller, libertinage, vice, violence

**intempérant, e** → **excessif**

**intempérie** n. f. dérèglement (vx), froid, mauvais temps, orage, pluie, tempête, vent

**intempestif, ive** 1 → **inopportun** 2 → **importun**

**intemporalité** n. f. → **immatérialité**

**intemporel, le** → **immatériel**

**intenable** → **intolérable**

**intendance** n. f. 1 → **administration** 2 → **direction**

**intendant, e** administrateur, commissaire (de l'air / de la marine), économe, factotum, questeur, régisseur → **gérant**

**intense** et **intensif, ive** → **extrême**

**intensification** n. f. → **augmentation**

**intensifier** → **augmenter**

**intensité** n. f. accentuation, acmé (méd.), activité, acuité, aggravation, amplitude, augmentation, brillance, carat (vx), efficacité, exaspération, force, grandeur, magnitude, paroxysme, puissance, renforcement, véhémence, violence, virulence

**intenter** actionner, attaquer, commencer, enter, entreprendre

**intention** n. f. 1 → **volonté** 2 → **but**

**intentionnalité** n. f. → **désir**

**intentionné, e** → **bienveillant**

**intentionnel, elle** arrêté, calculé, conscient, décidé, délibéré, étudié, prémédité, préparé, projeté, réfléchi, volontaire, voulu

**intentionnellement** → **volontairement**

**interaction** n. f. 1 → **échange** 2 → **réaction**

**interagir** → **changer**

**intercalaire** → **mitoyen**

**intercalation** → **introduction**

**intercaler** ajouter, annexer, encarter, enchâsser, glisser, insérer, interligner, interpoler, interposer, introduire, joindre

**intercéder** → **intervenir**

**intercepter** 1 → **interrompre** 2 → **prendre**

**intercepteur** n. m. → **avion**

**interception** n. f. → **interruption**

**intercesseur** n. m. → **intermédiaire**

**intercession** n. f. → **entremise**

**interchangeabilité** n. f. → **changement**

**interchangeable** → **amovible**

**interclasse** n. m. → **pause**

**intercurrent, e** → **importun**

**interdépendance** n. f. assistance mutuelle, dépendance réciproque, solidarité

**interdiction** n. f. 1 → **défense** 2 → **déchéance** 3 → **interdit** 4 **interdiction de séjour** ◆ arg. : trique

**interdire** 1 → **défendre** 2 → **empêcher** 3 → **fermer**

**interdisciplinaire** multi / pluridisciplinaire

**interdit** n. m. 1 anathème, censure, condamnation, défense, exclusive, inhibition, interdiction, opposition, prohibition, proscription, tabou, veto → **excommunication** 2 **interdit de séjour** ◆ arg. : tricard

**interdit, e** adj. 1 quelque chose → **défendu** 2 quelqu'un : ahuri, capot (fam.), confondu, confus, court, déconcerté, déconfit, décontenancé, ébahi, ébaubi, éberlué, embarrassé, épaté, étonné, foudroyé, interloqué, médusé, muet, pantois, penaud, pétrifié, renversé, sans voix, sidéré, stupéfait, stupide, surpris, tout chose, troublé

**intéressant, e** alléchant, attachant, attirant, attrayant, avantageux, beau, bon, brillant, captivant, charmant, comique, curieux, désirable, dramatique, étonnant, fascinant, important, intrigant, palpitant, passionnant, piquant, plaisant, ravissant, remarquable

**intéressé, e** 1 non fav. : avide, insatiable, mercenaire, vénal → **avare** 2 neutre ou fav. : attaché, attiré, captivé, concerné, ému, fasciné, intrigué, passionné, piqué, retenu, séduit, touché

**intéressement** n. m. → **participation**

**intéresser** 1 au pr. : animer, s'appliquer, attacher, captiver, concerner, émouvoir, faire à, importer, intriguer, passionner, piquer, regarder, sensibiliser, toucher 2 par ext. → **associer** 3 v. pron. : aimer, avoir de la curiosité, cultiver, pratiquer, prendre à cœur, se préoccuper de, se soucier de, suivre

**intérêt** n. m. 1 au pr. (matériel) : agio, annuité, arrérages, commission, denier (vx), dividende, dommage, escompte, gain, loyer, prix, profit, rapport, rente, revenu, taux, usure 2 par ext. (moral) a → **curiosité** b → **importance** c → **sympathie**

**interférer** 1 → **intervenir** 2 → **troubler**

**interfluve** n. m. → **hauteur**

**intergroupe** n. m. → **fédération**

**intérieur** n. m. 1 **à l'intérieur** : dedans, intramuros 2 → **maison** 3 fig. a fond de l'âme / du cœur, in petto, intime (vx), intimité, mystère, profondeur, secret, sein, tréfonds b centre, corps, fond, tuf

**intérieur, e** adj. 1 central, domestique, familial, inclus, interne, intestin (vx), intime, intrinsèque, profond 2 → **secret** 3 → **profond**

**intérim** n. m. intervalle, provisoire, régence, remplacement, suppléance

**intérimaire** 1 adj. → **passager** 2 nom → **remplaçant**

**intériorisation** n. f. 1 autisme, repli sur soi 2 → **introspection**

**intérioriser** → **renfermer**

**interjeter** → **prétexter**

**interlocuteur, trice** → **personnage**

**interlope** → **suspect**

**interloqué, e** → **interdit**

**interloquer** → **déconcerter**

**interlude, intermède** n. m. [1] au pr. a → **divertissement** b → **saynète** [2] par ext. → **intervalle**

**intermédiaire** [1] nom. a → **entremise** b alter ego, arrangeur, avocat, entremetteur, fondé de pouvoir, homme de paille (péj.), intercesseur, interprète, médiateur, modérateur, négociateur, ombudsman, prête-nom, protecteur (québ.), réconciliateur, régulateur, représentant c vx : accordeur, facteur, procureur, truchement d agent, ambassadeur, antenne, chargé d'affaires / de mission, consul, correspondant, plénipotentiaire, représentant e chevillard, commissionnaire, commis-voyageur, consignataire, courtier, expéditeur, exportateur, fourgue (arg.) grossiste, mandataire, receleur (péj.), représentant, revendeur, transitaire, voyageur de commerce péj. : maquignon, trafiquant f médium g boîtier (parlement) h → **transition** [2] adj. → **mitoyen**

**interminable** → **long**

**intermission** n. f. → **interruption**

**intermittence** n. f. [1] → **interruption** [2] → **alternance**

**intermittent, e** arythmique, clignotant, discontinu, divisé, entrecoupé, épisodique, inégal, interrompu, irrégulier, larvé, rémittent, résurgent, saccadé, sporadique, variable

**internat** n. m. → **pension**

**international, e** [1] cosmopolite, général, mondial, œcuménique, universel [2] → **libertaire**

**interne** [1] adj. → **intérieur** [2] nom a pensionnaire, potache b carabin (fam.), médecin

**interné, e** adj. et n. [1] → **fou** [2] → **bagnard**

**internement** n. m. placement → **emprisonnement**

**interner** → **enfermer**

**internonce** n. m. → **ambassadeur**

**intéroceptif, ive** → **intérieur**

**interpellateur, trice** → **contradicteur**

**interpellation** n. f. → **sommation**

**interpeller** apostropher, appeler, demander, s'enquérir, évoquer, héler, interroger, mettre en demeure, questionner, réclamer, requérir, sommer

**interpénétration** n. f. → **échange**

**interpénétrer (s')** → **échanger**

**interplanétaire** intersidéral

**interpoler** et **interposer** [1] → **intercaler** [2] v. pron. → **intervenir**

**interposition** n. f. entremise, ingérence, intercalation, interpolation, intervention, médiation

**interprétable** → **intelligible**

**interprétation** n. f. [1] au pr. : anagogie, commentaire, exégèse, explication, glose, herméneutique, paraphrase, traduction, version [2] par ext. : distribution, expression, jeu

**interprète** n. m. et f. [1] → **traducteur** [2] → **comédien** [3] → **porte-parole**

**interpréter** [1] → **expliquer** [2] → **traduire** [3] → **jouer**

**interrègne** n. m. vacance du pouvoir → **intervalle**

**interrogateur, trice** [1] → **inquiet** [2] → **investigateur**

**interrogation** et **interrogatoire** n. m. et n.f. appel, colle (fam.), demande, épreuve, examen, information, interpellation, interview, question, questionnaire

**interroger** [1] → **demander** [2] → **examiner** [3] → **questionner**

**interrompre** [1] abandonner, arrêter, barrer, briser, cesser, décrocher, déranger, dételer, discontinuer, entrecouper, finir, hacher, intercepter, mettre fin / un terme, proroger, rompre, séparer, supprimer, surseoir, suspendre, trancher, troubler [2] couper, débrancher, débrayer, disjoncter

**interrupteur, trice** [1] quelqu'un → **contradicteur** [2] électrique : conjoncteur-disjoncteur, disjoncteur, rupteur, sectionneur, trembleur, va-et-vient → **commutateur**

**interruption** n. f. arrêt, cessation, coupure, discontinuation, discontinuité, halte, hiatus, interception, intermède, intermittence, interstice, intervalle, lacune, panne, pause, relâche, rémission, répit, rupture, saut, solution de continuité, suspension, vacance, vacances, vacations (jurid.) ◆ vx : intermission, surséance

**intersection** n. f. arête, bifurcation, carrefour, coupure, croisée, croisement, embranchement, fourche, ligne

**intersexuel, le** → **hermaphrodite**

**intersidéral, e** interplanétaire

**intersigne** n. m. → **relation**

**interstice** n. m. [1] → **espace** [2] → **fente**

**intersubjectivité** n. f. → **échange**

**intertrigo** n. m. → **inflammation**

**intervalle** n. m. [1] au pr. → **espace** [2] par ext. : arrêt, entracte, intermède, interrègne, moment, période, périodicité, récréation, suspension → **interruption**

**intervenant, e** [1] → **associé** [2] → **contradicteur**

**intervenir** [1] au pr. : agir, donner, s'entremêler, s'entremettre, entrer en action / en danse (fam.) / en jeu / en scène, fourrer / mettre son nez (fam.), s'immiscer, s'ingérer, intercéder, interférer, s'interposer, jouer, se mêler de, mettre la main à, négocier, opérer, parler pour, secourir [2] vx : s'instruire, moyenner [3] par ext. → **produire (se)**

**intervention** n. f. [1] au pr. : aide, appui, concours, entremise, immixtion, impatronisation, incursion, ingérence, intercession, interposition, interventionnisme, intrusion, médiation, ministère, office [2] par ext. → **opération**

**interversion** n. f. [1] au pr. : changement, extrapolation, métathèse, mutation, permutation, transposition [2] par ext. : contrepèterie

**intervertir** → **transposer**

**interview** n. f. [1] → **conversation** [2] → **article**

**interviewer** enquêter, entretenir, interroger, questionner, tester

**interviewer** ou **intervieweur** n. m. → **journaliste**

**intestin** n. m. boyau, duodénum, hypogastre, transit, tube digestif, viscère ◆ fam. : boyauderie, tripaille, triperie, tripes, tubulure

**intestin, e** adj. lutte / querelle intestine : civil, intérieur, intime

**intestinal, e** cœliaque, entérique

**intimation** n. f. appel, assignation, avertissement, convocation, déclaration, injonction, mise en demeure, sommation, ultimatum

**intime** [1] adj. a → **intérieur** b → **secret** c → **profond** [2] nom → **ami**

**intimé, e** → **défendeur**

**intimer** → **notifier**

**intimidant, e** et **intimidateur, trice** → **inquiétant**

**intimidation** n. f. → **menace**

**intimider** apeurer, bluffer, désemparer, effaroucher, effrayer, émouvoir, faire peur / pression, gêner, glacer, en imposer à, impressionner, inhiber, inquiéter, menacer, paralyser, terroriser, troubler

**intimiste** nom et adj. → **peintre**

**intimité** n. f. abandon, amitié, arrière-fond, attachement, camaraderie, commerce, confiance, contact, familiarité, fréquentation, liaison, liberté, naturel, secret, simplicité, union

**intitulé** n. m. appellation, désignation, en-tête, frontispice, manchette, rubrique, titre

**intituler (s')** → **qualifier (se)**

**intolérable** accablant, aigu, atroce, désagréable, douloureux, ennuyeux, excédant, excessif, fatigant, gênant, horrible, imbuvable, importun, impossible, inacceptable, inadmissible, inconcevable, infernal, insoutenable, insupportable, intenable, odieux, scandaleux

**intolérance** n. f. [1] au pr. : absoluité, cabale, dogmatisme, esprit de parti, étroitesse d'esprit / d'opinion / de pensée / de vue, exclusivisme, fanatisme, fureur, haine, idéologie, intransigeance, obscurantisme, parti pris, rigidité, sectarisme, violence [2] méd. : allergie, anaphylaxie, idiosyncrasie, sensibilisation

**intolérant, e** autoritaire, borné, captatif, doctrinaire, dogmatique, enragé, étroit, exalté, ex cathedra, exclusif, fanatique, farouche, frénétique, furieux, intégriste, intraitable, intransigeant, irréductible, obscurantiste, possessif, rigide, rigoriste, sectaire, sévère, systématique, violent → **tranchant** ◆ vx : dogmatiseur

**intonation** n. f. → **son**

**intouchable** [1] adj. a au pr. : immatériel, impalpable, intactile (philos.), intangible b par ext. : immuable, sacro-saint, traditionnel [2] nom : paria

**intoxication** n. f. [1] empoisonnement [2] → **propagande**

**intoxiquer** [1] → **infecter** [2] → **influer (sur)**

**intraduisible** → **impossible**

**intraitable** acariâtre, désagréable, désobéissant, difficile, dur, entêté, entier, exigeant, farouche, fermé, fier, impitoyable, impossible, indomptable, inébranlable, inflexible, inhumain, intransigeant, irréductible, obstiné, opiniâtre, raide, revêche, sans merci, tenace

**intra-muros** à l'intérieur, dedans ◆ par ext. : urbain

**intransigeance** n. f. → **intolérance**

**intransigeant, e** [1] → **intolérant** [2] → **intraitable**

**intransmissibilité** n. f. → **impossibilité**

**intransmissible** → **impossible**

**intransportable** → **impossible**

**in-trente-deux** n. m. et adj. → **format**

**intrépide** audacieux, brave, courageux, crâne, déterminé, ferme, fier, généreux, hardi, impavide, imperturbable, inébranlable, osé, résolu, téméraire, vaillant, valeureux

**intrépidité** n. f. → **courage**

**intrication** n. f. complexité → **difficulté**

**intrigant, e** adj. et n. arriviste, aventurier, canard (arg.), condottiere, diplomate, faiseur, fin, habile, souple, subtil

**intrigue** n. f. [1] au pr. : a affaire, agissements, complication, complot, conspiration, dessein, embarras, expédient, fomentation, machiavélisme, machination, manège, manigance, manœuvre, menée, micmac (fam.), rouerie, stratagème, stratégie → **tripotage** b arrivisme, brigue, cabale, carte (vx), ligue, parti [2] par ext. : a → **relation** b litt. : action, affabulation, anecdote, découpage, fable, fabulation, histoire, imbroglio, intérêt, nœud, péripétie, scénario, sujet, synopsis, thème, trame

**intriguer** [1] v. tr. → **embarrasser** [2] v. intr. : briguer, comploter, conspirer, machiner, manœuvrer, ourdir, ruser, tramer, tresser, tripoter → **manigancer** [3] vx : cabaler, embarrasser

**intrinsèque** → **intérieur**

**intrinsèquement** dans son essence, en soi

**intriquer** → **mélanger**

**introducteur, trice** → **novateur**

**introduction** n. f. [1] au pr. a quelque chose : acclimatation, apparition, importation, infiltration, injection, insertion, intercalation, intromission, intrusion, irruption b quelqu'un : admission, arrivée, avènement, entrée, installation, intervention, présentation, recommandation [2] par ext. a avant-propos, début, entrée en matière, exorde, exposition, ouverture, préface, préliminaire, prélude, présentation, protase b apprentissage, initiation, préparation c méd. : cathétérisme, inclusion, intussusception → **piqûre**

**introduire** [1] au pr. : conduire, couler, enficher, enfiler, enfoncer, enfouir, enfourner, engager, entrer, faire entrer / passer, ficher, fourrer, glisser, greffer, imbriquer, implanter, importer, inclure, incorporer, infiltrer, insérer, insinuer, insuffler, intercaler, mettre dans, passer, plonger, rentrer [2] par ext. a acclimater, adopter, cautionner, donner / fournir sa caution / sa garantie, garantir, incorporer, inculquer, induire (vx), lancer, ouvrir les portes, parrainer, patronner, pistonner (fam.), se porter garant, pousser, présenter, produire b → **établir** c techn. : cuveler, infuser, injecter, inoculer, sonder [3] v. pron. : s'acclimater, se caser, se couler, entrer, s'établir, se faufiler, se fourrer (fam.), se glisser, s'immiscer, s'impatroniser, s'imposer, s'incruster, s'infiltrer, s'ingérer, s'insinuer, s'installer, s'introniser, se mêler / passer dans, resquiller

**intromission** n. f. → **introduction**

**intronisation** n. f. → **installation**

**introniser** → **établir**

**introspection** n. f. analyse, autocritique, bilan, examen de conscience, intériorisation, observation, psychanalyse, réflexion, regard intérieur, retour sur soi

**introuvable** caché, disparu, énigmatique, envolé, évanoui, inaccessible, insoluble, invisible, perdu, précieux, rare, sans égal / pareil, secret, unique

**introversion** n. f. → **égoïsme**

**introverti, e** → **égoïste**

**intrus, e** → **importun**

**intrusion** n. f. [1] → **introduction** [2] → **intervention**

**intuitif, ive** → **sensible**

**intuition** n. f. [1] au pr. : âme, aperception, cœur, connaissance, flair, instinct, sens, sentiment, tact [2] par ext. → **pressentiment**

**intuitionnisme** n. m. → **philosophie**

**intuitivement** de soi, instinctivement, naturellement

**intumescence** n. f. → **gonflement**

**intumescent, e** → **gonflé**

**inusable** → **résistant**

**inusité, e** anormal, bizarre, curieux, déconcertant, désuet, étonnant, exceptionnel, extraordinaire, hardi, inaccoutumé, inemployé, inhabituel, inouï, insolite, inusuel, inutilisé, neuf, nouveau, original, osé, rare, singulier

**inutile** absurde, adventice, creux, en l'air, frivole, futile, improductif, inefficace, inemployable, infécond, infructueux, insignifiant, négligeable, nul, oiseux, perdu (vx), sans but / fonction / objet, stérile, superfétatoire, superflu, vain, vide

**inutilement** en vain, pour rien, vainement ◆ fam. : pour des nèfles / des prunes / le roi de Prusse

**inutilisable** → **impossible**

**inutilisé, e** → **inusité**

**inutilité** n. f. 1 → **futilité** 2 → **vanité**

**invaginer (s')** → **replier (se)**

**invalidant, e** incapacitant

**invalidation** n. f. → **abrogation**

**invalide** nom et adj. 1 → **infirme** 2 → **malade**

**invalider** → **abolir**

**invalidité** n. f. 1 nullité → **prescription** 2 → **infirmité**

**invariabilité** n. f. constance, continuité, durabilité, éternité, fermeté, fiabilité, immortalité, immutabilité, indélébilité, invariance, longévité, pérennité, permanence, persistance, résistance, solidité, stabilité, ténacité, viabilité

**invariable** assuré, chronique, constant, continu, durable, endémique, enraciné, éternel, ferme, fiable, immortel, immuable, impérissable, inaltérable, inamissible, incorruptible, indélébile, indestructible, infrangible, pérenne (vx), permanent, perpétuel, persistant, profond, résistant, solide, stable, tenace, valable, viable, vivace, vivant

**invariablement** → **toujours**

**invariance** n. f. → **invariabilité**

**invariant, e** → **stable**

**invasion** n. f. → **incursion**

**invective** n. f. → **injure**

**invectiver** attaquer, crier, déblatérer (fam.), déclamer, fulminer, pester, tempêter, tonner → **injurier**

**invendable** et **invendu, e** bouillon (fam.), rossignol → **impossible**

**inventaire** n. m. 1 → **liste** 2 → **dénombrement**

**inventer** 1 neutre ou fav. : s'aviser de, bâtir, chercher, composer, concevoir, créer, découvrir, échafauder, engendrer, fabriquer, forger, imaginer, improviser, innover, supposer, trouver 2 non fav. : affabuler, arranger, broder, conter, fabriquer, fabuler, feindre, forger, insinuer, mentir → **hâbler**

**inventeur, trice** 1 découvreur, trouveur → **chercheur** 2 → **hâbleur**

**inventif, ive** → **ingénieux**

**invention** n. f. 1 au pr. → **découverte** 2 par ext. péj. : a affabulation, artifice, bourde, calomnie, chimère, combinaison, comédie, craque (fam.), duperie, expédient, fabrication, fabulation, fantaisie, feinte, fiction, forge (vx), fumisterie, galéjade, histoire, idée, irréalité, légende, mensonge, ressource, rêve, roman, saga, songe, tromperie b → **imagination**

**inventivité** n. f. → **imagination**

**inventorier** 1 → **dénombrer** 2 → **examiner**

**invérifiable** incontrôlable, indémontrable

**inverse** → **contraire**

**inversé, e** → **opposé**

**inversement** réciproquement, vice versa

**inverser** → **transposer**

**inversion** n. f. 1 au pr. : changement, déplacement, dérangement, hyperbate, interversion, renversement, retournement, transposition 2 anomalie, anormalité, dépravation, désordre 3 → **homosexualité**

**invertir** → **renverser**

**investigateur, trice** nom et adj. chercheur, curieux, enquêteur, examinateur, inquisiteur, interrogateur, questionneur (vx), scrutateur

**investigation** n. f. → **recherche**

**investir** 1 au pr. (milit.) : assiéger, bloquer, boucler, cerner, contrôler, disposer autour, emprisonner, encercler, enfermer, envelopper, environner, fermer, occuper, prendre au piège, quadriller 2 par ext. a → **installer** b → **pourvoir** c → **placer**

**investissement** n. m. 1 aide, apport, engagement, financement, impense, mise, participation, placement 2 blocus, contrôle, quadrillage, siège

**investiture** n. f. → **installation**

**invétéré, e** → **incorrigible**

**invincibilité** n. f. 1 → **fermeté** 2 → **solidité**

**invincible** → **irrésistible**

**inviolabilité** n. f. → **immunité**

**inviolable** 1 → **sacré** 2 → **infranchissable** 3 → **sûr**

**inviolé, e** → **vierge**

**invisible** → **imperceptible**

**invitant, e** 1 → **attirant** 2 → **aimable**

**invitation** et **invite** n. f. 1 appel, convocation, demande, signe 2 → **excitation**

**invité, e** → **convive**

**inviter** 1 fav. ou neutre : appeler, attirer, conseiller, convier, convoquer, demander, engager, faire asseoir, faire appel / signe, prier à / de, retenir à, solliciter, stimuler 2 non fav. : appeler à, défier, engager, entraîner, exciter, exhorter, inciter, induire, mettre au défi, porter / pousser à, presser, provoquer, solliciter

**invivable** → **difficile**

**invocation** n. f. adjuration, appel, dédicace, demande, litanie, prière, protection, sollicitation, supplication

**involontaire** accidentel, automatique, conditionné, convulsif, forcé, inconscient, instinctif, instinctuel, irréfléchi, machinal, mécanique, naturel, passif, pulsionnel, réflexe, spontané

**involontairement** → **inconsciemment**

**invoquer** 1 → **évoquer** 2 → **prier** 3 → **prétexter**

**invraisemblable** aporétique, bizarre, ébouriffant, étonnant, étrange, exceptionnel, exorbitant, extraordinaire, extravagant, fantastique, formidable, impensable, impossible, improbable, inconcevable, incroyable, inimaginable, inintelligible, inouï, insoutenable, paradoxal, renversant (fam.), rocambolesque

**invraisemblance** n. f. bizarrerie, contradiction, énormité, étrangeté, extravagance, impossibilité, improbabilité, incrédibilité, paradoxe

**invulnérabilité** n. f. → **résistance**

**invulnérable** par ext. a d'un être : costaud, dur, fort, imbattable, immortel, increvable, invincible, puissant, redoutable, résistant b d'une chose → **imprenable**

**irascibilité** n. f. → **colère**

**irascible** → **colère**

**ire** n. f. → **colère**

**iridescent, e** 1 → **irisé** 2 → **phosphorescent**

**irisation** n. f. → **reflet**

**irisé, e** agatisé, iridescent, nacré, opalin

**iriser** → **étinceler**

**ironie** n. f. 1 → **esprit** 2 → **raillerie**

**ironique** blagueur (fam.), caustique, goguenard, gouailleur, humoristique, moqueur, narquois, persifleur, railleur, sarcastique, voltairien

**ironiser** → **railler**

**ironiste** n. m. et f. → **humoriste**

**irradiation** n. f. diffusion, divergence, émission, phosphorescence, propagation, radiation, rayonnement

**irradier** → **rayonner**

**irraisonné, e** et **irrationnel, le** → **illogique**

**irrationalisme** et **irrationalité** n. m., n.f. → **désordre**

**irrattrapable** → **impossible**

**irréalisable** → **impossible**

**irréalisme** n. m. 1 → **rêve** 2 → **utopie**

**irréalité** n. f. → **invention**

**irrecevable** erroné, faux, impossible, inacceptable, inaccordable, inadmissible, injuste

**irréconciliable** brouillé, divisé, ennemi, opposé

**irrécupérable** 1 → **déchu** 2 → **perdu**

**irrécusable** clair, éclatant, évident, indiscutable, irréfragable, irréfutable

**irréductibilité** n. f. → **impossibilité**

**irréductible** 1 → **incompressible** 2 → **inflexible** 3 → **intraitable** 4 → **dur**

**irréel, le** 1 → **imaginaire** 2 → **surnaturel**

**irréfléchi, e** audacieux, capricant, capricieux, déraisonnable, écervelé, emballé, emporté, étourdi, imprévoyant, impulsif, inconsidéré, insensé, léger, machinal, mécanique → **involontaire**

**irréflexion** n. f. distraction, étourderie, imprévoyance, impulsion, inattention, inconséquence, légèreté, précipitation

**irréformable** → **irréversible**

**irréfragable** et **irréfutable** avéré, catégorique, certain, corroboré, démontré, établi, évident, exact, fixe, formel, incontestable, indiscutable, invincible, irrécusable, logique, notoire, péremptoire, positif, probant, prouvé, sûr, véridique, véritable, vrai

**irrégularité** n. f. 1 aspérité, bosse, creux, grain, saillie 2 a absentéisme b → **désinvolture** 3 accident, altération, anomalie, anomie, anormalité, asymétrie, bizarrerie, caprice, défaut, défectuosité, désordre, déviance, déviation, difformité, discontinuité, disproportion, dissymétrie, dysfonctionnement (méd. et écon.), écart, erreur, étrangeté, excentricité, exception, faute, illégalité, illégitimité, inconstitutionnalité, inégalité, inexactitude, intermittence, loufoquerie, manquement, monstruosité, négligence, particularité, passe-droit, perturbation, perversion, singularité, variabilité

**irrégulier** franc-tireur → **insoumis**

**irrégulier, ère** aberrant, accidentel, anomal, anomique, anorganique, anormal, anticonstitutionnel, arbitraire, arythmique, asymétrique, baroque, biscornu, bizarre, convulsif, décousu, déréglé, désordonné, déviant, difforme, discontinu, dissymétrique, erratique, étonnant, extraordinaire, fautif, fortuit, hétéroclite, illégal, illégitime, imparfait, impropre, inaccoutumé, inconstitutionnel, incorrect, inégal, inexact, inhabituel, injuste, insolite, intermittent, interrompu, inusité, irrationnel, monstrueux, particulier, peccant, phénoménal, saccadé, singulier, syncopé, variable

**irréligieux, euse** → **incroyant**

**irréligion** n. f. → **impiété**

**irrémédiable** définitif, fatal, incurable, irréparable, nécessaire, perdu

**irrémissible** impardonnable, inexcusable → **irrémédiable**

**irremplaçable** unique → **précieux**

**irréparable** définitif, funeste, malheureux, néfaste → **irrémédiable**

**irrépréhensible** → **irréprochable**

**irrépressible** → **irrésistible**

**irréprochable** accompli, droit, honnête, impeccable, inattaquable, irrécusable, irrépréhensible, juste, louable, moral, parfait, sans défaut / reproche / tare

**irrésistible** capable, fort, envoûtant, évident, excessif, imbattable, incoercible, indomptable, influent, invincible, irrépressible, irrévocable, percutant, persuasif, séduisant, tenace, violent

**irrésolu, e** embarrassé, en suspens, flottant, fluctuant, hésitant, incertain, indécis, indéterminé, mobile, perplexe, suspendu, vacillant, vague

**irrésolution** n. f. → **indétermination**

**irrespect** n. m. → **irrévérence**

**irrespectueux, euse** → **irrévérencieux**

**irrespirable** → **mauvais**

**irresponsabilité** n. f. → **immunité**

**irresponsable** 1 innocent, non-coupable 2 → **insensé**

**irrévérence** n. f. arrogance, audace, grossièreté, impertinence, impolitesse, incongruité, inconvenance, insolence, irrespect, maladresse, manque d'égards / de respect

**irrévérencieux, euse** arrogant, audacieux, grossier, impertinent, impoli, incongru, inconvenant, injurieux, insolent, insultant, irrespectueux, maladroit, malappris, mal embouché, vulgaire

**irréversibilité** n. f. fermeté, fixité, immuabilité, immutabilité, inamovibilité, indestructibilité, indissolubilité, intangibilité, irrévocabilité

**irréversible** et **irrévocable** absolu, absolutoire, arrêté, décidé, définitif, ferme, fixe, formel, immarcescible, immuable, imprescriptible, inabrogeable, inamissible, inamovible, indissoluble, intangible, irrécusable, irréformable, ne varietur, péremptoire, résolu, sans appel

**irrigation** n. f. → **arrosage**
**irriguer** → **arroser**
**irritabilité** n. f. → **susceptibilité**
**irritable** 1 → **colère** (adj.) 2 → **susceptible**
**irritant, e** 1 au pr. : agaçant, déplaisant, désagréable, énervant, enrageant, provocant, vexant 2 par ext. a âcre, échauffant, suffocant b excitant, stimulant
**irritation** n. f. 1 → **colère** 2 actinite, brûlure, coup de soleil, démangeaison, échauffement, érubescence, exacerbation, exaspération, inflammation, prurit, rougeur, rubéfaction, tourment 3 exaltation, exaspération, excitation, surexcitation
**irrité, e** à cran, agacé, aigri, blessé, contrarié, courroucé, crispé, énervé, enflammé, enragé, exaspéré, excédé, fâché, furibond, furieux, hérissé, horrifié, hors de soi, impatienté, indigné, nerveux, piqué, tanné, vexé
**irriter** 1 au pr. : brûler, démanger, enflammer, envenimer, exacerber, exaspérer 2 fig. a → **exciter** b agacer, aigrir, blesser, contrarier, courroucer, crisper, donner / taper sur les nerfs, énerver, exaspérer, excéder, fâcher, hérisser, horripiler, impatienter, indigner, jeter hors de soi / de ses gonds, mettre en colère, mettre hors de soi, piquer, tourmenter 3 v. pron. : bouillir, se cabrer, s'émouvoir, s'emporter, se fâcher, s'impatienter, se mettre en colère, se monter, piquer une colère / rage / rogne (fam.), sortir de ses gonds
**irruption** n. f. → **incursion**
**isabelle** n. m. et adj. → **robe (du cheval)**
**isard** n. m. chamois des Pyrénées → **chamois**
**isatis** n. m. renard bleu → **renard**
**isba** n. f. → **habitation**
**islamique** coranique, mahométan, musulman
**isochrone** → **égal**
**isolation** n. f. insonorisation → **isolement**
**isolé, e** 1 → **écarté** 2 → **seul**
**isolement** n. m. 1 de quelqu'un : abandon, claustration, cloître, délaissement, déréliction, éloignement, exil, isolation, quarantaine, retranchement, séparation, solitude 2 par ext. a autarcie, autonomie, séparatisme b nonconformisme c autisme d insularité
**isoler** 1 détacher, disjoindre, écarter, extraire, ôter, séparer 2 assiéger, bloquer, investir 3 chambrer, cloîtrer, confiner 4 abandonner, délaisser, éloigner, exiler, mettre en quarantaine, retrancher 5 abstraire, dégager, discerner, distinguer, individualiser 6 calorifuger, ignifuger, insonoriser → **protéger** 7 v. pron. : s'abstraire, se barricader / cantonner / claustrer / cloîtrer / confiner / concentrer, s'enfermer / ensevelir / enterrer, faire le vide, se réfugier / retirer / terrer
**isomorphe** → **égal**
**israélite** nom et adj. ashkénaze, enfants / fils d'Abraham, hébraïque, hébreu, israélien, judaïque, juif, marrane, peuple élu, pharisien, publicain, séfarade, sémite, sémitique, sioniste
**issu, e** → **né**
**issue** n. f. 1 → **sortie** 2 → **résultat**
**italien, ne** 1 cisalpin, latin, ultramontain 2 bergamasque, bolognais, calabrais, florentin, génois, lombard, milanais, napolitain, ombrien, parmesan, piémontais, romain, sarde, sicilien, toscan, vénitien 3 arg. et péj. : macaroni, rital 4 italianisant, italianisme, romaniste
**itératif, ive** fréquent, fréquentatif, rabâché, recommencé, renouvelé, répété
**itération** n. f. → **répétition**
**itinéraire** n. m. → **trajet**
**itinérant, e** → **voyageur**
**ivoire** n. m. 1 défense, rohart 2 par ext. : dentine, corozo
**ivraie** 1 au pr. : chiendent, herbe, ray-grass, zizanie (vx) 2 fig. : chicane, dispute, méchanceté, mésentente
**ivre** 1 au pr. a neutre : aviné, bu, gai, gris, grisé, pris de boisson b fam. : anesthésié, à point, bien, brindezingue, cuit, cuité, éméché, émoustillé, en goguette, gelé, parti, pinté, pompette c arg. : beurré (comme un petit-Lu), blindé, bourré / plein (comme une barrique / un coing / une huître / un œuf), cané, cassé, défoncé, fadé, givré, hourdé, mâchuré, mort, mûr, muraille, noir, paf, pas net, pété (à mort), plein, poivré, raide, rétamé, rond, schlass, soûl 2 par ext. : exalté, transporté, troublé
**ivresse** 1 au pr. a neutre : boisson, crapule, débauche, dipsomanie, ébriété, enivrement, éthylisme, fumées de l'alcool / du vin, griserie, hébétude, ilotisme, intempérance, ivrognerie, œnolisme b → **alcoolisme** c fam. et arg. : anesthésie, barbe, beurrée, biture, bout de bois, caisse, cocarde, cuite, culotte, défonce, fièvre de Bercy, palu breton, pétée, le plein, pistache, poivrade, potomanie, ribote, ronflée, torchée 2 fig. a → **vertige** b enchantement, enthousiasme, exaltation, excitation, extase, joie, volupté
**ivrogne, ivrognesse** 1 alcoolique, buveur, débauché, dipsomane, éthylique, intempérant 2 fam. : alcoolo, arsouille, artilleur, bacchante, biberon, boit-sans-soif, éponge, galope-chopine, gouape, ilote (antiq.), lécheur, outre, pilier de bistrot / cabaret / café / estaminet, picoleur, pochard, poivrier, poivrot, sac-à-vin, siffleur, soiffard, soûlard, suppôt de Bacchus, tonneau, valseur, vide-bouteilles
**ivrognerie** → **ivresse**
**ixode** n. m. tique

# J

**jabot** n. m. 1 par ext. : cravate, dentelle 2 → **estomac**
**jacasser** → **bavarder**
**jacasseur** et **jacasse** n. m., n.f. babillard, baratineur, bavard, bonimenteur, bruyant, cancanier, commère, concierge, discoureur, jaboteur, jaseur, loquace, parleur, phraseur, pipelet, prolixe, verbeux, volubile
**jacassement** et **jacasserie** n. m., n.f. → **bavardage**
**jachère** n. f. brande, brousse, friche, garrigue, gâtine, lande, maquis
**jacinthe** n. f. hyacinthe
**jacobin, e** nom et adj. 1 → **révolutionnaire** 2 par ext. → **ultra**
**jacquerie** n. f. → **révolte**
**jactance** n. f. 1 → **orgueil** 2 → **hâblerie**
**jacter** → **bavarder**
**jadis** → **autrefois**
**jaillir** apparaître, bondir, couler, se dégager, se dresser, s'élancer, s'élever, fuser, gicler, partir, pointer, rejaillir, saillir, sortir, sourdre, surgir
**jaillissement** n. m. → **éruption**
**jais** n. m. → **pierre**
**jalon** n. m. → **repère**
**jalonnement** n. m. → **bornage**
**jalonner** → **tracer**
**jalouser** → **envier**
**jalousie** n. f. 1 → **envie** 2 → **émulation** 3 → **volet**
**jaloux, ouse** 1 → **envieux** 2 → **désireux**
**jamais** 1 sens positif. a à un moment donné, un jour b déjà 2 sens négatif : en aucun temps 3 **à / pour jamais** : définitivement, éternellement, irrévocablement, pour toujours, sans retour ◆ fam. : aux calendes grecques, à la saint-glinglin, à la semaine des quatre jeudis
**jambe** n. f. 1 d'un homme. a membre inférieur b fam. : bâtons, bouts, brancards, cannes, échasses, flûtes, fourchettes, fumerons, gambettes, gambilles, gigots, gigues, guibolles, guiches, jambettes, pattes, piliers, pilons, pinceaux, pincettes, poteaux, quilles 2 d'un animal → **patte**
**jambière** n. f. → **guêtre**
**jambon** n. m. 1 d'après le nom d'origine géographique, par ex. : Ardennes, Auvergne, Bayonne, Parme, York 2 d'après la préparation, par ex. : au foin, à l'os, au torchon
**jansénisme** n. m. → **rigidité**
**janséniste** nom et adj. augustinien, austère, étroit, moraliste, puritain, rigoureux
**japonais, e** nom et adj. nippon
**jappement** n. m. → **aboi**
**japper** → **aboyer**
**jaquette** n. f. → **veste**
**jardin** n. m. 1 au pr. : clos, closerie, enclos, espace vert, hortillonnage, jardinet, parc, péribole (antiq.), potager, square, verger ◆ vx : ouche 2 par ext. a éden, eldorado, paradis b → **nursery**
**jardinage** n. m. arboriculture, culture maraîchère, horticulture, hortillonnage, maraîchage
**jardiner** → **cultiver**
**jardinier, ière** arboriculteur, fleuriste, horticulteur, maraîcher, pépiniériste, primeuriste, rosiériste, serriste
**jargon** n. m. argot, baragouin, bichlamar, bigorne (vx), cajun, charabia, dialecte, franglais, galimatias, gazouillis, jar, javanais, jobelin, joual, langue verte, patois, pidgin, sabir, terminologie, verlan
**jarre** n. f. 1 → **pot** 2 → **vase**
**jarretelle** n. f. techn.→ **relais**
**jars** n. m. → **oie**
**jaser** 1 → **bavarder** 2 → **médire**
**jaseur, euse** → **bavard**
**jaspé, e** → **marqueté**
**jaspure** n. f. → **marbrure**
**jatte** n. f. bol, coupe, récipient, tasse
**jauge** n. f. → **capacité**
**jauger** 1 au pr. a → **mesurer** b → **évaluer** 2 fig. → **juger**
**jaune** beurre frais, blond, blondasse, chamois, citron, doré, fauve, flavescent, isabelle, jonquille, kaki, ocre, safran, saure, topaze ◆ péj. : pisseux
**jaunir** blondir, dorer, javeler
**jaunisse** n. f. cholémie, hépatite, ictère
**java** n. f. → **fête**
**javeline** et **javelot** n. f., n. m. → **trait**
**jérémiade** n. f. → **gémissement**
**jésuitisme** n. m. → **hypocrisie**
**jésus** n. m. → **saucisson**
**jet** n. m. 1 au pr. a coup, émission, éruption, jaillissement, lancement, lancer, projection, propulsion b → **pousse** c → **avion** d spat. off. propulseur 2 fig. → **ébauche**
**jetée** n. f. → **digue**
**jeter** 1 abandonner, balancer, se débarrasser / défaire de, détruire, dispenser, éjecter, émettre, éparpiller, envoyer, joncher, mettre, parsemer, pousser, précipiter, projeter, propulser, rejeter, répandre, semer → **lancer** fam. : balancer, envoyer dinguer, ficher, flanquer, foutre 2 a **jeter bas / à terre** → **abattre** b **jeter son dévolu sur** → **choisir** 3 v. pron. : a → **élancer (s')** b aboutir, déboucher, se déverser, finir à / dans
**jeton** n. m. 1 marque, plaque, plaquette, tessère 2 **faux jeton** → **hypocrite**
**jet-set** ou **jet society** off. : société / style cosmopolite
**jet-stream** aviat. off. : courant-jet
**jeu** n. m. 1 a → **divertissement** b → **plaisir** c ludisme 2 → **jouet** 3 → **politique** 4 → **interprétation** 5 → **assortiment** 6 → **carte** 7 → **loterie** 8 manche, match, partie, poule, rencontre, rob, set 9 a **jeu d'esprit** → **supposition** b **jeu de mots** : anagramme, à-peu-près, calembour, contrepèterie, coq-à-l'âne, équivoque, janotisme, mot d'esprit, mots croisés, plaisanterie, rébus c **mettre en jeu** → **user (de)**
**jeun (à)** ventre creux / vide → **affamé**
**jeune** 1 adj. : adolescent, junior, juvénile, neuf, nouveau, nubile, pubère, vert 2 nom. a jeunes gens, jeunesse, moins-de-vingt-ans, teenagers, yéyés b jeune fille → **fille** c jeune homme : benjamin, blondin, brunet, cadet, éphèbe, garçon, gars, jeunet, jeunot, jouvenceau, playboy → **élégant** d vx : adonis, damoiseau, menin, muguet, muscadin, plumet, e fam. et / ou péj. : béjaune, blanc-bec, colombin, freluquet, gigolo, godelureau, greluchon, loulou, loubard, mec ou mecton, minet, minot, miston, môme, niasse
**jeûne** n. m. 1 neutre : abstinence, carême, diète, grève de la faim, pénitence, privation, quatre-temps, ramadan, renoncement, restriction, vigile 2 fav. : frugalité, modération, sobriété, tempérance 3 non fav. → **manque**
**jeûner** être / se mettre à la diète, faire carême / la grève de la faim / maigre / ramadan / un régime
**jeunesse** n. f. adolescence, enfance, jouvence, juvénilité, printemps de la vie, verdeur, vingt ans
**jiu-jitsu** n. m. → **judo**
**joaillier, ière** bijoutier, diamantaire, lapidaire, orfèvre

**jobard, e** → **naïf**

**jobarderie** n. f. → **bêtise**

**jocrisse** nom et adj. → **bête**

**joie** n. f. 1 → **gaieté** 2 → **plaisir**

**joindre** 1 quelque chose ou quelqu'un (au pr.) : aboucher, abouter, accoler, accoupler, affourcher, ajointer, ajuster, allier, anastomoser (méd.), annexer, appointer, approcher, articuler, assembler, associer, attacher, bêcheveter, brancher, braser, chaîner, coller, combiner, conglutiner, conjuguer, connecter, corréler, coudre, embrancher, enchaîner, entrelacer, épisser, greffer, incorporer, jumeler, juxtaposer, lier, marier, moiser, rabouter, raccorder, rallier, rapporter, rapprocher, rassembler, rattacher, relier, réunir, souder, unir 2 par ext. a → **accoster** b → **rejoindre**

**joint** et **jointure** n. m., n.f. 1 aboutement, anastomose (méd.), ars (équit.), articulation, assemblage, commissure, conjonction, conjugaison, contact, fente, jonction, raccord, rencontre, réunion, soudure, suture, tampon, union → **abouchement** 2 → **moyen** 3 → **drogue**

**joint, e** 1 a additionnel, ajouté, conjugué, inclus b adhérent, attaché, inhérent 2 clos, fermé, hermétique

**jointoyer** liaisonner, ruiler

**joli, e** 1 → **agréable** 2 → **aimable** 3 → **beau** 4 → **bien** 5 → **élégant**

**joliesse** n. f. → **délicatesse**

**jonc** n. m. 1 butome 2 → **baguette** 3 → **bague**

**jonchaie** n. f. touffe de joncs

**joncher** → **recouvrir**

**jonction** n. f. bifurcation, carrefour, fourche → **joint**

**jongler** 1 bateler 2 → **trafiquer**

**jonglerie** n. f. → **habileté**

**jongleur, euse** → **troubadour**

**joue** n. f. 1 abajoue, bajoue, méplat, pommette 2 fam. : babines, badigoinces 3 **mettre en joue** → **viser**

**jouée** n. f. → **dimension**

**jouer** 1 v. intr. a → **amuser (s')** b → **mouvoir (se)** 2 v. tr. a créer, faire du théâtre, interpréter, mettre en scène → **représenter** b → **tromper** c → **spéculer** d → **hasarder** e → **railler** f → **feindre** g → **imiter** h d'un instrument de musique : pianoter, pincer, sonner, souffler, toucher ◆ péj. : gratter, racler i un morceau de musique : attaquer, enlever, exécuter, interpréter, massacrer (péj.) ◆ vx : concerter 3 un match → **lutter** 4 v. pron. : a → **mépriser** b → **railler** c → **tromper**

**jouet** n. m. 1 au pr. → **bagatelle** 2 fig. → **victime**

**joueur, euse** 1 adj. → **gai** 2 nom : parieur, partenaire, ponte, turfiste ◆ arg. : cartonnier, flambeur → **tricheur**

**joufflu, e** bouffi, gonflé, mafflu, poupard, poupin, rebondi

**joug** n. m. fig. → **subordination**

**jouir** 1 → **avoir, profiter de, régaler (se)** 2 connaître la volupté

**jouir de** 1 → **posséder** 2 → **profiter de** 3 déguster, goûter, se repaître, savourer → **régaler (se)**

**jouissance** n. f. 1 possession, propriété, usage, usufruit 2 → **plaisir**

**jouisseur, euse** → **épicurien**

**jouissif, ive** → **plaisant**

**jour** n. m. 1 journée, quantième → **aube** 2 par ext. a → **lumière** b → **ouverture** c → **moyen** 3 au pl. a → **vie** b → **époque** 4 a **point / pointe du jour** → **aube** b **voir le jour** → **naître** c **jours de planches** → **délai**

**journal** n. m. 1 bulletin, dazibao, fanzine, feuille, gazette, hebdomadaire, illustré, magasin (vx), magazine, organe, périodique, presse, quotidien, tabloïd → **revue** ◆ péj. : baveux, canard, feuille de chou 2 → **récit** 3 → **mémoire** (n. m.)

**journalier, ère** 1 nom → **travailleur** 2 adj. a au pr. : circadien, de chaque jour, diurnal, diurne, journal, quotidien b → **changeant**

**journaliste** n. m. ou f. agencier, anecdotier, annoncier, chroniqueur, commentateur, correspondant, courriériste, critique, échotier, éditorialiste, envoyé spécial, feuilletoniste, gazetier (vx), informateur, interviewer, nouvelliste, pamphlétaire, pigiste, polémiste, publiciste, rédacteur, reporter, salonnier, speaker ◆ péj. : folliculaire, pisse-copie

**journée** n. f. 1 → **jour** 2 → **étape** 3 → **rétribution**

**joute** n. f. 1 → **tournoi** 2 → **lutte**

**jouter** → **lutter**

**jouteur** n. m. → **lutteur**

**jouvence** n. f. → **jeunesse**

**jouvenceau** n. m. → **jeune**

**jouxter** → **toucher**

**jovial, e** → **gai**

**jovialité** n. f. → **gaieté**

**joyau** n. m. 1 bijou, parure 2 → **beauté**

**joyeuseté** n. f. → **plaisanterie**

**joyeux, euse** jubilant → **gai**

**jubé** n. m. ambon

**jubilation** n. f. → **gaieté**

**jubiler** → **réjouir (se)**

**juchée** n. f. → **perchoir**

**jucher** → **percher**

**juchoir** n. m. → **perchoir**

**judas** n. m. 1 → **infidèle** 2 → **ouverture**

**judiciaire** juridique, procédurier (péj.)

**judicieux, euse** 1 → **intelligent** 2 → **bon**

**judo** n. m. aïkido, jiu-jitsu, karaté

**juge** n. m. 1 alcade (esp.), arbitre, cadi (arabe), gens de robe, héliaste, inquisiteur, justicier, magistrat, prévôt, procureur (par ext.), robin (péj.), viguier ◆ vx : préteur, rapporteur, vergobret ◆ arg. : curieux, figé, fromage, gerbe, guignol 2 vengeur 3 → **censeur**

**jugement** n. m. 1 arrêt, décision, décret, verdict ◆ arg. : flag 2 → **opinion** 3 → **censure** 4 → **raison** 5 partic. 6 **jugement de Dieu :** duel judiciaire, ordalie

**jugeote** n. f. → **raison**

**juger** 1 apprécier, arbitrer, choisir, conclure, considérer, coter, croire, décider, départager, déterminer, dire, discerner, distinguer, envisager, estimer, évaluer, examiner, expertiser, imaginer, jauger, mesurer, noter, penser, peser, porter une appréciation / un jugement, prononcer un arrêt / une sentence, soupeser, statuer, trancher, trouver, voir 2 → **blâmer**

**jugulaire** n. f. bride, mentonnière

**juguler** → **arrêter**

**juif, juive** nom et adj. → **israélite**

**jumeau, elle** nom et adj. besson, double, freemartin (vétér.), gémeau, pareil, sosie, univitellin

**jumelage** n. m. → **assemblage**

**jumeler** → **joindre**

**jumelle** n. f. → **lunette**

**jument** n. f. cavale, haquenée, mulassière, pouliche, poulinière

**junior** n. m. et adj. → **cadet**

**jupe** n. f. basquine, cotillon, cotte, jupon, kilt, paréo, tutu

**juré** n. m. → **arbitre**

**jurer** 1 → **affirmer** 2 → **décider** 3 → **promettre** 4 → **contraster** 5 blasphémer, outrager, proférer des jurons, sacrer, tempêter

**juridiction** n. f. autorité, circonscription, compétence, finage (rég.), judicature, ressort, territoire ◆ vx : for, mouvance, sénéchaussée, temporalité

**juridique** → **judiciaire**

**juridisme** n. m. → **légalisme**

**jurisconsulte** n. m. → **légiste**

**jurisprudence** n. f. → **loi**

**juriste** n. m. → **légiste**

**juron** n. m. 1 blasphème, cri, exécration, gros mot, imprécation, insulte, jurement, outrage ◆ québ. : sacres 2 quelques jurons vx ou rég. : bagasse, diable, diantre, fichtre, fouchtra, foutre, jarnicoton, morbleu, palsambleu, pâques-Dieu, parbleu, pardi, putain-con, putain-merde, sacristi, sapristi, tudieu, ventrebleu, ventre-saint-gris, vertubleu ◆ québ. : crisse, étole, maudit

**jury** n. m. → **tribunal**

**jus** n. m. sauce, suc → **liquide**

**jusant** n. m. → **marée**

**jusqu'au-boutisme** n. m. → **extrémisme**

**jusque** au point de, même

**juste** 1 au pr. : adéquat, advenant (jurid.), approprié, bon, conforme, congru, convenable, correct, droit, équitable, exact, fondé, honnête, impartial, intègre, justifiable, justifié, légitime, loyal, motivé, objectif, pertinent, précis, propre, raisonnable 2 par ext. → **vrai** 3 → **étroit** 4 → **saint** 5 adv. : à la minute / l'instant, exactement, précisément, tout à fait

**justesse** n. f. authenticité, congruence, convenance, correction, exactitude, précision, propriété, raison, rectitude, vérité

**justice** n. f. 1 droiture, équité, impartialité, intégrité, légalité, objectivité, probité, raison 2 → **droit** 3 **faire justice** → **punir**

**justicier, ère** redresseur de torts, vengeur → **juge**

**justifiable** → **excusable**

**justificatif** n. m. → **preuve**

**justification** n. f. 1 apologétique, apologie → **éloge** 2 affirmation, argument, confirmation, constatation, démonstration, établissement, gage, illustration (vx), motif, pierre de touche → **preuve** 3 dédouanement, réhabilitation

**justifier** 1 absoudre, acquitter, admettre, alléguer, blanchir, couvrir, décharger, disculper, effacer, excuser, exempter, innocenter, laver, légitimer 2 fonder, motiver 3 → **prouver**

**juter** → **couler**

**juteux, euse** 1 → **fluide** 2 → **fructueux**

**juvénile** actif, ardent, bien allant, gai, jeune, pimpant, plein d'ardeur / d'entrain / de vie, vert, vif

**juvénilité** n. f. activité, allant, ardeur, entrain, gaieté, jeunesse, jouvence (vx), verdeur, vivacité

**juxtaposer** adjoindre, ajouter, annexer, assembler, associer, combiner, jumeler, marier, rapprocher, rassembler, rattacher, relier, réunir, unir → **joindre**

**juxtaposition** n. f. → **adjonction**

# K

**kabyle** nom et adj. par ext. : berbère, chleuh

**kaki, e** brun, chamois, fauve, flavescent, grège, jaune, marron, ocre, saure

**kangourou** n. m. wallaby → **marsupiaux**

**kandjar** n. m. → **poignard**

**kayak** n. m. canoë, canot, périssoire

**képi** n. m. casquette, chapska, coiffure, shako

**kermesse** n. f. ducasse, festival, festivité, frairie, réjouissance → **fête**

**kérosène** n. m. carburant, pétrole

**ketch** n. m. → **bateau**

**khan** n. m. → **caravansérail**

**kibboutz** n. m. exploitation / ferme collective

**kidnapper** 1 au pr. : enlever, faire disparaître, séquestrer 2 par ext. → **voler**

**kidnapping** n. m. 1 au pr. : enlèvement / rapt d'enfant 2 par ext. : enlèvement, rapt, ravissement (vx), séquestration, violence, voie de fait

**kif** n. m. haschisch → **drogue**

**kilomètre** n. m. fam. : borne

**kinésithérapeute** n. m. ou f. masseur, physiothérapeute, soigneur

**kiosque** n. m. 1 belvédère, gloriette 2 → **édicule** 3 → **pavillon**

**kipper** n. m. → **hareng**

**kit** n. m. off. : prêt-à-monter

**kitchenette** n. f. coin cuisine, cuisine, cuisinette (off.), office, petite cuisine

**kitsch** à / de papa, baroque, hétéroclite, pompier, rétro

**kiwi** n. m. aptéryx, oiseau coureur

**klaxon** n. m. avertisseur, signal sonore, trompe

**kleptomane** n. m. ou f. → **voleur**

**knock-out** n. m. assommé, étendu pour le compte, évanoui, groggy (par ext.), hors de combat, inconscient, K.-O

**knout** n. m. bastonnade, fouet, verges

**koala** n. m. → **marsupiaux**

**kobold** et **korrigan** n. m. → **génie**

**krach** n. m. 1 au pr. : déconfiture, dépôt de bilan, faillite 2 par ext. : banqueroute, chute, crise, culbute, débâcle, échec, fiasco, liquidation, marasme, ruine

**krak** n. m. bastide, château, citadelle, crac, ensemble fortifié, fort, forteresse, fortification, ouvrage fortifié, place forte

**kyrielle** n. f. → **suite**

**kyste** n. m. corps étranger, grosseur, induration, ulcération → **abcès**

# L

**là** à cet endroit, à cette place, en ce lieu, ici

**label** n. m. → **marque**

**labeur** n. m. activité, besogne, corvée, occupation, ouvrage, peine, tâche, travail

**labile** changeant, débile, déconcertant, faible, fragile, frêle, glissant, insaisissable, instable, périssable, piètre, précaire

**laboratoire** n. m. arrière-boutique, atelier, cabinet, officine

**laborieux, euse** [1] → **difficile** [2] → **pénible** [3] → **travailleur**

**labour** n. m. [1] au pr. : billonnage, défonçage, façon, labourage, retroussage, scarifiage, versement (vx) [2] par ext. **a** → **champ b** → **terre**

**labourer** [1] au pr. : décavaillonner, défoncer, façonner, fouiller, ouvrir, quartager, remuer, retercer, retourner, scarifier, travailler, verser (vx) [2] fig. → **déchirer**

**laboureur** n. m. → **agriculteur, paysan**

**labyrinthe** n. m. [1] au pr. : dédale, lacis, méandre, réseau [2] fig. : complication, confusion, détour, écheveau, enchevêtrement, maquis, multiplicité, sinuosité

**lac** n. m. bassin, chott, étang, gour, lagune, loch, marais, mare, pièce d'eau, réservoir

**lacer** attacher, ficeler, fixer, nouer, serrer

**lacération** n. f. déchiquetage, déchirement, destruction, dilacération, division, mise en lambeaux / morceaux / pièces

**lacérer** → **déchirer**

**lacet** n. m. [1] → **corde** [2] → **filet**

**lâchage** n. m. → **abandon**

**lâche** [1] capon, couard, défaitiste, embusqué, froussard, lâcheur, pied-plat, pleutre, poltron, poule mouillée, pusillanime, rampant, timide, tremblant, trouillard, veule → **peureux, vil** [2] fam. : capitulard, cerf, chevreuil, chiffe, couille-molle, dégonflé, demi-sel, enfoiré, fausse-couche, foireux, jean-fesse / foutre, gonzesse, lavette, lopette, paillasson, salope [3] une chose : débandé, desserré, détendu, flottant, relâché → **souple**

**lâcher** [1] au pr. **a** assouplir, débander, décompresser, décomprimer, déraidir, desserrer, détacher, détendre, filer, laisser aller, relâcher **b** droper, larguer, parachuter [2] par ext. **a** → **dire b** → **accorder c** → **abandonner d** → **quitter e** → **distancer** [3] **lâcher pied** → **reculer**

**lâcheté** n. f. [1] couardise, faiblesse, foire, frousse, mollesse, moutonnerie, poltronnerie, pusillanimité, trouille, veulerie → **peur** [2] → **bassesse**

**lacis** n. m. [1] → **labyrinthe** [2] → **réseau**

**laconique** [1] → **court** [2] → **bref**

**laconisme** n. m. → **concision**

**lacs** n. m. pl. → **filet**

**lacunaire** → **imparfait**

**lacune** n. f. [1] déficience, desiderata, ignorance, insuffisance, manque, omission, oubli, suppression [2] espace, fente, fissure, hiatus, interruption, méat, solution de continuité, trou

**ladre** [1] → **avare** [2] → **lépreux**

**ladrerie** n. f. [1] au pr. : lazaret, léproserie, maladrerie [2] → **avarice**

**lagune** n. f. liman, moere → **étang**

**lai** n. m. → **poème**

**lai, e** convers, servant

**laïc, que** [1] agnostique, indépendant, neutre, séculier → **laïque** [2] → **civil**

**laîche** n. f. carex

**laïcité** n. f. agnosticisme, neutralité, pluralisme, tolérance

**laid, e** [1] quelque chose. **a** abominable, affreux, atroce, dégoûtant, déplaisant, désagréable, disgracieux, effrayant, effroyable, hideux, horrible, ignoble, immettable, importable, inesthétique, informe, moche (fam.), monstrueux, repoussant, vilain **b** bas, déshonnête, immoral, indigne, malhonnête, malséant, mauvais, obscène, répugnant, sale, vil [2] quelqu'un : défiguré, déformé, difforme, disgracié, disgracieux, enlaidi, hideux, inélégant, ingrat, mal bâti / fait / fichu / foutu [3] fam. : blèche, dégueu, dégueulasse, merdique, mochard, moche, ringard, tard d'époque, tarte, toc, tocard

**laideron** n. m. guenon, maritorne, mocheté, monstre, remède à l'amour → **virago**

**laideur** n. f. [1] aspect / corps / visage ingrat, difformité, disgrâce, hideur, mocheté [2] horreur, monstruosité, obscénité, saleté, vilenie → **bassesse**

**laie** n. f. [1] → **sanglier** [2] → **allée**

**lainage** n. m. [1] beige, blanchet, cachemire, casimir, cheviotte, crêpe, drap, étamine, flanelle, fil-à-fil, gabardine, granité, jersey, lasting, loden, mérinos, mousseline, napolitaine, ras, ratine, reps, tweed, velours ♦ vx : bort, bure, bureau, cadis, droguet, escot, frise, picote, prunelle [2] → **chandail** [3] feutre, molleton, tartan

**laine** n. f. agneline, alpaga, carmeline, cheviotte, mérinos, mohair, riflard, vigogne → **poil**

**laineux, euse** [1] doux, duveteux, épais, isolant [2] lanice (vx), lanugineux [3] par ext. : poilu, velouté

**laïque** ou **laïc** n. m. agnostique, convers, indépendant, lai, neutre, profane, séculier

**laisse** n. f. [1] → **attache** [2] → **alluvion**

**laisser** [1] → **abandonner** [2] → **quitter** [3] → **confier** [4] → **transmettre** [5] → **aliéner** [6] → **souffrir** [7] **ne pas laisser de** → **continuer**

**laisser-aller** n. m. négligence → **abandon**

**laissez-passer** n. m. coupe-file, navicert (mar.), passavant, passe-debout, passeport, permis, sauf-conduit, visa

**laiteux, euse** → **blanc**

**laitier, ère** crémier

**laiton** n. m. archal

**laïus** n. m. → **discours**

**lallation** n. f. → **babillage**

**lama** n. m. [1] → **religieux** [2] alpaga, guanaco, vigogne

**lamarckisme** n. m. → **évolutionnisme**

**lambeau** n. m. → **morceau**

**lambin, e** → **lent**

**lambiner** → **traîner**

**lame** n. f. [1] éclisse, feuille, feuillet, lamelle, morceau, plaque [2] baleine de corset, busc [3] → **épée** [4] → **vague** [5] **fine lame** → **ferrailleur**

**lamé** n. m. → **tissu**

**lamelle** n. f. → **lame**

**lamellé, e** lamelliforme, laminaire → **strié**

**lamellibranche** n. m. [1] vx : [2] anodonte ou moule d'étang, anomie ou estafette, aspergille, isocarde, lime ou limette, mulette, palourde, pecten ou peigne ou coquille Saint-Jacques, pétoncle ou amande de mer, pholade, pinne, praire, solen ou couteau, spondyle, taret, tridacne ou bénitier, vénéricarde, vénus ou clovisse [3] → **huître** [4] → **moule**

**lamentable** → **pitoyable**

**lamentation** n. f. → **gémissement**

**lamenter (se)** → **gémir**

**lamento** n. m. [1] → **air** [2] → **plainte**

**lamie** n. f. [1] → **monstre** [2] → **poisson**

**laminage** n. m. aplatissage, aplatissement, compression, écrasement, écrouissage, étirage

**laminaire** [1] n.f. → **algue** [2] adj. → **lamellé**

**laminer** aplatir, étirer, réduire → **user**

**laminoir** n. m. étireuse, presse

**lampadaire** n. m. bec de gaz, réverbère → **lampe**

**lamparo** n. m. → **lampe**

**lampas** n. m. [1] luette → **gosier** [2] → **soie**

**lampe** n. f. [1] carcel, fumeron, lampadaire, lamparo, luminaire, (lampe) pigeon, photophore, projecteur, spot, veilleuse, verrine (mar.) → **lanterne** [2] arg. : camoufle, loupiote, pétoche

**lampée** n. f. → **gorgée**

**lamper** → **boire**

**lampion** n. m. → **lanterne**

**lampiste** n. m. → **subordonné**

**lamproie** n. f. → **poisson**

**lampyre** n. m. ver luisant

**lance** n. f. angon, dard, épieu, framée, guisarme, hallebarde, javeline, javelot, pertuisane, pique, sagaie, sarisse, vouge

**lancée** n. f. → **élan**

**lancement** n. m. [1] envoi, tir → **jet** [2] → **publication**

**lancer** [1] au pr. : catapulter, darder, lâcher, larguer, poquer, projeter → **jeter** ♦ vx : forjeter [2] par ext. **a** bombarder, déclencher, décocher, émettre, envoyer, exhaler, faire partir, répandre **b** → **introduire c** → **éditer** [3] v. pron. → **élancer (s')**

**lancer** n. m. → **jet**

**lancinant, e** [1] → **piquant** [2] → **ennuyeux**

**lanciner** → **tourmenter**

**lançon** n. m. → **poisson**

**landau** n. m. → **voiture**

**lande** n. f. brande, brousse, friche, garrigue, gâtine, jachère, maquis

**langage** n. m. [1] → **langue** [2] algol, cobol, fortran

**lange** n. m. → **couche**

**langoureux, euse** alangui, alanguissant, amoureux, doucereux, languide, languissant, mourant, sentimental ♦ vx : traînant

**langue** n. f. [1] adstrat, argot, dialecte, expression, idiolecte, idiome, langage, parler, patois, sabir, substrat, superstrat, vocabulaire → **jargon** ♦ sourds-muets : dactylologie [2] arg. : menteuse, platine (vx) [3] langue internationale : espéranto, volapük [4] **avoir la langue bien pendue :** bien affilée

**langueur** n. f. abattement, accablement, adynamie, affaiblissement, alanguissement, anéantissement, anémie, apathie, assoupissement, atonie, consomption, découragement, dépérissement, dépression, ennui, épuisement, étiolement, étisie, exhaustion, faiblesse, hypotonie, inactivité, inanition, indolence, léthargie, marasme, mollesse, morbidesse, nonchalance, paresse, prostration, somnolence, stagnation, torpeur

**languide** → **langoureux**

**languir** [1] au pr. : s'en aller, décliner, dépérir, dessécher, s'étioler [2] par ext. **a** → **attendre b** → **souffrir c** stagner, traîner, végéter

**languissant, e** [1] → **langoureux** [2] → **fade**

**lanière** n. f. → **courroie**

**lanterne** n. f. [1] au pr. **a** falot, fanal, feu, lamparo, lumière, phare, pharillon, réverbère → **lampe b** lampion, loupiote, lumignon, veilleuse [2] par ext. → **refrain**

**lanterner** [1] v. tr. → **tromper** [2] v. intr. **a** → **retarder b** → **traîner**

**lapalissade** n. f. → **vérité**

**laper** → **boire**

**lapidaire** → **court**

**lapider** [1] → **tuer** [2] → **vilipender**

**lapin, e** [1] cul-blanc [2] poser un lapin : faire faux bond

**lapon, ne** esquimau

**laps** [1] n.m. : → **espace** [2] adj. (vx) → **infidèle**

**lapsus** n. m. contrepèterie, coq-à-l'âne, cuir, erreur, faute, impropriété, janotisme, liaison-mal-t-à-propos, mastic, pataquès, perle, périssologie, valise, velours → **distraction**

**laquais** n. m. → **serviteur**

**laque** n. f. → **résine**

**laquer** → **peindre**

**larbin** n. m. [1] → **servile** [2] → **serviteur**

**larcin** n. m. → **vol**

**lard** n. m. couenne, crépine, graillon (péj.), lardon, panne

**larder** [1] → **percer** [2] → **emplir** [3] → **railler**

**lardoire** n. f. → **broche**

**lardon** n. m. [1] → **lard** [2] → **enfant**

**lare** n. m. → **pénates**

**largage** n. m. droppage, lâcher, parachutage → **abandon**

**large** [1] adj. **a** → **grand b** → **ample c** → **général d** → **indulgent e** → **généreux** [2] n.m. **a** → **mer b** → **largeur** [3] **gagner / prendre le large** → **partir**

**largement** → **beaucoup**

**largesse** n. f. [1] → **générosité** [2] → **don**

**largeur** n. f. [1] au pr. : ampleur, calibre, carrure, diamètre, dimension, empan, envergure, étendue, évasure, grandeur, grosseur, laize, large, lé, module, portée, voie [2] par ext. : indulgence, largesse, libéralisme, libéralité, ouverture d'esprit

**larguer** [1] → **lâcher** [2] → **renvoyer**

**larme** n. f. [1] eau (vx), gémissement, goutte, larmoiement, perle, pleur, pleurnichement, pleurnicherie, sanglot [2] chagrin, émotion, mal, souffrance

**larmoyant, e** → **émouvant**

**larmoyer** → **pleurer**

**larron** n. m. → **voleur**

**larve** n. f. [1] fig. → **fantoche** [2] → **ruine**

**larvé, e** → **manqué**

**las, se** → **fatigué**

**lascar** n. m. → **gaillard**

**lascif, ive** [1] amoureux, caressant, charnel, chaud, concupiscent, doux, érotique, folâtre, gamin, jouissif, léger, leste, libertin, polisson, sensuel, suave, voluptueux ◆ arg. : baiseur, bourrin, sabreur [2] par ext. et péj. : concupiscent, débauché, immodeste, impudique, impur, indécent, libidineux, licencieux, lubrique, luxurieux, paillard, porno, pornographique, salace, vicelard → **obscène**

**lasciveté** ou **lascivité** n. f. [1] chaleur, commerce charnel, concupiscence, dolce vita, érotisme, libertinage, polissonnerie, sensualité, suavité, volupté [2] par ext. et péj. : débauche, fornication, gâterie, immodestie, impudicité, impureté, indécence, licence, lubricité, luxure, paillardise, pornographie, salacité

**lasser** [1] → **fatiguer** [2] → **ennuyer** [3] v. pron. → **décourager (se)**

**lassitude** n. f. [1] → **abattement** [2] → **fatigue** [3] → **ennui** [4] → **découragement**

**latence** n. f. → **arrêt**

**latent, e** → **secret**

**latitude** n. f. → **liberté**

**latitudinaire** n. et adj. [1] → **indulgent** [2] → **faible**

**latomies** n. f. pl. → **prison**

**latrie** n. f. → **culte**

**latrines** → **water-closet**

**latte** n. f. [1] claquet → **planche** [2] → **sabre**

**lattis** n. m. garniture → **clôture**

**laudateur, trice** → **louangeur**

**laudatif, ive** → **élogieux**

**laudes** n. f. pl. → **prière**

**laure** n. f. → **cloître**

**lauréat, e** → **vainqueur**

**lauriers** n. m. pl. → **gloire**

**lavabo** n. m. [1] aiguière, aquamanile, fontaine, lave-mains [2] → **water-closet**

**lavage** n. m. ablution, bain, blanchiment, blanchissage, décantage, décantation, dégorgement, douche, lavement, lavure, lessive, lixiviation, nettoyage, purification, purgation

**lavande** n. f. aspic, lavandin, spic

**lavandière** n. f. → **laveuse**

**lavement** n. m. [1] irrigation, remède [2] vx : bouillon pointu, médecine [3] par ext. : bock, clystère, poire (à lavement) [4] → **lavage**

**laver** [1] au pr. : baigner, blanchir, débarbouiller, décrasser, décrotter, dégraisser, détacher, déterger, doucher, essanger, étuver, frotter, guéer, lessiver, lotionner, nettoyer, purifier, récurer, rincer ◆ vx : fringuer [2] par ext. a → **effacer** b → **excuser**

**lavette** n. f. → **incapable**

**laveuse** n. f. blanchisseuse, buandière, lavandière

**lavoir** n. m. → **buanderie**

**laxatif, ive** n. et adj. → **purge**

**laxisme** n. m. [1] → **indulgence** [2] → **faiblesse**

**laxiste** [1] → **indulgent** [2] → **faible**

**layette** n. f. bonneterie, linge, trousseau

**layon** n. m. → **sentier**

**lazaret** n. m. → **ladrerie**

**lazzi** n. m. → **plaisanterie**

**lé** n. m. → **largeur**

**leader** n. m. [1] → **chef** [2] → **article**

**leadership** décision, direction, hégémonie, initiative, tête

**leasing** n. m. écon. off. : crédit-bail, location-vente

**lèche** n. f. → **flatterie**

**lèche-cul** et **lécheur, euse** → **flatteur**

**lécher** [1] licher, pourlécher, sucer [2] par ext. a → **caresser** b → **flatter** c → **parfaire**

**leçon** n. f. [1] au pr. : classe, conférence, cours, enseignement, instruction [2] par ext. a → **avertissement** b → **texte**

**lecteur, trice** [1] liseur [2] pick-up

**lecture** n. f. déchiffrage, déchiffrement, décryptage, dépouillement, reconnaissance

**légal, e** → **permis**

**légalement** dans les formes / l'ordre / les règles, légitimement, licitement, réglementairement, régulièrement, selon les lois / les mœurs / les normes

**légaliser** → **confirmer**

**légalisme** n. m. à cheval (sur la loi / le règlement), formalisme, juridisme, rigorisme

**légaliste** n. et adj. → **formaliste**

**légalité** n. f. → **régularité**

**légat** n. m. nonce, prélat, vicaire apostolique → **ambassadeur**

**légataire** n. m. et f. → **héritier**

**légation** n. f. → **mission**

**légendaire** → **illustre**

**légende** n. f. [1] conte, cosmogonie, fable, folklore, histoire, mythe, mythologie, saga, théogonie, tradition [2] → **inscription**

**léger, ère** [1] aérien, allégé, arachnéen, délesté, dépouillé, éthéré, gracile, grêle, impalpable, impondérable, menu, mince, petit, subtil, superficiel, vaporeux, vif, volatil [2] → **dispos** [3] → **délicat** [4] → **insignifiant** [5] → **changeant** [6] → **libre** [7] → **frivole** [8] → **galant** [9] → **digeste** [10] → **vide**

**légèrement** [1] à la légère, inconsidérément, sommairement, superficiellement ◆ vx : à la venvole [2] frugalement, sobrement [3] délicatement, doucement, en douceur, imperceptiblement

**légèreté** n. f. [1] → **souplesse** [2] → **grâce** [3] → **insouciance** [4] → **faiblesse** [5] → **vivacité**

**légiférer** administrer, arrêter, codifier, décréter, édicter, faire des lois, mettre en place, ordonner, prescrire, régler, réglementer

**légion** n. f. [1] → **troupe** [2] → **multitude**

**légionnaire** n. m. → **soldat**

**législateur** n. m. → **légiste**

**législation** n. f. droit, loi, parlement, textes

**législature** n. f. mandat, mission

**légiste** n. m. conseiller, député, homme de loi, jurisconsulte, juriste, législateur, nomographe

**légitime** [1] adj. → **permis** [2] → **juste** [3] n. a → **époux** b → **épouse**

**légitimement** → **légalement**

**légitimer** [1] → **permettre** [2] → **excuser**

**légitimiste** n. et adj. → **royaliste**

**légitimité** n. f. → **bien-fondé**

**legs** n. m. → **don**

**léguer** → **transmettre**

**légume** n. m. racinage (vx), verdure

**leitmotiv** n. m. [1] → **thème** [2] → **refrain**

**lémure** n. m. → **spectre**

**lendemain** n. m. → **avenir**

**lénifiant, e** et **lénitif, ive** → **calmant**

**lénifier** → **adoucir**

**lent, e** [1] alangui, apathique, appesanti, arriéré, balourd, calme, difficile, endormi, engourdi, épais, flâneur, flegmatique, flemmard, gnangnan (fam.), indécis, indolent, inerte, irrésolu, lambin, long, lourd, lourdaud, mollasse, mou, musard, nonchalant, paresseux, pataud, pénible, pesant, posé, retardataire, retardé, somnolent, stagnant, tardif, tardigrade, temporisateur, traînant, traînard, tranquille [2] → **progressif**

**lente** n. f. → **œuf**

**lentement** doucement, insensiblement, mollo (fam.), piano, tranquillement

**lenteur** n. f. [1] → **retard** [2] → **prudence** [3] → **paresse** [4] → **stupidité**

**lentille** n. f. [1] → **loupe** [2] par ext. : ers, gesse, jarosse, orobe, pois de senteur, vesce

**léonin, e** → **abusif**

**lèpre** n. f. → **maladie**

**lépreux, euse** [1] ladre, malade [2] dartreux, galeux, scrofuleux [3] décrépit, ruiné

**léproserie** n. f. → **ladrerie**

**lérot** n. m. → **rongeur**

**lesbienne** n. f. [1] homosexuelle, invertie [2] litt. : tribade (péj.) [3] arg. et grossier : gouine

**léser** [1] → **blesser** [2] → **nuire**

**lésine** n. f. → **avarice**

**lésiner** → **économiser**

**lésion** n. f. [1] → **dommage** [2] → **blessure**

**lessive** n. f. [1] → **purification** [2] → **lavage**

**lessiver** → **laver**

**lessiveuse** n. f. souillarde (rég.) → **baquet**

**lest** n. m. → **charge**

**leste** [1] → **dispos** [2] → **impoli** [3] → **libre**

**lestement** → **vite**

**lester** → **pourvoir**

**létal, e** → **mortel**

**léthargie** n. f. [1] → **sommeil** [2] → **torpeur**

**lettre** n. f. [1] aérogramme, billet, carte, carte-lettre / postale, correspondance, courrier, dépêche, deux / quelques lignes, épître, message, missive, mot, pli, pneu [2] relig. : bref, bulle, dimissoire, encyclique, mandement, monitoire, rescrit [3] partic. → **forme** [4] fam. : babillarde, bafouille, billet doux, poulet, tartine [5] → **caractère** [6] a **à la lettre :** au mot, littéralement, mot à mot b **homme de lettres** → **écrivain** [7] au pl. a → **correspondance** b → **littérature** c → **savoir**

**lettré, e** adj. et n. → **savant**

**lettrine** n. f. → **majuscule**

**leurre** n. m. amorce, appât, appeau, dandinette, nichet, tromperie → **aiche**

**leurrer** → **tromper**

**levain** n. m. → **ferment**

**levant** n. m. → **orient**

**levée** n. f. → **digue**

**lever** [1] au pr. : dresser, élever, enlever, haler, hausser, hisser, monter, redresser, relever, retrousser ◆ mar. : apiquer, guinder, trévirer [2] par ext. a → **tirer** b → **retrancher** c → **percevoir** d → **abolir** [3] v. intr. → **fermenter** [4] v. pron. : s'éveiller, faire surface (fam.), sauter du lit [5] a **lever des troupes** → **enrôler** b **lever le pied** → **enfuir (s')**

**levier** n. m. barre à mine, commande, davier, louve, manette, pédale, pied-de-biche, pince-monseigneur

**lèvre** n. f. [1] au pr. : babines, badigoinces (fam.), ballots (arg.), labre, lippe [2] par ext. → **bord** [3] **petites lèvres :** → **nymphe**

**lévrier** n. m. levrette, levron

**levure** n. f. → **ferment**

**lexique** n. m. → **dictionnaire**

**lézard** n. m. → **saurien**

**lézarde** n. f. → **fente**

**lézarder** [1] crevasser, disjoindre, fendre [2] → **paresser**

**liaison** n. f. [1] au pr. : accointance, acoquinement (péj.), affinité, alliance, association, attache, cohérence, cohésion, communication, connexion, connexité, contact, convenance, filiation, lien, rapport, union [2] par ext. a → **relation** b → **transition** c mus. : coulé

**liant, e** → **sociable**

**liasse** n. f. → **tas**

**libation** n. f. → **beuverie**

**libelle** n. m. brochure, diatribe, épigramme, factum, invective, pamphlet, placard, satire ◆ vx : bluette, calotte, pasquin, pasquinade

**libellé** → **texte**

**libeller** → **écrire**

**libellule** n. f. æschne, agrion, demoiselle

**libéral, e** [1] libre-échangiste, non directif [2] → **démocrate** [3] → **généreux**

**libéralement** abondamment, beaucoup, largement

**libéralité** n. f. [1] → **générosité** [2] → **don**

**libérateur, trice** n. et adj. défenseur, émancipateur, protecteur, rédempteur, sauveur

**libération** n. f. [1] affranchissement, délivrance, désaliénation, émancipation [2] rachat, rédemption [3] débridement, défoulement [4] dégagement, désobstruction, évacuation, ouverture [5] élargissement, levée d'écrou, relaxation → **amnistie** [6] milit. : démobilisation, quille (fam.), renvoi dans les foyers

**libérer** [1] affranchir, débloquer, décharger, défaire de, défouler, dégager, délier, délivrer, dépêtrer, déprendre, désenchaîner, déshypothéquer, détacher, dételer, élargir, émanciper, évacuer, racheter, rédimer, relâcher, relaxer, relever, soustraire à, tenir quitte ◆ vx : quitter de [2] débarrasser, décomplexer, décontracter, défouler, désinhiber, désopiler [3] → **abandonner** [4] v. pron. : dénoncer, prendre la tangente (fam.), rompre, secouer le joug, tirer son épingle du jeu

**libertaire** n. et adj. anarchiste, citoyen du monde, libertin (vx)

**liberté** n. f. [1] autonomie, disponibilité, franchise, indépendance [2] choix, droit, faculté, latitude, libre arbitre, licence, impunité (par ext.), permission, pouvoir → **possibilité** [3] → **abandon** [4] → **libération** [5] → **intimité** [6] → **désinvolture**

**libertin, e** n. et adj. 1 → **incroyant** 2 → **libre** 3 par ext. a neutre : épicurien, esthète, sybarite, voluptueux b non fav. → **débauché**

**libertinage** n. m. → **débauche**

**libidineux, euse** → **lascif**

**libido** n. f. → **sexualité**

**libraire** n. m. ou f. bouquiniste (par ext.), éditeur (vx)

**librairie** n. f. → **bibliothèque**

**libre** 1 au pr. : a affranchi, aisé, autonome, déboutonné (fam.), décontracté, dégagé, délié, disponible, émancipé, exempt, franc, incontrôlable, indépendant, laïque, sans-parti, souverain b marginal, non conformiste, non conventionnel, underground 2 par ext. a cavalier, coquin, corsé, cru, décolleté, dégourdi, dessalé, égrillard, épicé, familier, folichon, gai, gaillard, gaulois, graveleux, grivois, grossier, guilleret, hardi, inconvenant, léger, leste, libertin, licencieux, obscène, osé, polisson, poivré, rabelaisien, raide, scabreux, vert b → **dégagé** c → **vacant** d → **familier** e → **facultatif** 3 a **libre penseur** → **humaniste, incroyant** b **libre-échange :** libéralisme

**librement** → **volontairement**

**libre-service** n. m. drugstore, grande surface, hypermarché, self-service, supérette, supermarché

**librettiste** n. m. ou f. parolier

**lice** n. f. 1 arène, carrière, champ clos / de bataille, cirque, stade 2 → **chien**

**licence** n. f. 1 → **liberté** 2 → **permission** 3 → **faiblesse**

**licenciement** n. m. congédiement, dégraissage (fam. et péj.), départ, destitution, lock-out, mise au chômage / à la porte, renvoi, révocation

**licencier** → **congédier**

**licencieux, euse** → **libre**

**licher** v. tr. et intr. 1 → **lécher** 2 → **boire**

**licite** → **permis**

**licitement** → **légalement**

**lie** n. f. 1 → **sédiment** 2 → **rebut**

**lien** n. m. 1 → **attache** 2 → **liaison** 3 au pl. → **prison**

**lier** 1 → **attacher** 2 → **joindre** 3 → **obliger**

**liesse** n. f. → **gaieté**

**lieu** n. m. 1 au pr. a canton, coin, emplacement, endroit, localité, parage, part, place, point, position, poste, séjour, site, situation, terrain, théâtre b matière, objet, occasion, sujet c → **gade** 2 par ext. → **pays** 3 a **avoir lieu** → **produire (se)** b **donner lieu** → **occasionner** c **il y a lieu** → **falloir** d **tenir lieu** → **remplacer** e **lieu commun :** bateau, topique → **poncif** f **lieux d'aisances** → **water-closet**

**lieutenant** n. m. → **adjoint**

**lièvre** n. m. hase, levraut

**lifting** n. m. méd. off. : déridage, lissage, remodelage fam. : ravalement de façade

**ligament** n. m. attache, byssus, tendon

**ligature** n. f. → **attache**

**ligaturer** → **attacher**

**lignage** n. m. 1 → **race** 2 → **parenté**

**ligne** n. f. 1 au pr. : barre, droite, hachure, raie, rayure, segment, strie, trait 2 par ext. a contour, délinéament, galbe, linéament, livet (mar.), modénature, port, profil, silhouette, tracé, trait b techn. : cordeau, simbleau c → **forme** d → **chemin** e au pl. front, théâtre d'opérations f chemin de fer, voie ferrée g pêche : palangre, vermille h → **lignée** i → **direction** j → **orthodoxie**

**lignée** n. f. descendance, dynastie, famille, généalogie, lignage, ligne, maison, race, sang, souche, suite, tronc

**ligoter** → **attacher**

**ligue** n. f. 1 → **parti** 2 → **intrigue** 3 → **alliance**

**liguer** → **unir**

**ligueur, euse** → **conspirateur**

**lilliputien, ne** n. et adj. → **nain**

**limace** n. f. 1 → **limaçon** 2 arg. → **chemise**

**limaçon** n. m. 1 colimaçon, limace, loche → **gastéropode** 2 escargot ◆ rég. : cagouille

**limbe** n. m. 1 au sing. → **bord** 2 au pl. → **enfer**

**lime** n. f. 1 aiguisoir, demi-ronde, fusil, queue-de-rat, râpe, riflard, tiers-point 2 → **citron**

**limer** 1 → **parfaire** 2 → **revoir**

**limier** n. m. → **policier**

**liminaire** n. et adj. → **initial**

**limitatif, ive** → **imparfait**

**limitation** n. f. 1 numerus clausus → **réduction** 2 finitude

**limite** n. f. 1 borne, bout, confins, démarcation, extrémité, fin, finage (rég.), finitude (philos.), ligne, marche, orée, point de non-retour, terme → **frontière** 2 **à la limite** → **finalement**

**limité, e** borné, discontinu, épuisable, étroit, fini, localisé, modeste, réduit, temporaire, temporel

**limiter** 1 arrêter, borner, cadastrer, cantonner, circonscrire, contingenter, délimiter, démarquer, localiser, plafonner, réduire, restreindre 2 → **économiser** 3 v. pron. : se contenter de, s'en tenir à

**limitrophe** → **prochain**

**limogeage** défaveur, déplacement, destitution, disgrâce, éloignement, mise à la retraite / au rancart / sur la touche, mutation

**limoger** → **destituer**

**limon** n. m. 1 alluvion, boue, bourbe, fange, glèbe, lœss, schorre, terre, tourbe, vase 2 → **citron**

**limonade** n. f. citronnade, diabolo, soda

**limonadier, ière** → **cabaretier**

**limpide** 1 → **transparent** 2 → **clair** 3 → **intelligible** 4 → **pur**

**limpidité** n. f. 1 → **clarté** 2 → **pureté**

**linceul** n. m. drap, linge, suaire, voile

**linéament** n. m. 1 → **ligne** 2 → **ébauche**

**linge** et **lingerie** n. m., n.f. dessous, trousseau → **culotte**

**linguistique** n. f. principales spécialités : anthroponymie, dialectologie, didactique des langues, étymologie, grammaire comparative / descriptive / distributionnelle / fonctionnelle / générale / générative / historique / logique / normative, lexicographie, lexicologie, morphologie, onomasiologie, onomastique, philologie, phonétique, phonologie, science du langage, sémantique, sémasiologie, sémiotique, stylistique, syntactique, syntagmatique, syntaxe, tonétique, toponymie

**liniment** n. m. → **pommade**

**linon** n. m. batiste, fil, lin, toile

**linotte** n. f. → **étourdi**

**linteau** n. m. architrave, poitrail, sommier

**lippe** n. f. 1 → **lèvre** 2 → **grimace**

**liquéfaction** n. f. → **fusion**

**liquéfier** → **fondre**

**liqueur** n. f. 1 alcool, boisson, digestif, ratafia, spiritueux 2 anisette, arak, bénédictine, cassis, chartreuse, curaçao, kummel, marasquin, menthe, mirabelle, ouzo, prunelle, raki, rossolis, verveine *et les appellations par les noms de fruits ou plantes et de marques déposées.*

**liquidation** n. f. 1 → **vente** 2 → **faillite** 3 → **suppression**

**liquide** 1 adj. → **fluide** 2 n.m. a boisson b humeur, liqueur 3 → **jus**

**liquider** 1 → **vendre** 2 → **détruire**

**liquidités** n. f. pl. → **argent**

**liquoreux, euse** → **doux**

**lire** 1 déchiffrer, épeler 2 bouquiner, dévorer, dépouiller, feuilleter, ligoter (arg.), parcourir 3 deviner, expliquer → **découvrir**

**liséré** n. m. → **lisière**

**liseron** n. m. belle-de-jour, convolvulus, ipomée, renouée, salsepareille, soldanelle, traînasse, volubilis, vrillée

**liseur, euse** → **lecteur**

**lisible** clair, compréhensible, déchiffrable, intelligible

**lisière** n. f. 1 bande, bord, bordure, extrémité, liséré 2 → **limite**

**lisse** 1 adj. : doux, égal, glabre, glacé, laqué, lustré, plat, poli, satiné, uni, verni 2 n.f. → **barrière**

**lisser** → **polir**

**liste** n. f. bordereau, cadre, canon, catalogue, cédule, dénombrement, énumération, état, index, inventaire, kyrielle, martyrologe, mémoire, nomenclature, paradigme, pense-bête (fam.), relevé, répertoire, rôle, série, suite, tableau

**lister** → **imprimer**

**lit** n. m. 1 au pr. : couche, couchette, couette, divan, grabat (péj.), hamac 2 fam. : bâche, banc, dodo, carrée, châlit, foutoir, goberge, paddock, page, pageot, pagne, pieu, plumard, plume, portefeuille, pucier, toiles 3 par ext. a → **canal** b → **couche** c → **mariage**

**litanie** n. f. 1 → **prière** 2 → **dénombrement**

**liteau** n. m. listel, moulure, tasseau

**litho** ou **lithographie** n. f. → **image**

**litière** n. f. brancard, chaise à porteurs, civière, filanzane, palanquin

**litige** n. m. → **contestation**

**litigieux, euse** → **incertain**

**litote** n. f. antiphrase, atténuation, diminution, euphémisme

**litre** n. m. → **bouteille**

**littéraire** par ext. → **artificiel**

**littéral, e** → **exact**

**littéralement** à la lettre, au pied de la lettre, exactement, fidèlement, mot à mot, précisément

**littérateur** n. m. → **écrivain**

**littérature** n. f. art d'écrire, belles-lettres, édition, expression / production littéraire, poésie, prose, roman, théâtre

**littoral** n. m. → **bord**

**liturgie** n. f. 1 célébration, cérémonial, culte, rit, rite, rituel, service divin / religieux 2 par ext. : psychodrame, sociodrame

**livide** → **pâle**

**living-room** n. m. off. : salle de séjour

**livraison** n. f. 1 arrivage, factage, port → **transport** 2 → **livre**

**livre** n. m. 1 album, atlas, bouquin, brochure, écrit, elzévir, fascicule, grimoire (péj.), imprimé, incunable, livraison, livret, manuel, opuscule, ouvrage, plaquette, publication, recueil, registre, tome, usuel → **volume** 2 best-seller, must → **succès** 3 → **paroissien** 4 → **libelle**

**livrée** n. f. 1 → **vêtement** 2 → **marque**

**livrer** 1 abandonner, céder, confier, délivrer, engager, extrader, lâcher, porter, remettre, rendre, trahir → **donner** 2 pron. : s'adonner

**livret** n. m. 1 → **cahier** 2 → **livre**

**livreur, euse** → **porteur**

**loader** tr. pub. off. : chargeuse

**lobby** n. m. off. : groupe de pression

**local** 1 n.m. → **bâtiment** 2 adj. : folklorique, particulier, provincial, régional, spécifique, typique

**localisation** n. f. 1 → **situation** 2 → **reconnaissance**

**localiser** → **limiter**

**localité** n. f. → **agglomération**

**locataire** n. m. ou f. fermier, preneur

**location** n. f. 1 → **fermage** 2 → **leasing** 3 → **réservation** 4 spat.(angl.) off. : localisation

**loch** n. m. 1 compteur d'allure / de vitesse 2 → **lac**

**lock-out** n. m. → **licenciement**

**locomotion** n. f. déplacement, transport

**locomotive** ou **loco** n. f. 1 automotrice, coucou, locomotrice, locotracteur, machine, motrice 2 → **artiste**

**locution** n. f. → **expression**

**loge** n. f. 1 box, cage, logette, stalle 2 → **cabane** 3 → **établissement** 4 → **cellule** 5 → **pièce** 6 **loge maçonnique :** atelier, carré long, temple 7 conciergerie

**logeable** 1 → **commode** 2 → **vaste**

**logement** n. m. 1 au pr. a appartement, demeure, domicile, garçonnière, gîte, habitacle (vx), habitation, loft, logis, maison, pénates, pied-à-terre, résidence, séjour, studio → **chambre** b cantonnement, casernement, hébergement 2 par ext. a habitat, urbanisme b → **cabane**

**loger** 1 v. intr. → **demeurer** 2 v. tr. → **placer**

**logeur, euse** → **hôte**

**logiciel** n. m. 1 → **programme** 2 → **informatique**

**logique** 1 n.f. a bon sens, dialectique, logistique, raison, raisonnement, sens commun b → **nécessité** 2 adj. : cartésien, cohérent, conséquent, déductif, démonstratif, discursif, exact, géométrique, inductif, judicieux, juste, méthodique, naturel, nécessaire, raisonnable, rationnel, scientifique, serré, suivi, systématique, vrai

**logis** n. m. 1 → **maison** 2 → **hôtel**

**logogriphe** n. m. 1 → **énigme** 2 → **galimatias**

**logomachie** n. f. verbalisme → **discussion**

**logopédie** n. f. orthophonie

**loi** n. f. 1 au pr. a code, droit, justice, législation b acte, arrêt, arrêté, bill, constitution, dahir, décision, décret, décret-loi, édit, firman, jurisprudence, ordonnance, sénatus-consulte c digeste 2 par ext. a obligation, ordre, prescription, principe, règle, règlement b → **autorité** c bible, catéchisme, coran, évangile, les prophètes, les saintes écritures

**loin** 1 fam. : au diable, à perpète 2 **au loin :** à distance

**lointain** n. m. → **éloignement**

**lointain, e** → **éloigné**

**loir** n. m. → **rongeur**

**loisible** → **permis**

**loisir** n. m. 1 → **inaction** 2 → **permission** 3 au pl. : secteur tertiaire

**long, longue** 1 au pr. : allongé, barlong, étendu, longiligne, oblong 2 éternel, infini, interminable, longuet (fam.) 3 par ext. a → **lent** b → **ennuyeux**

**longanimité** n. f. → **patience**

**longe** n. f. → **attache**

**longer** 1 quelqu'un : aller le long, côtoyer, raser 2 quelque chose : border, être / s'étendre le long

**longeron** n. m. → **poutre**

**longévité** n. f. durée

**longrine** n. f. traverse → **poutre**

**longtemps** et **longuement** 1 beaucoup, en détail, lentement, minutieusement, tout au long 2 **il y a longtemps :** il y a belle lurette

**longueur** n. f. 1 distance, envergure, étendue, grandeur → **dimension** 2 durée, lenteur 3 unités. a mètre *(et dérivés)* b angstrœm, micron c année-lumière, parsec d mar. : brasse, encablure, lieue, mille, nœud, touée e vx : aune, brasse, coudée, doigt, empan, lieue, ligne, palme, pas, pied, pouce, stade, toise f angl. : mile, yard g chin. : li h russe : verste

**looch** n. m. → **sirop**

**looping** n. m. aviat. off. : boucle

**lopin** n. m. 1 → **champ** 2 → **morceau**

**loquace** → **bavard**

**loquacité** n. f. 1 → **bavardage** 2 → **faconde**

**loque** n. f. chiffon, défroque, épave, fragment, guenille, haillon, lambeau, oripeau

**loquet** et **loqueteau** n. m. ardillon, bobinette, serrure, taquet, targette, verrou

**loqueteux, euse** 1 → **déguenillé** 2 → **pauvre**

**lorgner** 1 → **regarder** 2 → **vouloir**

**lorgnette** n. f. → **lunette**

**lorgnon** n. m. binocle, face-à-main, lunette, monocle, pince-nez

**lori** n. m. → **grimpeur**

**loricaire** n. m. → **poisson**

**loriot** n. m. → **passereau**

**loris** n. m. → **singe**

**lorry** n. m. → **wagonnet**

**lors** → **alors**

**lorsque** → **quand**

**losange** n. m. rhombe, rhomboïde

**lot** n. m. 1 → **part** 2 → **destinée**

**loterie** n. f. arlequin, bingo, hasard, jeu, loto, sweepstake, tirage, tombola vx : quaterne, quine, terne

**lotionner** → **laver**

**lotir** 1 → **fournir** 2 → **partager**

**lotissement** n. m. → **morceau**

**lotte** n. f. baudroie, crapaud de mer

**louable** → **méritant**

**louage** n. m. amodiation, bail, cession, ferme, location

**louange** n. f. → **éloge**

**louanger** → **louer**

**louangeur, euse** admirateur, adulateur, apologiste, approbateur, caudataire, complimenteur, courtisan, encenseur, flagorneur, flatteur, glorificateur, laudateur, laudatif, loueur, préconisateur, thuriféraire → **élogieux**

**loubard** n. m. → **vaurien**

**louche** 1 adj. a → **ambigu** b → **suspect** 2 n.f. : cuiller à pot, pochon

**loucher** 1 bigler 2 guigner, lorgner 3 fig. → **vouloir**

**loucheur, euse** bigle, bigleux, louchon

**louer** 1 on loue quelque chose : affermer, amodier, arrenter, arrêter, céder / donner / prendre à louage / en location 2 on loue quelque chose ou quelqu'un :acclamer, admirer, applaudir, auréoler, bénir, canoniser, caresser, célébrer, chanter les louanges, complimenter, couvrir de fleurs, déifier, diviniser, élever, encenser, enguirlander de fleurs, exalter, flagorner (péj.), flatter, glorifier, louanger, magnifier, passer la pommade (fam.), porter aux nues / au pinacle, préconiser, prôner, rehausser, relever, tresser des couronnes, vanter

**loufoque** 1 → **fou** 2 → **bizarre**

**loufoquerie** n. f. 1 → **originalité** 2 → **manie** 3 → **bizarrerie**

**loulou** n. m. → **vaurien**

**loup, louve** n. m. et f. leu (vx), lycaon

**loup** n. m. bar → **poisson**

**loupage** → **insuccès**

**loupe** n. f. 1 compte-fils, lentille 2 → **tumeur** 3 → **gemme**

**louper** → **manquer**

**lourd, e** 1 quelque chose. a phys. → **pesant** b moral : accablant, douloureux, dur, écrasant, grave, pénible 2 quelqu'un. a → **gros** b → **bête** c → **lent** d → **maladroit** 3 par ext. → **indigeste**

**lourdaud, e** adj. et n. balourd, butor, campagnard, cruche, cuistre, doubleau (rég.), fruste, ganache, gauche, grossier, gougnafier, lent, maladroit, péquenaud, plouc, sot, stupide → **bête**

**lourdement** 1 → **beaucoup** 2 → **très** 3 → **bêtement**

**lourdeur** n. f. 1 → **maladresse** 2 → **impolitesse** 3 → **stupidité**

**loustic** n. m. 1 → **gaillard** 2 → **plaisant**

**louve** n. f. levier, moufle, palan

**louvoiement** n. m. → **hésitation**

**louvoyer** → **biaiser**

**lover (se)** → **rouler (se)**

**loyal, e** 1 → **fidèle** 2 → **sincère** 3 → **vrai**

**loyalisme** n. m. → **attachement**

**loyauté** n. f. 1 → **honnêteté** 2 → **franchise** 3 → **vérité**

**loyer** n. m. 1 fermage, intérêt, prix, montant, taux, terme, valeur 2 → **récompense**

**lubie** n. f. → **caprice**

**lubricité** n. f. → **lascivité**

**lubrifiant** n. m. cire, graisse, graphite, huile, mica, talc, vaseline

**lubrification** n. f. entretien, graissage

**lubrifier** → **graisser**

**lubrique** → **lascif**

**lucarne** n. f. faîtière, imposte, œil-de-bœuf, ouverture, tabatière → **fenêtre** ◆ mérid. : fenestron

**lucide** 1 → **pénétrant** 2 → **intelligent**

**lucidité** n. f. 1 → **intelligence** 2 → **pénétration**

**lucratif, ive** → **fructueux**

**lucre** n. m. cupidité → **profit**

**luette** n. f. lampas (vx), uvule

**lueur** n. f. aube, aurore, clarté, éclair, éclat, étincelle, feu, flamme, fulgurance, illumination, luisance, lumière, nitescence, phosphorescence, rayon, scintillement, trace → **reflet**

**luge** n. f. par ext. : bobsleigh, traîneau

**lugubre** → **triste**

**luire** brasiller, briller, chatoyer, éblouir, éclairer, éclater, étinceler, flamboyer, fulgurer, jeter des feux, miroiter, papilloter, poudroyer, rayonner, reluire, resplendir, rutiler, scintiller

**luisant, e** 1 → **lumineux** 2 → **lustré**

**lumière** n. f. 1 au pr. → **lueur** 2 par ext. a jour, soleil, vie b éclairage → **lanterne** 3 unités de mesure : bougie, carcel, dioptrie, lumen, lux, phot 4 fig. a beauté, génie, illumination, illustration, splendeur, vérité → **gloire** b → **intelligence**

**luminaire** n. m. → **lampe**

**luminescence** n. f. 1 → **clarté** 2 → **phosphorescence**

**luminescent, e** → **phosphorescent**

**lumineux, euse** 1 au pr. : ardent, brillant, chatoyant, clair, éblouissant, éclairant, éclatant, étincelant, flamboyant, fulgurant, luisant, phosphorescent, resplendissant, rutilant 2 par ext. a ensoleillé, gai, limpide, radieux b frappant, génial → **intelligible**

**luminosité** n. f. → **clarté**

**lunaire** sélénite

**lunatique** → **capricieux**

**lunch** n. m. → **collation**

**lune** n. f. astre des nuits, Diane

**lunette** n. f. 1 armilles (vx), jumelles, longue-vue, lorgnette, microscope, télescope 2 au pl. : face-à-main, pince-nez, verres → **lorgnon** ◆ vx : besicles, conserves ◆ fam. : bernicles, carreaux, roues de vélo, vélo

**lupanar** n. m. a baisodrome, bazar, bob, bocard, boîte, bordel, bouge, bousin, boxon, broc, cabane, casbah, chose, clandé, claque, foutoir, grand numéro, hôtel borgne / de passe / louche, lanterne rouge, maison chaude / close / de débauche / d'illusion / de passe / de plaisir / de tolérance, mauvais lieu, mirodrome, pince-cul, pouf, quartier chaud / réservé, salon de plaisir / mondain, taule d'abattage, volière b vx : boucan, cagnard c iron. : harem, hôtel / maison garni(e) / meublé(e), gynécée

**lupuline** n. f. → **luzerne**

**lupus** n. m. → **ulcération**

**luron, ne** → **gaillard**

**lustre** n. m. 1 au pr. : brillant, clinquant (péj.), eau, éclat, feu, fleur, fraîcheur, luisant, orient, poli, relief, resplendissement 2 par ext. : gloire, illustration, magnificence, panache, prestige, rayonnement, splendeur 3 plafonnier, suspension 4 → **apparat**

**lustré, e** brillant, cati, chatoyant, ciré, glacé, laqué, lissé, luisant, moiré, poli, satiné, vernissé

**lustrer** apprêter, calandrer, cirer, cylindrer, frotter, glacer, laquer, lisser, moirer, peaufiner (fam.), polir, satiner, vernir

**lut** n. m. → **enduit**

**luter** 1 → **boucher** 2 → **enduire**

**luth** n. m. cistre, guitare, mandoline, mandore, pandore, théorbe ◆ par ext. → **lyre**

**luthérien, ne** → **protestant**

**lutin** n. m. 1 → **génie** 2 → **espiègle**

**lutiner** → **taquiner**

**lutte** n. f. 1 boxe, catch, close-combat, combat, jiu-jitsu, judo, karaté, pancrace, pugilat 2 antagonisme, compétition, concurrence, duel, escrime, joute, opposition, querelle, rivalité, tournoi 3 → **bataille** 4 → **conflit**

**lutter** 1 s'acharner, affronter, attaquer, bagarrer, batailler, se battre, se colleter, combattre, se débattre, en découdre, se défendre, se démener, disputer de, s'efforcer, s'escrimer, être aux prises, s'évertuer, ferrailler, guerroyer, se heurter, jouter, livrer bataille, se mesurer à / avec, résister, rivaliser, rompre des lances 2 → **militer**

**lutteur, euse** 1 antagoniste 2 athlète, bateleur, hercule, jouteur

**luxation** n. f. → **entorse**

**luxe** n. m. 1 au pr. : apparat, éclat, faste, magnificence, opulence, pompe, splendeur, somptuosité ◆ fam. : dolce vita, tralala 2 par ext. : abondance, confort, débauche, excès, gaspillage, luxuriance, ostentation, richesse, superflu, superfluité, surabondance → **profusion**

**luxer** → **disloquer**

**luxueux, euse** abondant, confortable, éclatant, fastueux, magnifique, opulent, pompeux, princier, riche, royal, somptuaire, somptueux, splendide

**luxure** n. f. → **lascivité**

**luxuriance** n. f. 1 → **fertilité** 2 → **affluence**

**luxuriant, e** → **abondant**

**luxurieux, euse** → **lascif**

**luzerne** et **luzernière** n. f. 1 foin, fourrage, pâture → **pâturage** 2 par ext. : lupuline, minette, papilionacée

**lycée** n. m. athénée (belg.), bahut, bazar, boîte, collège, cours, école, gymnase, institut, institution, pension, prytanée

**lycéen, ne** → **élève**

**lymphatique** → **faible**

**lymphe** n. f. humeur, liqueur, sève

**lyncher** battre, écharper, frapper, prendre à partie, rosser, rouer de coups, supplicier, tuer

**lynx** n. m. caracal, loup-cervier

**lyophiliser** déshydrater

**lyre** n. f. 1 par ext. : cithare, harpe, heptacorde, manicorde, psaltérion, sambuque, tétracorde 2 fig. → **poésie** 3 → **luth**

**lyrique** 1 → **poétique** 2 → **enthousiaste**

**lyrisme** n. m. 1 → **poésie** 2 → **luth** 3 par ext. → **enthousiasme**

# M

**maboul, e** → **fou**
**mac** n. m. → **proxénète**
**macabre** → **funèbre**
**macache** → **rien**
**macadam** n. m. → **asphalte**
**macadamisage** n. m. empierrement, réfection, revêtement → **bitumage**
**macadamiser** → **bitumer**
**macaque** n. m. → **magot**
**macareux** n. m. guillemot, pingouin → **palmipède**
**macaron** n. m. [1] → **insigne** [2] → **pâtisserie** [3] → **tresse**
**macaroni** n. m. → **pâte**
**macaronique** → **héroï-comique**
**macchabée** n. m. → **mort**
**macédoine** n. f. → **mélange**
**macération** n. f. [1] → **mortification** [2] → **tisane**
**macérer** [1] au pr. → **tremper** [2] fig. : crucifier, humilier, mater, mortifier
**macfarlane** n. m. → **manteau**
**machaon** n. m. → **papillon**
**mâche** n. f. clairette, doucette, valérianelle
**mâcher** [1] au pr. : broyer, chiquer, mâchonner, mâchouiller, manger, mastiquer, ruminer [2] fig. → **préparer**
**machette** n. f. → **serpe**
**machiavélique** [1] → **compliqué** [2] → **rusé**
**machiavélisme** n. m. [1] → **politique** [2] → **ruse**
**mâchicoulis** n. m. → **défense**
**machin** n. m. → **truc**
**machinal, e** → **involontaire**
**machinalement** → **inconsciemment**
**machination** n. f. → **menée**
**machine** n. f. [1] **a** → **appareil** **b** → **ustensile** **c** → **locomotive** [2] **a** → **moyen** **b** → **ruse**
**machiner** [1] → **comploter** [2] → **ourdir**
**machinisme** n. m. → **philosophie**
**machiniste** n. m. ou f. [1] → **mécanicien** [2] → **chauffeur** [3] accessoiriste
**machisme** n. m. phallocratie
**macho** n. m. phallocrate
**mâchoire** n. f. [1] au pr. : barres (de cheval), bouche, carnassières (de carnivore), dentition, dents, denture, maxillaires, sous-barbe ◆ fam. : clavier, dominos, ganache, mandibules, margoulette, râtelier [2] fig. → **bête**
**mâchonner** et **mâchouiller** → **mâcher**
**mâchure** n. f. → **contusion**
**mâchurer** [1] → **salir** [2] → **noircir** [3] → **écraser**
**macle** ou **macre** n. f. châtaigne / noix d'eau
**maçon** n. m. limousin (vx) → **bâtisseur**
**maçonner** [1] au pr. : bâtir, cimenter, construire, édifier, élever, hourder, limousiner, réparer, revêtir [2] par ext. : boucher, condamner, fermer, murer, obstruer, sceller
**macrobiotique** n. f. et adj. → **végétalien**
**macrocosme** n. m. → **univers**
**macroure** n. m. [1] → **crustacé** [2] dasyure → **marsupiaux**
**macule** n. f. → **tache**
**maculer** → **salir**
**madapolam** n. m. → **coton**
**madeleine** n. f. [1] → **pâtisserie** [2] → **poire** [3] → **raisin**
**madone** n. f. → **vierge**
**madrague** n. f. → **filet**
**madras** n. m. → **fichu**
**madré, e** [1] au pr. → **marqueté** [2] par ext. → **malin**
**madrier** n. m. → **poutre**
**madrigal** n. m. → **galanterie**
**maelström** n. m. [1] tourbillon [2] par ext. → **typhon**
**maestoso** → **rythme**
**maestria** n. f. → **habileté**
**maestro** n. m. → **musicien**
**mafia** ou **maffia** n. f. [1] deuxième pouvoir, honorable société [2] → **coterie**
**mafioso** ou **maffioso** n. m. → **bandit**
**magasin** n. m. [1] lieu de vente : bazar, boutique, bric-à-brac, chantier, commerce, comptoir, débit, dépôt, drugstore, échoppe, entrepôt, établissement, étal, fonds de commerce, grande surface, halle, officine, pavillon, stand, succursale, supérette, supermarché [2] lieu de stockage : arsenal, chai, dépôt, dock, entrepôt, factorerie, hangar, manutention, réserve, resserre, silo [3] vx → **journal**
**magasiner** québ. : faire des achats / du shopping / les magasins
**magazine** n. m. → **revue**
**mage** n. m. → **magicien**
**maghrébin, e** [1] vx : maure, mauresque, more, moresque [2] algérien, kabyle [3] berbère, chérifien, marocain [4] kroumir, tunisien ◆ arg. et/ou péj. : arbi, basané, beur, bic, bicot, bougnoul, bronzé, crouille, melon, rat, raton, sidi, tronc (de figue)
**magicien** n. m. [1] alchimiste, astrologue, cabaliste, charmeur (vx), enchanteur, ensorceleur, envoûteur, mage, nécromancien, nécromant, occultiste, psychopompe, rhabdomancien, sorcier, thaumaturge → **devin** [2] vx : charmeur, physicien
**magicienne** n. f. [1] fée, sibylle, sirène [2] → **devineresse**
**magie** n. f. alchimie, apparition, astrologie, cabale, charme, conjuration, diablerie, divination, enchantement, ensorcellement, envoûtement, évocation, fantasmagorie, fascination, géomancie, goétie, grand art, hermétisme, horoscope, incantation, maléfice, nécromancie, occultisme, philtre, pratique occulte / secrète, rhabdomancie, rite, sorcellerie, sort, sortilège, spiritisme, thaumaturgie, théurgie ◆ vx ou litt. : prestige
**magique** → **surnaturel**
**magistère** n. m. → **autorité**
**magistral, e** → **parfait**
**magistralement** génialement
**magistrat** n. m. [1] → **édile** [2] → **juge**
**magistrature** n. f. charge, consulat, édilité, fonction, judicature, ministère, prévôté, tribunat, triumvirat, viguerie
**magma** n. m. → **mélange**
**magnanime** → **généreux**
**magnanimité** n. f. → **générosité**
**magnat** n. m. → **personnalité**
**magner (se)** → **manier**
**magnétisation** n. f. → **hypnose**
**magnétiser** [1] → **fasciner** [2] → **endormir**
**magnétiseur, euse** → **hypnotiseur**
**magnétisme** n. m. [1] mesmérisme → **hypnose** [2] → **fascination**
**magnificence** n. f. [1] → **lustre** [2] → **luxe** [3] → **générosité**
**magnifier** [1] → **louer** [2] → **honorer**
**magnifique** [1] → **beau** [2] → **généreux** [3] → **emphatique**
**magnifiquement** très bien
**magnolia** n. m. laurier tulipier
**magnum** n. m. → **bouteille**
**magot** n. m. [1] macaque, nain, poussah, sapajou, singe [2] bas de laine, crapaud, éconocroques (fam.), économies, épargne → **trésor**
**magouille** n. f. → **tripotage**
**mahométan, e** → **musulman**
**mai** n. m. perche → **arbre**
**maïa** n. m. araignée de mer → **crustacé**
**maie** n. f. huche, pétrin
**maïeutique** n. f. → **méthode**
**maigre** [1] amaigri, amenuisé, aminci, cachectique, cave, creusé, creux, débile, décavé, décharné, décollé, défait, désossé, desséché, diaphane, efflanqué, émacié, étique, étroit, famélique, fantôme, fluet, grêle, gringalet, hâve, maigrelet, maigrichon, maigriot, rachitique, sec, spectre, squelette, squelettique, tiré [2] fam. : carcan, carcasse, échalas, grande bringue, haridelle, long comme un jour sans pain, manche à balai, momie, planche à pain, sac d'os [3] → **pauvre** [4] → **stérile**
**maigre** n. m. sciène → **poisson**
**maigreur** n. f. [1] amaigrissement, atrophie, cachexie, consomption, dépérissement, dessèchement, émaciation, étisie, marasme, rachitisme [2] fragilité, gracilité, minceur
**maigrir** s'allonger, amaigrir, s'amaigrir, s'amoindrir, s'atrophier, avoir la ligne, se creuser, décoller, se défaire, dépérir, dessécher, s'émacier, fondre, mincir, se momifier, se ratatiner (fam.)
**mail** n. m. [1] → **promenade** [2] batte, maillet, mailloche, maillotin, marteau, masse, minahouet (mar.)
**mailing** n. m. off. : publipostage, vente par correspondance
**maille** n. f. [1] anneau, chaînon, maillon [2] boucle, point
**mailler** mar. → **lacer**
**maillet** n. m. → **mail**
**maillon** n. m. anneau, chaînon, maille
**maillot** n. m. [1] chandail, collant, débardeur, gilet, pull-over, sweater, tee-shirt, tricot [2] → **couche**
**main** n. f. [1] fam. : battoir, cuiller, dextre, empan, louche, menotte, paluche, patoche, patte, pince, pogne, poing [2] fig. **a** action, effet, œuvre **b** aide, appui, autorité, main-forte [3] → **écriture** [4] **a** **en sous-main** → **secrètement** **b** **avoir la main heureuse** → **réussir** **c** **donner la main** → **aider** **d** **donner les mains** → **consentir** **e** **forcer la main** → **obliger** **f** **mettre la main** → **intervenir** **g** **se faire la main** → **exercer (s')** **h** **main-d'œuvre** → **travailleur** **i** **main-forte** → **appui**
**mainate** n. m. → **passereau**
**mainmise** n. f. [1] → **influence** [2] → **confiscation**
**mainmorte** n. f. → **droit**
**maint, e** adj. et adv. [1] → **beaucoup** [2] → **plusieurs** [3] → **nombreux**
**maintenance** n. f. [1] entretien, gestion des effectifs / des stocks, mise en œuvre / opération / service → **réparation** [2] → **conservation**
**maintenant** [1] actuellement, à présent, aujourd'hui, de nos jours, d'ores et déjà, en ce moment, ores (vx), présentement [2] → **dorénavant**
**maintenir** [1] → **soutenir** [2] → **conserver** [3] → **retenir** [4] v. pron. **a** → **subsister** **b** → **continuer**
**maintien** n. m. [1] air, allure, attitude, comportement, conduite, contenance, dégaine (fam.), démarche, extérieur, façon, figure, ligne, manière, mine, port, posture, présentation, prestance, tenue, tournure [2] → **conservation**
**maire, mairesse** n. m. bailli, bourgmestre, lord-maire (G.B.), → **édile**
**mairie** n. f. édilité, hôtel de ville, maison commune / de ville, municipalité
**mais** cependant, en compensation, en revanche, néanmoins, par contre
**maison** n. f. [1] appartement, chez-soi, couvert, demeure, domicile, foyer, gîte, home, intérieur, logement, logis, nid, résidence, séjour, toit → **habitation** ◆ vx et / ou poét. : habitacle, héberge, lares, pénates [2] → **immeuble** [3] ménage, standing, train de maison / de vie ◆ vx : domestique [4] → **famille** [5] → **race** [6] **a** **maison centrale / d'arrêt / de correction / de force / de justice** → **prison** **b** **maison de commerce** → **établissement** **c** **maison de rapport** → **immeuble** **d** **maison de santé** → **hôpital** **e** **maison close / de tolérance** → **lupanar** **f** **maison commune** → **mairie**
**maisonnée** n. f. → **famille**
**maisonnette** n. f. cabane, cabanon, case, chaume, chaumière, chaumine, folie, gloriette, hutte, maison
**maître** n. m. [1] → **propriétaire** [2] → **patron** [3] **a** censeur, conseiller d'éducation, éducateur, enseignant, instituteur, instructeur, magister, maître d'école, moniteur, pédagogue, précepteur, préfet des études, professeur, répétiteur, surveillant, universitaire **b** péj. : écolâtre, fouette-cul → **pédant** **c** vx ou rég. : gouverneur, régent **d** partic. : directeur de conscience, gourou, initiateur, mystagogue, starets [4] → **artiste** [5] → **virtuose** [6] → **gouvernant** [7] → **arbitre** [8] adj. → **principal** [9] **a** **maître de maison** → **hôte** **b** **maître d'étude** → **surveillant** **c** **maître queux** → **cuisinier** **d** **maître d'hôtel** : majordome, sénéchal → **échanson, serviteur** **e** **maître de chai** → **sommelier** **f** **maître-chanteur** → **fripon** **g** **maître à danser** → **compas**
**maîtresse** n. f. [1] → **amante** [2] concubine, fil à la patte (fam.), liaison
**maîtrise** n. f. [1] → **habileté** [2] → **manécanterie**
**maîtriser** → **vaincre**
**majesté** n. f. beauté, dignité, éclat, excellence, gloire, grandeur, gravité, hiératisme, magnificence, pompe, prestige, souveraineté, splendeur, superbe
**majestueux, euse** → **imposant**
**majeur, e** [1] → **adulte** [2] → **important**
**majolique** ou **maïolique** n. f. → **faïence**
**majoration** n. f. → **hausse**

**majordome** n. m. intendant, maître d'hôtel ◆ vx : sénéchal

**majorer** → **hausser**

**majorité** n. f. [1] âge adulte, adultisme, émancipation, maturité [2] gouvernement, pouvoir [3] le commun, foule, généralité, la plupart, la pluralité, le plus grand nombre, masse, multitude

**majuscule** n. f. capitale, chiffre, haut de casse, initiale, lettre d'antiphonaire / d'imprimerie, lettrine, miniature, sigle

**makémono** n. m. → **peinture**

**maki** n. m. → **singe**

**mal** [1] → **mauvais** [2] → **imparfaitement**

**mal** n. m. [1] affliction, amertume, calamité, calice, croix, damnation, désolation, difficulté, douleur, ennui, épreuve, fiel, inconvénient, mortification, plaie, souffrance, tribulation, tristesse [2] crime, défaut, faute, imperfection, insuffisance, malfaçon, méchanceté, péché, perversion, perversité, tare, vice [3] → **dommage** [4] → **maladie** [5] → **malheur** [6] → **peine** [7] [a] **mal de mer :** naupathie → **nausée** [b] **mal du pays :** ennui, nostalgie, regret, spleen, vague à l'âme [c] **se donner du mal** → **peiner**

**malabar** nom et adj. [1] → **grand** [2] → **fort** [3] → **gros**

**malade** [1] nom. [a] client, consultant, égrotant, grabataire, infirme, patient, valétudinaire [b] → **fou** [2] adj. [a] au pr. : abattu, alité, atteint, cacochyme, chétif, déprimé, dolent, égrotant, incommodé, indisponible, indisposé, invalide, fatigué, fiévreux, languissant, maladif, mal en point, mal fichu / foutu (fam.), malingre, morbide, moribond, pâle, patraque, rachitique, scrofuleux, souffrant, souffreteux [b] rég. : pignochant [c] par ext. : altéré, anormal, avarié, démoli, détraqué, en mauvais état, gâté, pourri, vicié

**maladie** n. f. [1] affection, anémie, attaque, atteinte, crise, dérangement, épreuve, incommodité, indisposition, infirmité, langueur, mal, malaise, mal-être (vx), morbidité, rechute, récidive, traumatisme, trouble [2] parmi les très nombreuses dénominations spécifiques : aboulie, absinthisme, achromatopsie, acné, acromégalie, actinomycose, adénite, adénome, adipose, adynamie, agraphie, aï, albinisme, alcoolisme, aliénation mentale, alopécie, amaurose, amblyopie, aménorrhée, amétropie, amnésie, amygdalite, anasarque, anévrisme, angine, ankylose, ankylostomiase, anthrax, anurie, aortite, aphasie, aphte, apoplexie, appendicite, artériosclérose, artérite, arthrite, arthritisme, ascite, aspermatisme, aspermie, asthénie, asthme, astigmatisme, asystolie, ataxie, athérome, athrepsie, atonie intestinale / musculaire, atrophie, avitaminose, balanite, béribéri, blennorragie, blépharite, botulisme, boulimie, bronchite, broncho-pneumonie, brûlure, cachexie, caféisme, cancer, cardite, carie dentaire / des os, carnification, cataracte, catarrhe, cécité, charbon, chlorose, choléra, chorée, cirrhose, colibacillose, colite, coma, condylome, congestion cérébrale / pulmonaire, conjonctivite, consomption, coqueluche, coryza, coxalgie, coxarthrose, croup, cyanose, cystite, dartre, delirium tremens, démence, dengue, dermatose, diabète, diphtérie, duodénite, dysenterie, dysménorrhée, dyspepsie, éclampsie, écrouelles, ecthyma, eczéma, éléphantiasis, embarras gastrique, embolie, emphysème, encéphalite, endocardite, engorgement, engouement, entérite, énurésie, épilepsie, ergotisme, érysipèle, érythème, étisie, exanthème, exophtalmie, fibrome, fièvre, fièvre jaune / de Malte / puerpérale, filariose, fluxion de poitrine, folie, folliculite, furonculose, gale, gangrène, gastrite, gelure, gingivite, glaucome, gomme, gourme, goutte, gravelle, grippe, helminthiase, hémolyse, hépatisme, hépatite, hernie, herpès, herpétisme, hirsutisme, hydrargyrisme, hydrocèle, hydropisie, hygroma, hyperchlorhydrie, hypocondrie, hystérie, ichtyose, ictère, iléus, impétigo, infarctus, influenza, insolation, intertrigo, iritis, jaunisse, kératite, laryngite, lèpre, lichen, lithiase, lupus, lymphangite, lymphatisme, maladie bleue / de Parkinson / pédiculaire / du sommeil, malaria, manie, mastoïdite, mélancolie, mélanisme, mélanose, méningite, métrite, millet, M.S.T. (maladies sexuellement transmissibles), muguet, mycose, myélite, myocardite, myopie, néphrite, névrite, nyctalopie, obstruction / occlusion intestinale, œdème, œsophagite, ophtalmie, orchite, oreillons, ostéite, ostéomalacie, ostéomyélite, otite, ovarite, ozène, paludisme, pancréatite, paramnésie, paratyphoïde, parotidite, pelade, pellagre, péricardite, périostite, périsplénite, péritonite, pérityphlite, peste, pharyngite, pharyngolaryngite, phlébite, phosphorisme, phtiriase, pierre, pilosisme, pityriasis, pleurésie, pleurite, pleuropneumonie, plique, pneumonie, poliomyélite, pollakiurie, polyurie, posthite, pourpre, presbytie, proctite, psittacose, psoriasis, psychasthénie, purpura, pyélite, rachitisme, rage, ramollissement cérébral, rash, rectite, rétinite, rhinite, rhumatisme, rhume, roséole, rougeole, rubéole, salpingite, saturnisme, scarlatine, schizophrénie, scorbut, scrofule, sida (syndrome d'immunodéficience acquis), sidérose, silicose, sinusite, splénite, sporotrichose, stéatose, stomatite, synovite, syphilis, tabès, teigne, tétanos, toxoplasmose, thrombose, trachéite, trachome, trichinose, trichophytie, trombidiose, trophonévrose, trypanosomiase, tuberculose, typhlite, typhoïde, typhus, urétérite, urétrite, vaginite, varicelle, variole, vérole (vulg.), vitiligo, vulvite, xérodermie, zona → **névrose, psychose**

**maladif, ive** → **malade**

**maladrerie** n. f. → **ladrerie**

**maladresse** n. f. [1] défaut, gaucherie, impéritie, inélégance, inexpérience, inhabileté, lourdeur [2] ânerie, balourdise, bêtise, bévue, boulette, bourde, brioche, erreur, étourderie, fausse manœuvre, faute, faux pas, gaffe, gaucherie, grossièreté, impair, imprudence, inadvertance, ineptie, manque de tact, mégarde, naïveté, niaiserie, pas de clerc, pavé de l'ours, sottise, stupidité

**maladroit, e** [1] quelqu'un : [a] → **gauche** [b] fam. : andouille, ballot, balourd, brise-fer / tout, briseur, butor, couenne, emmanché, empaillé, emplumé, empoté, emprunté, enfoiré (grossier), gaffeur, godiche, gourde, inexercé, inexpérimenté, inhabile, jocrisse, lourd, lourdaud, malavisé, malhabile, manche, manchot, massacreur, mazette, novice, pataud, propre à rien, sabot, saboteur, sabreur, sans-soin, savate, savetier [2] quelque chose : faux, gauche, grossier, imparfait, inconsidéré, lourd

**maladroitement** [1] → **imparfaitement** [2] → **bêtement**

**malaise** n. m. [1] dérangement, embarras, empêchement, ennui, gêne, honte, incommodité, inconfort, inquiétude, timidité, tourment, tristesse, trouble [2] indisposition, lipothymie, mal, maladie, nausée, pesanteur, souffrance, vapeur, vertige [3] vx : mal-être

**malaisé, e** → **difficile**

**malandrin** n. m. bandit, brigand, canaille, détrousseur, forban, malfaiteur, pendard, pillard, rôdeur, scélérat, truand, vagabond, vaurien → **voleur** ◆ vx : chauffeur, routier

**malappris** n. et adj. → **impoli**

**malard** n. m. → **canard**

**malaria** n. f. fièvre, paludisme

**malavisé, e** bavard, borné, casse-pieds (fam.), étourdi, fâcheux, illogique, importun, imprudent, inconséquent, inconsidéré, inconsistant, indiscret, intrus, maladroit, sot → **bête**

**malaxer** → **pétrir**

**malaxeur** n. m. bétonneuse, bétonnière

**malchance** n. f. [1] mauvais sort → **malheur** [2] fam. : cerise, débine, déveine, frite, guigne, guignon, mélasse, merde, mouscaille, pêche, pépin, poisse, scoumoune, tasse, tuile, vape

**malchanceux, euse** → **malheureux**

**malcommode** [1] → **embarrassant** [2] → **difficile**

**maldonne** n. f. → **erreur**

**mâle** n. m. et adj. [1] au pr. : garçonnier, géniteur, hommasse (péj.), homme, masculin, reproducteur, viril [2] par ext. : courageux, énergique, ferme, fort, hardi, noble, vigoureux [3] animaux : bélier, bouc, bouquin, brocard, cerf, coq, étalon, jars, lièvre, malard, matou, sanglier, singe, taureau, verrat

**malédiction** n. f. [1] au pr. : anathème, blâme, blasphème, condamnation, damnation, déprécation, excommunication, exécration, imprécation, jurement, réprobation, vœu [2] par ext. [a] → **sortilège** [b] → **malchance**

**maléfice** n. m. charme, diablerie, enchantement, ensorcellement, envoûtement, fascination, influence, malheur, mauvais œil, nouement (d'aiguillette), philtre, possession, sorcellerie, sort, sortilège → **magie**

**maléfique** → **mauvais**

**malencontreusement** mal à propos

**malencontreux, euse** contrariant, déplorable, désagréable, désastreux, dommageable, ennuyeux, fâcheux, malheureux, malvenu, nuisible, pernicieux, regrettable, ruineux

**malentendu** n. m. confusion, désaccord, dispute, équivoque, erreur, imbroglio, mécompte, méprise, quiproquo

**malfaçon** n. f. → **imperfection**

**malfaisant, e** → **mauvais**

**malfaiteur** n. m. apache, assassin, bandit, brigand, criminel, gangster, gredin, incendiaire, larron (vx), malfrat, rôdeur, scélérat, terroriste → **voleur**

**malformation** n. f. anomalie, défaut, déformation, difformité, dystrophie, gibbosité, infirmité, monstruosité, vice

**malfrat** n. m. → **malfaiteur**

**malgracieux, euse** disgracieux, grossier, incivil, mal embouché, revêche, rogue, rude

**malgré** [1] au mépris de : contre, en dépit de, n'en déplaise à, nonobstant [2] malgré tout : absolument, quand même, tout de même

**malgré que** bien / en dépit que, quoique

**malhabile** → **maladroit**

**malheur** n. m. accident, adversité, affliction, calamité, cataclysme, catastrophe, chagrin, coup / cruauté du destin / sort, désastre, détresse, deuil, disgrâce, douleur, drame, échec, épreuve, fatalité, fléau, inconvénient, infélicité, infortune, mal, malédiction, mauvaise fortune / passe, mélasse, mésaventure, misère, orage, peine, perte, rafale, revers, ruine, traverse, tribulation → **malchance** ◆ vx : dam, infélicité

**malheureux, euse** [1] quelqu'un : accablé, défavorisé, deshérité, éprouvé, frappé, guignard, indigent, infortuné, malchanceux, misérable, miséreux, pauvre, piteux, pitoyable, triste [2] quelque chose. [a] affligeant, calamiteux, cruel, déplorable, désagréable, désastreux, désolant, difficile, douloureux, dur, fâcheux, fatal, funeste, lamentable, maléfique, malencontreux, maudit, néfaste, noir, pénible, préjudiciable, regrettable, rude, satané, triste [b] insignifiant, négligeable, pauvre, petit, vil

**malhonnête** [1] adj. [a] abusif, déloyal, déshonnête, dolosif, douteux, frauduleux, illégal, indélicat, infidèle, inique, injuste, léonin, louche, marron, pourri, tricheur, usurpatoire, véreux [b] grossier, immoral, impoli, impudent, impudique, incivil, inconvenant, incorrect, indécent, indigne, inélégant, laid, malappris, malpropre, méchant → **bas** [2] nom : affairiste, canaille, chevalier d'industrie, crapule, escroc, faisan, fraudeur, fripon, fripouille, imposteur, mafioso, simoniaque, simulateur, suborneur, trafiquant → **voleur**

**malhonnêteté** n. f. [1] [a] canaillerie, concussion, déloyauté, déshonnêteté, escroquerie, falsification, forfaiture, fraude, friponnerie, fripouillerie, improbité, gredinerie, indélicatesse, indignité, malversation, mauvaise foi, tricherie, tripotage → **vol** [b] → **malversation** [2] grossièreté, immoralité, impolitesse, impudeur, impudicité, incivilité, inconvenance, incorrection, indécence, laideur, malpropreté, méchanceté, saloperie → **bassesse**

**malice** n. f. [1] → **méchanceté** [2] → **plaisanterie**

**malicieux, euse** [1] → **mauvais** [2] → **malin**

**malignité** n. f. → **méchanceté**

**malin, igne** [1] sens affaibli : adroit, astucieux, attentiste, calculateur, combinard, débrouillard, dégourdi, déluré, expectant (vx), farceur, ficelle, fin, finaud, fine mouche, futé, habile, madré, malicieux, matois, narquois, navigateur, opportuniste, renard, roublard, roué, sac à malices, spirituel, trompeur, vieux routier → **rusé** ◆ fam. : fortiche, mariole, resquilleur [2] non fav. → **mauvais** [3] faire le malin. fam. : bêcher, crâner, frimer, la ramener → **hâbler**

**malingre** [1] → **faible** [2] → **malade**

**malinois** n. m. → **chien**

**malintentionné, e** → **malveillant**

**malle** n. f. [1] bagage, caisse, cantine, chapelière, coffre, colis, mallette, marmotte, valise [2] → **coche**

**malléabilité** n. f. [1] → **obéissance** [2] → **souplesse**

**malléable** 1 au pr. : doux, ductile, élastique, extensible, flexible, liant, mou, plastique, pliable, souple 2 fig. : docile, doux, facile, gouvernable, maniable, obéissant

**mallette** n. f. attaché-case, baise-en-ville (fam.), fourre-tout, valise

**malmener** → **maltraiter**

**malnutrition** n. f. 1 → **carence** 2 → **pléthore**

**malodorant, e** → **puant**

**malotru** n. m. béotien, gougnafier, goujat, grossier, huron, impoli, iroquois, mal élévé, mufle, peigne-cul, plouc, rustre, sagouin, truand

**malpoli, e** → **impoli**

**malpropre** 1 adj. ou nom. **a** cochon, crasseux, crotté, dégoûtant, encrassé, excrémenteux, excrémentiel, gluant, immonde, infect, maculé, morveux, négligé, pisseux, pouilleux, répugnant, sale, sali, sordide, souillé, taché, terreux, visqueux **b** grossier, immoral, impur, inconvenant, indécent, infâme, malhonnête, ordurier → **obscène** **c** insalubre, pollué, souillé **d** arg. : cracra, cradingue, crado, craspec, dégueu, dégueulasse, merdeux, merdique **e** → **impropre** 2 nom : cochon, pourceau, sagouin, salaud, saligaud, salope, souillon

**malpropreté** n. f. 1 au pr. : crasse, immondice, impureté, ordure, patine, saleté 2 par ext. : cochonnerie, dégoûtation, grossièreté, immoralité, impureté, inconvenance, indécence, indélicatesse, infamie, malhonnêteté, obscénité, saleté, saloperie

**malsain, e** 1 au pr. **a** quelqu'un → **malade** **b** quelque chose : contagieux, impur, inhabitable, insalubre, nuisible, pestilentiel, pollué 2 par ext. : dangereux, déplacé, faisandé, funeste, immoral, licencieux, morbide, pornographique, pourri

**malséant, e** et **malsonnant, e** choquant, déplacé, déshonnête, discordant, grossier, immodeste, impoli, importun, incongru, inconvenant, indécent, leste, libre, licencieux, mal à propos, mal élevé, saugrenu → **obscène**

**malthusianisme** n. m. → **réduction**

**maltraiter** abîmer, accabler, accommoder, arranger, bafouer, battre, bourrer, brimer, brutaliser, brusquer, critiquer, crosser, éreinter, étriller, exposer, faire un mauvais parti, fatiguer, frapper, houspiller, lapider, malmener, molester, ravauder, rudoyer, secouer, tarabuster, traiter mal / sévèrement, tyranniser, vilipender, violenter ♦ vx : mâtiner

**malus** n. m. → **punition**

**malveillance** n. f. agressivité, animosité, antipathie, calomnie, désobligeance, diffamation, haine, hostilité, indisposition, inimitié, malignité, mauvais esprit / vouloir, mauvaise volonté, méchanceté, rancune, ressentiment → **médisance**

**malveillant, e** agressif, aigre, aigrelet, antipathique, désobligeant, fielleux, haineux, hostile, malin, malintentionné, mauvais, méchant, rancunier, venimeux, vipérin

**malvenu, e** → **déplacé**

**malversation** n. f. 1 brigandage, cavalerie, compromission, concussion, corruption, déprédation, détournement, dilapidation, escroquerie, exaction, extorsion, forfaiture, fraude, infidélité, magouillage, magouille, micmac, péculat, pillage, prévarication, rapine, recel, simonie, subornation, subtilisation, tour de passe-passe, trafic d'influence, tripatouillage, tripotage → **vol** 2 → **malhonnêteté**

**mambo** n. m. → **danse**

**mamelle** n. f. → **sein**

**mamelon** n. m. 1 → **sein** 2 → **hauteur** 3 → **sommet**

**mamelonné, e** → **accidenté**

**mammifère** adj. : mammalien

**manade** n. f. → **troupeau**

**management** n. m. → **administration**

**manager** 1 nom masc : administrateur, directeur, entraîneur 2 v. tr. → **administrer**

**manant** n. m. 1 → **paysan** 2 → **rustique**

**manche** n. f. 1 bras, emmanchure, entournure, manchette, manicle 2 belle, partie, revanche 3 arg. → **mendicité**

**manchette** n. f. 1 crispin, poignet 2 titre, vedette

**manchon** n. m. méc. → **douille**

**manchot** n. m. → **pingouin**

**manchot, e** → **maladroit**

**mandant** n. m. commettant, délégant

**mandarin** n. m. 1 → **bonze** 2 langue mandarine

**mandarinat** n. m. 1 élitisme, malthusianisme 2 par ext. : favoritisme, népotisme

**mandarine** n. f. → **agrume**

**mandat** n. m. 1 → **procuration** 2 → **instruction**

**mandataire** n. m. ou f. 1 → **intermédiaire** 2 → **envoyé**

**mandater** → **choisir**

**mandement** n. m. avis, bref, bulle, écrit, édit, formule exécutoire, injonction, instruction, mandat, ordonnance, ordre, rescrit

**mander** 1 appeler, assigner, citer, convoquer, ordonner 2 → **informer**

**mandibule** n. f. bouche, mâchoire, maxillaire

**mandoline** n. f. → **corde(s)**

**mandoliniste** n. m. ou f. → **musicien**

**mandorle** n. f. → **ovale**

**mandrill** n. m. → **singe**

**manducation** n. f. 1 au pr. : absorption, déglutition, ingestion, insalivation, mastication, sustentation (vx) 2 relig. : communion, eucharistie

**manécanterie** n. f. chœur, chorale, école, groupe, maîtrise, psallette

**manège** n. m. 1 équit. : carrière, centre d'équitation, dressage, reprise 2 chevaux de bois 3 agissements, artifice, astuce, combinaison, complot, comportement, contour (vx), détours, hypocrisie, intrigue, machination, manigance, manœuvre, menées, micmac, moyens détournés, plan, ruse, tractation, trame, tripatouillage (fam.)

**mânes** n. m. pl. → **esprit**

**manette** n. f. clef, levier, maneton, poignée

**mangeable** 1 au pr. : biologique, comestible, consommable, digeste, frais, naturel, possible, sain, sans danger → **bon** 2 par ext. : délectable, ragoûtant, sapide, savoureux, succulent

**mangeaille** n. f. → **nourriture**

**mangeoire** n. f. 1 au pr. : auge, crèche, râtelier 2 par ext. : musette

**manger** 1 au pr. : absorber, s'alimenter, avaler, consommer, ingérer, se nourrir, prendre, se restaurer / sustenter 2 animaux : brouter, broyer, croquer, déglutir, dévorer, gober, grignoter, paître, pâturer, picorer, ronger ♦ vén. : vermiller, vermillonner, viander 3 par ext. **a** prendre une collation, déguster, déjeuner, dîner, entamer, faire bonne chère, festoyer, goûter, gruger (vx), mâcher, mastiquer, se mettre à table, se rassasier, se repaître, savourer, souper **b** manger mal ou peu : chipoter, grappiller, grignoter, pignocher 4 fam. : attaquer, bâfrer, becqueter, bouffer, boulotter, se bourrer, se caler les joues, casser la croûte / la graine, s'en coller / s'en mettre jusqu'aux yeux / plein la gueule / plein la lampe / plein la panse / une ventrée, croustiller, croûter, débrider, s'empiffrer, s'emplir / se garnir / se remplir l'estomac / le jabot / la panse / le sac / le ventre, s'enfiler, s'enfoncer, engloutir, faire bombance / miam-miam / ripaille, se gaver, se goberger, godailler, se goinfrer, se gorger, grailler, gueuletonner, ingurgiter, s'en jeter derrière la cravate, jouer / travailler de la mâchoire / des mandibules, se lester, phagocyter, se piffrer, ripailler, se taper la cloche, tordre, tortiller, tortorer 5 fig. **a** → **consumer** **b** → **dépenser** **c** → **ronger** **d** → **ruiner**

**manger** n. m. → **nourriture**

**maniable** 1 au pr. : ductile, flexible, malléable, mou, souple 2 par ext. **a** quelque chose : commode, pratique **b** quelqu'un : docile, doux, facile, malléable, obéissant, souple, traitable

**maniaque** nom et adj. 1 au pr. : aliéné, dément, détraqué, fou, frénétique, furieux, lunatique, toqué 2 par ext. **a** bizarre, capricieux, fantaisiste, fantasque, obsédé, original, ridicule, singulier **b** exigeant, méticuleux, pointilleux, vétilleux

**manichéisme** n. m. dualisme

**manicle** ou **manique** n. f. 1 → **mitaine** 2 → **manche**

**manie** n. f. 1 aliénation, délire, démence, égarement, folie, frénésie, furie, hantise, idée fixe, monomanie, obsession 2 par ext. : bizarrerie, caprice, dada, démangeaison, épidémie, fantaisie, fantasme, fièvre, frénésie, fureur, goût, habitude, loufoquerie, maladie, manière, marotte, monomanie, obsession, passion, péché mignon, rage, tic, toquade, turlutaine

**maniement** n. m. 1 au pr. : emploi, manipulation, manœuvre, usage, utilisation 2 par ext. : administration, direction, fonctionnement, gestion, gouvernement

**manier** 1 au pr. **a** neutre : avoir en main / entre les mains, façonner, malaxer, manipuler, manœuvrer, modeler, palper, pétrir, tâter, toucher, triturer **b** fam. ou péj. : patiner (vx), patouiller, patrouiller, peloter, trifouiller, tripatouiller → **tripoter** 2 par ext. **a** on manie quelqu'un : conduire, diriger, gouverner, manœuvrer, mener **b** des biens : administrer, gérer, manipuler, mettre en œuvre **c** des idées : agiter, traiter, user de, utiliser 3 v. pron. fam. : s'activer, s'agiter, courir, se dégrouiller, se dépêcher, s'empresser, faire diligence / fissa, se grouiller / hâter / magner / précipiter / presser / remuer

**manière** n. f. 1 → **façon** 2 → **sorte** 3 → **style** 4 **a** manière d'être → **qualité** **b** bonnes manières → **civilité**

**maniéré, e** → **précieux**

**maniérisme** n. m. → **préciosité**

**manifestant, e** contestataire, mécontent, opposant, porteur de banderoles / pancartes, protestataire

**manifestation** n. f. 1 → **déclaration** 2 → **rassemblement**

**manifeste** 1 adj. : avéré, certain, clair, criant, décidé, éclatant, évident, flagrant, formel, indéniable, indiscutable, indubitable, notoire, palpable, patent, positif, public, reconnu → **réel** 2 n.m. : adresse, avis, déclaration, proclamation, profession de foi

**manifestement** → **évidemment**

**manifester** 1 → **exprimer** 2 → **déclarer** 3 → **montrer (se)** 4 → **protester**

**manigance** n. f. agissements, brigue, combinaison, combine, complot, cuisine, détour, diablerie, intrigue, machination, manège, manœuvre, menée, micmac, sac d'embrouilles / de nœuds, trame

**manigancer** aménager, arranger, brasser, briguer, combiner, comploter, conspirer, cuisiner, fricoter, goupiller, machiner, manœuvrer, mener, mijoter, monter, nouer, ourdir, préparer, tisser, tramer, tresser → **intriguer**

**manipulateur, trice** 1 aide, assistant, opérateur, préparateur 2 → **illusionniste**

**manipulation** n. f. 1 opération, traitement 2 → **influence**

**manipuler** → **manier**

**manne** n. f. 1 → **affluence** 2 banne, corbeille, panier, panière, vannerie

**mannequin** n. m. 1 → **modèle** 2 cover-girl 3 → **épouvantail** 4 → **pantin**

**manœuvre** n. f. 1 n.f. **a** → **mouvement** **b** → **cordage** **c** → **agissements** **d** → **manège** 2 n.m. → **travailleur**

**manœuvrer** 1 → **manier** 2 → **conduire** 3 → **gouverner**

**manœuvrier, ère** → **négociateur**

**manoir** n. m. 1 → **maison** 2 → **château**

**manomètre** n. m. cadran, indicateur

**manouche** n. m. ou f. → **bohémien**

**manque** n. m. 1 au pr. **a** absence, besoin, carence, crise, dèche, défaillance, défaut, déficience, dénuement, disette, embarras, frustration, imperfection, incomplétude, indigence, inexistence, insuffisance, jeûne, lacune, omission, paupérisme, pauvreté, pénurie, privation **b** déficit, trou 2 fig. → **manquement**

**manqué, e** avorté, fichu, foutu, larvé, loupé, perdu, raté

**manquement** n. m. carence, défaillance, défaut, délit, désobéissance, écart, erreur, faute, faux bond, infraction, insubordination, irrégularité, manque, oubli, péché, violation ♦ fam. : connerie, lapin, paillon

**manquer** 1 v. intr. **a** quelqu'un : se dérober, disparaître, s'éclipser, être absent / disparu / manquant, faillir (vx), faire défaut / faute / faux bond, se soustraire → **échouer** **b** on manque à une obligation : déchoir, se dédire, déroger, s'écarter, enfreindre, faillir, fauter, forfaire, pécher contre, tomber, trahir **c** on manque à la politesse → **offenser** **d** on manque d'être / de faire : être sur le point / tout près de, faillir, penser, risquer **e** on ne manque pas d'être : laisser **f** on ne manque pas d'aller / d'être / de faire : négliger, omettre, oublier **g** on manque la classe : s'absenter, faire l'école buissonnière, sécher (fam.)

**h** quelque chose manque ou on manque de : avoir besoin, chômer de (vx), être dans le besoin / la nécessité de, être privé de, s'en falloir, faire défaut **i** le sol : se dérober **j** le pied : glisser [2] v. tr. : abîmer, esquinter, gâcher, laisser échapper, louper, mal exécuter / faire, perdre, se planter (fam.), rater

**mansarde** n. f. chambre de bonne, combles, galetas, grenier

**mansion** n. f. [1] → **décor** [2] → **habitation**

**mansuétude** n. f. → **douceur**

**manteau** n. m. [1] au pr. : **a** burnous, caban, cache-misère (péj.), cache-poussière, cafetan, cape, capote, carrick, chape, chlamyde, cuir, djellaba, douillette, duffel-coat, gandoura, gabardine, haïk, himation, houppelande, imperméable, limousine, macfarlane, mackintosh, paletot, pallium, pardessus, parka, pèlerine, pelisse, plaid, poncho, raglan, redingote, trois-quarts, vareuse **b** fam. : alpague, pelure **c** vx : brandebourg, casaque, hoqueton, mante, mantelet, rase-pet, roquelaure, roquet, rotonde, roupille, trousse **d** antiq. : himation, pallium, sagum, saie, tabard, toge [2] → **fourrure** [3] fig. : abri, couvert, couverture, enveloppe, gaze, masque, prétexte, semblant, voile [4] **sous le manteau :** clandestinement, discrètement, en sous-main, frauduleusement, secrètement

**mantille** n. f. carré, coiffure, dentelle, écharpe, fichu, voile

**manuel** n. m. abrégé, aide-mémoire, calepin, cours, guide-âne, livre, mémento, ouvrage, pense-bête, polycopié, précis, recueil, traité

**manuel, le** → **travailleur**

**manuellement** à la main, artisanalement, fait main, traditionnellement

**manufacture** n. f. → **usine**

**manufacturer** → **produire**

**manufacturier, ière** → **industriel**

**manuscrit** n. m. → **texte**

**manutention** n. f. → **magasin**

**manutentionnaire** cariste → **porteur**

**mappemonde** n. f. → **carte**

**maquer (se)** → **marier**

**maquereau** n. m. [1] → **poisson** [2] → **proxénète**

**maquette** n. f. [1] → **ébauche** [2] → **modèle**

**maquignon** n. m. [1] → **trafiquant** [2] → **intermédiaire**

**maquignonner** → **trafiquer**

**maquiller** [1] → **altérer** [2] → **déguiser** [3] → **farder** [4] v. pron. → **farder (se)**

**maquignonnage** et **maquillage** n. m. artifice, dissimulation, escroquerie, fraude, manœuvre, marchandage, rouerie, trafic → **tromperie**

**maquis** n. m. [1] → **lande** [2] → **labyrinthe** [3] insurrection, organisation, réseau de partisans, résistance

**maquisard** n. m. franc-tireur, guérillero, partisan

**marabout** n. m. [1] cigogne à sac [2] aigrette, garniture, plume [3] koubba, mausolée, sanctuaire, tombeau [4] prêtre, sage, saint, thaumaturge, vénérable [5] par ext. : sorcier

**maraîcher, ère** adj. et n. [1] agriculteur, horticulteur, jardinier [2] **culture maraîchère** → **jardinage**

**marais** n. m. [1] au pr. **a** claire, étang, fagne, grenouillère, mare, marécage, mouillère, moulière, palud, palus, tourbière **b** bayou, marigot [2] fig. : bas-fond, boue, bourbier, fange, marécage [3] culture maraîchère, hortillonnage, moere, noue, polder → **jardinage**

**marasme** n. m. [1] **a** → **crise** **b** → **stagnation** [2] → **langueur** [3] → **maigreur**

**marâtre** n. f. [1] au pr. : belle-mère, petite mère [2] par ext. (péj.) → **virago**

**maraud, e** bélître, bonhomme, canaille, chenapan, coquin, drôle, drôlesse, faquin, fripouille, garnement, goujat, grossier, maroufle, racaille, rastaquouère, rebut, sacripant, salopard → **voleur**

**maraudage** ou **maraude** n. m., n.f. → **vol**

**marauder** → **voler**

**maraudeur, euse** chapardeur, fricoteur, griveton, pillard → **voleur**

**marbre** n. m. albâtre, brocatelle, carrare, cipolin, dolomie, griotte, lumachelle, ophite, paros, portor, serpentine, turquin

**marbré, e** bigarré, jaspé, marqueté, veiné

**marbrure** n. f. jaspure, panachure, racinage, veinure

**marc** n. m. alcool, eau-de-vie

**marcassin** n. m. bête noire, cochon, pourceau, sanglier

**marcescence** n. f. → **décadence**

**marcescent, e** → **destructible**

**marchand, e** boutiquier, cambusier, camelot, cantinier, charlatan (péj.), chineur, colporteur, commerçant, forain, fourmi (fam.), fournisseur, négociant, porte-balle, revendeur, vendeur ◆ vx : étalagiste

**marchandage** n. m. → **discussion**

**marchander** → **discuter**

**marchandise** n. f. [1] article, bricole, denrée, fourniture, produit, provenances, stock [2] péj. : camelote, pacotille [3] arg. : came

**marche** n. f. [1] → **limite** [2] allure, cheminement, course, déambulation, démarche, enjambées, errance, erre (vx), flânerie, footing, foulées, locomotion, pas, reptation, train, vagabondage [3] avancement, conduite, déplacement, développement, évolution, façon, fonctionnement, forme, progrès, progression, tour, tournure [4] degré [5] → **procédé**

**marché** n. m. [1] bazar, bourse, braderie, foirail, foire, halle, louée (vx), salon, souk [2] → **convention** [3] → **monopole** [4] clientèle, créneau, débouché [5] **à bon marché :** au juste prix, au rabais, avantageux, compétitif, en réclame / solde

**marcher** [1] au pr. **a** aller, arpenter, avancer, cheminer, déambuler, errer, enjamber, évoluer, flâner, fouler, progresser, se promener, vagabonder, venir **b** fam. : arquer, crapahuter **c** vx : piéter, trimer **d** fonctionner, tourner **e** → **passer** [2] par ext. **a** → **croire** **b** → **prospérer**

**marcheur, euse** chemineau, excursionniste, flâneur, passant, piéton, promeneur ◆ péj. : déambulateur → **vagabond**

**marcotte** n. f. → **bouture**

**mare** n. f. boire, étang, flache, flaque, pièce d'eau

**marécage** n. m. → **marais**

**marécageux, euse** → **boueux**

**maréchal-ferrant** n. m. forgeron

**maréchaussée** n. f. → **gendarmerie**

**marée** n. f. [1] au pr. : flot, flux, jusant, perdant, reflux [2] → **poisson**

**marge** n. f. [1] → **bord** [2] → **délai**

**margelle** n. f. → **bord**

**marginal, e** [1] asocial, beatnik, clochard, contestataire, dropé, hippie, houligan, non-conformiste, underground → **mécontent** [2] → **secondaire**

**marginalité** n. f. → **originalité**

**margoulette** n. f. → **gosier**

**margoulin, e** → **trafiquant**

**margrave** n. m. [1] → **édile** [2] → **noble**

**marguillier** n. m. → **bedeau**

**mari** n. m. → **époux**

**mariage** n. m. [1] alliance, hymen, hyménée, lit, ménage, union [2] bénédiction nuptiale, célébration, cérémonie, consentement mutuel, cortège, épousailles, noce, sacrement [3] vx : nœud, sacré / saint nœud [4] arg. : conjungo [5] fig. : assemblage, association, assortiment, jumelage, mélange, mixité, réunion, union

**mariée** n. f. conjointe, jeune femme

**marier** [1] → **joindre** [2] v. pron. **a** colloquer (vx), contracter mariage / une union, convoler, épouser, s'établir, faire une fin (fam.), fonder une famille / un foyer, prendre femme / mari, s'unir à **b** arg. : maquer

**marie-salope** n. f. → **bateau**

**marigot** n. m. → **marais**

**marijuana** ou **marihuana** n. f. → **drogue**

**marin** [1] nom masc. : col bleu, laptot, loup de mer, marsouin, mataf, matelot, moco, navigateur [2] éléphant, moussaillon, mousse, novice, pilotin [3] homme de quart, tribordais, vigie

**marin, e** adj. : abyssal, benthique, maritime, nautique, naval, océanique, pélagien, pélagique

**marine** n. f. flotte, forces navales, la royale (arg. milit.)

**mariner** [1] → **attendre** [2] → **tremper**

**maringouin** n. m. → **moustique**

**marinier, ère** → **batelier**

**mariole** ou **mariolle** → **malin**

**marionnette** n. f. → **pantin**

**mariste** n. m. → **religieux**

**maritalement** conjugalement

**maritime** → **marin**

**maritorne** n. f. → **mégère**

**marivaudage** n. m. → **préciosité**

**marivauder** baratiner (fam.), batifoler, conter fleurette, coqueter, flirter, minauder, papillonner, roucouler

**marjolaine** n. f. origan → **aromate**

**marketing** n. m. étude des marchés, marchandisage, marchéage, mercatique, merchandising ◆ off. : commercialisation

**marli** n. m. → **bord**

**marlou** n. m. → **proxénète**

**marmaille** n. f. → **enfant**

**marmelade** n. f. → **confiture**

**marmite** n. f. [1] *et* braisière, cocotte, daubière, faitout, huguenote [2] fam. : bombe, obus

**marmiton** n. m. → **cuisinier**

**marmonnement** et **marmottement** n. m. → **bredouillage**

**marmonner** et **marmotter** → **murmurer**

**marmoréen, ne** [1] → **blanc** [2] → **froid**

**marmot** n. m. → **enfant**

**marmotte** n. f. → **rongeur**

**marmouset** n. m. [1] → **enfant** [2] → **magot**

**marner** [1] → **améliorer** [2] → **travailler**

**marnière** n. f. → **carrière**

**marocain, e** → **maghrébin**

**maronner** → **rager**

**maroquin** n. m. [1] → **peau** [2] → **ministère**

**marotte** n. f. → **manie**

**marquant, e** → **remarquable**

**marque** n. f. [1] attribut, cachet, caractère, chiffre, coin, distinction, entaille, estampille, étiquette, façon, frappe, gage, griffe, indication, jeton, label, livrée, monogramme, note, onglet, pliure, sceau, sigle, signe, signet, timbre [2] amer (mar.), empreinte, indice, repère, reste, tache, témoignage, trace, trait [3] → **blason**

**marqué, e** [1] grêlé, picoté [2] → **prononcé** [3] → **remarquable** [4] → **pénétré**

**marquer** [1] → **imprimer** [2] → **indiquer** [3] → **écrire** [4] → **montrer** [5] → **paraître** [6] → **ponctuer** [7] → **fixer**

**marqueté, e** bariolé, bigarré, diapré, jaspé, mâchuré, madré, marbré, moucheté, ocellé, piqueté, pommelé, taché, tacheté, tavelé, tigré, truité, veiné, vergeté

**marqueterie** n. f. [1] au pr. : ébénisterie, mosaïque [2] fig. → **mélange**

**marraine** n. f. commère

**marrant, e** [1] → **amusant** [2] bizarre

**marre** → **assez**

**marrer (se)** → **rire**

**marri, e** → **fâché**

**marron** [1] n.m. → **châtaigne** [2] adj. **a** → **sauvage** **b** → **suspect** **c** → **malhonnête** **d** invar. → **brun**

**marrube** n. m. ballote, lycope, pied-de-loup

**marseillais, e** massaliote, phocéen

**marsupiaux** n. m. pl. dasyure ou macroure, kangourou, koala, opossum, phalanger, sarigue

**marteau** n. m. [1] asseau, assette, batte, besaiguë, bigorne, boucharde (vx), ferratier, frappe-devant, laie, maillet, mailloche, masse, massette, matoir, merlin, pétard, picot, rustique, smille ◆ vx : mail, martel [2] marteau-pilon : martinet [3] heurtoir [4] fig. → **fou**

**martèlement** n. m. battement

**marteler** [1] au pr. → **frapper** [2] fig. **a** → **tourmenter** **b** → **prononcer**

**martial, e** → **militaire**

**martinet** n. m. [1] → **fouet** [2] → **hirondelle** [3] → **marteau**

**martingale** n. f. → **truc**

**martyr, e** → **victime**

**martyre** n. m. → **supplice**

**martyriser** → **tourmenter**

**marxisme** n. m. → **socialisme**

**mascarade** n. f. [1] carnaval, chienlit, défilé, déguisement, masque, momerie [2] → **hypocrisie**

**mascaret** n. m. [1] au pr. : barre [2] fig. → **multitude**

**mascotte** n. f. → **fétiche**

**masculin, e** → **mâle**

**masculiniser** viriliser

**masculinité** n. f. virilité

**masochisme** n. m. auto-flagellation, dolorisme → **perversion**
**masque** n. m. [1] cagoule, déguisement, domino, loup, travesti [2] → **visage** [3] fig. → **manteau**
**masquer** [1] → **déguiser** [2] → **cacher**
**massacre** n. m. → **carnage**
**massacrer** [1] → **tuer** [2] → **gâcher**
**massacreur, euse** [1] → **maladroit** [2] → **tueur**
**massage** n. m. claquement, effleurage, friction, hachure, percussion, pétrissage, pincement, pression, tapotement, vibration
**masse** n. f. [1] → **amas** [2] → **totalité** [3] → **poids** [4] → **fonds** [5] → **multitude** [6] → **peuple** [7] → **marteau** [8] → **massue** [9] → **bâton**
**masser** [1] → **frictionner** [2] → **assembler**
**masseur, euse** kinésithérapeute, physiothérapeute, soigneur
**massif** n. m. → **bois**
**massif, ive** [1] → **pesant** [2] → **gros**
**mass media** ou **mass-medias** n. m. pl. informations / journaux / publicité par le cinéma / les moyens audio-visuels / la radio / la télé(vision) ◆ péj. : massage / matraquage de l'opinion
**massue** n. f. bâton, casse-tête, gourdin, maque, masse, masse d'armes, matraque, mil, plombée, plommée
**mastic** n. m. [1] → **enduit** [2] → **lapsus**
**mastication** n. f. mâchement, rumination
**mastiquer** → **mâcher**
**mastoc** → **pesant**
**mastroquet** n. m. [1] → **cabaret** [2] → **cabaretier**
**masturbation** n. f. auto-érotisation / -érotisme (par ext.), onanisme, plaisir / pollution solitaire, touche-pipi → **caresse** ◆ arg. : branlette
**m'as-tu-vu, e** nom et adj. sans pl. [1] → **orgueilleux** [2] → **présomptueux** [3] → **hâbleur**
**masure** n. f. → **taudis**
**mat, e** [1] → **terne** [2] → **sourd**
**mât** n. m. antenne, beaupré, espar, fougue, mai, mâtereau, mestre ou meistre, perche, support, trinquet, tripode, vergue
**matamore** n. m. → **hâbleur**
**match** n. m. [1] → **compétition** [2] → **rencontre**
**matelas** n. m. [1] par ext. : coite, couette, coussin [2] péj. : galette, grabat, paillasse
**matelasser** → **rembourrer**
**matelot** n. m. → **marin**
**matelote** n. f. → **bouillabaisse**
**mater** [1] → **vaincre** [2] → **humilier**
**matérialisation** n. f. → **réalisation**
**matérialiser** accomplir, concrétiser, cristalliser, dessiner, fixer, réaliser, rendre sensible / visible, représenter, schématiser
**matérialisme** n. m. agnosticisme, atomisme, hylozoïsme, marxisme, mécanisme, positivisme, radicalisme, réalisme, relativisme
**matérialiste** nom et adj. agnostique, atomiste, marxiste, mécaniste, naturaliste, positiviste, radical, réaliste, relativiste, théorétique
**matérialité** n. f. → **réalité**
**matériau** n. m. → **matière**
**matériel** n. m. [1] → **outillage** [2] → **ustensile**
**matériel, le** [1] → **réel** [2] → **manifeste** [3] → **sensuel** [4] terraqué → **physique**
**maternité** n. f. → **hôpital**
**mathématique** [1] adj. → **précis** [2] nom sing. ou pl. : algèbre, analyse, arithmétique, arithmologie, géométrie → **calcul**
**mathématiquement** à coup sûr, certainement, fatalement, logiquement, nécessairement, sûrement, obligatoirement
**matière** n. f. [1] corps, élément, étoffe, matériau, solide, substance → **réalité** [2] article, base, chapitre, chef, contenu, fable, fond, fondement, motif, objet, point, propos, sujet, texte, thème [3] cause, prétexte, sujet [4] → **lieu** [5] **matières fécales** → **excrément**
**matin** n. m. [1] aube, aurore, lever du jour, matinée, petit jour, point du jour [2] **de bon matin :** au chant du coq, de bonne heure, dès potron-minet, tôt
**mâtin, e** vx : [1] → **coquin** [2] → **gaillard**
**matinal, e** lève-tôt, matineux, matutinal
**mâtiné, e** → **mêlé**
**matinée** n. f. → **matin**
**matois, e** [1] → **malin** [2] → **hypocrite**
**maton, ne** → **gardien**
**matraquage** n. m. → **propagande**
**matraque** n. f. → **casse-tête**
**matraquer** [1] → **battre** [2] → **influer**
**matrice** n. f. [1] → **utérus** [2] → **registre**
**matricule** n. m. [1] → **liste** [2] → **registre**
**matrimonial, e** → **nuptial**
**matrone** n. f. [1] → **femme** [2] → **sage-femme**
**matte** n. f. → **métal**
**maturation** n. f. mûrissage, mûrissement, nouaison, nouure, véraison
**mâture** n. f. gréement
**maturité** n. f. → **plénitude**
**maudire** anathématiser, blâmer, condamner, détester, s'emporter contre, excommunier, exécrer, rejeter, réprouver, vouer aux gémonies
**maudit, e** [1] au pr. : bouc émissaire, damné, déchu, excommunié, frappé d'interdit / d'ostracisme, galeux, hors-la-loi, interdit, outlaw, paria, pestiféré, rejeté, repoussé, réprouvé [2] par ext. → **détestable**
**maugréer** → **murmurer**
**maure** nom et adj. [1] → **maghrébin** [2] → **musulman**
**mausolée** n. m. → **tombe**
**maussade** [1] → **renfrogné** [2] → **triste**
**mauvais, e** [1] phys. **a** avarié, corrompu, dangereux, délétère, détérioré, douteux, empoisonné, immangeable, inconsommable, insalubre, irrespirable, maléfique, malfaisant, malsain, méphitique, morbide, nauséabond, nocif, nuisible, pernicieux, toxique, vénéneux, venimeux **b** déconseillé, dommageable, interdit, préjudiciable, proscrit **c** contagieux → **pestilentiel** **d** vx : peccant [2] par ext. : abusif, affreux, agressif, blâmable, caustique, chétif, corrompu, corrupteur, criminel, cruel, démoniaque, déplorable, désagréable, déshonorant, détestable, diabolique, erroné, exécrable, fatal, fautif, fielleux, funeste, haïssable, horrible, hostile, immoral, impur, infect, insuffisant, malicieux, malin, malpropre, manqué, méchant, médiocre, misérable, monstrueux, néfaste, noir, pervers, pitoyable, raté, ringard (arg.), roublard, sadique, sale, satanique, scélérat, sévère, sinistre, sournois, tocard (fam.), torve, venimeux, vicieux, vilain → **laid** [3] → **querelleur**
**mauviette** n. f. [1] → **alouette** [2] → **gringalet**
**maximaliste** nom et adj. → **extrémiste**
**maxime** n. f. adage, aphorisme, apophtegme, axiome, dicton, dit, dogme, formule, moralité, on-dit, pensée, précepte, principe, proverbe, règle, sentence, soutra
**maximum** n. m. [1] acmé, comble, limite, mieux, plafond, plus, point culminant, sommet, summum, terme, totalité [2] **au maximum :** à bloc, au plus haut degré / point, le plus possible
**maye** n. f. → **auge**
**mazout** n. m. fuel, gasoil, gazole, huile lourde
**méandre** n. m. [1] → **sinuosité** [2] → **ruse**
**méat** n. m. → **ouverture**
**mécanicien, ne** chauffeur, conducteur, garagiste, machiniste, mécano, motoriste, ouvrier, spécialiste
**mécanique** [1] adj. → **involontaire** [2] n.f. → **appareil**
**mécaniquement** → **inconsciemment**
**mécaniser** [1] au pr. : automatiser, équiper, industrialiser, motoriser [2] par ext. : rendre habituel / machinal / routinier, robotiser [3] fam. et fig. → **taquiner**
**mécanisme** n. m. [1] agencement, combinaison, fonctionnement, organisation, processus [2] appareillage, mécanique, organes [3] philos. → **réalisme**
**mécénat** n. m. → **parrainage**
**mécène** n. m. → **protecteur**
**méchanceté** n. f. [1] le défaut : agressivité, causticité, cruauté, dépravation, dureté, envie, fiel, hargne, jalousie, malice, malignité, malveillance, nocivité, noirceur, perniciosité, perversité, rosserie, sadisme, sauvagerie, scélératesse, venin, vice [2] l'acte : **a** calomnie, canaillerie, coup d'épingle, crapulerie, crasse, malfaisance, médisance, noirceur, perfidie, saleté, tour, tourment, vilenie **b** → **injustice** **c** → **facétie** **d** fam. : couleuvre, crosse, ganacherie, gentillesse, mistoufle, saloperie, vacherie
**méchant, e** [1] adj. **a** au pr. : acariâtre, acerbe, acrimonieux, affreux, agressif, atroce, bourru, brutal, corrosif, criminel, cruel, dangereux, démoniaque, désagréable, désobligeant, diabolique, dur, félon, féroce, fielleux, haineux, hargneux, indigne, infernal, ingrat, inhumain, injuste, insolent, insupportable, intraitable, jaloux, malfaisant, malicieux, malin, malintentionné, malveillant, maussade, médisant, mordant, noir, nuisible, odieux, perfide, pervers, pernicieux, rossard, rude, sadique, sans-cœur, satanique, scélérat, sinistre, turbulent, venimeux, vicieux, vilain, vipérin **b** par ext. : malheureux, mauvais, médiocre, misérable, nul, pauvre, petit, pitoyable, rien [2] fam. nom : bouc, canaille, carcan, carne, chameau, charogne, chipie, choléra, coquin, crapule, démon, fumier, furie, gale, ganache, harpie, masque, mégère, ogre, peste, poison, rosse, salaud, sale bête, salopard, salope, salopiaud *ou* serpent, sorcière, suppôt de Satan, teigne, tison, vachard, (peau de) vache, vipère
**mèche** n. f. [1] → **vrille** [2] de cheveux : couette [3] fig. **a** → **complicité** **b** → **secret**
**mécompte** n. m. [1] → **déception** [2] → **erreur**
**méconnaissable** → **différent**
**méconnaissance** n. f. → **ignorance**
**méconnaître** déprécier, ignorer, méjuger, se méprendre, mépriser, mésestimer, négliger, sous-estimer
**méconnu, e** → **inconnu**
**mécontent, e** [1] adj. : choqué, consterné, contrarié, déçu, dépité, ennuyé, fâché, grognon, inapaisé, inassouvi, insatisfait ◆ fam. : fumasse, furax, osseux, râleur, ronchonneur [2] nom : beatnik, contestant, contestataire, déviationniste, gauchiste, gréviste, hippie, houligan, kitsch, opposant, pétitionnaire, porteur de banderoles / de calicots / de pancartes, protestataire, réformiste, révisionniste, situationniste → **récalcitrant**
**mécontentement** n. m. → **ennui**
**mécontenter** fâcher → **agacer**
**mécréant, e** → **incroyant**
**médaille** n. f. [1] monnaie, pièce, plaque, insigne, médaillon [2] par ext. : **a** agnus dei, scapulaire → **fétiche** **b** → **récompense**
**médaillon** n. m. [1] → **médaille** [2] → **tableau** [3] → **image**
**médecin** n. m. [1] au pr. : accoucheur, acupuncteur, allopathe, anesthésiste, cardiologue, chirurgien, clinicien, dermatologiste, généraliste, gérontologue, gynécologue, homéopathe, neurologue, obstétricien, oculiste, omnipraticien, ophtalmologue, oto-rhino-laryngologiste, pédiatre, phlébologue, phoniatre, praticien, proctologue, psychiatre, radiologue, stomatologiste, urologue [2] par ext. : docteur, doctoresse, externe, interne, major, spécialiste [3] fam. : carabin, la Faculté, toubib [4] vx : mire, opérateur, physicien, thérapeute [5] péj. : charlatan, docteur Knock, médicastre
**médecine** n. f. [1] → **purge** [2] la Faculté
**médiane** n. f. → **proportion**
**médiat, e** → **indirect**
**médiateur, trice** → **intermédiaire**
**médiation** n. f. amodiation, arbitrage, bons offices, conciliation, entremise, intervention
**médiator** n. m. plectre
**médical, e** médicinal, thérapeutique
**médicament** n. m. → **remède**
**médication** n. f. → **soins**
**médicinal, e** médical, thérapeutique
**médiocre** assez bien, banal, bas, chétif, commun, étriqué, exigu, faible, humble, imparfait, inférieur, insignifiant, insuffisant, maigre, méchant, mesquin, mince, minime, modéré, modeste, modique, moyen, négligeable, ordinaire, pâle, passable, pauvre, petit, piètre, piteux, pitoyable, plat, quelconque, riquiqui, satisfaisant, suffisant, supportable, terne ◆ fam. : miteux, moche, tocard
**médiocrité** n. f. [1] → **faiblesse** [2] → **bassesse**
**médire** arranger, attaquer, babiller, baver sur, bêcher, cancaner, casser du sucre, clabauder, commérer, critiquer, croasser, dauber, débiner, déblatérer, décauser (rég.), déchirer, décrier, dégoiser, dénigrer, déprécier, déshabiller, détracter, diffamer, dire des méchancetés / pis que pendre, éreinter, esquinter, gloser, habiller, insinuer, jaser, mettre en capilotade / en pièces, nuire, potiner, répandre, satiriser, taper, vilipender
**médisance** n. f. anecdote, atrocité, attaque, bavardage, bêchage, bruit, calomnie, cancan,

caquetage, chronique, clabaudage, clabauderie, commentaire, commérage, coup de dent / de langue / de patte, délation, dénigrement, détraction, diffamation, écho, éreintement, horreurs, méchanceté, on-dit, perfidie, persiflage, potin, propos, rabaissement, racontar, ragot, rumeur, venin

**médisant, e** [1] adj. → **faux** [2] nom : contempteur, délateur, dénigreur, dépréciateur, détracteur, diffamateur, langue d'aspic / de serpent / venimeuse / de vipère / vipérine, mauvaise / méchante langue

**méditatif, ive** [1] → **pensif** [2] → **penseur**

**méditation** n. f. [1] → **attention** [2] → **pensée**

**méditer** [1] v. intr. → **penser** [2] v. tr. → **projeter**

**médium** n. m. télépathe

**méduser** → **étonner**

**meeting** n. m. → **réunion**

**méfait** n. m. → **faute**

**méfiance** n. f. arrière-pensée, crainte, défiance, doute, incrédulité, prévention, prudence, qui-vive, réserve, réticence, scepticisme, soupçon, suspicion, vigilance

**méfiant, e** [1] non fav. : chafouin, craintif, défiant, dissimulé, ombrageux, soupçonneux, timoré [2] neutre → **prudent**

**méfier (se)** se défier, être / se tenir sur ses gardes, se garder ◆ fam. : faire gaffe

**mégalomane** ou **mégalomaniaque** → **orgueilleux**

**mégalomanie** n. f. → **orgueil**

**mégaphone** n. m. amplificateur de son / de voix, ampli, haut-parleur, porte-voix ◆ par ext. : hydrophone, micro, microphone

**mégarde** n. f. → **inattention**

**mégère** n. f. bacchante, bagasse, carne, catin, chabraque, chameau, charogne, chienne, chipie, choléra, commère, cotillon, dame de la halle, diablesse, dondon, dragon, drôlesse, fourneau, furie, garce, gaupe, gendarme, gourgandine, grenadier, grognasse, harengère, harpie, hérisson, maquerelle, maritorne, matrone, ménade, pétasse, pie-grièche, pisse-vinaigre, poison, poissarde, pouffiasse, rombière, sibylle, sorcière, souillon, teigne, toupie, tricoteuse, trumeau, vieille bique / vache, virago ◆ vx : guimbarde, martingale, masque, vadrouille

**mégot** n. m. → **cigarette**

**mégoter** → **économiser**

**meilleur, e** choix, crème, élite, excellence, fleur, gratin, quintessence → **supérieur**

**méjuger** → **mépriser**

**mélancolie** n. f. [1] au pr. : abattement, accablement, aliénation, amertume, angoisse, atrabile, cafard, chagrin, dépression, déréliction, désolation, humeur noire, hypocondrie, langueur, mal du pays, neurasthénie, noir, nostalgie, papillons noirs, peine, regret, sinistrose (fam.), spleen, trouble, vague à l'âme → **tristesse** [2] par ext. : brume, grisaille, nuage, ombre

**mélancolique** [1] → **triste** [2] → **bilieux**

**mélange** n. m. [1] neutre : accouplement, alliage, alliance, aloi (vx), amalgamation, amalgame, amas, assemblage, association, assortiment, bariolage, bigarrure, brassage, combinaison, complexe, complexité, composé, composition, coupage, couplage, croisement, damier, délayage, dosage, fusion, gâchage, hétérogénéité, hybridation, imprégnation, incorporation, macédoine, magma, malaxage, mariage, marqueterie, métissage, mixtion, mixture, mosaïque, panachage, panmixie, patchwork, rapprochement, réunion, syncrétisme, tissu, union [2] non fav. : bric-à-brac, brouillamini, cacophonie, chaos, cocktail, confusion, désassortiment (vx), désordre, disparité, embrouillamini, emmêlement, enchevêtrement, entortillement, entrelacement, entremêlement, fatras, fouillis, fricassée, imbrication, imbroglio, margouillis, mêlé-cassis, mêlée, méli-mélo, micmac, pastis, pêle-mêle, promiscuité, salade, salmigondis [3] litt. [a] centon, compilation, habit d'arlequin, placage, pot-pourri, recueil, rhapsodie [b] au pl. : miscellanées, morceaux choisis, variétés → **anthologie**

**mélanger** abâtardir, accoupler, agglutiner, agiter, allier, amalgamer, assembler, associer, assortir, barioler, battre, bigarrer, brasser, brouiller, combiner, composer, confondre, couper, coupler, croiser, doser, embrouiller, emmêler, enchevêtrer, entrelacer, entrelarder, entremêler, fatiguer, fondre, fouetter, fusionner, incorporer, intriquer, introduire, joindre, malaxer, manipuler, marier, mâtiner, mêler, mettre, mixer, mixtionner, panacher, rapprocher, réunir, saupoudrer, touiller → **unir**

**mélasse** n. f. [1] par ext. → **sucre** [2] fig. → **ennui**

**mêlé, e** [1] bâtard, bigarré, composite, impur, mâtiné, mixte [2] embarrassé [3] embroussaillé

**mêlée** n. f. → **bataille**

**mêler** → **mélanger**

**méli-mélo** n. m. → **mélange**

**melliflue** → **doucereux**

**mélodie** n. f. accents, air, aria, ariette, cantabile, cantilène, chanson, chant, harmonie, incantation, lied, mélopée, pièce, poème, récitatif

**mélodieux, euse** → **harmonieux**

**mélodrame** n. m. → **drame**

**melon** n. m. cantaloup, cavaillon, péponide → **pastèque**

**mélopée** n. f. → **mélodie**

**membrane** n. f. → **tissu**

**membre** n. m. [1] → **partie** [2] actionnaire, adhérent, affilié, associé, correspondant, cotisant, fédéré, inscrit, recrue, sociétaire, soutien, sympathisant [3] → **sexe**

**même** [1] adv. : aussi, de plus, également, encore, en outre, pareillement, précisément, semblablement, voire [2] pron. le même → **semblable** [3] **de même que** → **comme** [4] adj. analogue, égal, équivalent, ex aequo, identique, pareil, semblable, similaire, tel

**mémento** n. m. agenda, aide-mémoire, almanach, bloc-notes, calepin, carnet, éphéméride, guide, guide-âne, pense-bête / précis, vade-mecum → **note**

**mémoire** n. f. [1] au pr. : anamnèse, conservation, empreinte, recognition, réminiscence, ressouvenir, savoir, souvenance, souvenir, trace [2] par ext. → **rappel** [3] [a] → **commémoration** [b] → **réputation**

**mémoire** n. m. [1] au sing. [a] → **liste** [b] → **compte** [c] → **traité** [d] → **récit** [2] au pl. : annales, autobiographie, chronique, commentaire, confession, essai, journal, mémorial, récit, révélations, souvenirs, voyages

**mémorable** → **remarquable**

**mémorandum** n. m. → **note**

**mémorial** n. m. [1] → **récit** [2] → **mémoire** (n. m.)

**mémorialiste** n. m. ou f. → **historien**

**menaçant, e** agressif, comminatoire, dangereux, fulminant, grondant, imminent, inquiétant, sinistre

**menace** n. f. [1] avertissement, bravade, chantage, défi, dissuasion, fulmination, grondement, intimidation, provocation, réprimande, rodomontade, sommation, ultimatum [2] danger, escalade, péril, point noir, spectre

**menacer** [1] → **braver** [2] menacer de → **présager**

**ménage** n. m. [1] → **économie** [2] → **famille** [3] → **maison**

**ménagement** n. m. [1] → **circonspection** [2] au pl. → **égard(s)**

**ménager** [1] au pr. [a] → **économiser** [b] → **user (de)** [c] → **préparer** [d] → **procurer** [2] par ext. **ménager quelqu'un** : épargner, être indulgent, mettre des gants, pardonner à, prendre des précautions, respecter, sauver, traiter avec ménagement

**ménager, ère** [1] → **domestique** [2] → **économe**

**ménagerie** n. f. animalerie, bestiaire (vx), fauverie, jardin zoologique, oisellerie, singerie, vivarium → **zoo**

**mendiant, e** chanteur des rues, chemineau, clochard, cloche, clodo, indigent, mendigot, miséreux, nécessiteux, parasite, pauvre, pilon (arg.), quémandeur, truand, vagabond → **gueux**

**mendicité** n. f. charité publique ◆ arg. : manche

**mendier** → **solliciter**

**menée(s)** n. f. [1] agissements, complot, diablerie, fomentation, intrigue, machination, manœuvre → **ruse** [2] pratique, trame

**mener** [1] amener, emmener, promener, ramener, remmener → **conduire** [2] → **gouverner** [3] → **traiter**

**ménestrel** n. m. → **troubadour**

**ménétrier** n. m. → **violoniste**

**meneur, euse** [1] → **chef** [2] → **protagoniste**

**menhir** n. m. cromlech (par ext.), monolithe, peulven, pierre levée

**menin, e** → **jeune**

**méninges** n. f. pl. → **intelligence**

**méningite** n. f. → **maladie**

**mennonite** nom et adj. → **protestant**

**ménopause** n. f. aménorrhée, climatère, retour d'âge ◆ par ext. pour les hommes : andropause, démon de midi (fam.)

**menotte** n. f. [1] au sing. → **main** [2] au pl. : arg. : bracelets, cabriolet, cadenas, cannelles, lacets, pinces, poucettes ◆ vx : grillons, grésillons, manicles

**mensonge** [1] antiphrase, bourrage de crâne, contrevérité, craque, fausseté, menterie → **hâblerie** ◆ arg. : bourre, cravate [2] → **vanité** [3] → **invention** [4] → **feinte**

**mensonger, ère** → **faux**

**menstruation, menstrues** n. f. [1] flux menstruel / périodique, règles [2] fam. : affaires, époques, indisposition, mois, trucs [3] arg. : mensualités, ours

**mensuration** n. f. → **mesure**

**mental, e** → **psychique**

**mentalité** n. f. affect (psych.), caractère, esprit, état d'esprit, moral, opinion publique, pensée

**menterie** n. f. → **mensonge**

**menteur, euse** [1] adj. [a] → **trompeur** [b] → **faux** [2] nom → **hâbleur**

**menthe** n. f. → **aromate**

**mention** n. f. → **rappel**

**mentionner** [1] → **citer** [2] → **inscrire**

**mentir** abuser, altérer / dissimuler / déguiser / fausser la vérité, cravater (fam.), dire / faire un mensonge, feindre, induire en erreur → **hâbler**

**mentor** n. m. → **conseiller**

**menu** n. m. [1] carte [2] festin, mets, ordinaire, régal, repas

**menu, e** adj. délicat, délié, élancé, fin, fluet, gracile, grêle, mièvre, mince, subtil, ténu → **petit**

**menuiserie** n. f. [1] par ext. : ébénisterie, parqueterie, tabletterie [2] huisserie

**menuisier** n. m. par ext. : charpentier, ébéniste, ouvrier du bois, marqueteur, parqueteur, tabletier

**méphitique** [1] → **puant** [2] → **mauvais**

**méprendre (se)** → **tromper (se)**

**mépris** n. m. [1] → **dédain** [2] → **honte**

**méprisable** → **vil**

**méprisant, e** arrogant, bêcheur, contempteur, dédaigneux, fat, fier, hautain, orgueilleux

**méprise** n. f. [1] → **malentendu** [2] → **inattention**

**mépriser** [1] quelqu'un → **dédaigner** [2] quelque chose : braver, décrier, déprécier, dévaluer, faire / fi / litière, se ficher de, fouler aux pieds, honnir, jongler avec, se jouer de, laisser passer, méconnaître, méjuger, mésestimer, se moquer / rire de, narguer, rabaisser, ravaler, se rire de, tourner le dos ◆ fam. : se balancer / contreficher / contrefoutre / foutre / tamponner / taper de, laisser pisser le mérinos

**mer** n. f. [1] au pr. : eaux, flots, hydrosphère, large, océan, onde [2] fam. : baille, grande tasse [3] fig. → **abondance**

**mercanti** n. m. → **trafiquant**

**mercantile** cupide → **profiteur**

**mercenaire** n. m. [1] au pr. : aventurier, condottiere, reître, soldat, stipendié [2] par ext.(adj.) : avide, cupide, intéressé, vénal

**merchandising** par ext. → **marketing**

**merci** n. f. [1] → **miséricorde** [2] **être à la merci de** → **dépendre**

**mercure** n. m. cinabre, hydrargyre, serpent de Mars, vif-argent

**mercuriale** n. f. → **reproche**

**merde** n. f. → **excrément**

**merdeux, euse** [1] → **malpropre** [2] → **enfant**

**mère** n. f. [1] au pr. : maman, marâtre (péj.), mère poule [2] arg. : mater, maternelle [3] par ext. : cause, génitrice, matrice, origine, source

**méridienne** n. f. [1] → **siège** [2] → **sieste**

**méridional, e** → **austral**

**méritant, e** bon, digne, estimable, honnête, louable, méritoire, valeureux, vertueux

**mérite** n. m. → **qualité**

**mériter** [1] fav. : être digne de, gagner à [2] non fav. : commander, demander, encourir, imposer, réclamer, valoir

**méritoire** → **méritant**

**merlan, merlu** n. m. → **gade**

**merveille** n. f. → **prodige**
**merveilleux** [1] → **surnaturel** [2] → **élégant**
**merveilleux, euse** [1] → **beau** [2] → **extraordinaire**
**mésalliance** n. f. → **déchéance**
**mésallier (se)** → **déchoir**
**mésaventure** n. f. accident, avarie, avatar (par ext.), déconvenue, incident, malheur, vicissitude → **malchance** ◆ fam. : pépin, tuile
**mésentente** n. f. → **mésintelligence**
**mésestime** n. f. → **dédain**
**mésestimer** → **mépriser**
**mésintelligence** n. f. antagonisme, brouille, brouillerie, chicane, contradiction, désaccord, désunion, différend, discordance, discorde, dispute, dissension, dissentiment, dissidence, divergence, division, divorce, friction, froid, frottement, incompatibilité, incompréhension, mésentente, nuage, opposition, orage, pique, querelle, rupture, tension, trouble, zizanie
**mesquin, e** [1] a → **avare** b → **pauvre** [2] → **étroit**
**mesquinerie** n. f. → **bassesse**
**mess** n. m. → **réfectoire**
**message** n. m. [1] → **lettre** [2] → **communication** [3] pneu, sans-fil, télégramme, télex → **dépêche**
**messager, ère** [1] au pr. a agent, commissionnaire, courrier, coursier, envoyé, estafette, exprès, facteur, héraut, mercure, porteur, saute-ruisseau, transporteur b vx : ambassadeur, avant-courrier, coureur, postier [2] par ext. → **précurseur**
**messagerie** n. f. courrier, poste, transport
**messe** n. f. [1] assemblée des fidèles, célébration, cérémonie, culte, obit, office, saint sacrifice, service divin [2] par anal. a chant, liturgie, musique, rite, rituel b absoute, complies, laudes, matines, none, prime, salut, sexte, ténèbres, tierce, vêpres
**messianique** → **prophétique**
**messie** n. m. → **prophète**
**mesurable** commensurable, comparable, identifiable, testable
**mesure** n. f. [1] au pr. a appréciation, calcul, degré, détermination, estimation, évaluation, jaugeage, mensuration, mesurage, métrage, métré, pesée, relevé, test b → **dimension** c → **capacité** d → **temps** e → **longueur** f → **son** g → **poids** h → **surface** i → **chaleur** j → **angle** k → **pression** l → **lumière** m → **électricité** n → **puissance** [2] par ext. a → **rythme** b → **règle** c → **retenue** d → **préparatif** [3] à mesure → **proportion (à)**
**mesuré, e** → **prudent**
**mesurer** [1] au pr. : arpenter, cadastrer, calibrer, chaîner, compter, corder, cuber, doser, jauger, métrer, régler, sonder, stérer, tester ◆ vx : auner, compasser, toiser [2] par ext. a → **évaluer** b → **proportionner** c → **régler** [3] v. intr. : avoir, développer, faire [4] v. pron. → **lutter**
**mésuser** exagérer, méconnaître → **abuser**
**métairie** n. f. → **ferme**
**métal** n. m. [1] acier, aluminium, argent, chrome, cobalt, cuivre, étain, fer, manganèse, mercure, nickel, platine, plomb, plutonium, radium, tungstène, uranium, vanadium, etc [2] fonte, matte
**métallique** → **brillant**
**métallurgiste** n. m. [1] métallo [2] aciériste, ajusteur, chaudronnier, fondeur, forgeron, fraiseur, maître de forges, soudeur
**métamorphose** n. f. → **transformation**
**métamorphoser** → **transformer**
**métaphore** n. f. [1] → **image** [2] → **symbole**
**métaphorique** → **symbolique**
**métaphysique** [1] n.f. par ext. : ontologie, théodicée [2] adj. : abstrait, transcendant
**métapsychique** parapsychologie
**métathèse** n. f. → **transposition**
**métayer, ère** par ext. → **fermier**
**métempsycose** n. f. → **renaissance**
**météore** n. m. aérolithe, astéroïde, astre, bolide, comète, étoile filante, météorite
**métèque** n. m. → **étranger**
**méthode** n. f. [1] approche, analyse, art, code, combinaison, déduction, démarche, discipline, dispositif, façon, formule, induction, ligne de conduite, maïeutique, manière, marche à suivre, mode, moyen, ordre, organisation, pratique, procédé, procédure, recette, règle, rubrique (vx), secret, stratégie, système, tactique, technique, théorie, voie [2] dialectique, didactique, logique, maïeutique, praxis
**méthodique** [1] → **réglé** [2] → **logique**
**méticuleux, euse** → **minutieux**
**métier** n. m. [1] → **profession** [2] → **habileté** [3] → **appareil**
**métis, se** [1] animaux ou plantes : bâtard, corniaud, croisé, hybride, mâtiné, métissé, mulard, mule, mulet [2] hommes : eurasien, mulâtre, quarteron, sang-mêlé ◆ péj. : moricaud, noiraud
**métissage** n. m. coupage, croisement, hybridation, mélange
**métrage** et **métré** n. m. → **mesure**
**mètre** n. m. → **rythme**
**métré** n. m. → **mesure**
**métrer** → **mesurer**
**métropole** n. f. → **capitale**
**mets** n. m. bonne chère, brouet (péj.), chère, cuisine, fricot (fam.), menu, nourriture, plat, repas, soupe (fam.)
**mettable** [1] → **honnête** [2] → **passable**
**mettre** [1] au pr. a ajouter, appliquer, apposer, appuyer, camper, caser, coller, déposer, disposer, donner, empiler, enfoncer, engager, établir, exposer, fixer, glisser, imposer, insérer, installer, introduire, loger, opposer, placer, planter, plonger, poser, poster, ranger, remettre, serrer b vx : bouter, chausser c fam. : carrer, cloquer, ficher, flanquer, fourrer, foutre [2] par ext. → **vêtir** [3] a **se mettre à** → **commencer** b **se mettre à genoux** → **agenouiller (s')** c **mettre à la porte / dehors** → **congédier** d **mettre en joue** → **viser** e **mettre devant / en avant** → **présenter** f **mettre en cause** → **inculper** g **mettre bas** → **accoucher** [4] V. pron. a → **vêtir (se)** b **se mettre en rapport** → **aboucher (s')** c **se mettre en quatre** → **empresser (s')** d **se mettre dans** → **occuper (s')**
**meuble** n. m. → **mobilier**
**meublé** n. m. → **hôtel**
**meubler** [1] → **fournir** [2] → **orner**
**meugler** → **mugir**
**meule** n. f. [1] barge, gerbier, meulon, pailler [2] broyeur, concasseur [3] affiloir, aiguisoir
**meuler** → **affiler**
**meunerie** n. f. minoterie, moulin
**meunier, ère** minotier
**meurt-de-faim** n. m. → **pauvre**
**meurtre** n. m. → **homicide**
**meurtrier, ère** → **homicide**
**meurtrière** n. f. → **ouverture**
**meurtrir** [1] au pr. a battre, blesser, cabosser, cogner, contusionner, courbaturer, endolorir, frapper, froisser, malmener, mettre en compote / en marmelade / un œil au beurre noir, pocher, rosser, taper b écraser, fouler, mâcher, mâchurer, taler [2] fig. : faire de la peine, peiner, torturer, tourmenter
**meurtrissure** n. f. → **contusion**
**meute** n. f. vautrait (par ext.) → **troupe**
**mévente** n. f. → **crise**
**mezzanine** n. f. entresol → **balcon**
**mi** → **moitié**
**miasme** n. m. → **émanation**
**micelle** n. f. → **particule**
**micmac** n. m. → **manigance**
**microbe** n. m. [1] au pr. : amibe, actinomycète, aspergille, bacille, bactérie, discomycète, ferment, flagellé, germe, microcoque, micro-organisme, monère, rhizopode, spirille, spirochète, sporotriche, sporozoaire, trichophyton, vibrion, virgule, virus [2] fig. → **nain**
**microphone** n. m. par ext. : hydrophone, mégaphone, micro
**microscope** n. m. → **lunette**
**microscopique** → **petit**
**midi** n. m. [1] mi-journée [2] austral, méridional, sud
**midinette** n. f. apprentie, cousette, couturière, modiste, ouvrière, petite-main, trottin
**mielleux, euse** [1] → **doucereux** [2] → **hypocrite**
**miette** n. f. → **morceau**
**mieux** → **plus**
**mièvre** [1] → **joli** [2] → **affecté** [3] → **menu**
**mièvrerie** n. f. → **affectation**
**mignard, e** → **minaudier**
**mignardise** n. f. → **minauderie**
**mignon, ne** [1] → **aimable** [2] → **élégant**
**migraine** n. f. [1] céphalée, mal de tête [2] → **souci**
**migration** n. f. montaison, passée (vén.), remue (vx), transhumance → **émigration**
**mijaurée** n. f. → **pimbêche**
**mijoter** [1] v. intr. → **cuire** [2] v. tr. → **préparer**
**milice** n. f. → **troupe**
**milieu** n. m. [1] au pr. a → **centre** b biotope, élément, espace, gisement, habitat, patrie, terrain c ambiance, atmosphère, aura, cadre, climat, condition, décor, écologie, écosystème écoumène *ou* œkoumène, entourage, environnement, lieu, société, sphère [2] par ext. → **monde** [3] arg. : mitan [4] **au milieu de** → **parmi**
**militaire** [1] adj. : belliqueux, guerrier, martial, prétorien, soldatesque (péj.), stratégique, tactique [2] n.m. a → **chef** b → **soldat** c arg. : [3] **art militaire :** polémologie
**militant, e** [1] → **partisan** [2] → **combattant**
**militarisme** n. m. bellicisme, caporalisme
**militer** agir, participer, prendre part → **lutter**
**mille** → **quantité**
**millénaire** n. m. → **ancien**
**milliard, millier, million** n. m. → **quantité** ◆ arg. : brique, tuile, unité
**millionnaire** n. m. et adj. → **riche**
**mime** [1] n.f. a au pr. : gesticulation, jeu muet, mimique, orchestique, pantomime b par ext. : attitudes, contorsions, expression, gestes, gesticulation, manières, signes, singeries [2] n.m. : acteur / artiste / comédien muet, clown
**mimer** → **imiter**
**mimétisme** n. m. → **imitation**
**mimique** n. f. → **geste**
**minable** [1] → **incapable** [2] → **misérable**
**minauder** [1] → **affrioler** [2] → **marivauder**
**minauderie** n. f. affectation, agacerie, chichi, coquetterie, façons, grâces, grimace, manières, mignardise, mine, provocation, simagrée, singerie
**minaudier, ère** affecté, enjôleur, gnangnan (fam.), grimacier, maniéré, mignard, poseur
**mince** [1] neutre : allongé, délicat, délié, effilé, élancé, étroit, fastigié, filiforme, fin, fluet, fragile, fuselé, gracile, grêle, maigre, menu, petit, pincé, svelte, ténu [2] non fav. : insignifiant, médiocre, négligeable
**minceur** n. f. → **finesse**
**mine** n. f. [1] air, apparence, complexion, contenance, expression, extérieur, face, façon, figure, maintien, minois, physionomie, physique, teint, tête, visage ◆ fam. : bouille, fiole, poire, tronche → **couleur** [2] **faire bonne / mauvaise mine** → **accueil** [3] carrière, fosse, galerie, puits, souterrain [4] charbonnage, houillère [5] filon, fonds, gisement [6] cartouche, engin, explosif, piège
**miner** [1] au pr. : affouiller, caver, creuser, éroder, fouiller, fouir, gratter, ronger, saper [2] fig. : abattre, affaiblir, attaquer, brûler, consumer, corroder, défaire, désintégrer, détruire, diminuer, ruiner, user
**minet** n. m. [1] → **chat** [2] → **jeune (homme)**
**minette** n. f. [1] → **luzerne** [2] → **fille**
**mineur** n. m. galibot, haveur, porion, raucheur, sapeur
**mineur, e** impubère → **petit**
**miniature** n. f. [1] au pr. : dessin, enluminure, peinture, portrait [2] **en miniature :** en abrégé, en raccourci, en réduction
**miniaturiser** → **réduire**
**miniaturiste** n. m. et f. enlumineur
**minime** → **petit**
**minimiser** [1] → **calmer** [2] → **réduire**
**minimum** n. m. étiage, le moins possible
**ministère** n. m. [1] au pr. a charge, emploi, fonction b cabinet, conseil / corps ministériel / des ministres, département, gouvernement, maroquin, portefeuille [2] par ext. → **entremise**
**ministériel, le** [1] exécutif, gouvernemental, officiel [2] **officier ministériel :** avoué, commissaire de police, commissaire-priseur, consul, huissier, notaire
**ministre** n. m. [1] au pr.(vx) : exécutant, instrument, serviteur [2] ecclésiastique, pasteur, prédicant → **prêtre**
**minois** n. m. → **visage**
**minoratif, ive** dépréciatif, diminutif, hypocoristique
**minoritaire** → **infime**

**minorité** n. f. 1 adolescence, enfance, impuberté 2 → **choix** 3 → **opposition**

**minoterie** n. f. meunerie, moulin

**minuscule** 1 adj. a → **infime** b → **petit** 2 n.f. imprimerie : bas de casse

**minute** n. f. 1 → **moment** 2 → **original**

**minuter** → **écrire**

**minutie** n. f. → **soin**

**minutieux, euse** appliqué, attentif, consciencieux, difficile, exact, exigeant, formaliste, maniaque, méticuleux, pointilleux, pointu, scrupuleux, soigneux, tatillon, vétilleux

**mioche** n. m. et f. 1 → **enfant** 2 → **bébé**

**miracle** n. m. → **prodige**

**miraculeux, euse** → **surnaturel**

**mirage** n. m. 1 au pr. : image, phénomène, reflet 2 par ext. : apparence, chimère, illusion, mensonge, rêve, rêverie, trompe-l'œil, tromperie, vision 3 fig. : attrait, séduction

**mire** 1 n.m. : apothicaire → **médecin** 2 n.f. **point de mire** → **but**

**mirer** 1 → **viser** 2 → **regarder**

**mirifique** → **extraordinaire**

**mirliton** n. m. → **flûte**

**mirobolant, e** → **extraordinaire**

**miroir** n. m. 1 au pr. : courtoisie, glace, psyché, réflecteur, rétroviseur, trumeau 2 fig. → **représentation**

**miroitant, e** → **brillant**

**miroitement** n. m. → **reflet**

**miroiter** → **luire**

**miroitier, ère** vx : glacier

**mis, e** → **vêtu**

**misanthrope** atrabilaire, bourru, chagrin, farouche, insociable, ours, sauvage, solitaire

**misanthropie** n. f. asociabilité, insociabilité, taciturnité, aversion, haine

**miscellanées** n. f. pl. → **mélanges**

**mise** n. f. 1 carre (arg.), cave, enjeu, masse, poule → **investissement** 2 → **vêtement** 3 a **de mise** → **valable** b **mise bas** (vét.) : accouchement, agnelage, délivrance, part, parturition, vêlage c **mise en demeure** → **injonction** d **mise à jour :** refonte → **recyclage**

**miser** allonger, caver, coucher, investir, jouer, mettre, parier, placer, ponter, risquer

**misérable** 1 adj. a quelque chose : calamiteux, déplorable, fâcheux, honteux, insignifiant, lamentable, malheureux, mauvais, méchant, méprisable, mesquin, piètre, pitoyable, regrettable, triste, vil b quelqu'un : besogneux, chétif, désespéré, indigent, infortuné, minable, miteux ◆ vermineux vx : → **pauvre** 2 nom : bandit, clochard, cloche, coquin, croquant, gueux, hère, miséreux, paria, pauvre diable / drille / type, pouilleux, purotin, réprouvé, tocard, traîne-misère, va-nu-pieds → **mendiant**

**misère** n. f. 1 → **malheur** 2 → **pauvreté** 3 → **rien**

**miséreux, euse** → **misérable**

**miséricorde** n. f. 1 absolution, clémence, grâce, indulgence, merci, pardon, pitié, quartier 2 selle, siège, tabouret

**miséricordieux, euse** → **bon**

**missel** n. m. antiphonaire → **paroissien**

**missile** n. m. engin, fusée

**mission** n. f. 1 ambassade, besogne, charge, commission, délégation, députation, légation, mandat, représentation 2 action, but, destination, fonction, rôle, vocation 3 → **occupation** 4 apostolat, évangélisation 5 **chargé de mission :** délégué, député, émissaire, envoyé, exprès, mandataire, représentant

**missionnaire** nom et adj. 1 → **propagateur** 2 → **apôtre**

**missive** n. f. → **lettre**

**mitaine** n. f. gant, manicle, moufle

**mitan** n. m. → **moitié**

**mite** n. f. 1 ciron (vx) 2 → **excrément**

**mi-temps** n. f. → **pause**

**miteux, euse** → **misérable**

**mitigation** n. f. → **adoucissement**

**mitiger** → **modérer**

**mitonner** 1 v. intr. → **cuire** 2 v. tr. → **préparer**

**mitoyen, ne** d'héberge, intercalaire, intermédiaire, médian, moyen, voisin

**mitoyenneté** n. f. → **proximité**

**mitrailler** → **tirer**

**mitraillette** n. f. 1 arg. : clarinette, seringue, sulfateuse 2 par ext. → **fusil**

**mixte** → **mêlé**

**mixtion** n. f. → **mélange**

**mixture** n. f. → **mélange**

**mobile** 1 adj. a → **mouvant** b → **changeant** 2 n.m. a → **cause** b → **moteur** c → **soldat**

**mobile-home** n. m. off. : auto-caravane

**mobilier** n. m. ameublement, équipement ménager, ménage, meubles

**mobilisateur, trice** → **motivant**

**mobilisation** n. f. appel, conscription, levée en masse, période, rappel, recensement, recrutement

**mobiliser** 1 appeler, enrégimenter, enrôler, lever, rappeler, recruter, requérir, réquisitionner 2 → **immobiliser**

**mobilité** n. f. 1 → **changement** 2 → **instabilité**

**mobylette** n. f. → **cyclomoteur**

**moche** → **laid**

**modalité,** n. f. 1 circonstance, façon, manière, mode, moyen, particularité → **qualité** 2 au pl. → **disposition**

**mode** 1 n.m. → **qualité** 2 n.f. a avant-gardisme, coutume, engouement, épidémie, fureur, goût, habitude, mœurs, pratique, snobisme, style, ton, usage, vague, vent, vogue b convenance, façon, fantaisie, manière, volonté c (haute) couture → **vêtement** d **à la mode :** au goût du jour → **élégant** ◆ fam. : branché, dans le vent, in

**modèle** n. m. 1 n.m. a archétype, canon, critère, échantillon, étalon, exemple, formule, gabarit, idéal, idée, image, miroir, original, paradigme, parangon, précédent, prototype, référence, standard, type, unité b carton, cerce, croquis, esquisse, étude, grille, maquette, moule, patron, pattern, pige, plan, schéma, spécimen, topo c académie, mannequin, pose 2 adj. → **parfait**

**modelé** n. m. → **forme**

**modeler** 1 → **sculpter** 2 → **former** 3 v. pron. → **régler (se)**

**modéliste** n. m. et f. → **styliste**

**modérateur, trice** 1 → **intermédiaire** 2 ralentisseur, régulateur

**modération** n. f. 1 bonne conduite, circonspection, convenance, discrétion, douceur, frugalité, juste milieu, ménagement, mesure, modérantisme, modestie, réserve, retenue, sagesse, sobriété, tempérance, vertu 2 adoucissement, assouplissement, mitigation, progressivité, réduction

**modéré, e** 1 neutre : abstinent, continent, discret, doux, économe, équilibré, frugal, mesuré, modeste, moyen, pondéré, prudent, raisonnable, sage, sobre, tempérant, tempéré 2 non fav. : bas, faible, médiocre

**modérer** 1 adoucir, affaiblir, amoindrir, amortir, apaiser, arrêter, assouplir, atténuer, attiédir, borner, calmer, contenir, corriger, diminuer, édulcorer, estomper, éteindre, freiner, mesurer, minimiser, mitiger, pallier, ralentir, régler, réprimer, tamiser, tempérer 2 v. pron. : déchanter, en rabattre, mettre de l'eau dans son vin, se retenir

**moderne** 1 → **nouveau** 2 → **actuel**

**modernisation** n. f. → **rénovation**

**moderniser** → **renouveler**

**modernité** n. f. → **actualité**

**modeste** 1 quelqu'un : chaste, décent, discret, effacé, humble, prude, pudique, ravalé (vx), réservé → **simple** 2 quelque chose : banal, chétif, limité, médiocre, modéré, modique, moyen, pauvre, petit, plat, simple, terne, uni

**modestie** n. f. 1 → **retenue** 2 → **décence** 3 → **humilité**

**modicité** n. f. exiguïté, modestie, petitesse

**modifiable** 1 → **perfectible** 2 → **transposable**

**modification** n. f. adaptation, addition, adultération, aggravation, agrandissement, altération, artefact, changement, correction, dérogation, différence, extension, falsification, infléchissement, métamorphose, nuance, progression, ralentissement, rectificatif, rectification, réfection, refonte, remaniement, révision, somation (biol.), transformation, variation

**modifier** → **changer**

**modillon** n. m. → **appui**

**modique** 1 → **médiocre** 2 → **petit**

**modulation** n. f. → **son**

**moduler** 1 → **adapter** 2 → **proportionner** 3 → **régler**

**modus vivendi** n. m. 1 → **accord** 2 → **transaction**

**moelle** n. f. 1 → **substance** 2 boucherie : amourette

**moelleux, euse** 1 confortable, douillet, doux, duveteux, élastique, mollet, mou, pulpeux, rembourré 2 agréable, gracieux, souple 3 gras, liquoreux, mollet, onctueux, savoureux, velouté

**moellon** n. m. → **pierre**

**mœurs** n. f. pl. 1 au pr. a → **habitude** b → **moralité** c → **nature** 2 par ext. → **caractère**

**mofette** ou **moufette** n. f. émanation, exhalaison, fumée, fumerolle, gaz, grisou

**moi** arg. : bibi, mézigue, ma pomme → **personnalité**

**moignon** n. m. → **morceau**

**moindre** → **petit**

**moine** n. m. 1 → **religieux** 2 → **toupie** 3 → **chaufferette**

**moineau** n. m. 1 au pr. : friquet, gros-bec, piaf, pierrot → **passereau** 2 fig. → **type**

**moire** n. f. → **reflet**

**moirer** → **lustrer**

**mois** n. m. du calendrier républicain : vendémiaire, brumaire, frimaire, nivôse, pluviôse, ventôse, germinal, floréal, prairial, messidor, thermidor, fructidor

**moïse** n. m. → **berceau**

**moisir** 1 au pr. → **pourrir** 2 fig. → **attendre**

**moisissure** n. f. → **pourriture**

**moisson** n. f. fruit, récolte ◆ vx : annone, août

**moissonner** → **recueillir**

**moite** → **humide**

**moiteur** n. f. → **tiédeur**

**moitié** n. f. 1 demi, mi, milieu, mitan 2 fam. → **épouse**

**molasse** ou **mollasse** n. f. → **pierre**

**môle** n. m. brise-lames, digue, embarcadère, jetée, musoir, quai

**molécule** n. f. → **particule**

**molester** 1 → **tourmenter** 2 → **maltraiter**

**molette** n. f. 1 → **pilon** 2 → **roulette**

**mollasse** et **mollasson** → **mou**

**mollesse** n. f. 1 au pr. a non fav. : abattement, affaiblissement, apathie, atonie, avachissement, efféminement, indolence, langueur, mollasserie, nonchalance, paresse, relâchement, somnolence b neutre ou fav. : abandon, faiblesse, grâce, laisser-aller, morbidesse c flaccidité, laxité 2 part ext. → **volupté**

**mollet, te** 1 → **mou** 2 → **moelleux**

**molletière** n. f. → **guêtre**

**mollir** 1 v. intr. → **faiblir** 2 v. tr. → **fléchir**

**mollusque** n. m. 1 amphineure, chiton, invertébré, oscabrion a → **céphalopode** b → **gastéropode** c → **lamellibranche** 2 → **coquillage** 3 → **moule** 4 → **huître** 5 → **limaçon**

**môme** n. m. et f. → **enfant**

**moment** n. m. 1 date, entrefaite (vx), époque, heure, instant, intervalle, jour, minute, saison, seconde, tournant 2 → **occasion**

**momentané, e** → **passager**

**momentanément** → **provisoirement**

**momerie** n. f. 1 → **mascarade** 2 → **comédie** 3 → **hypocrisie**

**momification** n. f. → **dessèchement**

**momifier** 1 dessécher, embaumer 2 → **abêtir**

**monacal, e** → **monastique**

**monarchie** n. f. → **royauté**

**monarchiste** nom et adj. → **royaliste**

**monarque** n. m. autocrate, bey, césar, chef, despote, dey, empereur, kaiser, khan, majesté, potentat, prince, ras, roi, seigneur, shah, souverain, sultan, tyran ◆ péj. : roitelet, tyranneau

**monastère** n. m. abbaye, béguinage, bonzerie, chartreuse, commanderie, communauté, couvent, moutier, prieuré, retraite, solitude, trappe → **cloître**

**monastique** claustral, conventuel, monacal, monial, régulier

**monceau** n. m. → **amas**

**mondain, aine** 1 n.m. boulevardier (vx), homme du monde, salonnard, snob 2 adj. : a → **terrestre** b frivole, futile, léger

**mondanité** n. f. 1 vx → **frivolité** 2 au pl. a → **convenance** b → **réception**

**monde** n. m. 1 au pr. → **univers** 2 fig. a → **société** b → **multitude** c → **époque** 3 par ext. : aristocratie, beau linge (fam.), beau / grand monde, faubourg Saint-Germain (vx), gentry, gotha, gratin, haute société, milieu, société, tout-Paris, vieille France

**monder** → **éplucher**

**mondial, e** → **universel**

**mondialiser** → **répandre**

**mongol, e** mongolique, ouralo-altaïque, tatar

**moniteur, trice** 1 → **maître** 2 → **instructeur**

**monitoire** n. m. → **rescrit**

**monitoring** off. 1 monitorage 2 signal sonore

**monnaie** n. f. 1 espèces, liquide, métal, numéraire, papier 2 → **argent**

**monnayer** → **vendre**

**monocorde** → **monotone**

**monogramme** n. m. 1 → **marque** 2 → **signature**

**monographie** n. f. → **traité**

**monologue** n. m. 1 au pr. : aparté, discours, monodie, tirade 2 par ext. : radotage, soliloque

**monologuer** soliloquer

**monomanie** n. f. → **manie**

**monopole** n. m. 1 duopole, oligopole, régie → **privilège** 2 → **trust**

**monopoliser** → **accaparer**

**monotone** assoupissant, endormant, ennuyeux, monocorde, plat, traînant, triste → **uniforme**

**monotonie** n. f. uniformité → **tristesse**

**monovalent, e** univalent

**monseigneur** n. m. → **prince**

**monsieur** n. m. 1 → **homme** 2 → **personnalité**

**monstre** 1 n.m. **a** amphisbène, basilic, centaure, cerbère, chimère, coquecigrue, dragon, griffon, harpie, hippocampe, hippogriffe, hydre, lamie, licorne, loup-garou, minotaure, pégase, rock, sphinx, tarasque → **phénomène** **b** → **scélérat** 2 adj. → **monstrueux**

**monstrueux, euse** 1 neutre. **a** → **gigantesque** **b** → **grand** 2 non fav. **a** → **irrégulier** **b** → **démesuré** **c** → **mauvais**

**monstruosité** n. f. 1 → **malformation** 2 → **grandeur**

**mont** n. m. aiguille, antécime, ballon, belvédère, butte, chaîne, cime, colline, cordillère, crêt, crête, croupe, dent, djebel, élévation, éminence, gour (rég.), hauteur, mamelon, massif, montagnette, montagne, morne, pic, piton, pointe, puy, rocher, serra, sierra, sommet

**montage** n. m. → **assemblage**

**montagne** n. f. 1 → **mont** 2 → **quantité**

**montagneux, euse** accidenté, bossu, élevé, escarpé, montagnard, montueux, orographique

**montant** 1 nom masc. → **somme** 2 adj. : ascendant, dressé, escarpé, vertical → **abrupt**

**mont-de-piété** n. m. 1 crédit municipal 2 fam. : clou, ma tante

**monte** n. f. → **accouplement**

**montée** n. f. 1 ascension, escalade, grimpée 2 accroissement, augmentation, convection, crue, envahissement, invasion 3 côte, grimpette, pente, raidillon, rampe 4 → **escalier** 5 **montée des prix** → **hausse**

**monter** 1 v. intr. **a** quelqu'un monte : aller, s'élever, s'embarquer, entrer, se guinder, se hisser, voler **b** quelque chose monte → **augmenter** 2 v. tr. **a** au pr. : ascensionner, escalader, gravir, grimper **b** par ext. : dresser, élever, exhausser, hausser, lever, rehausser, relever, remonter, surélever, surhausser **c** fig. : combiner, constituer, établir, organiser, ourdir → **préparer** 3 v. pron. : → **valoir**

**monticule** n. m. → **hauteur**

**montre** n. f. 1 → **étalage** 2 chiqué, démonstration, dépense, effet, étalage, exhibition, mise en scène, ostentation, parade, spectacle 3 bassinoire, bracelet-montre, chronographe, chronomètre, montre-bracelet, oignon, savonnette 4 fam. : coucou, patraque, tocante

**montrer** 1 au pr. **a** arborer, déballer, déployer, désigner, développer, étaler, exhiber, exposer, indiquer, présenter, représenter **b** découvrir, dégager, dénuder, dessiner, donner, faire / laisser deviner, manifester, porter, soumettre 2 fig. **a** décrire, démasquer, dépeindre, dévoiler, évoquer, mettre dans, offrir, peindre, raconter **b** démontrer, dire, écrire, établir, prouver, signaler, souligner **c** annoncer, attester, déceler, dénoncer, dénoter, enseigner, exhaler, instruire, produire, témoigner **d** accuser, affecter, afficher, affirmer, déclarer, faire briller / entendre / voir, faire montre de, marquer, respirer 3 v. pron. : apparaître, croiser, être, parader, paraître, surgir

**montueux, euse** → **montagneux**

**monture** n. f. 1 → **cheval** 2 assemblage, montage

**monument** n. m. 1 → **bâtiment** 2 → **tombeau** 3 → **souvenir**

**monumental, e** → **gigantesque**

**moquer (se)** 1 → **railler** 2 → **mépriser**

**moquerie** n. f. → **raillerie**

**moqueur, euse** 1 → **hâbleur** 2 → **taquin**

**moral** n. m. 1 affect (psych.), caractère, détermination, esprit, état d'esprit, mentalité, opinion, pensée, volonté 2 → **insouciance** 3 → **inquiétude**

**moral, e** 1 comme il faut, décent, digne, droit, édifiant, exemplaire, fidèle, honnête, incorruptible, intact, intègre, juste, loyal, modèle, probe, propre, pur, respectable, rigide, rigoureux, sain, vertueux 2 → **psychique**

**morale** n. f. 1 déontologie, devoir, éthique, éthologie (vx), honnêteté, probité, vertu 2 admonestation, capucinade (péj.), leçon 3 réprimande 4 apologue, maxime, moralité

**moraliser** 1 assainir 2 → **sermonner**

**moralité** n. f. 1 → **morale** 2 bonnes mœurs, conscience, mœurs, sens moral → **décence** 3 affabulation, conclusion, enseignement, maxime, morale, sentence 4 honorabilité, réputation → **probité**

**moratoire** n. m. → **suspension**

**morbide** 1 → **malade** 2 → **malsain**

**morceau** n. m. 1 battiture, bloc, bouchée, bout, bribe, brisure, capilotade, chanteau, chicot, chiffon, copeau, croûte, croûton, darne, débris, découpure, détail, division, échantillon, éclat, écornure, élément, entame, épave, flipot, fraction, fragment, lambeau, lichette, lingot, masse, membre, mie, miette, moignon, motte, paillette, parcelle, part, particule, partie, pièce, portion, quartier, quignon, relief, retaille, rogaton, rognure, rondelle, segment, tesson, tranche, trognon, tronçon 2 coin, enclave, lopin, lot, lotissement, parcelle, sole 3 → **passage** 4 → **pièce** 5 → **déchet** 6 **morceaux choisis :** anthologie, chrestomathie, compilation

**morceler** → **partager**

**morcellement** n. m. → **segmentation**

**mordacité** n. f. causticité, aigreur

**mordant** 1 nom masc : **a** → **aigreur** **b** → **vivacité** 2 adj. : acéré, acide, acrimonieux, affilé, aigre, aigu, amer, caustique, corrodant, corrosif, effilé, incisif, mauvais, méchant, moqueur, piquant, poivré, rongeur, satirique, vif

**mordicus** → **opiniâtrement**

**mordre** 1 au pr. : broyer, croquer, déchiqueter, déchirer, dilacérer, lacérer, mâchonner, mordiller, serrer 2 par ext. : attaquer, détruire, entamer, ronger, user 3 fig. → **comprendre**

**mordu, e** → **fanatique**

**morfondre (se)** → **attendre**

**morfondu, e** 1 → **transi** 2 → **fâché**

**morgue** n. f. 1 → **orgueil** 2 amphithéâtre, funérarium, institut médico-légal, salle de dissection

**moribond, e** agonisant, crevard (fam. et péj.), mourant

**morigéner** → **réprimander**

**morne** 1 adj. → **triste** 2 n.m. → **hauteur**

**morose** 1 → **renfrogné** 2 → **triste**

**morosité** n. f. → **tristesse**

**mors** n. m. filet, frein

**morsure** n. f. → **blessure**

**mort** 1 n.f. **a** au pr. : anéantissement, crevaison (fam. et péj.), décès, dernier sommeil / soupir, disparition, extinction, fin, grand voyage, perte, nuit / repos / sommeil éternel (le), tombe, tombeau, trépas ◆ vx : expiration dernière **b** la Blême / Camarde / Faucheuse / Parque **c** par ext. → **ruine** 2 nom masc. : cadavre, corps, de cujus, dépouille, esprit, mânes, ombre, restes, restes mortels, trépassé, victime ◆ fam. : macchabée 3 adj. **a** inorganique, non-vivant **b** décédé, défunt, disparu, feu, inanimé, passé, trépassé, tué **c** fam. : canné, naze

**mortalité** n. f. létalité, mortinatalité

**mortel** 1 n.m. → **homme** 2 adj. : **a** destructeur, fatal, létal, meurtrier, mortifère **b** → **fatal** **c** → **extrême** **d** → **ennuyeux**

**mortier** n. m. bâtard, enduit, gâchis, rusticage

**mortellement** 1 à mort, à la mort 2 à fond, extrêmement

**mortification** n. f. 1 au pr. : abstinence, ascèse, ascétisme, austérité, continence, jeûne, macération, pénitence 2 par ext. : affront, camouflet, couleuvre, crève-cœur, déboire, dégoût, déplaisir, dragée, froissement, humiliation, pilule, soufflet, vexation

**mortifier** 1 → **humilier** 2 → **affliger** 3 → **macérer**

**mortuaire** → **funèbre**

**morue** n. f. 1 cabillaud, églefin, gade, gadidé, merluche, merlu 2 haddock 3 → **prostituée**

**morve** n. f. roupie → **saleté**

**morveux, euse** 1 → **malpropre** 2 → **enfant**

**mosaïque** n. f. 1 → **céramique** 2 par ext. : costume / habit d'Arlequin, damier, marqueterie, patchwork → **mélange**

**mot** n. m. 1 appellation, dénomination, expression, particule, terme, verbe, vocable 2 → **parole** 3 → **lettre** 4 → **pensée** 5 partic. → **juron** 6 **a** **mot à mot :** à la lettre, littéralement, mot pour mot, textuellement **b** **bon mot, jeu de mots, mot d'esprit, mot pour rire :** anecdote, bluette, boutade, calembour, concetti, contrepèterie, coq-à-l'âne, dit, épigramme, gentillesse, plaisanterie, pointe, quolibet, saillie, trait **c** **mot-valise :** néologisme

**motet** n. m. → **cantique**

**moteur** n. m. 1 appareil, engin, force motrice, machine, mécanique, moulin (fam.), principe actif 2 fig. : agent, âme, animateur, cause, directeur, incitateur, inspirateur, instigateur, meneur, mobile, motif, origine, principe, promoteur, ressort

**motif** n. m. 1 agent, attendu, cause, comment, considérant, excuse, explication, fin, finalité, impulsion, intention, mobile, motivation, occasion, origine, pourquoi, prétexte, principe, raison, réquisit, sujet 2 leitmotiv, matière, propos, thème

**motion** n. f. → **proposition**

**motivant, e** excitant, incitant, mobilisateur, stimulant

**motivation** n. f. 1 → **inclination** 2 → **sympathie**

**motiver** → **occasionner**

**moto** n. m. gros cube → **cyclomoteur**

**motor-home** off. : auto-caravane

**motoriser** automatiser, équiper, mécaniser

**motrice** n. f. 1 → **moteur** 2 → **locomotive**

**motricité** n. f. → **mouvement**

**motus** chut, paix, pas un mot, silence, taisez-vous

**mou** n. m. → **poumon**

**mou, molle** 1 quelque chose. **a** neutre : amolli, cotonneux, détendu, doux, ductile, élastique, fangeux, flasque, flexible, lâche, malléable, maniable, moelleux, mollet, pâteux, plastique, ramolli, relâché, rénitent (méd.), souple, spongieux, subéreux, tendre **b** non fav. : avachi, flasque, mollasse → **visqueux** 2 quelqu'un : **a** abattu, aboulique, amorphe, apathique, atone, avachi, aveuli, bonasse, cagnard, chancelant, chiffe, dysboulique, efféminé, emplâtre, endormi, faible, femmelette, flemmard, hésitant, inconsistant, indolent, inerte, lâche, languissant, loche, lymphatique, mollasse, mollasson, nonchalant, somnolent, velléitaire, veule, voluptueux → **paresseux** **b** fam. : flagada, gnangnan, limace, mollusque, moule, nouille, panade, soliveau, toton, toupie

**mouchard, e** 1 quelqu'un. **a** délateur, dénonciateur, espion, faux-frère, indicateur, rapporteur, sycophante, traître → **espion** **b** arg. : balance, cafard, cafetière, cafteur, canari, capon, casserole, cuistre, indic, mouche, mouton, treize-à-table 2 un appareil : contrôleur, manomètre → **enregistreur**

**mouchardage** n. m. → **accusation**

**moucharder** → **dénoncer**

**mouche** n. f. 1 fig. **a** → **espion** **b** → **mouchard** 2 **mouche à miel** → **abeille**

**moucher** 1 → **nettoyer** 2 → **humilier**

**moucheté** → **marqueté**

**mouchoir** n. m. 1 pochette ◆ arg. : tire-jus, tire-gomme 2 → **fichu**

**moudre** → **broyer**

**moue** n. f. → **grimace**

**mouette** n. f. → **palmipède**

**moufle** n. m. 1 gant, mitaine, miton 2 → **treuil**

**mouillage** n. m. 1 coupage 2 → **amarrage**

**mouillé, e** → **humide**

**mouiller** 1 au pr. : abreuver, arroser, asperger, baigner, délaver, détremper, doucher, éclabousser, embuer, humecter, humidifier, imbiber, inonder, laver, oindre, rincer, saucer, saturer, transpercer, tremper 2 du vin : baptiser, couper, diluer, mêler 3 mar. : affourcher, amarrer, ancrer, desservir, donner fond, embosser, jeter l'ancre, stopper 4 v. pron. : se compromettre, prendre des risques, tremper dans une affaire

**moule** 1 n.f. a fig. → **mou** b (de) bouchot, de Hollande, d'Espagne, mulette → **coquillage** 2 n.m. a caseret, faisselle, gaufrier, tourtière b techn. : banche, carcasse, chape, empreinte (partic.) forme, gueuse, lingotière, matrice, mère, modèle, surmoule, virole

**mouler** 1 → **former** 2 → **serrer**

**moulin** n. m. 1 meunerie, minoterie, presse, pressoir 2 par ext. : mixer, moulinette → **broyeur**

**moulinet** n. m. 1 dévidoir, tambour, taquet, tour, tourniquet, treuil 2 crécelle, moulin à prières

**moulu, e** → **fatigué**

**moulure** n. f. 1 modénature, profil 2 anglet, antibois, archivolte, armilles, astragale, bague, baguette, bandeau, bandelette, billette, boudin, cannelure, cavet, cimaise, congé, cordon, dentelure, denticule, doucine, échine, entrelacs, feuille d'acanthe, filet, grecque, gorge, listel, nervure, orle, ove, palmette, perle, piédouche, plate-bande, plinthe, quart-de-rond, rais-de-cœur, réglet, rinceau, rudenture, sacome, scotie, talon, tore, tringle, vermiculure, volute → **ornement** 3 → **corniche**

**mourant, e** 1 → **moribond** 2 → **langoureux**

**mourir** 1 au pr. a s'en aller, cesser de vivre, décéder, se détruire, disparaître, s'endormir, s'éteindre, être emporté / enlevé / rappelé / ravi / tué, exhaler son âme, expirer, finir, partir, passer, passer le pas / dans l'autre monde / de vie à trépas, perdre la vie, périr, rendre l'âme / le dernier soupir / l'esprit / son dernier souffle, succomber, se tarir, tomber, tomber au champ d'honneur, trépasser, trouver la mort, y rester b anim. ou péj. : crever c poét. : avoir vécu, descendre aux enfers / au tombeau / dans la tombe, s'endormir dans les bras de Dieu / du Seigneur / de la mort, fermer les paupières / les yeux, finir / terminer ses jours / sa vie, paraître devant Dieu, payer le tribut à la nature, quitter ce monde / cette vallée de larmes, retourner à la maison du Père d fam. : aller ad patres / chez les taupes / sous les fleurs, s'en aller / partir / sortir entre quatre planches / les pieds devant, avaler sa chique / son bulletin / son extrait de naissance, boire le bouillon d'onze heures, calancher, canner, casser sa pipe, clamecer, claquer, crever, dégeler, déposer le bilan, dessouder, dévisser, éteindre sa lampe / son gaz, faire couic / le grand voyage / sa malle / son paquet / sa valise, fermer son pébroc, lâcher la rampe / les pédales, laisser ses guêtres, manger les mauves / les pissenlits par la racine, passer l'arme à gauche, perdre le goût du pain, ramasser ses outils, rendre les clefs, tourner le coin 2 par ext. a → **finir** b → **souffrir**

**mouron** n. m. 1 morgeline, stellaire 2 → **souci** 3 **mouron d'eau** : samole

**mousquet, mousqueton** n. m. → **fusil**

**moussaillon, mousse** n. m. → **marin**

**mousse** 1 n.f. a bulles, crème, écume, flocon, floculation, neige, spumosité b hépatique, hypne, lichen, sphaigne, usnée 2 n.m. → **marin**

**mousse** adj. → **émoussé**

**mousseline** linon, singalette, tarlatane

**mousseux** 1 adj. → **écumeux** 2 n.m. : asti spumante, blanquette, roteuse (péj.), vin champagnisé / méthode champenoise

**mousson** n. f. → **vent**

**moustache** n. f. 1 fam. et / ou vx : bacchantes, charmeuses, glorieuses 2 zool. : vibrisses

**moustique** n. m. aède, anophèle, cousin, maringouin, stégomyie

**moût** n. m. → **jus**

**moutard** n. m. → **enfant**

**moutarde** n. f. 1 sanve, sénevé 2 → **assaisonnement**

**mouton** n. m. 1 au pr. agneau, agnelle, antenais, bélier, broutard, ouaille, oviné, ovin, robin (fam.) → **brebis** 2 fig. a → **mouchard** b → **saleté** c techn. → **hie** 3 **peau de mouton** a basane, peau de chamois b canadienne, moumoute (fam.), paletot

**moutonner** → **friser**

**moutonnier, ère** → **grégaire**

**mouvance** n. f. vx : tenure → **dépendance**

**mouvant, e** 1 agité, ambulant, animé, changeant, erratique, flottant, fluctuant, fluide, fugitif, instable, mobile, ondoyant ondulant, onduleux, remuant, volant 2 coulissant, glissant, roulant 3 vx : vagabond

**mouvement** n. m. 1 d'une chose. a action, agitation, animation, balancement, ballant, ballottement, battement, bouillonnement, branle, branlement, cadence, cahotement, changement, chavirement, circulation, cours, course, déplacement, élan, évolution, flottement, fluctuation, flux, frémissement, frétillement, frisson, glissement, houle, impulsion, lancée, libration, marche, mobilité, motilité, motricité, navette, onde, ondoiement, ondulation, oscillation, pulsation, reflux, remous, rotation, roulis, tangage, tourbillon, tournoiement, trajectoire, transport, tremblement, trépidation, turbulence, vacillation, va-et-vient, vague, valse, vibration, vol b → **fermentation** c → **trouble** d → **variation** e → **rythme** f → **évolution** 2 de quelqu'un. a au pr. : activité, agitation, course, ébats, évolutions, exercice, geste, marche, remuement b par ext. mouvement de l'âme / du cœur : affection, amour, compassion, comportement, conation, conduite, effusion, élan, émoi, émotion, enthousiasme, envolée, impulsion, passion, pulsion, raptus (méd.), réaction, réflexe, sentiment, tendance, transport

**mouvementé, e** 1 → **accidenté** 2 → **animé**

**mouvoir** 1 quelque chose : actionner, agiter, animer, bouger, déclencher, déplacer, ébranler, faire agir / aller / marcher, manœuvrer, mettre en activité / action / branle / mouvement / œuvre, pousser, propulser, secouer 2 quelqu'un : émouvoir, exciter, inciter, porter, pousser 3 v. pron. : aller, aller et venir, avancer, bouger, circuler, couler, courir, déambuler, se déplacer, fonctionner, glisser, jouer, marcher, se promener, se remuer, rouler, se traîner

**moyen** n. m. 1 au pr. : biais, chemin, combinaison, demi-mesure, détour, expédient, façon, filon, fin, formule, instrument, intermédiaire, issue, joint, manière, marche à suivre, mesure, méthode, opération, ouverture, palliatif, plan, procédé, procédure, système, tactique, truc, voie ◆ vx : adminicule, machine 2 fig. : béquille, marche-pied, matériau, organe, outil, porte, ressort, tremplin, viatique 3 au pl. a capacité, disposition, don, expédient, facilité, faculté, force, intelligence, mémoire, occasion, possibilité, pouvoir, prétexte, recette, ruse, stratagème, vivacité d'esprit b milit. : logistique 4 a **au moyen de :** à l'aide de / au prix, avec, grâce à, moyennant, par b **par le moyen de :** canal, entremise, intermédiaire, instrument, truchement

**moyen, ne** adj. 1 au pr. → **mitoyen** 2 par ext. a banal, commun, courant, faible, intermédiaire, juste, médiocre, modéré, modeste, modique, ordinaire, passable, quelconque, terne b acceptable, correct, honnête, honorable, passable, tolérable

**moyennant** → **moyen**

**moyenne** n. f. → **proportion**

**mucosité** n. f. glaire, humeur, morve, mucus, pituite, sécrétion, suc, suint

**muer** → **transformer**

**muet, te** 1 → **silencieux** 2 → **interdit**

**mufle** n. m. 1 → **museau** 2 → **impoli**

**muflerie** n. f. → **impolitesse**

**mugir** 1 au pr. : beugler, meugler 2 fig. → **crier**

**mugissement** n. m. → **beuglement**

**muid** n. m. → **tonneau**

**mulâtre, mulâtresse** → **métis**

**mule** n. f. 1 → **chausson** 2 → **métis**

**mulet** n. m. 1 muge → **poisson** 2 brêle → **métis**

**multicolore** polychrome, versicolore

**multidisciplinaire** inter / pluridisciplinaire

**multiforme** → **varié**

**multinational, e** plurinational

**multiple** 1 → **varié** 2 → **nombreux**

**multiplication** n. f. → **reproduction**

**multiplicité** n. f. → **multitude**

**multiplier** 1 accroître, agrandir, amplifier, augmenter, centupler, cuber, décupler, doubler, entasser, exagérer, grossir, hausser, majorer, octupler, peupler, propager, quadrupler, quintupler, répéter, reproduire, semer, septupler, sextupler, tripler 2 v. pron. : croître, engendrer, essaimer, foisonner, fourmiller, peupler, procréer, proliférer, se propager, provigner, pulluler, se reproduire

**multitude** n. f. abondance, affluence, afflux, amas, armée, avalanche, averse, chiée (grossier), cohue, concours de peuple, débordement, déluge, diversité, encombrement, essaim, fleuve, flopée, flot, foison, forêt, foule, fourmilière, fourmillement, grouillement, infinité, inondation, kyrielle, légion, mascaret, masse, mer, monde, multiplicité, nombre, nuée, peuple, pluralité, populace, presse, pullulement, quantité, rassemblement, régiment, ribambelle, surpeuplement, surpopulation, tas, torrent, tourbe, tourbillon, troupe, troupeau, vulgaire ◆ fam. : foultitude, potée, tapée, tripotée

**municipal, e** communal, édilitaire, public, urbain

**municipalité** n. f. → **mairie**

**munificence** n. f. → **générosité**

**munificent, e** → **généreux**

**munir** 1 → **fournir** 2 v. pron. : s'armer, s'équiper, se pourvoir, se précautionner, se prémunir, prendre

**mur** n. m. 1 allège, brise-vent, cloison, clos, clôture, façade, garde-fou, muret, muretin, murette, parapet, paroi, porteur, refend 2 courtine, enceinte, fortification, muraille, rempart 3 → **obstacle** 4 → **appui**

**mûr, e** 1 à point 2 décidé, disposé, paré, prêt, propre à, susceptible de

**mûre** n. f. baie, framboise sauvage, mûron

**muraille** n. f. 1 → **mur** 2 → **rempart**

**murer** → **fermer**

**mûrir** 1 v. intr. a au pr. : dorer, s'épanouir, grandir, grener (vx), venir à maturité b fig. : cuire, se faire 2 v. tr. : approfondir, combiner, concerter, digérer, étudier, méditer, mijoter, peser, préméditer, préparer, réfléchir, repenser, supputer

**mûrissage** n. m. maturation, mûrissement, nouaison, nouure, véraison

**murmure** n. m. 1 → **bruit** 2 → **rumeur** 3 → **gémissement**

**murmurer** 1 v. intr. : bougonner, bourdonner, broncher, fredonner, geindre, gémir, grognasser, grogner, grognonner, grommeler, gronder, marmonner, marmotter, maronner, maugréer, se plaindre, protester, rogner, ronchonner ◆ fam. ou rég. : moufeter, râler 2 v. tr. : chuchoter, dire, marmonner, marmotter, susurrer

**musarder** → **flâner**

**muscadin** n. m. → **élégant**

**muscat** n. m. dattier, frontignan, lacryma-christi, malaga, picardan

**muscle** n. m. → **force**

**musclé, e** 1 au pr. : athlétique, musculeux 2 par ext. : baraqué, bien bâti / charpenté / constitué / découplé / fait, costaud, fort, mâle, puissant, râblé, robuste, solide, trapu, vigoureux, viril

**muse** n. f. 1 → **poésie** 2 au pl. neuf sœurs

**museau** n. m. 1 au pr. : bouche, boutoir, groin, mufle, tête, truffe 2 fig. → **visage**

**musée** n. m. cabinet, collection, conservatoire, galerie, glyptothèque, muséum, pinacothèque, salon

**museler** → **taire (faire)**

**muser** → **flâner**

**musette** n. f. 1 → **cornemuse** 2 → **bal** 3 → **gibecière**

**muséum** n. m. → **musée**

**musical, e** → **harmonieux**

**musicien, ne** 1 accompagnateur, arrangeur, artiste, chanteur, chef d'orchestre, choriste, compositeur, contrapuntiste, coryphée, croque-note (vx et péj.), exécutant, harmoniste, instrumentiste, joueur, maestro, maître de chapelle, mélodiste, mélomane, orchestrateur, orphéoniste, soliste, virtuose 2 a accordéoniste, altiste, bassiste ou contrebassiste, bassoniste, batteur, clarinettiste, claveciniste, cornettiste, flûtiste, gambiste, guitariste, harpiste, hautboïste, mandoliniste, organiste, percussionniste, pianiste, saxophoniste, timbalier, trompettiste, violoncelliste, violoniste ◆ vx ou rég. : cornemuseur, jongleur, ménétrier, sonneur, ménestrel, tambourinaire, violoneux b par le nom de l'instrument : clairon, fifre, tambour, trombone, trompette 3 au pl. : clique, ensemble, fanfare, formation, groupe, harmonie, lyre, maîtrise, octuor, orchestre, orchestre philharmonique, quatuor, quintette, septuor, sextuor, trio

**musique** n. f. 1 → **harmonie** 2 → **orchestre** 3 → **rythme** 4 → **air** 5 → **concert** 6 instruments. a *à vent* : → **anche, bois, bombarde, cornemuse, cuivre(s), flûte** b → **clavecin, piano** c → **corde(s), lyre** d → **batterie, percussion, tambour** e harmonium, orgue, orgue de Barbarie f → **accordéon** g harmonica, ocarina 7 castagnettes, crécelle, harpe éolienne, rhombe, scie musicale

**musoir** n. m. → **môle**

**musqué, e** → **précieux**

**musulman, e** 1 n.m. a arabe, croyant, fidèle b chiite, druze, ismaélien, mahdiste, sunnite c vx : infidèle, mahométan, maure, sarrasin 2 adj. coranique, islamique

**mutation** n. f. → **changement**

**mutationnisme** n. m. → **évolutionnisme**

**muter** → **déplacer**

**mutilation** n. f. 1 → **amputation** 2 → **diminution**

**mutiler** 1 altérer, amoindrir, amputer, briser, casser, castrer, châtrer, circoncire, couper, déformer, dégrader, éborgner, écharper, émasculer, essoriller, estropier, exciser, léser, massacrer, raccourcir, rendre infirme, tronquer → **blesser** 2 → **frustrer**

**mutin** 1 n.m. a → **révolté** b → **insurgé** 2 adj. → **espiègle**

**mutiner (se)** → **révolter (se)**

**mutinerie** n. f. 1 → **émeute** 2 → **révolte**

**mutisme** n. m. → **silence**

**mutité** n. f. amusie, aphasie, surdi-mutité, mutisme

**mutuel, le** bijectif, bilatéral, identique, partagé, réciproque, synallagmatique

**mutuelle** n. f. → **syndicat**

**mutuellement** n. f. → **réciproquement**

**mygale** n. f. → **araignée**

**myope** nom et adj. fam. : binoclard, bigle, bigleux, miro

**myriade** n. f. → **quantité**

**myrmidon** n. m. → **nain**

**myrrhe** n. f. → **aromate**

**myrtille** n. f. airelle, brimbelle, raisin des bois, teint-vin

**mystère** n. m. 1 au pr. : arcane, énigme, magie, obscurité, inconnu, voile → **secret** 2 par ext. → **vérité** 3 → **prudence**

**mystérieux, euse** 1 → **secret** 2 → **obscur**

**mysticisme** n. m. communication, contemplation, dévotion, extase, illuminisme, oraison, sainteté, spiritualité, union à Dieu, vision → **idéalisme**

**mystificateur, trice** 1 → **illusionniste** 2 → **trompeur** 3 → **fripon**

**mystification** n. f. blague, canular → **tromperie**

**mystifier** → **tromper**

**mystique** 1 adj. a → **secret** b → **symbolique** c → **religieux** 2 n.f. : délire / folie sacré(e) → **foi**

**mythe, mythologie** n. m., n.f. → **légende**

**mythique** → **fabuleux**

**mythomane** nom et adj. 1 caractériel, fabulateur 2 par ext. a → **menteur** b → **hâbleur**

# N

**nabab** n. m. aisé, capitaliste, florissant, fortuné, heureux, milliardaire, millionnaire, multimillionnaire, nanti, opulent, parvenu, ploutocrate (péj.), possédant, pourvu, prince, prospère, renté, rentier, riche, richissime ◆ fam. : boyard, calé (vx), cossu, cousu d'or, galetteux, gros, huppé, milord, richard, rupin, satrape

**nabot** n. m. → **nain**

**nacelle** n. f. 1 barque, canot, embarcation, esquif, nef (vx) → **bateau** 2 cabine, cockpit, habitacle

**nacré, e** irisé, moiré, opalin → **blanchâtre**

**nævus** n. m. envie, grain de beauté

**nage** n. f. 1 baignade, natation 2 brasse (coulée), coupe, crawl, indienne, marinière, over arm stroke, papillon, sur le dos

**nager** 1 baigner, flotter, naviguer, surnager, voguer 2 → **ramer** 3 **nager dans l'opulence :** avoir du foin dans ses bottes, en avoir plein les poches, être riche, ne pas se moucher du coude, remuer l'argent à la pelle

**naguère** 1 → **autrefois** 2 il y a peu (de temps) → **récemment**

**naïade** n. f. déesse, dryade, hamadryade, napée, nixe (german.), néréide, nymphe, océanide, oréade

**naïf, ve** 1 fav. ou neutre. a → **naturel** b → **simple** c → **spontané** 2 non fav. : benêt, bonhomme, couillon (mérid.), crédule, dupe, gille, gobemouches, gobeur, godiche, gogo, innocent, jeune (fam.), jobard, nature, niais, nigaud, niquedouille, nunuche, oiselle, oison, pigeon, poire, pomme, simplet, zozo ◆ vx : badin, gobelet 3 arg. : bobine, carafe, cave, micheton, mimi, pante, têtard → **bête**

**nain, e** adj. et n. 1 au pr. : lilliputien, myrmidon, pygmée 2 non fav. : avorton, bout d'homme, freluquet, gnome, homoncule, magot, microbe, nabot, pot à tabac, ragot, rase-mottes, tom-pouce 3 → **petit**

**naissance** n. f. 1 au pr. : nativité, venue au monde 2 par ext. : accouchement, apparition, ascendance, avènement, commencement, début, éclosion, état, extraction, filiation, génération, genèse, germination, jour, maison, nom, origine, source → **enfantement** 3 vx : estoc, parage

**naître** 1 au pr. : venir au monde, voir le jour 2 par ext. a → **venir (de)** b → **commencer** c apparaître, éclore, s'élever, se former, germer, se lever, paraître, percer, poindre, pousser, sourdre, surgir, survenir 3 **faire naître :** allumer, amener, apporter, attirer, causer, créer, déterminer, donner lieu, engendrer, entraîner, éveiller, exciter, faire, fomenter, inspirer, motiver, occasionner, produire, provoquer, susciter

**naïveté** n. f. 1 fav. ou neutre : abandon, bonhomie, candeur, droiture, franchise, ingénuité, innocence, naturel, simplicité 2 non fav. : angélisme, bonasserie, crédulité, jobarderie, moutonnerie, niaiserie → **bêtise**

**nanisme** n. m. achondroplasie

**nanti, e** 1 → **fourni** 2 aisé, à l'aise, cossu (fam.), florissant, fortuné, heureux, muni, opulent, parvenu, possédant, pourvu, prospère, renté → **riche**

**nantir (de)** armer, assortir, fournir, garnir, meubler, munir, pourvoir, procurer

**nantissement** n. m. antichrèse, aval, caution, cautionnement, couverture, dépôt, gage, garantie, hypothèque, privilège, sûreté

**nappe** n. f. → **couche**

**napper** → **recouvrir**

**napperon** n. m. dessous (d'assiettes), set (de table), tavaïolle (liturg.)

**narcissisme** n. m. → **égoïsme**

**narcose** n. f. par ext. : anesthésie, assoupissement, coma, engourdissement, hypnose, léthargie, sommeil, somnolence, torpeur

**narcotique** n. m. et adj. 1 assommant, assoupissant, dormitif, hypnotique, neuroleptique, psycholeptique, psychotrope, sédatif, somnifère, soporifique, sécurisant, tranquillisant 2 adoucissant, analgésique, anesthésique, antalgique, antipyrétique, antispasmodique, apaisant, balsamique, calmant, consolant, lénifiant, lénitif, parégorique, rafraîchissant, relaxant, reposant, vulnéraire → **drogue**

**narguer** affronter, aller au-devant de, attaquer, braver, défier, faire face à, se heurter à, jeter le gant, lutter contre, menacer, se mesurer à, se moquer de, offenser, s'opposer à, pisser au bénitier (grossier), provoquer, relever le défi, rencontrer

**narine** n. f. museau, naseau, orifice nasal, trou de nez (fam.) → **nez**

**narquois, e** 1 au pr. → **goguenard, taquin** 2 par ext. a → **hâbleur** b farceur, ficelle, fin, finaud, fine mouche, futé, malicieux, matois, renard, roublard, roué, rusé, sac à malices (fam.) → **malin**

**narrateur, trice** auteur, conteur, diseur → **écrivain**

**narration** n. f. 1 composition française, dissertation, rédaction 2 anecdote, compte rendu, exposé, exposition, factum (jurid. ou péj.), histoire, historiette, historique, journal, mémorial, nouvelle, rapport, récit, relation, tableau

**narrer** conter, décrire, dire, exposer, faire un récit, raconter, rapporter, relater, retracer

**naseau** n. m. → **narine**

**nasillement** n. m. nasonnement

**nasiller** → **parler**

**nasse** n. f. → **piège**

**natation** n. f. baignade → **nage**

**natif, ve** 1 issu de, né, originaire de, venu de → **naturel** 2 vx : congénital, infus, inné, naturel, personnel → **inhérent**

**nation** n. f. cité, collectivité, communauté, entité, État, ethnie, gent, patrie, pays, peuple, population, puissance, race, république, royaume, territoire

**national, e** 1 → **indigène** 2 → **patriote**

**nationalisation** n. f. → **collectivisation**

**nationaliser** collectiviser, étatiser, exproprier, réquisitionner, socialiser

**nationalisme** n. m. chauvinisme (péj.), civisme, ethnocentrisme, patriotisme

**nationaliste** n. et adj. patriote, patriotique ◆ péj. : chauvin, cocardier, patriotard

**nativité** n. f. noël → **naissance**

**natte** n. f. 1 → **tresse** 2 mar. : paillet

**natter** → **tresser**

**naturalisation** n. f. 1 acclimatation, acclimatement, adoption 2 empaillage, taxidermie

**naturaliser** conserver, empailler

**naturalisme** n. m. → **réalisme**

**naturaliste** n. m. ou f. 1 botaniste, entomologiste, erpétologiste, minéralogiste, zoologiste 2 empailleur, taxidermiste 3 matérialiste, mécaniste, réaliste

**nature** n. f. 1 → **univers** 2 → **essence** 3 → **genre** 4 → **vérité** 5 par ext. : caractère, carcasse (fam.), cœur, complexion, constitution, diathèse, disposition, esprit, état, génie, humeur, idiosyncrasie, inclination, innéité, mœurs, naturel, pâte (fam.), penchant, personnalité, santé, tempérament, trempe, vitalité

**naturel, le** 1 nom. a → **nature** b aborigène, habitant, indigène → **natif** c → **aisance** 2 adj. a → **aisé** b → **inné** c biologique, écologique → **brut** d authentique, commun, cru, direct, familier, improvisé, naïf, natif, nature, normal, propre, simple, spontané → **sincère**

**naturellement** → **simplement**

**naturiste** n. m. ou f. culturiste, nudiste

**naufrage** n. m. 1 → **perte** 2 → **ruine**

**naufrageur** n. m. → **saboteur**

**nauséabond, e** 1 abject, dégoûtant, écœurant, grossier, horrible, ignoble, immangeable, immonde, infect, innommable, insupportable, malpropre, nauséeux, peu ragoûtant, rebutant, repoussant, sale, sordide ◆ fam. : cochon, dégueulasse, merdique 2 empesté, empuanti, fétide, méphitique, pestilentiel, puant

**nausée** n. f. 1 au pr. : écœurement, envie de rendre / vomir, haut-le-cœur, mal de cœur / de mer, naupathie, soulèvement d'estomac, vomissement 2 par ext. → **dégoût** 3 fig. → **éloignement**

**nauséeux, euse** → **nauséabond**

**nautique** → **marin**

**naval, e** → **marin**

**navet** n. m. 1 par ext. bryone, chou-rave, rutabaga, turnep 2 péj. → **peinture**

**navette** n. f. 1 bac, ferry-boat, va-et-vient 2 allée et venue, balancement, branle, course, navigation, voyage 3 → **aérodyne**

**navigateur** n. m. 1 → **marin** 2 → **pilote**

**navigation** n. f. 1 bornage, cabotage, long cours, manœuvre, tramping 2 batellerie, flotte, marine 3 → **pilotage**

**naviguer** bourlinguer, caboter, cingler, croiser, évoluer, faire route, fendre les flots, filer, nager, piloter, sillonner, voguer, voyager

**naviplane** n. m. aéroglisseur, hovercraft

**navire** n. m. 1 → **bateau** 2 → **sous-marin**

**navrant, e** → **pitoyable**

**navrer** 1 affecter, affliger, agacer, angoisser, assombrir, attrister, chagriner, consterner, contrarier, contrister, décevoir, déchirer, dépiter, désappointer, désenchanter, désespérer, désoler, endeuiller, endolorir, ennuyer, fâcher, faire de la peine, faire souffrir, fendre le cœur, gêner (vx), inquiéter, mécontenter, mortifier, oppresser, peiner, percer le cœur, rembrunir, torturer, tourmenter, tracasser, tuer (fig.) 2 vx → **blesser**

**nazi, e** chemise brune, hitlérien, national-socialiste

**nazisme** n. m. hitlérisme, national-socialisme → **absolutisme**

**né, e** apparu, avenu, créé, descendu de, éclos, enfanté, engendré, formé, incarné, issu de, natif de, originaire de, sorti de, venu de

**néanmoins** avec tout cela, cependant, en regard de, en tout cas, mais, malgré cela, malgré tout, n'empêche que, nonobstant (vx), pourtant, toujours est-il, toutefois

**néant** 1 n. m. a au pr. : espace infini, vacuité, vide b fig. : bouffissure, boursouflure, chimère, enflure, erreur, fatuité, fragilité, frivolité, fumée, futilité, infatuation, illusion, inanité, inconsistance, insignifiance, inutilité, mensonge, prétention, vanité, vapeur, vent, vide 2 adv. → **rien**

**nébuleux, euse** 1 au pr. : assombri, brumeux, chargé, couvert, embrumé, épais, nuageux, voilé 2 fig. : abscons, abstrus, amphigourique, cabalistique, caché, complexe, compliqué, confus, difficile, diffus, douteux, énigmatique, entortillé, enveloppé, équivoque, ésotérique, filandreux, flou, fumeux, hermétique, impénétrable, incompréhensible, inexplicable, inextricable, inintelligible, insaisissable, louche, mystérieux, nuageux, obscur, secret, sibyllin, touffu, trouble, vague, vaseux, voilé

**nébulosité** n. f. 1 → **nuage** 2 → **obscurité**

**nécessaire** n. m. → **trousse**

**nécessaire** adj. 1 apodictique, essentiel, impératif, important, indispensable, logique, précieux, primordial, utile 2 → **inévitable** 3 → **obligatoire**

**nécessité** n. f. 1 destin, déterminisme, fatalité, logique 2 → **besoin** 3 → **pauvreté** 4 → **gêne** 5 → **devoir** 6 → **obligation**

**nécessiter** 1 appeler, mériter, requérir → **réclamer** 2 → **occasionner** 3 → **obliger**

**nécessiteux, euse** 1 appauvri, besogneux, clochard, démuni, disetteux (vx), économiquement faible, famélique, fauché, gêné, humble, impécunieux, indigent, loqueteux, malheureux, mendiant, meurt-de-faim, misérable, miséreux, nu, pauvre, prolétaire, va-nu-pieds ◆ péj. : gueux, pouilleux 2 fam. : crève-la-faim, mendigot, paumé

**nécromancien, ne** 1 → **devin** 2 → **magicien**

**nécropole** n. f. catacombe, champ des morts / du repos, charnier, cimetière, columbarium, crypte, ossuaire

**nectar** n. m. 1 au pr. : miellée 2 par ext. a ambroisie b → **boisson**

**nectarine** n. f. brugnon

**nef** n. f. → **nacelle**

**néfaste** déplorable, dommageable, fâcheux, fatal, funeste, malheureux, mauvais, mortel → **défavorable**

**négatif, ive** 1 → **nul** 2 → **défavorable**

**négation** n. f. 1 négative 2 par ext. : annulation, condamnation, contradiction, contraire, nihilisme, refus

**négligé, e** 1 adj. a → **abandonné** b débraillé, dépenaillé, dépoitraillé, lâché, peu soigné / soigneux, relâché → **malpropre** 2 nom : déshabillé, petite tenue, salopette, tenue d'intérieur

**négligeable** 1 → **médiocre** 2 → **accessoire**

**négligence** n. f. 1 → **abandon** 2 → **inattention** 3 → **paresse** 4 → **inexactitude**

**négligent, e** 1 désordonné, insouciant, oublieux, sans-soin 2 → **paresseux** 3 → **distrait**

**négliger** 1 → **abandonner** 2 → **omettre**

**négoce** n. m. → **commerce**

**négociable** 1 → **cessible** 2 → **valable**

**négociant, e** → **commerçant**

**négociateur, trice** agent, ambassadeur, arbitre, chargé d'affaires / de mission, conciliateur, délégué, député, diplomate, entremetteur, intermédiaire, manœuvrier, ministre plénipotentiaire, monsieur bons offices (fam.), ombudsman, parlementaire, truchement

**négociation** n. f. 1 neutre : conversation, échange de vues, pourparlers, tractation, transaction 2 non fav. : marchandage

**négocier** 1 → **parlementer** 2 → **traiter** 3 → **transmettre** 4 → **vendre**

**nègre, négresse** 1 au pr. : africain, homme de couleur, mélanoderme, noir 2 arg. et/ou péj. : bamboula, black, bougnoul, boule de neige, mal blanchi, moricaud, noiraud 3 → **associé**

**negro-spiritual** n. m. gospel

**neiger** floconner

**nénuphar** n. m. → **nymphéa**

**néologisme** n. m. mot-valise

**néophyte** n. m. ou f. → **novice**

**népotisme** n. m. → **favoritisme**

**nerf** n. m. 1 au pr. → **tendon** 2 par ext. → **force**

**nerveux, euse** 1 filandreux, tendineux 2 agité, brusque, émotif, énervé, excité, fébrile, hypertendu, hystérique, impatient, inquiet, irritable, névrosé, névrotique → **troublé** 3 → **concis** 4 → **vif**

**nervi** n. m. → **vaurien**

**nervosité** n. f. 1 → **agitation** 2 agacement, énervement, éréthisme, exaspération, fébrilité, surexcitation 3 par ext. : athétose, hystérie, névrose

**nervure** n. f. filet, ligne, moulure, pli

**net, nette** 1 → **pur** 2 → **clair** 3 → **visible** 4 → **vide**

**netteté** n. f. 1 → **propreté** 2 → **vérité** 3 → **clarté**

**nettoiement** et **nettoyage** n. m. abrasion, assainissement, astiquage, balayage, blanchiment, blanchissage, brossage, coup de balai, curage, curetage, débarbouillage, déblaiement, décantation, décapage, décrassage, décrottage, dégagement, dégraissage, dépollution, dérochage, désinfection, désinsectisation, détersion (méd.), époussetage, épuration, épurement, essuyage, filtrage, fourbissage, lavage, lessivage, ménage, purification, rangement, ravalement, récurage, sablage, savonnage, toilette, vidange

**nettoyer** 1 abraser, approprier, assainir, astiquer, balayer, battre, bichonner (fam.), blanchir, bouchonner, briquer (fam.), brosser, cirer, curer, dépolluer, débarbouiller, débourber, décaper, décrasser, décrotter, dégraisser, démaquiller, dépoussiérer, dérocher, dérouiller, désincruster, désinfecter, désinsectiser, dessuinter, détacher, détartrer, déterger, draguer, ébarber, ébavurer, éclaircir, écouvillonner, écurer, enlever la saleté, éplucher, épousseter, essanger, essuyer, étriller, faire la toilette, filtrer, fourbir, frotter, gratter, housser, laver, lessiver, monder, moucher, polir, poncer, purger, purifier, racler, ragréer, ramoner, rapproprier, ravaler, récurer, rincer, sabler, savonner, toiletter, torcher, torchonner, vanner, vidanger 2 épouiller, épucer → **débarrasser** 3 v. pron. : s'ajuster, se coiffer, faire sa toilette, procéder à ses ablutions

**nettoyeur, euse** assainisseur

**neuf, ve** 1 → **nouveau** 2 → **novice** 3 → **original**

**neurasthénie** n. f. → **mélancolie**

**neuroleptique** n. m. → **narcotique**

**neutraliser** → **étouffer**

**neutralité** n. f. abstention, amoralité, apolitisme, impartialité, impersonnalité, indifférence, indifférentisme, laïcité, non-alignement, non-belligérance, non-engagement, non-intervention, objectivité

**neutre** 1 épicène 2 → **indifférent**

**neuvaine** n. f. ennéade

**neveu** n. m. au pl. → **postérité**

**névralgie** n. f. migraine → **douleur**

**névrose** n. f., n. m. 1 angoisse, anxiété, dépression, mélancolie (pathologique), mythomanie, neurasthénie, névropathie 2 acrophobie, agoraphobie, claustrophobie, éreuthophobie, hantise, hydrophobie, hystérie, photophobie, zoophobie 3 démonomanie, érotomanie, monomanie, obsession 4 par ext. → **nervosité**

**névrosé, e** → **nerveux**

**new-look** n. m. off. → **mode**

**nez** n. m. 1 au pr. a arg. : appendice, baigneur, blair, blaireau, blase, caillou, croquant, fanal, mufle, naseau, naze, organe, patate, pif, priseur, reniflant, tarin, tomate, trompe, trompette, truffe, tubard, tube b du chien : museau, truffe 2 par ext. a → **visage** b → **odorat** c → **pénétration** 3 a **montrer le nez** → **montrer (se)** b **mettre le nez dehors** → **sortir** c **fourrer / mettre son nez** → **intervenir** d **mener par le bout du nez** → **gouverner**

**niais, e** 1 → **bête** 2 → **naïf**

**niaiserie** n. f. 1 de quelqu'un. a → **bêtise** b → **simplicité** 2 une chose → **bagatelle**

**niche** n. f. 1 → **cavité** 2 attrape, blague, espièglerie, facétie, farce, malice, tour → **plaisanterie**

**nichée** n. f. 1 → **portée** 2 → **famille**

**nicher** 1 airer, nidifier 2 → **demeurer**

**nichon** n. m. → **sein**

**nid** n. m. 1 au pr. : aire, boulin, chaudron (vén.), couvoir, nichoir 2 fig. → **maison**

**nielle** n. f. 1 nigelle 2 gerzeau, lychnis

**nier** 1 au pr. : contester, contredire, démentir, démonter, dénier, se défendre de, désavouer, disconvenir, s'inscrire en faux, mettre en doute, protester 2 par ext. → **refuser**

**nigaud, e** 1 → **naïf** 2 → **bête**

**nigauderie** n. f. → **bêtise**

**night-club** n. m. → **cabaret**

**nihilisme** n. m. → **scepticisme**

**nihiliste** n. et adj. → **révolutionnaire**

**nimbe** n. m. aréole, aura, auréole, cercle, cerne, couronne, diadème, gloire, halo

**nimber** → **couronner**

**nippe** n. f. → **vêtement**

**nipper** → **vêtir**

**nippon, ne** citoyen / habitant du pays du Soleil-Levant, japonais

**nique (faire la)** n. f. → **railler**

**nirvâna** n. m. → **paradis**

**nivéal, e** → **hibernal**

**niveau** n. m. 1 au pr. : cote, degré, étage, hauteur, palier, plan 2 nivelette, nivelle 3 fig. : échelle, standing, train de vie

**niveler** aplanir, araser, combler, écrêter, égaliser, raboter, régaler, unifier, uniformiser

**nivellement** n. m. 1 aplanissement, arasement, écrêtement, égalisation, laminage, régalage, terrassement 2 → **unification**

**nobiliaire** 1 n. m. : armorial, généalogie 2 adj. : aristocratique, généalogique

**noble** n. et adj. 1 aristocrate, boyard, burgrave, cavalier, chevalier, écuyer, effendi (turc), gentilhomme, grand, hidalgo (esp.), homme bien né / de condition / d'épée / de qualité / titré, jonkheer (Hollande), junker (Prusse), kami (Japon), lord ou milord (Angl.) margrave, né, patricien, seigneur, staroste (Pologne), thane (Écosse) 2 péj. : ci-devant, hobereau, noblaillon, nobliau 3 par ext. a → **élevé** b → **généreux** c → **beau** d → **distingué**

**noblesse** n. f. 1 au pr. : aristocratie, élite, gentry, lignage, lignée, maison, naissance, qualité, sang bleu 2 par ext. a → **élévation** b → **générosité** c → **choix**

**noce** n. f. 1 → **mariage** 2 → **festin** 3 → **débauche**

**noceur, euse** → **débauché**

**nocif, ve** → **mauvais**

**nocivité** n. f. malignité, nocuité, nuisance, toxicité

**noctambule** n. et adj. → **fêtard**

**nocuité** n. f. → **nocivité**

**nodosité** n. f. excroissance, loupe, nodule, nœud, nouure, renflement, tubercule

**noël** n. m. nativité, solstice d'hiver

**nœud** n. m. 1 au pr. → **attache** 2 par ext. a → **péripétie** b → **centre** c → **articulation**

**noir, e** 1 nom → **nègre** 2 adj. a → **obscur** b → **basané** c → **triste** d → **méchant** e blas. : sable

**noirâtre** 1 enfumé, hâlé, noiraud 2 → **basané**

**noirceur** n. f. 1 au pr. → **obscurité** 2 fig. → **méchanceté**

**noircir** 1 v. tr. a charbonner, mâchurer b → **dénigrer** c → **salir** 2 v. intr. → **élancer (s')**

**noise** n. f. → **discussion**

**noisetier** n. m. avelinier, coudre, coudrier

**noisette** n. f. 1 aveline, coquerelle (blas.) 2 → **brun**

**noix** n. f. 1 cerneau 2 noix de cajou 3 arg. → **fessier**

**noli-me-tangere** n. m. ou f. balsamine, impatiente

**nolisement** n. m. → **affrètement**

**noliser** → **fréter**

**nom** n. m. 1 appellation, blase (arg.), dénomination, désignation, état civil, label, marque, mot, patronyme, prénom, pseudonyme, sobriquet, surnom, terme, titre, vocable 2 gram. : substantif 3 par ext. → **réputation**

**nomade** n. et adj. ambulant, changeant, errant, forain, instable, mobile, vagabond → **tzigane**

**nombre** n. m. [1] au pr. : chiffre, numéro, quantième [2] par ext. **a** → **quantité** **b** → **harmonie**

**nombrer** [1] → **évaluer** [2] → **dénombrer**

**nombreux, se** [1] fort, innombrable, maint, multiple → **abondant** [2] → **harmonieux**

**nombril** n. m. ombilic → **centre**

**nomenclature** n. f. → **liste**

**nominal, e** → **individuel**

**nomination** n. f. affectation, choix, désignation, élévation, installation, mouvement, promotion, régularisation, titularisation

**nommer** [1] → **appeler** [2] → **affecter** [3] → **indiquer** [4] → **choisir**

**non** négatif, nenni (vx) → **rien**

**non-activité** n. f. chômage, congé, disponibilité, inactivité, oisiveté, réserve, retraite

**nonce** n. m. légat, prélat, vicaire apostolique → **ambassadeur**

**nonchalance** n. f., n. m. [1] → **mollesse** [2] → **paresse** [3] → **indifférence**

**nonchalant, e** → **paresseux**

**non-conformiste** → **original**

**nonne** béguine, carmélite, congréganiste, dame, fille, mère, moniale, nonnette, novice, religieuse, sœur

**nonobstant** (vx) au mépris de, contre, en dépit de, malgré, n'en déplaise à → **cependant**

**non-sens** n. m. absurdité, contradiction, contresens, erreur, faute, galimatias, tautologie → **bêtise**

**non(-) stop** off. → **continu**

**non-valeur** n. f. bon à rien, fruit sec, incapable, inconsistant, inexistant, lamentable, minable (fam.), nul, nullard, nullité, pauvre type, sans mérite, sans valeur, zéro → **paresseux**

**non-violence** n. f. résistance passive

**nord** n. m. [1] arctique, septentrion [2] **perdre le nord** **a** → **affoler (s')** **b** → **tromper (se)**

**nord-africain, e** → **maghrébin**

**nord-américain, e** [1] canadien, québécois [2] → **yankee**

**nordique** arctique, boréal, hyperboréen, nordiste, septentrional

**noria** n. f. sakièh

**normal, e** [1] aisé, arrêté, banal, calculé, classique, décidé, déterminé, exact, fixé, habituel, inné, mesuré, méthodique, moyen, naturel, ordonné, organisé, ponctuel, raisonnable, rationnel, rangé, régulier, systématique [2] → **simple** [3] → **raisonnable**

**normalisation** n. f. [1] alignement, institutionnalisation, régularisation [2] automatisation, codification, division du travail, formulation, rationalisation, spécialisation, stakhanovisme, standardisation, taylorisation, taylorisme

**normaliser** aligner, automatiser, codifier, conformer à, mesurer, mettre aux normes, modeler, rationaliser, réglementer, tracer → **fixer**

**normatif, ve** directif

**norme** n. f. arrêté, canon, charte, code, convention, cote, coutume, formule, ligne, loi, mesure, modèle, ordre, précepte, prescription, protocole, règle, règlement → **principe**

**norois** ou **noroit** n. m. → **vent**

**norrois** n. m. germanique septentrional, nordique, tudesque

**nostalgie** n. f. ennui, mal du pays, spleen → **regret**

**nostalgique** → **triste**

**notabilité** n. f. [1] au pr. : figure, grand, monsieur, notable, personnage, personnalité, puissant, quelqu'un, sommité, vedette [2] fam. : baron, bonze, gros, gros bonnet, grosse légume, huile, huile lourde, important, légume, lumière, mandarin, manitou, pontife, V.I.P. ◆ péj. : magnat, satrape

**notable** [1] adj. : brillant, considérable, distingué, éclatant, émérite, épatant (fam.), étonnant, extraordinaire, formidable, frappant, glorieux, important, insigne, marquant, marqué, mémorable, parfait, particulier, rare, remarquable, saillant, saisissant, sensible, signalé, supérieur [2] nom → **notabilité**

**notaire** n. m. attorney (angl.), officier ministériel, tabellion (vx ou péj.)

**notamment** d'abord, entre autres, par exemple, particulièrement, pour ne citer que, principalement, singulièrement, spécialement

**notation** n. f. → **pensée**

**note** n. f. [1] à titre privé. **a** → **addition** **b** analyse, annotation, aperçu, apostille, appréciation, avertissement, commentaire, compte rendu, critique, esquisse, explication, exposé, glanure, glose, introduction, mémento, mémorandum, nota bene, notule, observation, pièces, post-scriptum, préface, rapport, récit, réflexion, relation, remarque, renvoi, scolie, topo [2] à titre public ou officiel : annonce, avertissement, avis, communication, communiqué, déclaration, dénonciation (vx), indication, information, lettre, message, notification, nouvelle, ordre, proclamation, publication, renseignement ◆ musique : neume

**noter** [1] au pr. : annoter, apostiller, consigner, copier, écrire, enregistrer, inscrire, inventorier, marginer, marquer, référencer, relever [2] par ext. **a** apprécier, classer, coter, distribuer / donner une note, jauger, juger, voir **b** → **observer**

**notice** n. f. [1] → **abrégé** [2] → **préface**

**notification** n. f. annonce, assignation, avertissement, avis, communication, déclaration, dénonciation (vx), exploit, information, instruction, intimation, lettre, mandement, message, signification

**notifier** annoncer, aviser, communiquer, déclarer, dénoncer, faire connaître / part de / savoir, informer, intimer, mander, ordonner, rendre compte, signifier, transmettre

**notion** n. f. [1] au sing. **a** → **idée** **b** → **abstraction** [2] au pl. **a** clartés, compétences, connaissances, éléments, rudiments, teinture, vernis **b** → **traité**

**notoire** → **manifeste**

**notoriété** n. f. → **réputation**

**nouba** n. f. [1] → **fête** [2] → **orchestre**

**nouer** [1] → **attacher** [2] → **préparer**

**noueux, se** → **tordu**

**nougat** n. m. [1] → **friandise** [2] arg. → **pied**

**nougatine** n. f. → **friandise**

**nouille** n. f. [1] → **pâte** [2] → **bête**

**noumène** n. m. chose en soi → **essence**

**nounou** n. f. → **nourrice**

**nourrain** n. m. [1] → **fretin** [2] cochon de lait

**nourri, e** fig. → **riche**

**nourrice** n. f. par ext. : berceuse, bonne d'enfant, nounou, nurse

**nourricier, ère** → **nourrissant**

**nourrir** [1] au pr. **a** quelqu'un : alimenter, allaiter, donner à manger, élever, entretenir, faire manger, rassasier, ravitailler, restaurer, soutenir, sustenter ◆ fam. : gaver, gorger, régaler **b** un animal : affourager, alimenter, élever, engraisser, entretenir, faire paître, paître, repaître, soigner [2] fig. **a** alimenter, couver, entretenir, exciter, fomenter **b** → **instruire** [3] v. pron. → **manger**

**nourrissant, e** bourratif (péj.), généreux, nourricier, nutritif, riche, roboratif, solide, substantiel

**nourrisson** n. m. → **bébé**

**nourriture** n. f. [1] des hommes. **a** aliment, allaitement, becquée (fam.), chère, cuisine, manne, mets, nutriment (vx), pain, pitance, ration, repas, subsistance, substance, vie, vivre ◆ rég. : manger, soupe **b** myth. : ambroisie, potion magique **c** fam. : artillerie, bectance, bifteck, bouffe, boustifaille, briffe, croque, croustille, croûte, étouffe-chrétien, fricot, fripe, gaufre, graille, graine, mangeaille, picotin, provende, ragougnasse, rata, ratatouille, tambouille, tortore [2] des animaux : affouragement, aliment, becquée, embouche, engrais, foin, fourrage, pâtée, pâture, pouture, ration ◆ vén. : curée

**nouveau, elle** [1] au pr. : actuel, à la page / mode, dans le vent, d'aujourd'hui, dernier, dernier cri, différent, frais, in (fam.), inaccoutumé, inconnu, inédit, inéprouvé, inhabituel, inouï, insolite, insoupçonné, inusité, jeune, moderne, neuf, original, récent, révolutionnaire, ultra moderne, vert [2] par ext. **a** → **second** **b** → **novice** [3] **a** **de nouveau :** derechef, encore **b** **homme nouveau, nouveau riche** → **parvenu** **c** **nouveau-né** → **bébé**

**nouveauté** n. f. actualité, changement, curiosité, fraîcheur, innovation, jeunesse, mode, modernité, originalité, primeur → **bizarrerie**

**nouvelle** n. f. [1] anecdote, bruit, écho, fable, rubrique, rumeur, vent [2] fam. : bobard, canard, canular, craque, tuyau (crevé) [3] annonce, flash, information, insert, scoop [4] → **roman**

**nouvellement** depuis peu, récemment

**nouvelliste** n. m. ou f. → **journaliste**

**novateur, trice** [1] → **innovateur** [2] → **progressiste**

**novice** [1] adj. : candide (par ext.), commençant, débutant, inexpérimenté, jeune, neuf, nouveau [2] nom : apprenti, conscrit, débutant, écolier, néophyte ◆ fam. : bizut, bleu, bleusaille → **jeune**

**noviciat** n. m. → **instruction**

**noyade** n. f. hydrocution, submersion

**noyau** n. m. [1] → **centre** [2] → **origine** [3] → **groupe**

**noyautage** n. m. entrisme, infiltration, pénétration

**noyauter** → **pénétrer**

**noyer** [1] quelqu'un → **tuer** [2] quelque chose → **inonder** [3] v. pron. **a** au pr. : s'asphyxier par immersion, couler, disparaître, s'enfoncer, s'étouffer, périr **b** fig. → **perdre (se)**

**nu** n. m. académie, beauté, modèle, nudité, plastique, peinture, sculpture, sujet, tableau

**nu, e** [1] au pr. : découvert, dénudé, dépouillé, déshabillé, dévêtu, dévoilé, impudique (péj.), le cul / le derrière à l'air / au vent, tout nu, sans voiles ◆ fam. : adamique, à poil, déplumé, en costume d'Adam/d'Ève [2] par ext. **a** abandonné, dégarni, désert, vide **b** blanc, net, pur **c** → **pauvre** [3] **à nu :** à découvert, tel quel, tel qu'il / elle est

**nuage** n. m. [1] au pr. : **a** brume, brouillard, nébulosité, nue, nuée, vapeurs, voile **b** cirrocumulus, cirrus, cumulonimbus, cumulostratus, cumulus, nimbus, stratocumulus, stratus [2] par ext. **a** → **obscurité** **b** → **mésintelligence** **c** → **ennui**

**nuageux, se** → **obscur**

**nuance** n. f. [1] au pr. → **couleur** [2] fig. → **différence**

**nuancé, e** → **varié**

**nuancer** [1] au pr. : assortir, bigarrer, dégrader des couleurs, graduer, moduler [2] par ext. : atténuer, mesurer, modérer, pondérer

**nubile** adolescent, fait, formé, fruit vert, mariable, pubère

**nubilité** n. f. → **puberté**

**nudisme** n. m. naturisme

**nudiste** n. m. et f. naturiste

**nudité** n. f. [1] → **nu** [2] → **austérité**

**nue** et **nuée** n. f. → **nuage**

**nuer** → **nuancer**

**nuire** [1] à quelqu'un : attenter à, blesser, calomnier, compromettre, contrarier, déconsidérer, défavoriser, désavantager, désobliger, desservir, discréditer, faire du mal / tort, gêner, léser, médire, mouiller (fam.), parler à tort et à travers / contre, porter atteinte / préjudice / tort, préjudicier, violer les droits [2] à quelque chose : déparer, endommager, enlaidir, faire mauvais effet, jurer, ruiner

**nuisance** n. f. → **nocivité**

**nuisible** contraire, corrupteur, dangereux, défavorable, délétère, déprédateur, désavantageux, dommageable, ennemi, fâcheux, funeste, hostile, insalubre, maléfique, malfaisant, malsain, mauvais, néfaste, nocif, pernicieux, préjudiciable, toxique → **mauvais**

**nuit** n. f. → **obscurité**

**nul, nulle** [1] adj. indéfini : aucun, néant, négatif, personne, rien, zéro [2] adj. qual. **a** quelque chose : aboli, annulé, caduc, infirmé, inexistant, invalidé, lettre morte, non avenu, périmé, prescrit, sans effet / valeur, suranné, tombé en désuétude **b** mauvais → **banal** **c** quelqu'un : fruit sec, incapable, inconsistant, inexistant, lamentable, minable, non-valeur, nullard, nullité, pauvre type, raté, sans mérite / valeur, tocard, zéro → **ignorant** [3] **coup nul :** rampeau

**nullement** [1] → **pas** [2] → **rien**

**nullité** n. f. → **nul**

**nûment** → **crûment**

**numéraire** n. m. → **argent**

**numéro** n. m. [1] chiffre, cote, folio, gribiche, matricule, rang [2] → **spectacle** [3] → **type**

**numéroter** chiffrer, coter, folioter, paginer, tatouer (vét.)

**nuptial, e** conjugal, matrimonial

**nurse** n. f. [1] → **gouvernante** [2] → **nourrice**

**nursery** n. f. [1] crèche, nourricerie (vx), pouponnière [2] garderie, halte, jardin d'enfants, maternelle, stop-enfants

**nutritif, ve** → **nourrissant**

**nutrition** n. f. alimentation, assimilation, digestion, ingestion, métabolisme, nutriment (vx)

**nutritionniste** n. m. ou f. diététicien, diététiste

**nymphe** n. f. 1 au pr. : apsara, déesse, dryade, hamadryade, naïade, napée, nixe (german.), néréide, océanide, oréade 2 par ext. → **fille** 3 chrysalide 4 anat. au pl. petites lèvres

**nymphéa** n. m. lis d'eau / des étangs, lotus (par ext.), nénuphar

# O

**oasis** n. f. parfois m. fig. : abri, refuge → **solitude**

**obédience** n. f. 1 → **obéissance** 2 → **tendance**

**obéir** 1 accepter, admettre, céder, se conformer à, courber la tête / le dos / l'échine (péj.), écouter, être obéissant, fléchir, s'incliner, s'inféoder, observer, obtempérer, plier, se ranger à, rompre, se soumettre, suivre 2 non fav. → **subir**

**obéissance** n. f. 1 allégeance, assujettissement, dépendance, discipline, joug, observance (relig.), subordination, sujétion → **soumission** 2 docilité, esprit de subordination, fidélité, malléabilité, obédience (vx), plasticité, servilité

**obéissant, e** assujetti, attaché, discipliné, docile, doux, facile, fidèle, flexible, gouvernable, humble, malléable, maniable, sage, soumis, souple

**obel** ou **obèle** n. m. → **trait**

**obérer** affairer (vx), charger, endetter, grever

**obèse** → **bedonnant**

**obésité** adipose, adiposité → **grosseur**

**obi** n. f. → **ceinture**

**obier** n. m. boule-de-neige → **viorne**

**obit** n. m. → **messe**

**obituaire** → **funéraire**

**objecter** v. tr. et intr. 1 → **répondre** 2 → **prétexter**

**objecteur** n. m. → **contradicteur**

**objectif** n. m. 1 nom → **but** 2 adj. a → **réel** b → **vrai**

**objection** n. f. antithèse, contestation, contradiction, contredit, contrepartie, contre-pied, critique, difficulté, discussion, obstacle, opposition, protestation, réfutation, remarque, réplique, réponse, représentation, reproche

**objectiver** → **exprimer**

**objectivité** n. f. 1 impersonnalité 2 → **justice** 3 → **neutralité**

**objet** n. m. 1 au pr. (matériel) : chose, corps, outil, ustensile → **bibelot, instrument** 2 cause, concept, corpus, sujet, thème 3 → **but**

**objurgation** n. f. → **reproche**

**oblat, e** → **religieux**

**oblatif, ive** → **généreux**

**oblation** n. f. → **offrande**

**obligation** n. f. 1 neutre : charge, dette, engagement, lien, nécessité → **devoir** 2 fav. → **gratitude** 3 non fav. : acquit (vx), assujettissement, astreinte, condamnation, contrainte, enchaînement, entrave, exigence, force, servitude, urgence, violence

**obligatoire** contraignant, contraint, de commande, fixe, fixé, forcé, imposé, indispensable, inévitable, nécessaire, obligé, ordonné, réglementé, requis

**obligatoirement** absolument, forcément, inévitablement, nécessairement, réglementairement

**obligé, e** 1 neutre : dû, engagé, immanquable, lié, nécessaire, obligatoire, tenu 2 fav. (de quelqu'un) a débiteur, redevable b reconnaissant 3 non fav. : assujetti, astreint, condamné, contraint, enchaîné, forcé, requis, violenté

**obligeance** n. f. → **amabilité**

**obligeant, e** → **serviable**

**obliger** 1 neutre : engager, lier 2 fav. → **aider** 3 non fav. : acculer, assujettir, astreindre, atteler, brusquer, condamner, contraindre, enchaîner, exiger, forcer, forcer la main, imposer, pousser / réduire à, violenter

**oblique** 1 → **incliné** 2 → **indirect**

**obliquement** de biais, en crabe, en diagonale / écharpe / travers

**obliquité** n. f. déclinaison, dévoiement, inclinaison, infléchissement, pente

**oblitération** n. f. 1 obstruction, obturation, occultation 2 méd. : constipation, iléus, imperforation, occlusion

**oblitérer** 1 → **effacer** 2 → **obstruer**

**oblong, ue** → **long**

**obnubilation** n. f. → **obscurcissement**

**obnubiler** → **obscurcir**

**obole** n. f. → **secours**

**obscène** blessant, corsé, croustillant, cru, cynique, dégoûtant, déshonnête, égrillard, épicé, frelaté, gaulois, gras, graveleux, grivois, grossier, hasardé (vx), immonde, immoral, impudique, impur, inconvenant, indécent, lascif, leste, libre, licencieux, lubrique, malpropre, offensant, ordurier, osé, pimenté, poivré, polisson, pornographique, provocant, risqué, salace, sale, salé, scabreux, scandaleux, scatologique, stercoraire, trivial ♦ fam. : cochon, dégueulasse, vicelard

**obscénité** n. f. attentat / outrage à la pudeur / aux mœurs, bras d'honneur, coprolalie, cynisme, exhibitionnisme, gauloiserie, geste déplacé, gravelure, grivoiserie, grossièreté, immodestie, immoralité, impudicité, impureté, incongruité, inconvenance, indécence, licence, malpropreté, polissonnerie, pornographie, saleté, trivialité, vulgarité ♦ fam. : cochoncété, cochonnerie

**obscur, e** 1 au pr. : assombri, crépusculaire, épais, foncé, fuligineux, nocturne, noir, obscurci, occulté, ombreux, opaque, profond, sombre, ténébreux, terni 2 fig. a abscons, abstrus, amphigourique, apocalyptique, brumeux, cabalistique, caché, complexe, compliqué, confus, difficile, diffus, douteux, embrouillé, enchevêtré, énigmatique, entortillé, enveloppé, équivoque, ésotérique, filandreux, flou, fumeux, hermétique, impénétrable, incompréhensible, inconnaissable, indéchiffrable, inexplicable, inextricable, inintelligible, insaisissable, louche, mystérieux, nébuleux, nuageux, secret, sibyllin, touffu, trouble, vague, vaseux, voilé ♦ fam. : cafouilleux, emberlificoté b → **inconnu** c le temps : assombri, brumeux, chargé, couvert, embrumé, épais, nébuleux, nuageux, voilé

**obscurantisme** n. m. → **intolérance**

**obscurcir** 1 au pr. : abaisser / baisser / diminuer la lumière, assombrir, cacher, couvrir, éclipser, embrumer, ennuager, enténébrer, foncer, mâchurer, noircir, obombrer, occulter, opacifier, ternir, voiler ♦ vx : obnubiler, offusquer 2 fig. : attrister, éclipser, effacer, enterrer, faire disparaître / pâlir, scotomiser (psych.), troubler

**obscurcissement** n. m. assombrissement, aveuglement, épaississement, noircissement, obnubilation, occultation, scotomisation (psych.), ternissement

**obscurité** n. f. 1 au pr. : contre-jour, nébulosité, noirceur, nuit, ombre, opacité, ténèbres, turbidité 2 fig. a confusion, herméticité → **mystère** b → **anonymat** c → **bassesse**

**obsécration** n. f. → **prière**

**obsédant, e** → **ennuyeux**

**obsédé, e** assiégé, braqué, charmé (vx), envoûté, hanté, harcelé, maniaque, obnubilé, persécuté, polarisé, tourmenté

**obséder** 1 → **assiéger** 2 → **tourmenter**

**obsèques** n. f. pl. → **enterrement**

**obséquieux, euse** → **servile**

**obséquiosité** n. f. → **servilité**

**observance** n. f. → **règle**

**observateur, trice** 1 → **attentif** 2 → **témoin**

**observation** n. f. 1 analyse, approche, constatation, étude, examen, introspection, scrutation → **expérimentation** 2 observance (relig.) → **obéissance** 3 → **remarque** 4 → **reproche** 5 au pl. → **pensée(s)**

**observer** 1 accomplir, s'acquitter de, se conformer à, être fidèle à, exécuter, faire, garder, obéir à, se plier à, pratiquer, remplir, rendre, respecter, satisfaire à, se soumettre à, suivre, tenir 2 avoir à l'œil, dévisager, épier, étudier, examiner, fixer, noter, remarquer, suivre du regard, surveiller → **regarder**

**obsession** n. f. assujettissement, cauchemar, complexe, crainte, hallucination, hantise, idée fixe, manie, monomanie, peur, phobie, préoccupation, psychose, scrupule, souci, tentation, vision

**obsolescence** n. f. → **vieillesse**

**obsolète** et **obsolescent, e** → **désuet**

**obstacle** n. m. 1 au pr. : barrage, barricade, barrière, cloison, défense, digue, écluse, écran, mur, rideau, séparation ♦ équit. : barre, brook, bull-finch, fossé, haie, mur, rivière, talus 2 fig. : a accroc, achoppement, adversité, anicroche, aria, bec, blocage, contrariété, contretemps, défense, difficulté, écueil, embarras, empêchement, encombre, ennui, entrave, frein, gêne, hic, impasse, impedimenta, inconvénient, inhibition, inopportunité, interdiction, obstruction, opposition, os (fam.), pierre d'achoppement, résistance, restriction, traverse, tribulations b vx : hourvari, rémora c → **objection**

**obstination** n. f. 1 acharnement, assiduité, constance, esprit de suite, exclusive, fermeté, fixité, insistance, persévérance, persistance, résolution, suite dans les idées, ténacité 2 cramponnement, entêtement, folie, indocilité, opiniâtreté, parti pris, préjugé → **manie**

**obstiné, e** → **têtu**

**obstiner (s')** 1 → **buter (se)** 2 → **continuer**

**obstruction** n. f. 1 → **oblitération** 2 → **résistance**

**obstruer** barrer, bloquer, embarrasser, embouteiller, encombrer, encrasser, engorger, fermer → **boucher** ♦ méd. : oblitérer

**obtempérer** → **obéir**

**obtenir** 1 au pr. : acheter, acquérir, arracher, attraper, avoir, capter, conquérir, s'emparer de, empocher, emporter, enlever, faire, gagner, impétrer (jurid.), forcer, prendre, se procurer, recevoir, recueillir, récupérer, regagner, retrouver, remporter ♦ fam. : accrocher, décrocher, dégotter, écornifler, extorquer, soutirer 2 par ext. → **produire**

**obturateur** n. m. → **clapet**

**obturation** n. f. → **oblitération**

**obturer** → **boucher**

**obtus, e** 1 au pr. → **émoussé** 2 par ext. → **inintelligent**

**obus** n. m. → **projectile**

**obvier** → **parer**

**ocarina** n. m. → **musique**

**occasion** n. f. 1 cas, chance, circonstance, coïncidence, conjoncture, événement, éventualité, facilité, fois, hasard, heure, incidence, instant, moment, occurrence, opportunité, possibilité, rencontre, temps, terrain 2 → **lieu** 3 affaire, article usagé / sacrifié, aubaine, rossignol (péj.), seconde main, solde

**occasionnel, le** → **temporaire**

**occasionnellement** → **provisoirement**

**occasionner** amener, appeler, apporter, attirer, causer, créer, déchaîner, déclencher, déterminer, donner lieu / occasion, engendrer, entraîner, être la cause de, faire, fournir l'occasion, motiver, nécessiter, porter, prêter à, procurer, produire, provoquer, susciter, traîner

**occident** n. m. couchant, ouest, ponant (vx)

**occire** → **tuer**

**occlusion** n. f. 1 → **fermeture** 2 méd. → **oblitération**

**occulte** → **secret**

**occulter** → **cacher**

**occultisme** n. m. 1 ésotérisme, gnose, grand art, hermétisme, illumination, illuminisme, kabbale, magie, mystère, radiesthésie, sciences occultes, spiritisme, télépathie, théosophie, théurgie 2 par ext. : alchimie, cartomancie, chiromancie, divination, mantique, messe noire, nécromancie, sabbat, sorcellerie

**occupant, e** 1 colon, envahisseur 2 → **habitant**

**occupation** n. f. 1 activité, affaire, affairement, assujettissement, besogne, carrière, charge, emploi, engagement, exercice, fonction, loisirs, métier, mission, négoce (vx), ouvrage, passe-temps, profession, service, travail 2 → **colonisation**

**occupé, e** 1 absorbé, accablé, accaparé, actif, affairé, assujetti, chargé, écrasé, employé, engagé, indisponible, pris, retenu, tenu 2 → **rempli**

**occuper** 1 au pr. a → **prendre** b → **tenir** c → **demeurer** 2 fig. a absorber, captiver, polariser b atteler à, employer, prendre c accaparer, défrayer d accabler, importuner e condamner (un lieu) f coloniser, envahir, squatter 3 v. pron. : s'absorber, s'acharner, s'adonner, agir, s'appliquer, s'attacher, s'atteler, besogner (fam.), se consacrer, s'employer, s'entremettre, s'escrimer, étudier, faire, se

mêler de, se mettre à / dans, travailler, vaquer, veiller
**occurrence** n. f. → **cas**
**océan** n. m. → **mer**
**océanaute** n. m. ou f. aquanaute
**océanographe** n. m. ou f. hydrographe
**ocellé, e** → **marqueté**
**ocelot** n. m. chat-tigre → **fourrure**
**octet** n. m. byte (angl.)
**octroi** n. m. 1 attribution → **distribution** 2 péage, perception
**octroyer** → **accorder**
**oculiste** n. m. et f. ophtalmologiste, ophtalmologue, spécialiste de la vue / des yeux
**oculus** n. m. → **ouverture**
**ode** et **odelette** n. f. → **poème**
**odeur** n. f. 1 neutre ou fav. : arôme, bouquet, effluence, effluve, émanation, exhalaison, fragrance, fumet, haleine, parfum, senteur ◆ vén. : sentiment, trace, vent 2 non fav. : empyreume, fraîchin, relent, remugle → **puanteur**
**odieux, se** → **haïssable**
**odomètre** n. m. compte-pas, podomètre
**odorant, e** aromatique, capiteux, effluent, embaumé, fleurant, fragrant, odoriférant, parfumé, suave, suffocant (péj.)
**odorat** n. m. flair, olfaction → **nez**
**odoriférant, e** → **odorant**
**odyssée** n. f. → **voyage**
**œcuménique** → **universel**
**œdème** → **boursouflure**
**œil** 1 au pr. : globe oculaire ◆ arg. : calot, carreau, chasse, clignotant, coquillard, globule, mirette, quinquet, robert, vitreux 2 par ext. **a** cornée, cristallin, prunelle, pupille, vision, vue → **regard** **b** → **ouverture** **c** bourgeon, bouton, excroissance, marcotte, nœud, pousse 3 **a** **à l'œil :** gratis, gratuitement, pour rien **b** **avoir l'œil** → **surveiller**
**œil-de-bœuf** n. m. → **ouverture**
**œil-de-perdrix** n. m. → **cal**
**œillade** n. f. → **regard**
**œillère** n. f. fig. → **préjugé**
**œillet** n. m. 1 → **ouverture** 2 grenadin, nonpareille, tagète
**œstrus** n. m. → **rut**
**œuf** n. m. 1 au pr. **a** couvain, germe, lente, oosphère, ovocyte, ovotide, ovule **b** coque, coquille 2 nichet 3 fig. → **origine**
**œuvre** n. f. 1 → **action** 2 → **ouvrage** 3 → **travail**
**œuvrer** → **travailler**
**offensant, e** amer, blessant, cinglant, désagréable, dur, grossier, impertinent, infamant, injurieux, insultant, outrageant, sanglant, vexant
**offense** n. f. affront, atteinte, avanie, blessure, bras d'honneur, camouflet, couleuvre, coup, démenti, impertinence, indignité, infamie, injure, insolence, insulte, nasarde, outrage
**offenser** 1 atteindre dans sa dignité / son honneur, blesser, choquer, être inconvenant / incorrect envers, faire affront / offense, froisser, humilier, injurier, insulter, manquer à, offusquer, outrager, piquer au vif, vexer ◆ vx : 2 v. pron. : se blesser, se choquer, se draper dans sa dignité, se fâcher, se formaliser, se froisser, se gendarmer, se hérisser, s'offusquer, se piquer, se scandaliser, se vexer
**offenseur** n. m. → **agresseur**
**offensif, ive** agressif, brutal, violent
**offensive** n. f. → **attaque**
**offertoire** n. m. → **offrande**
**office** n. m. 1 → **emploi** 2 → **devoir** 3 → **organisme** 4 → **service** 5 nom → **cuisine** 6 bons offices → **service**
**officiant** n. m. célébrant, desservant
**officiel, elle** administratif, admis, authentique, autorisé, connu, consacré, de notoriété publique, force de loi, notarié, notoire, protocolaire, public, réel, solennel
**officiellement** → **publiquement**
**officier** n. m. 1 → **chef** 2 → **militaire**
**officier** v. intr. 1 → **agir** 2 → **célébrer**
**officieusement** → **secrètement**
**officieux, euse** 1 → **serviable** 2 → **secret**
**officinal, e** pharmaceutique
**officine** n. f. pharmacie → **magasin**
**offrande** n. f. aumône, cadeau, charité, denier, don, donation, holocauste, hommage, oblation, offertoire, participation, présent, quote-part, sacrifice
**offre** n. f. avance, démarche, enchère, ouverture, pollicitation (jurid.), promesse, proposition, soumission, surenchère
**offrir** 1 avancer, dédier, donner, faire une offre / ouverture / proposition, présenter, proposer, soumettre, soumissionner → **montrer** 2 v. pron. **a** se donner satisfaction, se payer **b** s'exhiber → **paraître** **c** se dévouer, s'exposer, s'immoler, se proposer, se sacrifier, se soumettre, se vouer
**offshore** pétr. off. : en mer, marin
**offusquer** 1 → **obscurcir** 2 → **cacher** 3 → **éblouir** 4 → **choquer** 5 v. pron. → **offenser (s')**
**ogive** n. f. → **cintre**
**ogre, ogresse** 1 au pr. : anthropophage, épouvantail, géant, goule, lamie, loup-garou, minotaure, stryge, vampire 2 par ext. **a** croque-mitaine, père fouettard **b** → **bâfreur**
**oie** n. f. 1 bernache, eider, jars, oie-pie, oie de Sibérie, oison → **palmipède** 2 → **bête**
**oignon** n. m. 1 bulbe, échalote 2 cor au pied, durillon, induration, œil-de-perdrix 3 → **montre**
**oindre** 1 → **graisser** 2 → **frictionner** 3 → **sacrer**
**oiseau** 1 au pr. **a** gibier à plumes, oiselet, oiselle, oisillon, volaille, volatile **b** → **colombin, coureur, échassier, gallinacé, grimpeur, palmipède, passereau, rapace** 2 par ext. **a** → **bête** **b** → **type**
**oiseau-lyre** n. m. ménure → **passereau**
**oiseau-mouche** n. m. colibri → **passereau**
**oiselier, ère** → **éleveur**
**oiselle** n. f. 1 → **oiseau** 2 → **fille**
**oiseux, euse** 1 → **inutile** 2 → **insignifiant** 3 vx → **inactif**
**oisif, ive** → **inactif**
**oisillon** n. m. → **oiseau**
**oisiveté** n. f. farniente, dolce vita, paresse → **inaction**
**o.k.** → **oui**
**okapi** n. m. girafe-antilope
**oléagineux, euse** huileux, oléifère
**olfaction** n. f. → **odorat**
**olibrius** n. m. 1 → **hâbleur** 2 → **original** 3 → **type**
**olifant** ou **oliphant** n. m. → **cor**
**oligarchie** n. f. aristocratie, ploutocratie, synarchie
**oligophrénie** n. f. → **débilité**
**oligopole** n. m. → **monopole**
**olivaie** n. f. oliveraie, olivette
**olive** n. f. picholine
**olympe** n. m. → **ciel, paradis**
**olympien, ne** 1 → **imposant** 2 → **tranquille**
**ombilic** n. m. nombril
**ombrage** n. m. 1 → **ombre** 2 → **jalousie**
**ombrager** 1 couvrir, obombrer, ombrer, protéger 2 → **cacher**
**ombrageux, euse** 1 → **méfiant** 2 **a** → **susceptible** **b** → **quinteux**
**ombre** n. f. 1 au pr. **a** abri, couvert, ombrage, pénombre **b** → **obscurité** 2 par ext. **a** apparence **b** → **fantôme**
**ombrelle** n. f. en-cas, parasol
**ombrer** → **ombrager**
**ombrette** n. f. → **échassier**
**ombreux, euse** → **sombre**
**ombrine** n. f. → **poisson**
**ombudsman** n. m. → **intermédiaire**
**omettre** abandonner, laisser, manquer de, négliger, oublier, passer (à l'as), sauter → **taire**
**omission** n. f. abandon, absence, bourdon (typo.), faute, inattention, lacune, manque, négligence, oubli, prétérition, réticence
**omnibus** n. m. → **voiture**
**omnipotence** n. f. → **autorité**
**omnipotent, e** → **puissant**
**omnipraticien, ne** généraliste → **médecin**
**omniprésence** n. f. → **ubiquité**
**omniscience** n. f. → **savoir**
**omniscient, e** → **savant**
**onagre** n. m. → **âne**
**onanisme** n. m. → **masturbation**
**onction** n. f. → **douceur**
**onctueux, euse** 1 au pr. → **gras** 2 par ext. **a** → **doux** **b** → **hypocrite**
**onctuosité** n. f. fig. → **hypocrisie**
**ondatra** n. m. 1 loutre d'Hudson, rat musqué → **rongeur** 2 → **fourrure**
**onde** n. f. 1 eau, flots, vague 2 → **fluide**
**ondé, e** bariolé, bigarré, diapré, jaspé, mâchuré, madré, marbré, moucheté, ocellé, piqueté, pommelé, taché, tacheté, tavelé, tigré, truité, veiné, vergeté
**ondée** n. f. → **pluie**
**on-dit** n. m. 1 → **médisance** 2 → **rumeur**
**ondoiement** n. m. 1 → **frisson** 2 → **baptême**
**ondoyant, e** 1 → **ondulé** 2 → **changeant** 3 → **varié**
**ondoyer** 1 → **flotter** 2 → **baptiser**
**ondulation** n. f. → **sinuosité**
**ondulé, e** annelé, courbe, flexueux, ondé, ondoyant, ondulant, ondulatoire, onduleux, serpentant, sinueux
**onduler** → **friser** → **flotter**
**onduleux, euse** → **ondulé**
**onéreux, euse** → **cher**
**ongle** n. m. 1 ergot, griffe, onglon, sabot, serre 2 vén. : harpe, herpe, main
**onglée** n. f. 1 → **engourdissement** 2 → **engelure**
**onglet** n. m. 1 → **entaille** 2 → **marque**
**onglette** n. f. onglet, petit burin → **outil**
**onguent** n. m. 1 → **pommade** 2 → **parfum**
**onirique** rêvé → **imaginaire**
**onomatopée** n. f. → **bruit**
**opacifier** → **obscurcir**
**opacité** n. f. turbidité → **obscurité**
**opalescent, e** et **opalin, e** → **blanchâtre**
**opaque** → **obscur**
**ope** n. f. ou m. → **ouverture**
**opéra** n. m. 1 drame lyrique 2 par ext. : **a** bel canto, opéra-bouffe, opéra-comique, opérette, oratorio **b** comédie musicale, vaudeville
**opérant, e** → **efficace**
**opérateur, trice** 1 cadreur, caméraman, manipulateur 2 par ext. → **guérisseur**
**opération** n. f. 1 → **action** 2 → **entreprise** 3 → **calcul** 4 ablation, amputation, intervention 5 → **expédition**
**opérationnel, le** → **valable**
**opercule** n. m. → **fermeture**
**opérer** → **agir**
**opérette** n. f. → **opéra**
**ophicléide** n. m. → **cuivre**
**ophtalmologiste** n. m. et f. → **oculiste**
**ophite** n. m. 1 gnostique → **hérétique** 2 → **marbre**
**opimes** adj. et n. f. pl. → **butin**
**opiner** 1 délibérer, donner son avis / opinion, voter 2 **opiner du bonnet / du chef** → **consentir**
**opiniâtre** → **têtu**
**opiniâtrement** avec entêtement, farouchement, fermement, mordicus, obstinément
**opiniâtrer (s')** → **buter (se)**
**opiniâtreté** n. f. 1 → **obstination** 2 → **fermeté** 3 → **persévérance**
**opinion** n. f. 1 au pr. : appréciation, avis, critique, estime, façon / manière de penser / voir, idée, impression, jugement, oracle, pensée, point de vue, position, principe, sens, sentiment, thèse, vue 2 → **foi** 3 par ext. : couleur, doctrine, idées, idéologie
**opium** n. m. paramorphine, thébaïne → **drogue**
**opossum** n. m. 1 → **marsupiaux** 2 → **fourrure**
**oppidum** n. m. → **forteresse**
**opportun, e** → **convenable**
**opportunisme** n. m. → **habileté**
**opportuniste** nom et adj. → **malin**
**opportunité** n. f. 1 nécessité, obligation, utilité 2 → **occasion**
**opposable** → **valable**
**opposant, e** nom et adj. 1 → **adversaire** 2 → **ennemi**
**opposé** n. m. 1 **a** antipode, antithèse, antonyme, contraire, encontre, inverse, opposite, rebours, symétrique **b** contre-courant, contre-exemple, contre-fil, contre-indication, contre-marche, contre-mesure, contre-ordre *ou* contrordre, contrepartie, contre-performance, contre-pied, contre-projet, contre-propagande, contre-proposition, contre-publicité, contre-réforme, contre-révolution, contre-transfert (psych.), contre-vérité **c** contre-pente, contre-voie **d** audiov. : contre-champ, contre-plongée **e** → **opposition** 2 **à l'opposé :** à contre-jour, à contre-poil, au

contraire, contrairement, à l'encontre, en face, en revanche, par contre

**opposé, e** adverse, affronté, antagonique, antagoniste, antithétique, contradictoire, contraire, controlatéral (méd.), décussé (bot.), dirimant (jurid.), divergent, en face, ennemi, incompatible, inconciliable, inverse, symétrique

**opposer** 1 → **dire** 2 → **mettre** 3 → **comparer** 4 → **prétexter** 5 → **différencier** 6 v. pron. a s'affronter, braver, concurrencer, contrarier, contre-manifester, contrer, désobéir, diverger, se dresser / s'élever contre, empêcher, lutter, mettre son veto, refuser → **résister** b être en opposition, s'exclure, se heurter, répugner

**opposite** n. m. 1 → **opposé** 2 **à l'opposite :** en face / vis-à-vis de

**opposition** 1 antagonisme, antinomie, antipathie, antithèse, antonymie, combat, conflit, contradiction, contraste, contre-courant, contre-manifestation, contre-réforme, contre-révolution, défiance, désaccord, différence, discordance, disparate, dispute, dissemblance, dissension, dissidence, dissimilitude, dissonance, divergence, duel, heurt, hostilité, incompatibilité, interdiction, lutte, protestation, réaction, refus, réfutation, réplique, riposte, rivalité, veto → **interdit** 2 → **obstacle** 3 → **résistance** 4 → **différence** 5 → **mésintelligence** 6 minorité

**oppressant, e** → **accablant**

**oppresser** 1 → **étouffer** 2 → **presser** 3 → **surcharger**

**oppresseur** n. m. despote, dictateur, dominateur, envahisseur, occupant, persécuteur, potentat, tortionnaire, tout-puissant, tyran, usurpateur

**oppressif, ive** abusif, opprimant, possessif, tyrannique

**oppression** n. f. 1 → **absolutisme** 2 → **tyrannie** 3 → **essoufflement**

**opprimer** → **brimer**

**opprobre** n. m. → **honte**

**opter** → **choisir**

**optimal, e** → **supérieur**

**optimisation** n. f. → **perfectionnement**

**optimiser** → **améliorer**

**optimisme** n. m. → **insouciance**

**optimiste** nom et adj. → **insouciant**

**optimum** n. m. → **supériorité**

**option** n. f. 1 alternative, dilemme → **choix** 2 → **préférence**

**optionnel, le** → **facultatif**

**optique** n. f. → **vue**

**opulence** n. f. 1 → **affluence** 2 → **richesse**

**opulent, e** → **riche**

**opuscule** n. m. → **livre**

**or** n. m. 1 a paillette, pépite b métal jaune, valeur refuge c arg. : jonc d par ext. : jaunet, louis, napoléon e imitation : chrysocale, plaqué, similor 2 → **richesse**

**oracle** n. m. 1 → **prédiction** 2 → **vérité** 3 → **opinion**

**orage** n. m. 1 au pr. → **bourrasque** 2 par ext. a → **malheur** b → **mésintelligence** c → **trouble**

**orageux, euse** fig. → **troublé**

**oraison** n. f. 1 → **prière** 2 → **discours** 3 **oraison funèbre** → **éloge**

**oral, e** → **verbal**

**orange** et **orangette** n. f. → **agrume**

**orangé, e** abricot, tango → **rouge**

**orang-outan** ou **orang-outang** n. m. → **singe**

**orant, e** → **suppliant**

**orateur, trice** 1 avocat, causeur, conférencier, débatteur (off.), foudre d'éloquence, logographe 2 vx et péj. : parleur, prédicant, prédicateur, tribun 3 péj. : baratineur, déclamateur, discoureur, harangueur, laïusseur, rhéteur

**oratoire** n. m. → **église**

**oratorien** n. m. → **religieux**

**oratorio** n. m. → **opéra**

**orbe** 1 n. m. → **rond** 2 adj. bât. : aveugle

**orbite** n. f. 1 → **rond** 2 → **cercle**

**orbitèle** n. m. → **araignée**

**orchestrateur, trice** → **musicien**

**orchestration** n. f. arrangement, harmonisation, instrumentation

**orchestre** n. m. clique, ensemble, fanfare, formation, groupe, harmonie, jazz, lyre, musique, nouba, octuor, orphéon, philharmonie, quatuor, quintette, septuor, sextuor, trio

**orchestrer** 1 au pr. : arranger, harmoniser, instrumenter 2 fig. : amplifier, clamer, divulguer, faire savoir, répandre

**ordinaire** 1 adj. a accoutumé, banal, coutumier, familier, général, habituel, invétéré, traditionnel b → **commun** c → **moyen** 2 n. m. : alimentation, chère, cuisine, menu, pitance, ration, repas, table

**ordinairement** à l'accoutumée / l'ordinaire, banalement, communément, de coutume, généralement, d'habitude, habituellement, le plus souvent, usuellement, volontiers

**ordinateur** n. m. 1 calculateur, machine / mémoire électronique 2 par ext. : informatique, robot 3 relig. : ordinant

**ordo** n. m. comput → **calendrier**

**ordonnance** n. f. 1 → **ordre** 2 → **jugement** 3 → **règlement** 4 milit. fam. : porte-coton, porte-pipe, tampon

**ordonnancement** n. m. 1 méthode, organisation, processus, programme, suite 2 → **paiement**

**ordonné, e** → **réglé**

**ordonner** 1 → **agencer** 2 → **commander**

**ordre** n. m. 1 agencement, alignement, arrangement, assemblage, classement, classification, disposition, distribution, économie, ordonnance, ordonnancement, plan, structure, succession, suite, symétrie, système 2 → **règle** 3 cohérence, cohésion, discipline, harmonie, hiérarchie, méthode, morale, organisation, paix, police, subordination, tranquillité 4 → **classe** 5 → **genre** 6 → **rang** 7 → **congrégation** 8 → **corporation** 9 → **instruction** 10 → **commandement** 11 arch. : a corinthien, dorique, ionique b composite, toscan 12 a **donner ordre** → **pourvoir** b **ordre du jour** → **programme**

**ordure** n. f. balayures, bourre, caca, chiure, crasse, crotte, crottin, débris, déchets, détritus, fange, fient, fiente, fumier, gadoue, immondices, impureté, malpropreté, margouillis, merde, pourriture, poussière, rebut, résidu, saleté, salissure, saloperie, sanie, scorie, vidure → **excrément**

**ordurier, ère** → **obscène**

**orée** n. f. → **bord**

**oreille** n. f. 1 ouïe 2 arg. : aileron, baffle, cliquette, écoutille, escalope, esgourde, étiquette, feuille, loche, manette, pavillon, plat à barbe, portugaise 3 → **poignée** 4 vén. : écoutes

**oreiller** n. m. chevet, coussin, polochon, traversin

**oreillon** n. m. → **armure**

**ores** → **maintenant**

**orfèvre** n. m. bijoutier, joaillier

**orfèvrerie** n. f. bijouterie, joaillerie

**orfraie** n. f. huard, pygargue → **rapace**

**orfroi** n. m. → **ornement**

**organe** n. m. 1 → **sens** 2 → **journal, revue** 3 → **sexe**

**organeau** n. m. → **boucle**

**organicisme** n. m. → **animisme**

**organigramme** n. m. schéma, tableau schématique / synoptique → **structure**

**organique** → **profond**

**organisateur, trice** → **promoteur**

**organisation** n. f. 1 → **agencement** 2 → **organisme**

**organiser** 1 → **régler** 2 → **préparer**

**organisme** n. m. administration, bureau, constitution, corps, ensemble, établissement, formation, office, organisation, service

**organiste** n. m. ou f. → **musicien**

**orgasme** n. m. a mâle : éjaculation b génér. : jouissance, spasme, volupté c fam. : épectase (iron.), extase, feu d'artifice, grand frisson, paradis, petite mort, septième ciel

**orgelet** n. m. chalaze, chalazion, compère-loriot

**orgiaque** dépravé → **débauché**

**orgie** n. f. 1 → **débauche** 2 → **profusion**

**orgueil** n. m. amour-propre, arrogance, dédain, enflure, estime de soi, fatuité, fierté, gloriole, hauteur, immodestie, importance, infatuation, jactance, mégalomanie, morgue, ostentation, outrecuidance, pose, présomption, prétention, raideur, suffisance, superbe, supériorité, vanité

**orgueilleux, euse** altier, arrogant, avantageux, bouffi, content / pénétré / plein / satisfait de soi, crâneur, dédaigneux, faraud, fat, fier, flambard, glorieux, gobeur, hautain, important, infatué, m'as-tu-vu, mégalo (fam.), mégalomane, méprisant, ostentatoire, outrecuidant, paon, poseur, prétentieux, puant, sourcilleux, suffisant, superbe, vain, vaniteux → **présomptueux**

**oriel** n. m. bay-window, bow-window

**orient** n. m. 1 est, levant 2 → **lustre**

**orientation** n. f. 1 → **direction** 2 → **position**

**orienter** 1 → **diriger** 2 v. pron. → **retrouver (se)**

**orienteur, euse** → **conseiller**

**orifice** → **ouverture**

**oriflamme** → **gonfanon**

**origan** n. m. marjolaine

**originaire** aborigène, autochtone, indigène, issu de, natif, naturel, né à / de, d'origine, originel, sorti / venu de

**original, e** 1 adj. a au pr. : différent, distinct, distinctif, inaccoutumé, inclassable, incomparable, inédit, initial, insolite, jamais vu, neuf, nouveau, originel, premier, primitif, princeps, sans précédent, singulier, spécifique, unique, vierge, virginal b par ext. : amusant, braque, chinois (fam.), cocasse, curieux, déconcertant, drolatique, drôle, étonnant, étrange, excentrique, exceptionnel, extraordinaire, extravagant, fantasque, farfelu, hardi, indépendant, individualiste, non-conformiste, maniaque, paradoxal, particulier, personnel, peu ordinaire, piquant, pittoresque, plaisant, rare, recherché, remarquable, spécial, surprenant → **bizarre** 2 n. m. a acte authentique, minute b → **texte** c prototype → **modèle** d bohème, chinois, excentrique, fantaisiste, maniaque, numéro, olibrius, personnage, phénomène → **type**

**originalité** n. f. 1 fav. ou neutre : cachet, chic, drôlerie, fantaisie, fraîcheur, hardiesse, indépendance, non-conformisme, nouveauté, personnalité, piquant, pittoresque, spécificité, unicité 2 non fav. : bizarrerie, cocasserie, étrangeté, excentricité, extravagance, loufoquerie, manie, marginalité, paradoxe, singularité

**origine** n. f. 1 base, berceau, cause, cuvée (fam.), début, départ, embryon, enfance, fondement, genèse, germe, motif, nid, noyau, œuf, point de départ, prédéterminant, principe, racine, raison, semence, source → **commencement** 2 → **naissance** 3 gram. : dérivation, étymologie

**originel, le** adamique, → **originaire**

**originellement** à l'origine, primitivement

**orignal, aux** n. m. → **cervidé**

**orin** n. m. → **cordage**

**ormeau** n. m. 1 → **arbre** 2 haliotide → **coquillage**

**oripeau** n. m. → **loque**

**ornemaniste** n. m. et f. → **sculpteur**

**ornement** n. m. 1 adminicule, accessoire, affiquet, affûtiaux (fam.), agrément, ajustement, apprêt, atour, bijou, bossette, broderie, chamarrure, décoration, détail, enjolivement, enjolivure, enrichissement, falbala, fanfreluche, figure, fioriture, fleur, fleuron, garniture, motif, orfroi, ornementation, parement, parure, tapisserie 2 arch. : acrotère, agrafe, ajour, amortissement, anneau de colonne, antéfixe, arabesque, arcature, arceau, archivolte, astragale, atlante, bague, baguette, balustre, bande, bandeau, bâton, besace, besant, billette, bordure, bossage, bosse, boucle, bouton, bracelet, bucrane, câble, canal, cannelure, cariatide, cartouche, chapelet, chardon, chevron, clocheton, coquille, corbeau, corbeille, cordelière, cordon, corne d'abondance, couronne, couronnement, crochet, cul-de-lampe, culot, dame-ronde, damier, dard, décoration, dent de loup / de scie, dentelure, denticule, dessin, écaille, échine, encadrement, enroulement, entrelacs, épi de faîtage, étoile, feston, feuillage, feuille d'acanthe / de trèfle, filet, fleuron, flot, frette, frise, fronton, fuseau, gargouille, gloire, godron, gousse, goutte, grecque, grotesque, guirlande, imbrication, losange, mandorle, mascaron, mauresques, méandre, médaille, métope, motif, moulure, natte, nervure, nielle, nuée, olive, onde, orle, ove, palme, palmette, pampre, panache, patère, perle, piécette, pilastre, plinthe, pointe de diamant, postes, quadrilobe, quintefeuille, rai de cœur, rayure, redent, retombée, revêtement, rinceau, rive, rocaille, rosace, rostre, ruban, rudenture, sculpture, semis, stalactite, stalagmite, statue, strie, tête-de-clou, tête plate, tore, torsade, triglyphe, trompe, trophée, vermiculure, volute

**ornemental, e** → **beau**

**ornementer** et **orner** agrémenter, ajouter, assaisonner, barder, broder, chamarrer, colorer, décorer, disposer, égayer, émailler, embellir, enguirlander, enjoliver, enluminer, enrichir, farder, fignoler, fleurir, garnir, gemmer, habiller, historier, houpper, imager, jarreter, meubler, ourler, parer, parementer, passementer, pavoiser, pomponner, rehausser, revêtir, tapisser → **peindre** ◆ vx : cantonner, emperler, panacher, pavaner, trousser

**ornière** n. f. 1 au pr. : flache, fondrière, nid de poule, trou → **trace** 2 fig. → **routine**

**oronge** n. f. amanite → **champignon**

**orphelin, e** 1 nom : pupille 2 adj. (fig.) abandonné, frustré / privé de

**orphéon** n. m. 1 → **orchestre** 2 → **chœur**

**orphéoniste** n. m. et f. → **musicien**

**orphie** n. f. aiguille → **poisson**

**orque** n. m. épaulard → **baleine**

**orthodoxe** → **vrai**

**orthodromie** n. f. ligne droite, raccourci

**orthodoxie** 1 au pr. → **vérité** 2 par ext. : conformisme, doctrine, dogme, ligne, norme, règle, régularité

**orthogénie** n. f. contrôle / régulation des naissances, planning familial → **contraception**

**orthographier** → **écrire**

**orthophonie** logopédie

**orthopnée** n. f. → **essoufflement**

**ortolan** n. m. bruant → **passereau**

**orvet** n. m. serpent de verre → **saurien**

**oryctérope** n. m. cochon de terre → **porc**

**os** 1 par ext. : ossements → **carcasse** 2 → **ennui**

**oscabrion** n. m. → **mollusque**

**oscillation** 1 au pr. : nutation, vibration → **balancement** 2 fig. → **variation**

**osciller** 1 au pr. → **balancer** 2 fig. → **hésiter**

**osé, e** 1 → **hardi** 2 → **hasardé**

**oseille** n. f. surelle

**oser** s'aventurer, s'aviser de, entreprendre, se hasarder, se lancer, se permettre, prendre son courage à deux mains, se résigner, y aller (fam.) → **hasarder**

**osmose** n. f. → **échange**

**ossature** n. f. → **carcasse**

**ossements** n. m. pl. 1 → **os** 2 → **restes**

**ossification** n. f. ostéogenèse, ostéogénie

**ossuaire** n. m. → **cimetière**

**ostensible** → **visible**

**ostentation** n. f. 1 → **montre** 2 → **orgueil**

**ostiole** n. f. → **ouverture**

**ostraciser** 1 → **bannir** 2 → **éliminer**

**ostracisme** n. m. 1 → **bannissement** 2 → **refus**

**otage** n. m. 1 → **garant** 2 → **prisonnier**

**ôter** 1 → **tirer** 2 → **prendre** 3 → **quitter** 4 → **retrancher**

**ouaille** n. f. 1 au pr. → **brebis** 2 par ext. → **fidèle**

**ouananiche** n. f. saumon d'eau douce / de rivière → **poisson**

**ouaouaron** n. m. grenouille mugissante / taureau → **batracien**

**oubli** n. m. 1 au pr. **a** amnésie, mentisme **b** → **omission** 2 par ext. **a** → **pardon** **b** → **ingratitude**

**oublier** 1 désapprendre, manquer, négliger, omettre 2 → **abandonner** 3 → **pardonner**

**oubliette(s)** n. f. → **cachot**

**oublieux, euse** 1 → **indulgent** 2 → **ingrat**

**oued** n. m. → **rivière**

**ouest** n. m. → **occident**

**oui** assurément, bien, bien sûr, bon, certainement, certes, dame, évidemment, à merveille, parfait, parfaitement 1 fam. : affirmatif, cinq sur cinq, O.K., ouais, positif 2 vx : oc, oïl, oui-da, voire

**ouï-dire** n. m. invar. → **rumeur**

**ouïe** n. f. → **oreille**

**ouïes** n. f. pl. branchies

**ouiller** → **remplir**

**ouïr** → **entendre**

**ouistiti** n. m. 1 → **singe** 2 → **type**

**ouragan** n. m. 1 au pr. → **bourrasque** 2 fig. → **trouble**

**ourdir** 1 au pr. : tisser, tramer, tresser 2 fig. : aménager, arranger, brasser, combiner, comploter, conspirer, machiner, manigancer, minuter, monter, nouer, préparer, tisser, tramer, tresser

**ourler** → **border**

**ourlet** n. m. → **bord**

**ours, ourse** 1 grizzli, ours du père David, ourson, panda, plantigrade, ursidé 2 par ext. **a** → **sauvage** **b** → **menstruation**

**outarde** n. f. et n. m. bernache du Canada, canepetière → **échassier**

**outil** n. m. 1 aiguille, aiguisoir, alésoir, amorçoir, barre à mine, bec, biseau, boësse, boucharde, bouterolle, boutoir, brunissoir, burin, butoir, casse-pierre, chandelle, chemin de fer, cisaille, ciseau, ciselet, coin, compas, couperet, coupoir, couteau, crochet, curette, davier, débouchoir, doloire, drille, ébarboir, ébauchoir, écang, échoppe, emporte-pièce, enclume, équerre, estampe, évidoir, fendoir, fil à plomb, filière, fraise, galope, gouge, gratte, grésoir, griffe, guipoir, hache, hachette, herminette, jablière, jabloir, langue (de chat), levier, lime, louve, main, mandrin, marguerite, marteau, masque, matoir, mirette, niveau, onglette, patarasse, peigne, pelle, pic, pied à coulisse, pied de biche, pince, pinceau, pioche, plane, poinçon, pointe, polissoir, queue-de-cochon, queue-de-morue, queue-de-rat, queue-de-renard, rabot, racle, raclette, racloir, râpe, râteau, règle, riflard, ripe, rodoir, rouanne, rouloir, scie, serre-joint, tamponnoir, tarabiscot, taraud, tarière, tenailles, tiers-point, tondeuse, tournevis, traceret, traçoir, tranchet, trépan, triballe, truelle, trusquin, varlope, vilebrequin 2 → **instrument** 3 → **type**

**outillage** n. m. accastillage (mar.), cheptel, équipement, inertie (écon.), instruments, machine, matériel, outils → **ustensile**

**outiller** → **pourvoir**

**outrage** n. m. 1 → **offense** 2 → **dommage**

**outrageant, e** et **outrageux, euse** → **offensant**

**outrager** → **offenser**

**outrageusement** → **excessivement**

**outrance** n. f. 1 → **excès** 2 **à outrance** : outre mesure

**outrancier, ère** → **excessif**

**outre** n. f. asque, utricule

**outre, en outre, outre cela** de / en plus, indépendamment, joint (vx), par-dessus le marché

**outré, e** 1 → **excessif** 2 horrifié, indigné, offensé, révolté, scandalisé, suffoqué

**outrecuidance** n. f. 1 → **arrogance** 2 → **orgueil**

**outrecuidant, e** n. et adj. 1 → **arrogant** 2 → **orgueilleux**

**outremer** n. m. et adj. → **bleu**

**outre-mer** loc. adv. par ext. → **colonie**

**outrepasser** → **dépasser**

**outrer** v. tr. et intr. → **exagérer**

**outrigger** n. m. → **bateau**

**outsider** n. m. → **concurrent**

**ouvert, e** 1 au pr. **a** béant, épanoui, libre **b** dégarni, exposé, sans défense 2 fig. **a** → **franc** **b** → **intelligent**

**ouvertement** au vu et au su de tous / de tout le monde, à découvert, au grand jour, de façon déclarée, hautement, manifestement, publiquement

**ouverture** n. f. 1 au pr. **a** abée, ajour, aperture, baie, béance, bouche, boulin, brèche, chantepleure, châssis, chatière, costière, cratère, croisée, dégagement, ébrasement, échappée, embrasure, entrée, évasement, évasure, évent, évidement, excavation, fenestration, fenestron, fenêtre, fente, gorge, goulot, gueulard, gueule, guichet, imposte, issue, jour, judas, lucarne, lumière, lunette, oculus, œil, ope, oriel, orifice, ouvreau (techn.), passage, percée, pertuis, porte, regard, sortie, souillard, soupirail, trappe, trou, trouée, varaigne (marais), vasistas, vue **b** méd. : émonctoire, méat **c** archère, barbacane, meurtrière, rayère **d** œillet, œilleton **e** mar. : écubier, hublot, sabord **f** botan. : déhiscence, ostiole, stomate **g** d'une pompe à air : **h** → **libération** **i** les déverbatifs de → **ouvrir** 2 par ext. **a** → **commencement** **b** → **prélude** **c** → **offre** **d** → **moyen** 3 **ouverture d'esprit** : éclectisme, largeur d'esprit

**ouvrage** n. m. 1 → **travail** 2 → **livre** 3 chef-d'œuvre, composition, création, essai, étude, œuvre, production, produit 4 milit. : bastille, bastion, blockhaus, citadelle, défense, dehors, fort, fortification, fortin, redoute, rempart

**ouvrer** → **travailler**

**ouvrier, ère** 1 → **artisan** 2 → **travailleur**

**ouvrir** 1 crocheter, débarrer (vx ou rég.), déboucher, déboutonner, débrider, décacheter, décapsuler, défoncer, dégager, désencombrer, désengorger, désobstruer, désoperculer (botan.), désopiler (méd.), déverrouiller, ébraser, écarquiller, écarter, éclore, élargir, enfoncer, entrebâiller, entrouvrir, épanouir, évaser, évider, fendre, forcer, frayer, inciser, percer, scarifier, tirer vx : déclore 2 → **étendre** 3 → **commencer** 4 aérer 5 creuser, crevasser, éventrer, trouer 6 v. pron. → **confier (se)**

**ouvroir** n. m. → **atelier**

**ovale** 1 adj. : courbe, ellipsoïde, oblong, ové, ovoïde 2 n. m. : ellipse, mandorle, ove

**ovation** n. f. → **acclamation**

**ovationner** faire une ovation → **acclamer**

**overdose** n. f. off. : surdose

**ovin, e** → **mouton**

**ovule** n. f. embryon, germe, œuf

**oxyder** brûler, détériorer, détruire, ronger, rouiller

# P

**pacage** n. m. → **pâturage**

**pacager** → **paître**

**pacemaker** n. m. méd. off. : stimulateur

**pacificateur, trice** n. et adj. → **conciliateur**

**pacifier** adoucir, apaiser, arranger, calmer, retenir, tranquilliser

**pacifique** → **paisible**

**pacifisme** n. m. contre-violence, non-violence, objection de conscience

**pacifiste** n. m. et f. colombe (fam.), non-violent, objecteur de conscience

**pacotille** n. f. → **marchandise**

**pacte** n. m. 1 → **convention** 2 → **traité**

**pactiser** 1 → **entendre (s')** 2 → **composer**

**pactole** n. m. → **richesse**

**pagaie** n. f. par ext.→ **rame**

**pagaille** n. f. → **désordre**

**paganisme** n. m. gentilité

**page** n. f. 1 → **feuille** 2 → **passage**

**paginer** 1 → **numéroter** 2 → **coter**

**pagne** n. m. paréo

**pagode** n. f. → **temple**

**pagure** n. m. bernard-l'hermite → **crustacé**

**paie** n. f. 1 → **rétribution** 2 → **paiement**

**paiement** ou **payement** n. m. 1 au pr. : appointements, attribution, cachet, commission, déboursement, émoluments, honoraires, indemnité, jeton, paie, salaire, solde, solution (jurid.), traitement 2 liquidation, ordonnancement, transfert, versement, virement 3 fig. → **récompense**

**païen, ne** nom et adj. agnostique, athée, gentil, hérétique, idolâtre, impie, incirconcis, incrédule, incroyant, infidèle, irréligieux, mécréant, renégat

**paillard, e** → **lascif**

**paillardise** n. f. → **lascivité**

**paillasse** n. f. 1 n. f. → **matelas** 2 n. m. → **clown**

**paillasson** n. m. 1 carpette, tapis-brosse 2 → **claie** 3 → **complaisant** 4 → **lâche**

**paille** n. f. 1 → **chaume** 2 **homme de paille** → **intermédiaire**

**paillé** n. m. → **fumier**

**pailler** n. m. → **meule**

**paillette** n. f. 1 → **morceau** 2 → **or**

**paillote** n. f. → **cabane**

**pain** n. m. 1 au pr. : baguette, bâtard, boule, chapelure, couronne, croûton, flûte, gressin, longuet, miche, muffin, navette, parisien, pistolet, saucisson 2 par ext. **a** aliment, nourriture, pitance **b** brique, lingot **c** → **coup**

**pair** n. m. → **égal**

**paire** → **couple**
**paisible** 1 aimable, béat, calme, débonnaire, doux, modéré, non-violent, pacifique, pacifiste, placide, quiet, serein → **tranquille** 2 fam. : pantouflard, pénard 3 vx : coi
**paître** 1 v. tr. → **nourrir** 2 v. intr. : brouter, gagner (vx), manger, pacager, pâturer, viander (vén.)
**paix** n. f. 1 nom. **a** au pr. : apaisement, béatitude, bonheur, calme, concorde, entente, fraternité, harmonie, ordre, quiétude, repos, sécurité, sérénité, silence, tranquillité, union **b** par ext. : accord, armistice, conciliation, entente, pacification, pacte, réconciliation, traité → **pardon** 2 interj. : bouche close / cousue, chut, motus (fam.), silence
**pal** n. m. → **pieu**
**palabre** n. f. ou m. 1 → **discussion** 2 → **discours**
**palabrer** 1 → **discuter** 2 → **discourir**
**palace** n. m. → **hôtel**
**paladin** n. m. → **chevalier**
**palais** n. m. casino, castel, château, demeure, palace → **immeuble**
**palan** n. m. → **treuil**
**pâle** 1 au pr. : achromique, blafard, blanchâtre, blême, bleu, cadavérique, décoloré, étiolé, exsangue, hâve, incolore, livide, opalin, pâlot, plombé, saturnin, terne, terreux, vert 2 par ext. → **malade**
**palefrenier** n. m. garçon d'écurie, lad, valet
**palefroi** n. m. coursier, destrier, monture → **cheval**
**paletot** n. m. → **manteau**
**pâleur** n. f. → **blancheur**
**palier** n. m. 1 au pr. : carré, étage, repos 2 par ext. → **phase**
**palinodie** n. f. → **rétractation**
**pâlir** 1 → **blêmir** 2 → **flétrir** 3 → **disparaître**
**palis** n. m. 1 → **pieu** 2 → **clôture**
**palissade** n. f. → **clôture**
**palladium** n. m. → **garantie**
**palliatif** n. m. → **remède**
**pallier** 1 → **cacher** 2 → **modérer** 3 → **pourvoir**
**palmarès** n. m. hit-parade, tableau d'honneur → **récompense**
**palme** n. f. 1 → **feuillage** 2 → **insigne**
**palmipède** n. m. et adj. 1 anas, fuligule 2 albatros, bernache, canard, cane, caneton, canette, cormoran, cul-blanc, cygne, eider, fou, frégate, garrot, goéland, gorfou, grèbe, harle ou bécard ou bièvre, hirondelle de mer, macareux ou guillemot, macreuse, manchot, milouin, morillon, mouette, nigaud, oie, paille-en-queue, pélican, pétrel, phaéton, pilet, pingouin, plongeon ou huard, puffin, rouge, sarcelle, souchet, sphénisque, stercoraire, sterne, tadorne, tourmentin
**palombe** n. f. → **colombin**
**palonnier** n. m. armon
**palot** n. m. → **bêche**
**palpable** 1 → **sensible** 2 → **manifeste**
**palper** → **toucher**
**palpitant, e** → **intéressant**
**palpitation** n. f. → **battement**
**palpiter** → **trembler**
**paltoquet** n. m. 1 → **rustaud** 2 → **impoli**
**paludier, ère** salinier, saunier
**pamer (se)** 1 au pr. → **évanouir (s')** 2 fig. → **enthousiasmer (s')**
**pâmoison** n. f. → **évanouissement**
**pamphlet** n. m. 1 → **satire** 2 → **libelle**
**pamphlétaire** n. m. et f. → **journaliste**
**pamplemousse** n. m. → **agrume**
**pampre** n. m. → **vigne**
**pan** n. m. 1 → **partie** 2 → **flanc**
**panacée** n. f. → **remède**
**panachage** n. m. → **mélange**
**panache** n. m. 1 → **plumet** 2 → **lustre** 3 **a** faire panache → **culbuter** **b** avoir du panache → **allure**
**panaché, e** 1 → **bariolé** 2 → **mêlé**
**panacher** → **mélanger**
**panade** n. f. 1 → **potage** 2 → **pauvreté**
**panarabisme** n. m. panislamisme
**pancarte** n. f. 1 → **affiche** 2 → **écriteau**
**panégyrique** n. m. → **éloge**
**panel** n. m. off. 1 → **échantillon** 2 → **réunion**
**panetière** n. f. → **gibecière**
**panier** n. m. 1 le contenant : banne, banneton, bannette, baste, bourriche, cabas, cloyère, corbeille, corbillon, couffin, flein, gabion, hotte, jonchée, manne, mannequin, paneton, panière 2 le contenu : panerée 3 crinoline, faux-cul, tournure, vertugadin 4 **a** dessus du panier → **choix** **b** panier à salade : voiture cellulaire
**panique** n. f. → **épouvante**
**paniquer** → **trembler**
**panislamisme** n. m. panarabisme
**panne** n. f. 1 barde, couenne, lard 2 accident, accroc, arrêt, incident, interruption 3 → **poutre** 4 **a** mettre en panne → **stopper** **b** être en panne : être encalminé (mar.), être en carafe (fam.)
**panneau** n. m. 1 → **écriteau** 2 → **filet** 3 → **fermeture**
**panonceau** n. m. 1 → **enseigne** 2 → **emblème**
**panoplie** n. f. → **collection**
**panorama** n. m. → **vue**
**panse** n. f. 1 → **abdomen** 2 → **bedaine** 3 → **estomac**
**pansement** n. m. compresse
**panser** → **soigner**
**pantagruélique** 1 → **abondant** 2 → **gigantesque**
**pantalon** n. m. 1 → **culotte** 2 → **pantin**
**pantalonnade** n. f. 1 → **fuite** 2 → **feinte** 3 → **subterfuge**
**pantelant, e** → **ému**
**pantin** n. m. 1 au pr. : arlequin, bamboche, clown, fantoche, gille, guignol, jouet, joujou, mannequin, marionnette, marmouset, pantalon, polichinelle, poupée, pupazzo 2 par ext. : fantôme, girouette, rigolo, saltimbanque, sauteur, toton, toupie, zéro
**pantois** adj. inv. → **interdit**
**pantomime** n. f. 1 → **mime** 2 → **geste**
**pantouflard, e** 1 → **sédentaire** 2 → **paisible**
**pantoufle** n. f. → **chausson**
**panure** n. f. chapelure
**paon, paonne** 1 au pr. : oiseau de Junon 2 fig. → **orgueilleux**
**papa** n. m. 1 → **père** 2 **a** à la papa → **tranquille** **b** à / de papa → **kitsch**
**papal, e** par ext. : intégriste, ultramontain ◆ péj. : papiste
**papauté** n. f. → **vatican**
**pape** n. m. chef de l'Église, évêque de Rome / universel, pasteur suprême, Saint-Père, Sa Sainteté, serviteur des serviteurs du Christ, souverain pontife, successeur de saint Pierre, Très Saint-Père, vicaire de Jésus-Christ
**papelard, e** → **patelin**
**papelardise** n. f. → **hypocrisie**
**paperassier, ère** → **tracassier**
**papier** n. m. 1 **a** (papier) d'Arménie, bible, bristol, bulle, buvard, à cigarettes, couché, cristal, à dessin, filtre, gaufré, Hollande, hygiénique, Japon, kraft, à musique, moiré, peint, pelure, de soie, sulfurisé, vélin, vergé, de verre **b** non fav. : papelard, paperasse 2 par ext. → **article** 3 **papier-monnaie :** billet, espèces, numéraire, ticket (arg.) → **argent**
**papillon** n. m. 1 vx ou rég. : parpaillot 2 de jour : adonis, alucite, amaryllis, apollon, argus, belle-dame ou vanesse, bombyx, machaon, mite, piéride, pyrale, teigne, uranie 3 de nuit : acidalie, agrotis, ailante, amathie, leucanie, noctuelle, saturnie, phalène, sphinx, vulcain, xanthie, zeuzère, zygène
**papillonner** s'agiter, se débattre, se démener, flirter, folâtrer, marivauder, voler, voltiger
**papillote** n. f. bigoudi
**papilloter** 1 → **luire** 2 → **vaciller** 3 → **ciller**
**papotage** n. m. bavardage, cancan, caquetage, commérage, ragot, verbiage
**papoter** babiller, bavarder, cancaner, caqueter, commérer, faire des commérages / ragots
**paquebot** n. m. → **bateau**
**paquet** n. m. 1 au pr. : balle, ballot, balluchon, barda, bouchon de linge, colis, pacson (arg.), paquetage, tapon, toupillon → **bagage** 2 fig. **a** masse, pile, quantité, tas **b** → **bêtise** 3 **a** **mettre / risquer le paquet :** aller à fond, attaquer, faire le nécessaire, hasarder, risquer **b** **faire son paquet** (fam.) → **mourir** **c** **donner son paquet** → **humilier**
**paquetage** n. m. → **bagage**
**parabole** n. f. allégorie, apologue, fable, histoire, image, morale, récit, symbole
**parachever** 1 → **finir** 2 → **parfaire**
**parachuter** droper, lâcher, larguer
**parade** n. f. 1 → **revue** 2 → **montre** 3 argument, en-cas, esquive, feinte, garniture, moyen, précaution, prévention, protection, sécurité 4 **faire parade** → **parer (se)**
**parader** → **montrer (se)**
**paradigme** n. m. axe des substitutions / des choix, liste
**paradis** n. m. 1 au pr. : céleste séjour, champs Élysées, ciel, éden, élysée, empyrée, Jérusalem céleste, monde meilleur, nirvana, oasis, olympe, sein de Dieu, Walhalla 2 par ext. : balcon, dernières galeries, pigeonnier, poulailler
**paradisiaque** bénit, bienheureux, céleste, délectable, divin, édénique, élyséen, heureux, parfait
**paradoxal, e** → **invraisemblable**
**paradoxe** n. m. antiphrase, antithèse, aporie, bizarrerie, boutade, contradiction, contraire, contrevérité, énormité
**parage** n. m. 1 au sing. **a** → **naissance** **b** → **préparation** 2 au pl. → **lieu**
**paragraphe** n. m. → **partie**
**paraître** 1 au pr. : apparaître, s'avérer, avoir l'air / l'aspect, se manifester, marquer, se montrer, s'offrir, sembler, sentir, simuler, passer pour, percer, poindre, pointer, se présenter, surgir 2 par ext. → **distinguer (se)** 3 **faire paraître :** éditer, publier
**parallèle** 1 adj. → **semblable** 2 n. m. → **rapprochement**
**parallélisme** n. m. → **similitude**
**paralogisme** n. m. → **sophisme**
**paralysant, e** milit. : incapacitant
**paralysé, e** 1 → **engourdi** 2 → **paralytique**
**paralyser** 1 → **engourdir** 2 → **arrêter** 3 → **empêcher** 4 → **pétrifier**
**paralysie** n. f. 1 au pr. : abasie, akinésie, ankylose, astasie, catalepsie, hémiplégie, induration, insensibilisation, paraplégie, parésie 2 par ext. : arrêt, blocage, engourdissement, entrave, immobilisme, neutralisation, obstruction, ralentissement, sclérose, stagnation
**paralytique** nom et adj. estropié, grabataire, hémiplégique, impotent, infirme, paralysé, paraplégique, perclus
**parangon** n. m. 1 → **exemple** 2 → **modèle**
**parapet** n. m. abri, balustrade, banquette, garde-corps / fou, mur, muraille, muret, murette
**paraphe** n. m. apostille, griffe, seing (vx), signature, visa
**paraphrase** n. f. 1 → **développement** 2 → **explication**
**paraphraser** amplifier, commenter, développer, éclaircir, expliquer, gloser, imiter
**parapluie** n. m. 1 boy, en-cas, en-tout-cas, tom-pouce 2 fam. : pébroc, pépin, riflard
**parapsychologie** n. f., adj. métapsychologie ou métapsychique
**parasite** 1 adj. → **superflu** 2 n. m. **a** ecto / endoparasite → **pou, vermine, ver** **b** fig. : banqueteur, budgétivore, écornifleur, pillard, pique-assiette, resquilleur 3 techn. : artefact
**parasol** n. m. abri, en-cas, en-tout-cas, ombrelle
**paratonnerre** n. m. 1 parafoudre 2 → **protection**
**paravent** n. m. fig. : abri, bouclier, prétexte
**parc** n. m. 1 → **jardin** 2 → **pâturage** 3 **a** **parc zoologique :** jardin d'acclimatation, ménagerie → **zoo** **b** **à huîtres :** claire **c** **à moules :** bouchot (par ext.), moulière
**parcellaire** n. m. et adj. cadastre, plan
**parcelle** n. f. 1 → **morceau** 2 → **partie**
**parcelliser** → **sectionner**
**parce que** attendu que, car, d'autant que, en effet, puisque, vu que
**parchemin** n. m. 1 → **diplôme** 2 → **titre**
**parcheminé, e** → **ridé**
**parcimonie** n. f. 1 → **économie** 2 → **avarice**
**parcimonieux, euse** 1 fav. → **économe** 2 non fav. → **avare**
**parcmètre** n. m. → **enregistreur**
**parcourir** 1 au pr. : battre, brosser (vx), couvrir, sillonner 2 par ext. **a** → **lire** **b** → **regarder**
**parcours** n. m. 1 → **trajet** 2 → **pâturage**
**pardessus** n. m. → **manteau**
**pardon** n. m. 1 abolition (vx), absolution, acquittement, aman (islam), amnistie, grâce, indul-

gence, jubilé (relig.), miséricorde, oubli, remise, rémission → **paix** [2] **a** → **fête** **b** → **pèlerinage** [3] par ext. → **excuse**

**pardonnable** → **excusable**

**pardonner** [1] → **excuser** [2] → **souffrir** [3] → **ménager**

**pare-étincelles** n. m. garde-feu

**pareil, le** adéquat, affin, comparable, égal, équipollent, équipotent, équiprobable, équivalent, identique, jumeau, kif-kif (fam.), même, parallèle, synonyme, tel → **semblable**

**pareillement** → **même**

**parement** n. m. [1] → **ornement** [2] → **revers** [3] → **surface**

**parent, e** affins (vx), allié, ancêtre, apparenté, collatéral, consanguin, cousin, frère, géniteur, génitrice, germain, mère, oncle, père, proche, procréateur, siens (les), tante, utérin ◆ jurid. : agnat, cognat

**parenté** n. f. [1] au pr. : affinité, alliance, apparentement, consanguinité, famille, lignage ◆ vx : parentèle [2] par ext. **a** phratrie **b** jurid. : agnation, cognation **c** cousinage → **rapport**

**parenthèse** n. f. → **digression**

**parer** [1] on pare quelqu'un ou quelque chose : apprêter, arranger, attifer, bichonner, embellir, endimancher, garnir, orner, pomponner vx ou rég. : emperler, panacher [2] on pare un coup : conjurer, détourner, esquiver, éviter, faire face à, obvier à, prévenir [3] v. pron. faire étalage / montre / parade de

**parésie** n. f. → **paralysie**

**paresse** n. f. [1] fainéantise, indolence, inertie, laisser-aller, lenteur, lourdeur, mollesse, négligence, nonchalance, oisiveté [2] fam. : cosse, flemme, mollasserie, rame [3] **a** → **apathie** **b** → **inaction**

**paresser** [1] → **sommeiller** [2] → **traîner** [3] fam. : **a** buller, coincer la bulle, glander, godailler, louper, ne pas s'en faire, se la couler douce, zoner **b** avoir les bras retournés / les côtes en long / un poil dans la main

**paresseux, euse** nom et adj. [1] aboulique, indolent, mou, négligent, nonchalant → **lent** [2] fam. : batteur, branleur, cagnard, cancre, cossard, fainéant, feignant, flemmard, gluau, lézard, mollasse, mollasson, momie, musard, ramier, rossard, tire-au-cul/-au-flanc, vachard

**parfaire** arranger, châtier, ciseler, compléter, enjoliver, fignoler, finir, lécher, limer, parachever, peaufiner, perler, polir, quintessencier, raboter, raffiner, rajuster, revoir, soigner → **améliorer**

**parfait, e** [1] adj. : absolu, accompli, achevé, bien, complet, consommé, déterminé, excellent, extra, fameux, fieffé, fini, franc, hors concours / ligne, idéal, impeccable, incomparable, indépassable, inimitable, insurpassable, irréprochable, magistral, merveilleux, modèle, non pareil (vx), pommé, renforcé, réussi, royal, sacré, superfin, supérieur, surfin, très bien → **bon** ◆ fam. : fadé, super [2] adv. → **oui**

**parfaitement** [1] → **bien** [2] → **complètement**

**parfois** → **quelquefois**

**parfum** n. m. [1] substance : aromate, baume, eau, essence, extrait, huile, nard, onguent [2] arôme, bouquet, fumet, fragrance → **odeur**

**parfumé, e** → **odorant**

**parfumer** [1] on parfume quelqu'un : oindre → **frictionner** [2] quelqu'un ou quelque chose parfume l'air : aromatiser, dégager, embaumer, exhaler, fleurer, imprégner, répandre

**pari** n. m. gageure, risque → **mise**

**paria** n. m. [1] → **misérable** [2] → **maudit**

**parier** → **gager**

**pariétal, e** rupestre

**parieur, euse** n. m. joueur, turfiste

**paritaire** égalitaire

**parité** n. f. [1] → **égalité** [2] → **rapprochement**

**parjure** nom et adj. → **infidèle**

**parking** n. m. garage, parc, parcage, stationnement

**parlant, e** bavard, éloquent, expressif, exubérant, loquace, vivant

**parlement** n. m. assemblée, chambre, congrès, convention, représentation nationale

**parlementaire** [1] adj. : constitutionnel, démocratique, représentatif [2] nom. **a** → **envoyé** **b** → **député**

**parlementer** agiter, argumenter, débattre, discuter, négocier, traiter

**parler** [1] v. tr. on parle une langue. **a** neutre : employer, s'exprimer, pratiquer **b** non fav. : bafouiller, baragouiner, écorcher, jargonner [2] v. intr. **a** au pr. ◆ fam. ou péj. : accoucher, articuler, bâiller, baratiner, baver, bêler, chevroter, débagouler, débiter, déblatérer, dégoiser, dire, graillonner, gueuler, jacter, jaser, jaspiner, murmurer, nasiller, phraser, politiquer (vx), proférer / prononcer des mots / paroles, rabâcher, radoter, soliloquer **b** par ext. en conversation ou en public : bavarder, causer, conférer, consulter, converser, déclamer, deviser, dialoguer, discourir, discuter, s'entretenir, s'expliquer, haranguer, improviser, pérorer, porter / prendre la parole [3] **a** **parler de** : faire allusion à, toucher à, traiter de **b** **parler pour** → **intervenir** [4] n. m. **a** → **langue** **b** → **parole**

**parlote** n. f. → **conversation**

**parmi** au milieu de, dans, de, entre

**parodie** n. f. caricature, charge, glose, imitation, pastiche, travestissement

**parodier** caricaturer, charger, contrefaire, imiter, pasticher, travestir

**parodiste** n. m. et f. → **imitateur**

**paroi** n. f. bajoyer, claustra, cloison, éponte, face, galandage, mur, muraille, séparation

**paroisse** n. f. circonscription, commune, église, feux, hameau, village

**paroissien, ne** [1] quelqu'un. **a** neutre : fidèle, ouaille **b** non fav. → **type** [2] par ext. : diurnal, eucologe, livre d'heures / de messe / de prières, missel, psautier, rational, rituel, sermonnaire

**parole** n. f. [1] **a** apophtegme, assurance, circonlocution, compliment, discours, élocution, éloquence, engagement, expression, jactance, langage, mot, outrage, parabole, parler, promesse, propos, sentence, verbe, voix **b** → **foi** **c** péj. : grossièreté, injure, insulte, outrage [2] **a** **donner sa parole** → **promettre** **b** **porter / prendre la parole** → **parler** **c** **tenir parole** → **réaliser**

**parolier, ière** auteur, chansonnier, librettiste, poète

**paronyme** n. m. doublet, homonyme

**paroxysme** n. m. accès, au plus fort, comble, crise, exacerbation, exaspération, maximum, orgasme, recrudescence, redoublement, sommet, summum

**parpaillot, e** [1] au pr. (péj.) : calviniste, protestant [2] par ext. : agnostique, anticlérical, athée, impie, incrédule, incroyant, indifférent, infidèle, irréligieux, mécréant, non pratiquant

**parpaing** n. m. aggloméré, bloc, brique, hourdis, moellon, pierre

**parque** n. f. → **déesse**

**parquer** → **enfermer**

**parquet** n. m. [1] → **tribunal** [2] → **plancher**

**parrain** n. m. [1] au pr. : compère, témoin, tuteur [2] par ext. : caution, garant, introducteur, sponsor → **commanditaire**

**parrainage** n. m. auspices, caution, garantie, mécénat, patronage, protection, sponsoring, tutelle

**parrainer** → **appuyer**

**parsemer** [1] → **semer** [2] → **recouvrir**

**parsi, e** guèbre, sectateur de Zoroastre, zoroastrien

**part** n. f. [1] au pr. **a** contingent, lot, lotissement, partage, prorata, quotité ◆ arg. : fade, pied **b** → **partie** **c** → **portion** **d** → **lieu** [2] **a** **à part** → **excepté** **b** **d'autre part** → **plus (de)** **c** **faire part** → **informer** **d** **avoir / prendre part** → **participer**

**partage** n. m. [1] → **distribution** [2] → **part**

**partagé, e** [1] par ext. : commun, mutuel, réciproque [2] fig. : brisé, déchiré, divisé, écartelé

**partageable** sécable

**partager** [1] au pr. : attribuer, couper, débiter, découper, dédoubler, démembrer, départager, départir, dépecer, dispenser, distribuer, diviser, donner, fractionner, fragmenter, lotir, morceler, partir (vx), scinder, sectionner, séparer, subdiviser [2] fig. : aider, associer, communiquer, compatir, entrer dans les peines / les soucis, épouser, éprouver, mettre en commun, participer, prendre part

**partance** n. f. appareillage, départ, embarquement, haut-le-pied, sous pression

**partant** ainsi, donc, en conséquence, par conséquent

**partenaire** n. m. et f. acolyte, affidé, aide, allié, alter ego, ami, associé, coéquipier, collègue, compagnon, complice (péj.), copain (fam.), correspondant, équipier, joueur, second

**parterre** n. m. [1] corbeille, massif, pelouse, planche, plate-bande [2] → **public**

**parti** n. m. [1] brigue, cabale, camp, clan, coalition, faction, faisceau, groupe, ligue, phalange, rassemblement, secte [2] → **intrigue** [3] → **troupe** [4] → **résolution** [5] → **profit** [6] → **profession** [7] → **fiancé**

**partial, e** abusif, arbitraire, déloyal, faux, illégal, illégitime, influencé, injuste, irrégulier, partisan, passionné, préconçu, prévenu, scélérat, subjectif, tendancieux

**partialité** n. f. abus, arbitraire, déloyauté, injustice, irrégularité, parti pris, préférence, préjugé, prévention, scélératesse

**participant, e** [1] → **adhérent** [2] → **concurrent**

**participation** n. f. [1] l'acte : adhésion, aide, appui, collaboration, concours, contribution, coopération, engagement, part, partage, soutien ◆ péj. : complicité, connivence [2] l'objet : action, apport, commandite, contribution, mise de fonds, obligation, part, souscription, titre [3] par ext. : actionnariat, association, cogestion, intéressement [4] → **quota**

**participer** [1] on participe à : adhérer, aider, apporter, appuyer, assister, s'associer, avoir intérêt / part, collaborer, concourir, contribuer, coopérer, cotiser, encourager, s'engager, entrer dans la danse (fam.) / le jeu, être de, être complice / de connivence (péj.), être intéressé, figurer, fournir, s'immiscer, se joindre, se mêler, se mettre de la partie, partager, prendre part, soutenir, tremper dans (péj.) [2] on participe de → **tenir**

**particulariser** → **fixer**

**particularisme** n. m. attitude, coutume, originalité, propriété → **particularité**

**particularité** n. f. [1] anecdote, trait [2] anomalie, attribut, caractéristique, circonstance, détail, différence, exception, individualité, modalité, particularisme, précision, propre, propriété, singularité, spécialité ◆ partic. : idiosyncrasie, spécificité

**particule** n. f. [1] atome, corpuscule, micelle, molécule, monade (philos.), poudre, poussière [2] principales particules : boson, électron, fermion, méson, négaton, neutrino, neutron, photon, proton [3] gram. : affixe, mot, préfixe, suffixe

**particulier, ère** [1] adj. **a** caractéristique, distinct, distinctif, exceptionnel, extraordinaire, indigète (antiq.), inhabituel, local, original, propre à, rare, remarquable, respectif, singulier, spécial, spécifique **b** → **individuel** **c** → **régional** [2] nom : individu, unité → **homme** [3] **a** **en particulier** → **particulièrement** **b** **cas particulier** → **circonstance** **c** **point particulier** → **précis**

**particulièrement** éminemment, en particulier, notamment, principalement, singulièrement, spécialement, surtout

**partie** n. f. [1] au pr. : bout, branche, bribe, compartiment, composant, côté, division, élément, embranchement, fraction, lot, membre, morceau, pan, parcelle, part, particule, pièce, portion, rameau, ramification, secteur, subdivision, tranche, tronçon [2] d'une œuvre : acte, alinéa, article, chant, chapitre, division, époque, morceau, mouvement (mus.), paragraphe, passage, point, scène, section, titre [3] → **divertissement** [4] → **rencontre** [5] → **profession** [6] → **qualité** [7] → **plaideur** [8] → **jeu** [9] au pl. → **sexe**

**partiel, le** divisé, fractionnaire, fragmentaire, incomplet, relatif, sectoriel

**partiellement** → **imparfaitement**

**parti pris** n. m. → **préjugé**

**partir** [1] au pr. : abandonner, s'en aller, battre en retraite, brûler la politesse (péj.), changer de place, décamper, se défiler, déguerpir, déloger, démarrer, se dérober, dételer, disparaître, s'ébranler, s'échapper, s'éclipser, s'éloigner, émigrer, s'expatrier, ficher / foutre (grossier) le camp, filer, fuir, gagner / prendre le large / la porte / la sortie, prendre congé / ses jambes à son cou / le large / la porte, se réfugier, se retirer, s'en retourner, se sauver, se séparer ◆ fam. : se barrer / calter / carapater / casser / cavaler / débiner, débarrasser le plancher, décaniller, déhaler, déménager, dérober, dévisser, s'esbigner, se faire la malle / la paire /

la valise, filer à l'anglaise, filocher, galérer, jouer les filles de l'air, mettre les adjas / les bouts / les voiles, prendre la poudre d'escampette / ses cliques et ses claques, riper, se tailler / tirer / trisser / trotter, tirer sa révérence, se trotter 2 → **sortir** 3 → **commencer** 4 vx → **partager**

**partisan, e** 1 adj. → **partial** 2 nom. a adepte, adhérent, affidé, affilié, allié, ami, approbateur, disciple, féal, fidèle, homme lige, militant, propagandiste, prosélyte, recrue, satellite, sectateur, siens (les), supporter ♦ péj. : fanatique, séide, séquelle (vx), suppôt, tenant b → **résistant**

**partition** n. f. 1 → **division** 2 → **séparation**

**partout** aux quatre coins, en tous lieux, mondialement, universellement, urbi et orbi

**parturition** n. f. → **gésine**

**parure** n. f. 1 → **ajustement** 2 → **ornement**

**parution** n. f. 1 → **apparition** 2 → **publication**

**parvenir** 1 → **arriver** 2 → **venir** 3 fig. → **réussir**

**parvenu, e** agioteur, arriviste, figaro, homme arrivé / nouveau, nouveau riche, rasta, rastaquouère

**parvis** n. m. façade → **place**

**pas** n. m. 1 par ext. : a enjambée, foulée, marche b du cheval : appui c → **trace** d → **passage** e → **défilé** f → **détroit** g → **seuil** h fig. : avance, essai, étape, jalon, progrès 2 a **avoir / prendre le pas sur :** avantage, droit, préséance b **faux pas :** chute, écart, erreur, faiblesse, faute, glissade c **pas de clerc** → **bêtise**

**pas** adv. 1 aucunement, d'aucune façon / manière, en aucun cas, mot, nullement, point → **rien** 2 vx : goutte, grain, mie

**passable** acceptable, admissible, assez bien / bon, correct, médiocre, mettable, moyen, possible, potable, suffisant, supportable

**passade** n. f. amourette, aventure, béguin, caprice, fantaisie, flirt, galanterie, liaison

**passage** n. m. 1 au pr. a allée, artère, avenue, chemin, rue, traboule, venelle, voie b boucau, chenal, détroit, embouquement, goulot, gué, isthme, passe c col, gorge, pas, port, seuil, trouée d corridor, couloir, coursive (mar.), dégagement, galerie, lieu, ouverture e vén. : passée f boyau, communication, diverticule, sas 2 fig. : circonstance, conjoncture, moment, passe 3 alinéa, endroit, extrait, fragment, morceau, page, paragraphe, strophe 4 → **transition**

**passager, ère** 1 adj. : anecdotique, changeant, de courte durée, éphémère, fragile, fugitif, fuyard, incertain, intérimaire, momentané, précaire, provisoire, temporaire, transitoire, volage (vx) → **court** 2 nom → **voyageur**

**passagèrement** → **provisoirement**

**passant, e** 1 nom : flâneur, promeneur 2 adj. : fréquenté, passager

**passation** n. f. → **transmission**

**passavant** et **passe** n. m., n. f. acquit-à-caution, passe-debout, laissez-passer, octroi, permis

**passe** 1 n. m. : → **passe-partout** 2 n. f. a → **passage** b → **défilé** c → **canal** d → **prostitution** 3 **être en passe de :** état, position, situation, sur le point

**passé** 1 n. m. : histoire, temps anciens / révolus, tradition → **autrefois** 2 prép. : après, au-delà de 3 adj. a accompli, ancien, antécédent, antérieur, défunt, mort, révolu b abîmé, altéré, amorti, avachi, décoloré, déformé, défraîchi, délabré, délavé, démodé, désuet, esquinté, fané, fatigué, flétri, gâté, pâli, pisseux, ridé, séché, terni, usagé, usé, vieilli, vieux

**passe-droit** n. m. 1 → **privilège** 2 → **injustice**

**passée** n. f. vén. 1 → **passage** 2 → **trace**

**passéiste** nom et adj. → **réactionnaire**

**passement** et **passementerie** n. m., n. f. agrément, aiguillette, bordé, bouffette, brandebourg, broderie, chamarrure, chenille, cordelière, cordon, cordonnet, crépine, crête, croquet, dentelle, dragonne, embrasse, épaulette, feston, filet, frange, galon, ganse, garniture, gland, gros-grain, guipure, houppe, lambrequin, lézarde, lisière, macramé, orfroi, pampille, passepoil, picot, résille, ruban, Ruflette, soutache, torsade, tresse

**passe-partout** n. m. 1 arg. : oiseau, rossignol → **clef** 2 scie

**passe-passe** n. m. invar. 1 au pr. : attrape, escamotage, ficelle, fourberie, illusion, magie, tour, tromperie, truc 2 par ext. → **combine**

**passeport** n. m. autorisation, laissez-passer, sauf-conduit, visa

**passer** 1 v. intr. a au pr. : aller, changer, circuler, courir, défiler, dépasser, disparaître, se dissiper, s'écouler, s'effacer, s'enfuir, s'envoler, s'évanouir, s'évaporer, évoluer, fuir, marcher, se rendre à b fig. : accepter, cacher, concéder, couler / glisser sur, écarter, excuser, négliger, omettre, pardonner, permettre, taire, tolérer c par ext. → **mourir** 2 v. tr. a au pr. : enjamber, escalader, franchir, sauter, traverser b fig. : cribler, filtrer, tamiser 3 a **passer le temps / la vie :** consumer, couler, employer, occuper . : gaspiller, perdre, traîner b **passer un examen :** subir c **passer un mot :** laisser, omettre, oublier, sauter d **passer les limites :** combler, exagérer, excéder, outrepasser, outrer e **passer l'entendement** → **surprendre** f **faire passer :** acheminer, convoyer, donner, faire parvenir, remettre, transiter, transmettre, transporter g **passer un vêtement :** enfiler, mettre h **passer une maladie :** amener, communiquer i **passer par les armes** → **fusiller** 4 v. pron. a advenir, arriver, avoir lieu, se dérouler, s'écouler, se produire b on se passe de quelque chose : s'abstenir, se brosser (fam.) / dispenser de / garder de, s'interdire de, se priver de / refuser à / retenir de, éviter, faire tintin (fam.), négliger de, renoncer à c on se passe de quelqu'un : court-circuiter (fam.) → **abandonner**

**passereau** n. m. accenteur, alouette, becfigue, bec-fin, bengali, bergeronnette ou hochequeue ou lavandière, bouvreuil, bruant, calao, chardonneret, colibri ou oiseau-mouche, coq de roche, corbeau, corneille, cotinga, cul-blanc, échelette, effarvatte, engoulevent, étourneau, pipit, fauvette ou rousserole ou phragmite, fourmilier, fournier, geai, geai bleu ou rollier, gobe-mouche, goglu, grimpereau, griset, grive ou jocasse ou litorne ou mauvis, gros-bec, hirondelle, jaseur, linotte, loriot, lulu, mainate, martin-chasseur/ -pêcheur, martinet, ménure ou oiseau-lyre, merle, mésange ou meunière ou nonnette, moineau, motteux, ortolan, paradisier, passériforme, passerine, passerinette, pie, pie-grièche, pinson, pipit, proyer, quiscale, rémiz, roitelet, rossignol, rouge-gorge, rouge-queue, rubiette, rupicole, salangane, sansonnet, sifilet, sirli, sittelle, sizerin, souimanga, tarin, tête-chèvre, tisserin, traîne-buisson, traquet, troglodyte, troupiale, tyran, verdier, veuve

**passerelle** n. f. → **pont**

**passe-rose** n. f. primerose, rose trémière → **rose**

**passe-temps** n. m. 1 agrément, amusement, délassement, distraction, divertissement, hobby, jeu, occupation, plaisir, récréation, violon d'Ingres → **bagatelle** 2 péj. → **manie**

**passeur** n. m. → **batelier**

**passible** → **susceptible**

**passif** 1 n. m. : perte 2 adj. → **inerte**

**passim** çà et là, en différents endroits, par-ci par-là

**passion** n. f. 1 neutre ou fav. : admiration, adoration, adulation, affection, amour, appétit, ardeur, attachement, béguin, chaleur, culte, élan, élancement (vx), emballement, enthousiasme, feu, fièvre, flamme, goût, idolâtrie, inclination, ivresse, libido, passade, penchant, sentiment, trouble, vénération 2 non fav. : a ambition, avarice, avidité, caprice, concupiscence, convoitise, délire, désir, éréthisme, exaltation, excitation, emportement, ensorcellement, envoûtement, faible, fanatisme, fièvre, folie, frénésie, fureur, furie, habitude, haine, maladie, manie, rage, tarentule, ver rongeur, vice b alcool, débauche, drogue, jeu, tabac c → **manie** 3 litt. : animation, chaleur, émotion, feu, flamme, lyrisme, pathétique, sensibilité, vie

**passionnant, e** affolant, attachant, beau, brûlant, captivant, délirant, dramatique, électrisant, émouvant, empoignant, enivrant, enthousiasmant, excitant, intéressant

**passionné, e** → **enthousiaste**

**passionnément** beaucoup, follement, à la folie / fureur, furieusement, par-dessus tout

**passionner** 1 animer, attacher, captiver, électriser, empoigner, enfiévrer, enflammer, enivrer, enthousiasmer, exalter, exciter, intéresser 2 v. pron. : aimer, s'emballer, s'embraser, s'enflammer, s'engouer, s'enivrer, s'enticher, s'éprendre, prendre feu, raffoler

**passivement** → **inconsciemment**

**passivité** n. f. → **inaction**

**passoire** n. f. chinois, crible, filtre, passe-thé, passette, tamis

**pastèque** n. f. melon d'eau / d'Espagne, péponide

**pasteur** n. m. 1 → **berger** 2 → **prêtre**

**pasteurisation** n. f. aseptisation, stérilisation, upérisation

**pasteuriser** aseptiser, stériliser

**pastiche** n. m. 1 → **imitation** 2 → **parodie**

**pasticher** → **imiter**

**pastille** n. f. bonbon, boule, cachet, comprimé, gélule, tablette

**pastis** n. m. 1 a anis b marques déposées 2 → **désordre**

**pastoral, e** bucolique, champêtre, paysan, rural, rustique

**pastorale** n. f. bergerie, bucolique, églogue, idylle, moutonnerie (péj.), pastourelle

**pastoureau, elle** → **berger**

**patapouf** n. m. et interj. 1 → **gros** 2 pan, patatras, vlan

**pataquès** n. m. → **lapsus**

**patate** n. f. 1 pomme de terre 2 **en avoir gros sur la patate** (fam.) : sur le cœur / l'estomac

**patatras** pan, patapouf, vlan

**pataud, e** → **gauche**

**patauger** 1 au pr. : barboter, s'enliser, patouiller, patrouiller, piétiner 2 fig. s'embarrasser, s'embrouiller, s'empêtrer, nager, se perdre

**patchwork** n. m. → **mélange**

**pâte** n. f. 1 par ext. a abaisse b barbotine, bouillie, colle, mortier 2 au pl. : cannelloni, cheveux d'ange, coquillettes, gnocchi, langues d'oiseau, lasagne, macaroni, nouilles, ravioli, spaghetti, tagliatelle, vermicelle

**pâté** n. m. 1 → **tache** 2 amas, assemblage, ensemble, groupe, îlot 3 cuis. : aspic, bouchée à la reine, croustade, friand, godiveau, hachis, mousse de foie, rissole, terrine, tourte, vol-au-vent

**pâtée** n. f. → **nourriture**

**patelin, e** benoît, bonhomme, chafouin, chattemite, doucereux, faux, flatteur, insinuant, melliflue, mielleux, onctueux, papelard, peloteur, rusé, tartufe, trompeur → **hypocrite**

**patelin** n. m. 1 → **village** 2 → **pays**

**patenôtre** chapelet, oraison dominicale, pater, pater noster, prière

**patent, e** → **manifeste**

**patente** n. f. 1 autorisation, brevet, commission, diplôme, lettres patentes, licence 2 contribution, impôt

**patenté, e** → **attitré**

**patère** n. f. crochet, portemanteau

**paternaliste** 1 condescendant → **dédaigneux** 2 → **tutélaire**

**paterne** → **doucereux**

**paternel, le** → **tutélaire**

**pâteux, euse** 1 → **épais** 2 → **embarrassé**

**pathétique** 1 adj. → **émouvant** 2 n. m. : éloquence, émotion, pathos

**pathogène** → **pestilentiel**

**pathologique** maladif, morbide

**pathos** n. m. 1 → **éloquence** 2 → **galimatias**

**patibulaire** → **inquiétant**

**patiemment** pas à pas, petit à petit

**patience** n. f. 1 calme, constance, courage, douceur, endurance, flegme, indulgence, lenteur, longanimité, longueur de temps, persévérance, persistance, résignation, sang-froid, tranquillité 2 réussite, tour de cartes

**patient, e** 1 adj. : calme, constant, débonnaire, doux, endurant, flegmatique, indulgent, inlassable, persévérant, résigné 2 nom : client, cobaye (fam. ou péj.), malade, sujet

**patienter** 1 → **attendre** 2 → **souffrir**

**patin** n. m. raquette, semelle, socque

**patine** n. f. 1 au pr. : concrétion, crasse, croûte, dépôt, oxydation, vert-de-gris 2 par ext. : ancienneté, antiquité, marque

**patiner** 1 → **glisser** 2 foncer, ternir, vieillir

**patinette** n. f. trottinette

**pâtir** → **souffrir**

**pâtis** n. m. friche, herbage, lande, pacage, parc, parcours → **pâturage**

**pâtisserie** n. f. 1 biscuiterie, confiserie, salon de thé 2 allumette, amandine, baba, bavaroise, beignet, biscuit, bouchée, bretzel, brioche, cake, casse-museau, chanoinesse, chausson, chou à la crème, clafoutis ou millas, coque, cornet, couque, cramique, craquelin, crêpe, croissant, croquembouche, croquignole, dariole, dessert, éclair, far, feuilletage, feuilleté, flan, frangipane, galette, gâteau, gaufre, gosette, macaron, madeleine, marquise, mate-faim, meringue, merveille, mille-feuille, moka, oublie, pain d'épices, paris-brest, petit four, pièce montée, plaisir, profiterole, quatre-quarts, raton, religieuse, saint-honoré, savarin, talmouse, tarte, tartelette, tôt-fait

**pâtissier, ère** confiseur, mitron, traiteur

**pâtisson** n. m. artichaut de Jérusalem, bonnet de prêtre, courge

**patois** n. m. → **langue**

**patouiller** [1] → **patauger** [2] → **manier**

**patraque** → **malade**

**pâtre** n. m. → **berger**

**patriarcal, e** ancestral, ancien, antique, familial, paternaliste (péj.), paternel, simple, traditionnel, vertueux

**patriarche** n. m. → **vieillard**

**patricien, ne** → **noble**

**patrie** n. f. cité, communauté, État, nation, pays

**patrimoine** n. m. apanage, bien, domaine, fortune, héritage, legs, propriété, succession ◆ vx : douaire

**patriote** et **patriotique** nom et adj. [1] civique, militariste, nationaliste, patriotique [2] péj. : chauvin, cocardier, patriotard

**patriotisme** n. m. [1] civisme, militarisme, national, nationalisme [2] péj. : chauvinisme, cocorico, esprit de clocher

**patristique** n. f. patrologie

**patron, ne** [1] boss, bourgeois, directeur, employeur, maître ◆ péj. : caïd, négrier, pompe-la-sueur, singe [2] par ext. **a** → **protecteur** **b** → **chef**

**patron** n. m. → **modèle**

**patronage** n. m. [1] appui, auspices, égide, invocation, parrainage, protection, recommandation, secours, support, vocable [2] club, garderie, gymnase

**patronner** [1] → **introduire** [2] → **protéger**

**patronyme** n. m. → **nom**

**patrouille** n. f. [1] → **surveillance** [2] → **troupe**

**patrouiller** [1] → **patauger** [2] exercer une surveillance, parcourir, surveiller

**patte** n. f. [1] au pr. : jambe, pied, pince, serre [2] par ext. **a** → **main** **b** → **habileté** [3] **patte-d'oie** **a** → **carrefour** **b** → **ride**

**pâturage** n. m. alpage, alpe, champ, corral, embouche, enclos, friche, gagnage, herbage, kraal, lande, luzernière, ouche (rég.), pacage, paddock, parc, parcours, passage, pâtis, pâture, prairie, pré

**pâture** n. f. [1] → **nourriture** [2] → **pâturage**

**pâturer** v. intr. et tr. → **paître**

**paumé, e** → **inadapté**

**paumer** → **perdre**

**paupérisme** n. m. appauvrissement, dénuement, manque, misère → **pauvreté**

**pause** n. f. [1] au pr. : abattement, arrêt, entracte, halte, interclasse, interruption, intervalle, mi-temps, récréation, suspension [2] par ext. **a** → **repos** **b** → **silence**

**pauser** [1] → **appuyer** [2] → **attendre**

**pauvre** nom et adj. [1] au pr. quelqu'un : appauvri, assisté, besogneux, cas social, clochard, cloche, crève-la-faim, démuni, déshérité, disetteux (vx), économiquement faible, famélique, fauché, gêné, gueux, humble, impécunieux, indigent, loqueteux, malheureux, mendigot, meurt-de-faim, misérable, miséreux, nécessiteux, nu, pauvresse, pauvret, pouilleux, prolétaire, purée, purotin, sans-abri, sans-le-sou, sans-logis, sans-un, traîne-misère / -savates, va-nu-pieds → **mendiant** [2] par ext. **a** un événement : déplorable, malheureux, pitoyable **b** un sol : aride, chétif, ingrat, maigre, modeste, sec, stérile **c** un aspect : anémié, carencé, congru, décharné, dénué, dépourvu, maigre, mesquin, minable, miteux, nu, privé, râpé, sec, squelettique [3] **a** **pauvre d'esprit** → **simple** **b** **pauvre diable / drille / hère / type** → **misérable**

**pauvrement** → **imparfaitement**

**pauvreté** n. f. [1] au pr. de quelqu'un : besoin, carence, dèche, défaut, dénuement, détresse, disette, embarras, gêne, impécuniosité, indigence, malheur, manque, misère, nécessité, panne, paupérisme, pénurie, pouillerie, privation, ruine ◆ vx : gueuserie fam. : crotte, débine, dèche, limonade, mélasse, merde, mistoufle, mouise, mouscaille, panade, pétrin, purée, trime [2] par ext. **a** anémie, aridité, défaut, disette, faiblesse, maigreur, manque, médiocrité, pénurie, stérilité **b** banalité, platitude, sécheresse

**pavage** et **pavement** n. m. → **pavé**

**pavaner (se)** faire le beau / de l'épate (fam.) / la roue, se montrer, parader, piaffer, poser, se rengorger

**pavé** n. m. [1] au pr. : carreau, dalle, galet, pierre [2] par ext. **a** assemblage de pierres, cailloutage, cailloutis, carrelage, dallage, empierrement, pavage, pavement, pisé, revêtement, rudération (partic.) **b** → **rue** **c** → **route**

**paver** carreler, couvrir, daller, recouvrir, revêtir

**pavillon** n. m. [1] → **drapeau** [2] → **tente** [3] abri, aile, belvédère, bungalow, chalet, chartreuse, cottage, fermette, folie, gloriette, habitation, kiosque, maison, muette, rotonde, villa

**pavoiser** [1] → **orner** [2] → **réjouir (se)**

**pavot** n. m. coquelicot, œillette, olivette

**payant, e** [1] coûteux, onéreux, pécuniaire [2] avantageux, fructueux, juteux (fam.), profitable, valable

**paye** ou **paie** n. f. [1] → **paiement** [2] → **rétribution**

**payer** [1] on donne à quelqu'un une valeur en espèces ou en nature. **a** fav. ou neutre : appointer, arroser (fam.), contenter, défrayer, désintéresser, indemniser, récompenser, rembourser, rémunérer, rétribuer, satisfaire **b** non fav. : acheter, arroser, corrompre, soudoyer, stipendier [2] on paie une somme : acquitter, avancer, compter, débourser, décaisser, dépenser, donner, financer, se libérer, liquider, mandater, ordonnancer, régler, remettre, solder, souscrire, verser ◆ arg. ou fam. : aligner, allonger, banquer, casquer, cracher, douiller, éclairer, se fendre, les lâcher, moyenner (vx), passer au refile, raquer [3] par ext. : faire un cadeau, offrir, régaler [4] fig. **a** → **récompenser** **b** → **punir** [5] v. pron. : **a** → **offrir (s')** **b** → **contenter (se)**

**payeur** n. m. [1] trésorier → **comptable** [2] accepteur, débirentier, débiteur, souscripteur, tiré

**pays** n. m. [1] au pr. : bord, bourg, bourgade, campagne, ciel, cité, climat, coin, commune, contrée, cru, empire, endroit, État, foyer, lieu, nation, origine, parage, paroisse, patrie, peuple, plage, province, région, république, rivage, royaume, sol, territoire, terroir, zone → **terre** ◆ fam. : bled, clocher, patelin, trou (péj.) [2] par ext. : compatriote, concitoyen

**paysage** n. m. [1] au pr. : campagne, décor, site, vue [2] bergerie, bucolique, peinture / scène champêtre / pastorale / rustique, verdure

**paysan, ne** [1] nom. **a** neutre : agriculteur, campagnard, cultivateur, éleveur, fellah, fermier, homme de la campagne / des champs, koulak, laboureur, moujik, rural, terrien, villageois **b** vx : jacques, manant, pastoureau, vilain **c** non fav. ou arg. : blédard, bouseux, croquant, cul-terreux, glaiseux, lourd, pante, patate, pécore, pedzouille, peigne-cul, péquenot, pignouf, plouc, rustaud, rustre [2] adj. : agreste, campagnard, frugal, fruste, grossier, rural, rustique, simple, terrien

**péage** n. m. [1] droit, passage [2] par ext. : entrée, guichet, sortie

**peau** n. f. [1] au pr. **a** derme, épiderme, tégument **b** couenne, croupon, cuir **c** cuticule, écorce, épicarpe, pellicule, pelure, tan, zeste [2] par ext. : agnelin, basane, chagrin, chamois, chevreau, chevrotin, cosse, crocodile, galuchat, lézard, maroquin, parchemin, pécari, porc, serpent, vélin, velot → **fourrure** [3] **peau d'âne** → **diplôme**

**peccadille** n. f. → **faute**

**pechblende** n. f. uraninite

**pêche** n. f. [1] halieutique, secteur primaire → **poisson** [2] côtière, hauturière [3] à la balance, au carrelet, au chalut, au coup, à la cuiller, au lancer léger ou lourd, au filet, à la ligne, à la main, à la mouche noyée ou sèche, à la nasse, à la pelote, à la traîne, au tramail, au trimmer, au vif, à la volante [4] → **poisson**

**pêche** n. f. par ext. : brugnon, nectarine, paire, pavie

**péché** n. m. [1] au pr. : avarice, colère, envie, gourmandise, luxure, orgueil, paresse [2] par ext. : attentat, chute, coulpe (vx), crime, errements, faute, impénitence, imperfection, impiété, impureté, mal, manquement, offense, peccadille, sacrilège, scandale, souillure, stupre, tache, transgression, vice

**pécher** broncher (fam.), chuter, clocher (fam.), commettre une faute / un péché, faillir, manquer, offenser, tomber

**pêcher** fig. → **trouver**

**pécheur, eresse** [1] → **coupable** [2] → **faible**

**pêcheur, euse** [1] marin, morutier, sardinier, terre-neuvas [2] fam. ou péj. :

**pécore** n. f. [1] au pr. : animal, bête, cheptel vif [2] fig.(péj.) : chipie, oie, outarde, péronnelle, pie-grièche, pimbêche, pintade → **bête**

**pécule** n. m. → **économie**

**pécuniaire** → **financier**

**pédagogie** n. f. → **instruction**

**pédagogique** didactique, éducateur, formateur, scolaire

**pédagogue** n. m. et f. [1] au pr. → **maître** [2] péj. → **pédant**

**pédale** n. f. [1] au pr. : levier, manivelle, palonnier, pédalier, tirasse [2] **perdre les pédales :** esprit, fil, moyens, raison, sang-froid [3] cyclisme

**pédant, e** [1] nom : baderne, bas-bleu, bel esprit, bonze, censeur, cuistre, fat, faux savant, grammatiste, grimaud, magister, mandarin, pédagogue, pet-de-loup, pion, pontife, poseur, régent, sorbonnard [2] adj. : affecté, doctoral, dogmatique, fat, magistral, pédantesque, pontifiant, poseur, professoral, solennel, sot, suffisant → **ridicule**

**pédantisme** n. m. affectation, cuistrerie, dogmatisme, fatuité, pédanterie, pose, sottise, suffisance → **prétention**

**pédérastie** n. f. → **homosexualité**

**pédicule** n. m. pédoncule, pied, queue, stipe, tige

**pedigree** n. m. → **généalogie**

**peeling** off. : exfoliation

**pègre** n. f. → **populace**

**peigne** n. m. [1] démêloir ◆ fam. : crasseux, râteau [2] techn. : drège

**peigne-cul** n. m. → **impoli**

**peigner** [1] arranger, brosser, coiffer, démêler [2] carder, houpper, sérancer [3] fig. → **soigner**

**peignoir** n. m. → **robe**

**peille** n. f. → **chiffon**

**peinard, e** → **paisible**

**peindre** [1] un tableau. **a** neutre : brosser, camper, croquer, exécuter une peinture, figurer, peinturer, pignocher, pocher, portraiturer, représenter, trousser **b** armorier, blasonner, colorer, colorier, enluminer, historier, ornementer, orner **c** non fav. : barbouiller, barioler, peinturlurer, torcher [2] une surface quelconque : badigeonner, bronzer, graniter, laquer, repeindre, ripoliner, vernir [3] fig. **a** non fav. : farder, maquiller, travestir **b** neutre : conter, décrire, dépeindre, dessiner, exprimer, faire apparaître / voir, montrer, raconter, représenter, traduire [4] v. pron. → **montrer (se)**

**peine** n. f. [1] châtiment, condamnation, correction, expiation, pénalité, sanction, sapement (arg.), supplice → **punition** [2] chagrin, collier de misère, crève-cœur, croix, déplaisir, difficulté, douleur, embarras, épreuve, mal, malheur, souci, souffrance, tourment, tracas [3] abattement, affliction, amertume, angoisse, anxiété, désolation, détresse, douleur, gêne, inquiétude, malheur, misère, tristesse ◆ vx : agonie, brisement, ennui, soin [4] ahan (vx), effort, labeur, tâche, travail, tribulation [5] relig. : dam, damnation, enfer, géhenne, pénitence, purgatoire [6] **à / sous peine de :** astreinte, contrainte, menace, obligation

**peiner** [1] v. tr. : affecter, affliger, attrister, chagriner, déplaire, désobliger, fâcher, meurtrir [2] v. intr. : s'appliquer, besogner, se donner du mal, s'efforcer, s'évertuer, se fatiguer, gémir, souquer, trimer ◆ fam. : en baver, en chier, galérer, marner, ramer, suer ◆ vx : ahaner

**peintre** n. m. et f. [1] en bâtiment : badigeonneur [2] animalier, aquarelliste, artiste, enlumineur, imagier, luministe, fresquiste, miniaturiste, orientaliste, pastelliste, paysagiste, portraitiste, rapin (fam.) [3] péj. : barbouilleur, pompier [4] classique, cubiste, expressionniste, impressionniste, intimiste, nabi, naïf, naturaliste, non-figuratif, pointilliste, préraphaélite, réaliste, romantique, surréaliste, symboliste, tachiste

**peinture** n. f. 1 au pr. : badigeon, barbouille (péj.), ravalement, recouvrement, revêtement 2 aquarelle, camaïeu, crayon, décor, détrempe, diptyque, ébauche, enluminure, esquisse, estampe, étude, fresque, fusain, gouache, lavis, maquette, mine de plomb, pastel, plafond, pochade, polyptyque, retable, sanguine, sépia, sgraffite, tableau, toile, triptyque, trumeau 3 péj. : barbouillage, croûte, gribouillage, navet 4 académie, allégorie, bataille, bergerie, caricature, fresque, genre, intérieur, marine, maternité, nature morte, nu, panorama, paysage, portrait, sous-bois, trompe-l'œil, verdure, vignette, vue 5 Japon. kakémono, makémono 6 classicisme, cubisme, dadaïsme, divisionnisme, expressionnisme, fauvisme, futurisme, impressionnisme, modern style, naturalisme, pointillisme, préraphaélisme, romantisme, réalisme, surréalisme, tachisme

**peinturer** et **peinturlurer** barbouiller, colorer, colorier → **peindre**

**péjoratif, ive** → **défavorable**

**pelade** n. f. alopécie, calvitie (par ext.), dermatose, teigne

**pelage** n. m. fourrure, livrée, manteau, mantelure, peau, poil, robe, toison, villosité

**pélagique** pélagien → **marin**

**pélargonium** n. m. géranium

**pelé, e** 1 → **stérile** 2 à zéro, chauve, dégarni, démuni, dépouillé, épilé, épluché, nu, râpé, ras, rasibus, teigneux, tondu, usé

**pêle-mêle** n. m. invar. et adv. 1 → **désordre** 2 → **mélange** 3 → **vrac (en)**

**peler** v. tr. et intr. dépouiller, écorcer, éplucher, gratter, ôter, râper, raser, tondre

**pèlerin, e** 1 au pr. : dévot, fidèle 2 vx : coquillard, jacobite, jacquot 3 par ext. : excursionniste, touriste, visiteur, voyageur 4 fig. et péj. → **type**

**pèlerinage** n. m. 1 au pr. : culte, dévotion, jubilé, pardon, sanctuaire 2 par ext. → **voyage**

**pèlerine** et **pelisse** n. f. 1 berthe, cape, capuchon, fourrure, houppelande, limousine, veste 2 relig. : camail, mosette 3 → **manteau**

**pelle** n. f. 1 → **bêche** 2 → **chute**

**pellet** n. m. implant, pruine (bot.)

**pelleterie** n. f. → **peau**

**pellicule** n. f. 1 enveloppe, lamelle → **peau** 2 bande, cliché, film

**pellucide** translucide, transparent

**pelotage** n. m. batifolage, flirt, galanterie → **caresse**

**pelote** n. f. 1 boule, manoque, maton, peloton, sphère 2 balle, rebot 3 a **faire sa pelote** → **économiser** b **faire la pelote** (arg. milit.) : être brimé / puni, tourner en rond

**peloter** 1 au pr. : bobiner, enrouler, rouler 2 batifoler, chatouiller, chiffonner, lutiner, patiner (vx), tripoter → **caresser** ◆ fam. : avoir la main baladeuse 3 fig. → **flatter**

**peloteur, euse** fig. 1 enjôleur, flagorneur, flatteur, minaudier 2 frôleur, main baladeuse / touristique, tripoteur, trousseur (de jupons) 3 → **hypocrite**

**peloton** n. m. 1 → **pelote** 2 → **groupe** 3 → **troupe**

**pelotonner (se)** → **replier (se)**

**pelouse** n. f. 1 boulingrin, gazon, tapis vert, vertugadin 2 → **prairie**

**peluché, e** et **pelucheux, euse** molletonneux → **poilu**

**pelure** n. f. → **peau**

**pénalisation** et **pénalité** n. f. → **punition**

**pénates** n. m. pl. 1 au pr. : dieux de la cité / domestiques / du foyer / lares / protecteurs / tutélaires 2 par ext. : abri, demeure, foyer, habitation, logis, maison, refuge, résidence

**penaud, e** confus, contrit, déconcerté, déconfit, embarrassé, gêné, honteux, humilié, interdit, l'oreille basse, pantois, piteux ◆ vx : camus, quinaud

**penchant** n. m. 1 au pr. : colline, côte, coteau, déclin, déclivité, inclinaison, obliquité, pente, thalweg, versant 2 fig. a affection, amour, aptitude, attrait, désir, disposition, facilité, faible, faiblesse, génie, goût, habitude, impulsion, inclination, instinct, nature, passion, sympathie, tendre, tendresse, vocation b non fav. : défaut, prédisposition, propension, vice

**pencher** 1 v. tr. → **abaisser** 2 v. intr. : avoir du dévers, chanceler, se coucher, décliner, descendre, déverser, être en oblique / surplomb, obliquer, perdre l'équilibre 3 v. pron. → **incliner (s')**

**pendable** abominable, condamnable, coupable, damnable, détestable, grave, impardonnable, inexcusable, inqualifiable, laid, mauvais, méchant, répréhensible, sérieux

**pendant, e** 1 jurid. : en cours, en instance 2 affaissé, affalé, avachi, avalé, ballant, fatigué, flasque, tombant

**pendant** n. m. 1 boucle, dormeuse, girandole, pendeloque, pendillon, pendentif, sautoir 2 accord, contrepartie, égal, semblable, symétrie, symétrique

**pendant** prép. : au cours de, au milieu de, cependant, dans, de, durant, en

**pendant que** au moment où, cependant que, lorsque, quand, tandis que

**pendard, e** → **vaurien**

**pendeloque** et **pendentif** n. f., n. m. → **pendant**

**penderie** n. f. armoire, cabinet, garde-robe, meuble, placard

**pendiller, pendouiller** et **pendre** 1 v. intr. : appendre, être avachi / suspendu, flotter, retomber, tomber, traîner 2 v. tr. a au pr. : brancher, lanterner, mettre à la lanterne, stranguler b accrocher, attacher, fixer, suspendre

**pendule** 1 nom masc : balancier, régulateur 2 nom fém : cartel, comtoise, horloge, pendulette, régulateur

**pêne** n. m. ardillon, cheville, gâche, gâchette, serrure, verrou

**pénétrable** abordable, accessible, clair, compréhensible, devinable, facile, intelligible, passable, perméable, saisissable

**pénétrant, e** 1 acéré, aigu, aiguisé, coupant, tranchant 2 fig. : aigu, astucieux (fam.), clairvoyant, délicat, délié, divinateur, éclairé, fin, fort, habile, intelligent, juste, lucide, mordant, ouvert, perçant, perspicace, profond, sagace, spirituel, subtil, vif

**pénétration** n. f. 1 acuité, astuce, clairvoyance, délicatesse, discernement, divination, finesse, flair, habileté, intelligence, justesse, lucidité, mordant, nez, ouverture d'esprit, perspicacité, profondeur, psychologie, sagacité, subtilité, vivacité 2 entrisme, infiltration, noyautage

**pénétré, e** 1 quelqu'un est pénétré de quelque chose : confit (péj.), convaincu, imbu, imprégné, marqué, plein, rempli, trempé 2 un secret est pénétré : compris, découvert, deviné

**pénétrer** 1 v. intr. : accéder, aller, s'aventurer, avoir accès, se couler, s'embarquer, s'enfoncer, s'engager, entrer, envahir, se faufiler, fendre, forcer, se glisser, s'infiltrer, s'insinuer, s'introduire, se loger, mordre sur, noyauter, passer, plonger 2 v. tr. a au pr. pénétrer quelque chose : atteindre, baigner, filtrer, imbiber, imprégner, infiltrer, inonder, passer, percer, transir, transpercer, traverser, tremper, visiter b fig. pénétrer quelqu'un : émouvoir, toucher, transir c fig. on pénètre une idée : apercevoir, approfondir, comprendre, connaître, découvrir, démêler, deviner, entendre, mettre au jour, percevoir, pressentir, réfléchir, saisir, scruter, sentir, sonder 3 v. pron. a absorber, boire b se combiner, se comprendre, se mêler c → **comprendre**

**pénible** 1 phys. : afflictif, ardu, assujettissant, astreignant, cassant (fam.), contraignant, difficile, difficultueux, dur, éprouvant, éreintant, fatigant, ingrat, laborieux, tenaillant, tuant 2 par ext. moral : affligeant, amer, angoissant, âpre, atroce, attristant, cruel, déplaisant, déplorable, désagréable, désolant, douloureux, dur, embarrassant, ennuyeux, épineux, funeste, gênant, grave, infamant, lamentable, lourd, mauvais, mortel, navrant, pesant, poignant, rude, tendu, torturant, tourmenté, triste

**péniche** n. f. chaland, embarcation → **bateau**

**péninsule** n. f. avancée, langue, presqu'île

**pénis** n. m. → **sexe**

**pénitence** n. f. 1 abstinence, ascèse, ascétisme, austérité, cendres, contrition, discipline, expiation, jeûne, macération, mortification, regret, repentir, résipiscence, satisfaction 2 → **confession** 3 → **punition**

**pénitencier** n. m. 1 → **bagne** 2 → **prison**

**pénitent, e** 1 nom : ascète, flagellant, jeûneur, pèlerin 2 adj. : contrit, marri, repentant

**pénitentiaire** carcéral, disciplinaire

**penne** n. f. aile, aileron, empennage, plume, rectrice, rémige

**pénombre** n. f. clair-obscur, demi-jour, ombre

**pensant, e** → **pensif**

**pense-bête** n. m. → **mémento**

**pensée** n. f. 1 au pr. a phil. : âme, cœur, compréhension, entendement, esprit, facultés mentales, imagination, intellect, intelligence, penser, raison, sentiment b idéation, noèse c avis, cogitation, concept, conception, contemplation, dessein, élucubration (péj.), gamberge (fam.), idée, intention, méditation, opinion, point de vue, préoccupation, projet, raisonnement, réflexion, rêverie, souvenir, spéculation 2 par ext. a au sing. : adage, aphorisme, apophtegme, axiome, devise, dicton, dit, ébauche, esquisse, jugement, maxime, mot, noème, parole, plan, propos, proverbe, représentation, sentence, vérité b au pl. : considérations, méditations, notations, notes, observations, propos, remarques, souvenirs

**penser** 1 v. intr. a cogiter, comprendre, se concentrer, contempler, délibérer, envisager, examiner, se faire un jugement / une opinion, juger, méditer, peser, raisonner, se recueillir, réfléchir, se représenter, rêver, songer, spéculer, voir ◆ fam. : concocter, gamberger, rouler dans sa tête, ruminer b évoquer, imaginer, rappeler, se souvenir c s'aviser de, considérer, faire attention à, prendre garde à, se préoccuper de, prévoir 2 v. tr. : admettre, concevoir, croire, estimer, imaginer, juger, présumer, projeter, supposer, soupçonner 3 **penser** suivi de l'inf. a croire, espérer, se flatter de b faillir, manquer c avoir l'intention, avoir en projet / en vue, projeter

**penser** n. m. → **pensée**

**penseur** n. m. contemplateur, contemplatif, méditatif, moraliste, philosophe, spéculateur, théoricien

**pensif, ive** absent, absorbé, abstrait, contemplatif, distrait, méditatif, occupé, préoccupé, rêveur, songeur, soucieux

**pension** n. f. 1 → **pensionnat** 2 allocation, bourse, dotation, retraite, revenu, subside 3 **pension de famille** → **hôtel**

**pensionnaire** n. m. et f. 1 acteur, actionnaire, comédien, sociétaire 2 élève, hôte, interne, pupille

**pensionnat** n. m. collège, cours, école, institution, internat, lycée, maison d'éducation, pension

**pensionner** arrenter (par ext.), entretenir, octroyer, pourvoir, renter, retraiter, subventionner

**pensum** n. m. → **punition**

**pente** n. f. 1 au pr. : abrupt, brisis, côte, déclive (en), déclivité, descente, dévers, dévoiement, escarpement, glacis, grimpette, inclinaison, montée, obliquité, penchant, raidillon, rampe, talus, thalweg, versant 2 fig. : entraînement, inclination, propension, tendance → **penchant**

**penture** n. f. ferrure, paumelle

**pénultième** avant-dernier

**pénurie** n. f. 1 → **manque** 2 → **pauvreté**

**pépie** n. f. → **soif**

**pépiement** n. m. chant, cri, gazouillement, gazouillis, ramage

**pépier** chanter, crier, gazouiller, jacasser, piauler

**pépin** n. m. 1 → **graine** 2 → **difficulté**

**pépinière** n. f. 1 au pr. : a arboretum b arboriculture, horticulture, pomiculture, sylviculture 2 **mettre en pépinière** : en jauge 3 fig. : couvent, école, mine, origine, séminaire, source

**pépiniériste** n. m. et f. arboriculteur, horticulteur, jardinier, sylviculteur

**péquenaud, e** et **péquenot** n. m. → **paysan**

**perçant, e** 1 au pr. : aigu, aiguisé, pénétrant, piquant, pointu 2 fig. a lancinant, taraudant, térébrant b yeux perçants : brillants, mobiles, vifs c son perçant : aigu, bruyant, clairet, criard, déchirant, éclatant, fort, strident, violent d froid perçant : aigre, aigu, mortel, pénétrant, vif e esprit perçant : éveillé, intelligent, lucide, pénétrant, perspicace, vif

**percée** n. f. 1 au pr. : brèche, chemin, clairière, déchirure, éclaircie, orne, ouverture, passage, sentier, trouée 2 milit. : avance, bousculade, enfoncement, irruption, raid

**percepteur** n. m. 1 agent du fisc, collecteur, comptable du Trésor, comptable public, receveur 2 vx : exacteur, fermier général, partisan, publicain (antiq.), taxateur, traitant 3 péj. : gabelou, rat de cave, traiteur

**perceptible** audible, clair, évident → **visible**

**perception** n. f. 1 collecte, levée, recouvrement, rentrée 2 encaissement, recette 3 octroi, péage 4 philos. affection, conception, discernement, entendement, idée, impression, intelligence, sens, sensation

**percer** 1 v. tr. **a** au pr. : blesser, creuser, crever, cribler, darder (vx), déchirer, embrocher, empaler, encorner, enferrer, enfiler, enfoncer, enfourcher, entamer, excaver, éventrer, forer, larder, ouvrir, pénétrer, perforer, piquer, poinçonner, pointer, sonder, tarauder, transpercer, traverser, tremper, trouer, vriller **b** fig. quelqu'un : comprendre, déceler, découvrir, développer, pénétrer, prévoir, saisir 2 v. intr. **a** quelque chose perce : s'ébruiter, se déceler, s'éventer, filtrer, se manifester, se montrer, se répandre, sourdre, transpirer → **paraître** **b** quelqu'un perce → **réussir** 3 **percer le cœur** → **affliger**

**perceuse** n. f. chignole, foreuse, fraiseuse, perçoir, perforatrice, perforeuse, taraud, taraudeuse, tarière, vilebrequin → **vrille**

**percevable** 1 recouvrable 2 → **visible**

**percevoir** 1 → **voir** 2 → **entendre** 3 apercevoir, appréhender, concevoir, découvrir, deviner, discerner, distinguer, éprouver, flairer, prendre connaissance, remarquer, saisir, sentir 4 empocher, encaisser, lever, prélever, prendre, ramasser, recouvrir, recueillir, retirer, soutirer / tirer de l'argent, toucher

**perche** n. f. 1 au pr. : balise, bâton, bouille, croc, échalas, écoperche, gaffe, gaule, latte, perchis, rame, rouable 2 par ext. **a** girafe, micro **b** juchoir, perchoir **c** → **arbre** 3 fig. → **géant**

**percher** 1 v. intr. : brancher, demeurer, jucher, loger, nicher, se poser ◆ rég. : chômer 2 v. tr. : accrocher, placer, poser, suspendre

**perchoir** n. m. abri, juchée, juchoir, poulailler, volière

**perclus, e** ankylosé, engourdi, gourd, impotent, inactif, inerte, infirme, lourd, paralysé, paralytique, raide, souffrant, souffreteux

**percolateur** n. m. cafetière, filtre

**percussion** n. f. 1 choc, coup, heurt, impulsion 2 balafon, (grosse) caisse, carillon, célesta ou xylophone, cymbale, glockenspiel, gong, grelot, sistre, tambour, tambourin, timbale, triangle, vibraphone → **batterie**

**percussionniste** n. m. et f. batteur, cymbalier, cymbaliste, timbalier

**percutant, e** → **irrésistible**

**percuter** → **heurter**

**perdant, e** nom et adj. battu, vaincu

**perdition** n. f. → **perte**

**perdre** 1 sens passif : s'affaiblir, aliéner, s'amortir, s'appauvrir, s'atrophier, dégénérer, démériter, se démunir, se dépouiller, déposer, être en deuil / privé de, maigrir, manquer de, quitter, renoncer → **échouer** 2 sens actif. **a** neutre : égarer, laisser traîner, oublier, paumer (fam.) **b** non fav. : causer un dommage, dérouter, désorienter, détruire, dissiper, égarer, fausser, gâcher, galvauder, gaspiller, gâter, ruiner 3 par ext. : être percé, fuir 4 fig. perdre quelqu'un : corrompre, damner, débaucher, déconsidérer, décrier, démolir, déshonorer, désorienter, détourner, dévoyer, disqualifier, égarer, fourvoyer 5 **a** **perdre du terrain :** battre en retraite, céder, fuir, reculer **b** **perdre son temps :** s'amuser, baguenauder, batifoler, lézarder, musarder, traîner → **flâner, paresser** ◆ fam. : glander, ravauder (vx) 6 **a** **perdre la tête :** s'affoler, perdre les pédales (fam.) **b** **perdre l'esprit** → **déraisonner** **c** **perdre l'estime :** démériter, être en disgrâce, s'user **d** **perdre de vue :** laisser tomber, oublier, rompre 7 v. pron. **a** → **disparaître** **b** s'altérer, décroître, diminuer, faiblir, se relâcher **c** se cacher, se couler, se dérober, forlonger (vén.) **d** un bruit : s'amortir, s'étouffer, mourir **e** un bateau : s'abîmer, couler, s'enfoncer, s'engloutir, sombrer **f** un fleuve : se jeter **g** fig. quelqu'un ◆ neutre : s'abîmer, s'absorber, s'anéantir, se fondre, se sacrifier ◆ non fav. : se corrompre, se débaucher, se dévoyer, s'embarrasser, s'embrouiller, se fourvoyer, se noyer

**perdreau** et **perdrix** n. m., n. f. 1 bartavelle, coq / poule de bruyère / des bois / des montagnes, ganga, gélinotte, grouse, lagopède, pouillard, tétras 2 → **policier**

**perdu, e** 1 un lieu : désert, détourné, écarté, éloigné, isolé, lointain 2 quelque chose : abîmé, disparu, égaré, endommagé, gâché, gâté, inutile 3 un animal : égaré, errant, haret (chat) 4 une somme : irrécouvrable, irrécupérable, passé par profits et pertes 5 quelqu'un. **a** neutre : absent, dépaysé, distrait, égaré, plongé dans ses pensées **b** non fav. : condamné, désespéré, fini, frappé à mort, irrécupérable, mort **c** fam. : cuit, dans les choux, fichu, flambé, foutu, frit, paumé, rétamé 6 **perdu de débauche, fille perdue :** corrompu, débauché

**père** n. m. 1 au pr. : auteur, géniteur, papa ◆ fam. : paternel 2 arg. : dab, vieux 3 par ext. **a** aïeul, ancêtre, ascendant, chef, origine, patriarche, souche, tige **b** → **protecteur** **c** créateur, Dieu, fondateur, inventeur 4 **a** **père conscrit :** édile, sénateur **b** **saint-Père** → **pape** **c** **père de l'Église** → **théologien** **d** **beau-père :** parâtre

**pérégrination** n. f. → **voyage**

**péremption** n. f. → **prescription**

**péremptoire** → **tranchant**

**pérenne** → **éternel**

**pérennité** n. f. 1 → **éternité** 2 → **perpétuité**

**péréquation** n. f. → **répartition**

**perfectible** améliorable, amendable, corrigible, curable, éducable, guérissable, modifiable, rectifiable, récupérable, remédiable, réparable

**perfection** n. f. 1 achèvement, consommation, couronnement, entéléchie (philos.), épanouissement, excellence, exquisité, fin, fini, fleur, maturité, parachèvement, précellence, préexcellence 2 absolu, beau, bien, bonté, idéal, nec plus ultra, qualité, richesse, sainteté, succulence, summum, top niveau, vertu 3 perfectionnisme 4 quelqu'un → **phénix**

**perfectionnement** n. m. achèvement, affinement, amélioration, avancement, correction, couronnement, optimisation, polissage, progrès, retouche

**perfectionner** → **améliorer**

**perfide** 1 → **infidèle** 2 → **rusé**

**perfidie** n. f. 1 → **infidélité** 2 → **ruse** 3 → **médisance**

**perforer** → **percer**

**performance** n. f. exploit, record, succès

**performant, e** compétitif, satisfaisant

**perfusion** n. f. goutte-à-goutte, transfusion

**péricliter** → **décliner**

**péril** n. m. → **danger**

**périlleux, euse** 1 au pr. : alarmant, critique, dangereux, difficile, glissant, hasardeux, menaçant, risqué 2 fig. : acrobatique, audacieux, aventureux, brûlant, délicat, osé, scabreux

**périmé, e** → **désuet**

**périmètre** n. m. bord, circonférence, contour, distance, enceinte, extérieur, limite, périphérie, pourtour, tour

**période** 1 n. m. : apogée, comble, degré, maximum, paroxysme, point culminant, summum, zénith 2 n. f. : **a** âge, consécution, cycle, durée, époque, ère, étape, intervalle, phase **b** balancement, couplet, éloquence, morceau, phrase

**périodicité** n. f. → **intervalle**

**périodique** 1 n. m. → **revue** 2 adj. → **réglé**

**péripatéticien** n. m. et adj. aristotélicien, philosophe

**péripatéticienne** n. f. → **prostituée**

**péripétie** n. f. avatar, catastrophe, coup de théâtre, crise, dénouement, épisode, événement, incident, nœud, trouble → **changement**

**périphérie** n. f. 1 → **périmètre** 2 alentour, banlieue, environs, faubourg, zone → **extrémité**

**périphrase** n. f. ambages, circonlocution, circuit de paroles, détour, discours, euphémisme, précautions oratoires, tour

**périple** n. m. circumnavigation, expédition, exploration, tour, tournée, voyage

**périr** → **mourir**

**périssable** caduc, corruptible, court, éphémère, fragile, fugace, gélif, incertain, instable, mortel, passager, précaire → **destructible**

**périssoire** n. f. canoë, canot, embarcation → **bateau**

**péristyle** n. m. colonnade, galerie, façade, portique, vestibule

**perle** n. f. 1 par ext. : boule, goutte, grain, lacé, union 2 fig. **a** → **phénix** **b** → **lapsus**

**perler** 1 v. tr. : exécuter / faire à la perfection, parfaire, soigner 2 v. intr. : apparaître, dégouliner (fam.), dégoutter, s'écouler, emperler, goutter, suinter

**permafrost** géol. off. : pergélisol

**permanence** n. f. 1 constance, continuité, durabilité, éternité, fixité, identité, invariabilité, invariance, pérennité, stabilité 2 bureau, local, salle, service, siège

**permanent, e** → **durable**

**perméable** spongieux → **pénétrable**

**permettre** 1 on permet quelque chose : accepter, accorder, acquiescer, admettre, agréer, approuver, autoriser, concéder, consentir, dispenser, donner, endurer, habiliter, laisser, passer, souffrir, supporter, tolérer 2 quelque chose permet quelque chose : aider à, autoriser, comporter, laisser place à, légitimer, rendre possible 3 v. pron. : s'accorder, s'aviser de, dire, s'enhardir à, faire, oser, prendre la liberté de

**permis** n. m. → **permission**

**permis, e** accordé, admis, admissible, agréé, autorisé, consenti, dans les formes / les mœurs / les normes / l'ordre / les règles, légal, légitime, libre, licite, loisible, possible, protocolaire, réglementaire, régulier, statutaire, toléré

**permissif, ve** → **indulgent**

**permission** n. f. 1 acceptation, accord, acquiescement, adhésion, agrément, approbation, autorisation, aveu (litt.), concession, consentement, crédit (vx), dispense, droit, exception, habilitation, latitude, liberté, licence, loisir, permis, possibilité, tolérance → **laissez-passer** 2 relig. : imprimatur, indult 3 campos, condé (arg.), congé

**permutable** commutable, vicariant

**permutation** n. f. → **change**

**permuter** → **changer**

**pernicieux, euse** → **mauvais**

**péronnelle** n. f. → **pécore**

**péroraison** n. f. → **conclusion**

**pérorer** → **discourir**

**perpendiculaire** 1 adj. : ascensionnel, normal, orthogonal, sagittal, vertical 2 n. f. : apothème, hauteur, médiatrice

**perpétrer** → **entreprendre**

**perpétuel, le** 1 → **éternel** 2 constant, continuel, fréquent, habituel, incessant, permanent

**perpétuellement** sans arrêt / cesse / trêve, souvent, toujours

**perpétuer** 1 continuer, éterniser, faire durer, immortaliser, maintenir, reproduire, transmettre 2 v. pron. : durer, se reproduire, rester, survivre

**perpétuité** n. f. 1 durée indéfinie, éternité, pérennité, perpétuation 2 **à perpétuité :** à perpète (arg.), définitivement, indissolublement, irrévocablement, éternellement, pour toujours

**perplexe** → **indéterminé**

**perplexité** n. f. → **indétermination**

**perquisition** n. f. descente de police, enquête, fouille, investigation, recherche, reconnaissance, visite domiciliaire

**perquisitionner** descendre, enquêter, fouiller, rechercher, visiter

**perroquet** et **perruche** n. m., n. f. cacatoès, jacquot (fam.) ◆ vx : cacatois, papegai → **grimpeur**

**perron** n. m. degré, entrée, escalier, montoir, seuil

**perruque** n. f. cheveux, coiffure, moumoute (fam.), postiche, tignasse (par ext. et péj.)

**perruquier** n. m. coiffeur, figaro, merlan (péj.)

**pers, e** glauque, olivâtre, verdâtre → **vert**

**persécuter** → **tourmenter**

**persécuteur, trice** 1 adj. : cruel, importun, incommode, intolérant 2 nom : despote, oppresseur, tyran → **agresseur**

**persécution** 1 → **brimade** 2 → **tyrannie**

**persévérance** n. f. acharnement, attachement, constance, continue (vx), continuité, courage, endurance, énergie, entêtement, esprit de suite, fermeté, fidélité, fixité, insistance, maintenance, obstination, opiniâtreté, patience, persistance, suite, ténacité, volonté

**persévérant, e** acharné, attaché, buté (péj.), constant, courageux, endurant, énergique, entêté, ferme, fidèle, fixe, obstiné, opiniâtre, patient, persistant, tenace, têtu, volontaire

**persévérer** → **continuer**

**persienne** n. f. → **volet**

**persiflage** n. m. → **raillerie**

**persifler** → **railler**

**persifleur, euse** moqueur

**persistance** n. f. durée → **constance**

**persistant, e** 1 quelqu'un → **persévérant**, 2 une chose : constant, continu, durable, fixe, indélébile, permanent, perpétuel, soutenu

**persister** 1 → **continuer** 2 → **subsister**

**personnage** n. m. 1 → **homme** 2 → **personnalité** 3 non fav. : citoyen, coco, individu, olibrius, paroissien, zèbre, zigoto → **type** 4 de théâtre : arlequin, barbon, bouffon, capitan, comédien, comparse, coquette, héroïne, héros, ingénue, interlocuteur, jeune premier, paillasse, pasquin, protagoniste, rôle

**personnaliser** → **caractériser**

**personnalité** n. f. 1 phil. a ego, eccéité, être, individualité, moi, nature, soi b caractère, constitution, originalité, personnage, personne, tempérament 2 au pr. a figure, grand, monsieur, notabilité, notable, personnage, puissant, quelqu'un, sommité, vedette b fam. : baron, bonze, gros bonnet, grosse légume, huile, important, légume, lumière, magnat (péj.), mandarin, manitou, pontife, satrape, V.I.P. 3 par ext. : égocentrisme, égoïsme, entêtement, narcissisme, volonté

**personne** n. f. 1 a → **nul** b corps, créature, être, homme, individu, mortel, particulier, quidam 2 au pl. → **gens**

**personnel** n. m. aide, domesticité, domestique, journalier, main-d'œuvre, maison, monde, ouvrier, service, suite, train, valetaille (péj.) → **servante, serviteur**

**personnel, le** 1 → **individuel** 2 → **original** 3 → **égoïste**

**personnellement** en personne,

**personnification** n. f. 1 → **allégorie** 2 → **ressemblance**

**personnifier** → **symboliser**

**perspective** n. f. 1 au pr. → **vue** 2 fig. → **probabilité**

**perspicace** clair, clairvoyant, débrouillard, éveillé, fin, intelligent, lucide, pénétrant, perçant, sagace, subtil

**perspicacité** n. f. acuité, clairvoyance, discernement, finesse, flair, habileté, intelligence, jugement, lucidité, pénétration, sagacité, subtilité

**persuader** amadouer, catéchiser, conduire à, convaincre, décider, déterminer, dire à, entraîner, exciter, exhorter, faire croire / entendre à, gagner, inculquer, insinuer, inspirer, prêcher, savoir prendre, séduire, toucher, vaincre

**persuasif, ive** convaincant, éloquent, habile, insinuant, percutant, séduisant → **irrésistible**

**persuasion** n. f. 1 → **croyance** 2 → **inspiration** 3 → **habileté** 4 → **douceur**

**perte** n. f. 1 on perd quelqu'un : deuil, éloignement, mort, privation, séparation 2 on perd quelque chose. a déchéance, déficit, dégât, dommage, préjudice, privation, sinistre b au jeu ◆ fam. : culotte, frottée, lessivage, lessive, pâtée, raclée c d'une qualité : altération, déchéance, discrédit d de connaissance : évanouissement, syncope 3 le fait de perdre. a coulage, déchet, déperdition, discale, freinte, fuite, gâchage, gâchis, gaspillage b défaite, insuccès c passif 4 par ext. : anéantissement, bris (vx), damnation, décadence, dégénérescence, dégradation, dépérissement, extinction, naufrage, perdition, ruine 5 au pl. : écoulement, lochies, pollution (nocturne), suintement, suppuration → **menstruation**

**pertinence** n. f. 1 → **à-propos** 2 → **convenance**

**pertinent, e** approprié, à propos, bienséant, congru, convaincant, convenable, correct, dans l'ordre, judicieux, juste, séant

**pertuis** n. m. 1 → **ouverture** 2 → **détroit**

**pertuisane** n. f. hallebarde, lance

**perturbateur, trice** agitateur, contestataire, émeutier, révolutionnaire, séditieux, trublion

**perturbation** n. f. 1 → **dérangement** 2 → **trouble**

**perturber** → **troubler**

**pervers, e** 1 → **méchant** 2 → **vicieux**

**perversion** n. f. 1 abjection, altération, anomalie, avilissement, corruption, débauche, dégradation, dépravation, dérangement, dérèglement, détraquement, égarement, folie, méchanceté, perversité, pervertissement, stupre, vice 2 bestialité, exhibitionnisme, fétichisme, masochisme, nécrophilie, pédophilie, sadisme, satanisme, taphophilie, zoophilie 3 arg. : horreurs, passions, trucs

**perversité** n. f. malice, malignité, perfidie → **perversion**

**pervertir** altérer, changer, corrompre, débaucher, dégénérer, dénaturer, dépraver, déranger, détériorer, détraquer, dévoyer, empoisonner, encanailler, fausser, gâter, séduire, troubler, vicier

**pesamment** → **lourdement**

**pesant, e** 1 au pr. : lourd, massif, mastoc, monolithique, pondéreux 2 fig. a phys. : alourdi, appesanti, indigeste, lourd b d'esprit → **stupide** 3 par ext. a encombrant, épais, gros, grossier, important, surchargé b désagréable, douloureux, ennuyeux, importun, onéreux (vx)

**pesanteur** n. f. 1 au pr. : attraction, gravitation, gravité, poids 2 par ext. a phys. : engourdissement, lourdeur, malaise b d'esprit : lenteur → **stupidité**

**pèse-alcool** n. m. aréomètre

**pesée** n. f. 1 au pr. a pesage b → **effort** 2 fig. : approfondissement, examen

**peser** 1 v. tr. a au pr. : soupeser, tarer, trébucher (vx) b par ext. : apprécier, approfondir, balancer, calculer, comparer, considérer, déterminer, estimer, étudier, évaluer, examiner, juger 2 v. intr. a peser ou faire peser contre / sur : accabler, alourdir, aggraver, appesantir, appuyer, assombrir, charger, grever, incomber, opprimer, pousser, retomber b on pèse sur les intentions de quelqu'un : exercer une influence, influencer, intimider c quelque chose pèse à quelqu'un : coûter, dégoûter, ennuyer, étouffer, fatiguer, importuner, peiner

**pessaire** n. m. → **préservatif**

**pessimisme** n. m. défaitisme → **inquiétude**

**pessimiste** nom et adj. alarmiste, atrabilaire, bilieux, cassandre, chouette (fam.), craintif, défaitiste, démoralisateur, désespéré, hypocondre, inquiet, maussade, mélancolique, neurasthénique, paniquard (fam.), sombre

**peste** n. f. 1 au pr. : choléra, pétéchie, trousse-galant (vx) 2 fig. → **méchant**

**pester** fulminer, fumer (fam.), grogner, invectiver, jurer, maudire, maugréer

**pesticide** n. m. débroussaillant, fongicide, herbicide, insecticide, raticide

**pestiféré, e** nom et adj. 1 pesteux 2 par ext. : brebis galeuse, galeux 3 fig. → **maudit**

**pestilence** n. f. → **infection**

**pestilentiel, le** par ext. : contagieux, corrupteur, dégoûtant, délétère, épidémique, fétide, infect, malsain, méphitique, pathogène, pernicieux, puant, putride, septique, vicié

**pet** n. m. → **vent**

**pétale** n. m. labelle → **feuille**

**pétarade** n. f. 1 au pr. → **vent** 2 par ext. : bruit, canonnade, déflagration, détonation, explosion

**pétard** n. m. 1 fig. : bruit, scandale, sensation 2 arg. a → **pistolet** b → **fessier**

**péter** 1 au pr. : faire un vent, se soulager, venter 2 par ext. a casser, crever, se détraquer, éclater, exploser, pétiller, se rompre, sauter b échouer, faire long feu, louper, rater

**péteux, euse** 1 → **peureux** 2 → **présomptueux**

**pétillant, e** fig. : agile, brillant, chatoyant, enflammé, éveillé, intelligent, léger, leste

**pétillement** n. m. → **bruit**

**pétiller** 1 au pr. : craqueter, crépiter, péter 2 fig. : briller, chatoyer, étinceler, flamboyer, jaillir, scintiller

**petit, e** 1 adj. a au pr. : bref, bréviligne, chétif, court, courtaud, délicat, écrasé, exigu, menu, microscopique, minuscule, ténu b par ext. : dérisoire, étriqué, étroit, faible, humble, imperceptible, infime, infinitésimal, léger, maigre, malheureux, méchant, médiocre, mineur, minime, modique, moindre, rikiki (fam.), sommaire, succinct → **modeste** c non fav. : bas, borné, étroit, mesquin, piètre, vil d fav. : coquet, douillet, gentil, joli 2 nom. a fav. ou neutre → **enfant** b non fav. : avorton, aztèque, bout d'homme, charançon (arg. scol.), criquet, demi-portion, extrait, gnome, gringalet, microbe, miniature, minus, myrmidon, nabot, nain, puce, pygmée c vén. : faon d au pl. : couvée, portée, progéniture, ventrée 3 a **petit à petit** → **peu à peu** b **petite main** → **midinette** c **petit nom :** diminutif, nom de baptême, prénom d **petits soins** → **égard(s)**

**petitement** bassement, chichement, mesquinement, odieusement, parcimonieusement, vilement

**petitesse** n. f. 1 au pr. : étroitesse, exiguïté, modicité 2 par ext. : bassesse, défaut, faiblesse, ladrerie, lésinerie, médiocrité, mesquinerie, saleté, vilenie

**petit-gris** n. m. menu-vair, vair → **écureuil**

**pétition** n. f. demande, instance, placet, prière, réclamation, requête, sollicitation, supplique

**pétitionnaire** n. m. et f. → **mécontent**

**petit-lait** n. m. 1 babeurre, lactosérum 2 **boire du petit-lait** → **réjouir (se)**

**petit-maître** n. m. → **élégant**

**pétoche** n. f. → **peur**

**pétri, e** 1 broyé, façonné, foulé, malaxé, mélangé, modelé 2 **pétri d'orgueil :** bouffi, gonflé, puant, rempli

**pétrifiant, e** 1 durcissant, incrustant 2 → **effrayant**

**pétrifier** 1 au pr. : changer en pierre, durcir, fossiliser, lapidifier 2 fig. : bloquer, clouer, ébahir, effrayer, épouvanter, étonner, figer, fixer, geler, glacer, méduser, paralyser, river, saisir, stupéfier, terrifier, transir

**pétrir** 1 au pr. : brasser, fraiser, malaxer 2 par ext. : broyer, gâcher, mélanger 3 fig. : assouplir, éduquer, façonner, former, manier, manipuler, modeler

**pétrole** n. m. bitume liquide, huile, huile de pierre, hydrocarbure, kérosène, naphte, or noir

**pétrolier** n. m. navire citerne, supertanker, tanker

**pétulance** n. f. ardeur, brio, chaleur, exubérance, fougue, furia, impétuosité, promptitude, turbulence, vitalité, vivacité

**pétulant, e** 1 → **impétueux** 2 → **turbulent**

**peu** 1 brin, chouïa (arg.), doigt, filet, goutte, grain, guère, larme, lueur, mie, miette, nuage, pointe, soupçon, tantinet 2 a **de peu :** de justesse, de près b **peu à peu :** à mesure, au fur et à mesure, cahin-caha, doucement, graduellement, insensiblement, de jour en jour, lentement, par degrés, pas à pas, petit à petit, pierre à pierre, progressivement c **peu de chose :** bagatelle, misère, rien d **dans peu :** bientôt, dans un proche avenir, incessamment e **à peu près** → **environ**

**peuplade** n. f. ethnie, groupe, horde, race, tribu → **peuple**

**peuple** n. m. 1 fav. ou neutre : a foule, gent, masse, monde ouvrier, multitude, paysannat, population, prolétariat b citoyens, contribuables, électeurs, sujets 2 non fav. : canaille, commun, plèbe, populace, populaire, populo, racaille, roture, tourbe, troupeau, vulgaire, vulgum pecus 3 par ext. a → **nation** b relig. : élus, fidèles, troupeau, ouailles

**peuplé, e** fourni, fréquenté, habité, populaire, populeux, surpeuplé, vivant

**peuplement** n. m. 1 densité, natalité, population, pyramide des âges 2 biocénose, biote, faune, flore, habitat, occupation

**peupler** 1 → **remplir** 2 → **multiplier**

**peupleraie** n. f. tremblaie

**peuplier** n. m. arbre d'Hercule, grisard, liard, tremble, ypréau

**peur** n. f. 1 affolement, affres, alarme, alerte, angoisse, appréhension, aversion, couardise, crainte, effroi, épouvante, frayeur, frisson, frousse, hantise, inquiétude, lâcheté, panique, phobie, pusillanimité, répulsion, saisissement, trac, trouble → **terreur** 2 arg. ou fam. : chiasse, chocottes, cliche, copeaux, foies, foirade, foire, grelots, grelotte, jetons, moules, pétasse, pétoche, tremblote, trouille, venette, vesse 3 a **avoir peur** → **craindre** b → **trembler** c **faire peur :** apeurer, effaroucher, effrayer, épeurer, épouvanter, intimider, menacer

**peureux, euse** adj. et n. 1 alarmiste, capon, couard, craintif, dégonflé, froussard, mazette, ombrageux (équit.), paniquard, pleutre, poltron, poule mouillée, pusillanime, timoré, trembleur → **lâche** [2] arg. ou fam. : cerf, chevreuil, couille-molle, foireux, lièvre, péteux, pétochard, trouillard

**peut-être** [1] apparemment, à tout hasard, d'aventure, éventuellement, fortuitement, possible, probablement, virtuellement, vraisemblablement [2] → **incidemment**

**phaéton** n. m. [1] paille-en-queue → **palmipède** [2] → **cocher**

**phalange** n. f. [1] → **parti** [2] → **troupe**

**phalanstère** n. m. → **groupe**

**phalanstérien, ne** fouriériste

**phallus** n. m. → **sexe**

**phare** n. m. balise, fanal, feu, lanterne, sémaphore

**pharisaïque** → **hypocrite**

**pharisaïsme** n. m. → **hypocrisie**

**pharisien, ne** nom et adj. faux dévot, faux jeton (fam.) → **hypocrite**

**pharmacie** n. f. drugstore, officine

**pharmacien, ne** [1] apothicaire, (médecin) pharmacien [2] fam. : coupe-chiasse, potard

**phase** n. f. apparence, aspect, avatar, changement, degré, échelon, étape, forme, palier, partie, période, stade, succession, transition

**phébus** n. m. [1] → **soleil** [2] → **enthousiasme** [3] → **galimatias**

**phénix** n. m. aigle, as, fleur, génie, idéal, modèle, nec plus ultra, parangon, perfection, perle, prodige, reine, roi, trésor

**phénoménal, e** → **extraordinaire**

**phénomène** n. m. [1] une chose. **a** au pr. : apparence, épiphénomène, fait, manifestation **b** merveille, miracle, prodige [2] quelqu'un. **a** fav. → **phénix** **b** non fav. : excentrique, original **c** méd. : monstre [3] **phénomène sismique :** catastrophe, séisme, tremblement de terre

**philanthrope** nom et adj. bienfaisant, bienfaiteur de l'humanité, bon, charitable, donnant, généreux, humanitaire, humanitariste, large, libéral, ouvert → **sociable**

**philanthropie** n. f. amour, bienfaisance, charité, générosité, humanité, largesse, libéralité, ouverture → **sociabilité**

**philharmonie** n. f. → **orchestre**

**philharmonique** symphonique

**philippique** n. f. → **satire**

**philistin, e** nom et adj. [1] → **profane** [2] → **bête**

**philologie** n. f. critique, érudition, grammaire comparée, linguistique

**philosophe** [1] nom. **a** → **sage** **b** → **penseur** [2] adj. **a** au pr. : philosophique **b** par ext. : calme, ferme, impavide, indulgent, optimiste, réfléchi, résigné, retiré, sage, satisfait, sérieux, stoïque, tranquille

**philosopher** discuter, étudier, méditer, raisonner, spéculer

**philosophie** n. f. [1] au pr. : dialectique, épistémologie, esthétique, éthique, logique, métaphysique, méthodologie, morale, ontologie, téléologie, théologie [2] les théories. **a** doctrine, école, idée, pensée, principe, système, théorie **b** Académie, agnosticisme, amoralisme, animisme, anthropocentrisme, aristotélisme, associationnisme, atomisme, behaviorisme, bouddhisme, brahmanisme, cartésianisme, christianisme, conceptualisme, confucianisme, conventionnalisme, criticisme, cynisme, déterminisme, dogmatisme, dualisme, dynamisme, éclectisme, empirisme, épicurisme, essentialisme, eudémonisme, évolutionnisme, existentialisme, fatalisme, fidéisme, finalisme, fixisme, formalisme, globalisme, gnosticisme, hédonisme, hégélianisme, historisme ou historicisme, humanisme, humanitarisme, hylozoïsme, idéalisme, idéologie, immanentisme, immatérialisme, immoralisme, indéterminisme, individualisme, innéisme, instrumentalisme, intellectualisme, intuitionnisme, kantisme, machinisme, marxisme, matérialisme, mécanisme, monadisme, monisme, mysticisme, naturalisme, néocriticisme, néo-platonisme, néothomisme, nihilisme, nominalisme, optimisme, organicisme, palingénésie, pancalisme, pancosmisme, panlogisme, panpsychisme, panthéisme, perceptionnisme, personnalisme, perspectivisme, pessimisme, phénoménisme, phénoménologie, platonisme, pluralisme, positivisme, pragmatisme, probabilisme, providentialisme, pyrrhonisme, pythagorisme, rationalisme, réalisme, relativisme, scepticisme, scolastique, scotisme, sensualisme, socratique, solipsisme, sophistique, spiritualisme, spinozisme, stoïcisme, structuralisme, subjectivisme, substantialisme, symbolisme, syncrétisme, taoïsme, téléologie, théisme, thomisme, transcendantalisme, transformisme, utilitarisme, vitalisme, volontarisme, voltairianisme, yogi, zen, zététique ♦ péj. : philosophisme, sophisme [3] par ext. : calme, égalité d'humeur, équanimité, force d'âme, indulgence, modération, raison, résignation, sagesse, tolérance

**philosophique** → **philosophe**

**philtre** n. m. aphrodisiaque, boisson magique, breuvage, charme, décoction, infusion, magie, sorcellerie

**phlegmon** n. m. → **abcès**

**phobie** n. f. → **peur**

**phocéen, ne** marseillais, massaliote

**pholade** n. f. → **lamellibranche**

**phonique** acoustique, audible, sonore, vocal

**phono** et **phonographe** n. m. par ext. : chaîne acoustique / hi-fi / stéréo, électrophone, machine parlante, pick-up, tourne-disque

**phoque** n. m. chien / éléphant / lion / loup de mer, moine, otarie, veau marin

**phosphorescence** n. f. fluorescence, incandescence, irradiation, luminescence, photoluminescence, radiation

**phosphorescent, e** brasillant, brillant, étincelant, fluorescent, luisant, luminescent, lumineux, noctiluque (zool.), phosphorique, photogène

**photocopie** n. f. duplication, reprographie

**photocopier** → **reproduire**

**photographie** n. f. cliché, daguerréotype, diapositive, épreuve, image, instantané, photocopie, photogramme, Photomaton, portrait, pose, souriante (arg.), tirage

**phrase** n. f. [1] au pr. : discours, énoncé, formule, lexie, locution, période, proposition, sentence, syntagme, tirade [2] par ext. : bavardage, circonlocution, circonvolution, cliché, enflure, phraséologie

**phraséologie** n. f. [1] au pr. : style, terminologie, vocabulaire [2] par ext. (péj.) : bavardage, belles / bonnes paroles, boniment, chimère, creux, emphase, enflure, logorrhée, pathos, pompe, utopie, vide

**phraseur, euse** babillard, baratineur, bavard, bonimenteur, déclamateur, pie, rhéteur

**phtisie** n. f. étisie, tuberculose ♦ vx : consomption, mal de poitrine

**phtisique** nom et adj. consomptif, poitrinaire, tuberculeux

**physionomie** n. f. air, apparence, aspect, attitude, caractère, contenance, expression, face, faciès, figure, manière, masque, mimique, mine, physique, traits, visage → **tête**

**physique** [1] adj. : charnel, corporel, matériel, naturel, organique, physiologique, réel, sexuel (par ext.), somatique [2] n. m. **a** → **physionomie** **b** → **mine** [3] n. f. : acoustique, aérodynamique, aérologie, astrophysique, biophysique, calorimétrie, cinématique, cryoscopie, dioptrique, dynamique, électricité, électrodynamique, électromagnétisme, électronique, hydraulique, hydrodynamique, hydrostatique, magnétisme, mécanique, mécanique ondulatoire, optique, optométrie, statique, thermodynamique

**piaffer** → **piétiner**

**piaillard, e** → **braillard**

**piaillement** et **piaulement** n. m. → **cri**

**piailler** → **crier**

**piano** n. m. à queue, crapaud, demi-queue, droit, quart de queue

**pianoter** [1] → **jouer** [2] → **frapper**

**piaule** n. f. → **chambre**

**piauler** → **crier**

**pic** n. m. [1] → **mont** [2] → **sommet** [3] avocat du meunier, charpentier, oiseau de la pluie, picot, pivert [4] → **pioche** [5] **à pic** **a** → **escarpé** **b** → **propos (bien à)**

**picaillon(s)** n. f., n. m. → **argent**

**pichenette** n. f. → **chiquenaude**

**pichet** n. m. → **pot**

**pickpocket** n. m. → **voleur**

**pick-up** n. m. [1] → **phonographe** [2] nucl. off. : rapt

**picorer** [1] au pr. **a** → **manger** **b** → **voler** [2] fig. → **imiter**

**picotement** n. m. chatouillement, démangeaison, formication, fourmillement, fourmis, hyperesthésie, impatiences, paresthésie, pinçure, piqûre, prurigo, prurit, urtication

**picoter** [1] au pr. → **piquer** [2] fig. → **taquiner**

**pie** n. f. [1] agace [2] fig. : avocat, avocat sans cause, babillard, bavard, jacasseur, phraseur

**pie** adj. → **pieux**

**pièce** n. f. [1] d'un appartement : alcôve, antichambre, billard, boudoir, cabinet, chambre, cuisine, débarras, dépense, entrée, êtres, fumoir, galerie, galetas, hall, jardin d'hiver, lingerie, living-room, loge, mansarde, office, réduit, resserre, salle, salle à manger, salle de bains, salle de séjour, salon, souillarde, toilettes, vestibule, water-closet, W.-C. ♦ fam. : carrée, piaule, taule, turne [2] de tissu : coupe, coupon [3] de monnaie : écu, jaunet, liard, livre, louis, napoléon, pistole, thune (arg.) [4] de vin → **tonneau** [5] d'eau : bassin, canal, étang, lac, miroir, vivier [6] d'artillerie : bombarde, bouche à feu, canon, caronade, couleuvrine, crapouillot, émerillon, faucon, mortier, obusier, pierrier [7] spectacle : atellanes, ballet, comédie, dit, drame, farce, féerie, fête, film, impromptu, intermède, mystère, opéra, opéra-bouffe, opérette, pantomime, pastorale, saynète, show, sotie, tragédie, tragi-comédie ♦ Japon : kabuki, nô [8] de musique : cantate, caprice, composition, concerto, exercice, fugue, lied, morceau, ouverture, sérénade, sonate, suite, symphonie [9] de vers → **poème** [10] du blason : bande, barre, bordure, campagne, chausse, chef, chevron, cœur, croix, émanche, embrasse, équerre, fasce, flanc, giron, gousset, losange, orle, pairle, pal, pile, sautoir, vergettes, vêtement [11] par ext. **a** → **partie** **b** → **morceau** **c** → **gratification** **d** document, note, preuve, titre

**pied** [1] de l'animal **a** → **patte** **b** → **ongle** [2] de l'homme arg. ou fam. : arpion, badigeon, fumeron, griffe, haricot, latte, nougat, panard, patte, paturon, peton, pince, pinceau, pingouin, reposoir, ripaton [3] par ext. **a** assise, bas, chevet, fondement → **base** **b** anapeste, dactyle, iambe, mètre, spondée, syllabe, trochée **c** byssus → **pédicule**

**pied-à-terre** n. m. appartement, garçonnière, halte, logement, relais, résidence secondaire

**pied-bot** n. m. et adj. invar. équinisme, varus

**pied-d'alouette** n. m. consoude, dauphinelle, delphinium, herbe aux poux, staphisaigre

**pied-de-biche** n. m. [1] → **poignée** [2] → **levier**

**piédestal** n. m. base, piédouche, plinthe, socle, support

**pied-plat** n. m. [1] → **lâche** [2] → **vaurien**

**piège** n. m. [1] au pr. : amorce, appât, appeau, arbalète, attrape, bordigue, chatière, chausse-trape, collet, gluau, glu, gord, hameçon, hausse-pied, lacet, lacs, miroir à alouettes, mésangette, moquette, nasse, panneau, pas-de-loup, piège à loup, pipeaux, quatre-de-chiffre, raquette, ratière, souricière, taupière, tendelle, trappe, traquenard, traquet, trébuchet, turlutte → **filet** [2] fig. : artifice, attrape-nigaud, chausse-trape, coupe-gorge, croc-en-jambe, croche-pied, écueil, embûche, embuscade, feinte, fourberie, guêpier, guet-apens, leurre, machine, panneau, peau de banane, ruse, souricière, surprise, traquenard → **tromperie** ♦ vx : piperie, traverse

**piéger** [1] → **chasser** [2] → **prendre**

**pierre** n. f. [1] au pr. : boulder, caillasse, cailloux, dalle, galet, gemme, gravier, minéral, moellon, mollasse, palet, parpaing, pavé, pierraille, roc, roche, rocher [2] **a** arch. : arase, boutisse, claveau, clef (de voûte), contreclef, vousseau, voussoir **b** à bâtir : ardoise, coquillart, granit, grès, lambourde, liais, marbre, meulière, porphyre, travertin, tuf **c** précieuse : agate, aigue-marine, améthyste, béryl, brillant, calcédoine, chrysolithe, chrysoprase, corindon, cornaline, crapaudine, diamant, émeraude, escarboucle, girasol, grenat, hépatite, hyacinthe, jacinthe, jade, jais, jargon, jaspe, lapis-lazuli, lazulite, malachite, onyx, œil de chat / de tigre, outremer, péridot, quartz, rubis, rubis balais, sanguine, saphir, spinelle, topaze, tourmaline, turquoise, zircon **d** reconstituée : aventurine, doublet, strass **e** industr. : bauxite, gypse, minerai, pechblende, périgueux, silex **f** gravée :

intaille **g** aérolithe, bolide, météorite **h** coprolithe, fossile **i** méd. ou vétér. : ægagropile, bézoard, calcul, concrétion, gravier

**pierreux, euse** caillouteux, graveleux, rocailleux, rocheux

**pierrot** n. m. **1** au pr. : masque, pantin **2** par ext. **a** moineau, oiseau **b** drôle, homme, individu, niais, zig, zigoto → **type**

**pietà** n. f. mater dolorosa, Vierge aux douleurs / aux sept douleurs / douloureuse

**piétaille** n. f. **1** biffe (arg.), fantassin, infanterie **2** foule, multitude, peuple, piétons

**piété** n. f. **1** → **religion** **2** → **respect**

**piéter** **1** vx → **marcher** **2** vén. → **courir**

**piétiner** **1** v. intr. : s'agiter, frapper / taper du pied, patauger, piaffer, trépigner **2** v. tr. : fouler, marcher sur

**piéton, ne** biffin (arg.), fantassin, piétaille

**piètre** chétif, dérisoire, faible, insignifiant, médiocre, mesquin, minable, misérable, miteux, pauvre, petit, ridicule, sans valeur, singulier, triste

**pieu** n. m. **1** au pr. : bâton, échalas, épieu, pal, palanque, palis, pilot, pilotis, piquet, poteau, rame **2** mar. : duc-d'albe **3** arg. → **lit**

**pieuvre** n. f. poulpe → **polype**

**pieux, euse** **1** fav. : croyant, dévot, édifiant, fervent, mystique, pie, religieux, respectueux, zélé **2** non fav. : bigot, cafard, cagot, hypocrite, tartufe **3** **vœu pieux :** hypocrite, inutile, utopique, vain

**pif** n. m. fam. → **nez**

**pigeon** n. m. **1** au pr. → **colombin** **2** fig. → **naïf**

**pigeonner** → **tromper**

**pigeonnier** n. m. **1** au pr. : colombier, fuie, volet (vx ou rég.), volière **2** par ext. **a** grenier, mansarde **b** théâtre : paradis, poulailler

**pigment** n. m. couleur, grain, pigmentation, tache

**pigmentation** n. f. → **couleur**

**pignocher** **1** faire le / la difficile, grappiller, manger sans appétit, mordiller, picorer **2** bricoler, lécher **3** → **peindre**

**pignon** n. m. → **comble**

**pignouf** n. m. **1** → **avare** **2** grossier, malappris, mal élevé, rustre → **impoli** **3** péj. → **paysan**

**pilastre** n. m. antre, colonne, dosseret, montant, pile, pilier, soutènement, soutien, support

**pilchard** n. m. sardine

**pile** n. f. **1** au pr. → **amas** **2** fig. **a** → **insuccès** **b** → **volée** **c** → **revers**

**piler** broyer, concasser, corroyer, écraser, pulvériser, triturer **piler du poivre** → **piétiner**

**pilier** n. m. **1** au pr. → **colonne** **2** fig. : défenseur, soutien

**pillage** n. m. brigandage, concussion, curée, déprédation, détournement, exaction, malversation, maraudage, maraude, plagiat, prédation, rapine, razzia, sac, saccage, saccagement, volerie

**pillard, e** brigand, corsaire, détrousseur, écumeur, maraudeur, pilleur, pirate, plagiaire, ravageur, ravisseur, routier (vx), saccageur, sangsue, usurpateur, voleur

**piller** **1** au pr. : assaillir, dépouiller, dérober, détrousser, dévaliser, écrémer, écumer, marauder, pirater, prendre, ravager, ravir, razzier, saccager, usurper → **voler** ♦ vx : butiner **2** fig. → **imiter**

**pilon** n. m. **1** broyeur, molette (vx) **2** dame, demoiselle, hie **3** jambe de bois

**pilonner** bombarder, cogner, écraser, frapper, marteler

**pilori** n. m. **1** au pr. : **a** carcan, poteau **b** antiq. : croix **2** par ext. : mépris, vindicte **3** **clouer / mettre au pilori :** flétrir, signaler à l'indignation / au mépris / à la vindicte

**pilosité** n. f. barbe, chevelure, cheveux, poils, pubescence, villosité → **moustache**

**pilotage** n. m. conduite, direction, guidage, lamanage, navigation, téléguidage

**pilote** **1** au pr. : barreur, capitaine au long cours, homme de barre, lamaneur, nautonier, nocher, skipper, timonier **2** par ext. : conducteur, directeur, guide, mentor, responsable

**piloter** **1** → **conduire** **2** → **diriger**

**pilotis** n. m. → **pieu**

**pilule** n. f. **1** au pr. : bol, boule, boulette, dragée, globule, grain, granule, granulé, ovule **2** cachet, comprimé, gélule, implant, linguette, pellet **3** désagrément, échec, mortification

**pimbêche** n. f. bêcheuse, caillette, chichiteuse, coquette, chipie, mijaurée, pécore, perruche

**piment** n. m. **1** au pr. : aromate, assaisonnement, chile, paprika, poivron **2** par ext. **a** intérêt, saveur, sel **b** charme, chien, sex-appeal

**pimenté, e** → **obscène**

**pimenter** **1** au pr. : assaisonner, épicer, relever **2** fig. : agrémenter, ajouter, charger

**pimpant, e** **1** → **alerte** **2** → **juvénile** **3** → **élégant**

**pinacle** n. m. **1** apogée, comble, faîte, haut, sommet **2** **porter au pinacle** → **louer**

**pinacothèque** n. f. collection, galerie, musée

**pinaillage** n. m. → **argutie**

**pinailler** chercher la petite bête, ergoter, pignocher, ratiociner

**pinard** n. m. → **vin**

**pince** n. f. **1** **a** barre à mine, levier, pied-de-biche, rossignol **b** → **tenailles** **c** chir. : clamp, davier, forceps **d** brucelles **e** arg. : dingue, plume **2** fronce, pli **3** → **patte**

**pincé, e** par ext. **1** → **étudié** **2** → **mince**

**pinceau** n. m. **1** au pr. : blaireau, brosse, pied-de-biche, queue-de-morue, veinette **2** par ext. **a** → **touffe** **b** → **style**

**pincée** n. f. → **quantité**

**pince-fesses** n. m. → **bal**

**pince-nez** n. m. besicles, binocle, lorgnon

**pincer** **1** au pr. → **presser** **2** par ext. → **piquer** **3** fig. → **prendre**

**pince-sans-rire** n. invar. → **plaisant**

**pincette** n. f. **1** au sing. : pince, tenaille **2** au pl. → **pique-feu**

**pinçon** n. m. marque, pinçure (vx)

**pindarique** ampoulé, emphatique

**pinède** n. f. bois / forêt / plantation de pins, pignade, pineraie, pinière

**pingouin** n. m. gorfou, guillemot, macareux, manchot, mergule, sphénisque

**ping-pong** n. m. tennis de table

**pingre** nom et adj. → **avare**

**pingrerie** n. f. → **avarice**

**pinte** n. f. chope, chopine, demi, fillette, setier

**pinter** v. tr. et intr. boire, s'imbiber, ingurgiter, picoler, pomper, téter → **boire, enivrer (s')**

**pin-up** n. f. → **cover-girl**

**piochage** n. m. → **travail**

**pioche** n. f. bigorne, houe, pic, piémontaise, piolet, rivelaine

**piocher** **1** au pr. : creuser, fouiller, fouir **2** fig. **a** besogner, bûcher, chiader (fam.), étudier, peiner, travailler **b** → **prendre**

**pion, ne** → **surveillant**

**pioncer** → **dormir**

**pionnier** n. m. bâtisseur, colon, créateur, découvreur, défricheur, inventeur, promoteur, protagoniste, squatter

**pipe** n. f. bouffarde, brûle-gueule, calumet, chibouque, cigarette (par ext. arg.), houka, narguilé

**pipeau** n. m. **1** → **flûte** **2** → **piège**

**pipelet, te** → **portier**

**pipe-line** n. m. canal, canalisation, conduite, oléoduc, tube, tuyau

**piper** **1** v. intr. **a** au pr. : crier, frouer, glousser, pépier, piauler **b** **ne pas piper** → **taire (se)** **2** v. tr. : attraper, leurrer, prendre, séduire, tromper, truquer

**piperie** n. f. duperie, fourberie, leurre, perfidie, tromperie, truquage → **piège**

**pipette** n. f. compte-gouttes, tâte-vin

**pipi** n. m. → **urine**

**pipi** ou **pipit** ou **pitpit** n. m. farlouse → **passereau**

**piquant** n. m. **1** au pr. : aiguille, aiguillon, ardillon, épine, pointe → **pique** **2** par ext. **a** de quelqu'un : agrément, beauté, charme, enjouement, finesse, sex-appeal **b** de quelque chose : assaisonnement, condiment, intérêt, mordant, pittoresque, sel → **saveur**

**piquant, e** **1** au pr. : acéré, perforant, pointu **2** fig. **a** un froid → **vif** **b** un propos : acerbe, acide, aigre, amer, caustique, malicieux, moqueur, mordant, satirique, vexant **c** une douleur : aigu, cuisant, douloureux, lancinant, poignant, térébrant, urticant **d** fav. : agréable, amusant, beau, bon, charmant, curieux, enjoué, excitant, fin, inattendu, intéressant, joli, mutin, plaisant, pittoresque, spirituel, vif

**pique** n. f. **1** au pr. : angon, dard, foëne, hallebarde, lance, pertuisane **2** par ext. : aigreur, allusion, blessure, brouille, brouillerie, dépit, épine, invective, méchanceté, mésintelligence, mot, parole, piquant

**piqué, e** **1** entamé, mangé aux vers, percé, picoté, piqueté, rongé, troué, vermoulu **2** vexé **3** acide, aigre, corrompu, gâté, tourné **4** cinglé, dérangé, fou, timbré, toqué

**pique-assiette** n. invar. cherche-midi (vx), écornifleur, écumeur de tables, parasite, pilon

**pique-feu** n. m. invar. badines, crochet, fourgon, pincettes, râble, ringard, rouable, tisonnier

**pique-nique** n. m. déjeuner / repas en plein air / sur l'herbe, partie de campagne, surprise-partie

**pique-niquer** fam. : saucissonner

**piquer** **1** au pr. : aiguillonner, darder, enfoncer, éperonner, larder, percer **2** par ext. **a** attaquer, mordre, poindre, ronger, trouer **b** méd. : immuniser, vacciner **c** moucheter, parsemer, piqueter, tacheter **d** attacher, capitonner, coudre, épingler, faufiler, fixer **e** brûler, cuire, démanger, gratter, picoter, pincer, poindre (vx), saisir **3** fig. **a** non fav. : agacer, aigrir, atteindre, blesser, critiquer, égratigner, ennuyer, fâcher, froisser, irriter, offenser, taquiner, vexer **b** fav. : chatouiller, éveiller, exciter, impressionner, intéresser, intriguer **4** fam. **a** → **voler** **b** piquer un coupable : coincer, cueillir, pincer, prendre, saisir → **arrêter** **5** **piquer des deux :** aller, s'élancer, foncer **6** v. pron. **a** → **pourrir** **b** se fâcher, se formaliser, se froisser, s'offenser, s'offusquer, prendre la mouche, se vexer **c** s'opiniâtrer, prendre à cœur / au sérieux **d** affecter, se glorifier de, prétendre, se vanter

**piquet** n. m. **1** → **pieu** **2** garde

**piqueter** **1** borner, jalonner, marquer, tracer **2** → **piquer**

**piquette** n. f. **1** au pr. : boisson, boite, criquet, halbi, poiré **2** non fav. : bibine, gnognote, petite bière, vinasse **3** fig. fam. : déculottée, dérouillée, frottée, leçon, pile, rossée, rouste, volée

**piqûre** n. f. **1** → **picotement** **2** méd. : infiltration, injection, inoculation

**pirate** n. m. **1** au pr. : boucanier, corsaire, écumeur, flibustier, forban **2** fig. : bandit, escroc, filou, requin → **voleur**

**pirater** **1** au pr. → **piller** **2** → **imiter**

**piraterie** n. f. **1** détournement d'avion, flibuste **2** → **vol**

**pire** n. m. et adj. pis, plus mal / mauvais

**pirogue** n. f. canoë, canot, embarcation, pinasse, yole → **bateau**

**pirouette** n. f. **1** au pr. : moulinet, toton, toupie **2** par ext. : acrobatie, cabriole, galipette, saut, saut périlleux **3** fig. : faux-semblant, retournement, revirement, tour de passe-passe, volte-face → **changement**

**pirouetter** → **tourner**

**pis** adv. → **pire**

**pis** n. m. mamelle, tétine

**pisciculture** n. f. alevinage, aquiculture, mytiliculture, ostréiculture

**piscine** n. f. baignoire, bain, bassin, pièce d'eau, réservoir, thermes

**pisse** n. f. eau, urine, pipi, pissat

**pissenlit** n. m. dent-de-lion, fausse chicorée

**pisser** **1** v. intr. **a** au pr. : → **uriner** **b** par ext. : couler, fuir, suinter **2** v. tr. **a** au pr. : évacuer, faire, perdre **b** fig. : compiler, produire, rédiger

**pissotière** n. f. → **urinoir**

**piste** n. f. **1** → **trace** **2** → **sentier** **3** → **chemin** **4** aviat. : chemin de roulement, taxiway

**pister** dépister, épier, filer, guetter, prendre en chasse / filature, rechercher, suivre, surveiller

**pistolet** n. m. **1** arme, bidet (vx), browning, colt, parabellum, revolver **2** arg. : arquebuse, artillerie, bouledogue, calibre, clarinette, feu, flingue, pétard, pétoire, poinçonneuse, rigolo, seringue, soufflant, sulfateuse **3** → **type**

**piston** n. m. fig. : appui, coup de pouce, intervention, parrainage, patronage, protection, recommandation, soutien

**pistonner** appuyer, intervenir, parrainer, patronner, pousser, protéger, recommander, soutenir

**pitance** n. f. casse-croûte, nourriture, pâtée, rata, ration, subsistance

**piteux, euse** → **pitoyable**

**pitié** n. f. [1] fav. ou neutre : apitoiement, attendrissement, bonté, charité, cœur, commisération, compassion, compréhension, humanité, indulgence, mansuétude, miséricorde, sensibilité, sympathie [2] par ext. : grâce, merci [3] non fav. : dédain, mépris

**piton** n. m. [1] au pr. : aiguille, éminence, pic, sommet [2] fam. → **nez**

**pitoyable** [1] fav. : compatissant, généreux, humain, indulgent, miséricordieux → **bon** [2] non fav. : catastrophique, décourageant, déplorable, douloureux, funeste, lamentable, mal, malheureux, mauvais, médiocre, méprisable, minable, misérable, moche, navrant, pauvre, pénible, piteux, triste [3] par ext. : attendrissant, émouvant, larmoyant

**pitre** n. m. acrobate, baladin, bateleur, bouffon, clown, comédien, comique, escamoteur, jocrisse, paillasse, pasquin, plaisant, rigolo, saltimbanque, singe, zig, zigoto, zouave

**pitrerie** n. f. acrobatie, bouffonnerie, clownerie, comédie, facétie, grimace, joyeuseté, pasquinade, plaisanterie, singerie, sottise, tour

**pittoresque** [1] adj. par ext. : accidenté, beau, captivant, charmant, coloré, enchanteur, folklorique, intéressant, original, piquant, touristique, typique [2] n. m. : caractère, coloris, couleur locale, folklore, originalité

**pituitaire** → **cacochyme**

**pivert** n. m. → **pic**

**pivot** n. m. [1] au pr. : axe, tourillon [2] par ext. : appui, base, centre, origine, racine, soutien, support [3] fig. : cheville ouvrière, instigateur, organisateur, responsable

**pivoter** → **tourner**

**placage** n. m. [1] l'action de plaquer : application, garnissage, revêtement [2] le matériau : garniture, revêtement [3] fig. → **abandon**

**placard** n. m. [1] armoire, bouche-trou, buffet, penderie [2] affiche, avis, dazibao, écriteau, feuille, libelle, pancarte

**placarder** → **afficher**

**place** n. f. [1] agora, esplanade, forum, parvis, placette, rond-point, square [2] milit. : citadelle, forteresse [3] emplacement, endroit, espace, lieu, terrain [4] charge, condition, dignité, emploi, fonction, métier, position, poste, rang, situation [5] agencement, arrangement, installation [6] étiquette, protocole [7] fauteuil, siège

**placement** n. m. [1] investissement, mise de fonds [2] internement

**placenta** n. m. arrière-faix, cotylédon, délivrance, délivre

**placer** [1] au pr. : abouter, adosser, agencer, ajuster, appliquer, arranger, asseoir, bouter, camper, caser, charger, classer, cloquer (arg.), colloquer (vx), coucher, déposer, disposer, dresser, échelonner, élever, ériger, établir, exposer, ficher, fixer, flanquer, fourrer, installer, interposer, localiser, loger, mettre, nicher, ordonner, planter, poser, punaiser, ranger, remiser, serrer, situer, zoner [2] par ext. **a** quelqu'un dans un emploi, à un rang : attacher à, caser, constituer, instituer, mettre → **préposer** **b** quelque chose à une fonction : assigner, fonder **c** de l'argent : investir, mettre, prêter, risquer **d** → **vendre**

**placet** n. m. → **requête**

**placeur, euse** → **placier**

**placide** calme, décontracté, doux, flegmatique, froid, imperturbable, indifférent, modéré, pacifique, paisible, quiet, serein, tranquille

**placidité** n. f. calme, douceur, flegme, froideur, indifférence, modération, quiétude, sang-froid, sérénité

**placier, ère** commis voyageur, courtier, démarcheur, démonstrateur, placeur, représentant, vendeur, voyageur

**plafond** n. m. [1] au pr. et vx : plancher [2] par ext. : caisson, lambris, soffite, solive, voûte

**plafonnement** n. m. → **réduction**

**plafonner** [1] v. tr. : garnir [2] v. intr. : atteindre la limite, culminer, marquer le pas → **réduire**

**plage** n. f. bord de mer, côte, grève ♦ vx : marine

**plagiaire** n. m. et f. compilateur, contre-facteur, copiste, écumeur, imitateur, larron, pillard, pilleur, usurpateur

**plagiat** n. m. calque, compilation, contrefaçon, copie, démarquage, emprunt, imitation, larcin, pastiche, pillage, usurpation

**plagier** → **imiter**

**plaid** n. m. couverture, poncho, tartan

**plaider** [1] v. intr. : défendre / introduire une cause / une instance / une procédure / un procès, intenter un procès [2] v. tr. : défendre, soutenir

**plaideur, euse** accusateur, chicaneur (péj.), colitigant, contestant, défenseur, demandeur, partie, plaignant

**plaidoirie** n. f. action, défense, plaid (vx), plaidoyer

**plaidoyer** n. m. apologie, défense, éloge, justification → **plaidoirie**

**plaie** n. f. [1] ulcération → **blessure** [2] → **calamité**

**plaignant, e** → **plaideur**

**plain, e** → **égal**

**plaindre** [1] au pr. : s'apitoyer, s'attendrir, compatir, prendre en pitié [2] par ext. → **regretter** [3] v. pron. **a** → **gémir** **b** → **inculper**

**plaine** n. f. bassin, campagne, champ, champagne, étendue, nappe, pampa, pénéplaine, rase campagne, steppe, surface, toundra, vallée

**plainte** n. f. [1] → **gémissement** [2] → **reproche** [3] **porter plainte** → **inculper**

**plaintif, ive** dolent, geignant, geignard, gémissant, lamentable (vx), larmoyant, pleurard, pleurnichant, pleurnichard, pleurnicheur

**plaire** [1] aller, agréer, attirer, botter, captiver, chanter, charmer, chatouiller, complaire, contenter, convenir, dire, enchanter, exciter, faire plaisir, fasciner, flatter, gagner, intéresser, parler, ravir, réjouir, revenir, satisfaire, séduire, seoir, sourire ♦ fam. : avoir un ticket / une touche, taper dans l'œil [2] v. pron. : aimer, s'amuser, s'appliquer, s'assortir, se complaire, se délecter, se divertir, se donner, être à l'aise, goûter, s'intéresser, se trouver bien

**plaisamment** bizarrement, comiquement, drôlement

**plaisance** n. f. agrément, amusement, divertissement, loisir, luxe, plaisir

**plaisant, e** [1] adj. : **a** agréable, aimable, amusant, attirant, attrayant, badin, beau, bon, captivant, charmant, comique, curieux, divertissant, drôle, engageant, excitant, facétieux, folâtre, enchanteur, gai, gentil, goguenard, gracieux, humoristique, intéressant, joli, joyeux, léger, piquant, récréatif, séduisant, spirituel, sympathique → **risible** **b** fam. : folichon, jouasse, jouissif, rigolo **c** vx : falot [2] nom : baladin, blagueur, bon vivant, bouffon, boute-en-train, clown, comique, facétieux, farceur, fumiste, gaillard, histrion, humoriste, impertinent, loustic, moqueur, pasquin, pince-sans-rire, pitre, plaisantin, polichinelle, railleur, ridicule, rigolard, rigolo, saltimbanque, zigoto

**plaisanter** [1] v. intr. : s'amuser, badiner, batifoler, blaguer, bouffonner, folâtrer, se gausser, mentir, rire ♦ fam. : charrier, rigoler, vanner [2] v. tr. : asticoter (fam.), blaguer, charrier, chiner, se moquer, railler, taquiner, tourner en ridicule, turlupiner

**plaisanterie** n. f. [1] astuce, attrape, badinage, badinerie, bagatelle, bateau, bêtise, blague, bon mot, bouffonnerie, bourde, boutade, calembour, calembredaine, canular, charge, clownerie, comédie, couillonnade (mérid.), espièglerie, facétie, farce, fumisterie, gaillardise, galéjade, gaminerie, gaudriole (fam.), gauloiserie, gausse, gentillesse, goguenardise, gouaillerie, hâblerie, histoire drôle, humour, jeu, joyeuseté, lazzi, malice, moquerie, mot d'esprit / pour rire, mystification, niche, pasquinade, pièce, pirouette, pitrerie, pointe, poisson d'avril, quolibet, raillerie, risée, saillie, satire, taquinerie, tour, trait, vanne (arg.) [2] vx : chiquenaude, drôlerie, lardon, truffe

**plaisantin** n. m. → **plaisant**

**plaisir** n. m. [1] au pr. **a** agrément, aise, amusement, béatitude, bien-être, blandices (litt.), bonheur, charme, complaisance, contentement, délectation, délices, distraction, divertissement, ébats, épicurisme, euphorie, félicité, gaieté, hédonisme, jeu, joie, jouissance, oaristys (litt.), passe-temps, récréation, régal, réjouissance, satisfaction → **volupté** **b** assouvissement, concupiscence, lascivité, libido, luxure, orgasme, sensualité **c** vx : plaisance **d** arg. : fade, panard, pied **e** par ext. → **bienfait** [2] **a faire le plaisir de :** amitié, faveur, grâce, service **b prendre plaisir à** → **aimer** **c faire plaisir à** → **satisfaire**

**plan** n. m. [1] hauteur, niveau, perspective [2] algorithme, canevas, carte, carton, coupe, crayon, croquis, dessin, diagramme, ébauche, élévation, épure, esquisse, iconographie, levé, maquette, modèle, organigramme, schéma (directeur), schème, topo [3] batterie, calcul, combinaison, dessein, disposition, entreprise, idée, martingale, organisation, planning, programme, stratégie, tactique → **projet** [4] cadre, carcasse, charpente, économie, ordre, squelette [5] d'un avion : aile, empennage, voilure

**plan, e** aplani, égal, nivelé, plat, uni

**planche** n. f. [1] au pr. : ais, bardeau, chanlatte, dosse, douelle, douve, douvelle, latte, madrier, palplanche, parquet, planchette, sapine, sole, volige ♦ mar. : traversine, vaigre [2] par ext. **a** → **image** **b** au pl. : balle, scène, spectacle, théâtre, tréteaux **c** corbeille, massif, parterre, plate-bande

**plancher** n. m. [1] au pr. : parquet, plafond (vx) [2] par ext. : échafaud, échafaudage, estrade, plate-forme

**planchette** n. f. [1] → **tablette** [2] à repasser : jeannette

**planer** [1] au pr. → **voler** [2] fig. : superviser, survoler, voir

**planète** n. f. astéroïde, astre, étoile, planétoïde, satellite

**planeur** n. m. → **aérodyne**

**planification** n. f. → **programme**

**planifier** calculer, diriger, établir, faire des calculs / projets, orchestrer, organiser, prévoir, projeter, tirer des plans

**planisphère** n. m. mappemonde, projection plane → **carte**

**planning** n. m. [1] off. : planification → **programme** [2] **planning familial :** contrôle / régulation des naissances

**planque** n. f. [1] → **cachette** [2] → **combine**

**planquer** → **cacher**

**plant** n. m. [1] → **tige** [2] → **plantation**

**plantation** n. f. [1] l'action : boisement, peuplement, plantage (vx), reboisement, repiquage [2] le lieu : amandaie, bananeraie, boulaie, caféière, cannaie, cerisaie, charmille, châtaigneraie, chênaie, cotonnerie, coudraie, figuerie, fraisière, frênaie, hêtraie, noiseraie, olivaie, oliveraie, olivette, orangerie, ormaie, oseraie, palmeraie, peupleraie, pignade, pinède, poivrière, pommeraie, potager, prunelaie, roseraie, sapinière, saulaie, tremblaie, verger, vigne, vignoble

**plante** n. f. [1] arbre, arbuste, céréale, graminée, herbe, légumineuse, liane, simple, végétal [2] du pied : dessous, semelle (sports), sole

**planter** [1] au pr. : boiser, cultiver, ensemencer, peupler, reboiser, repeupler, repiquer, semer [2] par ext. **a** enfoncer, faire entrer, ficher, fixer, implanter, introduire, mettre **b** arborer, camper, dresser, élever, poser [3] **planter là :** abandonner, laisser, plaquer, quitter [4] v. pron. : s'arrêter, se dresser, se poster

**plantoir** n. m. taravelle (rég.)

**planton** n. m. ordonnance, sentinelle, soldat

**plantureux, euse** abondant, copieux, corsé, dodu, fécond, fertile, gras, luxuriant, opulent, prospère, riche

**plaquage** n. m. → **abandon**

**plaque** n. f. [1] crapaudine, contrecœur, contre-feu [2] → **lame** [3] → **inscription**

**plaquer** [1] au pr. : aplatir, appliquer, coller, contre-plaquer [2] fam. : abandonner, balancer, lâcher, laisser choir / tomber, planter là, quitter

**plaquette** n. f. brochure, livraison, livret, revue

**plasma** n. m. sérum → **sang**

**plastic** n. m. → **explosif**

**plasticité** n. f. [1] de quelque chose : malléabilité, mollesse, souplesse [2] de quelqu'un → **obéissance**

**plastique** [1] nom masc : forme, modelage, modelé, sculpture, statuaire [2] adj. : flexible, malléable, mou, sculptural

**plastronner** → **poser**

**plat** n. m. [1] mets, morceau, pièce, spécialité, tian (mérid.) [2] compotier, légumier, ravier, vaisselle

**plat, e** [1] au pr. **a** égal, monotone, plain, ras, uni **b** aplati, camard, camus, dégonflé, écaché, mince [2] fig. **a** décoloré, fade, froid, médiocre, mesquin, pauvre, uniforme → **banal** **b** bas, servile, vil

**plateau** n. m. 1 par ext. : planches, scène, théâtre, tréteaux 2 géogr. : causse, fjeld, gour, hamada

**plate-bande** n. f. ados, corbeille, massif, parterre, planche

**plate-forme** n. f. 1 au pr. : balcon, belvédère, échafaud, estrade, étage, galerie, hune (mar.), palier, plancher, terrasse 2 milit. : aire, banquette 3 par ext. : plateau, wagon plat 4 fig. → **programme**

**platitude** n. f. 1 de quelqu'un : aplatissement, avilissement, bassesse, courbette, grossièreté, humilité, insipidité, obséquiosité, petitesse, sottise, vilenie 2 de quelque chose : fadaise, fadeur, lieu commun, médiocrité, prosaïsme, truisme → **banalité**

**platonicien, ne** essentialiste, idéaliste

**platonique** 1 au pr. → **platonicien** 2 par ext. : chaste, éthéré, formel, idéal, pur, théorique

**platonisme** n. m. essentialisme, idéalisme

**plâtras** n. m. débris, décharge, décombres, gravats

**plâtrer** 1 au pr. : couvrir, enduire, garnir, sceller 2 agr. : amender 3 fig. → **déguiser** 4 v. pron. → **farder (se)**

**plausibilité** n. f. acceptabilité, admissibilité, apparence, possibilité, probabilité, recevabilité, vraisemblance

**plausible** acceptable, admissible, apparent, concevable, crédible, croyable, pensable, possible, probable, recevable, vraisemblable

**play-back** n. m. off. audiov. : présonorisation

**play-boy** n. m. → **amant**

**plèbe** n. f. 1 au pr. : foule, peuple, population, prolétariat 2 non fav. : populace, populo, racaille

**plébéien, ne** 1 nom → **prolétaire** 2 adj. : ordinaire, populaire

**plébiscite** n. m. appel au peuple / à l'opinion publique, consultation populaire, référendum, vote

**plébisciter** 1 → **choisir** 2 → **confirmer**

**plectre** n. m. médiator

**pléiade** n. f. 1 constellation 2 par ext. : foule, grand nombre, groupe, multitude, phalange

**plein, e** 1 au pr. a bondé, bourré, chargé, comble, complet, couvert, débordant, farci, occupé, ras, rempli, saturé b peuplé, surpeuplé 2 par ext. a abondant, ample, arrondi, dense, dodu, étoffé, gras, gros, massif, plantureux, potelé, rebondi, replet, rond b empreint de, respirant c au fém. : gravide d le poisson : œuvé, rogué 3 non fav. a → **ivre** b plein de soi : bouffi, égoïste, enflé, enivré, infatué, ivre de, orgueilleux c bourré, gavé, regorgeant, repu 4 entier, total, tout

**pleinement** 1 absolument, beaucoup, tout à fait, très 2 → **complètement**

**plénier, ère** complet, entier, total

**plénipotentiaire** nom et adj. → **ambassadeur**

**plénitude** n. f. 1 abondance, ampleur, contentement, intégrité, satiété, satisfaction, saturation, vastitude → **totalité** 2 âge mûr, épanouissement, force de l'âge, maturité

**pléonasme** n. m. cheville, périssologie, redondance, répétition, tautologie

**pléthore** n. f. abondance, engorgement, excès, réplétion, saturation, surabondance, surallimentation, surplus

**pléthorique** 1 → **abondant** 2 → **repu**

**pleur** n. m. 1 → **larme** 2 → **pleurs**

**pleurant, e** et **pleurard, e** → **pleureur**

**pleurer** 1 v. intr. a gémir, répandre / verser des larmes, sangloter b fam. ou rég. : brailler, braire, chialer, chigner, crier, hurler, larmoyer, miter, pleurnicher, vagir c fig. : s'apitoyer, se lamenter 2 v. tr. : déplorer, plaindre, regretter

**pleureur, euse** braillard (péj.), chagrin, geignant, geignard, gémissant, larmoyant, pleurant, pleurard, pleurnichant, pleurnichard, pleurnicheur, vagissant

**pleurs** n. m. pl. cris, gémissements, hurlements, lamentations, plaintes, sanglotement, sanglots, vagissements → **larme**

**pleutre** → **lâche**

**pleuvoir** 1 au pr. : bruiner, couler, pleuvasser, pleuviner, pleuvoter, pluviner, tomber ♦ fam : crachiner, crachoter, crachouiller, dégringoler, flotter, pisser 2 fig. : abonder, pulluler

**pli** n. m. 1 au pr. : bouillon, couture, froissure, fronce, froncis, godet, godron, ourlet, pince, rabat, relevé, rempli, repli, retroussis 2 par ext. a de terrain : accident, anticlinal, arête, cuvette, dépression, dôme, éminence, plissement, pression, synclinal, thalweg b du corps : bourrelet, commissure, fanon, froncement, pliure, poche, repli, ride, saignée, vergeture, vibice 3 fig. a → **lettre** b → **habitude**

**pliable** 1 au pr. : flexible, pliant, souple 2 fig. → **pliant**

**pliant, e** accommodant, complaisant, docile, facile, faible (péj.), flexible, malléable, maniable, mou, obéissant, souple

**plie** n. f. carrelet, hirondelle de mer → **poisson**

**plier** 1 v. tr. a au pr. quelque chose : abaisser, arquer, corner, couder, courber, doubler, enrouler, fausser, fermer, fléchir, infléchir, lover, plisser, ployer, recourber, rouler, tordre b mar. : carguer, ferler, gléner c fig. quelqu'un : accoutumer, assouplir, assujettir, discipliner, dompter, enchaîner, exercer, façonner, opprimer 2 v. intr. : abandonner, s'affaisser, céder, faiblir, fléchir, lâcher, mollir, reculer, renoncer 3 v. pron. : s'abaisser, abdiquer, s'accommoder, s'adapter, s'assujettir, céder, se conformer, se courber, se former, s'habituer, s'incliner, se prêter, se rendre, se résigner, se soumettre

**plinthe** n. f. → **moulure**

**plissé, e** 1 quelque chose. a neutre : connivent (anat. et bot.), doublé, fraisé, froncé, godronné, ondulé, plié, ruché b non fav. : chiffonné, fripé, froissé 2 la peau : froncé, grimaçant, grippé (méd.), parcheminé, raviné, ridé

**plissement** n. m. → **pli**

**plisser** 1 v. tr. : doubler, fraiser, froncer, plier, rucher 2 v. intr. : faire / prendre des plis, godailler, goder, gondoler, grigner, onduler

**plomb** n. m. 1 au pr. : saturne 2 par ext. a balle, charge, chevrotine, cendre, cendrée, dragée, grenaille, menuise, pruneau (fam.) b sceau c coupe-circuit, fusible d au pl. → **prison**

**plombage** n. m. obturation

**plombagine** n. f. graphite

**plombé, e** → **pâle**

**plombée** n. f. → **massue**

**plongée** et **plongeon** n. f., n. m. 1 au pr. : chute, immersion, saut 2 fig. a révérence, salut b chute, disgrâce, disparition, échec, faillite, mort

**plonger** 1 v. tr. : baigner, enfoncer, enfouir, immerger, introduire, jeter, mettre, noyer, précipiter, tremper 2 v. intr. : descendre, disparaître, piquer, sauter 3 v. pron. : s'abîmer, s'absorber, s'abstraire, apprendre, s'enfouir, entrer, se livrer, se perdre

**plot** aviat. off. : tracé

**ploutocrate** n. m. → **riche**

**ploutocratie** n. f. oligarchie, synarchie

**ployer** 1 v. tr. : accoutumer, assujettir, courber, fléchir → **plier** 2 v. intr. : céder, faiblir, fléchir, s'incliner

**pluie** n. f. 1 au pr. a abat, abord (québ.), avalanche, averse, brouillasse, bruine, cataracte, crachin, déluge, drache, eau, giboulée, goutte, grain, mouille, nielle, ondée, orage, poudrin (mar.) b fam. : abattée, baille, crachotement, flotte, lance, rincée, sauce, saucée 2 fig. : abondance, arrosement, avalanche, débordement, déluge, multitude, nuée, pléiade, quantité

**plumage** n. m. livrée, manteau, pennage, plumes

**plume** n. f. 1 au pr. : duvet, pennage, penne, plumage, rectrice, rémige, tectrice 2 par ext. a aigrette, casoar, panache, plumet, touffe b → **écriture** c → **écrivain** d → **style** e → **chevelure**

**plumeau** n. m. balai, balayette, époussette, houssoir, plumard

**plumer** déplumer, dépouiller, enlever, ôter

**plumet** n. m. aigrette, casoar, garniture, houppe, houppette, ornement, panache, touffe, toupet

**plumitif** n. m. 1 → **employé** 2 → **écrivain**

**plupart (la)** → **majorité**

**pluralité** n. f. 1 diversité, multiplicité 2 → **majorité**

**pluridisciplinaire** inter / multidisciplinaire

**pluriel, le** n. m. et adj. 1 → **différent** 2 → **varié**

**plurivalent, e** polyvalent

**plus** 1 davantage, encore, mieux, principalement, surtout, sur toute chose 2 a **en plus :** en prime, par-dessus le marché b **de plus :** au demeurant, au reste, aussi, au surplus, d'ailleurs, d'autre part, du reste, encore, et puis, outre cela, par-dessus le marché c **au plus :** au maximum d **plus mal** → **pire** e **plus-être** → **progrès**

**plusieurs** aucuns, d'aucuns, beaucoup, certains, différents, divers, maint, quelques

**plus-value** n. f. accroissement, amélioration, augmentation, excédent, gain, valorisation

**plutôt** 1 assez, passablement 2 de préférence, préférablement

**pluvieux, euse** bruineux → **humide**

**pneu** et **pneumatique** n. m. 1 bandage, boudin (arg.), boyau 2 bleu, dépêche, exprès, petit bleu, télégramme

**pochade** n. f. → **tableau**

**pochard, e** → **ivrogne**

**poche** n. f. 1 au pr. : bourse, gousset, pochette 2 arg. : fouille, profonde, vague 3 par ext. a emballage, sac, sachet, sacoche b anat. : bourse, cavité, diverticule, jabot, saillie c bouffissure, enflure, gonflement, renflement, repli

**pocher** 1 → **meurtrir** 2 → **peindre** 3 faire cuire, plonger / saisir dans l'eau bouillante

**pochon** n. m. → **louche**

**podagre** nom et adj. 1 au pr. : goutteux, rhumatisant 2 par ext. : boiteux, impotent, infirme

**podomètre** n. m. compte-pas, odomètre

**poêle** n. m. 1 dais, drap, pallium, voile 2 appareil de chauffage, fourneau, salamandre 3 vx : chambre

**poêle** n. f. creuset, patelle, plaque, poêlon

**poêlée** n. f. → **quantité**

**poêler** → **cuire**

**poêlon** n. m. → **casserole**

**poème** n. m. acrostiche, à-propos, ballade, bergerie, blason, bouquet, bouts-rimés, bucolique, cantate, cantilène, cantique, canzone, centon, chanson, chanson de geste / de toile, chant, chantefable, comédie, complainte, dialogue, distique, dithyrambe, dizain, douzain, églogue, élégie, épigramme, épithalame, épître, épopée, fable, fabliau, fatrasie, geste, huitain, hymne, iambe, idylle, impromptu, lai, lied, madrigal, monodie, nome, ode, odelette, œuvre, onzain, opéra, ouvrage, palinodie, pantoum, pastourelle, pièce, poésie, priapée, psaume, quatrain, rhapsodie, romance, rondeau, satire, satyre, septain, sirvente, sizain, sonnet, stance, stichomythie, strophe, tenson, tercet, tragédie, trilogie, triolet, verset, virelai

**poésie** n. f. 1 lyrisme 2 inspiration, lyre, muse, parnasse 3 art, beauté, charme, envoûtement 4 cadence, mesure, métrique, musique, prosodie, rythme, versification 5 → **poème**

**poète, poétesse** 1 au pr. : aède, auteur, barde, chanteur, chantre, écrivain, félibre, jongleur, ménestrel, minnesinger, rhapsode, scalde, troubadour, trouvère 2 par ext. a fav. : amant / favori / nourrisson des Muses / du Parnasse, fils / enfant / favori d'Apollon, héros / maître / nourrisson du Pinde, prophète, voyant b fam. ou non fav. : cigale, mâche-laurier, poétereau, rêveur, rimailleur, rimeur, versificateur

**poétique** beau, idéal, imagé, imaginatif, lyrique, noble, sensible, sentimental, sublime, touchant

**poétiser** → **embellir**

**pogrom** n. m. carnage, destruction, émeute, extermination, génocide, liquidation, massacre, meurtre, razzia

**poids** n. m. 1 au pr. a compacité, densité, épaisseur, force, lourdeur, masse, pesanteur, poussée, pression b carat, centigramme, décagramme, décigramme, hectogramme, kilogramme, milligramme, étalon, gramme, tonne c as, denier (soie), drachme, grain, gros, livre, marc, mine, once, quintal, scrupule, sicle, statère, talent d jauge, tare, titre 2 par ext. : bloc, charge, chargement, faix, fardeau, masse, surcharge 3 fig. a → **importance** b → **souci**

**poignant, e** douloureux, dramatique, émouvant, empoignant, impressionnant, navrant, passionnant, piquant, prenant

**poignard** n. m. 1 acier (litt.), baïonnette (partic.), couteau, dague, fer (litt.), kandjar, lame, stylet 2 vx : miséricorde, scramasaxe 3 arg. : curedent, eustache, lame, lingue, pointe, rapière, ratiche, scion, surin, vingt-deux, yatagan

**poignarder** 1 assassiner, blesser, égorger, frapper, larder, saigner, tuer 2 vx : darder, meurtrir 3 arg. : percer, suriner

**poigne** n. f. 1 au pr. : main, pogne (fam.), poing, prise 2 par ext. : autorité, brutalité, énergie, fermeté

**poignée** n. f. 1 au pr. : bec-de-canne, béquille, bouton de porte, crémone, espagnolette, manette, pied-de-biche 2 par ext. → **groupe** 3 **poignée de main :** salut

**poignet** n. m. → **main**

**poil** n. m. 1 barbe, chevelure, cheveu, cil, moustache, sourcil ♦ arg. : cresson, scaferlati 2 bourre, crin, duvet, fourrure, jarre, laine, pelage, pilosité, soie, toison, vibrisse, villosité → **robe** 3 **a à poil** → **nu b au poil** → **bien**

**poiler (se)** → **rire**

**poilu** 1 adj. : **a** barbu, chevelu, hispide, moustachu, peluché, pelucheux, pileux, pubescent, tomenteux, velu, villeux **b** cotonné, cotonneux, duveté, duveteux, velouté, velouteux 2 n. m. : briscard, combattant, pioupiou, soldat, vétéran

**poinçon** n. m. 1 au pr. : alène, ciseau, coin, épissoir, mandrin, matrice, pointeau, style, stylet, tamponnoir 2 par ext. : estampille, garantie, griffe, marque

**poinçonner** → **percer**

**poindre** 1 v. intr. : paraître, pointer, sortir, surgir → **pousser** 2 v. tr. → **piquer**

**poing** n. m. → **main**

**point** n. m. 1 au pr. **a** abscisse, centre, convergence, coordonnée, cote, emplacement, endroit, foyer, hauteur, lieu, ordonnée, origine, position, repère, situation, sommet, source **b** astron. : aphélie, apogée, apside, nadir, nœud, périgée, périhélie, zénith 2 fig. **a** aspect, côté, face, manière, opinion, optique, perspective, sens **b** commencement, début, départ, instant, moment **c** état, situation **d** apogée, comble, degré, faîte, intensité, période, sommet, summum **e** broderie, couture, dentelle, tapisserie, tricot **f** marque, note, signe **g** d'un discours : article, chef, cœur, disposition, essentiel, matière, nœud, question, sujet **h** brûlure, coup, douleur, piqûre 3 **a de point en point :** entièrement, exactement, textuellement, totalement **b point par point :** méthodiquement, minutieusement **c le point du jour :** aube, crépuscule **d à point :** à propos, juste, opportunément

**point** adv. → **pas**

**pointage** n. m. contrôle, enregistrement, vérification

**pointe** n. f. 1 objet. **a** broquette, clou, poinçon, rappointis, rivet, semence **b** ardillon, barbelé, chardon, cuspide, épine, mucron, picot, piquant 2 accore (mar.), aiguille, bec, bout, cap, cime, extrémité, flèche, pic, point culminant, sommet, sommité 3 cache-cœur, carré, châle, couche, fichu, foulard 4 fig. **a** avant-garde **b** allusion, épigramme, gaillardise, ironie, jeu d'esprit / de mots, moquerie, pique, quolibet, raillerie, trait d'esprit **c** soupçon, trace

**pointeau** n. m. poinçon, régulateur, soupape

**pointer** 1 contrôler, enregistrer, marquer, noter, vérifier 2 braquer, contre-pointer, diriger, orienter, régler, viser 3 apparaître, arriver, paraître, venir 4 → **percer** 5 → **voler**

**pointeuse** n. f. → **enregistreur**

**pointiller** v. tr. et intr. 1 dessiner / graver / marquer / peindre avec des points 2 vx → **chicaner**

**pointilleux, euse** chatouilleux, chinois (fam.), difficile, exigeant, formaliste, irascible, maniaque, minutieux, susceptible, vétilleux

**pointu, e** 1 au pr. : acéré, acuminé, affiné, affûté, aigu, appointé, conique, conoïde, coracoïde, cornu (vx), effilé, fastigié, fin, infundibuliforme, piquant, subulé, taillé 2 fig. : **a** acide, aigre, vif **b** → **pointilleux** 3 par ext. : ésotérique, étroit, fin, spécial, spécialisé, spécifique

**pointure** n. f. dimension, forme, grandeur, modèle, taille

**poire** n. f. 1 au pr. : bergamote, bigarade, blanquette, bon-chrétien, crassane, cuisse-madame, doyenné, duchesse, hâtiveau, liard, louise-bonne, madeleine, marquise, mignonne, mouille-bouche, passe-crassane, rousselet, saint-germain, toute-bonne 2 fig. : dupe, imbécile, naïf, pigeon, sot → **bête**

**poireau** n. m. 1 fam. **a** asperge du pauvre **b** mérite agricole **c** → **verrue** 2 **faire le poireau** → **attendre**

**poireauter** ou **poiroter** → **attendre**

**poison** n. m. 1 au pr. : aconitine, appât, apprêt, arsenic, bouillon d'onze heures (fam.), ciguë, croton, curare, mort-aux-rats, narcotique, strychnine, toxine, toxique, venin, virus 2 fig. : mégère, peste, saleté, saloperie (vulg.), venin → **virago**

**poissard, e** 1 adj. : bas, commun, grossier, populacier, vulgaire 2 n. f. → **virago** 3 n. m. → **truand**

**poisse** n. f. → **malchance**

**poisser** 1 coller, couvrir, encrasser, enduire, engluer, salir 2 arg. → **prendre**

**poisseux, euse** agglutinant, collant, gluant, gras, salé, visqueux

**poisson** n. m. 1 alevin, blanchaille, fretin, friture, marée, menuise, pêche 2 fam. : poiscaille 3 ablette, achigan, aigle de mer, aiguillat, germon ou thon blanc, alêne, alose, amie, anguille de sable ou équille ou lançon, poisson-scie, anchois, ange-de-mer, anguille, crapaud de mer, balai, bar, barbeau, barbillon, barbote ou loche, bar ou loup, barbue, baudroie ou lotte, bécard, black-bass, blennie ou baveuse, bogue, bondelle, bonite ou pélamyde ou thon, bouffi, brème, brochet, cabillaud, cabot, capelant, capitaine, carassin, cardinal, carpe, carrelet, chabot, chevesne, chimère, coffre, colin, congre, cotte, cyprin ou bouvière, pastenague ou raie à longue queue, diable, dorade, églefin, émissole, éperlan, épinoche, épinochette, équille, espadon, esturgeon ou sterlet, exocet, féra, flet, flétan, fugu, gambusie, gardon, girelle, gobie, gonnelle, goujon, grémille, grenadier, griset, grondin, guai, gymnote, haddock, hareng, harenguet, hippocampe, ide, labre, lamie ou taupe de mer, lamproie ou chatouille, lançon, lavaret, lieu, limande, lingue, loricaire, lune, macroure, maigre, maillet, mante, maquereau, marteau, mendole, merlan, merluche, merlus, mérou, meunier, milan, môle, morue, muge, mulet, murène, omble ou omble-chevalier ou saumon de fontaine, ombrine, orphie, ouananiche ou saumon de rivière, pagre, pastenague ou raie à longue queue, pégase, pèlerin, perche, perroquet de mer, picarel, pilote, piranha, plie ou hirondelle de mer, poisson-chat, polyptère, prêtre, raie, rascasse, rémora, requin, ronce, rouget, roussette, saint-pierre, sandre, sardine, saumon, scalaire, scare, scie, sciène ou maigre, scorpène, sébaste, serran, silure, sole, spatule, sprat, squatine, surmulet, syngnathe, tacaud, tanche, tarpon, tétrodon, thon ou bonite ou pélamyde, torpille, touille, tourd, trigle, truite, turbot, turbotin, uranoscope, vairon, vandoise ou dard, vieille, vive, zancle ou tranchoir, zée

**poissonnier, ère** mareyeur

**poitrail** n. m. 1 → **poitrine** 2 arch. : architrave, linteau, sommier

**poitrinaire** cachectique, phtisique, tuberculeux

**poitrine** n. f. 1 buste, carrure, cœur, corsage, décolleté, estomac (vx), gorge, mamelle, pectoraux, poitrail, poumon, thorax, torse 2 fam. : bréchet, caisse, coffre 3 → **sein**

**poivre** n. m. cayenne, mignonnette

**poivré, e** 1 assaisonné, corsé, épicé, relevé 2 fig. **a** corsé, fort, gaulois, grivois, piquant, salé → **obscène b** → **ivre**

**poivrière** n. f. 1 → **guérite** 2 → **tourelle**

**poivron** n. m. piment doux

**poivrot, e** → **ivrogne**

**poix** n. f. calfat, colle, galipot, goudron, ligneul

**poker** n. m. dés, zanzi

**polaire** antarctique, arctique, austral, boréal → **froid**

**polariser** attirer → **concentrer**

**pôle** n. m. axe, bout, sommet

**polémique** n. f. apologétique, controverse, débat, dispute, guerre → **discussion**

**polémiquer** → **discuter**

**polémiste** n. m. et f. → **journaliste**

**poli, e** 1 affable, aimable, amène, attentionné, beau, bien élevé, bienséant, cérémonieux (vx ou péj.), châtié, civil, civilisé, complaisant, convenable, correct, courtois, décent, délicat, diplomate, éduqué, galant, gracieux, honnête, obséquieux (péj.), policé, prévenant, raffiné, respectueux, révérencieux, sociable 2 agatisé, astiqué, brillant, briqué, calamistré, clair, étincelant, frotté, lisse, luisant, lustré, uni, verni 3 méd. : éburné

**police** n. f. 1 commissariat, P. J., poste → **gendarmerie** 2 arg. : arnaque, bigorne, flicaille, grive, hiboux, maison poulaga, moucharde, quart, raille, renifle, reniflette, rousse, sonne, volaille

**policé, e** 1 quelqu'un : civilisé, dégrossi, éduqué, évolué, formé, poli, raffiné 2 quelque chose : organisé, réglementé

**policer** adoucir, civiliser, corriger, éduquer, former, humaniser, organiser, polir, raffiner, réglementer

**polichinelle** n. m. → **pantin**

**policier** n. m. 1 neutre : ange gardien, agent de police, commissaire, C.R.S. (compagnie républicaine de sécurité), constable (angl.), contractuel, détective, enquêteur, garde, garde du corps, gardien de la paix, gendarme, îlotier, inspecteur, limier, motard, policeman, sergent de ville, shérif (États-Unis), vigile 2 vx : archer, exempt, quartenier 3 arg. ou fam. : archer, argousin, barbouze, bourgeois, bourre, bourrique, chien, cierge, condé, flic, flicard, guignol, guignolet, habillé, hirondelle, keuf, lampion, mannequin, méhariste, pèlerine, perdreau, pervenche, piaf, poulet, ripou, roussin, sbire, semelle, vache, volaille

**policlinique** n. f. → **hôpital**

**polir** 1 au pr. : abraser, adoucir, aléser, aplanir, astiquer, brunir, doucir, dresser, égaliser, égriser, fourbir, frotter, glacer, gréser, limer, lisser, lustrer, planer, poncer, raboter, ragréer, roder 2 par ext. : aiguiser, aviver, châtier, ciseler, corriger, fignoler, finir, former, lécher, limer, parachever, parfaire, perfectionner, soigner 3 fig. : adoucir, affiner, apprivoiser, assouplir, civiliser, cultiver, débarbouiller, dégrossir, dérouiller (fam.), éduquer, épurer, former, orner

**polissage** n. m. abrasion, adoucissage, brunissage, éclaircissage, égrisage, finissage, finition, grésage, ponçage, rectification

**polisson, ne** 1 nom : fripon, galapiat, galopin, gamin, vaurien 2 adj. **a** canaille, coquin, débauché, dissipé, égrillard, espiègle, gaillard, galant, gaulois, libertin, libre, licencieux, paillard **b** → **turbulent**

**polissonner** 1 badiner, plaisanter 2 marauder, vagabonder

**polissonnerie** n. f. badinage, bouffonnerie, dévergondage (péj.), espièglerie, gaillardise, galanterie, galipette, gauloiserie, libertinage, liberté, licence, paillardise, plaisanterie, puérilité, sottise

**poliste** n. f. ou m. guêpe

**politesse** n. f. affabilité, amabilité, aménité, bonnes manières, bon ton, cérémonial, civilité, complaisance, convenance, correction, courtoisie, décence, déférence, distinction, éducation, égards, galanterie, gracieuseté, honnêteté, protocole, savoir-vivre, tact, urbanité, usage

**politicien, ne** nom et adj. gouvernant, homme d'État / public, politique ♦ péj. : combinard, démagogue, machiavel, magouilleur, politicard, tripatouilleur, tripoteur, vendu

**politique** 1 n. m. → **politicien** 2 n. f. **a** au pr. : affaires publiques, choses de l'État, État, gouvernement, pouvoir **b** par ext. : adresse, calcul, diplomatie, finesse, habileté, jeu, jointure (vx), négociation, patience, prudence, sagesse, savoir-faire, souplesse, stratégie, tactique, temporisation, tractation **c** péj. :combine(s), concussion, corruption, démagogie, double-jeu, duplicité, machiavélisme, magouille(s), manège, politicaillerie, république bananière, ruse, tripotage(s) **d** formes : anarchie, aristocratie, autocratie, bi / monocamérisme, bonapartisme, césarisme, cléricalisme, colonialisme, démocratie, dictature, fascisme, fédéralisme, féodalisme, féodalité, gérontocratie, hitlérisme, impérialisme, militarisme, monarchie constitutionnelle / de droit divin, nazisme, oligarchie, ploutocratie, république, système parlementaire, technocratie **e** doctrines : absolutisme, anarchisme, bolchevisme, capitalisme, collectivisme, communisme, dirigisme, égalitarisme, étatisme, individualisme, internationalisme, libéralisme, malthusianisme, marxisme, monarchisme, nationalisme, national-socialisme, pangermanisme, panislamisme, paupérisme, régionalisme, royalisme, séparatisme, socialisme, totalitarisme, unionisme, unitarisme 3 adj. par ext. : adroit, avisé, calculateur, diplomate, fin, habile, machiavélique (péj.), manœuvrier, négociateur, patient, prudent, renard (péj.), rusé, sage, souple

**polluer** corrompre, dénaturer, gâter, profaner, salir, souiller, tarer, violer

**pollution** n. f. 1 corruption, dénaturation, profanation, souillure 2 → **masturbation**

**polochon** n. m. oreiller → **traversin**

**poltron, ne** n. et adj. claquedent, couard, foireux, froussard, lâche, paniquard, péteux, peureux, pleutre, poule mouillée, pusillanime, timide → **capon**

**polyamide** n. m. Nylon ®, Perlon ®

**polycopie** n. f. → **reproduction**

**polycopier** → **reproduire**

**polygame** 1 bigame, polyandre 2 botan. : monoïque

**polype** n. m. 1 céphalopode, cœlentéré, hydre, méduse, pieuvre, poulpe 2 → **tumeur**

**polytechnique** n. f. et adj. arg. : pipo, X

**polyvalent, e** plurivalent

**pommade** n. f. 1 au pr. : baume, cérat, cold-cream, crème, embrocation, lanoline, liniment, onguent, pâte, vaseline 2 par ext. : brillantine, cosmétique, gomina 3 fig. : compliment, flagornerie, flatterie

**pommader** brillantiner, cosmétiquer, enduire, farder, gominer, graisser, lisser

**pomme** n. f. 1 au pr. : api, canada, châtaigne ou châtaigner, golden, granny smith, rambour, reine-des-reinettes, reinette, teint-frais-normand 2 par ext. : boule, pommeau, pommette 3 fig. : figure, frimousse, tête

**pomme de terre** n. f. 1 hollande, marjolaine, princesse, quarantaine, saucisse, topinambour, truffe blanche / rouge 2 fam. : patate

**pommeler (se)** se marqueter, moutonner, se tacheter

**pompe** n. f. 1 → **luxe** 2 poste d'essence / de ravitaillement, station-service 3 techn. : exhaure, exhausteur, rouet

**pomper** 1 → **tirer** 2 → **absorber** 3 → **boire** 4 fig. → **épuiser**

**pompette** → **ivre**

**pompeux, euse** → **emphatique**

**pompier** 1 nom masc : soldat du feu 2 adj. (péj.) → **emphatique**

**pompon** n. m. → **houppe**

**pomponner** astiquer, attifer, bichonner, bouchonner, farder, orner, parer, soigner, toiletter

**ponant** n. m. couchant, occident, ouest

**ponceau** n. m. 1 arche, passerelle, pontil (vx) 2 → **pavot**

**poncer** astiquer, décaper, frotter, laquer, polir

**poncif** n. m. banalité, cliché, idée reçue, lieu commun, topique (philos.), truisme, vieillerie ♦ fam. : bateau, cheval de bataille, vieille lune

**ponction** n. f. → **prélèvement**

**ponctionner** → **prélever**

**ponctualité** n. f. assiduité, exactitude, fidélité, minutie, régularité, sérieux

**ponctuation** n. f. accent, crochet, deux points, guillemet, parenthèse, point, point virgule, point d'exclamation / d'interrogation / de suspension, tiret, virgule

**ponctuel, le** assidu, exact, fidèle, minutieux, réglé, régulier, religieux, scrupuleux, sérieux

**ponctuer** accentuer, diviser, indiquer, insister, marquer, scander, séparer, souligner

**pondération** n. f. → **équilibre**

**pondéré, e** 1 → **modéré** 2 → **prudent**

**pondérer** 1 → **équilibrer** 2 → **calmer**

**pondéreux, euse** dense, lourd, pesant

**pondre** fig. → **composer**

**poney** n. m. shetland → **cheval**

**pont** n. m. 1 appontement, aqueduc, passerelle, ponceau, pontil (vx), viaduc, wharf 2 d'un bateau : bau, bordage, bordé, dunette, gaillard, passavant, spardeck, superstructure, tillac

**ponte** 1 n. f. : ovulation (par ext.), pondaison 2 n. m. → **pontife**

**pontée** n. f. → **charge**

**ponter** gager, jouer, mettre au jeu, miser, parier, placer, risquer

**pontife** n. m. 1 relig. : bonze, évêque, grand prêtre, hiérophante, pape, pasteur, prélat, vicaire 2 par ext. (péj.) : caïd, mandarin, manitou, m'as-tu-vu, pédant, ponte, poseur → **baderne**

**pontifiant, e** doctoral, empesé, emphatique, emprunté, majestueux, pédant, prétentieux, solennel

**pontifier** discourir, dogmatiser, parader, se pavaner, poser, présider, prôner, se rengorger, trôner

**pool** n. m. communauté, consortium, entente, groupement, Marché commun

**popote** 1 n. f. a cuisine, mangeaille, menu, repas, soupe b par ext. : ménage c bouillon, cantine, carré, foyer, mess, restaurant 2 adj. : casanier, mesquin, pot-au-feu, terre à terre

**popotin** n. m. arg. → **fessier**

**populace** n. f. basse pègre, bétail, canaille, crasse, écume, foule, lie, masse, multitude, pègre, peuple, plèbe, populaire, populo, prolétariat, racaille, tourbe, vulgaire

**populacier, ère** bas, commun, faubourien, ordinaire, plébéien, populaire, vil, vulgaire

**populaire** 1 fav. ou neutre. a aimé, apprécié, commun, connu, considéré, estimé, prisé, public, recherché, répandu b démocrate, démocratique, prolétarien, public c → **démotique** 2 non fav. → **populacier** 3 litt. : populiste

**populariser** faire connaître, propager, répandre, vulgariser

**popularité** n. f. audience, célébrité, considération, éclat, estime, faveur, gloire, illustration, notoriété, renom, renommée, réputation, sympathie, vogue

**population** n. f. 1 → **peuplement** 2 → **peuple**

**populeux, euse** dense, fourmillant, grouillant, nombreux, peuplé

**populiste** → **populaire**

**porc** n. m. 1 au pr. a coche, cochon, cochonnet, goret, porcelet, porcin, pourceau, truie, verrat b babiroussa, marcassin, oryctérope ou cochon de terre, pécari, phacochère, sanglier, solitaire 2 par ext. → **charcuterie** 3 fig. : débauché, dégoûtant, glouton, gras, gros, grossier, obscène, ordurier, sale

**porcelaine** n. f. par ext. 1 bibelot, vaisselle 2 biscuit, chine, hollande, japon, limoges, parian, saxe, sèvres

**porcelet** n. m. → **porc**

**porc-épic** n. m. fig. → **revêche**

**porche** n. m. abri, auvent, avant-corps, entrée, hall, portail, portique, vestibule

**porcherie** n. f. abri, étable, soue, toit

**porcin, e** → **porc**

**pore** n. m. fissure, interstice, intervalle, orifice, ouverture, stomate, trou

**poreux, euse** fissuré, ouvert, percé, perméable, spongieux

**pornographie** n. f. grossièreté, immoralité, impudicité, indécence, licence, littérature obscène / vulgaire, obscénité ♦ fam. : ciné(ma) cochon, érotisme des autres / du pauvre

**pornographique** → **obscène**

**porosité** n. f. perméabilité

**port** n. m. 1 géogr. : cluse, col, pas, passage, passe 2 air, allure, aspect, contenance, dégaine (fam.), démarche, ligne, maintien, manière, prestance, représentation, touche, tournure 3 abri, anse, bassin, cale sèche / de radoub, darse, dock, débarcadère, échelle (vx et partic.), embarcadère, escale, havre, hivernage, quai, rade, relâche, wharf 4 affranchissement, taxe, transport

**portail** n. m. → **porte**

**portatif, ive** commode, léger, mobile, petit, portable, transportable

**porte** n. f. 1 au pr. : accès, barrière, dégagement, entrée, guichet, herse, huis, introduction, issue, lourde (fam.), ouverture, porche, portail, portière, portillon, poterne, propylée, seuil, sortie, tambour, tour, tourniquet, trappe 2 fig. : accès, échappatoire, introduction, issue, moyen 3 a **jeter / mettre à la porte :** chasser, congédier, déboulonner, éconduire, expulser, jeter / mettre dehors, renvoyer b **prendre la porte** → **partir**

**porté, e** attiré, conduit, déterminé, disposé, enclin, encouragé, engagé, entraîné, excité, incité, induit, invité, poussé, provoqué, sujet à

**porte-avions** n. m. porte-aéronefs, porte-hélicoptères

**porte-bagages** n. m. filet, galerie, sacoche

**porte-bonheur** n. m. → **fétiche**

**porte-bouteilles** n. m. égouttoir, hérisson

**porte-documents** n. m. cartable

**portée** n. f. 1 cochonnée, couvée (par ext.), famille, fruit, litée, nichée, petits, produits, progéniture 2 aptitude, étendue, force, niveau 3 action, conséquence, effet, importance, suite 4 charge, entretoise, largeur, résistance

**portefaix** n. m. crocheteur, faquin (vx), fort des halles, porteur

**portefeuille** n. m. 1 au pr. : cartable, carton, classeur, enveloppe, étui, porte-documents / lettres, serviette ♦ arg. ou fam. : filoche, porte-lasagne 2 par ext. : charge, département, fonction, maroquin, ministère

**portemanteau** n. m. clou, crochet, patère, perroquet

**porte-monnaie** n. m. aumônière, bourse, gousset, portefeuille, réticule ♦ arg. ou fam. : artichaut, crabe, crapaud, porte-lasagne

**porte-parole** n. m. alter ego, entremetteur, fondé de pouvoir, interprète, organe, mandataire, représentant, truchement

**porte-plume** n. m. 1 plume, stylo, stylographe (vx) ♦ antiq. : calame, stylet 2 par ext. : Bic ®, stylo-bille → **crayon**

**porter** 1 v. tr. a un fardeau : coltiner, promener, soutenir, supporter, tenir, transporter, véhiculer b une décoration : arborer, avoir, exhiber c d'un lieu à un autre : apporter, emporter, exporter, importer, rapporter d un fruit : engendrer, produire e un sentiment : attacher à, exprimer, manifester, présenter f quelque chose à son terme : achever, finir, parachever, parfaire, pousser g → **soutenir** h → **occasionner** i → **montrer** j → **promouvoir** k → **inviter** l → **inscrire** 2 v. intr. a appuyer, peser, poser, reposer sur b par ext. : accrocher, frapper, heurter, toucher c atteindre son but, faire de l'effet, toucher 3 a **porter sur les nerfs** → **agacer** b **porter à la tête :** enivrer, entêter, étourdir, griser, soûler c **porter à la connaissance** → **informer** d **porter plainte** → **inculper** 4 v. pron. a aller, courir, se diriger, s'élancer, se lancer, se précipiter, se transporter b à une candidature : se présenter, répondre c les regards, les soupçons : chercher, graviter, s'orienter d à des excès : se livrer

**porteur, euse** 1 d'un message : commissionnaire, courrier, coursier, estafette, exprès, facteur, livreur, messager, préposé, saute-ruisseau (fam.), télégraphiste 2 de colis : bagagiste, commissionnaire, coolie, crocheteur, débardeur, déménageur, fort des halles, laptot, manutentionnaire, portefaix, sherpa ♦ mar. : aconier, docker ♦ vx : faquin, nervi 3 n. f. : canéphore

**porte-voix** n. m. mégaphone

**portier, ère** 1 au pr. : chasseur, concierge, gardien, huissier, suisse, tourier, tourière, veilleur 2 péj. : bignole, cerbère, chasse-chien, cloporte, dragon, pipelet, pipelette

**portière** n. f. 1 rideau, tapisserie, tenture, vitrage 2 → **porte**

**portillon** n. m. → **porte**

**portion** n. f. bout, division, dose, fraction, fragment, lopin, lot, morceau, parcelle, part, partie, pièce, quartier, ration, section, tranche, tronçon

**portique** n. m. colonnade, galerie, narthex, parvis, péristyle, pœcile, porche, porte, pronaos

**portrait** n. m. 1 au pr. : autoportrait, buste, crayon, croquis, effigie, image, peinture, photo, photographie, portraiture (vx), silhouette, tableau 2 par ext. a figure, visage b description, représentation, ressemblance

**portraiturer** → **peindre**

**portugais, e** ibère, ibérien, ibérique, lusitanien

**pose** n. f. 1 au pr. de quelque chose : application, coffrage, mise en place 2 par ext. de quelqu'un a attitude, position b non fav. : affectation, façons, manières, prétentions, recherche, snobisme

**posé, e** calme, froid, grave, lent, modéré, mûr, mûri, pondéré, prudent, rassis, réfléchi, sage, sérieux

**posément** 1 → **légèrement** 2 → **doucement**

**poser** 1 v. tr. a au pr. : apposer, appuyer, asseoir, bâtir, camper, déposer, disposer, dresser, établir, étaler, étendre, fixer, fonder, installer, jeter, laisser tomber, mettre, placer, planter, poster b fig. : affirmer, avancer, énoncer, établir, évoquer, faire admettre, formuler, soulever, soutenir, supposer 2 v. intr. a neutre : être appuyé, reposer → **porter** b non fav. : se contorsionner, coqueter, crâner, se croire, se draper, faire le beau / le malin / le mariole (fam.) / la roue / le zouave, se pavaner, plastronner, se rengorger, snober 3 v. pron. a au pr. : amerrir, atterrir, se jucher, se nicher, se percher b fig. : s'affirmer, se donner pour, s'ériger en, s'imposer comme

**poseur, euse** affecté, fat, maniéré, m'as-tu-vu, minaudier, pédant, prétentieux, snob → **orgueilleux**

**positif, ive** 1 → **évident** 2 → **réel** 3 → **réaliste**

**position** n. f. 1 au pr. : assiette, coordonnées, disposition, emplacement, exposition, gisement, inclinaison, lieu, orientation, orientement (mar.), place, point, positionnement, site, situation 2 de quelqu'un. a aplomb, assiette, attitude, équilibre, mouvement, pose, posture, station b emploi, établissement, état, fonction, métier, occupation, situation c attitude, engagement, idée, opinion, parti, profession de foi → **résolution**

**positionner** → **situer**

**positivement** matériellement, précisément, réellement, véritablement, vraiment

**positivisme** n. m. agnosticisme, relativisme

**possédant, e** 1 → **riche** 2 → **propriétaire**

**possédé, e** n. et adj. 1 → **énergumène** 2 → **furieux**

**posséder** 1 → **avoir** 2 → **jouir** 3 → **connaître** 4 → **tromper** 5 v. pron. → **vaincre (se)**

**possesseur** n. m. → **propriétaire**

**possessif, ive** 1 captatif, exclusif → **intolérant** 2 → **égoïste**

**possession** n. f. 1 le fait de posséder : acquisition, appartenance, appropriation, détention, disposition, installation, jouissance, maîtrise, occupation, propriété, recel (péj.), richesse, usage 2 l'objet : avoir, bien, colonie, conquête, domaine, établissement, fief, immeuble, propriété, territoire ◆ vx : apanage, douaire, tenure

**possibilité** n. f. 1 de quelque chose : alternative, applicabilité (jurid.), cas, chance, crédibilité, éventualité, faisabilité, viabilité, vraisemblance 2 pour quelqu'un : crédit, créneau, droit, facilité, faculté, liberté, licence, loisir, moyen, occasion, potentialité, pouvoir, virtualité

**possible** acceptable, accessible, admissible, buvable (fam.), commode, compatible, concevable, conciliable, contingent, convenable, crédible, décidable, envisageable, éventuel, facile, faisable, futur, gagnable, mariable, permis, potentiel, prévisible, probable, réalisable, résoluble, sortable, supportable, virtuel, vivable, vraisemblable → **praticable**

**poste** n. f. 1 auberge, étape, relais 2 courrier

**poste** n. m. 1 affût, antenne, avant-poste, observatoire, préside, titre (vén.), vigie 2 charge, emploi, fonction, responsabilité 3 a **poste de pilotage :** gouvernes, habitacle b **poste d'essence :** distributeur, pompe, station-service c **poste de secours :** ambulance, antenne chirurgicale d **poste de radio, de télévision :** appareil, récepteur

**poster** embusquer, établir, installer, loger, mettre à l'affût / en place / en poste, placer, planter

**postérieur** n. m. → **fessier**

**postérieur, e** consécutif, futur, posthume, ultérieur → **suivant**

**postérité** n. f. 1 collatéraux, agnats / cognats, descendance, descendants, enfants, épigones, famille, fils, génération future, héritiers, lignée, neveux, race, rejetons, souche, successeurs, surgeon 2 avenir, futur, immortalité, mémoire

**posthume** outre-tombe

**postiche** 1 adj. : ajouté, artificiel, factice, faux, rapporté 2 n. m. : chichi, mouche, moumoute (fam.), perruque 3 n. f. : baliverne, boniment, mensonge, plaisanterie

**postillon** n. m. 1 cocher, conducteur 2 salive

**post-scriptum** n. m. → **note**

**postulant, e** aspirant, assiégeant, candidat, demandeur, impétrant, poursuivant, prétendant, solliciteur ◆ péj. : quémandeur, tapeur

**postulat** n. m. convention, hypothèse, principe

**postuler** → **solliciter**

**posture** n. f. → **position**

**pot** n. m. alcarazas, cruche, jaquelin, jarre, marmite, pichet, poterie, potiche, récipient, terrine, têt (vx), tisanière, toupine, ustensile, vase → **bouille**

**potable** 1 au pr. : bon, buvable, pur, sain 2 fam. : acceptable, passable, possible, recevable, valable

**potache** n. m. → **élève**

**potage** n. m. 1 au pr. : bisque, bortsch, bouillon, brouet, chaudeau, concentré, consommé, court-bouillon, garbure, gaspacho, julienne, minestrone, panade, soupe, velouté 2 péj. : eau de vaisselle, lavasse, lavure 3 vx : pot

**potager** n. m. jardin

**pot-au-feu** n. m. 1 bœuf à la ficelle (par ext.), bœuf bouilli / gros sel, bouillon gras, olla-podrida, pot, soupe ◆ vx : pot-bouille 2 → **popote**

**pot-de-vin** n. m. → **gratification**

**poteau** n. m. → **pieu**

**potelé, e** charnu, dodu, gras, grassouillet, gros, plein, poupard, poupin, rebondi, rembourré, rempli, replet, rond, rondelet

**potence** n. f. → **gibet**

**potentat** n. m. → **monarque**

**potentialité** n. f. → **possibilité**

**potentiel** n. m. → **force**

**potentiel, le** adj. → **possible**

**potentille** n. f. ansérine, argentine, faux fraisier, quintefeuille, tormentille, traînasse

**poterie** n. f. → **pot**

**poterne** n. f. → **porte**

**potiche** n. f. cache-pot, poterie, vase

**potier** n. m. céramiste, faïencier, porcelainier

**potin** n. m. 1 → **médisance** 2 → **tapage**

**potiner** → **médire**

**potion** n. f. → **remède**

**potiron** n. m. → **courge**

**pot-pourri** n. m. → **mélange**

**pou** n. m. argas, mélophage, psoque, tique, vermine ◆ arg. : go, grenadier, morpion, toto

**poubelle** n. f. boîte / caisse / corbeille / panier / sac à ordure(s)

**pouce** n. m. 1 au pr. : doigt, gros orteil 2 a **donner un coup de pouce** → **aider, exagérer** b **mettre les pouces** → **céder** c **sur le pouce :** à la hâte, en vitesse, rapidement

**poudre** n. f. 1 → **poussière** 2 → **explosif** 3 a **jeter de la poudre aux yeux** → **impressionner** b **mettre en poudre** → **détruire**

**poudrer** couvrir, enfariner, farder, garnir, recouvrir, saupoudrer

**poudreuse** n. f. 1 coiffeuse, table à toilette 2 pulvérisateur, soufreuse

**poudreux, euse** cendreux, poussiéreux, sablonneux

**poudroyer** → **luire**

**pouffer** → **rire**

**pouilleux, euse** 1 vermineux 2 → **misérable**

**poulailler** n. m. 1 basse-cour, cabane / cage / toit à poules, couvoir, volière 2 → **paradis**

**poulain** n. m. → **cheval**

**poule** n. f. 1 au pr. a cocotte (fam.), gallinacé, poularde, poulet, poulette b poule sauvage : faisane, gélinotte, perdrix, pintade c **poule d'eau** foulque, sultane d **poule mouillée** → **poltron** 2 fig. : cocotte, fille → **prostituée** 3 compétition, enjeu, jeu, mise

**poulet** n. m. 1 au pr. : chapon, coq, poulette, poussin → **poule** 2 fig. → **lettre**

**pouliche** n. f. → **jument**

**poulie** n. f. → **treuil**

**poulpe** n. m. pieuvre → **polype**

**pouls** n. m. 1 au pr. : battements du cœur 2 **tâter le pouls** → **sonder**

**poumon** n. m. 1 par ext. : bronches, poitrine 2 arg. : éponges 3 boucherie : foie blanc, mou

**poupard, e** 1 nom → **bébé** 2 adj. : charnu, coloré, dodu, frais, gras, grassouillet, gros, joufflu, plein, potelé, poupin, rebondi, rembourré, rempli, replet, rond, rondelet

**poupe** n. f. arrière, château, étambot

**poupée** n. f. 1 au pr. : baigneur, bébé, poupard, poupon 2 par ext. : figurine, mannequin 3 fig. a pansement b étoupe, filasse c techn. : mâchoire, mandrin

**poupin, e** → **poupard**

**poupon** n. m. → **bébé**

**pouponner** 1 → **soigner** 2 cajoler, dorloter, materner

**pouponnière** n. f. → **nursery**

**pour** 1 à la place de, au prix de, contre, en échange de, moyennant 2 comme, en fait / en guise de, en manière de, en tant que 3 en ce qui est de, quant à 4 à, à destination / en direction de, vers 5 pendant 6 à, à l'égard de, en faveur de, envers 7 a **remède pour :** contre b **être pour :** en faveur / du côté / du parti de 8 suivi de l'inf. : afin de, à l'effet de, de manière à, en vue de

**pourboire** n. m. → **gratification**

**pourceau** n. m. → **porc**

**pourcentage** n. m. intérêt, marge, rapport, tantième, taux

**pourchasser** → **poursuivre**

**pourfendeur** n. m. 1 → **bravache** 2 → **adversaire**

**pourfendre** 1 → **attaquer** 2 → **blâmer**

**pourlécher** 1 → **lécher** 2 v. pron. : → **régaler (se)**

**pourparler** conférence, conversation, échange de vues, négociation, tractation

**pourpoint** n. m. casaque, justaucorps

**pourpre** 1 adj. → **rouge** 2 nom. a masc. → **rougeur** b fém. cardinalat, dignité cardinalice / impériale / souveraine / suprême, royauté

**pourquoi** 1 adv. interrog. : à quel propos / sujet, pour quelle cause / raison, pour quel motif, dans quelle intention 2 loc. conj. : aussi, c'est pour cela / ce motif / cette raison, conséquemment, en conséquence, subséquemment (vx)

**pourri, e** 1 au pr. : abîmé, altéré, avancé, avarié, blet, corrompu, croupi, décomposé, détérioré, faisandé, gâté, ichoreux, moisi, piqué, putréfié, putride, rance, sanieux 2 fig. : compromis, contaminé, corrompu, dégradé, dévalorisé, dévalué, gangrené, malsain, perdu, taré, vil → **malhonnête**

**pourrir** 1 v. intr. : s'abîmer, s'altérer, s'avarier, blettir, chancir, se corrompre, croupir, se décomposer, se détériorer, se faisander, se gâter, moisir, se piquer, se putréfier, rancir, tomber en pourriture, tourner 2 v. tr. : abîmer, avarier, contaminer, désagréger, gâter, infecter, ronger

**pourriture** n. f. 1 au pr. a altération, blettissement, blettissure, contamination, corruption, croupissement, décomposition, désagrégation, destruction, détérioration, malandre, moisissure, pourrissement, purulence, putréfaction, putridité, rancissement b → **ordure** 2 par ext. a au pr. et fig. : carie, gangrène b fig. : concussion, corruption

**poursuite** n. f. 1 au pr. : chasse, course, harcèlement, quête, recherche, talonnement, traque 2 jurid. : accusation, action, assignation, démarche, intimation, procédure, procès 3 par ext. : continuation, reprise

**poursuivre** 1 au pr. : a chasser, courir, donner la chasse, foncer sur, forcer, harceler, importuner, pourchasser, presser, relancer, serrer, suivre, talonner, traquer b fam. : courser, être aux trousses c vén. : forlancer, rembucher 2 fig. a non fav. : aboyer / s'acharner contre, accuser, actionner contre, hanter, obséder, persécuter, taler, tanner, tourmenter b fav. ou neutre : aspirer à, briguer, prétendre à, rechercher, solliciter 3 par ext. : aller, conduire / mener à son terme, continuer, passer outre / son chemin, persévérer, pousser, soutenir l'effort 4 v. pron. : continuer, durer

**pourtant** cependant, mais, néanmoins, pour autant, toutefois

**pourtour** n. m. ambitus, bord, ceinture, cercle, circonférence, circuit, contour, extérieur, périmètre, périphérie, tour

**pourvoi** n. m. action, appel, pétition, recours, requête, révision, supplique

**pourvoir** 1 v. intr. : assurer, aviser à, défrayer, entretenir, faire face / parer / subvenir / suffire à, pallier (trans.) 2 v. tr. : alimenter, approvisionner, armer, assortir, avitailler, donner, doter, douer, équiper, établir, fournir, garnir, gratifier, investir, lester, mettre en possession, munir, nantir, orner, outiller, procurer, recharger, revêtir, subvenir, suppléer ◆ mar. : accastiller, amariner, charbonner (vx), gréer 3 v. pron. : a s'approvisionner, se monter, se munir b avoir recours, se porter, recourir

**pourvoyeur, euse** commanditaire, fournisseur, servant

**pourvu, e** → **fourni**

**pourvu que** à condition de / que, à supposer / espérons / il suffit que, si

**poussah** n. m. 1 → **magot** 2 → **gros**

**pousse** n. f. accru, bouture, branche, brin, brout, drageon, germe, gourmand, jet, marcotte, provin, recrû, rejet, rejeton, revenue, scion, surgeon, talle, tendron, turion → **bourgeon**

**pousse-café** n. m. alcool, armagnac, cognac, digestif, eau-de-vie, liqueur, marc, rhum, tafia

**poussée** n. f. 1 au pr. : bourrade, coup, élan, épaulée, impulsion, pression, propulsion 2 par ext. a de la foule : bousculade, cohue, presse b méd. : accès, aggravation, augmentation, crise, éruption, montée c arch. : charge, masse, pesée, poids, résistance

**pousser** 1 v. tr. a au pr. : abaisser, baisser, balayer, bourrer, bousculer, bouter (vx), chasser, culbuter, déséquilibrer, drosser (mar.), éloigner, enfoncer, heurter, jeter hors, lancer, projeter, propulser, refouler, rejeter, renvoyer, repousser, souffler b fig. : aider, aiguillonner, animer, attirer, conduire, conseiller, contraindre, décider, déterminer, diriger, disposer, embarquer, emporter, encourager, engager, entraîner, exciter, faire agir, favoriser, inciter, incliner, induire, instiguer, inviter, porter, solliciter, stimuler, tenter c une action : accentuer, accroître, approfondir, augmenter, développer, faire durer, forcer, prolonger d le feu : attiser, augmenter, forcer e un cri : crier, émettre, faire, jeter, proférer f un soupir : exhaler, lâcher 2 v. intr. a aller, avancer, se porter b croître, se développer, grandir, poindre, pointer, pulluler, sortir, venir 3 v. pron. : avancer, conquérir, se lancer, se mettre en avant / en vedette

**poussière** n. f. balayures, cendre, débris, détritus, escarbille, ordures, pollen (bot.), restes ♦ vx : poudre

**poussiéreux, euse** 1 au pr. : gris, poudreux, sale 2 par ext. : ancien, archaïque, démodé, vétuste, vieilli, vieillot, vieux, vieux jeu

**poussif, ive** asthmatique, dyspnéique, époumoné, essoufflé, haletant, lent, lourd, palpitant, pantelant

**poussin** n. m. → **poulet**

**poussivement** difficilement, lentement, lourdement, péniblement

**poutre** n. f. 1 vx : jument, pouliche 2 ais, arbalétrier, blinde, boulin, chevêtre, chevron, colombage, contrefiche, corbeau, corniche, coyau, croisillon, décharge, écoinçon, entrait, entretoise, étançon, faîtage, ferme, flèche, jambage, jambe, jambette, lambourde, lierne, linteau, longeron, longrine, madrier, noue, noulet, palplanche, panne, poinçon, poitrail, poteau, sablière, solive, tasseau, tournisse ♦ mar. : barrot, bau, bauquière, bout-dehors, carlingue, courbe, espar, quille, vaigre, varangue → **mât**

**pouvoir** être apte / à même de / à portée de / capable / en mesure / en situation / susceptible de, avoir la capacité / le droit / la latitude / la licence / la permission / la possibilité de, savoir

**pouvoir** n. m. 1 qualité de quelqu'un a aptitude, art, ascendant, autorité, capacité, charme, crédit, don, empire, faculté, habileté, influence, maîtrise, possession, possibilité, puissance, valeur b aura, mana 2 de faire quelque chose : droit, latitude, liberté, licence, permission, possibilité 3 jurid. : attribution, capacité, commission, délégation, droit, juridiction, mandat, mission, procuration 4 sous le pouvoir de : coupe, dépendance, disposition, emprise, férule, influence, main, patte 5 polit. : administration, autorité, commandement, État, gouvernement, puissance, régime

**pragmatique** → **pratique**

**prairie** n. f. alpage, champ, herbage, lande, noue, pacage, pampa, pâtis, pâture, pré, savane, steppe, toundra → **pâturage**

**praticable** 1 adj. a → **possible** b accessible, carrossable, franchissable 2 n. m. a → **décor** b → **échafaud**

**praticien, ne** clinicien, chirurgien, exécutant, médecin traitant

**pratiquant, e** 1 → **religieux** 2 → **fidèle**

**pratique** 1 adj. : a adapté, applicable, astucieux (fam.), commode, efficace, exécutable, facile, faisable, fonctionnel, ingénieux, logeable, maniable, possible, praticable, profitable, réalisable, utile, utilisable, utilitaire b positif, pragmatique, réaliste 2 n. f. a achalandage, acheteur, acquéreur, client, clientèle, fidèle, fréquentation, habitué b relig. les personnes : assistance, fidèle, ouaille, paroissien, pratiquant c accomplissement, acte, action, activité(s), agissement(s), application, conduite, connaissance, coutume, exécution, exercice, expérimentation, expérience, façon d'agir, familiarisation, familiarité, habitude, mode, procédé, procédure, routine, savoir, savoir-faire, usage, vogue d relig. le fait de pratiquer : culte, dévotion, dulie, exercice, latrie, observance e philos. : praxis f → **méthode**

**pratiquer** 1 accomplir, adopter, connaître, cultiver, employer, s'entraîner à, éprouver, exécuter, exercer, expérimenter, faire, jouer, se livrer à, procéder à, utiliser 2 par ext. a ménager, ouvrir b s'appliquer à, garder, mettre en application / en œuvre / en pratique, observer, professer, suivre c fréquenter, hanter, visiter, voir

**pré** n. m. → **prairie**

**préalable** 1 adj. : antérieur, exploratoire, premier, préparatoire, primitif 2 n. m. : antécédent, condition, préalable, préavis, précaution, préliminaire → **préambule** 3 **au préalable :** d'abord, auparavant, avant, préalablement

**préalablement** → **préalable (au)**

**préambule** n. m. avant-propos, avertissement, avis, commencement, début, entrée en matière, exorde, exposition, introduction, liminaire, préalable, préface, préliminaire, prélude, prolégomènes, prologue

**préau** n. m. abri, cour, couvert, gymnase

**préavis** n. m. avertissement, congé, délai, signification

**prébende** n. f. bénéfice, part / portion congrue, profit, revenu, royalties → **sinécure**

**prébendier** n. m. par ext. → **profiteur**

**précaire** aléatoire, amovible, annulable, attaquable, chancelant, court, éphémère, fragile, fugace, incertain, instable, menacé, passager, peu → **solide,** provisoire, résiliable, résoluble, révocable, transitoire

**précarité** n. f. amovibilité, brièveté, fragilité, fugacité, incertitude, instabilité, révocabilité

**précaution** n. f. 1 au pr. : action préventive, disposition, filtrage, garantie, mesure, prévention, prophylaxie, vérification 2 la manière d'agir : attention, circonspection, détour, diplomatie, discrétion, économie, ménagement, prévoyance, prudence, réserve

**précautionner (se)** s'armer, s'assurer, se garder, se mettre en garde, se prémunir ♦ fam. : se garder à carreau, veiller au grain

**précautionneux, euse** 1 → **prudent** 2 attentif, minutieux, prévenant, soigneux

**précédemment** antérieurement, auparavant, ci-devant (vx)

**précédent, e** 1 adj. : antécédent, antéposé, antérieur, devancier, précurseur, prédécesseur 2 n. m. : analogie, exemple, fait analogue / antérieur, référence

**précéder** annoncer, antéposer, dépasser, devancer, diriger, distancer, marcher devant, passer, placer devant, prendre les devants / le pas, prévenir

**précepte** n. m. aphorisme, apophtegme, commandement, conseil, dogme, enseignement, formule, instruction, leçon, loi, maxime, morale, opinion, prescription, principe, proposition, recette, recommandation, règle

**précepteur, trice** éducateur, gouvernante, instituteur, instructeur, maître, pédagogue, préfet des études, professeur, répétiteur ♦ vx : gouverneur, régent

**prêche** n. m. discours, homélie, instruction, prône → **sermon**

**prêcher** annoncer, catéchiser, conseiller, enseigner, évangéliser, exhorter, instruire, moraliser, préconiser, prôner, prononcer un sermon, recommander, remontrer, sermonner

**prêcheur** n. m. → **orateur**

**précieux, euse** 1 quelque chose : avantageux, beau, bon, cher, inappréciable, inestimable, introuvable, irremplaçable, parfait, rare, riche, utile 2 quelqu'un. a fav. : compétent, efficace, important, utile b affecté, difficile, efféminé, emprunté, maniéré 3 litt. : affecté, affété, choisi, emphatique, galant, gandin, maniéré, mignard, muscadin, musqué, puriste, quintessencié, recherché

**préciosité** n. f. affectation, afféterie, byzantinisme, concetti, cultisme, euphuisme, galanterie, gongorisme, manière, maniérisme, marinisme, marivaudage, mignardise, purisme, raffinement, recherche, sophistication, subtilité

**précipice** n. m. 1 au pr. : abîme, anfractuosité, aven, cavité, crevasse, gouffre 2 fig. : catastrophe, danger, désastre, malheur, ruine

**précipitamment** à la va-vite, brusquement, dare-dare, en courant, en vitesse, à fond de train, rapidement → **vite**

**précipitation** n. f. 1 affolement, brusquerie, empressement, engouffrement, fougue, frénésie, impatience, impétuosité, irréflexion, légèreté, pagaïe, panique, presse, promptitude, rapidité, soudaineté, violence, vitesse, vivacité 2 brouillard, chute d'eau / de grêle / de neige / de pluie 3 chimie : agglutination, arborisation, concrétion, cristallisation, floculation

**précipité, e** 1 adj. a → **hâtif** b → **haletant** 2 n. m. → **dépôt**

**précipiter** 1 au pr. : anéantir, faire tomber, jeter, pousser, ruiner 2 par ext. : accélérer, avancer, bâcler, bousculer, brusquer, dépêcher, expédier, forcer, hâter, pousser, presser, trousser 3 v. pron. : s'abattre, accourir, s'agiter, assaillir, courir, se dépêcher, dévaler, s'élancer, embrasser, s'empresser, s'engouffrer, entrer, foncer, fondre, se hâter, se lancer, piquer une tête, piquer / tomber sur

**précis** n. m. abrégé, aide-mémoire, analyse, code, codex, compendium, épitomé, résumé, sommaire, vade-mecum

**précis, e** abrégé, absolu, bref, catégorique, certain, clair, concis, congru, court, défini, détaillé, déterminé, développé, distinct, exact, explicite, exprès, fixe, formel, fort, franc, géométrique, juste, mathématique, net, particulier, pile, pointu, ponctuel, raccourci, ramassé, réduit, résumé, rigoureux, serré, sommaire, sonnant, tapant

**précisément** à proprement parler, exactement, justement, oui certes

**préciser** 1 abréger, clarifier, définir, détailler, déterminer, distinguer, donner corps, énoncer, établir, expliciter, expliquer, fixer, particulariser, raccourcir, ramasser, réduire, résumer, serrer, souligner, spécifier 2 v. pron. : se caractériser, se dessiner

**précision** n. f. 1 au sing. a caractérisation, certitude, clarté, concision, définition, détermination, exactitude, justesse, mesure, méticulosité, netteté, rigueur, sûreté b compas (dans l'œil) → **habileté** 2 au pl. : constat, compte rendu, détails, développement, explication, faits, information, procès-verbal, rapport

**précoce** 1 avancé, averti, dégourdi, déluré, dessalé (fam.), éveillé, informé, initié 2 surdoué, vif → **intelligent** 3 → **hâtif**

**précocité** n. f. avance, hâte, rapidité

**précompte** n. m. → **retenue**

**précompter** → **retenir**

**préconçu, e** anticipé, préétabli, préjugé

**préconiser** 1 → **louer** 2 → **recommander**

**précurseur** n. m. et adj. masc. 1 ancêtre, devancier, fourrier, initiateur, inventeur, messager, prédécesseur, prophète 2 annonciateur, avant-coureur, prémonitoire, prodromique (méd.)

**prédateur** n. m. et adj. masc. destructeur, nuisible, pillard

**prédation** n. f. 1 → **pillage** 2 → **destruction**

**prédécesseur** n. m. 1 au sing. → **précurseur** 2 au pl. → **ancêtres**

**prédestination** n. f. → **prédisposition**

**prédestiner** appeler, décider, destiner, distinguer, élire, fixer d'avance, marquer, protéger, réserver, vouer

**prédicant** n. m. 1 → **ministre** 2 → **prédicateur** 3 → **orateur**

**prédicat** n. m. 1 attribut, proposition, qualité 2 scholastique : accident, différence, espèce, genre, propre

**prédicateur** n. m. apôtre, doctrinaire, imam, missionnaire, orateur sacré, prêcheur, prédicant, sermonnaire (péj.)

**prédicatif, ive** apodictique, attributif, catégorique, qualificatif

**prédication** n. f. → **sermon**

**prédiction** n. f. annonce, annonciation, augure, avenir, bonne aventure, conjecture, divination, horoscope, oracle, présage, prévision, promesse, pronostic, prophétie, vaticination

**prédilection** n. f. affection, faiblesse, faveur, goût, préférence

**prédire** annoncer, augurer, conjecturer, deviner, dévoiler, dire l'avenir / la bonne aventure, présager, prévoir, promettre, pronostiquer, prophétiser, vaticiner

**prédisposer** amadouer, amener, incliner, mettre en condition / en disposition, préparer

**prédisposition** n. f. aptitude, atavisme, condition, déterminisme, disposition, hérédité, inclination, penchant, prédestination, prédétermination, tendance, terrain favorable

**prédominance** n. f. avantage, dessus, précellence, prééminence, préexcellence, préférence, prépondérance, primauté, supériorité, suprématie

**prédominant, e** → **principal**

**prédominer** avoir l'avantage / la prédominance, être le plus important, l'emporter sur, exceller, prévaloir, régner

**prééminence** n. f. → **prédominance**

**prééminent, e** → **supérieur**

**préemption** n. f. préférence, priorité, privilège

**préexistant, e** → **antérieur**

**préexistence** n. f. antériorité → **ancienneté**

**préface** n. f. argument, avant-propos, avertissement, avis / discours préliminaire, exorde, introduction, liminaire, notice, préambule, préliminaire, présentation, prolégomènes, prologue ♦ vx : prodrome

**préfacer** → **présenter**

**préfecture** n. f. chef-lieu, département

**préférable** meilleur, mieux, supérieur

**préférablement** de / par préférence, plutôt, préférentiellement

**préféré, e** attitré, choisi, chou-chou (fam.), favori, privilégié

**préférence** n. f. 1 pour quelqu'un : acception (vx), acceptation, affection, attirance, choix, élection, faible, faiblesse, favoritisme, partialité, prédilection 2 pour quelque chose : avantage, choix, option, privilège

**préférentiel, le** choisi, de faveur, privilégié, spécial, spécifique

**préférentiellement** → **préférablement**

**préférer** adopter, affectionner, aimer mieux, avoir une préférence, chérir, choisir, considérer comme meilleur, distinguer, estimer le plus, incliner / pencher en faveur de / pour

**préfet** n. m. commissaire de la République

**préfigurer** → **présager**

**préhistoire** n. f. 1 archéologie, paléontologie, protohistoire 2 mésolithique, néolithique, paléolithique

**préhistorique** 1 → **préhistoire** 2 par ext. (fam.) : ancien, antédiluvien, démodé, suranné

**préjudice** n. m. atteinte, dam, désagrément, désavantage, détriment, dommage, inconvénient, injustice, lésion, mal, méfait, nocuité, perte, tort

**préjudiciable** attentatoire, dommageable, funeste, malfaisant, malheureux, nocif, nuisible

**préjugé** n. m. a priori, erreur, idée / opinion préconçue / toute faite, jugement préconçu / téméraire, œillère, parti pris, passion, préconception, préoccupation (vx), prévention, supposition

**préjuger** → **présager**

**prélart** n. m. bâche, toile

**prélasser (se)** s'abandonner, se camper, se carrer, se détendre, se goberger (fam.), se laisser aller, pontifier, se relaxer, se reposer, trôner, se vautrer (péj.)

**prélat** archevêque, cardinal, dignitaire, évêque, monseigneur, nonce, patriarche, pontife, primat, prince de l'Église, vicaire général

**prélèvement** n. m. 1 au pr. : coupe, paracentèse, ponction, prise 2 par ext : confiscation, contribution, dîme, impôt, précompte, réquisition, retenue, retrait, saignée, saisie, soustraction

**prélever** couper, détacher, enlever, extraire, imposer, lever, ôter, percevoir, ponctionner, précompter, rafler, réquisitionner, retenir, retrancher, rogner, saisir, soustraire → **prendre**

**préliminaire** n. m. et adj. avant-propos, avertissement, avis, commencement, contacts, essai, exorde, introduction, jalon, liminaire, préambule, préface, prélude, présentation, prodrome (vx), prologue

**prélude** n. m. 1 au pr. : ouverture, prologue, protase 2 par ext. → **préliminaire** 3 fig. : annonce, avant-coureur, avant-goût, commencement, lever

**préluder** annoncer, commencer, essayer, s'exercer, improviser, se préparer

**prématuré, e** 1 anticipé, avancé, avant terme 2 hâtif, précoce, rapide

**prématurément** avant terme, en avance

**préméditation** n. f. arrière-pensée, calcul → **projet**

**préméditer** calculer, étudier, méditer, préparer, projeter, réfléchir

**prémices** n. f. pl. avant-goût, commencement, début, genèse, origine, primeur, principe

**premier, ère** 1 adj. **a** au pr. : antérieur, initial, liminaire, originaire, original, originel, prime, primitif, principe, prochain **b** par ext. : capital, dominant, en tête, indispensable, meilleur, nécessaire, prépondérant, primordial, principal, supérieur 2 nom. **a** aîné, ancêtre, auteur, initiateur, introducteur, inventeur, pionnier, premier-né, promoteur **b** arg. scol. : cacique, major

**premièrement** d'abord, avant tout, avant toute chose, en premier, en premier lieu, primo

**prémisse** n. f. affirmation, axiome, commencement, hypothèse, proposition

**prémonition** n. f. → **pressentiment**

**prémonitoire** → **précurseur**

**prémunir** 1 armer, avertir, garantir, munir, préserver, protéger, vacciner 2 pron. : se garder, se garer, se précautionner

**prenant, e** fig. : attachant, captivant, charmant, émouvant, intéressant, passionnant, pathétique

**prendre** 1 au pr. **a** neutre : atteindre, attraper, étreindre, saisir, tenir **b** par ext. ♦ non fav. : accaparer, agripper, s'approprier, arracher, s'attribuer, confisquer, écumer, s'emparer de, empoigner, emporter, enlever, garder, intercepter, mettre l'embargo sur, ôter, rafler, ramasser, ravir, récolter, retirer, soustraire, soutirer → **voler** **c** vx : chausser, gripper **d** arg. ou fam. : choper, écornifler, goinfrer, griffer, morfler, paumer, rabioter, ratiboiser, ratisser, souffler, sucrer 2 prendre quelque chose de : extraire, ôter, piocher, puiser, sortir, tirer 3 milit. : amariner, capturer, coloniser, conquérir, enlever, envahir, forcer, occuper, réduire 4 on prend quelqu'un. **a** au pr. : appréhender, arrêter, s'assurer de, attraper, avoir, capturer, ceinturer, colleter, crocher, cueillir, s'emparer de, mettre la main au collet / dessus, piéger, se saisir de, surprendre **b** arg. ou fam. : accrocher, agrafer, alpaguer, cannibaliser, choper, coincer, cravater, crocheter, cueillir, embarquer, embusquer, envelopper, épingler, faire, gripper, harponner, piger, pincer, piper, piquer, poisser, ratiboiser, serrer, souffler **c** par ext. : amadouer, apprivoiser, entortiller, persuader, séduire 5 on prend une nourriture, un remède : absorber, avaler, boire, consommer 6 → **choisir** 7 → **vêtir** 8 → **contracter** 9 → **percevoir** 10 → **geler** 11 → **regarder** 12 → **occuper** 13 → **engager** 14 **a** **prendre bien :** s'accommoder **b** **prendre mal :** se fâcher, interpréter de travers **c** **prendre à tâche** → **entreprendre** **d** **prendre langue :** s'aboucher → **parler** **e** **prendre part** → **participer** **f** **prendre sur soi :** se dominer → **assumer** **g** **prendre pour un autre :** confondre, croire, se méprendre, regarder comme, se tromper **h** **prendre pour aide :** s'adjoindre, s'associer, s'attacher, embaucher, employer, engager, retenir **i** **prendre une direction :** s'embarquer, emprunter, s'engager **j** **prendre un air :** adopter, affecter, se donner, se mettre à avoir / être, pratiquer **k** **prendre un emploi :** embrasser, entrer dans **l** **prendre femme / mari** → **marier (se)** **m** **prendre son parti** → **résigner (se)** **n** **prendre le relais** → **remplacer**

**preneur, euse** acheteur, acquéreur, fermier, locataire

**prénom** n. m. nom de baptême, petit nom

**préoccupation** n. f. agitation, angoisse, difficulté, ennui, inquiétude, obsession, occupation, peine, soin, sollicitude, souci, tourment, tracas

**préoccupé, e** absorbé, abstrait, anxieux, attentif, distrait, inquiet, méditatif, occupé, pensif, songeur, soucieux

**préoccuper** 1 absorber, agiter, attacher, chiffonner, donner du souci, ennuyer, hanter, inquiéter, obséder, tourmenter, tracasser, travailler, trotter dans la tête 2 pron. : considérer, s'inquiéter de, s'intéresser à, s'occuper de, penser à, se soucier de

**préparateur, trice** assistant, prosecteur → **adjoint**

**préparatif** n. m. appareil (vx), apprêt, arrangement, branle-bas, dispositif, disposition, mesure, précaution, préparation

**préparation** n. f. 1 de quelque chose : appareillage, apprêt, assaisonnement, composition, concoction, confection, façon, habillage, incubation, parage ♦ vx : appareil 2 par ext. : acheminement, arrangement, art, calcul, ébauche, esquisse, étude, introduction, organisation, plan, préméditation, projet, recette 3 → **transition** 4 de quelqu'un : apprentissage, éducation, formation, instruction, stage

**préparatoire** → **préalable**

**préparer** 1 préparer quelque chose. **a** au pr. : accommoder, appareiller, apprêter, arranger, conditionner, disposer, dresser, mettre, organiser, traiter **b** cuisine : assaisonner, barder, blanchir, brider, chemiser, ciseler, confire, cuisiner, dégorger, dépouiller, désosser, dresser, ébarber, émincer, émonder, farcir, foncer, fricoter, garnir, glacer, habiller, larder, macérer, mariner, mijoter, mitonner, mortifier, moyenner (vx), paner, parer, plumer, trousser, truffer, vider → **cuire** **c** la terre : amender, ameublir, bêcher, cultiver, déchaumer, défricher, façonner, fumer, herser, labourer, rouler **d** typo : caler 2 fig. **a** fav. ou neutre : aplanir, calculer, combiner, concerter, concevoir, déblayer, ébaucher, échafauder, élaborer, étudier, faciliter, former, frayer, méditer, ménager, munir, nourrir, organiser, prédisposer, projeter **b** fam. : concocter, goupiller, mâcher **c** non fav. : conspirer, couver, machiner, monter, nouer, ourdir, préméditer, ruminer, tramer **d** un examen : bachoter (péj.), chiader, piocher, potasser, travailler **e** quelque chose prépare quelque chose : annoncer, faciliter, présager, produire, provoquer, rendre possible **f** on prépare quelque chose pour quelqu'un : destiner, emballer, réserver **g** on prépare un effet : amener, ménager, mettre en scène **h** préparer quelqu'un : aguerrir, conditionner, débourrer, éduquer, entraîner, former, instruire, rendre capable de / prêt à 3 v. pron. **a** quelqu'un : s'apprêter, se cuirasser, se disposer, se mettre en demeure / en état / en mesure de **b** faire sa plume / sa toilette, s'habiller, se parer, se toiletter **c** quelque chose : être imminent, menacer

**prépondérance** n. f. autorité, domination, hégémonie, maîtrise, pouvoir, prédominance, prééminence, prépotence, préséance, primauté, puissance, supériorité, suprématie

**prépondérant, e** dirigeant, dominant, influent, maître, prédominant, prééminent, premier, supérieur

**préposé, e** → **employé**

**préposer** charger, commettre, confier, constituer, déléguer, employer, installer, mettre à la tête de / en fonctions

**prérogative** n. f. attribut, attribution, avantage, compétence, don, droit, faculté, fonction, honneur, juridiction, pouvoir, préséance, privilège, rôle

**près** 1 adv. : à côté, adjacent, à deux pas, à petite distance, à proximité, attenant, aux abords, avoisinant, contigu, contre, en contact, limitrophe, mitoyen, proche, rasibus (fam.), touchant, voisin 2 adv. **de près :** à bout portant, à brûle-pourpoint, à ras, avec soin, bord à bord 3 **près de** (prép.) **a** aux abords de, au bord de, à côté de, à deux doigts / pas de, auprès de, autour de, avec, contre, joignant, jouxte, proche de, voisin de **b** sur le point de 4 **a** **à peu près :** assez, bien → **environ** **b** **à peu de chose(s) près :** à un cheveu, presque **c** **à cela près :** → **excepté**

**présage** n. m. augure, auspices, avant-coureur, avant-goût, avertissement, avis, indice, marque, menace, message, porte-bonheur / malheur, préfiguration, prélude, prémonition, prodrome, promesse, pronostic, signe, symptôme → **prophétie**

**présager** 1 quelque chose ou quelqu'un présage : annoncer, augurer, avertir, marquer, menacer, porter bonheur / malheur, préfigurer, préluder, promettre 2 quelqu'un présage : conjecturer, flairer, prédire, préjuger, pressentir, présumer, prévoir, pronostiquer → **prophétiser**

**presbytère** n. m. cure, maison curiale

**prescience** n. f. → **prévision**

**prescription** n. f. 1 jurid. : inexigibilité, invalidation, invalidité, nullité, péremption, usucapion 2 arrêté, commandement, décision, décret, disposition, édit, indication, indiction, instruction, ordonnance, ordre, précepte, promulgation, recommandation, règle

**prescrire** arrêter, commander, décider, décréter, dicter, disposer, donner ordre, édicter, enjoindre, fixer, imposer, indiquer, infliger, ordonnancer, ordonner, réclamer, recommander, requérir, vouloir

**préséance** n. f. pas → **prérogative**

**présence** n. f. 1 au pr. a essence, existence b assiduité, régularité c assistance 2 a **en présence de :** à la / en face de, devant, par-devant (vx), vis-à-vis de b **présence d'esprit** → **réflexe, décision**

**présent** n. m. 1 → **don** 2 actualité, réalité

**présent, e** contemporain, courant, existant, immédiat, moderne → **actuel**

**présentable** acceptable, convenable, digne, fréquentable, proposable, sortable

**présentateur, trice** → **animateur**

**présentation** n. f. 1 → **exposition** 2 → **préface**

**présentement** actuellement, à présent, aujourd'hui, de nos jours, de notre temps, d'ores et déjà, en ce moment, maintenant ◆ vx : céans

**présenter** 1 v. intr. **présenter bien / mal :** avoir l'air, marquer 2 v. tr. a on présente quelqu'un : faire admettre / agréer / connaître, introduire b on présente quelque chose : aligner, amener, arranger, avancer, dessiner, diriger, disposer, exhiber, exposer, faire voir, fournir, mettre en avant / en devanture / en évidence / en valeur, montrer, offrir, préfacer, produire, proposer, servir, soumettre, tendre, tourner vers 3 v. pron. a au pr. : arriver, comparaître, se faire connaître, paraître b se présenter à un examen : passer, subir c à une canditature : se porter d une chose se présente : apparaître, s'offrir, survenir, tomber, traverser

**présentoir** n. m. → **étalage**

**préservatif** n. m. 1 capote (anglaise), condom, contraceptif, diaphragme, spermaticide, pessaire, pilule, stérilet 2 → **remède**

**préservation** n. f. abri, conservation, défense, épargne, garantie, garde, maintien, protection, sauvegarde

**préserver** abriter, assurer, conserver, défendre, épargner, éviter, exempter, garantir, garder, garer, maintenir, parer, prémunir, protéger, sauvegarder, sauver, soustraire

**présidence** n. f. autorité, conduite, conseil, direction, gestion, magistrature suprême, tutelle

**président, e** chef, conseiller, directeur, magistrat, tuteur

**présider** conduire, diriger, gérer, occuper la place d'honneur / le premier rang, régler, siéger, veiller à

**présomption** n. f. 1 → **orgueil** 2 attente, conjecture, hypothèse, jugement, opinion, préjugé, pressentiment, prévision, supposition 3 charge, indice

**présomptueux, euse** ambitieux, arrogant, audacieux, avantageux, content de soi, fat, fier, hardi, imprudent, impudent, infatué, irréfléchi, mégalomane, optimiste, orgueilleux, outrecuidant, prétentiard, prétentieux, suffisant, superbe, téméraire, vain, vaniteux, vantard ◆ fam. : mariolle, m'as-tu-vu, mégalo, péteux, prétentiard, ramenard

**presque** à demi, à peu près, approximativement, comme, environ, pas loin de, peu s'en faut, quasi, quasiment

**presqu'île** n. f. péninsule

**pressant, e** 1 contraignant, étranglant (vx), excitant, impératif, impérieux, important, nécessaire, prégnant, pressé, prioritaire, puissant, rapide, tourmentant, urgent 2 ardent, chaleureux, chaud, insistant, instant 3 → **suppliant**

**presse** n. f. 1 affluence, concours, coup de feu, foule, multitude 2 calandre, étau, fouloir, laminoir, mâchoires / tenaille à vis, pressoir, vis 3 → **journal** 4 empressement, hâte

**pressé, e** 1 → **pressant** 2 → **court** 3 alerte, diligent, empressé, impatient, prompt, rapide, vif

**pressentiment** n. m. 1 non fav. : appréhension, crainte, prémonition, signe avant-coureur / prémonitoire 2 fav. ou neutre : avant-goût, avertissement, divination, espérance, espoir, idée, impression, intuition, présage, présomption, sentiment

**pressentir** 1 non fav. : appréhender, s'attendre à, craindre, se douter de, flairer, soupçonner, subodorer 2 fav. ou neutre. a au pr. : augurer, deviner, entrevoir, espérer, pénétrer, prévoir, repérer, sentir b **laisser pressentir :** annoncer, présager c par ext. **pressentir quelqu'un :** contacter, interroger, sonder, tâter, toucher

**presser** 1 au pr. a appliquer, appuyer, broyer, compresser, comprimer, damer, écraser, embrasser, entasser, étreindre, exprimer, fouler, froisser, oppresser, pacquer, peser, plomber, pressurer, resserrer, serrer, taller, tasser b vx : chevaler, épreindre c la main, le bras : caresser, masser, pétrir, pincer, serrer, toucher 2 fig. a presser quelqu'un : accabler, aiguillonner, assaillir, assiéger, attaquer, bousculer, brusquer, conseiller, contraindre, engager, exciter, faire pression / violence, harceler, hâter, inciter, insister auprès, inviter, obliger, persécuter, poursuivre, pousser, talonner, tourmenter b presser une affaire : accélérer, activer, chauffer, dépêcher, diligenter, forcer, précipiter 3 v. intr. : urger 4 v. pron. a se blottir, s'embrasser b aller vite, courir, se dépêcher

**pressing** n. m. 1 → **teinturerie** 2 nucl. off. : chargement (par introduction d'un bloc préformé)

**pression** n. f. 1 au pr. : compression, constriction, effort, force, impression (vx), impulsion, poussée 2 unités de mesure : atmosphère, bar, barye, pièze 3 par ext. a attouchement, caresse, étreinte, serrement b action, chantage, contrainte, empire, influence, intimidation, menace

**pressoir** n. m. 1 au pr. : fouloir, maillotin, moulin à huile 2 par ext. : cave, cellier, hangar, toit 3 fig. : exploitation, oppression, pressurage

**pressurer** 1 au pr. → **presser** 2 fig. : écraser, épuiser, exploiter, faire cracher / suer, imposer, maltraiter, opprimer, saigner, torturer

**pressurisation** n. f. aviat. et spat. off. : mise en pression

**prestance** n. f. accent (québ.), air, allure, aspect, contenance, démarche, genre, maintien, manières, mine, physique, port, taille, tournure

**prestataire** n. m. 1 → **contribuable** 2 → **fournisseur**

**prestation** n. f. 1 aide, allocation, apport, charge, fourniture, imposition, impôt, indemnité, obligation, prêt, redevance 2 cérémonie, formalité 3 exhibition, numéro, tour de chant / de force

**preste** adroit, agile, aisé, alerte, diligent, dispos, éveillé, habile, léger, leste, prompt, rapide, vif

**prestesse** n. f. adresse, agilité, aisance, alacrité, diligence, habileté, légèreté, promptitude, rapidité, vitesse, vivacité

**prestidigitateur, trice** acrobate, artiste, escamoteur, illusionniste, jongleur, magicien, manipulateur, truqueur

**prestidigitation** n. f. artifice, escamotage, illusion, illusionnisme, jonglerie, magie, passe-passe, tour, truc, truquage

**prestige** n. m. 1 → **magie** 2 → **illusion** 3 → **influence** 4 → **lustre**

**prestigieux, euse** admirable, éblouissant, étonnant, attractive, extraordinaire, fascinant, formidable, glorieux, honoré, magique, merveilleux, miraculeux, prodigieux, renommé, renversant

**presto** à toute allure / vitesse, à fond de train (fam.), illico, prestement, rapidement, vite → **rythme**

**présumer** augurer, attendre, s'attendre à, conjecturer, préjuger, présager, pressentir, présupposer, prétendre, prévoir, soupçonner, supposer

**présupposer** → **supposer**

**prêt** n. m. 1 au pr. : aide, avance, bourse, commodat (vx), crédit, découvert, dépannage, emprunt, prime, subvention 2 milit. : paie, solde, traitement

**prêt, e** → **mûr**

**prétendant, e** n. et adj. 1 aspirant, candidat, impétrant, postulant, solliciteur 2 amant, amateur, amoureux, courtisan, épouseur, fiancé, futur (rég.), poursuivant, prétendu (vx), promis, soupirant

**prétendre** 1 affirmer, alléguer, avancer, déclarer, dire, garantir, présumer, soutenir 2 demander, entendre, exiger, réclamer, revendiquer, vouloir 3 ambitionner, aspirer / viser à, se flatter de, lorgner, tendre à / vers

**prétendu, e** 1 apparent, faux, soi-disant, supposé 2 vx → **fiancé**

**prétendument** soi-disant

**prête-nom** n. m. intermédiaire, mandataire, représentant ◆ péj. : homme de paille, taxi

**prétentaine** n. f. → **galanterie**

**prétentieux, euse** 1 → **orgueilleux** 2 → **présomptueux**

**prétention** n. f. 1 fav. ou neutre. a condition, exigence, revendication b ambition, désir, dessein, espérance, visée 2 non fav. : affectation, apprêt, arrogance, bouffissure, crânerie, embarras, emphase, fatuité, forfanterie, orgueil, pédantisme, pose, présomption, vanité, vantardise

**prêter** 1 au pr. : allouer, avancer, fournir, mettre à la disposition, octroyer, procurer 2 par ext. : attribuer, donner, imputer, proposer, supposer

**prêter (se)** 1 on se prête à → **consentir** 2 quelque chose se prête à → **correspondre**

**prétérit** n. m. 1 au pr. : passé 2 par ext. : aoriste, imparfait, parfait

**prétérition** n. f. omission, oubli

**prêteur, euse** n. et adj. actionnaire, bailleur, banquier, capitaliste, commanditaire → **usurier**

**prétexte** n. m. allégation, apparence, argument, cause, couleur, couvert, couverture, échappatoire, excuse, faux-fuyant, faux-semblant, lieu, manteau, matière, mot, ombre, raison, semblant, subterfuge, supposition, voile

**prétexter** alléguer, arguer de, s'autoriser de, exciper de, avancer, élever une objection, faire croire, interjeter (appel), invoquer, mettre en avant, objecter, opposer, prendre pour prétexte, simuler, supposer

**pretium doloris** n. m. → **réparation**

**prétoire** n. m. aréopage, cour, parquet, salle d'audience, tribunal

**prêtre** n. m. 1 au pr. : clerc, desservant, ecclésiastique, homme d'Église, membre du clergé, ministre du culte, missionnaire, pontife 2 christianisme : abbé, archiprêtre, aumônier, chanoine, chapelain, coadjuteur, confesseur, curé, directeur de conscience, doyen, ecclésiastique, exorciste, ministre, papas, pasteur, pénitencier, père, pope, prédicateur, révérend, vicaire 3 judaïsme : lévite, ministre, rabbin 4 islam. par ext. : agha, ayatollah, imam, mahdi, mollah, muezzin, mufti 5 religions d'Asie : bonze, brahmane, chaman, gourou, lama, mahatma, pandit 6 religions de l'Antiquité : aruspice, augure, barde, corybante, dactyle, druide, épulon, eubage, fécial, flamine, galle, hiérogrammate, hiérophante, mage, mystagogue, ovate, pontife, quindécemvir, sacrificateur, salien, septemvir, victimaire 7 → **chef**

**prêtresse** n. f. bacchante, druidesse, pythie, pythonisse, vestale

**prêtrise** n. f. état / ministère ecclésiastique / religieux, ordre, sacerdoce

**preuve** n. f. 1 affirmation, argument, confirmation, constatation, conviction, critère, critérium, démonstration, établissement, gage, illustration (vx), justification, motif, pierre de touche 2 charge, corps du délit, document, empreinte, fait, indice, justificatif, marque, signe, témoignage, trace 3 épreuve judiciaire, jugement de Dieu, ordalie, probation

**preux** adj. et n. m. brave, courageux, vaillant, valeureux → **chevalier**

**prévaloir** 1 avoir l'avantage, dominer, l'emporter, prédominer, primer, supplanter, surpasser, triompher 2 pron. a neutre ou fav. : alléguer, faire valoir, tirer avantage / parti b non fav. : se draper dans, s'enorgueillir, faire grand bruit / grand cas de, se flatter, se glorifier, se targuer, tirer vanité, triompher

**prévaricateur, trice** → **profiteur**

**prévarication** n. f. 1 → **trahison** 2 → **malversation**

**prévariquer** → **voler**

**prévenance(s)** n. f. → **égard(s)**

**prévenant, e** affable, agréable, aimable, attentionné, avenant, complaisant, courtois, déférent, empressé, gentil, obligeant, poli, serviable

**prévenir** 1 au pr. a neutre : détourner, devancer, empêcher, éviter, obvier à, parer, précéder, préserver **b** non fav. : indisposer, influencer [2] par ext. : alerter, annoncer, avertir, aviser, crier casse-cou, dire, donner avis, faire savoir, informer, instruire, mettre au courant / au parfum (fam.) / en garde

**préventif, ive** [1] → **prophylactique** [2] → **préservatif**

**prévention** n. f. [1] antipathie, défiance, grippe, parti pris → **préjugé** [2] arrestation, détention, emprisonnement, garde à vue [3] → **prophylaxie**

**préventorium** n. m. → **hôpital**

**prévenu, e** accusé, cité, inculpé, intimé (vx)

**prévisible** → **probable**

**prévision** n. f. [1] l'action de prévoir : anticipation, clairvoyance, connaissance, divination, prescience, pressentiment, prévoyance [2] ce qu'on prévoit. **a** au pr. : calcul, conjecture, croyance, hypothèse, probabilité, pronostic, supposition **b** budget, devis, étude, plan, programme, projet **c** par ext. : attente, espérance, prédiction, présage, prophétie, vaticination (péj.)

**prévoir** anticiper, s'attendre à, augurer, calculer, conjecturer, décider, deviner, entrevoir, envisager, étudier, flairer, organiser, penser à tout, percer l'avenir, prédire, préparer, présager, pressentir, pronostiquer, prophétiser, vaticiner (péj.) → **imaginer**

**prévoyance** n. f. attention, clairvoyance, diligence, perspicacité, précaution, prévention, prudence, sagesse

**prévoyant, e** attentionné, avisé, clairvoyant, diligent, inspiré, perspicace, précautionneux, prudent, sage

**prie-dieu** n. m. agenouilloir

**prier** [1] au pr. : adorer, s'adresser à, s'agenouiller, crier vers, invoquer [2] par ext. **a** adjurer, appeler, conjurer, demander, implorer, insister, presser, réclamer, requérir, solliciter, supplier **b** convier, inviter

**prière** n. f. [1] au pr. : acte, cri, demande, déprécation, dévotion, éjaculation (vx), élévation, intercession, invocation, litanie, méditation, mouvement de l'âme, neuvaine, obsécration, oraison, orémus, patenôtre, pèlerinage, retraite [2] formes chrétiennes : absoute, adoration, angélus, bénédicité, bréviaire, canon, cantique, chapelet, chemin de croix, complies, confiteor, credo, de profundis, doxologie, grâces, heures, laudes, matines, mémento, messe, none, offertoire, oraison dominicale / jaculatoire, pater, préface, psaume, rosaire, salut, salutation angélique, salve regina, sanctus, secrète, sexte, te deum, ténèbres, tierce, vêpres [3] par ext. **a** adjuration, appel, conjuration, imploration, instance, requête, supplication, supplique **b** invitation, sollicitation

**prieur** n. m. abbé, bénéficier, doyen, supérieur

**prieure** n. f. mère abbesse / supérieure

**prieuré** n. m. abbaye, bénéfice, chapellenie, cloître, couvent, doyenné, église, monastère, moutier

**prima donna** n. f. diva → **chanteuse**

**primaire** élémentaire, premier, primitif → **simple**

**primate** n. m. [1] lémurien, simien → **hominidé** [2] fig. → **rustaud**

**primauté** n. f. → **supériorité**

**prime** n. f. [1] → **gratification** [2] → **récompense**

**prime** adj. → **premier**

**primer** [1] v. intr. : dominer, l'emporter, gagner sur, prévaloir [2] v. tr. → **surpasser**

**primerose** n. f. → **rose**

**primesautier, ère** → **spontané**

**primeur** n. f. [1] au sing. : commencement, étrenne, fraîcheur, nouveauté [2] au pl. **a** → **prémices** **b** vx : hâtiveau

**primitif, ive** [1] ancien, archaïque, archéen [2] brut, initial, originaire, original, originel, premier, primaire [3] élémentaire, fruste, grossier, inculte, naïf, naturel, rudimentaire, rustique, rustre, simple [4] → **sauvage**

**primitivement** à l'origine

**primordial, e** [1] premier, primitif [2] capital, essentiel, important, indispensable, initial, liminaire, nécessaire, obligatoire, premier → **principal**

**prince** n. m. [1] au pr. **a** chef d'État, empereur, majesté, monarque, roi, souverain **b** altesse, archiduc, cardinal, dauphin, diadoque, dom, don, excellence, évêque, grâce, grand d'Espagne, grand-duc, grandeur, hospodar, infant, kronprinz, landgrave, maharadjah, margrave, monseigneur, monsieur, rajah, rhingrave, sultan [2] par ext. : maître, seigneur

**princeps** original, premier

**princesse** n. f. altesse, archiduchesse, dauphine, grande-duchesse, infante, Madame, Mademoiselle, rani, sultane

**princier, ère** fastueux, luxueux, somptueux

**principal, e** [1] adj. : capital, cardinal, central, décisif, dominant, élémentaire, essentiel, fondamental, grand, important, indispensable, maître, maîtresse, prédominant, prééminent, primordial, sérieux, vital, vrai [2] nom. **a** base, but, centre, chef, cheville, clé, clou, corps, fait, fonds, gros, point, quintessence, substance, tout, vif **b** directeur, proviseur, régent (vx), supérieur

**principalement** avant tout, essentiellement, fondamentalement, grandement, par-dessus tout, particulièrement, primordialement, singulièrement, substantiellement, surtout, tout d'abord, vraiment

**principe** n. m. [1] au pr. **a** agent, âme, archée (vx), archétype, auteur, axe, cause, centre, commencement, créateur, début, départ, esprit, essence, facteur, ferment, fondement, idée, origine, pierre angulaire, raison, source **b** abc, axiome, base, convention, définition, doctrine, donnée, élément, hypothèse, postulat, prémisse, rudiment, unité [2] par ext. **a** dogme, loi, maxime, norme, opinion, précepte, règle, système, théorie **b** catéchisme, morale, philosophie, religion [3] **en principe :** théoriquement

**printanier, ère** clair, frais, gai, jeune, neuf, nouveau, vernal, vif

**printemps** n. m. [1] au pr. : renouveau, reverdie (vx) [2] fig. → **jeunesse**

**prioritaire** → **pressant**

**priorité** n. f. [1] antécédence, antériorité, avantage, précellence, préemption, primauté, primeur, privilège [2] impératif, nécessité, obligation → **devoir**

**pris, e** → **occupé**

**prise** n. f. [1] au pr. : butin, capture, conquête, opines, proie [2] coup de filet, enlèvement, occupation, rafle [3] caillage, coagulation, durcissement, gel, solidification [4] → **étreinte** [5] **a** **prise de bec :** dispute, querelle **b** **prise de tabac :** pincée **c** **avoir prise :** action, barre, emprise, moyen **d** **être aux prises** → **lutter** **e** **prise en compte :** assomption → **revendication**

**priser** [1] apprécier, donner du prix, estimer, faire cas [2] du tabac : aspirer, humer, pétuner, prendre

**prisme** n. m. [1] parallélépipède, polyèdre [2] dispersion, réfraction, spectre

**prison** n. f. [1] au pr. : cellule, centrale, centre / établissement pénitentiaire, chambre de sûreté, dépôt, fers, forteresse, geôle, maison d'arrêt / centrale / de correction / de force / de justice / pénitentiaire / de redressement, salle de police, pénitencier → **bagne, cachot** [2] arg. : bal, ballon, bloc, boîte, cabane, cage, caisse, carlingue, case, clou, gnouf, mitard, mite, ombre, placard, plan, planque, ratière, taule, trou, violon [3] ergastule, latomies, plombs [4] détention, emprisonnement, liens (litt.), prévention, réclusion

**prisonnier, ère** [1] au pr. : détenu, interné, réclusionnaire → **captif** [2] par ext. : bagnard, déporté, esclave, otage, reclus, relégué, séquestré, transporté (vx) [3] arg. : taulard

**privation** n. f. [1] absence, confiscation, défaut, manque, perte, restriction, suppression, vide [2] par ext. **a** abstinence, ascétisme, continence, dépouillement, jeûne, macération, renoncement, sacrifice **b** non fav. :aliénation, besoin, frustration, gêne, indigence, insuffisance, misère, pauvreté → **souffrance** **c** fam. : ballon, brosse, ceinture, tintin, tringle

**privatisation** n. f. dénationalisation, désétatisation

**privatiser** dénationaliser, désétatiser

**privauté** n. f. [1] familiarité, liberté, sans-gêne [2] → **caresse**

**privé, e** [1] individuel, intime, libre, particulier, personnel [2] **à titre privé :** incognito, officieux [3] vx : apprivoisé, domestique [4] appauvri, carencé, déchu, démuni, dénué, dépossédé, dépouillé, dépourvu, déshérité, frustré, sevré

**priver** [1] quelqu'un de sa liberté : asservir, assujettir, ôter [2] quelqu'un de quelque chose : appauvrir, carencer, démunir, déposséder, dépouiller, déshériter, enlever, frustrer, ravir, sevrer, spolier, voler [3] par ext. : empêcher, interdire [4] v. pron. : s'abstenir, se faire faute de, renoncer à

**privilège** n. m. apanage, attribution, avantage, bénéfice, concession, droit, exclusivité, exemption, faveur, franchise, honneur, immunité, indult (relig.), monopole, passe-droit, pouvoir, prébende, préférence, prérogative → **sinécure**

**privilégié, e** [1] avantagé, choisi, élu, favori, favorisé, fortuné, heureux, gâté, nanti, pourvu, préféré, préférentiel, riche [2] au pl. : aristocratie, establishment, nomenklatura

**privilégier** → **favoriser**

**prix** n. m. [1] au pr. **a** cherté, cotation, cote, cours, coût, estimation, évaluation, montant, taux, valeur **b** coupe, couronne, diplôme, médaille, oscar, récompense [2] par ext. **a** addition, bordereau, devis, étiquette, facture, mercuriale, tarif **b** contrepartie, rançon → **compensation** [3] **prix coûtant :** sans → **bénéfice**

**probabilité** n. f. apparence, chance, conjecture, perspective, plausibilité, possibilité, prévisibilité, prospective, viabilité, vraisemblance

**probable** apparent, calculable, plausible, possible, prévisible, vraisemblable

**probablement** → **peut-être**

**probant, e** certain, concluant, convaincant, décisif, démonstratif, éloquent, entraînant, évident, indéniable, indiscutable, logique, péremptoire, sans réplique

**probation** n. f. [1] → **délai** [2] → **preuve**

**probe** [1] comme il faut, délicat, digne, droit, fidèle, honnête, incorruptible, intact, intègre, juste, loyal, moral, pur, respectable, vertueux [2] mot angl. ♦ nucl. off. : fusée-sonde

**probité** n. f. conscience, délicatesse, droiture, fidélité, honnêteté, incorruptibilité, intégrité, justice, loyauté, morale, moralité, prud'homie (vx), rectitude, vertu

**problématique** aléatoire, ambigu, chanceux (fam.), conjectural, difficile, douteux, équivoque, hypothétique, incertain, suspect

**problème** n. m. question → **difficulté**

**procédé** n. m. [1] neutre : allure, attitude, comportement, conduite, déportement (vx), dispositif, façon, formule, manière, marche, martingale, méthode, moyen, pratique, procédure, recette, secret, style, truc [2] non fav. **a** sing. ou pl. : artifice, bric-à-brac, cliché, convention, ficelle **b** pl. : agissements, errements

**procéder** [1] au pr. **a** agir, se conduire **b** avancer, débuter, marcher, opérer [2] procéder de : découler, dépendre, dériver, émaner, s'ensuivre, partir, provenir, tirer son origine, venir [3] procéder à : célébrer, faire, réaliser

**procédure** n. f. [1] au pr. : action, instance, instruction, poursuite, procès, référé [2] par ext. **a** chicane, complication, querelle, quérulence **b** paperasserie

**procédurier, ère** → **processif**

**procès** n. m. [1] affaire, audience, cas, cause, débats, litige, litispendance → **procédure** [2] **on fait le procès de :** accuser, attaquer, condamner, critiquer, mettre en cause, vitupérer

**processif, ive** chicaneur, chicanier, litigieux (vx), procédurier, quérulent

**procession** n. f. cérémonie, cortège, défilé, file, marche, pardon, queue, suite, théorie, va-et-vient

**processus** n. m. développement, évolution, fonction, marche, mécanisme, procès, progrès, prolongement, suite

**procès-verbal** n. m. [1] au pr. : acte, compte rendu, constat, rapport, recès, relation [2] par ext. : amende, contravention

**prochain** n. m. alter ego, autrui, les autres, semblable

**prochain, e** [1] dans l'espace : aboutant (québ.), adhérent (vx), adjacent, à touche-touche, attenant, avoisinant, circonvoisin, contigu, environnant, joignant, jouxtant, limitrophe, proche, rapproché, touchant, voisin [2] dans le temps : futur, immédiat, imminent, proche, rapproché

**prochainement** → **bientôt**

**proche** [1] adj. → **prochain** [2] n. m. → **parent** [3] adv. → **près**

**proclamation** n. f. [1] avis, ban (vx), déclaration, décret, dénonciation, divulgation, édit, promulgation, publication, rescrit 2 appel, manifeste, profession de foi, programme

**proclamer** affirmer, annoncer, bannir (vx), chanter (péj.), clamer, confesser, crier, déclarer, dénoncer, dévoiler, divulguer, ébruiter, énoncer, professer, prononcer, publier, reconnaître, révéler

**procrastination** n. f. → **indétermination**

**procréateur, trice** → **parent**

**procréation** n. f. accouchement, enfantement, formation, génération, mise au jour / au monde, parturition, production, reproduction

**procréer** accoucher, créer, donner le jour, enfanter, engendrer, former, mettre au jour / au monde, produire

**procuration** n. f. mandat, pouvoir

**procurer** 1 quelqu'un procure : assurer, donner, envoyer, faire obtenir, fournir, livrer, ménager, moyenner (vx), munir, nantir, pourvoir, prêter, trouver 2 quelque chose procure : attirer, causer, faire arriver, mériter, occasionner, offrir, produire, provoquer, valoir 3 v. pron. : acquérir, se concilier, conquérir, se ménager, obtenir, quérir, racoler, recruter

**procureur** n. m. avocat général, magistrat, ministère public, substitut ◆ relig. → **trésorier**

**prodigalité** n. f. 1 au pr. : bonté, désintéressement, générosité, largesse, libéralité 2 par ext. : abondance, dépense, dissipation, exagération, excès, gâchis, gaspillage, luxe, orgie, profusion, somptuosité, surabondance

**prodige** n. m. 1 quelque chose. a merveille, miracle, phénomène, signe b chef-d'œuvre 2 quelqu'un : génie, phénomène, virtuose → **phénix**

**prodigieux, euse** admirable, colossal, confondant, considérable, épatant, époustouflant, étonnant, extraordinaire, fabuleux, faramineux (fam.), génial, gigantesque, magique, merveilleux, miraculeux, mirobolant, monstre, monstrueux, phénoménal, prestigieux, pyramidal, renversant, surnaturel, surprenant

**prodigue** 1 nom ◆ non fav. : dilapidateur, dissipateur, gaspilleur, mange-tout (vx) ◆ fam. : bourreau d'argent, croqueur, panier percé 2 adj. a fav. ou neutre : bon, charitable, désintéressé, fastueux, généreux, large, libéral, somptueux b non fav. : dépensier, désordonné 3 **prodigue en :** abondant, fécond, fertile, prolixe

**prodiguer** 1 non fav. : consumer, dilapider, dissiper, gâcher, gaspiller, jeter à pleines mains 2 fav. ou neutre. a quelqu'un prodigue : accorder, dépenser, déployer, distribuer, donner, épancher, exposer, montrer, répandre, sacrifier, verser b quelque chose prodigue : abonder en, donner à profusion, regorger de 3 v. pron. : se consacrer, se dépenser, se dévouer

**prodrome** n. m. 1 avant-coureur, message, messager, signe, symptôme → **préliminaire** 2 → **préface**

**producteur, trice** 1 au pr. : auteur, créateur, initiateur, inventeur 2 par ext. : agriculteur, cultivateur, éleveur, fournisseur, industriel

**productif, ive** créateur, fécond, fertile, fructueux → **profitable**

**production** n. f. 1 l'action de produire : apparition, création, éclosion, enfantement, fabrication, génération, genèse, mise en chantier / en œuvre, venue 2 ce qui est produit. a écrit, film, œuvre, ouvrage, pièce b croît, fruit, produit, rendement, résultat c activité, besogne, ouvrage, travail d exhibition, performance, spectacle e dégagement, émission, formation

**productivité** n. f. → **rendement**

**produire** 1 au pr. a un document : déposer, exhiber, exhumer, fournir, montrer, présenter b un argument : administrer, alléguer, apporter, invoquer, mettre en avant c un témoin : citer, faire venir, introduire 2 par ext. a quelqu'un ou quelque chose produit : amener, apporter, causer, composer, concevoir, confectionner, créer, cultiver, déterminer, donner le jour / naissance / la vie, élaborer, enfanter, engendrer, fabriquer, faire, faire fructifier / naître / venir, forger, manufacturer, obtenir, occasionner, préparer, provoquer, sortir, tirer de b quelque chose produit : abonder en, donner, fournir, fructifier, porter, rapporter, rendre c vx : grener, jeter d quelque chose produit sur quelqu'un : agir, exercer, frapper, marquer, provoquer e techn. : dégager, émettre, exhaler, former 3 v. pron. a on se produit : apparaître, se donner en spectacle, s'exhiber, se mettre en avant / en vedette, se montrer, venir b quelque chose se produit : s'accomplir, advenir, arriver, avoir lieu, se dérouler, échoir, intervenir, s'offrir, s'opérer, se passer, se présenter, surgir, survenir, se tenir, tomber

**produit** n. m. 1 au pr. : bénéfice, croît, cuvée, fruit, gain, production, profit, rapport, recette, récolte, rendement, rente, résultat, revenu, usufruit 2 par ext. a aliment, denrée, marchandise b clone, enfant, progéniture, race, rejeton 3 fig. : conséquence, effet, résultante, résultat, suite

**proéminence** n. f. mamelon, saillie → **protubérance**

**proéminent, e** apparent, arrondi, ballonné, bossu, en avant, en relief, gonflé, gros, haut, protubérant, renflé, saillant, turgescent, turgide, vultueux

**profanateur, trice** → **vandale**

**profanation** n. f. abus, avilissement, blasphème, dégradation, irrespect, irrévérence, outrage, pollution, sacrilège, vandalisme, viol, violation

**profane** nom et adj. 1 au pr. : laïc, mondain, séculier, temporel 2 par ext. a neutre : étranger, ignorant, novice b non fav. : béotien, bourgeois, philistin

**profaner** avilir, déflorer, dégrader, dépraver, désacraliser, déviriginiser, polluer, salir, souiller, violer

**proférer** 1 articuler, déclarer, dire, émettre, exprimer, jeter, pousser, prononcer 2 péj. : blasphémer, cracher, débagouler, éructer, exhaler, vomir

**professer** 1 → **déclarer** 2 → **pratiquer** 3 → **enseigner**

**professeur** n. m. → **maître**

**profession** n. f. 1 a art, carrière, charge, emploi, état, fonction, gagne-pain, métier, occupation, partie, qualité, situation, spécialité ◆ vx : parti, vacation b au pl. : secteur tertiaire 2 affirmation, confession, credo, déclaration, manifeste → **proclamation**

**professionnel, le** → **spécialiste**

**professoral, e** → **pédant**

**professorat** n. m. → **enseignement**

**profil** n. m. 1 au pr. : contour, ligne, linéament, modénature (arch.) 2 par ext. a aspect, silhouette b figure, portrait, visage

**profiler** 1 caréner, découper, dessiner, projeter, représenter, tracer 2 v. pron. : apparaître, se découper, se dessiner, paraître, se projeter, se silhouetter

**profit** n. m. 1 accroissement, acquêt, aubaine, avantage, bénéfice, bien, butin, casuel, conquête, émolument, enrichissement, excédent, faveur, fruit, gain, intérêt, lucre (péj.), parti, prébende, progrès, récolte, revenant-bon, surplus, traitement, utilité 2 fam. : chapechute (vx), gâteau, gratte, pelote, resquille, tour de bâton 3 **au profit de :** au bénéfice / en faveur / à l'intention / dans l'intérêt / dans l'utilité de

**profitable** assimilable, avantageux, bénéfique, bon, économique, efficace, enrichissant, expédient (vx), fructueux, gratifiant, juteux (fam.), lucratif, payant, productif, rémunérateur, rentable, sain, salutaire, salvateur, utile

**profiter** 1 on profite de quelque chose : bénéficier de, exploiter, jouir de, se servir de, spéculer sur, tirer parti de, utiliser 2 on profite en : s'accroître, apprendre, avancer, croître, grandir, grossir, progresser, prospérer 3 par ext. → **rapporter**

**profiteur, euse** accapareur, affameur, agioteur, exploiteur, fricoteur, mercantile, prébendier, prévaricateur, sangsue, spéculateur, spoliateur, trafiquant, usurier ◆ vx : traitant

**profond, e** 1 au pr. : bas, creux, encaissé, enfoncé, grand, insondable, lointain 2 par ext. : abyssal, caverneux, épais, grave, gros, obscur, sépulcral 3 fig. : abstrait, abstrus, aigu, ardent, beau, calé (fam.), complet, difficile, élevé, ésotérique, essentiel, éthéré, extatique, extrême, foncier, fort, grand, haut, immense, impénétrable, intelligent, intense, intérieur, intime, métaphysique, mystérieux, organique, pénétrant, perspicace, puissant, savant, secret

**profondément** 1 à fond, bien, loin, tout à fait, tout au fond 2 → **complètement**

**profondeur** n. f. 1 au pr. : dimension, distance, étendue, importance, mesure 2 par ext. : abysse, creux, enfoncement, épaisseur, fond, hauteur, largeur, lointain, longueur, perspective 3 fig. : abstraction, acuité, ardeur, beauté, difficulté, élévation, ésotérisme, extase, extrémité, force, grandeur, hauteur, immensité, impénétrabilité, intelligence, intensité, intériorité, intimité, mystère, pénétration, perspicacité, plénitude, puissance, science, secret

**profus, e** → **abondant**

**profusion** n. f. 1 abondance, ampleur, débauche, débordement, démesure, encombrement, étalage, excès, festival, flot, foison, foisonnement, foule, largesse, libéralité, luxe, luxuriance, masse, multiplicité, orgie, prodigalité, pullulement, superflu, superfluité, surabondance 2 **à profusion :** à foison, à gogo, en pagaille

**progéniture** n. f. descendance, enfants, famille, fils, génération, héritier, petit, produit, race, rejeton

**programme** n. m. 1 au pr. : affiche, annonce, ordre du jour, prospectus 2 algorithme, didacticiel, donnée, encodage, instruction, listage, listing, logiciel, multiprogrammation, processeur, progiciel, programmation, règles → **informatique** 3 par ext. : calendrier, cursus, dessein, emploi du temps, éphéméride, horaire, indicateur, ordre du jour, plan, planification, planning, plate-forme, prévision, projet, protocole, schéma, schème

**programmer** 1 établir, lister → **adapter** 2 coder, encoder

**programmeur, euse** par ext. : analyste, claviste

**progrès** n. m. 1 au pr. : accroissement, aggravation (péj.), amélioration, amendement (vx), approfondissement, ascension, augmentation, avancement, cheminement, croissance, développement, épanouissement, essor, évolution, gain, marche, maturation, montée, mouvement, perfectionnement, procès, processus, progression, propagation 2 acculturation, alphabétisation, avance, civilisation, expansion, marche en avant, modernisme, plus-être, technique, technologie

**progresser** 1 au pr. : aller, avancer, cheminer → **marcher** 2 par ext. : s'accroître, s'améliorer, s'amender, croître, se développer, s'étendre, être en / faire des progrès, évoluer, gagner, monter, mûrir, se perfectionner 3 péj. : s'aggraver, empirer

**progressif, ive** adapté, ascendant, calculé, croissant, graduel, modéré, modulé, normalisé, prévu, régulier, rythmé, tempéré

**progression** n. f. 1 accroissement, acheminement, ascendance, ascension, augmentation, avance, avancée, courant, cours, croissance, développement, évolution, gradation, marche, mouvement, raison (math.), succession, suite 2 → **marche** 3 → **progrès**

**progressisme** n. m. avant-gardisme, réformisme → **socialisme**

**progressiste** nom et adj. à gauche, avant-gardiste, gauchiste, novateur, réformiste → **socialiste**

**progressivement** graduellement

**progressivité** n. f. → **régulation**

**prohibé, e** censuré, défendu, en contrebande, illégal, illicite, interdit, tabou

**prohiber** censurer, condamner, défendre, empêcher, exclure, inhiber, interdire, proscrire

**prohibitif, ive** 1 au pr. : dirimant 2 par ext. : abusif, arbitraire, exagéré, excessif

**prohibition** n. f. censure, condamnation, défense, inhibition, interdiction, interdit, proscription

**proie** n. f. 1 au pr. : butin, capture, dépouille, opimes, prise 2 par ext. : esclave, jouet, pâture, victime

**projecteur** n. m. phare, réflecteur, scialytique, spot, sunlight

**projectile** n. m. 1 au pr. : balle, bombe, boulet, cartouche, fusée, mitraille, obus, roquette, torpille 2 arg. : bastos, berlingot, dragée, mouche, olive, pastille, praline, prune, pruneau, volante

**projection** n. f. 1 → **jet** 2 → **représentation**

**projet** n. m. 1 au pr. : canevas, carton, dessin, devis, ébauche, esquisse, étude, maquette, métré, planning, programme, schéma, topo → **plan** 2 par ext. a neutre : but, calcul, conseil (vx), dessein, entreprise, idée, intention, pensée, résolution, spéculation, vue b non fav. : combinaison, combine, complot, conspiration, machination, préméditation, utopie

**projeter** 1 au pr. : éjecter, envoyer, expulser, jeter, lancer 2 fig. : cracher, vomir 3 comploter, conspirer, ébaucher, esquisser, étudier, faire / former des projets, gamberger (arg.), méditer, penser, préméditer, préparer, se proposer de, rouler dans sa tête, songer à, tirer des plans

**prolapsus** n. m. abaissement, chute, descente, distension, ptose, relâchement → **hernie**

**prolégomènes** n. m. pl. introduction, préface, prémisses, principes, propositions

**prolepse** n. f. anticipation, objection, prénotion, réfutation

**prolétaire** nom et adj. indigent, ouvrier, pauvre, paysan, plébéien, salarié, travailleur ◆ fam. : lampiste, smicard

**prolétariat** n. m. → **peuple**

**prolétarien, ne** → **populaire**

**prolifération** n. f. → **reproduction**

**proliférer** apparaître, engendrer, envahir, foisonner, se multiplier, procréer, produire, pulluler, se reproduire

**prolifique** envahissant, fécond, fertile, foisonnant, générateur, productif, prolifère, reproducteur

**prolixe** bavard, diffus, expansif, exubérant, long, loquace, oiseux, profus (vx), rasoir (fam.), verbeux

**prolixité** n. f. bavardage, diffusion, exubérance, faconde, longueur, loquacité

**prologue** n. m. 1 → **préface** 2 → **préliminaire** 3 → **prélude**

**prolongation** n. f. allongement, augmentation, continuation, délai, prorogation, suite, sursis

**prolongement** n. m. accroissement, allongement, appendice, conséquence, continuation, développement, extension, rebondissement, suite

**prolonger** accroître, allonger, augmenter, continuer, développer, étendre, éterniser, faire durer / traîner, poursuivre, pousser, proroger

**promenade** n. f. 1 l'acte. a au pr. : circuit, course, croisière, échappée, errance, excursion, flâne, flânerie, musardise, randonnée, tour, voyage b fam. : baguenaude, balade, déambulation, vadrouille, virée 2 le lieu : allée, avenue, boulevard, cours, galerie, jardin, mail, parc, promenoir

**promener** 1 → **mener** 2 → **porter** 3 → **retarder** 4 → **tromper** 5 **envoyer promener** → **repousser** 6 v. pron. : se balader (fam.), cheminer, circuler, déambuler, errer, flâner, marcher, musarder, prendre l'air, sortir, vadrouiller, voyager

**promeneur, euse** flâneur, marcheur, passant

**promenoir** n. m. arcades, cloître, clos, déambulatoire, galerie, préau → **promenade**

**promesse** n. f. 1 au pr. a neutre : assurance, déclaration, engagement, foi, protestation, serment, vœu b non fav. : serment d'ivrogne, surenchère 2 jurid. : billet, contrat, convention, engagement, pollicitation, sous-seing privé 3 par ext. a fiançailles b annonce, espérance, signe, vent

**prometteur, euse** aguichant, aguicheur, encourageant, engageant

**promettre** 1 au pr. : assurer, certifier, donner sa parole, s'engager, gager (vx), jurer, s'obliger 2 par ext. a affirmer, assurer, faire briller / espérer / miroiter b annoncer, laisser prévoir, prédire, présager, vouer

**promis, e** fiancé

**promiscuité** n. f. assemblage, confusion, coudoiement, familiarité, mélange, mitoyenneté, pêle-mêle, voisinage

**promontoire** n. m. avancée, belvédère, cap, éminence, falaise, hauteur, pointe, saillie

**promoteur, trice** 1 animateur, auteur, cause, centre, créateur, excitateur, initiateur, innovateur, inspirateur, instigateur, organisateur, pionnier, point de départ, précurseur, protagoniste, réalisateur 2 partic. : activeur, excitateur

**promotion** n. f. 1 au pr. : accession, avancement, élévation, émancipation, mouvement, nomination, reclassement 2 par ext. : année, classe, cuvée (fam.)

**promotionnel, le** publicitaire

**promouvoir** 1 bombarder (fam.), élever, ériger, faire avancer, mettre en avant, nommer, porter, pousser, reclasser 2 animer, encourager, favoriser, provoquer, soutenir

**prompt, e** 1 fav. ou neutre : actif, adroit, agile, allègre, avisé, bref, chaud, court, diligent, empressé, fougueux, immédiat, impétueux, leste, pétulant, preste, rapide, soudain, vif 2 non fav. : brusque, coléreux, emporté, expéditif, hâtif, impérieux, irascible, ombrageux, soupe au lait (fam.), susceptible

**promptement** 1 → **vite** 2 fam. : à fond de train, presto

**promptitude** n. f. activité, agilité, célérité, dextérité, diligence, empressement, fougue, hâte, impétuosité, pétulance, prestesse, rapidité, vitesse, vivacité

**promulgation** n. f. → **publication**

**promulguer** décréter, divulguer, édicter, émettre, faire connaître / savoir, publier

**prône** n. m. discours, enseignement, homélie, prêche → **sermon**

**prôner** affirmer, assurer, célébrer, faire connaître, louer, prêcher, préconiser, proclamer, publier, vanter

**pronom** n. m. démonstratif, indéfini, interrogatif, personnel, possessif, relatif, substitut

**prononcé, e** 1 accentué, accusé, marqué, souligné, visible 2 arrêté, ferme, formel, irréversible, irrévocable, résolu

**prononcer** 1 au pr. : articuler, dire, émettre, énoncer, exprimer, formuler, proférer 2 affirmer, arrêter, déclarer, décréter, formuler, infliger, juger, ordonner, rendre 3 de façon particulière. a fav. ou neutre : accentuer, appuyer, chuchoter, débiter, déclamer, détacher, détailler, faire sentir / sonner, marquer, marteler, psalmodier, réciter, scander b non fav. : avaler ses mots, bafouiller, balbutier, bégayer, bléser, bredouiller, chuinter, escamoter ses mots, grasseyer, mâchonner, manger ses mots, nasiller, zézayer, zozoter 4 v. pron. : choisir, conclure à, se décider, se déterminer, se résoudre

**prononciation** n. f. 1 fav. ou neutre : accent, accentuation, articulation, débit, élocution, façon / manière de prononcer, iotacisme, lambdacisme, phrasé, prononcé, rhotacisme 2 non fav. : balbutiement, bégaiement, blèsement, blésité, bredouillement, chuintement, grasseyement, lallation, nasillement, nasonnement, zézaiement

**pronostic** n. m. annonce, apparence, conjecture, jugement, prédiction, présage, prévision, prophétie, signe ◆ vx : almanach

**pronostiquer** annoncer, conjecturer, juger, prédire, présager, prévoir, prophétiser

**pronunciamiento** n. m. coup d'État, manifeste, proclamation, putsch, rébellion, sédition

**propagande** n. f. campagne, croisade, endoctrinement, intoxication, matraquage, persuasion, propagation, prosélytisme, publicité, racolage, retape ◆ péj. : attrape-nigaud, battage, blablabla, bourrage de crâne, tam-tam

**propagandiste** nom et adj. → **propagateur**

**propagateur, trice** apôtre, diffuseur, divulgateur, doctrinaire, évangélisateur, missionnaire, propagandiste, prosélyte, rabatteur, révélateur

**propagation** n. f. 1 neutre : augmentation, communication, circulation, développement, diffusion, dispersion, dissémination, éparpillement, expansion, extension, généralisation, marche, mise en mouvement, multiplication, progrès, progression, rayonnement, reproduction, vulgarisation 2 non fav. : aggravation, contagion, contamination, épidémie, invasion, irradiation, métastase (méd.), nuisance, transmission 3 apostolat, propagande, prosélytisme

**propager** 1 colporter, communiquer, diffuser, disséminer, divulguer, enseigner, faire accepter / connaître / courir / savoir, multiplier, populariser, prêcher, prôner, publier, répandre, reproduire 2 pron. : s'accréditer, augmenter, circuler, courir, déferler, s'étendre, gagner, irradier

**propension** n. f. disposition, inclination, naturel, penchant, pente, tempérament, tendance

**prophète, prophétesse** augure, devin, gourou, mahdi, messie, nabi, pythonisse, starets, vaticinateur, voyant

**prophétie** n. f. annonce, conjecture, inspiration, oracle, prédiction, prévision, songe, vaticination → **divination**

**prophétique** annonciateur, avant-coureur, conjectural, divinateur, inspiré, messianique, préliminaire

**prophétiser** annoncer, conjecturer, deviner, faire des oracles, prédire, prévoir, vaticiner

**prophylactique** antiseptique, assainissant, hygiénique, préservatif, préventif, protecteur

**prophylaxie** n. f. antisepsie, asepsie, assainissement, hygiène, précaution, préservation, prévention, protection

**propice** amical, à-propos, beau, bénin, bien, bien disposé, bienfaisant, bienséant, bon, convenable, favorable, opportun, propitiatoire, propre, salutaire, utile

**propitiation** n. f. → **sacrifice**

**propitiatoire** → **propice**

**proportion** n. f. 1 accord, analogie, beauté, comparaison, convenance, correspondance, dimension, dose, équilibre, eurythmie, harmonie, justesse, médiane, mesure, modénature (arch.), moyenne, pourcentage, rapport, régularité, symétrie 2 a **à proportion de :** à l'avenant / mesure / raison, proportionnellement, suivant b **en proportion de :** au prorata, en comparaison, en raison, eu égard, relativement, selon, suivant

**proportionné, e** 1 quelqu'un : assorti, beau, bien balancé / baraqué (fam.) / bâti / fait / fichu (fam.) / foutu (fam.) / moulé / pris / roulé (fam.) / taillé, convenable, en harmonie, équilibré, harmonieux, mesuré, pondéré, régulier 2 quelque chose : au prorata, corrélatif, en rapport, logique, symétrique

**proportionnel, le** ad valorem, au prorata, en rapport, relatif

**proportionnellement** au prorata, comparativement, convenablement, harmonieusement, régulièrement, relativement

**proportionner** accommoder, approprier, assortir, calculer, dimensionner, doser, équilibrer, établir, mélanger, mesurer, mettre en état, moduler, préparer, rapporter, répartir

**propos** n. m. 1 au pr. : but, dessein, intention, pensée, résolution 2 par ext. a matière, objet, sujet, thème b badinage, badinerie, bagatelle, baliverne, balourdise, banalité, baratin (fam.), bavardage, bêtise, blablabla, blague, boniment, boutade, bruit, cajolerie, calembredaine, calomnie, chanson, cochonnerie, commentaire, commérage, conversation, dire, discours, dit, douceurs, entretien, fadaise, faribole, gaillardise, galanterie, gaudriole, gauloiserie, grivoiserie, histoire, insanité, insinuation, médisance, obscénité, papotage, parole, phrase, polissonnerie, qu'en-dira-t-on, saleté, sottise, trait, turlutaine, vantardise, vilenie 3 a **à propos de :** à l'occasion de, concernant, relatif à b **à tout propos :** à chaque instant, à tous les coups, à tout bout de champ c **mal à propos :** à contretemps, de façon / manière inopportune / intempestive, hors de saison, sans raison / sujet d **bien à propos :** à pic, à point, à point nommé, à temps, au poil (fam.), opportunément, pile e **être à propos de / que :** bon, convenable, expédient, juste, opportun

**proposer** 1 avancer, conseiller, faire une proposition, mettre en avant, offrir, présenter, soumettre 2 pron. → **projeter**

**proposition** n. f. 1 au pr. : marché, offre, ouverture, ultimatum (péj.) 2 jurid. : loi, motion, projet, résolution 3 par ext. a dessein, intention b conseil, initiative 4 logique : affirmation, allégation, aphorisme, assertion, axiome, conclusion, conversion, corollaire, démonstration, énoncé, expression, hypothèse, jugement, lemme, maxime, négation, paradoxe, postulat, précepte, prémisse, principe, théorème, thèse

**propre** n. m. apanage, distinction, individualité, particularité, propriété, qualité, signe, spécificité

**propre** 1 adéquat, ad hoc, approprié, apte, bon, capable, congru, convenable, de nature à, étudié / fait pour, habile à, idoine, juste, prévu 2 distinctif, exclusif, individuel, intrinsèque, particulier, personnel, spécial, spécifique 3 à la lettre, littéral, même, textuel 4 astiqué, blanc, blanchi, clair, correct, débarbouillé, décent, décrassé, décrotté, élégant, entretenu, essuyé, frais, frotté, gratté, hygiénique, immaculé, lavé, lessivé, net, présentable, propret, pur, récuré, rincé, savonné, soigné, tenu 5 fam. : briqué, calamistré, nickel

**proprement** à propos, bien, convenablement, correctement, en fait, exactement, pratiquement, précisément, soigneusement, stricto sensu, véritablement

**propreté** n. f. 1 au pr. : clarté, décence, élégance, fraîcheur, netteté, pureté 2 par ext. a hygiène, soin, toilette b ménage, nettoyage, récurage

**propriétaire** n. m. et f. 1 actionnaire, bailleur, capitaliste, détenteur, hôte, locateur (vx), logeur, maître, possédant, possesseur, titulaire, vautour (péj.) ◆ fam. : proprio, taulier 2 vx : alleutier, locateur

**propriété** n. f. 1 l'acte : jouissance, possession, usage 2 au pr. : avoir, bien, bien-fonds, capital, domaine, exploitation, fazenda, ferme, habitation, hacienda, héritage, immeuble, latifundium, maison, manse (vx), monopole, patrimoine, ranch, terre, titre 3 attribut, caractère, essence, faculté, nature, particularité, pouvoir, puissance, qualité, vertu 4 adéquation, convenance, efficacité, exactitude, justesse, véridicité, vérité

**propulser** 1 → **jeter** 2 → **mouvoir**

**propulseur** n. m. booster, réacteur, statoréacteur, turbopropulseur, turboréacteur

**propulsion** n. f. effort, élan, force, poussée

**prorata** n. m. proportion, quote-part, quotité

**prorogation** n. f. ajournement, continuation, délai, moratoire, prolongation, renouvellement, renvoi, sursis, suspension

**proroger** accorder un délai / une prorogation, ajourner, atermoyer, faire durer / traîner, prolonger, remettre, renvoyer, repousser, retarder, suspendre

**prosaïque** banal, bas, commun, grossier, matériel, ordinaire, simple, terre à terre, trivial, vulgaire

**prosaïsme** n. m. → **platitude**

**prosateur** n. m. → **écrivain**

**proscription** n. f. bannissement, élimination, éviction, exil, expulsion, interdiction, interdit, ostracisme, répression

**proscrire** 1 au pr. : bannir, chasser, éliminer, éloigner, exiler, expulser, faire disparaître, frapper de proscription, refouler, rejeter 2 par ext. : abolir, censurer, condamner, défendre, frapper d'interdit, interdire, mettre à l'index, prohiber, rejeter

**proscrit, e** → **banni**

**prose** n. f. → **texte**

**prosélyte** n. m. et f. 1 au pr. : adepte, catéchumène, converti, initié, néophyte, nouveau venu 2 par ext. : apôtre, disciple, fidèle, missionnaire, partisan, sectateur, zélateur

**prosélytisme** n. m. → **zèle**

**prosodie** n. f. déclamation, mélodie, métrique, règles, versification

**prosopopée** n. f. → **discours**

**prospect** n. m. off. : client (potentiel)

**prospecter** chercher, enquêter, étudier, examiner, parcourir, rechercher

**prospecteur, trice** → **explorateur**

**prospection** n. f. → **recherche**

**prospective** n. f. futurologie

**prospectus** n. m. affiche, annonce, avertissement, avis, brochure, dépliant, feuille, imprimé, papillon, programme, publicité, réclame, tract

**prospère** arrivé, beau, heureux, florissant, fortuné, nanti, pourvu, riche

**prospérer** avancer, croître, se développer, s'enrichir, s'étendre, faire ses affaires / son beurre (fam.), fleurir, marcher, se multiplier, progresser, réussir

**prospérité** n. f. 1 abondance, aisance, béatitude, bénédiction, bien-être, bonheur, chance, félicité, fortune, réussite, richesse, santé, succès, veine (fam.) 2 accroissement / augmentation des richesses, activité, développement, épanouissement, essor, pléthore, progrès

**prosternation** n. f. → **révérence**

**prosterné, e** 1 au pr. : agenouillé, baissé, courbé, incliné 2 fig. contrit, modeste, pieux, repentant, soumis, suppliant → **servile**

**prosterner (se)** 1 s'agenouiller, s'allonger, se coucher, se courber, s'étendre, fléchir le genou, s'incliner, se jeter à terre 2 s'abaisser, adorer, s'aplatir, faire amende honorable, flagorner, s'humilier

**protestation** n. f. 1 au pr. : assurance, déclaration, démonstration, promesse, témoignage 2 par ext. : appel, bougonnement, clameur, contre-pied, cri, criaillerie, critique, dénégation, désapprobation, grogne, grognement, grommellement, marmonnement, marmottement, murmure, objection, plainte, réclamation, refus, regimbement, réprobation, rogne, vitupération ◆ fam. : coup de gueule, gueulement, rouscaille, rouspétance, ruade

**prostituée** n. f. 1 vx et / ou litt. : belle-de-jour / -de-nuit, call-girl, cocotte, courtisane, créature, croqueuse, demi-mondaine, femme / fille de joie / légère / de mauvaise vie / de mauvaises mœurs / publique / de rien, geisha (partic.), gourgandine, gueuse, hétaïre, marchande d'amour / d'illusion, moukère (partic.), péripatéticienne, petit métier, professionnelle, raccrocheuse, racoleuse, ravageuse, ribaude, sirène 2 arg. et / ou péj. : allumeuse, arpenteuse, catin, coucheuse, coureuse, entôleuse, frangine, gagneuse, garce, gonzesse, gouge, grue, maquerelle, morue, poule, putain, pute, radasse, régulière, sœur, souris, tapin, tapineuse, traînée

**prostituer** 1 abaisser, avilir, corrompre, débaucher, dégrader, déshonorer, dévoyer, galvauder, livrer, mettre à l'encan, vendre 2 arg. : atteler, driver, maquer, maquereauter 3 v. pron. : arpenter, marcher, michetonner, tapiner, truquer, turbiner

**prostitution** n. f. 1 commerce / métier / trafic de ses charmes / de son corps, le plus vieux métier du monde, proxénétisme, traite (des blanches), trottoir 2 arg. ou fam. : abattage, asphalte, bitume, macadam, moulin, passe(s), racolage, rade, retape, tapin, trottoir, truc, turbin, turf

**prostration** n. f. abattement, accablement, anéantissement, dépression, effondrement, épuisement, faiblesse, hébétude, inactivité, langueur, léthargie

**prostré, e** abattu, accablé, anéanti, effondré, torpide

**protagoniste** n. m. et f. acteur, animateur, boute-en-train, initiateur, instigateur, interlocuteur, interprète, meneur, pionnier, promoteur

**protecteur, trice** 1 nom. a aide, ange gardien, appui, asile, bienfaiteur, champion, chevalier servant, conservateur, défenseur, gardien, libérateur, mécène, patron, père, providence, soutien, sponsor, support, tuteur b → **proxénète** 2 adj. a fav. → **tutélaire** b non fav. : condescendant, dédaigneux

**protection** n. f. 1 l'action. a au pr. : aide, appui, assistance, conservation, couverture, défense, esquive, garantie, garde, ombre, préservation, sauvegarde, secours, soutien, support, tutelle b relig. : auspices, baraka, bénédiction, égide, invocation, patronage c méd. : immunisation, immunité, prophylaxie d → **encouragement** 2 ce qui protège. a → **abri** b armure, bouclier, carapace, cuirasse, cuirassement, cuissard, gant, (gilet) pare-balles, masque, plastron, tablier c capuchon, cloche, couvercle, couverture, écran, enveloppe, fourreau, gaine, housse d antibois, bardage, blindage, clôture, étanchement, gabion, garde-fou, grillage, grille e paravent, portière, rideau, voilage f calorifugeage, insonorisation, isolation g garde-feu, pare-étincelles h bavolet (vx), garde-boue, pare-boue, pare-brise, pare-chocs, pare-clous, pare-soleil i → **parapluie** j bastion, boulevard, fortifications, glacis, pare-éclats, rempart k enduction → **revêtement** l paratonnerre m coupe-feu, pare-feu n équit. : émouchette

**protégé, e** client, créature (péj.), favori, pistonné

**protéger** 1 au pr. a abriter, accompagner, aider, armer, assister, assurer, barder, blinder, convoyer, couvrir, cuirasser, défendre, escorter, flanquer, fortifier, garantir, munir, ombrager, parer, préserver, sauvegarder, tauder (mar.), veiller à b enduire, peindre, vernir c calorifuger, insonoriser, isoler d épiner → **fermer** 2 par ext. : a appuyer, encourager, favoriser, patronner, pistonner (fam.), recommander, soutenir, sponsoriser b materner c breveter → **conserver** 3 v. pron. a être en garde contre, se garer, se mettre à couvert, parer à, prendre garde à b vén. : se motter, repairer

**protéiforme** → **changeant**

**protestant, e** nom et adj 1 anabaptiste, anglican, arminien, baptiste, calviniste, conformiste, évangélique, évangéliste, fondamentaliste, luthérien, mennonite, méthodiste, mormon, piétiste, presbytérien, puritain, quaker, réformé, salutiste, témoins du Christ / de Jéhovah 2 vx : barbet, camisard, ceux du dedans, huguenot, parpaillot, réfugié, religionnaire, remontrant

**protestantisme** n. m. armée du Salut, Église anglicane / baptiste / des saints du Dernier Jour / évangélique / presbytérienne / réformée, luthéranisme, Réforme

**protestataire** → **mécontent**

**protester** 1 v. tr. : affirmer, assurer, promettre 2 v. intr. : arguer, attaquer, clabauder, contester, criailler, crier après / contre, désapprouver, dire, s'élever contre, s'exclamer, se gendarmer, grogner, s'indigner, manifester, marmonner, marmotter, murmurer, objecter, s'opposer, pétitionner, se plaindre de, se rebeller, se rebiffer, réclamer, se récrier, récriminer, récuser, regimber, résister, ronchonner, tenir tête, vitupérer ◆ fam. : clabauder, criailler, gueuler, râler, renauder, rouscailler, rouspéter, ruer dans les brancards

**protocolaire** bienséant, convenable, correct, permis, réglementaire, régulier, traditionnel

**protocole** n. m. 1 accord, armistice, cessez-le-feu, concordat, convention, entente, résolution, traité 2 acte, avenant, formulaire, procès-verbal 3 bienséance, cérémonial, cérémonies, convenances, décorum, étiquette, formes, ordonnance, préséance, règlement, règles, rite, savoir-vivre, usage

**protohistoire** n. f. → **préhistoire**

**prototype** n. m. archétype, étalon, modèle, original, premier exemplaire, princeps, type

**protubérance** n. f. 1 au pr. : apophyse, bosse, excroissance, gibbosité, saillie, tubérosité 2 par ext. : élévation, éminence, mamelon, monticule, piton, tertre

**protubérant, e** → **proéminent**

**prou** 1 vx : amplement, beaucoup, suffisamment 2 **peu ou prou :** plus ou moins

**proue** n. f. avant, étrave

**prouesse** 1 bravoure, vaillance 2 → **exploit**

**prouver** 1 au pr. on prouve quelque chose : démontrer, établir, faire apparaître / comprendre / croire / reconnaître / voir comme vrai, illustrer, justifier, montrer 2 par ext. quelque chose ou quelqu'un prouve quelque chose : affirmer, annoncer, attester, confirmer, corroborer, déceler, faire foi, faire / laisser voir, indiquer, manifester, marquer, révéler, témoigner

**provenance** n. f. commencement, fondement, origine, principe, racine, source

**provenir** découler, dériver, descendre, émaner, être issu, naître, partir, procéder, remonter, résulter, sortir, tenir, tirer, venir

**proverbe** n. m. 1 adage, aphorisme, dicton, maxime, pensée, sentence 2 saynète, scène, pièce

**proverbial, e** connu, gnomique, sentencieux, traditionnel, typique, universel

**providence** n. f. 1 bonté, Ciel, Créateur, destin, Dieu, divinité, protecteur, secours 2 aide, appui, protection, secours, support

**providentiel, le** bon, divin, heureux, inespéré, opportun, protecteur, salutaire

**providentiellement** par bonheur, par chance

**province** n. f. circonscription / division administrative / territoriale, État, généralité, gouvernement, marche, pays, région ◆ vx : dème, éparchie, ethnarchie, exarchat, tétrarchie

**proviseur** n. m. directeur, principal, régent, supérieur

**provision** n. f. 1 au pr. a amas, approvisionnement, avance, dépôt, en-cas, fourniture, munition (vx), réserve, réunion, stock b vx : munition c au pl. : aliments, denrée, provende, ravitaillement, viatique, victuailles, vivres 2 par ext. a jurid. : acompte, allocation, avance, caution, dépôt, garantie b au pl. : commissions, courses

**provisoire** → **passager**

**provisoirement** 1 en attendant, momentanément, occasionnellement, passagèrement, précairement, temporairement, transitoirement 2 → **brièvement**

**provocant, e** 1 au pr. : agressif, batailleur, belliqueux, irritant → **querelleur** 2 par ext. : a agaçant, aguichant, coquet, effronté, excitant, hardi b → **obscène**

**provocateur, trice** agitateur, agresseur, excitateur, fauteur, meneur

**provocation** n. f. 1 agression, appel, attaque, cartel, défi, excitation, incitation, menace 2 → **minauderie** 3 → **querelle**

**provoquer** 1 au pr. on provoque quelqu'un à : amener, disposer, encourager, entraîner, exciter, inciter, instiguer, porter, pousser, préparer, solliciter 2 par ext. **a** non fav. : agacer, aiguillonner, appeler, attaquer, braver, défier, harceler, irriter, narguer → **quereller** **b** un désir : aguicher, allumer 3 quelque chose ou quelqu'un provoque quelque chose : amener, animer, appeler, apporter, attirer, causer, créer, déchaîner, déclencher, donner lieu, enflammer, éveiller, exciter, faire naître / passer, favoriser, inspirer, occasionner, produire, promouvoir, soulever, susciter

**proxénète** 1 nom masc. **a** protecteur, souteneur **b** arg. : barbillon, entremetteur, hareng, homme, jules, mac, maquereau, marlou, mec, mecton, merlan 2 nom fém. et vx : abbesse, dame Claude, entremetteuse, madame, maquerelle, matrone, mère Michèle, pourvoyeuse, tôlière, vieille

**proxénétisme** n. m. traite des blanches, vagabondage spécial

**proximité** n. f. 1 dans l'espace : alentours, confins, contact, contiguïté, environs, mitoyenneté, voisinage 2 dans le temps : approche, imminence, rapprochement 3 par ext. : degré, parenté 4 adv. **à proximité :** auprès, aux alentours / environs, près de, proche

**prude** 1 neutre : chaste, honnête, modeste, pudique 2 non fav. : bégueule, chaisière, collet monté, cul-bénit, oie blanche, pudibond, puritain, sainte nitouche → **hypocrite**

**prudence** n. f. 1 au pr. : attention, calme, circonspection, discernement, doigté, lenteur, ménagement, politique, précaution, prévoyance, réflexion, sagesse, vertu ♦ vx : prud'homie 2 par ext. **a** → **mystère** **b** cautèle, dissimulation, faux-semblant, machiavélisme → **hypocrisie**

**prudent, e** 1 au pr. : attentif, averti, avisé, calme, circonspect, défiant, discret, expérimenté, habile, inspiré, mesuré, modéré, organisé, pondéré, posé, précautionneux, prévoyant, réfléchi, réservé, sage, sérieux ♦ vx : concerté, prud'homme 2 par ext. Non fav. : inconsistant, neutre, pusillanime, timoré 3 **il serait prudent :** bon, de circonstance, sage

**pruderie** n. f. → **hypocrisie**

**prud'homie** n. f. → **prudence**

**prud'homme** → **prudent**

**prune** n. f. agrume, diaprée, rouge, ente, impériale, madeleine, mignonne, mirabelle, moyeu (vx), pruneau, quetsche, reine-claude

**prunelle** n. f. œil, pupille, regard

**prurigo** et **prurit** n. m. 1 au pr. : chatouillement, démangeaison → **picotement** 2 fig. → **désir**

**prytanée** n. m. → **lycée**

**psallette** n. f. → **manécanterie**

**psalmodie** n. f. chant, plain-chant, psaume

**psalmodier** 1 → **prononcer** 2 → **chanter**

**psaume** n. m. antienne, cantique, chant sacré, complies, heures, laudes, matines, office, poème, vêpres, verset

**psautier** n. m. antiphonaire → **paroissien**

**pseudo** → **faux**

**pseudonyme** n. m. hétéronyme, nom de guerre / de plume / de théâtre, sobriquet, surnom

**psychanalyse** n. f. psychothérapie → **psychiatrie**

**psyché** n. f. glace, miroir

**psychédélique** → **surnaturel**

**psychiatre** nom et adj. vx : aliéniste, neuropsychologue

**psychiatrie** n. f. 1 vx : neuropsychologie 2 par ext. : ethnopsychiatrie, neurologie, neuropsychiatrie, pédopsychiatrie, psychothérapie

**psychique** intellectuel, mental, moral, psychologique, spirituel

**psychodrame** n. m. sociodrame, thérapie de groupe

**psychologie** n. f. 1 → **pénétration** 2 → **caractère**

**psychologique** → **psychique**

**psychopathe** → **fou**

**psychose** n. f. acrophobie, autisme, confusion mentale, délire, démence, dérangement cérébral / mental, folie, hallucination, hébéphrénie, manie, mélancolie, obsession, paranoïa, psychopathie, ramollissement cérébral, schizophrénie → **névrose**

**puant, e** 1 au pr. : dégoûtant, empesté, empuanti, fétide, hircin, infect, malodorant, méphitique, nauséabond, pestilentiel 2 fig. **a** impudent, honteux **b** → **orgueilleux**

**puanteur** n. f. empyreume, fétidité, infection, mauvaise odeur, odeur fétide / infecte / repoussante, pestilence, relent, remugle

**pubère** adolescent, formé, nubile, pubescent, réglée

**puberté** n. f. adolescence, âge bête / ingrat, formation, nubilité, pubescence

**pubescent, e** 1 duveté, duveteux, poilu, velu 2 → **pubère**

**pubis** n. m. mont de Vénus, pénil

**public** n. m. 1 assemblée, assistance, audience, auditeurs, auditoire, chambrée, foule, galerie, parterre, salle, spectateurs 2 **en public** → **publiquement**

**public, ique** 1 un lieu : banal, banalisé, collectif, communal, communautaire, fréquenté, ouvert, populaire, vicinal 2 quelque chose : affiché, annoncé, célèbre, colporté, commun, communiqué, déclaré, dévoilé, divulgué, ébruité, évident, exotérique, exposé, général, manifeste, national, notoire, officiel, ostensible, propagé, publié, reconnu, renommé, répandu, révélé, social, universel, vulgarisé 3 jurid. : authentique 4 **fille publique** → **prostituée**

**publication** n. f. 1 annonce, ban, dénonciation, divulgation, proclamation, promulgation, révélation, tambourinage (fam.) 2 apparition, édition, lancement, parution, reproduction, sortie 3 collection, écrit, livraison, ouvrage

**publiciste** n. m. et f. → **journaliste**

**publicitaire** promotionnel

**publicité** n. f. affichage, annonce, battage, bourrage de crâne (péj.), bruit, intoxication, lancement, réclame, renommée, retentissement, slogan ♦ fam. : boom, tam-tam → **propagande**

**publier** 1 au pr. : afficher, annoncer, célébrer, chanter, clamer, communiquer, corner, déclarer, dénoncer, dire, divulguer, ébruiter, édicter, émettre, étaler, exprimer, faire connaître, lancer, louer, manifester, mettre en pleine lumière, prêcher, préconiser, proclamer, promulguer, prôner, propager, rendre public, répandre, vanter → **découvrir, révéler** ♦ fam. : battre le tambour, carillonner, claironner, crier sur les toits, emboucher la trompette, tambouriner, trompeter 2 par ext. : écrire, éditer, faire, faire paraître, imprimer, sortir

**publipostage** n. m. → **mailing**

**publiquement** au grand jour, devant tout le monde, en grande pompe, en public, manifestement, notoirement, officiellement, ostensiblement, solennellement, tout haut, universellement

**puce** au pl. → **brocante**

**puceau, pucelle** → **vierge**

**pucelage** n. m. → **virginité**

**pucier** n. m. → **lit**

**pudeur** n. f. 1 au pr. : bienséance, chasteté, délicatesse, discrétion, honnêteté, modestie, pudicité, réserve, respect, retenue, sagesse → **décence** 2 par ext. : confusion, embarras, honte

**pudibond, e** 1 prude, timide → **pudique** 2 → **hypocrite**

**pudibonderie** n. f. → **hypocrisie**

**pudicité** n. f. → **décence**

**pudique** 1 fav. : chaste, délicat, discret, honnête, modeste, réservé, retenu, sage → **décent** 2 non fav. : prude, pudibond → **hypocrite**

**puer** empester, empuantir, exhaler / répandre une odeur désagréable / fétide / nauséabonde / répugnante, infecter, sentir mauvais / le fraîchin / le renfermé → **sentir**

**puéril, e** enfantin, infantile, frivole, futile, mièvre, niais, vain

**puérilisme** n. m. → **infantilisme**

**puérilité** n. f. badinerie, baliverne, enfantillage, frivolité, futilité, mièvrerie, niaiserie, vanité

**pugilat** n. m. 1 au pr. : boxe, catch, judo, lutte, pancrace 2 par ext. : attrapade, bagarre, peignée, rixe

**pugiliste** n. m. athlète, boxeur, catcheur, judoka, lutteur

**pugnace** accrocheur, agressif, bagarreur, combatif, lutteur, querelleur, vindicatif

**pugnacité** n. f. → **agressivité**

**puîné, e** cadet, junior

**puis** 1 alors, après, ensuite, postérieurement 2 **et puis :** au / du reste, d'ailleurs, de plus, en outre

**puisard** n. m. bétoire, égout, fosse, puits perdu

**puiser** 1 au pr. : pomper, tirer 2 fig. : emprunter, glaner → **prendre**

**puisque** attendu que, car, comme, dès l'instant où, dès lors que, du moment que, étant donné que, parce que, pour la raison que, vu que

**puissance** n. f. 1 de quelque chose : capacité, efficacité, énergie, faculté, force, intensité, possibilité, pouvoir 2 de quelqu'un, physique : masculinité, vigueur, virilité 3 par ext. **a** autorité, bras séculier, dépendance, domination, droit, empire, grandeur, influence, loi, omnipotence, prépondérance, prépotence, souveraineté, toute-puissance **b** couronne, empire, État, nation, pays **c** aura, mana **d** → **pouvoir** **e** → **qualité** 4 unités de puissance : cheval (-vapeur), dyne, erg, horse-power, joule, kilogrammètre, sthène, watt

**puissant, e** 1 au pr. capable, considérable, efficace, énergique, fort, grand, haut, influent, omnipotent, prépondérant, redoutable, riche, souverain, tout-puissant 2 par ext. **a** éloquent, profond, violent **b** vigoureux, viril **c** → **gros** 3 nom → **personnalité**

**puits** n. m. 1 au pr. : aven, bure, buse, cavité, citerne, excavation, fontaine, gouffre, oubliette, source, trou 2 **puits de science :** abîme, mine

**pull-over** n. m. chandail, débardeur, maillot, sweater, sweat-shirt, tricot

**pullulement** n. m. → **multitude**

**pulluler** 1 → **abonder** 2 → **multiplier (se)**

**pulmonaire** adj. et n. phtisique → **tuberculeux**

**pulpe** n. f. bouillie, chair, tourteau

**pulpeux, euse** → **moelleux**

**pulsation** n. f. → **battement**

**pulsion** n. f. → **tendance**

**pulsionnel, le** → **involontaire**

**pulvérisateur** n. m. 1 atomiseur, brumisateur, nébuliseur, poudreuse, spray, vaporisateur 2 pistolet, poudreuse, sulfateuse

**pulvérisation** n. f. 1 au pr. : atomisation, évaporation, sublimation, volatilisation 2 fig. : anéantissement, désagrégation, destruction, éclatement, émiettement, éparpillement

**pulvériser** 1 au pr. : brésiller, broyer, désagréger, écraser, effriter, égruger, émietter, léviger, moudre, piler, réduire, triturer 2 par ext. : atomiser, projeter, volatiliser 3 fig. : anéantir, battre, briser, détruire, mettre / réduire en bouillie / cendres / charpie / miettes / morceaux ♦ fam. : bousiller, écrabouiller

**puma** n. m. cougouar

**punaise** n. f. nèpe, pentatome

**punch** n. m. efficacité, énergie, pep (fam.), riposte, vigueur, vitalité → **force**

**punir** 1 battre, châtier, condamner, corriger, crosser (fam.), faire justice / payer, flétrir, frapper, infliger une peine / sanction, redresser, réprimer, sanctionner, sévir 2 **a** arg. : racler, saler, souquer **b** arg. scol. : coller, consigner, mettre en colle **c** → **battre**

**punition** n. f. 1 au pr. : amende, blâme, châtiment, condamnation, confiscation, contravention, correction, dam (vx), damnation, expiation, leçon, malus, peine, pénalisation, pénalité, pénitence, répression, sanction → **volée** ♦ vx : dam 2 par ext. : calamité, fléau 3 genres de punitions. **a** cangue, carcan, coup, échafaud, exposition, fers, fouet, fustigation, garcette, gibet, knout, pilori, question (vx), schlague, torture → **supplice** **b** arrêt, emprisonnement, internement, prison **c** arrêts, bonnet d'âne, cachot, coin, colle, consigne, devoir supplémentaire, fessée, gifle, lignes, martinet, pain sec, pensum, piquet, privation de dessert / de sortie, retenue **d** coup-franc, gage, penalty

**pupille** n. m. et f. 1 enfant, fils adoptif, fille adoptive, orphelin 2 → **prunelle**

**pupitre** n. m. lutrin → **bureau**

**pur, e** 1 au pr. **a** absolu, affiné, blanc, complet, frais, inaltéré, mère (vx), naturel, net, nickel (fam.), originel, parfait, propre, purifié, sain, simple **b** assaini, filtré, raffiné, rectifié, tamisé, transparent 2 par ext. **a** moral : angélique, archangélique, authentique, beau, candide, chaste, continent, délicat, désintéressé, droit, franc, honnête, immaculé, impeccable, innocent, intact, intègre, lilial, pudique, sage, saint, vertueux, vierge, virginal **b** un sentiment : aérien, ailé, clair, éthéré, idéal, immatériel, limpide, platonique, séraphique **c** un son : argentin, clair, cristallin **d** un langage : châtié, correct, élégant

**purée** n. f. 1 au pr. : bouillie, coulis, estouffade, garbure 2 fig. : débine, dèche, misère, mistoufle, mouise, mouscaille, panade, pauvreté

**purement** 1 exclusivement, seulement, simplement, uniquement 2 **purement et simplement** → **complètement**

**pureté** n. f. 1 au pr. : authenticité, blancheur, clarté, correction, fraîcheur, intégrité, limpidité, netteté, propreté 2 par ext. : candeur, chasteté, continence, délicatesse, droiture, honnêteté, ingénuité, innocence, perfection, pudeur, vertu, virginité 3 fig. : calme, sérénité 4 du style. **a** adéquation, correction, élégance, propriété, purisme **b** acceptabilité, grammaticalité, signifiance

**purgatif** n. m. → **purge**

**purgatif, ive** vx : apéritif, cathartique, dépuratif, drastique, évacuant, laxatif, minoratif, rafraîchissant

**purgation** n. f. → **purge**

**purgatoire** n. m. expiation, purification

**purge** n. f. 1 au pr. : aloès, armoise, calomel, casse, citrate de magnésie, coloquinte, croton, ellébore, épurge, euphorbe, globulaire, gratiole, huile de ricin, jalap, laxatif, médecine, médicinier, nerprun, purgatif, purgation, rhubarbe, ricin, séné, sulfate de soude, sureau 2 par ext. → **purification**

**purger** → **purifier**

**purification** n. f. 1 au pr. : ablution, affinage, assainissement, blanchissage, clarification, décantation, défécation, dépollution, dépuration, désinfection, élimination, épuration, épurement, expurgation, lessive, lustration, nettoyage, purge, raffinage 2 philos. : abréaction, catharsis, libération 3 relig. : baptême, chandeleur, circoncision, présentation, probation

**purifier** 1 → **améliorer** 2 affiner, assainir, balayer, blanchir, clarifier, débarrasser, décanter, déféquer, dégager, dégorger, dépurer, désinfecter, déterger, épurer, expurger, filtrer, fumiger, laver, lessiver, nettoyer, purger, raffiner, rectifier, soutirer

**purin** n. m. 1 jet, lisier 2 **a** → **engrais** **b** → **fumier**

**purisme** n. m. 1 → **pureté** 2 affectation, afféterie, pointillisme, rigorisme → **préciosité**

**puritain, ne** n. et adj. 1 → **protestant** 2 austère, chaste, étroit, intransigeant, janséniste, prude, pudibond, pur, rigoriste, sectaire

**purpurin, e** garance, pourpre → **rouge**

**pur-sang** n. m. → **cheval**

**purulence** n. f. 1 → **infection** 2 → **pourriture**

**purulent, e** chassieux, coulant, ichoreux, infecté, sanieux

**pus** n. m. boue, bourbillon, chassie, collection, ichor, sanie, suppuration

**push-pull** off. 1 aviat. : à moteurs en tandem 2 électron. : symétrique

**pusillanime** capon, couard, craintif, faible, froussard, lâche, peureux, pleutre, poltron, prudent, sans-cœur, timide, timoré, trembleur, trouillard (fam.)

**pusillanimité** n. f. → **peur**

**pustule** n. f. abcès, adénite, bouton, bubon, chancre, clou, confluence, dépôt, éruption, exanthème, furoncle, grosseur, kyste, phlegmon, tourniole, tumeur → **boursouflure** ◆ vx : rubis, scrofule

**putain, pute** n. f. → **prostituée**

**putatif, ive** estimé, présumé, supposé

**putréfaction** n. f. → **pourriture**

**putréfiable** → **putrescible**

**putréfier (se)** → **pourrir**

**putrescible** corruptible, putréfiable

**putride** putrescent → **pourri**

**putsch** n. m. coup d'État, coup de main, pronunciamiento, soulèvement

**puy** n. m. → **mont**

**puzzle** n. m. → **difficulté**

**pygmée** n. m. par ext. → **nain**

**pylône** n. m. 1 → **colonne** 2 tr. pub. : sapine

**pyramidal, e** 1 → **gigantesque** 2 → **extraordinaire**

**pyramide** n. f. mastaba, téocalli, tête-de-clou (arch.)

**pyrrhonisme** n. m. doute, scepticisme

**pythagorisme** n. m. ascétisme, hermétisme, métempsycose, végétalisme

**pythie** et **pythonisse** n. f. → **devin**

**python** n. m. par ext. : anaconda, boa, eunecte → **serpent**

**quadragénaire** nom et adj. homme dans la force de l'âge / en pleine force / fait / mûr, quarantaine (fam.)

**quadragésime** n. f. carême

**quadrangle** et **quadrangulaire** n. et adj. → **quadrilatère**

**quadrant** n. m. quart de la circonférence, quatre-vingt-dix degrés

**quadrige** n. m. → **char**

**quadrilatère** n. m. carré, losange, parallélogramme, quadrangle, quadrangulaire, rectangle, trapèze

**quadrillage** n. m. carroyage → **investissement**

**quadrille** 1 n. f. : carrousel, équipe, peloton, reprise, troupe 2 n. m. : branle, cancan, contredanse, cotillon, figure

**quadriller** 1 carreler 2 → **investir**

**quadrupler** par ext. : accroître, augmenter, développer, donner de l'expansion / extension / importance, multiplier, mutiplier par quatre, valoriser

**quai** n. m. 1 au pr. : appontement, débarcadère, dock, embarcadère, levée, môle, wharf 2 par ext. : plate-forme, trottoir

**quaker, esse** par ext. : protestant, puritain, rigoriste, trembleur

**qualificatif, ive** adjectif, attribut, caractéristique, désignation, déterminant, épithète, qualité

**qualification** n. f. 1 au pr. : appellation, dénomination, désignation, détermination, épithète, nom, qualité, titre 2 par ext. : aptitude, compétence, confirmation, expérience, garantie, habileté, savoir-faire, tour de main

**qualifié, e** apte, autorisé, capable, certifié, compétent, confirmé, déterminé, diplômé, expérimenté, garanti, habile

**qualifier** 1 appeler, dénommer, désigner, déterminer, intituler, nommer, traiter de 2 autoriser, confirmer, garantir, homologuer 3 v. pron. : se classer, se distinguer

**qualité** n. f. 1 de quelque chose : acabit (fam.), aloi, attribut, calibre, caractère, catégorie, choix, contingence, espèce, essence, marque, modalité, mode, propriété, richesse, spécificité, valence (psych.) 2 de quelqu'un. **a** aptitude, autorité, avantage, capacité, caractère, compétence, disposition, don, faculté, mérite, mon / ton / son fort, nature, particularité, perfection, représentativité, talent, valeur, vertu ◆ fam. : bourre, calibre **b** condition, fonction, grandeur, noblesse, nom, puissance, qualification, titre, vertu **c** métier, partie, spécialité 3 → **perfection**

**quand** alors que, au moment où / que, comme, encore que, lorsque

**quant à** à propos de, de son côté, pour ce qui est de, pour sa part, relativement à

**quant-à-soi** n. m. → **réserve**

**quantification** n. f. inform. : échantillonnage

**quantième** n. m. date, jour

**quantifier** appliquer / attribuer / donner une quantité / valeur, chiffrer, mesurer

**quantité** n. f. 1 au pr. : capacité, charge, contenance, débit, dépense, dose, durée, effectif, extension, grandeur, longueur, masse, mesure, nombre, poids, quotité, somme, surface, unité, valeur, volume 2 par ext. **a** petite quantité : assiettée, bolée, bout, bribe, brin, cuillerée, doigt, goutte, grain, mie, miette, nuage, parcelle, pincée, poignée, point, pouce, prise, rien, soupçon **b** grande quantité : abondance, accumulation, affluence, armée, arsenal, avalanche, averse, batelée, bénédiction, bloc, brouettée, cargaison, chargement, collection, concours, contingent, débauche, déboulée, déluge, encombrement, ensemble, entassement, essaim, fleuve, flot, foison, forêt, foule, fourmillement, grêle, immensité, infinité, jonchée, kyrielle, légion, luxe, masse, mer, mille, milliard, million, moisson, monceau, monde, montagne, multiplicité, multitude, myriade, nombre, nuée, pléthore, pluie, potée, pullulement, régiment, renfort, ribambelle, série, tas, traînée, tripotée **c** partic. : airée, brassée, cordée, fourchée, jonchée, pelletée, pressée **d** fam. : à tire-larigot, chiée, flopée, foultitude, marmitée, paquet, plâtrée, pochée (vx), poêlée, tapée, tirée, troupeau, vachement de

**quarantaine** n. f. 1 confinement, isolation, isolement 2 boycottage, interdit, mise à l'écart / l'index, ostracisme, proscription 3 → **quadragénaire**

**quart** n. m. 1 gobelet, récipient, timbale 2 garde, service, veille

**quarteron** groupuscule → **groupe**

**quartette** n. m. → **quatuor**

**quartier** n. m. 1 au pr. : fraction, morceau, partie, pièce, portion, tranche 2 de lune : croissant, phase 3 échéance, terme, trimestre 4 camp, campement, cantonnement, caserne, casernement 5 arrondissement, district, faubourg, ghetto, médina, région, secteur 6 vén. : gîte, tanière 7 **pas de quartier :** grâce, ménagement, merci, miséricorde, pitié, vie sauve

**quartz** n. m. par ext. : améthyste, aventurine, cristal de roche, gneiss, granit, grès, jaspe, micaschiste, œil de chat / de tigre, quartzite, sable, silice

**quasi** 1 nom masc : cuisse / tranche de veau 2 adv. : à peu près, comme, pour ainsi dire, presque, quasiment

**quatrain** n. m. couplet, épigramme, impromptu, pièce, poème, strophe

**quatuor** n. m. ensemble, formation, orchestre, quartette

**quelconque** banal, commun, courant, inférieur, insignifiant, médiocre, négligeable, n'importe lequel, ordinaire, oubliable, plat, vague

**quelque** 1 adj. **a** au sing. ◆ devant un nom (quelque aventure) : certain **b** au pl. : divers, un certain nombre, un groupe, plusieurs, une poignée, une quantité 2 adv. **a** devant un adj. (quelque grands que soient) : pour, si **b** devant un nombre : dans les, environ

**quelquefois** accidentellement, exceptionnellement, guère, parfois, rarement, de temps à autre, de temps en temps, par hasard

**quémander** demander, emprunter, importuner, mendier, pilonner (arg.), quêter, rechercher, solliciter, taper

**quémandeur, euse** assiégeant, demandeur, importun, mendiant, mendigot, pétitionnaire, quêteur, solliciteur, tapeur

**qu'en-dira-t-on** n. m. invar. anecdote, bavardage, bruit, calomnie, cancan, chronique, clabaudage, commérage, médisance, potin, ragot, rumeur

**quenelle** n. f. godiveau

**querelle** n. f. 1 affaire, algarade, altercation, attaque, bagarre, bataille, bisbille, brouille, chamaillerie, chambard, charivari, chicane, combat, conflit, contestation, crosses, débat, démêlé, désaccord, différend, discorde, dispute, dissension, division, échauffourée, émeute, empoignade, esclandre, grabuge, guerre, noise, prise de bec, provocation, rixe, tempête, tracasserie 2 → **violence** 3 vx : batterie, plaid 4 arg. : baston, batterie, bigorne, biscuit, bûche, casse, castagne, châtaigne, corrida, coup de torchon / de Trafalgar, embrouille, marron, rif, rififi, torchée

**quereller** 1 attaquer, attraper, batailler, chamailler, chercher des crosses / des poux, chicaner, chipoter, crosser, disputer, gourmander, gronder, houspiller, provoquer, réprimander 2 vx : tancer 3 pron. : se battre, se bouffer le nez (fam.), discuter, s'empoigner, se prendre aux cheveux

**querelleur, euse** agressif, batailleur, boute-feu, casseur, chamailleur, chicaneur, chicanier, criard, difficile, discuteur, ferrailleur, hargneux, mauvais coucheur / piège → **type,** mauvaise tête, pie-grièche, provocateur, tracassier, vétillard ◆ vx : traîne-rapière

**quérir** chercher, se procurer, rechercher, solliciter

**quérulence** n. f. → **chicane**

**quérulent, e** → **chicaneur**

**questeur** n. m. administrateur, censeur, intendant, trésorier → **économe**

**question** n. f. 1 vx : épreuve, géhenne, gêne, supplice, torture 2 charade, colle (fam.), demande, devinette, énigme, épreuve, examen, information, interrogation [3] affaire, article, chapitre, controverse, délibération, difficulté, discussion, interpellation, matière, point, problème, sujet

**questionnaire** n. m. consultation, déclaration, enquête, formulaire, sondage, test

**questionner** auditionner, consulter, demander, s'enquérir, enquêter, éprouver, examiner, interroger, interviewer, poser des questions, scruter, sonder, tâter, tester ◆ fam. : cuisiner, mettre sur la sellette

**questure** n. f. administration, économat, intendance

**quête** n. f. [1] collecte, manche (arg.), obole, ramassage [2] enquête, recherche

**quêter** [1] demander, mendier, quémander, rechercher, réclamer, solliciter [2] vén. **a** chasser, chercher, suivre **b** vx : briller, brosser

**quêteur, euse** [1] vx : aumônier, (frère) mendiant [2] → **quémandeur**

**queue** n. f. [1] au pr. **a** d'un animal : appendice caudal, balai, couette, fouet **b** bot. : pédicule, pédoncule, pétiole, tige [2] par ext. (d'un vêtement) : pan, traîne [3] fig. : arrière, bout, coda, conclusion, dénouement, fin, sortie [4] attente, file, foule [5] d'une casserole : manche

**quiconque** [1] n'importe qui, qui que ce soit [2] **mieux que quiconque :** personne

**quidam** n. m. homme, individu, personne

**quiet, ète** apaisé, béat, benoît, calme, coi, paisible, rasséréné, rassuré, reposé, serein, tranquille

**quiétisme** n. m. molinisme

**quiétude** n. f. accalmie, apaisement, assurance (vx), ataraxie, béatitude, bien-être, bonace, calme, douceur, paix, repos, sérénité, tranquillité

**quignon** n. m. → **morceau**

**quinconce** n. m. [1] assemblage, dispositif, échiquier, quatre-coins [2] allée, place, square

**quinquagénaire** n. m. et f., adj. [1] femme mûre, sur la cinquantaine / la ménopause / ménopausée [2] homme mûr, sur l'andropause / la cinquantaine / le démon de midi

**quincaillerie** n. f. [1] billon, petite monnaie [2] décolletage, ferblanterie, taillanderie [3] bricolage [4] péj. : clinquant, pacotille [5] inform. : hardware, matériel

**quinquet** n. m. [1] godet, lampe, lumignon, veilleuse [2] → **œil**

**quintessence** n. f. [1] au pr. : alcool, essence, extrait [2] par ext. : meilleur, moelle, nec plus ultra, principal, quiddité, raffinement, substantifique moelle, suc

**quintette** n. m. ensemble, formation, orchestre

**quinteux, euse** acariâtre, atrabilaire, bizarre, braque, cacochyme, capricant, capricieux, changeant, difficile, fantasque, inégal, instable, lunatique, ombrageux, rétif ◆ équit. : ramingue

**quiproquo** n. m. [1] bêtise, bévue, brouillamini, chassé-croisé, coq-à-l'âne, erreur, gaffe, imbroglio, intrigue, malentendu, méprise [2] vx : amphigouri

**quittance** n. f. acquit, apurement, décharge, libération, quitus, récépissé, reçu

**quitte** débarrassé, dégagé, délivré, dispensé, exempté, libéré, libre

**quitter** [1] vx : abandonner, céder, laisser [2] on quitte une activité. **a** neutre : abandonner, abdiquer, cesser, changer, délaisser, se démettre de, déposer, dételer, lâcher, laisser, partir, résigner, se séparer de **b** non fav. : abjurer, apostasier, renier, rompre, sacrifier [3] on quitte un lieu : s'absenter, s'en aller, changer, déguerpir, déloger, démarrer, déménager, déserter, s'éloigner, émigrer, s'enfuir, évacuer, s'évader, s'expatrier, fuir, lever le siège, partir, passer, sortir, vider les lieux [4] on quitte un vêtement : se débarrasser / défaire / dépouiller de, se dénuder, se déshabiller, se dévêtir, enlever, ôter, poser ◆ fam. : se mettre à poil, tomber [5] on quitte quelqu'un → **abandonner** [6] **a quitter la terre / le monde / la vie :** disparaître, partir → **mourir b quitter le port** → **appareiller**

**quitus** n. m. acquit, décharge, quittance, récépissé, reçu

**qui-vive** interj. halte, qui va là

**qui-vive** n. m. invar. affût, aguets, alarme, alerte, éveil, guet, signal, veille

**quoi** [1] laquelle, lequel, lesquelles, lesquels, quel, quelle, quels [2] **a** de quoi : dont **b** faute de quoi, sans quoi : autrement, sinon **c** il y a de quoi : lieu, matière, motif, raison, sujet **d** il a de quoi : avoir, biens, capital, fortune, ressources, revenus → **richesse e comme quoi** → **définitive (en)** [3] interj. : comment, pardon, tiens, vous dites

**quoique** bien / encore / malgré que, pour, tout

**quolibet** n. m. apostrophe, brocard, huée, lardon (vx), nasarde, pique, plaisanterie, pointe, raillerie

**quorum** n. m. majorité, nombre

**quota** et **quote-part** n. m., n. f. allocation, attribution, capitation, cens, contingent, contribution, cotation, cote, cotisation, écot, fraction, imposition, impôt, lot, montant, part, portion, pourcentage, quantité, quotité, répartition

**quotidien** n. m. → **journal**

**quotidien, enne** adj. [1] au pr. : de chaque jour, journalier [2] par ext. : accoutumé, banal, continuel, fréquent, habituel, normal, ordinaire, réitéré

**quotité** n. f. → **quota**

# R

**rabâchage** n. m. → **radotage**

**rabâcher** v. tr. et intr. → **répéter**

**rabâcheur, euse** n. m. ou f. → **radoteur**

**rabais** n. m. baisse, bonification, diminution, discount, escompte, remise, ristourne, soldes, tant pour cent

**rabaisser** [1] → **abaisser** [2] → **baisser**

**rabat-joie** n. m. trouble-fête → **triste**

**rabattable** abaissable, escamotable, rétractable

**rabatteur, euse** n. m. ou f. → **propagateur**

**rabattre** [1] → **abaisser** [2] → **baisser** [3] → **diminuer** [4] → **repousser** [5] **en rabattre** → **modérer (se)**

**rabelaisien, enne** → **libre**

**rabibochage** n. m. [1] → **réparation** [2] → **réconciliation**

**rabibocher** [1] → **réparer** [2] → **réconcilier**

**rabiot** n. m. → **supplément**

**rabioter** → **prendre**

**râble** n. m. → **dos**

**râblé, e** → **ramassé**

**rabot** n. m. bouvet, colombe, doucine, feuilleret, gorget, guillaume, guimbarde, jablière, jabloir, mouchette, riflard, tarabiscot, varlope

**raboter** [1] au pr. : aplanir, corroyer, dégauchir, polir, varloper [2] fig. : châtier, corriger, parachever, polir, revoir

**raboteux, euse** → **rude**

**rabougri, e** → **ratatiné**

**rabouter** → **joindre**

**rabrouer** → **repousser**

**racaille** n. f. → **populace**

**raccommodage** n. m. rafistolage, rapiéçage, ravaudage, réparation, reprise, rhabillage, stoppage

**raccommodement** n. m. accommodement, accord, fraternisation, réconciliation, rapprochement, replâtrage

**raccommoder** [1] au pr. : rafistoler (fam.), rapetasser, rapiécer, ravauder, rebouter, remmailler, rentraire, réparer, repriser, restaurer, retaper, stopper ◆ vx : ramender [2] fig. → **réconcilier**

**raccompagner** → **reconduire**

**raccord** et **raccordement** n. m. [1] → **joint** [2] → **transition**

**raccorder** → **joindre, unir**

**raccourci** n. m. [1] orthodromie, traverse [2] vx : accourcie, adresse [3] → **abrégé**

**raccourcir** → **diminuer**

**raccourcissement** n. m. → **diminution**

**raccroc (par)** n. m. → **hasard**

**raccrochage** n. m. → **racolage**

**raccrocher** [1] → **rattraper** [2] → **racoler**

**race** n. f. ancêtres, ascendance, branche, classe, couche, couvée (fam.), descendance, dynastie, engeance, espèce, ethnie, extraction, famille, filiation, fils, génération, graine, hérédité, héritiers, ligne, lignée, maison, origine, postérité, rejetons, sang, sorte, souche, tige ◆ vx agnats, cognats, estoc, gent, hoirs, lignage, parage

**racé, e** → **distingué**

**rachat** n. m. [1] au pr. : recouvrement, réméré [2] par ext. : délivrance, expiation, rédemption, salut

**racheter** [1] → **libérer** [2] → **réparer** [3] v. pron. : se libérer, se rattraper, se rédimer, se réhabiliter → **réparer**

**rachis** n. m. → **épine (dorsale)**

**rachitique** → **maigre**

**rachitisme** n. m. → **maigreur**

**racine** n. f. [1] au pr. : bulbe, caïeu, chevelu, estoc, étoc, griffe, oignon, pivot, radicelle, radicule, rhizome, souche, stolon, tubercule [2] fig. → **origine**

**racisme** n. m. [1] → **xénophobie** [2] → **refus**

**racket** n. m. → **chantage**

**racketteur, euse** n. m. ou f. → **voleur**

**raclée** n. f. → **torgnole**

**racler** [1] au pr. : curer, drayer, écharner, enlever, frayer (vétér.), frotter, gratter, nettoyer, râper, ratisser, riper, sarcler [2] fig. → **jouer**

**racloir** n. m. [1] curette, racle, raclette [2] étrille, strigile

**racolage** n. m. embrigadement, enrôlement, raccrochage, recrutement, retape → **prostitution**

**racoler** embrigader, engager, enrégimenter, enrôler, incorporer, lever des troupes, mobiliser, raccrocher, recruter

**racoleur, euse** [1] enrôleur, prospecteur, recruteur [2] → **flatteur** [3] au fém. → **prostituée**

**racontar** n. m. [1] → **médisance** [2] → **roman**

**raconter** [1] conter, débiter, décrire, détailler, développer, dévider, dire, expliquer, exposer, narrer, peindre, rapporter, réciter, relater, rendre compte, retracer, tracer ◆ vx : bailler [2] → **médire**

**racornissement** n. m. → **endurcissement**

**radar** n. m. détecteur, mouchard (fam.)

**rade** n. f. [1] → **port** [2] **laisser en rade** → **abandonner**

**radeau** n. m. drome, jangada, ras, train de bois → **bateau**

**radiant, e** → **radieux**

**radiation** n. f. → **suppression**

**radical, e** complet, drastique, foncier, fondamental → **absolu**

**radicalement** → **complètement**

**radicelle** n. f. → **racine**

**radier** n. m. → **fondement**

**radier** [1] → **éliminer** [2] barrer, biffer, caviarder, démarquer, détruire, effacer, faire disparaître, faire une croix, gommer, gratter, laver, raturer, rayer, sabrer, supprimer

**radiesthésiste** n. m. ou f. rhabdomancien, sourcier

**radieux, euse** [1] beau, brillant, éclatant, ensoleillé, épanoui, étincelant, heureux, joyeux, lumineux, radiant, rayonnant [2] content, ravi, satisfait

**radin, e** n. et adj. → **avare**

**radiner** [1] → **arriver** [2] → **venir**

**radio** n. f. [1] radiodiffusion, radiophonie, téléphonie sans fil [2] par ext. **a** ondes **b** poste, transistor **c** diffusion, émission, informations, journal parlé, médias

**radioactif, ive** vx :

**radiocompas** n. m. radiogoniomètre

**radotage** n. m. gâtisme, rabâchage, répétition, verbiage, verbigération ◆ vx : ravaudage

**radoter** → **déraisonner**

**radoteur, euse** n. m. ou f. divagateur (vx), rabâcheur, ressasseur

**radouber** réparer → **calfater**

**radoucir** → **adoucir**

**radoucissement** n. m. [1] → **adoucissement** [2] → **amélioration**

**rafale** n. f. [1] mar. : bourrasque, coup de chien / de tabac / de vent, grain, maelström, risée, tempête, tornade, tourbillon, trombe [2] → **décharge**

**raffermir** → **affermir**

**raffermissement** n. m. → **affermissement**

**raffinage** n. m. → **purification**

**raffiné, e** affiné, aristocratique, connaisseur, cultivé, délicat, distingué, élégant, fin, gracieux, parfait, précieux, pur, quintessencié, recherché, subtil, subtilisé (vx) ◆ péj. : affecté, alambiqué

**raffinement** n. m. 1 → **finesse** 2 → **affectation**
**raffiner** 1 → **épurer** 2 → **améliorer** 3 → **parfaire**
**raffoler** 1 → **aimer** 2 → **goûter**
**raffut** n. m. → **tapage**
**rafiot** n. m. → **embarcation**
**rafistolage** n. m. → **réparation**
**rafistoler** → **réparer**
**rafle** n. f. 1 coup de filet, descente de police 2 → **prise** 3 péj. : pogrom, ratonnade
**rafler** 1 → **enlever** 2 → **voler**
**rafraîchir** 1 → **refroidir** 2 ravaler, raviver 3 → **réparer** 4 → **tailler** 5 v. pron. → **boire**
**rafraîchissement** n. m. 1 → **boisson** 2 du temps. a refroidissement b adoucissement
**ragaillardir** → **réconforter**
**rage** n. f. 1 au pr. : hydrophobie (vx) 2 par ext. a → **fureur** b → **manie** 3 **faire rage** → **sévir**
**rager** bisquer, écumer, endêver, enrager, être en colère / en fureur / en rogne, fumer (fam.), grincer (des dents), grogner, maronner, maugréer, râler, rogner, rognonner, ronchonner, se ronger les poings, rouspéter
**rageur, euse** → **colère**
**raglan** n. m. → **manteau**
**ragot** n. m. 1 → **médisance** 2 → **nain**
**ragoût** n. m. blanquette, bourguignon, capilotade, cassoulet, chipolata, civet, compote, daube, estouffade, fricassée, fricot, galimafrée, gibelotte, haricot de mouton, matelote, miroton, navarin, olla-podrida, ratatouille, salmigondis, salmis, salpicon ◆ péj. : ragougnasse, rata, tambouille
**ragoûtant, e** affriolant, agréable, alléchant, appétissant, engageant, friand, savoureux, séduisant, succulent, tentant
**ragréer** 1 → **réparer** 2 → **nettoyer** 3 → **polir**
**rai** n. m. → **rayon**
**raid** n. m. attaque, commando, coup de main, descente, escarmouche, expédition (punitive), incursion, opération, représailles
**raide** 1 au pr. : droit, empesé, ferme, inflexible, rigide, roide, sec, tendu 2 par ext. a affecté, ankylosé, contracté, engourdi, guindé, solennel b → **escarpé** c → **rude** d → **excessif** e → **libre**
**raideur** n. f. 1 au pr. : ankylose, engourdissement, rigidité, tension 2 fig. → **affectation**
**raidillon** n. m. → **montée**
**raidir** 1 bander, contracter, darder, durcir, tendre, tirer 2 mar. : embraquer, étarquer, guinder, souquer 3 → **ankyloser**
**raidissement** n. m. → **affermissement**
**raie** n. f. 1 bande, ligne, rayure, strie, striure, trait, vergeture, zébrure 2 capucin, guitare, manta, pastenague, torpille → **poisson**
**raifort** n. m. radis noir
**rail** n. m. → **train**
**railler** s'amuser de, bafouer, berner, blaguer, brocarder, charrier, chiner, cribler / fusiller / larder de brocards / d'épigrammes, dauber, s'égayer de, entreprendre, faire des gorges chaudes, faire marcher, se ficher / foutre de, fronder, se gausser de, se goberger de, gouailler, ironiser, jouer, mettre en boîte, montrer du doigt, moquer, se payer la tête, persifler, plaisanter, ridiculiser, rire, satiriser, vanner, vilipender ◆ vx : draper, gloser, larder, tympaniser
**raillerie** n. f. 1 au pr. : dérision, goguenardise, gouaillerie, humour, ironie, malice, mise en boîte, moquerie, persiflage, pointe, ricanement, risée, sarcasme, satire, trait ◆ vx : lardon, nasarde, pasquinade, truffe 2 par ext. → **brocard**
**railleur, euse** nom et adj. → **taquin**
**rainette** n. f. → **grenouille**
**rainure** n. f. adent, coche, coupure, cran, crevasse, échancrure, encoche, entaille, faille, fente, feuillure, hoche, jable, mortaise, raie, rayure, sillon
**raisin** n. m. 1 cépage, grappe 2 principaux cépages en France : aligoté, altesse, aramon, arbois, baroque, blanc-fumé, bouille, brun argenté, cabernet, cep rouge, césar, chardonnay, chasselas, clairette, corbeau, dattier, duras, fendant, fer, folle blanche, gamay, gascon, gewürztraminer, graisse, grand noir, grappeverte, grenache, gros blanc, gros manseng, gros meslier, gros plant, jurançon, madeleine, malaga, melon, merlot, meunier, molette, mollard, morillon, muscadet, muscat, persan, petit manseng, picard, picardan, pied-de-perdrix, pineau d'Aunis / de la Loire, pinot blanc / gris / noir, riesling, roussette, saint-émilion, sauvignon, sémillon, sylvaner, syrah, tokay
**raison** n. f. 1 → **entendement** 2 bon goût, bon sens, discernement, jugement, jugeote, juste milieu, modération, philosophie, pondération, sagesse 3 → **raisonnement** 4 → **cause** 5 dédommagement, réparation, satisfaction
**raisonnable** 1 adulte, intelligent, judicieux, pensant, rationnel, sage 2 acceptable, bon, convenable, fondé, honnête, juste, légitime, logique, modéré, naturel, normal, pondéré, sensé
**raisonnement** n. m. 1 → **raison** 2 analyse, argument, déduction, démonstration, dialectique, dilemme, échafaudage, induction, inférence, ratiocination (péj.), sorite, syllogisme, synthèse → **théorie**
**raisonner** 1 v. intr. : argumenter, calculer, discuter, disputer, penser, philosopher, ratiociner (péj.), sophistiquer 2 v. tr. a quelque chose : calculer, éprouver, examiner b quelqu'un → **admonester**
**raisonneur, euse** nom et adj. → **chicaneur**
**rajeunir** → **renouveler**
**rajeunissement** n. m. jouvence → **renouvellement**
**rajouter** 1 → **ajouter** 2 → **exagérer**
**rajuster** → **réparer**
**râlant, e** contrariant, décevant, ennuyeux, fâcheux → **inopportun**
**ralentir** 1 → **freiner** 2 → **modérer**
**ralentissement** n. m. → **diminution**
**râler** 1 → **protester** 2 → **rager**
**râleur, euse** nom et adj. → **mécontent**
**ralliement** n. m. 1 → **conversion** 2 → **rassemblement**
**rallier** 1 → **assembler** 2 → **rejoindre**
**rallonge** n. f. → **supplément**
**rallonger** accroître, allonger, ajouter, augmenter, déployer, détirer, développer, étendre, étirer, prolonger, proroger, tendre, tirer
**rallumer** → **ranimer**
**rallye** n. m. 1 circuit, concours-promenade, excursion, rassemblement 2 compétition, course, épreuve
**ramage** n. m. chant, gazouillement, gazouillis, pépiement, trilles
**ramassage** n. m. → **cueillette**
**ramassé, e** 1 blotti, lové, pelotonné, recroquevillé, replié, tapi 2 courtaud, massif, mastoc, râblé, trapu
**ramasser** 1 amasser, assembler, capter, capturer, collectionner, prendre, rafler, rassembler, râteler, ratisser, récolter, recueillir, relever, réunir 2 → **resserrer** 3 v. pron. → **replier (se)**
**ramassis** n. m. → **amas**
**rambarde** n. f. 1 → **rampe** 2 → **balustrade**
**rame** n. f. 1 aviron, godille, pagaie 2 → **perche** 3 convoi, train
**rameau** n. m. 1 → **branche** 2 → **cor** 3 → **ramification**
**ramée** n. f. → **branche**
**ramener** 1 → **mener** 2 → **réduire** 3 → **rétablir**
**ramer** canoter, godiller, nager, pagayer
**rameuter** → **ameuter**
**ramier** n. m. 1 au pr. : biset, colombe, palombe, pigeon, pigeonneau, tourtereau, tourterelle → **colombin** 2 fig. → **paresseux**
**ramification** n. f. bout, branche, bribe, compartiment, côté, division, élément, embranchement, fraction, membre, morceau, pan, parcelle, part, partie, pièce, portion, rameau, secteur, subdivision, tranche, tronçon
**ramifier (se)** → **séparer (se)**
**ramille** n. f. → **branche**
**ramolli, e** 1 → **mou** 2 → **gâteux**
**ramollir** → **amollir**
**ramollissement** n. m. 1 avachissement, flaccidité 2 → **radotage**
**ramoner** écouvillonner → **nettoyer**
**rampant, e** → **servile**
**rampe** n. f. balustrade, garde-fou, lisse, rambarde → **montée**
**ramper** 1 se couler, glisser, s'introduire 2 → **flatter**
**rampon(n)eau** n. m. → **coup**
**ramure** n. f. 1 → **branche** 2 → **cor**
**rancard** n. m. → **rendez-vous**
**rancart** n. m. → **rebut**
**rance** → **aigre**
**rancir** → **aigrir**
**rancœur** n. f. → **ressentiment**
**rançon** n. f. → **prix**
**rançonnement** n. m. brigandage, exaction, racket → **vol**
**rançonner** → **voler**
**rancune** n. f. → **ressentiment**
**rancunier, ère** nom et adj. haineux, malveillant, vindicatif
**randonnée** n. f. 1 → **tour** 2 → **promenade**
**rang** n. m. 1 caste, catégorie, classe, condition, degré, échelon, étage, état, lieu, liste, situation, standing, volée 2 andain, file, haie, ligne, ordre, ouillère, place, queue, rangée
**rangé, e** → **réglé**
**rangée** n. f. → **rang**
**rangement** n. m. 1 → **classement** 2 → **nettoiement**
**ranger** 1 ajuster, aligner, arranger, caser, classer, disposer, distribuer, échelonner, entreposer, étager, étiqueter, garer, grouper, liter, mettre en ordre / place / rang, ordonner, organiser, placer, séparer, sérier, serrer, superposer 2 v. pron. → **soumettre (se)**
**ranimer** animer, augmenter, encourager, exalter, exciter, raffermir, rallumer, ravigoter, raviver, réactiver, réanimer, réchauffer, régénérer, rehausser, relever, remonter, rénover, ressusciter, rétablir, retaper, retremper, réveiller, revigorer, revivifier, vivifier
**rapace** n. m. 1 au pr. oiseau de proie 2 partic. a diurne : aigle, autour, balbuzard, bondrée, busard, buse, circaète, condor, crécerelle, émerillon, émouchet, épervier, faucon, gerfaut, griffon, gypaète, harpie, hobereau, jean-le-blanc, laneret, lanier, milan, orfraie ou pygargue ou huard, percnoptère, secrétaire, serpentaire, uraète, urubu, vautour b nocturne : chat-huant, chevêche, chouette, dame-blanche, duc, effraie, harfang, hibou, hulotte
**rapace** adj. → **avare**
**rapacité** n. f. ambition, avidité, banditisme, convoitise, cruauté, cupidité, désir insatiable, goinfrerie, vampirisme → **avarice**
**rapatriement** n. m. retour (au bercail / au pays / chez soi / dans sa patrie / dans ses foyers / dans son pays)
**râpe** n. f. → **lime**
**râpé, e** → **usagé**
**râper** égruger, pulvériser
**rapetasser** → **raccommoder**
**rapetisser** → **diminuer**
**râpeux, euse** → **rude**
**rapiat, e** n. et adj. → **avare**
**rapide** n. m. → **cascade**
**rapide** adj. 1 actif, agile, alerte, diligent, empressé, leste, pressé, preste, prompt, véloce, vif 2 accéléré, cursif, enlevé, expéditif, fulgurant, immédiat 3 → **vite** 4 → **hâtif**
**rapidement** → **vite**
**rapidité** n. f. agilité, célérité, diligence, fugacité, hâte, instantanéité, précipitation, presse, prestesse, promptitude, soudaineté, vélocité, vitesse, vivacité → **brièveté**
**rapiécer** → **raccommoder**
**rapière** n. f. → **épée**
**rapine** n. f. brigandage, déprédation, exaction, gain illicite, pillage → **vol**
**rappel** n. m. 1 au pr. : anamnèse (psych.), appel, évocation, commémoration, mémento, mémoire, mention, souvenance, souvenir 2 → **acclamation** 3 mobilisation 4 **battre le rappel.** a au pr. : amasser, appeler, assembler, concentrer, grouper, lever, masser, mobiliser, racoler, rallier, ramasser, rassembler, réunir b par ext. : chercher, se rappeler, se souvenir
**rappeler** 1 commémorer, évoquer, mentionner, retracer 2 → **appeler** 3 → **destituer** 4 → **acclamer** 5 → **recouvrer** 6 → **ressembler** 7 v. pron. : penser / songer à, se remémorer, remettre, retenir, revivre, revoir, se ressouvenir / souvenir
**rappliquer** → **arriver**
**rapport** n. m. 1 accord, affinité, analogie, concomitance, concordance, connexion, connexité, convenance, corrélation, correspondance, dépendance, harmonie, liaison, lien, parenté,

pertinence, proportion, rapprochement, ratio, relation, ressemblance, similitude, trait 2 → **bénéfice** 3 alliance, commerce, communication, contact, fréquentation, intelligence, union 4 analyse, bulletin, compte rendu, description, exposé, procès-verbal, récit, relation, témoignage, topo 5 au pl. → **accouplement**

**rapporter** 1 au pr. : apporter, ramener, remettre à sa place, rendre → **porter** 2 par ext. **a** → **joindre** **b** → **raconter** **c** → **dénoncer** **d** → **répéter** **e** → **citer** **f** → **diriger** **g** → **produire** **h** → **abolir** 3 v. pron. **a** en croire, se fier à, se référer, s'en remettre, se reposer sur **b** → **ressembler**

**rapporteur, euse** n. et adj. → **mouchard**

**rapprochement** n. m. 1 au pr. : amalgame, assemblage, assimilation, comparaison, parallèle, parangon, parité, proximité, rapport, recoupement, réunion 2 par ext. **a** → **réconciliation** **b** → **similitude**

**rapprocher** accoler, amalgamer, approcher, assimiler, attirer, avancer, comparer, grouper, joindre, lier, presser, rapporter, réunir, serrer, unir

**rapt** n. m. → **enlèvement**

**raquette** n. f. → **piège**

**rare** accidentel, anormal, clair, clairsemé, curieux, difficile, distingué, étrange, exceptionnel, extraordinaire, inaccoutumé, inconnu, inhabituel, insolite, introuvable, inusité, inusuel, occasionnel, précieux, remarquable, sublime, unique

**raréfaction** n. f. amoindrissement, appauvrissement, déperdition, diminution, disparition, dispersion, dissémination, éclaircissement, épuisement, rareté, tarissement

**raréfier** → **réduire**

**rarement** 1 → **guère** 2 → **quelquefois**

**rareté** n. f. 1 curiosité, phénomène 2 défaut, dénuement, disette, insuffisance, manque, pénurie

**ras, e** 1 → **égal** 2 → **pelé**

**rasade** n. f. → **gorgée**

**rascasse** n. f. diable, scorpène → **poisson**

**raser** 1 → **peler** 2 → **démolir** 3 → **effleurer** 4 → **ennuyer**

**raseur, euse n. m.** ou **f.** et **rasoir** adj. agaçant, assommant, bassinant, collant, crampon, de trop, embarrassant, embêtant, encombrant, énervant, ennuyeux, envahissant, étourdissant, excédant, fâcheux, fatigant, gênant, gêneur, gluant, hurluberlu, importun, indiscret, inopportun, insupportable, intrus, mouche du coche, obsédant, officieux, pesant, plaie, pot de colle, tannant, tuant ♦ grossier : chiant, emmerdant

**rasibus** → **près**

**rasoir** n. m. 1 fam. : coupe-chou(x), grattoir 2 par ext. : cutter, scalpel

**rassasier** apaiser, assouvir, bourrer, calmer, contenter, donner son aise / son content, gaver, gorger, saturer, soûler

**rassemblement** n. m. 1 **a** affluence, agglomération, assemblée, attroupement, bande, concentration, concours, foule, groupement, manifestation, masse, meeting, multitude, ralliement, rencontre, réunion → **troupe** **b** association, confédération, fédération, fusion, groupe, intergroupe, mouvement, parti, pool, union, syndicat, troupe 2 allotissement, groupage, regroupement

**rassembler** → **assembler**

**rassembleur** n. m. → **fédérateur**

**rasséréné, e** → **satisfait**

**rasséréner** → **tranquilliser**

**rassis, e** → **posé**

**rassurant, e** → **réconfortant**

**rassurer** → **tranquilliser**

**rat** n. m. campagnol, mulot, muridé, rate, raton, surmulot → **rongeur**

**ratage** n. m. → **insuccès**

**ratatiné, e** desséché, flétri, noué, pelotonné, rabougri, racorni, ramassé, recroquevillé, replié, ridé, tassé

**ratatouille** n. f. → **ragoût**

**raté, e** bon à rien, fruit sec, traîne-savate

**râteau** n. m. arc, fauchet, fauchon, rouable

**râteler** ratisser → **ramasser**

**rater** 1 → **manquer** 2 → **échouer**

**ratiboiser** 1 → **ravager** 2 → **voler**

**ratière** n. f. → **piège**

**ratification** n. f. → **approbation**

**ratifier** → **confirmer**

**ratiocination** n. f. → **argutie**

**ratiociner** → **ergoter**

**ratiocineur** n. m. → **chicaneur**

**ration** n. f. bout, division, dose, fraction, fragment, lot, morceau, part, partie, pièce, portion, prise, quartier, tranche

**rationalisation** n. f. automatisation, division du travail, planification, normalisation, spécialisation, stakhanovisme, standardisation, taylorisation, taylorisme

**rationaliser** 1 → **normaliser** 2 → **régler**

**rationalisme** n. m. → **réalisme**

**rationnel, le** cartésien, cohérent, conséquent, exact, fonctionnel, géométrique, judicieux, juste, logique, méthodique, naturel, nécessaire, raisonnable, serré, suivi, vrai

**rationnement** n. m. 1 → **réduction** 2 → **régime**

**rationner** → **réduire**

**ratisser** 1 râteler → **râcler** 2 → **ravager**

**rattachement** n. m. → **réunion**

**rattacher** → **réunir**

**rattrapage** n. m. rajustement, réparation, retouche → **correction**

**rattraper** 1 → **rejoindre** 2 → **réparer** 3 v. pron. **a** se racheter, se réhabiliter, réparer, se reprendre, se ressaisir, se retourner **b** se dédommager, gagner, prendre sa revanche, se raccrocher, s'y retrouver, se sauver, s'en sortir, s'en tirer

**rature** n. f. biffure, gommage, grattage, raturage, repentir, retouche

**raturer** → **effacer**

**rauque** enroué, éraillé, guttural ♦ fam. : de mêlé-cass, de rogomme

**ravage** n. m. atteinte, avarie, casse, catastrophe, dégât, dégradation, déprédation, détérioration, dommage, grief (vx), mal, perte, préjudice, sinistre, tort

**ravager** anéantir, bouleverser, désoler, détruire, dévaster, dévorer, endommager, fourrager, gâter, infester, raser, ratiboiser (fam.), ratisser, razzier, piller, ruiner, saccager

**ravageur, euse** nom et adj. 1 → **destructeur** 2 → **séducteur**

**ravalement** n. m. 1 → **bassesse** 2 → **réparation** 3 → **nettoiement**

**ravaler** 1 → **abaisser** 2 → **réparer** 3 → **nettoyer**

**ravaudage** n. m. → **raccommodage**

**ravauder** → **raccommoder**

**ravi, e** → **content**

**ravigoter** → **réconforter**

**ravin** n. m. lit de rivière / torrent, ravine, val, vallée, vallon

**ravinement** n. m. affouillement, érosion

**raviner** → **creuser**

**ravir** 1 → **enlever** 2 → **prendre,** 3 → **charmer** 4 → **transporter**

**raviser (se)** se dédire, changer d'avis, revenir sur sa décision / parole / promesse

**ravissant, e** agréable, aimable, amène, attirant, beau, captivant, charmant, enchanteur, enivrant, ensorcelant, fascinant, gracieux, grisant, intéressant, joli, merveilleux, piquant, séduisant

**ravissement** n. m. 1 → **enlèvement** 2 → **transport** 3 → **bonheur**

**ravitaillement** n. m. 1 → **approvisionnement** 2 → **provision**

**ravitailler** → **pourvoir**

**raviver** 1 → **rafraîchir** 2 → **ranimer**

**ravoir** → **recouvrer**

**rayer** 1 → **effacer** 2 → **abîmer** 3 → **strier**

**rayère** n. f. → **ouverture**

**rayon** n. m. 1 jet, rai, trait 2 apparence, lueur, lumière 3 degré, étagère, planche, rayonnage, tablette 4 étalage, éventaire, stand

**rayonnant, e** 1 → **radieux** 2 en étoile, radié, rayonné

**rayonnement** n. m. 1 → **lustre** 2 → **propagation**

**rayonner** 1 se développer, éclater, irradier, se propager 2 → **luire**

**rayure** n. f. balafre, entaille, strie

**raz-de-marée** n. m. 1 tsunami 2 fig. → **agitation**

**razzia** n. f. 1 → **incursion** 2 → **pillage**

**razzier** 1 → **piller** 2 → **ravager**

**réacteur** n. m. propulseur, pulso / turboréacteur, turbine

**réaction** n. f. 1 → **réflexe** 2 → **conservatisme**

**réactionnaire** n. et adj. 1 conservateur, contre-révolutionnaire, de droite, fasciste, immobiliste, intégriste, obscurantiste, rétrograde, rigoriste, tory, traditionaliste 2 fam. : droitier, droitiste, facho, réac, tardigrade

**réagir** 1 → **répondre** 2 → **résister**

**réalisable** accessible, exécutable, facile, faisable, permis, possible, praticable, prévisible, probable, virtuel

**réalisation** n. f. 1 accomplissement, concrétisation, exaucement, satisfaction 2 accouchement, création, effet, exécution, expédition (vx), formulation, matérialisation, œuvre, production 3 → **vente**

**réaliser** 1 au pr. : accomplir, achever, actualiser, atteindre, combler, commettre, concrétiser, consommer, effectuer, exécuter, faire, opérer, pratiquer, procéder à, remplir, tenir parole / ses promesses 2 par ext. **a** brader, liquider, solder, vendre **b** → **entendre**

**réalisme** n. m. 1 crudité, sincérité, tranche de vie, vérisme 2 philos. : atomisme, matérialisme, mécanisme, naturalisme, positivisme 3 opportunisme, pragmatisme, utilitarisme

**réaliste** nom et adj. 1 philos. → **matérialiste** 2 concret, cru, matérialiste, naturaliste, opportuniste, positif, pragmatique, terre à terre, théorétique, utilitaire

**réalité** n. f. 1 certitude, exactitude, réalisme, vérité 2 chose, être, évidence, existence, fait, fond, immanence, matière, monde, nature, objet, réel 3 **en réalité :** au fond, en fait, en effet, réellement

**rébarbatif, ive** → **revêche**

**rebattu, e** banal, commun, connu, éculé, fatigué, réchauffé, ressassé, trivial, usé, vulgaire

**rebelle** nom et adj. 1 → **indocile** 2 → **insoumis** 3 → **révolté**

**rebeller (se)** → **révolter (se)**

**rébellion** n. f. → **révolte**

**rebiffer (se)** → **résister**

**rebiquer** → **retrousser**

**reboisement** n. m. → **repiquage**

**reboiser** → **replanter**

**rebondi, e** 1 → **gras** 2 → **gros**

**rebondir** 1 → **sauter** 2 → **recommencer** 3 → **retomber**

**rebondissement** n. m. → **retour**

**rebord** n. m. → **bord**

**rebours** n. m. 1 → **opposé** 2 **à / au rebours :** à contre-pied, à contre-poil, à contresens, à l'encontre de, à l'inverse de, à l'opposé de, à rebrousse-poil, au contraire de

**rebouter** 1 → **remettre** 2 → **raccommoder**

**rebouteur** ou **rebouteux, euse** n. m. ou f. → **guérisseur**

**rebrousse-poil (à)** → **rebours**

**rebrousser** 1 → **retourner** 2 → **relever**

**rebuffade** n. f. → **refus**

**rébus** n. m. 1 au pr. : charade, devinette, énigme, logogriphe, mots croisés / fléchés (par ext.) 2 fig. : mystère, secret

**rebut** n. m. 1 au pr. → **refus** 2 par ext. **a** balayures, déchet, écume, excrément, fond du panier, laissé-pour-compte, lie, ordure, quantité négligeable, rancart, reste, rogaton, rognure **b** bas-fond, menu fretin, racaille → **populace**

**rebutant, e** 1 → **ennuyeux** 2 → **repoussant**

**rebuter** 1 → **repousser** 2 → **décourager**

**récalcitrant, e** nom et adj. contestataire, désobéissant, entêté, fermé, frondeur, indiscipliné, indocile, indomptable, insoumis, insubordonné, intraitable, mécontent, opiniâtre, rebelle, réfractaire, regimbant, regimbeur, révolté, rétif, rude, têtu, vicieux, volontaire

**recaler** 1 → **ajourner** 2 → **refuser**

**récapitulation** n. f. → **sommaire**

**récapituler** → **résumer**

**recel** n. m. détention, détournement, malversation

**receler** 1 → **cacher** 2 → **contenir**

**receleur, euse** n. m. ou f. arg. : fourgue

**récemment** depuis peu, dernièrement, fraîchement, il n'y a guère, il y a peu (de temps), naguère

**recensement** n. m. 1 → **compte** 2 → **dénombrement**

**recenser** → **dénombrer**

**recension** n. f. → **comparaison**

**récent, e** → **nouveau**

**récépissé** n. m. → **reçu**

**réceptacle** n. m. → **contenant**

**récepteur** n. m. 1 combiné, écouteur 2 écran, mouchard, radar 3 → **radio** 4 → **télévision** 5 → **destinataire**

**réception** n. f. 1 au pr. : admission, adoubement, élévation, initiation, intronisation, investiture, promotion 2 accueil, hospitalité → **abord** 3 a boum, bridge, cérémonie, cinq-à-sept, cocktail, déjeuner, diffa, dîner, gala, garden-party, mondanités, raout, soirée, surprise-partie, thé, veillée b → **bal** c → **fête** 4 audiov. : écoute

**récession** n. f. 1 → **crise** 2 → **recul**

**recette** n. f. 1 fruit, gain, produit, profit → **bénéfice** ♦ arg. : comptée, taille 2 → **méthode** 3 → **procédé**

**recevabilité** n. f. → **bien-fondé**

**recevable** → **acceptable**

**receveur, euse** n. m. ou f. 1 → **caissier** 2 → **percepteur**

**recevoir** 1 au pr. a fav. ou neutre : acquérir, encaisser, gagner, hériter, obtenir, palper (fam.), percevoir, prendre, tirer → **toucher** b non fav. : attraper, avaler, boire, écoper, empocher, encaisser, éprouver, essuyer, prendre, récolter, souffrir, subir, trinquer 2 par ext. a abriter, accueillir, admettre, donner l'hospitalité / une réception, héberger, traiter b donner audience c accepter, adouber, agréer, élever, initier, promouvoir, reconnaître

**rechampir** → **rehausser**

**rechange** n. m. → **secours**

**réchappé, e** → **rescapé**

**réchapper** → **tirer (s'en)**

**recharger** → **pourvoir**

**réchaud** n. m. athanor, bec Bunsen, brasero, calorifère, cuisinière, fourneau, gazinière, hypocauste, poêle, potager, radiateur, réchauffeur, têt ou test, thermosiphon

**réchauffer** 1 → **chauffer** 2 → **ranimer**

**rêche** → **rude**

**recherche** n. f. 1 au pr. a battue, chasse, exploration, fouille, investigation, poursuite, quête b jurid. : chasse aux sorcières (péj.), enquête, information, inquisition (vx), instruction c étude, examen, expérience, expérimentation, gallup, observation, recension, sondage, spéculation, tâtonnement d auscultation, percussion e technologie 2 par ext. a → **affectation** b → **préciosité**

**recherché, e** 1 → **compliqué** 2 → **étudié**

**rechercher** 1 → **chercher** 2 → **souhaiter**

**rechigner** → **renâcler**

**rechute** et **récidive** n. f. → **reprise**

**récidiver** → **recommencer**

**récidiviste** nom et adj. cheval de retour (fam.), endurci, relaps

**récif** n. m. écueil, haut-fond

**récipiendaire** n. m. bénéficiaire, impétrant

**récipient** n. m. berlingot, berthe, boîte, bouille, bouteille, brassin, container *ou* conteneur, contenant, emballage, estagnon (mérid.), moque, vase → **ustensile**

**réciprocité** n. f. → **compensation**

**réciproque** → **mutuel**

**réciproquement** en échange, l'un pour l'autre, mutuellement, œil pour œil dent pour dent

**récit** n. m. 1 anecdote, compte rendu, détail, dit (vx), exposé, exposition, factum (jurid. ou péj.), histoire, historiette, historique, journal, mémoires, mémorial, narration, nouvelle, périple, rapport, relation, tableau 2 annales, chronique, conte, légende, mythe, odyssée, roman 3 → **fable**

**récital** n. m. aubade, audition, sérénade → **concert**

**récitatif** n. m. → **mélodie**

**réciter** 1 → **dire** 2 → **prononcer**

**réclamation** n. f. appel, clameur, cri, demande, doléance, exigence, pétition, plainte, prétention, protestation, récrimination, requête, revendication

**réclame** n. f. affichage, annonce, battage, bourrage de crâne (péj.), bruit, lancement, propagande, publicité, renommée, retentissement, slogan ♦ fam. : boom, tam-tam

**réclamer** 1 v. tr. a appeler, avoir besoin, commander, demander, exiger, mériter, nécessiter, rendre nécessaire, requérir, supposer, vouloir b contester, prétendre, revendiquer ♦ jurid. : répéter c → **solliciter** 2 v. intr. : aboyer, gémir, se plaindre, protester, râler, se récrier, récriminer 3 v. pron. : en appeler, invoquer, se recommander

**reclassement** n. m. 1 déplacement, promotion, rétrogradation 2 → **ajustement**

**reclasser** → **déplacer**

**reclus, e** nom et adj. → **prisonnier**

**réclusion** n. f. → **emprisonnement**

**recoin** n. m. 1 au pr. → **coin** 2 fig. : pli, repli, secret

**récollection** n. f. → **recueillement**

**récolte** n. f. 1 arrachage, fenaison, moisson, ramassage, vendange, vinée 2 vx : amasse, annone, août 3 → **cueillette** 4 → **profit**

**récolter** → **recueillir**

**recommandable** → **estimable**

**recommandation** n. f. 1 → **appui** 2 → **instruction** 3 avis, avertissement, conseil

**recommander** 1 → **appuyer** 2 → **demander** 3 avertir, conseiller, dire, exhorter, prêcher, préconiser, prôner

**recommencement** n. m. → **retour**

**recommencer** 1 v. tr. → **refaire** 2 v. intr. : se ranimer, se raviver, rebiffer, rebondir, se réchauffer, récidiver, redoubler, refaire, refleurir, réitérer, remettre, renaître, renouveler, repartir, répéter, repiquer, reprendre, se reproduire, se réveiller, revenir

**récompense** n. f. 1 au pr. : bénéfice, compensation, dédommagement, gratification, loyer, paiement, pourboire, prime, prix, rémunération, rétribution, salaire, tribut 2 par ext. : accessit, citation, couronne, décoration, diplôme, médaille, mention, oscar, palmarès, prix, satisfecit, tableau d'honneur → **insigne**

**récompenser** 1 → **dédommager** 2 citer, couronner, décorer, distinguer, payer, reconnaître 3 → **encourager**

**réconciliateur, trice** n. m. ou f. → **intermédiaire**

**réconciliation** n. f. accommodement, accord, fraternisation, rabibochage (fam.), raccommodement, rapprochement, replâtrage

**réconcilier** 1 accorder, concilier, raccommoder, rapprocher, réunir ♦ fam. : rabibocher 2 vx : appointer, rapatrier 3 v. pron. : se pardonner, se rajuster, se remettre bien ensemble, renouer, reprendre ses relations, revenir

**reconductible** renouvelable

**reconduction** n. f. → **renouvellement**

**reconduire** 1 neutre : accompagner, conduire, escorter, raccompagner, ramener 2 non fav. : chasser, éconduire, expulser, mettre à la porte 3 par ext. → **renouveler**

**réconfort** n. m. 1 → **aide** 2 → **soulagement**

**réconfortant, e** 1 adoucissant, apaisant, calmant, consolant, consolateur, encourageant, lénitif, rassurant 2 analeptique, cordial, corroborant, excitant, fortifiant, reconstituant, remontant, roboratif, stimulant, tonique

**réconforter** aider, conforter, consoler, ragaillardir, ranimer, ravigoter, raviver, refaire, relever le courage / les forces / le moral, remettre, remonter, réparer, requinquer, restaurer, rétablir, retaper, revigorer, soutenir, stimuler, sustenter

**reconnaissable** discernable, discret (math.), distinguable, identifiable, remarquable

**reconnaissance** n. f. 1 au pr. : découverte, examen, exploration, inspection, investigation, observation, recherche 2 par ext. a → **gratitude** b → **reçu**

**reconnaissant, e** → **obligé**

**reconnaître** 1 au pr. : arraisonner (mar.), connaître, constater, discerner, distinguer, identifier, remettre, retrouver, trouver, vérifier → **connaître** 2 par ext. a → **examiner** b → **convenir** c → **soumettre (se)** d → **récompenser** 3 v. pron. → **retrouver (se)**

**reconnu, e** 1 → **réel** 2 → **certain**

**reconquérir** → **recouvrer**

**reconsidérer** → **revoir**

**reconstituant, e** nom et adj. → **réconfortant**

**reconstituer** → **rétablir**

**reconstitution** n. f. 1 → **représentation** 2 → **réparation**

**reconstruction** n. f. → **restauration**

**reconstruire** → **rétablir**

**reconversion** n. f. conversion, mutation, recyclage, transformation

**reconvertir** mettre à jour, recycler, réinsérer, réorienter → **transformer**

**record** n. m. → **performance**

**recors** n. m. assistant → **témoin**

**recoupement** n. m. comparaison, liaison, parallèle, parangon, rapport, rapprochement

**recouper (se)** s'accorder, aller, concorder, se conformer, convenir, correspondre, être conforme à / en conformité / en harmonie / en rapport / en symétrie, faire pendant, s'harmoniser, se rapporter, se référer, répondre, représenter, ressembler, rimer (fam.), satisfaire, synchroniser

**recourbé, e** → **courbe**

**recourir** → **user**

**recours** n. m. 1 → **ressource** 2 appel, demande, pourvoi, requête 3 **avoir recours** → **user**

**recouvrable** percevable

**recouvrement** n. m. → **perception**

**recouvrer** 1 rapatrier, rattraper, ravoir, reconquérir, récupérer, regagner, reprendre, ressaisir, retrouver 2 encaisser, percevoir, recevoir, toucher

**recouvrir** 1 cacher, coiffer, couvrir, dissimuler, ensevelir, envelopper, masquer, napper, voiler 2 appliquer, consteller, enduire, enrober, étendre, habiller, joncher, parsemer, paver, revêtir, tapisser 3 alluvionner 4 v. pron. : chevaucher, s'embroncher, s'imbriquer, se superposer

**récréatif, ive** → **amusant**

**récréation** n. f. 1 → **divertissement** 2 → **repos** 3 → **pause**

**récréer** → **distraire**

**récrier (se)** 1 → **crier** 2 → **protester** 3 → **enthousiasmer (s')**

**récrimination** n. f. → **reproche**

**récriminer** → **répondre**

**recroqueviller (se)** 1 → **resserrer (se)** 2 → **replier (se)**

**recru, e** accablé, assommé, avachi, brisé, courbatu, courbaturé, épuisé, excédé, exténué, fatigué, fourbu, harassé, las, moulu, rendu, rompu, roué de fatigue, surentraîné, surmené ♦ fam. : cané, claqué, crevé, échiné, éreinté, esquinté, flapi, flingué, mort, pompé, sur les dents / les genoux / les rotules, vanné, vaseux, vermoulu, vidé

**recrudescence** n. f. accroissement, aggravation, augmentation, exacerbation, hausse, progrès, progression, redoublement, regain, renforcement, renouvellement, reprise, retour, revif

**recrue** n. f. 1 → **soldat** 2 → **membre**

**recrutement** n. m. 1 → **conscription** 2 → **engagement**

**recruter** embrigader, engager, enrégimenter, enrôler, incorporer, lever des troupes, mobiliser, racoler

**recruteur** n. m. → **racoleur**

**recteur** n. m. 1 → **directeur** 2 → **prêtre**

**rectifiable** → **perfectible**

**rectificatif** et **rectification** n. m., n. f. → **correction**

**rectifier** amender, changer, corriger, modifier, redresser, réformer, rétablir, revoir

**rectiligne** → **droit**

**rectitude** n. f. droiture, exactitude, fermeté, honnêteté, justesse, justice, logique, rigueur

**recto** n. m. avers, endroit, face

**rectum** n. m. par ext. 1 → **anus** 2 → **fessier**

**reçu** n. m. acquit, bulletin, connaissement (mar.), état, décharge, quittance, quitus, récépissé, reconnaissance

**reçu, e** → **acceptable**

**recueil** n. m. 1 → **collection** 2 album, almanach, anthologie, atlas, bouquin, brochure, bullaire, catalogue, chrestomathie, code, écrit, fablier, fascicule, florilège, formulaire, herbier, livraison, livre, livret, manuel, opuscule, ouvrage, plaquette, publication, registre, répertoire, sottisier, tome, volume ♦ vx : ana, compilation, légendaire, portulan (mar.), spicilège

**recueillement** n. m. 1 adoration, contemplation, ferveur, méditation, piété, récollection, retraite 2 application, componction, concentration, réflexion

**recueillir** 1 acquérir, amasser, assembler, avoir, butiner, capter, colliger, cueillir, engranger, gagner, glaner, grappiller, hériter, lever, moissonner, obtenir, percevoir, prendre, quêter, ramasser, rassembler, recevoir, récolter, retirer, réunir, tirer, toucher 2 pron. a → **penser** b → **renfermer (se)** c → **absorber (s')**

**recul** et **reculade** n. m., n. f. 1 récession, retrait, rétrogradation, rétrogression 2 décrochage, désengagement, repli, retraite 3 acculée (mar.), reflux 4 éloignement, régression, retard 5 → **distance**

**reculé, e** → **éloigné**

**reculer** 1 v. tr. a décaler, déplacer, repousser b accroître, agrandir, étendre c ajourner, différer, retarder 2 v. intr. : abandonner, battre en retraite, caler, céder, culer, décrocher, déhaler (mar.), faire machine / marche arrière, flancher, fléchir, lâcher pied, perdre du terrain, refluer, refouler, régresser, se rejeter, se replier, rétrograder, rompre ♦ fam. : caner, foirer

**récupérable** 1 réutilisable 2 → **perfectible**

**récupération** n. f. 1 → **sauvetage** 2 → **annexion**

**récupérer** 1 → **recouvrer** 2 → **remettre (se)**

**récurage** n. m. → **nettoiement**

**récurer** approprier, assainir, astiquer, balayer, battre, blanchir, bouchonner, brosser, cirer, curer, débarbouiller, débarrasser, décaper, décrasser, décrotter, dégraisser, dérocher, dérouiller, déterger, écurer, enlever la crasse / la saleté, étriller, faire le ménage, fourbir, frotter, housser, laver, lessiver, monder, purifier, rapproprier, racler, ravaler, savonner, toiletter, vanner ♦ fam. : bichonner, briquer, torcher, torchonner

**récurrence** n. f. → **répétition**

**récurrent, e** et **récursif, ive** itératif, redondant, réduplicatif, réitératif, répétitif

**récusable** reprochable (jurid.) → **incertain**

**récuser** 1 → **refuser** 2 → **repousser**

**recyclage** n. m. aggiornamento, mise à jour, réinsertion, réorientation

**recycler** mettre à jour, reconvertir, réinsérer, réorienter → **transformer**

**rédacteur, trice** n. m. ou f. 1 → **journaliste** 2 → **secrétaire**

**rédaction** n. f. 1 composition, écriture, établissement, formule, libellé → **texte** 2 composition française, dissertation, narration → **récit**

**redan** n. m. → **saillie**

**reddition** n. f. → **capitulation**

**rédempteur, trice** nom et adj. → **sauveur**

**rédemption** n. f. délivrance, expiation, rachat, salut

**redevable** assujetti, débiteur, imposable, obligé, tributaire

**redevance** n. f. → **charge**

**rédhibition** n. f. → **abrogation**

**rédhibitoire** 1 → **absolu** 2 → **catégorique**

**rédiger** → **écrire**

**rédimer** → **libérer**

**redingote** n. f. 1 lévite → **manteau** 2 → **habit**

**redire** 1 → **répéter** 2 **trouver à redire** → **critiquer**

**redistribuer** → **répartir**

**redistribution** n. f. → **répartition**

**redite** et **redondance** n. f. 1 → **répétition** 2 → **pléonasme** 3 → **superfluité**

**redondant, e** 1 → **diffus** 2 → **superflu** 3 → **récurrent**

**redonner** dégorger, rembourser, remettre, rendre, rendre gorge, repasser (fam.), restituer, rétrocéder

**redoublement** n. m. accroissement, agrandissement, aggravation, augmentation, amplification, crise, croissance, développement, exacerbation, grossissement, intensification → **paroxysme**

**redoubler** → **augmenter**

**redoutable** → **terrible**

**redoute** n. f. 1 → **blockhaus** 2 vx. → **bal**

**redouter** s'alarmer, appréhender, avoir peur, être effrayé, être épouvanté, trembler

**redoux** n. m. → **adoucissement**

**redressement** n. m. 1 → **rétablissement** 2 → **correction**

**redresser** 1 défausser → **rectifier** 2 → **réprimander** 3 → **lever** 4 → **rétablir** 5 équit. les oreilles (pour le cheval) : chauvir

**réducteur, trice** abstracteur, abstractif, théoricien

**réductible** assimilable, coercible, compressible, comprimable, condensable, élastique, souple, simplifiable

**réduction** n. f. 1 au pr. : a allégement, amenuisement, amoindrissement, atténuation, compression, diminution, graticulation, limitation, malthusianisme, plafonnement, raccourcissement, rationnement, rapetissement, resserrement, restriction, rétrécissement, schématisation, simplification b → **remise** c abrégé, diminutif, miniature 2 par ext. a pacification, soumission b → **abaissement**

**réduire** 1 au pr. a abaisser, abréger, accourcir, affaiblir, alléger, amoindrir, amortir, atténuer, baisser, changer, comprimer, condenser, contingenter, contracter, décompresser, décomprimer, dégonfler, dépouiller, détendre, diminuer, écorner, écourter, élégir, fondre, graticuler, inférioriser, limiter, miniaturiser, minimiser, minorer, modérer, plafonner, rabaisser, raccourcir, ramener, rapetisser, raréfier, rationner, renfermer, resserrer, restreindre, rétrécir, simplifier b dédramatiser, dépassionner → **calmer** 2 par ext. a → **économiser** b → **vaincre**

**réduit** n. m. bouge, cabane, cabine, cabinet, cagibi, cahute, cellule, chambrette, galetas, loge, logette, mansarde, niche, retraite, souillarde, soupente

**réel** n. m. → **réalité**

**réel, le** nom et adj. actuel, admis, assuré, authentique, certain, concret, démontré, effectif, établi, exact, existentiel (philos.), factuel, fondé, historique, incontestable, incontesté, indiscutable, indubitable, juste, matériel, objectif, palpable, patent, positif, réalisé, reconnu, reçu, sérieux, sincère, solide, tangible, véridique, véritable, visible, vrai → **sûr**

**réellement** bel et bien, bonnement, certainement, concrètement, dans le fait, de fait, effectivement, efficacement, en effet, en fait, en réalité, historiquement, objectivement, pratiquement, véritablement, vraiment

**réexpédier** → **retourner**

**réfaction** n. f. → **diminution**

**refaire** 1 au pr. a bisser, recommencer, réitérer, répéter, reprendre b rajuster, reconstruire, recréer, récrire, réédifier, rééditer, refondre, reformer, renouveler, réparer, reproduire, restaurer, rétablir, rhabiller 2 fig. a → **réconforter** b → **tromper** c → **voler**

**réfection** n. f. 1 → **réparation** 2 → **modification**

**réfectoire** n. m. cambuse, cantine, mess, popote, salle à manger

**référé** n. m. → **procédure**

**référence** n. f. 1 → **renvoi** 2 → **attestation**

**référencer** → **inscrire**

**référendum** n. m. consultation, élection, plébiscite, scrutin, suffrage, votation, vote, voix

**référer** 1 → **attribuer** 2 v. pron. → **rapporter (se)**

**refiler** bazarder, fourguer → **donner**

**réfléchi, e** 1 → **posé** 2 → **prudent** 3 → **raisonnable**

**réfléchir** 1 → **renvoyer** 2 → **penser**

**réflecteur** n. m. catadioptre, cataphote

**reflet** n. m. 1 au pr. : brillance, chatoiement, étincellement, irisation, lueur, miroitement, moire, réflexion, ruissellement, rutilance, scintillement 2 par ext. → **représentation**

**refléter** 1 → **renvoyer** 2 → **représenter**

**réflexe** n. m. 1 automatisme, interaction, mouvement, réaction 2 coup d'œil, présence d'esprit, sang-froid

**réflexion** n. f. 1 diffusion, rayonnement, reflet, réverbération 2 → **attention** 3 → **idée** 4 → **pensée** 5 → **remarque**

**refluer** 1 → **répandre (se)** 2 → **reculer**

**reflux** n. m. → **marée**

**refondre** → **refaire**

**refonte** n. f. réécriture, réédition, remaniement → **reprise**

**réformateur, trice** nom et adj. rénovateur, transformateur

**réforme** n. f. → **changement**

**réformer** 1 → **corriger** 2 → **retrancher** 3 → **refaire**

**réformisme** n. m. → **socialisme**

**réformiste** nom et adj. déviationniste, révisionniste, situationniste → **révolutionnaire**

**refoulement** n. m. 1 autocensure, inhibition, interdit 2 → **expulsion**

**refouler** 1 → **repousser** 2 → **chasser** 3 → **renfermer**

**réfractaire** n. m. → **insoumis**

**réfractaire** adj. 1 → **insoumis** 2 → **indocile** 3 → **incombustible**

**refrain** n. m. antienne, chanson, chant, lanterne, leitmotiv, rengaine, répétition, ritournelle, scie, turlutaine

**refréner** → **réprimer**

**réfrigérant, e** → **froid**

**réfrigérateur** n. m. chambre froide, congélateur, conservateur, freezer, Frigidaire (marque), frigorifique, glacière

**réfrigération** n. f. → **congélation**

**réfrigérer** → **frigorifier**

**refroidir** 1 au pr. : attiédir, congeler, frapper, frigorifier, glacer, rafraîchir, réfrigérer, tiédir 2 fig. → **calmer**

**refroidissement** n. m. 1 → **congélation** 2 → **grippe**

**refuge** n. m. 1 → **abri** 2 → **cabane** 3 → **halte** 4 → **ressource**

**réfugié, e** nom et adj. → **émigré**

**réfugier (se)** 1 → **blottir (se)** 2 → **partir**

**refus** n. m. 1 blackboulage, déni, fin de non-recevoir, impopularité, négation, opposition, rabrouement, rebuffade, rebut, recalage, regimbement, rejet, renvoi, veto → **insuccès** 2 ostracisme, racisme → **xénophobie**

**refuser** 1 → **ajourner** 2 débouter, décliner, dédaigner, défendre, dénier, écarter, éconduire, éloigner, exclure, évincer, licencier, nier, récuser, rejeter, remercier, renvoyer, repousser 3 → **congédier** 4 → **résister**

**réfutable** → **faible**

**réfutation** n. f. → **objection**

**réfuter** aller à l'encontre, confondre, contester, contredire, démentir, désavouer, s'inscrire en faux, opposer, répondre

**regagner** rattraper, récupérer, recouvrer

**regain** n. m. → **recrudescence**

**régal** n. m. 1 → **divertissement** 2 → **festin** 3 → **plaisir**

**régale** n. f. → **impôt**

**régaler** 1 → **réjouir** 2 → **festoyer** 3 fam. → **maltraiter** 4 v. pron. : se délecter, déguster, faire bombance, festoyer, fricoter, se gargariser, se goberger, goûter, jouir, se pourlécher / repaître, savourer, se taper la cloche

**régalien, ne** → **royal**

**regard** n. m. 1 coup d'œil, œillade, yeux → **œil** 2 a **attirer le regard :** attention b **au regard de :** en comparaison de c **en regard** → **vis-à-vis**

**regardant, e** → **avare**

**regarder** 1 admirer, attacher son regard, aviser, considérer, contempler, couver des yeux / du regard, dévisager, dévorer des yeux, envisager, examiner, fixer, guigner, inspecter, jeter les yeux, lorgner, observer, parcourir, promener les yeux / le regard, remarquer, scruter, toiser, voir ♦ fam. et / ou arg. : bigler, fliquer, mater, mirer, mordre, ouvrir ses quinquets, piger, rechasser, redresser, reluquer, tapisser, viser, zieuter 2 → **concerner** 3 a **regarder comme :** compter, considérer, estimer, juger, prendre, présumer, réputer b **regarder de travers :**

**régate** n. f. 1 → **compétition** 2 → **cravate**

**régence** n. f. 1 → **autorité** 2 → **intérim**

**régénération** n. f. → **renaissance**

**régénérer** 1 → **améliorer** 2 → **corriger**

**régent** n. m. 1 → **maître** 2 → **pédant** 3 → **supérieur**

**régenter** administrer, commander, conduire, diriger, dominer, gérer, gouverner, manier, manœuvrer, mener, piloter, régir, régner, tyranniser (péj.)

**régie** n. f. 1 → **administration** 2 → **direction**

**regimber** 1 → **ruer** 2 → **résister**

**régime** n. m. 1 → **administration** 2 → **direction** 3 → **gouvernement** 4 conduite, cure, diète, jeûne, rationnement, règle

**régiment** n. m. 1 → **troupe** 2 → **multitude**

**région** n. f. campagne, coin, contrée, endroit, lieu, nation, origine, parage, pays, province, rivage, royaume, sol, terre, territoire, terroir, zone ♦ fam. : bled, patelin

**régional, e** nom et adj. folklorique, local, particulier, provincial, typique

**régir** diriger, gérer → **gouverner**

**régisseur** n. m. → **gérant**

**registre** n. m. 1 brouillard, écritures, grand livre, journal, livre, main-courante, manifold, matrice, matricule, minutier, répertoire, sommier 2 relig. : obituaire, pouillé 3 ambitus, ampleur, échelle, tessiture 4 caractère, ton, tonalité

**réglage** n. m. → **ajustement**

**règle** n. f. 1 canon, commandement, convention, coutume, formule, gouverne, ligne, loi, mesure, norme, observance, ordre, précepte, prescription, théorie → **principe** 2 → **protocole** 3 → **règlement** 4 → **exemple** 5 alidade, battant, carrelet, comparateur, compas, équerre, réglet, sauterelle, té, vernier 6 au pl. → **menstruation**

**réglé, e** 1 quelque chose : arrêté, calculé, coordonné, décidé, déterminé, fixé, normal, périodique, systématique, uniforme 2 quelqu'un : exact, mesuré, méthodique, ordonné, organisé, ponctuel, rangé, régulier, sage

**règlement** n. m. 1 arrêté, canon, charte, code, consigne, constitution, décret, discipline, édit, institution, loi, mandement, ordonnance, prescription, règle, réglementation, statut 2 accord, arbitrage, arrangement, convention, protocole 3 arrêté, liquidation, paiement, solde 4 relig. : observance

**réglementaire** 1 disciplinaire 2 → **permis**

**réglementation** n. f. 1 → **règlement** 2 → **agencement**

**réglementer** → **légiférer**

**régler** 1 accorder, ajuster, aligner, conformer à, diriger, mesurer, modeler, modérer, moduler, tirer, tracer 2 → **décider** 3 → **finir** 4 → **payer** 5 codifier, normaliser, organiser, rationaliser, réglementer, théoriser → **fixer** 6 v. pron. : se conformer, se soumettre

**réglet** n. m. → **règle**

**règne** n. m. 1 dynastie, empire, époque, gouvernement, monarchie, pouvoir, souveraineté → **autorité** 2 monde, royaume, univers

**régner** 1 → **gouverner** 2 → **être**

**regorger** 1 → **abonder** 2 → **déborder** 3 → **répandre (se)**

**régresser** → **reculer**

**régression** n. f. → **recul**

**regret** n. m. 1 doléance, lamentation, mal du pays, nostalgie, plainte, soupir 2 attrition, componction, contrition, désespoir, peine, pénitence, remords, repentance, repentir, résipiscence, ver rongeur 3 arrière-goût, déception

**regrettable** 1 → **affligeant** 2 → **inopportun**

**regretter** 1 avoir du déplaisir / du regret, geindre, se lamenter, s'en mordre les doigts / les poings / les pouces, pleurer, se repentir 2 déplorer, désapprouver, plaindre

**regroupement** n. m. → **rassemblement**

**regrouper** → **assembler**

**régularisation** n. f. → **normalisation**

**régulariser** → **fixer**

**régularité** n. f. 1 de quelque chose : authenticité, concordance, congruence, convenance, correction, fidélité, justesse, légalité, précision, régime de croisière, rigueur, véracité, véridicité, vérité 2 aisance, facilité, fluidité 3 de quelqu'un : application, assiduité, attention, conscience professionnelle, correction, exactitude, minutie, ponctualité, scrupule, sincérité, soin → **habitude**

**régulateur, trice** modérateur → **intermédiaire**

**régulation** n. f. contrôle, dispatching, équilibrage, normalisation, progressivité → **répartition**

**régulier** n. m. → **religieux**

**régulier, ère** 1 → **réglé** 2 → **exact** 3 → **fidèle** 4 → **continu** 5 → **constant**

**régulière** n. f. 1 → **épouse** 2 → **femme**

**régulièrement** dans les formes / l'ordre / les règles, légalement, légitimement, licitement, réglementairement, selon les lois / les mœurs / les normes

**régurgitation** n. f. → **vomissement**

**régurgiter** → **vomir**

**réhabilitation** n. f. → **justification**

**réhabiliter** → **rétablir**

**rehaussement** n. m. → **hausse**

**rehausser** 1 au pr. → **hausser** 2 fig. a augmenter, ranimer, relever b → **assaisonner** c embellir, ennoblir, faire ressortir / valoir, mettre en valeur, réchampir, relever d → **louer**

**réifier** → **chosifier**

**rein** n. m. 1 au sing. : lombes, râble, rognon 2 au pl. : bas du dos, croupe, dos 3 par ext. → **derrière**

**réincarnation** n. f. → **renaissance**

**reinette** n. f. → **pomme**

**reine** n. f. dame, souveraine

**réinsérer** → **rétablir**

**réinsertion** et **réintégration** n. f. → **rétablissement**

**réintégrer** 1 → **rétablir** 2 → **revenir**

**réitérer** 1 → **refaire** 2 → **répéter**

**reître** n. m. 1 → **mercenaire** 2 → **soudard**

**rejaillir** 1 → **jaillir** 2 → **retomber**

**rejaillissement** n. m. → **ricochet**

**rejet** n. m. 1 → **pousse** 2 → **refus** 3 contre-rejet, enjambement

**rejeter** 1 → **jeter** 2 → **repousser** 3 → **reporter** 4 → **vomir** 5 → **exsuder** 6 v. pron. → **reculer**

**rejeton** n. m. 1 → **pousse** 2 → **fils** 3 → **postérité**

**rejoindre** atteindre, attraper, gagner, joindre, rallier, rattraper, regagner, retrouver, tomber dans

**réjoui, e** bon vivant, boute-en-train, content, épanoui, gai, guilleret, heureux, hilare, joyeux, riant, rieur, vive-la-joie

**réjouir** 1 amuser, charmer, contenter, dérider, dilater / épanouir le cœur, divertir, égayer, enchanter, ensoleiller, faire plaisir, illuminer, mettre en joie, plaire, ravir, régaler, rendre joyeux 2 v. pron. a s'applaudir, avoir la fierté, se délecter, être heureux, exulter, se féliciter, se frotter les mains, jubiler, pavoiser, rire, triompher b fam. : bicher, boire du petit-lait c vx : s'ébaudir

**réjouissance** n. f. agape, amusement, distraction, divertissement, festivité, fête, jubilation, liesse, noce, partie, plaisir

**réjouissant, e** → **gai**

**relâche** n. f. 1 → **repos** 2 **sans relâche** → **toujours**

**relâché, e** 1 neutre : affaibli, commode, facile, libéré, libre, mitigé 2 non fav. : amoral, débauché, dissolu, élastique, immoral, inappliqué, inattentif, libertin, négligent

**relâchement** n. m. 1 → **repos** 2 → **négligence**

**relâcher** 1 au pr. a on relâche une chose : décontracter, desserrer, détendre, lâcher → **diminuer** b quelqu'un : élargir, libérer, relaxer 2 par ext. : adoucir, ramollir, tempérer 3 mar. : accoster, faire escale → **toucher** 4 v. pron. : s'amollir, diminuer, faiblir, se laisser aller, se négliger, se perdre

**relais** n. m. 1 halte, mansion (vx), poste, titre (vén.) 2 → **hôtel** 3 techn. : jarretière 4 **prendre le relais** → **remplacer**

**relance** n. f. → **reprise**

**relancer** → **poursuivre**

**relaps, e** nom et adj. 1 → **récidiviste** 2 → **hérétique**

**relater** → **raconter**

**relatif, ive** → **proportionnel**

**relation** n. f. 1 quelque chose. a → **histoire** b compte rendu, procès-verbal, rapport, témoignage, version → **récit** c analogie, appartenance, connexion, copule, corrélation, dépendance, liaison, lien, rapport d interaction, intercommunication, interconnexion, intercourse, interdépendance, intersigne 2 entre personnes. a → **ami** b accointance, attache, bonne / mauvaise intelligence, bons / mauvais termes, commerce, communication, contact, correspondance, engagement, fréquentation, habitude, liaison, lien, rapport, société c amour, commerce, flirt, intrigue, liaison, marivaudage, rapport, union

**relativement** à peu près, au prorata, comparativement, convenablement, en comparaison, harmonieusement, proportionnellement, régulièrement

**relaxant, e** → **reposant**

**relaxation** n. f. 1 → **repos** 2 → **libération**

**relaxe** n. f. → **amnistie**

**relaxer** → **relâcher**

**relayer** → **remplacer**

**relégation** n. f. bannissement, déportation, exil, interdiction de séjour, internement, transportation → **bagne**

**reléguer** 1 quelque chose : abandonner, écarter, jeter, mettre au rebut / au rancart 2 quelqu'un : assigner à résidence, bannir, confiner, déporter, exiler, interdire de séjour, interner, transporter

**relent** n. m. empyreume, fétidité, infection, mauvaise odeur, odeur fétide / infecte / repoussante, pestilence, puanteur, remugle → **odeur**

**relève** n. f. → **remplacement**

**relevé** n. m. 1 bordereau, compte, dépouillement, extrait, facture, sommaire 2 → **mesure**

**relevé, e** 1 au pr. : accru, augmenté, élevé, haussé 2 aromatisé, assaisonné, épicé, pimenté, poivré, salé 3 par ext. : héroïque, magnifique, noble, soutenu, sublime, transcendant ◆ péj. : emphatique, pompeux

**relèvement** n. m. 1 → **hausse** 2 redressement, rétablissement 3 retroussis 4 math. → **rotation**

**relever** v. tr. et intr. 1 écarter, rebrousser, remonter, retrousser, soulever, trousser → **lever** 2 → **ramasser** 3 → **hausser** 4 → **rétablir** 5 → **assaisonner** 6 → **corriger** 7 → **rehausser** 8 → **noter** 9 → **louer** 10 → **réprimander** 11 → **souligner** 12 → **libérer** 13 → **remplacer** 14 → **rétablir (se)** 15 → **dépendre** 16 → **réparer**

**relief** n. m. 1 au sing. a → **forme** b → **bosse** c → **lustre** 2 au pl. → **reste**

**relier** 1 → **joindre** 2 → **unir**

**religieuse** n. f. 1 abbesse, béguine, bonne sœur, congréganiste, converse, couventine, frangine (arg.), mère, moniale, nonne, nonnette, novice, postulante, prieure, professe, supérieure, tourière 2 augustine, béate, bernardine, capucine, carmélite, clarisse, dominicaine, feuillantine, franciscaine, petite sœur des pauvres, trappistine, trinitaire, ursuline, visitandine

**religieux** n. m. 1 a anachorète, cénobite, clerc, congréganiste, ermite, hospitalier, oblat, prêcheur, profès, régulier → **convers** b abbé, aumônier, chanoine régulier, hebdomadier, obédiencier, portier, postulant, préfet, prieur, procureur, provincial, révérend, supérieur c frère, moine, moinillon, monial, novice, père → **prêtre** d augustin, barnabite, bénédictin, bernardin, caloyer, capucin, carme, chartreux, cistercien, cordelier, dominicain, eudiste, feuillant, franciscain, hiéronymite, hospitalier, ignorantin, jésuite, lazariste, mariste, minime, oblat, olivétain, oratorien, pauliste, prémontré, récollet, sulpicien, templier, théatin, trappiste, trinitaire e bonze, chaman, derviche, lama 2 péj. → **bigot**

**religieux, euse** 1 au pr. : croyant, dévot, juste, mystique, pratiquant, spirituel → **pieux** 2 par ext. a → **ponctuel** b cénobitique, claustral, communautaire, conventuel, cultuel, érémitique, monastique, rituel, sacré 3 par ext. : animiste, déiste, fétichiste, iconolâtre, idolâtre, ophite, orphique, panthéiste, sabéen, théiste

**religion** n. f. 1 au pr. a adoration, attachement, croyance, culte, dévotion, doctrine, dogme, dulie, ferveur, foi, hyperdulie, latrie, mysticisme, piété, pratique, spiritualité, zèle b péj. : bigoterie, bondieuserie, cagoterie, momerie, religiosité, sensiblerie → **tartuferie** c animisme, déisme, évhémérisme, fétichisme, iconolâtrie, idolâtrie, jaïnisme, ophiolâtrie, orphisme, panthéisme, sabéisme, théisme, totémisme d principales religions actuelles : bouddhisme, hindouisme, judaïsme, shintoïsme, taoïsme → **chrétien, israélite, musulman** 2 **en religion :** au couvent, dans les ordres, en communauté, sous les vœux 3 par ext. → **opinion**

**religionnaire** n. m. ou f. → **protestant**

**religiosité** n. f. → **religion**

**reliquaire** n. m. châsse, coffret

**reliquat** n. m. → **reste**

**relique** n. f. 1 → **reste** 2 → **fétiche**

**reluire** brasiller, briller, chatoyer, éblouir, éclairer, éclater, étinceler, flamboyer, fulgurer, jeter des feux, miroiter, poudroyer, rayonner, resplendir, rutiler, scintiller

**reluisant, e** → **brillant**

**reluquer** → **regarder**

**remâcher** → **répéter**

**remake** n. m. off. → **reprise**

**rémanence** n. f. → **survivance**

**remaniement** n. m. → **modification**

**remanier** 1 → **changer** 2 → **revoir**

**remarquable** 1 admirable, brillant, choisi, considérable, curieux, éclatant, émérite, épatant, étonnant, extraordinaire, formidable, frappant, génial, glorieux, important, insigne, marquant, marqué, mémorable, notable, nouveau, original, parfait, particulier, rare, recherché, saillant, saisissant, signalé, supérieur, talentueux → **distingué** 2 fam. : extra, génial, maison, pépère, super 3 → **reconnaissable**

**remarque** n. f. allusion, annotation, aperçu, commentaire, considération, critique, note, objection, observation, pensée, réflexion, remontrance, réprimande, reproche

**remarquer** 1 → **regarder** 2 → **voir**

**rembarrer** → **repousser**

**remblai** n. m. → **talus**

**remblayage** n. m. → **remplissage**

**remblayer** boucher, combler, hausser

**rembourrer** bourrer, capitonner, garnir, matelasser

**remboursement** n. m. amortissement, contrepassation, couverture, drawback, paiement, restitution, rétrocession, reversement

**rembourser** amortir, couvrir, défrayer, dépenser, indemniser, payer, redonner, rendre, restituer, rétrocéder, reverser

**remède** n. m. 1 au pr. : acupuncture, analeptique, analgésique, anaphrodisiaque, antidépresseur, antidote, aphrodisiaque, bain, bouillon, cachet, calmant, cataplasme, collyre, compresse, comprimé, confection, conglutinant, cordial, cure, décoction, diète, douche, drogue, eau(x), eau de mélisse, eau oxygénée, électuaire, élixir, émétique, émollient, emplâtre, émulsion, énergisant, enveloppement, eupeptique, extrait, friction, fumigation, gargarisme, gélule, grog, implant, implantation, infusion, inhalation, injection, instillation, insufflation, lavage, liqueur, massage, médecine, médicament, médication, mellite, myrobolan, onguent, orviétan, ovule, oxymel, palliatif, panacée, pansement, pansement gastrique, perfusion, piqûre, placebo, ponction, potion, poudre de perlimpinpin (péj.), préparatif, préparation, psychotonique, psychotrope, purgation, rayons, rééducation, régime, relaxation, respiration artificielle, saignée, scarification, sérum, sinapisme, spécialité, spécifique, suppositoire, suralimentation, teinture, thériaque, topique, transfusion, vaccin, ventouse, vésicatoire, vulnéraire → **baume, contrepoison, lavement, pommade, préservatif, purge, révulsif, sirop, tisane** 2 fig. : expédient, moyen, ressource, solution, soulagement

**remédiable** réparable → **perfectible**

**remédier** arranger, corriger, guérir, obvier, pallier, parer, pourvoir, préserver, réparer, sauver

**remembrement** n. m. regroupement, tènement

**remembrer** 1 → **assembler** 2 → **réunir**

**remémorer** évoquer, rappeler, redire, repasser, ressasser

**remerciement** n. m. action de grâces, ex-voto, merci, témoignage de reconnaissance

**remercier** 1 au pr. : bénir, dédommager (par ext.), dire merci, gratifier, louer, rendre grâce, savoir gré, témoigner de la reconnaissance 2 fig. : chasser, congédier, destituer, donner sa bénédiction / campos / ses huit jours / son compte / son congé, écarter, éconduire, éloigner, expédier, expulser, jeter / mettre à la porte, licencier, liquider, remercier, renvoyer, révoquer, sacquer, se séparer de ◆ fam. : balancer, débarquer, emballer, envoyer paître / valser / dinguer / péter, ficher / flanquer / foutre à la porte, vider

**remettre** 1 au pr. : ramener, rapporter, réintégrer, replacer → **rétablir** 2 par ext. a commettre, confier, consigner, délivrer, déposer, donner, faire tenir, laisser, livrer, passer, poster, recommander b rendre, restituer, retourner → **redonner** c abandonner, se dessaisir de d se rappeler, reconnaître, se ressouvenir, se souvenir e mettre, redresser, relever, rétablir f raccommoder, rebouter, réduire, remboîter, replacer g accorder, concilier, raccommoder, rapprocher, réconcilier, réunir 3 vx ou fam. : rabibocher, rapatrier a absoudre, pardonner b ajourner, atermoyer, attendre, délayer (vx), différer, donner un délai, renvoyer, reporter, retarder, surseoir, suspendre c allonger, exagérer, rajouter 4 v. pron. a aller mieux, entrer / être en convalescence, guérir, se ranimer, recouvrer / retrouver la santé, récupérer, se relever, se rétablir b se calmer, retrouver ses esprits / son calme / son sang-froid, se tranquilliser c **s'en remettre à quelqu'un :** s'abandonner, se confier, déférer à, donner mandat / procuration, en appeler, faire confiance à, se fier à, s'en rapporter à, se reposer sur

**réminiscence** n. f. mémoire, ressouvenir, résurgence, souvenance, souvenir, trace

**remise** n. f. 1 au pr. : attribution, délivrance, dépôt, don, livraison 2 par ext. a bonification, cadeau, commission, déduction, diminution, discount, escompte, guelte, prime, rabais, réduction b absolution, amnistie, grâce, merci, pardon, rémission c ajournement, atermoiement, délai, renvoi, retardement, sursis, suspension 3 abri, cabane, débarras, garage, grange, hangar, local, resserre

**remiser** 1 au pr. : caser, garer, ranger, serrer 2 par ext. : remettre, repousser

**remisier** n. m. → **intermédiaire**

**rémissible** → **excusable**

**rémission** n. f. 1 abolition (vx), absolution, acquittement, amnistie, apaisement, indulgence, jubilé (relig.), latence, miséricorde, oubli, pardon → **remise** 2 accalmie, rémittence → **repos**

**remmener** emmener, enlever, ramener, rapporter, retirer, tirer

**remontant** n. m. analeptique, cordial, corroborant, digestif, excitant, fortifiant, réconfortant, reconstituant, roboratif, stimulant, tonique

**remonte** n. f. → **accouplement**

**remonte-pente** n. m. tire-fesses

**remonter** 1 aider, conforter, consoler, électriser, galvaniser, guérir, raffermir, ragaillardir, ranimer, ravigoter, raviver, réconforter, refaire, relever le courage / les forces / le moral, remettre, réparer, requinquer (fam.), restaurer, rétablir, retaper, revigorer, soutenir, stimuler, sustenter 2 élever, exhausser, hausser, relever 3 ajuster, ferler (mar.), mettre en état, monter, réparer

**remontrance** n. f. 1 → **reproche** 2 **faire une remontrance** → **réprimander**

**remontrer** → **reprocher**

**remords** n. m. arrière-goût, attrition, componction, conscience, contrition, désespoir, peine, pénitence, repentance, repentir, reproche, résipiscence, tenaillement, ver rongeur

**remorquage** n. m. 1 dépannage 2 halage, poussage, touage, traction

**remorquer** → **traîner**

**remorqueur** n. m. pousseur, toueur

**rémouleur** n. m. affûteur, aiguiseur, repasseur

**remous** n. m. 1 agitation, balancement, ballottement, battement, branle, branlement, cadence, cahotement, fluctuation, frémissement, frisson, houle, impulsion, maelström, mouvement, onde, ondoiement, ondulation, oscillation, pulsation, roulis, tangage, tourbillon, tourbillonnement, tournoiement, va-et-vient, vague, valse, vibration, vortex 2 → **fermentation** 3 → **trouble** 4 → **rythme** 5 → **variation** 6 → **évolution**

**rempailler** canner, empailler, garnir, pailler, réparer

**rempart** n. m. 1 au pr. : avant-mur, banquette, bastion, berme, boulevard, courtine, enceinte, escarpe, escarpement, forteresse, fortification, glacis, mur, muraille, parapet 2 fig. : bouclier, cuirasse → **protection**

**rempiler** rengager

**remplaçant, e** n. m. ou f. adjoint, agent, aide, alter ego, doublure, intérimaire, lieutenant, relève, représentant, substitut, successeur, suppléant, supplétif

**remplacement** n. m. 1 de quelqu'un ou quelque chose : changement, commutation, échange, intérim, rechange, relève, roulement, subrogation, substitution, succession, suppléance 2 une chose : ersatz, succédané

**remplacer** 1 changer, commuter, détrôner (fam.), doubler, échanger, enlever, prendre le relais, relayer, relever, renouveler, représenter, servir de, subroger, substituer, succéder, supplanter, suppléer, tenir lieu de / place de 2 pron. : alterner

**rempli** n. m. → **bord**

**rempli, e** 1 au pr. : bondé, bourré, comble, complet, débordant, empli, employé, farci, garni, gavé, gorgé, hérissé, muni, occupé, plein, ras, rassasié, repu, saturé 2 fig. : bouffi, enflé, enivré, gonflé, imbu, infatué, pénétré, pétri

**remplir** 1 au pr. : a bourrer, charger, combler, couvrir, embarquer, emplir, encombrer, envahir, farcir, garnir, gonfler, insérer, meubler, occuper, peupler, se répandre dans, saturer, truffer b un tonneau : ouiller 2 par ext. a abreuver, gorger, inonder b animer, enflammer, enfler, enivrer, gonfler c baigner, envahir, parfumer d acquitter, exécuter, exercer, faire, fonctionner, observer, réaliser, répondre à, satisfaire à, tenir

**remplissage** n. m. 1 bât. :comblement, fermeture, obturation, remblayage, remplage 2 fig. : boursouflure, creux, cheville, délayage, fioriture, inutilité, pléonasme, redondance, superfluité, vide

**remplumer (se)** 1 se ragaillardir, se ravigoter, se relever, se remettre, se remonter, réparer ses forces, se rétablir, se revigorer 2 fam. : se requinquer, se retaper 3 engraisser, forcir, grossir, reprendre du poil de la bête (fam.)

**remporter** acquérir, arracher, attraper, avoir, capter, conquérir, emporter, enlever, faire, gagner, obtenir, prendre, recueillir, soutirer (péj.) ◆ fam. : accrocher, décrocher

**remuant, e** actif, agile, agité, animé, déchaîné, déluré, éveillé, excité, fougueux, frétillant, fringant, guilleret, ingambe, inquiet, instable, leste, mobile, nerveux, pétulant, prompt, rapide, sautillant, tempétueux, trépignant, turbulent, vif, vivant

**remue-ménage** n. m. activité, affairement, affolement, agitation, alarme, animation, bouillonnement, branle-bas, bruit, chambardement (fam.), changement, dérangement, désordre, effervescence, excitation, flux et reflux, grand arroi, grouillement, hâte, incohérence, mouvement, orage, précipitation, remous, remuement, secousse, tempête, tohu-bohu, tourbillon, tourmente, trouble, tumulte, turbulence, va-et-vient

**remuement** n. m. → **remue-ménage**

**remuer** 1 v. tr. a au pr. : agiter, balancer, ballotter, brandir, brasser, bercer, déplacer, déranger, ébranler, secouer b une partie du corps : battre, branler, ciller, cligner, dodeliner, hocher, mouvoir, rouler, tortiller, tricoter c **remuer la queue :** crouler ou fouetter (vén.) d brouiller, fatiguer, malaxer, pétrir, touiller, tourner, travailler, vanner e bouleverser, effondrer, fouiller, mouvoir, retourner f fig. : atteindre, attendrir, bouleverser, ébranler, émouvoir, exciter, pénétrer, toucher, troubler 2 v. intr. : s'agiter, se balancer, bouger, broncher, chanceler, ciller, se dandiner, se décarcasser, se démancher (fam.), se démener, se dépenser, s'évertuer, fourmiller, frétiller, frissonner, flotter, gambiller, gesticuler, gigoter, grouiller, locher (vx), se manier, ondoyer, onduler, osciller, se répandre, sauter, sursauter, tanguer, se tortiller, trembler, trépider, vaciller, vibrionner

**remugle** n. m. relent → **odeur**

**rémunérateur, trice** avantageux, bon, fructueux, juteux (fam.), lucratif, payant, productif, profitable, rentable

**rémunération** n. f. appointements, avantage, casuel, commission, dédommagement, émolument, estaries (mar.), gages, gain, gratification, honoraires, indemnité, intéressement, intérêt, loyer, paie, pige, prêt, prime, récompense, rétribution, salaire, solde, traitement → **bénéfice**

**rémunérer** dédommager, récompenser, rétribuer → **payer**

**renâcler** 1 au pr. : aspirer, renifler 2 fig. : rechigner, renauder, répugner à → **résister**

**renaissance** n. f. anabiose, métempsycose, palingénésie, printemps, progrès, réapparition, régénération, réincarnation, renouveau, renouvellement, résurrection, retour, réveil, reverdie (vx), transmigration

**Renaissance** n. f. humanisme, quattrocento

**renaître** → **revivre**

**renard, e** 1 au pr. : fennec, goupil (fam.), isatis ou renard bleu 2 fig. a → **malin** b → **hypocrite**

**renauder** → **renâcler**

**renchérir** 1 au pr. : ajouter, aller sur, augmenter, dépasser, enchérir, hausser, majorer, monter, rajouter, rehausser, relever, remonter, revaloriser, surenchérir 2 par ext. : amplifier, bluffer, broder, charger, dramatiser, enfler, en remettre, exagérer, faire valoir, forcer, galéjer, grandir, grossir, outrer, pousser, rajouter, surfaire, se vanter → **hâbler** ♦ fam. : donner le coup de pouce, ne pas y aller de main morte

**renchérissement** n. m. → **hausse**

**rencogner** coincer, pousser / repousser dans un coin, serrer

**rencontre** n. f. 1 au pr. a de quelque chose : coïncidence, concours, conjonction, conjoncture, croisement, hasard, occasion, occurrence b de personnes : confrontation, entrevue, face à face, rendez-vous, retrouvailles, tête à tête → **réunion** 2 par ext. a attaque, bataille, choc, combat, échauffourée, engagement, heurt b affaire d'honneur, duel c choc, collision, tamponnement, télescopage d compétition, épreuve, match, partie e aventure, cas, circonstance, événement, éventualité, fait, hypothèse, matière, possibilité, situation f **à la rencontre :** au-devant

**rencontrer** 1 au pr. : apercevoir, coudoyer, croiser, être mis en présence de, tomber sur 2 par ext. a s'aboucher, contacter, faire la connaissance de, joindre, prendre rendez-vous, toucher, voir b atteindre, parvenir à, toucher c achopper, buter, chopper, cogner, donner contre, heurter, porter, taper

**rendement** n. m. bénéfice, effet, efficace (vx), efficacité, efficience, gain, production, productivité, produit, profit, rapport, rentabilité, revenu

**rendez-vous** n. m. 1 au pr. : assignation, audience, convocation, entrevue, indiction, jour ♦ fam. : rambour, rancard ou rencard 2 par ext. péj. : dépotoir, réceptacle

**rendre** 1 au pr. a → **rembourser** b → **redonner** c → **remettre** d → **livrer** 2 par ext. a → **produire** b → **exprimer** c → **renvoyer** d → **vomir** 3 a **rendre compte** → **raconter** b **rendre l'âme** → **mourir** c **rendre la pareille** → **répondre**

**rendu, e** accablé, assommé, avachi, brisé, courbatu, courbaturé, épuisé, excédé, exténué, fatigué, fourbu, harassé, las, moulu, rompu, roué de fatigue, surentraîné, surmené → **recru**

**rêne** n. f. bride, bridon, guide

**renégat, e** apostat, déloyal, félon, hérétique, infidèle, judas, parjure, perfide, relaps, schismatique, traître, transfuge → **païen**

**renfermé, e** → **secret**

**renfermer** 1 au pr. a on renferme quelque chose ou quelqu'un : boucler, calfeutrer, chambrer, claquemurer, claustrer, cloîtrer, coffrer (fam.), confiner, consigner, détenir, emballer, emmurer, emprisonner, encercler, enfermer, enserrer, entourer, faire entrer, interner, murer, parquer, séquestrer, serrer, verrouiller b quelque chose renferme quelque chose : comporter, comprendre, contenir, emporter, impliquer, receler 2 par ext. a intérioriser, ravaler, refouler, renfoncer, réprimer b → **réduire** 3 v. pron. : se concentrer / recueillir, se replier sur soi

**renflé, e** 1 au pr. : ballonné, bombé, bouffant, bouffi, boursouflé, bulbeux, cloqué, congestionné, dilaté, distendu, empâté, enflé, épais, fusiforme, gibbeux, gondolé, gonflé, gros, hypertrophié, mafflu, mamelu, météorisé, obèse, rebondi, rond, soufflé, tuméfié, tumescent, turgescent, turgide, urcéolé, ventru, vultueux 2 fig. → **emphatique**

**renflement** n. m. → **bosse**

**renflouage** n. m. → **sauvetage**

**renflouer** 1 mar. : afflouer 2 fam. → **aider** 3 v. pron. → **résister**

**renfoncement** n. m. alcôve, anfractuosité, antre, cave, caveau, caverne, cavité, coin, cratère, creux, crevasse, crypte, dépression, doline, embrasure, encoignure, enfonçure, excavation, fosse, gouffre, grotte, loge, niche, poche, trou

**renfoncer** 1 → **enfoncer** 2 → **renfermer**

**renforcement** n. m. 1 accroissement, affermissement, amélioration, ancrage, armement, blindage, cimentation, consolidation, cuirassement, cuvelage, défense, durcissement, équipement, étançonnement, étayage ou étaiement, ferrage, ferrement, fixation, fortification, garnissage, haubanage, marouflage, préservation, protection, raffermissement, renforçage, sauvegarde, scellement, stabilisation 2 armature, contre-fer, contre-fiche, couverture, ferrure, garniture, lattis, renformis 3 → **soutien**

**renforcer** et **renformir** 1 au pr. : armer, blinder, couvrir, cuirasser, défendre, équiper, flanquer, fortifier, garantir, maroufler (partic.), munir, parer, préserver, protéger, sauvegarder → **soutenir** 2 par ext. a aider, appuyer, assurer, conforter, réconforter, tremper b affermir, ajouter, congréer (mar.), consolider, cuveler, étançonner, étayer, latter c accentuer, accroître, agrandir, durcir, enfler, exalter, grossir, resserrer

**renfort** n. m. → **aide**

**renfrogné, e** acariâtre, boudeur, bourru, chagrin, grincheux, maussade, morose, rabat-joie, rechigné, revêche

**rengager** rempiler

**rengaine** n. f. antienne, aria, banalité, chanson, dada, leitmotiv, rabâchage, redite, refrain, répétition, scie, tube (fam.)

**rengainer** → **rentrer**

**rengorger (se)** faire le beau / l'important / la roue → **poser**

**reniement** n. m. → **abandon**

**renier** abandonner, abjurer, apostasier, se convertir, désavouer, méconnaître, nier, se parjurer (péj.), renoncer, retourner sa veste, se rétracter

**reniflard** n. m. purgeur, robinet, soupape (fam.)

**renifler** 1 au pr. a v. intr. : aspirer, s'ébrouer, renâcler b v. tr. : flairer, priser, sentir 2 fig. → **répugner à**

**renne** n. m. → **cervidé**

**renom** n. m. → **renommée**

**renommé, e** célèbre, connu, estimé, illustre, réputé, vanté

**renommée** n. f. célébrité, considération, gloire, honneur, mémoire, nom, notoriété, popularité, postérité, publicité, renom, réputation, rumeur / voix publique, vogue

**renoncement** n. m. 1 abandon, abstinence, concession, désistement, renonciation, résignation (jurid.) 2 abnégation, altruisme, délaissement (vx), dépouillement, désintéressement, détachement, sacrifice

**renoncer** 1 v. tr. ind. : abandonner, abdiquer, abjurer, s'abstenir, céder, cesser, changer, se défaire de, se délier, se démettre, démissionner, en démordre, se départir, déposer, se dépouiller de, se désaccoutumer / dessaisir / désister / détacher, dételer, se détourner, dire adieu, divorcer (fig.), s'écarter, jeter le manche après la cognée, laisser, se passer de, perdre, se priver de, quitter, remettre, renier, répudier, résigner, se retirer, sacrifier ♦ fam. : se dégonfler, écraser 2 v. tr. (vx ou litt.) → **renier**

**renonciation** n. f. abandon, abdication, abjuration, abstention, apostasie, démission, sacrifice

**renoncule** n. f. bassinet, bouton-d'argent / d'or, douve, ficaire, grenouillette

**renouée** n. f. → **liseron**

**renouer** rattacher, refaire, rejoindre, reprendre → **réconcilier (se)**

**renouveau** n. m. → **renaissance**

**renouvelable** reconductible

**renouveler** 1 bouleverser, changer, convertir, corriger, innover, métamorphoser, modifier, muer, rectifier, refondre, réformer, remanier, rénover, révolutionner, toucher à, transfigurer, transformer, transmuer, transposer 2 fam. : chambarder, chambouler 3 dépoussiérer, donner une impulsion / une vigueur nouvelle, moderniser, rajeunir, ranimer, raviver, recommencer, redoubler, régénérer, réveiller 4 continuer, proroger, reconduire 5 faire de nouveau, refaire, réitérer, répéter 6 renouer, ressusciter (fig.), rétablir 7 → **remplacer** 8 v. pron. → **recommencer**

**renouvellement** n. m. accroissement, changement, dépoussiérage, modernisation, prorogation, rajeunissement, recommencement, reconduction, régénération, remplacement, renouveau, rénovation, rétablissement, transformation → **renaissance**

**rénovateur, trice** nom et adj. réformateur, transformateur

**rénovation** n. f. amélioration, changement, modernisation, réforme, régénération, réhabilitation, renouvellement, réparation, restauration, résurrection (fig.), transformation → **renouvellement**

**rénover** → **renouveler**

**renseignement** n. m. 1 au pr. a avis, communication, confidence, donnée, éclaircissement, indication, indice, information, lumière, nouvelle, précision, révélation b arg. : condé, cri, tubard, tube, tuyau 2 par ext. : document, documentation, dossier, fiche, sommier

**renseigner** 1 avertir, dire, documenter, édifier, fixer, informer, instruire, moucharder (fam. et péj.) 2 arg. : affranchir, brancher, mettre au parfum, parfumer, rembourrer, rencarder, tuber, tuyauter

**rentabilité** n. f. → **rendement**

**rentable** → **rémunérateur**

**rentamer** → **recommencer**

**rente** n. f. arrérages, intérêt, produit, revenu, viager

**rentier, ière** bénéficier (vx) → **riche**

**rentrant, e** → **creux**

**rentrée** n. f. 1 → **retour** 2 encaissement, perception, recette, recouvrement

**rentrer** 1 → **revenir** 2 cacher, enfoncer, escamoter, rengainer, renquiller (fam.) 3 **rentrer sa colère / sa haine / ses larmes / sa rage :** avaler, dissimuler, refouler

**renversant, e** → **surprenant**

**renversé, e** → **surpris**

**renversement** n. m. 1 au pr. : exstrophie (méd.), interversion, retournement, révolution, transposition 2 par ext. : anéantissement, bouleversement, chute, culbutage, écroulement, ruine 3 fam. : chambardement, chamboulement

**renverser** 1 au pr. a intervertir, inverser, invertir, révolutionner, saccager, subvertir, transposer, troubler b fam. : chambarder, chambouler c bousculer, démonter, désarçonner, envoyer au tapis (fam.), étendre, mettre sens dessus dessous, terrasser 2 par ext. : abattre, basculer, briser, broyer, culbuter, défaire, démolir, destituer, détrôner, détruire, enfoncer, foudroyer, jeter bas, ruiner, saper, vaincre 3 fam. : déboulonner, dégommer a → **répandre** b coucher, incliner, pencher

**renvoi** n. m. 1 jurid. : ajournement, annulation, cassation, destitution, dissolution, infirmation, invalidation, péremption d'instance, réhabilitation, relaxe, remise, report, rescision, résiliation, résolution, révocation, sursis 2 congé, congédiement, destitution, disgrâce, exclusion, exil, expulsion, licenciement, mise au chômage / à la porte / à pied, révocation 3 → **bannissement** 4 annotation, appel de note, apostille, astérisque, avertissement, gribiche, lettrine, marque, modification, référence 5 éructation, rapport (vx), régurgitation, rot (fam.)

**renvoyer** 1 au pr. : chasser, congédier, se défaire de, destituer, disgracier, donner congé / ses huit jours / son compte / son congé, écarter, éconduire, éloigner, envoyer promener, exclure, expédier, ficher / flanquer / foutre (grossier) / jeter / mettre au chômage / à pied / à la porte / dehors, licencier, liquider, remercier, révoquer → **repousser** ♦ fam. : balancer, balayer, débarquer, donner sa bénédiction / son paquet, emballer, envoyer dinguer / faire fiche / faire foutre / paître / péter / valser, larguer, lourder, sacquer, vider 2 refuser, rendre, retourner 3 échanger, faire écho, réciproquer (vx ou rég.), réfléchir, refléter, rendre, répercuter, reproduire, transmettre 4 relancer 5 ajourner, annuler, différer, remettre, retarder

**repaire** n. m. 1 aire, antre, bauge, caverne, fort, garenne, gîte, liteau, nid, rabouillère, refuge, renardière, reposée, ressui, retraite, soue, tanière, terrier, trou 2 abri, asile, cache, cachette, lieu sûr, refuge, retraite

**repaître** 1 → **manger** 2 → **nourrir** 3 v. pron. : a → **manger** b → **régaler (se)** c → **jouir de**

**répandre** 1 au pr. a arroser, couvrir, déverser, disperser, disséminer, ensemencer, épandre, éparpiller, essaimer, étaler, étendre, jeter, joncher, parsemer, passer, paver, renverser, semer, verser b vx : débonder c dégager, développer, diffuser, éclairer, embaumer, émettre, exhaler, fleurer, parfumer 2 par ext. a accorder, dispenser, distribuer, donner, épancher b distiller, faire régner, jeter, provoquer c banaliser, colporter, diffuser, dire, divulguer, ébruiter, étendre, éventer, généraliser, globaliser, lancer, mondialiser, populariser, propager, publier, tambouriner, universaliser, vulgariser → **médire** 3 v. pron. au pr. a un liquide : couler, courir, déborder, découler, dégorger, dégouliner (fam.), se déverser, s'échapper, s'écouler, émaner, s'épancher, s'épandre, s'extravaser, filer, filtrer, fluer, fuir, gagner, gicler, jaillir, refluer, regorger (vx), rouler, ruisseler, sourdre, suinter b un gaz : se dégager, emplir c des personnes, des choses : abonder, envahir, pulluler, se reproduire 4 fig. a s'accréditer, circuler, courir, s'étendre, faire tache d'huile, gagner, se propager, voler b déborder, éclater c fréquenter, hanter, se montrer, sortir

**répandu, e** 1 diffus, épars, étendu, profus 2 commun, connu, dominant, public

**réparable** arrangeable → **perfectible**

**réparation** n. f. 1 au pr. a amélioration, arrangement, consolidation, dépannage, entretien, maintenance, raccommodage, radoub, rajeunissement, rajustement ou réajustement, rapiéçage ou rapiècement, ravalement, rechapage, reconstruction, recrépissage, redressement, réfection, relèvement, remaniement, remise à neuf, remodelage, remontage, renformis, rénovation, rentraiture, replâtrage, reprise, ressemelage, restauration, rhabillage, service après vente, soins, stoppage b fam. : bricolage, rabibochage, rafistolage, rapetassage, ravaudage 2 par ext. a amende honorable, excuse, expiation, rachat, raison, redressement, rétractation, satisfaction b compensation, dédommagement, désintéressement, dommages et intérêts, indemnisation, indemnité, pretium doloris, reconstitution, restitution

**réparer** 1 au pr. a améliorer, arranger, braser, chemiser, consolider, dépanner, moderniser, obturer, raccommoder, radouber, rafistoler, rafraîchir, ragréer, rajeunir, rajuster, rapetasser, rapiécer, ravaler, ravauder, réaléser, rebouter, recarreler, rechaper, recoller, recoudre, recrépir, redresser, refaire, relever, remanier, remettre à neuf, remodeler, remonter, rempiéter, renformir, rénover, rentraire, replâtrer, souder, stopper b fam. : bricoler, rabibocher, rhabiller, stopper 2 par ext. a compenser, corriger, couvrir, dédommager, effacer, expier, replâtrer, reprendre, repriser, ressemeler, restaurer, rétablir, retaper, réviser, indemniser, payer, racheter, rattraper, remédier / satisfaire / suppléer à b redresser les torts, venger

**repartie** n. f. boutade, drôlerie, mot, pique, réplique, réponse, riposte, saillie, trait

**repartir** 1 → **répondre** 2 → **retourner** 3 → **recommencer**

**répartir** 1 assigner, attribuer, classer, contingenter, départir, dispenser, disposer, distribuer, diviser, donner, impartir, lotir, octroyer, ordonner, partager, prodiguer, proportionner à, ranger, rationner, redistribuer, répandre, semer 2 disperser, disséminer, échelonner, étaler

**répartiteur** n. m. dispatcher (angl.), dispensateur, distributeur, ordonnateur

**répartition** n. f. 1 allotissement, assiette, attribution, coéquation, contingent, contingentement, diffusion, distribution, don, partage, péréquation, quote-part, ration, répartement 2 agencement, aménagement, classement, classification, disposition, distribution, échelonnement, étalement, fractionnement, ordonnance, ordre, rang, rangement, redistribution → **régulation**

**repas** n. m. 1 a agape, banquet, bonne chère, bribe, casse-croûte, Cène (relig.), collation, déjeuner, dîner, dînette, en-cas, festin, gala, goûter, lunch, médianoche, menu, nourriture, ordinaire, panier, pique-nique, pitance, plat, réfection, régal, réjouissance, réveillon, ripaille, sandwich, soupe, souper → **nourriture, fête** b péj. : graillon, mangeaille 2 arg. ou fam. : bamboche, bamboula, bectance, bombance, bombe, bouffe, boustifaille, bringue, cassegraine, croque, croustille, croûte, dîne, frichti, gaufre, godaille, graille, gueuleton, lippée, mâchon, manger, picotin, rata, tambouille, tortore, ventrée

**repasser** 1 retourner, revenir 2 affiler, affûter, aiguiser, donner du fil / du tranchant, émorfiler 3 déchiffonner, défriper, défroisser, lisser, mettre en forme 4 refiler, remettre 5 évoquer, remémorer, se remettre en mémoire, retracer 6 apprendre, étudier, potasser (fam.), relire, répéter, réviser, revoir

**repêcher** aider, dépanner, donner un coup de main / de piston (fam.) / de pouce, donner la main à, sauver, secourir, sortir / tirer d'affaire / d'un mauvais pas, soutenir, tendre la main à, venir à l'aide / à la rescousse / au secours

**repenser** considérer, penser, remâcher, repasser, ressasser, revenir

**repentant, e** et **repenti, e** contrit, converti, marri, pénitent, reconverti, réinséré

**repentir** n. m. attrition, componction, confession, confiteor, contrition, douleur, mea-culpa, regret, réinsertion (sociale), remords, repentance, résipiscence

**repentir (se)** → **regretter**

**répercussion** n. f. choc, contrecoup, incidence, réflexion, renvoi, retentissement → **suite**

**répercuter** faire écho, réfléchir, refléter, rendre, renvoyer, reproduire, transmettre

**repère** n. m. amer (mar.), coordonnée, empreinte, indice, jalon, marque, piquet, taquet, trace

**repérer** 1 au pr. : borner, jalonner, marquer, piqueter 2 par ext. : apercevoir, comprendre, déceler, déchiffrer, découvrir, dégoter (fam.), dénicher, dépister, détecter, déterrer, deviner, discerner, éventer, lire, pénétrer, percer, remarquer, saisir, trouver, voir

**répertoire** n. m. bordereau, catalogue, dénombrement, énumération, état, index, inventaire, liste, mémoire, nomenclature, relevé, rôle, série, suite, table, tableau

**répertorier** 1 → **classer** 2 → **inscrire**

**répéter** 1 au pr. : bourdonner (fam.), dire à nouveau, exprimer, faire écho / chorus, inculquer, insister, prêcher, rabâcher, raconter, radoter, rapporter, rebattre, redire, réitérer, remâcher, rendre, ressasser, revenir sur, ruminer, seriner ♦ vx : itérer, recorder, remanier 2 par ext. a apprendre, bachoter (péj.), étudier, potasser (fam.), repasser, réviser, revoir b copier, emprunter, imiter, rajuster *ou* réajuster, recommencer, refaire, renouveler, reprendre, reproduire, restaurer, rétablir c multiplier, réfléchir, reproduire → **répercuter** 3 v. pron. → **recommencer**

**répétiteur, trice** n. m. ou f. → **maître**

**répétitif, ive** → **récurrent**

**répétition** n. f. 1 au pr. a écho, écholalie (méd.), rabâchage, radotage, récurrence, récursivité, redite, redondance, refrain, rengaine, reprise, scie b fréquence, rechute, récidive, recommencement, réitération, resucée (fam.), retour c leçon, cours, révision d → **reproduction** 2 litt. : accumulation, allitération, anaphore, assonance, cadence, doublon, itération, métabole, paronomase, périssologie, pléonasme, redoublement, réduplication, tautologie

**repeupler** 1 reboiser, regarnir, réensemencer, replanter 2 aleviner, empoissonner 3 alimenter, approvisionner, assortir, fournir, garnir, munir, nantir, pourvoir, procurer, réapprovisionner, réassortir, suppléer

**repiquage** n. m. boisement, plantage (vx), plantation, peuplement, reboisement, transplantation

**repiquer** 1 → **replanter** 2 → **recommencer**

**répit** n. m. 1 latence, rémission 2 → **délai** 3 → **repos** 4 → **tranquillité**

**replacer** → **rétablir**

**replanter** mettre en terre, planter, repiquer, transplanter

**replet, ète** abondant, adipeux, bien en chair, bouffi, charnu, corpulent, courtaud, dodu, épais, empâté, fort, gras, grasset (vx), grassouillet, gros, obèse, onctueux, pansu, plantureux, plein, potelé, rebondi, rond, rondelet, rondouillard, ventru

**réplétion** n. f. abondance, asphyxie, embouteillage, excès, plénitude, pléthore, satiété, saturation, surabondance, surcharge

**repli** n. m. 1 de terrain : accident, anticlinal, arête, cuvette, dépression, dôme, éminence, plissement, sinuosité, synclinal, thalweg, vallon 2 du corps : bourrelet, commissure, fanon, fronce, pliure, poche, ride, saignée 3 cachette, coin, recoin, trou 4 décrochage, recul, reculade, reflux, repliement, retraite

**repliement** n. m. 1 autisme, introversion, reploiement 2 → **repli**

**replier (se)** 1 se blottir, se courber, s'invaginer, s'inverser, se pelotonner, se ramasser, se recroqueviller, se tordre, se tortiller 2 se recueillir, réfléchir, se renfermer 3 battre en retraite, capituler, lâcher, reculer, se retirer, rétrograder → **abandonner**

**réplique** n. f. 1 boutade, critique, objection, repartie, réponse, riposte 2 discussion, observation, protestation 3 copie, double, doublure, duplicata, fac-similé, faux, image, imitation, jumeau, modèle, pareil, répétition, représentation, reproduction

**répliquer** → **répondre**

**reploiement** n. m. → **repliement**

**répondant, e** n. m. ou f. caution, endosseur, garant, otage, parrain, responsable

**répondre** 1 v. tr. : contre-attaquer, dire, donner la réplique, objecter, payer de retour, prendre sa revanche, raisonner, récriminer, réfuter, rembarrer, rendre la monnaie de sa pièce, rendre la pareille, repartir, répliquer, rétorquer, riposter, river son clou (fam.) 2 v. intr. a s'accorder, concorder, correspondre, satisfaire b affirmer, assurer, attester, certifier, déclarer, garantir, promettre, protester, soutenir 3 a répondre à : obéir, produire, réagir b répondre de : couvrir, s'engager, garantir 4 v. pron. a correspondre, être en rapport de symétrie, être à l'unisson b échanger

**réponse** n. f. 1 au pr. : duplique (jurid.), écho, objection, repartie, réplique, riposte 2 par ext. : apologie, apport, contre-proposition, explication, justification, oracle, récrimination, rescrit, rétorsion, solution, verdict

**report** n. m. → **renvoi**

**reportage** n. m. → **article**

**reporter** n. m. off. : reporteur → **journaliste**

**reporter** 1 attribuer, rapporter, rejeter, retourner, reverser 2 décalquer, transposer 3 attendre, remettre, renvoyer → **ajourner** 4 → **porter** 5 → **transporter** 6 v. pron. se référer, revenir, se transporter

**repos** n. m. 1 arrêt, campos, cessation, cesse, congé, délassement, détente, entracte, étape, halte, immobilité, inaction, inactivité, inertie, jour chômé / férié, loisir, méridienne, non-travail, pause, récréation, relâche, relâchement, relaxation, rémission, répit, reposée (vx), retraite, semaine anglaise, sieste, trêve, vacances 2 → **sommeil** 3 accalmie, bonace, calme, dégel, paix, quiétude, silence, tranquillité 4 coupe, interruption, latence → **palier**

**reposant, e** adoucissant, apaisant, calmant, consolant, délassant, distrayant, lénifiant, lénitif, quiescent, relaxant, sédatif → **bon**

**reposé, e** 1 détendu, en forme, frais 2 → **dispos**

**reposée** n. f. → **repaire**

**repose-bras** n. m. → **accoudoir**

**reposer** 1 au pr. : s'appuyer sur, avoir pour base / fondement, dépendre de, être basé / établi / fondé sur → **poser** 2 par ext. a → **dormir** b → **trouver (se)** 3 v. pron. a s'abandonner, s'arrêter, se défatiguer, se délasser, se détendre, se laisser aller, se relaxer, se remettre, repairer (vén.), reprendre haleine, souffler b fam. : dételer, se mettre au vert, récupérer c **se reposer sur :** se fier à, se rapporter à, se référer à, s'en remettre à

**repoussant, e** abject, affreux, antipathique, dégoûtant, désagréable, difforme, effrayant, effroyable, exécrable, fétide, hideux, horrible, infect, laid, monstrueux, odieux, puant, rébarbatif, rebutant, répulsif → **répugnant**

**repousser** 1 au pr. : bannir, blackbouler, bouter (vx), chasser, culbuter, écarter, éconduire, éloigner, évincer, rabattre, rabrouer, rebuter, rechasser, récuser, refouler, refuser, rejeter, renvoyer, répudier → **pousser** 2 fam. : emballer, envoyer au diable / bouler / chier / dinguer / paître / péter / promener / sur les roses / valdinguer, rembarrer 3 par ext. a abandonner, décliner, dire non, éliminer, exclure, mettre son veto, objecter, récuser, réfuter, rejeter, scotomiser (psych.) b dégoûter, déplaire, écœurer, exécrer, mépriser, rebuter, répugner c → **haïr** d fam. → **sentir**

**répréhensible** blâmable, condamnable, coupable, critiquable, déplorable, punissable, reprochable

**reprendre** 1 au pr. a → **retirer** b → **recouvrer** c renouer → **réparer** d → **continuer** 2 par ext. a → **résumer** b → **revoir** c → **réprimander** d → **recommencer** e → **rétablir (se)** 3 v. pron.

a se corriger, se défaire de, se guérir de, réagir, se rétracter b → **recommencer**

**représailles** n. f. pl. 1 au pr. : châtiment, œil pour œil dent pour dent, punition, réparation, rétorsion, riposte, talion 2 par ext. : colère, ressentiment, revanche, vendetta, vengeance

**représentant** n. m. 1 agent, correspondant, délégué, émissaire, envoyé, mandataire, missionnaire (vx), porte-parole, prête-nom, subrécargue (mar.), truchement 2 avocat, avoué, conseil, curateur, défenseur 3 → **député** 4 → **envoyé** 5 ambassadeur, chargé d'affaires, consul, député, diplomate, haut-commissaire, légat, ministre, nonce, persona grata, résident 6 commis voyageur, courtier, démarcheur, intermédiaire, placier, visiteur, voyageur de commerce 7 échantillon, individu, modèle, type

**représentatif, ive** → **typique**

**représentation** n. f. 1 au pr. a copie, description, dessin, diagramme, effigie, figure, graphique, image, imitation, plan, portrait, reconstitution, reproduction, schéma, traduction b allégorie, emblème, symbole c → **spectacle** 2 fig. a écho, imago (psych.), miroir, projection, reflet b admonestation, avertissement, blâme, doléance, objection, objurgation, observation, remontrance, reproche, semonce, sermon c délégation, mandat

**représentativité** n. f. → **qualité**

**représenter** 1 au pr. a → **montrer** b désigner, dessiner, évoquer, exhiber, exprimer, figurer, indiquer, symboliser c copier, imiter, refléter, rendre, reproduire, simuler d peindre, photographier, portraiturer e décrire, dépeindre, tracer 2 par ext. a donner, incarner, interpréter, jouer, mettre en scène, mimer, personnifier b → **reprocher** c → **remplacer**

**répressif, ive** absolu, arbitraire, autoritaire, correctif, dictatorial, directif, ferme, intransigeant, péremptoire, punitif, tyrannique

**répression** n. f. → **punition**

**réprimande** n. f. 1 → **reproche** 2 → **admonestation**

**réprimander** 1 au pr. : admonester, avertir, blâmer, catéchiser, censurer, chapitrer, condamner, corriger, critiquer, désapprouver, désavouer, dire son fait, donner un avertissement / un blâme / un coup de semonce, faire une réprimande / un reproche, flageller, flétrir, fustiger, gourmander, gronder, houspiller, incriminer, infliger une réprimande / un reproche *et les syn. de* reproche, moraliser, morigéner, quereller, redresser, relever, reprendre, réprouver, semoncer, sermonner, stigmatiser, tancer, trouver à redire, vitupérer 2 arg. ou fam. : arranger, attraper, barrer, crier, disputer, donner sur les doigts / sur les ongles, emballer, engueuler, enguirlander, enlever, faire la fête / la guerre à, laver la tête, mettre au pas / le nez dans son caca / le nez dedans, moucher, passer un savon, remettre à sa place, remonter les bretelles, sabouler, sabrer, saucer, savonner, secouer, secouer le paletot / les plumes / les poux / les puces, sonner les cloches, tirer les oreilles

**réprimer** arrêter, brider, calmer, châtier, commander, comprimer, contenir, contraindre, empêcher, étouffer, mettre le holà, modérer, refouler, refréner, retenir, sévir → **punir**

**repris de justice** n. m. cheval de retour, condamné, interdit de séjour, récidiviste

**reprise** n. f. 1 → **répétition** 2 continuation, poursuite, recommencement, relance, remake 3 raccommodage → **réparation** 4 amélioration, amendement, correctif, correction, modification, mouture, rectification, refonte, remaniement, resucée (fam.), retouche, révision 5 round

**repriser** raccommoder, rafistoler (fam.), rapetasser, rapiécer, ravauder, remmailler, rentraire, réparer, repriser, restaurer, retaper, stopper

**réprobateur, trice** désapprobateur, improbateur

**réprobation** n. f. accusation, anathème, animadversion, attaque, avertissement, blâme, censure, condamnation, critique, désapprobation, détestation (vx), fulmination (relig.), grief, improbation, interdit, malédiction, mise à l'écart / à l'index / en quarantaine, objurgation, punition, remontrance, répréhension, réprimande, semonce, tollé, vitupération → **reproche**

**reproche** n. m. 1 accusation, admonestation, avertissement, blâme, censure, critique, désapprobation, diatribe, grief, mercuriale, objurgation, observation, plainte, récrimination, remarque, remontrance, répréhension (vx), réprimande, réquisitoire, semonce → **réprobation** 2 fam. : abattage (québ.), avoine, chicorée, engueulade, postiche, sauce, savon, sermon, suif, tabac

**reprocher** accuser de, blâmer, censurer, condamner, critiquer, désapprouver, désavouer, faire grief, faire honte, faire reproche de, imputer à faute, incriminer, jeter au nez (fam.), jeter la pierre, remontrer, reprendre, représenter, réprouver, stigmatiser, taxer de, trouver à redire → **réprimander**

**reproducteur, trice** nom et adj. étalon, géniteur, souche

**reproduction** n. f. 1 au pr. a agamie, fécondation, génération, multiplication, peuplement, ponte, prolifération, repeuplement b bruitage, calque, copie, double, doublure, duplicata, duplication, imitation, itération, photocopie, polycopie, répétition, réplique, reprographie 2 par ext. a → **image** b → **représentation** c → **publication**

**reproduire** 1 au pr. a engendrer, féconder, multiplier, produire, renouveler, repeupler b bruiter, calquer, copier, décalquer, démarquer, emprunter, imiter, jouer, mimer, pasticher, plagier → **imiter** c photocopier, polycopier, reprographier, ronéotyper 2 par ext. a → **renvoyer** b → **refaire** c → **représenter** 3 v. pron. a engendrer, multiplier, se perpétuer, procréer, proliférer, se propager, repeupler, sporuler b → **recommencer**

**réprouvé, e** n. m. ou f. 1 → **misérable** 2 bouc émissaire, damné, déchu, excommunié, frappé d'interdit / d'ostracisme, galeux, hors-la-loi, interdit, maudit, mis en quarantaine, outlaw, rejeté, repoussé

**réprouver** 1 → **blâmer** 2 → **maudire** 3 → **reprocher**

**reptation** n. f. 1 crapahute (fam.), rampement 2 fig. → **servilité**

**reptile** n. m. 1 chélonien, crocodilien, ophidien, saurien 2 → **alligator, couleuvre, saurien, serpent, tortue, vipère**

**repu, e** assouvi, bourré, dégoûté, euphorique, le ventre plein, pléthorique, rassasié, saturé, soûl, sursaturé

**républicain, aine** → **démocrate**

**république** n. f. démocratie, État, gouvernement, nation

**répudiation** n. f. → **divorce**

**répudier** 1 → **divorcer** 2 → **repousser**

**répugnance** n. f. antipathie, aversion, détestation, écœurement, éloignement, exécration, haine, haut-le-cœur, horreur, nausée, peur, prévention, répulsion → **dégoût**

**répugnant** abject, affreux, crasseux, décourageant, dégoûtant, déplaisant, désagréable, écœurant, exécrable, fétide, gras, grivois, grossier, honteux, horrible, ignoble, immangeable, immonde, immoral, incongru, inconvenant, indécent, infâme, infect, innommable, inqualifiable, insupportable, laid, licencieux, maculé, malhonnête, malpropre, nauséabond, nauséeux, obscène, odieux, ordurier, peu ragoûtant, pornographique, puant, rebutant, repoussant, répulsif, révoltant, sale, sordide ♦ fam. : cochon, dégueu, dégueulasse, merdique

**répugner** 1 dégoûter, déplaire, faire horreur, inspirer de la répugnance, rebuter 2 **répugner à** : s'élever contre, être en opposition, s'opposer, rechigner, refuser, renâcler, renifler (fam.) 3 → **repousser**

**répulsion** n. f. → **répugnance**

**réputation** n. f. autorité, célébrité, considération, crédit, estime, gloire, honneur, lustre, mémoire, nom, notoriété, popularité, prestige, renom, renommée, résonance, vogue ♦ vx : odeur

**réputé, e** → **célèbre**

**requérant, e** → **demandeur**

**requérir** 1 appeler, avoir besoin, commander, demander, exiger, mériter, nécessiter, prescrire, réclamer, rendre nécessaire, supposer, vouloir 2 adresser / faire / formuler / présenter une requête, commander, dire, enjoindre, exiger, exprimer un désir / une requête / un souhait / un vœu, implorer, mander, ordonner, postuler, prier, réclamer, solliciter, souhaiter, vouloir

**requête** n. f. appel, demande, démarche, imploration, instance, invitation, invocation, pétition, pourvoi, prière, réquisition, réquisitoire, sollicitation, supplication, supplique ♦ vx : placet, quête

**requin** n. m. 1 au pr. → **squale** 2 fig. a → **bandit** b → **fripon**

**requinquer** → **réconforter**

**requis, e** demandé, nécessaire, obligatoire, prescrit, sollicité

**réquisition** n. f. 1 blocage, embargo, préhension (vx), mainmise 2 → **requête**

**réquisitionner** → **prélever**

**réquisitoire** n. m. par ext. : admonestation, blâme, censure, critique, désapprobation, engueulade (fam.), mercuriale, objurgation, observation, plainte, récrimination, remarque, remontrance, réprimande, reproche, semonce

**rescapé, e** indemne, miraculé, réchappé, sain et sauf, sauf, sauvé, survivant, tiré d'affaires

**rescinder** annuler, casser, déclarer de nul effet / nul et non avenu

**rescousse** n. f. aide, appoint, appui, assistance, collaboration, concours, coup d'épaule, égide, intervention, main-forte, secours, soutien, support

**rescrit** n. m. bref, bulle, canon, constitution, décrétale, encyclique, mandement, monitoire, réponse

**réseau** n. m. 1 au pr. : entrelacement, entrelacs, filet, lacs, résille, réticule, tissu 2 fig. : complication, confusion, enchevêtrement, labyrinthe, lacis

**résection** n. f. ablation, amputation, décapsulation, excision, exérèse, suppression

**réséquer** amputer, couper, enlever, sectionner, supprimer, trancher

**réservation** n. f. location

**réserve** n. f. 1 → **restriction** 2 accumulation, amas, approvisionnement, avance, banque, dépôt, disponibilités, économies, en-cas, épargne, fourniture, matelas (fam.), munition (vx), provision, ravitaillement, stock, viatique, victuailles, vivres, volant 3 boutique, dépôt, entrepôt, établissement, magasin, resserre, silo 4 → **réservoir** 5 bienséance, calme, chasteté, circonspection, componction, convenance, correction, décence, défensive, délicatesse, dignité, discrétion, froideur, gravité, honnêteté (vx), honte (par ext.), maîtrise de soi, ménagement, mesure, modération, modestie, politesse, prudence, pudeur, pudicité, quant-à-soi, respect, retenue, révérence, sagesse, sobriété, tact, tempérance, tenue, vergogne (vx), vertu 6 → **méfiance** 7 péj. : pruderie, pudibonderie → **hypocrisie** 8 a **à la réserve de :** abstraction faite de, à l'exception de, à l'exclusion de, à part, à telle chose près, excepté, exclusivement, fors (vx), hormis, hors, non compris, sauf, sinon b **sous réserve de :** à la condition, conditionnellement

**réservé, e** calme, chaste, circonspect, contenu, convenable, correct, décent, délicat, digne, discret, distant, froid, grave, honnête (vx), maître de soi, mesuré, modéré, modeste, poli, pondéré, prudent, pudique, retenu, sage, secret, silencieux, simple, sobre, tempérant → **hésitant** ♦ péj. : prude, pudibond → **hypocrite**

**réserver** 1 destiner, garder, prédestiner, vouer 2 conserver, économiser, entretenir, garantir, garder, maintenir, ménager, préserver, protéger, retenir, sauvegarder, sauver, soigner, tenir en état 3 → **arrêter**

**réservé (être)** être destiné, dévolu / donné en partage, incomber / revenir à

**réservoir** n. m. 1 barrage, étang, lac artificiel, plan d'eau, réserve, retenue 2 château d'eau, citerne, cuve, timbre 3 gazomètre, silo 4 aquarium, vivier 5 ballast, container *ou* conteneur, coqueron (mar.)

**résidence** n. f. adresse, demeure, domicile, logement, maison, séjour, siège → **habitation**

**résident, e** n. m. ou f. → **habitant**

**résider** 1 au pr. a → **demeurer** b → **habiter** 2 par ext. a → **consister** b occuper, siéger, tenir

**résidu** n. m. 1 boue, copeau, fond, lie, limaille, saburre (méd.), sédiment, tartre 2 → **débris** 3 → **déchet** 4 → **excrément** 5 → **ordure** 6 brai, cadmie, calamine, cendre, mâchefer, scorie

[7] bagasse, bran, grignons, marc, pulpes, tourteau [8] → **reste**

**résignation** n. f. [1] fav. ou neutre : abandon, abnégation, altruisme, constance, délaissement (vx), dépouillement, désintéressement, détachement, patience, philosophie, renonciation, sacrifice, silence, soumission [2] non fav. : apathie, démission, désespérance, fatalisme

**résigné, e** → **soumis**

**résigner** [1] abandonner, abdiquer, se démettre, démissionner, se désister, quitter, renoncer [2] v. pron. : s'abandonner, accepter, s'accommoder, céder, consentir, s'incliner, passer par, se plier, se résoudre, se soumettre, se taire

**résiliable** → **précaire**

**résiliation** n. f. → **abrogation**

**résilier** abandonner, abolir, abroger, anéantir, annuler, casser, détruire, effacer, éteindre, faire cesser / disparaître, faire table rase, infirmer, invalider, prescrire, rapporter, rescinder, résoudre, révoquer, supprimer

**résille** n. f. → **réseau**

**résine** n. f. arcanson, baume, cire végétale, colophane, copahu, copal, galipot, gemme, gomme, jalap, laque, sandaraque, térébenthine, vernis

**résineux** n. m. → **conifère**

**résipiscence** n. f. attrition, componction, contrition, désespoir, pénitence, regret, remords, repentance, repentir, ver rongeur

**résistance** n. f. [1] fav. ou neutre. **a** dureté, endurance, fermeté, force, invulnérabilité, rénitence (méd.), solidité, ténacité **b** accroc, difficulté, obstacle, opposition, réaction, refus **c** défense, insurrection, lutte [2] non fav. : **a** désobéissance, entêtement, force d'inertie, inertie, intransigeance, obstination, obstruction, opiniâtreté, opposition, regimbement, réluctance, sabotage, sédition **b** mutinerie, rébellion, révolte

**résistant, e** n. m. ou f. dissident, fedayin, F.F.I., franc-tireur, insoumis, maquisard, partisan, patriote → **séparatiste**

**résistant, e** adj. [1] fav. ou neutre. **a** au pr. : endurant, increvable (fam.), fort, invulnérable, nerveux, robuste, rustique, solide, tenace, vivace **b** imprenable, indéracinable, inexpugnable, inextirpable **c** par ext. : dur, inusable, rénitent (méd.) [2] non fav. : **a** désobéissant, dur, opiniâtre, rebelle, têtu **b** coriace, couenneux, ferme, membraneux, tendineux

**résister** [1] au pr. : s'arc-bouter, se cabrer, contester, contrarier, contrecarrer, se débattre, se défendre, se dresser, s'entêter, faire face, s'insurger, lutter, maintenir, se mutiner, s'obstiner, s'opposer, protester, se raidir, réagir, se rebeller, se rebiffer, rechigner, refuser, se refuser à, regimber, se relever, renâcler, se renflouer, répondre, repousser, se révolter, rouspéter, ruer dans les brancards, tenir, tenir bon / ferme, tenir tête [2] par ext. : souffrir, soutenir, supporter, survivre, tenir le coup

**résolu, e** [1] vx : résous [2] **a** quelqu'un : assuré, audacieux, brave, carré, constant, convaincu, courageux, crâne, décidé, déterminé, énergique, ferme, fixé, franc, hardi, net, opiniâtre, tranchant **b** quelque chose : arrêté, certain, choisi, conclu, convenu, décidé, décisif, décrété, délibéré, entendu, fixé, irrévocable, jugé, ordonné, précis, prononcé, réglé, tranché, vu

**résoluble** décidable, soluble → **précaire**

**résolument** courageusement, décidément, délibérément, de pied ferme, énergiquement, fermement, franchement, hardiment

**résolution** n. f. [1] au pr. **a** décomposition, division, réduction, séparation, transformation **b** abolition, diminution, disparition, relâchement, résorption **c** annulation, destruction, dissolution, rédhibition, rescision, résiliation, révocation **d** analyse, opération, résultat, solution **e** achèvement, bout, clef, coda, conclusion, épilogue, extrémité, fin, queue, terme [2] par ext. **a** but, certitude, choix, conseil (vx), désir, dessein, détermination, disposition, exigence, intention, pacte, parti, position, projet, propos, proposition, souhait, vœu, volition, volonté **b** assurance, audace, caractère, constance, courage, cran, décision, détermination, énergie, fermeté, force d'âme, hardiesse, initiative, obstination, ressort, ténacité, volonté, vouloir **c** péj. : entêtement, opiniâtreté

**résonance** n. f. [1] au pr. : écho, retentissement, réverbération, son, sonorité [2] fig. → **réputation**

**résonnant, e** ample, assourdissant, bruyant, carillonnant, éclatant, fort, gros, haut, plein, retentissant, sonore, vibrant

**résonner** bruire, faire du bruit, faire écho, rebondir, renvoyer, retentir, tinter, triller, vibrer

**résorber** et **résoudre** [1] au pr. **a** → **dissoudre** **b** → **abolir** **c** analyser, calculer, dénouer, deviner, en finir, faire disparaître, solutionner, trancher, trouver, vider [2] par ext. → **décider** [3] v. pron. adopter un parti / une solution, conclure, décider, s'exécuter, faire le pas / le saut, finir par, franchir le Rubicon, se hasarder à, pourvoir à, prendre parti, prendre son parti, en venir à

**respect** n. m. [1] au sing. **a** considération, courtoisie, déférence, égard, estime, gloire, honneur, révérence, vénération **b** admiration, affection, culte, dévotion, piété **c** amour-propre, pudeur, réserve [2] au plur. : civilités, devoirs, hommages, salutations

**respectabilité** n. f. → **honnêteté**

**respectable** auguste, considéré, correct, digne, estimable, grave, honnête, honorable, majestueux, méritant, noble, parfait, prestigieux, sacré, vénérable, vertueux

**respecter** [1] au pr. : adorer, avoir / célébrer / rendre un culte, avoir des égards envers / pour, estimer, glorifier, honorer, magnifier, révérer, saluer la mémoire, tenir en estime, vénérer [2] par ext. : conserver, épargner, garder, obéir à, observer

**respectif, ive** → **particulier**

**respectueux, euse** [1] affectueux, attaché, attentif, attentionné, déférent, pieux, poli [2] craintif, humble, soumis

**respiration** n. f. anhélation, aspiration, expiration, haleine, inhalation, souffle

**respirer** [1] au pr. : anhéler, s'ébrouer, exhaler, expirer, haleter, inhaler, inspirer, panteler, pousser (vét.), souffler, soupirer → **aspirer** [2] fig. **a** → **vivre** **b** → **montrer**

**resplendir** brasiller, briller, chatoyer, éblouir, éclairer, éclater, étinceler, flamboyer, fulgurer, jeter des feux, luire, miroiter, poudroyer, rayonner, reluire, rutiler, scintiller

**resplendissant, e** → **beau**

**responsabilité** n. f. [1] → **garantie** [2] culpabilité, implication, imputabilité [3] → **charge** [4] **prendre la responsabilité** → **endosser**

**responsable** [1] adj. **a** comptable → **garant** **b** condamnable, coupable, fautif, justiciable, pendable, punissable, répréhensible **c** → **conscient** [2] nom **a** décideur **b** → **envoyé** **c** → **cause**

**resquille** n. f. → **tromperie**

**resquilleur, euse** n. m. ou f. → **tricheur**

**resquiller** écornifler, se faufiler, frauder, tricher → **tromper**

**ressaisir (se)** [1] → **retrouver (se)** [2] → **rattraper (se)**

**ressasser** → **répéter**

**ressaut** n. m. → **saillie**

**ressemblance** n. f. [1] accord, affinité, analogie, association, communauté, comparaison, conformité, connexion, contiguïté, convenance, correspondance, harmonie, homologie, lien, parenté, relation, similitude, voisinage [2] apparence, image, imitation, incarnation, personnification, réplique

**ressemblant, e** → **semblable**

**ressembler** s'apparenter, approcher de, avoir des traits communs / un rapport à / avec, confiner à, correspondre, être la copie / l'image / le portrait / la réplique de, participer de, procéder de, rappeler, se rapporter à, se rapprocher de, tenir de, tirer sur

**ressentiment** n. m. aigreur, amertume, animosité, colère, dégoût, dent, dépit, haine, hostilité, rancœur, rancune, vindicte

**ressentir** → **sentir**

**resserre** n. f. → **réserve**

**resserré, e** encaissé, étranglé, étroit

**resserrement** n. m. astringence, constriction, contraction, crispation, étranglement, rétrécissement, striction

**resserrer** [1] au pr. → **serrer** [2] par ext. **a** abréger, amoindrir, comprimer, condenser, contracter, convulser, crisper, diminuer, étrangler, étrécir, étriquer, rétrécir **b** presser, rapprocher, refermer, tasser **c** → **résumer** [3] v. pron. : se ratatiner, se recroqueviller, se retirer, se rétracter

**ressort** n. m. [1] techn. : paillet [2] par ext. **a** → **moteur** **b** → **moyen** **c** ardeur, audace, bravoure, cœur, courage, cran, crânerie, décision, dynamisme, endurance, énergie, fermeté, force, hardiesse, héroïsme, impétuosité, intrépidité, résolution, tonus, vaillance, valeur, volonté, zèle [3] **être du ressort de.** **a** attribution, autorité, compétence, domaine, pouvoir **b** → **sphère**

**ressortir** [1] avancer, déborder, dépasser, mordre sur, passer, saillir [2] par ext. **a** dépendre de → **résulter** **b** apparaître, s'avérer, être avéré, se révéler

**ressortir à** → **dépendre**

**ressortissant, e** nom et adj. [1] assujetti, justiciable [2] aborigène, autochtone, citoyen, habitant, indigène, natif, naturel

**ressource** n. f. [1] au sing. **a** arme, atout, connaissance, excuse, expédient, moyen, planche de salut, recours, refuge, remède, ressort, secours **b** façon, méthode, procédé, système, truc [2] au pl. **a** → **faculté** **b** argent, avantage, bourse, casuel, dotation, économies, finances, fonds, fortune, fruit, gain, indemnité, intérêt, pension, prébende (par ext.), rapport, recette, rente, rentrée, retraite, richesse, salaire, usufruit **c** vx et relig. : commende, fabrique, mainmorte, portion congrue

**ressouvenir (se)** → **rappeler (se)**

**ressusciter** [1] v. tr. → **rétablir (se)** [2] v. intr. → **revivre**

**restant** n. m. → **reste**

**restaurant** n. m. [1] auberge, buffet, cabaret, cafétéria, cantine, crêperie, fast-food ou restauration rapide (off.), feu de bois, friterie, gargote (péj.), grill, grillade, grill-room, hostellerie, hôtellerie, mess, pizzeria, popote, rastel (mérid.), relais, restauration, restoroute, rôtisserie, self-service, taverne, trattoria → **brasserie** [2] vx : bouillon [3] fam : boui-boui, crémerie, restau

**restaurateur, trice** nom et adj. [1] aubergiste, buffetier, hôte, hôtelier, rôtisseur, traiteur ♦ péj. : gargotier, marchand de soupe [2] réparateur, rhabilleur

**restauration** n. f. [1] → **renaissance** [2] amélioration, embellissement, reconstruction, réfection, réparation, rhabillage [3] hôtellerie

**restaurer** [1] alimenter, donner à manger, entretenir, faire manger, nourrir, rassasier, soutenir, sustenter [2] → **réparer** [3] → **rétablir** [4] → **réconforter**

**reste** n. m. [1] au sing. : complément, crédit, débit, demeurant, différence, excédent, excès, reliquat, résidu, solde, soulte, surplus, talon ♦ vx : débet [2] au pl. **a** déblai, débris, décharge, déchet, décombres, démolitions, éboulis, épave, gravats, gravois, miettes, plâtras, restant, vestiges **b** cadavre, cendres, mort, ossements, poussière, reliques **c** arlequin (vx), desserte, épluchures, pelures, regrat (vx), reliefs, reliquats, rogatons, trognons [3] **a** **au / du reste :** d'ailleurs, de plus, et puis **b** **tout le reste :** bataclan, et caetera, saint-frusquin, toutim, tremblement → **bazar**

**rester** [1] → **demeurer** [2] → **subsister**

**restituer** [1] → **redonner** [2] → **rétablir**

**restitution** n. f. → **réparation**

**restreindre** borner, cantonner, circonscrire, contingenter, délimiter, limiter, localiser, réduire

**restreint, e** → **étroit**

**restrictif, ive** diminutif, limitatif, prohibitif, répressif

**restriction** n. f. [1] → **réduction** [2] économie, empêchement, épargne, parcimonie, rationnement, réticence [3] → **réserve**

**résultante** n. f. → **produit**

**résultat** n. m. aboutissement, achèvement, bilan, but, conclusion, conséquence, contrecoup, décision, dénouement, effet, événement, fin, fruit, issue, portée, produit, quotient, résultante, réussite, score, solution, somme, succès, suite, terminaison

**résulter** [1] découler, dépendre, s'ensuivre, entraîner, être issu, naître, procéder, provenir, ressortir, sortir / venir de [2] **il résulte de :**

apparaître, se déduire, se dégager, impliquer, ressortir, tenir

**résumé** 1 adj. : abrégé, amoindri, bref, concis, court, cursif, diminué, écourté, laconique, lapidaire, limité, raccourci, rapetissé, réduit, resserré, restreint, schématique, simplifié, sommaire, succinct 2 n. m. : abrégé, abréviation, aide-mémoire, analyse, aperçu, argument, bréviaire, compendium, digest, diminutif, éléments, épitomé, esquisse, extrait, manuel, notice, plan, précis, raccourci, récapitulation, réduction, rudiment, schéma, sommaire, somme, synopsis, topo (fam.)

**résumer** abréger, analyser, condenser, diminuer, écourter, préciser, ramasser, récapituler, réduire, reprendre, resserrer, synthétiser

**résurgence** n. f. → **retour**

**résurgent, e** → **intermittent**

**résurrection** n. f. par ext. : âge d'or, jugement dernier, millénium, parousie → **renaissance**

**rétablir** 1 au pr. : ramener, rebouter, reconstituer, reconstruire, redresser, refaire, relever, remettre, réparer, replacer, restaurer, restituer 2 par ext. a réadapter, réhabiliter, réinsérer, réinstaller, réintégrer b améliorer, arranger, guérir, ranimer, réconforter, rendre la santé, sauver 3 v. pron. : guérir, recouvrer la santé, se relever, se remettre, reprendre des forces, ressusciter, en revenir, s'en tirer

**rétablissement** n. m. 1 amélioration, convalescence, guérison, recouvrement, redressement, relèvement, remise → **restauration** 2 réadaptation, réhabilitation, réinsertion, réintégration

**retape** n. f. 1 → **propagande** 2 → **prostitution**

**retaper** 1 → **réparer** 2 → **réconforter**

**retard** n. m. 1 au pr. : ajournement, atermoiement, manœuvre dilatoire, retardement, temporisation 2 par ext. a lenteur, piétinement, ralentissement b décalage, délai, remise c immaturité 3 **en retard.** a arriéré, sous-développé b archaïque, démodé, périmé c à la bourre (fam.), à la queue, à la traîne, en arrière

**retardataire** nom et adj. 1 → **retard** 2 → **retardé**

**retardé, e** ajourné, arriéré, attardé, débile, débile mental, demeuré, diminué, handicapé, idiot, immature, inadapté, inintelligent, reculé, retardataire, retenu, tardif, taré

**retardement** n. m. → **retard**

**retarder** ajourner, arrêter, arriérer (vx), atermoyer, attendre, décaler, différer, éloigner, faire lanterner / traîner, prolonger, promener, proroger, ralentir, reculer, remettre, renvoyer, reporter, repousser, surseoir / tarder à, temporiser, tergiverser, traîner

**retenir** 1 au pr. a conserver, détenir, garder, maintenir, réserver b confisquer, déduire, précompter, prélever, rabattre, saisir → **retrancher** c accrocher, amarrer, arrêter, attacher, brider, clouer, coincer, comprimer, consigner, contenir, contraindre, emprisonner, enchaîner, endiguer, fixer, freiner, immobiliser, modérer, ralentir, serrer la vis (fam.), tenir, tenir de court / en tutelle 2 par ext. → **rappeler (se)** 3 **retenir ses larmes :** dévorer, étouffer, ravaler, réprimer 4 v. pron. → **modérer (se)**

**rétention** n. f. → **confiscation**

**retentir** faire écho, rebondir, renvoyer, résonner, tinter, triller, vibrer

**retentissant, e** 1 au pr. : ample, assourdissant, bruyant, carillonnant, éclatant, fort, gros, haut, plein, résonnant, sonore, vibrant 2 par ext. : célèbre, connu, éclatant, éminent, fameux, fracassant, illustre, légendaire, notoire, renommé, réputé, sensationnel, terrible (fam.), tonitruant, triomphant → **extraordinaire**

**retentissement** n. m. bruit, publicité → **succès**

**retenu, e** 1 au pr. : calme, chaste, circonspect, contenu, convenable, correct, décent, délicat, digne, discret, distant, froid, grave, honnête (vx), maître de soi, mesuré, modéré, modeste, poli, pondéré, prudent, pudique, réservé, sage, secret, silencieux, simple, sobre, tempérant ◆ péj. : prude, pudibond → **hypocrite** 2 par ext. : collé (fam.), consigné, puni

**retenue** n. f. 1 bienséance, bon genre, bonne éducation, bonnes manières, bon ton, calme, chasteté, circonspection, componction, convenance, correction, décence, délicatesse, dignité, discrétion, distinction, effacement, froideur, gravité, honte (par ext.), maîtrise de soi, ménagement, mesure, modération, modestie, politesse, prudence, pudeur, pudicité, quant-à-soi, réserve, respect, révérence, sagesse, sérieux, sobriété, tact, tempérance, tenue, vertu a vx : honnêteté, prud'homie, vergogne b péj. : pruderie, pudibonderie → **hypocrisie** 2 barrage, étang, lac artificiel, plan d'eau, réserve, réservoir 3 colle (fam.), consigne, punition 4 précompte → **confiscation**

**réticence** n. f. 1 aposiopèse (rhétor.) 2 → **silence** 3 → **sous-entendu** 4 → **restriction** 5 → **réserve**

**réticent, e** → **hésitant**

**réticule** n. m. 1 aumônière, porte-monnaie, sac 2 → **réseau**

**rétif, ive** désobéissant, difficile, entêté, frondeur, hargneux, indiscipliné, indocile, indomptable, insoumis, insubordonné, passif, quinteux, ramingue (équit.), rebelle, récalcitrant, rêche, réfractaire, regimbant, regimbeur, révolté, rude, têtu, vicieux, volontaire

**retiré, e** à l'écart, désert, détourné, écarté, éloigné, isolé, perdu, secret, solitaire

**retirer** 1 au pr. → **tirer** 2 par ext. a percevoir, reprendre, soustraire, soutirer, toucher → **prendre** b enlever, extraire, ôter, quitter 3 v. pron. a s'enterrer, faire retraite → **partir** b → **renoncer** c → **resserrer (se)** d → **abandonner**

**retombée** n. f. → **suite**

**retomber** 1 au pr. → **tomber** 2 par ext. a rechuter, récidiver, recommencer b se rabattre, redescendre → **pendre** c rebondir, rejaillir, ricocher

**rétorquer** → **répondre**

**retors, e** nom et adj. 1 artificieux, astucieux, cauteleux, chafouin, combinard, ficelle, fin, finaud, fine mouche, futé, madré, malin, matois, renard, roublard, roué, sac à malices, trompeur, vieux routier 2 → **hypocrite** 3 → **rusé**

**rétorsion** n. f. 1 → **réponse** 2 → **vengeance**

**retouche** n. f. → **correction**

**retoucher** 1 → **corriger** 2 → **revoir**

**retour** n. m. 1 au pr. a → **tour** b changement, réapparition, rebondissement, recommencement, récurrence, regain, renaissance, renouveau, renouvellement, rentrée, répétition, ressourcement, résurgence, réveil, rythme 2 par ext. a alternance, évolution, fluctuation, nutation, oscillation, retournement, variation b → **ruse** c échange, réciprocité, rétroaction, ricochet d → **rapatriement** 3 **payer de retour** → **répondre**

**retournement** n. m. 1 au pr. : conversion 2 par ext. a cabriole, changement, reniement, renversement b → **variation**

**retourner** 1 v. intr. : aller, s'éloigner, rebrousser chemin, rentrer, repartir, revenir → **partir** 2 v. tr. a bêcher, fouiller, labourer, remuer, verser (vx) b bouleverser, émouvoir, troubler c faire retour, réexpédier, refuser, renvoyer d regagner, réintégrer, rejoindre e → **transformer** 3 v. pron. → **rattraper (se)**

**retracer** 1 conter, débiter, décrire, détailler, développer, dire, expliquer, exposer, narrer, peindre, raconter, rapporter, réciter, relater, rendre compte, tracer 2 commémorer, évoquer, faire revivre, mentionner, rappeler

**rétractation** n. f. abandon, abjuration, annulation, changement d'opinion, désaveu, palinodie, reniement, réparation d'honneur, retournement, retournement de veste (fam.)

**rétracter (se)** 1 au pr. : se ratatiner / recroqueviller / resserrer / retirer 2 par ext. : annuler, se contredire, déclarer forfait, se dédire / délier / démentir / désavouer / désister, manquer à sa parole, se raviser, reprendre sa parole, revenir sur, révoquer → **abjurer**

**rétraction** et **retrait** n. f., n. m. 1 décrochage, décrochement, éloignement, évacuation, recul, reculade, reflux, régression, repli, retraite, rétrogradation, rétrogression 2 → **prélèvement** 3 → **abolition**

**retraite** n. f. 1 → **recul** 2 → **abri** 3 → **solitude** 4 → **revenu** 5 **battre en retraite** → **reculer**

**retranchement** n. m. 1 au pr. a coupe, déduction, défalcation, diminution, réfaction, soustraction, suppression b épuration, exclusion, excommunication c élagage, taille d ablation, amputation, résection, sectionnement e abréviation, aphérèse, élimination 2 par ext. : abri, barricade, bastion, circonvallation, contrevallation, défense, fortification, ligne, tranchée → **forteresse**

**retrancher** 1 au pr. a couper, démembrer, distraire, élaguer, émonder, enlever, exclure, expurger, imputer, lever, ôter, prélever, prendre, retirer, rogner, séparer, supprimer, tirer b amputer, cureter, mutiler, réséquer c décompter, déduire, défalquer, rabattre, retenir, ristourner, soustraire 2 par ext. a abréger, accourcir, biffer, châtier, corriger, déléaturer (typo), purger, tronquer b balayer, censurer, désaffecter, épurer, exclure, excommunier, ostraciser, réformer 3 v. pron. se défendre, se fortifier, se mettre à l'abri, se protéger, se rabattre, se retirer

**rétréci, e** 1 au pr. : contracté, diminué, étranglé, étréci, étroit, exigu, resserré 2 fig. → **borné**

**rétrécir** 1 v. tr. :borner, contracter, diminuer, étrangler, étrécir, reprendre, resserrer, restreindre → **réduire** 2 v. intr. : dessécher, grésiller, raccourcir, racornir, se ratatiner (fam.), se resserrer, se retirer

**rétrécissement** n. m. contraction, contracture, diminution, étranglement, raccourcissement, racornissement, resserrement, restriction, sténose (méd.)

**retremper** encourager, exalter, exciter, fortifier, raffermir, ranimer, ravigoter, raviver, réchauffer, relever, remonter, ressusciter, rétablir, retaper, réveiller, revigorer, revivifier, vivifier

**rétribuer** → **payer**

**rétribution** n. f. 1 au pr. : a appointements, cachet, commission, courtage, dividendes, droits d'auteur, émoluments, fixe, gages, gain, gratification, honoraires, indemnité, jeton de présence, jour, journée, liste civile, marge, mensualité, minerval (vx ou rég.), mois, paie ou paye, paiement, pige, pourboire, pourcentage, prêt, salaire, semaine, solde, tantième, traitement, vacation b → **bénéfice** c → **rémunération** 2 par ext. → **récompense**

**rétroactif, ive** antérieur, passé, récapitulatif, rétrospectif

**rétroaction** n. f. autorégulation, feed-back, réaction

**rétrocéder** redonner, rembourser, remettre, rendre, restituer

**rétrocession** n. f. → **remboursement**

**rétrogradation** n. f. → **recul**

**rétrograde** arriéré, conservateur, immobiliste, intégriste, obscurantiste → **réactionnaire**

**rétrograder** 1 au pr. → **reculer** 2 par ext. a → **baisser** b → **détrôner**

**rétrospective** n. f. flash-back, retour en arrière

**retrousser** écarter, rebiquer (fam.), relever, remonter, soulever, trousser → **lever**

**retrouvailles** n. f. pl. → **rencontre**

**retrouver** 1 au pr. a reconquérir, recouvrer, récupérer, regagner, reprendre, ressaisir b atteindre, attraper, gagner, joindre, rallier, rattraper, regagner, rejoindre, tomber sur 2 par ext. : distinguer, identifier, reconnaître, remettre, trouver 3 v. pron. a s'orienter, se reconnaître b se redresser, se remettre, se reprendre, se ressaisir

**rets** n. m. pl. → **filet**

**réunion** n. f. 1 de choses. a accumulation, adjonction, agglomération, agrégation, amalgame, anastomose (méd.), annexion, assemblage, combinaison, concentration, confusion, conjonction, convergence, entassement, groupement, incorporation, jonction, mélange, rapprochement, rassemblement, rattachement, synthèse, union b accord, adhérence, alliance, enchaînement, fusion, liaison, mariage, rencontre c amas, bloc, bouquet, chapelet, choix, collection, couple, ensemble, faisceau, gerbe, groupe, masse, salade (fam.), tas 2 de personnes. a assemblée, assise, assistance, auditoire, briefing, carrefour, cénacle, comice, comité, commission, compagnie, concours, conférence, confrérie, congrégation, congrès, conseil, consistoire, contact, débat, débriefing, forum, groupe, groupement, journée, meeting, panel (angl.), plenum, rassemblement, rencontre, rendez-vous, séance de travail, séminaire, symposium, table ronde b colonie, communauté, confédération, fédération, population, société, syndicat c aréopage, chambre, chapitre, concile, conclave, consistoire, convent, convention, états généraux, sénat, soviet, synode, tenue d bal, bridge, cinq-à-sept, cocktail, fête, garden-party ou jardin-partie (off.), raout, réception, sauterie, soirée, surprise-partie, thé **e** → **marché** **f** non fav. : chœur, clan, clique, coalition, complot, conciliabule, coterie, junte, quarteron, ramas, ramassis

**réunir** 1 des choses. **a** accumuler, additionner, agencer, amasser, entasser, mélanger, mêler, raccorder, rassembler, recomposer, rejoindre, relier, remembrer, unir **b** agglomérer, agglutiner, agréger, amalgamer, annexer, assembler, bloquer, combiner, concentrer, conglomérer, conglutiner, épingler, fondre, globaliser, grouper, intégrer, joindre, rapprocher, rattacher, rejoindre **c** accoupler, adjoindre, appareiller, apparier, faire adhérer, mettre ensemble, synthétiser **d** canaliser, capter, centraliser, classer, codifier, collectionner, colliger, cumuler, recueillir **e** concilier, confondre, englober 2 des personnes : aboucher, assembler, associer, convoquer, grouper, inviter, rassembler, regrouper 3 v. pron. **a** s'associer, concourir, confluer, se fondre, fusionner **b** s'attabler, se rencontrer, se retrouver

**réussi, e** accompli, bien venu, fadé (fam.), heureux → **parfait**

**réussir** 1 quelque chose : s'acclimater, s'accomplir, avancer, bien tourner, fleurir, fructifier, marcher, plaire, prendre, prospérer 2 quelqu'un : aboutir, achever, arriver, atteindre le but, avoir la main heureuse / du succès, bien jouer / marcher, briller, faire carrière, faire du / son chemin, faire florès / fortune, finir par, gagner, mener à bien, parvenir, percer, s'en tirer, toucher au but, triompher, venir à bout

**réussite** n. f. 1 bonheur, gain, triomphe, veine, victoire → **chance, succès** 2 patience (jeu)

**revalorisation** n. f. accroissement, actualisation, augmentation, bond, élévation, enchérissement, hausse, haussement, majoration, montée des prix, progression, relèvement, valorisation

**revaloriser** accroître, actualiser, augmenter, élever, faire monter, enchérir, hausser, majorer, monter, réévaluer, rehausser, relever, remonter, renchérir, surenchérir

**revanche** n. f. 1 compensation, consolation, dédommagement, rampeau, réparation, retour 2 châtiment, œil pour œil, dent pour dent, punition, représailles, ressentiment, rétorsion, riposte, talion, vendetta, vengeance 3 belle, match-retour 4 **en revanche :** à côté, au contraire, en contrepartie, en outre, en récompense, en retour, inversement, mais, par contre

**rêvasser** → **rêver**

**rêve** n. m. 1 au pr. : onirisme, songe, vision 2 par ext. **a** rêvasserie, rêverie, songerie **b** cauchemar, fantasme **c** ambition, espérance → **désir** **d** conception, idée, imagination, spéculation **e** château en Espagne, chimère, fiction, illusion, irréalisme, mirage, utopie

**rêvé, e** → **idéal**

**revêche** 1 quelque chose : rêche, rude 2 quelqu'un : abrupt, acariâtre, âcre, aigre, âpre, bourru, difficile, dur, grincheux, grognon, hargneux, intraitable, massacrant, mauvais coucheur, porc-épic, rébarbatif, rêche, renfrogné, rogue, rude ◆ vx : quinteux, rebours

**réveil** n. m. 1 → **horloge** 2 → **renaissance**

**réveille-matin** n. m. → **horloge**

**réveiller** 1 éveiller, sonner le branle-bas (fig. et fam.), tirer du sommeil 2 → **ranimer** 3 v. pron. fam. : faire surface, ouvrir l'œil

**réveillon** n. m. → **repas**

**révélateur, trice** nom et adj. accusateur, caractéristique, déterminant, distinctif, essentiel, particulier, personnel, propre, saillant, significatif, spécifique, symptomatique, typique

**révélation** n. f. aveu, confidence, décèlement, déclaration, dévoilement, divulgation, ébruitement, indiscrétion, initiation, instruction, mise au courant / au parfum (fam.) → **publication**

**révéler** 1 au pr. **a** arborer, déballer, déployer, désigner, développer, étaler, exhiber, exposer, indiquer, manifester, présenter, représenter **b** découvrir, dégager, dénuder, dessiner, donner, faire / laisser deviner, manifester **c** apprendre, avouer, confesser, confier, déceler, déclarer, découvrir, dénoncer, dévoiler, dire, divulguer, exposer, laisser percer / voir, lever le voile, mettre au jour, montrer, s'ouvrir, percer à jour, publier, trahir (péj.), vendre la mèche (fam.) **d** apercevoir, comprendre, discerner, reconnaître, remarquer, repérer, saisir, voir 2 fig. **a** décrire, démasquer, dépeindre, dévoiler, évoquer, exprimer, mettre dans, offrir, peindre, raconter **b** démontrer, dire, écrire, établir, prouver, signaler, souligner **c** annoncer, attester, déceler, dénoncer, dénoter, enseigner, exhaler, instruire, produire, témoigner **d** accuser, affecter, afficher, affirmer, déclarer, faire briller / entendre / montre de / voir, marquer, respirer 3 v. pron. : apparaître, éclater, être, paraître, ressortir, surgir

**revenant** n. m. apparition, double, ectoplasme, esprit, fantôme, lémure, ombre, spectre, vision

**revendeur, euse** → **marchand**

**revendication** n. f. adjuration, appel, assomption, conjuration, demande, démarche, desiderata, désir, doléance, exigence, imploration, instance, interpellation, interrogation, pétition, placet, plainte, prétention, prière, protestation, question, quête (vx), réclamation, recours, récrimination, requête, sollicitation, sommation, souhait, supplique, vœu, volonté

**revendiquer** adresser / faire / former / formuler / présenter une revendication, briguer, demander, désirer, dire, enjoindre, exiger, exprimer un désir / une revendication / un souhait, implorer, imposer, insister, interpeller, interroger, mander, mendier (péj.), ordonner, pétitionner, se plaindre, postuler, prescrire, présenter un cahier de doléances / un placet / une requête / une revendication / une supplique, prétendre à, prier, protester, quémander, questionner, quêter (vx), rechercher, réclamer, récriminer, requérir, solliciter, sommer, souhaiter, supplier, vouloir

**revenir** 1 au pr. : faire demi-tour, se rabattre, rallier, rebrousser chemin, reculer, refluer, regagner, réintégrer, rejoindre, rentrer, reparaître, repasser, retourner, retourner en arrière / sur ses pas ◆ fam. : se ramener, rappliquer 2 par ext. **a** s'occuper de, se remettre à, reprendre, retourner à → **recommencer** **b** → **revoir** **c** échoir, incomber, retomber sur 3 **a** **revenir sur sa parole :** annuler, se contredire, déclarer forfait, se dédire, se délier, se démentir, se désavouer, se désister, manquer à sa parole, se rétracter **b** **revenir sur quelque chose** → **répéter** **c** **revenir de loin** → **rétablir (se)** **d** **revenir à quelqu'un** → **plaire** **e** **revenir à tel prix** → **valoir** **f** **revenir à de meilleurs sentiments :** s'amender, se convertir → **réconcilier (se)**

**revente** n. f. rétrocession

**revenu** n. m. allocation, arrérages, avantage, casuel, commende (relig. et vx), dividende, dotation, fermage, fruit, gain, intérêt, loyer, mense (vx), métayage, pension, prébende, produit, profit, rapport, recette, redevance, rente, rentrée, retraite, royalties, salaire, tontine, usufruit, viager → **bénéfice**

**rêver** 1 faire des rêves 2 par ext. : bayer, béer, être distrait, rêvasser, songer ◆ fam. : bayer aux corneilles, être dans les nuages, gamberger, planer, visionner 3 fig. **a** ambitionner, aspirer à, convoiter, désirer, rechercher, souhaiter → **vouloir** **b** fantasmer, forger, imaginer, méditer, projeter, réfléchir, spéculer → **penser** **c** non fav. : divaguer → **déraisonner**

**réverbération** n. f. diffusion, rayonnement, reflet, réflexion

**réverbère** n. m. vx : bec de gaz, lanterne

**réverbérer** diffuser, faire écho, réfléchir, refléter, rendre, renvoyer, répercuter, reproduire, transmettre

**révérence** n. f. 1 au pr. **a** considération, courtoisie, déférence, égard, estime, honneur, respect, vénération **b** affection, culte, piété **c** amour-propre, pudeur, réserve 2 par ext. : courbette, hommage, inclination de tête, plongeon (fam.), prosternation, prosternement, salamalec (péj.), salut

**révérenciel, le** → **craintif**

**révérencieux, euse** cérémonieux, déférent, humble, obséquieux (péj.), poli, respectueux, révérenciel (vx)

**révérer** adorer, avoir / célébrer / rendre un culte, déifier, encenser, estimer, glorifier, gratifier d'estime / de faveur / d'honneur, honorer, magnifier, respecter, saluer la mémoire, tenir en estime

**rêverie** n. f. 1 → **rêve** 2 → **illusion**

**revers** n. m. 1 derrière, dos, doublure, envers, parement, pile, rebras, repli, retroussis, verso 2 accident, aventure fâcheuse, déboire, déception, désillusion, échec, épreuve, infortune, insuccès, malchance, malheur, orage, traverse, vicissitude → **défaite**

**reverser** → **rembourser**

**revêtement** n. m. 1 asphaltage, boisage, carrelage, chape, chemise, couche, crépi, cuirasse, dallage, enduction, enduit, enveloppe, habillage, parement, pavage, peinture, protection, vernis 2 **a** asphalte, enrobé, goudron, macadam **b** quick, terre-battue **c** téflon **d** jonchée

**revêtir** 1 → **vêtir** 2 → **recouvrir** 3 → **orner** 4 → **pourvoir**

**revêtu, e** 1 → **vêtu** 2 armé, blindé, couvert, cuirassé, défendu, flanqué, fortifié, garanti, muni, paré, préservé, protégé

**rêveur, euse** 1 absent, absorbé, abstrait, contemplatif, dans les nuages, distrait, méditatif, occupé, pensif, préoccupé, rêvasseur, songeur, soucieux 2 imaginatif, utopiste

**revigorer** aider, conforter, consoler, ragaillardir, ranimer, ravigoter, raviver, réconforter, refaire, relever le courage / les forces / le moral, remettre, remonter, réparer, requinquer (fam.), restaurer, rétablir, retaper, soutenir, stimuler, sustenter

**revirement** n. m. cabriole, palinodie, pirouette, retournement (de veste), volte-face → **changement**

**réviser** 1 → **revoir** 2 → **réparer** 3 → **répéter**

**réviseur** n. m. censeur, correcteur, lecteur

**révision** n. f. 1 → **vérification** 2 → **amélioration**

**révisionniste** n. et adj. déviationniste, réformiste, réviso (fam.) → **révolutionnaire**

**revivifier** animer, augmenter, encourager, exalter, exciter, raffermir, ranimer, ravigoter, raviver, réchauffer, rehausser, relever, remonter, ressusciter, rétablir, retaper, retremper, réveiller, revigorer, vivifier

**revivre** 1 au pr. : renaître, se renouveler, respirer, ressusciter 2 fig. : évoquer → **rappeler (se)**

**révocable** → **précaire**

**révocation** n. f. 1 abolition, abrogation, annulation, contrordre, dédit 2 de quelqu'un : congédiement, destitution, licenciement, renvoi, suspension

**revoir** 1 au pr. : examiner, reconsidérer, revenir sur, réviser 2 par ext. **a** châtier, corriger, fatiguer, limer, polir, raboter, raccommoder, rapetasser, rapiécer, ravauder, rectifier, réformer, remanier, reprendre, retoucher **b** → **rappeler (se)** **c** → **répéter** 3 **a** **au revoir :** à bientôt, à demain, adieu **b** fam. : à la prochaine, à la revoyure, au plaisir, salut

**révoltant, e** bouleversant, choquant, criant, dégoûtant, indigne

**révolte** n. f. action, agitation, chouannerie, contestation, contumace (vx), désobéissance, dissidence, ébullition, effervescence, faction, fermentation, feu, fronde, guerre civile, insoumission, insubordination, insurrection, jacquerie, lutte, mouvement, mutinerie, opposition, protestation, putsch, rébellion, regimbement, résistance, révolution, rouspétance (fam.), sécession, sédition, soulèvement, subversion, trouble, violence → **émeute**

**révolté, e** nom et adj. 1 activiste, agitateur, antisocial, asocial, contestataire, dissident, émeutier, factieux, insoumis, insurgé, meneur, mutin, rebelle, réfractaire, révolutionnaire, séditieux 2 → **outré**

**révolter** 1 choquer, dégoûter, écœurer, fâcher, indigner, soulever 2 pron. **a** au pr. : entrer en lutte, s'insurger, se mutiner, se rebeller, résister, se soulever **b** par ext. : se cabrer, contester, crier au scandale, désobéir, se dresser / s'élever contre, être rempli d'indignation, se fâcher, s'indigner, refuser, regimber, renâcler

**révolu, e** accompli, achevé, déroulé, écoulé, fini, passé, sonné (fam.), terminé

**révolution** n. f. 1 au pr. : circuit, courbe, cycle, rotation 2 par ext. **a** bouleversement, cataclysme, chambardement, changement, convulsion, incendie, raz de marée, renversement, tourmente **b** → **révolte**

**révolutionnaire** nom et adj. 1 agitateur, contestataire, desperado, insurgé, militant, novateur, rebelle, séditieux, subversif, terroriste → **révolté** 2 activiste, anarchiste, gauchiste, déviationniste, maoïste, nihiliste, progressiste, quarante / soixante-huitard, réformiste, révisionniste, situationniste ◆ vx : communard, jacobin, libéral, partageux, radical, républicain, sans-culotte, socialiste 3 → **nouveau**

**révolutionner** 1 agiter, bouleverser, chambarder, changer, remplacer → **renverser** 2 → **émouvoir**

**revolver** n. m. → **pistolet**

**révoquer** 1 casser, débouter, déchoir, démettre de, démissionner, dénuer de, déplacer, déposer, dépouiller, destituer, détrôner, limoger, mettre en disponibilité, priver, rappeler, relever de ses fonctions, suspendre ◆ fam. : débarquer, dégommer, dégoter, faire sauter, ficher / foutre / mettre à la porte, virer 2 → **abolir** 3 **révoquer en doute :** contester, douter de, mettre en doute, nier, rejeter, suspecter

**revue** n. f. 1 catalogue, cens, compte, dénombrement, détail, énumération, état, évaluation, inventaire, liste, litanie, recensement, rôle, statistique 2 défilé, parade, prise d'armes 3 → **spectacle** 4 annales, bihebdomadaire, bimensuel, bimestriel, bulletin, cahier, digest, gazette, hebdomadaire, illustré, journal, livraison, magazine, mensuel, organe, périodique, publication, tabloïd(e), trimestriel

**révulser** → **chavirer**

**révulsif, ive** 1 adj. : vésicant 2 nom masc. : cataplasme, rubéfiant, sinapisme, vésicatoire

**rewriter** n. m. off. : adaptateur, rédacteur-réviseur

**rewriting** n. m. off. : adaptation, réécriture

**rez-de-chaussée** n. m. rez-de-jardin

**rhabiller** → **réparer**

**rhapsode** n. m. → **poète**

**rhapsodie** n. f. → **mélange**

**rhéteur** n. m. → **orateur**

**rhétorique** n. f. 1 → **éloquence** 2 figures de rhétorique a de mots : abus *ou* catachrèse, allégorie, allitération, allusion, anacoluthe, anaphore, aphérèse, apocope, attraction, crase, diérèse, ellipse, épenthèse, euphémisme, extension, hypallage, hyperbate, hyperbole, imitation, ironie, métaphore, métathèse, métonymie, onomatopée, parenthèse, paronomase, pléonasme, prosthèse, réduplication, sarcasme, syllepse ou synthèse, syncope, synecdoque, synérèse, synonymie, tmèse, zeugma b de construction ou de pensée : accumulation, allégorie, anticipation ou prolepse, antithèse, antonomase, chiasme, communication, comparaison ou similitude, concession, correction, déprécation, description, distribution, dubitation, énumération, épiphonème, exagération ou hyperbole, exclamation, gradation, hypotypose, imprécation, interrogation, litote ou exténuation, métaphore, métastase, métonymie, obsécration, paroxysme, périphrase, prosopopée, récapitulation, réfutation ou récrimination, réticence, suspension, synecdoque

**rhizome** n. m. → **racine**

**rhombe** n. m. 1 losange 2 → **toupie**

**rhum** n. m. alcool / eau-de-vie de canne à sucre, ratafia, tafia

**rhumatisant, e** nom et adj. ◆ vx : goutteux, impotent, podagre

**rhumatisme** n. m. arthrite, arthrose, douleurs, goutte, lumbago, polyarthrite, sciatique

**rhume** n. m. catarrhe, coryza, coup de froid, enchifrènement (fam.), grippe, refroidissement, rhinite, toux

**riant, e** nom et adj. 1 → **réjoui** 2 → **gracieux**

**ribambelle** n. f. → **suite**

**ribaud, e** 1 → **vaurien** 2 → **prostituée**

**ribote** et **ribouldingue** n. f. godaille (vx), noce, orgie → **débauche**

**ricanement** n. m. → **raillerie**

**ricaner** → **rire**

**ricaneur, euse** nom et adj. contempteur, méprisant, moqueur

**riche** 1 quelqu'un : aisé, calé (vx), capitaliste, crésus, florissant, fortuné, heureux, huppé, milliardaire, millionnaire, multimillionnaire, nanti, opulent, parvenu, ploutocrate, possédant, pourvu, prospère, renté, rentier, richard, richissime, satrape (péj.) ◆ fam. : à l'aise, argenté, armé, aux as, boyard, cossu, cousu d'or, friqué, galetteux, gros, milord, nabab, rupin 2 quelque chose. a → **fertile** b abondant, copieux, éclatant, fastueux, luxueux, luxuriant, magnifique, nourri, plantureux, somptueux → **beau** c raffiné, nourrissant, roboratif, succulent

**richesse** n. f. 1 au pr. a moyens, or, pactole, ressources, trésor → **argent** b aisance, avoir, bien-être, biens, ce qu'il faut, de quoi, fortune, opulence, prospérité 2 par ext. a abondance, apparat, beauté, confort, débauche (par ext.), éclat, excès, faste, luxe, majesté, magnificence, opulence, pompe, profusion, somptuosité, splendeur, surabondance b → **qualité** c → **fertilité**

**ricocher** → **sauter**

**ricochet** n. m. 1 au pr. → **saut** 2 fig. : choc en retour, conséquence, éclaboussure, effet, rebondissement, rejaillissement, retour → **suite**

**rictus** n. m. → **grimace**

**ride** n. f. 1 au pr. : creux, ligne, patte-d'oie, pli, raie, ridule, sillon 2 par ext. a fente, gerçure, inégalité, onde, plissement, rainure, rayure, strie b méd. : vergetures, vibices

**ridé, e** 1 quelque chose. a neutre : doublé, fraisé, froncé, ondulé, plié, plissé, ruché b non fav. : chiffonné, fripé, froissé, grimaçant, grippé 2 la peau : froncé, parcheminé, raviné

**rideau** n. m. 1 banne, brise-bise, brise-soleil, brise-vent, cantonnière, ciel de lit, conopée (liturg.), courtine, draperie, étoffe, moustiquaire, portière, store, tenture, toile, voilage, voile 2 écran, ligne, obstacle, tablier

**rider** 1 au pr. : froncer, marquer, plisser, raviner, sillonner 2 fig. a convulser, crisper b flétrir, ravager c rabougrir, ratatiner

**ridicule** 1 adj. : absurde, amusant, bête, bizarre, bouffon, burlesque, caricatural, cocasse, comique, croquignole, croquignolet, dérisoire, drôle, farfelu, funambulesque, grotesque, impossible, incroyable, insensé, loufoque, pédant, prudhommesque, saugrenu, sot, ubuesque → **risible** 2 n. m. a quelqu'un : bouffon, gandin, jocrisse, m'as-tu-vu, mijaurée, plaisantin, précieux, rigolo (fam.), tocard → **plaisant** b un comportement : défaut, imperfection, travers

**ridiculiser** affubler, bafouer, brocarder, caricaturer, chansonner, dégrader, draper, habiller, moquer, railler, rire de, tourner en dérision / en ridicule

**rien** 1 adv. : aucunement, nullement, pas, point ◆ vx : goutte 2 interj. a néant, négatif, nenni (vx), non b arg. ou fam. : bernique, ceinture, des clopinettes / clous / dattes / haricots / nèfles, du beurre en broche, du flan, la peau, macache, mégot, nib, pas la queue d'un, pas un clou, peau de balle / de zébi, pour du beurre / des prunes, que dalle, râpé, rognon, tintin, tripette 3 n. m. a absence, inanité, misère, néant, peu de chose, vide, zéro b → **bagatelle**

**rieur, rieuse** nom et adj. bon vivant, boute-en-train, content, enjoué, épanoui, gai, guilleret, heureux, hilare, joyeux, réjoui, riant, rigolard, rigolo, vive-la-joie

**rigide** 1 au pr. : empesé, engoncé, inflexible, guindé, raide → **tendu** 2 → **dur** 3 fig. : ascétique, austère, étroit, grave, implacable, inhumain, insensible, janséniste, puritain, rigoriste, rigoureux, sec, sévère, spartiate, strict

**rigidité** n. f. 1 au pr. : consistance, raideur, résistance, solidité, turgescence → **dureté** 2 fig. : ascétisme, austérité, gravité, implacabilité, inclémence, inflexibilité, insensibilité, jansénisme, puritanisme, rigorisme, rigueur, rudesse, sécheresse, sévérité

**rigolade** n. f. → **divertissement**

**rigole** n. f. caniveau, cassis, coupure, fossé, goulotte, lapiaz, ruisseau, ruisselet, saignée, sangsue → **canal**

**rigoler** 1 → **badiner** 2 → **plaisanter** 3 → **rire**

**rigolo, ote** n. et adj. 1 amusant, comique, drôle, plaisant → **risible** ◆ fam. : marrant, poilant, rigolard, tordant 2 → **plaisant** 3 → **pistolet** 4 → **incapable**

**rigorisme** n. m. → **rigidité**

**rigoriste** nom et adj. → **réactionnaire**

**rigoureusement** absolument, âprement, étroitement, exactement, formellement, logiquement, mathématiquement, précisément, scrupuleusement, strictement, totalement

**rigoureux, euse** 1 quelqu'un. → **rigide** 2 quelque chose. a neutre : certain, exact, géométrique, implacable, juste, logique, mathématique, méticuleux, nécessaire, ponctuel, précis, serré, strict b non fav. : âpre, cruel, draconien, excessif, froid, glacial, inclément, rude, sévère

**rigueur** n. f. 1 non fav. a âpreté, cruauté, dureté, implacabilité, inclémence, inflexibilité b frimas, froid, intempérie c → **rigidité** 2 fav. ou neutre : fermeté, rectitude → **précision**

**rime** n. f. 1 → **consonance** 2 → **vers**

**rimer** 1 → **versifier** 2 → **correspondre**

**rimeur, euse** n. m. ou f. → **poète**

**rincée** n. f. → **pluie**

**rincer** 1 → **mouiller** 2 → **laver**

**ring** n. m. estrade, planches, podium

**ringard** n. m. → **pique-feu**

**ringard, e** 1 → **mauvais** 2 → **suranné**

**ripaille** n. f. bâfre, bâfrée, bamboche, bombance, bombe, ribote → **repas**

**ripailler** 1 → **festoyer** 2 → **manger**

**riper** → **glisser**

**riposte** n. f. 1 → **réponse** 2 → **vengeance** 3 contre-attaque, contre-offensive

**riposter** → **répondre**

**ripper** n. m. tr. pub. off. : défonceuse (portée)

**riquiqui** n. m. a alcool, eau-de-vie, esprit-de-vin, mêlé, mêlé-cassis, tord-boyaux (fam.) b auriculaire, petit doigt

**riquiqui** adj. : étriqué, mesquin, minable, parcimonieux, pauvre → **petit**

**rire** 1 au pr. a se dérider, se désopiler, éclater de rire, s'esclaffer, glousser, pleurer de rire, pouffer, sourire b fam. : se bidonner / boyauter, se dilater la rate, se fendre la gueule / la margoulette / la pêche / la pipe / la poire / la tronche, se marrer / poiler / tordre, s'en payer une tranche, rigoler 2 par ext. a s'amuser, se divertir, s'égayer, s'en payer (fam.), prendre du bon temps, se réjouir, rigoler b badiner, baratiner (fam.), jouer, plaisanter 3 loc. **rire de quelqu'un :** brocarder, dédaigner, mépriser, se moquer, narguer, railler, ricaner, ridiculiser, tourner en ridicule

**rire** n. m. 1 au pr. : éclat, enjouement, fou rire, hilarité → **gaieté** ◆ fam. : rigolade 2 par ext. : raillerie, ricanement, rictus, ris, risée, risette, sourire, souris

**ris** n. m. 1 thymus 2 → **rire**

**risée** n. f. 1 → **rire** 2 → **raillerie** 3 → **rafale**

**risette (faire)** → **flatter**

**risible** 1 amusant, bouffon, cocasse, comique, désopilant, drolatique, drôle, drôlet, farce, farfelu, fou, hilarant, humoristique, impayable, ineffable, inénarrable, plaisant, ridicule 2 fam. : bidonnant, boyautant, canularesque, crevant, gondolant, gonflant, marrant, poilant, rigolo, roulant, ubuesque → **tordant**

**risque** n. m. 1 → **danger** 2 → **hasard**

**risqué, e** 1 aléatoire, audacieux, aventureux, chanceux, dangereux, exposé, fou, gratuit, hardi, hasardé, hasardeux, imprudent, incertain, misé, osé, périlleux, téméraire, tenté 2 scabreux → **obscène**

**risquer** 1 au pr. : affronter, aventurer, braver, commettre, compromettre (péj.), courir le risque, se décider, défier, émettre, engager, entreprendre, éprouver, essayer, exposer, friser, frôler, hasarder, jouer, jouer gros jeu / son va-tout, se lancer, mettre en danger / en jeu / le prix, tenter 2 par ext. → **expérimenter**

**risque-tout** n. m. → **casse-cou**

**rissoler** cuire, dorer, gratiner, mijoter, rôtir

**ristourne** n. f. abattement, bonification, déduction, diminution, discount, escompte, guelte, prime, quelque chose (fam.), rabais, réduction, remboursement, remise, sou du franc, tant pour cent

**ristourner** → **retrancher**

**rite** n. m. 1 au pr. a sacramental → **cérémonie** b → **protocole** 2 par ext. → **habitude**

**ritournelle** n. f. antienne, chanson, chant, leitmotiv, rabâchage (péj.), refrain, rengaine, répétition, scie

**rituel** n. m. 1 au pr. : pénitentiel, pontifical, sacramentaire 2 par ext. a → **rite** b livre, recueil → **collection**

**rituel, le** 1 → **traditionnel** 2 → **religieux**

**rivage** n. m. 1 → **bord** 2 → **pays**

**rival, e** nom et adj. 1 au pr. : adversaire, antagoniste, combattant, compétiteur, concurrent, égal, émulateur, émule, ennemi, opposant 2 par ext. → **amant**

**rivaliser** 1 → **égaler** 2 → **lutter**

**rivalité** n. f. antagonisme, combat, compétition, concours, concurrence, conflit, défi, émulation, jalousie, joute, lutte, opposition, tournoi

**rive** n. f. → **bord**

**river** 1 → **fixer** 2 → **attacher**

**riverain, e** adjacent, attenant, avoisinant, circonvoisin, contigu, environnant, immédiat, joignant, limitrophe, prochain, proche, rapproché, voisin

**rivet** n. m. 1 → **pointe** 2 → **attache**

**rivière** n. f. 1 au pr. : affluent, canal, collecteur, cours d'eau, émissaire, fleuve, gave, oued, ravine, ru, ruisseau, torrent, tributaire, voie fluviale 2 **rivière de diamants** → **collier**

**rixe** n. f. affrontement, altercation, bagarre, bataille, batterie (vx), bigorne, castagne, combat, coups et blessures, crêpage de chignons, crosses, dispute, échauffourée, lutte, mêlée, noise, pétard, pugilat, rififi → **querelle**

**rob** n. m. 1 → **sucre** 2 → **jeu**

**robe** n. f. 1 au pr. : aube, cafetan, chiton, djellaba, épitoge, fourreau, froc, gandoura, haïk, kimono, péplum, rochet, sari, soutane, surplis, toilette, tunique → **vêtement** loc. **robe de chambre :** déshabillé, peignoir, saut-de-lit, sortie de bain 2 par ext. **a** → **poil** **b** → **enveloppe** **c** du cheval : alezan, alezan brun / doré, aubère, bai, bai brun / clair, blanc, blanc argenté, brun, châtain, clair, fauve, gris, gris moucheté, isabelle, louvet, marron, miroité, moreau, moucheté, noir, noir jais, pie, pinchard, pommelé, rouan, rubican, saure, souris, tigré, tisonné, tourdille, truité, zain

**robinet** n. m. anche, by-pass, cannelle, chantepleure, fausset, prise, purgeur, reniflard, vanne

**robinetterie** n. f. par ext. : sanitaire, tuyauterie

**roboratif, ive** → **remontant**

**robot** n. m. androïde, automate, engin cybernétique / à commande automatique, machine de Vaucanson

**robotique** n. f. → **automation**

**robuste** costaud, dru, ferme, fort, fort comme un chêne / comme un Turc (fam.), grand, gros, herculéen, inébranlable, infatigable, malabar, musclé, puissant, râblé, résistant, solide, vigoureux, vivace

**robustesse** n. f. → **solidité**

**roc** n. m. → **roche**

**rocade** n. f. → **voie**

**rocaille** 1 n. f. → **caillasse** 2 adj. : rococo

**rocailleux, euse** 1 au pr. : caillouteux, graveleux, pierreux, rocheux 2 par ext. → **rude**

**rocambolesque** abracadabrant, bizarre, drôle, ébouriffant, étonnant, étrange, exceptionnel, exorbitant, extraordinaire, extravagant, fantastique, formidable, impensable, impossible, improbable, incroyable, inimaginable, insoutenable, invraisemblable, paradoxal, renversant

**roche** et **rocher** n. f., n. m. bloc, boulder, caillasse, caillou, étoc (mar.), galet, minéral, moellon, parpaing, pavé, roc, sédiment → **pierre**

**rochet** n. m. aube, froc, mantelet, surplis

**rocheux, euse** → **rocailleux**

**rococo** 1 au pr. : rocaille 2 par ext. : ancien, antique, baroque, caduc, chargé, de mauvais goût, démodé, désuet, lourd, passé, périmé, sans valeur, suranné, surchargé, toc (fam.), vieilli, vieillot, vieux

**roder** → **polir**

**rôder** aller à l'aventure / à l'aveuglette / au hasard / çà et là, se balader (fam.), battre l'estrade / le pavé, courir les champs / les rues, courir, déambuler, dévier de sa route / de son chemin, divaguer, s'égarer, errer, flâner, marcher, se perdre, se promener, rôdailler, rouler sa bosse, tournoyer, traînasser, traîner, vadrouiller, vagabonder, vaguer

**rôdeur, euse** chemineau, vagabond → **malfaiteur**

**rodomontade** n. f. blague, bluff, bravade, broderie, charlatanerie, conte, crânerie, craque, exagération, fanfaronnade, farce, forfanterie, galéjade, gasconnade, hâblerie, histoire marseillaise, jactance, mensonge, vantardise ♦ vx : menterie

**rogaton** n. m. 1 → **reste** 2 → **rognure**

**rogne** n. f. → **grogne**

**rogner** 1 au pr. → **retrancher** 2 fam. → **murmurer**

**rognon** n. m. → **rein**

**rognure** n. f. balayures, bris, chute, copeau, débris, déchet, décombres, détritus, fragment, limaille, miette, morceau, rebut, recoupe, résidu, reste, rogaton, sciure, tesson

**rogue** 1 abrupt, acariâtre, âcre, aigre, âpre, bourru, difficile, dur, hargneux, intraitable, massacrant, porc-épic, quinteux, rébarbatif, rebours (vx), rêche, renfrogné, revêche, rude 2 → **arrogant**

**roi** n. m. 1 → **monarque** 2 fig. → **phénix**

**rôle** n. m. 1 bordereau, catalogue, énumération, tableau → **liste** 2 emploi, figuration, figure, fonction, personnage, utilité → **comédien** 3 attribution, charge, devoir, métier, mission, vocation

**roman** n. m. 1 au pr. : chronique, conte, fable, feuilleton, histoire, narration, nouvelle, récit 2 par ext. : affabulation, bateau, bobard, bourde, cancan, chanson, colle, craque, farce, hâblerie, invention, invraisemblance, mensonge, racontar, ragot

**romance** n. f. → **chant**

**romancer** affabuler, amplifier, arranger, blaguer, broder, composer, conter, dire / faire / raconter des blagues / contes / craques / galéjades / histoires, échafauder, exagérer, faire le malin, fanfaronner, forger, galéjer (fam.), inventer, mentir, se vanter

**romancier, ère** n. m. ou f. feuilletoniste → **écrivain**

**romand, e** francophone → **suisse**

**romanesque** 1 quelque chose. → **extraordinaire** 2 quelqu'un : chevaleresque, émotif, hypersensible, imaginatif, impressionnable, romantique, rêveur, sensible, sensitif, sentimental

**romanichel, le** n. m. ou f. bohémien, camp-volant, gitan, manouche, nomade, romano, zingaro → **tzigane**

**romantique** → **romanesque**

**rombière** n. f. → **virago**

**rompre** 1 v. tr. **a** briser, broyer, casser, couper, déchirer, désunir, détruire, disloquer, disperser, faire éclater, fendre, forcer, fracasser, fractionner, fracturer, interrompre, morceler **b** abolir, annuler, arrêter, barrer, défaire, dissoudre, empêcher, interrompre, suspendre, troubler **c** se dégager de, dénoncer, dénouer, déroger à, manquer à → **libérer (se)** **d** → **habituer** **e** → **désobéir** 2 v. intr. **a** abandonner, battre en retraite, caler, céder, culer, décrocher, faire machine / marche arrière, flancher, fléchir, lâcher pied, reculer, refluer, refouler, se rejeter, se replier, rétrograder **b** fam. : caner, foirer **c** casser, céder, claquer, craquer, crever, éclater, s'étoiler, se fendre, péter (fam.), se rompre 3 **rompre des lances** → **lutter**

**rompu, e** 1 quelqu'un. **a** phys. : accablé, assommé, avachi, brisé, claqué, courbatu, courbaturé, crevé, échiné, écrasé, épuisé, éreinté, esquinté, excédé, exténué, fatigué, flapi, fourbu, harassé, las, mort, moulu, pompé, recru, rendu, roué de fatigue, scié, surentraîné, sur les dents, surmené, vanné, vaseux, vermoulu, vidé **b** par ext. : abattu, abruti, accablé, anéanti, assommé, blasé, brisé, cassé, dégoûté, démoralisé, déprimé, écœuré, ennuyé, excédé, importuné, lassé, saturé 2 quelque chose. **a** aplati, brisé, broyé, cassé, défoncé, déglingué, démoli, descellé, détruit, disloqué, écaché, éclaté, écrasé, en miettes, fracassé, morcelé **b** brusque, convulsif, discontinu, haché, heurté, irrégulier, saccadé, sautillant, syncopé, trépidant

**ronce** n. f. 1 barbelé 2 épine, mûrier, roncier 3 **plein de ronces :** ronceux

**ronceraie** n. f. → **fourré**

**ronchon** n. m. et adj. invar. bougon → **grognon**

**ronchonnement** n. m. grogne, grognement, mécontentement, murmure, plainte, protestation, rouspétance

**ronchonner** 1 bougonner, bourdonner, broncher, gémir, geindre, grognasser, grogner, grognonner, grommeler, gronder, marmonner, marmotter, maronner, maugréer, murmurer, se plaindre, protester 2 bisquer, écumer, endêver, enrager, être en colère / en fureur / en rogne, fumer, râler, rager, rogner, rognonner, se ronger les poings, rouspéter

**ronchonneur, euse** nom et adj. → **grognon**

**rond** n. m. 1 au pr. : cercle, cerne, circonférence, orbe, orbite 2 par ext. : boule, cerceau, courbe, cylindre, disque, globe, rondelle, sphère, sphéroïde

**rond, e** 1 au pr. : aréolaire, circulaire, cricoïde (anat.), cylindrique, globulaire, globuleux, orbiculaire, sphérique 2 par ext. **a** → **gras** **b** → **gros** **c** → **courbe** **d** → **rondelet** 3 fig. **a** → **franc** **b** → **ivre**

**ronde** n. f. → **visite**

**ronde (à la)** alentour, autour, aux alentours, aux quatre coins, dans l'entourage / le voisinage

**rond-de-cuir** n. m. → **employé**

**rondeau** n. m. → **chant**

**rondelet, te** 1 au pr. **a** quelqu'un : boulot, charnu, dodu, gras, rebondi → **gros** **b** fam. : rondouillard 2 fig. quelque chose : appréciable, coquet → **important**

**rondelle** n. f. → **tranche**

**rondement** 1 franchement, loyalement 2 lestement, promptement → **vite**

**rondeur** n. f. 1 au pr. : convexité, rotondité, sphéricité 2 fig. **a** embonpoint → **grosseur** **b** bonhomie, bonne foi, cordialité, franchise, jovialité, loyauté, netteté, simplicité, sincérité

**rondo** n. m. → **rythme**

**rondouillard, e** → **rondelet**

**rond-point** n. m. carrefour, croisée des chemins, étoile, patte-d'oie, place, rotonde, square

**ronflant, e** 1 → **sonore** 2 → **emphatique**

**ronflement** n. m. → **bourdonnement**

**ronfler** 1 bourdonner, bruire, fredonner, froufrouter, murmurer, ronronner, vrombir 2 → **dormir**

**ronger** 1 au pr. : dévorer, grignoter, manger, piquer 2 par ext. : affouiller, altérer, attaquer, brûler, consumer, corroder, dégrader, désagréger, détruire, diminuer, dissoudre, entamer, éroder, gangrener, miner, mordre, pourrir, ruiner 3 fig. → **tourmenter**

**rongeur** n. m. agouti, cabiai, campagnol, castor, chinchilla, cobaye ou cochon d'Inde, écureuil, gerbille, gerboise, hamster, lapin, lemming, lièvre, marmotte, mulot, muscardin, myopotame, ondatra ou loutre d'Hudson ou rat musqué, polatouche, porc-épic, ragondin, rat, raton, souris, spalax, spermophile, surmulot, viscache, xérus

**rongeur, euse** n. et adj. corrosif, insidieux, lancinant → **mordant**

**ronron** et **ronronnement** n. m. → **bourdonnement**

**ronronner** → **ronfler**

**roquet** n. m. 1 → **chien** 2 → **manteau**

**rosace** n. f. → **vitrail**

**rosaire** n. m. Ave Maria, chapelet

**rose** 1 nom fém : **a** arch. : rosace **b** rose trémière : althæa, fleur de sainte Gudule, guimauve / mauve sauvage, passe-rose, primerose **c** par ext. : églantine 2 adj. **a** lilas, saumon **b** **en rose :** agréable, drôle, facile, gai

**roseau** n. m. 1 au pr. : canne, massette, phragmite ♦ mérid. : canisse 2 par ext. : calame, chalumeau, mirliton, pipeau

**rosée** n. f. aiguail (rég.)

**rosière** n. f. → **vierge**

**rossard, e** 1 bon à rien, cagnard, cancre, cossard, feignant, lézard, momie, ramier, tire-au-cul, tire-au-flanc → **paresseux** 2 → **méchant**

**rosse** 1 n. f. → **cheval** 2 adj. → **méchant**

**rossée** n. f. → **volée**

**rosser** → **battre**

**rosserie** n. f. 1 le défaut : cruauté, dureté, hargne, jalousie, malice, malignité, malveillance, méchanceté, noirceur, perversité, scélératesse, vacherie (fam.) 2 l'acte : calomnie, couleuvre, coup d'épingle, crasse, crosse, espièglerie, farce, gentillesse, médisance, mistoufle, noirceur, perfidie, saleté, saloperie, taquinerie, tour, tourment, vacherie 3 épigramme, mot, pique, plaisanterie, pointe, saillie, trait

**rossignol** n. m. 1 pouillot, rouge-queue 2 crochet, pince → **clef, passe-partout** 3 → **occasion**

**rossinante** n. f. haridelle, rosse, sardine (arg.), tréteau → **cheval**

**rot** n. m. → **renvoi**

**rôt** n. m. → **rôti**

**rotatif, ive** et **rotatoire** circulaire, giratoire, tournant

**rotation** n. f. 1 → **tour** 2 → **changement** 3 méd. : pronation, supination 4 math. : rabattement, relèvement

**roter** éructer, faire un rot, se soulager

**rôti** n. m. pièce de bœuf / porc / veau, rosbif, rôt

**rôti, e** adj. grillé, rissolé, saisi, torréfié

**rôtie** n. f. canapé, frottée (rég.), toast

**rôtir** 1 cuire, cuisiner, frire, griller, rissoler, roustir, torréfier 2 par ext. : bronzer, brûler, chauffer

**rôtisserie** n. f. → **restaurant**

**rôtissoire** n. f. tournebroche

**rotonde** n. f. 1 → **pavillon** 2 → **manteau**

**rotondité** n. f. 1 → **rondeur** 2 → **grosseur**

**roture** n. f. → **peuple**

**roturier, ère** 1 nom a → **bourgeois** b → **paysan** 2 adj. a ordinaire, plébéien, populaire, prolétaire, simple b → **vulgaire**

**roubignole** n. f. → **bourse**

**roublard, e** 1 sens affaibli : adroit, astucieux, combinard, débrouillard, dégourdi, déluré, farceur, ficelle, fin, finaud, fine mouche, futé, habile, madré, malicieux, malin, matois, narquois, renard, roué, rusé, sac à malices, spirituel, trompeur, vieux routier 2 non fav. → **mauvais**

**roublardise** n. f. → **cautèle**

**roucouler** 1 au pr. : → **chanter** 2 fig. : aimer, batifoler, caqueter, conter fleurette, faire sa cour, flirter, marivauder, papillonner ◆ fam. : baratiner, faire du gringue, jeter du grain

**roue** n. f. barbotin, engrenage, moulinet, poulie, réa, rouet, volant

**roué, e** 1 → **fatigué** 2 → **malin** 3 → **rusé** 4 → **débauché**

**rouelle** n. f. → **tranche**

**rouer** → **battre**

**rouerie** n. f. → **ruse**

**rouge** 1 au pr. : amarante, balais, bordeaux, brique, capucine, carmin, carotte, cerise, cinabre, coquelicot, corail, cramoisi, cuivré, écarlate, écrevisse, érubescent, feu, fraise, garance, géranium, grenat, groseille, gueules (blas.), incarnadin, incarnat, lie-de-vin, nacarat, orangé, ponceau, pourpre, purpurin, rosé, roux, rubis, safrané, sang, sanglant, tomate, vermeil, vermillon, vineux, zinzolin 2 par ext. : brésillé (vx), coloré, congestionné, couperosé, empourpré, en feu, enfiévré, enflammé, enluminé, érubescent, érugineux, flamboyant, incandescent, pourpré, rougeaud, rougeoyant, rouget, rubescent, rubicond, rubigineux, rutilant, sanguin, vultueux 3 n. m. a → **rougeur** b → **honte**

**rouget** n. m. 1 barbet, cardinal, grondin, hirondelle de mer, trigle → **poisson** 2 aoûtat

**rougeur** n. f. 1 → **rouge** 2 couperose, énanthème, érubescence, érythème, exanthème, feu, inflammation, rubéfaction 3 fam. : fard, soleil

**rougir** 1 v. intr. : devenir rouge ◆ fam. : piquer un fard / un soleil 2 v. tr. : colorer, dorer, ensanglanter, rendre rouge

**rougissant, e** par ext. → **timide**

**rouille** 1 n. f. a : hydroxyde de fer b de la vigne : anthracnose, carie, charbon, mildiou, rouille noire 2 adj. invar. a → **sauce** b → **roux**

**rouiller (se)** fig. : s'ankyloser, s'étioler → **endormir (s')**

**roulade** n. f. → **vocalise**

**roulage** n. m. → **trafic**

**roulant, e** 1 adj. a → **mouvant** b fam. → **comique** 2 nom : convoyeur, transporteur

**rouleau** n. m. 1 bande, bobine, davier (mar.), torque 2 brise-mottes, croskill, cylindre

**roulement** n. m. 1 → **alternance** 2 → **batterie**

**rouler** 1 v. tr. a déplacer, pousser → **tourner** b charrier, emporter, entraîner, transporter c enrober, enrouler, envelopper, torsader d → **tromper** e → **vaincre** f **rouler dans sa tête :** faire des projets, penser → **projeter** g **rouler des yeux :** ribouler 2 v. intr. a → **mouvoir (se)** b → **tomber** c → **errer** d → **balancer** e avoir pour objet / sujet, pivoter / porter / tourner sur, se rapporter à, toucher à, traiter de 3 v. pron. a se secouer, se tourner, se vautrer b s'enrouler, se lover

**roulette** n. f. galet, molette

**rouleur, euse** n. m. ou f. → **vagabond**

**roulier** n. m. → **voiturier**

**roulis** n. m. balancement, mouvement transversal, oscillation, secousse

**roulotte** n. f. caravane, maison ambulante, remorque

**roulure** n. f. 1 → **prostituée** 2 → **virago**

**round** n. m. off. : reprise

**roupette** n. f. → **bourse**

**roupie** n. f. → **morve**

**roupiller** → **dormir**

**roupillon** n. m. → **sommeil**

**rouquin, e** → **roux**

**rouscailler** → **protester**

**rouspétance** n. f. → **protestation**

**rouspéter** 1 → **protester** 2 → **rager**

**rouspéteur, euse** n. m. ou f. → **grognon**

**roussâtre, rousseau** (vx) → **roux**

**roussin** n. m. 1 → **âne** 2 → **policier**

**roussir** brûler, cramer, devenir roux, griller, rougir

**rouste** n. f. → **volée**

**rouston** n. m. → **bourse**

**routard** n. m. → **vagabond**

**route** n. f. 1 au pr. : autoroute, chaussée, chemin, pavé, trimard (arg.) → **voie** 2 par ext. : distance, itinéraire, parcours → **trajet**

**routier** n. m. 1 camionneur, chauffeur / conducteur de poids lourds → **voiturier** 2 → **brigand** 3 **vieux routier** → **malin**

**routine** n. f. 1 empirisme, pragmatisme, pratique, usage → **expérience** 2 chemin battu (fam.), ornière, poncif, traditionalisme, train-train → **habitude**

**routinier, ère** accoutumé, arriéré, coutumier, encroûté, habituel, rebattu

**roux, rousse** 1 quelqu'un : auburn, blond vénitien ◆ fam. et / ou péj. : poil de carotte, queue-de-vache, rouge, rouquin, roussâtre, rousseau (vx) 2 un cheval : alezan, rouille

**royal, e** 1 au pr. : monarchique, régalien 2 par ext. a → **parfait** b → **imposant**

**royalement** généreusement, magnifiquement, richement, splendidement, superbement

**royaliste** nom et adj. chouan, légitimiste, monarchiste, orléaniste, traditionaliste, ultra

**royalty** n. f. off. : redevance, royauté (québ.) → **gratification**

**royaume** n. m. → **nation**

**royauté** n. f. 1 au pr. : Ancien Régime, couronne, dignité royale, monarchie, monocratie, sceptre, trône 2 par ext. : influence, souveraineté → **supériorité**

**ru** n. m. → **cours (d'eau)**

**ruade** n. f. 1 au pr. : coup de pied, dégagement, saut 2 fig. : attaque, contestation, protestation, réaction

**ruban** n. m. 1 au pr. : bande, cordon, cordonnet, extra-fort, faveur, frange, liséré, galon, ganse, ruflette → **passement** ◆ vx : comète 2 par ext. a bouffette, catogan, chou, coque, suivez-moi-jeune-homme b bavolet, brassard, cocarde, crêpe, engageant(e) s c décoration, insigne, rosette d aiguillette (vx), lacet, tirant e signet

**rubicond, e** → **rouge**

**rubrique** n. f. 1 → **article** 2 → **titre**

**rude** 1 au pr. a abrupt, acariâtre, agreste, arriéré, barbare, brut, fruste, grossier, heurté, impoli, inculte, rustaud, rustique, sauvage b aigre, âpre, brutal, cruel, féroce, froid, lourd, pénible, rigoureux, sec c difficile, malheureux, pénible, redoutable, scabreux, triste d cru, fort, raide, râpeux, rêche, vert e caillouteux, inégal, raboteux, rocailleux f croûteux, grumeleux, rugueux, squameux 2 par ext. a anguleux, austère, bourru, brusque, cahoteux, désagréable, dur, farouche, hérissé, malgracieux, rébarbatif, revêche, rigide, sec, sévère, terrible b heurté, rauque c drôle, fier, grand, lourd, sacré d → **rigoureux** e → **difficile** f → **terrible**

**rudement** beaucoup, diablement, énormément, fameusement, furieusement, très, vachement (fam.)

**rudesse** n. f. âpreté, aspérité, austérité, barbarie, brusquerie, brutalité, cruauté, dureté, férocité, froideur, grossièreté, implacabilité, impolitesse, inclémence, raideur, rigidité, rigueur, rugosité, rusticité, sécheresse, sévérité

**rudiment** n. m. 1 commencement, embryon, germe, linéament → **principe** 2 abc, b.a.-ba, élément, essentiel → **abrégé**

**rudimentaire** → **simple**

**rudoyer** abîmer, accommoder, arranger, bafouer, battre, bourrer, brimer, brusquer, brutaliser, critiquer, crosser, éreinter, étriller, faire un mauvais parti, frapper, houspiller, lapider, malmener, maltraiter, mâtiner (fam.), molester, ravauder, secouer, tarabuster, traiter mal / sévèrement, tyranniser, violenter, vilipender

**rue** n. f. 1 au pr. : allée, artère, avenue, boulevard, chaussée, cours, passage, promenade, quai, ruelle, tortille, venelle ◆ arg. : macadam, rade, ruban, strasse 2 par ext. a asphalte, pavé, ruisseau, trottoir b → **voie** 3 **à la rue :** dehors, sans abri / domicile / ressources

**ruée** n. f. attaque, course, curée, débandade, descente, désordre, invasion, panique

**ruelle** n. f. 1 → **rue** 2 → **alcôve**

**ruer** 1 au pr. : broncher, décocher / envoyer / lâcher / lancer une ruade, dégager, lever le cul / le derrière, regimber 2 **ruer dans les brancards** → **protester** 3 v. pron. : assaillir, bondir, charger, débouler, s'élancer, foncer, fondre, se jeter, piquer, se précipiter, sauter, tomber sur

**rufian** n. m. → **vaurien**

**rugby** n. m. ballon ovale, football (vx), jeu à quinze / treize

**rugir** → **crier**

**rugissement** n. m. → **cri**

**rugosité** n. f. âpreté, aspérité, cal, callosité, dureté, inégalité, irrégularité → **rudesse**

**rugueux, euse** → **rude**

**ruine** n. f. 1 au sing. a au pr. : anéantissement, chute, décadence, dégradation, délabrement, déliquescence, démolition, désagrégation, destruction, détérioration, disparition, écrasement, écroulement, effondrement, renversement b par ext. : affaiblissement, banqueroute, culbute, débâcle, déchéance, déconfiture, dégringolade, dépérissement, déroute, désolation, ébranlement, étiolement, faillite, fin, liquidation, malheur, mort, naufrage, néant, pauvreté, perte c dégât, désastre, ravage d fig. quelqu'un : déchet, épave, larve, loque ◆ fam. : chef-d'œuvre en péril 2 au pl. : cendres, débris, décombres, démolition, éboulement, reste, témoin, trace, vestige

**ruiner** 1 au pr. a on ruine quelque chose : abattre, affaiblir, altérer, anéantir, balayer, battre en brèche, amener / causer / provoquer la ruine, consumer, couler, dégrader, délabrer, démanteler, démantibuler (fam.), démolir, désoler, détériorer, détruire, dévaster, dévorer, dissoudre, engloutir, épuiser, esquinter, étioler, exténuer, foudroyer, gâcher, gâter, miner, perdre, ravager, renverser, ronger, saper, user b on ruine quelqu'un : décaver, dépouiller, écraser, égorger, étrangler, expédier (vx), faire perdre, gruger, manger, mettre sur la paille, nettoyer, perdre, presser, pressurer, ronger c fam. : dégraisser, plumer, presser comme un citron, raidir, ratiboiser, sucer, tondre, vider 2 par ext. → **infirmer** 3 v. pron. : s'écrouler, s'effriter, s'enfoncer

**ruineux, euse** → **cher**

**ruisseau** n. m. 1 → **rivière** 2 → **rigole**

**ruisselant, e** dégoulinant, dégouttant, inondé, mouillé, trempé

**ruisseler** → **couler**

**ruissellement** n. m. → **écoulement**

**rumeur** n. f. 1 au pr. : bourdonnement, brouhaha, murmure, susurrement 2 par ext. a confusion, éclat, tumulte → **bruit** b avis, jugement, on-dit, ouï-dire, opinion, potin, ragot → **médisance**

**ruminant** n. m. bovidé, cervidé

**ruminer** 1 au pr. : mâcher, régurgiter, remâcher 2 fig. : repasser, repenser, ressasser, revenir sur → **penser**

**rupestre** pariétal

**rupin, e** → **riche**

**rupture** n. f. 1 au pr. : bris, brisement, cassage, cassure, concassage, décalage, destruction, écart, fracture 2 fig. a annulation, arrêt, cessation, dénonciation, interruption, point mort, suspension b brouille, brouillerie, désaccord, désagrégation, désunion, détérioration, discorde, dispute, dissension, dissentiment, dissidence, divergence, division, divorce, froid, mésentente, mésintelligence, nuage, orage, séparation, tension, zizanie

**rural, e** nom et adj. agreste, bucolique, campagnard, champêtre, pastoral, rustique → **paysan**

**ruse** n. f. [1] adresse, art, artifice, astuce, attrape-nigaud, cautèle, chausse-trappe, détour, diplomatie, dissimulation, échappatoire, embûche, faux-fuyant, feinte, ficelle, finasserie, finesse, fourberie, fraude, habileté, intrigue, invention, machiavélisme, machination, machine, malice, manœuvre, matoiserie, méandre, perfidie, piège, politique, retour (vén.), rets, roublardise, rouerie, stratagème, stratégie, subterfuge, subtilité, tactique, trame, tromperie ◆ vx : dextérités, rubrique [2] fam. : carotte, combine, débrouille, défense, entourloupe, truc, vice [3] vén. : hourvari, retour

**rusé, e** [1] adroit, artificieux, astucieux, cauteleux, chafouin, diplomate, ficelle, fin, finaud, fourbe, futé, habile, inventif, loup, machiavélique, madré, malicieux (vx), matois, narquois, normand, perfide, politique, renard, retors, roublard, roué, subtil, tortueux, trompeur → **malin** ◆ vx : malicieux [2] fam. : carotteur, combinard, débrouillard, mariole, marle, marlou, truqueur, truquiste, vicelard, vicieux

**ruser** finasser → **tromper**

**rush** n. m. [1] → **afflux** [2] off. : ruée

**rush(es)** audio. off. : épreuves

**rustaud, e** balourd, béotien, grossier, huron, iroquois, lourd, malotru, paysan, peigne-cul, plouc, primate, rustique, rustre, sauvage, vulgaire, zoulou, zozo → **impoli** ◆ vx : maroufle, paltoquet

**rusticité** n. f. [1] non fav. : balourdise, béotisme, brutalité, goujaterie, grossièreté, impolitesse, lourdeur [2] fav. : dépouillement, frugalité, modération, pondération, sobriété, tempérance → **simplicité**

**rustique** [1] au pr. a neutre : agreste, bucolique, campagnard, champêtre, pastoral, rural → **simple** b non fav. : abrupt, arriéré, balourd, barbare, bestial, brut, fruste, grossier, impoli, inculte, lourd, rustaud, rustre, sauvage [2] par ext. : endurant, increvable (fam.), fort, nerveux, résistant, robuste, solide, tenace, vivace

**rustre** n. m. [1] → **paysan** [2] → **rustique** [3] → **impoli** [4] → **lourdaud**

**rut** n. m. amour, chaleur, chasse, désir, œstrus, retour à l'espèce

**rutilance** n. f. [1] → **brillant** [2] → **éclat**

**rutilant, e** ardent, brasillant, brillant, éclatant, étincelant, flamboyant → **rouge**

**rutiler** → **briller**

**rythme** n. m. [1] accord, allure, assonance, balancement, bercement, cadence, eurythmie, harmonie, mesure, mètre, mouvement, nombre, retour, son, tempo, temps, va-et-vient [2] mus. a lent ou modéré : adagio, amoroso, andante, a poco, dolce, larghetto, largo, lento, maestoso, moderato, piano, pianissimo b vif ou soutenu : accelerando, allegretto, allegro con motto, appassionato, arioso, forte, fortissimo, presto, rondo, scherzo, sostenuto c crescendo, legato, staccato, tenuto

**rythmé, e** assonancé, balancé, cadencé, équilibré, harmonieux, mesuré, nombreux (vx), rythmique, scandé

**rythmer** [1] accorder, cadencer, donner du rythme, harmoniser, mesurer [2] marquer / souligner le rythme, régler, scander, soumettre à un rythme

**rythmique** [1] n. f. a métrique, prosodie, scansion, versification b chorégraphie, danse c gymnique [2] adj. : alternatif → **rythmé**

# S

**sabbat** n. m. → **tapage**

**sabir** n. m. → **langue**

**sable** n. m. arène, calcul, castine, granulat, graves, gravier, gravillon, jar, lise, pierre, sablon, sandre, syrte (vx), tangue

**sabler** → **boire**

**sableux, euse** → **sablonneux**

**sablière** n. f. carrière, sablonnière, tanguière

**sablonneux, euse** sableux, siliceux

**sabord** n. m. → **ouverture**

**sabordage** n. m. → **destruction**

**saborder** → **couler**

**sabot** n. m. [1] chaussure, clique(s) (rég.), galoche, patin, socque [2] → **toupie** [3] → **saleté**

**sabotage** n. m. [1] → **désordre** [2] → **résistance**

**saboter** [1] → **détériorer** [2] → **gâcher**

**saboteur, euse** bousilleur, démolisseur, destructeur, fossoyeur, naufrageur, ravageur → **vandale**

**sabre** n. m. [1] cimeterre, damas, latte, yatagan [2] par ext. → **épée** [3] arg. milit. : coupe-chou, fauchant, flambard

**sabrer** [1] → **effacer** [2] → **gâcher**

**sac** n. m. [1] → **pillage** [2] bagage, baise-en-ville (fam.), besace, bissac, carnassière, carnier, étui (mar.), fourre-tout, gibecière, group, havresac, hotte, musette, panetière, poche, porte-documents, portemanteau, sachet, sacoche → **cabas** [3] aumônière, bourse, escarcelle, réticule, vanity-case [4] **gens de sac et de corde** → **vaurien**

**saccade** n. f. → **secousse**

**saccadé, e** bondissant, brusque, capricant, convulsif, discontinu, haché, heurté, hoquetant, inégal, intermittent, irrégulier, rompu, sautillant, spasmodique, sursautant, trépidant

**saccage** n. m. [1] bouleversement, désastre, destruction, dévastation, ravage, ruine, saccagement (vx) [2] → **pillage**

**saccager** [1] → **ravager** [2] → **renverser**

**sacerdoce** n. m. [1] cléricature, ministère, ordre, prêtrise [2] par ext. : apostolat, charge, dignité, fonction, mission, poste

**sachet** n. m. → **sac**

**sacoche** n. f. [1] → **gibecière** [2] → **sac**

**sacquer** → **congédier**

**sacraliser** diviniser, tabouiser

**sacre** n. m. [1] consécration, couronnement, intronisation [2] → **faucon**

**sacré, e** [1] auguste, béni, consacré, divin, hiératique, intangible, inviolable, liturgique, sacramentel, sacro-saint, saint, sanctifié, tabou, vénérable [2] → **parfait** [3] → **détestable**

**sacrement** n. m. baptême, confirmation, eucharistie, extrême-onction, mariage, ordre, pénitence

**sacrément** bigrement, bougrement, carrément, diablement, drôlement, extrêmement, foutrement, vachement → **beaucoup**

**sacrer** [1] au pr. : bénir, consacrer, dévouer, oindre, sacraliser, vouer [2] par ext. → **couronner** [3] → **jurer**

**sacrificateur, trice** n. m. ou f. immolateur, prêtre, victimaire

**sacrificatoire** sacrificiel

**sacrifice** n. m. [1] au pr. : hécatombe, holocauste, hostie, immolation, libation, lustration, messe, oblation, offrande, propitiation, taurobole [2] par ext. : abandon, abnégation, désintéressement, dessaisissement, dévouement, don de soi, offre, renoncement, résignation

**sacrificiel, le** sacrificatoire

**sacrifier** [1] dévouer, donner, égorger, immoler, mettre à mort, offrir [2] pron. : se dévouer, se donner, se faire hacher pour, s'oublier, payer de sa personne

**sacrilège** n. m. [1] → **profanation** [2] → **vandale**

**sacripant** n. m. → **vaurien**

**sacristain** n. m. [1] → **bedeau** [2] au fém. : sacristaine, sacristine

**sadique** → **vicieux**

**sadisme** n. m. [1] aberration mentale / sexuelle, délectation, manie, perversion, sadomasochisme ◆ arg. : passions, vices [2] acharnement, bestialité, cruauté, lubricité, méchanceté, perversité, vice

**safari** n. m. → **chasse**

**safran** n. f. [1] crocus [2] → **jaune**

**saga** n. f. → **légende**

**sagace** [1] → **pénétrant** [2] → **intelligent**

**sagacité** n. f. [1] → **pénétration** [2] → **intelligence**

**sagaie** n. f. → **trait**

**sage** n. m. gourou, juste, mage, philosophe, savant

**sage** adj. [1] → **prudent** [2] → **tranquille** [3] → **décent** [4] → **raisonnable**

**sage-femme** n. f. accoucheuse, gynécologue, matrone, obstétricienne (vx)

**sagesse** n. f. [1] au pr. : bon sens, connaissance, discernement, équilibre, jugement, philosophie, raison, sapience, sens commun, vérité [2] par ext. a circonspection, modération → **prudence** b chasteté, continence, honnêteté, pudeur, retenue, vertu c calme, docilité, équanimité, obéissance, sérénité, tranquillité

**sagette** n. f. → **trait**

**sagouin** n. m. [1] → **singe** [2] → **malpropre** [3] → **impoli**

**saie** n. f. → **manteau**

**saignée** n. f. [1] → **canal** [2] → **prélèvement**

**saignement** n. m. [1] → **hémorragie** [2] → **menstruation**

**saigner** [1] → **tuer** [2] → **dépouiller** [3] → **dépenser**

**saillant, e** [1] → **proéminent** [2] → **remarquable**

**saillie** n. f. [1] au pr. : acrotère, angle, arête, arrêtoir, aspérité, avance, avancée, avancement, balèvre, bec, bosse, bourrelet, console, corne, corniche, côte, coude, crête, dent, éminence, encorbellement, éperon, ergot, gibbosité, hourd, moulure, nervure, orillon, pointe, proéminence, projecture, protubérance, redan, relief, ressaut, surplomb, tubercule [2] par ext. a → **saut** b → **caprice** c → **mot** d → **accouplement**

**saillir** [1] v. intr. a avancer, déborder, se découper, dessiner / détacher, surplomber → **dépasser** b → **jaillir** [2] v. tr. : couvrir, monter, sauter, servir → **accoupler (s')**

**sain, e** [1] au pr. : biologique, comestible, diététique, écologique, hygiénique, naturel, pur, salubre, salutaire, tonique [2] par ext. a → **valide** b → **décent** c → **profitable** [3] **sain et sauf** → **sauf**

**sainbois** n. m. daphné, garou

**saindoux** n. m. → **graisse**

**sainfoin** n. m. crête de coq

**saint, e** nom et adj. [1] apôtre, béat, bienheureux, élu, glorieux, juste, martyr, sauvé, vertueux [2] auguste, vénérable → **sacré** [3] a **sainte nitouche** → **patelin** b **à la saint-glinglin :** aux calendes grecques, jamais c **saint-Père** → **pape** d **saint des saints** → **sanctuaire, secret**

**sainteté** n. f. [1] béatitude, gloire, salut, vertu [2] → **perfection**

**saisi, e** [1] → **surpris** [2] → **ému** [3] → **rôti**

**saisie** et **saisine** n. f. → **confiscation**

**saisir** [1] → **prendre** [2] → **percevoir** [3] → **entendre** [4] → **émouvoir** [5] v. pron. → **prendre**

**saisissant, e** → **étonnant**

**saisissement** n. m. → **émotion**

**saison** n. f. → **époque**

**saisonnier, ère** → **temporaire**

**sakièh** n. f. noria

**salace** → **lascif**

**salacité** n. f. → **lasciveté**

**salade** n. f. → **mélange**

**salaire** n. m. [1] → **rétribution** [2] → **récompense** [3] → **punition**

**salamalec** n. m. [1] → **salut** [2] → **façon**

**salarié, e** nom et adj. → **travailleur**

**salaud** n. m. [1] → **malpropre** [2] → **méchant**

**sale** [1] → **malpropre** [2] → **obscène**

**salé, e** [1] au pr. : corsé, fort, relevé, saumâtre [2] fig. a → **obscène** b cher, exagéré, sévère

**salement** → **mal**

**saler** → **assaisonner**

**saleté** n. f. [1] au pr. : a boue, crasse, crotte, dégoûtation, gâchis, immondices, impureté, macule, malpropreté, mouton, ordure, poussière, rebut, salissure, saloperie, souillure, tache b vx : saburre c fam. ou grossier : chiure, merde, merdier d chandelle, chassie, grelot (arg.), mite, morve → **pus** [2] par ext. : cochonnerie, pacotille, patraque, rossignol, sabot, saloperie (grossier), toc [3] fig. a → **méchanceté** b → **obscénité**

**saligaud** n. m. → **malpropre**

**salinier, ère** nom et adj. paludier, saunier

**salinité** n. f. salure

**salir** [1] au pr. : abîmer, barbouiller, charbonner, contaminer, crotter, culotter, éclabousser, encrasser, gâter, graisser, jaunir, mâchurer, maculer, noircir, poisser, polluer, tacher → **souiller** ◆ grossier : dégueulasser, emmerder [2] fig. : baver sur, calomnier, déparer, déshonorer, diffamer, entacher, flétrir, profaner, prostituer, ternir

**salissure** n. f. → **souillure**

**salivation** n. f. ptyalisme

**salive** n. f. bave, crachat, eau à la bouche, écume, postillon

**saliver** [1] → **baver** [2] → **vouloir**

**salle** n. f. 1 au pr. : antichambre, chambre, foyer, enceinte, galerie, hall → **pièce** 2 fig. → **public**

**salmigondis** n. m. 1 → **mélange** 2 → **ragoût**

**salon** n. m. 1 au pr. a sing. → **pièce** b au pl. : enfilade 2 par ext. → **exposition**

**salop, e** n. m. ou f. 1 → **malpropre** 2 → **méchant**

**saloper** → **gâcher**

**saloperie** n. f. 1 → **saleté** 2 → **méchanceté**

**salopette** n. f. 1 → **surtout** 2 → **cotte**

**saltimbanque** n. m. 1 au pr. : acrobate, artiste, auguste, baladin, banquiste, bateleur, bonimenteur, bouffon, charlatan, clown, danseur de corde, dompteur, dresseur, écuyer, équilibriste, forain, funambule, hercule, jongleur, lutteur, monstre, nomade, paillasse, parodiste, pitre, trapéziste ♦ vx : farceur, opérateur 2 par ext. a → **plaisant** b → **pantin**

**salubre** → **sain**

**salubrité** n. f. → **hygiène**

**saluer** 1 accueillir, honorer, proclamer, reconnaître 2 → **salut**

**salut** n. m. 1 a adieu, au revoir, bonjour, bonne nuit, bonsoir, bye-bye b baise-main, compliment, coup de chapeau, courbette, hommage, inclination de tête, plongeon, poignée de main, révérence, salamalec, salutation 2 bonheur, rachat, récompense, rédemption, sauvegarde, sauvetage

**salutaire** 1 → **sain** 2 → **profitable**

**salutation** n. f. 1 → **salut** 2 loc. **salutation angélique :** annonciation

**salvateur, trice** 1 → **profitable** 2 → **utile**

**salve** n. f. → **décharge**

**sanatorium** n. m. → **hôpital**

**sanctifier** 1 → **améliorer** 2 → **fêter**

**sanction** n. f. 1 → **confirmation** 2 → **punition**

**sanctionner** 1 → **punir** 2 → **confirmer**

**sanctuaire** n. m. 1 iconostase, naos, saint des saints 2 → **église** 3 → **pèlerinage** 4 → **temple** 5 → **base**

**sandale** n. f. → **soulier**

**sandre** n. m. 1 → **poisson** 2 → **sable**

**sandwich** n. m. → **casse-croûte**

**sang** n. m. 1 hémoglobine, sérum 2 myth. : ichor 3 arg. : marasquin, raisiné, rouquin, sirop 4 par ext. → **race**

**sang-froid** n. m. 1 aplomb, assurance, audace, calme, détermination, fermeté, flegme, froideur, impassibilité, lucidité, maîtrise, patience, tranquillité 2 **de sang-froid :** avec préméditation, délibérément, en toute connaissance de cause, la tête froide, volontairement

**sanglant, e** → **offensant**

**sangle** n. f. 1 → **courroie** 2 → **bande** 3 mar. : suspensoir

**sangler** 1 → **serrer** 2 → **cingler**

**sanglier** n. m. babiroussa, laie, marcassin ou bête rousse, pécari, phacochère, porc, quartanier, ragot, solitaire, tiers-an ♦ vén. : bête noire, cochon

**sanglot** n. m. hoquet, larme, pleur, sanglotement, soupir, spasme

**sangloter** → **pleurer**

**sang-mêlé** n. invar. → **métis**

**sangsue** n. f. fig. et fam. → **importun**

**sanguin, e** 1 → **rouge** 2 → **coléreux** 3 → **fort**

**sanguinaire** 1 → **violent** 2 → **barbare**

**sanie** n. f. 1 → **pus** 2 → **ordure**

**sanitaire** n. m. plomberie → **water-closet**

**sans** dépourvu / manquant / privé de

**sans-abri** n. invar. 1 réfugié, sans-logis, sinistré 2 → **pauvre**

**sans-cœur** n. invar. → **dur**

**sans-emploi** n. invar. → **demandeur**

**sans-gêne** n. invar. et adj. 1 → **impoli** 2 → **impolitesse** 3 → **privauté**

**sans-le-sou** n. invar. → **pauvre**

**sansonnet** n. m. étourneau → **passereau**

**sans-parti** n. invar. → **libre**

**sans-patrie** n. invar. apatride, heimatlos, métèque (péj.), personne déplacée

**sans-soin** n. invar. désordonné, insouciant, négligent

**sans-souci** nom et adj. invar. → **insouciant**

**santé** n. f. 1 → **nature** 2 → **force** 3 → **discours**

**santon** n. m. 1 ascète, derviche, marabout 2 fakir, gourou, yogi 3 anachorète, cénobite, ermite, stylite 4 figurine / personnage de la crèche / de Noël → **statuette**

**saoul, saoule** → **soûl**

**sapajou** n. m. 1 capucin, sajou → **singe** 2 → **magot**

**sape** n. f. 1 → **tranchée** 2 → **destruction** 3 → **vêtement**

**saper** 1 → **miner** 2 → **habiller**

**sapeur** n. m. mineur, pionnier

**saphisme** n. m. → **homosexualité**

**sapide** → **succulent**

**sapidité** n. f. → **saveur**

**sapience** n. f. → **sagesse**

**sapin** n. m. sapinette → **conifère**

**sarabande** n. f. 1 → **danse** 2 → **tohu-bohu**

**sarcasme** n. m. → **raillerie**

**sarcastique** → **sardonique**

**sarcler** 1 → **racler** 2 → **cultiver**

**sarcophage** n. m. 1 → **tombe** 2 → **cercueil**

**sardine** n. f. pilchard

**sardonique** caustique, démoniaque, goguenard, ironique, moqueur, persifleur, railleur, ricaneur, sarcastique, satanique

**sarigue** n. f. → **marsupiaux**

**sarrasin** n. m. blé noir

**sarrasine** n. f. → **grille**

**sarrau** n. m. → **surtout**

**sas** n. m. 1 → **passage** 2 → **tamis**

**sasser** → **tamiser**

**satanique** → **diabolique**

**satelliser** → **soumettre**

**satellite** n. m. 1 → **partisan** 2 → **allié** 3 vx → **tueur**

**satiété** n. f. anorexie (méd.), dégoût, nausée, rassasiement, réplétion, satisfaction, saturation

**satin** n. m. → **soie**

**satiné, e** 1 → **soyeux** 2 → **lustré** 3 → **lisse**

**satiner** → **lustrer**

**satire** n. f. caricature, catilinaire, charge, critique, dérision, diatribe, épigramme, factum, libelle, moquerie, pamphlet, pasquin, pasquinade, philippique, plaisanterie, raillerie

**satirique** → **mordant**

**satiriser** 1 → **railler** 2 → **médire**

**satisfaction** n. f. 1 compensation, pénitence, raison, réparation 2 → **plaisir** 3 → **réalisation**

**satisfaire** 1 v. tr. : apaiser, calmer, combler, complaire, contenter, écouter, entendre, exaucer, observer, rassasier, régaler, soulager 2 v. intr. : accomplir, s'acquitter de, exécuter, faire plaisir, fournir, obéir, observer, pourvoir, remplir, répondre à, suffire à 3 v. pron. a être → **satisfait** b se faire / se donner du plaisir

**satisfaisant, e** acceptable, convenable, correct, enviable, honnête, honorable, passable, performant, suffisant

**satisfait, e** 1 apaisé, béat, calme, comblé, content, heureux, rassasié, rasséréné, rassuré, soulagé 2 non fav. : avantageux, fat, fier, suffisant, vain, vainqueur

**satisfecit** n. m. 1 → **félicitation** 2 → **récompense**

**satrape** n. m. 1 → **tyran** 2 → **débauché**

**saturation** n. f. → **réplétion**

**saturer** → **combler**

**saturnale** n. f. → **débauche**

**saturnien, ne** → **triste**

**satyre** n. m. 1 chèvre-pied, faune, sylvain 2 → **lascif**

**sauce** n. f. 1 accompagnement, accommodement, civet, coulis, déglaçage, dodine, garniture → **assaisonnement** 2 aillade, allemande *ou* parisienne, américaine, anchoyade *ou* anchoïade, (à l') anglaise, aurore, bâtarde, béarnaise, béchamel, blanche, bordelaise, bourguignonne, brandy, brune, café de Paris, cardinal, chantilly *ou* mousseline, charcutière, chasseur, chaud-froid, crème, crevette, demi-glace, diable, espagnole, framboise, grand-veneur, gratin, gribiche, hollandaise, homard, hongroise, indienne, italienne, ivoire, madère, maltaise, marinière, matelote, mayonnaise, meurette, milanaise, miroton, Montmorency, mousseline *ou* chantilly, moutarde, normande, parisienne *ou* allemande, Périgueux, piquante, poivrade, porto, portugaise, poulette, provençale, raifort, ravigote, rémoulade, riche, Robert, romaine, rouille, sabayon, suprême, tartare, tomate, tortue, velouté, vénaison, vénitienne, verte

**saucée** n. f. → **pluie**

**saucer** 1 → **mouiller** 2 rég. : torcher

**saucisse** n. f. 1 francfort, strasbourg, toulouse 2 → **saucisson** 3 → **ballon**

**saucisson** n. m. par ext. : chorizo, gendarme, jésus, rosette, salami, sauciflard (fam.) → **charcuterie**

**saucissonné, e** → **boudiné**

**saucissonner** pique-niquer

**sauf, sauve** indemne, intact, préservé, rescapé, sauvé, survivant, tiré d'affaire

**sauf** → **excepté**

**sauf-conduit** n. m. → **laissez-passer**

**saugrenu, e** 1 → **insensé** 2 → **faux** 3 → **étrange**

**saulaie** n. f. saussaie

**saumâtre** 1 → **salé** 2 → **désagréable**

**saumon** n. m. bécard, salmonidé

**saupoudrer** → **mélanger**

**saurien** n. m. amphisbène, basilic, caméléon, dragon, gecko, iguane, lézard, moloch, orvet, scinque, seps, tupinambis, varan, zonure → **reptile**

**saut** n. m. 1 au pr. : bond, bondissement, cabriole, culbute, gambade, saltation, sautillement, voltige 2 par ext. a cahot, ricochet, soubresaut, sursaut b cascade, chute, rapide c → **interruption** 3 **faire le saut** → **résoudre (se)**

**saute** n. f. → **changement**

**sauter** 1 v. tr. a → **franchir** b → **passer** c → **omettre** 2 v. intr. a bondir, cabrioler, s'élancer, s'élever, fringuer, gambader, moucheronner (poissons), rebondir, ricocher, sautiller, trépigner b → **éclater** 3 loc. a **faire sauter.** → **cuire, tuer, destituer** b **se faire sauter (la cervelle / le caisson)** → **suicider (se)**

**sauterelle** n. f. criquet, locuste

**sauterie** n. f. → **bal**

**sauteur, euse** nom et adj. → **pantin**

**sautillant, e** → **saccadé**

**sautillement** n. m. → **trémoussement**

**sautiller** → **sauter**

**sauvage** n. m. anthropophage, barbare, cannibale, homme des bois, primitif

**sauvage** adj. 1 une plante : alpestre, champêtre, des bois / champs / étangs / marais / prés / rivières, naturel, rudéral 2 quelqu'un. a au pr. : barbare, bestial, cruel, dur, féroce, inhumain, intraitable, méchant, ombrageux, redoutable, rude, violent b par ext. : abrupt, âpre, brut, craintif, farouche, fier, fruste, gothique (vx), grossier, hagard, inapprivoisable, inculte, indomptable, indompté, inéducable, insociable, mal dégrossi / embouché (fam.) / élevé, misanthrope, ostrogoth, ours, solitaire, tudesque, vandale, wisigoth c → **timide** 3 animaux : fauve, haret (chat), marron, sauvagin 4 un lieu : abandonné, agreste, à l'écart, champêtre, désert, inculte, inhabité, retiré, romantique

**sauvageon, ne** n. m. ou f. → **sauvage**

**sauvagerie** n. f. 1 au pr. : barbarie, bestialité, brutalité, cruauté, férocité 2 par ext. : insociabilité, misanthropie, timidité

**sauvegarde** n. f. 1 → **garantie** 2 auspices, bannière, bouclier, égide, palladium, patronage, protection, sauveté (vx), soutien, tutelle, vigilance 3 abri, appui, asile, refuge, rempart 4 → **défense**

**sauvegarder** 1 → **conserver** 2 → **défendre** 3 → **préserver**

**sauve-qui-peut** n. m. débandade, déroute, désarroi, panique → **fuite**

**sauver** 1 au pr. a → **garantir** b → **éviter** 2 par ext. → **excuser** 3 v. pron. a → **enfuir (s')** b → **partir** c fig. → **rattraper (se)** d → **conserver** e → **préserver** f → **soigner**

**sauvetage** n. m. rachat, récupération, rédemption, renflouage, renflouement, salut

**sauveur** n. m. 1 au pr. : défenseur, libérateur, protecteur, sauveteur 2 relig. : messie, prophète, rédempteur 3 par ext. : a bienfaiteur, rempart b deus ex machina

**savant, e** 1 adj. a au pr. : averti, avisé, cultivé, docte, éclairé, érudit, informé, initié, instruit, lettré b par ext. : calé, compétent, expert, fort, habile, incollable (fam.), maître dans, omniscient, versé c péj. → **pédant** d fig. quelque chose : ardu, compliqué, difficile, recherché 2 nom. a fav. : chercheur, connaisseur, découvreur, érudit, expert, homme de science, lettré, philosophe, sage, scientifique, spécialiste b vx : clerc, homme de cabinet c fam. : abîme / puits d'érudition / de science, cosinus, fort en thème, grosse tête, nimbus, tête d'œuf, tournesol **d** péj. : scientiste → **pédant**

**savate** n. f. 1 → **soulier** 2 → **chausson**

**savetier** n. m. → **cordonnier**

**saveur** n. f. 1 au pr. : bouquet, fumet, goût, sapidité 2 du vin **a** → **agréable** **b** → **désagréable** 3 par ext. : agrément, charme, exquisité, piment, piquant, sel

**savoir** n. m. acquis, aptitude, bagage, capacité, compétence, connaissance, cuistrerie (péj.), culture, culture générale, doctrine, épistémè, érudition, expérience, gnose (relig.), humanisme, initiation, instruction, intelligence, lecture, lettres, lumières, notions, omniscience, sagesse, science → **habileté**

**savoir** 1 → **connaître** 2 → **pouvoir** 3 loc. **faire savoir** → **informer**

**savoir-faire** n. m. → **habileté**

**savoir-vivre** n. m. acquis, bienséance, bien-vivre, civilité, convenance, courtoisie, délicatesse, doigté, éducation, égards, élégance, entregent, habileté, politesse, sociabilité, tact, urbanité, usage

**savonner** 1 au pr. → **nettoyer** 2 fig. : gourmander, tancer → **réprimander**

**savourer** 1 au pr. : boire, déguster, se délecter, goûter, se régaler, tâter 2 par ext. : apprécier, se gargariser de → **jouir**

**savoureux, euse** sapide → **succulent**

**saxatile** saxicole

**saynète** n. f. charade, comédie, divertissement, entracte, interlude, intermède, parade, pièce en un acte, proverbe, sketch

**sbire** n. m. → **policier**

**scabreux, euse** 1 → **libre** 2 → **grossier** 3 → **difficile**

**scandale** n. m. 1 au pr. : bruit, désordre, éclat, esclandre, tapage 2 arg. ou fam. : barouf, bastringue, bousin, chambard, foin, pet, pétard, ramdam, salades, schproum, tapis 3 choc, émotion, étonnement, honte, indignation

**scandaleux, euse** → **honteux**

**scandaliser** 1 → **choquer** 2 pron. → **offenser (s')**

**scander** accentuer, battre / marquer la mesure, cadencer, marteler (péj.), ponctuer, rythmer, souligner, versifier

**scapulaire** n. m. → **fétiche**

**scarification** n. f. → **entaille**

**scarifier** → **couper**

**scatologie** n. f. coprolalie

**scatologique** grossier, stercoraire, stercoral → **obscène**

**scatophile** stercoraire, stercoral

**sceau** n. m. → **marque**

**scélérat, e** 1 au pr. : bandit, coquin, criminel, filou, fripon, homicide, infâme, larron, méchant, misérable, monstre, perfide → **vaurien** 2 par ext. → **infidèle**

**scélératesse** n. f. → **méchanceté**

**scellé** n. m. → **cachet**

**scellement** n. m. → **fixation**

**sceller** 1 → **fixer** 2 → **fermer** 3 → **cacheter** 4 → **affermir**

**scénario** n. m. → **intrigue**

**scène** n. f. 1 → **théâtre** 2 séquence, tableau 3 → **spectacle** 4 → **estrade** 5 algarade, altercation, avanie, carillon (fam. et vx), discussion, dispute, esclandre, réprimande, séance

**scénique** → **dramatique**

**scénopégies** n. f. pl. tabernacles

**scepticisme** n. m. 1 au pr. : pyrrhonisme 2 par ext. **a** philos. : criticisme, nihilisme, positivisme, pragmatisme **b** défiance, désintéressement, dilettantisme, doute, méfiance, tiédeur **c** agnosticisme, athéisme, humanisme, incrédulité, incroyance, indifférence, irréligion, libre pensée

**sceptique** 1 → **incrédule** 2 → **incroyant**

**sceptre** n. m. → **supériorité**

**schéma** et **schème** n. m. 1 → **plan** 2 → **ébauche** 3 → **structure**

**schématique** → **sommaire**

**schématiquement** brièvement, de façon expéditive, en bref / résumé, sans formalités, simplement, sobrement, sommairement

**schématiser** → **simplifier**

**schismatique** → **hérétique**

**schisme** n. m. → **dissidence**

**schlague** n. f. bâton, correction, fouet, knout, martinet, nerf de bœuf, verge

**scie** n. f. 1 au pr. : crocodile, égoïne, passe-partout, sciotte 2 refrain, rengaine

**sciemment** à bon escient, délibérément, de propos délibéré, en toute connaissance de cause, exprès, intentionnellement, volontairement

**science** n. f. 1 → **savoir** 2 → **art** 3 loc. **science-fiction** → **fiction**

**scientifique** n. m. → **savant**

**scientifique** adj. critique, méthodique, objectif, positif, rationnel, savant

**scier** couper, débiter, découper, fendre, tronçonner

**scieur** n. m. sagard (rég.)

**scinder** au pr. → **sectionner**

**scintillant, e** → **brillant**

**scintillement** n. m. → **reflet**

**scintiller** 1 au pr. : brasiller, briller, chatoyer, étinceler, flamboyer, luire, miroiter, rutiler 2 fig. : clignoter, frissonner, palpiter

**scion** n. m. → **pousse**

**scission** n. f. bipartition, dissidence, dissociation, division, fractionnement, morcellement, partage, partition, schisme, sécession, séparation

**sclérose** n. f. → **paralysie**

**sclérosé, e** → **figé**

**scolarité** n. f. cursus → **instruction**

**scoliaste** n. m. annotateur, commentateur

**scolie** n. f. → **commentaire**

**scoop** n. m. off. : exclusivité

**score** n. m. → **résultat**

**scorie** n. f. déchet, laitier, mâchefer, porc → **résidu**

**scorpène** n. m. diable, rascasse

**scotomisation** n. f. → **expulsion**

**scotomiser** psych. → **repousser**

**scout** n. m. boy-scout, éclaireur, guide, louveteau, ranger, routier

**scriban** n. m. → **secrétaire**

**scribe** n. m. 1 au pr. : clerc, copiste, écrivain, greffier, hiérogrammate *ou* logographe 2 par ext. (péj.) : bureaucrate, gratteur, scribouillard, tabellion → **employé**

**scripturaire** et **scriptural, e** écrit, graphique

**scrofule** n. f. bubon, écrouelles (vx), ganglion, strume, tumeur → **abcès**

**scrofuleux, euse** → **malade**

**scrub** n. m. → **brousse**

**scrupule** n. m. 1 → **hésitation** 2 → **soin** 3 → **exactitude** 4 → **délicatesse**

**scrupuleux, euse** 1 au pr. : correct, délicat, exact, fidèle, honnête, juste, strict → **consciencieux** 2 par ext. : attentif, maniaque (péj.), méticuleux, minutieux, pointilleux, ponctuel, précis, soigneux, soucieux

**scrutateur, trice** nom et adj. examinateur, inquisiteur, inspecteur, vérificateur

**scruter** → **examiner**

**scrutin** n. m. → **vote**

**sculpter** buriner, ciseler, façonner, figurer, former, fouiller, graver, modeler, tailler

**sculpteur** n. m. animalier, bustier, ciseleur, imagier (vx), modeleur, ornemaniste, statuaire

**sculptural, e** 1 architectural, plastique 2 → **beau**

**sculpture** n. f. 1 bas-relief, bucrane, corniche, décoration, frise, glyptique, gravure, guirlande, haut-relief, moulure, ornement, pot à feu, ronde-bosse, trophée, vase → **moulure** 2 animal, buste, figurine, grimace, monument, statuette, tête, torse → **statue**

**séance** n. f. 1 au pr. : assise, audience, débat, délibération, réunion, session, vacation 2 par ext. : projection, représentation, scène → **spectacle** 3 fig. : algarade, altercation, avanie, carillon (fam. et vx), discussion, dispute, esclandre, réprimande, scène

**séant, e** → **convenable**

**séant** n. m. → **derrière**

**seau** n. m. camion, récipient, seille, seillon, vache

**sec, sèche** 1 au pr. → **aride** 2 par ext. → **maigre** 3 fig. **a** → **dur** **b** → **rude** **c** → **pauvre**

**sécable** → **divisible**

**sécession** n. f. autonomie, dissidence, division, indépendance, partition, révolte, scission, séparation, séparatisme

**sécessionniste** nom et adj. sudiste → **séparatiste**

**sécher** 1 v. tr. **a** au pr. : assécher, déshydrater, dessécher, drainer, écoper, éponger, essorer, essuyer, étancher, lyophiliser, mettre à sec, ressuyer, tarir, vider **b** par ext. : étuver → **stériliser** **c** fig. : faner, flétrir, racornir 2 v. intr. **a** au pr. : dépérir, devenir sec, languir **b** arg. scol. : coller, échouer, être collé **c** faire l'impasse

**sécheresse** n. f. 1 au pr. : aridité, improductivité, siccité 2 fig. : **a** austérité, dénuement, dépouillement, jansénisme, sobriété **b** brusquerie, dureté, froideur, insensibilité, pauvreté, stérilité → **rudesse**

**séchoir** n. m. 1 **a** buanderie, étendoir, sécherie **b** casque, sèche-cheveux 2 par ext. **a** hérisson, if, porte-bouteilles **b** → **égouttoir** **c** → **étuve**

**second** n. m. 1 cadet 2 adjoint, aide, allié, alter ego, appui, assesseur, assistant, auxiliaire, bras droit, collaborateur, fondé de pouvoir, lieutenant

**second, e** 1 au pr. : autre, deuxième 2 par ext. : nouveau

**secondaire** accessoire, adventice, anecdotique, épisodique, incident, inférieur, insignifiant, marginal, mineur, négligeable, subalterne, subsidiaire

**secondairement** → **incidemment**

**seconder** → **aider**

**secouer** 1 au pr. : agiter, ballotter, branler (vx), brimbaler, cahoter, convulser, ébranler, gauler, hocher, locher (rég.), vanner → **remuer** 2 fig. **a** bousculer, harceler, houspiller, malmener, maltraiter, sabouler (fam. et vx), tourmenter → **réprimander** **b** → **émouvoir**

**secourable** charitable, compatissant, consolateur, fraternel, généreux, hospitalier, humain, miséricordieux, obligeant → **bon**

**secourir** → **appuyer**

**secours** n. m. 1 au pr. : aide, assistance, concours, confort (vx), coup de main (fam.), entraide, facilité, grâce, moyen, protection, providence, rechange 2 fig. : réconfort, renfort, rescousse, ressource, service, soutien 3 par ext. **a** allocation, attribution, aumône, bienfaisance, charité, denier, don, entraide, hospitalité, obole, palliatif, répartition, sportule, subside, subvention **b** → **défense**

**secousse** n. f. à-coup, agitation, cahot, choc, commotion, convulsion, coup, ébranlement, heurt, mouvement, saccade, soubresaut, spasme, tremblement, trépidation

**secret** n. m. 1 au pr. : arcane, arrière-pensée, cabale, cachotterie, coulisse, dédale, dessous, dessous des cartes, détour, énigme, fond, mystère, obscurité, pot-aux-roses (péj.), saint des saints, ténèbres, tréfonds 2 par ext. **a** chiffre, cryptogramme, martingale, méthode, moyen, recette, truc (fam.) **b** black-out, confidentialité, discrétion, retenue → **silence** 3 loc. **a en secret** → **secrètement** **b dans le secret :** dans la confidence, de connivence

**secret, ète** 1 quelque chose : abscons, anonyme, arcane (vx), cabalistique, caché, clandestin, confidentiel, cryptique, discret, dissimulé, enveloppé, ésotérique, furtif, hermétique, ignoré, illicite, inconnaissable, inconnu, inexplicable, initiatique, insondable, intérieur, intime, invisible, latent, masqué, mystérieux, mystique, obscur, occulte, officieux, profond, retiré, sibyllin, sourd, souterrain, subreptice, ténébreux, voilé 2 quelqu'un. **a** neutre : caché, concentré, discret, énigmatique, impénétrable, incognito, indéchiffrable, insaisissable, mystérieux, réservé, taciturne **b** non fav. : cachottier, chafouin, dissimulé, en dessous, fuyant, insinuant, renfermé, sournois → **hypocrite**

**secrétaire** n. m. et f. 1 au pr. : copiste, dactylo, dactylographe, employé, greffier, rédacteur 2 péj. : rond-de-cuir, scribe, scribouillard 3 par ext. : adjoint, alter ego (fam.), bras droit (fam.), collaborateur

**secrétaire** n. m. bahut, bonheur-du-jour, écritoire, scriban ♦ vx : serre-papiers → **bureau**

**secrétariat** n. m. administration, bureau, chancellerie, secrétairerie, services

**secrètement** à la dérobée, à la sourdine, dans la coulisse, en cachette, en catimini, en dessous, en secret, en sourdine, en sous-main, en tapinois, furtivement, incognito, sans tambour ni trompette (fam.), sourdement, sous la table / le manteau, subrepticement

**sécréter** dégoutter, distiller, élaborer, épancher, filtrer

**sécrétion** n. f. bile, excrétion, humeur, récrément (vx), salive

**sectaire** autoritaire, doctrinaire, dogmatique, enragé, étroit, exalté, exclusif, fanatique, farouche, frénétique, furieux, intégriste, intolérant, intraitable, intransigeant, irréductible, partial, partisan, rigide, rigoriste, sévère, violent

**sectarisme** n. m. → **intolérance**

**secte** n. f. association, bande, brigue, cabale, camp, clan, coalition, église, faction, groupe, parti, phalange, rassemblement, religion, société secrète

**secteur** n. m. 1 → **zone** 2 partic. a secteur primaire : agriculture, carrières, extraction minière, pêche b secteur secondaire : industrie → **usine** c secteur tertiaire : administration, artisanat, assurances, banques, commerce, loisirs, professions artistiques / libérales, services privés / publics, transports

**section** n. f. 1 cellule, groupe 2 coupure, division, fraction, paragraphe, parcelle, partie, portion, rupture, scission, segment, séparation, subdivision

**sectionnement** n. m. → **segmentation**

**sectionner** couper, désassembler, désunir, disjoindre, diviser, fendre, fractionner, morceler, parcelliser, partager, scinder, segmenter, séparer, subdiviser → **couper**

**séculaire** → **ancien**

**séculier, ère** 1 → **terrestre** 2 laïc, profane, temporel

**sécuriser** → **tranquilliser**

**sécurité** n. f. 1 au pr. : abandon, abri, assurance, calme, confiance, repos, sauveté (vx), sérénité, sûreté, tranquillité 2 par ext. a ordre, police b assurage, fiabilité, fidélité

**sédatif, ive** nom et adj. adoucissant, analgésique, anesthésique, anodin, antalgique, antipyrétique, antispasmodique, apaisant, balsamique, calmant, consolant, hypnotique, lénifiant, lénitif, narcotique, parégorique, rafraîchissant, relaxant, reposant, vulnéraire

**sédation** n. f. → **apaisement**

**sédentaire** 1 au pr. : assis, attaché, établi, fixe, immobile, inactif, permanent, stable, stationnaire 2 par ext. (fam.) : casanier, cul-de-plomb, notaire, pantouflard, popote, pot-au-feu

**sédiment** et **sédimentation** n. m., n. f. accroissement, accrue, alluvion, apport, atterrissement, boue, calcaire, concrétion, dépôt, formation, lais, laisse, lie, limon, lœss, précipité, relais, résidu, roche, tartre

**séditieux, euse** 1 au pr. : activiste, agitateur, anarchiste, comploteur, contestataire, émeutier, factieux, frondeur, insoumis, insubordonné, insurgé, militant, mutin, provocateur, rebelle, révolté, subversif, terroriste 2 par ext. → **tumultueux**

**sédition** n. f. 1 → **émeute** 2 → **révolte** 3 → **soulèvement**

**séducteur, trice** nom et adj. 1 n. m. a bourreau des cœurs, casse-cœur, charmeur, don juan, dragueur, enjôleur, ensorceleur, fascinateur, gueule d'amour, homme à femmes, magicien, tentateur, tombeau des cœurs, tombeur de femmes → **galant** b péj. : cavaleur, coureur / trousseur de jupons, lovelace, suborneur 2 n. f. → **beauté** 3 adj. → **séduisant**

**séduction** n. f. 1 → **charme** 2 → **subornation**

**séduire** 1 non fav. a au pr. : acheter, affriander, allécher, amorcer, appâter, attirer dans ses filets, cajoler, capter, corrompre, débaucher, déshonorer, dévergonder, mettre à mal, perdre, soudoyer, suborner b arg. ou fam. : chiper, damer, emballer, embarquer, embusquer, faire du gringue, fusiller, lever, soulever, taper dans l'œil, tomber, vamper c par ext. : abuser, amuser, attraper, berner, bluffer, circonvenir, décevoir, donner le change, éblouir, égarer, en conter, en donner, endormir, en faire accroire / croire, engluer, en imposer, enjôler, faire briller / chatoyer / miroiter, flatter, jobarder, mener en bateau, minauder, monter le coup, prendre au piège → **tromper** d fam. : avoir, blouser, couillonner, dorer la pilule, embobeliner, embobiner, entortiller, posséder 2 fav. ou neutre. a affrioler, aguicher, attacher, attirer, captiver, charmer, coiffer, conquérir, donner / taper dans l'œil (fam.), ensorceler, entraîner, envoûter, fasciner, hypnotiser, magnétiser, plaire, tenter, vamper b convaincre, entraîner, gagner, persuader

**séduisant, e** affriolant, agréable, aguichant, alléchant, amène, attachant, attirant, attrayant, beau, brillant, captivant, charismatique, charmant, charmeur, chatoyant, désirable, enchanteur, engageant, ensorcelant, enveloppant, envoûtant, fascinant, flatteur, gracieux, insinuant, joli, piquant, prenant, ravageur, ravissant, séducteur, tentateur ◆ fam. : girond, sexy

**segment** n. m. 1 → **section** 2 → **ligne**

**segmentation** n. f. 1 échelonnement, éparpillement, fractionnement, fragmentation, îlotage, morcellement, parcellisation, partage, sectionnement → **division** 2 biol. : scissiparité

**segmenter** → **sectionner**

**ségrégation** n. f. → **séparation**

**seiche** n. f. → **encornet**

**séide** n. m. 1 zélateur 2 → **partisan** 3 → **agent**

**seigneur** n. m. 1 au pr. : châtelain, écuyer, gentilhomme, hobereau, maître, sire, suzerain 2 par ext. a → **noble** b → **monarque** c → **dieu** 3 **jour du Seigneur :** dimanche, repos dominical, sabbat

**sein** n. m. 1 au pr. : buste, giron, mamelle, poitrine 2 arg. ou fam. : a avantages, doudoune, flotteur, lolo, néné, œufs sur le plat, orange, robert, rondeur, téton b péj. : avant-scène, balcon, nichon, pare-chocs 3 par ext. a entrailles, flanc, utérus, ventre b centre, cœur, fort, foyer, lieu géométrique, milieu, mitan, nœud, nombril, noyau, point 4 **au sein de :** au milieu de, dans, parmi

**seing** n. m. → **signature**

**séisme** n. m. 1 au pr. : phénomène sismique, secousse, tremblement de terre 2 par ext. : bouleversement, cataclysme, catastrophe, commotion, ébranlement, raz de marée, tornade, typhon

**séjour** n. m. 1 au pr. : arrêt, pause, stage, villégiature 2 par ext. : demeure, domicile, endroit, maison, résidence, subsistance → **habitation** 3 **céleste séjour :** champs Élysées, ciel, Élysée, enfers (myth.), olympe, paradis

**séjourner** 1 au pr. a quelqu'un : s'arrêter, s'attarder, attendre, demeurer, s'éterniser, rester, stationner, tarder b fam. : moisir, prendre racine c estiver, villégiaturer d quelque chose : croupir, stagner 2 par ext. : camper, descendre, être domicilié, habiter, loger, occuper, résider, se tenir, vivre ◆ fam. : crécher, gîter, jucher, nicher

**sel** n. m. 1 → **piquant** 2 → **esprit**

**sélect, e** agréable, beau, bien, chic, de bon goût, délicat, distingué, élégant, smart (fam.), snob (péj.)

**sélecter** → **sélectionner**

**sélection** n. f. 1 de choses : a assortiment, collection, dessus du panier (fam.), éventail, réunion b choix, écrémage, tri, triage 2 de gens : aristocratie, crème, élite, fine fleur, gratin, happy few (angl.) 3 littér. : anthologie, digest, morceaux choisis, recueil

**sélectionner** adopter, aimer mieux, choisir, coopter, se décider pour, désigner, distinguer, écrémer, élire, embrasser, s'engager, faire choix, fixer son choix, jeter son dévolu, nommer, opter, préférer, prendre, sélecter, trancher, trier sur le volet

**sélectionneur, euse** n. m. ou f. fam. : chasseur de têtes

**self-service** n. m. off. : libre-service

**selle** n. f. 1 bât, cacolet, harnachement 2 → **excrément**

**seller** → **harnacher**

**sellerie** n. f. → **harnachement**

**sellier** n. m. bourrelier

**selon** conformément à, dans, d'après, suivant

**semailles** n. f. pl. emblavage, ensemencement, épandage, semis

**sémantique** n. f. par ext. : lexicologie, onomasiologie, sémasiologie, sémiologie, sémiotique, signalétique, symptomatologie

**semblable** 1 adj. : affin (scient.), analogue, approximatif, assimilé, assorti, bilatéral, commun, comparable, conforme, énantiomorphe, équivalent, homologue, identique, indifférencié, indiscernable, jumeau, kif-kif (fam.), la / le même, parallèle, pareil, réciproque, ressemblant, similaire, symétrique, synallagmatique, tel, tout comme 2 nom. a quelqu'un : compatriote, congénère, coreligionnaire, égal, frère, pair, parent, prochain b quelque chose : pendant

**semblablement** → **même**

**semblant** n. m. 1 → **apparence** 2 **faire semblant** → **simuler**

**sembler** apparaître, s'avérer, avoir l'air / l'aspect, se montrer, s'offrir, paraître, passer pour, se présenter comme

**semé, e** 1 au pr. : cultivé, emblavé, ensemencé 2 par ext. : agrémenté, constellé, émaillé, orné, parsemé

**semence** n. f. graine, pollen, sperme, spore → **germe**

**semer** 1 au pr. : cultiver, emblaver, ensemencer, épandre, jeter, répandre 2 par ext. a couvrir, étendre, joncher, orner, parsemer, revêtir, tapisser b disperser, disséminer, propager 3 fig. a abandonner, délaisser, lâcher, laisser, partir, quitter, se séparer de b fam. : décamper, détaler, laisser tomber, planter (là)

**semi** demi, mi, moitié

**sémillant, e** actif, agile, alerte, allègre, animé, ardent, brillant, chaleureux, dégagé, délivré, dispos, éveillé, fougueux, frétillant, fringant, gaillard, galant, guilleret, ingambe, léger, leste, pétillant, pétulant, primesautier, prompt, rapide, vif, vivant

**séminaire** n. m. 1 au pr. : communauté, école, institut, juvénat, noviciat, scolasticat 2 par ext. a pépinière b colloque, congrès, cours, groupe de recherche, réunion, symposium, table ronde

**séminariste** n. m. novice, scolastique

**semis** n. m. 1 emblavure 2 ensemencement, semailles

**sémite** n. et adj. Arabe → **israélite**

**semonce** n. f. admonestation, blâme, censure, critique, engueulade (fam.), improbation, mercuriale, objurgation, observation, plainte, remarque, remontrance, réprimande, reproche, réquisitoire, vitupération

**sempiternel, le** 1 fav. ou neutre : constant, continuel, durable, éternel, immémorial, immortel, immuable, impérissable, imprescriptible, inaltérable, incessant, indéfectible, indéfini, indestructible, infini, interminable, perdurable, pérenne, perpétuel 2 non fav. : assommant, casse-pieds (fam.), contrariant, cramponnant, désagréable, embêtant (fam.), ennuyeux, fastidieux, fatigant, insupportable, mortel, pénible, pesant, rasant (fam.), rebutant, redondant, triste

**sempiternellement** à perpétuité, assidûment, à toute heure, constamment, continuellement, continûment, de tout temps, en permanence, éternellement, généralement, habituellement, incessamment, indéfiniment, infiniment, invariablement, ordinairement, perpétuellement, sans arrêt / cesse, sans fin / interruption / relâche, sans désemparer, toujours, tous les jours ◆ fam. : ad vitam æternam, à perpète

**sénat** n. m. assemblée, chambre, conseil, curie

**sénateur** n. m. pair

**sénescence** n. f. 1 neutre : abaissement, affaiblissement, sénilité, troisième âge, vieillesse, vieillissement 2 non fav. : caducité, décadence, déchéance, déclin, décrépitude, gâtisme, gérontisme, radotage, retour à l'enfance, ruine, sénilisme

**senestre** ou **sénestre** → **gauche**

**sénile** affaibli, âgé, bas, caduc, déchu, décrépit, en enfance, fatigué, gaga (fam.), gâteux, impotent, sénescent, usé, vieux

**sénilité** n. f. → **sénescence**

**sens** n. m. 1 phys. a au pr. : audition, faculté, goût, odorat, ouïe, tact, toucher, vue b par ext. : amour, ardeur, chaleur, chair, concupiscence, instinct, jouissance, lasciveté, lascivité, libido, plaisir, sensualité, sybaritisme, volupté 2 acception, caractère, clef, connotation, côté, esprit, face, lettre, portée, signification, signifié, valeur 3 avis, gré, jugement, manière de penser / de voir, opinion, point de vue, sentiment 4 aptitude, compréhension, discernement, entendement, faculté, jugement, jugeote (fam.), mesure, raison, sagesse 5 but, chemin, côté, destination, direction, ligne, orientation, route 6 loc. **bon sens :** bon goût, entendement, juste milieu, philosophie, raison, sagesse, sens commun

**sensation** n. f. [1] au pr. : avant-goût, émoi, émotion, excitation, impression, intuition, perception, sens, sentiment [2] par ext. : admiration, effet, étonnement, merveille, surprise [3] **à sensation :** thriller (angl.)

**sensationnel, le** [1] fav. ou neutre : admirable, beau, confondant, curieux, drôle, ébahissant, éblouissant, écrasant, effarant, énorme, épatant, époustouflant, étourdissant, exceptionnel, excitant, extraordinaire, fantastique, faramineux, formidable, fracassant, frappant, génial, gigantesque, grand, impressionnant, imprévu, inattendu, incomparable, inconcevable, incroyable, inédit, inhabituel, inopiné, inouï, insolite, inusité, magique, magnifique, merveilleux, miraculeux, mirifique, mirobolant, original, parfait, particulier, passionnant, phénoménal, prodigieux, pyramidal, rare, renversant, saisissant, singulier, spécial, splendide, stupéfiant, sublime, superbe, surprenant, troublant ♦ fam. : ébouriffant, fumant, super, vachement suivi d'un adj. valorisant. [2] non fav. : abracadabrant, ahurissant, anormal, bizarre, déconcertant, épouvantable, explosif, invraisemblable, monstrueux

**sensé, e** [1] → **intelligent** [2] → **raisonnable**

**sensibilisation** n. f. → **allergie**

**sensibiliser** → **intéresser**

**sensibilité** n. f. [1] au pr. **a** excitabilité, hyperesthésie (méd.), impressionnabilité, réceptivité, sensation **b** affectivité, amour, attendrissement, cœur, compassion, émotion, émotivité, humanité, pitié, sensiblerie (péj.), sentiment, sentimentalité, sympathie, tendresse [2] par ext. : amabilité, attention, bon goût, courtoisie, délicatesse, discrétion, élégance, finesse, gentillesse, obligeance, soin, tact, tendresse, tripe (fam.)

**sensible** [1] quelque chose. **a** au pr. : sensitif, sensoriel **b** par ext. : apparent, appréciable, charnel, clair, contingent, distinct, évident, important, matériel, notable, palpable, perceptible, phénoménal, tangible, visible [2] quelqu'un. **a** au pr. : affectif (vx), ardent, émotif, enflammé, fin, hypersensible, impressionnable, intuitif, passionné, romanesque, romantique, sensitif, sensitive, sentimental, tendre **b** délicat, douillet, fragile, vulnérable **c** accessible, aimable, aimant, altruiste, bon, charitable, compatissant, généreux, humain, réceptif, tendre **d** braque, chatouilleux, nerveux, susceptible, vif

**sensiblement** à demi, à peu près, approximativement, comme, environ, pas loin de, peu s'en faut, quasi, quasiment

**sensiblerie** n. f. → **sensibilité**

**sensualité** n. f. bien-être, chair, concupiscence, contentement, délectation, délices, désir, ébats, épicurisme, érotisme, félicité, hédonisme, jouissance, lasciveté, lascivité, libertinage, libido, plaisir, satisfaction, sybaritisme, tempérament → **volupté** ♦ péj. : lubricité, luxure

**sensuel, le** [1] fav. ou neutre : amoureux, charnel, concupiscent, épicurien, érotique, hédoniste, lascif, léger, leste, libertin, paillard, polisson, sybarite, voluptueux [2] non fav. : animal, bestial, débauché, immodeste, impudique, impur, indécent, libidineux, licencieux, lubrique, luxurieux, matériel, obscène, salace

**sente** n. f. → **sentier**

**sentence** n. f. [1] adage, aphorisme, apophtegme, axiome, devise, dicton, dit, esquisse, maxime, mot, parole, pensée, propos, proverbe, remarque, vérité [2] arrêt, condamnation, décision, décret, jugement, ordalie (vx), ordonnance, verdict [3] péj. → **platitude**

**sentencieux, euse** [1] au pr. : gnomique [2] par ext. : affecté, cérémonieux, dogmatique, emphatique, grave, maniéré, pompeux, pompier (fam.), prudhommesque, révérencieux, solennel

**senteur** n. f. [1] fav. ou neutre : arôme, bouquet, effluve, émanation, exhalaison, fragrance, fumet, odeur, parfum, trace, vent (vén.) [2] non fav. : empyreume, fétidité, infection, mauvaise odeur, odeur fétide / infecte / repoussante, pestilence, puanteur, relent, remugle

**senti, e** → **sincère**

**sentier** n. m. cavée, chemin, baie, draille, layon, lé, passage, piste, raccourci, raidillon, sente, tortille

**sentiment** n. m. [1] au pr. : avant-goût, connaissance, émoi, émotion, impression, intuition, perception, sens, sensation [2] par ext. **a** avis, gré, idée, jugement, opinion, pensée, point de vue **b** affection, affectivité, amour, attachement, cœur, disposition, inclination, passion, tendance → **sensibilité**

**sentimental, e** nom et adj. → **sensible**

**sentimentalisme** et **sentimentalité** n. m. ou f. → **sensibilité**

**sentine** n. f. [1] au pr. : bourbier, charnier, cloaque, décharge, égout, fagne (rég.), margouillis, voirie → **water-closet** [2] par ext. **a** → **abjection** **b** → **bas-fond**

**sentinelle** n. f. épieur, factionnaire, garde, gardien, guetteur, veilleur, vigie

**sentir** [1] au pr. **a** on sent quelque chose : éventer, flairer, humer, percevoir, renifler, respirer, subodorer **b** vx ou vén. : halener **c** quelque chose sent : embaumer, exhaler, fleurer, musser (fam.) **d** non fav. : empester, empoisonner, empuantir, exhaler / répandre une odeur désagréable / fétide / nauséabonde / répugnante, prendre à la gorge, puer **e** arg. : chlinguer, cogner, coincer, dégager, fouetter, taper, tuer les mouches [2] par ext. **a** comprendre, connaître, découvrir, deviner, discerner, pénétrer, pressentir, prévoir **b** éprouver, recevoir, ressentir ♦ arg. : blairer [3] v. pron. se trouver

**seoir** [1] → **situer** [2] → **plaire**

**séparable** divisible, sécable

**séparation** n. f. [1] au pr. **a** de quelque chose : décollement, démarcation, démembrement, départ, désagrégation, désunion, détachement, dichotomie, différence, disjonction, dislocation, dispersion, distinction, distraction, division, fragmentation, morcellement, perte, rupture, sectionnement **b** de quelqu'un ou d'un groupe : abandon, coupure, discorde, dissidence, dissociation, dissolution, divorce, éloignement, exil, indépendance, isolement, ostracisme (péj.), schisme, scission, sécession, séparatisme [2] par ext. **a** abîme, barrière, borne, cloison, coupure, entre-deux, fossé, limite, mur, palis, palissade → **fosse** **b** apartheid, clivage, cloisonnement, différenciation, discrimination, isolation, isolement, partition, ségrégation **c** claustra, galandage, hourdage, hourdis **d** relig. : iconostase, rideau, voile [3] loc. **séparation de corps** → **divorce**

**séparatisme** n. m. apartheid, autonomie, dissidence, indépendance, particularisme, sécession

**séparatiste** n. et adj. autonomiste, dissident, indépendantiste, opposant, résistant, sécessionniste, sudiste (partic.)

**séparé, e** [1] autre, contraire, différent, dissemblable, distinct, divergent, divers, étranger à, hérétique, hétérogène, opposé, schismatique [2] cloisonné, clôturé, compartimenté, disjoint, divisé, partagé, sectionné, ségrégé

**séparément** à part, de côté, individuellement, isolément, l'un après l'autre, un à un, un par un

**séparer** [1] au pr. : abstraire, analyser, arracher, casser, classer, cliver, cloisonner, compartimenter, couper, cribler, débrouiller, décoller, décomposer, dégager, déliter (techn.), démarier, démêler, démembrer, dénouer, déparier, départager, départir, déprendre, désaccoupler, désagréger, désassembler (vx), desceller, désunir, détacher, différencier, discerner, discriminer, disjoindre, disloquer, disperser, dissocier, dissoudre, distinguer, écarter, éloigner, enlever, éparpiller, espacer, faire le départ, fendre, fragmenter, isoler, monder, morceler, ôter, partager, ramifier, ranger, répartir, rompre, scier, scinder, sectionner, trancher, trier [2] par ext. : brouiller, creuser un abîme, déshabituer, désunir, diviser, éloigner, faire obstacle, opposer [3] v. pron. : abandonner, casser, se désolidariser, divorcer, partir, quitter, reprendre sa liberté

**septentrional, e** arctique, boréal, du nord, hyperboréen, nordique, polaire

**septique** bactérien, contagieux, contaminé, infectieux → **pestilentiel**

**sépulcral, e** [1] par ext. : ennuyeux, funèbre, lugubre, maussade, mélancolique, morne, morose, obscur, sinistre, sombre → **triste** [2] fig. : amorti, assourdi, caverneux, étouffé, mat, sourd, voilé

**sépulcre** n. m. caveau, cénotaphe, cinéraire, cippe, columbarium, concession, dernier asile, dernière demeure, enfeu (par ext.), fosse, funérailles, hypogée, koubba, mastaba, mausolée, monument, monument funéraire / obituaire, pierre, pierre tombale, sarcophage, sépulture, stèle, stûpa, syringe, tertre, tholos, tombe, tombelle, tumulus

**sépulture** n. f. [1] → **enterrement** [2] → **tombe** [3] par ext. : crémation, incinération

**séquelle** n. f. → **suite**

**séquence** n. f. [1] → **suite** [2] → **scène**

**séquentiel, le** → **successif**

**séquestration** n. f. → **emprisonnement**

**séquestre** n. m. → **dépôt**

**séquestrer** → **enfermer**

**sérail** n. m. → **gynécée**

**séraphin** n. m. → **ange**

**séraphique** → **angélique**

**serein, e** → **tranquille**

**sérénade** n. f. [1] → **concert** [2] → **tapage**

**sérénité** n. f. → **tranquillité**

**serf** n. m. → **esclave**

**série** n. f. → **suite**

**sériel, le** dodécaphonique

**sérier** → **ranger**

**sérieusement** beaucoup, dangereusement, dur, gravement, grièvement, tout de bon

**sérieux, euse** [1] quelqu'un : appliqué, austère, bon, calme, digne, froid, grave, important, pondéré, posé, raisonnable, rangé, rassis, réfléchi, réservé, respectable, sage, sévère, soigneux, solennel, solide, sûr, valable [2] quelque chose. **a** convenable, positif, réel **b** conflictuel, critique, dangereux, désespéré, dramatique, grave, grief (vx), important, inquiétant **c** → **vrai**

**sérieux** n. m. application, conviction, gravité, poids, pondération, retenue, rigueur, tenue

**serin** n. m. [1] au pr. : canari, passereau [2] fig. : niais, nigaud, sot → **bête**

**seriner** bourdonner, chanter, itérer (vx), rabâcher, radoter, rebattre les oreilles, redire, réitérer, répéter, ressasser

**seringue** n. f. clystère (vx)

**serment** n. m. [1] caution, engagement, jurement, obligation, parole donnée, promesse, protestation, truste (vx), vœu [2] vx : imprécation, juron

**sermon** n. m. [1] au pr. : capucinade (péj.), homélie, instruction, prêche, prédication, prône [2] par ext. **a** catéchisme, discours, enseignement, exhortation, harangue, leçon, morale, propos **b** chapitre, mercuriale, remontrance, réprimande, reproche, semonce

**sermonnaire** n. m. apôtre, doctrinaire, missionnaire, orateur sacré, prêcheur, prédicant, prédicateur, prosélyte

**sermonner** [1] au pr. : admonester, avertir, blâmer, catéchiser, chapitrer, condamner, corriger, critiquer, dire son fait, faire / infliger une réprimande, fustiger, gourmander, gronder, haranguer, houspiller moraliser, morigéner, quereller, redresser, relever, reprendre, réprimander, semoncer, tancer [2] arg. ou fam. : arranger, attraper, crier, disputer, donner sur les doigts / sur les ongles, emballer, engueuler, enguirlander, faire la fête / la guerre à, laver la tête, moucher, passer un savon, remettre à sa place / au pas, sabouler, savonner, secouer, secouer les puces, sonner les cloches, tirer les oreilles

**sermonneur, euse** harangueur, grondeur, moralisateur

**serpe** n. f. coupe-coupe, ébranchoir, fauchard, fauchette, faucille, gouet, guignette, hachette, machette, serpette, vouge

**serpent** n. m. [1] ophidien, serpenteau → **boa, couleuvre, vipère** [2] cobra, crotale, naja, nasique, trigonocéphale [3] par ext. : guivre (blas.), tarasque, uræus → **reptile**

**serpenter** se dérouler, glisser, s'insinuer, onduler, rubaner, sinuer, tourner, virer, zigzaguer

**serpentin, e** courbe, flexueux, ondoyant, ondulé, onduleux, sinueux, tortueux

**serpillière** n. f. chiffon, nénette, toile, torchon, wassingue

**serpolet** n. m. farigoule, pouliot, thym bâtard / sauvage

**serre** n. f. 1 forcerie, jardin d'hiver, orangerie 2 ergot, griffe, main (vén.), ongle, patte 3 → **sommet**

**serré, e** 1 a → **boudiné** b → **court** 2 → **logique** 3 → **avare**

**serrement** n. m. 1 → **étreinte** 2 vx → **fermeture**

**serrer** 1 accoler, appuyer, comprimer, embrasser, empoigner, enlacer, entrelacer, épreindre (vx), étouffer, étrangler, étreindre, froisser, oppresser → **presser** 2 ajuster, attacher, bander, bloquer, boucler, boudiner, brider, caler, coincer, contracter, contraindre, corseter, crisper, emmailloter, entourer, épouser, gainer, galber, gêner, gripper, lacer, mouler, pincer, resserrer, sangler → **rapprocher** 3 mar. : carguer, étrangler, souquer 4 embrasser → **caresser** 5 → **enfermer** 6 → **économiser** 7 → **ranger** 8 loc. **serrer de près** → **poursuivre** 9 v. pron. : se blottir, se coller, s'entasser, se masser, se pelotonner, se tasser

**serrure** n. f. bénarde, cadenas, fermeture, sûreté, verrou → **loquet**

**sertir** assembler, chatonner, emboîter, encadrer, encastrer, enchâsser, enchatonner, fixer, insérer, intercaler, monter

**sérum** n. m. plasma, vaccin ◆ de vérité : penthotal

**servage** n. m. → **servitude**

**servant, e** convers, lai

**servante** n. f. 1 bonne, bonne à tout faire, caméristе, cendrillon (fam.), demoiselle, domestique, employée de maison, femme, femme de chambre / de charge / de ménage / de peine, femme / fille de cuisine / de ferme / de journée / de salle / de service, gouvernante, laveuse, lingère, nourrice, nurse, serveuse, soubrette 2 a iron. : odalisque, officieuse b relig. et vx : c vx : chambrière, ménagère, suivante 3 péj. : boniche, gouge (vx), maritorne, souillon, torchon

**serveur, euse** n. m. ou f. 1 barmaid, barman, garçon, groom (par ext.), loufiat (arg.), steward 2 → **serviteur** 3 → **servante**

**serviabilité** n. f. → **amabilité**

**serviable** aimable, attentionné, bienveillant, bon, brave, charitable, civil (vx), complaisant, déférent, empressé, galant, obligeant, officieux, poli, prévenant

**service** n. m. 1 cérémonie, culte, funérailles, liturgie, office → **messe** 2 → **servante** 3 → **serviteur** 4 aide, amabilité, amitié, appui, assistance, avance, bénéfice, bien, bienfait, bon office, charité, complaisance, concours, conseil, contribution, coopération, coup de main / d'épaule / de pouce, dépannage, encouragement, entraide, faveur, grâce, intervention, main-forte, obligeance, office, participation, patronage, piston (fam.), plaisir, prêt, prêt d'honneur, protection, renfort, rescousse, secours, soin, soulagement, soutien, subside, subvention, utilité 5 pièce, pourboire 6 administration, bureau, département, direction, office, organe, organisation, organisme, permanence, secteur tertiaire, secrétariat 7 loc. a **faire son service :** être appelé sous les drapeaux / incorporé, obligation militaire, période, régiment b **être de service :** être de corvée / de faction / en fonctions / de garde / de quart / de surveillance

**serviette** n. f. 1 débarbouillette (rég.), essuie-mains, sortie de bain 2 attaché-case, cartable, porte-documents, portefeuille (vx)

**servile** bas, béni-oui-oui, caudataire, complaisant, courtisan, flagorneur, flatteur, godillot, humble, larbin, obséquieux, patelin, pied-plat, plat, rampant, suiviste, thuriféraire ◆ fam. : lèche-bottes, lèche-cul

**servilité** n. f. bassesse, cabriole, complaisance, courbette, courtisanerie, flagornerie, flatterie, génuflexion, humilité, lèche (fam.), obséquiosité, patelinerie, platitude, prosternation, reptation, suivisme

**servir** 1 on sert quelqu'un ou à quelque chose. a agir, aider, appuyer, assister, avantager, collaborer, concourir à, conforter, contribuer à, dépanner, donner, donner un coup de main / de piston (fam.) / de pouce, donner la main à, s'entraider, épauler, faciliter, faire pour, favoriser, jouer le jeu de, lancer, mettre dans la voie / le pied à l'étrier, obliger, offrir, partager, participer, patronner, permettre, pousser, prêter la main / main-forte, protéger, réconforter, rendre service, seconder, secourir, soulager, soutenir, subventionner, tendre la main à, venir à l'aide / à la rescousse / au secours b se dévouer à, s'inféoder à, obéir, se soumettre à, suivre 2 quelque chose ou quelqu'un sert de : équivaloir, relayer, remplacer, remplir la fonction / le rôle, représenter, se substituer à, tenir la place 3 vétér. : couvrir, monter, saillir 4 vén. : mettre à mort, tirer, tuer ◆ v. pron. → **user (de)**

**serviteur** n. m. 1 au pr. : a boy, chasseur, chauffeur, cocher, cuisinier, domesticité, domestique, employé / gens de maison, esclave (fam. ou péj.), extra, factotum, fidèle (fam.), gagiste, groom, homme de peine, intendant, jardinier, journalier, lad, laquais, larbin (péj.), liftier, loufiat (arg.), maison, maître d'hôtel, majordome, monde, personnel, plongeur, portier, serveur, service, sommelier, valet, valet de chambre / de pied b aide de camp, maréchal des logis, officier d'ordonnance, ordonnance, planton 2 vx a échanson, maître des cérémonies, officier de bouche, (premier) valet de chambre, sénéchal, serdeau, (grand) veneur b estafier, faquin, gens, goujat, grison, heiduque, nécessaire 3 fig. a avocat, éminence grise, ministre, prêtre, religieux b satellite, séide, suppôt c péj. : âme damnée, complice

**servitude** n. f. 1 abaissement, allégeance, asservissement, assujettissement, colonisation, contrainte, dépendance, esclavage, ilotisme, inféodation, infériorité, obédience, obéissance, obligation, occupation, servage, soumission, subordination, sujétion, tyrannie 2 bagne, cage, carcan, chaîne, collier, entrave, fers, joug, lien

**session** n. f. assise, audience, congrès, débat, délibération, réunion, séance, séminaire, symposium, vacation

**set** n. m. 1 tennis : manche 2 dessous (d'assiettes), napperon

**seuil** n. m. 1 au pr. : bord, entrée, pas, passage 2 fig. : adolescence, alpha, amorce, apparition, arrivée, aube, aurore, avènement, balbutiement, berceau, commencement, début, déclenchement, départ, ébauche, embryon, enfance, esquisse, exorde, fleur, fondement, liminaire, matin, naissance, orée, origine, point initial, préambule, préface, préliminaires, premier pas, prémices, primeur, principe, prologue, racine, rudiment, source, tête

**seul, e** 1 au pr. : distinct, esseulé, indépendant, isolé, seulet (fam.), singulier, solitaire, un, unique 2 par ext. a abandonné, délaissé, dépareillé, dernier b sec, simple c célibataire, orphelin, veuf, veuve, vieille fille, vieux garçon d désert, érémitique, retiré, sauvage

**seulement** 1 exclusivement, simplement, uniquement 2 cependant, mais, malheureusement, néanmoins, toutefois

**sève** n. f. 1 au pr. : pleur (rég.) 2 fig. : activité, dynamisme, énergie, fermeté, force, puissance, robustesse, sang, verdeur, vie, vigueur

**sévère** 1 au pr. a autoritaire, difficile, draconien, dur, étroit, exigeant, ferme, impitoyable, implacable, inexorable, inflexible, insensible, intransigeant, rigide, rigoureux, strict b aigre, amer, âpre, austère, bourru, brutal, cinglant, cruel, froid, rabat-joie, raide, sourcilleux, triste, vache ◆ fam. : vachard, vache 2 par ext. (quelque chose). a neutre : aride, classique, dépouillé, fruste, simple, sobre b non fav. : chaud, grave, salé (fam.)

**sévérité** n. f. 1 au pr. : âpreté, austérité, autorité, dureté, étroitesse, exigence, inflexibilité, intransigeance, rigidité, rigueur 2 par ext. a âpreté, austérité, brutalité, cruauté, froideur, gravité, insensibilité, raideur, rudesse, tristesse, vacherie (fam.) b aridité, classicisme, dépouillement, simplicité, sobriété

**sévices** n. m. pl. blessure, brutalité, coup, coups et blessures, dol (vx), dommage, viol, violence

**sévir** 1 battre, châtier, condamner, corriger, faire payer, flétrir, frapper, infliger une peine / une sanction, punir, réprimer, sanctionner 2 arg. a scol. : coller, consigner, mettre en colle b milit. : ficher / foutre / mettre dedans 3 faire rage → **agir**

**sevrer** 1 au pr. : enlever, ôter, séparer 2 par ext. a mettre à la diète, priver b appauvrir, démunir, déposséder, dépouiller, déshériter, empêcher, frustrer, interdire, ravir, spolier, voler

**sex-appeal** n. m. → **charme**

**sexe** n. m. 1 entrecuisse, organes de la reproduction / génitaux / sexuels, parties honteuses (vx) / intimes / nobles / secrètes (vx) 2 mâle. a membre viril, pénis, verge, virilité b partic. : lingam, phallus c enf. : bébête, petit oiseau, pipi, pissette, quéquette, zizi d vx : foutoir, quenouille e arg. et grossier : bazar, bijou-de-famille, bistouquette, bite, boutique, braquemart, dard, engin, gaule, gland, (petit) jésus, lézard, nœud, organe, outil, pine, prépuce, queue, trique, zob 3 femelle a parties externes : caroncules myrtiformes, hymen, grandes / petites lèvres, mont-de-Vénus, pénil, pubis b parties internes : ovaires, trompes, utérus ou matrice, vagin

**sexisme** n. m. machisme, phallocentrisme, phallocratie

**sexiste** nom et adj. macho, phallocrate

**sexualité** n. f. appétit / instinct sexuel, érotisme, génitalité, libido, reproduction, vie sexuelle → **volupté**

**sexuel, le** charnel, érotique, génital, physique, vénérien (méd.)

**sexy** → **séduisant**

**seyant, e** adapté, ad hoc, approprié, à propos, assorti, avantageux, beau, bien, bienséant, comme il faut, compatible, conforme, congru, convenable, convenant, correct, décent, de saison, digne, expédient, fait exprès, honnête, idoine, juste, opportun, pertinent, présentable, propice, proportionné, propre, raisonnable, satisfaisant, séant, sortable, topique, utile

**shah** n. m. → **monarque**

**shopping** n. m. off. : chalandage, lèche-vitrines

**short** n. m. → **culotte**

**show** n. m. → **spectacle**

**show-business** n. m. commerce / industrie du spectacle, showbiz (fam.)

**shunt** n. m. off. : 1 conduit / collecteur de fumée 2 audiov. : fondu

**si** admettons que, à supposer que, en admettant / supposant que, imaginons / posons / rêvons / supposons que

**sibérien, enne** boréal, froid, glacial, rigoureux

**sibilant, e** → **sifflant**

**sibylle** n. f. devineresse, prophétesse, pythie → **magicienne**

**sibyllin, e** 1 au pr. : abscons, cabalistique, caché, énigmatique, ésotérique, hermétique, impénétrable, inspiré, mystérieux, obscur, prophétique, secret, visionnaire, voilé 2 par ext. : abstrus, amphigourique, apocalyptique, brumeux, complexe, compliqué, confus, difficile, diffus, douteux, embrouillé, enchevêtré, enveloppé, équivoque, filandreux, flou, fumeux, incompréhensible, inexplicable, inextricable, inintelligible, insaisissable, nébuleux, nuageux, touffu, trouble, vague ◆ fam. : emberlificoté, entortillé, vaseux

**siccité** n. f. aridité, maigreur, pauvreté, sécheresse, stérilité

**sidéral, e** astral, astronomique, cosmographique, galactique

**sidérant, e** → **surprenant**

**sidérer** → **surprendre**

**sidérurgie** n. f. aciérie, forge, haut fourneau, métallurgie

**siècle** n. m. âge, ans, cycle, durée, époque, ère, étape, jours, moment, période, saison, temps

**siège** n. m. 1 au pr. a banc, banquette, berceuse, bergère, boudeuse, cathèdre, causeuse, chaire, chaise, chaise curule, coin-de-feu, divan, escabeau, escabelle, fauteuil, méridienne, miséricorde, pliant, pouf, prie-Dieu, rocking-chair, selle, sellette, sofa, stalle, strapontin, tabouret, trépied, trône, vis-à-vis → **canapé** b liturg. : exèdre, faldistoire, minbar 2 par ext. a blocus, encerclement, investissement b administration centrale, direction, domicile, maison mère, quartier général, résidence, secrétariat général c → **derrière**

**siéger** 1 demeurer, gîter, habiter, résider 2 occuper la place d'honneur, présider

**siens (les)** 1 → **famille** 2 → **partisan**

**sieste** n. f. 1 assoupissement, méridienne, repos, somme, sommeil 2 fam : bulle, dodo, roupillon

**sieur** n. m. 1 messire (vx), monsieur 2 → **type**

**sifflant, e** aigre, aigu, bruissant, chuintant, éclatant, perçant, sibilant, strident, stridulant, striduleux

**sifflement** n. m. bruissement, chuintement, cornement, sifflet, stridulation

**siffler** par ext. 1 chanter, pépier 2 conspuer, honnir, houspiller, huer 3 seriner, siffloter 4 appeler, héler, hucher 5 corner, striduler 6 rég. : piper

**sifflet** n. m. appeau, huchet, pipeau, signal

**sigisbée** n. m. → **cavalier**

**sigle** n. m. → **abrégé**

**signal, aux** n. m. 1 → **signe** 2 **signal d'alarme** a avertisseur, crocodile, corne de brume (mar.), sirène b avertissement, clignotant, feux de position / de signalisation

**signalé, e** 1 brillant, considérable, distingué, éclatant, émérite, épatant (fam.), étonnant, extraordinaire, formidable, frappant, glorieux, important, insigne, marquant, marqué, mémorable, notable, parfait, particulier, rare, remarquable, saillant, saisissant, supérieur 2 → **célèbre**

**signalement** n. m. 1 fiche anthropométrique / signalétique, portrait-robot 2 balisage, éclairage, sémaphore, signal, signalisation

**signaler** 1 au pr. : alerter, annoncer, avertir, citer, déceler, décrire, faire connaître / savoir, fixer, indiquer, marquer, mentionner, montrer, référencer, signaliser, tracer le détail / le portrait 2 par ext. : affirmer, apprendre, assurer, certifier, communiquer, confier, déclarer, découvrir, dénoncer, déposer, désigner, dévoiler, dire, énoncer, énumérer, enseigner, exposer, exprimer, faire état de, informer, manifester, nommer, notifier, porter à la connaissance, proclamer, publier, révéler, souligner, témoigner 3 v. pron. : différer, se distinguer, émerger, faire figure, se faire remarquer / voir, s'illustrer, se montrer, paraître, se particulariser, percer, se singulariser

**signalétique** anthropométrique

**signalisation** n. f. fléchage, indications → **signal**

**signaliser** → **signaler**

**signature** n. f. contreseing, émargement, endos, endossement, griffe, monogramme, paraphe, seing (vx), souscription, visa

**signe** n. m. 1 annonce, augure, auspices, avant-coureur, avertissement, intersigne, miracle, présage, prodige, promesse, pronostic 2 alerte, appel, clignement / clin d'œil, geste, message, signal 3 expression, manifestation, symptôme 4 attribut, caractère, caractéristique, idiosyncrasie, trait 5 chiffre, emblème, figure, image, insigne, notation, représentation, symbole 6 adminicule (vx), critère, critérium, empreinte, indication, indice, marque, pas, piste, preuve, reste, stigmate, tache, témoignage, vestige 7 abréviation, cryptogramme, idéogramme, pictogramme, sigle, tablature 8 deleatur, marque, obel ou obèle 9 signes du zodiaque → **zodiaque**

**signer** accepter, apposer sa griffe / sa signature, approuver, certifier, conclure, contresigner, émarger, marquer, parapher, souscrire, viser

**signet** n. m. marque, ruban

**significatif, ive** caractéristique, certain, clair, éloquent, expressif, formel, incontestable, manifeste, marquant, net, notoire, parlant, révélateur, signifiant, typique

**signification** n. f. 1 → **notification** 2 → **sens**

**signifier** 1 dénoter, désigner, dire, énoncer, enseigner, expliquer, exposer, exprimer, extérioriser, faire connaître / entendre / savoir, figurer, manifester, marquer, montrer, peindre, préciser, rendre, rendre compte, représenter, signaler, spécifier, témoigner, tracer, traduire, vouloir dire 2 annoncer, aviser, citer, communiquer, déclarer, dénoncer, informer, intimer, mander, notifier, ordonner, rendre compte, transmettre

**silence** n. m. 1 arrêt, calme, interruption, paix, pause, temps, tranquillité 2 black-out, mutisme, mystère, réticence, secret 3 → **résignation** 4 fam. : chut, la ferme, motus, paix, ta bouche, ta gueule (grossier), vingt-deux

**silencieusement** 1 → **sourdine (en)** 2 → **secrètement**

**silencieux** n. m. pot d'échappement

**silencieux, euse** adj. 1 quelqu'un. a au pr. : aphone, coi, court, muet b par ext. : calme, discret, morne, placide, posé, pythagorique, réservé, réticent, sage, secret, taciturne, taiseux (rég.), tranquille c → **sourd** 2 un lieu : calme, endormi, feutré, mort, ouaté, reposant

**silex** n. m. → **pierre**

**silhouette** n. f. allure, aspect, contour, forme, galbe, ligne, ombre, port, profil, tracé

**silice** n. f. oxyde de silicium

**silicose** n. f. anthracose

**sillage** n. m. houache (mar.), passage, sillon, vestige → **trace**

**sillon** n. m. 1 au pr. : orne, perchée, raie, rayon, rigole, sayon 2 par ext. a méd. : vergeture(s), vibice(s) b fente, fissure, pli, rainure, ride, scissure, strie c → **sillage**

**sillonner** 1 battre, circuler, courir, couvrir, naviguer, parcourir, traverser 2 labourer, rayer, rider

**silo** n. m. dock, élévateur, fosse, grenier, magasin, réservoir

**simagrée** n. f. affectation, agacerie, caprice, chichi, coquetterie, enfantillage, façon, grâces, grimace, hypocrisie, manière, mignardise, minauderie, mine, momerie, singerie

**similaire** analogue, approchant, approximatif, assimilable, comparable, conforme, équivalent, homogène, pareil, ressemblant, semblable, synonyme

**simili** 1 n. f. → **image** 2 n. m. → **imitation**

**similigravure** n. f. → **image**

**similitude** n. f. accord, affinité, analogie, association, communauté, concordance, conformité, contiguïté, convenance, corrélation, correspondance, dédifférenciation (biol.), équivalence, harmonie, homologie, homothétie, identité, lien, parallélisme, parenté, parité, relation, ressemblance, symétrie, synonymie, voisinage → **rapprochement**

**similor** n. m. chrysocale → **or**

**simoniaque** nom et adj. → **malhonnête**

**simonie** n. f. → **malversation**

**simoun** n. m. chergui, khamsin, sirocco, tempête, vent chaud, vent de sable

**simple** n. m. aromate, herbe médicinale, plante

**simple** adj. 1 quelqu'un. a fav. ou neutre : aisé, à l'aise, bon (enfant), bonhomme, brave, candide, confiant, décontracté, discret, droit, enfantin, facile, familier, franc, humble, ingénu, innocent, libre, modeste, naïf, naturel, pas compliqué, pur, relax (fam.), réservé, sans façon b non fav. : bonasse, brut, crédule, fada (fam.), faible, gille, grossier, idiot, inculte, jobard, niais, nicodème, pauvre d'esprit, primaire, primitif, rudimentaire, rustique, simple d'esprit, simplet, simpliste, sommaire, stupide, superstitieux → **bête** 2 quelque chose. a neutre : abrégé, ascétique, austère, bref, carré, court, dépouillé, élémentaire, indécomposable, indivisible, irréductible, ordinaire, schématique, seul, sévère, un, uni, unique, unitaire b fav. : agreste, beau, clair, classique, commode, compréhensible, dépouillé, facile, frugal, harmonieux, limpide, patriarcal, sobre, tempéré c non fav. : embryonnaire, insuffisant, nu, pauvre, sec, sommaire

**simplement** à la bonne franquette, bonnement, naturellement, nûment, sans affectation / cérémonies / complications / façons / manières, tout de go, uniment

**simplet, te** → **naïf**

**simplicité** n. f. 1 fav. ou neutre : abandon, affabilité, bonhomie, bonne franquette, candeur, confiance, droiture, élégance, facilité, familiarité, franchise, ingénuité, innocence, modestie, naïveté, naturel, pureté, rondeur 2 non fav. : bonasserie, crédulité, jobarderie, niaiserie, superstition → **bêtise** 3 par ext. a neutre : austérité, dépouillement, économie, humilité, rusticité, sévérité, sobriété b fav. : beauté, classicisme, discrétion, harmonie → **concision**

**simplification** n. f. → **réduction**

**simplifier** abréger, axiomatiser, dépouiller, schématiser → **réduire**

**simpliste** → **simple**

**simulacre** n. m. 1 air, apparence, aspect, feinte, frime, imitation, mensonge, semblant → **hypocrisie** 2 fantôme, idole, image, ombre, représentation, spectre, vision 3 → **simulation**

**simulateur, trice** → **hypocrite**

**simulation** n. f. affectation, artifice, cabotinage, cachotterie, comédie, déguisement, dissimulation, duplicité, escobarderie, fausseté, faux-semblant, feinte, feintise, fiction, fourberie, grimace, hypocrisie, imposture, invention, leurre, mensonge, momerie, pantalonnade, papelardise, parade, pharisaïsme, rouerie, ruse, singerie, sournoiserie, tartuferie, tromperie

**simuler** affecter, afficher, avoir l'air, bluffer, cabotiner, calquer, caricaturer, copier, crâner, démarquer, emprunter, faire semblant, feindre, grimacer, imiter, jouer, mimer, parodier, pasticher, poser, prétendre, rechercher, reproduire, singer (péj.) ◆ fam. : chiquer, frimer

**simultané, e** coexistant, commun, concomitant, extemporané (méd.), synchrone

**simultanéité** n. f. coexistence, coïncidence, concomitance, concours de circonstances, contemporanéité, isochronisme, rencontre, synchronie, synchronisme

**simultanément** à la fois, à l'unisson, conjointement, collectivement, coude à coude, d'accord, de concert, de conserve, de front, du même pas, en accord / bloc / chœur / commun / concordance / harmonie / même temps, ensemble

**sinapisme** n. m. cataplasme, révulsif, rubéfiant, topique, vésicatoire

**sincère** 1 a catégorique, clair, cordial, direct, entier, franc, loyal, net, ouvert, sans façon, simple b fam. : carré, rond c vx : candide, féal 2 assuré, authentique, avéré, certain, conforme, droit, effectif, exact, existant, évident, fidèle, fondé, incontestable, juste, naturel, pensé, positif, pur, réel, senti, sérieux, sûr, vécu, véridique, véritable, vrai

**sincérité** n. f. 1 authenticité, bonne foi, candeur (vx), conformité, cordialité, droiture, exactitude, fidélité, franchise, justesse, loyauté, naturel, netteté, ouverture, pureté, rondeur, sérieux, simplicité, spontanéité, sûreté, véracité, vérité 2 → **réalité**

**sinécure** n. f. charge / emploi / fonction / situation de tout repos, prébende ◆ fam. : filon, fromage, pantoufle, placard, planque

**singe** n. m. 1 au pr. a anthropoïde, guenon, primate, simien b aï ou bradype ou paresseux, alouate, atèle, aye-aye, babouin, capucin, cercopithèque, chimpanzé, cynocéphale, drill, gibbon, gorille, hurleur, indri, kinkajou, lagotriche, lémur, loris, macaque, magot, maki, mandrill, nasique, orang-outang, ouistiti, pan, papion, potto, rhésus, sagouin, saï, saki, sapajou, semnopithèque, tamarin, tarsier, unau 2 par ext. a laideron, macaque, magot, monstre b bouffon, clown, comédien, comique, fagotin, gugusse, jocrisse, paillasse, rigolo, zig, zigoto 3 fig. (arg.) : bourgeois, directeur, employeur, maître, négrier (péj.), patron

**singer** affecter, calquer, caricaturer, compiler, contrefaire, copier, décalquer, démarquer, emprunter, imiter, jouer, mimer, parodier, pasticher, picorer, piller, pirater, plagier, reproduire, simuler

**singerie** n. f. air, affectation, agacerie, apparence, artifice, aspect, cabotinage, caricature, clownerie, comédie, contorsion, déguisement, feinte, feintise, grimace, manière, mignardise, minauderie, mine, momerie, pantalonnade, papelardise, pitrerie, rouerie, ruse, simulacre, simulation, tartuferie, tromperie → **hypocrisie**

**singulariser** 1 caractériser, distinguer, faire remarquer, individualiser, particulariser 2 pron. : différer, se distinguer, émerger, se faire remarquer / voir, faire figure, s'illustrer, se montrer, ne pas passer inaperçu, paraître, se particulariser, percer, se signaler

**singularité** n. f. → **originalité**

**singulier, ère** 1 → **particulier** 2 → **extraordinaire**

**sinistre** adj. 1 → **triste** 2 → **inquiétant** 3 → **mauvais**

**sinistre** n. m. 1 → **dommage** 2 → **incendie**

**sinistré, e** → **victime**

**sinon** à défaut, autrement, excepté que, faute de quoi, sans quoi, sauf que

**sinuer** → **serpenter**

**sinueux, euse** courbe, flexueux, ondoyant, ondulant, ondulatoire, ondulé, onduleux, serpentin, tortueux, vivré (vx)

**sinuosité** n. f. anfractuosité, bayou, cingle, contour, coude, courbe, détour, méandre, onde, ondulation, pli, recoin, repli, retour

**sinus** n. m. cavité, concavité, courbure, pli → **sinuosité**

**siphonner** 1 → **aspirer** 2 → **boire**

**sire** n. m. 1 → **seigneur** 2 → **vaurien**

**sirocco** n. m. → **simoun**

**sirop** n. m. capillaire, dépuratif, diacode, fortifiant, julep, looch, mélasse, pectoral

**sirupeux, euse** collant, doucereux, doux, fade, gluant, melliflue, pâteux, poisseux, visqueux

**sis, e** → **situé**

**site** n. m. 1 canton, coin, emplacement, endroit, lieu, localité, parage, place, position, situation, théâtre 2 coup d'œil, étendue, panorama, paysage, perspective, point de vue, spectacle, tableau, vue (cavalière)

**sit-in** n. m. → **rassemblement**

**situation** n. f. 1 au pr. a assiette, coordonnées, disposition, emplacement, endroit, exposition, gisement, inclinaison, lieu, localisation, orientation, place, point, position, site b affaires, circonstances, conjoncture, fortune, rang 2 de quelqu'un. a condition, constitution (vx), emploi, établissement, état, fonction, métier, occupation, poste b attitude, engagement, idée, opinion, parti, posture, profession de foi, résolution

**situationniste** nom et adj. déviationniste, réformiste → **révolutionnaire**

**situé, e** campé, établi, exposé, localisé, placé, posté, sis

**situer** appliquer, asseoir, camper, caser, classer, coucher, disposer, établir, exposer, ficher, fixer, fourrer (fam.), installer, localiser, loger, mettre, nicher, placer, planter, poser, positionner, poster, ranger, seoir (vx), zoner

**sketch** n. m. comédie, pantomime, saynète, scène

**skipper** n. m. → **pilote**

**slalom** n. m. descente

**slip** n. m. → **culotte**

**slogan** n. m. devise, formule

**smicard, e** n. m. ou f. économiquement faible, gagne-petit → **prolétaire**

**smoking** n. m. → **habit**

**snob** nom et adj. affecté, anglomane, apprêté, avant-gardiste, distant, emprunté, faiseur, faux mondain, salonnard, snobinard

**snober** → **dédaigner**

**snobisme** n. m. 1 anglomanie → **affectation** 2 → **pose**

**sobre** 1 abstème, abstinent, continent, frugal, modéré, pondéré, tempérant 2 austère, classique, court, dépouillé, élémentaire, frugal, nu, ordinaire, simple, sommaire

**sobriété** n. f. 1 abstinence, continence, discrétion, économie, frugalité, mesure, modération, pondération, sagesse, tempérance 2 → **retenue**

**sobriquet** n. m. → **surnom**

**sociabilité** n. f. affabilité, agrément, amabilité, civilité, douceur de caractère, égalité d'humeur, facilité, politesse, urbanité

**sociable** accommodant, accort, accostable, accostant, affable, agréable, aimable, de bon caractère, civil, civilisé, facile, familier, liant, poli, traitable ◆ vx : praticable, social

**social, e** 1 → **public** 2 → **bienfaisant** 3 → **sociable**

**socialement** essentiellement, originellement

**socialisation** n. f. → **collectivisation**

**socialiser** → **nationaliser**

**socialisme** n. m. autogestion, babouvisme, collectivisme, collégialité, communisme, coopératisme, dirigisme, égalitarisme, étatisation, étatisme, fouriérisme, gauchisme, maoïsme, marxisme, mutualisme, progressisme, réformisme, saint-simonisme, social-démocratie, travaillisme, trotskisme péj. : ouvriérisme

**socialiste** nom et adj. autogestionnaire, collectiviste, collégial, communiste, dirigiste, fouriériste, maoïste, marxiste, mutualiste, progressiste, saint-simonien, social-démocrate, soviet, soviétique, travailliste, trotskiste → **révolutionnaire** ◆ vx et / ou péj. : ouvriériste, partageux

**sociétaire** n. m. associé, collègue, compagnon, confrère, membre, pensionnaire

**société** n. f. 1 au pr. a civilisation, collectivité, communauté, communion humaine, ensemble des hommes, humanité, monde b académie, assemblée, association, cartel, cercle, club, compagnie, confrérie, congrégation, corps, Église, franc-maçonnerie, groupe, groupement, institut, mafia (péj.), parti, religion, syndicat c affaire, commandite, compagnie, consortium, coopération, entreprise, établissement, groupe, hanse (vx), holding, ligue, omnium, pool, raison sociale, trust 2 par ext. a constitution, corps social, culture, État, masse, nation, ordre public, peuple, structure sociale b commerce, fréquentation, relations humaines, réunion c aristocratie, caste, classe, entourage, gentry, gratin d clan, tribu

**sociodrame** n. m. psychodrame, thérapie de groupe

**socle** n. m. acrotère, base, embase, piédestal, piédouche, plinthe, support

**socque** n. m. → **sabot**

**sodomie** n. f. 1 coït anal / contre-nature 2 arg. et / ou grossier : enculage, façon de Jupiter, spécial

**sodomiser** arg. et / ou grossier : enculer, entuber

**sœur** n. f. arg. ou fam. : frangine

**sœur** n. f. béguine, carmélite, congréganiste, dame, fille, mère, moniale, nonne, nonnette, novice → **religieuse**

**sofa** ou **sopha** n. m. canapé, causeuse, chaise longue, cosy-corner, divan, fauteuil, lit, méridienne, ottomane, siège

**software** n. m. analyse, langage-machine, logiciel (off.), programmation

**soi-disant** apparent, faux, prétendu, prétendument, supposé

**soie** n. f. 1 au pr. : organsin, grège 2 par ext. a → **poil** b brocart, crêpe, dauphine, faille, filoselle, foulard, gros-grain, lampas, levantine, pékin, pongé, reps, satin, soierie, surah, taffetas, tussor

**soif** n. f. 1 au pr. : altération, dipsomanie, pépie 2 fig. : ambition, appel, appétence, appétit, aspiration, attente, attirance, attrait, avidité, besoin, caprice, convoitise, cupidité, curiosité, demande, démangeaison, desiderata, désir, envie, espérance, espoir, exigence, faim, fantaisie, force, goût, impatience, intérêt, penchant, prétention, prurit, quête, recherche, rêve, souhait, tentation, vanité, velléité, visée, vœu, volonté, vouloir

**soiffard, e** n. m. ou f. → **ivrogne**

**soigné, e** 1 académique, étudié, léché, littéraire (péj.), poli, recherché 2 consciencieux, coquet, délicat, élégant, entretenu, fini, minutieux, net, réussi, tenu

**soigner** 1 au pr. a bichonner, câliner, chouchouter, choyer, couver, dorloter, gâter, panser (vx), pouponner b droguer, panser, traiter c châtier, ciseler, entretenir, fignoler, fouiller, lécher, limer, mitonner, peigner, perler, polir, raboter, raffiner, travailler 2 par ext. a complaire, cultiver, être aux petits soins, ménager, veiller au grain (fam. et péj.) b allaiter, cultiver, éduquer, élever, entretenir, former, instruire, nourrir

**soigneur** n. m. → **masseur**

**soigneusement** avec soin

**soigneux, euse** appliqué, attentif, consciencieux, curieux (vx), diligent, exact, ménager, méthodique, méticuleux, minutieux, ordonné, ponctuel, rangé, scrupuleux, sérieux, sévère ◆ péj. : perfectionniste, tatillon

**soin** n. m. 1 au sing. a inquiétude, préoccupation, souci b vx : cure, étude, veilles c attention, circonspection, diplomatie, économie, ménagement, précaution, prévoyance, prudence, réserve d cœur, conscience, diligence, exactitude, honnêteté, méticulosité, minutie, rigueur, scrupule, sérieux, sévérité, sollicitude, zèle 2 péj. : pinaillage → **superstition** 3 au pl. a assiduité, cajolerie, douceur, égard, empressement, gâterie, hommage, ménagement, prévenance, service b hygiène, toilette c charge, devoir, mission, occupation, responsabilité, travail d cure, médication, thérapeutique, traitement e entretien, réparation

**soir** n. m. après-dîner, après-souper, brune, coucher, crépuscule, déclin, soirée, veillée ◆ vx : serein

**soirée** n. f. 1 → **soir** 2 fête, raout, réception, réunion → **bal** 3 → **spectacle**

**soit** 1 à savoir, c'est-à-dire 2 admettons, bien, bon, d'accord, entendu, si vous voulez, va pour *et un compl.* → **oui** ◆ fam. : O.K. 3 ou, ou bien, tantôt

**sol** n. m. → **terre**

**solarium** n. m. 1 → **terrasse** 2 → **hôpital**

**soldat** n. m. 1 au pr. a appelé, combattant, conquérant, conscrit, engagé, guerrier, homme, homme de troupe, légionnaire, mercenaire, milicien, militaire, recrue, supplétif, territorial, troupier, vétéran b péj. : reître, soudard, spadassin c artilleur, aviateur, cavalier, fantassin, marin, parachutiste d brancardier, cuirassier, démineur, dragon, estafette, factionnaire, garde, garde-voie, grenadier, guetteur, guide, hussard, jalonneur, ordonnance, patrouilleur, pionnier, planton, pourvoyeur, sapeur, sentinelle, télégraphiste, tireur, vedette, voltigeur e vx : arbalétrier, archer, arquebusier, carabinier, cravate, estradiot, grivois, grognard, mobile, morte-paye, pertuisanier, piquier, taupin f étranger : bachi-bouzouk, bersaglier, cipaye, evzone, harki, heiduque, highlander, janissaire, mamelouk ou mameluk, tommy g colonial : bledard, goumier, joyeux, marsouin, méhariste, spahi, tirailleur, zouave h fam. : bidasse, biffin, bleu, bleu-bite, bleusaille, briscard, drille, griveton, gus, pierrot, pioupiou, poilu, pousse-cailloux, tringlot, traîneur de sabre, troufion i antiq : hastaire, hoplite, légionnaire, triaire, vélite, vexillaire 2 par ext. a franc-tireur, guérillero, maquisard, partisan, résistant b champion, défenseur, serviteur c → **chef**

**soldatesque** n. f. troupes → **soldat**

**solde** n. f. indemnité, paie, prêt, rétribution, salaire

**solde** n. m. 1 → **reste** 2 au pl. : action (Suisse), démarque → **rabais**

**solder** 1 acquitter, apurer, éteindre, liquider, payer, régler 2 brader, céder, se défaire de, écouler, laisser, réaliser, sacrifier

**sole** n. f. 1 dessous / plante du pied (équit.) 2 → **champ** 3 fond (mar. et techn.)

**sole** n. f. → **poisson**

**solécisme** n. m. → **faute**

**soleil** n. m. 1 astre du jour ◆ arg. : bourguignon, cagnard, le beau blond, luisant 2 hélianthe, héliotrope, topinambour, tournesol

**solennel, le** 1 → **imposant** 2 → **officiel**

**solenniser** → **fêter**

**solennité** n. f. 1 → **gravité** 2 → **cérémonie**

**solex** n. m. déposé → **cyclomoteur**

**solidaire** associé, dépendant, engagé, joint, lié, responsable, uni

**solidairement** → **ensemble**

**solidariser** 1 → **associer** 2 → **unir**

**solidarité** n. f. association, camaraderie, coopération, dépendance, entraide, esprit de corps, franc-maçonnerie, fraternité, interdépendance, mutualité, réciprocité → **soutien**

**solide** 1 n. m. : corps, matière, objet 2 adj. a au pr. : compact, concret (vx), consistant, dense, dur, durable, éternel, ferme, fort, incassable, indéchirable, indécollable, indéformable, indélébile, indémaillable, indéracinable, indestructible, infroissable, inusable, renforcé, résistant, robuste b par ext. : affermi, assuré, certain, enraciné, ferme, fixe, indéfectible, inébranlable, infrangible, invariable, positif, réel, sérieux, stable, substantiel, sûr c bon, exact, fidèle, franc, honnête, loyal, probe, régulier, sincère, sûr, vrai d irréfragable, irréfutable, logique, mathématique e quelqu'un : énergique, fort, increvable, râblé, résistant, robuste, tenace, vigoureux

**solidifier** coaguler, condenser, congeler, consolider, cristalliser, durcir, figer, geler, indurer, raffermir, renforcer

**solidité** n. f. 1 au pr. a aplomb, assiette, équilibre, stabilité b cohésion, compacité, consistance, dureté, fermeté, fixité, homogénéité, immuabilité, immutabilité, indélébilité, indestructibilité, résistance, robustesse, sûreté c → **durée** 2 fig. : assurance, autorité, caractère, cœur, constance, courage, cran, endurance, énergie, force, inflexibilité, intransigeance, intrépidité, invincibilité, netteté, obstination, opiniâtreté, rectitude, résolution, ressort, rigueur, sang-froid, sévérité, ténacité, vigueur, virilité, volonté ◆ fam. : estomac, poigne

**soliloque** n. m. aparté, discours, monologue, radotage

**soliloquer** monologuer

**solitaire** n. m. 1 anachorète, ascète, ermite 2 vén. : bête noire, cochon, mâle, porc, quartanier, ragot, sanglier, tiers-an 3 brillant, diamant, joyau, marquise, pierre, rose

**solitaire** adj. 1 → **seul** 2 abandonné, désert, désertique, désolé, retiré, sauvage, vacant, vide

**solitairement** comme un anachorète / un ascète / un ermite,

**solitude** n. f. 1 au pr. : a abandon, claustration, cloître, délaissement, déréliction, éloignement, exil, isolation, isolement, quarantaine, retranchement, secret, séparation **b** célibat, veuvage, viduité **2** par ext. **a** bled (fam.), désert, oasis, retraite, thébaïde **b** méditation, recueillement, retraite, tour d'ivoire **c** fam. : cachette, cocon, coin, coque, ombre, tanière

**solive** n. f. → **poutre**

**soliveau** n. m. fig. → **faible**

**sollicitation** n. f. **1** appel, insistance, invitation, tentation **2** demande, démarche, instance, invocation, pétition, placet, pourvoi, prière, requête, réquisition, supplication, supplique

**solliciter** **1** appeler, attirer, convier, déterminer, engager, exciter, faire signe, forcer, inviter, porter, pousser, provoquer, tenter **2** adresser une requête, assiéger, briguer, demander, désirer, dire, exprimer un désir / un souhait, implorer, importuner, interpeller, interroger, pétitionner, postuler, présenter un placet / une requête / une supplique *et les syn. de* supplique, prier, quêter, rechercher, réclamer, se recommander de, requérir, revendiquer, sommer, souhaiter, supplier, vouloir **3** péj. et / ou arg. : mendier, mendigoter, pilonner, quémander

**solliciteur, euse** n. m. ou f. → **quémandeur**

**sollicitude** n. f. **1** → **soin** **2** → **souci**

**soluble** **1** dissoluble, fondant, liquéfiable **2** décidable, résoluble

**solution** n. f. **1** → **résultat** **2** **solution de continuité :** arrêt, cessation, coupure, discontinuation, discontinuité, halte, hiatus, intermède, intermission, intermittence, interruption, interstice, intervalle, lacune, pause, rémission, répit, rupture, saut, suspension **3** par ext. : aboutissement, achèvement, bout, clef, coda, conclusion, dénouement, épilogue, fin, résolution, terme

**solutionner** **1** → **résorber** **2** → **résoudre**

**solvabilité** n. f. → **honnêteté**

**solvable** → **honnête**

**somation** n. f. → **modification**

**sombre** **1** au pr. : assombri, crépusculaire, foncé, noir, obscur, ombreux, opaque, ténébreux **2** par ext. **a** le temps : bas, brumeux, couvert, maussade, nuageux, orageux, voilé ◆ vx : brun **b** → **triste** **c** → **terne** **3** fig. **a** quelque chose : funèbre, funeste, inquiétant, sépulcral, sinistre, tragique **b** quelqu'un : amer, assombri, atrabilaire, bilieux, mélancolique, morne, morose, pessimiste, sinistre, taciturne, ténébreux

**sombrer** **1** au pr. : s'abîmer, chavirer, couler, disparaître, s'enfoncer, s'engloutir, faire naufrage, s'immerger, se perdre, périr corps et biens, se saborder **2** fig. : s'abandonner, s'absorber, se laisser aller / glisser, se jeter / se plonger dans, se livrer à, succomber à, se vautrer dans

**sommaire** n. m. abrégé, abréviation, aide-mémoire, analyse, aperçu, argument, compendium, digest, éléments, épitomé, esquisse, extrait, manuel, notice, plan, précis, préface, raccourci, récapitulation, réduction, résumé, rudiment, schéma, somme, topo (fam.)

**sommaire** adj. **1** accourci, amoindri, bref, compendieux (vx), concis, condensé, contracté, court, cursif, diminué, écourté, grossier, laconique, lapidaire, limité, raccourci, réduit, restreint, résumé, schématique, succinct **2** → **simple** **3** → **rapide**

**sommairement** brièvement, de façon expéditive, en bref / résumé, sans formalités, schématiquement, simplement, sobrement

**sommation** n. f. assignation, avertissement, commandement, citation, injonction, interpellation, intimation, mise en demeure, ordre, ultimatum

**somme** n. f. **1** addition, chiffre, ensemble, fonds, masse, montant, quantité, total, volume **2** → **sommaire** **3** bât, charge

**somme** n. m. **1** → **sieste** **2** → **sommeil**

**sommeil** n. m. assoupissement, demi-sommeil, dormition (relig. et méd.), léthargie, repos, somme, somnolence, torpeur → **sieste** ◆ fam. : dodo, dorme, pionce, roupillon

**sommeiller** s'assoupir, se câliner (vx), dormir, s'endormir, être dans les bras de Morphée, faire la grasse matinée / la sieste / un somme, fermer l'œil, paresser, reposer, somnoler ◆ arg. ou fam. : coincer la bulle, écraser, faire dodo, pager, pioncer, piquer un roupillon, ronfler, roupiller, rouscailler

**sommelier, ière** n. m. ou f. **1** caviste, maître de chai **2** vx : bouteiller, échanson, serdeau **3** par ext. : œnologue

**sommer** **1** assigner, avertir, citer, commander, contraindre, décréter, demander, enjoindre, exiger, forcer, imposer, interpeller, intimer, menacer, mettre en demeure, obliger, ordonner, prescrire, recommander, requérir, signifier **2** additionner, intégrer, totaliser **3** → **couronner**

**sommet** n. m. **1** aiguille, arête, ballon, calotte, cime, couronnement, crête, croupe, dent, dôme, extrémité, faîte, front, haut, hauteur, mamelon, pic, piton, point culminant, pointe, serre, table, tête **2** apex, apogée, comble, pinacle, summum, zénith **3** nec plus ultra, perfection, sommité (vx), suprématie, top niveau (fam.) **4** du crâne : vertex

**sommier** n. m. **1** arch. : architrave, linteau, poitrail **2** archives, minutier

**sommité** n. f. **1** → **sommet** **2** fig. **a** figure, grand, monsieur, notabilité, notable, personnage, personnalité, puissant, quelqu'un, vedette **b** fam. : baron, bonze, gros bonnet, grosse légume, huile, important, légume, lumière, magnat, manitou ◆ péj. : mandarin, pontife, satrape

**somnifère** adj. et n. m. **1** au pr. : anesthésique, assoupissant, calmant, dormitif, hypnotique, narcotique, soporifique **2** par ext. : assommant, embêtant, empoisonnant, endormant, ennuyant, ennuyeux, fastidieux, fatigant, insupportable, mortel, pénible, rasant, rebutant **3** fam. ou grossier : casse-pieds, chiant, chiatique, emmerdant, rasoir, suant

**somnolent, e** **1** assoupi, sommeilleux, torpide **2** → **paresseux**

**somnolence** n. f. → **sommeil**

**somnoler** s'assoupir, dormir, s'endormir, être dans les bras de Morphée, faire la grasse matinée / la sieste / un somme, fermer l'œil, reposer, ronfler, roupiller → **sommeiller**

**somptuaire** par ext. **1** excessif, prodigue, voluptuaire **2** → **luxueux**

**somptueux, euse** beau, éclatant, fastueux, luxueux, majestueux, magnifique, opulent, plantureux, pompeux, princier, riche, solennel, somptuaire, splendide, superbe

**somptuosité** n. f. **1** au pr. : apparat, beauté, éclat, faste, luxe, majesté, magnificence, opulence, pompe, richesse, solennité, splendeur **2** par ext. : abondance, confort, débauche, excès, profusion, surabondance

**son** n. m. **1** accent, accord, bruit, écho, inflexion, intonation, modulation, musique, note, timbre, ton, tonalité **2** péj. : canard, couac **3** unités de mesure : bel, décibel

**son** n. m. balle, bran, fleurage, issues

**sonar** n. m. asdic

**sondage** n. m. forage → **recherche** enquête, gallup

**sonde** n. f. **1** tarière, trépan **2** bougie, cathéter, drain, tube

**sonder** **1** au pr. : creuser, descendre, explorer, mesurer, reconnaître, scruter, tâter **2** par ext. **a** analyser, apprécier, approfondir, ausculter, compulser, considérer, consulter, s'enquérir, éplucher, estimer, étudier, évaluer, examiner, inspecter, inventorier, palper, pénétrer, peser, prospecter, rechercher, reconnaître, scruter **b** confesser, demander, interroger, poser des questions, pressentir, questionner, tâter, toucher

**songe** n. m. **1** → **rêve** **2** → **illusion**

**songe-creux** n. m. chimérique, déraisonnable, extravagant, halluciné, illuminé, imaginatif, obsédé, rêveur, utopiste, visionnaire

**songer** **1** → **rêver** **2** → **penser** **3** → **projeter**

**songerie** n. f. → **rêve**

**songeur, euse** absent, absorbé, abstrait, contemplatif, méditatif, occupé, pensif, préoccupé, rêveur, soucieux

**sonnaille(s)** n. f. bélière, campane, clarine, cloche, clochette, grelot

**sonnant, e** → **sonore**

**sonné, e** **1** assommé, en avoir pour le / son compte, étourdi, groggy, K.O. **2** cinglé → **fou**

**sonner** **1** au pr. : bourdonner, carillonner, résonner, tinter, tintinnabuler **2** loc. **a** **sonner aux oreilles :** corner, sonnailler **b** **sonner du cor :** appeler, corner, donner, grailler, jouer **3** fig. : proclamer, vanter

**sonnerie** n. f. **1** milit. : appel au drapeau / aux champs, boute-selle, breloque, chamade, charge, couvre-feu, diane, extinction des feux, générale, ralliement, rassemblement, retraite, réveil **2** vén. : **a** air, fanfare, ton **b** appel, bien-allé, débuché, débusqué, dépisté, hallali, honneurs, lancé, quête, relancé, rembuché, vau-l'eau, vif **3** du téléphone, etc. : appel, timbre, tintement, trille

**sonnet** n. m. → **poème**

**sonnette** n. f. **1** campane, clarine, cloche, clochette, sonnaille **2** appel, avertisseur, drelin (fam.), grelot, timbre **3** tr. publ. → **hie**

**sonneur** n. m. **1** carillonneur **2** vén. par ext. : corniste

**sonore** **1** au pr. **a** carillonnant, résonnant, retentissant, sonnant **b** ample, bruyant, éclatant, fort, haut, plein, ronflant, tonitruant, tonnant, vibrant **2** fig. → **ampoulé**

**sonorité** n. f. ampleur, creux, harmonie, résonance

**sophisme** n. m. aberration, argument → **faux**, confusion, défaut, erreur, mauvaise foi, paralogisme, vice de raisonnement

**sophiste** n. m. casuiste, rhéteur

**sophistication** n. f. → **préciosité**

**sophistiqué** **1** captieux, faux, frelaté, spécieux, trompeur **2** affecté, affété, alambiqué, amphigourique, choisi, emphatique, galant, maniéré, mignard, précieux, recherché

**sophistiqué, e** techn. et fig. recherché, complexe, évolué

**sophistiquer** → **altérer**

**soporifique** nom et adj. → **somnifère**

**sorbet** n. m. crème / dessert / fruits glacés, glace, rafraîchissement, soyer (vx)

**sorbier** n. m. alisier, cormier, pain des oiseaux

**sorcellerie** n. f. alchimie, cabale, charme, conjuration, diablerie, divination, enchantement, ensorcellement, envoûtement, évocation, fascination, hermétisme, horoscope, incantation, magie, maléfice, nécromancie, occultisme, philtre, pratiques magiques / occultes / secrètes, prestige, rite, sort, sortilège, thaumaturgie, théurgie, vaudou

**sorcier** n. m. au pr. **a** alchimiste, astrologue, devin, enchanteur, ensorceleur, envoûteur, griot, jeteur de sorts, mage, magicien, nécromancien, nécromant, psychopompe, thaumaturge **b** vx : charmeur, souffleur

**sorcière** n. f. **1** devineresse, diseuse de bonne aventure, ensorceleuse, envoûteuse, fée, jeteuse de sorts, magicienne, nécromancienne, sirène, tireuse de cartes **2** → **mégère**

**sordide** **1** cochon, crasseux, grossier, immonde, immoral, impur, inconvenant, indécent, infâme, maculé, malhonnête, malpropre, obscène, ordurier, répugnant, sale → **dégoûtant** **2** → **avare**

**sordidité** n. f. **1** → **bassesse** **2** → **avarice**

**sorite** n. m. → **raisonnement**

**sornette(s)** n. f. → **chanson(s)**

**sort** n. m. **1** avenir, destin, destinée, fatalité, fatum **2** → **hasard** **3** → **état** **4** → **vie** **5** → **magie**

**sortable** par ext. : approprié, assorti, beau, bien, bienséant, bon, comme il faut, congru, convenable, convenant, correct, décent, de saison, digne, fait exprès, honnête, honorable, juste, opportun, mettable, pertinent, poli, présentable, propre, raisonnable, satisfaisant, séant, seyant

**sorte** n. f. **1** caste, catégorie, clan, classe, division, embranchement, espèce, état, famille, genre, groupe, ordre, race, rang, série **2** condition, farine, qualité, trempe **3** façon, griffe, guise (vx), manière, style

**sortie** n. f. **1** au pr. **a** débouché, débouquement (mar.), dégagement, issue, porte **b** balade, départ, échappée, escapade, évasion, promenade, tour **c** échappement, écoulement, émergence, émersion, évacuation **2** par ext. **a** → **dépense** **b** → **publication** **c** admonestation, algarade, attaque, dispute, engueulade (fam.), invective, mercuriale, observation, récrimination, remarque, réprimande, reproche, scène, séance, semonce **d** vx : catilinaire, incartade

**sortilège** n. m. charme, diablerie, enchantement, ensorcellement, envoûtement, évocation, incantation, jettatura, malédiction, maléfice, mauvais sort, sort, sorcellerie → **magie**

**sortir** 1 au pr. a abandonner, déboucher, débouquer (mar.), débucher (vén.), débusquer, s'échapper, s'enfuir, s'évader, quitter → **partir** b apparaître, éclore, émerger, faire irruption, jaillir, mettre le nez dehors, percer, poindre, saillir, sourdre, surgir, venir c déborder, se dégager, s'écouler, s'exhaler, se répandre d s'absenter, débarrasser le plancher (fam.), décamper, déguerpir, déloger, s'éclipser, s'esquiver, évacuer, se retirer 2 par ext. a arracher, dégainer, ôter, vidanger, vider b éditer, lancer, publier, tirer → **paraître** c débiter, proférer → **dire** d émaner, être issu, naître, provenir, résulter

**sosie** n. m. double, jumeau, pendant, réplique

**sot, sotte** nom et adj. 1 au pr. a quelqu'un : âne, benêt, borné, buse, crétin, dadais, imbécile, idiot, inintelligent, malavisé, niais, poire, stupide → **fou** b vx : béjaune, cheval, jobelin c un comportement : absurde, déraisonnable, extravagant, fou, illogique, incohérent, incongru, inconséquent, inepte, insane, insensé, irrationnel, loufoque, saugrenu → **bête** 2 par ext. a → **irrévérencieux** b arrogant, avantageux, content de soi, dédaigneux, fanfaron, fat, fiérot, impertinent, infatué, orgueilleux, pécore, péronnelle, plastron, plat, plein de soi, poseur, prétentieux, rodomont, satisfait, suffisant, vain, vaniteux c confondu, confus, déconcerté, déconfit, décontenancé, défait, déferré, démonté, dépaysé, dérouté, désarçonné, désemparé, désorienté, étonné, étourdi, inquiet, interdit, mis en boîte, pantois, penaud, quinaud, surpris, troublé

**sottise** n. f. 1 au pr. : absurdité, ânerie, balourdise, crétinerie, crétinisme, idiotie, illogisme, imbécillité, insanité, insipidité, nigauderie, stupidité → **bêtise** 2 par ext. a → **bagatelle** b arrogance, autosatisfaction, dédain, fatuité, impertinence, infatuation, orgueil, pose, prétention, rodomontade, suffisance, vanité → **stupidité** c → **injure** d → **maladresse**

**sottisier** n. m. → **bêtisier**

**sou** n. m. 1 fam. : pet (de lapin), radis → **argent** 2 vx : liard, maille, sol

**soubassement** n. m. appui, assiette, assise, base, embasement, fondement, piédestal, podium, stylobate → **socle**

**soubresaut** n. m. 1 au pr. : convulsion, saccade, secousse, spasme, sursaut, trépidation 2 par ext. a bond, bondissement, cabriole, cahot, culbute, gambade, ricochet, saut, sautillement, sursaut, tressaillement b contraction, convulsion, frisson, haut-le-corps, spasme, tressaillement 3 fig. : agitation, bouleversement, crise, remous, révolution, trouble

**soubrette** n. f. 1 au pr. → **servante** 2 par ext. : confidente, demoiselle de compagnie, lisette, suivante

**souche** n. f. 1 → **racine** 2 → **tige** 3 → **race** 4 → **bête** 5 talon

**souci** n. m. 1 attitude ou état. a agitation, alarme, angoisse, anxiété, chagrin, contrariété, crainte, émoi, ennui, incertitude, inquiétude, obsession, peine, perplexité, poids, préoccupation, scrupule, sollicitude, tourment, tracas b vx : martel, soin c fam. : bile, cheveux (blancs), migraine, mouron, mousse, tintouin 2 circonstance : a affaire, désagrément, difficulté, embarras, embêtement, empoisonnement, tribulation b fam. ou grossier : aria, couille, emmerdement

**soucier (se)** → **préoccuper (se)**

**soucieux, euse** 1 neutre ou fav. : affairé, attentif, curieux de, jaloux de, occupé, pensif, préoccupé, scrupuleux, songeur 2 non fav. : agité, alarmé, angoissé, anxieux, chagrin, contrarié, craintif, embarrassé, embêté, empoisonné, ennuyé, inquiet, obsédé, peiné, perplexe, préoccupé, tourmenté, tracassé 3 fam. : bileux, cafardeux, emmerdé (grossier), emmiellé

**soudain** adv. à brûle-pourpoint / la minute / la seconde / l'improviste / l'instant, au débotté, aussitôt, brusquement, dans l'instant, de but en blanc, d'emblée, d'un saut, d'un trait, d'un seul coup / mouvement, en un clin d'œil, en sursaut, immédiatement, incessamment, incontinent, inopinément, instantanément, par surprise, rapidement, sans avertissement / crier gare / débrider / retard / transition, séance tenante, soudainement, subitement, sur-le-champ, sur l'heure, tout à coup / à trac / de go / de suite / d'un coup ◆ fam. : illico, subito

**soudain, e** adj. brusque, brusqué, foudroyant, fulgurant, immédiat, imprévu, inattendu, instantané, prompt, rapide, saisissant, subit

**soudainement** → **soudain**

**soudaineté** n. f. → **rapidité**

**soudard** n. m. goujat, reître, sabreur, spadassin, traîneur de sabre ◆ vx : drille, plumet

**souder** → **joindre**

**soudoyer** acheter, arroser, corrompre, graisser la patte, payer, stipendier → **séduire**

**soudure** n. f. 1 au pr. :assemblage, brasage, brasure, coalescence, concrescence, raccord, soudage 2 par ext. → **joint**

**soufflant** n. m. arg. : pistolet, revolver

**soufflant, e** → **étonnant**

**souffle** n. m. 1 au pr. a → **haleine** b → **vent** 2 fig. → **inspiration**

**soufflé, e** 1 au pr. : ballonné, bombé, bouclé (maçonnerie), bouffant, bouffi, boursouflé, cloqué, congestionné, dilaté, distendu, empâté, enflé, gondolé, gonflé, gros, hypertrophié, mafflu, météorisé, renflé, tuméfié, tumescent, turgescent, turgide, ventru, vultueux 2 par ext. : académique, affecté, ampoulé, apprêté, cérémonieux, compliqué, creux, déclamatoire, démesuré, emphatique, grandiloquent, guindé, hyperbolique, pédantesque, pompeux, pompier (fam.), prétentieux, ronflant, sentencieux, solennel, sonore, vide

**souffler** 1 au pr. : exhaler, expirer, haleter, respirer 2 par ext. a aspirer, balayer, escamoter, éteindre b activer, animer, exciter, inspirer, insuffler c mus. : jouer, sonner d s'approprier, dérober, enlever, ôter, ravir → **prendre** e chuchoter, dire, glisser, insinuer, murmurer, parler à l'oreille, suggérer f aider, apprendre, remémorer, tricher g enfler, gonfler, grossir h venter

**soufflet** n. m. 1 → **avanie** 2 aller-retour, baffe, beigne, beignet, calotte, claque, couleur, coup, emplâtre, gifle, giroflée, mandale, mornifle, pain, pêche, rallonge, talmouse, taloche, tape, taquet, tarte, tartine, torgnole, va-te-laver

**souffleter** battre, calotter, claquer, corriger, donner un soufflet, gifler, taper ◆ fam. : confirmer, encadrer, moucher, talocher, tartiner, torcher

**souffrance** n. f. 1 au pr. : douleur, élancement, indisposition, mal, maladie, malaise, rage, supplice, torture, tourment → **blessure** 2 par ext. : affliction, amertume, croix, déchirement, désespoir, désolation, épreuve, larme, passion → **privation** 3 **en souffrance :** en carafe (fam.), en panne, en retard

**souffrant, e** abattu, alité, atteint, cacochyme, déprimé, dolent, égrotant, fatigué, fiévreux, incommodé, indisposé, malade, maladif, mal en point, mal fichu, malingre, pâle, pâlot, patraque, souffreteux ◆ rég. : pignochant

**souffre-douleur** n. m. → **victime**

**souffreteux, euse** → **souffrant**

**souffrir** 1 v. intr. : languir, mourir (fig.), pâtir, peiner 2 fam. : déguster, en baver / chier, écraser, passer un mauvais quart d'heure, sécher, trinquer 3 v. tr. admettre, autoriser, endurer, éprouver, essuyer, laisser faire, patienter, permettre, ressentir, soutenir, subir, supporter, tolérer 4 fam. : avaler, boire, digérer, écoper, se farcir → **pardonner** 5 **faire souffrir :** affliger, lanciner, martyriser, tourmenter, torturer

**souhait** n. m. 1 fav. : aspiration, attente, demande, désir, envie, vœu, volonté 2 non fav. : ambition, appétit, caprice, convoitise

**souhaitable** appétissant, désirable, enviable

**souhaiter** 1 fav. : appeler, aspirer à, attendre, avoir dans l'idée / en tête / envie / l'intention de, brûler de, demander, désirer, rechercher, réclamer, rêver, soupirer après, tenir à, viser, vouloir 2 non fav. : ambitionner, arrêter, convoiter, exiger, guigner, prétendre à ◆ fam. : lorgner, loucher sur

**souiller** 1 au pr. : abîmer, barbouiller, charbonner, cochonner (fam.), contaminer, crotter, éclabousser, encrasser, gâter, graisser, infecter, mâchurer, maculer, noircir, poisser, polluer, salir, tacher ◆ vx : conchier 2 fig. : baver sur, calomnier, corrompre, déparer, déshonorer, diffamer, entacher, flétrir, profaner, prostituer, ternir

**souillon** adj. : cochon (fam.), crasseux, dégoûtant, désordonné, grossier, malpropre, peu soigné / soigneux, sale

**souillure** n. f. 1 au pr. : barbouillage, bavure, crasse, crotte, éclaboussure, encrassement, immondice, macule (vx), malpropreté, nuisance, ordure, pâté, pollution, saleté, salissure, tache, vomi, vomissure 2 fig. : corruption, crime, déshonneur, faute, flétrissure, impureté, tare → **péché**

**souk** n. m. 1 → **marché** 2 → **désordre**

**soûl, soûle** 1 au pr. : assouvi, bourré, dégoûté, gavé, gorgé, le ventre plein, rassasié, repu, saturé, sursaturé 2 par ext. → **ivre**

**soulagement** n. m. 1 adoucissement, allégement, amélioration, apaisement, assouplissement, atténuation, bien, calme, consolation, détente, euphorie, rémission 2 aide, appui, assistance, coup de main / de pouce, encouragement, entraide, main-forte, réconfort, rescousse, secours, soutien 3 → **remède**

**soulager** 1 au pr. : alléger, débarrasser, décharger, dégrever, délester, diminuer, exempter, exonérer, ôter 2 fig. : adoucir, aider, amoindrir, apaiser, atténuer, calmer, déverser son cœur, décharger, délivrer, endormir, étourdir, mitiger, secourir, tempérer → **consoler**

**soûlard, arde** et **soûlaud, aude** n. m. ou f. → **ivrogne**

**soûler (se)** 1 au pr. : arg. ou fam. : s'alcooliser, se beurrer / biturer / blinder / bourrer / cuiter / défoncer, s'envivrer, se griser / noircir, prendre une biture / la bourrique / une cuite / une muflée / son pompon / une ronflée, faire le plein, picoler, pinter, prendre son lit en marche, sacrifier à Bacchus / à la dive bouteille, sculpter une gueule de bois → **boire** 2 par ext. : s'exalter, s'exciter

**soûlerie** n. f. → **beuverie**

**soulèvement** n. m. 1 au pr. : boursouflure, exhaussement, mouvement, surrection 2 par ext. a bondissement, saut, sursaut b → **nausée** c action, agitation, chouannerie, désobéissance, dissidence, effervescence, émeute, faction, guerre civile, insoumission, insubordination, insurrection, jacquerie, lutte, mouvement, mutinerie, opposition, putsch, rébellion, résistance, révolte, révolution, sécession, sédition, violence

**soulever** 1 au pr. a dresser, élever, enlever, hausser, hisser, lever, monter, palanquer (mar.), redresser b écarter, relever, remonter, retrousser, trousser 2 fig. a agiter, ameuter, déchaîner, ébranler, entraîner, exalter, exciter, provoquer, remuer, transporter b amener, appeler, apporter, attirer, causer, créer, déclencher, déterminer, donner / fournir lieu / occasion, engendrer, être la cause de, faire, motiver, occasionner, prêter à, procurer, produire, provoquer, susciter 3 v. pron. → **révolter (se)**

**soulier** n. m. 1 au pr. : bottillon, bottine, brodequin, chaussure, escarpin, galoche, mocassin, richelieu, snow-boot 2 par ext. : babouche, botte, chausson, espadrille, mule, nu-pieds, pantoufle, patin, sabot, sandale, savate, socque, spartiate ◆ antiq. : cothurne 3 arg. ou fam. : bateau, bottine, croquenot, écrase-merde, godasse, godillot, grolle, latte, péniche, pompe, targette, tartine, tatane

**souligner** 1 au pr. : accentuer, affirmer, appuyer, border d'un trait, marquer, ponctuer, surligner, tirer un trait 2 par ext. : désigner, faire ressortir, insister sur, mettre en évidence, montrer, noter, préciser, relever, signaler

**soûlographie** n. f. → **beuverie**

**soulte** n. f. 1 au pr. : compensation, complément, dédommagement, dessous-de-table (péj.) 2 par ext. → **garantie**

**soumettre** 1 non fav. : accabler, asservir, assujettir, astreindre, brusquer, conquérir, contraindre, courber, dominer, dompter, enchaîner, imposer son autorité / son pouvoir, inféoder, maintenir / mettre sous l'autorité / la dépendance / le pouvoir / la puissance / la tutelle, maîtriser, mettre en esclavage, mettre la corde au cou (fam.), opprimer, plier, ramener à l'obéissance, ranger sous ses lois, réduire, réglementer, réprimer, satelliser, subjuguer, subordonner, tenir en respect, tenir sous son autorité / sa dépendance / son pouvoir / sa puissance / sa tutelle, tenir en esclavage 2 neutre ou fav. a apprivoiser, assouplir, attacher, captiver, charmer, conquérir, discipliner, pacifier, subjuguer **b** avancer, donner, exposer, faire une offre / ouverture / proposition, offrir, présenter, proposer, soumissionner **c** → **montrer** 3 v. pron. **a** neutre ou fav. : accepter, acquiescer, s'aligner, consentir, se plier à **b** non fav. : s'abaisser, abandonner le combat, s'accommoder, s'adapter, s'agenouiller, s'assujettir, caler, capituler, céder, se conformer, courber la tête, déférer, faire sa soumission, fléchir, s'humilier, s'incliner, s'inféoder, se livrer, obéir, obtempérer, passer sous les fourches caudines, reconnaître l'autorité, se régler, se rendre, se résigner, suivre, venir à quia / à résipiscence ◆ fam. : avaler / bouffer son chapeau / la couleuvre / son képi, baisser son froc, se déculotter, écraser, filer doux, mettre les pouces

**soumis, e** 1 neutre ou fav. **a** un peuple : pacifié **b** quelqu'un : attaché, complaisant, déférent, discipliné, docile, doux, fidèle, flexible, gouvernable, humble, lige (vx), malléable, maniable, obéissant, sage, souple, traitable 2 non fav. : asservi, assujetti, conformiste, conquis, humilié, inféodé, opprimé, réduit, résigné, subordonné → **captif**

**soumission** n. f. 1 neutre ou fav. **a** acquiescement, allégeance, dépendance, discipline, docilité, fidélité, humilité, obédience, obéissance, pacification, résignation **b** adjudication, entreprise, marché, offre, proposition 2 non fav. : abaissement, asservissement, assujettissement, conformisme, conquête, dépendance, esclavage, inféodation, joug, merci, réduction, satellisation, servilité, servitude, subordination, sujétion, vassalité

**soupape** n. f. → **clapet**

**soupçon** n. m. 1 au pr. : apparence, conjecture, crainte, croyance, défiance, doute, méfiance, ombrage, suspicion 2 par ext. : idée, nuage, pointe, très peu, un peu

**soupçonner** avoir idée de, conjecturer, croire, se défier de, deviner, se douter de, entrevoir, flairer, se méfier, penser, pressentir, redouter, supposer, suspecter

**soupçonneux, euse** craintif, défiant, inquiet, jaloux, méfiant, ombrageux, suspicieux

**soupe** n. f. → **potage**

**soupente** n. f. cagibi, combles, galetas, grenier, mansarde, réduit, souillarde

**souper** n. m. dîner → **repas**

**souper** v. intr. dîner → **manger**

**soupeser** → **peser**

**soupir** n. m. → **gémissement**

**soupirant, e** 1 → **amant** 2 → **prétendant**

**soupirer** 1 → **respirer** 2 → **aspirer**

**souple** 1 quelque chose : contractile, ductile, élastique, expansible, extensible, flexible, lâche, malléable, maniable, mou, pliable, rénitent (méd.), rétractile, subéreux 2 quelqu'un. **a** phys. : agile, ailé, aisé, décontracté, dégagé, félin, léger, leste → **dispos** **b** par ext. : accommodant, adroit, compréhensif, diplomate, docile, fin, indulgent, liant, ondoyant, politique, subtil ◆ **c** péj. : félin, laxiste, machiavélique, retors, sournois

**souplesse** n. f. 1 de quelque chose : compressibilité, contractilité, ductilité, élasticité, extensibilité, flexibilité, fluidité, malléabilité, maniabilité, plasticité, rénitence (méd.), rétractibilité, rétractilité 2 de quelqu'un. **a** phys. : agilité, aisance, décontraction, légèreté, sveltesse **b** par ext. : adresse, compréhension, diplomatie, docilité, finesse, intrigue, subtilité → **politique** ◆ **c** péj. : félinité, laxisme, machiavélisme, sournoiserie

**souquenille** n. f. bleu, caban, cache-poussière, casaque, cotte, sarrau, surtout

**souquer** 1 v. tr. : bloquer, serrer, visser ◆ mar. : carguer, étrangler 2 v. intr. **a** au pr. : ramer **b** fig. → **peiner**

**source** n. f. 1 au pr. : fontaine, geyser, griffon, point d'eau, puits ◆ vx : font, sourgeon 2 fig. **a** → **origine** **b** → **cause**

**sourcier, ère** n. m. ou f. radiesthésiste, rhabdomancien

**sourciller** 1 ciller, froncer les sourcils, tiquer 2 **sans sourciller :** sans barguigner / discuter / être troublé / faire ouf (fam.) / hésiter

**sourcilleux, euse** 1 braque, chatouilleux, délicat, hérissé, hypersensible, irritable, ombrageux, pointilleux, pointu, prompt, sensible, sensitif 2 → **triste**

**sourd, e** nom et adj. 1 au pr. : dur d'oreille, sourdingue (fam.) 2 par ext. : amorti, assourdi, bas, caverneux, cotonneux, creux, doux, enroué, étouffé, grave, indistinct, mat, mou, sépulcral, voilé 3 fig. **a** quelqu'un : impitoyable, inexorable, insensible → **indifférent** **b** quelque chose : caché, clandestin, hypocrite, souterrain, ténébreux, vague → **secret**

**sourdement** → **secrètement**

**sourdine (en)** 1 discrètement, doucement, mollo (fam.), silencieusement 2 → **secrètement**

**sourdre** → **sortir**

**souriant, e** 1 → **aimable** 2 → **beau**

**souricière** n. f. → **piège**

**sourire** n. m. → **rire**

**sourire** v. intr. 1 → **rire** 2 → **plaire**

**souris** 1 n. f. **a** muridé, souriceau **b** fam. → **fille** **c** **souris de mer :** taupe de mer 2 n. m. vx → **rire**

**sournois, e** affecté, artificieux, caché, cachottier, chafouin, déloyal, dissimulateur, dissimulé, double jeu, doucereux, en dessous, faux, faux jeton, fourbe, insidieux, mensonger, mielleux, perfide, rusé, simulé, tartufe *ou* tartuffe, trompeur → **hypocrite**

**sournoiserie** n. f. 1 affectation, artifice, cabotinage, cachotterie, comédie, déguisement, dissimulation, duplicité, faux-semblant, feintise, fiction, grimace, invention, leurre, mensonge, momerie, pantalonnade, parade, ruse, simulation, singerie, tromperie 2 → **fausseté** 3 → **hypocrisie**

**sous-alimentation** n. f. malnutrition → **carence**

**souscrire** 1 → **consentir** 2 → **payer**

**sous-entendu** n. m. allégorie, allusion, arrière-pensée, évocation, insinuation, quiproquo, réserve, restriction, réticence

**sous-entendu** adj. à double sens, allant de soi, implicite, tacite

**sous-estimer** abaisser, avilir, baisser, critiquer, débiner (péj.), déconsidérer, décréditer, décrier, dénigrer, déprécier, détracter (vx), dévaloriser, dévaluer, diminuer, discréditer, méconnaître, méjuger, mépriser, mésestimer, rabaisser, rabattre, ravaler, sous-évaluer

**sous-fifre** n. m. → **subordonné**

**sous-jacent, e** 1 inférieur, subordonné 2 supposé → **secret**

**sous-main (en)** → **secrètement**

**sous-marin** 1 n. m. : bathyscaphe, bathysphère, submersible 2 adj. : subaquatique 3 fig. → **espion**

**sous-œuvre** n. m. base, fondation, fondement, infrastructure, pied, soubassement, soutènement, soutien

**sous-ordre** n. m. 1 adjoint, bras droit, collaborateur, subordonné 2 → **inférieur**

**sous-préfecture** n. f. arrondissement, circonscription, district

**sous-sol** n. m. → **cave**

**soustraction** n. f. → **diminution**

**soustraire** 1 → **dérober** 2 → **retrancher** 3 pron. : esquiver → **éviter**

**sous-vêtement** n. m. bas, collant, combinaison, dessous, gilet de corps, jupon, maillot, parure, soutien-gorge → **culotte**

**soutane** n. f. simarre → **robe**

**soutenable** acceptable, défendable, plausible, possible, supportable → **tolérable**

**soutènement** n. m. 1 → **appui** 2 → **soutien**

**souteneur** n. m. → **proxénète**

**soutenir** 1 au pr. : accoter, appuyer, arc-bouter, armer, chevaler, consolider, corseter, échalasser, épontiller (mar.), étançonner, étayer, maintenir, porter, supporter, tenir → **renforcer** 2 par ext. **a** conforter, fortifier, nourrir, réconforter, remonter, réparer, stimuler, sustenter **b** aider, approuver, appuyer, assister, cautionner, défendre, donner / prêter la main, encourager, épauler, épouser la cause, favoriser, financer, garantir, mettre le pied à l'étrier, prendre fait et cause, promouvoir, protéger, remonter le moral, seconder, secourir, subventionner **c** affirmer, argumenter, assurer, attester, certifier, discuter, disputer, écrire, enseigner, faire valoir, maintenir, prétendre, professer, répondre **d** continuer, persévérer, persister, poursuivre 3 loc. **a** **soutenir le choc :** endurer, recevoir, résister, souffrir, subir, supporter, tenir **b** **soutenir la comparaison :** défier, rivaliser 4 v. pron. **a** se continuer, durer, se maintenir, subsister, surnager **b** s'entraider

**soutenu, e** 1 aidé, appuyé, épaulé, pistonné (fam.) 2 secondé 3 assidu, constant, persévérant, persistant 4 accentué, continu, continuel, sostenuto (mus.) 5 loc. **style soutenu.** **a** neutre ou fav. : académique, cérémonieux, élevé, éloquent, héroïque, magnifique, noble, pindarique, relevé, sublime **b** non fav. : affecté, ampoulé, apprêté, bouffi, boursouflé, compliqué, déclamatoire, démesuré, emphatique, enflé, grandiloquent, guindé, hyperbolique, pédantesque, pompeux, pompier (péj. et fam.), prétentieux, ronflant, sentencieux, solennel, sonore, soufflé

**souterrain** n. m. abri, antre, basse-fosse, catacombe, cave, caveau, caverne, crypte, cul de basse-fosse, diverticule, excavation, galerie, grotte, oubliette, passage, sous-sol, terrier, tunnel

**souterrain, e** caché, sombre, ténébreux → **secret**

**soutien** n. m. 1 au pr. : adossement, arc-boutant, base, chandelier, chandelle, charpente, chevalement, colonne, contre-fiche, épaulement, éperon, étai, étançon, levier, pilier, pivot, soutènement, support, tabouret, tuteur, vau ou vaux ou veau → **appui** 2 mar. : accore, épontille, étambrai, tin 3 par ext. : aide, appoint, appui, assistance, collaboration, concours, coopération, égide, encouragement, influence, intervention, main-forte, patronage, piston (fam.), planche de salut, protection, recommandation, réconfort, rescousse, sauvegarde, secours, service, solidarité, support 4 **être le soutien de :** adepte, aide, appui, auxiliaire, bouclier, bras, champion, défenseur, étai, garant, partisan, patron, pilier, pivot, protecteur, second, souteneur (péj.), supporter, tenant

**soutien-gorge** n. m. balconnet, bustier

**soutirer** 1 au pr. → **transvaser** 2 fig. **a** → **obtenir** **b** → **prendre**

**souvenance** n. f. → **souvenir**

**souvenir** n. m. 1 au sing. **a** au pr. anamnèse, mémoire, pensée, réminiscence **b** vx : souvenance **c** par ext. : arrière-goût, impression, ombre, trace **d** → **remords** **e** commémoration, ex-voto, monument, plaque, statue, tombeau, trophée **f** relique, reste, témoin **g** → **cadeau** 2 au pl. : annales, autobiographie, chronique, commentaire, confession, essai, journal, mémoires, mémorial, récit, révélations, voyages

**souvenir (se)** évoquer, mémoriser, se rappeler, se remémorer, remettre, retenir, revoir

**souvent** d'ordinaire, fréquemment, généralement, habituellement, journellement, la plupart du temps, mainte(s) fois, plusieurs fois

**souverain, e** 1 adj. → **suprême** 2 nom **a** → **monarque** **b** → **pape**

**souveraineté** n. f. autorité, domination, empire, pouvoir, puissance, suprématie, suzeraineté

**soviet** n. m. 1 → **comité** 2 → **communiste**

**soyeux, euse** doux, duveteux, fin, lisse, moelleux, satiné, sétacé, velouté, velouteux

**spacieusement** amplement, au large, grandement, immensément, largement, magnifiquement, noblement, profondément, vastement

**spacieux, euse** ample, étendu, vaste → **grand**

**spadassin** n. m. 1 → **ferrailleur** 2 → **tueur**

**spartiate** laconique, sobre → **austère**

**spasme** n. m. → **convulsion**

**spationaute** n. m. et f. astronaute, cosmonaute

**spationef** n. m. → **aérodyne**

**speaker** n. m. annonceur, disc-jockey, présentateur

**speakerine** n. f. annonceuse, présentatrice (off.)

**spécial, e** caractéristique, distinct, distinctif, exceptionnel, extraordinaire, individuel, original, particulier, propre à, remarquable, singulier

**spécialiser** → **spécifier**

**spécialiste** n. m. et f. 1 homme de l'art, professionnel, savant, technicien, technocrate (péj.) 2 → **médecin**

**spécialité** n. f. 1 au pr. : branche, champ, département, division, domaine, fief, oignons (fam.), partie, sphère 2 → **remède**

**spécieux, euse** 1 → **incertain** 2 → **trompeur**

**spécification** n. f. → **explication**

**spécificité** n. f. idiosyncrasie → **particularité**

**spécifier** caractériser, déterminer, préciser, spécialiser → **fixer**

**spécifique** adj. caractéristique, distinct, net, précis, spécial, sui generis, typique → **particulier**

**spécimen** n. m. échantillon, exemplaire, exemple, individu, modèle, prototype, unité

**spéciosité** n. f. → **fausseté**

**spectacle** n. m. 1 au pr. **a** aspect, féerie, panorama, scène, tableau, vue **b** attraction, ballet, cinéma, comédie, danse, divertissement, exhibition, happening, music-hall, numéro, projection, représentation, revue, séance, séance récréative, show, soirée → **pièce, théâtre** 2 par ext. **a** fantaisie, fantasmagorie, grand-guignol **b** → **montre**

**spectaculaire** → **extraordinaire**

**spectateur, trice** n. m. ou f. assistant, auditeur, auditoire, galerie, observateur, parterre, public, téléspectateur, témoin

**spectre** n. m. 1 au pr. : apparition, double, ectoplasme, esprit, fantôme, lémure, ombre, revenant, vision, zombi 2 fig. : cauchemar, crainte, fantasme, hallucination, hantise, idée fixe, manie, monomanie, obsession, peur, phobie, psychose, souci

**spéculateur, trice** n. m. ou f. accapareur, agioteur, baissier, boursicoteur, bricoleur, cumulard, haussier, joueur, monopolisateur, thésauriseur, trafiquant, tripoteur

**spéculatif, ive** abstrait, conceptuel, conjectural, contemplatif, discursif, hypothétique, métaphysique, philosophique, théorique

**spéculation** n. f. 1 calcul, étude, projet, recherche → **pensée** 2 → **théorie** 3 non fav. **a** accaparement, agiotage, jeu, raréfaction, trafic, traficotage (fam.), tripotage (fam.) **b** imagination, rêverie → **rêve** 4 neutre : affaires, Bourse, boursicotage (fam.), commerce, entreprise, transaction

**spéculer** 1 → **hasarder** 2 → **trafiquer**

**speech** n. m. allocution, baratin (fam.), causerie, compliment, conférence, éloge, laïus (fam.), toast → **discours**

**spermatozoïde** n. m. → **gamète**

**sperme** n. m. 1 graine, semence 2 arg. et grossier : **a** vx. foutre **b** fromage, jus, paquet, purée, sauce, semoule, yaourt

**sphère** n. f. 1 armillaire, boule, globe, mappemonde, navisphère 2 champ, cercle, domaine, étendue, limite, milieu, monde (abusiv.), région, zone

**sphérique** → **rond**

**spirale** → **volute**

**spiritualisme** n. m. → **idéalisme**

**spiritualiste** nom et adj. par ext. : animiste, (judéo-) chrétien, déiste, dualiste, essentialiste, fidéiste, finaliste, gnostique, idéaliste, immatérialiste, mystique, ontologique, panthéiste, personnaliste, (néo-)platonicien, pythagoricien ou pythagorique, subjectiviste, téléologique, théiste, vitaliste, zen

**spiritualité** n. f. 1 immatérialité, incorporalité, incorporéité 2 → **religion** 3 → **mysticisme**

**spirituel, le** 1 abstrait, allégorique, figuré, immatériel, incorporel, intellectuel, mental, moral, mystique, religieux, symbolique 2 amusant, attique, brillant, comique, drôle, facétieux, fin, humoristique, ingénieux, intelligent, léger, malicieux, piquant, plaisant, satirique, vif

**spiritueux** n. m. → **liqueur**

**spleen** n. m. cafard (fam.), chagrin, ennui, hypocondrie, idées noires, mal du siècle, mélancolie, neurasthénie, nostalgie, vague à l'âme → **tristesse**

**splendeur** n. f. 1 → **lumière** 2 → **lustre** 3 → **luxe**

**splendide** brillant, coruscant, éblouissant, éclatant, étincelant, fastueux, joyeux, glorieux, magnifique, merveilleux, retentissant, somptueux, superbe, triomphal → **beau**

**spoliation** n. f. captation, dépossession, dol, éviction, expropriation, extorsion, fraude, frustration, soustraction → **vol**

**spolier** déposséder, dépouiller, désapproprier, déshériter, dessaisir, enlever, évincer, exproprier, extorquer, frustrer, ôter, priver, soustraire → **voler**

**spongieux, euse** perméable → **mou**

**sponsor** n. m. off. : commanditaire

**spontané, e** 1 quelqu'un : cordial, direct, franc, libre, naïf, naturel, ouvert, primesautier, rapide, sincère, volontaire 2 quelque chose : automatique, impulsif, inconscient, involontaire

**spontanément** de sa propre initiative, de soi, tout seul

**spontanéité** n. f. → **sincérité**

**sporadique** 1 dans l'espace : clairsemé, constellé, dispersé, disséminé, dissocié, divisé, écarté, écartelé, éparpillé, épars, séparé 2 dans le temps : discontinu, intermittent, irrégulier, larvé, rémittent, saccadé, variable

**spore** n. f. → **germe**

**sport** n. m. 1 amusement, culture physique, entraînement, exercice, gymnastique, jeu 2 principales activités sportives **a** → **athlétisme** **b** natation, plongeon, water-polo → **nage** **c** boxe anglaise / française, escrime, judo, karaté, lutte, tir **d** alpinisme, aviron, badminton, canoë, cyclisme, cyclo-cross, golf, kayak, paume, pelote (basque), ping-pong, planche à voile, plongée sous-marine, ski nautique, squash, surf, tennis, yachting **e** automobilisme ou sport automobile, moto-cross, motocyclisme, motonautisme **f** acrobatie aérienne ou voltige, aviation, deltaplane, parachutisme, parapente, U.L.M., vol à voile **g** base-ball, basket-ball, cricket, football, hand-ball, hockey sur gazon, rugby, volley-ball **h** bobsleigh, hockey sur glace, luge, patinage, ski **i** concours hippique, courses, dressage, équitation ou cheval, haute école, polo **j** chasse, pêche (au gros / au lancer / sous-marine) **k** billard, boules, bowling, pétanque

**spot** n. m. off. 1 → **projecteur** 2 audiov. annonce, communication, message publicitaire 3 milit. : point de poser *ou* émissole (mar.), repère, trace

**sprint** n. m. emballage, enlevage, finish, pointe, rush

**sprinter** → **accélérer**

**spumeux, euse** baveux, bouillonnant, écumeux, mousseux, spumescent

**squale** n. m. aiguillat, chien de mer, griset, lamie, maillet, marteau ou zygène, orque, requin, rochier, roussette, touille

**squame** n. f. écaille, squamule

**square** n. m. 1 → **jardin** 2 → **place**

**squelette** n. m. 1 au pr. : carcasse, charpente, momie, os, ossature, ossements 2 par ext. : architecture, canevas → **plan**

**squelettique** décharné, défait, désossé, émacié, étique, fluet, grêle, sec → **maigre**

**stabilisation** n. f. → **affermissement**

**stabiliser** → **fixer**

**stabilité** n. f. 1 au pr. : aplomb, assiette, assise, équilibre 2 par ext. **a** certitude, consistance, constance, continuité, durabilité, fermeté, fixité, permanence, solidité **b** inamovibilité, sécurité **c** → **calme**

**stable** 1 au pr. : affermi, ancré, assis, d'aplomb, ferme, fixe, équilibré, immobile, immuable, inaltérable, inamovible, indécomposable, permanent, persistant, régulier, sédentaire, solide, stationnaire, statique 2 par ext. : arrêté, assuré, certain, constant, continu, défini, déterminé, durable, fini, inamissible, invariable, invariant, irrévocable, sûr, torpide (méd.)

**stade** n. m. 1 carrière, cirque, hippodrome, lice (vx), piste, terrain, vélodrome → **gymnase** 2 degré, échelon, niveau, palier, partie, période, phase, terme

**staff** n. m. aggloméré, faux marbre, imitation, stuc

**staff** n. m. cadres, personnel → **hiérarchie**

**stage** n. m. 1 arrêt, moment, passage, période, station → **séjour** 2 apprentissage, formation, juvénat, noviciat, préparation

**stagnant, e** 1 croupissant, dormant, marécageux 2 immobile, inactif, lent, mort, stationnaire

**stagnation** n. f. 1 au pr. : arrêt, immobilisation, stase 2 par ext. **a** ankylose, atrophie, langueur, marasme **b** crise, croupissement, immobilisme, improductivité, inaction, inactivité, inertie, morte-saison, paralysie, piétinement

**stagner** croupir, macérer → **séjourner**

**stalactite** et **stalagmite** n. m. concrétion, pétrification

**stalle** n. f. 1 banquette, gradin, miséricorde, place, siège 2 box, loge

**stance** n. f. strophe → **poème**

**stand** n. m. 1 pas de tir 2 → **magasin**

**standard** 1 n. m. **a** accueil, central **b** → **modèle** 2 adj. : commun, conforme, courant, normalisé

**standardisation** n. f. → **rationalisation**

**standardiser** → **normaliser**

**stand-by** milit. off. : attente

**standing** n. m. off. classe, haut de gamme, niveau de vie, prestige → **rang**

**staphisaigre** n. f. → **dauphinelle**

**star** n. f. → **artiste**

**starlette** n. f. → **cover-girl**

**starter** n. m. 1 méc. off. : démarreur 2 méd. off. : inducteur

**stase** n. f. 1 → **congestion** 2 → **stagnation**

**station** n. f. 1 arrêt, gare, halte, poste 2 pause, stage 3 attitude, position, posture 4 **station thermale :** bains, eaux, thermes, ville d'eaux

**stationnaire** 1 casanier, sédentaire 2 étale, fixe, immobile, invariable, stagnant → **stable**

**stationnement** n. m. → **parking**

**stationner** s'arrêter, s'attarder, camper, cesser, demeurer, faire halte / relâche, se fixer, rester, séjourner, stopper

**statique** → **stable**

**statistique** n. f. → **dénombrement**

**statuaire** n. m. et f. bustier, imagier (vx), modeleur, ornemaniste → **sculpteur**

**statue** n. f. 1 bronze, buste, figure, figurine, gisant, idole, image, marbre, monument, orant, pleurant, ronde-bosse, simulacre 2 amour, cariatide, cupidon, déesse, dieu, faune, génie, héros, télamon, terme → **sculpture**

**statuer** arrêter, établir, fixer, juger, ordonner → **décider**

**statuette** n. f. 1 bilboquet, figurine, magot, marionnette, marmot (vx), pagode, poupée, poussah, santon 2 biscuit, chine, saxe, sèvres, tanagra

**statu quo** n. m. → **immobilité**

**stature** carrure, charpente, grandeur, hauteur, mesure, port, taille

**statut** 1 arrêté, canon, charte, code, concordat, consigne, constitution, décret, discipline, édit, institution, loi, mandement, ordonnance, prescription, règle, règlement, réglementation 2 accord, arbitrage, arrangement, convention, protocole 3 relig. : canon, observance, règle

**statutaire** réglementaire → **permis**

**stèle** n. f. cippe → **tombe**

**steppe** n. f. lande, pampa, plaine, prairie, veld

**stercoraire** scatophile, stercoral

**stéréotype** n. m. → **cliché**

**stéréotypé, e** → **figé**

**stérile** 1 quelque chose. **a** aride, désert, désolé, desséché, improductif, inculte, incultivable, infécond, infertile, infructueux (vx), ingrat, inutile, maigre, nul, pauvre, pouilleux, sec **b** aseptique, axénique, infermentescible, pasteurisé, stérilisé 2 vétér. : bréhaigne, mule 3 par ext. : inefficace, infructueux, inutile, oiseux, vain

**stérilisation** n. f. 1 appertisation, aseptisation, assainissement, axénisation, ozonisation, pasteurisation, upérisation 2 → **congélation** 3 → **castration**

**stériliser** 1 au pr. **a** appertiser, aseptiser, désinfecter, étuver, javelliser, ozoniser, pasteuriser, purifier, upériser **b** → **congeler** **c** bistourner, castrer, châtrer, couper, émasculer, hongrer, mutiler 2 par ext. : appauvrir, assécher, dessécher, neutraliser → **sécher**

**stérilité** n. f. 1 au pr. : agénésie, anovulation, aspermatisme, aspermie, azoospermie, infécondité → **impuissance** 2 par ext. **a** → **pauvreté** **b** → **sécheresse**

**steward** n. m. → **serveur**

**stick** n. m. 1 → **baguette** 2 milit. off. : groupe de saut

**stigmate** n. m. 1 → **cicatrice** 2 → **trace**

**stigmatisation** n. f. → **blâme**

**stigmatiser** 1 → **blâmer** 2 → **flétrir**

**stimulant** n. m. → **fortifiant**

**stimulant, e** nom et adj. 1 incitant, mobilisateur, motivant, stimulateur 2 → **affriolant**

**stimulation** et **stimulus** n. f., n. m. → **excitation**

**stimuler** → **exciter**

**stipe** n. m. → **tige**

**stipendier** → **soudoyer**

**stipulation** n. f. accord, clause, condition, convention, engagement, pacte, traité

**stipuler** → **énoncer**

**stock** n. m. → **réserve**

**stocker** déposer, entreposer → **conserver**

**stoïcien, ne** nom et adj. [1] stoïque [2] constant, dur, ferme, impassible, inébranlable, insensible

**stoïcisme** n. m. [1] au pr. : [2] par ext. **a** → **constance** **b** → **austérité**

**stoïque** nom et adj. [1] → **stoïcien** [2] → **courageux** [3] → **austère**

**stolon** n. m. → **tige**

**stomacal, e** et **stomachique** gastrique

**stop** n. m. [1] → **arrêt** [2] → **assez**

**stopper** [1] arrêter, bloquer, freiner, immobiliser ◆ mar. : être encalminé, mettre en panne, mouiller [2] raccommoder, rentraire, réparer

**store** n. m. → **rideau**

**strabisme** n. m. vx ou fam. : loucherie

**stranguler** → **étrangler**

**stratagème** n. m. → **ruse**

**strate** n. f. → **couche**

**stratège** n. m. généralissime → **chef**

**stratégie** n. f. par ext. : diplomatie, manœuvre, polémologie, tactique → **ruse**

**stratégique** → **militaire**

**stratifier** → **accumuler**

**stress** n. m. tension → **inquiétude**

**strict, e** [1] → **zélé** [2] → **sévère**

**strident, e** → **aigu**

**strie** n. f. [1] → **sillon** [2] au pl. méd. : vergetures, vibices

**strié, e** divisé, lamellé, lamelliforme, laminaire, ligné, rayé, vermiculé

**strier** ligner, rayer

**string** n. m. pétr. off. : rame

**stripper** n. m. méd. off. : tire-veine

**stripping** n. m. off. nucl. : stripage

**strip-tease** n. m. déballage, déshabillage, effeuillage (off.)

**strip-teaseuse** n. f. off. : effeuilleuse

**strophe** n. f. → **poème**

**structure** n. f. [1] algorithme, architecture, arrangement, charpente, construction, contexture, disposition, forme, groupement, ordonnance, ordre, organisation, ossature, plan, schème, système, texture [2] organigramme, tableau schématique / synoptique → **composition**

**stuc** n. m. aggloméré, faux marbre, imitation, staff

**studieux, euse** accrocheur, appliqué, chercheur, fouilleur, laborieux, travailleur, zélé

**studio** n. m. appartement, chambre, garçonnière, logement, meublé, pied-à-terre, studette

**stupéfaction** n. f. [1] au pr. : ankylose, engourdissement, immobilisation, immobilité, insensibilité [2] par ext. **a** abasourdissement, consternation, ébahissement, effarement, étonnement, saisissement, stupeur, surprise **b** effroi, épouvante, horreur → **peur**

**stupéfait, e** abasourdi, ahuri, confondu, consterné, déconcerté, décontenancé, désorienté, ébahi, ébaubi, embarrassé, étourdi, frappé, frappé de stupeur, interdit, médusé, renversé, saisi, stupéfié, stupide, surpris → **étonné** ◆ fam. : baba, comme deux ronds de flan, ébouriffé, épaté, soufflé

**stupéfiant** n. m. → **drogue**

**stupéfiant, e** → **surprenant**

**stupéfié, e** → **surpris**

**stupéfier** → **surprendre**

**stupeur** n. f. → **stupéfaction**

**stupide** [1] neutre. **a** engourdi, mou, vaseux, vasouillard **b** aveugle, ébahi, étonné, hébété → **stupéfait** [2] non fav. : balourd, butor, demeuré, fondu (fam.), ganache, idiot, imbécile, insensé, jacques (vx), lourd, lourdaud, lourdingue, minus, niais, pesant → **bête, sot** ◆ arg. : bas de plafond, cave, cloche, con, connard, conneau, croûte, cul, pied, tarte, tronche

**stupidité** n. f. [1] quelque chose : ânerie, balourdise, crétinerie → **sottise** [2] de quelqu'un : absurdité, aveuglement, béotisme, crétinisme, ganacherie, idiotie, ineptie, inintelligence, lourdeur, pesanteur, philistinisme → **bêtise** ◆ vx : béjaune

**stupre** n. m. [1] au pr. : avilissement, basse débauche, crapule, viol, violence [2] par ext. : concupiscence, corruption, immodestie, impudicité, impureté, indécence, lasciveté, lascivité, libertinage, licence, lubricité, luxure, obscénité, salacité → **débauche**

**style** n. m. [1] au pr. : écriture, élocution, expression, langage, langue [2] par ext. **a** design, façon, facture, forme, genre, goût, griffe, ligne, main, manière, originalité, patte, pinceau, plume, signature, talent, ton, touche, tour **b** → **expression** **c** → **procédé** **d** → **ordre**

**styler** [1] acclimater, accoutumer, adapter, apprivoiser, endurcir, entraîner, façonner, faire à, familiariser, former, habituer, initier, mettre au courant / au fait de, plier à, rompre [2] apprendre, catéchiser, dresser, éduquer, élever, endoctriner, enseigner, exercer, former, instruire, préparer ◆ vx : gouverner, instituer

**stylet** n. m. → **poignard**

**styliser** idéaliser, interpréter, schématiser, simplifier, transposer

**styliste** n. m. et f. affichiste, designer, dessinateur, modéliste, stylicien(ne)

**stylo** n. m. vx : porte-plume réservoir, stylographe → **porte-plume**

**suaire** n. m. drap, linceul, voile

**suave** → **doux**

**suavité** n. f. → **douceur**

**subalterne** → **subordonné**

**subconscient** [1] adj. : infraliminal, subliminal [2] n. m. : inconscient, intériorité, intimité, profondeurs

**subdiviser** désunir, diviser, fractionner, morceler, partager, répartir, sectionner, séparer

**subdivision** n. f. → **partie**

**subir** accepter, écraser (fam.), endurer, éprouver, essuyer, expérimenter, recevoir, ressentir, sentir, souffrir, soutenir, supporter, tolérer

**subit, e** brusque, brutal, foudroyant, fulgurant, immédiat, imprévu, inopiné, instantané, prompt, rapide, soudain

**subitement** et **subito** → **soudain**

**subjectif, ive** [1] au pr. : personnel [2] par ext. : arbitraire, excessif, injuste, partial, particulier

**subjectivité** n. f. par ext. : abus, arbitraire, déloyauté, injustice, irrégularité, parti pris, partialité, préférence, préjugé, prévention, scélératesse

**subjuguer** [1] → **soumettre** [2] → **gagner**

**sublimation** n. f. [1] distillation, vaporisation, volatilisation [2] exaltation, purification

**sublime** [1] → **élevé** [2] → **beau**

**sublimement** admirablement, divinement, extraordinairement, formidablement, noblement, parfaitement, surhumainement

**sublimer** [1] → **embellir** [2] → **transposer**

**sublimité** n. f. élévation, grandeur, noblesse, perfection, supériorité → **beauté**

**submerger** [1] au pr. : arroser, couvrir, engloutir, ensevelir, envahir, inonder, mouiller, noyer, occuper, recouvrir, se répandre [2] par ext. → **déborder**

**submersible** [1] n. m. : bathyscaphe, bathysphère, sous-marin [2] adj. : subaquatique

**subodorer** [1] au pr. → **sentir** [2] par ext. : deviner, se douter de, flairer, soupçonner → **pressentir**

**subordination** n. f. [1] au pr. : asservissement, assujettissement, dépendance, esclavage, infériorité, joug, obédience, obéissance, servitude, soumission, sujétion, tutelle, vassalité [2] par ext. → **hiérarchie**

**subordonné, e** nom et adj. domestique, esclave, humble, inférieur, second, sous-ordre, subalterne ◆ fam. : lampiste, porte-pipe, sous-fifre

**subordonner** → **soumettre**

**subornation** n. f. [1] corruption, détournement, donjuanisme, intimidation, séduction, tromperie, vénalité [2] → **malversation** [3] fam. : arrosage, éclairage

**suborner** → **séduire**

**suborneur, euse** nom et adj. [1] → **malhonnête** [2] bourreau des cœurs, casse-cœur, charmeur, enjôleur, ensorceleur, fascinateur, galant, homme à femmes, lovelace, séducteur, tombeau des cœurs, tombeur de femmes

**subreptice** → **secret**

**subrepticement** → **secrètement**

**subrogation** n. f. → **remplacement**

**subroger** relever, remplacer, représenter, substituer

**subséquemment** après, en conséquence (de quoi), ensuite, plus tard

**subséquent, e** → **suivant**

**subside** n. m. [1] → **impôt** [2] → **secours**

**subsidiaire** accessoire, annexe, auxiliaire, mineur, suffragant

**subsidiairement** → **accessoirement**

**subsistance** n. f. [1] au sing. : alimentation, approvisionnement, denrée, entretien, intendance, nourriture, pain, pitance, ration, ravitaillement, vie [2] → **séjour** [3] au pl. : comestibles, victuailles, vivres

**subsister** se conserver, consister (vx), continuer, durer, s'entretenir, être, exister, se maintenir, persister, rester, surnager, survivre, tenir, vivoter, vivre

**substance** n. f. [1] au pr. : essence, être, nature, quintessence, réalité, soi, substrat [2] par ext. : cause, contenu, corps, élément, essentiel, fond, fondement, matière, moelle, objet, origine, principe, suc, sujet [3] **en substance :** en gros, en résumé, en somme, finalement, sommairement, substantiellement

**substantiel, le** [1] au pr. **a** vx : essentiel **b** important, principal [2] par ext. : consistant, mangeable, matériel, nourrissant, nutritif, riche, solide

**substantiellement** → **principalement**

**substantif** n. m. → **nom**

**substituer** → **remplacer**

**substitut** n. m. → **remplaçant**

**substitution** n. f. [1] → **remplacement** [2] ling. : hypostase

**substrat** n. m. [1] → **substance** [2] → **langue**

**subsumer** → **intégrer**

**subterfuge** n. m. dérobade, détour, échappatoire, escobarderie, faux-fuyant, fuite, pantalonnade, pirouette, volte-face → **ruse**

**subtil, e** [1] → **menu** [2] → **habile** [3] → **raffiné** [4] → **délicat** [5] → **vif**

**subtilisation** n. f. → **malversation**

**subtiliser** → **voler**

**subtilité** n. f. [1] fav. ou neutre : adresse, délicatesse, finesse, raffinement [2] non fav. : abstraction, argutie, artifice, byzantinisme, casuistique, chicane, chinoiserie (fam.), équivoque, escamotage

**subulé, e** → **aigu**

**subvenir** → **pourvoir**

**subvention** n. f. [1] → **impôt** [2] → **secours**

**subventionner** → **aider**

**subversif, ive** → **révolutionnaire**

**subversion** n. f. agit-prop, bouleversement, contestation, désinformation, déstabilisation, indiscipline, mutinerie, renversement, révolution, sédition

**subvertir** → **renverser**

**suc** n. m. → **substance**

**succédané** n. m. ersatz, produit de remplacement / de substitution, simili

**succéder** [1] continuer, hériter, relayer, relever, remplacer, se substituer, suivre, supplanter, suppléer [2] v. pron. : alterner, se dérouler, s'enchaîner

**succès** n. m. [1] au pr. : réussite, triomphe, victoire [2] par ext. **a** avantage, bonheur, bonne fortune, événement heureux, exploit, gain, gloire, honneur, issue heureuse, lauriers, performance, prospérité, prouesse, tour de force, trophée, vedette **b** mode, retentissement, vogue **c** best-seller, gros tirage [3] fam. : bœuf, malheur, saucisson, tabac, ticket, tube

**successeur** n. m. continuateur, dauphin, descendant, enfant, épigone, fils, héritier, queue (péj.), remplaçant

**successif, ive** consécutif, constant, continu, ininterrompu, progressif, récurrent, régulier, séquentiel

**succession** n. f. [1] au pr. : héritage, legs ◆ vx : aubaine, douaire, hoirie, survivance [2] par ext. **a** bien, domaine, héritage, patrimoine, propriété **b** circuit, consécution, continuation, courant, cours, course, enchaînement, fil, filiation, ordre, série, suite **c** alternance, alternative, cadence **d** cascade, chapelet, cortège, défilé, déroulement, enchaînement, énumération, kyrielle, procession, théorie

**successivement** alternativement, à tour de rôle, coup sur coup, l'un après l'autre, périodiquement, rythmiquement, tour à tour

**succin** n. m. ambre jaune

**succinct, e** 1 au pr. : abrégé, accourci, bref, compendieux (vx), concis, condensé, contracté, coupé, court, dense, diminué, écourté, elliptique, haché, laconique, lapidaire, raccourci, ramassé, réduit, resserré, restreint, résumé, serré, simple, sommaire 2 par ext. : éphémère, fragile, fugace, fugitif, intérimaire, momentané, passager, périssable, précaire, pressé, prompt, provisoire, rapide, temporaire, transitoire

**succomber** 1 au pr. → **mourir** 2 par ext. a abandonner, battre la chamade, capituler, céder, demander grâce / merci, déposer / jeter bas / mettre bas / poser / rendre les armes, flancher, hisser le drapeau blanc, lâcher pied / prise, livrer les clefs, mettre les pouces, ouvrir les portes, parlementer, se rendre b → **fléchir**

**succube** n. m. et f. diablesse → **diable**

**succulence** n. f. → **délicatesse**

**succulent, e** 1 au pr. : appétissant, bon, délectable, délicat, excellent, exquis, fin, parfait, sapide, savoureux 2 par ext. → **substantiel**

**succursale** n. f. agence, annexe, bureau, comptoir, dépendance, dépôt, filiale

**sucer** 1 au pr. : aspirer, boire, lécher, suçoter, super, téter, tirer 2 par ext. absorber, attirer, exprimer, extraire, pomper 3 fig. → **ruiner**

**sucrage** n. m. chaptalisation

**sucre** n. m. 1 au pr. a cassonade, mélasse, rob, vergeoise, vesou b fructose, glucose, lactose, saccharose 2 par ext. : canard (fam.), édulcorant, saccharine, sucrerie 3 loc. **casser du sucre** → **médire**

**sucré, e** 1 au pr. : adouci, doux, édulcoré, sacchareux, sacchariné, sirupeux 2 fig. a benoît, chafouin, douceâtre, doucereux, doux, emmiellé, fade, melliflue, mielleux, mièvre, papelard, patelin, paterne, sournois → **hypocrite** b fém. : affectée, bêcheuse, chichiteuse, chipie, coquette, enjôleuse, gnangnan (fam.), grimacière, maniérée, mignarde, mijaurée, minaudière, nunuche, pécore, perruche, pie-grièche, pimbêche

**sucrer** 1 adoucir, chaptaliser, édulcorer 2 pron. → **toucher**

**sucrerie** n. f. bonbon, chatterie, confiserie, douceur, friandise, gourmandise, nanan (fam.)

**sucrier** n. m. saupoudreuse

**sud** n. m. antarctique, austral, méridional, midi

**sudation** n. f. diaphorèse, exhalation, exsudation (vx), perspiration, transpiration → **sueur**

**sudiste** nom et adj. sécessionniste → **séparatiste**

**suée** n. f. → **sueur**

**suer** 1 v. intr. a au pr. : être en eau / en nage, moitir, se mouiller, transpirer b par ext. : dégouliner, dégoutter, exsuder, ruisseler, suinter c fig. : se claquer, se crever, s'échiner, s'épuiser, s'éreinter, s'esquinter, s'exténuer, se fatiguer, trimer → **travailler** d fam. : en baver / chier 2 v. tr. (fig) → **exhaler**

**sueur** n. f. 1 au pr. : buée, eau, écume, excrétion, humeur (vx), moiteur, nage, sudation, suée (fam.), transpiration, vapeur 2 fig. : corvée, fatigue, peine, souci, veille → **travail**

**suffire** apaiser, contenter, être assez / suffisant, fournir, pourvoir, satisfaire

**suffisamment** assez, à satiété, congrûment, convenablement, correctement, honnêtement, honorablement, raisonnablement

**suffisance** n. f. 1 → **affectation** 2 → **orgueil**

**suffisant, e** 1 assez bien, bastant (vx), congru, convenable, correct, honnête, honorable, passable, raisonnable, satisfaisant 2 → **orgueilleux**

**suffixe** n. m. désinence, terminaison

**suffocant, e** 1 au pr. : accablant, asphyxiant, chaud, étouffant, torride 2 fig. neutre → **étonnant** 3 non fav. : agaçant, crispant, énervant, exaspérant, horripilant, irritant

**suffocation** n. f. apnée, asthme, asphyxie, dyspnée, étouffement, étranglement, oppression

**suffoquer** → **étouffer**

**suffrage** n. m. 1 au pr. → **vote** 2 par ext. → **approbation**

**suffusion** n. f. → **épanchement**

**suggérer** → **inspirer**

**suggestif, ive** allusif, charmeur, ensorcelant, envoûtant, évocateur, inspirant, prenant, saisissant, séduisant, troublant

**suggestion** n. f. 1 → **avertissement** 2 → **inspiration** 3 → **analogie**

**suggestionner** → **influer**

**suicidaire** → **téméraire**

**suicide** n. m. autodestruction, hara-kiri

**suicider (se)** se détruire, se donner la mort, se défaire, faire hara-kiri, se faire sauter (la cervelle / le caisson), se flinguer, s'immoler, mettre fin à ses jours, se saborder (fig.), se supprimer

**suif** n. m. → **graisse**

**sui generis** distinct, original, particulier, personnel, spécial

**suintement** n. m. → **écoulement**

**suinter** couler, dégouliner (fam.), s'échapper, s'écouler, s'égoutter, émaner, exsuder, fuir, goutter, jeter (vx), perler, pleurer (fig.), ressuer, ruisseler, sécréter, sourdre, suer, transsuder

**suisse** nom et adj. 1 helvète, helvétique 2 alémanique, bernois, genevois, romanche, romand, valaisan, vaudois 3 helvétisme 4 a → **bedeau** b → **portier**

**suite** n. f. 1 au pr. a appareil, cortège, cour, entourage, équipage, escorte, garde, gens, maison, pompe, théorie, train b fam. : trimballée c continuation, continuité, cours, déroulement, développement, enchaînement, fil, filiation, liaison, postériorité, prolongation, prolongement, reprise d typo. : retourne, tourne 2 par ext. a alternance, alternative, cascade, chaîne, chapelet, concaténation, consécution, découpage, défilé, enfilade, engrenage, énumération, file, gamme, kyrielle, liste, ordre, ribambelle, séquence, série, succession, tissu, trame b aboutissement, conséquence, contrecoup, cortège, éclaboussure, effet, imbrication, implication, incidence, lendemain, rançon, reliquat, répercussion, résultat, retombée, ricochet, séquelle, séquence c cohérence, cohésion d → **persévérance** 3 loc. a **tout de suite** : à l'instant, aussitôt, illico (fam.), immédiatement, incessamment, incontinent, sans délai, sans plus attendre, sur-le-champ b **dans / par la suite** : à / dans l'avenir, après cela, demain, depuis, désormais, dorénavant, ensuite, plus tard c **par suite de** : à cause de, en raison de, grâce à

**suivant, e** n. m. ou f. acolyte, aide, confident, continuateur, disciple, inférieur, remplaçant, suiveur

**suivant, e** adj. autre, consécutif, futur, postérieur, subséquent, successeur, ultérieur

**suivant** prép. conformément à, dans, d'après, selon

**suivante** n. f. confidente, dame / demoiselle de compagnie / d'honneur, fille, fille d'honneur → **servante**

**suivi, e** 1 assidu, constant, continu, continuel, d'affilée, durable, éternel, immuable, incessant, indéfectible, infini, ininterrompu, interminable, invariable, opiniâtre, permanent, perpétuel, persistant, prolongé, régulier, sans arrêt / cesse / fin / répit / trêve, sempiternel, soutenu, successif 2 → **logique**

**suivre** 1 au pr. a accompagner, emboîter le pas, escorter, marcher derrière, poursuivre, serrer, talonner b côtoyer, descendre, emprunter, longer, parcourir, prendre, remonter 2 par ext. a espionner, filer, filocher (arg.), observer, pister, prendre en filature, surveiller → **écouter** b continuer, remplacer → **succéder** c courtiser, fréquenter, hanter, sortir avec d → **comprendre** e assister à, écouter, être présent, s'intéresser à, regarder, voir f → **abandonner (s')** g → **soumettre (se)** h → **résulter** i → **obéir** j adhérer, adopter, se décider pour, se déclarer pour, embrasser, épouser, prendre parti, se prononcer, se ranger, tenir pour

**sujet** n. m. 1 cause, lieu, matière, motif, objet, point, problème, propos, question, raison 2 affabulation, article, canevas, champ, étoffe, fable, histoire, idée, intrigue, thème 3 cobaye (fig.), malade, patient → **homme** 4 loc. a **bon sujet** : élève, enfant, petit b **mauvais sujet** → **vaurien** c loc. **au sujet de** → **touchant**

**sujet, te** 1 astreint, dépendant, enclin, exposé, habitué, porté à, susceptible 2 gouverné, inférieur, soumis, subordonné, tributaire

**sujétion** n. f. → **subordination**

**summum** n. m. apogée, comble, excès, faîte, fort, limite, maximum, nec plus ultra, période, pinacle, sommet, top niveau (fam.), triomphe, zénith

**super** → **sucer**

**superbe** n. f. amour-propre, arrogance, dédain, estime de soi, fatuité, fierté, gloriole, hauteur, importance, infatuation, jactance, mégalomanie, morgue, orgueil, ostentation, outrecuidance, pose, présomption, prétention, suffisance, supériorité, vanité

**superbe** adj. 1 altier, arrogant, avantageux, content de soi, crâneur, dédaigneux, faraud, fat, fier, flambard, glorieux, gobeur, hautain, important, infatué, m'as-tu-vu, orgueilleux, outrecuidant, paon, pénétré de soi, poseur, présomptueux, prétentieux, puant, satisfait de soi, sourcilleux, suffisant, supérieur, vain, vaniteux 2 → **beau** 3 → **somptueux**

**supercherie** n. f. → **tromperie**

**superfétation** n. f. → **superfluité**

**superfétatoire** → **superflu**

**superficie** n. f. 1 → **surface** 2 → **aspect**

**superficiel, le** → **léger**

**superficiellement** 1 à la légère, légèrement, inconsidérément, sommairement 2 frugalement, sobrement 3 délicatement, doucement, en douceur, imperceptiblement

**superfin, e** → **parfait**

**superflu, e** adventice, de trop, exagéré, excessif, explétif, oiseux, parasite, redondant, superfétatoire, surabondant → **inutile**

**superfluité** n. f. bavardage, cheville, délayage, double emploi, excès, longueur, luxe, pléonasme, redite, redondance, rembourrage, remplissage, superfétation, surabondance, surcharge

**supérieur, e** n. m. ou f. 1 chef, directeur, doyen, grand maître, général, maître, patron, prieur 2 principal, proviseur, régent

**supérieur, e** adj. 1 quelqu'un. a fav. ou neutre : beau, bon, distingué, émérite, éminent, excellent, extraordinaire, génial, hors-concours, transcendant b non fav. : arrogant, condescendant, dédaigneux, fier → **superbe** 2 quelque chose. a au pr. : dominant, élevé, haut b par ext. : délectable, excellent, extra, fameux, fin, formidable, optimal, première qualité, royal, sans pareil, sensationnel, superfin, suprême, surfin, unique ◆ fam. : ronflant, sensass, super 3 une classe sociale : dirigeant, dominant, possédant, prééminent, prépondérant

**supériorité** n. f. 1 atout, avantage, dessus, optimum, prééminence, préexcellence, prépondérance, prépotence, primauté, privilège, suprématie 2 empire, hégémonie, maîtrise, précellence, royauté, sceptre 3 de quelqu'un. a fav. : distinction, excellence, génie, mérite, transcendance b non fav. : arrogance, condescendance, dédain, fierté → **superbe** 4 de quelque chose : excellence, finesse, qualité

**superlatif, ive** au plus haut degré, extraordinaire, parfait, top niveau (fam.) → **excessif**

**supermarché** n. m. → **magasin**

**superposer** → **accumuler**

**superposition** n. f. → **accumulation**

**superstitieux, euse** crédule, fétichiste, naïf, scrupuleux

**superstition** n. f. 1 au pr. : crédulité, fétichisme, naïveté 2 fig. : scrupule → **soin**

**superstrat** n. m. → **langue**

**superstructure** n. f. → **extérieur**

**supertanker** n. f. → **pétrolier**

**superviser** → **diriger**

**supplanter** → **remplacer**

**suppléance** n. f. → **remplacement**

**suppléant, e** nom et adj. → **remplaçant**

**suppléer** 1 → **compléter** 2 → **remplacer** 3 → **pourvoir**

**supplément** n. m. accessoire, à-côté, addenda (fam.), additif, addition, ajout, appendice, appoint, augmentation, complément, excédent, extra, préciput (jurid.), rabiot (fam.), rallonge, surcroît, surplus

**supplémentaire** accessoire, additionnel, adventice, ajouté, ampliatif, annexé, complémentaire, de surcroît, en appoint / complément / excédent / rabiot / surplus, en plus, subsidiaire, supplétif, surérogatoire

**supplétif, ive** nom et adj. → **remplaçant**

**suppliant, e** demandant, implorant, larmoyant, mendiant, orant, pressant, priant

**supplication** n. f. 1 appel, demande, démarche, déprécation, imploration, instance, invitation, invocation, obsécration, pétition, pourvoi, requête, réquisition, réquisitoire, sollicitation, supplique vx : placet, postulation, quête [2] → **prière**

**supplice** n. m. [1] **a** autodafé, billot, bûcher, calvaire, cangue, carcan, chaise électrique, chambre à gaz, châtiment, croix, crucifiement, crucifixion, décapitation, décollation, échafaud, écorchement, énervation, enfer, essorillement, estrapade, exécution, exposition, garrot, gibet, lapidation, lynchage, martyre, mort, pal, peine, pendaison, persécution, pilori, potence, punition, tenaillement, torture, tourment → **guillotine** **b** vx : garrotte, géhenne, question **c** → **humiliation** [2] → **inquiétude** [3] → **souffrance** [4] loc. **mettre au supplice** → **tourmenter**

**supplicier** [1] exécuter, mettre à mort [2] → **tuer** [3] → **tourmenter**

**supplier** [1] adjurer, appeler, conjurer, demander, implorer, insister, presser, prier, réclamer, recommander, requérir, solliciter [2] convier, inviter

**supplique** n. f. → **supplication**

**support** n. m. [1] → **appui** [2] sous-face, subjectile, trame

**supportable** [1] buvable (fam.), endurable, facile, faible, léger, passable, sortable, soutenable, suffisant, tenable, tolérable, vivable [2] → **excusable**

**supporter** [1] → **soutenir** [2] → **souffrir** [3] → **comporter** [4] → **tolérer**

**supposé, e** admis, apocryphe (péj.), attribué, avancé, censé, conjectural, cru, douteux, faux, hypothétique, imaginaire, incertain, posé, présumé, présupposé, prétendu, putatif

**supposer** admettre, avancer, conjecturer, dénoter, extrapoler, inventer, penser, poser, présumer, présupposer, prétendre → **imaginer**

**supposition** n. f. cas de figure, condition, conjecture, diagnostic, doute, extrapolation, hypothèse, induction, jeu de l'esprit, préjugé, présomption, pronostic, supputation, vraisemblance → **imagination**

**suppôt** n. m. agent, partisan, satellite → **complice**

**suppression** n. f. abandon, abolition, abrogation, amputation, annulation, aphérèse, apocope, cessation, coupure, curetage, deleatur (typo.), dérogation, destruction, discontinuation, effacement, élimination, empêchement, exclusion, expurgation, extinction, liquidation, mutilation, privation, radiation, retranchement, scotomisation (psych.)

**supprimer** [1] → **détruire** [2] → **retrancher** [3] → **taire** [4] → **étouffer** [5] → **tuer** [6] v. pron. → **suicider (se)**

**suppuration** n. f. [1] → **infection** [2] → **pus**

**suppurer** s'infecter → **couler**

**supputation** n. f. [1] → **évaluation** [2] → **supposition**

**supputer** [1] → **évaluer** [2] → **compter**

**suprasensible** abstrait, immatériel, insensible

**suprématie** n. f. → **supériorité**

**suprême** [1] au pr. : dernier, final, ultime [2] par ext. : divin, grand, parfait, puissant, souverain, superlatif → **supérieur**

**sur, e** → **aigre**

**sûr, e** [1] au pr. : assuré, authentique, avéré, certain, clair, constant, couru (fam.), établi, évident, exact, fatal, garanti, incontestable, indubitable, infaillible, positif, réel [2] par ext. **a** abrité, caché, gardé, imprenable, inviolable, protégé, tranquille **b** confiant, convaincu, ferme **c** crédible, de tout repos, efficace, éprouvé, fiable, fidèle, indéréglable, infalsifiable, vrai **d** sain et sauf **e** → **discret**

**surabondamment** démesurément, excessivement → **très**

**surabondance** n. f. [1] → **affluence** [2] → **superfluité**

**surabondant, e** [1] → **abondant** [2] → **superflu**

**surabonder** → **déborder**

**suralimentation** n. f. malnutrition → **pléthore**

**suranné, e** ancien, antédiluvien, antique, archaïque, arriéré, attardé, caduc, démodé, dépassé, désuet, éculé, fini, fossile, kitsch, gothique, moyenâgeux, obsolescent, obsolète, passé, périmé, rebattu, ringard, rococo, sans valeur, usé, vieilli, vieillot, vieux

**surbaisser** → **baisser**

**surbooking** n. m. tour. off. : surréservation

**surcharge** n. f. [1] → **surcroît** [2] → **superfluité**

**surcharger** accabler, alourdir, augmenter, charger, combler, écraser, encombrer, excéder, grever, imposer, obérer, oppresser

**surchoix** n. m. → **supérieur**

**surclasser** → **surpasser**

**surcroît** n. m. [1] augmentation, excédent, handicap, supplément, surcharge, surplus [2] **de / par surcroît** : de plus, en outre, pour comble

**surdoué, e** → **précoce**

**surélévation** n. f. → **haussement**

**surélever** → **hausser**

**sûrement** absolument, à coup sûr, assurément, certainement, certes, évidemment, fatalement, forcément, inévitablement, nécessairement, obligatoirement

**surenchère** n. f. → **enchère**

**surestarie** n. f. → **délai**

**surestimer** → **surfaire**

**suret, te** → **aigre**

**sûreté** n. f. [1] assurance, caution, certitude, gage, garantie [2] → **sécurité** [3] **en sûreté** : à l'abri, à couvert, en sécurité

**surévaluation** n. f. → **exagération**

**surévaluer** → **surfaire**

**surexcitation** n. f. bouleversement, énervement, irritation → **agitation**

**surexciter** → **exciter**

**surf** n. m. monoski ◆ par ext. : planche à voile

**surface** n. f. [1] au pr. : aire, assiette, contenance, étendue, plan, superficie [2] unités de mesure **a** are, mètre carré *et dérivés* **b** vx ou partic. : acre, arpent, journal, perche, verge [3] par ext. **a** apparence, contenance, dehors, extérieur, face, parement, mine **b** crédit, solvabilité [4] **grande surface** → **magasin**

**surfaire** amplifier, bluffer, charger, encenser, enfler, exagérer, exalter, faire mousser / valoir, forcer, grandir, grossir, ne pas y aller de main morte, outrer, pousser, surestimer, surévaluer, vanter

**surfait, e** abusif, démesuré, exagéré, exorbitant, outré → **excessif**

**surfaix** n. m. → **harnachement**

**surfil** n. m. → **surjet**

**surfin, e** [1] → **parfait** [2] → **supérieur**

**surgeon** n. m. → **pousse**

**surgir** [1] → **sortir** [2] → **paraître** [3] → **naître**

**surgissement** n. m. → **apparition**

**surhausser** augmenter, élever, exhausser, soulever, surélever

**surhumain, e** → **surnaturel**

**suri, e** → **aigre**

**surjet** n. m. assemblage, couture, faufilage (fam.), point, surfil

**sur-le-champ** à l'instant, aussitôt, d'abord, d'emblée, illico (fam.), immédiatement, incessamment, incontinent, instantanément, séance tenante, tout de suite

**surmenage** n. m. → **fatigue**

**surmené, e** → **fatigué**

**surmener** → **fatiguer**

**surmontable** → **possible**

**surmonter** [1] → **vaincre** [2] → **surpasser** [3] v. pron. : se dominer, être maître de soi, se maîtriser, se mater, se posséder, se vaincre

**surnager** [1] → **flotter** [2] → **subsister**

**surnaturel** n. m. [1] au-delà, grâce, religion, sacré [2] fantasmagorie, fantastique, féerie, magie, merveilleux, mystère, prodige, sorcellerie

**surnaturel, le** adj. [1] religieux, sacré, spirituel [2] extraordinaire, fabuleux, fantasmagorique, fantastique, féerique, immatériel, magique, merveilleux, métaphysique, miraculeux, onirique, parapsychique, prodigieux, psychédélique, sorcier, surhumain

**surnom** n. m. nom de guerre / de plume / de théâtre, pseudonyme, qualificatif, sobriquet

**surnombre** n. m. → **excès**

**surnommer** affubler, appeler, baptiser, qualifier

**surpasser** [1] battre, dépasser, devancer, distancer, dominer, éclipser, effacer, l'emporter sur, être supérieur à, excéder, outrepasser, passer, prévaloir, primer, surclasser, surmonter [2] fam. : damer le pion, enfoncer [3] vx : dégoter, sommer [4] pron. : briller, dégoter, être fort / habile à / le meilleur, s'exalter, surclasser, triompher

**surpeuplement** n. m. surpopulation ◆ par ext. → **multitude**

**surplis** n. m. rochet

**surplomber** → **saillir**

**surplus** n. m. [1] → **excès** [2] → **supplément**

**surplus (au)** après tout, au / de plus, au reste, aussi, d'ailleurs, en outre, mais

**surpopulation** n. f. surpeuplement ◆ par ext. → **multitude**

**surprenant, e** abasourdissant, abracadabrant, anormal, bizarre, brusque, curieux, déconcertant, drôle, épatant, étonnant, étourdissant, étrange, extraordinaire, formidable, grand, imprévu, inattendu, inconcevable, incroyable, inopiné, insoupçonnable, invraisemblable, magique, merveilleux, mirifique, nouveau, phénoménal, prodigieux, rapide, renversant, saisissant, sidérant, stupéfiant

**surprendre** [1] intercepter, obtenir, saisir → **prendre** [2] apercevoir, déceler, découvrir → **voir** ◆ fam. : choper, pincer [3] → **attaquer** [4] consterner, ébahir, passer l'entendement, pétrifier, renverser, saisir, sidérer, stupéfier → **étonner** [5] abuser, attraper, circonvenir, confondre, décevoir, déconcerter, duper, embarrasser, induire en erreur, tromper

**surpris, e** confondu, consterné, déconcerté, désorienté, ébahi, ébaubi, embarrassé, étonné, étourdi, frappé, frappé de stupeur, honteux, interdit, renversé, saisi, sidéré, stupéfait, stupéfié, stupide ◆ fam. : baba, cisaillé, comme deux ronds de flan, ébouriffé, épaté, scié, soufflé

**surprise** n. f. [1] fav. ou neutre. **a** ahurissement, ébahissement, éblouissement, effarement, épatement (fam.), étonnement, saisissement → **stupéfaction** **b** coup de théâtre **c** → **don** [2] non fav. **a** commotion, confusion, consternation, embarras **b** embûche, embuscade, guet-apens → **piège**

**surprise-partie** n. f. [1] → **bal** [2] → **pique-nique**

**sursaut** n. m. [1] → **saut** [2] → **tressaillement**

**sursauter** → **tressaillir**

**surseoir** → **retarder**

**sursis** n. m. → **délai**

**surtout** n. m. [1] bleu, caban, cache-poussière, casaque, cotte, sarrau, souquenille, tablier [2] milieu / ornement(s) de table

**surtout** adv. éminemment, en particulier, notamment, par-dessus tout, particulièrement, plus que tout, principalement, singulièrement, spécialement

**surveillance** n. f. [1] aguets, attention, conduite, contrôle, espionnage, filature, filtrage, garde, guet, inspection, patrouille, ronde, veille, vigilance ◆ arg. : canne, flicage, gaffe, pet, planque, serre, trique [2] curatelle

**surveillant, e** n. m. ou f. [1] commissaire, contrôleur, curateur, séquestre, syndic [2] argus, épieur, espion, garde, gardien, guetteur, inspecteur, patrouilleur, veilleur, vigie ◆ arg. et péj. : argousin (vx), brigand, chat, crabe, gaffe, gaffeur, garde-chiourme, maton, sbire, serre, trique [3] maître, maître d'étude, maître d'internat, pion (fam.), répétiteur, sous-maître (vx)

**surveiller** [1] → **observer** [2] → **veiller** [3] arg. : fliquer, gaffer, occuper la loge, planquer, saborder, serrer

**survenance** n. f. [1] → **apparition** [2] → **arrivée**

**survenir** [1] → **venir** [2] → **arriver**

**survie** n. f. → **immortalité**

**survivance** n. f. conservation, continuation, permanence, persistance, rémanence, reste, réveil, souvenir, suite, survie, tradition

**survivant, e** nom et adj. indemne, miraculé, rescapé, sain et sauf, tiré d'affaires

**survivre** → **subsister**

**survoler** [1] → **planer** [2] → **effleurer**

**susceptibilité** n. f. excitabilité, hypersensibilité, irritabilité

**susceptible** [1] au pr. : apte, bon, capable, idoine, passible, qualifié, sujet à [2] par ext. : braque, chatouilleux, délicat, excitable, hérissé, hypersensible, irritable, ombrageux, pointilleux, pointu, prompt, sensible, sensitif

**susciter** amener, appeler, apporter, attirer, causer, créer, déchaîner, déclencher, déterminer, donner / fournir lieu / occasion, engendrer, entraîner, être la cause de, faire, motiver, nécessiter, occasionner, porter, prêter à, procurer, produire → **provoquer**

**suscription** n. f. adresse, libellé

**susdit, e** [1] susmentionné, susnommé [2] dito, idem

**suspect, e** nom et adj. [1] au pr. : apocryphe, critiquable, douteux, équivoque, problématique 2 par ext. a borgne, interlope, louche, mal famé b inculpable, marron, soupçonné, sujet à caution, trouble, véreux ◆ vx : sentant l'échelle / le fagot / le roussi

**suspecter** → **soupçonner**

**suspendre** 1 → **pendre** 2 → **interrompre** 3 → **destituer**

**suspendu, e** (fig.). 1 quelque chose : arrêté, censuré, en suspens, fermé, interdit, interrompu, saisi, stoppé 2 quelqu'un. a neutre : en suspens, hésitant, incertain, irrésolu b non fav. : chassé, crossé (fam.), destitué, révoqué, sanctionné

**suspens (en)** en carafe (fam.), en panne, en souffrance → **suspendu**

**suspense** n. m. 1 → **inquiétude** 2 → **curiosité**

**suspense** n. f. censure / interdiction / privation ecclésiastique

**suspension** n. f. 1 abandon, arrêt, cessation, discontinuation, fermeture, interruption, moratoire, pause, repos, surséance (vx), temps d'arrêt, vacances → **délai** 2 cardan, ressorts 3 lampe, lustre 4 **suspension d'armes :** armistice, cessez-le-feu, trêve

**suspicieux, euse** → **soupçonneux**

**suspicion** n. f. → **soupçon**

**sustenter** → **nourrir**

**susurrer** → **murmurer**

**suture** n. f. 1 → **joint** 2 → **transition**

**suturer** coudre, fermer, recoudre, refermer

**suzerain, aine** n. m. ou f. → **seigneur**

**svelte** 1 allongé, délicat, délié, effilé, élancé, étroit, filiforme, fin, fluet, fragile, fuselé, gracile, grêle, maigre, menu, mince, petit, souple, ténu 2 → **élégant**

**sveltesse** n. f. 1 → **élégance** 2 → **finesse** 3 → **souplesse**

**sweater** et **sweat-shirt** n. m. → **chandail**

**sybarite** nom et adj. 1 fav. ou neutre : bon convive / vivant, délicat, épicurien, hédoniste, raffiné, sensuel, voluptueux 2 non fav. : débauché, efféminé, jouisseur, mou, noceur, viveur

**sybaritisme** n. m. → **sensualité**

**sycophante** n. m. accusateur, délateur, dénonciateur, espion, fourbe, mouchard, mouton (arg.), trompeur → **hypocrite**

**syllabaire** n. m. → **abécédaire**

**syllabe** n. f. par ext. : mètre, pied

**syllogisme** n. m. → **raisonnement**

**sylphe, sylphide** elfe → **génie**

**sylvain** n. m. dryade, faune → **génie**

**sylve** n. f. → **bois**

**sylvestre** forestier

**sylviculteur** n. m. arboriculteur, forestier, pépiniériste

**symbole** n. m. 1 apparence, attribut, chiffre, devise, drapeau, emblème, enveloppe, figure, insigne, marque, pictogramme, signe, type → **image** 2 allégorie, allusion, anagogie, apologue, comparaison, métaphore, notation, représentation, trope

**symbolique** allégorique, anagogique, emblématique, expressif, figuré, métaphorique, mystique, spirituel, typique

**symboliser** envelopper, expliquer, exprimer, figurer, incarner, matérialiser, personnifier, représenter

**symbolisme** n. m. → **symbole**

**symétrie** n. f. 1 → **équilibre** 2 → **similitude**

**symétrique** → **semblable**

**sympathie** n. f. accord, admiration, affection, affinité, amitié, attachement, attirance, attraction, bienveillance, compassion, condoléances (partic.), conformité / convenance des goûts, cordialité, écho, empathie (psych.), estime, faible, fraternité, harmonie, inclination, intérêt, motivation, penchant, pitié, popularité, sensibilité, tendance, tendresse, unisson → **amour**

**sympathique** → **aimable**

**sympathisant, e** nom et adj. → **adepte**

**sympathiser** → **entendre (s')**

**symphonie** n. f. 1 au pr. : concert, musique, symphonie concertante 2 par ext. : chœur, entente, harmonie → **union**

**symphonique** philharmonique

**symposium** n. m. → **réunion**

**symptomatique** → **caractéristique**

**symptôme** n. m. diagnostic, indice, manifestation, marque, présage, prodrome, signe, signe avant-coureur, signe prognostique, syndrome

**synallagmatique** bilatéral, mutuel, réciproque

**synarchie** n. f. énarchie, oligarchie, ploutocratie, technocratie

**synchrone** concordant, correspondant, simultané, synchronique

**synchronisation** n. f. concordance, sonorisation ◆ fam. : sono, synchro

**synchronisme** n. m. coïncidence, concordance, correspondance, simultanéité, synchronie

**syncope** n. f. 1 → **évanouissement** 2 → **ellipse**

**syncopé, e** → **haché**

**syncrétisme** n. m. → **union**

**syndic** n. m. agent, arbitre, fondé de pouvoir, liquidateur, mandataire, représentant

**syndicat** n. m. association, compagnonnage, coopération, corporation, fédération, groupement, mutualité, mutuelle, société, trade-union, union

**syndiquer** → **associer**

**syndrome** n. m. → **symptôme**

**synode** n. m. → **consistoire**

**synonyme** 1 nom masc. : à peu près, approchant, équivalent, hyperonyme, hyponyme, para / quasi-synonyme, remplaçant, similitude, substitut 2 adj. → **pareil**

**synoptique(s)** n. m. et adj. saint Luc, saint Marc, saint Matthieu → **évangile**

**syntaxe** n. f. arrangement, combinatoire, construction, grammaire, règle, structure, syntagmatique, système ◆ par ext. : taxinomie, taxonomie

**synthèse** n. f. 1 association, combinaison, composition, déduction, ensemble, formation, généralisation, jonction, reconstitution, réunion 2 abrégé, conclusion, enseignement, morale, raccourci, reprise, résumé

**synthétique** → **artificiel**

**synthétiser** 1 → **réunir** 2 → **résumer**

**syphilis** n. f. 1 mal français / napolitain, vérole 2 arg. : chtouille, plomb, poivre, sifflote, syndicat (être du), zinc

**systématique** 1 au pr. a déductif, logique b méthodique, ordonné, organisé, réglé, systématisé 2 par ext. : doctrinaire, entêté, intolérant

**système** n. m. 1 au pr. : corps de doctrine, cosmogonie, doctrine, dogmatisme, dogme, explication, idéologie, opinion, pensée, philosophie, structure, théogonie, théorie, thèse 2 par ext. a manière, méthode, moyen, plan, procédé, tendance b arcane, combinaison, combine, jeu c constitution, gouvernement, politique, régime d inform. : configuration

# T

**tabac** n. m. 1 a brésil, caporal, gris, havane, maryland, scaferlati, virginie b vx : pétun c chique, prise d → **cigare** e arg. : foin, fume, gros-cul, herbe, percale, perle, perlot, poussier (de motte), trêfle 2 loc. a **passer à tabac** → **tabasser** b **pot à tabac** → **nain**

**tabagie** n. f. → **cabaret**

**tabagisme** n. m. nicotinisme, tabacomanie

**tabard** n. m. → **manteau**

**tabassée** n. f. → **torgnole**

**tabasser** passer à tabac, rosser, rouer de coups → **battre**

**tabatière** n. f. 1 queue-de-rat 2 imposte, lucarne, oculus 3 par ext. a → **ouverture** b → **fenêtre**

**tabellion** n. m. clerc, garde-notes (vx), greffier, notaire, officier ministériel / public, scribe, secrétaire ◆ péj. : plumitif, scribouillard

**tabernacles** n. m. pl. scénopégies

**tabès** n. m. → **maladie**

**tablature** n. f. → **signe**

**table** n. f. 1 bureau, comptoir, console, entre-deux, établi, étal, guéridon, pupitre, tablette 2 menu → **ordinaire** 3 → **surface** 4 abaque, index, répertoire → **tableau** 5 → **sommet** 6 **se mettre à table** a au pr. : s'attabler, s'installer, se placer b arg. → **dénoncer** 7 **table ronde :** carrefour, commission, conférence, débat, rencontre, réunion, séance de travail, symposium

**tableau** n. m. 1 cadre, poster, tableautin, toile ◆ péj. : croûte, navet 2 a aquarelle, aquatinte, bois gravé, bosse, buste, chromo (péj.), croquis, décalcomanie, dessin, détrempe, eau-forte, effigie, enseigne, estampe, figure, forme, fresque, gouache, graphique, gravure, héliogravure, illustration, lithographie, médaillon, mine de plomb, miniature, pastel, peinture, plan, planche, photo, pochade, réplique, reproduction, sanguine, schéma, sépia, tête, tracé, trompe-l'œil, vignette, vue b diptyque, polyptyque, triptyque 3 académie, allégorie, bataille, bergerie, caricature, genre, intérieur, marine, maternité, nature morte, nu, panorama, paysage, portrait, sous-bois, verdure 4 aspect, féerie, panorama, scène, spectacle, vue 5 bordereau, cadre, canon, catalogue, cédule, dénombrement, énumération, état, index, inventaire, kyrielle, liste, martyrologe, mémoire, nomenclature, relevé, répertoire, rôle, série, sommaire, suite, table

**tablée** n. f. → **convive**

**tabler** → **espérer**

**tablette** n. f. 1 étagère, planchette, rayon, rayonnage → **table** 2 plaque, tirette

**tablier** n. m. 1 → **surtout** 2 → **blouse** 3 écran, obstacle, protection, rampe, rideau 4 vx → **damier**

**tabou** → **sacré**

**tabouret** n. m. escabeau, escabelle, placet (vx), pliant, sellette, siège

**tacaud** n. m. → **poisson**

**tache** n. f. 1 au pr. : bavure, coulure, crasse, éclaboussure, immondice, maculage, malpropreté, ordure, pâté, saleté, salissure, souillure ◆ vx : maculature, macule 2 fig. : crime, déshonneur, faute, flétrissure, honte, impureté, tare → **péché** 3 par ext. : maille, maillure, marque, moucheture, panachure, tacheture, tiqueture 4 dartre, envie, grain de beauté, plaque, taie 5 loc. a **taches de rousseur / de son :** éphélides b **faire tache d'huile** → **répandre (se)**

**tâche** n. f. 1 → **travail** 2 **prendre à tâche** → **entreprendre**

**tacher** abîmer, barbouiller, charbonner, contaminer, crotter, culotter, éclabousser, encrasser, gâter, graisser, jaunir, mâchurer, maculer, noircir, poisser, polluer, salir, souiller, tacheter, ternir

**tâcher** chercher à, s'efforcer à / de, s'escrimer, essayer, s'évertuer à, faire l'impossible, s'ingénier à, tâtonner, tenter de

**tâcheron** n. m. → **travailleur**

**tacheter** moucheter, piquer, piqueter → **tacher**

**tacite** → **implicite**

**taciturne** 1 → **silencieux** 2 amer, assombri, atrabilaire, bilieux, mélancolique, morne, morose, pessimiste, renfermé, sinistre, sombre, taiseux (rég.), ténébreux → **secret**

**tacot** n. m. → **voiture**

**tact** n. m. 1 au pr. : attouchement, contact, toucher 2 par ext. a bon goût, bon sens, juste milieu, philosophie, raison, sagesse b acquis, bienséance, civilité, convenance, délicatesse, doigté, éducation, égards, élégance, entregent, habileté, politesse, savoir-vivre, usage

**tactique** n. f. par ext. : conduite, diplomatie, façon, ligne de conduite, manière, manœuvre, marche à suivre, menée, plan, politique, pomologie, procédé, stratégie → **ruse**

**tadorne** n. m. → **palmipède**

**taffetas** n. m. → **tissu**

**taie** n. f. 1 → **tache** 2 → **enveloppe**

**taillade** n. f. balafre, cicatrice, coupure, entaille, entame, estafilade, incision, plaie → **blessure**

**taillader** → **couper**

**taille** n. f. 1 calibre, carrure, charpente, dimension, envergure, format, grandeur, grosseur, hauteur, importance, longueur, mesure, port, stature, tournure 2 coupe, élagage, étêtage, pincement, ravalement, scarification, taillage 3 découpe 4 cambrure, ceinture, corsage (vx)

**taillé, e (bien)** 1 bâti, charpenté, costaud, découplé, fait, fort, proportionné 2 arg. ou fam. : balancé, balèze, ballotté, baraqué, fortiche, roulé

**tailler** 1 appointer, carrer, chanfreiner, chantourner, charpenter, ciseler, cliver, découper, dégrossir, ébaucher, ébiseler, échancrer, épanneler, équarrir, évider, rafraîchir, refouiller, trancher → **couper** 2 un arbre : conduire, dégager, dégarnir, dresser, ébarber, ébourgeonner, ébrancher, écimer, éclaircir, élaguer, émonder, ergoter, étêter, étronçonner, ravaler, recéper 3 → **affiler** 4 **tailler en pièces** → **vaincre**

**tailleur** n. m. coupeur, couturier, culottier, essayeur, faiseur (bon), giletier, habilleur ◆ fam. ou arg. : harnacheur, pompier

**taillis** n. m. brout, buisson, cépée, essart, gaulis, maquis, remise (vén.), taille → **bois**

**tailloir** n. m. 1 arch. : abaque 2 vx : tranchoir

**tain** n. m. → **enduit**

**taire** 1 celer, déguiser, dissimuler, effacer, faire disparaître, garder le secret, omettre, passer sous silence, receler, supprimer → **cacher** 2 v. pron. **a** être discret, ne dire / ne souffler mot, tenir sa langue **b** → **résigner (se)** **c** arg. ou fam. : avaler sa salive, la boucler / fermer, calter, écraser, fermer sa malle / son clapet / sa gueule / son moulin, ne pas moufter / piper, poser sa chique, tenir son nez propre 3 **faire taire :** calmer, empêcher de crier / parler / pleurer, fermer la bouche, forcer / réduire au silence, imposer silence ◆ fam. : clouer le bec, colmater, mettre un bouchon, museler, rabattre le caquet, river son clou

**take(-) off** n. m. écon. off. : décollage, démarrage, départ, essor, taux de démarrage / de mise en route

**talent** n. m. aisance, aptitude, art, bosse, brio, capacités, chic, disposition, dons, esprit, étoffe, facilités, faculté, fibre, génie, goût, habileté, inclination, industrie, instinct, mérite, moyens, penchant, prédisposition, propension, qualités, sentiment, tendance, vertu, virtuosité, vocation

**talentueux, euse** 1 → **capable** 2 → **remarquable**

**taler** 1 → **meurtrir** 2 → **harceler**

**talisman** n. m. amulette, fétiche, gri-gri, mascotte, porte-bonheur, porte-chance, totem (par ext.) ◆ vx : brevet, phylactère

**taloche** n. f. calotte, claque, coup, gifle, soufflet, tape ◆ arg. ou fam. : aller-et-retour, baffe, beigne, beignet, bourre-pif, couleur, emplâtre, giroflée, jeton, mandale, mornifle, pain, pêche, rallonge, rouste, taquet, tarte, tartine, va-et-vient, va-te-laver → **torgnole**

**talocher** battre, calotter, claquer, confirmer (fam.), corriger, donner un soufflet, gifler, moucher (fam.), souffleter, taper

**talon** n. m. 1 techn. : bout, pied, soie 2 par ext. **a** → **reste** **b** souche **c** → **moulure**

**talonner** 1 → **suivre** 2 → **poursuivre** 3 → **tourmenter**

**talus** n. m. ados, berge, berme, billon, cavalier, chaussée, levée, parapet, remblai, terre-plein ◆ milit. et vx : contrescarpe, escarpe, glacis

**tambouille** n. f. 1 → **cuisine** 2 → **ragoût**

**tambour** n. m. 1 batterie, bedon (vx), caisse, caisse claire, darbouka, tambourin, tam-tam, timbale → **batterie** 2 barillet, cylindre, tour, tourniquet

**tambouriner** 1 au pr. : battre, battre du tambour 2 par ext. **a** → **battre** **b** → **frapper** **c** → **répandre**

**tamis** n. m. blutoir, chinois, crible, passoire, sas, van

**tamisé, e** → **voilé**

**tamiser** 1 au pr. : bluter, cribler, épurer, filtrer, passer, passer au chinois / crible, purifier, sasser, séparer, trier, vanner 2 par ext. : clarifier, contrôler → **vérifier**

**tampon** n. m. 1 → **cachet** 2 → **cheville** 3 → **bouchon** 4 → **casquette** 5 milit. fam. : ordonnance, porte-pipe

**tamponnement** n. m. → **choc**

**tamponner** 1 choquer, cogner, emboutir, frapper, friser / froisser la tôle (fam.), heurter, percuter, télescoper 2 calfater, étendre, frotter, oindre 3 marquer, oblitérer, timbrer

**tam-tam** n. m. 1 → **tambour** 2 → **tapage** 3 → **publicité**

**tancer** 1 au pr. : admonester, avertir, blâmer, catéchiser, censurer, chapitrer, condamner, corriger, critiquer, désapprouver, désavouer, dire son fait, donner un avertissement / un blâme / un coup de semonce, faire une réprimande / un reproche, flageller, flétrir, fustiger, gourmander, gronder, houspiller, incriminer, moraliser, morigéner, quereller, redresser, relever, reprendre, réprimander, réprouver, semoncer, sermonner, stigmatiser, trouver à redire, vitupérer 2 arg. ou fam. : arranger, attraper, crier, disputer, donner un savon, donner sur les doigts / sur les ongles, emballer, engueuler, enguirlander, enlever, faire la fête / la guerre à, laver la tête, mettre au pas, moucher, remettre à sa place, sabouler, savonner, secouer, secouer les poux / les puces, sonner les cloches, tirer les oreilles, torcher

**tandem** n. m. 1 → **couple** 2 → **vélo**

**tandis que** 1 au moment où, cependant que, comme, lorsque, pendant que, quand 2 alors que, au lieu que

**tangage** n. m. → **balancement**

**tangent, e** à peine, à peu près, approchant, approximatif, juste, passable, voisin

**tangible** actuel, admis, assuré, authentique, certain, concret, démontré, effectif, établi, exact, fondé, historique, incontestable, incontesté, indiscutable, indubitable, juste, objectif, palpable, patent, positif, réalisé, reçu, sérieux, solide, véridique, véritable, visible, vrai → **sensible**

**tanguer** → **balancer**

**tanière** n. f. 1 aire, antre, bauge, caverne, fort, gîte, liteau, nid, rabouillère, refuge, renardière, repaire, reposée (vén.), ressui, retraite, soue, terrier, trou 2 abri, asile, cache, cachette, lieu sûr, refuge, retraite

**tank** n. m. off. 1 citerne, réservoir 2 automitrailleuse, blindé, char, char d'assaut / de combat, chenillette

**tanker** n. m. off. : bateau / navire citerne, butanier, minéralier, méthanier, pétrolier

**tannant, e** → **ennuyeux**

**tannée** n. f. → **torgnole**

**tanner** 1 → **battre** 2 → **ennuyer** 3 brunir, hâler

**tannerie** n. f. mégisserie, peausserie

**tantième** n. m. dividende, intérêt, jeton de présence, marge, pourcentage, rapport, taux → **rétribution**

**tantinet (un)** → **peu**

**tantôt** 1 bientôt (vx) 2 parfois 3 après-midi

**tapage** n. m. 1 → **bruit** 2 fam. : bacchanale, barouf, bastringue, bordel, boucan, bousin, brouhaha, chahut, chambard, charivari, éclat, esclandre, foin, hourvari, pet, pétard, potin, raffut, ramadan, ramdam, sabbat, scandale, schproum, sérénade, tam-tam, tintamarre, tohu-bohu, train, vacarme 3 → **désordre**

**tapageur, euse** 1 au pr. : agité, assourdissant, braillard, bruyant, criard, éclatant, fatigant, gueulard (fam.), hurleur, indiscret, piaillard, ronflant, remuant, rugissant, sonore, tonitruant, tumultueux, turbulent, vif, violent, vociférant 2 fig. → **voyant**

**tapant, e** exact, juste, pétant, pile, sonnant

**tape** n. f. 1 → **coup** 2 → **gifle**

**tapée** n. f. → **quantité**

**taper** 1 au pr. **a** → **battre** **b** → **frapper** **c** mar. boucher 2 par ext. → **écrire** 3 fig. → **quémander**

**tapette** n. f. → **chiquenaude**

**tapeur, euse** → **quémandeur**

**tapin** n. m. → **prostituée, prostitution**

**tapinois (en)** à la dérobée, en cachette, en catimini, en dessous, en secret, en sourdine, en sous-main, furtivement, incognito, in petto, sans tambour ni trompette (fam.), secrètement, sournoisement, sous cape, sous le manteau, sous la table, subrepticement

**tapir (se)** s'abriter, s'accroupir, se blottir, se cacher, se dérober, disparaître, se dissimuler, s'éclipser, s'embusquer, éviter, fuir, se mettre à l'abri, se nicher, se pelotonner, se retirer, se soustraire, se tenir à l'écart, se terrer ◆ fam. : se défiler, se planquer

**tapis** n. m. carpette, chemin, descente de lit, moquette, natte, paillasson, revêtement, tapis-brosse, tapisserie, tatami (judo), tenture

**tapisser** appliquer, cacher, coiffer, couvrir, enduire, enrober, ensevelir, envelopper, étendre, joncher, masquer, parsemer, paver, recouvrir, revêtir, tendre

**tapisserie** n. f. broderie (par ext.), tapis, tenture, verdure

**tapon** n. m. → **bouchon**

**tapoter** → **frapper**

**taquet** n. m. 1 → **cheville** 2 → **loquet** 3 → **moulinet**

**taquin, e** blagueur, boute-en-train, chineur, enjoué, espiègle, facétieux, farceur, goguenard, joueur, loustic, malicieux, moqueur, narquois, pince-sans-rire, plaisantin, railleur

**taquiner** agacer, asticoter, blaguer, chatouiller, chiner, exciter, faire enrager, inquiéter, jouer, lutiner, picoter, plaisanter, tourmenter ◆ vx : mécaniser

**taquinerie** n. f. agacerie, chinage, espièglerie, facétie, farce, gaminerie, goguenardise, jeu, malice, moquerie, pique, raillerie → **plaisanterie**

**tarabiscoté, e** 1 affecté, afféié, choisi, emphatique, emprunté, galant, maniéré, mignard, précieux, recherché 2 amphigourique, ampoulé, baroque, chargé, de mauvais goût, lourd, rococo, surchargé

**tarabuster** 1 → **tourmenter** 2 → **maltraiter**

**tarauder** 1 → **percer** 2 → **tourmenter** 3 → **battre**

**tard** québ. : à belle heure

**tarder** → **traîner**

**tardif, ive** → **lent**

**tare** n. f. 1 → **imperfection** 2 → **poids**

**taré, e** 1 → **dégénéré** 2 → **vicieux**

**tarer** 1 → **gâter** 2 → **équilibrer**

**targuer (se)** 1 aimer à croire, s'applaudir, s'attribuer, s'enorgueillir, se faire fort, se féliciter, se flatter, se glorifier, s'illusionner, se persuader, se prévaloir, tirer vanité, triompher 2 compter, espérer, penser, prétendre 3 → **vanter (se)**

**tarière** n. f. par ext. → **vrille**

**tarif** n. m. barème, carte, menu, montant, prix, tableau, taxe

**tarifer** chiffrer, établir / fixer le montant / le prix / le tarif, évoluer, priser, taxer

**tarin** n. m. arg. → **nez**

**tarir** 1 → **épuiser** 2 → **sécher**

**tartan** n. m. couverture, plaid, poncho

**tarte** n. f. 1 au pr. : clafoutis, flan, gâteau, tartelette → **pâtisserie** 2 fig. **a** → **gifle** **b** → **bête**

**tartine** n. f. 1 au pr. : beurrée, biscotte, rôtie, toast 2 fig. **a** → **discours** **b** → **galimatias** **c** → **harangue** **d** → **tirade**

**tartiner** 1 → **étendre** 2 → **baratiner**

**tartufe** ou **tartuffe** 1 nom masc. : **a** : cafard, cagot, calotin, caméléon, comédien, cureton, escobar, faux derche / dévot / jeton, félon, flatteur, fourbe, grimacier, imposteur, jésuite, judas, menteur, papelard, patelin, pharisien, rat d'église → **bigot** **b** partic. au fém. : chaisière, grenouille de bénitier, punaise (de sacristie) 2 adj. : affecté, artificieux, baveux, bondieusard, captieux, cauteleux, déloyal, dévot, dissimulé, double-jeu, fallacieux, faux, insidieux, mielleux, pharisaïque, sournois, spécieux, tortueux, trompeur, visqueux → **hypocrite**

**tartuferie** ou **tartufferie** n. f. 1 le défaut : affectation, bigoterie, bigotisme, bondieuserie, déloyauté, dissimulation, escobarderie, fausseté, félonie, flatterie, fourberie, jésuitisme, papelardise, pharisaïsme → **hypocrisie** 2 l'acte : cabotinage, comédie, double jeu, faux-semblant, feinte, fraude, grimace, jonglerie, mascarade, mensonge, momerie, pantalonnade, simagrée, singerie, tromperie

**tas** n. m. 1 de choses : abattis, accumulation, agglomération, agrégat, alluvion, amas, amoncellement, assemblage, attirail, bloc, camelle (de sel), cargaison, collection, concentration, décombres, dépôt, empilement, encombrement, entassement, fatras, liasse, masse, meule, monceau, montagne, pile, rassemblement ◆ fam. : bataclan, bazar 2 de personnes : affluence, attroupement, concours, flopée, foule, multitude, presse, rassemblement, réunion, tripotée (fam.) ◆ péj. : ramas, ramassis

**tassage** n. m. compactage, damage, roulage

**tasse** n. f. par ext. 1 déjeuner, gobelet, mazagran, taste-vin, tête-à-tête, trembleuse → **bol** 2 arg. → **urinoir**

**tasseau** n. m. appui, crémaillère, réglette, support

**tassement** n. m. → **diminution**

**tasser** → **presser**

**tâter** 1 au pr. **a** → **toucher** **b** → **sonder** 2 fig. **a** → **savourer** **b** → **expérimenter** 3 v. pron. **a** atermoyer, attendre, balancer, barguigner, délibérer, être embarrassé / incertain / indécis / indéterminé / irrésolu / perplexe / réticent, flotter, hésiter, marchander, osciller, reculer, résister, tâtonner, tergiverser **b** fam. : chiquer, se gratter, tortiller (du cul) c vx : consulter, douter

**tatillon, ne** appliqué, attentif, consciencieux, difficile, exact, exigeant, formaliste, maniaque, méticuleux, minutieux, perfectionniste, pointilleux, pointu, procédurier, scrupuleux, soigneux, vétilleux ◆ péj. et grossier : emmerdeur, enculeur de mouches, pinailleur

**tâtonnement** n. m. atermoiement, balancement, désarroi, doute, embarras, flottement, fluctuation, hésitation, incertitude, indécision, indétermination, irrésolution, perplexité, résistance, réticence, scrupule, tergiversation, vacillation

**tâtonner** 1 → **toucher** 2 → **essayer** 3 → **tâter (se)**

**tâtons (à)** aveuglément, à l'aveuglette

**tatouage** n. m. 1 marquage 2 arg. : bousillage, fleur de bagne

**tatouer** 1 vét. : marquer, numéroter 2 arg. : bousiller, piquer

**taud** ou **taude** n. m., n. f. → **tente**

**taudis** n. m. bidonville, bauge, bouge, cambuse, galetas, masure, réduit, turne ◆ arg. : bagnole, poussier

**taule** n. f. 1 → **chambre** 2 → **prison**

**tautologie** n. f. cheville, non-sens, périssologie, pléonasme, redondance, répétition

**taux** n. m. cours, intérêt, montant, pair, pourcentage, proportion, tant pour cent, taxe

**taverne** n. f. 1 → **cabaret** 2 → **restaurant**

**tavernier, ière** n. m. ou f. → **cabaretier**

**taxable** imposable

**taxation** n. f. → **impôt**

**taxe** n. f. 1 barème, cote, prix, tarif, taxation → **taux** 2 centimes additionnels, charge, contribution, corvée, cote, dîme, droit, fiscalité, gabelle, imposition, levée, péage, prestation, surtaxe, taille, tribut → **impôt**

**taxer** 1 → **tarifer** 2 → **estimer** 3 **taxer de** → **reprocher**

**taxidermie** n. f. empaillage, naturalisation

**taxi-girl** n. f. aguicheuse, entraîneuse

**té** n. m. → **règle**

**technicien, ne** n. m. ou f. homme de l'art, ingénieur, professionnel, spécialiste, technocrate

**technique** n. f. 1 → **méthode** 2 → **art**

**technocrate** n. m. énarque, eurocrate, technicien

**tégument** n. m. → **peau**

**teigne** n. f. 1 → **calvitie** 2 → **mégère**

**teigneux, euse** nom et adj. → **acariâtre**

**teindre** 1 barbouiller (péj.), barioler, colorer, colorier, embellir, farder, imprégner, orner, peindre, peinturlurer, rajeunir, rehausser, relever, rénover, teinter 2 brésiller, garancer, raciner, rocouer, safraner

**teint** n. m. 1 → **teinte** 2 → **mine**

**teinte** n. f. 1 au pr. : carnation, coloration, coloris, couleur, demi-teinte, nuance, teint, teinture, ton, tonalité 2 fig. : apparence, teinture, tour, tournure → **aspect**

**teinter** → **colorer**

**teinture** n. f. 1 colorant, coloration → **couleur** 2 fig. → **vernis**

**teinturerie** n. f. par ext. : dégraissage, nettoyage, pressage, pressing

**teinturier, ère** n. m. ou f. détacheur, presseur, repasseur

**tel, telle** → **semblable**

**télécommande** n. f. automation, automatisation (off.), robotique, télégestion, téléguidage, téléinformatique, télémaintenance, télémesure, télésurveillance, télétraitement

**télécommunication** n. f. fax, radio-communication, télécopie, téléphone, téléphotographie, télex, télévision → **télégraphe**

**téléférique** n. m. → **téléphérique**

**télégramme** n. m. bélinogramme, bleu, câble, câblogramme, dépêche, message, petit bleu, pli, pneu, pneumatique, radio, sans-fil, télex

**télégraphe** n. m. fax, télécommunication, téléimprimeur, téléscripteur, télétype, télex

**télégraphier** câbler, envoyer un télégramme

**télégraphique** par ext. → **court**

**téléguidage** n. m. → **télécommande**

**télépathe** n. m. médium

**télépathie** n. f. télesthésie, transmission de pensée → **ubiquité**

**téléphérique** et **télésiège** n. m. remontée mécanique, remonte-pente, téléski, tire-fesses (fam.)

**téléphone** n. m. taxiphone ◆ arg. ou fam. : bigophone, bigorneau, biniou, cornichon, filin, grelot, ronflant, ronfleur, treuil, tube

**téléphoner** appeler, donner un coup de fil ◆ arg. ou fam. : bigophoner, tuber

**téléprompteur** n. m. audiov. off. : télésouffleur

**télescopage** n. m. → **choc**

**télescope** n. m. → **lunette**

**télescoper** → **tamponner**

**téléscripteur** n. m. imprimante, téléimprimeur, télétype, télex

**télévision** n. f. poste récepteur, télé, T.V. ◆ fam. : étranges lucarnes, fenestron, huitième art

**tell** n. m. 1 → **hauteur** 2 → **tumulus**

**téméraire** audacieux, aventureux, casse-cou, dangereux, écervelé, entreprenant, étourdi, fautif, hasardé, hasardeux, imprévoyant, imprudent, inconsidéré, insensé, irréfléchi, irresponsable, léger, maladroit, malavisé, négligent, osé, présomptueux, risqué, risque-tout, suicidaire

**témérité** n. f. 1 fav. ou neutre. a quelqu'un : assurance, audace, bravoure, cœur, courage, décision, détermination, énergie, esprit d'entreprise, fermeté, fougue, hardiesse, impétuosité, intrépidité, résolution, vaillance b quelque chose : innovation, nouveauté, originalité 2 non fav. a quelqu'un : aplomb, arrogance, audace, culot (fam.), effronterie, folie, front, imprudence, impudence, insolence, irresponsabilité, légèreté, présomption, toupet b relatif aux mœurs : immodestie, impudicité, inconvenance, indécence, indiscrétion, liberté, licence

**témoignage** n. m. 1 au pr. : affirmation, attestation, certificat, déposition → **relation** 2 par ext. a hommage, manifestation, marque → **démonstration** b argument, confirmation, constatation, conviction, critère, critérium, démonstration, établissement, gage, illustration (vx), justification, motif, pierre de touche c charge, corps du délit, document, empreinte, fait, indice, marque, preuve, signe, témoin, trace d épreuve judiciaire, jugement de Dieu, ordalie

**témoigner** 1 affirmer, alléguer, assurer, attester, certifier, confirmer, déclarer, démontrer, déposer, dire, exprimer, garantir, indiquer, jurer, maintenir, montrer, proclamer, produire, proférer, prononcer, protester, prouver, rapporter, rendre compte, rendre témoignage, renseigner, répondre de, soutenir, tester, transmettre 2 → **révéler**

**témoin** n. m. 1 au pr. a assistant, auditeur, caution, déposant, garant, observateur ◆ vx : recors b → **spectateur** c parrain, second 2 par ext. a → **souvenir** b → **témoignage**

**tempérament** n. m. 1 vx : équilibre, mesure, milieu, modération, moyenne 2 diathèse, disposition, caractère, cœur, complexion, composition, constitution, esprit, état, humeur, inclination, nature, naturel, penchant, personnalité, santé, trempe, vitalité ◆ fam. : carcasse, pâte 3 adoucissement, atténuation, modification 4 → **sensualité** 5 **à tempérament :** à crédit, à terme, par mensualité

**tempérance** n. f. abstinence, chasteté, continence, discrétion, économie, frugalité, mesure, modération, pondération, sagesse, sobriété → **retenue**

**tempérant, e** → **sobre**

**température** n. f. 1 → **climat** 2 → **temps**

**tempéré, e** 1 → **modéré** 2 → **simple**

**tempérer** adoucir, affaiblir, amortir, apaiser, arrêter, assagir, assouplir, atténuer, attiédir, borner, calmer, contenir, corriger, diminuer, estomper, éteindre, freiner, lénifier, mesurer, mitiger, modérer, normaliser, pallier, ralentir, réchauffer, régler, réprimer, tamiser

**tempête** n. f. bourrasque, coup de chien / de tabac (fam.) / de vent, cyclone, maelström, orage, ouragan, rafale, raz de marée, tornade, tourbillon, tourmente, trombe, typhon, vent

**tempêter** attaquer, crier, déblatérer, déclamer, fulminer, invectiver, pester, tonner → **injurier**

**temple** n. m. spéos, tholos, ziggourat ◆ par ext. : loge maçonnique, mosquée, pagode, synagogue → **église**

**tempo** n. m. → **rythme**

**temporaire** court, de courte durée, éphémère, factuel, fragile, fugitif, incertain, intérimaire, momentané, occasionnel, passager, précaire, provisoire, saisonnier, transitoire

**temporairement** → **provisoirement**

**temporel, le** 1 → **terrestre** 2 → **temporaire** 3 → **séculier**

**temporisation** n. f. → **atermoiement**

**temporiser** ajourner, arrêter, arriérer (vx), atermoyer, attendre, décaler, différer, éloigner, faire traîner, prolonger, promener, proroger, ralentir, reculer, remettre, renvoyer, reporter, repousser, retarder, surseoir à, traîner

**temps** n. m. 1 date, durée, espace, étendue, moment, période, rythme, saison 2 a âge, cycle, date, époque, ère, étape, génération, siècle b aujourd'hui, demain, futur, hier, jadis, passé, présent 3 → **délai** 4 cas, chance, circonstance, conjoncture, événement, facilité, hasard, moment, occasion, opportunité, possibilité 5 ambiance, atmosphère, ciel, circonstances / conditions atmosphériques / climatiques / météorologiques, climat, météo, phénomènes atmosphériques, régime 6 unités de temps : an, année, heure, jour, lustre, millénaire, minute, mois, seconde, semaine, semestre, siècle, tierce, trimestre 7 loc. a **avec le temps :** à la fin, à la longue, finalement, le temps aidant, tôt ou tard b **de notre temps :** actuellement, à présent, aujourd'hui, de nos jours, en ce moment, maintenant, présentement c **de temps en temps :** parfois, quelquefois, rarement, de temps à autre d **de tout temps** → **toujours** e **en même temps :** à la fois, à l'unisson, collectivement, conjointement, coude à coude, d'accord, de concert, de conserve, de front, du même pas, en accord, en bloc, en chœur, en commun, en concordance, en harmonie, ensemble, simultanément f **la plupart du temps :** d'ordinaire, fréquemment, généralement, habituellement, journellement, maintes fois, plusieurs fois, souvent

**tenable** → **supportable**

**tenace** 1 → **résistant** 2 → **têtu**

**ténacité** n. f. acharnement, assiduité, cramponnement (péj.), entêtement, esprit de suite, fermeté, obstination, opiniâtreté, persévérance, suite dans les idées

**tenaille** ou **tenailles** n. f. croches, écrevisse, griffe, happe, moraille, mors, pinces, pincettes, tord-nez (vétér.), tricoises

**tenailler** étreindre, faire souffrir, torturer, tourmenter

**tenancier, ère** n. m. ou f. 1 → **fermier** 2 → **patron**

**tenant, e** nom et adj. adepte, appui, champion, chevalier, défenseur, détenteur, disciple, partisan

**tendance** n. f. 1 au pr. : affinité, appétence, appétit, aptitude, attirance, attraction, complexion, direction, disposition, effort, élan, facilité, force, impulsion, inclination, instinct, mouvement, orientation, penchant, prédisposition, propension, pulsion, sens, tournure 2 par ext. : chapelle, école, famille, groupe, mouvance, mouvement, nuance, obédience, observance, opinion, parti, pensée, philosophie, théorie

**tendancieux, euse** → **partial**

**tendon** n. m. aponévrose, ligament, nerf

**tendre** adj. 1 quelqu'un a → **sensible** b → **amoureux** c → **caressant** 2 quelque chose : délicat, doux, fondant, fragile, frais, moelleux, mou, succulent

**tendre** 1 → **raidir** 2 → **tirer** 3 → **présenter** 4 → **aller** 5 → **viser**

**tendrement** affectueusement, amoureusement, avec affection / amour / piété / sollicitude / tendresse, chèrement, pieusement

**tendresse** n. f. 1 au sing. a adoration, affection, amitié, amour, attachement, bonté, cœur, dévotion, dévouement, dilection (relig.), douceur, feu, flamme, idolâtrie, inclination, passion, prédilection, sentiment, zèle ◆ vx complaisance, tendreté b → **sensibilité** c attendrissement, effusion, épanchement, manifestation 2 au pl. : amabilité, cajoleries, câlineries, chatteries, égards, gentillesse, souvenir → **caresse**

**tendron** n. m. 1 au pr. → **pousse** 2 adolescente, bambine, demoiselle, donzelle (péj.), fillette, gosse (fam.), gamine, jeune fille, jeunesse, jouvencelle, mignonne, minette, nymphe, nymphette, poulette, pucelle (vx), rosière, trottin, vierge → **fille**

**tendu, e** 1 au pr. : bandé, dur, érigé, levé, inflexible, pointé, raide, rigide, turgescent, turgide 2 fig. a phys. : ardu, assujettissant, astreignant, contraignant, difficile, difficultueux, dur, éreintant, fatigant, ingrat, laborieux, tuant **b** moral → **inquiet** **c** une situation : affligeant, amer, angoissant, âpre, atroce, attristant, cruel, déplorable, désolant, douloureux, dur, embarrassant, ennuyeux, épineux, gênant, grave, irritant, lamentable, lourd, mauvais, mortel, navrant, pénible, pesant, poignant, rude, torturant, tourmenté, triste

**ténèbres** n. f. pl. **1** au pr. : noirceur, nuit, obscurité, ombre, opacité **2** fig. **a** barbarie, obscurantisme **b** énigme, mystère → **secret**

**ténébreux, euse** **1** au pr. : assombri, bas, brumeux, couvert, embrumé, épais, maussade, nébuleux, noir, nuageux, obscur, ombreux, opaque, sombre, voilé **2** par ext. : abscons, abstrus, amphigourique, apocalyptique, cabalistique, caché, complexe, compliqué, confus, difficile, diffus, douteux, emberlificoté (fam.), embrouillé, enchevêtré, énigmatique, entortillé, enveloppé, équivoque, ésotérique, filandreux, flou, fumeux, hermétique, impénétrable, incompréhensible, inexplicable, inextricable, inintelligible, insaisissable, louche, mystérieux, secret, sibyllin, touffu, trouble, vague, vaseux, voilé

**ténesme** n. m. → **colique**

**teneur** n. f. **1** agencement, alliage, arrangement, assemblage, association, charpente, combinaison, composante, composition, constitution, construction, contexture, coupe, dessin, disposition, ensemble, formation, organisation, structure, synthèse, texture **2** contenu, contexte, objet, sujet → **texte**

**ténia** n. m. → **ver**

**tenir** **1** au pr. : avoir, conserver, détenir, embrasser, étreindre, garder, occuper, posséder, retenir **2** par ext. **a** accrocher, amarrer, agripper, arrêter, assujettir, attacher, brider, clouer, coincer, comprimer, consigner, contenir, contraindre, empêcher, empoigner, emprisonner, enchaîner, endiguer, fixer, freiner, immobiliser, maîtriser, modérer, ralentir, retenir, serrer la vis (fam.) **b** comporter, s'étaler, s'étendre, s'étirer, occuper, recouvrir, remplir **c** → **résister** **d** → **contenir** **e** → **subsister** **f** accomplir, s'acquitter de, se conformer à, être fidèle à, exécuter, exercer, faire, garder, observer, pratiquer, remplir, rendre, respecter, satisfaire à, suivre **3** loc. **a** **tenir à :** adhérer à, aimer, coller à, découler de, dépendre de, être attaché à, résulter de, venir de, vouloir **b** **tenir de :** s'apparenter à, approcher de, avoir des traits communs / un rapport à / avec, confiner à, correspondre, être la copie / l'image / le portrait / la réplique de, participer de, procéder de, rappeler, se rapporter à, se rapprocher de, ressembler à, tirer sur **c** **tenir pour :** compter pour, considérer, croire, estimer, juger, prendre, présumer, professer, regarder comme, réputer **d** **tenir lieu** → **remplacer**

**tenon** n. m. arrêtoir → **cheville**

**tension** n. f. **1** au pr. : allongement, ballonnement, distension, érection, éréthisme **2** fig. : brouille, brouillerie, désaccord, désunion, discordance, discorde, dispute, dissension, dissentiment, dissidence, divergence, division, froid, mésentente, mésintelligence, nuage, orage, pique, rupture, trouble, zizanie **3** **tension d'esprit :** application, attention, concentration, contemplation, contention, diligence, étude, méditation, réflexion, soin → **inquiétude**

**tenson** n. f. → **poème**

**tentaculaire** → **gigantesque**

**tentant, e** → **alléchant**

**tentateur, trice** n. m. ou f. → **séducteur**

**tentation** n. f. aiguillon, appel, attrait, blandice, envie, sollicitation → **désir**

**tentative** n. f. avance, ballon d'essai, démarche, effort, essai, recherche

**tente** n. f. **1** abri, campement, chapiteau, guitoune, pavillon, tabernacle, wigwam **2** banne, toile, velarium, velum **3** mar. : marsouin, taud ou taude

**tenter** **1** → **tâcher** **2** affrioler, aguicher, allécher, attacher, attirer, captiver, charmer, coiffer, donner / taper dans l'œil (fam.), ensorceler, entraîner, envoûter, fasciner, hypnotiser, magnétiser, plaire, séduire

**tenture** n. f. draperie, portière, tapis, tapisserie → **rideau**

**ténu, e** délicat, délié, filiforme, fin, fluet, fragile, gracile, grêle, impalpable, léger, menu, mièvre, mince, subtil → **petit**

**tenue** n. f. **1** air, allure, attitude, comportement, contenance, démarche, extérieur, façon, figure, maintien, manière, mine, port, posture, présentation, prestance, tour, tournure **2** → **vêtement** **3** bienséance, chasteté, convenance, correction, décence, dignité, discrétion, gravité, honnêteté, honneur, modestie, politesse, propreté, pudeur, pudicité, réserve, retenue, sagesse, tact, vertu **4** → **réunion**

**ténuité** n. f. → **finesse**

**tenure** n. f. allégeance, apanage, fief, mouvance, tènement

**térébrant, e** → **perçant**

**tergiversation** n. f. → **hésitation**

**tergiverser** **1** atermoyer, biaiser, composer, feinter, louvoyer, temporiser, user de procédés dilatoires **2** → **hésiter** **3** → **tâter (se)**

**terme** n. m. **1** accomplissement, achèvement, borne, bout, but, conclusion, dénouement, fin, final, limite, mesure **2** crédit, délai, échéance **3** dénomination, expression, mot, particule, signe, tournure, unité, vocable **4** loyer, mensualité, trimestre **5** au pl. : rapport, relation **6** **vente à terme** → **tempérament**

**terminaison** n. f. **1** accomplissement, achèvement, apothéose, compromis, conclusion, consommation, couronnement, règlement, solution **2** bout, extrémité, fin, queue, tête **3** assonance, clausule, coda, consonance, désinence, flexion, rime, suffixe **4** → **résultat**

**terminal, e** → **final**

**terminer** **1** accomplir, achever, arranger, arrêter, cesser, clore, clôturer, compléter, conclure, consommer, couper, couronner, dénouer, épuiser, expédier, fermer, fignoler, finir, interrompre, lécher, lever, liquider, mettre fin à, parachever, parfaire, polir, régler, trancher, user, vider **2** v. pron. **a** aboutir, aller, s'arrêter, cesser, finir, mener, tomber dans **b** se dénouer, se résoudre, se solutionner, trouver un terme

**terminologie** n. f. par ext. : glossaire, jargon (péj.), nomenclature, vocabulaire

**terne** **1** au pr. : amorti, assombri, blafard, blême, décoloré, délavé, embu, enfumé, éteint, fade, flétri, gris, incolore, mat, passé, sale, sombre, terni, vitreux **2** fig. : anodin, effacé, falot, inexpressif, insignifiant, maussade, morne, morose, obscur, plat, quelconque

**ternir** **1** au pr. : altérer, amatir, décolorer, défraîchir, dépolir, éclipser, effacer, éteindre, faner, flétrir, obscurcir, ôter l'éclat, passer, patiner **2** par ext. → **tacher** **3** fig. : avilir, déprécier, diffamer, entacher, flétrir → **abaisser**

**terrain** n. m. **1** → **terre** **2** → **lieu** **3** → **occasion**

**terrasse** n. f. **1** toiture plate **2** belvédère, esplanade, plate-forme, promenade, solarium, toit

**terrassement** n. m. **1** → **nivellement** **2** accumulation, alluvion

**terrasser** **1** → **abattre** **2** → **vaincre**

**terre** n. f. **1** au pr. **a** glèbe, humus, limon, ouche, sol, terrain, terreau, terroir **b** boule, globe, monde, notre planète **c** → **champ** **2** par ext. **a** → **univers** **b** bien, capital, domaine, exploitation, fonds, héritage, propriété **c** lieu, territoire → **pays** **3** loc. **a** **terre à terre :** bon vivant, cru, matérialiste, opportuniste, positif, pragmatique, réaliste, utilitaire **b** **par terre :** sur le carreau

**terre-plein** n. m. → **talus**

**terrer (se)** → **tapir (se)**

**terrestre** **1** au pr. : continental, tellurique, terraqué, terricole **2** fig. **a** mondain, séculier, temporel **b** charnel, corporel, grossier (péj.), humain, matériel, mortel, physique

**terreur** n. f. **1** affolement, affres, alarme, angoisse, appréhension, consternation, crainte, effroi, épouvante, frayeur, horreur, inquiétude, lâcheté, panique, peur ◆ vx : épouvantement **2** apache, assassin, bandit, bon à rien, brigand, chenapan, criminel, escarpe, forban, fripouille, gangster, hors-la-loi, malandrin, malfaiteur, pirate (fam.), sacripant, vaurien, voleur, voyou

**terreux, euse** **1** → **malpropre** **2** → **pâle** **3** **cul-terreux** → **paysan**

**terrible** **1** au pr. : abominable, affreux, apocalyptique, dantesque, dur, effrayant, effroyable, énorme, épouvantable, excessif, formidable, grand-guignolesque, horrible, horrifiant, implacable, mauvais, monstrueux, pétrifiant, redoutable, rude, terrifiant, tragique ◆ fam : du tonnerre, sensass ◆ vx : horrifique **2** par ext. **a** → **violent** **b** → **turbulent** **c** → **extraordinaire**

**terriblement** beaucoup, diablement, étrangement, extrêmement, très

**terrien, ne** nom et adj. → **paysan**

**terrier** n. m. **1** cartulaire, chartrier **2** → **tanière**

**terrifiant, e** → **terrible**

**terrifier** → **terroriser**

**terril** n. m. crassier

**terrine** n. f. **1** → **pâté** **2** → **pot**

**territoire** n. m. **1** → **pays** **2** → **juridiction**

**terroir** n. m. **1** → **terre** **2** → **pays**

**terroriser** affoler, alarmer, angoisser, apeurer, atterrer, consterner, effarer, effaroucher, effrayer, épouvanter, faire fuir, faire peur, frapper de stupeur, halluciner, horrifier, inquiéter, pétrifier, remplir de terreur, stupéfier, terrifier

**terrorisme** n. m. excès, intimidation, subversion, terreur

**terroriste** nom et adj. → **révolutionnaire**

**tertre** n. m. → **hauteur**

**tessiture** n. f. ampleur, échelle, registre

**tesson** n. m. **1** → **débris** **2** → **morceau**

**test** n. m. → **expérimentation**

**testament** n. m. dernières dispositions / volontés, legs

**testateur, trice** n. m. ou f. de cujus

**tester** **1** → **témoigner** **2** → **expérimenter** **3** → **transmettre**

**tester** ou **testeur** n. m. off. : contrôleur, essayeur

**testicule** n. m. **1** → **bourse** **2** triperie : amourettes (rég.), morceau du boucher, rognons blancs

**têt** ou **test** n. m. **1** → **pot** **2** → **réchaud**

**tête** n. f. **1** au pr. : chef (vx), crâne, encéphale, face, faciès, figure, front, gueule, hure, mufle, museau, nez → **visage** **2** fam. ou arg. : ardoise, baigneuse, balle, bille, binette, bobèche, bobine, bobinette, bocal, bonnet, bouchon, bougie, bouille, bouillotte, boule, bourriche, boussole, burette, caboche, cabochon, cafetière, caillou, caisson, calebasse, carafe, carafon, cassis, cerise, chignon, chou, ciboule, ciboulot, cigare, citron, citrouille, cloche, cocagne, coco, coloquinte, crécelle, fiole, fraise, frite, gadin, gargamelle, gaufre, genou, gueule, hure, kilo, lampe, margoulette, melon, mufle, museau, nénette, patate, pêche, pépin, pipe, plafond, plaque, poire, pomme, portrait, prune, siphon, tabatière, tabernacle, terrine, théière, tinette, tirelire, toiture, tournante, tranche, trogne, trognon, trombine, tromblon, trompette, tronc, tronche, truffe **3** par ext. **a** autorité, cerveau, chef, état-major, leader → **direction** **b** bon sens, esprit, intelligence, lucidité, mémoire, présence d'esprit, raison, sang-froid **c** individu, unité, pièce → **homme** **d** → **sommet** **e** → **commencement** **f** → **extrémité** **g** bulbe, gousse, ogive **4** loc. **a** **tête-à-tête :** conciliabule, conversation, dialogue, entretien entre quatre-z-yeux (fam.), nez à nez, seul à seul → **rencontre** **b** **dans la tête** → **idée** **c** **tête de linotte** → **étourdi** **d** **tête de lit :** chevet, devant, haut **e** **tête-à-queue :** dérapage, virevolte, volte-face **f** **tête-bêche :** bêcheveté, inverse, opposé **g** **perdre la tête** → **affoler (s')** **h** **tête de mort :** crâne ◆ partic. : mignonnette ou fromage de Hollande

**tétée** n. f. → **allaitement**

**téter** → **sucer**

**tétine** n. f. mamelle, téterelle, tétin, tette, trayon → **pis**

**téton** n. m. → **sein**

**têtu, e** absolu, accrocheur, acharné, buté, cabochard, entêté, entier, insoumis, intraitable, obstiné, opiniâtre, récalcitrant, rétif, tenace, volontaire

**texte** n. m. acte, citation, contenu, contexte, copie, écrit, énoncé, formule, fragment, leçon, libellé, livret, manuscrit, morceau, original, paroles, passage, recension, rédaction, rédigé, sujet, teneur, variante ◆ péj. : factum, grimoire, prose, torche-cul

**textile** n. m. **1** filature, tissage **2** étoffe → **tissu**

**textuel, le** authentique, littéral, mot à mot → **exact**

**texture** n. f. → **structure**

**thalweg** n. m. fond, ligne de plus grande pente

**thaumaturge** n. m. → **magicien**

**théâtral, e** 1 non fav. : affecté, ampoulé, apprêté, arrangé, cabot, cabotin, compassé, composé, concerté, emphatique, étudié, faux, forcé, maniéré, pompeux, précieux, recherché, sophistiqué 2 fav. ou neutre : dramatique, émouvant, fastueux, grandiose, imposant, majestueux, poignant, scénique, spectaculaire, terrible, tragique

**théâtre** n. m. 1 au pr. a planches, plateau, rampe (feux de la), salle, scène, tréteaux b atelier, café-théâtre, music-hall c vx : comédie 2 par ext. a comédie musicale, opéra, opéra-comique b → **show-business** 3 a → **pièce** b → **spectacle** 4 fig. : emplacement, endroit, scène → **lieu**

**thébaïde** n. f. → **solitude**

**théisme** n. m. 1 au pr. : déisme 2 par ext. : théogonie, théologie, théosophie

**thème** n. m. 1 fond, idée, leitmotiv, matière, motif, objet, refrain, sujet, trame 2 traduction

**théogonie** n. f. croyance, culte, foi, mythologie, religion, théologie

**théologie** n. f. apologétique, doctrine, études religieuses, théodicée, théogonie

**théologien** n. m. 1 casuiste, consulteur, docteur, gnostique, Père de l'Église 2 ayatollah, imam, mollah, uléma 3 rabbin, scribe

**théologique** casuistique, divin, métaphysique, religieux, théologal

**théorème** n. m. → **proposition**

**théoricien, enne** chercheur, doctrinaire, généraliste, idéologue, penseur, philosophe, savant, spéculateur, utopiste (péj.)

**théorie** n. f. 1 abc, axiome, base, convention, définition, doctrine, dogme, donnée, élément, hypothèse, loi, maxime, morale, norme, opinion, philosophie, position, postulat, précepte, prémisse, principe, règle, religion, rudiment, système, utopie (péj.) 2 calcul, étude, projet, recherche, spéculation → **raisonnement** 3 → **méthode** 4 cortège, défilé, file, marche, procession, queue, suite, va-et-vient

**théorique** 1 neutre : abstrait, conceptuel, doctrinal, hypothétique, idéal, imaginaire, rationnel, scientifique, spéculatif, systématique 2 non fav. : chimérique, fumeux, onirique, vaseux → **imaginaire**

**théosophie** n. f. cabale, gnose, occultisme, religion, spiritisme

**thérapeute** n. m. → **médecin**

**thérapeutique** et **thérapie** n. f. 1 cure, intervention, médecine (vx), médication, régime, soins, traitement 2 allopathie, homéopathie 3 loc. **thérapie de groupe :** psychodrame, psychothérapie, sociodrame, sociothérapie

**thermal, e, aux** **station thermale :** bains (vx), eaux, station balnéaire, ville d'eaux

**thermes** n. m. pl. → **bain**

**thermographe** et **thermomètre** n. m. → **enregistreur**

**thésaurisation** n. f. 1 → **économie** 2 → **avarice**

**thésauriser** amasser, boursicoter, capitaliser, économiser, empiler, entasser, épargner, faire sa pelote, se faire un matelas, mettre de côté, placer, planquer (fam.)

**thésauriseur, euse** n. m. ou f. → **avare**

**thésaurus** n. m. inv. → **dictionnaire**

**thèse** n. f. 1 → **affirmation** 2 → **traité** 3 → **opinion**

**thon** n. m. bonite, germon, pélamyde, thonine → **poisson**

**thorax** n. m. → **poitrine**

**thuriféraire** n. m. → **louangeur**

**thym** n. m. → **serpolet**

**tiare** n. f. → **couronne**

**tic** n. m. 1 grimace, rictus 2 fig. : bizarrerie, caprice, dada, démangeaison, épidémie, fantaisie, fièvre, frénésie, fureur, goût, habitude, hobby, maladie, manie, manière, marotte, monomanie, péché mignon, prurit, rage, toquade, turlutaine

**ticket** n. m. → **billet**

**tiède** 1 au pr. : attiédi, doux, modéré, moite, tiédasse (péj.) 2 fig. : apathique, calme, indifférent, mou, négligent, neutre, nonchalant, veule

**tiédeur** n. f. 1 au pr. : attiédissement, douceur, modération, moiteur 2 fig. : apathie, calme, dégagement (vx), désintéressement, détachement, flegme, froideur, impassibilité, indifférence, indolence, laisser-aller, mollesse, négligence, neutralité, nonchalance, sérénité

**tiédir** 1 au pr. : attiédir, climatiser, dégourdir, modérer, réchauffer, refroidir 2 fig. → **tempérer**

**tiers, tierce** nom et adj. 1 arbitre, intermédiaire, médiateur, négociateur, témoin 2 inconnu, étranger, intrus (péj.), tierce personne 3 troisième 4 **tiers monde :** pays en voie de développement / sous-développés

**tige** n. f. 1 bot. : branche, brin, chalumeau, chaume, écot, fane, gemmule, gourmand, hampe, moissine, paille, pédicelle, pédicule, pédoncule, pétiole, plant, queue, rhizome, sarment, stipe, stolon, tigelle, tronc, tuyau → **fût** 2 par ext. a baguette, bâton, rouette, verge b arbre, aiguille, axe, barre, bielle, bras, broche, cheville, cylindre, tringle

**tigré, e** bigarré, fauve, jaune, moucheté, rayé, zébré

**timbale** n. f. 1 → **tambour** 2 → **gobelet** 3 bouchée à la reine, vol-au-vent

**timbalier** n. m. → **percussionniste**

**timbre** n. m. 1 → **cloche** 2 → **son** 3 → **marque** 4 vignette 5 → **réservoir**

**timbré, e** fam. et par ext. : barjo, bizarre, branque, braque, cinglé, défoncé, dingo, dingue, fatigué, fêlé, flingué, folingue, follet, fondu, fou, frappé, gelé, givré, hurluberlu, job, jobard, jojo, loufoque, maboul, maniaque, marteau, piqué, sinoque, siphonné, sonné, tapé, toc-toc, toqué, zinzin

**timbrer** 1 estampiller, marquer, tamponner 2 → **affranchir**

**timide** 1 au pr. : complexé, effarouché, embarrassé, farouche, gauche, gêné, hésitant, honteux, humble, indécis, inhibé, intimidé, mal à son aise, peureux, pusillanime, réservé, timoré → **craintif** 2 fig. : approximatif, confus, douteux, ébauché, imparfait, imprécis, incertain, indécis, indéfini, indéterminé, indistinct, flottant, flou, fumeux, nébuleux, nuageux, obscur, trouble, vague

**timidité** n. f. appréhension, confusion, crainte, effacement, effarouchement, embarras, émoi, éreuthophobie, gaucherie, fausse / mauvaise honte / pudeur, gêne, hésitation, honte, humilité, indécision, inhibition, modestie, peur, pusillanimité, réserve, sauvagerie, trac, vergogne

**timing** n. m. spat. et milit. off. : calendrier, minutage

**timon** n. m. → **gouvernail**

**timonier** n. m. → **pilote**

**timoré, e** → **timide**

**tin** n. m. → **soutien**

**tinette** n. f. → **water-closet**

**tintamarre** n. m. bacchanale, barouf, bastringue, bordel, boucan, bousin, brouhaha, bruit, cacophonie, carillon, chahut, charivari, cri, désordre, dissonance, éclat, esclandre, foin, hourvari, pet, pétard, potin, raffut, ramadan, ramdam, sabbat, scandale, schproum, sérénade, tam-tam, tapage, tintouin, tohu-bohu, train, vacarme

**tintement** n. m. → **sonnerie**

**tinter** et **tintinnabuler** bourdonner, carillonner, résonner, sonner

**tintouin** n. m. 1 agitation, peine, préoccupation, remue-ménage, souci, surmenage, travail 2 → **tintamarre** 3 → **tracas**

**tique** n. f. ixode

**tiquer** 1 → **tressaillir** 2 → **sourciller**

**tir** n. m. 1 feu, salve 2 envoi, lancement 3 coup (de pied), shoot

**tirade** n. f. couplet, développement, discours, explication, monologue, morceau de bravoure, paraphrase, réplique, suite, tartine (fam.)

**tirage** n. m. 1 collection, composition, édition, impression, photocomposition, publication, réimpression, reproduction, republication 2 accroc, anicroche, aria, bec, cahot, chardon, cheveu, chiendent, contrariété, danger, difficulté, embarras, empêchement, enclouure, ennui, épine, hic, histoire, incident, labeur, objection, obstacle, opposition, os, peine, pépin, problème, résistance, ronce, souci, tiraillement, tiraillerie, tracas, traverse

**tiraillement** n. m. → **tirage**

**tirailler** 1 → **tirer** 2 → **tourmenter**

**tirant** n. m. 1 entrait 2 mar. tirant d'eau : calaison

**tire** n. f. 1 → **vol** 2 → **voiture**

**tiré, e** 1 → **maigre** 2 → **fatigué**

**tire-au-cul** et **tire-au-flanc** n. m. → **rossard**

**tirebouchonner** → **tordre**

**tire-fesses** n. m. a → **téléphérique** b → **télésiège**

**tirelire** n. f. 1 boîte à sous (fam.), cagnotte, caisse, crapaud, grenouille, tontine, tronc → **aumônière** 2 fam. a → **tête** b bedaine, bedon, brioche, estomac, gésier, panse, tripes, ventre

**tirer** 1 au pr. a attirer, faire aller, remorquer, tracter, traîner ◆ mar. : affaler, haler, paumoyer, touer b allonger, bander, détirer, distendre, élonger (vx, mar. et méd.), étendre, étirer, raidir, tendre c écarteler, tirailler d dégager, délivrer, dépêtrer, enlever, éveiller, extraire, lever, ôter, produire, ramener, sauver, sortir → **retirer** e pomper, puiser, sucer, traire 2 par ext. a conclure, déduire, dégager, devoir à, emprunter, extraire, inférer, interpréter, prendre, puiser b → **quitter** c drainer, extorquer, gagner, hériter, percevoir, recevoir, recueillir, retirer, soutirer d → **tracer** e → **imprimer** f décharger, faire feu, faire partir, lâcher, mitrailler, tirailler g arg. ou fam. :allumer, balancer la fumée, canarder, cartonner, débrider, défourailler, faire un carton, gicler, révolvériser, rifler, sulfater 3 v. pron. s'échapper, s'enfuir, s'évader, se sauver, sortir → **partir** 4 a **tirer sur** → **ressembler** b **s'en tirer :** se débourber, se débrouiller, se démêler, se dépêtrer, en réchapper, s'en sortir → **réussir**

**tiret** n. m. → **trait**

**tireur, euse** n. m. ou f. 1 haleur, remorqueur, tracteur 2 mitrailleur, servant 3 **tireuse de cartes :** cartomancienne, diseuse de bonne aventure, extralucide → **voyant**

**tisane** n. f. 1 bouillon, décoction, infusion, macération, macéré, remède, solution 2 les plus utilisées : anis, bourrache, fleur d'oranger, menthe, tilleul, verveine

**tison** n. m. braise, brandon

**tisonner** activer, animer, fourgonner

**tisonnier** n. m. badines, fourgon, pincettes, pique-feu, râble, ringard, rouable

**tisser** 1 au pr. : brocher, broder, fabriquer, tramer, tresser 2 fig. : aménager, arranger, brasser, combiner, comploter, conspirer, machiner, manigancer, monter, nouer, ourdir, préparer, tramer, tresser

**tisseur, euse** n. m. ou f. licier, tisserand

**tissu** n. m. 1 au pr. : a cotonnade, étoffe, lainage, soierie, tapisserie, textile b → **coton** c → **lainage** d → **soie** e principaux tissus : alépine, alpaga, armoise, basin, batik, batiste, beige, biset, blanchet, bort, bourras, brocart, brocatelle, broché, broderie, brunette, bure, bureau, cachemire, cadis, calicot, cambrai, camelot, cannelé, casimir, catalogne, cellular, cheviotte, chintz, cloqué, côtelé, coutil, crêpe, cretonne, crinoline, croisé, damas, dentelle, double face, drap, droguet, écossais, embourrure, escot, étamine, faille, fibranne, fileté, filoche, filoselle, finette, flanelle, foulard, frise, futaine, gabardine, gaze, granité, grenadine, grisette, gros (de Naples / de Tours), gros-grain, guinée, guipure, hollande, homespun, imprimé, indémaillable, indienne, jaconas, jersey, lamé, lampas, lassis, lasting, levantine, linon, lirette, loden, lustrine, madapolam, madras, marengo, matelassé, mérinos, métis, mignonnette, mille-raies, mohair, moire, moleskine, molleton, moquette, mousseline, nankin, nansouk, napolitaine, organdi, ottoman, ouatine, oxford, panne, passement, patchwork, pékin, peluche, percale, percaline, perse, pied-de-poule, pilou, piqué, plumetis, poil de chameau, popeline, pou ou poult de soie, pourpre, prince-de-galles, prunelle, ras, ratine, reps, ruban, samit, satin, satinette, serge, shetland, sicilienne, singalette, surah, taffetas, tamise, tarlatane, tartan, tennis, thibaude, tissu-éponge, toile, treillis, tresse, tricot, triplure, tulle, tussor, tweed, velours, veloutine, velvet, vichy, vigogne, voile, whipcord, zéphyr vx : biffe, camelot, écarlate, picote, siamoise f acrylique, dacron, lycra, nylon, orlon, perlon, rayonne, rhovyl, tergal 2 par ext. a byssus, cellule, membrane, réseau b contexture, texture 3 fig. : enchaînement, enchevêtrement, mélange → **suite**

**titan** n. m. 1 au pr. : colosse, cyclope, force de la nature, géant, goliath, hercule, malabar (fam.), mastodonte, monstre, surhomme 2 → **champion**

**titanesque** colossal, considérable, cyclopéen, démesuré, éléphantesque, énorme, étonnant, excessif, fantastique, formidable, géant, gigantesque, grand, immense, incommensurable, insondable, monstre, monstrueux, monumental, pélagique, prodigieux, pyramidal

**titi** n. m. → **gamin**

**titillation** n. f. → **chatouillement**

**titiller** [1] → **caresser** [2] → **exciter** [3] → **agacer**

**titre** n. m. [1] appellation, désignation, en-tête, frontispice, intitulé, manchette, rubrique → **partie** [2] caractère, fonction, nom, particularité, qualification, spécification [3] acte, brevet, celebret (relig.), certificat, charte, commission, diplôme, document, instrument, lettres patentes, papier, parchemin, patente, pièce [4] au pl. : action, billet, bon, effet, obligation, reconnaissance, warrant

**titubant, e** branlant, chancelant, faible, flageolant, hésitant, incertain, oscillant, trébuchant, vacillant

**tituber** balancer, basculer, branler, broncher, buter, chanceler, chavirer, chopper, faiblir, flageoler, fléchir, flotter, glisser, hésiter, lâcher pied, osciller, trébucher, trembler, vaciller ♦ fam. ou arg. : avoir du vent dans les voiles, festonner, valdinguer

**titulaire** nom et adj. → **propriétaire**

**titularisation** n. f. affectation, confirmation, homologation, installation, intégration, nomination, officialisation, prise en charge, validation

**titulariser** affecter, confirmer, désigner, homologuer, installer, intégrer, nommer, officialiser, prendre en charge, valider

**toast** n. m. [1] → **tartine** [2] → **discours**

**toasteur** n. m. off. : grille-pain

**toc** n. m. camelote → **saleté**

**tocard, e** [1] → **nul** [2] → **mauvais**

**tocsin** n. m. → **alarme**

**toge** n. f. [1] trabée [2] par ext. : costume, mante, manteau, robe

**tohu-bohu** n. m. [1] par ext. : activité, affairement, affolement, agitation, alarme, animation, bouillonnement, branle-bas, bruit, chambardement (fam.), changement, désordre, effervescence, excitation, flux et reflux, grouillement, hâte, incohérence, maelström, mouvement, orage, pandémonium, précipitation, remous, remue-ménage, secousse, tempête, tourbillon, tourmente, trouble, tumulte, turbulence, va-et-vient [2] fam. : bacchanale, barouf, bastringue, bordel, boucan, bousin, brouhaha, carillon, chahut, charivari, corrida, cri, éclat, esclandre, foin, hourvari, pet, pétard, pétaudière, potin, raffut, ramadan, ramdam, sabbat, sarabande, scandale, schproum, sérénade, tam-tam, tintamarre, tour de Babel, train, vacarme

**toile** n. f. [1] au sing. **a** → **tissu** **b** → **tableau** [2] au pl. → **filet**

**toilette** n. f. [1] au sing. **a** → **nettoiement** **b** → **vêtement** [2] au pl. → **water-closet**

**toit** et **toiture** n. m., n. f. [1] au pr. : chaume, comble, couverture, faîte, gouttières, terrasse, toiture [2] par ext. **a** → **hangar** **b** → **habitation**

**toise** n. f. → **dimension**

**toiser** [1] → **regarder** [2] → **mesurer**

**toison** n. f. [1] → **poil** [2] → **chevelure**

**tôle** n. f. [1] feuille / plaque de métal [2] → **prison**

**tolérable** buvable (fam.), endurable, excusable, passable, sortable, soutenable, suffisant, supportable, tenable, vivable

**tolérance** n. f. [1] acquiescement, bonté, bénignité, compréhension, douceur, humanisme, indulgence, irénisme, largeur / ouverture d'esprit, laxisme (péj.), libéralisme, non-violence, patience, respect, tolérantisme [2] → **accoutumance**

**tolérant, e** bénin, bon, commode, compréhensif, doux, éclectique, endurant (vx), humain, humaniste, indulgent, irénique, large / ouvert d'esprit, laxiste (péj.), libéral, non-violent, patient, résigné, respectueux

**tolérer** [1] accepter, accorder, acquiescer, admettre, agréer, approuver, autoriser, avaler, concéder, consentir, dispenser, donner, habiliter, laisser, laisser faire, passer, permettre ♦ vx : avaler, boire, digérer [2] endurer, souffrir, supporter

**tollé** n. m. blâme, bruit, chahut, charivari, clameur, cri, haro, huée, sifflet

**tomate** n. f. olivette, pomme d'amour

**tombal, e** → **funéraire**

**tombant, e** → **pendant**

**tombe** et **tombeau** n. f., n. m. caveau, cénotaphe, cinéraire, cippe, columbarium, concession, dernier asile, dernière demeure, enfeu (par ext.), fosse, funérailles, hypogée, koubba, mastaba, mausolée, monument, monument funéraire / obituaire, pierre, pierre tombale, sarcophage, sépulcre, sépulture, stèle, stûpa, syringe, tertre, tholos, tombelle, tumulus

**tombée** n. f. [1] chute, crépuscule, déclin [2] → **déchet**

**tomber** [1] au pr. **a** s'abattre, s'affaler, s'allonger, basculer, choir, chuter, culbuter, débouler, dégringoler, descendre, se détacher, dévisser, s'écrouler, s'effondrer, faire une chute, se renverser, trébucher **b** fam. : s'aplatir, se casser la figure / la gueule, dinguer, s'épater, s'étaler, se ficher / flanquer / foutre / mettre les quatre fers en l'air / par terre, se gaufrer, glisser, mordre la poussière, prendre / ramasser un billet de parterre / une bûche / un gadin / une gamelle / une pelle, se répandre / rétamer, ribouler, valdinguer [2] par ext. **a** s'avaler, pendre, retomber, traîner **b** arriver, pleuvoir **c** s'abaisser, s'abâtardir, s'affaiblir, s'amoindrir, s'avilir, baisser, déchoir, se déclasser, décliner, décroître, dégénérer, se dégrader, dégringoler, déroger, descendre, dévier, diminuer, s'encanailler, s'enfoncer, se laisser aller, rétrograder, rouler dans, vieillir → **manquer** **d** → **échouer** **e** → **mourir** **f** → **terminer (se)** **g** s'accomplir, advenir, arriver, avoir lieu, se dérouler, échoir, intervenir, s'offrir, s'opérer, se passer, se présenter, se produire, surgir, survenir, se tenir, se trouver **h** le vent : calmir [3] loc. **a** **tomber sur :** attaquer, charger, s'élancer, foncer, se jeter, se précipiter / se ruer sur, rencontrer, trouver **b** **tomber d'accord :** accéder, accepter, accorder, acquiescer, adhérer, admettre, adopter, applaudir, approuver, autoriser, avoir pour agréable, céder, condescendre, consentir, dire amen, se laisser faire, octroyer, opiner, permettre, se prêter, se soumettre, souscrire, toper (là), vouloir bien → **convenir**

**tombereau** n. m. → **voiture**

**tombola** n. f. arlequin, hasard, loterie, loto, sweepstake, tirage

**tome** n. m. → **livre**

**tomme** n. f. → **fromage**

**tom-pouce** n. m. [1] → **nain** [2] → **parapluie**

**ton** n. m. [1] au pr. : accent, accord, bruit, écho, inflexion, intonation, modulation, musique, note, son, timbre, tonalité [2] par ext. **a** façon, facture, forme, genre, goût, griffe, main, manière, patte, pinceau, plume, signature, style, touche, tour **b** → **expression** **c** → **procédé** **d** → **couleur** [3] **bon ton** → **convenance**

**tonalité** n. f. → **ton**

**tondre** [1] au pr. : couper, dépouiller, écorcer, éplucher, gratter, ôter, peler, râper, raser, tailler [2] fig. **a** → **dépouiller** **b** → **voler**

**tonicité** n. f. → **force**

**tonifier** → **fortifier**

**tonique** nom et adj. analeptique, cordial, corroborant, excitant, fortifiant, réconfortant, reconstituant, remontant, roboratif, stimulant, tonifiant

**tonitruant, e** [1] carillonnant, résonnant, retentissant, sonnant, sonore [2] ample, bruyant, éclatant, énorme, fort, haut, hurlant, plein, ronflant, tonnant, vibrant

**tonitruer** → **crier**

**tonnage** n. m. → **contenance**

**tonnant, e** → **tonitruant**

**tonneau** n. m. [1] baril, barrique, demi-muid, feuillette, fût, futaille, foudre, muid, pièce, tonne, tonnelet [2] vx ou rég. : botte, bouge, caque, charge, pipe, poinçon, queue, tinette, velte

**tonnelle** n. f. abri, berceau, brandebourg, charmille, gloriette, kiosque, pavillon / salon de verdure, pergola, vigneau

**tonner** [1] fig. → **crier** [2] → **tempêter**

**tonnerre** n. m. [1] par ext. : éclair, épart, feu du ciel / de Dieu / de Jupiter / de Zeus, foudre, fulguration, orage, tempête [2] loc. **du tonnerre** **a** → **extraordinaire** **b** → **terrible**

**tonus** n. m. → **force**

**toper** → **tomber (d'accord)**

**topique** [1] n. m. **a** → **remède** **b** banalité, bateau, cliché, idée reçue, lieu commun, poncif, truisme, vieille lune, vieillerie [2] adj. → **convenable**

**topo** n. m. [1] → **ébauche** [2] → **rapport**

**topographie** n. f. arpentage, cadastre, cartographie, géodésie, géographie, nivellement, planimétrie, triangulation

**topographique** cadastral, géodésique, géographique, planimétrique

**toquade** n. f. [1] au pr. : accès, bizarrerie, bon plaisir, boutade, caprice, changement, chimère, coup de tête, engouement, entichement, envie, extravagance, fantaisie, folie, foucade, gré, humeur, impatience, incartade, inconséquence, inconstance, instabilité, légèreté, lubie, lune, marotte, mobilité, mouvement, quinte, saillie, saute d'humeur, singularité, turlutaine, variation, versatilité, volonté [2] par ext. **a** amour, amourette, béguin, coqueluche, escapade, frasque, fredaine, flirt, idylle, passade, pépin **b** aliénation, délire, démence, égarement, folie, frénésie, furie, hantise, idée fixe, manie, monomanie, obsession

**toque** n. f. [1] → **bonnet** [2] → **coiffure**

**toqué, e** [1] au pr. : aliéné, bizarre, dément, déséquilibré, détraqué, malade, maniaque, névrosé, paranoïaque, schizophrène → **fou** [2] fam. → **timbré**

**toquer (se)** s'acoquiner, s'amouracher, avoir le béguin / une toquade pour, se coiffer, s'emballer, s'engouer, s'entêter, s'enthousiasmer, s'enticher, s'éprendre, s'infatuer, se passionner, prendre feu et flamme pour, se préoccuper, se rassoter (vx)

**torche** n. f. [1] brandon, flambeau, lampe électrique, luminaire, torchère [2] → **torsade**

**torchée** n. f. → **torgnole**

**torcher** [1] au pr. → **nettoyer** [2] fig. **a** → **lancer** **b** abîmer, bâcler, barbouiller, bousiller, cochonner, déparer, dissiper, enlaidir, gâcher, galvauder, gaspiller, gâter, liquider, manquer, massacrer, perdre, rater, saboter, saloper, torchonner, tordre, trousser

**torchère** n. f. applique, bougeoir, bras, candélabre, chandelier, flambeau, girandole, luminaire, martinet, torche

**torchis** n. m. bauge, bousillage, pisé → **mortier**

**torchon** n. m. essuie-mains / verres ♦ péj. → **servante**

**torchonner** → **torcher**

**tordant, e** [1] amusant, bouffon, cocasse, comique, désopilant, drolatique, drôle, farce, fou, hilarant, impayable, inénarrable, plaisant, ridicule, risible [2] arg. ou fam. : bidonnant, boyautant, crevant, décapant, décoiffant, gondolant, gonflant, jouasse, marrant, poilant, rigolo, roulant

**tord-boyaux** n. m. → **alcool**

**tordre** [1] au pr. **a** bistourner, boudiner, cordeler, corder, cordonner, entortiller, filer, guiper, torsader, tortiller, tourner, tresser, vriller **b** cintrer, courber, déformer, distordre, fausser, forcer, gauchir, organsiner (techn.) **c** mar. : commettre, rider [2] fig. **a** → **torcher** **b** → **manger** [3] v. pron. **a** s'amuser, se dérider, se désopiler, se divertir, éclater de rire, s'égayer, s'en payer, s'esclaffer, glousser, pleurer de rire, pouffer, prendre du bon temps, se réjouir, rire, sourire **b** arg. ou fam. : se bidonner, bosser, se boyauter / dilater la rate, se fendre la gueule / la pêche / la pipe, se marrer / poiler, s'en payer une tranche, rigoler

**tordu, e** [1] au pr. : bancal, bancroche, cagneux, circonflexe, contourné, contracté, courbé, déjeté, de travers / traviole (fam.), difforme, entortillé, gauche, recroquevillé, retors, serré, tors, tortillé, tortu, tortueux, torve, tourmenté, tourné, volubile, vrillé [2] fig. et fam. : bizarre, braque, capricant, capricieux, changeant, difficile, excentrique, extravagant, fantaisiste, fantasque, fou, hypocrite, inconséquent, inconstant, instable, irréfléchi, labile, lunatique, mal tourné, maniaque, mauvais caractère / coucheur, méchant, mobile, ondoyant, original, quinteux, sautillant, variable, versatile, vicieux

**tore** n. m. → **moulure**

**torgnole** n. f. [1] au pr. : bastonnade, botte, bourrade, calotte, charge, châtiment, chiquenaude, claque, correction, décharge, distribution, fessée, gifle, horion, pichenette, soufflet, tape

2 fam. a abattage, avoine, baffe, bâfre, beigne, beignet, bigorne, bourre-pipe, branlée, brossée, brûlée, castagne, châtaigne, contredanse, coq, coquard, danse, déculottée, dégelée, dérouillée, flanche, fricassée, fricotée, frottée, giboulée, giroflée, gnon, jeton, marron, mornifle, pain, pâtée, peignée, pile, plumée, pochade, purge, raclée, ramponneau, ratatouille, rincée, rossée, roulée, rouste, secouée, tabac, tabassage, tabassée, tampon, tannée, taquet, tarte, tisane, toise, torchée, tournée, trempe, trempée, tripotée, valse → **gifle, volée** b blessure, bleu, bosse, contusion, mauvais traitements, meurtrissure, violences, voies de fait

**tornade** n. f. bourrasque, coup de chien / de tabac / de vent, cyclone, orage, ouragan, rafale, raz de marée, tempête, tourbillon, tourmente, trombe, typhon, vent

**torpeur** n. f. abattement, abrutissement, accablement, adynamie, affaiblissement, alanguissement, alourdissement, anéantissement, apathie, appesantissement, assoupissement, atonie, consomption, découragement, dépérissement, écrasement, engourdissement, ennui, épuisement, étisie, faiblesse, hébétude, hypnose, inaction, inactivité, indolence, langueur, lenteur, léthargie, marasme, mollesse, morbidesse, nonchalance, paralysie, paresse, prostration, somnolence, stagnation, stupeur

**torpiller** 1 au pr. → **couler** 2 fig. : arrêter, briser, enterrer, escamoter, étouffer, faire avorter / échouer, mettre en sommeil, neutraliser, saborder, supprimer, tuer dans l'œuf

**torréfier** → **rôtir**

**torrent** n. m. → **rivière**

**torrentiel, le** 1 au pr. : déchaîné, démonté, diluvien, torrentueux, violent 2 par ext. → **abondant**

**torride** bouillant, brûlant, chaud, cuisant, desséchant, étouffant, excessif, incandescent, saharien, tropical

**tors, e** → **tordu**

**torsade** n. f. 1 chignon, coiffure, macaron, natte, rouleau, tresse 2 hélice, rouleau, torche, torque

**torsader** → **tordre**

**torse** n. m. buste, poitrine, taille, thorax, tronc

**torsion** n. f. contorsion, contraction, courbure, distorsion, tortillement, vrillage

**tort** n. m. 1 affront, atteinte, avanie, blessure, casse, coup, culpabilité, dam, dégât, dégradation, dépréciation, déprédation, désavantage, détérioration, détriment, dommage, endommagement, faute, injure, injustice, lésion, mal, manquement, offense, outrage, perte, préjudice, ravage, sinistre ◆ vx : grief, nuisance 2 loc. a **avoir tort** → **tromper (se)** b **redresseur de torts** → **justicier**

**tortillement** n. m. 1 → **trémoussement** 2 → **torsion**

**tortiller** 1 au pr. → **tordre** 2 fig. a → **remuer** b → **hésiter** c → **tourner** d → **manger**

**tortionnaire** nom et adj. bourreau, bras séculier (vx), exécuteur, homme de main, meurtrier, sadique, sanguinaire, tueur

**tortu, e** → **tordu**

**tortue** n. f. 1 chélonien 2 caret, céraste, cistude, courte-queue, luth, trionyx

**tortueux, euse** 1 au pr. : courbe, flexueux, ondoyant, ondulant, ondulatoire, ondulé, onduleux, serpentin, sinueux 2 par ext. a artificieux, astucieux, cauteleux, diplomate, ficelle, finaud, fourbe, futé, habile, loup, machiavélique, madré, malicieux (vx), malin, matois, normand, renard, retors, roublard, roué, rusé, subtil b → **hypocrite**

**torturant, e** affligeant, amer, angoissant, attristant, crucifiant, cruel, cuisant, déchirant, difficile, douloureux, dur, éprouvant, funeste, intolérable, lamentable, lancinant, navrant, obsédant, pénible, pitoyable, térébrant, triste

**torture** n. f. 1 affliction, calvaire, châtiment, exécution, martyre, mort, peine, persécution, pilori, punition, souffrance, tourment ◆ vx : géhenne, question 2 → **supplice** 3 → **inquiétude** 4 → **douleur** 5 **mettre à la torture** → **tourmenter**

**torturer** 1 au pr. : soumettre à la question (vx) / au supplice / à la torture, supplicier ◆ vx : gêner, questionner 2 par ext. a → **tourmenter** b défigurer, dénaturer, détourner, forcer, interpréter, violenter

**torve** 1 → **tordu** 2 → **mauvais**

**tory** n. m. → **réactionnaire**

**tôt** 1 au chant du coq, au lever du jour / du soleil, aux aurores (fam.), de bon matin, de bonne heure, dès l'aube, dès l'aurore, dès potron-minet 2 → **vite**

**total** n. m. 1 addition, chiffre, ensemble, fonds, masse, montant, quantité, somme, volume 2 → **totalité**

**total, e** adj. absolu, complet, entier, exhaustif, franc, global, intact, intégral, parfait, plein, plénier, radical, sans réserve / restriction

**totalement** absolument, à fond, au complet, bien, carrément, complètement, de fond en comble, de pied en cap, des pieds à la tête, du haut en bas, en bloc, en entier / totalité, entièrement, exactement, fondamentalement, globalement, in extenso, intégralement, jusqu'au bout / aux oreilles, par-dessus les oreilles / la tête, parfaitement, pleinement, profondément, purement et simplement, radicalement, tout à fait, tout au long ◆ fam. : jusqu'à l'os / au trognon, rasibus, ras-le-bol

**totaliser** additionner, assembler, faire un tout, grouper, rassembler, réunir

**totalitaire** absolu, autocratique, autoritaire, dictatorial, fasciste, hitlérien, oppressif, raciste, stalinien

**totalité** n. f. 1 absoluité, complétude, continuum, ensemble, entièreté, généralité, globalité, intégrité, masse, œcuménicité, plénitude, réunion, total, tout, toutim(e) (fam.), universalité 2 **en totalité** → **totalement**

**totem** n. m. 1 au pr. : ancêtre, emblème, figure, protecteur, représentant, représentation, signe, symbole 2 par ext. : amulette, fétiche, gri-gri

**toton** n. m. → **toupie**

**touage** n. m. → **remorquage**

**touchant** prép. à propos de, au sujet de, concernant, relatif à, sur

**touchant, e** adj. apitoyant, attendrissant, bouleversant, captivant, déchirant, désarmant, dramatique, éloquent, émouvant, empoignant, excitant, frappant, impressionnant, larmoyant (péj.), navrant, pathétique, poétique, poignant, saisissant, tendre, tragique, troublant

**touche** n. f. 1 → **port** 2 → **expression**

**touche-à-tout** n. m. → **amateur**

**toucher** v. tr. 1 au pr. a affleurer, chatouiller, coudoyer, effleurer, heurter, manier, palper, tâter, tâtonner b atteindre, attraper, faire balle / mouche, frapper, porter c aborder, accoster, arriver, atterrer, atterrir, faire escale, gagner, prendre terre, relâcher d avoisiner, confiner, joindre, jouxter, tenir à, voisiner 2 par ext. a émarger, encaisser, gagner, percevoir, recevoir, recouvrer, recueillir, retirer, se sucrer (péj.) ◆ fam. : empocher, palper b s'adresser, aller à, concerner, regarder c affecter, attendrir, avoir prise, blesser, désarmer, émouvoir, impressionner, intéresser, persuader, porter d rouler sur → **traiter** e → **jouer** 3 loc. **toucher à.** a → **entailler** b → **entreprendre**

**toucher** n. m. → **tact**

**touée** n. f. chaîne, filin → **cordage**

**touer** charrier, haler, remorquer, traîner → **tirer**

**touffe** n. f. 1 aigrette, bouquet, chignon, crêpe, crête, crinière, démêlure, épi, flocon, houppe, huppe, mèche, pinceau, pompon, tas, toupet, toupillon 2 bouquet, broussaille, buisson → **bois**

**touffeur** n. f. chaleur, étouffement, moiteur, tiédeur

**touffu, e** 1 au pr. : abondant, buissonnant, cespiteux, compact, comprimé, condensé, dense, dru, encombré, épais, exubérant, feuillu, fort, fourni, fourré, impénétrable, luxuriant, massif, pilé, plein, pressé, serré, tassé 2 fig. → **ténébreux**

**touiller** agiter, brasser, fatiguer, mélanger, mêler, remuer, tourner, vanner

**toujours** 1 temporel : ad vitam æternam (fam.), à jamais, à perpétuité, assidûment, à toute heure, constamment, continuellement, continûment, définitivement, de tout temps, en permanence, éternellement, généralement, habituellement, incessamment, indéfiniment, infiniment, invariablement, ordinairement, perpétuellement, sans arrêt / cesse, sans fin / interruption / relâche, sans désemparer, sempiternellement, tous les jours ◆ fam. : ad vitam æternam, à perpète 2 non temporel : au moins, cependant, de toute façon, du moins, en tout cas, néanmoins, quelles que soient les circonstances, reste que

**toupet** n. m. 1 au pr. → **touffe** 2 par ext. a → **confiance** b → **hardiesse**

**toupie** n. f. 1 moine, pirouette (vx), rhombe, sabot, toton 2 → **mégère**

**tour** n. f. beffroi, campanile, clocher, donjon, flèche, minaret, tourelle

**tour** n. m. 1 au pr. a cabriole, caracole (vx), course, giration, parcours, pirouette, révolution, rotation, roue, saut, tourbillonnement, tournoiement, vire-volte, volte b coude, circonvolution, détour, méandre, retour, sinuosité c bordure, chaintre, circonférence, circuit, contour, délinéament, limbe, périmètre, périphérie, pourtour, tracé 2 par ext. a balade, circuit, course, croisière, déambulation, échappée, errance, excursion, flânerie, marche, promenade, randonnée, sortie, voyage ◆ fam. : vadrouille, virée b circumnavigation, croisière, navigation, périple c → **voyage** 3 fig. a acrobatie, attrape, clownerie, escamotage, jonglerie, prestidigitation b coup de maître, exploit, succès c artifice, combine, coup, crasse, malice, méchanceté, méfait, ruse, stratagème, truc, vacherie d allure, aspect, expression, façon, forme, marche, style, tournure 4 loc. a **tour à tour** : alternativement, à tour de rôle, coup sur coup, l'un après l'autre, par roulement, périodiquement, rythmiquement, successivement b **tour de main** → **habileté**

**tourbe** n. f. canaille, écume, foule, gueuserie (vx), lie, masse, multitude, pègre, peuple, plèbe, populace, populaire, populo, prolétariat, racaille, vulgaire → **multitude**

**tourbeux, euse** → **boueux**

**tourbillon** n. m. 1 → **remous** 2 → **rafale** 3 → **mouvement**

**tourbillonnant, e** 1 au pr. : tournant, tournoyant, virevoltant 2 par ext. : agité, déchaîné, impétueux, remuant, secoué, torrentueux, troublé

**tourbillonnement** n. m. → **remous**

**tourbillonner** → **tourner**

**tourelle** n. f. 1 par ext. : bretèche, échauguette, lanterne, poivrière → **tour** 2 milit. : chambre de tir, coupole → **casemate**

**tourisme** n. m. → **voyage**

**touriste** n. m. et f. 1 → **voyageur** 2 → **estivant**

**touristique** → **pittoresque**

**tourment** n. m. 1 a affliction, affres, agitation, alarme, amertume, angoisse, anxiété, bourrèlement, cauchemar, chagrin, contrariété, crainte, déchirement, désolation, émoi, enfer, ennui, fardeau, incertitude, inquiétude, malaise, martyre, obsession, peine, perplexité, poids, préoccupation, scrupule, sollicitude, souci b vx : agonie, ahan, brisement, martel, soin c fam. : bile, bourdon, mouron, mousse, tintouin, tracassin, tracas, tracasserie 2 → **supplice** 3 → **douleur** 4 → **agitation**

**tourmente** n. f. 1 au pr. → **tempête** 2 → **trouble**

**tourmenté, e** 1 quelqu'un : angoissé, anxieux, bourrelé, inquiet, perplexe, ravagé, soucieux 2 quelque chose. a un site : accidenté, bosselé, chaotique, dantesque, découpé, déformé, dentelé, désordonné, disproportionné, irrégulier, lunaire, montagneux, mouvementé, pittoresque, vallonné b le style → **pénible**

**tourmenter** 1 au pr. : crucifier, écarteler, martyriser, mettre au supplice / à la torture, tenailler, torturer, travailler 2 vx a bourreler b détirer, gêner, questionner, soumettre à la question 3 par ext. a quelqu'un tourmente quelqu'un : agacer, assiéger, asticoter, brimer, chercher, chicaner, faire chanter / damner / danser, harceler, importuner, molester, persécuter, poursuivre, taler, talonner, tanner, taquiner, tarabuster, tirailler, vexer → **ennuyer** b quelque chose tourmente quelqu'un : affliger, agiter, chagriner, chiffonner, crucifier, dévorer, fâcher, hanter, inquiéter, lanciner, marteler, obséder, préoccuper, presser, ronger, talonner, tarauder, tracasser, travailler, trotter, troubler, turlupiner 4 v. pron. : se biler, se désespérer, se donner du mal / de la peine / du tintouin, s'en faire, se faire de la bile / des cheveux / des cheveux blancs / du mauvais sang / du mouron / des soucis, éprouver de l'inquiétude

**tournage** n. m. filmage, prise de vues, réalisation

**tournailler** 1 → **tourner** 2 → **errer**

**tournant** n. m. 1 angle, coude, courbe, courbure, méandre, retour, saillie, sinuosité, tour, virage 2 par ext. → **détour**

**tournant, e** giratoire, rotatif, rotatoire

**tourne** n. f. → **altération**

**tourné, e** → **aigre**

**tournebouler** → **bouleverser**

**tournebroche** n. m. rôtissoire

**tourne-disque** n. m. chaîne, électrophone, hi-fi, mange-disque, platine ♦ vx : phono, phonographe

**tournée** n. f. 1 → **tour** 2 → **promenade** 3 → **voyage** 4 → **torgnole**

**tourner** 1 au pr. **a** braquer ♦ mar. : dévirer, virer **b** contourner, détourner, dévier, obliquer **c** bistourner, tordre, tortiller, tournailler **d** retourner → **rouler** **e** bouler, graviter, pirouetter, pivoter, libouler, toupiller, toupiner, tourbillonner, tournailler, tournicoter, tourniquer, tournoyer, virer, virevolter, volter (équit.), vriller 2 par ext. **a** → **diriger** **b** changer, convertir, influencer, influer, modifier, transformer **c** adonner à, appliquer à, penser à **d** → **aigrir** **e** → **finir** **f** → **cinématographier** **g** → **transformer (se)**

**tournesol** n. m. (grand) soleil, hélianthe, héliotrope

**tourniquet** n. m. 1 → **tambour** 2 → **moulinet** 3 arg. : conseil de guerre

**tournis** n. m. → **vertige**

**tournoi** n. m. 1 carrousel, fantasia, joute 2 → **lutte**

**tournoiement** n. m. → **remous**

**tournoyer** 1 → **tourner** 2 → **rôder** 3 → **biaiser**

**tournure** n. f. 1 **a** air, allure, apparence, aspect, caractère, côté, couleur, dehors, endroit, extérieur, face, faciès, figure, forme, jour, masque, physionomie, profil, tour, train, visage **b** angle, cachet, configuration, perspective, point de vue 2 → **port** 3 → **expression** 4 → **marche** 5 → **panier** 6 → **débris**

**tour-opérateur** n. m. off. : voyagiste

**tourteau** n. m. → **résidu**

**tourtereau** et **tourterelle** n. m., n. f. 1 → **colombin** 2 → **amant**

**tousser** 1 au pr. : toussailler, toussoter 2 par ext. : cracher, expectorer, graillonner

**tout** n. m. 1 → **totalité** 2 **le tout** → **principal**

**tout, e** adj. 1 complet, entier, intégral, plein 2 chacun, chaque, quiconque 3 ensemble, tous, tutti quanti

**toutefois** cependant, mais, néanmoins, nonobstant (vx), pourtant, seulement

**toute-puissance** n. f. 1 → **autorité** 2 → **pouvoir**

**tout-puissant, toute-puissante** 1 → **puissant** 2 → **dieu**

**toux** n. f. expectoration, rhume, toussotement

**toxicité** n. f. malignité, nocivité

**toxicomane** n. et adj. → **drogué**

**toxine** et **toxique** n. f., n. m. → **poison**

**trac** n. m. 1 → **peur** 2 → **timidité**

**tracas** n. m. 1 brimade, chicane, persécution, tracasserie, vexation → **tourment** 2 alarme, aria, contrariété, difficulté, embarras, ennui, fatigue, inquiétude, peine, préoccupation, tirage, trouble → **tourment** 3 agitation → **remue-ménage**

**tracasser** → **tourmenter**

**tracasserie** n. f. 1 → **tracas** 2 → **chicane**

**tracassier, ère** brouillon, chicaneur, chicanier, mauvais coucheur, mesquin, paperassier, procédurier, processif, querelleur, tatillon, vétilleux

**trace** n. f. 1 au pr. : empreinte, foulées, pas, piste, vestige 2 vén. : connaissance, erres, foulures, fumées, fumet, passée, pied, voie 3 par ext. **a** cicatrice, indice, marque, ornière, ride, sceau, signature, sillage, sillon, stigmate, témoignage **b** coulure, tache, traînée **c** impression → **souvenir**

**tracé** n. m. 1 → **dessin** 2 → **ligne** 3 → **trajet**

**tracer** 1 décrire, délinéamenter, délinéer, dessiner, ébaucher, ligner, retracer → **représenter** 2 → **esquisser** 3 baliser, bornoyer, flécher, jalonner, piquer, piqueter, pointiller, tirer → **indiquer**

**tract** n. m. affiche, affichette, feuille, libelle, pamphlet, papier, papillon, placard, prospectus, vignette

**tractation** n. f. 1 pourparlers → **négociation** 2 marchandage → **manège**

**tracter** → **traîner**

**traction** n. f. → **remorquage**

**tradition** n. f. 1 → **légende** 2 → **habitude**

**traditionaliste** nom et adj. conformiste, conservateur, fidéiste, intégriste, nationaliste, réactionnaire, traditionnaire

**traditionnel, le** accoutumé, classique, consacré, conventionnel, coutumier, de convention, fondé, habituel, héréditaire, hiératique, institutionnel, invétéré, légal, légendaire, orthodoxe, proverbial, rituel, sacramental, sacrosaint, usuel

**traducteur, trice** n. m. ou f. 1 au pr. : drogman, interprète, truchement 2 par ext. : exégète, paraphraseur, scoliaste

**traduction** n. f. adaptation, interprétation, thème, translation, transposition, version

**traduire** 1 au pr. : déchiffrer, gloser, interpréter, rendre, transcoder, transposer 2 par ext. **a** appeler, assigner, convoquer, mener, traîner **b** laisser paraître, montrer → **exprimer** **c** → **expliquer**

**trafic** n. m. 1 non fav. : agiotage, bricolage, carambouillage, carambouille, fricotage, magouillage, magouille, malversation, manigance, maquignonnage, marchandage, micmac, simonie (relig.), traite, tripotage 2 neutre. **a** → **commerce** **b** circulation, débit, écoulement, mouvement, roulage

**trafiquant, e** n. m. ou f. agioteur, boursicoteur, bricoleur, carambouilleur, combinard, commerçant / négociant marron, fricoteur, intermédiaire, maquignon, margoulin, mercanti, proxénète, spéculateur, traitant (vx), tripoteur

**trafiquer** 1 agioter, boursicoter, brader, brocanter, colporter, combiner, débiter, échanger, fourguer, fricoter, jongler, magouiller, manigancer, maquignonner, négocier, prostituer, spéculer / tripoter sur, traficoter, vendre 2 bricoler

**tragédie** et **tragi-comédie** n. f. → **drame**

**tragique** 1 → **dramatique** 2 → **émouvant**

**tragiquement** → **cruellement**

**trahir** 1 → **tromper** 2 → **découvrir**

**trahison** n. f. 1 au pr. : défection, délation, dénonciation, désertion, forfaiture, haute trahison, prévarication 2 par ext. **a** adultère, cocuage, infidélité, inconstance, manquement **b** bassesse, déloyauté, duperie, félonie, fourberie, lâcheté, perfidie, traîtrise, tromperie → **hypocrisie**

**traille** n. f. → **bac**

**train** n. m. 1 → **marche** 2 arroi, équipage → **suite** 3 autorail, chemin de fer, convoi, métro(politain), micheline, rail, rame, R.E.R., S.N.C.F., T.G.V., tortillard, turbotrain, voie ferrée ♦ arg. brutal, dur 4 → **tapage**

**traînant, e** → **monotone**

**traînard, e** 1 nom : feu rouge, lambin, lanterne, traîneur, traîne-savate 2 adj. → **lent**

**traîne (à la)** à la queue, attardé → **arriéré**

**traîneau** n. m. 1 par ext. : bob, bobsleigh, chariot / voiture à patins, luge, schlitte, toboggan, troïka 2 → **filet**

**traînée** n. f. 1 → **prostituée** 2 → **trace**

**traîner** 1 au pr. : amener, attirer, charrier, conduire, emmener, entraîner, mener, remorquer, tirer, touer, tracter, transporter 2 fig. **a** continuer, demeurer, durer, n'en plus finir, s'étendre, s'éterniser, se maintenir, se perpétuer, persévérer, se prolonger, résister, se soutenir, subsister, survivre, tenir, tirer en longueur, vivre **b** s'amuser, s'attarder, flâner, folâtrer, galvauder, lambiner, musarder, muser, paresser, se promener, traînailler, traînasser, vadrouiller **c** fam. : baguenauder, fainéanter, flemmarder, glander, glandouiller, gober les mouches, godailler, lanterner, lécher les vitrines, lézarder 3 par ext. → **tomber** 4 loc. **a faire traîner :** ajourner, allonger, arrêter, arriérer (vx), atermoyer, attendre, décaler, différer, éloigner, éterniser, faire languir, négliger, prolonger, promener, proroger, ralentir, reculer, remettre, renvoyer, reporter, repousser, retarder, surseoir à, tarder, temporiser **b laisser traîner :** négliger → **abandonner** 5 v. pron. **a** aller, avancer, circuler, déambuler, errer, évoluer, marcher, prendre l'air, se promener, sortir → **traîner** **b** se couler, glisser, introduire, ramper

**training** n. m. off. : entraînement, formation, instruction

**traintrain** n. m. → **routine**

**train-train** n. m. → **routine**

**traire** → **tirer**

**trait** n. m. 1 angon, carreau, dard, flèche, framée, hast, javeline, javelot, lance, matras, pilum, sagaie, sagette 2 attelle, câble, harnais, lanière, longe 3 barre, glyphe, hachure, ligne, obel ou obèle, rature, rayure, tiret 4 → **marque** 5 au pl. : air, apparence, aspect, attitude, caractère, contenance, expression, face, faciès, figure, manière, masque, mimique, mine, physionomie, physique, visage 6 apostrophe, boutade, calembour, caricature, épigramme, insulte, interpellation, invective, lazzi, moquerie, mot d'esprit, pamphlet, persiflage, plaisanterie, saillie → **mot, raillerie** 7 acte, action, conduite, entreprise, fait, prouesse, vaillance → **exploit** 8 → **gorgée** 9 **avoir trait :** affinité, analogie, concordance, connexion, connexité, convenance, corrélation, correspondance, dépendance, harmonie, liaison, lien, parenté, pertinence, proportion, rapport, rapprochement, relation, ressemblance, similitude → **tenir (de)**

**traitable** abordable, accommodant, aimable, apaisant, arrangeant, bon caractère, civil, conciliable, conciliateur, coulant, diplomate, doux, facile, familier, liant, praticable (vx), sociable

**traite** n. f. 1 → **trajet** 2 → **trafic** 3 mulsion

**traité** n. m. 1 argument, argumentation, cours, développement, discours, dissertation, essai, étude, manuel, mémoire, monographie, notions, thèse 2 accommodement, accord, alliance, arrangement, capitulation, cartel, charte, collaboration, compromis, concordat, connivence, contrat, convention, covenant, engagement, entente, forfait, marché, pacte, promesse, protocole, transaction, union 3 acte, article, clause, condition, disposition, règle, résolution, stipulation

**traitement** n. m. 1 appointements, cachet, commission, dotation, droits d'auteur, émoluments, gages, gain, honoraires, indemnité, jeton de présence, jour, journée, mensualité, mois, paie ou paye, paiement, prêt, rétribution, salaire, semaine, solde, vacation → **rémunération** 2 cure, hygiène, médication, régime, remède, soins, thérapeutique 3 → **accueil** 4 conditionnement, manipulation, opération, procédé, transformation

**traiter** 1 on traite quelqu'un. **a** appeler, dénommer, désigner, nommer, qualifier, tenir pour **b** accueillir, admettre, convier, donner l'hospitalité, fêter, héberger, honorer, inviter, recevoir, régaler **c** agir / se comporter / se conduire envers, mener, user de **d** → **soigner** 2 on traite quelque chose. **a** aborder, agiter, développer, discuter, disserter de, effleurer, épuiser, étudier, examiner, exposer, glisser sur, manier, raisonner, toucher à **b** arranger, arrêter, conclure, convenir de, s'entendre, fixer, mener à bonne fin, moyenner (vx), négocier, passer / signer un arrangement / une convention / un marché / un traité, régler, résoudre, terminer **c** brasser → **entreprendre** 3 quelque chose traite de : avoir pour objet / sujet, pivoter / porter / rouler / tourner sur, se rapporter à, toucher à 4 v. intr. : capituler, composer, négocier, parlementer

**traiteur** n. m. → **restaurateur**

**traître, traîtresse** nom et adj. 1 → **infidèle** 2 → **trompeur**

**traîtrise** n. f. 1 → **trahison** 2 → **tromperie**

**trajectoire** n. f. courbe, évolution, orbite, parabole → **trajet**

**trajet** n. m. carrière, chemin, cheminement, circuit, course, direction, distance, espace, itinéraire, marche, parcours, route, tour, tracé, traite, traversée, trotte → **voyage**

**tralala** n. m. 1 → **équipage** 2 → **façon**

**trame** n. f. 1 → **suite** 2 → **intrigue** 3 → **menée**

**tramer** aménager, arranger, brasser, combiner, comploter, conspirer, machiner, manigancer, monter, nouer, ourdir, préparer, tisser, tresser

**tramp** n. m. → **bateau**

**tranchant** n. m. coupant, estramaçon, fil, morfil, taillant (vx), taille

**tranchant, e** adj. 1 au pr. : acéré, affilé, affûté, aigu, aiguisé, coupant, émorfilé, émoulu (vx), repassé, taillant 2 fig. a absolu, aigre, âpre, autoritaire, bourru, brusque, cassant, coupant, dur, impérieux, incisif, intransigeant, sans réplique b affirmatif, inflexible, insolent, invincible, péremptoire, prompt, rude, sec, sévère c dictatorial, doctoral, dogmatique, ex cathedra, pontifiant, sentencieux d audacieux, décidé, décisif

**tranche** n. f. 1 coupe, darne, lèche, morceau, quartier, rond, rondelle, rouelle 2 part, partie, portion 3 ados, chant, côté

**tranché, e** 1 → **clair** 2 → **différent** 3 → **franc**

**tranchée** n. f. 1 au pr. : cavité, excavation, fosse, fossé, fouille, rigole, sillon, trou 2 vx → **colique** 3 milit. : abri, approche, boyau, cheminement, douve, fortification, parallèle, sape

**trancher** 1 au pr. a → **couper** b loc. **trancher la tête / le col** (vx) **/ le cou** : décapiter, décoller, exécuter, expédier (vx), guillotiner 2 fig. a arbitrer, arrêter, choisir, conclure, convenir de, décider, décréter, définir, délibérer de, déterminer, se déterminer à, dire, disposer, finir, fixer, juger, ordonner, prononcer, régler, résoudre, solutionner, statuer, tirer au sort, vider b contraster, détonner, discorder, dissoner, hurler, jurer, s'opposer, ressortir c → **terminer**

**tranchoir** n. m. 1 tailloir (vx) 2 zancle → **poisson**

**tranquille** 1 au pr. : apaisé, béat, calme, coi, confiant, détendu, discipliné, dormant, doux, égal, gentil, immobile, indifférent, insouciant, mort, olympien, pacifique, paisible, placide, posé, quiescent, quiet, rasséréné, rassis, rassuré, remis, sage, serein, silencieux → **impassible** ♦ fam. : à la papa, cool, peinard ou pénard, pépère, plan-plan 2 par ext. : assuré, certain, cousu (fam.), de tout repos, établi, évident, exact, gagné d'avance, garanti, indubitable, sûr

**tranquillisant** n. m. → **narcotique**

**tranquilliser** adoucir, apaiser, apprivoiser, assurer, calmer, mettre en confiance, rasseoir, rasséréner, rassurer, remettre, sécuriser

**tranquillité** n. f. 1 apaisement, ataraxie, calme, concorde, confiance, égalité, entente, équanimité, harmonie, ordre, paix, patience, placidité, quiétude, repos, sagesse, sang-froid, sécurité, sérénité, trêve, union → **impassibilité** 2 accalmie, bonace, calme plat, éclaircie, embellie, rémission, répit, silence

**transaction** n. f. 1 au sing. a accommodement, accord, amiable composition, amodiation, arbitrage, arrangement, composition, compromis, concession, conciliation, convention, cote mal taillée, entente, juste milieu, milieu, modus vivendi, moyen terme b → **traité** 2 au pl. : affaires, Bourse, commerce, courtage, demande, échange, négoce, offre, trafic

**transatlantique** n. m. bâtiment, long-courrier, navire, paquebot, steamer, vapeur → **bateau**

**transbahuter** → **transporter**

**transborder** → **transporter**

**transcendance** n. f. 1 au pr. : abstraction, métaphysique 2 par ext. → **supériorité**

**transcendant, e** 1 au pr. : abstrait, métaphysique 2 par ext. a → **supérieur** b → **distingué**

**transcendantal, e** 1 → **transcendant** 2 → **difficile**

**transcender** → **transposer**

**transcoder** → **traduire**

**transcription** n. f. copie, double, duplicata, enregistrement, fac-similé, relevé, report, reproduction, translitération

**transcrire** 1 au pr. a jurid. : enregistrer, expédier, grossoyer, inscrire b calquer, copier, coucher par écrit, écrire, mentionner, noter, porter, prendre en note, recopier, relever, reporter, reproduire 2 par ext. → **imiter**

**transe** n. f. 1 au sing. : crise, délire, émotion, exaltation, excitation, extase, ravissement, surexcitation, transport 2 au pl. : affres, alarme, angoisse, anxiété, appréhension, crainte, effroi, émotion, épouvante, frayeur, inquiétude, mauvais sang, peur, souci, tintouin, tourment

**transférable** → **cessible**

**transfèrement** n. m. → **transport**

**transférer** → **transporter**

**transfert** n. m. 1 cession, redistribution, répartition, transmission, translation → **vente** 2 → **transport** 3 extradition, livraison

**transfiguration** n. f. → **transformation**

**transfigurer** → **transformer**

**transformable** → **transposable**

**transformateur** n. m. 1 n. m. : abaisseur / élévateur de tension, convertisseur, onduleur 2 adj. : réformateur, novateur

**transformation** n. f. 1 adaptation, altération, amélioration, avatar, conversion, convertissage, convertissement, déguisement, développement, différenciation, élaboration, évolution, incarnation, métamorphisme, métamorphose, métempsycose, modification, mutabilité, mutation, nymphose, réincarnation, renouvellement, rénovation, révolution, transfiguration, transformisme, transition, transmutation, transsubstantiation, variabilité, variation 2 assimilation, digestion 3 → **changement**

**transformer** 1 neutre ou fav. : agrandir, augmenter, bouleverser, chambarder, chambouler, changer, commuer, convertir, corriger, innover, métamorphiser (géol.), métamorphoser, modifier, muer, rectifier, recycler, refondre, réformer, réincarner, remanier, remodeler, renouveler, rénover, renverser, réorienter, restructurer, retourner, révolutionner, toucher à, tourner, transfigurer, transmuer, transposer 2 non fav. : aggraver, altérer, contrefaire, défigurer, déformer, déguiser, dénaturer, diminuer, fausser, réduire, travestir, truquer 3 v. pron. a phys. : augmenter, diminuer, empirer, évoluer, grandir, passer, rapetisser, tourner, vieillir b moral : s'améliorer, s'amender, se corriger, se modifier, se pervertir

**transformisme** n. m. → **évolutionnisme**

**transfuge** n. m. apostat, déserteur, faux, fourbe, insoumis, judas, perfide, renégat, traître, trompeur

**transfuser** → **transvaser**

**transfusion** n. f. goutte à goutte, perfusion, transvasement (vx)

**transgresser** aller au-delà, contrevenir, déroger, désobéir, enfreindre, outrepasser, passer les bornes, passer outre, se rebeller, refuser, rompre, violer

**transgression** n. f. → **violation**

**transhumance** n. f. → **migration**

**transi, e** 1 au pr. : engourdi, figé, frissonnant, gelé, glacé, grelottant, morfondu, mort, pénétré 2 par ext. a effrayé, épouvanté, halluciné, paralysé, pétrifié, rivé, saisi, stupéfié, terrifié b alangui, amoureux, coiffé, ensorcelé, envoûté, langoureux, languide, languissant, mourant, sentimental

**transiger** 1 fav. ou neutre : s'accommoder, s'accorder, s'arranger, composer, couper la poire en deux (fam.), s'entendre, faire des concessions 2 non fav. : capituler, céder, faiblir, négocier, pactiser, traiter

**transir** 1 au pr. : engourdir, figer, geler, glacer, pénétrer, saisir, transpercer, traverser 2 par ext. : clouer, ébahir, effrayer, épouvanter, étonner, méduser, paralyser, river, stupéfier, terrifier

**transistor** n. m. → **radio**

**transit** n. m. → **transport**

**transitaire** n. et adj. → **intermédiaire**

**transiter** 1 → **passer** 2 → **transporter**

**transition** n. f. 1 au pr. : acheminement, accoutumance, degré, intermédiaire, liaison, palier, passage, préparation, raccord, raccordement 2 par ext. : évolution, intermède → **changement**

**transitoire** bref, court, de courte durée, éphémère, fragile, fugitif, fuyard, incertain, intérimaire, momentané, passager, précaire, provisoire, temporaire

**transitoirement** → **provisoirement**

**translation** n. f. 1 → **transport** 2 → **traduction**

**translucide** clair, cristallin, diaphane, hyalin, limpide, luminescent, opalescent, pellucide, transparent

**transmettre** 1 au pr. : céder, concéder, déléguer, donner, faire parvenir / tenir, fournir, laisser, léguer, négocier, renvoyer, rétrocéder, tester, transférer 2 par ext. a apprendre, faire connaître / savoir, imprimer, infuser b communiquer, conduire, inoculer, passer, propager, transporter

**transmigration** n. f. 1 → **émigration** 2 → **renaissance**

**transmissibilité** n. f. caractère contagieux / épidémique / héréditaire / transmissible, communicabilité, contagion, propagation → **hérédité**

**transmissible** 1 → **héréditaire** 2 → **communicatif**

**transmission** n. f. 1 neutre : augmentation, communication, circulation, développement, diffusion, dissémination, expansion, extension, marche, mise en mouvement, multiplication, passation, progrès, progression, propagation, rayonnement, reproduction 2 non fav. : aggravation, contagion, contamination, épidémie, invasion, irradiation → **hérédité**

**transmuer** → **transformer**

**transmutation** n. f. 1 altération, conversion, convertissement, métamorphose, modification, mutation, virement → **changement** 2 → **transformation**

**transparaître** → **apparaître**

**transparence** n. f. → **clarté**

**transparent, e** 1 au pr. : cristallin, diaphane, hyalin, limpide, lumineux, net, opalescent, pellucide, perméable, translucide, vitreux → **clair** 2 par ext. a accessible, compréhensible, concevable, concis, déchiffrable, distinct, évident, facile, intelligible, pénétrable, précis, simple, visible → **clair** b → **pur**

**transpercer** blesser, creuser, crever, cribler, déchirer, embrocher, empaler, encorner, enferrer, enfiler, enfoncer, enfourcher, entamer, éventrer, excaver, forer, larder, ouvrir, pénétrer, percer, perforer, piquer, poinçonner, pointer, sonder, tarauder, traverser, tremper, trouer, vriller ♦ vx : darder

**transpiration** n. f. → **sudation**

**transpirer** 1 au pr. : être en eau / en nage, exsuder, moitir, se mouiller, ruisseler de sueur, suer 2 par ext. : couler, dégouliner, émaner, s'exhaler, goutter, perler, sécréter, sourdre, suinter, transsuder 3 fig. : s'ébruiter, s'échapper, se déceler, s'éventer, filtrer, se manifester, se montrer, paraître, se répandre

**transplanter** 1 → **déraciner** 2 → **changer** 3 → **transporter**

**transport** n. m. 1 l'acte. a déplacement, locomotion b camionnage, circulation, commerce, échange, expédition, exportation, factage, importation, livraison, manutention, messagerie, passage, port, trafic, traite, transbordement, transfèrement, transfert, transit, translation → **voyage** c péj. : trimbal(l)age, trimbal(l)ement 2 le mode. a air, aviation, avion, jet b → **bateau** c → **train** d ferroutage, route → **voiture** e au pl. : secteur tertiaire 3 anagogie, crise, délire, démonstration, émotion, enthousiasme, exaltation, excitation, extase, fièvre, flamme, fougue, manifestation, ravissement, surexcitation, transe

**transporter** 1 au pr. : brouetter, camionner, charrier, charroyer, colporter, conduire, déménager, déplacer, déranger, descendre, emporter, enlever, exporter, ferrouter, importer, livrer, manipuler, manutentionner, mener, négocier, passer, promener, remettre, renvoyer, reporter, traîner, transbahuter (fam.), transborder, transférer, transiter, transmettre, transplanter, trimballer (fam.), véhiculer, voiturer ♦ vx : carrosser 2 par ext. a déporter, envoyer, expédier → **reléguer** b agiter, animer, bouleverser, chambouler (fam.), chavirer, échauffer, électriser, emballer, émerveiller, enfiévrer, enflammer, engouer, enivrer, enlever, enthousiasmer, entraîner, exalter, exciter, faire s'extasier / se pâmer / se récrier d'admiration / d'aise, passionner, ravir, saisir, soulever 3 v. pron. aller, se déplacer, se rendre → **voyager**

**transporteur** n. m. 1 → **voiturier** 2 → **messager**

**transposable** convertible, modifiable, transformable, transmuable, transmutable

**transposer** 1 alterner, changer, convertir, déplacer, extrapoler, intervertir, inverser, modifier, permuter, renverser l'ordre, sublimer, transcender, transmuer, transmuter, transporter 2 → **traduire**

**transposition** n. f. 1 alternance, changement, interversion, inversion, permutation, renversement, transmutation 2 anagramme, métathèse 3 adaptation → **traduction**

**transsexuel, le** n. m. ou f. → **hermaphrodite**

**transsubstantiation** n. f. → **eucharistie**

**transsuder** → **suinter**

**transvasement** n. m. décantation, décuvage, décuvaison

**transvaser** décanter, décuver, dépoter, faire couler, soutirer, transférer, transfuser, transvider, verser

**transversal, e** de biais, détourné, en large / travers, fléchi, horizontal, longitudinal, médian, oblique, penché

**trapèze** n. m. → **acrobatie**

**trapéziste** n. m. et f. → **acrobate**

**trappe** n. f. → **piège**

**trappeur** n. m. → **chasseur**

**trapu, e** 1 au pr. : bréviligne, court, courtaud, massif, mastoc, râblé, ragot (vx), ramassé 2 par ext. : costaud, dru, ferme, fort, grand, gros, herculéen, inébranlable, malabar, musclé, puissant, résistant, robuste, solide, vigoureux ◆ fam. : armoire à glace / normande, balèze, baraqué, maous 3 fig. → **difficile**

**traque** n. f. 1 → **poursuite** 2 → **chasse**

**traquenard** n. m. → **piège**

**traquer** → **poursuivre**

**traquet** n. m. 1 → **piège** 2 battant

**trauma** n. m. 1 → **blessure** 2 → **émotion**

**traumatiser** → **choquer**

**traumatisme** n. m. 1 → **blessure** 2 → **émotion**

**travail** n. m. 1 au pr. a l'acte : action, activité, besogne, corvée (péj.), emploi, entraînement, état, fonction, gagne-pain, labeur, industrie, métier, occupation, peine, profession, service, sueur, tâche, veilles b arg. ou fam. : boulot, bricolage, bricole, business, chagrin, charbon, condé, piochage, trime, turbin c le résultat : chef-d'œuvre, enfant (fam.), exécution, œuvre, opération, ouvrage 2 par ext. a cheminement, opération, sape b casse-tête, effort, fatigue → **difficulté** c façon, facture, forme, griffe, main, patte d canevas, plan, programme e devoir, étude, exercice, pensum f accouchement, enfantement, gésine, mal d'enfant

**travaillé, e** 1 académique, étudié, léché, littéraire (péj.), poli, recherché 2 consciencieux, coquet, délicat, élégant, entretenu, fini, minutieux, net, réussi, soigné, tenu

**travailler** 1 au pr. a travail manuel : abattre du / aller au travail, besogner, chiner, s'occuper, œuvrer, rendre, tracer son sillon ◆ péj. : bricoler, en baver, en chier, suer b arg. ou fam. : bosser, boulonner, buriner, chiader, se coltiner, se défoncer, écosser, gratter, marner, masser, pilonner, travailloter, trimer, turbiner c travail intellectuel : apprendre, composer, écrire, étudier, s'instruire, préparer, produire d fam. : bachoter, bûcher, chiader, phosphorer, piler, piocher, plancher, potasser 2 par ext. a se déformer, gondoler, onduler, rétrécir b aigrir, bouillir, fermenter c fabriquer, façonner, ouvrer d → **soigner** e → **tourmenter** f fatiguer, peiner → **user**

**travailleur, euse** 1 nom. a alternat, appareilleur, bras, cheminot, col blanc, compagnon, employé, journalier, main-d'œuvre, manœuvre, ouvrier, prolétaire, salarié, tâcheron → **balayeur** ◆ péj. : mercenaire, nègre, pue-la-sueur, trimardeur b de nuit : nuitard, nuiteux c vx ou rég. : alloué d aide, apprenti, arpète, commis, galibot, gindre, mitron, sauteruisseau 2 adj. : acharné, actif, appliqué, assidu, bosseur (fam.), bourreau de travail, bûcheur, consciencieux, courageux, diligent, laborieux, studieux, zélé ◆ fam. : abatteur / bourreau de travail, bûcheur, fonceur, piocheur

**travers** n. m. 1 biais, côté, flanc 2 défaut, défectuosité, démérite, difformité, faible, faiblesse, grossièreté, imperfection, infirmité, lacune, loup, malfaçon, tache, tare, vice 3 bizarrerie, caprice, dada, démangeaison, épidémie, fantaisie, fièvre, frénésie, fureur, goût, grimace, habitude, maladie, manie, manière, marotte, monomanie, péché mignon / véniel, petit côté, petitesse, prurit, rage, rictus, ridicule, tic, toquade, turlutaine 4 de guingois / traviole → **tordu** 5 **à tort et à travers** : n'importe comment / quoi ◆ fam. : comme une casserole / un tambour

**traverse** n. f. 1 raccourci 2 achoppement, accroc, adversité, aléa, anicroche, aria, blocage, contrariété, contretemps, défense, difficulté, écueil, embarras, empêchement, encombre, ennui, entrave, frein, gêne, hic, impasse, impedimenta, insuccès, interdiction, obstacle, obstruction, opposition, os, pépin, pierre d'achoppement, résistance, restriction, tribulation ◆ vx : hourvari, rémora 3 techn. : barlotière, épart, entretoise

**traversée** n. f. 1 franchissement, navigation, passage 2 → **trajet**

**traverser** 1 au pr. : franchir, parcourir, passer par 2 par ext. a filtrer, pénétrer, percer, transpercer → **couler** b couper, croiser 3 vx : contrarier, gêner → **empêcher**

**traversin** n. m. chevet (vx), coussin, oreiller, polochon

**travesti** n. m. 1 déguisement, domino, mascarade, masque, momerie 2 bal masqué → **carnaval** 3 carême prenant (vx) 4 arg. : travelo, truqueur

**travestir** 1 au pr. : déguiser, masquer, voiler 2 par ext. : altérer, cacher, celer, changer, défigurer, déformer, falsifier, fausser, métamorphoser, modifier, pallier, transformer

**travestissement** n. m. 1 → **travesti** 2 → **parodie**

**traviole (de)** → **tordu**

**trayon** n. m. → **tétine**

**trébucher** achopper, broncher, buter, chanceler, chavirer, chopper, s'entraver, faire un faux pas, manquer pied, osciller, perdre l'équilibre, tituber, vaciller

**trébuchet** n. m. 1 → **piège** 2 → **balance**

**trèfle** n. m. 1 fourrage, incarnat, lotier (par ext.), triolet (rég.) trèfle d'eau : ményanthe 2 arg. a → **argent** b → **tabac**

**tréfonds** n. m. → **secret**

**treillage** et **treillis** n. m. → **clôture**

**treille** n. f. → **vigne**

**tremblaie** n. f. peupleraie

**tremblant, e** 1 alarmé, apeuré, effrayé, ému, transi 2 chancelant, flageolant, frémissant, frissonnant, tremblotant, trémulent (vx), vacillant 3 bredouillant, chevrotant

**tremble** n. m. → **peuplier**

**tremblement** n. m. 1 agitation, chevrotement, claquement de dents, convulsion, frémissement, frisson, frissonnement, saccade, soubresaut, spasme, tremblote, tremblotement, trémolo, trémulation, trépidation, vibration 2 → **crainte**

**trembler** 1 au pr. a s'agiter, claquer des dents, frémir, frissonner, grelotter, palpiter, remuer, trembloter, trépider, vibrer b chanceler, flageoler, tituber, trémuler, vaciller c chevroter, faire des trémolos 2 par ext. a appréhender, avoir peur, paniquer → **craindre** b arg. : avoir les boules / les chocottes / les foies / les grelots / les jetons / les mouillettes, avoir les miches à zéro / qui font glagla, avoir la pétasse / la pétoche / le tracsin / les traquettes / la trouille, avoir le trouillomètre à zéro / bloqué, baliser, faire dans ses chausses / dans son froc, flipper, foirer, fouetter, les avoir à zéro, mouiller

**trembleur, euse** → **craintif**

**trembloter** 1 → **trembler** 2 → **vaciller**

**trémie** n. f. 1 entonnoir 2 → **crible**

**trémolo** n. m. → **tremblement**

**trémoussement** n. m. agitation, balancement, contorsion, dandinement, entrechat, excitation, frétillement, remuement, sautillement, tortillement, tressautement, va-et-vient

**trémousser (se)** 1 au pr. : s'agiter, se dandiner, frétiller, gambiller, gigoter, remuer, sautiller, se tortiller 2 fig. : se dépenser → **démener (se)**

**trempe** n. f. 1 au pr. → **tempérament** 2 fig. → **torgnole**

**trempé, e** 1 dégouttant, imbibé, inondé, ruisselant 2 aguerri, durci, énergique, fort, résistant

**tremper** 1 v. tr. a au pr. → **mouiller** b fig. → **fortifier** 2 v. intr. : baigner, infuser, macérer, mariner 3 loc. **tremper dans** : fricoter, se mouiller → **participer à**

**tremplin** n. m. batoude

**trémulation** n. f. → **tremblement**

**trench-coat** n. m. → **imperméable**

**trépan** n. m. drille, foret, mèche

**trépas** n. m. → **mort**

**trépasser** → **mourir**

**trépidant, e** 1 → **saccadé** 2 → **troublé**

**trépidation** n. f. 1 → **agitation** 2 → **tremblement**

**trépider** → **trembler**

**trépigner** frapper du pied, s'impatienter, piaffer, piétiner, sauter

**très** absolument, assez (par ext.), beaucoup, bien, bigrement (fam.), diablement, drôlement, effroyablement, en diable, énormément, excessivement, extra-, extrêmement, follement, fort, fortement, furieusement, génialement, hautement, hyper-, infiniment, joliment, lourdement, merveilleusement, parfaitement, prodigieusement, richement, rien (fam.), rudement, sérieusement, super-, surabondamment, terriblement, tout, tout plein, trop, ultra-, vachement (fam.)

**trésor** n. m. 1 au pr. : argent, eldorado, fortune, magot, pactole → **richesse** 2 fig. a aigle, as, fleur, génie, idéal, modèle, nec plus ultra, parangon, perfection, perle, phénix, prodige, reine, roi b appas, attraits, charmes

**trésorerie** n. f. 1 disponibilités, finances, liquide, liquidités, trésor → **argent** 2 relig. : procure

**trésorier, ère** n. m. ou f. argentier, caissier, comptable, économe, financier, payeur, procureur (relig.)

**tressaillement** n. m. agitation, frémissement, frisson, haut-le-corps, mouvement, secousse, soubresaut, sursaut, tremblement, tressautement

**tressaillir** s'agiter, avoir un haut-le-corps / un sursaut / un tressaillement, bondir, broncher, frémir, frissonner, sauter, sursauter, tiquer, tressauter

**tressautement** n. m. → **tressaillement**

**tressauter** → **tressaillir**

**tresse** n. f. 1 au pr. : cadenette, catogan, couette, macaron, natte 2 par ext. a cordon, passementerie, scoubidou, soutache b mar. : baderne, garcette

**tresser** 1 au pr. : arranger, assembler, cordonner, entortiller, entrelacer, guiper, natter, nouer, tordre, tortiller 2 fig. aménager, arranger, brasser, combiner, comploter, conspirer, machiner, manigancer, monter, nouer, ourdir, préparer, tisser, tramer 3 loc. **tresser des couronnes** → **louer**

**tréteau** n. m. 1 → **chevalet** 2 au pl. → **théâtre**

**treuil** n. m. bourriquet, cabestan, caliorne, chèvre, guindeau, louve, moufle, moulinet, palan, poulie, pouliot, réa, rouet (mar.), tourniquet, vindas

**trêve** n. f. 1 armistice, cessation des hostilités, cessez-le-feu, interruption, suspension d'armes 2 arrêt, discontinuation, moratoire, temps d'arrêt → **délai** 3 congé, délassement, détente → **repos**

**trévirer** mar. 1 → **lever** 2 → **descendre**

**tri** n. m. 1 criblage, triage 2 → **choix**

**triangle** n. m. 1 delta, trigone 2 acutangle, équiangle ou équilatéral, isocèle, obtusangle, quelconque, rectangle, scalène

**tribade** n. f. → **lesbienne**

**tribu** n. f. 1 au pr. : clan, ethnie, groupe, horde, peuplade, peuple, phratrie, race 2 par ext. → **famille**

**tribulation** n. f. accident, adversité, affliction, avanie, calamité, cataclysme, catastrophe, chagrin, coup / cruauté du sort, désastre, détresse, deuil, disgrâce, douleur, échec, épreuve, fatalité, fléau, inconvénient, infortune, mal, malchance, malédiction, malheur, mauvaise fortune / passe, mélasse, mésaventure, misère, orage, peine, pépin (fam.), perte, revers, ruine → **traverse**

**tribun** n. m. 1 débatteur, entraîneur de foules, foudre d'éloquence, orateur, parleur 2 péj. : baratineur, déclamateur, démagogue, discoureur, harangueur, rhéteur → **hâbleur**

**tribunal** n. m. 1 aréopage, assises, chambre, comité, commission, conseil (de guerre), cour d'appel / d'assises / de cassation / martiale, directoire, haute cour, instance, juridiction, jury, justice de paix, palais de justice, parquet, prétoire, siège 2 arg. : assiettes, carré, falot, flags, gerbe, glace, guignol, moulin à café, tourniquet 3 relig. : Inquisition, pénitencerie, rote, saint-office, sanhédrin 4 vx : jurande, présidial

**tribune** n. f. → **estrade**

**tribut** n. m. 1 → **impôt** 2 → **récompense**

**tributaire** 1 adj. : assujetti, débiteur, dépendant, imposable, obligé, redevable, soumis, sujet, vassal 2 nom masc. : affluent → **rivière**

**tricher** 1 contrefaire, copier, dénaturer, duper, échanger, falsifier, farder, filouter, frauder, frelater, maquignonner, maquiller, piper, resquiller, truquer ◆ fam. : bidouiller, magouiller 2 → **tromper**

**tricherie** n. f. 1 contrefaçon, copie, dénaturation, duperie, falsification, fardage, filouterie, fraude, frelatage, maquignonnage, maquillage, piperie, resquille, truquage ou trucage ◆ fam. : bidouillage, magouillage, magouille 2 → **tromperie** 3 arg. : embrouille, suif

**tricheur, euse** n. m. ou f. copieur, filou, fraudeur, fripon, maquignon, maquilleur, mauvais joueur, resquilleur, trompeur, truqueur ◆ arg. : cartonnier, fileur, grec, papier, travailleur → **voleur**

**tricot** n. m. bonneterie, cardigan, gilet, maillot → **chandail**

**trier** → **choisir**

**trifouiller** → **tripoter**

**triller** → **chanter**

**trimarder** 1 → **transporter** 2 → **errer**

**trimardeur** n. m. 1 → **travailleur** 2 → **vagabond**

**trimbaler** ou **trimballer** 1 → **porter** 2 → **traîner**

**trimer** 1 → **travailler** 2 → **marcher**

**tringle** n. f. barre, broche, tige, triballe

**trinquer** 1 lever son verre à, porter une santé / un toast → **boire** 2 écoper, recevoir

**triomphal, e** → **splendide**

**triomphant, e** et **triomphateur, trice** n. m. ou f. 1 → **vainqueur** 2 → **content**

**triomphe** n. m. → **succès**

**triompher** 1 au pr. on triomphe de quelque chose ou de quelqu'un : abattre, accabler, anéantir, avoir, avoir l'avantage, battre, battre à plate couture, conquérir, culbuter, défaire, disperser, dominer, dompter, écharper, éclipser, écraser, l'emporter sur, enfoncer, entamer, gagner, maîtriser, mater, mettre dans sa poche / en déroute / en fuite, prédominer, prévaloir, primer, réduire, rosser, rouler, supplanter, surclasser, surmonter, surpasser, tailler en pièces, terrasser, trôner, vaincre 2 par ext. a → **targuer (se)** b → **réjouir (se)**

**tripatouiller** → **tripoter**

**tripe(s)** n. f. 1 au pr. : boyaux, entrailles, fressure, gras-double, intestins 2 par ext. → **bedaine** 3 → **sensibilité**

**tripot** n. m. bouge, brelan, clandé, flambe, flanche, maison de jeu → **cabaret**

**tripotage** n. m. 1 agissements, brigue, combinaison, combine, complot, cuisine, détour, diablerie, intrigue, machination, manège, manigance, manœuvre, menée, micmac, trame 2 canaillerie, concussion, déloyauté, déshonnêteté, escroquerie, forfaiture, friponnerie, grenouillage, immoralité, improbité, indélicatesse, indignité, laideur, magouillage, magouille, malpropreté, malversation, mauvaise foi, méchanceté, tricherie, tripatouillage, vol

**tripotée** n. f. 1 → **quantité** 2 → **torgnole**

**tripoter** 1 au pr. a neutre : avoir en main / entre les mains, façonner, malaxer, manier, manipuler, manœuvrer, modeler, palper, pétrir, tâter, toucher, triturer b fam. ou péj. : patouiller, patrouiller, peloter, trifouiller, tripatouiller 2 fig. → **trafiquer**

**tripoteur, euse** n. m. ou f. 1 → **trafiquant** 2 → **peloteur**

**tripous** ou **tripoux** n. m. pl. → **tripe(s)**

**trique** n. f. gourdin, matraque → **bâton**

**triste** 1 quelqu'un : abattu, accablé, affecté, affligé, aigri, altéré, amer, angoissé, assombri, atrabilaire, attristé, austère, bileux, bilieux, chagrin, chagriné, consterné, découragé, défait, désabusé, désenchanté, désespéré, désolé, endolori, éploré, funèbre, inconsolable, lugubre, malheureux, maussade, mélancolique, morne, morose, navré, neurasthénique, noir, nostalgique, peiné, préoccupé, rembruni, saturnien, sépulcral, sévère, sinistre, sombre, soucieux, sourcilleux, taciturne, ténébreux ◆ vx ou rég. : contristé, dolent, marri ◆ fam : bonnet de nuit, cafardeux, éteignoir, figure de carême, rabat-joie, tête d'enterrement, tristounet, trouble-fête 2 un lieu : obscur, sauvage, sinistre 3 quelque chose ou quelqu'un. a péj. : accablant, affligeant, affreux, attristant, calamiteux, catastrophique, cruel, décevant, déchirant, décourageant, déplorable, désolant, douloureux, dur, ennuyeux, funeste, grave, honteux, lamentable, mal, malheureux, mauvais, médiocre, méprisable, minable, misérable, moche, monotone, navrant, pauvre, pénible, piètre, piteux, pitoyable, regrettable, rude, scandaleux, sérieux, terne, tragique, uniforme b fav. ou neutre : attendrissant, bouleversant, dramatique, élégiaque, émouvant, larmoyant, romantique 4 **c'est triste** : dommage, fâcheux, regrettable

**tristesse** n. f. 1 de quelqu'un : a abandon, abattement, accablement, affliction, aigreur, amertume, angoisse, atrabile, austérité, chagrin, consternation, découragement, dégoût, dépression, désabusement, désenchantement, désespoir, désolation, deuil, douleur, ennui, épreuve, idées noires / sombres, inquiétude, lassitude, mal (dans sa peau / du siècle), malheur, maussaderie, mélancolie, morosité, neurasthénie, nostalgie, nuage, peine, serrement de cœur, sévérité, souci, souffrance, spleen, taciturnité, vague à l'âme → **mélancolie** b fam. : bile, bourdon, cafard, papillons noirs, sinistrose c vx : navrement 2 de quelque chose : abandon, désolation, grisaille, laideur, mocheté (fam.), monotonie, pauvreté, platitude, uniformité

**triticale** n. m. → **céréale**

**triturer** 1 au pr. : aplatir, briser, broyer, concasser, croquer, déchiqueter, déchirer, écacher, écanguer, écorcher, écrabouiller, écraser, mâcher, mastiquer, mettre / réduire en morceaux, mordre, pulvériser 2 par ext. a non fav. : maltraiter → **détruire** b fav. ou neutre → **chercher**

**trivial, e** banal, bas, béotien, bourgeois, brut, canaille, choquant, commun, connu, courant, éculé, effronté, épais, faubourien, gouailleur, gros, grossier, insignifiant, matériel, obscène, ordinaire, peuple, philistin, poissard, populacier, prosaïque, rebattu, réchauffé, ressassé, roturier, simple, usé, vil, vulgaire

**trivialité** n. f. 1 → **banalité** 2 → **obscénité**

**troc** n. m. → **change**

**trogne** n. f. → **tête**

**trognon** n. m. 1 a → **débris** b → **morceau** c → **reste** 2 → **enfant** 3 adj. a → **aimable** b → **élégant** 4 loc. **jusqu'au trognon** → **totalement**

**trombe** n. f. bourrasque, cataracte, coup de chien / de tabac / de vent, déluge, maelström, rafale, tempête, tornade, tourbillon, turbulence, typhon

**trombine** n. f. → **tête**

**tromblon** n. m. → **fusil**

**trombone** n. m. 1 → **cuivre** 2 agrafe, attache

**trompe** n. f. 1 → **cor** 2 antiq. : conque

**tromper** 1 au pr. a abuser, amuser, attraper, aveugler, berner, bluffer, circonvenir, décevoir, déguiser, dépiter, désappointer, dissimuler, donner le change, dorer la pilule, duper, éblouir, échauder, écornifler, égarer, en conter, en donner, endormir, engluer, en imposer, enjôler, entôler, escroquer, estamper, étriller, exploiter, faire aller / courir / galoper / marcher / prendre des vessies pour des lanternes, faire briller / chatoyer / miroiter, faire prendre le change, faire une farce / une niche, feindre, finasser, flatter, flouer, frauder, frustrer, illusionner, induire en erreur, jouer, se jouer de, jouer la comédie, leurrer, mener en bateau, mentir, mettre en défaut, monter un bateau / le coup, se moquer, mystifier, piper, prendre au piège, promener, resquiller, retarder, rouler (dans la farine), ruser, séduire, surprendre, tendre un piège, trahir, tricher, truquer b vx ou rég. : affiner, bricoler, faire accroire, fausser sa foi / parole / promesse, repasser c arg. ou fam. : arnaquer, arranger, avoir, baiser, balader, balancer, ballotter, bidonner, biter, blouser, bourrer le crâne / le mou, brider, canarder, carotter, caver, charrier, chauffer, couillonner, cravater, doubler, écosser, emberlificoter, embobeliner, embobiner, emmener, empaumer, empiler, enculer, enfiler, enfler, enfoncer, entortiller, entuber, envelopper, faire grimper à l'arbre, faire un enfant dans le dos, feinter, ficher / fourrer / foutre dedans, harnacher, jobarder, lanterner, mener en double, niquer, pigeonner, posséder, ramoner, refaire, roustir, truander 2 par ext. a cocufier, coiffer (fam.), donner un coup de canif au contrat, en faire porter, faire cocu, faire porter les cornes à, trahir ◆ vx : en donner d'une, faire des traits à b → **voler** 3 v. pron. : s'abuser, avoir la berlue / tort, broncher, cafouiller, chopper, confondre, s'échauder, errer, être échaudé / en défaut, faillir, faire fausse route, se fourvoyer, s'illusionner, se laisser prendre, méjuger, se méprendre, perdre le Nord, prendre le change, prendre pour ◆ fam. : se foutre / mettre dedans, se gourancer, se gourer, mettre à côté de la plaque, se mettre le doigt dans l'œil, prendre des vessies pour des lanternes

**tromperie** n. f. 1 au pr. a altération, artifice, attrape, attrape-couillon (mérid.) / lourdaud / niais / nigaud, bateau, bluff, canular, carottage, carotte, chiqué, combine, fable, farce, fausse apparence, faux-semblant, feinte, fumisterie, illusion, invention, semblant, tour de passe-passe ◆ vx : amusement, bricole b non fav. : dol, duperie, escamotage, escroquerie, falsification, fardage, fausseté, faux, fourberie, fraude, frelatage, imposture, infidélité, insincérité, leurre, maquignonnage, maquillage, mauvaise foi, mauvais tour, mensonge, miroir aux alouettes, mystification, perfidie, subreption (relig.), supercherie, trahison, traîtrise, triche, tricherie, trompe-l'œil, truquage, vol c arg. : arnaque, bite, blouse, cravate, doublage, charriage, embrouille, entourloupette, feinte, frime, gandin, vape, ventre d vx : baie, bâte, berne, biffe, escobarderie, falourde, feintise, fourbe, gabegie, matoiserie, paquet, pipe, piperie e → **hypocrisie** 2 par ext. → **adultère**

**trompeter** claironner, colporter, corner, crier sur les toits → **publier**

**trompette** n. f. par ext. : buccin, buccine, bugle, clairon, cornet, trompe (vx)

**trompette** n. m. buccinateur, trompettiste

**trompeur, euse** 1 le comportement ou le discours de quelqu'un : artificieux, captieux, décevant, déloyal, dissimulé, double, enjôleur, fallacieux, farceur, faux, faux derche (arg.) / jeton (fam.), fourbe, fraudeur, fumiste (fam.), illusoire, imposteur, insidieux, insincère, mensonger, menteur, mystificateur, patelin, perfide, simulateur, sournois, spécieux, traître, tricheur, truqueur, vendu → **hypocrite** ◆ vx : faussaire, gobelet 2 quelque chose : brillant, clinquant, toc

**tronc** n. m. 1 → **tige** 2 → **torse** 3 → **lignée** 4 → **tirelire**

**tronçon** n. m. → **partie**

**tronçonner** → **couper**

**trône** n. m. 1 siège 2 par ext. : autorité, dynastie, maison, monarchie, puissance, règne, royauté, souveraineté

**trôner** se camper, se carrer, pontifier, se prélasser → **triompher**

**tronquer** altérer, amoindrir, amputer, censurer, couper, déformer, dénaturer, écourter, estropier, fausser, massacrer, mutiler, raccourcir, réduire, rogner, supprimer

**trop** → **très**

**trophée** n. m. 1 butin, dépouilles 2 coupe, médaille, oscar, prix, récompense 3 → **succès**

**tropical, e** → **torride**

**troquer** échanger → **changer**

**troquet** n. m. → **cabaretier**

**trotter** 1 au pr. → **marcher** 2 fig. → **préoccuper**

**trottin** n. m. apprentie, cousette, couturière, midinette, modiste, ouvrière, petite main

**trottinette** n. f. patinette

**trottoir** n. m. 1 par ext. pavé, plate-forme, quai 2 loc. **faire le trottoir** a se livrer à la prostitution b arg. : aller aux asperges, battre / faire l'asphalte / le bitume / le ruban / le tapin, être sur le sable, faire le truc → **prostituer (se)**

**trou** n. m. 1 au pr. a boulin, brèche, coupure, creux, entonnoir, évidement, excavation, fente, flache, fondrière, jouette, ornière, pertuis, poquet, vide b antre, caverne, fosse, grotte, hypogée, puits, souterrain, tranchée, trouée → **cavité** c usure d chas, œil-de-pie (mar.), œillet → **ouverture** e techn. : étampure, évidure, forure, grumelure, jaumière (mar.), sténopé 2 fig. a → **village** b → **manque** c → **lacune**

**troubadour** n. m. barde, félibre, jongleur, ménestrel, minnesinger, musicien, poète, trouvère

**troublant, e** 1 agitant (vx), bouleversant, déconcertant, inquiétant, intimidant → **touchant** 2 charmeur, enivrant, enjôleur, ensorceleur, galant, séducteur → **séduisant**

**trouble** adj. 1 au pr. : boueux, bourbeux, fangeux, opaque, sombre, terne, vaseux 2 fig. a louche → **suspect** b complexe, compliqué, confus, embrouillé, fumeux, indébrouillable, inextricable, nébuleux, nuageux, obscur, ténébreux, vague

**trouble** n. m. [1] au pr. : anarchie, bouleversement, bruit, chaos, conflit, confusion, crise, désordre, désorganisation, orage, ouragan, méli-mélo (fam.), pêle-mêle, perturbation, remuement, remue-ménage, tempête, tourmente, tumulte → **tohu-bohu** [2] par ext. **a** aberration, aliénation, altération, atteinte, aveuglement, confusion, délire, dérangement, dérèglement, déséquilibre, égarement, folie, incommodité (vx), maladie, névrose, perturbation **b** commotion, étourdissement, évanouissement, malaise, syncope, vapeur (vx), vertige **c** ahurissement, effarement, enivrement, excitation **d** attendrissement, bouleversement, ébranlement, embarras, émoi, émotion, indécision, perplexité **e** affolement, agitation, désarroi, détresse, effervescence, effroi, fièvre, inquiétude, remous **f** brouille, brouillerie, dispute → **mésintelligence** **g** complexe, gêne, inhibition, paralysie, timidité **h** au pl. : convulsion, déchirement, émeute, guerre civile / intestine, insurrection, mouvement → **révolte**

**troublé, e** adj. [1] quelqu'un **a** fav. : attendri, charmé, chaviré, ému, éperdu, intimidé, rougissant, séduit, touché **b** neutre ou non fav. : affolé, agité, ahuri, à l'envers, aveuglé, bouleversé, chamboulé (fam.), confus, détraqué, effarouché, égaré, énervé, fiévreux, hagard, hébété, inquiet, nerveux, perturbé, retourné, sens dessus dessous [2] quelque chose **a** au pr. : altéré, grouillé **b** par ext. : brouillon, confus, houleux, incertain, inquiétant, mouvementé, orageux, tourmenté, trépidant, tumultueux, turbide, turbulent

**trouble-fête** n. m. → **importun**

**troubler** [1] quelque chose : brouiller, corrompre, décomposer, déranger, dérégler, désorganiser, détraquer, détruire, embrouiller, empoisonner, gâter, gêner, interrompre, obscurcir, perturber, renverser, rompre, subvertir, touiller → **mélanger** [2] quelqu'un. **a** fav. ou neutre : éblouir, émouvoir, enivrer, enfiévrer, ensorceler, étonner, exciter, fasciner, impressionner, remuer, saisir, séduire **b** non fav. : abasourdir, affliger, affoler, agiter, ahurir, alarmer, aliéner, aveugler, bousculer, chagriner, complexer, confondre, contrarier, déconcerter, démonter, désarçonner, désorienter, effarer, effaroucher, égarer, embarrasser, embrouiller, gêner, incommoder, inhiber, inquiéter, interdire, interférer, intimider, mettre sens dessus dessous, paralyser, semer / soulever / susciter l'émotion / l'inquiétude / le trouble ◆ vx : enfumer, étonner [3] v. pron. : barboter (fam.), s'embarbouiller, perdre contenance / les pédales (fam.) / la tête

**trouée** n. f. brèche, clairière, déchirure, échappée, excavation, faille, percée, ouverture → **trou**

**trouer** → **transpercer**

**troufignon** n. m. → **anus**

**troufion** n. m. → **soldat**

**trouillard, e** → **capon**

**trouille** n. f. → **peur**

**troupe** n. f. [1] d'animaux : essaim, harde, harpail, litée, meute, troupeau, volée [2] d'hommes. **a** milit. :archerie, armée, bataillon, brigade, centurie, cohorte, colonne, commando, compagnie, contingent, corps, corps franc, détachement, division, échelon, élément, équipe, escadron, escouade, flanc-garde, forces, formation, garnison, goum, groupe, guérilla, légion, manipule, milice, parti, patrouille, peloton, phalange, piquet, régiment, section, soldatesque (péj.), unité **b** attroupement, caravane, cavalcade, cortège, ensemble, foule, groupe, multitude, rassemblement, tribu **c** péj. : bande, gang, horde

**troupeau** n. m. [1] au pr. : cheptel, manade [2] par ext. **a** → **troupe** **b** → **multitude**

**troupier** n. m. → **soldat**

**trousse** n. f. [1] vx : assemblage, botte, faisceau, gerbe, trousseau [2] aiguiller, étui, nécessaire, plumier, poche, portefeuille, sac, sacoche [3] **aux / sur les trousses de :** aux chausses, au derrière, au train (fam.), dans le dos, sur le paletot (fam.), aux talons → **poursuivre**

**trousseau** n. m. affaires, dot, effets, garde-robe, habits, layette, linge, lingerie, nécessaire, toilette, vêtements

**trousser** [1] accélérer, brusquer, dépêcher, expédier, hâter, liquider, précipiter → **torcher** [2] écarter, redresser, relever, remonter, replier, retrousser, soulever → **lever** [3] → **caresser**

**trouvaille** n. f. astuce (fam.), création, découverte, idée, illumination, invention, nouveauté, rencontre, trait de génie / de lumière

**trouver** [1] au pr. : apercevoir, atteindre, avoir, déceler, découvrir, détecter, déterrer, joindre, mettre la main sur, obtenir, rejoindre, rencontrer, surprendre, tomber sur, toucher ◆ fam. : cueillir, dégauchir, dégoter, dénicher, dévisser, pêcher [2] par ext. **a** s'aviser de, déchiffrer, deviner, élucider, percer, résoudre, réussir, surmonter la difficulté **b** concevoir, créer, forger, imaginer, innover, inventer **c** considérer, croire, éprouver, estimer, penser, regarder comme, saisir, sentir, tenir pour → **juger** [3] loc. **a trouver bon** → **approuver** **b trouver à dire :** avoir à → **blâmer**

**trouver (se)** [1] quelque chose ou quelqu'un : s'avérer, demeurer, être, exister, figurer, s'offrir, se rencontrer, reposer, se révéler, tomber, traîner [2] quelqu'un. **a** au pr. : assister, être présent, siéger **b** fig. fav. : baigner, flotter, nager, se prélasser, se vautrer **c** fig. neutre : se considérer, se croire, s'estimer, se juger [3] quelque chose : advenir, arriver, se produire, survenir

**trouvère** n. m. → **troubadour**

**truand, e** n. m. ou f. [1] neutre : chemineau, clochard, cloche, coureur, galvaudeux, gueux, mendiant, mendigot, rôdeur, trimardeur, vagabond [2] non fav. : **a** affranchi, apache, arsouille, aventurier, bandit, brigand, canaille, chenapan, coquin, crapule, débauché, dévoyé, drôle, fainéant, frappe, fripon, fripouille, galapiat, galopin, garnement, gens de sac et de corde, gibier de potence, gouape, gredin, libertin, loubard, malhonnête, maquereau, nervi, plat personnage, poisse, rossard, sacripant, saleté, sale / triste individu / personnage / type / coco, scélérat, vaurien, voyou **b** vx : ribaud, roué **c** arg. : loulou, marlou, peau-rouge, poisseux, zonard, zoulou **d** → **voleur**

**truander** [1] → **tromper** [2] → **voler**

**trublion** n. m. [1] → **brouillon** [2] → **factieux**

**truc** n. m. [1] fav. ou neutre **a** art, combinaison, démarche, dispositif, formule, manière, marche à suivre, martingale, méthode, mode, moyen, pratique, procédé, procédure, recette, rubrique (vx), secret, stratégie, système, tactique, technique, théorie, voie **b** affaire, bazar, bidule, bordel, bricole, business, chose, gadget, machin, objet, outil, saint-frusquin, trucmuche, zizi, zinzin [2] non fav. : artifice, astuce, attrape-nigaud, carotte (fam.), cautèle, chausse-trape, détour, diplomatie, échappatoire, embrouille, embûche, faux-fuyant, feinte, ficelle, finasserie, finesse, fourberie, fraude, habileté, intrigue, invention, machiavélisme, machination, machine, malice, manœuvre, matoiserie, méandre, os, perfidie, piège, politique, retour (vén.), rets, roublardise, rouerie, rubrique (vx), ruse, sac de nœuds, stratagème, stratégie, subterfuge, subtilité, tactique, tour, trame → **tromperie**

**truchement** n. m. [1] → **traducteur** [2] → **intermédiaire**

**trucider** → **tuer**

**truculence** n. f. → **bouffonnerie**

**truculent, e** [1] vx. **a** → **barbare** **b** → **violent** [2] amusant, bizarre, cocasse, comique, curieux, déconcertant, drolatique, drôle, étonnant, étrange, excentrique, extraordinaire, fantasque, hardi, haut en couleur, hors du commun, impayable, inédit, neuf, non-conformiste, nouveau, original, particulier, personnel, picaresque, pittoresque, singulier, spécial

**truelle** n. f. langue-de-chat, spatule

**truffe** n. f. [1] **a** tuber magnatum ou truffe blanche du Piémont, tuber melanosporum ou truffe noire du Périgord **b** diamant noir, fille de l'éclair [2] → **nez**

**truffer** bourrer, charger, combler, emplir, encombrer, entrelarder, envahir, farcir, garnir, gonfler, insérer, larder, occuper, remplir, saturer, se répandre dans

**truie** n. f. coche, portière → **porc**

**truisme** n. m. → **vérité**

**truquage** n. m. [1] → **astuce** [2] → **tromperie**

**truquer** [1] → **altérer** [2] → **tromper**

**truqueur, euse** n. m. ou f. [1] → **tricheur** [2] → **trompeur**

**trust** n. m. association, cartel (all.), coalition, comptoir, conglomérat, consortium, corner (angl.), entente, holding, monopole, omnium, pool, syndicat

**truster** → **accumuler**

**tsar, tsarine** → **monarque**

**t.s.f.** n. f. → **radio**

**tsigane** nom et adj. → **tzigane**

**tuant, e** abrutissant, accablant, assommant, débilitant, déprimant, échinant, écrasant, énervant, ennuyeux, épuisant, éreintant, esquintant, exténuant, fatigant, harassant, importun, lassant, pénible, suant, vannant ◆ fam. : cassant, claquant, crevant, pompant

**tubage** n. m. intubation

**tube** n. m. [1] boyau, canal, canalisation, conduit, cylindre, gazoduc, oléoduc, pipe-line, tuyau [2] ajutage, canule, drain, éprouvette, fêle, fuseau, pipette, siphon [3] chapeau-claque, claque, gibus, haut-de-forme, huit-reflets [4] fam. → **succès**

**tubercule** n. m. [1] → **racine** [2] crosne, igname, topinambour → **pomme de terre** [3] → **tumescence**

**tuberculeux, euse** nom et adj. bacillaire, malade de la poitrine, phtisique, poitrinaire, pulmonaire ◆ arg. : mité, nase, tubard, tutu

**tuberculose** n. f. bacillose, caverne, maladie de poitrine / du poumon, phtisie

**tubéreux, euse** bulbeux, charnu, gonflé, renflé

**tubérosité** n. f. → **protubérance**

**tubulaire** cylindrique, tubule

**tubulure** n. f. → **conduit**

**tué, e** au pr. : assassiné, décédé, disparu, exécuté, mort, tombé, tombé au champ d'honneur, trépassé

**tuer** [1] au pr. **a** abattre, achever, anéantir, assassiner, assommer, brûler (au pr. et arg. au fig.), brûler la cervelle, casser la tête, causer la mort, couper la gorge, décapiter, décimer, décoller, se défaire de, démolir, descendre, détruire, donner le coup de grâce / la mort, écarteler, écraser, égorger, électrocuter, empaler, empoisonner, emporter, envoyer ad patres / dans l'autre monde / pour le compte, étendre mort / raide / raide mort / sur le carreau, étouffer, étrangler, étriper, éventrer, exécuter, exterminer, faire couler le sang, faire mourir, faire périr, faire sauter la cervelle, faucher, foudroyer, fusiller, garrotter, guillotiner, immoler, lapider, liquider, lyncher, massacrer, mettre à mort, moissonner, noyer, occire, ôter la vie, pendre, percer, poignarder, pourfendre, rompre le cou, sacrifier, saigner, servir (vén.), supplicier, supprimer, trancher le cou / la gorge, verser le sang **b** vx : échiner, égosiller, estoquer, juguler, meurtrir **c** arg. ou fam. :aligner, allonger, assaisonner, avoir / faire / trouer la peau, bigorner, bousiller, brûler, bûcher, buter, canner, casser, composter, crever, crever la gueule / la paillasse / la panse / la peau, débarbouiller, décoller, dégeler, déglinguer, dégommer, dégringoler, dépêcher, descendre, dessouder, dévisser, écraser, effacer, empaqueter, endormir, envoyer ad patres, envoyer / foutre / mettre en l'air, estourbir, étendre (sur le carreau), étourdir, expédier, faire la peau, faire passer le goût du pain, faire sauter le caisson, faire son affaire, finir, flinguer, mettre à l'ombre / à zéro, moucher, nettoyer, opérer, passer à la casserole / à la moulinette, percer, planter, plomber, poinçonner, poivrer, poquer, raccourcir, ratatiner, ratiboiser, recorder, rectifier, refroidir, régler (son compte), répandre, repasser, rétamer, révolvériser, rincer, sabrer, scier, sécher, suriner, tordre le cou, trucider, truffer, zigouiller [2] fig. **a** → **abattre** **b** → **détruire** **c** → **fatiguer** [3] **tuer le temps :** occuper, passer [4] v. pron. **a** au pr. : se détruire, se donner la mort, se défaire, faire hara-kiri, mettre fin à ses jours, se saborder, se suicider, se supprimer **b** fam. : se faire sauter (la caisse / la cervelle / le caisson), se flinguer **c** se casser le cou / la figure, être victime d'un accident, se rompre le cou, trouver la mort, se viander (fam.) **d** fig. : se crever (fam.), s'évertuer, se fatiguer

**tuerie** n. f. [1] → **abattoir** [2] → **carnage**

**tueur** n. m. assassin, brave, bravo, chasseur (péj.), coupe-jarret, estafier, homme de main, massacreur, meurtrier, nervi, saigneur, satellite, sicaire, spadassin ◆ arg. : buteur, flingueur, virtuose

**tuf** n. m. 1 au pr. : tufeau 2 fig. → **intérieur**

**tuile** n. f. 1 arêtière, creuse, émaillée, faîtière, mécanique, plate, romaine, tuileau 2 fig. a → **accident** b → **malchance**

**tulle** n. m. → **gaze**

**tumbling** n. m. spat. off. : culbutage

**tuméfaction** n. f. → **tumeur**

**tumescence** et **tumeur** n. f. 1 au pr. : adénite, adénome, athérome, bubon, cancer, carcinome, condylome, crête-de-coq, épithélioma, épulide, exostose, fibrome, fongosité, fongus, gliome, goitre, granulome, grenouillette, hématome, intumescence, kyste, lipome, loupe, molluscum, myome, néoplasme, œdème, papillome, parulie, polype, sarcome, tanne, tubercule, tubérosité, tuméfaction, tumescence 2 par ext. : abcès, ampoule, angiome, anthrax, bosse, bouton, caroncule, chalaze, chalazion, clou, empyème, enflure, escarre, excroissance, fluxion, fraise, furoncle, ganglion, glande, granulation, grosseur, induration, kératome, mélanome, orgelet, panaris, perlèche, phlegmon, pustule, tourniole, verrucosité, xanthome ◆ vx : écrouelles, humeurs froides, scrofule 3 vétér. : éparvin, éponge, forme, osselet, suros

**tumescent, e** ballonné, bombé, bouffant, bouffi, boursouflé, cloqué, congestionné, dilaté, distendu, empâté, en chou-fleur (fam.), enflé, gondolé, gonflé, gros, hypertrophié, mafflu, météorisé, renflé, soufflé, turgescent, turgide, ventru, vultueux

**tumulaire** → **funéraire**

**tumulte** n. m. 1 → **tohu-bohu** 2 → **trouble**

**tumultueux, euse** agité, animé, brouillon, bruyant, confus, désordonné, houleux, incertain, inquiétant, mouvementé, orageux, séditieux, tapageur, tourbillonnaire, tourmenté, trépidant, troublé, turbulent

**tumulus** n. m. 1 au pr. : cairn, galgal, mound, tell, tertre 2 → **tombe**

**tuner** n. m. audiov. off. : syntoniseur

**tungstène** n. m. wolfram

**tunique** n. f. 1 chiton, dalmatique, éphod 2 boubou, kimono, robe 3 dolman, redingote, veste

**tunisien, ne** nom et adj. → **maghrébin**

**tunnel** n. m. corridor, passage, passage souterrain, percée, souterrain, trouée

**turban** n. m. → **coiffure**

**turbidité** n. f. opacité → **obscurité**

**turbulence** n. f. 1 activité, agitation, animation, bruit, dissipation, espièglerie, excitation, impétuosité, mobilité, mouvement, nervosité, pétulance, remue-ménage, tapage, trouble, tumulte, vivacité 2 → **trombe**

**turbulent, e** 1 quelqu'un : actif, agile, agité, animé, bruyant, déluré, démoniaque, dissipé, dur, espiègle, éveillé, excité, fougueux, frétillant, fringant, guilleret, impétueux, ingambe, instable, leste, mobile, nerveux, pétulant, primesautier, prompt, rapide, remuant, sautillant, tapageur, terrible, vif, vivant → **polisson** 2 quelque chose. a → **troublé** b → **tumultueux**

**turc, turque** nom et adj. byzantin, ottoman

**turf** n. m. 1 champ de courses, courtines (arg.), hippodrome, pelouse 2 courses, sport hippique

**turfiste** n. m. ou f. joueur, parieur

**turgescence** n. f. → **tumescence**

**turgescent, e** et **turgide** → **bouffi**

**turlupiner** fam. : agacer, asticoter, casser les pieds, chercher des crosses / noise / querelle, contrarier, courroucer, crisper, donner sur les nerfs, échauffer, échauffer la bile / les oreilles, embêter, emmerder (grossier), énerver, ennuyer, enquiquiner, exacerber, exaspérer, excéder, exciter, faire enrager / sortir de ses gonds, harceler, hérisser, horripiler, impatienter, importuner, indisposer, irriter, lanciner, lasser, marteler, mécontenter, mettre en colère / rogne, obséder, piquer, provoquer, taquiner, tarauder, tourmenter, tracasser, travailler, trotter, troubler

**turlutte** n. f. → **piège**

**turne** n. f. → **chambre**

**turpide** → **honteux**

**turpitude** n. f. abaissement, abjection, bassesse, boue, corruption, crapulerie, crime, débauche, dégradation, démérite, déportement, dépravation, dérèglement, déshonneur, désordre, dévergondage, dissolution, excès, fange, flétrissure, honte, ignominie, immoralité, impudicité, inconduite, indécence, indignité, infamie, iniquité, intempérance, libertinage, licence, luxure, malhonnêteté, méchanceté, opprobre, ordure, relâchement, scandale, stupre, vice, vilenie

**tutélaire** auxiliaire, bienfaisant, bienfaiteur, bon, conjuratoire, défenseur, gardien, favorable, paternaliste (péj.), paternel, protecteur, providentiel, sauveur, secourable, serviable, utile

**tutelle** n. f. 1 fav. ou neutre : administration, aide, appui, assistance, auspices, autorité, bénédiction, conservation, couverture, défense, égide, garantie, garde, immunité, invocation, patronage, protection, sauvegarde, secours, soutien, support 2 non fav. : assujettissement, contrainte, dépendance, direction, gêne, lisière, surveillance, vigilance

**tuteur, tutrice** n. m. ou f. 1 ascendant, caution, comptable, garantie, gérant, parrain, représentant, responsable, soutien, surveillant 2 appui, défenseur, gardien, patron, protecteur 3 appui, armature, échalas, étai, perche, piquet, rame, soutien, tige → **bâton**

**tuyau** n. m. 1 → **tube** 2 → **canal** 3 → **renseignement**

**tuyautage** et **tuyauterie** n. m., n. f. → **conduit**

**tuyère** n. f. buse

**tympan** n. m. fronton, gable, pignon

**type** n. m. 1 quelque chose. a typogr. : caractère, fonte, frappe, police b archétype, canon, conception, échantillon, étalon, exemple, figure, formule, gabarit, idéal, idée, image, modèle, original, paradigme, parangon, personnification, prototype, représentant, symbole c catégorie, classe, embranchement, espèce, famille, genre, ordre, race, sorte, variété d acabit, farine, nature, sorte e façon, griffe, manière, marque, mode, style f apparence, aspect, attitude, caractère, comportement, conduite, extérieur, façon, format, genre, ligne, morphologie, silhouette, tenue, tournure ◆ fam. : dégaine, touche 2 quelqu'un. a citoyen, habitant, homme, individu, monsieur, personnage, personne, quelqu'un, tête b péj. ou arg. : asticot, bonhomme, bougre, cave, charlot, chrétien, coco, croquant, diable, drôle, fias, figure, frangin, fromage, gaillard, gazier, gonze, guignol, gus, hère, indien, jeton, jules, lard, lascar, luron, mec, mecton, micheton, mironton, miston, moineau, numéro, oiseau, olibrius, orgue, ostrogot, outil, pante, paroissien, pékin, pèlerin, phénomène, piaf, pierrot, pilon, pingouin, pistolet, pomme, quidam, rigolo, rom, sieur, sire, tartempion, tranche, trucmuche, viande, zèbre, zigoto, zigue, zouave, zoulou, zozo

**typer** marquer → **imprimer**

**typhon** n. m. bourrasque, coup de chien / de tabac (fam.) / de vent, cyclone, maelström, orage, ouragan, rafale, raz de marée, tempête, tornade, tourbillon, tourmente, trombe, vent

**typique** caractéristique, déterminant, distinctif, dominant, emblématique, essentiel, exemplaire, expressif, original, particulier, personnel, propre, représentatif, saillant, significatif, spécifique, symbolique, symptomatique

**typographe** n. m. ou f. compositeur, imposeur, imprimeur, metteur en pages, ouvrier du livre, prote

**typographie** n. f. 1 imprimerie 2 par ext. a chalcographie, linotypie, lithographie, offset, photocomposition, photocopie, phototypie, polycopie, sérigraphie, typolithographie, xylographie b clichage, composition, impression, reproduction, tirage

**tyran** n. m. asservisseur (vx), autocrate, despote, dominateur, maître, oppresseur, persécuteur, roi, roitelet, satrape, souverain absolu, tyranneau → **dictateur**

**tyrannie** n. f. 1 au pr. : absolutisme, autocratie, autoritarisme, caporalisme, césarisme, despotisme, dictature, fascisme, nazisme, stalinisme, totalitarisme 2 par ext. a arbitraire, assujettissement, barbarie, chasse aux sorcières, cruauté, domination, fanatisme, férocité, inhumanité, intolérance, oppression, persécution, satrapie, sauvagerie, vandalisme b ascendant, autorité, dépendance, dogmatisme, empiètement, empire, emprise, esclavage, influence, mainmise

**tyrannique** → **absolu**

**tyranniser** 1 au pr. : abuser, accabler, assujettir, avoir / jeter / mettre le grappin / la main sur, contraindre, courber, dominer, forcer, fouler aux pieds, opprimer, persécuter, réduire en esclavage, violenter 2 par ext. a → **tourmenter** b → **conduire**

**tzigane** ou **tsigane** nom et adj. bohémien, campvolant, gitan, manouche, nomade, romanichel, romano, zingaro

# U

**ubiquité** n. f. dédoublement, omniprésence, télépathie

**ubuesque** → **absurde**

**ukase** ou **oukase** n. m. → **injonction**

**ulcération, ulcère** n. f., n. m. aphte, chancre, exulcération, exutoire, lésion, lupus, plaie → **abcès**

**ulcérer** 1 → **affliger** 2 → **choquer**

**uléma** n. m. ayatollah, imam, mollah

**ulmaire** n. f. reine-des-prés, spirée

**ultérieur, e** → **suivant**

**ultimatum** n. m. → **injonction**

**ultime** → **dernier**

**ultra** nom et adj. extrémiste, fanatique, intolérant, jacobin, jeune-turc, jusqu'au-boutiste, maximaliste

**ultramontain, e** 1 cisalpin → **italien** 2 conservateur, papiste (péj.), romain

**un, une** distinct, exclusif, indivis, isolé, rare, seul, simple, unique

**unanime** absolu, collectif, commun, complet, entier, général, sans exception, total, universel

**unanimement** absolument, à l'unanimité, collectivement, complètement, entièrement, généralement, sans exception, totalement, tous à la fois / ensemble, universellement

**unanimité** n. f. → **accord**

**unau** n. m. paresseux → **singe**

**uni, e** 1 → **égal** 2 → **lisse** 3 → **simple** 4 → **uniforme**

**unicité** n. f. 1 → **originalité** 2 → **uniformité** 3 relig. : consubstantialité

**unification** n. f. intégration, radicalisation, simplification

**unifier** et **uniformiser** standardiser → **unir**

**uniforme** n. m. → **vêtement**

**uniforme** adj. continu, droit, égal, monochrome, uni, unisexe, pareil, plat, régulier, semblable, simple, symétrique → **monotone**

**uniformité** n. f. égalité, monotonie, unicité → **tristesse**

**unilatéral, e** 1 → **absolu** 2 → **injustifié**

**uniment** également, franchement, régulièrement, sans ambages / détour, simplement, uniformément

**union** n. f. 1 au pr. a fusion, groupement, jumelage, mixité, symbiose, symphonie, syncrétisme b → **liaison** c → **jonction** d → **alliance** e → **fédération** f → **syndicat** g → **mariage** 2 fig. : accord, amitié, bons termes, camaraderie, communion, concert, concorde, conformité, ensemble, entente, fraternité, harmonie, identité, intelligence, sympathie, unanimité, unisson

**unique** 1 exclusif, inclassable, inégalable, inégalé, isolé, original, seul, spécial 2 → **un** 3 → **extraordinaire** 4 singleton 5 inform. : simplex

**uniquement** purement et simplement, rien que, strictement

**unir** 1 au pr. a accoupler, agencer, agglutiner, agréger, allier, amalgamer, annexer, apparier, assembler, associer, assortir, attacher, chaîner, confondre, conjuguer, corréler, coupler, enchaîner, enter, fondre, fusionner, joindre, lier, marier, mélanger, mêler, raccorder, rapprocher, rassembler, relier, réunir, saisir, souder b polit. : allier, coaliser, confédérer, fédérer, liguer, solidariser 2 par ext. a allier, fiancer b aplanir, égaliser, polir, rendre uni

**unisson** n. m. [1] → **union** [2] loc. **à l'unisson :** d'accord, ensemble, d'un même ton, d'une même voix

**unité** n. f. [1] → **conformité** [2] → **harmonie** [3] → **troupe** [4] → **modèle** [5] → **principe** [6] → **mesure** [7] branche, classe, ensemble, espèce, famille, genre, groupe

**unitif, ive** par ext. : fédérateur, rassembleur

**univalent, e** monovalent

**univers** n. m. ciel, cosmos, création, espace, globe, macrocosme, monde, nature, sphère, Terre, tout

**universalisation** n. f. diffusion, généralisation, mondialisation, planétarisation → **cosmique**

**universaliser** → **répandre**

**universalisme** n. m. cosmopolitisme, internationalisme, mondialisme, œcuménisme

**universaliste** catholique (au pr.), cosmopolite, internationaliste, mondialiste, œcuménique

**universalité** n. f. → **totalité**

**universaux** n. m. pl. [1] catégories, concepts [2] Les universaux : accident, différence, espèce, genre, propre

**universel, le** [1] → **commun** [2] catholique (au pr.), international, œcuménique, mondial, planétaire [3] bon à tout, polyvalent, à toutes mains

**universitaire** nom et adj. assistant, chargé de cours / d'enseignement / de mission, chef de clinique, chercheur, maître assistant, maître de conférences / de recherches, professeur → **maître** ◆ péj. : mandarin, sorbonnard

**université** n. f. académie, alma mater → **faculté**

**univitellin, e** → **jumeau**

**univoque** → **clair**

**upérisation** n. f. pasteurisation, stérilisation

**uraète** n. m. → **aigle**

**uraninite** n. f. pechblende

**urbain, e** [1] citadin [2] intra-muros [3] par ext. : → **municipal** [4] → **aimable**

**urbanisme** n. m. [1] domisme [2] → **logement**

**urbaniste** nom et adj. → **architecte**

**urbanité** n. f. [1] → **amabilité** [2] → **civilité**

**urbi et orbi** partout, universellement

**urgence** n. f. [1] → **obligation** [2] **d'urgence :** sans → **délai**

**urgent, e** → **pressant**

**urger** presser

**urinal** n. m. [1] pistolet (fam.) [2] par ext. : pissoir, pot de chambre, vase de nuit [3] arg. : jules, tasse, théière

**urine** n. f. eau, pipi (enf.), pissat, pisse

**uriner** [1] fam. : arroser, faire pipi, lâcher / tomber de l'eau, se mouiller, pisser [2] uriner contre : compisser

**urinoir** n. m. édicule, latrines, pissoir, pissotière, toilettes, vespasienne ◆ arg. : ardoise, blindé, isoloir, tasse, théière → **water-closet**

**urne** n. f. amphore, canope, pot, pot à feu, potiche, vase ◆ au pl. → **vote**

**urticaire** n. f. allergie (par ext.)

**urticant, e** → **piquant**

**urtication** n. f. démangeaison → **picotement**

**urubu** n. m. → **vautour**

**usage** n. m. [1] → **habitude** [2] activité, application, consommation, destination, disposition, emploi, exercice, fonction, fonctionnement, jouissance, mobilisation, utilisation, utilité, service

**usagé, e** et **usé, e** [1] au pr. : abîmé, amorti, avachi, culotté, déchiré, décrépit, déformé, défraîchi, délavé, démodé, éculé, élimé, épuisé, éraillé, esquinté, fané, fatigué, fini, fripé, limé, lustré, miteux, mûr, passé, râpé, vieux [2] par ext. → **banal**

**usager** n. m. client, utilisateur

**user** [1] v. tr. **a** au pr. et fig. : abraser, amoindrir, araser, corroder, ébrécher, effriter, élimer, émousser, entamer, épointer, gâter, laminer, limer, miner, mordre, raguer (mar.), râper, roder, rogner, ruiner, travailler → **abîmer** **b** → **consommer** [2] v. intr. user de : appliquer, avoir recours, disposer de, employer, emprunter, exercer, faire usage de, jouer de, jouir de, manier, ménager, mettre, mettre en jeu / en œuvre, mobiliser, porter, pratiquer, prendre, recourir à, se servir de, utiliser [3] loc. **en user :** se comporter, se conduire, traiter

**usinage** n. m. → **fabrication**

**usine** n. f. [1] atelier, chaîne, établissement, fabrique, industrie, manufacture [2] quelques types : aciérie, arsenal, bonneterie, briqueterie, centrale atomique / hydraulique / marémotrice / nucléaire / thermique, chaudronnerie, cimenterie, conserverie, distillerie, filature, fonderie, forge, haut fourneau, miroiterie, papeterie, raffinerie, tannerie, tréfilerie, tuilerie

**usiner** → **fabriquer**

**usité, e** accoutumé, commun, consacré, constant, courant, coutumier, employé, familier, fréquent, ordinaire, traditionnel, usuel, utilisé

**ustensile** n. m. [1] accessoire, batterie de cuisine, dinanderie, engin, instrument, matériel, mobilier (vx), nécessaire, objet, outil, outillage, panoplie, pincelier, réceptacle, trousse, vaisselle → **truc** [2] récipients. **a** alambic, athanor, capsule, cendrée, chaudron, cornue, coupelle, creuset, cubilot, cucurbite, matras, pélican, têt **b** → **bouteille, casserole, coupe, gobelet, gourde, marmite, plat, poêle, pot, vase** **c** → **auge, bac, baignoire, baquet, baril, bassin, bidon, bouille, réservoir, seau** **d** → **boîte, caisse, coffre, contenant, malle, panier, poche, sac, urne** [3] → **crible** [4] de cuisine : broche, chinois, coquetière, couperet, couteau, cuiller, écumoire, égrugeoir, entonnoir, étamine, fourchette, fourneau, hachoir, hâtelet, lèchefrite, louche, mixeur, mortier, moulin à légumes, presse-citron / purée, râpe, réchaud, rôtissoire [5] de toilette : barbier, bidet, broc, cuvette, douche, glace, lavabo, pot-à-eau, psyché, tub [6] de jardinage : arrosoir, brouette, cisaille, ciseaux, cognée, croissant, cueilloir, faux, fourche, houe, motoculteur, plantoir, râteau, sécateur, serfouette, serpe, sulfateuse, tondeuse → **bêche, binette** [7] agricole : aplatisseur, araire (vx), arracheuse, bâche, baratte, batteuse, botteleuse, brabant, brise-mottes, broyeur, charrette, charrue, concasseur, coupe-racines, crible, croskill, cultivateur, déchaumeuse, décolleteuse, défonceuse, égreneuse, épandeur, extirpateur, faneuse, faucard, faucheuse, fléau (vx), hache-paille, herse, hotte, lieuse, malaxeur, moissonneuse, moulin, pompe, poudreuse, pressoir, pulvérisateur, pulvériseur, râteau-faneur, remorque, rouleau, scarificateur, semoir, tarare, tombereau, tonne, tonneau, tracteur, trieuse

**usucapion** n. f. → **prescription**

**usuel** n. m. → **livre**

**usuel, le** → **usité**

**usuellement** → **habituellement**

**usufruit** n. m. fruit, jouissance, possession, produit, récolte, revenu

**usufruitier, ère** nom et adj. usufructuaire

**usuraire** → **excessif**

**usure** n. f. [1] agio, agiotage, gain, intérêt, placement, prêt, profit, trafic → **avarice** [2] abrasion, amoindrissement, corrosion, dégradation, diminution, éraillement, érosion, frai, grignotement [3] loc. **à l'usure :** à la / par fatigue, à l'arraché

**usurier, ière** n. m. ou f. [1] agioteur, prêteur [2] par ext. → **avare**

**usurpation** n. f. appropriation, captation, dol, enlèvement, escroquerie, occupation, prise, rapt, soustraction → **vol**

**usurpatoire** abusif, illégal, inique, léonin → **malhonnête**

**usurper** [1] v. intr. : anticiper sur, empiéter sur, enjamber (fam.), entreprendre sur, envahir [2] v. tr. : annexer, s'appliquer, s'approprier, s'arroger, s'attribuer, dérober, s'emparer, prendre, ravir, voler

**utérin, e** consanguin, demi-frère / sœur

**utérus** n. m. flancs, matrice, sein (vx)

**utile** nom et adj. bénéfique, bon, efficace, expédient, important, indispensable, fructueux, nécessaire, profitable, salutaire, salvateur

**utilisable** bon, employable, en bon état, possible, praticable

**utilisateur, trice** n. m. ou f. client, usager

**utilisation** n. f. application, destination, emploi, maniement

**utiliser** [1] → **profiter** [2] → **user (de)**

**utilitaire** [1] → **réaliste** [2] → **commun**

**utilité** n. f. → **profit**

**utopie** n. f. [1] billevesées, chimère, illusion, irréalisme, irréalité, mirage, mythe, rêvasserie (péj.), rêve, rêverie, roman [2] → **idéal**

**utopique** → **imaginaire**

**utopiste** nom et adj. imaginatif → **rêveur**

**uvule** ou **uvula** n. f. luette

# V

**vacance** n. f. carence, disponibilité, interruption, relâche, suspension, vacuité, vide

**vacances** n. f. pl. campos, congé, détente, permission, pont, relâche, repos, semaine anglaise, vacation, week-end

**vacancier** n. m. [1] → **estivant** [2] sports d'hiver : hivernant

**vacant, e** abandonné, disponible, inoccupé, libre, vague (terrain), vide

**vacarme** n. m. [1] → **bruit** [2] → **chahut**

**vacataire** nom et adj. auxiliaire, contractuel, supplétif, surnuméraire

**vacation** n. f. [1] → **rétribution** [2] → **vacances** [3] → **séance**

**vaccin** et **vaccination** n. m., n. f. anavenin, immunisation, inoculation, piqûre, prémunition, sérum

**vacciner** immuniser, inoculer, piquer, prémunir, préserver

**vachard, e** → **méchant**

**vache** n. f. [1] au pr. **a** génisse, taure, vachette **b** quelques races : abondance, blonde d'Aquitaine, bretonne, brune des Alpes, charolaise, durham, flamande, frisonne, gasconne, hollandaise, jersiaise, limousine, normande, pie noire / rouge, rouge de L'Est [2] fig. **a** → **bête** **b** → **méchant** **c** → **policier**

**vachement** → **très**

**vacher, vachère** bouvier, cow-boy (vx et partic.), gardian, gardien, gaucho, toucheur de bœufs

**vacherie** n. f. [1] → **étable** [2] → **méchanceté**

**vacherin** n. m. [1] comté, gruyère → **fromage** [2] meringue glacée

**vacillant, e** [1] → **chancelant** [2] → **tremblant**

**vacillation** n. f. → **balancement**

**vaciller** [1] → **chanceler** [2] lumière, yeux : cligner, clignoter, papilloter [3] luire, scintiller, trembler, trembloter

**vacuité** n. f. → **vide**

**vacuole** n. f. → **cavité**

**vade-mecum** n. m. → **mémento**

**vadrouille** n. f. [1] → **promenade** [2] → **balai** [3] → **mégère**

**vadrouiller** → **traîner**

**vadrouilleur, euse** nom et adj. → **vagabond**

**va-et-vient** n. m. [1] bac, navette [2] allée et venue, course, navette, navigation, voyage [3] balancement, branle, remous, rythme → **oscillation**

**vagabond, e** [1] adj. → **errant** [2] nom : bohémien, camp-volant, chemineau, claque-dents, clochard, cloche, clodo, coureur, flâneur, galvaudeux, malandrin, mendiant, nomade, rôdeur, rouleur, routard, traîne-lattes / savates, trimard, trimardeur, truand, vadrouilleur, va-nu-pieds ◆ arg. : galopin, philosophe, pilon, traîne-lattes, trimardeur

**vagabondage** n. m. → **errance**

**vagabonder** → **errer**

**vagin** n. m. [1] → **sexe** [2] par ext. → **vulve**

**vagir** → **crier**

**vagissement** n. m. → **cri, pleurs**

**vague** n. f. agitation, barre, flot, houle, lame, mascaret, moutons, onde, raz, ressac, rouleau, tsunami, vaguelette

**vague** adj. [1] → **vacant** [2] abstrait, ambigu, amphibologique, approchant, approximatif, bâtard, changeant, confus, diffus, douteux, flottant, flou, fumeux, hésitant, illimité, imparfait, imprécis, incertain, indécis, indéfini, indéfinissable, indéterminable, indéterminé, indiscernable, indistinct, irrésolu, nébuleux, nuageux, obscur, timide, trouble, vaporeux [3] → **incertitude** [4] loc. **a** **terrain vague** → **stérile** **b** **vague à l'âme** → **mélancolie**

**vaguement** à peine

**vaguemestre** n. m. → **facteur**

**vaguer** aller au hasard / et venir, divaguer, vagabonder

**vaillance** n. f. → **courage**

**vaillant, e** → **courageux**

**vain, e** [1] absurde, chimérique, creux, fantaisiste, faux, fugace, hypothétique, illusoire, imaginaire, insaisissable, sans consistance / effet / fondement / importance / motif /

réalité, vide 2 → **inutile** 3 → **stérile** 4 → **orgueilleux** 5 **en vain** → **inutilement**

**vaincre** 1 au pr. : abattre, accabler, anéantir, avoir le dessus, battre, battre à plate couture, bousculer, bouter (vx), conquérir, culbuter, damer le pion, défaire, disperser, dominer, dompter, écharper, éclipser, écraser, l'emporter sur, enfoncer, entamer, estourbir, gagner, maîtriser, mater, mettre dans sa poche / en déroute / en fuite, piler, prévaloir, réduire (à quia), rosser, rouler, surclasser, surmonter, surpasser, tailler en pièces, terrasser, torcher (fam.), triompher de 2 fig. **a** un obstacle : franchir, négocier (fam.), passer, renverser, surmonter **b** des scrupules : endormir, étouffer 3 v. pron. : se dominer, être maître de soi, se maîtriser, se mater, se posséder, se surmonter

**vaincu, e** perdant

**vainement** → **inutilement**

**vainqueur** n. m. et adj. 1 champion, conquérant, couronné, dominateur, dompteur, gagnant, lauré, lauréat, triomphateur, victorieux 2 **un air vainqueur :** avantageux, conquérant, prétentieux, suffisant, triomphant

**vair** n. m. menu-gris, petit-gris

**vairon** ou **véron** n. m. 1 gendarme, grisette, verdelet → **poisson** 2 adj. → **bigarré**

**vaisseau** n. m. 1 → **récipient** 2 → **bateau**

**vaisselle** n. f. 1 assiette, déjeuner, légumier, plat, plateau, saladier, saucière, soucoupe, soupière, sucrier, tasse, tête-à-tête, verseuse → **ustensile** 2 loc. **eau de vaisselle :** lavure, rinçure

**val** n. m. → **vallée**

**valable** 1 jurid : légal, opposable, réglementaire, valide 2 par ext. : acceptable, admissible, avantageux, bon, convenable, de mise, efficace, négociable, normal, opérationnel, passable, précieux, recevable, régulier, salutaire, sérieux, suffisant

**valdinguer** → **repousser**

**valet** n. m. 1 → **serviteur** 2 porte-habit

**valétudinaire** nom et adj. cacochyme, égrotant, maladif, mal en point

**valeur** n. f. 1 → **prix** 2 → **qualité** 3 → **courage** 4 → **sens** 5 **mettre en valeur :** faire valoir → **rehausser**

**valeureux, euse** → **courageux**

**validation** n. f. → **homologation**

**valide** 1 quelqu'un : bien constitué / portant, dispos, dru, fort, gaillard, ingambe, robuste, sain, vert, vigoureux 2 quelque chose : admis, approuvé, autorisé, bon, efficace, en cours, légal, réglementaire, régulier, valable

**valider** → **homologuer**

**validité** n. f. → **bien-fondé**

**valise** n. f. attaché-case → **bagage** ◆ arg. ou fam. : baise-en-ville, valdingue, valoche

**vallée** n. f. bassin, cavée, cluse, combe, cuvette, dépression, reculée, val, valleuse, vallon

**vallonné, e** → **accidenté**

**vallonnement** n. m. accident / mouvement de terrain → **hauteur**

**valoir** 1 v. intr. un prix : coûter, se monter / revenir à, se vendre 2 v. tr. **a** → **égaler** **b** → **procurer** 3 loc. **faire valoir a** mettre en valeur → **exploiter b** → **rehausser c** → **vanter**

**valorisation** n. f. → **hausse**

**valoriser** 1 → **vanter** 2 → **hausser**

**valse** n. f. 1 → **mouvement** 2 → **volée**

**valser** → **danser**

**vamp** n. f. → **beauté**

**vamper** → **séduire**

**vampire** n. m. 1 goule, stryge 2 → **ogre**

**vampirisme** n. m. → **avidité**

**van** n. m. 1 bétaillère, fourgon, voiture 2 → **tamis**

**vandale** nom et adj. barbare, destructeur, dévastateur, iconoclaste, profanateur, saboteur, saccageur, violateur

**vandalisme** n. m. 1 luddisme 2 → **destruction** 3 → **barbarie**

**vanesse** n. f. belle-dame, paon de jour → **papillon**

**vanité** n. f. 1 de quelque chose : chimère, erreur, fragilité, frivolité, fumée, futilité, hochet, illusion, inanité, inconsistance, inefficacité, insignifiance, inutilité, mensonge, néant, pompe, vapeur, vent, vide 2 de quelqu'un : bouffissure, boursouflure, complaisance, crânerie, enflure, fatuité, fierté, gloriole, importance, infatuation, jactance, ostentation, présomption, prétention, suffisance → **orgueil** vx : piaffe

**vaniteux, euse** → **orgueilleux**

**vanne** n. f. 1 barrage, bonde, déversoir, pale 2 arg. → **blague**

**vanner** 1 → **tamiser** 2 → **nettoyer** 3 → **fatiguer** 4 → **remuer**

**vannerie** n. f. 1 lacerie 2 par ext. : meubles / objets en bambou / feuillard / jonc / osier / paille / raphia / roseau / rotin / sorgho

**vantail** n. m. battant, panneau, volet

**vantard, e** → **hâbleur**

**vantardise** n. f. → **hâblerie**

**vanter** 1 admirer, acclamer, applaudir, approuver, célébrer, complimenter, donner de la publicité à, encenser, exalter, faire mousser / valoir, féliciter, glorifier, louer, prôner, publier, recommander, rehausser, valoriser 2 v. pron. : s'applaudir de, s'attribuer, bluffer, bourrer le mou (fam.), se croire, faire profession de, se faire mousser / reluire / valoir, se flatter, se mettre en valeur, pavoiser, piaffer (vx), se piquer / se targuer de, prétendre → **hâbler**

**va-nu-pieds** n. m. 1 → **coquin** 2 → **misérable**

**vapeur** n. f. 1 n. m. → **bateau** 2 n. f. : brume, buée, émanation, exhalaison, fumée, fumerolle, gaz, mofette, nuage, nuée, serein 3 → **vanité** 4 n. f. pl. → **vertige**

**vaporeux, euse** 1 → **flou** 2 → **vague** 3 → **gazeux**

**vaporisateur** n. m. → **pulvérisateur**

**vaporisation** n. f. atomisation, évaporation, pulvérisation, sublimation, volatilisation

**vaporiser** 1 atomiser, gazéifier, pulvériser 2 pron. : s'atomiser, s'évaporer, se sublimer, se volatiliser

**vaquer** → **occuper (s')**

**varan** n. m. → **saurien**

**varech** n. m. → **algue**

**vareuse** n. f. → **veste**

**variabilité** n. f. mutabilité → **transformation**

**variable** flottant, incertain, inconsistant, inconstant, indécis, irrésolu, stochastique → **changeant**

**variante** n. f. → **différence**

**variation** n. f. 1 au pr. : alternance, alternative, bifurcation, changement, déviation, différence, écart, évolution, fluctuation, fourchette, innovation, modification, mouvement, mutation, nutation, oscillation, remous, retour, retournement, rythme, transformation, vicissitude → **augmentation** 2 par ext. → **variété** 3 fig. → **caprice**

**varié, e** 1 complexe, de bric et de broc, différent, disparate, divers, diversifié, hétéroclite, hétérogène, modifié, multiforme, multiple, nombreux, pluriel, transformé 2 bariolé, bigarré, changeant, contrasté, maillé, marbré, marqueté, mâtiné, mélangé, mêlé, moiré, multicolore, nuancé, ondoyant, panaché, rayé, taché, tigré, vairon

**varier** v. tr. et intr. → **changer**

**variété** n. f. 1 → **différence** 2 → **variation** 3 bigarrure, classification, collection, diversité, forme, manière, modulation, mosaïque, variante

**variole** n. f. 1 méd. : alastrim, petite vérole 2 vétér. : clavelée, picote, vaccine

**vase** n. f. → **limon**

**vase** n. m. 1 vx : albâtre, alcarazas, amphore, buire, canope, cérame, coupe, cratère, figuline, jarre, lécythe, murrhin → **récipient** 2 relig. : calice, ciboire, patelle, patène, patère 3 porte-bouquet, soliflore

**vaseline** n. f. graisse, onguent, paraffine, pommade

**vaseux, euse** 1 au pr. : boueux, bourbeux, fangeux, limoneux, marécageux, tourbeux, trouble, vasard 2 fig. **a** → **fatigué** **b** → **stupide**

**vasistas** n. m. imposte → **ouverture**

**vasouiller** → **hésiter**

**vasque** n. f. → **bassin**

**vassal** n. et adj. 1 au pr. : antrustion, feudataire, homme lige, leude, sujet, vavasseur 2 par ext. : assujetti, inféodé, lié, soumis

**vassalité** n. f. → **subordination**

**vaste** abondant, ample, béant, considérable, copieux, développé, élevé, épanoui, étendu, fort, généreux, grand, gras, gros, immense, incommensurable, large, logeable, long, plein, spacieux, volumineux

**vastitude** n. f. 1 → **immensité** 2 → **plénitude**

**vatican** n. m. curie, évêché de Rome / universel, papauté, Saint-Siège, siège apostolique / de l'Église catholique / de saint Pierre / pontifical, trirègne

**vaticinateur, trice** → **devin**

**vaticination** n. f. → **prophétie**

**vaticiner** → **prédire**

**vaudeville** n. m. → **comédie**

**vaurien** n. m. arsouille, aventurier, bandit, bon à rien, brigand, canaille, chenapan, coquin, crâne, crapule, débauché, dévoyé, drôle, escarpe, fainéant, frappe, fripon, fripouille, galapiat, galopin, garnement, gibier de potence, gouape, gredin, homme de sac et de corde, jean-foutre, libertin, loubard, loulou, malfrat, malhonnête, maquereau, mauvais sujet, minot, morveux, nervi, plat personnage, poisse, rossard, sacripant, salaud (grossier), saleté, sale / triste coco / individu / personnage / sire / type, saligaud, saloperie, scélérat, vermine, vicieux, voyou, zonard

**vautour** n. m. charognard, condor, griffon, gypaète, percnoptère, urubu → **rapace**

**vautrait** n. m. → **vénerie**

**vautrer (se)** 1 → **coucher (se)** 2 → **abandonner (s')**

**veau** n. m. bouvillon, broutard, nourrain, taurillon

**vecteur** n. m. porteur, véhicule

**vedette** n. f. 1 → **veilleur** 2 → **artiste** 3 → **bateau** 4 → **succès**

**végétal** nom et adj. → **plante**

**végétalien, ne** frugivore, herbivore ◆ par ext. : macrobiotique, végétarien

**végétatif, ive** pâle, lymphatique, mou

**végétation** n. f. flore, pousse, verdure

**végéter** → **vivoter**

**véhémence** n. f. 1 → **impétuosité** 2 → **éloquence**

**véhément, e** 1 → **impétueux** 2 → **violent**

**véhicule** n. m. 1 → **voiture** 2 porteur, vecteur

**véhiculer** → **transporter**

**veille** n. f. 1 au pr. : éveil, insomnie 2 par ext. **a** garde, quart, veillée **b** → **attention** **c** vigile 3 n. f. pl. **a** → **soin** **b** → **travail**

**veillée** n. f. → **soirée**

**veiller sur** appliquer son attention à, chaperonner, donner ses soins, garder, s'occuper de, présider à, protéger, surveiller

**veilleur** n. m. écoute (vx), épieur, factionnaire, garde, gardien, guet, guetteur, sentinelle, surveillant, vedette, vigie, vigile

**veilleuse** n. f. → **lampe**

**veinard, e** → **chanceux**

**veine** n. f. 1 → **filon** 2 → **chance** 3 → **inspiration**

**veiné, e** veineux → **marqueté**

**velléitaire** nom et adj. → **mou**

**velléité** n. f. → **volonté**

**vélo** et **vélocipède** n. m. bécane, bicycle, bicyclette, petite reine, tandem, V.T.T. (vélo tout terrain) → **cycle, cyclomoteur** ◆ péj. : clou

**véloce** → **rapide**

**vélocité** n. f. → **vitesse**

**vélomoteur** n. m. → **cyclomoteur**

**velours** n. m. 1 panne, peluche, velvet 2 → **lapsus** 3 **sur le velours** → **facile**

**velouté, e** et **velouteux, euse** 1 → **moelleux** 2 → **soyeux**

**velu, e** → **poilu**

**venaison** n. f. → **gibier**

**vénal, e** corrompu, corruptible, mercenaire, vendable, vendu

**vénalité** n. f. → **subornation**

**vendable** 1 → **cessible** 2 → **convenable**

**vendange** n. f. vinée → **récolte**

**vendangeur, euse** n. m. ou f. → **vigneron**

**vendéen, ne** chouan, légitimiste, ventre-à-choux (fam.)

**vendetta** n. f. → **vengeance**

**vendeur, euse** n. m. ou f. 1 agent / attaché commercial, calicot (péj.), camelot, cédant (jurid.), commerçant, commis voyageur, commis / commise / demoiselle / fille / garçon de boutique / magasin / rayon, détaillant, exportateur, grossiste, marchand, placier, représentant, visiteur, voyageur 2 → **approvisionneur**

**vendre** 1 neutre : adjuger, aliéner, céder, débiter, se défaire de, détailler, donner, échanger, écouler, exporter, laisser, liciter, monnayer, négocier, placer, réaliser, sacrifier, se séparer de, solder 2 non fav. et fam : bazarder, brader, brocanter, coller, fourguer, laver, lessiver, liquider, refiler, trafiquer 3 fig. → **dénoncer**

**vendu, e** 1 → **vénal** 2 → **trompeur**

**venelle** n. f. → **rue**

**vénéneux, euse** dangereux, délétère, empoisonné, nocif, non comestible, mauvais, toxique, vireux

**vénérable** nom et adj. 1 aimé, ancien, apprécié, bon, considéré, digne, doyen, éminent, estimable, honoré, réputé, respectable, respecté, révéré, sacré, saint 2 ancien, doyen, patriarcal, vieux

**vénération** n. f. admiration, affection, amour, considération, dévotion, estime, respect, révérence

**vénérer** admirer, aimer, apprécier, considérer, estimer, être à la dévotion de, être dévoué à, honorer, respecter, révérer

**vénerie** n. f. chasse à courre, équipage, meute, vautrait

**vengeance** n. f. châtiment, colère, œil pour œil dent pour dent, punition, réparation, représailles, ressentiment, rétorsion, revanche, riposte, talion, vendetta, vindicte

**venger** châtier, corriger, frapper, laver, punir, redresser, réparer, réprimer, riposter, sévir, vider une querelle

**vengeur, vengeresse** nom et adj. → **juge**

**véniel, le** → **insignifiant**

**venimeux, euse** 1 au pr. → **vénéneux** 2 fig. → **malveillant**

**venin** n. m. → **poison**

**venir** 1 au pr. : aborder, aboutir, aller, approcher, arriver, avancer, se déplacer, s'encadrer, entrer, parvenir à, sortir de, survenir, se transporter, tomber sur ◆ fam. : s'abouler, s'amener, débouler, se pointer, radiner, ramener sa fraise, rappliquer 2 → **sortir** 3 → **produire (se)** 4 → **pousser** 5 venir de : dater, descendre, partir, procéder, provenir de, remonter à, sortir, tenir, tirer son origine de 6 loc. **a venir à bout de** → **réussir b venir au monde** → **naître**

**vent** n. m. 1 au pr. : agitation, alizé, aquilon, autan, bise, blizzard, bora, borée, bourrasque, brise, chergui, contre-alizé, courant d'air, cyclone, foehn, galerne, harmattan, khamsin, mistral, mousson, noroît, ouragan, rafale, simoun, sirocco, souffle, suroît, tempête, tourbillon, tramontane, typhon, zéphyr 2 par ext. **a** → **odeur b** bruit, flatulence, flatuosité, gaz, incongruité, pet **c** vulg. : cran, débourrée, fuite, marie-louise, pastille, perle, perlouse, pétarade, poltron, prout, soupir, vanne, vesse 3 → **nouvelle**

**vente** n. f. adjudication, aliénation, braderie, brocante, chine, criée, débit, démarchage, écoulement, exportation, lavage (arg.), liquidation, mailing, placement, porte à porte, publipostage, réalisation, regrat (vx), solde, transfert

**venté, e** aéré, exposé (aux vents), venteux

**venter** → **souffler**

**ventilateur** n. m. panca, soufflerie

**ventilation** n. f. 1 aérage (vx), aération, circulation / renouvellement de l'air, oxygénation 2 → **répartition**

**ventiler** → **aérer**

**ventral, e** → **abdominal**

**ventre** n. m. 1 → **abdomen** 2 arg. ou fam. : avant-scène, ballon, baquet, barrique, bauge, bedon, bide, bidon, bonbonne, brioche, buffet, bureau, burlingue, cage à pain, caisse, cantine, cloche, crédence, devant, embonpoint, gras-double, hotte, mou, œuf d'autruche / de Pâques, paillasse, panse, placard, tripes 3 → **utérus**

**ventrée** n. f. → **repas**

**ventripotent, e** bedonnant, bouffi, dodu, gros, obèse, pansu, patapouf, poussah, replet, rond, rondouillard, ventru

**ventru, e** 1 → **ventripotent** 2 → **gros** 3 → **renflé**

**venue** n. f. approche, arrivée, avènement, croissance, irruption

**ver** n. m. 1 au pr. **a** annélides, arénicole, asticot, helminthe, lombric **b** vermine, vermisseau **c** ascaride ou ascaris, bilharzie, bothriocéphale, cénure, cercaire, douve, filaire, oxyure, strongyle, ténia, trichine, ver-coquin, ver solitaire **d ver luisant :** lampyre 2 par ext. **a** bombyx *ou* ver à soie **b** chenille, larve, man, ténébrion

**véracité** n. f. → **vérité**

**véraison** n. f. → **maturation**

**véranda** n. f. auvent, balcon, bungalow, jardin d'hiver, varangue, verrière

**verbal, e** de bouche à oreille, non écrit, oral, parlé ◆ fam. : téléphone arabe

**verbalisme** n. m. → **bavardage**

**verbe** n. m. → **parole**

**verbeux, euse** → **diffus**

**verbiage** n. m. 1 → **bavardage** 2 → **faconde**

**verbosité** n. f. → **faconde**

**verdâtre** et **verdelet, te** → **vert**

**verdeur** n. f. 1 → **jeunesse** 2 → **rudesse**

**verdict** n. m. → **jugement**

**verdir** 1 verdoyer 2 v. tr. : colorer / peindre en vert

**verdoyant, e** gazonné → **vert**

**verdunisation** n. f. désinfection, épuration, javellisation, traitement des eaux

**verdure** n. f. 1 au pr. : boulingrin, feuillage, feuille, frondaison, gazon, herbage, herbe, parterre, pâturage, pâture, plate-bande, prairie, pré 2 par ext. : tapisserie

**véreux, euse** → **malhonnête**

**verge** n. f. 1 → **baguette** 2 → **sexe**

**vergé** n. m. → **papier**

**verger** n. m. jardin, ouche, plantation

**vergeté, e** → **marqueté**

**vergetures** n. f. pl. stries, vibices

**vergogne** n. f. → **honte**

**vergue** n. f. → **mât**

**véridicité** n. f. → **vérité**

**véridique** → **vrai**

**véridiquement** → **vraiment**

**vérificateur, trice** n. m. ou f. → **inspecteur**

**vérifiable** → **contrôlable**

**vérification** n. f. 1 analyse, apurement, audit, censure, collation, collationnement, confirmation, confrontation, contre-appel, contre-enquête, contre-épreuve, contrôle, contre-expertise, contre-visite, dénombrement, épreuve, examen, expertise, filtrage, inspection, pointage, recensement, recension, récolement, reconnaissance, recoupement, révision, revue, surveillance 2 calibrage, contre-essai, essai, étalonnage ou étalonnement, expérimentation, test

**vérifier** 1 **a** analyser, apurer, censurer, collationner, comparer, confronter, constater, contre-tirer (techn.), contrôler, dénombrer, éprouver, examiner, expertiser, faire le bilan / le point, filtrer, inspecter, instrumenter (jurid.), juger, justifier, prouver, récoler, référencer, repasser, revoir, s'assurer / se rendre compte de, superviser, tamiser, tester, visionner, voir ◆ vx : avérer **b** calibrer, essayer, étalonner, expérimenter, tester 2 v. pron. : s'avérer, se confirmer

**véritable** → **vrai**

**véritablement** → **vraiment**

**vérité** n. f. 1 de quelque chose ou de quelqu'un : authenticité, certitude, droiture, évidence, exactitude, fidélité, franchise, justesse, lucidité, lumière, loyauté, nature, naturel, netteté, objectivité, réalité, sincérité, valeur, véracité, véridicité, vraisemblance 2 scient. : axiome, postulat, principe, science, théorème 3 relig. : conviction, croyance, dogme, doxologie, Évangile, foi, mystère, oracle, orthodoxie, parole, prophétie, révélation, sagesse 4 non fav. : lapalissade, sophisme, truisme

**vermeil, le** → **rouge**

**vermet** n. m. → **gastéropode**

**vermiculaire** vermiforme

**vermiculé, e** → **strié**

**vermifuge** n. m. anthelminthique

**vermiller** et **vermillonner** vén. → **manger**

**vermillon** nom et adj. → **rouge**

**vermine** n. f. 1 au pr. : parasites, pouillerie, poux, puces, pucier, punaises, saleté, sanie 2 par ext. **a** canaille, gueuserie, populace, racaille, vérole **b** → **vaurien**

**vermineux, euse** 1 pouilleux 2 → **misérable**

**vermoulu, e** 1 mangé / piqué / rongé des / par les vers 2 fig. **a** cassant, fragile, friable, pourri, vétuste **b** → **fatigué**

**vernaculaire** → **indigène**

**vernir** cirer, enduire de vernis, faire briller / luire / reluire, glacer, laquer, lisser, lustrer, peindre, protéger, retaper (péj.), vernisser

**vernis** n. m. 1 au pr. : enduit, laque, peinture laquée 2 fig. **a** non fav. : apparence, brillant, croûte, dehors, écorce, teinture **b** fav. : éclat, éducation, manières, lustre, splendeur

**vernissage** n. m. inauguration, ouverture, présentation

**vernissé, e** → **lustré**

**vernisser** → **vernir**

**vérole** n. f. 1 mal français / napolitain, syphilis 2 arg. : chtouille, plomb, poivre, sifflote, syndicat (être du), zinc 3 petite vérole → **variole** 4 par ext. → **vermine**

**verrat** n. m. cochon, goret, porc mâle, pourceau, reproducteur

**verre** n. m. 1 carreau, cristal, crown-glass, fougère (vx et poét.) 2 → **gobelet** 3 fam. **a** ballon, bock, cheminée, demi, galopin, gode, godet, guinde, vase **b** bocal, canon, drink, glass, godet, misérable (vx), pot, tasse, tournée

**verroterie** n. f. clinquant, pacotille

**verrière** n. f. → **vitrail**

**verrou** n. m. → **loquet**

**verrouiller** 1 → **fermer** 2 → **enfermer**

**verrue** n. f. papillome, poireau (fam.)

**vers** n. m. 1 mètre, poésie, rimes, rythme, strophe, verset 2 alcaïque, alexandrin, asclépiade, décasyllabe, heptamètre, hexamètre, iambique, octosyllabe, pentamètre, pindarique, tétramètre, trimètre → **pied**

**vers** prép. dans la / en direction de, sur

**versant** n. m. côte, déclin, déclivité, penchant → **pente**

**versatile** capricant, capricieux, changeant, divers, fantaisiste, incertain, inconsistant, indécis, inégal, instable, irrégulier, irrésolu, labile, lunatique, vacillant, volage → **quinteux**

**versatilité** n. f. → **instabilité**

**versement** n. m. → **paiement**

**verser** 1 au pr. : déverser, entonner, épancher, épandre, instiller, mettre, transvaser, transvider, vider 2 par ext. **a** arroser, couler **b** donner, servir **c** infuser, transfuser **d** renverser, répandre 3 fig. **a** → **payer b** → **culbuter**

**verset** n. m. antienne, couplet, paragraphe, refrain, répons, sourate, strophe → **poème**

**versicolore** → **bigarré**

**versificateur** n. m. → **poète**

**versification** n. f. métrique, prosodie, technique poétique → **pied**

**versifier** rimailler (péj.), rimer

**version** n. f. 1 → **traduction** 2 → **relation**

**verso** n. m. → **revers**

**vert, e** 1 au pr. : amande, bouteille, bronze, céladon, émeraude, érugineux, gazon, glauque, jade, olive, pers, pomme, prairie, sinople, smaragdin, tilleul, verdâtre, verdelet, verdoyant 2 par ext. **a** → **valide b** → **aigre c** → **pâle d** → **rude**

**vertèbre** n. f. atlas, axis, cervicale, coccyx, dorsale, lombaire, sacrée, sacrum, thoracique

**vertical, e** → **perpendiculaire**

**verticalement** d'aplomb, debout, droit

**vertige** n. m. 1 au pr. **a** déséquilibre, éblouissement, étourdissement, fumées, vapes (fam.) **b** vét. : tournis, vertigo **c** vx : entêtement, vapeurs 2 fig. : caprice, égarement, emballement, enivrement, folie, frisson, fumée, griserie, ivresse, trouble

**vertigineux, euse** → **démesuré**

**vertigo** n. m. 1 → **vertige** 2 → **caprice**

**vertu** n. f. 1 → **sainteté** 2 → **probité** 3 → **décence** 4 → **prudence** 5 → **qualité** 6 loc. **en vertu de** en conséquence de

**vertueux, euse** 1 → **saint** 2 → **probe** 3 → **prudent** 4 → **chaste**

**vertugadin** n. m. 1 → **gazon** 2 → **panier**

**verve** n. f. 1 → **éloquence** 2 → **inspiration**

**vésanie** n. f. → **folie**

**vesce** n. f. → **lentille**

**vésicatoire** n. et adj. → **révulsif**

**vésicule** n. f. 1 → **bouton** 2 → **pustule** 3 sac, saccule

**vésiculeux, euse** sacculiforme, vésiculaire

**vespa** n. f. → **cyclomoteur**

**vespasienne** n. f. → **urinoir**

**vesse** n. f. → **vent**

**veste** n. f. 1 au pr. : anorak, blazer, blouson, boléro, caban, canadienne, cardigan, jaquette, saharienne, touloupe, vareuse, veston ◆ milit. :

battle-dress, dolman, tunique 2 vx : a civil : carmagnole, casaque, casaquin, justaucorps, pet-en-l'air, pourpoint, rase / trousse-pet, sayon, souquenille b milit. : bourgeron, hoqueton, soubreveste c fam. ou arg. : alpague, moumoute 3 fig. → **insuccès**

**vestibule** n. m. antichambre, entrée, galerie, hall, narthex, porche, propylée

**vestige** n. m. apparence, débris, décombres, marque, reste, ruine, trace

**vêtement** n. m. 1 neutre : affaires, ajustement, atours, complet, costume, dessous, effets, ensemble, équipage, équipement, garde-robe, habillement, habit, livrée, mise, parure, robe, sous-vêtement, survêtement, tailleur, tenue, toilette, trousseau, uniforme, vêture → **blouse, chaussure, coiffure, culotte, gant, manteau, robe, sous-vêtement, veste** 2 non fav. : accoutrement, affublement, alpague, cache-misère, costard, décrochez-moi-ça, défroque, déguisement, fringues, friperie, frusques, guenille, haillon, hardes, harnachement, harnais, nippes, pelure, saint-frusquin, sape(s), souquenille 3 par ext. → **enveloppe**

**vétéran** nom et adj. 1 → **ancien** 2 → **soldat**

**vétérinaire** n. m. ou f. hippiatre (équit.)

**vétille** n. f. → **bagatelle**

**vétilleux, euse** agaçant, chicaneur, discordant, formaliste, maniaque, mesquin, méticuleux, minutieux, pointilleux, puéril, regardant, tatillon, vétillard

**vêtir** 1 neutre : costumer, couvrir, endosser, enfiler, mettre, prendre, revêtir → **habiller** 2 non fav. : accoutrer, affubler, caparaçonner, déguiser, fagoter, ficeler, fringuer, harnacher, nipper

**véto** n. m. → **opposition**

**vêtu, e** fam. : engoncé, enharnaché

**vétuste** → **vieux**

**vétusté** n. f. → **vieillesse**

**veule** 1 → **lâche** 2 → **mou**

**veulerie** n. f. 1 → **lâcheté** 2 → **mollesse**

**veuvage** n. m. solitude, viduité

**veuve** n. f. 1 au pr. : douairière (péj.) 2 fig. → **guillotine**

**vexation** n. f. → **avanie**

**vexatoire** → **honteux**

**vexer** 1 → **tourmenter** 2 → **aigrir** 3 → **contrarier** 4 v. pron. → **offenser (s')**

**viabilité** n. f. 1 accès, praticabilité 2 → **probabilité**

**viable** → **vivant**

**viaduc** n. m. → **pont**

**viande** n. f. → **chair**

**viatique** n. m. 1 → **provision** 2 par ext. a extrême-onction, sacrement des malades / mourants, derniers sacrements b secours, soutien

**vibrant, e** 1 → **ardent** 2 → **sonore**

**vibration** n. f. 1 → **oscillation** 2 → **tremblement**

**vibrer** 1 → **trembler** 2 → **enflammer (s')**

**vicaire** n. m. → **prêtre**

**vice** n. m. 1 a → **imperfection** b → **mal** c → **sadisme** 2 au pl. arg. : cochonceté, friandise, gâterie, horreurs, passion, trucs

**vice versa** inversement, réciproquement

**viciation** n. f. → **altération**

**vicier** → **altérer**

**vicieux, euse** 1 au pr. a corrompu, débauché, débordé (vx), dénaturé, dépravé, dissolu, immoral, mauvais, obscène, pervers, perverti, sadique, taré b arg. ou fam. : tordu, vachard, vicelard 2 par ext. a → **indocile** b → **imparfait**

**vicissitude** n. f. 1 → **variation** 2 → **difficulté**

**victime** n. f. 1 bouc émissaire, hostie, jouet, martyr, plastron, proie, souffre-douleur, tête de Turc 2 accidenté, blessé, sinistré, tué

**victoire** n. f. → **succès**

**victorieux, euse** → **vainqueur**

**victuailles** n. f. pl. 1 → **provision** 2 → **subsistance**

**vidange** n. f. 1 eaux-vannes 2 → **écoulement** 3 → **nettoiement**

**vidanger** → **vider**

**vidangeur** n. m. fam. : maître des basses œuvres

**vide** n. m. 1 cosmos, espace, vacuum 2 néant, vacuité 3 → **excavation** 4 → **trou** 5 blanc, espace, interruption, lacune, manque 6 fig. → **vanité**

**vide** 1 adj. a d'un contenant privé de son contenu : abandonné, débarrassé, dégarni, démuni, désempli, lège (mar.), à sec b d'un lieu sans occupants, sans vie : abiotique, aride, dénudé, dépeuplé, dépouillé, dépourvu, désert, déserté, désertique, improductif, inculte, inexploité, inhabité, inoccupé, libre, net, nu, sec, stérile, vacant, vague (terrain) c → **creux** d fig. : bête, bouffi, boursouflé, creux, enflé, futile, insignifiant, insipide, inutile, léger, morne, nul, pauvre, plat, prétentieux, vague, vain

**videoclip** n. m. audiov. off. : bande vidéo promotionnelle

**vider** 1 au pr. : assécher, dégorger, désemplir, désopiler (méd.), dessécher, enlever, évacuer, excréter, nettoyer, tarir, transvaser, transvider, vidanger 2 par ext. : abandonner, débarrasser, décharger, déménager, dépeupler, évacuer, laisser la place, partir 3 fig. a → **congédier** b → **fatiguer** c → **finir**

**viduité** n. f. abandon, solitude, veuvage

**vie** n. f. 1 au pr. : destin, destinée, être, existence, jours, peau (fam.), sort, temps 2 par ext. a → **activité** b → **vivacité** c → **histoire** 3 fig. → **discussion** 4 loc. **en vie** → **vivant**

**vieillard** n. m. 1 neutre : ancien, grand-père, homme âgé, patriarche, vieil homme, vieilles gens, vieux, vieux monsieur 2 non fav. : baderne, barbon, birbe, cacochyme, croulant, débris, fossile, ganache, géronte, grime, grison, has been, monument historique, peinard, pépé, vieille barbe, vioque

**vieille** n. f. 1 neutre : ancienne, femme âgée / d'âge canonique, grand-mère, veuve, vieille dame / femme 2 non fav. : bonne femme, douairière, rombière → **vieillard**

**vieillerie** n. f. 1 au pl. : bric-à-brac → **brocante** 2 → **poncif** 3 → **vieillesse**

**vieillesse** n. f. 1 de quelqu'un. a neutre : abaissement, affaiblissement, troisième âge, vieillissement b non fav. : caducité, décadence, décrépitude, gérontisme, sclérose, sénescence, sénilisme, sénilité, vieillerie 2 de quelque chose : abandon, ancienneté, antiquité, décrépitude, désuétude, inadéquation, obsolescence, vétusté

**vieillir** 1 v. intr. : dater, être démodé, n'être plus dans la course (fam.), passer de mode ♦ fam. : clignoter, crouler, dégommer, s'en retourner, n'être plus coté à l'argus / dans la course, prendre du bouchon / du carat / du flacon, sucrer les fraises 2 v. tr. a désavantager b patiner

**vieillissement** n. m. 1 culottage, mûrissage, mûrissement, patine, repos, rodage 2 → **vieillesse**

**vieillot, te** 1 → **vieux** 2 → **âgé**

**vierge** nom et adj. 1 n. f. a au pr. : jeune fille, pucelle, rosière, vestale b bonne dame / mère, immaculée conception, madone, marie, mère de Dieu, Notre-Dame, pietà c iron. : enfant de Marie, oie blanche 2 adj. a puceau, pucelle b par ext. : brut, innocent, intact, inviolé, neuf, nouveau, sans tache → **pur**

**vieux** n. m. pl. 1 → **vieillard** 2 → **vieille**

**vieux, vieille** adj. 1 neutre → **âgé, ancien** 2 par ext. non fav. : amorti, antédiluvien, antique, archaïque, arriéré, caduc, décrépit, démodé, dépassé, désuet, fatigué, gothique, hors service, moyenâgeux, obsolescent, obsolète, révolu, rococo, sénescent, sénile, suranné, usagé, usé, vétuste, vieillot 3 arg. ou fam. : croulant, has been, plus coté (à l'argus), vermoulu

**vif, vive** 1 au pr. quelqu'un. a fav. : actif, agile, alerte, allègre, animé, ardent, brillant, chaleureux, dégagé, déluré, dispos, éveillé, fin, fougueux, frétillant, fringant, gaillard, guilleret, ingambe, intelligent, léger, leste, mobile, ouvert, pétillant, pétulant, primesautier, prompt, rapide, sémillant, spirituel, subtil, verveux, vivant ♦ vx : accort b non fav. : aigre, amer, brusque, emporté, excessif, impulsif, injurieux, irritant, mordant, nerveux, violent c mus. : allegretto, allegro, forte, fortissimo, presto, rondo, scherzo, vivace 2 par ext. a quelque chose : acide, aigre, aigu, âpre, criard, cru, cuisant, douloureux, exaspéré, excessif, expéditif, frais, froid, intense, pénétrant, perçant, piquant, vivace b le style : animé, brillant, coloré, délié, éclatant, nerveux, pressé, sensible

**vif-argent** n. m. → **mercure**

**vigilance** n. f. → **attention**

**vigilant, e** → **attentif**

**vigile** n. m. → **veilleur**

**vigile** n. f. relig. veille

**vigne** n. f. 1 cep, lambrusque, pampre, treille, vigneau → **raisin** 2 château (bordelais), clos, hautin, terroir, vignoble

**vigneau** n. m. 1 → **vigne** 2 bigorneau, littorine

**vigneron, ne** n. m. ou f. vendangeur, viticulteur

**vignette** n. f. → **image**

**vignoble** n. m. → **vigne**

**vigoureux, euse** → **fort**

**vigueur** n. f. → **force**

**vil, vile** abject, affreux, avili, banal, bas, commun, corrompu, crasseux, dépravé, déprécié, dernier, grossier, ignoble, immoral, impur, inculte, indigne, infâme, innommable, insignifiant, lâche, laid, méchant, méprisable, méprisé, mesquin, misérable, monstrueux, ordinaire, plat, rampant, ravalé, repoussant, rustre, sale, servile, vilain, vulgaire

**vilain** n. m. → **paysan**

**vilain, e** 1 → **méchant** 2 → **laid** 3 → **avare**

**vilebrequin** n. m. → **perceuse**

**vilenie** n. f. 1 → **bassesse** 2 → **méchanceté** 3 → **injure**

**vilipender** abaisser, attaquer, avilir, bafouer, berner, conspuer, crier haro sur, critiquer, déconsidérer, décrier, dénigrer, déprécier, déshonorer, détracter, diffamer, dire pis que pendre, discréditer, disqualifier, flétrir, honnir, huer, injurier, insulter, mépriser, mettre plus bas que terre, rabaisser, ravaler, salir, siffler, souiller, traîner dans la boue / dans la fange, vitupérer, vouer / traîner aux gémonies ♦ vx : tympaniser

**villa** n. f. bungalow, cabanon, chalet, chartreuse, cottage, datcha, folie, pavillon

**village** n. m. 1 agglomération, bourg, bourgade, cité, commune, écart, endroit, hameau, localité, mechta, paroisse, pâté de maisons, patelin (fam.), petite ville 2 vx : feux 3 péj. : bled, trou

**villageois, villageoise** n. m. ou f. → **paysan**

**ville** n. f. 1 → **agglomération** 2 → **village**

**villégiature** n. f. → **séjour**

**villeux, euse** → **poilu**

**villosité** n. f. → **pilosité**

**vin** n. m. 1 au pr. : cru, production, produit 2 fam. et péj. : abondance, aramon, bibine, bromure, brouille-ménage, brutal, campêche, carburant, coaltar, coquin, criquet, décapant, gros-cul, gros-qui-tache, macadam, mazout, piccolo, picrate, pif, pinard, piquette, pive, pousse-au-crime, reginglard, roteuse, rouquin, tisane, tortu, tutu, vinasse 3 par ext. : bilboquet, chopine, kil, litre, litron, quille 4 a qualités du vin → **agréable** b défauts du vin → **désagréable**

**vindicatif, ive** → **rancunier**

**vindicte** n. f. → **vengeance**

**vinicole** œnologique, viticole

**viol** n. m. → **violence**

**violateur, trice** contrevenant, profanateur, violeur (vx)

**violation** n. f. atteinte, contravention, dérogation, désobéissance, entorse, infraction, inexécution, inobservance, inobservation, manquement, outrage, profanation, transgression

**viole** n. f. → **violon**

**violence** n. f. 1 au pr. : agressivité, animosité, ardeur, brusquerie, chaleur, colère, cruauté, démence, démesure, dureté, effort, emportement, énergie, exacerbation, fougue, frénésie, fureur, furie, impétuosité, impulsivité, intensité, irascibilité, puissance, rage, rudesse, véhémence, virulence, vivacité 2 par ext., des actes de violence a agitation, débridement, déchaînement, émeute, explosion, implosion, pogrom, révolte, révolution b agression, attentat, brutalité, contrainte, coups et blessures, excès, mal, querelle, sévices c défloraison, défloration, forcement (vx), profanation, stupre, viol

**violent, e** 1 au pr. : agité, agressif, âpre, ardent, brusque, brutal, bruyant, cassant, coléreux, concentré, cruel, déchaîné, dément, démesuré, dur, emporté, énergique, enragé, exacerbé, excessif, extrême, farouche, fort, fougueux, frénétique, furieux, impétueux, impulsif, injurieux, irascible, puissant, rude, sanguinaire, tempétueux, terrible, tranchant, véhément, vif, vigoureux, virulent ♦ vx : truculent, vert 2 par ext. a convulsif, délirant, fébrile **b** fulgurant, épouvantable, terrible **c** aigu, carabiné, cruel, cuisant, douloureux, intense, poignant, vivace

**violenter** → **obliger**

**violer** 1 une règle : braver, contrevenir / déroger à, désobéir, enfreindre, fausser, manquer à, mépriser, passer par-dessus, tourner, trahir, transgresser, vicier 2 quelqu'un, une réputation : blesser, compromettre, déflorer, forcer, outrager, polluer, porter atteinte à, profaner, prostituer, souiller, violenter 3 loc. **a violer sa foi / sa parole :** se parjurer **b violer un secret :** trahir, vendre

**violet, te** 1 améthyste, aubergine, balais, lie-de-vin, lilas, mauve, parme, pensée, pourpre, prune, violacé, violine, zinzolin 2 **bois de violette :** palissandre

**violeur** n. m. arg. : pointeur, quéquette

**violon** n. m. 1 au pr. : amati, stradivarius ◆ vx : basse de viole, pochette, rebab, rebec, viole ◆ fam. et péj. : crincrin, zinzin 2 par anal. : alto, basse, contrebasse, violoncelle 3 → **violoniste** 4 → **prison**

**violoneux** n. m. ménétrier

**violoniste** n. m. ou f. musicien, premier / second violon, soliste, virtuose ◆ vx : ménestrel, ménétrier, violoneux ◆ fam. et péj. : gratteur

**viorne** n. f. clématite, boule-de-neige, laurier-tin, obier

**vipère** n. f. 1 au pr. : aspic, céraste, guivre, ophidien, péliade, serpent, vipereau, vouivre → **reptile** 2 fig. → **méchant**

**vipérin, e** 1 → **malveillant** 2 → **méchant**

**virage** n. m. coude, courbe, épingle à cheveux, lacet, tournant, tourne

**virago** n. f. carne, charogne, dame de la halle, dragon, forte-en-gueule, gendarme, grenadier, grognasse, harpie, largue, maritorne, poison, poissarde, pouffiasse, rombière, roulure, tricoteuse (vx) → **mégère**

**virée** n. f. 1 → **promenade** 2 → **voyage**

**virement** n. m. transfert → **paiement**

**virer** → **tourner**

**virevolte** n. f. → **changement**

**virevolter** → **tourner**

**virginal, e** → **pur**

**virginité** n. f. 1 au pr. : hymen, pucelage 2 arg. : capsule, cuti, fleur (de mari / de Marie), petit capital, ruban 3 par ext. : blancheur, candeur, chasteté, innocence, intégrité, pureté, vertu

**viril, e** 1 → **mâle** 2 → **sexe**

**viriliser** masculiniser → **exercer**

**virilité** n. f. masculinité → **force**

**virtualité** n. f. → **possibilité**

**virtuel, le** → **possible**

**virtuose** n. m. ou f. aigle, as (fam.), maestro, maître, musicien, soliste

**virtuosité** n. f. → **habileté**

**virulence** n. f. 1 contagiosité 2 → **violence**

**virulent, e** → **violent**

**virus** n. m. 1 germe pathogène, microbe intracellulaire → **microbe** 2 → **poison**

**visa** n. m. approbation, attestation, autorisation, licence, passeport, sceau, validation

**visage** n. m. 1 au pr. **a** face, faciès, figure, frimousse, masque, minois, tête, traits, vis (vx) **b** fam. : balle, bille, binette, blase, bobine, bobinette, bougie, bouille, burette, cadre, caillou, cerise, cliché, fiole, fraise, frime, frite, gargamelle, gaufre, gueule, hure, margoulette, mufle, museau, musette, nase, nez, patate, pipe, poire, pomme, portrait, prime, tirelire, tournant, tourniquet, tranche, trogne, trognon, trombine, trompette, tronche, vasistas, vitrine → **tête** **c** effigie, mascaron, masque 2 par ext. **a** air, apparence, aspect, attitude, contenance, expression, maintien, mine, physionomie **b** caractère, personnage, personnalité, type 3 fig. : configuration, conformation, couleur, dehors, disposition, extérieur, forme, tournure

**visagiste** n. m. ou f. esthéticien(ne)

**vis-à-vis** 1 adv. et loc. prép. : à l'opposite, en face, en regard, face à face, nez à nez 2 n. m. **a** quelqu'un : voisin d'en face **b** face-à-face, tête-à-tête

**viscéral, e** → **inné**

**viscéralement** à fond, complètement, fanatiquement, foncièrement, fondamentalement, inconsciemment, intimement, naturellement, profondément

**viscère** n. m. 1 de l'homme : boyaux, entrailles, intestin, tripes (fam.) 2 des animaux : fraise, fressure, gras-double, tripes

**viscosité** n. f. → **épaisseur**

**visée** n. f. → **but**

**viser** 1 au pr. : ajuster, bornoyer, braquer (arg.), coucher / mettre en joue, mirer, pointer, regarder 2 par ext. **a** aviser, lorgner, regarder **b** concerner 3 fig. : ambitionner, butter (vx), chercher, désirer, poursuivre, prétendre à, rechercher, tâcher à, tendre à, vouloir 4 → **examiner** 5 apostiller, authentifier, valider

**visibilité** n. f. → **clarté**

**visible** 1 au pr. : apparent, distinct, manifeste, net, observable, ostensible, perceptible, percevable, voyant 2 fig. : clair, évident, facile, flagrant, manifeste, ostensible, ouvert

**visière** n. f. garde-vue

**vision** n. f. 1 au pr. → **vue** 2 → **apparition** 3 berlue, chimère, fantasme, hallucination, hantise, idée, illusion, image, intuition, mirage, obsession, pressentiment, représentation, rêve, rêverie → **imagination**

**visionnaire** nom et adj. 1 → **voyant** 2 fav. : génie, phare, prophète 3 non fav. : allumé, chimérique, déraisonnable, extravagant, halluciné, illuminé, imaginatif, obsédé, rêveur, songe-creux, utopiste

**visite** n. f. 1 au pr. **a** on visite quelqu'un : audience, démarche, entrevue, réception, rencontre, tête-à-tête, visitation (vx) **b** on visite quelque chose : contrôle, examen, expertise, fouille, inspection, ronde, tournée **c** un pays : excursion, tour, tournée, voyage **d** de police : descente, perquisition, transport **e** un bateau : arraisonnement 2 par ext. **a** → **consultation** **b** → **visiteur**

**visiter** 1 → **examiner** 2 → **fréquenter** 3 → **voir** 4 → **voyager**

**visiteur, euse** n. m. ou f. 1 contrôleur, enquêteur, examinateur, explorateur, inspecteur, réceptionnaire → **vendeur** 2 hôte, visite 3 amateur, curiste, estivant, excursionniste, promeneur, spectateur, touriste, vacancier, voyageur

**vison** n. m. → **fourrure**

**visqueux, euse** 1 au pr. : adhérent, collant, compact, épais, gluant, glutineux, gommeux, graisseux, gras, huileux, oléiforme, poisseux, sirupeux, tenace 2 par ext. : chassieux, glaireux 3 fig. → **abject**

**visser** 1 au pr. : assujettir, attacher, fixer, immobiliser, joindre, river, sceller, serrer 2 fig. : serrer la vis, tenir / traiter sévèrement

**vital, e** → **principal**

**vitalisme** n. m. → **animisme**

**vitalité** n. f. → **vivacité**

**vite** 1 adj. **a** → **rapide** **b** → **dispos** 2 adv. : à la galope, à tire d'aile, à toute vitesse, à la volée, au galop, au pied levé, au trot, bientôt, brusquement, comme l'éclair, dare-dare, en hâte, en un clin d'œil / un tour de main / un tournemain, hâtivement, lestement, précipitamment, prestement, presto, prestissimo, promptement, raide, rapidement, rondement, subito, tôt, vivement → **soudain** ◆ mus. : allegretto, allegro, forte, fortissimo, presto, rondo, scherzo, vivace ◆ arg. ou fam. : à fond la caisse / la gamelle / les manettes, à fond de train, à la hussarde, à tombeau ouvert, à tout berzingue, à toute blinde / toute pompe, en cinq sec, en moins de deux, et que ça saute, ficelle, fissa, illico, le tonnerre, plein pot, rapidos, vinaigre 3 loc. **a à la va-vite :** à la six-quatre-deux / va-comme-je-te-pousse, bâclé, expédié, liquidé, gâché, saboté, sabré, torché **b au plus vite :** à l'instant, immédiatement, tout de suite

**vitesse** n. f. agilité, célérité, diligence, hâte, précipitation, presse, prestesse, promptitude, rapidité, vélocité, vivacité

**viticole** œnologique, vinicole

**viticulteur** n. m. vigneron

**vitrail** n. m. châssis, gemmail (par ext.), panneau, rosace, rose, verrière

**vitre** n. f. 1 au pr. : carreau, glace, verre 2 par ext. **a** → **fenêtre** **b** pare-brise **c** devanture, étalage, montre, vitrine

**vitreux, euse** blafard, blême, cadavérique, décoloré, éteint, livide, pâle, terne, terreux, voilé

**vitrine** n. f. → **étalage**

**vitupération** n. f. → **réprobation**

**vitupérer** 1 v. tr. → **blâmer** 2 v. intr. : déblatérer, s'indigner

**vivable** → **supportable**

**vivace** 1 → **rustique** 2 → **vivant**

**vivacité** n. f. 1 → **vitesse** 2 accent (québ.), activité, agilité, alacrité, allant, allégresse, animation, ardeur, brio, chaleur, éclat, entrain, force, gaieté, joie de vivre, légèreté, mordant, pétulance, rudesse, verdeur, vie, vigueur, violence, vitalité → **intelligence**

**vivant, e** nom et adj. 1 au pr. : animé, en vie, viable, vivace 2 par ext. : actif, animé, bien allant, debout, énergique, existant, force de la nature, fort, ranimé, remuant, résistant, ressuscité, sain et sauf, sauvé, survivant, tenace, trempé, valide, vif, vigoureux 3 **bon vivant :** bonne descente / fourchette, boute-en-train, farceur, joyeux luron, joyeux compagnon / drille

**vivarium** n. m. → **zoo**

**vivat** n. m. → **acclamation**

**vivement** ardemment, beaucoup, fortement, intensément, profondément → **vite**

**viveur** n. m. → **débauché**

**vivier** n. m. 1 alevinier ou alevinière, anguillère, aquarium, réserve → **bassin** 2 par ext. : claire, clayère, parc à huîtres

**vivifiant, e** 1 au pr. : aiguillonnant, cordial, excitant, fortifiant, généreux, nourrissant, ranimant, ravigotant (fam.), réconfortant, reconstituant, remontant, revigorant, roboratif, stimulant, tonique, vivificateur 2 par ext. : doux, frais, léger 3 fig. : encourageant, exaltant

**vivifier** activer, agir sur, aiguillonner, animer, créer, donner le souffle, donner / insuffler l'âme / la vie, encourager, exciter, faire aller, fortifier, imprégner, inspirer, nourrir, ranimer, réconforter, tonifier

**vivoter** aller doucement / son petit bonhomme de chemin / son petit train, subsister, végéter

**vivre** 1 v. intr. **a** neutre : être animé / au monde, exister, durer, respirer **b** péj. : croupir, s'endormir, se laisser aller, pourrir, végéter **c** → **habiter** **d** se conduire → **agir** **e** se consacrer à, se dévouer, se donner à **f** consommer, se nourrir de 2 v. tr. **a** éprouver, expérimenter, faire l'épreuve / l'expérience de **b** loc. **vivre des jours heureux :** couler / passer du bon temps, se la couler douce (fam.)

**vivres** n. m. pl. 1 → **provisions** 2 → **subsistance**

**vocable** n. m. → **mot**

**vocabulaire** n. m. 1 → **dictionnaire** 2 par ext. : correction, expression, langage, langue

**vocalise** n. f. entraînement, exercice, roulade, trilles, virtuosité

**vocaliser** → **chanter**

**vocation** n. f. → **disposition**

**vocifération** n. f. → **cri**

**vociférer** v. tr. et intr. → **crier**

**vœu** n. m. 1 → **serment** 2 → **souhait** 3 → **demande**

**vogue** n. f. 1 → **cours** 2 → **mode**

**voguer** 1 → **flotter** 2 → **naviguer**

**voie** n. f. 1 au pr. : allée, artère, autoberge, autoroute, avenue, axe, boulevard, canal, chaussée, chemin, chenal, cours, draille, impasse, laie, layon, levée, passage, pénétrante, piste, promenade, réseau, rocade, route, rue, ruelle, sente, sentier, (voie) tangentielle 2 fig. : brisées, canal, carrière, chemin, conduite, dessein, exemple, ligne, marche, sillage, sillon, trace 3 → **moyen** 4 → **largeur** 5 **a** voie ferrée : ballast, ligne, rails, talus **b** par ext. : chemin de fer, S.N.C.F. → **train**

**voile** n. m. 1 → **rideau** 2 haïk, litham, tchador, tcharchaf → **mantille** 3 → **manteau**

**voile** n. f. mar. : bonnette, brigantine, cacatois, clinfoc, coq-souris, foc, fortune, grand-voile, hunier, misaine, perroquet, perruche, spi, spinnaker, tourmentin, trinquette

**voilé, e** 1 caché, déguisé, dissimulé, invisible, masqué, mystérieux, secret, travesti 2 affaibli, assourdi, atténué, filtré, tamisé, terne → **sourd** 3 obscur → **vitreux**

**voiler** → **cacher**

**voilier** n. m. → **bateau**

**voir** 1 au pr. : apercevoir, aviser, considérer, contempler, découvrir, discerner, distinguer, dominer, embrasser, entrevoir, examiner, observer, percevoir, remarquer, repérer, saisir du regard, surplomber, viser, visionner, → **regarder** ◆ fam : loucher sur, mater, zieuter 2 fig.

[a] se représenter par la pensée : apercevoir, apprécier, comprendre, concevoir, connaître, considérer, constater, découvrir, discerner, distinguer, envisager, se figurer, imaginer, juger, observer, regarder, se représenter, trouver [b] assister à, visiter [c] avoir la vue sur, donner sur, être exposé à, planer sur [d] contrôler, inspecter, inventorier, noter, remarquer, prendre garde à, surprendre, vérifier [e] imaginer, prévoir, représenter [f] écouter, examiner, jauger, réfléchir [3] loc. [a] **faire voir :** apprendre, faire apparaître, découvrir, démonter, démontrer, dévoiler, étaler, exhiber, exposer, faire entrevoir / paraître, montrer, présenter, prouver, révéler [b] **voir le jour** → **naître**

**voire** [1] vrai, vraiment [2] aussi, même

**voirie** n. f. [1] voies publiques [2] entretien, ponts et chaussées [3] champ d'épandage, décharge, dépotoir, immondices, ordures

**voisin, e** nom et adj. → **prochain**

**voisinage** n. m. → **proximité**

**voisiner** → **fréquenter**

**voiture** n. f. [1] génér. : attelage, équipage, moyen de transport, véhicule [2] à cheval. [a] de promenade ou de voyage : berline, berlingot, boghei, break, buggy, cab, cabriolet, calèche, carrosse, chaise, char, coche, coucou, coupé, demi-fortune, derby, désobligeante, diligence, dog-cart, dormeuse, duc, fiacre, landau, litière, mail-coach, malle, milord, omnibus, patache, phaéton, poulailler (vx et péj.), sapin (fam.), sulky, tandem, tapecul, tapissière, téléga, tilbury, tonneau, traîneau, troïka, victoria, vinaigrette, vis-à-vis [b] de travail : banne, bétaillère, camion, carriole, char, chariot, charrette, chasse-marée, corbillard, fardier, guimbarde, haquet, limonière, surtout, tombereau [c] milit. : ambulance, caisson, fourgon, fourragère, prolonge [3] à moteur. [a] au pr. : auto, automobile, autoneige, berline, conduite intérieure, coupé, familiale, limousine, roadster, torpédo [b] utilitaire : ambulance, autopompe, camionnette, commerciale, fourgon, fourgonnette, taxi [c] de gros tonnage : autobus, autocar, benne, bétaillère, camion, car, tracteur [d] fam. : bagnole, bahut, caisse, charrette, chignole, chiotte, clou, ferraille, fumante, guimbarde, guinde, hotte, mannequin, mulet, poubelle, roulante, tacot, tas (de boue / de ferraille / de tôle), taxi, tinette, tire, traîne-cons, traîneau, trottinette, veau [4] à bras. [a] de travail : baladeuse, brouette, charrette à bras, jardinière, pousse-pousse [b] d'enfant : landau, poussette [5] chemin de fer : benne, citerne, fourgon, plateau, wagon [6] de police : car, panier à salade, voiture cellulaire

**voiturer** → **transporter**

**voiturier** n. m. [1] camionneur, ferroutier, routier, transporteur [2] charretier, cocher, roulier [3] fam. : automédon

**voix** n. f. [1] articulation, parole, phonation, son [2] → **bruit** [3] par ext. [a] accord, approbation, assentiment, suffrage, vote [b] d'animaux : aboiement, chant, cri, grondement, hurlement, plainte [c] chant humain : alto, baryton, basse, basse chantante ou basse-taille, castrat, contralto, dessus, haute-contre, mezzo-soprano, sopraniste, soprano, taille (vx), ténor, ténorino [4] fig. [a] appel, avertissement, impulsion, inspiration, manifestation divine / surnaturelle [b] avis, jugement, opinion

**vol** n. m. décollage, envol, essor, lévitation, trajet aérien, volée, volettement

**vol** n. m. [1] abus de confiance, appropriation, brigandage, cambriolage, carambouille, détournement, duperie, effraction, enlèvement, entôlage, escamotage, escroquerie, extorsion de fonds, filouterie, flibuste, fric-frac, friponnerie, grappillage, grivèlerie, hold-up, indélicatesse, kleptomanie, larcin, malversation, maraudage, maraude, pillage, piraterie, racket, rançonnement, rapine, resquille, soustraction, spoliation, stellionat, subtilisation, vol à l'abordage / à l'américaine / à l'arraché / à l'étalage / à la roulotte / à la tire [2] vx : picorée, truanderie, volerie [3] arg. : arnaque, beau, braquage, cambriole, carottage, carotte, casse, cassement, castagne, chourave, dépouille, détourne, emprunt forcé, fauchage, fauche, jetée, tire (à la chicane), turbin

**volage** → **changeant**

**volaille** n. f. [1] canard, cane, canette, caneton, chapon, coq, dinde, dindon, dindonneau, jars, oie, oison, pintade, pintadeau, poule, poulet, poussin, volatile [2] basse-cour

**volailler** n. m. coquetier

**volailleur, euse** aviculteur

**volant** n. m. [1] navigant [2] marge, stock

**volant, e** → **changeant**

**volatil, e** [1] → **léger** [2] → **inflammable**

**volatile** n. m. → **oiseau**

**volatilisation** n. f. → **vaporisation**

**volatiliser (se)** [1] au pr. → **vaporiser (se)** [2] fig. → **disparaître**

**vol-au-vent** n. m. bouchée à la reine, timbale

**volcanique** → **impétueux**

**volée** n. f. [1] envol, essor [2] → **troupe** [3] → **rang** [4] → **décharge** [5] arg. ou fam. : avoine, bastonnade, branlée, brossée, chicorée, correction, danse, déculottée, dégelée, dérouillée, distribution, fessée, fricassée, frottée, java, pâtée, peignée, perlot, pile, plumée, potache, purge, raclée, ramona, ratatouille, rincée, rossée, roulée, rouste, secouée, tabac, tabassage, tannée, tisane, toise, torchée, tournée, trempe, trépignée, tripotée, trique, troussée, valse → **torgnole** [6] loc. **à la volée** → **vite**

**voler** [1] aller en l'air. [a] au pr. : s'élever, s'envoler, flotter, monter, planer, pointer, prendre son envol / essor, tournoyer, voleter, voltiger [b] par ext. → **courir** [c] fig. : s'émanciper [2] prendre à autrui. [a] sens courant : s'approprier, attraper, cambrioler, démunir, déposséder, dépouiller, dérober, détourner, détrousser, dévaliser, dilapider, distraire, s'emparer de, enlever, escamoter, escroquer, estamper, exploiter, extorquer, faire disparaître, filouter, flouer, frustrer, grappiller, griveler, gruger, marauder, piller, piper, prendre, prévariquer, rançonner, rapiner, ravir, rouler, soustraire, soutirer, spolier, subtiliser, tromper [b] vx : agripper, écornifler, estoquer, friper, gripper, picorer, vendre [c] partic. : faire danser / sauter l'anse du panier [d] fam. ou arg. : acheter à la foire d'empoigne, alléger, arranger, asphyxier, barboter, braquer, butiner, camoufler, canarder, carotter, carrer, casser, chaparder, charrier, chauffer, chiper, choper, chouraver, chourer, claquer, cogner, cravater, croquer, décrasser, décrocher, dégringoler, délester, dépiauter, descendre, écorcher, écraser, effacer, effaroucher, embusquer, empaqueter, empaumer, empiler, engourdir, entôler, entuber, envelopper, étouffer, étourdir, étriller, évaporer, fabriquer, faire un casse / main basse, faucher, fricoter, fusiller, grappiller, gratter, griffer, grouper, kidnapper, lever, lourder, marner, peler, pincer, piquer, pirater, rabioter, rafler, ratiboiser, ratisser, rectifier, refaire, repasser, retrousser, rifler, rincer, roustir, saigner, secouer, serrer, soulager, soulever, taxer, tirer, tondre, toucher, travailler, truander, vaguer, voler à l'abordage / à l'américaine / à l'arraché / à l'étalage / à la roulotte / à la tire

**volet** n. m. [1] contrevent, jalousie, persienne [2] déflecteur, extrados, intrados

**voleter** → **voltiger**

**voleur, voleuse** nom et adj. [1] aigrefin, bandit, banqueroutier, barboteur, brigand, briseur, cambrioleur, canaille, carambouilleur, casseur, chapardeur, chenapan, chevalier d'industrie, concussionnaire, coquin, corsaire, coupe-jarret, crapule, détrousseur, escamoteur, escroc, estampeur, falsificateur, filou, flibustier, forban, fraudeur, fripon, fripouille, grappilleur, kleptomane, maître chanteur, malandrin, malfaiteur, maraudeur, monte-en-l'air, pègre, pickpocket, pillard, piqueur, pirate, politicard ou politicien véreux, racketteur, rat / souris d'hôtel, spoliateur, stellionataire, tricheur, tripoteur, truand, vaurien, vide-gousset, voleur à l'étalage / à la roulotte / à la tire → **malhonnête** [2] vx : avale-tout-cru, bonneteur, changeur, coquillard, coupeur de bourse, écorcheur, écornifleur, escogriffe, exacteur, faucheur, larron, ouvrier, pègre, ravageur, ravisseur, tapageur, tire-laine, travailleur, truqueur [3] arg. : affranchi, assureur, batteur, braqueur, carotteur, fourche, marcheur, poisse, roulottier, tireur

**volière** n. f. basse-cour, oisellerie → **cage**

**volige** n. f. → **planche**

**volontaire** [1] fav. [a] → **bénévole** [b] → **conscient** [c] → **voulu** [2] non fav. [a] → **têtu** [b] → **indocile**

**volontairement** à bon escient, à dessein, de propos délibéré, délibérément, librement, exprès, intentionnellement, souverainement, volontiers

**volontariat** n. m. apostolat, bénévolat, dévouement, prosélytisme

**volonté** n. f. [1] au pr. [a] caractère, courage, cran, décision, détermination, énergie, fermeté, force d'âme, initiative, obstination, opiniâtreté, résolution, ressort, ténacité, vouloir [b] ce qu'on veut : désir, dessein, détermination, exigence, intention, résolution, souhait, vœu, volition [c] philos. : libre-arbitre, liberté [d] non fav. : parti pris, velléité [2] loc. [a] **à volonté :** ad libitum, à discrétion, à gogo (fam.), à loisir, à satiété, en-veux-tu-en-voilà [b] **bonne volonté** → **bienveillance** [c] **mauvaise volonté** → **malveillance** [d] **selon votre volonté :** caprice, choix, décret, désir, gré, guise, mode, plaisir, tête

**volontiers** aisément, bénévolement, de bon cœur / gré, de bonne grâce, facilement, gracieusement, habituellement, naturellement, ordinairement, par nature / habitude / tendance

**voltairien, ne** par ext. : anticlérical, athée, caustique, esprit fort, jacobin, libéral, libre penseur, non-conformiste, républicain, sceptique

**volte** n. f. → **tour**

**volte-face** n. m. → **changement**

**volter** → **tourner**

**voltige** n. f. saut → **acrobatie**

**voltiger** aller et venir, flotter, papillonner, voler, voleter

**voltigeur** n. m. → **acrobate**

**volubile** [1] → **tordu** [2] → **bavard**

**volubilis** n. m. → **liseron**

**volubilité** n. f. → **faconde**

**volume** n. m. [1] in-folio / -quarto / -octavo / -douze / -seize / -dix-huit / -vingt-quatre / -trente-deux → **livre** [2] ampleur, calibre, contenance, cubage, cubature, densité, grosseur, mesure → **capacité**

**volumineux, euse** → **gros**

**volupté** n. f. [1] au pr. : délectation, délices, épectase (iron.), jouissance, lasciveté, lascivité, pied (fam.), sybaritisme → **orgasme, plaisir, sensualité** ◆ vx : [2] par ext. : caresse, débauche, érotisme, mollesse

**voluptueux, euse** [1] → **sensuel** [2] → **libertin**

**volute** n. f. arabesque, circonvolution, enroulement, serpentin, spirale, vrille ◆ par ext. : colimaçon, columelle

**vomi** n. m. vomissure → **souillure** arg. : dégueulis, fusée, gerbe

**vomir** [1] au pr. [a] voc. courant : chasser, cracher, dégorger, dégurgiter, évacuer, expulser, régurgiter, rejeter, rendre, restituer [b] vx : regorger, rendre gorge [c] arg. : débagouler, déballer, débecter, dégobiller (tripes et boyaux), dégueuler, gerber [2] par ext. : dire, exécrer, honnir, jeter, lancer, proférer, souffler

**vomissement** n. m. expulsion, mérycisme, régurgitation ◆ de sang : hématémèse, hémoptysie

**vomitif, ive** émétique, vomique, vomitoire

**vorace** affamé, avide, dévorant, glouton, goinfre, goulu, gourmand, inassouvi, insatiable

**voracité** n. f. appétit, avidité, gloutonnerie, goinfrerie, gourmandise, insatiabilité, tachyphagie (méd.)

**vote** n. m. consultation, élection, plébiscite, référendum, scrutin, suffrage, urnes, votation, voix

**voter** v. intr. et tr. → **opiner**

**vouer** [1] au pr. ◆ fav. : appliquer, attacher, consacrer, dédier, destiner, dévouer, donner, offrir, prédestiner, promettre, sacrifier [2] fig. ◆ non fav. : appeler sur, condamner, flétrir, honnir [3] v. pron. → **adonner (s')**

**vouloir** n. m. → **volonté**

**vouloir** [1] ambitionner, arrêter, aspirer à, avoir dans l'idée / en tête / envie / l'intention de, brûler de, chercher, commander, convoiter, décider, demander, désirer, entendre, s'entêter, envier, espérer, exiger, guigner, incliner vers, prétendre à, s'obstiner, s'opiniâtrer, rechercher, réclamer, rêver, souhaiter, soupirer après, tenir à, viser [2] fam. : goder, lorgner / loucher sur, saliver [3] vx : bayer / béer après, pétiller

**voulu, e** arrangé, commandé, délibéré, intentionnel, médité, mûri, ordonné, prémédité, prescrit, réfléchi, requis, volontaire

**voûte** n. f. arc, arcade, arceau, arche, berceau, cerceau, cintre, coupole, cul-de-four, dais, dôme, voussure

**voûté, e** bossu, cintré, convexe, courbe, rond

**voyage** n. m. [1] balade, chevauchée, circuit, croisière, déplacement, excursion, itinéraire, méharée, navigation, odyssée, passage, pérégrination, périple, promenade, randonnée, raid, rallye, route, tour, tourisme, tournée, trajet, transhumance, transport, traversée, va-et-vient, virée (fam.) [2] campagne, exode, expédition, exploration, incursion, pèlerinage

**voyager** aller et venir, se balader, bourlinguer, se déplacer, excursionner, faire un voyage, naviguer, se promener, se transporter, visiter

**voyageur, euse** n. et adj. [1] au pr. : excursionniste, explorateur, globe-trotter, nomade, passager, pèlerin, routard, touriste → **promeneur** [2] par ext. → **étranger** [3] loc. **voyageur de commerce :** ambulant, commis voyageur, courtier, démarcheur, démonstrateur, itinérant, placier, représentant, visiteur, V.R.P

**voyance** n. f. → **divination**

**voyant, e** [1] nom **a** cartomancienne, devin, diseur de bonne aventure, divinateur, extralucide, fakir, magicien **b** halluciné, illuminé, inspiré, prophète, pythonisse, sibylle, vaticinateur, visionnaire [2] adj. : bariolé, coloré, criant, criard, éclatant, évident, indiscret, manifeste, tapageur, tape-à-l'œil

**voyeur** n. m. arg. : mateur, regardeur (vx), serrurier

**voyou** n. m. [1] → **gamin** [2] → **vaurien** [3] → **truand**

**vrac (en)** pêle-mêle, tout-venant

**vrai, e** [1] au pr. quelqu'un ou quelque chose : assuré, authentique, avéré, certain, confirmé, conforme, correct, crédible, démontré, droit, effectif, exact, existant, évident, fiable, fondé, franc, historique, incontestable, juste, logique, loyal, mathématique, net, objectif, orthodoxe, positif, propre, prouvé, pur, réel, sérieux, sincère, strict, sûr, véridique, véritable, vraisemblable [2] par ext. **a** quelque chose → **principal b** quelqu'un → **fidèle**

**vraiment** assurément, authentiquement, certainement, effectivement, en effet, évidemment, exactement, franchement, incontestablement, justement, logiquement, loyalement, mathématiquement, nettement, objectivement, positivement, proprement, réellement, sérieusement, sincèrement, strictement, sûrement, véridiquement, véritablement, en vérité, à vrai dire, vrai ◆ vx : bonnement, droitement, voire

**vraisemblable** apparent, crédible, croyable, plausible → **vrai**

**vraisemblablement** → **peut-être**

**vraisemblance** n. f. apparence, crédibilité, présomption, probabilité → **hypothèse**

**vrille** n. f. [1] attache, cirre, filament [2] par ext. : drille, foret, mèche, percerette, perçoir, queue de cochon, taraud, tarière → **perceuse**

**vrillé, e** → **tordu**

**vriller** [1] → **tordre** [2] → **percer**

**vrombir** bourdonner, ronfler, rugir

**vue** n. f. [1] au pr. **a** action de voir : œil, optique, regard, vision **b** façon de voir : aspect, optique, ouverture, perspective, présentation, vision **c** ce qu'on voit : apparence, apparition, coup d'œil, dessin, étendue, image, ouverture, panorama, paysage, perspective, point de vue, site, spectacle, tableau, vision [2] fig. **a** → **opinion b** → **but**

**vulgaire** n. m. → **peuple**

**vulgaire** adj. [1] banal, bas, béotien, bourgeois, brut, canaille, commun, courant, effronté, épais, faubourien, gouailleur, gros, grossier, insignifiant, matériel, ordinaire, peuple, philistin, poissard, populacier, prosaïque, rebattu, roturier, simple, trivial, vil [2] démotique, populaire

**vulgarisateur, trice** n. m. ou f. diffuseur, propagateur, prosélyte

**vulgarisation** n. f. banalisation, diffusion, émission, propagation

**vulgariser** → **répandre**

**vulgarité** n. f. [1] → **impolitesse** [2] → **obscénité** [3] → **bassesse**

**vulgum pecus** n. m. → **peuple**

**vulnérabilité** n. f. → **faiblesse**

**vulnérable** → **faible**

**vulnéraire** n. m. → **baume**

**vulve** n. f. [1] **a** féminité, intimité, nature, organes de la reproduction / génitaux / sexuels → **sexe b** méd. et vx : parties honteuses / intimes / secrètes **c** partic. : [2] enf. : languette, pipi, pissette, zizi

# W

**wagon** n. m. benne, citerne, fourgon, plateau, plate-forme, tender, tombereau, voiture wagon-citerne / -foudre / -poste / -réservoir / -restaurant / -tombereau / -trémie → **wagon-lit**

**wagon-lit** n. m. pullmann, sleeping-car, voiture-lit, voiture-couchette, wagon-couchette

**wagonnet** n. m. benne, decauville, lorry, tender

**walhalla** n. m. → **ciel**

**walkman** n. m. off. : baladeur

**warrant** n. m. avance, caution, ducroire, gage, garantie, prêt → **dépôt**

**warranter** → **garantir**

**wassingue** n. f. serpillière, toile à laver

**water-closet** n. m. [1] cabinet, chalet de nécessité, commodités, édicule, latrines, lavabo, lieux d'aisance, petit coin / endroit, où le roi va tout seul, quelque part, salle de repos (québ.), sanisettes, sanitaires, sentine (péj.), toilettes, trône, vécés, vespasienne, W.-C. [2] mar. : bouteilles, poulaines [3] vx : chaise, chaise / fauteuil percé(e) [4] arg. : chiches, chiottes, goguenots, gogues, gras, tartisses → **urinoir**

**wattman** n. m. conducteur, machiniste, mécanicien

**week-end** n. m. fin de semaine, semaine anglaise → **vacances**

**wellingtonia** n. m. séquoia

**wharf** n. m. appontement, avant-port, débarcadère, embarcadère, jetée, ponton, quai

**whisky** n. m. baby, bourbon, drink, scotch

**wigwam** n. m. [1] → **cabane** [2] → **case**

**wisigoth** n. m. → **sauvage**

**wolfram** n. m. tungstène

**xénophobe** nom et adj. chauvin, nationaliste, raciste

**xénophobie** n. f. chauvinisme, discrimination / haine / ségrégation raciale, nationalisme, racisme

**xérès** n. m. jerez, manzanilla, sherry

**xérus** n. m. → **écureuil**

**xyste** n. m. galerie / piste couverte, gymnase

**yacht** n. m. → **bateau**

**yachting** n. m. navigation de plaisance

**yankee** nom et adj. américain, étasunien, oncle Sam ◆ arg. : amerlo, amerloc, cow-boy, gringo, ricain, sammy

**yaourt** n. m. yoghourt ◆ par ext. : caillebotte, lait caillé

**yatagan** n. m. → **épée**

**yeuse** n. m. chêne vert

**yéyé** n. m. → **jeune**

**yogi** n. m. ascète, contemplatif, fakir, sage

**yole** n. f. → **bateau**

**yourte** n. f. → **cabane, case**

**youyou** n. m. → **bateau**

# Z

**zèbre** n. m. [1] au pr. : âne sauvage, hémione, onagre [2] fig. : bougre, coco, type → **homme**

**zébrure** n. f. → **raie**

**zélateur, trice** [1] nom : adepte, apôtre, disciple, émule, glorificateur, godillot (fam.), laudateur, panégyriste, propagandiste, partisan, propagateur, prosélyte, séide [2] adj. : élogieux, enthousiaste, fervent

**zèle** n. m. abnégation, activité, apostolat, application, ardeur, assiduité, attachement, attention, bonne volonté, chaleur, civisme, cœur, courage, dévotion, dévouement, diligence, empressement, émulation, enthousiasme, fanatisme, fayotage (fam.), ferveur, feu sacré, fidélité, flamme, foi, intrépidité, militantisme, passion, persévérance, promptitude, prosélytisme, soin, travail, vigilance, vivacité ◆ vx : étude

**zélé, e** actif, appliqué, ardent, assidu, attaché, attentif, chaleureux, civique, coopératif, courageux, dévoué, diligent, empressé, enflammé, enthousiaste, fanatique, fervent, fidèle, intrépide, passionné, persévérant, prompt, soigneux, strict, travailleur, vigilant, vif ◆ fam. : fayot, godillot

**zénith** n. m. fig. → **comble**

**zéphyr, zéphire** n. m. → **vent**

**zeppelin** n. m. → **ballon**

**zéro** n. m. aucun, néant, nullité, rien, vide → **nul**

**zeste** n. m. écorce → **peau**

**zeugme** jonction, réunion, union

**zézaiement** n. m. par ext. : blèsement, blésité, chuintement

**zézayer** bléser, zozoter

**zieuter** → **bigler**

**zig, zigoto** n. m. → **type**

**zigouiller** liquider, faire son affaire à, trucider → **tuer**

**zigzag** n. m. crochet, dents de scie, détour, entrechat, lacet

**zigzaguer** chanceler, faire des zigzags, louvoyer, tituber, tourner, vaciller

**zinc** n. m. [1] → **cabaret** [2] → **avion**

**zinzin** n. m. → **truc**

**zip** n. m. fermeture à coulisse, fermeture Éclair

**zizanie** n. f. [1] au pr. → **ivraie** [2] fig. → **mésintelligence**

**zizi** n. m. enf. → **sexe**

**zodiacal, e** astral, céleste

**zodiaque (signes du)** bélier (21 mars), taureau (21 avril), gémeaux (22 mai), cancer (22 juin), lion (23 juillet), vierge (23 août), balance (23 septembre), scorpion (23 octobre), sagittaire (22 novembre), capricorne (21 décembre), verseau (21 janvier), poissons (21 février)

**zombi** n. m. → **fantôme**

**zone** n. f. aire, arrondissement, bande, ceinture, coin, district, division, endroit, espace, faubourg, lieu, pays, quartier, région, secteur, sphère, subdivision, territoire

**zoo** n. m. animalerie, fauverie, jardin zoologique, insectarium, ménagerie, oisellerie, singerie, terrarium, vivarium

**zoologie** n. f. conchyliologie, entomologie, helminthologie, herpétologie, ichtyologie, malacologie, mammalogie, ornithologie

**zouave** n. m. [1] au pr. : chacal, fantassin / soldat colonial / de ligne [2] fig. → **homme** [3] loc. **a faire le zouave :** faire le bête **b faire le zouave :** faire le malin

**zozo** n. m. [1] → **rustaud** [2] → **type**

**zozoter** bléser, zézayer

# GRAMMAIRE ACTIVE
# LANGUAGE IN USE

Sommaire / Contents



**LA GRAMMAIRE ACTIVE** ROBERT & COLLINS est divisée en 27 chapitres qui présentent plusieurs milliers de structures syntaxiques couvrant l'essentiel des besoins de communication entre francophones et anglophones.

Elle permet de s'exprimer directement dans la langue étrangère au lieu de procéder à la traduction à partir du mot ou de la locution, tels qu'ils figurent dans la partie dictionnaire. L'usager part ici d'un thème de réflexion ou du message qu'il cherche à communiquer et trouve dans le chapitre concerné un vaste éventail de possibilités d'expression dans la langue étrangère. De brèves indications dans sa langue maternelle, dont la fonction n'est pas de traduire mais de servir de points de repère, l'informeront sur le registre (familier ou soutenu) ou la nature (hésitante ou assurée, directe ou indirecte) du message.

Les exemples de la **Grammaire active** ont été tirés d'une très vaste base de données informatisée en langue française et en langue anglaise. Ces exemples ont été sélectionnés dans un grand nombre de sources différentes, allant de la littérature à la correspondance personnelle, en passant par les magazines, les journaux, ainsi que la langue parlée telle qu'on l'entend à la télévision et à la radio. Ils garantissent ainsi l'authenticité absolue des structures grammaticales et des expressions idiomatiques qui sont proposées.

Plusieurs centaines de mots-clés du dictionnaire sont suivis d'un renvoi vers la **Grammaire active.** Ces renvois mentionnent les numéros de chapitres concernés et avertissent l'usager qu'il trouvera dans le recueil d'expressions grammaticales des possibilités d'expression supplémentaires qui complètent l'information contenue dans les articles bilingues.

**THIS "LANGUAGE IN USE"** supplement is divided into 27 topics, providing thousands of structures to facilitate self-expression and communication in French.

Using a key word in the message you wish to convey as a starting point, **Language in Use** shows you other possible ways of expressing the same message and provides you with a repertoire from which to choose the most appropriate formulation for the situation you are dealing with. The core translation which follows each phrase acts as a point of reference rather than as a direct equivalent and we have also provided guidance as to whether a phrase should be used in a familiar or formal context, whether it expresses the message directly or indirectly, or in a tentative or assertive manner.

**Language in Use** has been compiled using our vast linguistic databases of contemporary French and English. The examples have been selected from a wide variety of different sources: fiction and non-fiction, magazines and newspapers, business and personal correspondence, and spoken material gathered from real-life conversations and radio and television programmes. This means you can always be sure that the phrases and grammatical structures you choose are idiomatic and up-to-date.

Several hundred dictionary entries are linked to **Language in Use** by means of cross-references which show the topic number and section in **Language in Use** where that dictionary entry occurs. This linking of the main text with **Language in Use** allows you to navigate directly from a single-concept word in the dictionary to further, more diverse means of expression in context.

## 1 LA SUGGESTION

### 1.1 Pour faire des suggestions

- **You might like to** think it over before giving me your decision
  - **peut-être souhaitez-vous**
- **If you were to** give me the negative, **I could** get copies made
  - si vous ... je **pourrais**
- **You could** help me clear out my office, **if you don't mind**
  - vous **pourriez** ... si cela ne vous ennuie pas
- **We could** stop off in Venice for a day or two, **if you like**
  - nous **pourrions** ... si vous **voulez**
- I've got an idea — **let's organize** a surprise birthday party for Megan !
  - organisons
- **If you've no objection(s), I'll** ask them round for dinner on Sunday
  - si vous n'avez pas d'**objections**, je
- **If I were you, I'd** be very careful
  - si j'étais vous, je
- **If you ask me, you'd better** take some extra cash
  - à mon **avis**, vous feriez bien de
- **If you want my advice, I'd** steer well clear of them
  - à votre **place**, je
- **I'd be very careful not to** commit myself at this stage
  - je ferais très attention à ne pas
- **I would recommend (that) you** discuss it with him before making a decision
  - je vous **recommande** de
- **It could be in your interest to** have a word with the owner first
  - il serait **peut-être** dans votre **intérêt** de
- **There's a lot to be said for** living alone
  - a beaucoup d'**avantages**

**Directement**

- **I suggest that** ou **I'd like to suggest that** you take a long holiday
  - je **suggère** que
- **We propose that** half the fee be paid in advance, and half on completion
  - nous **proposons** que
- **It is quite important that** you develop her sense of fun and adventure
  - il est très **important** que
- I cannot put it too strongly: **you really must** see a doctor
  - il faut absolument que vous

**Moins directement**

- **Say you were to** approach the problem from a different angle
  - et si vous
- In these circumstances, **it might be better to** wait
  - il **vaudrait peut-être** mieux
- **It might be a good thing** ou **a good idea to** warn her about this
  - ce serait **peut-être** une bonne **idée** de
- **Perhaps it might be as well to** look now at the issues
  - il serait **peut-être** bon de
- **Perhaps you should** take up birdwatching
  - vous **devriez peut-être**
- **If I may make a suggestion**, a longer hemline might suit you better
  - si je **peux** me **permettre** une **suggestion**
- **Might I be allowed to offer a little advice?** — talk it over with a solicitor before you go any further
  - **puis**-je me **permettre** de vous donner un conseil ?
- **If I may be permitted to remind you of** one of the golden rules of journalism
  - **puis**-je me **permettre** de vous **rappeler**
- **If I might be permitted to suggest something**, installing bigger windows would make the office much brighter
  - si je **puis** me **permettre** une **suggestion**

**En posant une question**

- **How do you fancy** a holiday in Australia? (familier)
  - ça vous **tente** ...
- I was thinking of inviting her to dinner. **How about it?** (familier)
  - qu'est-ce que vous en **dites** ?
- **What would you say to** a trip up to town next week?
  - que **diriez**-vous de
- **Would you like to** go away on a second honeymoon?
  - **aimeriez**-vous
- **What if** you try ignoring her and see if that stops her complaining?
  - et si
- What you need is a change of scene. **Why not** go on a cruise or to a resort?
  - **pourquoi** ne pas
- **Suppose** ou **Supposing** you left the kids with Joe and came out with me?
  - et si
- **What do you think about** taking calcium supplements?
  - que **pensez**-vous de
- **Have you ever thought of** starting up a magazine of your own?
  - avez-vous déjà **songé** à
- **Would you care to** have lunch with me? (soutenu)
  - **voudriez**-vous

### 1.2 Pour demander des idées

- **What would you do if you were me?**
  - que feriez-vous à ma **place** ?
- **Have you any idea how I should** go about it to get the best results?
  - avez-vous une **idée** sur la façon dont je **devrais**
- I've no idea what to call our pet snake: **have you any suggestions?**
  - avez-vous des **suggestions** ?
- I can only afford to buy one of them: **which do you suggest?**
  - que feriez-vous à ma **place** ?
- **I wonder if you could suggest** where we might go for a few days?
  - je me **demande** si vous pourriez me donner une **idée** :

## 2 LE CONSEIL

### 2.1 Pour demander un conseil

- What would you do **if you were me?**
  - à ma **place**
- Would a pear tree grow in this situation? If not, **what would you recommend?**
  - que **conseillez**-vous
- **Do you think I ought to** tell the truth if he asks me where I've been?
  - pensez-vous que je **devrais**
- **What would you advise me to do** in the circumstances?
  - que me **conseilleriez**-vous de faire
- **Would you advise me to** seek promotion within this firm or apply for another job?
  - à votre **avis**, **dois-je**
- I'd like ou **I'd appreciate your advice on** personal pensions
  - j'aimerais avoir votre **avis** sur
- **I'd be grateful if you could advise me on** how to treat this problem
  - je vous serais **reconnaissant** si vous pouviez me donner votre avis sur

## 2.2 Pour donner un conseil

De manière impersonnelle

- **It might be wise** ou **sensible** ou **a good idea to** consult a specialist
  - il serait peut-être **prudent** de
- **It might be better to** think the whole thing over before making any decisions
  - il **vaudrait** peut-être mieux
- **You'd be as well to** state your position at the outset, so there is no mistake
  - vous feriez bien de
- **You would be well-advised to** invest in a pair of sunglasses if you're going to Morocco
  - vous feriez bien de
- **You'd be ill-advised to** have any dealings with this firm
  - vous auriez **tort** de
- **It would certainly be advisable to** book a table
  - il serait **prudent** de
- **It is in your interest** ou **your best interests to** keep your dog under control if you don't want it to be reported
  - il est dans votre **intérêt** de
- **Do be sure to** read the small print before you sign anything
  - prenez soin de
- **Try to avoid** getting her back up; she'll only make your life a misery
  - essayez d'**éviter** de
- **Whatever you do, don't** drink the local schnapps
  - quoi qu'il arrive, ne ... pas

De manière plus personnelle

- **If you ask me, you'd better** take some extra cash
  - à mon **avis**, vous feriez mieux de
- **If you want my advice, I'd** steer well clear of them
  - à votre **place**, je
- **If you want my opinion, I'd** go by air to save time
  - à votre **place**, je
- **In your shoes** ou **If I were you, I'd** be thinking about moving on
  - à votre **place**, je
- **Take my advice** and don't rush into anything
  - suivez mon **conseil**
- **I'd be very careful not to** commit myself at this stage
  - je ferais très **attention** à ne pas
- **I think you ought to** ou **should** seek professional advice
  - je crois que vous **devriez**
- **My advice would be to** have nothing to do with them
  - je vous **conseillerais** de
- **I would advise you to** pay up promptly before they take you to court
  - je vous **conseille** de
- **I would advise against** calling in the police unless they threaten you
  - je **déconseillerais** de
- **I would strongly advise you to** reconsider this decision
  - je vous **conseille** vivement de
- **I would urge you to** reconsider selling the property
  - je ne saurais trop vous **conseiller** de
- **Might I offer a little advice?** — talk it over with a solicitor before you go any further (soutenu)
  - puis-je me permettre de vous donner un **conseil** ?

## 2.3 Pour lancer un avertissement

- It's really none of my business but **I don't think you should** get involved
  - je ne crois pas que vous **devriez**
- **A word of caution:** watch what you say to him if you want it to remain a secret
  - un petit **conseil** :
- **I should warn you that** he's not an easy customer to deal with
  - je vous **préviens** que
- **Take care not to** burn your fingers
  - faites **attention** à ne pas
- **Make sure that** ou **Mind that** ou **See that you don't** say anything they might find offensive
  - surtout, **évitez** de
- **I'd think twice about** sharing a flat with the likes of him
  - je **réfléchirais** à deux fois avant de
- **It would be sheer madness to** attempt to drive without your glasses
  - ce serait de la folie que de
- **You risk** a long delay in Amsterdam **if** you come back by that route
  - vous **risquez** ... si
- **I am afraid I must refuse**
  - je crains de devoir refuser
- **I cannot possibly comply with** this request
  - je ne peux pas accéder à
- **It is unfortunately impracticable for us** to commit ourselves at this stage
  - il nous est **malheureusement** impossible de
- In view of the proposed timescale, **I must reluctantly decline to** take part
  - je me vois **malheureusement** obligé de refuser de

## 3 PROPOSITIONS

De façon directe

- **I would be delighted to** help out, **if I may**
  - je serais très **heureux** de ... si vous le souhaitez
- **It would give me great pleasure to** invite your mother to dinner on Saturday
  - cela me ferait très **plaisir** de
- **We would like to offer you** the post of Sales Director
  - nous **voudrions** vous **offrir**
- **I hope you will not be offended if I offer** a contribution towards your expenses
  - j'espère que vous ne m'en **voudrez** pas **si j'offre**
- **Do let me know if I can** help in any way
  - prévenez-moi **si**
- **If we can** be of any further assistance, **please do not hesitate to** contact us (soutenu)
  - si nous **pouvons** ... n'hésitez pas à

En posant une question

- **Say we were to** offer you a 10 % increase plus a company car, **how would that sound?**
  - mettons que ... qu'en **dites-vous** ?
- **What if I were to** call for you in the car?
  - et **si** je
- **Could I** give you a hand with your luggage?
  - est-ce que je **peux**
- **Shall I** pick you up from work on Friday afternoon?
  - **voulez**-vous que je
- **Is there anything I can do to** help you find suitable accommodation?
  - **puis**-je
- **May** ou **Can I offer you** a drink?
  - **puis**-je vous **offrir**
- **Would you like me to** find out more about it for you?
  - **voulez**-vous que je
- **Would you allow me to** pay for dinner, at least?
  - me **permettez**-vous de

## 4 DEMANDES

- **Would you please** drop by on your way home and pick up the papers you left here?
  - **pourriez**-vous
- **Could you please** try to keep the noise down while I'm studying?
  - **pourriez**-vous
- **Would you mind** looking after Hannah for a couple of hours tomorrow?
  - cela vous ennuierait-il de
- **Could I ask you to** watch out for anything suspicious in my absence?
  - **puis**-je vous demander de

À l'écrit

- **I should be grateful if you could** confirm whether it would be possible to increase my credit limit to £5000
  - je vous serais **reconnaissant** de bien **vouloir**
- **We should be glad to** receive your reply by return of post
  - nous **souhaiterions**
- **We would ask you not to** use the telephone for long-distance calls
  - nous vous **prions** de ne pas
- **You are requested to** park at the rear of the building
  - vous êtes **prié** de
- **We look forward to** receiving confirmation of your order within 14 days
  - dans l'attente de
- **Kindly inform us if** you require alternative arrangements to be made
  - **veuillez** nous faire savoir si

De façon plus indirecte

- **I would rather you didn't** breathe a word to anyone about this
  - je **préférerais** que vous ne ... pas
- **I would appreciate it if you could** let me have copies of the best photographs
  - je vous serais **reconnaissant** si vous **pouviez**
- **I was hoping that you might** find time to visit your grandmother
  - j'**espérais** que vous **pourriez**
- **I wonder whether you could** spare a few pounds till I get to the bank?
  - est-ce qu'il vous serait **possible** de
- **I hope you don't mind if I** borrow your exercise bike for half an hour
  - j'**espère** que cela ne vous ennuie pas que
- **It would be very helpful** ou **useful if you could** have everything ready a week in advance
  - cela me etc rendrait service si vous **pouviez**
- **If it's not too much trouble, would you** pop my suit into the dry cleaners on your way past?
  - si cela ne vous dérange pas trop, **pourriez**-vous
- **You won't forget** to lock up before you leave, **will you?**
  - vous n'oublierez pas de

## 5 LA COMPARAISON

### 5.1 Objectivement

- The streets, although wide for a Chinese city, are narrow **compared with** English streets
  - **comparé** à
- The bomb used to blow the car up was small **in** ou **by comparison with** those often used nowadays
  - **par rapport** à
- **In contrast to** the opulence of the Kirov, the Northern Ballet Theatre is a modest company
  - par **contraste** avec
- The loss of power because of the lower octane rating of paraffin **as opposed to** petrol is about fifteen per cent
  - par **opposition** à
- **Unlike** other loan repayments, those to the IMF cannot simply be rescheduled
  - à la **différence** de
- **If we set** the actual cost **against** our estimate, we can see how inaccurate the estimate was
  - si nous **comparons** ... à
- **Whereas** house thieves often used to make off only with video recorders, they now also tend to empty the fridge
  - alors que
- Property rights are conferred on both tenants and home owners; **the former** are common, **the latter** are private
  - les premiers ..., les seconds ...
- Anglophone Canadians have a distinctive structure to their society, which **differentiates** it **from** other anglophone societies
  - **différencie** ... de

### 5.2 Comparaisons favorables

- Silverlight was, indeed, **far superior to** him intellectually
  - bien **supérieur** à
- The Australians are far bigger and stronger than us — **we can't compete with** their robot-like style of play
  - nous ne pouvons pas **rivaliser** avec
- St Petersburg **has the edge over** Moscow and other central cities in availability of some foods
  - est légèrement **supérieur** à
- Michaela was astute beyond her years and altogether **in a class of her own**
  - **unique** en son genre

### 5.3 Comparaisons défavorables

- Joseph's amazing technicolour dreamcoat **is not a patch on** some of the jerseys now being worn by the country's leading goalkeepers
  - n'est rien à **côté** de
- The chair he sat in **was nowhere near as** comfortable **as** his own
  - était loin d'être **aussi** ... que
- The parliamentary opposition **is no match for** the government
  - ne peut pas **rivaliser** avec
- Commercially-made ice-cream **is far inferior to** the home-made variety
  - est très **inférieur** à
- The sad truth is that, as a poet, **he was never in the same class as** his friend
  - il n'a jamais pu **rivaliser** avec
- Ella doesn't rate anything that **doesn't measure up to** Shakespeare
  - n'est pas du **niveau** de
- Her brash charms **don't bear comparison with** Marlene's sultry sex appeal
  - n'est pas **comparable** à

### 5.4 Pour comparer deux choses semblables

- The new system costs **much the same as** the old one
  - pratiquement la **même** chose que
- When it comes to quality, **there's not much to choose between** them
  - il n'y a pas grande **différence** entre
- **There is essentially no difference between them**
  - il n'y a pas de **différence** fondamentale entre eux
- The impact was **equivalent to** 250 hydrogen bombs exploding
  - **équivalent** à

- In 1975, Spanish workers had longer hours than most Europeans but now they are **on a par with** the French
  - sur un pied d'**égalité** avec
- In Kleinian analysis, the psychoanalyst's role **corresponds to** that of mother
  - **correspond** à
- The immune system **can be likened to** a complicated electronic network
  - peut être **comparé** à
- **There was a close resemblance between** her **and** her son
  - ... et ... se **ressemblaient** beaucoup
- **It's swings and roundabouts** — what you win in one round, you lose in another
  - c'est du **pareil** au **même**

### 5.5 Pour opposer deux choses non comparables

- **You can't compare** bacteria levels in cooked food **with** those in raw vegetables
  - vous ne pouvez pas **comparer** ... à
- All the muffins in England **cannot compare with** her scones
  - ne sauraient être **comparés** à
- **There's no comparison between** Waddle now **and** Waddle three years ago
  - on ne peut **comparer** ... à
- His book **has little in common with** those approved by the Party
  - n'a pas grand-chose en **commun** avec
- Here we are, practically twins, except **we have nothing in common**
  - nous n'avons rien en **commun**
- The modern army **bears little resemblance to** the army of 1940
  - ne **ressemble** guère à

## 6 L'OPINION

### 6.1 Pour demander l'opinion de quelqu'un

- **What do you think of** the new Managing Director?
  - que **pensez**-vous de
- **What is your opinion on** women's rights?
  - quelle est votre **opinion** sur
- **What are your thoughts on** the way forward?
  - quel est votre **avis** sur
- **What is your attitude to** people who say there is no such thing as sexual inequality?
  - quelle est votre **attitude** à l'égard de
- **What are your own feelings about** the way the case was handled?
  - quel est votre **sentiment** sur
- **How do you see** the next stage develop**ing**?
  - à votre **avis**, comment
- **How do you view** an event like the Birmingham show in terms of the cultural life of the city?
  - comment **percevez**-vous
- **I would value your opinion on** how best to set this all up
  - je voudrais avoir votre **avis** sur
- **I'd be interested to know what your reaction is to** the latest report on food additives
  - j'aimerais connaître votre **réaction** face à

### 6.2 Pour exprimer son opinion

- **In my opinion**, eight years as President is enough and sometimes too much for any man to serve in that capacity
  - à mon **avis**
- **As I see it**, everything depended on Karlov being permitted to go to Finland
  - **selon** moi
- **I feel that** there is an epidemic of fear about cancer which is not helped by the regular flow of publicity about the large numbers of people who die of it
  - je **trouve** que
- **Personally, I believe** the best way to change a government is through the electoral process
  - **personnellement**, je **crois** que
- **It seems to me that** the successful designer leads the public
  - il me **semble** que
- **I am under the impression that** he is essentially a man of peace
  - j'ai l'**impression** que
- **I have an idea that** you are going to be very successful
  - j'ai **idée** que
- **I am of the opinion that** the rules should be looked at and refined
  - je suis d'**avis** que
- **I'm convinced that** we all need a new vision of the future
  - je suis **convaincu** que
- **I daresay** there are so many names that you get them mixed up once in a while
  - j'**imagine** que
- We're prepared to prosecute the company, which **to my mind** has committed a criminal offence
  - à mon **avis**
- Most parts of the black market activity, **from my point of view**, is not, strictly speaking, illegal
  - d'**après** moi
- **As far as I'm concerned**, Barnes had it coming to him
  - en ce qui me **concerne**
- It's a matter of mutual accommodation, nothing more. **That's my view of the matter**
  - telle est mon **opinion** sur la question
- **It is our belief that** to be proactive is more positive than being reactive
  - nous **croyons** que
- **If you ask me**, there's something odd going on
  - si vous voulez mon **avis**
- **If you want my opinion**, if you don't do it soon, you'll lose the opportunity altogether and you'll be sorry
  - si vous voulez mon **opinion**

### 6.3 Pour répondre sans exprimer d'opinion

- Would I say she had been a help? **It depends what you mean by** help
  - cela dépend de ce que vous entendez par
- It could be seen as a triumph for capitalism but **it depends on your point of view**
  - c'est une question de **point** de vue
- **It's hard** ou **difficult to say whether** I identify with the hippy culture or not
  - il est **difficile** de dire si
- **I'm not in a position to comment on whether** the director's accusations are well-founded
  - je ne suis pas à même de dire si
- **I'd prefer not to comment on** operational decisions taken by the service in the past
  - je préférerais ne pas me **prononcer** sur
- **I'd rather not commit myself** at this stage
  - je préférerais ne pas m'**engager**
- **I don't have any strong feelings about which of the two companies** we should use for the job
  - je n'ai pas d'**opinion** bien arrêtée sur le choix de l'entreprise
- **This isn't something I've given much thought to**
  - je n'y ai pas vraiment **réfléchi**
- **I know nothing about** the workings of the female mind
  - j'**ignore** tout de

## 7 LES GOÛTS ET PRÉFÉRENCES

### 7.1 Pour demander ce que quelqu'un aime

- **Would you like to** visit the castle, while you are here?
  - **aimerais**-tu

- **How would you feel about** ask**ing** Simon to join us?
  - et si on
- **What do you like** do**ing best** when you're on holiday?
  - que **préfères-tu**
- **What's your favourite** film?
  - quel est ton ... **préféré** ?
- **Which of the two** proposed options **do you prefer?**
  - entre les deux ..., lequel **préfères-tu** ?
- We could either go to Rome or stay in Florence — **which would you rather** do?
  - que **préférerais-tu**

## 7.2 Pour dire ce que l'on aime

- **I'm very keen on** gardening
  - j'aime beaucoup le
- **I'm very fond of** white geraniums and blue petunias
  - j'**adore**
- **I really enjoy** a good game of squash after work
  - j'**apprécie** vraiment
- **There's nothing I like more than** a quiet night in with a good book
  - rien de tel que
- **I have a weakness for** rich chocolate gateaux
  - j'ai un **faible** pour
- **I have a soft spot for** the rich peaty flavours of Islay malt
  - j'ai un **faible** pour

## 7.3 Pour dire ce que l'on n'aime pas

- Acting **isn't really my thing** — I'm better at singing
  - n'est pas mon **truc**
- Watching football on television **isn't my favourite** pastime
  - n'est pas mon ... **favori**
- Some people might find it funny but **it's not my kind of** humour
  - ce n'est pas mon **genre** de
- I enjoy playing golf but tennis is **not my cup of tea**
  - ce n'est pas ma tasse de thé
- Sitting for hours on motorways **is not my idea of fun**
  - ça ne m'amuse pas de
- The idea of walking home at 11 o'clock at night **doesn't appeal to me**
  - ne me dit rien
- **I've gone off the idea of** cycl**ing** round Holland
  - j'ai renoncé à l'idée de
- **I can't stand** ou **can't bear** the thought of seeing him
  - je ne **supporte** pas
- **I am not enthusiastic about** growing plants directly in greenhouse soil because of the risk of soil diseases
  - je ne suis guère **enthousiasmé** par l'idée de
- **I'm not keen on** seafood
  - je n'**aime** pas beaucoup
- **I don't like the fact that** he always gets away with not helping out
  - je n'**apprécie** pas trop le fait que
- **What I hate most is** waiting in queues for buses
  - ce que je **déteste** le plus, c'est de
- **I dislike** laziness since I'm such an energetic person myself
  - me **déplaît**
- **There's nothing I dislike more than** having to go to work in the dark
  - il n'y a rien qui me **déplaise** plus que de
- **I have a particular aversion to** the religious indoctrination of schoolchildren
  - j'ai une **aversion** particulière pour
- **I find it intolerable that** people like him should have so much power
  - je trouve **intolérable** que

## 7.4 Pour dire ce que l'on préfère

- **I'd prefer to** ou **I'd rather** wait until I have enough money to go by air
  - je **préférerais** *ou* j'**aimerais** mieux
- **I'd prefer not to** ou **I'd rather not** talk about it just now
  - je **préférerais** ne pas *ou* j'**aimerais** mieux ne pas
- **I'd prefer you to** ou **I'd rather you** put your comments in writing
  - je **préférerais** *ou* j'**aimerais** mieux que tu
- **I'd prefer you not to** ou **I'd rather you didn't** invite him
  - je **préférerais** *ou* j'**aimerais** mieux que tu ne ... pas
- **I like** the blue curtains **better than** ou **I prefer** the blue curtains **to** the red ones
  - j'aime mieux ... que ... *ou* je **préfère** ... à ...

## 7.5 Pour exprimer l'indifférence

- **It makes no odds whether you have** a million pounds or nothing, we won't judge you on your wealth
  - que vous ayez ..., ça n'a aucune importance
- **I really don't care what** you tell her as long as you tell her something
  - ce que ... m'est complètement **égal**
- **It's all the same to me whether** he comes or not
  - peu m'**importe** que
- **I don't mind at all** — let's do whatever is easiest
  - cela m'est complètement **égal**
- **It doesn't matter which** method you choose to use
  - peu **importe** le
- **I don't feel strongly about** the issue of privatization
  - ... m'est **indifférent**
- **I have no particular preference**
  - je n'ai pas de **préférence**

# 8 L'INTENTION ET LA VOLONTÉ

## 8.1 Pour demander ce que quelqu'un compte faire

- **Do you intend to** ou **Will you** take the job?
  - as-tu l'**intention** de
- What flight **do you intend to** take?
  - as-tu l'**intention** de
- **Did you mean to** ou **intend to** tell him about it, or did it just slip out?
  - avais-tu l'**intention** de
- **What do you intend to do** ou **What are your intentions?**
  - qu'as-tu l'**intention** de faire ?
- **What do you propose to do** with the money?
  - qu'est-ce que tu **penses** faire
- **What did you have in mind for** the rest of the programme?
  - qu'est-ce que tu avais **prévu** pour
- **Have you anyone in mind for** the job?
  - as-tu quelqu'un en **vue** pour

## 8.2 Pour exprimer ses intentions

- **We're toying with the idea of** releas**ing** a compilation album
  - nous **songeons** à
- **I'm thinking of** retir**ing** next year
  - je **pense**
- **I'm hoping to** go and see her when I'm in Paris
  - j'**espère**
- **What I have in mind is to** start a small software business
  - ce que je **pense** faire c'est de
- I studied history, **with a view to** becom**ing** a politician
  - en **vue** de
- We bought the land **in order to** farm ou **for the purpose of** farm**ing** it
  - **afin** de
- **We plan to** move ou **We are planning on** mov**ing** next year
  - nous **projetons** de

• **Our aim in** ou **Our object in** buy**ing** the company **is to** provide work for the villagers
  • le **but** que nous nous sommes fixé en ... est de

• **I aim to** reach Africa in three months
  • je **compte**

Avec plus de conviction

• **I am going to** ou **I intend to** sell the car as soon as possible
  • je vais *ou* j'ai l'**intention** de

• **I have made up my mind to** ou **I have decided to** go to Japan
  • j'ai **décidé** de

• **I intended him to** be a poet but he chose to be an accountant
  • je **voulais** qu'il

• I went to London, **intending to** visit her ou **with the intention of** visit**ing** her, but she was away on business
  • dans l'**intention** de

• **We have every intention of** winn**ing** a sixth successive championship
  • nous sommes **décidés** à

• **I have set my sights on** recaptur**ing** the title
  • je suis **déterminé** à

• **My overriding ambition is to** overthrow the President
  • j'ai pour principale **ambition** de

• **I resolve to** do everything in my power to bring the affair to an end
  • je suis **résolu** à

### 8.3 Pour exprimer ce qu'on n'a pas l'intention de faire

• **I don't mean to** offend you, but I think you're wrong
  • je ne **veux** pas

• **I don't intend to** pay unless he completes the job
  • je n'ai pas l'**intention** de

• **I have no intention of** accept**ing** the post
  • je n'ai pas du tout l'**intention** de

• **We are not thinking of** advertis**ing** this post at the moment
  • nous n'**envisageons** pas de

### 8.4 Pour exprimer ce que l'on désire faire

• **I'd like to** see the Sistine Chapel some day
  • j'**aimerais**

• **I want to** work abroad when I leave college
  • je **veux**

• **We want her to** be an architect when she grows up
  • nous **voulons** qu'elle

• **I'm keen to** see more students take up zoology
  • j'**aimerais** vraiment

Avec davantage d'enthousiasme

• **I'm dying to** leave and make my fortune in Paris (familier)
  • je meurs d'**envie** de

• **My ambition is to** go straight from being an enfant terrible to a grande dame
  • j'ai pour **ambition** de

• **I long to** go to Australia but I can't afford it
  • j'ai très **envie** de

• **I insist on** speak**ing** to the manager
  • j'**exige** de

### 8.5 Pour exprimer ce que l'on ne veut pas faire

• **I would prefer not to** ou **I would rather not** have to speak to her about this
  • j'**aimerais** mieux ne pas *ou* je **préférerais** ne pas

• **I wouldn't want to** have to change my plans just because of her
  • je n'**aimerais** pas

• **I don't want to** ou **I have no wish to** ou **I have no desire to** take the credit for something I didn't do
  • Je ne veux pas *ou* je n'ai pas du tout l'**intention** de

• **I refuse to** be patronized by the likes of her
  • je **refuse** de

## 9 LA PERMISSION

### 9.1 Pour demander la permission de faire quelque chose

• **Can I** ou **Could I** borrow your car this afternoon?
  • **puis**-je *ou* **pourrais**-je

• **Can I have the go-ahead to** order the supplies?
  • est-ce que j'ai le **feu** vert pour

• **Are we allowed to** say what we're up to or is it top secret at the moment?
  • avons-nous le **droit** de

• **Would it be all right if** I arrived on Monday instead of Tuesday?
  • est-ce que cela vous **dérangerait** si

• **Would it be possible for us to** leave the car in your garage for a week?
  • est-ce qu'il nous serait **possible** de

• We leave tomorrow. **Is that all right by you**?
  • est-ce que cela vous **convient** ?

• **Do you mind if** I come to the meeting next week?
  • cela ne vous **ennuie** pas que

• **Would it bother you if** I invited him?
  • cela vous **ennuierait**-il si

• **Would you let me** come into partnership with you?
  • me **permettriez**-vous de

• **Would you have any objection to** sail**ing** at once?
  • verriez-vous un **inconvénient** à ce que

• **With your permission, I'd like to** ask some questions
  • si vous le **permettez**, j'aimerais

Avec moins d'assurance

• **Is there any chance of** borrow**ing** your boat while we're at the lake?
  • est-ce qu'il serait **possible** de

• **I wonder if I could possibly** use your telephone?
  • je me demande s'il serait **possible** de

• **Might I be permitted to** suggest the following ideas? (soutenu)
  • **puis**-je me **permettre** de

• **May I be allowed to** set the record straight? (soutenu)
  • est-ce qu'il m'est **permis** de

### 9.2 Pour donner la permission

• **You can** have anything you want
  • vous **pouvez**

• **You are allowed to** visit the museum, as long as you apply in writing to the Curator first
  • vous avez le **droit** de

• **It's all right by me if** you want to skip the Cathedral visit
  • je n'ai pas d'**objection** à ce que

• **You have my permission to** be absent for that week
  • je vous **autorise** à

• **There's nothing against her** go**ing** there with us
  • rien ne l'empêche de

• The Crown **was agreeable to** hav**ing** the case called on March 23
  • **consentit** à ce que

• **I do not mind if** my letter is forwarded to the lady concerned
  • je ne vois pas d'**inconvénient** à ce que

• **You have been authorised to** use force to protect relief supply routes
  • on vous **autorise** à

- **We should be happy to allow you to** inspect the papers here (soutenu)
  - nous vous **autorisons volontiers** à

Avec plus d'insistance

- If you need to keep your secret, **of course you must** keep it
  - bien sûr, il faut
- **By all means** charge a reasonable consultation fee
  - n'**hésitez** pas à
- **I have no objection at all to your** quoting me in your article
  - je n'ai pas d'**objection** à ce que vous
- **We would be delighted to** have you
  - c'est avec **plaisir** que nous

## 9.3 Pour refuser la permission

- **You can't** ou **you mustn't** go anywhere near the research lab
  - vous ne **devez** pas
- **I don't want you to** see that Milner again
  - je ne **veux** pas que tu
- **I'd rather you didn't** give them my name
  - j'aimerais autant que tu ne ... pas
- **I wouldn't want you to** be asking around about them too much
  - je n'aimerais pas que tu
- **You're not allowed to** leave the ship until relieved
  - vous n'avez pas le **droit** de
- **I've been forbidden to** swim for the moment
  - on m'a **interdit** de
- **I've been forbidden** alcohol **by** my doctor
  - m'a **interdit**
- **I couldn't possibly allow you to** pay for all this
  - je ne **peux** pas vous **laisser**
- **You must not** enter the premises without the owners' authority
  - vous ne **devez** pas
- **We cannot allow** the marriage **to** take place
  - nous ne **pouvons** pas permettre que

De façon plus énergique

- **I absolutely forbid you to** take part in any further search
  - je vous **interdis** formellement de
- **You are forbidden to** contact my children
  - je vous **interdis** de
- Smoking **is strictly forbidden** at all times
  - il est strictement **interdit** de
- **It is strictly forbidden to** carry weapons in this country
  - il est strictement **interdit** de
- **We regret that it is not possible for you to** visit the castle at the moment, owing to the building works (à l'écrit)
  - nous sommes au **regret** de vous informer que vous ne pouvez pas

# 10 L'OBLIGATION

## 10.1 Pour exprimer ce que l'on est obligé de faire

- Go and see Pompeii — **it's a must!** (familier)
  - c'est à ne pas **manquer**
- You need to be very good, **no two ways about it** (familier)
  - tu n'as pas le **choix**
- **You've got to** ou **You have to** be back before midnight
  - vous **devez**
- **You need to** ou **You must** have an address in Prague before you can apply for the job
  - il **faut** que vous
- I have no choice: this is how **I must** live and I cannot do otherwise
  - je **dois**
- **He was forced to** ask his family for a loan
  - il a été **obligé** de
- Jews **are obliged to** accept the divine origin of the Law
  - sont tenus de
- A degree **is indispensable** for future entrants to the profession
  - est **indispensable**
- Party membership **is an essential prerequisite of** a successful career
  - est la condition **sine qua non** pour
- **It is essential to** know what the career options are before choosing a course of study
  - il est **essentiel** de
- A dog collar **is a requirement of** law
  - est **exigé** par
- Wearing the kilt **is compulsory** for all those taking part
  - est **obligatoire**
- One cannot admit defeat, **one is driven to** keep on trying
  - on est **contraint** à
- **We have no alternative but to** fight
  - nous n'avons pas le **choix**, nous **devons**
- Three passport photos **are required** (soutenu)
  - il **faut** fournir
- Soldiers **must not fail to** take to arms against the enemy (soutenu)
  - se **doivent** de
- **You will** go directly to the headmaster's office and wait for me there (soutenu)
  - allez

## 10.2 Pour savoir si l'on est obligé de faire quelque chose

- **Do I have to** ou **Have I got to** be home by midnight?
  - est-ce que je **dois**
- **Does one have** ou **need to** book in advance?
  - **faut**-il
- **Is it necessary to** look at the problem across the continent?
  - est-il **nécessaire** de
- **Ought I to** tell my colleagues?
  - **devrais**-je
- **Should I** tell my boyfriend about my fantasy to paint his face and dress him in my petticoat?
  - **devrais**-je
- **Am I meant to** ou **Am I expected to** ou **Am I supposed to** fill in this bit of the form?
  - est-ce que je suis **censé**

## 10.3 Pour exprimer ce que l'on n'est pas obligé de faire

- **I don't have to** ou **I haven't got to** be home so early now the nights are lighter
  - je ne suis pas **obligé** de
- **You don't have to** ou **You needn't** go there if you don't want to
  - vous n'êtes pas **obligé** de
- **You are not obliged to** ou **You are under no obligation to** invite him
  - rien ne vous **oblige** à
- **It is not necessary** ou **compulsory** ou **obligatory to** have a letter of acceptance but it does help
  - il n'est pas **nécessaire** de
- The Revenue **does not expect you to** pay the assessed amount
  - n'**exige** pas que vous

## 10.4 Pour exprimer ce que l'on ne doit pas faire

- **On no account must you** be persuaded to give up the cause
  - vous ne **devez** en aucun cas
- **You are not allowed to** sit the exam more than three times
  - on n'a pas le **droit** de

- Smoking **is not allowed** in the dining room
  - il n'est pas **permis** de
- **You mustn't** show this document to any unauthorised person
  - vous ne **devez** pas
- These are tasks **you cannot** ignore, delegate or bungle
  - que l'on ne peut pas se **permettre** de
- **You're not supposed to** ou **You're not meant to** use this room unless you are a club member
  - vous n'êtes pas **censé**

De façon plus énergique

- **It is forbidden to** bring cameras into the gallery
  - il est **interdit** de
- **I forbid you to** return there
  - je vous **interdis** de
- **You are forbidden to** talk to anyone while the case is being heard
  - il vous est **interdit** de
- **Smoking is forbidden** ou **is prohibited** ou **is not permitted** in the dining room
  - il est **interdit** de

## 11 L'ACCORD

### 11.1 Pour exprimer l'accord avec ce qui est dit

- **I fully agree with you** ou **I totally agree with you** on this point
  - je suis entièrement d'**accord** avec vous
- **We are in complete agreement** on this
  - nous sommes entièrement d'**accord**
- **I entirely take your point about** the extra vehicles needed
  - je suis entièrement de votre **avis** à propos de
- **I think we see completely eye to eye** on this issue
  - je pense que nous avons exactement le même point de vue
- **You're quite right in** point**ing** at the distribution system as the main problem
  - vous avez **raison** de
- **We share your views** on the proposed expansion of the site
  - nous **partageons** votre point de vue
- **As you have quite rightly pointed out**, we still have a long way to go
  - comme vous l'avez fait remarquer
- **I have to concede that** the results are quite eye-catching
  - je dois **reconnaître** que
- **I have no objection to this** be**ing** done
  - je n'ai pas d'**objection** à ce que
- **I agree up to a point**
  - je suis d'**accord** dans une certaine mesure

De façon familière

- Go for a drink instead of working late? **Sounds good to me!**
  - je suis **partant** !
- **That's a lovely thought**
  - comme ça serait bien !
- **I'm all for** encourag**ing** a youth section in video clubs such as ours
  - je suis tout à fait pour
- **I couldn't agree with you more**
  - je suis tout à fait d'**accord** avec vous

De façon plus soutenue

- **I am delighted to wholeheartedly endorse** your campaign
  - je suis **heureux** d'apporter mon **soutien** sans réserve à
- **Our conclusions are entirely consistent with** your findings
  - nos conclusions viennent confirmer
- Independent statistics **corroborate** those of your researcher
  - **corroborent**
- **We applaud** the group's decision to stand firm on this point
  - **nous approuvons**

### 11.2 Pour exprimer l'accord avec ce qui est proposé

- This certainly **seems the right way to go about it**
  - semble être la bonne façon de procéder
- **I will certainly give my backing to** such a scheme
  - je ne manquerai pas d'apporter mon **soutien** à
- **It makes sense to** enlist helping hands for the final stages
  - il semble logique de
- **We certainly welcome** this development in Stirling
  - nous nous **réjouissons** de

De façon plus familière

- **It's a great idea**
  - c'est une idée formidable
- Cruise control? **I like the sound of that**
  - ça me paraît une bonne idée
- **I'll go along with** Ted's proposal that we open the club up to women
  - je suis d'**accord** avec

De façon plus soutenue

- This solution **is most acceptable** to us
  - paraît tout à fait **acceptable**
- The proposed scheme **meets with our approval**
  - **nous approuvons**
- This is a proposal which **deserves our wholehearted support**
  - mérite pleinement notre **soutien**
- **We assent to** ou **We give our assent to** your plan to develop the site
  - nous donnons notre **accord** à

### 11.3 Pour exprimer l'accord avec ce qui est demandé

- Of course **I'll be happy to** organise it for you
  - je serai **heureux** de
- **I'll do as you suggest** and send him the documents
  - je suivrai votre **conseil**
- **There's no problem about** getting tickets for him
  - nous n'aurons aucun mal à

De façon plus soutenue

- Reputable builders **will not object to** this reasonable request
  - ne feront pas **objection** à
- **We should be delighted to** cooperate with you in this enterprise
  - nous serions **enchantés** de
- An army statement said it **would comply with** the ceasefire
  - **respecterait**
- **I consent to** the performance of such procedures as are considered necessary
  - je donne mon **assentiment** à

## 12 LE DÉSACCORD

### 12.1 Pour exprimer le désaccord avec ce qui est dit

- I'm afraid **he's quite wrong** if he's told you that vasectomies can't be reversed
  - se **trompe**
- **You're wrong in thinking that** I haven't understood
  - vous avez **tort** de penser que
- **I cannot agree with you** on this point
  - je ne suis pas du tout d'**accord** avec vous

- **We cannot accept the view that** R and D spending or rather the lack of it explains the decline of Britain
  - nous ne pouvons **accepter** l'**opinion** selon laquelle
- To say we should forget about it, no **I cannot go along with that**
  - je ne suis pas du tout d'**accord** là-dessus
- **We must agree to differ on this one**
  - nous devons reconnaître que nos **opinions divergent**
- I think **it might be better if you thought it over again**
  - il vaudrait mieux que vous reconsidériez la question

Avec plus d'insistance

- **This is most emphatically not the case**
  - cela n'est absolument pas le cas
- **I entirely reject** his contentions
  - je **rejette** absolument
- **We explicitly reject** the implication in your letter
  - nous **rejetons** catégoriquement
- **I totally disagree with** the previous two callers
  - je ne suis pas du tout d'**accord** avec

### 12.2 Pour exprimer le désaccord avec ce qui est proposé

Avec force

- **I'm dead against** this idea (familier)
  - je suis tout à fait **contre**
- **Right idea, wrong approach** (familier)
  - c'était une bonne idée, mais ils *etc* s'y sont mal pris
- **I will not hear of** such a thing
  - je ne veux pas entendre parler de
- **It is not feasible to** change the schedule at this late stage
  - il est **impensable** de
- This **is not a viable alternative**
  - ce n'est pas **faisable**
- Running down the street shouting "Eureka" has emotional appeal but **is the wrong approach**
  - n'est pas la bonne manière de s'y prendre

Avec moins d'insistance

- **I'm not too keen on** this idea
  - ne me **plaît** pas beaucoup
- **I don't think much of** this idea
  - je n'**aime** pas beaucoup
- **This doesn't seem to be the right way of** deal**ing** with the problem
  - cela ne semble pas être la bonne manière de
- While we are grateful for the suggestion, **we are unfortunately unable to** implement this change (soutenu)
  - nous ne sommes **malheureusement** pas à même de
- **I regret that I am not in a position to** accept your kind offer (soutenu)
  - je suis **désolé** de ne pas être en mesure de

### 12.3 Pour exprimer le désaccord avec ce qui est demandé

- **I wouldn't dream of** do**ing** a thing like that
  - **jamais** je ne
- I'm sorry but **I can't** do it
  - il m'est **impossible** de
- **I cannot in all conscience** leave those kids in that atmosphere
  - je ne peux pas, en conscience

Avec plus de force

- **This is quite out of the question** for the time being
  - cela est hors de **question**
- **I won't agree to** ou **I can't agree to** any plan that involves your brother
  - je m'**oppose** à
- **I refuse point blank to** have anything to do with this affair
  - je **refuse** net de

... et de façon plus soutenue

- **I am afraid I must refuse**
  - je crains de devoir **refuser**
- **I cannot possibly comply with** this request
  - je ne peux pas **accéder** à
- **It is impracticable for us to** commit ourselves at this stage
  - il nous est difficile de
- In view of the proposed timescale, **I must reluctantly decline to** take part
  - je me vois malheureusement obligé de **refuser** de

## 13 L'APPROBATION

### 13.1 Pour approuver ce qui a été dit

- **I couldn't agree** (with you) **more**
  - je suis entièrement de votre **avis**
- **I couldn't have put it better myself,** even if I'd tried
  - c'est **exactement** ce que j'aurais dit moi-même
- We must oppose terrorism, whatever its source. — **Hear, hear!**
  - **bravo** !
- **I endorse** his feelings regarding the situation (soutenu)
  - je **partage**

### 13.2 Pour approuver une proposition

- **It's just the job!** (familier)
  - c'est **exactement** ce qu'il nous faut !
- **This is just the sort of thing I wanted**
  - c'est **exactement** ce que je voulais
- **This is exactly what I had in mind** when I asked for the plan to be drawn up
  - c'est **précisément** ce que j'avais à l'esprit
- Thank you for sending the draft agenda: **I like the look of it very much**
  - il a l'air très bien
- **We are all very enthusiastic about** ou **very keen on** his latest set of proposals
  - nous accueillons avec **enthousiasme**
- **I shall certainly give it my backing**
  - je **soutiendrai** certainement cela
- Any game which is as clearly enjoyable as this **meets with my approval**
  - a mon **approbation**
- Skinner's plan **deserves our total support** ou **our whole-hearted approval**
  - mérite tout notre **soutien**
- **There are considerable advantages in** the alternative method you propose
  - comporte de nombreux avantages
- **We recognize** the merits of this scheme
  - nous **reconnaissons**
- **We view** your proposal to extend the site **favourably**
  - nous voyons d'un œil **favorable**
- This project **is worthy of our attention**
  - mérite notre attention

### 13.3 Pour approuver une idée

- **You're quite right to** wait before making such an important decision
  - vous avez **raison** de
- **I entirely approve of** the idea
  - j'**approuve** entièrement

- **I'd certainly go along with that!**
  - je suis tout à fait pour !
- **I'm very much in favour of** that sort of thing
  - je suis vraiment pour

## 13.4 Pour approuver une action

- **I applaud** Noble's perceptive analysis of the problems
  - j'**approuve**
- **I have a very high opinion of** their new teaching methods
  - j'ai une très haute opinion de
- **I have a very high regard for** the work of the Crown Prosecution Service
  - je tiens en haute **estime**
- **I think very highly of** the people who have been leading thus far
  - j'ai une grande **estime** pour
- **I certainly admire** his courage in telling her exactly what he thought of her
  - j'**admire** beaucoup
- **I must congratulate you on** the professional way you handled the situation
  - je dois vous **féliciter** de

# 14 LA DÉSAPPROBATION

- **This doesn't seem to be the right way of** going about it
  - je ne pense pas que ce soit la bonne façon de
- **I don't think much of** what this government has done so far
  - ne me dit rien qui vaille
- **I can't say I'm pleased about** what has happened
  - je ne peux pas dire que je sois vraiment satisfait de
- As always, Britain **takes a dim view of** sex
  - voit d'un mauvais œil
- **We have a low opinion of** ou **poor opinion of** opportunists like him
  - nous n'avons pas une bien haute **opinion** de

Plus directement

- **I'm fed up with** having to wait so long for payments to be made
  - j'en ai **assez** de
- **I've had (just) about enough of** this whole supermodel thing
  - j'en ai vraiment **assez** de
- **I can't bear** ou **stand** people who smoke in restaurants
  - je ne **supporte** pas
- **He was quite wrong to** repeat what I said about her
  - il a eu **tort** de
- **I cannot approve of** ou **support** any sort of testing on live animals
  - je **réprouve**
- **We are opposed to** all forms of professional malpractice
  - nous nous **opposons** à
- **We condemn** any intervention which could damage race relations
  - nous **condamnons**
- **I must object to** the tag "soft porn actress"
  - je **dois protester** contre
- **I'm very unhappy about** your (idea of) going off to Turkey on your own
  - ne me **plaît** pas du tout
- **I strongly disapprove of** such behaviour
  - je **désapprouve** complètement

# 15 LA CERTITUDE, LA PROBABILITÉ, LA POSSIBILITÉ ET LA CAPACITÉ

## 15.1 La certitude

- **She was bound to** discover that you and I had talked
  - il était à prévoir qu'elle allait
- **It is inevitable that they will** get to know of our meeting
  - ils vont **inévitablement**
- **I'm sure** ou **certain (that)** he'll keep his word
  - je suis **sûr** que
- **I'm positive** ou **convinced (that)** it was your mother I saw
  - je suis **sûr et certain** que
- **We now know for certain** ou **for sure that** the exam papers were seen by several students before the day of the exam
  - nous savons maintenant avec **certitude** que
- **I made sure** ou **certain that** no one was listening to our conversation
  - je me suis **assuré** que
- From all the evidence **it is clear that** they were planning to take over
  - il est **clair** que
- **It is indisputable that** there are budgerigars in the UK that are harbouring illness
  - il est **incontestable** que
- **It is undeniable that** racial tensions in Britain have been increasing in recent years
  - il est **incontestable** que
- **There is no doubt that** the talks will be a landmark in the new political agenda
  - il ne fait aucun **doute** que
- **There can be no doubt about** the objective of the animal liberationists
  - ne fait aucun **doute**
- This crisis has demonstrated **beyond all (possible) doubt** that effective political control must be in place before the creation of such structures
  - sans le moindre **doute**
- Her pedigree **is beyond dispute** ou **question**
  - ne fait aucun **doute**
- **You have my absolute assurance that** this is the case
  - je peux vous **garantir** que
- **I can assure you that** I have had nothing to do with any dishonest trading
  - je peux vous **assurer** que
- **Make no mistake about it** — I will return when I have proof of your involvement
  - soyez **certain** que

## 15.2 La probabilité

- **There is a good** ou **strong chance that** they will agree to the deal
  - il y a de fortes **chances** pour que
- **It seems highly likely that** it was Bert who spilled the beans
  - il y a de fortes **chances** pour que
- **The chances** ou **the odds are that** he will play safe in the short term
  - il y a fort à parier que
- **The probability is that** your investment will be worth more in two years' time
  - il est fort **probable** que
- If parents tell a child that she is bright, then she will, **in all probability**, see herself as bright and behave as such
  - selon toute **probabilité**
- You will **very probably** be met at the airport by one of our men
  - très **probablement**
- **It is highly probable that** American companies will face retaliation abroad
  - il est très **probable** que

- **It is quite likely that** you will get withdrawal symptoms at first
  - il est **probable** que
- **The likelihood is that** the mood of mistrust and recrimination will intensify
  - il est très **probable** que
- The person indicted is, **in all likelihood**, going to be guilty as charged
  - selon toute **probabilité**
- **There is reason to believe that** the books were stolen from the library
  - il y a **lieu** de croire que
- **He must** know of the paintings' existence
  - il **doit**
- The talks **could very well** spill over into tomorrow
  - **pourraient** très bien
- The cheque **should** reach you by Saturday
  - devrait

## 15.3 La possibilité

- The situation **could** change from day to day
  - **pourrait**
- Britain **could perhaps** play a more positive role in developing policy
  - **pourrait peut-être**
- **I venture to suggest (that)** a lot of it is to do with him
  - je me permets de **suggérer** que
- **It is possible that** a premonition is triggered when a random image happens to coincide with the later event
  - il est **possible** que
- **It is conceivable that** the British economy is already in recession
  - il est **possible** que
- **It is well within the bounds of possibility that** England could be beaten
  - il est très **possible** que
- **It may be that** the whole battle will have to be fought over again
  - il se **peut** que
- **It may be (the case) that** they got your name from the voters' roll
  - il se **peut** que
- **There is an outside chance that** the locomotive may appear in the Gala
  - il existe une très faible **chance** pour que
- **There is a small chance that** your body could reject the implants
  - il y a un **risque** que

## 15.4 Pour exprimer ce que l'on est capable de faire

- Our Design and Print Service **can** supply envelopes and package your existing literature
  - **peut**
- Applicants must **be able to** use a word processor
  - être **capables** de
- When it came to raising the spirits of the sleep-deprived ravers at Glastonbury, Ultramarine **were more than up to the job**
  - ont vraiment été à la **hauteur** de la tâche
- **He is qualified to** teach physics
  - il a les **qualifications** requises pour

# 16 L'INCERTITUDE, L'IMPROBABILITÉ, L'IMPOSSIBILITÉ ET L'INCAPACITÉ

## 16.1 L'incertitude

- **I doubt if** ou **It is doubtful whether** he knows where it came from
  - je **doute** que
- **There is still some doubt surrounding** his exact whereabouts
  - le **doute** subsiste quant à
- **I have my doubts about** replacing private donations with taxpayers' cash
  - j'ai des **doutes** quant à
- **It isn't known for sure** ou **It isn't certain** where she is
  - on ne **sait** pas exactement
- Sometimes you stay in your room for three, four, five days at a time, **you couldn't say for sure**
  - on ne **sait** pas exactement
- It's all still up in the air — **we won't know for certain** until the end of next week
  - nous serons dans l'**incertitude**
- You're asking why I should do such an extraordinary thing and **I'm not sure** ou **certain that** I really know the answer
  - je ne suis pas **sûr** *ou* **certain** que
- **I'm not convinced that** you can teach people to think sideways on problems
  - je ne suis pas **convaincu** que
- **We are still in the dark about** where the letter came from
  - nous **ignorons** toujours
- **It is touch and go whether** base rates have to go up
  - il n'est pas **certain** que
- **I'm wondering if** I should offer to help them out?
  - je me **demande** si

## 16.2 L'improbabilité

- You have **probably not** yet seen the document I am referring to
  - vous n'avez **probablement** pas
- **It is highly improbable that**, in the past 30 years, meteor fireballs have changed the noise they have been making for billennia
  - il est très peu **probable** que
- **It is very doubtful whether** the expedition will reach the summit
  - il est peu **probable** que
- **In the unlikely event that** the room was bugged, the music would scramble their conversation
  - si jamais
- **It was hardly to be expected that** the course of democratization would always run smoothly
  - on ne **pouvait** guère s'attendre à ce que

## 16.3 L'impossibilité

- **There can be no** return to earlier standards
  - il est **impossible** de
- Nowadays Carnival **cannot** happen **without** the police telling us where to walk and what direction to walk in
  - ne **peut** ... sans que
- This is not to say that academic judgement is sacrosanct: since academic judgement is not uniform, **this cannot be the case**
  - ce n'est pas **possible**
- **I couldn't possibly** invite George and not his wife
  - je ne **pourrais** pas
- **The new law rules out any possibility of** exceptions
  - exclut toute **possibilité** de
- He said **there was no question of** him representing one half of the Arab world against the other
  - il n'était pas **question** que
- A West German spokesman said **it was out of the question that** these weapons would be based in Germany
  - il était hors de **question** que
- **There is not (even) the remotest chance that** ou **There is absolutely no chance that** he will succeed
  - il n'y a pas la moindre **chance** que
- The idea of trying to govern twelve nations from one centre **is unthinkable**
  - est **inconcevable**

- Since we had over 500 applicants, **it would be quite impossible to** interview them all
  - il serait tout à fait **impossible** de

## 16.4 Pour exprimer ce que l'on est incapable de faire

- **I can't** drive, I'm afraid
  - je ne **sais** pas
- **I don't know how to** use a word processor
  - je ne **sais** pas
- The army **has been unable to** suppress the political violence in the area
  - n'a pas **pu**
- The congress had shown itself **incapable of** real reform
  - **incapable** de
- His fellow-directors **were not up** to runn**ing** the business without him
  - n'étaient pas **capables** de
- He called all the gods to help lift the giant's leg and free Thor, but even together they **were not equal** to the task
  - n'étaient pas à la **hauteur**
- I'm afraid the task proved (to be) **beyond his capabilities** ou **abilities**
  - trop **difficile** pour lui
- I would like to leave him but sometimes I feel the effort **is beyond me**
  - est au-**dessus** de mes **forces**
- **He simply couldn't cope with** the stresses of family life
  - il ne **pouvait** pas faire face à
- Far too many women accept that they're **hopeless at** ou **no good at** manag**ing** money
  - totalement **incapables** de
- **I'm not in a position to** say now how much substance there is in the reports
  - je ne suis pas en **mesure** de
- **It is quite impossible for me to** describe the confusion and horror of the scene
  - je suis dans l'**impossibilité** de

# 17 L'EXPLICATION

## 17.1 Donner les raisons de quelque chose

- He was sacked. **For the simple reason that** he just wasn't up to it any more
  - pour la simple **raison** que
- **The reason that** we are still so obsessed by him is simply that he was the one person we had who knew what was what
  - la **raison** pour laquelle
- He said he could not be more specific **for** security **reasons**
  - pour des **raisons** de
- Students have been arrested recently **because of** suspected dissident activities
  - en **raison** de
- Parliament has prevaricated, **largely because of** the unwillingness of the main opposition party to support the changes
  - essentiellement en **raison** de
- Teachers in the eastern part of Germany are assailed by fears of mass unemployment **on account of** their communist past
  - du **fait** de
- Morocco has announced details of the austerity package it is adopting **as a result of** pressure from the International Monetary Fund
  - par **suite** de
- They are facing higher costs **owing to** rising inflation
  - par **suite** de
- The full effects will be delayed **due to** factors beyond our control
  - en **raison** de
- **Thanks to** their generosity, the charity can afford to buy new equipment
  - **grâce** à
- What also had to go was the notion that some people were born superior to others **by virtue of** their skin colour
  - en **raison** de
- Tax collection was often carried out **by means of** illegal measures
  - au **moyen** de
- He shot to fame **on the strength of** a letter he had written to the Queen
  - **grâce** à
- The King and Queen's defence of old-fashioned family values has acquired a poignancy **in view of** their inability to have children
  - **vu**
- The police have put considerable pressure on the Government to toughen its stance **in the light of** recent events
  - étant **donné**
- **In the face of** this continued disagreement, the parties have asked for the polling to be postponed
  - face à
- His soldiers had so far been restraining themselves **for fear of** harm**ing** civilians
  - de **crainte** de
- Babies have died **for want of** ou **for lack of** proper medical attention
  - **faute** de
- I refused her a divorce, **out of** spite I suppose
  - **par**
- The warder was freed unharmed **in exchange for** the release of a colleague
  - en **échange** de
- The court had ordered his release, **on the grounds that** he had already been acquitted of most charges against him
  - sous **prétexte** que
- I am absolutely for civil disobedience **on** moral **grounds**
  - pour des **raisons**
- It is unclear why they initiated this week's attack, **given that** negotiations were underway
  - étant **donné** que
- **Seeing that** he had a police escort, the only time he could have switched containers was en route to the airport
  - étant **donné** que
- **As** these bottles are easy to come by, you can have one for each purpose
  - **comme**
- International intervention was appropriate **since** tensions had reached the point where there was talk of war
  - **puisque**
- Yet she was not deaf, **for** she started at the sound of a bell (littér)
  - **puisque**
- I'm naturally disappointed this is not quite enough to win on the first ballot. **So** I confirm it is my intention to let my name go forward to the second ballot
  - **donc**
- What the Party said was taken to be right, **therefore** anyone who disagreed must be wrong
  - par **conséquent**
- **Following** last weekend's rioting in central London, Conservatives say some left-wing Labour MPs were partly to blame
  - à la **suite** de
- **The thing is** that once you've retired there's no going back
  - c'est que

## 17.2 Pour expliquer la cause ou l'origine de quelque chose

- The serious dangers to your health **caused by** ou **brought about by** cigarettes are now better understood
  - **provoqué** par
- When the picture was published recently, **it gave rise to** ou **led to** speculation that the three were still alive and being held captive
  - cela a donné **lieu** à

- The army argues that security concerns **necessitated** the demolitions
  - rendaient ... **nécessaires**
- This lack of recognition **was at the root of** the dispute which led to their march
  - était à l'**origine** de
- **I attribute** all this mismanagement **to** the fact that the General Staff in London is practically non-existent
  - j'attribue ... à
- This unrest **dates from** colonial times
  - **remonte à**
- The custom **goes back to** pre-Christian days
  - **remonte à**

# 18 L'EXCUSE

## 18.1 Pour s'excuser

- **I'm really sorry**, Steve, **but** we won't be able to come on Saturday
  - je suis vraiment **désolé** ... mais
- **I'm sorry that** your time has been wasted
  - je suis **désolé** que
- **I am sorry to have to** say this to you but you're no good
  - je suis **désolé** de
- **Apologies if** I seemed obsessed with private woes last night
  - toutes mes **excuses** si
- **I must apologize for** what happened. Quite unforgivable
  - je vous prie de m'**excuser** pour
- **I owe you an apology**. I didn't think you knew what you were talking about
  - je vous dois des **excuses**
- The general back-pedalled, saying that **he had had no intention of** offend**ing** the German government
  - il n'avait aucunement l'**intention** de
- **Please forgive me for** feel**ing** sorry for myself
  - veuillez me **pardonner** de
- **Please accept our apologies** if this has caused you any inconvenience (soutenu)
  - nous vous prions d'accepter nos **excuses**
- **Do forgive me for** be**ing** a little abrupt (soutenu)
  - veuillez m'**excuser** de

## 18.2 Pour accepter la responsabilité de quelque chose

- **I admit** I submitted the second gun for inspection, in the knowledge that you had used my own for the killing
  - je **reconnais**
- **I have no excuse for** what happened
  - je n'ai aucune **excuse** pour
- **It is my fault that** our marriage is on the rocks
  - c'est ma **faute** si
- The Government **is not entirely to blame but neither is it innocent**
  - tout cela n'est pas entièrement la faute de ... mais il n'est pas non plus **innocent**
- **I should never have** let him rush out of the house in anger
  - je n'aurais jamais dû
- Oh, but **if only I hadn't** made Freddy try to get my bag back!
  - si seulement je n'avais pas
- I hate to admit that the old man was right, but **I made a stupid mistake**
  - je me suis grossièrement **trompé**
- **My mistake was in** fail**ing** to push my concerns and convictions
  - j'ai fait l'**erreur** de
- **My mistake was to** arrive wearing a jacket and polo-neck jumper
  - j'ai fait l'**erreur** de
- In December the markets raced ahead, and I missed out. **That was my mistake**
  - ça a été une **erreur** de ma part

## 18.3 Pour exprimer des regrets

- **I'm very upset about** her decision but when only one partner wants to make an effort you're fighting a losing battle
  - je suis très **contrarié** de
- **It's just a bit of a shame that**, on close inspection, the main vocalists look like Whitney Houston and Lionel Richie
  - c'est bien **dommage** que
- **I feel awful** but I couldn't stand by and watch him make a fool of himself, someone had to tell him to shut up
  - je suis vraiment **désolé**
- **I'm afraid I can't** help you very much
  - j'ai bien peur de ne pouvoir
- **It is a pity that** my profession can make money out of the misfortunes of others
  - il est **dommage** que
- **It is unfortunate that** the matter should have come to a head when the Western allies may be on the brink of military engagement
  - il est **regrettable** que
- **I very much regret that** we have been unable to reach agreement
  - suis **navré** que
- The accused **bitterly regrets** this incident and it won't happen again
  - **regrette** amèrement
- **We regret to inform you that** the post of Editor has now been filled (style écrit)
  - nous sommes au **regret** de vous informer que

## 18.4 Pour rejeter toute responsabilité

- **I didn't do it on purpose**, it just happened
  - je ne l'ai pas fait **exprès**
- Sorry, Nanna. **I didn't mean to** upset you
  - je n'avais pas l'**intention** de
- Excuse me, but **I was under the impression that** these books were being written for women
  - j'avais l'**impression** que
- **We are simply trying to** protect the interests of our horses and owners
  - nous essayons tout simplement de
- I know how this hurt you but **I had no choice**. I had to put David's life above all else
  - je n'avais pas le choix
- **We were obliged to** accept their conditions
  - nous avons été **obligés** de
- We are unhappy with 1.5 %, but under the circumstances **we have no alternative but to** accept
  - nous ne pouvons faire autrement que de
- **I had nothing to do with** the placing of any advertisement
  - je n'avais rien à voir avec
- A Charlton spokesman assured Sheffield supporters that **it was a genuine error** and there was no intention to mislead them
  - c'était vraiment une **erreur**

89 Short Street
Glossop
Derbys SK13 4AP

The Personnel Director
Norton Manufacturing Ltd
Sandy Lodge Industrial Estate
Northants NN10 8QT

3 February 2000

Dear Sir or Madam[1],

With reference to your advertisement in the Guardian of 2 February 2000, I wish to apply for the post of Export Manager in your company.

I am currently employed as Export Sales Executive for United Engineering Ltd. My main role is to develop our European business by establishing contact with potential new distributors and conducting market research both at home and abroad.

I believe I could successfully apply my sales and marketing skills to this post and therefore enclose my curriculum vitae for your consideration. Please do not hesitate to contact me if you require further details. I am available for interview at any time.

I look forward to hearing from you.

Yours faithfully,

Janet Lilly

Janet Lilly

1 *Quand on ne sait pas si la personne à qui on s'adresse est un homme ou une femme, il convient d'utiliser la présentation ci-contre.*

*Toutefois, si l'on connaît le nom de la personne, la présentation suivante est préférable :*

*Mr Leonard Easdon*
**ou**
*Mrs Emma Gault*
*Personnel Director*
*Norton Manufacturing Ltd etc.*

*Pour commencer votre lettre, la formule à employer est la suivante :*
*"Dear Sir"* **ou** *"Dear Madam"*

*Toute lettre commençant ainsi doit se terminer par la formule "Yours faithfully" suivie de la signature.*
*Pour plus de détails, voir pages 1280-1281.*

## 19 LES DEMANDES D'EMPLOI

### 19.1 Pour commencer la lettre

- **In reply to your advertisement** for a Trainee Manager in today's Guardian, I would be grateful if you would send me further details of the post
  - me **référant** à votre **annonce**
- **I wish to apply for the post of** bilingual correspondent, as advertised in this week's Euronews
  - je me permets de poser ma **candidature** au **poste** de
- **I am writing to ask if there is any possibility of work in your company**
  - je vous serais **reconnaissant** de me faire savoir s'il me serait possible d'obtenir un emploi dans votre **entreprise**
- **I am writing to enquire about the possibility of joining your company on work placement** for a period of 3 months
  - je vous serais **reconnaissant** de me faire savoir s'il me serait possible d'effectuer un **stage** rémunéré dans votre **entreprise**

### 19.2 Pour parler de son expérience professionnelle et exposer ses motivations

- **I have** three **years' experience of** office work
  - j'ai ... années d'**expérience** en
- **I am familiar with word processors**
  - je connais divers logiciels de traitement de texte
- **As well as speaking fluent** English, **I have a working knowledge of** German **and a reading knowledge of** Swedish
  - je **parle** couramment ..., possède de bonnes **connaissances** en ... et lis le
- **I am currently working in** this field
  - je **travaille** actuellement dans
- **As you will see from my CV,** I have worked in Belgium before
  - comme l'indique mon **CV**
- **Although I have no experience of** this type of work, **I have** had other holiday jobs and can supply references from my employers, if you wish
  - bien que je n'aie pas d'**expérience** dans ... j'ai
- **My current salary is** ... per annum and I have four weeks' paid leave
  - mon **salaire** actuel est de

## *CURRICULUM VITAE*

| | |
|---|---|
| **Name:** | Kate Maxwell |
| **Address:** | 12 Poplar Avenue, Leeds LS12 9DT, England |
| **Telephone:** | 0113 246 6648 |
| **Date of Birth:** | 2.2.73 |
| **Marital Status:** | Single |
| **Nationality:** | British |
| **Qualifications[1]:** | Diploma in Business Management, Liverpool College of Business Studies (1997)<br>BA Honours in French with Hispanic Studies (Upper 2nd class), University of York (1996)<br>A-Levels: English (B), French (A), Spanish (A), Geography (C) (1991)<br>O-Levels: in 8 subjects (1989) |
| **Employment History:** | Sales Assistant, Langs Bookshop, York (summer 1997)<br>English Assistant, Lycée Victor Hugo, Nîmes, France (1994-95)<br>Au Pair, Nantes, France (summer 1992)<br>Campsite courier, Peniscola, Spain (summer 1991) |
| **Other Information:** | I enjoy reading, the cinema, skiing and amateur dramatics. I hold a clean driving licence and am a non-smoker. |
| **References:** | Mr John Jeffries<br>General Reference<br>Langs Bookshop<br>York<br>YT5 2PS<br><br>Ms Teresa González<br>Department of Spanish<br>University of York<br>York<br>YT4 3DE |

[1] *Si l'on pose sa candidature à un poste à l'étranger, l'emploi de formules telles que "French equivalent of A-Levels (Baccalauréat Langues)" est conseillé.*

- **I would like to change jobs** to broaden my experience
  - j'aimerais changer de **situation**
- **I would like to make better use of** my languages
  - j'aimerais **pratiquer** davantage

### 19.3 Pour terminer la lettre

- **I will be available from** the end of April
  - je serai **disponible** à partir de
- **I am available for interview** at any time
  - je me tiens à votre **disposition** pour un **entretien**
- **I would be glad to supply further details**
  - je me tiens à votre **disposition** pour tout complément d'**information**
- **Please do not hesitate to contact me** for further information
  - n'hésitez pas à me contacter
- **Please do not contact my current employer**
  - je vous serais **reconnaissant** de ne pas contacter mon **employeur** actuel
- **I enclose** a stamped addressed envelope for your reply
  - veuillez trouver **ci-joint**

### 19.4 Comment demander et rédiger des références

- In my application for the position of German lecturer, I have been asked to provide the names of two referees and **I wondered whether you would mind if I gave your name** as one of them
  - je vous serais **reconnaissant** de me permettre de donner votre nom
- Ms Lane has applied for the post of Marketing Executive with our company and has given us your name as a reference. **We would be grateful if you would let us know whether you would recommend her for this position**
  - nous vous serions **reconnaissants** de bien vouloir nous dire si vous la **recommandez** pour ce poste
- **Your reply will be treated in the strictest confidence**
  - votre **réponse** sera considérée comme strictement confidentielle
- I have known Mr Chambers for four years in his capacity as Sales Manager and **can warmly recommend him for the position**
  - c'est avec plaisir que je vous le **recommande** pour ce poste

117 Rollesby Road
Beccles NR6 9DL
☎ 61 654 31 71

Ms Sharon McNeillie
41 Courthill Street
Beccles NR14 8TR

18 January 2000

Dear Ms McNeillie,

***Special Offer! 5% discount on orders received in January!***

Thank you for your recent enquiry. We can deliver fresh flowers anywhere in the country at very reasonable prices. Our bouquets come beautifully wrapped, with satin ribbons, attractive foil backing, a sachet of plant food and, of course, your own personalized message. For that special occasion, we can even deliver arrangements with a musical greeting, the ideal surprise gift for birthdays, weddings or Christmas!

Whatever the occasion, you will find just what you need to make it special in our latest brochure, which I have pleasure in enclosing, along with our current price list. All prices include delivery within the UK.

During the promotion, a discount of 5% will apply on all orders received before the end of January, so hurry!

We look forward to hearing from you.

Yours sincerely,

Daisy Duckworth

Daisy Duckworth
Promotions Assistant

### 19.5 Pour accepter ou refuser une offre d'emploi

- Thank you for your letter of 20 March. **I will be pleased to attend for interview** at your Manchester offices on Thursday 7 April at 10am
  - je serai très heureux de me rendre à l'**entretien**

- **I would like to confirm my acceptance of** the post of Marketing Executive
  - je désire **confirmer** que j'accepte

- **I would be delighted to accept this post. However,** would it be possible to postpone my starting date until 8 May?
  - c'est avec **plaisir** que j'**accepterais** ce poste. Toutefois

- **I would be glad to accept your offer; however,** the salary stated is somewhat lower than what I had hoped for
  - c'est avec **plaisir** que j'**accepterais** votre **offre** ; toutefois

- Having given your offer careful thought, **I regret that I am unable to accept**
  - j'ai le **regret** de devoir la **refuser**

## 20 LA CORRESPONDANCE COMMERCIALE

### 20.1 Demandes de renseignements

- **We** see **ou** note from your advertisement in the latest edition of the Healthy Holiday Guide that you are offering cut-price salmon fishing holidays in Scotland, and **would be grateful if you would send us** full details of prices and dates available between 14 July and 30 August
  - nous vous serions **reconnaissants** de bien vouloir nous **envoyer**

- I read about the Association for Improvements in the Maternity Services in the NCT newsletter and would be very interested to learn more about your activities. **Please send me details of** membership
  - je vous serais **reconnaissant** de bien vouloir m'**envoyer** de plus amples **renseignements** sur

- **In response to your enquiry of** 8 March, **we have pleasure in enclosing** full details on our activity holidays in Cumbria, **together with** our price list
  - **suite** à votre lettre du ..., nous vous prions de trouver **ci-joint** ... ainsi que

**Carrick Foods Ltd**
*Springwood Industrial estate*
*Alexandra Road*
*Sheffield S11 5GF*

Ms J Chalmers
Department of English
Holyrood High School
Mirlees Road
Sheffield S19 7KL

14 April 2000

Dear Ms Chalmers,

Thank you for your letter of 7 April enquiring if it would be possible to arrange a group visit to our factory. We would of course be delighted to invite you and your pupils to take part in a guided factory tour. You will be able to observe the process from preparation through to canning, labelling and packaging of the final product ready for dispatch. Our factory manager will be available to answer pupils' questions at the end of the tour.

I would be grateful if you could confirm the date of your proposed visit, as well as the number of pupils and teachers in the party, at your earliest convenience.

Thank you once again for your interest in our company. I look forward to meeting you.

Yours sincerely,

George Whyte

George Whyte

- **Thank you for your enquiry about** the Association for the Conservation of Energy. **I have enclosed** a leaflet explaining our background, as well as a list of the issues we regularly campaign on. **Should you wish** to join ACE, a membership application form is also enclosed
  - nous vous **remercions** de votre demande de **renseignements** concernant ... Veuillez trouver ci-joint ... ainsi que ... Si vous désirez

## 20.2 Commandes

- **We would like to place an order for** the following items, in the sizes and quantities specified below
  - nous aimerions passer **commande** de
- **Please find enclosed our order no.** 3011 for ...
  - veuillez trouver notre **commande** n°
- **The enclosed order** is based on your current price list, assuming our usual discount of 5 % on bulk orders
  - la **commande** ci-jointe
- **I wish to order** a can of "Buzz off!" wasp repellent, as advertised in the July issue of Gardeners' Monthly **and enclose a cheque for** £2.50
  - je désire **commander** ... et vous envoie un chèque de
- **Thank you for your order of** 16 June, which will be dispatched within 30 days
  - nous vous **remercions** de votre **commande** en date du
- **We acknowledge receipt of your order no.** 3570 and advise that the goods will be dispatched within 7 working days
  - nous **accusons réception** de votre **commande** n°
- **We regret that the goods you ordered are temporarily out of stock**
  - nous **regrettons** de vous dire que les articles que vous avez **commandés** sont temporairement épuisés
- **Please allow 28 days for delivery**
  - veuillez compter un **délai** de 28 jours pour la **livraison**

## 20.3 Livraisons

- **Our delivery time is** 60 days from receipt of order
  - nos **délais** de **livraison** sont de
- **We await confirmation of your order**
  - nous attendons **confirmation** de votre **commande**

- **We confirm that the goods were dispatched on** 4 September
  - nous **confirmons** que les **marchandises** ont été **expédiées** le

- **We cannot accept responsibility for** goods damaged in transit
  - nous ne pouvons accepter aucune **responsabilité** pour

### 20.4 Pour se plaindre

- **We have not yet received** the items ordered on 22 January (our order no. 2263 refers)
  - nous n'avons pas encore reçu **livraison** de

- **We wish to draw your attention to** an error in the consignment received on 18 November
  - nous désirons vous **signaler**

- **Unfortunately**, the goods were damaged in transit
  - **malheureusement**

- **The goods received differ significantly from the description in your catalogue**
  - les articles livrés ne correspondent pas à la description qui en est donnée dans votre catalogue

- If the goods are not received by 20 October, **we shall have to cancel our order**
  - nous nous verrons contraints d'**annuler** notre **commande**

### 20.5 Règlement

- **The total amount outstanding is ...**
  - la **somme** qui reste à **régler** s'élève à

- **We would be grateful if you would attend to this account immediately**
  - nous vous serions reconnaissants de bien vouloir **régler** cette **somme** dans les plus brefs délais

- **Please remit payment by return**
  - veuillez nous faire parvenir ce **règlement** par retour du courrier

- Full payment **is due within** 14 working days from receipt of goods
  - est **dû** sous

- **We enclose** a cheque for ... **in settlement of your invoice no.** 2003L/58
  - veuillez trouver ci-joint ... en **règlement** de votre **facture** n°

- We must point out an error in your account and **would be grateful if you would adjust your invoice** accordingly
  - nous vous serions reconnaissants de rectifier votre **facture**

- This mistake was due to an accounting error, and **we enclose a credit note for** the sum involved
  - nous vous prions de trouver ci-joint un avoir pour

- **Thank you for your cheque** for ... in settlement of our invoice
  - nous vous remercions de votre chèque

- **We look forward to doing further business with you in the near future**
  - Nous espérons vous compter à nouveau parmi nos clients

## 21 LA CORRESPONDANCE GÉNÉRALE

[voir pages 1280-1281]
[see pages 1280-1281]

### 21.1 Pour commencer une lettre

Pour écrire à quelqu'un que l'on connaît

- **Thank you** ou **Thanks for your letter**, which arrived yesterday
  - merci pour votre **lettre**

- **It was good** ou **nice** ou **lovely to hear from you**
  - cela m'a fait plaisir d'avoir de vos **nouvelles**

- **I felt I must write a few lines** just to say hello
  - je vous **envoie** ce petit **mot**

- **I'm sorry I haven't written for so long**, and hope you'll forgive me; I've had a lot of work recently and ...
  - je suis **désolé** de ne pas vous avoir **écrit** depuis si longtemps

- **This is a difficult letter for me to write**, and I hope you will understand how I feel
  - je ne sais par où commencer cette **lettre**

Pour écrire à un organisme

- **I am writing to ask whether** you (have in) stock a book entitled ...
  - je vous **écris** pour demander si

- **Please send me** ... I enclose a cheque for ...
  - je vous prie de **m'envoyer**

- When I left your hotel last week, I think I may have left a beige raincoat in my room. **Would you kindly** let me know whether it has been found
  - je vous serais très **reconnaissant** de bien vouloir

- **I** have seen the details of your summer courses, and **wish to know whether** you still have any vacancies on the Beginners' Swedish course
  - je **désirerais** savoir si

### 21.2 Pour terminer une lettre (avant la formule de politesse)

À une connaissance

- **Gerald joins me in sending** very best wishes to you all
  - Gerald se joint à moi pour vous **adresser**

- **Irene sends her kindest regards**
  - Irene me charge de vous **transmettre** ses **amitiés**

- **Please remember me to** your wife — I hope she is well
  - mon meilleur **souvenir** à

- If there is anything else I can do, **please don't hesitate to get in touch** again
  - n'hésitez pas à me **contacter**

- **I look forward to hearing from you**
  - j'attends votre réponse avec impatience

À un(e) ami(e)

- **Say hello to Martin for me**
  - dis **bonjour** à Martin pour moi

- **Give my warmest regards to Vincent**
  - **transmets** toutes mes **amitiés** à Vincent

- **Doreen asks me to give you her best wishes**
  - Doreen me charge de te **transmettre** ses **amitiés**

- **Do write** when you have a minute
  - **écris**-moi

- **Do let us have your news** from time to time
  - donne-nous de tes **nouvelles**

226 Wilton Street
Leicester LE8 7SP

20th November 2000

Dear Hannah,

Sorry I haven't been in touch for a while. It's been hectic since we moved house and we're still unpacking! Anyway, it's Leah's first birthday on the 30th and I wondered if you and the kids would like to come to her party that afternoon.
We were planning to start around 4 o'clock and finish around 5.30 or so. I've invited a clown and a children's conjuror, mainly for the entertainment of the older ones. With a bit of luck, you and I might get a chance to catch up on all our news!

Drop me a line or give me a ring if you think you'll be able to make it over on the 30th. It would be lovely if you could all come!

Hoping to hear from you soon. Say hello to Danny, Paul and Jonathan for me.

Love,

Jackie

***Les tableaux ci-dessous présentent quelques exemples-types de formules épistolaires.***

## À quelqu'un que l'on connaît personnellement

| DÉBUT DE LETTRE | FIN DE LETTRE |
|---|---|
| Dear Mr Brown<br>Dear Mrs Drake<br>Dear Mr & Mrs Charlton<br>Dear Miss Baker<br>Dear Ms Black<br>Dear Dr Armstrong<br>Dear Professor Lyons<br>Dear Sir Gerald<br>Dear Lady Mcleod<br>Dear Andrew<br>Dear Margaret | **Formule habituelle**<br>Yours sincerely<br><br>**Plus amical**<br>With all good wishes<br>Yours sincerely<br><br>With kindest regards<br>Yours sincerely |

## À une connaissance, ou à un(e) ami(e)

| DÉBUT DE LETTRE | FIN DE LETTRE |
|---|---|
| Dear Alison<br>Dear Annie and George<br>Dear Uncle Eric<br>Dear Mrs Newman<br>Dear Mr and Mrs Jones<br>My dear Miss Armitage | **Formule habituelle**<br>Yours sincerely<br><br>**Plus amical**<br>With best wishes<br>Yours sincerely<br><br>With kindest regards<br>Yours sincerely<br><br>With all good regards<br>Yours sincerely<br><br>**Plus familier**<br>With best wishes<br>Yours ever<br><br>Kindest regards<br><br>With best wishes<br>As always |

14 Apsley Grove
Aberdeen AB4 7LP
Scotland

14th April 2000

Dear Hélène and Michel,

I arrived back in Britain last night, just before midnight. My flight from Paris was delayed by over four hours and I was quite exhausted by the time we finally landed. Still, I have the weekend ahead to recover before going back to work on Monday!

I just wanted to thank you for all your warmth and hospitality, which made my stay with you truly unforgettable. I took hundreds of photographs, as you know, and I plan to get them developed as soon as possible and put the best ones in an album. I'll send you some, too, of course.

Remember that you're more than welcome to come and stay with me here any time. I'd be really glad to have you both and it would give me a chance to repay you for all your kindness.

Keep in touch and take care!

With love from

Sandra

***Les tableaux ci-dessous présentent quelques exemples-types de formules épistolaires.***

## Lettres commerciales

| Début de lettre | Fin de lettre |
|---|---|
| | **Formule habituelle** |
| *à une entreprise*<br>Dear Sirs | Yours faithfully |
| *à un homme*<br>Dear Sir | |
| *à une femme*<br>Dear Madam | |
| *à une personne que l'on ne connaît pas*<br>Dear Sir or Madam | |

## À un(e) ami(e) proche, à un(e) parent(e)

| Début de lettre | Fin de lettre |
|---|---|
| Dear Victoria<br>My dear Albert<br>Dear Aunt Eleanor<br>Dear Granny and Grandad<br>Dear Mum and Dad<br>My dear Elizabeth<br>Dearest Norman<br>My dearest Mother<br>My dearest Dorinda<br>My darling Augustus | **Formule habituelle**<br>With love from<br>Love from<br>**Plus familier**<br>Love to all<br>Love from us all<br>Yours<br>All the best<br>**Plus affectueusement**<br>With much love from<br>Lots of love from<br>Much love, as always<br>All my love |

• **Hoping to hear from you before too long**
 • j'espère avoir bientôt de tes **nouvelles**

• Rhona **sends her love**/Raimond **sends his love**
 • t'**embrasse**

• **Give my love to** Daniel and Leah, and tell them how much I miss them
 • **embrasse** de ma part

• Jodie and Carla **send you a big hug**
 • t'**embrassent** très fort

## 21.3 L'organisation des voyages

• **Please send me details of** your prices
 • veuillez m'**adresser** le détail de

• **Please advise** availability of dates between 1 August and 30 September
 • veuillez me faire savoir

• **Please let me know by return of post if** you have one single room with bath, half board, for the week commencing 3 October
 • veuillez me faire savoir par retour du courrier si

• **I would like to book** bed-and-breakfast accommodation with you
 • je souhaite **réserver**

• **Please consider this a firm booking** and hold the room until I arrive
 • je **confirme** ma réservation

• **Please confirm the following by fax**: one single room with shower for the nights of 20-23 October 1995
 • veuillez **confirmer** par fax la **réservation** suivante:

• **I am afraid I must ask you to alter my booking from** 25 August **to** 3 September. I hope this will not cause too much inconvenience
 • je me vois obligé de vous demander de **reporter** ma **réservation** du ... au

• **I am afraid I must cancel the booking** made with you for 5 September
 • je me vois **contraint** d'**annuler**

# 22 LES REMERCIEMENTS

• **Please accept our sincere thanks for** all your help and support
 • recevez nos plus **sincères remerciements**

• **I am writing to thank you** ou **to say thank you for** allowing me to quote your experience in my article on multiple births following fertility treatment
 • je vous écris pour vous **remercier** de

• **We greatly appreciated** your support during our period of captivity
 • nous avons été très **sensibles** à

• Your advice and understanding **were much appreciated**
 • je vous suis très **reconnaissant** de

De façon plus familière

• Just a line to say **thanks for** the lovely book which arrived today
 • **merci** pour

• **It was really nice of you to** remember my birthday
 • c'était très **gentil** de ta part de

• **(Would you) please thank him from me**
 • **remerciez**-le pour moi

• **I can't thank you enough for** finding my watch
 • je ne sais pas comment vous **remercier** d'avoir

De la part d'un groupe

• **Thank you on behalf of** the Wigtown Business Association for ...
 • au nom de ..., **merci** pour

• **We send our heartfelt thanks to** him and Olive and we hope that we shall continue to see them at future meetings of the group
 • nous adressons nos plus vifs **remerciements** à

• **I am instructed by** our committee **to tender our sincere thanks for** your assistance at our recent Valentine Social (soutenu)
 • je suis chargé de vous adresser nos plus **sincères remerciements** pour

À l'attention d'un groupe

• **A big thank you to** everyone involved in the show this year (familier)
 • un grand **merci** à

• **Please convey to everybody my warmest thanks and deepest appreciation**, and ask them to forgive me for not writing letters to each individual
 • **transmettez** à tous mes **remerciements** les plus vifs et l'expression de ma **reconnaissance**

• **We must express our appreciation to** the University of Durham Research Committee for providing a grant
 • nous sommes extrêmement **reconnaissants** à

• **I should like to extend my grateful thanks to** all the volunteers who helped make it such an enjoyable event
 • je souhaite adresser mes **remerciements** à

# 23 LES VŒUX

• NB : Dans la section suivante, [...] pourrait être "a Merry Christmas and a Happy New Year", "a happy birthday", "a speedy recovery", etc.

## 23.1 Expressions passe-partout

• **I hope you have** a lovely holiday/a safe and pleasant journey/a successful trip
 • je vous **souhaite**

• **With love and best wishes for** [...]
 • meilleurs **vœux** de

• **With all good wishes for** [...], **from** (+ signature)
 • (avec) tous mes **vœux** de

• **(Do) give my best wishes to** your mother **for** a happy and healthy retirement
 • **transmettez** mes meilleurs **vœux** de ... à

• Len **joins me in sending you all our very best wishes for** a successful new career
 • ... se joint à moi pour vous adresser nos meilleurs **vœux** de

## 23.2 À l'occasion de Noël et du Nouvel An

• NB : en G.-B. et aux U.S.A. il est traditionnel d'envoyer des cartes de vœux pour Noël et le Nouvel An avant le 25 décembre

• **Merry Christmas and a Happy New Year**
 • **Joyeux Noël** et **Bonne Année**

• **With season's greetings and very best wishes from** (+ signature)
 • **bonnes fêtes** de fin d'**année** et meilleurs **vœux**

• **A Merry Christmas to you all, and best wishes for health, happiness and prosperity in the New Year**
 • **Joyeux Noël** à tous et meilleurs **vœux** de santé et de prospérité pour la Nouvelle **Année**

• **May I send you all our very best wishes for 2001**
  • nous vous présentons nos meilleurs **vœux** pour 2001

### 23.3 À l'occasion d'un anniversaire

• **All our love and best wishes on your** 21st **birthday**, from Mum, Dad, Kerry and the cats
  • nous te **souhaitons** un très heureux **anniversaire** avec toute notre affection

• **This is to send you our fondest love and very best wishes on your eighteenth birthday, from** Aunt Alison and Uncle Paul
  • nous t'**adressons** tous nos **vœux** de **bonheur** pour tes 18 ans. Bien affectueusement

• **Wishing you a happy birthday for next Wednesday**. See you at the party, love Hannah
  • je te **souhaite** un très bon **anniversaire** pour mercredi

• I am writing to wish you **many happy returns (of the day)**. Hope your birthday brings you everything you wished for. Love from Grandma and Grandpa
  • un très **joyeux anniversaire**

### 23.4 Pour envoyer des vœux de rétablissement

• Sorry (to hear) you're ill — **get well soon!** (familier)
  • j'espère que tu seras bientôt **rétabli**

• I was very sorry to learn that you were ill, and **send you my best wishes for a speedy recovery** (soutenu)
  • je vous adresse tous mes **vœux** de prompt **rétablissement**

### 23.5 Pour souhaiter bonne chance à quelqu'un

• NB : Dans la section suivante, [...] pourrait être "interview", "driving test", "exam", etc.

• I thought I'd drop you a line to send you **best wishes for your** [...]
  • bonne **chance** pour ton

• **Good luck for your** [...]. I hope things go well for you on Friday
  • bonne **chance** pour ton

• Sorry to hear you didn't get the job — **better luck next time!**
  • je suis sûr que tu **réussiras** la prochaine fois

• Sorry you're leaving us. **Good luck in** your future career
  • bonne **chance** pour

• We all wish you **the best of luck in** your new job
  • bonne **chance** pour

### 23.6 Pour féliciter quelqu'un

Oralement

• You're doing a great job! **Good for you!** Keep it up!
  • **bravo** !

• You're pregnant? **Congratulations!** When's the baby due?
  • **félicitations** !

• You've finished the job already? **Well done!**
  • **bravo** !

• All I can say is **well done for** complain**ing** and **congratulations on** gett**ing** the back-dated money
  • c'est bien d'avoir ... je vous **félicite** d'avoir

Par écrit

• **We all send you our love and congratulations on** such an excellent result
  • nous vous adressons toutes nos **félicitations** pour

• This is to send you **our warmest congratulations and best wishes on** [...]
  • toutes nos **félicitations** pour

• **Allow me to offer you my heartiest congratulations on** a well-deserved promotion
  • permettez-moi de vous **féliciter** de tout cœur pour

## 24 LES FAIRE-PART

### 24.1 Comment annoncer une naissance

De façon familière

• Julia Archer **gave birth to** a healthy 6lb 5oz baby son, Andrew, last Monday
  • a le **plaisir** de vous **annoncer** la **naissance** de

• Lisa had a baby boy, 7lb 5oz, last Saturday. **Mother and baby are both doing well**
  • La mère et l'enfant se portent bien

Officiellement

• Graham and Susan Anderson (née McDonald) **are delighted to announce the birth of** a daughter, Laura Anne, on 11th October, 2001, at the Royal Maternity Hospital, Glasgow (dans une lettre ou un journal)
  • ont la **joie** de vous faire part de la **naissance** de

• At the Southern General Hospital, on 1st December, 2001, **to Paul and Diane Kelly a son, John** (dans un journal)
  • Paul et Diane Kelly ont la **joie** d'**annoncer** la **naissance** de John

... et comment répondre

• **Congratulations (to you both) on the birth of** your son, and best wishes to Alexander for good health and happiness throughout his life
  • toutes nos **félicitations** à l'occasion de la **naissance** de

• **We were delighted to hear about the birth of** Stephanie, and send our very best wishes to all of you
  • nous avons été très **heureux** d'apprendre la **naissance** de

### 24.2 Comment annoncer des fiançailles

De façon familière

• **I'm sure you'll be delighted to learn that** Sally and I **got engaged** last Saturday
  • je suis sûr que tu seras **heureux** d'apprendre que ... nous nous sommes **fiancés**

• **I'm happy to be able to tell you that** James and Valerie **have** at last **become engaged**
  • je suis **heureux** de t'apprendre que ... se sont **fiancés**

Officiellement

• **It is with much pleasure that the engagement is announced between** Michael, younger son of Professor and Mrs Perkins, York, **and** Jennifer, only daughter of Dr and Mrs Campbell, Aberdeen (dans un journal)
  • nous avons le **plaisir** de vous annoncer les **fiançailles** de ... et de ...

• **Both families are happy to announce the engagement of** Lorna Thompson, eldest daughter of Mark and Elaine Thompson **to** Brian Gordon, only son of James and Mary Gordon (dans un journal)
  • les familles ... et ... sont **heureuses** de vous annoncer les **fiançailles** de ... et ...

◆ Mr and Mrs Levison **have much pleasure in announcing the engagement of** their daughter Marie **to** Mr David Hood, Canada (dans un journal)
◆ ont le **plaisir** de vous annoncer les **fiançailles** de ... et ...

... et comment répondre

◆ **Congratulations to you both on your engagement**, and very best wishes for a long and happy life together
◆ **félicitations** à tous deux pour vos **fiançailles**

◆ **I was delighted to hear of your engagement**, and wish you both all the best for your future together
◆ j'ai été très **heureux** d'apprendre vos **fiançailles**

### 24.3 Comment annoncer un mariage

De façon familière

◆ Louise and Peter **have decided to get married** on the 4th June
◆ ont décidé de se **marier**

◆ **I'm getting married** in June, to a wonderful man named Lester Thompson
◆ je me **marie**

◆ **We've finally set the date for** the 19th May, 2001
◆ nous avons finalement fixé la date au

Officiellement

◆ Mr and Mrs William Morris **are delighted to announce the marriage of** their daughter Sarah to Mr Jack Bond, in St. Francis Church, Whitley Bay, on 5th January 2001 (dans une lettre ou un journal)
◆ sont heureux de vous annoncer le **mariage** de

◆ **At Netherlee Parish Church, on 1st October, 2001, by Rev. I Doherty, Alison, daughter of Ian and Mary Johnstone, Netherlee, to Derek, son of Ray and Lorraine Gilmore, Bishopbriggs** (dans un journal)
◆ on nous prie d'annoncer le **mariage** de Mademoiselle Alison Johnstone, fille de Monsieur et Madame Ian Johnstone, avec Monsieur Derek Gilmore, fils de Monsieur et Madame Ray Gilmore, en l'église de Netherlee, le 1er octobre 2001. La cérémonie a été **célébrée** par le Révérend I. Doherty

... et comment répondre

◆ **Congratulations on your marriage**, and best wishes to you both for your future happiness
◆ (toutes mes) **félicitations** à l'occasion de votre **mariage**

◆ **We were delighted to hear about your daughter's marriage to** Iain, and wish them both all the best for their future life together
◆ nous avons été très heureux d'apprendre le **mariage** de votre fille et de ...

### 24.4 Comment annoncer un décès

Dans une lettre personnelle

◆ My husband **died suddenly** last year
◆ ... est **mort** subitement

◆ **It is with great sadness that I have to tell you that** Joe's father **passed away** three weeks ago
◆ c'est avec la plus grande **tristesse** que je dois t'annoncer que ... est **décédé**

Officiellement (dans un journal)

◆ **Suddenly**, at home, in Newcastle-upon-Tyne, on Saturday 2nd July, 2001, Alan, aged 77 years, **the beloved husband of** Helen and **loving father of** Matthew
◆ ... son épouse et ... son fils ont la **douleur** de vous faire part du **décès** brutal

◆ Mavis Ann, wife of the late Gavin Birch, **passed away peacefully** in the Western Infirmary on 4th October 2002, aged 64 years. **No flowers, please**
◆ ... s'est **éteinte** paisiblement ... Ni fleurs ni couronnes

◆ **It is with deep sadness that** the Fife Club **announces the death of** Mr Tom Levi, who died in hospital on May 19 after a stroke
◆ c'est avec la plus profonde **tristesse** que ... vous annonce le **décès** de

... et comment répondre

◆ I was terribly upset to hear of Jim's death, and am writing to send you **all warmest love and deepest sympathy**
◆ toute mon amitié et ma plus profonde **sympathie**

◆ **Deepest sympathy on the loss of** a good friend to you and all of us
◆ toutes mes **condoléances** à l'occasion de la **perte** de

◆ My husband and I **were greatly saddened to learn of the passing of** Dr Smith, and send you and your family our most sincere condolences
◆ c'est avec la plus grande **tristesse** que ... avons appris le **décès** de

◆ **We wish to extend our deepest sympathy on your sad loss to you and your wife**
◆ nous vous adressons à votre épouse et à vous-même nos plus sincères **condoléances**

### 24.5 Pour annoncer un changement d'adresse

◆ We are moving house next week. **Our new address** as of 4 December 2001 **will be** 41 Acacia Avenue, BN7 2BT Barnton
◆ notre nouvelle **adresse** ... sera

## 25 LES INVITATIONS

### 25.1 Les invitations officielles

◆ Mr and Mrs James Waller **request the pleasure of your company at the marriage of** their daughter Mary Elizabeth to Mr Richard Hanbury at St Mary's Church, Frampton on Saturday, 21st August, 2001 at 2 o'clock and afterwards at Moor House, Frampton
◆ ont le plaisir de vous **inviter** à l'occasion du mariage de

◆ The Warden and Fellows of Hertford College, Oxford **request the pleasure of the company of** Miss Charlotte Young and partner **at a dinner** to mark the anniversary of the founding of the College
◆ ont le plaisir de **convier** ... à un dîner

◆ Margaret and Gary Small **request the pleasure of your company at a reception** (ou **dinner**) to celebrate their Silver Wedding, on Saturday 12th November, 2001, at 8pm at Norton House Hotel, Edinburgh
◆ ont le plaisir de vous **inviter** à une **réception** (*ou* un dîner)

... et comment répondre

◆ **We thank you for your kind invitation to** the marriage of your daughter Annabel on 20th November, **and have much pleasure in accepting**
◆ nous vous remercions de votre aimable **invitation** au ... et nous faisons une joie d'**accepter**

◆ **We regret that we are unable to accept your invitation to** the marriage of your daughter on 6th May
◆ nous regrettons de ne pouvoir **accepter** votre **invitation** au

### 25.2 Les invitations plus intimes

- **We are celebrating** Rosemary's engagement to David by holding a dinner dance at the Central Hotel on Friday 11th February, 2001, **and very much hope that you will be able to join us**
  - nous **fêtons** ... et espérons de tout cœur que vous pourrez vous **joindre** à nous
- **We** are giving a dinner party next Saturday, and **would be delighted if you and your wife could come**
  - nous serions heureux si votre femme et vous pouviez être des nôtres
- **I'm planning a** 25th **birthday party** for my nephew — **hope you'll be able to make it**
  - j'**organise** une **soirée** d'anniversaire ... j'espère que vous pourrez venir
- **I'm having a party** next week for my 18th — **come along, and bring a friend**
  - j'**organise** une **soirée** ... **joins**-toi à nous et amène un de tes amis

### 25.3 Invitations à se joindre à quelqu'un

- **Why don't you come down** for a weekend and let us show you Sussex?
  - pourquoi ne viendriez-vous pas
- **Would you be interested in** coming with us to the theatre next Friday?
  - est-ce que cela vous dirait de
- **Would you and Gordon like to come** to dinner next Saturday?
  - voulez-vous venir ... Gordon et toi ?
- **Would you be free for** lunch next Tuesday?
  - seriez-vous **libre** pour
- **Perhaps we could** meet for coffee some time next week?
  - peut-être pourrions-nous

### 25.4 Pour accepter une invitation

- **I'd love to** meet up with you tomorrow
  - je serais **heureux** de
- **It was good of you to invite me**, I've been longing to do something like this for ages
  - c'était très **gentil** à vous de m'**inviter**
- **Thank you for your invitation to** dinner — **I look forward to it very much**
  - **merci** pour votre **invitation** ... je me fais une joie de venir

### 25.5 Pour refuser une invitation

- **I'd love to come, but I'm afraid** I'm already going out that night
  - j'aimerais beaucoup venir mais **malheureusement**
- **I'm terribly sorry, but I won't be able to come to** your party
  - je suis **désolé** mais je ne pourrai pas venir à
- **I wish I could come, but unfortunately** I have something else on
  - j'aimerais pouvoir venir, mais **malheureusement**
- **Unfortunately, it's out of the question** for the moment
  - **malheureusement**, c'est impossible
- It was very kind of you to invite me to your dinner party next Saturday. **Unfortunately I will not be able to accept**
  - je ne peux **malheureusement** pas **accepter**
- **Much to our regret, we are unable to accept** (soutenu)
  - nous sommes au **regret** de devoir **refuser**

### 25.6 Sans donner de réponse précise

- **I'm not sure** what I'm doing that night, but I'll let you know either way before the end of the week
  - je ne suis pas **sûr**
- **It all depends on whether** I can get a sitter for Rosie at short notice
  - cela **dépend** : oui, si
- **I'm afraid I can't really make any definite plans** until I know when Alex will be able to take her holidays
  - je ne peux **malheureusement** pas m'**engager**
- It looks as if we might be going abroad with Jack's company in August so **I'd rather not commit myself** to a holiday yet
  - je préférerais ne pas m'**engager**

## 26 LA DISSERTATION

### 26.1 Les grandes lignes de l'argument

Pour introduire un sujet

De façon impersonnelle

- **It is often said** ou **asserted** ou **claimed that** the informing "grass" is named after the song Whispering Grass, but the tag long predates the ditty
  - on **dit** bien souvent que
- **It is a truth universally acknowledged that** the use and abuse of the Queen's English is stirring up a hornet's nest
  - tout le monde s'**accorde** à **dire** que
- **It is a truism** ou **a commonplace (to say) that** American accents are infinitely more glamorous than their British counterparts
  - l'**opinion** selon laquelle ... est un lieu commun
- **It is undeniably true** that Gormley helped to turn his members into far more sophisticated workers
  - il est **indéniable** que
- **It is a well-known fact that** in this age of technology, it is computer screens which are responsible for many illnesses
  - tout le monde **sait** que
- **It is sometimes forgotten that** much Christian doctrine comes from Judaism
  - on **oublie** parfois que
- **It would be naïve to suppose that** in a radically changing world these 50-year-old arrangements can survive
  - il serait **naïf** de croire que
- **It would hardly be an exaggeration to say that** the friendship of both of them with Britten was among the most creative in the composer's life
  - on peut **dire** presque sans **exagérer** que
- **It is hard to open a newspaper nowadays without reading that** TV is going to destroy reading and that electronic technology has made the written word obsolete
  - de nos jours, il est presque **impossible** d'ouvrir un journal sans lire que
- **First of all, it is important to try to understand** some of the systems and processes involved in order to create a healthier body
  - tout d'abord, il est **important** de **comprendre**
- **It is in the nature of** classics in sociological theory **to** make broad generalizations about such things as societal evolution
  - c'est un **trait caractéristique** des ... que de
- **It is often the case that** early interests lead on to a career
  - il est souvent **vrai** que

De façon personnelle

- **By way of introduction, let me** summarize the background to this question
  - en **guise** d'**introduction**, j'aimerais
- **I would like to start with** a very sweeping statement
  - je **commencerai** par

- **Before going into the issue of** criminal law, **I wish first to summarize** how Gewirth derives his principles of morality and justice
  - avant d'**étudier** en détail le **problème** de ... je voudrais **résumer**
- **Let us look at** what self-respect in your job actually means
  - **examinons**
- **We commonly think of** people **as** isolated individuals but, in fact, few of us ever spend more than an hour or two of our waking hours alone
  - nous **considérons généralement** ... en tant que
- **What we are mainly concerned with here is** the conflict between what the hero says and what he actually does
  - ce qui nous **préoccupe** ici, c'est
- **We live in a world in which** the word "equality" is bandied about
  - nous vivons dans un monde où

Pour évoquer des concepts ou des problèmes

- **The concept of** controll**ing** disease-transmitting insects by genetic means isn't new
  - l'**idée** de
- **The idea of** gett**ing** rich without too much effort has universal appeal
  - l'**idée** de
- **The question of whether** Hamlet was insane has long occupied critics
  - la **question** de **savoir** si
- Why they were successful where their predecessors had failed **is a question that has been much debated**
  - est un **problème** souvent débattu
- **One of the most striking features** ou **aspects of this issue** ou **topic** ou **question is** the way (in which) it arouses strong emotions
  - l'un des **aspects** les plus frappants de ce **problème**, c'est
- **There are a number of issues** on which China and Britain openly disagree
  - il existe un certain nombre de **questions**

Pour faire des généralisations

- **People** who work outside the home **tend to believe that** parenting is an easy option
  - les gens ont **tendance** à penser que
- **There's** always **a tendency for people to** exaggerate your place in the world
  - les gens ont **tendance** à
- Many gardeners **have a tendency to** anthropomorphize plants
  - ont **tendance** à
- Fate **has a propensity to** behave in the same way to people of similar nature
  - a une propension à
- **For the (vast) majority of people**, literature is a subject which is studied at school but which has no relevance to life as they know it
  - pour la **plupart** des gens
- **For most of us**, the thought of the alternative to surviving into extreme old age is worse than surviving
  - pour la **plupart** d'entre nous
- History provides **numerous examples** ou **instances of** misguided national heroes who did more harm than good in the long run
  - de nombreux **exemples** de

Pour être plus précis

- The Meters' work with Lee Dorsey **in particular** merits closer inspection
  - en **particulier**
- **One particular issue** raised by Narayan was, suppose Grant at the time of his conviction was old enough to be hanged, what would have happened?
  - un **problème particulier**
- **A more specific point** relates to using the instrument in figure 6.6 as a way of challenging our hidden assumptions about reality
  - un **aspect** plus **spécifique**
- **More specifically**, he accuses Western governments of continuing to supply weapons and training to the rebels
  - plus **précisément**

## 26.2 Pour présenter une thèse

Remarques d'ouverture

- **First of all, let us consider** the advantages of urban life
  - tout d'**abord examinons**
- **Let us begin with an examination of** the social aspects of this question
  - **commençons** par **examiner**
- **The first thing that needs to be said is that** the author is presenting a one-sided view
  - tout d'**abord**, il faut dire que
- **What should be established at the very outset is that** we are dealing with a practical rather than philosophical issue
  - la **première constatation** qui s'impose est que

Pour délimiter le débat

- In the next section, **I will pursue the question of** whether the expansion of the Dutch prison system can be explained by Box's theory
  - je **développerai** le **problème** de
- **I will then deal with the question of** whether or not the requirements for practical discourse are compatible with criminal procedure
  - je **traiterai ensuite** du **problème** de
- We must distinguish between the psychic and the spiritual, and **we shall see how** the subtle level of consciousness is the basis for the spiritual level
  - nous **verrons** comment
- **I will confine myself to** giv**ing** an account of certain decisive facts in my militant career with Sartre
  - je me **contenterai** de
- In this chapter, **I shall largely confine myself to** a consideration of those therapeutic methods that use visualization as a part of their procedures
  - j'**étudierai** essentiellement
- **We will not concern ourselves here with** the Christian legend of St James
  - nous ne nous **préoccuperons** pas ici de
- **Let us now consider** to what extent the present municipal tribunals differ from the former popular tribunals in the above-mentioned points
  - **examinons maintenant**
- **Let us now look at** the types of corporatism that theorists developed to clarify the concept
  - **abordons maintenant**

Pour exposer les problèmes

- **The main issue under discussion is** how the party should re-define itself if it is to play any future role in Hungarian politics
  - le **problème principal** est
- **A second, related problem is that** business ethics has mostly concerned itself with grand theorising
  - **problème annexe** :
- **The issue at stake here is** one of misrepresentation or cheating
  - ce dont il s'**agit** ici est
- **An important aspect of** Milton's imagery **is** the play of light and shade
  - un des **aspects** importants de ... est
- **It is worth mentioning here that** when this was first translated, the opening reference to Heidegger was entirely deleted
  - il faut **mentionner** ici que

- **Finally, there is the argument that** castrating a dog will give it a nasty streak
  - **enfin**, on peut dire que

Pour mettre un argument en doute

- In their joint statement, the two presidents use tough language to condemn violence but **is there any real substance in what's been agreed?**
  - leur accord a-t-il un contenu réel?

- This is a question which **merits close(r) examination**
  - mérite un **examen** plus attentif

- The unity of the two separate German states **raises fundamental questions for** Germany's neighbours
  - soulève des **problèmes fondamentaux** pour

- The failure to protect our fellow Europeans **raises fundamental questions on** the role of the armed forces
  - soulève des **questions essentielles** quant à

- **This raises once again the question of** whether a government's right to secrecy should override the public's right to know
  - cela **soulève** à nouveau la **question** de savoir

- **This poses the question of** whether it is possible for equity capital to be cheap and portfolio capital to be expensive simultaneously
  - cela pose la **question** de savoir

Pour analyser les problèmes

- **It is interesting to consider why** this scheme has opened so successfully
  - il est intéressant d'**examiner** pourquoi

- **On the question of** whether civil disobedience is likely to help end the war, Chomsky is deliberately diffident
  - sur la **question** de

- **We are often faced with the choice between** our sense of duty **and** our own personal inclinations
  - nous sommes souvent contraints de faire un choix entre ... et

- **When we speak of** realism in music, **we do not at all have in mind** the illustrative bases of music
  - quand nous **parlons** de ..., nous ne **pensons** pas à

- **It is reasonable to assume that** most people living in industrialized societies are to some extent contaminated by environmental poisons
  - on peut raisonnablement **penser** que

Pour étayer un argument

- **An argument in support of** this approach **is that** it produces results
  - le fait que ... est un **argument** en **faveur** de

- **In support of his theory**, Dr Gold notes that most oil contains higher-than-atmospheric concentrations of helium-3
  - pour **appuyer** sa **théorie**

- **This is the most telling argument in favour of** an extension of the right to vote
  - c'est l'**argument** le plus éloquent en **faveur** de

- **The second reason for advocating** this course of action **is that** it benefits the community at large
  - une autre **raison** de **soutenir** ... est que

- **The third, more fundamental, reason for** looking to the future **is that** we need a successful market
  - la troisième **raison**, plus **essentielle**, de ... est que

- Confidence in capitalism seems to be at a post-war low. **The fundamental reason for** this contradiction seems to me quite simple
  - la **raison essentielle** de

## 26.3 Pour présenter une antithèse

Pour critiquer quelque chose ou pour s'y opposer

- **In actual fact, the idea of** there being a rupture between a so-called old criminology and an emergent new criminology **is somewhat misleading**
  - en **réalité**, l'**idée selon** laquelle ... est quelque peu trompeuse

- In order to argue this, I will show that Wyeth'**s position is untenable**
  - le **point** de vue de ... est **indéfendable**

- **It is claimed, however,** that the strict Leboyer method is not essential for a less traumatic birth experience
  - on **affirme cependant**

- **This need not mean that** we are destined to suffer for ever. **Indeed, the opposite may be true**
  - cela ne veut pas dire que ... il se peut même que le **contraire** soit **vrai**

- Many observers, though, **find it difficult to share his opinion that** it could mean the end of the Tamil Tigers
  - ne partagent guère son **opinion selon** laquelle

- **On the other hand**, there is a competing principle in psychotherapy that should be taken into consideration
  - d'un autre **côté**

- The judgement made **may well be true but** the evidence given to sustain it is unlikely to convince the sceptical
  - est peut-être **juste**, **mais**

- Reform **is all very well, but** it is pointless if the rules are not enforced
  - c'est bien joli, **mais**

- The case against the use of drugs in sport rests primarily on the argument that ... **This argument is weak, for two reasons**
  - cet **argument** manque de solidité, pour deux **raisons**

- According to one theory, the ancestors of vampire bats were fruit-eating bats. But **this idea** ou **argument does not hold water**
  - cette **idée** *ou* cet **argument** ne **tient** pas

- The idea **does not stand up to** historical scrutiny
  - ne **résiste** pas à

- **This view does not stand up** if we examine the known facts about John
  - ce **point** de vue ne **tient** pas

- **The trouble with the idea that** social relations are the outcome of past actions **is not that** it is wrong, **but rather that** it is uninformative
  - le **problème** que pose l'**idée selon** laquelle ... n'est pas que ... mais plutôt que

- **The difficulty with this view is that** he bases the principle on a false premise
  - là où son **point** de vue **pèche**, c'est que

- **The snag with** such speculations **is that** too much turns on one man or event
  - l'**inconvénient** que présente ... est que

- Removing healthy ovaries **is entirely unjustified in my opinion**
  - est totalement **injustifié selon** moi

Pour proposer une alternative

- **Another approach may be to** develop substances capable of blocking the effects of the insect's immune system
  - une manière **différente** d'**aborder** le **problème** serait de

- **Another way of looking at that claim is to** note that Olson's explanations require little knowledge of the society in question
  - on peut **envisager** le **problème** sous un autre **angle** en

- **However, the other side of the coin is** the fact that an improved self-image can lead to prosperity
  - cependant, il y a le **revers** de la **médaille**, à savoir que

- **It is more accurate to speak of** new criminologies rather than of a single new criminology
  - il est plus **juste** de parler de
- **Paradoxical though it may seem**, computer models of mind can be positively humanising
  - aussi **paradoxal** que cela puisse paraître

## 26.4 Pour présenter une synthèse

### Pour évaluer les arguments exposés

- **How can we reconcile** these two apparently contradictory viewpoints?
  - comment **réconcilier**
- **On balance**, making money honestly is more profitable than making it dishonestly
  - à tout prendre
- Since vitamins are expensive, **one has to weigh up the pros and cons**
  - il faut **peser** le **pour** et le **contre**
- **The benefits of** partnership in a giant trading market will almost certainly **outweigh the disadvantages**
  - les **avantages** de ... l'emportent sur les **inconvénients**
- **The two perspectives are not mutually exclusive**
  - ces deux **points** de vue ne sont pas totalement incompatibles

### Pour sélectionner un argument particulier

- Dr Meaden's theory **is the most convincing explanation**
  - est l'**explication** la plus **convaincante**
- **The truth** ou **fact of the matter is that** in a free society you can't turn every home into a fortress
  - la **vérité** est que
- But **the truth is that** Father Christmas has a rather mixed origin
  - la **vérité** est que
- This is an exercise that on paper might not seem to be quite in harmony, but **in actual fact** this is not the position
  - en **réalité**
- **When all is said and done, it must be acknowledged that** a purely theoretical approach to social issues is sterile
  - en **fin** de compte, il faut reconnaître que

### Pour résumer les arguments

- In this chapter, **I have demonstrated** ou **shown that** the Cuban alternative has been undergoing considerable transformations
  - j'ai **montré** que
- **This shows how**, in the final analysis, adhering to a particular theory on crime is at best a matter of reasoned choice
  - cela **démontre** comment
- **The overall picture shows that** prison sentences were relatively frequent
  - cette vue d'ensemble **montre** que
- **To recap** ou **To sum up, then, (we may conclude that)** there are in effect two possible solutions to this problem
  - en **résumé**, on peut **conclure** que
- **To sum up this chapter** I will offer two examples
  - **pour résumer** ce chapitre
- **To summarize**, we have seen that the old industries in Britain had been hit after the First World War by a deteriorating international position
  - en **résumé**
- Habermas's argument, **in a nutshell**, is as follows
  - en **bref**
- But **the key to the whole argument is** a single extraordinary paragraph
  - la clé du problème ... se trouve dans
- **To round off this section** on slugs, gardeners may be interested to hear that there are three species of predatory slugs in the British Isles
  - **pour clore** cette section

### Pour tirer des conclusions

- **From all this, it follows that** it is impossible to extend those kinds of security measures to all potential targets of terrorism
  - il **découle** de tout cela que
- This, of course, **leads to the logical conclusion that** those who actually produce do have a claim to the results of their efforts
  - nous amène **logiquement** à **conclure** que
- **There is only one logical conclusion we can reach**, which is that we ask our customers what they think of our marketing programme
  - on ne peut **aboutir** qu'à une seule **conclusion logique**
- **The inescapable conclusion is that** the criminal justice system has a hand in creating the reality we see
  - la **conclusion inéluctable** à laquelle on **aboutit** est que
- **We must conclude that** there is no solution to the problem of defining crime
  - nous devons **conclure** que
- **In conclusion**, the punishment model of deterrence is highly unsatisfactory
  - **pour conclure**
- **The upshot of all this is that** GIFT is more likely to be readily available than IVF
  - le **résultat** de tout cela est que
- **So it would appear that** ESP is not necessarily limited to the right hemisphere of the brain
  - il **semblerait** donc que
- **This only goes to show that** a good man is hard to find, be he black or white
  - cela **prouve** bien que
- **The lesson to be learned is that** the past, especially a past lived in impotence, can be enslaving
  - la leçon que l'on peut en **tirer** est que
- **At the end of the day**, the only way the drug problem will be beaten is when people are encouraged not to take it
  - en **fin** de compte
- **Ultimately, then**, these critics are significant
  - en **définitive**

## 26.5 Pour rédiger un paragraphe

### Pour ajouter quelque chose

- **In addition**, the author does not really empathize with his hero
  - de **plus**
- This award-winning writer, **in addition to being** a critic, biographer and poet, has written 26 crime novels
  - **outre** qu'il est
- But this is only part of the picture. **Added to this** are fears that a major price increase would cause riots
  - **s'ajoute** à cela ...
- **An added** complication **is** that the characters are not aware of their relationship to one another
  - **un autre** ... est
- **Also**, there is the question of language.
  - par **ailleurs**
- **The question also arises as to** how this idea can be put into practice
  - se pose **aussi** la question de savoir
- Politicians, **as well as** academics and educationalists, tend to feel strongly about the way in which history is taught
  - **ainsi que**
- But, **over and above that**, each list contains fictitious names or addresses
  - en **plus** de cela
- **Furthermore**, ozone is, like carbon dioxide, a greenhouse gas
  - en **outre**

Pour comparer

- **Compared with** the heroine, Alison is an insipid character
  - **comparé à**
- **In comparison with** the Czech Republic, the culture of Bulgaria is less westernized
  - en **comparaison** de
- This is a high percentage for the English Midlands but low **by comparison with** some other parts of Britain
  - par **comparaison** avec
- **On the one hand**, there is no longer a Warsaw Pact threat. **On the other (hand)**, the positive changes could have negative side-effects
  - d'un **côté** ... de l'autre
- **Similarly**, a good historian is not obsessed by dates
  - de **même**
- There can only be one total at the bottom of a column of figures and **likewise** only one solution to any problem
  - **pareillement**
- What others say of us will translate into reality. **Equally**, what we affirm as true of ourselves will likewise come true
  - de **même**
- There will now be a change in the way we are regarded by our partners, and, **by the same token**, the way we regard them
  - du **même** coup
- **There is a fundamental difference between** adequate nutrient intake **and** optimum nutrient intake
  - il existe une **différence** fondamentale entre ... et

Pour relier deux éléments

- **First of all** ou **Firstly**, I would like to outline the benefits of the system
  - tout d'**abord**
- In music we are concerned **first and foremost** with the practical application of controlled sounds relating to the human psyche
  - en tout **premier** lieu
- **In order to understand** the conflict between the two nations, **it is first of all necessary to** know something of the history of the area
  - pour comprendre ... il faut tout d'**abord**
- **Secondly**, it might be simpler to develop chemical or even nuclear warheads for a large shell than for a missile
  - **deuxièmement**
- **In the first/second/third place**, the objectives of privatization were contradictory
  - **premièrement**, **deuxièmement**, **troisièmement**
- **Finally,** there is the argument that castrating a dog will give it a nasty streak
  - **enfin**

Pour exprimer une opinion personnelle

- **In my opinion**, the government is underestimating the scale of the epidemic
  - à mon **avis**
- **My personal opinion is that** the argument lacks depth
  - **personnellement**, je pense que
- This is a popular viewpoint, but **speaking personally**, I cannot understand it
  - **personnellement**
- **Personally**, I think that no one can appreciate ethnicity more than black or African people themselves
  - **personnellement**
- **For my part**, I cannot agree with the leadership on this question
  - pour ma **part**
- **My own view is that** what largely determines the use of non-national workers are economic factors rather than political ones
  - je **trouve** que
- **In my view**, it only perpetuates the very problem that it sets out to address
  - à mon **idée**
- Although the author argues the case for patriotism, **I feel that** he does not do it with any great personal conviction
  - je **crois** que
- **I believe that** people do understand that there can be no quick fix for Britain's economic problems
  - je **crois** que
- **It seems to me that** what we have is a political problem that needs to be solved at a political level
  - il me **semble** que
- **I would maintain that** we have made a significant effort to ensure that the results are made public
  - je **soutiens** que

Pour présenter l'opinion de quelqu'un d'autre

- **He claims** ou **maintains that** intelligence is conditioned by upbringing
  - il **soutient** que
- Bukharin **asserts that** all great revolutions are accompanied by destructive internal conflict
  - **affirme** que
- The communique **states that** some form of nuclear deterrent will continue to be needed for the foreseeable future
  - **affirme** que
- **What he is saying is that** the time of the highly structured political party is over
  - il **dit** que
- His admirers **would have us believe that** watching this film is more like attending a church service than having a night at the pictures
  - voudraient nous faire **croire** que
- **According to** the report, poverty creates a climate favourable to violence
  - **selon**

Pour donner un exemple

- **To take another example**: many thousands of people have been condemned to a life of sickness and pain because ...
  - pour prendre un autre **exemple**
- Let us consider, **for example** ou **for instance**, the problems faced by immigrants arriving in a strange country
  - par **exemple**
- His meteoric rise **is the most striking example yet of** voters' disillusionment with the record of the previous government
  - est l'**exemple** le plus frappant de
- The case of Henry Howey Robson **serves to illustrate** the courage exhibited by young men in the face of battle
  - **illustre** bien
- Just consider, **by way of illustration**, the difference in amounts accumulated if interest is paid gross, rather than having tax deducted
  - pour **illustrer**
- **A case in point is** the decision to lift the ban on contacts with the republic
  - ... est un bon **exemple**
- **Take the case of** the soldier returning from war
  - prenons le **cas** de
- **As** the Prime Minister **remarked,** the Channel Tunnel will greatly benefit us all
  - comme l'a fait **remarquer**

## 26.6 Les mécanismes de la discussion

Pour présenter une supposition

- They telephoned the president to put pressure on him. And **that could be interpreted as** trying to gain an unconstitutional political advantage
  - on pourrait **interpréter** cela comme
- Retail sales in Britain rose sharply last month. This was higher than expected and **could be taken to mean that** inflationary pressures remain strong
  - laisse **supposer** que
- **It might well be prudent to** find some shelter for the night rather than sleep in the van
  - il serait sans **doute** prudent de

- These substances do not remain effective for very long. This is **possibly** because they work against the insects' natural instinct to feed
  - **peut-être**
- She had become a definite security risk and **it is not beyond the bounds of possibility that** murder may have been considered
  - il n'est pas **impossible** que
- I am somewhat reassured by Mr Fraser's assertion, which **leads one to suppose that** on that subject he is in full agreement with Catholic teaching
  - nous amène à **supposer** que
- It is **probably** the case that all long heavy ships are vulnerable
  - **probablement**
- After hearing nothing from the taxman for so long, most people **might reasonably assume that** their tax affairs were in order
  - seraient en droit de **supposer** que
- **One could be forgiven for thinking that** because the substances are chemicals, they'd be easy to study
  - il serait excusable de penser que
- Thus, **I venture to suggest that** very often when visions are mentioned in the literature of occultism, self-created visualizations are meant
  - j'oserais même dire que

Pour exprimer la certitude Voir aussi 15 : La certitude

- **It is clear that** any risk to the human foetus is very low
  - il est **clair** que
- Whatever may be said about individual works, the early poetry as a whole is **indisputably** a poetry of longing
  - **indiscutablement**
- Yet, **undeniably**, this act of making it a comprehensible story does remove it one degree further from reality
  - **indéniablement**
- **There can be no doubt that** the Earth underwent a dramatic cooling which destroyed the environment and life style of these creatures
  - il ne fait aucun **doute** que
- **It is undoubtedly true that** over the years there has been a much greater emphasis on safer sex
  - il est **indéniable** que
- **As we all know**, adultery is far from uncommon
  - comme nous le savons tous
- **One thing is certain**: no one can claim that ESP has never helped make money
  - une chose est **sûre**
- **It is (quite) certain that** unless peace can be brought to this troubled land, no amount of aid will solve the long-term problems of the people
  - il est **certain** que

Pour exprimer le doute Voir aussi 16 : L'incertitude

- **It is doubtful whether**, in the present repressive climate, anyone would be brave or foolish enough to demonstrate publicly
  - il n'est pas **sûr** que
- **It remains to be seen whether** the security forces will try to intervene
  - (il) reste à savoir si
- Once in a while I think about all that textbook Nietzsche and **I wonder whether** anyone ever truly understood a word of it
  - je me **demande** si
- **I have (a few) reservations about** the book
  - j'émettrais quelques **réserves** sur
- Since it spans a spectrum of ideologies, **it is by no means certain that** it will stay together
  - il n'est pas du tout **certain** que
- **It is questionable whether** media coverage of terrorist organizations actually affects terrorism
  - il n'est pas **sûr** que
- **This raises the whole question of** exactly when men and women should retire
  - cela **soulève** la **question** de savoir
- The crisis **sets a question mark against** the Prime Minister's stated commitment to intervention
  - remet en **question**
- Both these claims are **true up to a point** and they need to be made
  - vrai dans une certaine **mesure**

Pour marquer l'accord Voir aussi 11 : L'accord

- **I agree wholeheartedly with** the opinion that smacking should be outlawed
  - je suis entièrement d'**accord** avec
- **One must acknowledge that** China's history will make change more painful
  - il faut **reconnaître** que
- **It cannot be denied that** there are similarities between these two approaches
  - il est **indéniable** que
- Courtney - **rightly in my view** - is strongly critical of the snobbery and elitism that is all too evident in these circles
  - à **juste** titre, selon moi
- Preaching was considered an important activity, **and rightly so** in a country with a high illiteracy rate
  - (et) à **juste** titre

Pour marquer le désaccord Voir aussi 12 : Le désaccord

- **I must disagree with** Gordon's article on criminality: it is dangerous to suggest that to be a criminal one must look like a criminal
  - je ne suis pas d'**accord** avec
- He was not a lovable failure but rather a difficult man who succeeded. **It is hard to agree**
  - on peut difficilement être d'**accord**
- As a former teacher **I find it hard to believe that** there is no link at all between screen violence and violence on the streets
  - il m'est difficile de croire que
- The strength of their feelings **is scarcely credible**
  - est peu **crédible**
- Her claim to have been the first to discover the phenomenon **defies credibility**
  - n'est pas **crédible**
- Nevertheless, **I remain unconvinced by** Milton
  - je ne suis toujours pas **convaincu** par
- Many do not believe that water contains anything remotely dangerous. Sadly, **this is far from the truth**
  - c'est loin d'être vrai
- To say that everyone requires the same amount of a vitamin is as stupid as saying we all have blonde hair and blue eyes. **It simply isn't true**
  - c'est complètement **faux**
- His remarks were not only highly offensive to black and other ethnic minorities but **totally inaccurate**
  - tout à fait **inexactes**
- Stomach ulcers are often associated with good living and a fast-moving lifestyle. **(But) in reality** there is no evidence to support this belief
  - (mais) en **réalité**
- This version of a political economy **does not stand up to close scrutiny**
  - ne **tient** pas lorsqu'on l'examine attentivement

Pour souligner un argument

- Nowadays, there is **clearly** less stigma attached to unmarried mothers
  - de toute **évidence**
- Evidence shows that …, so once again **the facts speak for themselves**
  - les **faits** parlent d'eux-mêmes

- **Few will argue with the principle that** such a fund should be set up
  - on ne saurait remettre en **question** l'idée que
- Hyams **supports this claim** by looking at sentences produced by young children learning German
  - **appuie** cette affirmation
- This issue **underlines** the dangers of continuing to finance science in this way
  - **souligne**
- **The most important thing is to** reach agreement from all sides
  - le plus **important** est de
- Perhaps **the most important aspect of** cognition is the ability to manipulate symbols
  - l'aspect le plus **important** de

Pour mettre un détail en valeur

- **It would be impossible to exaggerate the importance of** these two volumes for anyone with a serious interest in the development of black gospel music
  - on ne saurait **exagérer** l'importance de
- The symbolic importance of Jerusalem for both Palestinians and Jews is almost **impossible to overemphasize**
  - on ne saurait **sous-estimer**
- **It is important to be clear that** Jesus does not identify himself with Yahweh
  - il faut bien savoir que
- **It is significant that** Mandalay seems to have become the central focus in this debate
  - le **fait** que ... est **révélateur**
- **It should not be forgotten that** many of those now in exile were close to the centre of power until only one year ago
  - il ne faut pas oublier que
- **It should be stressed that** the only way pet owners could possibly contract such a condition from their pets is by eating them
  - il faut **souligner** que
- **There is a very important point here and that is that** the accused claims that he was with Ms Martins all evening on the night of the crime
  - on trouve ici une remarque très **importante**, à savoir que
- At the beginning of his book Mr Gordon **makes a telling point**
  - fait une remarque **importante**
- Suspicion is **the chief feature of** Britain's attitude to European theatre
  - la **caractéristique** principale de
- **In order to focus attention on** Hobson's distinctive contributions to macroeconomics, these wider issues are neglected here
  - afin d'**attirer** l'**attention** sur
- These statements **are interesting in that** they illustrate different views
  - sont **intéressants** du **fait** que

# 27 LE TÉLÉPHONE

## 27.1 Pour obtenir un numéro

- **Could you get me 01843 465786, please?** (o-one-eight-four-three-four-six-five-seven-eight-six)
  - Je voudrais le 01 843 46 57 86, s'il vous plaît, (zéro un huit cent quarante-trois quarante-six cinquante-sept quatre-vingt six)
- **Could you give me directory enquiries** (Brit) ou **directory assistance** (US), **please?**
  - Pourriez-vous me **passer** les **renseignements**, s'il vous plaît ?
- **Can you give me the number of Europost, 20 rue de la Marelle, Pierrefitte?**
  - Je voudrais le **numéro** de la société Europost, 20, rue de la Marelle, à Pierrefitte
- **What is the code for Martinique?**
  - Quel est l'**indicatif** pour la Martinique ?
- **How do I make an outside call** ou **How do I get an outside line?**
  - Comment est-ce que je peux **téléphoner** à l'extérieur ?
- **What do I dial to get the speaking clock?**
  - Quel **numéro** dois-je faire pour l'horloge parlante ?
- **It's not in the book**
  - Je n'ai pas trouvé le numéro dans l'**annuaire**
- **You omit the "0" when dialling England from France**
  - Si vous **téléphonez** de France en Angleterre, ne faites pas le zéro

## 27.2 Quand l'abonné répond

- **Could I have** ou **Can you give me extension 516?**
  - Pourriez-vous me passer le **poste** 516, s'il vous plaît ?
- **Is that Mr Lambert's phone?**
  - Je suis bien chez M. Lambert ?
- **Could I speak to Mr Wolff, please?** ou **I'd like to speak to Mr. Wolff, please**
  - Je voudrais parler à M. Wolff, s'il vous plaît *ou* Pourrais-je parler à M. Wolff, s'il vous plaît ?
- **Could you put me through to Dr Henderson, please?**
  - Pourriez-vous me **passer** le docteur Henderson, s'il vous plaît ?
- **Who's speaking?**
  - Qui est à l'**appareil** ?
- **I'll call back in half an hour**
  - Je **rappellerai** dans une demi-heure
- **Could I leave my number for her to call me back?**
  - Pourrais-je laisser mon **numéro** pour qu'elle me rappelle ?
- **I'm ringing from a callbox** (Brit) ou **I'm calling from a paystation** (US)
  - Je vous **appelle** d'une **cabine** téléphonique *ou* Je **téléphone** d'une **cabine**
- **I'm phoning from England**
  - J'appelle *ou* Je téléphone d'Angleterre
- **Would you ask him to ring me when he gets back?**
  - Pourriez-vous lui demander de me rappeler quand il rentrera ?

## 27.3 Pour répondre au téléphone

- **Hello, this is Anne speaking**
  - Allô, c'est Anne à l'**appareil**
- (Is that Anne?) **Speaking**
  - (C'est Anne à l'appareil ?) Elle-même
- **Would you like to leave a message?**
  - Voulez-vous laisser un **message** ?
- **Can I take a message?**
  - Puis-je lui transmettre un message ?
- **Hold the line please**
  - Ne **quittez** pas *ou* Ne raccrochez pas
- **I'll call you back**
  - Je vous rappelle
- **This is a recorded message**
  - Vous êtes en **communication** avec un répondeur automatique
- **Please speak after the tone** ou **after the beep**
  - Veuillez laisser votre **message** après le **bip** sonore

## 27.4 Le standard vous répond

- **Grand Hotel, can I help you?**
  - Grand Hôtel, bonjour *ou* à votre service
- **Who's calling, please?**
  - Qui est à l'**appareil** ?
- **Who shall I say is calling?**
  - C'est de la part de qui ?

- **Do you know his extension number?**
  - Est-ce que vous connaissez son **numéro** de **poste** ?
- **I am connecting you** ou **putting you through now**
  - Je vous le **passe**
- **I have a call from Tokyo for Mrs Thomas**
  - J'ai quelqu'un en **ligne** de Tokyo qui demande Mme Thomas
- **I've got Miss Martin on the line for you**
  - J'ai Mlle Martin à l'**appareil**
- **Dr Robert's line is busy**
  - Le docteur Roberts est déjà en ligne
- **Sorry to keep you waiting**
  - Désolé de vous faire attendre
- **There's no reply**
  - Ça ne **répond** pas
- **You're through to our Sales Department**
  - Vous êtes en **ligne** avec le service des ventes

## 27.5 L'opérateur vous répond

- **What number do you want** ou **What number are you calling?**
  - Quel **numéro** demandez-vous ?
- **Where are you calling from?**
  - D'où **appelez**-vous ?
- **Would you repeat the number, please?**
  - Pourriez-vous **répéter** le **numéro**, s'il vous plaît ?
- **Replace the handset and dial again**
  - **Raccrochez** et renouvelez votre appel *ou* **Raccrochez** et recomposez le numéro
- **There's a Mr Campbell calling you from Amsterdam who wishes you to pay for the call. Will you accept?**
  - M. Campbell vous **appelle** en **PCV** d'Amsterdam. Est-ce que vous acceptez la **communication** ?
- **Go ahead, caller**
  - Vous êtes en **ligne**
- (aux Renseignements) **There's no listing under that name**
  - (Directory Enquiries) Il n'y a pas d'**abonné** à ce nom
- **They're ex-directory** (Brit) ou **unlisted** (US)
  - Désolé, leur **numéro** est sur la **liste** rouge
- **There's no reply from 01 45 77 57 84**
  - Le 01 45 77 57 84 ne **répond** pas
- **Hold the line, please** ou **Please hold**
  - Ne **quittez** pas
- **All lines to Bristol are engaged - please try later**
  - Par suite de l'**encombrement** des **lignes**, votre appel ne peut aboutir. Veuillez rappeler ultérieurement
- **I'm trying it for you now**
  - J'essaie d'obtenir votre correspondant
- **It's ringing for you now**
  - Ça sonne
- **The line is engaged** (Brit) ou **busy** (US)
  - La **ligne** est **occupée**
- **The number you have dialled has not been recognized** (message enregistré)
  - Il n'y a pas d'**abonné** au **numéro** que vous avez demandé (recorded message)
- **The number you have dialled no longer exists. Please consult the directory** (message enregistré)
  - Le **numéro** de votre correspondant n'est plus attribué. Veuillez consulter l'**annuaire** ou votre centre de **renseignements**
- **The number you have dialled has been changed. Please dial 02 33 42 21 70** (message enregistré)
  - Le **numéro** de votre correspondant a changé. Veuillez composer désormais le 02 33 42 21 70 (recorded message)
- **The number you are calling is engaged** (Brit) ou **busy** (US). **Please try again later**
  - Toutes les **lignes** de votre correspondant sont **occupées**. Veuillez **rappeler** ultérieurement (recorded message)

## 27.6 Les différents types de communication

- **It's a local call**
  - C'est une **communication** locale
- **This is a long-distance call**
  - C'est une **communication** interurbaine
- **I want to make an international call**
  - Je voudrais appeler l'étranger
- **I want to make a reverse charge call to a London number** (Brit) ou **I want to call a London number collect** (US)
  - Je voudrais **appeler** Londres en **PCV** (NB : system no longer exists in France)
- **I'd like an alarm call for 7.30 tomorrow morning**
  - Je voudrais être réveillé à 7 h 30 demain

## 27.7 En cas de difficulté

- **I can't get through (at all)**
  - Je n'arrive pas à avoir le **numéro**
- **Their phone is out of order**
  - Leur **téléphone** est en **dérangement**
- **We were cut off**
  - On nous a **coupés** *ou* La **communication** a été coupée
- **I must have dialled the wrong number**
  - J'ai dû faire un faux **numéro**
- **We've got a crossed line**
  - Il y a quelqu'un d'autre sur la **ligne**
- **I've called them several times with no reply**
  - J'ai **appelé** plusieurs fois, mais ça ne **répond** pas
- **You gave me a wrong number**
  - Vous m'avez donné un faux **numéro**
- **I got the wrong extension**
  - On ne m'a pas donné le bon **poste** *ou* On s'est trompé de **poste**
- **This is a very bad line**
  - La **ligne** est très mauvaise

# ANNEXES
# APPENDICES

| SOMMAIRE | CONTENTS |
|---|---|
| LE VERBE FRANÇAIS | THE FRENCH VERB |
| NOMBRES, HEURES ET DATES | NUMBERS, TIME AND DATES |
| POIDS, MESURES ET TEMPÉRATURES | WEIGHTS, MEASURES AND TEMPERATURES |

# FORMATION OF COMPOUND TENSES OF FRENCH VERBS

Most verbs form their compound tenses using the verb *avoir*, except in the reflexive form. Simple tenses of the auxiliary are followed by the past participle to form the compound tenses shown below (the verb *avoir* is given as an example)

| AVOIR | | + PAST PARTICIPLE (chanté) (bu) (eu) (été) | COMPOUND TENSES OF VERBS |
|---|---|---|---|
| PRESENT | j' **ai**<br>tu **as**<br>il **a**<br>nous **avons**<br>vous **avez**<br>ils **ont** | | = PERFECT<br>(*chanter* = il **a chanté**)<br>(*boire* = il **a bu**)<br>(*avoir* = il **a eu**)<br>(*être* = il **a été**) |
| IMPERFECT | j' **avais**<br>tu **avais**<br>il **avait**<br>nous **avions**<br>vous **aviez**<br>ils **avaient** | | = PLUPERFECT<br>(il **avait chanté**, il **avait bu**, il **avait eu**, il **avait été**) |
| FUTURE | j' **aurai**<br>tu **auras**<br>il **aura**<br>nous **aurons**<br>vous **aurez**<br>ils **auront** | | = FUTURE PERFECT<br>(il **aura chanté**, il **aura bu**, il **aura eu**, il **aura été**) |
| CONDITIONAL (PRESENT) | j' **aurais**<br>tu **aurais**<br>il **aurait**<br>nous **aurions**<br>vous **auriez**<br>ils **auraient** | | = PAST CONDITIONAL<br>(this tense is rarely studied but the forms are not rare)<br>(il **aurait chanté**, il **aurait bu**, il **aurait eu**, il **aurait été**) |
| PAST HISTORIC | j' **eus**<br>tu **eus**<br>il **eut**<br>nous **eûmes**<br>vous **eûtes**<br>ils **eurent** | | = PAST ANTERIOR<br>(rare as a spoken form)<br>(il **eut chanté**, il **eut bu**, il **eut eu**, il **eut été**) |
| IMPERATIVE | **aie**<br>**ayons**<br>**ayez** | | = PAST IMPERATIVE (rare)<br>(**aie chanté, aie bu, aie eu, aie été**) |
| PRESENT PARTICIPLE | **ayant** | | = SECOND FORM OF PAST PARTICIPLE<br>(**ayant chanté, ayant bu, ayant eu, ayant été**) |
| SUBJUNCTIVE (PRESENT) | que j' **aie**<br>que tu **aies**<br>qu'il **ait**<br>que nous **ayons**<br>que vous **ayez**<br>qu'ils **aient** | | = PAST SUBJUNCTIVE<br>(rare as spoken form)<br>(qu'il **ait chanté**, qu'il **ait bu**, qu'il **ait eu**, qu'il **ait été**) |
| SUBJUNCTIVE (IMPERFECT) (rare) | que j' **eusse**<br>que tu **eusses**<br>qu'il **eût**<br>que nous **eussions**<br>que vous **eussiez**<br>qu'ils **eussent** | | = PLUPERFECT SUBJUNCTIVE<br>(very rare, even, in the written form)<br>(qu'il **eût chanté**, qu'il **eût bu**, qu'il **eût eu**, qu'il **eût été**) |

## conjugation 1 – **ARRIVER:** regular verbs ending in **-er**

### INDICATIVE

| PRESENT | PERFECT |
|---|---|
| j'arrive | je suis arrivé |
| tu arrives | tu es arrivé |
| il arrive | il est arrivé |
| nous arrivons | nous sommes arrivés |
| vous arrivez | vous êtes arrivés |
| ils arrivent | ils sont arrivés |

| IMPERFECT | PLUPERFECT |
|---|---|
| j'arrivais | j'étais arrivé |
| tu arrivais | tu étais arrivé |
| il arrivait | il était arrivé |
| nous arrivions | nous étions arrivés |
| vous arriviez | vous étiez arrivés |
| ils arrivaient | ils étaient arrivés |

| PAST HISTORIC | PAST ANTERIOR |
|---|---|
| j'arrivai | je fus arrivé |
| tu arrivas | tu fus arrivé |
| il arriva | il fut arrivé |
| nous arrivâmes | nous fûmes arrivés |
| vous arrivâtes | vous fûtes arrivés |
| ils arrivèrent | ils furent arrivés |

| FUTURE | FUTURE PERFECT |
|---|---|
| j'arriverai [aʀiv(ə)ʀɛ] | je serai arrivé |
| tu arriveras | tu seras arrivé |
| il arrivera | il sera arrivé |
| nous arriverons [aʀiv(ə)ʀɔ̃] | nous serons arrivés |
| vous arriverez | vous serez arrivés |
| ils arriveront | ils seront arrivés |

### SUBJUNCTIVE

PRESENT

que j'arrive
que tu arrives
qu'il arrive
que nous arrivions
que vous arriviez
qu'ils arrivent

IMPERFECT

que j'arrivasse
que tu arrivasses
qu'il arrivât
que nous arrivassions
que vous arrivassiez
qu'ils arrivassent

PAST

que je sois arrivé
que tu sois arrivé
qu'il soit arrivé
que nous soyons arrivés
que vous soyez arrivés
qu'ils soient arrivés

PLUPERFECT

que je fusse arrivé
que tu fusses arrivé
qu'il fût arrivé
que nous fussions arrivés
que vous fussiez arrivés
qu'ils fussent arrivés

### CONDITIONAL

PRESENT

j'arriverais [aʀivʀɛ]
tu arriverais
il arriverait
nous arriverions [aʀivəʀjɔ̃]
vous arriveriez
ils arriveraient

PAST I

je serais arrivé
tu serais arrivé
il serait arrivé
nous serions arrivés
vous seriez arrivés
ils seraient arrivés

PAST II

je fusse arrivé
tu fusses arrivé
il fût arrivé
nous fussions arrivés
vous fussiez arrivés
ils fussent arrivés

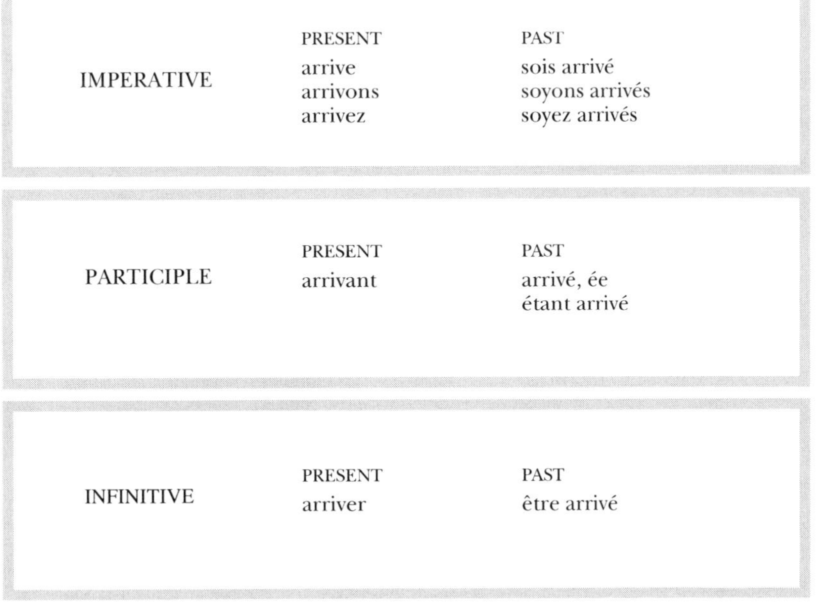

| | PRESENT | PAST |
|---|---|---|
| IMPERATIVE | arrive<br>arrivons<br>arrivez | sois arrivé<br>soyons arrivés<br>soyez arrivés |
| PARTICIPLE | arrivant | arrivé, ée<br>étant arrivé |
| INFINITIVE | arriver | être arrivé |

NB The verbs *jouer, tuer* etc. are regular: e.g. *je joue, je jouerai ; je tue, je tuerai.*

## conjugation 1 (reflexive form) – **SE REPOSER:** regular verbs ending in **-er**

### INDICATIVE

| PRESENT | PERFECT |
|---|---|
| je me repose | je me suis reposé |
| tu te reposes | tu t'es reposé |
| il se repose | il s'est reposé |
| nous nous reposons | nous nous sommes reposés |
| vous vous reposez | vous vous êtes reposés |
| ils se reposent | ils se sont reposés |

| IMPERFECT | PLUPERFECT |
|---|---|
| je me reposais | je m'étais reposé |
| tu te reposais | tu t'étais reposé |
| il se reposait | il s'était reposé |
| nous nous reposions | nous nous étions reposés |
| vous vous reposiez | vous vous étiez reposés |
| ils se reposaient | ils s'étaient reposés |

| PAST HISTORIC | PAST ANTERIOR |
|---|---|
| je me reposai | je me fus reposé |
| tu te reposas | tu te fus reposé |
| il se reposa | il se fut reposé |
| nous nous reposâmes | nous nous fûmes reposés |
| vous vous reposâtes | vous vous fûtes reposés |
| ils se reposèrent | ils se furent reposés |

| FUTURE | FUTURE PERFECT |
|---|---|
| je me reposerai | je me serai reposé |
| tu te reposeras | tu te seras reposé |
| il se reposera | il se sera reposé |
| nous nous reposerons | nous nous serons reposés |
| vous vous reposerez | vous vous serez reposés |
| ils se reposeront | ils se seront reposés |

### SUBJUNCTIVE

PRESENT

que je me repose
que tu te reposes
qu'il se repose
que nous nous reposions
que vous vous reposiez
qu'ils se reposent

IMPERFECT

que je me reposasse
que tu te reposasses
qu'il se reposât
que nous nous reposassions
que vous vous reposassiez
qu'ils se reposassent

PAST

que je me sois reposé
que tu te sois reposé
qu'il se soit reposé
que nous nous soyons reposés
que vous vous soyez reposés
qu'ils se soient reposés

PLUPERFECT

que je me fusse reposé
que tu te fusses reposé
qu'il se fût reposé
que nous nous fussions reposés
que vous vous fussiez reposés
qu'ils se fussent reposés

### CONDITIONAL

PRESENT

je me reposerais
tu te reposerais
il se reposerait
nous nous reposerions
vous vous reposeriez
ils se reposeraient

PAST I

je me serais reposé
tu te serais reposé
il se serait reposé
nous nous serions reposés
vous vous seriez reposés
ils se seraient reposés

PAST II

je me fusse reposé
tu te fusses reposé
il se fût reposé
nous nous fussions reposés
vous vous fussiez reposés
ils se fussent reposés

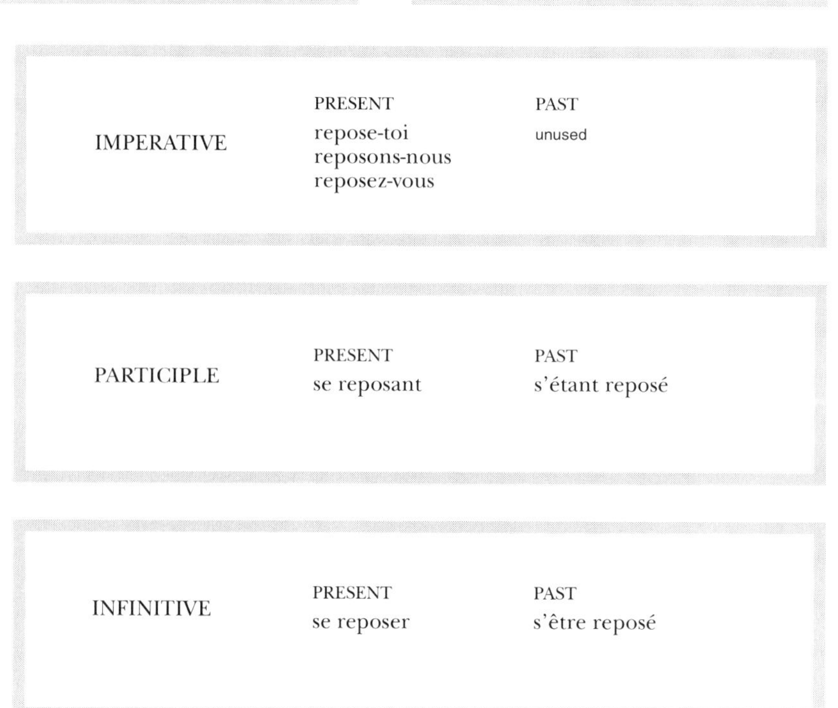

| | PRESENT | PAST |
|---|---|---|
| IMPERATIVE | repose-toi<br>reposons-nous<br>reposez-vous | unused |
| PARTICIPLE | se reposant | s'étant reposé |
| INFINITIVE | se reposer | s'être reposé |

## conjugation 2 – **FINIR:** regular verbs ending in **-ir**

### INDICATIVE

| PRESENT | PERFECT |
|---|---|
| je finis | j'ai fini |
| tu finis | tu as fini |
| il finit | il a fini |
| nous finissons | nous avons fini |
| vous finissez | vous avez fini |
| ils finissent | ils ont fini |
| **IMPERFECT** | **PLUPERFECT** |
| je finissais | j'avais fini |
| tu finissais | tu avais fini |
| il finissait | il avait fini |
| nous finissions | nous avions fini |
| vous finissiez | vous aviez fini |
| ils finissaient | ils avaient fini |
| **PAST HISTORIC** | **PAST ANTERIOR** |
| je finis | j'eus fini |
| tu finis | tu eus fini |
| il finit | il eut fini |
| nous finîmes | nous eûmes fini |
| vous finîtes | vous eûtes fini |
| ils finirent | ils eurent fini |
| **FUTURE** | **FUTURE PERFECT** |
| je finirai | j'aurai fini |
| tu finiras | tu auras fini |
| il finira | il aura fini |
| nous finirons | nous aurons fini |
| vous finirez | vous aurez fini |
| ils finiront | ils auront fini |

### SUBJUNCTIVE

PRESENT
que je finisse
que tu finisses
qu'il finisse
que nous finissions
que vous finissiez
qu'ils finissent

IMPERFECT
que je finisse
que tu finisses
qu'il finît
que nous finissions
que vous finissiez
qu'ils finissent

PAST
que j'aie fini
que tu aies fini
qu'il ait fini
que nous ayons fini
que vous ayez fini
qu'ils aient fini

PLUPERFECT
que j'eusse fini
que tu eusses fini
qu'il eût fini
que nous eussions fini
que vous eussiez fini
qu'ils eussent fini

### CONDITIONAL

PRESENT
je finirais
tu finirais
il finirait
nous finirions
vous finiriez
ils finiraient

PAST I
j'aurais fini
tu aurais fini
il aurait fini
nous aurions fini
vous auriez fini
ils auraient fini

PAST II
j'eusse fini
tu eusses fini
il eût fini
nous eussions fini
vous eussiez fini
ils eussent fini

| | PRESENT | PAST |
|---|---|---|
| IMPERATIVE | finis<br>finissons<br>finissez | aie fini<br>ayons fini<br>ayez fini |
| PARTICIPLE | finissant | fini, ie<br>ayant fini |
| INFINITIVE | finir | avoir fini |

## conjugation 3 to 8

| | | INDICATIVE | | | |
|---|---|---|---|---|---|
| | | present 1st person | present 3rd person | imperfect | past historic |
| 3 | placer | je place [plas]<br>nous plaçons [plasɔ̃] | il place<br>ils placent | je plaçais | je plaçai |
| | | NB Verbs in ***-ecer*** (e.g. *dépecer*) are conjugated like ***placer*** and ***geler***. Verbs in ***-écer*** (e.g. *rapiécer*) are conjugated like ***céder*** and ***placer***. | | | |
| | bouger | je bouge [buʒ]<br>nous bougeons [buʒɔ̃] | il bouge<br>ils bougent | je bougeais<br>nous bougions | je bougeai |
| | | NB Verbs in ***-éger*** (e.g. *protéger*) are conjugated like ***bouger*** and ***céder***. | | | |
| 4 | appeler | j'appelle [apɛl]<br>nous appelons [ap(ə)lɔ̃] | il appelle<br>ils appellent | j'appelais | j'appelai |
| | jeter | je jette [ʒɛt]<br>nous jetons [ʒ(ə)tɔ̃] | il jette<br>ils jettent | je jetais | je jetai |
| 5 | geler | je gèle [ʒɛl]<br>nous gelons [ʒ(ə)lɔ̃] | il gèle<br>ils gèlent | je gelais<br>nous gelions [ʒəljɔ̃] | je gelai |
| | acheter | j'achète [aʃɛt]<br>nous achetons [aʃ(ə)tɔ̃] | il achète<br>ils achètent | j'achetais [aʃtɛ]<br>nous achetions | j'achetai |
| | | Also verbs in ***-emer*** (e.g. *semer*), ***-ener*** (e.g. *peser*), ***-ever*** (e.g. *lever*) etc.<br>NB Verbs in ***-ecer*** (e.g. *dépecer*) are conjugated like ***geler*** and ***placer***. | | | |
| 6 | céder | je cède [sɛd]<br>nous cédons [sedɔ̃] | il cède<br>ils cèdent | je cédais<br>nous cédions | je cédai |
| | | Also verbs in ***-é*** + consonant(s) + ***-er*** (e.g. *célébrer, lécher, déléguer, préférer*, etc.).<br>NB Verbs in ***-éger*** (e.g. *protéger*) are conjugated like ***céder*** and ***bouger***. Vebs in ***-écer*** (e.g. *rapiécer*) are conjugated like ***céder*** and ***placer***. | | | |
| 7 | épier | j'épie [epi]<br>nous épions [epjɔ̃] | il épie<br>ils épient | j'épiais<br>nous épiions [epijɔ̃] | j'épiai |
| | prier | je prie [pʀi]<br>nous prions [pʀijɔ̃] | il prie<br>ils prient | je priais<br>nous priions [pʀijjɔ̃] | je priai |
| 8 | noyer | je noie [nwa]<br>nous noyons [nwajɔ̃] | il noie<br>ils noient | je noyais<br>nous noyions [nwajjɔ̃] | je noyai |
| | | Also verbs in ***-uyer*** (e.g. *appuyer*).<br>NB ***Envoyer*** has in the future tense : *j'enverrai*, and in the conditional : *j'enverrais*. | | | |
| | payer | je paie [pɛ]<br>or<br>je paye [pɛj]<br>nous payons [pɛjɔ̃] | il paie<br>or<br>il paye<br>ils paient<br>or<br>ils payent | je payais<br>nous payions [pɛjjɔ̃] | je payai |
| | | Also all verbs in ***-ayer***. | | | |

## irregular verbs ending in -er

| future | CONDITIONAL<br>present | SUBJUNCTIVE<br>present | IMPERATIVE<br>present | PARTICIPLES<br>present<br>past |
|---|---|---|---|---|
| je placerai [plasʀɛ] | je placerais | que je place<br>que nous placions | place<br>plaçons | plaçant<br>placé, ée |
| je bougerai [buʒʀɛ] | je bougerais | que je bouge<br>que nous bougions | bouge<br>bougeons | bougeant<br>bougé, ée |
| j'appellerai [apɛlʀɛ]<br><br>je jetterai [ʒetʀɛ] | j'appellerais<br><br>je jetterais | que j'appelle<br>que nous appelions<br><br>que je jette<br>que nous jetions | appelle<br>appelons<br><br>jette<br>jetons | appelant<br>appelé, ée<br><br>jetant<br>jeté, ée |
| je gèlerai [ʒɛlʀe]<br><br>j'achèterai [aʃɛtʀɛ] | je gèlerais<br><br>j'achèterais | que je gèle<br>que nous gelions<br><br>que j'achète<br>que nous achetions | gèle<br>gelons<br><br>achète<br>achetons | gelant<br>gelé, ée<br><br>achetant<br>acheté, ée |
| je céderai<br>[sɛdʀɛ ; sedʀɛ][1] | je céderais[1] | que je cède<br>que nous cédions | cède<br>cédons | cédant<br>cédé, ée |
| j'épierai [epiʀɛ] | j'épierais | que j'épie | épie<br>épions | épiant<br>épié, iée |
| je prierai [pʀiʀɛ] | je prierais | que je prie | prie<br>prions | priant<br>prié, priée |
| je noierai [nwaʀɛ] | je noierais | que je noie | noie<br>noyons | noyant<br>noyé, noyée |
| je paierai [pɛʀɛ]<br>or<br>je payerai [pɛjʀɛ]<br>nous paierons<br>or<br>nous payerons | je paierais<br>or<br>je payerais | que je paie<br>or<br>que je paye | paie<br>or<br>paye<br>payons | payant<br>payé, payée |

1. Actually pronounced as though there were a grave accent on the future and the conditional *(je cèderai, je cèderais)*, rather than an acute.

## conjugation 9

**INDICATIVE**

| PRESENT | PERFECT |
|---|---|
| je vais [vɛ] | je suis allé |
| tu vas | tu es allé |
| il va | il est allé |
| nous allons [alɔ̃] | nous sommes allés |
| vous allez | vous êtes allés |
| ils vont [vɔ̃] | ils sont allés |

| IMPERFECT | PLUPERFECT |
|---|---|
| j'allais [alɛ] | j'étais allé |
| tu allais | tu étais allé |
| il allait | il était allé |
| nous allions [aljɔ̃] | nous étions allés |
| vous alliez | vous étiez allés |
| ils allaient | ils étaient allés |

| PAST HISTORIC | PAST ANTERIOR |
|---|---|
| j'allai | je fus allé |
| tu allas | tu fus allé |
| il alla | il fut allé |
| nous allâmes | nous fûmes allés |
| vous allâtes | vous fûtes allés |
| ils allèrent | ils furent allés |

| FUTURE | FUTURE PERFECT |
|---|---|
| j'irai [iʀɛ] | je serai allé |
| tu iras | tu seras allé |
| il ira | il sera allé |
| nous irons | nous serons allés |
| vous irez | vous serez allés |
| ils iront | ils seront allés |

**SUBJUNCTIVE**

PRESENT

que j'aille [aj]
que tu ailles
qu'il aille
que nous allions
que vous alliez
qu'ils aillent

IMPERFECT

que j'allasse [alas]
que tu allasses
qu'il allât
que nous allassions
que vous allassiez
qu'ils allassent

PAST

que je sois allé
que tu sois allé
qu'il soit allé
que nous soyons allés
que vous soyez allés
qu'ils soient allés

PLUPERFECT

que je fusse allé
que tu fusses allé
qu'il fût allé
que nous fussions allés
que vous fussiez allés
qu'ils fussent allés

# ALLER

**CONDITIONAL**

PRESENT

j'irais
tu irais
il irait
nous irions
vous iriez
ils iraient

PAST I

je serais allé
tu serais allé
il serait allé
nous serions allés
vous seriez allés
ils seraient allés

PAST II

je fusse allé
tu fusses allé
il fût allé
nous fussions allés
vous fussiez allés
ils fussent allés

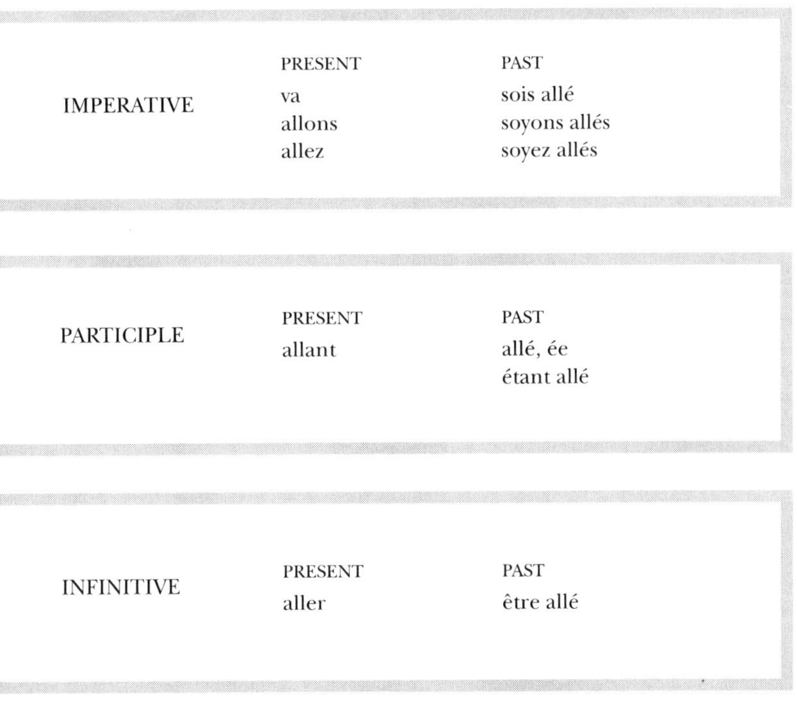

| | PRESENT | PAST |
|---|---|---|
| IMPERATIVE | va<br>allons<br>allez | sois allé<br>soyons allés<br>soyez allés |
| PARTICIPLE | allant | allé, ée<br>étant allé |
| INFINITIVE | aller | être allé |

## conjugations 10 to 22

| | | INDICATIVE | | | |
|---|---|---|---|---|---|
| | | present 1st person | present 3rd person | imperfect | past historic |
| 10 | **haïr** | je hais ['ɛ]<br>nous haïssons ['aisɔ̃] | il hait ['ɛ]<br>ils haïssent ['ais] | je haïssais<br>nous haïssions | je haïs ['ai]<br>nous haïmes |
| 11 | **courir** | je cours [kuʀ]<br>nous courons [kuʀɔ̃] | il court<br>ils courent | je courais [kuʀɛ]<br>nous courions | je courus |
| 12 | **cueillir** | je cueille [kœj]<br>nous cueillons [kœjɔ̃] | il cueille<br>ils cueillent | je cueillais<br>nous cueillions [kœjjɔ̃] | je cueillis |
| 13 | **assaillir** | j'assaille<br>nous assaillons [asajɔ̃] | il assaille<br>ils assaillent | j'assaillais<br>nous assaillions [asajjɔ̃] | j'assaillis |
| 14 | **servir** | je sers [sɛʀ]<br>nous servons [sɛʀvɔ̃] | il sert<br>ils servent [sɛʀv] | je servais<br>nous servions | je servis |
| 15 | **bouillir** | je bous [bu]<br>nous bouillons [bujɔ̃] | il bout<br>ils bouillent [buj] | je bouillais<br>nous bouillions [bujjɔ̃] | je bouillis |
| 16 | **partir** | je pars [paʀ]<br>nous partons [paʀtɔ̃] | il part<br>ils partent [paʀt] | je partais<br>nous partions | je partis |
| | **sentir** | je sens [sɑ̃]<br>nous sentons [sɑ̃tɔ̃] | il sent<br>ils sentent [sɑ̃t] | je sentais<br>nous sentions | je sentis |
| 17 | **fuir** | je fuis [fɥi]<br>nous fuyons [fɥijɔ̃] | il fuit<br>ils fuient | je fuyais<br>nous fuyions [fɥijjɔ̃] | je fuis<br>nous fuîmes |
| 18 | **couvrir** | je couvre<br>nous couvrons | il couvre<br>ils couvrent | je couvrais<br>nous couvrions | je couvris |
| 19 | **mourir** | je meurs [mœʀ]<br>nous mourons [muʀɔ̃] | il meurt<br>ils meurent | je mourais [muʀɛ]<br>nous mourions | je mourus |
| 20 | **vêtir** | je vêts [vɛ]<br>nous vêtons [vɛtɔ̃] | il vêt<br>ils vêtent [vɛt] | je vêtais<br>nous vêtions | je vêtis [veti]<br>nous vêtîmes |
| 21 | **acquérir** | j'acquiers [akjɛʀ]<br>nous acquérons [akeʀɔ̃] | il acquiert<br>ils acquièrent | j'acquérais [akeʀɛ]<br>nous acquérions | j'acquis |
| 22 | **venir** | je viens [vjɛ̃]<br>nous venons [v(ə)nɔ̃] | il vient<br>ils viennent [vjɛn] | je venais<br>nous venions | je vins [vɛ̃]<br>nous vînmes [vɛ̃m] |

irregular verbs ending in **-ir**

| future | **CONDITIONAL** present | **SUBJUNCTIVE** present | **IMPERATIVE** present | **PARTICIPLES** present past |
|---|---|---|---|---|
| je haïrai ['airɛ] | je haïrais | que je haïsse | hais<br>haïssons | haïssant<br>haï, haïe ['ai] |
| je courrai [kurrɛ] | je courrais | que je coure | cours<br>courons | courant<br>couru, ue |
| je cueillerai | je cueillerais | que je cueille | cueille<br>cueillons | cueillant<br>cueilli, ie |
| j'assaillirai | j'assaillirais | que j'assaille | assaille<br>assaillons | assaillant<br>assailli, ie |
| je servirai | je servirais | que je serve | sers<br>servons | servant<br>servi, ie |
| je bouillirai | je bouillirais | que je bouille | bous<br>bouillons | bouillant<br>bouilli, ie |
| je partirai | je partirais | que je parte | pars<br>partons | partant<br>parti, ie |
| je sentirai | je sentirais | que je sente | sens<br>sentons | sentant<br>senti, ie |
| je fuirai | je fuirais | que je fuie | fuis<br>fuyons | fuyant<br>fui, fuie |
| je couvrirai | je couvrirais | que je couvre | couvre<br>couvrons | couvrant<br>couvert, erte [kuvɛr, ɛrt] |
| je mourrai [murrɛ] | je mourrais | que je meure | meurs<br>mourons | mourant<br>mort, morte [mɔr, mɔrt] |
| je vêtirai | je vêtirais | que je vête | vêts<br>vêtons | vêtant<br>vêtu, ue [vety] |
| j'acquerrai [akerrɛ] | j'acquerrais | que j'acquière | acquiers<br>acquérons | acquérant<br>acquis, ise [aki, iz] |
| je viendrai [vjɛ̃drɛ] | je viendrais | que je vienne | viens<br>venons | venant<br>venu, ue |

## conjugations 23 to 33

| | | INDICATIVE | | | |
|---|---|---|---|---|---|
| | | present 1st person | present 3rd person | imperfect | past historic |
| 23 | **pleuvoir** | (impersonal) | il pleut [plø] | il pleuvait | il plut |
| 24 | **prévoir** | je prévois [prevwa]<br>nous prévoyons [pʀevwajɔ̃] | il prévoit<br>ils prévoient | je prévoyais<br>nous prévoyions [pʀevwajjɔ̃] | je prévis |
| 25 | **pourvoir** | je pourvois<br>nous pourvoyons | il pourvoit<br>ils pourvoient | je pourvoyais<br>nous pourvoyions | je pourvus |
| 26 | **asseoir** | j'assieds [asjɛ]<br>nous asseyons [asɛjɔ̃]<br>or<br>j'assois<br>nous assoyons | il assied<br>ils asseyent [asɛj]<br>or<br>il assoit<br>ils assoient | j'asseyais<br>nous asseyions<br>or<br>j'assoyais<br>nous assoyions | j'assis |
| 27 | **mouvoir** | je meus [mø]<br>nous mouvons [muvɔ̃] | il meut<br>ils meuvent [mœv] | je mouvais<br>nous mouvions | je mus [my]<br>nous mûmes |
| | | NB ***Émouvoir*** and ***promouvoir*** have the past participles *ému, e* and *promu, e* respectively. | | | |
| 28 | **recevoir** | je reçois [ʀ(ə)swa]<br>nous recevons [ʀ(ə)səvɔ̃] | il reçoit<br>ils reçoivent [rəswav] | je recevais<br>nous recevions | je reçus [ʀ(ə)sy] |
| | **devoir** | | | | |
| 29 | **valoir** | je vaux [vo]<br>nous valons [valɔ̃] | il vaut<br>ils valent [val] | je valais<br>nous valions | je valus |
| | **équivaloir** | | | | |
| | **prévaloir** | | | | |
| | **falloir** | (impersonal) | il faut [fo] | il fallait [falɛ] | il fallut |
| 30 | **voir** | je vois [vwa]<br>nous voyons [vwajɔ̃] | il voit<br>ils voient | je voyais<br>nous voyions [vwajjɔ̃] | je vis |
| 31 | **vouloir** | je veux [vø]<br>nous voulons [vulɔ̃] | il veut<br>ils veulent [vœl] | je voulais<br>nous voulions | je voulus |
| 32 | **savoir** | je sais [sɛ]<br>nous savons [savɔ̃] | il sait<br>ils savent [sav] | je savais<br>nous savions | je sus |
| 33 | **pouvoir** | je peux [pø] or je puis<br>nous pouvons [puvɔ̃] | il peut<br>ils peuvent [pœv] | je pouvais<br>nous pouvions | je pus |

## irregular verbs ending in **-oir**

| future | CONDITIONAL present | SUBJUNCTIVE present | IMPERATIVE present | PARTICIPLE present past |
|---|---|---|---|---|
| il pleuvra | il pleuvrait | qu'il pleuve [plœv] | does not exist | pleuvant<br>plu<br>(no feminine) |
| je prévoirai | je prévoirais | que je prévoie [pʀevwa] | prévois<br>prévoyons | prévoyant<br>prévu, ue |
| je pourvoirai | je pourvoirais | que je pourvoie | pourvois<br>pourvoyons | pourvoyant<br>pourvu, ue |
| j'assiérai [asjeʀɛ]<br>or<br>j'asseyerai [asɛjʀɛ]<br>or<br>j'assoirai | j'assiérais<br>or<br>j'assoirais | que j'asseye [asɛj]<br>or<br>que j'assoie [aswa] | assieds<br>asseyons<br>or<br>assois<br>assoyons | asseyant<br>assis, ise<br>or<br>assoyant<br>assis, ise |
| NB *j'asseyerai* is old-fashioned. | | | | |
| je mouvrai [muvʀɛ] | je mouvrais | que je meuve<br>que nous mouvions | meus<br>mouvons | mouvant<br>mû, mue [my] |
| je recevrai | je recevrais | que je reçoive<br>que nous recevions | reçois<br>recevons | recevant<br>reçu, ue |
| | | | | dû, due |
| je vaudrai [vodʀɛ] | je vaudrais | que je vaille [vaj]<br>que nous valions [valjɔ̃] | vaux<br>valons | valant<br>valu, ue |
| | | | | équivalu<br>(no feminine) |
| | | que je prévale | does not exist | prévalu<br>(no feminine) |
| il faudra [fodʀa] | il faudrait | qu'il faille [faj] | | does not exist<br>fallu<br>(no feminine) |
| je verrai [veʀɛ] | je verrais | que je voie [vwa]<br>que nous voyions [vwajjɔ̃] | vois<br>voyons | voyant<br>vu, vue |
| je voudrai [vudʀɛ] | je voudrais | que je veuille [vœj]<br>que nous voulions [vuljɔ̃] | veux or veuille<br>voulons | voulant<br>voulu, ue |
| je saurai [soʀɛ] | je saurais | que je sache [saʃ]<br>que nous sachions | sache<br>sachons | sachant<br>su, sue |
| je pourrai [puʀɛ] | je pourrais | que je puisse [pɥis]<br>que nous puissions | not used | pouvant<br>pu |

## conjugation 34

**INDICATIVE**

| PRESENT | PERFECT |
|---|---|
| j'ai [e; ɛ] | j'ai eu |
| tu as [a] | tu as eu |
| il a [a] | il a eu |
| nous avons [avɔ̃] | nous avons eu |
| vous avez [ave] | vous avez eu |
| ils ont [ɔ̃] | ils ont eu |
| **IMPERFECT** | **PLUPERFECT** |
| j'avais | j'avais eu |
| tu avais | tu avais eu |
| il avait | il avait eu |
| nous avions | nous avions eu |
| vous aviez | vous aviez eu |
| ils avaient | ils avaient eu |
| **PAST HISTORIC** | **PAST ANTERIOR** |
| j'eus [y] | j'eus eu |
| tu eus | tu eus eu |
| il eut | il eut eu |
| nous eûmes [ym] | nous eûmes eu |
| vous eûtes [yt] | vous eûtes eu |
| ils eurent [yʀ] | ils eurent eu |
| **FUTURE** | **FUTURE PERFECT** |
| j'aurai [ɔʀɛ] | j'aurai eu |
| tu auras | tu auras eu |
| il aura | il aura eu |
| nous aurons | nous aurons eu |
| vous aurez | vous aurez eu |
| ils auront | ils auront eu |

**SUBJUNCTIVE**

PRESENT
que j'aie [ɛ]
que tu aies
qu'il ait
que nous ayons [ɛjɔ̃]
que vous ayez
qu'ils aient

IMPERFECT
que j'eusse [ys]
que tu eusses
qu'il eût [y]
que nous eussions [ysjɔ̃]
que vous eussiez
qu'ils eussent

PAST
que j'aie eu
que tu aies eu
qu'il ait eu
que nous ayons eu
que vous ayez eu
qu'ils aient eu

PLUPERFECT
que j'eusse eu
que tu eusses eu
qu'il eût eu
que nous eussions eu
que vous eussiez eu
qu'ils eussent eu

## conjugations 35 to 37

| | | INDICATIVE | | | |
|---|---|---|---|---|---|
| | | present 1st person | present 2nd and 3rd persons | imperfect | past historic |
| 35 | **conclure** | je conclus [kɔ̃kly]<br>nous concluons [kɔ̃klyɔ̃] | il conclut<br>ils concluent | je concluais<br>nous concluions | je conclus |

NB ***Exclure*** is conjugated like ***conclure***: past participle *exclu, ue*; ***Inclure*** is conjugated like ***conclure*** except for the past participle *inclus, use*.

| | | present 1st person | present 2nd and 3rd persons | imperfect | past historic |
|---|---|---|---|---|---|
| 36 | **rire** | je ris [ʀi]<br>nous rions [ʀijɔ̃] | il rit<br>ils rient | je riais<br>nous riions [ʀijɔ̃] or [ʀijjɔ̃] | je ris |
| 37 | **dire** | je dis [di]<br>nous disons [dizɔ̃] | il dit<br>vous dites [dit]<br>ils disent [diz] | je disais<br>nous disions | je dis |

NB ***Médire, contredire, dédire, interdire, prédire*** are conjugated like ***dire*** except for the 2nd person plural of the present tense: *médisez, contredisez, dédisez, interdisez, prédisez.*

| | | present 1st person | present 2nd and 3rd persons | imperfect | past historic |
|---|---|---|---|---|---|
| | **suffire** | je suffis [syfi]<br>nous suffisons [syfizɔ̃] | il suffit<br>ils suffisent [syfiz] | je suffisais<br>nous suffisions | je suffis |

NB ***Confire*** is conjugated like ***suffire*** except for the past participle *confit, ite*.

## AVOIR

**CONDITIONAL**

PRESENT
j'aurais
tu aurais
il aurait
nous aurions
vous auriez
ils auraient

PAST I
j'aurais eu
tu aurais eu
il aurait eu
nous aurions eu
vous auriez eu
ils auraient eu

PAST II
j'eusse eu
tu eusses eu
il eût eu
nous eussions eu
vous eussiez eu
ils eussent eu

| | PRESENT | PAST |
|---|---|---|
| IMPERATIVE | aie [ɛ]<br>ayons [ɛjɔ̃]<br>ayez [eje] | aie eu<br>ayons eu<br>ayez eu |
| PARTICIPLE | ayant | eu, eue [y]<br>ayant eu |
| INFINITIVE | avoir | avoir eu |

irregular verbs ending in **-re**

| | CONDITIONAL | SUBJUNCTIVE | IMPERATIVE | PARTICIPLES |
|---|---|---|---|---|
| future | present | present | present | present<br>past |
| je conclurai | je conclurais | que je conclue | conclus<br>concluons | concluant<br>conclu, ue |
| je rirai | je rirais | que je rie | ris<br>rions | riant<br>ri<br>(no feminine) |
| je dirai | je dirais | que je dise | dis<br>disons<br>dites | disant<br>dit, dite |
| je suffirai | je suffirais | que je suffise | suffis<br>suffisons | suffisant<br>suffi<br>(no feminine) |

## conjugations 38 to 48

| | | INDICATIVE | | | |
|---|---|---|---|---|---|
| | | present 1st person | present 3rd person | imperfect | past historic |
| 38 | **nuire** | je nuis [nɥi]<br>nous nuisons [nɥizɔ̃] | il nuit<br>ils nuisent [nɥiz] | je nuisais<br>nous nuisions | je nuisis |
| | Also the verbs ***luire***, ***reluire***. | | | | |
| | **conduire** | je conduis<br>nous conduisons | il conduit<br>ils conduisent | je conduisais<br>nous conduisions | je conduisis |
| | Also the verbs ***construire, cuire, déduire, détruire, enduire, induire, instruire, introduire, produire, réduire, séduire, traduire.*** | | | | |
| 39 | **écrire** | j'écris [ekʀi]<br>nous écrivons [ekʀivɔ̃] | il écrit<br>ils écrivent [ekʀiv] | j'écrivais<br>nous écrivions | j'écrivis |
| 40 | **suivre** | je suis [sɥi]<br>nous suivons [sɥivɔ̃] | il suit<br>ils suivent [sɥiv] | je suivais<br>nous suivions | je suivis |
| 41 | **rendre** | je rends [ʀɑ̃]<br>nous rendons [ʀɑ̃dɔ̃] | il rend<br>ils rendent [ʀɑ̃d] | je rendais<br>nous rendions | je rendis |
| | Also the verbs ending in ***-andre*** (e.g. *répandre*), ***-erdre*** (e.g. *perdre*), ***-ondre*** (e.g. *répondre*), ***-ordre*** (e.g. *mordre*). | | | | |
| | **rompre** | je romps [ʀɔ̃]<br>nous rompons [ʀɔ̃pɔ̃] | il rompt<br>ils rompent [ʀɔ̃p] | je rompais<br>nous rompions | je rompis |
| | Also the verbs ***corrompre*** and ***interrompre***. | | | | |
| | **battre** | je bats [ba]<br>nous battons [batɔ̃] | il bat<br>ils battent [bat] | je battais<br>nous battions | je battis |
| 42 | **vaincre** | je vaincs [vɛ̃]<br>nous vainquons [vɛ̃kɔ̃] | il vainc<br>ils vainquent [vɛ̃k] | je vainquais<br>nous vainquions | je vainquis |
| 43 | **lire** | je lis [li]<br>nous lisons [lizɔ̃] | il lit<br>ils lisent [liz] | je lisais<br>nous lisions | je lus |
| 44 | **croire** | je crois [kʀwa]<br>nous croyons [kʀwajɔ̃] | il croit<br>ils croient | je croyais<br>nous croyions [kʀwajjɔ̃] | je crus<br>nous crûmes |
| 45 | **clore** | je clos [klo] | il clôt<br>ils closent [kloz] (rare) | je closais (rare) | not applicable |
| 46 | **vivre** | je vis [vi]<br>nous vivons [vivɔ̃] | il vit<br>ils vivent [viv] | je vivais<br>nous vivions | je vécus [veky] |
| 47 | **moudre** | je mouds [mu]<br>nous moulons [mulɔ̃] | il moud<br>ils moulent [mul] | je moulais<br>nous moulions | je moulus |
| | NB Most forms of this verb are rare except *moudre, moudrai(s), moulu, e.* | | | | |
| 48 | **coudre** | je couds [ku]<br>nous cousons [kuzɔ̃] | il coud<br>ils cousent [kuz] | je cousais<br>nous cousions | je cousis [kuzi] |

## irregular verbs ending in **-re**

| future | CONDITIONAL<br>present | SUBJUNCTIVE<br>present | IMPERATIVE<br>present | PARTICIPLES<br>present<br>past |
|---|---|---|---|---|
| je nuirai | je nuirais | que je nuise | nuis<br>nuisons | nuisant<br>nui<br>(no feminine) |
| je conduirai | je conduirais | que je conduise | conduis<br>conduisons | conduisant<br>conduit, ite |
| j'écrirai | j'écrirais | que j'écrive | écris<br>écrivons | écrivant<br>écrit, ite |
| je suivrai | je suivrais | que je suive | suis<br>suivons | suivant<br>suivi, ie |
| je rendrai | je rendrais | que je rende | rends<br>rendons | rendant<br>rendu, ue |
| je romprai | je romprais | que je rompe | romps<br>rompons | rompant<br>rompu, ue |
| je battrai | je battrais | que je batte | bats<br>battons | battant<br>battu, ue |
| je vaincrai | je vaincrais | que je vainque | vaincs<br>vainquons | vainquant<br>vaincu, ue |
| je lirai | je lirais | que je lise | lis<br>lisons | lisant<br>lu, ue |
| je croirai | je croirais | que je croie | crois<br>croyons | croyant<br>cru, crue |
| je clorai (rare) | je clorais (rare) | que je close | clos | closant (rare)<br>clos, close |
| je vivrai | je vivrais | que je vive | vis<br>vivons | vivant<br>vécu, ue |
| je moudrai | je moudrais | que je moule | mouds<br>moulons | moulant<br>moulu, ue |
| je coudrai | je coudrais | que je couse | couds<br>cousons | cousant<br>cousu, ue |

## conjugations 49 to 59

| | | INDICATIVE | | | |
|---|---|---|---|---|---|
| | | present, 1st person | present, 3rd person | imperfect | past historic |
| 49 | **joindre** | je joins [ʒwɛ̃]<br>nous joignons [ʒwaɲɔ̃] | il joint<br>ils joignent [ʒwaɲ] | je joignais<br>nous joignions [ʒwaɲjɔ̃] | je joignis |
| 50 | **traire** | je trais [tʀɛ]<br>nous trayons [tʀɛjɔ̃] | il trait<br>ils traient | je trayais<br>nous trayions [tʀɛjjɔ̃] | not applicable |
| 51 | **absoudre** | j'absous [apsu]<br>nous absolvons [apsɔlvɔ̃] | il absout<br>ils absolvent [apsɔlv] | j'absolvais<br>nous absolvions | j'absolus<br>[apsɔly] (rare) |

NB ***Dissoudre*** is conjugated like ***absoudre***; ***résoudre*** is conjugated like ***absoudre***, but the past historic *je résolus* is current. ***Résoudre*** has two past participles: *résolu, ue (problème résolu)*, and *résous, oute* (*brouillard résous en pluie* [rare]).

| | | present, 1st person | present, 3rd person | imperfect | past historic |
|---|---|---|---|---|---|
| 52 | **craindre** | je crains [kʀɛ̃]<br>nous craignons [kʀɛɲɔ̃] | il craint<br>ils craignent [kʀɛɲ] | je craignais<br>nous craignions [kʀɛɲjɔ̃] | je craignis |
| | **peindre** | je peins [pɛ̃]<br>nous peignons [pɛɲɔ̃] | il peint<br>ils peignent [pɛɲ] | je peignais<br>nous peignions [pɛɲjɔ̃] | je peignis |
| 53 | **boire** | je bois [bwa]<br>nous buvons [byvɔ̃] | il boit<br>ils boivent [bwav] | je buvais<br>nous buvions | je bus |
| 54 | **plaire** | je plais [plɛ]<br>nous plaisons [plɛzɔ̃] | il plaît<br>ils plaisent [plɛz] | je plaisais<br>nous plaisions | je plus |

NB The past participle of ***plaire, complaire, déplaire*** is generally invariable.

| | | present, 1st person | present, 3rd person | imperfect | past historic |
|---|---|---|---|---|---|
| | **taire** | je tais<br>nous taisons | il tait<br>ils taisent | je taisais<br>nous taisions | je tus |
| 55 | **croître** | je croîs [kʀwa]<br>nous croissons [kʀwasɔ̃] | il croît<br>ils croissent [kʀwas] | je croissais<br>nous croissions | je crûs<br>nous crûmes |

NB Like ***accroître***, the past participle of ***décroître*** is *décru, e*.

| | | present, 1st person | present, 3rd person | imperfect | past historic |
|---|---|---|---|---|---|
| | **accroître** | j'accrois<br>nous accroissons | il accroît<br>ils accroissent | j'accroissais | j'accrus<br>nous accrûmes |
| 56 | **mettre** | je mets [mɛ]<br>nous mettons [metɔ̃] | il met<br>ils mettent [mɛt] | je mettais<br>nous mettions | je mis |
| 57 | **connaître** | je connais [kɔnɛ]<br>nous connaissons [kɔnɛsɔ̃] | il connaît<br>ils connaissent [kɔnɛs] | je connaissais<br>nous connaissions | je connus |
| 58 | **prendre** | je prends [pʀɑ̃]<br>nous prenons [pʀənɔ̃] | il prend<br>ils prennent [pʀɛn] | je prenais<br>nous prenions | je pris |
| 59 | **naître** | je nais [nɛ]<br>nous naissons [nɛsɔ̃] | il naît<br>ils naissent [nɛs] | je naissais<br>nous naissions | je naquis [naki] |

## irregular verbs ending in **-re**

| future | CONDITIONAL present | SUBJUNCTIVE present | IMPERATIVE present | PARTICIPLES present past |
|---|---|---|---|---|
| je joindrai | je joindrais | que je joigne | joins joignons | joignant joint, jointe |
| je trairai | je trairais | que je traie | trais trayons | trayant trait, traite |
| j'absoudrai | j'absoudrais | que j'absolve | absous absolvons | absolvant absous[1], oute [apsu, ut] |
| je craindrai | je craindrais | que je craigne | crains craignons | craignant craint, crainte |
| je peindrai | je peindrais | que je peigne | peins peignons | peignant peint, peinte |
| je boirai | je boirais | que je boive que nous buvions | bois buvons | buvant bu, bue |
| je plairai | je plairais | que je plaise | plais plaisons | plaisant plu (no feminine) |
| je tairai | je tairais | que je taise | tais taisons | taisant tu, tue |
| je croîtrai | je croîtrais | que je croisse | croîs croissons | croissant crû, crue |
| j'accroîtrai | j'accroîtrais | que j'accroisse | accrois accroissons | accroissant accru, ue |
| je mettrai | je mettrais | que je mette | mets mettons | mettant mis, mise |
| je connaîtrai | je connaîtrais | que je connaisse | connais connaissons | connaissant connu, ue |
| je prendrai | je prendrais | que je prenne que nous prenions | prends prenons | prenant pris, prise |
| je naîtrai | je naîtrais | que je naisse | nais naissons | naissant né, née |

1. The past participle forms *absout*, *dissout*, with a final *t*, are often preferred.

## conjugation 60 – **FAIRE**

### INDICATIVE

| PRESENT | PERFECT |
|---|---|
| je fais [fɛ] | j'ai fait |
| tu fais | tu as fait |
| il fait | il a fait |
| nous faisons [f(ə)zɔ̃] | nous avons fait |
| vous faites [fɛt] | vous avez fait |
| ils font [fɔ̃] | ils ont fait |

| IMPERFECT | PLUPERFECT |
|---|---|
| je faisais [f(ə)zɛ] | j'avais fait |
| tu faisais | tu avais fait |
| il faisait | il avait fait |
| nous faisions [fəzjɔ̃] | nous avions fait |
| vous faisiez [fəsje] | vous aviez fait |
| ils faisaient | ils avaient fait |

| PAST HISTORIC | PAST ANTERIOR |
|---|---|
| je fis | j'eus fait |
| tu fis | tu eus fait |
| il fit | il eut fait |
| nous fîmes | nous eûmes fait |
| vous fîtes | vous eûtes fait |
| ils firent | ils eurent fait |

| FUTURE | FUTURE PERFECT |
|---|---|
| je ferai [f(ə)ʀɛ] | j'aurai fait |
| tu feras | tu auras fait |
| il fera | il aura fait |
| nous ferons [f(ə)ʀɔ̃] | nous aurons fait |
| vous ferez | vous aurez fait |
| ils feront | ils auront fait |

### SUBJUNCTIVE

PRESENT

que je fasse [fas]
que tu fasses
qu'il fasse
que nous fassions
que vous fassiez
qu'ils fassent

IMPERFECT

que je fisse [fis]
que tu fisses
qu'il fît
que nous fissions
que vous fissiez
qu'ils fissent

PAST

que j'aie fait
que tu aies fait
qu'il ait fait
que nous ayons fait
que vous ayez fait
qu'ils aient fait

PLUPERFECT

que j'eusse fait
que tu eusses fait
qu'il eût fait
que nous eussions fait
que vous eussiez fait
qu'ils eussent fait

### CONDITIONAL

PRESENT

je ferais [f(ə)ʀɛ]
tu ferais
il ferait
nous ferions [fəʀjɔ̃]
vous feriez
ils feraient

PAST I

j'aurais fait
tu aurais fait
il aurait fait
nous aurions fait
vous auriez fait
ils auraient fait

PAST II

j'eusse fait
tu eusses fait
il eût fait
nous eussions fait
vous eussiez fait
ils eussent fait

### IMPERATIVE

| PRESENT | PAST |
|---|---|
| fais | aie fait |
| faisons | ayons fait |
| faites | ayez fait |

### PARTICIPLE

| PRESENT | PAST |
|---|---|
| faisant [f(ə)zɑ̃] | fait |
| | ayant fait |

### INFINITIVE

| PRESENT | PAST |
|---|---|
| faire | avoir fait |

## conjugation 61 – **ÊTRE**

### INDICATIVE

| PRESENT | PERFECT |
|---|---|
| je suis [sɥi] | j'ai été |
| tu es [ɛ] | tu as été |
| il est [ɛ] | il a été |
| nous sommes [sɔm] | nous avons été |
| vous êtes [ɛt] | vous avez été |
| ils sont [sɔ̃] | ils ont été |

| IMPERFECT | PLUPERFECT |
|---|---|
| j'étais [etɛ] | j'avais été |
| tu étais | tu avais été |
| il était | il avait été |
| nous étions [etjɔ̃] | nous avions été |
| vous étiez | vous aviez été |
| ils étaient | ils avaient été |

| PAST HISTORIC | PAST ANTERIOR |
|---|---|
| je fus [fy] | j'eus été |
| tu fus | tu eus été |
| il fut | il eut été |
| nous fûmes | nous eûmes été |
| vous fûtes | vous eûtes été |
| ils furent | ils eurent été |

| FUTURE | FUTURE PERFECT |
|---|---|
| je serai [s(ə)ʀɛ] | j'aurai été |
| tu seras | tu auras été |
| il sera | il aura été |
| nous serons [s(ə)ʀɔ̃] | nous aurons été |
| vous serez | vous aurez été |
| ils seront | ils auront été |

### SUBJUNCTIVE

PRESENT

que je sois [swa]
que tu sois
qu'il soit
que nous soyons [swajɔ̃]
que vous soyez
qu'ils soient

IMPERFECT

que je fusse
que tu fusses
qu'il fût
que nous fussions
que vous fussiez
qu'ils fussent

PAST

que j'aie été
que tu aies été
qu'il ait été
que nous ayons été
que vous ayez été
qu'ils eussent été

PLUPERFECT

que j'eusse été
que tu eusses été
qu'il eût été
que nous eussions été
que vous eussiez été
qu'ils eussent été

### CONDITIONAL

PRESENT

je serais [s(ə)ʀɛ]
tu serais
il serait
nous serions [səʀjɔ̃]
vous seriez
ils seraient

PAST I

j'aurais été
tu aurais été
il aurait été
nous aurions été
vous auriez été
ils auraient été

PAST II

j'eusse été
tu eusses été
il eût été
nous eussions été
vous eussiez été
ils eussent été

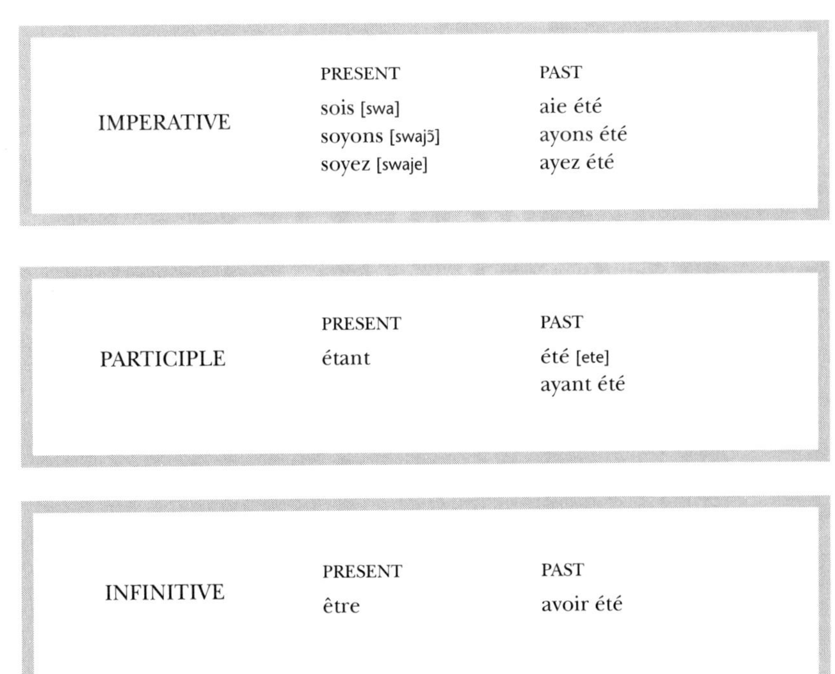

| | PRESENT | PAST |
|---|---|---|
| IMPERATIVE | sois [swa]<br>soyons [swajɔ̃]<br>soyez [swaje] | aie été<br>ayons été<br>ayez été |
| PARTICIPLE | étant | été [ete]<br>ayant été |
| INFINITIVE | être | avoir été |

# RULES OF AGREEMENT FOR PAST PARTICIPLE

The past participle is a form of the verb which does not vary according to tense or person, but which is more like an adjective, in that it may agree in gender and number with the word to which it refers.

## PAST PARTICIPLE AGREEMENT DEPENDING ON USAGE

| | |
|---|---|
| **without auxiliary** (adjectival use) | • **agreement** with the word it refers to<br>*une affaire bien partie*<br>(agrees with *affaire*, feminine singular) |

| | |
|---|---|
| **with *être*** | • **agreement** with the subject of **être**<br>*les hirondelles sont revenues*<br>(agrees with *hirondelles*, feminine plural) |
| **with *avoir*** | • **agreement** with the direct object, provided the direct object precedes the past participle<br>*je les ai crus*<br>(agrees with *les*, masculine plural)<br>*la lettre qu'il a écrite*<br>(agrees with *que*, referring back to *lettre*, feminine singular)<br>• **no agreement**, then, in the following cases:<br>*nous avons couru*<br>(no direct object)<br>*elles ont pris la clé*<br>(direct object follows past participle) |

| | | |
|---|---|---|
| **with *s'être*** | **as with *être***<br>**as with *avoir*** | • if the verb is reflexive, the past participle agrees with the subject<br>*ils se sont enrhumés*<br>(agrees with *ils*, masculine plural)<br>• if the reflexive pronoun is the indirect object, any agreement is with the preceding direct object<br>*la bosse qu'il s'est faite*<br>(agrees with *que*, referring back to *bosse*, feminine singular)<br>• **no agreement**, then, if the direct object follows the past participle<br>*ils se sont lavé les mains*<br>(the object being *les mains*) |

# NOMBRES, HEURES ET DATES

# NUMBERS, TIME AND DATES

## 1 CARDINAL AND ORDINAL NUMBERS NOMBRES CARDINAUX ET ORDINAUX

| Cardinal numbers | | Les nombres cardinaux | Ordinal numbers | Les nombres ordinaux |
|---|---|---|---|---|
| nought | 0 | zéro | | |
| one | 1 | (m) un, (f) une | first | (m) premier, (f) -ière |
| two | 2 | deux | second | deuxième |
| three | 3 | trois | third | troisième |
| four | 4 | quatre | fourth | quatrième |
| five | 5 | cinq | fifth | cinquième |
| six | 6 | six | sixth | sixième |
| seven | 7 | sept | seventh | septième |
| eight | 8 | huit | eighth | huitième |
| nine | 9 | neuf | ninth | neuvième |
| ten | 10 | dix | tenth | dixième |
| eleven | 11 | onze | eleventh | onzième |
| twelve | 12 | douze | twelfth | douzième |
| thirteen | 13 | treize | thirteenth | treizième |
| fourteen | 14 | quatorze | fourteenth | quatorzième |
| fifteen | 15 | quinze | fifteenth | quinzième |
| sixteen | 16 | seize | sixteenth | seizième |
| seventeen | 17 | dix-sept | seventeenth | dix-septième |
| eighteen | 18 | dix-huit | eighteenth | dix-huitième |
| nineteen | 19 | dix-neuf | nineteenth | dix-neuvième |
| twenty | 20 | vingt | twentieth | vingtième |
| twenty-one | 21 | vingt et un | twenty-first | vingt et unième |
| twenty-two | 22 | vingt-deux | twenty-second | vingt-deuxième |
| twenty-three | 23 | vingt-trois | | |
| thirty | 30 | trente | thirtieth | trentième |
| thirty-one | 31 | trente et un | thirty-first | trente et unième |
| thirty-two | 32 | trente-deux | | |
| forty | 40 | quarante | fortieth | quarantième |
| fifty | 50 | cinquante | fiftieth | cinquantième |
| sixty | 60 | soixante | sixtieth | soixantième |
| seventy | 70 | soixante-dix | seventieth | soixante-dixième |
| eighty | 80 | quatre-vingt(s) | eightieth | quatre-vingtième |
| ninety | 90 | quatre-vingt-dix | ninetieth | quatre-vingt-dixième |
| ninety-nine | 99 | quatre-vingt-dix-neuf | | |
| a (or one) hundred | 100 | cent | hundredth | centième |
| a hundred and one | 101 | cent un | hundred and first | cent unième |
| a hundred and two | 102 | cent deux | | |
| a hundred and ten | 110 | cent dix | hundred and tenth | cent dixième |
| a hundred and eighty-two | 182 | cent quatre-vingt-deux | | |

| Cardinal numbers | | Les nombres cardinaux | Ordinal numbers | Les nombres ordinaux |
|---|---|---|---|---|
| two hundred | 200 | deux cents | two hundredth | deux centième |
| two hundred and one | 201 | deux cent un | | |
| two hundred and two | 202 | deux cent deux | | |
| three hundred | 300 | trois cents | three hundredth | trois centième |
| four hundred | 400 | quatre cents | four hundredth | quatre centième |
| five hundred | 500 | cinq cents | five hundredth | cinq centième |
| six hundred | 600 | six cents | six hundredth | six centième |
| seven hundred | 700 | sept cents | seven hundredth | sept centième |
| eight hundred | 800 | huit cents | eight hundredth | huit centième |
| nine hundred | 900 | neuf cents | nine hundredth | neuf centième |
| a (or one) thousand | 1,000 French 1 000 | mille | thousandth | millième |
| a thousand and one | 1,001 French 1 001 | mille un | | |
| a thousand and two | 1,002 French 1 002 | mille deux | | |
| two thousand | 2,000 French 2 000 | deux mille | two thousandth | deux millième |
| ten thousand | 10,000 French 10 000 | dix mille | | |
| a (or one) hundred thousand | 100,000 French 100 000 | cent mille | | |
| a (or one) million (see note **b**) | 1,000,000 French 1 000 000 | un million (voir note **b**) | millionth | millionième |
| two million | 2,000,000 French 2 000 000 | deux millions | two millionth | deux millionième |

NOTES ON USAGE OF THE CARDINAL NUMBERS

[a] To divide the larger numbers clearly, a space is used in French where English places a comma:

English 1,000 French 1 000
English 2,304,770 French 2 304 770
(This does not apply to dates: see below.)

[b] **1 000 000 :** In French, the word *million* is a noun, so the numeral takes *de* when there is a following noun:

*un million de fiches*
*trois millions de maisons détruites*

[c] **One**, and the other numbers ending in *one*, agree in French with the noun (stated or implied):

*une maison, un employé, il y a cent une personnes.*

REMARQUES SUR LES NOMBRES CARDINAUX

[a] Alors qu'un espace est utilisé en français pour séparer les centaines des milliers, l'anglais utilise la virgule à cet effet :

français 1 000 anglais 1,000
français 2 304 770 anglais 2,304,770
(Cette règle ne s'applique pas aux dates. Voir ci-après.)

[b] En anglais, le mot *million* (ainsi que *mille* et *cent*) n'est pas suivi de *of* lorsqu'il accompagne un nom :

*a million people,*
*a hundred houses,*
*a thousand people.*

NOTES ON USAGE OF THE ORDINAL NUMBERS
REMARQUES SUR LES NOMBRES ORDINAUX

[a] **Abbreviations:** English 1st, 2nd, 3rd, 4th, 5th, etc. French (m) 1^er^, (f), 1^re^, 2^e^, 3^e^, 4^e^, 5^e^ and so on.

[b] **First**, and the other numbers ending in *first*, agree in French with the noun (stated or implied):
*La première maison, le premier employé, la cent unième personne.*

[c] See also the notes on dates, below.
*Voir aussi ci-après le paragraphe concernant les dates.*

## 2 FRACTIONS — LES FRACTIONS

| | | |
|---|---|---|
| one half, a half | $\frac{1}{2}$ | (m) un demi, (f) une demie |
| one and a half helpings | $1\frac{1}{2}$ | une portion et demie |
| two and a half kilos | $2\frac{1}{2}$ | deux kilos et demi |
| one third, a third | $\frac{1}{3}$ | un tiers |
| two thirds | $\frac{2}{3}$ | deux tiers |
| one quarter, a quarter | $\frac{1}{4}$ | un quart |
| three quarters | $\frac{3}{4}$ | trois quarts |
| one sixth, a sixth | $\frac{1}{6}$ | un sixième |
| five and five sixths | $5\frac{5}{6}$ | cinq et cinq sixièmes |
| one twelfth, a twelfth | $\frac{1}{12}$ | un douzième |
| seven twelfths | $\frac{7}{12}$ | sept douzièmes |
| one hundredth, a hundredth | $\frac{1}{100}$ | un centième |
| one thousandth, a thousandth | $\frac{1}{1\,000}$ | un millième |

## 3 DECIMALS — LES DÉCIMALES

In French, a comma is written where English uses a point:

Alors que le français utilise la virgule pour séparer les entiers des décimales, le point est utilisé en anglais à cet effet :

| English/anglais | | French/français |
|---|---|---|
| 3.56 (three point five six) | = | 3,56 (trois virgule cinquante-six) |
| .07 (point nought seven) | = | 0,07 (zéro virgule zéro sept) |

## 4 NOMENCLATURE — NUMÉRATION

3,684 is a four-digit number
It contains 4 units, 8 tens, 6 hundreds and 3 thousands
The decimal .234 contains 2 tenths, 3 hundredths and 4 thousandths

3 684 est un nombre à quatre chiffres
4 est le chiffre des unités, 8 celui des dizaines, 6 celui des centaines et 3 celui des milliers
le nombre décimal 0,234 contient 2 dixièmes, 3 centièmes et 4 millièmes

## 5 PERCENTAGES — LES POURCENTAGES

## 5 PERCENTAGES — LES POURCENTAGES

| | |
|---|---|
| $2\frac{1}{2}\%$ two and a half per cent | Deux et demi pour cent |
| 18% of the people here are over 65 | Ici dix-huit pour cent des gens ont plus de soixante-cinq ans |
| Production has risen by 8% | La production s'est accrue de huit pour cent |
| *(See also the main text of the dictionary.)* | *(Voir aussi dans le corps du dictionnaire.)* |

## 6 SIGNS — LES SIGNES

| | | |
|---|---|---|
| addition sign | $+$ | signe plus, signe de l'addition |
| plus sign (e.g. + 7 = plus seven) | $+$ | signe plus (ex. : + 7 = plus 7) |
| subtraction sign | $-$ | signe moins, signe de la soustraction |
| minus sign (e.g. – 3 = minus three) | $-$ | signe moins (ex : – 3 = moins 3) |
| multiplication sign | $\times$ | signe de la multiplication |
| division sign | $\div$ | signe de la division |
| square root sign | $\sqrt{\ }$ (or French $\sqrt[2]{\ }$) | signe de la racine carrée |
| infinity | $\infty$ | symbole de l'infini |
| sign of identity, is equal to | $\equiv$ | signe d'identité |
| sign of equality, equals | $=$ | signe d'égalité |
| is approximately equal to | $\approx$ | signe d'équivalence |
| sign of inequality, is not equal to | $\neq$ | signe de non-égalité |
| is greater than | $>$ | est plus grand que |
| is less than | $<$ | est plus petit que |

## 7 CALCULATION — LE CALCUL

| | |
|---|---|
| 8 + 6 = 14 eight and (or plus) six are (or make) fourteen | huit et (ou plus) six font (ou égalent) quatorze |
| 15 – 3 = 12 fifteen take away (or fifteen minus) three equals twelve, three from fifteen leaves twelve | trois ôté de quinze égalent douze, quinze moins trois égalent douze |
| 3 × 3 = 9 three threes are nine, three times three is nine | trois fois trois égalent neuf, trois multiplié par trois égalent neuf |
| 32 ÷ 8 = 4 thirty-two divided by eight is (or equals) four | trente-deux divisé par huit égalent quatre |
| $3^2 = 9$ three squared is nine | trois au carré égale neuf |
| $2^5 = 32$ two the power of five (or to the fifth) is (or equals) thirty-two | deux puissance cinq égale trente-deux |
| $\sqrt{16} = 4$ the square root of sixteen is four | la racine carrée de seize ( $\sqrt[2]{16}$ ) est quatre |

## 8 TIME — L'HEURE

| TIME | L'HEURE |
|---|---|
| 2 hours 33 minutes and 14 seconds | deux heures trente-trois minutes et quatorze secondes |
| half an hour | une demi-heure |
| a quarter of an hour | un quart d'heure |
| three quarters of an hour | trois quarts d'heure |
| what's the time ? | quelle heure est-il ? |
| what time do you make it ? | quelle heure avez-vous ? |
| have you the right time ? | avez-vous l'heure exacte ? |
| I make it 2.20 | d'après ma montre il est 2 h 20 |
| my watch says 3.37 | il est 3 h 37 à ma montre |
| it's 1 o'clock | il est une heure |
| it's 2 o'clock | il est deux heures |
| it's 5 past 4 | il est quatre heures cinq |
| it's 10 to 6 | il est six heures moins dix |
| it's half past 8 | il est huit heures et demie |
| it's a quarter past 9 | il est neuf heures et quart |
| it's a quarter to 2 | il est deux heures moins le quart |
| at 10 a.m. | à dix heures du matin |
| at 4 p.m. | à quatre heures de l'après-midi |
| at 11 p.m. | à onze heures du soir |
| at exactly 3 o'clock, at 3 sharp, at 3 on the dot | à trois heures exactement, à trois heures précises |
| the train leaves at 19.32 | le train part à dix-neuf heures trente-deux |
| (at) what time does it start ? | à quelle heure est-ce que cela commence ? |
| it is just after 3 | il est trois heures passées |
| it is nearly 9 | il est presque neuf heures |
| about 8 o'clock | aux environs de huit heures |
| at (or by) 6 o'clock at the latest | à six heures au plus tard |
| have it ready for 5 o'clock | tiens-le prêt pour 5 heures |
| it is full each night from 7 to 9 | c'est plein chaque soir de 7 à 9 |
| "closed from 1.30 to 4.30" | « fermé de 13 h 30 à 16 h 30 » |
| until 8 o'clock | jusqu'à huit heures |
| it would be about 11 | il était environ 11 heures, il devait être environ 11 heures |
| it would have been about 10 | il devait être environ dix heures |
| at midnight | à minuit |
| before midday, before noon | avant midi |

## 9 DATES — LES DATES

| DATES | LES DATES |
|---|---|
| NB The days of the week and the months start with a small letter in French: lundi, mardi, février, mars. | N.B. Contrairement au français, les jours de la semaine et les mois prennent une majuscule en anglais : Monday, Tuesday, February, March. |
| the 1st of July, July 1st | le 1$^{er}$ juillet |
| the 2nd of May, May 2nd | le 2 mai |
| on June 21st, on the 21st (of) June | le 21 juin |
| on Monday | lundi |
| he comes on Mondays | il vient le lundi |
| "closed on Fridays" | « fermé le vendredi » |
| he lends it to me from Monday to Friday | il me le prête du lundi au vendredi |
| from the 14th to the 18th | du 14 au 18 |
| what's the date?, what date is it today? | quelle est la date d'aujourd'hui ?<br>nous sommes le combien aujourd'hui ? |
| today's the 12th | aujourd'hui nous sommes le 12 |
| one Thursday in October | un jeudi en octobre |
| about the 4th of July | aux environs du 4 juillet |
| 1978 nineteen (hundred and) seventy-eight | mille neuf cent soixante-dix-huit,<br>dix-neuf cent soixante-dix-huit |
| 4 B.C., B.C. 4 | 4 av. J.-C. |
| 70 A.D., A.D. 70 | 70 apr. J.-C. |
| in the 13th century | au XIII$^{e}$ siècle |
| in (or during) the 1930s | dans (ou pendant) les années 30 |
| in 1940 something | en 1940 et quelques |
| HEADING OF LETTERS: | EN-TÊTE DE LETTRES : |
| 19th May 1993 | le 19 mai 1993 |
| *(See also the main text of the dictionary.)* | *(Voir aussi dans le corps du dictionnaire.)* |

# POIDS, MESURES ET TEMPÉRATURES

# WEIGHTS, MEASURES AND TEMPERATURES

NOTES

**1. Metric system**

Measures formed with the following prefixes are mostly omitted :

REMARQUES

**1. Le système métrique**

La plupart des mesures formées à partir des préfixes suivants ont été omises :

| | | | |
|---|---|---|---|
| *deca-* | 10 times | 10 fois | *déca-* |
| *hecto-* | 100 times | 100 fois | *hecto-* |
| *kilo-* | 1,000 times | 1 000 fois | *kilo-* |
| *deci-* | one tenth | un dixième | *déci-* |
| *centi-* | one hundredth | un centième | *centi-* |
| *mil(l)i-* | one thousandth | un millième | *mil(l)i-* |

**2. US measures**

In the US, the same system as that which applies in Great Britain is used for the most part; the main differences are mentioned below.

**2. Mesures US**

Les mesures britanniques sont valables pour les USA dans la majeure partie des cas. Les principales différences sont énumérées ci-dessous.

**3. The numerical notations of measures:**

Numerical equivalents are shown in standard English notation when they are translations of French measures and in standard French notation when they are translations of English measures ;
e.g. 1 millimetre (millimètre) = 0.03937 inch
should be read in French as 0,03937 pouce.
e.g. 1 inch (pouce) = 2,54 centimètres
should be read in English as 2.54 centimetres.

**3. Notation graphique des équivalences de mesures :**

Les équivalences sont notées en anglais lorsqu'elles traduisent des mesures françaises et en français lorsqu'elles se rapportent à des mesures anglaises :
ex. 1 millimetre (millimètre) = 0.03937 inch
doit se lire en français 0,03937 pouce.
ex. 1 inch (pouce) = 2,54 centimètres
doit se lire en anglais 2.54 centimetres.

## 1 LINEAR MEASURES – MESURES DE LONGUEUR

| | | | | | |
|---|---|---|---|---|---|
| **metric system / système métrique** | 1 millimetre<br>US millimeter | | (millimètre) | **mm** | 0.03937 inch |
| | 1 centimetre<br>US centimeter | | (centimètre) | **cm** | 0.3937 inch |
| | 1 metre<br>US meter | | (mètre) | **m** | 39.37 inches<br>= 1.094 yards |
| | 1 kilometre<br>US kilometer | | (kilomètre) | **km** | 0.6214 mile (5/8 mile) |
| **French non-metric measures / mesures françaises non métriques** | 1 nautical mile | | 1 mille marin | | = 1 852 mètres |
| | 1 knot | | 1 nœud | | = 1 mille/heure |
| **British system / système britannique** | 1 inch | (pouce) | | **in** | 2,54 centimètres |
| | 1 foot | (pied) | = 12 inches | **ft** | 30,48 centimètres |
| | 1 yard | (yard) | = 3 feet | **yd** | 91,44 centimètres |
| | 1 furlong | | = 220 yards | | 201,17 mètres |
| | 1 mile | (mile) | = 1,760 yards | **m** ou **ml** | 1,609 kilomètre |
| **surveyors' measures / mesures d'arpentage** | 1 link | | = 7.92 inches | = | 20,12 centimètres |
| | 1 rod<br>(or pole, perch) | | = 25 links | = | 5,029 mètres |
| | 1 chain | | = 22 yards<br>= 4 rods | = | 20,12 mètres |

## 2 SQUARE MEASURES – MESURES DE SUPERFICIE

| | | | | | |
|---|---|---|---|---|---|
| **metric system / système métrique** | 1 square centimetre<br>US square centimeter | (centimètre carré) | | **$cm^2$** | 0.155 square inch |
| | 1 square metre<br>US square meter | (mètre carré) | | **$m^2$** | 10.764 square feet<br>= 1.196 square yards |
| | 1 square kilometre<br>US square kilometer | (kilomètre carré) | | **$km^2$** | 0.3861 square mile<br>= 247.1 acres |
| | 1 are | (are) | = 100 square metres | **a** | 119.6 square yards |
| | 1 hectare | (hectare) | = 100 ares | **ha** | 2,471 acres |
| **British system / système britannique** | 1 square inch | (pouce carré) | | **$in^2$** | 6,45 $cm^2$ |
| | 1 square foot | (pied carré) | = 144 square inches | **$ft^2$** | 929,03 $cm^2$ |
| | 1 square yard | (yard carré) | = 9 square feet | **$yd^2$** | 0,836 $m^2$ |
| | 1 square rod | | = 30.25 square yards | | 25,29 $m^2$ |
| | 1 acre | | = 4,840 square yards | **a** | 40,47 ares |
| | 1 square mile | (mile carré) | = 640 acres | **$m^2$** ou **$ml^2$** | 2,59 $km^2$ |

## 3 CUBIC MEASURES – MESURES DE VOLUME

| | | | | | |
|---|---|---|---|---|---|
| metric system / système métrique | 1 cubic centimetre<br>US cubic centimeter | (centimètre cube) | | **cm$^3$** | 0.061 cubic inch |
| | 1 cubic meter<br>US cubic meter | (mètre cube) | | **m$^3$** | 35.315 cubic feet<br>1.308 cubic yards |
| British system / système britannique | 1 cubic inch | | | **in$^3$** | 16,387 cm$^3$ |
| | 1 cubic foot | (pied cube) | = 1,728 cubic inches | **ft$^3$** | 0,028 m$^3$ |
| | 1 cubic yard | (yard cube) | = 27 cubic feet | **yd$^3$** | 0,765 m$^3$ |
| | 1 register ton | (tonne) | = 100 cubic feet | | 2,832 m$^3$ |

## 4 MEASURES OF CAPACITY – MESURES DE CAPACITÉ

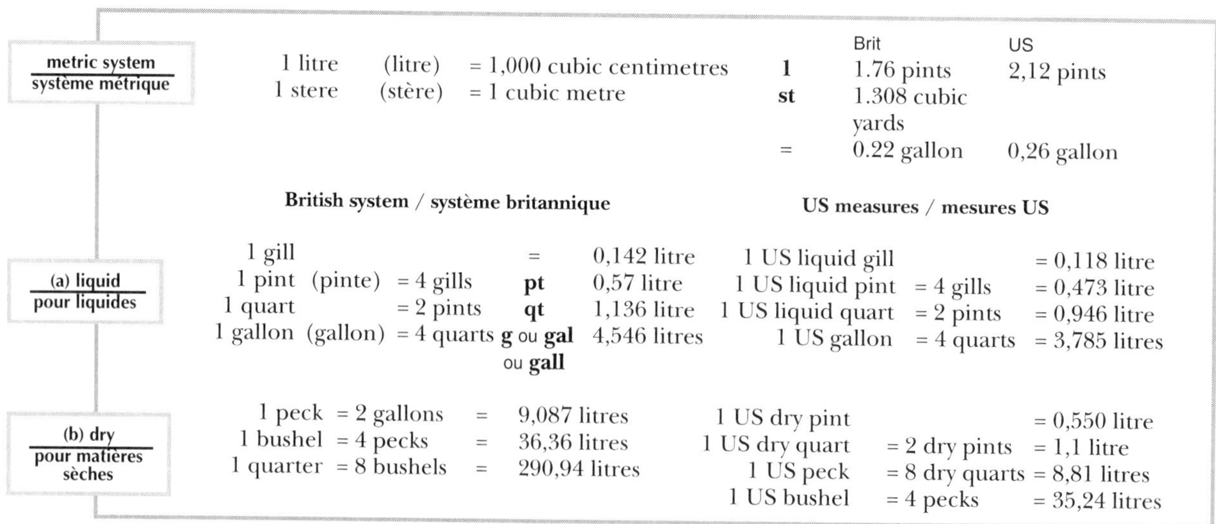

| metric system / système métrique | | | | | Brit | US |
|---|---|---|---|---|---|---|
| | 1 litre | (litre) | = 1,000 cubic centimetres | **l** | 1.76 pints | 2,12 pints |
| | 1 stere | (stère) | = 1 cubic metre | **st** | 1.308 cubic yards | |
| | | | | = | 0.22 gallon | 0,26 gallon |

**British system / système britannique**

| | | | | | |
|---|---|---|---|---|---|
| (a) liquid / pour liquides | 1 gill | | | = | 0,142 litre |
| | 1 pint | (pinte) | = 4 gills | **pt** | 0,57 litre |
| | 1 quart | | = 2 pints | **qt** | 1,136 litre |
| | 1 gallon | (gallon) | = 4 quarts | **g** ou **gal** ou **gall** | 4,546 litres |
| (b) dry / pour matières sèches | 1 peck | | = 2 gallons | = | 9,087 litres |
| | 1 bushel | | = 4 pecks | = | 36,36 litres |
| | 1 quarter | | = 8 bushels | = | 290,94 litres |

**US measures / mesures US**

| | | | |
|---|---|---|---|
| (a) liquid / pour liquides | 1 US liquid gill | | = 0,118 litre |
| | 1 US liquid pint | = 4 gills | = 0,473 litre |
| | 1 US liquid quart | = 2 pints | = 0,946 litre |
| | 1 US gallon | = 4 quarts | = 3,785 litres |
| (b) dry / pour matières sèches | 1 US dry pint | | = 0,550 litre |
| | 1 US dry quart | = 2 dry pints | = 1,1 litre |
| | 1 US peck | = 8 dry quarts | = 8,81 litres |
| | 1 US bushel | = 4 pecks | = 35,24 litres |

## 5 WEIGHTS – POIDS

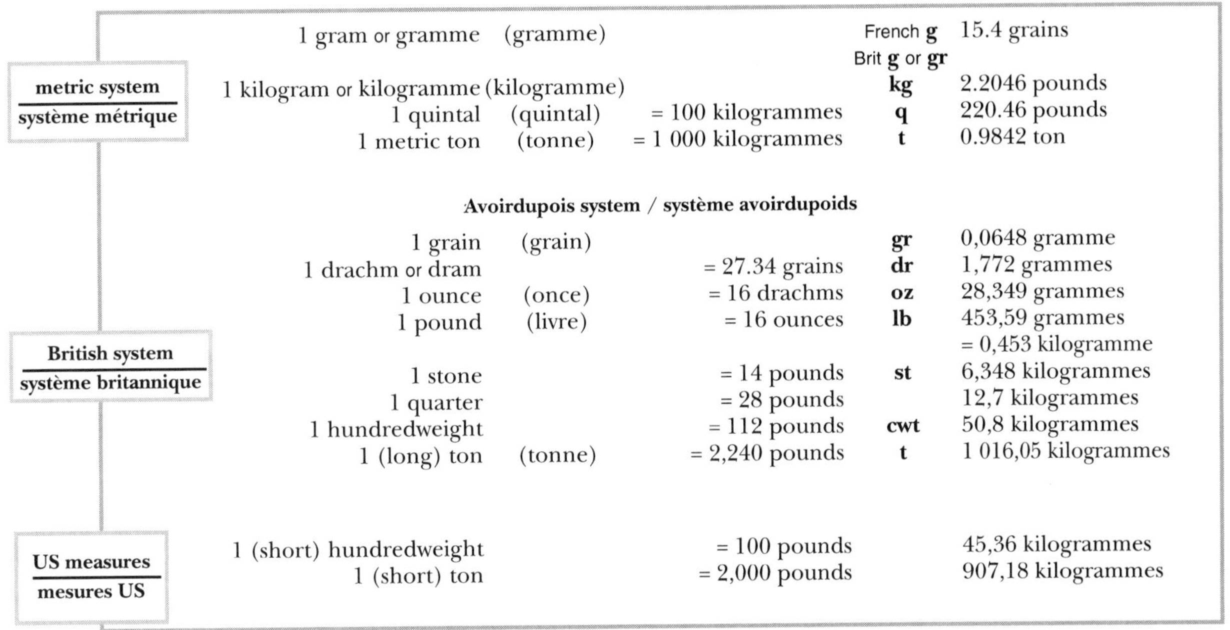

| System | Unit | French | Equivalent | Abbreviation | Value |
|---|---|---|---|---|---|
| **metric system** / **système métrique** | 1 gram or gramme | (gramme) | | French **g** / Brit **g** or **gr** | 15.4 grains |
| | 1 kilogram or kilogramme | (kilogramme) | | **kg** | 2.2046 pounds |
| | 1 quintal | (quintal) | = 100 kilogrammes | **q** | 220.46 pounds |
| | 1 metric ton | (tonne) | = 1 000 kilogrammes | **t** | 0.9842 ton |
| | **Avoirdupois system / système avoirdupoids** | | | | |
| **British system** / **système britannique** | 1 grain | (grain) | | **gr** | 0,0648 gramme |
| | 1 drachm or dram | | = 27.34 grains | **dr** | 1,772 grammes |
| | 1 ounce | (once) | = 16 drachms | **oz** | 28,349 grammes |
| | 1 pound | (livre) | = 16 ounces | **lb** | 453,59 grammes = 0,453 kilogramme |
| | 1 stone | | = 14 pounds | **st** | 6,348 kilogrammes |
| | 1 quarter | | = 28 pounds | | 12,7 kilogrammes |
| | 1 hundredweight | | = 112 pounds | **cwt** | 50,8 kilogrammes |
| | 1 (long) ton | (tonne) | = 2,240 pounds | **t** | 1 016,05 kilogrammes |
| **US measures** / **mesures US** | 1 (short) hundredweight | | = 100 pounds | | 45,36 kilogrammes |
| | 1 (short) ton | | = 2,000 pounds | | 907,18 kilogrammes |

## 6 TEMPERATURES – TEMPÉRATURES

$$59\ °F = (59 - 32) \times \frac{5}{9} = 15\ °C$$

A rough-and-ready way of converting centigrade to Fahrenheit and vice versa: start from the fact that

**10 °C = 50 °F**

thereafter for every 5 °C add 9 °F.

Thus :

15 °C = (10 + 5) = (50 + 9) = 59 °F
68 °F = (50 + 9 + 9)
= (10 + 5 + 5) = 20 °C

$$20\ °C = (20 \times \frac{9}{5}) + 32 = 68\ °F$$

Une manière rapide de convertir les centigrades en Fahrenheit et vice versa : en prenant pour base

**10 °C = 50 °F**

5 °C équivalent à 9 °F.

Ainsi :

15 °C = (10 + 5) = (50 + 9) = 59 °F
68 °F = (50 + 9 + 9)
= (10 + 5 + 5) = 20 °C

# TABLE DES MATIÈRES / CONTENTS




Achevé d'imprimer sur les presses de Jouve, Paris - N° 283050S
N° d'éditeur 10078163 - (I) - (12) - OSBT 55 - Dépôt légal : Août 2000

# LE MONDE ANGLOPHONE

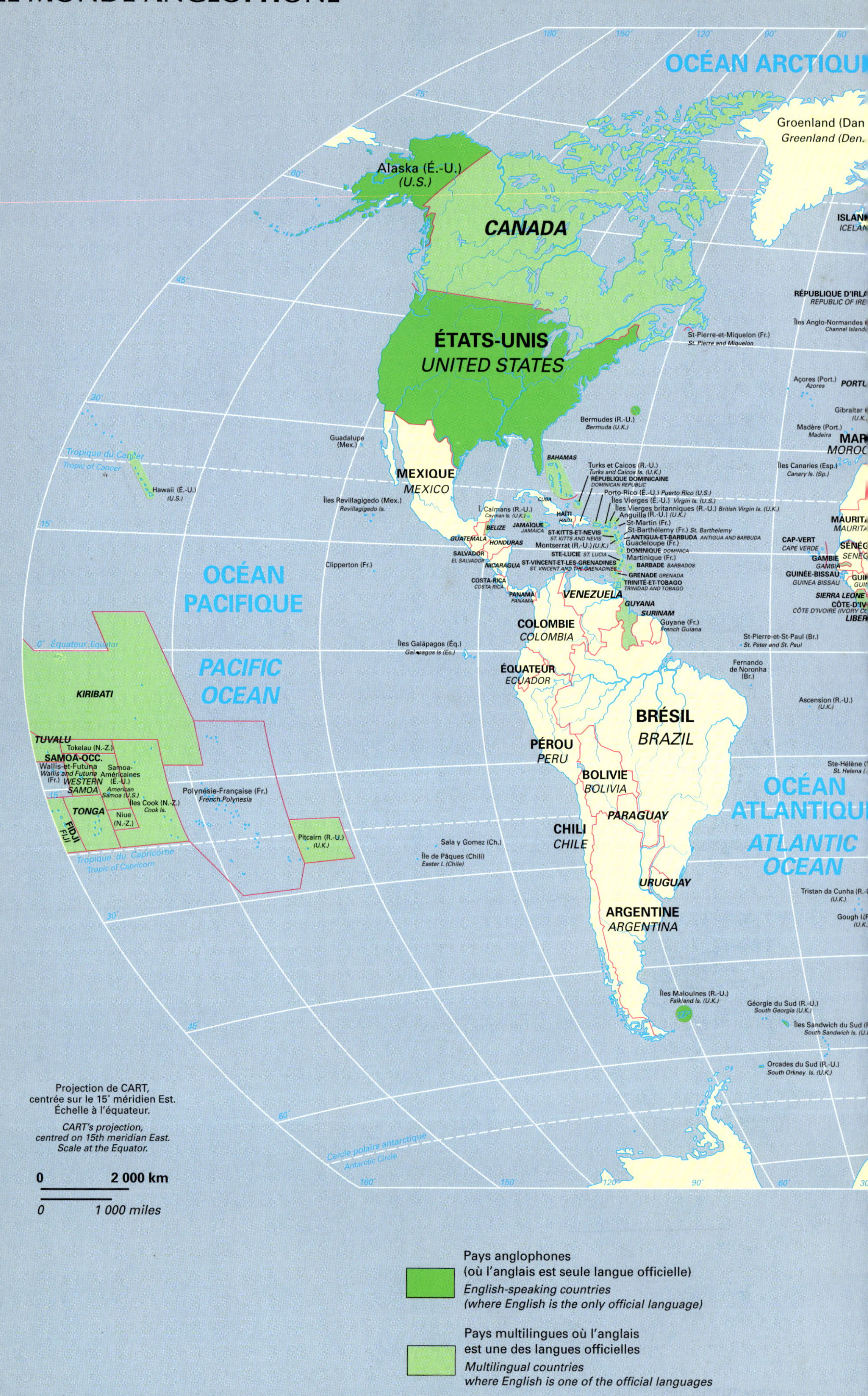